启智弘理 文脉赓续

江海學刊
创刊六十周年文集

辑目总览

主　编　夏锦文　韩璞庚
副主编　李　芸　赵　涛

中国社会科学出版社

图书在版编目（CIP）数据

启智弘理　文脉赓续：《江海学刊》创刊60周年文集：6卷/夏锦文，韩璞庚主编．—北京：中国社会科学出版社，2018.11

ISBN 978－7－5203－3584－3

Ⅰ.①启…　Ⅱ.①夏…②韩…　Ⅲ.①社会科学—文集　Ⅳ.①C53

中国版本图书馆CIP数据核字(2018)第254752号

出 版 人　赵剑英
责任编辑　慈明亮
责任校对　韩天炜
责任印制　戴　宽

出　　版　中国社会科学出版社
社　　址　北京鼓楼西大街甲158号
邮　　编　100720
网　　址　http://www.csspw.cn
发 行 部　010－84083685
门 市 部　010－84029450
经　　销　新华书店及其他书店

印　　刷　北京明恒达印务有限公司
装　　订　廊坊市广阳区广增装订厂
版　　次　2018年11月第1版
印　　次　2018年11月第1次印刷

开　　本　710×1000　1/16
印　　张　288.25
字　　数　4161千字
定　　价　1288.00元(全六卷)

文集总序

韩璞庚

1957 年 11 月 18 日，中共江苏省委批准创办哲学社会科学月刊，1958 年 3 月，沐浴着年轻共和国的骀荡春风，《江海学刊》在古城南京出版发行。六十年风雨兼程，一甲子上下求索，《江海学刊》紧紧追随人民共和国前进的步伐，关注学术前沿，倡导优良学风，树立精品意识，实施品牌战略，终于成就梦想与辉煌。

创办之初的《江海学刊》，群星璀璨，大师云集。第一届编委会成员大多是当时省内乃至全国第一流的学者，首任主编为著名哲学家孙叔平先生。创刊之时，将刊物命名为《江海学刊》，固然有江苏濒江临海的地域考量，但更多地展现出办刊人容大广有、兼收并蓄的超迈抱负和博大胸襟。创刊号的《征稿简约》上，办刊方针被明确界定为“进行创造性的学术研究”，更凸显出先贤们但求新声的学术旨趣和志存高远的理论诉求。依托江苏人文荟萃、名家辈出、学风鼎盛的优势，草创初期的《江海学刊》发表了大量熔文史哲于一炉、思想性与原创性俱佳的学术精品。汪辟疆、胡小石、吕澂、翦伯赞、周谷城、罗尔纲、唐圭璋、韩儒林、钱仲联、孙叔平、吴贻芳、陈鹤琴、陈瘦竹……一个个我们耳熟能详的学术大师的名字被永久地镌刻在当时还印制得略显粗糙的杂志上。高品位、高质量的办刊理念使《江海学刊》很快在当时为数不多的学术期刊中独树一帜，受到国内学术界、思想界的广泛关注与热烈欢迎。这也为日后《江海学刊》事业的成功与辉煌奠定了坚实的基础。

20世纪60年代中期，因众所周知的政治原因，《江海学刊》曾停刊多年。1979年，以《群众论丛》之名复刊。20世纪80年代初，应学术界的共同吁求，于1982年恢复《江海学刊》名称。1985年分为文史哲版和经济社会版，1988年两版合并。自此，《江海学刊》迎来了事业发展繁荣的新的历史时期。

文脉赓续，弦歌不辍。在国内外学术界的鼎力襄助下，在各级党委、政府的关心和扶持下，凭着对学术的虔敬与热忱，一代又一代的办刊人立定“办传世名刊，载精品力作”的宗旨，将繁荣学术和服务实践作为自己的座右铭，坚持“高品位、高质量”的办刊理念，努力实现“新颖、深邃、凝重、厚实”的办刊风格，既致力于对传统文化遗产的研究与整理，又着眼于对当代经济社会发展问题的关注与探求。正如当初创办者所期望的那样，《江海学刊》始终站在时代的前沿，立足江苏，面向全国，放眼世界，以容江纳海的气度和眼光，推出了一系列见解深刻、思想独到的学术精品，培养和造就了一大批成就卓著的神州学人，为繁荣我国人文社会科学事业和现代化建设做出了重要贡献，赢得了社会各界的广泛赞誉。

作为我国社会科学院系统中办刊历史最久、影响最大的综合性人文社会科学理论期刊之一，《江海学刊》第一批被确定为全国中文核心期刊、中国人文社会科学核心期刊、中国人文社会科学引文索引（CSSCI）来源期刊，获得了首届国家期刊奖、中国出版政府奖提名奖、全国百种重点社科期刊、全国百强报刊、华东地区最佳期刊、江苏期刊政府奖、江苏十强期刊、江苏十佳社科期刊等一系列荣誉。六十年磨砺宝剑，六十载播扬文明。《江海学刊》已成长为江苏省哲学社会科学界对外学术交流的重要窗口，国内人文社会科学对话与交流的高端平台，在全国学术界、期刊界具有举足轻重的独特地位。

总结六十年来走过的办刊历程，《江海学刊》的几代编辑人默默耕耘、执著坚守自己的办刊宗旨与学术理想，走出了一条具有自己独特个性的办刊之路，积累了丰富的办刊经验，形成了《江海学刊》独具的办刊风格和办刊特色。

第一，坚定立场，明确定位。《江海学刊》作为综合性学术理论刊物，是社会主义理论事业的重要组成部分，它始终坚持正确的理论导向。六十年来，我们形成了自己明确的政治定位与学术定位，始终坚持正确的办刊方向，努力宣传党的路线、方针、政策，为改革开放和社会主义现代化建设服务，把理论宣传、理论阐释与理论研究有机结合起来，发表了大量的理论研究文章。《江海学刊》守土有责，守土尽责，始终严把政治关，关注国内外重大的政治理论和社会实践问题，使刊物始终沿着正确的方向稳步前进；严把学术质量关，坚持以质选文、以质评文的学术导向，关注学术前沿，注重学理探究，使刊物始终保持高质量、高品位的学术水准。

第二，标新立异，倡导原创。针对目前国内学术思想领域原创因素缺失的状况，《江海学刊》得风气之先，开辟“原创学术空间”专栏，倡导原创，鼓励标新，推动中国原创学术思想的生长发育，促进中国学术话语体系的建构和中国特色哲学社会科学话语体系的形成。当然，开辟“原创学术空间”专栏，并不意味着我们天然具有裁定原创与否的权力，我们的学术理想是，提供一块阵地，创建一个空间，鼓吹一种氛围，倡导标新立异、勇于创造的思维倾向，激励学人原创思绪，激发民族思想活力，培育我们自己的思想巨人和学术大师。

第三，捕捉问题，注重策划。波普尔说过：“科学和知识的增长永远始于问题，终于问题——愈来愈深化的问题，愈来愈能启发新问题的问题。”《江海学刊》在组织策划稿件的过程中，始终坚持问题导向，强调问题意识，把问题意识作为编辑素质的必备要件。以问题为突破口，对研究进行深度开拓是本刊的特色之一。我们的编辑主体根据理论动态、学术资讯，结合期刊特点提出问题，通过精心策划，精心组织，经过与作者的广泛交流与沟通，找到解决问题的路径，这是编辑主体性的充分体现，也是办好学术期刊的重要保证之一。《江海学刊》的办刊特色，就是抓选题、重策划。《江海学刊》的编辑人员敢于担起历史的重任，广交天下学术朋友，共言天下学术大势，以前瞻的思维、敏锐的目光发现学术热点，捕捉学术信息，预测理论趋向，策

划学术选题，组织专题稿件，推出富于创意的理论文章，从而影响社会，服务实践，推动中国学术的繁荣与发展。

第四，刊载精品，成就品牌。《江海学刊》作为学术理论期刊，要在激烈竞争的学术场域中突出重围，创出品牌，打出名气，做出影响，必须确立精品意识，实施品牌战略。学术理论期刊要创出自己的品牌，必须抓精品、重策划。《江海学刊》的做法是，确保每期有精品，每个专栏有重点文章。但对于一本期刊来说，单个精品还不成气候，只能起到点缀作用，不能产生规模效应，要在单个精品的基础上，精心组织，精心策划，形成系列，形成规模，才能成就品牌选题、品牌栏目，创造出轰动效应，产生广泛社会影响。因此，从20世纪80年代末以来，我们策划了包括主体性、实践哲学、本体论、人学、发展哲学、公共哲学、文学史学、中国经济学的创新、涉外法学、转型期的社会问题、突发事件与社会应急管理、公众史学、数字史学、地域文化与商业历史、世纪之交的文艺理论等上百个名牌选题和品牌专栏，产生了轰动效应，推动了国内学术的发展，也为刊物赢得了很好的社会声望。

第五，提携后学，培养新人。清代学者赵翼有云："江山代有才人出，各领风骚数百年。"学术事业是代代相继的事业，学术研究需要积累，更需要传承。培育厚实庞大的学术人才队伍是我们一直以来追求的目标，也是我们办刊的优良传统。创刊之初，本刊就扶持与鼓励青年才俊投稿，不少现在的名家、大家就是当年的青年学子。比如，据著名经济学家何炼成教授讲，在他研究处于迷惘、彷徨之际，《江海学刊》1963年刊发他的《也谈生产劳动与非生产劳动》一文，坚定了他做学问的决心，改变了他的人生道路。80年代中后期《江海学刊》又推出了"青年论坛"专栏，为青年学子提供特定学术园地，可谓用心良苦，许多青年才俊从这个栏目开始了自己的学术之路。新世纪以来，我们又与江苏省规划办一起开辟"江苏青年学人"栏目，集中展示青年人的学术成果与学术风采，栏目推出后，深得青年学者的欢迎，产生了非常好的社会影响与示范效应。

第六，编研同备，专家办刊。数十年来，《江海学刊》秉持学者办刊的传统，着力打造一支编研结合、双轮驱动的编辑队伍。培育学者型的编辑，是本刊的一贯宗旨，如此才能使我们的编辑有学术话语权，在学术交流与对话中，能够真正参与讨论，形成学术对话与交锋。我们认为，只有在平等自由的学术环境中才能更好地组织专栏讨论，只有与学术共同体及学者进行深度融合，才能高水准地组织专栏稿件，组织学术讨论与争鸣。我们的历代编辑大都是本学科领域的专家，有些编辑更是自己学科领域的知名专家，受到学术界的充分尊重与信任。本刊目前在岗的10位编辑，7位拥有正高级专业技术职称，这在国内同行中是极为罕见的，也充分体现了《江海学刊》学者办刊的优良传统与专业定位。

朝耕夕耘，寒来暑往，六十年矢志不渝，六十年硕果连枝。为全面回顾本刊六十年所走过的非凡历程，发掘与整理濒临佚失的历史文献，弘扬优良传统，积累办刊资源，我们编选制作了六卷本文集，作为对《江海学刊》创刊六十周年的纪念。

（一）《江海学刊》创刊六十周年文集之大师卷。从本刊六十年所发表的大量文章中精选出各个年代有代表性的名家名篇，汇编成册。这些论文，为后人解读中国历史与文化、政治与社会，了解当代中国学术发展脉络提供了宝贵的第一手资料。虽尘封已久，墨香渐远，然今天读之，仍觉字字珠玑，识见深邃。重温名家大师的名篇佳作，让我们思深虑远，感佩不已。

（二）《江海学刊》创刊六十周年文集之原创学术卷。收录本刊自2002年创办“原创学术空间”栏目以来所刊发的部分论文，集中展现本刊近二十年来所发表的具有原创学术话语与原创学术思想的重要成果。我们开办“原创学术空间”栏目，就是想给国内尚且稚嫩的原创研究提供一个可以试错的实验空间与公共平台。进而言之，我们希望在这样一个“能指泛滥”而“所指衰微”的时代，能够开风气之先，激励原创思绪，激发思想活力，力挺学术自信，催生中华民族自己的学术大家和思想巨擘。

（三）《江海学刊》创刊六十周年文集之哲学卷。哲学是思想中的时代。《江海学刊》的哲学栏目，数十年来，一直秉承开风气之先、标新立异的办刊传统，牢固贯彻问题导向，关注时代热点，捕捉学术前沿，刊发了大量思想敏锐、见解超卓的学术论文，推动了国内哲学学科许多重大问题的讨论，国内哲学领域的很多重大理论争鸣是由本刊肇始的，以致著名马克思主义哲学家黄楠森先生在中国人学学会成立大会上说："中国的人学研究绕不过《江海学刊》。"这掷地有声的话语，是对办刊人的极大褒奖，让我们备感欣慰。20世纪80年代末以来，《江海学刊》率先开创集群式专题讨论模式，先后开辟认识论、历史唯物主义、实践唯物主义、实践哲学、实践本体论、主体性、认识主体性、历史主体性、人学、公共哲学、发展哲学、价值哲学、价值冲突与价值定位、面向21世纪的中国哲学、中西文化比较、空间哲学、身体哲学等一系列专题讨论，成为国内哲学界开展思想争鸣、展示学术成果的高端平台，博得海内外广泛好评。

（四）《江海学刊》创刊六十周年文集之文史卷。江苏物华天宝，人杰地灵，历史上文人辈出，名家荟萃。创刊以来，《江海学刊》依托江苏文星云集之优势，精心策划，精心组织，一代代文史编辑奋力拼搏，组织刊发了大量引领学术讨论，推动学术争鸣，促进学科建设的论文。作者中既有当时的名家大家，也有学坛新锐（后来也成为名家名流），他们的学术成果完整地再现了文史争鸣和学科发展的历史脉络。

（五）《江海学刊》创刊六十周年文集之社会科学卷。本卷内容涵盖经济学、管理学、社会学、法学、政治学等诸多社会科学领域，真实记录了六十年来特别是改革开放以来，国内社会科学领域研究的思想轨迹，关注当代中国发展现实，研究中国社会发展中的重大理论与实践问题，为现实问题的研究提供观点与答案。本卷撷精萃华，汇集精品，成为把握当代中国社会科学研究脉络的"测绘仪"。

（六）《江海学刊》创刊六十周年文集之辑目总览。此卷汇集自创刊号到2018年第5期共317期八千多篇文章的完整目录，纵横六十年，洋洋数千篇，

它既是对六十年中国社会发展历程的摹画，也是对六十年中国哲学社会科学研究成果的一次巡礼。辑目总览可以使我们对《江海学刊》六十年的成长历程和学科发展状况有一个全景式的了解与把握。

需要郑重说明的是：第一，从本刊六十年所发表的八千多篇文章中挑选出有代表性的论文，殊非易事。囿于篇幅，许多具有分量和学术价值的文章未能入选，遗珠之憾，在所难免。第二，为突出历史原貌，所选论文的编排一律按照当时发表之年代先后为序。第三，在编选过程中，除改善体例、纠谬补缺外，其余部分尽可能留存原貌。第四，由于历史原因，个别文章的某些提法、观点在今天看来或许已不合时宜，但为尊重历史，我们未作删改，尚请读者明鉴。

2018 年，是中华民族发展历程上一个特殊的值得记忆的年份，是新时代的开局之年，中华民族伟大复兴的梦想从未像今天这样清晰。新时代的中国吹响了哲学社会科学前进的号角，学术期刊的未来前景无限光明。

日出照东隅，扬帆正待航。在新世纪的学术征途上，我们满怀期待，同时充满信心。《江海学刊》作为全国知名的综合性人文社会科学学术理论期刊，要进一步提高质量，塑造形象，在全国学术理论期刊中保持并提升自己的位置，就必须发扬优良传统，倡导严谨学风，恪守学术规范，狠抓选题策划，创出自己更多的名牌专题、名牌栏目，要在一些重大的理论与实践问题上发出自己独特的声音，发表自己独到的见解，为学术研究中国风格与中国气派的确立、为中国特色的哲学社会科学话语体系的建构贡献智慧。

新时代的国内期刊界风起云涌，新时代的中国充满希望。《江海学刊》将乘中华民族复兴的东风，把握机遇，迎接挑战，奋勇开拓，敢于创新，在新的时代，使《江海学刊》立足江苏，影响全国，参与国际学术交流。海纳百川，有容乃大，江竞千帆，弄潮为先，我们将自加压力，负重前进，埋头苦干，无私奉献，为繁荣中国的哲学社会科学学术理论事业，为社会主义现代化建设做出自己突出的贡献。

有一位哲人说过：柏拉图理念的鸽子幻想在真空中自由地向天空飞去，但没有空气的支持，没有大地的支持，飞翔终成泡影，鸽子会坠入柏拉图的“洞穴”，在影子中爬行。真正哲人的鸽子应该既不安于作洞穴中的爬虫，也不要为真空中虚幻的自由所诱惑。那就让我们听从哲学家的召唤，做一只现实的鸽子吧！让我们脚踏中华大地，仰望祖国蓝天，在理想与现实之间、在大地与蓝天之间，乘着五彩的生活气流飞翔。

二〇一八年十月十八日

辑目总览

一九五八年

第一期

第二期

第三期

第四期

第五期

第六期

第七期

第八期

第九期

第十期

一九六〇年

第一期

第二期

第三期

第四期

第五期

第六期

第七期

第八期

第九期

第十期

第十一期

第十二期

一九六一年

第一期

第二期

第三期

第四期

第五期

第六期

第七期

第八期

第九期

第十期

第十一期

第十二期

一九六二年

第一期

第二期

第三期

第四期

第五期

第六期

第七期

第八期

第九期

第十期

第十一期

第十二期

一九六三年

第一期

第二期

第三期

第四期

第五期

第六期

第七期

第八期

第九期

第十期

第十一期

第十二期

一九六四年

第一期

第二期

第三期

第四期

第五期

第六期

第七期

第八期

第九期

一九七九年九月《群众论丛》创刊号

一九八○年

第一期

第二期

第三期

·文艺理论研究·

·补　　白·

第四期

·读史札记·

·新史料·

·补　白·

·学术动态·

一九八一年

第一期

第二期

·补 白·

第三期

·小论坛·

第四期

第五期

第六期

一九八二年

第一期

第二期

第三期

·纪念《在延安文艺座谈会上的讲话》发表四十周年·

第四期

第五期

·青年学术论文选专号·

第六期

一九八三年

第一期

第二期

第三期

·明清文学研究·

·青年学术论文选·

第四期

·民国史研究·

·明清文学研究·

第五期

第六期

一九八四年

第一期

读者·作者·编者

第二期

第三期

第四期

第五期

第六期

·明清文学研究·

一九八五年（文史哲版）

第一期

第二期

第三期

第五期

·纪念抗日战争胜利四十周年·

·文艺学与方法论问题笔谈·

·学林漫议·

第六期

一九八五年（经济社会版）

第一期

第二期

第三期

第四期

第五期

第六期

一九八六年（文史哲版）

第一期

第二期

·六朝史研究·

·民国史研究·

·美术·摄影·

第三期

第四期

第五期

第六期

一九八六年（经济社会版）

第一期

第二期

第三期

第四期

第五期

第六期

一九八七年（文史哲版）

第一期

第二期

第三期

第四期

第五期

第六期

一九八七年（经济社会版）

第一期

第二期

第三期

第四期

第五期

第六期

一九八八年

第一期

第二期

第三期

第四期

第五期

第六期

·补　　白·

一九八九年

第一期

·新书评介

·补　白·

第二期

·关于政权经济与自主经济的研究·

第三期

·纪念“五四”运动七十周年（一）·

第四期

第五期

第六期

一九九〇年

第一期

·外国学者论中国现当代文学·

·新书评介·

·补　　白·

第二期

第三期

·新书评介·

·补　白

第四期

第五期

第六期

·补　白·

一九九一年

第一期

第二期

·补　白·

第三期

·学术短札·

第四期

·纪念中国共产党诞生七十周年·

第五期

第六期

·学术短札·

一九九二年

第一期

·学术短札·

第二期

第三期

第四期

第五期

第六期

一九九三年

第一期

第二期

·学术短札·

第三期

·学术短札·

第四期

第六期

一九九四年

第一期

·新书评介·

·学术短札·

第二期

第三期

第四期

·新书评介·

·学术短札·

第五期

·新书评介·

·学术短札·

第六期

一九九五年

第一期

第二期

·新书评介·

·学术短札·

第三期

第四期

第五期

· 新书评介 ·

· 学术短札 ·

第六期

·新书评介·

·学术短札·

一九九六年

第一期

·学术短札·

第二期

第三期

第四期

·新书评介·

·学术短札·

第五期

第六期

一九九七年

第一期

·新书评介·

·学术短札·

第二期

第三期

迈向二十一世纪的中国哲学

第五期

第六期

·新书评介·

·学术短札·

一九九八年

第一期

第二期

第三期

第四期

第五期

第六期

·新书评介·

·学术短札

一九九九年

第一期

第二期

中西哲学、文化的冲突与融合

·学术短札·

第三期

公共哲学

·新书评介·

第四期

第五期

第六期

二○○○年

第一期

第二期

第三期

·学术短札·

第四期

第五期

现代外国哲学在中国

边缘文体研究

第六期

二〇〇一年

第一期

文学观念：时代特征与文体分野

·新书评介·

·学术短札·

第二期

第三期

·新书评介·

·学术短札·

第四期

第五期

第六期

·新书评介·

·学术短札·

二〇〇二年

第一期

第二期

第三期

第四期

第五期

第六期

二○○三年

第一期

第二期

·名家专论·

·学术评论·

·新书评介·

·学术短札·

第四期

·本刊特稿·

第五期

宗教与中国现代文学的演进

·学术评论·

·新书评介·

·学术短札·

第六期

·原创学术空间·

·名家专论·

语言·语用分析·语言哲学

·学术评论·

·新书评介·

·学术短札·

二○○四年

第一期

·学术短札·

第二期

·原创学术空间·

·名家专论·

史学理论：诠释与反思

·学术评论·

·新书评介·

第三期

社会史专题研究

清代文学研究

·学术评论·

·新书评介·

·学术短札·

第四期

·原创学术空间·

·名家专论·

实用主义与当代美国哲学

第五期

第六期

·学术评论·

·新书评介·

·学术短札·

二〇〇五年

第一期

第二期

第三期

第四期

第五期

从社会与国家的关系看中古历史

古今文学的传承与演变

第六期

农民与农村问题研究

二〇〇六年

第一期

·学术短札·

第二期

·原创学术空间·

·名家专论·

·海外学术之窗·

身体哲学

·学术短札·

第三期

·原创学术空间·

·名家专论·

·海外学术之窗·

和谐社会研究

宋代文学研究

第五期

农村公共品供给研究

第六期

·名家专论·

二〇〇七年

第一期

制度变迁与意识形态研究

走向世界的中国史学（笔谈）

·新书评介·

第二期

第三期

土地问题研究

第五期

·新书评介·

第六期

·新书评介·

·学术短札·

二〇〇八年

第一期

环境社会学研究

第三期

·学术短札·

第四期

·原创学术空间·

·名家专论·

·海外学术之窗·

公共性前沿问题研究

马克思主义史学思想史研究

日据时期台湾研究

·学术短札·

第五期

·学术短札·

第六期

·学术短札·

二〇〇九年

第一期

定量分析与中国古代文学研究

·学术短札·

第二期

中国历史上的“三农”问题研究

第三期

第四期

第五期

第六期

·学术短札·

二〇一〇年

第一期

第二期

第三期

·学术短札·

第四期

·原创学术空间·

·名家专论·

·海外学术之窗·

唯物史观：回顾与前瞻

第五期

第六期

·学术短札·

二〇一一年

第一期

第二期

第三期

第四期

第五期

第六期

二〇一二年

第一期

第三期

第四期

社会工作理论建设及其反思

多重视野中的历史与记忆

第五期

组织管理问题研究

高等教育问题研究

·学术短札·

第六期

二○一三年

第一期

第二期

·国家社科基金成果集萃·

·学术短札·

第三期

第四期

第五期

第六期

·海外学术之窗·

应用经济研究的范式之思

·国家社科基金成果集萃·

·学术短札·

二〇一四年

第一期

社会组织发展与管理创新研究

第二期

第三期

第四期

第六期

·学术短札·

二〇一五年

第一期

第二期

纪念抗战胜利七十周年

第三期

第四期

国家公祭与历史记忆

·国家社科基金成果集萃·

·学术短札·

第五期

·本刊特稿·

·原创学术空间·

·名家专论·

·海外学术之窗·

第六期

·国家社科基金成果集萃·

·学术短札·

二〇一六年

第一期

第二期

第四期

第五期

微信文艺新样态研究

·国家社科基金成果集萃·

第六期

·国家社科基金成果集萃·

·学术短札·

二〇一七年

第一期

第二期

数字历史：史学研究新转向

民国旧体文学研究

·国家社科基金成果集萃·

·学术短札·

第四期

·国家社科基金成果集萃·

·学术短札·

第五期

·原创学术空间·

·名家专论·

·海外学术之窗·

第六期

二〇一八年

第一期

第二期

第三期

第四期

·原创学术空间·

·名家专论·

·海外学术之窗·

“一带一路”问题研究

第五期

·国家社科基金成果集萃·

·学术短札·

启智弘理
文脉赓续

江海學刊
创刊六十周年文集

大师卷

主　编　夏锦文　韩璞庚
副主编　李　芸　赵　涛

中国社会科学出版社

图书在版编目（CIP）数据

启智弘理　文脉赓续：《江海学刊》创刊60周年文集：6卷/夏锦文，韩璞庚主编．—北京：中国社会科学出版社，2018.11

ISBN 978-7-5203-3584-3

Ⅰ.①启…　Ⅱ.①夏…②韩…　Ⅲ.①社会科学—文集　Ⅳ.①C53

中国版本图书馆CIP数据核字（2018）第254752号

出 版 人　赵剑英
责任编辑　慈明亮　顾世宝
责任校对　韩天炜
责任印制　戴　宽

出　　版　中国社会科学出版社
社　　址　北京鼓楼西大街甲158号
邮　　编　100720
网　　址　http://www.csspw.cn
发 行 部　010-84083685
门 市 部　010-84029450
经　　销　新华书店及其他书店

印　　刷　北京明恒达印务有限公司
装　　订　廊坊市广阳区广增装订厂
版　　次　2018年11月第1版
印　　次　2018年11月第1次印刷

开　　本　710×1000　1/16
印　　张　288.25
字　　数　4161千字
定　　价　1288.00元（全六卷）

凡购买中国社会科学出版社图书，如有质量问题请与本社营销中心联系调换
电话：010-84083683

文集总序

韩璞庚

1957 年 11 月 18 日，中共江苏省委批准创办哲学社会科学月刊，1958 年 3 月，沐浴着年轻共和国的骀荡春风，《江海学刊》在古城南京出版发行。六十年风雨兼程，一甲子上下求索，《江海学刊》紧紧追随人民共和国前进的步伐，关注学术前沿，倡导优良学风，树立精品意识，实施品牌战略，终于成就梦想与辉煌。

创办之初的《江海学刊》，群星璀璨，大师云集。第一届编委会成员大多是当时省内乃至全国第一流的学者，首任主编为著名哲学家孙叔平先生。创刊之时，将刊物命名为《江海学刊》，固然有江苏濒江临海的地域考量，但更多地展现出办刊人容大广有、兼收并蓄的超迈抱负和博大胸襟。创刊号的《征稿简约》上，办刊方针被明确界定为“进行创造性的学术研究”，更凸显出先贤们但求新声的学术旨趣和志存高远的理论诉求。依托江苏人文荟萃、名家辈出、学风鼎盛的优势，草创初期的《江海学刊》发表了大量熔文史哲于一炉、思想性与原创性俱佳的学术精品。汪辟疆、胡小石、吕澂、翦伯赞、周谷城、罗尔纲、唐圭璋、韩儒林、钱仲联、孙叔平、吴贻芳、陈鹤琴、陈瘦竹……一个个我们耳熟能详的学术大师的名字被永久地镌刻在当时还印制得略显粗糙的杂志上。高品位、高质量的办刊理念使《江海学刊》很快在当时为数不多的学术期刊中独树一帜，受到国内学术界、思想界的广泛关注与热烈欢迎。这也为日后《江海学刊》事业的成功与辉煌奠定了坚实的基础。

20世纪60年代中期，因众所周知的政治原因，《江海学刊》曾停刊多年。1979年，以《群众论丛》之名复刊。20世纪80年代初，应学术界的共同吁求，于1982年恢复《江海学刊》名称。1985年分为文史哲版和经济社会版，1988年两版合并。自此，《江海学刊》迎来了事业发展繁荣的新的历史时期。

文脉赓续，弦歌不辍。在国内外学术界的鼎力襄助下，在各级党委、政府的关心和扶持下，凭着对学术的虔敬与热忱，一代又一代的办刊人立定“办传世名刊，载精品力作”的宗旨，将繁荣学术和服务实践作为自己的座右铭，坚持“高品位、高质量”的办刊理念，努力实现“新颖、深邃、凝重、厚实”的办刊风格，既致力于对传统文化遗产的研究与整理，又着眼于对当代经济社会发展问题的关注与探求。正如当初创办者所期望的那样，《江海学刊》始终站在时代的前沿，立足江苏，面向全国，放眼世界，以容江纳海的气度和眼光，推出了一系列见解深刻、思想独到的学术精品，培养和造就了一大批成就卓著的神州学人，为繁荣我国人文社会科学事业和现代化建设做出了重要贡献，赢得了社会各界的广泛赞誉。

作为我国社会科学院系统中办刊历史最久、影响最大的综合性人文社会科学理论期刊之一，《江海学刊》第一批被确定为全国中文核心期刊、中国人文社会科学核心期刊、中国人文社会科学引文索引（CSSCI）来源期刊，获得了首届国家期刊奖、中国出版政府奖提名奖、全国百种重点社科期刊、全国百强报刊、华东地区最佳期刊、江苏期刊政府奖、江苏十强期刊、江苏十佳社科期刊等一系列荣誉。六十年磨砺宝剑，六十载播扬文明。《江海学刊》已成长为江苏省哲学社会科学界对外学术交流的重要窗口，国内人文社会科学对话与交流的高端平台，在全国学术界、期刊界具有举足轻重的独特地位。

总结六十年来走过的办刊历程，《江海学刊》的几代编辑人默默耕耘、执著坚守自己的办刊宗旨与学术理想，走出了一条具有自己独特个性的办刊之路，积累了丰富的办刊经验，形成了《江海学刊》独具的办刊风格和办刊特色。

第一，坚定立场，明确定位。《江海学刊》作为综合性学术理论刊物，是社会主义理论事业的重要组成部分，它始终坚持正确的理论导向。六十年来，我们形成了自己明确的政治定位与学术定位，始终坚持正确的办刊方向，努力宣传党的路线、方针、政策，为改革开放和社会主义现代化建设服务，把理论宣传、理论阐释与理论研究有机结合起来，发表了大量的理论研究文章。《江海学刊》守土有责，守土尽责，始终严把政治关，关注国内外重大的政治理论和社会实践问题，使刊物始终沿着正确的方向稳步前进；严把学术质量关，坚持以质选文、以质评文的学术导向，关注学术前沿，注重学理探究，使刊物始终保持高质量、高品位的学术水准。

第二，标新立异，倡导原创。针对目前国内学术思想领域原创因素缺失的状况，《江海学刊》得风气之先，开辟"原创学术空间"专栏，倡导原创，鼓励标新，推动中国原创学术思想的生长发育，促进中国学术话语体系的建构和中国特色哲学社会科学话语体系的形成。当然，开辟"原创学术空间"专栏，并不意味着我们天然具有裁定原创与否的权力，我们的学术理想是，提供一块阵地，创建一个空间，鼓吹一种氛围，倡导标新立异、勇于创造的思维倾向，激励学人原创思绪，激发民族思想活力，培育我们自己的思想巨人和学术大师。

第三，捕捉问题，注重策划。波普尔说过："科学和知识的增长永远始于问题，终于问题——愈来愈深化的问题，愈来愈能启发新问题的问题。"《江海学刊》在组织策划稿件的过程中，始终坚持问题导向，强调问题意识，把问题意识作为编辑素质的必备要件。以问题为突破口，对研究进行深度开拓是本刊的特色之一。我们的编辑主体根据理论动态、学术资讯，结合期刊特点提出问题，通过精心策划，精心组织，经过与作者的广泛交流与沟通，找到解决问题的路径，这是编辑主体性的充分体现，也是办好学术期刊的重要保证之一。《江海学刊》的办刊特色，就是抓选题、重策划。《江海学刊》的编辑人员敢于担起历史的重任，广交天下学术朋友，共言天下学术大势，以前瞻的思维、敏锐的目光发现学术热点，捕捉学术信息，预测理论趋向，策划学术选题，组织专题稿件，推出富于创意的理论文章，从而影响社会，服务实践，推动中国学术的繁荣与发展。

第四，刊载精品，成就品牌。《江海学刊》作为学术理论期刊，要在激烈竞争的学术场域中突出重围，创出品牌，打出名气，做出影响，必须确立精品意识，实施品牌战略。学术理论期刊要创出自己的品牌，必须抓精品、重策划。《江海学刊》的做法是，确保每期有精品，每个专栏有重点文章。但对于一本期刊来说，单个精品还不成气候，只能起到点缀作用，不能产生规模效应，要在单个精品的基础上，精心组织，精心策划，形成系列，形成规模，才能成就品牌选题、品牌栏目，创造出轰动效应，产生广泛社会影响。因此，从20世纪80年代末以来，我们策划了包括主体性、实践哲学、本体论、人学、发展哲学、公共哲学、文学史学、中国经济学的创新、涉外法学、转型期的社会问题、突发事件与社会应急管理、公众史学、数字史学、地域文化与商业历史、世纪之交的文艺理论等上百个名牌选题和品牌专栏，产生了轰动效应，推动了国内学术的发展，也为刊物赢得了很好的社会声望。

第五，提携后学，培养新人。清代学者赵翼有云："江山代有才人出，各领风骚数百年。"学术事业是代代相继的事业，学术研究需要积累，更需要传承。培育厚实庞大的学术人才队伍是我们一直以来追求的目标，也是我们办刊的优良传统。创刊之初，本刊就扶持与鼓励青年才俊投稿，不少现在的名家、大家就是当年的青年学子。比如，据著名经济学家何炼成教授讲，在他研究处于迷惘、彷徨之际，《江海学刊》1963年刊发他的《也谈生产劳动与非生产劳动》一文，坚定了他做学问的决心，改变了他的人生道路。80年代中后期《江海学刊》又推出了"青年论坛"专栏，为青年学子提供特定学术园地，可谓用心良苦，许多青年才俊从这个栏目开始了自己的学术之路。新世纪以来，我们又与江苏省规划办一起开辟"江苏青年学人"栏目，集中展示青年人的学术成果与学术风采，栏目推出后，深得青年学者的欢迎，产生了非常好的社会影响与示范效应。

第六，编研同备，专家办刊。数十年来，《江海学刊》秉持学者办刊的传统，着力打造一支编研结合、双轮驱动的编辑队伍。培育学者型的编辑，是本刊的一贯宗旨，如此才能使我们的编辑有学术话语权，在学术交流与对话中，能够真正参与讨论，形成学术对话与交锋。我们认为，只有在平等自由的学术环境中才能更好地组织专栏讨论，只有与学术共同体及学者进行深度融合，才能高水准地组织专栏稿件，组织学术讨论与争鸣。我们的历代编辑大都是本学科领域的专家，有些编辑更是自己学科领域的知名专家，受到学术界的充分尊重与信任。本刊目前在岗的10位编辑，7位拥有正高级专业技术职称，这在国内同行中是极为罕见的，也充分体现了《江海学刊》学者办刊的优良传统与专业定位。

朝耕夕耘，寒来暑往，六十年矢志不渝，六十年硕果连枝。为全面回顾本刊六十年所走过的非凡历程，发掘与整理濒临佚失的历史文献，弘扬优良传统，积累办刊资源，我们编选制作了六卷本文集，作为对《江海学刊》创刊六十周年的纪念。

（一）《江海学刊》创刊六十周年文集之大师卷。从本刊六十年所发表的大量文章中精选出各个年代有代表性的名家名篇，汇编成册。这些论文，为后人解读中国历史与文化、政治与社会，了解当代中国学术发展脉络提供了宝贵的第一手资料。虽尘封已久，墨香渐远，然今天读之，仍觉字字珠玑，识见深邃。重温名家大师的名篇佳作，让我们思深虑远，感佩不已。

（二）《江海学刊》创刊六十周年文集之原创学术卷。收录本刊自2002年创办“原创学术空间”栏目以来所刊发的部分论文，集中展现本刊近二十年来所发表的具有原创学术话语与原创学术思想的重要成果。我们开办“原创学术空间”栏目，就是想给国内尚且稚嫩的原创研究提供一个可以试错的实验空间与公共平台。进而言之，我们希望在这样一个“能指泛滥”而“所指衰微”的时代，能够开风气之先，激励原创思绪，激发思想活力，力挺学术自信，催生中华民族自己的学术大家和思想巨擘。

（三）《江海学刊》创刊六十周年文集之哲学卷。哲学是思想中的时代。《江海学刊》的哲学栏目，数十年来，一直秉承开风气之先、标新立异的办刊传统，牢固贯彻问题导向，关注时代热点，捕捉学术前沿，刊发了大量思想敏锐、见解超卓的学术论文，推动了国内哲学学科许多重大问题的讨论，国内哲学领域的很多重大理论争鸣是由本刊肇始的，以致著名马克思主义哲学家黄楠森先生在中国人学学会成立大会上说："中国的人学研究绕不过《江海学刊》。"这掷地有声的话语，是对办刊人的极大褒奖，让我们备感欣慰。20世纪80年代末以来，《江海学刊》率先开创集群式专题讨论模式，先后开辟认识论、历史唯物主义、实践唯物主义、实践哲学、实践本体论、主体性、认识主体性、历史主体性、人学、公共哲学、发展哲学、价值哲学、价值冲突与价值定位、面向21世纪的中国哲学、中西文化比较、空间哲学、身体哲学等一系列专题讨论，成为国内哲学界开展思想争鸣、展示学术成果的高端平台，博得海内外广泛好评。

（四）《江海学刊》创刊六十周年文集之文史卷。江苏物华天宝，人杰地灵，历史上文人辈出，名家荟萃。创刊以来，《江海学刊》依托江苏文星云集之优势，精心策划，精心组织，一代代文史编辑奋力拼搏，组织刊发了大量引领学术讨论，推动学术争鸣，促进学科建设的论文。作者中既有当时的名家大家，也有学坛新锐（后来也成为名家名流），他们的学术成果完整地再现了文史争鸣和学科发展的历史脉络。

（五）《江海学刊》创刊六十周年文集之社会科学卷。本卷内容涵盖经济学、管理学、社会学、法学、政治学等诸多社会科学领域，真实记录了六十年来特别是改革开放以来，国内社会科学领域研究的思想轨迹，关注当代中国发展现实，研究中国社会发展中的重大理论与实践问题，为现实问题的研究提供观点与答案。本卷撷精萃华，汇集精品，成为把握当代中国社会科学研究脉络的"测绘仪"。

（六）《江海学刊》创刊六十周年文集之辑目总览。此卷汇集自创刊号到2018年第5期共317期八千多篇文章的完整目录，纵横六十年，洋洋数千篇，

它既是对六十年中国社会发展历程的摹画，也是对六十年中国哲学社会科学研究成果的一次巡礼。辑目总览可以使我们对《江海学刊》六十年的成长历程和学科发展状况有一个全景式的了解与把握。

需要郑重说明的是：第一，从本刊六十年所发表的八千多篇文章中挑选出有代表性的论文，殊非易事。囿于篇幅，许多具有分量和学术价值的文章未能入选，遗珠之憾，在所难免。第二，为突出历史原貌，所选论文的编排一律按照当时发表之年代先后为序。第三，在编选过程中，除改善体例、纠谬补缺外，其余部分尽可能留存原貌。第四，由于历史原因，个别文章的某些提法、观点在今天看来或许已不合时宜，但为尊重历史，我们未作删改，尚请读者明鉴。

2018 年，是中华民族发展历程上一个特殊的值得记忆的年份，是新时代的开局之年，中华民族伟大复兴的梦想从未像今天这样清晰。新时代的中国吹响了哲学社会科学前进的号角，学术期刊的未来前景无限光明。

日出照东隅，扬帆正待航。在新世纪的学术征途上，我们满怀期待，同时充满信心。《江海学刊》作为全国知名的综合性人文社会科学学术理论期刊，要进一步提高质量，塑造形象，在全国学术理论期刊中保持并提升自己的位置，就必须发扬优良传统，倡导严谨学风，恪守学术规范，狠抓选题策划，创出自己更多的名牌专题、名牌栏目，要在一些重大的理论与实践问题上发出自己独特的声音，发表自己独到的见解，为学术研究中国风格与中国气派的确立、为中国特色的哲学社会科学话语体系的建构贡献智慧。

新时代的国内期刊界风起云涌，新时代的中国充满希望。《江海学刊》将乘中华民族复兴的东风，把握机遇，迎接挑战，奋勇开拓，敢于创新，在新的时代，使《江海学刊》立足江苏，影响全国，参与国际学术交流。海纳百川，有容乃大，江竞千帆，弄潮为先，我们将自加压力，负重前进，埋头苦干，无私奉献，为繁荣中国的哲学社会科学学术理论事业，为社会主义现代化建设做出自己突出的贡献。

有一位哲人说过：柏拉图理念的鸽子幻想在真空中自由地向天空飞去，但没有空气的支持，没有大地的支持，飞翔终成泡影，鸽子会坠入柏拉图的“洞穴”，在影子中爬行。真正哲人的鸽子应该既不安于作洞穴中的爬虫，也不要为真空中虚幻的自由所诱惑。那就让我们听从哲学家的召唤，做一只现实的鸽子吧！让我们脚踏中华大地，仰望祖国蓝天，在理想与现实之间、在大地与蓝天之间，乘着五彩的生活气流飞翔。

二〇一八年十月十八日

目　　录

分析水经和水经注作者的纷歧问题

汪辟疆

在未谈到本题以前，我们应当先知道“什么是叫做经?”和“什么是叫做注?”

“经”字的解释：好像有人说过：“经就是常道，古人尝说过‘五常之道’，所以后人把教人养成德性的几部古书，叫它做‘五经’。”这是最普遍的解释。但是又有人说：“经就是大路，路就是径。大道在人们的心中，就好像径路的四通八达，无往不是平平坦坦的大路。”这又是一个解释。这两种的解释，我认为都是后来人的附会，决不是经字的本训。我以为经字的本义，的确是取象治丝，丝是有纵有横有条有理有组织有光彩的东西，所以在说文解字上说：“经，织从丝也。从糸，巠声。又纬，织横丝也。从糸，韦声。”从和横对举，经与纬对举，并且统同归之于织；岂不是明明白白说明了经就是丝的组织吗？有组织的东西，必定有条理，而光彩也就发生于组织错综的中间。前人把经字来名这古代的几部古书，也就不外这个意思。假如仅仅只有“五经”可以叫做经，其他的书不能算做经，那么，孝经、道德经、南华经、离骚经、山海经、太玄经，为什么也要叫做经呢？我们知道经字不一定限于几部古圣流传的书，然则后来的人把记述天下水道的书，就加上一个经字，叫它做水经，也不算什么奇怪的事。

水经既然叫做经，当然是一部古书。古书文字的组织本来就很简单，原因是：一则古人著书本来只举其大纲；一则古人的立文，没有后来人来得详悉委曲。水经把天下的水道一百三十七条，穷原竟委，写入一本薄薄的小册子上，统共只有三卷书；而且有许多条水，仅仅只有发源和入河入江入海的起讫，至于这些水道所经过的郡邑，都不甚详细。在后人看了，自然有许多不明了的地方。经再加上注，自然是有必要。

“注”又是什么？在说文解字上也曾说过：“注，灌也。从水，主声。”诗经上说的：“挹彼注兹”，注就是灌的意思。古人释经以明义的文，也叫做“注”，取义也就在此。但是以注解经，却要知道好像取两个同量的盛水器，用甲器的水，灌注到乙器的里面；或者用乙器的水，再又灌注到甲器的里面；彼此互相灌注，无论如何，却要适如其量；过满了不可，不满也不可。这就是说“以注释经”，注的意义，恰恰和经的意义相合。注字既然从水，经注的注字，本义又正是如此；故注字又不宜作註。註字从言，古时只有记註字作註，如起居註之类便是。后人误认注字和註字相通，不但自己作的书题作註，而且有时把古书上的注字也改作註，已经失了古义，到了宋明以后，或径认註为注的本义了！这虽然是一个小小的枝节问题，但读水经注的人，却不可以为小事而忽略它了！

就上面的解释，我们就立刻明了“水经是一部书”；“水经注却又是一部书”，虽然，后者在书本内仍然保存着水经的原文。

以下就水经和水经注的来源而详述之：

甲 属于官私目录上的记载

隋书经籍志：水经三卷郭璞注。水经四十卷郦善长注。

旧唐书经籍志：水经三卷郭璞撰。又四十卷郦道元撰。

新唐书艺文志：桑钦水经三卷一作郭璞撰。郦道元注水经四十卷。

崇文总目：水经注四十卷郦道元撰。亡其五。

（附记：辟疆按此本元人欧阳玄补正水经序。清胡渭全祖望赵一清皆本之。嘉庆间钱东垣钱侗所辑崇文总目辑释脱此条。）

通志艺文略：水经三卷汉桑钦撰郭璞注。水经四十卷郦道元注。

郡斋读书志：水经四卷汉桑钦撰。成帝时人。水经三卷。后魏郦道元注。

（附记：辟疆按此云水经四卷，四字下脱十字。）

直斋书录解题：水经四十卷桑钦撰。钦，邯郸书目以为汉人，晁氏言成帝时人，当有所据。

文献通考经籍考：水经四十卷。

（附记：辟疆按马氏书皆采晁陈二氏说，不具录。）

宋史艺文志：桑钦水经注四十卷，郦道元注。

乙　属于其他记载与论著的考定

魏书郦道元传：道元撰注水经四十卷。

北史郦道元传：与魏书同。

唐六典注：桑钦水经所引天下之水百三十七，江河在焉。郦善长注水经，引其枝流一千二百五十二。

通典：水经晋郭璞注三卷。后魏郦道元注四十卷。皆不详所撰者名氏，亦不知为何代之书。

玉海：隋志水经三卷，郭璞注。唐志桑钦三卷。旧志云郭璞撰，郦道元注四十卷。后魏人，字善长，博采地志，穷述水源。隋志不言桑钦。晁志云汉桑钦撰，成帝时人。

看了上面所列举的记载，问题就发生了！

一、水经的撰人，是桑钦呢？还是郭璞呢？

二、作水经的人，要不是桑钦和郭璞，究竟是谁？

三、水经注的作者，有郭璞和郦道元两家，郭璞的水经注又是怎样？

这几个重要的问题，要不先得以解决，我们在一千四百年后（郦道元死于公历五二七年）读水经注一书，终究总是一个疑团，不能确切地明白了解这一部奇书；而且在这一部书的里面，也许会发生矛盾的记载。

桑钦撰水经的传说，最早见于记载上，要算唐玄宗时的唐六典，在六典注说:“桑钦水经,所引天下之水百三十七,江河在焉。”后来新唐书艺文志、崇文总目、通志艺文略、郡斋读书志、直斋书录解题和宋史艺文志等,皆把水经题作桑钦撰,这就是桑钦撰水经传说的来源。通志艺文略桑钦上更添上一汉字;据直斋书录解题,郑氏又是根据李淑的邯郸书目;郡斋读书志更申言:“桑钦,汉成帝时人。”直斋又说:“晁氏言成帝时人,当有所据。”至于所据何书,直斋也不能明白指出。今按汉书儒林传:“古文尚书,涂恽授河南桑钦君长。”经典释文:“桑作乘。”是西汉年间确有桑钦其人,但汉书只言其传古文尚书,没有说到他作水经。颜师古的汉书注,也没有说桑钦是在成帝时,如果桑氏是成帝时人,则水经当是西汉末年的作品;班固在东汉根据刘歆七略作了一篇艺文志,西汉末年刘向扬雄的书,班固都替他补入,为什么单单又遗漏了桑钦水经;要是说班氏没有见到桑钦水经,但汉书地理志里面,明明引了许多桑钦说。这些都是可疑的事。

水经既假定是桑钦的作品,郦道元在五百年后替桑钦作注,何以在他序文绝未提到?郦氏不但不提到桑钦作经,而且在他的水经注内,时时引用桑钦的话,就算桑钦除了水经以外,还有其他的地理书,也不应直斥其名。向来怀疑而加以驳斥的,我且举出二家:

宋时姚宽的西溪丛话上说:

> 水经世以为桑钦撰。予读易水注云:“易水迳其东南合滱水,故桑钦曰,易水出北新城西北,东入滱,自下滱易互受通称矣。”又广阳县溪水,亦引桑钦说,且水经正文,皆无此语。恐非桑钦撰,当别有书也。古书散亡,良可叹已!

清胡渭禹贡锥指例略上,也说:

> 水经非桑作,愚更有一切证。郦注于漯水,引桑钦地理志,又于易水浊漳水,并引桑钦。其说与汉书无异。乃知固所引即地理志,初无水经之名,水经不知何人所作?注中每举本文,必尊之曰经,使此经果出

于钦，决无直斥其名之理。盖钦所撰名地理志，不名水经也。

就上面两家的话总括起来：姚氏是根据郦注易水和广阳县溪水，曾引桑钦之说，断定水经非桑钦所作，桑钦当别有书。——辟疆按广阳溪水，即二十九卷沔水陵阳县东溪水下引桑钦说，因上文郦注陵阳县，晋咸康四年改曰广阳县，姚连下文溪水又北读之，遂有小误。赵一清谓："姚宽所引郦注广阳溪水，是濡水篇温溪下，非广阳溪水也。"赵失考矣。胡氏更据河水五漯水，引"桑钦地理志曰，'漯水出高唐'"，据此证明桑钦所撰为地理志而不是水经。姚胡两家话，在原则上我很赞同，但对于胡氏的结论，我却认为不对。我们再证以汉书地理志。班固在他的地理志里面，引桑钦之说，凡有七处：（一）上党屯留下云："桑钦言绛水出西南，东入海。"（二）平原高唐下云："桑钦言漯水所出。"（三）泰山莱芜下云："禹贡汶水出西南，入泲。桑钦所言。"（四）丹阳陵阳下云："桑钦言淮水出东南，北入大江。"（按此淮水即今大通河。）（五）张掖删丹下云："桑钦以为导弱水，自此西至酒泉合黎。"（六）敦煌效谷下云："本鱼泽也；桑钦说。孝武元封六年，济南崔不意为鱼泽尉，教力田以勤效得谷，因立为县名。"（按此条效谷下，有"师古曰"三字，何焯谓此乃小颜注。胡渭乃谓"师古曰"三字为后人所妄加，此言非师古所能引。玉海第二十卷，并载之，故阎若璩胡渭皆从之。辟疆案准泰山莱芜下班注例，当在桑钦说截句。"师古曰"三字，当在孝武元封六年句上。此句下非桑语也。）（七）甲山北新城下云："桑钦言易水出西北，东入滱。"在这些所引桑钦的说，都不见于水经正文；在郦注里面，却泰半和班引相同。如：（一）见浊漳水。（二）见河水五；作桑钦地理志曰。（三）见济水；但桑钦误作李钦。（辟疆按全赵戴三家皆不据班志改正，极可怪。千虑一失；可见著书之难）。（四）见沔水东溪水下。（五）水经今本无弱水；但史记索隐夏本纪，却有引水经文，恰与此略同，惟不言是桑钦说。说文溺下，亦有此文，但不载水经，却言桑钦所说。（六）见易水。在郦注里面所引的桑钦说，除了（六）效谷鱼泽不见本书外，其余都和班志略同。可见善长作注，无处不是奉班为依归。郦注里面常常引班氏地理志，而桑钦地理志，却只有在河水五里面仅仅一见，其余皆作桑钦。（卷十四濡水下，亦引桑钦说卢子之书。）却无更引桑钦地理志之语。我以为班志言漯水，在东郡东武阳下，既言“禹治漯水东北至千乘入海”，是班氏自己的考定。在平原郡高唐下，又言“桑钦言漯水所出”，是班氏举桑说以存异闻。郦氏既本班志，而桑说恰好又为班志所引，故在他的河水注五的注里面，遂连桑钦和地理志并两存之，以见所本，并非说桑钦所撰的地理志。详稽班志，细玩注文，文义明显。胡氏据此单本孤证，一口断定桑氏的书，名曰地理志，可谓毫无根据。

桑钦既然不作水经，又未尝别有地理志一书，那么，汉志和郦注及其他书上所引的桑钦说，却从何来？我敢肯定地答复这一问题：汉书儒林传上，不是明明白白地说河南桑钦君长，是从涂恽受古文尚书吗？在汉代的经学家，虽然尽有许多不传于后世的章句和传注，但是单辞只义，是仍然有后人不断的口授，韩诗虞易，就是最好的例证。桑钦既然是传授古文尚书，他说尚书的口义，在东汉初年，班固是可以见到。班志里面所引的桑氏说，必是从桑钦的古文尚书引来。我们只要看绛，泲，漯，汶，弱，滱，这些水名，哪有一水不见于尚书禹贡，就可了然无疑了！

复次，谈到晋郭璞撰水经：

郭璞作水经的传说，最早见于记载上，要算旧唐书经籍志。旧唐志上说：“水经三卷，郭璞撰。”新唐书艺文志上，却说：“桑钦水经三卷，一作郭璞撰。”在两唐书志中，显然有两种不同的说法：旧唐志说得那样肯定；新唐志仍然沿袭唐六典，定水经撰人是桑钦，下面加上“一作郭璞撰”五字，这里所说的“一作”二字，至少含有怀疑的成分，却不尽依旧志。到了南宋末年的王应麟氏，在他所著的困学纪闻上说：“水经所载及魏晋，疑出于璞。”王氏的“疑”，和新唐书的“一作”，是没有分别。元朝欧阳玄补正水经序，在序文上说：“借曰旧唐志可据，则作者南人，注者北人；在唐时皆有此疆彼界之殊，又焉知其详略异同，不限于一时闻见之所逮。”后面又把景纯、道元、正甫并举。（按正甫，即作补正水经之金礼部郎中蔡珪字）。故清初黄宗羲今水经自序，言："欧阳原功谓郭璞作经郦善长作注。"据此，是欧阳玄已肯定水经是郭璞所作。郭璞作水经，既然有旧唐经籍志作为根据，又得新唐志和王应麟的怀疑是郭璞撰，最后更得欧阳氏将景纯、道元并举；于是元明以来，就有不少的学者文人，在他们的著述上，时说郭璞水经。这就是晋郭璞作水经传说的由来。

水经疑为是晋郭璞所作，其最有根据的理由，就是因为水经里面有许多西汉以后的地名。这些地名，不是西汉成帝时的桑钦所能前知。首先提出疑惑的人，是唐人杜佑。杜氏在他所著的通典上说：

> 按水经，晋郭璞注三卷；后魏郦道元注四十卷。不详所撰名氏，亦不知为何代之书。又其经云："济水过寿张。"则前汉寿良县，光武更名。又："东北过临济。"则前汉狄县，安帝更名。又云："荷水过湖陆。"则前汉湖陵县，章帝更名。又云："汾水过河东郡永安。"则前汉彘县，顺帝更名；故知顺帝以后纂序也。详水经所作，殊为诡诞，全无凭据。按后汉郡国志："济水，王莽末，因旱渠塞，不复截河南过。"既顺帝时所撰，都不详悉，其余可知。

杜氏这一说，虽不主张水经是郭璞作，但是他首先打破水经不是西汉年间作品；桑钦作经的传说，是直接受他说的影响。至于说到水经里面有许多魏晋的地名，而疑为晋人郭璞所作，则自南宋王应麟始。王氏在他所著的困学纪闻上说：

> 愚按经云："武侯垒。"又云："魏兴安阳县。"注谓："诸葛武侯所居。"魏分汉中立魏兴郡。（辟疆按此二事，一见沔水注，一见沔水经文。）又改信都从长乐；则晋太康五年也。（辟疆按此见河水五注文，又东北迳长乐枣疆县故城东。）非后汉人所撰。隋志云："郭璞注"，而不著撰人；旧唐志云："郭璞撰。"愚谓所载及魏晋，疑于璞也。

王应麟这一说，是又本着杜佑的论证法，而下推到水经上有魏晋的地名，疑旧唐志郭璞作经之说，似为可据。但是王氏虽然疑为郭璞，在他所举出的三条证据，并不健全。为什么呢？因为武侯垒和长乐这两条，是注文，不是经文。（辟疆按此书经注混淆，是在北宋元祐以后，即赅博如深宁，亦不能详正其失也。）沔水内又东过魏兴安阳县南，确是经文，但是赵一清的水经注释，此一条经文下，有："一清按观道元释魏兴安阳之文，此条经文，疑后人所续增。"是这一条也尚有疑问？（辟疆按戴氏官私两本皆作经。）王说虽不尽可靠，但王氏毕竟是学术界的权威，自有他这一提示，到了元明两朝，也就有不少的学人，更不复辨别他的错正，而一致认郭璞是水经作者了！

水经不是晋郭璞所作，最先提出抗议的是阎若璩。阎氏在他所著的尚书古文疏证上说：

> 通典以水经所载地名，有东汉顺帝更名者，知出顺帝以后纂序。王伯厚又因而广之，下及魏晋地名，疑旧唐志作郭璞撰者近是。余请一言以折之曰："璞注山海经，引水经者八。此岂经出璞手哉？"即郦氏于济水，引郭景纯曰，又云经言。因亦自判而二之。近黄太冲撰今水经序文，竟实以璞著，惜不及寄语此。

后来赵一清氏更就阎说而辨析之，他说：

> 郭璞注山海经，引水经者八：（一）南山经：青邱之山。注云："亦有青邱国，在海外。水经云：即上林赋云，秋田于青邱"。（辟疆按今本水经注亡此条，玩其词，亦不似经文。）（二）西山经：积石之山。注云："水经引山海经云：积石山在邓林山东，河所入也。"（辟疆按此条见水经注四十卷，禹贡山水泽地所在篇注内。戴震谓郭注山海经引此，又后人所托，不足据。）（三）北山经：碣石之山。注云："水经曰：碣石山，今在辽西临渝县南水中；或曰：在右北平骊成县海边山。"（辟疆按"碣石山在辽西临渝县南水中"句，见本注四十卷禹贡山水泽地所在篇，是经文。）（四）中山经：末山，末水出焉，北流注于役。注云："水经作

沫。”（辟疆按此条见本注二十二卷渠水注内。毕沅校山海中次七经，删去旧郭注“水经作沫”四字，谓此后人附入，则郭注为后羼入者多矣。）（五）海内东经：汉水出鲋鱼之山。注云：“书曰，嶓冢导漾，东流为汉。按水经，汉水出武都沮县东狼谷，经汉中魏兴至南乡，东经襄阳至江夏安陆县入江，别为沔水；又东为沧浪之水。”（辟疆按沔水出武都沮县东狼谷句为经文。以下错举经注。）（六）沅水。注云：“水经曰：沅水出牂柯且兰县，又东北至镡成县为沅水；又东过临沅县南：又东至长沙下嶲县。”（辟疆按此条见本注三十七卷沅水，是经文。）（七）洛水。注云：“尚书曰：导洛自熊耳。按水经：洛水，今出上洛冢岭山，东北，经宏农至河南巩县入河；成皋县，亦属河南也。”（辟疆按此条见本注十五卷洛水注，但东北经宏农，亦不见注。）（八）济水下，注云：“诸水所出，又与水经违错，以为后山川，或有同名而异实，或同实而异名，或一实而数名，似是而非，似非而是；且历代久远，古今变易，语有夏楚，名号不同，未得详也。”凡此八条，济水下云云，系郭自撰述，中惟沅水碣石二条，合于水经耳。他如青邱之文，今本脱亡，疑是注，非经也。汉水所引，错举大略，南乡魏兴之名，又非桑氏所知。（辟疆按魏兴郡三国魏置。故城在今陕西安康县西北。南乡，本后汉置县，属南阳郡，今河南淅川县东南。三国魏时，置南乡郡，则辖地南迄襄阳矣。）盖后来经注混淆之故。洛水下引水经云：“出上洛冢岭山。”今考水经云：“出京兆上洛县讙举山。”郦注乃云：“出冢岭山”耳。东北经宏农之文，亦不见经。至于积石末水，一在四十卷禹贡山水泽地所在注中；一在二十二卷渠水出荥阳北河注中。其为郦注无疑，而景纯引之。景纯以晋明帝大宁二年为王敦所害，下迨拓跋孝昌之朝，几二百余载；大抵容有羼入之辞，非其旧矣。宁可执是以为左证耶？然水经本非璞撰，璞但有注三卷。且太冲亦不云是璞，但引圭斋之语耳。潜邱竟未审视也。

赵氏的辨析，虽然说郭璞的山海注内所引水经八处，只有沅水、碣石两条是经文，其余大半是注，而且有后人羼入的嫌疑，不能作为郭璞引水经有力的证据。但是他的结论，仍然是主张郭璞未尝作水经，是和阎若璩的抗议，大体相同。

我今就上面所引诸家辨正和我私人的意见而断定之：（一）郦注里面，常常引用郭景纯的说，假如水经是出于郭璞所撰，郦氏似无直斥其名之理。这一说与前段胡渭驳水经非桑钦所撰正同。（二）郦氏水经注自序，大典本尚保存全文，如果经出于璞，郦氏在自序里何以不提。（三）郭璞注山海经，曾引用水经八条，至少有两条可信。假如水经为郭自撰，不应自引其说。（四）水经自经全赵戴三家分别整理后，真本水经，却无西晋时的地名。有了这四大证据，郭璞不作水经，更何用疑。

桑钦和郭璞，都不是水经的撰人。然则水经究竟是哪一个撰的？以下就可讨论这一问题了。

桑钦撰水经的传说，有唐开元时所撰的唐六典可凭；郭璞撰水经的传说，有五代时刘昫所撰的旧唐书经籍志可据；但是再要别寻出另一个人撰水经的传说，在向来记载上是找不出的。那么，我们只好用杜佑的方法，从水经本文所载及地名，看他的叙述到何时为止，然后根据研讨的结果，姑且定下来，“这一部书是何时人撰集”，这只算是无法解决的一个解决。

杜佑究竟是一位好学深思的学者。他既已列举出经文上有寿张、临济、胡陆、永安这四个县名，是东汉时所改称，而断定水经是东汉顺帝以后人所纂序。一直到了清代乾隆年间，全祖望在他的五校本水经注题词上说：

> 水经为三国时人所作。

同时戴震在他所校的官本提要上更指出些证据，他说：

> 水经作者，唐书题曰桑钦。然班固尝引钦说，与此经文异。道元注亦引钦所作地理志，不曰水经。观其涪水条中，称广汉已为广魏，则决非汉时。钟水条中，称晋宁仍曰魏宁，则未及晋代。推寻文句，大抵三

国时人。今既得道元原序，知并无桑钦之文，则据以削去旧题，亦庶几阙疑之义。

又在他私撰本序文上，更断定是三国时魏人。

善长于经文涪水至小广魏，解之曰："小广魏，即广魏也。"于锺水过魏宁县，解之曰："魏宁，故阳安也。晋太康元年，改曰晋宁。"然则水经，上不逮汉，下不及晋初；实魏人纂叙无疑。

水经为三国魏人所撰，戴氏已发其端，后百三十年，杨守敬在他所著的水经注疏凡例上，更切举三证，以证实戴氏魏人作经之说。他说：

自阎百诗谓郭璞注山海经，引水经者八，而后郭璞撰水经之说废；自水经注序出，不言经作于桑钦，而后来附益之说为不足凭。前人定为三国时人作，其说是矣。余更得数证焉：（一）沔水经，东过魏兴安阳县南。魏兴为曹氏所立之郡，注明言之。赵氏疑此条为后人所续增，不知此正魏人作经之明证。（二）古淇水入河，至建安十九年，曹操始遏淇水，东入白沟；而经文明云：东过内黄县南为白沟。此又为魏人作经之切证。（三）又刘璋分巴郡，置巴东巴西郡，而夷水漾水经文，只称巴郡。蜀先主置汉嘉郡涪陵郡，而若水延江水经文，不称汉嘉涪陵。他如吴省沙羡，而经仍称江夏沙羡；吴置始安郡于始安，而经仍称零陵始安。盖以为敌国所改之制，故外之。此又魏人作经不下逮晋代之证也。

杨氏所指出的三个证据，更较戴氏所说为明确。自有了这三个证据，则水经一书，是三国时魏人所撰序，更无疑义了！

最后就要略说郭璞的水经注了！

郭璞有撰水经的传说，同时还有郭璞水经注的传说。璞注水经三卷，在隋书经籍志已有明文；五代时刘昫旧唐书经籍志，亦载有水经三卷郭璞撰。

后来目录，有郭注水经，多本于此。但唐时杜佑的通典上，却说："水经晋郭璞注三卷，后魏郦道元注四十卷。佑谓二子博赡，解释固应精当，访求久之，都不详悉。景纯注解，又甚疏略，亦多迂怪。"这是首先抨击郭注之第一人。

郭璞的水经注，杜佑是曾访求读过的人。据杜氏通典所说，他不但见了郭璞水经注，而且能指出他的疏略和迂怪。我们现在只看见郦道元的水经注，并没有看到郭璞的水经注，是郭璞注水经，早已亡佚。至于他亡佚的时候，据王应麟困学纪闻，他说："今郭注不传。"是郭氏所注水经，在南宋末期已亡佚了！

"郭注水经，是果真亡佚了吗？"由宋末到清初，都承认了郭璞有水经注，却没有人提出这一个疑问。到了清中叶乾隆四十九年，毕沅校正山海经，他在山海经篇目考一文上曾说：

> 海内东经篇中，自岷三江首，至漳水入章武南，多有汉郡县名。据隋书经籍志云：水经三卷，郭璞注；旧唐书经籍志云：水经三卷，郭璞撰。此水经，隋唐二志，皆次在山海经末，当即海内经中文也。又有水经四十卷，郦善长注。乃桑氏之经。（辟疆按此毕氏之误。）杜佑不知郭注是海内东经中水经，乃云水经郭璞注三卷，后魏郦道元四十卷，皆不详所撰者名氏，亦不知何代之书，是以二经为一，又引经云：济水过寿张云云（见前）而责景纯注解疏略，是以郭璞为注桑氏之书。其谬甚矣。

在山海经海内东经后，又附按语说：

> 右自岷江三江首已下，疑水经也。……此水经，隋唐二志，皆次在山海经后，又是郭注。当即此也。

据毕沅所说，是郭璞水经注，即山海经海内东经里面的岷三江首以下之文。杜佑不知郭注为海内东经之水经，而与郦注桑经并举，是合二为一；又责景纯注解疏略，其谬益甚。这一说是向来学者所未尝说过，颇为新异。依照毕氏的说法，郭璞水经注三卷，是到今仍然存在。王深宁说："郭注不传"，是不能不说他读书疏忽，虽然他是一个好学深思的有数学者。

但是，我的意思，却又与毕说微微不同。在我初次读毕校山海经时，极为赞同毕说，其原因也是因为毕氏著书，大半是孙星衍、洪亮吉、汪中、庄炘诸人的手笔，这一般人不无所见。后来却是常常怀疑：（一）山海海内东经，大半虽然述水道，却无水经之名。（二）海内东经，既然是山海经内的篇目，当然附山海经以行，何以郭璞又别出此水经而为之注？（三）隋唐二志在地理一类，著录古代地理书，当然在山海经后，接次水经和水经注，这是著录应有的义例，这也不能作为郭注水经就是山海经内的水经注切证。（四）山海海内东经，岷三江首以下，叙次海内水道，寥寥二十七条，篇中郭注也只有三十余条，这一个短短的篇幅，也决非隋唐二志三卷之旧。有了这几个疑问，可以断定今本海内东经记水和郭注，决非杜佑所看见的郭璞三卷的水经注。那么，郭注水经，从何而来？我敢肯定地答复：郭璞固然未作水经，也并未尝注水经，注水经者，只有郦道元一家。晋书郭璞传，备载他所著的洞林、新林、卜韵、尔雅注释、音义、图谱、三仓、方言、穆天子传、山海经和楚辞、子虚、上林诸注，最为详细，也并无水经注一书。我以为唐时所流传的郭璞水经注，是必因为郭氏山海经内，有不少的水道注释，不知何时何人从海内东经和其他篇里面说水道之文，刺取而系于旧传桑氏水经的下面，而仍其三卷之数，所以唐时遂流传郭氏水经注一本。我又想到隋唐以前造为此注的原因：（一）隋唐间不大重视郦注，而郭璞名大。（二）郦氏文繁，郭注简要。这两大原因，就是唐时流行郭注水经的缘故。宜乎杜佑讥其疏略迂怪了。我们只要看应劭所著的汉书集解，本来就是专为班书而作，不知何时何人把应氏的书移入荀悦汉纪的下面。故新唐书艺文志史部编年里面，遂别出“应劭等注荀悦汉纪三十卷”。应劭和荀悦都是汉献帝建安时的人（应劭卒于建安九年，荀悦卒于建安十四年），这不是更可笑的例证吗？

现在，我们根据上面的分析作一简短的结论：

桑钦并没有作水经，在汉书地理志和郦注及其他书上所引的桑钦说，是从他所遗留的古文尚书说引来；桑钦是从涂恽受古文尚书，汉书儒林传上是有明文的。

郭璞始终未作水经，向来传说，无论从何方面，无从取证。水经的作者，从戴震和杨守敬的证明，是三国时的魏人；但作者姓名不可考。

郭璞亦未尝注水经，其注水经的传说，出于唐人取郭璞所注的山海经内海内东经和其他篇里面说水道的，刺取而系于桑氏水经三卷的下面，故有水经郭注三卷的传说；实皆不足据。

（原载《江海学刊》1958 年第 1 期）

关于《西厢记》的创作时代及其作者

陈中凡

元人杂剧中有很多作品是富于思想性和艺术性的；而足称为一代代表作、至今仍受到广大读者欢迎的，当推《西厢记》。关于《西厢记》的创作时期和作者问题，明清以来的读者曾作过不少探索，但至今仍未能得出明确结论。本文试就各家不同意见，对这一问题作一探讨。

从元曲著录看作者问题

《西厢记》的著录，始于元人钟嗣成。钟氏于至顺元年（1330）著《录鬼簿》，于“前辈才人有所编传奇行于世者”的王实甫名下，著其剧作有十四种，以《西厢记》为首选。王氏曾著《西厢记》杂剧，原本《西厢记》出于王手，这是无可置疑的。但是，有人认为《录鬼簿》于王氏《西厢》目下，并未注明几本，而且元人所作杂剧从未有两本以上的。如在李文蔚《谢安东山高卧》下，《录鬼簿》注“赵公辅次本，盐咸韵”。赵公辅名下也有此目（据曹栋亭刊本）。明人朱权《太和正音谱》则作《东山高卧》二本，在赵公辅、李文蔚二人名下都有此目。足见元人所作杂剧都为一本，其有“次本”或“二本”者，必为两人同名之作。其实这也不能一概而论，如吴昌龄的《西天取经》，《太和正音谱》即作“六本”。因此不能据此断定王氏《西厢记》原剧也只有一本。本数问题虽不能动摇其为王著，但至今读者仍提出《西厢记》作者质疑的问题。[①] 所以《西厢记》作者到底是谁，还值得我们进一步研究。

元人论到《西厢记》的，有周德清。周氏于泰定甲子年（1324）著《中原音韵》，其“自序”说：

> 乐府之盛、之备、之难，莫如今时。……其备，则自关、郑、白、马，一新制作。……其难，则有六字三韵，“忽听，一声，猛惊”是也。

周氏所举“六字三韵”句，见《西厢记》第一本第三折《麻郎儿·么篇》。他既称“其难”，当已读到此剧；而他品评当代曲家，仅举“关、郑、白、马”四人，独摈王实甫于四家之外。明朝王世贞、王骥德并谓周说不足为定论。于此可知，周氏所见原本《西厢》和现在传世的五本《西厢》，尚有相当的距离。《中原音韵》一书中虽引用其中只言片语，加以赞赏，但原剧全文，尚未能引起他的重视，故未把王实甫和“关、郑、白、马”并列为元代五大曲家。由此推知，《西厢》原本虽出于王手，当时还不是著名的剧目，今传的《西厢》五本剧，则是由后期曲家增益、润饰、扩充而成。详细论证当在下文一一叙述。

明人著录《西厢记》属于王实甫的，始于朱权。朱氏于明洪武戊寅（1398）著《太和正音谱》，在“群英所著杂剧”王实甫名下，谓著有《西厢记》，虽也未注明几本，而其乐府《越调·拙鲁连》中引《西厢》第三折“恨不能、梦不成”一曲，又于《小络丝娘》中引第十七折“都只为一官半职”一曲（今本第十六折），大体和今本符合。故朱氏论“古今群英乐府格势”说：

> 王实甫之词，如花间美人。铺叙委婉，深得骚人之趣，极有佳句，

① 赵景深：《西厢记作者问题辨正》：“看到《逸经》第十九、廿四、卅四各期，魏复乾、贾天慈、退翁诸家对关于《西厢记》作者的讨论，魏氏主张关汉卿作，董珪续。贾氏仍主张王实甫作，退翁主张关汉卿作，王实甫仅补《围旗》一折。我同意贾氏的主张。”（引见谭正璧：《元曲六大家略传》一三四页）最近周妙中提出《西厢记作者质疑》，载《文学遗产增刊》第五辑。

若玉环之出浴华清，绿珠之采莲洛浦。

这是说王的剧作属于绮丽纤秾的文采派，所以比之为“花间美人”。进而说其绮思俊语，“若玉环之出浴华清，绿珠之采莲洛浦”，可以说是善于取譬，品评得恰如其分。

接着，断定《西厢》出于王实甫之手的，还有贾仲明。贾氏虽生于元至正三年（1343），但他到明永乐廿年（1422），才就钟氏《录鬼簿》上卷，补写吊各家的《凌波仙》词。其吊王实甫云：

……作词章，风韵美，士林中，等辈伏低。新杂剧，旧传奇，《西厢记》，天下夺魁。

其时距钟氏作书已九十二年，正是《西厢》由原本改编为今本、由提高而到更加绚烂成熟的时期。贾氏据当时流行的传本《西厢》五剧，推崇王实甫为“士林中等辈伏低”，又说“《西厢记》天下夺魁”，这种论断，在当时是有根据的，不能认为过分夸张。

但是，由于它的传本分歧错杂①，和五本剧《西厢》中前后自相矛盾，因此不能不使明代中期以来的读者提出不同的见解。明弘治间都穆（1459—1525）的《南濠诗话》和嘉靖间王世贞（1526—1590）的《曲藻》，都以为前四本出于王氏，后一本为关汉卿所续。郭勋《雍熙乐府》卷一九《满庭芳》曲收无名氏《西厢十咏》，则以为由关汉卿撰述于前，而王实甫“堪于后人述”于后。到王骥德、徐渭、朱石津、凌蒙初诸家，才决定为王实甫之作。这班读者，对于《西厢记》的作者众说纷纭，莫衷一是，终不明《西厢》原本虽出于王氏，而今传本《西厢》，则为元代后期曲家逐步改编而成。

① 郑振铎：《〈西厢记〉本来面目是怎样的》说：“从方历诸刊本始，到清人金圣叹改定的《西厢记》为止，现在可以得到的凡廿六种。”（见《中国文学研究》第三卷，作家出版社印本）

今传本《西厢记》和王实甫剧作的比较

试以今本《西厢》和王氏剧作作一比较。如果二者出于一人手笔，则其思想水平和艺术成就应当彼此接近，就不会有过远的差异，甚至发生如下的抵触。

现在先从主题思想看：《录鬼簿》载王氏剧作存目十四种，除《西厢》而外，现存有《四丞相歌舞丽春堂》和《吕蒙正风雪破窑记》各一本。《丽春堂》演女真王朝丞相乐善和统军李珪同到御园中赴射柳会，互相争执，乐善因殴打李珪，被削职贬到济南。后以乐善平定内乱复官，又赐宴丽春堂，由李珪负荆请罪，两人重归于好而结束。主题是写文武官员释嫌和好，歌颂当朝官吏，思想水平是不高的。《破窑记》是写洛阳刘员外女儿月娥抛彩球择配，嫁给吕蒙正的故事。这个剧目虽以士人的婚姻为主题，而实质上只是属于盲目婚姻。即以刘月娥困守破窑，耐心等候吕蒙正发迹而论，也不能超出封建道德的规范。和《西厢》那种反抗封建礼教，追求以爱情为基础的自主婚姻，实在不能同日而语。就王氏现存这两个剧来看，其思想水平和今本《西厢》是距离很远的。两者不可能出于同一作者，显然可见。

再就曲词的风格来看：日人青木正儿的《元人杂剧序说》把王氏划归元代“初期的文采派”，以为《丽春堂》“曲词典雅”，足和《西厢》相媲美。我们认为《丽春堂》前两折写女真王朝的宫廷生活，虽间有典丽之曲，但察其全剧，则仍属本色派的风格。如第一折《仙吕·哪吒令》“俺如今要取讨呵有普察副统”一支，《鹊踏枝》“衲袄子绣搀绒”一支，《胜葫芦》“不剌引马儿先将箭道通”一支，以及第二折《中吕·满庭芳》《耍孩儿》各支，至第四折《双调》套曲①十七支，写其家庭生活，词更朴素俚质。王氏以本色为基础，但为了体现正末老丞相在不同环境下的思想感情，也间用几支清雅的

---

① 明何良俊《四友斋曲说》说王氏《双调》中《相公爱》《古都白》《唐兀歹》等曲牌，皆是胡曲。

曲词，以表现其心情变化。如果据此说王实甫杂用文采和本色两套曲词，没有统一的风格，固非确论；至于把王氏划入文采派的范围，则尤为失当。

王氏《破窑记》全部曲词，更是朴质真切。如第一折《仙吕·醉中天》："您孩儿心顺处便是天堂。"第二折《正宫·尾声》："您若提一个瓦罐来，我也怨不的你。"第三折《中吕·普天乐》："但得个身安乐，还家重完聚，问什么官不官，便待怎的?"第四折《双调·梅花酒》："帘儿后猛揭开，见低首擎颏，我挽耳揉腮，有口难开。"都是运用俚语，真切地传达出女主人公家贫耐苦的心境。由此可知，其全剧皆用朴素白描的语言，纯为初期本色派的风格；与绮丽纤秾的《西厢记》分道扬镳，似非同一作家的笔墨。我们不能舍《破窑记》全剧不谈，只从《丽春堂》中寻章摘句，轻率地把它归于文采派作家之列；犹如不能从《西厢》中摘出第一折《仙吕·元和令》"颠不剌的见了万千"等句，便说《西厢》属于本色派的剧作一样。只有全面研究王氏剧作，才不会犯以偏概全的谬误。

再从元杂剧的表现形式来加以比较：今本《西厢记》和王氏其他剧作更有显著的区别。元杂剧是舞台上的表演艺术，它的创作格局是在长期的舞台实践中形成的，有它自身的发展过程，尽管它未必完备，甚至束缚、妨碍着艺术的发展；但是元代初期作者总是遵循这些规格的。王实甫当然不能例外。

现存的王氏的《丽春堂》和《破窑记》两剧，是依照元初杂剧一本四折的旧例来写的，推知其《西厢》原本也还是和这两剧一样。但今传《西厢》的第二本则为五折，可见其和元初杂剧的写作体例不同。明朝王骥德、陈继儒刊本因其不符旧制，乃把第六折《正宫·端正好》一套（即今本第二本第二折），归并于第五折《仙吕·八声甘州》（即今本第二本第一折）之中，合为一折，以求符合一本四折的常例。殊不知，这是两套不同宫调的套曲，何能并为一折？至凌蒙初用周宪王刊本，全剧分为五本，把《端正好》一套作为《楔子》，置于第二本第一折之后，使第二本仍为四折。不知道楔子只用一二支散曲，哪有用整本套曲的？故沈宠绥《弦索辨讹》便把《仙吕·八声甘州》一套作为一折，题为《求援》；《正宫·端正好》一套另为一折，题为

《解围》。这样，第二本便有五折，不合一本四折常例。这非但和王实甫其他剧作不符，而且元初各家剧目也全无此例。① 但是，这也不是绝无例外，如《录鬼簿》“张时起：《秋千记》”，曹本和孟本都作《秋千记》六折；则王氏《西厢记》也可能属于这例外之一种。

又元初杂剧都遵用一本一人独唱之例。如《丽春堂》为末本剧，全剧便由正末一人主唱。《破窑记》为旦本剧，即由正旦主唱，而其第一折《仙吕·金盏儿》后，由大净、二净唱《金字经》一支，则为净（丑）唱的插曲。故《孤本元明杂剧》复排明抄内府本，把这支插曲低二格写出，知其不在正曲中，以免违背一人主唱的定例。

今本《西厢》第一本为末本剧，由张生主唱，而其楔子却由崔夫人和莺莺各唱令曲一支。第四折中莺莺唱《锦上花》一支，红娘唱《么篇》一支，既不是净唱的插曲，而由同为主角的莺莺和红娘的旦角来加唱，都不合元初剧作的规律。又第二本各折，由莺莺、红娘、惠明分唱，同样不合常例，第三本由红娘主唱，为旦本剧，其第四折中张生唱《调笑令》一支；第四、第五本由红娘、张生、莺莺各分唱一至二折；而其第四本第四折由张生、莺莺互唱，第五本第四折由张生、莺莺、红娘互唱。这些都是突破元曲严格的陈规，为后期作家逐渐走向自由运用互歌叠唱的方法开辟了道路。② 因此，近人说它是元朝中叶以后，杂剧根据地南移至杭州，因受到南戏的影响而发生的变化。实为“由元杂剧发展为明传奇戏过渡时期的剧作”。③ 再从文词方面看，其由朴素趋于雅丽，“带有更多的南宋词人的脂粉气息”④，也是显见的例证。不过，曲词和文词都是为主题思想服务的。元曲根据地由北方的大都逐渐经河南、苏北等地，南移到杭州、嘉兴，正如王国维《宋元戏曲考》“就杂剧家之里居研究表”所示，是先接受了新兴都市的市民思想意识，发生了

① 《赵氏孤儿》在《元刊杂剧三十种》中，原为四折，其第五折出于明代人增益，不足为据。

② 关于“元杂剧一人独唱的例外”，赵景深《元曲札记》说得较详，本文不及叙述（见《读曲小记》，中华书局印本）

③ 见周妙中《西厢记作者质疑》。

④ 王季思：《从莺莺传到西厢记》，上海古典文学出版社。

强烈的反封建的要求，而后才能毫无顾忌地打破旧程式的束缚，走向发展变化的新途径。

今本《西厢记》和董解元《西厢记》诸宫调的比较

有人以为拿今本《西厢》和王氏现存两剧比较，在思想性和艺术性两方面都有极大距离，已可断定今本《西厢记》不是王实甫所作；今本《西厢》乃根据董《西厢》改编而成，其表现形式虽彼此不同，但主题思想仍沿用董氏原著，故和王氏其他两剧不能等量齐观。这种论证也有它的理由。其实不然，我们认为两书不仅表现形式不同，即在主题思想方面也有很大差异。现就董、王两《西厢》作下列比较，看其是否完全一致。

董、王两书都根据唐人元稹《会真记》传奇文改写。它们的题材虽同，而所塑造的人物形象则各有其性格特征，因此两书所表现出来的思想内容也就有了极大的悬殊。试就女主人公莺莺来看：

董《西厢》叙张生游普救寺初次惊艳时，“佳人见生，羞婉而入”；当时莺莺心目中并未留意到张生。张生住到寺中，夜中行至“莺庭侧近”，对月口占小诗一绝，莺莺不知吟者为谁，即天真地依韵酬和，引得张生“手撩着衣袂，大踏步走至跟前，早见女孩儿家心肠软，唬得颤着一团，几般来害羞赧”。作为一个贵族家庭的千金闺秀，应当有这样的表情。她不会遇到异性就一见倾心，而张生也无从与之接近。后来在道场中重见莺莺，张生虽“骋无赖”，“觑着莺莺眼去眉来”，而他所得到的反映，却是“被女孩儿不理不睬”。莺莺依然保持她贵族闺秀的身份，冷静的态度也未尝改变。莺莺出场之初，除天真无邪地隔墙和诗而外，见到张生走来，就“唬得颤着一团”，万分“羞赧”。董氏所描绘的莺莺是矜持不苟，并无其他表情的（以上见《董解元西厢记》第一本）。

今传本《西厢》就董氏《西厢记》诸宫调加以创造性的改编，使书中主人公各以崭新的面貌出现，思想内容已提到更高的水平。

今传本叙张生“正撞着五百年前风流业冤”之初，张生就因“她临去秋波那一转”，感到她“眼角留情”。这虽是张生的主观感觉，实因她“不合临去也回头儿望”，才不觉“风魔了张解元”。王实甫这样生动活泼的描写，便和董本所谓“羞婉而入”，含情不露的莺莺有了很大的差异。

至红娘听张生说：“（我）年方二十三岁，正月十七日子时建生，并不曾娶妻。”回宅就转告莺莺，笑：“世上有这等傻角！”莺莺听到并不见怪，反笑着教红娘：“休对老夫人说。”居然曲加原谅，当晚就令红娘安排香案，到花园中烧香祝祷。当听到张生在隔墙赋诗，红娘指出“这声音便是那二十三岁不曾娶妻的傻角”时，莺莺不觉赞赏为“好清新之诗”，当即依韵奉和。由于这“一字字诉衷情”的酬答，张生才“拽起罗衫欲行”，她也就“陪着笑脸儿相迎”。如果不是“不做美的红娘忒浅情”，她“便做道谨依来命”。这里的莺莺不是像董《西厢》里“唬得颤着一团”的莺莺，而是重新塑造的另一种敢于追求自由婚姻的女性了。

到法堂以后，张生忙着“点灯烧香”，莺莺“看在眼中”，便对红娘说：“那生忙了一夜。”张生也同样说：“那小姐好生顾盼小子。”两人更进一步地心心相印。这和董本所说“那女孩儿不理不睬”，真判若两人了（以上见今本《西厢记》第一本）

在董本《西厢》中，当孙飞虎兵困山门，欲抢莺莺为妻，崔夫人闻报昏厥仆地时，莺莺就“请从乱军”。夫人不允，莺莺即拟投阶身死。董本这里刻画的莺莺性格，不免差强人意。在张生驰书杜将军，请兵退贼，事后崔夫人请宴，张生乘酒自媒，遭到拒绝时，莺莺明知他有“许多心事向谁说，眼底送情来”，终慑于“母亲严切，空没乱把眉峰暗结”，不敢有任何表示，只以解嘲的口吻说：“休劝解，我张生哥哥醉也”，教红娘把他送回书斋。这时张生“情似痴，心似狂，这烦恼如何向！”假如不是红娘从中斡旋，崔、张的姻缘，到此就宣告终结了（以上见董本第三本）。

今传本《西厢》于崔夫人不许莺莺从贼后，莺莺随即说：“您孩儿别有一计”，并唱“青哥儿”曲云：

不拣何人，建立功勋，杀退贼军，扫荡妖氛；倒陪家门，情愿与英雄结婚，成秦晋。

许婚退贼之计，是莺莺提出的，当她看到张生献策，即“背云”：“只愿这生退了贼者。”张生也就认她为“浑家”，请她退入卧房。莺莺感激之下，又对红娘说：“难得此生这一片好心。”她热情地希望张生书到成功，以“笔尖儿横扫五千人”，使她得遂“与英雄结婚”的愿望。莺莺的意志明确坚定，和董本的默无一语、旁观冷静的态度完全不同。后来张生赴宴，夫人命红娘唤莺莺出见，莺莺就自诩说：“知他命福是如何？我做一个夫人也做得过。”并唱《乔木查》云：

我相思为他，他相思为我，从今后两下里相思都较可。

这样热情洋溢，表现了她对张生的一片爱慕之心，即将爆发为追求爱情的火花。可是，完全出于她的意料之外，夫人竟命“小姐近前，拜了哥哥者”。这一来，莺莺就顿觉精神受到极大的震撼，惶惑不知所措，不觉破口发出无情的诅咒，唱《得胜令》云：

谁承望这即即世世老婆婆，着莺莺做妹妹拜哥哥，白茫茫溢起蓝桥水，不邓邓点着祆庙火。碧澄澄清波，扑剌剌将比目鱼分破。

可怜的莺莺，在封建礼教压迫之下，无权向母亲提出质问，只有自叹“命薄”而已。

后来红娘为张生设下“琴心写怀”的计划，回宅叫莺莺烧香拜月时，莺莺绝望地答道：“事已无成，烧香无济！月儿，你团圆啊，咱却怎生？”接着，听罢张生自诉衷情一曲后，又不觉凄然泪下，感叹万分地唱《越调·尾声》云：

不问俺口不应的狠毒娘，怎肯着别离了志诚种。

她自誓坚守信誓，绝不肯中途分离。这样的情深似海，岂仅如董本红娘所说“惟凄怨泣涕而已”一语所能形容于万一？（以上见今传本《西厢》第二本）

董本写莺莺听琴后，虽当“夜深人更漏，拥衾无寝。心下徘徊，筹度君瑞哥哥为我吃耽搁”。但她又转念到自己的处境，唱《鹘打兔》云：

> 奈老夫人性情㑇，非草草，虽为个妇女，有丈夫节操。俺父亲居廊庙，宰天下，存忠孝。妾守闺门些儿，凭地便不辱累先考。

莺莺想到她父亲的爵位和母亲的情性，便要谨守闺门，不敢“辱累先考”。她还希望把这种种顾虑托人转告张生，求得对方的谅解，因此在接到张生的诗简时，她虽“低头了一向，读了又寻思”，终于“把宠儿变了眉儿皱”，举起照台，向红娘脸上打去，并骂“张兄淫滥如猪狗”。她这时简直成了礼教的化身，和原先的性格不能统一了。

在盛怒之下，莺莺一面警告红娘“如还没事书房里走，更着闲言把我挑逗，我打折你大腿，缝合你口！”一面又禁不住感情冲动，终于写出了“明月三五夜”的情诗，命红娘送与张生。

张生果“赴莺期约”，以为“今宵待我同欢悦”了。而在莺莺方面，却仍然存在着封建礼教和爱情的矛盾，引起内心的激烈斗争，结果还是前者战胜了后者，以“端服俨容”的姿态，斥责张生“曾读先圣典教”，“非礼之动，能不愧心？愿怀廉耻之心，无及于乱”。这一顿呛白，使张生闷闷地返身书舍，为之心碎。由此病势沉重，便吃灵丹也不能痊愈了（以上见董本第四卷）。

今传本《西厢》写到听琴以后，就没有把莺莺的形象简单化，成为粗野泼辣的女性典型；而是委婉曲折地分析了她内心的复杂尖锐的矛盾和斗争。

红娘明知“小姐有许多假处”，不敢把诗简直接交到她手，只放在妆台上，“看她见了说什么”。果不出她所料，莺莺“开拆封皮孜孜看，颠来倒去不害心烦”，芳心已沉浸在“相思恨转添”的诗简中了。但是，由于她的身份和平日所受的家庭教养，使她在红娘面前不能不有所顾忌，乃顿时“扢皱了黛眉，低垂了粉头，改变了朱颜”。怒声道：“小贱人，这东西哪里来的?”红娘看透了她“撒假”的做作，也毫不示弱，反而要“将这简帖儿去夫人行出首去”。到此，莺莺只得揪住红娘说：“我逗你耍来”，并且转而向她探询张生的病状。当红娘索性指出：“你把这饿鬼弄得七死八活，却要怎么?”的时候，莺莺不禁自愧，感到负心的不安，这才由衷地写出“待月西厢”的酬简。但后来张生遵她的约期，乘夜逾墙，直到湖山石边，再度相遇时，莺莺却又翻了脸，严肃地给了他一顿教训。正由于莺莺有这样的内心矛盾，故对于红娘，一面要她传书送简，探听张生病况；一面又在她面前假充正经。一经红娘反唇相讥，她就无词反驳，只有拿闲话来扯淡。对于张生，她虽衷心热烈地追求，但到了当面，又感到羞涩，急于要回避。剧作者在这里以深入细致的笔触，刻画了莺莺的矛盾心理。这与董本之举镜台掷红娘，骂张生为“猪狗”者，显然有文野精粗之别。而且，这样的来处理莺莺，也就使得后来剧情发展到莺莺的自“荐枕席”，成了势有必至的事，不致使人感到突然了（以上见今传本《西厢》第三本）。

董本《西厢》于相国夫人母子探病之时，亲见张生气绝仆地，“口鼻内悄然没气”，要求“把莺莺留下，胜如汤药”，但未得崔夫人应允。于是张生就忿而悬梁自尽，若非红娘即时拽住，已离开人世，做了“离乡客死作个不着坟鬼”了。也只是到了这时，才由红娘送来了“今夜雨云来”的诗简，使张生得以会见莺莺。结果还是受了莺莺一顿教训。她唱起《应无长》云：

> 低谓粉郎呵，莺莺的祖宗你知么？家风清白，不类其他。莺莺是闺内的女，服母训，怎敢如何？不意哥哥因妾病，恹恹地染了沉疴。
> 思量都为我咱呵，肌肤消得浑似削，百般医疗终难可，莺莺不忍以此背婆婆。婆婆知道，除会圣，云雨怎得成合？

莺莺居然抬出“祖宗”“家风”和“母训”来，道出这般无聊的说教，这就明显地表示出莺莺这次来见张生，完全出于被迫，绝非本意。此时莺莺还是礼教的维护者，还不敢以叛逆者自居。可见她始终没有真实感情流露。这就是董《西厢》所表现的相国小姐，和今传本《西厢》的莺莺迥非一人（以上见董本第五本）。

董本在拷红以后，莺莺和张生幽会的秘密被揭穿了；莺莺这才能于张生西行执手临别时，"哭得似痴呆，脸上啼痕都是血。"董本于此，可谓出色的描绘。（见董本第六本）但叙到崔夫人轻听郑恒的谣传，暗许郑恒择日成礼时，莺莺却仍然是勉从乱命，改嫁了伧夫。当此重要关头，莺莺居然不能坚守誓言，这就令人不能理解。最后，要不是由于法聪献计，仗着杜确太守的威力，他们是不会重新团圆的（以上见董本第七至八本）。

今传本则不同。莺莺在拷红前，已处处显示她主动地追求爱情的坚强意志，已如上述；到拷红以后，她更抑制不住奔放的热情，于暮秋离别时，对景伤怀，大胆地唱出富有诗意的离愁别恨。如第四本第三折《正宫·端正好》一套，毫无顾忌地倾吐出胸中无限的相思之情。从这些词句中，发挥了激动人心的艺术魅力。在同折的《么篇》中，莺莺唱道："但得一个并头莲，煞强如状元及第。"这说明张生上朝应举，完全由于封建家长的逼迫，是不符合他俩本意的。所以她最后还要叮嘱张生："此行得官不得官，疾便回来"，表示了她坚守誓言，绝不以富贵贫贱而转移素志。也正因为是这样，所以当崔夫人轻信谣诼，要把她仍嫁郑恒时，她虽默不作声，但却由红娘出面，予郑恒以严厉的斥责。而当后来见到张生时，她又立即表示，"此一事，必得杜将军来方可"。由于莺莺这一明智的决定，就保持了"今生夫妇"，"永老无别离，万古常完聚"。

总之，董"西厢"所塑造的莺莺，苍白无力，不敢和黑暗势力作正面的斗争，成了封建礼教的俘虏。而今传本《西厢》，根据旧有题材加以创造性的改编，赋予剧中正面人物以战斗的生命力，就使全剧具有现实的积极意义。

我们再以两本所写的红娘做一番比较：董本的红娘，虽机伶、爽直，富于同情心，有充分的正义感和斗争性。但当莺莺看到诗简，举照台向她打来时，她却只有“急躲过”，连称“死罪死罪！”如此懦怯，和她平时的表现，简直判若两人。在郑恒要求联姻时，她也无话可说。后来崔夫人警告她说“姐姐万一不快，必不赦汝”时，她更惶恐万状，无地自容。拷红时的勇气，不知消逝到哪里去了。

再说张生。董本里张生的性格也是不统一的。当他于崔夫人面前献策退兵时，竟乘人之危，借端要挟，根本不像一个追求自主婚姻的正面形象。他在《小石调·花心乱》里云：

> 不是咱家口大，略使权术，立退干戈。……恁时节，便休却外人般待我。

后来他从长安返蒲，听说莺莺已嫁郑恒，竟自解自嘲地说：

> 郑公贤相也，稍蒙见知，吾与其子争一妇人，似涉非礼。

又变得如此软弱了。

崔夫人是封建势力的代表人物，依红娘说：“她治家严肃，朝野知名。”照理应该把她写得十分厉害。可是董本所写的拷红中的崔夫人，在红娘理直气壮的反驳之下，她却说：“贤哉红娘之论！”甚至毫无办法，叫红娘唤莺莺来“亲问所以”。在听到郑恒要求联姻时，更是无法应付，即“阴许恒择日成礼”。写得这样毫无主见，进退失措，不免削弱了反面人物的力量，影响到情节的紧凑发展。

经过这番比较，我们就可以看出，今传本《西厢》不但思想内容比董本和王氏原本有很大的提高，艺术性也有显著发展，人物性格比较完整，而且在表现形式上也由说唱文艺的诸宫调，进而为表演的杂剧；再由一本四折的杂剧，加工扩展为五本廿一折的今本《西厢》五剧。那种认为今传本《西厢》是根据董解元《西厢记》改编的杂剧，其表现方法虽殊，而主题思想仍沿用董氏原有内容的说法，显见是出于臆测，没有事实根据。

今传本《西厢记》的创作时代及其作者

关于《西厢记》的创作时期，应从唐宋以来整个文艺发展的趋势来作全面的考察，而后取元代的作家和作品来比较研究，这样才能得出合理的结论。

今本《西厢记》是根据元稹《会真记》、董解元《西厢记》诸宫调和王实甫《西厢记》杂剧等创作改编，经逐步加工提高，达到更高的思想水平，成为足以反映历史真实并具有时代精神的艺术作品，已如上述。考其逐步发展的过程，各有其社会的成因，现分述如次：

元稹（779—831）生当中唐八九世纪封建庄园制发达的时期，在《会真记》里，他站在封建地主阶级的立场，写下了对于女性的诱惑和遗弃。他不仅不以这种罪恶行为为可耻，还骂被玩弄的女性为“尤物”，以为自己“德不足以胜妖孽”，于是决意忍心负情。这是根据中唐封建社会文人的男权思想为基础的传奇文。

董解元为金章宗时（1190—1209）人。当时北中国在女真族统治之下，土地荒芜，人口锐减，水旱灾害连年不断，城市也不能及时恢复繁荣，市民力量没有充分地成长壮大。这时期的文艺作品里，其反封建的坚决性还是不彻底的。在董解元的《西厢记》诸宫调里男主人公虽对封建传统表示不满，追求自主的婚姻，但总缺乏坚决斗争的勇气，表现了软弱妥协的态度。这是十二世纪末期所能达到的艺术成就。

至于王实甫的《丽春堂》，是演金章宗时首相徒单克宁为押宴官，文武二臣到御园射柳的故事。考射柳的游戏，本辽人的习俗，到金朝仍盛行。剧中第四折《双调》所用的《相公爱》《古都白》《唐兀歹》等曲又为金人惯用之曲。[①] 故知这剧当作于金朝，即为金亡国时期（1234 年）的作品，作者的年龄当在二十至二十五岁左右，其卒年也不可能延至元忽必烈（1260—1294）以后，故《录鬼簿》把他列在“前辈才人”之列，实为元朝前期的作家，其

① 见何良俊《四友斋曲说》。

创作思想于现存两剧中可以认识其大体。至于他作的《西厢记》，周德清《中原音韵·序言》里所引的只言片语，不能窥其思想全貌，想其《西厢》的思想内容也不会和《丽春堂》《破窑记》两剧相去太远。

十三世纪末期，元忽必烈统一中国（1280）后，由于欧亚两洲交通的便利，官营手工业发达，国际贸易繁盛，刺激了各都市的畸形发展。到十四世纪初大德年间，便形成了杂剧的鼎盛时期。在这以前，关汉卿曾写出燕燕、王瑞兰、谭记儿、杜蕊娘、赵盼儿和窦娥等典型的形象，大胆地和封建势力作不懈的抗争，努力保卫了本身的自由和幸福。关氏之后则有白朴（1226—1310），他活到至大庚戌（1310）以后[①]，适值元杂剧极盛时期，乃写出著名的《墙头马上》一剧，演裴少俊和李千金的自主婚姻，达到高度的思想水平。再到后期，便有郑光祖的《倩女离魂》，也是从理想的传说中写男女青年对幸福婚姻的追求。但到他的《㑳梅香》，才成为一部现实主义的剧作，在以后《西厢记》的改编过程中，产生了积极影响。

考郑光祖为钟嗣成的同时人，故钟氏在《录鬼簿》里把他列于“方今才人相知者”之列。其作品真实可信，当不容置疑。郑光祖的《㑳梅香骗翰林风月》杂剧，是演唐裴晋公征讨淮西时被敌兵围困，因白参军赴战救援而突围，裴对白心中感激，遂以女小蛮许配其子敏中。及裴、白二人逝世，敏中到裴宅探亲，谁知裴夫人韩氏只令女儿小蛮和敏中以兄妹相称，不提订婚事。小蛮私以香囊和情诗投赠敏中，致使敏中相思成病，托侍女樊素从中周旋，约期幽会。但却被韩夫人撞见，逐敏中入京应试。后敏中及第翰林，奉朝命成亲。《㑳梅香》剧情和《西厢记》大体相近，只是人物姓名不同而已。故明王世贞《曲藻》说它“套数、出没、宾白全剽《西厢》”。清梁廷枏《曲话》卷二也说：“《㑳梅香》如一本小《西厢》，前后关目、插科、打诨皆一一照本模似。”并列举其关目相同者达廿条之多，肯定为“不得谓为无心之偶合”。究竟明清人提出的疑问正确与否呢？我们认为应当以和郑同时而且和郑“相

① 白朴《天籁集》中有“庚戌春别燕城”《满江红》词，编次在元至十四年冬《留别诸公》之后，当为至大三年（1330）的作品。故知他死在此后。

知”的钟氏之说来衡量和判断。

钟氏在《录鬼簿》里“为之（郑光祖）作传”，称其“名闻天下，声彻闺阁，伶伦辈称‘先生’者，皆知为德辉也”。并曾“以《凌波曲》吊之”云：

《翰林风月》《梨园乐府》，端的是曾下功夫。

对郑氏在剧坛的信誉及其剧作，可谓推崇备至。如果郑的著名剧作《㑳梅香》的“套数、出没、宾白”以及“关目”全剽自《西厢》，钟氏岂应毫无所知，漫相标榜，称其“名闻天下”？再取郑剧和《西厢》比较，其中“听琴”“问病”“寄书”“佳期”“拷问”“逼试”诸关目，与今传《西厢》确实大致符合，明清人提出疑问不是全无根据；但我们认为：在钟氏著《录鬼簿》时（1330），今传本《西厢》还没有改编成熟，也没有足以引起世人的注意，所以当时演剧的“伶伦辈”和爱好戏剧的“闺阁”名姝，众口称道“先生”者，“皆知为德辉”。可见郑氏《㑳梅香》，在当时是一个脍炙人口的剧本；而今传本《西厢》尚未达到现有的艺术水平，也就不能驰名于当时的剧坛，故时人没有以王实甫和“关、郑、白、马”相提并论。直到明代朱权著《太和正音谱》，才誉《西厢记》为“花间美人”；贾仲明补《凌波仙》吊词时，才称它是“天下夺魁”。自此以后，《西厢》遂压倒郑剧。

明清人怀疑郑剧剽窃《西厢》是不能成立的。《㑳梅香》在创作体例上严格遵守杂剧特有规律，当为元代中期的作品。只有到元代后期，元杂剧创作中心南移至杭州，逐渐接受南戏的影响，才突破一本四折、每本一人主唱的惯例，代之以比较自由的表现方式。故今传本《西厢》为元代后期卅余年间（1330—1367）创造性改编的剧目，可以确知。它虽沿用王氏原著为蓝本，但却在不断地改进和提高之中，因而和原剧面目全非，也就不足为奇了。至于今本《西厢》的作者为谁，据此也可以作出合理的探究。

原本《西厢》出于王实甫之手，已见于钟嗣成的《录鬼簿》，自无可疑。明人以今本《西厢》与王氏的风格距离太远，而把它的作者改属于关汉卿，大概是看到关氏散曲中有《中吕·普天乐》十六首，咏崔、张的故事。因关氏第一首“普救姻缘”中有“颠不剌见了万千，似这般可喜娘罕见，引动人意马心猿”等句，与今本《西厢》第一本第一折《元和令》相同；第三首“酬和情诗”中“玉宇净无尘，宝月圆如镜……遇着风流知音性，惺惺的偏惜惺惺”等句，与今本《西厢》第一本第二折《越调·斗鹌鹑》的起句及《圣药王》的结句相同；第五首“封书退贼”中“不念法华经，不经梁皇忏”等句，与今本《西厢》和二本楔子《正宫·端正好》相同；第十二首“张生赴选”中“碧云天，黄花地，西风紧，北雁南飞。恨相见难，又早别离易”等句，与今本《西厢》第四本第三折《正宫·端正好》及《滚绣球》相同；郑氏全篇十六首的序述，也与今本《西厢》全剧的情节安排大体相同；因此，便怀疑今本《西厢》同属关氏之作。不知道这十六首小令见于明代无名氏所辑的《乐府群珠》，而不见于他书，分明是后人袭用的小曲。① 此外也有人以《阳春白雪》前集卷四载关氏《双调·大德歌》六首中的“粉墙低，景凄凄，正是那西厢月上时。会得琴中意，我是个香闺里钟子期，好教人暗想张君瑞，敢只是爱月夜眠迟”之句，作为关氏著《西厢记》的旁证。不知道这是引元氏《会真记》的故事，犹之以下几首提到“冯魁”“郑元和”等引用旧典一样。据此推论《西厢》的作者即为关氏，都是不可信的。

我认为《西厢记》是十三世纪王氏的原作，到十四世纪中期（1330—1367），在历次演出和翻刻中又经元朝后期曲家和行家不断改编而成的集体创作。虽沿用王剧的原本，实非出于一手。② 明人徐复祚《三家村曲谈》曾说：“《西厢》之妙，正在于草桥一梦，似假疑真，乍离乍合，情尽而意无穷。何必金榜题名，洞房花烛而后乃愉快也?”又说：“关汉卿所补，其笔力迥出二手。且雅语、俗语、措大语、白撰语，层见迭出。”徐氏从内容和用语两方面

---

① 隋树森《关汉卿散曲中的几个问题》说：“它正如《雍熙乐府》卷十九所收的明人小令《满庭芳》西厢十咏，《小桃红》摘翠百咏小春秋，同是一类的作品。”（《光明日报·文学遗产》第234期）

② 王季思《从莺莺传到西厢记》说：“在《西厢记》杂剧已经形成之后，在长时期的演出及传刻过程中，又经过后人的不断的修改和补充。”（上海古典文学出版社印本）

看，和前四本出入悬殊，知其非一人之作。若再看其所用曲调，前四本第一折都以《仙吕·赏花时》或《端正好》为楔子，下面接唱《仙吕·点绛唇》或《八声甘州》，这是遵用北曲联套惯例，并无例外。而在第五本楔子《仙吕·赏花时》下，继以《商调·集贤宾》，这不仅打破了北曲的惯例，与前四本唱法也不相符。可见今本《西厢记》是自由运用声腔，全剧为元朝后期作者逐步改编而成，第五本更为晚出，这是昭然若揭的事实。

总结本文论点，作出如下的结论：

1.《西厢记》原为王实甫的剧作，但在历次演出或传抄、翻刻中，经过不断的加工、修改和提高，乃和原本有极大的距离。

2. 以今传本《西厢记》和王氏现存两剧——《丽春堂》《破窑记》——比较，其思想水平和艺术造诣都有差异，故知其非出于一手。

3. 王氏为由金入元的作家，和董解元时代接近，其现存两剧在思想性、艺术性两方面和董作相去不远；而今传本《西厢记》则完全不同，故知王氏原本《西厢记》和今传本实非同物。

4. 原本《西厢记》在周德清著《中原音韵》（1324）、钟嗣成著《录鬼簿》（1330）时，尚属平庸粗率的作品，故不为两家所注意。王氏在当时剧作家中的地位，也不能和关、郑、白、马并称。

5. 今传本《西厢记》，为元剧创作阵地南移杭州、受到南戏的影响、由元代后期作家们不断地加工、改编而成，实为元人后期的集体创作。

上述的论点和论据，是否妥当，愿提出和同志们共同商榷。

（原载《江海学刊》1960 年第 2 期）

十五世纪是“世界历史发展形势大转变时期”吗？

蒋孟引

《历史研究》一九六一年第二期发表的周谷城先生的《论世界历史发展的形势》一文，为整个世界史画好了轮廓，这也可说是建立世界史新体系的一个尝试。我们读了，十分兴奋，因为周先生给新的世界史提出了具体的内容大纲，一定会得到世界史工作者的重视和研究。

周先生的文章分为四节，即：（1）最早的形势；（2）15世纪以前的发展；（3）由中世到近代；（4）发展的新形势。大体是依次论述上古、中世、近代、现代。第二节一开头就这样说：“十五世纪为世界历史发展形势大转变时期。前乎此，历史的发展，主要限于大陆内部各地；后乎此，则扩大到海外各地去了。”又说：“因东航的欲求，发现许多新地，造成世界史上由中世向近代转化的开端。”第三节除了谈到郑和于一四〇五至一四三〇年间七次出使各地，还说：“十五世纪以前，亦即新大陆未发现之前……土耳其人兴起，于一四五三年攻陷东罗马帝国的首都……首先于十五世纪末叶及十六世纪初期，开辟东西航道……欧洲诸国海外活动的成功，使世界历史发展的形势发生崭新的转变。”综合起来看，周先生是因为郑和七次出海，东罗马首都陷落，尤其美洲的发现和东西航道的开辟，而肯定“十五世纪为世界历史发展形势大转变时期”的。如果这样的理解是符合周先生原意的话，我们以为或许还可商榷一下。

所谓“大转变时期”，应该是向前飞跃发展的时期。能够领导社会向前飞跃发展的，从来只是生气勃勃的新阶级，绝不会是腐朽的没落的阶级。在十五世纪，资本主义因素虽已在这里那里萌芽了，但资产阶级尚未形成为强有力的阶级，谈不上能领导整个社会向前跃进。相反，在全世界范围内，占统治地位的仍是封建主义和封建主阶级，他们有的已陷入危机之中，一般也是趋向于衰微；他们只能千方百计地维持摇摇欲坠的现存局面，不能领导社会真正前进。而且按照社会发展规律，那时由封建社会只能进到资本主义社会；而封建主领导社会大转变为资本主义社会，是不可以想象的。既然两个阶级不能领导大转变，还有哪个阶级是这个世纪的中心，能够领导大转变呢？在残酷剥削下的农民，虽是反封建的主力，但不能领导大转变以至于成功；其他革命阶级，则尚待形成。而大转变又不能自然地自发地出现。所以说十五世纪是大转变时期，找不到阶级基础。实际上，不仅十五世纪没有大转变，全世界在十六世纪还是封建时代；只是到了这个世纪的末叶，才发生尼德兰资产阶级革命，虽然这个革命还是很不彻底的。

所谓“大转变时期”，应该就是历史分期的界限。历史要如何分期？毛主席曾一再指示：“阶级斗争，一些阶级胜利了，一些阶级消灭了。这就是历史，这就是几千年的文明史。”① “社会的变化，主要地是由于社会内部矛盾的发展，即生产力和生产关系的矛盾，阶级之间的矛盾，新旧之间的矛盾，由于这些矛盾的发展，推动了社会的前进，推动了新旧社会的代谢……互相矛盾着的两阶级，长期地并存于一个社会中，它们互相斗争着，但要待两阶级的矛盾发展到了一定阶段的时候，双方才取外部对抗的形式，发展为革命。”② 革命是阶级斗争的最高形式，所以革命是历史的火车头，也是历史分期最适当的标志。数年前苏联历史学界对历史分期问题曾作过长期讨论，有人“把预示着社会经济关系方面各项变化的阶级斗争之最重要表现，视作封建时代及资本主义时代分期的主要标志，这项建议为大多

① 《丢掉幻想，准备斗争》，《毛泽东选集》第四卷，人民出版社 1960 年版。

② 《矛盾论》，人民出版社 1952 年版。

数参加讨论的人所支持。”① 既然近代主要是资本主义时代，那么，它和封建时代的中世分期的适当标志，应是一个胜利的资产阶级革命，因为这正是“预示着社会经济关系方面各项变化的阶级斗争之最重要表现”。根据这些理论，中世与近代的分划，已有相当一致的做法，似乎没有再提十五世纪的必要了，因为在十五世纪发生的那些重大事件，并不具有新的或单一的阶级特性，也没有造成社会发展的飞跃，历史当然不能有什么大转变。

郑和下西洋与东罗马灭亡，虽是历史上的大事，但对于整个社会的发展没有很深刻的影响，这是无须说明的了，至于“地理发现”（为了行文方便，我们仍沿用这个旧的不正确的术语），主要指美洲的发现和东西航道的开辟，从来就被认为是划时代的大事。一般称为“地理大发现”，有人更错误地尊为“伟大的地理发现”。资产阶级学者编写的近代史，大抵都从地理发现开始，说它带来了商业革命和殖民地的经营，促成了世界大转变。其实这种说法似是而非。马克思列宁主义者认为：“美洲以及环绕非洲航路的发现，给兴起着的资产阶级开辟了新的活动场所。东印度和中国的市场，美洲殖民化，对殖民地的贸易，交换工具以及一般商品的增加，给予了商业、航海事业和工业一种空前未有的刺激，因而也就使崩毁着的封建社会里所产生的革命原素迅速地发展起来。”② 很明显，地理发现只是为先前兴起的资产阶级帮了忙，加速了革命原素的发展。如果说地理发现造成世界历史的转变，那也是量的而不是质的，是表面的而不是实质的；一句话，不是什么大转变。而且，地理发现的利益若是掌握在封建主手里，影响绝不会深远。葡萄牙和西班牙固然抢占了广大的殖民地，葡萄牙还曾垄断了对东方的贸易，可是因为它没有丰富的产品输出，黄金时代不能持久，许许多多贸易和商站都逐渐被人夺去，连它的本土也从十六世纪后期起被西班牙占据了六十年。西班牙掠地更广，它的封建武士、军人、教士、贵族和官僚，到处实行残酷掠夺，尤其对于美洲人民放肆野蛮屠杀，无耻地说

---

① 参阅石父辑译的《苏联历史分期问题讨论》，中华书局 1952 年版，第 8—9 页。

② 《共产党宣言》，人民出版社 1951 年版。

是把他们的灵魂送到上帝那里去，以便尽早得救。然而掠夺既多，自然会引起其他强盗的觊觎，西班牙便为英国海盗所苦。美国海盗曾扬扬自得地歌唱道：

德列克不怕鬼，更不怕西班牙人，
他洗劫了他们的许多城镇；
他捋了天主信徒陛下①的虎须，
还将他的船舰劫来弄沉。

所以西班牙的黄金时代也不到一百年，它很快就日益衰落了，反之，地理发现的利益只有掌握在新兴的资产阶级手里，才能繁荣贸易，并强有力地帮助资本的原始积累，从而促成资产阶级革命的胜利。因此，衡量地理发现，同观察其他历史事件一样，绝不可以孤立地“就事论事”，绝不可以被它所造成的现象所迷惑，而必须把它与人联系起来，必须用阶级观点来看。也就是说，地理发现本身没有造成历史的大转变，而是资产阶级利用了它，加上别的重要因素，才造成了世界历史的真正大转变，由封建社会飞跃到资本主义社会。

应当申明，我们从不否认随着地理发现而来的殖民地掠夺狂潮的影响之深远。例如葡萄牙侵略者于一五一七年到广州，一五五七年据澳门，从此澳门成为西方侵略者侵略我国的桥头堡，各国的冒险家、传教士、走私犯、海盗、流氓、商人以及官吏，首都先蚁聚于此，无恶不作。但是，我们认为，地理发现不是殖民掠夺的最根本的关键，两者没有不可缺少的依存关系。郑和“七下西洋”，走过许多地方，直到非洲，中国却从来没有掠夺过任何人或任何地区。另一方面，荷兰没有认真搞过地理发现，英国在地理发现上的成就也不大，正如有人在十六世纪初叶哀叹的：

---

① 指西班牙国王菲力二世。

呵，怎样一种“伟大的”事情，
如果那是英国人，
他们曾首先在一切人之前
把那儿占领，
并以头批的建筑和殖民，
作个永恒的纪念！

可是它们却终成为殖民掠夺的典型国家。马克思指出，“荷兰（十七世纪资本主义的标本国家）的殖民地经营历史‘展示了一幅破信弃义、贿赂、虐杀和卑劣的图画’，那是少有其敌的”①。英国殖民掠夺的狡猾残酷及其殖民帝国的庞大，更不用说了。这样，地理发现既非殖民掠夺的最根本的关键，如何可以成为中世和近代分界的标志？

就地理发现的本质看，它也不是很重大的历史事件。众所周知，那些被“发现”的地方，都早已有自己的存在，并早已有自己的文化，岂容别人来发现。就以欧洲人初到那些地方而论，也不是始于十五世纪末年，而是早已有人到了。如尼基丁航行三海，马可波罗久居中国，挪威人于公元一〇〇〇年到达北美海岸。前年报载，苏联历史学家楚凯尔尼克副教授；根据西班牙、葡萄牙、意大利的档案原本和其他珍贵材料，论证哥伦布发现新大陆并非偶然，而是先已心中有数。这个新论点是很有道理的。其次，地理发现最原始的动机，是寻找黄金。恩格斯指出：“发现美洲是由于在此以前已驱使葡萄牙人跑到非洲去的那种黄金迷所促成的，因为十四和十五世纪极为强烈发展的欧洲工业以及与它相适应的贸易，都要求有更多的交换手段。”② 哥伦布和他的同时代人一样，对黄金十分崇拜。他于一五〇三年从牙买加岛发出的信中说：“金是一个可惊叹的东西：谁有它，谁就能支配他所欲的一切。有了金，

① 《资本论》第一卷，人民出版社1953年版，第950页。
② 《马克思恩格斯文选》两卷集，第二卷，外国文书籍出版局1954年版，第492页。

要把灵魂送到天堂，也是可做到的。”① 为了寻找黄金的活动，值得在历史上大书特书吗？何况哥伦布本人并不曾在美洲找到黄金，所以他虽先后去美四次（1492，1493，1498，1502），曾到达南美东北角上，但西班牙和其他欧洲人对于他的航行活动越来越冷淡，同他一起去的人越来越少，他自己终于在失望和孤寂之中抑郁而死。至于寻找黄金的活动在历史上反映了什么，恩格斯也曾指出：“在十五世纪末，金钱从内部破坏和腐蚀封建制度到了什么程度，可以从对黄金的渴求明白地看出来，这个黄金迷，当时笼罩着西欧：葡萄牙人到非洲沿岸、印度、整个远东去找寻黄金；黄金是那个迷人的字，它驱使西班牙人过渡大西洋到美洲去。”② 可见寻找黄金或地理发现，不过促进了西欧封建制度的瓦解和资本主义的成长而已。同样，它对于地中海东岸的作用，也绝不是主导性的。“例如，全部利文特贸易，曾由蒙古人和土耳其人侵入而归于衰落。一四九二年以后地理上商业上的大发现，不过加速了它的衰落过程，然后把它终结。”③ 地理发现的本质和作用只是如此，当然很难说它造成了世界历史发展的大转变。

综合上述的探讨，可以肯定，无论从理论方面或历史实际方面看，十五世纪不是世界历史发展大转变时期。然而我们在解放前教世界史，却总是以十五世纪为过渡时代。其所以如此，自然是从西方资产阶级历史学者那里学来的。他们这样说，固然由于认识上和方法上的错误，更该引注意的是他们别有用心，故意夸大地理发现的意义，因为这个地理发现恰恰是西欧人搞的，足证西欧人与众不同；他们把掠夺殖民地说成是开发落后地区，传播优越的西欧文明，还说这是“白种人的负担”。既然地理发现如此重要，西班牙和葡萄牙的历史也就重要了，从十一世纪到二十世纪，都要原原本本地全面讲述；另一方面，不仅亚、非、美的历史要到地理发现以后才值得提起，就是东欧，甚至像俄罗斯和捷克这样在经济、政治、文化诸方面都曾有过很强盛时期的

---

① 见《资本论》第一卷，人民出版社 1953 年版，第 128 页。
② 《德国农民战争》，附录。俄文本 155 页。
③ 《资本论》第三卷，人民出版社 1953 年版，第 1181 页。

国家，其历史就是被提到，也被诬蔑为野蛮的历史。所有这些做法，正是“西欧中心”这一荒谬传统的重要的组成部分。解放以来，史学界已逐步打破了一些“西欧中心”的框框，这是在党领导下我国世界史方面的进步和成绩，值得珍惜。现在我们试图建立新的具有真正世界性的世界史体系，必须在已有基础上，从历史实际出发，以马克思列宁主义和毛泽东思想为指导，反复讨论，慎重进行。

以上意见，十分浅陋，或者还有错误。希望同志们指正。

（原载《江海学刊》1961 年第 7 期）

书艺略论

胡小石

世有以作书——写字为主要艺术之一者，惟中国为然。朝鲜、日本皆学我者也。

兹文所谈，凡有三事：一为文字变迁；二为八分书在书艺上之关键性；三为学书诸常识。

一

书艺之对象为文字，故首论之。

中国文字起自何时，今日尚未有确切之答案。据1930年至1932年城子崖发掘所得之龙山文化陶器上，或有刻作简单之符号者（《城子崖》图版十六）。此种符号是否即可视为正规文字，殊难肯定。但自古代社会进入用铜时期，而文字亦相伴产生，则可断言。于此有一事，当特别提出者：今日学者公认殷墟所出殷代中叶以来之甲骨刻辞为中国最早文字。愚意甲骨文字之为中国甚古文字，固不容置疑；然即认此为中国最早文字，则尚可商榷。因甲骨文字乃已甚成熟之文字，自其中形声字与通假字之使用上观之，即可证明；然一种文字发展之过程，从其开始未成熟而至后来甚成熟，其间经过，必非一朝一夕所可完成。故殷墟甲骨文字乃中国甚古之文字，而非中国最早之文字。欲见中国最早文字，当于殷墟甲骨以前求之。

从前资本主义国家谓中国使用者为象形文字。其看法亦太含混。今案象形字可作广狭二解。狭义者象形为六书之一，就许慎《说文解字》言，六书中纯象形字实居极少数，而最多者乃形声字。故知中国至迟自周代起，即以形声字为主，象形字已退居偏隅地位。惟自广义言，则古者书画同原，以一画面纪一事，此实当为最早之记录方式，亦即最早之原始文字也。殷代鼎彝多为祭器。有刻铭文者，其时代率近殷末。然有一事足资注意者，即文字外往往间以图画。其图就今日可解者约有数类：一为一动物或它形。如象，如虎，如鸟，如鱼……此盖受祭者所属古图腾之遗迹。二为祭仪。如“父乙敦”①，象一人抱子置于两几间。此子当为受祭者父乙之孙，而立以为尸者。如“敦文”②外亚形象宗庙，亚中一妇首戴胜而奉尊。妇可主祭也。三为纪事。其事大率与受祭者有关，或记其功伐，或记其大事。如“祖乙卣”③，象人执旗，知祖乙生前当为大将。如“觚文”④，以钺断人首，受祭者生时常杀敌斩将也。如“敦文”⑤，象人负囊，其人盖尝徙居。如“觚文”⑥，象人操戊而执俘。以上二、三两类，皆以一图表一事，寓动作于形象之中，“视而可识，察而见意”，然不能读出其音。若欲解之，则至少须用一整句之语言。此一图，不等于后来之一字，而实包括一相当复杂之概念。然同一图，而往往散见于许多不同之器上，故知此等在当时实为“约定俗成”，曾经大众所批准通用之形象。虽与图画同源，其用却不同于寻常图画，而实为最早之文字也。

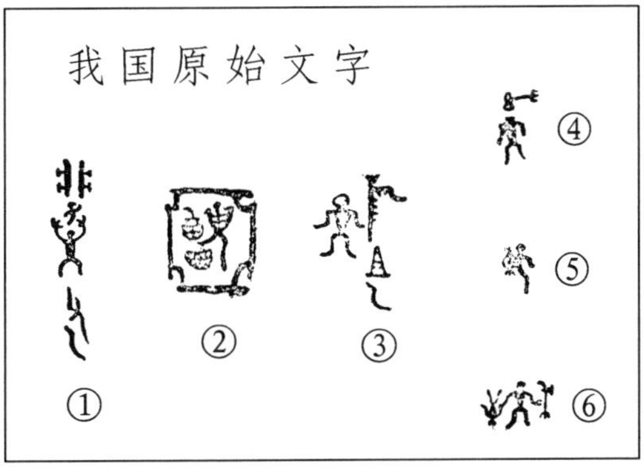

此等纯象形文字，其起源当在甲骨文字以前；殷末以至周初，尚往往保留其残迹。愚意求中国文字之最古者，当于此探索之。发展至以后，动词独立，每字有音；而正规之文字以成。更有一言，须于此重申者，即在中国以往由纯象形逐步发展至有形声字，文字最高之形式乃完成。故不得谓甲骨文字为最古文字。而中国有文字之历史，决不当仅从殷代中叶起算也。

前贤著述中言古代文字之变迁者，当以汉许慎《说文解字序》为得其实。

序言自皇古至秦，文字之变，大要有三。其文曰："黄帝之史仓颉见鸟兽蹄迒之迹，知分理之可相别异也，初造书契……"又曰："及（周）宣王太史籀著大篆十五篇与古文或异。"则史籀以前，上推至仓颉，此一长时间之文字，皆得称为古文。又曰："秦始皇帝初兼天下，丞相李斯乃奏同之，罢其不与秦文合者。斯作仓颉篇。中车府令赵高作爰历篇。太史令胡毋敬作博学篇。皆取史籀大篆，或颇省改，所谓小篆者也。"此为上古文字之三变：古文一也，大篆二也，小篆三也。又序言："是时秦……大发隶卒，兴役戍，官狱职务繁，初有隶书以趣约易。"此段所述，今以实物证之，大体合乎事实。即（一）自殷至西周早期铜器上所见方笔用折之文字，相当于古文。可举大盂鼎为例。甲骨刻辞亦属此类。（二）自西周中叶以下至东周早期铜器上所见圆笔用转之文字，相当于大篆。可举散氏盘、毛公鼎为例。著名之石鼓文，即东周初年之铭刻。大篆发展至春秋时，用笔日趋纤细。可举齐仲姜鎛、国佐蟾为例。以后日益诡变，至不可识。考古者所称六国文字，实为大篆在河东与江外演变之末流，古代文字至此，已呈分裂现象。秦人并兼天下，乃以政治力量禁绝之。而以古大篆嫡系之小篆，推行全国，其统一文字之功绩，至今犹利赖之。此可以今存秦始皇二十七年之权量或二世元年之诏版刻文证之。无论东西南北各地所出，其文字皆一致，且令人易识。知《史记》与《说文》序所记"书同文字"之说为不虚也。又二世元年诏版文字，有作小篆者。有化曲笔为直笔而更简易可速书者，此即当时新兴之所谓隶书。隶出而篆微，实古今文字史上大转折点也。

许君作《说文解字》之功，诚不可没。吾辈生三千年后而能识三千年上之文字，以通其语言，惟赖此书为攀陟之阶梯。然在今日所当知者，造字为人民群众，由集体所成。而古人率归功于一二不可知之圣人，如仓颉之属。许君亦然。文字产于劳动，其中初无深文奥义，而许君以汉代古文学家观点说解之，往往陈义高而不符事实。故造字者为众人，而古以为圣人。造字者为"俗"人，而解字者乃学人。吾辈当将文字取之于圣人之手还之众人，取之学人之手还之"俗"人，则今日治此学者所有事也。

又许书所收之字，以小篆为主流，兼采古籀。以定义言，古文当在大篆之前。许书所采古文，当多出自孔宅壁书。然以今日所见殷及周初之实物刻文证之，什九不合。清季吴大澂于光绪九年作《说文古籀补序》，公然指出许书所据壁书古文为战国时变乱文字，实为石破天惊之论。在当时，惟潍县陈介祺破除陈见，服膺其说，致书与吴，推为卓识。其文见石印《簠斋尺牍》中。吾昔年曾因吴说作《说文古文考》。知许书古文及正始三体石经古文以形体言，多与晚周齐器铭刻相近，益知吴说之确。最可笑者，此类古文，以后随代皆有新出，大抵方士道流所伪托，此可名之为新古文。观《道藏》中所收之《天书》，或顾野王《玉篇》中所录古文每出许书之外者，可以见之。郭忠恕《汗简》、夏竦《古文四声韵》所收诸体，亦属此类。

今当续论文字变迁。

隶书既成，渐加波磔，以增华饰，则为“八分”。其起源可早至汉武帝时。此将于后文详之。隶加波挑，而行笔又加简疾，则为章。其起与“八分”殆可同时，亦在西汉。今征之西陲与居延木简，可以证之。足正章书起东汉章帝之谬。此盖施之章奏，与隶同意故以为名。章省波挑，上下文渐多系连，系连之度，与时俱增，遂成后世之草书。其起源至迟亦在西晋。《流沙坠简》卷末所收简牍数纸，已为纯草，而决非东晋之物。因江左与西域不通，无由得至。俗传草起羲、献，观此可以悟其非。

“八分”又渐变而为真书。真书亦带波挑也。新莽及东汉初，已有此体。新世始建国四年简（《坠简屯戍丛残》一页上五至七），光武建武廿六年简（同上九页上七），皆宛然阁帖中锺书。

行书后出，可云真草之结合。亦当起魏晋之世。

中国诸书体，完成时代实甚早。今列一简表明之。

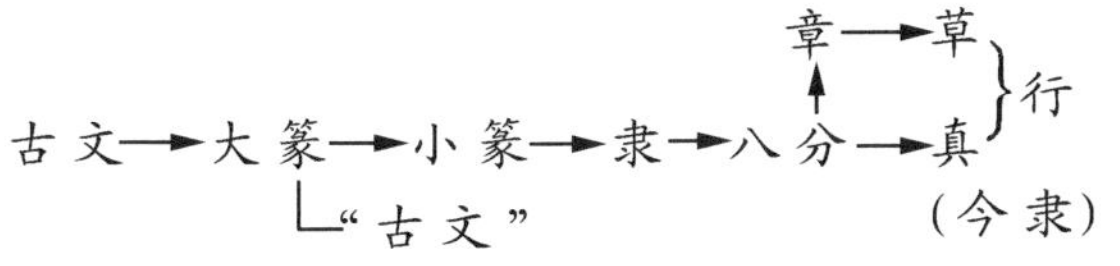

于此，更有一事须郑重道及者，即上列诸体，如隶、分、真、草之类，其成立固各有先后；各体间，彼此亦有渊源关系。然并非一体灭绝，其它一体始代兴。实际上，隶、分、真、草可以同时并存，亦可以一人兼擅。昔阮芸台作《北碑南帖论》，力主阁帖中魏晋人书之为依托。其言甚辩，然惜其不生今世。令观本世纪各地出土遗物，得一释其疑也。

二

欲掌握中国书学史之关键者，不可不先明“八分”。

何者为八分？古今说者，下义颇繁。清人顾南原作《隶辨》搜讨至勤。书末附考证“八分”一文，其辞盈卷，而读罢茫然，如坠烟雾，则此文何贵之有矣。兹者，摆落荆榛，独标一例以明之；《古文苑》卷一七录曹魏闻人牟准《卫敬侯碑阴文》一文，有曰：“魏大飨碑群臣上尊号奏及受禅石表文，并在许繁昌。尊号奏锺元常书。受禅表、觊。并金错（一作针）八分书也。”敬侯即卫觊，见《三国志魏志》。元常为锺繇之字，繇为中国最大书家之一，后世以锺、王并称。其人亦见《魏志》。文又曰：“敬侯所葬之先域……故吏述德于隧前，门生纪言于碑后。”则闻人牟准为敬侯门人，与锺、卫皆同时，其言二家所书碑为“八分”书，自属可信。今案上尊号奏及受禅表二刻，并在河南许州，拓本亦甚易得。上尊号奏群臣中且列繇名。二刻书体，皆肃括方严，骨气洞达，波挑俯仰，如翚斯飞，出入分明，有“八角垂芒”之妙。因知言“八分”者，切不可为后来《宣和书谱》所引蔡文姬《八分篆、二分隶》之伪证所误。“八分”之“八”，在此不可读为八九之“八”，乃以八之相背，状书之势者。尝考“八分”二字，在汉为成语。其见于许书者，如小部“小”，物之微也。从“八”。“丨”见而八分之。如八部分，别也。从“八”从“刀”。刀以分别物也。又“尔”，词之必然也。从“八”“丨”。八象气之分散。公，平分也。从“八”从“厶”。八犹背也。如半部半物中分也。从“八”从“牛”。牛为物大，可以分也。如“夰”部，夰放也。从大而八分也。即以八字之本训言，亦云：八，别也。象分别相背之形。今人言八，犹以拇指与食指分张，示相背之意。故知“八分”者，非言数而言势。此等笔势，已屡见于殷周间方笔之古文。盖字形有以波挑翩翻为美者。此事在吾先民作书，实用之最早矣。

书家以锺、王并称。吾辈不当求其同，而当求其异。所谓异者，即二家书体中所含分势之多寡悬殊也。梁武帝评书，从汉末至梁有卅四人，其评锺繇书云：“如云鹤游天，群鸿戏海。”其评王右军云：“字势雄强，如龙跳天门，虎卧凤阁。”梁代重大王书，武帝与陶弘景皆学王书，故其评最得其实。锺书尚翻，真书亦带分势。其用笔尚外拓，故有飞鸟骞腾之姿，所谓锺家隼尾波也。从帖中所收锺书如宣示、力命诸表并出王临，不见此妙。惟戎路表虽亦后人所摹，而分势多在，可以想见之。王出于锺，而易翻为曲，减去分势。其用笔尚内擫，不折而用转，所谓右军“一搨直下”之法。故梁武以龙跳虎卧之势喻之。龙跳之蜿蜒，虎卧之蜷曲，皆转而非折，真能状王书之旨。此二家之异也。其后锺为北书之祖，而王为南书之祖。北朝多师锺，故真书皆多分势，乃至篆书亦以分意入之。自元魏分裂为东西以来，邺下晋阳书风，有一部忽趋秀发。此殆因有南方士族流入，熏染所致。洛下长安，保守旧习之力特强，其末流书势崚嶒，如赵文渊之华岳颂，渐不为人所好。故王褒入北，而北人群习褒书。褒书今不得见，然今南京北郊所存梁萧憺碑及萧秀碑阴，书人为贝义渊，固与褒同时。丰碑巨制，有乌衣子弟风度，实南书之矩矱。铁门限家法，曷于此求之。

“八分”在书史上占有极长之时间，即至今日，其势尚在。今人作书亦不能免去撇捺之笔也。锺王而降，历代书人每沿此二派以为向背。在唐，虞、褚齐名。虞书内擫，分势少；褚书外拓，分势多。在宋，苏、黄齐名，苏书外拓，分势多；黄书内擫，分势少。元初之赵书内擫，分势少；元末之倪（瓒）宋（克）外拓，分势多。故虞、黄、赵近王，褚、苏、倪、宋近锺。其它可以此隅反之。

“八分”之关系书艺者如此。

三

书之所施，或于金石，或于简札，或于缣素，或于笺纸。所施虽不同，而工具则一，即笔是也。故先说笔。

先民用笔，实在有文字之先。本世纪所出新石器时代仰韶文化之彩陶，其上绘以赤、黑、白诸色构成之美丽图案花纹，审其纹线，实以笔绘成。而其笔亦必以兽毛之属为之，与今世无大差异。故笔之使用，至晚亦在新石器早期。盖最初以之作画，而后来则以之作字。殷墟甲骨刻辞中有聿，从又持“丨”，即古笔字。形亦作聿，从朩。象其端缚毛为之。篆文从竹作“筆”，乃后起字。竹谓其管，盖南方所通行。史言秦蒙恬造笔，于此可正其谬。甲骨用刀刻字，故称为契文，契之言刻也。然所见甲骨亦有用笔书者。笔之用，实较刀为广。商周鼎彝款识有二种，少数用刻款，多数用铸款。铸款用范，亦必先书字制模，而后翻沙为之。其制作过程，阮芸台有文说之，见吴中曹氏怀米山房吉金图卷后，可以参考。汉萧何起刀笔吏。“刀笔”一词，人每解为以刀为笔以刻字，误也。刀笔云者，不可释为刀的笔，而当读为刀与笔。二物平列。汉代犹用木简，笔书字于简，不用或有误，则以刀削去之。所以有簪笔佩刀之习。孔子作春秋，笔则笔，削则削。春秋亦书于简，故可云削。《考工记》：“筑氏为削，长尺博寸，合六而成规。”郑注云：“今之书刃。”此即刀笔之刀。《尔雅·释器》云：“灭谓之点。”郭注“以笔灭字为点”。此言帛书，故不用削而用点。帛与纸近，今灭字犹曰点矣。距今三十年前，内蒙古索果淖尔之南古居延海地区发现一汉代屯戍所遗之笔，完好如故。其管以木制，端剖为四，纳笔头其中，而缠以麻。今称之为居延笔。古制笔所用之兽毛，必为刚性而富弹力者，如兔、鼬及鹿之类。取其可以铺毫，又可以收锋。试观《坠简屯戍丛残》第十七页第四简，为新莽始建国时人学书者，同用一笔，或细如蚕丝，或阔如柳叶；可推见其笔毫弹力变化之大。此决非后来纯柔性之羊毛所能辨也。今时日本犹能仿制唐笔，丰满如冬笋，亦以刚性之兽毛为之。有此利器，便可指挥如意。古人制字，“書”字从聿。书之能成艺术，笔之决定性为不小也。

今论执笔。执笔无定法，赵子昂谓当“指实掌虚”，可谓要言不烦。王献之六岁学书，其父自后掣其笔不得，乃欢此子终当有成。即指实之证。至手执方式，愚谓各安所习可矣。若夫强立科条，使学者自由活泼之手横被桎梏，夸张新奇，苟以哗众。此乃江湖术士所为，识者所不道也。

今论学书。学书之步骤有三：一曰用笔，二曰结体，三曰布白。

书人用笔一语，系指笔纸相触所得之线条而言，古或谓之“骨”，为作书之最基本条件。

凡言用笔，首辨方圆。方圆之分，形貌外须注意其使转之迹。方者多折，断而后起。昔人譬之为“折钗股”。圆者多转换而不断，昔人譬之为“屋漏痕”。以汉碑言之，如张迁、景君之属皆方笔。褒斜鄐若摩崖，石门颂之属，皆圆笔。其笔收锋有内撅外拓之殊。前文已言之，兹不复赘。又昔贤遗迹中，往往有方笔圆用，或方圆互用者，其界限不可过于机械求之。

次辨轻重。用笔轻者，其效果为超逸秀发；用笔重者，其效果为沉着温厚。书之使笔，率不令过腰节以上。二分笔身，分处为腰。自腰及端，复三分之。至轻者用端部之一分，其书纤劲，所谓蹲锋；至重者用腰部之三分，其书丰腴，所谓铺毫。界乎腰端之间者为二分。古鼎彝用一分笔者，如齐仲姜鎛、王孙钟。二分者如毛公鼎、虢季子白盘。三分者如散氏盘、兮甲盘。汉石用一分笔者如礼器、杨震；二分者如张迁、衡方；三分者如西狭颂、郙阁颂。北碑用一分笔者如张猛龙、刘王志；二分者如郑文公、石门铭；三分者如文殊碑、唐邕写经。唐贤用一分笔者如虞，如褚，如薛曜；二分者如柳公权、沈传师；三分者如唐玄宗、苏灵芝。宋代徽宗、蔡京用一分，黄、米用二分，苏用三分。元代赵用二分。康里子山、倪云林用一分。杨铁崖用三分。然此亦非铁定不可易。有一人之书，先后而轻重不同者，褚书雁塔圣教用一分，孟法师则用二分。颜书东方画赞、中兴颂用三分。颜勤礼等用二分，宋广平则用一分。李北海书李思训任命则用一分。李秀端州石室记则用三分。

清人刘石庵中年用三分，有墨猪之诮。晚岁妙迹则改用一分。亦有一碑中轻重不同者，如汉之衡方用二分。隋之龙藏等用一分。两碑之额则用三分。甚至有一字之中诸分毕具者，魏晋及北朝经卷中多见之。惟风格之厚薄与强弱，初不关笔画之肥瘦。有肥而反薄弱，瘦而反刚厚者。学者所宜审也。

于此，有一要义，须深切注意者：凡用笔作出之线条，必须有血肉，有感情，易言之，即须有丰富之弹力。刚而非石，柔而非泥。取譬以明之，即须如钟表中常运之发条不可如汤锅中烂煮之面条。如此一点一画始能破空杀纸，达到用笔之最高要求。

书之结体，一如人体，手足同式而举止殊容。言结体者，首辨纵横。纵势上耸，增字之长；横势旁骛，增字之阔。此每与时代、地域或作家有关。就大概言，殷周迄秦纵势多，汉魏晋南北朝横势多。殷书甲骨刻文，殆纯取纵势。西周夷厉诸朝，如大克鼎、教氏盘则用横势。齐楚诸器则率取纵势。汉碑多横，张迁、礼器、乙瑛、孔宙、夏承、华山等皆然。裴岑、景君、杨瑾、太室阙铭之一节则为纵势。吴天发神识亦然。魏晋中，锺之真行取横势；大王每用纵势。唐欧、虞取纵势。褚、薛取横势。柳取纵势，颜取横势。宋黄、米取纵势，苏、蔡（襄）取横势。此皆明白易见者。盖诸家或相同时，或相先后，各取一势，以避雷同。

次说偏旁。偏旁有左右上下之分，变化亦无定格。夫结体整齐，此仅后来所尚。古今人结字之差，常因部位之变换而定。王觉斯草书入神，即以其善于变更偏旁位置也。古者如“子子孙孙”为周器常语。“孙”在今书为左右相配字，而周器所见，率为上下相配。初吉之“初”为左右相配字，而不嫢敦则作上下相配。休命之“休”，为左右相配字，师龢敦亦作上下相配。又左右偏旁所占空间之大小，唐以来率与其笔画之多少为正比。汉魏南北朝则多不依此比例。如汉人书“汉”字，水旁虽仅三点，亦与右半大小相等，以对映见疏密之妙，不取平均也。又上下相配之字，上下亦不必相等。唐贤如欧书多上大下小，若茂树之垂阴；颜书则上密下疏，如乔岳之耸秀。

次论攲正。后世结体尚平正；至清代之殿体书而极。然是书之厄运，今谈者犹病之。古则不然。周书如盂鼎、毛公鼎之类，势多倾左；散氏盘独倾右，自树一帜。北朝诸刻，如龙门造象、张猛龙、贾使君、刁遵、崔敬邕等皆倾左；马鸣寺尤基。唐欧书倾左亦特甚。然观者仍觉其正，无不安之感。盖结体以得重心为最要。论书者所举横平竖直者，平不必如水之平，虽斜亦平；直不必如绳之直，虽曲亦直。唐太宗赞王羲之书所云“似欹反正”者，即得重心之谓也。

又五凤刻石、李孟初、灵台碑之“年”字、石门颂之“命”字，末笔皆特长。“年”“命”皆贵长也。评书者谓右军、黄庭似道流，曹娥似孝女。结体之形象与所书之内容，实可一致。

三论布白。结众画为一字曰结体；结众字为一体，而布白之说生。结体为点画与点画间之关系；布白则为字与字间之关系。一纸之上，每字各有其领域。著字处为墨，无字处为白。墨为字，白亦为字。书者须知有字之字固要，而无字之字尤要。潘安仁《秋兴赋》有云：“行投趾于容迹兮，殆不践而获底。阙侧足以及泉兮，虽猿猴而不履。”夫人足所践，不过咫尺，然使人步武能安，不虞颠陨者，则有赖于足所践处以外之为实地。若迹外皆空，如行桩上，则谁能履之？以之言书，即布白之理，有字与无字处，其重要同等也。昔何蝯叟善书。时有廖君亦擅书名。或问蝯叟以廖书得失。蝯叟笑谓“廖君只可书一字耳”。盖一字诚妙，多字则蹶。此即言寥君但解结体，不解布白。书与人同，势无孤立，集体斯安，犹布白也。布白之妙，变化万端，运用之际，口说难详。譬诸人面，虽五官同具，位置略异，人我便殊。又如星斗悬天，疏密错综，自然成文，久观益美。明乎此，可以言布白矣。

论布白，当自分行之整齐与否为其人手处。不整齐者，参差得天趣之美，以一行或全章为单位，整齐者尽人工之能，以每一字为单位。最古之分行多主不整齐；其后乃渐趋整齐。此可谓由自然而入人为者也。强分其类，约有三式：

一为纵横行皆不分者，其来最早。殷器铭刻，文字中时杂以画绘，大小参错，牝牡相衔，以全体为一字。故字与字间，恒具巧妙之组织，互为呼应，而痛痒相关。变化之奇，以此期为最多。试一翻《殷文存》之书，即可见之。

二为有纵行无横行者。自一行至于无数行，行式有空，而每行中之各字无定。周金大器，如不嬰敦盖铭文，但有纵行，随式布白，妙变无穷。其结字多长。盖其意欲字形不向外扩张，免与邻行相犯；故宁偏纵势，不取横势，有揖让之风。试观其首行“唯九月初吉”字，便可知之。与此同风者，以毛公鼎为最著。秦诸刻石分纵横行，权量诏版则大抵用纵行，其偏旁大小，时因行列之密接而变化，亦极可味。盖纵行之布白有二要。一为每行中字间之距离；二为行与行之距离。作书布白，当解疏密。如西周之楚公钟凡数器，每器铭辞，皆作两行。钟形上狭下宽，其中有一器，两行对列，上极密而下极疏。邓石如言“疏处可以走马，密处不使通风”，此真能曲尽其势。蜀中诸汉阙，有只于中央题字一行者，若王稚子阙、沈府君阙，石身甚宽，故字之左右波挑，延伸极长。此盖以控制空间，使全石皆在其笼罩之下。晋人简牍，有纵无横，其妙亦在不整齐。兰亭帖凡二十八行，行之疏密相若，字之疏密不等，其布白至妙。故欧、虞、褚、薛诸家，模兰亭各用本家笔法；然布白则悉仍其旧，不敢稍变也。石刻中碑志与摩崖分二体。碑志主整齐，分纵横；摩崖主不整齐，有纵无横（西狭颂、郑文公等除外）。故碑志多尚规矩；而摩崖特多奇趣。如鄐君阁道、瘗鹤铭之属皆是。鹤铭就石作书，婉转异势，上下相衔，山谷晚年最得此秘。

三为纵横行俱分者，为人工方面之进步。在三式中最后出。其最早之例，当推周初之大盂鼎。其时当在成王朝，文辞与书《无逸》至相类。继起者若大克鼎，若宗周钟，若散氏盘，若虢季子白盘，数之殆指不胜屈。然分行虽备纵横，亦不过大体如是。出入尚多，非拘守绝严密也。至秦人刻石，乃务为画一。工巧虽极，机趣反损。分纵横行者，必画界格，有书时当系有格而后来去之者，若大盂鼎、虢季子白盘；有与格俱存者，若大小克鼎。然其格亦非绝对整齐。界格或作阳文，或作阴文，以刻作阳文者为最早。第三式虽后起，其势力最大，汉以下多宗之。汉碑多纵横行，然在规矩中亦有权变，其各碑疏密亦殊。每格中字小则疏，如曹全、孔彪；字大则密，如校官、赵圉令。又就一碑言，亦有疏密。往往上半密而下半疏，若张迁、衡方即是。此由就石上书丹时，不便循文为序。依碑排文，横列而下。初书上半时，手生字易大，故特密；继书下半时，手熟字易小，故特疏。形虽不一，转增变化之趣，汉刻或存界格，或不存界格。不存者多，如张迁、衡方等是；存格者少，如孔彪、张寿等是。存格与否，亦有其理。字小白多者，则多存格，盖无格则太苦空虚。故字为字，白亦为字也。又汉魏迄唐诸石刻，大字密集者，固不乏例；然多数皆字不满格，往往上字与下字相距之空间，足容一字而有余。所谓计白以当黑也。其字居格中，多稍偏上，此系人视觉心理。格中置字，偏上则正觉中悬；正中则反觉下坠。试观印人制印谱，每页捺印，必近上端，即以此故。总之，列字整齐，至明万历以来，而渐造其极。万历中刻书字体，横细竖粗，后世谓之“宋体字”，实由颜书演出者，特匀称益甚。至清世道、咸以降，以科举风尚，庭对写大卷，绳垂水平，字皆历历如算子。虽工整无匹，然束缚性灵，摧毁天趣，驱千万有用之人为无用之物，为封建帝王巩固统治，真书道之厄矣。

最后当一论时代与作家。昔翁覃溪跋汉朱君长题字有云：“书势自定时代。”吾尝叹为知言。时代云者，实即在同一段时期内群众努力所得成绩积累之总和；亦即群众力量所共同造成之一种风气。凡系同时代人之书，彼此每每有几分相近。此不独书艺如是，即其他艺术，如绘画、雕刻、建筑等亦莫不如是。作家崛起一时代之中，却不能飞出一时代之外。彼乃根据其同时代人与其前时代人所得之成绩以为基础，而以自己不断努力，在此遗产上生产再生产而发展之。世间固无天降之作家也。试以二王之书论之。羲之变章为草，其源来自章。则自西汉以至张芝、卫瓘、索靖、陆机等各家之章书，皆其所据之遗产。而羲之省章之波磔，简化以为今草，其风亦非其独创，而实自西晋开之。今观西陲简牍中西晋人诸书，已俨然今草；而其书人，皆非后世知名之大家。是其时民间已早有此一种书风，为羲之所依据，更勤苦加工，发挥旁通，因得成为一代之典范，下为永师。唐太宗、贺知章、李怀琳、孙过庭，日本遣唐僧空海以至宋之薛绍彭，元之赵孟頫，明之文徵明以至八大山人等开其先河。羲之草虽不尚波磔，然体犹近章；献之源出父书，席丰履厚，又变其父上下不甚相连之草，为上下相连之草。往往一笔贯数字，生面别开。梁武评献之书所谓“王子敬书如河朔少年，皆充悦，举体沓拖，而不可耐”者，当指其草书言之。同时羊欣学小王，故梁武又讥为“婢作夫人”。梁人重大王也。此后书苑中遂有狂草一途。唐之张旭、怀素，明代中叶以后诸家，直至明末黄石斋、傅青主、王觉斯，皆自小王来。可谓别子为祖矣。

染翰操觚之士，分道扬镳，或尚摹仿，或主创造。夫学书之初，不得不师古，此乃手段，而非目的。临古者所以成我，此即接受遗产，非可终身与古人为奴也。若拘守一隅，惟旧辙是循，如邯郸之学步，此等粥饭汉，倘使参访大德，定须吃棒遭喝，匍匐而归。至于狂禅呵骂，自诩天才，奋笔伸纸，便夸独创，则楚固失矣，齐亦未为得也。尝见昔人赞美文艺或学术成就之高者，曰“前无古人，后无来者”，此语割断历史前后关系，孤立作家存在地位，所当批判也。今易其语曰：“前不同于古人，自古人来，而能发展古人；后不同于来者，向来者去，而能启迪来者。”不识贤哲以为何如？愿承教焉。

（原载《江海学刊》1961 年第 7 期）

清道光年间长江水患的原因

罗尔纲

一

长江水灾在古代是少见的，到清朝道光年间水灾乃迭告，时人称为几与“河淮并亟”①。计道光三年（1823）大水，十一年（1831）、十二年（1832）、十三年（1833）、十四年（1834）、二十年（1840）、二十一年（1841）、二十二年（1842）、二十四年（1844）、二十五年（1845）都有水灾，二十八年（1848）又大水②。而二十九年（1849）灾情尤为严重，《清史纪事本末》称为“水之大，为百年所未有”。

关于道光二十九年这一次大水灾，文献上是有比较多一些记载的。这一年夏天，江苏、浙江、安徽、湖北等省都多雨③，江南各地尤甚。自四月底起大雨，经五十多天才停④，故江湖并涨，苏、浙、皖、鄂四省都成大灾；湖南、江西两省亦成灾。水灾起于五月，到秋天未退，江南、浙江、湖北各省

---

① 魏源：《湖北堤防议》，见《古微堂外集》卷六。

② 据李富孙《校经宝文稿》卷第五《下乡劝输给赈有感》一诗、梁章钜《退菴自订年谱》、李兆洛《养一斋文集》卷一三《沈君梦塘传》、李祖陶《经世文续编》卷九三《东南水患论》及杨彝珍《移芝堂全集》卷一三《叙灾》《李文恭公奏议》卷一八《附奏缕陈办赈情形片子》《续纂句容县志》卷一九《祥异》《金坛县志》卷一五《祥异》。

③ 据道光二十九年六月癸未谕，见《道光东华录》卷二九。

④ 据《同治上海县志》卷三〇《祥异》《川沙厅志》卷一四《杂记》《南汇县志》卷二二《杂志》《青浦县志》卷二九《杂记》《宝山县志》卷一四《祥异》《嘉定县志》卷五《几祥》《娄县续志》卷一二《祥异》。

乡试都致改期举行，灾区被淹，前后差不多共四个月，而江苏丹徒县至三十年（1850）水还未退①。姚莹《江宁府城水灾记》② 述南京的灾情说：

> 阛阓深六七尺，城内自山阜外，鲜不乘船者，官署民舍胥在水中，舟行刺篙于人屋脊，野外田庐更不可问矣。人被淹且饥死者无数。或夫妇相携投水中，或男妇老稚相结同死。破屋浮尸沿江而下，以诸省复被水，且甚于前年也。

缪梓《秀水县征信录序》③ 记浙江秀水县的灾情说：

> 自吴、越溯江而上，踰洞庭至沅、湘之间，尽楚南界郡数十，州若县数百皆水，江湖并溢，山谷巨石自走，夺民田，坏庐墓，漂溺人畜，死无算，垂白者以为未之见也。浙境东仰而西下，嘉郡辖七邑，秀为最下……上下交汇，水患异甚。……房屋皆沉，余尽没，扉瓦鳞鳞浮水面，民扶携老幼寄小舟，系树梢，接浮萍以食，或蛾伏高阜僧舍，或走乞城郭，露宿檐霤间，琐尾颠踣，非流民图所能悉绘也。

据骆秉章《自订年谱》记所见武昌大水情况，城不没者止一版，城内水深至檐。外出都须乘船。其灾情当更甚于南京与秀水。考这一次大水灾，汉口水位为五十二尺八寸，较1931年长江中流大水灾水位低八寸④，但此次灾区共江苏、浙江、安徽、湖北、湖南、江西六省，而1931年灾区则限于长江中流，又此次灾区被淹时间几四个月，而1931年水灾起于8月19日，至同月29日水势已退落⑤，故此次水灾与1931年大水灾相较，其灾情应更为严重。当日以武昌一地的灾民计，便有十六万三千人⑥，其他各处未详。案1931年

---

① 据《丹徒县志》卷五八《祥异》。
② 见姚莹《东溟文后集》卷九。
③ 见《缪武烈公遗集》。
④ 据《察勘沿江灾情报告书》，见民国二十年九月十五日《时事新报》。
⑤ 同上。
⑥ 据杨士达《书张武昌救荒事》，见《皇朝经世文续编》卷三八。

长江中流水灾，据全国水灾救济总会报告，有二千五百万人口直接受灾，其中40%的人口，一届冬令，被迫逃亡，灾区内计损失作物九万万元，全体损失达二十万万元，其灾区虽在长江中流，而受其影响的人口达四千三百万人①。则此次损失的重大，与灾区内受灾人口之多且惨，及灾区外间接受影响的人口之众，可以想见。

道光二十九年这次大水灾情的严重，固不待说，当时其他各次也都是连年水灾，饥馑相望。

二

道光时长江大水的原因何在呢？史家未有记载。我们稽考文献，看出两个原因：（1）地主恶霸围筑江湖作田占垦，与水争地，致失却沿江湖泊蓄洪的原有效能；（2）烧林、垦山，沙土遇雨冲入江中，致淤淀日甚，河床高仰。

地主恶霸围筑江湖作田占垦，由来已久。康熙中，江苏巡抚赵士麟《抚吴条约》述江苏的情况说：

> 苏、松、淮、扬等郡附近海口去处出水滩沙，悉系豪强作堤占业，或升科，或不升科，致经流之路渐窄，旁溢之害愈滋，此有关农政国课不小。地方专管水利官巡行查核，宜撤者亟撤，宜报闻者具牒以闻②。

乾隆二十二年（1757）上谕述西湖情况说：

> 西湖之水，海宁一带田亩藉以灌溉。今闻沿湖多有占垦，将来湖身日渐壅塞，海邑田亩有涸竭之虞，于水利民生均有未便，除已经开垦成熟者免其清出外，嗣后不许再行侵占。

浙江巡抚杨廷璋复奏说：

① 据《新中华杂志》三卷二十一号译孟长泳文，《密勒评论》一九三五年十月十二号。
② 见《读书堂绿衣全集》卷四五。

此项田地多碍水道，若仍准留，恐日渐淤塞，请概令开挖归湖，照苏堤式沿岸栽柳以防侵占，根株盘结。亦可固堤。

乾隆同意了他的建议①。乾隆二十八年（1763）六月，署湖广总督陈宏谋也奏洞庭湖的情况说：

洞庭湖横亘八百余里，容纳川、黔、楚之水，滨湖居民多筑围垦田，有与水争地之势，从前虽经刨毁，尚有未尽。致湖面愈狭，漫决为患，请多挖水口，使私围尽成废壤，自不敢侥幸再筑②。

同上引这几条谕旨、奏章、禁约，自康熙以后，散见于《东华录》《清史列传》及私家文集的不少。可见当时地方恶霸围筑江湖，特别是围筑湖泊作田占垦的事由来已久。政府虽有禁令，可是，往往只是一纸具文，围筑日多，湖泊愈狭，就逐渐失却沿江湖泊蓄洪的原有效能。这是道光时长江大水的最主要的一个原因。

焚烧森林的事件，是嘉庆初年白莲教之役，起义军在郧阳山中深林作战，清朝统治者把这一带森林焚烧净尽。道光二十九年，龙启瑞《由汉川至江陵见堤间居民有作》③一诗有句道：

汉水发源陇山腹，峡口金牛万峰簇。纡萦荡潏下秦关，十里川流几九曲。郧阳搜山村木尽，春雨洗沙日万斛。

自注道：

乾隆、嘉庆间，川、广教匪滋事，遁入楚之郧阳山中，王师过而歼之，深林密菁，焚刈殆尽，自是山民垦荒作田，春雨一洗，则泥沙俱下，下流因之壅塞矣。

① 见《清史列传》卷二一《杨廷璋传》。
② 见《清史列传》卷一八《陈宏谋传》。
③ 见《浣月山房诗集》卷二。

垦山的事件，则起自雍正、乾隆以后，地主阶级兼并土地日烈，失了土地的农民，无地可耕，被迫到荒山上去垦山为生，初时人们不曾注意此事对水利的关系，到道光时才有人看出来。道光时夏炘任安徽婺源教谕，他在《讲约余说》[①] 里记道：

垦山贻害匪浅，婺邑尤甚，他处多由于棚民，婺则自垦，自种苞萝芋薯之类，所得有限，而土既掘松，一经大雨，水挟泥沙而下，山溪为之壅塞，渐淤渐高，旱则不能蓄水，潦则泛滥无归。

道光三十年十月辛巳谕内阁也说：

御史汪元方奏浙江水灾多由棚民开山，水道淤阻所致，请饬查禁等语。浙江杭州、湖州等府属近山各县，多有外来游民搭棚群聚山中，开种苞谷，翻掘山土，以致每遇大雨，沙砾尽随流下，良田化为硗瘠，下游溪河受淤，水无去路。近年雨水稍多，漫溢成灾，实为地方之害[②]。

森林被焚斩光了，就不能发生保固水土的作用；垦山开荒，则土砾掘松，故每遇大雨，水挟泥沙而下，冲入江中，致淤淀日甚，河床高仰。这是道光时长江大水的第二个原因。

地方恶霸围筑江湖作田占垦，与烧林、垦山这两种事件，都远起于道光以前，积下了一两百年的祸根，到了道光年间，它的祸害才发作。这种因果关系，当时关心水利的人们是看得出来的。如魏源《湖广水利论》[③] 述长江水患的起源说：

历代以来，有河患无江患，河性悍于江，所经兖、豫、徐地多平衍，

---

① 见《景紫堂文集》卷六。
② 见《咸丰朝东华录》卷五。
③ 见《古微堂外集》卷六。

其横溢溃决无足怪。江之流澄于河，所经过两岸，其狭处则有山以夹之，其宽处则有湖以潴之，宜乎千年永无溃决。乃数十年中，告灾不辍，大湖南北，漂田舍，侵城市，请赈缓征无虚岁，几与河防同患，何哉？……承平二百载，土满人满，湖北、湖南、江南各省沿江沿汉沿湖向日受水之地，无不筑围捍水成阡陌，治庐舍其中，于是平地无遗利。且湖广无业之民，多迁黔、粤、川、陕交界，刀耕火种，虽蚕丛峻岭，老林邃谷，无土不垦，无门不辟，于是山地无遗利。平地无余利，则不受水，水必与人争地，而向日受水之区，十去五六矣。山无余利，则凡菁谷之中，浮沙壅泥，败叶陈根，历年壅积者，至是皆铲掘疏浮，随大雨倾泻而下，由山入溪，由溪达汉达江，由江汉达湖，水去沙不去，遂为州渚，渚日高，湖底日浅。近水居民又从而圩之田之，而向日受水之区十去其七八矣。江汉上游旧有九穴十三口为泄水之地，今则南岸九穴淤，而自江至澧数百里公安、石首、华容诸县尽占为湖田，北岸十三口淤，而夏首不复受江，监利、沔阳县亦长堤亘七百余里，尽占为圩田。江汉下淤则自黄梅、广济下至望江、太湖诸县，向为浔阳九派者，今亦长堤数百里，而泽国尽化桑麻。下游之湖面、江面日狭一日，而上游之沙涨日甚一日，夏涨安得不怒？堤垸安得不破？田亩安得不灾？

李祖陶《东南水患论》也说：

天下之患有积之数百年之久已成痼疾，及今治之尚可以救，再迟数十百年则病入膏肓，其患有不可胜言者，东南之水患是也。……道光甲午（1834）予馆吉安府鹭洲书院为张南山司马《书黄梅御灾录后》，谓："南纪之有大江，犹北纪之有黄河，黄河水狭泥沙，性善怒，惟有以堤则水，以水攻沙，庶可保全旦夕。南方则厥土涂泥，又处处石山高耸，沿江绵亘，以御其暴，故水患时有，民亦不致荡析离居。乃数十年以前，水患未剧，近岁则频频告灾，无异于河，固由辛卯、壬辰、癸巳（1831—1833）雨水过多，然雨止而水不即退，有延至二三月而后田土涸出者，其故何也？则以大江两岸处处围地为田，与水争地，故致横溃四出而不可止也。且潴两湖之水者南莫过于洞庭湖，湖旁为人围占，湖不容而溢于江，荆州、沔阳遂处处为患，通湖北之流者北莫过于汉水，汉水自襄阳南下折东至汉阳府，下流水面狭于上流，堤逼水筑，水涨无可宣泄，汉川、天门等县遂长在水中。……至黄梅以下，则江、汉与彭蠡会，禹贡所云三江也。水势洪大，倍逾黄河，而处处围田，处处作室，江面渐狭，江水遂不能畅流。且地尽垦辟，沙土无草根坝住，雨即涌入江中，江亦渐浅。夫江面不阔，则容水不多，江底不深，则泄水不快，加以淫雨连绵，蛟螭怪发，安得不横溢为患。……”其时予尚未与吴竹菴司马相交，文亦统论东南而非指江西。后竹菴以所著《此君园稿》付予勘校，得见稿中之文有与予暗合者。其记《登新吴文昌阁》也，谓：“文昌阁居考棚之中，西望远山隐隐，杳与天际，相与论棚民开垦之勤，稻畦竹林与山俱上，桑麻鸡犬，如在云端。然而地力尽开，山皮亦破，骤雨冲激，往往淤塞良田，填高河路，桑海变迁，将有贻患于数百年之后者。乃生齿既蕃，无田可耕，遂至斩山布种，跨岭植松，固缘人力之勤，亦迫谋生之亟也。”落落数言，祸之根已揭出矣。……其为《江西水势论》也，曰：“沧海果可为桑田也哉？其说近于荒唐。其变由于积渐，盖非一朝一夕之故矣。予到江西三十年，今昔情形已有月异而岁不同者，如水势日涨，河道日浅，不知伊于胡底也。自戊辰（嘉庆十三年，1808 年）需次豫章郡，无论公所民房未有以水为宅者。今辛卯（道光十一年，1831 年）以后，水灌城内，淹没数次，自东大街而东，房内水迹皆及墙腰，沿城居民以堤为命，荡析离居，几不能胥匡以生矣。然而河道转由此日浅，十年前粮艘不闻起剥。今起剥不止一处，即出江以后，闸河亦处处浅阻。夫豫章各郡之所以浅，由山土开垦之日淤；闸河以北之所以浅，由河工挑挖之不力，而其源则因湖口狭而江水壅，江水高而湖水滞。近湖口又生洲数里矣。湖水艰于出，乃浸溢于江西各郡，水涨时则忧其深而不安于居，水涸时又忧其浅而不利于行，虽有智者不识将何以善其后也！……”

魏源说当时围田由于“土满人满”；吴竹菴说垦山由于“生齿既蕃，无田可耕”，实则围田乃由于地主恶霸的霸占，上引清朝统治者的文书已经说明。而当时农民无田可耕，被迫垦山，乃由于地主阶级兼并所使然，而不是什么“生齿既蕃”。这都是地主阶级分子歪曲事实的说法。但是，除此以外，魏源、李祖陶、吴竹菴三人，对当时长江水患原因的研究，都提出了由于围田与垦山这两个原因。他们都用透彻有力的论证，作出了同样的结论。

三

我们现在试从历史的角度来对上引文献和当时人的讨论，作一初步的考察。

据文献记载，道光年间长江大水在气象关系上还有一个多雨的原因。但是，假如当时长江两岸湖泊没有失却原有的蓄洪效能，河床又宽深，而沿岸山岭复有森林以固水土，那么，即使多雨也未必成灾；即使成灾也不会造成那样的大灾，这是可以断言的。因此，多雨不能算是一个主要原因。

其次，我们要论魏源、李祖陶、吴竹菴诸人的论证是不是正确呢？他们的结论是根据历史事实，和他们几十年来的亲身观察，从长江水患未发作到逐渐发作，以至大发作，对全部过程进行分析研究之后得出来的。因此，我们认为：他们所提出的当时长江水灾是由于围田与垦山所造成这一个结论，是有根据的，因而是可信的。

魏源诸人只提出长江水患的原因，还没有提得出救治的方法。但魏源却在一百年前就大声呼吁说：“下游之湖面、江面日狭一日，而上游之沙涨日甚一日，夏涨安得不怒，堤垸安得不破，田亩安得不灾！”他竭力指出用堤防来保障长江的方法不再可恃。这是值得十分重视的。今后长江治本大计，断不能赖堤防为之保障。而根据病源，对症下药，必须恢复长江两岸湖泊原有的蓄洪效能，应以利用沿江湖泊蓄洪为治理长江的首要原则。至于疏浚河床，广植森林，也都是一些应有的措施。

治病必须寻源，治理长江也要知道长江水患的根源。我们认为清代有关道光年间长江水患的文献和当时人的研究论证，对我国今后治理长江是会有参考的作用，所以加以辑录，并略论于上。错误的地方，敬请同志们指教！

（原载《江海学刊》1961 年第 9 期）

释　“兮”

郭绍虞

我在1959年曾写过一篇《试论助词和其它虚词的关系》，说明汉语助词的特征在训诂上虽无意义，但在语句组织上有表达声气的作用，并且逐步演进，使它的文法意义更加明确。声气，或者称之为语气，似乎是抽象的不可捉摸的东西；但从语句组织来看它的作用的时候，就知道所谓声气或语气，并不是不可捉摸的。不仅不是不可捉摸，而且这种作用，还贯穿到助词外的其它虚词方面，所以《马氏文通》对于所有虚词都称它有表达语气的作用。助词和其它虚词，在这一点上是同性质的，所以能起演化作用。一般人往往说汉语虚词是从实词转化来的，我并不否认此说，但认为不能限于此说，因为在从实转虚之外，还有另一面从极虚转较虚的问题。所谓从极虚转较虚就是说在训诂上最没有意义可言的助词，可以转化为较有意义的其它虚词。我在上一篇文章所指出的就是这种现象。我是指出这种现象来补充虚词从实词转化说的。

这种现象是怎样产生的呢？若溯其源，当从汉语构词法中的词头、词尾、词间讲起。在汉语中是有较多的复音词的，但由于汉字是单音词，所以在书写的时候，这种复音词不可能在书写上有特殊的形式。由于这个矛盾，于是汉语复音词中部分带有词头、词尾或词间性的词，就不一定始终与词根保持紧密的结合，往往脱离词根而成为另一个单词。在这种情况下，这些从词头、词尾或词间转化的单词，就成为造句法中的发声词（或发语词）、收声词或语间词了。以前学者从训诂的角度来看这些词，认为它只表示声气作用，只用来足句，不能表达意义，于是称之为没有意义的语词。我们现在从文法的角度来看这些词，要在语句组织中看出它的文法意义，于是不仅觉得有意义可言，并且可以看出这些词的文法意义从简单到复杂、从含浑到清晰的演变情况。这种演变情况可分作三个阶段：第一阶段当这些单词作为发声词、收声词或语间词的时候，它的文法意义还是比较含混的。如发声词之“粤”，收声词之“兮”，便属这一类。这些词是随语气的缓急来定它的取舍的。语气越缓，不妨连用两个语气词如“候人兮猗”之类，语气稍急，就可以弃置不用。第二阶段，则成为一般的助词，可以表示一定的语气，所以它的文法意义就比较明显，但是在语句组织上的地位还不如其它虚词的重要。古汉语中对助词的运用，常是看作可有可无的。第三阶段，再转为其它虚词，于是在语句组织上的关系就不是可有可无的了，但在古汉语中，往往随着语句音节的需要与否而或用或不用，还是看作可以简省的。这就因虚词有语气词的性质，所以这些语气词即使进入第三阶段，还保存着语气词的特征，可随语气的缓急，作取舍的标准。

这样三个阶段的演进状况，并不是所有语气词都是如此。有些词只进入第一阶段，有些词则进入第二阶段，只有少数语气词才可以明显地看出它逐步演进的情况。例如“涣乎”之“乎”，就是从词尾一直演变到作为介词“于”字的“乎”。这类的例子虽不太多，也不太少，用来说明语气词从极虚转较虚的过程，还是很有帮助的。

现在，为补充说明这个论点，特就几个具体的语气词来说明这关系。本文讲的是“兮”字，就题目言，好似和昔人解释单字之文没有分别，实则现在所释，是专就它文法上的作用说的。

《说文》：“兮，语所稽也。”金文中“兮”字亦屡见。可知“兮”字在古人语言中经常运用，所以特为造字。同时也可知“兮”字造得很早，所以见于文辞的也比较早。正由于这样，所以“兮”字还保存它原有的语气词的性质，没有转化为其它虚词。但是，“兮”字虽没有转化为其它虚词，而由于用法的渐趋复杂，于是在语句之间，也可以表达和其它虚词同样的语气。因此，从这方面窥测，也就比较容易看出语气词转化为其它虚词的可能性。

大抵《诗经》中之“兮”字，除用于句末外，较多地方还可以看出它的词尾性质。如《君子偕老》之“玼兮玼兮”“瑳兮瑳兮”，《淇奥》之“瑟兮僩兮”“赫兮咺兮”，《候人》之“荟兮蔚兮”“婉兮娈兮”，《芄兰》之“容兮遂兮”，《子衿》之“挑兮达兮”，《巷伯》之“萋兮斐兮”，这些“兮”字都有词尾性质，可以改为“然”字。即如《芄兰》之“垂带悸兮”，《伯兮》之“伯兮朅兮”，《羔裘》之“羔裘晏兮，三英粲兮”，《野有蔓草》之“零露漙兮”与“清扬婉兮”，《葛生》之“角枕粲兮，锦衾烂兮”诸句，如“悸兮”“朅兮”“晏兮”“粲兮”“漙兮”“婉兮”“烂兮”之类，也都有词尾作用，所以“粲兮”可作“粲然”，“烂兮”可作“烂然”，“赫兮”可作“赫赫”，“漙兮”可作“漙漙”，而同时“粲兮”“烂兮”，也可成为叠韵连语“粲烂”，“赫兮”“漙兮”也可作“赫赫然”“漙漙然”。本此类推，那么《周南·螽斯》诗中如“诜诜兮”“振振兮”“薨薨兮”“绳绳兮”“揖揖兮”“蛰蛰兮”等句，也可把“兮”字看作词尾。这种现象，在《楚辞》里就比较少了。只有用在语句中间的，还保留一些这样用的痕迹。如《九歌·东君》“观者憺兮忘归”，王逸注：“憺然意安而忘归”，那就以“憺然”释“憺兮”，可知“兮”字还有词尾作用。但证以《九歌·山鬼》“留灵修兮憺忘归”句，不用词尾，又可知“兮”字的词尾作用，是较早就离开词根而独立了。那么王逸注所谓“憺然意安而忘归”云者，也可能侧重在“兮”字的“而”字作用，于是这仅有的例，也不一定可说是词尾性质了。

刘淇《助字辨略》谓“兮”是“歌之余声”；其实，不仅歌有余声，即平常语言也有余声，这余声即所谓语气，也即《说文》所谓“语所稽也”。“语所稽”，似乎只表示一种停顿的作用，无意义可言；但是既用在语句之中，它的意义也自会逐渐趋于明确的。因此，《诗经》中的“兮”字，已有较明显的助词作用。如《齐风·猗嗟》之“仪既成兮”与“展我甥兮”诸句之“兮”字，已多少可以看出有助词“矣”字的意义了。再进一步，《楚辞》中的“兮”字用法，更有表达其它虚词意义的作用。《离骚》等篇之兮字用在两句之中，即使偶或可以看出上下句的连贯作用，也仅是个别现象，还不能说它表达了其它虚词的意义。但如《九歌》等篇把兮字用在一句之中，那么语句之间的虚词作用，就显得格外突出了。我们这样说，并不是说“兮”字已经转化为其它虚词，而是说在语气停顿之间，有可能跟着上下文的意义来体会它的不同语气和不同作用。这种现象在现代口语中同样是存在着的。例如“末”字。“要走就走”，这是语急的语气，中间不需要作停顿的。“要走末就走”，这是语缓的语气，一作停顿，此“末”字就有“则”字意义了。所以《说文》所谓“语所稽也”，就是说“兮”字是表示语气的符号，也即是记录语言中停顿时所发出的余声的符号。

那么我们怎样看出“兮”字可以表达助词外其它虚词的语气呢？这可以从几方面来说明：

一、注释　今以王逸《楚辞·九歌》注为例。王逸对于《九歌》中“兮”字的解释，往往采用其它虚词来说明。如《湘君》“蹇谁留兮中洲”注言“谁留待于水中之洲乎”？又“捐余袂兮江中，遗余佩兮澧浦”，注言“设欲远去，犹捐袂佩置于水涯”。《少司命》“悲莫悲兮生别离，乐莫乐兮新相知”，注言“人居世间悲哀莫痛于与妻子生别离，天下之乐莫大于男女始相知之时”。这是由于这些例句在语气之间自有“于”字意义，所以王逸也于注中明言之。又如《云中君》“极劳心兮忡忡”，注言“心中烦劳而忡忡也”。《湘君》“望夫君兮未来”，注言“已供修祭祀，瞻望于君而未肯来”。《湘夫人》“洞庭波兮木叶下”，注言“湘水波而树叶落矣”。《大司命》“不寖近兮愈疏”，注言“不稍亲近而日以疏远”。王逸在注中又说明这些例句有“而”字意义。又如《湘君》“心不同兮媒劳，恩不甚兮轻绝”，注言“婚姻所好心意不同，则媒人疲劳而无功也”，又言“人交接初浅，恩不甚笃，则轻相与离绝”。又云：“交不忠兮怨长”，注言“朋友相与不厚则长相怨恨”。注又说明这几句的兮字有“则”字意义。又如《湘夫人》“合百草兮实庭”，注言“合百草之华以实庭中”，则“兮”字有“以”字意义。此外《文选》五臣注《湘夫人》“网薜荔兮为帷”句云：“网结以为帷帐”，洪兴祖《楚辞补注·大司命》“结桂枝兮延伫”句亦云：“此言司命既去，犹结桂枝以延望”，也都认为“兮”字有“以”义。他如《湘夫人》“观流水兮潺湲”补注谓“但见流水之潺湲耳”，则“兮”字有“之”义；《湘君》“美要眇兮宜修”，注言“二女之貌要眇而好又宜修饰也”，则“兮”字有“又”义。从以上这些注释之文来看，可知“兮”字所表达之语气是比较灵活的。这不是“兮”字本身含有这些意义，而是在语气停顿延长的情况下，自会起这些作用的关系。注家于无意之间说明这个道理，我们正可于此看出语气词转化为其它虚词的现象。

二、异文　除注释外，我们再可从各本的异文来说明这问题。为什么“兮”字只表示停顿作用，而能有表达其它虚词语气的作用呢？即因这些虚词在古汉语中常是可用可不用的。用了这些虚词，意义固然明确一些；不用，实际上也隐含这种语气。所以“兮”字当与其它虚词一同用的时候，则“兮”字就只有表示停顿声气的作用；当只用“兮”字而不用其它虚词的时候，则“兮”字就可兼有其它虚词所要表达的语气。比如上文说“兮”有“而”义，就因语句中不用“而”字，故有“而”义；若如《山鬼篇》“云容容兮而在下”，则此“兮”字就不含“而”义。上文说“兮”有“又”义，但如《山鬼篇》“猿啾啾兮又夜鸣”，则此“兮”字就不含“又”义。上文说“兮”有“于”义，但如《山鬼篇》“采三秀兮于山间”，则此兮字就不含“于”义。上文说兮有“以”义，但如《东君篇》“杳冥冥兮以东行”，则此兮字就不含“以”义。在这些例中，说明了“兮”字之所以能表达许多虚词之语气，正由于在语句组织中没有用这些虚词，所以“兮”字能代替这些虚词的作用。因此，从异文中，我们也可以根据这种规律，推知“兮”字在语句组织中所表示的许多虚词的语气。例如《湘夫人》“葺之兮荷盖”注云“一本作以荷盖”；又“缭之兮杜衡”，注云“一本兮下有以字”，可知此二句“兮”有“以”义。《湘君》“美要眇兮宜修”，注云：“一本宜上有又字”，可知此句“兮”有“又”义。这也说明了“兮”字在不与这些虚词结合用的时候，“兮”字就有表达这种语气的作用。

三、词例　假使说上所云云还近于猜想，那么再可以证之以词例。例如《离骚》中“制芰荷以为衣兮，集芙蓉以为裳”与《湘夫人》中“网薜荔兮为帷”同一句法；《离骚》中“聊逍遥以相羊”及“聊浮游以逍遥”诸句，又与《湘君》《湘夫人》中“聊逍遥兮容与”为同一句法。两相对照，可知“以”和“兮”的文法意义，完全一样。我们虽不能训“兮”为“以”，但是“兮”可转化成为表达“以”字的意义，则是事实。又如《离骚》中“结幽兰而延伫”，与《大司命》“结桂枝兮延伫”句法相同；《离骚》中“遵赤水而容与”“登阆风而绁马”“倚阊阖而望予”，与“济沅湘以南征兮”诸句，也与《河伯》中“登昆仑兮四望”，《大司命》中“逾空桑兮从女”诸句句法相近，此又“兮”通“以”“而”之证。又如《离骚》中“杂杜衡与芳芷”，与“扈江离与辟芷兮”诸句与《东皇太一》中“奠桂酒兮椒浆”之句法相似，所以“兮”也有“与”义。又如《离骚》中“朝发轫于苍梧兮，夕余至乎县圃”，“朝发轫于天津兮，夕余至乎西极”，以及“夕归次于穷石兮，朝濯发乎洧盘”，与《湘君》中“鼌（朝）骋骛兮江皋，夕弭节兮北渚”、《湘夫人》中“朝驰余马兮江皋，夕济兮西澨”诸语的句法也相类似，可知兮有“于”义、“乎”义。又如《离骚》中“贯薜荔之落蕊”与《东皇太一》之“抚长剑兮玉珥”，句法相同；《离骚》中“恐高辛之先我”与《湘夫人》之“闻佳人兮召予”句法相似；《离骚》中“载云旗之委蛇”与《湘夫人》之“观流水兮潺湲”句法亦近，又可知兮有“之”义。

根据上面这些例句，证以注解则通，校以异文亦合，核以词例更可相互印证，所以在词气歇宣之间是可以有各式各样的理解的。此后因语言组织日趋严密，于是逐渐产生固定的不同涵义的虚词，而兮字这类词遂逐渐处于淘汰地位了。

“兮”字为什么会有这样作用呢？证以现代口语中的词气也可以说明这问题。大抵语气一停顿，此时无声胜有声，自可令人体会到上下文中间所没有讲出的意义。“兮”字本来是表示停顿作用的余声，所以也可以体会出各种不同的语气。《湘君》“令沅湘兮无波，使江水兮安流”，《大司命》

“令飘风兮先驱，使冻雨兮洒尘”，这些都是语缓之例，故用兮字作一停顿。假使说得急一些，则如《离骚》“吾令凤鸟飞腾兮”，“吾令丰隆乘云兮”，“吾令帝阍开关兮”，“吾令羲和弭节兮”诸句，由于“兮”字用在句末，所以中间就不必停顿。这类“兮”字，略近口语“呢”字，表达声气的作用多，表达意义的作用少。但在同样的句型中，假使名词后面以形容词足句，那么作为主语的名词就变得更着重一些，而“兮”字就多少带有“则”字意义了。如《湘君》之“石濑兮浅浅，飞龙兮翩翩”，《大司命》之“灵衣兮被被”，“玉佩兮陆离”，《少司命》之“秋兰兮青青”，都是有“呢”字口气而接近于“则”字意义。假使主语为短语，那么“则”字意义就更明显，所以《湘君》中“心不同兮媒劳，恩不甚兮轻绝”二句，王逸均以“则”字注“兮”字。

又如《大司命》之“广开兮天门”“纷总总兮九州”诸句，主语在后，述语在前，在这类倒句形式中，“兮”字略近口语“啊”字，也是表示声气作用为多，但在骈语中间，如《东皇太一》之“吉日兮辰良”，《湘君》之“桂棹兮兰枻”，《湘夫人》之“桂栋兮兰橑”，《少司命》之“绿叶兮紫茎”，虽也有“啊”字语气，但已有“与”字意义了。假使再在这类短语之前冠以动词，如《东皇太一》之“奠桂酒兮椒浆”，那么“与”字的意义就更为明显。或者同样是骈语的形式而前后之间可有联系的，那么“而”字的意义，比“啊”字的意义要强一些，如《东皇太一》之“扬枹兮拊鼓”，《湘君》之“横大江兮扬灵”，《东君》之“举长矢兮射天狼”，《国殇》之“援玉枹兮击鸣鼓”，都是如此。又或虽无联系而前后均成两个短语，“而”字的意义也就更强。例如《湘夫人》之“沅有茝兮醴有兰”，《少司命》之“人不言兮出不辞”，《山鬼》之“乘赤豹兮从文狸”，《国殇》之“凌余阵兮躐余行”，都是“而”字的意义比“啊”的语气强。再进一步，介词“于”字也可以在“啊”的语气中表示出来。如《湘君》之“鸟次兮屋上，水周兮堂下”，《湘夫人》之“鸟萃兮苹中，罾何为兮木上”等句，也是在“啊”的语气停顿中表示“于”义。

因此，从上述的论证，我们可以说明虚词中由极虚转较虚的可能性，但是并不能以后人的文法观点，去凿求以前这些语气词的文法意义说：“兮、以也、而也、与也、于也。”这正像我们不能训“言”为“而”、为“乃”、为“则”，是同一的道理。

（原载《江海学刊》1961 年第 12 期）

因明学说在中国的最初发展

吕　澂

因明即佛家逻辑，是公元第4、5世纪中由印度瑜伽行学派的大师们在正理学派有关逻辑的思想基础上结构起来的。其初，它偏重辩论一方面，内容包括了辩论的条件、规则等，并且附属于一般论书之中。到了第6世纪，经过佛教学者陈那的改革，它才纯化而具备独立的规模。从此就很快地有了发展，特别是在不同学说的证明和反驳中，它被广泛地应用着；而学者们也刻意讲求，成为风气。我国佛教学者玄奘在印度求学之时，即接触到这样气氛，因此他随处请教，积有心得，返国以后便成为传播因明学说最有力的一家。

玄奘的译经工作，开始于唐贞观十九年（公元645年）。两三年之后，他就相继译出因明的论著两种：一种是陈那门人天主所作《因明入正理论》（贞观二十一年即公元647年译），另一种是陈那自著的《因明正理门论》（贞观二十三年即公元649年译）。玄奘在翻译介绍之外，还为译场中执事的佛教学者详细讲说。当时随闻笔录以成注疏的，就有神泰（译场证义）、靖迈（译场缀文）、明觉（执事未详）三家，继之有文备（译场证义）、文轨等人。当然，就这些学者来说，因明这一门还是新鲜的学问，他们对于玄奘讲说的理会，不可能完全一致，而且他们还要依据所闻加以引申发挥，那就更难于求同了。所以在他们的注疏里，议论纷歧，也属势所难免。最后，得着玄奘薪传的窥基，总结各家异说，另写了《因明大疏》（即《因明入正理论疏》，共有六卷），才成为完备的著述。从此《因明大疏》特别流行，其他各家的注书逐渐散佚，到现在来，所仅存的只神泰、文轨两人著述的残本而已。

就从《因明大疏》上看，可见在玄奘传播了因明学说之后，十余年间（《大疏》成书之时，玄奘已经逝世，其去玄奘译出因明二论，约十八九年），其说在理论和应用上都有了一些发展。先从理论方面说，玄奘所译介的还是陈那早期的因明之学。像《因明正理门论》一书，即以“立”（证明）“破”（反驳）为主题而来著作，所以论文一开始便说明要区别出关于立破的正确道理。后文也谈到一般知识的“现量”（感觉的知识）、“比量”（推理所得的知识），只看成立破的准备条件。至于天主的《因明入正理论》，本为《因明正理门论》入门之作，其组织也以同样的精神，分为“悟他”（使别人理解）的立破和“自悟”（为自己的理解）的现［量］比［量］二大类，而以悟他为主，自悟为辅。现在从《因明大疏》里，可以见出当时学者即掌握到这一原则，对于因明的“因”，作了全面的分析。他们以为因应该包括言词的（言）、意义的（义）和知识的（智）三方面，而各方面又各有能引生和能了解的功用，可以分出“生因”和“了因”，总共有六种因义。但就重点来说，仍以“言生因”（这是提出主张的人即“立论者”的言词，它能引生反对论者即“敌论者”和群众对于他的主张的理解，故称为“生因”）和“智了因”（这是敌论者和群众的知解，它能明了所提出主张的理由正确，故称为“了因”）两者为主。这样概括了因明理论中所有的因的解释，并决定其重点所在，可说是对因明的理论有进一步发展的意义的。

其次，因明中为立破的工具的，主要是“三支比量”（这类似一般逻辑中的三段论式）。这是根据自己比量之所得，用一定的言词，即“宗”（论断，类似三段论式中的结论）、“因”（理由，类似三段论式中的小前提）、“喻”（同异事例，类似三段论式中的大前提）三个支分组成的论式。它的前身是古因明中所用的‘五分比量’，经过陈那的变革，简化为三支，并体现了他对因明的一些新见解（如下文要谈到的‘因’有三种性质等），其组织形式便显得十分严密。我们从《因明大疏》里，也可见到当时学者能了解陈那革新论式的精神，对于“宗”的支分先就作了更加细致的分析。如以因明论书中常常用到的例子来说："那山边是有火的"这样的一句话，便可成为一个"宗"。其中"那山边"和"有火的"这两词，分开来看，只算是"宗"的组成部分，他们称之为"宗依"。到了这两词合拢来，由"有火的"一词区别了"那山边"，使它具有不同于其余山边的意义，这才构成了"宗"的本身，他们即称之为"宗体"。这一依与体的分析，便使"宗"的特质更加显著而易于认识。此外，当时学者对于"三支比量"中的'喻'支也作了分析。即以上面所举"那山边是有火的"一宗为例，在相关的"三支比量"里，"因"的支分可以说："因为［那山边］是'有烟的'的缘故。"跟着来的"喻"支分，先可举它的"同法"（同类的事例，构成"同喻"）说："假如有地方是有烟的话，那里就会经验到是有火的，像厨房等处［就是如此］。"其次还可举它的"异法"（正反对的事例，构成"异喻"）说："假如那地方不是有火的，那里就不会经验到是有烟的，像池塘等处［就是如此］。"这里举出的"同喻""异喻"，都又由二分组成，先有一个完整的命题，次后附带一些事例。依照因明的理论讲，"三支比量"中正确的"因"，一定要具备三种性质：其一，它应该在"宗"中的主词部分（所谓"有法"，如前举例子中"那山边"一词）上全部周遍，也就是要"宗"的主词部分全部都和因有联系。"因"的这一性质称为"遍是宗法性"，它要求在"三支比量"中"因"的支分上表白出来。其二，"因"又应该和具有'宗'中谓语部分（所谓"法"，如前举例子中"［是］有火的"一词）意义的诸事物，至少一部分有联系（如全部分都有联系，那就更好）。因的这一性质称为"同品定有性"，它要求在"三支比量"中"同喻"支分上表白出来。其三，"因"又应该和不具有"宗"中谓语意义的事物全部没有联系，这一性质称为"异品遍无性"，它要求在"三支比量"中"异喻"支分上表白出来。上面所说"同喻""异喻"中命题的部分，正是完全表白了"因"的第二、第三种的性质的。至于附带的事例，不过说明构成那些命题的基本事实，在比量的言词里倒显得无关重要了。《因明大疏》对"喻"的支分作了体和依的区别，可谓很好地显示

“喻”的特质。并且它还对“异喻”的“喻依”深入研究，以为“异喻”的用处只是防止“因”所联系的范围过于宽泛而涉及和提出的主张相反的事物上。如果“异喻”根本没有“喻依”，这就是无“因”的宽泛之可言，但是并不妨碍“异喻”的存在，所以“异喻”的“喻依”更是不必要的。从这上面指示出“三支比量”中“喻”支的新方向，更可视为对于因明理论的一种发展。（印度后来法称一系的因明作法，即常常单用“喻体”来作“喻”支和《因明大疏》所指出方向正相符合）

再从因明的应用方面说，“三支比量”的各支组成部分本来都要立论者和敌论者或群众对它们有一致的认识（此即所谓“极成”）。这不单要有共同承认的名目，还要有共同承认的内容。这样才能使对于提出的主张的看法，集中在“宗体”上，而不致以各组成部分之有歧义而发生枝节问题。但这只是一种原则，实际上有时为了适应运用“三支比量”的特殊情况，也可以采用立、敌、群有不同认识的事物来做比量的素材，这只要在各部分加上了是“自己所承认的”（所谓“自许”）或“他人所承认的”（所谓“汝执”）等区别字样，就不算犯错误（这种方式称为“寄言简过”）。玄奘在印度时对这一方法的运用曾经有很多很好的经验。他曾对于当时一著名学者胜军经过多年斟酌才写定的一个证明大乘出自佛说的“三支比量”，毫不客气地指出它在措辞上的疏失，并用“寄言”的方法给以订正。后来，玄奘在临回国之时，他又用同样方法构成一个证明唯识道理的“三支比量”。这一比量公开提出于戒日王为玄奘在曲女城召集的无遮大会上，经过十八天，没有人能改动它一个字。因而此量被称为“真唯识量”。（此量的全文和它的解说都见于《因明大疏》卷五）玄奘在有这些经验的基础上回国来为译场中人作了传述，这自然使他们更容易对运用方法有进一步的阐明，终于构成九种比量格式的说法。九种比量是依照“宗”中主词的性质或限于自己所许可，或限于他家所主张，又或是双方所共认，而分为自、他、共三类。每类所用“因”的言词，又可以有自许的、他执的或共认的三种。这样配合起来，就一共成了九式。当然，这些格式的应用是有条件的。一般地说，自许一类主要用于本宗的传授或对他人驳论的辩护，他执一类主要用于设辞以破异说或往返辩论之时。至于平常情况则仍以应用共认的格式（这不定再加区别的字样）为主。关于这些格式的指出，也可说是对于因明学说发展的一方面。

还有，在因明的运用上，天主的《因明入正理论》曾经整理了陈那所说有关“三支比量”的各种错误，并还加以补充，确定为“三十三过”。（其中关于“宗”的九种，“因”十四种，“喻”十种）用这些错误的型式来辨别“三支比量”各支分的正确与否，是一种很好又很方便的方法。现在从《因明大疏》里可以看出当时学者在这上面也做了细致的分析研究。他们对于各种错误都区别出是全部的或是一分的情况，又有对自、对他，或者无区别地构成过失的种种例子。另外，各种错误的性质并非矛盾的，也会同时兼备几种过失。这样错综配合起来，就有很多种形式。试以“宗”的九过为例，总计它们错综配合的可能，会达到上千种的程度。当然，这里面有许多只指其可能而言，不必实有其例，所以平常见到的复杂形式远远的不及此数。不过《因明大疏》推衍出如许变化，自然是发展了原来的方法的。至于对这些过失的指摘，在“破”的实用中，一般是采取适当的言词，直接说明（这称为“显过破”）。此外，《因明大疏》还谈到另有成立“三支比量”来间接地显示过失的方式（这称为“立量破”）。这一说明也是指出了一种新的方向，后来在印度中观学派中，月称一系从方法论上和清辨一系立异而独自成派，其实际即是在破他方面运用“显过破”（月称系）和运用“立量破”（清辨系）有所不同，因而分途的。

从上文叙述的几点，可见因明学说传来中国以后，即得着一些发展。另外，在当时玄奘门下各家的著述里，也随处看到因明的运用。特别是窥基的直系传承，慧沼、智周两代，为了创宗立派，对别家的不同说法议论独多，其讲究因明（他俩对《因明大疏》有好几种附属的著述），运用立破，都有特色。不过，因明学说的影响也就局限于此，并未能十分扩大，在佛教学者之间，奘门以外的就很少关心于此，更不用说一般思想界了。何以会成这样的情形，这自然有种种原因。现在即单从此门学说传播的经过事实来看，可说它本身早就存在了几种消极的因素：

其一，陈那的因明学说到了他的晚期来，本已改变了以立破为重心的性质，而成为带有认识论意义的‘量论’（即知识论）。所以陈那最后总结的一部名著《集量论》，即以‘现量’‘为自比量’‘为他比量’的次序来编排，立破属于‘为他比量’，在全体中并不是最重要的部分。这样的改组，便为因明开辟了广阔的前途，它后来的发展即有法称等以‘量论’为中心的一个学派。玄奘在印度时本已学习了陈那晚期的学说。他对《集量论》的研究，如他的传记中所载，又何止一次？但他的译介因明，始终停留在以立破为主的阶段，这大大限制了此学的范围，并使学者很自然地轻视此学，以为无关宏旨。（当时这种倾向极其显然，如在对吕才误解因明的一场争论中，慧立写信给于志宁即说因明小论“未为玄门之要妙”，明濬答柳宣书也说“因明小道，现比盖微”。这些资料都见于《慈恩传》卷八）其二，玄奘之讲说因明，只限在译场以内，听者的记述注疏也未能即时流传，这多少带有秘传的意味。一般学者不得师承，即难窥其门径。这也使此学流传受了很大的局限。所以像吕才那样敢于对因明独创异说，也不能十分自信。在他的《因明注解立破义图序》中便说道：“论既外无人解，无处道听途说”，又说：“今既不由师资，注解能无纰紊？”可见当时因明学说的传播面是何等的狭隘。这样的偏向后来未见改正，或者更有甚焉（这可能是由于有了吕才误解的纠纷以后的反应所致）。窥基门人和圆测学徒既有了分歧，还盛行玄奘特为窥基讲说因明以求胜于圆测的传说（见于《宋高僧传》卷四《窥基传》）。其三，因明二论的翻译拘于格律，文字比较晦涩。在表面上讲求，有些地方很难得其确解。如加以揣摩，又易流于穿凿。所以当时各家注疏多有异说，也不无与此有关。吕才对因明的误解，更系由此而来。其影响所及，自会使人发生一种此学难言的印象，而妨碍了它的流传。

有了以上几种原因，已足以限制因明学说影响之扩大，何况还会有其他原因？由此，即在玄奘一系，数传以后，此学也就日趋于衰微。武周时，义净虽曾一度译出陈那的《集量论》，但随即散失，并未发生作用。这一直到11世纪以后，法称学系的因明著述大量地译传于西藏地区，此学在中国才得着再一次的发展。

（原载《江海学刊》1962年第3期）

目前史学研究中存在的几个问题

翦伯赞

这是翦伯赞同志五月四日在南京历史学会举办的学术报告会上的讲演记录，发表时曾经过作者修改。

——编者

解放十三年来，我们在历史科学的研究和教学方面，进行了巨大的工作，取得了辉煌的成就。

在历史研究方面，我们提出了很多中国史上的重大问题，如中国古代史和近代史的分期问题，中国封建社会内部分期问题，资本主义萌芽问题，土地所有制问题，农民战争问题，汉民族形成问题，少数民族社会性质问题，历史人物评论问题，等等。对于这些问题，都展开了热烈的讨论，虽然还有分歧的意见，但对这些问题的认识，已经深入得多了。

在教学方面，我们开出了很多新的、以前没有的课程，如中国现代史，世界现代史，工人运动史，中国民族史，亚洲、非洲、拉丁美洲史等等。对于这些新的课程，都写出了讲稿，虽然这些讲稿尚有待于进一步充实，但大体上都已经粗具规模。

在资料编纂方面，也做了很多工作。我们编出了《中国近代史参考资料丛刊》十一种，字数在两千万以上。中国古代史资料也编了很多。此外，我们还从历史档案中辑出了很多前所未见的资料。还有考古发掘和民族调查中新发现的历史资料。根据不完全的统计，解放以来，我们在考古发掘中发现的完整的古器物在四十万件以上，不完整的在五百万件以上。经过初步整理的民族调查资料，约有两亿多字。

在古籍整理方面，《资治通鉴》已经出版，二十四史正在标点。历史文献上保留下来的最基本、最系统的民族史资料四夷列传，已经整理完毕，出版了一部分。此外很多卷帙浩繁的类书、丛书都已出版。

在工具书方面，我们编出《中外历史年表》。历史地图、历史图谱也正在编纂和绘制中。

应该特别指出的是近几年来，我们编写了很多种历史小丛书，这对于普及历史知识起了很大的作用。

所有这些，都是我们在历史科学方面取得的成绩，但更大的成绩还不是上述各方面的成就，而是我们在历史科学领域内巩固地树立了马克思列宁主义旗帜，确立了毛泽东思想的指导地位，解决了历史科学的方向问题和道路问题。培养了大量的青年史学工作者，扩大了马克思列宁主义历史科学的队伍，加强了历史科学战线上的力量。

我们在历史科学方面取得的成绩是很大的，应该肯定这是我们在历史科学战线上的胜利。但是在我们走向胜利的路途中，是不是就没有任何缺点呢？在我看来，缺点是有的，而且不少，有些缺点还是相当严重的。虽然这些缺点，比起成绩来只是一个指头的问题，但是缺点总是缺点。我们应该承认这些缺点，改正这些缺点，让我们的历史科学更健康地发展。现在我要谈的就是缺点。

我今天想谈四个问题：（1）史与论的两题，（2）政策与理论的问题，（3）阶级观点与历史主义的问题，（4）客观规律性与主观能动性的问题。

史与论的问题

史与论的问题不仅是历史学上的一个问题，文学、哲学、政治、经济、法律等都有这个问题。

有一个时期，在学校里曾经流行过“以论带史”的口号，这个口号在当时是起过一定的积极作用的。通过这个口号，我们反击了资产阶级的“唯史料论”“史料即史学”等等的谬论，从原则上扭转了那种轻视马克思列宁主义、毛泽东著作的资产阶级历史学的倾向。但是这个口号带有很大的片面性，在我个人看，甚至可以说是错误的。因为“以论带史”的提法，意味着研究历史要从理论或概念出发，不从具体史实出发。这和马克思主义经典著作上的提法是不符合的。恩格斯说：“共产主义不是学说，而是运动。它不是从原则出发，而是从事实出发。被共产主义者作为自己前提的不是某种哲学，而是过去历史的整个过程。”① 又说：“不论在自然科学或历史科学的领域中，必须从既定的事实出发……在理论自然科学中也不能虚构一些联系放到事实中去，而是要从事实中发现这些联系。”② 毛主席《在延安文艺座谈会上的讲话》中说：“我们讨论问题，应当从实际出发，不是从定义出发。”③ 又说：“我们是马克思主义者，马克思主义叫我们看问题不要从抽象的定义出发，而要从客观存在的事实出发。”④ 显然，“以论带史”的提法和马克思主义经典作家的提法是背道而驰的。这个提法应该废除。正确的提法应该是观点与材料统一。

有人说，“以论带史”的“论”是指马克思列宁主义和毛泽东思想，难道用马克思列宁主义和毛泽东思想带动历史研究还有什么错误吗？用马克思列宁主义和毛泽东思想作为原则来研究历史或其他社会科学，当然没有错误，但是，从马克思到毛主席的思想，都只能是研究的指导思想，不是研究的出发点。研究的出发点不是原则而是特定的具体事实。恩格斯说过：“原则并不是研究的出发点，而是它的终了的结果；这些原则不是被应用于自然界和人类历史，而是从自然界和人类历史中抽象出来的；并不是自然界和人类要适

---

① 恩格斯：《共产主义者和卡尔·海因岑》，《马克思恩格斯全集》第4卷，人民出版社1958年版，第311—312页。

② 恩格斯：《自然辩证法》，人民出版社1955年版，第27页。

③ 毛泽东：《在延安文艺座谈会上的讲话》，《毛泽东选集》第3卷，人民出版社1956年版，第854页。

④ 同上，第855页。

合于原则，而是相反地，原则只有在其适合于自然界和历史之时才是正确的。”① 因此我们只能用原则去研究具体事实，再从具体事实的研究中概括出新的原则。研究应该是从事实到原则，从具体到抽象，不是从原则到原则，从抽象到抽象。

由于“以论带史”的口号带有片面性，所以后来产生了流弊，以致把“以论带史”变成了“以论代史”。个别教师简直就少讲或不讲具体的历史事实，用社会发展史的原理原则代替具体的历史。他们随便摘录一些经典著作中的文句来代替具体的科学分析，不分析具体的历史情况，只根据经典著作中的一二文句便作出结论。在讲稿中，不是空空洞洞说一些原理原则，就是干巴巴引用一些教条，一再重复人所周知的道理。把一些臆想的结论强加于具体的历史，委屈甚至割裂具体的历史，使历史上的客观存在服从历史学家主观的意图。但是，历史学的任务，并不是要我们重复人所周知的道理，而是要用马克思主义的原则来分析具体的历史，找出历史发展的规律。

当然，有些教师，也引用一点材料，但他们不是根据这些材料作出独立的概括，更谈不到创造性地解决历史问题。他们挑选材料只是作为原理原则的注脚，因而研究的全部艺术就在于多多益善地引用经典著作中的词句。经典著作变成了历史科学的标签。

愈空洞愈好，愈抽象愈好，愈枯燥愈好，在有一个时期似乎曾经成了一种风气。有些人，甚至要在“打破王朝体系”的口号之下，从历史上消灭典章制度、王朝兴亡和其他具体史实，乃至要从历史上消灭那些作为时代标志的王朝的称号。这样一来，历史上剩下来的就只有公元纪年了。

“打破王朝体系”这个口号是对的，但是“打破王朝体系”，是打破以帝王为中心的思想体系，不是从历史上消灭王朝的称号。王朝是历史的存在，是不应该消灭的，用不着消灭的，也是消灭不了的。然而有人就想消灭王朝。这种想法，我以为是错误的，因为历史学家无权根据自己的爱憎

---

① 恩格斯：《反杜林论》，人民出版社 1956 年版，第 34 页。

从历史上消灭具体事实，历史学交给历史学家的任务是分析这些具体事实，作出正确的结论。

由于以论代史，因而有一个时期，在我们的历史教学或研究中，只是围绕着马克思列宁主义中的一般原理原则甚至文句转来转去。马克思列宁主义是应该学习的，但我们要学习的，不只是它的文句，更重要的是它的精神实质，它的思想方法。文句也应该记得，也可以引用，但不是把文句作为花边，作为标签。公式更应该记得，但不能把公式当作铁范来改铸历史。恩格斯说过："至于说到您用唯物主义的方法来处理这个问题的尝试，那末首先我应当说明：不把唯物主义的方法当作研究历史的指导线索，而把它当作现成的公式，将历史的事实宰割和剪裁得适合于它，那末唯物主义的方法就变成和它相反的东西了。"①

马克思主义的一般原理原则是放之四海而皆准的真理，但并不等于具体历史，更不能代替具体历史。正象列宁所说的："如果谈到某一国家（例如谈到这个国家的民族纲领）那就要估计到在同一历史时代这个国家不同于其他国家的具体特点。"② 如果不估计到一个国家的具体特点，那就不可能找到这个国家的历史发展的规律。因为马克思发现的历史发展规律，是人类历史发展的共同规律，而各国的历史还有它们的特殊发展规律。如果每一个国家的历史学家都把共同规律当作自己的历史，那世界各国只要一部历史就够了。

修正者过分地强调历史的特殊性，特殊到马克思主义都不能应用，这是对马克思主义的背叛。但只讲普遍真理、一般原则，不结合自己历史的特点，这种教条主义也是应该反对的。毛主席的伟大，就在于把马克思列宁主义的普遍真理、一般原则和中国具体的历史实际、革命实际结合起来。然而我们在历史教学和历史研究中并没有学会毛主席的方法，以致使内容丰富多彩、具体生动的历史变成了单调、僵死和干枯无味的教条，变成了一片沙漠。在

---

① 恩格斯：《给保尔·爱因斯特的信》，《马克思、恩格斯论艺术》（一），人民文学出版社 1961 年版，第 178 页。

② 列宁：《论民族自决权》，《列宁全集》第 20 卷，人民出版社 1958 年版，第 401 页。

有些讲稿中，充满了“矛盾”“规律”等词汇，但矛盾没有对立面，因而谁和谁矛盾也闹不清楚。规律还是一般的规律，至于中国历史发展的规律如何，还是没有找到。总起来说，片面性、抽象性、简单化、绝对化、现代化，是这几年历史教学和研究中突出的缺点。

现在我们提出了观点与材料统一，这种提法是非常正确的。但是怎样统一，这个问题也还没有很好地解决。为了贯彻观点与材料的统一，在有些讲稿中，出现了这样的现象，即先写一段理论，再写一段史料；或者先写一段史料，再写一段理论。总之不是用理论去硬套历史，就是用史料去迁就理论。结果理论是理论，史料是史料，并没有统一起来。要做到观点与材料的统一，应该是把史料溶解在理论之中，或者说把理论体现在史料之中，因而史料应该体现在叙述之中，不是在叙述之外。“就象颜色和大理石的物质特性不是在绘画和雕刻领域之外一样。”①

现在再谈谈对待史料的态度问题。有一个时期，由于资产阶级史学家传播所谓“唯史料论”和“史料即史学”等错误的说法，我们反对了这些错误的说法，这是完全必要的。但是有些个别的同志，在反对“唯史料论”的时候，也反对史料本身，并且把史料和资产阶级等同起来，把史料和资产阶级思想一起反，这是错误的。因为这就无异说，只有资产阶级才重视史料，才根据史料研究历史，无产阶级反而不重视史料，不根据具体的史实研究历史。资产阶级是言必有据，无信不征，无产阶级反而是信口开河，随便说话。

史料不是资产阶级的专利品，任何阶级研究历史都要占有史料。地主阶级、资产阶级、无产阶级都要占有史料。在对待史料的问题上，我们和资产阶级的区别，不是谁要史料，谁不要史料，即不是史料占有问题，而是站在什么立场，用什么观点、方法来分析史料的问题。资产阶级的史学家站在资产阶级的立场，用唯心论的观点和形而上学的方法对待史料；我们则是站在无产阶级的立场，用唯物论的观点和辩证唯物主义与历史唯物主义的方法来

① 《马克思、恩格斯论艺术》（一），人民文学出版社1961年版，第113页。

对待史料。这就是我们和资产阶级在对待史料问题上的区别。

一直到现在，可能有些同志还没有想通，不敢提史料的重要性，怕这样提会犯错误。我以为这种顾虑是完全没有必要的。应该肯定史料是重要的，研究历史没有史料是不行的，史料是弹药，没有弹药专放空炮是打不中敌人的。马克思本人就很重视资料。他在《资本论》第一卷第二版跋文中说："研究必须搜集丰富的材料，分析它的不同的发展形态，并探寻出这各种形态的内部联系。不先完成这种工作，便不能对于现实的运动，有适当的说明。"①对现实运动如此，对历史问题也是一样。

恩格斯在《论马克思的"政治经济学批判"》一文中也说到史料的重要性。他说：

> 唯物主义的认识的发展，哪怕是单单对于一个历史实例，都是一种科学工作，要求多年的冷静钻研，因为这是很明白的，单靠几句空话是做不出什么来的，只有大量的、批判地审查过的、透彻地掌握住了的历史资料，才能解决这样的任务。②

毛主席也一再地教导我们研究必须占有材料。他在《改造我们的学习》一文中说：

> 详细地占有材料，在马克思列宁主义一般原理的指导下，从这些材料中引出正确的结论。③

应该记得这些经典作家的教训。我们研究历史，不是把原则输入历史，而是从具体的历史引出原则来。要做到这一点，就必须详细占有材料，把握事实的总和。

---

① 马克思：《"资本论"第二版跋》，《资本论》第1卷，人民出版社1953年版，第17页。
② 恩格斯：《论马克思的"政治经济学批判"》，《政治经济学批判》，人民出版社1955年版，第177页。
③ 毛泽东：《改造我们的学习》，《毛泽东选集》第3卷，人民出版社1953年版，第801页。

材料是知识的泉源。作为一个历史研究者，不应该拒绝历史资料。拒绝历史资料就是拒绝历史知识。我们有什么理由要拒绝历史知识呢?

马克思恩格斯、列宁、毛主席都没有说过研究历史或现状可以不要材料，专讲空话；当然，他们也没有说过只要材料，不要理论就可以解决历史问题或现实问题。不论是研究历史或现状，都要做到观点与材料的统一。因此只要不是片面地强调材料，我认为是不会犯错误的。

关于书本知识问题。有一个时期，对书本知识重视不够，这是不对的。专靠书本知识，不重视从生产劳动和阶级斗争中去吸收知识，这是一种片面；反之也是一种片面。一般说来，资料的来源有两种：一种是从调查得来，这是当代人民创造的知识；一种是从书本中得来，这是前人积累起来的知识。对于历史研究来说，书本上的知识是主要的。马克思就很喜欢进图书馆，曾经很尖锐地讽刺了那些不愿从书本上搜集资料的懒汉。他在一八五一年六月二十七日写给卫特梅耶的信上说：

> 我大半是从早晨九点钟到晚七点钟在大不列颠博物馆里。……那些民主的无知之徒，他们的知识是从天上掉下来的，当然不需要这样的努力，他们为什么要向经济学的、历史学的资料里自寻苦恼呢?

人们总以为在科学的花园里，到处都摆着酒席在等待着自己，分给科学家的任务就只需要张开嘴来接受绝对科学的烤火鸡就得了。其实马克思、恩格斯、列宁、毛主席都没有替我们预备这样多的绝对科学的烤火鸡，他们并没有对于每一个国家的历史上的每一个具体问题，都准备好现成的答案，他们只是告诉我们寻找答案的方法。而人们往往对于自己碰到的任何问题，都要找一句经典著作来保镖，好象任何具体的历史的答案都已经放在马克思主义经典著作的文库中，只需要一伸手之劳，就可以完成自己的科学研究。这种懒汉的思想，必须批判。

政策与理论

在历史研究中，不仅有理论问题，有时也会碰到政策问题，例如在处理历史上的民族关系问题，就会碰到民族政策，在处理历史上的国际关系问题，就会碰到外交政策等等。在历史研究中，要不要贯彻政策的精神呢？如果要贯彻，如何贯彻呢？这是一个没有解决的问题。

在我个人看来，在历史研究中是要贯彻政策的精神的。例如当我们讲到历史上的民族关系时而欢呼民族压迫，这是不允许的，因为违背了我们民族政策的基本精神。同样，当我们讲到历史上的国际关系而欢呼对邻国的征服也是不允许的，因为违背了我们外交政策的基本精神。当然我们也不能说在历史上出现了民族压迫和征服战争是不应该的，只能说在我们今天看来是不对的。所谓贯彻政策只是贯彻这种精神而已，并不是把我们今天的政策，都塞到古代史中去。然而有一个时期，有些个别的同志狭隘地理解历史学要为政治服务和历史学要结合实际以及古为今用等提法，几乎把党的任何一个政策、号召、口号都塞到古代史中去，主要是塞到封建社会历史中去。好象我们今天推行的任何一种政策，今天提出来的任何一种号召和口号，在古代封建社会的统治阶级都已经推行过和提出过。例如有人把农业是基础，工业是主导塞到古代史中去。农业在古代封建社会的经济生活中，确实占有重要的地位，但在封建社会历史时期的统治者怎么能提出工业是主导的口号呢？而且封建社会重视农业和我们今天提出的农业是基础，也有本质的差异。前者是为了保证赋税的来源，巩固封建地主阶级的阶级统治，后者则是为了建设社会主义社会打好基础，怎么能相提并论呢？又如有人把毛主席所说的帝国主义的两手也塞到古代史中去，认为古代的农民已经清楚地认识了封建统治阶级的剿抚是两手政策。剿抚是历来封建统治阶级镇压农民战争的两手，但一直到毛主席才第一次指出这是两手政策，怎么能说古代的农民就知道了呢？如果古代的农民早就知道剿抚是封建统治阶级的两手政策，他们就不会受骗了。最普通的例子是贯彻民族平等政策，有不少的历史书把封建社会历史时期的民族关系说成是一个民族大家庭，好像自古以来中国境内的各民族就是平等的，但是在整个阶级社会历史时期，民族之间的关系，是不平等的。甚至还有个别的同志用万隆会议的五项原则来写封建王朝的国际关系；也有个别的同志主张按毛主席在《关于正确处理人民内部矛盾的问题》中提出的六条标准来评论历史人物。最奇怪的是为了反对和平主义竟从文学的教材中删去李华的《吊古战场文》和杜甫的“三吏”“三别”。显然，用这样今古不分的方法来贯彻政策是违反历史主义的。这简直是强迫封建皇帝执行共产党的政策，是用社会主义的政策改造阶级社会的历史，是把古代史上没有的、不可能有的事情硬塞到古代史中去。

政策和理论是有区别的。虽然政策是根据理论制定的，虽然政策在原则上要服从理论。马克思主义的理论是从世界各国历史中概括出来的普遍真理、一般原则；而共产党的政策则是根据马克思主义的普遍真理、一般原则再结合各个国家的历史实际和革命实际制定的行动纲领。理论是带有普遍性的，它没有时间和地域的限制；而政策则是带有特殊性的，它既有时间的限制，也有地域的限制。具体地说，理论是可以通行古今中外的；政策则只管本国，只管今天。因此正像我们不能把中国的政策推行于外国一样，我们也不能把今天的政策推行于古代。由于历史条件和历史任务不同，出现在不同的历史时期的不同的统治阶级——奴隶主阶级、封建地主阶级、资产阶级，都为了保卫他们的阶级利益，制定了不同的政策。而且在同一封建社会，各个王朝的政策也是不同的；同一王朝，各个帝王制定的政策又是不同的。以西汉王朝对待匈奴的政策为例，汉武帝以前主要是和亲政策，到汉武帝统治时期则是战争政策，到汉元帝时又回到和亲政策。由此看来，同一封建社会，也不能把后一王朝的政策塞到前一王朝；同一王朝，也不能把后一帝王的政策塞到前一帝王的统治时期。怎么能把社会主义社会的政策塞到封建社会的历史中去呢?

政策和理论的另一区别是，理论是带有原则性的，它要说明的是“为什么”；政策则是具体性的，它的任务是规定在一定时期之内，应当做什么，不应当做什么，只能做什么，不能做什么。各个历史时期的统治阶级都有自己的政策，他们的政策都规定了当时应做和不应做、许做和不许做的事。怎么能把我们今天认为应做的事强迫古人去做，把我们今天认为不能做的事禁止古人去做呢？

政策和理论还有一个区别，就是政策要更多地照顾当前的具体情况。有些问题从理论上说是正确的，但这种正确的理论在什么时候发表最为适宜，就要受到政策的指导。《战国策·卫策》上有这样一段话："卫人迎新妇，妇上车，问骖马，谁马也。御曰：'借之。'新妇谓仆曰：'拊骖无笞服。'车至门，扶，教送母，灭灶，将失火。入室见臼曰：'徙之牖下，妨往来者。'主人笑之。此三言者，皆要言也，然而不免为笑者，蚤晚之时失也。"正像《战国策》的作者所说的，这位新妇所说的话都是对的，就是说话的时间不对，因而变成笑话。政策也有这个问题。

不把我们今天的政策塞进历史，历史学能不能为政治服务呢？我以为是可以的。历史学为政治服务，不是配合当前的每一个政治运动，政治上来一个什么运动，历史上就要塞进这个运动。而是为一定的阶级在一定时期的需要服务。对于今天中国的史学家来说，就是为无产阶级、为社会主义革命和建设服务。同时，历史学为政治服务，也不是把古人古事都拉扯到现代，而是总结历史上生产斗争和阶级斗争的经验，包括成功的经验和失败的经验，用这种经验的总结为政治服务；而是探求历史发展的规律，指出历史发展的倾向，用规律性和倾向性的知识为政治服务。

阶级观点与历史主义

历史学是具有阶级性的科学。任何阶级的历史学家都会自觉或不自觉地站在自己的阶级立场，用他们自己的阶级观点来分析历史问题。用阶级观点分析历史问题，这是一个历史学家的阶级性或党性在历史学上的表现。公开地站在无产阶级的立场，用无产阶级的观点来对待任何历史问题，这是对于一个马克思主义历史学家的基本要求。但是除了阶级观点以外，还要有历史主义。列宁说："在分析任何一个社会问题时，马克思主义理论的绝对要求，就是要把问题提到一定的历史范围之内。"① 分析社会问题应该如此，分析历史问题也应该如此。

必须把阶级观点与历史主义结合起来。如果只有阶级观点而忘记了历史主义，就容易片面地否定一切；只有历史主义而忘记了阶级观点，就容易片面地肯定一切。只有把二者结合起来，才能对历史事实作出全面的公平的论断。

历史主义是重要的。列宁说："马克思恩格斯在他们著作中特别强调的是辩证唯物主义，而不是辩证唯物主义，特别坚持的是历史唯物主义，而不是历史唯物主义。"② 然而有些史学家却没有注意列宁的这两句话。例如对待封建主义和地主阶级的问题，就缺乏历史唯物主义的观点。为了站稳立场，有些同志见封建就反，见地主就骂。作为一个马克思主义历史学家，应该反对封建，反对地主，反对一切剥削制度和剥削阶级，但是从历史主义的观点看来，任何剥削制度、剥削阶级都曾经在它的上升阶段起过进步作用。例如当封建制代替奴隶制的时候，它是一种进步的制度；当地主阶级反对奴隶主阶级的时候，它是一个革命阶级。只有当这些阶级走向没落的时候，当这些制度走向崩溃的时候，才是反动的、该骂的、该反的。如果当这个阶级、这个制度一出现于历史就反对它们，岂不是反对历史的发展。

有人说封建制代替奴隶制不过是一种剥削制度代替另一种剥削制度，地主阶级代替奴隶主阶级不过是一种剥削阶级代替另一种剥削阶级，因此不管它是处在上升阶段或崩溃阶段，都应该反对。但是这些同志忘记了，同样的剥削制度，封建制比奴隶制总要好些，地生阶级的统治比奴隶主的统治总要好些。只有站在奴隶主的立场，才反对新出现的封建制。

对于这个问题，恩格斯在《反杜林论》中说得很清楚。他说："一定的生产方式，还是处在自身发展的上升阶段时，那么就是那些在该分配方式（这

---

① 列宁：《论民族自决权》，《列宁全集》第20卷，人民出版社1958年版，第401页。

② 《列宁全集》第14卷，人民出版社1957年版，第348页。

种分配形式，是和这种生产方式相适应的）中受到损失的人们，也会称赞这个生产方式。在大工业处在自身发展的上升阶段时，英国的工人，就是如此的。不仅如此，当这个生产方式，还有社会的正常性，而一般还满意于其分配的时候，即使有抗议之声发生，也只是发生于那些由统治阶级出身的人们（圣西门、傅立叶、欧文）。而且他们的呼声，恰恰得不到被剥削群众的任何响应。只在这种生产方式已经经过了自身没落的颇大的一部分行程，当它大半已经陈腐，当它的存在条件已经大部分消逝，当它的继承者已在敲门的时候，——只在这个时候，日益增长的分配的不平等，方显出其不正义性，只在这个时候，人们才开始求助于已经过去的事实以至所谓永恒的正义。”① 恩格斯的说法是对的。如果历史主义地对待剥削制度和阶级，也应当区别它的上升阶段和崩溃阶段。

我们研究历史，不仅要从各个不同的历史阶段上来观察历史发展的总的过程，还要从每个历史阶段来观察一定历史时代的历史发展过程。作为一个历史过程来说，相继出现于历史的每一个生产方式或社会制度，都是历史向前发展的一个步骤，都是生产力向上发展的结果，不能因为它们是剥削制度就一律骂倒。恩格斯不止一次指出奴隶制度在整个历史发展过程中所起的进步作用。他说：“没有奴隶制，那么或许就没有希腊的国家、希腊的艺术及科学；没有奴隶制，或许就没有罗马帝国，没有希腊文化和罗马帝国的基础，或许就没有近代的欧洲。我们永远不应忘记，全部我们的经济政治及智慧的发展，是以这样的状态为前提的，在这一状态中，奴隶制是社会公认的原素，同样是必然的原素。在这个意义上，我们有权说，没有古时的奴隶制，或许就没有近代的社会主义。”② 恩格斯当然知道奴隶制是一种最野蛮的剥削制度；他当然也反对奴隶制度。但是从历史主义的观点来看，不能不承认它在整个历史发展过程中曾经起过进步作用。

为了站稳阶级立场，有一个时期，有些同志把全部中国古代史说成了黑

① 恩格斯：《反杜林论》，人民出版社 1956 年版，第 184—185 页。
② 同上书，第 225—226 页。

漆一团，说成是一堆垃圾，说成是罪恶堆积。其所以如此，不是因为别的什么原因，只是因为古代史都是阶级社会的历史。用这样的态度对待古代史，也是非历史主义的。在这里，我想引用恩格斯批评杜林的几句话。恩格斯说："如果杜林先生蔑视古时希腊社会，因为这一社会建立于奴隶制度之上，那么他也可以有同样的权利去责备希腊人为什么他们那时没有蒸汽机及电报。"① 恩格斯这几句话，对于蔑视古代封建社会的人也是适用的。

在阶级社会的历史中，充满了黑暗，这是事实。但是在任何黑暗的时代总有一线光明。如果连一线光明也没有，历史就停止了发展。然而历史从来没有停止发展。毛主席说："今天的中国是历史的中国的一个发展。"② 如果历史的中国只是一些罪恶的堆积，而没有任何值得继承的东西，那么今天的中国根据什么东西建立起来呢？难道我们要再来一次盘古所作的开天辟地的工作吗？应该历史主义地对待自己的历史，不应该对自己的历史采取虚无主义的态度。

也是为了站稳立场，讲历史上的矛盾，只讲敌对阶级间的矛盾，不讲统治阶级内部的矛盾，认为统治阶级内部的矛盾是狗咬狗，值不得一提。不仅不讲统治阶级内部的矛盾，就是讲敌对阶级间的矛盾，也只讲革命的一面，不讲反革命的一面，甚至讲革命的一面，也只讲优点，不讲缺点，好像讲了反革命的一面，或者讲了革命的一面的缺点，就会丧失立场。只讲敌对阶级间的矛盾，不讲统治阶级内部的矛盾，已经是一种片面；讲敌对阶级间的矛盾又只讲革命的一面，讲革命的一面，又只讲优点，这就是片面之片面。如果用这样的态度对待历史，历史就太简单了，简单到任何矛盾也没有了。

在有些讨论农民战争的文章中，把农民革命的领袖说得比现在无产阶级的革命领袖还要进步。他们在马克思阐明阶级与阶级斗争之前，已经清楚地知道地主是一个阶级并知道把地主当作一个阶级来反对。在马克思指出封建

---

① 恩格斯：《反杜林论》，人民出版社 1956 年版，第 228 页。

② 毛泽东：《在延安在职干部教育动员大会上的讲话》，《毛泽东选集》第 2 卷，人民出版社 1952 年版，第 522 页。

是一个历史发展的阶段、一个剥削制度以前，已经清楚地知道封建是一种制度，并且知道把封建当作一个制度来反对。在恩格斯和斯大林提出皇权主义的问题以前，已经清楚地知道不把皇帝当作个人，而是当作皇权主义来反对。甚至认为农民可以在封建社会的基础上建立一种非封建性的政权。显然这些同志是以为自己认识的事情，古人也能认识。实际上，今天小学生能够认识的问题，古代的圣人也不能认识。用这样的态度对待农民战争问题，难道是历史主义吗?

在对待历史人物的问题上，也有非历史主义的倾向。有些同志简直用阶级成分作为评论历史人物的标准。很多历史人物之所以被否定，不是因为别的什么原因，就是因为他们出身于地主阶级。特别对于统治阶级的代表人物帝王将相，即使要肯定他们，也得先骂他们几句，或者在肯定以后，又加以否定。好像不如此，就会丧失阶级立场。我曾经接到一位同志的来信。在这封信上，他提出了一个天真的假设。他说假使中国历史上没有以剥削为生的地主阶级及其代表人物帝王将相，中国的封建社会就不会停滞这样久了。但是在世界史上哪里有一个没有地主阶级、没有帝王将相的封建社会呢?

由于用阶级成分作为评论历史人物的标准，很多古代文学家的名字便从文学史上消灭了，因为这些文学家有的是官僚地主，有的还是贵族、皇帝。幸而没有严格地依照这个标准，否则屈原和白居易也危险了。因为屈原是楚国的贵族，做过楚怀王的左徒；白居易也是地主官僚，他在“洛中有小宅，渭上有别墅”，还有“家僮十余人，枥马三四匹”。

是不是阶级社会就不能产生这个时代所需要的伟大人物呢?马克思曾经回答过这个问题。他说：“如黑尔维萃所说的那样，每一个社会时代都需要有自己的伟大人物，如果没有这样的人物，它就要创制出这样的人物来。”① 这里所说的每一个社会时代，当然也包括封建社会在内。恩格斯也称颂文艺复兴时代是一个需要而且产生了巨人的时代②。这里所谓巨人，也不是指的无产

---

① 《马克思恩格斯文选》（两卷集）第1卷，外国文书籍出版局1954年版，第171页。

② 恩格斯：《“自然辩证法”导言》，人民出版社1955年版。

阶级，而是指的“给近代资产阶级统治打下基础的人物”。

最普遍的现象是用现代的标准，甚至用现代无产阶级先锋队的标准去要求古人。在这种要求之前，所有的历史人物都要被否定。如果要肯定他们，就那只有把历史人物现代化，把他们说得和现代无产阶级的先锋队一样。但是在真实的历史中是没有、也不可能有这样的历史人物的。用这样的要求对待历史人物，难道是历史主义吗？列宁说过：“判断历史的功绩，不是根据历史活动家没有提供现代所要求的东西，而是根据他们比他们前辈提供了新的东西。”[①] 毛主席在《纪念孙中山先生》一文中也说：“孙中山先生也有他的缺点方面，这是要从历史条件加以说明，使人理解，不可以苛求于前人的。”对历史人物的评论，应该记得列宁和毛主席的教训。

当然过分地强调历史主义，用历史主义来辩护落后的东西，也不是马克思主义而是客观主义。关于这一点，列宁说得很清楚。他说：“客观主义者谈论现有历史过程的必然性，唯物主义者则是确切地肯定现有社会经济形态和他们所产生的对抗关系。客观主义者证明现有一系列事实的必然性时，总是不自觉地站到为这些事实做辩护的立场上，唯物主义则是揭露阶级矛盾，从而确定自己的立场。客观主义者谈论‘不可克服的历史趋势’；唯物主义者则是谈论那个‘支配’当前经济制度、造成其他阶级的某种反抗形式的阶级。”又说，唯物主义者“不仅指出过程的必然性，并且阐明正是什么样的社会经济形态提供这一过程的内容，正是什么样的阶级决定这种必然性。”[②] 列宁的这些话告诉我们，历史主义必须具有阶级观点的内容，否则就不是唯物主义，而是客观主义了。

客观规律性和主观能动性

历史学的主要任务就是探求社会发展的客观规律性。

---

① 列宁：《评经济浪漫主义》，《列宁全集》第2卷，人民出版社1959年版，第150页。

② 列宁：《对民粹主义社会学的批判》，《列宁全集》第1卷，人民出版社1955年版，第378—379页。

社会发展的规律性和自然发展的规律性是有区别的。“在自然界中（把人对自然的反影响暂且撇开不提）彼此发生作用的，只是一些盲目的、不自觉的力量，而一般规律表现在这些力量的相互作用中。”① “在社会历史领域内起作用的则是人，而人是赋有意识，经过深思熟虑而行动，或受因热情驱使而行动、并且抱有一定的目的的。”② 但是不管人的作用有多大，它丝毫不改变历史进程服从内在的一般规律性。因此全部问题就在于发现这种规律性。

客观规律性是重要的。在历史研究中，谁要忽略了这一点，谁就会犯错误。因为这种规律构成一条鲜明的线索，贯串于历史发展的全部过程。但是不论客观规律性怎样重要，它并不排除人在历史上所起的作用。列宁说过：“历史必然性的思想也丝毫不损害个人在历史上的作用，因为全部历史，正是那些无疑是活动家的个人的行动构成的。”③ 列宁的话是完全正确的。历史是人创造的，没有人，就没有人类的历史。如果从历史上抽出了人的活动和他们活动所起的作用，那么，历史就变成自动发展了。但是正像恩格斯所说的：“并没有什么经济情况自动发生的作用，像某些人为着简便起见而设想的那样，而是人们自己创造着自己的历史。”④ 虽然人们创造自己的历史要受到客观规律性的约制，但是人的历史总不是客观规律性的自动发展，而是人创造的。

资产阶级的史学家，否认历史发展的客观规律性，认为历史可以完全按照人的主观愿望而发展，人的历史活动可以不受任何约制，人想创造怎么样的历史就能创造怎么样的历史，这当然是一种荒谬的神话。但是如果把历史发展的客观规律性绝对化，而把人，包括个别历史人物在历史上所起的主观能动性的作用降低到不应该的程度，也不是马克思主义，而是经

① 恩格斯：《费尔巴哈与德国古典哲学的终结》，人民出版社 1949 年版，第 37 页。

② 同上。

③ 《列宁全集》第 1 卷，人民出版社 1955 年版，第 139 页。

④ 《恩格斯致弗·梅林格的信》。

济决定论。

有一个时期，在有些历史讲稿中，只是按照社会发展史的一般规律性来描写中国史和世界史，很少提到历史人物、特别是统治阶级的代表人物帝王将相的名字。当时有人挖苦我们说，一部中国通史提到的帝王只有秦皇、汉武、唐宗、宋祖四个人，后来又加了一个曹操，一个武则天。这当然是过甚其辞，但提到的帝王将相很少，确是事实。世界史也是一样，在世界古代史上已经看不见恺撒和亚力山大的名字。不仅帝王将相的活动写得很少，就是农民战争的领导人物也写得不多。在有些论农民战争的篇章中，总是用矛盾尖锐化一类的空话来证明农民战争的必然性。发明家的名字几乎也要从历史上删去，因为在有些同志看来，所谓发明，不过是总结劳动人民的经验而已，不应该把发明的功绩写在个人名下。而且在写到个别人物，特别是帝王将相的活动时，也不承认他们在历史上所起的作用，好像他们都“是被历史必然性的内在规律从神秘的暗室里牵出来的傀儡”。[①] 历史人物并不是傀儡。马克思在写给库格曼的信上说：历史发展的加速和延缓在很大的程度上，取决于这些偶然情况，其中也包括起初领导运动的人们的性格那样偶然的情况。帝王将相可不可以写呢？我以为是可以写而且应该写的，问题就在于如何写。马克思在《“资本论”初版序》上说：“我决非要用玫瑰的颜色来描写资本家和地主的姿态。这里被考察的一切人，都不过是经济范畴的人格化，是一定阶级关系和利益的负担者。”我们写帝王将相，并不是因为他们是帝王将相，而是因为他们是封建经济范畴的人格化，是封建地主阶级的利益的代表人物。我们不是为了写人而写人，而是通过人写出人和人在一定生产中的关系，写出阶级关系。在阶级社会，任何人都要属于一定的阶级，人的活动归根到底是阶级的活动，是阶级斗争，而阶级斗争是历史发展的动力。

农民战争的领导人物更应该写，因为这些人在不同的规模上推动了一个阶级起来行动，而这个阶级的行动又推动了历史。发明家也要写，因为历史

① 《列宁全集》第1卷，人民出版社1955年版，第139页。

上的发明，归根到底，虽然是劳动人民经验的总结，但是经验的积累不等于发明，要把积累起来的经验加以总结提高才能有所发明。不能把经验和总结经验等同起来，从而低估发明家对历史作出的贡献。

着重说明历史发展的规律性是完全正确的，但不能用规律性去说明规律性，要通过具体的人的活动去说明规律性。然而有些同志用世界史发展的一般规律性来说明中国史发展的规律性，好像世界史上有过的，中国史上必须有，而且不能和世界史不同，否则不合乎规律。但是列宁反对这种说法。他说："从来也没有一个马克思主义者在任何地方论证过，俄国应当有资本主义，因为西方已经有资本主义等等。"

写历史必须写人，必须承认人的主观能动作用，这种作用，有些是进步的，有些是反动的，只要对历史起了作用的就要写。起进步作用的人要写，起反动作用的人也要写；只有不起作用的人可以不写。毛主席告诉我们："从孔夫子到孙中山，我们都应当给以总结。"① 在这里毛主席并没有说有些人应该除外。

马克思在《"路易·波拿巴政变记"第二版序》上有一段话，非常具体地说明了如何处理客观规律性和主观能动性的问题。在这篇序言中，他批评雨果著的《小拿破仑》没有看到历史的必然性，只是强调个人的作用。他说："雨果只是对政变事件负责发动人作了一些辛辣和诙谐的詈骂。事变的本身在他笔下却竟绘成了晴天的霹雳，他认为这个事变只是一个人的暴力行为，他没有觉察到，当他说这个人表现过世界史上空前强大的个人主动作用时，他就不是轻蔑而是抬举了这个人哩。"在同一序言上他又批评蒲鲁东著的《政变》只是强调历史的必然性，以致陷入客观主义的泥沼。他说："蒲鲁东呢，他想要把政变描写成为先前历史发展的结果；但是，他对于这个政变所作的历史的说明，却不知不觉地变成了对于政变主人公所作的历史的辩护了。这样就陷入了我们那班所谓客观历史家所犯的错误。"由此看来，过分地强调人

① 《毛泽东选集》第二卷，人民出版社 1952 年版，第 522 页。

的主观能动性，无视客观规律性的作用，是不对的；反之，过分强调客观规律性以致人在客观规律性面前不能起任何作用，也是不对的。正确地论述路易·波拿巴政变方法的是马克思。他在政变这本书中所作的论述是“说明法国阶级斗争怎样创造了一些条件和情势，使一个平凡而可笑的人物能扮演了英雄的角色”。他指出了历史的必然趋势，也指出了人的作用，而且还指出了历史的必然趋势是阶级斗争创造出来的。

结 论

以上所说的这几个问题，在我个人看来都是历史研究中存在的一些缺点。我要着重地指出，上面所说的这些缺点，都是在学习用马克思主义研究历史的过程中发生的，即使如此，我们也应该克服这些缺点。让我们高举马克思列宁主义的旗帜，高举毛泽东的旗帜，向着历史科学的高峰前进。

（一九六二年五月四日）

（原载《江海学刊》1962 年第 6 期）

近代外交史和外交档案

王绳祖

一 外交的起源很早，但是外交史成为一门历史学科，还是晚近的事体

人类社会由原始共产主义发展到有阶级的社会，就产生了国家。国家不是孤立的。即使在古代奴隶社会交通不发达的情况下，国家与国家之间，在经济、政治和文化各方面，也不能不发生或多或少的接触和往来，其中各国人民和政府间的政治关系是属于外交范围。早在公元前1295年，埃及国王拉美西斯二世和赫梯国王哈吐什尔缔结过一项同盟条约。这个条约是迄今为止，我们所知道的历史上第一个国际条约，而且它几乎是按照外交艺术的全部规则写成的。它可称是最早的外交史史料。

外交是一个国家实现其对外政策所用的最重要的最基本的手段。外交活动是进行国际谈判、缔结国际条约和研究国际关系。在社会发展的进程中，外交作为国家对外政策的手段，越来越显得重要。因此研究外交史是具有现实意义的，它是能够为无产阶级政治服务的。

鸦片战争以前，与中国往来的国家主要是亚洲邻近的国家。中外关系的记载，散见于正史或私人著述之中。鸦片战争以来，中国开始与西洋国家发生外交关系。帝国主义侵略中国，把中国沦为半封建半殖民地的社会。帝国主义对中国的侵略和中国人民的反抗斗争是中国近代史的主要课题。关于这类历史资料，数量颇大。但是，大约在五四运动以前我国高等学校可能是没

有开设过中国外交史这类课程，更谈不到彻底揭露帝国主义罪恶阴谋，指责封建政权妥协卖国，歌颂人民英勇斗争，运用马克思列宁主义观点来进行外交史的研究了。

在西洋，也只是在最近几十年间，外交史才成为一个专门历史学科。比较早的外交著作大都出于欧洲资产阶学者的手笔，有的直称为欧洲外交史，有的名为欧洲近代史，其实是以外交史为主，略及政治军事。① 第一次世界大战以来，很多人喜爱研究外交史，尤其是十九世纪末和二十世纪初的世界外交史。外交史于是由原来附属于政治史的地位，一跃而为专门的学科，由一个“冷门”而成为国际历史学界里一门“时髦”的学科了。学术的发展在于研究分工，分工总是越来越细，外交史由附庸成为大国，是不足为奇的。但是为何恰恰在第一次世界大战以后，它有独特的发展呢？分析一下，至少有两个特殊的情况：一是尖锐的国际政治斗争，二是大量外交史史料的刊印和档案原稿的公开阅览，而前者对于后者是有直接影响的。

第一次世界大战是帝国主义战争。战争一开始，各帝国主义国家为骗取人民的支持和信任，争先恐后地公布了一些有关战争爆发原因的文件。战争结束了，国际政治斗争并没有结束。在 1917 年，苏维埃政权为彻底揭露帝国主义的侵略本质，就公布了沙皇政府和临时政府与各帝国主义国家缔订的秘密条约。1919 年凡尔赛条约追究战争责任，规定德国担负全部赔款。德国辩明其非战争首犯，因而刊印了多卷本的外交文件。之后，英法两国也有系统地刊印了大批外交文件。关于这点，在下面略作介绍。帝国主义国家总是企图利用外交史资料为其侵略政策辩护，但是文件的刊印却揭露了帝国主义的侵略阴谋，俗语说得好，狐狸是遮不住自己的尾巴的。

关于十九世纪后三十年代到第一次世界大战这一段时期的外交史史料，已刊印的数量确实是巨大的。它包括多种文字和多种形式，这里边有公文档

① ［法］安·达必都尔：《1814—1878 年欧洲外交史》两卷，（巴黎，1891）；《1878—1916 年欧洲外交史》，两卷。（巴黎，1916—1917）［英］费甫：《1792—1878 年近代欧洲史》，三卷。（伦敦，1880—1892）

案、私人信札、日记、回忆录、传记、报纸等等。有好些国家且将其档案馆收藏的外交文件原稿公开任读者抄阅。这类档案公开的年代有一定限制，例如英国档案馆收藏的最近五十年的档案仍然是保守秘密的，就是已公开的五十年前的档案也不是全部的，而是有选择的。虽然如此，容许读者看到若干部分原稿，对研究工作来讲，毕竟是件好事。以前的外交史著作也有利用档案原稿的，但其所研究的问题属于很远的时代。例如十九世纪德国史学家朗克曾研究过中世纪威尼斯共和国的外交文件。只有在第一次世界大战以后，才有可能利用档案原稿来写与作者同时代的外交史。这不能不算是近代史学上的一个特点。

二　近代外交史史料——外交档案

近代外交史史料是多种多样的。我们在这里只介绍其中一种——外交档案——的刊印情况。

部分外交档案的刊印，在十九世纪里，好些国家曾经做过。但是大量外交档案的刊印是从十月革命以后开始的。十月革命后的第二天，苏维埃政权颁布了“和平法令”，宣布“废除秘密外交”，“立刻着手把地主资本家政府从1917年2月起至10月25日所批准或缔结的秘密条约完全公布出来”，并“宣布这些条约无条件地立刻作废”。在1917年到1918年的冬天，苏维埃政府公布并废除了1880年至1917年沙皇帝国和资产阶级临时政府所签订的秘密条约，还公布了一些其他外交文件。它彻底地揭露了帝国主义国家的阴谋诡计，给西方“民主”国家一个沉重的打击。1922年，苏维埃政府公布了《1910至1914年法俄关系》的材料。从1922年到1941年，苏联发行了一个不定期的历史杂志《红色档案》，共出版一〇六期，那里面登载了不少国际关系文件，其中有关中国重大交涉事件的若干资料，业已选译成中文。[①] 在1930年，苏联政府开始刊印三集多卷本的外交文件，称做《帝国主义时期国

① 张蓉初译：《红档杂志有关中国交涉史料选译》，生活·读书·新知三联书店1957年版。

际关系》，计划包括1878年到1917年沙皇政府和临时政府对外关系的各项文件。第一集由1878年开始，没有出版。第二集出了第十八至二十一卷，包括1911年5月至1912年12月间的文件。第三集刊印了第一至第十卷，包括1914年1月至1916年3月的文件。这两集已有德文译本，对研究战争前几年和战争期间的外交史都很重要。列宁、斯大林领导下的苏联政府的对外政策是坚决反对帝国主义的。它要求彻底地揭露帝国主义的掠夺本质，因此，它所刊印的外交文件，是完全可以信赖的。

十月革命后，帝国主义国家也刊印了大量外交文件。与苏联相反，帝国主义这样做的目的是辩护自己的侵略政策，进行战争责任的争论，并利用外交史的研究作为国际斗争的武器。欧战刚结束时，德国发生了革命，新成立的政府公布了1914年7月的文件，企图把战争责任推到废皇威廉二世的身上，以便取得协约国的平等待遇。之后，凡尔赛条约确认德国为战争罪魁，据此逼索巨大赔款。德国政府为进行辩解，在四年期间（1922至1926年），刊印了1871年至1914年德国外交文件（原名直译为《欧洲各国内阁的外交政策》）四十卷，共五十四册。它包括1871年德法预备和约的缔结至1914年6月萨拉热窝奥太子刺案这段时间的德意志帝国对外关系的各项文件。文件的编排以事为主，而不是按照年月日的次序。法文译本把它重新按年编排，到1908年的文件时，已达三十二卷。德国外交文件中与英国有关的文件和有关中国交涉的文件，都已分别选译成英文和中文。①

英国政府在1926年至1936年期间刊印了《有关第一次世界大战起源的外交文件》十一卷，共十三册，起自1898年，终于1914年战争的开始。其中1898年至1904年的文件占了薄薄的头两卷，而两次巴尔干战争就有两厚卷，文件仿照德国外交文件集的体例，依事分类。仅于最后一卷关于战争爆发的经过，采用编年体裁。

继德英之后，法国于1928年刊印《1871年至1914年法国外交文件集》。

① ［英］杜根太尔选译：《德国外交文件》，四卷（伦敦，1928—1931）；孙瑞芹译：《德国外交文件有关中国交涉史料选译》，三卷，商务印书馆1960年版。

除了希特勒军队占领期间，这部文件集的选辑和刊印工作，经历二十四年，才陆续完成。最后一卷是于1960年出版。法国外交文件集共计四十二册：第一集（1871年至1900年）十六卷，第二集（1901年至1911年）十四卷，计十五册，第三集（1911年11月至1914年）十一卷。全集文件是按年编排的。

其他欧洲国家如奥地利共和国在1920年至1921年刊印了《1879年至1914年奥匈帝国的秘密条约》两卷，又于1930年发表了《奥匈对外文件集》九卷，包括1908年波斯尼亚战危机到1914第一次世界大战的各项文件。意大利共和政府在第二次世界大战以后，才计划刊印文件，包括从1861年统一到1943年9月休战这个时期的外交文件，但是目前已出版的只是有关1861年以及1896至1897年的文件。

美国从1861年起，逐年刊印若干外交文件，总称《美国外交关系文件》，有时一册或数册，视所挑选的文件数量多寡而定。日本外务省于1936年开始刊印明治一代的对外文件，由明治元年至三十年（1868年至1897年），称做《大日本外交文书》，共三十卷，一卷一册或数册，明治三十年以后的文件称做《日本外交文书》。

研究历史应当尽可能地利用第一手史料。研究外交史并无例外。在外交史的多种形式的第一手料之中，档案是极其宝贵的，因为其中绝大部分是机密性质的文件。只有批判地研究这类文件，才能充分地具体地理解一国对外政策的制定和国际谈判的经过。但是，研究一个问题，能够阅读几个国家档案原稿的机会是很少的。大多数人须依靠刊印的档案资料，其数量只是原稿的一小部分。主编《法国外交文件集》的芮努芬在最近一篇文章中写道，在1912年或1913年一个平常的月份里，法国外交部收发的文件和电报达三千件①，而选出来付印的这一年的文件不过寥寥几百页。在选用文件方面，资产阶级学者总是吹嘘自己如何公正无私。例如，谭伯莱和古栩在《英国外交文件集》序言中说："如果有任何行动坚欲删削他们所认为最重要的或必不可少

① 庇·芮努芬：《关于1871—1914年法国外交文件集》，《历史评论》1961年第3期，第140页（巴黎出版）。

的文件，他们必然要辞职。”其实这两个编辑是一贯地为英帝国主义的对外政策辩护，英国政府哪里会干涉他们的编辑工作呢？这不过是欺骗读者的手法而已。

三 外交史研究中两条道路的斗争

研究外交史，除了解本国历史和世界通史而外，须掌握一个或几个外国语和国际法的基本知识，但是最重要的是要具备无产阶级立场和马克思列宁主义观点。资产阶级历史学者虽然对于史料的整理和考证方面，做了一些工作，但是由于立场观点的错误，他们研究所得的结论总是不正确的。它没有反映历史的真相，而是歪曲了历史事实。

资产阶级学者离开社会环境来研究外交史史料，把史料当作孤立的东西看待，聚精会神地在照会和条约等文件章句上下工夫，其结果，如人们所嘲笑，使外交史的研究成为古文书学了。（西文字“外交”Diplomacy 是由 Diploma 而来，意为文书。考释古代文书的工作叫做古文书学，Diplomatic。）

穷年累月，埋头在故纸堆里，那儿的天地很狭窄，所接触的无非是政府元首、部长和大使等一小撮剥削阶级统治人物。仅仅就文件论外交，就会夸大外交家的艺术天才，把外交史看做是几个“伟大”人物创造的历史。英国学者古栩所著《第一次世界大战以前》两卷，以十个外交家的传记集成的二十世纪初年的欧洲外交史，就是这样一个例子。[①] 我们知道，个人在历史上诚然起了一定的作用；但是起决定性作用的，是广大人民群众。资产阶级学者心中无群众，自然眼中也就看不到群众在国际关系中所起的作用。

如果研究外交史，局限于文件，就容易停留于文件的分析和外交事件的叙述，而不能深入一步追求外交事件的内在联系和对外政策的阶级根源，其结果会使自己受到古人欺骗，成为剥削阶级的辩护人。某些人是有意识地为剥削阶级辩护的。例如德国资产阶级历史学家柏兰登堡所著《由俾斯麦到世

---

① 乔·古栩：《第一次世界大战以前——外交史研究》，两卷。（伦敦，1936）

界大战》[1]，完全根据德国外交文件集，其用意在于否认德国为战争祸首，很是显然。有些人想在外交史的研究中找到第一次世界大战的根源，例如美国资产阶级历史学家悉·布·费，但由于同样的观点和方法，他花了十年时光，钻研外交文件主要是德国文件，所得结论几乎与柏兰登堡差不多。费著《第一次世界大战的起源》[2]，整本书的倾向是同情于德国统治阶级的处境。无视对外政策的根源，不用阶级分析方法是资产阶级学者的通病，虽在政治上比较进步的学者如英国的台乐尔也不能免。他在所著《英国人及其他欧洲人》[3]的序言中写道："我不是一个哲学的——历史家。我没有体系，没有道德的解释。我写历史为了解除心中疑惑，为了研究事件如何发生以及人们如何行动。"台乐尔写了很多关于近代欧洲外交史的专著论文，但是论其质量，只是资产阶级客观主义指导下的历史著述，也就是只能为资产阶级服务。

资产阶级历史学中较为普遍的谬论是历史多元论。芮努芬曾编了一部八卷本由古及今，以欧洲为中心的《国际关系史》。在其第六卷（1871 年至 1914 年）的结论中，他发挥了他所主张的融合唯心主义和唯物主义两派观点的折中主义。他认为 1871 年至 1914 年间的欧洲国际关系所以具有崭新的性质，是由于"工业发展的扩大和加速，财政资本的产生，社会集团力量的对比，往大西洋西岸移民的巨大运动，义务教育的推广，报纸的力量，还有，军役的延长"，"个人首创精神所的作用"，而且更应该估计到这些基本动力：人口的增加，国际经济斗争和民族主义运动。在他看来"有效的推动力量（推动世界战争发生的力量）是来自民族情感和激昂的情绪"。[4] 这样的结语自然地流露出唯心主义者的本来面目。多元论最后陷入唯心主义的泥坑，是必然的道理。

帝国主义是战争的根源。早在 1916 年列宁在《帝国主义是资本主义的最

---

① 艾·柏兰登堡：《由俾斯麦到世界大战》，英文译本。（纽约，1927）
② 悉·布·费：《第一次世界大战的起源》。（中文译本，商务印书馆，1959）
③ 爱·台乐尔：《英国人及其他欧洲人》。（伦敦，1956）
④ 庇·芮努芬：《国际关系史》，第六卷，第 377—384 页。（巴黎，1955）

高阶段》一书中，就已经指出，资本主义发展到垄断阶段，发展到帝国主义，就必然要产生为重新分割殖民地，争夺世界霸权的帝国主义战争。可是资产阶级学者顽固到极点，不承认社会发展的规律性，不肯接受这个为历史事实所一再证明的马克思列宁主义的经典原则。他们企图在外交史研究中，发现导致世界大战的原因，显然这是徒劳无益的。列宁曾经指出："能够证明战争的真实社会性质的，确切些说，证明战争的真实阶级性质的，自然不是战争的外交史，而是对各交战国统治阶级的客观地位的分析。"①

马克思主义者认为外交是有一定的阶级基础和阶级内容的。一个国家的统治阶级为了追求它的经济目的和保卫它的阶级利益，制定了它的对外政策。外交是统治阶级实现其对外政策的手段，而战争按照克劳塞维兹的话，在资本主义国家里，是统治阶级另一种手段（即暴力）的继续。国家间的政治斗争，实质上是国际范围内的阶级斗争。外交就是进行这类阶级斗争的工具。因此，要充分了解近代国际外交活动的历史，就必须用阶级斗争的观点和阶级分析的方法来对待外交事件和评价外交人物。资产阶级历史学家往往罗列了很多历史现象，而却抹杀了一项决定对外政策的基本动力，阶级利益。

苏联和其他社会主义国家的历史家运用马克思主义的观点，跟资产阶级学者作针锋相对的斗争。苏联出版的，叙述由古到今的《外交史》三卷②（1940 年至 1945 年出版），值得我们观摩参考。虽然其中论到中国、日本和印度很少，例如鸦片战争就没有提及，但在这方面，1959 年的修订版第一卷中已有了改正。

在我国，解放前，不少外交档案和他种史料已经刊印，就档案而言，有三朝筹办夷务始末，清光绪朝中日交涉史料、清光绪朝中法交涉史料、清季外交史料等。解放后，历史科研工作受到党和政府的重视和鼓励，近年来陆续出版了中国近代史资料多种。例如中国史学会主编的《中国近代史资料丛刊》，其中不少与外交有关的资料，虽然大部分是旧有书刊的汇编，但也有一

① 《列宁全集》第 22 卷，人民出版社 1958 年版，第 182 页。

② 鲍爵姆金等：《世界外交史》。（中文译本，五卷，五十年代出版社。1949—1951）

部分是初次刊印的中国外交文件和翻译文件。对外贸易部海关总署研究室编辑的《帝国主义与中国海关》把从未发表过的重要档案资料初次由外文翻译过来，现已出版七册。至于报纸杂志和私人著述载入的近代外交文件，不在此列举。解放后，在北京成立了国家档案局，在南京设有史料整理处。这一切都是对于研究近代中外关系史的有利条件。解放前，我国高等学校开设的外交史课程和绝大部分的外交史论述受到西方资产阶级历史学的影响很深。今天在马克思列宁主义和毛泽东思想的光辉照耀下，无论中国外交史或世界外交史的研究都跨进了一个新的阶段。许多空白需要填补，许多历史人物和事件须要重新估价。工作是艰巨的。我们相信，正确的理论与丰富的资料相结合，将会带来丰硕的研究成果。在党的领导下，我们历史工作者的队伍已经一天天地壮大起来，我们历史教学和科研事业正在蓬勃地发展着。近代外交史的研究也一定可以开展起来，作出它应有的贡献。

（原载《江海学刊》1962 年第 7 期）

关于统计学的对象

顾焕章

统计学的对象问题，是涉及统计学体系和发展的根本问题。因此从理论上阐明统计学的对象，不仅对于统计学本身的性质、任务和方法等一系列问题的解决有极其重要的作用，而且对于指导统计工作的实践，也有很大的现实意义。

目前，我国统计学界正在进行关于统计学对象问题的讨论，归纳起来主要有以下几方面的意见：一是认为统计学是研究“方法论”的科学。有的同志说，它是研究社会现象数量关系的方法论①，亦有的同志说，统计学也就是关于对社会做调查的方式方法的理论②。二是认为统计学是研究社会现象的具体过程和具体规律③。三是认为统计学是研究社会现象或社会经济现象的数量方面。有人把它具体化为数量与数量的关系④。有人简称第一种为“方法论”，第二种为“规律论”，第三种为“数量论”。其他还有“过程论”⑤、“表现论”⑥。故看来争论的分歧是比较大的。现将个人对这个问题学习的肤

---

① 钱伯海：《统计学是研究社会现象数量关系的方法论科学》，《中国经济问题》1961 年第 5—6 期，第 32 页。

② 柯竞同：《对于统计对象的认识》，《经济研究》1961 年第 1 期，第 55 页。

③ 河北财经学院统计教研室：《我们对于统计学研究对象的看法》，《经济研究》1960 年第 5 期，第 67 页。

④ 陈亘华：《关于统计学的对象问题》，《经济研究》1960 年第 2 期，第 30 页；王积业：《试论统计学的研究对象》《经济研究》1961 年第 6 期，第 6 页。

⑤ 刘奇：《关于统计学的性质和对象问题》，《政治与经济》1960 年第 2 期，第 42 页。

⑥ 江西财经学院统计教研组：《我们对统计学研究对象的意见》，《中国经济问题》1961 年第 7 期，第 31 页。

浅认识提出，以就正于关心这个问题的同志们。

一

首先谈谈对“方法论”的认识。我感到无论把“方法论”当作统计学的对象或是说统计学是研究“方法论”的科学，这种看法都是值得商榷的。因为方法是实现目的的手段，它是因对象而异的。对象改变了，方法也要跟着改变，因此不可能研究出一种能在任何时间、空间条件下适合于一切社会现象的科学方法论。例如国民经济平衡法就只有在社会主义国家的统计工作中才能应用。而且在统计研究中必须随时根据已经变化了的情况改变统计方法，这样才能达到研究的目的。因为方法是为研究对象服务的。方法和统计学对象的统一才是科学的方法。正如列宁所说：“农业统计如果是建立在合情合理的基础上，它就应当根据资本主义渗入农业的各种形式而改变自己的研究方法和分类方法等。”①

可见，如果我们从方法本身去研究方法，其结果必然会使方法与现象脱离，成为“无源之水”。而且这也是一种本末倒置的提法。因为统计方法论的概念不是人们随便提出的，而是人们在长期实践中，在对社会现象进行统计研究中总结出来的，而且随着对研究对象认识的深入而深化，随着社会现象的丰富而丰富。例如在机器工业未曾产生以前就不会有工业统计的方法。今后随着新的社会经济部门的产生和发展，还会有新的统计方法。因此，统计方法是和社会现象密切联系的，它必须符合于统计学所研究的客观对象的要求。否则如果把方法论本身当作研究对象，也就是将本来是在研究客观对象过程中形成的方法作为研究对象，然后再以此去衡量客观对象，这样就会陷入“先验主义”的泥坑中去。因为这种方法论只不过是关于对象本身的概念，其结果就像恩格斯所说的那样：“首先，从对象上形成关于对象的概念，然后把首尾颠倒……去衡量对象。到了这时，已经不是概念应当与对象相符合，

---

① 《列宁全集》第22卷，人民出版社1959年版，第8页。

而是对象应当与概念相符合。……它不是从现实本身去演绎现实，而是从观念里去演绎现实。”① 而且“用不同的方法去解决不同的矛盾，这是马克思列宁主义者必须严格地遵守的一个原则”②。而社会现象数量关系方面的矛盾是千变万化的，我们又怎能研究一个方法论去解决一切社会现象呢？

“方法论”者提出了一个看来似乎很充分的理由，就是：“方法是客观存在的，是现实在人们认识中的反映，否认方法论的客观存在，就等于否认方法可以独立地加以研究，否认各门科学存在的客观性质，否认世界认识的现实可能，也就是否认唯物辩证法的根本前提……”（参阅《中国经济问题》1961 年第 5—6 期，第 33 页）可是这些同志忘记了，方法的客观存在，正因为首先存在着通过这种方法加以认识的客观现象。方法之所以被人们研究，首先由于存在着应用这种方法的独立的科学，而各门科学的客观存在，是因为首先存在着需要某一门科学加以研究的客观对象。现实世界有被认识的可能，是由于首先存在着可以被认识的世界。而物质是第一性的，也正因为方法是“现实在人们认识中的反映”，因此它是第二性的。存在决定意识，这是唯物辩证法的根本前提。因此要研究方法，就必须建立在研究这种方法的客观存在的基础上。研究什么样的客观存在就需要什么样的方法。对于社会科学来说，这种客观存在就是社会现象。因此作为一门社会科学的统计学，不研究社会现象而研究所谓“方法论”。想要从方法中研究出一种具有“广泛适应性”的统计方法论，这就不符合认识论的要求。而是反客为主、本末倒置了，其结果就将会陷入把“实在物”当作是“感官印象”的唯心主义中去。

如果统计学的对象是方法论或统计学是研究方法论的科学。那么势必要承认可以研究出一种能够适用于一切社会现象的统计方法论，并借以认识各种社会现象或其数量关系。这岂不是一种形而上学的观点吗？企图用一个框框来套活生生的事物吗？

有些同志，一方面承认科学研究对象的客体性，承认方法与对象的内在

---

① 《反杜林论》，人民出版社 1956 年版，第 97—98 页。

② 《毛泽东选集》第 2 卷，人民出版社 1960 年版，第 777 页。

联系，但另一方面又坚持统计学是研究“方法论”的科学①。结果就使自己陷入了逻辑上的混乱，而自相矛盾。这是由于把方法论与对象对立起来的缘故。

然而，我们并不因此否认统计方法论的存在，因为任何一门完整的科学，它必须有科学的方法论，而我们所否认的是把方法论作为统计学的对象或把统计学看作是研究方法论的科学。

也许有人指出统计是认识社会的工具这一点来证明统计是研究方法论的科学，因为社会现象数量方面有“相对广泛的适应性”，因而就使统计学成为研究方法论的科学，并说数学具有“更高广泛的适应性”的特点，因而，“具有更大的方法论性质”被称为工具科学②。其实这是一种误解，因为我们说的数学是一门工具科学或称“统计是认识社会的有力武器”，是指这门科学在整个科学领域中的地位而言的。因为一切事物都有其量的一面，因此在研究社会现象的过程中，为求其量的规定性，必然会应用统计方法和数学方法，但并不是指统计学或数学本身就是研究“方法”或“方法论”。恩格斯曾明确指出：“纯数学是以现实世界的空间的形式和数量的关系——这是非常现实的资料——为对象的。”③ 可见具有比统计学有“更高度广泛适应性”的数学也并非是“方法论”的科学，更不用说统计学了。再说，一切科学研究都要运用辩证唯物主义的方法，就被称为工具科学的数学也不例外。恩格斯说：“微积分——按其本质来说也不是别的，而是辩证法在数学方面的运用。”④ 但是辩证唯物主义也同样并非是方法论的科学，而是研究自然界、社会以及认识的变化和发展的最一般的客观规律。

“方法论”者还有一个理由，就是认为：统计学“研究大量的指标体系，并不是研究各种指标在不同时空条件下的数量水平，而是研究设置这些指标

① 钱伯海：《统计学是研究社会现象数量关系的方法论科学》，《中国经济问题》1961 年第 5—6 期，第 32 页。

② 同上书，第 40 页。

③ 《反杜林论》，人民出版社 1956 年版，第 37 页。

④ 同上书，第 139 页。

的原则、前提、内容、构成、计算技术和运用条件等等。”① 因而也就是研究“方法论”。这种看法也是片面的。试问研究这一切是为了什么呢，又从什么出发来研究这一切呢？无非是为了更切合地确定社会现象量的规定性，它仍然要从适合客观对象的要求出发来研究这些问题。例如目前国内经济学界讨论关于如何计算劳动生产率的问题也有不同意见：用总产值还是净产值，用活劳动量还是用消耗的全部劳动量来计算，其目的就是更好地研究和更合理地反映劳动生产率的量的规定性。因此，这一系列方法问题的研究都是从属于被研究的客观对象的要求。

至于“规律论”。持这种看法的人认为政治经济学是研究一般规律，而统计学是研究具体规律。这种说法的主要错误在于把具体规律和一般规律分离开来。从哲学意义来讲任何经济规律既是一般的又是具体的。对于同一客观对象来讲，不能研究一般规律是一门科学，而研究具体规律又是一门科学。如果说，把“具体规律”论理解成为研究具体经济部门的特殊规律，这实际上已是各个部门经济学和专业经济学研究的范畴了。

因此，认为统计学的对象是“具体规律”的理论，其实质就等于使统计学成为没有对象的“科学”。而这种科学是不存在的。

二

那么，统计学的研究对象是什么呢？可以简单表述为研究社会现象的量的方面。具体地说：统计学是一门社会科学，它是在质与量的统一中研究社会现象及其量的规定性，即研究社会现象数量关系的规律性。

首先，统计学是研究社会现象的，而社会现象和自然现象的发展规律是有根本区别的。自然界中的一切现象均由自然规律支配，其发展变化都是自发的。而社会现象则不然，它受人们有意识的活动的支配，不仅如此，人们

① 钱伯海：《统计学是研究社会现象数量关系的方法论科学》，《中国经济问题》1961 年第 5－6 期，第 38 页。

还能运用自然规律去改造自然。恩格斯说："人的智力的发展就和人懂得如何改变自然界成正比例。"① 因此社会规律和自然规律是有本质的差异。虽然自然现象也有数量关系需要加以研究，但由于规律性质不同，就不属于统计学的研究范围了。

然而，统计学并非一般地研究社会现象，而是在质与量的联系中研究社会现象的量的方面。任何一个社会制度，不仅有其质的规定性，还有其量的规定性。因此，不同社会形态的区分，不仅由社会的质的规定性——生产关系的性质所决定，而且也要有一定的生产力发展水平、一定的生产增长速度等量的规定性作为自己的特征。因此不能把量看做事物和现象的某种外表的东西；量和质一样，都表现事物的本质方面。在各个社会中，不论是上层建筑还是经济基础，都有其量的规定性。这些量的规定性，都可以通过规模、速度、组成、程度等各种统计指标表示出来。这些量的规定性不仅反映了社会现象本身量的属性，同时也反映了社会现象之间数量关系的规律性。因此它同样也是社会现象的本质联系，但它只有通过数字才能表现出。列宁说："规律是本质的关系。"② 又说："规律与本质乃是同一性质的，或者说得确切些，同一程度的概念，这些概念表现着人对于现象、世界等等认识之深化。"③ 既然事物的量也能表现其本质，因此研究社会现象量的规定性，同时也是对于规律本身的认识和揭示，甚至是更高级的证明。列宁在引注黑格尔的《逻辑学》时写道："认识到自然界的经验数……这是一个伟大的功绩；但是，更伟大得无比的功绩却是使经验的规定量消灭；把它们提高到量的规定的普遍形式，使得它们成为规律或度的环节；伽利略与刻卜勒的功绩……他们指出了观察所得的全部细节是符合于他们所发现的规律的，这样就证明了这些规律。然而还得要求对这些规律作出更高级的证明，使得这些规律的量的规定

① 《辩证法与自然科学》，人民出版社 1954 年版，第 97 页。
② 《列宁全集》第 38 卷，人民出版社 1959 年版，第 161 页。
③ 《黑格尔逻辑学一书摘要》，人民出版社 1954 年版，第 109 页。

能从质或相互关联着的一定的概念的方面来被人认识。”①

在社会现象中，这种对于“规律的更高证明”的任务，自然就是统计学所要加以解决的了。马克思说过：“剩余价值率，正确地表示了劳动力由资本所受到的剥削程度，即劳动者由资本家所受到的剥削程度。”② 毫无疑问，剩余价值率正是资本主义社会经济规律中的一种量的规定性。难道这些对于“规律的更高证明”和“正确地表现剥削程度”不是对社会现象的揭示吗？不正是对于现象本质的认识和深化吗？可见，那些批评“数量论”者认为统计学只是对社会经济现象的发展规律“表现”，而不去探求社会经济现象发展规律的说法③，是一种武断。此外，有些同志认为，统计学只“研究具体条件下社会现象规律的表现”④，也是一种误解。因为一方面由于量的属性也是事物本质的一面，因此认识现象的量的规定性，也就是对事物本质的认识，也就是对现象的揭示；另一方面，“因为科学所要研究的东西正是我们所不知道的东西。”⑤ 而“任何称得起为科学的科学都负有研究和探讨事物发展规律的任务”⑥。同时，发现规律不能和表现规律完全分离，只能表现规律而不能揭示规律的科学是不存在的。

有人担心“数量论”会忽视质量而导致数学形式主义的错误，甚至有人已经把统计学界中曾经有过的这种错误倾向归结为“数量论”的恶果之一。⑦这种看法也是片面的。这是一种把质和量割裂开来的看法。另一方面也是把社会现象的量和借以表现量的数字混为一谈的结果。而实际上，任何量都是具有一定的质的，量是以质为基础的。但是“任何质量都表现为一定的数量，

① 《列宁全集》第38卷，人民出版社1959年版，第126页。

② 《资本论》第1卷，人民出版社1953年版，第243页。

③ 河北财经学院统计教研室：《我们对于统计学研究对象的看法》，《经济研究》1960年第5期，第66页。

④ 江西财经学院统计教研组：《我们对统计学研究对象的意见》，《中国经济问题》1961年第7期，第31页。

⑤ 《辩证法与自然科学》，人民出版社1954年版，第58页。

⑥ 王积业：《试论统计学的研究对象》，《经济研究》1961年第6期，第2页。

⑦ 河北财经学院统计教研室：《我们对于统计学研究对象的看法》，《经济研究》1960年第5期，第66页。

没有数量也就没有质量”①。因此要正确地深刻地认识质量，“必须找出一个数量的界限”②。故一方面统计学是在质与量的联系中、在质的基础上研究社会现象的量的方面，其结果又促进我们对质有更进一步的认识和理解。二者相辅相成。这种质与量的辩证关系就像恩格斯所说：“分配方式在很大程度上取决于所被分配的产品数量，而这种数量当然随着生产和社会组织的进步而改变，从而分配方式也应该随着改变。”③ 因此统计不是为研究数量而研究数量，而是在对社会关系作了全面认识的基础上研究社会现象的量。列宁曾着重指出：“统计应当说明由全面的分析所确定的社会经济关系，而不应当变成自我目的。”④ 可见，统计学虽以社会现象的量作为自己的对象，但决非“计量不计质”。因为，我们辩证唯物论者从来就认为社会现象的质与量是矛盾的统一，而不是像机械论者那样：“忽视了质和量的关系是相互的，忽视了质可以转变为量，正如量可以转变为质一样，忽视了这里有着相互作用。”⑤ 而统计学正是在这种“相互作用”的过程中研究社会现象的量。具体地说，统计学是在马克思列宁主义的政治经济学和辩证唯物主义理论指导下研究社会现象量的方面。因此，只要统计学在正确的经济理论指导下，从辩证唯物主义的观点出发，从质与量的密切联系中研究社会现象的量，则决不会陷入数学形式主义的泥坑中去。

在这里要特别指出：既然社会现象的质和量是相互联系、相互转化和相互作用的，那么是否可以把质与量区分开来加以研究，有没有这样的必要与可能呢？回答是肯定的。列宁说过：“统一物之分为两个部分以及对它的矛盾着的部分的认识，是辩证法的实质。”⑥ 可见从社会现象矛盾的不同方面进行研究乃是辩证法的要求。毛主席也曾指出：“对情况和问题一定要注意到它们

---

① 《毛泽东选集》第4卷，人民出版社1960年版，第1443页。
② 同上书，第1444页。
③ 《马克思、恩格斯文选》（两卷集）第2卷，苏联外国文书籍出版局1955年版，第487页。
④ 《列宁全集》第3卷，人民出版社1959年版，第461页。
⑤ 《辩证法与自然科学》，人民出版社1954年版，第115页。
⑥ 《列宁全集》第38卷，人民出版社1959年版，第407页。

的数量方面，要有基本的数量的分析。”① 又说：为要“暴露事物发展过程的本质，就必须暴露过程中矛盾各方面的特殊性，否则，暴露过程的本质成为不可能，这也是我们作研究工作时必须十分注意的。”② 因此把社会现象区分为质的方面和量的方面，加以研究，（只有这种研究不是孤立的）才能使我们对社会现象的认识更加完整、更加全面。

我们知道，质和量是可以互相转化的：但是量变并不等于质变。如资本主义社会中企业由独资经营变成合股经营并不能改变其企业的资本主义性质。因此，计量并非就是计质。

诚如有的同志所指出的那样：“社会现象的数量和数量关系并不是像有些人认为那样的‘偶然现象的集体’，而是具有内在的必然性和规律性的。”③ 因此对于社会现象量的方面矛盾的特殊性的研究就构成了统计学的对象。

恩格斯说：“科学的分类——每一种科学是分析单个的运动形态或一系列互相关联和互相转变的运动形态，科学的分类就是这些运动形态本身之依据其内在次序的分类和排列。”④ 而统计学正是研究社会现象的量变的运动形态。这种质与量的矛盾统一关系并不会影响到统计学以社会现象的量作为自己的研究对象。例如生产关系和生产力也是矛盾的统一体。政治经济学正是在这个统一体中以生产关系作为自己的对象。

统计学与政治经济学如何区别呢？

从上述可以看出，统计学虽然也是研究社会现象的，但只研究其量的一面，这一点就区别于其他社会科学。而政治经济学主要研究社会经济现象质的属性，但是为了更好地认识社会经济规律，也必须要运用统计学来研究社会现象的量。这正说明统计学对于政治经济学来讲，其地位是作为它的工具。就像数学对统计学来说也是工具一样。由于社会现象的质和量的相互作用，

① 《毛泽东选集》第4卷，人民出版社1960年版，第1448页。
② 《毛泽东选集》第2卷，人民出版社1952年版，第778页。
③ 陈亘华：《关于统计学的对象问题》，《经济研究》1960年第2期，第31页。
④ 《辩证法与自然科学》，人民出版社1954年版，第109页。

因此统计学和政治经济学的关系就特别密切。这种关系正如马克思所说的："只有先理解利润率依以形成的各种关系，我们才可以根据统计，对于各时代各国的工资率，进行现实的分析。"① 又说："理论上唯一必须要证明的事情是，绝对地租不破坏价值法则也是可能的。……关于绝对地租是否存在的问题，在每一国，好像都是一个要由统计来解决的问题。"② 马克思的这两段话，已经把政治经济学和统计学的研究范围以及二者的联系说得很明确了。统计学研究社会现象的量，必须在政治经济学的理论指导下，才有可能获得有效的成果，而政治经济学研究社会经济现象的质，必须借助于对统计学量的认识才能进行。因此，计量而不计质是错误的，计质而不计量也是不对的。但计质又不等于就是计量。列宁说："如果经济学家和统计学家各走各的路，那么它们两者都不能获得满意的结果。"③

由上述可知，统计学与经济理论的辩证关系，正反映了社会现象的质与量的辩证关系，这种关系也正是统计学的最大特点。

那么社会现象的量如何表现呢？它必须通过数字才能表现出来。这是统计学的一个重要特点。我认为，数字是统计学的语言。但这不是随便什么样的数字，而是能够反映社会现象的本质内容的数字。就好像要选择恰当的语言才能确切表达被说明的问题的实质一样。如果忽视了这一点，就忽视了社会现象的量的复杂性和深刻性。由于统计学所研究的是社会现象的总体，但每一个总体单位之间均存在着差异，而且每一个总体单位本身也是变动的。统计研究正是以这种差异和变动的存在为前提的。

正因为如此，所以我们需要研究一系列科学的方法来揭示社会现象及其量的规定性。因而就有了说明社会现象的规模、水平等绝对指标，说明其结构、速度和其他各种对比关系的相对指标，说明社会现象在一定的时间上和空间上的典型状况的平均指标以及这些指标的变形、衍生和特殊运用等等，

① 《资本论》第3卷，人民出版社1953年版，第284页。

② 同上书，第1202页。

③ 《列宁全集》第3卷，人民出版社1959年版，第577页。

这就构成了复杂的统计指标体系。而研究这些指标的内容、原则和计算运用等就成为能否揭示社会现象量的规定性的一个重要课题。

当然，统计在运用统计指标来说明社会现象的时候，也会用到文字，而且有人以此非难“数量论者”。其实统计在研究的过程中应用文字无非是为了更好地使数字说明问题，是作为一种补充手段。而且这不过是表达的形式问题，并不能因此就改变统计学的实质。例如数学中常用文字来说明公式、定理，但这并没有使数学的性质有任何改变。

不过，由于社会现象不是一个纯粹的单一体，它包括：既有经济现象，又有文化现象；既有工业现象，又有农业等现象的一个整体。而这种社会现象本身的多样性就决定了其量的多样性。因此统计学也就有了相应的“分化”，即以研究特定领域内的社会现象的量。因为科学“不但要研究每一个大系统的物质运动形式的特殊的矛盾性及其所规定的本质，而且要研究每一个物质运动形式在其发展长途中的每一个过程的特殊的矛盾及其本质”①。于是各种专业统计学就应运而生了，今后还会随着社会分工的加强而日益增多。

（原载《江海学刊》1962 年第 10 期）

① 《毛泽东选集》第 2 卷，人民出版社 1952 年版，第 777 页。

三百年来江苏的古典诗歌

钱仲联

江苏，在我们诗歌之国的沃土上，长远以来，万紫千红地开放着绚烂的花朵。它跟全国诗歌的发展，有着不可分割的关系，而在某些历史时期里，它还占着领先的地位。

就以江苏总的文化发展的过程来说，早在穹远的新石器时代，它已是黑陶文化和红砂陶文化的分布地区。虽然在以后较长的时间里，江苏文化落后于黄河流域，而自三国以后，随着南方政治经济情况的改变，就逐渐形成了与中原争霸的局面。南北朝时期，江苏的文化，特别是文学，是相对地超过北方的。元明以来，江苏已成为人文荟萃之区。鸦片战争后，它跟广东一样，较先受到西欧文化的影响，在我国近代文化的发展中，发挥了应有的作用。

江苏诗歌的发展过程，是跟它整个文化发展的情况相适应的。《诗三百篇》里还没有吴地的民歌，到秦汉之际，项羽的《垓下歌》和刘邦的《大风歌》才揭开了江苏诗坛的绒幕。建安以后到晋宋，陈琳、陆机兄弟、鲍照等著名诗人先后出现。唐代诗人如张若虚、戴叔伦、李绅、张籍、许浑、赵嘏、陆龟蒙，宋代如王令、陈师道、张耒、秦观、孙觌、尤袤、范成大等，或专长一体，或自开一宗，不同程度地影响了全国的诗坛。而在明代，如开国时期的高启，前七子的徐祯卿，后七子的王世贞，分别主持了当时的诗盟。尤其是近三百年来，江苏诗歌更放射着惊人的光辉。仅仅据《晚清簃诗汇》所选录的清诗作统计，全国诗人六千零八十二人中，其中江苏诗人就有一千二百七十人，占五分之一强。这一事实，是研究我国近三百年诗歌史者所不容忽视的，也是研究江苏地方文学者所不容忽视的。本文试图把它的发展情况，勾勒出一个简单的轮廓。

明末清初江苏诗坛的三大流派

明代诗歌的总趋向，是以摹古代创新。复古派在江苏的代表是后七子的首领王世贞。明末，经过公安派的扫荡，七子余焰，渐成为萤火微光，而在江苏，却还有一定的声势。当时，江苏诗坛出现了三大流派：云间派就是世贞诗派的继承；虞山派树立了反对七子的鲜明旗帜；娄东派初期左祖云间，后又折衷于两派之间而自开门户。

云间派的首脑是松江陈子龙。他是明末几社的领袖，也是明代复古派诗人中最后一个代表。几社是继东林党以后的政治和文艺性的组织，在当时的政治斗争中，站在正义一边。子龙自小究心经世之学，又是黄道周的学生，深受爱国教育的熏陶。南明福王朝覆亡以后，他在抗清斗争中殉国，所以又是一位爱国志士。他在《仿佛楼诗稿序》《宣城蔡大美古诗序》中，自述论诗宗旨，趋向在建安、魏晋以前，谓唐以后古诗“益离”，那都是明七子的旧说。他强调论诗要“先辨其形体之雅俗，然后考其性情之贞邪”。在实践上，是“取乐府古诗拟之”，“以形似为工”。由于明末时代的激荡，其诗作才渐有“忧愤念乱”的现实内容。《小车行》《卖儿行》是张王乐府的继承；《辽事杂咏》《晚秋杂感》《秋日杂感》等七律组诗，用杜甫《秋兴》《诸将》的体制，抒发了爱国感情。明亡以后那首《钱塘东望有感》的名句：“禹陵风雨思王会，越国山川出霸才”，雄思健笔，集中表现了复国的壮心。这些诗作，是可以殿有明一代诗坛而无愧的。但到底是瑰丽的辞采，多于悲壮苍凉的高调；摹古的形式，限制了广阔内容的反映。云间诗派，终于跳不出七子的旧框。

子龙的学生夏完淳，九岁能诗，是一个早熟的天才；十四岁参加抗清斗争，十六岁殉国，又是一个爱国志士。他的早期作品，受子龙影响，大量模拟六朝。后期作品如《精卫》《六哀诗》《六君诗》《五子诗》《细林野哭》

《吴江野哭》《别云间》《即事》等篇，慷慨悲凉，沁透了斑斑的血泪。感情的激荡，较胜于子龙。

云间爱国诗人，还有黄淳耀，以忠节著称，诗名不及子龙，但骨干坚直，气象深博，能扫除明七子习气。如《野人叹》《舟夜》等篇，诗论家推为“风人正轨”。与子龙齐名、称为云间三子的宋征舆、李雯，拟古的诗格相近，但二人后来都偷生降清，就不能与陈、夏相提并论了。

与云间派相对立、一意反对明七子的，有以钱谦益为首的虞山派。

钱谦益是明末东林党的重要人物，又是文坛的领袖。早年为诗，走的也是王世贞的一路。四十以后，受了公安派的影响，转而攻击七子。在他所选《历朝诗集》的七子小传中以及《初学集》《有学集》的不少文章中，对摹古的弊病，作了切中要害的批评。由批判七子的摹拟盛唐，更进一步反对妙悟说。而正面的主张，则强调“有本”，强调内容，强调抒发真性情。谦益自己的诗作，就能摆脱模拟汉魏盛唐的余习，于杜、韩、卢仝、李商隐、苏轼、陆游、元好问诸家，无所不学，但不取形似，能独创自己的面貌。当陈子龙组织几社主持东南诗盟的时候，谦益不与同声气。后人因为谦益降清，有亏民族气节，几乎置于不齿之列。其实谦益于明亡后曾实际从事于秘密抗清活动，与爱国英雄郑成功、瞿式耜都有联系，爱国志士如黄宗羲、吕留良、归庄、弘储等人跟他往还尤密。他的后期诗歌，如《西湖杂感》二十首、《哭稼轩留守相公诗一百十韵用一千一百字》，都是“槎枒于肺腑，击撞于胸臆”之作。阎若璩读了他反映南明亡国时事的《读梅村宫詹艳诗有感》四首，甚至说是“神矣圣矣，义山复生，无以加之矣，七百年无此诗也”。特别是《投笔》一集，从郑成功进军长江写起一直写到桂王殉国，中间贯穿了自己与柳如是策划支援义军等事迹，极为沈郁苍楚；用《秋兴》韵一迭再迭至十三迭之多，澜翻不穷，更属诗人之余事了。

谦益同乡里的诗人，为谦益所奖掖的，有冯舒、冯班与钱曾。二冯诗都宗法晚唐，冯班于李商隐用力尤深，上溯源于齐梁，虽规模较狭，才力有限，然在亡国以后所作《游仙诗》后五十首，《临桂伯墓下》《江南曲》《感事》

等篇，凭吊故国，哀感动人。在诗论上，所著《钝吟杂录》，力排严羽以禅喻诗之说，跟谦益的宗旨相同。钱曾是谦益的族曾孙，曾笺注《初学》《有学》《投笔》三集，自为诗擅长七言近体，较之谦益，具体而微。谦益曾选其诗置于《吾炙集》之首，赞扬他“莫取琉璃笼眼界，举头争忍见山河”二语，谓是“取出世间妙义，写世间感慨，正如忉利天宫殿楼观，影现琉璃地上”。

当云间、虞山二派互争雄长的时候，太仓吴伟业又自为娄东一派相与为鼎足。伟业少出于复社首领张溥之门，与陈子龙往还很密，而于谦益诗论，多所非议，其意见在《与尚木论诗书》《太仓十子诗序》里都提出过。他旨在继承同乡王世贞的传统，与陈子龙一鼻孔出气。但伟业毕竟不是墨守盛唐一派的，时时出入于白居易、陆游。加以明亡以后，被迫出仕，心境与谦益相近，于是在诗论上也改变了原来的主张，于《龚芝麓诗序》中，采取了折衷调和论调，盛推谦益之于诗“可以百世”。伟业诗在才华富丽这一艺术特点上，也是近于谦益而不近于世贞。当时钱吴齐名，加上外省的龚鼎孳，称为江左三家，是有一定理由的。伟业诗突出了两个方面，一是选取了明末清初重要的历史现实为题材；一是大量创作了七言歌行体的叙事长诗，从而取得了“梅村体”的称号。如《直溪吏》《临顿儿》《堇山儿》《芦洲行》《马草行》《捉船行》《打冰行》等篇，是三吏、三别、香山乐府的继响，《矾清湖》等五古长篇是杜甫《自京赴奉先县咏怀五百字》的类型，《清凉山赞佛诗》则运用《长恨歌》的神理于五古之中。除这些名作以外，作为“梅村体”的名篇来说，如《永和宫词》《鸳湖曲》《萧史青门曲》《田家铁狮歌》《临淮老妓行》《圆圆曲》《听女道士卞玉京弹琴歌》《琵琶行》等，都是通过明清之际上层社会人物的动态，反映了历史现实的一面，哀感顽艳，动人心脾。中国古典诗歌，叙事一体，不很发达。长篇巨制，如《孔雀东南飞》《木兰诗》《长恨歌》《连昌宫词》《秦妇吟》等，代不数篇。伟业歌行，由“长庆体”一转手，熔冶四杰的藻采与明代传奇的特色于一炉，为古典叙事诗开拓疆宇，在诗歌发展史上是应该特笔大书的。清代著名诗人赵翼称他为“近代中之大家”，李慈铭以为“古今独绝”，文廷式、张尔田以为其中若干作品，胜过元白：都是对“梅村体”的成就作出的评价。

娄东诗人，有所谓娄东十子，是周肇、王揆、许旭、黄与坚、王撰、王昊、王抃、王曜升、顾湄、王摅。伟业曾给他们的合集作序。他们大抵继承王世贞的衣钵，不能为伟业那样的歌行。以“黄叶声多酒不辞”诗句为王士禛称赏号为崔黄叶的崔华，也与伟业异派。伟业诗派的演播，转在太仓地区以外。吴江吴兆骞，能为梅村体歌行，因事谪戍出塞，所为《秋笳集》，多激楚之音。如《榆关老翁行》《白头宫女行》等，都可以步武梅村。宜兴陈维崧的《湖海楼诗》，也是梅村诗派中的一面旗帜。

遗民诗人

明末清初，是一个从尖锐的阶级矛盾的爆发进入到以民族矛盾为主要矛盾的时代。在这一时代的大风暴里，就江苏一省来说，扬州十日，嘉定三屠，人民所遭受到的灾祸是深重的，而抗清斗争的浪潮也是连续不绝的。第一批爱国诗人，如陈子龙、夏完淳，早于福王朝覆亡的后二年殉国。还有不少爱国遗民，有的继续从事抗清的活动，有的隐居不出，保全民族气节。他们写下了不少诗歌，在清初诗坛上放射了最为耀眼的光辉。仅据清初卓尔堪所选的《遗民诗》十六卷作统计，所选五百零六家的遗民诗里，江苏诗人有二百零三家，占了将近半数之多。他们的作品，鼓舞了人们抗敌的激情。这里，主要介绍昆山顾炎武与泰州吴嘉纪。

顾炎武是清初著名的学者，同时又是诗人、爱国志士。他早年参加过复社，明亡后参加过当地的反清军事斗争，失败后，漫游大江南北，积极从事恢复故国的工作。他论诗主张白居易所说的“为时而著”“为事而作”，反对雕虫篆刻；主张直言，不拘囿于温柔敦厚的儒家教条；主张情真，反对巧言作伪；主张法古与变古相结合，反对模仿。在情真的问题上，他特别强调爱民族爱国家，而不是停留在个人哀乐的小圈子内。这是对明代摹古诗风的总针砭，也是他自己写诗的指针。他的诗作，如《精卫》《感事》《秋山》《海上》《淮东》《王家营》《传闻》《金山》《桃叶歌》《双雁》《河上行》《寄潘次耕时被荐在燕中》等篇，有的表达了抗清必胜的信心，有的控诉了敌人的残暴，有的歌颂了抗清的英雄，有的鞭挞了卖国的逆贼，有的揭露了统治集团的贪污与荒淫，有的表现了自己坚强不屈的气节：总的反映了当时的历史面貌。其它写个人身世和朋友们战斗友谊的作品，为数极多，都富有深厚的感染力。质实坚苍，是顾诗风格上的特色；它继承了杜甫现实主义诗歌的传统精神。顾炎武不仅是江苏明遗民诗人中的第一人，也是当时诗人中最杰出的一人。

太仓陆世仪，是炎武同时的儒学大师，也是一位遗民诗人。他十二岁就能写诗，论诗以兴、观、群、怨为主，宗旨跟炎武不相远。中年遭亡国之痛，所作感慨淋漓，可说是炎武诗的羽翼。此外江苏遗民中有与炎武同乡又齐名的归庄，与世仪同乡又齐名的陈瑚，有炎武的战友吴江潘柽章，以及铜山万寿祺、沛县阎尔梅、如皋冒襄、上元纪映锺等，都能长歌当哭，权奇兀傲，各具独特风格，不落于同时云间、娄东等诗派的窠臼以内。

遗民诗人中，作品反映阶级矛盾多于民族矛盾的，是泰州吴嘉纪的《陋轩诗》。嘉纪是农村中的贫苦知识分子，一生不做官。陆廷抡序他的诗说："数十年来扬郡之大害有三：曰盐筴，曰军输，曰河患。读《陋轩集》，则淮海之夫妇男女辛苦垫隘，疲于奔命，不遑启处之状，虽百世而下，了然在目。甚矣吴子之以诗为史也，虽少陵赋《兵车》，次山咏《舂陵》，何以过？"清人沈德潜、潘德舆都给他以很高的评价，潘氏说："《陋轩诗》字字入人心腑，殆天地元气所结"，"以为陶杜之真衣钵"。嘉纪所过的生活极为困迫，甚至在盐商债务的逼迫下几乎濒于死亡的边缘。他对下层被压迫的人民，生活既相接近，也有深厚的同情，因此，反映民生疾苦，就成为《陋轩诗》的主题。如《临场歌》《翁履冰行》《江边行》《海潮叹》《难妇行》《东家行》《粮船妇》《堤上行》《打鲥鱼》《王解子夫妇》等篇，都是被压迫人民的血泪史。如《挽饶母》《李家娘》《一钱行》《嗟老翁》等篇，有的写扬州十日的惨剧，有的歌颂坚持民族气节的人物。而如《辛亥孟夏二十八日三兄嘉经归葬东淘》《内人生日》《税完》《归东淘答汪三韩过访》《堤决诗》《逋盐钱逃至六灶河》《我昔》等篇，则是写个人身世。从这里可以看到，他几乎经历了从来诗人所未经历过的悲苦遭遇。这些诗篇，风格上都是清真朴老，纯用白描，不施一毫粉泽，不用一个典故。此之于以用典擅场的顾炎武诗，可以说是各有千秋。

明遗民诗人中，高淳邢昉，风格上是接近于吴嘉纪的。

清全盛时期的江苏诗坛

自清康熙元年，桂王殉国云南，南明最后亡国；接着三藩起兵被镇压，台湾入清版图，清朝统治完全巩固，全国入于相对安定的时期。而江苏则自顺治十六年郑成功进军长江败退后，早已没有兵事。清统治者兼用怀柔与镇压的政策对待中国人民，文字之狱不断兴起。知识分子在淫威高压下，大多噤不敢声，一般遁入于书本中讨生活，或是借山水、歌舞以自娱遣。诗坛上逐渐褪去了初期战斗的色彩，平凡无聊，形成一种低沉的调子。

钱谦益论诗，反对死摹盛唐，自作已阑入了苏轼、陆游。影响所及，吴下诗人，趋向于宋人一派。有学步范成大的长洲汪琬，有盛称苏轼的吴江叶燮。论诗则汪琬的清秀胜于叶燮的纤仄，论诗学理论则叶燮有卓越的贡献。叶燮著有《原诗》内外篇，为清人诗论中一部体大思精、自成系统的名著。书中提出了反拟古的“变”的问题，辩证地阐明了“创”与“因”的结合关系，提出了“理、事、情”和“才、胆、识、力”的问题，主张“必先从事于格物，而以识充其才”才能写出“质具而骨立”的作品，脱离现实，无有是处；于古代诗人，则特别推尊杜、韩、苏三家，以为宋诗不亚于唐人。这些理论，对明代复古诗派的余习，仍然有补弊救偏作用。

叶燮的弟子长洲沈德潜，是清中叶格调派的首领。他重扬明七子拟古之焰，表面采取了一些师说以张门面，实际与师说是冰炭不相容的。他强调温柔敦厚的诗教，强调“三唐之格”，重视“比兴互陈，反复唱叹”，反对“质直敷陈，绝无蕴蓄”，津津乐道那些帖括式的诗法。所有这些，实质上引导诗人们不要正视现实，不准尖锐地批评时政，沉溺精神于摹古的深渊中而不能自拔。这一宗风，跟雍正乾隆时代的政治气氛相适应。因为它有力地为当时封建统治者的需要服务，沈氏本人也从而取得了高宗的激赏。沈氏又选了《唐诗别裁集》《国朝诗别裁集》，高举格调派的旗帜，在当时起了相当广泛的影响。而沈氏自己的诗，从体格到字句，都不脱模拟。明七子形式上摹古，但还能写出《袁江流》（王世贞作）那样现实性强烈的诗篇，沈氏集中却看不到这样的作品。在格调派主盟下的清中叶诗坛，是死气沉沉，充满了阴暗的迷雾的。沈氏弟子青浦王昶选《湖海诗传》，其选录标准，基本上参照《别裁集》。其中大部分作品，可看作当时格调派的代表作。

当格调派风靡天下的时候，浙江的袁枚，揭橥性灵说，对格调派作了有力的抨击。在江苏，与袁氏桴鼓相应的，先则有兴化郑燮，后则有阳湖赵翼。郑燮像他那苏北同乡的前辈诗人吴嘉纪一样，出身贫苦，较多地与农民接触，了解他们的疾苦。他认为农民是“天下第一等人”，因此对他们有深厚的同情。作品如《悍吏》《私刑恶》《逃荒行》《还家行》《姑恶》《后孤儿行》等篇，都可与《陋轩诗》相媲美，现实主义的精神是强烈的。他贬斥摹古派的诗，以为“扯东补西，拖张拽李，皆拾古人之唾余”，“无真气”，主张无法之法，“自然成壁垒”，都与袁枚的见解相近，所以他很欣赏袁枚，赠袁诗有“君有奇才我不贫”之句。但他却重视诗歌反映人民疾苦、医救时病的作用，要求诗人能“直摅血性”，“沉着痛快”，要像《七月》那样地“描摹民情”，反对“裁云镂月，标花宠草”的作品，这就不是袁枚所能企及。

袁枚曾标榜三家之说，谓己与赵翼、蒋士铨。《随园诗话》有赵自居第三之说，赵挽袁诗却说是“三家旗鼓各相当”。蒋氏诗与袁、赵异趣，且非江苏人，兹不论。赵氏诗论与创作，都接近于袁枚。其论诗的主要精神，在于创新，不肯随着古人脚步走，认为“诗人随世运，无日不趋新”，“江山代有人才出，各领风骚数百年”，“必创前古所未有而后可以传世”。反对“拾人牙慧，人云亦云”。这和袁枚诗论的精神是相契合的。但他也重视工力，既重兴会超脱，又要肌理亲切。晚年论诗，悔早岁“不能息心凝虑，究极本领”。著《瓯北诗话》，能探究不同宗派者的长处。赵氏自为诗，于古人取法杨万里，长于说理，锋芒锐利，机调流快，是它的特点，缺点在于浮滑率易，与袁枚的弊病相同。赞扬他的如王昶，称之为“清才排崚嶒”；鄙夷他的如潘德舆，便称之为“六义颓然付狭邪”了。

清中叶的江苏诗人成就较为卓越的，集中于常州。其中黄景仁、洪亮吉、孙星衍三人为最突出，在赵翼之上。黄景仁是早熟的天才，一生潦倒失意，三十五岁即客死于山西。所为诗多哀怨之音，善于表达个人身世的感受。袁枚比之于李白，其实黄氏于韩愈、李商隐不同风格的诗，都能吸取它们的长处，自成俊逸的风格。如《新安程孝子行》《恼花篇》等，都是出色的佳构。在嘉庆道光咸丰年代，以江西派为主的宋诗运动尚未掀起以前，景仁诗曾有过广泛的影响，学习他的人不在少数。洪亮吉是景仁好友，是学者，又是骈文家、诗人。近体诗有时不免粗疏，近于袁枚一派。遣戍新疆时所作，有奇伟惊人的地方。孙星衍也是一位学者，早年为诗，袁枚许以奇才。后去而治经，与袁枚议论不合。洪亮吉《北江诗话》载所撰《诗评》，于黄诗称为“如咽露秋虫，舞风疾鹤”。于孙少日诗，谓“如天仙化人，足不履地”，可说是极意推崇。三家才力，各有独到，但作品的思想性，较之清初诗人，还是不能比拼的。

与三家相先后的江苏诗人，常熟有陈祖范、徐兰、吴蔚光、孙原湘、赵允怀，江都有汪中、黄承吉，仪征有阮元，太仓有毕沅、彭兆荪，吴江有郭麐，都成家数，但没有形成为流派。

从嘉庆到道光一段时间，清王朝已开始走向下坡路，诗坛也趋于岑寂。唯一值得重视的是山阳潘德舆。潘氏著《养一斋诗话》，倡言“诗言志”“诗无邪”，以《三百篇》为根本，强调诗歌的教化作用。讥斥性灵派所言性情，不过是嘲风雪，弄花草，叹老嗟卑，荒淫狎邪之语。他标举“柔惠且直”一语以为是“古诗人之性情”。其论诗境，提出“质实”二字，以救格调、性灵诸说的偏蔽。在诗论方面，跟叶燮《原诗》先后辉映。潘氏自为诗，虽未必能完全实践所言，但乾嘉诗坛的不良习气，已经湔洗净尽，五言古诗，能继承陶、杜的传统。

清中叶的江苏诗坛，以潘德舆为结局，还是一个比较令人满意的尾声。

鸦片战争和太平天国革命时期的诗

英国侵略者所发动的鸦片战争，打开了封建主义旧中国的大门。从此，中国社会的面貌开始向半封建半殖民地转变。接着发生的太平天国革命，有力地震撼了清王朝的统治，促使它早日进入坟墓。鸦片战争以英军进入长江、签订《南京条约》而告一结束；太平天国建立天京，江南成为农民革命政权的心脏。这两个不同性质的大风暴，在江苏地区，留下了动人心魄的史迹。在时代的刺激下，奄奄一息的江苏诗坛，重新获得了生命，出现了不少反映历史现实的诗篇。这跟清初江苏诗人反映抗清斗争的作品，同样具有诗史的价值。

以反映鸦片战争为题材的诗人，有山阳鲁一同、吴县贝青乔、宝山蒋敦复、震泽赵函、元和陈嵩诸家。

鲁一同是潘德舆的同乡后辈，关系在师友之间。作诗的趋向，基本上同于潘氏，而才气笔力，远在潘诗之上。在道光年代，他是江苏诗坛杰出的一人。李慈铭以为他的诗“气象雄阔，浩荡之势，独来独往，传之将来，足当诗史”。《通甫诗录》中如《有感》《辛丑重有感》《崖州司户行》《三公篇》等篇，都是巨制，鞭挞琦善诸人的误国，余步云的不战而逃，歌颂关天培的英勇抗敌、壮烈牺牲，悼惜林则徐的遣戍新疆等，沉郁悲愤，大笔淋漓，可与同时浙江姚燮、广西朱琦并称大家。

贝青乔是写有关鸦片战争的诗歌数量最多的一人。鸦片战争掀起以后，宁波三镇失利，奕经奉命往浙东抗击英军，青乔自请投军。在现实斗争中，他目睹清朝军政的腐败，投降派官僚的丑恶，人民的苦难，非常悲愤。爱国的激情，驱使他用诗歌为战斗的武器，尽情地揭露了这些现实。他甚至并不害怕可能由此而招致的政治迫害而搁笔，“倘教诗狱乌台起，臣轼何妨窜海南！”说明他的战斗意志是坚定的。他的名篇如《杂歌九章》《留别家人作》《题陈军门遗像》《归里十日与客约重赴戎幕诗以寄怀》等，不仅是爱国主义的热情坌涌，而且艺术性也达到了与思想性高度的统一。《咄咄吟》一百十七首，都是七绝，在军中所写，极尽辛辣讽刺的能事，每首都有详细的自注。这种写法，在古典诗歌领域里，是宋末汪元量《湖州歌》《越州歌》以后所仅见的。

蒋敦复是学龚自珍诗的第一人。清末南社诸人学龚诗成为风气，已远在敦复以后。南社诗人黄人《论诗绝句》十六首，论诸人诗以敦复为殿军，说是“惊才绝艳世谁知？推倒何论彼一时。五十年来殊色少，秋波临去尚相思。”可想见倾倒之深。蒋氏集中为鸦片战争所作的诗，量虽不多，然以采藻胜，于当时诸人中别树一帜。赵函所写如《哀虎门》《哀舟山》已开出了后来黄遵宪《悲平壤》《哀旅顺》等篇的写法，精炼短峭，以少胜多。陈嵩所写如《有问贼中事者诗以答之》《江州述感》《夷船夏入江居民震恐》等篇，反对和议，要求统治者重视民心趋向，都值得一读。

太平天国革命这样一次惊天动地的战斗，给诗人安排好了诗史的题材。遗憾的是，这一时期，只有在民歌中放射了奇特的光辉，如苏州地区人民歌颂忠王的歌，就是民间文学中的宝珠；而文人方面只有长洲王韬，曾与太平天国往来，所著《蘅花馆诗录》，也还缺少反映农民革命的作品。其他诗人有关太平天国的作品，大多污蔑农民革命，充满反动思想。为同光体诗人陈衍所推重的这时期江苏著名诗人金和与江湜，是有代表性的。

金和，上元人。太平军占领南京后，他在城中，约清军攻城，里应外合，破坏革命。阴谋败露，逃出南京。他对农民革命抱着极端仇视的态度。所为诗大多是长篇巨制，用他奔放横肆的笔锋，歪曲革命，歌颂刽子手，从而赢得了多少剥削阶级诗人们的共鸣。梁启超把他与黄遵宪、康有为并举，以为“元气淋漓，卓然为大家”。陈衍说他“所历危苦，视古之杜少陵、近之郑子尹盖又过之。其古体极乎以文为诗之能事，而一种沉痛惨淡阴黑气象，又过乎少陵子尹”。都足以说明“内容愈反动的作品而又愈带艺术性，就愈能毒害人民”的道理。在他那一座以毒草织成魅人的地毡的园地里，偶然还可以采摘到一些鲜花，那是早期反映鸦片战争的《围城纪事诗》六首。在太平军革命时间所写，如《兰陵女儿行》《烈女行纪黄婉梨事》等篇，虽然还夹杂些污蔑农民军的称号（称农民军为贼），但客观上却揭露了清朝反动军队危害人民的罪恶，并歌颂了敢于跟强暴势力斗争的英勇女子。而词锋的犀利，叙事的曲折洞达，描绘人物形象的栩栩如生，也是一时无两的。

江湜，长洲人。他的诗七绝学杨万里，接近于赵翼一派。但五古学孟郊、梅尧臣，七古学韩愈，近体出入杜甫、黄庭坚，又开导了晚清同光体一路。陈衍说他“身世坎壈，所写穷苦情况，多东野、后山所未言，近人则郑子尹、金亚匏未能或之先”。他在太平军革命的过程中，奔走逃窜，作品内容，以个人遭遇为多。往往把兵事中人民所遭受的痛苦，算到太平军的账上，虽没有金和诗那样露骨地表示仇恨农民，基本上还是反动的。写景言情之作，清瘦曲折，洗尽俗艳，总的风格，在金和之上。经过消毒工作，江湜诗在艺术性方面，有不少可以借鉴的地方。论述江苏诗派，应该给他以适当的一席。

晚清以来的各种复古诗派

晚清诗坛，就全国范围来说，是同光体称霸的时期，而宗法唐诗、西昆的，也还不乏其人。江苏的情况，则唐诗派的势力大于宋诗派。

自江湜诵法黄庭坚，宋诗在江苏诗坛露了头角。这跟清初汪琬等学习范成大的宋诗一派，宗趣全不相同。到了同治光绪年代，以陈三立为首的同光派诗人，展开了宋诗运动，在江苏的一面旗帜是范当世。

以学习黄庭坚为中心的同光派诗，它的远源实导自桐城派古文家。姚范、姚鼐于山谷诗的兀傲崛奇、玄思瑰句，是备极赞叹的。桐城派古文家兼为诗人的，自姚鼐以后一直到方东树、吴汝纶，都曾取径于山谷。张裕钊选《国朝三家诗钞》，取姚鼐七律为一家，可以窥见他们标立宗旨之意。范当世是裕钊弟子，《范伯子诗集》有《读外舅一年所为诗因论外间诗派》说：“泥蛙鼓吹喧家弄，蜡凤声声满帝城。太息风尘姚惜抱，驷虬乘鹥独孤征。”衣钵相承的脉络，显然可寻。吴汝纶之子闿生，选《晚清四十家诗钞》，以当世诗冠首，推为大家，又可作为晚清宋诗派跟桐城派紧密关联的一个明证。陈三立对当世诗也很推重，陈衍选了他相当数量的作品入《近代诗钞》。当世诗雄才大笔，浩气盘旋，与其他同光体诗人以僻涩尖新取胜的不同。内容也比较能反映现实。金天羽说："范肯堂贫苦老瘦，涕泪中皆天地民物。"近人论同光体诗，笼统地贬斥为形式主义文学，范当世的作品，正好有力地否定了这一不公允的论断。

范氏的苏北同乡如张謇、朱铭盘，所为诗都有一定成就，但不属于宋诗一派。名辈稍后于范氏的镇江王瀣，其诗玄思窈想，得《咏怀堂诗》的神髓，为陈三立所激赏，可以说是宋诗派的后劲。

吴下诗派，西昆体极盛，这是清初虞山派的继承。吴县曹元忠、常熟徐兆玮、张鸿是这一派的代表作者。在清末，他们同官北京，相约作昆体诗，不作江西派语。刊有《西砖酬唱集》，是仿照宋初的《西昆酬唱集》而题的名，西砖是张鸿所住的胡同。张鸿早期作品，隐约缛丽，神肖李商隐。晚年能参取异派的长处，致力于梅尧臣、王安石，而像《游仙诗》五十首《落花诗》八首，隐文谲喻，寓托时事，仍然保持西昆的特色。张鸿的弟子常熟孙景贤，能继承这一传统，所著《龙吟甲乙草》，恪守西昆家法。长篇如《宁寿宫词》纪李莲英事，《正阳门行》纪辛亥革命，可称诗史。元和汪荣宝，也是西昆派的健将。稍后有常熟杨无恙，是从昆体入手而出入于李贺、孟郊、黄庭坚、陈与义诸家的。所著《无恙吟稿》《无恙续稿》，其中尽多反映时代面貌的名篇，特别是抗战时期的作品，价值更大。游览之作，如《黄山杂诗》和游日本的诗，摆脱陈法，自出手眼，有时还点化通俗语入诗，这都是其他昆体诗人所不能及的。

不属于西昆诗派的宗唐诗人，成就卓越的有常熟杨圻与沈汝瑾。杨圻著《江山万里楼诗钞》，才华富丽，魄力沉雄，能为唐音而不像明七子那样的摹拟无生气。长篇大作，能接步梅村，《天山曲》长数千字，纪香妃事，自有七古以来无此长篇。抗战军兴，避寇居香港，所为诗苍凉悲壮，洋溢着爱国感情。沈汝瑾著《鸣坚白斋诗存》，一生专学杜甫而不是摹仿杜甫，吴昌硕佩服他到五体投地，为刊行他的遗集。沈诗的特色是清真质老，与杨圻同样宗杜，而风格截然不同。悲慨国事、讽刺统治阶级罪恶和反映人民苦难的作品，在集中占有相当多的数量，如《悲马尾》《舟中观刈禾》《纳粮谣》《祈雨叹》《风灾行》《朝议》《冬防谣》《哭雨三章》《东邻》《修塔谣》《禽言》《筑路》《祈雨两章章八句》《佣者自田间来听其言演而成谣》等篇，富有深刻的思想性，是吴嘉纪、郑燮的嗣响。

如上所述的复古派诗人，都跟明代复古派一味摹古不同。他们的作品，都还具有不同的独特风格。在文学问题上，也不是一味主张复古，张鸿曾写过《续孽海花》，孙景贤写过《轰天雷》。只是在诗歌方面，不敢像同时代主张“诗界革命”的人们那样大胆地开拓新天地。因此，他们在晚清的江苏诗坛上，不能占有首要的地位。

诗界革命在江苏

近代中国，由于民族资本主义的发生和发展，出现了资产阶级。这个阶级一经出现，有他自己政治上的要求，于是先则有资产阶级的改良运动，继则有资产阶级的革命。它们推动了当时中国社会的前进。

伴随着资产阶级改良运动的高涨，十九世纪九十年代，在文艺战线上，出现了“诗界革命”运动。黄遵宪、梁启超诸人，提出了要做“诗界之哥伦布、玛赛郎”的口号，反对当时摹唐仿宋的“鹦鹉名士”。“锐意欲造新诗国”，是他们共同的理想和奋斗目标。

“诗界革命”在江苏的一面大纛，是吴江金天羽。他的活动时代稍后于黄、梁诸人，其时资产阶级的改良运动已失去历史的进步意义，随之而来的是资产阶级民主革命的浪潮。金氏早年参加过上海的革命团体爱国学社，写过鼓吹革命的《国民新灵魂》的文章。在文学革命的问题上，他写过《论写情小说于新社会之关系》，强调小说对社会的教育作用，写过《文学观》，主张文学的改革。这都是受了黄遵宪的一定影响而发的。在实践上，他曾写过

《孽海花》的前六回；出过《新中国唱歌集》，与黄遵宪所写《出军》《军中》《还军》等歌，声气相应。特别是在诗的领域里，可以与人境庐媲美。由于他具有比较进步的诗学观和沈博绝丽的才华，吸收了前代诗人的营养，不拘一格，没遮拦地表达了“爱自由者”的思想感情，使他的诗歌成就，达到了他的时代中的江苏诗人的顶峰。他对同光体诗是不满意的，公开树起了对立的旗帜。他在《答樊山老人书》中贬斥这派诗人是“纤文弱植，未工模写，而瓣香无已，标举宛陵，洎夫临篇搦翰，乃不中与钟谭当隶圉。”他在继承古人传统问题上，要“胚胎六义，吐纳百家”，他的创作，也确能副其所言，自谓“我诗有汉魏，有李、杜、韩、苏，有张、王小乐府，有长吉，有杨铁崖，有元、白，有皮、陆，有遗山、青丘，而皆遗貌取神，不袭形似。自幼学义山，人不知也；学明远、嘉州，人不知也；学山谷，人不知也；然于此数家功最深。”这是作者得失自知的话。就清代的诗人说，他也兼有屈大均、胡天游、何绍基、袁昶、黄遵宪、范当世诸家的特长。在他的《天放楼诗集》和《续集》里，如《招国魂》《都踊歌》，显然是跟黄遵宪的新派诗异曲同工的。此外，金诗的主要题材，是有意识地从两个方面选择：一是选择当时国外所发生的重要事件和人物，作为写作的内容，如《虫天新乐府》《黑云都》《花门强》《狮须裘》《桃花宫》《伞兵》《雪橇兵》等都是；一是选择当时国内所发生的重大事件，作为写作的内容，如《感事》《政变》《呵壁》《辽东》《登仙谣》《嵩山高》《中秋月蚀诗》《前七夕》《后七夕》《中牟堤》《长沙炬》《窟室悲》《葫芦腰》《诊痴符》《考异邮》《车载板》《搜粟尉》《代竹金》《抱布泣》《采薪忧》《艰食叹》《车辚辚》《红粉妆》《迎使星》《九师叹》《条支马》《白鹭洲》《飞虎军》等都是。国外事自第一次世界大战写起写到第二次世界大战，国内事自第一次中日战争写起写到第二次中日战争胜利以后。全面反映了六十年中的历史面貌。极尽用旧形式写新内容的能事。天放楼诗之所以不同于同时江苏复古派诗，关键就在于此。至于他大量写祖国壮丽河山的诗篇，雄伟奇谲，千变万化，也是前人所未有的境界，但比之上述内容，已是次要的了。

金氏早年从事诗界革命，是孤军作战的。当时配合资产阶级革命派所领导的民族民主革命，在文坛上，出现了一个革命文学团体——南社。它的成立、活动、发起的人物，都在江苏。南社成立于辛亥革命前二年（1909 年）十一月，首次集会在苏州虎丘的张东阳祠，创始人为吴江柳弃疾、陈去病，金山高旭三人。南社之所以称为南，“以此社提倡于东南”，“乐操南音”，含有反抗北方清政府的意思。它是一个用诗文来鼓吹旧民主主义革命，团结爱国知识分子的组织，最初参加的十七人里，就有十四人是同盟会会员。一年以后，社员发展到一百九十三人，最后增加到一千一百七十人之多。《南社丛刊》从 1909 年的第一集发行到 1923 年的第二十二集，有文、诗、词和其他文学作品二百多万字。经历时间十五年，影响之大，不亚于明末的几社与复社。

《南社丛刊》的作品，以诗歌为最多。诗人们一样举起了“诗界革命”的旗帜，在旧形式的范围内写革命的新内容。社刊第一集所载高旭《愿无尽庐诗话》曾说：“世界日新，文界诗界当造出一新天地，此一定公例也。黄公度诗独辟异境，不愧中国诗界之哥伦布矣，近世洵无第二人。然新意境新理想新感情的诗，终不若守国粹的用陈旧语句为愈有味也。”可以证明他们所受黄遵宪影响之深。但实质上却有区别，黄遵宪一派的“诗界革命”，思想内容是属于资产阶级改良派的；而南社所揭橥的“诗界革命”，其思想内容是属于民族民主革命的范畴了。他们的诗学观，突出在反对当时的同光体。南社主任柳弃疾在他的《介绍一位现代女诗人——林北丽》中说：“晚清末年到现在（1944 年），四五十年间的旧诗坛，是比较保守的。是同光体的人和比较进步的南社派诗人争霸的时代。”一方面极力提倡龚自珍的诗，认为是“三百年来第一流，飞仙剑客古无俦”的。在他的影响下，学习龚诗，反对同光体，就成为南社诗人共同的倾向。但南社内部，在反对宋诗运动这一问题上，还曾展开过斗争。一九一七年，社员松江朱鸳雏与柳氏进行笔战，柳氏将他开除出社，可知斗争的尖锐。

南社三创始人都能诗。陈去病的《浩歌堂诗钞》多激扬爱国精神、歌颂抗清民族英雄的作品，如《题明孝陵图》《题郑延平战捷图》《江山哀》等篇可以代表。高旭《天梅遗集》的早期诗，富于浪漫主义激情，爱国爱民族的精神，非常充沛。如《登富士山放歌》《海上大风潮起作歌》，都极奇伟纵横之观。而如《爱祖国歌》《军国民歌》《光复歌》等新体歌辞，跟黄遵宪、金天羽所作的形式很相近。1906 年，他还曾假作石达开诗二十首，在反满革命斗争中，起了一定的宣传作用。但陈、高二家的诗作，比起柳弃疾来，还是较逊一筹。尤其是高旭后期政治上的倒退，削减了他诗歌的价值。柳弃疾的《磨剑室诗集》，悲歌慷慨，一洗靡靡之音，郭沫若说他："意气风发，声调激扬，中国的文学语言，无论雅言或常语，在他的笔下就像是雕塑家手里的软泥，真是得心应手。"为此，它能有力地发挥鼓吹革命的宣传作用。特别是他在政治问题和文学问题上，都能随着历史的发展而前进。五四运动以后，他积极提倡新文化，重新组织新南社，明白表示"新南社的精神，是鼓吹三民主义，提倡民众文学，而归结到社会主义的实行。对妇女问题、劳动问题，更情愿加以忠实的研究"。晚年更靠拢了共产党，在新中国成立以后，写出了热情歌颂的诗篇，并把最后的诗稿，命名为《光明集》。

就诗论诗，南社初期的杰出诗人，不能不推常熟黄人。他一生写诗很多，不自收拾，乡人辑为《石陶梨烟室诗》。他的诗，奇才横溢，藻采惊人。在艺术风格上，属于胡天游、王昙、龚自珍一派，但用以抒发革命的激情，就取得了比前人更为卓越的成功。他有《论诗绝句》十六首，其中论洪亮吉、孙星衍、张问陶、王昙的一首说："猛火烧天辟历惊，深山大泽聚精灵。筝琵空秽人间耳，爱取三郎羯鼓听。"论舒位的一首说："红日三更海气青，珠宫贝阙滉珑玲。幽灵来往疑无路，那许寻常屐齿经。"论龚自珍的一首说："经笥便便笔自奇，回肠荡气此声希。砚池一勺研朱水，中有神龙破壁飞。"仿佛是自状他的诗境，也可以窥见他的宗趣所在。《庚子元旦日蚀诗》一长篇，是他最突出的奇作，以卢仝、马异的体制，融合李贺的丽藻，反映了当时国内外政治形势，在古典诗歌史上，可与卢仝的《月蚀诗》和刘基的《二鬼诗》鼎足而三。

南社诗人激发民族民主精神的革命诗歌，使三百年来的江苏古典诗坛，在光辉中垂下了幕布。

如今，旧江苏早已一去不复返了；而新江苏的诗坛，也早就以它的全新的面貌出现；诗人们已经写出了并且还将写出许多远非前人所可企及的新内容、新形式、新意境的诗篇。为了更好地繁荣今天的诗歌创作，三百年来江苏古典诗人留给我们的一份珍贵遗产，是值得我们批判地予以继承，作为我们今天创新的借鉴的。

（原载《江海学刊》1962 年第 11 期）

论“仁”——孔子哲学的核心及其辐射线

——对如何评价孔子的一个看法

严北溟

关于孔子哲学思想的讨论，目前还存在着很大的分歧。当然，要研究的问题很多，从核实资料到运用观点，从文字训诂到古代史分期，从创始人个别论点到整个儒学的演变及其历史评价，牵涉范围之广，正与孔子这个人在中国文化思想史上的地位和影响成正比。然而问题总有个中心。照当前讨论情况看来：（1）大家对孔子思想的核心是“仁”这一点，似已无异议，但“仁”的内容和阶级实质究竟是什么？这问题不解决，就很难找到揭开孔子全部思想体系的钥匙。（2）既然孔子的核心思想是“仁”，那又怎样从这个“仁”的根本精神出发，去探究孔子哲学的全体系，包括自然观、认识论、人性论、历史观和政治经济思想等方面，也即是把“仁”作为一根总线将孔子全部哲学思想贯串起来。这个工作似乎做得还不多。（3）“仁”这根线还可再拉下去，作为评价孔子和儒家历史作用的张本。即是说，我们在研究孔子对后世的影响时，一方面固要把孔子的本来面貌跟历代封建统治者利用孔子所作的涂抹、歪曲区别开来，另一方面也要承认历代儒家对孔子确也存在着继承与发展的正常关系，而如何从这当中整理出一条线索来，这对具体评价孔子思想究竟哪些对后世起了积极作用，哪些起了消极作用，是有好处的。在这里，阶级分析方法和历史主义观点是应该保持严格的一致性的。唯物或唯心，进步或反动，保守派或改良派，中间偏左或中间偏右……这些显然都不是简单的划成分或贴标签的问题。

"仁"是孔子哲学的核心，核心放出它的辐射线，对孔子哲学本身，对后世儒家各派，都积极发生影响。就让我们从这核心和辐射线中来看孔子吧！这里所谈的只是个人一些初步探讨，请同志们指教！

"仁"的阶级实质与根本精神

"仁"的阶级实质，也就是孔子的阶级立场。当然，这首先要牵涉到古代历史分期，这问题不解决，似乎很难对前者作出结论。但是，无论我们对历史分期如何主张，总都承认孔子所处的春秋末期是一个社会大变革时代，这个变革或是奴隶制向封建制的过渡，或是封建制内部领主经济向地主经济的过渡——目前最流行的分期主张不外这两种，因而一般说孔子代表保守势力，甚至反动，那就是指的奴隶主贵族或封建领主；说孔子代表进步势力，甚至是革命家，其所指为新兴地主阶级则一。这样，历史分期对评定孔子立场也就不是怎样大的问题了。问题倒在于：是否可以认定孔子基本上属于奴隶主贵族（或封建领主，下同）中的改良派，承认他的学说思想中除保守消极的一面外，还包含有积极进步的一面（甚至是主要的一面），客观上为未来封建上层建筑准备条件？对这问题，我是倾向于作肯定的回答的。

孔子维护"周礼"，做梦也想见周公，而"周礼"实际上是巩固奴隶主专政下氏族等级秩序的一套典章制度；孔子反对法治，批评晋国的铸刑鼎，而法治在当时确符合于新兴地主阶级向旧贵族争平等的切身利益。孔子抱着复兴西周制度的目的，从而对于一切破坏这个根本制度的所谓"非礼"或"天下无道"现象，都是感到不能容忍的，单就《论语》就可举出很多事实为证。因此，说孔子基本上还站在奴隶主贵族的立场，是有可靠根据的。可是另一方面，从孔子为了达到这个目的，又不能不对西周制度提出某些改良、修正（不是根本推翻）以及其他进步主张看来，却也必须承认他的思想客观上适应了奴隶制瓦解的趋势，反映某些时代进步的要求，这首先是作为对人的重视的"仁"这个概念的强调提出，在当时有着进步意义，虽然"仁"也还是为"礼"而服务的。保守和进步的两面性错综交织在孔子的立场、思想中，这正是春秋时期社会激烈矛盾和阶级斗争的反映。

孔子所以能反映这个时代矛盾，绝非偶然，跟他的出身、环境、所受教育以及一生的学术、政治活动有密切关系。孔子出身于当时贵族中最低等级的“士”阶层（“士”以上贵族还有天子、诸侯、公、卿、大夫等），生长在周公遗制保存得较多的鲁国，从小就“常陈俎豆，设礼容”，娴习礼乐，后并以“儒”为职业，也曾做过“委吏”（管仓廪）“乘田”（管畜牧）等在他后来认为是“吾少也贱，故多能鄙事”的下级工作，实际上倒可能是这些“鄙事”使他多懂得些下层社会情况，多了解些民间疾苦，对他一生有很大影响。“士”虽是贵族中的最下层，却是当时新抬头的、在政治学术各方面日趋活跃的知识分子；而我们知道，知识分子本身不是一个阶级，他总是要“附”在一定阶级的“皮”上，为一定阶级服务的，同时又不必是那个阶级的占支配地位的主要成员。孔子虽以“士”身份服务于贵族奴隶主，却和那完全反动、没落的奴隶主有所不同（这正如旧社会许多知识分子，虽然基本上站在资产阶级立场，毕竟和那些完全反动没落的买办官僚等大资产阶级分子有所不同，而有其反动与进步的两面性）。譬如他要创始私人讲学，要进行政治活动，他本人就无法严格遵守周礼，而非赞同废弃周礼“举亲故”和“学在官府”的某些旧制不可。这样，实践本身首先就决定了孔子某些主张不能不违反其本阶级的志愿，也就是决定了孔子思想的两面性。从阶级分析上承认这种两面性，是全面评价孔子思想的重要关键。如果说孔子站在奴隶主贵族立场，就只能是反动派，说孔子有进步一面，就一定是新兴地主阶级的代言人，不偏于过分美化孔子一边，就偏于过分丑化孔子一边，似都不免简单化，不免脱离历史观点，而拿今日关于革命和反动严格划清阶级界限的眼光（在今天，不是站在无产阶级的革命立场，就是站在资产阶级的反动立场，这中间没有回旋的余地；资产阶级之所以成为绝对反动的，是因为社会主义革命取得了决定性胜利的结果，是因为彻底消灭阶级、消灭剥削已成为我们的光荣历史任务；而在此以前，则即使资产阶级立场，也必须承认其具有反动与进步的两面性，这样，民族资产阶级才能成为党团结改造的对象）去看待古人了。

孔子的两面性——表现在保守的阶级立场和进步的学说思想（还有反动的一面）之间的矛盾，也给他的全部哲学体系带来了矛盾。这矛盾集中表现在他的“仁”的学说中，表现在“仁”与“礼”的关系和实质中。

“仁”不是孔子第一个提出来的，但至少在他手中才提到重要地位，有着极重要的意义。从训诂上看，“仁”从“人”从“二”，汉儒郑玄训为“相人偶”，说明它象征着二人以上的人与人的关系。孔子正是第一个企图用“仁”来解决人与人之间的关系的大思想家、大政治家。但人与人的关系，在阶级社会里，只能是阶级关系；而“仁”作为道德范畴，更只能是一定经济基础的反映。春秋时期的社会大变革，产生了激烈的阶级分化和阶级矛盾，其中主要是统治阶级内部的矛盾（奴隶主贵族集团内部的矛盾，奴隶主贵族和新兴封建地主之间的矛盾）以及统治阶级和被统治阶级之间的矛盾（主要是奴隶主和奴隶之间的矛盾，贵族和庶民之间的矛盾）。如上所述，在这场斗争中，孔子是站在奴隶主贵族一边，论他的政治态度，似乎是很反动的。然而事情矛盾得很，当他提出以“仁”作为调整人与人之间关系的原则时，他的两面性就显露了。“仁”是道德意识，把人与人之间的复杂关系归结为一个道德意识问题，这不能不是唯心主义的；但孔子的“仁”又并不全停留在抽象的道德概念上，它还包含有重视人，重视社会矛盾，呼吁统治者减轻对人民剥削压迫的一套现实政治主张，这就有了唯物主义观点的因素。这些主张归根结蒂是为了缓和阶级矛盾，维护奴隶主统治秩序，这是保守的，甚至是反动的；但它的可贵之处在于从改良派见地发现和承认奴隶也是人，从对人民让步中看到了维持统治阶级政权的长远利益，这在客观上又有可能起着某些积极的、进步的作用。

应该承认，社会矛盾之分解为统治阶级内部矛盾以及统治阶级与被统治阶级的矛盾，这是一从阶级出现就开始了的。殷周奴隶社会解决这两类矛盾的办法或工具，就是“礼”与“刑”。“礼”与“刑”是殷周奴隶社会全盛期的主要上层建筑。“礼不下庶人”，着重在解决贵族统治阶级的内部矛盾；所谓“曲礼三百，威仪三千”，无非用以维系这宝塔式的氏族等级秩序，而庶人和奴隶们却没有资格讲“礼”。“刑不上大夫”，着重在解决奴隶主贵族和庶民、奴隶之间的矛盾，所有惨无人道的墨、劓、剕、宫、辟等刑法，都是用以镇压庶民和奴隶的反抗的，对象当然不包括贵族。可是到了春秋战乱时期，“礼”既成了告朔的饩羊，“刑”也不是万应灵丹了。贵族们内部争权夺利，固不惜僭礼越分，带头挖自己的墙脚，而他们对付奴隶们的反抗，倒又一致起来，到了社会秩序无法维持的时候，他们只有乞灵于严刑峻法，残酷压制，以对待起来反抗的人民。晏婴描述齐国“履贱踊贵”的情形，正是一幅血淋淋地镇压奴隶的惨史。孔子看到了这种情形，他叹息于“礼”的破坏和“刑”的变本加厉，都只有加速氏族等级制的崩溃。他提出挽救的办法来：一面用“仁”充实“礼”的内容，要贵族们“克己复礼”，从道德感情上促进统治阶级内部的团结，并主张“齐之以礼”，使“礼”也下到庶人以扩大其作用范围；另一面用“仁”减消以至代替“刑”的作用，提倡仁政、德治，而不专恃镇压，以缓和敌对阶级的冲突。关于前者，他说：“礼云礼云，玉帛云乎哉？乐云乐云，钟鼓云乎哉？”（《阳货》）“礼”“乐”都不应只是个空洞的形式，而应具备真实的内容——从思想上、道德上对“礼”的遵守不渝，和人与人相互间一种深厚感情的维系，这就是“仁”了。关于后者，他说：“道之以政，齐之以刑，民免而无耻；道之以德，齐之以礼，有耻且格。”（《为政》）说明了“德”“礼”对“政”“刑”的优越性。本此，孔子极反对“杀”，认为“杀”只有激起人民更大的反抗，并不解决问题，所以他答复季康子的问政时便尖锐地提出：“子为政，焉用杀？”（《颜渊》）但在当时，要诸侯贵族们在思想感情上尊重“礼”，并放下屠刀，不多杀人，是办不到的。孔子“仁”的主张，只算是代表开明贵族，也反映人民某些要求的一种政治理想。

这种理想，看来与空想无异，而在孔子又是和一种重视现实的精神分不开的。《论语·先进》载季路问事鬼神，孔子答以“未能事人，焉能事鬼”？又问死，孔子答以“未知生，焉知死”？“事人”“知生”都是社会人生的现实问题，孔子认为重要；“事鬼”“知死”属于玄远虚诞的事，孔子拒绝不谈。所以在《论语》中弟子问、老师答的，实际上是以“仁”的次数为最多，这意味着孔子是把最大的注意力集中到人事问题、社会现实问题上来，集中到调整人与人之间的关系（主要是缓和阶级矛盾）上来，并以此教导弟子，形成孔门的学风。这在当时有着很大的现实的意义。

产生于重视人和社会现实的认识基础之上的“仁”，就孔子看来，一方面是崇高的道德标准，几乎所有其他道德范畴，如忠、恕、智、勇、恭、宽、信、敏、惠、孝、弟、中庸等等，都可作为“仁”的内容或实行方法，他是从不轻易以“仁”许人的；另一方面是人人都能做得到的最平凡的人伦日用之道。他说：“有能一日用其力于仁矣乎？我未见力不足者。盖有之矣，我未之见也。”（《里仁》）大概孔子毫不怀疑人与人的关系是能够通过道德而调整的（这当然是唯心主义的看法），也肯定社会上每个人都有责任，也都有可能对调整人己关系做出贡献，所以“孝弟”是“仁之本”，“能近取譬”是“仁之方”，只要能推己及人，由近到远，处处关怀人和同情人，则“仁远乎哉？我欲仁，斯仁至矣”（《述而》）。“仁”完全在于自己做不做的问题，而不是能不能的问题。“仁”也不是一句空话，应该做到“无终食之间违仁，造次必于是，颠沛必于是”，必要时则坚持“无求生以害仁，有杀身以成仁”，“朝闻道，夕死可矣”，从统治阶级要求出发，把“仁”提到了为某一理想目标而牺牲自我的道德升华的高度；“仁”体现了一种高度的积极有为的精神。孔子一生的恓恓惶惶，席不暇暖，正为他这种“仁以为己任”的积极有为的精神作了注解。

“樊迟问仁。子曰：‘爱人’。”（《颜渊》）“爱人”，是孔子对“仁”具有最高概括性的提法。究竟“爱”什么“人”？目前学术界颇有争论。我认为这也应该分两方面来看。一方面，世界上没有抽象的一般的人，人总是在一定社会、一定阶级地位中生活着的，因而所谓“爱人”，我们就不应离开孔子所代表的阶级来理解，也就是说，不应该把“仁”作为超阶级的道德范畴来理解。另一方面，在孔子当时，表面上把“人”作为一般的人提出，即承认贵族、奴隶同样是人（不意味着在人的社会地位上的平等），却也未尝不是孔子主观上认为最聪明的解决（缓和）贵族和奴隶之间矛盾的一个办法。奴隶主只把奴隶当牲畜看待，不当人看待，杀奴殉葬，司空见惯；而孔子则连对“始作俑者”也要大骂“其无后乎!”因为“俑”是“象人（奴隶）而用之”的，从心的深处揭露和谴责了奴隶主变相杀殉的残暴不仁。他宣扬把同情和关怀人看作极重要的道德原则，并提出了“己所不欲，勿施于人”，“己欲立而立人，己欲达而达人”等有名命题。不管这些命题带有怎样大的阶级局限性、虚伪性，然而把以“人”为本位的思想提得那么高，而“人”又是并不排除奴隶、农奴在内的（有的同志认为《论语》中孔子所讲的“人”，只限于贵族，不包括庶人、奴隶。这一看法，似可商榷。《论语·学而》：“其为人也孝弟，而好犯上者鲜矣；不好犯上，而好作乱者未之有也。”这里作为可能“犯上作乱”的“人”难道能不包括庶人、奴隶？又《述而》：“人洁己以进，与其洁也，不保其往也。”这里的“人”指互乡一个童子，正是门人疑惑孔子为什么要接见的，纵非奴隶，至少也不是贵族。又《乡党》：“厩焚。子退朝，曰：‘伤人乎？’不问马。”这里的“人”，指马夫之类，也显然不是贵族。这只是一些信手拈来的例子，说明《论语》中凡“人”皆指贵族这一全称肯定判断恐怕是不易成立的），这事实上是春秋末期奴隶大量逃亡和不断反抗斗争所产生的进步趋向，是东周以来神权地位动摇和人（包括奴隶）的地位抬高在孔子头脑中的折射，是一种古代的人道主义精神之初次获得表现，值得我们重视。

承认孔子“仁”的学说中有人道主义的进步因素，不等于否定“仁”的阶级性，而正所以说明这种阶级性。因为人道主义本身也是有它的阶级内容的，并且随着时代而发展的。有封建的人道主义（开始不把奴隶、农奴当牲畜看待），有资产阶级的人道主义（提出自由、平等、博爱等虚伪口号），更有社会主义的人道主义（通过无产阶级革命与专政，彻底消灭阶级，消灭剥削，解放全人类），性质上不容混同。在今天，资产阶级的人道主义，可说是绝对反动的，而在古代奴隶制崩解期，却是另一种情形。孔子的人道主义，以贵族奴隶主立场而又承认奴隶也是人，这似乎是一个不可理解的矛盾，但它实际上是表明：由“仁”的阶级内容所产生的两面性在使孔子不自觉地走向自己的反面；如果单就这点来看，说孔子已开始向新兴地主阶级转化，当然是可以的，而这也正说明了孔子作为贵族中改良派的一个特点。

总之，孔子的“仁”，除劝告贵族们“克己复礼”以加强内部团结外，更要求统治者把奴隶（农奴）们当作人看待，减轻剥削压迫，缓和阶级矛盾，不要“疾之已甚”，逼得他们造反。这一点至关重要。它标志着儒家伦理政治哲学的一个特色，到孟子的“仁政”学说，提出“民为贵，君为轻”，“制民之产”和“仁政必自经界始”等主张，就有了更具体的发挥。“仁”虽然是从统治阶级的长远的根本利益来考虑的，但作为与“刑”（对人民的残酷镇压）对立起来的儒家“德治”思想，有时也体现了历史发展和被压迫人民的一定利益。没落的奴隶主不能考虑到本阶级的长远利益，他们不能接受孔子的学说主张，可是毕竟为未来的新兴地主阶级所看中而开始用“外儒内法”或“王霸道杂之”（汉宣帝语）等方式加以利用了。而孔子学说中那种寓有重现实、积极有为和人道主义精神的因素，一经后来进步思想之批判的发展，就在一定历史条件下成了反抗统治阶级专横残暴和揭露政治黑暗的“经典”根据，成了他们坚持人民立场向当权者作斗争的思想武器；他们有的由于坚持人民立场或民族立场，在敌人面前真正实践了“杀身成仁，舍生取义”的孔门垂训，表现了战斗不屈的崇高人格（如文天祥、陆秀夫、左光斗、史可法、张煌言等），这是史不绝书的。封建道德，无疑是以儒家学说为中心，名教纲常等这些属于封建性糟粕的东西，也是在孔子那里潜伏着根源的，它们起了维护封建统治、延缓社会发展的作用，这是应该批判的。但儒家学说中，也有很多属于民主性精华的东西，同样在孔子那里有其萌芽，一旦发扬光大起来，就在历史上起过武装进步思想、鼓励奋发有为和丰富民族精神文化的积极作用，这是应该批判地继承的。

关于“仁”的阶级性以及“仁”和“礼”的相互关系，简单说来，就是如此。

有的同志不同意孔子阶级立场属于奴隶主贵族的看法，认为以“仁”为核心的孔子学说，既不能为奴隶主所利用，而被后来封建统治者“定于一尊”，足证孔子只能是新兴封建地主阶级的代言人。这就产生了一个问题：为什么立场上拥护奴隶主政权的学说体系有可能为封建地主阶级所利用呢？对这问题，我的答复有以下几点：

1. 孔子学说主观上是为当时奴隶主阶级的长远利益服务的。但没落的奴隶主阶级只求得过且过，苟延残喘，已经没有、也无暇考虑什么本身长远利益，也就不能考虑采用孔子的学说（例如，齐景公听了孔子关于“君君臣臣、父父子子”一番大道理，觉得很对，颇有起用孔子之意，但听到晏婴破坏的话，觉得更对，只能对孔子抱歉地说：“吾老矣，弗能用也。”事见《史记·孔子世家》），乃是很自然的。至于新兴地主阶级，也并不是一拿到了政权就能采用，还要经过近百年的摸索过程，要经过秦始皇的焚书坑儒，以及汉初儒家同黄老学派的斗争，到汉武帝才真正找到了孔子，因为只有到这时，“罢黜百家，独尊儒术”的时机，才真算成熟了。可见一种学说的被采用，不全决定于本身的阶级性，还需要具备一定的历史条件。罗马的奴隶主只知用十字架绞刑来对付耶稣教徒，而发现基督教是最好的精神统治工具正式宣布为国教的，乃是中世纪的封建农奴主；资本主义到现在也还在利用着它。孔子学说虽然不能和任何宗教相提并论，其兴废之迹，实亦有类似情形。

2. 奴隶制和封建制同是阶级剥削制度，同样保持着阶梯式的宗法等级制度，能够为奴隶主服务的，也同样能为封建主服务，这里并没有什么不可逾越的鸿沟。特别是孔子“仁”的学说虽然以奴隶主为直接服务对象，却并不适用于战争割据的春秋季世，而最适宜于正待加强巩固的封建大一统政权，适宜于建筑在自然经济基础之上而以血缘为纽带的封建宗法关系，以便后者在“亲亲”“尊尊”等温情脉脉的纱幕掩盖下得到长远的维持——这当然是指“仁”的消极一面的发挥作用。

3. 值得注意的是，秦以后封建统治者所采用的儒家学说，并不是孔子一个人的，而是以孔子为主经过孟子、荀子的继承发展特别由荀子集大成的整个先秦儒学体系。谭嗣同说过：“故尝以为二千年之政秦政也，皆大盗也；二千年来之学，荀学也，皆乡愿也。”（《仁学》）这话未免过分，但至少揭露了这一事实，二千年中的荀学虽被封建统治者打入冷宫，而其礼法兼治、王霸杂用等主张倒是不折不扣地被采用了的。孟荀在儒家内部是对立的，而同为封建上层建筑准备理论体系，则又相反相成。个人认为：孔子虽还只代表奴隶主贵族，孟子则确已代表由旧的奴隶主贵族转化过来的封建贵族了，至于荀子则更是不折不扣地代表新兴地主阶级了。孔、孟、荀都基本上站在统治阶级立场，而随着奴隶制向封建制过渡时期的发展，他们又先后代表统治阶级中三个不同的集团：奴隶主贵族、由奴隶主贵族转化的封建贵族和新兴地主阶级，这乃是时代的进展使然，我们不能强求一律，说儒学成了封建正统学说，因此他们三个人都是地主阶级立场，主要因为儒学之成为完整的封建地主阶级的学说乃是逐渐形成的，而不是一开始就如法炮制的。关于荀子的地主阶级立场，大家没有争论，为什么孔孟又有区别？理由很简单：立场决定于具体阶级斗争中所表现的政治态度，这里只举一个对比的例子就可说明：

> 陈成子弑简公。孔子沐浴而朝，告于哀公曰：“陈恒弑其君，请讨之。”公曰：“告夫三子。”孔子曰：“以吾从大夫之后，不敢不告也。君曰‘告夫三子’者！”之三子告，不可。孔子曰：“以吾从大夫之后，不敢不告也。”（《论语·宪问》）

陈成子（一作田成子）弑简公，和鲁国季氏的驱逐鲁昭公性质相近。孔子对这件事表示了不能容忍的态度，只能从他对旧贵族政权的维护来说明。而孟子呢？请看他和齐宣王一段对话：

> 齐宣王问曰：“汤放桀，武王伐纣。有诸？”孟子对曰：“于传有之。”曰：“臣弑其君可乎？”曰：“贼仁者谓之贼，贼义者谓之残。残贼之人，谓之一夫，闻诛一夫纣矣，未闻弑君也。”（《孟子·梁惠王》）

这位齐宣王不是别人，正是孔子主张讨伐的那位陈成子的后裔。时代变了，孟子的态度也变了，他不仅承认“臣弑其君”的既成事实，而且还为这事实提供了合法的理论根据。这岂不正说明孟子的阶级立场和孔子已有所不同？再说，礼法之争是春秋战国时期的一个重要问题。由孔子的维护礼治、反对法治，到孟子的不反对法治，但强调“徒法不能以自行”，再到荀子的“礼者法之大分，类之纲纪也”（《劝学》）的礼法兼治主张，这当中有关三人立场递嬗演变之迹，也是很显然的。

4. 更进一步说，汉以后封建统治者所接受的儒家学说，不仅是包括经过荀子集大成的先秦整个儒学体系，而且当其正式采用作为上层建筑时，更须经过加工、改装，远不是原封不动地把孔子学说搬过来算数。例如，西汉今文经学对儒学的阴阳化、谶纬化，魏晋玄学家的以老庄释孔，宋明理学家的援佛道以入儒，都是这种情形。他们都从不同的立场、角度出发来解释孔子，从孔子学说中演绎出各种应时的儒家学说来，甚或糅杂他家学说而表面上贴起孔子的商标，以适合各时期统治阶级的需要。这是完全符合于上层建筑一定要适应经济基础性质的规律的，符合于继承与批判的哲学史发展规律的。这样，只要我们承认上层建筑中某些因素（特别像哲学等距离经济基础较远的因素）的继承性，就会把孔子学说之成为封建正统思想这一现象看作毫无足怪的了。

“仁”的根本精神向孔子哲学各方面的渗透

孔子哲学是个完整的、一贯的体系。对这体系的各个组成部分，我认为可以用七个字来分别给以概括，即自然观——“命”，知识论和教育思想——“学”，人性论——“习”，伦理观——“仁”，政治观——“礼”，历史观——“时”，经济思想——“均”。“仁”是伦理范畴，又是全部体系的核心；浓厚的伦理色彩，后来一直成为儒家哲学的传统，正是从孔子一开始就表现出来的。“仁”这个核心放出它的辐射线，渗透着孔子全部哲学的各个方面，又以各种不同的程度影响着后世的儒学，这是通过“仁”所特有的重现实、积极有为和人道主义的精神来实现的。在这里，“仁”实际上已成为孔子的整个世界观。

关于伦理政治思想的“仁”“礼”及其相互关系，上节已经谈过，这里只就自然观、认识论、人性论、历史观和经济思想等方面略述个人一些不成熟看法：

1. 孔子的自然观或天道观的中心，是“知命”说，故可用一个“命”字来概括。（春秋末期，在自然或天道观问题上出现的哲学范畴，有“天”“道”“天道”“气”“命”“阴阳”“五行”等等。但《论语》中，除“天”“命”两字常见外，“道”字虽出现次数不少，却多指道德、道路、方法等，与道家含有规律或本体意义的“道”不同；“天道”则子贡明明指出：“不可得而闻也”；“气”字仅《乡党》篇一见，指“屏气”，即屏息、抑止呼吸，无哲学意味；其余“阴阳”“五行”等概念，则根本不见。）

《论语·子罕》载：“子罕言利，与命与仁”。“与”字在这里确不是一个联系词，这无论就古汉文语法（没有两个联系词连用之例），就《论语》中“命”字（13 见）特别是“仁”字（106 见）出现次数之多来说，都可以肯定。“与”应训“从”训“许”。合全句意思，是说孔子很少谈“利”，却喜欢谈“命”，喜欢谈“仁”。这可见“命”与“仁”在孔子哲学中的地位了。孔子少谈“利”，当然是指那种“小人喻于利”的利，即狭隘功利主义的“利”，这种“利”同“仁”与“命”都是对立的。即使阳货也懂得：“为富不仁矣，为仁不富矣。”难道孔子还肯多谈？孔子批评他的学生子贡：“赐不受命而货殖焉。”（《先进》）做生意孜孜为利，是“不受命”，当然更不应该了。其实，任何阶级都有它的功利主义，不谈“利”未必是根本不要“利”。不过孔子是从统治阶级的长远利益来考虑问题的，他深知“放于利而行，多怨”，“见小利则大事不成”，这对统治阶级是不“利”的，只有提倡“知命”“蹈仁”才是统治阶级的真正的长远利益的所在，故愿意多谈。那么，“命”究竟是什么，和“仁”有什么关系？

《论语》中载孔子谈“命”，有“畏天命”，“不知命，无以为君子也”，“道之将行也与？命也。道之将废也与？命也。公伯寮其如命何？”“死生有命，富贵在天”，“五十而知天命”等重要句子。这样的“命”，我同意郭老的看法：“不能解释为神所预定的宿命，而应该是自然界中的一种必然性。”（《十批判书》）孔子谈“命”，往往与“天”相连，或称“天命”。其单独称“天”的时候，也往往包含有“命”的意思在内，如“天丧予！天丧予！”和“亡之命矣夫?”是同一性质的慨叹语。“天”在《论语》中也大半是指自然，如“天何言哉？四时行焉，百物生焉，天何言哉?”就是说“天”是自然流行变化而无目的意识的。“天”既不是有意志的人格神，所谓“天命”当然也不应作天的意志或命令理解，这说明孔子对殷周以来传统的宗教天命观是采取否定的态度的，虽然形式上还保留这个名词。本来，地上王权的削弱，必然要影响到天上神权的动摇，而神的威权的动摇，又正反映了人的地位的提高，这是成反比的。孔子总结了西周末年以来“人”“神”地位转化这一新的历史趋势，既把他的全部注意力集中到“人”的问题上，提出了“仁”的学说，当然要对传统的宗教天命观表示不信任的态度；既着重人与人的关系，当然要划清人和天的界限，而对传统的“天人合一”论进行批判的审查。《论语》载：“子不语怪、力、乱、神”，“夫子之文章，可得而闻也，夫子之言性与天道，不可得而闻也”，正是这种反虚玄而重实际的批判精神的表现。“天人合一”论混淆了天人关系，实际上总是片面地解决了人和天、亦即主观和客观之间的关系问题，不流于机械宿命论（见天不见人），就陷入了主观唯心主义（见人不见天）。孔子的“仁”与“命”学说，一方面吸收当时进步思潮，强调了人的地位和主观能动作用，提倡积极有为的精神；一方面也从现实生活和政治遭遇中，看到了一种人力无可奈何的客观必然性。这两者是有矛盾的。他处理这个矛盾的办法，是抱定尽人事以待天命的态度，在“不怨天，不尤人”的心情下，坚持“知其不可为而为之”的不懈努力。这就是他的“知命”观，也就是他的“仁者不忧”，“仁者必有勇”的世界观。

“天命”，这种自然必然性，实质上是不以人们意志为转移的客观规律。我们不能要求孔子完全摆脱传统的命运观点，而真正认识到规律的客观作用；但它已初步意识到这种规律的必然性——“命”，并且排除了上帝鬼神对“命”的支配作用，则是事实。道家所讲的“命”，意义与“道”相近，其排斥人格神和强调自然必然性的意义，较孔子更为显著。但道家是宿命论者：“以辅万物之自然而不敢为”（《老子》六十四章），“知其不可奈何而安之若命，德之至也”（《庄子·人间世》）。在“命”的前面，孔子就不是这么消极。墨子讲“非命”，主张强力而为，看起来比孔子还进步。但墨子更大谈其“天志”“明鬼”，承认“天”“鬼”能对人“赏善罚暴”，也就是掌握了“命”的最后支配权。可见墨子所“非”的“命”，和孔子所要“知”的“命”并不是一个东西。循墨子的“非命”说，实质上是走的因果报应说同一道路；循孔子的“知命”说，则是如何解决人的主观努力和客观必然性之间的矛盾。后来荀子在强调“天人之分”的原则上，一面指出“天行有常，不为尧存，不为桀亡”，肯定了自然规律的客观性，一面提出“制天命而用之”的积极思想，在先秦哲学家中，第一个发出了人向自然作斗争的响亮声音，反映了一个新兴阶级对前途的充分自信。当然，由“畏天命”到“制天命”，一个小心谨慎，一个勇往直前，基本上还是在一条路线上发展，这应该是肯定的。

有的同志认为孔子的“天”“命”并没有排除鬼神上帝的信仰，他的自然观或天命观根本上是唯心主义的，在当时天道观问题的斗争上，他的表现是落后的。这种看法还值得商榷。

要求古代哲学家在思想上彻底消除鬼神上帝的踪影是不切实际的。问题要看这些鬼神上帝究竟占什么地位。对孔子来讲，这地位是很不重要的。虽然他也有着“敬鬼神而远之”和“祭神如神在”等说法，实际上，一个“远”字和一个“如”字，也还是表示他并不真的相信鬼神的存在。再看整部《论语》，“鬼神”等字眼往往由弟子发问提出，而孔子多是用怀疑、否定的语气作答的；“帝”字除从《尧曰》篇中一段引语见到外，其余十九篇中竟找不到一个；而《尧曰》篇则很早以前就有人以其文不类，断为后人之所羼入（参见崔述《洙泗考信录》）。在宗教天道观虽已动摇而仍有广大市场的当时，谈谈上帝鬼神，本不算什么事，而孔子对宗教迷信所采取的严格保留态度，就有着极其重大的意义，对后世产生着积极的影响，稍后的墨子就用

“儒以天为不明，以鬼为不神”作借口，对孔子及其后学进行了攻击，可见无神论思想已在儒家生根了。固然，孔子还不算是正式的无神论者，他还有“敬鬼神”的话，还主张祭祀（虽然只是一种仪式），至少留给后人以神权迷信的余地，影响到后儒以“信鬼于五经，而疑神于佛说”（僧祐《弘明集后序》）的不彻底性。然而，我们应该重视这一事实：孔子是第一个讲学创派和以系统哲学思想出现在历史上的大思想家，他是封建社会的大圣人，他的一句两句话都对后人产生极大的启发示范作用，他对鬼神上帝的怀疑精神至少是一个良好的开端，一面种下了儒学本身拒绝任何宗教化企图的最初根苗（如儒家今文经学派中，从董仲舒到康有为，都想把孔子捧成通天教主，结果都不成功），一面也起了抵抗本土或外来宗教势力的一定作用（如对中世纪的佛教、道教，近代的基督教）。而如果说欧洲中世纪近千年中的哲学只变成“神学的婢女”，几乎找不到一个像样的唯物主义者，那么，中国在同一时期内，就从儒家（也从道家思想影响）中出现了像桓谭、王充、傅玄、何承天、范缜、吕才、张载等那样杰出的唯物主义者和战斗无神论者，他们都对宗教唯心主义坚持了顽强的斗争。这并不是偶然的。他们战斗力量的源泉，固然产生于广大劳动人民，而由这“一代圣人”创导的重现实、反神秘主义的儒学传统，实起了很大的作用。中国历史不像欧洲中世纪那样，避免了一段教会统治的漫长黑暗时期，原因固然很多，而从孔夫子一脉相传的儒学重入世而非出世的优良传统，反宗教唯心主义（虽然是不彻底的，这种不彻底性也可以从孔子那里找到根源）的一般倾向，也不能说不是重要条件之一吧。

2. 孔子的认识论和教育思想，是他作为伟大的教育家一生的经验结晶，可以概括为一个“学”字。《论语》中谈“学”的有四十三章，“学”字凡六十四见，也是谈得较多的一个问题。“学”具有直接感觉经验和从书本中吸收间接知识的意义。孔子毫不怀疑人的认识来源于感觉经验，所以特别强调了“学”的重要。他说：“吾尝终日不食，终夜不寝，以思，无益，不如学也。”（《卫灵公》）认为虚心地“学”比主观地“思”更为有益。又说：“好仁不好学，其蔽也愚。”（《阳货》）单只“好仁”还是抽象的，“仁”必须从

“学”中得来，体验愈深，实行便愈有力。但孔子不是经验主义者，他指出：“学而不思则罔，思而不学则殆”（《为政》），主张“学”与“思”并重，初步接触到感性认识和理性思维结合的问题。他虽然说过“生而知之者上也”的话，毕竟自认“我非生而知之者，好古敏以求之者也”，就是说，他的知识是从历史考察中得来的；而从他那样提倡学习和“学而不厌”的精神看来，更可见“生而知之”一语不过是“天才”的一种形容，决非如唯心论者的所谓“先验知识”或“天赋道德”。同时，他更注重“行”。《论语》头一句就是：“学而时习之，不亦说乎？”“习”即具有反复实行的意义。“学”的目的还在乎“习”，这是孔子的基本思想。他说：“先行其言而后从之”（《为政》），“君子欲讷于言而敏于行”（《里仁》），“行”比“言”更为重要：并且用一个人是否言行一致作为区别“仁”与“不仁”的标准。所以说：“仁者其言也讱”（《颜渊》），“刚毅木讷近仁”（《子路》）。又说：“巧言令色，鲜矣仁。”（《学而》）《中庸》述他的话是：“力行近乎仁。”离开了身体力行，就无所谓“仁”德。而“仁”德的最高标准，则是“朝闻道夕死可矣”和“杀身以成仁”的自我牺牲精神。孔夫子的这些话，也不知教育和鼓舞了多少代儒家中以“读圣贤书所学何事”（文天祥语）自励的爱国主义者和进步思想家。

当然，孔子的认识论和教育思想也还是以约束在“仁”“礼”的框框内表现其很大的局限性的。例如，他答复颜渊问“克己复礼为仁”的具体纲目时就说：“非礼勿视，非礼勿听，非礼勿言，非礼勿动。”（《颜渊》）视听言动等感官认识的活动都应以不超越“礼”的范围，才合乎“仁”的标准，这实际上是以统治阶级的道德标准限制了人们的认识活动。在孔门教育思想内排除生产斗争的知识，反映了古代体力劳动和脑力劳动分离后的深刻对立，这种教育观点，当然也是唯心主义的。

然而孔子认识论的唯物主义方面，毕竟是主要的，特别是建立在这种认识论基础上的教育思想，包含着更多的合理成分。教育是有阶级性的。孔子的“有教无类”，当然不能解释为“打破阶级界限，提倡普及教育”。但统治阶级也要对被统治阶级进行教育，潜移默化，防止“犯上作乱”，也正是教育阶级性的一个方面。所以说“善人教民七年，亦可以即戎矣”（《子路》），要老百姓作战送死，就不能不先施以教育；而“以不教民战，是谓弃之”（《子路》），却是孔子所反对的。至“先富后教”，把教育和一定经济条件相联系，尤其是一个唯物主义的命题。他没有像老子说的“古之善为道者非以明民，将以愚之”那样公开主张愚民政策。“民可使由之，不可使知之”，究竟怎样解释，还值得研究。如以孔子一贯主张“教民”的其他的话参证，则郑玄的注释：“由，用也，可使用而不可使知者，百姓能日用而不能知”，我认为还比较妥当。这和孟子讲的：“行之而不著焉，习矣而不察焉，终身由之而不知其道者众也”（《孟子·尽心》），是一个意思。要之，“有教无类”，把奴隶也看作教育对象，是孔子“仁”和德治思想的“题中应有之义”，在当时是有进步意义的。孔子明说：“自行束脩以上，吾未尝无诲焉。”（《述而》）“束脩”大约是十条干肉，奴隶们缴不出十条干肉，孔门当然不会有他们。但要说孔子教育的对象只限于贵族子弟，不收贫贱学生，那不仅和他平日的“教民”主张不符，就是三千弟子中也不乏贫贱出身的，如颜渊的“箪食瓢饮”，子路的“衣敝缊袍”，仲弓“父为贱人”，公冶长“在缧绁之中”身为罪徒等等，那又怎样解释？

在教育方法上，孔子遗留了不少的宝贵经验，这是大家公认的。重要的是，这些方法如因材施教，着重启发（“不愤不启，不悱不发”，即为“启发”两字的来源），教学相长和“温故而知新”，“知之为知之，不知为不知”等论点，都是含有唯物主义因素的合理命题，也都是和他一生尊重现实和积极有为的精神分不开的。而就他那种“学而不厌，诲人不倦”，“发愤忘食，乐而忘忧，不知老之将至”的顽强学习精神，以之去同道家（和以后的佛家）的根本反对知识、反对学习（如老子的“绝学无忧”，佛教的“所知障”等）的主张相比较，那孔子教育思想在中国文化教育史上的贡献，就更值得注意了。

3. 孔子的人性论，仅仅表现在“性相近也，习相远也”两句话里，此外很少谈及，大概正因为“性与天道不可得而闻也”的缘故。我们用“习”字来表述孔子人性学说的特点，认为它有着很重要的意义。

“习”在这里指的是环境、习俗、习惯、教育和行为等。这是中国哲学史上第一次提出关于人性的命题，肯定了环境习俗和行为对改变人性的作用。孔子还说道：“唯上智与下愚不移。”这当然表示孔子是从统治阶级立场来提出其人性论的。但这仍不损孔子人性论中光辉一面。不能要求孔子懂得“人的本性就是人的阶级性”。抽象的人性论，在马克思主义以前，总是免不了的。但承认环境对改变人性的作用，毕竟和那些纯粹唯心主义的抽象人性论有所区别，本质上是为唯物主义的人性论开辟道路。以后孟子的“性善”说，荀子的“性恶”说，以至董仲舒、韩愈的“性三品”说等等，比起孔子的“性近习远”说来事实上都是退步，但也都保留着孔子重视环境、教育作用的传统观点（如孟子的“居移气、养移体”说，荀子的“注错习俗”说，董仲舒的“善必教而成”说，韩愈的《师说》等）。甚至宋明理学家的空谈“心”“性”，只是深化了人性论的唯心主义，但仍然强调“气质之性”（和“义理之性”对立）随着环境变化的可能性。当时理学家如二程、朱熹等在人性论上的假想敌，是佛教天台宗、禅宗的佛性论。这种佛性论，特别是禅宗的“直指人心，见性成佛”说，认为成佛之道，只在于从内心中对“佛性”的一种神秘“顿悟”，彻底否定客观世界（“法”）和主观世界（“我”）的真实性，取消人类一切正常的认识作用。这样来比较，我们就会在批判理学家的抽象人性论的同时，还能看到儒家从孔子开始的人性论的某些传统特点。

4. 关于孔子的历史观，我想用孟子说的“孔子圣之时者也”中的一个“时”字来概括。“时”字在《论语》中虽不多见，但小至语言、饮食之微，也有“夫子时然后言”“夫子不时不食”（《乡党》）的记述。有一次，他和子路外出，看到山谷间一群飞翔后降落的野鸡，就不觉兴致勃勃地说：“山梁雌雉，时哉！时哉！”（同上）这和他“在川上”的叹息“逝者如斯夫，不舍昼夜”一样，应该都是有所感而发。他极重视时间条件对一切事物产生、发展、变化的作用，所以在政治上便提出了“使民以时”的重要主张；而整个“仁”的学说之所以有反映时代进步要求的一面，当然也可用“圣之时”这点理由来解释。“时”是孔子在社会历史观上的一个重要概念，应无疑义。当然，阶级的局限性曾使他看不到贵族奴隶制也要因过“时”而成为历史废物，还死抱住“周礼”不放；但他毕竟肯定“殷因于夏礼，所损益可知也，周因于殷礼，所损益可知也”（《为政》），“礼”也是要因益损革的，这还是“时”的历史进化论的一种思想。因此，“圣之时”确是知人论世的很好评语，而孟子自己也深深懂得：“虽有智慧，不如乘势，虽有镃基，不如待时。”（《孟子·公孙丑上》）所以孔子、孟子的“法先王”，可能“托古改制”的意义较多，不一定是历史倒退论；而荀子的“法后王”，所谓“百王之无变，足以为道贯”（《荀子·天论》），“道不过三代，法不贰后王”（《王制》），倒反而站在新兴地主阶级维护既得利益的立场，公开主张“复古”了。但同时，孔子“时”的观念，在《易传》中还是得到了发展。《易传》作者甚至把“时”和“革命”直接联系起来：“天地革而四时成，汤武革命，顺乎天而应乎人，革之时大矣哉!”（《革卦·彖传》）就是说，革命是合乎时代要求的，是伟大的。这是一个了不起的思想。要之，“时”的历史观，使历代儒家学者多数承认一切政治、学术的“因时制宜”甚至革命变革是合法的、必要的，这也是孔子思想对后儒所起的一点良好影响。

5. 最后，关于孔子的经济思想，资料不多，但如“节用而爱人，使民以时”，“博施济众”，“足食足兵”，“先之劳之”，“因民之所利而利之”等思想，显然都是同他的仁政、德治主张分不开的。这里我特别突出一个“均”字来表述，因为他提出了“不患寡而患不均，不患贫而患不安”这一更值得注意的命题。“均”有反对财富过分集中，主张平均分配之意。说一个在政治上维护尊卑贵贱的等级秩序的人，而在经济上又主张平均分配，打破这一等级制的物质基础，似乎是很难想象的。其实，这乃正是“仁”的阶级实质所表现的两面性内容之一，是孔子一面站在贵族保守立场，一面又从统治阶级长远利益打算能提出某些符合人民利益主张和理想的矛盾表现形式之一。反对贵族统治集团的过分搜刮聚敛，防止社会贫富差别的过分悬隔，目的还在于缓和阶级矛盾，不一定就是“打烂均分”，根本推翻贵族等级所有制。虽然如此，“均”的思想在当时提出，也有一定的进步意义。孔子说过：“富与贵是人之所欲也”，“贫与贱是人之所恶也”（《里仁》）。从心理上肯定人人都有厌恶贫困和追求富裕生活的欲望，还是“仁”的注重现实和人道主义因素的一种体现，这里的“人”当然也并非专指贵族而言的。

有人认为孔子“不患寡而患不均”的思想，是“均”在那些穷人们内部，只要“人人皆贫”便无“贫”可言而自然“安”了。其实孔子这段话明明是因反对季氏讨伐颛臾而发的，季氏是鲁国新兴封建贵族，孔子一面以“季氏富于周公”，大骂学生冉求成了他的“聚敛而附益之”的帮凶，一面也就激烈反对季氏去侵略东蒙小国，从而提出“均”的论点，怎么能说他直接反对的对象——贵族不应该包括在“均”之列？也另有一种说法，认为孔子所说的“均”只限于“有国有家者”之间，即贵族集团内部，而根本和劳动人民无关。如果这样，贵族本来就富，又怎样扯得上“均无贫，和无寡，安无倾”的话头上去？很显然，“贫”“寡”“倾”都是就劳动人民来说的，而不是从贵族来说的。总之，我们认为“均”的思想是从孔子的“仁”逻辑地导出来的，是属于一种平均财富分配的理想。虽然他对于怎样“均”提不出具体办法，而且既反对“犯上作乱”，又幻想财富均分，更只能是一种乌托邦。但即使是乌托邦，却对后来儒家产生积极影响。我们看历史上每当土地兼并盛行、贫富悬隔日激之时，总有某些思想家起来提出恢复“井田”“授民名田”和“均田”等主张，以为拯时救弊之计。他们可能站在地主阶级立场，怵于农民战争的危机而出此，而且纸上谈兵，也从不能见诸实行。但另一面也确有同情农民、打击豪强的积极意义（在农民中，这种思想直接发展为“均贫富”的斗争口号），未可因其缓和阶级矛盾而一概予以抹杀。从孟子到董仲舒、张载、王船山、颜习斋、龚定庵，都是如此。颜习斋的抱负很大：“使予得君，第一义在均田。田不均，则教养诸政俱无措施处，纵有施为，横渠所谓终苟道也。”（《颜习斋言行录》）颜习斋看到了解决土地经济问题是解决一切教养诸政问题的基础，这是何等的真知灼见！可惜他不懂得：在封建社会内，要通过“均田”来解决土地问题，绝对是空想——产生于小农经济的一种平均主义的空想。但我们从历史观点衡量某种思想之是否进步，还不在于它一定能解决问题，而在于怎样提出问题。孔子是古代思想家中第一个提出“均”的思想的人，这就有着深长的意义了。

而且“均”的意义还不止此。从这根线拉下去，就直接发展而成为秦汉之际儒家的“大同”社会思想。《礼运》中的“大同”学说是否孔子本人提出，还是个问题，但至少它是儒家思想，是孔子“均”的思想的发展，是“己所不欲，勿施于人”，“四海之内，皆兄弟也”，以及“老者安之，朋友信之，少者怀之”等一类“仁”的思想的扩大，应该没有疑问。“大同”思想（以至于后来公羊家的“三世”说）标志了儒家关于理想社会的根本特色。这是指：（1）它是建立在历史进化论的基础之上的。由“小康”到“大同”，是由“天下为家”到“天下为公”的过渡，是由低级社会向高级社会的发展，它不同于老子的理想社会是“小国寡民”“结绳而用”，更不同于庄子的理想社会是“至德之世，同与禽兽居”。（2）它接触到财产公有（“货恶其弃于地也，不必藏于己”）、为社会而劳动（“力恶其不出于身也，不必为己”）和社会公养（“老有所终，壮有所用，幼有所长，鳏、寡、孤、独、废、疾者皆有所养”）等问题，反映了古代劳动人民要求摆脱剥削压迫和向往幸福生活的善良愿望。（3）它虽是乌托邦，却是把理想寄托在现实世界的乌托邦，有鼓舞人们投入现实斗争的积极意义，而不是用廉价推销“天堂”或“天国”门券的办法，引诱人们脱离现实去追求虚无缥缈的来世幸福。这些都说明儒家的“大同”思想确是从孔子“均”的理想、从“仁”的重现实，积极有为和人道主义等精神因素导源而来的。

儒家的“大同”思想，到康有为的《大同书》，作了最后的总结。正如毛主席所说的：“康有为写了《大同书》，他没有也不可能找到一条达到大同的路。”（《论人民民主专政》）这条路是由无产阶级找到的，而其规模的宏伟，景象的绚丽，则又不知较儒家“大同”社会超过若干万倍。即使如此，而当我们在为远大理想而斗争时，仍然不能不珍视我们古代祖先们对未来所曾有过的许多伟大而天真的梦想。

怎样评价孔子？

综括上述，我对评价孔子有这样几点总的看法：

1. 孔子哲学思想是一个完整的、一贯的体系，其中有矛盾，但不是“杂拌儿”；有两面性，但不是折衷主义。这个体系确以“仁”为核心。“仁”是孔子的伦理观，又是他的整个世界观。“仁”的根本精神即注重现实、积极有为和人道主义的精神，渗透在孔子哲学的各个方面，又各自形成了一个核心，即自然观——“命”，认识论——“学”，人性论——“习”，政治观——“礼”，历史观——“时”和经济思想——“均”。以“仁”为总核心的世界观和哲学体系，虽然基本上打上了统治阶级的烙印，但从全面的历史观点来看，其中积极进步的一面，应该说是主要的。

2. 孔子哲学的两面性，决定他对后世的影响也有消极和积极两面。封建统治者抓住了孔子学说中唯心的、保守的、消极的一面，尽量加以渲染、夸大、甚至歪曲，从中演绎出各种应时的官方哲学来。在这里，孔子学说作为两千余年封建上层建筑的精神支柱，就起了巩固封建基础、延缓社会发展的消极作用。但孔子学说对封建基础的巩固作用，还表现出一个重要特点，就是它从统治阶级的长远利益出发，从重视民心向背的作用出发，往往成为制约和防止封建统治者过分压迫剥削的一道堤坝，这对人民和社会生产力的发展，又有一定好处。同时，历代进步思想家还从孔子学说中找到了唯物的、积极的和带有人民性的思想因素，成为他们坚持人民、民族立场，对内反对残暴统治，对外反抗异族侵略的精神力量（这种力量一和人民群众的物质力量相结合，就往往掀起更大的斗争）。孔子思想在这方面，更起了激发正义感、武装进步思想、丰富民族精神文化的积极作用，也是应该肯定的，而且是主要的。这样，历史上无论正面的、反面的，精华的、糟粕的，几乎直接间接都和孔子有一定联系（当然，是非功罪不全由孔子负责），其影响的深刻和久远，甚至在我们这一代人精神生活的血液里，也还浸透着他的某些积极、消极影响的残余。

3. 本上见解，我认为评价孔子要善于做到：（1）具体分析孔子学说中的积极与消极两面及其对后世的不同影响；避免作单纯的肯定或否定。（2）要把孔子思想的本来面貌和历代封建统治者对之所作的涂抹、歪曲区别开来，不能把一切写在孔子账上，也不能说孔子全不负责。（3）要弄清后儒和孔子的关系，有继承与发展的一脉相传的一面，也有糅杂他派观点、移花接木的一面。而无论怎样，适应于封建社会各个时期的需要，适应于同他派思想斗争的需要，却都不是偶然的，是符合哲学发展的客观规律的。因之有董仲舒的孔子，有朱熹的孔子，有康有为的孔子，这现象并不奇怪。重要的是如何具体分析这现象产生的时代原因，明确后儒思想同孔子思想一致和差异的地方。用董仲舒、朱熹、康有为去代表孔子，固然不对；而徒然责怨董仲舒、朱熹、康有为的“以假孔子乱真孔子”，也是不必要的。（4）要从比较中来更好地认清孔子思想和整个儒学的特点。孔子思想体系中包含着矛盾，历代儒家内部更存在着不同的派别斗争。但儒家总是儒家，它有着以孔子学说精神为总代表、总标志的某些根本特点。这种特点只有当其与儒家以外的思想（主要如佛、道思想）作比较时，才会更加显著起来。这也是评价孔子思想及其历史作用极为重要的一着。

由于孔子对我国历史文化影响的深刻和久远，因此，怎样评价孔子，实际上也关系到我们对祖国文化怎样看待和估价的问题。只要我们承认历史是不能割断的，承认每个民族都有其精神文化的特点，承认阶级社会内统治阶级的思想往往就是占统治地位的思想，那就不能不把孔子摆在这样的历史地位来进行全面的考察。以往的地主和资产阶级学者在这样的复杂问题面前，都只能歪曲真相，不能对孔子作出任何适当的评价。“万世师表”的偶像崇拜时代，固早已一去不复返了，就是“打倒孔家店”的“五四”作风，也早已过时了。历史上只有无产阶级才是人类一切优秀文化的忠实继承者，我们不需要歪曲任何历史真相和任何历史人物；我们有了马克思列宁主义，有了毛泽东思想这一党性和科学性高度结合的真理，作为整理文化遗产的标尺。因此，不管问题怎样复杂，我们是能对这位古代思想家的历史作用作出全面正确的评价来的。

（原载《江海学刊》1963 年第 3 期）

王国维的美学思想——“境界”论

吴奔星

一

王国维（1877—1927）是我国近代文学史上的一位文艺批评家。他的《人间词话》从1908年发表以来[①]，曾经产生过一定的影响。《人间词话》虽然跟历代许多诗、词、曲话一样，缺乏完整的科学的体系，也未能免于形而上学的唯心主义的观点；但它不为传统见解所束缚，敢于表示自己的观点，对诗词的欣赏、批评和创作，不无启发。统率《人间词话》的基本论点是“境界”说。“境界”说是《人间词话》的核心，支配其他论点；又是全书的脉络，联系全部主张。王国维不仅把它看作创作原则，也把它看作批评标准，举凡论断诗词的演变，评价词人的得失、词品的高低，无不从“境界”出发，因而，《人间词话》的“境界”说，既是王国维的文艺批评的出发点，也是他的文艺思想的总归宿。我们探讨《人间词话》，如果忽略了“境界”说的核心和脉络作用，就很难评述它的得失所在。只有把握了“境界”说，才能把握《人间词话》的基本精神，从而概见王国维的美学思想。

“境界”说不是凭空提出来的。在整个清代文坛，正是所谓“兴趣”“神韵”“性灵”“肌理”“气质”等理论万花缭乱、莫衷一是的时候；而王国维

① 据徐调孚《人间词话》重印后记。王国维自谓《人间词话》上卷脱稿于宣统二年庚戌（1910），可能在发表之后，又有所增补也。

却能超乎流俗，独树一帜，标举“境界”，确乎表现了蔑视传统的独创精神。在《人间词话》中，王国维首先提出他的根本论点：“词以境界为最上。”①并且自认这个论点作为一种理论出现于文坛是前无古人的：

> 沧浪所谓“兴趣”，阮亭所谓“神韵”，犹不过道其面目，不若鄙人拈出“境界”二字为探其本也。
>
> 言“气质”，言“神韵”，不如言“境界”。有“境界”，本也；“气质”“神韵”，末也。有“境界”而二者随之矣。

这就是说，“兴趣”“气质”“神韵”等说法，只不过接触到文艺问题的“面目”，独有“境界”才是直探问题的本源。这种敢于与传统见解一争本末的精神，是极其可贵的。不过，“气质”“神韵”等为什么是“末”，“境界”为什么是“本”，“本”与“末”的差别安在？他却没有加以剖析，这是他说理不透之处。我们且慢一步论述本末的差异，且看他所自诩的“境界”的涵意究竟如何。他说：

> 境，非独谓景物也。喜、怒、哀、乐，亦人心中之一境界；故能写真景物、真感情者，谓之有境界，否则，谓之无境界。

境界既非单纯写景，还包括人的内心世界，实际就是通常所说的意境。而是否表现了真景物、真感情，便是有无境界的标志。把感情的表达也作为境界看，比单纯地把风景描写作为境界看，其领域较为开阔，也符合我国诗词的具体情况。同时，把景物与感情作为境界的内容，也说明所谓境界就是指人的客观世界和主观世界，是与现实人生密切相关的，较之“兴趣”“神韵”“气质”等架空立论之说，的确容易捉摸。自然，王国维所说的“真景物、真感情”之“真”，不可避免地要受一定的时代、阶级的制约，跟我们所理解者不可能完全一样，甚至完全不一样。不过，从他的特定的时代与阶级

---

① 引文均据中华书局1955年出版徐调孚校注《人间词话》。

立场出发，作为一种界说提出来是可以成立的。因为各个不同阶级的文艺理论家在评述艺术境界时，总是要追求其本阶级所标举的“真”景物、“真”感情的。为了理解王国维所说的真景物真感情的具体内容，就得进一步看看他如何联系作品实际来加以阐明。大家最熟悉的是下面的例子：

“红杏枝头春意闹”（宋祁《玉楼春》），着一“闹”字而境界全出；“云破月来花弄影”（张先《天仙子》），着一“弄”字而境界全出矣。①

王国维从他的阶级感情出发，感受到这些词句中的“真景物、真感情”，由于一“闹”一“弄”而和盘托出，从而倍加赞赏，认为“境界全出”。不仅是词，就是前于宋词的古诗，他也认为具有令人欣喜的境界。他指出：“明月照积雪”（谢灵运《岁暮》）、“大江流日夜”（谢朓《暂使下都，夜发新林，至京邑，赠西府同僚》）、“中天悬明月”（杜甫《后出塞》）、“长河落日圆”（王维《使至塞上》）等诗句具有“千古壮观”的境界；并且说，像“秋风吹渭水，落叶满长安”（贾岛《忆江上吴处士》）那样的境界，还被宋之周邦彦（美成）、元之白朴（仁甫）分别溶化到词、曲中去。至于元代马致远的小令《天净沙》（“枯藤老树昏鸦”）所表现的境界，尤为王国维所赞赏，认为“寥寥数语，深得唐人绝句妙境，有元一代词家，皆不能办此也”。

从这些实例看，不难理解：《人间词话》所说的“境界”，意味着作品反映了日、月、山、川的风貌和喜、怒、哀、乐的心情，虽然是超阶级、超时代的，然而较之所谓“兴趣”“气质”“神韵”等难于捉摸的说法，却比较接近现实，显示了艺术必须通过形象来反映现实的根本特征。我以为这就是为什么“有境界，本也”的理由。“境界”说之所以可贵，就是由于它在客观上通向艺术的根本规律，尽管王国维主观上未必意识到这一点。

自然，王国维以前的评论家，接触“境界”一词者颇不乏人，他们都是王国维的先行者，足以说明“境界”说的继承关系；但是，作为文艺批评的

---

① 引证诗词零句均用夹注，后仿此，以免繁琐。

一种固定的观点，作为诗词欣赏的一种尺度，公然加以宣传的，却是从《人间词话》开始。

二

《人间词话》从现实出发，对诗词的境界作了多方面的考察：

首先，从被表现的题材出发，境界有大小之分：

> 境界有大小，不以是而分优劣。“细雨鱼儿出，微风燕子斜”（杜甫《水槛遣心》二首之一），何遽不若“落日照大旗，马鸣风萧萧”（杜甫《后出塞》五首之二）？“宝帘闲挂小银钩”（秦观《浣溪沙》），何遽不若“雾失楼台，月迷津渡”（秦观《踏莎行》）也？

这就是说，评价诗词的境界，主要看它们是否表现了真景物、真感情，不应以境界的大小而分优劣。以杜甫和秦观为例，说明同一个作家，可以根据不同的题材，创造大小不同的艺术境界。

其次，从抒情主人公出发，境界有“有我”和“无我”之分：

> 有“有我之境”，有“无我之境”。“泪眼问花花不语，乱红飞过秋千去”（冯延巳《鹊踏枝》）、“可堪孤馆闭春寒，杜鹃声里斜阳暮”（秦观《踏莎行》），有我之境也。“采菊东篱下，悠然见南山”（陶潜《饮酒》第五首）、“寒波澹澹起，白鸟悠悠下”（元好问《颍亭留别》），无我之境也。有我之境以“我”观物，故物皆着“我”之色彩；无我之境以“物”观物，故不知何者为我，何者为物。

所谓“有我之境”就是诗词的境界表现了抒情主人公的鲜明的感情色彩；所谓“无我之境”就是抒情主人公的感情色彩被溶化在自然景物中，以隐蔽的姿态出现。诗词中的确存在着这样两种境界。前者主要是抒情诗的境界，后者主要是山水诗的境界。所谓“有我之境”就是以情为主，多半是情语；所谓“无我之境”就是以景为主，大体是景语。不过，在具体作品中却并无绝对的界限。因为单纯写景的作品是不多见的，诗人总是以景寓情，写景往往是手段，表情常常是目的，转弯抹角也要表现自己的思想感情。正如王国维所说：“昔人论诗，有景语情语之别，不知一切景语，皆情语也。”这就是说，“无我之境”也必然以情为主导。不过，他所说的“无我之境，以物观物”，有些费解，也容易招致误会：以为诗词可以不必反映抒情主人公的感情，不必受作家世界观的制约。这就可能被那些宣扬第三种文学或中立文学的人据为借口。其实，王国维在术语上虽用“无我之境”，而在解释上却说物我两忘（“故不知何者为我，何者为物”），并非没有“我”在。因而所谓“有我”与“无我”似乎可以理解为“显我”和“隐我”。只是“显我”和“隐我”概念较广泛，不仅牵涉到抒情主人公的问题，而且也是表现方法或艺术风格问题。明朗与含蓄两种手法或风格，也就是“显”与“隐”的问题。

第三，从生活与艺术的关系出发，境界有“常人”和“诗人”之分：

> 境界有二：有诗人之境界，有常人之境界。

所谓“常人之境界”意味着“生活的真实”；所谓“诗人之境界”意味着“艺术的真实”。常人与诗人的区别，在于常人只能感受各种境界，诗人则不仅能感受，而且还能把常人感受的境界上升为艺术的形象。他说：

> 夫境界之呈于吾心而见于外物者，皆须臾之物，惟诗人能以此须臾之物，镌诸不朽之文字，使读者自得之；遂觉诗人之言，字字为我心中所欲言，而又非我之所能自言，此大诗人之秘妙也。

这里接触到了生活美与艺术美的关系问题。鲁迅在同时期也表示过类似的见解：

> 盖诗人者，撄人心者也。凡人之心，无不有诗。如诗人作诗，诗不为诗人独有，凡一读其诗，心即会解者，即无不自有诗人之诗，无之何以能解？惟有而未能言，诗人为之语。则握拔一弹，心弦立应，其声彻

于灵府，令有情皆举其首，如睹晓日，益为之美伟强力高尚发扬，而污浊之平和，以之将破。①

联系鲁迅的卓见，可以说明王国维的观点在当时并非是孤立的，足以证明二十世纪初期我国的一些文艺理论家已经接触到生活的境界必须上升到艺术的境界这样一个美学课题。

第四，从创作方法出发，境界有“造境”和“写境”之分：

有造境，有写境。此理想与写实二派之所由分。然二者颇难分别，因大诗人所造之境必合乎自然，所写之境亦必邻于理想故也。

这几句话，把“理想”和“自然”（现实）联系起来考察，把浪漫主义和现实主义两种创作方法作了初步的辩证的理解。不仅这样，他还结合创作过程进一步阐明了二者的关系：

自然中之物互相关系，互相限制，然其写之于文学及美术中也，必遗其关系、限制之处；故虽写实家亦理想家也；又虽如何虚构之境，其材料必求之于自然，而其构造亦必从自然之法律；故虽理想家亦写实家也。

这就是说，现实主义的创作也并非机械地照搬现实，必须有所取舍（所谓“必遗其关系、限制之处”）；浪漫主义的“虚构”，也必须向现实生活寻求题材，不能违背自然（现实）发展的逻辑（所谓“亦必从自然之法律”），因此，这两种创作方法并不是对立的，而是互相关联的。在马克思主义文艺理论尚未介绍到来的我国近代文坛，这样的理解无疑是他的美学思想中的可贵的因素。

最后，从艺术风格出发，境界有“隔”与“不隔”之分，王国维是赞赏

① 《鲁迅全集》第1卷《摩罗诗力说》。

“不隔”的境界的。

哪些境界算“不隔”呢？他说：

> “生年不满百，常怀千岁忧，昼短苦夜长，何不秉烛游?”（《古诗十九首》之十五）“服食求神仙，多为药所误；不如饮美酒，被服纨与素。”（《古诗十九首》之十三）写情如此，方为不隔。“采菊东篱下，悠然见南山，山气日夕佳，飞鸟相与还。”（陶潜《饮酒》）“天似穹庐，笼盖四野。天苍苍，野茫茫，风吹草低见牛羊。”（斛律金《敕勒歌》）写景如此，方为不隔。

哪些境界算“隔”呢？他说：

> 白石写景之作，如“二十四桥仍在，波心荡冷月无声”（《扬州慢》）；“数峰清苦，商略黄昏雨”（《点绛唇》）；“高树晚蝉，说西风消息。”（《惜红衣》）虽格韵高绝，然如雾里看花，终隔一层。

这些都是姜白石的名句，王国维说它们“隔”，是难免令人怀疑的。当时曾有人问他“隔”与“不隔”之别，他说：

> 陶、谢之诗不隔，延年则稍隔矣。东坡之诗不隔，山谷则稍隔矣。“池塘生春草”（谢灵运《登池上楼》）、“室梁落燕泥”（薛道衡《昔昔盐》）等二句，妙处唯在不隔。词亦如是。即以一人一词论，如欧阳公《少年游》咏春草上半阕云：“阑干十二独凭春，晴碧远连云；千里万里，二月三月，行色苦愁人。”语语都在目前，便是不隔。至云“谢家池上，江淹浦畔”，则隔矣。白石《翠楼吟》“此地，宜有词仙，拥素云黄鹤，与君游戏。玉梯凝望久，叹芳草，萋萋千里”，便是不隔。至“酒祓清愁，花消英气”，则隔矣。

“隔”与“不隔”之别，照王国维的解释，决定于语言。“语语都在目前，便是不隔”；否则，就是“隔”。这种观点，钟嵘《诗品》已开其端：

“至乎吟咏情性，亦何贵于用事？‘思君如流水’，既是即目；‘高台多悲风’，亦惟所见；‘清晨登陇首’，羌无故实；‘明月照积雪’，讵出经史？观古今胜语，多非补假，皆由直寻。”王国维的“语语都在目前”就是钟嵘的直寻胜语。这是创造不隔的艺术境界的方法之一，加以总结，是应该的；但是王国维因此而抹煞其他的表现手法，却未必正确，下文再议。

从以上五个方面，不难看出：《人间词话》的“境界”说，大体上立足于唯物主义，具有现实主义倾向。虽然这五个方面在《人间词话》中是以零篇断简出现，并无科学的体系，但经过一番整理，就不难看出它们之间有一定的联系，接触到不少的美学问题。而王国维所追求的是一种“不隔”的艺术境界，其他几种境界都是为了达到这一境界而存在的。有的是关于题材的，有的是关于抒情主人公的，有的是关于创作过程的，有的是关于创作方法的。

三

为了创造“不隔”的艺术境界，《人间词话》提出了诗人与现实的关系问题、艺术概括问题以及表现方法问题。

在诗人与现实的关系问题上，王国维说：

> 诗人对宇宙人生，须入乎其内，又须出乎其外；入乎其内，故能写之；出乎其外，故能观之。入乎其内，故有生气；出乎其外，故有高致。

所谓“入乎其内”，意味着了解人生。对人生有深入的理解，才能创造有“生气”（形象鲜明有生活气息）的艺术境界。所谓“出乎其外”，意味着高于生活，比现实站得高，才不致成为爬行的现实主义，才能创造出有“高致”（具有充分典型意义和独特风格）的艺术境界。在这一理解的基础上，王国维把诗人和现实的关系概括为这样两句话：

> 诗人必有轻视外物之意，故能以奴仆命风月；又必有重视外物之意，故能与花鸟共忧乐。

这就是说，诗人必须站在现实的高峰，居高临下，争取反映现实的主动权（所谓“以奴仆命风月”）；同时，又要密切注视现实，不脱离生活，争取和客观事物打成一片（所谓“能与花鸟共忧乐”）。

所有这些论点，既“入乎其内”，又“出乎其外”；既轻视外物，又重视外物，都是王国维对诗人与现实的关系问题的理解，显示出他的美学思想具有朴素的唯物的因素和初步的辩证的观点。凡此，都是王国维比他的先行者严沧浪、王渔洋、袁子才等高明的地方。不过，王国维所理解的现实或人生，是非常狭隘的，只不过“风月”与“花鸟”一类身边琐事。所谓“以奴仆命风月”，“与花鸟共忧乐”，充分暴露出他对诗人与现实的关系问题的理解，存在严重的阶级的局限性。在这一点上他与我们有着根本的分歧。这种局限性特别表现在对具体作品和作家的评述上。例如他说：

> 客观之诗人不可不多阅世，阅世愈深，则材料愈丰富、愈变化，《水浒传》《红楼梦》之作者是也；主观之诗人不必多阅世，阅世愈浅，则性情愈真，李后主是也。

他把作家分为“客观之诗人”（小说家）和主观之诗人（词人），是一种形而上学的唯心主义观点。小说家和诗人运用的艺术形式和处理的生活素材尽管不同，但是需要“阅世”却是共同的。所谓“阅世愈浅，则性情愈真”，这种论点只能引导诗人脱离生活，是极其有害的，也是跟他自己的对现实人生“入乎其内”的观点相矛盾的。即以李煜而论，也正因为他对“生于深宫之中，长于妇人之手”的宫廷生活和“以泪洗面”的臣虏生活，有独特的感受，才能写出那样悱恻缠绵、千秋传诵的作品。在我看来，李煜决不是什么“阅世愈浅”而“性情愈真”，而是在他特定的历史条件下经历了从“人主”到“臣虏”的巨大变故的。仅以《破阵子》（四十年来家国）一词为例，就足以说明他一生的变化，王国维称之为“不失其赤子之心”，是没有根据的，因而也是不正确的。

在艺术概括的问题上，王国维提出“通古今而观之”这一原则：

政治家之眼，域于一人一事；诗人之眼，则通古今而观之。词人观物，须用诗人之眼，不可用政治家之眼。

在诗词创作上，如果“域于一人一事”，就可能流于自然主义，不可能创造典型的境界，表现典型的情绪。王国维提出“通古今而观之”这一原则，就是要突破“一人一事”的范围，根据历史条件和现实环境，进行广泛的概括，正像小说家必须描绘典型环境的典型人物一样，诗人也必须表现典型环境的典型情绪。因此，“通古今而观之”实际意味着从现实的发展中来反映现实。不论浪漫主义的“造境”或现实主义的“写境”，都要重视这一原则。为了使“常人之境界”上升为“诗人之境界”，“通古今而观之”这一原则是极其重要的。

但是，我们也必须指出：王国维把“政治家之眼”与“诗人之眼”对立起来，却是不辩证的。诗人固然不可“域于一人一事”，但是，如果学会用“政治家之眼”，把现实生活中的“一人一事”观察得深透，掌握它们的本质意义，这对“通古今而观之”的艺术概括工作，不仅不矛盾，而且是大有裨益的。艺术的创作过程，应该是从“政治家之眼”到“诗人之眼”的一个发展过程。这也是从生活美到艺术美的一个提炼的过程，“政治家之眼”发现生活美，“诗人之眼”却将此生活美集中概括，使之更普遍、更典型，成为一种艺术美。王国维把这两种“眼”割裂开来，看成水火不容的对立面，而不能加以统一，正好说明他的美学思想还与马克思主义的文艺理论有着较大的距离。

在表现方法问题上，王国维也发表了他个人的看法。他是追求一种“不隔”的艺术境界的，以此为出发点，他主张：

大家之作，其言情也必沁人心脾，其写景也必豁人耳目。其辞脱口而出，无矫揉妆束之态。以其所见者真，所知者深也。诗词皆然，特此以衡古今之作者，可无大误矣。

所谓言情沁人心脾，写景豁人耳目，是“不隔”的艺术境界给人的艺术感受。要使作品产生这样的艺术效果，就必须要求“其辞脱口而出，无矫揉妆束之态”，状难写之景如在目前，含不尽之意见于言外。为了做到“语语如在目前”，他提出四点意见：

第一，不写应酬之作，不用典，不雕琢。他说：

> 人能于诗词中不为美刺投赠之篇，不使隶事之句，不用粉饰之字，则于此道已过半矣。

他认为应景、应酬之作，如“感事怀古等作，当与寿词同为词家所禁也”。其所以当禁，大概是因为“社会上之习惯，杀许多之善人；文学上之习惯，杀许多之天才”吧。在他看来，“美刺投赠”是“文学上之习惯”，这种坏习惯，是会“杀许多之天才”的。

至于隶事，他更为反对：

> 以《长恨歌》之壮采，而所隶之事，只小玉、双成四字，才有余也；梅村歌行，则非隶事不办。白、吴优劣，即于此见。不独作诗为然，填词家亦不可不知也。

第二，不用代字。他说：

> 词忌用代字。美成《解语花》之“桂华流瓦”，境界极妙，惜以“桂华”二字代月耳。梦窗以下，则用代字更多。其所以然者，非意不足，则语不妙也。盖意足则不暇代，语妙则不必代。此少游之“小楼连苑，绣毂雕鞍”，所以为东坡所讥也。

在他看来，用代字是作家为了挽救“不足”之意和“不妙”之语。以此，他对于倡导运用代字的理论也颇表不满：

> 沈伯时《乐府指迷》云：说桃，不可直说破桃，须用红雨、刘郎等

字；咏柳，不可直说破柳，须用章台、灞岸等字。若惟恐人不用代字者。果以是为工，则古今类书具在，又安用词为耶？宜其为《提要》所讥也。

第三，不在形式上回避“艳语”“淫词”“鄙语”，主张从本质上判断语言的“雅郑”。他说：

词之雅郑，在神不在貌。永叔、少游虽作艳语，终有品格，方之美成，便有淑女与倡伎之别。

“词之雅郑，在神不在貌”，意味着从本质上看问题。只要能发现“真景物、真感情”，即使“淫鄙之尤”也可以。雅郑关键在于一“真”字。他说：

“昔为倡家女，今为荡子妇，荡子行不归，空床难独守。”（《古诗十九首》之二）“何不策高足，先据要路津，无为守穷贱，轗轲长苦辛。”（《古诗十九首》之四）可谓淫鄙之尤，然无视为淫词鄙词者，以其真也。五代北宋之大词人亦然。非无淫词，读之者但觉其亲切动人；非无鄙词，读之者但觉其精力弥满。

第四，尊重小令，鄙薄长调。他说：

近体诗体制，以五七言绝句为最尊，律诗次之，排律最下。盖此体于寄兴言情两无所当，殆有均之骈体文耳。词中小令如绝句，长调似律诗，若长调之百字令、沁园春等，则近于排律矣。

王国维的这一些观点，都是为了他所倡导的“不隔”的境界而提出的。遵守他的理论，就可以创造不隔的艺术境界；否则，便雾里看花，终隔一层。为了评述这些观点，首先要从“不隔”的境界谈起。

从艺术风格看，“不隔”的境界是一种直接扣打读者心弦的境界，王国维推崇它，是可以同意的。不过，他在这个问题上却流露出主观片面和形式主义的观点。“不隔”是开门见山，深入浅出，跟读者的艺术感受毫无距离，一拍即合，当然是好的；但是王国维似乎把这一境界看成唯一无二，走了极端，就不免否定其他境界。在境界上我们提倡“隔”，但是对于“隔”却须作具体分析。如果意境神秘、晦涩、朦胧，如同猜谜，当然要排斥；如果仅仅由于文字障碍（或用典，或用代字，或者篇幅长一些，等等），经过疏理，仍然可以理解，能够激动人心，就不一定是“隔”。如他所指摘的姜白石的“二十四桥仍在，波心荡，冷月无声”“数峰清苦，商略黄昏雨”“高树晚蝉，说西风消息”，境界极其耐人寻味，评为“雾里看花，终隔一层”，实欠公允。这些词句，作者都用了拟人的手法，因而比较含蓄，虽非“托口而出”，却也不难理解。这也是艺术风格之一，如果斥之为“隔”，并将它与“不隔”的境界对立起来，势必影响艺术风格的多样性。我们认为“不隔”是艺术风格中较为读者欢迎的一种，但不是唯一的一种。王国维看到了艺术风格的一方面，却忽视了艺术风格的多方面，因而在理论上走了极端。

王国维把“语语都在目前”，作为“不隔”的境界的特征或标志看，也是对的。但是，把境界问题仅仅归结为一个语言问题，却是片面的、形式主义的。“境界”是形式与内容相统一的产物，仅仅在语言上玩花样，是构不成境界的。例如吴文英的“何处合成愁？离人心上秋！”（《唐多令》）就体会不到任何境界，只不过语言游戏——“心”字上加一个“秋”字合成“愁”字而已；李清照的“梧桐更兼细雨，到黄昏点点滴滴。这次第，怎一个愁字了得！”（《声声慢》）就能显示出一种孤独的“境界”，使人同情她的“守着窗儿，独自怎生得黑”的处境。

由于王国维不是从内容与形式相统一的观点去看境界，因而，在如何创造“不隔”的境界问题上，他所表示的意见也限于语言形式和体裁格律方面。如果不趋极端，他的意见未始没有一定的参考价值，遗憾的是他走了极端，把问题看得太机械、太绝对了。

应酬应景之作，固然不易讨好，但毛主席的赠柳亚子先生七律一首，却被传诵一时。至于用典与代字毛主席的诗词都不回避。吴刚、嫦娥、神女、牛郎、魏武、武昌鱼、富春江、不周山等，都是隶事；天兵、红雨、腐恶等都是代字。可见，问题不在语言形式本身，而在怎样运用语言形式正确地为思想内容服务。不首先从内容着眼，只从语言上谈境界，是舍本逐末的。

至于王国维把诗词的体裁分为“最尊”“次之”和“最下”三等，更暴露了他的形式主义的观点。体裁的长短决定于现实生活的繁简，作家采用什么体裁，总是从生活内容出发的，所谓有话则长，无话则短，并不会因为采用了小令而成绝作，采用了长调而出废品。毛主席的几首沁园春，气象磅礴、境界高远，足以驳斥长调“于寄兴言情，两无所当”的论点。

四

王国维不仅从境界出发，发表他对创作的意见；还从境界出发，论断词的发展趋势，评价词的高低，决定他对作家作品的好恶。

首先，我们看看他如何以境界评述词的盛衰、兴废的趋向。他认为五代和北宋的词具有他最为欣赏的“不隔”的境界，因而在词史上堪称“独绝”。例如他说：

> 有境界，则自成高格，自有名句。五代、北宋之词所以独绝者在此。

至于南宋之词，他认为在境界上纵使有“不隔处，比之前人，自有浅深厚薄之别。”南宋以后，则每况愈下。他曾征引旁人的话说明这一趋势：

> 词滥觞于唐，畅于五代，而意格之宏深曲挚，则莫盛于北宋。词之有北宋，犹诗之有盛唐，至南宋则稍衰矣。（潘德舆：《养一斋集》卷廿二《与叶生名沣书》）

至于由盛而衰的原因，他也通过《人间词》甲乙稿叙言（托名山阴樊志厚，实系自作）作了如下的论述：

> 诗至唐中叶以后，殆为羔雁之具矣。故五代北宋之诗佳者绝少，而词则为其极盛时代。即诗词兼擅如永叔、少游者，词胜于诗远甚。以其

写之于诗者，不若写之于词者之真也。至南宋以后，词亦为羔雁之具，而词亦替矣。此亦文学升降之一关键也。

夫自南宋以后，斯道之不振久矣。元、明及国初诸老，非无警句也，然不免于局促者，气困于雕琢也；嘉、道以后之词，非不谐美也，然无救于浅薄者，意竭于模拟也。

照这两段话看，北宋之词其所以极一时之盛，在于表达了真感情、真景物；南宋之词由于成了“羔雁之具”，情景不真实，因而走向衰替。至于元、明、清的词，由于雕琢与模拟，以致境界“局促”而“浅薄”。

把是否作为“羔雁之具”当作“文学升降之一关键”看，还不是从根本上探讨问题的实质。“文学升降”决定于一定时代的政治经济的变化，作为“羔雁之具”只不过是文人习气之表现，不足以成为决定文学升降的关键。由于他不从政治经济的变化去阐明文学的升降，因而就忽视了南宋的词在思想内容上的巨大发展。由于宋朝与金、元之间的尖锐的民族矛盾和斗争，也由于宋朝统治阶级内部主战与主和两派之间的不调和的冲突，从北宋末期到整个南宋时期，词的内容在爱国主义的主题方面有了空前的发展。辛弃疾、岳飞、陆游、文天祥等人的词充沛着强烈的爱国主义精神，使词为民族斗争服务，从而把文学中的现实主义精神提高到一个新的阶段。王国维漠视了这一点，只是从艺术上谈“升降”，是一大缺陷。当然，“气困于雕琢”“意竭于模拟”，也指出了南宋以后的词更加“程式化”的形式主义倾向，对元、明、清三代的词说，大体是恰当的。

其次，我们再看看他如何以境界评述历代词人及其作品。上文已经提到，所谓境界，又叫意境。他以意境论词，大体上把词分为两大类：“上焉者，意与境浑；其次，或以境胜，或以意胜。”他说：

文学之事，其内足以摅己而外足以感人者，意与境二者而已。上焉者意与境浑，其次，或以境胜，或以意胜。苟缺其一，不足以言文学。……文学之工不工，亦视其意境之有无与其浅深而已。

“意境之有无与其浅深”决定“文学之工不工”——这是他对词人进行评价的具体标准。例如他说：

夫古今词之以意胜者，莫若欧阳公；以境胜者，莫若秦少游；至意境两浑，则惟太白、后主、正中数人足以当之。

太白的词其所以“意境两浑”，表现在以“气象”取胜。他指出：

太白纯以气象胜。“西风残照，汉家陵阙”（《忆秦娥》）寥寥八字，遂关千古登临之口。后世唯范文正之《渔家傲》，夏英公之《喜迁莺》，差足继武，然气象已不逮矣。

李煜的词其所以“意境两浑”，在于他扩大了词的境界，具有一定程度的划时期的意义。他说：

词至李后主而眼界始大，感慨遂深。遂变伶工之词而为士大夫之词。周介存置诸温、韦之下，可谓颠倒黑白矣。“自是人生长恨水长东”（李煜《乌夜啼》）、“流水落花春去也，天上人间”（李煜《浪淘沙》），《金荃》《浣花》能有此气象耶？

至于冯正中的词，王国维认为他“开北宋一代风气”，连欧阳修都受过他的影响，也具有划时期意义。他指出：

冯正中词，虽不失五代风格，而堂庑特大，开北宋一代风气。

正中词除《鹊踏枝》《菩萨蛮》十数阙煊赫外，如《醉花阴》之“高树鹊衔巢，斜月明寒草”，余谓韦苏州之“流萤度高阁”（韦应物《寺居独夜》）、孟襄阳之“疏雨滴梧桐”，不能过也。

他之所以说周济“颠倒黑白”，是因为周济在他的《介存斋论词杂著》中曾经这么说：

毛嫱、西施，天下美妇人也。严妆佳，淡妆亦佳，粗服乱头，不掩国色。飞卿，严妆也；端己，淡妆也；后主，则粗服乱头矣。

王国维认为周济压低了李煜的地位，因而说：

温飞卿之词，句秀也；韦端己之词，骨秀也；李重光之词，神秀也。

其实，周济之论尚称公允，王国维斥之“颠倒黑白”实系误解。周济说李煜之词“粗服乱头”不掩国色，也就是无施不可，实驾温、韦而上之。王氏所谓“神秀”，其实也即周之所谓“粗服乱头”不掩国色之意。

李煜的词后代传诵不绝，当非偶然。根据“境界”说看，李煜词的最大特色，是神采飞扬，突出地表现了他个人的精种面貌，表现了一个亡国之君的“典型环境的典型性格”。只要读读他的“四十年来家国”（《破阵子》）、“往事只堪哀”（《浪淘沙》）、“春花秋月何时了”（《虞美人》）等词，就不难发现他的词，既洋溢着特定的时代气氛，更显示他独特的精神面貌。王国维予以赞赏，评为“神秀”，应该说是确切的。

对于两宋词人，王国维的爱憎，更为鲜明。他通过所谓樊志厚的口这样说：

于北宋喜永叔、子瞻、少游、美成；于南宋，除稼轩、白石外，所嗜盖鲜矣。尤痛诋梦窗、玉田，谓梦窗砌字，玉田垒句，一雕琢，一敷衍，其病不同，而同归于浅薄。六百年来，词之不振，实自此始。

北宋词人中他尤推崇周邦彦，称之为“词中老杜”。他说：

以宋词比唐诗，则东坡似太白；欧、秦似摩诘；耆卿似乐天；方回、叔原则大历十子之流。南宋唯一稼轩可比昌黎，而词中老杜则非先生（指邦彦——引者）不可。昔人以耆卿比少陵，犹为未当也。

这种比法当然是笼统含混，不科学的，只不过表现他个人的一种爱憎而已。他认为周邦彦“于诗文无所不工”，“欧、苏、秦、黄，高则高矣，至精工博大，殊不逮先生”。他说周词“模写物态，曲尽其妙”，并具体指出美成《青玉案》（系《苏幕遮》之误——引者）词：“‘叶上初阳干宿雨，水面清圆，一一风荷举。’此真能得荷之神理者。姜白石《念奴娇》《惜红衣》二词，犹有隔雾看花之恨。”总之，他认为周邦彦善于把常人“悲欢离合羁旅行役之感”表现出来，也就是善于把“常人之境界”提炼为“诗人之境界”。在当时的影响颇大，“自士大夫以至妇人子女，莫不知有清真”。因此，王国维肯定他是第一流作者，但也指出他的不足之处：“创调之才多，创意之才少。”就是说在意境的创造上才力还不够。不过，“调”是为“意”服务的，不从二者的统一上去评价其得失，是片面的。

对南宋词人予以完全肯定的，只有辛弃疾。他说：

> 南宋词人，白石有格而无情，剑南有气而乏韵；其堪与北宋颉顽者，唯一幼安耳。……幼安之佳处，在有性情，有境界，即以气象论，亦有傍素波、干青云之概，宁后世龌龊小生所可拟耶？

这里对姜夔与陆游的评价，未必恰当，把“格”与“情”“气”与“韵”割裂开来，也陷于繁琐。但他把辛弃疾和北宋词人苏轼相提并论，却可从风格上看出词的流派的发展：

> 东坡之词旷，稼轩之词豪，无二人之胸襟而学其词，犹东施之效捧心也。

他认为“后世龌龊小生”舍本逐末，“学幼安者率祖其粗犷滑稽，以其粗犷滑稽处可学，佳处不可学也”。这就是说，后人只学习辛弃疾词的皮毛——语言方面的粗犷滑稽，而不去学习他的长处——有性情，有境界，有气象。

王国维对南宋以来一些词人如张炎、周密等贬抑苏、辛词的“犷”与“豪”的风格，深表不满，从而对他们痛加诋斥。他认为吴文英、张炎等人的词“枯槁无生气”是“六百年来，词之不振”的始作俑者。他有时把吴文英和张炎或史达祖放在一起批判，有时又把周密和张炎放在一起批判，而在吴周二人之间，他更深诋吴文英。他说：“梅溪（史达祖）、梦窗（吴文英）诸家写景之病，皆在一隔字。”“‘池塘春草谢家春，万古千秋五字新。传语闭门陈正字，可怜无补费精神。’此遗山论诗绝句也，梦窗、玉田辈，当不乐闻此语。”他认为这些词人，才分有限，失之肤浅：

> 梅溪、梦窗、玉田、草窗、西麓（陈允平）诸家词虽不同，然同失之肤浅。虽时代使然，亦其才分有限也。

王国维肯定苏、辛词独树一帜的风格，并指出南宋以后的词趋向衰替，是有一定根据的。但他对吴文英等词人的批评，缺少具体分析，况且把不同风格的词人（如张炎与吴文英在风格上就有所差别）放在一起，斥之为“同失之肤浅”“才分有限”，就非常笼统，没有什么说服力。

王国维评述的词人颇多，不必一一罗列。《人间词乙稿叙》中的一段话，可以当作他以境界论词的小结看：

> 苟持此（指境界或意境——引者）以观古今人之词，则其得失可得而言焉。温、韦之精艳，所以不如正中者，意境有深浅也。珠玉所以逊六一，小山所以愧淮海者，意境异也。美成晚出，始以辞采擅长，然终不失为北宋之词者，有意境也。南宋词人之有意境者，唯一稼轩，然亦若不欲以意境胜。白石之词，气体雅健耳，至于意境则去北宋人远甚。及梦窗、玉田出，并不求诸气体，而惟文字之是务，于是词之道熄矣。自元迄明，益以不振。至于国初，而纳兰侍卫以天赋之才，崛起于方兴之族，其所为词，悲凉顽艳，独有得于意境之深，可谓豪杰之士，奋乎百世之下者矣。同时朱、陈，既非劲敌；后世项、蒋，尤难鼎足。至乾嘉以降，审乎体格韵律之间者愈微，而意味之溢于字句之表者愈浅，岂非拘泥文字而不求诸意境之失欤！

王国维对历代词人的褒贬，既难视为定论，就需有人另作专文评选；本文为主题所限，只引证这一段话，证明他确乎是以境界作为批评标准的。

五

以上我们就“境界”说谈了四个方面，这四个方面的得失，总起来看，首先在文艺理论上和创作实践上具有一定的意义：

从理论上说，“境界”的涵意是和以形象反映现实的艺术规律相通的；“通古今而观之”的原则是和在现实的发展中反映现实、并描绘出一定的典型情景的原则相接近的；既要入乎其内，又要出乎其外；既要有轻视外物之意，又要有重视外物之意，这是和作家必须深入生活，才能进入创作过程的根本要求不相违背的。从这些根本点看，王国维的美学思想可以说初步立足于唯物主义的基地，具有现实主义的倾向。

从实践上说，《人间词话》把“意境两浑”的“不隔”的境界悬为最高理想，并且主张以“造境”和“写境”的艺术方法，把“常人之境界”上升为“诗人之境界”，反对模拟、雕琢和粉饰，对诗歌的创作实践和批评实践也未失去其借鉴的意义。尤其可贵的是，他对于“造境”和“写境”两种创作方法的理解以及对“常人”和“诗人”两种境界的考察，都是联系现实而且是相当辩证的。当然，把创造境界作为诗词的根本要求，并不是从王国维起才被引起注意的。从古代那些写作《国风》的民间诗人起就是重视对真景物、真感情的描绘的。不过，作为一种美学思想提出来，而且予以强调，则始于王国维。

对于“境界”说的这种理论意义和实践意义，过去一些研究《人间词话》的论著是肯定不够的，有的甚至予以全盘否定，统统地斥之为唯心观点，似欠公允。

其次，“境界”说的缺陷也是很显然的：第一，“境界”说虽关联着现实，但他所理解的现实与我们今天所理解者，在广度与深度上出入是很大的，其间存在着本质上的差别；同时，“境界”说虽立足于唯物主义，但并未和唯心主义作有意识的决裂。由于王国维深受尼采、叔本华等哲学与美学思想的影响，世界观方面的严重局限使他无法摆脱唯心主义思想的羁绊，是完全可以理解的。他虽指出“有境界，本也；气质、神韵，末也”，可是他并不排斥所谓“末也”的气质、神韵等说，而是采取兼容并包的调和态度，所谓“有境界而二者（气质与神韵）随之矣”，就是这种态度的具体表现。同时，他把“真景物、真感情”作为有无境界的标志，也是超时代、超阶级的。在我们看来，境界不是抽象的，是受历史条件、社会环境和阶级关系的制约的。孤立地去判断境界的真与不真，是不妥当的。李煜、辛弃疾的词，其所以在词史上大放异彩，就是由于他们的词所显示的境界不是一般化的抒情写景，而是打下了特定的时代烙印的。他们的词所发挥的认识作用将是长期存在的。毛主席的词其所以给僵化了几百年的词注入新的生命，也就是由于它们描绘了具有典型意义的境界。例如《西江月·井冈山》一词：“山下旌旗在望，山头鼓角相闻，敌军围困万千重，我自岿然不动。”就为我们展示了一幅新民主主义革命时期“围剿”与反“围剿”的你死我活的境界，时代色彩和阶级特征是异常鲜明的。“我自岿然不动”揭示了中国人民泰山崩于前面色不变的威武不能屈的典型性格。这种境界和性格是不可移易的。而《人间词话》论境界，却是不受时代和阶级的局限的。虽然，在创造境界时，他提出了“通古今而观之”的原则，但在理论上却没有将二者很好地联系起来，从而，在进行具体批评时，还是只能抽象地谈意境之有无及其深浅，而不能确指意境的时代特征和阶级色彩。当然，王国维生长在封建社会末期，受历史条件的限制，自不能以今天的水平强求于他，不过，以今天的水平指出他在理论上的缺陷，以示同我们的理解尚有很大的距离，仍然是必要的。

第二，王国维把“境界”说作为批评标准，总是从语言形式着眼，很少接触思想内容，令人有艺术标准唯一之感。影响所及，很可能为艺术脱离政治的倾向大开方便之门。自然，王国维跟其他许多封建社会的文艺理论家一样，并不真的忽视政治标准，只不过把政治标准溶化在艺术标准之内，跟“艺术即政治”的观点有些近似。这是他为地主阶级的封建统治服务。一切为封建统治阶级服务的理论家，都特别强调艺术标准。那是为了诱导文人把毕生精力、才华移到“二句三年得，一吟双泪流”（贾岛）、“只将五字句，用破一生心”（李频）的道路上去，不起来造反，借以达到巩固封建地主阶级的政权的目的。在封建统治阶级内部，象白居易那样鲜明地表白“文章合为时而著，诗歌合为事而作”的政治倾向的，并不多见。王国维在政治立场上自然是维护封建统治的。他的“境界”说很少接触思想内容，毫不足怪。我们把它作为文学理论遗产来批判接受，主要是由于它强调艺术境界的形象性，向我们指明：我们的文艺理论具有和概念化不相容的优良传统。

第三，还得指出，王国维把“境界”作为批评标准，在思想方法上是形而上学、主观片面的。虽然他说过“唐五代之词，有句而无篇；南宋名家之词，有篇而无句；有篇有句，唯李后主降宋后之作，及永叔、子瞻、少游、美成、稼轩数人而已”的话，似乎也重视整体和全面，但他对一定时期的作品或者一个作家的作品进行评价时，却不是从全局着眼，往往以偏概全，就一词一句谈境界，以片言只字定褒贬，从未对整篇作品的境界和整个词人的得失加以评述，这就不免以点代面。因而他对词人词品的一些论断，我们很容易举出许多例外的论证去反驳他。

当然在古代诗词中，往往有一词一句显示或支配全篇境界，或者因一词一句的警辟而全篇为之生色、得以传诵千古的，在文艺批评中把这种情况加以指出，以显示古人的艺术匠心或严肃认真的写作态度，还是必要的。不过，从马克思列宁主义高度去要求文艺批评，还是必须从“全人”与“全文”出发，以偏概全，以点代面的风气是要不得的。

《人间词话》是王国维三十岁前后所作，各方面的局限使它的见解不能十全十美甚至自相矛盾，是可以理解的。为了今天的需要，我们只能采取披沙拣金的态度，既不能一概抹煞，也不可全盘肯定。

（1962 年暑期，感谢党的关怀，得在汤山休假。当时与唐圭璋先生比邻而居，晨昏相处，听其纵论宋词，获益匪浅。本文的改写，突受其启发。谨以后学的心情，向唐老深表感谢。——吴奔星志于汤山　62. 8. 25）

（原载《江海学刊》1963 年第 3 期）

耶律楚材在大蒙古国的地位和所起的作用

韩儒林

中国的士大夫对于大蒙古时代[①]的耶律楚材一向都有好评。1260 年郝经《立政议》中关于耶律楚材的颂辞，可以代表元朝士大夫的意见。他说：

> 当太宗皇帝临御之时，耶律楚材为相，定税赋，立造作，榷宣课，分郡县，籍户口，理狱讼，别军民，设科举，推恩肆赦，方有志于天下，而一二不逞之徒，投隙抵罅，相与排摈，百计攻讦。乘宫闱违豫之际，恣为矫诬，卒使楚材愤悒以死。[②]

历史事实的真相真如郝经所说的么？耶律楚材真是大蒙古国的宰相，真是能为大蒙古国立下这么多的“功业”么？

明朝的士大夫对于耶律楚材也是推崇备至。沈德符说他“大有造于中国，功德塞天地”[③]，张溥说他“功侔周召”[④]。至于其余的赞颂，我们就不必再一一列举了。

---

① 成吉思汗立国之后，忽必烈改易国号以前，当时人称他们所建立的国家为大蒙古国。当日蒙古和金国、南宋、高丽等国的国书往来，亦是如此称呼。晚近有人称这个时期为蒙古帝国，或蒙古汗国，我认为名从主人，才符合历史主义，所以仍用大蒙古国称呼这个时代。参阅赵珙《蒙鞑备录》，彭大雅《黑鞑事略》，王恽《秋涧集》卷八一，郑麟趾《高丽史》卷二六，1242 年重刊《孔氏祖庭广记》末叶牌子，《元史》卷一四九《耶律留哥传》，等。

② 郝经：《陵川集》卷三二，并参阅《湛然居士集》孟攀鳞、王邻、李微、行秀等人序文。

③ 《万历野获编》卷二八“耶律楚材”条。

④ 《宋史纪事本末》卷一〇一“北方诸儒之学”张溥评论。

近几十年来研究耶律楚材的人很多。袁昶[①]、张相文[②]、王国维[③]、陈援庵先生[④]等都下过很深的功夫。在欧洲各国，法国的雷木萨，帝俄的布勒施乃得[⑤]对耶律楚材也都有比较详细的介绍。

解放后，历史工作者对耶律楚材也有很高的评价：有人说他保护了人民未受屠杀，有人说他为元朝订立制度走向汉化。也是一片颂扬。现在不是想做翻案文章，要故意给耶律楚材一些恶评，只是认为：要想知道一个人，必须首先了解他所处的时代。在成吉思汗窝阔台父子建立的大蒙古国初期，蒙古统治集团究竟需要什么人？耶律楚材究竟有哪些本领符合蒙古可汗的需要？这些问题弄清楚了，耶律楚材代表什么人的利益、反对什么人、在当时究竟起了什么作用等等问题就好解决了。

元朝的皇帝从忽必烈起，名义上虽说仍是成吉思汗的继承人，可是所继承的国家却不是统一的了。西北诸藩国中，除了他的兄弟旭烈兀使用"伊利"[⑥] 这个汗号来表示他的地位和元朝皇帝不是对等的以外，其他各藩国都独立了，地方化了，连名义上也和元朝不发生关系了。元朝的政令已经不能达到天山以西，所统治的民族主要是汉族，所依靠的物质力量，主要是中原汉族人民和封建农业经济，因而忽必烈便不能不把政治中心——和林从漠北迁移到今天的北京，不能不采用中原旧有的封建统治制度来统治中原封建社会的人民。"用汉法，治汉民"，"帝中国，当行中国事"，是十三世纪六十年代忽必烈所面临的问题，是大蒙古国末期的问题，十三世纪初年耶律楚材进入成吉思汗的穹庐时（1218 年），"汉法"问题还根本提不到议事的日程上。

耶律楚材所处的时代，是大蒙古国的初期，严格地说，是成吉思汗统一

---

① 参阅浙西村舍本《湛然居士集》。

② 张相文：《湛然居士年谱》，《西游录今注》。

③ 王国维：《耶律文正公年谱》。

④ 陈垣：《耶律楚材之生卒年》，《耶律楚材父子之异趣》。

⑤ 布勒施乃得：《中世纪研究》（英文），第 9—12 页。

⑥ 伊利译言"隶属"，洪钧音译作伊儿。按元代音译译例，"儿"字与 R 字母对音，还没有见过用以译 L 字母的例子。

蒙古地区、进兵中原以后，和他儿子窝阔台在位的时代。这短短的二十几年中，蒙古统治者对汉地控制的情况和面积，大不相同，因而所需要的“人才”也就很不一样。现在我们就从成吉思汗和窝阔台这两个时代的具体条件来研究耶律楚材所处的地位及其所起的作用。

1206 年成吉思汗统一蒙古高原后，即准备并吞金国，那时女真统治集团虽已腐朽不堪，可是蒙古一时还无力把它并吞下去。1211—1214 年成吉思汗进兵金国，孤军深入，南达黄河北岸，由于得地没兵戍守，不得不在和议成立后，退回山后去。以后他用兵西域达七年之久，东归后西夏未灭，他就死了。他所建的大蒙古国，东起朝鲜，西达黑海，北逾贝加尔湖，南方进到冀晋陕甘等省的北部汉族农业地区的边缘。总的看来，成吉思汗一生活动的地区，是畜牧业地区和半农半牧地区，和中原汉族封建社会，始终没有发生较深的关系。因而耶律楚材的“以儒治国”的本领，对于当时的蒙古统治者就丝毫没有用处；而且楚材投入蒙古后，在成吉思汗时期的十年中（1218—1227），他本人“流落遐荒”，也根本不在中原。

女真迁汴后，蒙古兵再度进入河北，这时除投降蒙古的和继续拥护女真政权的两种汉族武装地主互相火并外，所有两方官兵对各地起义的农民军都进行残酷的镇压，黄河以北广大地区陷于“荡然无统”的状态。

在这个时代，蒙古的统治集团在中原和西域进行战争的主要目的，仍是抢掠财富，扩大掠夺面积，和在蒙古高原进行的战争是一贯的。不过在草原上掠抢的对象只能是牲畜和人口，在中原和西域的农业地区更增加了布帛金银等等而已①。掠抢的方法是直接的，换句话说，蒙古的将士到了一个地方，亲自动手，进行掳掠。对于抢得的东西，大家进行俵分，就是成吉思汗也有一份②。

在这个得地不守，以抢掠财物和扩大抢掠面积为主要目的的时代，蒙古

① 据志费尼（1226？—1283）说蒙古人在西域最初还不注意金银和宝物（《世界征服者传》，1958 年 J. A. 波义耳英文译本，第 633 页，以下简称《征服者传》）。

② 赵珙：《蒙韃备录》“军政”条；彭大雅《黑韃事略》“其赏罚”条；《元朝秘史》第二六〇节。

统治集团所需要的是什么样的中原人物呢？首先是武装地主。蒙古军队人数不多，这些人能为他们组织武装力量，进行打天下的战争。其次是技术人员和手工业工人，他们能制造更多更精良的武器和改善蒙古统治集团的物质生活与卫生条件。至于舞文弄墨、通晓汉族封建统治的所谓儒者或士大夫，当日和劳动人民一样看待，也只是被掳掠去当奴隶使用而已。

那么耶律楚材在这个时代拿什么本领给蒙古统治阶级服务呢？耶律楚材虽是契丹人，可是他的家族从他的八世祖起，早已充分汉化了。他们祖孙父子都是汉族封建社会中的典型士大夫。耶律楚材会作诗，会弹琴，还会参禅。不过所有这一切对于草原上一个“只识弯弓射大雕”的蒙古统治者说来，都是一文不值。这位契丹贵族知识分子别有一套技能，在大蒙古国初期需要大量技术人员的时候，是符合需要的。

《元史》卷一四六《耶律楚材传》主要是根据宋子贞撰的《神道碑》写成的。这一篇《神道碑》又是由他的门下士赵衍所撰的行状改写而成，其中充满了谀辞与诬说。但是说他“通天文、地理、律、历、术数及释、老、医、卜之说”却是真实的。他能给成吉思汗服务的本领，也就是这些“方技”①之术。

耶律楚材著有《五皇秘语》《先知大数》等书，见明代黄虞稷《千顷堂书目》。他在《进西征庚午元历表》中说，他在成吉思汗的政权里“五载有奇，徒旷蓍龟之任”，寄张本的诗中也说：“自天明下诏，知我素通蓍。”② 可见成吉思汗1218年把他从北京找到漠北，“处之左右，以备谘访”，所谘访的就是这一套占卜之术。他的传记缕述了他在成吉思汗时期的许多“功业”，如：对夏雨雪、冬大雷、月蚀、长星见西方的解释，祭角端的建议③，西夏亡时搜取大黄药材，以及以后用太乙数推知窝阔台出猎不吉等等，没有一项不

① 窝阔台一二三四年攻南宋，命姚枢“即军中求儒、道、释、医、卜、酒工、乐人”。忽必烈所重视的刘秉忠，本是个和尚，除通《易》及邵氏《经世书》外，“天文、地理、律、历、三式、六壬、遁甲之属无不精通”。还著有《平砂玉尺》《玉尺新镜》等书，足见蒙古初期对术数技艺的重视。

② 《湛然居士文集》卷八及卷一二。

③ 参阅元盛如梓《庶斋老学丛谈》。

是医卜星相之术的事。耶律楚材对某些自然现象的迷信解说，今天看来十分荒唐可笑，但在文化水平很低，迷信甚深的蒙古军队中，却能起巨大的麻醉作用。所以成吉思汗每遇将兵出征，必命楚材预卜吉凶，借以增强将士的斗志，坚定胜利的信心。可是这种迷信勾当在蒙古可汗的眼中，比较武装地主的冲锋陷阵来，分量究竟要轻得多。所以他跟着蒙古军队到西域流浪十年，心情十分潦倒，在他的诗篇中充满了侘傺浮沉的诗句①。

耶律楚材是个居士，他父亲耶律履也通佛法②。耶律履做过金朝的礼部尚书，“尤邃于易、太玄，至于阴阳方技之说，历象推步之术，无不洞究”，并著有《乙未元历》③。这一套家学没有失传，楚材也著有《庚午元历》，自称曾做大蒙古国的“春官”。此外在西域他还管理过小规模的屯田，他在《西游录》中说：“昔徙河中之豪民子弟四百余人，屯田于塔剌思城，奉朝命，委予权统之。”所有这一切，在大蒙古国初期都是无足轻重可有可无的工作。

1206 年蒙古统一政权建立后，国内行政、国外交涉一天天多起来了，文书往来，也就频繁起来了。尤其是蒙古“一军中宁有多少鞑人，其余尽是亡国之人”④，蒙古统治者倚仗这些“亡国之人”把掠夺面积扩大到蒙古高原以外，号令禀报，就不能再用派遣使者口传消息的旧办法了。

1204 年蒙古“以畏兀字书国言”，才有文字，成吉思汗同辈的蒙古贵族当然都不识字。于是，掌管文书的必阇赤就成了不可少的人员了。

大蒙古国的初期，东方汉地各族，通行汉文，西方回回田地，通行波斯文，中间地区用的大约是蒙古文，因此蒙古在漠北时期的中书省或秘书处，

---

① 《湛然居士文集》卷二《复用前韵唱玄》：“天涯流落从西征”；《用前韵感事》二首：“流落遐荒淹岁月，赢得飘萧双鬓雪”；《用李德恒韵寄景贤》：“牢落十年扈御营”；卷三《和移剌子春见寄》其二：“生遇干戈我不辰，十年甘分作俘臣”；《过云中和张伯坚韵》：“自怜西域十年客，谁识东丹八叶孙”；《过云中和张仲先韵》：“致君泽民本不难，言轻无用愧偷安。十年潦倒功何在，三径荒凉盟已寒”；《过白登和李正之韵》：“十年沦落困边城，今日龙钟返帝京”；等等。

② 耶律履撰有《天竺三藏吽哈啰悉利幢记》见元释念常《佛祖历代通载》卷二〇。

③ 元好问：《故金尚书右丞耶律公神道碑》（苏天爵《元文类》卷五七）。

④ 《黑鞑事略》“其阵”条。

大约应有蒙文、汉文、波斯文三个系统[①]。蒙古宗王大臣使用的必阇赤，所主管的应该是蒙古文书，大约蒙古人识字的太少，所以这些必阇赤大多是畏兀儿、克烈等部人（如成吉思汗的幼弟斡赤斤的必阇赤撒吉思，四环卫的必阇赤野里术等都是畏兀儿人，成吉思汗任命的必阇赤长怯烈哥和镇海是克烈人）[②]。至于文书“行于回回者，则用回回字，镇海主之，行于汉人契丹女真诸亡国者，只用汉字，移剌楚材主之”。《元史·耶律楚材传》和宋子贞所撰《神道碑》都没有提到楚材为蒙古可汗掌管汉文文书，但是他在蒙古政权中取得地位，掌握权力，却正是由于他是一个必阇赤（管文书人）。

1220年成吉思汗召见全真教道士丘处机，处机“惮于远行”欲于“德兴（今河北涿鹿）盘桓”，成吉思汗下诏促其就道，这个诏书就是耶律楚材执笔的[③]。

1221年南宋赵珙使蒙古，见木华黎于燕京，归著《蒙鞑备录》，记所见闻。他说“燕京现有移剌晋卿者，契丹人，登第，见为内翰，掌文书”。当时楚材远在西域，赵珙在燕京就听到他的名字，足见他已有一定的权势了。1225年楚材尚留在高昌城（今新疆吐鲁番），中原的官僚地主便开始通过他向蒙古可汗钻营。他寄赵元帅书云：

> 足有安天下之志，仍托仆为先容，仆备员翰墨，军国之事，非所预议。[④]

---

① 1246年罗马教皇伊诺桑第四遣派教士普拉诺·迦尔毕尼到和林，觐见元定宗，大臣镇海、合答等为了复教皇的来信，“问我们，在教皇左右，有无通晓俄文或回回文或鞑靼文的人。我们回答，在我们那里，无人通晓俄文或回回文或鞑靼文，我们国家固然有回回人，但住得离教皇很远。因此我们声称，依我们的意见，最好用鞑靼文写回信，再［口］译给我们。我们将此译文如实记下，并把原本与译本一同交给教皇”。见迦尔毕尼所撰的《蒙古历史及1245—1247行纪》，1930年里施德文译本页254—255。这里除回回文蒙文外，特别提到俄文，大概是因为当时充当译人的，适为斡罗思公爵牙罗斯拉夫的侍卫帖木儿，他当然是通俄文的。1920年在梵蒂冈档案中发现了元定宗的回信，信是波斯文写的，印文是蒙古文，印的形式是中原传统的方形。这封回回文复函，可能就是镇海写的。参阅法国伯希和《蒙古人与教廷》第12页与第13页的插页。

② 参阅《元史》卷一三四《撒吉思传》《也先不花传》，卷一三五《铁哥术传》等。

③ 耶律楚材：《西游录》。

④ 《湛然居士文集》卷八。

他虽不能预议军国之事，可是遇事“得以行其私意”，早已能作威作福了。

1227年成吉思汗死，他大约在宁夏，以后拖雷监国，调他回燕京，才再回中原。计自1218年北上，在西北流浪了十个年头。在这十年中，他的任务是掌管占卜星相和汉文文书而已，军国之事，是没有资格过问的。

窝阔台即位后，大蒙古国的情况如何呢？成吉思汗晚年已把蒙古本土和西方阿木河以东的土地，分封给他的四个儿子，东方分封给他的几个兄弟、亲戚和功臣。在封地以内，各有各的垄断剥削权，他人是不许染指的。大蒙古国东南部的一个小角落即中原地区的北部，和西南部的一个小角落即阿木河西呼罗珊等地，战争还在进行，土地得失不常，统治权还不巩固。在大蒙古国全国范围内，这些地区只是整个国土边缘上的一小片土地，无论政治上经济上都还不占重要位置。而且这些地区似乎还是大蒙古国的公产，还没有分赐给诸王和功臣。成吉思汗的各支子孙都有派人到这些地区索取财物①的权利。

这时和林城虽尚未建立，政治中心却在漠北。在蒙古统治集团的政治军事活动中，中原地区虽已开始被重视，但也只是全国范围内军政事务的一个方面而已。这个时期的军国大事主要是命绰尔马罕继续进兵波斯；命速不台等攻钦察、不里阿耳等地；高丽亦在用兵；至于金国，可汗决定自己去亲征②。1234年金朝亡后，举行第二次大聚会，会上决定了长子出兵东欧，和阔端、曲出等进兵宋境。这些军国大事，都是蒙古可汗和自己的“亲骨肉”商量决定的，当然不需要一个作诗、弹琴、参禅的中原士大夫参加谋议。

成吉思汗进兵西域的期间，把经略太行以南中原地区的任务交给木华黎了。木华黎从1217年接受命令起，到1223年死在山西解县止，七年之中，占领了山东、河北、山西、陕西等省北部的一些城镇；接纳一些投降的汉族武装地主。可是新略取的土地，尚有继续拥护女真政权的武装地主的反抗，

① 《元史》卷二《定宗纪》，《征服者传》英译本，第483页。

② 《征服者传》英译本，第190页；《元史》卷二《太宗纪》。

和农民军出身的彭义斌等的进攻，政权是不巩固的。而且当时“凡纳士及始命之臣，皆令世守。郡邑长吏，皆其僮仆”。“天下郡县犹以财赋自赡。”向人民搜刮来的财赋，大多不向蒙古统治集团缴纳。这些土皇帝（诸路长吏）“兼领军民钱谷”，“聚敛自私，资至巨万”。蒙古中央政府的仓廪府库却无斗粟尺帛。西域人虽说教给北军将士一套讨“撒花”（译言礼物）银的办法，向中原各阶层人民敛钱，但所敛财货尽归私人所有，最高蒙古统治者仍然得不到好处。窝阔台即位后，曾把所占领的土地划出一部分分封给宗亲勋贵，可是也不是顺利无阻、没有遇到反对的①。当初次进兵金国时，蒙古统治者还可以纵兵大掠，俵分掠夺品，既已占领之后，人民成了自己的“赤子”，不能再动手直接抢掠了。眼看一块肥肉，只是没有办法把它吞下去，当时的近臣别迭等竟然要向经济条件发号施命了，他们建议：

> 虽得汉人，亦无所用，不若尽去之，使草木畅茂，以为牧地。②

中原地区有一套现成的封建剥削制度，官僚地主是这套制度下敲脂剥髓的能手。北方民族的统治者不通过这些官僚，不用这一套制度，在中原是剥削不到什么东西的，别迭的话正反映了生产落后的蒙古统治阶级在汉地不能直接进行抢掠的情况下，对于剥削汉族农民陷于一筹莫展的焦急心情。

有人认为别迭的主张，是想扩大牧地，繁殖更多的马羊。这当然是合乎情理的，也是可能的。但是在当日中原农业高度发展的具体情况下，扭转历史前进的车轮是行不通的。那时有无数武装地主携同部曲投降蒙古，目的不过在保存生命财产，保存劳动力，扩大耕地面积而已。1232 年彭大雅叙述北中国的情况说：

> 汉地万户四人：如严实之在郓州，则有山东之兵；史天泽之在真定，则有河东河北之兵；张柔之在满城，则有燕南之兵；刘黑马之在天城，

① 《元史》卷一二六；《元名臣事略》卷七引《廉希宪家传》；《元史》卷一五三《王玉汝传》。
② 宋子贞：《中书令耶律公神道碑》，《元文类》卷五七。

则有燕蓟山后之兵。他虽有领众者，俱不若此四人兵数之多，势力之强也。①

这些手握重兵的新降武装地主愿意引颈就戮么？木华黎统辖六万二千人，受命经略中原时，大约只带来二万三千蒙古兵②，攻城略地，全靠这些汉族武装地主。如果“悉空其人，以为牧地”，继续打天下，再向什么地方补充兵员呢？

把华北高度发展的农业地区“空其人以为牧地”，是开倒车，是违反社会发展规律的。社会的发展规律是：“文明较低的征服者，最大多数的场合上，不得不与被征服国度的较高的经济情况（被征服以后的那个样子）相适应。”深切了解蒙古统治集团和中原经济情况的中原封建官僚——耶律楚材出来献策了。

陛下将南伐，军需宜有所资，诚均定中原地税、商税、盐、酒、铁冶、山、泽之利，岁可得银五十万两，帛八万匹，粟四十余万石。③

原来掠夺中原农民的手段除了直接下手抢掠和间接的“撒花”外，还有草原上向未见过“地税、商税、盐、酒、铁冶、山泽之利”等花样，而且在一年之内就能掠夺到那样大量的粮食、布帛和现金。以窝阔台为首的蒙古统治集团扭不过社会发展的规律，只得顺着历史车轮前进的方向进行统治，把一切搜刮的部署和组织，完全委任中原地主阶级代办了。就在这样的条件和情势下，一个平凡人物才能扮演英雄的角色。

这时女真政权还在开封苟延残喘，它原有的十九个路中，南京、京兆府、凤翔、鄜延、庆原、临洮、河北东路、大名府等路，有的还金瓯无缺，有的还能控制大部分；东北的上京、咸平、东京等路，名义上还在契丹耶律留哥

① 《黑鞑事略》“其头项分成条”。
② 拉施德：《史集》第一卷第二册，1952 年斯米尔诺娃俄译本，第 178 页。
③ 宋子贞：《中书令耶律公神道碑》，《元文类》卷五七。

的后裔统治下。受蒙古政权号令的地方，只有北京、西京、中都、河北西路、山东东西两路、河东南北两路，总共八路而已。耶律楚材口中的“天下”，事实上就是这么一块土地。在这八个路的范围之内，即今山西和山东河北两省的北部，也就是大蒙古国东南角的一小片土地上，耶律楚材以替代蒙古统治集团搜刮财富的首领的资格，组织亡金的士大夫陈时可、刘中等任征收课税使，设立了十路课税所。这十路是：

燕京课税所（金中都的西部）

宣德课税所（金西京的东部）

西京课税所（金西京路）

太原课税所（金河东北路）

平阳课税所（金河东南路）

真定课税所（金河北西路）

东平课税所（金山东西路）

北京课税所（金北京路）

平州课税所（金中都路的东部）

济南课税所（金山东东路）①

这种课税所也不是耶律楚材创设的，他不过把金朝各路转运司的机构②恢复起来而已。

《元朝名臣事略》卷十三引《杨奂文集》：

岁在己丑（原文如此，应为庚寅）十有一月，中书耶律公以军国大计，举近世转运司例，经理十路课税。易司为所，黜使称长。相丰歉，察息耗，以平岁入。奏可，一听中书省总之。

① 《元史》卷二《太宗纪》。

② 《金史》卷五七《百官志》“都转运司”条。

根据楚材的《神道碑》，说一年之后（1231 年）窝阔台见诸路所贡课额，完全符合原奏之数，才深切认识到，“天下虽得之马上，不可以马上治之”的道理了，于是“即日授中书省印，俾领其事”。《元史》本传竟干脆说即日拜中书令了。

按《唐六典》卷九：

> 中书令之职，掌军国之政令，缉熙常载，统和天人；入则告之，出则奉之；以厘万邦，以度百揆；盖以佐天子而执大政者也。

这是唐代的中书令。元朝的中书令呢？《元史》卷十五：“中书令一员，银印，典领百官，会决庶务”，只有皇太子才能担任这个职务。耶律楚材是大蒙古国的中书令，却绝对和以上两个时代的不同，这个中书令什么样呢？

1232 年，即耶律楚材拜中书令之次年，南宋彭大雅使蒙古，说“诸国亡俘或曰中书丞相……随所自欲而盗其名，初无宣麻制诰之事”。又说耶律楚材“或称中书侍郎”。两年之后（1234 年）徐霆到草地，说：

> 鞑人无相之称，只曰必彻彻。必彻者汉语令史也，使之主行文书耳。
>
> 若宰相，即是楚材辈，自称为中书相公，初非鞑主除授也。
>
> 鞑主亦不晓官称之义为何也。
>
> 只是见之文书者，则楚材、镇海得以行其私意，盖鞑主不识字也。若行军用师等大事，只鞑主自断，又却与其亲骨肉谋之，汉儿及他人不与也。[①]

可见耶律楚材的中书令，不过是窃号自娱而已。

那么耶律楚材在大蒙古国的地位到底如何呢？《元史》卷二《太宗纪》说“命河北汉民以户计出赋调，耶律楚材主之；西域人以丁计出赋调，麻合没的滑剌西迷主之”。真相也只是如此。麻合没的·牙老瓦赤父子，深知中亚

---

① 参阅《黑鞑事略》“其相”“其称谓”“其印”“其官称”等条。

情况，令他们掌管中亚的赋税①。耶律楚材深知汉地封建制度，又出身契丹贵族，故令他为首领，组织一群善于搜刮的官僚，进行征收黄河以北的课税而已。

在大蒙古国虽说事无巨细，须由可汗自己决定，可是舞文弄墨的必彻彻（即必阇赤），却可以上下其手，弄权行私。因此，不仅当时想攀龙附凤的士大夫，伺候他的颜色，就是手握兵柄的汉军万户如严实之流，亦不能不向他低头②。

蒙古旧制“凡攻城邑，敌以矢石相加者即为拒命，既克必杀之”。这大概是蒙古草原上复仇战争的残余。随着汉人及各族人民加入蒙古军的增多，随着客观形势的需要，屠城的残酷罪恶行为亦逐渐减少。“奇巧之工，厚藏之家”是统治集团所需要的，供给刍秣的农民亦是军事活动所不可少的③。总之在进入中原以后，“得地无民，将焉用之?”蒙古军往往停止屠城，是受了这些客观条件的制约。若把停止屠杀某一城镇，归功于某人的一言片语，那是难以令人置信的。可是《元史》传记中这类粉饰的记载，却偏偏多。特别是汴梁未屠，宋子贞归功于耶律楚材，姚燧归功于窝阔台的私人医生郑景贤④。看起来，事情如何会那样简单。投降蒙古的官僚，日久得到信任后，在蒙古将士面前说几句话，少杀几个人，是可能的，也是正义的行为，估价太高，是不应该的。

大蒙古国的初期，北中国连年战争，人民不死于兵火，便死于饥馑，悲惨景象达到“千百不余一”的程度。蒙古政权的各族地主，对土地占有当然无大问题了，最严重的是劳动力的缺乏。因而在军前掳到的人民，即作为自己的“驱口”。在中原封建社会中，有势力、有地位、素受尊重的儒者、士大夫，亦遭到同样的命运。1215 年蒙古军占领中都，亡金的士大夫便“混于杂

① 《征服者传》英译本，第 97 页；《史集》俄译本第二卷，第 64 页；《元朝秘史》，第 263 节。

② 《元史》卷一五九《宋子贞传》，《元朝名臣事略》卷十引徐世隆撰《宋子贞墓志》。

③ 元好问：《遗山先生文集》卷二六《东平行台严公神道碑》。

④ 姚燧：《牧庵集》卷三《郑龙冈先生挽诗序》。

役，堕于屠沽”了。1233 年汴梁城破，社会地位很高的大批士大夫被掠为驱口，这些人不仅“羁孤流落，人所不能堪”，“饥寒不能自存”，而且身受“指使之辱”，亲任“奔走之役”[①]。耶律楚材在这批驱口中，“奏选工、匠、儒、释、道、医、卜之流，散居河北，官为给赡”。这些走投无路的地主知识分子，如何不感激涕零呢？以后楚材又在燕京置编修所、平阳置经籍所，显然也都是为这批获得自由、恢复了社会地位的儒者而设立的啖饭之所。一般地主知识分子飞黄腾达，全恃考试，在这样混乱的情况下，由于耶律楚材的建议，使四千多个（包括被俘的）儒者通过考试，顿成新贵[②]，他自然会受到这些人的馨香膜拜的。

看来，耶律楚材所代表的阶级利益，主要是地主阶级中知识分子的利益。

他反对的是什么人呢？我认为他所反对的主要是蒙古政权中操纵财政经济的西域商人。中央亚细亚人自古就善于经营商业[③]。中原地区和蒙古草原都是他们的市场。蒙古统治集团进入中原后，由于东西交通无阻，中亚大批商人也东来了。他们对于聚敛、经营、运输、贮藏有一日之长[④]。因而蒙古统治者用汉人直接向中原人民征收课税，而管理财政，则使用西域商人。他们的代表人物是从玉笼杰赤城来的花剌子模人麻合没的·牙剌瓦赤[⑤]，被派到汉地代替牙剌瓦赤的商人奥都剌合蛮[⑥]、不花剌人赛典赤、费纳客忒人阿合马等等。这些西域商人唯利是图，同中原大官僚、大地主在争夺权力和权利之间

① 参阅《遗山先生文集》卷二三《廉访使杨君神道碑》，卷三九《癸巳岁寄中书耶律公书》；《元朝名臣事略》卷一三《李冶传》；等。

② 《元史》卷二《太宗纪》；卷八二《选举志》“科目”条。

③ 《旧唐书》卷一九八“康国”条。

④ 王恽：《秋涧集》卷八二［中统二年（1261 年）七月］：“十七日乙丑大司农左三部尚书赛典只改授平章政事制辞曰：‘两朝眷遇，凡事精勤。常办集于军前，能经营于意外。欲旌成绩，宜处台司……’办集、经营，当时论者谓于公甚为切当，公遂置酒，重以润笔为答。”《史集》卷二（1960 年费尔霍夫斯基俄文译本页 186）：“在那时忽必烈奉蒙哥可汗命，进兵那个地方（汉地），他的兵士饥寒交迫。他（赛典赤）出现了，完成了应当服务的程序，忽必烈同意优待他为蒙哥可汗任职，而且就这样做了。”举赛典赤这个例子，可以推想其他西域商人了。

⑤ 《征服者传》英译本，第 257 页。

⑥ 同上书，第 243 页。

是有矛盾的。西域商人不利于人民的最显著的恶政是经营扑买和斡脱钱①，耶律楚材抓住了这些广大人民所反对的苛政，对奥都剌合蛮进行激烈的斗争，这当然会受到官僚地主的喝彩，也受到人民的拥护，虽然扑买和羊羔息仍继续施行。

对于不通汉语不识汉字的蒙古统治集团讲，汉族人名是不容易记忆的。而且他们对新用的汉人也未必肯费点脑筋记住他的姓名。年纪小的，他们称呼他为“玉出干”（译言少），胡子黄的叫他为“昔剌”（译言黄）②，耶律楚材胡子特别长，所以获得了个“吾图·撒合里”（译言长髯）的名号。由于时势造英雄，这个长髯人在蒙古统治集团中获得了一定的地位。《元史》卷九六《食货志》岁赐条“勋臣”中就有“曳剌中书兀图·撒罕里”的名字。元许有壬《圭塘小稿》卷十《元故右丞相怯烈公（镇海）神道碑铭并序》：“国史曰脱必赤颜，至秘也，非有功不纪，公名在焉。”《圣武亲征录》大约就是一种脱必赤颜的汉文译本，其中有镇海的名字，也有耶律楚材的蒙古语称号“兀都·撒罕”，足证在蒙古统治者的心目中，楚材是一位对他们“有功”的人。

（原载《江海学刊》1963年第6期）

① 参阅《元朝名臣事略》卷六张柔，卷七史天泽、廉希宪，卷十张德辉等传。

② 《元史》卷一五三《刘敏传》，卷一六九《贾昔剌传》。

论罗贯中的时代

冯其庸

关于《三国志演义》的作者罗贯中的时代，鲁迅在《中国小说史略》里推定他为“元明间人（约1330—1400）”。自从《中国小说史略》问世以来，三十多年中，关于罗贯中的材料，虽曾有所发现，但都未能根本改动这个推论。不久前，周邨同志对罗贯中的时代提出了新的论断①。他认为罗贯中不是元明间人，而是“肯定为元人”；而且“也有可能是宋元间人，而入元时间且是较短于南宋时的”；接着他又根据田汝成《西湖游览志余》里的“钱塘罗贯中本者，南宋时人，编撰小说数十种，而《水浒传》叙宋江等事，奸盗脱骗，机巧甚详。然变诈百端，坏人心术，其子孙三代皆哑，天道好还之报如此”的叙述以及王圻《续文献通考》与上述田汝成同样的叙述（王圻所述，与田汝成所述，除少“南宋时人”这句外，其余基本上一样）和王圻《稗史汇编》“院本”条内“罗后三世患哑”等等说法，推论说：“这一事实，就罗贯中生存年代来说，却也是一个宋元间人的说明，是南宋时人，倒是更有可能，因‘三世皆患哑’的‘三世’，应是上溯更长一些时代才更合理些。”

周邨同志对罗贯中的时代，实际上提出了三种看法：一，“肯定为元人”；二，“也有可能是宋元间人，而入元时间且是较短于南宋时的”；三，“是南宋时人，倒是更有可能”。由于二、三两种论断，自然“肯定为元人”的说法，就显得十分不肯定了。那么，罗贯中究竟是什么时代的人呢？就上述周邨同

① 见《江海学刊》1962年7月号《书元人所见罗贯中〈水浒传〉和王实甫〈西厢记〉》。

志的推论看来，他是比较倾向于认为罗贯中是南宋人或宋元间人的。

我与周邨同志有不同的看法，其理由申述如下：

葛可久确是元代人

明王圻《稗史汇编》“院本”条说：

> 文至院本、说书，其变机矣。然非绝世轶材，自不妄作。如宗秀罗贯中，国初葛可久，皆有志图王者，乃遇真主，而葛寄神医工，罗传神稗史。今读罗《水浒传》，从空中放出许多罡煞，又从梦里收拾一场怪诞；其与王实甫《西厢记》始以蒲东遘故，终以草桥扬灵，是二梦语，殆同机局。总之，惟虚故活耳。第入调笑，辄紧处着慢，多多愈善；才征筹绝处逢生，种种易穷，岂真不堪犄角中原，较是更输扶余一着。而志西湖者遂曰罗后三世患痖，谓其导人以贼云。噫！无人非贼，惟贼有人；吾儒中顾安得有是贼子哉！此《水浒》之所为作也。

在这段文字里，既然作者把罗贯中与葛可久并提，那么弄清葛可久的时代和生卒年，对了解罗贯中的时代当然是有用处的。

据周邨同志的研究，认为葛可久是元代人；而上面这段文字，是元人记元事，并未经人删改。我认为说葛可久是元代人这一点是可靠的；但认为这一段元人的旧文未被删改过，则尚可商量（说见本文第三节）。现在先说葛可久是元代人的问题。

关于葛可久，除了上面那条材料，我们还可以从下列这些材料来证实他是元代人：

一、《十药神书》中有葛可久自己写的叙言：

> ……予今渐老，恐此书泯失，重录次序一新，名之曰《劳症十药神书》，留遗吾家子孙用之……时至正乙酉一阳日，可久书于姑苏养道丹房。

又说：

余自髫稚，学业医道，考究方脉，三十余年，遍历江湖，多学广博者，不过言语文字形容之耳。……时至正戊子春正月三阳日，可久书于苏之春先堂。①

这段文字是葛可久的自叙，是最可靠的第一手材料。在这段文字里，叙明了是至正乙酉（至正五年、1345）和至正戊子（至正八年、1348），并且说明“予今渐老”，“余自髫稚，学业医道，考究方脉，三十余年”，等等。三十余年再加上“髫稚”的年岁，则元至正八年的时候，他大约应该是四十余岁了（按至正八年，是元建国以后的第六十九年），据此则他确实应该是元代人。

二、是周邨同志已经注意到的元徐显《历代小史》《稗史集传》中葛可久的小传：

葛乾孙，字可久，平江人也。生而负奇气，仪状伟特，膂力绝伦。未冠好为击刺之术，战阵之教，百家众技，靡不精究。及长，遂更折节读书，应进士举，所业出语惊人。……金华黄公溍②，尤奇其文，劝之仕，不应。世传药书方论，而君之工巧，独自天得，治疾多奇骏（验），自丞相以下诸贵人得奇疾，它医所不能治者，咸以谒君，无不随愈。……至正壬辰，徽寇转掠江浙，吴人震恐。浙西廉访签事吴（李）公仲善③，请君与图，君劝城之，而民赖以安。明年癸巳春正月，与予游开元佛舍，私与予言：吾闻中原豪杰方兴，而吾不及预，命也夫！今兹六气淫厉，吾犯司地，殆将死矣，如期必于秋。予曰：何至是？逾月，果疾，予往视之，则犹谈笑无他苦。秋七月，沐浴竟，遂征（偃）然而

① 《十药神书》，我所见的是于燃山房本，此叙又见于《中国医籍考》卷五三。

② 黄溍，元代婺州义乌人，有《日损斋稿》《日损斋笔记》等书。《元史》卷一八一有传。

③ 同治《苏州府志》与《中国医籍考》均作李仲善，《历代小史》作吴仲善，误，此据前书改。

逝，年四十有九。其诗未及诠次，藏于家，其行于世者，有《医学启蒙》，又《经络十二论》。君既殁，而朝廷聘君之命适至，已无及矣。（下略）

根据这段材料，可知葛可久即葛乾孙，平江（苏州）人，是当时有名的医生，死于元至正十三年（1353）癸巳，年四十九岁。上推四十九年，则当生于元大德九年（1305）。这一生卒年，与上述自叙里所记的年代是一致的，可见葛可久整个生活的时代，完全是在元代①。

除上面两条材料外，同治《苏州府志》卷七十八《人物》五，将葛乾孙明确地列入元代。另外，明弘治元年（1488）刊本《霏雪录》称："葛可久，姑苏人，治方脉术与丹溪朱彦修齐名。"《明史》本传也说他的医名"与金华朱丹溪埒"②。按朱丹溪，名震亨，字彦修，生于元至元十八年（1281），卒于元至正十八年（1358），比葛可久长二十五岁，比葛可久晚死五年，他与葛可久是同时代而年较长。

根据上面这些材料，可以证明葛可久确是元代人。另外根据《苏州府志》《中国医学人名志》等书，我们还可以知道他的父亲叫葛应雷，是由宋入元的。

---

① 前引《稗史汇编》"院本"条的"宋秀罗贯中，国初葛可久，皆有志图王者，乃遇真主"。这段话里的"真主"，周邨同志认为"不是指朱元璋这个'真命天子'。作者这样说，应是元统一中国后的口吻"。按周邨同志这一分析是不符合历史事实的，根据这里所引的《稗史集传》"葛乾孙"条，知葛生于元大德九年，上距元统一中国已二十五年。当然葛乾孙决不可能生下来就"有志图王"，到他能有这种"图王"之志的时候，至少总得要十八九岁或二十多岁。这样，他可能"有志图王"的最早时间，已经是元代统一中国后四十多年了。这时他还惋惜自己遇到了元统治者这个"真主"，显然是不通的。特别是上引葛乾孙条的至正癸巳，他说："吾明中原豪杰方兴，而吾不及预，命也夫！"这些话是自相矛盾的，所以这个"真主"，绝不是指元统治者，而是指当时（即元末）起来推翻元统治者的农民起义军中的领袖人物。因为至正癸巳，距元亡只有十五年了，当时各地农民起义军的反元斗争正在不断高涨，这年张士诚起义自称吴王，朱元璋攻下滁州，方国珍据海道。这一情况，正是豪杰方兴的形势，所以那"真主"两字，决不可能是指元统治者。

② 《明史》本传没有说他是元代人。看样子是把他当明代人处理，这显然是错误的。

罗贯中与葛可久是同时代人

确切地弄清葛可久是元代人，对于弄清罗贯中的时代，是有用处的。葛可久生于元大德九年，这时元统一中国，已经二十五年。我们如果从葛可久的生年来看，自不妨与《稗史汇编》“院本”条的作者一样称葛可久为“国初”（即元初）人；然而我们如果从葛可久的卒年即元至正十三年来看，这时下距元亡已经只有十五年了。如果出生时离元代开国有二十五年之久当不妨称为“国初”，那么，死时离元亡只有十五年，自然就更可以称他为元末人了（我们不能忘记元代一共只有八十九年）。

在上述《稗史汇编》“院本”条中，罗贯中与葛可久是并提的。这种提法，我们以常理来判断，同时也参照前面提到的《霏雪录》和《明史》把葛可久与朱丹溪并提的情况，可以推想，罗贯中大体上也应与葛可久同时，也有可能比葛可久稍长一些。我们姑且假定罗贯中比葛可久长十岁，则罗应生于元元贞元年（1295），即元统一中国以后的第十六年；而在葛可久死时，罗贯中应为五十九岁。《录鬼簿续编》的作者说：

> 罗贯中，太原人，号湖海散人。与人寡合。乐府隐语，极为清新。与余为忘年交。遭时多故，天各一方，至正甲辰复会。别后又六十余年，竟不知其所终。

至正甲辰，即元至正二十四年（1364），也即是葛可久死后十一年。这年，按上述办法推算，则罗贯中应为七十岁。《录鬼簿续编》的作者写下上述这段回忆文字的时候究竟是几岁，我们很难确知，但他与罗贯中在至正甲辰分别以来已经六十多年，这是明确的，那么假定至正甲辰他与罗贯中“复会”的时候是二十二三岁，则写这段回忆文字的时候，他应该是八十四五岁了。当他自己在二十二三岁的时候曾与罗贯中“复会”，则在这以前一定还有“初会”，也即是他们开始相交的时期。估计这个时期，应该是《录鬼簿续编》作者二十岁或十八九岁的时候。这样，他们最初订交的时候，年龄的比例应该是：当《录鬼簿续编》作者十八九岁或二十岁的时候，罗贯中是六十五六岁或六十七八岁。以一个二十岁左右的青年，与另一个六十七八岁的老人相交，自然可以称是“忘年交”了。所以根据罗贯中与葛可久是同时代人而年略长，假定他是生在元元贞元年（1295）这一个设想，去看《录鬼簿续编》作者的上述回忆文字，在时间上是完全吻合的，在文理上也是贴切的，没有任何牵强附会的地方。相反，如果说《录鬼簿续编》的作者所回忆的罗贯中，一定是另一个罗贯中，也即是说在元代存在着两个罗贯中，那么这样的说法，就觉得太少依据了。

罗贯中究竟活到什么时候？到了明代没有？这也是我们可以思考的问题。按照我上述罗贯中的假定的生年来推算，如果说他活到八十岁，则已经是明代建国以后的第七年即洪武七年（1374）了；如果说他活到八十五岁的话，则已经是洪武十二年了。一个人活八十五岁的可能性是并不太少的；因之，上述推论也不能说绝对没有这种可能。那么看来鲁迅推论罗贯中是元明间人，大体上还是可以的，只是他推测的具体年代，即1330—1400（元至顺元年——明建文二年），比我的推算迟了三十多年，因而入明的时间也多了二十来年而已。

根据上面这些材料，我认为罗贯中大约是生在元元贞元年（1295）前后，死于明洪武十二年（1379）前后，活了八十五岁左右。他基本上是元代人。他的生年与大剧作家（也是三国戏的作家）关汉卿的晚年可以相接。他的卒年，可能已经是进入明代以后的十来年了。同时我又认为《稗史汇编》“院本”条所说的罗贯中，与《录鬼簿续编》作者所回忆的罗贯中是一个人。

罗贯中不是南宋人，也不是宋元间人

周邨同志根据《稗史汇编》《西湖游览志余》和《续文献通考》等书的记载，认为罗贯中“是南宋时人，倒是更有可能”的这一论断，我认为是不可靠的。

第一，上述这三种材料都不能证明他是南宋时人。

《稗史汇编》“院本”条的原文，从葛可久的时代，从该文作者前半部分称葛可久为“国初”人的语气，以及从《稗史汇编》编者王圻对待这条文字的具体处理上①，都可以证明它原来确有可能是元人记元事，但在王圻编纂的时候或在这以前是否经人删改过是可以考虑的。因为书中明明说本书的编纂是“因宋元旧集，参昭代新编”，何况这段文字下面“志西湖者遂曰罗后三世患症”的语气，显然又是针对田汝成《西湖游览志余》里的那段文字（见本文开头所引）而发的。我们知道，田汝成是嘉靖五年（1526）进士。他的另一著作《西湖游览志》初刻于嘉靖二十六年（1547）。他在此书叙中说：“于是袖集见闻，再证履讨，辑撰此书。叙列山川，附以胜迹，揭纲统目，为卷者二十有四，题曰《西湖游览志》。裁剪之遗，兼收并蓄，分门汇种，为卷者二十有六，题曰：《西湖游览志余》。”此叙即作于“嘉靖二十六年冬十一月”，可见《西湖游览志余》已在此时成书。今知《志余》一书尚存嘉靖刻本，另外我们又知道王圻是嘉靖四十四年（1565）进士，他编撰《续文献通考》和《稗史汇编》是在晚年，而他的年龄是较高的。《明史》二八六《陆深传》附《王圻传》说他“乞养归，筑室淞江之滨……以著书为事，年逾耄耋，犹篝灯帐中，丙夜不辍，所撰《续文献通考》诸书行世”。今《稗史汇编》第一卷署明“万历岁次丁未孟春朔日上海王圻谨识”。该书周孔教序也说：“上海王公元翰，雅意著述，尝读《文献通考》，出入古今，为艺苑随和；杀青甫毕，又汜滥诸家小说，簸扬淘汰，裒其可传者，分门析目，汇为成书，凡可百卷。”蔡增誉的叙文也说：“既以其大者续马贵与通考，而兹后复贾其余勇，白首丹铅，以就斯编。”这些材料，都说明王圻《稗史汇编》是继他的

---

① 按《稗史汇编》的编者王圻是明人，因此他在编纂此书时，所用材料，凡遇文中用来指明代的那些用语，如“国初”“令朝”“皇明”“国朝”“太祖”“上”等词，他在编排时，都一律空一格或抬头；但同样的“国初”两个字，当作者是用来指元代的，他在编排时便不空格也不抬头。我们细心检视该书一〇三卷“文史门”“院本”条前后各条，如卷一〇二“童谣”条、“西江月词”条、卷一〇三“钱谱”条、“作书见黜”条、“书名沿作”条、“声音文字统”条、“南峰著述”条，凡遇上述用语，都是空格或抬头的，因都是指的明代。但“院本”条中“国初”两字，却既不空格也不抬头，可见此段文字确是抄取的元人旧文。

《续文献通考》后的著作，刻成于万历丁未（1607）年。万历丁未，上距嘉靖末年有四十一年之久，距嘉靖二十六年有六十年之久，也即是说，《稗史汇编》是在田汝成《西湖游览志余》成书六十年后和刊行四十余年后才编纂成书的，这样《稗史汇编》“院本”条所说“而志西湖者遂曰罗三世患症，谓其导人以贼”云云，就完全有可能是针对《西湖游览志余》说罗贯中“编撰小说数十种，而《水浒传》叙宋江等事，奸盗脱骗，机巧甚详，然变诈百端，坏人心术，其子孙三代皆哑”这一段话而发的，因此“院本”条下面一部分针对《西湖游览志余》的这一段文字，很可能是经人删改进去的，不一定是元人的原文。特别应该注意的是，《稗史汇编》在收集编纂时，有很大部分的材料虽未注明出处，但又有一部分材料注明了出处，也即是说《稗史汇编》的材料来源，一部分是署明的，但很大部分又是不署明的。为什么在编纂的时候，有的材料署明出处，有的材料又不署明出处？当然这些不署出处的文字，不可能是王圻的创作，那么就有一个可能，即这些不明出处的材料，是经过编纂者或别人删改过的，即很可能是“参昭代新编”而得来。《四库提要》说：“是书搜采说部，分类编次，为纲者二十八，为目者三百二十，所载引用书目凡八百八种，而辗转稗贩，虚列其名者居多。……又卷首虽列书名，卷中乃皆不注出处，是直割裂说部诸编，苟盈卷帙耳。”《四库提要》说“卷中皆不注出处”虽然与事实略有出入，但它指出此书编者“辗转稗贩”，“割裂说部诸编，苟盈卷帙”，也即是说编纂工作并不谨严，这一点是符合事实的，因此我们在估计这书的史料价值时，应该审慎。所以根据上述这些情况，认为《稗史汇编》“院本”条曾经后人删改过，并非全是元人旧文这一看法，并不是没有根据的主观猜测。相反，认定“院本”条是元人旧文，未经删改，而其中“志西湖者遂曰罗后三世患症”云云，不是指田汝成的《西湖游览志余》，乃是指在元代可能存在过的一部“志西湖的旧集”，这一看法，就不免猜测的成分过多了。[①] 总之，归根到底，我认为《稗史汇编》一书的史料价值是要审慎地对待的；而其“院本”条的文字，原底子虽为元人旧文，但后面几句话，很可能是后人针对田汝成的《西湖游览志余》而加上去的。因此，很难根据这“三世患症”的说法，去上溯罗氏三世，证明他是南宋人。何况这“三世患症”的说法，本身就是一种无稽之谈，根本不是据为典要？至于正面提出罗贯中是南宋人的说法，则“院本”条并没有这样说。所以我认为“院本”条只能从葛可久转而推论罗贯中是他的同时代人，而不能证明罗贯中是南宋人。

正面提出罗贯中是南宋人的是田汝成的《西湖游览志余》（文见本文开头所引），但这书的可靠性是很早就有人提出怀疑的。《四库提要》说：“其志余二十六卷，则摭拾南宋轶闻，分门胪载，大都杭州之事居多……惟所征故实，悉不列其书名，遂使出典无征，莫能考证其真伪。”可见这书所说罗贯中是南宋人的说法，在没有更有力的证据以前，是很难以它为根据的。至于王圻的《续文献通考》，一方面根本没有说罗是南宋人，另一方面这段文字明显是抄取《西湖游览志余》，更不足凭信（两者文句基本上相同）。不过有一点是值得我们注意的，即王圻在抄取《志余》中的这段材料时，别的句子基本上都照抄了，独独把“钱塘罗贯中本者，南宋时人”这句中的“南宋时人”一句删去了，我觉得这不是偶然的脱漏，这是知道罗不是南宋时人而把它删掉的。所以周邨同志所据以证明罗是南宋时人或“宋元间人，而入元时间且是较短于南宋时的”这三条材料，实际上都不足为凭的。

第二，把罗贯中假定为南宋时人或宋元间人，有一些文学史上的问题解释不通。

---

① 当然周邨同志所以这样设想，是因为王圻在《续文献通考》里又完全照录了《西湖游览志余》里的那段文字，这样就显得王圻在对待《志余》那段话的态度上前后完全不同，但这一情况，我认为是由于王圻在编书时态度并不严谨，辗转裨贩，贪多务得，徒盈卷帙的缘故。他的《续文献通考》，也是一部体例杂乱的书，四库馆臣甚至说那部书“竟以复瓿可也”，可见王圻的这些著作是并不怎么高明的，因此他的前后自相矛盾也并不足怪。当然《续文献通考》的态度看来是他本人的态度，《稗史汇编》院本条的态度，则很可能不是他本人的态度。因为这段文字很可能是他“参昭代新编”得来的。

《三国志通俗演义》一书的作者是罗贯中。这是大家承认的。周邨同志在文章中也没有对此提出不同意见。如果说罗贯中是南宋人，则自然《三国志通俗演义》一书的成书时代，也应该提前到南宋时代。这样，在宋元时代的一段文学史上，就产生了至少有两个难以解决的同题：（一）为什么罗贯中《三国志通俗演义》这样篇幅宏伟的巨著，会产生在南宋（因为在此以前，中国文学史上还没有出现过长篇小说）；而篇幅狭小、描写简陋的《三国志平话》，却要到元代至治年间才能出现？这两者的关系究竟是如何解释？按照罗贯中是南宋人的说法或罗贯中是宋元间人的说法，那么至治本《三国志平话》应该是承继罗贯中的《三国志通俗演义》的。这样，在《三国志通俗演义》一书的发展过程中，就出现了一个奇怪的现象，即这部书的思想内容和艺术成就，不是逐步提高而是逐步降低，而且不是一般的降低，而是在极大程度上的降低。这一情况应该说是不符合这部长篇巨著发展的规律的，因而也是难以令人置信的。另外，设使罗贯中是南宋人，那么罗贯中创造《三志国通俗演义》这部七十余万字的长篇巨著，他究竟何所继承？自然，我们知道在宋代的民间，是流行着三国故事和三国戏的。这在苏轼的《志林》和张耒的《明道杂录》以及孟元老的《东京梦华录》等书里确有记载。然而，迄今为止，我们还不能认为在宋代有规模比较宏大的讲述三国故事的话本小说，那么，罗贯中的《三国志通俗演义》的产生，除了陈寿《三国志》和裴松之《三国志注》外，就别无更多凭借了。这样，也就是说，《三国志通俗演义》这一巨著的产生，与民间三国故事和三国戏的长期流传并无血肉关系。这样的看法，是否符合文学史的实际情况，不能不使人深深置疑。（二）设使罗贯中是南宋人或宋元间人，那么，元代流行的许多三国戏，它们的故事情节和人物，应该更多地与罗贯中的《三国志通俗演义》相一致，但是就现有的一些元代三国戏来看，我们却发现无论是故事情节和人物性格，都有许多与《三国志通俗演义》不一致的地方；相反，倒是与至治本《三国志平话》有很多共同之处。可以看出，这些戏剧与平话的故事，是有一个共同的依据的，这就是当时民间流传的三国故事；而有些时代稍后的三国戏（元代后期），则很可能直接受话本的影响。例如无名氏《锦云堂暗定连环计》杂剧，写王允利用貂蝉使美人计除去董卓的故事，剧中写貂蝉向王允自述身世说：

您孩儿不是这里人，是忻州木耳村人氏，任昂之女，小字红昌，因汉灵帝刷选宫女，将您孩儿取入宫中，掌貂蝉冠来，因此唤做貂蝉。灵帝将您孩儿赐与丁建阳，当日吕布为丁建阳养子，丁建阳却将您该儿配与吕布为妻。后来黄巾贼作乱，俺夫妻二人阵上失散，不知吕布去向。您孩儿幸得落在老爷府中，如亲女一般看待，真个重生再养之恩，无能图报。……

这一段情节，并不见于嘉靖本《三国志通俗演义》（这是现存最早、最接近罗氏原著的书），但是在《三国志平话》里，却有基本上相同的一段叙述：

“贱妾本姓任，小字貂蝉，家长是吕布，自临洮府相失，至今不曾见面，因此烧香。”丞相大喜：“安汉天下，此妇人也！”丞相归堂，叫貂蝉：“吾看你如亲女一般看待。”

显然，这两者之间是有联系的，很可能前者是后者的发展。再如无名氏《关云长千里独行》杂剧，写关羽辞曹寻兄的故事，剧中写曹操之所以赶上关羽向他赠袍的目的，完全是企图杀死关羽。剧本写道：

[曹末云] 似此怎生擒的云长？[张辽云] 丞相，俺如今则可智取。[曹末云] 你有何智量？[张辽云] 我有三条妙计，丞相领兵赶上云长，则推与他送行，丞相若见云长，丞相先下马。关云长见丞相下马，他必然也下马来。若是云长下马来，叫许褚上前抱住云长，着众将下手。第二计，丞相与云长递一杯酒，酒里面下上毒药。第三种，丞相把那西川锦征袍，着许褚托在盘中，丞相赠与云长。云长见了，必然下马来穿这袍，可叫许褚向前抱住，众将下手，恁的方可擒的云长。

这一段情节，也不见于上述嘉靖本《三国志通俗演义》，但是我们在《三国志平话》里，却可以发现同样的情节：

曹相共众官商议，有智囊先生张辽曰："先使军兵于霸陵桥两势埋伏。如关公至，丞相执盏与关公送路；关公但下马，用九牛许褚将关公执之。如不下马，丞相赠十样锦袍；关公必下马谢袍，九牛许褚可以执之。"曹操深喜。先于霸陵桥埋伏军兵。

上述两段情节，显然是有联系的，同样也有可能是前者出于后者。再如无名氏的《两军师隔江斗智》杂剧，写周瑜为了夺取荆州，设计让孙权将妹子远嫁荆州刘备，剧本写道：

[周瑜云] 大夫，我想刘备在曹操阵中，折了甘、糜二夫人，一向鳏居。有俺主公妹子孙安小姐，可配与刘备为婚。[做低语科云] 俺如今要得孙刘结亲，那里是真个结亲，则是取荆州之计。俺这里暗调人马，等他家不做准备，则说是送亲来的，乘机就夺了城门。这个是头一计，倘若不中，等刘备拜罢堂，着小姐暗里刺杀刘备，然后大军直抵荆州，两能取胜。

……

[（孙安小姐）云] 哥哥，因甚么将我许了人也。[孙权云] 妹子，你不知，听我说与你，如今要将你与刘玄德为夫人，俺那里是与他结亲，正（真）意则要图他荆州，等你过门之日，俺这里暗暗差拨名将，假称护送，乘势夺了城门，俺随后统着大兵，一鼓而下，岂不这桩大事都靠着你妹子身上。你再不要推辞了也。……[孙权做耳暗科] [云] 妹子，若此计不成，又有一计，只等刘玄德拜罢堂，回到卧房里面，你平日侍婢们都是佩着刀剑的，你觑个方便，将他刺死，不怕荆州不归我国。

……

[甘宁云] 可早来到（荆州）南门外了。前哨报复去，说俺吴国众将送孙安小姐到了，快开门者。[卒子报科云] 喏。报的三将军得知，有

吴国众将送亲到了也。[张飞云] 小校，止放小姐一辆翠鸾车，梅香一骑马进来，其余吴国众将，都停住城外，不许放进一个，说我老张亲自在此。[卒子云] 得令。…… [甘宁云] 不放俺军将进城，我亲自见三将军去。[做见张飞科云] 三将军，俺们送小姐来，都是要讨喜酒吃的，怎么不放俺进去? [张飞云] 兀那吴国军将，您非送亲而来，我知您周瑜的计策，故来赚俺的城门，如有一个进来，我一枪一个。

上面这些情节，在嘉靖本《三国志通俗演义》里也是没有的，但是它同样可在《三国志平话》里找到线索:

却说周瑜到于江岸，各下寨，与鲁肃评议:“吾有一计。”鲁肃问，周瑜言:“讨虏（指孙权）有一妹，远嫁刘备，暗囚卧龙之计，可杀皇叔。”元帅使鲁肃过江见讨虏，言孙夫人嫁刘备，阴杀之。

……

鲁肃回至大江见周瑜，过江见孙权。太夫人引幼女离吴地，过大江，远赴荆州五十里。鲁肃日随行，有五千军，暗藏二十员将。倘若荆州城闹了，乘势可取。言未尽，只见张飞特来远接夫人:“军不用一个，去荆州外下寨!”唬吴军皆不敢来。

同样，上面所引两书的情节，显然也是有联系的，而且也很有可能前者是出于后者。当然，这里所引的还只是一部分，其余情节相同的地方，由于篇幅的限制，不可能全部摘引。

除上述这种情况外，还有一些元代三国戏的情节，是既不见于嘉靖本《三国志通俗演义》，也不见于《三国志平话》。例如关汉卿的《关大王独赴单刀会》杂剧里，第一折写乔公谏阻鲁肃招关羽赴宴讨荆州，第二折是写司马德操谏阻鲁肃招关羽赴宴讨荆州。这两折戏的情节，是上述两书都没有的。再如无名氏的《诸葛亮博望烧屯》杂剧里，有张飞在华容道释放夏侯惇，曹操的军师管通来说降诸葛亮等，也是上述两书都没有的。这一类例子，还有很多，这里为了节省篇幅，也不再一一列举。

上述这些情况，为我们说明了两个问题：

一、一部分元代三国戏的情节，是与《三国志平话》有密切关系的。它们两者之间，当话本尚未定型或尚未刊行以前，可能是互相影响，互相吸取的；但当话本刊行以后［话本刊行于元至治年间（1321—1323）恰为元代中期］，则后起的三国戏，较多地受话本的影响。

二、从元代三国戏剧目的丰富情况（据不完全的统计，现存元代三国戏剧目，包括仅有的存目在内，约有四十余种）和情节的复杂情况来看，说明元代是三国故事特别发达的时期；而这一时期的三国故事，还未形成一个规模宏大、结构统一完整如《三国志通俗演义》那样的一部长篇巨著。然而，却正是在这样的基础上，伟大的小说家罗贯中生逢其时，因此才能在元末或元末明初（我想这部巨著的完成，也同样需要曹雪芹写《红楼梦》那样的“十年辛苦”的，因此他的写作很可能是在元末或从元末到明初的），完成这样一部伟大的著作。

根据上面这些情况来看，说罗贯中是南宋人或宋元间人，显然很难与这一历史情况相符合。

（1962. 9. 23 北京，1963. 5. 15 改毕）

（原载《江海学刊》1963 年第 7 期）

也谈生产劳动与非生产劳动

——与草英、攸全两同志商榷

何炼成

读了草英、攸全两同志合写的“关于生产劳动与非生产劳动”一文（载《中国经济问题》1962 年第 9 期），感到很有启发。该文中有些看法我是同意或基本同意，但也有些看法是不能同意的。这里提出以下的不成熟意见，就正于草英、攸全两同志，并希望得到经济学界的批评指正。

草英、攸全两同志在文章中，一开头就批判了两种观点：一种是把生产劳动与非生产劳动的划分仅看成是资本主义社会所特有的，一种是认为这两者是一切社会所共有的永恒范畴。在他们看来，生产劳动与非生产劳动的划分，既不是某一生产方式所特有，也不是一切社会所共有，而是阶级社会所共有，非阶级社会所没有的，同时也承认社会主义社会还存在这种划分。我认为，他们对第一种观点的批判是正确的，但对第二种观点的批判则是不正确的，因而对他们的意见是不能同意的。

我同意草英、攸全两同志的看法，即分析这个问题必须从两个方面入手：一方面，从劳动过程的结果进行考察，考察这一对范畴所由产生的社会经济条件；另一方面，从具体生产方式进行考察，考察这一对范畴的历史适应性。同时把这两方面的考察密切联系起来，因为前者是后者所依以存在的物质基础，后者是前者所据以反映的特定的社会关系。强调指出这一点是正确的，也是必要的，因为这是马克思分析生产劳动与非生产劳动问题的基本出发点。问题在于如何根据这一基本出发点来进行具体分析。下面就来谈谈我的看法：

一 从简单劳动过程来看生产劳动与非生产劳动

关于从简单劳动过程，也就是撇开劳动过程的社会性质来考察，究竟是指什么意思呢？马克思告诉我们，所谓简单劳动过程，是指“人与自然之间的一个过程，在这过程中，人由他自己的活动，来引起，来调节，来统制人与自然之间的物质变换。人以一种自然力的资格，与自然物质相对立”①。又说：“劳动过程，我们只把它表现为它的简单的要素时，是一种有目的的产生使用价值，使自然物适于满足人类需要的活动，是人与自然间的物质变换的一般条件，是人类生活的永久的自然条件，所以和人类生活的各种形态无关，在人类生活的各种社会形态上都是适用的。”② 正是从以上意义出发，马克思把这种简单劳动过程生产使用价值的劳动，称之为生产劳动，并指出这是生产劳动的“普遍定义”③，对任何社会都是适用的。也就是说，在马克思看来，从简单劳动过程来考察的生产劳动，就是“一种有目的的产生使用价值”的劳动，它体现着“人与自然之间的一个过程”，即体现了人和自然的关系。可见，马克思关于生产劳动的普遍定义，是从简单劳动过程的本性得到的，而这也正是生产劳动普遍范畴存在的经济条件，这个条件，是和人类劳动的产生同时产生的，它将和人类劳动的万古长存而存在下去。因此，在这个条件下的生产劳动这一普遍范畴也是如此。

根据以上理解，我认为草英、攸全两同志关于从简单劳动过程来分析生产劳动与非生产劳动的基本前提是值得商榷的。因为在他们看来，从简单劳动过程来考察，生产劳动与非生产劳动这一对范畴据以产生和存在的历史经济条件，和私有制与阶级社会所由产生和存在的历史经济条件一样，都是社会分工的结果，因而得出生产劳动与非生产劳动的这一划分，只是适用于阶级社会和“例外”地适用于社会主义社会，而不适用于原始社会

① 《资本论》第1卷，人民出版社1953年版，第191—192页。

② 同上书，第200页。

③ 《马恩文库》俄文版第2卷，第127页。

和共产主义社会。

我认为，劳动的社会分工，是私有制和阶级社会所由产生和存在的历史经济条件，这一点是完全正确的[①]；但能否说它也是生产劳动与非生产劳动所由产生和存在的历史经济条件呢？我认为不能这样说。这里的关键在于，必须严格区别以下三个不同性质的问题：第一，从简单劳动过程考察，如何划分生产劳动与非生产劳动？第二，生产劳动与非生产劳动在什么条件下产生和存在着分离？第三，在什么条件下形成生产劳动与非生产劳动之间的对立和对抗？关于第一个问题，我们在前面已分析过了，即它是由简单劳动过程的本性决定的，它和劳动的社会分工并无直接的必然的联系；而第二个问题则是以劳动的社会分工为前提条件。马克思在批判加尼尔和特·托拉西的所谓只要“省却”了别人的不生产劳动也是生产劳动这一谬论时，指出劳动的社会分工和生产劳动与非生产劳动的关系仅在于：由于劳动的社会分工，“不生产劳动的一部分，是使一物可以任人消费所绝对必要的”，“而它所以会成为必要的，不过因为某一个生产劳动者，赖有它，可以把这种时间省下来”；但是马克思接着就强调指出：“由分工之故已可依较良方法实行的生产的和不生产的劳动，在没有这种分工的场合，就须由每个人自己去做了；不过，这种情形，毫无影响于一种劳动为生产劳动，特别劳动为不生产劳动的事情。”[②]此外，马克思在批判斯托齐的所谓劳动“省却”论的荒谬观点时也指出，劳动的社会分工对生产劳动与非生产劳动的影响是：“分工使不生产劳动成为一

---

① 这里附带指出三点：第一，曾经有人认为，不是社会分工决定了私有制和阶级的出现，而是相反；这种说法当然是错误的，许多同志已作了详尽的批判。第二，必须区别两种不同情况的社会分工：一种是一般意义上的社会分工，即国民经济分为许多相互联系又相互区别的部门，这种社会分工到了社会主义和共产主义社会也仍将存在，并将有更大发展；另一种主要是阶级社会所特有的社会分工，即通常所说的旧的社会分工，也就是工农、城乡体力劳动与脑力劳动之间的分工，这种分工在社会主义社会是逐步缩小，到共产主义社会将完全消灭。第三，社会分工虽然是私有制和阶级所由产生和存在的前提条件，但不能由此推论：只要存在社会分工，就必然会存在私有制和阶级的划分。因为，在社会主义社会，旧的社会分工还保留着（虽然在逐步缩小），一般意义上的社会分工还不断发展，但是私有制和阶级划分却基本上在逐步消灭，而到共产主义社会，一般意义上的社会分工将得到高度发展，但私有制和阶级的划分将完全消灭。

② 以上引文均见《剩余价值学说史》第1卷，三联书店1951年版，第283页。着重号为引者所加

部分劳动者的专属机能，使生产劳动成为另一部分劳动者的专属机能。”[①] 由此可见，在马克思看来劳动的社会分工，并不是决定普遍意义的生产劳动与非生产劳动的存在及其划分的根据，而只是形成这两者分离的历史前提条件。

更有进者，在关于社会分工和生产劳动与非生产劳动的关系问题上，我们说前者是后两者分离的历史前提条件，但绝不能由此得出结论说：只要存在社会分工，就必然会存在生产劳动与非生产劳动（或生产劳动者与非生产劳动者）之间的分离；正如我们说社会分工是商品生产的前提条件，但不能说只要存在社会分工就必然会存在商品生产的道理一样。例如，在社会主义制度下，劳动的社会分工比阶级社会是进一步发展了（当然这是指一般意义上的社会分工，而不是指阶级社会所特有的旧的分工），但是生产劳动与非生产劳动（或生产劳动者与非生产劳动者）之间的分离状态却在逐渐缩小；而到了共产主义社会，劳动的社会分工（当然这也是指一般意义上的社会分工）将更加高度发展，但到那时，生产劳动与非生产劳动（或生产劳动者与非生产劳动者）之间的分离将要消灭。

至于第三个问题，即生产劳动与非生产劳动（或生产劳动者与非生产劳动者）之间的对立和对抗的原因，就不但不是由简单劳动过程的本性决定的，也不是由劳动的社会分工决定的，而是由私有制和阶级对立的产生和存在决定的。也就是说，生产劳动与非生产劳动（或生产劳动者与非生产劳动者）之间的对立和对抗，只是阶级对立和对抗的反映，只是阶级对立和对抗社会所特有的现象。在社会主义制度下，虽然存在从简单劳动过程本性考察的生产劳动与非生产动的一般划分，同时还会存在生产劳动与非生产劳动（或生产劳动者与非生产动者）之间的分离（当然这种分离在逐步缩小），但是这两者之间的对立和对抗则已经随着阶级对立和对抗的基本消灭而消灭了；到了共产主义社会，连这两者的分离状态也将完全消灭，剩下来的只是从简单劳动过程本性来看的生产劳动与非生产劳动的一般划分了。

---

① 以上引文均见《剩余价值学说史》第1卷，三联书店1951年版，第383页。

如果我们进一步分析，就是在阶级对立和对抗的阶级社会里，生产劳动与非生产劳动（或生产劳动者与非生产劳动者）之间的矛盾性质问题，也应当区别各种不同的情况。一般来说，阶级社会这两者之间的对立和对抗，主要表现在体力劳动与脑力劳动（或体力劳动者与脑力劳动者）之间的对立和对抗。因为担负生产劳动的主要是从事体力劳动的劳动人民，而担任非生产劳动的却有一部分是从事脑力劳动的剥削阶级分子和剥削阶级的知识分子。但是，我认为，绝不能把生产劳动与非生产劳动之间的对立和对抗，和体力劳动与脑力劳动之间的对立和对抗完全等同起来。因为从事生产劳动的，除主要是担负体力劳动的劳动人民外，也还有少数剥削阶级的知识分子甚至剥削分子（如主要从事脑力劳动的工程技术人员或剥削者本人兼工程技术人员）；而从事非生产劳动的，除一部分是剥削阶级的知识分子和剥削阶级分子外（他们主要是从事社会管理、生产管理、商业活动以及科学艺术等方面的脑力劳动），还有一部分甚至大部分是担负体力劳动的劳动人民（如为剥削阶级提供各种劳务和服务的人员等）。可见，在阶级社会中，生产劳动与非生产动之间的对立和对抗，和体力劳动与脑力劳动之间的对立和对抗，这两者的内涵还是有所不同的。而草英、攸全两同志的文章中却把它们完全等同起来了，我认为是不妥当的。至于有的同志把阶级社会的生产劳动与非生产劳动之间的对立和对抗，和劳动人民与剥削阶级之间的对立和对抗，在内涵上看成完全一样，那更是不妥当的。因为剥削阶级中从事脑力劳动的只是少数一部分人（主要还是剥削阶级的知识分子），而大多数剥削阶级分子则是任何劳动也不参加的。

以上就是我对从简单劳动过程来考察的生产劳动与非生产劳动问题的基本看法。根据这个看法，我认为，在原始社会里，虽然由于生产力极端低下，所有的人必须用几乎全部活动时间从事物质资料的生产，则所有公社成员的劳动几乎全用来从事生产劳动，但是，这并不意味着根本不存在任何形式的非生产劳动。因为就是在原始公社内，不能没有人抽出一部分时间来从事公社的组织管理等活动（哪怕是最原始的），也不能没有人抽出一部分时间来从事服务性质的活动（当然也是原始的）。事实上，这样的劳动是存在的，也是必要的。但它们并不直接创造具体的生产物，因而从简单劳动过程的本性来看，应当是属于非生产性质的劳动。当然，在原始公社时期，和其他经济范畴一样，生产劳动与非生产劳动的划分也还只是处于萌芽状态，并不十分明显，更谈不到这两者之间的分离和对立状态。只是到原始公社末期，由于生产力的发展和社会分工的出现，就有可能也有必要出现生产劳动与非生产劳动之间的分离，即绝大多数人承当起属于繁重体力劳动的生产劳动，而一小部分人则专门从事属于脑力劳动的非生产劳动。而私有制和阶级对立的出现，则赋予了这种分离以对立和对抗的性质。

在阶级社会里，随着生产力的提高和社会分工协作的发展，从简单劳动过程来考察的生产劳动和生产劳动者的概念有日益扩大的趋势，因为社会分工协作扩大后，使得有一部分人“从事生产的劳动，并不一定要亲自动手。只要作为总劳动者的一个器官，成就它的某种附属机能，就够了”①。同时，在阶级社会里，生产劳动与非生产劳动（或生产劳动者与非生产劳动者）之间的分离状态也是不断扩大的，即不仅体力劳动与脑力劳动之间的分离日益扩大，而且体力劳动中也有越来越大的一部分要为剥削阶级从事非生产劳动；特别是在阶级社会中，生产劳动与非生产劳动之间的对立和对抗在日益加深，这主要表现为体力劳动与脑力劳动（或体力劳动者与脑力劳动者）之间的对立日益加深上。

在社会主义社会，随着生产社会化的程度日益提高，从简单劳动过程来考察的生产劳动和生产劳动者的概念还是有扩大的趋势；但是，由于阶级对立和对抗基本消灭了，所以生产劳动与非生产劳动（或生产劳动者与非生产劳动者）之间的对立和对抗也就不存在了。不过由于社会主义社会还仍然保留着旧的社会分工，从而生产劳动与非生产劳动（或生产劳动者与非生产劳动者）之间的分离状态也必然会保留下来。也就是说，还会有一部分人主要从事体力劳动，一部分人主要从事脑力劳动，也会有一部分人主要从事生产

---

① 《资本论》第1卷，人民出版社1953年版，第624页。

性的体力劳动，一部分人主要从事非生产性的体力劳动。当然，这种分离状态将随着社会主义革命和建设的发展在日益缩小。

到了共产主义社会，不但生产劳动与非生产劳动之间的对立和对抗早已消灭了，而且随着生产力的发展和旧的社会分工的消灭，这两者之间的分离状态也将消灭。到那时，正如恩格斯所指出的："代之而起的，应该是这样的生产组织，它使得一方面谁都不能把自己在生产劳动（人类生存的自然条件）中所应参加的部分，推到别人身上，另一方面，生产劳动供给每人以全面发展并运用自己一切体力智力的可能……"① 但是，生产劳动与非生产劳动之间的对立和分离的消灭，并不意味着这两个范畴的消灭。事实上这两个范畴到任何时候都将存在，因为从简单劳动过程的本性来看，就是到了共产主义社会，也还是有的劳动直接创造具体的物质资料，因而是属于一般意义上的生产劳动，有的劳动则不创造具体的物质资料，因而是属于一般意义上的非生产劳动。到那时，与社会主义社会所不同的只是在于：每一个劳动者不只是要从事生产劳动，也要从事非生产劳动，而无论是从事生产劳动或非生产劳动，都不但要用手来劳动，而且要用脑来劳动。总之，生产劳动与非生产劳动，体力劳动与脑力劳动，都在每一个劳动者身上完全结合和统一起来了②。

以上就是我对从简单劳动过程的本性出发，来考察生产劳动与非生产劳

① 《反杜林论》，人民出版社1956年版，第310页。

② 草英、攸全两同志认为，到共产主义社会，只有从事物质资料生产的劳动才是劳动？物质生产领域以外的活动则不是劳动，只是一种"活动"，"正如业余的体育活动并不是劳动一样"。我认为，这种说法是不够确切的。的确，并非一切物质生产领域以外的活动都是劳动，如业余文化体育活动，在任何社会都不能算是劳动，而且到了共产主义社会，个人局限于某一艺术领域的现象不存在了，因此从事这一领域的活动都不能是劳动了；但是除此以外，还有从事分配领域的活动和服务性质的活动等等，这种活动就不只是"活动"，而应当是属于一般意义上的生产劳动。此外，对共产主义社会人们可以自由选择职业的说法，不能作虚无主义的理解，因为共产主义社会应当是一个高度计划化的社会，不可能设想每个人干什么就干什么，想干多少就干多少，想到什么地方干就到什么地方干，而是应当自觉地服从统一的计划，应当具有相对的稳定性，同时，共产主义社会每一个人都可以得到全面发展，充分发挥自己的才能，但不能设想每一个人对每一件工作都十分精通，每个人在各种活动中都具有同样的才能，而只可能是每个人对各种工作都可以干，但对某种或某几种工作干得特别好，能够更加充分发挥自己的才能。因此我认为，到共产主义社会每个人的工作还是会相对稳定的，至少在一个时期内是会相对稳定的，甚至还会存在某一个人在某一时期主要从事生产劳动，另一时期主要从事非生产劳动的现象。

动问题的基本看法。

二 从具体生产方式来考察生产劳动与非生产劳动

如前所述，草英、攸全两同志在文章中曾正确地指出，关于生产劳动与非生产劳动的问题，除了从简单劳动来考察外，还必须从具体的生产方式来进行考察。这当然是符合马克思分析这个问题的基本方法的。但是我认为，他们对这方面的分析是很不充分的，而且没有抓住马克思对这方面分析的基本思想。

然则，马克思对这方面分析的基本思想是什么呢？我认为，从马克思对资本主义意义上的生产劳动与非生产劳动的分析可以看得出来。马克思指出："在资本主义生产的意义上，生产劳动是指这种工资劳动；在它和可变资本部分的交换上，它不仅须再生产这个资本部分（即它自身的劳动力的价值），并且要在此外，为资本家生产一个剩余价值。"[①] 又说，这个资本主义生产意义上的生产劳动的具体定义，"乃是劳动的一种规定，那绝对与劳动的确定的内容无关，绝对与它的特殊的效用无关，绝对与它所依以表现的特殊使用价值无关"。[②] 因此，马克思指出，从资本主义生产的意义看，在物质生产领域中，只有能创造剩余价值的劳动才是生产劳动，否则虽创造了物质资料但不创造剩余价值的劳动，就被视为非生产劳动；而且从个别资本家看来，就是在非物质生产领域中（如属于纯粹商业和非生产性的交通运输业以及服务性行业等）的劳动，虽然不直接创造具体的物质资料和剩余价值，但能为他带来剩余价值，也被视为是生产劳动。由此可见，在马克思看来，从资本主义生产的意义来考察的生产劳动与非生产劳动的具体定义，是由资本主义生产的本质（即资本主义生产的目的和动机）决定的，也就是说，是由资本主义的基本经济规律（即剩余价值规律）决定的。我认为，这就是马克思从资本主义

---

① 《剩余价值学说史》第1卷，三联书店1951年版，第241页。

② 同上书，第396页。

生产方式来考察生产劳动与非生产劳动问题的基本思想。这一基本思想，对考察各个生产方式的生产劳动与非生产劳动的具体定义，无疑都是适用的，虽然马克思对其他生产方式的生产劳动与非生产劳动的具体定义（即反映生产方式特点的定义）没有进行具体的考察。

下面就根据马克思这一基本思想，试图来概括分析一下除资本主义生产方式外的其他几个生产方式的生产劳动与非生产劳动的具体定义问题，即反映这些生产方式特点的生产劳动与非生产劳动的定义问题。

在原始公社制度下，人们生产的目的是保证极端贫乏的生活条件，这就是原始公生产方式的实质。因此，凡是能够直接满足这一目的的劳动，就是反映原始公社生产方式实质的生产劳动，否则就是非生产劳动。当然，在原始公社制度下，由于生产力十分低下，几乎所有的劳动都是为了直接保证极端贫乏的生活条件，因而不但从简单劳动过程来看几乎都是生产劳动，而且从生产方式的实质来看也几乎都是生产劳动，而非生产劳动只是占微不足道的地位。这就是说，从原始公社生产方式的本质来看，生产劳动与非生产劳动的划分也只是处于萌芽状态，而且是密切结合的。同时，无论从简单劳动过程来看，或从原始公社生产方式的本质来看，生产劳动的一般定义或具体定义，都是要能直接保证人们极端贫乏的生活条件的劳动，否则就都是属于非生产劳动，也就是说，在原始公社制度下，从以上两方面来看的生产劳动与非生产劳动的划分是完全统一的。

在奴隶制和封建制下，奴隶主和封建主生产的目的，是榨取奴隶和农奴所创造的剩余产品来满足他们奢侈浪费的需要。因此，从奴隶制和封建制生产方式的本质来考察，只有能创造满足奴隶主和封建主需要的剩余产品的劳动，即奴隶和农奴的劳动，才是生产劳动，否则就是非生产劳动。因此，在奴隶制和封建制下，从生产方式本质来考察的生产劳动与非生产劳动的划分也是很明显的，而且这两者是处于分离和对抗状态，并日益深刻化。同时，在这种状况下，从生产方式本质来划分的生产劳动与非生产劳动，和从简单劳动过程来划分的生产劳动与非生产劳动，就显出内涵上的差异了，即从简单劳动过程本性来看虽然是生产劳动，但从生产方式的本质来看却不是生产劳动，或者相反。这种差异，反映了阶级社会的生产关系与生产力之间矛盾的对抗性质，反映了剥削阶级利益和整个社会利益之间的深刻对立。在资本主义制度下，以上这些矛盾和对抗是更加尖锐化了。

在社会主义制度下，生产的目的是为了最大限度地满足整个社会日益增长的物质和文化的需要。因此，反映社会主义生产关系本质的生产劳动与非生产动的具体定义应当是：凡是能直接满足这种需要的劳动（包括表现在“存在的形态”和“动的形态”上的劳动），都是生产劳动；只是间接有助于这种需要的满足或不能满足这种需要的劳动，就是非生产劳动。关于这方面的详细论述，我在“试论社会主义制度下的生产劳动与非生产劳动”一文中已谈过了（参见《经济研究》1963 年第 2 期），这里就不再重复。

草英、攸全两同志的文章中，在谈到从社会主义生产关系本质来考察生产劳动与非生产劳动的涵义时，虽然正确地批判了把社会主义社会任何部门的劳动都看成是生产劳动以及认为只有创造价值的劳动才是生产劳动这样两种片面的观点，但是他们却认为，只有创造物质财富的劳动（即从简单劳动过程本性来看的生产劳动）才是从社会主义生产方式来看的生产劳动，而物质生产领域以外的任何劳动都是非生产劳动。我认为，他们这种看法和经济学界一直流行的观点实质上是一样的。其根本错误都是把生产劳动的一般定义和社会主义制度下生产劳动的特殊定义混为一谈，而用前者来代替后者。这事实上就是取消了反映社会主义经济关系本质的特殊的生产劳动这一范畴。

草英、攸全两同志可能要说：我们也是从社会主义社会的本质来考察，因而得出创造物质财富或具体生产物的劳动才是生产劳动，并没有把它与从简单劳动过程本性来考察混为一谈。我认为，这里的问题就在于：如何理解马克思从具体生产方式来考察的基本意思？在草英、攸全两同志看来，关键在于对社会财富如何看法的问题。因为社会主义社会，财富的增进极端重要，而且是表现为公共财富，这种公共财富的内容只能是使用价值的总和，因而只有能增加社会财富或创造具体使用价值的劳动才是生产劳动。这种说法一般看来似乎没有问题，但如果仔细分析，就可以看出这和马克思指出的从生产方式来考察的基本思想有所不同。如前所述，根据马克思的意思，所谓从生产方式来考察，就是从生产方式的本质关系来考察，也就是从社会生产的目的与实质来考察。对社会主义社会说来，社会财富的增进虽然具有重要意义，但社会主义生产的目的和实质，绝不是为财富而财富，而是为了最大限度地满足社会需要而增加财富，也就是说，增加财富只是满足需要的手段，满足需要才是社会主义生产的目的与实质。而且为了满足社会各种需要，增加物质财富虽然是主要的和重要的手段，但绝不是唯一的手段。因为人们的需要有许多是靠不构成物质财富的特殊使用价值来满足的。我们说凡是能创造某种使用价值的劳动是反映社会主义经济关系本质的生产劳动，其根本出发点并不是创造某种使用价值，而是直接满足社会需要。因为“使用价值，虽然是社会需要的对象，因而也包括在社会联系之中，但它不反映任何社会生产关系”①，因而不是政治经济学研究的对象。只有当使用价值成为生产的直接目的时，这才反映了社会主义生产的本质关系，因而成了社会主义政治经济学研究的范围。而草英、攸全两同志的文章中，正是把这两个性质不同的问题混为一谈，而忽视了社会主义生产的目的和实质问题。

以上就是关于从社会主义生产关系来考察的生产劳动与非生产劳动的具体含义，至于到了共产主义社会，生产的目的与实质也与社会主义社会一样，是为了最大限度地满足社会需要，因此反映这个经济关系本质的生产劳动与非生产劳动的具体含义，也应当是基本一致的。所不同的，只是到那时这两者之间的分离状态将要消灭，同时有些非生产劳动部门将不复存在，而代之以其他非生产劳动部门（如纯粹商业部门将为未来的分配机构所代替等等）。

根据从以上两个方面对生产劳动与非生产劳动问题的分析，可以得出结论：即无论从简单劳动过程来考察的一般意义的生产劳动与非生产劳动，还是从具体生产方式来考察的特殊意义的生产劳动与非生产劳动，这两对范畴

① 《政治经济学批判》，人民出版社 1955 年版，第 2 页。

既不只是资本主义社会所特有的，也不只是阶级社会所特有的，而是人类社会任何形态中都客观存在的，因而是一切社会所共有的永恒范畴，只不过生产方式的性质和形式不同，这两方面意义上的生产劳动与非生产劳动及其相互关系所体现的性质和形式也不同而已。由此可见，有人把生产劳动与非生产劳动仅看成是资本主义社会所特有的范畴固然是错误的，而草英、攸全两同志把这两者仅看成是阶级社会所特有的范畴也是不妥当的。

（原载《江海学刊》1963 年第 8 期）

黑格尔戏剧理论述评

陈瘦竹

黑格尔（1770—1831）的美学思想，是他的哲学体系中一个重要的组成部分。他在三卷《美学》讲义（先后于1819年至1829年在海德堡和柏林讲授多次）中，以唯心主义观点和辩证法系统地阐述了关于美学原理和各种艺术的根本问题；此外，他在早期的《精神现象学》和《哲学史演讲录》等著作中，也曾有所论述。他认为艺术、宗教和哲学是“绝对观念”发展过程中的第三阶段的自我认识的三种形式，都以“绝对精神”为内容，而艺术和宗教最后统一于哲学之中。根据唯心主义的辩证法，他将艺术史和世界史相联系，指出艺术在发展过程中形成了三大类型，象征艺术（东方艺术）、古典艺术（古希腊罗马艺术）和浪漫艺术（基督教艺术）。建筑是象征艺术的标志，雕刻是古典艺术的特征，而绘画、音乐和诗（语言艺术）则属于浪漫艺术。诗又分为史诗、抒情诗和剧诗三种。黑格尔的戏剧理论，是他关于诗的理论的一个组成部分。

黑格尔的哲学体系建立在观念的基础上，这种唯心主义观点曾经受到马克思和恩格斯的深刻批判。马克思说：“在黑格尔看来，思维过程，即他所称为观念而甚至将其变成独立主体的思维过程，是现实事物的创造主，而现实事物不过是思维过程的外部表现。在我看来，恰恰相反，观念现象不过是被移置于人的头脑中，并在人的头脑中改造过的物质现象而已。”① 因此，恩格

① 《马克思恩格斯文选》（两卷集）第1卷，莫斯科外文出版局1954年版，第425页。

斯认为黑格尔误将物质和观念的关系“颠倒过来和头脚倒置”。在美学方面，黑格尔认为艺术的内容不是现实生活而是绝对观念，所谓诗的领域就是绝对精神的领域，这同样是他的本末倒置的哲学思想的表现。但是马克思和恩格斯却极重视黑格尔的辩证法，认为这是他的哲学中的“合理内核”。恩格斯说：“他是最初第一人企图来阐明历史发展进程和内在联系；尽管他的历史哲学中有很多东西在我们现在看来十分奇怪，但是他的基本观点的精深性在今天也值得惊奇……在《现象学》《美学》及《哲学史》中，处处都贯穿着这种精深的历史观……马克思曾经是而且现在还是这样唯一的一个人，他能担起重大任务来从黑格尔的逻辑学中取出那包含在黑格尔在这方面所作真正发现的内核，从而恢复辩证法，除去它的唯心主义的外壳而赋予它使它成为唯一正确思想发展形式的纯朴形态。”① 黑格尔认为绝对观念和绝对精神处在不断运动、发展和变化的过程中，在发展过程中存在着内在联系和相互依存，而且以内在矛盾为根据，进行着由量变到质变的转化。他的客观唯心主义思想是保守的、反动的，但是他的辩证方法却在一定程度上反映了客观事物本身的发展规律，因而是进步的、革命的。所以恩格斯又说：“德意志哲学完成于黑格尔的哲学体系中，黑格尔的最大功绩是在于他第一次把整个自然的历史的和精神的世界都看作是一种过程——即永恒的运动变化、转换和发展的过程，并且企图去揭示这些运动和发展的内在联系……黑格尔没有解决这个任务，这对于我们在这里是没有关系的。他的历史功绩是在于提出了这个任务。”② 我们应该根据马克思主义观点，改造黑格尔的哲学和美学思想，才能取其精华，去其糟粕。

黑格尔在戏剧理论方面的贡献，首先在于他提出了戏剧冲突问题。关于这一问题，史雷格尔曾经偶然提及。他说：“人类活动的最高目的是不愧为人。我们在戏剧中看到各种各样的人，他们互相较量，分出高低强弱，作为理性的和道德的人，他们彼此之间，不是朋友，就是仇敌，每人各以自己的

---

① 《马克思恩格斯文选》（两卷集）第1卷，莫斯科外文出版局1954年版，第350页。

② 恩格斯：《反杜林论》，人民出版社1954年版，第22页。

见解、情绪和情欲互相发生影响，并且断然决定彼此之间相互的关系和处境。”[①] 谈到悲剧时，他提及冲突问题。他说：“因此，人的道德自由，只能在和他的感官冲动的冲突中表现出来。……人性中的道德部分，只有在困难和斗争之中，才能保证自己。”[②] 史雷格尔对于戏剧冲突的理解，不仅是从唯心主义观点出发，而且极不明确。黑格尔运用辩证法来分析这一问题，因而深刻地阐明了戏剧艺术的特征。

黑格尔在《美学》第一卷第三章《艺术美，或理想》[③] 中详尽地分析了冲突问题。他指出：“内在的心灵性的东西，也只有作为积极的运动和发展才能存在，而发展却离不开片面性和分裂对立。……而一般人类生活也是一种冲突、斗争和烦恼的生活。因为人格的伟大和刚强，只有在矛盾对立的伟大和刚强中才能衡量出来，心灵从这对立矛盾中挣扎出来，才能自己回到统一；环境的互相冲突愈众多，愈艰巨，矛盾的破坏力愈大而心灵仍能坚持自己的性格，也就愈显出主体性格的深厚和坚强。”黑格尔认为，“理想的本质”即“神圣的东西”首先体现于神，其次体现于人的心灵及生活，但是其中包含着“情欲和旨趣”的分裂对立，在“否定的否定”中不断发展。理想的最高度的纯洁和谐，只能从那些脱离尘世的烦恼纠纷和矛盾斗争的神和基督的身上表现出来。在艺术中，“雕刻和图画特别适宜于用理想的形式表现个别的神，乃至于救世主基督和个别的信徒和圣徒”。至于戏剧，则宜于表现冲突。他说：“因为冲突一般都需要解决，作为两对立面斗争的结果，所以充满冲突的情境特别适宜于用作剧艺的对象，剧艺本是可以把美的最完满最深刻的发展表现出来的。”

黑格尔指出冲突有三种方式：一是物理的或自然的情况所产生的冲突，例如疾病、罪孽和灾害破坏了原来生活的和谐，造成了差异对立；二是由自

---

① A. W. Schlegel, *Courses of Lectures on Dramatic Art and Literature*, Henry C. Bohn, London, 1846, p. 21.

② Ibid., p. 69.

③ 黑格尔：《美学》第1卷，朱光潜译，人民文学出版社1959年版，第221—222、218—219、253、263、268、269—270、271、293页。

然条件产生的心灵冲突，即以自然的家庭出身为基础的冲突；三是由心灵性的差异而产生的分裂。他认为只有第三种冲突，“才是真正重要的矛盾，因为它起于人所特有的行动”。他说：“一方面须有一种由人的某种现实行动所引起的困难、障碍和破坏，另一方面须有本身合理的旨趣和力量所受到的伤害。只有把这两方面定性结合在一起，才是这最后一种冲突的深刻的根源。”

真正的冲突起于人的动作，因此黑格尔就进而讨论动作。他说：“引起冲突的动作破坏了一个对立面，它在这矛盾中也就引起被它袭击的那个和它对立的力量来和它抗衡，因此动作与反动作密切联系在一起的。只有在这种动作与反动作的错综中，艺术理想才能显出它的完满的定性和动态。因为在这种情况之下，两种从和谐中分裂出来的旨趣，在互相对立和斗争着，它们的这种互相矛盾就必然要求达到一种解决。”关于动作的起讫，黑格尔所论比亚里斯多德在《诗学》中所说“头”“尾”——“所谓‘头’指事之不必然上承他事，但自然引起他事发生者；所谓‘尾’，恰与此相反，指事之按照必然律或常规，自然的上承某事者，但无他事继其后”①，更符合辩证法。黑格尔谈到动作和反动作时，说道：“动作究竟以哪一点为起点呢？这是不能固定的……因为从某一观点看来象是起点的东西，从另一观点看来，可能又是更早的事态错综的结果，这更早的事态错综就会变成真正的起点。但是就连更早的事态错综本身也还是更早的冲突的结果，如此逐渐倒推。”他以希腊的三联剧以及阿伽门农的传说为一例，加以说明。他一方面指出在艺术中只有诗（史诗和剧诗）才能表现动作的这种全部过程，另一方面也反对这种追溯到底的办法。他认为应该选取适当的动作的起点，“它应该只了解为被当事人的心情及其需要所抓住的，直接产生有定性的冲突的那种情况，所表现的特殊动作就是这种冲突的斗争和解决”。剧作家所要表现的不是动作的漫无止境的过程，而是某一冲突的发生、发展和解决的过程。

但是，黑格尔在这里所说的起于“心灵性的差异”并且通过动作和反动

① 亚里斯多德：《诗学》，罗念生译，人民文学出版社 1962 年版，第 25 页，

作表现出来的冲突，到底是什么样的冲突，到底是怎样产生的呢？人是社会关系的总和，人与人之间的冲突应该从社会关系的矛盾中去寻找其根源。不同阶级和不同思想的人，必然发生矛盾冲突，经过动作和反动作的斗争而得到解决，并且在旧的矛盾解决后，又进入新的矛盾运动的过程。正如毛主席所指示："社会的变化，主要地是由于社会内部矛盾的发展，即生产力和生产关系的矛盾，阶级之间的矛盾，新旧之间的矛盾，由于这些矛盾的发展，推动了社会的前进，推动了新旧社会的代谢。……人的概念的每一差异，都应该把它看作是客观矛盾的反映。"① 但黑格尔是客观唯心主义者，因此本末倒置，不从社会矛盾的发展变化而从绝对观念的发展变化中寻找冲突的根源。他认为绝对观念（亦称"绝对神圣的东西"）本身是和谐静穆的浑然一体，其后分裂为各种差异和对立形成各种"普通力量"，再体现于人的性格中，因此使人发生矛盾，展开冲突。人与人之间的冲突，在本质上就是绝对观念的各种普遍力量之间的冲突，因此，冲突的双方各有其片面性和合理性，各有其"辩护的道理"。他说："各种理想性的旨趣必须自相斗争，这个力量反对那个力量。这些旨趣就是人类心中的有关本质的要求，也就是动作的本身必然的目的，它们是本身有辩护道理的，符合理性的，因此就是心灵性事物的普遍永恒的力量，它们不是绝对神圣的东西本身，而是某一绝对观念的儿子……这些普遍力量就是艺术的伟大的动力，就是永恒的、宗教的和伦理的关系，例如：家庭、祖国、国家、教会、名誉、友谊、社会地位、价值，而在浪漫传奇的世界里特别是荣誉和爱情等等。"绝对观念的各种普遍力量（亦称"神"）在人的心中形成各种情欲或情致，于是发生冲突。人的复杂的性格，不是复杂的社会关系的反映，而是各种普遍力量体现在人心中的结果。"因为人不只具有一个神（即所谓'普遍力量'）来形成它的情致，人的心胸是广大的，一个真正的人就同时具有许多神，许多神则各代表一种力量，而人却把这些力量全包罗在他心里。"因此当他分析索福克勒斯的悲剧《安提戈

① 《毛泽东选集》第2卷，人民出版社1952年版，第768、772页。

涅》中的冲突时，认为矛盾双方——克瑞翁和安提戈涅——各代表一种普遍力量，克瑞翁下令禁葬“是有道理的”，安提戈涅违反禁命是由于“受到一种伦理力量的鼓舞”。这种错误分析，真是对于诗人的爱憎分明的态度和悲剧的进步的思想倾向的重大歪曲①。

在《美学》第三卷《剧诗》② 中，黑格尔详尽地论述了关于戏剧艺术的各种问题。他认为在各种诗和一切艺术中，戏剧是“最高的”艺术，原因在于“剧诗在形式和内容方面都是经过苦心经营而成为最完全的整体。因为在一切感性材料中，人类语言，和石块、木料、色彩及音调相反，是最适宜于充分表现精神生活的唯一工具；再则，在各种有音节的语音的特殊类型的艺术中，剧诗是史诗的客观性和抒情诗的主观性，在本质上相结合的艺术”。他指出戏剧是以“真实可见的形式”表现人的动作和关系，“换句话说，就是用活人的口头语言来表现他们的动作”。什么是戏剧动作呢？他说：“戏剧动作不限于简单地和顺利地完成某一特定目的，而是从头到尾以冲突的情况、情欲和性格的条件为依据，因此引起各种动作和反动作，从而要求矛盾和分裂进一步得到和解。”动作是戏剧的灵魂，亚里斯多德在《诗学》中早已提出这一论点，黑格尔指出戏剧动作以冲突为基础，这在理论上是新的发展。当然，在他对于戏剧动作的理解中，还贯串着他的唯心主义思想。他说：“总而言之，我们对于剧诗人作为创作的主体的最根本的要求，是要求他在创作活动中，最充分地认识到藏在人的目标、冲突和命运中的那些是内在的东西和普遍的东西……在事实上，戏剧是各种精神力量的片面性的解决，这些精神力量都必然地体现在戏剧人物身上。无论在悲剧或喜剧中都是这样。在悲剧中，这些精神力量和敌对的精神力量相抗争，在喜剧中，这些精神力量体现在人

---

① 关于这一问题，可参见《索福克勒斯悲剧二种》，罗念生译，人民文学出版社 1961 年版，序言第 12—14 页。

② G. W. F. Hegel, *The philosophy of Fine Art*, Tr by F. p. E. Osmastun, Vol N (G. Bell And Sons, London, 1920), p. 248, p. 249, pp. 254 – 256; pp. 257 – 259, pp. 259 – 260, p. 262; p. 263, pp. 257 – 259, pp. 259 – 260, p. 262; p. 263, pp. 267 – 268, pp. 270 – 277, pp. 280 – 282, pp. 285 – 289, pp. 294 – 306。引文曾由商承祖同志根据德文原著（G. W. F. Hegel, *Asthetik*, *Aufbau Verlag*, Bedin, 1955）校订。

物本身之中，直接得到解决。”

谈到戏剧创作，他先讨论所谓三一律问题。他正确地指出了亚里斯多德并未提及地点和时间的统一，并且说道：“就是古希腊悲剧家并不遵守象法国人所主张的那样严格的原则。例如在埃斯库罗斯的《报仇神》和索福克勒斯的《埃阿斯》中，都要换景。”他一方面反对法国古典主义派的清规戒律，一方面根据戏剧演出观点主张换景不宜毫无限制。戏剧不同于史诗，必须更为集中，因为戏剧并不完全诉诸想象，而是诉诸视觉。“在想象方面，我们可以随时从这一景转移到那一景。在剧场演出中，我们就不应该使想象力因为要去看那普通视觉力所不能及的东西而感到过度紧张。”莎士比亚在悲剧和喜剧中经常更换地点，因此在演出时经常树立木牌以示地点所在。黑格尔认为：“这种办法极不高明；只能破坏戏剧效果。”关于时间的统一问题，他同样反对严格规定，主张应以戏剧动作的性质为根据。他说：“假如某一戏剧动作，就其全部内容和冲突来看，性质比较简单，那么我们最好将这一冲突从发生到解决的时间集中起来，而压缩在较短的期间之内。否则，假如某一戏剧动作需要各式各样的人物，而这些人物的发展又需要在时间上极为分散的情境，那么这种纯粹相对的而且完全守旧的时间的形式统一，在根本上就不能成立。”

黑格尔最重视动作的统一，认为这是“真正不容违反的规则”，他说：“每一动作都必须毫无例外地有一个亟待完成的显著目标。”但同时又有另一敌对的目标来相抗争，而动作的统一就体现在两种相反的目标的斗争的运动过程之中。“一方面敌对的目标最后终被和解；而另一方面，那些特定的人物都已尽心竭力做了他们所要力求完成的事情。”动作的统一，在喜剧和悲剧中有不同的要求。“喜剧由于其中所安排的阴谋诡计真是五花八门，所以不象悲剧那样要有严密的自我集中，至于悲剧，照例是以宏大和单纯的线索来贯穿而展开的。”浪漫悲剧中动作的统一，又不及古典悲剧中那样严谨。但是浪漫悲剧仍须力求动作统一而且主次分明，“例如在《罗米欧与朱丽叶》中，除一对情人及其目的和命运之外，还有两大家族的世仇，这种世仇虽然不是一切情节在实际上所根据的实际内容，却无疑是戏剧动作所以形成的基础。因此，莎士比亚在结尾处，曾为这一冲突的最后结局作了必不可少而完全是居于次要地位的安排。同样，在《哈姆雷特》中，关于丹麦的命运，虽然在福丁布拉斯上场后曾经公开谈到而且最后得到圆满解决，却始终只属于次要的性质”。

其次，黑格尔谈到戏剧动作的发展问题。就容量说，他认为“剧诗介乎史诗的包罗万象和抒情诗的凝炼集中之间”。戏剧动作包含对立面的斗争，因此戏剧必须表现冲突的运动、发展过程。“真正的戏剧的进展，就是向着最后结局不断前进的运动。事实非常明显，我们只有在冲突中才能发现有力的转折点。因此我们要有两方面的观点，首先看到一切趋向于引起冲突的爆发，其次看到在各种见解、目标和行动的对立矛盾需要解决而趋向于同一结果。”在动作的前进运动中，各个戏剧场面必须互为因果，切忌东鳞西爪，不相关联。

关于戏剧作品的分段，他认为最自然的方法是“根据戏剧动作的前进运动本身的概念中所包含的若干阶段”加以划分。在动作的前进运动中，必然有如亚里斯多德所谓开端、中段和结尾三段。他虽然认为，根据日常经验，我们很难确定什么地方才是开端，但是他说：“既然戏剧动作在本质上以某一确定的冲突的状态为基础，那么正当那种冲突虽然尚未爆发，然而在其前进途中即将蔓延之际，就是适宜的开端之处。与此相反，当这种矛盾及其发展在各种可能的方面都已获得解决之时，就是结尾。在开端与结尾之间，我们看到各种目标的冲突和互相对立的个人之间的斗争。”他认为这三段就是分幕的标准，所以他主张最好分为三幕。西班牙剧作家仿古希腊三联剧例，分剧本为三幕；而英国、法国和德国戏剧的惯例，都分五幕。关于戏剧的分段问题，黑格尔虽然正确地指出了应以戏剧动作的前进运动的阶段为标，但是由于他从唯心主义观点出发，认为戏剧动作的根据不是社会生活中的矛盾而是精神力量之间的冲突，因而象贺拉斯一样错位地走上了形式主义道路。如果从社会矛盾的发展阶段来看，由于内容不同，就有不同阶段，我们无法预定剧本应该分为五幕或三幕。即使在三幕剧中，开端和结尾并不占据一幕篇幅，戏剧动作在第一幕的开端之后就要逐步发展，这种前进运动经第二幕到第三幕，形成冲突的高潮而达结尾。

语言在戏剧创作中有极重要的作用。黑格尔认为戏剧兼有史诗的客观性和抒情诗的主观性；因此戏剧语言就兼有史诗的和抒情诗的要素。叙述描写属于史诗的要素，表现个人心灵生活，就得应用抒情诗。但是戏剧语言中的这两种要素，必须与戏剧动作及其进展相结合，否则就缺乏戏剧性。戏剧语言分合唱歌词、独白和对话三种。在古希腊戏剧的歌队合唱曲中，既有史诗的客观叙述，又有抒情诗的热情奔放；但在近代剧中，已经不用这种语言形式。关于独白，他说："一个内心孤独的性格，处在戏剧动作的某一特定情境之中，为自己的缘故变为客体，于是就有独白。凡是当人的感情生活由于以前某些事件所造成的结果而完全集中于自身的时候；或当这种感情生活在总结自己和别人之间的对立或自身精神的分裂的时候；或当这种感情生活使逐渐成熟的或突然的决定一旦得到最后解决的时候；总之，只有在这些适当时机所出现的独白，才真正具有戏剧性。"对话是戏剧语言中最完整的形式。他说："在对话中，剧中人物可以互相表现他们的性格和目的，这不仅和他们互相对待的个人态度有关，而且和其中所显示的情致的实在性有关；剧中人物正在冲突之中，因此在实际上就推动着戏剧动作向前发展。"人物对话，有表现性格和推进动作的作用。

黑格尔非常重视戏剧和观众、剧场及演员的关系。"任何著作或艺术都有读者或观众，但是可以不必完全满足每一个人的要求，而且读者或观众在不满意某一著作或艺术时，可以置之不顾。至于戏剧则不然。剧作家必须满足他的观众，他对他们有一定的义务。这种观众既有喝彩的权利，又有表示不满的权利，因此，当戏剧向全体观众演出时，就必须在特定地点和有限时间内，引起他们的同情和兴趣。"剧作家怎样才能满足观众的要求呢？黑格尔是一个唯心主义美学家，首先在题材问题上提出了错误的见解。他认为只有表现永久的普遍的人类旨趣的作品，才能不受民族和时代的限制，而为一般观众所欢迎。“第一，戏剧作品所描写的那些正在发生冲突而且在冲突中得到解决的奋斗目标，应该包含一种普遍的人类旨趣或者具有一种情致，这种旨趣或情致对于剧诗人为之创作的观众来说，是具有真实性和实在性的。”他还将这种永久性和普通人类的题材和“民族生活”的题材对立起来，认为凡是描写某一民族生活的戏剧就不能为其他民族和时代的观众所欣赏。例如印度的抒情诗至今仍旧感人至深，但是印度民族戏剧《沙恭达罗》中的冲突却很“荒谬”，而且“我们对于其中戏剧动作的最后关头，丝毫不感兴趣”。他还认为欣赏莎士比亚的悲剧和喜剧的人所以越来越多，那是因为那些作品“虽然有民族性，但是其中普遍人类的旨趣要比民族性大得无可比拟”。非常明显，以唯心主义观点出发，必然要导致对于伟大作品的价值的严重曲解。其次，黑格尔指出，剧作家要满足观众，剧中人物必须有生命力，而不是概念化。他说：“剧中人物不应该纯粹是旨趣的化身，近代剧作家经常容易犯这种毛病。这些特殊的情欲和旨趣的抽象化身，毫无戏剧效果可言。纯粹表面的个性化，同样并不适当。在这种情形中，象在寓言形象的相同类型中一样，内容和形式就无法结合。深刻的感情和思想，雄伟的见解和语言，都不能补救这一缺陷。与此相反，剧中人物性格应该从头到尾有生命力，而且有自我同一认识，简而言之，就是一个完全的整体，这个人物的见解和性格特征始终符合于他的目的和动作。”他赞美索福克勒斯悲剧中的人物，并且还说：“在其后的剧作家中，莎士比亚和歌德就以善于描写有生命力的人物性格著名于世。”而法国戏剧尤其是早期作品中的人物，“不过是一般类型和情欲的表面而抽象的化身”，剧作家“根本没有打算要给我们创造真实的生动的人物”。剧作家要创造出有生命力的性格，他认为关键在于把握“终极目标之间的冲突以及其中所包含的前进的矛盾的运动”。他还认为最重要的是要求“剧诗人在最深刻的意义上精通人类的动作和世界的神圣秩序的本质意义，并且善于明确地真实地揭示一切人类的性格，情欲和命运的永恒而普遍的基础。”他反对迎合观众，指出“在历史的许多时期中，剧诗象其他艺术一样，常以生命的冲动，在政治、道德、诗歌、宗教和其他方面，传播新的思想”。例如最早有阿里斯托芬，他在喜剧中，时常争论雅典的内政和伯罗奔尼撒战争问题。伏尔泰一再在剧作中宣传他的自由思想原则，而莱辛和歌德在剧作中批评德国生活和落后思想，尤为突出。

黑格尔认为剧场演出是检验戏剧作品的生命力的标准。他还指出："剧诗的真正的感性媒介或工具，不仅是人的声音和语言，而是整个的人，这个人不只是表达感情观念和思想，而且是以全生命贯注在具体的动作中，竭其全力以影响别人的观念、意图、动作和行为，经受别人所给予的同样影响，或者始终保持他同别人的对立。"他反对那些专供阅读不能演出的创作，并且指出希腊悲剧是"无保留地专为当时剧场而作"。他认为，"剧诗人在创作过程中眼睛始终望着舞台"是极端重要的事。他甚至矫枉过正，认为戏剧作品不应公开出版，而只应该将原稿保存起来作为舞台保留剧目。

黑格尔认为演员的表演艺术，一方面借助于姿态动作、朗诵、音乐、舞蹈和布景，一方面以人的语言及其诗的表现为显著标志。在希腊的表演中，"语言艺术与雕塑艺术相结合"。希腊演员都戴面具，所以缺乏脸部表情，希腊演出具有造型性质，在历史过程中，表演艺术有很大的发展。在戏剧中诗人和演员的关系，比其他艺术具有独特的性质。他说："在绘画和雕塑中，艺术家亲自用色彩、铜或大理石来表达他的概念；至于音乐的演唱，虽则必须依赖别人的手和声音，可是这些附加的条件，固然在演唱时不应该缺乏灵魂的要素，却以机械的技术和巧艺为根本。而演员则相反，他一身兼有体态、相貌、声音和其他特色，而以整个人格出现在作品中，他的任务就在于绝对地符合他所表演的角色。"黑格尔十分重视演员的表演艺术，认为"这种职业需要卓越的才能、智慧、坚韧、毅力、实践和知识，而如果没有非凡的天才就不能有最高的造诣"。他并且说："演员不仅要深刻领会剧诗人和角色的精神，并使自己的个性在内心和外形方面都和这种精神化为一体；更重要的，他还必须用他自己的创造性的真知灼见从许多方面来补充他的角色，填满空隙，发现转变的各种动态，并且在总的方面，还应该以他的表演来解释诗人的精神，使那潜藏在表面底下的意义或者出自伟大剧诗人之手的比较隐晦的神韵真实而有力地呈现在观众眼前而为观众所完全理解。”

在分析戏剧的内部和外部特征之后，黑格尔进而讨论戏剧的三种基本样式——悲剧、喜剧和羊人剧问题。关于区分这三种戏剧样式的原则，他说：“剧诗以各种旨趣和性格之间的冲突以及这种冲突的必然解决为重大中心，因此不能不从各种个别人物对于他们的目标及其内容所处的关系中来概括出剧诗的各种样式的原则。”他认为悲剧动作的真正内容是由各种精神力量所提供，“这些精神力量本身都有正当理由，例如夫妻之情，父母子女兄弟姊妹之爱，还有集团的生活，公民的爱国主义，帝王的意志”。黑格尔认为各种精神力量分别体现在各人身上形成各种情致，因此发生冲突，构成悲剧动作，但是各种情致所代表的各种精神力量各有正当理由，于是经过冲突之后，必然要求“和解”。他谈到亚里斯多德论及悲剧引起观众的恐惧和怜悯时指出：“在恐惧与悲剧同情之上，有一种和解之感，由于见到永恒正义因而悲剧能够保证实现这种和解，这种永恒正义由于各种极其褊狭的旨趣与情欲所提出的只是相对的要求所以能够发挥至高无上的绝对的作用，这种永恒正义所以能发挥至高力量，理由在于它不能容忍在客观世界的真理之中让那些在根本上和本质上和谐一致的伦理力量所引起的冲突取得胜利而继续存在。”悲剧在排除剧中人的虚伪的片面性之后，就可得到和解。至于喜剧则完全相反，喜剧描写“纯粹个人的经验”，因此没有和解而有胜利。喜剧的社会基础，是人在他的有意识的活动中使自己成为一切虚妄的东西的主宰，换句话说，喜剧的真正基础是这样一个世界，“它的目标由于它本身缺乏实在内容而被抛弃”。一切缺乏真实内容的事物都很滑稽可笑，但是滑稽可笑的并不等于真正喜剧的。“本质与现象之间以及目的与手段之间的每一差异，都是滑稽可笑的，因为由于这种矛盾，现象全被取消，而目的在实现时成为笑柄。”然而在喜剧性中，却包含着更深刻的意义。喜剧动作的内容，黑格尔认为有下列几种：一是“人的目标和性格在根本上缺乏实在内容，而且自相矛盾。因此他们不能达到目标或者实现他们的性格，例如贪吝不仅就其目的而且就其所运用的卑微手段来说，从一开始在根本上就是一种虚妄的影子”。另一种喜剧性的情况与此相反，人们模糊地把握到某种目标，并且对于真正的实在内容具有某种印象，但是他们的个性却和它们所要求的结果处在绝对冲突的地位。黑格尔在这里奉阿里斯托芬的喜剧《公民大会妇女》为例，其中雅典妇女建议设立一种新的政治制度（政权移交妇女，财产公有，妇女公有），然而还保持着像以前那样的妇女的气质和情欲。在这两种之外，还有一种喜剧性的内容，利用外界的意外事体，凭借它的变化多端和异乎寻常的发展造成某种情境，其中理想的目标和目标的实现，个人的性格和外在的条件都形成喜剧性的对照，而被引入同样喜剧性的解决。除悲剧和喜剧外，介乎其间的样式在古希腊是羊人剧，其中基本动作如果不完全是悲剧性质至少却是属于严肃性质，至于羊人所组成的歌队，则与此相反，带有喜剧色彩。以后就发展为悲喜剧，罗马喜剧家普劳图斯的《安斐特里奥》即是一例，他因为剧中既有神和帝王，又有奴隶，而且悲喜混杂，所以称为悲喜剧。这种样式在近代剧中尤为发达，即所谓正剧或社会剧，黑格尔指出，这是因为古代悲剧以各种神力量为实在内容，喜剧描写个人生活，“而近代剧中，一种无限的个人生活的原则在悲剧中也占有重要地位”。所以悲喜交错，互相促进。

在黑格尔的戏剧理论体系中，关于戏剧冲突、舞台演出、性格描写、对话独白以及悲剧和喜剧的特征，从一方面来说，他的见解都很精辟，这是他用辩证方法研究戏剧艺术所取得的重大成就。我们应该承认，他在一定程度上发展了欧洲戏剧理论，但在另一方面我们必须看到由于他的唯心主义思想以及他的辩证方法和唯心主义之间的尖锐矛盾，他不仅歪曲了戏剧冲突的实质，以抽象的精神力量代替具体的社会内容，而且抹煞了作为阶级斗争的武器和思想教育的工具的悲剧和喜剧的社会作用。

辩证法的本质，不仅在于承认辩证发展的普遍性，承认主观精神领域中的辩证发展是客观物质世界（自然界和社会生活）中的辩证发展的反映，而且在于承认辩证发展的永恒性，辩证发展永无止境，矛盾是永恒发展的基础，正如毛主席所指示：“矛盾是普遍的、绝对的，存在于事物发展的一切过程中，又贯串于一切过程的始终。新过程的发生是什么呢？这是旧的统一和组成此统一的对立成分让位于新的统一和组成此统一的对立成分，于是新过程就代替旧过程而发生。旧过程完结了，新过程发生了。新过程又包含着新矛盾，开始它自己的矛盾发展史。”① 但是黑格尔的辩证法与此相反，他不仅将客观物质世界的一切过程归结为“绝对精神”的自我发展和自我认识的过程，本末倒置，而且认为“绝对精神”在经过三个基本阶段（“逻辑学”阶段、“自然哲学”阶段和“精神哲学”阶段）之后就停止发展，他的唯心主义体系是哲学的终结，他还认为矛盾又存在于所谓“有限之物”的客观的具体事物中，不存在于所谓“无限之物”的“绝对精神”之中，在“绝对精神”中一切矛盾就要和解而且统一，达到和谐一致，于是宣告辩证发展的终结。他从这种错误的观点和方法出发，提出了荒谬的悲剧冲突的和解论，取消了悲剧艺术的崇高的思想性和强大的战斗力。

黑格尔认为，悲剧中的人物，由于双方都代表一种精神力量，因此各有其片面性和辩护理由，在冲突的发展过程中，彼此克服而至和解统一，从有限进入无限，获得和谐一致。他说：“戏剧发展的真实途径在于消除这些矛盾，在于和解那些互相冲突彼此否定的人类动作的力量。”② 他以索福克勒斯的《安提戈涅》为例。他说：“例如安提戈涅处在克瑞翁的政治权威之下，她本人是国王的女儿和海蒙的未婚妻，因此服从主权是她的义务。而克瑞翁本人既是父亲又是丈夫，有尊重神圣的亲属联系的义务，因此只有破坏这种联系才能发出与此发生冲突的禁令。由于这种结果，我们发现在他们两人的生命中都潜存着各自斗争的因素，并且看到他们终究被深藏在他们自己的社会存在的范围之内的约束所袭击和摧毁。安提戈涅在做新娘之前即被处死，克瑞翁也因他儿子和妻子的惨死而受到惩罚，他儿子因安提戈涅之死而自杀，他妻子因海蒙之死而自尽。在古代和近代的一切优秀创作中——这一类创作我几乎完全熟悉，一个人应该知道这些并且可能知道这些创作——从这一观

① 《毛泽东选集》第2卷，人民出版社1952年版，第773—774页。

② Hegel, *The Philosophy of Fine Art*, Vol. Ⅳ, p. 321.

点看来，我认为索福克勒斯的《安提戈涅》是最优美最令人满意的艺术作品。"① 黑格尔一再赞美这篇悲剧，他在另一处称它是“人类的工力所能创造出来的最崇高而且从各方面说都是最完美的艺术品之一，其中没有一个细节没重要意义。一方面是国家的法令，一方面是出自本能的家族之爱和手足之谊，两者发生冲突”②。他所以这样热烈称赞《安提戈涅》，主要由于他认为可以借此说明他的悲剧的和解论，安提戈涅和克瑞翁各代表一种伦理力量，各有其辩护理由，但是各有片面性，经过这一冲突，两败俱伤，然后出现和谐一致静穆完整的境界。此外，他还以埃斯库罗斯的三联剧《俄瑞斯忒亚》中的《复仇神》为例，说明俄瑞斯忒斯在为父亲报仇之后，被复仇女神所追逐，雅典娜为他设一法庭进行审判，因为判罪票和赦罪票的数目相等，雅典娜投一赦罪票，俄瑞斯忒斯被释放。黑格尔接着说道：“这是一种客观的和解，与此相反，还有第二种类型，冲突的解决可以带有更多的个人性质。换句话说，在动作中的个人，到最后关头，放弃他的片面观点。”③ 他不仅认为无论古代悲剧或近代悲剧都有各种不同的和解，而且认为“悲剧的和解”正是悲剧关心的内容。他以莎士比亚悲剧为例，指出如麦克佩斯、李尔王的女儿女婿以及理查三世等人，最后遭到那种命运，都是罪有应得。在另外一种性质的悲剧中我们仍然可以得到所谓和解之感。他谈到莎士比亚的《罗米欧与朱丽叶》时说：“栽种这些娇嫩的花朵的土壤和花的本性不相容；这种美丽的爱情，好象偶然长在这尘世上的溪谷中的鲜艳玫瑰，经过一阵狂风暴雨，顷刻凋零，而各种高贵和善意的计谋终究成为泡影，我们目睹这种昙花一现的爱情和计谋的易于幻灭，除表示哀伤外，别无办法。然而我们这种怜悯之情，其实就是一种悲痛的和解之感，在不幸中，感到一种悲哀的祝福。”④

黑格尔根据他的唯心主义辩证法所提出的悲剧冲突的和解论，不仅抹煞

① Hegel, *The Philosophy of Fine Art*, Vol. Ⅳ, p. 324.

② Ibid., Vol. Ⅱ. p. 215.

③ Ibid., Vol. Ⅳ. p. 325.

④ Ibid., p. 342.

了古代和近代悲剧的战斗性和进步性，而且维护了当时普鲁士的反动统治，他认为普鲁士国家是“绝对精神”的最高表现，社会发展最高阶段，悲剧艺术的最后结局既是双方和解或者给人和解之感，那么悲剧作家就不应揭示现实社会的重大冲突指出社会矛盾的发展规律。在事实上无论古代或近代悲剧中，代表不同社会力量而相冲突的双方，必有正义和邪恶之分，不可能都各有辩护理由。悲剧主角大都是英雄人物或正面人物，代表当时的进步理想，另一方面则是反面人物，代表落后的社会势力。一个真正的悲剧作家，总是爱憎分明，以崇敬或同情来描写悲剧主角的战斗精神和不幸遭遇，使人奋起，化悲愤为力量，继续为进步理想而进行战斗。希腊悲剧中固然反映了当时的命运观念，但是三大悲剧作家都描写了人与命运的斗争。埃斯库罗斯在《俄瑞斯忒亚》中的基本思想，正如巴奇芬所指出，在于表现“没落的母权跟产生于英雄时代并获得胜利的父权间（的）斗争”。拥护俄瑞斯忒斯的阿波罗和雅典娜“这两位神当时都是代表新的父权制的”，由于雅典娜投了赦罪票，俄瑞斯忒斯获得自由，这就表明“父权制战胜了母权制”①。母权制让位于父权制，这是历史的必然发展；因此《复仇神》的悲剧结局分明是一胜一败，并非所谓“和解”可言。索福克勒斯在《安提戈涅》中，显然同情安提戈涅，反对克瑞翁，悲剧冲突以安提戈涅所代表的民主精神和克瑞翁的专制政治的根本矛盾为基础，安提戈涅的悲剧命运以及因此而造成的海蒙和他母亲的不幸结局，正是对于克瑞翁的暴虐残忍的批判和揭露，安提戈涅站在正义一边，克勒翁并无辩护理由，因此观众爱安提戈涅而憎克瑞翁，所以并不是两人都有片面性，结局也没有出现悲剧的和解。《罗米欧与朱丽叶》的悲剧冲突，从表面上看是青年男女的爱情和两个家族的世仇之间的冲突，实质上却是文艺复兴时期的人文主义思想和中世纪的封建势力之间的冲突。我们从莎士比亚对于两个悲剧主角的深刻的同情中，可以看到他坚信人文主义生活原则经过反复斗争，必然能够取得胜利，封建道德观念必然会被消灭，罗米欧和朱丽

① 《马克思恩格斯文选》（两卷集）第2卷，莫斯科外文出版局1954年版，第173—174页。

叶的死亡，正是对于封建势力的最后挑战，在悲剧的结局中虽然出现了两家和解的场面，但这并不意味着矛盾的妥协，反而标志了新的生活原则的胜利的开始。

黑格尔否认戏剧冲突的社会本质，因而不仅抹煞了悲剧的战斗性，而且对于东方各国的戏剧作出了错误的论断。他认为东方各国没有真正的戏剧，“东方各国虽然在史诗和某些样式的抒情诗方面有很大的进步，但是这些民族的整个世界观从一开始就排斥有利于戏剧艺术的那种艺术发展的条件。这是什么原因呢？理由在于：从本质上说，首先必须树立个人的自由和独立的原则，至少要有自决的原则，要有独立意志在自身中发现个人的行为及结果的自由的途径和根源，然后才会产生真正的悲剧动作，我们还可看到，要有喜剧出现，应该在更大的程度上，特别强调个人生活及其自已承认的特权的自由要求。我们在东方各民族中，既不能发现有利于悲剧又不能看到适宜于喜剧的条件”。他认为在回教各国中，毫无戏剧可言，“结果我们只能在中国和印度看到戏剧作品的萌芽。但是在这两个国家中，根据我们现在所掌握的少量的例证来看，他们还根本没有形成一种自由的和个人的动作，它们只是反映在有限的情境下的某些生动的事件和情感生活，它们的表现形态就象实际发生的一样”。这一论断几乎毫无事实根据。作为歌舞乐三者结合的戏剧艺术，每一民族很早就有萌芽，中国和印度的戏剧，同样源远流长。就以戏剧文学而论，宋元戏文和元人杂剧，已有高度发展，在关汉卿的著名悲剧和喜剧中，深刻地揭示了当时的阶级矛盾和民族矛盾，热烈地歌颂了人民为反对压迫和奴役所进行的斗争。印度戏剧的萌芽几与希腊戏剧同时，到第四、五世纪之间，迦梨陀娑的《沙恭达罗》和《优哩婆湿》等剧，在印度舞台上大放异彩。英国威廉·琼斯于1789年将《沙恭达罗》译成英文，德国乔治·弗斯特于1791年又给予极高评价。黑格尔怀有唯心主义的偏见，竟至抹煞历史事实，认为只有欧洲才有真正的戏剧，这种欧洲中心论的观点是十分反动的。

黑格尔的戏剧理论，如同他的整个哲学思想一样，既有进步性又有反动性。我们只有根据马克思主义的观点和方法，才能取其精华，去其糟粕。马克思和恩格斯运用辩证唯物主义和历史唯物主义的观点和方法，从阶级斗争和历史规律来阐明戏剧冲突的本质，因而使我们对于戏剧艺术具有科学的理解，并使戏剧艺术在改造世界的斗争中，发挥巨大的作用。资产阶级戏剧理论家因袭黑格尔的错误的和反动的美学思想，为资本主义和帝国主义制度服务。法国批评家布吕纳吉在1884年所作的《戏剧定律》中，认为戏剧必须要有冲突和斗争，而戏剧冲突的本质是自由意志和各种障碍的斗争。他说："在戏剧和笑剧中，我们所要求于剧场的是看到一种意志努力追求某一目标，并且自觉运用某种手段以实现其目标的那些图景。"他又指出："戏剧的目的在于显示意志的发展。"因此他就断言："东方各国没有戏剧，只有小说。这是因为东方人都是宿命论者，或者说是定命论者，这两个词，至少在今天指的是一样的东西。"①

资产阶级唯心主义的反动论调，真是于今为烈。美国缪勒在1956年的《悲剧精神》② 一书中，认为悲剧所表现的"主要是关于超越时间和普遍存在的生死问题"，如果悲剧作家描写"社会的和政治的迫害"就会"限制戏剧的含义，并且经常会变成'不纯粹的'艺术"。他主张悲剧作家应该有"生活的悲剧感"，认清所谓"不公平并非只是某一特殊社会的过错，而是人对人的不人道的古老故事，我们对于这种不公平，似乎可能而且应该想出办法，而实际上却是一筹莫展，我们充其量只能受尽苦难而毫无办法，回复到在神秘的宇宙里的人生的痛苦的神秘中去"。悲剧所表现的是超阶级超时代的主题——人对悲剧命运的徒劳的斗争，那么悲剧冲突的结局必然是人对命运的妥协。缪勒在分析悲剧精神的四种特征时，最后指出："悲剧主角的目标被挫败，他的情欲受创伤，但是通过他的最后的理解，他和他的命运终于达成协议……如果他没有达成，那么观众却已达成这种协议。……这种悲剧性的理

① Ferdinand Brunetjere, *The Law of The Drama* (B. H. : Clark: *European Theories of The Drama* p. 407, p. 409, D. App - leton. N, Y. , 1929) .

② Herbertg Muller, *The Spirit of Tragedy*, Alfred A. Knoff, N. Y. , 1956, p. 16, p. 18, p. 19, pp. 329 - 330.

解可以使我们更明确地认识到，我们既了解又不了解而且根本不能了解悲剧命运的全部意义；但是无论如何我们总得接受这种命运。这就是贤明的读者从悲剧中所获得的快感之所在。”缪勒不仅在悲剧冲突问题上重复黑格尔的悲剧和解论，而且对于东方戏剧，尤其是对中国戏剧的伟大成就同样予以抹煞，他虽然不得不提到我国有“传统的戏剧”，却荒谬地断言“中国没有悲剧”。他指出我国的哲学，就是儒家思想，而孔子主张“未能事人，焉能事鬼?”和“未知生，焉知死?”（《论语・先进》）所以中国人从不思索关于生死的根本问题，他说：“说得更加具体一些，中国人以传统的祖先崇拜为精神支柱。他们对于死后的情形虽有一些模糊的概念，但是他们知道一个人死后，他的鬼魂就会加入供在神龛上的祖先的鬼魂的行列；正象他在生前对于历代祖先举行祭祀并以家庭大事相商一样，他在死后，必然会受到后代子孙的敬重和求告。中国人于是从这种生物学性质的不朽之中，显然得到比基督教徒所能了解的更真实的安慰。中国人对于死的前途显得特别冷静——毫无疑问，由于同样理由，他们对于杀伤，感到特别无情。但是更有重要关系的是孔子的伦理学，这是中国大部分历史上始终被公认的一种理想。孔子所追求的主要是和谐，为要达到和谐，他就强调人的责任而不是人的权力——如孝、悌、忠、信等。而悲剧精神则要求更多的个人主义的和自我承认的精神。悲剧的典型特色在于要有一个豪迈而热情的英雄——而孔子却竭力在沮丧这样一类英雄。他所理想的人物既不是圣徒又不是英雄，而是温文尔雅和平中庸的君子。”缪勒在这里不仅抹煞了我国历史上的伟大悲剧如《窦娥冤》《赵氏孤儿》和《清忠谱》等篇，而且歪曲了我国人民的革命传统和解放要求。

我们从近代和当代欧美资产阶级理论家如布吕纳吉和缪勒等人的谬论中，可以清楚看到黑格尔的戏剧美学中的反动因素，我们必须改造他们的理论，才有利于戏剧艺术的发展。

（原载《江海学刊》1963年第8期）

说诗味

——钟嵘的诗歌评论及其美学理想

吴调公

《诗品》——为辨明“美丑”、分清“朱紫”而奋斗的诗歌评论

和刘勰一样，《诗品》作者钟嵘所处的时代，是唯美主义和形式主义的文艺寒流充塞的时代。诗坛的风气，不是片面追求辞藻的华丽，抹煞文艺的教化作用，就是把诗歌当作哲理的宣传品而失却形象性；不是拼命堆砌典故，自炫博学，就是标新立异地卖弄聪明，猎奇斗艳地钻研技巧。《南齐书·文学传论》曾就宋、齐间的这一些情况作了下列分析：

> 今之文章作者虽众，总而为论，略有三体：一则启心闲绎，托辞华旷，虽存巧绮，终致迂回；宜登公宴，本非准的；而疏慢阐缓，膏肓之病，兴正可采，酷不入情，此体之源，出灵运而成也。次则辑事比类，非对不发，博物可嘉，职成拘制，或全借古语，用申今情，崎岖牵引，直为偶说，唯亲事例，顿失精采；此则傅咸五经，应璩指事，虽不全似，可以类从。次则发唱惊挺，操调险急，雕藻淫艳，倾炫心魂，亦犹五色之有红紫，八音之有郑卫，斯鲍照之遗烈也。

除了对鲍照的评价有失全面外，大体情况是符合实际的。面对着诗坛上种种的不良风气——以谢灵运为代表的诗章冗赘烦琐一派（尽管钟嵘列谢为

上品，但毕竟指出他的“繁富为累”，因为钟嵘原来就是厌恶文章的“芜漫之累”的），加上以傅咸、应璩为代表的引经据典、泯灭性灵一派，再加上发展了鲍照缺点、由于过分追求新奇而失于雕琢的一派，钟嵘深感到“建安风力”消失的哀愁、诗味浇漓的怅惘，毅然以追求诗味之美为志愿。

钟嵘的矛头所指，在某些方面似乎比刘勰更直接、更鲜明。如说：

> 今之士俗，斯风炽矣。才能胜衣，甫就小学，必甘心而驰骛焉。于是庸音杂体，人各为容。至使膏腴子弟，耻文不逮，终朝点缀，分夜呻吟，独观谓为警策，众睹终沦平钝。次有轻薄之徒，笑曹、刘为古拙，谓鲍照羲皇上人，谢朓今古独步。而师鲍照，终不及“日中市朝满”，学谢朓，劣得“黄鸟度青枝”。徒自弃于高明，无涉于交流矣。观王公缙绅之士，每博论之余，何尝不以诗为口实，随其嗜欲，商榷不同。淄渑并泛，朱紫相夺，喧议竞起，准的无依……

这里批评对象是非常清楚的，在虚虚地拎起了“今之士俗”以后，立刻就把矛头指向有门阀的达官贵人和衣冠子弟。原来“膏腴子弟”“王公缙绅”一流人物，就是这样的无聊！为了用文章打扮自己，而“终朝点缀，分夜呻吟”。他们沾沾自喜，好不害羞！然而究其实质，是搞糟诗坛。钟嵘认为他们忙忙碌碌写成的“庸音杂体”就根本不是诗。看他的情绪是多么愤慨，笔调又是多么辛辣！这比起刘勰在《文心雕龙·序志》篇中提到的“辞人爱奇，言贵浮诡，饰羽尚画，文绣鞶帨，离本弥甚，将遂讹滥”来，语气显然不同。刘氏是从一般的不良倾向提问题，而钟氏则指出文坛中种种令人难以容忍的丑态；刘氏笔端虽然也洋溢着愤慨，但还是比较含蓄的；钟氏则已发展为嘲讽和斥责，迹近嬉笑怒骂的能事了。同时，我们还要知道：钟嵘不仅反对当时的诗坛颓风，还力图扭转颓风。他直截了当地提出了澄清美丑观念的问题，希望通过正确的诗歌批评实践，以贯彻诗歌批评标准，克服“淄渑并泛，朱紫相夺”等美丑不分的现象。他的理想是能继续刘士章（南齐人，名绘）未完成的文艺批评事业，做到“较以宾实”，从而使每人的创作实质得到应有的评价。他对批评的要求原来是十分刻实、十分认真的。同时，他也相信自己能达到这个目的，因为他认为："至于诗之为技，较尔可知，以类推之，殆均博弈。""殆均博弈"，古直注云："谓品人难值，品诗易当，如博弈之技，胜负白黑，较尔可知也。"① 诗的好坏高下，在钟嵘眼中是认为各有定评的，当然，用赌博的本领和评诗打比是不对的，把诗歌的评价说成"较尔可知"，似乎也有点简单化，不过，如果明了了钟嵘谈这话的真正苦心，我们还是能够理解它的深意的。钟嵘之所以强调诗有定评，正是因为当时诗坛陷于十分混乱，"诗无定评，喧议竞起，准的无依"。诗写得实在不高明而专门炫耀诗的"王公缙绅"，为了抬高自己的创作，就可能制造出有利于他们的理论标准，同时也可能倡论一些什么诗无定评、各随所好的观点，意图保持美丑不分、玉石并存的状态；这就是"随其嗜欲，商榷不同"的现象了。做歪诗的人说"商榷不同"、漫无标准，钟嵘就偏说"诗之为技，较尔可知"。诗坛上出现了"朱紫相夺"、魔长道消的现象，钟嵘就偏偏给一百二十余位五言诗人来一个排队："辨章清浊，掎摭利病。"尽管他的评价不完全恰当，然而应该说基本上是恰当的。这种区别"淄渑"和"朱紫"的工作，贯彻了他的为坚持诗味的进步理想而昂扬奋斗的精神。客观形势是"轻薄之徒"充斥着文坛，而奋斗的主观力量是"位末名卑"（《南史》本传）的一介文士，从这里也就不难看出《诗品》之可贵了。

钟嵘的美学理想——诗味

钟嵘的评论之所以有战斗性，不是偶然的，这和他深葆先进的美学理想有关。

他的美学理想是诗味说："夫四言文约意广，取效风骚，便可多得。每苦文繁而意少，故世罕习焉。五言居文词之要，是众作之有滋味者也；故云会于流俗。岂不以指事造形，穷情写物最为详切者耶？"这里，不仅提出理想的

---

① 古直：《钟记室诗品笺·品序》，隅楼丛书本。

诗歌美的内涵，认为诗要有滋味，还扼要地分析了诗味的要素。因而这就不同于陆机《文赋》里的“每除烦而去滥，阙大羹之遗味”，《文心雕龙》里的“滋味流于下句”（《体性》）、“余味曲包”（《总术》）、“味飘飘而轻举，情晔晔而更新”（《物色》）的味，也不同于《颜氏家训·文章》篇里“至于陶冶性灵，入其滋味，亦乐事也”的味。《文赋》等提到的味，一般指诗歌的优美的艺术境界或形象的吸引力，而钟嵘却是把诗味作为具体的审美标准提出来的。诗味，在这里已成为钟嵘美学理想的标志。

作为钟嵘诗味的第一特征是“指事造形”。指事造形指准确地描绘事物的状貌。“指事”有“直书其事，寓言写物”的意味，较多地接近于他所说的“赋”的做法。原来在刘勰、钟嵘的时代，“曲写毫芥”的写作方法颇为流行，它的好处是极貌写物，但坏处却是存形略神。钟嵘自然是注意传神的，不过他并不一概反对“曲写毫芥”，只要指事造形有可取之处，他也还是肯定的。如他赞美观察和描绘自然景物十分精细的谢灵运，说他的优点主要是“巧似”。它如评张协谓“巧构形似之言”，品颜延之，谓其“尚巧似”。这些地方的“巧似”，似乎主要是刻画物貌的技术。陈延杰的注释，谓“是能得物之状者”①，是正确的。

作为钟嵘诗味的第二特征，是“穷情写物”。如果说“指事造形”主要指状貌的刻画，那么“穷情写物”主要是以形传神了。“穷情”是有力地抒发深刻的感情，但感情的抒发也决不容离开事物的描绘。融情于物，借物抒情，是“穷情写物”的目的。钟嵘的审美标准之所以明确这一因秦，决定于他对文艺和现实的关系的根本看法。因为他既然承认诗人的感兴源于外物的刺激，承认“气之动物，物之感人，故摇荡性情，形诸舞咏”，所以他也就要求“舞咏”中写出“摇荡”的“性情”，在人的感受中写出“物之感人”。这里表现了他对诗歌艺术魅力的重视。原来最早的诗歌界说多忽略诗歌艺术特征。只要我们随便翻一翻书，就可以找到这一些材料：

① 陈延杰：《诗品注》，第29页。

《尚书·舜典》:“诗言志。……”

《礼记·乐记》:“诗言其志也。”

《荀子·儒效》:“诗,言其志也。”

《贾氏新书·道德》:“诗者,此其志也。”

“志”是什么呢?“在心为志”,“思虑为志”,按今语说是思想一类的东西。由于文学概念没有澄清,诗歌界说表现为笼统的“言志”说法,而没有突出抒情,是无足怪的。汉兴以来,辞赋得到长足的发展,与此相适应的是文艺特征也渐渐被重视了。《后汉书·张衡传》在叙述张衡的《思玄赋》时,提到作者的“宣寄情志”①,“情”和“志”结合起来使用,是值得我们深深玩味的。降及晋代,陆机在《文赋》中明确地提出诗歌要“缘情”。《文心雕龙·明诗》篇则给诗定下了这样的一个界说:“诗者,持也;持人性情。”于是诗歌从一般的“言志”发展而为“缘情”了。钟嵘之注意诗味中的感情因素,是由时代使然,不算什么创见。不过就他的“穷情”一点说来,却还是突出了慷慨怨悱之情,有异于其他人所说的广泛之情,他的缘情说还是有创见的。

钟嵘之所以重视抒发情怨,和社会环境有关。他所处的时代是新朝代兴的南朝,封建统治阶级上层人物,相互间你争我夺,矛盾重重,而皇帝对人民的压迫和剥削,更是罄竹难书。钟嵘逝世前六年,公元五四六年,“一个直臣贺琛上书指出梁武帝的恶政:第一,搜刮极其残酷,民不堪命;第二,官员穷奢极欲,无限浪费;第三,权臣玩弄威福,专找别人的罪过;第四,朝廷大兴土木,民众服役不得休息”。② 黑暗的社会中,人民经历着无穷的苦难。面对着这样的现实,钟嵘萦念着情“怨”并使其发为诗歌来宣泄,是非常自然的。罗根泽先生在《读〈诗品〉》一文中指出:“钟嵘独强调‘群’和‘怨’,特别是怨,这在阶级社会里,不只是唯物的,也是现实主义的。因为

① 《后汉书·张衡传》。

② 范文澜:《中国通史简编》(修订本)第2编,第382页。

阶级社会的本质就是人压迫人，不公平、不合理的现象与遭遇，当然会随时发生，随时遭逢。揭发这种现象，申诉受害者的冤抑与怨恨，是有助于使读者认清这种社会的面貌。”① 这看法是对的。钟嵘之突出诗歌的宣泄怨愤，可以从三点看出。

首先，是总序中对“怨”有突出的说明。“至于楚臣去境，汉妾辞宫，或骨横朔野，魂逐飞蓬；或负戈外戍，杀气雄边，塞客衣单，孀闺泪尽；或士有解珮出朝，一去忘返，女有扬蛾入宠，再盼倾国。凡斯种种，感荡心灵，非陈诗何以展其义？非长歌何以骋其情？故曰：‘诗可以群，可以怨。’使穷贱易安，幽居靡闷，莫尚于诗矣。”除了“扬蛾入宠”外，其余都是人世间的不幸遭遇而可以归入于“怨”的范围的。当然，钟嵘由于立场观点的限制，对怨的看法多从统治阶级中个人的坎坷着眼，不可能注意到广大劳动人民的血泪生活，这是严重缺陷。但在那样的时代，能同情这一些人的命运，揭露出封建社会的阴影，也还是有进步意义的，而且也是符合实际的。

其次，总序结尾在谈五言的“篇章”“珠泽”时，曾举作者所最欣赏的曹植、王粲、刘桢、阮籍等二十二家的佳作为例。它们有的是对政治不满的，有的是怀才不遇的，有的是蒿目于祖国的风雨飘摇的，有的是怆怀于生离死别之痛的，有的描写道里间关，有的刻画边亭烽火，怨悱之作占有一定比重。可见钟嵘所醉心的作品和他所悬的批评标准是两相吻合的。

最后，在《诗品》对作家的具体评论中，“怨”的重视并作为审美标准，也是显而易见的。仅就列入上品的十二家而论，已可见其端倪。如评古诗的“虽多哀怨”（“意悲而远”的悲亦复和“怨”接近），评李陵的“文多凄怆怨者之流”，评班婕妤的“怨深文绮”，评曹植的“情兼雅怨”，评王粲的“发愀怆之词”，评阮籍的“颇多感慨之词”，评左思的“文典以怨”，涉及怨思的占七家之多。位列上品的诗，理该是符合作者美学理想的。哀怨既如此

① 《文学遗产》第147期。

突出，因而诗的抒发怨思在钟嵘美学理想中的位置，也就可想而知了。

钟嵘的重视怨思如此，而他的倡论“穷情写物”如彼，因而我们在研究他的诗味论的同时，自然也就应该明确：他所要“穷”的“情”首先是怀怨悱之情；所“写”之“物”，是浸染着诗人怨悱之情的物。“春风春鸟，秋月秋蝉”，这是自然环境的感召。“楚臣去境，汉妾辞宫”，这是社会环境的感召。感召的结果是“感荡心灵”。而“感荡心灵”之发为诗篇，在“展其义”“骋其情”的过程中，自然也就不能不包括“气之动物，物之感人”的“气”和“物”，包括情咏兴起的根源，包括情咏的寄托。“凡斯种种，感荡心灵”，这里的“情”和“物”的关系似乎是扣得很紧的，恐怕不能片面理解为物之感人而丢掉了情之托物。这从以上一连串例子中都可以找到证明。“春风春鸟”不仅是写风和鸟，而悦豫之情可知。“楚臣”之“境”“汉妾”之“宫”，是没有感情的东西，然而由于屈原的受逐、王嫱的远嫁，一“去”一“辞”，而“楚臣”之“境”“汉妾”之“宫”，也就充溢着诗人心灵的感荡，并使读过诗篇的读者的心灵也为之“感荡”了。“穷情”和“写物”原是统一不可分的整体。

当然，要真正达到“穷情写物”不是一件简单的事，作者没有深厚的艺术修养是不成的。钟嵘认为抒情刻物的要求，应达到“详切”的标准。“详切”指构思和描写的细致和深刻，实际也就是下文谈到的诗之三义时“深”和“浮”的反面——诗味的不“深”（不隐昧）不“浮”。钟嵘是这样说的：“若专用比兴，患在意深，意深则词踬。若但用赋体，患在意浮，意浮则文散，嬉成流移，文无止泊，有芜漫之累矣。”“意深”指隐晦蹇涩，“意浮”指冗赘散漫。赋的效果是铺陈细致、文意详明，然而细致不等于冗赘散漫。比兴的效果是托喻委婉、文情深刻，然而深刻不等于隐晦蹇涩。钟嵘的赋比兴三义的论述不是割裂的，详切的要求也应看作一个整体，这都是我们应该首先认识的。但是否可以说收“详”之效的更有待于赋，收“切”之效的更有赖于比兴呢？当然，钟嵘对诗的三义是认为不可偏废和不可偏重的，而必须“宏斯三义，酌而用之”。“酌而用之”的效果自然就是作品的详切，也就是细而不冗、深而不晦的诗味。后于钟氏四百年的司空图在这方面似乎也受了影响。他在谈到诗味时倡论“近而不浮，远而不尽”之说①。“近”有点类似“详”，“远”有点类似“切”。

如果说“指事造形”是写貌的初步技法，那么“穷情写物最为详切”应该是传神的进一步造诣。这既重视“造形”又重视“穷情”的精神，在《诗品》中的出现，不是偶然的。推究原因，主要有两种：首先，就文学理论传统说，陆机《文赋》的“收视反听，耽思傍讯……其致也，情曈昽而弥鲜，物昭晰而互进”的理论，起了先导作用。尽管陆机讲的是构思提高过程，然而在构思提高的同时，诗人观察体验的物色自然也就逐步深入，“物昭晰而互进”，难道能和“指事造形”，进而“穷情写物”分开么？其次，就南朝的审美风尚说，钟嵘诗味的美学理想似乎还受了当时美术思潮的影响。略早于钟嵘的南齐画家谢赫曾在画论上建立了“六法”论，作为绘画批评标准。六法中，既注意“气韵生动”的神采远出，也注意“应物象形”的物貌传真。如评卫协云：“虽不赅备形似，颇得壮气。”“形似”和“壮气”分明是从形神二者并提的。评顾骏之云：“神韵气力，不逮前贤；精微谨细，有过往哲。变古则今，赋彩制形，皆创新意。”“神韵气力”近于“切”，“精微谨细”近于“群”。评顾恺之云：“格体精微，笔无妄下，但迹不逮意，声过其实。”②“迹”近于“指事造形”，“意”近于“穷情写物”。谢赫的理论不仅在美术方面起过深远的影响，对整个社会美学观点的影响也是很大的，对钟嵘说来，可能有他山之助的因素。

总之，符合于“指事造形，穷情写物，最为详切”标准的诗歌，就是有诗味的诗歌。就作品因素言，真正有诗味的诗歌应该是既能“干之以风力”，而又“润之以丹采”的，亦即既具备健康的思理，而又具备遒炼的词章的诗歌。遒炼的词章能更好地反映思理，而形成生动的气韵，有如“风”的环周；健康的思理能作为构思的引导，从而更好地充实语言内容，使作者锤炼的词

---

① 《与李生论诗书》，见《司空表圣文集》卷二。

② 谢赫：《古画品录》，见《美术丛书》第三集第6辑。

章格外坚实有力，有如“骨”的挺树。前者完成了作品内部的灵魂作用，后者完成了作品外部的藻饰作用；前者是“干”，后者是“润”。就创作角度言，写出有真正诗味作品的作者，应该是融会贯通地运用赋、比、兴三义的诗人。就欣赏角度言，真正有诗味的诗歌，应该使读者获得这样的美感享受：“味之者无极，闻之者动心。”《诗品》在阐述诗味的内涵后，更通过三个层次说明诗味，角度各有不同，而诗味的揭示也愈来愈深，钟嵘对美学理想倾心的程度也就可以想见了。

钟嵘诗味的美学理想在诗歌评论中的贯彻

诗味是钟嵘的美学理想。当作者用之于文艺批评而探寻作家作品是否具备他所谓的诗味因素时，是兼及内容和形式的，但有时却更偏重内容。（前文在谈到“详切”的意义时，我们之所以用“详切指构思和描写的细致和深刻”，而不单用“描写的细致和深刻”者正亦因此。）

诗味的内涵已详见上节。扼要地说，是摹状传神，细致深刻；内容上主要是有“风力”，形式上主要是有“丹采”。现在我们再来观察一下他对一百二十多位五言作家的具体评价是否贯彻诗味这一美学理想；如果贯彻，是怎样贯彻的。为了解决这一问题，我们可以归纳一下钟嵘所赞美的作家的优点。

（一）怨悱的感情。这类感情有所谓“哀怨”“凄怆怨者”等等，具见前述。细绎钟氏的词义，怨的风格极为多样，似不容一律看待。怨而属于凄怆悲慨的是一种类型，如评李陵的“凄怆怨者之流”、评王粲的“发愀怆之词”。这些怨诗的风格，表现了苍凉之音。王粲的《七哀诗》，则不仅有悲，还有愤意。其愀怆的深沉悲愤，又略近《二十四诗品》中的“悲慨”。其次，怨和柔婉绮丽结合，又是一种类型。这不是苍凉悲壮，而是缠绵悱恻，如评班婕妤《怨歌行》的“怨深文绮”。再次，怨的风格还可以和征引古事入题而形成的雅驯风格相结合，如评左思的《咏史》“文典以怨”。（这一批评不甚妥帖，因为左思的《咏史》目的不在于吟咏古人古事，而在咏怀。钟嵘把古典运用得好作为突出优点来说明，似无必要。）更次，怨的感情中还有一种类型，是寓深沉之忧而发为委婉之语的，如评曹植的“情兼雅怨”。《史记·屈原贾生列传》：“《国风》好色而不淫，《小雅》怨诽而不乱，若《离骚》者，可谓兼之矣。”“情兼雅怨”是指曹诗兼《国风》《小雅》之长[①]，也就是借情诗抒写怨愤，而怨愤中寓意含蓄。这大约是指他的含有政治寄托的爱情诗而言。在这些诗中，曹植抒发了志不得申、才不得展的忧愤，然而偏不直说，说得曲折婉转，如怨如诉，既有悲壮恢阔之思，又多“文采缤纷”[②]之笔。钟嵘对曹植的推崇是非同小可的。“情兼雅怨”的评语，似乎也可以看作钟嵘审美的最高标准。看来，钟嵘固然喜欢曹植的苍凉壮劲的“奇高”“骨气”，但更欣赏他曲折委婉地运用比喻象征以展示美丽新奇的形象的本领。如果光有苍凉壮劲，而缺少华美清新，光有凝练深浑，而缺少流转自然，钟嵘是不会这样醉心的。曹操的诗在苍凉壮劲上和曹植有某些相近之处，钟嵘也说他“甚有悲凉之句”，但毕竟因为曹操的诗沉郁有余而秀丽不足，苍老有余而清新不足，情思的凝浑（感情执着在一点上）有余而卷舒流转不足，评价曹操的等第只有中等，品为“古直”。这“古直”寥寥二字，可以说亦褒亦贬，耐人寻味。由此可见，钟嵘心目中的怨思是有条件的。

（二）意境的深微婉转。慷慨苍凉的建安风力，钟嵘是欣赏的，但意境如果径直，却也非他所喜。这从他的对曹操和曹植不同评价中可以看出，而同他所说的“患在意深”和“患在意浮”也是符合的。他倡论“穷情写物，最为详切”，所以自然也要求诗境的深远。如评古诗“意悲而远”；评阮籍“言在耳目之内，情寄八荒之表”；评颜延之“情喻渊深”；评孙察“察最幽微，而感赏至到耳”。过分豪放和激愤的诗，钟嵘是有微词的。左思和嵇康都写过优秀的怨悱诗篇，然而由于左思的诗中有时火气很大，少委婉之风，就被讥为“野于陆机”；嵇康愤世傲物，就被讥为“讦直露才，伤渊雅之致”。从“渊雅”看来，钟嵘的要求怨而蕴藉是更加清楚了。他之所以推崇曹植的“情

① 参看《钟记室诗品笺·品上》，第2页。
② 黄侃：《诗品义疏》。

兼雅怨”实在也无非因为曹植抒怨而不伤渊雅吧了。钟嵘的强调兴、观、群、怨中的怨字，是有积极意义的，但可惜仍然受了儒家传统的“温柔敦厚”诗教的影响而不可能完全突破。晚清刘熙载曾就“野”的问题提出异议：“野者，诗之美也，故表圣《诗品》中有疏野一品，若仲伟谓：左太冲‘野于陆机’，野乃不美之辞。然太冲是豪放，非野也。睹《咏史》可见。”[①] 尽管刘氏牵扯到“疏野”不很恰当，但还是有纠谬作用的。

（三）词采的华净之美。《诗品》总序在谈到诗味和诗的“三义”时，是把“风力”和“丹采”并提的，因而在作家的具体评论上，除了赞美有力地表现怨悱之情和深婉之境的一些风格外，也常常表扬诗人们不同方面、不同程度的词采的华净之美。

尽管钟嵘不赞成当时浮靡的文风，但要求他完全摆脱这种文风的影响还是不可能的。由于此，在总论中他固然特别赞美谢灵运的“才高词盛，富艳难踪”，认为他超过刘桢、王粲、潘岳、左思，在分论中却又频频揄扬华丽的风格。不过，他所欣赏的华丽是和前文谈到的意境的渊雅结合的，如评古诗的“文温以丽”就很显明。古诗是钟嵘倾倒备至的，因此我们不妨把这评语看做作者理想的文采的标本。由于受了《文赋》重视秀句的影响，钟嵘对那些所谓“处处间起”的“名章迥句”和“络绎奔会”的“丽典新声”赞不绝口。此外他更曾赞美陆机的“才高辞赡，举体华美”、潘岳的“烂若舒锦”（转述谢混语）、张协的“词采葱蒨，音韵铿锵”和曹丕的“美赡可玩”。不过，他理想的华丽，服从于他特别强调的“自然英旨”的要求。他固然欢喜辞采的绮丽鲜明，但如果过分追求妍冶纤巧，他也是不赞成的，如对张华的评论。这大概是因为过分“妍冶”势必违背他一向倾心的苍凉遒劲的建安风格吧。他固然欢迎词采的丰富细密，但对“动辄用事”的任昉却提出批评；在谢灵运诗的评论中也曾提到“颇以繁富为累”的话。这自然是他倡论“直寻”和反对“竞须新事”的“蠹文”作风的结

① 《艺概·诗概》。

果。鲍照列入中品，委屈了些，然而钟嵘能指出他“不避危仄”的缺点，还是符合实际的。王闿运说鲍诗“气急色浓，务追奇险，其品度卑矣”①，自然过贬，但由于刻意追求新颖，有时失之纤巧和蹇涩，确是事实。钟嵘肯定鲍照的“淑诡”和“靡嫚”，亦即奇幻和华艳之美，但也指出他的不平易、不自然的缺点。从这些地方我们可以看出，钟嵘所主张的华美，不同于当时唯美主义者的淫艳了。他评张协的“文体华净”似乎可以作为他理想中形式美的一个概括说明。这是华采和自然的携手，实在也就是建安文学的华而能朴的特色。

综上所述，钟嵘对作家具体评论和《诗品》总论中的诗味论基本上是统一的。诗味的“详”和“切”、体现在感情的抒发中，也体现在事物的刻画中。由于此，钟嵘在评价作家时便从情思上重视他们的苍凉、悲壮，从布境上重视他们的委婉渊深，从遣辞上重视他们的藻润华净。一般说来，诗味论是内容形式并重的。不过这所谓内容，也仍然偏重审美经验和审美特性，而忽略思想倾向，因而《诗品》的具体评论大多限于从艺术风格和诗歌境界来考虑得失。同时，也正因为没有扣紧作家的具体思想情况，风俗特色的分析有时显得雷同，如王粲的“愀怆之词”和阮籍的“感慨之词”，这中间难以看出很大的区别，而刘琨的“感恨”所体现的强烈的爱国主义精神，自然又比王、阮要高。如果不用知人论世的方法来比较，那么由感怆的不同本质所形成的悲慨风格就难以说明。钟嵘对作者的社会环境和生活情况有时是注意的，如评李陵：“使陵不遭辛苦，其文亦何能至此！”评秦嘉、徐淑：“夫妻事既可伤，文亦凄怨。”但这毕竟还是少数。同时，更重要的一点是，钟嵘即使谈到诗人的处境，而诗人的思想性格却谈得极少。《文心雕龙》却不然，能从“才性异区”推论到“文辞繁诡”。从这里可以看出，要真正品评诗味的底蕴，光注意艺术性还是不够的，尽管诗味本身是艺术问题。

① 《八代诗选》。

诗味论在今天的现实意义

作为诗歌，鼓舞人、吸引人的意境和魅力必须具备。社会主义的诗歌应该有比前人更崇高更浓烈更完美的诗味。诗，必须是诗，而不是分行写和押韵的散文。近年来在各地的诗歌座谈会上，有不少诗人关心注意并热烈讨论这个问题。为了解决这一问题，研究《诗品》中的诗味说，是会得到借镜的。

首先，钟嵘的诗味说可以帮助我们了解诗味和时代风格的联系，从钟嵘所谓怨悱诗味的观点中，我们可以得到启发：他能注意人民苦难时代的“怨”——具有普遍特征的精神状态（当然他是从士大夫角度来体会的），那么，我们今天不是应该站得更高望得更远，来把握时代精神，以无产阶级的革命之情来充实诗味么？如果说他的理想诗味是善于发泄哀愁，那么，我们今天的理想诗味不是应该更深刻地体验和表现人民的幸福感受和昂扬斗志么？

其次，钟嵘的诗味说，还揭示了诗味与写作方法的关系。诗应该是诗，而不应该“平典似道德论”，不应该“淡乎寡味”，这是从诗歌的特质来谈诗味。诗要写得“详切”，就必须讲究诗的赋、比、兴“三义”，这是从写作方法来谈诗味。前者说明诗味是什么，后者说明如何有诗味。后一部分的“意深”“意浮”之说，虽然谈的是写作方法，但却又是前一部分诗味内涵的深入说明。这样的阐述诗歌特征和理想诗境的美学特色，在钟嵘以前似乎还很少见。今天，我们应该提高一步，在了解诗歌的时代风格和文体风格的基础上，发展赋、比、兴的传统，探索新的“不深”“不浮”的规律。

最后，钟嵘的诗味说还启发我们应注意诗味和个性风格、流派风格的关系。诗应该是诗，这是从文体风格来看诗味。诗人和不同流派又各有其相异的诗味，这是从个性风格和流派风格来看诗味。《诗品》的序言部分着重阐述诗歌特别是五言诗的文体风格，一百二十多位诗人分论部分则着重说明个性风格和流派风格。因而如何结合诗歌史上流派风格的演变，探寻诗人风格的发展变化，探寻某一诗人的诗味中包含哪些前人的诗味，并如何孕育后人的诗味，确是件饶有兴味的事。从钟嵘的《诗品》中可以看到每一个诗人的诗味不是孤立的，也不是静止的。章学诚评《诗品》“思深而意远”，大概就是指这种推溯流别的意思。不过，钟嵘有时过分机械地理解艺术传统对诗人风格的影响，而忽略了另外的一些形成个性风格的重要因素，如思想倾向、生活题材、语言因素等等，这是错误的。钟嵘认为，同出于王粲的有潘岳、张华、刘琨三家。看来这大约是根据三人同具王粲的怨思一点。其实这是不尽切合实际的。对王粲的深沉悲愤和“颖出而才果”[①] 说来，刘和王还比较相近。至于潘岳的悲而缠绵，和王粲的悲而慷慨，两者不好相比。张华的平板濡缓的语言，更有异于王粲的“词章纵横”。只看到作家的表面师承，而不进一步比较风格及其主要因素的相互区别，就贸然地肯定其间的渊源影响，这对诗人们的不同诗味的认识，只有起模糊作用。同时，还会以讹传讹，影响后代，清人浦起龙的承袭此说就是一例[②]。

尽管《诗品》对今天来说具有上述那些借鉴作用，但是它的作者的局限性，它对今天的消极作用，我们也仍然是不应忽略的。

首先，《诗品》的反对形式主义，在某些方面暴露了它的不彻底性。作者一方面赞美“自然英旨”和“直寻”，另一方面却又说什么“雕润恨少”。可见六朝时期片面追求艺术的风气，在他身上并没有完全摆脱。由于缺少自觉的认识，从而就使他对于他所要反对的事物，缺少坚强的战斗力，往往既批判了它，而同时又在某种程度上做了它的俘虏。

同时，《诗品》中反映了作者的封建士大夫的高人雅士观点。钟嵘常常赞美“雅”而鄙视“野”，而所谓“渊雅”“闲雅”，又多和六朝名士的翩翩风度相联系。这也正是他赞美张协“风流调达”的由来。因此他不仅心爱舒锦

---

① 《文心雕龙·体性》。

② 浦起龙论汉魏六朝诗有云：“陆机、陆云则仿子建，潘岳、张华、张协则学仲宣，左思、张翰则法公干。”（《酿蜜集》卷二）

的才华，更过多强调了人的才能作用，如在评论谢灵运、谢惠连、江淹、何长瑜等人时一再强调“才”，特别是评江淹时更引述梦郭璞授五色笔的荒唐传说。艺术的才能是重要的，但是过分地强调才能，并且把才能强调到神秘化的程度，这显然是错误的。

如上所述，钟嵘的诗味说虽然对于今天我们的诗歌创作有一定的启发借鉴作用，但是，应该指出，钟嵘所持的诗味，是含有悲观消极成分的。在钟嵘所处的那个时代，他强调“诗可以怨”，是对的，这对于暴露当时的那个黑暗的社会现实，是有积极作用的。但是，今天时代不同了，它所起的那种作用早就消失了。今天我们的诗歌早已不再是发泄“幽居”之“闷”的工具；今天我们所追求的诗味，应该是充满着英雄的气概、豪迈的语言、雄壮的调子和鲜明的色彩；那种“悲凉”“愀怆”的调子，早已不是今天我们所需要的了。

（原载《江海学刊》1963 年第 9 期）

顾炎武与十七世纪中国社会

傅衣凌

顾炎武是我国历史上的一位杰出的思想家和学者。他生于明万历四十一年（1613），卒于清康熙二十一年（1682）。明末清初，从中国历史上说，是一个大动荡的时代，又是世界资本主义经济开始上升的时期，因而评价这一历史人物在中国史上的贡献，就必须结合十七世纪的中国社会，分析他在这时代中究竟提供有哪些新的东西。下面拟就顾炎武与十七世纪中国社会等有关问题，论述拙见，以供讨论。

一

十七世纪的中国社会，究竟处于怎样的一种情况呢？向来颇有论议：宋应星从经济发展的角度，称之为“圣明极盛之世”；黄宗羲则就民族政治上的诸种因素，认为这是“天崩地解”的时代。至于晚近，关于这一时期资本主义生产萌芽问题的估计，争论尤多。经过初步探索，我觉得十七世纪中国封建社会政治、经济的总和的社会矛盾，大体上可有下列几种情况。

首先，我认为，尽管十七世纪四十、五十年代中国民族矛盾曾经一度上升，但地主与农民的矛盾，始终是这一时代的主要矛盾。即当世纪末叶，明朝封建政府管通过张居正等人进行了一系列的改革，虽然挽救了财政的危机，可是却无法缓和由于封建土地所有制所产生的严重的阶级对立。在这当中，大地主占有几万亩、几十万亩的土地；而广大的农民一直处于无权的地位，受着苛重的封建剥削，因而在整个十七世纪中，地主与农民的矛盾，前后爆发有两次规模较大的农民起义浪潮：前一次大约在二十年代至四十年代之间，而以李自成、张献忠所领导的农民军推翻明朝的封建统治达到了最高峰；后一次自康熙三年（1664）李来亨殉难之后，中国人民的反清斗争一时趋于低潮，但因为当时的社会主要矛盾仍然没有获得解决，于是乘着七十年代的“三藩之乱”时期，中国又出现有较大规模的农民起义的新高潮，特别是南方各省佃农的反抗运动。我认为，这一次的农民起义对于康熙帝当有着直接的教育作用，因为清初在社会经济上的措施和改革，如停止圈地，地丁改制，缓和满汉对立，有不少是在康熙二十年（1681）以后才逐步进行的，其中，有一定程度殆和这些斗争有关，当然，也还有其他的政治因素。

其次，十七世纪又是中国国内的民族矛盾与阶级矛盾互相交织的一个时期。由于当时中国是一个多民族的中央集权制的封建大帝国，在这个国家内部，各民族之间既存在着相互合作的一面，也有相互斗争的一面；只承认斗争，而不承认合作，那是不符合于历史实际的。十七世纪之初，汉族统治阶级与国内蒙、傜各族的矛盾缓和下去，而东北的满族却兴起了。由于满族尚处于社会发展的低级阶段，在进入中原之后采取了较落后的统治办法，不仅汉族人民受到种种的压迫，就是其他各族人民也同样受到欺凌和压迫。这样，便激起了国内以汉族为首的各族人民共同反抗满族的封建统治，是国内民族矛盾一时上升，并且和阶级矛盾交织在一起。由于这两种矛盾的交织，因而也推动了这一个斗争，一直到十七世纪的末叶还在进行中。

再次，十七世纪又是中国资本主义生产开始萌芽的时期，商品经济与自然经济的矛盾的展开，亦是十七世纪经济发展中的一个较醒目的现象。固然，在封建社会全部发展过程中，就孕育有这一种矛盾，但在封建社会商品生产是为封建地主阶级服务的。迨至明代中叶以后由于社会生产力的发展，商品货币经济的发达，中国的个别地区、个别行业，主要的是在手工业生产方面，业已出现有一方出资本、一方出劳力所建立的新生产关系的萌芽。但因此时占着支配地位的还是自然经济，封建主为巩固他底统治地位，对于商品经济始终采取歧视的方针，存在着新的开始萌芽、旧的仍占支配地位的局面。因而商品经济与自然经济的斗争，遂贯穿着这一时期的经济长流，表现为开矿与反开矿的斗争，禁海与反禁海的斗争。而在这时前后出现于全国各地的市民斗争，虽然不可能断言这即是近代市民型的反封建运动，但他们反对封建的压榨，要求商业的自由，以及后来李成所提出的“平买平卖”的口号，实质上都可以说是反映了发展商品生产的要求。

最后，是早期外国资本主义势力与中国人民的矛盾，也是十七世纪新出现的一个矛盾。自十六世纪葡萄牙、西班牙诸国东来之后，外国资本主义势力渐在我国经济生活中开始渗入。欧洲商人带来了大量的白银，也带来了西洋的科学技术。资本主义经济的毛孔充满着血腥的气味。特别是荷兰，它是十七世纪的一个资本主义的标本国家。自一六〇二年荷兰东印度公司成立之后，它即不断地侵略我国东南沿海诸省，并占领我国领土台湾。由于它的凶残与掠夺，无疑对于我国东南沿海地区正在发展的商品经济和海外贸易，是个很大的打击，因而激起了我国人民的强烈反抗。这一个矛盾，虽由于荷兰人的退出而暂告缓和，但代替荷兰而起的英国人，却在此时逐渐向东发展，所以矛盾没有获得根本的解决。

综上所述，这些矛盾既是相互交织，又是错综复杂彼此之间互有影响作用。其中，有的具有普遍的意义，有的只是一时的、局部的性质。也有这一世纪新出现的矛盾，为以前所不曾有过的，但地主与农民的矛盾，则是整个封建社会长期存在的主要矛盾。处于这样错综复杂的时代矛盾中，势不能不影响各个不同阶级的人们都卷入矛盾的漩涡，即同属于一个阶级的人们，甚至统治阶级内部，彼此之间亦以各自地位的不同而斗争激烈。在这种形势下，于是不同阶级、不同阶层的人们，都各有自己的一套解决方法。大体上言之，被压迫的农民大众，始终是历史发展的真正动力，为了反对明末地主阶级的统治，早于全国各地展开火热的武装斗争，高举“均田免税”“买卖”“抗租较斗”“除赋捐租”废苛例，争佃权的革命口号，他们不但要求人身的自由解放，提出“均人也，奈何以奴呼我?”还主张“铲主仆、贫富、贵贱而平之”，表达了他们对于成为生产力发展桎梏的封建农奴制的抗议，对于不合理的民族压迫的反抗。这两个阶的对立，压迫与反压迫的斗争，构成为这一时期的历史主流。当矛盾转化时，最能高举民族革命的旗帜、成为抗清的坚定的主力军，只有农民大众。如这时的“联明抗清”的口号，反剃发的斗争，即皆以农众为主体的。反之，站在矛盾尖端的另一方面——地主阶级，特别是其中的顽固派，自万历、天启、崇祯、福王时期以及洪承畴、吴三桂之流，他们为保护封建地主的统治，巩固封建大土地所有制的长期存在，一贯采取对内镇压、对外投降的方针，尤其像洪承畴等人，前之为明，后之降清，其前后行动是一致的，他们只有一个目的，即镇压国内农民大众的反抗。他们是地主阶级中的最反动阶层。

由于人们的社会生活是复杂的，矛盾也是多方面的，就在同一阶级当中，亦以具体条件的不同，而产生分化。尤其当治阶级已陷入极端黑暗、腐朽的时期，不仅被压迫的劳动大众没有法子活下去，即连一部分统治阶级中的非当权派以及一部分中小地主和部分的中间阶层——小生产者，甚至和统治阶级有联系的商人阶层，亦处于岌岌可危的地步。形势迫使他们之间有些人从地主阶级利益出发，起而反对当时的封建统治，提出改良措施；或当大敌压境、民族矛盾上升之际，为挽救民族的危机，奋起抗战。再由于他们的家庭出身、政治地位、经济生活、学术修养等等的差异，于是这一部分从统治集团分裂出来的个别人物面临这样错综复杂的矛盾，他们所走的道路是极不相同的。其中，可分为下列几种不同类型的人物：

（一）当封建统治濒于崩溃的阶段，我们曾见有个别进步的地主分子，直接参加农民军，反对当时的封建统治。这一种人物当时占极少数，其本身也存在有很大的局限性。但他们毕竟参加了农民起义，有利于革命运动的开展，如李岩便是个较显明的例子。也还有一部分地主分子，当阶级斗争非常尖锐的时候，他们为着保存自己，被迫参加革命，或混入革命队伍，这些地主分子表面上虽然参加了农民军，实质上，却从内部破坏革命，如牛金星等又是典型的例证。

（二）处于这样民族矛盾与阶级矛盾交织的时期，还有一部分的地主分子，甚至也包括个别的大地主，他们极端仇视农民的阶级斗争，并且亲自镇压过农民军，图谋维持地阶级的统治。但当矛盾转化时，即民族矛盾成为主要的矛盾、而阶级矛盾暂时降到次要和服从的地位时，他们为着民族大义，高举抗清的旗帜，甚至宁死不屈，献出自己的生命，如史可法、黄道周等人即属于这一类型的地主抗清派。其中，又有一些人当民族矛盾非常尖锐的时候，亦会联合农民军进行抗清活动，郑成功、瞿式耜则是其中的代表者。

（三）还有一部分地主分子，没有改变他们的根本立场，从地主阶级的利益出发，反对当时的封建统治，也有一定程度同情农民的生活，并为适应当时商品生产发展的要求，提出工商皆本的主张。这一部分地主阶级知识分子，早在十七世纪的开端，通过东林、复社的活动，和阉党进行过不屈的斗争，以反对最腐朽的中央统治者。后当民族矛盾逐渐上升，身遭亡国之痛，感到民族的危机，复又能亲自投入火热的反清斗争，顾炎武、黄宗羲、王夫之等，都反映了这一部分进步地主知识分子的优良传统。

（四）在沿海地区和海外贸易有联系的人们，也有个别地主分子在内，他们对于汉满各朝的封建统治所采取的锁国政策是不满的，此时复因外国资本主义势力在海上的强盗行为严重地破坏了中国海上贸易的活动，因而反对封建压迫，驱逐外国殖民者，反对锁国政策；发展本国经济的要求，渐成为沿海海商的一种愿望，自颜思齐、李旦、刘香到郑芝龙，甚至于还可以扩大到施琅，都可说是一脉相承。至于其中的郑成功，既和海上贸易结有紧密的关系，又是地主阶级的抗战派，当荷兰殖民者的势力逐渐侵入东南沿海，他为了自己的利益，又为国家的利益，独能高瞻远瞩，排除众议，把矛盾指向荷兰殖民者，收复台湾。其在历史上的贡献，远在这班人之上，不愧为这时代的民族英雄。

（五）更有一部分知识分子，感到封建统治的腐败，模糊地意识到西洋新科学技术的进步，想在不打烂原来的封建机构的情况下，通过学习西洋科学技术的长处，以充实中国的封建统治，像徐光启、方以智等又是这一部分地主分子的代表。

总之，上述各种不同类型的人物，都是从统治集团分裂出来的，绝大多数没有改变他们的根本立场，其中有些人是值得我们歌颂的民族英雄和民族文化的继承者，但也有个别混入革命队伍中的不坚定分子起着破坏作用。至于顾炎武、黄宗羲、王夫之等人，他们有一个共同的特点，反对腐朽的封建统治，同情贫苦人民的生活，也和农民有过一定的联系，但又害怕农民的阶级斗争，并且其中有些人，还恶毒地攻击过农民起义军，即顾炎武亦不能免此。但当民族矛盾上升之际，他们爱国家、爱民族，不愿妥协投降；在斗争失败之后，亦不灰心消极。他们留下了光辉的业绩，可以教育我们的下一代，我们自须给予充分的评价。只是由于阶级的局限，这班从统治集团分裂出来的知识分子，大都不懂依靠最广大的人民大众，活动的范围极为狭小，所以在现实的斗争中，终于一事无成，赍志而没。

二

在这种时代矛盾的冲击下，顾炎武的思想，强烈地反映了十七世纪中国人民的爱国主义的优良传统。他从爱国主义思想出发，也从地主阶级利益出发，使得他对于明季的秕政和民族的危机，有着深刻的体会。同时他又生在经济较为发达的江南地区，也多少表达了发展中国经济的愿望。但因为中国资本主义生产萌芽的脆弱性利迟滞性，因而他的思想，虽含有市民要求的某些成分，但还不可能代表完整的市民思想，而只是反映地主阶级知识分子的进步思想。根据我个人的体会，顾炎武在十七世纪中国思想界和学术界的光辉成就，主要的表现在下列几点：

（一）反对投降，提出了“国家兴亡，匹夫有责”。这是顾炎武思想中的最光辉之处。他早年参加复社，反对明末秕政，注意经世之学。明亡之后，又参加了江南人民的抗清斗争，特别是当时激烈的民族矛盾，培养了他的爱国主义思想。他说：

> 有亡国，有亡天下。亡国与亡天下奚辨？曰：易性改号，谓之亡国。

仁义充塞，而至于率兽食人，人将相食，谓之亡天下。……是故知保天下，然后知保其国。保国者，其君其臣肉食者谋之。保天下者，匹夫之贱，与有责焉耳矣。(《日知录》卷十三“正始”条)

这种忧国爱民之怀，即在其晚年，亦不稍退。

天生豪杰，必有所任。……今日者，拯斯人于涂炭，为万世开太平，此辈之任也。仁以为己任，死而后已（《亭林文集》卷三《病起与蓟门当事者》）。

（二）反对专制，主张开明统治。顾炎武的政论，从军制论一直到郡县论、钱粮论、生员论等，有一突出的思想，即“寓封建之意于郡县之中”。他说：

知封建之所以变而为郡县，则知郡县之敝而将复变，然则将复变而为封建乎？曰，不能。有圣人起，寓封建之意于郡县之中，而天下治矣。……何则，封建之失，其专在下；郡县之失其专在上。古之圣人，以公心待天下之人，胙之土而分之国。今之君人者，尽四海之内为我郡县，犹不足也，人人而疑之，事事而制之。……民乌得而不穷，国乌得而不弱。……所谓寓封建之意于郡县之中，而二千年以来之敝，可以复振。后之君苟欲厚民生，强国势，则必用吾言矣。(《亭林文集》卷一《郡县论》)

这一思想，似为一种调和论。我认为，这正反映了中国后期封建经济发展不足的痛苦，“死的拖住活的”的一种表现。为什么呢？因为根据当时客观的社会经济条件，需要一个强有力的政府来保护产业的发展。这就是顾炎武所建议的“用天下之私，以成一人之公，而天下治”（《郡县论》）。他又说：“今天下之患，莫大乎贫，用吾之说，则五年而小，十年而大富。……今有矿焉……利尽山泽，而不取诸民，此富国之策也”（《郡县论》）。这都反映了顾炎武主张发展私有经济的思想。可是当时中央政府却操在一班最腐朽的人们的手中。顾炎武在其生活实践中，深感明代君权过分膨胀的流弊，不可能担当这个任务。由于他早年参加复社、晚年又亲自从事生产、经商等活动，对于商品生产更有着模糊的认识，于是他提出“寓封建之意于郡县之中”这一主张。在矛盾中，他力主限制君权，说：

后世有不善治者出焉，尽天下一切之权，而收之在上，而万几之广固非一人之所能操也，而权乃移于法，于是多为法以禁防之，虽有大奸有所不能逾，而贤智之臣亦无效尺寸于法之外。（《日知录》卷九“守令”条）

提倡众议：

天下有道，则庶人不议。然则政教风俗，苟非尽善，即许庶人之议矣。（《日知录》卷十九“直言”条）

虽然，顾炎武的反对专制统治思想，没有像黄宗羲、唐甄等人那么强烈，而其社会理想中，也存在不小保守落后的因素，如宣扬宗法制度，反对用银，等等。这里，我还需要略加说明，顾炎武虽承认“今若于通都大邑行商麇集之地，虽尽征之以银，而民不告病”（《钱粮论》上，文集卷一），他似乎并不反对民间的用银，可是他又根据明末田赋征收的积弊，以为田赋征银，好像“树谷而征银，是畜羊而求马也；倚银而富国，是恃酒而充饥也”（《钱粮论》上，文集卷一）。因而主张改征实物。这种矛盾思想，实质上，是反对用钱，恢复自然经济的统治。这又明显地暴露了他的思想的不彻底性。然而他毕竟还提出一些萌芽的民主思想，有利于中国社会的发展，这就给十七世纪中国社会提供了一些新的东西。

（三）主张经世致用，反对空谈这是顾炎武学术思想的另一个特色。炎武不喜高谈性命空疏之学，而主实用；每到一地，常呼老兵退卒询其曲折，发书对勘。这种为学方法，我们从其早年的《天下郡国利病书》《肇域志》到晚年的《日知录》，可以看到他从经学到史学，都贯穿着这样一种崇实致用的学风。他尤其深疾浮华空谈，曾说：

> 刘石乱华，本于清谈之流祸，人人知之。孰知今日之清谈，有甚于前代者？昔之清谈谈老庄，今之清谈谈孔孟。未得其精而已遗其粗，未究其本而先辞其末。不习六艺之文，不考百王之典，不练当代之务，举夫子论学论政之大端，一切不问而曰一贯，曰无言。以明心见性之空言，代修己治人之实学。股肱惰而万事荒，爪牙亡而四国乱。神州荡复，宗社丘墟。昔王衍妙善玄言，自比子贡，及为石勒所杀，将死，顾而言曰："呜呼！吾曹虽不如古人，向若不祖尚浮虚，戮力以匡天下，犹可不至今日！"今之君子，得不有愧乎其言？（《日知录》卷七"夫子之言性与天道"条）

综上所论，我们可以看出顾炎武的爱国主义思想，反对专制统治，提倡经世致用之学，客观上有利于中国封建经济的进一步发展。所以他的这份宝贵的民族文化遗产，已给人们留下深刻的印象。假如清朝不采取落后的、闭关的锁国政策，则顾炎武在中国思想界和学术界的贡献，将不仅在经学和史学等方面而已。然而顾炎武终究是一个封建时代的思想家，因而他的思想无可置疑地带有这一个时代的烙印及其局限性。我认为，这种局限性，主要是脱离了人民群众。顾炎武处于明末清初这一个风云变幻的大动荡时期，却始终不敢和当时的农民军发生联系；同时，他反对专制，却不敢触动君权；他亲自参加过商业活动，也主张开矿，发展生产事业，却反对用银。这种思想的矛盾和不彻底性，正是地主阶级知识分子的本性所规定的。我们当评价一个历史人物时，必须在肯定他的进步性的同时，指出他的局限性，否则难以获得正确的定论。

（原载《江海学刊》1963 年第 12 期）

论否定性的辩证法

萧焜焘

马克思指出，黑格尔哲学的最后成果乃是："作为推动原则和创造原则的否定性的辩证法。"① 恩格斯将马克思在《资本论》中所运用的辩证法概括为："本质上对抗的、包含着矛盾的过程，每个极端向它的对立面的转化，最后，作为一切的核心的，否定的否定。"② 可见，否定问题是深入了解辩证法的关键问题，列宁认定这乃是"辩证法的精华"之所在。

否定作为一个简单的思想范畴，其意义是十分明白的。它与"是"相对立，是形式逻辑的出发点。"是"与"否"乃客观上"有"与"无"在思想上的反映。对客观存在的东西我们称："是"；不存在的东西我们称："否"。因此，是和否、有和无彼此之间是界限分明的。如果我们说：是即否，否即是；有中含无，从无到有，一般都认为这是不合乎常识的。

从孤立静止的存在（Being）的观点来看，是、否、有、无的确是那样简单而一目了然。但是，我们如从联系或变化（Becoming）的观点来看，则凡存在物都是一个生灭变化过程。它是存在的，因此为"是"为"有"；但它又不断在变化，以至于消亡，因此又为"否"为"无"。由此可见，是和否、有和无就其本质而言，又是不能截然划分的。是即否、否即是；有中含无，从无到有，这是扬弃了常识之见的真理。

我们必须从过程或变化的角度来探索否定的意义，才能懂得：为什么马

---

① 马克思：《黑格尔辩证法和哲学一般的批判》，人民出版社 1955 年版，第 14 页。

② 恩格斯：《反杜林论》，人民出版社 1956 年版，第 144 页。

克思将辩证法说成是“否定性的”？为什么恩格斯将“否定的否定”作为一切的核心？为什么列宁将“否定性”视为辩证法的精华？

否定问题不但是一个比较艰深的理论问题，也是一个革命实践中的重要问题。近年来，现代修正主义者借口地球上事实上并存着两种对立的社会制度，就说“新娘已经嫁给了一个不称心的丈夫，双方只有共处下去”。他们不是积蓄力量革命地改变现状，而是一味希图维持现状。用哲学语言来说，他们是单纯肯定现状，而不是对现状持否定态度。马克思说：“辩证法却引起资产阶级和他们的代言人的烦恼与恐怖，因为它在现存事物的肯定的理解中，包含着它的否定的理解，它的必然消灭的理解；……就它的本质说，便是批判的、革命的。”① 因此，否定的观点与革命的观点是直接联系的，对否定问题的研究有助于摧毁现代修正主义的“哲学”基础。

规定性就是否定

黑格尔说：“‘规定性是被视为肯定的否定’，这就是斯宾诺莎的‘omnis deter minatioest negatio’（规定性就是否定）一语的含义。这一命题有无限的重要性。”② 黑格尔之所以认为斯宾诺莎的命题重要，在于这一命题揭示了否定的辩证性质，即恩格斯说明斯宾诺莎的命题时指出的：“在辩证法中否定不是简单地说‘不是’或者宣布事物不复存在，或者用任何一种方法把它消灭。”③ 拿黑格尔的话来说：“否定恰好是肯定，或自相矛盾的东西并不消解于零，消解于抽象的虚无之中，而主要的只是消解于对其特殊内容的否定之中，或者此种否定并不是全盘否定，而是对取消其自身的确定的某物的否定，亦即确定的否定；这样结果主要地就包含了其所从出的东西。”④ “所以，对于每一种事物以及对于每一种观念和概念，都存在着自己特种的否定，即借

---

① 马克思：《资本论》第 1 卷，人民出版社 1953 年版，第 18 页。

② 黑格尔：《逻辑科学》（即《大逻辑》）第 1 卷，德文拉松本，第 100 页；英译本（下同，不注原文），第 125 页。

③ 恩格斯：《反杜林论》，人民出版社 1956 年版，第 146 页。

④ 黑格尔：《逻辑科学》第 1 卷，德文拉松本，第 35—36 页；英译本，第 64—65 页。

之以获得发展的那种否定。”[1]

因此，否定的辩证性质在于其结果不是消极的，不是与其对立面孤立隔绝的，而是推陈出新，不断发展。此种肯定的否定，便是斯宾诺莎与黑格尔所谓的“规定性”（规定性，Die Bestimmtheit，也可译作“决定”）。

黑格尔在《小逻辑》中指出：“一切决定（或性质）的基础就是否定。”[2]决定、规定性、性质等是一个意思，即指物之所以为物，有之所以为有者。它乃是变化之大流中某一有始有终的稳定状态，是无限发展中的有限环节。事物如成其为一个事物，一定在与他物相关之中与他物有差别，这种事物之间的差别性，构成该事物有别于他物的质，形成了两物之间的界限。某物如越出其界限，就不成其为某物而转化为他物了。我们常说：“红得发紫”，即是说红色当逾越其一定界限时，就不复是红色而变成紫色了。黑格尔说：“差别毋宁说是事情的界限；界限就是事情终止的地方，或者说，界限就是那种不复是这个事情的东西。”[3] 差别性、界限就是事物的规定性。在无限发展的变化大流中，差别或界限构成彼此有别的诸有限环节，这样就构成了事物一定的质，我们可以从而肯定其存在，称之为“是”为“有”。但界限又表明旧事物之终结，表明该事物不复是该事物而向他物转化，因此又为“否”为“无”。花开蕾逝，花谢果存，蕾、花、果构成一发展变化之流，开、谢形成界限，显示了蕾、花、果的差别性，在植物不断发展的生命中构成了三个有限环节。然而开、谢固然肯定了蕾、花、果的性质，但也表明了作为彼此之间的界限的否定性：花开表明花蕾为花朵所否定，花谢表明花朵为果实所否定。由此看来，规定性、决定、质、界限就是否定。否定有继往开来，承前启后，区分事物，延续发展之功。无怪乎马克思将这个否定性誉为推动原则与创造原则了。

这种辩证的否定观，科学地解决了哲学上一个千古聚讼的问题：世界是

---

① 恩格斯：《反杜林论》，人民出版社 1956 年版，第 146 页。
② 黑格尔：《小逻辑》，商务印书馆 1950 年版，第 152 页。
③ 黑格尔：《精神现象学》（上卷），商务印书馆 1962 年版，第 2—3 页。

有始有终的还是无始无终的？是有限的还是无限的？孤立强调世界是有始有终的、是有限的，其结果必然是承认上帝创造世界，并信奉世界末日的鬼话，也就是说，必然成为宗教的奴仆。片面强调世界是无始无终的，是无限的，其结果必然陷于黑格尔所谓的“恶的无限性”，这种无限性与有限性对立隔绝，是一种彼此交互往复的无穷进展。柏格森的直觉主义强调世界是一个连绵不断的生命之流，就是以这种绝对的无限性为依据的。这样的世界将是神秘的、不可言说的、不可思议的。康德看到了这个矛盾，提出了有名的二律背反，这种见解，如黑格尔所评价，虽然“必须认作是近代哲学界一个最重要的和最深刻的进步。但康德的见解是如此的深远，而他的解答却又如此的琐屑”①。康德对有限与无限只是分别地作了似是而非的证明，揭示了它们之间的矛盾，而没有阐明它们的统一。通过黑格尔而形成的辩证的否定观，则作了深刻而圆满的回答。

我们都知道，物质和运动是既不能创造也不能毁灭的，世界是作为无限而存在着的，它是一个自身无限发展的过程。但是，世界并不是那样一个浑沌一体的无始无终，它的发展经历了极为短暂有限的每一瞬间。这有限的瞬间是现实存在的，有起有迄的，可以捉摸的，它就是“眼前”或“当下”。然而，这个“当下”并不是常驻不动的。它刹那即逝，为相继而来的另一“当下”所否定，而这一续至的“当下”亦同样归于消逝，而为更后来的“当下”所否定。这种现实的有限性不断地被否定，有如“长江后浪推前浪，一代新人换旧人”。有限不断地被否定就构成了无限，换言之，有限的否定过程就是无限。这种无限性是真实的无限性，黑格尔称之为“有理的无限”，以区别于“无理的无限”或“恶的无限”。这个有限与无限的否定统一，首先由黑格尔从思辨哲学的角度作了全面的论述。恩格斯指出：“黑格尔已经把真实的无限性正确地安置在充实了的空间和时间中，安置在自然过程和历史中。”② 当然，黑格尔由于其唯心主义体系之故，他的否定观不但出发点是错

① 黑格尔：《小逻辑》，商务印书馆1950年版，第87页。
② 恩格斯：《自然辩证法》，人民出版社1955年版，第198页。

误的，而且否定的辩证性质也是不彻底的。例如，他认为：日光之下无新事，只有在精神范围内发生的变化中才产生新的东西；他还认为：自然界只能在空间中展开其多样性，而无时间上的发展，如此等等。这些，恩格斯早已在《费尔巴哈论》等书中作过详细批判了。总之，我们的有限与无限的否定统一的世界观是对黑格尔的唯心的辩证的世界观的扬弃，我们的出发点是物质及其运动，而其否定的发展过程是贯彻始终的。我们认为：不但精神世界不断推陈出新，而且首先由于物质世界有推陈出新，才有精神世界的推陈出新。

我们所生存于其中的这个自然界，外推是无穷的，这就是所谓天外有天，无底无边；内析是无尽的，这就是所谓核中有核，永无止境。大至恒河系也未能穷宇宙之边；小至原子核也未能探极微之极。因此，自然界是无限的。然而，自然界中任何一件事物又都是有始有终的，有限的。小如蜉蝣，方生方死，只有瞬间存在，旋即消失，其有限性是十分明显的；大如太阳，虽然它经历了而且继续经历着无法数计的岁月，但它也是一个有限的生灭过程，并不是亘古常存的。一般认为：弥漫的星前物质由于内部吸引和排斥、凝聚和扩散的矛盾运动而收缩变密，形成了各种类型的发光发热的恒星天体，太阳便是这样的天体之一。这种由弥漫的星前物质凝聚而成的太阳，因为不断地进行微粒辐射而波浪式地朝质量小、温度低的方向变化。当太阳靠收缩再不足以引起热核反应，不再发光发热时，就会逐渐死灭，转化为其他的东西，如行星等。宇宙万事万物的有限过程，各依据其自身条件而否定其自身向他物转化，这样就构成了真实的宇宙的无限生命。

人类社会的发展也是有限与无限的否定统一。每一个社会形态是有限的，但由于其内在的否定性而引起矛盾的斗争，从而突破其限制而向另一新的社会形态转化，这样就构成了人类社会发展的无限性。秦始皇幻想万世一系，封建社会永恒不变；资产阶级诡称他们建立了永恒的理性王国，妄图论证其绝对统治。这些都是妄想把有限的东西视为绝对无限的东西，他们不敢正视有限之扬弃才成其为无限的真理。共产党人认为共产主义社会是人类社会发展的最高形态，但并不认为共产主义社会是人类历史的终结。共产主义社会之所以是更高级的社会，乃是由于在这种社会形态中，人们能不断自觉地解决矛盾，进行自我否定，自我更新。正由于它不将自己固持于某一点上，而是否定自己在某一点上的存在，所以才得以在另一点继续存在。犹如人处于摆动的浪桥之上，想自始至终立于不倒之地，就要相应于浪桥之摆动而运动。共产主义社会正由于能自觉否定其自身的有限性，因而实现了无限性。

人类的认识、思维无非是自然与社会的客观发展过程的反映，因此，人们的认识也是有限与无限的否定统一。人类的个体生命是有限的，但由个体生命的否定过程而形成的人类世代是无限的。作为个别人来讲，他只能在他所处的时代条件下认识事物，而且他只能认识到那些条件所允许的程度，因此他的认识是有限的。这种个人认识的有限性是相应于个体生命的有限性而来的，但个体生命的否定过程形成人类世代的无限连续系列，从而使人类具有无限的认识能力，得以不断认识无限发展的客观世界。因此，个人认识的有限性之否定便构成人类认识能力的无限性。

由此可见，无论自然界、社会、思维都是有限不断被否定而趋于无限的过程。这个过程概括讲来是：有限正由于它是有限的，它便有其肇始有其终结。因其肇始必仰承逝者；因其终结必启发来者。仰承启发之间，有限自己否定了自己而成为无限。有限的这种自我的内在否定性就是无限的现实性（肯定性）。无限正因为它是无限的，它便无待无求。因其无待，自依而不依他；因其无求，自足而臻于圆满。自依自足而自身圆满，这样无限就显现自身为绝对的真实的肯定性。无限的这种真实肯定性就是有限的变易性（否定性）。有限与无限的否定的统一观便是如此。

事物内在的否定性构成了真正的辩证进程

黑格尔在论述他的概念辩证法时说："因此概念自身继续前进便是上述否定，否定为概念自身所固有；它构成了真正的辩证进程。"① 黑格尔在这里指

① 黑格尔：《逻辑科学》第1卷，德文拉松本，第37页；英译本，第66页。

出了自身所固有的否定是辩证运动的源泉，这一点是合理的。但是，他却颠倒了因果关系。概念的自我运动乃是自然和历史的辩证发展的反映，而在黑格尔看来，恰好相反，自然和历史的客观运动，“只是概念自我运动的痕迹；这种概念的自我运动是永远不知在什么地方发生的，但无论如何，是永远同任何能思维的人的头脑完全无关的”。恩格斯指出：“这种思想体系上的歪曲是应该排除的。”① 其实概念自身所固有的否定性不过是事物内在否定性的反映。因此，从唯物主义的观点看来，应该是事物内在的否定性构成了真正的辩证进程。

这种事物内在的否定性，列宁指出：是“辩证法的特征的和本质的东西”，它“并不是单纯的否定，并不是任意的否定，并不是怀疑的否定、动摇、疑惑（当然，自然辩证法自身包含着否定的因素，并且这是对它最重要的因素），并不是这些，而是作为联系环节、作为发展环节的否定，是保持肯定的东西的、即没有任何动摇、没有任何折衷的否定”。② 列宁于此否认了外在的否定，揭示了否定的辩证进程。所谓外在的否定，其主要特点是：主观任性、动摇怀疑、消解于无。黑格尔谈到一般人对辩证法的误解时，也有类似的说法：“辩证法一般被看成是一种外在的与否定的进程，而不属于事物本身，它仅仅基于一种无用的主观欲望，即一种动摇与取消那些确定的与真的东西的欲望，或者最多除了将辩证地探讨的东西化为空虚之外，再无其他。”③ 由此看来，否定不能归结为虚无，它不是排除肯定的绝对否定，不是外在的简单的抛弃。它是保持肯定于其中的否定，是作为联系与发展的环节的否定，一句话，它是辩证的否定。

大家都熟知黑格尔将辩证的否定叫做“扬弃”，扬弃乃德文“奥伏赫变”（Aufheben）的意译。黑格尔指出这个字有双层的意义：“有时含有取消或舍

① 恩格斯：《费尔巴哈与德国古典哲学的终结》，人民出版社 1959 年版，第 33 页。
② 列宁：《哲学笔记》，人民出版社 1956 年版，第 214 页。
③ 黑格尔：《逻辑科学》第 1 卷，德文拉松本，第 37—38 页；英译本，第 66—67 页。

弃之意”，“又含有保持或保存之意”。[①] 事物之间之所以没有“绝对分明的界限”（Hard and fast lines），乃是由于事物之间是相互联系，交替发展的。事物之间这个联系、转化的“桥梁”是什么呢？就是否定或扬弃。新事物由旧事物脱胎演化而来，因此是旧事物在新形态下之保存，但旧事物在新事物之中又不是原封不动的转移，而是被新事物作为养料加以吸收而成为其不可分割的一个有机组成部分，因此又是旧事物之舍弃，取舍之间便完成了新旧之交替，显现了其内在联系。这个否定不但表现了辩证进程，而且它本身就是辩证进程。列宁说否定性是辩证法的特征和本质的东西，就是这个意思。

辩证的否定作为新旧递嬗，事物转化的环节，此意尚只是上述否定即规定性、界限的进一步发挥与阐明，而它所包含的更为深刻的意义尚未充分显现。我们应进一步将“否定”与“矛盾”统一加以理解，才能看出否定之所以为真正的辩证的进程。

事物的矛盾法则，作为唯物辩证法的最根本的法则，已为马克思主义经典作家，特别是毛泽东同志所详细阐明。矛盾是事物运动变化之源泉，没有矛盾就没有运动，也就没有世界。矛盾之所以引起运动变化，乃是由于矛盾的斗争，而斗争的引起，正是由于事物内在的否定性。黑格尔说，矛盾“是在其本质规定中的否定的东西，它是一切自己运动的原则，而自己运动就是矛盾的表现”。又说：“如果现存的某物不能在自己肯定的规定中同时转化为自己否定的规定，并且使一方面保持在另一方面中，如果它不能在自身中包含矛盾，那么这个某物就不是活生生的统一体，或根据，而毁灭于矛盾之中。”[②] 黑格尔于此深刻地分析了矛盾的本质，指出了矛盾双方相互否定、相互包摄，从而构成了一个活生生的统一体。列宁认为黑格尔关于否定的一些议论，虽然有许多神秘主义和空洞的学究气，可是基本的思想是天才的。列宁在概括黑格尔关于否定的思想时写道：“只有那上升到矛盾顶峰的多样性在相互关系中才是能动的（regsam）和活生生的，——才能获得那作为自己运

① 黑格尔：《小逻辑》，商务印书馆1950年版，第160页。
② 黑格尔：《逻辑科学》第2卷，英译本，第67—68页。

动和生命力的内部搏动的否定性。”① 由此看来，矛盾的本质就是否定，否定构成了事物的真正的内在活动的源泉。事物正由于内在地包含了自我否定的因素，才形成矛盾的斗争，导致转化。事物的内在否定性引起矛盾运动，构成万物之间的世界性的、全面的活生生的联系。我们可以说：没有事物内在的否定性，就没有矛盾。因此，如果说：事物的矛盾法则是唯物辩证法的最根本的法则，那么，事物的内在否定性就是事物矛盾运动中的能动的革命因素。不懂得这个事物内部搏动的否定性，就不可能真正理解事物的矛盾运动，正因为如此，列宁才将这个否定性称为“辩证法的精华”。

那么，这个构成矛盾核心的事物的内在否定性或事物的内部搏动的否定性又是什么呢？毛泽东同志说：“有条件的相对的同一性和无条件的绝对的斗争性相结合，构成了一切事物的矛盾运动。”② 毛泽东同志所讲的“无条件的绝对的斗争性”，根据我的理解就是上述的否定性。所谓斗争性，照毛泽东同志解释，乃是对立面的互相排斥，排斥就是一种否定。对立双方，互相否定，也就是互相斗争，从而将矛盾推向顶峰，形成内部搏动，表现为能动的活生生的生命力量。因此，否定决不是一个导致毁灭、归结为虚无的消极力量，而是一个燃烧的激荡的生命的火流。

现代修正主义者害怕否定，害怕斗争，回避矛盾，空谈和平，他们吓唬人们说，一场核灾难以后，在所谓“人类的废墟”之上，幸存的人们将羡慕死者。这种谬论除了在人与武器的关系上犯了机械论的错误以及其他错误外，还在于他们无视否定性、斗争性的无条件的绝对的意义，并将内在否定性曲解为外在否定性，将斗争性曲解为毁灭性。他们不懂得矛盾是不能回避的，而只能通过否定或斗争才能解决。必须否定现状，并与帝国主义作针锋相对的斗争，才能促进矛盾的转化，埋葬帝国主义，“逐步实现无产阶级世界革命的完全胜利，建立一个没有帝国生义、没有资本主义、没有剥削制度的新世

① 列宁：《哲学笔记》，人民出版社1956年版，第123页。

② 《矛盾论》，《毛泽东选集》第1卷，人民出版社1951年版，第321页。

界”[①]。现代修正主义者妄想通过什么“明智的妥协”，一笔勾销当代世界基本矛盾，不通过否定或斗争而达到所谓“没有武器、没有军队、没有战争”的世界，这实在是痴人说梦。否定性的辩证法也引起了现代修正主义者的烦恼与恐怖，因此，他们在政治上背叛了无产阶级的历史使命的同时，也在理论上背叛了唯物辩证法。

上面我们论述了否定性就是斗争性，这种否定性又如何贯穿于矛盾运动之中呢？毛泽东同志说：“无论什么事物的运动都采取两种状态，相对静止的状态和显著变动的状态。……事物总是不断地由第一种状态转化为第二种状态，而矛盾的斗争则存在于两种状态中，并经过第二种状态而达到矛盾的解决。”[②] 当事物处于相对静止的状态时，事物表现为自我肯定，事物毫不含糊地就是它自己而决不是其他。事物的内在否定性只是理想的潜在的因素，不能认为事物内部已具备了某种现成的否定因素。我们说，种子包含了植物的萌芽、生长、结果，但不能认为茎、叶、果真实地具体而微地存在于种子之中；我们说，鸡蛋可以孵出毛茸茸的小鸡，但不能从而作出“卵有毛”的结论。黑格尔指出：这乃是一种所谓“原形先蕴”的假设（Einschachtelungs Hypothese），“其错误在将最初只是在理想方式内的东西认作业已真实存在”[③]。这就意味着：正在发生的东西，预先就已经是现成的了。因此，事物的内在否定性处于运动的第一种状态中时，不是作为一个现成的因素包含于事物之中，它只是事物致变的一种性能，是变化的除旧状态，还没有跃进到变化的更新状态。在这一情况下，虽然事物的内在否定性处于理想的潜在状态，但仍然不是抽象的存在，而是在肯定的形式下不断实现自己，最终导致一种过程过渡到他种过程的变化，即进入显著的变动状态。

黑格尔描述精神发展的一段话，其实有普遍意义：“事实上，精神从来没有停止不动，它永远是在前进运动着，但是，犹如在母亲长期怀胎之后，第

---

① 《关于国际共产主义运动总路线的建议》，人民出版社 1963 年版，第 3 页。

② 《矛盾论》，《毛泽东选集》第 1 卷，人民出版社 1951 年版，第 320—321 页。

③ 黑格尔：《小逻辑》，商务印书馆 1950 年版，第 267 页。

一次呼吸才把过去仅仅是逐渐增长的那种渐变性打断——一个质的飞跃——从而生出一个小孩来那样，成长着的精神也是慢慢地静悄悄地向着它新的形态发展，一块一块地拆除了它旧有的世界结构。”① 小孩呱呱坠地，种子破土出芽，小鸡脱壳而出，就是这种状态。这时，事物的内在否定性将矛盾推向顶峰，内部搏动达到高潮，呈现出一片生机活跃的气象，从而充分实现了自己，旋即又在甫现的新事物中潜在地开始酝酿新的变化。内在的否定性像一根红线一样一起一伏地贯穿于事物的两种状态之中，导致矛盾的不断产生与不断解决，从而构成了真正的辩证进程。

不断否定过程的节奏性

客观事物以及反映客观事物的精神，通过不断地否定，永远向前进展，否定的起伏形成不断扩大的波澜，犹如投石于水，圆圈形的波纹一个套一个、一个大一个地四散漫开，这就是“辩证进程”的全貌。黑格尔称之为“圆圈”，列宁称之为“螺旋形上升”，毛泽东同志称之为“波浪式前进”。

黑格尔在论述概念范畴的发展时说：“这种具体运动，乃是一系列的发展，并非像一条直线抽象地向着无穷发展，必须认作像一个圆圈那样，乃是回复到自身的发展，这个圆圈又是许多圆圈所构成；而那整体乃是许多自己回复到自己的发展过程所构成。”② 列宁认为黑格尔将认识的发展比做圆圈，是“一个非常深刻而确切的比喻”！并注解说：“每一种思想＝整个人类思想发展的大圆圈（螺旋）上的一个圆圈。”③ 黑格尔所谓的圆圈形的发展是什么意思呢？就是“否定之否定”。其实，不但概念范畴的发展如此，世界万事万物莫不如此。恩格斯指出：“它是一个非常普遍的因而也是非常广泛地起作用的重要的自然、历史和思维的发展规律”，还说：“否定的否定这个规律在自然界和历史中起着作用，当它还没有被认识之前，它也在我们头脑中不自觉

---

① 黑格尔：《精神现象学》（上卷），商务印书馆 1962 年版，第 7 页。

② 黑格尔：《哲学史讲演录》第 1 卷，三联书店 1956 年版，第 31—32 页。

③ 列宁：《哲学笔记》，人民出版社 1956 年版，第 249 页。

地起着作用；这个规律只是被黑格尔第一次明确地表述了出来。”① 恩格斯对这个规律从自然、历史到思维作了详尽的实例证明。现在试图对这个规律的理论内容作一些探讨。

黑格尔虽然第一次明确地表述了“否定之否定”，但却充满了神秘的、唯心主义的色彩。马克思说：黑格尔的否定亦即“扬弃起了一种独特的作用，在这里否定与保持即肯定便结合起来了”，从而形成“使外在化回复到自身的、客观运动”②。但这种通过扬弃而回复到自身的客观运动，并不是客观对象的运动，而是与人们思维主体无关的概念的客观运动。马克思指出：在黑格尔那里存在着彼此完全颠倒的关系，黑格尔的通过扬弃外在化而达到的“主客同一体”（Subject-Object）或“统摄客体的主体性”是神秘的，也就是说，黑格尔的“否定之否定”过程是一个“抽象—具体—抽象”的过程。所谓使外在化回复到自身，乃是使外化的自然回复到神、绝对精神、自己知道自己和自己确证自己的理念，这是黑格尔辩证法的神秘的唯心主义的糟粕。

然而，黑格尔的关于通过否定而回复到自身的思想却是十分卓越的。他认定，他的那个主客同一体乃是：“一个纯粹的、不息的内在的圆圈。”③ 这个圆圈“看来是一个返回于自身的圆圈，它的末端通过中介转回到它的开端或单纯的根据。进而言之，这个圆圈是诸圆圈的圆圈……于返回开端的同时，又是新成分的开端”④。

黑格尔的哲学体系就正是这样一个圆圈套一个圆圈，一个圆圈大似一个圆圈地向前发展的。马克思概括黑格尔体系不断进行否定之否定的过程如下：“扬弃了的质就等于量，扬弃了的量等于尺度，扬弃了的尺度等于本质，扬弃了的本质等于现象，扬弃了的现象等于现实性，扬弃了的现实性等于概念，扬弃了的概念等于客观性，扬弃了的客观性等于绝对理念，扬弃了的绝对理

① 恩格斯：《反杜林论》，人民出版社 1956 年版，第 145、147 页。
② 马克思：《黑格尔辩证法和哲学一般的批判》，人民出版社 1955 年版，第 24、27 页。
③ 同上书，第 28 页。
④ 黑格尔：《逻辑科学》第 2 卷，英译本，第 484 页。

念等于自然，扬弃了的自然等于主观精神，扬弃了的主观精神等于伦理的客观精神，扬弃了的伦理的客观精神等于艺术，扬弃了的艺术等于宗教，扬弃了的宗教等于绝对知识。”①

这里面出发点当然是完全错误的，这只是从抽象到抽象的概念的自我的圆圈运动，而且前一环节如何向后一环节转化过渡，其中虽然有很多地方天才地猜测到了客观对象的转化过渡，但总的讲是十分勉强的。恩格斯指出："不用说，‘体系’的需要常常迫使他（按：指黑格尔）在这里求救于强制的结构。”② 我们对这些东西自然没有必要去穷究底蕴。黑格尔重要的贡献在于："在所有这些不同历史领域的每一个领域内，黑格尔都力求找出并指出贯穿这一领域的发展线索。”③ 还在于：他具体地探索了世界通过否定性的前进运动而发展的节奏性与全貌。简言之：这一发展的线索就是“否定”；这一发展的节奏性与全貌就是“否定之否定”。

那么，这个“否定之否定”的最根本的特征是什么呢？概括讲来可分为三点：

第一，否定或扬弃不是平板的，不是直线形的上升，不是一种单纯的无限前进，不是简单的由此及彼的流动，而是前进之中有复归，上升之中有曲折，简言之，否定之否定乃是通过自身之否定向起点返回，是前进与复归的统一的上升运动。

第二，这种返回并不是循环，不是旧事物之重演，“它从一些简单的规定性开始，而每一个接踵而来的规定性就愈来愈丰富，愈来愈具体。因为结果包含着自己的开端，而开端的发展用某种新的规定性使它更加丰富。……它不仅没有因其辩证的前进运动而丧失什么遗留什么，而且还带着一切收获物，使自己的内部不断丰富和集聚起来。”④ 列宁认为黑格尔“这一段话对于什么

① 马克思：《黑格尔辩证法和哲学一般的批判》，人民出版社 1955 年版，第 25—26 页。
② 同上。
③ 同上。
④ 黑格尔：《逻辑科学》第 2 卷，英译本，第 482 页。

是辩证法这个问题，非常不坏地做了某种总结”。[①] 简言之，这个前进的上升运动是由简单到复杂，愈来愈丰富，愈来愈具体。

第三，它的基本进程是“三个环节两度否定”，具有“三拍一顿”的节奏性，这就是有名的黑格尔的正、反、合的“三分法”。所谓正，照黑格尔解释：“表示那范围内之单纯性质”；反，“表示那范围内的思想之分化阶段”；合，“表示由分化而回复到单纯自我相关。”[②] 黑格尔在这里讲的是思想概念运动的三个阶段，即思想的直接性，思想的反映或间接性，思想之回复其自身。[③] 我们且不管黑格尔这些玄虚之辞。明白说来，黑格尔的正反合过程其实就是“肯定—否定—否定之否定”过程。

这个三环节两否定的形式，不能将其视为一个死板的绝对的公式到处乱套，甚至连黑格尔本人也反对这样做。他说：“形式主义者也掌握了三分法，并固持其骨架；这种形式由于现代的哲学构成之肤浅滥用及干瘪无物，弄得冗长讨厌而声名狼藉，这个构成，在于简单地将没有概念与内在规定的形式的框架套在各种东西上面，而且用它来建立外在的排列。”[④] 因此，辩证法的“三分法”只是它的完全表面的与外在的方面。黑格尔反对将这个三分法变成没有内容的形式，这自然是对的，但他却从精神发展本身去抓这个形式的本质内容，认为这个形式的内容乃是概念与内在规定，这当然是错误的。在我们看来，应该从事物发展本身去找这个形式的根据，并且根据事物的特殊性灵活地运用这个形式，这样才能避免形式主义的错误。

其实这个三分法：“肯定—否定—否定之否定”，正是事物的对立的统一的表现形式，换言之，“对立的统一”是这个三分法的本质内容。黑格尔从唯心主义角度出发，也看到了这一点，他认为这个第三项，否定之否定，“不是静止的第三项，而是统一，这个统一是自身中介的运动与活动”[⑤]。这里所谓

① 列宁：《哲学笔记》，人民出版社 1956 年版，第 220 页。
② 黑格尔：《小逻辑》，商务印书馆 1950 年版，第 137 页。
③ 参阅黑格尔《小逻辑》，商务印书馆 1950 年版，第 135—136 页。
④ 黑格尔：《逻辑科学》第 2 卷，英译本，第 479 页。
⑤ 黑格尔；《逻辑科学》第 2 卷，英译本，第 479 页。

的统一，列宁认为正是对立面的统一，因此，肯定、否定、否定之否定，不能视为外在的互不相涉的三项，而是一个发展变化过程的内在相关的次第蜕变的三项，或接踵而来的三个阶段。在这里，第二项看来就是矛盾统一体中的否定因素，第三项，即否定之否定，乃是上述矛盾的扬弃，即统一物之分解，转化为新东西。这个新的东西便是新的统一物，否定之否定在新的统一物中成为新的肯定，由第三项变为新的第一项，开始其新的变化。列宁指出："向'第三项'即合题的辩证转化的结果是新前提，是论断等等，这个新前提又成为进一步分析的泉源。"① 由此看来，这个使人迷乱的"正反合"不过是"对立面的统一"的表现形式而已。因此，这个三分法只有与"对立面的统一"相结合，才不致成为一个僵化的公式。

否定之否定过程的根本特征，或者说，否定之否定的普遍性，看来便是上述三个方面，即：第一，向起点的复归性；第二，由简单上升到复杂的前进性；第三，表现为"三个环节两度否定"的形式。然而，除此以外，否定之否定尚有其特殊性。

所谓否定之否定的特殊性，首先就是要研究每一个具体过程在实现第一个否定以后，如何才有可能使第二个否定发生，即如何才有可能导致向起点之复归。恩格斯指出：要做到这点，就要研究每一个别场合的特殊性质，即掌握它的特种否定。碾碎麦粒，虽然对麦粒实现了否定，但不能出现第二个否定，因为这种外在的否定性不能实现发展转化，而只有麦粒自身具备的萌发力量，才是它的内在否定性。麦粒在一定的条件下萌发，于是麦秆就否定了麦粒，生长成熟，麦秆又被否定，复归于麦粒。没有关于麦子生长变化的具体知识，是不能了解其否定之否定过程的，当然更谈不上促进这一过程的实现。

其次，必须注意否定之否定过程的逻辑理论顺序不一定与历史上发生的时间先后总是一致的。这个进程应从一个总的历史发展阶段来看，而不应拘泥于历史事件发生或人物出现的先后，列宁在研究哲学思想的否定之否定过

① 列宁：《哲学笔记》，人民出版社1955年版，第219页。

程，即所谓哲学的“圆圈”时，认为不必拘泥于人物的年代先后，他说：“全世界历史发展是按着总规律进行这一事实不仅毫不排斥，反而预定这一发展过程中的个别阶段在发展的形态或次序上表现出一种特色。”① 列宁举出古希腊德谟克利特与柏拉图路线斗争的辩证发展时，归结为：从德谟克利特（肯定）到柏拉图（否定）归于赫拉克利特（否定之否定），这一概括是合乎逻辑的。德谟克利特是唯物主义者但缺乏辩证观，柏拉图有若干辩证因素但却是唯心主义者，而赫拉克利特却具有朴素的辩证唯物思想。然而时间顺序却不是这样，而是“赫拉克利特（B. C. 530—470）—德谟克利特（B. C. 460—370）—柏拉图（B. C. 427—347）”。如果我们拘泥于历史年代顺序，那就看不出发展的理论线索了。因此研究事物的否定之否定过程，应从过程的总体加以分析，孤立隔绝、拘泥小节是不可能认识事物的辩证规律性的。

第三，事物发展总的趋势是由简单到复杂不断前进的，这是发展的必然性，但又如恩格斯所言：“人类历史将不但有上升的分枝而且也有下降的分枝”②，在自然界中虽然总的趋势是进化，但也可以是退化，或进化往往伴随着退化。恩格斯曾经认为生物的适应作用“整个讲来可以是进化，也可以是退化”，而且“有机物发展中的每一进化同时又是退化，因为它巩固一个方面的发展而排除其他许多方面的发展的可能性”③。在社会斗争中，也可以出现两败俱伤，发展中断的情况，如《共产党宣言》中所言：“……而每一次斗争的结局，不是整个社会受到革命改造，就是斗争的各阶级同归于尽。”④ 古罗马奴隶斗争便是这样的例子。至于历史倒退的情况也是存在的，在中外历史中都可以找到封建复辟的例子，甚至在业已取得社会主义胜利的国家也发生了资本主义复辟的逆流。因此，“下降的分枝”，“退化”，“同归于尽”，“历史倒退”等，在自然和社会的发展中是确实存在的，必须善于认识这些现象，

① 《论我国革命》，《列宁文选》（两卷集）第2卷，莫斯科外国文出版局1949年版，第1012页。
② 恩格斯：《费尔巴哈与德国古典哲学的终结》，人民出版社1959年版，第6页。
③ 恩格斯：《自然辩证法》，人民出版社1955年版，第262页。
④ 《共产党宣言》，《马克思恩格斯全集》第4卷，人民出版社1958年版，第466页。

力求变坏事为好事，绕过暗礁，继续前进，决不能从而得出“世界末日”，“历史浩劫”等悲观的结论。恩格斯反驳这类悲观论调说：“不论这一切，我们总确信：物质在它的一切变化中永远是同一的，它的任何一个属性都决不会丧失，因此它在某个时候以铁的必然性毁灭自己在地球上的最高花朵，——思维着的精神，而在另外的某个地方和某个时候又一定以同一种铁的必然性把它重新产生出来。”① 因此，一个真正的马克思主义者对自然与历史发展的前景，总是充满了乐观与自信的。而现代修正主义者肆意散布核恐怖，宣扬“同归于尽”“人类死绝”的论调，并公然向帝国主义投降，制造一个资本主义复辟的大逆流。然而，乌云掩盖不住太阳，在逆流的漩涡中灭顶的，只能是他们自己，而人类社会向共产主义过渡的前进运动是不能阻挡的。我们必须看到：“下降的分枝”“历史的倒退”等现象只是暂时的，终归要为前进的趋势所克服的。

根据上面分析，否定之否定的特殊性也有三个方面：第一，必须研究特种否定，即事物借之以获得发展的否定；第二，必须具体分析客观发展的时间顺序与逻辑顺序的关系；第三，必须充分估计前进运动中逆流的出现。

事物的圆圈形运动、螺旋形上升运动或波浪式前进运动大致讲来便如上所述。它不但深刻地揭示了事物辩证发展的全程，而且充分地展开了辩证否定这一概念的内涵。从我们的论述中可见：辩证思维自身发展的逻辑，在思维领域中体现了辩证的前进运动。我们从肯定与否定、有限与无限开始，逐步揭开了它的内在矛盾，展现了它的不断丰富的内容，从而达到否定之否定，而否定之否定正是向肯定之复归。辩证思维自身发展的逻辑现身说法地为我们勾勒出了这个次第展开的圆圈形运动。这个运动，简言之，即恩格斯的那个经典性的概括：“本质上对抗的、包含着矛盾的过程，每个极端向它的对立面的转化，最后，作为一切的核心的，否定的否定。”全部否定性的辩证法便是如此。

---

① 恩格斯：《自然辩证法》，人民出版社1955年版，第20页。

否定作为一个哲学、逻辑范畴，内容是异常丰富的，甚至我们可以认为“否定”与“辩证法”是同义的，它正确地全面地本质地反映了客观事物发展的辩证进程，将辩证法的三个规律联成一个整体，从而有机地反映了事物发展的全貌。否定构成了辩证法的灵魂。

恩格斯告诉我们：“对思维形式、逻辑范畴的研究，是很有益和很必要的”，并指出：“从亚里士多德以来，只有黑格尔一个人才有系统地做到了这点”。① 黑格尔用“否定”贯穿起来的哲学系统，其中包含了一个从错误观点出发的，然而内容却十分丰富的辩证法纲要，这个纲要值得我们批判地加以研究。

黑格尔的这个唯心的否定性的辩证法被马克思首先唯物地加以改造，并在政治经济学中加以应用，获得了巨大的成功。他在《资本论》中具体地分析了经济现象，天才地运用与发展了这个否定性的辩证法，辩证法在马克思手中第一次获得了一个科学的形态。于此，马克思决不是什么硬套黑格尔公式，而是从丰富的现实材料中引出规律性与普遍公式。马克思说：“研究必须搜集丰富的材料，分析它的不同的发展形态，并探寻出这各种形态的内部联系。不先完成这种工作，便不能对于现实的运动，有适当的说明。不过，这层一经做到，材料的生命一经观念地反映出来，看起来我们就好象是先验地处理一个结构了。”② 由此看来，马克思乃是仔细研究了“经济”这一形态的特殊性，从而合乎规律地将它上升为一个科学的理论系统，这个系统的理论线索就是唯物的否定性的辩证法。

因此，我们如要对辩证法作一番探本溯源的工作，就必须全面研究黑格尔的《逻辑学》与马克思的《资本论》。本文还只能算是对这种研究的初步考虑，还不能算是研究的开始。

（原载《江海学刊》1964 年第 1 期）

① 恩格斯：《自然辩证法》，人民出版社 1955 年版，第 201 页。

② 马克思：《资本论》第 1 卷，人民出版社 1953 年版，第 17 页。

关于舜象斗争神话的演变

袁　珂

有一些产生在原始时代的生动、美丽、富于战斗性的神话传说，一到了阶级社会（在中国，尤其是长时期的封建社会）里，由于统治阶级的阶级偏见所起的作用，当它们通过依存于这些阶级的知识分子的手而被记录下来时，总是有意无意地要被歪曲、篡改，弄得面目全非。舜和象斗争的神话就是其中之一。

一

舜象斗争的神话，最早见于《楚辞·天问》。《天问》说：

> 舜服厥弟，终然为害，何肆犬豕，而厥身不危败？

前二语王逸注说："服，事也，言舜弟象施行无道，舜犹服而事之，然象终欲害舜也。"把"服"解做服事，于义总觉牵强。洪兴祖补注说："此言舜德足以服象，而象终为害也。"这才解释对了。在这件事情之前，象所设计害舜的，还有"涂廪"和"浚井"两件事，但舜却宽大为怀，不究既往，原谅了弟弟的错失，和弟弟亲密无间。照理说，舜的德行是可以感化象而使象心悦诚服的，但愚顽的象却还是并没有因此而悔悟，终于又设下计谋来暗害哥哥。——这就是《天问》中前面这两句话的较周密、准确的解释。

《天问》中后二语王逸注说："言象无道，肆其犬豕之心，烧廪窴井，欲以杀舜，终不能危败舜身也。"洪兴祖于此二语无说，只引了一段古本《列女传》的井廪故事（这段故事下面我们就要讲到）以为之证，看来他是同意王逸的解释的。但是这种解释实在是扞格难通。闻一多《楚辞校补》说：

> 释“肆犬豕”为“肆犬豕之心”，殊失之当。且上云“舜厥服弟，终然为害”，下云“何肆犬豕，而厥身不危败”，为害者象，则受害者舜，是“厥身不危败”，谓舜身，而“肆犬豕”，亦当属舜言。考书传载象所以谋害舜者，有完廪、浚井、饮酒三事。饮酒事惟见《列女传·有虞二妃传》，其言曰：“瞽叟又速舜饮酒，醉将杀之。舜告二女。二女乃与舜药浴注豕（各本作‘汪遂’，《路史·发挥二》作‘汪豕’，陆龟蒙《杂说》作‘注豕’，今依陆文），舜往（各本二字误倒，今正。《路史》无舜字，亦通），终日饮酒不醉。”注豕者，豕读为矢。……《韩非子·内储说下篇》说，燕人妻有通于士者。夫至，适遇士出，问何客，妻佯曰，无客，因诬夫惑易，而浴之以狗矢。舜注矢以御醉，盖犹燕人浴矢以解惑。此其事虽不雅驯，然以秽恶禳灾，今民间巫术犹多行之，以今推古，宜亦同然，不必为舜讳也。本篇“肆犬豕”当即斥此。豕借为矢，与《列女传》同。肆读为泄。……《广韵》曰：“泄，注也。”泄犬豕即《列女传》之注矢，亦犹《韩非子》之言浴狗矢矣。注矢后，即终日饮酒不醉，故曰“厥身不危败”。……

释“肆犬豕”为“泄犬豕”即注犬矢以澡浴，真是非常新颖而又精辟的见解。《天问》此二语，正该作这样的解释，才能够见到古代神话的庐山真面，否则终归是迷离惝恍，叫人难以捉摸的。

二

象所谋以害舜的三件事情当中，除饮酒一事已如上述之外，尚有“完廪”和“浚井”二事。这两件事各书都有记载，首先是《孟子·万章篇上》：

> 父母使舜完廪，捐阶，瞽叟焚廪。使浚井，出，从而掩之。象曰：

“谟盖都君咸我绩，牛羊，父母；仓廪，父母；干戈，朕；琴，朕；二嫂使治朕栖。”象往入舜宫，舜在床琴。象曰：“郁陶思君尔！”忸怩。舜曰：“惟兹臣庶，汝其于予治。”

其后《史记·五帝本纪》亦有记载，与此大同小异而叙事较详，大约就是采自《孟子》而又加上了一些别的异闻：

（瞽叟）使舜上涂廪，瞽叟从下纵火焚廪，舜乃以两笠自扞而下，去，得不死（《御览》卷百九十引《史记》云：“舜母疾舜，舜父使舜涇仓，下放火而烧舜，舜垂席而下，得无伤。”与此又略有不同）。后瞽叟又使舜穿井，舜穿井，为匿空旁出。舜既入深，瞽叟与象共下土实井，舜从匿空出去。瞽叟象喜，以舜为已死。象曰：“本谋者象。”象与其父母分。……

从这两段记叙看，都是现实生活可能发生的事，并没有什么神话意味。《孟子》里“父母使舜完廪，捐阶，瞽叟焚廪”的记叙，“捐阶”，赵岐注以为“捐去其阶梯”，当然是对的；既“捐阶”而后“焚廪”，舜怎样从廪上逃命下来，这里就没有叙明。大约赵岐也发现了这一点疏漏，因而又为之曲说云：“一说捐阶，舜即旋从阶下，瞽叟不知其已下，故焚廪也。”实在有些讲不通。再看《史记》叙此故事：“舜乃以两笠自扞而下，去，得不死。”就最明白晓畅，毋烦深详了。其后唐代民间文学《舜子变》（见王重民等编《敦煌变文集》卷二）所写的“舜子恐大命不存，权把二个笠子为䴏，腾空飞下房舍”。大约就是本此为说。“为䴏”的“䴏”字，不见于字书所载，推想起来，或是“翼”字的俗写。“为翼”，那么就透露出了一点点神话的残迹，当于下节中论之，此不赘述。

《孟子》写浚井事，说：“（父母）使（舜）浚井，出，从而掩之。”赵注云：“使舜浚井，舜入而即出，瞽叟不知其已出，从而盖掩其井，以为舜死矣。”那就是说，舜入了井，发觉事情不对头，又从井底爬出来，瞽叟不知道他已经出来，赶紧拿石头泥块把井填上，以为这么一来，舜就活埋在井里了。注释大体上是对的，只是以“舜入而即出”释“出”字未为稳妥。后母、象和瞽叟一家人既然打定主意要暗害舜，那就不会让舜“入而即出”然后再“盖掩其井”的。蔡云《汉书人表考校补》说：“昔读《孟子》‘从而掩之’句，以为俟其出而后掩，叟有不忍杀子之心。赵注全非。”这位先生又别有新见，他是不赞成赵岐“瞽叟不知其已出，从而盖掩其井”这种说法的，因为这么一来，瞽叟的心肠就未免太凶狠了，因而他又另创新说：“叟有不忍杀子之心”，“俟其出而后掩”。瞽叟在这里是扮演了华容道上义释曹操的关公的角色。这，姑且不论和号称为“顽”（《书·尧典》）的他的性行是否相合，且就事论事，当三个人合谋杀舜的一切都安排好了，并且舜也已经下到井中的时候，就是瞽叟忽然天良发现，“有不忍杀子之心”，余外两个人——象和后母——也决不会让瞽叟半路下马的。这就是所谓“箭在弦上，不得不发”。揆诸情理，既然是三个人合谋，放着后母和象这两个青壮年在一旁闲着，而叫一个老头子单独动手去干这事，也是讲不通的。何况要拿泥块石头填入井里去活埋一个人？可以想见，那是多么紧张重要的工作，瞽叟一人岂能干它得了？因而这种另创新说的解释也很成问题。这个“出”字，直到《史记·五帝本纪》的叙写，才给了我们一个明白晓畅的解答。《五帝本纪》说：“舜穿井，为匿空旁出。舜既入深，瞽叟与象下土實井，舜从匿空出去。”就是这么回事：原来舜下到井里，看见事机不妙，便从井底打了一条岔道，等瞽叟和象“下土實井”的时候，便从岔道遁逃出去。《孟子》文中所谓的“出”，便当作这么解：是“旁逸斜出”的“出”，而不是又从井里爬出来的“出”。不过，《史记》的文章虽然明白晓畅了，却不能说没有给我们留下“疑窦”。如果说这是一个真实而非幻想的故事的话，试问：以一个普通人的舜，下到井里，就能有那么大的力量，“为匿空旁出”吗？看来恐怕是不大可能的。这里《史记集解》引汉代刘熙的话说：“舜以权谋自免，亦大圣有神人之助也。”这就说到节骨眼上来了：的确，舜不仅是“以权谋自免”，更重要的，还在于他有“神人之助”。神话的痕迹，终于不能不从历史化的平淡的叙述的掩盖下微微透露出一些来。

三

第一节提到的《楚辞·天问》的“舜服厥弟，终然为害，何肆犬豕，而厥身不危败”的那几句话的下面，洪兴祖补注引古本《列女传》说：

> 瞽叟与象谋杀舜，使涂廪。舜告二女，二女曰：“时唯其戕汝！时唯其焚汝！鹊如汝裳，衣鸟工往。”舜既治廪，戕旋阶。瞽叟焚廪，舜往飞，复使浚井，舜告二女，二女曰：“时亦唯其戕汝，时其掩汝，汝去裳，衣龙工往。”舜往浚井，格其入出，从掩，舜潜出。

所引《列女传》，当是“古本”，因今本《列女传》面貌已与所引大异。《列女传》，刘向自称曰“校”（见《初学记》二十五、《太平御览》七百一引《七略》），则刘向时代该书已有成书，故得读而校之，非出于刘向自撰可知。那么《列女传》的成书时代应该早于刘向，至迟也当在西汉初年，说不定还可能是先秦旧籍，那么这书真可算是相当的“古”了。洪注所引，疑颇有讹说。例如“戕旋阶”三字，就不解何意。推想起来，大约“戕”字是因上下文的“戕”字而衍，“旋”字下又漏一“捐”字，“旋捐阶”——马上抽掉梯子，意思就差不多了。至于“衣鸟工往”“衣龙工往”云云，“鸟工”“龙工”究竟是什么，也意义难明。或注“衣鸟工往”为“习鸟飞之巧以往”（见宋曾慥《类说·列女传》“鸟工往”条注），恐非。晋郭璞注《山海经》，说“二女能以鸟工龙裳以救井廪之难”（《中次十二经》）；今本《竹书记年》注引此故事也说：“舜父母憎舜，使其涂廪，自下焚之，舜服鸟工衣服飞去；又使浚井，自上填之以后，舜服龙工衣自旁而出。”那意思就很是明白了：原来“鸟工”“龙工”都是衣服的名称，或即是鸟形彩画和龙形彩画的衣服。穿了这种衣服能“往飞”或“飞去”，知必化而为鸟；能“潜出”“自傍而出”或“为匿空旁出”，亦必化而为龙。也就是说，舜靠了二女的帮助，变形为能够适应新环境新情况的动物，才终于逃脱生命的危险：井廪故事的全部神话意味就在这里。

假如《天问》洪注所引古本《列女传》记叙的舜象斗争的故事确实是一段渊源很古的民间故事的话（看来大有可能），那么《孟子》在称引这段故事的时候，已有意识地把它平淡化了。《史记》本诸《孟子》，只不过更叙写得详细、明白、合理一些。本来是鸟的两翼，给变成了用以“自扞”的“雨笠”，幸有后代本此为说的唐代民间文学“舜子变”，无意中道出“权把二个笠子为鸠”这样的话，还略略露出一点神话的痕迹。本来是由于龙的神力从井底旁逸而出，却被《史记》说做是舜“为匿空旁出”，如果只是一个普通人的舜，那么他哪来的这么大的力量“为匿空旁出”呢？“舜子变”于此也别无善法，只得说是“帝释变作一黄龙，引舜通穴往东家井出”，无意中又露出了古代神话的残余的尾巴：正是穿了龙工衣服，化身为龙的舜本人“通穴往东家井出”，而不是别的什么“变作一黄龙”的神人的导引。

从洪注所引的古本《列女传》，尚可见到舜象斗争神话——从动物象改变为人的象的大概轮廓，但是这个轮廓，却不知在什么时候，从今本《列女传》中消失去了。今本《列女传》是这么写着的：

> 瞽叟与象谋杀舜，使涂廪。舜归，告二女曰：“父母使我涂廪，我其往。”二女曰：“往哉！”舜既治廪，乃捐阶，瞽叟焚廪，舜往飞出。象复与父母变，使舜浚井。舜乃告二女。二女曰：“俞，往哉！”舜往浚井，格其出入，从掩，舜潜出。（《有虞二妃》）

在这里，二女叫舜服鸟工、龙工衣服以解井廪之难的话都没有了，从说话中表露出来的那种焦急和关爱的情绪更没有了，有的只是叫舜“往哉”，或者还模仿《尚书》的口吻：“俞，往哉！”翻成现代话就是：“好呀，去吧——去送死！”舜既然“每事常谋于二女”（《列女传》语），二女替舜出的主意在哪里呢？难道一个“往哉”或者又一个“俞，往哉”就是她们替舜出的好主意吗？和前面洪注所引古本《列女传》两相对照，篡改的痕迹就一目了然。当然，篡改的手法是并不高明的。“往哉”之类且不用说了，即如后面所写“舜往飞出”“舜潜出”等，还是给人留下了神话的痕迹，而且也教人隐约猜到二女曾替舜出过神妙的主意，不然舜何由而能“飞出”或者“潜出”呢?

四

《列女传》的篡改不知始于何时。今所传的《古列女传》凡八篇，乃是宋代曾巩校录的。曾巩校录此书时，盖有二本：其一十五篇，见于《隋志》和《崇文总目》，称曹大家注；其一十八篇，宋嘉祐中苏颂编次，曾巩就是根据这两个本子进行校录的。其序录有云：

> 其（刘向）言象计谋杀舜，及舜所以可脱者，颇合于《孟子》，然此传或有之，而《孟子》所不道者，盖亦不足道也。

这段话不大好懂。“然此传或有之，而《孟子》所不道者，盖亦不足道也。”不知该作何解。“之而”两字似乎有点冗赘，若删去这两个字，这段话就好懂了。大意是说：《列女传》所叙舜象事，大体上都合于《孟子》，但也有《孟子》所不道的，盖本来也是不足道的。我疑心这很可能就是舜象事被曾巩篡改以后“此地无银三百两”的欲盖弥彰的自白。大部分是经过篡改了，所以说它“颇合于《孟子》”；但又无法篡改得一干二净，多少还是留下了点神话尾巴（尤其是“鸟工”、“龙工”神话之后的“二女乃与舜药浴注豕”——今本“注豕”作“注遂”，“遂”字属下读，或亦是篡改的结果——的神话，整段情节都是《孟子》所没有的），故又说“然此传或有之，而《孟子》所不道者，盖亦不足道也”。实际上经过篡改以后的今本《列女传》的舜象事，倒是“颇合于《孟子》”；但是倘若照洪兴祖所引的古本《列女传》看，那就和《孟子》的记叙相差太远了。因疑曾巩校录此书时，曾经动手加以删改，而舜象事就是经过他删改以后的“业迹”之一。

最有力的证据，就是在和洪兴祖差不多同时的曾慥的《类说》里，也引了《列女传》的“鸟工”“龙工”这段神话：

瞽叟使舜涂廪，舜告二女，曰："我其往哉?"二女曰："往哉！鹊汝裳衣，鸟工往。"（习鸟飞之巧以往；鹊，错也。）反，使舜浚井，舜告二女，曰："我其往哉?"二女曰："去汝衣裳，龙工往。"（龙知水泉脉理也。）

括号以内的注语大约就是《隋志》所谓的"曹大家注"。从这段引文看，和洪兴祖所引的，内容上都差不多，只是比洪所引更要简单一些罢了。当时既有两种不同的本子，曾慥所引既然大致可以肯定即是《隋志》和《崇文总目》所载称曹大家注的十五篇本，洪兴祖所引在繁简上又和曾慥所引略有不同，可能即是嘉祐中苏颂编次的八篇本。"鸟工""龙工"的神话既不见于曾巩根据以上二本校录的今本《列女传》，这岂不说明他在校录时曾经对比较接近古本的以上两种本子大加删改吗?

曾巩为什么要篡改古本《列女传》使之成为今本的状态呢?用他自己的话来说，就是求"合于《孟子》"。殊不知《孟子》所载舜象斗争的故事，已经完全是神话改装的历史；曾巩这一篡改，于《孟子》则"合"矣，但却违背了较古神话的本貌。较古的这段神话，野象虽然人化而为舜的弟弟象，但是他和舜之间的这场斗争，看来却是一场剧烈的、你死我活的斗争，双方都不曾妥协：不但主谋害舜的象不曾妥协，就是得二女之助以神术逃死的舜亦不曾妥协。而《孟子》《史记》等书的改进，却从其中抽去神话的质素不说，并且还极力按照他们的阶级观点，宣扬起封建伦理的一套来。《孟子》就曾在记述中赞美了舜的孝父爱弟和瞽叟的不忍杀子之心，其实是有意美化的。《史记》没有同意后面一点，明说"瞽叟尚复欲杀之（舜）"，算是较合实情，而于舜的"孝""爱"仍无间辞。舜果真是这样柔顺敦睦地按着封建伦理的规定，对父亲尽孝道、对兄弟讲友爱吗?从当时相反的一些传说如"舜有不孝之行"（《吕氏春秋·当务篇》）、"舜流母弟"（《庄子·盗跖篇》）等等之中，可见"孝""爱"云云不过是以儒家思想为正宗的人们在舜这个英雄人物身上做的文章，其目的乃是通过他向人民作儒家纲常道德的说教罢了。民间传说的这个神话故事的本来面貌是，舜对他那“顽”“傲”的父亲和弟弟所采取的方式，并不是一味用“孝”“爱”之类去感化了事的。经曾巩篡改过的今本《列女传》所记叙的舜象故事，在和神话内容的被抽去的同时，斗争也成为轻描淡写而无关宏旨的了。这一方面是除掉了历来“缙绅先生难言之”的“不雅驯”的东西（其实是优美的神话），另方面也间接宣扬了封建统治者所要宣扬的“孝”“爱”——大约，这就是篡改后的今本《列女传》要被曾巩认为“其言颇合于《孟子》”而必须加以篡改的缘故吧？

五

现在来讨论一下舜象斗争最古神话的本貌究竟是怎样。

先从“二女”说起。古本《列女传》里所叙写的“二女”，表现得的确是非常神奇：她们既有未卜先知的本领，预先向舜发出“时唯其焚汝”“时其掩汝”的警告，又有扞御大难的实际法宝，如鸟工、龙工衣服之类，给舜穿上，让他去易形脱祸。刘熙说：“舜亦大圣，有神人之助也”，“大圣”与否姑且不论，说是“有神人之助”，倒是实在的：“二女”就是刘熙所说的“神人”。

有一段古老的神话，记述着“二女”的神格：

> 洞庭之山，帝之二女居之。是常游于江渊，澧沅之风，交潇湘之渊，是在九江之间，出入必以飘风暴雨。是多怪神，状如人面载蛇，左右手操蛇，多怪鸟。（《山海经·中次十二经》）

郭璞在这下面注云：“天帝之二女而处江为神”，是不错的；但其后又辩此“二女”非尧之二女，就未免显得拘泥了。其实在古神话中，尧也就是天帝，故所谓“帝之二女”，固然可以说是“天帝之二女”，但又何尝不可以说是尧的二女呢？事实上在后世的传说中，把处于洞庭之山的“天帝之二女”和从舜南巡、溺死湘江而为神的尧的二女早就混而为一了。

其次说到舜的凶恶狡诈的弟弟象。有一些关于象的祠庙、封地、葬所的零片的记载，教人不能不发生某种大胆然而合乎情理的推想。《史记·五帝本纪》正义引《括地志》说：

鼻亭神在道县北六十里。故老传云：舜葬九疑，象来至此，后人立祠，名鼻亭神。

非常奇怪，后人给象立的祠，竟称为“鼻亭”，祠的神主，竟称为“鼻亭神”；鼻，本来是属于动物象的最大特征，现在却用到人的象的身上来了。难道人的象和动物的象二者之间还有什么关联吗？

答曰：有的，而且这种关联还很早。《孟子·万章篇上》说：“象至不仁，封之有庳。”《史记·五帝本纪》集解说：“孟子曰：‘封之有庳’，音鼻。”原来“有庳”就是“有鼻”。鼻，居然作了象的封地的名称，那么人的象和动物象之间的关联，岂不是可想而知的吗？这以后，诸书对象封地的记载就干脆以“鼻”易“庳”了：

舜封象于有鼻。（《汉书·武五子昌邑哀王髆》）

象傲终受有鼻之封。（《后汉书·袁绍传》）

昔象之为虐至甚，而大舜犹侯之有鼻。（《三国志·魏志·乐陵王茂传》）

“有鼻”当然是对的，因为“鼻”是正字，而“庳”则是“鼻”的假借字。

不仅此也，《史记·五帝本纪》集解引王隐《晋书》还说：

大泉陵县北部东五里有鼻墟，象所封也。

《路史·发挥五·辩帝舜冢》注也说：

《幽明录》云：始兴县有鼻天子冢，鼻天子城，即《南康记》南康县鼻天子城者，亦见《虞宾录》。盖地后贯南康。昔人不明为何人，乃象冢也。

凡此“封地”“葬所”种种，都把作为动物象特征的“鼻”，来作了人的象的称号。“鼻天子”三字，尤其生动形象。因疑人的象在最古的神话中，原本就是一头长鼻大耳、凶猛难驯的野象，其后才被著名的猎人舜驯服的。

舜，古称虞舜（《书·尧典》），又叫有虞氏（屡见《礼记》《国语》）。所谓“虞”，是什么意思呢？《潜夫论·志氏姓》说：“舜姓虞。”《尧典》孔颖达疏说：“虞，地名；尧封舜于虞，遂为天子之号。”恐怕都是后起之说，未足为据。虞舜的“虞”，实当是《易·屯》“即鹿无虞，惟入于林中”的“虞”，亦是《书·舜典》“咨益，汝作朕虞”的“虞”，古注以为“掌山泽之官”，其实在还未设“官”的原始时代，“虞”应当就是山林的猎手。所谓虞舜，翻成现代话，就是猎人舜。

于是，舜象斗争的神话的最早面貌就容易看清楚了。舜，这个生长在丛莽中的勇敢的古代著名猎手，在和野象的斗争中，由于野象的凶悍和狡谲，几番险遭它的毒手。后来靠了天女的帮助，才终于战胜野象，使它开始在农业上为人类服役；而猎人的舜，也在人民的拥戴下成了他们的领袖。根据后来一些神话的片段，推想古神话的本貌，大约就是这样。

这当然不是凭空臆想。除以上所说的一些根据而外，还有：

> 商人服象，为虐于东夷，周公乃以师逐之，至于江南。（《吕氏春秋·古乐篇》）

可见殷（商）民族原是服象的民族，到周公时代，且已能把所驯服的象，使用到战争上去。再证以甲骨文，“象”字作，作为它的特征的长鼻，正确地从文字上显示出来，足见人们对它观察的精密。“卜辞”“卜田”又屡有获象的记载，知道象在殷代黄河流域一带也还长时期生存过。“为”字作，画的就是人手牵象的光景。从这个字的字义推想起来，古代殷民族的驯服象，恐怕还远在驯服牛马以前。舜即《山海经》里的“帝俊”，是殷民族的始祖神。殷民族既是服象的民族，则古神话中传说他们的始祖神舜曾经和凶悍的野象作过艰巨的斗争而终于驯服了野象，岂不是合情合理的事吗？

实际上，古代就曾经传说象替舜耕过田。孙诒让《墨子间诂》辑《墨子佚文》说："舜葬于苍梧之野，象为之耕。"《论衡·偶会篇》也说："舜葬苍梧，象为之耕。"是其证。这还只是说，舜死以后，象曾来替舜耕过祀田。还有舜真个亲自役使象耕田的民间传说。近代坊间所出的《二十四孝图说》，首绘"大舜耕田图"，使用的牲畜就是长鼻大耳的象，亦其明证。

从以上所举的种种证据，我们可以下一断语说：《天问》上所说的"舜服厥弟"，在最古的神话中，其实就是舜服野象。

舜象斗争这个神话的本来面目，已经不能从现存古书的文字记录中寻找到了，现在所能借作推测的，只是它偶然从古书记叙的隙缝里透露出来的一鳞半爪。根据以上所述，原始时代流传的这个神话的本貌，应该是一个舜和野象斗争的故事。但是存在于现有古书文字记录中的，这野象已经人化而为舜的一个名叫"象"的弟弟了。从动物的象，到人的象，是舜象神话的第一步变化；不过这时还保存着浓厚的神话意味。到了第二步，就显明地被篡改者将其中神话意味取消，使之成为日常生活故事并以之作为封建伦理说教的一个工具了。

舜象斗争神话的演变，大体上就是经过上述两个历程的。研究它的演变过程，对于我们理解什么是神话、什么是由神话改装的历史以及封建统治阶级如何利用神话来为本阶级的利益服务，是有好处的。

（原载《江海学刊》1964 年第 2 期）

世界观、认识论和方法论的一致性

杨献珍

毛主席教导我们，要用总结历史经验的方法，教育干部，提高干部。怎样总结历史经验？毛主席指出，要从认识论和方法论上加以批判，使干部觉醒起来，以免再吃大亏。

我们的鼓足干劲，力争上游，多快好省地建设社会主义的总路线，是以辩证唯物主义的世界观为基础的，是非常正确的。要正确实现我们的总路线，必须要有正确的工作方法。而正确的工作方法是和我们的辩证唯物主义的世界观和认识论分不开的。

工作方法问题是非常重要的。毛主席从来就非常注意工作方法，并经常教导干部注意工作方法。这里举几个例子：

在《星星之火，可以燎原》的文章中，毛主席说："我们看事情，必须要看它的实质，而把它的现象只看作入门的向导，一进了门就要抓住它的实质，这才是可靠的科学的分析方法。"

在《必须注意经济工作》的文章中，毛主席说："没有正确的领导方式和工作方法，要迅速地开展经济战线上的运动，是不可能的。"接着又讲：各种经济部门的实际工作人员，"如果他们的领导方式不对，不能采取各种正确的有效的工作方法，那就会立刻影响到工作的成效……"

在《关心群众生活，注意工作方法》的文章中说："我们是革命战争的领导者、组织者，我们又是群众生活的领导者、组织者。组织革命战争，改良群众生活，这是我们的两大任务。在这里，工作方法的问题，就严重地摆在我们的面前。我们不但要提出任务，而且要解决完成任务的方法问题。我们的任务是过河，但是没有桥或没有船就不能过。不解决桥或船的问题，过河就是一句空话。不解决方法问题，任务也只是瞎说一顿。”又说：“如果仅仅提出任务而不注意实行时候的工作方法，不反对官僚主义的工作方法而采取实际的具体的工作方法，不抛弃命令主义的工作方法而采取耐心说服的工作方法，那么，什么任务也是不能实现的。”

中间几十年的例子不举了，这是举不胜举的。再举几条最近的例子：

1958 年毛主席在一次会议时，指出我们党在历史上吃过形而上学的大亏，要我们总结过去的经验，从认识论和方法论上加以批判，并指出好人也要研究方法论。

1958 年毛主席又写了工作方法六十条，这是集工作方法之大成。写工作方法六十条的目的，正如毛主席所指出的，是想在工作方法方面求得一个进步，以适应已经转变了的政治情况的需要。于此可见，毛主席几十年来始终如一地注意着工作方法问题。

为什么工作方法问题这样重要？毛主席早已非常生动地答复了这个问题，就是因为要过河，如没有桥或船就过不去。我们的社会主义建设的总路线是正确的，但如果没有正确的、有效的工作方法，这个路线虽然非常正确，也还是实现不了的。

什么样的工作方法才算得是正确的、有效的工作方法？怎样使自己的工作方法成为正确的、有效的工作方法？怎样研究工作方法问题？

首先应当了解，工作方法问题绝不是一个简单技术性质的问题。也没有一种“百家通”式的工作方法，学会了其中一种工作方法就能到处使用，而且够使用一辈子。

马克思说过，他所得到的一般的结论，在一经得到之后，便成为他研究的指南针。马克思就是善于把结论变成方法。毛主席指示我们用总结历史经验的方法来教育干部，要各行各业的干部都要总结经验，并不是为总结经验而总结经验，而是为了从总结经验中得出正确结论，转过来又成为今后的工作方法。这也就是《实践论》中所说的“实践，认识，再实践，再认识”的提高干部思想认识水平的方法。譬如，毛主席总结中国革命战争的经验，总结中国革命胜利的经验，得到了主观符合客观，思想合于客观外界规律性，是取得战争和革命的胜利的关键的结论。这个结论转过来就成为指导思想。任何工作，要想做好，都必须力求主观符合客观，使思想合于客观外界规律性。为此，就要重视调查研究工作，就要如实反映情况，就要反对浮夸，反对弄虚作假，如此等等。

什么叫经验，什么叫方法？

列宁讲过：“人的经验就是对客观实在的适应，唯一科学的‘方法论’和科学的‘唯能论’就是对客观实在的模写。”①

列宁这里完全用唯物主义认识论——反映论的原理来阐明经验和方法的问题。

凡是能适应客观实在的经验，如粮食增产了的，就是正确的经验；凡是不能适应客观实在的，如粮食减产了的，就是错误的经验。

农业的八字宪法，正确运用，确实能够增产，所以是正确的经验和正确的方法。密植过分的密，认为越密越好以至密不通风，也是错误的。过密了不仅不适于庄稼的生长（不懂“无之以为用”的道理），而且浪费了种子。据说某省每年要浪费七亿斤麦种。

这几年由于破除迷信，解放思想，群众确实在生产中创造出来了好多好的经验。但各地也有一些瞎指挥者，在他们的瞎指挥下，粮食不但没有增产，生产力反而遭到了破坏。因此，从总结经验来确定或端正方法，是更为重要的。近年来有些地方，为了多打粮食而扩大复种面积。我是没有生产知识的，在下边摸了一下，就看到扩大复种面积并不是增产粮食的出路。一个地方，由于扩大复种面积，麦田播种面积扩大了，可是小麦总产量并未增加，或者

① 《列宁全集》第14卷，人民出版社1959年版，第288页。

增加很少，即令是头一年有所增加，第二年即又降了下来。回茬麦比正茬麦亩产量往往少到一半还多。这是就我们现在的生产条件说的。当然，如果人力、畜力、肥料跟得上去，回茬地也能长好麦，如陕西武功农学院种的回茬麦产量不次于正茬麦。

总之，方法不能离开经验，那些不根据经验而凭空臆想出来的方法，往往是没有什么用处的。徐水的沼气山药、沼气白菜，就是这类东西。

方法不能离开经验。毛主席在《实践论》中说："你要有知识，你就得参加变革现实的实践。你要知道梨子的滋味，你就得变革梨子，亲口吃一吃。你要知道原子的组织同性质，你就得实行物理学和化学的实验，变革原子的情况。你要知道革命的理论和方法，你就得参加革命。一切真知都是从直接经验发源的。"

毛主席还说："……就知识的总体说来，无论何种知识都是不能离开直接经验的。任何知识的来源，在于人的肉体感官对客观外界的感觉，否认了这个感觉，否认了直接经验，否认亲自参加变革现实的实践，他就不是唯物论者。"

有唯物主义的经验论，有唯心主义的经验论。唯物主义的经验论，就是如毛主席在《实践论》中所讲的，经验是从实践中得来的，是从自己亲身参加变革现实，亲身同那个事物接触，亲自生活于（实践于）那个事物的环境中所得来的。例如老农的经验就是这样得来的。这样得来的农业生产的经验，当然是能够适应客观实在的。唯心主义的经验论，认为经验只是所谓内省的体验。经验是主观自生的，是与生俱来的，是同客观外界没有联系的。人生下地来，上帝就把经验全部完整地装在他的脑袋里，要用的时候，根本不假外求，闭着眼睛，向里用力一番，什么经验就自然而然地出来了。瞎指挥者的经验就是这样的。瞎指挥者的经验论，是彻头彻尾的唯心主义的经验论。什么"人有多大胆，地有多大产"的"经验"，即是他们提倡出来的。世界上的事，真是无独有偶。这种瞎指挥者，不独中国有，苏联早就有过。1919年3月，列宁在俄共（布）第八次代表大会上《关于农村工作的报告》中就曾严厉地批评过这种瞎指挥者。列宁说："当然，如果农村里出现了鲁莽的人，那是不会有任何好处的，他们从城里跑到农村去，去了以后，吹上一通，闹几次知识分子的有时是非知识分子的意气，然后吵闹一顿，一走了事。这是常有的情形。这班人不会受人尊敬，只会引起讥笑，而且讥笑他们是完全应该的。"列宁还说："到现在为止，我们还是农民的学生，而不是农民的先生。再愚蠢不过的是一些人对农业及其特点一窍不通，他们跑到农村中去，只是因为听说公共经济好，只是因为厌倦城市生活而想到农村工作，并且认为自己在各方面都是农民的先生。再愚蠢不过的是在经济方面对中农采用暴力。"① 请看列宁在四十九年前所讲的这段话，用来描写我们今天的那些瞎指挥者不是非常逼真的么？列宁的这篇《关于农村工作的报告》，值得我们一读。

总之，我们必须用唯物主义的认识论——反映论的观点来对待经验和方法的问题，列宁是这样做的，毛主席也是这样做的。例如毛主席曾说：概念的形成过程，判断的形成过程，推理的过程，就是调查和研究的过程，就是思维的过程。人脑是能够反映客观世界的，但是要反映得正确很不容易，要经过反复的考察，才能反映得比较正确，比较接近客观实际。有了正确的观点和正确的思想，还要有比较恰当的表达方式告诉别人。概念、判断的形成过程，推理的过程，就是"从群众中来"的过程；把自己的观点和思想传达给别人的过程，就是"到群众中去"的过程。在我们的干部中，大概还有不少的人，不明白这样一个简单的真理：任何英雄豪杰，他的思想、意见、计划、办法，只能是客观世界的反映，其原料或者半成品，只能来自人民群众的实践中，或者自己的科学试验中，他的头脑只能作为一个加工工厂而起制成完成品的作用，否则是一点用处也没有的。人类制成的这种完成品，究竟合用不合用，正确不正确，还得交由人民群众去检验，如果我们的同志不懂得这一点，那就一定会到处碰钉子。

---

① 《列宁全集》第29卷，人民出版社1956年版，第182页。

这段话，是毛主席对唯物主义认识论的深刻的阐述。

毛主席讲，思想、意见、计划、办法，只能是客观世界的反映。这与列宁所说的唯一科学的方法论就是客观世界的模写，是完全一致的。

唯一科学的方法论就是客观实在的模写，计划、办法只能是客观世界的反映，列宁和毛主席的这些指示，应当作为研究工作方法问题的一把钥匙。就是说，必须把方法论放在马克思列宁主义的辩证唯物主义世界观认识论的基础上来研究，不能离开哲学唯物主义世界观、认识论而孤立地谈方法论的问题。因此之故，毛主席经常教导我们世界观和方法论是一致体的道理。

辩证唯物主义的世界观是贯穿一切的东西。它贯穿着历史观、思想方法、领导方法、斗争方法、工作方法、工作作风等等。世界观是最根本的问题。因此，要研究工作方法问题，必须与世界观问题联系起来研究。离开了辩证唯物主义与历史唯物主义的观点，孤立地去谈工作方法，必然会流于专谈技术性质的问题。（学习方法也是一样。读书，也要用辩证唯物主义和历史唯物主义的观点去读，这是最重要的学习方法。而有的人追求的所谓学习方法，就是专门追求那些技术性质的东西，如怎样写笔记，作眉批，作卡片，划红、蓝杠杠等等。）

先谈一点关于世界观的问题

大家都知道，我们的世界观是辩证唯物主义的世界观，这是唯一正确的世界观。

列宁说："马克思的学说所以万能，就是因为它正确。它十分完备而严整，它给予人们一个决不同任何迷信、任何反动势力、任何为资产阶级压迫所作的辩护相妥协的完整世界观。""马克思的哲学是完备的唯物主义，它把伟大的认识工具给予了人类，特别是给了工人阶级。"①

因此，世界观对我们是一个非常重要的问题。

---

① 《列宁全集》第9卷，人民出版社1959年版，第1、2、5页。

虽然我们今天生存的时代是一个社会主义的时代，我们的社会已经是一个社会主义的社会，但要记住，这个社会的前身是一个殖民地、半殖民地、半封建的社会，现在二十岁以上的人都是在那个社会中生存过若干年的。旧的世界观和旧世界观的一切传统思想，对我们不是没有影响的。因此，马克思说，这个社会主义社会（共产主义社会的低级阶段）在各方面，在经济、道德和思想方面，不能不带着若干旧社会的痕迹。

正因如此，所以列宁曾经指出过，工人运动中常常有这样一种人参加进来，就是那些只能领会马克思主义中某几方面，只能领会新世界观中个别部分，或只能领会个别口号和要求，但不能坚决抛弃一般资产阶级的世界观，特别是资产阶级民主主义世界观的所有一切传统思想的分子。

《共产党宣言》上说："共产主义革命就是同传统的所有制关系实行最彻底的决裂；毫不奇怪，它在自己的发展进程中要同传统的观念实行最彻底的决裂。"

列宁所讲的情况，在中国党内也不能例外。就是说，在中国也有这样一些人参加到革命队伍中来，他们并没有同旧世界观、资产阶级的世界观或者资产阶级民主主义世界观的所有一切传统思想分裂（这也就是我们常说的没有背叛自己出身的那个阶级）。我们每一个同志也应在思想上检查一下自己是否彻底地同过去遗传下来的旧观念破裂了？同旧世界观所有一切传统思想破裂了？这不是一个无足轻重的问题，对于一个共产党员说，乃是一个极端重要的问题。作为共产党员，就应认清共产党员在将近七亿人口中处于何等重要的地位。这个所谓重要地位，不是从你是几级干部来看，而是从共产党员在将近七亿人口中所占的比重来看，从共产党员对国家的命运所负责任之重大来看。毛主席经常教导我们，共产党人除了人民的利益以外，没有任何个人利益。而要做到这一点，就必须使自己的思想"最坚决地和过去遗传下来的观念破裂"。有些人在社会主义建设事业中弄虚作假，欺骗党，欺骗人民，他们到底是为了什么？严格地分析一下这种人的世界观，那是什么样的世界观？他们树立了唯物主义世界观吗？毛主席指出，完成了经济战线上的社会主义革命之后，还需要进行政治战线、思想战线上的社会主义革命。思想战线上的社会主义革命，包括共产党员的思想改造。思想改造中，世界观的问题是最重要的问题。因此，毛主席说："世界观的转变，是一个根本的转变。"就是因为世界观是贯穿一切的东西。

一定要对旧社会、旧世界观的一切传统思想给我们的影响有足够的估计。这种影响，自己若还没有自觉地用马克思列宁主义的世界观来加以消除，而让它还留存在自己的脑子中，它就不起作用了吗？

世界观是思想意识的总的指导

世界观，思想意识都支配思想方法。

生产中提出唯心主义的口号，弄虚作假，浮夸谎报，抢先争名，分析一下，这不是唯心主义的世界观，个人主义的思想意识支配的么？

毛主席在《抗日战争胜利后的时局和我们的方针》的报告中批评那些相信日本投降是出于美国的两颗原子弹的人时说："我们有些同志也相信原子弹了不起，这是很错误的。这些同志看问题，还不如一个英国贵族。英国有个勋爵，叫蒙巴顿。他说，认为原子弹能解决战争是最大的错误。我们这些同志比蒙巴顿还落后。这些同志把原子弹看得神乎其神，是受了什么影响呢？是资产阶级的影响。这种影响是从哪里来的呢？是从资产阶级的学校教育中来的，是从资产阶级的报纸、通讯社来的。有两种世界观、方法论：无产阶级的世界观、方法论和资产阶级的世界观、方法论。这些同志把资产阶级的世界观、方法论，经常拿在手里；无产阶级的世界观、方法论，却经常丢在脑后。我们队伍中的唯武器论，单纯军事观点，官僚主义、脱离群众的作风，个人主义思想，等等，都是资产阶级的影响。对于我们队伍中的这些资产阶级的东西，也要像打扫灰尘一样，常常扫除。"

世界观问题之所以如此重要，就是因为世界观和方法论是一致的。没有辩证唯物主义的世界观，没有无产阶级化的思想意识，就不能掌握马克思和列宁的科学方法。中央的正确路线、正确方针、正确政策，往往不能正确地贯彻下去，主要原因在于某些地方、某些环节的干部，他们的世界观、思想意识还存在着一些资产阶级的东西，因而影响到他们的思想方法不能不是主观的、片面的、形而上学的。

世界观、认识论支配思想方法、工作方法等等。

有什么样的世界观，就有什么样的认识论，就有什么样的思想方法、工作方法等等。

毛主席在延安有一次给“抗大”讲哲学时，深刻地生动地阐明了世界观和方法论的一致性的问题。毛主席说，辩证法唯物论是无产阶级的宇宙观，同时又是无产阶级认识周围世界的方法和革命行动的方法；它是宇宙观和方法论的一致体。唯物辩证法是马克思主义的科学方法论，是认识的方法，是论理的方法（即逻辑的方法），然而它就是世界观。世界本来是发展着的物质世界，这是世界观；拿了这样的世界观转过来去看世界，去研究世界上的问题，去指导革命，去做工作，去从事生产，去指挥作战，去议论人家长短，这就是方法论，此外并没有别的什么单独的方法论。所以在马克思主义者手里，世界观同方法论是一个东西；辩证法、认识论、论理学（逻辑学），也是一个东西。

世界观和方法论既然是一致的，世界观又支配思想意识、思想方法、领导方法、工作方法、工作作风等等，那么，如果我们的头脑中还不完全是辩证唯物主义的世界观在做主宰，就是说，在自己的头脑中还没有让辩证唯物主义这种唯一科学的世界观实行“专政”，相反的，我们的头脑中还夹杂着许多旧的、非科学的世界观，唯心主义、形而上学的世界观，个人主义的思想意识，那么，这种旧世界观在你的头脑中就那样安分守己，不出来活动，不进行捣乱么？

毛主席在《矛盾论》中首先讲两种宇宙观，就是因为宇宙观和方法论是一致的，是一个东西。

毛主席几十年来，不仅不断地谆谆教诲我们要注意工作方法问题，而且谆谆教诲我们还要懂得世界观和方法论的关系问题。

在1958年有一次会议上，毛主席讲，会议开得很好，重点归结到方法问题，第一是唯物论，第二是辩证法。我们许多同志并不那样尊重。唯物论是世界观，也是方法论。我们的主观世界只能是客观世界的反映。主观反映客观是不容易的，要有大量事实在实践中反复无数次，才能形成观点。一眼望去，一下子抓住一两个观点，但无大量事实作根据，是不巩固的。只有大量事实，才能认识问题。

另一次会议时，毛主席又讲，党委的、政府的、军队的……各行各业的同志，首先要尊重唯物论，尊重辩证法。列宁说过，世界观，认识论，是一个东西。人的思想是从哪里来的？是天生的，还是从观察世界而来的？……我们的思想只能从观察世界当中，从感觉材料当中形成的。感觉材料是客观世界的东西。多快好省这个概念，就是从客观世界的感觉材料当中形成的。苏联有多快好省的经验，中国也有多快好省的经验，不仅解放后有八年这样的经验，过去根据地的建设也有这样的经验。鼓足干劲，力争上游，这两句话非要不可。人，没有干劲不行。力争上游，就是向先进看齐。

我们建设社会主义的总路线，不是谁凭空地从个人的脑子中臆想出来的，而是根据国内外丰富的经验总结出来的，是有大量事实作依据的，所以是巩固的。

几十年前毛主席就讲过方法必须是正确的有效的方法。至此，可以懂得了什么是正确的有效的方法了。只有根据辩证唯物主义的世界观和认识论——反映论的原理，正确地反映客观世界的方法，思想合于客观外界规律性的方法，才是能够适应客观实在的方法，才能是正确的有效的方法。只有这样的方法才能成为过河的桥或船。只有用这样的方法才能正确执行我们党的建设社会主义的总路线。毛主席不是说过吗？必须注意使我们的思想完全适合于我们所处的环境，然后才能使我们的工作样样见效，并迅速见效。

马赫主义哲学中有一条所谓思维经济原理，是非常荒谬的。马赫主义者所说的思维经济原理，是把哲学中他们认为是麻烦、头疼、伤脑筋的问题干脆一刀砍掉。例如物质对于唯心主义者就是这类问题，于是他们就来一个干脆不承认，以为这样就省去了很多麻烦。列宁在《唯物主义和经验批判主义》一书中批判这种荒谬论调时，阐发了一个非常重要的原理。列宁说，如果真要讲什么是“经济的”，那么，人的思维正确反映客观真理的时候才是“经济的”，而实践、实验、工业是衡量这个正确性的准绳。

怎样才能正确实现我们生产建设中的多快好省的要求？那就必须使我们的方法要能正确地反映客观真理。无论工业生产、农业生产，方法不对头的时候，即方法没有正确反映客观真理的时候，产量硬是上不去，硬是要我们的思想去适应客观事物，而不能是要客观事物来适应我们的思想。靠唯心主义思想，什么“人有多大胆，地有多大产”，什么“思想有粮就有粮，思想有钢就有钢”来指导工农业生产，那只能成为瞎指挥，只能是成事不足，败事有余，到处破坏生产力。

毛主席教导我们：“大家明白，不论做什么事，不懂得那件事的情形，它的性质，它和它以外的事情的关联，就不知道那件事的规律，就不知道如何去做，就不能做好那件事。”

一个锁子一把钥匙。即令你手上拿着一大把钥匙，但是，如果没有适合那个锁的钥匙，那锁还是打不开。如果硬要去开，那就只好把锁子砸破，就是说蛮干。生产中的瞎指挥者就是这样做的。

只有按照客观事物本身所固有的规律性制定的方法，才是正确的方法。违反客观规律性而标新立异地臆造出来的方法，都是错误的方法。

提倡敢想、敢说、敢干的共产主义风格，是完全正确的。但毛主席讲这句话的时候，还有一句很重要的话却常常被人们忘掉了。毛主席说的是：我们敢想、敢说、敢干的基础是马克思列宁主义的理论。经验证明：离开了马列主义理论基础即辩证唯物主义的“敢想、敢说、敢干”，往往就成了胡思乱想、胡干。

总之，应当了解，工作方法问题绝不是一个简单的技术性质的问题。我们必须根据毛主席讲的世界观和方法论的一致性的原理来研究方法论的问题。不能离开辩证唯物主义和历史唯物主义而孤立地去研究工作方法和工作作风的问题。

方法论包括思想方法、领导方法、斗争方法、工作方法以至文学上的创作方法。而世界观则是贯穿一切的。

大家都知道，我们的思想方法只能是辩证唯物主义和历史唯物主义的，此外的任何思想方法都是错误的。

我们的领导方法是群众路线的领导方法，亦即众所周知的“从群众中来、到群众中去”的领导方法。而这就是从辩证唯物主义和历史唯物主义的基本原理产生出来的。没有历史唯物主义的群众观点，满脑子个人英雄主义思想的人，是无法走群众路线的。

我们的斗争方法是阶级斗争和群众斗争的方法。任何斗争，都是要发动群众，依靠群众来进行，而反对个人英雄主义的斗争方法，这就是以历史唯物主义思想作指导的。在斗争中，有联合，有斗争，斗争之中有联合，联合之中有斗争，而这就是辩证法。

我们的工作方法，毛主席经常讲，就是唯物主义、辩证法。毛主席最善于把辩证唯物主义和历史唯物主义的基本原理具体化为我们的工作方法。例如从实际出发，调查研究，如实反映情况，首长负责，亲自动手等等，都是根据唯物主义基本原理制定出来的。“两点论”“两条腿走路”“九个指头与一个指头”的分析方法，等等，都是根据辩证法的一些基本原理制定的。

关于我们的工作作风问题

我们的工作作风问题，也不是简单的技术性质的问题，简单的待人接物的问题。毛主席讲：“以马克思列宁主义的理论思想武装起来的中国共产党，在中国人民中产生了新的工作作风，这主要的就是理论和实践相结合的作风，和人民群众紧密地联系在一起的作风以及自我批评的作风。”毛主席说得很清楚，新的作风是在马克思列宁主义理论思想基础上产生出来的。这也就是说，一个共产党的干部必须有深厚的马克思列宁主义的思想修养，有深厚的辩证唯物主义和历史唯物主义的思想修养，才能在日常生活和实际工作中表现出这种新的优良作风，所谓“诚于中者形于外”。

五风：共产风、浮夸风、命令风、干部特殊风和对生产瞎指挥风，是十分错误的东西，是一种反马克思列宁主义的、反辩证唯物主义和历史唯物主义的作风。

毛主席说：共产风，一平二调，就是剥夺农民、剥夺劳动人民。而剥夺劳动者，乃是国民党干的事，是帝国主义走狗干的事。我们也这样做，人民也会把我们当作敌人看待。不能剥夺劳动者这一条原则若不能确立，就根本谈不上马列主义，也不能谈建设社会主义、共产主义。刮共产风，一平二调，我们欠了农民的账，这一辈子必须还清这笔账。要使子孙后代受到教育，记住这件事，永远不能剥夺劳动者。农民是我们的朋友，朋友是不能剥夺的。我们是在一个农民占总人口百分之八十的大国中生活着。若把农民闹翻了，你就莫想活下去。斯大林说，不能剥夺农村中的中小生产者。农村中的中小生产者就是农民和手工业者。剥夺农民，不仅是荒谬的，而且是犯罪的。因为这样的道路会摧毁无产阶级革命胜利的任何可能性，会把农民长久地抛到无产阶级的敌人的阵营中去。

关于不能剥夺农民的问题，请同志们读一读1919年3月列宁在俄共第八次代表大会的报告中《关于农村工作的报告》和《关于对中农的态度的决议》(两文俱载《列宁全集》第29卷)。列宁说：“至于我们什么时候可以用暴力对待中农，这是任何一个有理智的社会主义者从来没有想过的。”“如果用同样的方式（注：即剥夺资产阶级的方式）对待中农，那就是愚蠢，鲁钝，毁灭我们的事业，只有别有用心的分子才会这样做。”

我们有一个地方，曾经公开提出“革农民的命”的口号，要求把农民的命革得使他们不能照旧生活下去。这恐怕就是列宁所说的“别有用心的分子”干的事。

浮夸风：1958年有几个地方放了好多“钢铁卫星”，“粮食卫星”，那些都是唯心主义的虚构，是直接违反唯物主义世界观的原则的。大家都知道，唯物主义的世界观，就是按照世界的本来面目去认识世界，而不附加以任何外来的成分。我们党的传统的实事求是的作风就是从这种世界观来的。浮夸风破坏了我们党的这种传统的优良作风。弄虚作假的人是存心骗党、骗人民。

1958 年 11 月，毛主席在一次会议上，就曾严肃地批判了这种恶劣作风。毛主席说，现在有些人横竖要放假卫星，为了争名誉，管他作假不作假，没有那么多东西，就要造假。有一个公社，自己只有一百条猪，为了应付参观，借来二百条大猪，看后送回去。有一百就是一百，没有就是没有，搞假干什么？世界上的人有的就不那么老实。建议跟县委书记、公社党委书记切实谈一下，要老老实实，不要作假，本来不行，就让人家骂，脸上无光，也不要紧，不要去争虚荣。如扫盲，说什么半年、一年扫光，两年扫光，我就不太相信。第二个五年计划扫除了就不错。还有绿化，年年化，年年没有化，越化越见不到树。说消灭了“四害”，是“四无”村，实际上是“四有”村。上面的任务，他总说完成了。现在严重的问题，不仅是下面作假，而且是我们相信，从中央、省、地到县都相信，主要是前三级相信，这就危险。如样样不相信，那就成为机会主义了，但相信作假也要犯错误。

毛主席还说，经济工作越细，越深入，越实际，越科学。这同作诗是两回事，要懂得作诗和办经济事业的区别。“端起巢湖当水瓢”，这是诗。我没有端过，大概你们安徽人端过，怎么端得起来。希望中央、省、地三级懂得这个道理，要有清醒头脑。现在一般说来，对于报的成绩，打折扣，三七开，十分中打三分假，七分真，可不可以？这样是否对成绩估计不足？对干部、群众不信任？要有一部分不信任，至少不少于一成假，有的是百分之百的假，有的时候事情还没有办，他说办好了。这是不好的造假。另有一种假，是造得好的，是对付主观主义、强迫命令的。王任重同志说，他的家乡，干部要群众大年初一浇麦子，不让休息，老百姓有什么办法？只得造假，夜间在地里打上灯笼，实际上人在家里休息。干部看见遍地灯火，以为没有休息。湖北有个县，要日夜苦干，夜间不睡觉，但群众要睡觉，派小孩子放哨，看见干部来了，大家起来哄哄，干部走了，又睡觉。总之，这样的事我看不少。

一要有清醒的头脑，二要进行教育，不要受骗，不要强迫命令。现在有一种空气，只讲成绩、不讲缺点，有缺点就脸上无光，讲实话没有人听。讲牛尾巴长在屁股后面，没有人听，讲长在头上，就是新闻了。毛主席还讲到谎报成绩，浮夸，是务虚名而受实祸，就是虚名也收不到，谁也不相信。

1959 年 4 月，毛主席又指出，包产能包多少，就讲能包多少，不讲经过努力实在做不到而又勉强讲做得到的假话。各项增产措施，实行“八字宪法”，每项都不可讲假话。老实人，敢讲真话的人，归根到底，于人民事业有利，于自己也不吃亏。爱讲假话的人，一害人民，二害自己，总是吃亏。应当说，有许多假话是上面压出来的。上面“一吹二压三许愿”，使下面很难办。因此，干劲一定要有，假话一定不可讲。

毛主席一直反对弄虚作假、浮夸风，谆谆告诫我们不要说假话，不要弄虚作假，不要浮夸，要说老实话，要实事求是，指出讲假话对自己对人民都不利，倒会害自己害人民，真可以说是苦口婆心了。

生产中的瞎指挥风：1960 年 11 月，中央在一个文件中对瞎指挥风已有很详尽的描述，同志们知道的这类事例一定很多了，这里就不必重述了。瞎指挥的人都是些根本不懂科学的人，他们毫无生产知识，根本不懂生产发展规律，却硬要自作聪明，冒充内行，强不知以为知，当然，他们的动机是好的，主观愿望是好的，他们是为了多打粮食嘛！问题就在这里，惨痛的经验教训也就在这里。要多打粮食，凭蛮干不行，不按照科学原则办事不行。

命令风、干部特殊风：这应当说是奴隶主的、封建主的、资本家的作风，国民党的作风。毛主席指出，这种作风不能反映我们的所有制。毛主席在最近的一次会议上讲，我们的所有制，不是地主、资产阶级的所有制，而是全民的集体的所有制，在这种所有制的基础上，不许人家说话，随便扣人家的饭票，强迫命令等等，是不能反映我们的全民的所有制。按道理，在我们的所有制下，应当是大家心情舒畅，可是现在情况，恰恰相反。毛主席讲的深刻极了。把作风和所有制联系起来，这点我自己根本没有认识到。从前我们只认识到从生产关系中的人与人的关系方面来讲作风问题。马克思在《德意志意识形态》一书中讲："所有制是对他人劳动力的支配。"① 在奴隶社会、封建社会、资本主义社会中，奴隶主、封建主、资本家都占有生产资料（奴隶社会中奴隶也是生产资料），当然也占有产品。在旧社会中，生产资料和产品都对人有控制作用。所以他们都对他人的劳动力有支配权。他们是剥削阶级，同时又是统治阶级。在这样的社会中，人与人的关系是剥削和被剥削的关系，压迫和被压迫的关系，统治和被统治的关系，所以是不平等的。剥削者、压迫者、统治者对被剥削者、被压迫者、被统治者处于特权阶级的地位，享有发号施令的权力。奴隶主、封建主、资本家在社会上享有特权，骑在人民脖子上作威作福，这是那时社会阶级关系和生产关系所造成的。

现在，在我们的社会主义社会中，所有制是全民的和集体的。生产资料和产品不是归私人所有，而是归大家所有，归工人农民所有，工人农民都是生产资料和产品的主人了。因此，人与人的关系是平等的。在人民公社中，党委书记、支部书记、社长、生产大队长、生产队长和社员，在政治上，都是平等的。因为在公社中，劳动力的所有权、土地、生产资料（种子、工具、水利工程、林木、肥料等等）的所有权，生产品的所有权，都是全体社员集体所有的。书记、社长、队长也都是社员，他们只是在分工职务上担任书记、社长、队长，以便于领导生产，他们同社员只有领导和被领导的关系，他们是全体社员的勤务员，为全体社员服务的。他们对劳动力、土地、生产资料、产品的所有权，并不比社员多占一份，所以他们在公社中没有任何享受特权的根据，因而也没有对社员施行强迫命令的权利，打骂社员则更是违犯党纪国法的。

从所有制的关系来说，我国的人民是解放了的人民，已经是社会的主人了，按理，应当是生动活泼、心情舒畅的。可是有些地方，由于某些干部作风不好，以致使得人民不敢说真话，不敢讲心里话，这是不正常的现象，没有反映我们的社会主义所有制。当然，在"六十条"下去后，这种情况已有

① 《马克思恩格斯全集》第 3 卷，人民出版社 1956 年版，第 37 页。

所改变，要彻底转变形势，那就要认真地、坚决地、彻底地、不折不扣地贯彻“六十条”。

应当从反映我们的社会主义所有制方面来研究干部作风问题。从生产关系发展史来讲这个问题。这样来教育干部，使干部懂得为什么打骂群众的违法乱纪行为乃是国民党作风。

还应从历史唯物主义关于人民群众的观点来研究对人民群众的态度问题。

恩赐观点也是错误的。毛主席说，我不相信恩赐观点能解决问题。工人阶级的解放是工人阶级自己的事业，这是原则。广东农民说，过去你们只是往下灌，不征求我们的意见。毛主席说，灌就是从上而下，就是恩赐。恩赐是不能发动群众，不能提高群众的觉悟，不能使群众自然而然地革命化。恩赐观点是反历史唯物主义的，是封建社会中仁君行仁政的思想。

（原载《群众论丛》1979 年创刊号）

坚持理论与实践的统一

胡福明

全国规模的关于真理标准问题的讨论，已经一年多了。党的十一届三中全会高度评价了这场讨论。华国锋同志在《政府工作报告》中说："全国规模的关于真理标准的讨论，有力地促进了广大干部和广大群众解放思想，打碎了林彪、'四人帮'强加给他们的精神枷锁，使毛泽东同志长期倡导的实事求是、一切从实际出发、理论联系实际的学风得到恢复和发扬。"当前，在贯彻党的十一届三中全会和五届人大二次会议精神时，应当把真理的实践标准的讨论推广到广大干部和群众中去，继续解放思想，肃清林彪、"四人帮"的流毒，坚持实事求是、理论与实践统一，研究新情况，解决新问题，为社会主义现代化建设服务。

一、实践高于理论

从根本上说，实践与理论谁决定谁，谁高于谁？中国封建社会的教条是"以圣人之是非为是非"，以儒家"经典"为准则，即圣人之言高于实践，书本高于实践。这是"唯上是从""唯书是从"的蒙昧主义。谁要反对这一套，就是"犯上作乱""离经叛道"，犯了弥天大罪。林彪、"四人帮"把这一套加以梳妆打扮一番，炮制了"天才论""顶峰论""句句是真理""一句顶一万句""不理解的也要执行"等一套现代迷信，依靠封建法西斯专政强行推销，制造了大量"思想犯"，这就严重地禁锢了人民的思想。为了实现社会主义现代化，必须肃清这些唯心论、形而上学的反动思想，恢复实践论的权威。

马克思主义认为，从根本上说，不是理论高于实践，而是实践高于理论。马克思的《关于费尔巴哈的提纲》，是辩证唯物主义与历史唯物主义的萌芽。这个重要文献第一次把社会实践引进唯物主义认识论，作为唯物主义认识论的基础，并由此提出了“社会生活在本质上是实践的”、人“是一切社会关系的总和”的历史唯物主义观点。列宁明确指出：“实践高于（理论的）认识，因为它不但有普遍性的品格，而且还有直接现实性的品格。”① 列宁说实践高于理论，丝毫不是贬低理论的指导作用，而是说实践与理论相比，实践第一。为什么实践高于理论呢？因为实践是亿万人民群众的社会实践，包括了一切改造客观世界的活动，所以是普遍的。理论反映客观事物的本质和规律，从个别把握一般，也是普遍的。但是，社会实践还有直接现实性的特点，这是理论所没有的。生产斗争、阶级斗争、科学实验等实践活动，都是改造客观世界的物质的活动，是主观见之于客观的活动。因此，社会实践直接与客观事物接触、联系，而理论却只能通过社会实践反映客观世界，只能通过社会实践间接地与外部世界联系。实践是理论的唯一来源。社会实践是现实的力量。马克思说：“批判的武器当然不能代替武器的批判，物质力量只能用物质力量来摧毁；但是理论一经掌握群众，也会变成物质力量。”② 武器的批判指的是革命实践，是物质力量。理论本身不是现实的物质力量，理论掌握了群众，即通过群众的实践就会变成现实的物质力量。理论对于实践具有巨大的指导作用，列宁说：“没有革命的理论也就不可能有革命的运动。”③ 列宁充分估计了革命理论的巨大指导作用，但丝毫也不是说理论高于实践。归根到底，理论依赖于实践。毛泽东同志说：“辩证唯物论的认识论把实践提到第一的地位，认为人的认识一点也不能离开实践，排斥一切否认实践重要性、使

---

① 《列宁全集》第 38 卷，人民出版社 1959 年版，第 230 页。
② 《马克思恩格斯选集》第 1 卷，人民出版社 1972 年版，第 9 页。
③ 《列宁全集》第 5 卷，人民出版社 1959 年版，第 336 页。

认识离开实践的错误理论。”①

实践高于理论，即实践是理论、科学的唯一来源，实践是检验真理的唯一标准，理论反过来指导实践，为实践服务，实践又推动理论的发展。数学是最抽象的科学，同样来自实践。数学发展史告诉我们，数学产生于丈量土地、计算时间、制造器皿，它是客观事物的数量关系与形体关系的反映。为什么古代不能提出太阳系学说，而必须到16世纪才提出？因为从15世纪起，航海事业的发展促进了天文学的发展，长期的天文观测积累了大量资料，哥白尼根据丰富的天文观测资料才创立了太阳系学说。为什么19世纪能够提出化学元素周期律，而不能早五百年提出来？因为经过长期的化学实验，到了19世纪中期才认识到五十多种化学元素，才有可能从这些化学元素中发现元素周期律。人类在远古时代就发明了钻木取火，但要过了几十万年才能发现能量守恒转化定律，为什么呢？因为，发明钻木取火只是认识了机械运动到热的转化，到了近代才发明蒸汽机，发现了热运动向机械运动的转化，并且计算出了热的功当量，于是才能概括出能量守恒转化定律。总之，一切自然科学都产生于社会实践，在实践的推动下获得发展。

马列主义、毛泽东思想也是来源于实践，又反过来指导实践，在实践中证实、发展。马克思主义为什么不能在18世纪产生，而要在19世纪产生？显然是由社会历史条件决定的。恩格斯说：“如果说马克思发现了唯物史观，那么梯叶里、米涅、基佐以及1850年以前英国所有的历史学家就证明，已经有人力求做到这一点，而摩尔根对于同一观点的发现表明，做到这点的时机已经成熟了，这一观点必将被发现。”②

19世纪初，从英国开始的工业革命在欧洲各国迅速发展，促进社会化大生产与资本主义所有制的矛盾迅速发展，出现了周期性的经济危机，无产阶级与资产阶级的矛盾日益激化，欧洲无产阶级已作为独立的政治力量走上历史舞台，发动了震撼欧洲的革命运动。无产阶级的革命运动，提出了创立科

① 《实践论》，《毛泽东选集》第1卷，人民出版社1951年版，第261页。
② 《马克思恩格斯选集》第4卷，人民出版社1972年版，第507页。

学社会主义的要求。自然科学的发展，为辩证唯物主义提供了可靠的基础。英、法的空想社会主义、英国的古典经济学，德国的古典哲学又准备了理论前提。马克思、恩格斯适应时代的需要，亲自参加了工人运动，进行了科学研究，批判地继承了德国古典哲学、英国古典经济学和英、法两国的空想社会主义，总结了自然科学成果，创立了马克思主义。任何理论都受实践的制约，都有时代的局限性。人们不能在封建社会就预先认识资本主义社会产生、发展、灭亡的规律，创立科学社会主义，因为资本主义还未出现，还没有这种实践。马克思、恩格斯不可能在资本主义自由竞争时代就预先具体地认识帝国主义的特殊规律，因为帝国主义还未出现，还无这种实践。列宁生活在帝国主义和无产阶级革命的时代，领导了俄国的无产阶级革命运动，才发现帝国主义的特殊规律，得出一系列新的革命结论，发展了马克思主义。实践的发展推动了马克思主义的发展。

毛泽东思想是马列主义普遍真理与中国革命具体实践相结合的产物。先有新民主主义革命实践，还是先有毛泽东思想？当然先有新民主主义革命实践。在十月革命的影响下，我国爆发了伟大的五四运动，揭开了新民主主义革命的序幕。五四运动推动了马列主义与中国革命实践的结合。以毛泽东同志为代表的中国共产党人，努力运用马列主义研究和解决中国革命的实际问题，在长期的、曲折的斗争中逐渐形成了毛泽东思想。先有秋收起义、工农红军上井冈山，然后才有红色政权理论。理论来源于实践，在实践推动下发展。

科学理论对于实践具有极大的指导作用。自然科学、技术科学对于推动生产斗争、科学实验的发展是一目了然的。马列主义、毛泽东思想是我国人民进行革命和建设的指南。正因为科学理论具有巨大的指导作用，才需要科学理论。正因为科学理论是来自社会实践、正确反映客观规律，才能指导实践。科学理论只有随着实践的发展而发展，才能永葆青春。科学史证明，实践高于理论，高于书本；天才论、本本主义，是一种迷信。

二、真理的标准只能是社会实践

从实践产生的理论是否正确，必须经过社会实践的检验才能知道。实践检验理论，就是把从实践获得的理论，去指导实践，一般说，如果在实践中取得了胜利，达到了预期的目的，就证明这个理论符合客观规律，是真理；如果在实践中失败了，就证明不符合客观实际，是错误的。一个正确的理论往往需要经过由实践到理论、由理论到实践的多次反复，才能达到。由于事物的复杂性，由于实践的历史局限性，有些理论在一个时期的实践检验中，还不能作出结论，既不能证实，又不能否定，要留待以后的实践去解决；但是，任何理论是否正确，归根到底要由实践检验来作回答。

为什么从实践产生的理论还必须经过实践的检验呢？为什么人的认识可能犯错误呢？这是由许多原因决定的。第一，客观事物有个发展过程。当着事物发展还没有充分暴露其本质的时候，人们对事物的认识不可能正确。第二，对自然界的认识，受着生产力水平和科学条件的限制。生产力发展了，科学实验发展了，一定的科学技术条件具备了，就能认识一定的自然现象。第三，客观事物是复杂的，特别是重大的事物尤其复杂。事物的本质深藏在现象之后，并不暴露在事物的表面，而且还有假象掩盖着。人的认识不是一条直线，而是一条近似于螺旋的曲线，这条曲线的任何一个片断、碎片、小段都能变成（被片面地变成）独立的完整的直线，而这条直线能把人们（如果只见树木不见森林的话）引到泥坑里去，引到唯心主义去。“直线性和片面性、死板和僵化、主观主义和主观盲目性就是唯心主义的认识论根源。”[①] 第四，在存在阶级斗争的社会里，阶级敌人总要制造假象，颠倒是非，以蒙骗人民。总之，由于各种原因，人们的认识难免有缺点、错误，以至完全错了，必须再回到实践中去接受检验。永远不犯错误的人是没有的。“句句是真理”的人，根本就没有。

① 《列宁全集》第38卷，人民出版社1959年版，第412页。

实践是检验真理的唯一标准，没有其他标准。真理是正确地反映了客观规律的理论。怎么检验理论是否正确反映了客观规律呢？客观事物不会跑来告诉我们它是怎样的，不会跑来告诉我们理论是否与它符合。因此，检验理论是否符合客观规律只能是社会实践。这是实践的特征决定的。社会实践是人们改造客观世界的活动，是主观见之于客观的斗争，是主观与客观相联系的桥梁。因此，只有通过实践，才能使理论与客观事物相比较、相对照，检验理论是否符合客观实际。

真理的实践标准和理论的指导作用是密切结合的，互相依赖、互相促进。以为强调实践是检验真理的唯一标准，就会贬低理论的指导作用，是毫无根据的。毛泽东同志在《实践论》等著作中，深刻概括了人类认识的客观规律，指出了实践—认识—实践的完整认识过程。从实践到理论是第一个飞跃，从理论到实践是第二个飞跃。这个第二次飞跃，“比起前一次飞跃来，意义更加伟大。因为只有这一次飞跃，才能证明认识的第一次飞跃，即从客观外界的反映过程中得到的思想、理论、政策、计划、办法等等，究竟是正确的还是错误的，此外再无别的检验真理的办法”。① 这里，讲明了实践是检验真理的唯一标准，讲明了真理的实践标准与理论指导的一致性。理论回到实践的第二次飞跃，既是理论指导实践的过程，又是实践检验理论的过程，两者是同一个认识过程。从实践认识的理论，只有用来指导实践，回到实践中去，才可能通过实践检验理论。如果从实践获得了理论，束之高阁，停留在口头上，停留在书本上，并不指导实践，理论脱离实践，那就不可能通过实践检验理论；同时，理论指导实践的过程，理论不可避免地要受到实践的检验。只有坚持以实践检验理论，才能自觉地证实、修正、丰富、发展理论，获得真理，从而使理论指导实践获得胜利，达到预期的目的。毛泽东同志指出：“人类认识的历史告诉我们，许多理论的真理性是不完全的，经过实践的检验而纠正了它们的不完全性。许多理论是错误的，经过实践的检验而纠正其错误。所

① 参见毛泽东《人的正确思想是从哪里来的?》，人民出版社1964年版。

谓实践是真理的标准，所谓‘生活、实践底观点，应该是认识论底首先的和基本的观点’，理由就在这个地方。”①

一切主观世界的东西，任何人的理论，都必须经过社会实践的检验，没有例外。“按照辩证唯物论，思想必须反映客观实际，并且在客观实践中得到检验，证明是真理，这才算是真理，不然就不算”。真理是不怕实践检验的。真理正是通过实践的检验才大放光彩，得到广泛传播。真金不怕火炼，真理不怕实践检验。被社会实践驳倒了的就不是真理。只有错误的理论、伪科学才害怕实践的检验，但是逃不过实践的检验。错误的理论、伪科学，遇到实践的检验，立即拆穿西洋镜，暴露出荒谬的原形。在世界上，有各种对立的理论，公说公有理，婆说婆有理，人们怎样区别真理与谬论呢？只有依靠社会实践的检验。社会实践具有最公正的、无私的权威，不徇私情，不怕权势。正是依靠社会实践的检验，人们才分清了真理与谬论，揭露了各种错误观点、伪科学。在科学史上，人们通过实践的检验，分清了理论是非，肯定了太阳系学说，否定了地球中心说；肯定了热之唯动说，否定了热素说；肯定了氧化说，否定了燃素说；肯定了进化论，否定了灾变论。在科学与宗教神学的生死搏斗中，社会实践证明了科学真理，揭露、批判了宗教神学的荒谬。真理的实践标准的任务是：证实真理，发扬真理，丰富、发展真理；发现错误，克服错误；揭露谬论，批判伪科学，把它们扫进历史的垃圾堆。

经过关于真理标准的讨论，许多同志坚持实践是检验真理的唯一标准，解放思想，实事求是，理论与实践的统一。但是也有少数同志，态度暧昧，若明若暗，有的仍然怀疑以至反对实践是检验真理的唯一标准，说什么是“砍旗”，“否定马列主义、毛泽东思想的指导”，“制造思想混乱”，并怀疑以至反对党的十一届三中全会关于解放思想，开动机器，实事求是，团结一致向前看的方针，怀疑以至反对三中全会的各项重要决定。这是完全错误的。人所共知，实践是检验真理的唯一标准，是马克思主义哲学的基本观点。列

---

① 参见毛泽东《实践论》，人民出版社 1958 年版。

宁说："马克思在 1845 年，恩格斯在 1888 年和 1892 年都把实践标准作为唯物主义认识论的基础。"① 毛泽东同志说："马克思主义者认为，只有人们的社会实践，才是人们对于外界认识的真理性的标准。""真理的标准只能是社会的实践。"② 坚持马克思主义的基本观点，反而成了什么"否定马列主义、毛泽东思想的指导"，岂非奇闻！

马克思主义是科学真理，决不是自封的，而是由社会实践证明的。毛泽东同志说："我们说马克思主义是对的，决不是因为马克思这个人是什么'先哲'，而是因为他的理论在我们的实践中在我们的斗争中证明了是对的。我们的斗争需要马克思主义。我们欢迎这个理论，丝毫不存在什么'先哲'一类的形式的甚至神秘的念头在里面。"③ 列宁主义、毛泽东思想都是经过社会实践证明的真理。正因为如此，马克思主义才能战胜各种假社会主义派别，列宁主义才能战胜第三国际的修正主义，毛泽东思想才能战胜王明、陈独秀等的"左"、右倾机会主义。我国人民正是通过社会实践深刻揭露了林彪、"四人帮"的极"左"路线和反动思想体系。马克思主义者靠真理取胜，靠科学取胜。马克思、恩格斯、列宁、毛泽东同志都自觉以社会实践作标准，来检验自己的理论，证明、丰富、修改、发展自己的理论。他们从来不承认自己的话"句句是真理"，从来反对把他们的学说神秘化。列宁说："马克思主义者说，如果把实践标准作为认识论的基础，那末我们就必然得出唯物主义。"④ 坚持真理的实践标准，就是坚持辩证唯物主义，坚持客观真理，坚持科学。反对实践是检验真理的唯一标准，就是搞唯心主义，否认客观真理，宣扬迷信盲从。认为马列主义、毛泽东思想是经过社会实践证明的真理，坚持革命领袖的思想观点同样必须经过社会实践的检验，正是坚持马列主义、毛泽东思想是科学，这是真正坚持马列主义、毛泽东思想。相反，天才论、"句句是

---

① 《列宁选集》第 2 卷，人民出版社 1960 年版，第 137 页。

② 《毛泽东选集》第 1 卷，人民出版社 1951 年版，第 261 页。

③ 《反对本本主义》，《毛泽东著作选读》（甲种本）上册，人民出版社 1964 年版，第 29—30 页。

④ 《列宁选集》第 2 卷，人民出版社 1960 年版，第 139 页。

真理”这一套，完全违背辩证唯物主义，把马列主义，毛泽东思想歪曲为神秘的教条，这完全是反对马列主义、毛泽东思想的。林彪、“四人帮”的罪恶活动充分证明了这点。只要经过社会实践证明是正确的东西，就要坚持，不管过去有没有批判过；只要经过社会实践证明是错误的东西，就要改正，不管过去有没有肯定过。这才是马克思主义的科学态度。

三、运用马列主义、毛泽东思想研究新情况，解决新问题

党的十一届三中全会决定，从今年起，全党工作的着重点转移到社会主义现代化建设上来。这是一个伟大的战略转变。我们要在一个生产力水平很低、科学技术文化教育落后、具有九亿多人口的社会主义大国，进行四个现代化建设，在20世纪内建成一个社会主义的现代化强国，这是史无前例的伟大事业。在我们面前有许多从未遇见的新问题。如什么是社会主义现代化建设的客观规律？什么是中国式的现代化道路？社会主义生产关系与上层建筑的哪些方面阻碍社会主义现代化建设，怎样改革？怎样围绕现代化建设这个中心工作进行阶级斗争？怎样解决官僚主义、特殊化、特权问题？工业、农业、科技、国防等各条战线如何实现现代化？控制人口增长、普及教育、知青就业等问题，如何有效地解决？新情况、新问题层出不穷，迫切要求运用马列主义、毛泽东思想研究解决，作出新的理论概括。社会是不断前进的，实践是不断发展的，马列主义、毛泽东思想也必须不断发展，才能指导社会主义现代化建设取得胜利。列宁说：“我们决不把马克思的理论看做某种一成不变的和神圣不可侵犯的东西；恰恰相反，我们深信：它只是给一种科学奠定了基础，社会主义者如果不愿落后于实际生活，就应当在各方面把这门科学向前推进。”①

运用马列主义、毛泽东思想研究新情况、解决新问题，必须解放思想，肃清林彪、“四人帮”的流毒，克服本本主义和“有权就有真理”的错误倾

① 《列宁全集》第4卷，人民出版社1958年版，第187页。

向，坚持实事求是、理论与实践统一的科学态度。原则不是研究的出发点，而是研究的结果；不是到现实中去抓取片断材料印证书本上的个别结论，而是要从客观事实本身找出固有的规律性来；应当根据新的事实作出新的理论概括，不是简单重复书本上已有的个别结论，不应为书本上已有的个别结论所束缚、限制。新的理论概括是否正确，必须经过社会实践的检验。马列主义、毛泽东思想不是教条，而是行动的指南；马列主义、毛泽东思想没有结束真理，而是为真理的发展开辟了广阔的道路。马列主义、毛泽东思想的基本原理是科学真理，必须坚持，不能违反，但是马克思主义在某个革命阶段上的具体方针、政策、措施、办法，是随着历史条件的变化而变化的。目前，解放思想仍然是迫切的任务。第一，林彪、“四人帮”横行了十年多，他们炮制的现代迷信的流毒不是一下子可以肃清的，特别是他们实行封建法西斯专政镇压了许多“思想犯”，触目惊心，难免使人至今心有余悸。第二，我国已经进入了社会主义现代化建设的新时期，全党全国的工作重点已经转移到社会主义现代化建设上来。适应新时期的新任务、新情况、新问题，必然要调整党的方针、政策，改变某些不适合于新时期的方针、政策，根据新任务、新情况提出新的方针、政策，这是十分自然的。中国共产党在领导中国革命的过程中，经历过多次革命的转变，每一次革命的转变都要调整方针、政策。而当前的全党全国工作重点的转移，比历史上任何一次革命转变都更加深刻。思想落后于实际的情况是经常发生的，在革命的转变时期尤其突出。革命已经发展了，而思想仍然停留在过去的阶段上，那就落后于时代，脱离实际，非但不能推动全党工作重点的转移，反而可能阻碍社会主义现代化建设。所以，一定要认真贯彻党的十一届三中全会和五届人大二次会议精神，继续解放思想，坚持真理的实践标准，实事求是、一切从实际出发，理论联系实际。思想路线是根本，思想路线端正了，才能执行正确的政治路线，才能一心一意、同心同德搞社会主义现代化建设，才能实事求是地解决社会主义现代化建设的新问题。十一届三中全会指出：“一个党，一个国家，一个民族，如果一切从本本出发，思想僵化，那它就不能前进，它的生机就停止了，就要亡党亡国。”

运用马列主义、毛泽东思想研究新情况，解决新问题，必须首先弄清事实。弄清事实是最重要的，也最困难。情况不明，事实不清，若明若暗，以偏概全，把支流当主流，就不可能得出正确结论来。为了弄清事实，必须深入群众，深入实际，做艰苦的细致的调查研究，发扬社会主义民主，倾听群众的意见，以掌握全面的、基本的、真实的情况，从中得出正确的结论来。

（原载《群众论丛》1979 年创刊号）

试论中国古代“一分为二”与“合二而一”的学说

张立文

“一分为二”与“合二而一”是中国哲学史上一对重要的命题。这一对中国古代哲学的孪生兄弟，曾是用以表述对立统一规律的一种形式。对于这种表述形式的不同理解（即使是错误的理解），本是一个学术问题，言者应是无罪的。然而，却被“四人帮”的那个“理论权威”所利用，霎时间，学术成了政治，讨论成了反党。于是，政治棍子、帽子满天飞，言者横受讨伐、围剿，株连所及，何知多少?！一场好端端的学术讨论立即变成了政治的批判运动，一次发展理论思维的尝试马上遭到窒息和扼杀。这是多么严酷的历史经验和教训！

如果说“合二而一”的命题出之于明清之际方以智的《东西均》，那么，“一分为二”的命题则见之于北宋邵雍的《观物外篇》。本文试图就这一对命题的产生、演变、发展作一历史的考察，以揭示它所包含的实质和它们之间的关系，这对于目前的讨论也许不无裨益。

先秦对于“一分为二”与“合二而一”的最初表述

在我国先秦的哲学中，还没有明确提出“一分为二”和“合二而一”的命题，这是与当时抽象思维的水平相适应的。但是，用哲学概念来表达对立统一思想的形式，却是多样的。

在殷、周之际的《易经》中，已含有矛盾观念的萌芽。到了春秋战国时代，辩证法思想有了很大的发展，提出了“一体而两分”与“和实生物”的观念。

从“一体而两分”这种表现形态来看，先秦哲学家已猜测到对立面的斗争性以及统一物之分为两个部分的辩证法思想。

春秋时的史墨说：“物生有两，有三，有五，有陪贰。故天有三辰，地有五行，体有左右，各有妃耦。王有公，诸侯有卿，皆有贰也。……社稷无常奉，君臣无常位，自古以然。故《诗》曰：‘高岸为谷，深谷为陵。’三后之姓，于今为庶，主所知也。在易卦，雷乘乾曰大壮（䷡），天之道也。”① 这段话有这样几层意思：（1）“物生有两”的“物”，即事物或统一物；“两”即相反、相对或矛盾，如“王”与“公”，“诸侯”与“卿”，左与右等。（2）由“两”而引申为“贰”，“贰”有下逆上，即矛盾斗争的意思。“天生季氏，以贰鲁侯”，这“贰”，就是指季氏与鲁侯的矛盾斗争而说的。（3）由“物生有两”或“贰”而产生矛盾双方的相互转化。这种转化从“高岸为谷，深谷为陵”的自然现象到“三后之姓，于今为庶”（从前的贵族转为今天的庶民）的社会现象，是普遍存在的。（4）《易经·大壮》卦象雷（☳）在天（☰）上，“卑”居“尊”上。史墨认为这是自然（天）的道理或规律。由此他把“社稷无常奉，君臣无常位”，也看作是自古以来的带规律性的现象。可见，史墨“物生有两”思想，不仅猜测到统一物矛盾对立面具有斗争性，而且猜测到对立面可以各自向其相反的方面转化，而反对“常奉”，“常位”，无疑具有可贵的朴素辩证法思想因素。

史墨建立在朴素唯物主义观点基础上的“物生有两”思想，经老子（生卒年不可考）的颠倒，就成为“道生一，一生二，二生三，三生万物”② 的思想。“物”被“道”所代替，“物生有两”就成了“道生二”。在这里，如果先撇开老子的“道生一”，而就“一生二”来说，则与史墨的“物生有两”

---

① 《左传》昭公三十二年。

② 《老子》第四十二章。据马王堆汉墓出土的古帛书《老子》甲本，下同。

还有相似之处。“二”在老子的思想里即是对立矛盾的表述形式。“有无之相生也，难易之相成也，长短之相刑（形）也，高下之相盈也，音声之相和也，先后之相隋（随），恒也。”[①] 在这里，有—无、难—易、长—短、高—下、先—后等，都是对立矛盾概念。对立面既相互对立，又相互依存、相互统一。也就是说，没有“有”，也就无所谓“无”；没有“长”，也就无所谓“短”，包含有相反相成的意思。

从这种对“二”的认识出发，老子对矛盾的转化也有某种认识。“曲则全，汪（枉）则正，洼则盈，弊（敝）则新，少则得，多则惑。”[②] 委曲能变保全，弯曲能变直，洼的能变满，旧的能变新，取少能变多得，多取能变迷惑。矛盾双方的一个方面是可以向其相反的方面转化的，这种矛盾转化现象在社会中也存在，“祸，福之所倚；福，祸之所伏”。[③] 毛泽东同志说：“在一定的条件下，坏的东西可以引出好的结果，好的东西也可以引出坏的结果。老子在二千多年以前就说过：‘祸兮福所倚，福兮祸所伏。’”[④] 这是对老子朴素辩证法思想的肯定。但老子与史墨相反，他的辩证法是唯心主义的。

后来，辩者发挥了史墨的思想，提出了“一尺之棰，日取其半，万世不竭”[⑤] 的光辉思想，明显地包含有“一分为二”的意思，并为现代自然科学所证明。

这种“日取其半”的思想又被《易传》和《吕氏春秋》表达为“太极生两仪”和“一体而两分”。《易传·系辞》说：“易有太极，是生两仪，两仪生四象，四象生八卦。”又说：“分而为二以象两，卦一以象三。”“分而为二”，开邵雍“一分为二”之先河。《吕氏春秋·精通》则说：“故父母之于子也，子之于父母也，一体而两分，同气而异息。”就是父母合而一体则生子

① 《老子》第二章。

② 《老子》第二十二章。

③ 《老子》第五十八章。

④ 《关于正确处理人民内部矛盾的问题》，《毛泽东选集》第5卷，人民出版社1977年版，第397页。

⑤ 《庄子·天下篇》。

女的意思。

史墨、老子、辩者等的朴素辩证法思想因素，是当时社会阶级关系变动的反映。史墨站在新兴地主阶级的立场，为“季氏出其君”作论证，因此强调对立面的斗争。老子从没落奴隶主阶级地位的激烈变动中，看到了“金玉盈室，莫之能守”[①] 的情况，提出了关于矛盾和矛盾转化的思想。但是他说：“夫唯不争，故莫能与之争”[②]，“是胃（谓）不诤（争）之德”。[③] 以“不争”作为道德规范，这就不能不倒向形而上学。然而辩者、《易传》作者和《吕氏春秋》挽救了老子的朴素辩证法，而继续向对立统一的方向发展。

从“和实生物”这种表现形态来看，先秦的哲学家已猜测到对立面的统一性以及对立面之间的互相关联的辩证法思想。

春秋时的史伯说：“夫和实生物，同则不继。以他平他谓之和，故能丰长而物归之；若以同裨同，尽乃弃矣。故先王以土与金、木、水、火杂，以成百物。”[④] “和实生物”，就是两种或几种性质不同的物质和合一起而生百物，并使百物“丰长”发展，这“和”就包含着对立面的统一思想。“同”即无差别的绝对等同，如果相同事物相加，就不会继续发展，以至完全废弃。所以，史伯主张“以他平他”，即一种事物和他种事物和合一起，求得统一，促成事物的发展。史伯的“和实生物”与史墨不同，着重对立面的统一。

晏婴进一步论述了“和”与“同”的区别，“和如羹焉。水火醯醢盐梅，以烹鱼肉，燀之以薪，宰夫和之，齐之以味，济其不及，以泄其过，君子食之，以平其心。……若以水济水，谁能食之？若琴瑟之专一，谁能听之？同之不可也如是”。[⑤] “和”就是“清浊、大小、短长、疾徐、哀乐、刚柔、迟

① 《老子》第九章。
② 《老子》第二十二章。
③ 《老子》第六十八章。
④ 《国语·郑语》。
⑤ 《左传》昭公二十年。

速、高下，出入、周疏”[①] 等对立物的相济。“同”就是同一物的加多、重复，如“以水济水”“琴瑟之专一”。晏婴主张和反对同，即主张对立面的统一，而反对无矛盾的“同一”。列宁在谈到辩证法的本质时说：“对立面的统一、同一这个公式正是表现着这个本质。”[②] 晏婴猜到了辩证法的本质。

然而，公孙龙（公元前325—前250）却以其诡辩的手法，反对对立面的统一性。他说：

> 曰：“二有一乎?”曰：“二无一。”
> 曰：“二有右乎?”曰：“二无右。”
> 曰：“二有左乎?”曰：“二无左。”
> 曰：“二苟无左，又无右，二者左与右奈何?”[③]
> 曰：“右可谓二乎?”曰：“不可。”
> 曰：“左可谓二乎?”曰：“不可。”
> 曰：“左与右可谓二乎?”曰：“可”。[④]

第一，“二有一乎”？这是问相对待的两物有统一或合一吗？公孙龙认为“二无一”，即没有统一性，对立是排斥统一的。

第二，“二无右，二无左”。说左右相合，不是左，也不是右。这在一定意义上是对的。但认为二绝对排斥左右则是错误的。因为左、右相合固然不是左右，但左、右的合一，就是空间，作为类概念的空间包含左右。公孙龙夸大概念和概念的区别，从而根本否认对立面的统一性。

第三，“右不可谓二”，“左不可谓二”。这是“二无右”，“二无左”的换位，同样是否定对立面统一性的命题。否定对立面的统一性，是贯穿公孙龙哲学体系的重要线索，也是他倒向形而上学诡辩论的重要步骤。

---

① 《左传》昭公二十年。
② 《列宁全集》第38卷，人民出版社1959年版，第285页。
③ 这一段原在“苟不变，安可谓变”下，据上下文义来看，而移在此。
④ 《公孙龙子·通变论》第四。

如果对先秦的朴素辩证法与形而上学思想作一历史的考察，就不难看出如下特点：

1. 先秦的朴素辩证法思想是与政治紧密联系在一起的。这时，大多数哲学家没有专门辩证法著作，只是在谈政治问题时涉及辩证法。老子、庄子谈及抽象的哲学概念虽较多，但政治倾向也很明显。史墨的“物生有两”，是直接为季氏驱逐昭公，夺取鲁公室政权作理论论证的。史伯的“和实生物”是为政治上反对“同”，即反对“今王”一人的专制服务的。《吕氏春秋》的“一体而两分”，是为建立秦王朝作论证的。政治斗争的影响，促进了辩证法思想的发展，而朴素辩证法思想又直接为当时的政治斗争辩护。两者相互作用，密切结合。

2. 先秦的朴素辩证法思想是与当时社会的急剧变革相联系的。这时，社会正处在由奴隶制向封建制转化和阶级关系迅速变动的时代，这种“变”的客观社会存在，不能不反映到人们的头脑中来，这就使先秦的辩证法思想得到重大的发展。大体上有两类辩证法思想，一类是史伯、史墨、晏婴等的朴素的辩证法思想与朴素唯物主义相结合，另一类是老子等的辩证法思想与唯心主义相结合。但是，它们都从不同角度和不同程度为辩证法的发展做出了贡献，达到了相当的水平。前一类给后来以积极的影响，后一类曾被发展为相对主义、诡辩论。但作为思想资料，这两类都被后来的哲学家所吸收和继承，被发展成唯物的辩证法或唯心的辩证法。

3. 先秦朴素辩证法思想与政治斗争的紧密联系，给辩证法思想的发展既带来了积极作用，也带来了局限。激烈的政治斗争，使当时哲学家不可能进行较多的辩证思维的研究和探讨，诸如矛盾的普遍性和特殊性等问题，很多哲学家未涉及或涉及不多。他们还没有把自然界当作一个整体来加以解剖、分析，以认识自然现象之间的各种联系。这就是先秦辩证法思想的缺陷。

统观先秦朴素辩证法思想与形而上学斗争的全过程，辩证的思维是以天然的纯朴的形式出现的（即自发的辩证法），还没有被形而上学的障碍所困扰。它是我国辩证思维发展的一个必经阶段。恩格斯说：“在希腊哲学的多种多样的形式中，差不多可以找到以后各种观点的胚胎、萌芽。”① 这对于中国先秦哲学来说也是适用的。

汉唐对于“一分为二”与“合二而一”的表述

如果说，先秦的朴素辩证法思想是从奴隶制向封建制大转变时的理论武器，还没有被形而上学障碍所桎梏，那么，随着封建专制制度的逐渐巩固，辩证法思想则被形而上学所困扰。

这种形而上学的“困扰”，突出地表现在董仲舒（公元前180—前115）的哲学体系中。

董仲舒说：“凡物必有合，合必有上，必有下；必有左，必有右；必有前，必有后；必有表，必有里。有美必有恶，有顺必有逆，有喜必有怒，有寒必有暑，有昼必有夜，此皆其合也。阴者阳之合，夫者妻之合，子者父之合，臣者君之合，物莫无合，而合各有阴阳，阳兼于阴，阴兼于阳；夫兼于妻，妻兼于夫；父兼于子，子兼于父；君兼于臣，臣兼于君。君臣、父子、夫妇之义，皆取诸阴阳之道。”② 董仲舒看到了自然和社会中的对立，如上—下、左—右、表—里、美—恶、顺—逆、夫—妻、君—臣等。他认为凡对立都分阴阳，而且根据“阳尊阴卑”的道理也分尊卑。在君臣、父子、夫妻关系中，君、父、夫为阳为尊，臣、子、妻为阴为卑。他说：“天使阳出，布施于上而主岁功，使阴入，伏于下而时出佐阳。”③ 就是说，阴阳之间、尊卑之间没有斗争，只有合作，因此对立双方的地位是僵化的。“上”永远是“上”而不会变为“下”，“君”永恒是“君”而不会变为“臣”。对立双方不会向相反的方面转化，这是对史墨“君臣无常位”，“三后之姓，于今为庶”的形而上学的修正。

① 《马克思恩格斯选集》第3卷，人民出版社1972年版，第468页。

② 《春秋繁露·基义》。

③ 《汉书·董仲舒传》引《举贤良对策一》。

董仲舒既反对对立面的统一，又反对对立面的斗争。他说：“天之常道，相反之物也，不得两起，故谓之一。一而不二者，天之行也。”① 所谓“一”，就是“不得两起”，即没有对立矛盾的绝对统一；“二”也不是统一物之分为两个互相排斥的对立面。这样，矛盾和运动都停止了。因此，他提出了“道之大原出于天，天不变，道亦不变”② 的形而上学神学目的论。这种“一而不二、二而不一”的反辩证法思想，曾长期为地主阶级的统治服务。

董仲舒在政治上主张大一统，是有进步意义的。与此相适应，他企图为统一汉王朝寻求一统的思想。他说：“古之人物而书文，心止于一中者谓之忠，持二中者谓之患。患，人之中不一者也，不一者故患之所由生也。是故君子贱二而贵一。”③“贱二而贵一”就是他主张“罢黜百家，独尊儒术”的理论基础。

王充（公元27—97）在批判董仲舒“天地故生人”的“天人感应”目的论过程中，扶正了董仲舒“凡物必有合”的思想。认为“合”就是对立面的结合、统一，从而产生新的事物，而不是“阳尊阴卑”的关系。他说：“夫天地合气，人偶自生也。犹夫妇合气，子则自生也。”④ 天地之气的相互交合，人类就自然产生了；就像夫妇之气的相互交合，孩子就自然地产生了。“然天地，夫妇也，合为一体”⑤。“天地合一”“夫妇合一”，就是对立面的统一，而生出另一新事物。王充强调自然界有一种不以人的意志为转移的必然性，但忽视了人对自然的主观能动作用，即人不仅能认识自然规律，而且能利用自然规律为人类服务。因而，使他的哲学陷入形而上学的命定论。

在“一”和“多”的关系上，魏晋玄学提出“执一统众（多）”⑥ 的理

① 《春秋繁露·天道无二》。
② 《汉书·董仲舒传》引《举贤良对策三》。
③ 《春秋繁露·天道无二》。
④ 《论衡·物势篇》。
⑤ 《论衡·说日篇》。
⑥ 王弼：《论语释疑》，见皇侃《论语义疏·里仁》。

论。王弼（公元226—249）把“一”置于至高无上的地位，他说：“万物万形，其归一也。何由致一？由于无也。由无乃一，一可谓无。已谓之一，岂得无言乎！有言有一，非二如何？有一有二，遂生乎三。……百姓有心，异国殊风，而得一者，王侯主焉。以一为主，一何可舍？”①

王弼认为精神性的“无”是最高本体，“万物万形”的“有”，是“无”派生的，又由“无”来统一（“一”），“无”是“一”，不是“二”，即绝对本体“无”是没有对立矛盾的，这就使他陷入唯心主义、形而上学。“执一统众”，用王弼的另一句话来说就是“众不能治众，治众者至寡”②。很明显，他的形而上学观点是为当时的封建专制主义作论证的。

佛教对玄学所讨论的问题也很重视。华严宗创始人法藏（公元643—712）曾以“一多相摄”说来解决玄学中的“一”“多”关系。他说：“由‘自一’不动，方能遍应成多。若动‘自一’，即失遍应，多亦不成，一二三皆亦如是。又一、多相由成立，如一全是多，方名为一；又多全是一，方名为多。多外无别一，明知是多中一；一外无别多，明知是一中多。”③ 这里“一”是指本体或事物的本质，“多”是指各种各样的复杂现象。“自一”（“本一”）不动，才能成“多”；“自一”能容摄“多”，“多”被摄入“一”；没有“一”，就没有“多”，没有“多”，“一”也不成；“多”是“一”中的“多”，“一”是“多”中的“一”，“一”“多”是相包容的。

法藏在论述“一多相摄”时，虽然接触到事物的同一性和差别性的关系问题，但他片面地夸大事物之间的同一性，把“一”和“一切”完全等同，从而印证世间一切都是由心产生的幻象，否认其差别性，为幻相无所谓差别这个佛教理论作论证。不仅如此，由于否认了事物的差别性，因此既否定了事物对立面的统一，也否定了对立。他说：“由心与尘，二即无二；唯心无

---

① 《老子注·第四十二章》。
② 《周易略倒·明象》。
③ 《华严义海百门·镕融任运门第四》，《大正藏》卷四五，第630页。

体，一亦无一。由一无一，由二无二。一二无碍现前，方入不二。”① “无一”“无二”，即是“合二而一”“一分为二”的反命题。这就是佛教华严宗形而上学的诡辩。

佛教哲学虽然最终归结为唯心主义、形而上学，但它的思辨性对人们抽象思维的发展还是有启发的。

汉唐关于“一”与“二”关系的论述，具有如下特点。

（一）汉唐哲学受到唯心主义形而上学的严重桎梏。毛泽东同志在《矛盾论》中说：“在中国，则有所谓‘天不变，道亦不变’的形而上学的思想，曾经长期地为腐朽了的封建统治阶级所拥护。”这种形而上学思想，不仅被历代统治者奉为信条，而且笼罩整个汉唐时期的思想界，辩证法思想没有得到充分的发展，唯佛教在其唯心主义思辨的哲学体系中，比较细密地探讨了一些命题，提供了丰富的辩证思维的资料。

（二）这时唯物主义哲学家，在与“天人感应”目的论、谶纬神学以及佛道唯心主义斗争中，注重在自然观和无神论方面的探讨，而没有把唯物主义自然观、无神论思想与辩证法思想更好地有机结合起来，以挣脱形而上学的困扰；相反，却陷入形而上学泥坑而不能自拔。这个思维经验教训是值得探讨的。

宋明“一分为二”与“合二而一”命题的提出和发展

宋明时期，社会生产力和科学技术都有很大的发展，足以表现我国科学先进水平的三大发明（活字印刷术、磁针、火药）这时获得了高度的成就。在数学、物理学、化学、天文学、生物学、医药学等方面不仅有一批著名的科学家，而且有一批著名的科学著作。正是在这个自然科学的昌明时代，辩证思维开始从形而上学的困扰下挣脱出来。

但历史的现象是奇异的，这个挣脱却首先在唯心主义的哲学体系中得到

① 《华严义海百门·实际敛迹门第二》，《大正藏》卷四五，第628页。

体现。

邵雍（公元 1011—1077）首先把“一生二”“太极生两仪”“一体而两分”等朴素辩证法思想明确表述为“一分为二”。他说：“太极既分，两仪立矣。阳上交于阴，阴下交于阳，四象生矣。阳交于阴，阴交于阳，而生天之四象，刚交于柔，柔交于刚，而生地之四象，于是八卦成矣。八卦相错，然后万物生矣。是故一分为二，二分为四，四分为八，八分为十六，十六分为三十二，三十二分为六十四。故曰：‘分阴分阳，迭用柔刚，故易六位而成章也’。十分为百，百分为千，千分为万。犹根之有干，干之有枝，枝之有叶。愈大则愈少，愈细则愈繁。合之斯为一，衍之斯为万。”① 很明显，邵雍把《周易·系辞》太极生两仪的发展过程，抽象为“一分为二”的过程。他又说：“本一气也，生则为阳，消则为阴，故二者一而已矣，四者二而已矣。……故有一则有二，有二则有四，有三则有六，有四则有八。”② “二者一而已矣”“有一则有二”，触及了对立面的统一问题。列宁说：“对立面的同一……就是承认（发现）自然界（精神和社会都在内）的一切现象和过程具有矛盾着的、相互排斥的、对立的倾向。”③ 再一方面，邵雍所说的“一分为二”的“二”就是“阴阳”，他说：“一分而阴阳判，得阳之多者为天，得阴之多者为地，是故阴阳半而形质具焉。”④ 由“阴阳”而成天地。在他看来“阴阳”是相互联系的，“阳中有阴，阴中有阳”⑤。没有“阴”，就无所谓“阳”；没有阳，也无所谓“阴”。这里，无疑触及了“统一物之分为两个互相排斥的对立面以及它们之间的互相关联”⑥ 这个辩证法真理。

但是，邵雍并没有进一步分析“一分为二”的深刻内容，只是形式地加以运用，以一、二、四、八……这种“加一倍法”构成世界的图式（他称为

① 《观物外篇·先天象数第二》，《皇极经世绪言》卷七。
② 《观物外篇·河图天地全数第一》，《皇极经世绪言》卷七。
③ 《列宁全集》第 38 卷，人民出版社 1959 年版，第 407—409 页。
④ 《观物外篇·先天象数第二》，《皇极经世绪言》卷七。
⑤ 《观物外篇·河图天地全数第一》，《皇极经世绪言》卷七。
⑥ 《列宁全集》第 38 卷，人民出版社 1959 年版，第 407—409 页。

“先天图”），比附客观世界的变化。他还认为“道”是不可分的，他说：“语其体，则天分而为地，地分而为万物，而道不可分也。其终则万物归地，地归天，天归道。是以君子贵道也。”① 作为封建统治的辩护士，邵雍是不敢触犯封建的伦理纲常（“道”）的，因此“一分为二”遇到“道”便失灵了。他说：“先天之学，心法也，故图皆自中起，万化万事生乎心也。图虽无文，吾终日言而未尝离乎是，盖天地万物之理，尽生其中矣。”② 就是说“一分为二”完全是人心的意念。可见，邵雍的“一分为二”是严密禁锢在其形而上学的唯心主义“先天图”之中的。

张载（公元1020—1077）发展了辩证法思想，明确指出运动的原因不在事物外部，他说：“凡圜转之物，动必有机；既谓之机，则动非自外也。”③ 并进一步探讨了事物运动的根源是事物内部阴阳二气的对立统一，提出了“一物两体”的思想。他说：“一物两体，气也。一故神（自注：‘两在故不测’），两故化（自注：‘推行于一’），此天之所以参也。”④ 在这里，张载阐发了“一”与“二”的问题。所谓“一”，是指对立面的统一，他说：“一能合异，以其能合异，故谓之感，若非有异，则无合。”⑤ “合”就是对立面的“合一”，如果不是对立面，也就无所谓“合”。这个“异”，也就是阴、阳，动、静等对立矛盾，他说：“义、命合一，存乎理；仁、知合一，存乎圣；动、静合一，存乎神；阴、阳合一，存乎道；性与天道合一，存乎诚。”⑥ 这就是关于矛盾着的“义命”“仁知”“动静”“阴阳”等双方的相互统一、融合而为一，便构成“理”“圣”“神”“道”等新的范畴。马克思说：“两个相互矛盾方面的共存、斗争以及融合成一个新范畴，就是辩证运动的实质。”⑦ 张载是触及了这个问题的。

---

① 《观物外篇·河图天地全数第一》，《皇极经世绪言》卷七。
② 《观物外篇·先天象数第二》，《皇极经世绪言》卷七。
③ 《正蒙·参两篇》，《张载集》，中华书局1978年版，第10—11页。
④ 同上书，第10—11页。
⑤ 《正蒙·乾称篇》，《张载集》，中华书局1978年版，第63页。
⑥ 《正蒙·诚明篇》，《张载集》，中华书局1978年版，第20页。
⑦ 《马克思恩格斯选集》第1卷，人民出版社1972年版，第111页。

所谓“二”，就是指对立面的矛盾、斗争。他说：“两体者，虚实也，动静也，聚散也，清浊也，其究一而已。”① 又说：“万物虽多，其实一物。无无阴阳者，以是知天地变化，二端而已。”② 就是说没有一物无阴阳的对立“两端”，即统一物均包含着对立“两体”。

那么，“一”与“二”的关系怎样呢？张载也作了精彩的论述，他说：“不有两，则无一”，“两不立，则一不可见，一不可见，则两之用息”。③ 没有对立矛盾，就没有统一物，没有统一物，则对立面的作用也就止息了。有“两端”，才有对立面的相互交感作用，有“一”，才能对立合一。“二端故有感，本一故能合。”④ “有两，则须有感。”⑤ 这无疑是光辉的朴素辩证法思想。

但张载又把相互的交感作用分成两种：一种是对立面的交感，“以异而应，男女是也。二女同居，则无感也”。⑥ 这是对的。另一种则以“同”为感，“或以同而感，圣人感人心以道，此是以同也”。⑦ 这就错了。由此失足，便导致承认“无感”的存在，他说：“太虚无形，气之本体，其聚其散，变化之客形尔；至静无感，性之渊源，有识有知，物交之客感尔。客感客形与无感无形，惟尽性者一之。”⑧ 在这里，张载把“无形”的“太虚”看成“至静无感”，既没有运动，也没有对立面的相互交感；而有形的万物，只有“客感”。“客”，《说文》：“寄也”，引申有寄托，暂时的意思，这是说对立面的交感是暂时的，否定矛盾运动的绝对性，而给其辩证法思想打上形而上学的烙印。

“两”的观念，在王安石（公元1021—1086）的唯物主义体系中被特别发挥了。他说：“道立于两。”“……盖五行之为物，其时、其位、其材、其

---

① 《正蒙·太和篇》，《张载集》，中华书局1978年版，第7—10页。
② 同上。
③ 同上。
④ 《正蒙·乾称篇》，《张载集》，中华书局1978年版，第63页。
⑤ 《横渠易说·上经·观》，《张载集》，中华书局1978年版，第107页。
⑥ 《横渠易说·下经·咸》，《张载集》，中华书局1978年版，第125页。
⑦ 同上。
⑧ 《正蒙·太和篇》，《张载集》，中华书局1978年版，第7—10页。

气、其性、其形、其事、其情、其色、其声、其臭、其味，皆各有耦，推而散之，无所不通。一柔一刚，一晦一明，故有正有邪，有美有恶，有丑有好，有凶有吉，性命之理，道德之意，皆在是焉。耦之中又有耦焉，而万物之变遂至于无穷。”① 这就是说，作为物质性的“五行”，都有其对立矛盾（“皆各有耦”），而对立面双方其本身又包含着矛盾（“耦之中又有耦”）。由于对立矛盾，才使万物变化无穷。这显然包含“一分为二”的辩证法思想。二程在回答学生问题时说：“言乎一事，必分为二，介甫之学也。”② 二程以王安石对每一事“必分为二”，是符合王安石思想的。

与王安石“道立于两”相反，程颢（公元1032—1085）、程颐（公元1033—1107）沿着邵雍“道不可分”的路数，认为“道”是“非二”的。他说：“以天、人为二，非道也。”③ 又说：“同者一也，一不可分，分乃二也。”④ “一不可分”，是二程的出发点，“分乃二也”是对具体事物而说的。二程是承认矛盾存在的。他说：“天地万物之理，无独必有对，皆自然而然，非有安排也。”⑤ “有对”，就是对立矛盾，这是为维护君、臣、父、子的封建关系服务的。正因为承认“有对”，因而承认“一”与“二”是对待关系，“盖天下无不二者，一与二相对待，生生之本也”。“一阴一阳，岂可二也。”⑥ 但这种“有对”并不是辩证的对立，对立双方的地位是不能转化的，如“民”只能从属于“君”，他说：“上施政以治民，民戴君而从命，上下相交，所以治安也。”⑦ 就是“民”拥戴“君”而听从君命。这种“君”与“民”的相交，显然不是什么辩证关系，而是统治与被统治、压迫与被压迫的关系。

理学集大成者朱熹（公元1130—1200），一方面企图把“一分为二”从邵雍“先天象数”的迷雾中剥离出来，说明“气”的“一分为二”，也继承

---

① 《洪范传》，《临川先生文集》卷六五。
② 《二程全书·二程粹言》卷一。
③ 《二程全书·伊川易传》卷一、卷三。
④ 《二程全书·二程粹言》卷一。
⑤ 《二程全书·遗书》卷一一。
⑥ 《二程全书·伊川易传》卷一、卷三。
⑦ 同上。

了二程“万物莫不有对”[1] 的思想；另一方面采纳了张载“一物两体”的辩证法思想资料，比较系统地论述了“一分为二”的思想，在哲学史上产生了深刻的影响。因已有专文详论（见拙文《论朱熹的“一分为二”和他的形而上学观》，载《哲学研究》1979 年第 6 期），这里就从略了。

宋明时代的唯物主义者叶适（公元 1150—1223）和王廷相（公元 1474—1544）批判了程朱“道不可变”、道是“非二”的思想，发展了辩证观念。叶适说：“道原于一而成于两，古之言道者必以两，凡物之形，阴阳，刚柔，逆顺，向背，奇偶，离合，经纬，纪纲皆两也。夫岂惟此，凡天下之可言者，皆两也，非一也。一物无不然，而况万物；万物皆然，而况其相禅之无穷者乎！”[2] 一切事物都有对立矛盾的两个方面，因而“道”也存在着对立矛盾，所以说“道”这个统一物包含着对立两个方面。这实与王安石的“道立于两”的思想相一致。王廷相则进一步发挥了叶适的思想，认为“道”就是物质性的“气”，“道”自身既然包含着矛盾，那么，“道”就是可变的。他说：“元气即道体。有虚即有气，有气即有道、气有变化是道有变化，气即道，道即气，不得以离合论者。或谓气有变，道一而不变；是道自道，气自气，歧然二物，非一贯之妙也。且夫道莫大于天地之化，日月星辰有薄食彗孛，雷霆风雨有震击飘忽，山川海渎有崩亏竭益，草木昆虫有荣枯生化，群然变而不常矣，况人事之盛衰得丧杳无定端，乃谓道一而不变，得乎？”[3] 在这里，他一方面从宇宙天体、自然界各种现象和动植物的生死荣枯以及人类社会的种种变化，驳斥了“道一而不变”的形而上学观点；另一方面他从“气”有变化推出作为物质性“气”的道理或规律的“道”也有变化。“道有变化”，这是对董仲舒“天不变，道亦不变”形而上学桎梏的挑战，也是对这种严重禁锢人们思想的网罗的冲决。这对于我国朴素辩证法思想的发展是有重大贡献的。

---

① 《二程全书·遗书》卷一一。

② 《进卷·中庸》，《水心别集》卷七，《叶适集》，中华书局 1961 年版，第 732 页。

③ 《雅述·上篇》。

方以智（公元1611—1677）继承了佛教天台宗、华严宗的思想资料以及张载“动静合一”“阴阳合一”的思想，在《东西均》中提出了“合二而一”的命题。他说：“曰有，曰无，两端是也。虚实也，动静也，阴阳也，形气也，道器也，昼夜也，幽明也，生死也，尽天地古今皆二也。两间无不交，则无不二而一者。”① 还进一步指出：“交也者，合二而一也。”② 有无、虚实、动静、阴阳、形气、道器、昼夜、幽明、生死等都是对立的“两端”，对立双方（“两端”“二”）相互结合成一个统一体，就是“合二而一”。马克思在否定黑格尔的唯心主义时，肯定了他的辩证法：“在他看来，‘两极相逢’这个习俗用语是伟大而不可移易地适用于生活一切方面的真理，是哲学家不能漠视的定理，就像天文学家不能漠视刻卜勒的定律或牛顿的伟大发现一样。”③“两极相逢”就是“两端相逢”，这是方以智对对立面统一性的认识。

方以智认为事物矛盾的两方面，除了“交”以外，还有“轮”的关系，他说：“轮也者，首尾相衔也。”是说首和尾对立双方的相互衔接、相互关联，譬如“东、西一气，尾衔而无首”④，就是首、尾双方合为一气。马克思在讲到生产与消费的辩证关系时说：“生产同消费合而为一和消费同生产合而为一的这种直接统一，并不排斥它们的直接两立。”⑤ 这就像东、西，首、尾合而一气，而不排斥东、西，首、尾的对立一样。

《东西均》是明亡后的著作。⑥ 那时，方以智为了不作清朝顺民，削发为僧。他遁入空门以后，在一定程度上脱离了实际斗争，放弃了自然科学的研

---

① 《东西均·三征》，中华书局1962年版，第17页。

② 同上书，第24页。

③ 《马克思恩格斯选集》第2卷，人民出版社1972年版，第1页。

④ 《东西均·开章》，第2页。

⑤ 《马克思恩格斯选集》第2卷，人民出版社1972年版，第93页。

⑥ 根据《东西均记》所署“岁阳玄黓，执徐支连”，应在南明永历六年壬辰，即清顺治九年（1652）前后。方以智在《象环寤记》开头说：“不肖复腋历年，门人录□□之《东西均》，篝灯自乙，不觉迭踊大笑。”此文作于永历七年癸巳。方以智永历元年隐居广西平乐，四年清兵陷平乐，他被俘不屈，改服僧装，居梧州。六年赴江西匡庐省亲，《东西均》约成于此时，故《东西均记》末署“五老峰巅”。

究。尽管他悉心改造，扶正了佛教唯心主义、形而上学的一些命题、范畴和提法，但仍不免受佛教思想的束缚。他的书中有很多佛学的神秘主义糟粕。① 例如，他在《药地炮庄·知北游评语》中说："问：如何是世谛立一切法？曰：白；如何是真谛泯一切法？曰：黑；如何是中谛统一切法？曰：不落黑白。"天台宗的三谛义既不承认世谛（世俗真理），也不承认真谛（初级宗教真理），认为最高真理是既非世谛又非真谛的中谛。实际上是用折中主义、相对主义方法宣扬宗教理论。方以智的"不落黑白"反映了三谛义对他的影响。在《东西均》中，他说："尽天地古今皆二也。两间无不交，则无不二而一者，相反相因，因二以济，而实无二无一也。"② "无二无一"，即是不执着"一"和"二"。又说："告之曰有，则偏于有，故言无；告之曰无，则又偏于无，故言非无。"③ "非有""非无"即不落有无。这里既有相对主义又有唯心主义的痕迹。

唯物主义集大成者王夫之（公元1619—1692）的杰出贡献就在于，他在解决"一分为二""合二而一"的关系问题上，作了可贵的探索。

什么是"一分为二"和"合二而一"呢？

王夫之认为，对立面的"抟聚"，是"合二而一"；对立面的"分析"是"一分为二"。他说："《易》曰：'一阴一阳之谓道'。或曰，抟聚而合之一也；或曰，分析而各一之也。"④ 接着，他解释说："以为分析而各一之者，谓阴阳不可稍有所畸胜，阴归于阴，阳归于阳，而道在其中……以为抟聚而合之一者，谓阴阳皆偶合者也，同即异，总即别，成即毁，而道函其外。"⑤ 一方面，统一物"分析"而为阴、阳对立双方（"各一"），就是

---

① 我认为应把那个"理论权威"借批判"合二而一"而全盘否定方以智的"合二而一"思想的阴谋，与我们今天对历史人物的实事求是的科学评价区分开来。因而，我在这里不揣冒昧地指出他的局限，未知当否？

② 《东西均·三征》，中华书局1962年版，第17、24页。

③ 同上。

④ 《系辞上传第五章》，《系辞上传第十二章》，《周易外传》卷五，中华书局1962年版，第148页。

⑤ 同上书，第169页。

“一分为二”；另一方面，阴阳、同异对立双方搏斗、聚合而为一，就是“合二而一”。

进而，王夫之论述了“一分为二”与“合二而一”关系的几种形式。

第一种形式是，“合二而一”是“一分为二”所固有的。他说：“盈天地之间，皆器矣，器有其表者，有其里者，成表里之各用，以合用而底于成……故合二以一者，既分一为二之所固有矣……表里相待而二，二异致而一。”① 器有表、里两个方面，这是“一分为二”。合表里而有器之用，就是“合二以一”，然“合二以一”是“一分为二之所固有”，即是说“一分为二”包含了“合二以一”。

第二种形式是，“合二而一”与“一分为二”是相互联系的过程。他说：“夫阴阳之实有二物，明矣，自其气之冲微而未凝者，则阴阳皆不可见；自其成象成形言之，则各有成质而不相紊；自其合同而化者，则浑沦于太极之中而为一；自其清浊、虚实、大小之殊异，则固为二。”② 这就是说，从阴阳变化浑沦于太极之中来看，是合二而一；从统一物中出现清浊、虚实、大小的对立来看，是一分为二。因此，“合二而一”与“一分为二”是事物（阴、阳）变化发展过程中所表现的形式。

第三种形式是，“合二而一”与“一分为二”是“合”—“分”—“合”的过程。他说：“道之流行于人也，始于合，中于分，终于合，以始终为同时同撰者也。”③ 又说：“合者，阴阳之始本一也，而因动静分而为两，迨其成又合阴阳于一也。”④ 这就是说，头一个“合”，即阴阳对立双方共同处于一个统一体中，即“合二而一”，统一体因其动静的矛盾运动，又“分而为两”，即“一分为二”；结果，阴阳对立双方又合而于一，即“合二而一”。由此看来，“合”—“分”—“合”的形式，即是“合二而一”—“一分为

① 《系辞上传第五章》，《系辞上传第十二章》，《周易外传》卷五，中华书局 1962 年版，第 169 页。

② 《周易内传·发例》。

③ 《系辞下传第四章》，《周易外传》卷六，第 180 页。

④ 《张子正蒙注》卷一，古籍出版社 1956 年版，第 19 页。

二”—“合二而一”的形式。毛泽东同志在《矛盾论》中指出：“新过程的发生是什么呢？这是旧的统一和组成此统一的对立成分让位于新的统一和组成此统一的对立成分，于是新过程就代替旧过程而发生。”这段话可以简要地表述为“合”—“分”—“合”，即由旧统一体内部对立矛盾的斗争，促进对立面的相互转化，旧统一体被破坏、分裂，然后组成新的统一。王夫之显然已猜测到这个十分重要的辩证法思想。

列宁说：“判断历史的功绩，不是根据历史活动家没有提供现代所要求的东西，而是根据他们比他们的前辈提供了新的东西。”① 王夫之与其前辈相比，他对“合二而一”与“一分为二”关系的探索，确实大大前进了。他不仅打破了董仲舒形而上学的束缚，而且把古代辩证法思想发展到一个新的高度，为我们提供了十分丰富的理论思维的经验教训。限于篇幅，他的其他方面的朴素辩证法思想就从略了。

几点认识

从上述“一分为二”“合二而一”思想产生、发展、演变的历史过程中，我们可以得到如下几点基本认识。

第一，纵览我国古代“一分为二”和“合二而一”学说来观察辩证法思想发展的过程，大体上可分为这样三个阶段：在先秦哲学中，朴素辩证法思想是以天然的纯朴的形式出现的，即自发的辩证法。不管是在唯物主义还是唯心主义思想体系中，辩证的思维都得到了发展。哲学家们从日常生活经验猜测到了对立统一的思想。他们把自然现象无限多样性看作矛盾统一的，不过他们还只是从某种特殊的东西中或特殊的现象中去理解这个对立统一。朴素辩证法思想还没有形而上学的障碍所桎梏。在当时一些命题中，“好象在一个基层的‘单位’（‘细胞’）中一样，都可以（而且应当）发现辩证法一切

① 《列宁全集》第2卷，人民出版社1959年版，第150页。

要素的萌芽”[1]。但由于先秦哲学还没有把自然界当作一个整体而从总的方面来观察，没有从总的联系上进行仔细剖析，于是就被后来的形而上学所代替。这为第一阶段。

在汉唐哲学中，董仲舒“天不变，道亦不变”的形而上学思想，由于封建统治者运用政治、法权的力量大加提倡，被作为官方哲学而笼罩在整个思想界。本来是辩证思维的“合”的命题，成了“天人感应”神学目的论的婢女，成了直接论证僵死不变的封建等级的观念。因此，辩证的思维受到了形而上学的严重桎梏。但是，辩证的思维在艰苦的斗争中还是有所发展的，佛教在揭示客观对象的矛盾中透露着一些辩证的因素。这为第二阶段。

在宋明哲学中，辩证的思维在形而上学的冰封中渐次解冻，本来是僵死状的板结逐渐松动起来，辩证法思想犹如破土而出的嫩芽，开始了发展。这时的哲学家比较注重探讨宇宙的生成及自然界事物之间的联系，提出了“一分为二”和“合二而一”的光辉的朴素辩证法命题，说明人们对于对立统一规律的认识更加深刻和完整了，特别是对于“一分为二”和“合二而一”关系的几种形式的探索，为我们留下了宝贵而丰富的哲学遗产，辩证法思想发展到了一个新的高度，也即古代辩证法的最高阶段。此为第三阶段。

从第一阶段到第三阶段，就是从简单到比较复杂、从低到高的发展过程，如果从辩证思维的发展过程来看，则经历了一个马鞍形。

第二，辩证思维的发展是同自然科学的发展相适应的。如果说唯物主义随着自然科学中每一划时代的发现而改变自己的形式的话，那么辩证的思维也经历了同样的情形。春秋战国时期，各诸侯国封建制生产关系逐渐代替了奴隶制的生产关系，社会发生了天翻地覆的变化，自然科学出现了欣欣向荣的局面。在天文学上，公元前 613 年最早记载了哈雷彗星，尸佼和惠施提出

---

① 《列宁全集》第 38 卷，人民出版社 1959 年版，第 410 页。

朴素的地动和地圆思想，公元前4世纪采用了定一回归年为365又1/4日的《四分历》。在数学上，已有分数概念，整数四则运算和九九表，在《墨经》中已有点、线、面、方、圆等几何概念以及关于力、力系的平衡和杠杆、斜面等简单机械概念，并首先提出了光是直线前进的观点，这是世界上最早的几何光学著作。医学不仅总结出了望、闻、问、切的诊断方法，而且总结出了脏腑经络学说和病因学。对于天体运行的规律、自然现象变化的规律、物质物理运动的规律以及对于人体各部分结构和联系的认识，都有了加深，这就为先秦天然的纯朴的辩证思维提供了自然科学的基础，促进了辩证法思想的发展。

汉唐时期，我国封建社会生产力得到高度发展，自然科学也有很大的进步，辩证的思维本应在先秦发展的基础上继续发展，但由于辩证的思维毕竟还是刚从天然的纯朴的阶段脱胎出来，辩证法思想总的来说还处在幼稚阶段，而终于被政治斗争所支配，以致“天不变，道亦不变”的形而上学思想，占据了主导地位。

宋明时期，我国自然科学取得了高度的成就，不仅有世界三大发明的完成，而且在数学、物理、化学、天文等方面也取得重大的成就。北宋贾宪在《黄帝九章·算法细草》中提出开任意高次幂的“增乘开方法”和二项式定理系数表，公元1819年英人霍纳才得出“增乘开方法”，17世纪才出现类似二项式定理系数的“巴斯加三角”；南宋，秦九韶在《数书九章》中，提出了高次（十次）方程的数值解法，16世纪意大利菲尔洛才提出三次方程的解法。北宋曾公亮编的《武经总要》中关于“指南鱼”的制作方法，是世界上利用地磁场进行人工磁化的最早记载。沈括在《梦溪笔谈》中已经提出利用天然磁体进行人工磁化以及地磁偏角的问题，公元1492年哥伦布才发现地磁偏角。在《武经总要》中还载有“火炮火药法”“毒药烟毬火法”“蒺藜火毬火药法”，以硫磺、焰硝（硝酸钾）、松脂以及其他不同物质按一定比例制造各种不同用途的火药。北宋曾进行五次大规模的恒星位置观测，由黄裳制成有1440颗星的星图。这就使人们对于天体运行规律、宇宙构造、物质结构以及物质之间不同的联系形式等问题的认识，有了较大的进步。由于三大发明具有划时代的意义，才促使了宋明的辩证思维进入了第三阶段。这说明辩证思维与自然科学的紧密关系。

第三，古代“一分为二”和“合二而一”对立统一思想的根本缺陷是，辩证法思想还仅是素朴的、自发的认识，对于事物与事物之间的联系、事物自身内部矛盾推动事物发展的认识，也只是直观的观察和猜测，还没有完全上升为理性的认识，因此，往往是不科学的。同时，由于阶级的局限和生产、科学水平的限制，往往强调统一，而否认斗争，不能把“一分为二”“合二而一”的对立统一思想贯彻到底，因而，不可避免地包含着形而上学性，有的虽然在自然观上有较丰富的辩证法思想，而一旦用它来解释社会现象时，就陷入了不可救药的形而上学的泥坑。特别是一些哲学家把“一分为二”和“合二而一”建立在唯心主义的基础之上，就不能不受到唯心主义体系的束缚而倒向形而上学。当然辩证法与唯心主义之间并没有绝对的界限，而古代的辩证法与形而上学也是相互联系甚至相互渗透的，正是这种情况，它可能在某一问题上是辩证的而在另一问题上又陷入了形而上学，对于这种复杂的情况，需要作出实事求是的分析和评价。

第四，“一分为二”与“合二而一”学说是不断发展的。毛泽东同志说：“中国现时的新政治新经济是从古代的旧政治旧经济发展而来的，中国现时的新文化也是从古代的旧文化发展而来，因此，我们必须尊重自己的历史，决不能割断历史。”① 对于“一分为二”与“合二而一”的探讨过程，无疑也是一种历史的发展。毛泽东同志批判地继承了我国古代辩证法的光辉遗产，使“一分为二”成为科学的发展观，成为马克思主义对对立统一规律的通俗表述之一，这与古人讲“一分为二”是有根本区别的。所以，对待古代的哲学遗产，必须采取“剔除其封建性的糟粕，吸收其民主性的精华”② 的态度，所谓“精华”，就是古代哲学遗产中民主性的、科学性的、人民性的东西；“糟

① 《毛泽东选集》第2卷，人民出版社1952年版，第668页。
② 同上。

粕”就是那些反民主的、反科学的、反人民的东西。譬如我们要继承方以智“合二而一”中符合辩证法的内容，即科学性的东西，而剔除其佛教神秘主义糟粕，这就是马克思主义对待哲学遗产的科学态度。

（原载《群众论丛》1979 年创刊号）

社会主义经济中的几个问题（节录）

薛暮桥

我想讲讲社会主义经济中的几个问题。这方面的问题很多，讲几个重要的问题：第一个是生产资料的社会主义公有制，特别是集体所有制；第二个是社会主义的按劳分配制度；第三个价格政策和价值规律；第四个社会主义的计划管理制度。这些都是社会主义经济中的几个重要的理论问题，也是我们社会主义建设中的几个重要的实际问题。研究社会主义经济理论，有两种方法：一种是从马克思、恩格斯、列宁以至于斯大林经典著作出发，引用经典著作的原理来说明现在我们经济建设中的许多实际问题，从理论到实践。另一种是从实际出发，运用马列主义的基本观点，分析研究我们社会主义经济中的实际问题，总结过去二十多年经济建设中的经验，提出现在还没有解决的若干重要问题，从这些实际问题中间来找出社会主义经济发展的客观规律，从实践经验上升到理论。毛主席在《实践论》中讲，理论从实践中产生。我们从实践中得到感性知识，把感性知识集中起来，经过反复研究，上升到理论。两种研究方法，我是倾向于后一种方法的。马克思、恩格斯、列宁的经典著作我看得很少，实际经验有一点。人家把我当成个什么经济学家，实际上我是个“赤脚医生”。我念的书不多，但有点“临床经验”。所以我研究问题，常常喜欢从实际出发。

社会主义的按劳分配制度

社会主义必须实行按劳分配制度，这是马克思早就提出来的。社会主义之所以要按劳分配，主要原因是生产的发展不可能保证充分满足全体人民的生活需要，社会还不可能把人民的生活需要全部包下来。生产资料全社会公有了，劳动力的再生产，劳动人民的生活需要和他们家属的生活需要应该由社会包下来了。社会产品不够丰富，包不下来。还必须叫劳动人民根据自己的劳动报酬，精打细算地来安排自己和家属的生活，量入为出。

资本主义存在了几百年，劳动人民还习惯于把劳动当作谋生的手段，劳动要有报酬。现在劳动还相当沉重，每天八小时，到了共产主义社会，每天劳动三四小时，笨重体力劳动没有了，那时劳动变成健康身体的自然需要了。现在劳动时间长，而且相当沉重，所以必须对劳动多、贡献大的给一点物质鼓励。

这里要补充一点的是，我国劳动人民的科学文化知识水平还很低，在很长的时期内还不可能消灭体力劳动和脑力劳动的分工。列宁讲，要有文化才能有社会主义、共产主义；没有文化就没有社会主义、共产主义。现在，世界科学技术进步很快，五年一小变，十年一大变。为了赶超世界先进水平，除了普遍提高全民的科学文化水平外，还需培养高级科学技术专家。要逐步缩小体力劳动同脑力劳动的差别，但缩小这种差别不能像缩小工资差别那样。缩小工资差别，可以高工资少提，低工资多提。缩小体力劳动同脑力劳动的差别，不能说高级科学技术人员不能再提高科学技术水平了，这不行。那怎么能赶超世界先进水平！必须鼓励他们提高再提高，提得越快越好。一方面逐步提高劳动人民的文化，另一方面，为着加速实现四个现代化，必须“拔尖子”。这在一定场合、一定时期内就有可能扩大差别，这是高速度发展生产所必需的。在农村，过去大家都种地，什么活都能干，没有什么脑力劳动同体力劳动的差别，到将来机械化，科学种田后，就要有机械师、农艺师，那就要有体力劳动和脑力劳动的分工。同商品生产一样，在农村，现在商品生产不是缩小，而是还要扩大。体力劳动同脑力劳动的差别，在农村里有个时期恐怕要扩大而不是缩小。缩小差别要花相当长的时间。现在科技知识日新月异地发展，对科技要求这么高，同时社会主义国家的组织管理也非常复杂。

资本主义社会国家不管生产，由资本家去组织管理。社会主义社会不只是组织一个企业，而是组织整个国家，对组织管理的才能要求更高。这方面，我们的专家还不多，有些经验多一点的，还是老干部。从底下一下子提上来，要有个培养的过程。不光是科学技术知识，就是组织管理的经验也非常宝贵。这方面，我们的专家太少了，不适应生产高速度发展和实现四个现代化的需要。所以，脑力劳动同体力劳动分工在今后几十年，甚至几百年还要保存下去。在集体所有制过渡到全民所有制后，工农差别基本消灭，城乡差别也可逐步消灭，但消灭体力劳动同脑力劳动分工时间会更长。只要差别消灭不了，科学技术和经济管理工作还只是少数人的专门职业。我们就要在生活上、工作上对他们给点特殊照顾，使他们能对四个现代化做出更大贡献。毛主席说：社会主义时期不仅要按劳取酬，而且要照顾工作需要，决无绝对的平均。这个差别必须保留。没有工作条件，要把工作做好是困难的。

“四人帮”竭力污蔑按劳分配制度，把这说成是物质刺激、福利主义。我们的许多职工生活还有困难。为数更多的农民口粮还不够，除口粮外分不到多少现金。合作化完成后二十年来，农民口粮标准没有提高，还略有降低。多数农民口粮不够，至少不富裕。还有三分之一的农民，分了口粮后分不到现金。即使分到现金也很少，满足不了生活的需要。“四人帮”不管农民的物质生活，硬叫他们饿着肚子“大反资本主义”，“大干社会主义”。这样反的结果，把生产反下去了，结果社会主义越“干”越少，资本主义越“反”越多。人总是要吃饭的，吃饱了饭才能大干社会主义。你叫人饿了肚子去干社会主义是不可能的。假如社会主义不能保证他们的生活，他们只能向资本主义找出路。这几年由于“四人帮”的干扰破坏，城乡资本主义泛滥，就是证明。

生产关系一定要适合生产力发展的水平。我的看法：现在按劳分配不但没有过时，而且还没有完全实现。实现按劳分配还有个过程，还有困难。我们必须迅速发展生产、创造条件，才能充分实现按劳分配制度。没有条件，按劳分配制度就不能全面实现。我国劳动人民还有百分之八十在集体所有制中生活，全国大约有三分之一的社队或农民分了口粮后分不到现金，这就没法实现按劳分配。劳动多只有口粮，劳动少也只有口粮，那有什么按劳分配？假使不保证增产增收，多劳多得，分配兑现，在农村按劳分配很难实现。

比较富裕的社队在同一个核算单位内，多劳多得，按劳分配，可能基本上实现了。但各集体单位自负盈亏，都要用自己的收入来规定农民的劳动报酬。收入多的社队劳动报酬高，收入少的社队劳动报酬低，不能像国营企业之间那样实行同工同酬。大庆油田这么多积累，三级工还是三级工的工资，四级工还是四级工的工资。有的煤矿亏本，三级、四级的工资还照拿。各个社队收入高低不同，不完全是主观原因，更大的是客观原因，即与占有的生产资料多少好坏有关，加上自然条件不同，气候冷热、雨量多少不同，因而平原与山区，花了同样多的劳动，不能得到同样多的产品和同样多的劳动报酬。因此在各个集体经济单位之间，还不是实行的按劳分配，实际上可以说是按产品分配。产品多的分得多一点，产品少的分得少一点，社队之间劳动报酬差别很大，所以按劳分配这个原则，在各集体所有制单位之间，现在还不可能实行。分配是由所有制决定的。既然我们现在还存在着两种所有制——集体所有制和全民所有制，就必然存在两种不同的分配制度。在全民所有制内部基本上是同工同酬，而在各个集体经济单位之间则是同工不同酬，不是多劳多得，而是多产多得。我国有那么多的集体所有制单位，占全国人口百分之八十的农民还不可能完全实行按劳分配。所以，说按劳分配已完全实现了，这不符合实际情况。

在全民所有制企业和国家机关中间，按劳分配原则的贯彻执行，也有一个发展的过程。社会主义个人消费品的分配原则，总的来说是按劳分配。但按劳分配是逐步实现的。旧社会的工资差别很大。资本主义社会对高级知识分子、国家企业管理人员实行高薪制度。新中国成立后，我们由于经济困难，对低工资职工的工资提了一点，还不可能一下子提得很多，一下提到完全符合他们的劳动贡献，还有困难；对高工资职员的工资也不能一下降得太多，降得太多也有困难。所以我们那时新的工资标准，劳动人民八级工资，差别不算大。一级工同八级工相差不过三倍稍多一点。机关职工二十几级，从三十几块到最高四五百块，等级多了，差别大了一点。我们的工资标准是苏联专家帮我们制定的，多多少少受他们扩大差别的影响，但不完全是他们的影响。拿中国具体情况来讲，差别缩得很小也困难。你说领导干部工资高了，民主人士看了还认为工资太低。许多民主人士，实行工资制后，他们单靠工资不能保持原来的生活，还得给他们额外补贴。他们过去有许多穷朋友、穷亲戚，都靠他们津贴；常常要请客、送礼，这些东西少不了。家庭生活讲排场，一下子改不过来。所以，我们说工资标准高了，他们看还是低了。对于他们，我们不是按劳分配，而是赎买。从国民党接收下来的许多企业，许多管理人员基本上是老的，他们的工资原来很高。上海许多比较大的企业，科长以上的干部，执行新的工资标准要大大降低工资，执行不通，因此很多人到现在还一直领取"保留工资"。所以工资差别大一点，也有客观原因，不能完全说是我们工作中的错误。按劳分配，缩小差别，都是要有一个过程的。

那时我们从解放区来的干部，还实行供给制。供给制在革命战争时期起了很大的作用。那时，大家生活基本一样，工作很积极，战斗很勇敢，取得了革命胜利。那时实行供给制的，仅仅是解放军同少数革命干部。整个社会来讲不是实行供给制。农民除交公粮外，余下来的粮食自由买卖，基本上类似列宁所提倡的新经济政策。全国解放后，情况变化了，再继续实行供给制就困难了。生活条件、工作条件不同了，困难很多。供给制需要发的东西太多，从自来水笔、手表一直到收声机、电视机，无法一一规定。为要解决这些问题，唯一的办法是从供给制改为工资制。所以把供给制改为工资制，是势在必行的。一九五八年张春桥借口缩小差别，反对工资制，提出恢复供给制，实际上是行不通的。实行供给制，结果不但不能缩小差别，反而会扩大差别。为什么呢？工资制只有货币多少一个差别，国家可以统一规定。供给制就花样多了，供给标准的高低，国家不能都统一规定，各个机关自定标准，差别就大了。有的机关铺张浪费，甚至发生贪污盗窃。供给制不会缩小差别，反而会扩大差别，造成许多不合理的现象。所以我们社会主义实行工资制度，是势在必行的客观规律。

现在又发生了新的问题，从一九五六年改革工资以后，接下去三年困难时期，没有办法调整工资。后来“文化大革命”时期，林彪的干扰使生产受到破坏，后来又有“四人帮”的干扰，使生产受到更大的破坏。在这种情况之下，我们将近有二十年时间，多数干部、多数工人没有调整工资、没有提级。因此产生“三代同堂”的现象，即老师傅是二级工，徒弟是二级工，徒弟的徒弟也是二级工。有许多中专毕业生，初毕业的时候还没有结婚，三十八块钱很够花了；十多年后有两三个孩子，还是三十八块，生活就没法安排了。特别是在“四人帮”的干扰下，多干不如少干，少干不如不干。这就发生了干多干少一样，干好干坏一样，干和不干一样的平均主义现象，严重地挫伤劳动人民的积极性，使生产力遭到极大的破坏。劳动人民的积极性，过去很高，在“四人帮”横行时期，搞得确实很低。现在我们劳动工资工作中主要问题是平均主义，不是高低悬殊。在一九七五、七六年，劳动局曾经先后两次向国务院提出工资改革方案，建议把有十多年工龄、四十岁上下的那许多职工的工资提高一点。因为他们现在是生产骨干、技术骨干，但他们还是二级工，还是四十元上下，大学毕业的高一点，四十几块。那时“四人帮”说这是“物质刺激”“福利主义”，拼命反对，国务院就通不过。

粉碎“四人帮”以后，对低工资职工提高了一点工资，主要是按工龄提的，还说不上实行按劳分配原则。因为首先要解决十几年工龄的工人，他们生活困难，给予必要照顾。这次提工资，基本上是按工龄提的。他们说不是按劳分配，是按资历分配。离真正实行按劳分配还差得很远。如果实行按劳分配，有些职工就不是提一级，而是要提二级、三级，甚至更多一点。有些工种还要实行计件工资，许多工厂还要发奖金。这许多问题，正在逐步解决。近来各报刊发表了许多文章，批判“四人帮”，为按劳分配恢复名誉，这些文章写得很好。但是，现在单在思想上、理论上为按劳分配恢复名誉还不够，工人会问：既然为按劳分配恢复名誉，就要实行按劳分配。现在是不是完全按劳分配了？离按劳分配还远吧！要实行按劳分配制度，我们的工资就要大大地调整。我们这次小调整，国家花了二三十亿元，大调整至少要一百亿元，甚至二百亿元。实际上一百、二百亿元也不多。平均工资七十块、八十块，还是低工资。但是增加一百亿元、二百亿元，财政部门拿不出来。财政部门能拿出来，商业部门也没有这么多商品回笼货币，我们二十年积欠下来的老账，要在一二年内，三五年中间还清，是困难的，还得逐步还。

现在我们的工资制度还有许多不合理的地方，我们必须严格执行按劳分配原则，逐步进行改革。但是，由于几百万职工十多年没有提工资，生活有困难。所以国家拿出二三十亿元，只能对困难户都照顾一点，不可能对生产能手、技术能手多提一点工资，还有平均主义倾向。改革工资制度不但要照顾职工内部的矛盾，还要照顾工农之间的矛盾。我们现在工人生活水平不高，但比农民还高一点，农民生活水平更低。我们这次调整工资，农民就有意见，说工人加了工资我们没有加。我们有九亿多人口，按人口平均的收入很少，在国际上是低水平。今后一个时期，还只能实行低工资。但是现在的工资标准太低，不能体现社会主义制度的优越性。我们提高职工工资的时候，必须同时提高农民的收入，提高农民的生活水平，至少不要扩大工农之间的差别，而要逐步缩小这个差别。因此我们必须随着工农业生产的发展，逐步提高劳动人民生活水平，以便进一步促进国民经济高速度发展。

在这里还要提一下，马克思在《哥达纲领批判》中讲，商品等价交换，原则同实践是常常不一致的，而按劳分配则是原则与实践一致的。这从理论上来讲是对的，但实际上按劳分配和等价交换一样，原则和实践也是常常不一致的。劳动多少，很难计算。劳动时间容易计算，都是八小时，没有差别。有的加班加点，可以给加班费。劳动强度也比较容易计算，计算工作能力、劳动贡献，就很困难。我说我的工作能力高，劳动贡献大，你说你的工作能力高，劳动贡献大。特别是我们机关干部，工人可以考核，机关干部考核就困难了。因此，事实上，我们有些干部多劳少得，有些干部少劳多得，要完全公平合理也很困难。我们工作做得好，差距小一点；工作做得不好，差距大一点。现在差距很大。因此，我们不要认为，报纸上宣传了要执行按劳分配原则，这些问题就统统解决了。解决这些问题，还有很多工作要做。过去职工只能进不能出、只能升不能降的“铁饭碗”制度，对实行按劳分配也是一个严重的障碍。

价格政策和价值规律

社会主义社会由于还存在着两种社会主义公有制，所以还必须实行商品交换。这是斯大林提出来的，这个提法是对的。为了兼顾国家和集体利益，原则上应当实行等价交换的政策，工业品和农产品等价交换，这样国家不吃亏，农民也不吃亏，大家都不吃亏。但是，等价交换的原则同实践是常常不一致的。有的产品价格高于价值，有的产品价格低于价值。因此，有必要尊重价值规律，好好研究我们的价格政策。

社会主义社会各类产品的价格是由国家规定的，它不是由价值规律自发调节的。但是社会主义国家在制定计划价格时，仍然必须以价值为基础。价格的基础是价值，价格是价值的货币表现。这条规律在社会主义社会也是适用的。因此，我们必须研究价值规律，必须学会正确地运用价值规律来为我们的社会主义经济服务。在“文化大革命”中，由于林彪、“四人帮”的干扰，谁讲价值规律就是修正主义，这种说法不对。假使我们严重地违反价值规律，就可能妨碍我们工农业生产的有计划、按比例、高速度地发展，就会对我们的生产造成严重的损失。

在社会主义社会，价格背离价值的可能性比资本主义社会更大。我曾经认为资本主义社会受供求关系的影响，价格经常背离价值，社会主义社会可以由国家来控制调节，价格和价值可以比较一致。实际情况往往相反，社会主义国家价格背离价值的可能性更大。什么缘故呢？因为在资本主义国家，价格背离价值有人来管。谁来管呢？价值规律来管，价格高了就卖不掉，非跌价不可；价格低了，就供不应求，就会涨价，它来调节。社会主义国家价值规律不能自发调节。假使我们国家的价格管理机构不研究价值规律，不会应用价值规律，价格和价值长期背离，可能没有人管，不能及时解决。这个情况现在越看越明显了。

斯大林在他晚年的时候，说到社会主义经济问题时，强调了客观经济规律的作用，特别强调了价值规律。是不是因为苏联学会了正确运用价值规律呢？不是。恰恰相反，由于苏联的价格政策严重地违反了价值规律，受到客观规律的惩罚。所以，斯大林在晚年总结他的经验时，觉得有必要很好地利用价值规律。苏联征购粮食的价格很低，只能维持简单再生产，实际上连简单再生产也不能维持。它的收购价格大约是成本的百分之三十，农民生产粮食要赔钱的。那么赔的钱怎么办呢？我们是以工养农，以副养农，用工业来补，用副业来补。它们是农民靠自留地、家庭副业、集体农庄，靠到自由市场去卖高价赚了钱来补贴。采取这样的办法，结果是农民只要自己粮食够吃，完成交售任务就行了，不愿再多生产。一直到斯大林逝世的时候，他们按人口平均的粮食产量一直没有达到一九一三年的水平，即没有达到沙皇时期的水平。

从我们国家来讲，我们比较注意价值规律。在粮食实行统购统销时候，基本上按市场价格来规定我们统购价格。但我们历史上工农业品价格存在巨大的剪刀差。由于我们当时财政困难，国家建设还不可能不要求农民通过价格的形式担负一部分的积累。毛主席批评苏联靠农民的积累来发展重工业，我们也很难避免。那时的工农业总产值，重工业占百分之八，轻工业占百分之二十二，农业占百分之七十，因此不能不靠农业提供大部分积累。当时轻工业积累似乎很多，但主要是从农业转过来的，棉花价格低，因此棉布赚钱多。那时候不靠农民积累没有办法，所以，工农业产品价格的剪刀差不能一下子缩小。毛主席讲了，我们的价格政策要做到逐步缩小剪刀差，做到等价交换，或者近乎等价交换。我们的政策是明确的，但是要做到这一点困难很多。解放后二十八年，我们农产品的收购价格大概提高一倍，比一九五二年大约提高了百分之七十二，是提高很多的。粮食价格提了一倍以上。农业生产资料价格原来很高，二十多年来不断地降价，化肥、农药的价格下降了，农业用电是优待价格，农业用油是优待价格。按理来讲，工农业产品的剪刀差应该是基本上消灭了，所以，曾经有过基本上消灭的说法。但是，现在看起来，实际情况是不但没有消灭，而且仍然很大。既然我们价格作了这样大的调整，剪刀差还没有缩小，什么原因呢?

原因也很简单，这二十八年，我们工业生产的增长幅度很大，工业品产量越多，成本越低。只要大批量生产，成本就会下降。我们工业生产的成本下降了很多，特别是重工业，尤其是化学工业。许多新兴工业成本下降很快，如化肥降价，降了以后还有利润。这就是说随着生产的发展，重工业产品的价值，它的社会必要劳动减少了。农业生产的增长幅度比较小，而且农业和工业相反，产量越高，成本不但没有降低，反而增加了。这样，如果价格不变，就会产生增产不增收的现象。无锡县告诉我，他们一九七〇年以来，农业产量提高百分之三十，但是成本提高百分之七十。一斤粮食的成本过去三四分钱，现在五六分钱，不是降低了，而是提高了。就总产值来计算，收入是增加了，生产是发展了；但按净产值来计算则不但没有增加，甚而至于略有减少，增产不增收。一斤粮食五六分钱，还不包括机器折旧，更不包括劳动报酬，如果包括劳动报酬就是一角几分，比它的收购价格还高。所以，我们旧的剪刀差缩小了，新的剪刀差又产生了。

现在，我们的农业还是集体所有制，集体所有制要依靠自己的积累来扩大再生产。事实上，现在集体所有制农业积累太少或者没有积累。你看它的统计报表，所有的社、队都有积累，但这许多积累实际上被超支户占用了。有很多超支户或者叫倒挂户，欠了生产队的钱，分了粮食付不了钱。因此，集体实际上没有银行存款，甚至还欠银行的钱。所以只能用办工业、办副业来增加积累，来支援农业生产，特别是支援农业机械化，也就是上面讲的以副养农、以工养农。我们苏常地区因为靠近大城市上海，社办工业发展很快，不但工业发展很快，而且把农业也带上去了。但是，这个办法在靠近工业城市的地方行，在远离工业城市的地方就困难。你到陕甘宁边区照搬无锡的办法办社队工业就很难。无锡县有许多有利条件，有许多老工人，老工人跟许多大工厂关系密切，可以自找门路，其他地区很难照办。发展社队企业，增加积累，支援农业，这个办法我们应当提倡。发展社队企业除了无锡办法以外，还有其他办法。要因地制宜，就地取材，有计划地去发展。我在安徽看到，山区也可以搞社办企业，就是依靠山区竹木资源加工，如果搞得好，它的收入可以比平原多、比平原富。过去山区是穷的，搞得好，可能迅速改变面貌。

在目前的情况下，我们只能鼓励农民走以副养农、以工养农这条路。但是不能永远靠这个办法。从长期来讲，这种现象是不合理的、不健康的。为什么农业要赔钱，工业要赚钱？这是不合理的价格造成的。这样的价格政策很可能使农民重工轻农，不积极地去发展农业生产。农民现在发展农业生产，多产粮食，说是种“革命田”，不是为着自己，是为着革命。假使我们不保证农业增产增收，不把农民的物质利益同农业的发展结合起来，要继续发展生产是有困难的。像苏南地区靠近大城市，容易发展社队工业。许多远离工业城市的地区，发展社队工业有困难，农民不但没有足够的积累来实现农业机械化，连保证自己的生活也有困难。这不能不影响农业生产的发展。所以工农产品价格剪刀差的存在，对高速度发展农业生产，实现农业机械化、现代化是不利的。

但是，要缩小剪刀差、消灭剪刀差，困难是很多的。因为，我们要缩小工农产品价格剪刀差，就要增加国家的财政开支，还要有足够的工业品去回笼农民多得的货币。问题是很多的。我搞过几年物价工作。根据我们过去的经验，国家每年至少拿出十亿元来调整工农业品的价格，这样才能保持剪刀差不扩大。“文化大革命”以来，把物价冻结了，粮食十二年没有提价，因此剪刀差不是缩小而是扩大了。

缩小剪刀差还可能引起工人和农民之间的矛盾。粮食、肉、蛋等的收购价格提高了，销售价格也要提高，这就要影响职工的生活。因此，我们多年来采取提高收购价格，销售价格不提或者少提的政策。我们粮食每年赔大概三十亿元，肉、蛋要赔十几亿。我们调整粮食价格有个过程。我们粮食收购价格提高了，销售价格不提，产生购销倒挂现象，买进来价格高，卖出去价格低，这是完全违反客观规律的。农民也觉得奇怪，说共产党真正怪呀，高价买，低价卖。一九六三年我们把农村的购销价格拉平，就是提高农村的粮食销售价格，提到同购价相平。我们提了很顺利，农民基本上没有意见。产粮区农民不吃返销粮，提高销售价格对他没有影响。蔬菜区农民、棉区农民收入比较多，稍提一点影响不大。但结果又发生新的问题，城乡倒挂，城市粮食价低，乡村粮价高。因此郊区成问题了。许多菜农是吃返销粮的，郊区的粮店开两个窗门，一个窗门卖粮食给工人的，价格低；一个窗门给农民的，价格高。农民就有意见了，我们农民种的粮食，我们还吃高价粮。特别是有的人家有工人也有农民，一个桌子上吃两个价格的饭，太不合理了。所以，一九六五年又把城市粮食销售价格也提高一点，同乡村拉平。城市价格提高以后，影响职工生活怎么办呢？就把提价的钱，还给工人，加到他的工资里去。提价二亿，工资改革多加二亿还给工人，但工资改革的方案提不出来，没有办法就采取临时办法——粮价补贴。这样，物价是搞得比较合理了，但是工资却打上了一个补丁，这个补丁到现在还没有把它揭掉。怎么解决这个问题？看起来我们要缩小工农业品价格的剪刀差，大幅度地提高农产品的收购价格，就必须相应地提高销售价格。与此同时，必须相应地调整工资。物价的调整一定要同调整工资同时进行，结合起来进行，否则这个问题很难解决，而且还会引起新的工农之间的矛盾。

现在，农产品内部、工业品内部的价格也很不合理。农业以粮为纲，但粮食价格很低，种粮食的收入最少。瓜果蔬菜的价格比较高一点，收入也多一点。搞短途运输收入最大。所以农民说：种粮不如种瓜，种瓜不如拉砂。到河边拉砂，拉到建筑工地一天赚十多块钱，这样的价格政策会使一部分农民不重视农业生产，特别是不重视粮食生产，去搞那个赚钱多的副业生产。为什么产生这个情况呢？因为粮食价格影响很大，国家抓得很紧。三类农副产品的价格和短途运价国家管不了，供不应求就涨价。因此，我们现在的价格政策同我们国家要求的生产发展方向是背道而驰的。国家要求发展粮食，而粮食价格最低，那些国家不管的农副产品，三类产品价格倒反而高，赚钱反而多。

工业品的价格也是这样。工业以钢为纲，要求发展钢铁，而要发展钢铁工业就要发展煤炭、矿石等采掘工业。现在的价格，煤矿是多数赔钱的，炼铁的小钢铁厂都要赔钱，炼钢可以赚一点，轧钢赚钱比较多，加工工业赚钱更多。这样的价格政策，鼓励大家去搞“无米之炊”。所以，我们采掘工业的发展常常完不成计划，而机械加工工业完成计划百分之二百，上半年就把全年生产任务超额完成了。原因也是一样，煤炭、钢铁价格国家抓得很紧，不能涨，机械产品品种很多，特别是零件、部件，国家管不了，由于供不应求，价格就涨起来了。在这里，价值规律实际上在起调节作用了。所以在这里我们的价格政策同国家要求的发展方向也是背道而驰的。我们现在加工工业发展这样快，原材料工业发展比较慢，同价格政策也有相当大的关系。

社会主义国家怎样管理价格，这个问题值得研究。我们物价机关应当善于利用价值规律来为社会主义经济服务。我们的价格政策应当引导生产按照国家要求的方向发展，至少不要背道而驰。当然在这方面价格也只能起一部分作用。如果我们不鼓励三类农副产品的生产，这些产品老是供不应求，要叫它不涨价，那是很困难的。如果国家不安排短途运输，你要它运价不涨，也是困难的。有许多公社把运砂石的车辆都收回来了，收回来后，建筑工地上砂石没有供应了，要提价了。这个公社不搞，别的公社又搞起来了。所以这里有个合理安排生产的问题，单单从价格上是解决不了的。

价格的变动不会增加或者减少社会产品，只会变更社会产品在社会各个集团之间的分配比例。工农业产品价格剪刀差的变化，影响国家与集体之间的分配比例，影响工人与农民之间的分配比例。在一九六〇年到一九六二年国民经济困难时期，那时物价委员会刚刚成立，大家批评物价，物价成了众矢之的。有人说物价不合理，使职工少收入四五十亿元，职工受损失；有人说物价不合理，使农民少收入五六十亿元，农民也吃了亏；有人说物价不合理，许多工厂赔钱，使国家少收入一百多亿元，合起来大概二百多亿。那时物价委员会第一次开会，我说这二百多亿到哪里去了？是我们物价委员会贪污了吗？当然不是，我们一个钱也没有拿到。那么，这个钱到哪里去了？问题很明显，归根到底，就是这几年生产下降了，整个国民收入减少了三百亿元。因此，工人的收入减少了，农民的收入减少了，国家的收入也减少了，大家的收入都减少了。以后几年，国民经济全面好转，这个问题就解决了。物价机构要通过物价调整来正确安排国家、工人、农民三方面的关系。所以我们调整物价，要算总账，全面安排，不能碰到一个问题解决一个问题。这样做矛盾会越来越多，解决了老的矛盾，又产生了新的矛盾。

“文化大革命”以来，由于林彪特别是“四人帮”的干扰破坏，我们的工资、物价都没有及时调整，因此问题很多，不但成堆，而且堆积如山。现在我们要拨乱反正，许多问题必须解决。但我们国家还没有力量很快解决这些问题，只能够一步一步地解决。必须认清一个方向，一步一步朝着这个目标前进，而且要分期分批作出规划。假使我们没有远大的目标，只看着脚尖走路，碰到一个问题解决一个问题，是很难解决的。所以，这个问题我们要从理论上来研究，多总结实际工作经验，全面安排，逐步解决。

（原载《群众论丛》1979 年创刊号、1980 年第 1 期）

戏剧空谈

陈白尘

中文系同学们要我谈谈戏剧创作，这是个难题。身为系主任，又挂个空头教授头衔，不讲，说不过去。要讲“戏剧作法”“写剧入门”之类东西，自己就不相信，也讲不出。“你是个作家嘛，讲讲体会也好”。其实，我已算不得一个作家了，三十年来几乎没搞创作，最近才写了个戏。我是名副其实的“空头文学家”。空头教授而兼空头文学家，我是“空空道人”。

有的同志曾责备教文学的教授不会写小说。这有点冤枉。会写小说的也不会当教授。“敲锣卖糖，各有一行”嘛！用行话说，一个是搞逻辑思维的，一个是搞形象思维的。而我这个“空空道人”又一行不沾。我能讲什么呢？

“丑媳妇怕见公婆面。”你们这些公婆一定要我讲，那我这“空空道人”只能说“空”话，放“空”炮，这可谓四大皆“空”。我的题目只好叫作《戏剧空谈》。

第一个问题：谈谈什么是戏

要写剧本，先要懂得什么是戏。最近半年来，我平均每天收到三五封信，问我怎么写戏。而且每每附有剧本要你看，因此我读了上百部剧本手稿。可是称得上戏的不多。就是说，不懂得戏。

什么是戏呢？戏者，戏也。就是要有戏剧性。有位前辈曾经教过我说：有一个人突然掉进一个很深的陷阱，他为了活命，就千方百计地挣扎、搏斗。这个挣扎、搏斗的过程，就是戏。他如果是个值得同情的人，他最后终于胜利了，就是喜剧；失败了，便是悲剧。陷阱，是个比喻，是指一个环境，一个困难的问题或一个艰险的处境出现了，你必须与之冲突、斗争，以求得解决。所以戏剧的核心是冲突。一男一女在路上谈笑而过，没有人注意他们。如果一男一女在路上相骂以至相打，大家便会围上来看看。因为它有冲突，有戏剧性冲突了。

这个道理，两千多年前的我们戏剧“祖师爷”就懂得。春秋时代楚国有个优孟，可算是“祖师爷”了吧。楚庄王非常爱马，有匹心爱的马由于吃得太好，得肥胖病死了，他伤心得很，要以大夫之礼葬之。大臣们以为不可，纷纷谏阻。庄王火了，说：“谁再谏阻就杀谁!”优孟面对着“陷阱”了，可他要斗争，于是他演戏了：走进殿门便仰天大哭，哭得很伤心。楚庄王问他为何如此伤心？他说，你的爱马死了，仅仅以大夫之礼葬它太不够了，应该以国王之礼葬之，这才可以使各国诸侯知道，大王是个重马而轻人的人！庄王醒悟了，问怎么办？优孟说，葬之腹中——吃掉算了。一场该杀头的冲突以优孟胜利告终。还有所谓“优孟衣冠”的故事，是大家都知道的。优孟为了“暴露”楚庄王对于宰相孙叔敖的忘恩负义，他模仿孙叔敖的声音笑貌，整整学了一年，然后去见庄王，庄王大喜，以为孙叔敖复活，欲以为相。优孟可不同意，说孙叔敖死后儿子穷得没饭吃，宰相做不得。庄王下不了台，只好给孙叔敖儿子食禄四百户。太史公因此在《滑稽列传》中说：“谈言微中，亦可以解纷。”纷，就是矛盾冲突。可见我们伟大历史家司马迁就很懂得戏剧原理。

这都是老生常谈，起码的常识。但我还在此絮絮不休者，是因为连这个常识性的问题也遭到“四人帮”之流破坏了。我们说的戏剧冲突，是一定的社会冲突在人与人之间矛盾冲突的反映。这种社会冲突在生活中是大量存在的。但它本身并不形成戏剧。只有当它集中体现在某一个或某一组典型人物身上的时候，这种戏剧冲突才能形成。一个戏剧作者的最主要的基本功，就在于在复杂纷纭的社会冲突中捕捉这一戏剧冲突。所谓“文章本天生，妙手偶得之”。这个“偶得之”并不是碰大运，而是长期思考，一旦领悟；是十月怀胎，一朝分娩。楚庄王重马轻人和忘恩负义如果不是碰到优孟这个典型人物是构不成戏剧冲突的。当然，光有优孟而没有楚庄王这个反面人物，也是一样。

若干年来，我们有许多剧本昙花一现，被人遗忘，就因为它没有真正的戏剧冲突，即无冲突或假冲突，违背了戏剧创作的基本规律。

这种无冲突或假冲突的例证很多。

其一曰："图解政策。"为了宣传某一政策，而并无生活基础，更无源于生活基础的戏剧冲突，于是安排甲、乙，一个正确，一个错误；一个拥护，一个反对。这是儿戏，不是戏剧。比如"除四害"时说麻雀是害鸟，作家大嚷大叫："要打麻雀！"后来又宣告麻雀无罪了，作家又说："麻雀要保护！"

其二曰："主题先行。"仿佛主题是天生的，而不是作家观察生活、理解生活的结果。行政领导一声号令，作家趋之若鹜。根据主题构思戏剧冲突；根据戏剧冲突安排人物；根据人物再赋予性格。完全颠倒了创作规律，但能满足某些领导的政治要求。

其三曰："误会法。"你也先进，我也先进，本无矛盾，何来冲突？于是你误会我，我误会你，吵闹不停，冲突不已，煞有介事，其实是贾门贾氏。戏剧情节中利用误会，未尝不可，《钦差大臣》就是好例子。但误会只能是种手段，用以揭示矛盾冲突；戏剧冲突建立在误会上，便是空中楼阁了。

这三种情况是常见的，也是"文化大革命"以前就存在的。它的存在，主观上是作者不懂或违背戏剧基本规律；客观上则是因为有些"棍子"在满天飞舞。"难道生活是这样的吗？"这就够了。于是一些富有戏剧冲突的好戏被扼杀了。

林彪、"四人帮"横行之日，话剧果真濒临灭亡了，全国只剩下从别人作品剽窃来的几个所谓样板戏。于是江青之流又在无冲突论或假冲突论中增加了新品种。故其四曰："三突出。""三突出"是愚昧无知、主观臆造的产品，它在创作实践上是危害无穷的。如果前三种无冲突论或假冲突论是不自觉地掩盖社会矛盾，"三突出"则是以创造"英雄人物"为名，公然否认社会矛盾的存在，从而取消戏剧冲突这一客观规律。它在政治上是为他们篡党夺权阴谋服务的。因此，在他们炮制的作品中，“英雄”的对立面只有一个：前期是“特务”，后期是“走资派”。前期的戏剧中，无戏无“特务”，“特务”满舞台。连反映我国人民伟大创造的长江大桥的剧本里，一度也非安上个“特务”不可。后期的戏剧中，不写“走资派”不能过关，于是“走资派”又“横行全国”。说江青之流的所谓“文艺”是“阴谋文艺”，谁曰不宜？

“四人帮”在政治上早被粉碎了，但他们的“阴谋文艺”的流毒远未肃清。最近某刊物发表的《向前看啊！文艺》和《“歌德”与“缺德”》，正是证明。因此，同学们如果有志于戏剧创作，首先第一条就是排除十七年中某些教条的束缚，特别是“阴谋文艺”所强加于人们的毒害，掌握戏剧创作的基本规律，即戏剧冲突。

第二个问题：戏，为什么一定要写戏剧冲突

戏剧是不是可以不写戏剧冲突呢？不行，有一种称之为“书斋剧”的，它并不要求上演，可以例外。但不能上演的就不该称之为剧，只能称之为“对话录”。剧本可以读，但它主要不是为了读而是为了演出。戏中没有冲突，让观众坐在台下只听几个人物在对话，行么？除非是关起铁门，否则观众是要走光了的。这是戏剧的特性。

但戏剧之必有戏剧冲突，主要还不在于它的特性。戏剧是社会生活的反映。社会生活中存在着各种矛盾冲突，戏剧就必须反映这种冲突。这又是文艺的共性。人类社会从古及今以至未来的共产主义社会，永远存在着斗争，存在着真、善、美与假、恶、丑的斗争。人类永存，戏剧也将永存。也就是说戏剧冲突的规律也将永存。

因此，戏剧冲突就不仅仅是个艺术问题，而且主要的是个对待生活现实的态度问题，是个政治问题。一个作家他可以深懂戏剧冲突的规律，把一个故事编得情节曲折，引人入胜，处处抓住戏剧冲突，扣人心弦，但他的戏剧冲突并不反映现实生活中的主要矛盾。那他算不算一个作家呢？我说这只能

算一个编剧匠人。因此，一个作家必须面对现实，正视矛盾，反映生活，干预生活，他才能成为人民的代言人，也就是党的代言人。《丹心谱》《有这样一个小院》以及《于无声处》可贵之处即在于此，所以它们才能唤起千百万人的共鸣。

一个真正的作家要有胆识。不仅要有政治远见，而且要有坚持真理的胆量。田汉同志在《谢瑶环》里引用了“民犹水也，可以载舟也可以覆舟”这句真理，才被迫害致死的，自然，没有这句话也难免于难。吴晗同志只因歌颂了历史上刚正不阿因而罢官的海瑞，便也含冤而逝。昆剧《十五贯》的改编者只不过讽刺了主观主义的典型过于执，被打成右派，含冤二十年！毛主席和周总理都肯定过《十五贯》，而且要全体公安干部都去看，叫大家不要学过于执。当时肃反没有扩大化，冤错案也比较少，恐怕《十五贯》是起了一定作用的。可是到了反右运动，过于执又多起来了。直到今天，过于执还是不少！“既然艳如桃李，焉能冷若冰霜?”主观主义的推论结果，便罗织成苏戌娟的冤狱。这样例子难道没有了？做一个作家就不遇到过于执这样人物?你怕不怕呢？怕，就不必干作家这行当！

在谈戏剧冲突的时候，还得附带谈一下典型问题。我们常说要在典型环境中写出典型性格来。因此，在我收到的青年来信中，不少人也都问：怎样才能刻画出人物的性格来?

这个问题好回答，也不好回答。

好回答的是：人物性格只有在戏剧冲突中创造。我前面说过，一个人突然掉进陷阱了。为了活命而挣扎搏斗，这便是戏。可是如何挣扎搏斗，是因各人的性格而异的。比如说吧，一个手持手枪的强盗闯进一间宿舍来，宿舍里的人们如何对待？必定是有的逃走，有的躲进床肚，有的挺身而出与之搏斗，有的去报警，有的全身发抖，说不定还有人下跪求饶……等等，不一而足。为什么呢？因为在紧急的生死关头，每个人都是使出全身本领来争取生存的。这全身本领就根据各人不同的出身、教养、阅历、年龄……等等，特别是不同的性格而各各不同的。所以要塑造人物的性格只有在戏剧冲突中塑造。离开戏剧冲突无法刻画人物的性格。反之，没有人物性格上的矛盾，也无从形成戏剧冲突。

说它不好回答，是因为戏剧中人物的性格不是由作者自己编造的，而是由作者对于各阶层各种人物长期观察所积累的成果。你除了深入生活，长期积累以外，别无良策。

观察人物，要养成习惯，要随时随地用眼睛看，用脑子想。回忆起 1966 年 9 月 14 日，我回北京后第一次被揪斗的情景是很有趣的。那天大会是斗争张天翼同志的，我不过是主要陪斗者，所以还可以偷偷地观察一切。这次大会最精彩处在于尾声。那天作协的头面人物以及有关人士都出席陪斗，济济一堂，好不热闹。所以群众提出要求，要各人一一登台亮相，“自报家门”。精彩就精彩于“自报家门”，这就是要我们这批“牛鬼蛇神”各自作“自我介绍”：姓甚名谁、出身什么家庭（自然要越反动越好）、自己所犯罪行（主要是在“文艺黑线”中的地位）等等。人是一个一个上台的，你看各人神态吧，有的老实低头，有的偷眼四顾，有的慌张，有的镇静，有的猥琐，有的还高视阔步，还有一位不住地揉肚子，大概出来慌张，忘了系裤带。到“自报家门”时，那更有学问了：是“反对学术权威”还是“走资派”还比较好划分。至于是“文艺黑线”的“执行者”还是“推行者”呢？是“文艺黑线”的“健将”呢还是“干将”呢？那是颇费推敲斟酌的，可又要群众通得过，自己吞得下。结果是各个不同，而又“恰如其分”。比如一位管行政的干部，并不管文艺，他自觉不够“干将”之类资格，便自称是“文艺黑线的黑爪牙”。这些人物都是我的朋友和熟人，仔细想想，他们亮相的姿态和自报家门的尺度，没有一个不同他们固有的性格相一致的。这也说明在“陷阱”之前（等于在戏剧冲突中），是各人按照各自性格在“表演”的。

所以，要问如何刻画人物性格，只有自己去观察、体验、思考，别人是回答不了的。

第三个问题：写戏是干什么的

文艺的作用是为了团结人民，教育人民，打击敌人，消灭敌人。戏剧自不例外。但作为一个剧作者，你自己是否因此就以人民的教育者自居呢？我看这不行。

过去旧社会，“唱戏的”叫做“吃开口饭”，他如果不能讨得观众的赏识，就没饭吃。为什么中国传统戏曲都有歌有舞，使人赏心悦目呢？我想其理由之一，便是它首先要娱乐观众。说起娱乐观众，恐怕我们许多新文艺工作者要大摇其头，甚至会骂娘的。但是且慢，据说鲁迅写《阿Q正传》时，首先读给他老太太听，老太太笑了，他才拿去发表。可见，鲁迅的作品也还是要娱乐观众的。娱乐观众这个词也许太刺伤一些人的自尊心，但演戏总得使观众笑或哭吧，总得要观众有所思考、有所奋发、有所爱憎吧？这叫做什么呢，叫做“共鸣”也可以，更好听些叫做“艺术感染”也可以。但我认为一个观众花了钱，去排队买票，甚至还要托人开后门才弄张票来看戏，总是为了娱乐来的。还没有听到一个观众说过，我花钱买票是为了去“共鸣”，为了去接受“感染”，更没听哪个观众看戏说是去“接受教育”的，听报告倒是接受教育的，可是见谁花钱买票？

我为什么要发这通感慨呢？这就是感慨于我们的剧作者太不尊重观众了。我们的剧作者每每是不自觉地以教育者自居，而把观众当小学生，比如说，对于过去的一段情节，作者通过这个人物说一遍，又通过那个人物说一遍，目的是说给观众听。其实观众早明白了，或者根本不需要你提醒他就会明白。更习见的是：作者通过人物之口，把作品的主题思想向观众说得清清楚楚，明明白白，一览无余。观众是有头脑的，他会思考；你什么都说了，还用观众去思考、去体会么？更何况有些作者所说的道理无非是从中央文件或者从《人民日报》抄来的，观众如果要听这大道理，会去读文件和报纸，何必到剧场来？总之，这样的作者是板起面孔以教育者自居的。可是你越摆教育家的架子，观众就越不买你的账。有人说：观众对于戏剧电影是用脚底板来批评的：他不用脚底板跑来买票，就是一种批评。但有些报刊，好像搞“安慰赛”，却拼命吹捧，这真是自欺欺人！我说，“票房价值论”是不全面的，但有一定道理。

还有种作者更可怜。这就是所谓“三结合”，“领导出思想，群众出生活，作家出笔”。一个作家可怜到没有思想，只成为领导的“打字机”和“传声筒”，这还何必要作家呢？这种“三结合”发展到顶峰，便是按照“长官意志”写作，于是就产生了“阴谋文艺”。作家，作家，在“四人帮”横行时代，无怪乎只有“小猫三只四只”了。

话说回来，还是谈娱乐。作家与观众的关系，不该是教育者与被教育者关系，也不必说买票看戏的买卖关系。那太庸俗了。那么说成平起平坐的朋友关系，该可以吧。共鸣也好，感染也好，总得是朋友才行。你作者的思想主题即使“金玉良言”，也还有个听得进听不进的问题。“良药苦口利于病，忠言逆耳利于行”，所以如今有些苦口良药也裹上糖衣。那么作者的忠言是不是也得讲个方法？比如优孟对于楚庄王两次所进的忠言就很讲方法。对于爱马之死，他先来个号啕大哭，以征服楚庄王之心，然后才点出重马轻人的“主题”。对于孙叔敖的事，他只扮演孙叔敖，用其声音笑貌引起庄王的怀念，然后用反语一激，庄王醒悟了，连主题也不用点。这就是方法。这方法就是先娱乐楚庄王。如果优孟不讲方法，直言无隐，对庄王指责一番。痛快是痛快，可惜优孟的脑袋要搬家。我们的观众呢，自然不会来砍作家的脑袋，但他总有个不动脚底板的权利吧，对你来个不领教，你又奈何于他？

说到这里，同学们也许明白我的用意了：我并不是反对戏剧的教育作用。敬爱的周恩来同志就一再说过：戏剧要寓教育于娱乐之中；文艺的教育作用和娱乐作用是辩证统一的。但从观众来说，他是为娱乐而来的。因此，一个作家——真正的人民作家也应该从观众的要求出发，首先考虑你的戏是否能娱乐观众。只有娱乐了观众才能达到教育目的。我们作家不是天天讲艺术么，所谓寓教育于娱乐之中，这就是艺术。艺术，艺术，艺而无术，将何从表现呢？

那么，强调娱乐性先于教育性，是不是等于强调艺术性先于政治性呢？那不是有悖于政治标准第一艺术标准第二的原则么？我说并不违背。政治标准第一，艺术标准第二，是文艺批评的标准，是衡量一部文艺作品的“定性”的标准。强调娱乐性先于教育性，强调艺术性先于政治性，是从一般读者、观众接受来讲的，是从作者对读者观众的艺术感染来讲的。而作者所创作出来的成果，还得以政治标准第一，艺术标准第二来衡量、检验的，有何违背之处呢？我们要求政治和艺术的统一，“要求革命的政治内容和尽可能完美的艺术形式的统一”。要求这种统一就要大处着眼，小处着手。革命的政治内容，没有尽可能完美的艺术形式是无从表现的。“缺乏艺术性的艺术品，无论政治上怎样进步，也是没有力量的。”毛泽东同志不早就警告过我们么？

“政治标准第一”，在林彪、“四人帮”横行之日早就被篡改为“政治标准唯一”了，“第二”自然不存在。艺术、艺术，名存实亡了！我在此大讲娱乐性，也许是危言耸听，言过其实。但我的本意不过是为艺术招魂而已！“艺术，艺术！魂兮归来！”

第四个问题：戏是应该歌颂光明呢，还是暴露黑暗呢

这个问题，毛主席早就有过定论了：“只有真正革命的文艺家才能正确地解决歌颂和暴露的问题。一切危害人民群众的黑暗势力必须暴露之，一切人民群众的革命斗争必须歌颂之，这就是革命文艺家的基本任务。”

但在创作实践中，并没有得到正确解决，特别是暴露问题。《组织部新来的青年人》《在桥梁工地上》等等所揭露的一点黑暗面，本来是“危害人民群众”的，但作品被错误地定为“毒草”。从此虽有革命的文艺家，也就无人问津了。在浮夸风盛行之后，赵树理同志仅仅从正面写了个《实干家潘永福》也不被容许。到“四人帮”之流横行之时，那就只许歌颂英雄，他们的词典里似乎已没有“黑暗”二字。但到“阴谋文学”盛行之日，他们又发现“黑暗”了。但那是和人民群众看法相颠倒的，他们所揭露的“黑暗”面，比如各式各样的“走资派”，正是和他们作殊死斗争的英雄，正是我们的光明面。

“四人帮”被粉碎，文艺得解放，一批青年作者冲破禁区，写出一些深得人心的小说和戏剧，不图从广州到上海，从石家庄到北京，又冲出几条好汉来，以“卫道者”自居，说什么要“向前看”，不要老“感伤”了；说什么如今还是应该“歌德”，并咒骂一些青年作者是“善于在阴湿的血污中闻腥的动物……倒是有点‘缺德’”云云。这是针对正在解放思想的文艺界，特别是青年文艺作者兜头泼来的冷水，是阴沟里冒出的阴风，企图把文艺再加上精神枷锁，送回到曾被禁锢的境地去！但我们青年剧作者是不是会被他们吓退呢？《有这样一个小院》和《未来在召唤》等等剧作，以作品本身作了回答！他们没有在“四人帮”造成的灾难面前闭上眼睛，他们更没有相信那种世外桃源的太平景象而盲目歌颂。他们大胆地暴露，暴露人民所痛恨的由“四人帮”造成的愚昧和黑暗，他们也歌颂，歌颂了与黑暗作斗争的英雄！而且他们完全按照戏剧的基本规律办事，在暴露黑暗的同时也歌颂了光明。因为戏剧在描写真、善、美和假、恶、丑的斗争中，总是把歌颂与暴露交织在一起，浑然一体，切断不开的！这是戏剧本身固有的规律。

但我对这几位好汉的咒骂，并不担心，却想起了某些好人的好心肠。这种好人是到处可见的，他们热心戏剧事业，也关心剧作者的培养和成长，但他们的好心没有好报，没有搞出什么好作品。这都是值得我们深思的问题。

无产阶级的文艺应服从无产阶级的政治，这是摆好了的位置，不能颠倒的，无产阶级的政治家和无产阶级文艺家也是应该一致的。但文艺界为什么还要喊文艺民主呢？这除了制度上、作风上一些问题以外，是否还有些思想方法上的矛盾呢？比如说，政治家观察生活一般是从全面看，综观全局。而一个作家观察生活，也应该看全面，看全局，但他职业的特殊性，使得他必须观察一个一个的人，一件一件的事。因此政治家每每看得宽阔，而作家却观察得细微。而且只有在他从一个个具体的人物的遭遇中才能产生激情，产生创作冲动，于是在二者理应一致的地方就不免有所矛盾。三十年来，政治与文艺有时很不协调，其故是否在此呢？这种不协调如果长期存在下去，是难以产生好作品和伟大作品的。我说的好人的好心肠就是这样。

解决之道，端在发扬文艺民主。只要把文艺的是非问题让人民去判断，让群众去检验，矛盾自会解决，文艺的繁荣也可迎刃而解。至于歌颂与暴露等等问题自然会在实践中得到正确的处理。

可是，发扬文艺民主，谈何容易？在周恩来同志文章发表之前，就有一片反对之声；发表之后，也不见民主马上降临文坛，而咒骂“缺德”与“动物”之声还到处可闻。文艺民主还有待争取，则歌颂与暴露问题，其实是“一切危害人民群众的黑暗势力必须暴露之”这个“基本任务”能否得到贯彻，恐怕还有待奋斗。你说官僚主义者是妨碍四化的绊脚石，他说这是极少数，不够典型；你说极左思潮还在危害人民，他说这是个别现象，不值得表现。如此等等，不胜枚举。作家也是不怕官，只怕管的。管得太严，只有减产以至停产。当然，这是没出息的。真正的革命的文艺家应该斗争！

同学们，请恕我话说远了。但是歌颂与暴露的问题，三十年来没有获得解决，而且走了一段回头路；近年以来，在实践中获得初步解决，但以后的道路也不会平坦，还要不断斗争。有志于戏剧创作的同学们是望而却步呢，还是知难而进？我想“初生之犊不怕虎”，希望在于青年。

要做一个真正的革命的文艺家，就必须坚持真理，敢于斗争。要写戏剧，就要面对现实，做人民的代言人，也是党的代言人，坚持四项原则，为实现四化而歌颂，为扫除妨碍“四化”前进的一切障碍——“四人帮”极左思潮潜伏在人们思想深处的黑暗，官僚主义的危害，特权思想的恶劣影响，等等，等等——而一一暴露之！歌颂光明与黑暗的斗争！这就是“基本任务”！

我只能讲这么四个小问题。《戏剧入门》之类东西是没有的，我只能给同学们指出戏剧的正门在那里。当然也附带地指出一些左道旁门，那是不能走的。至于怎样走进这个正门，以后又如何升堂入室，那是要用自己的脚去走，恕我不能奉陪。我在这里讲的四个小问题，不过是挂在大门上的四条入门前的“注意事项”而已。

（原载《群众论丛》1979 年创刊号）

李颀《杂兴》诗说

——《唐诗考索》之一

程千帆

《杂兴》是与王维、高适、岑参并称王、李、高、岑的盛唐诗人李颀集中为人所注目的诗篇之一。所咏本事见《晋书·温峤传》：

> （峤）旋于武昌，至牛渚矶，水深不可测。世云：其下多怪物。峤遂毁犀角而照之。须臾，见水族覆火，奇形异状，或乘马车著赤衣者。峤其夜梦人谓己曰："与君幽明道别，何意相照也！"意甚恶之。峤先有齿疾，至是，拔之，因中风，至镇，未旬而卒。

最早谈到这篇诗的，是诗人杰出的晚辈白居易。《白氏长庆集》卷一五，《放言》五首序云：

> 元九在江陵时，有《放言》长句诗五首，韵高而体律，意古而词新。余每咏之，甚觉有味。[①] 虽前辈深于诗者，未有此作。唯李颀有云："济水至清河自浊，[②] 周公大圣接舆狂。"斯句近之矣。

宋计有功编《唐诗纪事》卷二〇"李颀"条下收录了这个材料，但无所发明。到了晚清，文廷式在《纯常子枝语》卷六中也自称最喜白居易所提到的那两句，说是"别有神会，非徒摘句嗟赏而已"。评价虽高，可惜没有说出

---

① 元稹《放言》七律五首，见《元氏长庆集》卷一八。
② "至"，《全唐诗》李集及各选本均作"自"，当据正。

个所以然。与文氏同时的王闿运才对这篇诗作了比较详细而深刻的阐发，见王氏弟子陈兆奎编的《王志》卷二《论歌行运用之妙，答（陈）完夫问》条。今全录如下，以便讨论。

沉沉牛渚矶，旧说多灵怪。行人夜秉生犀烛，洞照洪深辟滂湃。乘车驾马往复旋，赤绂朱冠何伟然！波惊海若潜幽石，龙抱胡髯卧黑泉。水濑丈人曾有语，物或恶之当害汝。武昌妖梦果为灾，百代英威埋鬼府。

以上平叙，咏史常例。

青青兰艾本殊香，

入正意，却用兰艾，与题无干。此作者之意，以喻小人不可极之耳。然于文势极突兀，有辟易万人之概，盛唐以后，无此接法，专恐人不知耳，便无诗意。

察见泉鱼固不祥。

挽入本意，引古语作证。此亦善用典。[①]

济水自清河自浊，周公大圣接舆狂。

小时见元微之举此二句，以为古今诗人不能复下语，心窃疑之。[②] 及后尽学三唐及六朝歌行，乃知此二句神力，所谓千里黄河与泥沙俱下；只是将不相干话从容说来，如恰合题分也。（并非恰合，故特加"如"）前乎此者，如《古剑篇》"正逢天下无风尘"四句，《春江花月夜》"此时相望不相闻"四句；后乎此者，《远别离》"海水直下万里深"二句，《白头吟》"此时阿娇……"一句，《江夏赠韦冰》"头陀云月……"四句，皆是此法门。若杜诗此等处尤多，然不免拉扯形迹，由其天分不及故耳。若韩退之以后，则乱道矣。卢同、刘

---

① 我国文学中所谓典，大体上包括成语和故事两个方面。这句诗是运用了一句古代成语，所以说是"用典"。《列子·说符篇》："察见渊鱼者不祥"。《韩非子·说林上篇》引古谚作"知渊中之鱼者不祥。"《史记》及《汉书》的《吴王濞传》均作"察见渊中鱼，不祥"。改"渊"为"泉"，是避唐高祖李渊的讳。

② 遍检《元氏长庆集》及另外一些资料，没有查到元稹关于《杂兴》一诗的评论。可能是王闿运误记，将白居易当作了元稹。俟再考。

又亦时得之；而微之《望云骓》诗专摸此意，亦自从横开合，不可方物。要归于清谈挥麈，无一毫作态，乃为佳耳。然微之称此二句本意则是取其说理，又便其不拘检，与己意合，非知此诗之境者。何以知之？以其五言知之。盖五言亦有此一境，而元、白全未梦及也。以其知此二句之妙，故歌行颇跌宕舒卷。

千年魑魅逢华表，九日茱萸作佩囊。

再足两句，挽入本意，亦不可少。

善恶死生齐一贯，只应斗酒任苍苍。

右李东川《杂兴》诗，歌行之极轨也。其余名篇，了然易见，唯此不易知也。余平生数四拟之，唯《回马岭柏树歌》稍似，附录于后：

泰山兮巃嵸，下宜柏兮上宜松。松是仙人家，柏作神鬼宫。秦皇昔日无仙才，欲攀松树望蓬莱。飘风骤雨不能下，独立徘徊一松下。后来封禅凡几君，时君无德况群臣。霍家都尉死山顶，汉武匆匆旋玉轮。自此群臣陪法驾，行到松前尽回马。南看十里柏阴阴，肃肃泠泠无妄心。乘舆去后此阴在，士女时来听玉琴。我昔南行桂阳道，参天翠柏如云扫。株株自谓栋梁材，千年枉向荒山老。岂知此山百万株，云间各有神明扶。八十七君屡兴废，明堂梁栋皆丘虚。从臣同来见此柏，亦言名字垂金石。当时解笑秦汉君，今日几人如李霍。龙藏麟见古今殊，大圣栖栖非小儒。颍水牵牛渭投钓，阿衡负鼎闵怀珠。社栎十围欺匠石，卞珪三刖困泥涂。日暮长风送归客，且从松子访盈虚。

杜诗："宫中圣人奏云门，天下朋友皆胶漆。"钟敬伯以为"'孔硕'、'肆好'之音。"① 心、琴二韵，可以相比，亦东川别派也。

在这条答问里，王闿运着重地解释了《杂兴》在艺术表现手法上的特色，即他所谓"不易知"之"一境"，也捎带着提出了另外一些关于诗歌的意见。对于后者，在这篇短文里不准备多涉及，因为对于理解《杂兴》的表

① 杜甫诗见《忆昔》二首之二，钟惺评见《唐诗归》卷二〇。

现手法来说，捎带着提出的意见是无关紧要的；同时，其中有些问题，例如古典作家们运用这一手法的优劣如何，又不是三言两语可以说得清楚的。

王氏及其弟子还有一些泛论李颀七言歌行的话，对我们剖析《杂兴》的艺术特色及王氏对它的评论是有帮助的。如王简编《湘绮楼说诗》卷三：

宋人虽跅弛如苏、黄，颓放如杨、陆，未有能泥沙俱下者。前唯李东川之歌行、陆士衡之五言足当此四字，而格调迥超，不露筋骨。

《王志》卷二，《论唐诗诸家源流·答陈完夫问》条附陈兆奎按语：

若夫雍容包举，跌宕生姿，则东川独擅矣。

宋育仁《三唐诗品》卷二，李颀条：

七言，变离开阖，转接奇横。沈郁之思，出以明秀。

概括以上的意见，可以知道，王氏师弟一致认为：李颀的七言歌行在艺术上具有如下的两个基本特征，一是夭矫多姿，即所谓“文势突兀”“泥沙俱下”“跌宕生姿”“变离开阖，转接奇横”；二是自然合度，即所谓“从容说来”“雍容包举”“不露筋骨”“无一毫作态”“不拉扯形迹”。而这两个特征，又是高度地、有机地统一在每一篇成功的诗作之中的。这些意见，我们认为，是符合实际的。李颀的七言歌行，确实具有这种艺术特征，而《杂兴》一诗，对于这种特征说来，又具有其代表性。

毋庸置疑，夭矫多姿和自然合度的有机统一这种艺术特征，并不只是李颀一个人所追求和具有的。许多杰出诗人的作品都具有这种特征。并且，由于他们是从各人对于生活的富有独创性的观察、体验、分析、研究出发以进行其创作，也就不可避免地同时形成了自己的对于生活的富有独创性的表现手法，所以构成这种艺术特征的方式方法也是因人而异，甚至是因篇而异的。《杂兴》通过关于晋代一位著名人物的神奇传说的感兴，表达了诗人“善恶死生齐一贯，只应斗酒任苍苍”的道家思想。为了充分抒发这种思想，他选择了自然界和人类社会中许多相反而并存的事物、现象作为素材，写成诗句，来服务于主题。从“青青兰艾本殊香”以下，既是比喻，又是议论；既相反，又相成。是议论，但不是出之以抽象的说理，而是出之以具体的比喻；是比喻，但不是出之以牵强的拉扯，而是出之以活跃的联想。深沉而又奔放的思想感情和生动而又丰富的联想相结合，就使得这几句诗起得突兀，收得斩截；既夭矫，又自然，从而形成了全诗的特色。

但如王闿运所举与李诗同一“法门”的另外一些名篇，其机杼就并不全是这样的。郭元振《古剑篇》一起八句，极力形容宝剑之犀利贵重，却忽然接以“正逢天下无风尘，幸得周防君子身”两句，表面上是在说剑的“幸”，实际上正是诗人在倾吐着英雄人物生不逢时的不幸。再接上“精光黯黯青蛇色，文章片片绿龟鳞”两句，则对于宝剑进一步作了正面的补充描写。张若虚《春江花月夜》是一篇富有魅力的春之颂歌。在歌颂美丽的春天的同时，诗人也以高度的同情代人们诉说了离情别绪。“此时相望不相闻，愿逐月华流照君。鸿雁长飞光不度，鱼龙潜跃水成文”四句，便是对于离人思妇的内心活动的精确描绘。据古代传说，鸿雁和鱼都能给人捎信（龙在这里只是为了和鸿雁两字相对成文才加上的），但事实上，远走高飞的鸿雁并不能将楼前的月光带给离人（这月光中蕴藏着一个女子对于一个男子的怀念），而暗暗跳起的鱼儿，也不过使水面摇荡着波纹，并没有给人捎个信儿。那么，“愿逐月华流照君”就终于不能不是无从实现的痴想了。这种内心描写是复杂而委婉的，一波三折的，新鲜而又合情合理的。再就王氏所举的李白诗三篇而论，虽然它们出自同一作家之手，表现方式也各不相同。《远别离》的“海水直下万里深，谁人不言此离苦”两句是先以一个非常巨大的形象作为暗喻，然后才说明本意。这就使读者感到意外，觉得有力。《白头吟》本是咏叹卓文君和司马相如这个古代著名的恋爱故事的，一起六句却避免直接接触本题，但以鸳鸯起兴。下面似乎该着题了，却又节外生枝，岔进“此时阿娇正娇妒”一句，阑入长门买赋的故事，并且凭空创造了一个情节，说司马相如之所以想聘茂陵女子为妾，是因为卖赋给陈皇后以后，有了很多黄金的缘故。这样，就丰富了这个悲剧的内容①，使人们十分自然地更其关注和同情卓文君的命运。《江夏赠韦南陵冰》本是诗人遇赦东还，重逢旧友，悲喜交萦之作。然而在称道“风流贤主人”之后，继以“头陀云月多僧气，山水何尝称人意。不然鸣笳按鼓戏沧流，呼取江南女儿歌棹讴”，又似乎当前风物，一无可取，也无从借以解闷宽忧了。在诗篇终了时，诗人又再度出人意外地来了一个反跌，以“且须歌舞宽离忧”结束。总的说来，这种情绪上的剧烈变化，虽然不免使人感到意外，却并不是难以接受的。

为了减省笔墨，对王闿运所举其他诗人具有这一“法门”的一些作品，就不再举例加以分析。应当指出的是，郭、张、二李的这些诗篇，都具有夭矫多姿和自然合度的有机统一这个艺术的特征。用王氏的话来说，就是既是“从横开合，不可方物”，又能“清谈挥麈，无一毫作态”。同时，更值得注意的是，这些诗人们并不是在互相剽袭，用同一表现手法获得这种特征；反之，却是每一个人都是用自己独特的方式来获得的。杰出的诗人不重复别人，伟大的诗人甚至不重复自己，在这里，我们又一次得到证明。只有王氏自认为“稍似”《杂兴》的《回马岭柏树歌》，“龙藏麟见古今殊”以下六句，显然是《杂兴》“青青兰艾本殊香”以下六句亦步亦趋的摹仿。费尽心力，去造作假古董，乃是王闿运在写作上一向努力走着的魔道。因此，虽然由于他对古典诗歌曾经反复钻研从而具有一定深度的理解，在创作上却始终走不出那条死胡同，因而其作品就始终只能追随前人，而不能跨越前人。这是应当“分别观之”的。

每一位诗人都可以而且应当用自己独特的表现手法来获得夭矫多姿和自然合度的有机统一这种艺术特征，这是肯定的。但同时，还应当进一步地指出：和任何其他艺术特征、风格、手法的获得一样，首先必须深入生活，学习生活。从以上所举的一些例子当中，我们可以看出，诗人们通常是利用丰

---

① 元好问《遗山乐府》卷下，［鹧鸪天］《薄命妾辞》三首之三有句云：“早教会得琴心了，醉尽长门买赋金”，证明他对于李白《白头吟》的理解是深刻的。

富而奇妙的联想来进行构思和描绘的。这样，就往往使其作品显得奇横变幻，难以捉摸，给读者以出乎意外的感受和喜悦。这只有熟悉了自然和社会、往古与来今，并且发现了、掌握了它们之间的内在的和外在的联系和异同，才有可能。也只有这样，才能使得那些联想符合于现实的和可能的生活实际。它们可以是新奇的，然而并非是人们所不能理解的；可以是辽远的，然而并非是人们所无从设想的。否则，就无法自然合度，而只能算是“拉扯形迹”，甚至于是“乱道”了。既在意料之外，又合乎情理之中的联想，在创作中，是只有既根据于现实生活，又不为生活的表面现象所局限，才能够丰富地采获，从而恰如其分地加以表达的。

疏证了王闿运对于《杂兴》的解释和评价以后，对于前引白居易对“济水自清河自浊，周公大圣接舆狂”两句赞为“韵高而体律，意古而词新”，就比较容易理会了。所谓“韵”，指诗中风韵，即风格而言。如王氏所说，这两句诗是具有“千里黄河与泥沙俱下，只是将不相干话从容说来，如恰合题分”的气概的。这就必然会给人以风格高迈，不同凡响的感觉。所谓“体”，是指诗的体制而言。这两句诗的声律与七律平起式的第二联或仄起式的第三联完全符合，一览可知：而在长篇转韵的杂言或七言古诗中间以律句，则是长庆体构成悦耳音节的艺术手段上一个久已公开的秘密。正由于李颀在《杂兴》的这两句中也体现了这一点，所以白居易在赞赏元稹《放言》为“体律”时，也就无妨引以为比了。“意古”指诗中所写的道家委心任运，各遂其性，各全其天的思想，由来已久；“词新”则指其中由巧妙的联想所构成的比喻新异动人。白居易这两句话主要地是用以评论元稹的《放言》，但既引李诗来相比况，也就证明了《杂兴》这两句也同样具备着这样一些特点。这个评语在李诗方面的具体涵义，大略如此。它和《王志》所说，是可以互相沟通和补充的。

关于李颀的生平事迹，今日所知无多。[①] 但依据他的交游和作品，可以断定，他一生中多数的岁月是在八世纪上半期，即唐玄宗开元、天宝时代度过

① 请参阅谭优学《李颀行年考》，载《西南师院学报》（哲学社会科学版）1979 年第 3 期。

的。这个文学史上习惯地称之为盛唐的时代，正是唐代封建经济已经发达到了顶点的时代。在表面上，这个历史时代的社会、政治、文化生活，都显得十分活跃，绚烂多彩。然而也就是在这件五光十色的外衣里面，错综复杂的阶级矛盾和种族矛盾正在日积月累地孕育着，生长着，发展着。这种巨大的社会现实，不可能不在诗人们的生活和创作中反映出来。在盛唐诗坛上流行着、激荡着的浪漫主义精神，就是当时社会矛盾的集中反映。在李白、杜甫、王维、王昌龄、高适、岑参、李颀以及其他许多著名诗人的生活和创作中，我们不仅看到了现实主义精神和浪漫主义精神往往同时可是又在不同比例、不同程度上既支配着他们每一个人的生活态度，也支配着他们每一个人的美学观点和创作方法；同样地，积极的浪漫主义精神和消极的浪漫主义精神也往往同时而又在不同比例、不同程度上支配着他们每一个人的生活和艺术。立功边塞与归隐山林是盛唐具有浪漫主义气质和色彩的诗人们所共同喜爱的，因而可以说是在那一个历史时代里具有普遍性的主题。一般地说，我们可以认为：诗人们积极的浪漫主义精神主要地是通过前者而体现的，其消极的浪漫主义精神则主要地是通过后者而体现的。立功边塞与归隐山林、儒家的用世思想与佛道的出世思想……以及其他许多矛盾，在诗人们思想、感情和创作实践中的对立和统一，就使得他们在其艺术上也呈现了非常复杂的声音、颜色、情调、气氛。我们在评价李颀的时候，当然不会，也不应当忘记他那些面对现实的以及具有进取精神与健康情调的作品，如《古从军行》《古意》《送陈章甫》《别梁锽》等名篇，但同时，更不应当忽视这样一个更其基本的和重要的事实，即从他现存的全部作品看来，出世思想确实是占着主导地位的，消极的浪漫主义精神是更为浓重的。殷璠《河岳英灵集》卷上已经指出：

> 颀诗发调既清，修词亦秀，杂歌咸善，玄理最长。故其论道家往往高于众作。①

① “故其论道家”，《四部丛刊》影明本《河岳英灵集》作“故论其数家”，不甚可解，今从《唐诗纪事》卷二〇所引。

殷璠对李颀的称颂，在今天看来，恰好击中了他的创作内容方面的主要弱点。

还应当注意到，李颀作品中所反映的，受着自己阶级意识支配、失意环境刺激以及道家思想熏陶而形成的落后的世界观，往往伴随着愤慨的激情，以变化跳脱、奔放流转因而令人感到富有气势的文学语言表达出来。这就使读者容易为其作品表面上的悲壮慷慨所吸引，因而放松了对于存在于其骨子里的消极颓废的思想感情的警惕。近年来所出版的几部中国文学史，对这位诗人都只作了近于全盘肯定的介绍，和上述这种认识不能说没有关系。

《杂兴》显然是通过一个古代神奇传说宣传了为诗人自己所已接受了的道家的宿命论和唯天是非观，虽然在表现手法上，它有其独特的成就。我们在肯定这篇作品艺术成就的同时，指出它在内容上带有根本性的缺点，是十分必要的。

对于这样一篇在思想上存在着根本性的缺点而在艺术上却具有独特成就的作品进行了一些肤浅的探索，主要的是受到高尔基的启发。在《论文学》一文中，这位大师教导说：

> 不仅要向古典作家学习，而且也要向敌人学习，如果这敌人是聪明的话。学习并不就是模仿什么，而是要精通技术的方法。……在对于向古典作家学习的恐惧中，有一种可笑的观念，仿佛害怕古典作家会抓着学生的腿，拖到自己的坟墓中去似的。①

在今天，我们有毛泽东文艺思想和党的文艺政策的正确指导，在研究工作中，我们兢兢业业地遵循着这些指导，应当不必过于对古典作家将我们拖进他们的坟墓中去的可能性抱着“因噎废食”的戒心了；反之，却需要以“不入虎穴，焉得虎子”的精神来钻研古典作家和作品，使得一切有价值的遗

---

① 《论文学》的译文载《人民文学》1953 年 7、8 月号。

产都用来为今天服务——古为今用。学习他们和它们，正是为了要超过他们和它们。李颀是一位公认的古典作家，就《杂兴》一篇的思想与艺术而论，他也不失为一个聪明的敌人。这篇短文，就算是个人向敌人学习的一次尝试吧。

（原载《群众论丛》1979 年创刊号）

中日友好与鉴真东渡

卞孝萱

安置在日本奈良唐招提寺的乾漆、夹纻“鉴真和上坐像”，是鉴真圆寂之前，门徒们为师父的模影写真。这个坐像“顶骨秀，颧骨张，鼻梁高，唇紧闭，静含睑，浮微笑”，是日本现存的最古老、最优秀的肖像，是日本的国宝。不久，日本友人将护送“鉴真和上坐像”回中国探亲。凡是关心这件事的人，都想知道一下中日友好的历史与鉴真和尚的生平。

一

中国与日本，虽然隔着汪洋大海，但早在公元以前，两国就有了联系。《汉书》说：“乐浪海中有倭人，分为百余国，以岁时来献见云。”这是中国史籍对日本列岛的最早记载。所谓“百余国”，大约是指九州族长们统治的部落。《后汉书》说，“建武中元二年，倭奴国奉贡朝贺”，“光武赐以印绶”。东汉建武中元二年是公元57年，这是有确凿年代可考的最早的一次中日交往。日本已发现“汉委奴国王”金印，证实了中国史籍的记载。《三国志》记载倭女王国与魏通好，公元238（9）年，魏赐以“亲魏倭王”的称号和金印，并于公元240年派遣官吏“奉诏书印绶诣倭国”。这是中国使者赴日的最早记载。以上是日本“自辽东而来”的时期。日本出土的文物，有王莽铸造的“货泉”，刻着东汉中平年号的铁制大刀，刻着魏景初年号的铜镜等，都是这一时期中日文化交流的实证。

公元五世纪，中国处于南北朝对峙的局面。日本与南朝通聘。在《宋书》

《南齐书》《梁书》以及《南史》中都有记载。这是日本“从南道”而来的时期。中国的史籍，如《北史》，只说“江左历晋、宋、齐、梁，（倭国）朝聘不绝”；据日本学者研究，日本古坟时代的埴轮土偶中，有些男女装束与中国北方某些民族大体相同，由此可见，这时日本与北朝也有交流。

日本与中国有了接触以后，先进的中国的政治、经济、文化，对日本具有极大的吸引力。五代倭王——赞、珍、济、兴、武（相当于仁德或应神、反正、允恭、安康、雄略五代天皇）都向南朝的宋遣使求封。公元 478 年，倭王武写给宋顺帝的信中说：“自昔祖祢，躬擐甲胄，跋涉山川，不遑宁处。东征毛人五十五国，西服众夷六十六国，渡平海北九十五国。王道融泰，廓土遐畿，累叶朝宗，不愆于岁。”他在介绍“廓土”（日本统一）的同时，强调“朝宗”（日本与中国通好）的意义，正反映了日本向中国学习的强烈要求。

据日本史籍记载，四世纪末，有“秦人”“汉人”从朝鲜半岛移居日本。五、六世纪，又有中国人继续来日，称为“新汉”（区别于以前的“汉人”）。“吴人”大多是日本统治者从南朝聘请去的各种工匠。他们都带去了中国先进的农业、手工业生产技术。

汉文书籍，最早从朝鲜半岛传入日本。“秦人”“汉人”“新汉”“吴人”在日本安家落户以后，对日本人民学习汉文，更有直接的帮助。在大和国的统治机构中，就吸收了移居日本的中国人参加工作。倭王派遣到南朝的使者，多精通汉语。

公元 593 年，日本推古天皇（女）以圣德太子摄政。公元 604 年，实行“冠位十二阶”，颁布宪法十七条。“国靡二君，民无两主，率土兆民，以王为主”，明文规定了天皇的地位。这是长期以来，中国的思想文化不断传入日本所产生的影响。为了更多地吸取中国文化和生产技术，圣德太子决定向隋派遣使团，并派遣留学生、学问僧随着同来。有的留学生于隋末来中国，唐初回日本，他们把隋、唐的律令制度介绍到日本，在“大化革新”中起了重大的作用。

唐代是中日文化交流的最盛时代。自公元630年至公元894年，日本共派“遣唐使”十九次。其中，一次是迎接日本使臣回国，三次是护送唐朝使臣返华，有两次任命以后未出发，实际是十三次。日本文武天皇至孝谦天皇（女），正当唐中宗至玄宗的五十年间所派出的四次“遣唐使”，规模最大。这时，“遣唐使”的组织，一般有“大使”“副使”“判官”“录事”四等官，选择“博通经史，文艺优秀，熟悉唐之情形者”担任。使团中，有管理船、修理船及划船的“知乘船事”“造舶都匠”“船师”“船匠”“柂师”“水手长”“水手”；有“医师”；有做保卫工作的“射手”；有“翻译”；有做记录工作的“史生”；有祈祷安全的“主神”“阴阳师”“卜部”；有既为使团工作，也入唐学习的“画师”“音乐长”“音声生”“玉生”“锻生”“铸生”“细工生”；还有专为入唐请益的留学生、学问僧。总数约五百人。当时有南、北两条航线，初期的“遣唐使”多走北路。北路比较安全。七世纪末叶以后，由于朝鲜半岛局势的变化，不得不改走南路。南路有波涛之险，又因尚未完全掌握季节风的知识，所以几乎每次“遣唐使”的船都有遭遇风浪而漂流、沉没的。但日本不顾危险，仍然不断派出“遣唐使”，说明当时日本在政治、经济、文化等方面都有向中国学习的迫切需要。

“遣唐使”一行到达中国后，唐人以礼相待。唐鸿胪寺下设典客署，主管迎送、接待外国使者。唐朝水陆路都设有驿、馆，外国使者凭“始至之州”所给的“边牒”，享受乘船、乘马和在驿、馆食宿的待遇。公元八、九世纪时，唐朝对“遣唐使”一行中来长安的人，自判官至水手，每人每年赠绢五匹，作为生活费用。

“遣唐使”还起了贸易使团的作用。他们从日本带来各种特产，从中国买回他们所需要的货物，活跃了两国之间的经济交流。

“遣唐使”在唐，一般是一年左右。留学生、学问僧在唐，少则数年，多则数十年。他们对密切中日联系，促进文化交流，都作出了重要贡献。

在这一时期内，由于日本“遣唐使”、留学生和学问僧回国以后积极传播唐朝的文明，从都城的建设，职官的设置，法律的制定，直到文化教育、科学技术以及人民生活等方面，都学习中国，融为己有。

日本在大化革新以前，经常迁都。自从接受中国制度以后，就改变了这一传统。公元694年、710年、794年，日本先后在奈良、京都建成了藤原京、平城京、平安京。这三个都城，虽然大小不同，但都模仿唐朝的长安。用砖瓦建筑的宫殿、寺院、官衙和私人住宅，左右对称，完全唐式。

日本在大化革新及其以后的一段时间内，经济方面：仿效唐制，实行班田收授制和租庸调法。政治方面：在中央，设神祇官、太政官两个机构。太政官置太政大臣和左右大臣，总揽政务，以大纳言副之。下设少纳言和左、右辨官。左辨官下设中务、式部、治部、民部四省，右辨官下设兵部、刑部、大藏、宫内四省。此外，还设弹正台、五卫府等机构。取法于唐，又适合日本国情。在地方，模仿中国的郡县制，设国、郡、里等各级行政组织。法律方面：日本分刑法为笞、杖、徒、流、死五等，又有六议、八虑，均由唐之五刑、八议、十恶蜕化而出。文化方面：日本称汉字为“真名”。从五世纪起，以汉字为音符来表示日语，称为“万叶假名”。到九世纪晚期，出现了取自楷书体汉字偏旁的“片假名”和取自草书体汉字的“平假名”。这是日本正式有文字的开始。日本使用许多汉字词汇，日语语法也受到汉语的影响。空海编《篆隶万象名义》，是日本的第一部汉字字典。教育方面：在中央，设大学寮，隶属式部省，主要招收贵族官僚子弟。在地方，设国学，隶属于国司，教育各地人才。大学寮的课程，有研究《周易》《尚书》《毛诗》《周礼》《仪礼》《礼记》《春秋》《左传》《论语》《孝经》之明经道，研究《尔雅》《史记》《汉书》《后汉书》《晋书》《文选》之纪传道等。与唐之学制，几乎一样。生产技术方面：公元829年，日本仿效中国制造手推、脚踏、牛拉等各种类型的水车。唐朝的冶炼技术传入日本，称为“唐锻冶”。唐代金银平脱，螺钿、蜡缬、夹缬等技术也都传入日本。“唐攫”“唐锄”“唐锹”“唐织”“唐纸”等名称，不断在日本的语言中出现。唐朝先进的农业、手工业生产技术，受到日本人民的欢迎，并被普遍采用。

另外，唐朝的历法、医学、文学、史学、书法、绘画、音乐、围棋等都给日本以很大的影响。乃至日本人的饮食、服装和日常生活，迄今还保留唐朝的某些风尚。

唐朝诗人王维在《送秘书晁监还日本国》诗的序中说："海东国，日本为大，服圣人之训，有君子之风，正朔本乎夏时，衣裳同乎汉制。"这一段话，概括了当时日本受唐朝影响的情况。又说："我无尔诈，尔无我虞，彼以好来，废关弛禁，上敷文教，虚至实归，故人民杂居，往来如市。"这一段话，表达了当时中日两国亲如一家的友谊。正是在中日文化交流达到高峰的历史条件下，出现了鉴真一行的东渡。

当然，作为佛教徒的鉴真，其东渡，还有宗教上的原因。

日本统治者为适应其经济基础和强化其统治秩序的需要，大力提倡佛教。一批一批的学问僧，从中国带回大量的佛像、佛教经典以及唐人关于佛经的注疏。日本佛教的传播，主要是依据这些汉译佛经和唐人著述而进行的。圣武天皇仿照唐制，在各地建立"金光明四天王护国寺"（国分寺）和"法华灭罪寺"（国分尼寺），还在奈良东大寺建立大佛，想用国家制定的授戒制度，控制僧尼的剃度、受戒，以摧毁"私度""自度"，把整个佛教事业掌握在朝廷手中。由于没有高僧主持其事，这套计划只得搁置起来。

受到唐朝佛教影响的日本僧尼，也迫切需要戒律。例如："隆尊常造玄门，叹无戒足：欲度旷野，叹无良伴；欲渡瑶涧，叹无舟楫；欲涉炎陆，叹无义井；欲行远道，叹无旅亭；于黑月夜，叹无庭燎；于暗室内，叹无灯明。如佛所言，自未得度，愿前度人。"① 在这种情况下，由隆尊提出申请，经舍人亲王同意，到中国来招聘戒师。

公元739年，入唐学习的日本僧荣睿、普照，负有寻访、迎请精通戒律的高僧东渡传法的重要使命。他们请了道王璇，仍不满足，踏遍芒鞋，终于找到了鉴真。

① 本文引用思托《延历僧录》、淡海三船《唐大和尚东征传》，参考汪向荣校本。

二

鉴真和尚（公元688—763年），俗姓淳于。唐扬州江阳县人。他的父亲是个信仰佛教、没有出家的“居士”。生长在这样家庭环境中的鉴真，自小就受到浓厚的宗教影响。公元701年，十四岁的鉴真，在一次跟随父亲到大云寺（后改名龙兴寺）巡礼以后，向父亲提出出家的请求。他父亲立即允许。大云寺的智满禅师也同意收鉴真为门徒。从这时起，鉴真就在大云寺做沙弥。

公元705年，道岸律师为十八岁的鉴真授“菩萨戒”。这个青年和尚所表现出的第一个特点是好学不倦的精神。他如饥似渴地钻研佛教经典，感到在扬州听讲还不能满足他的求知欲望，于公元707年远游东、西两京——洛阳与长安，继续深造。

公元708年，鉴真在长安实际寺从弘景律师受“具足戒”。他在两京住了好几年。先从融济律师学《南山律钞》《业疏》《轻重仪》等。又听西京禅定寺义威律师，西明寺远智律师，东京授记寺全修、慧策二律师讲《律钞》各一遍。后随西京观音寺大亮律师听讲《砺疏》五遍。鉴真学习相部大疏共九遍，融合各家的长处，构成自己的见解，成为律宗的大师。

鉴真的第二个特点是追求多方面的技能。他在东、西两京，不仅埋头钻研律学，还注意到佛教的其他方面。例如，当时两京佛寺的建筑，佛像的雕塑与绘画，都具有较高的艺术水平，他随时随地留心观察，多所领悟。

佛教有“声明”“工巧明”“医方明”“因明”“内明”的五明之学。其中“医方明”与群众的关系较为密切。鉴真刻苦学习医药卫生知识，取得突出的成就。

鉴真的第三个特点是到最需要他的地方去，做更多的事。他学成以后，毫不留恋两京，而是返回扬州。因为两京高僧很多，建筑、雕塑、医药等方面的人才也不缺乏，比较起来，回到扬州，有更多的事可做。《唐大和上东征传》记载鉴真回乡以后、赴日之前的主要活动为：前后讲《四分律》及《四分律疏》四十遍，《四分律抄》七十遍，《轻重仪》《羯摩疏》各十遍；修造佛寺八十余所，造佛菩萨像无数；写一切经三部，各一万一千卷；度人授戒四万余；以及“开悲田而救济贫病，启敬田而供养三宝”等。这样不辞劳苦、始终不懈地从事各种活动，在佛教徒中实在是很少见的。《唐大和上东征传》说：“淮南江左持净戒者，唯大和上独秀无伦，道俗归心，仰为授戒大师。”鉴真在当时的僧俗中享有这样崇高的声誉，不是轻易所能得到的。

鉴真的第四个特点是具有顽强的、百折不回的毅力。公元742年冬，荣睿、普照到扬州大明寺拜见鉴真，迎请鉴真到日本传律授戒。鉴真感到这两个日本和尚词意恳挚，联想到中国民间关于南岳慧思禅师转生为日本王子，“兴隆佛法，济度众生”的传说，又想到日本长屋王子“崇敬佛法”，远赠千领袈裟给中国僧众，“共结来缘”的故事，愿意前往，便问众僧：“谁有应此远请向日本国传法者乎？”众僧沉默。过了一会儿，祥彦回答：“彼国太远，生命难存，沧海淼漫，百无一至。人生难得，中国难生，进修未备，道果未克，是故众僧咸默无对而已。”鉴真听了这一番话，觉得众僧有畏难情绪，便斩钉截铁地说：“是为法事也！何惜生命？诸人不去，我即去耳！”在鉴真这种忘我精神的感召之下，立刻就有祥彦、思托等二十一人愿意跟随前往。从此，谱写出鉴真一行出生入死，六次东渡，经过十二年才到达日本的壮丽诗篇。

第一次东渡

在愿意跟随鉴真东渡的人中，道航是鉴真的门徒，又是宰相李林甫之兄李林宗的“家僧”。荣睿、普照通过道航的引荐而认识鉴真；又通过道航的关系，拿到李林甫的介绍信，获得在扬州打造海船的便利。如海是个品行不端的高丽僧。正当荣睿、普照、道航等做好航海的准备工作，等待出发之时，如海向官府诬告他们是一群海盗。他们被逮捕了。冤案虽然查清，如海虽然受惩，荣睿、普照、道航等虽然释放，但鉴真第一次东渡的计划，却因这场意外的纠纷，被破坏了。

第二次东渡

本来愿意跟随鉴真东渡的人，经过一次挫折，有的人退缩了。荣睿、普照不免着慌，找鉴真“计量”。鉴真鼓励二人说：“不须愁！宜求方便，必遂本愿。”二人听了很高兴，又作渡海准备。原来打造的船，已被官府没收，鉴真出钱买了一条军舟。公元 743 年 12 月，鉴真率领荣睿、普照、祥彦、思托等僧，以及玉作人、画师、雕梂、刻镂、铸写、绣师、修文、镌碑等工手，还有船工，共八十五人，携带各种物品，从扬州“举帆东下”。途中连遭风浪，船碎了，物品被波浪卷走了，八十五人困守荒滩，饥寒交迫。几天之后，才有明州官员派船搭救他们，送到阿育王寺。大部分随行人员遣送回乡，只留下僧人侍候鉴真。公元 744 年春，越、杭、湖、宣等州邀请鉴真去讲律授戒。“大和上依次巡游”，不辞辛苦。

第三次东渡

公元 744 年秋，鉴真与荣睿、普照、祥彦、思托等在鄮县阿育王寺研究第三次东渡计划，为越州僧众觉察，请求官府阻挡。荣睿被逮捕，押送长安。途中患病，开释在外治疗。他伪装病死，潜回阿育王寺。

第四次东渡

为了避免僧俗的注意，鉴真派法进等携带“轻货”，到福州变卖，即在福州购船买物，听候安排。公元 744 年冬，鉴真率领荣睿、普照、祥彦、思托等从鄮县出发，行至黄岩县，投宿禅林寺。方欲取道温州，到福州与法进等会合，登舟东渡，又发生一场意外的波折。原来鉴真的徒弟灵祐，不赞成师父冒险航海，联合扬州各寺的“三纲”，请求官府阻拦。跟踪追到禅林寺，找到鉴真一行，护送回扬州。第四次东渡的计划又成了泡影。

第五次东渡

公元 748 年，荣睿、普照从舒州来到扬州，迎请鉴真东渡。鉴真还像以前一样热情地答应了他们。于是造船买物，“一如天宝二载所备”。6月，鉴真一行由扬州登舟。途中“风急波峻，水黑如墨。沸浪一透，如上高山；怒涛再至，似入深谷”。“舟上无水，嚼米喉干，咽不下，吐不出。饮咸水，腹即胀。”在大海中飘流多日，历尽艰辛，始到振州靠岸停泊。鉴真一行在振州、万安州、崖州、雷州、罗州、辨（一作辩）州、象州、白州、佣（?）州、藤州、梧州、桂州各住了一些时候，授戒之外，还修复了一些古寺。到端州，荣睿病死，“大和上哀恸悲切，送丧而去”。到韶州，普照辞别鉴真，赴阿育王寺。鉴真握着普照的手，悲泣着说：“为传戒律，发愿过海，遂不至日本国，本愿不遂，于是分手，感念无喻!”这时，鉴真因“频经炎热，眼光暗昧”，“胡人”治疗不当，双目失明。到吉州，祥彦又死了，鉴真连唤“彦，彦”，“悲恸无数”。经江州、润州，回扬州。“大和尚从南振州来至扬府，所经州县，立坛授戒，无空过者。”

鉴真一行五次东渡失败。其中，两次失败由于自然的险阻，三次失败由于人为的阻挠。这三次人为的阻挠，出乎鉴真的意外。如海的诬告，出于恶意。越州、扬州僧众的阻拦，出于善意。他们自以为爱护鉴真，不让他冒险航海，其实他们不了解鉴真的抱负，破坏了他的东渡计划，推迟了他的东渡时日。

然而海上的风浪，人事的干扰，都丝毫动摇不了鉴真东渡的决心。他在五次失败之后，不顾双目失明，以将近古稀的高龄，冲破自然的、社会的各种艰阻，继续进行第六次东渡。

第六次东渡

公元753年，日本派来的第十次“遣唐使”回国之前，在扬州见到鉴真，代表他们的国家正式迎请鉴真去传律授戒。扬州僧俗听到消息，对鉴真“防护甚固，无由进发”。恰巧这时仁干禅师由婺州来扬州，密知鉴真欲往日本，遂将自己的船停泊在扬子江边，留待鉴真乘往黄泗浦，然后换乘“遣唐使”的船。10月19日傍晚，鉴真一行来到江边。已有二十四个沙弥在江边等候鉴真为他们授戒。鉴真在中国国土上授完了最后一次戒，然后出发。普照也从阿育王寺赶来。他们乘“遣唐使”的船，向日本开去。

跟随鉴真同去的，除普照外，还有思托、法进、昙静、义静、法载、胡国人安如宝、昆仑国人军法力、瞻波国人善聪等。前后跟随鉴真东渡的僧俗达二百余人，其中荣睿、祥彦等三十六人献出了自己的生命，只有鉴真、普照、思托三人，“始终六度，经逾十二年，遂果本愿”。

鉴真一行到达日本后，受到日本朝野的盛大欢迎。聘请鉴真第六次东渡的遣唐副使吉备真备，以敕使的身份，向鉴真宣读了孝谦天皇（女）的诏书：“自今已后，授戒传律，一任大和上。”公元754年，在东大寺的卢舍那大佛前筑起了戒坛，鉴真为太上皇、皇太后、皇太子授“菩萨戒”。又为沙弥澄修等四百四十余人授戒。还为内道场兴行僧神荣等五十五人重授大小乘戒。公元755年，东大寺戒坛院落成，鉴真为旧大僧灵福等八十余人重授“具足戒”。接着，又在东大寺内兴建了唐禅院，作为训练和教育僧侣的场所，由鉴真经营管理。

每个历史时期，都不免会出现阻碍前进的消极因素在起作用。鉴真在日本也有这样的遭遇。据汪向荣同志研究：当时僧侣在日本，起着类似官吏的作用。如果朝廷能控制僧侣的剃度和训练，就可以借此扩展势力到一些为官吏所无法渗透的小奴隶主势力范围内。而在鉴真到来之前，日本是“有僧无法”，自度、私度几满全国。天皇朝廷企图用授戒来控制，可是不得适当的授戒人。鉴真来到后，朝廷就将僧尼的授戒和训练权交给了他。从此日本僧尼不经过东大寺戒坛院及其所属下寺受戒，不能取得度牒，也就不能享受免课役的特权。这对天皇朝廷是有利的事，但损害了把持僧网组织的旧教团势力的权益。加以戒律思想，彼此不同，奈良旧教团势力与鉴真之间发生尖锐的矛盾。他们从各方面攻击鉴真。

不久，支持鉴真最力的太上皇死了，日本统治阶级内部起了变化，在孝谦天皇（女）让位，淳仁天皇接位时下诏：“其大僧都鉴真和上，戒行转洁，白头不变，远涉沧波，归我圣朝，号曰‘大和上’，恭敬供养。政事躁烦，不敢劳老，宜停僧网之任。集诸寺僧尼，欲学戒律者，皆属令习。”表面上对鉴真仍然表示崇敬，实际上已解除了他的实权。但鉴真并不灰心，仍然坚持他的弘法思想和事业。

公元759年，鉴真和门徒们辛苦建立了“唐律招提”。他从东大寺移居那里，传教弘法，惨淡经营。唐招提寺一天一天地发展着，以至成为日本律宗的总本寺。这是鉴真和门徒们对于攻击他们的旧教团势力的一种积极的答复。①

鉴真和门徒们东渡以后，不仅把佛教的律宗、天台宗传入日本，更重要的是对日本的建筑、雕塑、医药等方面都作出了杰出的贡献。

（一）佛学

东大寺戒坛院建成后，公元761年，又于下野药师寺、筑紫观世音寺设戒坛。淳仁天皇敕东海道足柄板、东山道信浓板以东诸国僧尼于药师寺受戒，西海道诸国僧尼于观世音寺受戒。东大寺戒坛院、药师寺戒坛、观世音寺戒坛成为日本佛教史上有名的三大戒坛。鉴真门徒法进还著有《沙弥十戒并戒仪经疏》《东大寺授戒方轨》，从中可以看出鉴真授戒情况。经过鉴真和门徒们的广泛传戒，“日本律仪，渐渐严整，师资相传，遍于寰宇”。

鉴真第六次东渡时所携带的佛教经典，除了律宗的著作之外，还有天台宗的著作。他和门徒们在日本讲经，也包括律宗、天台宗两方面的经典。鉴真和门徒们在这方面的活动，播下了尔后日本开辟天台宗的种子。

---

① 向达《唐过海和尚鉴真大师灭度一千二百年纪念献辞》：“但是大师传戒，也不是没有风波的，其间曾引起一些争论。一次是‘和上移住唐寺，被人诽谤。思托述和上行记，兼请淡海真人元开述和上东行传荃，则扬先德，流芳后昆，（日本《高僧传要文抄》第三）。这一次之被人诽谤，是在大师生前，还是身后，我不大清楚。又一次是在嵯峨天皇弘仁十年（八一九），日本天台宗传教大师最澄奏请于延历寺建圆宗大乘戒坛，以南都诸寺戒坛为小乘，引起南都沙门拥命、景深诸人的抗辩。著书互相驳斥。最澄引起的这一次争论，已在鉴真大师迁化后五十多年。两次争论的原因，历来学者不一其说。我现在也试作一个推测……鉴真大师住锡唐招提寺后，遭人诽谤相传为受道璇一派人的攻击。详细情形，不甚清楚。我的推测，道璇一派人对于鉴真大师有微辞，归根究底，应由于他是普寂门人，传神秀之学，坐禅修静，与律宗自然不无貌合神离之感。至于传教大师传圆宗大乘戒坛，鄙弃南都诸寺为小乘戒，实质上可能仍然是顿、渐之争。这也可以看作七世纪至八世纪唐朝佛教发展史上的一个延续。欲究明这些争论的真际和根源，其消息当于这一时期的唐朝佛教史中求之。”（《鉴真纪念集》）这一段话，也可供参考。

鉴真在日本期间，曾凭他的记忆，校正当时日本佛经传写所发生的讹误。这对日本佛学也是一个贡献。

（二）建筑

鉴真和门徒们在日本所从事的建筑活动，主要是建立唐招提寺。寺中金堂，现仍存在。《特别保护建造物及国宝帐解说》评曰：“金堂乃其徒如宝率有缘之柡主建立者。为今日遗存天平时代最大最美建筑物。堂为单层七间四面，立石坛上，前面通长一间之地开放，为他时代所无。以丰肥之柱，雄大之斗拱，承远大之出檐，屋盖为四注，大栋两端高举鸱尾，呈庄重之外观。斗拱，用所谓三层斗拱式，乃最发达而几达于完美之域者。鸱尾，可为当代遗制之唯一标本。内部中央有石筑佛坛，安置本尊卢舍那佛及胁侍梵天帝释天四天王等像。其望板则为复形穹窿之最美者，竖条间描佛菩萨宝相花，格间作藻彩文样。当初佛坛后壁，画三千佛，柱上横木亦施彩绘，今已剥落难辨矣。外部皆涂丹土。今斗拱之竖条间，犹存彩画之痕迹。要之此堂为今日所存天平时代佛殿之最完备者，其构造装饰，足以代表当时最发达之式样手法。”据日本史籍记载，1597 年秋，近畿大地震，唐招提寺的古建筑物多数倾圮而金堂无恙，可见其建筑水平之高。

（三）雕塑

在唐招提寺的金堂内，还保存着鉴真的门徒们所创作的佛像。这些佛像，用干漆法（夹纻法）制成，具有厚实稳重、庄严、丰满的特色，在日本雕塑史上，被称为唐招提寺派。其中，“本尊丈六金色卢舍那佛坐像”是当时脱活式干漆造像的典型作品，《特别保护建造物及国宝帐解说》评曰：“此为天平时代末最伟大最巧妙之雕像，已为众所共许。其全形之格式，可谓权衡尽善。所设衣襞，甚为自由，不失写生之体。”“左胁侍丈六药师像”是当时木心式干漆造像的代表作品，是日本从干漆造像到木雕造像之间的一种过渡性的艺术手法。“右胁侍丈六千手像”表现出非常的技巧，更受到识者的重视，在日本流传着“天人来降，七昼夜作成”的神话。

鉴真的门徒，多是建筑、雕塑的专家，他们在唐招提寺，发挥了唐代艺术的新成就，比过去传到日本的艺术有所发展，因而更快地促进了日本天平时代艺术高潮的形成。

（四）医药

鉴真将中国的医药学传入日本。据日本史籍记载，当时日本人对某些药品还难辨真伪。淳仁天皇令鉴真辨正。双目失明的鉴真，“一一以鼻别之，一无错失”。又说：“及皇太后不愈，（鉴真）所进药物有效。”以鼻辨药，为光明皇太后治病，是鉴真抵日后，在医药方面所做的两件著名的事，从他的性格来看，他在这方面的活动，绝不止此。《鉴上人秘方》的传播，就是鉴真在日本从事广泛的医药卫生工作的实证。这部书，在藤原佐世的《日本国见在书目》里著录过，在《本草和名》《皇国名医传》里提到过。鉴真的原著已失传，仅在《医心方》里找到几个方子，如卷三的“诃梨勒丸方”，卷八的“脚气入腹方”，卷十九的“鉴真服钟乳随年齿方”等。此外，据传说“奇效丸”“万病药”“丰心丹”的方子，都是鉴真带到日本的，是东、西两大寺的必备药。直至十七、十八世纪，日本药店的药袋上，仍印着鉴真的像。

（五）其他

鉴真第六次东渡时，带去“王右军真迹行书一帖”，“小王真迹行书三帖”以及“功德绣普集变一铺，阿弥陀如来像一铺”，“绣千手像一铺，救世观世音像一铺，药师、弥陀、弥勒菩萨瑞像各一躯”等，这对于日本书法、刺绣的发展，也起了一定的作用。例如：日本劝修寺之释迦说法图，就是仿效鉴真携来的绣像而绣成的。

鉴真在日本度过了他生命的最后十年。这是在异国遭受旧教团势力排挤、打击而不屈不挠，艰苦奋斗，很不平凡的十年。公元763年，鉴真安排好后事——使法进管领东大寺戒坛院，法载、义静、如宝在唐招提寺努力弘通戒律，然后化去。据《鉴真和上三异事》记载，鉴真临终时，抚摩着如宝的头顶，语重心长地说：“垂至二十年，此招提寺方蒙时荫。”这是鉴真对门徒们的期望。门徒们没有辜负师父的期望。鉴真这种顽强的、坚韧不拔的意志，经受过六次东渡的考验，又经受过对付日本旧教团势力的打击的考验，在严峻的考验中度过一生，这是多么的难能而可贵！

鉴真是有神论者，而我们是无神论者。鉴真认为兴隆佛教可以普度众生，而我们认为宗教是麻醉人民的鸦片。在这个根本问题上，我们是与鉴真不同的。不过，在我们批判唯心主义体系的佛学的同时，还要看到它的副产品，例如：佛教曾丰富了中国的文学、艺术、音乐，也曾帮助了中国医学、历法的发展，佛教的著作中还带来了“因明”（逻辑）。随着佛教的弘通，也就连带把这些成就传播开来。这是某些佛教徒的历史贡献。鉴真东渡，是以僧团组织的形式，用集体的力量，把先进的中国文明，介绍到日本去，使日本文化获得助益，加速发展。鉴真的活动，顺应日本历史发展的要求，符合中日两国人民的利益。

中日文化关系的悠久深厚，在人类历史上是少有的。鉴真是中日友好史上一位可敬的人物，正如赵朴初同志在《唐鉴真大和尚纪念碑》中所说：“魏晋以来，中日人民互助友好之宿愿，乃得以圆满实现，自是厥后，两国文明，互注交流，繁荣滋大如双星并耀于东亚之太空者，垂千余年。大师辛勤辟创之遗泽，岂唯首世不斩而已哉？”鉴真在一千二百年前的种种困难条件下，为中日友好做了有益的工作，我们今天难道不应该抱有更大的雄心壮志！我们纪念鉴真，就要继承和发扬中日两国二千年的传统友谊，使它在世界历史的新情况下，开出更加鲜艳的花朵，结出更加丰硕的果实。

（原载《群众论丛》1979 年创刊号）

国民经济最优比例关系初步探索

薛家骥

按比例分配社会劳动，是一切社会的共同经济规律。“这种按一定比例分配社会劳动的必要性，决不可能被社会生产的一定形式所取消，而可能改变的只是它的表现形式。”① 在社会主义条件下，这个规律的实现形式就是有计划、按比例发展的规律。我们的计划经济，从根本上来说，就是要努力反映有计划、按比例发展规律的要求。我们目前正在进行的国民经济调整工作，就是要彻底改变林彪、“四人帮”长期干扰破坏所造成的经济比例严重失调的状况，把经济建设逐步纳入持久的按比例高速度发展的轨道。为了使我们的经济工作符合有计划、按比例发展规律的要求，符合社会主义基本经济规律的要求，我们所把握的国民经济比例关系，不能只是大致的比例关系，而应该努力探索国民经济的最优比例关系。在最优比例关系基础上建立起来的计划经济，才是比较符合客观经济规律要求的计划经济。

把握了国民经济的最优比例关系，也就能使经济建设的发展速度建立在可靠的基础上。有了最优比例，就有了最适当的和持续的发展速度。多年来的实践证明，搞经济建设，一定要处理好速度和比例的关系。我们要讲求速度，但更要讲求比例。速度必须建立在按比例发展这个科学的基础上。离开了这个基础而片面地追求高速度，结果往往是事与愿违。1958 年国民经济比例失调说明了这个问题，这一次国民经济比例失调也说明了这个问题。这次

---

① 马克思：《致路·库格曼》，《马克思恩格斯选集》第 4 卷，人民出版社 1972 年版，第 368 页。

国民经济比例失调同1958年并不完全一样，矛盾没有1958年那么突出，但延续时间却更长。从1970年开始，由于林彪、“四人帮”极左路线的干扰和破坏，基本建设超过国家财力物力可能的现象就或多或少地存在了。这些年来，我们的积累率都在30%以上，高的达到34%—36%。这虽然没有1958—1960年积累率高达39.6%—43.8%那么突出，但它像慢性病一样，积延日久，不断加深了国民经济比例关系的失调。尽管两次国民经济比例失调的特点不完全相同，但是都说明，离开了按比例而片面地强调高速度、高积累、低消费，即使一时能把经济建设的速度搞得快一些，但终究是不可靠的。从江苏的情况来看，从1966年到1978年的十三年中，工业生产年平均增长率为12.5%，超过了“文化大革命”前十六年11.9%的年平均增长率。但是在全国范围内形成的两大部类之间以及工农业生产内部和积累与消费这些重大比例不相协调的情况，在江苏是同样存在的。江苏经济的发展有自己的特点和经验，但是这些经济比例失调的情况，就不能不影响经济建设的发展。

按比例之所以重要，因为这是社会再生产的实现条件。根据马克思再生产的理论，社会再生产要能够顺利进行，社会总产品的各个部分就要在价值上和实物形态上得到相应的补偿和替换。在社会主义条件下，同样存在着一个社会总产品的实现问题。而社会总产品各个部分要能够顺利实现，就要求社会生产两大部类，以及所属的各个具体生产部门之间，都保持一定的比例关系。在简单再生产条件下，第一部类所生产的全部生产资料，必须和两大部类所要消费的生产资料相等；第二部类生产的全部消费资料，也必须和两大部类所需要的消费资料相等。在扩大再生产的条件下，生产资料的生产要有事先的扩大，但是第二部类的积累应当同第一部类的积累相适应，也就是说，消费资料的生产也要相应地进行发展。只有这样，两大部类之间和两大部类的内部，才可以通过交换，解决价值补偿和物质补偿。不按补偿关系来安排比例，社会再生产就不能正常地进行，更谈不上有真正的高速度。马克思的再生产理论的基本原理，对任何社会形态都是适用的。正如斯大林所说的：“马克思的再生产理论的这些基本原理，比如关于社会生产之分为生产资料的生产与消费资料的生产的原理；关于在扩大再生产下生产资料生产的增长占优先地位的原理；关于第一部类和第二部类之间的比例关系的原理；关于剩余产品是积累的唯一源泉的原理；关于社会基金的形成和用途的原理；关于积累是扩大再生产的唯一源泉的原理，——马克思的再生产理论的这一切基本原理，不仅对于资本主义社会形态是有效的，而且任何一个社会主义社会在计划国民经济时，不运用这些原理也是不行的。”①

我们要讲求比例，而且要认真探索国民经济的最优比例关系。什么是国民经济最优比例关系呢？它的一般表现应该是，在最少的社会劳动消耗、最充分满足社会需要的基础上，兼顾当前利益和长远利益，既能满足整个社会不断增加的物质、文化需要，又能保证社会生产持续的高速度的增长。这个最优比例就要求国民经济各种比例关系，包括两大部类之间的比例关系，总产值和净产值（国民收入）之间的比例关系，各个生产部门之间以及生产部门内部的比例关系，地区之间的比例关系，积累和消费的比例关系等等，都处于最佳状态。国民经济多种多样的比例关系是错综复杂、互为条件的。探索和把握国民经济的最优比例关系，当然是一个十分艰巨的工作和复杂的计算过程，但是它总是有规可循，它的必然性总是可以认识的。如何把握国民经济的最优比例，至少有这样一些基本原则。

合理的经济结构

国民经济的比例关系，受现有经济结构的制约，而社会劳动在各个生产部门之间的分配，又可以促进经济结构的调整和改造。国民经济的最优比例，是建立在合理的经济结构之上的，也就是建立在能适合我国现实生产力水平、并促进生产力迅速发展的经济结构之上的比例关系。三十年来，我们对旧中国半封建半殖民地经济结构的改造是取得了巨大成就的，但是我们现有的经济结构，有它合理的方面，也有它不尽合理的方面。现在的

---

① 斯大林：《苏联社会主义经济问题》，人民出版社1961年版，第64页。

国民经济比例失调，就是同经济结构这种不合理的状况相联系的。这主要是产业结构上在相当长的时期内，过分强调生产资料生产的优先增长，特别是发展钢铁工业，并且从钢铁出发来安排国民经济，重“重”轻“轻”，重工业投资的比例不断增加，轻工业投资的比例不断减少，以致形成农轻重的发展不相协调、结构不够合理的状况。全国如此，江苏也是如此。江苏在解放初期，轻工业与重工业之比为94∶6，到1978年，轻重工业的比例已改变为49.5∶50.5。轻重工业的投资比例，50年代初期是1∶3.5，到70年代就下降为1∶11；从1949年到1978年，重工业增长为219.3倍，轻工业增长为12.8倍。在我们现有生产水平下，优先发展生产资料的生产是必要的，但这绝不意味着生产资料的生产可以脱离消费资料的生产而孤立地、片面地发展，恰恰相反，生产资料生产的发展必须与消费资料生产的发展相适应。经济结构的改变也要符合这个条件，在改造经济结构中任何畸轻畸重的现象，都会导致两大部类之间、农轻重之间失去平衡，使社会总产品的实现和补偿不能顺利地进行，影响社会再生产的正常进行。产业结构如此，其他经济结构也如此。在地区结构上，如何在全国一盘棋的原则下，发挥各个地区的经济优势，建立具有自己特色的经济结构；在所有制结构上，如何处理好全民、集体和个体经济关系，充分发挥集体所有制的作用，使全民所有制和集体所有制竞相发展，共同提高；在经济组织结构和技术结构上，在我们现有生产力水平下，如何使先进的和比较落后的技术，大型企业、中小型企业和手工业，在很长时期内同时存在，等等，都是值得注意的问题。江苏这些年来的实践证明，凡是注意在合理经济结构的基础上来组织自己的经济，诸如积极扶持集体所有制企业的发展；坚持大中小两条腿走路的方针；逐步改造农村的经济结构，实行农副工综合发展，等等，就能促进生产的迅速发展。一定的经济结构是与一定的生产力发展水平相适应的。合理的经济结构，会形成合理的比例关系，促进生产的发展；不合理的经济结构，会导致和加深比例的失调，影响社会生产的正常进行。我们调整比例，重要的是要调整经济结构，建立起适合我国情况和特点的合理的经济结构。在这个基础上形成的比例关系，才会是国民经济的最优比例关系。

两个最大限度

国民经济最优比例关系，应当是既照顾当前又适应长远的比例关系。也就是说，既要在可能条件下最大限度地满足人民物质文化生活的需要，又能保证生产建设以尽可能快的速度持续发展。社会主义生产的目的是满足整个社会经常增长的物质和文化的需要，这是我们经济工作的出发点和着眼点。改善人民生活，这是人民群众当前的利益，发展生产建设，这是人民群众长远的利益。我们要求的比例关系，就是要使这两方面统筹兼顾，都能达到最大的限度。为了做到这一点。首先就要求积累和消费的比例处于最佳状态，积累和消费是对立的统一，是互为条件，又是互相制约的，消费的不断增长，归根到底决定于较高的积累率，但是不注意消费的增长，也会影响积累的增加和实现。要达到两个最大限度，杠子划在那里为好？这就是要首先保证人民生活需要的满足，并一年比一年有所改善。现在矛盾的主要方面是轻视消费、轻视非生产性积累。但是多年来实践证明，高积累、低消费并不一定就有高速度。生产决定消费，但“消费直接也是生产”①，是劳动力的再生产。马克思曾经说过，消费从两方面生产着生产：只是在消费中产品才成为现实的产品，消费是在把产品消灭的时候才使产品最后完成；消费创造出生产的动力，没有需要，就没有生产，而消费则把需要再生产出来。“没有生产，就没有消费，但是，没有消费，也就没有生产，因为如果这样，生产就没有目的”②。轻视消费，不善于运用消费的反作用，生产迟早会受到阻碍。为了处理好积累与消费的关系，计划的安排应该首先把人民生活，特别是80%的农民生活安排好，保证他们有吃有穿，而且一年比一年生活过得好些。与此相

---

① 马克思：《〈政治经济学批判〉导言》，《马克思恩格斯选集》第2卷，人民出版社1972年版，第93页。

② 同上书,第94页。

适应，要从消费出发来安排生产，重工业要为轻工业、农业服务，改变重工业自我服务比重过大的现象。生产资料生产投资的绝对数字总是要大些，但顺序必须真正按农、轻、重的次序，然后加以综合平衡。人民生活的改善可以有快有慢，积累安排的多少也可以有一定的幅度。在一定的历史时期，把积累率放得高一些，也是可以灵活运用的。世界各国经济的发展在这方面也有许多成功的先例。但是从长期的、平均的角度来看，仍然要努力做到两个最大限度，并坚持首先从满足人民物质文化需要出发来安排社会生产。

马克思说过："有些事业在较长时间内取走劳动力和生产资料，而在这个时期内不提供任何有效用的产品，而另一些生产部门不仅在一年间不断地或者多次地取走劳动力和生产资料，而且也提供生活资料和生产资料。在社会公有的生产的基础上，必须确定前者按什么规模进行，才不致有损于后者。"① 按比例在各个生产部门之间分配社会劳动，必须兼顾当前和长远，既能做到人民生活提高快，又能做到生产发展速度快。最优的比例关系就是要努力达到两个最大限度的比例关系。

最佳经济效果

按比例地分配社会劳动，是以最有效地利用社会劳动为前提的，也就是说，国民经济最优比例，是以全社会的最佳经济效果和各个部门、各个企业的最佳经济效果为条件的。在社会主义条件下，由于不存在剥削阶级的寄生性、不存在生产的无政府状态等等，全社会的人力物力可能得到充分的利用和节约。按比例分配社会劳动本身，就是对社会劳动的极大节约。但是可能并不等于现实。时间节约规律有可能得到充分的运用，也不等于这个规律就能自发地发挥作用。如果不注意从总体上、战略上研究全局的经济效果，如果没有一套符合客观经济规律的政策和措施，特别是扩大企业的自主权，严格实行经济核算，注意物质利益原则，则实行合理的工资

---

① 马克思：《资本论》第2卷，人民出版社1975年版，第396—397页。

奖励制度，把企业经营好坏同职工的物质利益挂起钩来，把“供给制”、吃大锅饭的问题认真解决一下，经济效果是不能很好解决的。过去我们实行的三级经济核算，两参一改三结合等制度，对讲求经济效果来说，都是行之有效的办法。林彪、“四人帮”横行期间，破坏了这些规章制度，带来的后果是相当严重的。这些年来，我们经济建设发展的速度并不算慢，但是社会财富增长得不快，人民生活改善得不快，这一方面是因为我们的底子薄，起点低，但是不注意讲求经济效果，不严格实行时间经济，消耗高、质量差，以致可供社会利用的最终产品为数不多，也是一个重要的原因。探索国民经济的最优比例，同时也就要求解决经济效果问题。能否取得较好的经济效果，这是一种经济制度是否优越的表现。我们所需要的是一种有利于人民、有利于社会的社会主义经济，是产品质量不断提高，规格品种不断增加，服务行业越来越周到的经济。在国民经济调整过程中，一个重要的任务，就是在生产水平上下功夫。努力提高产品的质量水平、工艺技术水平、花式品种水平和为用户服务的水平，努力按照时间节约规律办事。时间节约规律同价值规律有共同之处，但也有它更高的要求。运用价值规律进行经济核算，是要求商品的个别劳动消耗符合或低于社会必要劳动时间，而时间节约规律，则要求商品个别劳动耗费大大低于社会必要劳动时间，能够以最少的劳动消耗，取得最大的经济效果。在这样的前提下分配社会劳动，才会形成最优的比例关系。

经济后备

建立经济后备，这是保持国民经济最优比例一个重要的物资条件。国民经济计划，特别是远景规划，可能由于种种原因，包括对经济发展的趋势估计不足，以及自然灾害影响等等，可能会产生这样那样的局部比例失调，出现某些方面的缺口。而且在一定情况下，或者由于科学技术新的发展，或者由于社会需要的改变，需要对国民经济结构进行若干重大的改造。留有一定数量的经济后备，就可以在社会劳动的分配上进行协调，弥补出现的缺口，促进经济结构的改变，使国民经济继续保持最优状态。计划出现缺口，这是一种比例失调的表现，不能认为是一种正常的现象，甚至作为积极平衡的办法。计划留有缺口意味着什么呢？意味着社会再生产中所需要的价值补偿和物资替换发生了故障，社会再生产的条件已受到破坏。它反映了社会生产两大部类或所属的生产部门之间、部门内部的比例关系已不相协调，社会再生产已不能正常进行。计划留有缺口，绝不会促进平衡，而只会破坏和加深经济比例的不平衡。这是因为计划留有缺口的结果，无非是你挤我、我挤你，基建挤生产，生产性建设挤非生产性建设，重工业挤轻工业、农业，生产挤维修，最后往往是挤了人民生活，这样下去，日积月累，只会不断加深经济比例的失调。这里需要弄清一个问题，就是留有缺口和市场调节的关系问题。有些同志认为，留有缺口可以通过市场调节去解决，发挥市场调节的作用，因而留有缺口也有它积极的作用。这是一种误解。我们发挥市场调节的作用，把计划调节和市场调节相结合，主要是指要改变目前这种统得过死、管得过多的经济管理体制，把一部分财力、物力通过市场机制加以调节，以补充计划之不足，使社会生产更加符合于社会的需要。也就是说，通过市场调节，更合理地分配社会劳动，并挖掘潜力，调剂余缺，互通有无，以利于生产的发展。至于计划内的项目，则绝不能留有缺口。如果不是这样理解市场调节，仅仅把市场调节作为解决计划留有缺口的办法，那么市场调节也只能成为你挤我、我挤你的一种手段。计划留有缺口绝不是真正的计划。计划应该留有余地，留有后备。至于社会后备的多少，也要规模适当。在社会主义条件下，社会后备可以降到最低限度、这是由社会主义优越性所决定的。但是，后备的规模应该从保持国民经济的最优比例来考虑，特别是要防止超过财力物力的可能来安排社会再生产。国民经济发展越是顺利、越是迅速，就越要注意可能发生的比例不协调的现象。我们已经吃过大上大下的苦头，留有机动，留有后备，才可以使我们处于主动的地位。

科学预测

最优比例不是固定不变的，而是随着生产的发展，以及由此而来的经济结构的改变而改变的。国民经济的比例关系在一定时期是相对稳定的，但是，科学技术的发展、劳动生产率的提高以及社会需要构成关系的改变，或迟或早都会引起经济结构的改变，从而引起国民经济比例关系的改变。探索和把握国民经济的最优比例关系，一个重要的工作，就是对国民经济的发展趋势，特别是科学技术进步的方向，社会需要发展的远景作好科学的预测。几十年来世界经济发展的情况表明，以上这些方面的变化，必然要引起国民经济结构的变化。从国民经济的就业结构来看，由于科学技术的发展和劳动生产率的提高，许多经济发达的国家不仅农业劳动力日益减少，而且工业劳动力也相对地减少，服务行业的就业比重却在不断地增加。国民经济的产业结构也由于科学技术的发展，生产社会化程度的提高，社会生产也在不断分解出更多的部分，出现了许多新的生产部门，而且越来越占有重要的地位。许多国家已经从发展钢铁、煤炭、电力等等基础工业，转向大力发展知识产业（电子计算机）、电子工业、石油化工工业等等。同时，第一部类的增长速度和第二部类的增长速度也有逐渐接近的趋势。根据统计，从 1954 年至 1972 年，美国全部工业生产年平均增长率为 4%，而乙类工业（第二部类）的增长率为 4.5%；从 1955 年至 1972 年，西德全部工业生产年平均增长率为 6.3%，而乙类工业增长率为 6.5%。这个新的动向也是一个值得注意的问题。随着生产力水平的提高，社会需要的构成也在不断发生变化。所有这些都说明，要保持国民经济的最优比例，就要经常对科学技术的发展方向，对国民经济的发展趋势作出科学的预测。当然，这种预测应该是从我们国家的实际出发。要研究世界各国现代化的共同规律，也要研究中国社会主义现代化的特殊规律，研究我们经济发展的趋势和经济结构改造的特点，作出适合我国情况和特点的、比较切合实际的科学预测。

以上这些只是对国民经济最优比例基本原则的初步探索。实现最优比例，还有一些问题值得研究。比如计划调节和市场调节对实现最优比例的作用问题，不同地区的最优比例问题，等等。实现最优比例，必须把计划调节与市场调节结合起来，也就是利用有计划按比例发展规律与价值规律相互渗透、互为补充的作用，共同调节社会劳动的分配。这两个规律都要求社会生产按比例地发展，所不同的是，有计划按比例发展规律是直接地对社会所掌握的总劳动时间进行按比例的分配，价值规律则是通过市场机制，通过供求关系、价格、资金转移等等经济杠杆来实现这种调节的。在商品生产和商品交换存在的条件下，价值规律是不能不发挥作用的，只有以计划调节为主，把计划调节同市场调节相结合，才可能取得最优比例关系。积极探索国民经济的最优比例，是为了使我们的经济工作能符合客观经济规律的要求。有了最优观念，重视最优比例的探索，才能更好地把握在客观上存在的最优比例关系。现在，随着工作重点的转移，经济工作是一切工作的重点。搞好经济工作，不仅要熟悉经济，成为经济工作的内行，还要注意研究经济生活中的新情况，解决现代化建设中的新问题。正如叶剑英同志《在庆祝中华人民共和国成立三十周年大会上的讲话》中所说的："要深入研究前进中遇到的新问题，努力探索最有利于发展社会生产力、最有利于提高人民劳动积极性和生活水平的措施，调整和改革我们的经济结构、管理体制和方法。"我们应该遵循这个原则办事，努力担负起历史所赋予我们的任务。

（原载《群众论丛》1980 年第 1 期）

真理的实践标准和科学的唯物主义思想路线

韩树英

一

一年多以前开展的关于真理标准问题的讨论，是就认识和实践关系问题上展开的关于两条思想路线的大争论。党的十一届三中全会高度评价了这场讨论对恢复和坚持唯物主义思想路线、解放思想的重大意义。当前正在进一步紧密联系工作实际，深入地展开这个问题的学习和讨论。

实事求是，从实际出发，理论联系实际，是马列主义、毛泽东思想的根本点、出发点，是科学唯物主义思想路线的根本原则。理论和实践的统一，是毛泽东同志倡导和培育起来的我们党的传统学风。中国革命的长期经验证明，坚持这些基本原则，我们的事业才能胜利，违背这些原则，就一定失败。

林彪、“四人帮”出于篡党夺权的需要，制造现代迷信，宣扬“句句是真理”“句句照办”“顶峰”，他们那个“理论权威”叫嚷什么“最高最后标准”，把领袖的言论宗教教条化，颠倒主观和客观、理论和实践的关系，任意践踏上述原则，破坏我们党的学风，造成了极大的危害。他们的“高举”是假高举，他们贯彻的是唯心主义、形而上学思想路线。

反对“两个凡是”的观点，坚持实践是检验真理的唯一标准，就是要肃清林彪、“四人帮”的思想流毒，坚持科学唯物主义思想路线，恢复和发扬党的理论和实践统一的学风，使我们沿着马列主义、毛泽东思想的科学轨道前进。

真理标准问题本身是哲学认识论的一个方面的问题，它不是孤立的，如何解决这个问题和如何解决整个哲学路线问题是分不开的。因为林彪、“四人帮”一伙是用被他们歪曲了的领袖的思想、言论，用领袖的只言片语，作为剪裁一切、衡量一切的标准，因此通过讨论什么是真理标准，肃清流毒，就成为“拨乱反正”的根本之点。这是在党的历史上，在我们反对林彪、“四人帮”的篡党阴谋、反对其极左路线这场斗争中，在思想斗争方面反映出来的一个重要特点。

对于为什么只能用实践来作为检验真理的标准，在讨论中大家发表了许多好的见解。这个问题还可以从马克思主义这个观点的形成作一些探讨。

毛泽东同志在《实践论》中指出：“唯心论和机械唯物论，机会主义和冒险主义，都是以主观和客观相分裂，以认识和实践相脱离为特征的。”这种特征，也反映在它们对真理标准的见解中。唯心主义的主观真理论者，把真理看成是主观的，当然只能从主观上，在认识范围内，找寻这种标准。旧唯物主义者虽然也承认客观真理，承认真理是对客观实际的正确反映，但是由于他们的局限性，由于不懂得认识对实践的依赖关系，也没有科学地解决检验真理的标准和方法问题。

唯物主义者费尔巴哈认为：“类是真理之最终尺度”，“跟类之本质相一致的，就是真的，跟类之本质相矛盾的，就是假的。真理就只有这样一条法则，除此以外便没有了”。[①] 他把真理标准限定为人和自己族类的本质的一致，而他说的这种本质又是“理性、意志、心”，他就只能从感觉上，从主观范围内去寻找标准。形而上学唯物主义者费尔巴哈把人看成是抽象的生物学上的人，不懂得实践在社会生活中的作用，也就不可能解决真理标准问题。十八世纪法国唯物主义者狄德罗提出，对人们形成的关于自然界事物的概念，要和外界事物相联系，要用实验证实它的真伪。[②] 用科学实验这种实践的方式来检验观念，他只是限于对自然的观察，只讲科学实验一种方式。一进入更广阔的

① 《费尔巴哈哲学著作选集》下卷，生活·读书·新知三联书店1959年版，第194页。
② 《论解释自然》，《十八世纪法国哲学》，商务印书馆1979年版，第325—327页。

天地，到社会生活领域，十八世纪的法国唯物主义哲学家就要用人们的理性作为对现存事物的唯一裁判者，当作检验真理和谬误的唯一标准。这也是把意识范围内的东西，当作了真理的标准。自然科学的自发唯物主义者也是如此，他们不能对真理标准问题作出完整的科学的解决，他们不懂得实践的更广泛的内容和意义。朴素的唯物主义者从生活中固然也能得到关于验证认识的经验，如东汉王充就提出“论莫定于有证”①，要求判断论断的是非要有验证。但这种朴素的观点，远不是对真理标准问题的科学解决。人们如果只有这类观点，在遇到说明复杂的认识过程和问题时，就会抵挡不住唯心主义的进攻，而引起思想混乱。

马克思主义是科学的唯物主义，马克思主义能够科学地解决真理标准问题，根本原因是科学地论证了人类社会生活的本质特点，从而完整地解决了认识和实践的关系。马克思在批判旧唯物主义者时指出，社会生活的本质是实践的。这是说，社会的人为了生活就要通过生产实践去改造周围的自然界，谋取生活资料。人、社会和环境、自然界的统一，并不像旧唯物主义者理解的那样是什么直接的统一，而是在生产实践基础上的辩证统一。那么在这种统一中，认识处于什么地位呢？它的本质和作用又是什么呢？马克思主义既然论证了人是变革世界的主体，人的认识、意识也就不象有些哲学家所说的那样，有什么独立自在的意义，而不过是人和对象、周围环境通过实践相互作用中的一个环节、因素，不能和实践割裂开来加以考察。认识来源于实践，又反过来指导实践去能动地改造周围世界。任何一种认识、理论，不管是什么时代的、什么人的，如果它不能正确反映客观现实，因而不能指导实践达到预期的目的，就都是错误的。而认识是否反映了客观现实，客观现实本身不能也无法直接作出回答。认识是否具有真理性，这不是通过理论来证实的问题，而是一个实践的问题，它只能由实践的结果判定是否符合客观实际。认识的真理性标准，只能是社会实践。实践的观点是认识论的首要的基本的

① 《论衡·薄葬》。

观点，这个认识论的基本观点是和历史唯物主义的基本原理同时形成的。不懂得生产活动在社会生活中的作用，在认识论上就概括不出实践是真理标准的原则。把实践的观点引入认识论，作为它的基础，就在认识论中引起了一场革命性变革，同时也才科学地解决了真理标准问题。实践是检验真理的唯一标准，这已经是马克思主义的常识，这又是需要从认识论的根本点上去把握的常识。

一切主观世界的东西之是否符合客观实际，任何理论、纲领、路线、方针、政策、措施等是否正确，都不能以主观的感觉而定，都必须接受实践的检验，由实践的结果而定。这是对待任何主观世界的东西应该具有的科学态度。不仅在民主革命时期，在建国初期毛泽东同志还告诫我们："我们除了科学以外，什么都不要相信，就是说，不要迷信。中国人也好，外国人也好，死人也好，活人也好，对的就是对的，不对的就是不对的，不然就叫做迷信。要破除迷信。不论古代的也好，现代的也好，正确的就信，不正确的就不信，不仅不信而且还要批评。这才是科学的态度。"① 我们在任何时候都应该按照这个教导办事。这种科学态度来自科学唯物主义思想路线。

在认识和实践的关系上，科学唯物主义坚持的是在实践基础上的认识和实践的统一。什么是真理标准的问题，要回答的是怎样判定认识、理论的正确与否的问题，而不是认识、理论的作用问题。没有理论指导的实践是盲目的实践，我们坚持由实践来检验认识的真理性，并不是提倡盲目行动，不是坐待实践最后来检验，不是拒绝对事物的发展要有科学的预见性。我们必须要用马列主义、毛泽东思想的基本原理、普遍真理来指导我们的实践，违背了这些原理，就要迷失方向。但是我们在前进的道路上要解决的是新的问题，是现实的具体的问题。这种基本原理、普遍真理，向我们指出了方向，提供了正确认识新的事物、具体事物的可能性，至于在事实上我们是否已经得到了正确认识的现实性，还只能经由实践的检验。我们

---

① 《毛泽东选集》第5卷，人民出版社1977年版，第131页。

坚持的是理论和实践的统一。

当前进一步开展的关于真理标准问题的学习和讨论，不能不逐步普及到广大干部和广大群众中去，解放人们的思想。群众是实践的主体，也是认识的主体。作为检验真理标准的实践，不能限于少数人的实践，而是广大群众的实践。广大群众的社会实践才是检验真理的尺度。

二

用什么来检验认识的问题，回答是只能靠社会实践；为什么认识必须检验的问题，回答是认识是一分为二的。

马克思主义的唯物主义思想路线，是科学的唯物主义路线。它反对唯心主义，坚持唯物主义；反对形而上学，坚持辩证法。坚持实践是检验真理的唯一标准，也就是坚持唯物主义；坚持辩证法。林彪、“四人帮”一伙，就其颠倒主观和客观、认识和实践的关系来说，是宣扬唯心主义，反对唯物主义，就其对领袖的观点、言论、判断、指示等一律加以绝对化、不加分析来说，是宣扬形而上学，反对辩证法。

对人们的认识需要用实践来检验，是因为任何时代的任何个人由于受到主客观条件的限制，他们的认识都不可能只有真理性的一面，而没有任何错误的一面；是因为即使是真理性的认识，也不可能是对客观事物的穷尽了的认识，只有绝对性的一面，而没有相对性的一面。恩格斯说得好，对于任何个人来说，“这些认识所包含的需要改善的因素，无例外地总是要比不需要改善的或正确的因素多得多”①。尽管人们的认识能力有不同，对于任何人的认识只有这样去看，才能有彻底的唯物主义、彻底的辩证法。总之，认识需要由实践检验，是因为任何人的认识都是一分为二的。

辩证法指出了认识的一分为二的必然性、可能性，只有通过实践的检验，才能够把认识的一分为二的可能性变为现实性，舍此，就没有任何其他的办

① 《马克思恩格斯选集》第3卷，人民出版社1972年版，第125页。

法。实践是改造客观世界的感性的物质活动，通过实践一方面可以使客观世界得到一定的改造，另一方面又可以使人——实践的主体得到新的经验。这是经过实践人们在客观和主观两个方面得到的结果。实践的结果，区分出真理性的认识和错误的认识，这是一种一分为二。实践的结果，又表明对具体事物认识的真理性限度，显示出认识在什么条件下是真理，超出什么条件真理就转化为谬误；显示出什么是已经认识到了的，什么又是还没有认识到的；区分出真理的绝对性方面和相对性方面，这又是认识的一种一分为二。只有经过这样的一分为二，才可能坚持真理，修正错误，也只有如此，才可能把真理性的认识从相对朝着绝对的方向逐步深化。有的人认为坚持实践是检验真理的唯一标准的原则只有消极的意义，把这说成是什么"砍旗"，什么"锯旗"，这不是别有用心，就是极大的误解。任何一种认识、思想、理论，它指导实践的过程，同时必然地也是本身接受实践检验的过程，这是一个问题的两个方面。而实践检验认识的过程，也就是实践推动认识发展的过程。对认识发展来说，它是积极的而不是消极的。一部马列主义、毛泽东思想发展史，就是在指导实践的过程中不断接受实践检验，在不断总结实践经验和科学成果的基础上把真理推向前进的历史，同时也是包含着经过实践检验不断排除非真理因素的历史。我们所说的要完整地掌握的马列主义、毛泽东思想科学体系，也就是经历了这样的发展过程而为实践证明为真理的观点和学说的体系。马列主义、毛泽东思想之所以有强大的生命力，也正是因为它是随实践的发展而不断丰富和发展自身，从而能给发展着的实践以科学的指导。

对于理论的发展是如此，对于我们实际工作的发展也是如此。我们只有坚持一分为二的革命辩证法，坚持用实践来检验认识，才能不断解放思想，把我们的思想和经验、把我们的事业和工作，不断推向前进。不但后进的地方和单位需要坚持科学的唯物主义思想路线，解放思想，努力改变面貌，使工作赶上去，即使是先进的地方和单位，也不能囿于已有的经验，停滞不前，而应该勇于实践，勇于探索，不断前进。在工业、农业、商业等各条战线上，我们都有一批批先进的典型和先进的单位。对先进的典型经验我们无疑是应该学习借鉴的。根据唯物辩证法，任何典型经验，都是有条件的，相对的，不能绝对化，不能无条件地生搬硬套。不然，就没有唯物主义，也没有辩证法。这样的典型单位自身，当然也不应该把自己的经验绝对化，不能有思想上的片面性。不去分析产生这些经验的条件，不分析这些经验中哪些是一般的，哪些又是特殊的，不去注意甚至在被认为是真理的东西中还可能包含着错误的因素，而矫情满纸，听不得任何不同意见，口头上也许承认一分为二，在实际上就是没有辩证法，没有一分为二。这只能是一种墨守成规的小生产习气在作怪。要遵循科学的唯物主义思想路线办事，就有必要认真咀嚼恩格斯的上述教导，勇敢地承认需要改善的东西比不需要改善的或正确的东西要多得多。我们已经有过不少这样的教训。肃清林彪、“四人帮”的片面性、绝对化的形而上学流毒，还要花很大气力。

认识需要由实践来检验，因为认识是一分为二的，而实践对认识检验、实践标准的性质本身，也是一分为二的，它既是绝对的，又是相对的。对此，也要坚持辩证法，反对形而上学。

列宁指出：“同实在事物的无限多的方面中的一面相符合的标准（＝实践）。”[①] 客观事物包含着无限多的方面，从一定的实践中得到的对于客观事物的认识，是和这种实践相适应的对于事物的一定方面的认识，而不可能是事物的全部。某种实践所检验的认识的正确性，也是对事物某个方面的认识的正确性。

对实践标准的性质，列宁又说：“这个标准也是这样的‘不确定’，以便不至于使人的知识变成‘绝对’，同时它又是这样的确定，以便同唯心主义和不可知论的一切变种进行无情的斗争。”[②]

认识是否正确，应该而且只能用实践来检验，经过实践检验证明为正确的认识都是客观真理，这是实践标准的“确定性”、绝对性。坚持这一点，才能反对唯心主义和不可知论。然而，经过一定的实践检验的认识，又只是关

① 《列宁全集》第38卷，人民出版社1959年版，第310页。
② 《列宁选集》第2卷，人民出版社1972年版，第142页。

于具体事物的某个方面的认识，它的真理性又是有条件的、有限度的，超过这个条件和限度，它就未必是真理，这也就是实践标准的“不确定性”、相对性。不承认这点，就是形而上学，就会使思想僵化，不去发展认识。

党的十一届三中全会重新恢复了科学的唯物主义思想路线，提出了解放思想，开动机器，实事求是，团结一致向前看的方针。根据这条路线和方针，为了实现四个现代化，从经济基础到上层建筑，从工农业等经济结构、管理体制到经营管理方法等等，正在积极地进行有步骤的改革。我们应该沿着科学的唯物主义思想路线前进，解放思想，反对因循守旧，墨守成规。实践标准是绝对的，凡是实践证明为行之有效的、合理的东西，我们就应当肯定。同时，我们又必须承认实践标准的相对性，对过去的经验也好，对某些新的经验也好，都必须分析它的条件性。有时从局部实践证明是可行的，从全局看来未必可行，从今天看来是可行的，在明天未必可行，而在昨天看来是不可能的，由于条件的变化，在今天也未必不可能。我们只能全面地看而不能片面地看，只能历史地看而不能一时地看。对实践的标准和实践经验，必须作辩证地分析，才不致陷入各种片面性。

经过实践证实的都是真理，而一定阶段的实践，都有其局限性。检验对事物的全面的认识的，是历史的全面的实践。

三

马克思主义的科学唯物主义，是辩证的又是历史的唯物主义。历史唯物主义指出，生产实践是人类社会的最基本的实践活动。我们进行社会主义革命和建设，已经三十年，我国人民正在为建成现代化的社会主义强国而努力奋斗。我们应该以实践为标准，归根到底，应该以生产实践、以生产力发展速度为标准，来检验我们对社会主义社会性质的认识，检验对社会主义制度优越性的发挥，检验我们所采用的体制和路线、方针、政策，在总结实践经验的基础上，把我们的思想和事业推向前进。结合学习叶剑英同志《在庆祝中华人民共和国成立三十周年大会上的讲话》，以实践为标准，解放思想，深入具体地总结三十年来我们的正反两方面经验，探索新的问题，进行新的试验，是当前把我们工作推向前进的必要条件。

列宁说："落后的或发展速度落后的经济关系，往往使一些拥护工人运动的人只能领会马克思主义的某几方面，只能领会新世界观的个别部分或个别口号和要求，而不能坚决抛弃一般资产阶级世界观。"① 我们国家在解放前是半殖民地半封建社会，小生产犹如汪洋大海，这种情况在对社会主义社会性质的认识上，不能不有所反映。对照我们的实际，深入领会列宁的论述，会不断给我们带来新的启示。林彪、"四人帮"和他们那个"理论权威"炮制的假社会主义理论出现在我国，不能是没有社会历史根源的。他们以这种"理论"为基础制造和推行的极"左"路线，在经济上和各个方面造成的严重破坏，这是我们记忆犹新的。为了肃清这条极左路线的流毒，有必要深入学习和完整领会科学社会主义理论，以实践为标准，在每一个具体问题上，分清真假社会主义的界限，分清社会主义和资本主义的界限。

毛泽东同志在《实践论》中指出："马克思列宁主义并没有结束真理，而是在实践中不断地开辟认识真理的道路。"马克思和恩格斯创立了科学社会主义理论，描述了社会主义社会的基本轮廓，列宁领导苏联人民建立了第一个社会主义国家。在社会主义六十年来的实践中，出现了异常复杂的演变，出现了这些导师们不可能预料的许许多多新的情况和问题。从经济体制来说，目前已经出现了几种模式。劳动生产率，归根到底是保证新社会制度胜利的最重要最主要的东西。在战后资本主义世界和社会主义国家都经历了许多重大变化的情况下，从社会主义社会生产发展的根本动力到生产资料所有制和社会经济结构，从政治制度到精神文化生活方式，社会主义国家和资本主义国家的一些马克思主义者，都提出了各种设想。如何总结社会主义实践的历史经验，对社会主义社会的理论作出新的发展，是摆在马克思主义者面前的重大课题。拒绝作这样的研究，只按某种现成的模式办事，就不能对社会主

① 《列宁选集》第2卷，人民出版社1972年版，第393页。

义实践作出强有力的科学指导。

我国在社会主义实践中，还有自己特殊的社会历史条件。从经济生活方面来说，我们国家人口多，底子薄，生产力起点低，根据生产关系一定要适合生产力性质和状况的原理，从生产资料的社会主义改造，到社会主义四个现代化建设，都应该有自己的特点。为了走出中国式的社会主义现代化道路，就必须坚持实践是检验真理的唯一标准的原则，解放思想，按照科学的唯物主义思想路线办事，在实践过程中不断进行探索。为了向前看，甚至对过去认为完全成功的经验，也可以根据历史的实践，根据一分为二的观点，去重新认识，以便深入地把握我国的特殊条件，使我们的工作更符合我国的实际。

以实践为标准解放思想，我们已经有了良好开端。有的同志在真理标准补课过程中深有体会地说，由于多年党内生活不正常，特别是由于林彪、“四人帮”的横行、破坏，我们不少人思想上乱了，政治上怕了，行动上惯了。冰冻三尺，非一日之寒。应该说，解决我们一些同志的思想僵化、半僵化的问题，还有大量的细致的工作要做。各条战线上没有思想解放、勇于实践的一批又一批闯将带头，就不能加速实现四个现代化。

结合实际深入开展真理标准问题的学习和讨论，使广大干部和广大群众的思想不断得到解放，端正思想路线，把思想统一到党在现阶段的政治路线上来，坚持四项基本原则，安定团结，排除右的和“左”的干扰，就能在党中央的领导下，把实现四个现代化的事业不断推向前进。

（原载《群众论丛》1980 年第 1 期）

也论生产关系范畴的内涵

蒋学模

生产关系是政治经济学的研究对象。弄清楚生产关系范畴的内涵，不仅是政治经济学理论研究的一个重要课题，而且同当前的经济体制改革也有着非常密切的关系。

前人的论述和今人的争论

什么是生产关系？马克思主义政治经济学的创始人并没有给我们留下一个定义。按照马克思在《雇佣劳动与资本》中的几段论述，生产关系就是人们在生产过程中的社会关系，就是在物质资料的生产过程中人们“以一定方式结合起来共同活动和互相交换其活动”① 的关系。在这里，马克思虽然对生产关系的内涵作了阐述，但却是非常概括的。

马克思的《〈政治经济学批判〉导言》，是一篇阐述政治经济学的对象和方法的科学著作。马克思在这篇著作中考察了生产与分配、交换、消费的一般关系，最后归结说：“我们得到的结论并不是说，生产、分配、交换、消费是同一的东西，而是说，它们构成一个总体的各个环节，一个统一体内部的差别。”② 马克思这里所说的“总体”“统一体”，显然不是指的生产关系而是指的社会生产或社会生产过程。所以，在相当长的时期内，人们一般认为，

① 《马克思恩格斯选集》第1卷，人民出版社1972年版，第362页。
② 《马克思恩格斯选集》第2卷，人民出版社1972年版，第102页。

马克思关于生产、分配、交换、消费的一般关系的论述，并不是在论述生产关系的内涵，而是在阐述这样一种思想：政治经济学所要阐明的人们的经济关系即生产关系，绝不是像资产阶级经济学家想要使人相信的那样是脱离历史而独立的永恒的自然范畴，人们的生产关系是随着社会生产的历史发展而变化的，而社会生产则是由生产、分配、交换、消费这样相互联系和相互影响的四个环节构成的，因此，研究生产关系，就必须根据“一定的生产决定一定的消费、分配、交换和这些不同要素相互间的一定关系”① 这样的基本观点，去进行探索。所以我认为，就生产关系的内涵来讲，马克思在《导言》中并没有比在《雇佣劳动与资本》中讲得更具体。但他在《导言》中向我们指明了研究生产关系的途径，即必须从社会生产的运动过程中，从一定的生产同一定的消费、分配、交换的相互影响中，去研究生产关系。

恩格斯在《反杜林论》中也论述了政治经济学的对象和方法。恩格斯指出，政治经济学是“一门研究人类各种社会进行生产和交换并相应地进行产品分配的条件和形式的科学”②。在恩格斯的这一关于政治经济学的定义中，生产、交换和分配，不是作为生产过程的环节而是作为生产关系的侧面提出来的。在这里，生产关系被认为包括这样三个侧面：社会生产的条件和形式，交换的条件和形式，产品分配的条件和形式。恩格斯在这里没有提到消费，因为生产的消费，包括劳动力的消费和生产资料的消费，本身就是生产过程中的事情。劳动力和生产资料按照什么样的条件和形式来消费，已经被包括在生产的条件和形式之中了。至于劳动者生活的消费，它是劳动力再生产的必要条件，但是，经过分配和交换到每个人手中的消费品，按照什么形式去消费，这已经是同生产无关的个人行为，所以恩格斯没有把消费的条件和形式作为生产关系的一个侧面提出来。

这之后，就是斯大林在《苏联社会主义经济问题》中提出的那个著名的定义：“政治经济学的对象是人们的生产关系，即经济关系。这里包括：

---

① 《马克思恩格斯选集》第 2 卷，人民出版社 1972 年版，第 102 页。
② 《马克思恩格斯选集》第 3 卷，人民出版社 1972 年版，第 189 页。

（1）生产资料的所有制形式；（2）由此产生的各种不同社会集团在生产中的地位以及他们的相互关系，或如马克思所说的，‘互相交换其活动’；（3）完全以它们为转移的产品分配形式。这一切共同构成政治经济学的对象。”① 这是经典著作中关于生产关系的内涵的最详尽最明确的定义。在斯大林的这一定义中，突出了生产资料所有制形式，把它作为生产关系的基础提出来。

从1952年《苏联社会主义经济问题》发表到1978年真理标准问题的讨论，在这长达26年的时间内，主要是由于人们的思想还没有解放，对经典著作中的一切论断都受着“凡是”观点的束缚，在我国经济学界，并没有就生产关系的内涵开展过比较充分的讨论。一般的理解是，斯大林的定义同恩格斯的定义是基本一致的，差别只在于斯大林用“生产资料的所有制形式”把恩格斯定义中的“生产的条件”具体化了。至于“三方面”和“四环节”，一般认为这是从不同的角度提出问题的。“三方面”和“四环节”是互相补充而不是互相对立的。

真理标准问题的讨论，带来了我国理论工作者的思想解放，各门学科都开始冲破“凡是”框框的束缚，开展了生动活泼的讨论。这样，从1979年开始，报刊上开始陆续出现讨论生产关系范畴的内涵的文章。有些同志认为，“三方面”说和“四环节”说是不能并存的，并认为斯大林的“三方面”说有“唯心主义”和“形而上学”的严重错误，应该回到马克思的“四环节”说上来。有些同志则认为斯大林的理论并不错。有的同志则认为“三方面”说和“四环节”说都有错误，提出生产关系范畴应只包括两方面即生产资料所有制和劳动的社会关系。② 这些不同的主张，导源于对几个关键问题的不同理解。下面，试就这些问题谈一些我个人的看法。

---

① 《苏联社会主义经济问题》，人民出版社1961年版，第58页。

② 这些不同主张的文章，主要请参看《经济研究》1979年第1期董辅礽文、第8期孙冶方文，《红旗》杂志1979年12期林子力文，《学术月刊》1979年第12期洪远朋文、苏杏元文，《群众论丛》1980年第1期詹彪文。

生产资料所有制≠所有制=生产关系

首先一个问题，是对“生产资料所有制”“所有制”和“生产关系”这三个范畴的内涵的理解。这个问题现在大致上有三种不同的理解。

第一种见解可以用下列等式来表示：

生产资料所有制=所有制=生产关系

凡是反对“三方面”说的同志，都持这种观点。按照他们的看法，既然生产资料所有制就等于所有制，而所有制就等于生产关系，因此，任何把生产资料所有制看作仅仅是生产关系一个侧面的观点，都是错误的，是割裂了生产关系，因而是犯了“形而上学”的错误。

第二种见解可以用下列等式来表示：

生产资料所有制=所有制≠生产关系

主张“两方面”说和“三方面”说的同志，一般持这种观点。他们认为，“所有制”无非就是生产资料所有制的简称；生产资料所有制是生产关系的一个构成部分，因此，不能把所有制与生产关系混为一谈。

持上述两种主张的同志有一个共同的毛病，就是他们虽然有时也引用了马克思的话，但是并没有真正弄懂马克思对“所有制”或“所有制关系”这一范畴的含义。虽然我们现在习惯于把所有制作为生产资料所有制的简称，但在马克思的词汇中，所有制这一范畴的含义，远较生产资料所有制为丰富。请看下列表式：

所有制
- 生产资料（生产的物质条件）的归属——生产资料所有制
- 劳动力（生产的人身条件）的归属
- 劳动产品（生产成果）的归属

我认为，马克思的“所有制”范畴，包含着生产资料的归属、劳动力的归属和劳动产品的归属。生产资料所有制只是生产资料的归属问题，只是所有制关系的一个方面，不是所有制关系的全部。同时，马克思的“所有制”范畴，并不是其内容的三个构成部分的简单汇合，而是三者的有机结合。一定的所有制形式或所有制关系，就是劳动力和生产资料的一定形式的结合，以及与之相适合的产品分配形式。而由于劳动力和生产资料的结合形式正是划分社会经济形态即社会生产关系的基本标志，因此，所有制关系就等于是生产关系。所以我认为，按照马克思的原义，生产资料所有制、所有制和生产关系这三个范畴的关系，应该用下列等式来表示：

生产资料所有制≠所有制＝生产关系

我这样的理解是否有根据呢？请看马克思和恩格斯在《德意志意识形态》中对“所有制”这一范畴的运用：

> 分工发展的各个不同阶段，同时也就是所有制的各种不同形式。这就是说，分工的每一个阶段还根据个人与劳动的材料、工具和产品的关系决定他们相互之间的关系。①
>
> 家庭中的奴隶制（诚然，它还是非常原始和隐蔽的）是最早的所有制，但就是这种形式的所有制也完全适合于现代经济学家所下的定义，即所有制是对他人劳动力的支配。②

在马克思的术语中，“分工”有时是作为“生产力”的同义语使用的。以上两段引文告诉我们：与生产力发展的不同阶段相适应，就会有所有制的不同形式，而所有制的内容，不仅包含着人们对劳动材料和工具（即生产资料）的占有关系，对产品的占有关系，而且还包括人们相互之间的关系，如家庭奴隶制的关系，剥削者对他人劳动力的支配关系。马克思在“所有制”范畴中所论述的内容，同我们以上的分析是完全吻合的。马克思在《德意志意识形态》中对所有制形式作历史考察时，对于资本主义以前的所有制形式

① 《马克思恩格斯选集》第1卷，人民出版社1972年版，第26页。
② 同上书，第37页。

讲了三种："第一种所有制形式是部落所有制"，"第二种所有制形式是古代公社所有制和国家所有制"，"第三种形式是封建的或等级的所有制"。[①] 只要把马克思分析这三种所有制形式的几页文章读一读，就不难看出，马克思这里的"所有制形式"就是"生产关系"。他实际上不是仅仅分析三种生产资料所有制，而是在分析三种生产关系：原始公社的生产关系、奴隶制的生产关系和封建制的生产关系。

当然，并非仅仅在《德意志意识形态》一书中，"所有制"关系才当作生产关系的同义语来使用。在马克思的其他著作中，例如，在《哲学的贫困》《论蒲鲁东》《致巴·瓦·安年科夫的信》《1844 年经济学—哲学手稿》《政治经济学批判大纲》第三分册等著作中，凡是马克思讲到"所有制"或"私有制"的地方，实际上就是讲的生产关系或私有制的生产关系。为了节省篇幅，这里就不一一引证和分析了。

所以，董辅礽同志引证了马克思的这一句话："给资产阶级的所有权下定义不外是把资产阶级生产的全部社会关系描述一番"[②]，并由此得出结论，认为马克思"把所有制问题看作是生产的全部社会关系"，这个见解是符合马克思的原意的。而主张"两方面"说的詹彪同志认为把所有制等同于生产关系不符合马克思的原意，是错误的。但是，董辅礽同志和其他一些主张"四环节"说的同志，把引文中的"资产阶级所有权"理解为就是"资产阶级生产资料所有制"，这却不符合马克思的原意了，因为马克思的所有制关系中，不仅包含着生产资料的归属问题，而且也包含着劳动力的归属，劳动产品的归属和人们在生产中的相互关系问题。

这里必须说明，以上关于生产资料所有制、所有制和生产关系这三个范畴的涵义及其相互关系的分析，仅限于马克思著作中的用法。在恩格斯的某些著作中，"所有制"这一范畴，往往被用来仅仅指生产资料（和劳动产品）所有制。在列宁的著作中，"所有制"更是特定地被用来指生产资料

---

① 《马克思恩格斯选集》第 1 卷，人民出版社 1972 年版，第 26—28 页。
② 同上书，第 144 页。

所有制。而在斯大林对生产关系下了包括三方面内容的定义以后，在我们的日常用语中，“所有制”就成为生产资料所有制的简称。同一范畴，在不同的时代或不同的著作中，往往含义不完全相同。在科学研究中，这是必须搞清楚的。

生产资料所有制是不能或不应单独提出来分析的吗？

主张“四环节”说的同志，从“生产资料所有制 = 所有制 = 生产关系”这个不正确的等式出发，批判了斯大林关于生产关系的定义。按照他们的等式，生产资料所有制被等同于生产关系，因而把生产资料所有制作为生产关系的一个侧面提出来，似乎就是不正确的了。但是，既然如我们前面所分析的，在马克思的著作中，生产资料所有制与所有制并不是同一范畴，所有制范畴中包含着生产资料的归属问题而又有更丰富的内容，所以，把生产资料所有制即生产资料的归属问题作为生产关系的一个方面提出来研究，不仅是允许的，而且是非常必要的。

事实上，马克思本人就一再提出生产资料的归属问题，并对它进行研究。例如，马克思在《资本论》中分析股份公司和地租的时候指出：“在股份公司内，职能已经同资本所有权相分离，因而劳动也已经完全同生产资料的所有权和剩余劳动的所有权相分离。资本主义生产极度发展的这个结果，是资本再转化为生产者的财产所必需的过渡点，不过这种财产不再是各个互相分离的生产者和私有财产，而是联合起来的生产者的财产，即直接的社会财产。”①“地租的占有是土地所有权借以实现的经济形式。”② 这里提到的“资本所有权”“生产资料的所有权”和“土地所有权”，不正是生产资料所有制吗？这里讲的从“私有财产”过渡到“直接的社会财产”不就是讲的从生产资料私有制过渡到生产资料社会公有制吗？

---

① 《马克思恩格斯全集》第25卷，人民出版社1974年版，第494页。

② 同上书，第714页。

把生产资料所有制作为生产关系的决定性环节突出地加以分析，在恩格斯和列宁的著作里可以找到更多的例证。恩格斯在《反杜林论》第三篇中，深刻地分析了社会化生产同生产资料资本主义私有制的矛盾，科学地预见到，这一矛盾必然导致以生产资料的社会公有制取代资本家私有制，而随着生产资料所有制的这种变革，社会生产的面貌便将整个改观。恩格斯指出："自从资本主义生产方式在历史上出现以来，由社会占有全部生产资料，常常作为未来的理想隐隐约约地浮现在个别人物和整个的派别的脑海中。"这一理想将由无产阶级来完成，"无产阶级将取得国家政权，并且首先把生产资料变为国家财产"。而"一旦社会占有了生产资料，商品生产就将被消除，而产品对生产者的统治也将随之消除。社会生产内部的无政府状态将为有计划的自觉的组织所代替"。这一伟大的变革将意味着"人类从必然王国进入自由王国的飞跃"[①]。列宁完全同意恩格斯的分析，把变革生产资料所有制作为无产阶级争取解放的决定性的环节，并一再把它写入俄国社会民主工党的纲领中去，指出："工人阶级要获得真正的解放，必须进行资本主义全部发展所准备起来的社会革命，即消灭生产资料私有制，把它们变为公有财产"[②]，"在资本主义生产关系下，最重要的和大部分的生产资料和流通资料归一个人数不多的阶级所有，绝大多数的居民是无产者和半无产者"，"无产阶级的社会革命以生产资料和流通资料的公有制代替私有制，有计划地组织社会生产过程来保证社会全体成员的福利和全面的发展，定将消灭社会的阶级划分，从而解放一切被压迫的人们，消灭社会上一部分人剥削另一部分人的一切形式"。[③]

恩格斯和列宁从生产关系中突出一个生产资料所有制问题，决不是偶然的，而是出于无产阶级斗争的需要。随着资本主义社会内部生产关系和生产力的矛盾的加深以及资产阶级和无产阶级的阶级斗争的激化，摧毁资本主义

① 《马克思恩格斯选集》第3卷，人民出版社1972年版，第321、320、323页。
② 《列宁全集》第6卷，人民出版社1959年版，第11页。
③ 《列宁全集》第24卷，人民出版社1957年版，第433、435页。

生产关系和建立社会主义生产关系，已愈来愈成为历史议程上的一个现实问题。无产阶级怎样来完成这一历史任务呢？摧毁旧的生产关系和建立新的生产关系，应该从何入手呢？生产资料所有制正是在变革生产关系时应当紧紧抓住的决定性环节。这一点，马克思和恩格斯在1848年的《共产党宣言》中已经指出来了。《共产党宣言》中讲，无产阶级将通过革命首先使自己成为统治阶级，然后，“无产阶级将利用自己的政治统治，一步一步地夺取资产阶级的全部资本，把一切生产工具集中在国家即组织成为统治阶级的无产阶级手里，并且尽可能快地增加生产力的总量”。[①] 恩格斯后来的著作和列宁的著作中，只是把马克思和恩格斯早就提出的命题，适应无产阶级斗争形势的需要作更鲜明有力的论证罢了。

从这里也可以看出，斯大林在《苏联社会主义经济问题》中给生产关系下定义时，把生产资料所有制作为生产关系的基础提出来，正是继承、捍卫和发展了马克思、恩格斯和列宁关于生产关系的理论。主张“四环节”说的某些同志，把斯大林的理论同马克思的论理对立起来，甚至引证马克思批判蒲鲁东的一段话，把斯大林比拟蒲鲁东，给他扣上“形而上学”“唯心主义”的帽子，是完全没有道理的。不错，马克思确实批判过蒲鲁东的所有权理解是“形而上学”，是“法学的幻想”。但马克思作出这种批判，并不是因为蒲鲁东把生产资料所有制作为生产关系的一个方面来论述，而是因为蒲鲁东不是把所有制关系看作是一个历史范畴，不是从经济原因而企图从心理上和道德上神秘的玄妙的因素去说明所有制关系的产生，“要想把所有权作为一种独立的关系、一种特殊的范畴、一种抽象的和永恒的观念来下定义，这只能是形而上学或法学的幻想”。[②] 试问，蒲鲁东的这些错误，同斯大林有什么关系呢？完全是风马牛不相及的嘛！

① 《马克思恩格斯选集》第1卷，人民出版社1972年版，第272页。

② 同上书，第144页。

斯大林的定义中是否没有包含交换关系?

反对斯大林关于生产关系的定义的某些同志，认为斯大林定义的一个极大缺点，就是在他的生产关系三个方面中，没有包括交换关系在内。这些同志认为，斯大林定义的第二个方面中虽有“或如马克思所说的，‘互相交换其活动’这样的话”，但这个“互相交换其活动”只能理解为“直接生产过程中人与人之间的关系”，不能理解为交换关系。①

这种见解能否成立呢？这里的关键是要确定“互相交换其活动”这一短句的含义。斯大林自己在《苏联社会主义经济问题》中有段说明，认为这一短句已把恩格斯在《反杜林论》中关于政治经济学研究对象的定义中的“交换”一词的含义包括在内，并注明，这一短句引自马克思的《雇佣劳动与资本》。所以，要确定这一短句的准确含义，还是让我们来看看马克思使用这一短句时的本来意义是怎样的：

> 人们在生产中不仅仅同自然界发生关系。他们如果不以一定方式结合起来共同活动和互相交换其活动，便不能进行生产。为了进行生产，人们便发生一定的联系和关系；只有在这些社会联系和社会关系的范围内，才会有他们对自然界的关系，才会有生产。
>
> 生产者相互发生的这些社会关系，他们借以互相交换其活动和参与共同生产的条件，当然依照生产资料的性质而有所不同。②

从上引两段话里可以明显看出，马克思这里不是在分析某种特定的社会生产和生产关系，而是一般地在论述社会生产和生产关系。在这里，人们“以一定方向结合起来共同活动和互相交换其活动”，便是社会生产关系的最概括的内容，是适用于一切社会形态的。因此，这里的“互相交换其活动”，

① 孙冶方:《论作为政治经济学对象的生产关系》,《经济研究》1979 年第 8 期；朱剑农:《关于所有制和生产关系几个基本理论问题》,《经济研究》1980 年第 1 期。

② 《马克思恩格斯全集》第 6 卷，人民出版社 1961 年版，第 486—487 页。

应理解为人们在一切社会生产过程中的分工协作的关系，既包括原始公社内部、奴隶主庄园内部、封建主庄园内部和未来共产主义高级阶段社会生产内部的劳动者之间互相交换活劳动的关系，也包括畜牧部落和农耕部落之间、个体农民和个体手工业之间、资本主义企业之间、资本家和雇佣工人之间以及社会主义企业之间的商品交换关系。如果像某些同志所理解的那样，马克思所说的“互相交换其活动”仅仅指人们在生产过程中的活劳动的交换关系而不包括通过生产品的交换所实现的劳动交换关系，那么，马克思对社会生产关系内容的一般规定，便将是极不周延的了，是不适用于资本主义生产关系的了。循着这样的思路推论下去，势必得出马克思本人对生产关系的理解也不包含“交换”在内的荒诞结论。

然而，事实当然不是这样。马克思论述社会生产关系的一般内容，正是为了进一步分析资本主义生产关系。紧接着上文所引起的两段话，马克思接着便提出这样的观点：“资本也是一种社会关系。”“资本不仅包括生活资料、劳动工具和原料，不仅包括物质产品，并且还包括交换价值。资本所包括的一切产品都是商品。”① 如果马克思上文所说的“互相交换其活动”不包括商品交换关系在内，马克思不是自相矛盾了吗？其实，马克思的“相互交换其活动”，是最一般、最概括意义上的“交换”。“相互交换其活动”的具体形式，在不同的历史条件下是不相同的。在原始公社内部和在未来共产主义社会的高级阶段上，人们互相交换其活动是不借助于产品的交换来实现的，而在出现了社会分工和劳动产品属于不同所有者的条件下，从原始公社末期到社会主义社会的漫长历史时期内，人们互相交换其活动，必须通过互相交换其产品（产品表现为商品）的形式来实现。在对作为政治经济学对象的生产关系下定义时，理应有最大的概括性。所以，斯大林用“互相交换其活动”来概括交换活劳动和交换产品的关系，是很合适的。在这个问题上，斯大林在关于他的定义中是否包含有“交换”的那一段说明，是很有说服力的。而

① 《马克思恩格斯全集》第6卷，人民出版社1961年版，第487页。

现在有些同志在这个问题上对他的指责，特别是说什么斯大林在这一问题上的观点，正是恩格斯严厉批判过的杜林的观点，更属乱打棍子，是毫无道理的。

正确评论斯大林的定义有巨大现实意义

从以上的分析中可以看出，斯大林把生产关系概括为三个方面，把生产资料所有制规定为生产关系的基础，用“互相交换其活动”来概括人们在社会生产过程中交换活劳动和交换劳动产品的关系，是符合马克思、恩格斯和列宁关于生产关系的理论的。完全否定斯大林的理论概括，甚至给他扣上“唯心主义”“形而上学”的帽子，是没有道理的。

当然，这并不是说，斯大林关于生产关系的定义是完美无缺的。我认为，把生产关系剖析为斯大林所指出的那三个方面是合适的，但是，斯大林定义的那种表述方法是有缺点的。据我的理解，生产关系的这三方面虽然不是等量齐观，而是有主有从的，但是，三者是互为影响的，而且这三者又都是受生产力发展的水平和生产力发展的要求制约的。但是，在斯大林的定义中，只能看到生产关系第一方面对第二方面以及第一、第二两方面对第三方面的决定作用，而看不出第二、第三方面对第一方面的反作用。而且，由于在定义中使用了“完全以它们为转移”这样的字眼，也容易使人误认为产品分配形式仅仅取决于生产关系的前两个方面，而同生产力的状况无关。而事实上，产品分配形式是在很大程度上取决于社会生产力发展的水平和要求。

斯大林比较喜欢下定义。下定义有一个好处，可以使范畴的含义明确。例如，在马克思主义创始人的著作中，“生产关系”“交往关系”“社会关系”这些范畴往往是作为同义词使用的，而“生产方式”这个范畴往往被用来表达不同的含义。经过斯大林在《论辩证唯物主义和历史唯物主义》《马克思主义和语言学问题》《苏联社会主义经济问题》等著作中下定义和阐述，历史唯物主义中的很多范畴的含义被规定得很明确。这对于马克思主义的研究和传播，起了很大的作用。当然，下定义总会有局限性的。经济范畴是生产关系的理论表现。对生产关系下定义，用很少几个字把人们在社会生产中的本质联系准确地反映出来，是不容易的。所以，尽管斯大林的生产关系定义的表述方法是有缺点的，但是，通过他的定义和阐述，生产关系这一范畴的内涵更明确了，这是对马克思主义政治经济学的一个贡献。

斯大林在他的定义中把生产资料所有制、人们在生产中的地位和相互关系以及产品分配关系作为生产关系的三个方面鲜明地列出来，不仅对于政治经济学的理论研究是重要的，而且对于社会主义革命和社会主义建设的实践有巨大的指导意义。

把生产资料所有制作为生产关系的基础突出出来，促使人们注意，为了变革或稳定某种生产关系，首先必须紧紧地抓住生产资料所有制这一环节。这不仅对于无产阶级取得政权以后消灭旧的封建主义和资本主义的生产关系以及建立新的社会主义生产关系是非常重要的，而且在社会主义生产关系建立起来以后，仍然是一个必须十分重视的问题。我国建国以来三十年的实践经验证明，当着我们在生产资料所有制问题上处理得当的时候，社会主义生产关系就稳固，就有力地显示出促进社会生产力迅速发展的优越性。当着在生产资料所有制问题上处理不当的时候，社会主义生产关系就受到震撼，社会生产力就遭到破坏。1958 年人民公社化以后那一段经历，是最明显的例证。1958 年下半年，当着农村中以农业生产合作社为范围的生产资料集体所有制才建立不久，还有待于巩固的时候，没有经过试点，在全国范围内一哄而起地把几十户到几百户农民组织起来的农业生产合作社形式的小集体所有制，一下子搞成为包括几千户甚至上万户农民的人民公社的“一大二公”的大集体所有制，结果就出现了“一平二调”即平均主义和无偿调拨的错误，严重地挫伤了农民的生产积极性，给我国农业生产力造成了巨大的破坏。少奇同志后来在七千人大会上总结经验教训时讲的“三分天灾，七分人祸”，这“七分人祸”，就农村中来讲，主要是由于轻率地变革生产资料所有制造成的。后来，经过几年的摸索，从不断地总结实践经验中建立起以生产队为基本核算单位的公社、大队和生产队的三级集体所有制，这才使农村中的社会主义生产关系逐步巩固起来，使农业生产迅速恢复和发展起来。文化大革命期间，林彪、“四人帮”推行极左路线，把农民的自留地和家庭副业当作“资本主义尾巴”砍掉，还搞什么“穷过渡”，把生产队集体所有制不顾条件地拔高到大队所有制，又一次挫伤了农民的生产积极性和阻碍了农业生产的发展。在粉碎了“四人帮”和批判了他们的极左路线，重新确定了农民自留地和家庭副业作为社会主义经济附庸的地位，并通过推行生产责任制巩固了农村的集体所有制，才促成了近两年来农村中兴旺发达的气象。

我国社会主义建设的实践经验证明，生产资料所有制是一个关系到社会主义生产关系能否巩固和改善、群众积极性能否充分调动，社会主义生产能否迅速发展的重大问题。在这个问题上，我们不是研究得太多了，而是研究得太不够了。现在国民经济管理体制的改革和城乡社会主义生产关系的完善，都迫切需要对我国生产资料的社会主义全民所有制、城镇集体所有制和农村人民公社集体所有制进行深入的创造性的研究。不仅需要研究全民所有制和集体所有制的形式，而且很需要从生产资料的所有、占有、支配、使用等方面，来认识两种社会主义公有制的特点，从而确立我们对这两种公有制经济管理体制改革的方案。应该看到，只有在个体生产的条件下，生产资料的所有、占有、支配和使用，才是完全统一的。而在社会化的大生产中，生产资料的所有、占有、支配和使用，总不是完全统一，而是在不同的程度上以各种形式分离着的。马克思和列宁曾根据对资本主义条件下生产资料所有权和经营权的分离，确立了他们关于货币资本和职能资本、利息和企业利润以及绝对地租和级差地租的理论。我们现在也很需要对社会主义条件下生产资料的所有权和经营权的统一与分离，开展研究和讨论。这种研究和讨论，将对我国经济管理体制和企业管理的改革，从根本理论上澄清一些问题。如果像某些反对斯大林的“三方面”说的同志所主张的那样，以为生产资料所有制不是生产关系的一个侧面，不能单独（单独不等于孤立和片面）作为研究对象，那就从根本上堵塞了这一课题的研究，是不利于“八字方针”的贯彻的。

把人们在生产中的地位和相互关系作为生产关系的一个重要方面突出出

来，这是斯大林关于生产关系的定义的另一重大特点。除了其中商品交换关系的重要性是马克思和恩格斯在他们的著作中早就深刻论证了的以外，斯大林对生产关系的这一侧面的表述，引导我们去重视研究直接生产过程中人们的地位和相互关系，也是有重大的现实意义的。

毛泽东同志很赞同斯大林关于生产关系三方面的学说，并特别重视第二方面的作用。从一九五九年以来，在我国的政治经济学著作中和经济理论的讨论中，长时期来流传着这样一些观点：在生产资料所有制问题基本解决以后，最重要的问题是管理问题，也就是人们在生产中的相互关系问题。这方面是大有文章可做的。生产资料所有制的变革，在一定时期内总是有底的。可是在一定时期内，即在生产资料所有制的性质相对稳定的时期内，人们在生产中的相互关系，却不能不是不断变革的。这方面很难说有什么底。对于这种“有底”“无底”之说，从二十多年的实践经验来看，应该说，生产资料所有制和相互关系既都是“有底”的，又都是“无底”的，两者都有相对稳定性，也都必须适应于生产力发展的需要而通过局部的变革使之不断完善。当然，那种认为相互关系“不能不是不断变革的”，因而每隔几年就搞一次大的政治运动来改变人们的相互关系，那更是被实践证明是有害的，今后必须坚决避免。

但是，从总体上说，毛泽东同志所提出的应该重视的和正确处理人们在生产中的相互关系的思想是很重要的。他在一系列的报告和批示中指出的必须正确处理中央与地方的关系、国家与企业的关系、企业中领导与被领导的关系、工程技术人员及管理人员与直接生产者的关系的观点，以及为了正确处理这些关系所提出的发挥中央和地方两个积极性的原则，国家利益、企业利益和个人利益三者结合的原则以及“两参一改三结合”的方针，都被实践证明是正确的。在马列主义和毛泽东思想的指导下，通过各种具体的组织形式和管理体制，按照顾各有关方面物质利益的社会主义原则，来体现人们在社会主义生产过程中互利互助的合作关系，排除人们在资本主义或封建主义生产中的那种统治与服从、相互倾轧、尔欺我虞的关系，是我国国民经济管理体制和企业管理中亟须解决的问题。

从以上的论述可以看出，斯大林的“三方面”说是正确的，不应该粗暴地予以否定。我是主张“三方面”说的，但也并不排斥“四环节”说。我认为，两者是可以并行不悖、互为补充的。“三方面”说指出了生产关系本身的内涵。“四环节”说则指出不应该静止地、孤立地去研究生产关系，而应从社会生产的运动过程中，从组成社会生产过程的生产、分配、交换、消费各个环节上去研究生产关系。两说都是马克思主义的。

（原载《群众论丛》1980 年第 3 期）

所有制二题

吴敬琏

为了把关于“所有制”范畴的讨论深入下去，我认为现在需要采取孙冶方同志称之为“存同求异”的方法，通过不同观点之间针对问题进行的辩驳，使认识逐步深化。即使不能取得一致的意见，至少也使分歧所在得到明确。

“所有”关系不是一种独立的关系

不少支持斯大林定义的作者断言，争论的对方之所以不同意斯大林的定义，是由于后者认为“所有”（Eigentum）① 只是一个法律范畴。在这种假定的前提下，他们在自己的论文中引用了许多篇幅来证明，“所有”不仅是一个法律范畴，而且是一个经济范畴，马克思在许多论著中讲到 Eigentnm 或Propriete，说的都是经济关系。

看来，这是一种误解。事实上，除了极少数例外，绝大多数不同意斯大林定义的作者并不否认，Eigentum 或 Propriete 一词现在在许多场合是作为经济范畴来使用的。他们提出的命题只是：“所有”（Eigentnm 或 Propriete）原来是一个法律用语，在政治经济学运用这一概念时，指的是这个法律概念的

① 德语的 Eigentum、法语的 Propriete 和英语的 Property（后两个词都源于古拉丁语的Proprietas——“所有权”“所有物”）一词含义相同，但在汉语中却有“所有”“所有制”“所有权”“所有物”（“财产”）等不同译法。为了避免因译文歧异而使讨论复杂化，本文在一些地方直接用原文来表达，或写作“所有”。

经济内容，因此，政治经济学中的“所有”关系，不是一种独立于生产关系之外的关系，而是一定生产关系的总和①。

我以为这个论断是正确的。

“所有”这个词，来源于古代罗马法。早在罗马帝国初期，Proprietas 就已经是一个通行的法律名词了。形成于二、三世纪，汇纂于六世纪的罗马法，把 Proprietas 规定为“任意使用和滥用的权利”。这就是说，“所有”意味着人对于物的意志支配。当时，罗马的法学已经发展到相当完善的程度，而政治经济学即关于人们的物质生产关系的科学还远未产生，充其量不过是某些零星的天才猜想。在这种情况下，“所有”一词不是一个政治经济学概念是不言自明的。马克思在论述 Eigentum 的概念时也一再指出，它“最初无非意味着这样一种关系：人把他的生产的自然条件看作属于他的、看作是自己的、看作是与他自身的存在一起产生的前提”；或者“是有意识地把生产条件看作是自己所有这样一种关系”②。显然，这是一种意志关系。正因为如此，马克思说，Eigentum 关系“只是生产关系的法律用语”③。又说，Propriete 是一个“一般的法律概念”④。

那么，为什么“所有”在现代马克思主义文献中又会作为一个经济范畴出现呢？

要弄清这个问题，需要从唯心主义历史观和唯物主义历史观的斗争说起。在马克思以前，唯心主义的历史观统治着世界。古代的人们把所有关系这种法的关系看作帝王意志的表现，在商品经济高度发达的资本主义时代，仍然存在“一种错觉，好象法律是以意志为基础的，而且是以脱离现实基础的自

① 例如，于光远同志认为：“所有制是通过人对生产的物质要素……的关系建立的人和人的关系。也就是说，所有制就是全部生产关系的总和（或生产关系）。”（《谈谈社会主义公有制和按劳分配问题》，人民出版社 1978 年版）孙冶方同志说：“生产、交换、分配这三项”“生产关系的全部内容也就是所有制形式或财产形式的全部经济内容。”（《经济研究》1979 年第 8 期）

② 《马克思恩格斯全集》第 46 卷（上），人民出版社 1979 年版，第 491、493 页。

③ 《马克思恩格斯选集》第 2 卷，人民出版社 1972 年版，第 82 页。

④ 同上书，第 142 页。

由意志为基础的”[①]。总之，人们把所有关系看作帝王意志、国家意志、长官意志、个人的自由意志或普遍意志的产物。

马克思为解释包括国家和法权关系在内的上层建筑现象，开辟了新的、科学的道路。这就是用社会物质生产关系的变化来说明思想的和政治的上层建筑的变化。

我们知道，马克思为唯物史观奠基的第一部著作，就是对黑格尔唯心主义的法哲学作批判性分析的《黑格尔法哲学批判》（1844 年）。后来马克思在回忆他对黑格尔的这种分析时说，“我的研究得出这样一个结果：法的关系正象国家的形式一样，既不能从它们本身来理解，也不能从所谓人类精神的一般发展来理解，相反，它们根源于物质的生活关系，这种物质的生活关系的总和，黑格尔……称之为‘市民社会’，而对市民社会的解剖应该到政治经济学中去寻求”。[②] 往后，马克思在与恩格斯合著的《神圣家族》《德意志意识形态》以及《哲学的贫困》等论著中全面阐发了他的唯物主义历史观，并在《资本论》这部巨著中对唯物史观作了最深刻、最全面、最详细的证明和运用。他在《德意志意识形态》中批判了“把权利归结为纯粹意志的法律幻想”。他说，民法关于“使用和滥用的权利”的规定，“表明了一个幻想，仿佛私有制本身仅仅是以个人意志，即以对物的任意支配为基础的”，事实上，即使“滥用”这个概念，也“对于所有者具有极为明确的经济界限”，法律上的所有者如果不能在经济上实现他的所有权，“就一无所有”。因此，“不同的形式同时也是劳动组织的形式，也就是所有制的形式”。[③] 在评论蒲鲁东的一系列著作中，马克思指出：分工、竞争、垄断、税收、贸易平衡、信贷等经济范畴“是总和起来构成现在称之为 Proptiete 的社会关系；在这些关系之外，资产阶级 Propriete 不过是形而上学的或法学的幻想”；蒲鲁东“把 Prop-

① 《马克思恩格斯选集》第 1 卷，人民出版社 1972 年版，第 69—70 页。

② 《马克思恩格斯选集》第 2 卷，人民出版社 1972 年版，第 82 页。

③ 《马克思恩格斯选集》第 1 卷，人民出版社 1972 年版，第 70—71、68 页。

riete 规定为独立的关系，就不只是犯了方法上的错误”[①]。

对于社会发展历史的研究表明，“所有”一类法权关系是这样出现的：在早期人类社会，产生了一种需要，把社会上重复进行的生产、交换、分配等行为用一个共同规则囊括起来，使人们服从生产的一般条件。“所有”为民法准则不过是社会生活的经济条件在法律形式上的表现。总之，按照历史唯物主义的观点，“所有”这类“法权关系，是一种反映着经济关系的意志关系。这种法权关系或意志关系的内容是由这种经济关系本身决定的”。[②] 既然明确了“所有”概念的内容是一定的经济关系，政治经济学就可以把这个词运用到自己的研究中来。作为政治经济学范畴的“所有”当然不是指它的法权形式，而是指它所包括的经济内容——一定生产关系。这就是为什么马克思一方面认为 Eigentum 关系或 Propriete 关系是一个法律用语，同时又说政治经济学可以把这种关系“从它们的现实形态即作为生产关系包括起来”[③] 的道理所在。

有的同志说，“从《共产党宣言》的消灭私有制开始，到社会主义国家的所有制改造，所有的马列主义者都一直一致认为‘所有制’……不是指全部生产关系总和”。[④] 在我看来，这个把所有制看成生产关系总和的人们排除于“马列主义者”之外的结论未免下得过于匆忙和武断。政治经济学中的所有制关系就是生产关系的总和，这是由唯物主义历史观得出的结论。马克思本人在《哲学的贫困》中指出：“给资产阶级的 Proptiete 下定义不外是把资产阶级

① 《马克思恩格斯选集》第 4 卷，人民出版社 1972 年版，第 324 页。张秋舫同志在论述所有制是一种独立关系的论文《如何评价斯大林对生产关系三方面的论述?》（《经济科学》1980 年第 1 期）中说，由于马克思这封信“不用‘流利的德文，而用蹩脚的法文’写出”，对它的“原意是需要认真考察”，因而不足为据。其实马克思的这封信，是论述历史唯物主义的重要文献，它的基本观点，同样贯穿在马克思和恩格斯用其它文字写成的论著中。比如说，在前面引述过的用“流利的德文”写成的著作《德意志意识形态》中，马克思和恩格斯已经批判过把所有关系归结为意志关系的“法学家们的幻想”。再如，在用法文写成并由恩格斯校订过的法文本的《哲学的贫困》中同样写道：“要想把 Propriete（或 Eigentum）作为一种独立的关系、一种特殊的范畴……来下定义，这只能是形而上学或法学的幻想。”（《马克思恩格斯选集》第 1 卷，人民出版社 1972 年版，第 144 页）。

② 《马克思恩格斯全集》第 23 卷，人民出版社 1972 年版，第 102 页。

③ 《马克思恩格斯选集》第 2 卷，人民出版社 1972 年版，第 142 页。

④ 詹彪：《要弄清什么是生产关系》，《群众论丛》1980 年第 2 期。

生产的全部社会关系描述一番。”① 也是马克思本人在《路易·波拿巴的雾月十八日》中对历史唯物主义的基本命题作了这样的表述：“在不同的Eigentum形式上，在生存的社会条件上，耸立着由各种不同情感、幻想、思想方式和世界观构成的整个上层建筑。”② 试与《序言》中的论断比较，在那里，马克思的说法是：“生产关系的总和构成社会的经济结构，即有法律的和政治的上层建筑竖立其上并有一定的社会意识形式与之相适应的现实基础。”③ 显然前一段话里的“所有制形式”，是后一段话里的“生产关系的总和”的同义语。不仅如此，一定阶级的所有制即该社会全部生产关系的总和这个提法，几乎逐字来自马克思。他在1847年批判海因岑的唯心主义“所有”观时明确地指出：“私有制不是一种简单的关系，也绝不是什么抽象概念或原理。而是资产阶级生产关系的总和。”④ 既然在马克思看来，资本主义的私有制是资产阶级生产关系的总和，社会主义的公有制不就是社会主义生产关系的总和么？怎么能说“所有的马列主义者都一直一致认为‘所有制’不是指‘全部生产关系总和’”呢？

有的同志赞成从广泛的意义上说来所有制是指生产关系的总和。但他们认为，除了泛指生产关系总和的所有制，还有狭义的所有制。斯大林定义中的“生产资料所有制”，就是这种狭义的所有制。⑤ 他们的看法有两个要点：(1) 狭义的所有制是生产关系中同人们在生产、交换、分配领域中的相互关系并列的独立组成部分。(2) 生产关系的这个部分决定生产关系的其他部分。我以为，这两个论点都是值得商榷的。

先看第一个论点。如果要说狭义所有制是同人们在生产、交换、分配中的相互关系并列的成分，那么它必定包含某种人们在生产、交换、分配相互

① 《马克思恩格斯选集》第1卷，人民出版社1972年版，第144页。

② 同上书，第629页。

③ 《马克思恩格斯选集》第2卷，人民出版社1972年版，第82页。着重点是引者加的。

④ 《马克思恩格斯选集》第1卷，人民出版社1972年版，第191页

⑤ 吴宣恭：《试论生产资料所有制是生产关系的独立组成部分和基础》，《教学与研究》1980年第2期；陈贤翼：《关于所有制和生产关系》，《经济研究》1980年第3期；等等。

关系所不能包含的内容。问题在于，人们在广义生产过程（包括直接生产过程、交换过程、分配过程等等）中的结成的相互关系，已经包括生产关系的全部内容。因此，说在生产、交换、分配等过程中的人们相互关系之外还有一部分生产关系，是悖理的。斯大林把生产资料所有制形式（他的定义的第一项）和生产过程中的人们相互关系、交换关系（第二项）以及分配关系（第三项）并列，他所指出的“所有制形式”就只能是一种在生产过程之外的关系。离开生产过程之外的关系，决不可能是生产关系，而只能是原来意义的“所有”关系，即法权关系。持独立组成部分说的同志一再申明，他们说的这种狭义所有制关系仍然是一种生产关系。本来，生产关系是一种现实的物质关系。它“是可以用自然科学的精确性指明”的。但他们中间的大多数却并没有具体说明，这种独立于生产关系、交换关系、分配关系等等之外的“生产关系”究竟是一种什么样的关系。有的作者说，这一部分关系就是“生产资料的归属关系”，或“生产资料归谁所有”的关系。这就很清楚，他们所说的“狭义所有制”，仍然是“把生产条件看作属于我自己的”关系，是作为意志关系的“所有”关系。正像马克思指出过的：土地财产用所有者“利用或滥用一定量土地的法律权力来说明，是什么问题也解决不了的。这种权力的利用，完全取决于不以他们的意志为转移的经济条件。”[①] 一些人垄断一定量的土地、排斥其他一切人的意志支配这种意志关系如果离开了人们在生产过程中的现实关系，如果这种占有不能在生产过程中得到实现，如果它不能给所有者带来经济利益，那它就只是一个“法律虚构”[②]。

如果我们说的不是作为意志关系的“所有”关系，而是作为现实经济关系的“所有”关系，那么话还得说回来：对于生产条件的实际的所有，总是“发生在对这些条件的能动的、现实的关系中，也就是实际上把这些条件变为自己主体活动的条件”。[③] 什么是“实际上把这些条件变为自己主体活动的条

① 《马克思恩格斯全集》第 25 卷，人民出版社 1974 年版，第 795—696 页。
② 同上书，第 715 页。
③ 《马克思恩格斯全集》第 46 卷（上），人民出版社 1979 年版，第 493 页。

件”呢？那就是从事生产。因为：“一切生产都是个人在一定社会形式中并借这种社会形式而进行的对自然的占有”①，所以才像马克思所强调的：“所有”“只有通过生产本身而实现。”② 和这相反的想法，都只能是“法学或形而上学的幻想”。

假如上述第一个论点不能成立，那么第二个论点也就很难站得住脚。既然把“所有”关系看成一个独立于生产之外的关系只能是法权关系意义上的“所有”关系，说这种“所有”关系决定人们在直接生产过程中、交换过程中、分配过程中和消费过程中的关系，就无异于断言意志关系（不管是社会意志、长官意志还是个人意志）决定物质关系。因此所谓“生产资料所有制是决定生产关系其他方面的基础”的说法是不能同意的。

这里要附带说明，我们不同意说生产资料所有制是决定生产关系、交换关系、分配关系、消费关系的基础，并不是一般地反对把所有制说成是生产关系的基础。问题在于怎样理解“基础”两字。我们认为政治经济学研究的“所有”关系是生产关系的总和，但是，这里的“总和”并不是指生产关系事无巨细的加总，而是指生产诸关系的概括，指一定社会生产关系的本质特征。例如，劳动者和生产资料结合的特殊方式，体现了一定社会生产关系的本质。我们就可以认为，所有制是劳动者和生产资料结合方式的同义语。在这个意义上，我同意余少波同志的意见：“可以也应该承认所有制是生产关系的本质和基础。”③

所有制问题讨论的实际意义

从上面的叙述可以看到，对“所有”概念理解的历史，也就是从对历史作唯心主义的理解到对它作唯物主义理解的变化史。所以，正确理解“所有”关系，首先是与坚持唯物主义历史观密切联系的。

---

① 《马克思恩格斯选集》第2卷，人民出版社1972年版，第90页。
② 《马克思恩格斯全集》第46卷（上），人民出版社1979年版，第493页。
③ 余少波：《所有制是生产关系的总和》，《经济研究》1980年第3期。

有的同志会说，第一个把“所有关系”（或译“财产关系”）运用到社会学中来，把它看作社会关系的基础的，是十九世纪初叶法国历史学家。而正是他们的观点，代表了唯物史观的最初萌芽。

的确，基佐、米涅等所谓“复辟时代的历史学家”首先提出了“所有”关系、土地占有形式是阶级关系和阶级斗争的基础。这是历史观上的巨大进步。马克思也曾给予很高的评价。但是，正因为这些历史学家是把社会生活的基础归结为经济关系的法律表现，而不是把它归结为现实的经济关系本身，就给自己回到唯心主义的历史观准备了道路。普列汉诺夫曾经深刻地分析过他们的这种弱点，这里不妨详细地引述来说明我们的问题。他说：

> 复辟时代的历史学家认为，不论“民族的风习”还是“国家制度”，都是由“人们的市民生活、他们的财产关系”决定的。但是，“人们的财产关系属于他们的法权关系的领域；财产首先是法权制度，说理解历史现象的钥匙应该在人们的财产关系中去找寻，就是说，这个钥匙是在法权制度之中。但是这些制度从哪里来的呢？……基佐答复得极度不能令人满意。”中世纪“人对土地的关系决定了他的社会地位。在整个封建时代一切社会制度归根结底是为土地关系所制约的。”至于这些土地关系，按基佐本人的话，又是由“土地占有者的强弱程度……决定的。”“在米涅那里，——同样的混乱。……归根结底在他那里土地占有形式亦归之于征服。”他们认为，征服来源于人的本性中统治别人的欲望。所以“在最后的分析中基佐对所有权形式的发展异常模糊地引用人的本性来解释。”而且“面对着财产来源的问题，复辟时代的法国历史家们，谁大概都会和基佐一样，以或多或少机智地引用‘人的天性’来摆脱困难。”①

总之，由于这些法国历史家不懂得一定生产力发展水平相适应的社会生产关系是“所有”关系以及一切社会关系的基础，他们对“所有”关系的来

① 普列汉诺夫：《论一元论历史观之发展》，三联书店 1961 年版，第 13—26 页。

源就只能作唯心主义的解释。这就使他们的观点归根到底仍然回到了不是社会存在决定社会意识，而是社会意识决定社会存在的唯心史观，把世界的结构和运动最终原因归之于人的观念、情感，以及道德上、精神上的倾向。

这里的关键问题，还是在于对作为社会关系基础的所谓“所有关系”（“财产关系”）究竟从它的法权关系上作为意志关系去把握，还是从它的现实关系上作为生产关系的总和去把握。如果是后者，得出历史唯物主义的结论是自然而然的：就像武器的性质决定军队的组织形式一样，生产的物质内容——生产力的性质也会决定它的社会形式——生产关系，一定的社会生产力（一定的生产工具、一定的工艺方法等等）要求一定的生产组织形式、一定的生产中人与人的关系与之相适应。这种生产关系的总和决定了法权关系的内容。总之，就像普列汉诺夫所恰当的概括的那样：“由于生产力的发展，人们在生产过程中的实际的关系必然改变，而这些新的实际的关系表现于新的法权概念中。”[①] 这样，唯物主义的原则也就在社会历史领域中贯彻到底了。反之，如果把“所有”关系看作独立于生产关系之外的关系，“生产资料的归属”关系，那么，“所有”关系归根到底又是由什么决定的这个社会学的根本问题是不能得到正确的解答的。试想，如果没有生产关系这个中间环节，怎么能说明一定性质的生产力同一定的“生产资料归属”形式之间存在着必然的、不以人们的意志为转移的联系呢？为什么手推磨要求封建主的占有，为什么蒸气磨要求资本家的占有，为什么高度社会化的生产力又要求整个社会全体劳动者的共同占有？离开了现实的生产，离开了人们在现实生产中的关系，所有这些问题都是说不清楚的。因此我以为，有的同志关于生产力性质决定生产资料的归属关系，生产资料的归属关系决定直接生产过程中、交换过程中、分配过程中以及消费过程中的人与人关系的说法符合于历史唯物主义的论辩，很难令人信服。

遗憾的是，当伟大的马克思主义者斯大林把生产资料的所有制形式从生

① 普列汉诺夫：《论一元论历史观之发展》，三联书店 1961 年版，第 139 页。

产关系、交换关系和分配关系独立出来，同后面这些关系并列的时候，他的观点也存在上述离开唯物主义观点的毛病。而且我们不能不认为，他在领导社会主义建设工作中的某些失误，是同他的这种理论缺陷有关的。斯大林在《苏联社会主义经济问题》一书中论述经济规律的客观性质时，曾经批评苏联某些干部认为苏维埃政权对于客观经济规律“无所不能”的唯意志论倾向。事实上，斯大林对于“所有”问题的提法，不仅不会有助于克服这种倾向，而且还会助长甚至造成这种思想的流行。因为既然生产资料的归属决定生产关系的各个方面，而生产资料的归属又是可以由无产阶级国家的国家意志决定的，这种观念就必然促使人们在处理经济问题、处理生产关系问题时忽视生产力已经达到的高度，过分夸大无产阶级专政国家的作用，以至于滥用国家强制。斯大林在《苏联社会主义经济问题》中着重指出：苏维埃政权在社会主义改造事业上之所以能够取得成功，并不是因为它能够消灭现存的经济发展规律并“制定”新的经济规律，相反，却仅仅是由于依靠了生产关系一定要适合生产力性质的客观规律。这显然是对苏联社会主义建设历史经验的理论概括。如所周知，苏联在农业社会主义改造过程中如何严格依据客观经济规律的问题上，有过深刻的教训。由于在农业生产力水平还相当低、工业还不能向农业提供大量机器装备的情况下，违反了自愿互利的原则，运用政权的力量强制进行集体化，结果破坏了生产力，使苏联农业长时期地处于被动的局面。

参加所有制问题讨论的大多数同志一致认为，斯大林把生产资料所有制独立出来的理论观点对我国的社会主义改造，主要是农业社会主义改造的实践也有巨大影响。但是，他们所谓的“影响”的内容却大相径庭，甚至可以说是针锋相对。

认为这种理论观点对实践的影响是消极的同志，如孙冶方是这样说的：我们党曾经按照生产关系一定要适合生产力性质的规律的要求，正确地制定了一条过渡时期的总路线，要求在十八年的时间内基本完成农业合作化。可是后来在头脑发热的情况下，这个任务却在不到两年的时间内用“三步并作一步走”的快速办法完成了。紧接着又在人民公社化运动中，把高级农业合作社并成人民公社，小公社并成大公社，有的地方还搞“县联社”……这就完全违背了客观经济规律，造成了生产力的巨大破坏。林彪、“四人帮”也就是利用这一点，把国民经济推到崩溃的边缘。他认为，造成这一连串的严重后果，原因是多方面的。其中一个重要原因，就是离开了由一定生产力决定的生产关系，孤立地看“所有制形式”，不断地在所有制形式上大做文章。“这种把所有制从生产关系独立出来而造成的形而上学的或法学的幻想”，“使中国人民吃尽了苦头”。①

和上述观点相反，另一些同志认为把所有制独立出来的观点对社会主义改造的实践有巨大的积极影响。例如，计瑗澄、徐海阔、李运福三位同志写道：“我们认为，我国在较短的时间内基本上完成了消灭一切剥削制度和剥削阶级，以及对小私有制的改造等，正是生产资料所有制是生产关系的基础，并从生产关系中独立出来的原理的具体实践。这是我国在经济领域中的社会主义革命所取得的伟大胜利，是毛泽东思想的光辉胜利，是世界社会主义历史上的伟大创举。这雄辩地证明了把生产资料所有制从生产关系中独立出来，在理论上的必要性。”②

这两种对立的观点，究竟哪一个更正确一些呢？实践是检验理论正确性的唯一标准。我以为，我国三十年来正反两方面的经验，已经给它们孰是孰非的问题作出了结论。我们党正确地规定了过渡时期总路线，我国的社会主义改造取得了伟大的胜利，这些都表明我们党的领导思想符合于生产关系一定要适合生产力的性质的规律，实在看不出这同把所有制从生产关系独立出来有什么关系。相反，我们工作中曾经发生的缺点，如不顾既得生产力的状况不断在所有制上做文章、搞“所有制升级”等等，却确实是同把所有制从生产关系中独立出来的观点紧密联系在一起的。持有后一种观点，就是认为，

① 孙冶方：《论作为政治经济学对象的生产关系》，《经济研究》1979 年第 8 期。

② 计瑗澄、徐海阔、李运福：《关于作为政治经济学对象的生产关系的几点意见》，《学术月刊》1979 年第 12 期。

可以由无产阶级的国家意志决定的生产资料的归属，全部生产关系也就会自然而然地跟着变化，因此，“大”和“公”都是轻而易举的；而不会懂得，生产资料的归属形式，必须同与既得生产力状况相适应的生产关系保持一致，而生产关系的变革，归根结底不是取决于国家意志，而是取决于生产力的发展。我国的历史经验证明，离开一定的物质基础，单纯依靠国家强制力量进行的所有制变革是不能巩固的。所有制形式决不是在任何情况下都越“大”越好，越“公”越好。在我国这样的生产力状况下，必须在社会主义全民所有制经济和集体所有制经济占绝对优势的前提下，允许多种经营方式和多种经济成分并存。既然我们备尝甘苦的今天已经达到了这样的认识，难道还不应当毫不吝惜地抛弃曾经一再导致“左”的错误的不正确观点吗？

有的同志这样来论证“狭义的所有制概念”的巨大理论意义和实践意义：“无产阶级革命在经济上就是剥夺剥夺者，就是把生产资料由私人占有变为公共占有。如果把所有制只看成生产关系的总和，那么剥夺剥夺者岂不成了一句空话？改变所有制岂不是要等到全部新的生产关系建立起来以后才有可能吗？”[①] 剥夺剥夺者，变私人占有为公共占有，是社会主义的伟大纲领，一切共产主义者都要为实现这个纲领努力奋斗，这是毫无疑义的。问题在于，“剥夺剥夺者”并不能仅仅理解为生产资料法律上的归属改变。法律上归属的改变是必要的，但更重要的是生产关系的实际变化。恩格斯在《共产主义原理》中是这样描述新社会制度的：私有制“必须废除，代替它的是共同使用全部生产工具和按共同协议来分配产品，即所谓财产共有”。[②] 他说得很清楚：公共所有，就是共同生产和共同分配。在对“所有”关系作这种理解的人们看来，建立公有制就是建立共同生产和共同分配的生产关系，因此，对他们并不发生“等到新的生产关系建立起来以后才能改变所有制”的问题。同样清楚的是，对他们说来，“剥夺剥夺者”也决不是一句空话。恰恰相反，如果离开生产关系的改变讲“剥夺”，劳动者既不能支配生产过程，又不能从生产中

---

① 陈贤翼：《关于所有制和生产关系》，《经济研究》1980 年第 3 期。
② 《马克思恩格斯选集》第 1 卷，人民出版社 1972 年版，第 217 页。

得到物质利益，那么，“剥夺剥夺者”倒是真的会成为一句空话。看来，有的作者是把“没收”的法律概念和“实现公有化（社会化）”这个更广泛的概念简单地等同起来了。但是，马克思主义的经典作家似乎并不是这样看的。列宁十分明确地区分“没收”和“实行社会化”这两件事。他说：“社会化和简单的没收不同的地方就在于：实行没收可以只有一个‘坚决性’，用不着有正确计算和正确分配的才能，而实行社会化，就不能没有这种才能。”[①] 毛泽东同志也这样论述这个问题：“没有农业的社会化，就没有全部的巩固的社会主义。而欲农业社会化，必须发展以国有企业为主体的强大的工业。”[②] 显然，实现公有化，并不仅仅靠没收，它要求对整个生产关系进行改造，而这种改造，又是以“提高劳动生产率，使生产在事实上的社会化”[③] 为基础的。所以，为了实现我们剥夺剥夺者、变私人占有为公共占有的伟大目标，就要努力发展我们的生产力，并在这个基础上实现对整个社会关系的改造。这就是一切热心于社会主义的人必须付出全部精力以保证其实现的事业。

（原载《群众论丛》1980 年第 3 期）

① 《列宁选集》第 3 卷，人民出版社 1972 年版，第 539 页。

② 1949 年 7 月 1 日《人民日报》。

③ 《列宁选集》第 3 卷，人民出版社 1972 年版，第 495 页。

魏晋南北朝目录学成就概述

来新夏

魏晋南北朝是一个战争频繁、政局动荡的时代，但它在目录学方面还是取得了一定的成就。本文只就主要的目录学著作和目录学家作一概述。

魏郑默的《中经》

魏在夺取了东汉政权后，曾对图书“采掇遗亡，藏在秘书、中、外三阁”，并命“秘书郎郑默始制《中经》”。[①]

《中经》是国家内部藏书目录的意思。撰者郑默，字思元，开封人。仕魏为秘书郎、司徒左长史。入晋后官至东郡太守、光禄勋。他在任魏秘书郎时，主管图书工作，“考核旧文，删省浮秽”，撰成《中经》。这部目录久佚，并且由于缺乏具体记载，很难评论它的内容和成就，但从极简略的只言片语中还可以略知一二。郑默本传中曾记载魏中书令虞翻评价郑默整理图书的成绩是：“而今而后，朱紫别矣。”[②] 所谓“朱紫别矣”就是用区分两种相近颜色的意思来说明郑默已进行了比较细致的图书分类工作。郑默所撰的《中经》，推测可能是一部以四部分类的国家目录，那它对图书分类学就已作出了开创四分法的贡献。

① 《隋书·经籍志》序。

② 《晋书》卷四四《郑袤传》附。

西晋荀勖的《中经新簿》

西晋统一，社会经济得到初步稳定，文化也随之得到恢复和发展。图书的征集和典藏工作逐渐展开，图书数量日益增多。这些都为荀勖编制目录工作准备了良好的条件。

荀勖，字公曾，颍川颍阴人（今河南许昌），是西晋著名的世家。初仕魏为从事中郎。入晋后，历官中书监、秘书监至尚书令。他在文学、音乐、目录学等方面都有较高的造诣，为时人所推重。他的目录编辑工作主要有：

（1）晋武帝泰始十年（274），荀勖领秘书监时，和西晋的著名学者、中书令张华合作，“依刘向别录，整理记籍”①。这次整理图书的规模很大，据荀勖自称：“复校错误十万余卷”②，其繁重程度可与刘向相比。

（2）晋武帝太康二年（281），河南汲郡古墓发现一批古代竹简，即后世所谓的汲冢竹书，保存了古代的重要史料。当时就“诏勖撰次之，以为中经，列在秘书”③。对于这一记载，我以为是专指汲冢书的整理编目而言。这里所说的“中经”是泛称国家目录，而不是指荀勖的《中经新簿》。本传中这三句话的意思，是说荀勖奉命整理编次汲冢书，专为汲冢书编制一份国家目录，并把汲冢书收列为国家藏书。

（3）荀勖还以郑默《中经》作主要依据，编制了一部综合性的国家藏书目录，即《中经新簿》。梁阮孝绪的《七录》序说它是四部分类。《古今书最》说它收四部书1885部，29035卷④，而《隋志》序则较详细地记述了各部所收的图书内容和体制。

根据上述记载，《新簿》的情况是：

(1) 荀勖《新簿》系据郑默《中经》而作。它既据《中经》所录之书，也不

① 《晋书》卷三九《荀勖传》。
② 荀勖：《让乐事表》，见《北堂书钞》卷一〇一引。
③ 《晋书》卷三九《荀勖传》。
④ 道宣：《广弘明集》卷三。

可免地参考了《中经》的分类。它既标《新簿》，就包含有改编的意义。二者相因关系，诸书所载俱同。所以郑默《中经》对荀勗《新簿》的分类是有贡献的。

（2）《新簿》共分四部，由于有《七录》序和《隋志》序的记载，可略知其每部内容，虽史籍已独成部类，但其甲乙丙丁的次序为经子史集，与后来经史子集的次序略异。

（3）《新簿》的体制是登录书名、卷数和撰人，并有简略的说明，可是没有很好地继承刘向写书录的传统，缺乏对图书内容的评述和论辩。但其可取之处在于记录图书的存亡，这对后来查考图书存佚流传和借此进行图书真伪的考辨，都起了提供资料依据的作用，而且也开后来目录书著存亡的先例。

（4）《新簿》所收图书的部、卷数当以《古今书最》所记 1885 部、29035 卷为准。《隋志》序作 29945 卷，但《隋志》序所记载数字时有不确，仍应以《古今书最》卷数为是。

（5）《新簿》，隋唐各志皆作 14 卷，实为 16 卷。《古今书最》所说："其中十六卷，佛经书簿少二卷，不详所载多少"之语，语意不明。如理解为"其十六卷书簿，少佛经二卷，不详所载多少"，则词意较明显易晓。

总之，荀勗《新簿》在分类、解题等方面虽有不足之处，但它对目录学的发展增加了一些新的内容，起了一定的推动作用。

东晋李充确立四部顺序

西晋末年的战乱给图书事业造成了"渠阁文籍，靡有孑遗"的严重后果。元帝建立东晋政权之后就开始征集图书，直到李充整理编目时，其现存图书只有 3014 卷，比西晋荀勗编目时的存书数减少了一半以上。①

---

① 关于东晋比西晋图书究竟减少了多少，过去许多著作往往以 3014 卷和西晋的二万多卷相比，得出了减少很多的结论，甚至说"才得原十分之一多一点"。这种说法是不确切的。应该注意李充是用《新簿》来核对当时藏书，结果是"其见存者，但有三千一十四卷"，这是指存书的卷数，而《新簿》著录的 1885 部、20935 卷是包括西晋时存、亡书在内的总数，其中亡书 1119 部，存书只有 766 部，卷数虽无记载，假如以平均每部有十一二卷书算，那么西晋的现存书不过八九千卷，东晋的现存书应是西晋的三分之一而不是十分之一多一点。

李充，字弘度，江夏人（今湖北安陆）。东晋的文学家、书法家和目录学家。历官至中书侍郎。他曾主持整理图书和编制《晋元帝四部书目》的工作。李充编纂这部目录书究竟在何时，过去若干著作多不明确。根据本传的记载，可以大致确定李充的编目时间，当在晋穆帝永和二年以后的若干年内。这时上距晋元帝（317—323）时已有二十余年。那么，李充所编目录为什么名《晋元帝四部书目》呢？这是因为编目所据者乃元帝时所“鸠聚”的图书。

李充所编的目录，由于图书数量较少，“遂总没众篇之名，但以甲乙为次”①。这就是说，只有四部，而不立各书的类名。它的四部分类虽和荀勗相同，但次序有所变更。清代学者钱大昕曾说：“至李充为著作郎，重分四部：五经为甲部；史记为乙部；诸子为丙部；诗赋为丁部。而经史子集之次始定。”②

李充的四部分类编次方法，一直被后世沿用，所谓“自尔因循，无所变革”③，正说明它在目录学发展史上的贡献。

南朝的目录事业

南朝历经宋齐梁陈四朝，虽政权迭变，社会动荡，图书屡遭散失；但各朝尚能重视文化，建立政权后，不断进行搜集、整理，而目录事业也在迂回曲折地发展。

（一）宋的目录事业与王俭《七志》

宋承东晋之后，除接管原有的国家藏书外，又加以搜集，藏书遂日渐丰富。它的主要目录工作是在宋文帝元嘉和后废帝元徽时期。

据后来的记载，宋文帝时曾编制过三部目录。

(1)《晋义熙已来新集目录》三卷。撰者邱渊之，字思玄，乌程人。宋

① 《隋书·经籍志》序。
② 钱大昕：《元史·艺文志》序。
③ 《隋书·经籍志》序。

文帝时历官侍中、吴郡太守。[1] 此目在《隋志》《唐志》中都著录，《旧唐志》作《杂集目录》。其书已佚，所以体例内容均不可知。似为晋安帝义熙以来的新书目录。

（2）《四部书大目》四十卷。撰者殷淳，字粹远。《宋书》本传记其编目之事说："（淳）少帝景平初为秘书郎，衡阳王文学、秘书丞，中书黄门侍郎。……在秘书阁撰四部书目，凡四十卷，行于世。元嘉十一年卒。"[2] 宋少帝景平仅一年（423），其景平二年就改为宋文帝元嘉元年。那么殷淳参与图书工作是在元嘉时。淳任秘书丞，可能正是谢灵运任秘书监时。殷淳的大目或可解释为大要之目，也就是草目的意思。所以，我很怀疑殷淳目与后来著名的元嘉目是一种初、定稿的关系，此目《南史》本传作《四部书大目》《宋书》本传作《四部书目》，均作四十卷。梁阮孝绪《七录·序》作《大四部目》，无卷数。而《唐志》则作《四部书序录》三十九卷。其书久佚，难晓其详。

（3）《元嘉八年秘阁四部目录》。这是刘宋时著称于后世的一部国家目录。《隋书·经籍志》序记其事说："宋元嘉八年，秘书监谢灵运造四部目录，大凡六万四千五百八十二卷。"这段记事并不确切，已有前人指出。《隋志》序以此目乃谢灵运撰成于元嘉八年。考《宋书》谢灵运本传：谢系文帝元嘉三年诛徐羡之后，始"征为秘书监，使整理秘阁书，补足阙文"，但不久即迁官侍中。元嘉五年又托疾东归，不再到建业。所以，谢灵运主管图书工作的时间很短，而且在主管期间仅仅做了整理、补订图书的工作。至于编目一事，本传并未涉及，论赞中也仅论文学成就，于图书编目不著一字。元嘉目是当时重要的国家目录，如谢灵运有其事，沈约不能不入其事于传文，而今谢传缺载。所以元嘉八年谢灵运造四部目录之说是值得怀疑的。那么，元嘉目的撰者究竟是谁呢？我认为殷淳的可能性很大，至少殷淳是主要编撰者之一。其理由是：

---

① 参见《宋书》及《南史》的《顾琛传》。
② 《宋书》卷五九《殷淳传》。

1. 殷淳任秘书丞在元嘉时，与谢灵运同时，只是职任上有主次之分。实际工作由殷淳承担，而谢灵运是主官，可能在谢任秘书监时开始，所以署官衔较高的谢灵运。

2. 谢灵运从元嘉五年离开建业后再也没有回来，而此目多称元嘉八年撰成，则谢灵运实际未底于成，而殷淳似始终其事。殷淳可能在元嘉八年完成此目后，才迁官中书黄门侍郎。直至元嘉十一年卒，一直没有离开建业。

3.《南史》和《宋书》的殷淳本传，对他的编四部目工作都有较详的记载，后来的目录书也多记及。而谢灵运不仅本传未记，即其他目录书也记载不明。

《隋志》序又说元嘉目收书“大凡六万四千五百八十二卷”也误。《古今书最》记元嘉目收书“一千五百六十四帙，一万四千五百八十二卷。五十五帙，四百三十八卷佛经”，其说近理。东晋李充于穆帝永和五年（349）编《元帝书目》时，四部不过三百零五帙，三千零一十四卷。至此元嘉五年（431），前后不过八十余年，又经东晋末年的变乱，若依《隋志》序六万余卷计，则增加达二十余倍，似不可能。若以《古今书最》一万余卷计，则增加三倍，似尚可信。《隋志》序的数字多有误，此“六万”应以作“一万”为是。

元嘉目虽以四部分类，但另有佛经为附录。其四部之下是否有类，以及各书是否有解题等等体制问题，则以缺乏资料而难晓。

后废帝元徽年间是刘宋目录事业有重要成就的另一时期。元徽元年，著名目录学家王俭主持撰成《宋元徽元年四部书目》和《七志》二部目录书。前者是国家目录，后者是私人撰目。

元徽书目，据清人章宗源《隋书经籍志考证》说有四卷。全目按四部分类编次，共收书2020帙，15074卷①，与元嘉目收书相差不多。

《七志》的成就远远超过元徽书目，它不仅开私人编目之端，而且还为目

① 阮孝绪：《古今书最》，见《广弘明集》卷三。又《隋志》序作15704卷。

录事业增添了新内容。《隋志》序虽有比较详细记载，但尚欠完备，有些地方尚待商榷订正。

《七志》的体制，在分类上改变了李充的四部分类法，参考了荀勗的《中经新簿》，而主要依照向、歆父子的分类法，只是略改《七略》部名。《七志》仿效《七略》在卷首写列九篇条例作为各部小序。《隋志》序评论这九篇条例“文义浅近，未为典则”。由于本书已佚，难定是非。尽管如此，王俭恢复向、歆父子辨章学术这一优良传统的贡献是应予肯定的。但是，他却没有很好地继承书录的良规，所谓“不述作者之意”正是其不足之处。不过，他尚能“于书名之下，每立一传”①，开创了书目解题体制中的传录体，仍不失为有所创新。

《七志》的卷数，各书记载不同。《南齐书》本传作四十卷。《宋书·后废帝纪》作三十卷。《隋书·经籍志》题《今书七志》作七十卷。《新唐志》作七十卷有梁贺纵补注。因原书已佚，无从确定准数，当以本传为据。

总之，《七志》虽有类例不明、论辩不足等缺点；但是，它的私人编目、著录令书、创立传录等都是前人所无。这是王俭在目录学研究上的一大成就。

齐继宋后，立国日浅。目录事业未见兴盛。虽《七录》序有“更撰目录”之说，《古今书最》也著录《齐永明元年秘阁四部目录》，但是，核之史传尚缺明证，所以也难多加论述。

（二）梁的目录事业与阮孝绪《七录》

梁是南朝文化最发达的时期，图书目录事业有显著的发展与成就。齐梁之交，图书散失比较严重。《隋志》序称这次的散失情况是：“齐末兵火延烧秘阁，经籍遗散。”梁武帝建国后，特别重视图书的搜集、典藏和整理。他不仅在文德殿列藏众书23106卷，还在华林园集中了佛教经典，由著名学者任昉亲自主持整理工作，并广征异本校订藏书。经过任昉的“手自雠校”，于是

① 《隋书·经籍志》序。

原来“篇卷纷杂”的混乱状况，一变而为“由是篇目定焉”[①]。这为编制目录提供了良好的基础。

梁的目录事业在南朝中也是颇为繁盛的。它不仅有国家目录、私家目录，而且还有专门目录。

梁的国家目录，根据后来的记载有三部。

(1)《天监四年四部书目》；《两唐志》著录作四卷，丘宾卿撰。余嘉锡先生考证，丘宾卿在《梁书》及《南史》中均无传，不知为何人。此目“实即《隋志》之刘孝标梁文德殿四部目录”，而丘宾卿“亦校书学士之一人”[②]，也即《古今书最》中所列的“《梁天监四年文德正御四部及术数书目录》，合二千九百六十八帙，二万三千一百六卷”。这部目录的编撰者刘孝标，本名法武，后改名峻，平原人。梁天监中与学士贺纵“典校秘书”。

(2)《梁天监六年四部书目录》四卷。《隋志》簿录类著录，题梁殷钧撰。《古今书最》也著录说：“(梁）秘书丞殷钧撰《秘阁四部目录》，书少于文德殿书，故不录其数也。”而《隋志》序却说：“梁有秘书监任昉、殷钧四部目录”，似以此目为任、殷合撰。考《梁书》任传仅言其“手自雠校”，有可能编一目录，但史文未载。而《南史》殷钧本传则有编目的明确记载。殷钧不仅编有图书的综合目录，而且还编有艺术品专门目录。《隋志》序并言任昉，或因任名高位崇遂首列其名。

此目不知收书若干，仅知少于文德目。

(3)《梁东宫四部目录》四卷，刘遵撰。《隋志》簿录类著录。撰者刘遵，字少陵，官太子中庶子。《南史》有传，但传中并未载编目事。按其题名，似为太子藏书所编之目。

私人目录至梁时似已较普遍，凡有藏书者即有目。阮孝绪撰《七录》多据诸家私目。

① 《梁书·任昉传》。案任昉既编定篇目，则编制目录书的可能性很大。汪辟疆的《目录学研究》中曾说：“刘孝标文德殿四部目以前似尚有任昉躬自部集之秘阁目录矣。”是颇有见地的。

② 余嘉锡：《目录学发微》。

梁时最早的私人目录是任昉目。任昉是梁初著名学者。他藏书万余卷，“率多异本”。死后，梁武帝派沈约、贺纵来“勘其书目”，把国家藏书所没有的一部分图书取走。这部被沈、贺查对的书目，显然就是任昉的私人藏书目，可惜未获流传。而在后世能略知概况并有重要影响的著名私人目录，则推阮孝绪的《七录》。

阮孝绪，字士宗，尉氏人。生于刘宋末年，卒于梁大同二年（479—536）。他从事目录事业主要在梁普通年间。他和过去的目录学家有很大的不同。从向、歆父子起到王俭止，几乎都有比较显要的政治地位，不仅能尽窥国家藏书，私人藏书也丰富，又有助手共理，成目较易。而阮孝绪则是一个被称为“文贞处士”，并没有政治地位的普通学者，缺乏必要的物质条件，所以他必须尽量利用前人的成果，加以总括继承。他在《七录》序中，曾自述其辛勤治学和成书经过。

《七录》的体制和撰者意旨，虽然由于原书久佚，不能全部了解，但所幸《广弘明集》卷三保存了《七录》序和所附的《古今书最》，使后人不仅得知《七录》的基本概况，而且还对梁以前的目录事业能略得轮廓，成为古典目录学研究中的重要参考文献。阮孝绪编撰《七录》，对古代目录事业和古典目录学的研究，作出了极大的贡献。根据《七录》序可以知道该书的基本体制和成书缘由：

（1）《七录》的体制主要参酌刘歆《七略》和王俭《七志》而自定新例。

（2）《七录》分为内外篇：内篇有《经典录》《记传录》《子兵录》《文集录》和《术技录》等五录；外篇有《佛法录》和《仙道录》等二类。全目共为十二卷。

（3）《七录》共收书55部，6288种，8547帙，44526卷。

（4）《七录》编于梁普通四年仲春。在编撰过程中，曾得到友人刘杳的无私帮助。

《七录》的特色和主要成就是：

（1）《七录》的编目条件和过去不同。前此的目录书多是就国家藏书而编撰，即使如王俭的《七志》虽属私人目录，但也是在编元徽书目时进行的，又有主管图书的职权便利，所以使用图书方便；而阮孝绪不具备这些条件，他只能根据一些私人藏书家目录和“官目”来整理编目。经过官私目的对校，发现“官目”“多所遗漏，遂总集众家，更为新录”。这说明《七录》是继承和总括了前人的目录成果，是比较完备的一个综合目录。开启了研究前人目录之端，摆脱了单纯登录藏书的局限。

（2）《七录》在分类上有所创新。它从图书数量的现实出发，把史籍又从附属地位提到独立部类上来，专立《纪传录》。同时，在部类之下又分细类，推动了分类学的发展，对于后世的分类也有重要影响。即如《纪传录》下所分十二细类，虽以后有分合易名的不同，但它是史部划分细类的开始，有重要的参考价值。《隋志》序也肯定它的分类是“其分部题目，颇有次序”。

（3）《七录》“总括群书四万余，皆讨论研核，标判宗旨”，介绍了作者事迹和图书的流传情况。虽然《隋志》总序中批评它“剖析辞义，浅薄不经”，簿录类序中又说它“大体虽准向、歆，而远不逮也”；但是，不能不看到阮孝绪是在“内寡卷帙”，“傍无启沃’，即既少藏书，又无助手的条件下，力争恢复向、歆父子书录传统所作的努力，其精神是可贵的，其成就是值得肯定的。

（4）《七录》的七分和类名是经过一定研究而确定的，这在序中有较详说明。它不象王俭名为《七志》，实则九分那样牵强。它把根据文德殿五部目录体例的图书分作五录列为内篇，而以佛法、仙道作为二录列为外篇，既表明列佛道于附录的含义，又确为七分，名实取得一致。

（5）阮绪孝自称《七录》收书之广，已使“天下之遗书秘记，庶几穷于是矣”。以其所收四万四千余卷较之文德殿书目所收二万三千余卷，增加二万一千余卷，几近于一倍。阮氏之语，确非自诩。在南北朝这样一个动乱时期，阮孝绪能在比较差的条件下．独力完成这样一部搜罗比较完备的图书目录，确是古代目录事业中的一项重大成就。

在肯定阮孝绪及其《七录》的贡献与成就的同时，我认为不能忽略刘杳在这一事业中的功绩。《梁书·文学传》记刘杳的生平说："刘杳，字士深，平原人也。少好学，博综群书。沈约、任昉以下，每有遗忘，皆访问焉。自少至长，多所著述，撰《古今四部书目》五卷行世。"刘杳的这部《古今四部书目》，篇帙少，后来也未见著录，可能是一部在收集资料过程中的草稿而被传抄行世。这应算作是梁时私人目录的一种。当刘杳获知友人阮孝绪已着手编撰《七录》时，就毫不犹豫地把自己抄集的资料草稿全部赠与阮孝绪以助成《七录》。阮孝绪也不没友人之劳而在序中记称："通人平原刘杳从余游，因说其事，杳有志积久，未获操笔；闻余已先著鞭，欣然会意，凡所抄集，尽以相与，广其闻见，实有力焉。斯亦康成之于传释，尽归子慎之书也。"刘杳这种不隐秘所得，成人之美的情操，表现了学者的胸襟。凡论及《七录》，定当表述及此，可惜某些有关著作对刘杳的这一功绩却没有给以应有的评价。

梁对目录事业的另一重要贡献，是专门目录，如佛录的编撰。佛录的编撰始于魏晋，其中有名的如东晋释道安所撰的《综理众经目录》，但都已佚失。现存的最早佛经目录是梁释僧祐所撰的《出三藏记集》。释僧祐生于宋元嘉二十二年，卒于梁天监十七年，年七十四岁。他是南朝的名僧，曾和著名文学批评家刘勰共同居处十余年。所著《弘明集》保存了南朝佛与反佛斗争的重要资料，而《出三藏记集》则是一部著名的释家专门目录。

《出三藏记集》十五卷，是中国翻译佛家经律论三戒备书的目录。它开辟了目录学编纂体制的新方式，即在总序外，又分撰缘起、铨名录、总经序，述列传四部与记述，其中总经序部分辑录各经的前序后记，不仅可使人借知译经经过及内容，起到了解题、提要的作用，而且还为专门目录创立体制（清朱彝尊的《经义考》就仿此而录各经序跋）。述列传部分记译经人生平，多有涉及与世俗交往的资料，可备魏晋以来史传的参证。

《出三藏记集》还起到保存一部分魏晋以来学者著作资料的作用。如释道安的《综理众经目录》由于释僧祐的引用，使后人能够知道这部亡佚的佛录的体制是"始述名录，诠品译才，标列岁月"，是着重评论译书水平的目录书。又如各经序多出自六朝名人学者之手，清代严可均辑《全南北朝文》即将此书卷七全部采入。它所著录的佛经也为后来补作史志目录所取资。所以，它成为对后世具有重要影响与作用的一部目录学名著。

梁末图书毁损严重，陈初虽经搜集，但质量都差。据《隋志》著录，陈有国家目录四种：《陈秘阁图书法书目录》一卷、《陈天嘉六年寿安段四部目录》四卷、《陈德教殿四部目录》四卷及《陈承香殿五经史记目录》二卷。这些目录都未获流传。

北朝的目录事业

北魏是北朝汉文化程度较高的朝代。道武帝曾采纳博士李先的建议："唯有经书三皇五帝治化之典，可以补王者神智"①，下令征集图书。孝文迁都洛阳后，曾派人检查图书缺少的情况，编定《魏阙书目录》一卷，到南齐去按目借书。南齐藏书本不繁富，而北魏尚向它求缺书，则北魏藏书之少可想而知。魏阙书目是北魏唯一见于著录的一部目录。宣武帝时秘书丞孙惠蔚在请求征集整理图书疏中曾说："臣请依前丞臣卢昶所撰《甲乙新录》……"② 一语。可见孙惠蔚还见过一部北魏的国家目录《甲乙新录》。卢昶附见其曾祖《卢玄传》中，并无一字道及编目事，仅记在孝文时任秘书丞。卢昶编《甲乙新录》可能即在此时。孝文时编《阙书目录》向齐借书，则其事先必当先编已有书目录，方可知所阙书，其意甚明，所以《甲乙新录》一目或当确有其事。至所谓甲乙当即荀勖所谓甲乙，因北魏与东晋隔绝，所以甲乙也绝非李充经史之次，而是荀勖经子之次。《甲乙新录》可能就是经子目录，或者由于卢昶迁官，四部目录未能完成，《甲乙新录》仅为未完稿，所以未能传世，也就无从见诸著录了。

北齐在文宣帝天保七年时曾命樊逊等十一人"校定群书"③，但史传不载

① 《魏书》卷三三《李先传》。
② 《魏书·儒林传·孙惠蔚》。
③ 《北齐书·文苑传》。

编目之事。隋代学者牛弘在《请开献书之路表》中曾说:“高氏据有山东，初亦采访，验其本目，残缺犹多。”[①] 既说“验其本目”，则牛弘尚得亲见高齐所编国家目录而复按其残缺。唐刘知几在《史通》中提到北齐时，有宋孝王曾撰《关东风俗传》，记北齐邺下之事，书中有《坟籍志》，记载当代著作，开后世地方目录的先声。

北周明帝时，也曾“集公卿以下有文学者八十余人于麟趾殿，刊校经史”[②]。但未闻有编目之事。唐封演的《封氏见闻记》卷二曾记:“后周定目，书止八千”，似北周也曾有目。

（原载《群众论丛》1981 年第 6 期）

① 《隋书・牛弘传》。
② 《周书・明帝纪》。

敦煌学在国内亟待展开第三时期

任半塘

“敦煌学”早已分国际和国内两方面各自发展。在国内已显然经历了两个时期：第一期以罗振玉等为代表，从法国劫掠去的卷子中得到零星篇幅，作了考据，印出若干“佚书”“丛残”“零拾”之类；第二期以王重民为代表，他和向达、刘复等人，亲自到英、法等国采访遗书，所见较多，并编目、抄写、拍照，回国后加以刊印。王氏编写了《敦煌古籍叙录》，辑录国内学者就遗书所与心得题跋，有数十家之多。这些题跋大抵是空言赞叹，若奋志昌明，舍身维护，锲而不舍的则很少。后来，王氏又编成《敦煌遗书总目索引》，在当时是从无到有，著录比较完备，惠兼国际，功不可没。然以今天所知看来，遗漏实在太多，亟宜增补。王氏自认“不通此道”，向氏领导无力，未完成精明断制。而二十年来，其势已竭，无可奋发，表明这一时期该告终了！为国家学术昌明计，应早辟国内敦煌学研究的第三时期。

所谓“第三时期”的根本要求极简单：中国社会科学院应设立“敦煌学研究所”，总持一切，集中人才，订出规划，追时挽失。首先应把三万卷经文遗书从古董桎梏里解放出来，使它面对大众，化零为整，焕发其固有的学术价值，以繁荣祖国文化。

张锡厚同志从二十余种遗书写本中，规复出初唐一位民间大诗人王梵志的诗三百余首（接近作者身后不久即曾有人编过的全集分量）。张君复为他编了全集、选集、校注三部分，准备由中华书局出版，奉献给广大读者。张君足当上述所谓“第三时期”的一位开路先锋。

论梵志诗则大奇特，全用五言，而翻腾转折，深刺浅喻，多出人意外。其民间气息之浓，言外韵味之厚，使读者不由得跟着他歌哭笑怒，不能自持。短处是有些地方佛教思想影响太深，所以张君另编了一个选本。本文固不是为张君捧场，也不是为梵志说教，更不是对王国维、王重民等不留余地，而大肆挞伐。本文站在人民和祖国的立场，为繁荣学术进一言。区区苦衷，请读者鉴察。

一

张锡厚同志依据《敦煌遗书》二十二种不同的写本，整理出初唐民间诗人王梵志诗的全集、选集和注释，打算出版普及本，供大众鉴赏。自敦煌遗书来说，这算是离开了古董的身份，走到大众的读物里面来了！这件事在国内外敦煌学的范围内，尚无前例，对于国内文化界，将起或应起些什么作用呢？有考量和敦促一下的必要。此事引起我对国内外敦煌学现状的许多感触，借此发抒出来，供大家讨论。

先从“尚无前例”来看。祖国拥有世界罕见的千余年前各阶层人士手写的、约三万件汉文的卷册，其中有很多是正背两面兼写的，举世命名为《敦煌遗书》。除大量宗教经典及与宗教有关的文字外，属于民间和非民间的，包括经、史、子、集四类古逸文书在内，其数量之多，真是浩如烟海。单就经、史、子、集而论，就远非竹简、甲骨所能比。这些文献多数是以单件的形态彼此凌乱地混杂纠缠在一起。过去的管理或调查人员编号时，只记录每件两面所见较显著的内容而已，对其余很多零星文件，则语焉不详，甚至置之不理。至于各篇之间，各面之间，此国所藏与彼国所藏之间，有何连属异同的关系，本应仔细整理，使之以类相从，归还原状才是，而编目人却往往粗枝大叶，做得远远不够。有些“劫藏国”对所藏全部公开，有些半公开，有些则加以封锁。有的流入私人手中，或为图书馆收藏，往往被当作古董，对外讳莫如深，甚至常常转换主人，使人无从调查编目，作学术研究……在这种复杂情况下，若没有国家所设“敦煌学研究所”这类坚强有力而又熟悉业务的机构统筹擘画，而想彻底查清世界所存全部《敦煌遗书》，并用来进行研究工作，则谈何容易！

试就王梵志诗这一实例来看。刘复移录入《敦煌掇琐》的，只据三个本子（只有一本可明确定为王梵志诗）；郑振铎编入《世界文库》的，只据两个本子；胡适在《白话文学史》中批评介绍的，可能看到三个本子；王重民在《敦煌古籍叙录》内，对这一项“述而不作”，仍不外三个本子。而张锡厚同志不过是一位普通研究人员，利用业余时间，来整编这部稿子，足未出国门一步，手未触写本半篇，何以竟能探讨到二十二个写本之多，且对各本的关系，都辨得有凭有据呢？张同志的工作，在上举四家工作之后不过三四十年，他并没有接触到另一批唐写本的秘本，不过是在《敦煌遗书》原有的范围内钻研而已，居然会发现二十二种相关的本子，岂不是一件不可思议的奇事吗？我想，这并非出于偶然，而是标志着旧时期大家所走的路子已快到尽头，一个孕育成熟的新时期快要诞生了！张同志对王梵志诗的整编工作正好起了一个催生的作用。

二

国内学术界研究敦煌遗书的旧方法，已不可能产生新成果，必须另辟新的道路。如上所言，国内敦煌学的第一期以罗振玉等为代表，他们印佚文，补史乘，编零拾，恣考证，在考古方面不无成绩。但是他们当中，不少人有着浓重的绅士、官僚的习气和偏见，对于敦煌遗书中大宗民间的东西，往往加以歪曲。王国维在《花间集》内编出十八家“公卿词”来，颇觉踌躇满志，可见他有“公卿迷”。当他看到敦煌民间歌唱“征妇怨”——原辞是：“魂梦天涯无暂歇，枕上长嘘，待公卿回故里，容颜憔悴，彼此何如？”意是反对丈夫在外求官，而误了闺中的青春年华——他竟提笔改出“枕上虚待公卿”（见《东方杂志》第17卷8号）的句子来，冤枉征妇开放闺门，拍拍枕头说：“我这里虚枕以待，是公卿就请进吧！”这是他对征妇的诬蔑，也是对“唐代通俗文学”的极大歪曲！

第二时期以王重民等为代表。王氏和许多人先后到英、法两京去选抄遗书，或拍照片，得以编印了《敦煌古籍叙录》，此外又编印了《敦煌遗书总目索引》，规模较大，功不可没。可是法国劫藏部分空缺太多；英国部分工夫太浅，甚至连五、七言句法尚未尽读准确，大大影响了质量。这期内对曲子和变文，也各编出初步的总集。还有人对其中部分唐曲子作了一些探索；或研究了韵书，辑录了《敦煌资料》第一辑，第二辑以下就未见出版了。这一时期总算干了不少工作，生气蓬勃。但好景不常，从六十年代到现在，几乎停滞了二十年之久。

国内敦煌学第二时期以来，实际还存在着很严重的两种致命伤。第一种可借用王氏《总目索引》“叙例”内曾有人提过的一句话——“把它（敦煌遗书）作为‘古为今用’的史料少，不能发挥它的真正作用”。再一种因为它是民间的古纸写本，动辄遭到厄运。某些经手的人为了增加件数，对它们的形体无不恣意摧残，随手拆裂，把它们造成许多斩头去尾或单篇零件的形态，使其杂乱成堆地僵卧在国内外的档案架上。日久天长，老是那样，既被分离了，就再难有恢复为整体的机会。因此，就再也不能提高到它们当初整体时原有的文献价值和使用价值了。这真是我国古文物中空前无比的一大悲剧！此外，它们还将遇到种种可怕的威胁，如所用的唐纸的不断老化、朽化，大地震或战争带来毁灭，等等。在这种情况下，“敦煌学研究所”的成立，可以说是刻不容缓的了。

不同的意见也是有的。有人认为国家已有文物局，似无再另行设立敦煌学研究所的必要。实际上，我国地下古文物极为丰富，文物局是为了保护“物”，眼前要竭尽全力去保护那数以万计的秦简、汉简。而“文物”的“文”，毕竟有赖研究所去进行研究，充分发掘其价值。试看文化部连《红楼梦》都设立了研究所，难道总数达三四万件的汉文敦煌遗书，连成立一个研究所都不值得吗？又有人认为甘肃敦煌早就成立研究所了，北京何必再设？这种看法纯属误解。现在敦煌的研究所以石窟的壁画、塑像为研究对象，它的任务不可能兼包敦煌遗书的研究；何况这三四万卷遗书，不存在于敦煌，已将近一个世纪之久了。倘寄敦煌遗书的研究于现在敦煌石窟的研究室内，何来大宗史乘供参考呢？北京图书馆能把所藏遗书以及有关的古书通通搬到敦煌去供使用吗？

这里抄报纸上两段新闻来作上文的例证：

> 敦煌的文物研究所研究六朝石窟的内容，已取得较高的水平，发表了五十八篇论文。(《光明日报》1981 年 6 月 5 日)

请注意：他们的研究所所研究的是石窟的内容，而不是“遗书”的内容，足证两种研究不能合而为一。

> 台湾新文丰出版公司将出版由黄永武主编的《敦煌宝藏》，拟将散失于世界各地的敦煌资料约二十万张，汇集成书，并附画片数千幅。全书共十辑，一百册，第一辑今年九月出版。(《人民日报》1981 年 7 月 29 日)

他们编书的动机如何，所编的内容如何，虽均不详，但值得注意的是他们已抢先一步做了我认为应由敦煌学研究所来做的工作。至于研究所的全部工作，当然还有更重大的，并不局限于这一类事情。

关于设立研究所的问题，姑且放下不提。再来看看有关文学和考古学等学科的出版社的情况如何。如果所有以出版“古籍”为己任的出版社，在编审计划中，配备足够的人力，安排有关敦煌遗书的选题，力求多出、快出、出好这方面的著作，以供应中外，完成这一任务是不难的。可是，实际情况又如何呢？多年来，虽仅循《敦煌古籍叙录》和《总目索引》的线索去选求精粹，且编且印，也无所举动。他们多年来勤奋从事，阐发古籍之幽光，虽成绩斐然，唯独未见其垂盼到六朝隋唐古写本这方面来。敦煌写本中的某些古籍纵然是残编零简，凑不完整，也可以精选现有刊本抄本去补足。在求古不求全方面，此中应有通方，何必墨守一格？宋咸淳本《李翰林集》固然要影印；六朝隋唐零星写本的刊布流传，也绝不可废。清初反映民间疾苦、揭露官吏罪恶的《吴嘉纪诗》固然要阐扬，唐初同样性质的民间白话诗，也不可忽视。平心而论，几家古籍出版社并非嫌敦煌遗书内容残缺，不具备出版条件，而是从未收到过这种整编好的稿件；现成的收不到，自己组编这类书稿又无此眼光和勇气。说到底还是学术界对于敦煌遗书的价值了解不够，重视不够，珍惜不够，热情不够的问题。这不能不使人感到失望。并非我个人如此想，这是凡属搞敦煌遗书的人所共有的想法。如岑仲勉先生在《跋敦煌抄本唐人作品两种》文中第一节《勤读书抄示颜等》内，曾作大声呼曰："吾人固渴望司文化者亟将宇内可贵之孤本，早日公诸世也！"《中华文史论丛》1981年第1辑）我仿佛感到岑先生因为得不到遗书的资料，在那里急得直跺脚。我再次呼吁：出版界和研究机构应该和埋头科研的学者协力合作，把我们的科学文化水平搞上去！

综合上文所述，大概可以看出国内敦煌学现阶段的状况。新机正待启发，孕育已近分娩。这种深刻的启蒙作用是很大的，当非张锡厚同志这一部稿子所能为力。国内学术界应陆续拿出十部八部高质量的敦煌遗书的研究成果，裨益社会，开通风气，造成学术上一种大的声势。目前，除了文学方面对歌辞和变文都有了新突破（歌辞有了千首以上的大发展；变文逐步核实，把非变文的东西剔除干净，有了一部"实录"）外，就我所知，略举一二较小的例子，如医药方面已有了汇编稿；占卜书方面也有了五十种以上的长篇稿。有趣的是：有人把这个长篇，结合了非敦煌遗书的唐代占经等，考订出一部早已流传的《李卫公兵要望江南》，试划了一条正变的界线，以断定《望江南》辞调确始于隋炀帝时代。不管他们这些工作的成效大小如何，敦煌学能如此从多方面发展起来，都值得我们为之欢呼。

三

前节是针对国内敦煌学情况而言，此节则是对国外敦煌学说的。在就敦煌遗书资料去整编印行专书的时候，我们应该发扬"继往开来"的精神，做出些过去想做而未做到的事。例如，我们应争取收回晚清末年流失到国外去的敦煌遗书汉文部分原写本（约两万件）。从收齐全部遗书的缩微胶卷入手，直到遗书写本的原件全部归还我们为止。

沙皇俄国曾劫取我国大宗敦煌遗书。1963 年孟西科夫发表他所作的《亚洲民族研究所敦煌文献馆汉文写本纪要》的序文，可以作证：

> 亚洲科学院民族研究所敦煌馆是有关中国抄本（五世纪至十一世纪）大的收藏者。此一工作，是在 1914 年至 1915 年，由俄罗斯土尔其斯坦探险队的院士奥里登保领导进行的。此队根据敦煌石室的记载，进行工作并发掘。因此，此等手稿及其他资料的收集，便成为该队的成果之一。

孟氏编撰了所劫走的敦煌写本目录，藏于列宁格勒的大约有三千卷；其中选去不少精品、奇品，令人愤慨！其罪行不亚于斯坦因和伯希和。时至今日，苏联连对所劫汉文卷子的缩微胶卷都不给我们观看，更不让我们去接触原卷或摄影；除有关佛教的经赞和他们认为没有文学价值的东西外，卷子的内容概不发表。

据藤枝晃先生《敦煌学导论》所说，1914 年奥里登保到敦煌搞走了一批卷子回俄国，放在东方学研究所，直到 1950 年才开始研究。1957 年在莫斯科召开国际东方学会，各国人士方惊讶俄国劫藏了这批敦煌遗书！他说孟西科夫编的目录已有三册，末册至今尚未发表；又说孟氏对《报恩经变文》有过出色的研究。这篇变文，我们已曾探讨过，对孟氏所论也曾探讨过，并无可取之处。尤以文内见唐太宗讳“民”字十处以上，皆缺末笔，分明写于初盛唐，而孟氏因其字体偶有南宋时尚用的，遂指写本出自南宋。孟氏对汉文认识远在英、法诸国人后，不值一驳。

张锡厚同志所编《王梵志诗校辑》中二十二种写本内，有一本是苏编 14566 号，题名《王梵志诗一百一十首》，还以一首歌辞《回波乐》带头。我们不但看不到其内容，连法国汉学家保罗·戴密微也说：在任何手抄的王梵志诗写本中，“没有发现列宁格勒所藏手抄本的第一行和最后一行”。

这里再检查一下国内敦煌学在第一、第二时期内，对于国际研究的情况如何?

我们今天对外所应做的一切，和本世纪初罗振玉、王国维等人所为，有根本的不同。他们把满足个人考古的需要，看得大于伸张国家主权的需要。如果认为国内敦煌学第二时期的成就，要推王重民完成《总目索引》一书，则我们今后应做的，是否即继承王氏这一业绩?我认为，王氏功不可没，但1961年他的书方告成，1962年苏联就突然以第三部“劫经录”向世界公布。而王氏的《总目索引》，对此则一字未提。俄国劫我敦煌遗书，本非秘密，除上文引孟氏自述和藤氏最近所述外，国内外学者如夏鼐、潘重规、向达等早就揭露过这一事实。王氏何至毫无所闻，一字不提?为王氏计，只有及时予以补述，将俄国的“劫经录”追列在斯、伯两家罪状之后，使《总目索引》趋于完整。而王氏直到逝世前十余年间，竟未加以补充，遂令一部颇有学术价值的大型编目，残缺不全，岂非国内这期研究的一大憾事！我们绝不能因为王目少了俄国劫经一录，而忽视俄国人曾经猖狂行劫这一事实。我们在这方面的错误，凡已发现的，如不及时改正，不仅贻误读者，也害了自己，应引以为戒！

王氏在“后记”中有一段话，痛斥了帝国主义分子盗劫我国文物的罪行：

> 我们痛恨帝国主义侵掠中国和帝国主义分子盗劫我国文物的罪行！因而造成科学研究上无法补偿的损失。试想：斯坦因、伯希和盗劫的两部分，如果都归了京师图书馆，我们不早已编成了极其详确的统一目录?而那些宝贵资料在科学研究上所发挥的伟大作用，就更不可想象了！

这段话说得很沉痛，但遗憾的是没有把奥里登保的名字列上。在当时既出于不得已，为何不在《总目索引》再版时，增加第三部奥里登保的“劫经录”，弥补这一缺陷?！漏载俄方的劫录，王氏可能有其苦衷，我们还可原谅，但是只凭片面成果，过份夸张，坐使敦煌学在国内第二时期止步不前，总不是件好事。

这里还须指出：在张锡厚同志动用二十二种敦煌写本去辑录王梵志诗以

前，法国汉学家戴密微已搞过许多写本的研究了。但为何戴君的研究未见成果，而张锡厚同志竟能完成《王梵志诗校辑》这一艰巨工作？这是因为戴氏对许多有关的卷子信心不足，又囿于老一套的研究方法，不能打开新的局面。这是值得国内外敦煌学界深思的。

四

话仍回到国内来。王重民在编纂《总目索引》之后，又就敦煌遗书内所写唐诗，去补足《全唐诗》。这对于力求光大“第二时期”的业绩来说，是极需要的。且关系到王梵志诗的存废问题，势非在此辨明不可。殊未想到王氏在编纂《补全唐诗》时，竟将梵志诗废弃不取。从敦煌学看来，敦煌遗书虽祖国所有，但敦煌学已大兴于国际，非祖国学术界所得专辄。国内从事敦煌学研究者凡发现有偏差，不论大小，宜求主动改正。不然，倘国外有人向我质疑，此时我处于被动地位，则将有怙过之嫌。国内研究如有差错，应及早提出纠正；纠得不对，则展开争鸣，由此可形成严肃的学风，澄清一切模糊之处。

由清康熙皇帝组织人员编纂的《全唐诗》，已收录初唐民间寒山、拾得等五言诗，而对许多宋人笔记中早已盛赞的王梵志五言诗何以只字不录？此事已过去近三百年，不必再去追究。但现今王氏用敦煌遗书补《全唐诗》，不知为什么，却又重走康熙皇帝的老路，也废王梵志诗一首不取。王氏曾大声申斥过斯伯等人的劫经行为：“造成了我们科学研究上无法补偿的损失！”足见王先生在敦煌学研究上是强调科学要求的。既如此，何以在补《全唐诗》时，又追随康熙不讲科学的老办法呢？当我们认真检讨敦煌学在国内所取得的成就时，对王的这一不足之处，不能不感到遗憾。

把补《全唐诗》作为国内敦煌学的一宗成果来看，问题很不少。所谓“补”，是专为取材于敦煌遗书而发的。王氏曾特约多人，合力参赞，在最后定稿中，依时序排列，根本不知有初唐，而以“唐明皇一首”领起，当然这要比由初唐王梵志的诗领起有“气派”，但不合科学，直到五代，共补诗约百首而已。回顾《全唐诗》所以不取王梵志诗，康熙可以推脱说“梵志诗俗而人诡，朕不取”，就完了。王氏今天难道也能说“以明皇一首领起，为冠冕堂皇！吾所取”就排斥王梵志诗吗？

王氏在《补全唐诗》的序言中曾说：“凡遇到敦煌遗书内的残诗卷，便首先与《全唐诗》校对，并录出其不见《全唐诗》的作品。”但经多方对证以后，事情就怪了：难道王梵志诗一首未曾见于敦煌遗书内吗？难道“遗书”内没有什么“残诗卷”吗？还是王梵志诗早已全部见于《全唐诗》内，实在已无一首可补了呢？——二者必居其一。敢问：王氏究竟依据什么版本的《全唐诗》？第几函册确曾载过王梵志诗三百首？致使王氏在所辑《补全唐诗》内，确实一无可补呢？

1957 年，王氏所编《敦煌古籍叙录》子部内，曾经载有郑振铎《世界文库》本《王梵志诗跋》一篇，其前曾列伯希和编的三个卷号，并引郑说曰：“敦煌卷予里有好几卷是他的诗。”但王氏后来又推翻此说。难道郑氏《世界文库》刊载过这些诗，就算《补全唐诗》内已经补过这些诗了吗？要知道：一边是参合世界文学的“文库”，一边是国内文学分体的“总集”，怎好看作一回事呢？

王氏所补的诗：由“唐明皇一首”领起共一百〇四首，作者五十人，每人平均二首，最多也只有十首。王氏可能觉得：若在盛唐前另加上一家初唐的诗，虽只一百多首，却使人有“头重脚轻”之感，太不顺眼，何况王梵志诗不止百首，而有三百首之多！宁可不要初唐这一家吧。编纂者以脱离历史现实，来博取一书的形式匀称，合理吗？这样一来，就和国内第一时期的敦煌学家罗氏的“零拾”、刘氏的“掇琐”的水平相等，而与 1962 年后第二时期所取得的成就相比为之逊色了。

由于王氏按照这一标准去补《全唐诗》，他虽曾邀约同人，周咨博采，依然留下许多漏洞。如伯 3619 哥舒翰一首《破阵乐》①；苏乩四首张女郎祠诗，

---

① 哥舒翰《破阵乐》：“西戎最沐恩深！犬羊违背生心。神将驱兵出寨，横行海畔生擒。石堡岩高万丈，雕窠霞外千寻！一唱尽属唐国，将知应合天心。”

伯255；岑参七首《冀国夫人歌词》……都是六言或七言诗体，还有后唐李存勖的寿母诗等，加上佚名的作品，这些大量诗词，都是无法予以否定的。——在这里，我们摸清了国内敦煌学第二时期的实况，不能不感到这已面临枯窘紊乱的境地，而不得不热切地盼望第三时期的来临了！

五

应继续深究的，还有一点，这就是王氏废弃了一首性质纯朴罕见、有关中唐史证的曲辞，造成学术研究上的缺陷；虽然有人就此事曾向王氏提出意见，而王氏却未作补救。事实是这样的：在伯2641的卷子背面，写着多篇杂文，王氏于"劫经录"内说："内有一篇为《莫高窟再修功德记》较为重要。"这是在浏览全篇，通过比较之后所作的断语。却未料就在这同卷、同面、同杂文群内，在同一书手笔迹下曾写着曲子一首寄在《定西蕃》①，完全叶平韵，远早于温庭筠之作。内容纪德宗建中间接连奉命使吐蕃宣达王命的人，征途如何劳瘁（使臣可能是崔汉衡，《册府元龟》有记载），可作史证。分明"较重要"，为什么在"劫经录"内只字不提？在他所编《敦煌曲子词》内也不采用？致使在《索引》的"定"字下连《定西蕃》的调名也无从着落。1960年，左景权先生在巴黎参与伯氏所劫卷子的编目工作，首先发现此首曲子，写信告我，我随即转告王氏，尚不知他正忙于编《总目索引》及《总目索引》出版，不见王氏对于此辞有一字补记，我大为叹息！显因此辞不合王氏胃口，我从此不敢再向王氏有所献替了。

国内敦煌学存在的问题不少，把责任归诸王氏一人，也是不公道的；一切事情的发展，总不免走弯路，敦煌学又何能例外？总集性的歌辞、变文和补《全唐诗》《全唐文》等这类成绩，总要不断推进、发扬光大；第二代胜过第一代，第三代又胜过第二代。"长江后浪推前浪！"只要有源有本，是会

① 曲子一首寄在《定西蕃》："事从星车入寨，冲沙碛，冒风寒，度千山！三载方达王命，岂辞辛苦艰！为布我皇纶綍，定西蕃！"

不断取得成就的。为了说明目前国内敦煌学的现状，兹再举一种变文方面的例子。《敦煌变文集》由六位学者合力编成，却组织不严，步法不一，各搞各的。主持其事者虽曾声言随时“改正我们的错误”，但二十五年以来，没见有个“改正”的做法。有一位同学，拿着一本《敦煌变文集》问我：“这篇《叶静能诗》长而无韵，分明是散文，唐诗中真有此一体吗?”我说：“主校人王重民先生已说明：‘无前题，依后题补。’这是傳，不是诗，后题把半边的‘尃’和‘寺’写混了”。这位同学大声说：“后题写混，写者之责；校者知错不校，校者该有责吗？我看全篇中，连‘大’字讹为‘天’，‘偕’字讹为‘皆’，校者均一一注明；对于后题之‘诗’果认为讹字，王先生依例应注。如今不注，连王先生所采的周先生、启先生、曾先生……诸家说中，皆无所注，足见他们都同意王先生的发展‘后讹’为‘前讹’。敦煌写本是否有一条铁律，无例外，前后题必然全同，失前题的必须照后题依样葫芦呢？不然的话，王先生对后题明知错误，既不校正，又凭虚蹈空，发展为‘前题’，又无校文的表示，这种态度对吗？此书的叙例说：主编者特别着重在缺字、误字、别字及不易认识的文字上面，尽可能扫除这些阅读上的障碍。这个愿望是好的。但对于书手的错误，校者却没有加以纠正，倒增加阅读上的障碍了，何尝有人‘扫除’?”我听罢这番议论不由大惊！这位同学对学术研究实事求是态度认真，真乃“后生可畏”！我赶快把话扯开：“书太大了，内容太复杂了，许多人都是业余搞的，尽可能搞好，实在力所不及，只有‘接受意见’。总校人向先生在‘引言’内已说过：他们准备‘随时改正错误’。”这位同学又问：“那么，你说写本内把‘尃’字和‘寺’字写混，可有依据?”我说：“眼前就有例子：伯2544卷除内曾载唐人的打毬辞，又是王、向二先生所熟习的，不比俄国奥里登保所劫，大家无法见面。辞是‘三三七七七’体，但其中夹写了四句七言，有曰：‘傳中手执白玉鞍，都史乘骑紫骝马’，这‘傳中’分明是‘侍中’之讹！斯2049同载此七言句，同作‘傳中’，你看如何？此四句七言夹在‘老人相间叹’古风十八句后，王先生补《全唐诗》又不收；这套打马毬的诗和辞，向先生作《长安打毬小考》又不引。而姜亮夫先生《敦煌——伟大的文化宝藏》（第 116 页）引伯 2544 卷，却弄出一个"傅中都打马毬诗'的题目来，把'傳''傅'和'侍''诗'四个字都混成一团了！'侍中'和'都史'是二官名，怎好从中又配出一个人名傅中都来呢?"

根据上引资料，王氏除在杂文群内曾失却曲子一首《定西蕃》外，又曾在杂诗群内失却联章五首打毬辞等，实同一疏忽，无独有偶。足见我们辨认敦煌民间写本时，要加倍小心，万不可粗枝大叶，贻误读者。

我最后希望，张锡厚同志从对王梵志诗的研究中，尤其从诗中掌握他的思想情况以后，也应写出一篇较强的王梵志传来，这对于读者进一步了解王梵志其人和他的诗，进一步了解唐代文化，是很有必要的。

国内对"敦煌学"的研究，如本文所述，业已经历了两个时期，虽然问题不少，有待深入探讨，但已出现不少成果。目前亟须继往开来，为繁荣祖国文化，早日开辟"敦煌学"研究的第三时期，以使这一学科不断完善。个人所见如有不当，尚望国内学者予以指正。

（原载《江海学刊》1982 年第 1 期）

论社队企业和农工商联合企业的作用及其关系

许涤新

社队企业是在农村集体经济的基础上建立并发展起来的。在我国国民经济中，这种企业虽然已经有好几年的历史，但事实上，它们还是新鲜事物。为了推动这种建立在农村集体经济基础上的社队企业的发展，国务院在1981年5月4日公布了《关于社队企业贯彻国民经济调整方针的若干规定》。此后，全国社队企业的发展，就有了一条明确稳妥的轨道。

在全国社队企业走上正轨的同时，不少地区的农村，出现了农工商联合经营和农工商联合企业。社队企业同农工商联合企业各自的作用是什么？它们彼此间的相互关系又是什么？这便是本文所要探索的问题。

一

社队企业已经成为农村经济中一支不可忽视的力量。

1979年年底，全国社队企业有148万个。经过调整，1980年年底减为143万个。但从业人员却从1979年年底的2900多万人增至1980年年底的3050万人。以总收入来说，1979年年底是504.7亿元，1980年年底增至614亿元，比上一年增长22%；社队企业的总收入约占农村公社、生产大队、生产队三级经济总收入的34%，有的地方，如无锡、常州等地还超过这个比重。

社队企业对于农村集体经济的作用，可以从下列几方面看得出来：

1. 一般说来，社队企业是劳动密集型的行业，因而，能够吸收农村多余的劳动力。在八亿人口的农村中，劳动力约为3.1亿人，在这三亿多的劳动力中，约有三分之一是农业生产吸收不了的。也就是说，有一亿左右的劳动力在农村中是多余的。而社队企业的从业人员，在1980年是3050万人，约占农村剩余劳动力的三分之一，约占农村总劳动力的9.4%。这证明社队企业的发展，是适应我国人口多、耕地少的情况的。

2. 社队企业能够增加集体农业的收入。根据许多地方的经验，由于种植粮食的成本相当高，因此，单靠种植粮食的收入，社员的工分值是有限的，只有发展社队企业，用企业利润去支援生产队，才能提高工分值。如上所述，1980年年底社队企业总收入是614.4亿元，除向国家交纳税金25亿元和支农资金22.6亿元之外，还有566.8亿元。这就使社队有条件去积累公益金和提高社员的工分值。因此，社队企业对于巩固集体农业的作用，是相当重要的。

3. 发展社队企业对于农业建设资金的作用也是极其重要的。众所周知，要改变农业生产条件，就必须有大量的投资。国家对农业生产的拨款是有限的，因为国家不可能把大量资金投之于农业。即使把国家投资全部集中在农业上，也没法解决问题。以1980年来说，全国生产队共有566.2万个，是得不到充分的资金的。单靠生产队在农业（粮食）生产所得积累来扩大生产规模，也极有限。粮食的成本相当高，就是在收购价格提高之后，也仍然有限。无论从哪一方面来说，发展社队企业，从企业利润分一部分去支农，是一个值得重视的途径。上面说过，1980年社队企业利润用于支农的就有22.6亿元，等于国家用于农业基建投资的47.2%。举一个具体的例子来说，无锡是粮食高产县，1971—1977年平均每亩地的农业积累只有11元6角。由于社队企业的发展，1978年用于支农的资金，平均每亩达92元5角，与以前的11元6角相比，增加了好几倍。这难道不是在证明办好社队企业是取得支农资金的重要途径吗？

4. 社队企业能就地取材，增加各种土特产的供应，有利于活跃市场，发展商品经济。

5. 发展社队企业，把种植业、养殖业同加工业结合起来，能够逐步改变历史形成的全部农产品运到城市加工，再把商品运回农村的状况。这就是说，社队企业特别是加工业的发展，能够逐步改变农村的经济结构，为将来消灭城乡差别、消灭工农差别准备条件。

社队企业的作用是不可忽视的。要发展我国的农村经济，如果忽视社队企业的作用，那是一定要犯错误的。但与此同时，我们对社队企业在发展中存在的问题，也不能不加以注意。

第一，社队企业是在国家计划之外，由各地社队自己决定设立的。由于是在国家计划之外，并且各自为政，因而它的发展盲目性相当突出。社队所办的农业、交通运输、商业、服务行业，为当地所需要，盲目性还不显著。社队企业的盲目发展特别表现在工业方面。现在各地社队所办工业包括煤炭、电力、石油化工、土法炼焦、冶金、建材、机械、纺织、皮革、造纸、卷烟、陶瓷、食品等十多个行业。在这里，同城市的现代化大工业重复的相当多。社队企业就地把原料用了，这就不能不影响到大工业的生产。有一个时期，上海的制烟工业因为得不到许昌等地的烟叶而陷于停产。社队企业的盲目发展，在同城市工业企业争夺原料上，显得特别突出。

第二，一些社队企业的经济效果并不理想，有的甚至出现得不偿失的现象。小煤窑在北方各省的社队企业中占有重要地位，但是，社队小煤窑的回采率是相当低的。不少矿井只有30%的煤被采上来，这就是说，采一吨煤要丢弃两吨多。山西小煤窑的回采率不到20%，即采一吨煤要丢弃四吨多。这样的浪费，怎能不说是得不偿失呢？土焦也有类似的情况。1980 年我国土焦产量845 万吨，其中，冶金工业系统产量97 万吨，其余绝大部分是由地方社队企业等系统生产，是用于小化肥等方面的。生产这些土焦要消耗二千多万吨原煤。社队企业的技术落后，把好焦煤炼成劣质焦炭，煤气和大量焦化产品无法回收；煤气放空，熄焦酚水流散，造成大气和环境严重污染，危及人民健康和工农业生产。这是一个值得注意的问题。福建木材比较多，不少社队工厂就砍树做燃料。有一个公社办陶瓷厂，1980 年制造瓷器赢利60 万元，而所烧掉的木柴，竟值120 万元。这就是说，用120 万元的木柴，去换得60 万元的陶瓷利润。这难道不是得不偿失吗？至于石油加工业，石油的利用率如何？机械制造业，造出来的机器精密程度如何，能不能使用？这都是值得注意的问题。我并不否定社队企业的作用，我所关心的是社队企业的经济效果。社队企业应该从实际出发，从当地的技术能力出发。好高骛远，是没法谈到经济效果的。

第三，不少社队企业，在经营管理上，还是土办法，什么成本会计，什么经济核算，根本就谈不到。因而，成本无底，财务混乱，必然无可避免。为了社队企业能够实现应有的经济效益，必须改革这种落后的经营管理办法。与此同时，社队企业一般是政企不分的，某些社队领导干部利用其手中的特权，多支多用，不正之风相当严重。要取消社队干部的特权，根本办法是使社队企业的政企分开。看趋势，政企分开将成为必然的事。

第四，在利润分配上，社队企业所得利润，公社和大队所占比重偏大，而生产队和社员直接得到的经济利益偏少。这个问题，同社队企业的政企不分也有着密切关系。

总之，应当肯定社队企业在农村经济中的积极作用，也应当肯定社队企业是集体经济的重要构成；但是，对于它的盲目发展，对于它的经济效果不高（甚至得不偿失），对于它的管理和财务的混乱，对于它的利润分配上的不合理等方面，不能避开不说。掩盖这些弱点，对于社队企业的调整和整顿是极其不利的，对于社队企业今后的发展也是极其不利的。

发展社队企业必须因地制宜。在农副产品丰富的地区，社队企业有条件以农副产品加工为主，在这种情况下，社队企业转化为农工商联合企业，是势所必然的。但是有些地区，农副产品在交售国家之后，所余不多，这样，社队企业就很难以农副业产品为加工对象。如果这些地区同工业城市毗邻，它们能从城市取得下脚料乃至取得技术力量，那么，这种社队企业就有可能成为城市工业的拾遗补阙的补助企业。无锡、常州一带的社队企业就是例子。

二

“以粮为纲”给农业生产以严重的束缚，社队企业的出现，冲破了农业单一经营的束缚。农工商联合经营以及农工商联合企业的出现，可以说是社队企业在经营范围上的进一步发展。

现在的农工商联合经营和农工商联合企业，同社队企业在生产资料所有制的性质上是不完全相同的。社队企业是农村集体所有制的公社和生产大队两级经营的企业，而农工商联合经营和农工商联合企业则不限于集体所有制，而且有全民所有制的国营企业乃至社员个人的参加。社队企业的经营，加工工业占有极大的比重，而在这些加工工业中，属于农副产品的加工，1980 年仅占社队企业总收入的 16.4%，绝大部分是以非农产品为原料的加工工业和商业，而农工商联合企业主要是搞以农产品为原料的加工工业和商业。单单就这两点来说，社队企业同农工商联合企业之间，两者是有区别的。但是，两者所用的土地、劳力、资金都大体来自农业，经营所得利润有相当大一部分是用于农业的。因此，我认为，社队企业是人民公社系统的发展，是农工商联合企业的先行。

农工商联合经营和农工商联合企业是近年来在党中央“保护竞争、推动联合、发挥优势”的号召下发展起来的。这是对于过去若干年来“左”倾政策严重地束缚农村生产的重大突破。人要吃粮食，粮食的重要性是不可忽视的。但“左”倾错误政策，却孤立地突出粮食。“以粮为纲”的方针，不但否定林业、牧业，而且否定了经济作物和家庭副业。在那个时期，果、鱼、禽、畜在许多地方都被当做资本主义的尾巴砍掉了。那种单打一的做法，给农民带来的是收入下降、生活困难。社会主义绝不是要使农民贫困，而是要使农民走上共同富裕的道路。发展农工商联合经营和农工商联合企业，正是为了使农民大众走上共同富裕的道路。

农工商综合经营的组织形式是多种多样的。如按经营的品种来划分，除农工商之外，还有林工商、牧工商、鱼工商，等等。这些综合经营是合同式的经营，组织比较松散。我国多数社队可先从这种合同式的综合经营办起，在积累了经验之后，再向企业式的高级形态——农工商联合企业发展。

农工商或牧工商等联合企业，从业务说，是原料生产、加工工业和产品销售三个环节的统一。在这里，搞好原料生产是农工商联合企业的基础。以农工商联合企业（或联合经营）来说，如果不把种植业和养殖业办好，如果没有充足的农副产品，那么，加工工业就会成为无米之炊。这是很明白的事情。社队企业和联合企业都不能像城市工厂一样，用钱去购进原料，而必须因地制宜，发挥生产的优势，或者种植水果，或者从事养鱼，或者饲养家禽，或者从事林业或牧业（养殖牛羊等）。种养业搞得好，加工工业就有充足的原料可以进行生产。否则，用什么东西去进行加工呢？而且种养业同加工工业是互相促进的，种养业的发展，促使加工工业的发展；而加工工业得到发展，企业有了利润，有了积累，就有条件去扩大种养业的再生产的规模。在这里，我们必须看到加工工业的作用及其重要性。加工工业能使原料制成产品，能增加产品的价值。众所周知，使用价值是价值的物质基础。产品的质量如果不好（或者说，产品如果没有使用价值），产品的成本如果太高，那么，在销售的时候，就会发生问题。产品质量不好，就会卖不出去；产品成本太高，就会使企业做赔本生意，这是联合企业能否生存下去的问题。因此，加工工业在联合企业的三个环节中，居于极其重要的地位。

加工出来的产品，为了保证质量，必须抓好如下问题。（1）对职工做好保证质量、提高质量的思想工作，让他们知道产品能否保证质量，是联合企业能否保持“信誉”的问题，是它们能否存在下去的问题。这同职工本身利益是密切相关的。（2）抓好技术培训。采取“派出去”“请进来”的办法，建立自己的技术骨干队伍。（3）严格执行技术标准和操作工艺规程，否则，产品的质量便得不到保证。对于原材料的保管，在温度、湿度、时间上，都要按技术的要求进行检查；对于产品更要进行严格的质量检查，不合格的，绝不出厂。（4）讲求卫生。做到：原料清洁，厂房清洁，设备清洁，个人卫生以及产品清洁。由于历史的关系，农村的清洁卫生问题，是一个必须重视的问题，是一个必须逐步加以解决的问题。加工工厂如果不注意卫生，那就会使产品失去使用价值，或者成为丛集细菌的废品，那就会给企业带来巨大损失。

农工商联合企业自己进行加工，可以改变过去农村只提供农副产品或牲畜初级产品的落后状况，使农副产品或牲畜产品的加工能够在当地进行。这样，可以缩短农村和城市之间、农业同工业之间的差距，也能够节省原料和产品在城乡之间的往返运输费用。根据过去的经验，必须注意：首先，除了少数毗邻大工业城市的农村之外，联合企业的加工工业不能去搞非农副产品的加工，如机械制造等，否则，会遇到许多难以克服的困难。因为技术水平不够高，生产出来的机器，就很难精确，很难有使用价值。其次，在农副产品加工方面，粮棉油必须在完成国家的征购、派购任务之后，而果、鱼、禽、畜则没有这种限制。因而，果、鱼、禽、畜等的加工，路子较宽。

农工商联合企业的销售，能够减少流通环节，因为它可以不再经过国营商业或供销社的收购而直接同消费者见面。现在的流通渠道是不通畅的，因为收购和运销只由供销社商业和国营商业经营，而且供销社商业和国营商业之间环节很多，每一个环节都要支出费用，都要提高商品的成本，对于消费者是极其不利的。农工商联合企业的销售本身，在一定程度上改变了流通渠道狭窄的状况，也就在一定程度上改变了环节过多的状况。

农工商联合企业是一个新生事物，它把农业生产、加工工业和销售三个环节密切地结合在一起，对于我国国民经济将会发生深刻的影响。第一，如上所述，改变了农村经济的结构，今后的农村将不仅是农副产品的原料基地，而且把加工工业和销售业务结合在一起。第二，由于农村经济结构的变化，城市与农村的距离将会有所缩短。第三，农工商联合经营和农工商联合企业的发展，不仅会促进社员家庭副业生产的发展，而且会促使社员的家庭副业逐步由一般性、附带性的生产，向重点户、专业户的方向发展。第四，农工商联合企业的发展，将会在流通过程中打破供销社商业和国营商业的独家经营的局面，就是说，它将会扩大流通渠道，并减少流通环节。第五，农工商联合企业的发展将会打破多年来条条块块交叉的局面，因为它把农业生产、加工工业和产品销售三个环节结合在一起，这也就是在打破农业、工业和商业三方面的条条的分割，同时也在打破地区（块块）的分割。如果“条条”“块块”的局面被打破，那也就意味着多年来部门所有制和地方所有制间相互对峙、相互扯皮的局面将被打破。

这只是对于农工商联合企业对国民经济的影响的一个轮廓的看法。很有可能，这种影响将比预计深刻得多。

三

那么，社队企业和农工商联合企业之间，将存在着什么关系呢？

上面说过，社队企业是以农村公社和生产大队的集体经济为基础的；而农工商联合经营则可能以农村的生产责任制的承包户为主体，农工商联合企业则可能有国营企业的参加。社队企业会不会同农工商联合企业结合起来呢？从目前的情况来看，多数地区的社队企业和农工商联合企业很有可能是平行发展的。但是，随着农村农副业生产的发展，社队企业同农工商联合企业的结合，可能性是不小的。

如果全民所有制的国营企业参加农工商联合企业，而社队企业又逐步被吸收到农工商联合企业中去，那么，若干年来，存在于我国的条条块块的矛盾，即部门所有制同地方所有制之间的矛盾，将会得到解决。因为所谓“条条”的部门所有制企业，一经同地区性的农工商联合企业成为一体，那么，它们原来的“条条”形式，将会逐步受到削弱；而农工商联合企业的规模的扩大，很有可能跨越地区界限，突破地方所有制的“块块”的局限。如果这种看法合乎将来发展的事实的话，我国国民经济的构成，在组织形式上，将会出现深刻的巨大的变化。

这个问题同党和国家的调整、改革、整顿和提高八字方针的实现，是有着密切关系的。

（原载《江海学刊》1982 年第 2 期）

朱祖谋治词经历及其影响

唐圭璋

近百年来，词人辈出，词集亦大量刊行，词学由附庸变为大国，盛极一时。有清三百年来，流行最广、数量最多之词集，不过为明代毛晋汲古阁所刻《宋六十名家词》。直至今日，吾人所见之词集，除唐、五代及金、元以外，即两宋亦超过毛刻甚多，且精抄、精校及影印之善本，层出不穷，尤前所未闻未见；前辈笃好之专，用力之勤，钻研之深，搜集之富，校勘之精，为中外学者提供大量研究资料，奠定祖国词学复兴之基础，贡献巨大，功不可没；其间逝世最晚、影响最大之作家，端推朱祖谋氏，鲁殿灵光，举世景仰，良非无因。

昔朱氏门人龙君沐勋曾撰《清季四大词人》一文，发表于《暨南大学文学院集刊》① 上，所谓四大词人系指王鹏运、况周颐、文廷式及郑文焯。当时因朱氏尚健在，故未述及。实则此四大词人俱与朱氏有深厚情谊，朱氏词作更能吸收两宋各家之长，超出前述四家之上。饮虹簃论朱氏词云："老去苏吴合一手，词兼重大妙于言。"② 正说明朱氏词有东坡疏宕清雄一面，又有梦窗秾丽缠绵一面。其所刻《彊村丛书》词集，亦远胜于王鹏运、江标、吴昌绶、陶湘、吴重熹诸家所刻③。余今为此文，意在补龙君之遗，并借以使人了解此

① 1913 年《暨南大学文学院集刊》第一集。

② 陈乃乾编：《清名家词》。

③ 王鹏运刻《四印斋词》、江标刻《宋元名家词》、吴昌绶影印《双照楼词》、陶湘影印《涉园词》、吴重熹刻《山左人词》。

一代大师对词学之贡献。

朱祖谋字古微，后改名孝臧，号沤尹，又号彊村，浙江归安（今湖州市）人。生于咸丰七年（1857），卒于民国二十年（1931）。光绪九年（1883）二甲一名进士，历充国史馆协修、会典馆总纂，累迁至礼部侍郎兼署吏部侍郎，出为广东学政。鉴于国事日非，抱病辞归。隐居苏州，往来苏沪之间。早岁工诗，在东坡、山谷之间，从不作词；四十以后结交王鹏运，始专心致志作词，取径梦窗，上窥清真，旁及秦、贺、苏、辛、柳、晏诸家，打破浙派、常州派一偏之见，取精用弘，卓然自成一家，词集名《彊村语业》。所刻《彊村丛书》，计唐五代宋金元词总集五种，唐词别集一家，宋词别集一百十二家，金词别集五家，元词别集五十家，校订精审，突过前贤①。对东坡词曾为之编年，对梦窗词曾经四校，临终不忘。其实事求是、一丝不苟之精神，诚足为后进楷模。张尔田论清代词学有四盛：万树订《词律》为一盛，戈载撰《词林正韵》为二盛，张惠言《词选》尊体为三盛，朱氏校词精审，可与清代朴学大师比美，是为四盛②。其对朱氏辑校词集评价极高。

朱氏从王鹏运学词，王氏则从吾乡端木埰（字子畴）前辈学词。端木氏生于嘉庆二十一年（1816），在当时词坛上年辈最长，有《碧瀣词》，意取学宋人王碧山词之意。曾手书《宋词十九首》与王氏，开明书店曾为之影印。又有手批张惠言《词选》稿，语多精到。吾乡夏仁虎前辈云："彊村晚年，尝语余曰：'仆亦金陵词弟子也。'"③ 可见朱氏学词之师为端木氏，王氏则在师友之间。朱氏又与况周颐、文廷式、郑文焯为治词好友，彼此互相切磋，蔚为风气，成就俱卓绝一时，为海内所称道。兹将王、况、文、郑四大词人与朱氏往还之踪迹及商量词学邃密之概况略述如下。

王鹏运字幼遐，号半塘，晚号鹜翁，广西临桂人。生于道光二十八年（1848），卒于光绪三十年（1904），年五十六。同治九年（1870）中举，以

① 朱祖谋：《彊村丛书》总目。
② 张尔田：《彊村遗书》序。
③ 夏仁虎跋端木埰手批张惠言《词选》。

内阁中书累迁至礼科掌印给事中，直谏十年，疏数十上，不被采纳，告归，寓居扬州。以省墓山阴，过苏州，病卒。官中书时，曾与端木埰、许玉瑑、况周颐以词相唱和，刻有《薇省同声集》。庚子之乱，八国联军入京城，两宫出走，居民恐避，朱氏在围城中与刘伯崇避王氏处，三人悲愤交集，共约为词，成《庚子秋词》。其后，朱氏去广州，王氏寓扬州，二人书札往还，词作仍唱和不断。所作《半塘定稿》，朱氏有序，谓其词“导源碧山，复历稼轩、梦窗，以还清真之浑化，与周止庵说，契若针芥”。又谓其词“于回肠荡气中，仍不掩其独往独来之概”[①]。二人同校词，同刻词，志同道合，一往情深。所辑刻四印斋词，亦多善本，故论词之复兴，二人实为先导；端正二人学词之趋向，端木埰实亦有力。

况周颐字夔笙，一号蕙风，初名周仪，以避清末帝宣统溥仪讳，改名周颐，广西临桂人，与王鹏运同乡同治词。生于咸丰九年（1859），卒于民国十五年（1926），年六十八。光绪五年（1879）中举，官内阁中书，与王鹏运同学词于端木埰，并与朱氏切磋，世称“朱况”。端木氏对况氏学词，督责颇严，况氏二十岁时作《绮罗香》云：“东风吹尽柳绵矣”，端木氏见之，甚不以为然，申诫至再[②]。后所作词曾与朱氏词合刻为《鹜音集》，又自作词名《蕙风词》，王国维盛称之，以为“蕙风词小令似叔原，长调亦在清真、梅溪间，而沉痛过之”[③]。其所作《蕙风词话》尤为朱氏所激赏，以为标重、拙、大之旨，评论精细，发前人所未发，实千年来之绝作[④]。朱氏曾选《宋词三百首》，况氏为之序，可见二人相知有素，鉴赏一致，力避游词、淫词、鄙词三敝[⑤]，示人以正鹄。

文廷式字道希，号芸阁，江西萍乡人。生于咸丰六年（1856），卒于光绪三十年（1904），年四十九。光绪十六年（1890）成进士，由编修迁翰林侍读

① 朱祖谋：《半塘定稿》序。
② 况周颐：《蕙风词话》卷一。
③ 王国维：《人间词话》。
④ 龙沐勋：《清季四大词人》中引。
⑤ 金应珪：《词选》后序。

学士，尝为珍妃师。甲午之战，文氏主战，以劾李鸿章削职。戊戌政变后，有密旨捕治，以避日本幸免。庚子归萍乡，病卒。著有《纯常子枝语》三十二卷，今有刻本。词集名《云起轩》，取“大风起兮云飞扬”之意，可见其雄心壮志，欲有所为，无奈迭遭世变，难酬夙愿。词宗苏辛，气魄沉雄，王伯沆极爱赏之。文氏词序痛诋朱彝尊《词综》特宗姜、张为“巨谬”①。平素与王鹏运、沈曾植、陈三立、黄遵宪、梁鼎芬、王木斋诸人友善。朱氏有《望江南》赞其词云：“闲金粉，曹郐不成邦。拔戟异军成特起，非关词派有西江，兀傲故难双。”② 可见其词风饶有铜琶铁板之音。由于朱氏曾任广东学政，文氏又少长岭南，与二氏接触词友甚多，以致广东词风亦颇盛。番禺叶恭绰三世治词，即受朱、文二氏之影响。叶氏辑全清词，即遵循二氏之指示进行。

郑文焯字俊臣，号小坡，又号叔问，晚年自署大鹤山人。先世为高密郑氏，清初改隶正黄旗汉军，至文焯始复姓。父为中丞。郑氏生于咸丰六年（1856），卒于民国七年（1918），年六十三。光绪元年（1875）中举，后以牢落不偶，宁愿卜居苏州，行医鬻画以自给。平生长于金石考据音律，尤工词，有《大鹤山房集》。词集名《樵风乐府》，仰攀周邦彦与姜夔，但词笔清峭，实类白石，大有“野云孤飞，去留无迹”之概。俞樾云：“余每入其室，左琴右书，一鹤翔舞其间，超然有人外之致，宜其词之工矣。”③ 张尔田亦特重其词，尝谓：吾三薰三沐，以郑氏为本师④。可见张氏对郑词倾倒之深。梁启超亦谓郑氏词为清末第一把交椅⑤。郑氏与朱氏同住苏州，朝夕过从，谈词不倦，即偶然小别，亦书札往还论词无虚日。张尔田曾辑郑氏论词遗札装成一厚册，惜已散失。余亦见郑氏书画诗词装成册页，可称四绝。郑氏校词甚多，除校《花间集》《东坡词》《清真词》《梦窗词》外，又有《词源斠律》，

---

① 文廷式：《云起轩词》自序。
② 朱祖谋：《彊村语业》。
③ 俞樾：《樵风乐府》序。
④ 张尔田：《论词札记》。
⑤ 梁启超：《中国韵文里所表现的情感》。

极为精审。瞿安师尝谓湘中王壬秋自负词笔，及见郑作，始谢不及，一时湘社词人如程子大、易实甫弟兄、陈伯弢辈，皆俯首请益①。郑氏婿戴亮吉先生曾撰郑氏年谱，并谓其家藏有朱郑论词书札。后戴先生逝世，不知其后人尚珍藏此宝物否？如能出其所藏，嘉惠后学，亦一幸事。

岁月不居，朱氏之师友均次第谢世，即朱氏逝世，距今已五十年。但朱氏平生对后辈辛勤之教诲，期望之殷切，使人感奋兴起，努力不懈，因以推动词学之发展，饮水思源，永怀不忘。兹略述受朱氏影响之学者：

龙君沐勋年少好学，任教暨南，专攻词学，问业朱氏，孜孜不倦。朱氏喜其学有根基，因将所学于师友之词学以及一己学词之心得体会，悉以示之；对于历代词家之特色亦指陈详明。后龙君主编《词学季刊》，意在继承朱氏之教以发扬光大词学，为祖国文化作出贡献。编刊三年，广通声气，专著词作并登，影响甚大。朱氏曾为《东坡乐府》编年，龙君据以撰《东坡乐府笺》，盖承教有素，所撰自能得心应手，不负所期。朱氏临殁，以平日所用砚授之（吴湖帆为绘授砚图，陈三立为图题词），其期许后辈之殷切可知。龙君弟子周泳先、朱居易皆学词，周有《唐宋金元词钩沉》，朱有《毛刻六十家词勘误》，皆有功词苑之作。今龙、周、朱三君皆逝，未能尽其所学，殊可痛惜。

夏君承焘自学成材，受朱氏之奖勉，用力愈勤，成绩愈著。朱氏虚怀若谷，乐与论词。朱氏曾撰《梦窗词小笺》，夏君继撰补笺，朱氏大喜，相约继续整理，获得更多资料。夏君曾有论辛词绝句，朱氏谓何不多为之②。今夏君《论词绝句》已出版，回忆往昔，此日绝句出版，亦未尝非受朱氏当时一言之启发。夏君在杭大时，曾开设词学研究班，召大学毕业生学习，造就词学人才甚多，所著词学书籍，亦皆先后出版，其《唐宋词人年谱》一书，尤为空前之作。成就如此，庶不负朱氏当日对后辈之期望。昔林鹍祥氏曾问业于朱氏，夏君后又从林老问业，可见朱氏词学源远流长，又非一时一地之所限。

杨君铁夫从朱氏学梦窗，多不解，朱氏但勉以多读梦窗词，积三年之久，

---

① 吴梅：《词学通论》。

② 夏承焘：《论词绝句》序。

朱氏始指出梦窗词中顺逆、提顿、转折之所在，并示以步趋之所宜①。杨君从朱氏之教，作《梦窗词笺释》，于典之稍僻者笺之，意稍晦者释之，力破玉田“七宝楼台”之说。使吾人加深对于梦窗词之了解，亦朱氏之所赐。观杨君原序，亦可知朱氏对后辈学词要求之严格。

刘君永济，对屈赋及《文心雕龙》均深有研究，近见其所著《宋代歌舞剧曲录要》《词论》《唐五代两宋词简析》诸书，知其于词学研究，功力亦深。其自作《诵帚龛词》二百余首，自序谓早年曾在沪上从朱、况二氏学词②，宜其词之深造有得，不同凡响。朱、况齐名，赵尊岳为况氏高足，既为况氏刻《蕙风词话》，又辑《全明词》，朱氏亦为叶恭绰选《全清词》。今叶氏所编《全清词钞》已由香港出版，《全明词》则木版尽毁，赵君又卒于新加坡，人物俱亡，可为哀痛！

朱氏天性和易，诲人不倦，爱才情深，海内受教者指不胜屈，广州海绡翁治清真、梦窗，携所作《海绡词》来沪上承教，朱氏大为赞赏，并为之设宴延誉，出资刊词。朱氏病逝，海内悼念，邵次公在河南大学闻讯，竟致痛哭失声，可见朱氏感人之深。

余少时就学南京，虽未曾趋前请益，然读其词作与论著，受益良多。在今日春光普照、百花齐放之时，作词者日众，学词者日广，选词、注词、译词、释词之需要日愈迫切。缅怀朱氏对词学继往开来之贡献，因略述愚见，以志景仰之忱。

（原载《江海学刊》1982 年第 2 期）

① 杨铁夫：《梦窗词选笺释》序。
② 刘永济：《诵帚龛词》自序。

关于社会主义经济效益的几个问题

于光远

赵紫阳同志在五届人大四次会议上作的政府工作报告中指出：今后，我们考虑一切经济问题，必须把根本出发点放在提高经济效益上，使我国经济更好地持续发展。那么，什么是经济效益？社会主义经济效益的着眼点应当放在什么地方？应当如何进行经济效益的评价？以及经济效益和经济效果之间是什么样的关系，等等，都是值得研究的问题。

社会主义经济效益的着眼点

所谓经济效益，就是人们进行某种经济活动的结果所带来的好处或利益。换句话说，经济效益就是指社会经济中实际有效的得益，这种得益是经济性的、有效的得益。

讲经济效益，就有一个得益者的问题。得益者是谁？有全社会的得益，有地方、企业、部门的得益，还有个人的得益。作为一个经济学家，应该全面地对待得益者的问题。这就是说，主要抓两头，一头是全社会的经济得益，一头是个人的经济得益。中间的也要很好地研究，但最主要的是抓好这两头。我们在《社会主义经济建设常识读本》的“社会主义制度下的社会经济生活”这章里，先讲了劳动者个人和他们家庭的经济生活，再讲企业在社会主义经济生活中的地位和作用，然后讲社会公共消费、社会公共财产、国家和社会团体在社会经济生活中的作用。这个《读本》之所以这样写，目的是一方面想让劳动者读这本书后认识到，要使劳动者个人及其家庭生活愈来愈好，就一定要办好社会主义企业，并且一定要增强国家的经济实力，使国家财政充裕，使国家在社会主义经济生活中发挥更大的积极作用。另一方面，是想让我们的经济工作者重视劳动者个人的经济生活，加深对社会主义生产目的理论问题的认识，明确讲求经济效益最终还要看人民的生活。过去我们对人民的实惠研究得很少，这是必须引起重视的问题。

要研究人民的实惠问题，就要研究在社会主义制度下经济效益的着眼点应当放在什么地方。资本主义的生产目的是满足资本家对剩余价值的剥削，所以，资本主义的生产是价值的生产，它的经济效益的着眼点是价值。社会主义经济效益的着眼点应当放在使用价值上。社会主义的生产目的是满足人民需要，因此，它的生产是使用价值的生产，不是价值的生产。什么是使用价值？说到底，就是实物、产品。一种产品，有使用价值，能满足人们的需要，它就有价值；如果没有使用价值，不能满足需要，就没有价值。所以，我们应当把经济效益的着眼点放在使用价值上，放在实物上，而不是放在价值上，不是放在钱上面。最后来检查我们经济工作的好坏，不是只看赚了多少钱，还要看人民得到的实惠多不多，生活是否得到改善。我们讲的实惠，就是指人民吃、穿、用所需要的实物。钱只是中间的东西，不是最后的东西，不是最本质的东西，最本质的东西是产品。所以，看人民得到的实惠有多少，不是看他们得到的钱有多少，而是要看他们得到的各种产品、实物有多少。只有满足了人民的需要，才能说社会主义的经济效益好。

经济效益的科学分析和评价

对经济效益应该作出科学的分析和评价，这是一项经常而又重大的任务。我觉得，对经济工作作出经济效益评价，是具有头等重要意义的事情。因此，我主张我们应该努力建立起一种制度，即每完成一件经济工作，就要对它作出关于经济效益的评价。当然，要建立起这样一种制度不是一件很容易的事，因为，一要有能够做这件工作的人，二要有这方面的知识。在这件事上，我认为我国经济学工作者是能够作出贡献的。他们应该作出评价经济效益的示范。同时，他们还应该总结出进行这种评价经济效益的方法，并为各单位、各企业培养出能胜任这种工作的人才。

如何进行经济效益的评价呢？我认为，不应当看产值，而应当看国民收入。长期以来，我们除考察企业的八项指标外，还有个“老九”，就是产值。实际上常常是“老九”当家。大家都知道，用产值来衡量生产发展的指标是有很大缺陷的。这就是产值是重复计算的，它包括物质消耗。比如，农业中生产出来一吨籽棉，产值假定是一百元，在农业产值中就有了这一百元。然后轧棉厂把籽棉轧成皮棉，一吨皮棉当然比籽棉贵，轧棉厂的产值也许是一百四十元。两者加在一起就是二百四十元。假定这些棉花全部用来纺纱织布，全部产值也许就成了五百元，用布去做成衣也许就到了一千元以上。从初级原料开始，每加工一道，每统计一次，总产值就要增加一倍以上。这样计算的结果，不但工业产值与农业产值的比例反映不出工业中创造价值的实际情况，而且总产值也反映不出投入劳动的实际情况（虽然总产值是按不变价格计算，本来就不表示价值，但它既以元为单位，就会给人以代表价值的错觉，特别在对各种行业作对比时）。因为总产值这个指标中包括物质消耗，在最初确定某个产品的不变价格时，消耗大，产值就大，以后产品中的消耗即使减少了，生产出这样一件产品仍是这么大的产值，不能鼓励消耗的减少。还有，各种产品的产值规定并不合理，高档产品的产值一般定得高，因此即使是不那么需要的高档产品，为了追求产值，也会去努力生产，而对社会迫切需要的低档产品反而不那么热心。因此，强调产值是得不到比较恰当的经济效益的概念的。我主张用国民收入来代替工农业总产值。总产值指标中的某些缺点，在国民收入中仍旧有，比如它们都只计算生产的收入，不计算由于生态环境遭受破坏而造成的损失。而不扣除这些损失的部分，就得不出真正的经济效益。国民收入中也表现不出产品是否合乎社会需要。但是总产值的某些缺陷，国民收入没有，比它要好一些，因为它不包括物质消耗。有人说“老九不能走”，我说“老九”要让位，即让位给国民收入。把总产值放在“老九”的地位，对端正经济建设的指导思想不利。今后要不要统计总产值呢？

我认为可以保留，因为过去有总产值，保留它可作历史的比较，但它的位置应该让出来。对于统计指标的改革，我的看法是：在采用合理的新的指标的同时，保留旧的指标作为历史对比。

在进行经济效益的评价时，还要特别注意分析社会效益。经济效益的最后结果，表现在社会效益上面，因为生产力水平不等于生产水平，整个生产水平不等于可供消费的产品的水平，可供消费的产品的水平又不等于人民的生活质量。因此，如果只看经济指标，不看社会效益，就不能把人民所得的实际情况反映出来。统计资料中最大的弱点，一般来说就是不能全面地把人民得到的实惠表现出来。我们搞经济科学的人，如果头脑中人民社会效益的观念薄弱了，就会出问题。

经济效益与经济效果

经济效果这个名词已经用了很久，是从外国书上翻译过来的。硬译就是“经济效用性”。我们用了这个词之后，直到1963年，也没有人给它下过科学的定义。不过总的概念是清楚的，那就是所取得的效果和所消耗的劳动之间的比例关系。就是说，取得同样的效益所耗费的劳动量大，则经济效果小；耗费的劳动量小，则效果大。经济效果的大小同耗费的劳动量成反比。如以这一点为基础，就有一系列计算经济效果的方法问题。一开头有一个对经济效果的不那么准确的表达，那是我比较早在一篇文章中使用的。1959年我在《人民日报》上发表过题为《用最小的劳动消耗取得最大的使用价值》的文章。后来我感到这种说法不那么妥当，因为它无法对经济效果的大小计量。比较效果大小，总得固定一头，或者是同样效用，花劳动量多少？或者是等量劳动，取得效果大小？不能一头是最小，一头是最大，两头都不固定，那就没法计算效果了。

经济效果这个名词已用了很多年。在五届人大四次会议的文件上也用了“经济效益”这个词。看来经济效益这个词也包括了原先经济效果的意思在内。比经济效果这个词明确一点的地方是，一看就知道是指对人有益的效果。

可是现在报刊上对经济效益的用法，也超出了上述经济效果这个概念的严格定义，即用它来表示我们取得的一切经济上的利益。上述严格意义下的经济效果，只是由于取得同样效果（不论这个效果本身是否属于经济的领域）能够减少劳动消耗这一点上取得经济效益，但也可以从效果本身（这种效果本身就是经济性质的）来取得经济效益。如果这样来使用经济效益，我们可以把经济效益看成比原先严格意义下的经济效果更加宽一点的概念来使用，即在经济效益的概念中把原先的经济效果包括在内。如果这种处理的办法能够成立的话，经济效果与经济效益两个概念可以同时存在，各有各的含义。

这样来使用经济效益与经济效果两个概念，我们就可以说经济效果的好坏，对于能不能提高经济效益有密切关系。经济效果好，就能提高经济效益；经济效果不好，就妨碍经济效益。因此，我们讲经济效益，就应该把减少劳动消耗作为一个最重要的奋斗目标。

提高经济效益与贯彻八字方针

调整、改革、整顿、提高八字方针的核心问题是经济效益。我们认真贯彻八字方针，就能真正提高经济效益。所谓“调整”，就是调整国民经济结构，使它更加合理，更加符合社会主义客观经济规律的要求，这是从宏观方面提高经济效益的问题。实行经济体制的改革，是为了寻找适合于我国具体生产力发展要求的生产关系，这也是从宏观经济方面来提高经济效益的问题。我们现在进行的体制改革，主要包含国民经济管理的改革和社会主义所有制结构的改革这样两个方面。目前在这两个方面问题很多，不改革就会阻碍生产的发展，就会妨碍经济效益的提高。但我国是个拥有十亿人口的大国，改革工作面广量大，错综复杂，这就决定了体制改革的长期性。当然，我们也不能等到一切条件都具备以后再进行改革，这样就无法提高经济效益。有些很明显需要改革的，条件成熟了就应该先改。所以，改革有它的深度和广度、战略和战术的问题。所谓“整顿”，就是让离开社会主义轨道的东西再回到社会主义轨道上来，这是从微观方面讲求经济效益的问题。至于“提高”，如果把它只看作是调整、改革、整顿的必然结果，那就不能作为方针了；我们把“提高”作为方针，是因为它也是提高经济效益的手段，如提高干部的业务水平，提高人民群众的科学文化水平，等等，需要下很大的工夫去做。

要贯彻好调整、改革、整顿、提高的八字方针，以提高社会主义经济效益，则不仅要加强对基础经济科学——客观经济规律的研究，而且要加强对经济技术科学——战略、计划、决策、管理等问题的研究。大家知道，国家的发展要有大的战略目标、战略思想，有达到战略目标的许多具体计划，然后要对重大措施作出决策，并通过管理去保证计划和决策的实现。

在战略思想上有一个问题，就是要很好地解决我国先进地区与后进地区、城市与乡村的关系问题。江苏是个先进地区，但是，发展总是不平衡的，总是有先进，也有后进。江苏就有苏南和苏北的关系问题。苏南的技术力量强，投资下去见效快；而苏北土地多，资源丰富，潜力很大。怎样利用苏南的技术优势发掘苏北的潜力，以取得更大的经济效益，就大有文章可做。在城乡关系方面，如何制定城市建设规划，做好定点和发展两个方面的工作，发挥城市的中心作用，带动和提高农村的经济技术水平，这也是一件很大的事情。至于乡村建设究竟怎么规划，在这方面有许多问题很值得研究。研究好这些问题，对取得更大的经济效益有很大的关系。

（原载《江海学刊》1982 年第 4 期）

曹雪芹和孔夫子

端木蕻良

看一个人的传记或者是传记文学，不管它所写的事迹是平凡的，或者是离奇惊险的，对读者来说，最重要的还是想了解主人公的心理状态和思想本质。比如，我们读《鲁宾逊漂流记》，好像自己也经历了荒岛上的生存奋斗；同时又会感到作家狄福的思想，是资本主义时代人们要求向外开发的思想反映，至于狄福是自觉的，或者是不自觉的，这倒成为次要问题了。

若有人要为狄福写传，或者以他做主人公来敷演小说，我以为弄清时代所赋予他的思想特征，是很有必要的。不然的话，也许会使狄福的刻画受到损害，看不出狄福的真正形象来。

当然，任何小说家都不会把哲学论文插入作品中来，以求阐明自己的思想和观点。尽管巴尔扎克喜欢演说，托尔斯泰好发议论，然而他们还是留下更多的笔墨由书中的人物行动来表现，而尽量隐蔽自己的观点。曹雪芹恐怕更是这样。借用脂砚斋的话来说，就是喜欢运用“不写之写”的艺术手法。这样一来，我们对曹雪芹的思想做点“钩沉”工作，似乎是可以允许的了。因为，一部作品必然是受作者对人物和社会的看法，也就是受他的思想支配的。

由此，我常想到，曹雪芹对孔子的思想到底抱有什么样的态度？曹雪芹和吴敬梓一样，反对科举，反对俗儒。曹雪芹甚至表现得更加明确。可是，曹雪芹又借宝玉之口说过“孔夫子”是“亘古一人”，这又该如何解释呢？

我以为，这是基于他对“明明德”三个字的理解上。要阐发“明明德”的含义，不妨从“四书”“五经”里来找根据，似乎更可靠些；任谁都会承认曹雪芹是读过这些东西的，因为这些都是他的必读书。

《国语·郑语》记载史伯说：“以土与金、木、水、火杂以成百物。”又说：“以他平他谓之和。”这些话在封建时代，一般士子都会记得很熟，但在各人脑中产生的影响却不大一样。尤其会使一些人从中得到启发，甚至成为自己思想的新起点，而与私塾教师的启蒙课，背道而驰。五材“杂以成百物”的思想是与古希腊和印度的哲学家的认识相通的。也就是，指出事物是由几种元素组成。“以他平他”的意思，换成现在流行话语，即是使彼此维持平衡。

史伯又指出，自古以来就是“建九纪以立纯德”。“九纪”中包括金、木、水、火、土这“五材”。“材”就是“素”，在古代有与“原”“质”相近的含义。材的“德”，也就是“素”的“属性”的意思，因为“德”字最早的含义，是指“物”的“本性”说的。“纯德”对“素”来说，是指“素”的特性，即“纯粹”的属性，也就是原本的属性。从这里不难看出，我国古代最早的哲学概念中，是用“德”来概括物性的。“物”的“本性”不受蔽弃，或说焕发出事物的本来面目，这就谓之“明德”，即物的本然属性。

马王堆发现的帛书《德道经》，把“德”放在“道”的前面，这就对了。老子哲学的本来面目，正是先说“德”，再说“道”，即先阐明事物的本然，阐明“物”和“性”的统一性。明白这种规律，按此规律行事，才是“道”。《德道经》的发现，有可能改变我们对老子哲学的某些传统看法。

从《尚书·洪范》“乂用明”和“攸好德”的语义上，也可以反映“明”和“德”的古老联系。对“物”的本“性”有了认识，就谓之“明”，反之就谓之“昧”。“昧”也就是“暗”。“乂”通“治”，使事物的本然显示出来才能得治，使事物的本然不受损害，才能达到治。“治”与“理”通。

《大学》开头就提出：“大学之道，在明明德，在亲民，在止于至善。”

“明德”是指事物的本性，未被蒙蔽的本性。而“明明德”，则要求人们去揭示那些原已显示出的事物的本性来。《大学》的目的正是穷极事物的“真理”（至善），穷极事物的“真理”即是“明明德”。《大学》思想中的这个认识的动机是什么，在这儿不必探讨。如何成为孔子的思想，在这儿也不作探讨。我只想到曹雪芹借贾宝玉之口，唯独对“明明德”这三个字加以肯定，这说明曹雪芹对“德”的理解是按古代哲人史伯这一派的解释发展下来的。

处在新旧交替时代中的曹雪芹，提出了“明明德”，正是要求重新认识那些本来被人们认为已经认识的事物。这就是曹雪芹的伟大之处。也就是说，他主张对事物要还它以本来面目，不要按老“规矩”、老“套头”来行事，而要对历史作重新的估价。借“明明德”以阐发自己新的思想，这种做法，正和戴震从解释《孟子》字义来阐明自己的唯物思想一样，可以说是不谋而合！另外，我以为也正是曹雪芹对“明明德”一语感悟至深，因此对说出此话的孔夫子才赞誉为“亘古一人”！

当然，曹雪芹和戴震也并不完全是假借孔子和孟子的名义来宣传自己的思想的。但也很难想象，思想的传统影响和历史生活的局限，在他们身上已经得到全面的突破。但我们不妨说，是曹戴二人，取得古代哲学思想的“合理内核”。而这个“内核”，几千年来被人们囫囵吞到肚里去了。在时代的大转折中，戴震、曹雪芹等人开始把它取出来，要揭示出它本来的面目。这样，我们就找到了哲学家戴震和文学家曹雪芹在思想上的某些共同点，和勇于探索的性格相近的特点了。

曹雪芹不是哲学家，但每个人都有自己的哲学思想。我想就贾宝玉口中的这两句话，来窥探一些曹雪芹的思想，对我自己说来，对认识《红楼梦》和曹雪芹都会有点儿帮助。因为，决定一部作品，首先是看在产生它的那个历史时代中，它所体现出的思想到底达到一个什么样的高度？

我对曹雪芹思想的理解，只不过是我个人极为粗糙的一些想法。对“明明德”这个问题的看法，曹雪芹说的是真话还是假话呢？他曾给过我们这样一个命题："假作真来真亦假。"因此说他想用贾宝玉的话"来瞒混过去多少读者"，在逻辑上也是通的。我也未尝没有这样想过。但是，后来，在对"明明德"的认识和理解上，我认为他说的不仅是真话，而且表现了曹雪芹之所以为曹雪芹。惟其真，他才更伟大；也正由于是真的，他才能和戴震等思想家不谋而合，也就会看到他们同样的思维方法，同样的传播自己思想的态度。也就是说，他们既有真知，又有胆识。

（原载《江海学刊》1982 年第 4 期）

当前经济改革与经济调整中的几个问题

刘国光

党的十二大文献中包含着非常丰富的思想内容，其中最重要的，我体会是邓小平同志在十二大开幕词中提出的建设有中国特色的社会主义。这个提法是对我国过去社会主义建设经验的科学总结。像中国这样一个社会主义大国，它的历史条件，地理条件，经济、文化、民族等条件，都和世界上许多国家不一样。如果不从中国的国情出发，不考虑中国的特点，而是照搬照抄别国模式来进行社会主义建设，那是不能成功的。建设有中国特色的社会主义，包括政治、经济、文化等许多领域。从经济上说，内容也很丰富，概括起来，可否分为经济体制和经济发展战略两个方面。我们要建设一个有中国特色的社会主义经济体制，并制定和实行一个有中国特色的社会主义经济发展战略。前者是经济改革所要解决的问题，后者与经济调整有密切的关系，因为经济调整的深远意义，就在于通过它来走出一条经济发展的新路子，即新的经济发展战略。

探索有中国特色的改革模式

有的同志指出，建设有中国特色的社会主义，不仅是我们的奋斗目标，也是我们的出发点。我很赞成这种看法。之所以说是出发点，是因为我们进行社会主义建设已经三十多年，并不都是照抄外国的东西。无论在经济体制方面，还是在经济发展战略方面，我们过去都有许多不同于别国的、属于我们自己独有的或者发展了的特点。这里面有相当一部分是真正把马克思主义的普遍真理和中国建设的具体实践结合起来，适合于当时中国经济发展的正确经验。但也有相当一部分是“左”倾错误的产物，它阻碍了当时我国经济的发展，使之未能取得应有的更大的成就。作为我们的奋斗目标，我们要建设有中国特色的社会主义，就要彻底排除各种错误的影响，进一步真正地把马克思主义同我国建设的具体实践结合起来。近几年来我国的经济调整与经济改革，正是沿着这个正确的方向，朝着我们的奋斗目标前进的。

我们要建立的有中国特色的社会主义，现在还没有一种现成的完备的形态，还要我们通过建设实践来摸索。特别是在具体的细节上，中国的特色将采取什么样的表现形态？如果没有实践的摸索，那是不可能预见清楚的。但是，从总体上看，作为奋斗目标的有中国特色的社会主义，我们能不能在马克思主义基本原理的指导下，在总结中外几十年建设社会主义成败得失的经验教训的基础上，紧密结合我国基本国情，勾画出一个轮廓来呢？我想是能够而且应当这样做的。如果没有一个比较清楚的轮廓作为我们的奋斗目标，那我们怎么能够有前进的方向呢？当然，这个轮廓要随着实践和经验的积累，逐步地加以具体化，逐步地形成一整套完备的形态。

就经济体制的改革来说，勾画出一个奋斗目标的轮廓，这同探索改革的目标模式问题是有关的。有的同志不大赞成“模式”的概念，好像“模式”是指一种固定不变的东西，是一个带有贬义的语词。其实“模式”这个语词，就像“类型”“形态”等语词一样，它本身是中性的，既无贬义，也无褒义，它不过是一种研究和分析的工具。某种经济体制的模式并不直接等于该种体制本身，而是从具体的体制中排除了细节的东西而得到的理论的抽象。这种理论抽象包含对某种经济体制的基本规定性的概括，它的基本框架，以及它的主要运行原则的总和。这种意义的经济模式反映了一种经济体制里面最重要、最根本的东西。所以，在设计经济体制改革的总体规划和具体方案以前，对于改革的目标模式先行一步研究是很有用处的。这种研究有助于我们防止在一开始就陷入细节从而受到各种次要因素的干扰而看不到主要的东西，又有助于我们从整体上把握经济体制，便于使改革的各项措施配套成龙，前后有序，而不致互相矛盾。在探索有中国特色的改革模式时，不可避免地要同世界上各种模式进行比较研究，这不但可以帮助我们弄清楚我们要建立的新经济体制的中国特色究竟表现在哪里，而且有利于我们从人家的经验教训中取长补短，避免再走弯路。

提出经济模式的概念，把它同经济体制里面的具体细节区别开来，还有一个重要意义。所谓经济体制的改革，我的理解，不仅仅是指对原有体制（在我国，是指十一届三中全会以前的体制）里面的不完善不合理的细节进行修改补充，更重要的是要改造原有的经济模式本身，就是说，要对原有体制的不合理的基本框架和主要运行原则加以改造。当然，这种改造一定要在坚持社会主义的基本制度（公有制、计划经济、按劳分配等等）的前提下进行。在我国，一定要在坚持四项基本原则的前提下进行。对原有的经济模式不加触动，只是对里面的具体细节进行一些修改补充，这恐怕不能叫作改革，在我们这里是叫作“改进”经济体制或者“完善”计划工作，有的国家叫作“完善经营机制”。对于不适应生产力发展的生产关系的具体环节，对于不适应经济基础的上层建筑的具体环节，总是要不断地完善、不断地改进，这种完善和改进的工作永远是有的。而对于经济体制的全面改革，即模式的改造，则一般是要在一个比较集中的、不太长的时期里进行和完成的。

对于“改革”与“完善”这两个概念的差别，人们实际上是很注意的。据我们所知，有的国家，起先也讲改革，六十年代中期讲改革时也似乎有总想冲破老模式、老框框的气概，但进入七十年代以后，由于种种原因，很快就把改革的口号收回去了，代之以“不断完善”。这样，在对原有模式没有多大触动的情况下，尽管对经济体制的一些破绽不断修补，但是它们经济生活中的活力问题、质量问题、效率问题、产需衔接问题等等原有模式的老毛病，老是解决不了，现在不得不又重提“改革”的问题。我国前些时候也有的同志曾经回避讲改革，而只提改进或完善经济计划体制，其实质就是要在不触动原有模式的前提下，对经济体制的一些不合理、不完善的具体环节进行修改补充。这些同志担心一讲改革或改造原有的经济模式，就会否定社会主义制度，就会否定我们过去工作中好的经验和成绩。其实这种担心是不必要的。十一届三中全会决议说："社会主义生产关系不存在一套固定的模式。"十月革命以来，社会主义各国经济体制已经出现过并且存在着种种不同的模式，这些经济模式各有自己产生的历史背景，各有其长短优劣，并起了各自的历史作用。而一些国家经济体制模式的改变并没有影响到它们的社会主义根本制度的性质。对于每种模式我们不能绝对地肯定或者绝对地否定，不能因为后来情况变化需要改革而全盘否定它过去存在的历史价值。例如，我国过去实行的高度集中的以行政管理为主的排斥市场机制的经济模式，在我国社会主义建设的一定时期曾经起过积极的作用。但这种模式越来越不适应现代化建设的要求，必须在坚持社会主义基本制度的前提下进行全面的改造，用新的有中国特色的经济模式来代替它。当然，这并不是要把原有体制中的一切东西都抛弃掉换成新的。原有经济体制中被实践证明是好的、有益的因素，我们还是应当在新体制中保留下来。所以，我们不能因为当前要进行的体制改革和模式改造就否定原有模式在我国过去社会主义建设中曾经起过的积极作用，更不用说这丝毫也不是对过去体制中好的有益的东西和我们过去工作所取得的成就的否定了。

这样看来，经济模式的理论研究和有中国特色的目标模式的探索，对于我们的经济体制改革工作来说，是一件很有益的事情。如果对这个问题没有充分地研究和探索就直接规划改革的方案，或直接着手进行重大的改革，那就可能使改革的质量和进程受到影响。当然，这不是说我们要等到目标模式研究完备了，总体规划和详细的方案都拟好了，才能进行改革。一些局部性的、目前有条件改的，可以看清楚不会对将来的全面改革带来重大障碍的而且是符合全面改革方向的，现在就应当尽快地改，或者先在小范围进行试点，取得经验，为大规模的全面改革创造条件。对于改革目标模式的探索和形成来说，局部改革试点的经验和实践的检验，也是非常必要的。任何经济模式的研究和目标模式的探索，都要涉及许多理论和实际问题，这里不去一一列举了。

研究实现战略目标的有效途径

在制定有中国特色的经济发展战略方面，党的十二大迈出了非常重要的一步，就是在为全面开创社会主义现代化建设新局面而奋斗的纲领中，提出了到本世纪末我国经济建设的战略目标、战略重点、战略步骤等一系列战略设想。这些战略设想，全面肯定并基本完成了从党的十一届三中全会开始的我国经济发展战略的转变，并吸收了几年来我国经济学界对于中国经济发展战略研究和讨论的成果。对于这个战略转变的含义和内容，我国经济学界已经有了不少的论述。这里我想补充谈谈经济学界关于这一战略转变的一种看法。

这种看法，就是把近几年来我国经济发展战略的转变同一些发展中国家若干年来发展战略的转变进行类比，认为中国这几年发生的战略转变就像那些发展中国家一样，是从所谓“传统的发展战略”过渡到所谓“新的发展战略”。这里讲的“传统的发展战略”，是指片面追求国民生产总值的高速增长和尽快实现国家的工业化，采取这种战略往往忽视人民的基本生活需要，并带来分配不均、贫富差距扩大等消极现象。这里所讲的“新战略”，是指以满足人们的基本生活需要为目的，重视分配公平，保证生活质量的战略。用发展中国家从“传统的发展战略”向“新的发展战略”的过渡来类比我国发展战略的转变是否妥当？我以为是不尽妥当的。

党的十一届三中全会以前将近三十年的我国的经济发展战略，是不能简单地用一些发展中国家曾经采用的所谓“传统的发展战略”来概括的。因为过去我国的经济发展战略不是一成不变的，而是经过几次重大的变动，有比较正确、比较符合我国实际的时候，如“一五”时期；也有重大失误的时候，如“大跃进”时期。当战略决策比较正确时，国民经济蓬勃发展，人民生活得到改善，社会主义制度得以巩固。而当战略决策失误时，经济发展就受挫折，人民生活不能改善，社会主义制度也受到削弱。因此，把过去二三十年我国经济发展战略笼统地用一些发展中国家所谓“传统的旧战略”来概括，是不怎么确切的。尽管过去曾经发生过这样那样的失误，但是中国毕竟是一个社会主义国家，在制定和实行自己的发展战略时决不能像一些非社会主义国家那样，把社会的平等和人民的福利置之度外。我国的经济发展中尽管一再出现某些消极现象，但是许多发展中国家在工业化过程中长期存在的收入分配不公平、经常的失业、持续的通货膨胀、不断增长的外债负担等等“传统的旧战略”所必然带来的弊病，在我国或者是不存在，或者是一种例外。另一方面，向发展中国家推荐的所谓“新战略”所要解决的满足人们基本需要的问题，包括营养、保健教育等等，在中国过去的发展中已经取得为许多发展中国家所羡慕的令人瞩目的成果。对于这些，外国许多公正的观察家和评论家都是承认的。他们认为，中国在过去的发展中既能迅速地进行工业化，又能同时解决人民的基本需要。①

当然，肯定中国过去的经济发展和发展战略中正确的东西，并不意味着否认我国经济建设中发生过一些重大挫折。这些挫折，大多与“大跃进”以来的经济发展战略一再出现“左”的偏差是分不开的。这种偏差，主要是经济建设上要求过急，政策上过激。经济建设上的过急，表现为片面追求增长速度和投资规模过大，超出了我国国力的可能，结果不得不收缩，造成很大损失，耽误了很多时间。政策上的过激，往往挫伤了人民的积极性。所有这些，影响了社会主义制度优越性的充分发挥，使得经济效益难以上去，人民生活的改善同人民所付出的劳动不相适应。党的十一届三中全会以来经济战略上的拨乱反正，就是要切实改变长期以来在“左”的思想指导下的老一套做法，在进一步认清我国国情的基础上走出一条速度比较实在、经济效益比较好、人民可以得到更多实惠的经济发展的新路子。应当认识，这是我国经

① 参见英国剑桥大学阿克特·幸教授《基本需要还是国际经济新秩序》，载《世界发展》1979年第七卷；世界银行考察团《中国：社会主义经济的进展》（1982年）等。

济发展战略的一次重大的历史性转变。

如前所述，党的十二大对十一届三中全会以来我国经济发展战略的转变作了全面的肯定，并对到本世纪末我国经济发展的战略设想作了明确的规定。这是不是说，中国经济发展战略问题的研究到此已大功告成，今后只是执行十二大规定的战略方针和战略设想就可以了呢？应当看到，正确执行十二大关于社会主义现代化建设的战略方针和设想，必须对我国经济发展战略的各个方面进一步深入调查研究，总结经验，进行理论上的论证和制定可行的建议。因此，十二大提出的战略设想在反映了几年来对于我国经济发展战略问题的研究成果的同时，也是对这个问题的进一步研究的一个巨大的推动。

这个领域需要我们进一步研究的问题是很多的。就拿战略目标问题来说，对于十二大提出的2000年的战略目标，我们既要论证它的实现的可能性，又要探索实现它的有效途径。将近一年来的讨论，对于实现战略目标的可能性的论述不少，但对实现战略目标的途径的研究则似嫌不足。在对实现战略目标的可能性的论证方面，往往把注意力放到工农业总产值翻两番上面，而十二大提出的战略目标，并非仅有翻两番这个单一的目标，而是包括一系列相互联系的目标。如作为翻两番的前提的提高经济效益；作为翻两番的内容的主要工农业产量居于世界前列；作为翻两番的结果的国家经济实力和国防实力的增强，城乡人民收入的成倍增长，以及人民生活达到小康水平，等等。所以，十二大提出的战略目标实际上是一个多层次的目标体系，其中有最终目标和中间目标，有主要目标和次要目标，等等。如何分析这个目标体系的内部层次和各个目标之间的关系，把这个多目标体系作为一个整体结合我国国情进行研究论证，看来还需要作很大的努力。

在经济发展的速度、比例、效益问题上，人们通过历史的经验教训逐渐认识到，孤立地追求产值增长速度必然会带来破坏比例和牺牲效益的后果，因此必须寻求这三者的最优结合。但三者之间的具体关系特别是其数量关系究竟如何掌握，我们还只是初步地进入了这个研究领域，距登堂入室还很远。例如，长期以来我们的总产值（包括社会总产品、工农业总产值等）的增长速度，往往快于净产值（国民收入）的增长速度，而净产值的增长速度，又往往快于剩余产值（利、税）的增长速度，这种对比趋势如果持续发展下去，对于我们的战略目标的实现是很不利的。如何改进这种对比关系的趋势，就涉及了速度、结构、效益之间的并涉及众多因素的极其复杂的质与量的关系。对于这些方面、这些因素的内部联系的变化规律，以及到2000年这一段时期如何对它们的变化趋势加以掌握驾驭，我们并不是已经很清楚了。又如，在从不平衡的发展战略转向相对平衡的发展战略中，如何把重点发展的需要与平衡发展的需要结合起来？在从以外延为主的发展战略过渡到以内涵为主的发展战略中，又如何把我国人力与自然资源的丰足同资金与技术资源的不足协调起来？与这些综合性问题密切联系的还有许多专门性的领域，如人口控制与劳动就业、资金积累与消费水平、产业结构与技术结构、生产布局与城乡关系、智力开发与资源开发、通货物价与财信平衡、国内流通与对外交流、环境保护与生态平衡，等等，都有一系列的战略问题需要研究解决。所有这些问题，也都有待于我国经济学界开展研究，使我们的有中国特色的经济发展战略逐步地完善充实起来，为十二大提出的战略设想的实现作出努力。

注意调整与改革中出现的新问题

近两年来，我国经济在进一步调整与改革中继续稳步发展，农业连续获得丰收，轻、重工业全面上升，商品供应日益充裕，市场情况之好是三十多年来所没有过的，人民生活继续改善。但是，在大好形势中不能不看到出现了一些新情况和值得注意的新问题。这些问题中最主要的，一是片面追求产值的增长速度，忽视经济效益的倾向有所抬头，工农业总产值上去了，但成本、费用增大，工业增产不增收，经济效益差的状况基本没有多大改变。二是固定资产投资规模急剧膨胀，特点是预算外投资控制不住，超过了财力、物力可能承担的限度。三是投资规模扩大的结果，造成重工业迅猛回升，致使轻、重工业经过调整才出现协调发展的局面，又有逆转的趋势，还造成能源、交通和工业原料供应全面紧张，开始重新发生建设挤生活、挤市场，重工业挤轻工业，计划外挤计划内，一般项目挤重点项目等现象。四是在改善人民生活、提高消费方面，也有失控的苗头，消费基金的增长幅度，持续几年超过了社会劳动生产率的增长幅度，这样长期下去是难以为继的。

上面列举的“新情况”“新问题”，其实并非都是“新”的。经济效益差是几年来我们一直没有很好解决的问题，这要靠经济体制的改革、经济结构的调整和技术改造才能逐步地、彻底地解决。片面追求产值增长速度，投资规模超过国力，这也是个老问题，前几年的调整中我们注意纠正，有所克服，从而带来了经济形势的好转，但形势一好，就容易头脑发热，旧病复发，去年以来投资再度猛增及其带来的后果，都是我们过去熟见的。加上消费基金失控这一条（这一条是过去没有的真正的新情况），如果不认真对待，很好解决，我们这几年来的好形势就有可能受到折腾，一两年后又得重新来个大调整。

这种潜在的危险在市场情况的变化中得到集中的反映。我曾提出要建立一个社会主义的买方市场，引起了不少的争论。现在撇开这些争论不说，我们看到，由于这几年经济调整取得成效，先是在生产资料方面出现了买方市场，采购员满天飞一时间变成推销员满天飞。后来消费品的供应也开始缓和，某些工业消费品陆续出现买方市场。应该认为，卖方市场向买方市场逐渐转化是一件大好事。它对于实现消费者的权利从而实现社会主义的生产目的，对于促进生产者、供应者之间在改善经营管理、改进生产技术方面开展竞争，对于进行经济体制改革所必要的一个松动的市场条件，对于改善社会风气，促进精神文明建设等方面，都是大有好处的。但是这几年卖方市场向买方市场逐渐转化的势头是不稳定、不巩固的。生产资料的买方市场去年已经缩回去了，再度变为卖方市场，某些工业消费品的买方市场现在也有转回到卖方市场的可能。如果说这几年曾经争得的从卖方市场向买方市场转化的好势头是我们贯彻执行调整改革方针的结果，那么这个势头的不稳定、不巩固则是由于调整得还很不够，还不彻底，通过调整所踏出来的新路子，还不是所有的人都认清了，都坚定地走上去了。去年以来直到今年上半年，固定资产投资规模的再次急剧扩大，引起重工业迅猛回升，造成了生产资料买方市场的消失，消费资料买方市场的势头也摇摇欲坠，就反映了这种情况。如果投资规模急剧扩大和重工业迅猛上升的趋势继续下去控制不住，再加上消费基金的增长也控制不住，那么，随着生产资料买方市场的消失，消费资料的买方市场也将荡然无存，重新回到卖方市场的老路上去。如果出现这种情况，那么，什么消费者的权利，什么社会主义的生产目的，什么生产者供应者之间的有益的竞争都将很难谈上，进行经济改革和纠正不正之风，也将增加很大的阻力。

当然，我们不希望出现这种情况，我们不希望再走老路。过去历史上几次由于投资规模猛增而造成国民经济的折腾，都是事后才发现的，但是已经造成很大损失。这次与过去不同，由于从十一届三中全会到十二大我们总结了历史经验，警惕性比较高了，事情还在进行中就发现了。1982 年年底，五届人大一次会议就开始敲警钟。在 1983 年六届人大一次会议上，赵紫阳总理又指出，基本建设投资规模控制不住，消费基金的增长也难以控制，“这种情况无论如何不能再继续下去了。否则国家的重点建设就上不去，经过很大努力恢复起来的正常经济秩序和比例关系有可能重新被打乱，中央重大决策和措施就不能贯彻落实，社会主义现代化建设就不能顺利地进行”。党中央已下决心来解决这个问题，并在不久以前召开的中央工作会议上采取了严格控制投资规模和集中必要资金保证重点建设的有效措施。这确实证明我们党对于经济工作的领导比过去成熟多了。但是，1982 年以来的经济事态的发展也向我们提出一个值得深思的问题，就是投资规模膨胀的现象为什么一再出现，即使在经济发展战略上开始拨乱反正以后也还会出现？如何才能根治“投资饥饿症”这个顽症？从主观方面说，这种现象的出现同经济建设中急于求成的思想还未完全肃清有关；从客观方面说，这个顽症同经济体制中“吃大锅饭”等弊病远远没有根除有关。前一方面的问题，需要在进一步总结三十多年正反两个方面经验的基础上，科学地论证和宣传新的经济发展战略，从思想上注意防止再走老路。后一方面的问题，需要在对我国的经济体制进行进一步调查研究的基础上，找准“投资饥饿”顽症的真正病根，并开出根治的“药方”。这两方面的任务，都要求我们经济理论界与实际工作部门的同志共同努力来完成。

（原载《江海学刊》1984 年第 2 期）

学词自述

叶嘉莹

我于1924年生于燕京之旧家。初识字时，父母即授以四声之辨识。学龄时，又延姨母为师，课以四书。十岁以后即从伯父习作旧诗。然未尝学为词，而性颇好之，暇辄自取唐五代及北宋初期诸小令诵读，亦仿佛若有所得，而不能自言其好恶。年十一，以同等学力考入初中后，母亲为购得《词学小丛书》一部，始得读其中所附录之王国维《人间词话》，深感其见解精微，思想睿智，每一读之则心中常有戚戚之感。于是对词之爱好益深。间亦尝试写作，然以未习词之格律，但能写《浣溪沙》《鹧鸪天》等与诗律相近之小令而已。1941年，考入辅仁大学国文系，次年始从清河顾随（羡季）先生受读唐宋诗，继又旁听其词选诸课。羡季先生原毕业于北京大学之英文系，而幼承家学，对古典诗歌有深厚之素养，而尤长于词曲。讲课时出入于古今中外之名著与理论之间，旁征博引，意兴风发，论说入微，喻想丰富，予我启迪昭示极多。嘉莹每以习作之诗、词、曲呈先生批阅，先生辄对之奖勉备至。一日，拟取嘉莹习作之小令数阕交报刊发表，因问嘉莹亦有笔名或别号否？而嘉莹性情简率，素无别号。适方读佛书，见《楞严经》中鸟名迦陵者，云其仙音遍十方界，而"迦陵"与"嘉莹"之音，颇为相近，因取为笔名焉，是为第一次词作之发表。其后继有作品发表，无论为创作或论著，遂一直沿用此别号迄今，而与清代词人陈维崧之号"迦陵"者，固不相涉也。1945年大学毕业后，曾在当时北平之数所私立中学任教。1948年3月，赴南京结婚，是年秋，随外子职务之迁移转往台湾。其后一年，甫生一女，即遭遇忧患，除一直未断教学之工作，借以勉强糊口抚养幼婴之外，盖尝抛弃笔墨不事研读写作者，有数年之久。1953 年，自台南转往台北，得旧日辅仁大学教师之介绍至台湾大学任教。1966 年应聘赴美，曾先后在密西根州立大学及哈佛大学任客座教授。1969 年，应加拿大不列颠哥伦比亚大学之聘，至该校任亚洲研究系教授迄今。一生从事教学工作，虽在流离艰苦中，未尝间断，今日计之，盖已有三十八年之久矣。主要著作已刊行者，有《迦陵谈诗》《迦陵谈词》《杜甫秋兴八首集说》《王国维及其文学批评》《中国古典诗歌评论集》《迦陵论词丛稿》等（前三种在台湾刊印，第四、第五种原在香港中华书局刊印，近已由国内广东人民出版社重印，最后一种由上海古籍出版社刊印）。此外，尚有发表于国内外各大学学报之中英文论著多篇，又有《迦陵论诗丛稿》一种，现正由北京中华书局刊印中。至于诗词曲之创作，则旧日在家居求学时期，虽时有所作，而其后为生活所累，忧患之余，遂不复从事吟咏。直至七十年代后期，因多次返国，为故国乡情所动，始再从事诗词之创作，而不复为曲矣。部分诗词稿曾在国内外报刊发表，其中刊印或有脱误，或有经编者因编排需要而加以改动者，均尚未加以整理。

平生论词，早年曾受王国维《人间词话》及顾羡季先生教学之影响，喜读五代及北宋之作，至于南宋诸家，则除辛弃疾一人外，对其他赏爱者甚少。其后因在各大学任教，讲授词选多年，识见及兴趣日益开拓，又因在国外任教之故，对西方之文学理论亦有所接触，于是对诗歌之评赏，遂逐渐形成一己之见解。对旧传统之词论，渐能识其要旨及短长之所在，且能以西方之思辨方法加以研析及说明。所写《常州词派比兴寄托之说的新检讨》（见《迦陵论词丛稿》）及《〈人间词话〉中批评之理论与实践》（见《王国维及其文学批评》第三章）诸文，皆可见出其对评词之理论方面所持之见解。至于从《温韦冯李四家词之风格》《梦窗词之现代观》及《碧山词析论》诸文中（以上诸文皆见《迦陵论词丛稿》），则可以分别见出其对不同风格之作者，在评说时所采取之不同途径。要而言之，则其对词之看法，盖以为词与诗二者，既同属广义之诗歌，是以在性质上既有其相同之处，亦有其相异之点。若就其同者言之，则诗歌之创作首在其能有“情动于中”之一种感发之动机。此种感发既可以得之于“物色之动，心亦摇焉”的大自然界之现象，亦可以得之于离合悲欢抚时感事的人事界之现象。既有此感发之动机以后，还须要具有一种能够将其“形之于言”的表达之能力，然后方能将其写之为诗，故“能感之”与“能写之”实当为诗与词之创作所同需具备之两种重要质素。然而诗人之处境不同，禀赋各异，其能感与能写之质素，自亦有千差万别之区分。故诗歌之评赏，便首须对此二种质素能作出精密正确之衡量。同是能感之，而其所感是否有深浅厚薄之不同；同是能写之，而其所写是否有优劣高下之轩轾。此实为诗与词之评赏所同需具备之两项衡量标准。是则诗与词无论就其创作之质素而言，或就其评赏之标准而言，二者在基本上固原有其相同之处也。然而诗与词又毕竟为两种不同之韵文体式，是以二者间遂又存在许多相异之点。而造成此多种相异之点者，则主要由于形式之不同与性质之不同两种重要因素。先就形式之不同言之：词之篇幅短小，虽有长调，亦不能与诗中之五七言长古相比，而且每句之字数不同，音律亦曲折多变，故而如诗中杜甫《北征》之质朴宏伟，白居易《长恨歌》之委曲详尽，便皆非词中之所能有。然而如词中冯延巳《鹊踏枝》之盘旋顿挫，秦观《八六子》之清丽芊眠，则又非诗之所能有矣。再就性质之不同言之，则诗在传统中一向便重视“言志”之用意，而词在文人诗客眼中，则不过为歌宴酒席之艳曲而已。是以五代及北宋初期之小令，其内容所写皆不过为伤春怨别之情，闺阁园亭之景，以视诗中陶、谢、李、杜之情思襟抱，则自有所弗及矣。然而词之特色却正在于能以其幽微婉约之情景，予读者心魂深处一种窈眇难言之触动，而此种触动则可以引人生无穷之感发与联想，此实当为词之一大特质。王国维《人间词话》曾以“深美闳约”四字称美冯延巳之小词，又往往以丰美之联想说晏、欧诸家之词，便皆可视为自此种特质以读词之表现。然而此种特质，在作者而言，亦有得有不得也。是以作诗与说诗固重感发，而作词与说词之人则犹贵其能有善于感发之资质也。其后苏、辛二家出而词之意境一变，遂能以词之体式叙写志意，抒发襟怀，一洗绮罗香泽之态，于剪红刻翠之外，屹然别立一宗，此固为词之发展史上之一大盛事。盖五代北宋之小令，在当时士大夫之观感中，原不过为遣兴之歌曲，自苏、辛出而后能使词与诗在文学上获得同等之地位，意境既得以扩大，地位亦得以提高，此其丰功伟绩固有足资称述者在也。然而既以诗境入词，而词遂竟同于诗，则又安贵乎其有词也？是以苏、辛二人之佳作，皆不仅在其能以诗境入词而已，而尤在其既能以诗境入词，而又能具有词之特质，如此者乃为其真正佳处之所在也。夫诗之意境何？能写襟抱志意也。词之特质何？则善于感发也。是以杜甫在诗中之写其襟抱志意也，乃可以有“致君尧舜上，再使风俗淳”“穷年忧黎元，叹息肠内热”之句，直写胸怀，古朴质拙，自足以感人肺腑，此原为五言古诗之一种特质。然而如以长短句之形式写为此种质拙之句，则不免有率露之讥矣。此盖由形式不同，故其风格亦不能尽同也。是以苏东坡之写其高远之怀，则以“琼楼玉宇”为言，写其幽人之抱，则以“缥缈孤鸿”为喻。至于辛稼轩之豪放健举，慷慨纵横，然而观其《水龙吟》词之“楚天千里清秋”，《沁园春》词之“叠嶂西驰，万马回旋”诸作，其满腔忠愤郁郁不平之气，乃全以鲜明之形象，情景之相生，及用辞遣句之盘郁顿挫表出之，无一语明涉时事，无一言直陈忠爱，而其感发动人之力则虽历千古而常新。后之人不明此理，而误以叫嚣为豪放，若此者既不足以知婉约，而又岂知所谓豪放哉！至于苏、辛而后，又有专以雕琢功力取胜者，如南宋后期诸家，此固亦为各种文学体式发展至晚期以后之自然现象。若欲论其优劣，则如果以词之特质言之，固仍当以其中感发之质素之深浅厚薄为衡量之标准。梦窗、碧山纵不免晦涩沉滞之讥，然而有足观者，便因此二家之作品，仍并皆蕴含有深远幽微之感发之质素。至若草窗、玉田诸人，则纵使极力求工，而其感发之力则未免有所不足矣。昔周济在其《宋四家词选序论》中，即曾云：“草窗镂冰刻楮，精妙绝伦，但立意不高，取径不远，当与玉田抗行，未可方驾王、吴也。”所论实深为有见。而其所谓“立意不高，取径不远”者，固当正由于其“能感之”之质素既有所不足，“能写之”之质素亦有所不足，是以既不能具有感发之力，亦不能传达感发之力故也。平生论词之见约略如此，至其详说，则有《迦陵论词丛稿》诸书可供参考焉。

至于对词之写作，则少年时虽往往触物兴感，时有尝试，然未尝专力为之。其后又饱经忧患，绝笔不事吟咏者有多年之久。近岁以来，虽因故国乡情之感，重拾吟笔，而功力荒疏，纵有感发之真，而殊乏琢炼之巧。前岁返国，与旧日同门诸友，在京聚首，回思昔年在沦陷区中从羡季先生读词之日，羡季先生往往写为寓兴深微之作，以寄托其国家民族之悲慨。而今则国家重振，百业方兴，欣喜之余，曾写有绝句一首，云："读书曾值乱离年，学写新词比兴先。历尽艰辛愁句在，老来思咏中兴篇。"故近年之词，每多关怀家国之作，此则平生为词之大略经过也。友人或有询其论词之作中曾对梦窗、碧山二家剖析精微，而所自作诸词则与二家殊不相类，其故何在？此或者一则由于生性简单与二家繁丽精工之词风不甚相近，再则由于时代不同，不须更以隐晦之笔写凄楚之音之故欤？

又昔日所写论词之作，往往多为单篇独立之论说，虽在理论方面亦曾逐渐形成一系统之概念，然而所说诸家之词，则并未尝有意作系统之安排也。自1982年返国在四川大学讲授唐宋词选，猥蒙前辈学者缪钺教授之知赏，相约共同撰述论词之专著《灵谿词说》，以七言绝句撮述要旨而附以散文之说明，喜其体制有简便灵活之妙用，遂商定共同合作，拟以此种体制对历代之词人、词作及词论，作较具系统之介绍。其中由嘉莹撰写之部分，已写得温、韦、冯、南唐二主及北宋初期之大晏与欧阳诸家，曾在《四川大学学报》先后发表，现仍在继续撰写中。至于关于撰写《灵谿词说》之动机、体例之详细说明，对于论词绝句、词话、词论诸体长短得失之衡量评述，以及此书所以取名"灵谿"之故，所有此一切，均详于拙稿《灵谿词说前言》中，亦将在《四川大学学报》中发表焉。

（原载《江海学刊》1984年第2期）

人类和人类社会的产生

孙叔平

人类和人类社会的产生，不仅仅是一个生物进化问题，而且是一个人类历史进化问题。根据世界历史事实，对于人类历史的哲学总结——历史唯物主义的研究应该从人类的起源开始。

人类并不是上帝的特别创造物

宇宙的起源、人类的起源问题，自古以来，就是使人们困惑的一个哲学问题。对于这个问题的最幼稚、最省力的回答是：人类是神创造的。而随着人类历史的进化，神创造人的神话又有了不同的形式。人类的发展有了制陶业以后，就有了上帝抟土为人的神话；人类社会的发展有了刻木业以后，又有了上帝刻木为人的神话。诚如古希腊哲学家色诺芬尼所风趣地说过的一样："假如牛马和狮子有手，并且能够象人一样用手作画和创造艺术品的话，马就会画出马形的神像，牛就会画出牛形的神像，并各按着自己的模样来塑造神的身体了……埃塞俄比亚人就说他们的神皮肤是黑的，鼻子是扁的。色雷斯人就说他们的神是蓝眼睛、红头发的。"① 世界上有多少民族就有多少上帝造人的神话。这些神话当然是莫须有的，但它们恰好证明，不是上帝按照自己的形象创造人类，而是人类按照自己的形象创造上帝。西欧的天主教、基督教民族是较早发展资本主义的民族，它们的宗教神话就随着资本主义的侵略

① 转引自罗素《西方哲学史》上册，商务印书馆1963年版，第68页。

传遍了世界。于是，亚当和夏娃的故事也就成了传遍世界的神话故事。

幼年的时候，我听过基督教士的宣教，说亚当和夏娃居住在伊甸乐园中，本来是无罪的，只因为受了蛇的诱惑，吃了智慧之果，才有了男女之事，产生了人类。所以，人是生来就有罪的。当时我生在苦难的中国，大部分同胞都在受罪。我幼小的心灵对这个传说不能没有怀疑：难道我们的同胞所受的种种苦难，诸如饥寒、疾病、残废以及水旱灾荒、战争等等祸害不是人类自为的，而是上帝给予的？“大慈大悲”的上帝为什么要这样折磨他的子女呢？好残酷的上帝！

更幼年的时候，我还听到过老年人所说的上帝“抟土为人”的故事：上帝用黏土捏制成男男女女的人，先要风干，然后吹口气，他们才有了人的生命。可巧有一天，在泥人快要风干的时候，暴风雨突然要到来了，上帝忙了起来，把泥人扫成一堆，于是泥人就有的断臂、有的折腿、有的瞎眼、有的聋耳、有的斜嘴、有的人完好无缺。我们的现实世界上，有的人五官端正，大富大贵，有的人患各种残疾，或者经受饥寒交迫之苦，就是这样产生的。当时我年龄尽管幼小，对于这个神话，仍然不能不有怀疑：“大仁大智”的上帝在风干泥人的时候，为什么不能预见暴风雨就要来临呢？好愚蠢的上帝！

年长以后，我入了学校，接触到达尔文和赫胥黎的学说，我才知道人是由猿人演化而来的。这个学说和解剖学、胚胎学的发展都确凿无疑地说明人的动物起源。这些学说虽然触犯了上帝造人的神话，但却是无可辩驳的事实。道理很简单，人类是生活在地球上的，先要有地球的历史，然后才会有生物的历史；先要有生物的历史，然后才会有人类的历史。这是无可辩驳的事实。

宗教家的上帝造人的故事已经不足为识者所道了，唯心主义的人类起源说又如何呢？它的荒谬和上帝造人说是不相上下的。难道是先有关于人的“理念”“观念”“绝对观念”之后才有人类，而不是有了人类之后，特别是社会发生了阶级分化，有了脑力劳动与体力劳动的分工以后，唯心主义哲学家才把无人负责的“理念”“观念”“绝对观念”等等夸大起来，把它们作为人类及人类社会的创造主吗？由此可见，唯心主义的人类起源说不过是用哲学语言装扮起来的上帝造人的神话而已。近代科学的发展使这种哲学神话没有存在的余地。

古代素朴唯物主义者也不能科学地说明人类的起源。像我国古代素朴唯物主义的元气说把物质性的元气当作世界和人类的本源；他们说什么元气中的清者上升而为天，浊者下沉而为地，天地形成以后，元气就来往于其间，清者聚而为人，浊者聚而为万物。于是乎人被称为“三才”之一与天地相并立。就哲学路线而论，我们是赞赏的。但这种元气说，究竟是和现代科学不符的。现代化学家所发现的构成世界的物质元素已经有一百多种，但到目前为止，还没有发现一种元素是元气。我们平常所说的一个人病后元气大伤，原来是指他的某个或某些器官受到破坏，生机大伤；一个国家在动乱之后元气大伤，是指它的经济、政治、思想上生机大伤。这个元气并不是某种物质元素。由此可见，素朴唯物主义，在元气造人这一点上来说和唯心主义一样神秘。素朴唯物主义不能战胜唯心主义，原因正在于它并没有真正的科学根据。

时代进入了20世纪的后期，“科学界”又有一种说法，说是地球上的人类是从其他某个星球上下来的。这更使我们莫测高深了。到现在为止，天文学望远所及已经达到一百多亿光年以外，但对于除了我们的地球以外，是否还有其他星球上有生物，仍是一个未知数。假定在茫茫的星海之中，有那么一个在条件与地球相似的星球上生活着的人类，那么，他们是怎样下到地球上来的呢？他们是像陨石一样掉下来的吗？果真如此，他们掉到地面的时候该已经粉身碎骨了，怎么还能在地球上繁殖人类呢？他们是驾着宇宙飞船来的吗？那么，他们飞船的功能该大大超过地球上人类的飞船的功能。他们的文化如果高于地球上的人类，他们驾临地球以后，发现个那么适宜于人类生存的星球，他们该把高于地球上人类的文明移植到地球上来，正像漂流到荒岛上的鲁宾逊把文明社会的生活方式移植到荒岛上一样，地球上人类的历史为什么还要从猿人进化开始呢？由此可见，这个“科学”的说法不过是在科学昌明的现代为上帝造人的说法作新的打扮而已。这种神话，其笨拙、荒唐的程度，和古代神话是不相上下的。

总之，地球上的人类是从一种猿人演化而来的，这对于人类绝不是一种污辱，而是科学事实。自然界的演化产生人类，人类的进化又能达到今天的高度，将来更有光辉灿烂的发展。

这正是人类的骄傲。在自然界的一切生物中，只有人类能“以一种自然力的资格与自然物质相对立”①。对于人类的未来，我们是抱有美好的希望的。如果想实现这个希望，那就要通晓历史发展的规律，并顺应规律作积极的努力了。

劳动在从猿到人转变过程中的作用

《劳动在从猿到人转变过程中的作用》是恩格斯的一篇著名论文。在这篇论文开头就有这样一段话：“政治经济学家说：劳动是一切财富的源泉。其实劳动和自然界一起才是一切财富的源泉，自然界为劳动提供材料，劳动把材料变为财富。但是劳动还远不止如此。它是整个人类生活的第一个基本条件，而且达到这样的程度，以致我们在某种意义上不得不说：劳动创造了人本身。”②

再看马克思关于劳动所说的话：“人类劳动尚未摆脱最初的本能形式的状态已经是太古时代的事了，我们要考察的是专属于人的劳动。蜘蛛的活动与织工的活动相似，蜜蜂建筑蜂房的本领使人间的许多建筑师感到惭愧。但是，最蹩脚的建筑师从一开始就比最灵巧的蜜蜂高明的地方，是他在蜂蜡建筑蜂房以前，已经在自己头脑中把它建成了。劳动过程结束时得到的结果，在这个过程开始时就已经在劳动者的表象中存在着，即已经观念地存在着。他不仅使自然物发生形式变化同时他还在自然物中实现自己的目的。”③ 按照唯物辩证法，事物和反映事物的概念是发展的。劳动这个概念也是一样。很明显，

---

① 马克思：《资本论》第1卷，人民出版社1975年版，第192页。

② 《马克思恩格斯选集》第3卷，人民出版社1972年版，第508页。

③ 《马克思恩格斯全集》第23卷，人民出版社1972年版，第202页。

马克思把本能形态的劳动和专属于人的劳动是区分开来的，恩格斯的命题中的劳动显然是指本能形态的劳动，或者说，是由本能形态向专属于人的形态变化中的劳动。就是专属于人的劳动，在它的几千年的发展中，也有变化。试想，使用简单工具的劳动和制造宇宙飞船、机器人的劳动，该有多么大的不同。我们的同志却用专属于人类的劳动的含义来理解恩格斯命题中的劳动，这就把恩格斯的科学的劳动创造人类的命题弄成了费解的人类劳动创造人的命题。“人类劳动”意味着人已经存在。为什么还有待人类劳动来创造它呢?抱着这种理解而怀疑恩格斯的命题，那错误在于我们，绝不在恩格斯。

人类学告诉我们：我们的祖先是类人猿。顾名思义，它是猿，又有些像人，它的发展应该从两方面的因素来理解：（1）它本身的因素。它的体型、智慧和人最为接近，有发展成为人的可能条件。其他猿类，没有这个内在条件，它们过去没有发展成人，今后也绝不会发展成人。（2）外部条件，生活环境的变化，如气候的变化、原始森林的缩减，使它们不能不从树上下到平地，在森林的隙地乃至茫茫的荒原或小山丘上来生活。只有这两方面的条件结合起来，它们才习于用本能的劳动来谋生，这种劳动才使它们转化成人。这个转化并不是在一个美丽的早晨突然发生的。现在的科学知识已经证明，这是长达几百万年的过程。至于类人猿的直接祖先——一种古猿向猿人的演化，时间要更长一些，那该以千万年计。本能形态的劳动向专属于人的劳动转化，是一个两种因素互为消长的、漫长的、由量到质的过程。人类和人类社会并不是一下子出现在地球上的。

猿人的劳动一开始主要是本能的劳动，很少有什么自觉性。大自然是他们的天然粮仓，也是他们的天然的工具库。他们使用天然的木棒、石块来捍卫自己，谋取食物。这时它们还谈不上进行生产。但就是这样的劳动，日子长了，一代传给一代，也改变了它们的体型结构，从而也改变了它们的本性。首先，这种劳动使它们习于直立，促进了手脚分工，脚用来直立走路，越来越坚强，手用来做各种各样的动作，越来越灵活。脊椎、腰肢也越来越能够灵活俯仰、转动。手脚的发达促进了头脑的发达。头脑的发达使它们的各种感官都能更灵敏地接受外界的刺激。这种手脑的变异，逐步改变它们的本性。

猿人的劳动不管多么简单、本能，也不能不是社会的，有极其简单的协作和分工。在协作和分工中，它们有了要说什么的要求，这就产生了语言，劳动和语言又共同促进了头脑的发展，使简单的思维成为可能。

火的使用，先是自然火的使用，然后是学会保留火种的使用。这使它们能够熟食，易于吸收营养，促进手脑的发展，又能够到更广阔的地面上来生活，和不同的气候条件相适应。久而久之，这终于促成了一个伟大的转变，使它们不仅能够使用自然的工具，而且能制造某些粗糙的工具，不仅能够以掠取自然物为生，而且能够利用某些自然规律生产食物为生。这时候，从采集中就发展出了种植，从狩猎中就发展出了畜牧。原始的种植和畜牧，不管如何简单、粗鄙，也需要猿人的头脑能够对某些自然的规律，如冷暖交替的规律、植物生长的规律、动物繁殖的规律，有所认识和利用。这些认识，今天看来，是不足道的。但对于当年的猿人来说，并不比牛顿奠定古典物理学、爱因斯坦创造相对论、居里夫人发现镭的放射性更为容易！这样，在猿人身上，人的因素逐渐增长，猿的因素逐渐消失，最后终于达成了这个伟大的结果：从猿到人的转变得以完成。

由此可见，在这个伟大的转变中，肢体的发展、头脑的发展、语言的发展、思维的发展，是互相联系、互相促进的，总起来构成一个从猿到人的过程。

由此可见，人并不是生来就有罪的，而是生来就接受严酷的锻炼的。他们要和毒蛇猛兽进行斗争，要和自然界的严寒酷暑进行斗争。这种斗争不是白费的，这使他们从自然界的生物转变成为开始能够驾驭自然力量的主人。而促进这个转变的最伟大、最关键的契机，则是劳动。“劳动创造人类”是无可置疑的历史唯物主义的命题。离开这个命题，科学的人类学便无从产生。

原始社会并不是人类的黄金时代

原始社会的历史是漫长的。从人的体型来看，早期猿人的历史约从三百万年前至二百万年前开始，晚期猿人的历史约从一百五十万年前到一百万年前开始。早期智人的历史约从二三十万年前到五万年前开始，晚期智人的历史从五万年前到一万年前开始。现代人的历史约从一万年前开始。从他们所用的工具来看，二三百万年前到一万年前是旧石器时代，一万年前至几千年前是新石器时代。从社会形态来看，前氏族公社的历史约在二十万年前至三百万年前，氏族公社的历史约在三十万年前至几千年前。氏族公社是由母系氏族发展成为父系氏族的。父系氏族公社的高级发展就转入阶级社会了。

据考古学家贾兰坡先生推算，地球的历史约有四十五亿年。假如把这个四十五亿年算作一天，那么，人类的历史，以二百万年计，不过相当于一天的最后三十八秒钟。而有文字的历史，假设以四千年计，不过是一天最后的零点八秒钟①，人类的历史是加速发展的。任何社会形态，在人类历史的长河中，都只是一段，都具有过渡性质。剥削阶级思想家都把他们占统治地位的制度视作万古不变的社会制度。在封建主看来，人类的历史一开始就是圣人教民的历史，帝王将相的历史；在资本家看来，人类的历史一开始就是资本的历史。这不表现别的，适见其狂妄与可笑而已。

原始社会是怎样的社会呢？那时候，生产力极其低下，就是到了父系氏族公社时期，也还低下。人类劳动的所得仅仅足以维持简单的生态，根本没有什么剩余，所以，那时私有财产是不存在的。既然没有私有财产，人类就不可能划分为阶级，就不可能分为脑力劳动者与体力劳动者。那时体力、脑力劳动处于一种原始结合状态，主要是体力劳动，但也要有一点脑力劳动。那时候任何一个氏族成员都不能脱离氏族。只有氏族生存，他个人才能生存。那时候，的确是“货，恶其弃于地也，不必藏于己；力，恶其不出于身也，

---

① 贾兰坡：《中国大陆上的远古居民》，前言1—2页。

不必为己”（《礼记·礼运》）。古人对于原始社会的想象，虽然按阶级社会的情况有所歪曲，但不是没有一点历史的影子，原始氏族的族长、酋长，都被封建社会的历史学家说成帝王了。其实，他们不过是一些氏族族长而已。他们大多是一些在生产上有经验，在分配上非常公正，在为本族利益而战上勇敢的人物。他们是受氏族成员的推举产生的，和所谓帝王根本不能相比。中国历史传说中有所谓“有巢氏”“燧人氏”“神农氏”“庖牺氏”，假如历史上真有其人存在，不过是能干的个人或集体的发明家受纪念的称号而已。他们没有压迫氏族成员的权力，每个氏族成员都是自由的。他们所受氏族成员的尊敬，实在非文明社会的帝王总统所能比拟。这些特点，用恩格斯的话来说，叫作“原始的民主主义”。

生在阶级社会的人，看到社会成员受剥削、压迫、饥寒交迫的情况，有知识的人也难免于这样的命运，而且受礼法的约束。他们对眼前的现实不满，望不见社会发展的出路，就大发思古之幽情，缅怀过去。儒家就把那时叫作“大同之世”，道家就把那时叫作“至德之世”。欧洲人也有这种情况，他们把原始时代叫作“黄金时代”，以后为“白银时代”，当前则为“黑铁时代”。好像人类的美好的、幸福的时代不在将来，而在过去，历史是每况愈下，一代不如一代的。这种历史退化观点，自有其产生的理由。这个理由就是对于当前现实的不满。但这种观点究竟不合历史事实，这不是向前幻想的乌托邦，不过是一种向后看的乌托邦而已。他们的乌托邦，像陶渊明的“桃花源”一样，是只在想象中存在的。

原始时代绝不是历史的黄金时代。那时候，人类对抗自然的能力极其低下，一场暴雨、一场风雪、一场瘟疫，都会使他们有全族灭绝的危险。他们每日劳动所得并不能保证每日的生活，一年的收藏并不能保证他们度过寒冷的季节。他们的最宝贵的服装，不过是一张斑斓的兽皮或织物。他们的最美丽的装饰，不过是一些蚌壳或骨器。他们还没有使用金属工具，更没有光辉灿烂的金器或银器装饰。他们得到一次丰收的谷物或畜群的繁殖，或猎获大批的禽兽，就欢乐地唱歌，他们的最丰盛的食物不过是一些烤得半生不熟的兽肉，根本没有今天的烹调技术。这样的生活是不值得文明人羡慕的。

而且，他们是野蛮人。他们的社会共同体极其狭小，最大也不过是一个部落或部落联盟。部落或联盟以外就是敌人。为了争夺一片草地、一群牛羊，经常在部落之间发生械斗（这还不是今天的战争）。这种械斗常常以强者把弱者完全赶走或斩尽杀绝而结束。原始人和本族人极其友爱，对异族人却极其残酷。和这种残酷比较起来，收容战俘做奴隶，收容被征服的部落做臣属，倒是文明行为了。比起原始制度来，奴隶制倒是一种历史的进步。当时的进步只能是这样的。你真希望历史进步吗？历史的进步，对于原始的野蛮来说，只能是阶级社会的进步。只有经过阶级社会，人类才能达到将来的无阶级社会。那时的人，将不仅能控制自然力，而且能控制自己的社会关系。马克思主义把阶级社会的结束看作人类“前史”的结束。黄金时代在将来，不在过去。历史本身的辩证发展就是这样的。你要懂得这个历史发展的辩证法么？那你就要学习历史，学习历史唯物主义。

（原载《江海学刊》1984 年第 6 期）

论革命派与立宪派的同一性

陈旭麓

1980年，我以《中国近代史上的革命与改良》（《历史研究》1980年第6期）为题，论述了革命与改良的关系，意犹未尽。现再就革命派与立宪派的同一性，作为前文的续篇。

由交替而并峙

1895年，日本打败清朝签订了《马关条约》，使中国陷入“豆分瓜剖”的局面。为了挽救危亡，康有为发动了一千三百个举人签名的公车上书，把改革要求推向变法运动，孙中山更组织了兴中会发动广州起义，为中国寻找新的出路。革命派与改良派几乎是同时起步，标示了中华民族已在觉醒。

如果说广州起义是革命派初试锋芒，那么公车上书却是改良派经过前段思想酝酿向全国发出的一声巨响。继巨响之后，作为新政组成部分的学会、报刊、学堂，在沿海沿江的重要城市陆续出现，并向内地扩展，至百日维新，形成变法运动的高潮，曾经给人以开创局面、迎接富强的希望。那时的兴中会仍只是在海外的华侨中和港粤之间联络，即至1900年10月的惠州起义，也不过是南海一隅闪电式的一击，并无全局性影响。

改良派在甲午战后之跃登历史舞台，其思想渊源和斗争趋向，是由战前三十余年的改革思潮发展而来，也是从对洋务派的批评发展而来。洋务运动中与顽固派相峙的洋务派，虽不完全具有资产阶级改良派的形态和职能，但洋务热潮的掀起和失败，在上层社会引起了波动，对资产阶级改良派的成长和斗争有着直接的影响。维新运动之代洋务运动而起，成为时代中心，这是历史自身的运动，史著在于说明这种运动及其递嬗关系。

政变发生，作为变法主持人的光绪帝被黜，作为变法策划人的康有为出亡，维新运动宣告失败，意味着一个历史时期的结束。从历史发展的链条看，前为戊戌维新，后有辛亥革命，戊戌与辛亥是近代中国在前进道路上的两个交替的历史阶段。我们应该承认，历史上还存在一种呼之欲出而被阻塞了的历史，即人们想实现而没有实现的历史。譬如说，如果中国的戊戌维新不是失败而是像日本明治维新那样取得成功，民族矛盾和阶级矛盾缓和了，原先出现的革命火焰就有可能消退，历史的进程就不一定与日后出现的历史一样，改良派的许多言论，康有为的七上皇帝书，都充满了这种愿望，力争这种可能（这种可能为什么不能变为现实，这里不具论）。从甲午至戊戌资产阶级改良派的历史作用正在此。论史中的这类设想并不全是幻想，因为历史的必然性中有许多偶然性，也不应排斥按历史轨迹的某种设想。杜牧《赤壁》诗中的名句："东风不与周郎便，铜雀春深锁二乔"，就是设想赤壁之战的另一种可能。

戊戌后，康有为在海外设立保皇会，成了晦气的保皇派头目。至于孙中山的情况，如 1902 年 2 月再度赴日本的章太炎所说，当时是："留学诸公，在中山那边往来，可称志同道合的，不过一二个人。"但是，在宗旨矛盾的自立军失败之后，特别是清朝在义和团运动和八国联军之间所暴露的顽固、卖国面目，使国内的反清情绪日增；随着留学生运动的兴起，以兴中会为契机的革命组织活动由海外跨向长江，1903 年的拒俄运动和苏报案透露的就是这样的信息。这就使推动近代中国社会政治变革的革命与改良两种动力之间也呈现出新陈代谢，反映了辛亥对戊戌既否定又发展的历史辩证关系。因此，在近代中国变革的道路上，如果说 19 世纪最后几年的时代象征是康有为，那么到了 20 世纪初年则进入了以孙中山为代表的时代。虽然，康有为生于 1858 年，孙中山生于 1866 年，他们近于同一辈人，但在社会政治思潮及其实践的急遽嬗变中，他们的脚步却是后浪推前浪，显示为两代人。

历史阶段的交推，并不是按一定尺度设置的阶梯。在有的历史阶段的交推中，一种新的力量败下阵来，另一种新的力量在前者的败局下成长起来，接应上去；而前者在败退中寻求机会，经过新的组合，卷土重来，并与后者抗衡。清末革命派与改良派之由交替而并峙，就是这种错综历史现象的展示。1905年国内外形势的发展是造成这种历史现象的关键。

1905年，在近代中国政治生活中发生了两件大事，一是同盟会的成立，二是立宪派的兴起。同盟会的成立，使中国有了全国规模的领导资产阶级民主革命的政党，它的理论体系——孙中山的三民主义也正式公之于世，并扩大武装起义和开展思想战线上的斗争，标志着革命的成熟而有了胜利的希望。至于戊戌失败了的改良派怎样又会崛起为与革命势力并峙的立宪派势力，是内部条件受外力震荡作出的反应。

在甲午战争中，日本打痛了中国，改良派和光绪帝渐知"忌嫉之无益，文饰之不能"，不惜以敌为师，把日本当作学习西方的样板发动了颇有声势的维新运动。十年后，明治维新的日本又打败了作为世界列强之一的俄国，日俄战争这个结局出乎中国人的意外。四十年前冯桂芬提出"彼何以小而强，我何以大而弱"，"道在找其不如之所在"（《校邠庐抗议·制洋器》）。现在，大而强的俄国何以也会败于日本，胜败之由安在？许多人就他们所知道的世界得出了一条道理，认为俄国之败于日本，不是俄国的兵力财力不如日本，而是日本为君主立宪国，俄国为君主专制国，俄国之败于日本是专制败于立宪，或者说是日本之打败俄国是立宪打败了专制。这个论证，对那时的上层人士既有借鉴又有切肤之感。于是，在戊戌维新中曾经提出而被视为过激的立宪，此时却成了有极大魅力的字眼，朝臣皆以立宪为挽救清朝、振兴中国的唯一途径。就在俄国战败的1905年7月，洋务官僚张之洞、袁世凯、周馥及出使大臣孙宝琦等都出面奏请立宪，清廷居然派五大臣出洋考察政治作立宪准备。随之，国内出现了一批由张謇等人组织的立宪团体。"云破月来花弄影"，奔营于海外的康有为也为之一振，遂宣布改保皇会为国民宪政会，梁启超则组织政闻社，打出立宪的旗号向国内活动；另一个醉心立宪的政治活动家杨度，也在日本创刊《中国新报》，鼓吹立宪主义，并且回到国内，推动清廷立宪。这样，遂形成朝野呼应、内外联络的立宪势力。我们对清廷的预备立宪与立宪派的争取立宪一向有区别，称前者为“伪立宪”，但清廷的立宪姿态，对立宪派发动的立宪运动有过诱发作用。

立宪派是与维新派、保皇派一脉相承的资产阶级改良主义势力。因在不同的历史阶段争夺的着重点不一样，依次形成为三个不同段落的分称。戊戌变法时为维新派，戊戌政变后为保皇派，日俄战争后为立宪派。这些变换的称号反映了各自的主旨，也略寓褒贬。但改良派一直是他们的总称。总称表示了他们的改良主义路线的一贯性，分称表示了他们各自的时间特征及对革命派的关系的变化：维新运动时的维新派在于除旧布新，挽救危亡，以消弭革命于方萌；保皇活动中的保皇派以保护光绪帝、反对慈禧太后为宗旨，与革命派既联系又争夺；立宪运动中的立宪派则呼吁开国会、立宪法以挽救清朝的危亡，与革命派尖锐对立，互争成败。作为维新派领袖的康有为在立宪运动中虽仍岸然自尊，但已失去前日的声光，而活跃于立宪运动中的却是戊戌时还不太露头角的张謇等人。可见改良派自身的血液也在经历着循环和代谢，并在立宪运动中发展了他们的势力，成为与革命派并峙的政治力量。

两种模式的争夺

立宪派与革命派在20世纪初年主要表现为两种政治主张的激烈论争和分道扬镳的对抗形式，无非是君主立宪制与民主共和制两种模式的争夺。

改良派与革命派在甲午战后相继登场的初期，即以各自的斗争形式表现出了他们的不同面貌，但在维新运动的高潮中，互不干预，且以互为中国的前途履险而默认。直至因自立军的宗旨矛盾，兴中会的毕永年与唐才常激辩而去，由改良向革命转变的章太炎也割辫明志，开始表露了二者的“道不同，不相为谋”。自此，他们在活动中的龃龉、文字上的辩难就层见叠出了。1903年12月，孙中山在《敬告同乡书》中公开宣布：“革命、保皇二事决分两途，如黑白之不能混淆，东西之不能易位。”这就给1906年至1907年《民报》与

《新民丛报》的大论战发出了檄文。这场大论战我们已谈得够多了。论战的论旨是以建立一个什么样的国家为核心，涉及与此相关联的各种理论和实际。在《民报》和《新民丛报》之外，革命派与改良派的其他报刊固然是唇枪舌剑，互不相让；就是局外旁观的报刊对双方的论旨也不能不曲折地、隐晦地表示自己的意见。所以，这场大论战不仅规模大，而且是由此前的革新与守旧两种思想的冲突变而为在革新的道路上革命与改良的冲突，是19世纪以来思想战线上的重大发展和深化。大论战的本身虽然没有结论，但在革命派与立宪派的两种反抗形式——武装起义和请愿斗争之间的分途较量必然得出分晓，看哪方面的主张和理论比较符合斗争的实际，对中国起着较大的推动作用，这才是结论。

革命派的武装起义，在1906年的萍浏醴起义之后，由间歇而频繁，由小试而大干。与此同时，立宪派由少数人的局部的立宪活动，至1910年年末发展而为数十万人一再签名的全国性大请愿。一个旨在推翻清朝，一个力争改造清朝，各自对着同一个对象开展斗争。过去说的“逐鹿中原”，是指同一形态的起义英雄们的武装角逐，清末则是资产阶级内部两种政治势力采取不同方式的角逐，这是社会形态发生变化随之而来的阶级结构的变化和斗争方式的变化，不仅对封建时代的角逐是一种进步，而且与中国进入近代社会以来的反封建斗争比，也是一种进步。革命派与立宪派在角逐中各自的力量都在增长，增长的社会因素，固然有不少原来的改良派分子投向革命，但也有许多从旧营垒中游离出来的分子还不能一步跨进革命的门槛，只能成为立宪派的补充力量。由于革命派与会党、与新军的结纳日多，而频繁的群众自发斗争也有利于革命派的武装起义，革命的声势已大于立宪，成为时代的主流。但在经济、文化领域，立宪派仍有优势，挟以与革命派顽抗。

经济领域，因立宪派直接从事工商业的人不少，与工商界有较广泛的联系，革命派直接从事工商业的人却罕见，与工商界的联系不密切。所以，与工商界利益攸关的抵制美货运动、收回利权运动和保路运动，多为立宪派发动，在社会政治生活中产生过很大影响。立宪派基于保护和发展工商业的要求，敢于向帝国主义进行挽回利权的斗争，却害怕革命带来破坏，他们更要坚持立宪以抵制革命。

文化领域，在那时的学堂、报刊、著译等资产阶级新文化事业中，革命派固然已很活跃，但立宪派和倾向立宪的人所占比重要大得多。如从戊戌时创办起来的作为新文化教育事业重镇的京师大学堂和商务印书馆，大抵仍以立宪人士为核心；如梁启超的论著、严复的译书，尽管他们的影响已大大地超越了立宪的政治界限，然而梁启超、严复的言论毕竟是为立宪说法的。

由于这种复杂的社会历史关系，在1900年至1911年，武装起义和群众斗争虽已如火如荼，但立宪思想在知识界及其他领域仍很流行，为许多人所接受。这里且以1911年2月20日黄尊三的一段记述为例：

> 晚，（熊）芷斋来谈，多为人处世之言。余询其对国事之主张，则不能明白答复，只云立宪即足救亡。余谓立宪不过一种制度，制度之运用在人，今之政府，能运用立宪之制度乎？吾殊未之敢信。况立宪之空名，政府亦未轻与，以余拙见，简直说非革命不可。熊君听予言革命二字，勃然变色曰："宋遯初素称革命巨子，今日尚不言革命，汝辈何幼稚乃尔，可谓不知时务。"余曰："宋之言革命与否，非余所敢知，不能以宋某个人不言革命，使天下人均不言革命，足下未免太迷信遯初，而轻视天下人，况遯初未必真不言革命也。足下盖中立宪之毒而于国情为昧昧也。"熊君闻余言愤甚，欲继与余辩，下女报客来，而余二人之谈判遂中止。①

黄尊三、熊芷斋当时同在日本留学，20世纪初期的留学生是中国政坛的晴雨表。过去，有关辛亥革命的著作大都强调了留日学生的革命化，其实那十年间留学日本的两三万人中，持熊芷斋这种态度、坚主立宪的人比比皆是。此前，胡汉民所说"其学业将成而自命前辈者，辄畏言革命，且信仰至日本

---

① 黄尊三：《三十年日记》第一部《留学》，湖南印书馆1933年印，第316页。

维新立宪而止"①，就是指的熊芷斋这类留日学生。

追求立宪的戊戌和坚持革命的辛亥是两个递嬗的历史阶段。在辛亥革命准备时期何以又形成立宪与革命两股并峙的势力？除了上面所说的情况外，再就外来和内在两个因素来说明这一特有的历史场面。

就外部关系来说，改良与革命两派都取法于西方，向西方学习。西方，从16世纪荷兰革命，中经英国革命，直到美国独立战争、法国大革命，都不外采取君主立宪制或民主共和制，君主立宪与民主共和成为资本主义世界的两种基本政治模式。在亚洲的日本，通过明治维新，也顺理成章地实行了君主立宪制。对此，康有为曾经作过统计，得出了君主立宪制比民主共和制多的比数，借以阐发他的主张。这是就君主立宪与民主共和两种并存的体制来说的。但是，在新兴资产阶级前进的历史上，采用民主共和制还是采用君主立宪制，对封建势力的打击程度不无差距，就是说民主共和制对封建势力的打击大于君主立宪制。由于中国的特殊历史条件，对封建势力打击的这种差距变而为历史转折的阶梯，以君主立宪优于君主专制，民主共和又优于君主立宪。所以，康有为的三世进化说依次规定君主立宪为升平世，民主共和为太平世（大同世），二者是逐级而升不可躐等的。事实上，君主立宪与民主共和是同一个社会形态里两种并存的政治模式，其为资产阶级统治的体制则一样。理论上，卢梭等人主张天赋人权，主权在民；而孟德斯鸠既反对主权在君，又不赞成主权在民，主张君主立宪，但他们都认为法律来源于自然，来源于理性。那时来自西方的外部条件有极大发言权，日俄战争的胜败既是那样令人信服，何况君主立宪在先生那里又是与民主共和并存的政治模式，中国的资产阶级改良派也就更有理由与革命派争夺，要求在中国实行君主立宪制。然而这两种政治模式在西方国家早已各自选择其一，它们进行了成功的建制；在中国却是这一部分人和那一部分人各执一端，相持不下地争夺，反映了半殖民地半封建社会前进中的矛盾和曲折。

---

① 《胡汉民自传》，中国社会科学院近代史研究所编《近代史资料》总第45期，中华书局1981年版。

就内在关系来说，戊戌变法曾把实现立宪政治作为革故鼎新的最高目标，戊戌变法失败了，它不同于没落阶级的失败，而是新旧势力的悬殊、新的暂时不能克服旧的而遭致失败。戊戌后，立宪仍是一个令人们憧憬的新图案。所以，康有为1899年在加拿大成立的保皇会，迅速在美洲、日本、南洋各地华侨中发展组织，建立总会11个，支会103个，其势力寖寖乎驾革命派而上之。我们常说这时的康有为已堕落为保皇党，堕落何在？那就是他不能从失败中吸取教训去扩大斗争的视野，反而从维新的大路退到了保皇的歧途。事情的演变却又不是这样简单，因为他们所保的“皇”，曾经是主持新政而有立宪希望的“皇”，这种希望这时并没有消失，他们深信老耄的慈禧总赛不过年富的光绪。难怪康有为挥舞着“衣带诏”在海外华侨中有很大市场，在国内也仍然有影响。而且在立宪运动起来之后，立宪派的主要力量已不是保皇派头子康有为，而是20世纪初年后起的活动人物张謇、杨度等。前文一再谈到的这个张謇，他在1898年6月翁同龢被黜退时，就毅然南返，以状元公的身份在南通大办实业。据他的儿子张孝若说他之所以弃官回家，原因之一是：有一回，慈禧太后从颐和园回紫禁城，适逢暴雨，大小文武百官，也有七八十岁的老臣，都跪在水里接驾，一个个都成了落汤鸡。那边太后坐在龙轿里连看也不看一眼。觉得这种官实在不是有志气的人做的。[①] 这种反封建意识，是张謇作为一个近代中国人的起点，在他成为真正的资产阶级分子后，他身上的反封建意识必然增长，然而他并不能从封建的束缚中完全脱颖而出，仍只能把戊戌提出来的立宪作为自己追求的政治目标，并把各项新政集中到立宪这个总目标上来。就这一点来说，立宪运动是戊戌维新的继续和发展，而康有为是立宪的前驱，张謇则是立宪的后劲。前驱和后劲表现为立宪的社会接力，立宪因此在辛亥革命准备阶段仍能与革命角逐。

由于这种外部和内在的关系，在20世纪初期到处都是封建糟粕的中国，立宪派除了在一些革命书刊上受到谴责外，立宪思想被一般知识界仍然作为

---

① 张孝若编：《南通张季直先生传记》，中华书局1930年版，第68页。

反封建的新内容来接受，这种情况，从青年毛泽东身上也可以得到反映。时间已是1911年春，毛泽东阅读《新民丛报》后写下了这样一段批语：今日之中国，应像英日等国一样，“宪法为人民所制订，君主为人民所推戴”，“而不应象中国数千年来盗窃得国之列朝”一样，“法令由君主制订，君主非人民所心悦诚服”。[①] 显然，他还在接受康梁式的变革主张，直到这年10月湖南响应武昌起义之后，他才挺身投入为革命驱驰的新军。由此，我们不难理解立宪与革命在辛亥革命准备阶段出现的并峙状态。这种并峙，看来好像旗鼓相当，但清朝要推翻，帝制当废除是个总趋势，立宪派的大请愿已无法改变历史正在形成的主航道。

不同一性中的同一性

“一切矛盾着的方面都因一定条件具备着不同一性，所以称为矛盾。然而又具备着同一性，所以互相联结。”[②] 立宪派与革命派是一对矛盾，它是近代中国的帝国主义与中华民族、封建主义与人民大众两对基本矛盾派生出来的一对矛盾。它是在反帝反封建的要求下产生的一对矛盾，二者的并峙表现了他们的不同一性，也有对抗性。但对立着的双方都要求改变半殖民地半封建社会地位，又具有同一性。过去有关这方面的论著，莫不尽情地阐发其矛盾和斗争，而忽视了二者的互相联结，我也如此。为了获得较全面的理解，这里着重补说其同一性。

一、改良派与革命派都是近代中国新兴资产阶级的政治势力，他们的主张和活动不同程度地体现着新兴资产阶级的政治、经济要求，这是我们历来论述两派的基调，但一直是把他们放在历史交替的两个阶段来考察的。其实，在并峙中的立宪派也没有完全丧失其作为新兴资产阶级一翼的作用。近代中国的社会经济发展不平衡，突出地表现为南北间的差异，资本主义首先是从

① 转引自汪澍白、张慎恒《毛泽东早期哲学思想探原》，中国社会科学出版社、湖南人民出版社1983年版，第42页。

② 毛泽东：《矛盾论》，人民出版社1975年版。

南方兴起并长期占优势，这与西方势力首先进入这个地区有关。1893 年有人写信给张之洞说：“方今机器之利，粤人知其益者，十之八九；两江闽浙，十之二三；河洛以北，百不得一。名卿巨公，以为是者半，以为非者亦半。”① 这些话大体反映了当时南北间对认识和接受西方事物的差距。所以，近代的新兴力量大多起自南方或者以南方为主。倡导改良和革命的首要人物都出生于南方。同盟会在 1905 年至 1906 年有统计的会员为 976 人，其中广东 170 人、湖南 158 人、四川 130 人、湖北 125 人，余为其他各省。江、浙、皖人数不著者，因三省主要为光复会活动地区，光复会不像兴中会、华兴会几乎全体加入同盟会，它只有少数人陆续加入同盟会。从改良思潮的酝酿到改良派的形成固然起于南方，即后来的立宪运动也是以南方为基地。如江浙的预备立宪公会、湖北的宪政筹备会、湖南的宪政公会，广东的自治会均是。两派的组织及其活动地区说明了他们的社会基础的同一性。尽管我们通常区分他们一为民族资产阶级的上层，另一为民族资产资产阶级的中下层，这是就他们中的社会地位和政治态度说的。如果从经济关系来看，前文已说到立宪派同工商业的关系还多于革命派，对提倡实业有更大的兴趣。从社会基础表现出他们的这种既区别又联结的关系，是分析他们对发展近代经济及其政治主张的重要依据。

二、在反帝爱国方面，立宪派与革命派具有更大的同一性。康有为是以“救亡图存”为志开展其变法维新活动的，孙中山是从列强的“虎视鹰瞵”出发揭示其革命旨趣的；其后革命派固然是高举爱国革命的旗帜，立宪派又何尝不以民族安危为念！在革命派与改良派的大论战中，一方害怕革命引起列强干涉而召瓜分之祸，另一方则以革命在于谋国家之独立可以避免列强干涉为词，二者对帝国主义的本质都还缺乏应有的认识和坚决的反抗态度，同样表现出民族资产阶级的软弱性。但都想从帝国主义的枷锁下挣脱出来，使中国并立于世界上，大抵为立宪派发动或立宪派与革命派相率投入斗争。如

① 陈旭麓等主编：《盛宣怀档案资料选辑》之四《汉冶萍公司》（上），上海人民出版社 1984 年版，第 51 页。

山西省立宪派首领梁善济先是与革命党人解荣辂联名上书清廷外务部，要求收回盂县等地矿权……1911年6月上海成立“中国国民总会”时，同盟会会员与立宪派人士分别担任了正副会长，该会受同盟会的指导，是以反抗列强侵华相号召而广泛吸收各阶层参加的爱国团体。保路运动中，湖南、湖北、广东三省都是大批立宪人士发动而有革命党人参加的爱国斗争；四川立宪党人更组织保路同志会请愿，继而由革命党人发展为保路同志军武装抗清，成为武昌起义的导火线。不可否认，在改良与革命的道路上，立宪派与革命派常处于对立的地位；又应该看到，在爱国反帝的要求上，立宪派与革命派更有相互配合、共同斗争的友情。这种友情不仅表现为上述挽回权利的许多事例，而且深藏于荣辱与共的民族感情中，无论革命或立宪，其反对外国侵华，反对清朝卖国，都具有极大的同一性。

三、作为革新近代中国和对旧学作斗争的思想武器，最初取自西方的社会契约说、三权分立说、进化论和以实验科学为基础的归纳法等，是由改良派和革命派相率译介而来。对这些学说的理解和运用，一方得之为渐进量变，为君主立宪；另一方得之为跃进质变，为民主共和。这种异趣，是由外来变为内在的社会条件和两派各自的政治倾向造成的。我们固然应该看到这种异趣，分析这种异趣，它是20世纪初期中国思想战线上的大事。但两派毕竟是同取一瓢水，目的在于冲击中国的旧学，引导中国走革新之路，即使在两派激烈论战的立宪运动期间，《新民丛报》也没有丧失对旧营垒的冲击作用，论战也可以说是双方对旧营垒从来所未有过的剖析，所有这些学说的译介，除了革命派和改良派的书刊外，还有其他方面的译述，对许多青年知识分子和睡眼方开的士人还是思想启蒙，不一定先存政治上的泾渭，如进化论、实验科学的方法主要引导他们突破旧的樊篱去观察和分析历史与现状。在一个相当长的时期内，卢梭、孟德斯鸠、达尔文、华盛顿、林肯、拿破仑、彼得大帝以及明治维新的志士，几乎为革命派、改良派和许多知识分子所共同崇拜的英雄形象，两派都从这些世界名人身上汲取思想和力量。民族的、时代的追求，在近代中国社会具有极大的意义，它们常常超越政治分野的广度而驰骋于人们心中。

四、斗争的锋芒，改良派一开始就是向封建挑战的，想以激进的方式使资产阶级的经济、政治逐步取代封建主义体制，戊戌维新运动对封建顽固势力曾经斗了一场；立宪运动同革命对峙虽削弱了反封建的作用，但要求用立宪来改造帝制，要求发展资本主义，其矛头仍然是指向封建的；革命派主张民主共和，进行暴力革命，与改良派比较，是全面地一贯地反封建的。在反封建这个总目标上，立宪派与革命派自有较大的差距，立宪派之所以与革命派对峙，主要就是在如何对待代表封建统治的清朝上意见相左。本来君主立宪制的君主、民主共和制的总统，只是两种模式的国家的元首，在其开始对打击封建的程度尽管不无差异，然而在中国历两千余年的君主高于一切的封建专制统治下，不把皇帝拉下马，对封建政治势力就会是极大的保留。正如恩格斯指出："法国的君主制在1789年已经变得如此不现实，即如此丧失了任何必然性，如此不合理，以致必须大革命（黑格尔谈论这次革命时总是兴高采烈的）来把它消灭掉。所以，在这里君主制是不现实的，革命是现实的。"① 辛亥革命时中国面临的情况也是如此，不废除君主，那是非常不现实的。立宪派之历来受到抨击正在此。话又得说回来，君主立宪毕竟属于资产阶级体制，不属于封建阶级体制；立宪派对封建诚然有较大的妥协性（有时是勾结），基于资产阶级的要求，毕竟又是反封建的，这是他与革命派具有同一性的基础。

一切对立的事物，都在不同一性中寓同一性，没有不具同一性的对立面。立宪派与革命派，除了上述在社会基础、政治背景（爱国主义）、理论指导和反封建这个总目标上都有若干联结外，事实上，从甲午战争到义和团运动，不仅改良派的斗争有全局性影响，是时代的呼声，而且革命派与改良派在爱国革新的要求下，都为中国的处境而冒险犯难，彼此不无惺惺相惜之意，曾经在日本、在新加坡、在檀香山等地寻求合作，兴中会的参与自立军起义，

① 《马克思恩格斯选集》第4卷，人民出版社1972年版，第311页。

就是这种合作的明显标志。武昌起义，革命派以武装推翻清朝对立宪派的长期论争做出了答案，建立了中华民国。至此，立宪派也是一片共和的呼声，群起组织共和党，不管叫投机也好，叫转变也好，革命派接纳了他们，他们表示趋从革命（也有争夺革命果实的一面），可以说是前度的合作在新的情况下的再现，也是潜在的同一变为表面化的同一。当革命党人以为“破坏告终，建设伊始”的时刻已经到来，倡议发展实业，以厚民生；立宪党人对此表现出了极大的兴趣，积极响应，组织协会，筹建企业。这种同一性，表现了二者的最终目的都是把中国建成一个资本主义强国。

革命派与立宪派的对峙，既不同于农民阶级与地主阶级的对峙，也不同于工人阶级与资产阶级的对峙，他们是在资产阶级这个统一体中为建立资本主义国家而产生的分歧，其间具有较大的同一性，而在政治思想战线上的斗争，在如何对待封建主义的各个方面，比人民群众自发的反封建斗争也具有更实际的内容。

在清末，革命派与清朝、立宪派与清朝、革命派与立宪派的三角关系中，革命派与清朝是谁消灭谁的问题；而立宪派与清朝、立宪派与革命派则各有其互相对峙和互相联结的一面，其对峙和联结又是互为进退的，立宪派对清朝的立宪失望时，同革命派的联结就增长，显现其同一性。过去，我们只看到立宪派与革命派的不同一性，对立宪派与清朝又只看到他们的同一性，把立宪派与革命派的关系看作革命派与清朝的关系一样，这就忽略了一对的同一性，又忽略了另一对的不同一性，把立宪派完全推向了清朝的一边。近年对立宪派的历史作用有所论列，但又不无矫枉过正之处。我想，如果能就立宪派与革命派、与清朝的同一性和不同一性来分析其间的关系，对立宪派的评价或可得其平。

历史上许多政治集团或思想流派，也同立宪派与革命派一样既是矛盾的又是互相联结的，不同一性中有其同一性。由此上推至改良派与洋务派、洋务派与地主阶级改革派均不例外。论者谓洋务派与地主阶级改革派、洋务派与改良派是绝对对立的，不存在既扬弃又吸收的联结关系。这不是这些集团或派别的全部关系，他们的全部关系是不同一性中有其同一性。地主阶级改革派、洋务派、改良派是近代中国社会依次推进的历史链条，互相之间是既否定又发展的历史辩证关系，把洋务派截开，只承认改良派与地主阶级改革派有渊源，有继承，这是从洋务派的特殊历史地位立论，忽略了其间的互相联结法则而产生的。

在历史社会的新陈代谢中，不同一性和同一性是普遍地存在的。近代中国社会的新陈代谢突出地表现为两个方面，一是新的取代旧的，如戊戌维新运动，如民国取代清朝；二是新与新的递嬗，前一种新的褪色了，后一种新的跟上来，辛亥之与戊戌是这样，五四之与辛亥是这样，戊戌之与洋务也有这种迹象。后一个方面的新陈代谢是推动前一个方面的新陈代谢的。后一个方面的新陈代谢与前一个方面的新陈代谢有很大不同，它们有某种亲缘关系。为了辨明界限，不相混淆，有必要强调其不同一性，而在论证其历史作用时，又要看到其中的亲缘关系所具备的同一性。阳光下没有绝对全新的东西，一切事物都是在原有的基础或条件上进行更新的。

（原载《江海学刊》1984 年第 6 期）

瞿秋白对中国无产阶级文艺理论和文艺批评的贡献

贾植芳

瞿秋白同志是党的创建时期的主要领导人之一，是我国杰出的马克思主义理论家和实践家，也是我国无产阶级革命文艺运动的主要奠基人之一。他毕生孜孜不倦追求真理的精神，无私无畏地献身于人民和革命的崇高品质，以及在文化、文学园地上辛勤播种和耕耘的努力，都永远是我们学习的楷模、伟大的榜样。

瞿秋白同志对人民和革命的贡献，他在学术上的建树，是多方面的。恩格斯在《自然辩证法》一书《导言》中谈到文艺复兴时代的人物时说："这是一个需要巨人而且产生了巨人——在思维能力、热情和性格方面，在多才多艺和学识渊博方面的巨人时代……他们的特征是他们几乎全都处在时代运动中，在实际斗争中生活着和活动着，站在这一方面或另一方面进行斗争，一些人用笔和舌，一些人用剑，一些人两者并用。因此就有了使他们成为完人的那种性格上的完整和坚强。""五四"以来，我国所处的正是类乎欧洲文艺复兴那样光辉的时代，瞿秋白同志正是这个伟大历史变革时期的产儿，他正是恩格斯笔下那样的充满时代色彩、富于活力的历史人物。他毕生主要精力和时间都用在党的工作和实际政治斗争上面，但他留给我们的文化遗产，仍然为数可观。除了政治和社会科学的著译外，他在文学的著译方面，也成绩卓著，蔚为大观，是中国现代文学史中的一笔宝贵财富。

我国对瞿秋白同志的评价研究工作，已经有五十年的历史。众所周知，在瞿秋白同志于1935年英勇就义后，鲁迅先生在逝世前夕，亲手编定了他的遗文两大卷，题名《海上述林》。鲁迅先生是用“诸夏怀霜社”名义出版的，这个社名本身不仅表现了中国人民对瞿秋白同志强烈的怀念之情，也是对瞿秋白同志的正确历史评价。1945年，党中央在《关于若干历史问题的决议》这一重要历史文献中，更是对瞿秋白同志的壮烈一生作了明确的历史肯定。但从历史发展过程的总体说来，我国的瞿秋白研究评价工作，正像我国的历史是在曲折中前进那样，也是复杂多变，起伏不一的。这就说明，对他的评价研究活动，仍是中国现代史和文学史中的一个重要课题。解放前，敌人对他歪曲侮蔑；解放后，在“十年浩劫”时期，林彪、江青一伙又对他百般诋毁。这正从反面说明了他是一个伟大的历史存在，一根高入云表的擎天大柱。总体来说，我们的评价研究工作，凡是遵循了历史唯物主义，即实事求是的严谨学风的，就接近或符合真理和真实；凡是背离了这个学风或原则的，就发生失误，甚至陷于荒谬绝伦的地步，徒然添造历史笑柄。这也应该是我们的学术研究工作中的一条历史教训。

我现在就瞿秋白同志在我国无产阶级文艺运动中的理论建设和文艺批评方面所作的开拓性贡献，作一些史料性的探索，提供一些国外研究信息，也谈谈我自己的体会与认识，求教于诸位。

瞿秋白同志对翻译介绍马克思主义文艺理论的贡献

如果说，马克思主义的政治思想理论很早就成为我国革命运动的指导思想，发挥了极大的战斗作用和力量，我们认真考察一下，就会看出，在“五四”新文学运动中，马克思主义文艺理论，传播得就比较慢。虽然“五四”时期，李大钊、邓中夏、恽代英等先烈运用马克思主义的基本哲学观点，以经济基础与上层建筑的关系为出发点，谈到一些历史唯物主义的文艺观点，做了一些文艺评论工作，但总的说来，只是零星片断的，没有形成系统的马克思主义文艺理论。

我们举一个例子。“五四”新文学运动初期的重要文艺理论家和批评家沈雁冰（茅盾）同志早在20年代初期，就接受了马克思主义，并成为党的早期创建人之一。但沈雁冰在主编《小说月报》期间，虽然政治上是一个马克思主义者，虽然他已注意到对新兴的苏联文艺动态的介绍，并将之作为世界地平线上涌现出来的新兴事物加以赞扬和宣传；他在文艺理论上，却主要接受的是西欧资产阶级的文艺理论和思想，基本上是泰纳的实证主义和左拉的自然主义文艺观。

从20年代马克思主义文艺理论在我国传播的情况看，主要出现两种体系或两条路线。一种是太阳社和后期创造社的一些同志，如蒋光慈、钱杏村、成仿吾、李初梨、冯乃超、彭康、朱镜我等人，他们在1928年开始提倡“革命文学”的时候，提倡马克思主义文艺理论，但是他们的理论根据或来源，主要是从日本无产阶级文艺理论家藏原惟人、青野季吉、川口浩等人那儿来的。而这些日本无产阶级理论，主要是吸取了苏联“拉普”派、波格达诺夫等人的文艺理论。因为无产阶级的文艺运动，带有国际性质，在彼此互相影响的过程中，当然会形成以唯得社会主义革命胜利的苏联的马首是瞻的情况。质言之，日本的运动是在苏联文艺理论的引导下得到发生和发展的，我们中国的同志，接受苏联文艺理论是经过日本转口而来，并且带有日本文艺理论家的自我色彩的影响。也就是说，我们的运动主要是从日本接受苏联影响而发生和发展起来的，或者如捷克的汉学家加立克所说，中国从苏联接受文艺理论影响，是通过日本的“中介”而来的（见《中国现代文学批评的起源》，伦敦1980年版）。因为这些同志当时都正在日本学习或居留，又正值盛年，置身在日本无产阶级文艺运动的潮流里面，或和日本的无产阶级文艺运动的组织——无产阶级作家同盟有联系，受其思想感染或影响，正是情理之常。也正因为如此，日本的无产阶级文艺运动也受到太阳社、后期创造社的观点影响。比如1930年日本出版了一部《无产阶级文学辞典》，被列入的中国作家只有蒋光慈和郭沫若二位，因为当时太阳社、创造社的同志，已经“批判”了鲁迅、茅盾、叶圣陶、郁达夫、冰心等人，正如苏联的“拉普”派“批判”了高尔基、马耶克夫斯基、阿·托尔斯泰等人那样，前后如出一辙。50

年代中期，日本东京大学东洋文化研究所附设的东洋文献中心，曾陆续出版了一套《东洋学文献丛刊》，其中有一本是《在中国左翼文艺理论中翻译、引用文献目录》，就是将这个专题——苏、日、中三方面在文艺理论上的引进、应用和影响的材料，经过搜集考证汇编成册的。无论从昨天或今天看来，当时这些以极左面目出现的，就是在社会主义的苏联也显得不合宜的“马克思主义文艺理论”，虽然在20年代末，在反对国民党白色恐怖这一点上起过积极的战斗作用，并在中国大地上首先揭起无产阶级文艺革命的旗帜上，有着启蒙性的功绩，但对国内健康地发展无产阶级文艺理论和创作，建立真正的无产阶级文艺队伍，却又是一种干扰力量，有其消极的一面。历史就是如此。

另一种传播马克思主义文艺理论的体系，是以鲁迅、冯雪峰、柔石以及未名社的一些成员为代表的文艺工作者，他们对于苏联早期的无产阶级文艺理论和争论，采取客观的态度进行翻译和介绍。如1925年，任国桢编译的《苏俄文艺论战》一书，就是客观地将苏联国内三种关于无产阶级文艺理论的观点作了介绍，鲁迅还为这本书作了序言，称赞它做了一个开创工作。1926年，冯雪峰用“画室”作笔名翻译了日本研究苏联新文艺运动的专家升曙梦的《新俄文学的曙光期》一书，系统地介绍了苏联各种新兴文艺。鲁迅自己也在1927年翻译了日本片上伸的《现代新兴文学诸问题》一书。此文原题为《无产阶级文学的诸问题》，写于1926年1月，结集出版于1927年，书名《文学评论》。片上伸于1915—1918年在俄国留学，目睹了苏联十月社会主义革命，回国后，在早稻田大学建立了俄国文学系，1924—1925年又重访苏联，研究俄国文学，此书当系他对于当时苏联有关无产阶级文学会议和论争的记述。1930年，陈雪帆（陈望道）也翻译了日本苏俄文学研究者冈泽秀虎的《苏联文学理论》一书。凡此，都对了解苏联当时的文艺理论态势有所裨益。在客观介绍的同时，鲁迅他们倾向于反对“拉普”派的文艺主张。鲁迅又翻译了普列汉诺夫、卢那察尔斯基的文学理论著作，未名社的李霁野、韦漱园还译了托洛茨基的《文学与革命》。这些理论著作，现在看来，都不是真正的马克思主义文艺理论，有的还是反马克思列宁主义的（如托洛茨基），但在当时，我们可以看出，它是中国20年代产生的另一条与太阳社、创造社的“拉普”派文艺主张相对立的介绍马克思主义文艺理论的途径。

这两种体系的共同特点是，它们都不是从马克思主义的经典作家那儿获得马克思主义文艺理论的，但在20年代，在中国左翼文艺运动的草创时期，它们都产生了很大的影响，使中国许多作家和文艺青年，都把这些理论当成马克思主义文艺理论，奉之为圭臬。从主观上说，当时的作家和知识分子还没有真正理解马克思主义，或者说对马克思主义的认识还不够成熟；从客观上说，在当时整个世界范围，马克思主义文艺理论还没有引起人们广泛的注意，人们一般只是把马克思主义文艺理论的重要阐述者拉法格、普列汉诺夫的理论，当作马克思主义的文艺理论。所以，在中国，20年代没有系统地出版马克思主义文艺理论著作，是有其必然性的。

从这段历史来看，瞿秋白同志在中国直接介绍翻译马克思主义文艺理论的贡献，厥功甚伟，其历史意义是很明显的。他的俄文、中文都好，译笔准确，文字流畅，被鲁迅誉为“信达且雅，并世无俩”。这些贡献，对于在中国传播马克思主义文艺理论，正确阐述现实主义的真谛都具有开创性的历史意义。是他首先把马克思主义的经典文艺论著引入中国，这是一个划时代的历史脚印。

瞿秋白同志对于无产阶级大众文艺理论的贡献

瞿秋白同志在30年代，围绕着大众文艺理论的讨论，就马克思主义文艺理论“中国化”的工作，作了一系列深刻的理论探索和论述。他在30年代这一历史时期的文艺理论和论争中的理论核心，就是要使无产阶级掌握文艺的领导权，要使“五四”以来的新文艺能够真正为人民大众所理解，能够真正地表现人民大众的意志和利益。从这一点出发，他提出了文艺要为人民大众服务，把描写工农兵生活和斗争作为创作的主要题材，作家首先要向群众学习，改变自己小资产阶级的立足点，即首先解决立场问题。并且提出了要利用旧的民间艺术，对文化遗产应取的态度，以及语言大众化、普及与提高等一系列的文艺理论和实践上的问题。这些富有创见的论点，为后来在延安根据地所形成的马克思主义文艺理论和实践开了先河，打下了理论基础。

同时，我们在研究瞿秋白同志的文艺理论的同时，还应该注意瞿秋白同志在苏区领导的文艺实践所取得的成绩。瞿秋白同志在中央苏区任人民教育委员，正像苏联的卢那察尔斯基在苏联建国初期所负责的同类性质的职务。他亲自领导工农文艺运动，创办了高尔基戏剧学校，培养了大批的工农创作人员与演出队伍。当时苏区成立了三个演出剧团，经常下乡，到部队巡回演出，并且从群众生活中提炼了创作素材，演出了许多话剧节目，受到了苏区人民和战士的欢迎，成绩卓著。对瞿秋白同志在这方面的实践活动，现在还没有进行系统的研究。我觉得这是一个很重要的方面，国外早已经注意到这方面资料的搜集与整理，前面提到的日本东京大学东洋研究所附属的东洋文化中心所刊行的《东洋学文献丛刊》，在1976年曾出版了一本《江西苏区文学运动资料集》，就是一个反映。从发掘和收集史料的观点看，我们占有绝对的优势。如果我们组织力量，从事这一工作，我相信必然会形成国外研究者唯我们马首是瞻的状况，也有利于国内外研究工作的深入。

如果说，瞿秋白同志30年代的理论著述，为以后毛泽东同志发表《在延安文艺座谈会上的讲话》作了理论上的准备，毛泽东同志在新的历史环境下，对之进行了科学性的总结与提高；那么，瞿秋白同志早年在苏区所进行的文艺实践活动，也为后来的解放区文艺活动积累了实践上的经验。

瞿秋白同志第一个用马克思主义的观点，对“五四”新文学运动作了评价

瞿秋白同志对鲁迅先生的思想与杂文作了全面的深刻评价，他的《〈鲁迅杂文选集〉序言》（1933年），把鲁迅作为一个从旧民主主义革命到新民主主义革命发展中走过来的知识分子典型，进行了充满马克思主义观点的分析与评价，不仅有助于澄清我国无产阶级文艺运动初期鲁迅研究中的庸俗社会学论点，而且把鲁迅研究提高到一个历史新水平，开创了用马克思主义观点对

具体事物进行具体分析的先例。这一评价本身正是对“五四”新文学运动发展史的评价。我们过去一谈到瞿秋白同志对“五四”新文学运动的评价，往往看多了他对“五四”新文学运动否定的一面，其实他的这种评论中，包含着正确的部分。我们应该把问题放到一定的历史范围内去考察，而不能脱离历史实际去要求前人。“五四”新文学运动是新民主主义文学运动，它的性质是无产阶级领导下的人民大众的反帝反封建运动，但是“五四”初期的作家，绝大多数是出身于小资产阶级的知识分子，对新民主主义革命的主力军工人、农民的生活缺乏了解或不够了解，反映得不够或不真实，这显然是一种历史限制。从理论上说来，从无产阶级文学运动本身的要求说来，瞿秋白同志的严苛的批评，主要是击中了这个新文学发展史上的要害问题，值得我们加以重视和思考。因为理论家的责任，就是从实际出发，指出前进的方向，矫枉而正之。美国有个汉学家叫保罗·匹克维支（Paul G. Pickwicz），是瞿秋白研究者，他就是把瞿秋白放在马克思主义文艺理论在中国传播的背景下进行研究的。他在《瞿秋白对“五四”一代的批评：中国早期的马克思主义文学批评》（收入米尔·高德曼编的《“五四”时代的中国现代文学》论文集内，哈佛大学出版社 1977 年版）中就认为，瞿秋白对“五四”一代新文学的批评，是马克思主义文艺理论与中国实际情况相结合的一个标志。这种观点，我们国内还没有人这样提出，我觉得颇值得我们作为参考。说到这里，我还想附带说说，我们研究中国文学和作家，不论古代还是现当代的中国文学和作家，我们还必须注意国外的研究成果和动向，做些必要的翻译介绍工作，为我们的文学和学术研究打开一扇新的窗户，这也是文化交流的一个环节，有利于开阔我们的视野。因为各国各民族的文学，本来是世界总体文学的一个部分或支流，早在“五四”前后，我们的前人如苏曼殊、王国维、鲁迅、茅盾、郑振铎等，就把我国的文学现象和世界文学的发展情况联系起来加以认识和比较、研究和考察。国外研究中国文学，正像我们也研究外国文学一样，大约从 40 年代以来，外国的汉学家对中国文学的研究，已开始由中国古典文学渐次转移到对中国现代文学的研究方面，出版了不少专著和论文，形成了队伍和流派。比如对瞿秋白的研究，据我所见，也有不少值得注意的成果。前述的那位保罗·匹克维支，他1973年在美国威斯康辛大学的哲学博士，论文题目就是《瞿秋白和中国马克思主义文学批评的起源》，以论述瞿秋白的文学批评为专题；关于瞿秋白的生平和著作的研究，有谢尼德（M. E. Shneider）的《瞿秋白的创作道路》（莫斯科科学院出版局1964年版）；关于瞿秋白的传记研究，有李幼宁（Li Yuning）1967年在美国哥伦比亚大学哲学博士论文《瞿秋白传记：从青年时代到党的领导》。至于西方有关中国研究的著作中论述瞿秋白的章节，也有不少材料，如捷克的加立克（M. Gàlik）1976年发表的《中国现代知识分子历史的研究》中有一个专章《年青的瞿秋白——1915—1922》，同氏的《现代中国文学批评的起源1917—1930》（伦敦1980年版）一书的第九章，专门研究瞿秋白从1917年到1930年的文学思想和批评活动，题名为《以俄国为榜样的瞿秋白和他对文艺的真实性的概念》。至于马雷士·米斯诺（Maurice Meisner）的《李大钊和中国马克思主义的起源》（纽约1973年版）、夏济安（T. A. Hsia）的《黑暗之门：中国左翼文艺运动研究》（华盛顿大学出版社1968年版）等著作中也有大量论述瞿秋白的内容。又如前述的美国波士顿大学教授米尔·高德曼（Merle Goldman）编的《“五四”时代的中国现代文学》一书中还收有爱伦·魏迪密（Ellen Widmer）的专论《瞿秋白和俄国文学》，等等。关于日本瞿秋白研究工作，据有关资料的不完全统计，从1945年到1977年，专题论文计有十七篇，其中如前田利昭发表在《东洋文化》（1972年3月出版）上的《瞿秋白与左联——关于“第三次文学革命”与“文艺大众化”为中心的主张》、阪口直树的《瞿秋白的“大众文艺论”的理论及其发展》（见大阪市立大学出版的《中研札记》第12期，1972年2月）、丸尾常喜于1976年发表在《东洋文化》上的《〈鲁迅杂文选集·序言〉的理论前提——瞿秋白文艺理论在左联前期的地位》等文，都值得注目。当然外国汉学家（包括那些外籍华人学者）对于我国文学，尤其是中国现代文学的研究，可以说是情况复杂，流品不一，但我们必须予以研究，注意其动态，才能加以分析鉴别，识其精粹而弃其蹄毛，不能视而不见。1974年，日本东京的三一书房编译出版了六卷本的《世界无产阶级文学运动》这一大型的文献资料书籍，从年代、国别以及各个专题为角度，编译了一套专题性的研究资料。这类工作，应当引起我们的注目和研究。瞿秋白同志和他那一代"五四"时期的先进知识分子，都可以说是开放型的知识分子，他们继承了我们民族从远古以来就勇于和善于摄取异族异域的文化知识素养来丰富和发展自己的民族文化的历史传统，并加以革新和开拓。瞿秋白对人民革命事业多方面的建树和贡献，正是一个生动的范例。这种精神应该为我们所继承和学习。

[原载《江海学刊》(文史哲版) 1985年第4期]

市场调节和调节市场

沈立人

随着我国经济体制改革的逐步进展，人们对社会主义条件下有计划的商品经济的认识不断深化，市场观念也越来越强烈地树立起来了。在改革实践和理论探索中，涌现出不少新课题。其中，如何看待市场调节，进而怎样去调节市场，以促进商品经济有计划地发展，就是很有实际意义和理论意义的课题之一。

市场调节的两种含义

关于市场调节的含义，历来存在不同理解，大体上分为狭义和广义两种。

狭义的理解，市场调节只是指国家不作计划的那部分完全由价值规律自发调节的经济活动，主要是三类农副产品、三类物资和三类小商品的生产和流通，以及服务、修理等劳务活动，这是一种板块式的理解。

广义的理解，市场调节应当是泛指价值规律的调节作用。社会主义经济既然是有计划的商品经济，同样地有市场，价值规律或市场机制就要同样地起调节作用，市场调节也就不限于计划外的那一小块。

两种含义或两种理解，不妨共存。狭义的理解，作为一种特定的含义，适用于计划管理的具体工作。国民经济是一个无所不包的大系统，实行指令性计划的只是一小部分，实行指导性计划的只是一大部分，两种计划形式不可能囊括所有的经济活动。总有计划包括不了的部分，在没有更确切的用语之前，把它叫作市场调节，未尝不可。

但是，广义的理解更有它广泛的适用性。这是因为，在社会主义经济体系中，无论是消费资料还是生产资料或其他商品化了的生产要素，都无例外的是商品，其价值都要通过市场去实现，也都离不开价值规律的调节作用。有计划的部分，无论是采取指令性计划或指导性计划的形式，也都要自觉地依据和运用价值规律。对整个国民经济来说，计划规律在起作用，价值规律也在起作用。两者之间的本质关系，并不是板块式的非此即彼或此长彼消，而是相互结合、相互渗透。所以，市场调节的含义应当适用于、贯串于整个国民经济。

经济体制的改革在一步一步地前进，人们的认识也在一步一步地发展。1985 年以来，对粮、棉等主要农产品逐步取消统购、征购，实行合同定购，允许自销，对猪牛羊肉、水产品和蔬菜、水果等农副产品更是全面放开。在城市改革中，逐步缩小指令性计划、扩大指导性计划，逐步扩大企业的经营自主权，逐步扩大商品流通的多种渠道和多种购销方式，并逐步对价格进行有调、有放的改革。因此，原来“市场调节”（狭义）的含义和范围都起了变化，在很多产品和商品中，它已占很大比重。市场由封闭式向开放式转变，使价值规律的调节作用显得越来越重要。对市场调节作广泛理解，正是进一步搞好改革的需要。

为了把市场调节的两种含义分开，有的同志建议，某些场合可以采用“调节市场”的概念，以反映社会主义市场调节的自觉性。调节市场就是自觉地依据和运用价值规律，也就是有计划的调节市场。

有计划的调节市场的特点

有计划的调节市场是有计划的商品经济的必然产物，是计划调节与市场调节的一体化。它有下述三个特点：

第一，它是有计划的。社会主义国家对市场进行调节，以一定的计划目标为出发点和归宿。这表现在对国民经济进行计划管理的三种具体形式上，指令性计划是一种侧重于计划调节的形式，但是，它也必须运用价值规律，通过市场实现；如果两者有矛盾，出现“逆调节”，计划目标就难以实现。指导性计划是一种既有计划调节又有市场调节的形式，在两者一致的情况下，实现计划就有保证；在发现两者不尽一致的情况下，通过调整计划或调整有关政策，最后使两者一致起来。不作计划的“市场调节”，实际上也没有完全摆脱计划调节的影响，例如它的范围由计划规定，它的整个市场容量经过计划的综合平衡，它生产所需的主要原材料有的在计划中适当安排，所以，也不是完全由价值规律自发地调节的。并且，三者相互交叉，例如某种产品或某个企业常同时具有三种形式。三种形式构成计划经济的整体，一以贯之的就是有计划的调节市场。

第二，它是有手段的。社会主义国家实行有计划的调节市场，必须运用一定的调节手段，主要是经济手段，再辅之以行政的、法制的和其他非经济的手段。经济手段，或者叫作经济杠杆，并表现为各种经济政策，有着极其丰富的内容。市场调节本来是指各个商品生产者和经营者根据市场供求的变化和价格的升降，自动地调节其经营活动，包括经营目标、经营范围、经营规模、经营结构和经营方式等，以谋求企业自身的最大利益。国家运用价格、税收、利息、汇率、工资、补贴等经济手段，调节企业的利益，使其活动与国家计划的宏观要求相吻合。如果说，以指令性计划为代表的计划调节是一种直接调节，那么，运用经济手段的调节市场就是一种间接调节。光有前者而无后者，计划调节就落不到实处。

第三，它是有实力的。国家实行有计划的调节市场，绝非赤手空拳，除了运用一定的经济手段外，还必须凭借一定的经济实力。这是生产资料公有制导致计划经济的物质基础。社会主义国家掌握国民经济的命脉，包括土地、山林、矿藏、河流等基本资源，并在国民经济各部门建立强大的全民所有制经济，大多在各部门中占有不同程度的优势。这些经济实力，代表着全民的利益，是宏观经济平衡中举足轻重的砝码。有计划的调节市场，不仅要求全民所有制的各种企业从自身的利益出发来调节其经济活动，而且要求它们服从国家的利益，听从国家的呼唤。没有这些实力，有计划的调节市场将显得软弱无力。这又是社会主义国家与资本主义国家在计划化问题上的本质区别之一，后者在实行国家干预时难免力不从心，所订计划也难免是预测性的，缺乏实现的充足条件。

国家调节市场的任务和手段

国家对市场进行有计划的调节，是实行计划经济的应有之义。过去，把实行计划经济演绎为就是编制计划、下达计划、执行计划和检查计划，一切按计划办，不面对市场或绕过市场，那是自然经济观或产品经济观。现在，明确计划调节和市场调节的不可分割性，实行计划经济就不仅是搞计划，更必须面对市场，有计划地去调节市场。搞计划和搞市场，目的一致，为了实现宏观经济的综合平衡。因此，有计划的调节市场的任务是：

一方面，实现社会总需求量和总供给量的平衡。供求矛盾是一切经济运动的主要矛盾，也是商品经济运动的主要矛盾。包括生产资料、消费资料和各种劳务在内的总供给量，无非是各种商品和劳务供给的总和；同样，包括积累、消费在内的总需求量，无非是对这些需求的有效支付能力即购买力的总和。这都是通过市场表现出来并通过市场实现的。所以，计划调节是在计划上安排供求平衡，有计划的调节市场也是对市场安排其供求平衡。两者完全是一致的。有计划的调节市场，归根到底，首先是通过有关经济手段，调节市场的总需求量和总供给量，使之趋于平衡。在供不应求的现阶段，重点更在于控制总需求量，使商品购买力不超过商品可供量；并努力增加商品供给，使其与商品需求的增长相适应。

另一方面，实现供求内部的结构平衡。总量的平衡不能代替结构的平衡。在总量平衡的前提下，必须进一步实现结构的平衡，使总量平衡得以实现。结构平衡同样通过市场，表现为某一类商品（大如生产资料和消费资料，小如吃、穿、用、住等）或某一种商品的供求，两者平衡了，才能实现。这在计划调节上，就是按比例地分配劳动、分配资源。有计划的调节市场，也就是通过有关经济手段，指导生产者生产适销对路的商品，经营者组织这些商品的流通，并指导消费者的消费行为，使生产、流通和消费在具体结构上达到平衡。总量平衡和结构平衡都是宏观平衡的组成部分。

国家有计划的调节市场，方法是运用各种经济手段，特别是：

财政和信贷，这是调节市场的两大法宝。社会总需求的形成，在很大程度上来自财政和信贷的支出。固定资产投资，大部分来自财政拨款；实行“拨改贷”后，银行信贷也是重要来源。消费基金中，企业工资性的支出也受财政制约并通过银行发放。总的供求不平衡，表现为国民收入的超分配，一般是财政收支不平衡和信贷收支不平衡即财政赤字和通货膨胀、信用膨胀的结果。因此，调节市场，控制需求，就是要控制财政、信贷支出，以防止宏观失衡；并在出现宏观失衡时，财政要增收节支，银行要收缩银根、收缩信用，使它恢复平衡。当前和今后，由于资金流动的渠道增多，财政收入占国民收入的比重有所下降，银行组织资金融通的任务日益繁重。掌握货币政策和控制货币发行将是有计划的调节市场的越来越重要的手段。

价格，是调节市场最有效的工具。价格总水平的稳定与否是社会总供求量平衡与否的标尺，价格结构的调整是诱导社会资源流向和投向的指示器。在商品经济的条件下，价格信号指挥一切。因此，国家在对市场进行有计划的调节时，一定要运用好价格工具。按照现行价格管理体制，对主要商品采取以调为主、对一般商品采取以放为主的办法，是可行的。从长远看，调价往往不能很准，更不能适应市场供求的不断变化。在社会总供求量大体平衡后，逐步转向以放为主的价格管理体制，才能实现价格体系的真正合理化。

利率、汇率和工资、房租等，这些是调节市场的整套杠杆。利率是占用资金的代价或价格，反映资金的利用效益及其供求；汇率是占用外汇的价格，反映国际市场的比价和外汇的供求；工资是占用劳动的价格，反映劳务的价值及其供求；房租和土地使用费等是占用房地产的价格，反映房地产的利用效益及其供求。过去，我们没有以商品和价格的观念去看待这些生产要素，也不懂得运用整套杠杆去调节资金、外汇、劳务等市场，不利于平衡。例如利率偏低，使利率机制不能充分发挥作用，导致对资金的需求膨胀和多占滥用；工资偏低，使工资机制不能充分发挥作用，导致人浮于事和劳动生产率不高。今后，在调节商品、物资的生产、流通时，必须运用这些杠杆，调节各种生产要素，使之达到供求平衡、自由流动和最优的结合、最少的占用。

国营企业参与市场调节的积极作用

所有国营企业都是代表国家和全民的利益的，因此，在参与市场活动中，不能只考虑本企业的利益，而应当把国家利益放在第一位，时刻不忘对市场负责、对消费者负责。

国营商业是调节市场的主导力量。市场调节和调节市场都必须通过市场和流通进行，国营商业承担着特别重要的任务。近几年来，市场走向多元化，有些国营商业只顾自己经营，有意无意地忽视了这个任务。其实，国营商业参与市场调节，搞好自己的经营和有计划地调节好市场，完全可以结合。这里讲的国营商业，主要是指各个专业公司、各级批发站以及少数大型国营商店。这些企业在各行各业的商品流通中掌握大量资源，在社会商品销售额中占有很大比重。它们参与市场调节的办法很多，除了要根据市场供求的变化，搞好购、销、调、存，及时吞吐大宗商品以稳定价格外，还要合理布局、加强批发、建立储备、改善服务等。在收购农副产品方面，国营商业和供销合作社一起，要着眼于支持和指导农副业生产，要提供信息，开展预测，订好合同，并发挥“蓄水池”作用。另外，还要全面安排市场，不漏掉小商品，有的要薄利多销甚至无利也销，这都是有计划地调节市场的具体要求。

国营物资企业和外贸企业，在不同的领域，也承担着调节市场的任务。当前政企职责还未完全分开，各物资供应公司和进出口公司正在由行政机关走向企业化。今后，各物资供应公司在生产资料市场上，也要采取灵活多样的经营方式，掌握货源，吞吐物资，促进市场畅通，保持价格稳定。各进出口公司面对国际市场，主要在组织进出口时，要坚持统一计划和统一政策，坚持联合对外，防止盲目地互相竞争，使外商坐享其利。这两种经营，计划性强于消费品商业和国内商业，但也都有一个调节市场的要求。

国营工业，尤其是大型企业和专业公司、联合公司等，同样承担着调节市场的任务。这些企业，大部分或一部分产品由国家计划调拨分配，是国家实行有计划的调节市场的物质基础，必须保证其实现。更重要的是，国营工业企业在产供销的安排上，既要盯住市场、讲究盈利，又不能局限于此，还必须确立自己的全局观念、长远观念和计划观念，据以指导自主经营，切实杜绝盲目性。当前价格体系还不合理，行业、产品之间的利润率不平均，有待调整、改革。但是，在相当时期内，国营工业企业的安排生产、销售和投资，不能一味强调大利大干、小利小干，而要有更高一级的计划目标和市场调节目标。当然，国家要有相应的政策，以引导、保护和调动这些企业参与市场调节的积极性。

国营运输、建筑和房地产等企业，在各自参与活动的不同市场上，都有一个自觉调节市场的任务。这些市场大多已非国营企业的一统天下，这不是减轻而是加重了国营企业的任务。这些市场有其特殊性，但与商品市场一样，如果没有国营企业占一定优势，或者国营企业不发挥调节市场的作用，都可能出现盲目性，并冲击整个国民经济的计划性。

此外，国营金融企业即各专业银行和保险公司、信托公司等，大多具有双重身份。专业银行不同于中央银行，后者基本上是国家的行政机构，前者应当走向企业化。这些金融企业都是金融市场的“大老板”，拥有雄厚的实力，在鼓励储蓄、吸收存款、发放贷款和各项资金融通活动中有意识地做好工作，该紧则紧，该松则松，不仅调节金融市场，并对整个国民经济也起着有计划的调节作用。

逐步创造市场调节的良好条件

与统一计划相结合，建立统一市场。过去，条条分割、块块分割、城乡分割，把国内市场搞得支离破碎，市场调节的障碍重重。不扫除这些障碍，打破各种条块、城乡之间的人为封锁，统一市场形成不起来，统一计划也是空话。有计划的市场就是与统一计划相结合的统一市场。

增强企业活力，鼓励相互竞争。市场是一个客观世界，作为其主体的是作为商品生产者和经营者的企业。企业无活力，市场就如一潭死水。增强企业活力就是增强企业的竞争能力，使之能够根据市场情况，自主经营，自我改造，自我发展。市场调节和调节市场都是靠企业的活力并通过相互竞争来实现的。

加强宏观控制，促进卖方市场转化为买方市场。竞争要有一个比较宽松的市场条件，即买方市场。在卖方市场上，竞争者是购买者、消费者而不是生产者、经营者。实现这个转化，全赖宏观控制，特别是控制经济增长速度，为平衡供求和提高效益、调整结构提供良好环境。在这样的环境里，市场调节和调节市场才能有计划地进行。

改善信息传递，培养市场人才。市场调节离不开信息，在信息网络未健全时，调节市场难免带有主观随意性。市场调节还要有懂得市场规律的经营者，缺乏这种人才，调节市场也会乱套。当前生产、建设和流通中的种种盲目性，往往来自不知和无知。

坚持对外开放，开拓国际市场。随着对外开放的进展，不断加强与国际市场的联系，已是大势所趋。有计划的调节市场，要考虑这个趋势，并坚信通过参与国际市场的竞争，才能使民族经济强壮起来，不致成为“软骨美人”。

加强行政、法制和其他非经济性的对策。调节市场主要靠运用经济手段和经济实力，但又不限于此，同时需要加强行政管理和法制建设，收到相辅相成之效。市场越活，越要加强政治思想教育，包括在推行厂长（经理）负责制中要加强他们的国家观念、群众观念和民主观念，等等。

重视市场机制的调节，搞好有计划的调节市场，集中到一点，就是通过改革，使传统的经济体制模式最终转上有计划的商品经济的轨道。

[原载《江海学刊》（经济社会版）1985 年第 5 期]

社会主义资源配置机制的探讨

厉以宁

资源配置是指经济中的各种资源（包括人力、物力、财力）在各种不同的使用方向之间的分配。研究资源配置的目的在于：第一，从数量的角度来分析，如何合理地把经济中的各种资源分配于各种不同的用途，以便用等量的投入取得最大的产出，或者以尽可能少的投入取得等量的产出；第二，从结构的角度来分析，如何有效地把经济中的各种资源分配于各种不同的用途，以便用有限的资源产出更多的为社会所需要的产品和劳务，而避免生产出为社会所不需要的产品和劳务。

任何社会，包括社会主义社会在内，只有做到了人尽其才，物尽其用，地尽其利，才能被认为做到了资源的合理配置。如果社会上人力、物力、财力，有被闲置而未能得到充分利用，或者有被浪费而未能充分发挥作用，这都是资源配置方面的问题。研究资源配置正是为了解决这些问题，使资源配置趋向合理化。

一

在社会主义经济中，资源配置通过由市场机制和政府调节作用有机地组成的二元机制进行。这是社会主义资源配置的特点。

在市场机制起作用的条件下，在非限制性市场上，资源将自发地朝着最有利的部门和地区流动，市场供求比例的变化以及由此引起的价格的升降，将把各种资源分配到适当的位置上。但与此同时，资源配置中也会遇到这样两种限制：第一，在市场机制起作用，资源在部门间、地区间转移的过程中，将产生局部的或结构性的资源闲置或浪费现象。尽管这些闲置或浪费现象往往是不可避免的，但它们毕竟是国民经济中的损失。第二，通过市场机制的作用以及资源在部门间、地区间的转移，经常需要一个相当长的过程才能做到资源的比较合理的分配，而在这个相当长的过程中，国民经济中可能已经受到了较大的损失。

在限制性市场上，市场机制虽然也能对资源配置发生有力的作用，但由于价格的升降是受限制的，资源在部门间、地区间的转移也受到限制，所以资源的配置不可能像在非限制性市场上那样由市场供求比例的变化来自发地进行调整。对于这种情况，不能简单地用资源能否自由转移来判断其利弊得失，而必须从宏观经济与微观经济之间的关系以及限制资源自由转移对于宏观经济的影响来作出判断。这是因为，在限制性市场上，微观经济的活力确实受到了限制，但微观经济活动的自发性也同样受到了限制，因此对限制性市场上市场机制作用的受限制状况及其后果，只有结合具体部门、具体地区、具体企业和具体产品，从宏观经济与微观经济协调的角度进行分析，才能作出符合实际的判断。

政府调节对社会主义经济而言是不可缺少的。政府应当在社会主义资源配置方面起到重要的作用。在资源由市场机制的自行调节而未能按照经济和社会发展目标在各部门和各地区配置的场合，或者，在市场机制对资源的配置可能引起资源的闲置或浪费的场合，政府可以通过多种方式来影响微观经济单位的资源利用状况，从而使资源的配置符合经济和社会发展的要求。

政府调节对资源配置的主要作用反映在政府对价格（包括产品和劳务的价格、生产要素的价格）的影响上。政府固然在必要时可以直接把某些资源分配于各种不同的用途，以实现政府所认定的资源合理配置，但如果不考虑价格因素，政府如何才能判断资源配置的合理与否或资源配置的合理程度？因此，无论是市场机制的作用还是政府调节的作用，都是通过价格变动来进行资源配置的，也都是通过价格这面镜子来反映资源配置的合理程度的。

二

社会主义经济中的资源配置价格是指能够反映社会主义经济中资源投入的效果的指标，也就是指那种能够反映资源配置评价的指标。要知道，为了生产一定的产品和劳务，必须投入一定的资源。投入的资源不止一种，仅仅投入一种资源形成不了产品和劳务。在生产一定的产品和劳务时，可以假定在其他资源投入量不变的条件下，一种资源的投入量的变化会影响边际产量的变化，或边际收益的变化。在这里，收益与卖价的含义是相同的。因此，资源配置价格就等于在其他资源投入不变的条件下，每增加一单位的某种资源投入所带来的收益增量或边际收益。

正因为资源配置价格是反映资源投入的效果的指标，因此可以认为，投入效果差配置价格是低的，甚至是零或负值。投入效果好的资源配置价格是高的。企业或社会当然都希望把资源投入边际收益大的生产中，因为这样对它们有利。

资源配置价格不是固定不变的，而是可变的。资源投入后的效果的变动，使资源配置价格或升或降。资源投入的效果下降，资源配置价格也趋于下降；资源投入的效果提高，资源配置价格也趋于上升。换言之，影响资源投入对边际产量或边际收益的变动的条件就是影响资源配置价格的变动的条件。

可以认为，在社会主义资源配置中价格问题的研究方面，有以下两条途径。

一条途径是：以劳动价值论的基本原理为出发点，研究作为价值的货币表现的价格是怎样围绕着价值而波动的，研究价格与价值的背离状况，即不仅研究如何才能避免价格与价值之间的过分背离，研究价格与价值之间的过分背离对社会主义资源配置的不利影响，而且还要研究在何种情况下可以利用价格与价值之间一定程度的背离来促使社会主义资源配置有利于达到经济与社会发展的预定目标。这是一条有意义的研究途径。但通过这条途径进行研究不是没有困难的，困难主要在于价值量不容易被准确地计算出来，从而价格与价值之间的背离也不容易被准确地算出。这就是说，只有找到了可以同现实中存在的价格相比的价值，才能把价格与价值之间的背离状况作为资源配置的依据。

另一条途径是：在研究中不直接涉及价值问题，从而也不直接涉及价格与价值之间的背离状况，而是研究资源投入的效果对于资源配置的影响，进而研究如何更好地利用有限的资源，使资源配置有利于经济与社会发展的预定目标。在进行这条途径的研究时，所要论述的是单位资源投入的边际收益，即资源配置价格，然后把资源配置价格的大小及其变动趋势作为资源配置的依据。由于资源配置价格以资源投入的边际收益来表示，而边际收益所涉及的是现实中存在的价格，这样，资源配置价格与价值之间的关系是一种间接的关系，即价值是价格的基础，资源配置价格同现实中存在的价格相联系，并通过后者而同价值相联系。

资源配置价格与价值之间的间接关系表明了这样两点：

第一，由于定义为单位资源投入边际收益的资源配置价格不直接涉及价值问题，从而也就不存在"以价格分析代替价值分析"或否定劳动价值论之类的问题。这里虽然存在着双轨的资源配置中的价格研究，即存在着有关资源配置中价格研究的两条途径，但它们实际上都以劳动价值论基本原理为出发点：第一条途径探讨的是价值与价格背离问题，第二条途径探讨的是围绕价值而变动的现实中存在的价格与单位资源投入边际收益之间的关系。

第二，由于定义为单位资源投入边际收益的资源配置价格不直接涉及价值问题，从而也就不直接涉及"未经劳动加工的资源是否具有价值"，以及"商品生产中投入的各种资源是否都创造价值"之类的问题。第二条研究途径所要探讨的是：在商品生产中，投入未经劳动加工的每一单位资源会带来多少边际收益，以及投入的每一单位物质资源会带来多少边际收益。边际收益就是边际产量。在这里，不管投入的资源是否经过劳动加工，也不管投入的资源是不是物质资源，只要有投入，就会有边际产量（即使是零或负值），这是没有疑义的。在计算边际产量的货币表现（即边际收益）时，只涉及现实中存在的价格，而不直接涉及价值（或价格与价值之间的背离），因此也就谈不到与劳动价值论基本原理不一致的问题。

由此可见，在社会主义经济中，有关资源配置中价格问题的第二条研究途径是可行的。它与第一条途径一样具有重要意义。

三

前面已经对资源配置合理化作了初步表述，即资源配置合理化是指经济中的各种资源（人力、物力、财力）既没有被闲置，也没有浪费的现象。这种表述是正确的，但它仍然比较笼统。在这里，有必要对这个问题作进一步的阐释。

我们知道，内部经济与不经济是指一个生产单位在规模扩大时从自身内部所引起的生产成本的下降或上升，从而引起收益的增加或减少；外部经济与不经济是指由于整个部门的规模、全社会的生产规模扩大而引起个别生产单位成本的下降或上升，从而引起收益的增加或减少。因此，对于社会主义经济而言，要使资源的配置趋向于合理，就应当使单位资源的投入增加内部经济和外部经济，减少内部不经济和外部不经济。这是因为，单位资源的投入既意味着一个生产单位的规模的扩大，也意味着整个部门的规模、全社会的生产规模的扩大，这种规模的扩大不是引起内部经济的增加（或减少）；就是引起内部不经济的增加（或减少），不是引起外部经济的增加（或减少），就是引起外部不经济的增加（或减少），从而规模的扩大将导致资源配置趋向于合理还是趋向于不合理这样两种不同的后果。

资源配置趋向于合理还是趋向于不合理都是相对于现有的资源配置而言的。在资源配置方面，没有一个尽善尽美的境界。我们不能认为什么样的资源配置已经合理到无法再前进一步的程度，只能认为单位资源的投入可以使新的资源配置比现有的资源配置要合理一些，因为通过这种投入，内部经济和外部经济增加了，内部不经济和外部不经济减少了。由此得出的结论是：资源配置合理化是指通过单位资源的投入而使得内部经济和外部经济增加，内部不经济和外部不经济减少的一个过程。下面分别予以论述。

（一）资源配置与内部经济的变动

一个生产单位规模的变动以平均成本达到最低点为界限。从资源配置的角度来看，在一个生产单位中，单位资源的投入能否带来边际收益（即追加的收益），要考虑边际成本和平均成本之间的关系。只要边际成本小于平均成本，那么资源投入后每增加一个单位产量的成本是下降的，并且这减少的成本要由全部产量均摊，所以平均成本是下降的。反之，如果边际成本大于平均成本，那么，资源投入后每增加一个单位产量的成本是上升的，并且这增加的成本要由全部产量均摊，所以平均成本是上升的。这样，对一个生产单位来说，应当根据平均成本的上升和下降情况，即边际成本与平均成本的变动情况来决定资源投入的限度。

但在这里，不仅要考虑平均成本，还要考虑边际目标收益。边际目标收益是指总目标收益增量与产量增量之比，企业决定产量的原则就是边际收益等于边际目标收益。如果边际收益不仅大于边际成本，而且大于边际目标收益，那么，企业追加资源投入，扩大生产规模是有利的。反之，即使边际收益大于边际成本，但只要它小于边际目标收益，那就表明资源投入已经过多，从而得不偿失了。由此可以对边际目标收益与内部经济或不经济之间的关系作如下的表述：在决定一个生产单位的资源投入限度时，既要看资源投入后每增加一个单位产量的边际成本究竟是大于平均成本还是小于平均成本，更要看资源投入后每增加一个单位产量的边际收益是否不仅大于边际成本，而且大于边际目标收益。换言之，对一个生产单位来说，应当根据平均成本的大小，边际收益的大小（即边际收益与边际目标收益的变动情况）来决定资源投入的限度。

由于资源配置合理化是指通过单位资源的投入而使得内部经济增加和内

部不经济减少的过程，所以通过单位资源投入而力求使平均成本下降，并力求使边际收益不仅大于边际成本，而且大于边际目标收益，将促进资源配置的合理化。

（二）资源配置与外部经济的变动

一个生产单位的生产经营活动会受到整个部门的规模、全社会的生产规模的变动的影响，并由此产生外部经济或不经济。外部对一个生产单位的有利或不利影响，通过这个生产单位内部的平均成本变动和边际收益变动反映出来。因此，在分析资源配置问题时，需要考察的是：对于一个生产单位而言，本部门或全社会每增加一个单位的资源投入，将使这个生产单位的平均成本上升还是下降，以及将使这个生产单位的边际收益减少还是增加。由此可以对一个部门或全社会的资源投入限度作如下的理论的表述：一个部门有若干个生产单位，全社会有若干个部门；当一个部门增加资源的投入以后，会对本部门的不同生产单位的平均成本和边际收益的变动有不同的影响；当全社会增加资源的投入以后，会对全社会的不同部门发生作用，从而会对每个部门的不同生产单位的平均成本和边际收益的变动有不同的影响；如果资源投入后，使多数生产单位（或其产量之和在总产量中占多数的生产单位）的边际成本大于平均成本，边际收益小于边际目标收益，那么这样的追加资源投入将导致社会的资源配置趋向于不合理。换言之，对一个部门或全社会来说，应当根据多数生产单位（或其产量之和在总产量中占多数的生产单位）的平均成本的大小、边际收益的大小，即边际收益与边际目标收益的变动情况来决定资源投入的限度。

由于资源配置合理化是指单位资源的投入而使得外部经济增加和外部不经济减少的过程，所以通过单位资源投入而力求使多数生产单位（或其产量之和在总产量中占多数的生产单位）的平均成本下降，并力求使其边际收益不仅大于边际成本，而且大于边际目标收益，将促进资源配置的合理化。

四

以上从“内部经济与不经济”和“外部经济与不经济”的角度对资源配置的合理化问题作了进一步表述。这些都是从微观经济方面对资源配置的解释。微观经济是宏观经济的基础，不了解每个微观经济单位的资源投入如何影响自身的边际收益的变动，以及不了解它们相互之间如何通过资源投入而影响边际收益的升降，显然无法说明什么样的资源投入是合理的，什么样的资源投入是不合理的。但对资源配置合理化的论述不能停留在这个水平上，还需要从宏观经济层面来解释社会的资源配置的合理化。

社会上的任何资源投入，总体现为某一个或某些生产单位的资源投入量的增加，体现为某一个或某些生产单位的规模的扩大。如果某一个或某些生产单位增加了的资源投入不能使本生产单位或社会上多数生产单位增加边际收益，那么这种资源投入对微观经济是不可取的。但是否对宏观经济也同样不可取呢？这可能会引起争议。再说，如果某一个或某些生产单位增加了的资源投入能够使本生产单位或社会上多数生产单位增加边际收益，难道这种资源投入对宏观经济就一定可取么？这一点，也可能引起争议。问题在于：假定资源无限供给，那么对微观经济说来是可取的资源投入，对宏观经济也是可取的。但在分析时，不能从资源无限供给这一前提出发，我们必须假定经济中的任何资源供给都是有限的。于是就需要探讨如何把供给有限的资源合理地分配到每一种用途上，以便用有限的资源生产出更多的为社会所需要的产品和劳务。

在社会的资源有限供给的前提下，除了要分析资源投入后某一个或某些生产单位边际收益的大小外，还必须分析资源投入的社会边际收益的大小。资源投入的社会边际收益是指：在社会有限的资源供给和社会有多种资源投入方向的前提下，社会每增加一个单位的资源投入于社会上的某一种产品和劳务的生产，由此所引起的社会总产品增量的货币表现。

由于社会的资源供给有限而社会的资源投入去向却多种多样，所以社会在把一个单位资源投入这一种产品和劳务的生产时，必然无法同时把它投入另一些产品和劳务的生产。这样，客观上存在着资源投入的多种方向之间的社会边际收益大小的比较。即使资源投入后任何一个被投入资源的生产单位的边际收益都不仅大于边际成本，而且大于边际目标收益，但从宏观经济的角度来看，不能认为资源投入于任何一个生产单位都是合理的。当社会增加一个单位的资源投入后，只有根据资源投入不同方向所能带来的社会边际收益大小的比较，才能确定资源投入于何种产品和劳务生产可以取得尽可能大的社会边际收益，从而才能确定资源配置的合理化。

通过上述分析，可以这样来认识宏观经济中的资源配置是否合理的问题。

一方面，单位资源投入后，即使微观经济单位的边际收益较大，但如果相对于其他资源投入而言，社会边际收益较小，那么从宏观经济的角度来看，这样的资源配置就不能认为是合理的。

另一方面，单位资源投入后，即使微观经济单位的边际收益较小，甚至边际收益是零或负值，但只要相对于其他资源投入而言，社会边际收益较大，那么从宏观经济的角度来看，这样的资源配置就不能认为是不合理的。

五

对一个生产单位而言，如果它的生产经营活动是在除资源供给有限以外不受其他任何限制的环境中进行的，那么，当它有一定的资源可供使用时，它必须考虑单位资源投入后的边际收益的大小，这里既包括单位资源投入后边际收益的绝对水平，也包括各种可供选择的资源投入条件下边际收益的相对水平。它所选择的将是资源配置价格较高的资源投入方向，即边际收益较大的资源投入方向。假定各个生产单位都处在相同的环境中，并且假定资源可以自由流动和转移，那么资源配置价格的差别就成为自行调节它们各自的资源投入方向和投入量的机制。

前面已经指出，边际收益是边际产量的货币表现。一个生产单位所生产出来的单位产品和劳务的价格同该生产单位的收益联系在一起。因此，市场机制起着这样的作用：如果某一种产品和劳务生产的资源投入的边际收益过低，投入其中的资源过少，该种产品和劳务的价格将会上升，而价格上升后，资源投入的边际收益可能增大，这样也就会吸引资源的投入；反之，如果某一种产品和劳务生产的资源投入的边际收益较大，投入其中的资源偏多，该种产品和劳务的价格将会下降，而价格下降后，资源投入的边际收益可能减少，这样不但不能吸引资源投入，而且会促使已投入的资源转移出去。这就是市场机制起作用条件下资源配置价格变动对资源配置的影响。

鉴于市场机制起作用条件下资源配置的结果并不一定符合经济与社会发展预定目标的要求，或至少不能较迅速地符合这一要求，于是政府有必要通过经济调节手段来影响资源配置，使之趋向于合理。政府的各种调节手段（包括价格、财政、信贷等调节手段）或者可以影响某个部门、某类地区、某种企业的需求，或者可以影响它们的供给，也就是说或者影响它们对资源的需求，或者影响它们的资源投入，这些都对资源配置发生作用。这里需要说明的是：政府如何运用资源配置价格这一手段来改变现有的资源配置格局，使资源的投入符合经济与社会发展的预定目标。

政府是从宏观经济的角度来考虑资源配置问题的，因此资源投入的社会边际收益的大小成为政府应当参照的指标。在社会资源供给有限和社会有多种资源投入方向时，政府应当使资源投入带来尽可能多的社会边际收益。为此，政府就应当事前了解到单位资源投入的可供选择的各种方向，并把单位资源投入以后可能带来的各种社会边际收益进行比较，然后再决定资源的投入方向。

在政府选择了资源投入的方向后，政府通过财政支出总量和财政支出结构的调整，固然有助于实现自己的这一决策，但在大多数情况下，政府需要先影响生产单位的决策，并通过企业的资源投入调整和资源转移来改变现有的资源配置格局。如上所述，对一个生产单位而言，某种产品和劳务生产的资源配置价格越高，对资源投入的吸引力越大；资源配置价格越低，对资源投入越缺少吸引力。因此，政府的调节就在于从各方面影响资源配置价格，使之或升或降，从而改变资源投入量和资源投入方向。

总之，可以得出这样的结论：社会主义经济中的资源配置将在市场机制和政府调节机制共同起作用的条件下进行。资源配置价格是影响资源投入量和资源投入方向的有力手段。

［原载《江海学刊》（经济社会版）1986 年第 2 期］

哲学的特点及其为现实服务的方式

赵凤岐

哲学与现实究竟是怎样一种关系，哲学怎样更好地为现实服务，这并不是新问题。但是随着社会实践的发展，在每一个历史转折时期，这个问题都会以新的形式提到人们的面前。

现在我们正处于社会主义现代化建设的新时期，四化建设和改革实践中所提出的许多新问题都要求从哲学上给予科学的说明，而哲学也面临着结合新的实际更好地为现实服务的任务。因此，对哲学的特点及其为现实服务的方式作些考察是必要的。同时，在这个问题上以往的历史经验也促使我们作深刻的反思。

一

哲学源于现实，同时也服务于现实。对马克思主义哲学来说，同现实生活始终保持密切的联系，用科学的世界观和方法论去回答发展着的历史实践所提出的重大问题，以利于人们改造世界的伟大斗争，乃是哲学的天职。

作为科学体系的马克思主义哲学，它的原理、规律和范畴，归根到底是从实际存在的事物中抽象出来的。这种高度概括性的哲学知识是在概括凝聚着生产斗争知识和社会斗争知识的自然科学和社会科学的基础上得来的。虽然就一个人的认识过程来说，他在现实生活中所接触的一切知识，包括他的阅历、直接经验等对其哲学观点的形成都有着不可忽视的作用，但是作为总体的哲学知识体系，则只能是对自然科学和社会科学的概括和总结。就是说，在日常生活知识和哲学之间，是经由自然科学和社会科学这个中间环节的“中介”，这一点也是不可忽视的。

哲学知识体系一经形成以后，反过来又作为一般世界观和方法论，作为人们认识世界和改造世界的思维工具而作用于现实，并在这种应用中得到检验、修正和发展。推动哲学前进的根本力量，绝不是像一些人所想象的那样，是所谓纯粹思维的力量，而是隐藏在这种思维力量背后的客观世界的发展、强大的实践、工业和科学技术发展的现实力量。当现实的发展需要把哲学推向前进的时候，它比办起十所大学来，更能把哲学推向前进。现实是哲学的基础、源泉和动力，哲学的强大生命力就在于它与现实的紧密联系。脱离现实的哲学是无源之水、无本之木，没有生命力；没有现实基础的、缺乏科学根据的哲学方法论，是空洞的、主观自生的方法论。同样，真正的哲学理论也只有被运用于现实而获得相应的社会效益时，才能得到对自己的真正评价，哲学的社会功能也才能真正显示出来。所以，马克思主义哲学家不应当鄙弃现实，脱离现实，而应当去熟悉和了解现实，并善于从周围的现实中找出最一般的规律性的东西，善于从变化着的现实中发现事物的本质，揭示事物发展的历史趋势，反过来指导现实，为现实服务。对于马克思主义哲学来说，理论与实际相结合是一个不可动摇的基本原则，这是毫无疑义的。

但是我们也应看到，哲学是人们对整个世界的理论思维，它以最概括的形式从世界观的高度反映现实。哲学，不是对现实世界的某一特定方面、现象、关系的具体的定量的研究，即不是对具体现象或过程的简单描述，而是通过对各种具体的自然科学和社会科学的概括和总结，从我们周围世界的全体、本质，从周围世界的内在的基本联系，去反映周围世界的发展。哲学是人们关于整个世界，关于自然、社会和思维的基本理论观点的总和或科学体系，它同经济学、法学、政治学以及各门自然科学不同，也不同于数学、系统论、信息论、控制论等横断科学。在整个人类知识和意识形态所构筑的大厦中，哲学是更高的悬浮于空中的思想领域，是远离物质经济基础的意识形态，处于最高的层次。在这里，观念同自己的物质存在条件的联系，愈来愈混乱，愈来愈被中间的一些环节弄模糊了。但是这一联系是存在着的哲学具有高度概括性的特点。一般说来，人们经验中的、实证科学中的概念和范畴，都必须经过进一步的抽象和概括，使其摆脱在经验和具体科学中所具有的特殊意义，从而使其获得最普遍和最纯粹的形式，才能上升为哲学的概念和范畴。例如“信息”这一概念，人们对此已经作出了几十种定义。有人认为，信息是缩小偶然事件出现的不确定性的度量。对信息的这种定性叙述是以信息论的创始人申农关于信息是“用以清除随机不定性的东西”的说法为根据的。控制论的奠基人维纳则认为，信息是人与环境互相交换的内容的名称。还有人认为信息是“集合的变异度”“事物的差异或关系”“系统的有序性”，等等。有的论者则把信息与“消息”“信号”等联系起来加以考察，说信息实际上等于“消息”，不过消息是信息的外壳，信息则是消息的“内核”；说信号是信息的“载体”，信息则是信号所表示的“内容”，等等。还有的说：信息是“关于事物运动的广义知识”，是“事物的运动状态以及关于事物运动状态的陈述”，等等。这些都是人们赋予信息这一概念的含义。

可以看出，上述关于“信息”概念的描述或规定，有相当一部分是从具体科学或日常生活的角度讲的。而我们知道，“信息”最早正是在申农的通信理论中作为一个技术用语和数学工具而出现的。很明显，在这种意义下的信息，它是一个包含统计的、概率的意义在内的具体科学的信息概念，而不是经过进一步的提炼而形成的概括性程度较高的、一般的哲学上的信息概念。因此，把日常生活中或具体科学中的信息概念直接搬到哲学中来，作为哲学的概念和范畴使用，就不是从哲学概念和具体科学概念的联系和区别中来揭示信息概念的哲学本性，而是一种术语上的简单移植。这样做，就不能揭示信息作为哲学概念的一般含义，也就有可能使信息概念失去它可能具有的一般世界观和方法论的意义，弄得不好，还有可能导致信息概念运用上的混乱。笔者以为，像信息、系统、结构、功能、反馈等概念，是有可能进入哲学范畴的。然而，这些概念只有经过哲学的加工，经过哲学语言的转译才能成为哲学的概念，而这些概念一经进入哲学领域而成为哲学体系的有机范畴或概念，它的含义就不再完全是原来的意义了。在这里，在哲学范畴与它的原型之间，在哲学概念与具体科学概念之间，是既有联系又有区别的。正像哲学的物质概念来源于各种具体的物质形态，而又不能反过来把它归结为任何一种具体的物质形态一样。

二

哲学以高度概括的理论形式反映现实，同样也以高度概括的理论形式应用于现实。正如每一门科学为现实服务都有它自己的特定方式，哲学为现实服务也有它自己的特定方式。

哲学具有高度概括性的特点，唯其如此，它也就具有普遍的适用性。哲学为现实服务就在于提供一般世界观和方法论的原则，而不是提供具体问题的现成答案。一般的宇宙观并不直接就是对具体事情的研究，纯粹的思维方法并不直接就是对具体问题的解决。那种不去深入研究各门具体科学和具体工作的规律，而企图把非常抽象的哲学道理一下子运用于解决非常具体的现实问题的想法，是不切实际的。历史经验告诉我们，如果把哲学的一般原理和范畴简单地套用在特定的对象及其具体的实践活动中，非但不能解决问题，而且会造成有害的后果。这样的做法，往往是既不能使哲学更好地为现实服务，又损害了哲学本身的声誉。所谓的一会儿哲学“万能”，一会儿哲学“无用”，以及从“万能”到“无用”的过渡，不正是可以给人以这样的启示么？

哲学的这种高度概括性的特点以及它为现实服务只能提供世界观和方法论原则的特点，也许会被认为哲学是太“一般”“抽象”和“不具体”了，哲学的功能也过于“泛泛”、不怎么“实际”了。的确，如果对哲学原理、规律、范畴等作教条式的理解，把它们作为公式而到处乱套，只知抽象地发议论，而不解决任何现实问题，那当然是要不得的，是同马克思主义哲学的本性不相容的。但是，如果因此就否定哲学的高度概括性的特点，要求它“具体”到同化学、物理学、语言学、计量经济学等毫无区别的程度，抹煞哲学与各门具体科学之间的界限，那么哲学本身也就不成其为哲学了，也就没有存在的必要性和价值了。有人说，哲学研究的对象太“不具体”，我们说它是又具体又不具体。说它不具体，是因为哲学所研究的是最一般的东西，而不是具体的东西；说它具体，是因为哲学所研究的寓于各个领域中最一般的规律正是它的特殊对象。它是以最普遍、最一般的东西为特定的具体对象的。这是哲学的一个特点，也是它的一个优点，是其他任何部门科学所无可比拟的。在哲学史上，形而上学的思维方式曾统治人们的头脑达数百年之久，这也是同当时科学所达到的水平相适应的，而科学的发展终于进一步证明自然界归根到底是辩证地发展着时，形而上学的统治便动摇了。可是，正如恩格斯所说，在原来那个形而上学的“僵化的自然观上打开第一个缺口的，不是一个自然科学家，而是一个哲学家”①。虽然康德所提出的星云假说直到多年以后才被最后证实，但他在 1755 年《自然通史和天体论》中所表述的思想，却给人以巨大的启示：关于第一次推动的问题从根本上被动摇了，地球和整个太阳系表现为某种在时间的进程中逐渐生成的东西；并且，如果地球是某种逐渐生成的东西，那么它现在的地质的、地理的、气候的状况以及植物和动物等等，也一定是某种逐渐生成的东西，它们都有着空间上和时间上真正的历史。所以恩格斯说：“在康德的发现中包含着一切继续进步的起点。”②历史上的这个事实提示我们，如果没有各门具体科学从地质的、化学的、生物的、物理的等等方面所揭示的各该领域具体联系和发展的情景，那么辩证的自然观就缺乏科学的基础，因而也就不能动摇形而上学在各该领域的统治；同样，如果没有对这些具体科学所提供的成果的连贯起来的思考，没有哲学的论证，那也不能从根本上推翻形而上学在一切领域的统治。这里就表现了哲学的特点和优势。

在人类认识的发展历史中，哲学是不能脱离现实的实践和具体科学的发展的。因为哲学所探讨的最一般的东西正是存在于各个特殊的具体的实践和科学之中的。所以哲学必须和现实、具体科学相结合。但是“结合”不是归

① 恩格斯：《自然辩证法》，人民出版社 1971 年版，第 11 页。
② 同上。

结，在结合的过程中哲学本身也不能消融于任何特殊或个别之中，结合之中还必须“超越”，说“超脱”也可以。总之是深入于其中而又不局限于其中，这也是哲学这门科学的本性。

现代科学具有高度分化和高度综合的特点，各学科之间相互渗透的趋势愈来愈明显，一系列交叉学科或横断科学出现了，科学整体化的势头愈来愈突出。今天，借助于现代科学技术所提供的手段，人们的视野在宇观方面已经扩展到了两百亿光年的范围，在微观领域也深入到了夸克或层子这样的层次。细节方面的证明仍然是部门科学的重要任务，但细节方面的追求已不再是孤立纵向的发展，因为“细节”本身不过是系统整体的有机部分。“细节”“要素”等等在不同的系统中它们的质的规定性是各个特殊的。因此，细节的考察已不能离开系统整体，细节方面的证明同整体上的了解是错综复杂地交织在一起的。然而对于科学发展的这种新现象人们完全有可能作出不同的解释。有人利用科学整体化的趋势和诸学科相互渗透、交叉的特点引出了哲学不再必要的结论，甚至于把马克思主义哲学的辩证唯物主义混同于历史上的“自然哲学”，然后再通过对“自然哲学”的批判来责难辩证唯物主义。甚或说：辩证唯物主义就那么几条原理，把它“推广”到这里或那里，这要么是不必要的，要么就是自然哲学的“遗迹”。笔者认为，这是一种双重的误解。第一，辩证唯物主义根本不同于“自然哲学”。历史上的自然哲学，是科学尚未长足发展的产物，指的是在自然界各种现象的辩证联系和发展尚未被科学揭示出来的情况下，却要描述一幅关于自然界普遍联系的清晰图画，这就是所谓“自然哲学”的任务。但自然科学本身尚未提供这方面的足够事实和材料，所以自然哲学对这幅图景的描绘就只能这样来进行：用理想的幻想的联系来代替尚未知道的现实的联系，用臆想来补充缺少的事实，用纯粹的想象来填补现实的空白。以臆想来代替事实，是“自然哲学”的特点，也是它的致命伤，是它不能不退出历史舞台的根本原因。辩证唯物主义是主张用头脑中的联系来代替现实的联系吗？当然不是。马克思主义创始人创立马克思主义哲学的时候，除了是以现实的社会历史运动的实践经验为基础，又是以当时的三大发现和自然科学的其他成果为基础的，是建立在严格的自然科学基础之上的。这就提供了一种可能性：依靠经验自然科学本身所提供的事实，以近乎系统的形式描绘出一幅自然界辩证联系的清晰图画。而当“这种联系的辩证性质甚至迫使自然哲学家的受过形而上学训练的头脑违背他们的意志而不得不接受的时候，自然哲学就最终被清除了。任何使它复活的企图不仅是多余的，而且是一种退步”①。可见辩证唯物主义产生本身，就是以扬弃“自然哲学”为条件的。把辩证唯物主义说成似乎是与“自然哲学”没有区别的东西，把两者说成是一而二、二而一的事情，这当然是一种误解。自然，如果有人在运用辩证唯物主义时犯了以臆想的联系去代替现实的联系的错误，或者把它变成“干巴巴的几条”而到处生搬硬套，那是与辩证唯物主义的基本精神相背离的。但这是运用中的失误，而不是辩证唯物主义本身的过错。第二，现代科学中所出现的各学科相互渗透、相互交叉的特点和科学整体化的趋势，没有，也不能导致否定哲学的作用。辩证唯物主义作为科学的世界观和方法论仍是绝对必要的。这是因为，一系列交叉学科或横断科学的出现，以及科学发展的高度分化和高度综合的趋势的出现，都说明人们所面对的对象以及它们之间的联系、过渡等情景是愈来愈复杂了，从而哲学也就面临着结合新的实践和科学发展，在更广阔的背景下和更高的层次上概括新成果的任务，而不是相反。那种以为辩证唯物主义可以消融于各学科的交叉之中的观点是不正确的。把辩证唯物主义要不断地概括科学发展的新成果，从而不断丰富和发展自身这件事，说成是某一种科学成果就是辩证唯物主义，或者认为它可以取代辩证唯物主义，甚或说辩证唯物主义是从黑格尔那里来的而与自然科学根本无关，系统论、信息论则是自然科学的结晶，辩证唯物主义与系统论是走的两条路，“殊途同归”，在哲学世界观和方法论这个层次上两者合而为一了，等等。显然，这种种议论也都是以一系列的误解为前提的。说辩证唯物主义的产生与自然科学无关是一种误解；把辩证唯物主义要丰富

① 《马克思恩格斯选集》第4卷，人民出版社1972年版，第242页。

和发展说成是它自身的“消融”也是一种误解；把某种新学科或科学新成果本身当成哲学现代化的标本，更是一种误解。

历史和现实的种种事实启示我们，在历史发展的每一阶段上，科学提供了什么样的材料是一回事，对这些材料作怎样的哲学处理则又是一回事。两者虽有联系，但又是有区别的。要想使各个部分联系起来，揭示各种现象之间的普遍联系，就只有借助于理论思维。理论思维也是一种历史的产物，它在不同时代有着不同的形式和内容。而辩证法对今天的自然科学来说是最重要的思维形式，因为只有它才能为自然界中所发生的发展过程，为自然界中的普遍联系，为从一个研究领域到另一个研究领域的过渡提供类比，并从而提供说明方法。今天，自然科学和社会科学都已有了巨大的进步。系统论、信息论、控制论的问世以及相应的数学化、形式化等方法在一些领域的运用，已经取得了明显的效果。“三论”和其他一些科学新成果，对丰富和发展唯物辩证法有重要意义。例如系统论进一步证明和丰富了唯物辩证法关于事物的相互联系、相互依赖的基本原理，从新的角度论证和丰富了辩证唯物主义关于世界的物质统一性的科学论断，同时帮助我们加深了对这样一些范畴诸如简单和复杂、部分和整体、原因和结果的理解；信息论证明和丰富了反映的非直接性、辩证性原理，并为我们研究作为一切物质的属性的反映的实质，以及作为人的认识的反映的形式和内容、反映的过程和结构等，提供了最丰富的材料；控制论和耗散结构理论证明和丰富了物质运动的平衡和不平衡，有序和无序的辩证法，有助于我们进一步探讨决定论原理、偶然性和必然性范畴以及合乎目的性和适应性、可能和现实等范畴。控制装置成功地模拟人的形式逻辑思维机制，为我们进一步研究意识的特点、起源，意识同人脑和语言的联系，意识对物质的依赖性等问题，提供了新的材料，如此等等。这些都是摆在我们面前的重要课题，需要精细地加以研究。但是，我们也应看到，在现代科学技术面前，马克思主义哲学的基本原理和范畴并没有被推翻，物质一元论、对立统一规律、质量互变规律、反映论等原理并没有过时，问题在于用新的事实和材料来丰富它和发展它。比如现代科学所提供的数学化方法，在一些领域得到了卓有成效的应用，这种方法强调严格的统计和计量，强调量的分析的重要性，它对于人们正确地把握对象和正确地改造事物，都是很重要的。但另一方面，有些社会现象又相当复杂，不是用数学化的方法所能完全把握的。因此，辩证的理性思维方式所提供的关于质量统一和质量互变的基本观点，就从原则上优于单纯的数学化方法。又比如，形式化的方法也有其明显的长处。由于它是把某种知识固定化的一种方法，因而它的长处之一就是讲究知识的确定性，这对人们认识事物和实践中的应用都是必要的、有意义的。但是任何一种知识的确定性又都只有相对的意义，所以辩证法又确认并坚持确定性与不确定性相统一的基本观点。因而，辩证的理性思维方式，又处于比形式化的方法高一级的层次上。这些都说明，唯物辩证法作为科学的世界观和方法论并没有过时，它是一个开放的科学体系，它在现代科学成果的基础上得到的是新的证实、丰富和发展，而不是相反。

一百多年前，恩格斯曾经嘲笑过那种不懂得理论思维重要性的一些人，他举了由量变到质变的转化这个例子，说：由量到质的转化，对一些人来说曾经是不可理解的，他们曾经诽谤过这种转化是“神秘主义”“先验主义”等。可是，当从量到质的转化在一系列科学领域中得到证实，并在哲学上得到论证的时候，这些从前的诽谤者“现在却宣称这种转化是不言而喻的、浅薄的和平凡的东西”，宣称他们“早已应用过了”。[①] 恩格斯说，这些人可能多年来在实际生活中曾经使质和量互相转化，但他们却不知道自己在做什么，正像一个人在一生中说的可能都是散文，但却一点也不知道散文是什么东西一样。这是因为，他们缺乏对自己所作所为的自觉意识，缺乏必要的理论思维的能力。他们不懂辩证法而又一会儿把“质量互变”说成是不可理解的“先验主义”，一会儿又对它持一种不屑一顾的错误态度。针对这种情况，恩格斯尖锐地指出：一个民族要想立足于科学的最高峰，就一刻也不能没有理论思维，而“第一次把自然界、社会和思维发展的一般规律以普遍适用的形

① 参见恩格斯《自然辩证法》，人民出版社 1971 年版，第 52 页。

式表达出来，这始终是具有世界历史意义的勋业"①。

缺乏理论思维，就会连两件自然的事实都联系不起来，更不要说更复杂的联系了。尤其是在科学技术空前发展的现时代，人们所面对的对象愈来愈复杂，各种因素交互作用的情景使人眼花缭乱。人们所兴办的事业规模愈大，有组织地投入的力量愈多，一方面可以收到更大的效益，同时也带来了遭受更大报复的可能性。因此，人们计划自己行动的更周密的计划性、系统性和预见性都具有特别重要的意义。这就要求人们不仅要注意微观方面的精细考察，而且要注意宏观方面的综合把握；要注意某一系统工程或社会行动所可能带来的当前的和长远的、经济的和社会的、物质的和精神的、本部门本企业的和整个社会的、本系统的效益和对周围环境的影响，等等，一句话：要有整体效益观。毫无疑问，每一门科学对事物的考察都有其特定的角度和目标，各种不同学科的视野都有其独到之处，但也各有其局限性。相对而言，哲学作为世界观和一般方法论，它所提供的基本观点和基本方法，虽然不能提供解决细节问题的具体答案，但在综合地把握各学科相互联系的总体上，在把握各种要素交互作用的总体上，却可以发挥它特有的作用。这也是哲学功能的特点和优势。正因为这样，我们的理论意识不能模糊，而要加强，要重视理论在阐释现象过程中的决定性意义，特别要重视作为全部马克思主义学说理论基础的马克思主义哲学的作用和意义。

三

哲学能够为现实服务，也理应为现实服务，但它服务于现实的方式又是同哲学自身的特点密切相关的。

哲学原理、规律、范畴等的形成，不是人们某一具体实践活动的直接产物，而是在广泛的社会实践和各门具体科学的基础上经过概括而逐步升华的成果。哲学的这种特点，决定了它在运用于现实时不是直接的，而是要通过

① 参见恩格斯《自然辩证法》，人民出版社 1971 年版，第 52 页。

一系列的中间环节，经过许多具体科学的“中介”方能实现。

比如把哲学理论应用于生产斗争的实践，就不是一个简单的过程，其中包括对一定时期的生产力状况和水平的研究和分析，对生产关系的具体形式的探寻和分析，也包括对当时当地的自然条件及其与生产发展的关系和影响的研究，还包括例如对农业生产说来关系密切的生物学一般理论、农业科学的一系列特殊理论和政策、各种作物具体的生长的理论、科学等的运用的研究。哲学理论不是研究具体的生物科学的，也不直接制定某种具体的农业政策，但是正确的哲学理论却可以为各门具体科学的研究提供科学的指导，提供人们正确地进行各种具体研究的一般方法论，成为人们正确地制定政策的理论依据，而在把哲学理论运用于农业生产的实践时，则必须通过上述的一系列中间环节才能具体地发挥哲学的功能和作用。否则，所谓对立统一、否定之否定等纯粹是一些抽象的概念；不是说这些抽象概念不能运用于现实，而是说这些具有普遍性和高度概括性的概念转化为现实时要经过特殊性、个别性等环节，要通过对应用对象的具体分析，从而才能使哲学更好地为现实服务。在这里，我们可以把生物学一般理论看作一个层次，把农业科学的一系列特殊理论看作另一个层次，把各种作物的具体的生长知识和经验看作又一个层次。对于这些层次，哲学都不能包办代替。不仅如此，在上述几个层次之间虽然其联系相当密切，但它们之间也不能互相取代。例如，理论自然科学要经过技术科学、应用科学等环节才能转化为生产知识和技能，各种作物具体的生长知识和经验只有经过提炼和概括才能上升为自然科学的高度，等等。哲学对于上述每一个层次都不能取代，但在每一个层次上都有个用什么样的方法论进行研究的问题，哲学正是在这里可以发挥其功能，它可以用关于客观世界和人类思维的一般规律的知识，为上述每个层次以及各层次相互关系的研究提供正确的思维方法和研究方法。

哲学并不提供关于生物学、农业科学以及农业政策方面的具体答案，并不进行这些方面的细节的具体研究，但是当把正确的哲学观点、理论和方法运用于这些研究时就能够促进它们的发展，有助于揭示各该领域的特殊规律，从而有力地作用于农业生产的现实。而哲学为了更好地为现实服务，它虽然并不研究上述各个层次的细节方面，但仍然需要对每个层次的情况及其发展有个基本的了解，因为毫无所知就不能提供有力的指导，也无从揭示各个层次之间的关系。这就是为什么在谈到哲学为农业生产的现实服务时，既不能陷于某些细节之中而又必须深入其中的道理。不陷入，是指哲学不能代替农业科学、农业政策等；要深入，是指深入实际，对有关发展农业生产的各个方面作深入、系统、综合的考察，以便以自己所特有的方式服务于现实。

或可问，马克思主义哲学能不能指导农业生产，能不能运用于生产实践中去呢？回答当然是肯定的。因为辩证法存在于自然、社会和思维的一切过程中。但这种指导或运用又不能简单化，不能绕开一些必需的中间环节而把哲学概念简单地套用于现实。历史的经验告诉我们，对于理论联系实际，不能作浮浅的甚至庸俗的理解。既不能把对实际的现象描述等同于联系实际的理论，也不能把概念公式化地套用混同于理论对实际的联系。像过去曾经广泛宣传过的所谓“种花生的辩证法”“种西瓜的辩证法”等，这是对哲学的指导作用和运用过程的误解和简单化理解的倾向，弄得不好，还很容易助长教条主义思想和方法的滋生、泛滥。

哲学在转化为现实的过程中之所以要通过一定的中间环节，还由于哲学所反映的是客观实际中一般的规律性的东西，而人们在现实中所面临的客观实际却是具体而复杂的，并且是不断地向前发展着的。因此，在把哲学理论付诸实践时，就必须使理论具体化，使它更接近于复杂、具体和不断变化着的实际情况。或者说，用正确的哲学观点为指导对所面临的现实任务及其环境和条件作出具体分析，从而提出改造现实的某种方案。其中包括对所提出的任务、它的可行性及周围条件的估量和分析，完成任务的纲领和路线的拟定，制定相应的方针政策，以及具体实施的计划、步骤和方法，等等。哲学正是要通过这一系列环节的“中介”而作用于现实。这些环节反映了人们的有目的的活动一步步地向实际接近，也标志着理论的一步步具体化和理论向实践的层层推进。同时，事物是发展的，因而哲学理论也是随着发展的。同时还必须看到，具有高度概括性的哲学理论有着相对稳定性的特点。因此，在把哲学应用于现实时，就面临着把具有相对稳定性的东西与生动变化着的东西如何结合的问题，面临着从已知探索未知的任务。这就要求立足于现实而又面向未来，要求不断地研究新情况，探索新问题。在对新问题的探索中，出现曲折和失误等都是难以避免的。为了在实践中尽量减少大规模的社会活动可能造成的不良后果，事先在小范围内进行必要的试验，通过试验取得经验然后再普遍推广，或者边实践边探索，不断地总结经验，以更好地前进。在与自然的斗争中，某种技术方案、工程设计的确定，特别是比较复杂的技术问题的解决，不仅要有小型试验、中间试验，而且还要有半工业试验、工业试验等，以便为广泛应用于物质生产作好准备。在社会活动中，往往也要对某种方针政策或其改造社会的方案，先在一定范围内进行典型试验，然后再加以普遍推广。这种由于理论的普遍性、稳定性和现实的特殊性、变动性所引起的"试验"，也是理论转化为现实过程中的一种"中介"，一个不可或缺的中间环节。倘若没有这个中间环节，把根据一定的理论所提出的方案一下子全面铺开，就可能由于大规模的社会行动而造成难以估量的社会后果。而经过试验就能取得必要的经验，使预想的方案得到补充和修正，从而增强行动中的自觉性，有利于理论转化为现实。

历史的经验启示我们，过去曾经发生过的那种把哲学的应用简单化，一遇到有经济、政治、文化和科学等问题需要解决的时候，就立刻要求按哲学原理来提供现成方案的毛病，原因就在于忽视了哲学通往现实道路中的必要的中介，忽视了哲学同相关的自然科学、社会科学的结合。结果是不去深入研究经济、政治、文化和各种科学领域里的具体问题和具体的发展规律，不是在普遍与特殊、一般与个别的结合中通过特殊、个别而把握一般，指导实践，而是企图用哲学概念推演的办法解决非常复杂的现实问题。这样做的结果，表面看来也是轰轰烈烈、热热闹闹，哲学概念满天飞，一会儿是主观能动性、设置对立面、矛盾转化与飞跃，各种转化的辩证法，等等，这在五十年代末是为大跃进作论证的；后来又是螺旋式、波浪式、反经验主义、九个指头一个指头等，这又是为掩盖和维护错误的做法作论证的。总之，在这种“应用哲学”之下，哲学成了可以为任何政策、做法做论证的工具。有讽刺意味的是，哲学概念、名词喧嚷最力之时，也是实际生活中违反唯物论和辩证法最严重之日；实际工作中狂热之日，也是哲学术语最流行之时。这个历史的教训促使我们不能不作出深刻的反思，从中引出应有的结论。

今天，我们哲学工作者面临着大力开展有关我国社会主义现代化建设中重大理论问题和实际问题研究的重大课题，肩负着促进社会主义物质文明建设和加强社会主义精神文明建设的光荣任务。如果我们能够注意哲学这门学科本身的一些特点，坚持理论联系实际的基本原则，深入到四化建设和改革的实践中去，悉心地听取实践的呼声，加强调查研究，结合地平线上所出现的新情况、新问题作深入的哲学思考，就一定能够更好地为现实服务。

（原载《江海学刊》〈文史哲版〉1986年第1期）

共产主义道德在四化建设中的作用

罗国杰

我国正在进行社会主义的四个现代化建设，经济体制的改革，不但使我国的生产力得到蓬勃的发展，而且也正在对我国人民的精神面貌、道德品质发生很重要的影响。邓小平同志指出，“现在国内形势很好，有一点要提醒大家，就是我们在建设具有中国特色的社会主义时，一定要坚持发扬物质文明和精神文明一起抓，坚持开展‘五讲四美三热爱’活动，坚持教育全国人民做到有理想，有道德，有文化，有纪律”。我们到底能不能在建设高度物质文明的同时，建设精神文明；能不能使我国人民的道德面貌，随着经济改革的步伐，大体上能同步向前发展；能不能在物质生活不断丰富的情况下，使我国人民的精神情操更加崇高；能不能在生活水平提高的同时，在共产主义的道德阶梯上不断向前攀登；能不能在人们的物质欲望得到不断满足的同时，使人民更牢固地树立起共产主义的理想；能不能在个人利益日益得到照顾的同时，使人民群众的集体的、国家的观念，也不断加强，并在当个人利益同集体利益、国家利益发生矛盾的时候，牺牲个人利益，维护集体和国家的利益；等等。归结为一句话：我们能不能在四化建设中保证把我国建设成为社会主义的现代化的强大国家。

没有高度的社会主义物质文明就没有高度的社会主义精神文明，但我们同时要看到，并不是说社会主义的物质文明建设起来之后就会自然而然地出现高度的社会主义精神文明。高度的物质文明和精神文明并不是在任何社会、任何情况下都能够自然而然地同步向前发展的。在资本主义社会，伴随着高度的物质文明的发展的，却往往是精神文明的堕落。当然这句话本身也须进行分析，也不是说在资本主义社会物质文明发展的同时，它所有的文明都堕落了。但从整体、主要方面来看，资本主义物质文明的发展，特别到了近代，从总的趋势来说，确实是伴随着道德的堕落。关于这一点，资产阶级进步思想家很早就看到了。如法国 18 世纪的资产阶级思想家卢梭在《论科学与艺术》一文中认为，在资本主义社会，科学的兴起，物质财富的增加，其结果是恶习流行、道德败坏。当时的社会是“对聪明、才智滥加报酬，而对德行则丝毫不加尊敬”。在社会主义社会，生产力的发展，物质财富的增加，应该和人民道德水平的发展，大体上是同步的。我们有社会主义公有制的经济基础，有马列主义的理论指导，有共产主义思想的道德教育，有共同富裕的政策，当然不会使我们国家在物质文明增长的同时，出现道德衰退的现象。但是，如果没有前面所讲的这些条件，道德的进步也是不可能的。因此，如何使两个文明同步向前发展，是我国四化建设的一个战略性的问题，也是伦理学研究的方向，伦理学研究的一切问题，都应该是和当前这一最重要的问题密切联系着的。

道德和改革的关系

一个社会要不断地向前发展，采用什么来作为社会进步的评判尺度？马克思主义认为，生产力的发展是社会发展最重要的因素，这仅仅是一个社会工业发达的标志，但不是社会进步的标志。历史唯物主义除了强调生产力的发展、科学技术的发展和物质财富的增加之外，同时还强调生产方式的重要性，强调一定社会的生产方式对社会进步的作用。生产方式不但包括生产力的发展，还包括人们在物质资料生产过程中结成的相互关系。生产资料所有制的形式，是生产关系的基础。不同的生产资料所有制的形式，决定人们在生产中的不同地位和相互关系。如果只强调生产力的发展、科学技术和物质财富的增加，认为这样就可以达到社会进步，这种看法是不全面的。要使社会进步、向共产主义方向发展，我们必须坚持三个方面：

使整个社会的生产力得到高度的发展；使公有制经济得到巩固和劳动人民共同富裕的道路得到保障；使人们成为具有创造思想、优良品质和精神情操的新人。我国现在正进行经济改革，实行对外开放的政策，大力发展生产力，提高科学技术，注意巩固我国的公有制经济，走共同富裕的道路。同时我们要加强政治思想工作，加强道德教育，加强共产主义的理想教育。

当前，只要对我国的现实生活，特别是对人们的精神情操和社会风气进行过认真思考的人，不能不发现社会上确实存在着不正之风，并从各个方面对我们的四化建设进行多种多样的干扰。同时，资产阶级的利己主义、一切向钱看的思想和它们的腐朽生活方式，还在发生作用，影响着个人同集体的关系，影响着四化建设的发展。所以，总的来说，根据我们对道德与社会进步关系的看法，除了生产力的发展和对公有制经济的巩固之外，今天应该进一步注意精神文明的建设。没有社会主义的精神文明，没有广大人民群众的道德水平的提高，要想搞社会主义的现代化是不可能的。即使是生产力发展了，公有制经济巩固了，共同富裕的道路实现了，如果人们思想上受资本主义腐朽思想的影响不清除，那么必然会对已经形成的公有制经济进行腐朽、瓦解、蚕食、损害。

当然我们从现实生活中认识到精神文明的重要，但我们也不能滑到另一种片面性上去，走上道德决定论。我们今天强调生产力发展是我们的前提，生产资料公有制和共同富裕的道路是我们的基础，我们只能在这样两个前提下面提出思想道德的重要性。只有大力发展我国的生产力，更好地进行经济改革，在公有制基础上来强调道德的能动作用才是正确的。因此，从社会主义现代化建设的目的来看，人们的思想面貌、道德情操有着十分重要的意义，从意识的能动性来看，最终能使我们的社会主义建设走上健康发展的轨道，这是我们伦理学研究中的一个很重要的课题。

道德和社会进步的关系

社会生产活动，一是物质生产，二是精神生产，都有个引导问题。作为意识形态的道德，当然是由经济基础决定，并为经济基础服务的。在公有制基础上形成的共产主义道德，它本身就有一个保证和巩固公有制经济发展的任务，有一个引导改革朝着正确方向发展的问题。马克思主义的辩证唯物主义和历史唯物主义同机械唯物主义最明显的区别就在于它强调了意识的能动作用，而不像旧唯物主义那样把意识的能动作用让给唯心主义去发挥，这是马克思在《费尔巴哈论纲》中所着重强调的基本理论问题。

前段时间，我们很多同志都有这样一种亲身感受，我们讲共产主义道德不那么理直气壮了，不少人不愿意听我们的共产主义道德课，认为共产主义道德是空话，现实的许多事情与我们讲的共产主义道德不一致。共产主义道德讲集体主义，讲为人民服务，讲吃苦在前、享受在后，讲牺牲精神，但现实生活中，不少人是为个人、为金钱，不讲道德，不顾集体，不管社会利益而只讲私利和实惠。这确实是值得我们深思的一个问题。我们所提倡的在现实生活中往往行不通。这当然有很多原因，譬如，我们讲马列主义、讲共产主义道德，我们本身也存在一个理论与实际相联系的问题，有一个是否能以身作则、说到做到和言传身教的问题。我们只能要求一个具体的人生理想、价值目标能和共产主义理想联系起来，而不是把共产主义理想当作空洞的、同实际每个人的具体理想相脱离的说教，我们既要不放弃很崇高的价值理想，又要把具体的价值目标和崇高的价值目标联系起来。

很多同志都已认识到共产主义的道德理想对我们社会主义现代化建设的重要性，但也有少数同志忽视精神文明建设的重要性，甚至把物质文明和精神文明对立起来，好像强调了精神文明建设就损害了物质文明的建设。因而，片面地强调物质利益，强调物质刺激，强调金钱对社会发展的作用。这种看法，是很有害的。

在讲到改革与道德的关系时，提出这样一个命题："道德是人类掌握世界的一种特殊方式。"马克思在《〈政治经济学批判〉导言》中指出："整体，当它在头脑中，作为思想整体而出现时，是思维着的头脑的产物，这个头脑用它所专有的方式掌握世界，而这种方式是不同于对世界的、艺术的、宗教的、实践精神的掌握的。”① 马克思的这段话，包含着极其丰富的辩证思想，认为人类改造世界可以有四种方式：（1）哲学的方式；（2）艺术的方式；（3）宗教的方式；（4）实践精神的方式。艺术的方式即美学方式，用美和丑的概念来把握世界，认识世界，改造世界。宗教的方式就是神学的方式，即对神的信仰，根据上帝的意志来认识世界，掌握世界，改造世界。哲学是从总体上认识世界，掌握世界，改造世界。实践精神的方式就是一种道德的方式。古希腊的思想家，往往把理性知识区分为两种，一是人们对自然的认识，二是关于人们的行为、规范的知识。前者称为理性知识，后者称为实践知识。从亚里士多德开始，把有关人的行为、规范方面的知识，称为实践知识。从此以后，西方人把道德的知识和一般的理性知识加以区别，把道德知识称为实践知识。马克思在这里强调实践精神这样一种掌握世界的方式，既强调了道德起源于行为意志这样一种认识，又强调了伦理道德的精神能动作用。所以，他把康德的实践理性改成实践精神。马克思本来还准备写本有关道德的书，可惜这个目的没有达到，马克思强调道德是人们认识世界掌握世界的一种特殊的、能动的方式，这对我们今天研究伦理学有重要的指导意义。

个人利益和整体利益的关系

个人利益和整体利益的关系，是我们共产主义道德中的一个重要问题。共产主义道德的基本原则，是集体主义。在集体主义这一原则中，个人利益和整体利益的关系，究竟该怎么去理解，还有待于我们作进一步的研究考虑。

在“左”倾思想指导下，特别在“四人帮”横行的时代，往往过分地强调整体利益，甚至抹煞、否认普通劳动者的个体利益，不注重保护个人的正当利益，不尊重人们的尊严，更没有能很好地发挥个人的才能。最近几年来，很多同志觉得有必要重新认识共产主义道德的集体主义原则，并要求对这一原则中的个人与集体的关系，加以辩证地解释。但有少数同志又从另外一个

① 《马克思恩格斯全集》第46卷上册，人民出版社1979年版，第39页。

角度去强调，认为“集体”这一概念很难反映出社会主义条件下，集体利益和个人利益的辩证关系，因为集体主义的基点是要求我们趋向集体利益，没有体现个人利益是社会主义集体的目的和归宿问题。要修正“集体主义”的原则，并要求强调个人利益是集体利益的目的和归宿这样一种思想，主张用个人利益和集体利益相结合的原则来代替集体主义原则。对这个问题，应该全面地来加以考虑。我们强调共产主义道德的基本原则是集体主义原则，强调个人的、局部的、暂时的利益，应该服从整体的、全局的、长远的利益，当个人利益与整体利益发生矛盾的时候，应该有一种牺牲精神。只有这样，才能使一个集体形成一种向心力，进而成为凝聚力，从而达到为社会主义服务的目的。但我们也要看到，在当前的条件下，在经济改革中间，正当的个人利益，或人们对个人物质利益的关心，对社会主义建设确实有很重要的作用。道德不仅要调解人与人之间的这种关系，而且要使个人的自由、个性、个人的尊严，在集体的关心下面得到更好的发展。所以我们决不能把强调集体主义原则强调集体利益理解成为不要个性，不要个人尊严，不顾个人利益。集体主义绝不是抹煞个人利益、抹煞个性和个人创造性。

在过去，资产阶级在世界范围内展开对马克思主义理论的攻击中，主要矛头集中在否定马克思主义的阶级斗争理论，最近一段时间，我们可以看到，对马克思主义的攻击，比较多的不是在马克思主义的阶级斗争理论上，而是集中在共产主义道德的集体主义原则上。他们认为，共产主义道德的集体主义原则就是抹煞人的个性，抹煞人的尊严，把个人关在一个军营里边，把人当作螺丝钉，束缚人的发展。他们妄图利用这种宣传，使人们对共产主义，对集体主义道德望而生畏。现在的许多青年学生反对盲从，期望个性能得到发展，因此，对集体主义产生这样或那样的怀疑，觉得集体主义存在这样那样的问题，这是一种误解。这种现象值得我们理论界注意。我们必须从理论上正确地解释集体主义原则，正确地说明个人利益、局部利益、眼前利益同整体利益、全局利益、长远利益的关系。我们不应该因为前段时期，在宣传集体主义上面受“左”倾思潮影响，曾片面地把集体主义理解成没有个人的尊严，没有个性的发展，从而认为集体主义原则本身就是不正确的。如果由于我们过去在对集体主义原则的解释上的片面性，或者解释上的不妥当之处，就干脆不讲集体利益，只讲个人利益，那是错误的。因此，我们在理论上对这个原则再作进一步的探讨是有必要的。

总之，对集体主义原则的解释，应防止两种片面性，一种是片面地、狭隘地去解释集体主义原则，把集体主义解释为不要个性，抹煞人的自由，不要人的尊严；另外一种认为集体主义原则是行不通的，只有个人主义原则才是可行的。防止这两种片面性，是我们今天的共产主义道德教育中一个很重要的问题。

法制教育和道德教育

当前，社会上出现一些不正之风，如以权谋私、损公济私、弄虚作假等。其中一个很重要的问题，就是要加强法制教育，以克服种种消极现象，维护社会主义秩序。没有法制，对当前的种种犯罪行为和不正之风，是不能有效地予以解决的。但是，在强调法律、法制教育的同时，更要强调道德教育，强调道德调节在四化建设中的作用。

在中国古代，著名思想家孔子曾说过："导之以政，齐之以刑，民免而无耻；导之以德，齐之以礼，有耻且格。"意思是说，只是用政治去束缚人们的行动，用法律来惩治人们的不法行为，老百姓可以做到不犯罪，但是，人们没有羞耻之心，不知道犯罪是可耻的，没有道德觉悟。因此，在法律和刑法约束不到的地方，人们仍然会去犯罪。只有用道德教育来感化教育老百姓，用道德规范来约束人们的行为，老百姓有了羞耻之心，有了道德觉悟，就能在内心中认识哪些是应该做的，哪些是不应该做的。孔子的这一思想是为维护奴隶主、封建主服务的。但从伦理思想上，不可否认这里有合理的因素，可以为我们所借鉴。法律是强制的，它依靠一些强制的手段而发生作用，当这些强制手段不可能加到行为者身上的时候，有些人就可能去做一些坏事。道德则主要靠人们的内心信念与社会舆论来维持，道德是靠内心信念，靠良心、靠自己的善恶观来评价一切事物的。社会舆论，严格讲，也是其他人的意志、情感的一种表现。因此，离开了情感、意志、良心，道德就无法发挥它的作用。这种作用不是外在的，而是内在的。当然，我们所说的良心，是社会的。在阶级社会里，不同的阶级有不同的良心，这是历史唯物主义的基本理论。

西方的一些伦理思想家们，往往把道德看成是内心的法，把法律看作是外在的法，道德是自己给自己规定的一种准则，法律是外在加给人们的一种规定。强调道德，就是强调从他律到自律，从被迫服从到自愿服从，只有这样才能更好地促进社会的进步。内心的法，是主体自己给自己立的法，主体既是立法者，又是执法者，同时又是一个违法者。主体可根据自己的内心信念评价自己，制裁自己，使自己向道德的高峰攀登。所以，从这样的意义上来讲，道德和法律有各自不同的作用，充分考虑到道德的特点，强调道德的作用，对我们进行四化建设有着特别重要的作用。

伦理学的任务

伦理学是一门关于道德的科学，是研究道德的发生、发展及其变化规律的科学。伦理学以整个社会的道德现象作为自己的研究对象，也可以说是人们对道德现象的哲学思考。我们可以从道德的重要性看出伦理学的发展前途。由于道德有调解人与人之间的关系这样一种作用，因此，历来的政治家、思想家都十分重视对道德的研究。

由于道德与社会进步、对人们的生活理想有着重要的关系，所以历来进步的思想家更重视对道德的思考。他们希望通过对道德问题的研究来推动社会的进步，不但古希腊思想家是这样，中国的儒家是这样，而且十八、十九世纪的空想社会主义者也是这样。他们曾把主要的注意力放在人们的道德理想与道德觉悟上，并以此来描绘未来社会的理想蓝图。所以，关心社会进步的思想家都关心伦理学。在伦理学发展的过程中，每一阶段都受到人们的注意，直到今天，在世界范围来讲，伦理学的研究吸引着许多思想家去探讨这一既古老又新鲜的学科。我认为伦理学将成为人们改造社会中最重要的学科之一。如果说自然科学是人们为了改造自然的（当然，自然科学中也有一部分是为了改造人类自身和改造社会的），社会科学是人们为了改造社会的，那作为社会科学分支的伦理学，它是一门人类改造自身的学科。当然，人类改造自身的学科很多，不过，伦理学更注重于人们思想、精神品质和灵魂的改造。

古代希腊的思想家最早主要是对自然的思考，对道德的思考比较晚，即从对自然的思考到对人类自身道德的思考有一个过程。但从对自然思考到对道德思考，确实是人类思维的一大飞跃。古代希腊的思想家从苏格拉底、柏拉图、德谟克利特，一直到亚里士多德、伊壁鸠鲁、斯多葛学派，我觉得他们的许多认识直到今天对我们仍有很大的启发。从亚里士多德开始，各门学科开始分类。亚里士多德的哲学包括三个部分的内容，一是形而上学（即物理学），二是逻辑学，三是伦理学。伊壁鸠鲁学派和斯多葛学派在理论上进行了很多的斗争，但是他们都把伦理学作为一个很重要的学科，两个学派尽管有很多原则分歧，但在强调和重视伦理学的作用上是一致的。伊壁鸠鲁学派认为：哲学三个部分中，物理学、逻辑学都是手段，伦理学则是一种目的。斯多葛学派说整个哲学就是一个动物，逻辑学是动物的肌肉，物理学是动物的骨骼，伦理学则是动物的灵魂。希腊哲学家很早就认识到了伦理学在整个哲学中的重要性，人类的物质生活满足到一定程度的时候，总是要回到对人类自身的改造上面来的。这一点，资产阶级思想家也进行了有益的探讨。19世纪德国著名的伦理学家鲍尔生写了一本《伦理学体系》，他在书中提出了一个很有见识的意见，认为人类发展到现在（指当时的资本主义）过多地注意物质财富的增长，忽视了人类自身的改造。在人类自身的改造中，人们又注重人类的健康体质、医疗卫生，而忽视了灵魂与思想品德上的修养。他说，医学在发展，医生的人数在增加，但做人类灵魂工作的人却越来越少了。他认为人们只注意自己身体上的毛病，而不注意灵魂上的毛病，这到底是什么原因？是人类认识还没有达到这一点呢？还是已经认识了，但无能为力，只有求助于对自己身上的治疗来寻求安慰，延长生命呢？鲍尔生的思想，反映了资本主义社会随着生产力的发展，出现了道德堕落的现象。他认为，人类犯了这样一个错误，即没有及时注意自身道德水平的提高。当然，现在西方有些有识之士，希望从东方文明中寻找解救的办法，但这也是不可能奏效的。资本主义私有制，决定了人们不可能普遍地具有公有的观念。资本主义不能解决的问题，只有社会主义才能解决。我们也相信，在公有制经济基础上，在物质文明高度发展的同时，为了建设社会主义的四个现代化，人们必然会认识到或被迫认识到：如果没有社会主义高度的精神文明，要建设社会主义的四个现代化是不可能的。

我们认为，研究社会主义精神文明的伦理学必将成为我国社会主义现代化建设中最重要的学科之一。

［原载《江海学刊》（文史哲版）1986年第2期］

中国古文化的伦理型特征

冯天瑜

中国文化的特质问题，是鸦片战争以后，尤其是19世纪末叶以来，沐浴了欧风美雨的先进中国人对自己民族传统进行深沉反思的过程中提出的一个重大课题。这个问题的提出以及探讨的深化，是一个民族自我意识趋向自觉的标志，也是一个民族对自己的文化传统实行现代化改造的前提条件。因此，文化特质的探讨，不是一般性的理论问题，而是一个认识并改造中国文化传统，进而认识并改造中国社会的战略性课题。它曾经一再拨动近代爱国者心弦，今天，也理所当然地激起面向世界、走向现代化的当代中国人的关注。

伦理型文化是维系社会秩序的精神支柱和各类观念文化的核心

中国古文化属于以“求善”为目标的“伦理型”，同希腊文化以“求真”为目标的“科学型”颇相差异。科学型文化把宇宙论、认识论与道德论严加区分，分别作纵向研究，探索各自的发展系统，而且，科学型文化探求道德问题也是为认识自然、征服自然服务的。然而，作为“伦理型”的中国文化，不讲或很少讲脱离伦理学说的智慧。许多哲学的、政治的观念的产生，都是以伦理思想为起点、为核心，向外作水波式的扩散。如阴阳这对范畴，便从伦理（夫妇）推及政治（君臣）、哲学（一阴一阳之谓道）、科学（炼丹术）、文学（刚柔正变）。与此同时，若干不同范畴又往往以伦理观念作为归宿，如“吾日三省吾身：为人谋而不忠乎？与朋友交而不信乎？传不习乎？”便是典型的“反求诸己”式的聚向伦理中心的反思。

与伦理中心主义直接联系的是，中国的“治道”特别注重道德感化。在宗法社会的中国，道德的威力始终被看得比法律更为重要和有效，孔丘说的“道之以政，齐之以刑，民免而无耻；道之以德，齐之以礼，有耻且格”，便点明了此种“德治主义”的精义。中国的封建统治者主要是以伦理的训条，而不是以法律精神治理国事。中国的每一个个人首先考虑的也不是遵从国家的法治，而是如何在错综复杂的人际关系中履行伦理义务：臣对君尽忠，子对父尽孝，妇对夫尽顺，弟对兄尽悌；与此同时，君、父、夫、兄等尊者长者，对臣、子、妇、弟等卑者幼者也有特定的义务。这两者的配合，便构成宗法式社会的“和谐”。因而，中国人作为一个颇富于义务感的民族，其社会意识主要不是靠宗教和法治支撑，而是依赖建立在宗法制度基础上的伦理观念加以维系。

作为伦理型的中国文化，将人推尊到很高的地位，所谓“人为万物之灵”，“人与天地参”，“天有四时，地有其材（资源），人有其智”，把人与天地等量齐观、并列论之。因此，有的学者将欧洲中世纪神本主义的基督教文化称为“天学”，将宣传“轮回”“因果报应”的印度佛教文化称为“鬼学”，将重视人伦道德的中国儒学称为“人学”，这种概括不无道理。不过，中国文化系统的“重人”意识，并非尊重个人价值和个人的自由发展，而是将个体与类、将人与自然和社会交融互摄，强调人对宗族和国家的义务。因此，这是一种宗法集体主义（或曰封建集体主义）的“人学”，与近代勃兴的以个性解放为旗帜的人文主义属于不同的范畴。

以儒家的伦理中心主义为出发点，又生长出“贵义贱利”的价值观，所谓“正其谊（义）不谋其利，明其道不计其功”；把统治阶级的最高利益推尊为“义”和“道”，要求人们为之献身，却禁绝人们去谋求自身的“功”和“利”，将动机和效果截然两分，只强调动机，不注重效果。与此同时，又派生出“德力分离”的观念，引导人们追求道德上的完善和道义上的胜利，漠视功利与生的特质——力，认为“德之所在”，“义之所在”，生死赴之，物质欲望与力的夸耀都被认为是不道德的和低贱的。这种文化氛围养育了士大夫脱离实际、空论仁义的陋习。

伦理中心主义还渗透到意识形态的各个分支中。如中国文学高度强调“教化”功能；史学以“寓褒贬别善恶”为宗旨；教育以德育压倒一切，智育成为德育的附庸；哲学与伦理学相混合，孔孟的哲学更成为一种“伦理哲学”，都是突出表现。因此，高度重视伦理道德学说不只是中国某一学派的信念，而且是整个中国文化系统的共同特征。儒家创始者孔丘极端注重伦理学说，是人所共知的，他以“仁”为“至德”，而把孝悌、忠信、礼、勇等都从属于仁的总原则之下。“仁学”便成为宗法思想与封建国家观念的中介，因而在封建时代受到特别的推崇。孟轲又将孔丘的道德学说加以条理化，提出“仁义礼智”“孝悌忠信”“父子有亲，君臣有义，夫妇有别，长幼有序，朋友有信”等道德条目。法家与儒家歧见迭出，但全神贯注于道德伦理的探求，同样是法家学说的潜质。如韩非曾提出“臣事君，子事父，妻事夫”为“天下之常道”的三纲思想，认为“三者顺则天下治，三者逆则天下乱”。《管子》以“礼义廉耻”为民族的精神支柱，并强调任何事务都可弃而不顾，唯独干系“君臣之义，父子之亲，夫妇之别”的学问一刻也不能马虎，而要时时加以切磋。魏晋玄学的“名教自然之辨”，宋明理学的“天理人欲之辨”，都是运用思辨去满足伦理需要的范例。直到明清之际，早期启蒙思想家也仍然恪守伦理中心主义，王夫之等人虽然对封建蒙昧主义发起抨击，对“人欲”的正当性加以肯定，但他们更为重视“人”对社会国家的伦理义务，认为只有在这个范畴内，“人欲”才具有合理性。

中国文化的“道德型”特色具有双重意义。它具有精神虐杀的一面，在漫长的岁月中，将封建等级关系伦理化、凝固化，成为封建压迫的一种形式。在伦理义务的绝对拘束之下，“自然界对人类的一切关系，主观情绪的一切要求，都完全被抹杀、漠视”（黑格尔：《历史哲学》），整个社会呈现僵化而有秩序的状态。随着封建社会的发展，封建伦常愈益成为束缚卑贱者的枷锁，“饿死事极小，失节事极大”之类的礼教训条，不知戕害了多少弱者。

但是，传统的伦理思想也有其精华的一面，并在特定的历史条件下鼓舞人们自觉维护正义、民族国家，即所谓“杀身成仁”，“舍生取义”。这种文化气质曾造就了历史上许多悲壮高洁的民族英雄，浇灌了美丽的精神之花。“精忠报国”的岳飞，“留取丹心照汗青”的文天祥，饮雪吞毡、坚贞不屈的苏武，都从传统伦理思想中汲取了积极的思想营养，立德、立功，彪炳千秋。文天祥在《正气歌》中列举了中国历史上见危授命的英雄人物，歌颂了不惜牺牲生命“秉笔直书”的史学家、冒险刺杀暴君的勇士、为揭露奸佞而犯颜直谏的忠臣、不向异族入侵者屈膝的民族志士、“鞠躬尽瘁，死而后已”的贤相，这些“民族的脊梁”显然都从传统的伦理观念中获得力量去抗御常人难以忍耐的苦难。因此爱国主义是中国古文化的重要精神财富。

伦理型文化致入世、重政务、轻自然、斥技艺

既然中国的伦理观念是一种世俗的道德学说，这种道德意识又左右着中国文化，使得中国文化宗教色彩比较淡薄，从而与欧洲、印度、中东等地区的文化风格迥异。宗教一直在欧洲大陆的文化中占据举足轻重的地位。基督教通过天堂与地狱、原罪与赎罪、末日审判等故事，将人世的苦难短暂与天堂的幸福永恒形成一种强烈对照，从而引导人们超脱现世的苦难，去求得天堂的解脱。当然，中国古人的迷信思想也是浓厚的，不过，中国人普遍信奉的是“天”，这个介乎自然界与人格之间的“天”，较之欧洲文化系统中的“上帝”、印度文化系统中的“佛”，宗教意义要淡薄得多。盛行于中国的“天命”观念，既包含着某些宗教神秘主义，同时又是与社会伦理观念紧密相连的，所谓“皇天无亲，惟德是辅”（《左传·僖公五年》），因此，中国流行的“天命”论，最后归结于人伦学说，归结于道德论。中国大多数老百姓对一些外来宗教似信非信，并带有明显的实用主义倾向——可利用时供奉之，不需要时弃置一旁。正所谓“平时不烧香，临时抱佛脚”，不像欧洲、印度、伊斯兰世界的人们那样对宗教信从无疑。中国封建统治者的宗教信仰也很不专一。他们对各种宗教及其流派往往取兼容并包的利用态度。而且，中国的帝王们总是高踞于宗教界之上，中国的封建帝王多次向宗教首脑“册封”，而

不是像欧洲帝王那样，必须接受教皇的批准方能即位。在中国，僧侣阶层极少像中世纪欧洲那样成为“第一等级”，各个朝代基本没有出现“政教合一”的局面。政教分离，“政”凌驾于“教”之上，是中国的传统。意识形态方面，唐宋以来，士人们鉴于儒学哲理思辨的粗疏，广泛开展“援佛入儒”工作，将传统儒学与佛教哲学相结合，形成了“新儒学”——理学。周敦颐、程颢、程颐、朱熹等理学家在构筑自己的理论体系时，虽然大量吸取了佛教哲学，但他们思想的主流是“入世”的而并非“出世”的，他们遵循的仍然是“修身，齐家，治国，平天下”的儒学宗旨，引导人们在现世“作圣人”，而不是引导人们寻求宗教式的解脱，这使得理学与宗教最后划清了界限。至于王充、范缜、张载、熊伯龙等唯物主义思想家，更以破除鬼神之说为己任，代表了中国文化的无神论传统。无神论、神灭论产生早，发展充分，是中国文化系统的一个显著特点和优点。

如果说伦理型的中国文化同宗教比较疏远，那么，伦理型的中国文化同政治的关系则极端密切。可以这样讲：与以“求善”为目标的文化“道德型”直接相联系，中国文化又属于以“求治”为目标的“政治型”，或曰“伦理—政治型”。在中国文化系统中，政治原则往往是从道德原则推导出来的；反过来，伦理学说又为政治作论证，以致伦理学说与政治学说融为一体。如三纲五常，本是讲的伦理关系，后来便演变成一种政治规范，道德变成了法律的强制。

这种“政治型”文化，体现在教育方面，便是“为学”不离“从政”。“学干禄”“学而优则仕”成为官办和多数民办教育的宗旨所在。国家通过各种考选办法（隋唐以后定型为科举制）从士人中选拔官僚，士人则把“穷则寓治于教，达则寓教于治”奉为信条；体现在学术方面，是“道”“学”“治”合一，即龚自珍所概括的：“是道也，是学也，是治也，则一而已”；体现在文学方面是“文以载道”思想贯穿古今，强调文学为政治服务。总之，中国文化的各个侧面无不深深依附于政治、效力政治，以政治（及与之相伴随的伦理）为出发点，又以政治（及与之相伴随的伦理）为目的。这与西方文化有显著差异。欧洲也出现过政治文化，这便是罗马文化。但罗马文化属于法治主义的政治型文化。它与希腊的科学型文化是一脉相通的。而中国文化是宗法制度派生出来的、与伦理中心主义相联系的政治型文化。

中国文化强烈的政治化倾向（或曰政治实用倾向），使中国古代的政治学说、国家学说比欧洲、印度发达和具体得多，例如中国是世界上文官制度发达最早、最完整的国家。从考选制度、职官制度到监察制度，都十分完备和严密，并使参与政治的那一部分人——士大夫形成一种生动的、富于社会责任感的“经世致用”传统，中国古代许多文化人都全力关注民族国家的命运与民生的疾苦，所谓“天下兴亡，匹夫有责”，“先天下之忧而忧，后天下之乐而乐”，中华民族成千上万的优秀人物正孕育于这种文化传统之中。

然而，中国的“政治型”文化也有其明显弊端。由于历朝统治者总是力图把文化变成现实政治的附庸，文化人也以此为当然，认为凡与军国要务无直接关系的学问，都是“无用之辨、不急之察，弃而不治。若夫君臣之义、父子之亲、夫妇之别，则日切磋而不舍也”（《荀子·王制》）。这种政治实用倾向妨碍了各个文化分支自由、独立的发展。

中国文化对人伦政治的高度注重，达到排他性的程度，以致取代了对物理的研究，从而限制了自然哲学和科学技术的发展。因此，中国文化的重政务倾向又是与“轻自然、斥技艺”这一偏颇联系在一起的。中国的封建统治者所关心的，仅仅是维系简单再生产使自然经济周而复始地运行，以源源不绝地提供赋税和贡品，至于扩大社会再生产以及为扩大社会再生产服务的科学技术，他们则极少关心。反映这种趋向的封建时代的正宗文化——儒学，便对自然哲学和科学技术十分忽视，甚至十分藐视。当然，儒学作为一种积极入世的政治—伦理学说，并不排斥那些为儒家政治和维持简单再生产服务的科学知识及其技艺，尤其对那些直接效力于“求治”目标的项目，如替皇朝的“承天受命”作论证，并为农业生产服务的天文历算，他们也给予重视，但那些被认为不能直接有助于“治国之道”的科学理论和生产技艺，便被斥之为“屠龙之术”“不急之务”。至于违背儒学经典的理论，更被视作大逆不道的“异端”，遭到断然排斥。因此，尽管古代中国人对于自然界有不少敏锐的观察和新颖的见解，但假如这些自然知识不能启迪人心，告诉人们各种政治的和道德的哲理，那么，它们将不会受到重视。中国近代科学落后的原因当然要归结于中国小农业与家庭手工业相结合的自然经济特别难以打破，归结于建立在这种经济结构之上的封建专制政治的强固有力，然而，与这种经济政治制度相适应的“重政务、轻自然、斥技艺”的儒学传统，更是中国难以产生现代科学的一个直接原因。

伦理型文化养育了朴素的整体观念和注重直觉体悟的思维方式

思维方式是某一文化类型诸特征的集中体现，同时又对这个文化类型的其他侧面发生强有力的制约作用和广泛影响。古代人对世界的描述都停留在事物现象的刻画上，至于事物本质和内在联系的揭示，则诉诸猜测——往往是一种直观把握住真理的天才的猜测。这种情形在古希腊与中国古代哲人那里常可遇见。然而，因为自然条件、物质生产方式和社会组织的差异造成不同的文化类型，各民族的思维方式又各有特色。

作为“科学型”的希腊文化，其思维方式较多强调对立面的冲突与斗争，“此岸世界”与“彼岸世界”、物质世界与精神世界、肉体与灵魂、本质与现象、内容与形式，都是彼此对立、不相融合的。而作为强调人际关系和谐一致的“伦理型”的中国文化，其思维方式则趋于寻求对立面的统一，长于综合而短于分析，在天与人、理与气、心与物、体与用、文与质诸组范畴的两两关系上，中国哲人虽然也讲对立面的斗争，但总的倾向是不主张强为割裂，而习惯于融会贯通地加以把握，寻求一种自然的和谐。“天人合一”“知行合一”“情景合一”是中国古代哲学的三个基本命题。“天人合一”观视天道与人道二者为一体，所谓“道未始有天人之别，但在天则为天道，在人则为人道”（程颐：《语录》）。认为人类与自然界是水乳交融的统一体和心心相印的伙伴。而不是像欧洲人那样将宇宙作为外在物和客体加以探究，视大自然为人类的对立面和征服对象；“知行合一”观将思想认识与生活行动打成一片，认为“广大高明不离乎日用”，“学”与“道”的目的均在于改善人的行为，“君子之学也以美其身”（荀子：《劝学》）。这种将知与行合而为一的风格，与脱离现实、企图在此岸世界之外去别求究竟的印度哲学大相径庭，也与知、行分离以求真爱智为宗旨的欧洲哲学迥然相异；“情景合一”观则将创作者的主观意绪与描写客体融为一片，追求一种“主客一体”“物我两忘”的美学境界。这三个命题都带有笼统、直观把握事物的无限涵容性色彩，均属朴素的整体观念。

中国古代文化系统所表现的求统一的思维方式，包含着若干真理的雏形。第一，它注意从总体上看问题；第二，它注意从运动中看问题；第三，它注意从联系上看问题。这都含有朴素辩证法的要素，是宏观把握世界的初级办法。饶有兴味的是，当前世界上流行的系统思想，在中国古代已有萌芽。先秦思想家老聃用有与无、始与母、一与二、阴与阳的对立统一关系来表达自然界的统一性，其间包含了事物之间相互联系、相互制约的系统思想。另一先秦思想家荀况把宇宙看作由客观规律支配的统一体，认为“天”是列星、日月、四时、阴阳、风雨、万物等自然现象互相协调、互相作用、不断生成的功能系统。西汉董仲舒以阴阳五行为骨干，将宇宙与社会融为一体，显示了早熟的系统思想。我国传统的中医学认为人体是各部分器官有机联系起来的一个整体，并用阴阳五行学说明五脏之间相互依存、相互制约的关系。这种从整体出发看待人体内脏之间的辩证关系也是一种系统观点。中国古代杰出的系统观早已引起国外学者的注意。耗散结构的创始人普利高津说，中国传统的学术思想着重于研究整体性和自发性、研究协调和协同。他预言：西方科学和中国文化对整体性、协同性理解的很好结合，将导致新的自然哲学和自然观。

然而，中国古代朴素的整体观念虽然强调对自然界、人类社会整体性、统一性的认识，却缺乏对这一整体各个细节的认识能力，因而对整体性和统一性的认识是含糊的、不完备的。在古代欧洲，也曾有过类似的整体性思维方式，但在发展过程中，逐渐为形而上学所代替。15 世纪下半叶以后，欧洲自然科学便在搜集材料的基础上，逐步进行分门别类的研究，通过实验、分析、比较和归纳，把自然界的各种事物和过程分解为各个部分，把具体问题从总体中分离出来，把极复杂的问题划分为比较简单的形式和部分，然后一个部分一个部分地进行研究，这便是实验的方法。这种研究方法固然具有孤立、片面、静止观察事物的弊端，但比朴素的整体观大大进了一步，并在几个世纪内促进了科学的发展，尤其是促进了各种分门别类的学科的发展。然而，中国的思维方式发展史，始终缺乏一个机械唯物论阶段，朴素辩证法的充分运用妨碍了思维与数学语言的结合；依凭顿悟的格物致知之学，堵塞了实验科学的发展道路。因此，中国古代思维虽然较少片面性，但它的不片面是建立在模糊直观的基础之上，这种思维方式使人们容忍思想的朦胧性，满足于用朴素的对立统一观念去谈论宇宙的一般法则，既毋庸担忧客观实践的检验，也不受逻辑规则的制约。

中国文化的伦理类型还给思维方式带来另一特征：以伦理学的“所当然”取代哲学的“所以然”，这样，与朴素的整体观念和求统一的思维方式相关联，中国人还有一种忽视理论体系建立的倾向。中国人的思维传统，或者诉诸经验理性，满足于从生活事实中寻求证据，习惯于“设象喻理”，而忽视深刻的理论上的探讨，如墨学的“三表法”，以“有本之者，有原之者，有用之者”作为检验是非真假的标准，特别强调生活实效对认识的判定作用，荀况曾批评说：“墨子蔽于用而不知文。”或者追求内心的冥证，以“自省”“自讼”式的内求工夫作为判断手段，思孟学派将此发展到极致，这种认识路径后来被宋代理学家引入顿悟的门槛。

素朴的整体观念和求统一的思维方式，既反映了我们祖先宏观把握世界的慧眼独具，也表现了我们民族在科学实证精神和数量分析方面存在的明显缺陷。而一个民族要想走向现代化，思维方式的改造是必不可少的。中国传统思维方式的改造，实质上是突破古代、中世纪的思维模式，补上近代思维的必修课——致力于实证精神的发扬和数学语言的运用；并进而直接采纳现代思维的新成就，以网络状的思维型制取代单线条的链状推导法，在大力发展诸学科纵向研究和微观考察的基础上，对中国传统的整体观念和系统思想加以扬弃，从而在新的、高层次的基础上建造综合与分析、宏观把握与微观考查相统一的思维方式，用以作为认识世界、改造世界的强有力武器。

伦理型文化产生和繁衍的土壤

作为社会意识的文化是由社会存在决定的，这是唯物主义的一个总体性命题。但社会存在又有若干层次，自然条件（或曰地理环境）是最基础的层次，其上则有经济层次（生产方式）和社会组织层次等，它们分别通过各种复杂的渠道对作为社会意识的文化施加影响。同时，社会意识又并非都如照相机式地直接反映社会存在，特别是较高级的社会意识总要通过若干中介去反映社会存在。为着真切地把握中国文化的特征，有必要对中国文化得以繁衍的土壤进行多层次的综合研究。当我们进行这种综合的、比较的研究时，便会发现，养育中国古代文化的土壤，是一种区别于开放性的海洋环境的半封闭的大陆环境；是一种既不同于游牧经济，也不同于工商业经济的农业型自然经济；是一种与古代希腊、罗马的城邦共和制、元首共和制、军事独裁制以及中世纪西欧的封建等级制和印度种姓制均相出入的家国一体的宗法制社会。

人类历史和文化的发展，是以自然为基础和前提的。因为，一方面，人类本身便是自然的产物；另一方面，人类的劳动对象也是自然。当然，文化是由作为社会的人创造的，并非由地理环境直接赋予，但地理环境毕竟给人类文化的创造提供了物质材料，在一定程度上影响着文化的发展趋向和色彩。而且，人类社会愈接近原始阶段，这种影响力所占的比重愈大。所以，我们在考察中国文化，尤其是中国古代文化的类型时，必须把地理环境纳入自己研究的视野。

地理环境的一个重要因素是气候。中国处在北半球的温带——暖温带，地理环境提供了“自然之富，物产之丰”，这显然是古老的中国文明得以滋生发达的一个先决条件。地理环境的另一个重要因素是濒海性。古人的交通往来，主要靠河海提供舟楫之便。正是从这一意义上，黑格尔说："水性使人通，山性使人塞；水势使人合，山势使人离。"我们的先民自古生活在东亚大陆上。这里东濒茫茫沧海，西北横亘漫漫戈壁，西南耸立着世界上最险峻的青藏高原。这种一面临海（须知，这是古人难以横渡的太平洋，与地中海这样的内海大不相同），其他三面陆路交通极不便利，而内部回旋余地又相当开阔的环境，造成一种与外部世界相对隔绝的状态。中国古文化系统从半封闭的大陆性地理环境中获得了比较完备的"隔绝机制"，而"隔绝机制"正是一个独立的古文化系统得以延续的先决条件，但它又限制了文化的交流。由于中国古代文化始终保持着独立的、一以贯之的发展系统，加之古代中国人对外部世界知之甚略，这使得中国人在相当长的时期，把黄河、长江滋润的那片土地视作真实的"域内"，而把其他地区看作虚幻的"方外""化外"。由于古代中国的政治、经济、文化较周边地区先进，中国人一向自视为"天朝上国"；加之古代华夏族、汉族多建都于黄河南北，处在"四夷"之中，故自称"中华""中国"，所谓"是以声名洋溢乎中国，施及蛮貊"（《札记·中庸》）。这种特定的氛围，使中国自以为处在世界的中央，"中国者，天下之中也"，是中国人长期以来形成的颇富于尊严感的"自我意识"。凡此种种，铸造了中国人独具风格的世界观念和文化心理，古代中国的哲学、文学艺术和科学技术，无不受到这种世界观念和文化心理的制约。至于中国人强烈的民族观念（所谓"华夷之辨"）、对国籍的格外注重（一些海洋民族视变更国籍为常事，而中国人则不然），以及眷恋国土乡邦的情怀，也是一种执着的大陆民族意识。尽管这种民族意识是在半封闭状态中养育出来的，因而有其褊狭之处，但在两千多年间，确乎是支撑中华民族保家卫国、发扬文化传统的精神力量。列宁在《皮梯利姆·索罗金的宝贵自供》一文中曾经指出："爱国主义是由于千百年来各自的祖国彼此隔离而形成的一种极其深厚的感情。"这就明确地把"隔绝机制"作为旧式爱国主义产生的土壤。而中国古代的爱国主义，确乎与隔绝机制特别完备的大陆型地理环境有着不可分割的关系。这是我们在考察爱国主义这一重要文化现象时必须注意的一个问题。

中国人的主体——汉人聚居之地是湿润半湿润的大河大陆型，长江黄河哺育了这片肥沃的土地，为我们的先民从事精耕细作的农业经济提供了条件。农业经济是中国古代经济的主干，中国文化的一系列特征都由此派生出来，如民族心理的务实精神便是由农业社会导致的一种心理趋向。“国民常性，所察在政事日用，所务在工商耕稼，志尽于有生，语绝于无验。”① 章太炎的这一描述，刻画了以农民为主体的中国人“重实际而黜玄想”的民族性格，正是这种民族性格使中国自周秦以后的两千余年间虽有种种土生的或外来的宗教流传，但基本上没有陷入全民族的宗教迷狂，世俗的、入世的思想始终压倒神异的、出世的思想。一般而言，中世纪是文化的黑暗时代，但中国人创造了世界上最辉煌的封建文化，在十五、十六世纪以前的一千余年间，中国文化长期处于世界前列，中国封建文化所取得的高度成就，早已蜚声世界，被认作是人类文明的第二个高峰（第一个高峰：奴隶制文化，其代表为希腊罗马；第二个高蜂：封建文化，其代表为中国；第三个高峰：资本主义文化，其代表为意大利、尼德兰、英吉利、法兰西），这不能不归因于中国农业社会的发达和成熟，归因于中国农民和士人非宗教的理性主义精神。

农业社会的政治观念也有自己的特点。一方面，由千百个彼此雷同、极端分散而又少有商品交换关系的村落和城镇组成的社会，需要产生高高在上、君临一切的集权政体和统治思想，这便是所谓的“东方专制主义”，它剥夺了人民群众的一切权利，将国家的军、政、财、文大权全部集中到朝廷乃至皇帝个人手中。另一方面，农业社会存在和发展的前提，是农业劳动力——农民的“安居乐业”，一旦这种格局遭到大规模破坏，“民不聊生”“民怨沸腾”，便有可能导致王朝的崩溃。这使得封建统治者很早便领悟到民为水，君为舟，而“水能载舟亦能覆舟”的道理，因此，“民为邦本”“使民以时”“民贵君轻”等民本思想成为中国这个农业社会的一种传统观念，反对“杀鸡取卵”“竭泽而渔”的“仁政”“王道”学说即由此派生出来。“爱民”“恤

① 汤志钧编：《章太炎政论选集》（下），中华书局1977年版，第689页。

民”的思想与“残民”“虐民”的绝对君权主义相互对立又相互补充，共同组成中国式农业社会政治思想的主体。而重民心、重民意的民本思想作为中国文化系统中比较富于人民性和朴素民主精神的部分，对中国文化人理论体系的构筑和创作活动的展开都有着深刻影响，从屈原的“哀民生之多艰”到杜甫的“朱门酒肉臭，路有冻死骨”，无不跳跃着民本主义的脉搏。

中国古史的发展脉络，不是以奴隶制的国家代替由氏族血缘纽带联系起来的宗法社会，而是由家族走向国家，以血缘纽带维系奴隶制度，形成一种“家国一体”的格局。这样，氏族社会的解体在我国完成得很不充分，因而氏族社会的宗法制度及其意识形态的残余大量积淀下来。宗法制度在中国根深蒂固，不仅由于氏族社会解体极不充分，还由于此后自然经济长期延续，“鸡犬之声相闻，民至老死不相往来”的村社构成中国社会的细胞群，而这些村社中又包含家庭宗族与邻里乡党两大环节，由家庭而家族，再集合为宗族，组成社会，进而成为国家的基石。这种社会结构给宗法制度、宗法思想的迁延、流衍提供了丰厚的土壤。战国时期，新兴的封建主对奴隶制的宗法制度曾经有所冲击，但破坏的仅限于奴隶主贵族利用血缘关系所推行的“亲亲”原则，至于以家庭为细胞的农业型自然经济和血缘宗族关系，则是完全没有摇撼，因此，在一定意义上可以说，中国的奴隶社会是宗法奴隶制，封建社会是宗法封建制。中国的奴隶制国家和封建制国家，始终是父家长制政治政体，父亲在家庭“君临一切”，君王则是全国的“严父”，宗法关系渗透到社会生活的最深层。

这种血亲宗法制度派生出来的社会心理，首先表现为对血缘关系的高度注重。中国历代皇朝都依照“立子以贵不以长，立嫡以长不以贤”的原则继位，是从宗法制度派生出来的血缘至上的继统法，其作用在于减少争夺皇位的纷扰，但同时又繁衍出许许多多昏君。这是最高统治者为确保皇统的血缘纯洁性所作的努力，其实质是一个宗族决不允许政治权力和经济利益向本宗族以外旁落。总之，“非我族类，其心必异”，成为宗法制度下的中国人的普遍信念。

宗法制度下的社会心理又表现为对祖先的顶礼膜拜。起源于父系氏族社会的祖先崇拜，意在祈求祖宗保佑后代繁荣昌盛。“天地君亲师”五位一体，是中国人普遍敬奉的神主。但“天地”是虚设的；对“君”的崇敬则是从对“父”的崇敬中引申、借代过来的，所谓“君子之事亲孝，故忠可移于君，事兄悌，故顺可移于长；居家理故治可移于君”（《孝经·广扬名》），宗法家族成为“国”与“民”之间的中介，“国”与“家”彼此沟通，君权与父权也就互为表里，君与民之间是“君父”与“子民”的关系。至于“师”，也享有类似父亲的尊严，并且师还是“孝亲”观念的灌输者。因此，“天地君亲师”的核心和枢纽在于“亲”（即祖先），“孝亲”成为中国道德的本位，“慎终追远”成为中国式宗法社会的传统社会心理。正是在这一意义上，黑格尔把中国文化的主旨概括为“家庭精神”。随着国家的家族化，宗法观念在封建时代便演化成“三纲五常”等一整套伦理体系，构成封建时代人际关系的准绳。

宗法制度下的社会心理还表现为对传统的极端尊重。这也是一种氏族社会的遗风。氏族制度“使人的头脑局限在极小的范围内，成为迷信的驯服工具，成为传统规则的奴隶”①。而封建时代建立在农业自然经济基础上的宗法制度使这种“遗风”得以保留，并在较高的层次上得以展现——政治上迷信“正统”，“汉贼不两立”，成为人们的信条；思想学术上追求“道统”“心传”，从韩愈到宋明理学家，无不以“尧舜禹—文武周公—孔孟”系统的继承者自居，而人们也确乎把他们视作孔孟衣钵的“真传”加以崇奉：文学上推尊“文统”，“文必西汉，诗必盛唐”成为骚人墨客的宗旨；至于艺术流派和手工业行帮更讲究“家法”“师法”，把“无一字无出处”“无一笔无来路”视作艺术和技能的极致。从积极面而言，这种尊重传统的做法大大强化了中国历史和中国文化的延续力，使得中国历史和中国文化成为世界上少见的不曾中断过的典范；从消极面而言，一味迷恋传统的宗法意识造成中国人向后

① 《马克思恩格斯选集》第2卷，人民出版社1972年版，第67页。

看的积习和守成的倾向，保守知足，重古轻今，把“信而好古”“述而不作”视作至理，从而消磨了进取和创新的精神，

总之，在一个半封闭的暖温带大陆上繁衍起来，以农业经济为生存基本手段的家国一体的宗法社会，便是中国古代文化得以滋生和发展的土壤。正是这些社会存在的综合作用，养育了中国人特定的社会心理，如勤谨质朴、热爱和平、自足自得、崇尚中庸、习惯稳定、尊重传统等，而以这种社会心理为中介，铸成了富于中国风格的社会意识形态，如天人相与、王民相维、上下相依的世界观、政治观、伦理观三者合一的思想体系，政治学、文学、艺术、史学、哲学无不渗透着这种思想体系的影响。

［原载《江海学刊》（文史哲版）1986 年第 3 期］

小城镇　新发展

费孝通

我们的小城镇研究进行好几个年头了。两年前，我们的研究由定性研究延伸到大规模的定量研究。其中的一个课题就是对江苏省不同区域内七个县（区）的190个小城镇作了比较全面的一次性统计调查。现在这批数据经电子计算机处理，又作了初步分析。

进行这样大规模的调查，如此之多的统计数据，统计指标本身又着力从城乡两头来刻画小城镇的全貌，这在小城镇研究中还是第一次。实际上是一次试验。尽管不算太好，可以说还是成功的，达到了我们预定的要求。

通过这样一次大规模的调查，本来定性认识不够明确、清楚的问题，现在比较清楚了。例如，一个镇的工农比例，过去很难说清楚，至多也不过是工农业的产值比例。现在我们就可以说得比较具体、明确了，工农业两者的比例有了产值比例、人口比例、劳动者比例，等等。对江苏省不同区域内小城镇的差异，也有了基本的了解。再是通过这次调查看到了一些我们以前没有认识的东西。例如：通过各种数据的衡量，发现在乡镇之上、县城镇之下，事实上还有一个中间层次——中心镇的存在。这个中心镇不同于通常所说的建制镇，它不是一个行政单元，其范围与行政范围也是两回事。它不是人为造出来的，而是一个新的集合体。它是经济、社会长期运动、作用“挤”出来的一个新的层次。这次调查工作也向我们提出了一些新的课题。比如，小城镇与周围的乡村组成了一个经济区域，它们的关系类似于细胞核之于细胞本身。这种以小城镇为中心的区域不等于现在的行政区域。

我自己这两年在全国各个地方跑了一下，作些比较研究。另外在一个农村的小点上追踪观察，继续我五十年前开始的那项工作，希望能写成一本《江村五十年》。这本书还希望能写出人的变化，以人的变化反映我们这个时代的变迁。

在江苏调查研究的同时，我去了浙江温州、甘肃定西、临夏、内蒙古、青海，目的是想在更大范围里作比较研究，看看江苏小城镇的这种特点到底适用于一个多大的范围，不同的地区可以从中吸收些什么东西。其实，江苏本身也有不同情况，苏北显然跟苏南不一样，我是在江苏作比较研究的基础上试图进入全国范围的比较研究的。

现在乡镇经济已经有不同的发展模式出现，至少有较为成熟的所谓“苏南模式”“温州模式”。可见农民的致富门道内容丰富，各具特点。

苏南与温州的两种模式既有相同点，也有不同点。相同的是都是人多地少的地区农民自发创造的结果。浙江人均耕地比江苏还少，只有六分八厘；温州更少，人均不到半亩田。其次是党的十一届三中全会后，两地的农村都处于令人惊异的高速发展之中。

所不同的是苏南的乡镇工业模式是在公社集体经济的底子上出现的，依靠农业集体的积累，再加上外界的条件，如城市的技术、设备的支持，从而产生出有自己特色的经济发展模式来。可是，有些地方的农村情况与此不同，在公社的集体经济解体前，没有集体积累。在缺乏当年苏南兴办社队工业时的基础和前提的条件下，要照搬苏南的经验自然就“学不会”“学不像”。

温州的模式形成于温州有其具体条件。温州人向来有经商传统，商品经济的头脑早已形成，历史上石刻、竹编、弹花、箍桶、裁缝、理发、厨师等百工手艺人和卖小百货及收废品的货郎担，八仙过海，到处周游，近则全国各地，远到西欧各国。传统的商业和手工业在个体经营合法后便脱颖而出，成长成今天温州这一有别于苏南的新模式。可以说，要简单地模仿这种模式也是困难的。

然而，苏南模式也好，温州模式也好，都有某些东西给人以启迪，我们也可从中体会到一些带有普遍意义的东西。比如，在苏南，工农业发展基本上是协调的。又如，温州民间自发的流通网络，值得在当前的体制改革中予以重视。

无论是苏南模式还是温州模式，或群众创造的其他模式，评价它们的唯一标准是视其是否促进了社会生产力的发展，是否提高了人民群众的生活水平。这些模式能欣欣向荣地迅速发展，在中国历史上乃至人类发展史上都是古来所无的。唯其如此，方显出中国社会现代化的特色；唯其如此，才需要我们对伴随这些新事物一同出现的新问题进行科学的认识。

小城镇只是城乡网络中的一环，它有上下、前后、左右的各种关系。整个城乡的网络是一层一层的一个塔形网状结构。这个网络的密度、层次、环境、联结方式各地不完全一样，但是总的纲目是一致的。

农民从农村转移到小城镇，目前采用了离土不离乡的形式，即部分劳动力与土地脱离了关系，转向非农产业，而户口、家庭等仍在乡村。离土不离乡本身不是谁出的主意、谁下的一道行政命令，而是客观条件下中国农民自己走的路。现在，离土不离乡这部分人数很大，全国已达到7000万人，这很了不起。在资本主义发达的国家，失业问题是最头痛的事，全国若有几百万人失业，统治者的日子就不好过了。我们在短短的几年内，这么多的人得到了就业，人类历史上是没有过的。假若7000万人不从农业里转移出来，情况很难想象。全部都离乡进城又是不可能的。中国社会的这场变化正在悄悄地、和平地进行，然而却是革命性的、巨大的变化。客观条件引导中国农民作出了这个离土不离乡的选择，这是符合当前中国的具体情况的。我们的城市没有能力在这样短的几年中吸收如此众多的人口。国家现有财力不可能创造这样大量的就业机会。农民充分利用原有的农村生活设施，进镇从事工商业活动，在当前不失为最经济、最有效的方法。中国大规模的工业化就是在这种农民自办工业的形式中起步的。

当然，离土不离乡的形式是否会永远保持下去？这种当前提高农村经济水平的有效方式是否会永远继续下去？我个人认为这只是个起点，事物将会不断变化，不断发展。应当看到这种方式是有其局限性的，这批人与农业相连的脐带并没有被割断。他们与实行农业责任制后的家庭小规模的土地经营相联系，而小规模经营发展到一定阶段后，缺陷会越来越暴露出来。像江苏这样的地方，在现有的条件下，土地经营规模至少要达到40亩，各种农业机械才能用得上。农业的生产力、工业的生产力要想进一步提高，必须扩大土地经营规模，也势必要使更多的人离土，农业才能现代化。看来，从离土不离乡到部分人离土又离乡是发展的趋势，不过这需要一个过程。

目前，江苏已有相当数量的农民建筑队远到新疆、大庆搞劳务输出，而户口仍在江苏。这实际上也是离土不离乡的一种形式。

总之，大量的农村人口集中到城市去是不可能的。主张以大城市为主来容纳农村人口的意见是脱离实际的空想，是不了解中国社会实际情况的人的想法。

现在，农民富了，随之而来的有个消费问题，有了钱，钱作什么用的问题。随着收入的增加，消费增长看来是有一定规律性的。先是吃饭，紧接着是穿衣，再下去是造房。大体上农民年人均收入到了500元，农村里就会出现造房子的高潮。农民造房是一项涉及千家万户的建设事业，可是到现在我们还没有给予充分的重视，绝大多数的农村里造房子是各家各户自己动手备料和经营建筑的，结果是破坏了农村的面貌，打乱了农村的规划。有一些地方正在试点，通过造商品房为农民服务。例如，成立建筑公司，承包农村造房，设计出多种不同风格、形式的住宅，让农民挑选，可以分期付款。农民有了房子，还需要家具，也要配套，使之与房子协调。诸如此类问题，都需要有一套为农民服务的体系，以指导农民的消费。这样一来，村镇规划、土地问题、资金积累等问题都可以联系起来解决了。衣食住等生活需要解决了，农民手头的钱作什么用的问题也就更突出了。这里我们碰到了精神文明建设的问题，对这个问题我们才刚刚开始探索。客观事物的发展又向我们提出了更复杂也更重要的课题。

从小城镇的研究入手，我们开始在探索一条符合我国情况的学术发展道路。通过这几年的努力，虽然做得不是太好，但是我认为方向是对头的。在小城镇问题上之所以会出现学者与党政领导的“不谋而合”，是学者投身于社会实践，抓住了社会发展的主流和党政领导密切注意并迫切需要回答实践提出的新问题的结果。

几年来，我们抓住小城镇这一中国社会变迁中出现的新事物进行调查研究，实际上是想从中去捉摸中国现代化的客观进程。尽管我国现代化建设困难还很多，但这条路非走不可。不实现现代化，我们在整个世界上就得不到应有的地位。我们的任务就在于客观地记录实践的发展，为历史留下印记。同时为科学地认识中国社会，自觉地指导中国社会的发展作出自己的一份贡献。应该说，这类为决策科学化提供依据的工作目前不是多了，而是少了。

回顾多年的小城镇研究，我们的研究工作之所以有一些收获，是因为我们遵循了下列的做法：

第一，坚持理论联系实际，一切从实际出发，不唯上，不唯书，而是唯实。当然书本上的东西都要看，它会给我们不少启发，但不是唯书本为上。实事求是，投身到实际中去，应是我们的基本方法。

第二，整体观点和系统分析。任何事物都是由有联系的部分组成的，只有从整体出发分析其组成的要素之间的关系，才能防止片面性。事物的联系具有系统性，系统分析就是要说明整体中各部分怎样联系起来组成这个整体。

第三，发展的观点，历史追溯和未来预测。一切东西都在运动之中，都有来龙去脉。事物在时间中的变化就是发展过程。发展是有条件的，所以有规律性。

第四，还要有个务实的、服务的观点。我们是为促进社会发展而研究社会，不能为研究而研究。当前的任务是为我国的现代化服务。

“七五”期间的小城镇研究需要上升到更高的一个层次。研究工作要以城乡关系为主题，以小城镇为纽带，顺着两个方向发展下去：一是横向扩展，即从江苏省本身的深入研究进一步发展到全国性的比较研究。二是纵深发展，即农村—小城镇—中等城市—大城市乃至整个城乡关系的综合研究。

我把全国大体上分为三个部分：第一是东部沿海发达地区，第二是中部地区，第三是西部边远待开发地区和少数民族地区。中国之大，各地的情况很不一样，即使在江苏一省也有不同情况。简单地照搬照抄某地的经验是要误事的。所以，不同类型地区的比较研究，将使我们研究所得出的结论更有科学性，更符合具体实际。各地的情况不同，发展的过程也会有所区别。我在苏北调查后，认为苏北必须着重发展中等城市和骨干工业。苏北的洪泽湖地区为什么多年来小城镇起不来，恐怕主要是缺乏骨干工业。再如甘肃的定西，小城镇怎样才能发展起来？我建议搞一些能促进经济作物发展的工厂，如亚麻厂，使千家万户可以从种植业中致富，以带动整个地区经济的起飞。这种建设还不能完全依靠农民自发进行，需要国家适当投资。研究这一类问题是为广大的、没有大城市的地区农村经济的起飞寻找一条路子。

在国内不同地区比较的基础上，我们还要走向国际性的比较研究。要研究发达国家工业化初期的特点，工农关系、城乡关系，各种关系又是如何变化的。还应当研究第三世界各国当前工业化的情况，和我们作对比分析。我们现在在这方面还缺乏深入的研究，一些结论仍停留在概念和简单的推断上。进行这样的国际性比较，可以看出不同国家发展道路的特点，不同的道路间又有些什么共同的规律性东西。

小城镇研究迫切需要我们再上一层楼。可以先进入中等城市的研究，从中等城市看小城镇的地位和作用。苏南形成今天这个局面，要是少了上海、无锡、苏州等大中城市，至少不会是目前这个样子。因此，要把农村—集镇—城市这根脉络理清楚，这也就是对整个城乡关系的研究。

我们正处于一个大变化的时代。半个多世纪的经历，使我深深体会到，这是前人从未遇到过的好机会、好形势。我们应该觉得生逢盛世。可以相信，一个现代化的中国一定会出现。我们有责任把这条道路客观地记录下来。1986 年 6 月，我陪胡耀邦总书记出访西欧四国回来写了首诗，最后一句是“纸尽才疏诗半篇”，意思是我现在已到暮年，由于“反右”和“文革”损失了二十年，早年所学已多荒疏，看来我一生本来应当能做到的事，只能完成一半。恢复工作时我已 70 岁，当时下定决心今后十年要做二十年的事情。当然六年已经过去，到底做得如何，成绩如何，实在很难说。说真话，我 30、40 年代读过些书，想靠这点营养，来开 80 年代的花，不可能开得太好看的。可是我有一条，就是积极投身到沸腾的社会实际里去，尽自己最大的努力追踪和探索社会主义现代化的进程，记下人民群众的创造，为我们的党和政府作决策提供参考。一个人最大的安慰是他早期的志向经过艰难曲折后终于得到实现。但对我来说，只能是“诗半篇”了。

[原载《江海学刊》（经济社会版）1987 年第 1 期]

对于张謇的再认识

章开沅

中国早期著名的企业家之一张謇离开人世已有61年了，但是他的事业及其影响至今仍然延绵不绝。半个多世纪以来，人们都承认他是名人，是大实业家和教育家，但实际上褒贬不一，评价歧异甚多。中国人总爱说盖棺论定，其实许多历史人物却是盖棺而不能定论，至少是盖棺而难以定论，只有通过若干世代历史的验证和众多论者的争辩驳难，然后才能获得比较一致和近乎实际的结论。“青史凭谁定是非”，历史人物评价之难，岂独张謇一例。

当然，张謇并不怎么重视后世对自己的评说，他曾为生塘墓门自拟联语：“即此粗完一生事，会须身伴五山灵。”五山即南通南郊的狼、剑、军、马鞍、黄泥诸山，是张謇生前喜爱的自然景观；自己要做而又能做的事情大体都做完了，而且死后能与秀美的五山永相伴随，这就可以心满意足、安眠地下。同时，张謇对于历史人物，也有自己独到而较为通达的见解。他曾说：“若孙中山者，我总认为在历史上确有可以纪念之价值。其个人不贪财聚畜，不自讳短处，亦确可以矜式人民。今中山死矣，其功其过，我国人以地方感受观念之别，大抵绝不能同。然能举非常大事人，苟非圣贤而贤哲为之左右，必有功过互见之处。鄙人愿我国人以公平之心理、远大之眼光对孙中山，勿爱其长而因护其短，勿恨其过而并没其功，为天下惜人才，为万世存正论。”①

① 张謇：《追悼孙中山演说》，《张季子九录·文录》，中华书局1931年版。

张謇并不是马克思主义者，他甚至曾将共产主义学说视为异端，但在历史人物评价问题上却颇有与历史唯物主义相通之处。他认为对前人功过评论之所以众说纷纭，是由于后世人们所处社会地位与感受观念都有许多差别，因此特别强调评论者应该具有“公平之心理、远大之眼光”。我想，这种见解，即令是今天用于评价张謇自身，也是可以作为借鉴的。

回想建国以来，张謇在历史研究园地曾被冷落多年，尽管在50年代后期曾经出版过刘厚生写的《张謇传记》，但并未引起多少人的注意，这自然是与当时的政治气候有关。但是出人意料，1961年纪念辛亥革命50周年学术讨论会却曾引起一股小小的“张謇热”。徐嵛同志提交会议的论文激发了人们研究张謇的兴趣，一是由于他比较深入地探讨了张謇对于辛亥革命的政治态度，二是由于他初步利用了《近代史料信札》（即《赵凤昌藏札》）中丰富而饶有兴味的有关史料。会后的争论仍然是相互关联的两个方面，一是张謇的阶级属性，二是张謇的政治立场，特别是张謇与袁世凯的关系。以今天的认识来检讨，当时的众多论著一般都失之于简单、片面与偏颇，少数作者虽然主观上希冀持平立论，但也难免有苟求之处。这是强调“以阶级斗争为纲”以后史学界的通病，而即令如此，多数张謇研究者在“史无前例”的持续“大批判”狂潮中仍然是在劫难逃。

历经多年的忧患风雨，现在终于到了可以用“公平之心理、远大之眼光”来重新认识张謇的时候，许多研究者已经发表了许多精辟的新见。我自然不甘于沉默，也向关心张謇研究的同志们略陈心得，意在参加讨论并欢迎批评。

一

对于张謇其人，不宜给予简单的阶级定性，因为他是过渡性时代、过渡性社会中的一个过渡性人物。

早在1901年，梁启超在《清议报》上发表《过渡时代论》一文，即曾以恳挚而又热切的笔调呼唤“过渡时代之英雄”。他说：“英雄之种类不一，而唯以适时代之用为贵。故吾不欲论旧世界之英雄，亦未敢语新世界之英雄，而唯望有崛起于新旧两界线之中心的过渡时代之英雄。”可以说，张謇就是一位“适时代之用”“崛起于新旧两界线之中心的过渡时代之英雄”。

以甲午中日战争为界，在此前40年，很难说张謇是一个英雄，顶多只能说是为成为一个英雄准备了若干条件。尽管他取中状元，但如果不办工厂，或办工厂而无成效，他也成不了英雄。由于是状元办厂，彻底突破了“学而优则仕”的陈旧传统格局，而且居然办成中外驰名的大生纱厂，开“实业救国”一代风气之先，顺应了发展社会生产力的时代要求，这就使张謇成为名噪一时的英雄。大生纱厂建成于1899年，作为张謇另一实业大项目的通海垦牧公司则动工于1901年。这恰好是两个世纪交接的年代，张謇的企业群体恰好成为中国旧世纪终结与新世纪发端的众多标志之一，因此确实可以称为“崛起于新旧两界线之中心”。

“崛起于新旧两界线之中心”，除了时代的含义之外还有营垒的含义。19世纪末到20世纪初，是中国知识分子弃旧趋新的重要转折年代，以新学堂的勃兴与科举的废止为标志，传统的封建文士群体走向衰亡，新兴的近代知识分子群体则逐渐成长。在转折的初期，新群体的成员大多来自旧群体，这就是人们习惯称之为“转化”的社会现象。由于“转化”大多是渐变，甚至是相当缓慢的渐变，旧式文人的转化过程又往往与新式学生的成长过程形成部分的重合。张謇没有读过新学堂，更没有正式出国留学，他的弃旧趋新便是一个相当缓慢的渐进过程。甲午战争以前，也就是他在40岁以前，基本上是一个具有爱国心的封建士大夫，完全属于旧营垒。甲午战争以后，也就是他在40岁以后，外来侵略的强烈刺激与西方文化的浸润潜移，促使经世致用的传统形式增添了“实业救国”“教育救国”等新的内容。他经由官绅队伍跨进企业家群体的门槛，也就是从旧营垒游离出来并且趋向于归属新营垒。由于已经具有“大魁天下”的声名，而且又经由翁同龢接近新旧党派斗争的核心，所以真正是“崛起于新旧两界线之中心”，使他的转化产生一般人难以比拟的深远影响，其辐射作用绝非限于“倾动东南”，而实际上是波及全国。不过，这又是一种藕断丝连式的转化，也可以说是新旧相互包容式的转化，在转化过程中缺乏具有足够力度的冲突与决裂。

中国早期的企业家群体通常被人们称作绅商，这意味着他们大多具有过渡阶段的双重品格。当然，情况总归是复杂的。有些人是由绅而商，有些人是由商而绅；有些人是以绅为主，有些人是以商为主。而其共性则是，双重品格并存的状况大多维系甚久，甚至连它们的主人也往往难以辨认自己究竟是绅抑或是商。张謇也不例外，而且双重品格保存更久，“言商仍向儒”便是最好的自我表白。直到最后停止心脏跳动，他始终未能摆脱绅的地位，也未能排除绅的意识。在一系列社会活动中，他总是扮演“通官商之邮”的中介角色。

当然，从总体上来把握，张謇一生最后30年的社会身份主要还是商。大生纱厂与通海垦牧公司的兴办，标志着张謇跨出了决定性的一步，他从此把自己的事业与命运同新兴资产阶级紧密联系在一起。张謇在病逝前一年，曾经回顾生平这一最大转折：“张謇农家而寒士也，自少不喜见富贵人……而以读书励行取科名守父母之命为职志。年三四十以后，即愤中国之不振。四十年后，中东事已，益愤而叹国人之无常识也，由教育之不革新。政府谋新矣而不当，欲自为之而无力，反复推究，当自兴实业始。然兴实业则必与富人为缘，而适违素守，又反复推究，乃决定捐弃所恃，舍身喂虎，认定吾为中国大计而贬，不为个人私利而贬，庶愿可达而守不丧。自计既决，遂无反顾。”① 用“捐弃所恃，舍身喂虎”形容自己的弃儒从商，说明“轻商”传统观念是何等根深蒂固，也说明张謇当年的思想斗争是何等艰苦激烈。同时，儒学正宗的“义利之辨”依然严重束缚着人们的思想，爱国而又开明的知识分子在投身实业以前依然需要为自己的行为作道义上的辩护。他们不愿也不敢公开声明从事实业是为了个人私利，而必须打出“中国

① 张謇：《大生纱厂股东会宣言书》，《张季子九录·实业录》，中华书局1931年版。

大计”的旗帜才能求得心灵的平安。这些都是中国第一代企业家中许多人共有的思想特征。

二

张謇的主要事业是实业与教育，而“实业救国”与“教育救国”则是他终身服膺的宗旨。

记不清是从哪一年开始，大约总是与简单、片面地强调“反修”有关，“革命”遂成为涵盖一切的历史内容，而“实业救国”“教育救国”便属于“改良主义＝修正主义”的范畴。张謇是“实业救国”“教育救国”热诚的倡导者与推行者，因此便理所当然地受到种种非议与贬抑。

对于社会制度的根本变革来说，革命诚然是一种促其实现的重要手段，因为代表旧制度的反动统治阶级决不会轻易退出政治舞台，那些抹煞革命作用以至于完全否定革命必要性的论调都是极端错误的。然而革命毕竟不是最后目的，也不是社会发展的根本动因，它更不能涵盖历史的全部内容。只有社会生产力的发展，才是社会发展的根本动因，也是革命为之奋斗的终极目的。因此，对于那些真诚地谋求国家富强，亦即切实谋求社会生产力发展的“实业救国”“教育救国”论者，切不可给予简单的贬抑乃至否定，应该结合当时的历史实际给予科学的分析与评价。

诚然，在革命高潮到来之际，统治者及其御用政客有时也高唱“实业救国”“教育救国”，其目的在于否定革命，欺骗人民，转移人民的视线，借以抵制革命思潮与革命运动的蓬勃发展。对于这种挂羊头卖狗肉的“实业、教育救国论”，我们应该揭露其反动实质，肃清其恶劣影响。但是，在中国近代史上，确实有许许多多爱国的实业家、教育家，他们深明世界大势，理解只有发展经济才能使国家臻于富强，只有发展教育才能提高整个民族的素质，因此用自己的毕生辛劳为祖国的近代化添砖加瓦。我认为，对于他们的历史功绩应该给予充分的肯定，即使是他们的思想与言论中存在某些不足或谬误，也需要从当时的历史条件加以理解。因为无论如何，这些在祖国大地上踏踏实实营造近代化大厦的有志之士，总比那些只唱高调而无实绩的空头政治家们要可贵得多。

同时，也不可认为张謇不关心政治，他并没有（也从来没有）把实业、教育与政治割裂开来。恰恰相反，政治、教育、实业三位一体乃是他一贯宣传的主张。他在 1903 年访问日本时，曾对已参观的日本各种企业、事业单位作总体评估，结论是："就所知者，评其次第，则教育第一，工第二，兵第三，农第四，商最下，此皆合政、学、业程度言之。政者君相之事，学者士大夫之事，业者农工商之事。政虚而业实，政因而业果，学兼虚实为用，而通因果为权。"① 所谓"政"，主要是指政策、立法与政府的管理指导，因此属于"君相之事"。正是由于不满清朝之"政"，他才参加并领导了全国范围的立宪运动，以后又顺应共和潮流放弃了君主立宪方案，先后参加了南京和北京的民国政府。他反对袁世凯称帝，反对军阀混战，反对巴黎和会、华盛顿会议不合理的议案，坚决主张废除不平等条约。凡此种种，都说明他并非不主张政治变革，不关心社会制度的从落后进步到文明。

张謇的政治思想诚然有其保守与落后的部分，但从总体上来考察，至少在 19 世纪末与 20 世纪初他是顺乎时代潮流前进的。1903 年张謇应邀到日本参观访问，表面上注意力似乎全部集中于教育与实业，但实际上却蕴含着政治思想乃至政治实践的重大转折。因为他考察教、工、兵、农、商各种企业、事业单位，都是把"政、学、业"三种因素结合在一起分析评估，并且把"政"放在第一位来研讨琢磨。通过实体考察，他认为日本"以予为取"的奖励补助工商业政策之所以迅速取得巨大成效，"其命脉在政府有知识，能定去向；士大夫能担任赞成，故上下同心以有今日"②。而对比之下，中国之所以贫穷落后如故，"抉其病根，则有权位而昏惰者当之矣"。至于如何除去"病根"，他总结戊戌维新的历史经验，特别是从日本获得有益的借鉴，对于政党政治与健全立法两方面都有进一步的认识。随后，他组织预备立宪

① 张謇：《东游日记》，《张季子九录·专录》，中华书局 1931 年版。

② 同上。

公会、调查商事习惯、讨论起草商法，都是试图把这种新的政治认识付诸实践。

人们习惯于在清末立宪之前冠以“虚伪”一词，但这主要是指清朝政府的虚应故事，至于张謇等人的要求立宪则大多是非常真诚的。他领导的江苏咨议局，不甘心处于“宪政花瓶”的陪衬地位，力争成为具有相对独立性的立法机构，并且与愚昧专断的两江总督张人骏发生激烈冲突。由这个咨议局发起的全国范围的国会请愿运动，是一次具有近代格局的民主运动，其声势之浩大与影响之深远更是史无前例。

总之，不应将张謇看成是单纯埋头从事于实业与教育，他是把政治、教育、实业三方面的革新作为一个总体来认识并为之奋斗的。当然，张謇的业绩，即使是仅仅局限在教育与实业两方面，其贡献也是令人钦佩的。因为在当时的历史条件下，我们很难发现另外一个人，在另外一个县，能够办成这么多企业、事业，而且如此深刻地改变了这个地区的经济、文化面貌。

三

近几年来，有些研究者开始注意到，张謇在谋求南通地区经济、文化发展的过程中，具有相当自觉的总体协调（也可以称为整体性）的特点，这是一个极为可喜的现象。

早在甲午战争以前的10年间，张謇即已开始“经营乡里”的活动，但无非是办理通海花布减捐、改良蚕桑事业、倡议设立社仓以及恢复溥善堂等局部的改良和慈善事业，而且由于缺乏实力作为后盾，成效也极为有限。及至甲午战争以后，特别是在大生纱厂创办成功之后，张謇的认识水平与社会地位及经济实力三者同步增长，他终于提出了以“村落主义”相标榜的地方自治方案。现时的地方自治与昔日的“经营乡里”有明显的区别，重要的一点就是他已经把地方自治与整个国家的革新（首先是政治体制改革）紧密地联系起来。他把地方自治看作“立宪基础”“立宪之根本”，而地方自治则包括实业、教育、慈善三大部类。张謇所说的“慈善”一词含义甚广，具有社会救济、社会保障、公益事业乃至某些市政建设等多方面内容。

地方自治表面上是清末宪政的一个组成部分，因为清朝政府在宣布预备立宪以后已经颁布《城镇乡地方自治章程》，并且还责成各省督抚奏报办理地方自治情况。但是仔细考察起来，张謇等人倡导的地方自治又超越了《章程》所限定的范围。他们不甘心只是作为“官制”的辅助，不满足于仅仅协助地方政府管理一些道路、卫生、慈善、治安之类公益事业。如果说，《章程》强调的是“渊源国权”与“官制”的主体地位，那么，张謇等人强调的则是以“自存立、自生活、自保卫”为基础的“民治”。他们认为：“地方自治之中，亦有行政、代议之别”，力求把资产阶级议会政治的模式推行到基层政权，为国家实行立宪奠定切实的基础。甚至到处于军阀混战之中的晚年，张謇仍然对“村落主义”坚信不疑，强调：“治本维何？即各人抱村落主义，自治其地方之谓也。今人民痛苦极矣，求援于政府，政府顽固如此；求援于社会，社会腐败如彼。然则直接解救人民之痛苦，舍自治岂有他哉！”①

当然，由于张謇离开了人民民主革命的主流，以个人的力量孤军奋战去经营地方自治，其挫折与失败是不可避免的。但是，他在南通地区的30年苦心经营，毕竟在两方面给我们留下了宝贵的历史经验。

一是他经营的虽是南通一县的经济、文化建设，但用心则在于探索一条适合于中国国情的近代化道路。

张謇在南通经营的地方自治，有自己的思路，有既定的序列。他“以为举事必先智，启民智必由教育；而教育非空言所能达，乃先实业；实业、教育既相资有成，乃及慈善，乃及公益”②。在三者之中，实业不仅是首先着手的部类，而且处于地方自治的“根本”的重要地位。道理很清楚，没有财力就办不成任何教育，更谈不上兴办任何“慈善”事业，经济毕竟是其他一切

① 张謇：《苏社开幕宣言》，《张季子九录·政闻录》，中华书局1931年版。
② 张謇：《谢绝参观南通者之启事》，《张季子九录·自治录》，中华书局1931年版。

事业的基础。

在实业方面，他结合南通的县情，决定从兴办纺织工业入手。因为，南通既盛产质美价廉的纱花，又有较为发达的家庭手工纺织业，且已通行用机纱作为经纱织布，形成了有相当规模的机纱市场，这些都是就地创办新式纱厂的有利条件。再则，棉纺织业是关系国民生计最为重要的工业部门之一，也是当时帝国主义侵略危害最为严重的工业部门之一。只有自己设立纱厂，奋起竞争，才能逐步改变“花往纱来，日甚一日”的不利局面。“通州之设纱厂，为通州民生计，亦即为中国利源计。”这就是当年张謇的高见卓识之处。

接着就是创办通海垦牧公司，把资本主义经营方式引进农业，企图以大农业来解决大生纱厂的原料问题。随后又以大生纱厂为轴心，围绕发展纺织工业的各方面需要，创办了一系列其他辅助工业，形成一个粗具规模的地方性企业网络，这就是以后称为大生资本集团的主干。

通州师范学校的创办与大生纱厂的建成，其间相隔不过四年。因此，张謇的兴办实业与教育，只是开始着手稍有先后的差别，实际上可以说是同步进行。师范是教育之母，师范教育的主要成果便是国民教育的发展，而专科以上的高等教育才有依托与基础。南通的教育发展模式是合乎教育的内在规律的，与清朝中枢及各省疆吏首先忙于创办有名无实的高等学堂（大学），正好形成鲜明的对比。南通的专科与职业教育首先是在师范学校附设开班，然后再逐步分离自立，并经由若干专科合并成为南通大学。顺理成章，脉络井然，而且由于密切配合工、农、商业发展的需要，智力投资很快就转化成为新的生产力，因此办学效益极为显著。如纺织、印染之对于大生纱厂，测绘、农科之对于通海垦牧，河海工程之对于水利交通，都及时满足了各种企业、事业对于科技人才的迫切需要。这是大生资本集团迅速发展的原因之一，也是张謇高明于其他许多企业家之处。

张謇非常重视提高整个民族的文化素质，他的思路是很清晰的：“世变亟矣，不民胡国？不智胡民？不学胡智？”而他所说的“智”不仅限于文化知识，还有思想品质与身体素质等方面的要求。除兴办各种类别、层次的学校以外，他还非常注意社会教育，设立博物苑、图书馆、更俗剧场、伶工学社、体育场以及公园等，目的都在于提供良好的环境和有效的渠道，使市民素质不断得到陶冶与提高。张謇有很大的抱负，他渴望能在通海地区“建设一新新世界雏形”，因此其视野与规划都是很广阔的。

张謇是一个务实主义者，他既与空想无缘，更痛恶以大言欺世，其旨趣主要在于脚踏实地尽量做有益于社会的实事。他的访日之行就充分表现出这种求实的风格。当日方接待人询问“东来调查宗旨”时，张謇回答说：“学校形式不请观大者，请观小者；教科书不请观新者，请观旧者；学风不请询都城者，请询市町村者；经验不请询已完全时者，请询未完全时者；经济不请询政府及地方官优给补助者，请询地方人民拮据自立者。”他事事都从国内以至通海本地的实际情况出发，在学习外国先进事物时总是首先考虑自身的财力、物力和接受消化能力，寻求收效最快、最大的引进之道。譬如参观学校，他着重考察的是师范与中小学、幼稚园，因为普及国民教育乃是中国的当务之急。在利用技术方面，则宁愿学习日本简易的改良工具，而不引进更为精巧的美国生产方法，因为后者距离当时中国的经济基础太远。

当然，张謇也有自己的严重弱点，那就是晚年对南通地方自治缺乏正确的宏观指导，不仅没有严格控制各种企业、事业发展的规模与速度，反而在没有经过科学论证的情况下匆匆忙忙上了许多不该上或应缓上的项目，以致战线过长、摊子过大、资金全面短绌、信贷恶性膨胀，远远超过了大生资本集团自身的承受能力。1925 年以后的全线溃败，固然与洋纱的强力排挤以及垦牧遭到严重灾害有密切关系，但作为最高领导人的决策失误也是极为重要的原因之一。

尽管存在着这样或那样的失误，而且由于中国各个地区经济文化发展的千差万别，张謇在南通的经验也不一定适合其他州、县，但是他在毫无先例可以遵循的情况下勇于探索，力求闯出一条具有本地特点的走向近代化的道路，这种披荆斩棘的开拓精神永远是值得尊敬的，而且确实给后人留下了许多有益的东西。

四

在中国的传统观念中，“士、农、工、商”似乎是一种凝固的定位序列。19 世纪末年，尽管“商战”“工战”的口号已经喧腾一时，但士大夫轻商、鄙商的陈腐观念仍然根深蒂固，并未受到何等有力的冲击。所以当张謇决心投身实业之际，思想斗争极为激烈，甚至有“舍身喂虎”、溷于秽浊的酸楚感想。但是，他毕竟迈出了可贵的第一步，不顾一切世俗偏见而毅然走进企业家行列，并且义无反顾地为发展中国近代工业与教育事业奋斗到生命的最后一息。

守旧营垒是有形的惰性力，守旧意识则是无形的，甚至是更为可怕的惰性力。守旧派拘守“义利之辨”，骨子里则是寓利于义、借义谋利。他们视科举为正途，实际上就是走“学而优则仕”的老路，借功名以博取飞黄腾达。他们知识穷乏，缺乏能力，却自视甚高，鄙薄他人，清议空谈，飞短流长。张謇弃仕从商就吃尽这种苦头，他在晚年曾经沉痛地说：“夫今世何世乎？韩昌黎所谓小人好议论人，不乐成人美之世也。此非谓世无君子也，为君子少而伪君子多。议论人者，恒以不肖之心测人。一人也，一事也，事先测之云：言若此，意不若此也；事后验之，言果若此也，意果不若此也。不自私，固私也；不自利，固利也。”① 大生纱厂艰难创业，张謇为之呕心沥血，但并没有得到多少人的真诚赞助，而泼冷水、看笑话的所谓冷眼旁观者则甚多。工厂筹建未久，“厂终不成之谣”即已四起。即使在厂房已经建成、机器已经安装完毕之际，还有些人散布怀疑空气：“厂囱虽高，何时出烟？”甚至在试机运转一切正常之后，仍然有人持鄙薄态度大刮冷风说：“引擎虽动，何时出纱？”张謇意志坚强，丝毫不受流言蜚语的消极影响，他以更加勤奋的工作与

① 张謇：《大生纱厂股东会宣言书》，《张季子九录 · 实业录》，中华书局 1931 年版。

纱厂正式开车的事实，来回击这些伪君子、真小人的挑战。中国第一代企业家的处境是艰难的，而由士大夫投身企业者的处境更为艰难。张謇的可贵之处就在于知难而上，知难而进，顺乎时代之要求，合乎国情之需要，为实业与教育的发展，乃至为全中国的近代化都作出了极大的贡献。

南通模式固然不一定适用于今日，但张謇的勇于开拓、探新务实、坚毅顽强的精神，仍然值得我们尊敬并作为借鉴。这就是我们何以需要继续加强张謇研究的原因之所在。

（原载《江海学刊》1988 年第 1 期）

论主体的认知定势

夏甄陶

人之所以能够认识，是因为人有脑和作为它的工具的感觉器官，这似乎是不言而喻的。但人是社会性的现实主体，通过具体的历史联系和社会交往，通过社会中已经积累的历史经验和文化知识的具体的转移运动，在“天赋”神经生理基础上，必然会形成现实的认知定势。只是由于形成了现实的认知定势，“天赋”的脑和感觉器官才能发挥其作为社会性主体的认识器官的功能。认知定势是现实的认识主体完成一种认识所必需的现实的内部准备状态和主体性条件。它直接地影响着、制约着主体接收信息、加工处理信息的感知过程和思维过程，从而影响着、制约着主体掌握世界的范围和程度。因此，要从主体方面研究认识的可能性和认识发展的内部机制，就应重视对主体认知定势的考察。

一

现实的认知定势是一个属于主体的复杂的内部精神世界。它包括世界观、经验、知识和需要意识、价值观念以及意志、情绪等诸方面的因素。这些因素都是在一定的历史条件下和社会环境（包括文化知识背景）中，通过后天的社会实践、社会交往和历史继承而形成的。它们互相联系，协同作用，组成现实的认知定势结构。

一个主体，无论是个体主体、集团主体或某个统一的社会主体，都有自己的精神世界，而世界观则是精神世界的核心和灵魂。人作为现实的主体，总是自觉或不自觉地按照某种世界观来认识世界、改造世界和创造自己的理想世界。世界观是在人们同外部世界长期发生关系的过程中逐渐形成的，并且可以通过历史的联系和社会的交往，在社会成员之间传播、渗透，以致成为构成人们精神世界的普遍的核心因素和维系精神世界的灵魂。世界观无论是以抽象理论的形态出现，还是以朴素直观的形态出现，都提供关于世界（包括自然、社会和人类自身）的一般图案。在人作为主体认识世界、改造世界和创造理想世界的过程中，它作为一般的思想前提、思维框架、方法论原则和信念而起着十分重要的作用。世界观是人的自觉性的一种表现（尽管它可能甚至常常以不自觉的形式出现），是人同外部世界的关系在思维中的升华，往往从总体上无形地支配、制约着人们的活动、行为的方向、方式和追求。在现代的科学认识中，作为科学认识主体的科学家越来越认识到世界观对于形成理论的指导意义。正如E. 拉兹洛所说："各个领域带头的科学家们现在正清楚地认识到，没有指引科学家研究方向的基本世界观，就没有理论。"① 因此，在提高主体素质、建构主体认知定势的过程中，树立一种正确的世界观是十分重要的。这是从宏观上扩展和强化主体认知定势，"同化"和"顺应"外部世界的结构容积和功能的重要环节。

人们在认知活动、实践活动和交往活动中已经获得的经验，也是构成认知定势的一种重要因素。经验经过多次重复，就会形成一种经验模式。其重复的频率越高，这种模式也越具有稳定性，并成为一种强有力的定势。这种定势对主体接收信息的选择性、加工整理信息的程序和方式以及外部行为的程序和方式，都有重要的影响和制约作用，以致成为人们处理同外部世界的关系的一种习惯性常规和固定模式。人们习惯于凭经验办事。由于每个人的智力感受性和情绪感受性不同，每个人的文化特性和社会角色不同，因而他们的经验也会不同。凭这些不同的经验去体验和理解世界也会有差异。同时，经验是具体主体同外部具体事物的一种具有明显的感性特征和直接性特征的

① 拉兹洛：《用系统论的观点看世界》，中国社会科学出版社1985年版，第2页。

联系方式。虽然它也是关于事物的一种认识，但是还没有达到对事物的普遍必然性的掌握。因此，它作为主体“同化”“顺应”外部世界、完成新的认识的定势，其空间容积和功能效应是有严重局限性的。这种局限性表现在当环境和条件发生变化，事物超越了同原有经验发生直接联系的范围和程度时，原有经验的定势就会受到抗拒，以致失去“顺应”和“同化”的功能，认识也就不能突破原有经验所及的范围和层面。因此，在认知定势中早先的经验固然是重要的，但又不能把它固定化，不能一味迷信早先的经验。必须重视和随时总结那些新的即时经验，并把它向理论的高度加以提升，用以代替认知定势中的原有经验。

系统化、理论化并具有普遍必然性的知识，是认知定势中十分重要的组成因素。知识是事物（以及它们的关系）在意识、思维中的存在方式。具体地说，知识是人们观念地或理论地掌握的关于事物的某种有逻辑结构的系统化的信息组合。它不仅包括来自客观事物的信息内容，而且包括同事物的结构方式相一致的信息内容的组合方式，包括同事物的建构逻辑相一致的主体运用（以语言符号表达的）概念的思维操作程序和规则，即所谓思维逻辑和思维方法。它为主体接受和加工处理信息，提供内在的参照系统，提供操作的工具和方法、范本和样式，对完成新的认识起着准则、规范和范例的作用。没有这种知识背景、概念（理论）框架、思维模式，主体要在一种具有时代性的知识水平条件下有效地或经济地接受和加工处理信息，使思维以深广的容积和优化的功能来理论地“结合”和“同化”客体是很难设想的。

人类认识的实际情况表明，主体的知识水平和知识结构及其活化程度不同，其认知定势也不同。而认知定势不同，其所能接收和加工处理的信息及接受加工处理信息的方式方法也不同，其在思维中“结合”和“同化”的客体在广度和深度方面就会有区别。有时，人们对某些事物或现象虽然感觉到了，但并不认识和理解它们，或者获得了大量的信息材料而不能有效地进行深度加工处理，不能作出系统化的解释，有时人们对同样的客体或同样的信息，往往有不同的理解和解释方式，甚至可以建立不同的理论体系和学说，这往往是作为准则、规范、范例的知识背景、概念框架和思维模式不同所致。早先已经形成的知识结构和思维方法，作为现实的认知定势中的主要部分，是极大地影响着和制约着主体在何等广度和深度上“结合”和“同化”外部世界的信息、获得知识内容的先在的主体性条件。因此，为了完善主体的认知定势，推进认识的发展和深化，必须不懈地学习和接受教育，通过知识的转移运动，不断地吸收和消化新的知识，以更新和完善原有的知识结构和思维方法。这是充分显示自觉的主体性、加强主体塑造、提高主体素质的关键性环节，也是在完成新的认识过程中更加有效地发挥主体性、提高主体性效应的关键性环节。

主体的需要意识也是同现实的认知定势有密切关系的重要因素。认识本来就植根于人类生存和发展的需要。因此，作为完成一种认识的内部准备状态的认知定势总是包含关于需要的意识。一般地说，所谓需要是指一定有机动态系统在维持其积极平衡的动态过程中所表现出来的补充和更新某些要素的必要性。这种必要性通常表现为两种情况：首先是获取系统中缺乏的足以维持自身现存平衡状态的要素，这是存在或生存的需要；其次是获取系统中缺乏的足以促使其系统在更新更高的水平上建立平衡的要素，这是发展的需要。这两种需要的产生和满足，是一个具有不同等级水平的连续发展过程。

人是社会存在物，是在社会大系统中生存和发展的，其需要突破了直接的肉体生命的限制。不仅要保证自己作为有生命的存在物的生存和发展，而且要保证自己作为社会存在物的存在和发展。并且，对社会的人来说，前者的满足是以后者的满足为基础的。因此，人的需要可以说是社会大系统的需要，是社会性的需要，并具有极其复杂的多样性。因此社会的人按其社会本性来说，总是按照社会的存在和发展所提出的需要来认识世界和改造世界的。但具体的个体主体或集团主体只能从具体的需要出发来认识世界和改造世界。这种具体的需要是总的社会需要的一个方面、一个部分。当具体的主体按照某种具体需要来认识世界和改造世界的时候，这种具体需要是被主体自觉地意识到的，因而形成关于这种具体需要的强烈意识，并成为主体现实的认知定势的重要构成因素。如果说，人的社会存在和发展的总体性需要决定了人类主体对世界的认识和掌握的不受物种限制的普遍性指向，那么，具体主体现实的认知定势中关于具体需要的意识，则往往决定着具体主体对世界的认识和掌握的具体的动机、目的、意向和选择性，决定着具体主体现实的认知定势发挥其作用和实现其功能的方向与方式。

价值是表征人的需要和满足人的需要的活动、手段以及对象之间的关系的一种意义标准或意义尺度。这种意义标准或意义尺度渗透在人们的全部物质的和精神的生活与活动之中。人的全部生活与活动可以说都是处理需要和需要的满足之间的关系。人的需要是否现实、合理，是否对人作为社会存在物的存在和发展具有积极意义，满足需要的活动、手段是否正确、正当，通过这种活动和手段所创造和掌握的对象是否具有满足需要的积极意义等，都有一个意义标准或意义尺度的问题，也就是所谓的价值问题。意义标准或意义尺度作为评价的根据，反映在人们的头脑中被意识到和被观念地掌握，就形成价值观念。价值观念可以说是意义标准或意义尺度在心理结构中的一种积淀。所以它在形成以后，具有相对的稳定性甚至惰性，以致成为具体的个人、集团、民族甚至社会的心理结构的一种稳定的心理因素。这种因素对人们的需要的产生和需要的满足，起着十分重要的规范作用，因而它也是认知定势中的重要因素。

在认知定势中，价值观念和关于需要的意识有着十分密切的关系。需要和满足需要的活动、方式及对象往往受价值观念的调节和制约，而价值观念又往往渗透于需要和满足需要的活动、方式及对象中。需要的意识和价值观念共同决定着认识主体的动机、目的、意向、追求、态度，并导致某种信念的产生。主体的需要意识愈强烈，价值观念愈确定，他认知外部世界中同这种需要意识和价值观念有关的对象的定势也愈强烈、愈显著。一定的主体总是有选择地去认知和掌握那些同自己主导的需要和价值观念相一致的对象。对于同自己的需要和价值观念有关的对象，主体往往容易给予较多的注意。这时，认知定势的作用就特别明显地表现出来。由于具体的需要和价值观念不同，即使对于同一对象，不同的主体也往往只注意同自己的需要、价值观念相一致的方面。当然，人们的需要往往是随着满足需要的能力的发展而变化的。满足需要的能力的发展，能够提供满足需要的新的对象，即扩大满足需要的对象域。随着满足需要的对象域的扩大，需要域本身也会扩大。而这种扩大了的需要域，又反过来促使人们要求扩大对世界的认识和掌握的领域与范围。有时外部环境的刺激，也可能引起突发性的需要。这种需要在一刹那之前还不存在，但它一产生就可能对行为的定向立即起着显著的作用。尽管如此，制约着对需要和满足需要的活动、手段及对象的评估的价值观念则仍可能不变。所以在认知定势中，价值观念是一种比较稳定的因素。它甚至作为一定集团、一个民族、一个国家的传统观念而长期地在人们的认知定势中起作用。

认识是为了获得关于对象的真实知识。这是通过理智的活动来实现的。所以人们通常都把认识看作一种理智活动。对于作为认识结果的知识，我们都直截了当地把它看作关于某些客体的观念映象或思维再现，而不附加任何主观的因素。这在原则上当然是对的。但人们获得关于外部对象的知识，归根到底是为人们能够根据这种知识并按照自己的需要和价值尺度来改造对象和创造对象，提供前景、开辟道路。关于需要的意识、价值观念虽不能直接作为内容附加到认识的观念结果即知识中去，但它们总是作为愿望、要求、动因对人们通过认识获取知识起着驱动作用。而对于知识的评价、利用方式及利用结果，它们更是作为人们的内在尺度渗透于其中。需要的意识和价值观念还引发和制约着人们的意志和情绪，所以，在实际的认识过程中，绝不只是理智的因素在起作用。即使我们把认识看作一个理智活动的过程，其中也不可避免地渗透着意志、情绪等情感方面的因素的作用。人作为主体是一个受需要的意识和价值观念驱使和约束的能思维、有情感的主体。理智的思维活动和意志、情绪的感情活动总是交织在一起的。因此，在主体的现实的认知定势中，必然包含着意志、情绪这样一些感情因素。感情因素虽不直接构成作为理智活动的认识的结果即知识的内容，但它们可以说是使理智因素活动起来去达到最佳结果的激活因素和支撑因素。在作为理智活动的结果的知识中，在知识的对象化的实践结果中，都在一定程度上折射出主体的意志、情绪、感情方面的因素的作用。

意志、情绪等作为一种情感因素，是外部环境世界的影响和刺激以及人们为了实现某种目的、达到某种要求而力图支配、控制或避开这些影响和刺激这种关系表现在人的头脑中的一种内部心理状态，并转化为人们的认知活动和一切对象活动的重要的内部激活、支撑因素和调节、控制因素。它们极大地影响着甚至支配着人们对真理，对价值对象、理想对象的追求与创造。列宁指出："没有'人的感情'，就从来没有也不可能有人对于真理的追求。"① 马克思也曾强调："人作为对象性的、感性的存在物，是一个受动的存在物；因为它感到自己是受动的，所以是一个有激情的存在物。激情、热情是人强烈追求自己的对象的本质力量。"②

一般地说，意志总是表现为人们追求某种对象、实现某种目的、满足某种需要的意志。而这一切又都是在人们如何处理同外部环境世界关系的活动中表现出来的。外部环境世界是复杂多变的。它可以而且必然从众多的不同方面来影响和刺激人们。这些影响和刺激是不以人们的好恶愿望为转移的。但人们又力图按照自己的愿望来支配和控制这些影响和刺激，并有一种能够实现这种支配和控制的信念和信心。在这种情况下，就会使主体产生一种意志的努力。这种意志的努力表现在主体按照自己的愿望和要求，从多样性的对象世界中有选择地确定自己活动的对象，在复杂多变的外部环境条件下，排除众多影响和刺激的干扰，以高度的注意力，把主体本质力量和认知定势的各种因素协同地组织起来，集中地和有指向地引起某种合目的性的运动和制止某种反目的性的运动，使自己的愿望和要求能够实现。所以，意志是主体有效地支配和控制环境的影响与刺激，激活和支持、调节自己的力量与活动来掌握一定对象、实现一定目的、满足一定需要的精神因素。

① 《列宁全集》第20卷，人民出版社1958年版，第255页。
② 《马克思恩格斯全集》第42卷，人民出版社1979年版，第169页。

情绪也是由外部环境条件的影响和刺激所引起的一种心理状态。它对人的认知活动和一切对象性活动有重大的影响。情绪是十分复杂的领域，包含有很多不同的情绪因素，而且每一种情绪因素的强度和紧张度都不一样，波动的幅度很大。情绪的强度和紧张度愈大，整个自我被卷入的倾向和程度也愈大。也就是说，整个自我为情绪所支配的倾向和程度也愈大。情绪可以由意志加以调节和控制，但情绪的波动也会影响甚至动摇意志，从而妨碍主体对对象的追求、目的的实现和需要的满足。在认知定势中，应该有对所追求的对象和目的的坚定意志与积极情绪，应该克服情绪领域的消极因素，应该避免情绪的波动，应该将情绪置于理智的支配之下。情绪的强度和紧张度过大，使主体自我完全为情绪所左右，对发挥认知定势的功能和作用是不利的，以致妨碍主体对对象的认识和掌握。坚定、顽强、百折不挠的意志，饱满、美好、稳定的情绪，反映着人们对现实和对所追求的对象的一种高度觉醒的态度。一般地说，主体的意志愈坚定、顽强，情绪愈饱满、美好（在集团主体中，还必须保证每个成员在意志和情绪上的共同性、一致性），主体认知定势中关于需要的意识和价值观念就愈清醒、愈自觉，理智因素也愈能有效地发挥其作用。这样就愈能保持认知定势的最佳状态，具有完成一种认识或一种对象性活动的强有力的主体势。所以在认知定势中，不仅理智因素是重要的，而且情感的心理因素也是重要的。情感的心理因素不仅是决定即时定势的心理状态，而且是在认知定势中起恒常作用的精神力量。

二

认知定势是构成主体系统、形成主体势、发挥主体性的必要的内部精神世界，因而也是主体现实的本质力量的重要组成部分。认知定势本身又包括很多因素。在认识着的认识中，它们通过主体自我意识的机制，相互联系、相互制约，协同作用，形成一种统一的现实认知临场状态，或叫即时定势。一定的认知定势，既作为内在的准则、规范、范例起作用，又作为必要的内部动力、张力和内部调节、控制因素起作用；还作为一种现实的思维空间，提供接收和加工处理信息的结构容积，并具有对信息的选择功能和“结合”“同化”功能。这样，在完成一个认识过程时，认知定势一旦运动起来，就使主体处于一种现实的认知临场状态或即时定势下，能够以高度觉醒的态势有选择地接收信息，并在思维空间的多层次结构中，按照一定的程序、方式和模式进行思维操作，加工处理信息，从而导致某种知识、理论体系的建立。可以说，主体头脑中认知定势的运动，是外部现实客体的信息转化为主体思维内容，或主体思维观念地再现客体的内在机制。毫无疑问，作为主体的社会的人，要在认识过程中保持自己的主体势，发挥自己的主体性，必须有一定的现实的认知定势，并在认识着的认识中使之运动起来，成为一种处于最佳状态的即时定势，充分、有效地临场发挥其作用。这是认识的可能性及这种可能性转化为现实性在主体方面所不可缺少的内部条件。

认知定势是人们在历史的联系中和社会的交往中，经过学习、受教育，经过耳濡目染、潜移默化逐渐形成的。它一经形成就具有相对的稳定性。人虽然改变和创造环境，但人本身又是由环境塑造的，是一定环境的产物。人作为主体，既是现实运动的出发点，但又是以往运动的结果。环境不仅包括既定的现成的物质生活条件，而且包括既定的现成的文化传统和知识背景。按照马克思主义的观点，人只能在不以他们个人意志为转移、不受他们个人任意支配的界限、前提和条件下来能动地表现他们自己。这在认识论的意义上首先就意味着他们作为认识主体必须接受既定的现成的环境的塑造，在这种环境所规定的界限、前提和条件下形成自己的认知定势。比如，人们置身于某种传统的文化知识背景下，通过某种固定的教育模式和社会交往模式的熏陶和潜移默化，自觉或不自觉地学习和接受了某种传统的世界观、经验习惯和概念框架、观念模式和思维模式，在头脑中就会形成一种稳定的世界图景、经验范式、知识结构和思维方法，它们的结合，就可以成为强有力的定势。

特别值得注意的是，那些构成传统文化知识背景的基本因素及其结构，是通过社会遗传进化方式遗传下来的。它们的信息好像是一种已经“编码”

的“社会遗传基因”，获得了一种稳定的模式，世世代代承继下来，变异很少或变异的周期很长。这就必然加强了认知定势的稳定性。这一点在人类历史的早期及其以后的很长一段历史时期内（可以说一直到中世纪），表现得尤其突出。在近现代，由于科学认识突飞猛进的发展，传统文化知识的古老模式才受到了冲击。但是，在近现代的人们的认知定势中，古老传统的因素仍然有其影响。而且，新的文化知识背景又可以作为一种新的传统模式而在认知定势中获得并保持其稳定性，不过变异的发生及其周期是越来越快和越来越缩短了，因而加速了认知定势的重组、重构和更新。但对具体的个体主体来说，其认知定势的稳定性还是强有力的。

价值观念是认知定势中的一种特别稳定的因素。它是在较长历史时期中，衡量人们处理同外部世界（包括自然界和社会）的关系的活动及其结果的意义标准或意义尺度（包括功利的、道德的、审美的，全部物质的和精神的生活与活动的评价标准或尺度）在人们观念中的积淀。它在传统的文化知识背景中和社会心理结构中，是一个长期起作用的稳定因素。这种稳定因素同样作为一种已经“编码”的“社会遗传基因”为社会成员所继承，从而也成为现实的认识主体认知定势中的一种固定的因素。在认知定势中，某种固定的价值观念，不仅制约着主体的需要、意志、情绪，而且往往影响着主体知识结构、思维方法等智力因素的建构、形成及它们发挥作用的方向、程度和结果，成为认知定势结构模式的一种强化力量。例如，一般来说，需要是在一定的社会生活和社会生产（包括物质的精神的生活与生产）条件下产生的，但需要和满足需要的活动、方式及对象，往往要接受已有的价值观念的评价。这种评价可以是否定性的，也可以是肯定性的，从而影响着人们需要的形成和发展。又如，人们往往是按照一定的价值观念从既定的文化知识背景中吸收、引入同这种价值观念相一致的知识结构和思维方法的，同时也往往是以一定的价值观念为尺度，运用已有的知识结构和思维方法来“结合”和“同化”外部世界的。

由于认知定势在形成以后具有相对的稳定性，特别是对具体的主体来说，认知定势在形成以后比较难于改变，或改变的幅度往往受到限制，因而原有的认知定势就像具有强烈的惯性一样，迫使人们不由自主地沿着这种惯性去看待事物，解决问题。这种认知定势又先在地规定了它能够“结合”和“同化”外部事物的空间容积和功能，规定了它能够处理和解决问题的格局和模式。这样，人们就只能在同认知定势所规定的空间容积和功能相适应的范围、层次、程度和方面来“结合”和“同化”外部事物，只能按照认知定势所规定的格局和模式处理和解决问题，从而限制着人们“结合”和“同化”外部世界的扩展与深化，限制着人们处理和解决问题的创造性的发挥，也必然使人们缺少“顺应”环境世界变化的能力。这表明，原有认知定势的空间容积和功能、格局和模式，在可容性、可塑性和普遍性方面都是有局限的，而这种局限意味着循环式的封闭性压倒了跃迁式的开放性。不仅如此，当原有的认知定势以一种强烈的惯性支配着人们的认知活动的时候，人们还往往通过关注适合于原有认知定势的事物（或其某个层次、某种属性、某个方面和规定），甚至把本来同原有认知定势不相适应的事物（或其各个层次、各种属性、各个方面和规定等），强行纳入原有认知定势的框架和模式，来保持和加强这种定势，并超越其原有的界限，无限制地扩大其可容性和普遍性。这不是以认知定势的可塑性来适应事物的多样性、变动性，而是削足适履地使复杂多变的事物适应僵化的认知定势；不是认知定势的开放性的展开，而是它的封闭性的吹胀。其结果是不但不能“结合”“同化”和“顺应”它本来不能“结合”“同化”和“顺应”的事物，而且势必造成谬误和失败。在整个人类认识史上，这样的经验教训是屡见不鲜的。

上述种种情况，就是认知定势的结构僵化、功能凝固的表现，往往使人们形成一种习惯性的、循环式的封闭型认知模式和思维模式。这是认知定势的消极保守方面。如果执着于原有的认知定势，就不能展开地和深化地“结合”“同化”外部世界多样性、多层次、多规定的事物，更不能准确地和有效地预见、“顺应”外部世界的运动变化。结构僵化、功能凝固了的认知定势，阻碍着主体思维空间的进一步开拓和思维功能的进一步增生，阻碍着主体创造潜力的进一步发挥，以致动摇认识结构系统中的主体势基础。这就必然造成主体接受信息在深广两方面的局限性和加工处理信息的单一性、主观性，甚至使内外信息的交流发生阻塞性效应，从而会窒息认识中的主体性，窒息认识所固有的“同化”和“顺应”外部世界以保证自己不断发展、不断充实的生命力。

因此，我们不能执着或拘泥于某种早先的认知定势，不能使之僵化、固定化。我们要从已有认知定势的结构僵化和功能凝固中解放出来，就必须不断实现认知定势的更新、重组或重构，用新的认知定势代替早先的旧的认知定势。更新、重组或重构认知定势，最重要的是要以具有科学性、批判性的世界观为核心，不断扩展和更新知识结构，改进和完善思维方法。

具有科学性、批判性的世界观，不仅为主体认识世界和改造世界提供一般的思想、理论前提和方法论原则，而且还经常对这种前提和原则进行批判性的自我审查。根据这种自我审查，又能进一步对认知定势中的具体的知识结构、概念（理论）框架和思维方法进行批判性审查。这样就能够使认知定势具有一种实现自我更新的内在活力。但是，世界观本身是有稳定性的，也不是任何世界观都有科学性、批判性或把科学性和批判性内在地统一起来。在现代，我们必须自觉地以真正体现科学性和批判性内在统一的马克思主义世界观，作为我们建构和不断更新认知定势的核心，而且要真正按照科学性和批判性相统一的本质来对待这种世界观。在认知定势中，世界观的这种科学性和批判性相统一的本质，就要求不断更新知识结构和完善思维方法。因为只有知识结构的不断更新和思维方法的不断完善，才能体现和确证世界观本身科学性和批判性相统一的本质，也才能使具有科学性和批判性的世界观实现和履行提供一般思想理论前提和方法论原则并批判地审查这种前提和原则的功能。

知识结构和思维方法是认知定势中的主要部分，为主体认知定势“同化”和“顺应”外部世界提供了智力方面的结构性基础和功能性基础。认知定势的其他因素，如需要的意识、价值观念以及意志、情绪等，都是在一定的知识结构和思维方法的基础上起作用的。知识结构越广博充实，思维方法越合理完善，认知定势的其他因素就越能发挥作用，其“同化”和“顺应”外部世界的容积就越深广，功能就越强化和多样化。要使我们的认知定势能够“顺应”和“同化”变化发展着的外部环境世界和时代精神，就必须在正确的世界观指导下，科学地和批判地审查和评价原有的知识结构和思维方法，并不断把新的科学认识成果和新的科学思维方法纳入我们的认知定势中来。这样，人作为主体就能现实地置身于新的知识背景下，使内部的参照系统发生转换，并建立起新的概念和理论框架、观念和思维模式。这是人们开拓思维空间、强化思维功能的必然的途径。

认知定势中的知识结构和思维方法更新了、完善了，这就意味着产生了一种新的能力。这种新的能力必然导致新的需要的产生，并要求也可能扩展满足新的需要的对象域。在这种情况下，就有可能突破原有价值观念的局限性和固结力，甚至导致新的价值观念的产生，导致追求新的对象的意志和激情的产生，从而引起原有心理结构的改变。

上述这些变化的综合，就使原有的认知定势或者是被改造了，或者是重新组建了，因而形成一种结构更复杂、容积更深广、功能更灵活多样的认知定势。这种经过重组或重构而得到更新的认知定势，就能突破原有认知定势“同化”和“顺应”外部环境世界在空间和时间上的固有阈限。于是，认识中的主体性就能在更大、更多的对象域，现实地外化为自由的创造性，从而也使人的活动在更广阔的范围内和更深刻的程度上成为自觉自由的活动，使人的智力和思维在更广阔的空间内和更漫长的时间内自觉自由地驰骋。

然而，认知定势的重组或重构，并不是对原有认知定势的绝对排斥或否定。整个人类认识的发展，虽然经过多次革命性飞跃，但又是有连续性、继承性的。任何一个时代的认识主体的认知定势，都是在由发展到该时代的社会历史所给予的既定的文化知识背景的基础上建构起来的。一些在人类认识外部世界的长期历史过程中形成和积淀下来的并证明是有效的基本的传统思维形式和思维方法，往往是构成新的认知定势所必须保留甚至是必不可少的基本因素。斩断或否定历史的传统，我们就不可能成为今天的认识主体，也不可能建构起现在的认知定势。这是因为，主体无论是建构还是重组或重构认知定势，都是在具体的历史传统和主体如何继承以及继承了多少这种历史传统的基础上进行的。历史传统及主体对这种历史传统继承的方式、途径和范围、程度，总是制约着认知定势的建构和重构。历史传统所流传下来的某些基本因素及其关系集合，总是作为主体建构和重构认知定势的前提而出现的，并被它包含于建构和重构的结果之中。同时，主体重构认知定势，还同自己原有认知定势有历史联系。这样就必然使具体主体的认知定势在整体性特点方面表现出连续性。当然，这种连续性是在分析与鉴别的基础上舍其糟粕取其精华的过程。但精华因素在历史上也可能是以胚胎、萌芽的形式，不成熟不发达的形式或不充实不完善的形式存在着。在建构或重构新的认知定势的过程中，必须使它们在新的科学认识的基础上得到发育、成长、展开，不断地充实和完善，以成熟、发达的形式出现于新的认知定势中。在现代，我们要重构和更新我们的认知定势，最重要的当然是要吸收现代的科学认识成果和科学思维方法，使我们认知定势中的知识结构和思维方法具有现时代的水平和特点。同时，又必须同我们国家的实际情况、同我们的历史传统的优秀形式结合起来，融为一体。当以这种形式把现代科学认识成果和思维方法“结合”和“同化”到我们的认知定势中的时候，也就使我们整个科学文化的传统以崭新的面貌出现于现时代。这正是这种传统有如一股生命洋溢的洪流越来越气势磅礴地奔腾于历史过程中的必然趋势。我们必须自觉地顺应这种趋势。

认识的主体性条件或主体性机制问题，历来是哲学家们所积极关注并不断探讨的问题。《荀子·解蔽》中就论述了认识主体之所以能够认识的心理准备状态和它的认知功能以及如何发挥这种认知功能的问题。这是中国古代哲学史上关于认识的主体性条件的一种比较突出的见解。在西方哲学史上，哲学家们更是注意从主体方面来探讨认识的可能性问题。对认识的主体性条件或主体性机制的考察和探讨，可以说构成了认识论史上的一条基线。而且这条基线还将越来越粗大地，也将越来越精细地延伸下去。在现代，科学技术迅猛的革命性发展，充分表现和确证了人的主体地位的突出和人的主体性的高扬。因为现代科学技术的突飞猛进的发展和所取得的日新月异的成果，同作为现代主体的人的本质力量的空前强化、认知定势“顺应”和“同化”外部世界的结构容积的空前扩大与功能的空前优化，是密切相关的。这就是说，对现代科学技术的发展及其成果，必须从主体性方面，从主体的本质力量和认知定势方面，才能得到合理的解释。因此，在认识的实现和发展中，我们不能否认作为主体的人的主体性作用。而人的主体性作用，是以人作为主体对客体所具有的主体势特别是认知定势为基础的。主体性作用可以说是主体势，特别是认知定势所表现出来的一种“势能”。现代科学技术的发展及其所取得的成果，正显示了这种“势能”的强大威力。

（原载《江海学刊》1988 年第 2 期）

政治哲学及其历史演化

丘　晓

政治哲学是一门研究社会政治关系的本质及其历史发展的一般规律的科学。作为现代科学形态的政治哲学，它是以历史（辩证的）唯物主义为其自身发展的理论基础和思想指导，从考察社会物质生产状况，即由社会生产力的发展同与此相应的人们经济关系结构及其运转机制的变化出发，把政治运动看作经济运动的最集中的表现，并立基于政治与经济的辩证关系之上，在社会历史发展进程系统的诸要素与条件的总体联系和交互作用中，研究政治是怎样历史地产生的，又是怎样通过历史的曲折道路有序地向前发展的，或是在历史环境、条件的改变中怎样使特定的政治体系由初始不完善的组织形式进展到比较完善的组织形式，由一个低级发展阶段演进到一个高级发展阶段，及在进到何种度量和形式的历史转折点时怎样由一种类型的政治形态转变为另一种类型的政治形态，乃至在具备怎样高度的物质文明与精神文明的社会状况下才能使政治趋向于其自身的消亡，而实现向人类自由联合体系统的历史性过渡？这就是要经由研究政治的产生、发展和消亡的全过程，动态地透过错综复杂、风云变幻、迂回曲折向前进展的政治现象本身，也即要运用当代人类特有的及所已达到高度的科学思维方式和方法，在始终密切关注社会历史整体运动辩证法的前提下，相对独立地、系统地重新全面审查和周密分析以往政治发展进程的全部历史事件、数据、资料及当前的经验事实材料，进而从中综合、归结及概括出政治的最主要的本质性内容、它的统一过程对立方面的诸因素与条件的内在联系即相互制约和作用，以及政治系统的结构、机制与功能在历史对立运动中有逻辑程序可循的自我运作、演进、变迁、调整、重构、转换及其达到特定交错线时形态上的实质更替，以把握政治的历史发展最普遍的一般规律性，从而科学地预见到它向未来高阶段非政治形态的社会组织管理系统按自身规律的历史性转化。总而言之，这门科学的基本任务，就是要在历史的总的联系中，通过对政治进程中无数活生生的丰富多彩、纷纭多变的偶然性历史现象系统、透辟的审察和剖析，及按科学思维行程循序上升，以至总结、提炼和把握住政治的多样性统一的本质及其发展（包括超前预测其向未来发展）的历史必然性。无疑，这种研究过程也就要求：必须进行在社会历史整体运动中以政治为主体的多学科的综合性研究；特别是要看到这种政治发展的历史必然性归根到底也就是经济的必然性。或者说，政治历史发展的最终动因。一切政治运动内在的矛盾、冲突的基因及其解决手段，归根到底都必须要到经济运动中去找寻；尽管在这里，政治一经在经济的基础上产生后有其相对独立的发展过程，而且政治的发展状况对于经济及整个社会的发展更有其极为重大的影响和作用。由此可见，这是一门关于一般政治观的科学，即人们对政治的基本观点、观念的科学的思想理论体系；同时，与此既有区别却又统一的，也是一种人们在社会政治实践活动中考察、探索和捕捉政治的本质及其历史发展规律的科学的认识论，以及人们将所掌握的对政治的规律性认识具体地应用于现实政治生活实践的科学方法论。这门科学是政治学的一门基础理论，又是哲学的一门分支学科。它介乎历史（辩证的）唯物主义与政治科学之间，是这两大科学体系的中间层次和中介环节，或可称为它们之间的联系的环节，因而，也就是它们二者在历史实践基础上所共有的一种必不可少的理论发展的环节。

只是在社会生产发展的一定阶段上，历史上有了政治现象的出现，这才有了人们对政治的观点、观念的产生，才会有作为对政治的基本观点、观念体系的政治哲学的逐步形成。但是，在以往漫长的历史过程中，由于人们受到了社会发展状况和阶级地位的限制，因而也就不能使其成为一种真正科学的独立的思想理论体系；在这个过程中，它大体上的顺序呈现为三种历史形态：

一、神权政治观形态。在中国古代社会缓慢的历史发展中形成了奴隶制国家后，就曾有过“夏服天命”“殷人尊神”的政治思想的发生和发展。在当时，夏、商统治者利用了氏族社会所遗留的图腾、鬼神崇拜的巨大影响，“率民以事神，先鬼而后礼”，将人们的天命、尊神观点、观念移植于政治领域，借以控制社会上激烈的阶级对抗及本阶级的内部冲突，建立和维护其奴隶主统治所需的社会政治秩序，这才有了从一开始就在古代社会意识形态中占支配地位的神权政治观的产生。及至西周，则有鉴于前朝覆灭的教训，深感“天命靡常”或谓“惟命不于常”，因而认为，受天命的统治者就应惕惕于“天视自我民视，天听自我民听”，务须力行“敬德”“裕民”，以“怀保小民，惠鲜鳏寡”，及“勿误于庶狱庶慎”，而对丞（众）民广施仁政，即要做到“以德辅天”“惟德是辅”，以达“祈天永命”的目的。这种天人感应型神权政治观体系的形成，不仅是对前期神权政治观的重要的修正和补充，而且还使自身体系中认识政治的重点发生了由天命神治向辅之以德的人治的转移；而这对于后世政治哲学思想的历史发展，却具有其传统性的深远的影响和意义。同样地，在较晚些时的西方古代历史上，古希腊柏拉图的建立在残酷剥削奴隶基础上的等级森严、“各守本分”的政治体制和秩序，即由奴隶主贵族实行“贤人政治”的统治的“理想国”，就是所谓永恒不变的“理念世界”的体现，也就是按照神的意志创造出来的。这是一种具有西方特色的典型的神权政治观体系。亚里士多德对他老师的政治哲学观点作了重大的修改。尽管他也把奴隶制的存在看作是合乎“自然”和“人的本性”的，但却又提出了城邦的目的应在于达到全体城邦人的最高、最广泛的“善业”。他认为“最好的生活方式就应该是行于中庸”，主张组成以“中产阶级”为主体的共和政体，实行“由最好的法律统治”的法度政治；以避免寡头和平民政体的两种极端，求得政治上长久的安定。因此，虽然他将自己制定的政治方略的最终动因归诸思想、理性——神的意志，即基于神对世界的永恒不变的推动力，但是他所提出的为善、持中、协调、均衡、法度的统治原则却已超越了神治的界限，并在西方政治哲学史上影响久远，为后世学者所推崇。至于古罗马西塞罗的“混合政体”“理想国”的政治学说，则不过是要为罗马奴隶主贵族的残暴统治抹上一层薄薄的神圣灵光。他既在袭用政制的历史循环论中，指明了罗马贵族共和国就是“混合政体”的“理想国”，亦即是“最好的政制”；同时更认为“自然法”就是“理性”“正义”，即神的意志的体现，它是“普遍适用”和“永恒不变”的，而罗马法便是“自然法”的代表。因此，根据这种“真正的法律”所建立起来的罗马奴隶主“理想国”的政制、秩序和霸业，则是一种基于神的意志所作出的合乎“自然”的安排，这是任何人都不能违抗的。无疑，他的这种政治哲学体系，实际上也只是柏拉图神权政治观的更加不事修饰的罗马式的复现。

二、顺天因人、本于人情的政治观形态。处于社会结构大变动、大改组过程中的春秋战国时期，作为这种历史性变革在意识形态上的反映，就使中国政治思想的发展逐步形成了繁荣的“百家争鸣”的局面。在当时，虽然整个政治哲学还远未摆脱天命神权、法自然观的体系，但是已将考察政治的着重点时置于顺天因人、本于人情，也即大幅度地转移到了变动着的现实的社会政治关系。因此，依据当时形势发展和列国内政、外交的实际需要，儒家的囿于法先王、以礼治为主体的崇尚仁义、忠恕及中庸的政治伦理学说，并不能行其道于当世；墨家提出的非儒、非命、兼爱、非攻、尚贤、尚同，以及力求建立在所谓天、鬼监督下实行圣王之治、尚同一义的理想国的政治主张，更属于不切实际和无从实现的空想；而唯有法家的顺天道、随时变、因人情、明事理、度能为，并以法、势、术相结合为中心的法治哲学思想，广为诸侯所采纳，及能卓显功效于实践；甚至连纵横家的形同博弈的合纵、连横之议，亦能逞其术于一时。然而，秦始皇定法家于一尊，并在统一六国后，废王道而酷刑法，将封建专制的法治推向极致，竟未能解脱秦王朝覆灭的命运。尔后，西汉初建，崇尚黄老之学，统治者履行清静无为、与民休息的方针，却反而收到了恢复生产、缓和矛盾及使政治局势得以稳定的成效。贾谊从他的阶级角度总结了这种历史转折运程的实际经验，认为夺取与巩固政权应该采用不同的策略和方法，所谓“夫并兼者高诈力，安定者贵顺权，此言取与守不同术也”。亦即守业者务须借仁义为牧民之道用以安定民心，并要定制度、兴礼乐，实施以礼治国、礼法并举，以确保中央集权制的封建主国家政权的长治久安。而晁错的兴利除害、尊主安民的政治主张，则对贾谊的“民为政本”“礼”“法”相辅相成思想从法治方面作了必要的补充。他强调统治者应深知“术数”，但其关键却在于立法行事必须“本于人情”的原则；即要“通于人事始终”，“明于人情终始之功”。所谓“其为法令也，合于人情而后行之；其动众使民也，本于人事然后为之”；“是以天下乐其政，归其德”，并使“百姓和亲，国家安宁，名位不失，施及后世”。显然，这种对于“顺天因人”政治观内部所包含的朴素的近乎唯物和辩证思维因素的系统概括，及其作为认识论和方法论在实际政治活动中的运用，也就有效地稳定和巩固了西汉封建王朝的专制统治。到了汉武帝时的大一统的鼎盛阶段，为了适应因加紧榨取而引起阶级矛盾激化，以致必须强化中央集权制的封建统治秩序的需要，董仲舒不仅论证了“大一统”的天经地义的合理性，以及提出了“罢黜百家、独尊儒术”以“灭息”一切“邪辟之说”、实行思想统制的必要性；而且还集诸家适用思想因素在对儒学经过改造后，精心制作了一套完整的以天人合一、人本于天、君权神授、奉天法古、道出于天、天不变道亦不变、三统循环、顺承天意为政治哲学基础，也即建于神学目的论——道统论之上的，实施以德治世、德（阳）刑（阴）相顺，并以“三纲五常”为最高行为准则的封建政治、伦理、法度的理论体系，以此作为维护封建专制主义制度正统的强有力的精神武器。从而把中国政治哲学的发展推到了另一个极端，致使在历史上出现了以诸多精微形式向天命神权政治观的复归。后来的东汉谶纬神学、魏晋玄学乃至宋明理学、心学的政治哲学思想，也就只是同一董仲舒思想体系为适应不同政治状况，在形式上的更加宗教化、神秘化、法典化和庸俗化的表现。但是，尽管如此，在这种封建社会自我调节过程的各条交错线上，仍有本于人情的民本主义政治现体系与之相抗衡，及就所展开的限制特权、革新除弊、任贤使能、务实求治的实功实利方面，以不同的历史形式继续作了更为透辟的发挥。至于在西欧中世纪封建社会占支配地位的政治意识形态，则是从教父学发展而来的基于神学目的论及君权神授论的封建政治法律哲学体系。它的主要的思想权威性的代表就是托马斯·阿奎那。然而，在这个社会所经历的一场冗长的关于教会与世俗两种统治权力之间关系的论争中，也曾产生过要将教权与政权相分离，将上天的启示与理性相分离，并要把考察的主要点从教会传统转移到人的现世普遍关系的倾向。而两种神学异端，特别是平民派异端的出现，则更加强了这种政治哲学重点向理性主义政治观推进的历史性趋势。

三、天赋人权、人类普遍理性的政治观形态。随着西欧资本主义生产方式的形成和封建社会结构的解体，在新兴资产阶级和城市平民、农民的反神权、反封建斗争中，作为资产阶级意识形态的人文主义、理性主义思潮已有了广泛的传播和发展。这在文艺复兴运动全盛时期的政治思想领域内，就有以马基雅弗利和布丹为主要代表，立基于反神学的人性论、经验论政治观之上的，反对封建割据、要求民族统一以建立君主专制的中央集权国家的政治理论体系。同时在反封建的宗教改革运动中，则出现了以马丁·路德、加尔文为代表的市民派和以闵采尔为代表的农民、平民派两种相对立的政治思想；虽然他们的政治哲学体系全都以人的理性为基石，但是，不仅加尔文的改革思想要比路德的更适合于资产阶级的需要，而且“正如闵采尔的宗教哲学接近无神论一样，他的政治纲领也接近于共产主义”（《马克思恩格斯全集》第7卷，第413页）。甚如莫尔和康帕内拉的早期空想社会主义体系的形成，不免同样也有赖于以人为中心的理性主义思潮的影响；尽管它的思想内容，已远远超出了资产阶级政治所规定的范畴。十七、十八世纪遍及西欧的资产阶级革命沿着上升路线的行进，更推动了以人类理性为渊源的自然法理论包括自然状态、自然权利及社会契约的政治哲学体系的创建和发展。这种天赋人权、人类普遍理性的政治观形态，经过荷兰的格劳秀斯、斯宾诺莎，英国的霍布斯、洛克，法国的伏尔泰、孟德斯鸠，虽则由于各国政治状况、社会阶级力量对比的不同和主观因素条件的各异，而有其特定的历史范围内的保守与进步之分，并表现出各自程度不同的妥协性；但是随着革命进程的历史推移，及至卢梭提出以人民主权为原则、使用革命暴力以实现由不平等向平等辩证转化的社会契约论的政治思想，却达到了它的光辉的巅峰。他的这种虽仍基于作为人类理性体现的自然法理论之上，而已排除了对现存制度及政体的任何妥协性的激进民主主义革命思想的高度，即使连他的后继者——如美国的杰弗逊和潘恩也都没有能超越他。至于18世纪末19世纪初期德国的康德、黑格尔和费尔巴哈的政治哲学理论，则也不过是以德国哲学的抽象语言移植了法国的革命思想而且还在不同的政治状况中不同程度地渗透了那种德国资产阶级所特有的先天软弱性及在政治态度上的两重性。另一个方面，从19世纪英国的温斯坦莱，到18世纪法国的梅叶、摩莱里及巴贝夫，乃至19世纪初期的圣西门、傅立叶和欧文的空想社会主义学说，却属初期无产阶级运动的文献，是已超出整个旧世界秩序的思想范围的思想；然而，既然解决这类社会矛盾的手段还在经济关系中隐藏着，那就只能由人们的头脑里想出来，或是置身于人类理性、天赋人权、真正平等、永恒正义这样的政治哲学基础和原则之上，舍此别无他途。

只是在资本统治确立以后，当资本主义大工业生产已获得迅速发展和无产阶级通过阶级斗争实践趋向于政治上成熟的历史前提下，马克思同恩格斯一道，重新审查了人类社会的历史和以往历史的思想遗产，及总结了无产阶级运动的历史经验，从而发现了历史发展的一般规律，即在将唯物辩证法贯彻于社会系统的研究中，创立了唯物史观的理论。因此，也才使传统的政治哲学在科学历史观批判的基础上发生了本质性的历史变革，而转化为科学政治观的形态并使社会主义学说历史地从空想转变到科学，开创了政治哲学发展史上的一个划时代的新纪元。它的基本特征是：（1）从根本上否定了神的启示、人类理性、绝对理念、永恒正义基础上的政治观，转变为从社会生产力状况、经济关系及其发展中来解释政治及其历史，并由其中找出解决社会冲突的手段。（2）不应再在纯思维范围内作对政治及其历史认识的绕圈式的自我封闭，而是必须尊重社会系统诸因素、条件的相互作用及其历史发展的辩证法运动，即要从历史的总的联系中揭示和把握政治及其历史进程内在的规律性。（3）而且指出，为了找到革命的策略，就需要把这种理论应用于本国的经济条件和政治条件；如果不了解这些条件，那也不能对那里在某时期所应采取的策略细节的正确性进行有效的判断。由此，也就为科学形态的政治认识论和方法论的原则作出了基本规定。这种作为科学的马克思主义政治哲学思想体系，曾经在俄国革命的列宁阶段和作为中国革命实践指导的毛泽东思想中，有过在不同历史条件下不同形式的多方面的发展和发挥；但是，由于主观和客观的多种因素的作用，特别是因执政党的主要领导人指导思想偏离正常轨道而造成政治原则性的重大失误，却使它在尔后一个历史时期内陷于停滞不前，甚至趋向退化。

与此同时，也正由于各国在资本主义发展中内外矛盾的日益尖锐，资本统治已深感天赋人权、普遍理性的自然法理论之不利于己，于是就使西方传统的政治哲学从其上升线上急泻直下，而转入了一个对它进行逆向性修正的倒退时期。这就出现了所谓“自由派”的否认个人有任何主权的反自然法理论；及有进而论证国家意志是法的唯一渊源，公民的民主权利是由实在法所派生，即不存在自然权利的法律实证主义的应运而生；以至于还有了基于生存竞争、强存弱汰的自然权利及国家起源说的生物社会学政治思想的形成。但自19世纪末20世纪初以来，资本主义发展到垄断资本和财政寡头统治阶段，导致它所展开的各种矛盾更趋激化：这在一方面，就有了被称为“复活的”自然法理论的产生；而在另一方面，却促成了反理性主义向极端的发展。前者分为两支：一支是向神学自然法复归的新托马斯主义。另一支则认为自然法是比法更高的绝对准则，是人的天性所固有的内在标准，也即现代资本主义权利观的标准。因此，违背这个标准，便是违反自然法准则，即侵犯人权。乃至提出使各国法律制度服从于自然法的“世界法”，也应是理所当然的。这就使这种人权标准的自然法理论，实际上成了垄断资本统治向其本国人民和世界进步人类的一种进攻性武器。而后者更从尼采要以超人的权力意志创立新价值体系的强权政治论，发展到了极端的非理性、反理性主义，即法西斯主义和民族社会主义。第二次世界大战以后，在西方政治哲学中，虽然仍由传统学派占有重要地位，然而却因行为主义的崛起，这就发生了所谓传统主义与行为主义的论争。标榜为经验分析科学的行为主义，是在西方国家内政治外交矛盾重重和科学技术突飞猛进的历史条件下的产物。它认为传统的理论与方法往往使政治研究成为法律、历史和哲学的奴仆，已不敷于实际应用，而必须转向对政治生活作“纯科学”的系统的经验分析，也即要借用当代社会学、心理学、人类学和系统科学（包括信息论、控制论乃至开放系统论耗散结构理论、协同学）、运筹学、统计学等的成果及科学技术的手段，来作政治体系的结构、功能即其总体关系——诸要素、条件和环境间相互作用的动态的比较研究，及从政治信息输入输出与反馈的定量分析中来进行政治决策过程和实施系统控制的随机研究。乃至在政治发展的宏观分析与微观分析相结合的综合研究中预测其未来的趋向。从而也就使它为适应特定的需要，却在政治认识论和方法论上作出了有其时代特征的发展。但是就其在尔后的推崇现代理性主义如罗尔斯的《正义论》而言，则又表明了它在政治观上是同传统主义原相一致的；这就使二者因有同一政治哲学思想基点而趋于合流，可谓是殊途而同归。

当中国社会进入社会主义现代化建设和改革的历史新时期以来，政治哲学理论也已恢复了它的马克思主义的科学形态，并在概括历史经验中得到了进一步的发挥和发展。但是，它仍远未能适应当代形势发展的需要。因此，必须继续致力于这门科学的研究，即要在历史实践中求得发展的基础上，同时深入汲取历史思想遗产的丰富养料，充分利用现代社会科学、自然科学群的成果进行政治哲学的综合性研究，以及适当引进国外政治哲学特别是当代发展了的政治认识论和方法论的合理内容，经过马克思主义科学的批判、改造，为我所用，以便尽快建立中国政治哲学完整的科学思想体系，使之能对中国政治科学的发展及社会主义建设和改革的实践真正起到理论指导和超前预测的有效性作用。

（原载《江海学刊》1988 年第 4 期）

论孔子的经济思想

匡亚明

经济思想

孔子的经济思想和他的哲学思想、伦理思想、政治思想，以及教育思想一样，是零散的、不系统的，分别见于现存的有关文献，其中主要是《论语》。要从这些零散的、不系统的文献中理出一个头绪来，我考虑主要是抓住孔子经济思想中蕴含着的有决定意义的两条纲，然后加以论述方可纲举目张。我认为这两条纲：一条是如何对待生产劳动和劳动成果的问题；另一条是如何对待封建统治阶级经济利益和被统治的广大劳动人民经济利益的问题。下面就根据这个思路加以阐述。

（一）重视劳动生产的经济成果，却又轻视生产劳动本身的社会价值和意义

在孔子心目中，西周领主制封建宗法社会是最理想的社会。他曾说过："周监于二代，郁郁乎文哉，吾从周。"① 他认为这个封建社会就总的社会分工而言是两种人组成：一种是少数完全脱离生产劳动而占有丰富物质财富的贵族统治阶级（天子、诸侯、各级臣僚，或统称"君子"）；另一种是广大从事创造物质财富却只占有很少物质财富的被统治阶级（或统称"小人"），即后来孟子据此而概括的话："或劳心、或劳力；劳心者治人，劳力者治于人，

① 《论语·八佾》。

治于人者食人，治人者食于人；天下之通义也。”[①] 前者是贵族统治阶级（“君子”），后者是劳动者被统治阶级（“小人”），这种把劳心（脑力劳动）和劳力（体力劳动）相分割的现象，在社会生产力发展过程中的低级阶段，即人类从原始社会进入阶级社会后，是不可避免要发生的。正如恩格斯所说：“当实际劳动的人民要如此忙于自己的必要劳动，使其没有多余的时间来从事那些有共同意义的社会事务——领导劳动、领导国事、进行审判、从事艺术科学等等——当这时候，特殊的解脱了实际劳动的阶级的存在是不可避免的。”[②] 这就是产生极不公平的劳心者治人、劳力者治于人的社会历史背景。

孔子当然知道任何人的生存、任何国家的生存，首先必须具备一定的物质条件和一定的生活资料，而且物质条件和生活资料是愈丰富愈好。例如子贡问如何治国（问政），孔子回答说：“足食、足兵，民信之矣。”[③] 孔子把“足食”（充足的粮食）放在治国的重要地位。又如他在政治主张方面所谈的“庶”“富”“教”思想，也是把人口兴旺和物产丰富并提而放在首位，用以表示当时他对卫国经济富裕的良好印象[④]。难道这不是说明孔子对经济利益、对物质生产成果（这里指的主要是农业经济利益和成果）很重视的思想吗？但他对经济行为本身，对从事物质生产者的劳动和技术本身，却又表示贬低和轻视的态度。例如樊迟提出关于学种地、学种菜的问题时，孔子不仅干脆回答说：“吾不如老农”和“吾不如老圃”，而且樊迟一出去，孔子就评论说：“樊迟真是小人啊！上面的人（贵族统治阶级）讲究礼仪，老百姓就不敢不尊敬；上面的人办事公正，老百姓就不敢不服从；上面的人说话算数，老百姓就不敢不勤恳。能够这样做，四方的老百姓就会拖儿带女来投奔和从事农业生产，为什么我们自己要去种庄稼呢？”[⑤] 孔子认为贵族阶级“君子”从来就是“坐而论道”，“学以致其道”（这些指的自然是治国人之道），从来就

---

① 《孟子·滕文公上》。

② 恩格斯：《反杜林论》，人民出版社 1956 年版，第 187 页。

③ 《论语·颜渊》。

④ 《论语·子路》。

⑤ 同上。

不该从事劳动生产，他们该做的事就是学道，就是治国治民。“天生民而立之君，使司牧之。”① 而“小人”该做的才是从事生产劳动供养“君子”，这是天经地义的准则（“天下之通义”）。因此有关生产劳动和生产技艺等事，“君子”无须过问。于是不仅大人君子和黎民百姓（小人）尊卑的社会政治地位被确定了，同时，把赖以创造物质财富的生产劳动及与之密切相关的生产技艺和劳动者本身也一道贬低了。毫不奇怪，孔子自己少年时曾因贫困而参加过多种劳动并学会多种技艺，竟亦以惋惜的口吻对子贡说：“吾少也贱，故多能鄙事。”接着又强调说：“君子多乎哉？不多也。”② 很明显，这种把促进社会发展的崇高的创造物质财富的生产劳动及与之密切相关的生产技艺连同劳动人民一道加以轻视和贬低的思想，是阶级社会少数人剥削和掠夺多数人劳动成果的极不公平的怪现象所产生的怪思想，正是这一怪思想影响了往后长达两千余年的中国社会轻视生产劳动，忽视自然科学和技术开发，从而造成至今仍是沉重的包袱的经济和科技落后的历史后果。这是孔子经济思想中反映封建社会不合理不公平现象的消极因素。指出这一点，是非常必要的。

（二）既照顾封建贵族阶级的经济需求，也关心劳动人民的经济利益

孔子主张既要合理满足贵族统治阶级的经济剥削要求，也应关心劳动人民的经济利益。孔子一直把西周领主制封建社会视为理想规范，因此，在社会经济和利益的分配上或“与”“取”上的是否合理，也常以西周制度为标准。这里说的西周制度，指的就以周公根据“惟文王之敬忌，乃裕民”③ 的比较开明的征收政策而制定的助耕公田的贡赋法，所谓“什一而藉”④。时至春秋时代，社会经济情况已起了很大变化，特别表现在领主制封建社会已开始向地主制封建社会过渡的历史性变革上，孔子仍固执地推崇已不适应发展了的时代要求的周公之法，反映了他的保守性。另一方面，他虽然维护封建

① 《左传·襄公十四年》。
② 《论语·子罕》。
③ 《尚书·康诰》。
④ 《公羊传·宣公十五年》。

统治阶级对劳动人民剥削的制度，但主张这种剥削、这种索取应该有个限度。他心目中的限度，大概就是“什一而藉”，超过这个限度，他就认为不合理，就要坚决反对。这又充分说明他企图以“什一而藉”为根据，借以抑制统治阶级超过他认为合理限度的对劳动人民的勒索，在当时各诸侯国竞相向本国劳动人民横征暴敛的情况下，他公然反对这种横征暴敛，难道不又可以从另一方面反映他作为伟大思想家能够突破时代局限性而对劳动人民倾注同情，说明他的进步性吗？上述保守性和进步性相结合，正是孔子经济思想矛盾的辩证统一的一种表现形式。

于是，孔子经济思想中既照顾领主制封建贵族从天子到诸侯国各级统治阶级的经济要求，又关心劳动人民的经济利益这个二者兼顾的愿望，由于自天子到诸侯国贵族统治阶级对劳动人民的无止境的横征暴敛而遭到挫伤，注重点不得不移到了反对横征暴敛和满足人民的经济利益上来。如：“季孙欲以田赋，使冉有访诸仲尼。仲尼曰：‘丘不识也。’三发，卒曰：‘子为国老，待子而行，若之何子之不言也！’仲尼不对。而私于冉有曰：‘君子之行也，度于礼，施取其厚，事举其中，敛从其薄。如是则以“丘”亦足矣。若不度于礼而贪冒无厌，则虽以田赋，将又不足。且子季孙若欲行而法，则周公之典在，若欲苟而行，又何访焉。’弗听。”① 这段话充分反映了孔子当时以“周公之典”为准则反对横征暴敛和关心劳动人民经济利益的鲜明态度。后来孔子对冉有未能劝阻季孙氏实行“田赋”，非常不满，严厉地批评他。《论语》上有一段话记载此事说：“季氏富于周公，而求也为之聚敛而附益之。子曰：‘非吾徒也。小子鸣鼓而攻之，可也！’”② 孔子这种反对横征暴敛和关心人民利益的态度，对往后中国历史上开明统治阶级及各级官吏提倡清政廉政之风，是有积极影响的。

总之，孔子经济思想中既有消极因素（轻视劳动人民和劳动技术）和正反相混的因素（固守“周公之典”），也有积极因素（关心劳苦人民利益）。

---

① 《左传·鲁襄公十一年》。

② 《论语·先进》。

我们应该以历史的和科学的态度，排除其消极因素，扬弃其正反相混因素，继承和发扬其积极因素，用以发扬中华民族的优秀传统。

经济主张

孔子重人事，讲实际，反对空谈，所以他的经济主张都是较具体并有针对性的，既利于行，又易见效。在孔子看来，不是经济决定政治，而是政治决定经济，不是政治为经济服务，而是经济为政治服务。也就是说，他的经济思想和经济主张，都是为他的仁政德治的政治服务的。两千五百余年前的孔子，虽然在理论上把经济与政治的本来关系颠倒了，但我们仍能从颠倒了的关系中看到问题的实质。现就以下四个方面阐述孔子经济主张的主要内容。

（一）在农业上主张决不能耽误农民季节性劳动时间，合理使用土地资源，爱惜良田

中国古代特别是殷周以后，就明确了以农立国。所谓国家经济，就是农业经济，所谓社会生产，就是农业生产。农业生产情况的丰歉，决定了国计民生的好坏。但农业季节性很强，所以孔子特别提出“使民以时”，决不能耽误农民季节性劳动时间的主张。这是针对当时各级领主征派农业劳动者建宫室，治苑囿，竞相侈靡，还有修桥筑路等劳务，常常征用大批人，以致影响季节性很强的农业生产，使土地荒芜，收成大减。这不仅影响广大农业劳动者的生活，也大大降低了各级贵族统治阶级的收入。所以孔子大声疾呼地提出“使民以时”的主张。同时，“使民以时”还有另一层意思，这就是他对当时用的周历不满，提出“行夏之时”①，即以夏历（夏代历法）代替周历（周代历法）。这在农业上是一个至关重要的问题。此外，还因为当时各级领主统治阶级在周历元旦之前，都要征用大批劳力，为他们庆贺新年作各种准备，而此时正值夏历的九月、十月间，正是农作物收获、播种和贮藏的紧急

---

① 《论语·卫灵公》。

和繁忙时刻，是农民一年中最关键的时刻，在这时被征用，将造成农业经济的莫大损失。孔子针对这一严重情况，提出了改变历法，废除“周历”，“行夏之时”，即改用“夏历”，做到“节用而爱人，使民以时”①，才能有利于农业的好收成，充实粮食的供应贮备。孔子认为治国之道，重要的是一要人民安定，二要粮食充足，三要治丧尽礼，四要祭祀慎重。后二者为当时习俗所重，现在可以不谈。前二者则现在仍有现实意义，孔子把它们放在前面，说明他思想上的远见卓识和重实际的精神。“使民以时”和重民、重食的主张，后来为孟子所继承和发扬。孟子提出意义相同的农业上“不违农时”的主张，原话如下：“不违农时，谷不可胜食也；数罟不入洿池，鱼鳖不可胜食也；斧斤以时入山林，材木不可胜用也。谷与鱼鳖不可胜食，材木不可胜用，是使民养生丧死无憾也……”接着又说：“五亩之宅，树之以桑，五十者可以衣帛矣；鸡豚狗彘之畜，无失其时，七十者可以食肉矣。百亩之田，勿夺其时，数口之家可以无饥矣。谨庠序之教，申之以孝悌之义，颁白者不负戴于道路矣。七十者衣帛食肉，黎民不饥不寒，然而不王者，未之有也。”② 孔子的“仁政德治”和孟子的“王道”，其实意思相同。他们一方面重视劳心者的地位，一方面轻视劳力者的地位，而他们又不得不把实现“仁政德治”或“王道”的经济基础，主要是农业经济的重担压在农业劳动者身上。这种二重性的矛盾现象，正是贯穿在从西周领主制到往后地主制长达三千年的封建社会的一条主线，理解它，也就基本上理解了封建社会和孔孟思想的实质。看了上述孟子的话，作为孔子和孟子的“仁政德治”和“王道”标志的经济实体，不过是一幅封建社会满足于“周而复始”的停滞状态和自给自足的简单再生产的小农经济景象。而在他们所在的那个社会的历史阶段，就这点也是一个难以实现的理想境界。主要是因为：第一，他们访问了许多邦国，没有遇到一个他们所希望的那样的“明君”，遇到的都是些庸君、昏君，“贪冒无厌”的欲求不允许他们这样做；第二，整个领主阶级和地主阶级的剥削本性

① 《论语·学而》。
② 《孟子·梁惠王》。

不允许他们这样做。于是这个像孟子所描绘的小农经济的温饱景象，只能是一个不可能实现的“美妙”意境。

此外，孔子非常重视农用土地资源的合理使用问题。孔子在鲁国任中都宰和小司空时，曾将土地分为五类，一是山林地带，二是川泽地带，三是丘陵地带，四是高原地带，五是平整地带，这样，耕作就可以根据不同土地因地制宜种植不同作物，就可以做到“物各得其所生之宜，咸得厥所”[①]。这在现在来看，已是普通常识，在两千余年前的时代，不能不说是农业上的一个进步。

还应特别指出，孔子是提倡“父死葬之以礼”的孝道的，但为了保护和节约可耕良田，又竭力主张“因陵为坟，不封不树”[②]。就是说，墓地只能选在山坡上（“因陵为坟”），一不积土为坟（“不封”），二不植树或树碑以为坟之屏蔽（“不树”），以免占用良田。那样提倡“父死葬之以礼”的孔子，在这里却又把保护良田、发展农业放在比墓葬更突出的地位，亦即一贯轻视农业劳动和农业技艺的孔子，在思想深处又是非常关注农业的实际效益的。

（二）在手工业上主张招“来百工”，按各人劳动成绩付给工资

前面已经说过，中国自古以来特别自西周以后，即明确了以农立国的国策，工业（主要是手工业）虽已逐渐开始被重视，但和农业相比，毕竟处于次要地位。当然，和重视农业成果而又轻视从事农业劳动的庶民和农奴称之为“小人”一样，对待手工业的情况亦复如此。即一方面重视和享用以至夸耀手工业创造的各类精美豪华产品（包括宫殿、礼器、服饰、用具等），另一方面又贬低手工业劳动者的社会地位。孔子比较重视手工业，并把“来百工”列为治理“天下国家”所必须遵循的九条原则（“经”）中的一条。因为他知道，除了靠农业提供粮食外，还必须靠各种手工业工匠，发展各类手工业，方能使必要的手工业产品富足起来，满足生活（首先是贵族生活）、生产和战

① 《孔子家语·相鲁》。
② 同上。

争武器的需要。所以说："来百工，则财用足。"①

孔子生活的春秋时代，沿袭西周以来手工业生产经验的积累和发展，手工业已有很大进步，大概可以分为三类：第一类是官工业，第二类是亦农亦工"男耕女织"的家庭手工业，第三类是私人专业手工业。孔子所提"来百工"看来主要是就第一类官工业而言。

所谓官工业，就是为各级贵族统治阶级的服饰、礼器以及豪华生活奢侈品和作战武器的制作而设在王宫内的工场作坊。凡国内具有一定专业技艺的各类工匠，都被官府无条件征用，按专长分工作业，即"处工就官府"② 的总称为"百工"的各类工匠，"言百者举大数耳"③。所有官工都在各类工官（相当于现在的工头）严格管辖下劳动，都在一定程度上丧失了人身自由。他们不仅生活很差，而且社会地位很低，不能和自由民并列，即《礼记·王制》所谈："出乡不与士齿"，士是自由民，齿是并列，意即离工场外出，不得和自由民行坐相并列。由于工作时间长和饩廪（实物工资）微薄，加上各级工官的克扣剥削，使得许多工匠不得不寻找各种机会逃跑，所以百工的队伍很不稳定。孔子正是在这种情况下提出"来百工"，以便使封建贵族国家通过百工生产而达到"财用足"的目的。孔子提出"来百工"是有条件的，这条件就是"饩廪称事"，就是废除各级工官对百工的克扣剥削，改善他们的物质待遇，使他们取得应有的合理报酬，这样百工队伍就可稳定了。

"饩廪称事"这句话，出自《礼记·中庸》，原文如下："日省月试，饩廪称事，所以劝百工也。"在一定意义上讲"饩廪称事"相当于现在的"按劳付酬"。在两千余年前的春秋时期，超经济剥削盛行，孔子在关于手工业工匠（百工）的工资（饩廪）问题上，能够主张"饩廪称事"，这确实是难能可贵的。其可贵之处就在明确地提出反对残酷的超经济剥削，主张在当时条件下可以做到的合理付给百工以应得的工资（"饩廪称事"）。这在现在看来，

① 《礼记·中庸》。
② 《国语·齐语》。
③ 《周礼·考工记·疏》。

已是普通人都懂得的常识。但即使现在，真正地而不是歪曲地彻底实现“按劳付酬”，不仅在实践上，而且在理论上，都尚非已经完全解决了的问题。在两千余年前的社会里，领主贵族阶级对人民的残酷的超经济剥削是：“民三其力，二入于公，而衣食其一。公聚朽蠹，而三老冻馁……民人痛疾。”① 就是说当时情况已严重到农民的劳动果实三分之二归公，自己只能以三分之一（再加上其他各种层层剥削，实际上连三分之一也得不到）维持衣食。公家粮库的粮食腐烂，而老人冻馁……人民痛疾。百工的情况自不例外。在这种情况下孔子主张“饩廪称事”，自然是切中时弊的。孔子在对工人工资待遇问题上主张相当于现代“按劳付酬”精神的“饩廪称事”这样的办法，不能不说在当时是有先驱意义的。一个生长在封建社会同时又一心一意地维护这个社会制度的人，如果不是抱有“泛爱众而亲仁”② 思想的伟大思想家和政治家，能透过重重时代的、社会的阻力，而提出这样的主张吗？“饩廪称事”和“按劳付酬”这两个相隔两千余年、各带有自己时代特点的不同提法，谁也不能否认它们之间在出发点上有一定程度的相似性，这就足够显示孔子这一主张的历史意义和价值了。

（三）商业上主张废关卡，便利商贾行人，统一度量衡，制止伪劣商品

在孔子时代，“重本抑末”即重农抑商的思想虽已开始萌芽，尚不严重，而孔子对待商业，则全部《论语》找不到他对之贬低和轻蔑的言论，像对樊迟“问稼”“问圃”那样的鄙视性言语一句也没有。特别是对年轻时曾经经营过商业活动的管仲，仍褒扬他后来的功绩是“如其仁，如其仁”③。对他的学生子贡经商，成为巨富，孔子赞扬说“端木赐（即子贡）不受约束，去做买卖，猜测行情，屡屡猜中”④。即此二例，就可以说明孔子对儒生经商并不反对。不仅如此，而且批评鲁襄公时仕鲁的臧文仲有三不仁，其中一不仁

① 《左传·昭公三年》。
② 《论语·学而》。
③ 《论语·宪问》。
④ 《论语·先进》。

就是臧文仲置六关向行商收税。后来孔子说服鲁襄公废除六关，目的就是方便商贾和行人。这反映了孔子当时已有商业上不收税或少收税的开放性自由贸易的想法。他还提出“谨权量，审法度”① 的统一度量衡的主张，这对于稳定和发展商品流通，革除商品份量尺寸上弄虚作假的弊端是必要的前提。至于严禁市场中擅自抬价，更是端正经营作风、维护消费者利益的正确主张和措施，所有这些，在孔子仕鲁任中都宰和小司空期间，大概都曾付诸实施。结果是：“初，鲁之贩羊有沈犹氏者，常朝饮其羊以诈市人……鬻六畜者饰之（矫饰外表——引者）以豫价（豫作诳解，豫价即诳抬物价——引者）……三月，则鬻马牛者不豫价，卖羔豚者不加饰。”② 整治三个月，成绩斐然如此，即使可能有点溢美之处，不能说没有一定事实根据。

孔子还主张“器不雕伪”③。这句话对市场商品提出一个很重要的原则问题，即如何对待实用与形式和真与伪的问题。孔子主张的“器不雕伪”实质上就是提倡商品的外观要服从实用，并严禁以伪乱真。如果略有不足之处的话，就是他过分强调“不雕”，假使再补充一句“雕不过质”，即外观的美不应超过实用的质，那就更好了。但我们也不宜求全于古人，两千多年前的孔子能提出“器不雕伪”的主张，已很值得我们借鉴了。

（四）在消费上主张依“礼”而行，既反对奢侈，又反对吝啬

消费是生产和分配的结果，有怎样的社会生产和分配就有怎样的消费。春秋时期封建社会的主要特点，就是一方面各级贵族及其臣僚组成的等级森严的统治阶级（包括有些士在内），他们不参加劳动，但占有大部分社会财富，过着豪华的或富裕的生活；另一方面广大庶民包括农奴、自由农民和百工在内的被统治阶级，他们承担了全部社会生产劳动，劳动的成果通过统治阶级以各种形式的横征暴敛绝大部分被剥夺，留给他们的只是勉强维持温饱，有时连温饱也难以维持的贫困生活。这就是当时整个社会生产、分配和消费

① 《论语·尧日》。
② 《孔子家语·相鲁》。
③ 同上。

的情况。因此，孔子谈的消费问题实际上主要是统治阶级内部如何分享从劳动人民剥夺来的财富的问题，与广大被统治阶级——劳动人民关系甚少。而历代统治阶级及其知识分子总要以一定的温情脉脉的伦理道德观念美化他们的残酷剥削行为，一以自慰，同时安抚被剥削阶级。例如，“素富贵行乎富贵，素贫贱行乎贫贱”①，实际上就是从生产关系和消费关系的现实经济生活中抽象出来的伦理概括，这样就可以使统治阶级安于奢侈生活和被统治阶级安于贫困生活，从而维持这种不公平的社会得以稳定和安宁。孔子在消费问题上的许多主张就是在这种社会背景中产生的。

首先孔子企图用来作为消费分配标准的是“周礼”。用“礼”作为消费的准则就是规定统治阶级内部尊卑的消费等级，一切消费行为包括衣、食、住、行的各种消费，都要以此为准。庶民不可能也没有条件实行这样的礼。所以《礼记》上有这样的话：“礼不下庶人。”② 孔子曾试图将庶人包括在礼之内，即“礼下庶人”，他说：“道之以德，齐之以礼。”③ 实际上当然行不通。因为孔子所面临的正是“礼崩乐坏”的春秋时期，由于政治经济的不断发展，贵族内部以及整个社会的情况有了很大改变，孔子所要坚持的“周礼”的规范与约束即使在贵族统治阶级内部也已经失效。孔子自己就遇到许多违“周礼”之事，例如，孔子说，季氏“八佾舞于庭，是可忍也，孰不可忍也?”④ 又如“三家者以‘雍’彻，子曰：‘相维辟公，天子穆穆，奚取于三家之堂?’”⑤ 再如，“子贡欲去告朔之饩羊，子曰：‘赐也！尔爱其羊，我爱其礼！’”⑥ 如此等等都是不遵守“周礼”的事例。在这种情况下他仍要以不合时宜的“周礼”作为贵族阶级消费分配的标准显然是行不通的，庶民则更谈不上了。虽然如此，他有些关于消费的主张还是值得注意和借鉴的。

---

① 《礼记·中庸》。
② 《礼记·曲礼》。
③ 《论语·问政》。
④ 《论语·八佾》。
⑤ 同上。
⑥ 同上。

一是生活消费上知足的主张。关于知足的主张有人误解为满足现状不求进取的消极的意思。其实，这不是孔子的原意。孔子的原意是从积极方面着想的。他认为一个知识分子在物质生活上不要要求过高，而在学习和事业上则应严格要求自己。例如，在学习上，他说“学而不厌”①。又说“士志于道，而耻恶衣恶食者，未足与议也”②。在事业上当时的人称孔子“是知其不可而为之者”，就是说他是不怕困难、积极进取的人。他主张把主要精力放在事业、学习上，而不要把精力过分用在生活享受的追求上，以免影响到学习与事业的进取，这怎能说是消极呢？如果说孔子在消费上知足的话是专对劳动人民而言，要劳动人民满足于生活的饥饿状态，那当然是不对的。但孔子这里讲的主要是对知识分子（士），要求知识分子学习上刻苦、事业上求进，这是无可厚非的。当然，所谓生活消费上知足，在现代意义上讲则是以能够保证必要的健康为前提。

二是既反对奢侈，又反对吝啬的主张。孔子对整个贵族统治阶级（包括士在内）是一贯反对生活消费上的奢侈行为而提倡节俭的。例如，礼和丧在当时被认为是头等大事，对于这种头等大事，孔子也主张：“礼，与其奢也宁俭；丧，与其易也宁戚。”③ 其他衣、食、住、行等，也主张所有贵族（包括士在内）要节约，力避奢侈态度。例如，孔子说：“奢则不逊，俭则固，与其不逊也，宁固。”④ 又如孔子赞扬子路：“衣敝缊袍，与衣狐貉者立而不耻者，其由也与？”另外，甚至帽子这样的小事，孔子也很注意。他说：“麻冕，礼也；今也纯，俭，吾从众。”⑤ 这里说的是戴帽子，按照用礼规定应该戴麻制的帽子，但麻制的帽子很费工、费事、费钱，当时有一种用黑丝织的帽子比较省工、省事、省钱，孔子就赞成采用丝制的帽子。但他主张俭约应有一定限度，超过这个限度变成吝啬，他也是反对的。孔子自己是一个慷慨的助人

① 《论语·述而》。
② 同上。
③ 《论语·八佾》。
④ 《论语·里仁》。
⑤ 《论语·子罕》。

为乐的人，例如，大概在他做大司寇时，他命弟子原思做他的管家，孔子给其粟九百，原思嫌多推辞，孔子说你不要客气，如果你用不了就用它帮助你乡里的穷苦人就是了。原文是：“原思为之宰，与之粟九百，辞。子曰：‘毋！以为尔邻里乡党乎！’”① 因为孔子是助人为乐的，所以对吝啬采取严肃态度加以反对。例如，周公是孔子最崇拜的人，而孔子认为一个人即使有周公那样完美的才德，如果犯有骄傲、吝啬的毛病，他的完美才德也就被淹没了，其他也就不值一观了。原文如下：“如有周公之才之美，使骄且吝，其余不足观也已。”② 不仅如此，孔子把吝啬提到从政四恶之一，原文：“犹之与人也，出纳之吝，谓之有司”，意思是说，如果给人财物，给的时候又很吝啬就叫作小气的守财奴。

三是赞成不违礼的合理享受。孔子常用“周礼”和义来约束人们的生活消费，认为生活享受不能违反礼的规范和义的准则。但并不是只讲礼义，不关心物质生活。例如他说：“食不厌精，脍不厌细”③，说明他在吃的问题上也是满讲究的。其他方面也如此，只是不要超过所规定的一定限度而已，当然，周礼规定的贵族统治阶级内部享受标准的高低悬殊，现在看来并不合理，但当时孔子认为，有个标准（限度），总比漫无限制要好些。

经济生活中的义利观

现在着重从经济生活的角度谈一下孔子的义利观问题。

（一）义、利问题的提出

中国历史上在孔子以前很早就有义和利这两个字。这里讲的利和义主要是强调它们和谐和统一的一面。孔子一方面突出义和利区别与矛盾的一面，而另一方面，其目的又是通过伦理道德的制约达到它们之间的和谐与统一。孔子的最高理想是“大同世界”，由于孔子认为实现“大同世界”一时难以

① 《论语·雍也》。
② 《论语·泰伯》。
③ 《论语·乡党》。

做到，因而他毕生为之奋斗的则是低于“大同世界”的以西周为模式的小康社会。他理想中的所谓“大同世界”的主要特点是“天下为公”和“货，恶其弃于地也，不必藏于己；力，恶其不出于身也，不必为己”。[①] 这就是从社会制度和物质条件上保证了促成义利的和谐和统一的可能性。而小康社会的特点则是“天下为家”“货力为己”和“谋用是作”。这就形成了相互争权夺利和义利矛盾的局面，为了达到在这种局面下社会的安定，就要强调“礼义以为纪”[②]，就是说要力求用伦理道德的力量，即公平合理的义的力量，去抑制人们争权夺利的欲望而达到义和利的和谐和统一，达到贫富不均难以安宁的社会的相对安宁。

（二）孔子所处的时代能实现真正“公平合理”（义）的原则吗？

如前所述，孔子所处的时代是领主制封建社会向地主制封建社会过渡的春秋时代，是礼崩乐坏的时代，是等级森严、贫富不均、战争频繁的动乱时代，这个时代的社会情况离孔子所希望达到的低级理想——西周式小康社会又有很大距离，在这种动乱社会中要实现真正“公平合理”（义）的原则是不可能的。各级贵族统治阶级横征暴敛，过着花天酒地的豪华生活，而一般庶民特别是广大从事农业劳动的农奴和自由农民则过着饥寒交迫难以为生的苦难生活，加上战争频繁不得安宁。在这种情况下正是顾了利就顾不了义，顾了义就顾不了利，在财富分配（利）中根本谈不上公平合理（义），因为从整个社会而言，各级贵族统治阶级不论用何种名义、何种形式向广大劳动人民（主要是农民）横征暴敛，掠夺和剥削别人的劳动成果作为自己享受的财富，这里面有什么“公平合理”（义）可言呢！而对于广大劳动人民来说，自己的劳动成果绝大部分被掠夺剥削，过着饥寒交迫的生活，更有什么义和利可讲呢！前者是不劳而得（富且贵），后者是劳而无得或所得甚少（贫且贱），在这种情况下，孔子又提出富贵是天命决定的，不是人力可求的。“生

① 《礼记·礼运》。
② 同上。

死有命，富贵在天”[①]，“富而可求也，虽执鞭之士，吾亦为之。如不可求，从吾所好。”[②] 这样就把义和天命相结合，也就是体现了天命。于是孔子提出所谓“义然后取”[③] 和“见利思义”[④] 等就等于虚晃一枪，既维护了封建贵族的利益（他们的富贵是天命决定的，是合乎义的），又安抚了劳动人民（他们的贫贱也是天命决定的，非人力所能改变）。为此，孔子又进一步提出“贫而乐，富而好礼”，对贫富不均的不义的社会，在义的名义下，求得“乐天安命”而又极不稳定的安宁。其实，即使在孔子所向往的“小康社会”（实质上是西周文武周公时期的社会）中，仍然存在着等级森严贫富不均的制度，在经济生活和财富分配中实现真正的公平合理（义）也是不可能的。要真正地、完全地实现经济生活和财富分配（利）中的公平合理（义），只有进入“大同世界”，用现代语言讲就是以公有制财富的大大丰裕、人的文化水平和品德素养大大提高和生产上各尽所能、分配上按需分配为前提的科学的共产主义社会才可能。

（三）义利观的消极作用和积极作用

就整个社会历史而言，孔子的义利观既有消极作用的一面，又有积极作用的一面。二者有时在一定情况下又可相互转化。

义作为公平合理的伦理道德，本来是无可非议的，但如前所述把义和天命结合起来，成为体现天命的宿命论的一种行为准则，情况就完全不同了。封建社会秩序和贵族统治阶级既然是天命决定的，于是，要触动它、改变它、推翻它就成为“犯上”“作乱”[⑤] 的不义的行为。孔子对于舜得天下毫无意见，而对武王伐纣建立西周则有微词，这些都通过对于两支古乐的评价表现出来。他对歌颂舜的“韶”乐认为“尽美矣又尽善也”，而对歌颂武王的

① 《论语·颜渊》。
② 《论语·述而》。
③ 《论语·宪问》。
④ 同上。
⑤ 《论语·学而》。

“武”乐则说“尽美矣未尽善也”。[①] 为什么说“韶”乐尽善尽美，而“武”乐则尽美而不尽善呢？因为舜得天下是由尧的禅让，而武王则是通过以武力推翻纣王（伐纣）而取得天下，意思就是说即使纣王无道，也不该用武力推翻，用武力推翻一个王朝总不免带有“犯上作乱”的嫌疑。既然推翻一个王朝总是不义的行为，那么取得天下（得利）也就是不义的了。这样，义利观就成为维护封建社会秩序和贵族统治阶级利益的精神上的“护身符”，同时成为强制被统治被剥削的广大庶民安于被奴役的精神上的“紧箍咒”。这个“护身符”和“紧箍咒”就成为尔后两千余年长期维持封建社会的精神力量之一。这正是这种义利观在中国社会历史上所起的消极作用。

把义和天命的联系区别开来，还它的本来面目，那义就成为公平合理的伦理标准而起作用。孔子在多数具体场合下，正是在这种意义上使用“义”这个字的。例如，他劝告贵族统治阶级对待广大被统治阶级的庶民要实行“施取其厚、事举其中、敛从其薄”[②] 的政策，这无疑既可抑制贵族统治横征暴敛的贪欲，在一定程度上也可以起到为政清廉的作用，减轻人民的负担，改善人民的生活。又如孔子说“见利思义，见危授命”[③]，又说“义然后取，人不厌其取”[④]，这在一定程度上有利于形成敦厚的民风和良好的社会秩序与经济秩序。又如前已引过的孔子的话“士志于道，而耻恶衣恶食者，未足与议也”[⑤]，这种把追求道义放在追求物质享受之上的刻苦好学上进的精神，鼓舞了中国历史上一批又一批在学习和事业上有成就的知识分子（士）。以上数例可以说明义利观在中国漫长的历史中又起了很大的积极作用。由于社会历史和阶级的复杂性，有时会产生消极作用和积极作用相互转化的情况。例如“未若贫而乐，富而好礼者也”[⑥] 这句话，在贫富距离特别大、等级特别严的

① 《论语·八佾》。
② 《左传·哀公十一年》。
③ 《论语·宪问》。
④ 同上。
⑤ 《论语·里仁》。
⑥ 《论语·学而》。

孔子时代，前面曾指出了它的消极作用，然而在另一种情况下，例如目前的中国，虽仍有贫富差别，但距离不太大，而且整个社会经济正不断地健康发展，距离不断缩小，在这种情况下，这句话就又可以起到促进社会团结的积极作用。

（四）义利观积极作用的现代价值

孔子义利观的积极作用的核心是义和利的统一和谐，即重视义也不轻视利，只有在义利之间不能兼顾而只能取其一的情况下，他才毫不犹疑地选择前者（义），他曾经说过的“富与贵，是人之所欲也，不以其道得之，不处也”[①] 和“不义富且贵，与我如浮云”[②] 就是讲的这种情况。“富与贵”是利，“不以其道得之”，就宁可要义不要利，反过来，如果“富与贵”（利）“以其道得之”（义），那利和义就统一和谐了。富与贵就可心安理得地处之了。根据这一精神，在现代经济生活中，不论是从事生产还是经营贸易，如果以劣充优、以假充真、投机取巧、哄抬物价就是不义，按义利观的精神就不应该这样做。不然就是损人利己，即使挣了钱也是不义之财，在这种情况下宁可要义也不要这种损人利己的不干净的利。所以孔子的义利观并不是只讲义不讲利，他只是强调利应该“以其道得之”，强调“公平合理”的利，这和汉儒董仲舒提倡的“正其谊，不谋其利”以及宋儒二程所提倡的“存天理，灭人欲”意义是迥然不同的。前者合于情理，后者逆于情理。我们现在不也正反对既不合理又不合法的唯利是图的不正的经营作风，而且对其情节严重的还必须绳之以法吗？难道我们能允许不讲义利统一和谐的不正之风合法存在吗？难道我们可以忽视孔子义利观的积极作用在各行各业经济生活中的现代价值和意义吗？

义利观是贯穿在孔子思想各个领域特别是经济领域中的一条主线。当然，义利观中“义”的具体内容是随着时代社会的不同而不同的，永远不变的永

---

① 《论语·里仁》。
② 《论语·述而》。

恒内容是不存在的。但有一点是肯定的，如果义作为公平合理的行为准则，那么，它不过是各个时期人类社会在以往不断积累损益中形成的人们在经济生活中应该遵循的共同准则而已。在经济生活中如果不遵循这个共同准则，经济领域的正常秩序就要遭到破坏，经济生活就无法正常进行下去了。由此可见，孔子的义利观像前面所指出的那样，虽然带有某些过时的局限性（如将义和天命相结合），但确实也有值得我们借鉴和损益而用之的仍有现代生命力的积极因素。

（原载《江海学刊》1990 年第 1 期）

略论马克思主义文艺理论的历史、现状和前景

陈 辽

在改革、开放、搞活的今天，西方文艺思潮纷至沓来。在这一新形势下，马克思主义文艺理论的前景怎样，成了广大文艺理论工作者关心的问题。有些文艺理论工作者宣称马克思主义文艺理论已经过时，今后我国的文艺理论要以西方文艺理论作为坐标；也有些文艺理论工作者认为，马克思主义文艺理论尽善尽美，足够我们用几辈子，只要对它作出新的解释就行了。我既不同意前者的看法，也不同意后者的观点，而是认为马克思主义文艺理论将在新的历史条件下发展，它有着光辉灿烂的前景。为了阐明这一看法，我想在本文中简略论述马克思主义文艺理论的历史、现状和前景这样三个问题。

一

马克思生前有两大发现，一是唯物史观，二是剩余价值学说。由马克思、恩格斯共同创建的马克思主义文艺理论主要是唯物史观在文艺领域里的创造性应用，是一门文艺科学。它以辩证唯物主义和历史唯物主义的观点解决了美是什么的问题；论述了人性的具体内容及其历史发展的问题；提出崭新的和过去不同的对人道主义的评价问题；论证了悲剧问题和喜剧问题；阐明了倾向性和真实性、艺术性相统一的问题；指出了物质生产和艺术生产发展不平衡的问题；论述了关于人们掌握世界的不同方式问题；阐明了文艺的认识作用、教育作用和审美作用问题；论证了资本主义生产同某些精神生产部门（如艺术、诗歌）相敌对的问题；论述了共产主义艺术的问题；阐明了艺术的

起源和发展问题；论述了文艺史问题和批判地继承文化遗产问题；研究了人的认识能力的无限性和有限性、真理和谬误、善和恶的问题；论述了文艺批评问题；提出了关于工人阶级政党向文学中的资产阶级风尚作斗争的问题；阐明了现实主义理论问题；并对数以百计的作家作品发表了独到、中肯的意见。要言之，马克思主义文艺理论是马克思主义的一部分，是唯物史观在文艺领域里的创造性的运用。在19世纪文艺理论领域里，马克思主义文艺理论不仅是独创性的，而且处于领先地位，当时的资产阶级文艺家和小资产阶级的文艺理论都不能望其项背。

时代进入20世纪，世界进入帝国主义和社会主义革命的新时代。从本世纪初到50年代的半个多世纪的时间内，新型的无产阶级政党（布尔什维克）出现了，第一个社会主义国家苏联诞生了，反法西斯战争胜利后一系列社会主义国家成立了，在这些国家里，无产阶级成了国家的领导阶级，不仅领导着国家内部的各项工作，也指导着文艺工作的发展。与此同时，在资本主义世界内，现代主义在文艺创作领域里占了主导地位，形形色色的现代资产阶级文艺理论也在文艺理论领域里占了主导地位。第一个社会主义国家不只是在政治经济军事方面受到现代资本主义国家的包围和进攻，也在意识形态上受到现代资本主义意识形态的包围和进攻。即使在反法西斯战争胜利出现了一系列社会主义国家后，从整体上看，现代资本主义国家的经济力量还大于社会主义国家的经济力量，千百年来在私有制社会中孳生、发展起来的利己主义的意识形态还支配着世界上大多数人的思想和行动。正是在这样的历史条件下，马克思主义理论以一批著名的马克思主义者的文艺论著为代表取得了新的发展。十月革命前，列宁在对民粹主义和民粹派分子的批判中发展了历史主义思想；在遗产问题上发展了马克思主义文艺理论；提出了两种文化的思想；论证了写作事业应当成为无产阶级总的事业的一部分的理论；发展了马克思主义的唯物辩证的美学思想；在与资产阶级自由派的斗争中提出了一系列新观点；在对托尔斯泰的论述中发展了马克思主义的文艺反映论，称托尔斯泰“是俄国革命的镜子”。十月革命后，列宁在遗产问题上进一步发展了马克思主义文艺思想；论述了社会主义文化问题；在和庸俗社会学的斗争中进一步发展了唯物辩证的美学思想；论述了艺术属于人民并为人民服务的问题；提出了关于如何领导社会主义文艺工作的问题；发展了现实主义理论；在和高尔基的交往中提出了一系列文艺新观点。列宁的文艺思想是马克思主义文艺理论在本世纪初至20年代的新发展。如果说，贯串马克思主义创始人马克思、恩格斯文艺理论的红线是唯物史观，那么贯串列宁文艺理论的红线则是在新的历史条件下党如何指导文艺工作。列宁在这方面的论述是马克思、恩格斯很少涉及的，它的巨大的理论意义和对无产阶级文艺运动和社会主义文艺工作的重大实践意义，业已为苏联、我国及其他社会主义国家在文艺上取得的重大成就所证实。如果列宁的这些文艺思想全都能在文艺实践中付诸实现，无产阶级的和社会主义的文学艺术必然会得到更大的成就！

在列宁逝世以后，斯大林和苏联共产党领导苏联人民建成了第一个社会主义国家。在当时的国际环境中，把一个落后、贫穷的俄国建设成为一个独立、强大的社会主义苏联，而在第二次世界大战中更作为反法西斯的主力打败了希特勒的法西斯德国，应该说，斯大林的功劳是第一位的。但斯大林存有为列宁所批评的那种“粗暴”性格，在他领导后期，更犯下了诸如肃反扩大化、农业集体化急性病、在希特勒进攻面前失去警惕、把经济模式搞得很僵化等重大错误。而在文艺和文化工作中，在其领导后期也犯下了以行政方式领导文艺而不按照文艺规律办事的错误。虽然如此，斯大林在民族文化问题上、在文艺批评上、在社会主义现实主义和“写真实”问题上、在建设社会主义精神文明上（即使在晚年几本著作中，也在一些文艺问题上）发展了马克思主义文艺理论。对斯大林采取个人迷信或对他否定一切的态度都是错误的。

与斯大林同时或稍后，卢那察尔斯基、沃罗夫斯基、卢森堡、加里宁、季米特洛夫、葛兰西等马克思主义文艺理论家，也在这一时期在一些文艺问题上发展了马克思主义文艺理论。卢那察尔斯基在现实主义和社会主义现实主义问题上构成一整套完整的、系统的理论。沃罗夫斯基以其对唯物史观的精湛理解，阐释了与文艺有关的社会意识形态问题；论述了文艺的倾向性问题和思想性问题；批判了现代派文学。卢森堡对托尔斯泰独立地作出了马克思主义的评价，对全部俄国文学的成就及其取得成就的原因作了马克思主义的分析，并丰富和发展了马克思主义的现实主义理论。加里宁高度重视用马克思列宁主义世界观武装自己头脑的重要性；围绕着如何当好一个作家这个主题，论述了这个问题的各个方面；关于社会主义现实主义和现实主义的联系及其区别，有着独到的马克思主义的见解；对人民的艺术鉴赏能力、人民的创造、人民的艺术给予高度的评价；向社会主义军事文学提出了基本要求。季米特洛夫认为，作为一个社会活动家，作为一个文艺工作者，必须很好地学习历史、研究历史；他重视发扬爱国主义精神，重视文艺在培养人民的爱国主义方面所起的作用；他对于文艺在宣传和发扬国际主义方面的作用赋予巨大的意义；在知识分子问题上他也有马克思主义的新观点。葛兰西提出，必须为建立新文化而斗争，为建立“民族—人民的”文学而斗争；主张马克思主义的文艺批评既是战斗的批评又是艺术的批评，应该把两者和谐地统一起来；提出要正确处理政治家与文艺家的关系；以历史唯物主义的观点正确认识和评价了西方的资产阶级现代艺术和现代文艺批评。他们在这些文艺问题上也都对马克思主义文艺理论的发展作出了贡献。

从本世纪二三十年代起，到50年代中期，毛泽东同志则在新民主主义文艺问题上，在文艺的民族形式上，在文艺与生活和文艺与人民问题上，在文化工作中的统一战线问题上，在提出“百花齐放、百家争鸣”的思想问题上，发展了马克思主义文艺理论。此外，瞿秋白、周恩来、刘少奇、邓小平、陈云、陈毅等马克思主义者也在一些重大文艺问题上对发展马克思主义文艺理论作出了各自的贡献。

从以上马克思主义文艺理论的历史发展的简短叙述中也可看出，从马克思主义文艺理论创建起到本世纪50年代中期止，马克思主义文艺理论一直随着社会生活的发展而发展，随着文艺实践的发展而发展，葆有其强大的生命力，而对一百年来的无产阶级的、社会主义的文艺工作、文艺创作、文艺批评产生着重要指导作用。

二

恰好从本世纪50年代后期开始，世界进入了和平的时代（虽然小型战争并不曾停止）、新技术革命的时代和改革的时代（虽然社会主义国家的改革和资本主义国家改革的性质是不一样的）。自然科学在许多领域获得了突破性的成就，系统论、信息论、控制论等新的自然科学理论和方法相继出现在文艺领域里也出现了一系列新学科，如文艺控制论、模糊文艺学、文艺未来学、文艺信息学、文艺经济学、文艺计量学、文艺生态学等。在这新形势和新情况下，马克思主义文艺理论本该有一个大发展，但正是从50年代后期起，马克思主义文艺理论却出现了停滞现象。现在回过头来看，造成这一停滞现象的原因很复杂，但主要是以下几方面的原因。

第一，社会主义国家的内部发生了“论争”。从当时的历史条件看，这场内部论争是不可避免的，也是有意义的。但在“论争”中彼此攻击、指责对方是“修正主义”“反马克思主义”，而对社会主义国家所面临的新形势、新任务缺乏认识，对发展马克思主义缺乏紧迫感。在这一情况下，马克思主义文艺理论也只被用来作为攻击对方是“修正主义”“反马克思主义”的某种论据，而忽视了马克思主义文艺理论应在新形势、新任务下必须有个大发展。

第二，社会主义国家的建设都遭受了不同程度的挫折。我国固然遭遇了“大跃进”的挫折，苏联也发生了勃列日涅夫时期的停滞；其他社会主义国家的建设事业也在不同程度上发生过波折。于是，作为马克思主义理论的活的体现者的社会主义国家也就忙于总结遭受挫折和停滞的教训。但是，这种总结又常常是以追究个人责任为主，而不是从社会主义现制度的机制本身是否还存有缺点和不足、是否还需要自我完善来寻找原因，因此，这种总结，并没有成为马克思主义的新的生长点和出发地。在我们中国，这种总结教训的方向更是愈来愈“左”，“大跃进”失败以后，归之于阶级斗争抓得还不力，于是恰恰在生产力稍有恢复的1962年提出了阶级斗争要天天讲、月月讲、年年讲，终于引发了“文化大革命”，使全国遭受了“十年浩劫”。在这一情况下，马克思主义本身就受到了歪曲、篡改，又遑论马克思主义文艺理论在新的历史条件下的发展！

第三，在现代资本主义国家里，从50年代后期起（在此以前是第二次世界大战后的恢复时期）进入了相对稳定的时期（虽然危机和萧条仍间有发生），不存在革命的形势。在那些国家里的马克思主义政党长时间没有找到一条马克思主义的普遍真理和本国国情相结合的道路，或者提出一些脱离本国实际的理论，导致自身的脱离群众。于是，从总的方面看，现代资本主义国家里的工人运动和社会主义运动，自第二次世界大战后，虽然有起有伏，但却是处于下降状态和低谷时期。现代资本主义国家里的马克思主义政党自身既遭受着危机，它们也就难于担负起发展马克思主义的任务。那些国家里的马克思主义文艺理论同样处于这样的状态。

第四，现代资本主义国家里的某些“讲坛马克思主义者”，则离开了马克思主义的文艺实践，无视十月革命后社会主义国家文艺上所取得的重大成就和遭受的挫折，完全学究式地研究马克思主义文艺理论，而且主要是学究式地研究马克思在《1844年经济学哲学手稿》中的早期文艺理论，于是得出了后期马克思反对早期马克思以及恩格斯反对马克思等极其错误的结论。这些讲坛马克思主义者自然也不可能担负起发展马克思主义文艺理论的任务。

第五，在进行民族民主革命国家里的某些马克思主义政党和某些马克思主义者，他们在党内同样忙于“内耗”，彼此抓辫子、打棍子；再加上这些马克思主义政党、马克思主义者的理论准备先天不足，因此他们也不可能在这一时期发展马克思主义和马克思主义文艺理论。

这些（当然还不止这些）原因，就导致了从50年代后期起至我党的十一届三中全会召开前为止的整整20年的马克思主义发展史上的停滞，包括马克思主义文艺理论发展史上的停滞。

我党的十一届三中全会的召开，不只是改变了我国马克思主义处于停滞状态的局面，开创了发展马克思主义的新局面，而且由于我国是一个有着11亿人口的大国，我党是一个有着五六千万党员的大党，我国出现了马克思主义发展的新形势，也就必然会对世界其他社会主义国家、其他马克思主义政党发生影响。在马克思主义文艺理论方面也是如此。以邓小平同志在党的十一届三中全会后有关文艺问题的论述为代表，我国的马克思主义文艺理论已经在最近12年间有了颇大的发展：

在文艺和政治的关系问题上，改变了过去“文艺从属于政治和政治路线”的提法，而代之以“文艺为人民服务、为社会主义服务”的正确主张。

在知识分子问题上，改变了过去“知识分子是资产阶级一部分、是资产阶级知识分子”的提法，而代之以“知识分子是工人阶级自己的一部分”的提法，从而摘掉了文艺工作者头上的“资产阶级知识分子”的帽子。

在文艺创作的动机和效果问题上，在人性问题上，在歌颂和暴露问题上，也都有了新的提法，发展了马克思主义文艺思想（详见胡乔木《当前思想战线的若干问题》一文）。

在文艺形势问题上，改变了过去“要不断反右”、结果越反越“左”的看法和做法，而代之以有“左”反“左”、有右反右，及时地在两条战线上开展反对资产阶级自由化和“左”的倾向的斗争，从而保证了我国新时期的社会主义文艺沿着正确的道路向前发展。

在文艺领导问题上，改变了过去“外行领导内行”的提法，而代之以各级党委“要按照文艺发展规律领导文艺工作”的思想。

在邓小平同志敢于和善于发展马克思主义文艺理论的影响和鼓舞下，我国的文艺理论工作者也改变了过去“发展马克思主义理论只是革命导师和革命领袖的事”的陈旧观点，敢于从文艺创作和文艺理论的实际出发，而在一系列文艺理论上发展了马克思主义文艺理论。

在现实主义问题上，发展了恩格斯提出的“典型环境下的典型人物”的理论，认为不只有典型人物，还有典型气氛、典型情绪、典型心理、典型感受，写出了这些，同样有利于创造典型。

在真实性问题上，发展了恩格斯提出的“细节的真实”“阶级关系”的“真实”等理论，认为除了细节的真实和阶级关系的真实外，还有心理真实、抽象真实、情绪真实、整体真实（它的细节不一定真实）等多种真实。

在文艺批评问题上，发展了马克思、恩格斯提出的美学的、历史的、社会的批评观点，认为在坚持马克思主义的美学的、历史的、社会的批评方法的前提下，可以应用“互补”的理论和方法，吸收感性的、印象的、直观的批评，以系统论、控制论、信息论等方法进行的文艺批评，西方现代的各种流派的批评以及我国传统的考据、考证、评点等方法的批评中的具有真理性的颗粒，用以丰富和发展马克思主义的文艺批评学。

在对待现代派文学的态度上，改变了过去“现代派文学只有糟粕、只有颓废、只有反动”的看法，认为西方现代派文学虽然是在唯心主义世界观的指导下创作出来的，在整体上是和社会主义意识形态相对立的，大多是不结果实的思想之花，但其中也有个别作品比较深刻地表现了现代资本主义社会的异化，有一定认识意义。对现代派文学中的某些技巧、手法、形式和风格，可以批判地借鉴、利用，用以丰富和发展社会主义文学。

在文艺遗产问题上，改变了过去实际上只要纵向继承不要横向移植的做法，主张对于中外文艺遗产既要批判地纵向继承而又要批判地横向移植，中国文学是世界文学特别是无产阶级和社会主义文学的一部分。

如此，等等。

在其他社会主义国家，在其他马克思主义政党和马克思主义者那里，12年来，马克思主义文艺理论也有了发展。

从上可见，自党的十一届三中全会后，马克思主义的停滞状态被打破了，马克思主义文艺理论的停滞状态也被打破了，马克思主义文艺理论有了很多很大的发展，虽然它还落后于现实、落后于文艺创作和文艺批评的实践。

另外，近几年来，随着我国的对外开放，西文文艺思潮也纷至沓来。一些人在西方文艺思潮面前丧失了应有的警惕，而是随波逐流，甚至对西方文艺思潮顶礼膜拜。西方现代资本主义国家，也加紧了“和平演变”的工作，其中也利用西方文艺思潮作为“和平演变”的手段。这样的内部因素和外部条件相结合，资产阶级自由化思潮日益蔓延，侵蚀到了文艺理论界。所谓马列文论“过时”论，文艺理论批评要以西方文论为坐标论，文艺不是生活的反映，只是作家艺术家的“自我表现”“自我实现”论，等等，一时间甚嚣尘上。马克思主义文艺理论面临着严峻的挑战和考验。然而，这种挑战和考验，又是发展马克思主义文艺理论的极好机会。真的、善的、美的总是在同假的、恶的、丑的相比较而存在、相斗争而发展的。所以，与资产阶级自由化思潮作斗争，又是马克思主义文艺理论发展的另一生长点和出发地。

这就是马克思主义文艺理论的现状。

三

在搞清楚了马克思主义文艺理论的历史、现状以后，对于今后马克思主义文艺理论的发展前景也就可以预测了。

第一，马克思主义文艺理论将在与西方现代文论的交锋中有一个大发展。从本世纪 50 年代中期至党的十一届三中全会召开为止，我国对西方现代文论基本上采取了封锁、闭关的态度。这样做，效果并不好。当对外实行开放，西方现代文论进入我国后，长期不接触西方现代文论的莘莘学子又必然会对它们趋之若鹜。对西方现代文论的正确态度，应该是既不拒之门外，又要分析它们、批判它们，同时吸收其中的某些具有真理性的颗粒。如此，马克思主义文艺理论也就一定会在和西方现代文论的比较、鉴别和斗争中有一个大的发展。当年，马克思、恩格斯在和资产阶级文艺理论的斗争中，创建了马克思主义文艺理论；列宁等人是在和 20 世纪初期西方现代文论的斗争中，在和修正主义文艺理论的斗争中发展了马克思主义的；毛泽东同志也是在和艺术教条主义与资产阶级错误文艺思想的斗争中发展了马克思主义的；邓小平同志又是在和“左”的和右的错误文艺思想的斗争中发展了马克思主义的。今天，与西方现代文论作斗争，和文艺领域内的资产阶级自由化思潮作斗争，必将大大丰富和发展当代马克思主义文艺理论的思想内容。此外，可以预测，马克思主义文艺理论还将和艺术教条主义进行斗争，并在这一斗争中获得发展。

第二，迄今为止，马克思主义文艺理论宏观地考察、处理文艺问题比较多，微观地研究、处理文艺问题比较少。即论述得较多的，是文艺与政治、文艺与人民、作家与时代、文艺与阶级和党，等等。当然马克思主义文艺理论也微观地研究、处理文艺问题，如讲典型创造、艺术语言、形式和风格，等等，但与前者相比，则少得多。于是在微观地研究、处理文艺问题的领域内，不少作家接受的往往是主观唯心主义的文艺理论，把它们视为圭臬，作为根据，以致在创作中发生了失误还不知道原因在哪里。为此，马克思主义文艺理论必须占领这个领域，即在诸如文艺创作心理学、文艺创作技巧学、接受美学、艺术语言学等方面来一个发展。我们看到，现在已经有同志以马克思主义作指导，写出了马克思主义的《创作论》（杜书瀛）、《作品论》（王春元）、《发展论》（钱中文）、《艺术情感学》（蔡运桂），写出了马克思主义的《文艺创作心理学》（黎山峣），便是一个良好的开端。可以预见，马克思主义文艺理论在微观地研究、处理文艺问题的领域内将有一个大发展，同时，在宏观地研究、处理文艺问题的领域内（如文艺决策学）也将有新的发展。

第三，马克思主义文艺理论将充分吸收当代自然科学理论的最新成就，用以研究和处理文艺问题，从而大大丰富和发展自己。系统论、控制论、信息论以及耗散结构论、协同论、突变论的产生和出现，改变了自然科学研究的面貌，也给予社会科学研究以深刻影响。哲学、历史学、经济学、社会学等多种社会科学学科的研究工作者也都开始采用这些新的自然科学理论和方法来研究本学科中的问题，并取得了可观的成就。文艺学也不例外。有同志以系统方法研究阿Q的性格系统，有同志以控制论方法研究美学问题，有同志以信息论方法研究诗歌创作，尽管人们对于这些同志的研究成果还有争议，但他们的研究成果确实给人以耳目一新之感。马克思主义创始人马克思、恩格斯熟悉并高度评价当时自然科学中的三大发现（细胞学说、生物进化论、能量守恒和转化论），他们的辩证唯物主义和历史唯物主义即奠基于这三大发现之上。不能设想，当代马克思主义文艺理论可以无视当代自然科学研究理论和方法的新成就，不吸收、不利用其中有利于自身发展的东西，以发展和推进马克思主义文艺理论本身。因此，又可以预见，马克思主义文艺理论将在今后充分吸收自然科学理论和方法的最新成就而发展自己。

第四，马克思主义文艺理论还将对文艺控制论、模糊文艺学、文艺未来学、文艺信息学、文艺经济学、文艺计量学、文艺生态学等新的边缘学科作出自己的探索和研究，把这些文艺新学科置身于马克思主义的指导下，从而丰富和发展自己。

第五，中国的马克思主义文艺理论还将在批判地接受和改造中国古典文论的遗产过程中得到发展。中国古典文论有其特殊性，对“写什么”讲得不多（不是不讲），而对“怎么写”却研究得很深、很细。如创作中的情和理、情和趣、理和趣、虚和实、形和象、气和象、意和境、刚与柔、奇与正以及气韵、风骨、神思、韵味、悟、隔与不隔，等等，都讲得很好。既讲再现，又讲表现；既讲文艺客体，又讲文艺主体，而且强调二者的统一。马克思主义文艺理论要中国化，除了要着重研究中国的文艺问题外，其理论表现的民族形式之妥善解决，也是个很重要的问题。这不是要马克思主义文艺理论机械地搬用中国古代文论的名词术语，而是要从中吸取具有相对真理性的东西，并以中国读者所喜闻乐见的表现形式加以表述。在这方面，毛泽东同志的《在延安文艺座谈会上的讲话》仍然是范例。尽管“讲话”中的一些提法已经过时（如提文艺要从属于政治和政治路线），但它所表达的马克思主义文艺理论却是中国化的，具有民族作风和民族气派，为中国读者所喜闻乐见。因此，又可以预见，马克思主义文艺理论，将在批判地接受和吸收中国古典文论遗产及理论表现的中国化方面又有大发展。

第六，马克思主义文艺理论还将在研究和解决社会主义初级阶段的社会主义文艺问题方面有一个大发展。自从党的十三大提出了社会主义初级阶段理论以后，我们对国情有了新的认识。过去在文艺上的重大失误，说到底，也是在这一根本问题上发生了失误后才造成的。1958 年，认为共产主义就在眼前，要跑步进入共产主义，于是有了所谓“大跃进”，产生了假浪漫主义文艺等经不起实践检验的文艺。1962 年以后，认为我国 2/3 的领导权都在修正主义者手里，国家要变修了，于是便以阶级斗争为纲，防修反修，终于爆发了“文化大革命”。经过正反两方面的经验教训，我们才认识到，我国还处于社会主义初级阶段。在这一阶段里，社会主义国家所有制的形式是主体，但多种所有制形式并存；还要发展有计划的商品经济而把提高生产力放在首位；在意识形态领域里，要坚持马克思主义的指导作用，但也允许不同思想层次的共产主义、社会主义、爱国主义、集体主义以及其他各种进步思想的并存，而不要求用共产主义思想涵盖一切。根据社会主义初级阶段理论，社会主义文艺将是多样化的文艺，马克思主义文艺理论居于指导地位，革命现实主义是主流，但其他各种文艺思潮、文艺流派将长期存在；社会主义文艺还将是多功能的文艺，除了发挥教育功能、认识功能、审美功能外，还要发挥文艺的娱乐功能和宣泄功能；社会主义文艺还将是“互补”的文艺，即不同艺术形式、风格、流派的文艺，它们之间是“互补”的关系，在相互挑战、相互竞赛中互相补充、互相吸收、互相影响、互相受益；社会主义文艺还将是趋同的文艺，即各种不同的流派、风格、形式的文艺，将趋同于为人民服务、为社会主义服务，并为社会主义初级阶段发展到高级阶段作出贡献。总之，社会主义初级阶段的文艺问题，将是马克思主义文艺理论研究和解决的新课题。研究和解决了这一新课题，马克思主义文艺理论又将得到进一步发展。

因此，我们对马克思主义文艺理论的发展前景是充满信心和乐观的。我们坚决反对马克思主义文艺理论已经过时的说法，我们也坚决反对马克思主义文艺理论已经够用、无须发展的说法，在马克思主义文艺理论的发展问题上，我们同样要坚持两条战线的斗争！

（原载《江海学刊》1990 年第 5 期）

制订新的国民经济计划时必须认真研究实际经济情况

宋　涛

为了使经济计划能够顺利地执行，制订时必须有正确的经济决策，而要有正确决策，除了要以马克思列宁主义为指导外，还要认真研究客观实际经济情况。

要对原先制订的经济计划执行的结果认真进行总结

对过去制订的经济计划认真进行总结，是为了从中寻找出执行计划时出现的各种情况的原因，使制订的经济计划能更好地完成。实施过去所制订的经济计划，在执行过程中一般出现的情况是：原订的经济计划能顺利地全部完成，或由于发生某种问题只能部分完成。对于能顺利完成的经济计划应研究制订和执行的经验，以便在制订新的计划时加以继续贯彻。顺利完成的经济计划，当然会有好的经验，但其中也可能有问题，即制订的经济计划的指标比较低，如果是在原订的比较低的计划指标基础上完成了计划，在执行经济计划时期内，生产力并未得到充分发挥，这种经济计划即使被完成了，从推动国民经济的发展速度来说，也是不够合理的。原订经济计划如果只能部分完成，或是由于在制订时脱离了实际情况，把指标订得过高，即使作出很大的努力也难以完成；或是由于在制订时，各种指标不符合按比例发展规律的要求，使一些生产企业所需要的生产资料在数量上得不到足够的供应；或没有按计划规定的产品质量进行生产，在一些生产资料的质量上没有得到应有的保证；或是由于在执行经济计划时，某类产业发生了某种问题。对于未能完成的经济计划，要深入进行研究，寻找出其中真正的原因，以便在制订新的经济计划时加以改进，避免重犯已经发生过的错误。

制订新的经济计划时要依据生产已经达到的发展水平

生产已经达到的发展水平，是制订新经济计划的物质基础。实行新的经济计划，就是社会企业进行再生产，从而需要有各类必要数量的生产资料和消费资料。因此，在制订新计划时，就必须计算在执行原经济计划期内，已经生产出来全部企业所需要的生产资料，不只计算出要有足够的数量，而且在品种、规格和质量上，也必须符合社会企业进行扩大再生产的要求；同时，还要计算执行原经济计划期内是否已经生产出社会全部企业由于职工人数的增加，或由于原有职工物质文化生活水平的提高所需要的各种消费资料。生产出的消费资料，不仅在数量上是增加的，在质量上也应是提高的。在开始执行新计划时，虽然想扩大全部企业的再生产，在计算能够生产出的生产资料时，如果发生失误，这种失误，不论是在数量上的不足，或是在品种、规格和质量上不符合要求，都难以实现全社会企业扩大再生产。对于全部企业所需要的扩大再生产的生产资料和消费资料，在我国现时条件下，要计算得十分精确固然比较困难，但大致精确还是能够做到的。在计算方法上，先计算出各类大中型企业若干数，小型企业又有若干数，再计算出各类企业的每一类企业所能生产出的产品的数量、品种、规格和质量，把所有各类企业生产出的各种不同用途的产品加起来，也就是全部企业生产出的生产资料的大致数字。计算已经生产出的消费资料的数量，也可采用这种方法，无论是制订新的长期计划还是短期计划，都必须认真对社会全部企业已经生产的各种产品进行计算。过去我国在实行长期计划或短期计划时，之所以发生问题，使新制订的经济计划难以完成，给整个国民经济的发展造成很大困难，就是对全社会企业或对各生产部门的企业已经达到的生产水平和已经生产出的产品数量、品种、规格和质量计算失误造成的。制订和执行新的经济计划，必须克服和避免主观主义和片面性，这是经济计划得以完成的根本条件。

制订新的经济计划时要研究重点发展的产业

在实施过去制订的经济计划时，由于各种原因，在各种经济部门、行业和省区之间，会出现有些发展得过快，有些发展得又滞后。在制订新的经济计划时，要加快发展滞后的经济部门、行业和省区的产业，向它们投入更多的物资和劳动力；对于发展过快的产业应适当加以限制，把滞后的产业作为计划发展的重点，才能出现各种合理的比例关系，才能保持国民经济持续、稳定、协调的发展，才能保持国民经济发展应有的速度。

计算在执行新制订的经济计划期内新建大中型工程项目投产后所能增加的产品量

在制订和执行一个新计划时期的经济计划时，会有些新兴建的企业投入生产，这些新建企业，有些是在执行前一次经济计划时已开始兴建，由于基建规模大、施工时期长，不能在前一个计划期内投入生产，而在执行新的经济计划期，才能建成并投入生产和经营；有些是在实施新制订的经济计划的过程中即可投入生产和经营的新建企业，对于各类新建企业投入生产和经营，要计算它们陆续投入生产的时间；计算它们投入生产后，所生产出的产品，作为生产资料的产品能用于哪类企业的扩大再生产；作为消费资料的产品，能用于满足多少人的生活消费需要。在制订新的经济计划时，还要计算在新建的企业投入生产经营之后，它们所需要的各种生产资料的数量和质量，有关原有企业生产的这类资料，是否能够满足新建企业投产后对这类生产资料的需要；原有生产消费资料的企业生产的产品，是否能满足新增职工的需要。如果原有企业经过挖掘潜力和技术改造之后所生产的这类生产资料仍不能满足新建企业投入生产后的需要，或原有企业生产的消费资料仍不能满足新增职工的需要，在制订新的计划时，就必须新建生产这些生产资料和消费资料的企业。在计划执行过程中，一些新建企业的投产，必然影响各部门和各行业相互之间的比例关系，对新建企业投入生产经营后，可能生产出的产品及它们所需的生产资料和这些企业职工所需的生活资料进行计算，是为了使新制订的经济计划在执行过程中，能符合有计划按比例发展规律的要求。

计算新技术在各类企业中采用后能够增加的产量

在制订新经济计划时，应有在各类企业中采用新技术的计划。我国国民经济各部门和各省区在生产经营活动中，要逐步实现现代化，而实现现代化的主要内容，是在各经济部门所属企业的生产经营中采用新技术，这是大家所熟知的。在这里应研究的问题是，一些新技术和先进的机器设备的采用会对国民经济各部门和各行业之间的各种比例关系带来的变动。新技术的采用，不可能在各部门、各行业、各省区和各企业之间同时采用，在时间上，有先后之差；在不同不同经济部门和不同类型企业中所采用的技术和机器设备，在先进的程度上也必然会有所不同。因此，在不同经济部门和各类不同企业中，采用新技术及先进的机器设备后，也会产生不同的效益；生产出的产品数量、品种和质量，也必然有所不同。采用的新技术、新机器设备先进程度高的部门和省区所属的企业，它们生产的产品数量会增加很多；采用的新技术、新机器设备先进程度低的部门和省区所属的企业，它们生产的产品数量增加则会少些。这就会对国民经济中各种原有比例关系产生影响。因此，对新技术的采用，在不同部门、行业和省市区及企业之间的比例关系一定会产生影响，在制订新计划时就应加以计算。对于某一类的企业，由于采用的先进技术和新机器设备水平高，其他与之有关的企业在技术上还难以与之相配合，在这种情况下，或者使与其有关的企业也采用新技术，或者新建一些与采用新技术被有关的企业，使新技术采用后，能增加技术水平比较低的部门所属企业产品的产量。从整个国民经济发展来看，新技术的采用也是在不断发展的，采用先进技术低的企业，必须积极采用程度更高的先进技术，以便能与有关的企业所采用的先进技术相适应，使国民经济各部门、各行业和各省区的企业都能不断提高其技术水平。在新制订的经济计划中，采用先进技术，最好能在各生产部门中配套进行，不配套的先进技术难以被顺利及时采用。例如，我国向国外引进的先进技术和新机器设备，往往在相当长的时期内，有些就得不到及时的充分的利用。在制订经济计划时，采用先进技术和新机器设备，必须从我国的实际生产技术水平出发，必须配套进行，才能使各种比例关系合理，使我国经济能顺利发展。

计算新的自然资源被利用后各部门比例关系发生的变化

在制订新的经济计划时，应考虑到一些新的自然资源被利用后会对国民经济的比例关系变化起的作用。有些自然资源属于劳动对象，被利用之后，可作为生产资料。例如：未被开垦的荒地是一种自然资源，开垦出来，作为生产资料，用于种植业，能增加农作物的产量；矿藏在被开采时，是劳动对象，开采出矿产资源后，如果是煤炭，被用作燃料和化工原料；如果是铁矿石或有色金属矿石，经过冶炼和轧制，则成为各种钢材和有色金属材料，它们成为生产资料。开发这些自然资源，需要投入大量的物资和劳动力，这些物资和劳动力的来源要纳入计划。这类自然资源被开发后，能增加有关部门和行业内企业的产量，这就为使用这些产品作为生产资料的企业的扩大再生产创造出了物质条件，从而它们也必然会影响国民经济各部门和行业之间的比例关系。在制订新的经济计划时，对一些自然资源被利用后，会对其他部门所产生的影响必须采取相应的计划内容。

研究生产经营管理水平已经发展到的程度和执行新计划期内可能提高的程度

管理是一种促进生产发展的重要条件，管理水平的高低对生产经营的发展起着重大作用。全社会有许多企业，有些企业管理水平高，它们对其所支配和使用的生产资料，如建筑物、机器设备、原料、燃料、电力和辅助材料，都能加以充分利用；对于本企业的职工和工程技术人员，能使他们的劳动积极性都被充分调动起来，这些企业生产经营的发展速度必然会加快。如果一个部门内所有企业，都能提高管理水平，这个部门的发展就会快于其他部门；如果所有部门的全部企业都能提高管理水平，整个国民经济的发展速度也就会加快。不同部门管理水平高低的不同，影响着它们的发展速度，也影响着它们相互之间的比例关系。所以，国家计划机关在制订新的长期和短期经济计划时，也要把已经达到的管理水平和在执行新经济计划时期内管理水平提高的程度加以研究，并积极采取措施，促进各类企业管理水平的提高。

研究提高劳动者政治觉悟和文化科学技术及劳动熟练程度可能产生的影响

在生产的各种要素中，劳动者是最基本的要素。在制订新的长期和短期计划时，要特别注意研究广大职工在政治水平和文化科学技术及劳动熟练程度已经达到的水平，在执行新计划期内，采取各种教育和培训方法后又能有多大程度的提高。广大职工政治水平和文化科学技术水平及劳动熟练程度的提高，对推动生产经营的发展，会起着极其重要的作用。劳动者政治水平和文化科学技术及劳动熟练程度提高的不同，对生产的发展也会产生不同的作用。社会全部职工分布在不同的部门、行业、省区和企业里，他们在各方面提高的速度也不可能是等同的。有的部门、行业、省区和企业，它们的政治思想工作强，教育培训工作做得好，职工在各方面提高的程度快，从而它们的生产经营发展的速度也快；有的部门、行业、省区和企业，政治思想工作薄弱，教育培训工作做得差，它们的职工在各方面提高的速度慢，从而生产经营发展的速度也慢。制订新的经济计划时，应对这种因素加以研究，作为协调国民经济各部门发展的比例和速度的重要条件。

制订新的长期和短期经济计划，如果既遵循了客观经济规律的要求，又符合上述各种实际经济情况，就能为完成所制订的经济计划创造出有利的条件。在制订新的经济计划时，不认真研究客观实际经济情况，不从客观实际经济情况出发，是完全不对的。

（原载《江海学刊》1991 年第 4 期）

论诗的设色

霍松林

作画要讲究设色。诗画相通，作诗也有个设色问题。当然，诗的设色不同于画的设色。

大千世界，五彩缤纷。人对于色彩的感受，是一般美感中最普遍的形式。诗，作为大千世界的折光，自然要展现绚丽多彩的图景，让读者获得美感享受。苏东坡在《书摩诘蓝田烟雨图》中说："味摩诘之诗，诗中有画。"德国美学家莱辛在《拉奥孔》中也说："没有图画感，会使一位最生动的诗人变成一位讲废话的人。"

大千世界，千汇万状，形形色色。诗人运用色彩，不能满足于简单的"随类赋彩""以色貌色"，而应该精心选择、着意调配，构成和谐、生动的画面。这就叫设色。唐宋以来的杰出诗人，都善于设色。比如，杜甫作于成都草堂的《绝句》，大家都很熟悉。这首小诗给予读者的美感，在很大程度上来自作者的设色。第一句"两个黄鹂鸣翠柳"，用黄、翠两色。翠，是嫩绿色。说"翠柳"，意味着春天刚到人间，柳枝新抽嫩芽；成双成对，在"翠柳"之间跳跃鸣叫的"黄鹂"，也是嫩黄色。嫩绿衬嫩黄，色彩既鲜明，又和谐。第二句"一行白鹭上青天"，用白、青两色。以广阔的"青天"为背景，"一行白鹭"由低而高，自由飞翔。以青衬白，色彩也鲜明而和谐。通常认为这首诗"连用黄、翠、白、青四种颜色构成一幅绚丽的图画"；其实，三、四两句也有色彩。"窗含西岭千秋雪"，"雪"不是白的吗？山巅积雪与青天相接，青、白映衬，十分悦目。"门泊东吴万里船"，那"船"不用说是"泊"

在江边的。“蜀江水碧”，一江春水，当然更加碧绿可爱。诗中还有一种颜色：“青天”意味着万里无云，“翠柳”意味着初春时节，那么，暖洋洋、红艳艳的阳光，不正在普照大地吗？全诗用了多种色彩，却多而不乱。这因为具有不同色彩的景物或为近景；或为远景；或为低景；或为高景；或为大景；或为小景；或为静景；或为动景；各种景物，各种色彩，或彼此对比，或相互映衬，都统一于明朗的阳光之中，形成鲜明、和谐的色调，令人神清气爽、怡然自乐。

鲜明的色彩能够产生强烈的视觉效果。鲜明的色彩如果与富于动感的形象相结合，其视觉效果便更加突出。善于设色的诗人很懂得这个道理，因而根据创造特定意境的需要，力求使诗中的色彩鲜明活跃。“两个黄鹂鸣翠柳，一行白鹭上青天”，便具有强烈的运动感。杜甫还创造了一种独特的设色法，那便是将颜色字置于句首，让读者突然看见色彩，再判断是何种物象以及如何运动。例如，《放船》五律的第三联：

青惜峰峦过，黄知橘柚来。

江流迅急，船行如箭，忽然看见一片“青”色，及至意识到那是“峰峦”，正待仔细欣赏的时候，可惜它已经过去了。忽然看见万点金“黄”迎面扑来，凭借行船的经验断定那是“橘柚”，正待仔细欣赏的时候，不用说也已经退向船后了。在色彩如此鲜明、动感如此强烈的形象面前，读者的感官怎能保持沉默？

杜甫用这种独创的设色法创造出许多类似的警句，如“红入桃花嫩，青归柳叶新”，“碧知湖外草，红见海东云”，“绿垂风折笋，红绽雨肥梅”，“红浸珊瑚短，青悬薜荔长”，“翠深开断壁，红远结飞楼”，“紫收岷岭芋，白种陆池莲”，“白摧朽骨龙虎死，黑入太阴雷雨垂”，等等，都由于首出色彩而继写动态，加强了视觉效果。与此相适应，句首的单音色彩字占一个音节，从而打破了五言句二二一、七言句二二二一的常规，句子健拔拗峭，更强化了视觉效应。

王维则用另一种设色法突现色彩的运动感。《书事》中的“坐看苍苔色，欲上人衣来”，表现诗人“坐看”细雨中的“苍苔”，由于受到雨水的洗濯、滋润，其青苍之色越来越亮，仿佛在蔓延、扩散，快要爬上他的衣服。亮度强的色彩可以使人感到向外散射，诗人抓住这一特点而加以强调，便写出了雨中苔色的运动感。《送邢桂州》中的“日落江湖白，潮来天地青”，下句以青色弥漫于整个天地之间描状潮水铺天盖地而来的气势，何等壮阔！上句则以红日西落、暮色苍茫反衬“江湖白”，从而突出了江湖的亮度，产生了强烈的视觉效应。在各种色彩中，白色亮度最高，所以光线幽暗时也能看见。韩愈《李花赠张十一署》写夜间看花，“花不见桃惟见李……白花倒烛天夜明”，郑谷《旅寓洛南村舍》“月黑见梨花”，都抓住了白色亮度最高的特点，用以暗衬明的设色手法，写出了脍炙人口的佳句。

结合物象写出色彩的运动感，如王昌龄的“红旗半卷出辕门”，王维的“漠漠水田飞白鹭”，李贺的“桃花乱落如红雨”，叶绍翁的“一枝红杏出墙来”，等等，佳句甚多，不胜枚举。这里再看看韩愈《雉带箭》中的名句：“冲人决起百余尺，红翎白镞随倾斜。将军仰笑军吏贺，五色离披马前堕。”——野雉被将军射中，带箭奋起，冲向高空，血红的翎毛与银白的箭镞摇晃倾斜，在将军仰天大笑与军吏的纷纷祝贺声中，五彩缤纷的野雉落于马前。真是写生妙手。

把静态的色彩用精当的词语加以描状，使它栩栩如生，乃是诗人常用的手法。例如，韩愈的“山红涧碧纷烂漫”，白居易的“日出江花红胜火，春来江水绿如蓝”，杜牧的“千里莺啼绿映红”，宋祁的“红杏枝头春意闹”，王安石的“柳叶鸣蜩绿暗，荷花落日红酣”，苏轼的“一朵妖红翠欲流”，杨万里的“接天莲叶无穷碧，映日荷花别样红”，等等，写的都是静景，但色彩何等鲜活！

人的五种感觉——视觉、听觉、肤觉（触压觉、温度觉）、味觉和嗅觉，能够互相沟通、互相转化，这叫“通感”。色彩，诉诸人们的视觉，但似乎又有温度，看红色仿佛感到温暖，看白色仿佛感到清冷，因而有“冷色”“暖色”之分。诗的设色，并不以产生视觉效应为满足，还应该追求“通感”效应。王维的“月色冷青松”“水上桃花红欲燃”，杜甫的“山青花欲燃”，白居易写石榴花的红艳，则说“日射血珠将滴地，风翻火焰欲烧人”，都由视觉形象转化为肤觉感受，令人感到冷、热。裴迪的“山翠拂人衣”、李贺的“黑云压城城欲摧”，使读者在目睹“山翠”“黑云”的同时产生触压感。杜甫的“白水暮东流，青山犹哭声”，李贺的“天河夜转漂回星，银浦流云学水声”，既诉诸读者的视觉，又唤起读者的听觉。韦应物的“怜君卧病思新橘，试摘犹酸亦未黄”，令人看到尚带绿色的新橘便感到酸味。李白的“一枝红艳露凝香”，杜甫的“雨裛红蕖冉冉香”，则使读者在目睹红艳的同时嗅到芳香。

多种色彩的配合可以创造出绚丽多姿的画面，给人以美感。但在特定情况下只用一个颜色字集中而有力地刺激读者的感官，更能调动读者的想象和联想，进行审美再创造。钱起的《省试湘灵鼓瑟》，在以惊人的想象力描绘湘灵鼓瑟的神奇力量之后，以“曲终人不见，江上数峰青”结尾，把读者从神奇的音乐境界带回恬静的青峰碧水之间，鼓瑟人虽然不复可见，而恋念之情，则与“江上数峰”的“青”色同在，悠悠无尽。柳宗元《渔翁》中的“烟销日出不见人，欸乃一声山水绿”，随着渔歌的回响，突然展现辽阔的绿色世界，苏轼赞它“有奇趣”。没有这个“绿”色，“奇趣”便无由产生，所以韩愈评此句“六字寻常一字奇”。白居易的《琵琶行》，用绘声绘色的诗句从乐曲的各种变化直写到“曲终”，又用“东船西舫悄无言，唯见江心秋月白”的环境描写作侧面烘托。“江心秋月白”的幽寂、清冷境界和那个“白”字的象征意蕴，令人玩味无穷。

钱起、柳宗元、白居易所用的“青”“绿”“白”，是对自然景物的着色。在写人事方面，也可运用类似的设色手法。杜甫《冬狩行》中的“十年厌见旌旗红”，着“红”色于“旌旗”，强烈地刺激读者的感官，使人联想到十年战乱和人民颠沛流离的苦况。杜荀鹤《再经胡城县》中的“今来县宰加朱绂，便是生灵血染成”，不说升官而说“加朱绂”（在唐代，“朱绂”是四品、五品官的官服），并把颜色相同而性质相反的“朱绂”与“血”联系起来，用一个“染”字表明因果关系，令人触目惊心。

色彩既有象征的意蕴，又可造成感情联想。红色、深红色被认为是积极的、令人激动的颜色，会使人们联想到火、血和战斗；青色、蓝色、绿色，则唤起对大自然的清快、凉爽的想法，适于安静、闲适的情绪；白色充盈宇宙，可在人们的情绪中引起光明、高洁、纯净、朴素、空灵、虚静等反应，还可唤起无穷无尽的空间感与时间感。诗，从本质上说，是抒发情思的。诗的设色，归根到底，服务于创造意境、抒发情思。前面所谈的许多关于设色的诗句，在整篇诗中，其设色都是为了更好地抒发情思。

从抒发情思的目的着眼，运用鲜明、鲜艳的色彩构成明快、绚丽的图画，可以有效地抒发特定的情思，比如或以乐景写乐，或以乐景写哀。运用素净、疏淡、苍凉、幽暗、空灵、清雅的色调，同样能够抒发特定的情思。比如《诗·秦风·蒹葭》“蒹葭苍苍，白露为霜。所谓伊人，在水一方”，色调凄清，表现了寂寥、怅惘、眷念伊人的无限深情。其他如王昌龄的“黄尘足今古，白骨乱蓬蒿”，崔颢的“黄鹤一去不复返，白云千载空悠悠”，王之涣的“白日依山尽，黄河入海流”，李白的“黄云万里动风色，白波九道流雪山”，孟浩然的“绿树村边合，青山郭外斜”，杜甫的“魂来枫林青，魂返关塞黑”，刘长卿的“日暮苍山远，天寒白屋贫”，郎士元的“白草山头日初没，黄沙戍下悲歌发”，司空曙的“雨中黄叶树，灯下白头人”，顾况的“故园黄叶满青苔，梦后城头晓角哀”，等等，都说明诗的意境、情思千差万别，诗的设色从属于造境、抒情，又怎能千篇一律？

诗中的颜色词有显、隐之分，如杜甫《曲江对酒》中的“桃花细逐杨花落，黄鸟时兼白鸟飞”，“黄”“白”是显色词，“桃花”（红）、“杨花”（白）是隐色词。画中的色彩，是视而可见的。诗中的色彩，则靠语言为中介，经过想象和联想，呈现于再创造的画面。因此，诗中用显色词，读者固然可以联想到相应的具体色彩；不用显色词而用隐色词，读者也可通过想象和联想，在脑海里浮现某种着色的图景。例如，王昌龄的《采莲曲》：

荷叶罗裙一色裁，芙蓉向脸两边开。

乱入池中看不见，闻歌始觉有人来。

姑娘的罗裙，与周围的荷叶一样碧绿；姑娘的脸庞，与两边的荷花一样红艳。所以她“乱入池中”，池外人只看见满池都是荷叶荷花。直到清歌乍起，才意识到池中有一位采莲姑娘。全诗无一显色词，却描绘出一幅多么绚丽的《采莲图》。

在诗的设色中，隐色词起着重要作用。比如李白《客中作》中的“兰陵美酒郁金香，玉碗盛来琥珀光”，“玉”是白色，“琥珀”是蜡黄色或赤褐色。以洁白的玉碗满盛琥珀色的醇香美酒，真值得一“醉”！正因为前两句作了这样有力的铺垫，后两句“但使主人能醉客，不知何处是家乡”才更有韵味。如果忽略了“玉”“琥珀”两个隐色词所隐含的色彩，便辜负了作者设色的苦心。

诗中的颜色词有虚实之分。实色词代表事物的色彩，如“黄鹂”的“黄”，“翠柳”的“翠”。诗的设色，主要用实色词描绘出特定的画面，构成特定的色调，用以抒发特定的情思。虚色词并不代表色彩，比如“白帝城”“黄牛峡”，只是两个地名，并不是说那城是白色的，那峡是黄色的。然而诗的设色，也尽量发挥虚色词的作用。这因为运用虚色词，既可增加字面的颜色美，又可唤起对于实色的联想，从而抒发相应的情思。如杜甫的“朱门务倾夺，赤族迭罹殃”，揭露了富贵人家一味掠夺、穷苦百姓不断遭殃的社会现象。但如果把“朱门”改为“豪门”，把“赤族”改为“百姓”，便大大减色。诗人精心设色，把掠夺的一方称为“朱门”，把被掠夺的一方称为“赤族”，一“朱”一“赤”，给人以血淋淋的感觉。王维的“一从归白社，不复到青门”，李颀的“白日登山望烽火，黄昏饮马傍交河”，高适的“青枫江上秋天远，白帝城边古木疏”，杜甫的“白日放歌须纵酒，青春作伴好还乡”“黄牛峡静滩声转，白马江寒树影稀”，柳淡的“三春白雪归青冢，万里黄河绕黑山”，郑谷的“雨昏青草湖边过，花落黄陵庙里啼”，唐无名氏的“青冢路边秋草合，黑山峰外阵云开”，等等，或单用虚色词，或兼用虚色词与实色词，都有助于抒发特定的情思，强化了艺术感染力。其中的几组虚色地名对，设色和谐，对仗精巧，尤给人以独特的美感。“青草湖边”“黄陵庙里”一联，由于写出了鹧鸪的神韵，其作者郑谷被称为“郑鹧鸪”。

《文心雕龙·物色篇》说：“春秋代序，阴阳惨舒，物色之动，心亦摇焉……物色相召，人谁获安!”因此，“情以物迁，辞以情发”，便有了文学创作。刘勰所说的“物色”，包括一切自然景物，当然也包括自然景物的色彩，所以还提出了“凡摛表五色，贵在时见；若青黄屡出，则繁而不珍”的设色原则。诗，不仅描写自然景物，更主要的还在于反映社会生活；从前面所列举的诗句看，唐代诗人的设色，已超出了自然景物的范围。在当今社会，色彩在人们生活中更是不可缺少，直接影响人们的情绪，直接关系到各种产品的生产。研究色彩的成因、原理、变化、特点以及与光照的关系等，是一门复杂的学问，被称为“色彩学”。从人们的社会心理、审美趣味等方面研究“流行色”，又是一门新兴学科。中华诗歌，有讲究设色的悠久传统，从当代色彩学的高度研究诗的设色问题，对于更好地鉴赏古代诗歌，对于提高当代诗歌创作的艺术水准，都有积极意义。

诗的设色，源于现实而高于现实，反过来又通过美化读者的心灵而美化现实。有感于此，吟成七绝一首，以作本文之结语：

水碧山青白鸟飞，百花处处斗芳菲。
人间应有诗中画，彩笔还须着意挥。

（原载《江海学刊》1993 年第 5 期）

市场取向　渐进方式

——中国经济体制改革的战略

高尚全

中国的经济体制改革已经走过了十五年的历程。十五年来，从农村到城市，从沿海到内地，从非国有经济到国有经济，从微观到宏观，从经济领域到科技、教育、政治领域，改革成为我国社会经济生活的主旋律，并取得举世瞩目的成就。回顾总结十五年改革的基本经验时人们可以发现，中国的改革走的是一条逐步扩大市场调节比重、强化市场机制作用的路子，概括起来就是：市场取向，渐进方式。

市场取向：改革的基本成就

中国改革能取得举世公认的成就，有许多原因，就改革本身来说，是采取了“市场取向，渐进方式”的改革战略。

十五年的改革，大体经历了四个阶段：第一阶段，从 1978 年年底到 1984 年 10 月，改革首先从农村突破并取得了成功，在城市从扩大企业自主权入手，进行了综合和专项改革试点。第二阶段，从 1984 年 10 月到 1985 年 9 月，改革的重点从农村转到城市，改革在各个领域全面展开。第三阶段，从 1988 年 9 月到 1991 年年底，在经济领域中治理环境，整顿秩序，深化改革。第四阶段，从 1992 年年初开始，以邓小平同志南方谈话为起点，党的十四大确立了中国经济体制改革的目标是建立社会主义市场经济体制，改革开放的步伐明显加快，进入了一个新的历史阶段。

随着改革开放的不断深化和扩大，中国经济体制的格局和运行机制已经发生了深刻的变化：

——以公有制为主体，全民、集体、私营、个体、外资经济等多种经济形式并存、共同发展的格局已逐渐形成。原有经济体制中脱离生产力水平、结构单一的所有制结构被打破，乡镇企业、“三资”企业和私营、个体经济得到迅速发展。1992年，在工业产值中，全民占48.4%，集体占38.2%，个体、私营、“三资”企业等占13.4%；在全社会商品零售总额中，全民商业企业占41.3%，集体占27.9%，合营、个体和私营占30.8%。非国有经济和非公有经济的快速发展，给我国经济注入了新的活力。

——根据政企职责分开、所有权与经营权分离的原则，国有企业的经营机制正在得到转换，并逐步走向市场。从理顺国家和企业的关系入手，以落实企业生产经营自主权为重点，进行了多种形式的企业改革。93%的全民所有制工商企业实行了不同形式的承包经营责任制，为推动生产要素合理组合，组建了一批新型的企业集团；对部分中小型国有企业实行“租、改、卖”。近年来，为了探索公有制的有效实现形式，建立新型的企业制度，一大批企业进行了各种形式的股份制改革。到1992年年底，全国已有股份制企业3700多家。目前在深圳、上海证券交易所公开上市的有92家。

——以市场决定价格为主、市场机制充分发挥作用的商品市场体系已初步形成。现在，大部分商品价格已经放开，在农产品收购总额中，国家定价的比重已不足15%；在工业消费品和生产资料出厂销售总额中，国家定价的比重分别只占10%和30%。同时，证券交易市场、外汇市场、劳动力市场、技术市场、土地市场等要素市场，正在迅速地发展。

——宏观经济调控体制，已开始由直接行政控制为主，向综合运用经济、法律手段进行间接调控为主转变。国家计划打破了定指标、分投资、批项目、分物资的直接管理方式，指令性计划大大减少。在工业生产中，1979年以前指令性计划占全部工业产值的95%以上，现在只有7%。国家统一分配的生产资料和计划收购的一类商品也相应减少。与此同时，财政政策、货币政策的作用已越来越大。

——以按劳分配为主体、多种分配方式并存的社会分配格局正在出现，新的社会保障体系正在形成。鼓励一部分人通过诚实劳动先富起来、适当拉开收入差距的政策极大地调动了劳动者的积极性。

——开放成为推动国内改革和发展的巨大动力，形成了“经济特区—沿海、沿边开放城市和地区—内地”的多层次、全方位、多形式对外开放的新格局。到1992年年底，在我国注册的“三资”企业达8.4万个，协议投资587亿美元，实际投资112亿美元。在外贸体制方面，中国将按照国际惯例和关贸总协定的规则来管理进出口，以适应扩大对外经济技术合作、参与国际市场竞争的需要。对外开放不仅仅表现为吸引外资，更重要的是大胆地学习借鉴国外的先进经验和成功做法，以加速中国市场与国际市场的对接。经济体制和运行机制的深刻变化，带来了我国社会经济生活的巨大变化。改革十五年来，中国国民生产总值以年均9%的速度增长，综合国力明显增强，人民生活水平显著提高。不仅如此，人们的思想观念也从长期禁锢的状态中解放出来，以解放思想、实事求是的精神在实践中不断探索，一步步把改革推向深入。

渐进方式：一条成功的经验

在改革的方向和目标已经明确的前提下，改革的步骤和方法是逐步推进，而不是搞“休克疗法”，一步到位。在我国改革的实践中，“渐进方式”的表现形式是体制改革由点到面，即抓住重点突破，进而逐步演化和渗透到全局的过程。其具体做法是先试点后推广，即任何改革措施的出台，先在某个地方某个企业进行试验，待取得经验后再向全国推广，为此，国家先后确定了一些改革开放试验区和综合改革或单项改革试点城市、试点县和试点企业，承担着各项改革试验任务。例如，改革先从农村开始，再逐步过渡到城市，先从设立经济特区开始，然后辐射到沿海地区，进而深入到内陆地区；先从发展乡镇、个体、私营和“三资”经济开始，强化市场机制在这些领域的作用，然后将这种作用渗透到国有经济领域；先从微观经济领域的改革开始，扩大企业的生产经营自主权，进而推动计划、财政、金融等宏观领域的改革。这种渐进渗透、推动的改革方式，是中国人民的创造，也是在实践中不断探索的结果。

“渐进方式”的一个典型例子是价格改革。价格改革过去一直是一些国家改革的一个难题，也是我们在改革中首先碰到的一个难题。中国政府和经济学界都看到了价格改革的重要性，认识到价格市场化是使市场机制充分发挥作用、企业公平竞争、引导资源优化配置的前提。但同时也要看到，价格改革要与培育市场相结合，价格改革是个快变量，市场培育是个慢变量，要求慢变量去适应快变量是脱离实际的，价格改革还需要必要的财力基础，以适应理顺各种比价关系的需要，保证改革过程中广大群众的利益不受损害。价格改革还与不同的产业或产品特点相联系，有的产业价格弹性系数高，价格放开后，能很快实现市场均衡；而有的产业或产品生产，一是需要投资大，二是生产建设周期长，三是技术要求高，价格放开后长时期不能形成市场均衡，从而引发通货膨胀。正是认识到这些特点，我们的价格改革不是采取一步到位放开的策略，而是采取积极稳妥的方针，根据不同行业、不同产品的特点，在不同时期推出一些改革措施。尽管中国的价格改革还有很重的任务，但可以肯定，中国的价格改革已渡过了关键期。

中国改革为什么要采取渐进方式？原因是多方面的。从总体上说，中国的这场改革是中国的第二次革命，即要实现经济体制与运行机制的根本转换。这是一项前无古人的创造性事业，没有现成的模式可以照搬，只能循序渐进，在实践中摸索着走。而更深的原因，则有多方面的基础。

第一，渐进方式有认识方面的基础。改革是影响社会生活各个领域，涉及社会每个成员的大事，既会在根本上给人民带来利益，也会不同程度地调整各经济主体的利益和权力关系，这就要求改革必须得到社会各方面的理解和支持。一项改革措施，特别是调整利益格局的措施，社会的理解要有一个过程。因此在全面推出之前，必须先试验，逐步为人们所理解，才能成为人们的自觉行动。否则在改革过程中将会困难重重，甚至激化矛盾，使改革前功尽弃。

第二，渐进方式有体制逻辑的基础。经济体制的各个环节是紧密相连的，既需要协调配套，又要选准突破口，一环解一环，最终把“死结”打开。从中国的经验看，改革往往不是从最关键、最困难的地方开始的，而是从可能性大、容易攻克的地方实施突破。例如，企业改革，国有大中型企业改革十分重要，但难度很大，因此改革从扩大企业自主权开始，同时大力发展非国有经济，在国有经济外部形成一个竞争的群体，对国有经济形成了压力，从而推动了国有经济的改革。很难想象，没有这样一个渐进的过程，国有经济的改革会有一条通行的路子。

第三，渐进方式是中国的复杂国情所决定的。中国的基本国情是人口多、地域广、经济发展不平衡，各地方经济发展的水平参差不齐，改革的条件和基础也就差异很大。这就决定了各地方的改革不能“齐步走”，而应该承认一些地方跑得快些，另一些跑得慢些。这种不平衡的改革实际上是一种顺应自然、渐进发展的过程。

第四，渐进方式也是政治方面的需要。中国要改革，就需要一个稳定的政治和社会环境，剧烈的改革方式必然会超出社会的承受能力，引起社会震荡，最终伤害改革。中国是有 12 亿多人口的大国，稳定是压倒一切的任务，因此改革方式的选择必须从是否有利于促进社会稳定出发。

改革的新起点：建立社会主义市场经济新体制

中国已经确定，经济体制改革的目标是建立社会主义市场经济体制。毫无疑问，这一目标是过去十五年“市场取向”改革的继续和发展，但也把我国改革推上了更高的阶段。建立社会主义市场经济体制，就是要形成公有制与市场经济内在统一的，在积极有效的国家宏观调控下，市场机制对资源配置起基础性作用，能实现效率与公平高水平结合的经济体制。

建立社会主义市场经济体制，首先必须大胆吸收和借鉴国外市场经济实践的成功经验，遵循现代经济的一般规律。这主要是，一切商品和生产要素都进入市场，市场机制在资源配置中起基础性作用，产权关系明晰，利益主体多元，企业真正成为自主经营、自负盈亏的法人实体和市场竞争的主体；政府主要通过经济手段对经济活动进行间接调控；经济关系法制化；统一、开放的国内市场同国际市场有机对接，按照国际通行的标准和惯例进行经济活动。社会主义市场经济必须使公有制同市场经济相结合，公有制必须采取适应市场经济要求的基本形式，并通过市场经济体制来实现。我国的基本国情，也决定了在市场经济中，经济成分有多样性，包括国家、集体、私人和外资所有等，以公有制为主体多种所有制形式长期并存、共同发展、平等竞争。随着市场经济的发展，不同所有者的资产的相互渗透，混合所有制形式越来越多，公有制的具体实现形式多样化。

建立社会主义市场经济体制是一个复杂的系统工程。这个系统就其主体框架而言，主要有以下几个方面。

——建立产权明确、自主经营、自负盈亏、平等竞争的现代企业制度。各类企业，不分所有制形式，均依法组建和登记注册，有对资产实际占有、使用和依法处置的权力。国有企业的改革，要以理顺产权关系为起点，对竞争性行业的企业实行公司化改造，主要是成为不同持股类型的有限责任公司或股份有限公司。同时，根据市场经济规律和不同产业部门的特点，在保证国有资产增值的前提下，积极主动地调整国有资产的行业分配结构。

——建立市场规则健全、组织完备、主体行为规范的现代市场体系。绝大部分商品、生产要素价格放开，形成由市场为主决定价格的机制；形成完整的商品市场、生产要素市场体系，消除行业垄断、地区封锁、部门分割，形成多种经济成分、多种经营方式、多条流通渠道并存，内外贸互相融通，国内、国际市场相互衔接的统一开放的市场格局。现阶段市场建设的重点，是开放要素市场，理顺生产要素价格，结束生产要素“双轨制”的局面。

——建立以促进经济总量平衡和结构优化为目的，以经济政策和经济杠杆为主要手段的宏观经济管理与间接调控体系，相应建立符合市场经济要求的结构合理、职责明确、精干高效的经济管理与调控机构。目前，政府职能转变和宏观调控体系的建立严重滞后，已成为社会主义市场经济体制建设的严重制约因素，必须下决心在三个方面突破，改革现有的财政包干制，在明确划分中央与地方事权的基础上，推行规范的分税制；加快金融体制改革，完善中央银行宏观调控机制，着力推进商业银行的企业化，加快确定以企业自主投资为主体，实行分类管理的投资体制。

——建立以社会失业、养老、医疗保险为主要内容的社会保障体系。新型的社会保障制度必须把社会保障机制和激励机制结合起来。当前，要抓紧建立全国统一的社会保障管理机构，制定统一政策，加强管理监督，实行政事分开，建立非行政性的社会保险经办组织，依法从事社会保障基金的筹集、运营、保值增值，以减少社会保障基金的流失和浪费。

建立社会主义市场经济体制，任务十分艰巨。中国的改革总体上依然只能循序渐进，逐步过渡，不搞“休克疗法”。但这并不排除某些时候、某些条件成熟的改革，某些绕不过去的改革可以走快步、走大步。应当看到，与过去十五年“点面突破”的改革很不相同，现阶段改革已进入了历史性的攻坚阶段，一些深层次的矛盾必须下决心突破，久拖不决损失可能更大。因此要选准攻坚点，抓住有利时机，因势利导，推出一些重大改革措施，加快向社会主义市场经济新体制过渡。

（原载《江海学刊》1994 年第 1 期）

“文化中国”的范围与文化包容意识

萧萐父

中华传统文化在历史发展中的“合”与“分”

“文化中国”这一概念的提出，在海内外引起了强烈反响。

1987年春，美国天普大学傅伟勋教授来信，热情洋溢地谈到他在海外、中国大陆和中国台湾宣扬“文化中国”观念曾得到广泛共鸣，我在回应他时，曾有小诗一首纪怀：

> 文化中华不可分，血浓于水古今情。
> 百年风雨嗟回首，同赋《无衣》盼好春。

因触感于伟勋教授的热情来信，我的小诗虽从文化说起，而更多地牵情于政局，想到了鸦片战争以来我们民族经受的苦难和风雨，想到了《诗经·秦风·无衣》作者的深情呼唤：“岂曰无衣，与子同袍”“修尔戈矛，与子同仇”！更想到今天海峡两岸的炎黄子孙对祖国统一和中华腾飞的共同向往。诗可以情绪化地表达“不可分”的愿望，而从客观史实和理论分析的角度，则只能说中华文化曾经“有分有合”“合中有分”“分久必合”。这促使我一再思索中华学术文化历史发展中的分、合问题。

田野考古的丰富成果证明：我古先民在亚洲东部广阔平原上创建自己的文化，从来就是多源发生、多元并存、多维发展的。旧石器时代的文化遗址已发现一千余个，遍布黄河、长江南北以及云贵高原，新石器文化遗址已发现七千多个，更是布满全国。经过长期的交流、融合，早形成海岱、河洛、江汉等史前文化区；又经过夏、殷、周三代的统合、发展，形成了华夏文化共同体，更辐射为燕齐、邹鲁、三晋、秦陇、荆楚、巴蜀、吴越以及辽阳、西域等地区性文化，晚周政局分裂，却蔚为学术上的诸子蜂起、学派林立的奇观。在百家争鸣中，显学崛起而又不断分化，儒分为八（还有子夏在西河、曾子在武城，各树一帜），墨离为三（还有苦获、已齿等南方之墨者，相谓“别墨”），相反相因，盛极一时。汉、唐、宋、明相对统一，似乎政局统一，也必然学术一统，韩非、董仲舒均有“贵一贱二”之说，“罢黜百家”之议；而事实上，经分今古，义旨歧出，理趣学风，南北迥异。佛学东渐，与儒、道鼎立而三，长期对立；迨融为宋明道学，虽有胡广之流编所谓“大全”（《五经大全》《四书大全》《性理大全》），企求“合众途于一轨，会万理于一原”。实际上，北宋新儒学一产生，就有范仲淹等凸显“易庸之学”，王安石父子又独创“荆公新学”，周敦颐创“濂学”，张载创“关学”，司马光创“朔学”，二程创“洛学”，三苏创“蜀学”，他们之间的各种观点，复杂对立；到南宋，既有朱熹、陆九渊、吕祖谦之间的激烈论争，又有陈亮、叶适别倡经世事功之学；郑樵、马端临更首辟文化史研究新风，一反“欺天欺人”的心性空谈，独步当时。明代王阳明以对朱、陆的双向扬弃而另立宗旨，王学又以“良知说”的内在矛盾而导致王门各派的多向展开；通过泰州学派的分化而由何心隐、李贽引向“异端”，再通过东林师友的“冷风热血，洗涤乾坤”的实践工夫，而由刘宗周、黄宗羲完成了对王学的自我否定，终于在明清之际的新思潮中，孕育出新的整合。

曾经有一种违反客观史实的流行偏见，夸张政治风云，忽视文化生命，以为政治第一，决定一切，文化只能隶属于政治；又总以为“合”比“分”好，贵一而贱多，党同而伐异。如果深观文化生命和民族智慧的动态发展，就会发现，合分—分合，是互涵递进的。真正的新的整合，必以分殊为前提，苟无分殊，何来整合？合分—分合，合中有分，分久必合，乃是中华文化慧命持续发展的内在生机和客观法则。

分则为殊、为异、为多，合则可统、可同、可一。就“文化中国”所摄地区、层面之广，则必须进而思考“文化中国”内涵的“一”与“多”问题。

“文化中国”的范围及其内涵的“一”与“多”

80年代初，中国哲学史学会首次于杭州举行国际性的宋明理学讨论会。冯友兰先生在会上特别讲到哲学与文化的民族性问题，他认为中国哲学与文化的包容性最具有民族的凝聚力。陈荣捷先生在会上概述在美国开拓中国学的研究、译介中国哲学文献的甘苦，并深情地谈到数十年来漂泊异邦，仍与祖国人民忧乐同怀。会后陈荣捷先生寄来诗笺，其一云：“廿载孤鸣沙漠中，谁知理学忽然红。义国恩荣固可重，故乡苦乐恨难同。”眷怀乡国之情，溢于言表。景仰高风，步韵敬和：

盈盈春气遍寰中，梅萼天心几处红。
莫道海山多阻隔，炎黄遗裔此心同。

诗中所说“炎黄遗裔此心同”，乃指民族传统形成的文化心理素质的某些共性。这种共性，可以超越一定时期内政治、经济格局所造成的民族的分离、隔阂和差距。“文化中国”这一概念的提出，最初正在于以中华文化精神的共性，来唤起认同感，促进统一的进程。但如果着眼于世界华人文化这一层面，从中国哲学文化逐步走向世界这一视角，则不能仅局限于中国本土文化学术的“分—合”运动，仅局限于文化认同的政治功能意义，而应当从更广阔的视角，来观察世界华人文化这一历史现象的形成，观察世界华人文化的若干类别及其共殊关系，观察中国哲学文化走向世界的契机和历程。即是说，作为“炎黄遗裔”的华人，且不说箕子入朝鲜、徐福客日本、慧深远赴美洲、李白生于碎叶等，单就7世纪以来，一大批华人移民海外，散居各国，已达5000多万人。他们作为移民群体，大都成为所侨居国的一个民族单位，保持着中华民族的血统和中华文化的传统，由于所侨居国的文化背景和生活条件不同，他们所能保持和发扬的中华文化的内涵必然发生各种变异，这就使"文化中国"这一概念的范围大为扩展，而其内涵也变得极为繁富。

仅就世界华人文化的地区性的分化发展而言，当今已形成的格局，似有若干层次可以分疏：

（一）大陆母体的中华文化。源远流长，虽屡经沧桑，公元1—10世纪曾有中印文化交流的激荡，近四百年更有中西文化汇合、欧风美雨冲击的影响，古老的中国已日易故常，变革多有；但在大陆母体，历史的积淀毕竟最深厚，考古文物与传世文献毕竟最丰富，在人们思想和生活各个侧面所体现的传统精神也最强固、最活跃，因而，自然成为"文化中国"的主干和本根。但正因为中华文化自本自根，自有其涵化外来文化的自主性与自足性，因而也容易成为文化保守主义的温床。

（二）台、港地区的中华文化。近数十年政治经济格局所造成的隔离，台、港地区中华文化在某种独特条件下自己发展，其特点是既特别尊重民族性的传统，又比较注意吸纳西方现代化的成果，数十年来，不断更新，多维互补，时有创获，成为中华传统文化向现代化转化的一种模型。

（三）东南亚以及东北亚各国华人聚居地区的中华文化。17世纪以来，长期持续的移民开发，使东南亚各国聚居的华人群体成为各国的民族构成的重要部分，既对各国社会经济发展作出了突出贡献，又使华人移民群体始终保持着中华民族的优秀文化传统，并善于不断地吸收、消化各国各地的先进文化，从而使中华文化不断地吐故纳新而具有了新的特色。

（四）散居世界各国的华人所拥有的中华文化。一般地说，散居欧、美、澳各国的华人及华人群，侨居异乡，入境随俗，对所侨居国的文化耳濡目染，涵泳其中，往往有较深切的理解，同时对远离的祖国及本土文化怀有更深沉的依恋和文化认同感。他们在融通中西，即把中国文化的优秀传统与所在国的先进文化相融会贯通而别有创新方面，往往作出了突出贡献。

（五）外国朋友的汉学研究中所弘扬的中华文化。自汉唐以来，中华文化向东亚各国的辐射、移植，早引起东亚各国学者的研究兴趣，形成环太平洋的“儒家文化圈”或“汉字文化圈”。而经过耶稣会士的译介，中学西传以来，在欧美各国传播、研究中国学的学者也日益增多，特别是西欧的德、法、英、荷等国的学界，有着深厚的汉学研究传统。他们以自己的历史文化背景和比较的视角，从不同侧面探测中华文化，并以独特方式加以弘扬，往往取得别开生面的成就。

以上五个地区化的分疏，跨越人文地理以及社会、政治、经济等的距离，也超出了民族、语言、学派等的歧异，而就其对中华文化的保存、弘扬和认同感而言，是一脉相通的，具有统一性；而就其各自对中华文化的挹注、取舍、丰富、发展而言，则又各有成就，各具特色，展现为杂多性。由一趋多，多中显一；同归殊途，一致百虑。“文化中国”这一范畴，既涵摄世界华人文化这一综合性概念在内，又包容了世界各国学者、作者和友好人士对中华文化日益扩大和深化的多种研究成果，这就使其内涵广阔而生动、富有而日新。

“文化中国”的未来与文化包容意识

“文化中国”的地区范围涵盖如此之广，其思想内容自然杂而多端。在价值取向、观测角度、重心选择乃至文义诠释上，都会表现出许多歧异。这就需要以一种多元开放的文化心态和文化包容意识来回顾过去，疏观现状和展望未来。同是炎黄子孙，虽曾海山阻隔，仍然心同理同。但这个“同”是以“异”为基础的“同”。如王船山所云：“杂统于纯”，“异以贞同”。“理惟其一，道之所以统于同；分惟其殊，人之所以必珍其独。”正因在分殊中能“珍其独”，才有可能在总体上“统于同”。“文化中国”在过去经历了一段必要的分殊发展，在未来必将进入一个兼综并育的融合期。

“文化中国”的分殊发展，在于不同地区的华人，散居地球村，生活在不同国家的异质文化的氛围中，而近世以来又长期处于政治上、经济上和文化上的劣势。虽然今天时移势异，某些敏感的观察家已在纷纷评论21世纪将是“华人的世纪”。华人“正作为一个遍布世界各国的各地区以及各城市的民族，一个全球部落而崛起”。“由于彼此大规模的投资使他们凝聚在一个‘经济联邦'之中，并由于久远的家族、文化和语言的关系，使他们的关系得到加强。"这是着眼于经济前景的乐观估计。而从文化的角度看，世界华人过去和现在始终面临着东西（东方文化与西方文化）、古今（传统观念与现代意识）之间文化思潮的矛盾冲突，面临着如何正确解决传统文化与现代化的历史接合的难题和中国文化与西方文化的互补交融的难题。正是这样共同的时代课题，吸引着世界华人有可能同心协力促进中华文化的自我振兴及其各个部分的互相整合，也激励着东西方中华文化的珍爱者和研究者，奋起探讨中西文化精华可能交融互补的前景。可以相信，中华文化的自我振兴和中西文化的互补交融，二者将互为条件，同步进行。经过这番历史的熔铸，"文化中国"将闪耀出新的光华，必将对人类文化的新发展作出应有的贡献。

前年访德，因有感于德国汉学研究的丰美成果，为数不少的德国青年对中华文化的衷心向往，我曾浮想联翩，在纪行杂诗中表达了对莱布尼兹等文化先驱的怀念和对未来的企望：

雄鸡唱晓破霾天，史路崎岖三百年。
唤起莱翁共商酌，东西慧梦几时圆？

这首小诗所寄托的历史感情，把象征法国革命启蒙的高卢雄鸡看作欧洲近代文明的开端，而从中西文化交流史的角度看，历史道路却在坎坷曲折中蹒跚了三百多年。17 世纪时莱布尼兹因为白晋的介绍《周易》等而首次论到中国哲学，当时中西文化的平等交流，曾促使莱布尼兹满怀希望，梦想到中国来协助康熙以法兰西科学院为模式设计和建立起中国的皇家科学院，历史的曲折，使这一美好的愿望全盘落了空。今天，人们比康熙、白晋、莱布尼兹更有条件作广阔的思考和幻想。历史似乎又开始孕育着中西文化汇合交融的新的希望。

希望，总给人类的历史实践及文化创造，注入生生不已的活力。

（原载《江海学刊》1994 年第 1 期）

新发展经济学的思路

张培刚

新型发展经济学的由来

当我应邀于 1978 年春赴北京中国社科院经济所，参加编写《政治经济学辞典》时，可说是重返理论界并与全国经济学界重新接触，适逢国家采取改革开放政策，我得以有机会看到并阅读了大量包括“发展经济学”在内的有关西方经济学的书刊，才知悉从第二次世界大战后 50 年代末期以来的 20 多年间，西方发展经济学作为一门独立学科，茂然兴起，专门著作和教科书刊接连出版，诚可谓极一时之盛。但好景不长，到了 80 年代初期和中期，美国经济学家赫希曼发表了《发展经济学的兴起和衰落》一文，莱尔出版了《发展经济学的贫困》一书。迨至 1986 年，美国拉尼斯教授和费景汉教授在一次“发展经济学年会”上提出了《发展经济学：下一步迈向何处?》的学术报告。他们的意见，或说“发展经济学在兴盛一阵之后，已开始衰落”；或说“已濒于灭亡的困境”；或说“发展经济学到了 70—80 年代，已经不像 50—60 年代那样繁荣昌盛，而是由高潮转入低潮，处于所谓收益递减阶段”；概言之，发展经济学濒临困境，正在“走下坡路”。

面对西方发展经济学的此种剧变——由剧盛转为剧衰，我始则颇感惊讶，继则又深感困惑，这样大的问题，不得不促使我面对世界形势，结合发展中国家的历史和现状，反复进行思考。我向西方的发展经济学家，也向我自己，提出了亟待弄明白并要加以解答的几个问题。

第一，为什么当今世界上绝大多数的经济落后国家或发展中国家还有待于经济起飞和经济发展，有待于实现工业化和现代化，而西方发展经济学竟然宣告“濒于死亡困境”或正在“走下坡路”呢？本来，第二次世界大战后西方发展经济学在50—60年代的兴起，乃是适应当时许多经济落后的国家，或者是刚刚获得独立的前殖民地或半殖民地国家，力图从经济上摆脱长期的贫困境遇和“依附”地位的普遍愿望应运而生的，这也是时代发展的客观要求。现在二三十年过去了，除了极少数的国家和地区在经济上有了显著的发展，初步实现了工业化外，大多数还未转变成工业化的国家。可见发展经济学的任务还远远没有完成。

第二，即使就大战后已经发展起来，并且初步实现了工业化的极少数国家和地区而言，它们大都幅员较小、人口较少，例如，亚洲“四小龙”，而且其中除了韩国和中国台湾外，新加坡和中国香港都是城市国家和地区，缺少典型的农业特征。至于当今世界上历史悠久、幅员广大、人口众多的大国，无论是实行计划经济体制的中国，或是实行市场机制的印度、巴基斯坦等，虽然战后三四十年来有了相当大的进步和发展，但还没有哪一个转变成为发达的工业化国家。它们的生产技术，特别是农业生产技术还相当落后，交通运输等基础设施也远未具备，人均收入仍然较低，国内各个地区在发展层次上的差别仍然巨大，远未达到能够协调发展的程度。这其中的原因安在？是否还有超越社会制度之上或在现行社会制度之外的根本性原因仍然阻碍着这些大国的经济发展，这个问题是特别值得我们深思的。

第三，战后几十年来的西方发展经济学，除了个别学者或个别著作外，大都没有探讨甚至没有提到实行社会主义计划经济的发展中国家的经济发展问题，而把研究对象几乎完全限制在实行私有制和市场机制的发展中国家。这当然是不够全面的。

综合上述几个问题，我个人认为，第二次世界大战后西方发展经济学之所以在兴盛了一阵之后转而陷入了当前的困境，并不是说明它已经圆满地完成了时代赋予的历史任务，而恰恰相反，它在过去的二三十年间虽然取得了一定的成效，但就当今时代任务的要求而言，则仍然相去甚远。其所以造成今天陷入困境的局面，主要是由于过去发展经济学本身在研究范围和研究方法上存在着重大缺陷和严重不足。所以，我认为发展经济学不仅不应该“趋于衰落”“濒于灭亡”，而应该是重任在身、大有可为。但要做到这样，我进一步认为，应该对发展经济学的研究范围和内容，连同研究方法，加以彻底改造和革新，并要在此基础上建立一种“新型发展经济学”。

农业国工业化仍然是新发展经济学的主题

从《农业与工业化》到《发展经济学通论》和《新发展经济学》，贯穿始终的是农业国的工业化问题。从战后发展中国家的发展道路看，工业化是经济发展中具有根本性和决定性的基本内容。从这个角度看，发展中国家可视为“处于工业化过程中的农业国家”，发展中国家的经济发展过程可具体而明确地称为“农业国的工业化”，这就必然构成发展经济学研究的主题。

从理论线索上看，农业国工业化问题之所以仍然是新发展经济学的主题，主要有三个方面的原因：（1）发展中国家实现经济发展的起点或现实基础就是农业国家，即以农业或农民或农村为主体或基础的国家；（2）发展中国家实现经济发展的目标或方向是工业化和现代化；（3）发展中国家实现经济发展的必然途径是启动和完成工业化。由于工业化是经济发展的核心内容，而农业国工业化理论可以合乎逻辑地将目前中西方发展经济学的内容统率起来，因此以农业国工业化理论为立论主线是重整和革新发展经济学的重要途径。

事实上，在新近出版的新发展经济学的初步理论框架中，自始至终都已经贯穿着发展中国家经济发展的核心问题——“工业化”这一条主线，从论证工业化前的社会文化历史背景开始，紧接着谈到工业化的启动与制约因素，然后探讨工业化的各种条件，再论证工业化过程中的产业结构变动和区域经济发展问题，随后又分析工业化的国际环境，最后还提出了工业化过程中存在的主要难题以及调节的机制和办法，因而农业国工业化问题所占据的主体地位是十分明显的。

对传统发展经济学的革新途径

如上所述，发展经济学研究的主题应是农业国家或经济落后的国家如何实现工业化和现代化，实现经济起飞和经济发展的问题。而现在这样的国家和地区，在世界上还占大多数。因此，发展经济学就其任务而言，仍然是极有生命力的，可以说是方兴未艾、大有可为。但要做到这样，必须具备以下两个基本条件，或从以下两个方面进行改造和革新。

其一是要扩大研究范围，包括发展中的社会主义国家。据我所知，现在有些比较通用而又闻名的西方发展经济学教科书或教材，对发展经济学研究的对象大都只是第三世界中实行市场经济或采行资本主义私有制的发展中国家，没有包括或没有详论第三世界中实行计划经济或实行社会主义公有制的发展中国家。我认为，既然是叫作“发展经济学”，那么不论是资本主义制度下的，还是社会主义制度下的发展中国家，都应该作为研究对象，研究它们各自的经济起飞和经济发展问题。因为就社会主义制度下的发展中国家来说，许多有关实现工业化和现代化，或有关实现经济起飞和经济发展的问题，大都是和资本主义制度下的发展中国家相同或相似的。当然有些问题，比如在计划经济体制的条件下实行市场机制，并使这两者有效地结合起来，则属于特殊而难以一时圆满解决的新问题，值得国际经济学界共同来探讨。如果像这样扩大了研究范围，那么发展经济学的内容不就相应地跟着大大地扩展了而大有可为吗?

其二是，改进研究方法，加深分析程度。迄今为止，在传统的发展经济学所研究的对象中，也就是亚、非、拉美实行市场机制的那些发展中国家和地区里，比较起来获得成功的就是闻名世界的所谓“亚洲四小龙”（即韩国、新加坡、中国台湾、中国香港）等“新兴的工业化国家和地区”；最近还有可能要加上第五和第六“小龙”泰国和马来西亚。这些发展中国家和地区，在实现工业化和现代化，或者实现经济起飞和经济发展方面，确实有不少成功的经验值得其他发展中国家研究和借鉴。但它们毕竟幅员较小、人口较少，而且像新加坡和中国香港，只是城市而无农村，虽有制造工业，但主要是靠经营贸易，特别是转口贸易，以发财致富，达到兴旺繁荣，其依赖于世界市场的程度极高。因此，它们作为世界典型的代表性是有局限的。至于像印度、巴基斯坦、巴西和中国等，都是幅员广大，人口众多；且除巴西外，上述各国人均国民产值均极为低下。可是长期以来，它们在实现工业化和现代化的道路上，却大都是蹒跚踯躅，难以稳定起飞和迅速发展。其原因何在？除了人口负担过重外，还有其他何种重要原因？这些都是我们研究发展经济学的学者所不能回避而必须加以回答的问题。

回顾第二次世界大战后50—60年代，发展经济学作为一门新的学科分支，在西方经济学界茂然兴起，一时学习研究成风，书刊有如雨后春笋般出现。尽管其观点有同有异，甚至大相径庭，但都极大地充实了当代西方经济学的内容。其中有些论点和政策，如关于资本形成（包括物质资本和人力资本）、双元结构和剩余劳动力转移、进口替代和出口鼓励、国际大循环和经济起飞等，的确曾对有些幅员狭小的发展中国家和地区（如亚洲“四小龙”）的经济起飞和发展，发挥过和继续发挥着积极的作用，产生了一些积极效果。但对于幅员广阔、人口众多、封建历史悠久、社会情况复杂的发展中国家（像印度、中国等），则收效甚微。这就需要我们从社会、历史、政治、文化等各个方面，开展广泛而深入的研究，探根溯源，寻找良策。如果对这一类型国家的研究，仍然停留在过去二三十年来那样的方法上，单纯就经济论经济，或只从表面上观察问题，就仍然难以从根本上找到解决经济发展问题的途径和摆脱发展经济学所处困境的良策。

建立新型的发展经济学，首要地必须从社会经济发展的历史方面来考察，探根溯源

回顾第二次世界大战后三十多年来，为什么当代西方发展经济学的理论和政策，如进口替代、出口鼓励、“国际大循环”等，只在第三世界的极少数国家和地区取得了比较成功的经验呢？至于大多数经济落后或欠发达的发展

中国家和地区，不论是实行市场经济的私有制国家，还是实行计划经济的社会主义公有制国家，除了个别或极少数外，至今仍然未能真正实现工业化和现代化，真正做到经济起飞，达到经济高度发展的境地。当然，即使是幅员狭小的国家和地区，只要过去已经取得了一些成功经验，包括它所依据的有关经济发展的理论、方法和政策，那就仍然应该予以肯定，以供大多数发展中国家继续参考和借鉴。但与此同时，我们必须另辟研究途径，实行全面的、历史的、从实际情况出发的综合分析方法，去寻根溯源，探究现有的占世界大多数的发展中国家和地区，特别是那些幅员广大、人口众多、历史悠久的国家，阻碍经济发展的真实原因究竟在什么地方；然后“对症下药”，该泻的泻，该补的补，使得阻碍发展的因素得以清除，启动发展的因素得以真正发挥作用。基于这种理由，我认为要建立新型的发展经济学，首要地就必须从现有大多数发展中国家和地区的社会经济发展的历史方面来进行分析研究，探寻阻碍经济发展的最终根源。在这一类型的国家中，特别是幅员广大、人口众多、历史悠久，但人均收入极为低微的国家中，可以说中国、印度、巴基斯坦等是很有代表性的。

但是，现在要回答为什么世界上大多数经济落后的发展中国家和地区，特别是像中、印这样的大国，长期以来未能实现经济稳定起飞和高速协调发展，未能实现工业化和现代化，其阻碍因素何在呢？这就必须首要地从这些国家和地区的社会经济发展的历史方面去探究根源。就中国来说，要研究市场经济为何迟迟未能发展，工业化和现代化为何迟迟未能启动，就必须从两千年来的封建主义制度、百余年来的殖民地半殖民地的社会地位以及解放后三十多年来的极“左”思潮影响下的政治体制、经济体制、文化教育体制和思想路线等方面去寻找根源。

建立新型的发展经济学，还必须从发展中国家的本国国情出发，制定发展战略

建立和研究新型的发展经济学，除了必须考虑发展中国家的社会经济历

史因素外，还必须从发展中国家各自的具体国情出发，制定发展战略。就今天的中国而论，我认为最重要的国情就是应该考虑到中国的“多元经济”的特点和问题。

一般来说，发展中国家的经济结构，在发展的转变或过渡时期，大都具有“双元经济”的特点，那就是既有传统的农业，又有现代化的工业。鲍尔和费景汉曾经写道：“落后国家脱离了殖民地经济，而承续一个开放双元性经济社会（双元性经济社会之特征是国内农业和工业并存，而对外贸易则以出口初级产品为主）。即使都是这种开放双元性经济社会，其过渡成长的型态仍有不同，这种差异显示于各成长阶段中，且因经济社会的运行方式和组织模式不同，而产生各种不同的型态。”这种分析很有参考价值和富于启发性。

但我认为，对于双元经济还可以从更深一层的含义上来解释。比如，按社会生产力的性质言，双元经济就可以解释为：既有传统的手工劳动，又有现代的机械化和电气化劳动。按商品经济的发展程度言，双元经济又可以解释为：既有自然经济或自给自足经济，又有简单商品经济乃至现代商品经济。按生产发展的规模和性质言，它既有传统的小农经济生产，又有现代社会化的大生产。如果按生产力和生产关系的结合方式即生产方式言，它既有奴隶制或封建制生产，又有现代资本主义生产。如果在一个经济社会里，社会主义公有制经济成分虽然占据了主要地位，但同时又有上述各种私有制经济成分，那双元经济更可解释为：既有传统的私有制生产，又有现代化的公有制生产。

可是如果在这一经济社会里，在原有的私有制即奴隶制、封建制的小农经济生产之外，又加上了新兴的个体所有制经营和规模虽小却属于资本主义私有制的雇工经营；与此同时，在社会主义公有制内部，又实行了承包制和股份制；再加上新生的本国和外国合资企业以及外国资本投入的独资企业；而且如下面将要谈到的，在这个经济社会里，开始实行市场经济体制改革，市场机制的作用将占主导地位；那么，这样的过渡型经济形态就不能单单称之为“双元经济”了。我认为，我们不妨称之为过渡型的“多元经济”形态。现在以及今后数十年，在经济体制改革的转变或过渡时期中，中国的经济可以说是属于这样的多元经济类型，或称为以公有制为基础的“多元经济”类型。

中国多元经济类型的最大特点，那就是从横断面来看，西部最为落后，中部较为先进，东部或东南部沿海地区最为先进。无论就生产力的性质或发展水平而言，或就商品经济的发展规模和形态言，或就生产力和生产关系相结合的生产方式的发展形态言，或就人民的文化素质和生活观念的转变程度言，中国从西部到中部，进而到东部或东南部，近百余年来，直到解放前，可以说长期呈现着奴隶制经济、封建制经济、殖民地半殖民地经济形态下的民族资本主义经济、官僚买办资本主义经济等类型的差别。解放后，由于出现了强大的社会主义性质的社会化大生产的国营企业，上述情况虽有改变，但由于这些国营企业的大部分仍然设在东部（包括东北和东南），小部分设在偏东的中部，所以延续到今天，西部（包括大西北和大西南）的经济仍然处于落后状态，有些个别或少数地方仍然使用着奴隶制社会甚至原始公社时期的“刀耕火种”生产方法。从生产技术和生产规模言，西部和东部的差别愈来愈大。不仅生产上如此，即以交通运输和流通结构组织言，西部关山重叠，运输艰难，信息闭塞，较之中部，特别是较之东部，其差别亦不啻天壤。至于文化教育水平和关于现代化的观念，则自西至东，差别亦极其悬殊。我们可以说，中国在横断面上自西至东的这种社会经济形态上的悬殊差别，正好部分地反映了纵向的历史线索上自奴隶制（甚至还可以追溯到原始公社时期的“刀耕火种”）、封建制、资本主义型（包括殖民地经济型）、社会主义型等不同发展阶段上的一些各不相同的特征。尽管我们今天无疑是以公有制为基础的社会主义国有经济成分，作为整个国民经济的主体和主导（市场机制成分刚刚引入数年，力量仍然单薄，作用仍然微弱），但过去长期遗留下来的物质形式上的旧结构和人们观念中的旧痕迹，则非短期内所能消除，很可能还要延续相当长的时期，只不过它们的成分将逐渐减轻而已。这是中国“多元经济型”的最大特殊性和复杂性。

形成中国这样一种多元经济类型的重要原因，首先要从社会经济历史发展的背景上去寻找；与此同时，也要从地理环境的客观条件上去寻找。从中国地形看，北、西、南三面环山，与邻国接壤，海拔都高达二三千米甚至四五千米以上，只有东部及偏东南一方，面临海洋，能享受船舶往来、海外贸易发展的便利。长期以来，这种地理环境造成了东部及东南部通商口岸较多，城市经济较为发展的局面，而愈走向西部或大西北、大西南，则交通运输愈趋阻塞，工商业经济和文化教育的发展亦愈趋缓慢和落后。当然，中国的这种地理环境，较之世界上的一些内陆国家那种完全与海外隔绝的情况要好得多，但比起大致处于相同纬度（北温带）的英国（包括部分西欧国家）、日本，特别是比起幅员广阔的美国来，则相差甚远，人优我劣之势甚为明显。地理环境因素在人类社会历史发展中曾经并将继续起着重要的作用，在一定条件下甚至起着决定性的作用。诚然，生产技术的进步可以改变或影响地理环境的某些方面，变其劣势为优势，但这种人为的改变和影响仍然是有限度的，而且是有时代条件的。比如，就中国而言，无论南水北调，或北煤南运，或扫除西部高原崇山峻岭的阻隔，或改造戈壁沙漠漫无人烟的荒芜，都非人间易事，更非一两代人之功。现代的“区位理论”和“区域经济理论”的一个显著特色，就是研究这种地理环境因素的实际情况及其变化态势对于人类社会经济活动的重大影响和动态关系。毋庸置疑，这些研究都将会对发展经济学的充实和进展，有很大的裨益。

基于中国这样的发展中国家具有幅员广阔并且属于“多元经济”类型的特点，因此我们研究和制定社会经济发展战略和政策措施，就必须特别注意以下几点：

第一，无论研究和制定何种社会经济发展战略和政策措施，决不能笼统“一刀切”，而应因地制宜，因各地的背景和条件之不同而应有差别。

第二，对于中国东部、中部和西部的经济发展，不能使先进的东部（包括部分偏南部分）地区和落后的西部（包括部分中部）地区之间的差别愈趋悬殊和扩大，甚至使先进地区的经济发展损害落后地区的利益或阻碍落后地区的起飞进程。可是最近的统计数据表明，在中国的工业结构中，地区结构向东部沿海地区倾斜的趋势有所加剧。工业的地区结构的不合理倾斜的加剧，将会更加不利于中国工业生产的长期稳定和协调发展，以及不利于整个国民经济效益的提高。所有这些问题，都有待于从速通盘筹划，并加以纠正解决，找出一种合理的分阶段的地区倾斜度。

第三，当前中国强调先发展东南沿海地区，这有其必要性；但如果中部不能相应地及时崛起，大西北和大西南不能同时着手开发，则全国整个经济的起飞和持续协调发展，仍然不可能达到。

新型的发展经济学应当研究社会主义国家的经济体制改革及其有关问题

在这方面，我将以中国为例进行探讨。

中国属于发展中国家，但实行的是社会主义制度，现在仍然处于社会主义初级阶段。当前中国正在进行史无前例的经济体制改革。在这种情况下，中国要制定长远的经济发展战略，比起那些采取市场导向的私有制发展中国家，所遇到的问题要复杂得多。

从历史的经验看，一个发展中的国家或地区，不论是属于市场机制私有制，还是属于计划经济公有制，要想实现工业起步或经济起飞，首先必须注重解决两大带根本性的问题：一是加紧充实基础设施，二是抑制人口增长。

所谓基础设施，包括运输设施、通信设施，还有教育、文化、科技等设施，乃一切经济建设事业的基础或首先必须具备的基本条件。与交通运输等基础设施同样居于领先重要地位的，还有动力工业，包括火力发电、水力发电以及新起的太阳能发电等。关于交通运输和动力对于工业化启动的重要战略意义，我早在40年前就进行了详细论证。我还把交通运输和动力工业称为工业化的“先行官”。这些论点，对于今天的大多数发展中国家，我想仍然是适用的。

人口基数过大和人口增长过快，是大多数发展中国家的沉重包袱，已经成为阻碍这些国家经济起飞和经济发展，以及限制人民生活水平提高的一个重要原因。早在40年前，我就指出过："印度不能使其人民达到高级生活水平，除了殖民地制度外，也是基于同一理由，即资源对人口的比例过低。中国的重要资源数量仅次于美国，但是中国的庞大人口使这种比例下降到很低的水平。就现在的社会制度情况和生产技术情况而论，要使中国广大人民的生活程度提高水平，并不可乐观。"我当时还特别指出，"在工业化的初期，由于死亡率剧减，将使人口大量增加"，"为要对于剧增的人口供应最低的生活，将会遭遇到古代社会式的和根本性的种种困难"；"这种人口剧增的情形是在任何国家倡兴工业化初期都会发生的"。"这些国家必须尽最大的努力来生产必需品，以供养剧增的人口。这种经验对于工业化即将开始的中国，实具有重大的参考价值。"

在注重解决上述两大带根本性的问题的同时，作为实行社会主义公有制的中国，要想实现工业化和现代化，实现经济稳定起飞和经济协调发展，还必须进行经济体制改革以及有关的改革。如何建立"有中国特色的社会主义市场经济"是当今我提出的"新发展经济学"所必须探讨的一个主要课题。

还必须看到，这些年来，实行资本主义私有制和市场机制的发展中国家，也在一定范围内实行国有或国营，或在一定程度上实行计划体制。印度和我国的实践都说明，在市场经济里可以引进某些国有、国营和计划经济的因素，当然它们的性质与社会主义公有制下的国有、国营和计划体制不尽相同；而在计划经济里，也可以引进少部分的私营和个体成分，以及引进和培育市场机制的因素，当然它们的性质也与资本主义制度下的私营和市场机制有所区别。这个问题的研究，将在新发展经济学中占据非常重要的地位。

以上说明，建立新发展经济学是非常迫切的。而这一任务又是十分艰巨的。我自己已届耄耋之年，仍要老牛奋蹄；但我更寄希望于全国有志之士，尤其是中、青年学者和实际工作者，来共同担负这一重大使命。

（原载《江海学刊》1994年第3期）

人学与哲学

黄楠森

要把人学作为一门科学来建立和建设，首要的前提是弄清楚它研究的对象，其次是弄清楚它与相邻学科的区别和联系。其实，这两个问题是不可分的，弄清楚任何一个问题都有利于弄清楚另外一个问题。就目前来讲，特别需要弄清楚其间的区别和联系的，就是人学与哲学。

目前有一种十分流行的观点，即认为哲学就是人学。这种观点大致有两个理由：第一，近代西方哲学有一次哥白尼式革命。哲学已从本体论转变为认识论（笛卡尔、康德等）或实践论（马克思），本体论已经过时了，为认识论、实践论所取代了，而实践、认识都是人的实践、认识，因而哲学成了人学。第二，即使哲学作为一种本体论或世界观仍然有意义，那么，它们研究的本体或世界也是人的本体、人的世界，而不是离开人的本体或世界，而且这些研究也是为了人，因而哲学也是人学。我认为这两条根据都是不能成立的。

先谈第一点。从古到今所说的哲学实际上不是一门学科，而是一个学科群。不同学科及其内容是由它们的研究对象决定的，哲学按其对象和内容实际上包括了本体论（世界观）、自然观、历史观、认识论、方法论、伦理学、美学、政治哲学、人学，等等，今天的马克思主义哲学也是如此。这些学科何时出现、何时形成、何时盛行，情况是各不相同的，但它们一旦出现，就不会被消灭，除非它们的对象消灭了。所谓“哥白尼式革命”不过是哲学内部重点的转移，历史上发生的不过是研究重点从本体论向认识论、实践论的转移，并没有发生认识论、实践论取代、消灭本体论的事实。如果说在西方哲学史中发生过哲学研究重点从本体论到认识论、实践论的转移的话，那么，在中国哲学史中还发生过哲学研究重点从政治哲学、伦理学向本体论的转移，这就是宋明理学吸收了道家和佛家的本体论思想而掀起的中国哲学史研究本体论的高潮。正如宋明理学没有消灭政治哲学、伦理学一样，西方近代哲学也没有消灭本体论。逻辑经验主义“拒斥形而上学”，即否定本体论，他们认为形而上学命题如“世界是客观存在的”等是没有意义的，是不能通过经验来肯定或否定的。但他们真正把形而上学排斥了吗？没有，因为他们也不得不回答现实是什么的问题，回答是：现实世界是我的经验。这不就唯心主义地回答了本体论问题了吗？

还有人认为“世界是客观存在的”当然是正确的，这已成为常识，还有谁去否定它？再讨论和研究这类问题还有什么意义呢？果真如此，那就谢天谢地了，今天仍有不少人在生活和实践中毫不怀疑世界的客观存在，但一谈到理论，他们就皱起眉头说：世界是否不依赖于我而存在理论上是说不清楚的。既然如此，为什么我们不能在理论上好好研究一下这个问题呢？可见本体论并未过时。再说，这不是本体论的唯一问题。就以物质与意识的关系问题来说吧，有人认为这只是一个认识论或实践论问题，所以近代哲学转向以来就只研究物质与意识的关系问题而不再研究物质世界本身了。其实，物质与意识的关系问题首先是一个本体论问题，其次才是一个认识论问题。物质世界和意识并不是两个平行的并列的东西，意识是物质世界的产物，而且始终是物质世界的一个很小很特殊的部分，只是为了弄清楚它们之间的关系才把它们并列起来的。它们之间的关系的首要问题实际是谁从属于谁的问题，谁又独立存在的问题，是一个本体论问题，由于意识只存在于社会人的头脑中，这个问题实质是自然界与人类社会的关系问题。把自然界与人类社会并列起来研究，是为了研究它们之间关系的方便，其实人类社会是自然界的产物，是自然界的一个很小很特殊的部分。不是自然界从属于人类社会，相反，是人类社会从属于自然界，人类社会只在很小的范围内才对自然界有所作为，即社会实践。本体论研究作为整体的物质世界、自然界，当然要弄清楚它的基本组成部分怎样综合而成一个整体，其中包括了研究人和物质世界、自然界的关系，这种关系对人来讲特别重要，因而在近代西方成为研究的重点，但能以这一问题（即使就其本体论意义上讲）来代替本体论的其他问题的研究吗？显然不能。如果认为这个关系问题只是认识论问题，那就更不能以之取代本体论。没有本体论为基础的认识论只能走向唯心主义。总之，要消灭本体论是不可能的。

退一万步说，认识论、实践论取代了本体论，也不是人学取代了本体论。认识、实践都是人的，然而只是人的一些方面，人的方面很多，有自然的、社会的、精神的方面，而每一方面还有许多小的方面，如社会方面就包括生产、经济、政治、法律、文化等，人是所有这一切方面的综合体，怎能以对一个或几个方面的研究来取代对人的综合整体研究呢？怎能以经济学、政治学来取代唯物史观呢？

再谈第二点。本体论研究的是现实世界、物质世界，这个世界只能在一种意义下可以说是人的世界，即人所面临的世界。把作为本体论研究对象的世界理解为人所占有的世界、属人世界、依赖于人的世界都是不确切的。人所面临的世界在时空上都是无限的世界，而人所占有的世界则小得很，即小小的地球。人的占有当然会扩大，但有限得很。依赖于人的世界，即人化自然，是人的实践改造过的世界，是人把它变成如此的，它也有限得很。就是地球，它也只在某些方面依赖于人，它的整个存在是不依赖于人的。属人世界词意含糊，指人所占有的世界，还是依赖于人的世界，还是人的感官能感知的世界？前二者已经分析过，至于人的感官能直接感知的世界，从范围上看确实异常广大，即使是宏观物体，它的范围远远超出了地球，但还不是全部宇宙；从层次上看限于一定长度的光波、一定频率的声波，等等，而不是一切长度的光波、一切频率的振动，而且，光波在眼睛中显现为颜色，振动在耳朵里显现为声音，而光波本身是无所谓颜色，振动本身是无所谓声音的，也就是说，这个五光十色、众响齐鸣的世界只是人的世界。这个世界诚然是依赖于人的，但只限于某些方面，它的整体仍然是不依赖于人的，仍然是物质世界的一部分，而人并不是只研究这一部分，而是要通过人的感官能直接感知的东西把认识的范围扩大，把认识的层次深化，能够认识微观世界和遥远的天体，认识颜色背后的光波和声音后面的振动，尽管这些认识要借助仪器和推理。因此，把人的世界与物质世界分割开来，并把本体论的研究局限于人的世界，是难以成立的。退一万步说，即使本体论只研究人的世界，也不能叫作人学，因为人学研究人，而不是人的世界。

至于说哲学之所以是人学是因为它是为了人的，这个理由更难成立。请问人们从事的各种研究，哪一门学科不是为了人呢？天文学研究遥远的天体，物理学研究物理世界，一切学科都是在人类社会实践的基础上出现和发展起来的，归根结底都是为人服务的。有的学科看似与国计民生无关，但归根结底都是为了人。如果为了人的学科都叫人学，那就一切学科都是人学了，人学还有什么意义呢？

我认为哲学可以包括人学，但绝不可等同于人学。前已谈到，哲学是一个学科群，其中最高的是本体论，其次是自然观、历史观、意识论。而每一部门哲学又包括低一层次的部门哲学，如历史观（人类社会观）下又有科技哲学、经济哲学、政治哲学、文化哲学、伦理学、美学等，人学也可以说是它的部门哲学之一，如果把历史观比作生物学，那么，人学可以比作细胞学，人学是人类社会的细胞学。因此，不仅不能把哲学与人学混为一谈，也不能把历史观与人学混为一谈。哲学、历史观是整体；人学是局部，人学研究应该在哲学、历史观的指导之下。由于哲学的对象不明确，它不像其他学科那样顾名而知其对象（如历史观研究人类社会历史，生物学研究生物，等等），引起了许多歧义，如哲学就是历史观，哲学就是认识论，哲学就是方法论，等等，这些都是不确切的。由于世界观（本体论）是哲学的核心部分，说哲学就是世界观当然是可以的。

把哲学与人学混为一谈，既不利于人学的发展，也不利于哲学的发展。如果说哲学就是人学，那么，我们研究哲学就可以了，不必把人作为一个明确的对象进行专门的科学的整体的研究了。过去的情况正是这样，人学研究缺乏明确的对象，哲学家们都在研究人学，也都不在研究人学，人学作为一门相对独立的科学始终未能建立起来，这种情况应该改变了。如果哲学就是人学，那么，哲学中那些似乎与人无关的东西就不必研究了，哲学研究限于人的范围之内，这岂不限制哲学的发展，岂不是在人与客观世界之间人为地挖出一条不可逾越的鸿沟？哲学和科学的任务是要使人类的认识和实践向着人类还未达到的领域延伸，画地为牢是不可取的。

我主张把人学和哲学区别开来，绝无把二者分割开来之意。它们之间是局部与整体的关系，或者说，特殊与一般的关系，二者当然是无法分开的。没有明确的区分，就没有正确的结合。把人学和哲学明确区别开来，它们就可以正确地结合起来，这会使二者互相促进、相得益彰，两利而不致两伤。

（原载《江海学刊》1996 年第 1 期）

超越在场的东西

——兼论想象

张世英

1．人们为什么老是盯住一点在场的东西，而不放眼注意一下周围的不在场的东西？为什么总要认为只有存在者存在，而不存在者不存在？或者用海德格尔的一句更有哲学高度的话来说："为什么有现实存在物而没有无？"①

这三个问号所表示的，不完全是同一个问题（例如，"不在场的东西"并不等于"无"），却又是相通的，但本文不拟作这方面的论述。

海德格尔说："提这个问题（按指'为什么有现实存在物而没有无'——引者），就是作哲学思考。"② 提这个问题以及上述诸问题，不仅可以看作是哲学思考的开端，而且严格讲来，也可以看作是人脱离动物的开端。对于动物来说，的确只有眼前的在场的东西存在，根本不存在什么不在场的东西和无。海德格尔说："动物无世界。"海德格尔的"世界"不是单纯在场的东西、单纯的诸存在者，而是对在场的东西的超越，对现实的诸存在者的超越，更精确地说是超越"有"以达于"无"，只有人能作这种超越，因而只有人才有"世界"。所以一般人都能自觉或不自觉地提出上述的哲学问题，都能"作哲学思考"。

每一单个的在场的东西或者说存在者，表面上看来是最真实、最现实的，但细思之，它乃是无穷不在场的东西的集结点，用我在许多论文中所用的术

---

① 海德格尔：《形而上学导论》，Ralph Manhein 英译本，耶鲁大学出版社 1959 年版，第 7 页。

② 同上书，第 12 页。

语来说，它乃是无穷联系之网上的一个“交叉点”。

用海德格尔的思想和术语来说，任何一个现实存在物，都是天地神人的“集合”。如果借用中国哲学的术语来说，都是“天人合一”的整体。[①] 任何一物都与世界万物（包括人在内）有千丝万缕的相互联系、相互作用、相互影响，它的“集合”作用乃是集无穷的东西于一身。它表现为在场的东西，而它的内涵和意蕴则寓于无穷无尽的不在场的东西之中。由于它所寓于其中的东西是不在场的，因此，它的内涵和意蕴也可以说是隐蔽的（遮蔽的）。每一存在物都隐蔽、躲藏在不可穷尽性之中。

2. 我们平常说：“打破砂锅璺（问）到底。”其实，世界上的事物是没有底的——是不可穷尽的。西方哲学史上占主导地位的自柏拉图到黑格尔的传统哲学一般都以为找到了底，如柏拉图以最高的“理念”（“至善”的理念）为底，黑格尔以“绝对理念”为底。他们都是以“单纯在场的僵硬的永恒性”[②] 或“常住的在场”[③] 为底，从而把所谓永恒的“真正世界”与变动不居的“表面世界”分裂为二，认为哲学的最高任务或超越就是从现实的、在场的存在者(being)走出到自己以外的“永恒在场”“常在”或“存在”（Being）中去。他们所谓永恒的“真正世界”是抽象的。现实的事实是：任何一个存在物之出场或显示，都是以不可穷尽的不在场的东西为根底，用海德格尔的术语来说，就是以“隐蔽”（“遮蔽”）为根底；由于这个根底是不可穷尽的，所以实际上它是无根之根、无底之底，它是一个无根无底的深渊。我们如果要说明一个存在物，要显示一个存在物的内涵和意蕴，或者说，要让一个存在物得到“敞亮”（“去蔽”）、“澄明”，就必须把它放回到它所“隐蔽”于其中的不可穷尽性之中，正是这不可穷尽的东西之“集合”才使得一个存在物得到说明，得以“敞亮”。“敞亮”（“去蔽”）与“隐蔽”同时发

① 帕格勒说：“世界作为天地神人的集合的思想”，“从中国文学中很容易找到”。参见帕格勒 *Heideggeler's Path of Thinking*，Daniel Magurshak 英译本，Humanities Press International，p. 201。

② 参见帕格勒 *Heideggeler's Path of Thinking*，Daniel Magurshak 英译本，Humanities Press International，p. 226。

③ 同上书，第 162 页。

生。西方传统的旧形而上学之弊就在于把“去蔽”与“隐蔽”割裂开来，把在场者绝对化和抽象化。海德格尔的一大贡献就是强调“隐蔽”和不在场的东西对于“敞亮”和在场的东西的极端重要性：正是“隐蔽”和不在场的东西才使得一个存在物之“去蔽”和出场成为可能。海德格尔把这种不可穷尽的“隐蔽”又叫作“神秘”，所以也可以说，每一存在物以“神秘”为基础（当然此基础乃是一个无基础的基础）。海德格尔所说的“神秘”绝不可以理解为平常所说的贬义的神秘主义之神秘。我们中国人爱说的一句话：“言有尽而意无穷”，这其中的有尽之言类似在场的东西，无穷之意类似不在场的东西，前者的深刻含义隐蔽于后者的无穷性之中，这不是什么神秘主义，而正是诗意之所以值得我们无穷玩味之处。一座古庙基石上的裂痕所显示的，是隐蔽在它背后的千年万载的风暴的威力以及与之相联系的无穷画面；梵·高所画的农鞋中那黑洞洞的敞口和鞋皮上的印迹所显示的，是隐蔽在其背后的劳动者步履的艰辛以及与之相联系的一系列的无穷画面。古庙和农鞋以隐蔽着的不可穷尽的东西为基础，为艺术家和鉴赏家们敞开了一个“世界”。也正是这“世界”使古庙和农鞋“成为它们之所是”和“如其所是”。反之，抹杀和忽视“隐蔽”，视“神秘”为虚构，就“敞亮”论“敞亮”，则根本不可能见到事物的真实面目。艺术品——最真实的东西，既是“敞亮”，又同时是“隐蔽”。

3.“隐蔽”对于“敞亮”的重要性告诉我们，鉴赏一件艺术品，领会一首诗，或者更扩大一点说，把握一个存在物的真实性，最重要的是从看到的东西中体会和抓住未看到的东西，从说到的东西中体会和抓住未说到的东西。马致远的小令：“枯藤老树昏鸦，小桥流水人家。古道西风瘦马。夕阳西下，断肠人在天涯。”这首小令表面上看似乎是一个个可以看到、可以说到的东西之堆砌，但如这样看事物，这首小令就毫无诗意，也丝毫不能敞亮事物的真实面貌和真实含义。如能把这些可见、可说的东西放回到它们的“隐蔽”处，则可以领会到这首小令所敞开的是一幅满目凄凉的景象和诗人的惆怅之情，而顿觉诗意无穷，这无穷的诗意是不可见、不可说的。我们不要希求从这无穷的诗意中找到一个什么人生的最终的根底、答案或结论以规避我们对无穷性的追逐（这里所说的追逐完全不是指对知识的无穷追逐，而是一种无穷的玩味），当然，我们更不要希求从这种无穷的诗意中得到某种训诫式的教条。这无穷的玩味本身就给我们以美的享受和精神上的满足，因为隐蔽着的诗意乃是无穷尽的未看到的、未说到的东西对看到的、说到的东西的一种“许诺”或“预示”①，这“许诺”或“预示”是无声之声，或者强名之曰“天听”，唯有能领会诗意的人能与这种“许诺”或“预示”相契合——能聆听到这种声音而感到愉悦，通常人或没有诗意的人对于这种声音不过是聋子的耳朵。德里达说：“诗人坚定地聆听原始地、本能地发生的东西以及一般如其所‘是’的东西。”② “诗人的耳朵所听到的这‘是’”，“乃是按照古希腊‘是’这个词所表示的‘集合’之意”③。“是就是集合。”④ 诗人所聆听的就是在场与不在场之“集合”，是一即一切，一切即一，是敞亮着又同时隐蔽着的东西。

4. 诗意或艺术品的审美意义所隐蔽于其中的不可穷尽性和不在场性，乃是我们的想象得以驰骋的空间和余地。一首诗或一件艺术品所留给我们的这种想象空间越大，它的意味也就越深长，其审美价值也越高。梵·高的农鞋所显示的是隐蔽在它背后的劳动者步履的艰辛以及与之相联系的无穷画面，这无穷画面就是我们想象的空间，我们不仅想象到艰辛的步履，而且会进而想象到料峭的寒风，想象到一望无际的永远单调的田垄，想象到对面包的渴求与焦虑，想象到临近死亡时的战栗……如此等等，以至无穷。梵·高的农鞋是如此，一座古庙以及任何一件艺术品、一首诗，亦皆如此。而且这想象的空间之大小和内容会随着鉴赏者的具体情况和水平而异。至于一个无审美意境或无诗意的人，再好的诗和艺术品也激发不起他的想象，他只能盯住一点点在场的东西，想象不到不在场的东西，他是一个缺乏想象空间的人，或

---

① 参见帕格勒 *Heideggeler's Path of Thinking*，Daniel Magurshak 英译本，Humanities Press International，p. 233。

② John Sallis，*Reading Heidegger*，Indiana University Press，1993，185.

③ Ibid.．

④ Ibid.，p. 184.

者是一个想象力较差的人。

什么叫作想象？西方旧传统形而上学按照“影象——原本的图式”(schema of image-original)，认为对原本的想象的产物是影象，从而轻视想象。柏拉图因此而放逐诗人，笛卡尔也因此而不信任想象。康德打破了旧的想象公式，提出了想象是一种综合能力的理论。他说：“想象是在直观中再现一个其本身并不在场的对象的能力。”① 根据康德的“三重综合”特别是第二重综合即“想象中再生的综合”说，要想把在场的东西与不在场的东西综合成一个整体，就必须把不在场的东西同时再现出来，或者说“再生”“再造”。在场的东西之出现，是明显的、现实的出现，而不在场的东西之出现则是一种潜在的、非现实的出现，这种潜在的、非现实的出现就是想象。② 只有凭这种意义下的想象，才能把在场的和不在场的综合为一个整体。但康德哲学最终仍然没有克服西方传统形而上学以“常在”或“永恒在场”为本、为先的窠臼。海德格尔从康德的“三重综合”和“图式”说中找到启发，批评了关于时间的旧概念的局限性，发展出他自己的“时间性”(Temporality)，即过去、现在、未来融为“共时性”的整体的理论，客观上为想象空间提供了深刻的理论根据。按照海德格尔的思想，时间不能仅仅像旧的理解那样不过是诸时间点的系列或诸多“现在”的单纯系列（a pure sequence of nows)，根据这种旧的理解，则过去的都过去了，未来的尚未到达，那么，在场者与不在场者彼此分离，过去、现在、未来三者分离，“敞亮”与“隐蔽”分离，如何能形成一个让我们驰骋于其中的想象空间？想象空间是由过去的东西在现在中的潜在出现或保存和未来的筹划在现在中的尚未实现的到达而构成的“共时性”的统一体。只有凭这样的想象，才能让“敞亮”与“隐蔽”同时发生，从而让我们玩味无穷。

想象空间之所以可能，在于超越在场的东西，在于时间的三个环节——过去、现在、未来——各自都有超出自身而潜在地进入另一环节的特性。这

① 康德：《纯粹理性批判》，汉堡，1956 年，第 151 页。
② 参阅拙著《天人之际》，人民出版社 1995 年版，第 255 页。

种超越在场和超出（绽出）自身的特性，不同于旧形而上学的超越。旧形而上学区分和分裂感性的东西与非感性的东西，前者是不真实的，是摹本，后者是真实的，是原型。超越，在旧形而上学看来，就是超越到非感性的东西，即时间之外的"常在"中去，"常在"乃是抽象的思维的产物，这种超越"听命于思维"①，这是一种思维至上主义。我们这里所说的想象不同于思维，凭这种想象所作的超越乃是超越到不在场的却仍然在时间中的东西中去，而不是超时间的干巴巴的抽象。作这样的超越，既是脱俗的（不像世俗之辈那样只盯住一点在场的东西），又不是脱离实际的，这正是生动的、现实的而又有精神境界的生活之所需。西方哲学界长期以来，我国哲学界近半个世纪以来，总以为生活不过是在我和物之间、主体与客体之间建筑思维之桥以达到对事物之本质——"常在"的认识，而不懂得或不甚懂得生活乃是现实，是深入世界，寓于世界，纠缠于世界。主客二分的传统公式，认为思维至上，感觉、知觉次之，至于想象则不过是感觉、知觉的影象，更为低下。其实，按照我们上面关于想象的看法，只有通过想象才能达到最真实而又最现实、最具体、最生动的生活境界，这种生活境界完全不同于抽象的思维概念的阴影王国，就像主客二分思想之集大成者黑格尔的逻辑概念那样。西方旧传统只重"常在"，而不问在场者背后的"时间境域"（temporal horizon），不能不说与其轻视想象，或者说，不理解想象的深刻含义有密切关系。在当今结束旧传统形而上学的国际思潮面前，我以为哲学应该把想象放在思想工作的核心地位。想象为我们拓展一切可能的东西的疆界，它让我们伸展到自身以外，甚至伸展到一切存在的东西以外。

5. 旧形而上学由于把世界分裂为"真正的世界"与"表面的世界"，因此，它把每一事物的意义，从而也把人生的意义寄托于抽象的"真正世界"。一旦废除了旧形而上学，就像尼采宣布旧形而上学的"真正世界"不过是虚构那样，人生的意义和价值就不必再到事物以外、人生以外去寻找，而就在

---

① 参见帕格勒 *Heideggeler's Path of Thinking*，Daniel Magurshak 英译本，Humanities Press International，p. 118。

于事物自身之内，就在人生的此岸。但这并不是教我们死盯住在场的东西——并不是教我们不要超越在场的东西；也不是要我们从此一具体物转向彼一具体物，从此一存在者转向彼一存在者，而是要我们通过想象，超越到事物所“隐蔽”于其中的不可穷尽性之中，也就是超越到前面已经申述过的“敞亮”与“隐蔽”的统一性整体之中——一种类似中国的天人合一的境界之中，人生的意义就在于达到这种境界，在其中作无穷的玩味。这也就是为什么真正富有审美意义的一张画、一首诗、一曲音乐能给我们以无尽的愉悦和享受，能给我们以人生最大、最高的满足的原因。我们完全可以说，没有想象，就没有人生。

6. 美学中的摹仿说认为艺术的目的在于摹仿现成的事物。摹仿说早已遭到多方面的驳斥，其弊病不仅在于摹仿的原意是要复制原物，而实际上总是如黑格尔所指出的那样“落后于”原物①，而且更重要、更根本的是，摹仿说的哲学基础是以在场者为先、为本的旧形而上学观点。黑格尔虽然批评了摹仿说，但他的“美是理念的感性显现”的美学理想，仍然是以“常在”的思维概念为第一性的旧形而上学。旧形而上学不懂得艺术的目的正在于它所奉为至上的在场和“常在”之外，正在于不在场的“隐蔽”所形成的想象空间之中。旧形而上学以想象为原本的影象，于是产生了以逼真原本为目的的摹仿说。所以要彻底否定摹仿说，必须否定旧形而上学。

7. 通过想象以超越在场的东西，进入无穷尽的东西的整体境域，这种与“隐蔽”紧密相联的“去蔽”活动使一切具体事物如其所是地发生，或者说，“使它们在敞亮中发生”，它打破“浑沌”，“开拓了言说、行为、思维的各种通道”。② 这种“去蔽”活动，按帕格勒的说法，就是“老子所说的‘道’”③。

---

① 黑格尔：《美学》第1卷，商务印书馆1979年版，第53页。

② 海德格尔：*Unterwegs Zur Sprache*，Pfulligen，1959年，第197页。

③ 参见帕格勒 *Heideggeler's Path of Thinking*，Daniel Magurshak 英译本，Humanities Press International，p. 202。

但我们在日常生活中所说的某物是什么，例如，说铁是有重量的，则是割裂了某物与许许多多不在场的东西的联系，孤立地或相对孤立地看待某物，这种“是什么”的内容是有条件的、狭隘的。“在敞亮中发生”的事物是万事万物之“集合”，所以“敞亮”总比日常生活中所说的“是什么”要多：一个是与隐蔽着的不在场者相联系的；另一个是撇开了隐蔽着的不在场者的。科学家作为一个生活在现实世界中的人，往往是很富有想象力的，他实际上深知“敞亮”与“隐蔽”、在场与不在场的不可分离的联系，但他作为一个科学家，为了寻求某种条件下的某种科学规律，总是要割去许许多多不在场的东西的联系。这并不是说，科学家作为科学家就不需要想象力。相反，许多大的科学发现和发明是在丰富的、惊人的想象力中首先获得的，但科学总还是要割去想象中许许多多不在场者的联系，才能形成科学规律。无论如何，人的现实生活是具体的、生动的，科学抽象是第二位的。单纯的科学技术只能使世界黯然失色，使事物成为枯燥的，仅仅为人所开发、利用的对象。

8. 我们绝不是不需要利用自然，绝不是不需要功利追求，但功利追求一般总是抓住在场的东西（这里所谓在场当然也是相对而言，不是绝对的）。超越在场也就是超越了功利。梵·高的农鞋在不能超越在场的常人眼里，黑洞洞，破旧不堪，完全是无用之物，毫无价值可言，因为常人看事物，或者说以常人的眼光看事物，目的在于攫取存在者，而不在场者或隐蔽着的不可穷尽性只是虚幻的、不可攫取的东西。常人的眼光是缺乏或较少想象力的。反之，一个能超越在场的东西、富于想象力的鉴赏家则如康德所说，“对于一个对象的存在是淡漠的”①，实际上也就是对于在场者是淡漠的。有的美学家认为审美对象具有“虚幻性”，或者说，审美对象是“虚幻的时间”，其实，更确切地说，审美对象是不在场者的潜在的出现，是隐蔽着的敞亮，是时间诸环节的自身越出。“虚幻”一词未免容易引起虚构的误解，实际上，审美对象正是在事物隐蔽处——在事物所隐蔽于其中的不可穷尽性中显示、敞亮其最

① 康德：《判断力批判》（上册），商务印书馆1985年版，第46页。

真实的面貌。审美对象并不是一般事物以外的另一种特殊事物，它乃是任何事物的最真实的面貌，或者说，是在真实性中的事物。

功利追求是对在场者的直接攫取或索取的追求，所以功利追求似乎对人最切近，所谓切身利益，就是此意；超功利以审美态度对待事物，似乎是“把对象推向远方”①，是与对象拉开距离。但人为什么在功利追求之余又总觉得有失去家园之感？这就是因为事物不是单纯在场的东西，而是与隐蔽的不可穷尽性“集合”在一起、纠缠在一起的，只有这种“集合”才使事物具有真实的意义——具有海德格尔所说的“天地神人四合一”的意义，也类似中国人所说的“天人合一”的境界，人正是生活在这样“集合”的家园中。超越在场，一方面是与对象拉开距离，另一方面却正是回到自己最亲近的家园。

9. 我们也不要过分地、片面地相信只有悠闲才能作哲学思考的古老说法。任何人不能不有功利追求，不能不过日常生活，不能不做常人，哲人亦复如此。哲人不同于常人之处在于：常人安于功利追求和日常生活，哲人则既作功利追求，过日常生活，而又总想从中挣脱出来。哲人的生活是“常”与“非常”的交织与同时发生，而这又是一种更充实、更真实的生活。在我们今天的时代，哲人更应该是热爱生活的人，而不应该是专事静观和旁观的人。情况也许是：我们越深入火热的生活，我们就越需要哲学，越离不开哲学。让我们回想一下康德所说的鸽子吧。柏拉图的“理念”的鸽子幻想在真空中更自由地向天空飞去，但没有空气的支持，没有大地的支持，飞翔终成泡影，鸽子也许会坠入柏拉图的“洞穴”，在影子中爬行。我以为，真正哲人的鸽子应该既不安于作洞穴中的爬虫，也不要为真空的自由所诱惑。哲人们还是做一只现实的鸽子吧，在天和地之间乘着气流飞翔！②

（原载《江海学刊》1996 年第 4 期）

---

① 席勒：《审美教育书简》，北京大学出版社 1985 年版，第 131 页。

② 参阅 John Sallis，*Delimitation*，Indiana University Press，1995，pp. 15 – 16。

世纪之交伦理学研究的回顾与展望

周辅成

回　顾

谈前景或未来，不能不想到近况与现况。

自从改革开放以来，在建设有中国特色的新伦理学上，不论近况或现况，都是令人满意的；对未来，我们是很乐观的。

中国过去有长期注重伦理道德的传统，这是好现象。伦理学，不论在中国或西方，在哲学上都占着最重要的地位；也许，正因为如此，它才被历代封建统治者用来作为统治工具，以致在五四运动时期，得到很坏的遭遇。当时，有识之士，唤起人们注重民主与科学，这是对的；但同时又在“打倒孔家店”口号下，把传统的封建官僚制度的道德和优良的人民道德，不分青红皂白，也一齐忽视了，抛弃了。苏联十月革命的成功，似乎也有这情况：当时，由于在旧大学讲伦理学的哲学家，几乎都是替沙皇制度辩护和宣传的教师，都不得不退出舞台了。

20年代我国国民革命的胜利，是国民党、共产党合作北伐的结果。应该说，两党都有功。但蒋介石掌权后，为了排斥共产党，在理论上，却用恢复旧道德、提倡“读经”来对抗社会主义。他以为自己根基巩固，足以应付新潮流，但并未成功；当他的政权在摇摇欲坠的时候，又大搞新生活运动（自称新道德运动），甚至在大学内专为各系新生开设伦理学一课，宣扬中国传统道德，代替早已威信扫地的国民党“党义”课，中学则设“修身”课。自以为这样可以挽救自己的危亡。看来，伦理学、传统道德转好运了。但是，实际情况则不然，和国民党政府的愿望恰恰相反。说不定，这一行动还是他们自己加速败北的原因之一。

中国在1949年全国解放后，伦理学在大学课程中被取消。有的人，甚至把它摆在“反动学科”之列。（我不认为这件事是我们学习苏联经验的结果）

50年代初，中苏关系密切，一位苏联华人学者杨兴顺（原是海参崴的宁波华侨，第二次世界大战后，在苏联科学院任研究员，在莫斯科大学任教）多次受苏联政府委派来中国做文化交流工作。他坦诚热情，我第一次见到他，就忍不住问苏联为什么不重视伦理学的研究和教学？他毫不掩饰地说：先前确有人谈共产主义道德问题，但他本人在政治上出现问题，就停止了。以后再也没有专谈这方面问题的学者了。他回国后，我仔细想，总觉得伦理学或道德学，社会主义仍必须讲，道德虽然受经济或阶级决定，但单讲历史唯物主义，还不能代替伦理学。几乎所有各派社会主义，无有不讲伦理学的，此中必有原因。因此，在反右斗争前，我在大鸣大放的会议上以及文章中作了呼吁①。同时，解放初，大学内的政治学、法律学、社会学等课，都停止招生，也有人在呼吁恢复。后来，在反右运动中，都被认为是“右派想翻天”的例子。在这里，我们应该感谢当时科学院的潘梓年和中宣部的周扬与于光远等领导同志的卓识与远见，为了考虑是否应该恢复和如何恢复，做了大量细致工作。因为，当时在苏联也无先例可循。仅就恢复伦理学科的重建，先后就郑重地召集了多次在北海公园和颐和园开的座谈会，听取解放前研究过或讲授过伦理学的学者的意见。我每次都参加了。这情况，常来往于中苏之间的杨兴顺先生是很知道的。可惜我们由于反右斗争运动，中断了进程。但是50年代末60年代初，我从杨兴顺口中，知道苏联也在进行恢复伦理学的研究与教学。他们特别从苏联对外宣传部调出一位平日专写批判西方资产阶级道德现象的学者施什金，到莫斯科大学哲学系讲伦理学课，并兼《哲学问

① 我为此，在反右开始时，被民主党派刊物《争鸣月刊》点了名，我也作了检讨，见《争鸣月刊》1957年6月号，1958年1月号、3月号。

题》杂志的伦理学编委。施什金很努力，很快便和一些学人拟定出一个“马克思主义伦理学教学提纲”，发表在报刊上征求意见(我国期刊《学习译丛》立即译出供学习)。不久，他以个人名义出版一本《共产主义道德概论》。内容虽嫌粗略，但总算是苏联革命后第一本完整的伦理学书。当时，我国关心道德问题的梁漱溟先生很想知其内容，嘱他的学生李渊庭及其夫人，译为中文。该书保存了斯大林时代的气氛，阶级斗争的弦绷得紧紧的，适逢我国正在搞一个接一个的政治运动，所以，不觉得他说得不对。我国反右过后不久，上级又再抓伦理学（以及其他停止发展的学科）的研究与教学。我记得潘梓年和于光远都向我询问过关于人力的问题。我曾问贺麟先生，是否可专在这方面努力？他因为解放初期“三反”中群众批他在解放前讲“道德”“纲常”，回答我是：“你还想讲伦理学?!”这时，我只有向潘、于二同志讲，你们院内哲学所的李奇同志，上海的周原冰同志不是写过关于共产主义道德的文章么？后来，就以李奇、周原冰同志和我共三个人作基础，和北京被调来研究新伦理学、新道德的青年开过两次读书会，因故未能继续。但是，当上级把恢复伦理学（连带还有美学、社会学、法律学、政治学等）的指示给有关大学和研究单位时，有的单位胆子大，立刻挂牌设教研室或研究室；有的单位慎重些，先筹备，后挂牌，主要是调来一部分原来教政治课的教员及哲学系毕业生作准备。都没有开课。我的单位，只因为我在大学教书已几十年，让我带一位研究生，那就是今天在中山大学教伦理学的章海山教授，他可算是我国解放后第一位受过伦理学的基础教育而后执教的青年教师。

这时，伦理学在中国又重新获得了生命。

适逢苏联赫鲁晓夫和我们发生了意识形态的分歧和斗争。“九评”之后，接着是反人性论、人道主义运动。我们这些刚上新伦理学阵地的少数同志们，都被推到了理论斗争的前线。老实说，当时我们对在赫鲁晓夫领导下搞的人道主义与伦理学，不仅不知其详，就是对西方资产阶级搞的人道主义与人性论，也并不都知其详，于是上级便动员几乎全国翻译人才尽量编译所要批判和参考的资料。在约有一百多本的资料中，内中有一本，是施什金主编的

《共产主义伦理学原理》。一看，才知道这书大抵是为赫鲁晓夫公布的新宪法、特别是十条《道德法典》作注释的宣传品。和施什金原先著作不同的地方是：特别把人道主义作为道德原理，和集体主义并列。根据“九评”的精神，我们要集中批评的，就是人道主义部分。

“文化大革命”，中止了批人道主义的工作。

等到“文革”结束，“大批判”受到大批判，中央通过十一届三中全会决议，宣布“文革”为浩劫，指出“一切以阶级斗争为纲”的错误；群众因此也敢于称“四人帮”为法西斯集团；我们才敢于重新进行新伦理学的工作（其他如政治学、社会学、法律学等学科也如此）。这时，我们仍把眼光集中在苏联学者身上。因为他们从50年代末期开始，已经连续不断地努力了二十多年；也可说是“同我并起”，但已是“先我而进”。不料施什金在60年代中期逝世，他培养的研究生季塔连科代替了他。季塔连科个人在80年代初期单独写了一本《马克思主义伦理学》。此书不久也被译为中文出版。书中除了大力宣传人道主义，同时在书末还对中国当时的意识形态作了批评。由于我们自己在新伦理学的研究上，还处在刚举步的阶段，少数新上岗的同志急于要开课，个别人不免“饥不择食”，遂以苏联的成果作为蓝本，甚至有人还大肆影印中国台湾一位教师的普通教科书作为学习资料供参考。当然，这是免不掉的笑话。

这种情况，存在不久，不少人已明白这样的新伦理学，不仅在理论上，而且在实用上也有问题。我们并没有与苏联完全相同的社会和历史背景，我们不能同意赫鲁晓夫式的思想，但似乎也不应死守斯大林式的思想，总之，我们不能为他们在中国开辟战场。

十一届三中全会以后，许多年轻的伦理学学者，力求为新伦理学自寻一条适合自己的宽阔大道，这是近十多年来伦理学界的新情况，也是非常可喜的现象。因袭、抄袭究竟不如独立创造来得更有劲。即使失败，也是未来的成功之母。随着时间的推移，一批青年伦理学者脱颖而出，他们刻苦学习，勤奋工作，一篇篇高质量的论文，一部部厚厚的新伦理学著作，逐渐出现在大小书店中。他们都是博通古今中外伦理学的青年学者，和早些时间抄袭苏联成果，甚至抄袭台湾的一般教科书的著作，大不相同，他们为繁荣中国的伦理学研究事业作出了贡献。（因篇幅所限，在此不一一列举）

改革开放以来，不过十多年时间，经过酝酿、试走，近七八年，中国伦理学青年学者，就取得了引人瞩目的成就，不愧为中华民族传统精神的代表人物。看来，冬天的冰层已解冻，春天已降临；春天到来，百花就要开放。谁也不能阻止春天的百花盛开。

展望

伦理学正要跨入21世纪了。展望前景我认为有几点是可确定的：

（1）改革开放必将继续深入，中国伦理学界，特别是青年同志们的奋发努力，必将使过去硬搬苏联模式的做法逐渐消除。这是不可逆转的、无可怀疑的。我们刚解放时，尽量学习苏联，是应该的，无可指责的，但以后逐渐变成生搬硬套，却是有问题的。当时，学术上，除了苏联外，几乎全不知晓。凡是苏联以外的东西，稍知道一点，还不能说有所了解，便大肆批判，甚至望文生义，无限上纲。心理学、伦理学、政治学等，也都被列为“反动学科”加以歧视。现在，情况大为不同了。改革开放后，大家眼界开阔了，苏联的模式也被架空了。但是，就我个人而言，还想说，我们也要防止另一种同样有缺点的模式乘虚而入。也许，这就是所谓“西方模式”。当然，这是指“全盘西化论”。我确实看到有些人，在丢掉了苏联模式后，心中又空虚起来，又犯了“饥不择食”的错误。其实，20世纪西方的伦理学也十分空虚：开始，经穆尔（G. E. More）用逻辑分析，使“善”变为不可定义的概念，只能凭直觉体会；以后又有人视“义”（the right）也如此，甚至大部分伦理学范畴，也如此。这等于把伦理学逐出理论学科之外。严格讲，继承这潮流的逻辑分析学派（或称无伦理学），与其说是在建设，不如说是在破坏或拆散，他们自夸的“奥康剃刀”，剃的不仅是头发、胡子，连眉毛也剃掉了。后来，填补空白的，常止于平庸的或折衷主义，没有独立创新的大气魄。我想，20世纪后期美国盛行的罗尔斯（Rawls）的正义论，也可归于此类①。虽然他表示不赞成功利主义某些论点，自称是康德信徒，重义务、理性。就我个人的浅见，我以为这个世纪的伦理学，比之17、18世纪的春光明媚的启蒙派伦理学（以培根、蒙田开始，经卢梭到康德），比之19世纪的以向“无限”进军的浮士德精神为代表的、奇峰峻岭的伦理学（以黑格尔开始，尼采殿后），在人类历史上，显得逊色很多！尽管在论证上，不能说没有进步。搬西方模式，我决不能说，这是羡慕美元的结果，但人类却必须有充实的东西来填补头脑的空虚，这却是真真实实的。总不能以空虚来补空虚。我想，我们仍只有在自身中培养自己的模式，才能使自己充实。个人如此，民族和社会，亦应如此。人，如果不是“语语出自丹田（内心）”，谁愿老是听你只从喉管发出的声音，或者重复他人讲过的废话！

老实说，在伦理学的研究上，讲课上，不但不能死搬苏联、死搬西方，就是我们老祖先的好教义，也不能生搬硬套。过去“四人帮”搞儒法斗争、反孔，固然不对，但是若是掉过头来，又搞一个胡乱尊孔，也未必全对，韩非曾举“守株待兔”为例。援例，并非上策。时代或历史，总是无情的。不要说几千年前的事例，就是前一世纪，甚至前半世纪的事例应用起来也要千万慎重，决不可轻易作为模式或自己的方向。

（2）我以为，21世纪的新伦理学，首先不是把仁或爱（或利他、自我牺牲等）讲清楚，而是先把公正或义（或正义、公道等）讲清楚。我们的青年伦理学者在此已作出贡献，21世纪必将继续下去，放出更大的光彩。西方人五体投地崇拜基督，因为他注重爱（charity），但西方人讲伦理道德，从《圣经·旧约》直到今日美国盛行的罗尔斯，多半是以讲“义”或“公正”开始，《旧约》先讲“义人”（似中国讲圣贤），经一千多年，至罗尔斯，仍以

---

① 对流行甚广的罗尔斯的正义论，我想借此附带讲一点意见。我总觉得他讲的正义，是只指在当前法律政治范围中的正义，并不是指社会的公正，即人民中的公正。要是有人说当前政治法律，就是保护富人、压制穷人的政治法律，应该推翻，他一定会说这也不公正、不合理，走回“无知之幕”。可见罗尔斯对19世纪就流行的社会主义是陌生的。

正义为道德中心，辅之以仁。这不是偶然相同，而是伦理学，如要成为一门独立学科，就应该遵循这秩序或架构。爱而不公正，比没有爱更为可怕、可恨！

在这一点上，我们的青年伦理学者，很多都是从道德自我或主体性或自我实现讲起，这是对的，是正途。不注重主体、人格的价值，是无法讲社会公正、社会道德的，要使人脱离奴役状态，这是最根本的条件，也是应该走的第一步。我想，这比施什金等开辟的路途更为端正。

至于说以“义”或“公正”为中心，这道路该如何走？我以为义与仁，经过千万年的道德经验，是密不可分的；可以分前与后，不可以分裂对立。一个人能有正义感或公道观，他就必同时有仁爱之心，休戚相关之心，否则他在人与人交往之间，不会有公德的念头。这在个人，就是爱人之心，在社会，就是互助互爱；换言之，个人道德和社会道德，本来一致。中国人，常常有人把道德看成就是个人修养，道德即修身，乃是不充分的，也许是错误的。个人修养，离开社会道德，绝不能成为道德，至多是宗教上所谓“坐禅”之类。也许不会做坏事，但绝不会做好事，做公正事，做真正的道德行为。我这样说，不是说不要个人修养，而是说个人修身，只能在实际的社会道德中去锻炼。个人的正义感、道德感，不会从天而降；你必须先对人好，然后别人才能对你好。你必须先爱人，先爱人民，别人或人民才会爱你。你有正义感，人家见你受不平待遇，才能为你抱不平，古人说，爱人者，人恒爱之，敬人者，人恒敬之。老子说将欲取之，必先予之。就是这道理。实际上，古往今来那些为正义而牺牲的革新战士，无一不是从社会中锻炼出来的。我希望未来的伦理学，一定要从这类事实中去找道德原理，不要从书本或死教条中去找道德原理。应该记住：仁义是合一的，个人与社会是合一的，内心与外界也是合一的①。道德、社会公正，是活的，不是一堆死的概念，更不是一堆“主义”。

① 中国古代儒家讲仁，又讲义，墨家贵义，但又贵兼爱。二者均注重仁义合一，个人与社会合一，内外合一。在这点上，我们切不可曲解。

当然，社会要完全公正，要道德通行无阻，也许并不是几十年、几百年甚至几千年就可做到的。此后，还不知道要有多少人为正义而牺牲、为道德而流血流汗，方可实现。但是，人类总还是要为比较公正的社会而努力，才不愧对古人，不愧对历史上有志之士。道德行为当如此，伦理学也当如此。

所以，新世纪伦理学，不能只是爱人之学、利他之学，还应当成为“社会公正”之学。重正义感，培养正义感，发展人类互相间的休戚相关，以正义感来推进社会公正的发展。这就否定了依赖统治者（或仆人）来发布道德法典或道德规范。人民自有他的道德观、正义观，自有他们心中崇拜的有德之人。所以，社会公正之学，首先要求每个人（特别是作为仆人的统治者）要承认他人或人民都有意志、有自由，不能将自己意志强加于人或人民。例如“忠”，要照原始意义，是统治者先忠于人民然后人民（主人）忠于统治者。切不可以“忠”或秩序吓人民，这是维持社会公正的起码条件，也是社会道德能够存在的起码条件。否定他人或人民有自由，就是不承认他人有道德。这是最不公正的现象。一个没有社会公正的社会，比一个没有仁爱、没有理性的社会，更为冷酷、黑暗、可怕！现在，青年学者专写社会公正的文章、著作，逐渐增多了，这表示21世纪的新精神，已在本世纪末期开始形成了，我希望将来他们都能贯彻这精神。

（3）在伦理学的工作上，我以为青年学者亦已累积了很多宝贵经验。将来，可能有更多更大的突破。在这个问题上，我有一些不成熟的意见，不妨写出来供大家参考：首先，在教科书的编写上。过去，我们抄袭苏联教材，每将基础课与原理课混而为一，以为便于宣传马克思主义。但是，这样一来，学者没有基础知识，对伦理学上的概念和问题的来源与发展，均欠明确，以致每每造成用望文主义和猜测代替社会主义伦理学本身的理解与推理。伦理学，也应该和其他学科一样，在学习与研究之前，先打好基础，上好基础课，这就需要先有“概念”或“引论”的知识。因为既然是学科，就必有大家一致认同的概念和问题，否则，概念与问题都不熟悉，甚至各作各的理解，无共同规则，这就如大家常说的笑话，两人大肆争论，一个争说黑板是黑的，一个争说粉笔是白的，大叫大嚷永无休息。没有“概论”上的基础知识，只讲一派理论，其结果往往如此。我赞成原理课，应该开设，而且还应该开设各种学派的原理课，但总须先有基础知识。这一点，已经有人在如此做了，我想在不远的将来，一定会取得共识，会有更多的这类著作出现。其次，在联系实际上，我以为还应该扩大研究范围，必须对各种各类德行（或德目 virtues）作更深入的研究。何怀宏同志最近出版了一本《良心论》，就对此作出了贡献。当然，我们还可对中外的德目，进一步分别作仔细研究。例如中国古代就已提出的敬、忠、信、仁、义、智、勇、教、孝、惠、让等；西方，如古希腊流行的节制、勇、智、义四主德；中世纪增加的爱心、信心、祈望心三主德；布鲁诺等近代学者所增加的真诚、勤勉、悔悟、朴质等，这些都需要我们深入实际社会中去作仔细研究，才能够做到理论从实际中来，又回到实际中去。这当然要求伦理学者（不管是研究人员还是教师）自身得有些实行道德的经验作为资料，否则妄谈主义、概念，或妄想从书本中或他人事例中去归纳或演绎一套原理、规则，而且还要人民或自己的学生、部下去实践，这简直是自欺欺人之谈，这很像有些人认为：官愈大必愈有知识和道德一样有错。一大堆转来转去的死概念或“主义”之名，绝不能动人心弦，鼓动他人行善；至多如和尚念经，效果必不佳。再次，我认为，不论任何理论的发展，如果不经过各方面人士的平等的、谦逊的讨论，是万难得到进步的。伦理学，不论作为一个学科，或作为行为规范，也不在例外。21 世纪的伦理学，应该有这种既平等又自由的讨论。毛泽东提倡“百家争鸣”，恐怕也有这意义。有人如果要想用连他自己也未弄清楚的理论或言辞，来强求他人服从，这种独断的作风态度，我看，是不会取得好结果的。马克思很受黑格尔的辩证法的影响。我以为严格遵守马克思的辩证法，很多理论问题（包括伦理学中的问题），也许可迎刃而解，用不着采取“无限上纲”等不切实的办法。在这里，我们想起黑格尔论悲剧的话：世间最大的悲剧，不在善与恶的冲突，而在于善与善的冲突。世间，一般说来，只有大善与小善的区别，生下来就穷凶极恶的人是没有的。正如《三字经》上所说的“人之初，性本善；性相近，习相远”。我想，如果我们都真有马克思、黑格尔的气魄与胸怀，我们在研究上、理论上，甚至政治上有冲突，即使大发展，也不会变得互不相容，变成你死我活的政治军事斗争，必欲将对方置于死地而后快。伦理学不经过平等自由的争论，是不可能有良好前途的。我相信，21世纪的学者（包括伦理学的学者——不管是青年或老年）总有一天会有完全平等自由的讨论机会。当然，也得经争取才能实现。要想平安降临，恐怕也是不现实的。

总之，我们坚信，我们的国家民族，因为有很结实的生气勃勃的新生力量，前途是美好的；伦理学的未来，也是十分光明的。即使我们的队伍有些不齐全，甚至还有极令人失望的现象，但也会逐渐减弱，消失，被淘汰，有变化。用不着着急。

21世纪就要降临了，让我们一致用艰苦卓绝的努力来欢呼新时代的降临吧！

布，是一根线一根线地织成的，新文化也将是我们一点一滴的血与汗构成的。请允许我再说一句：让我们一步一步地手牵手前进吧！

（原载《江海学刊》1997年第1期）

文学编年史的设想

傅璇琮

前些年，关于文学史研究的讨论正成为热点的时候，我与南开大学中文系罗宗强教授在一次会议上碰见，谈起此事。他说了一句很风趣的话："文学史应当怎么写，这何必要讨论呢？你认为应当怎么写，就怎么写好了。"我与宗强先生是学术上的挚友，于学问之事，是无所不谈的。当时他说了这几句话后，我们彼此都哈哈大笑，也未再细谈。此后我却时常回味这话，觉得很有意思。今天应《江海学刊》之约，谈谈对文学史研究的展望，我觉得宗强先生这番话是很值得再提的。

本世纪以来，关于中国文学史的撰写，且不说外国人，仅仅本国学者，就写了不止几十部。建国以后，前30年间似乎少了一些，80年代以来，特别是近七八年间，突然多了起来。其间，有通史的，有断代史的，有分体史的，有断代兼分体的（如《魏晋南北朝赋史》《唐诗史》等）。通史也有各色各样的，有以平实见长的，有以材料繁富而擅场的，也有因观点新颖而称誉的。这些都是好现象。学术上的事，是靠自身而存在的。三国时曹丕早就说过："是以古之作者，寄身于翰墨，见意于篇籍，不假良史之辞，不托飞驰之势，而声名自传于后。"（《典论·论文》）用现在的话来说，一个人写了一部书，不必追求广告效应，不必依靠行政手段，你的书如果真正有水平，自然能在时间上站得住脚。我觉得文学史的研究和撰写也应当作如是观。

现在，我想趁讨论这一问题的时机，介绍我目前正在做的一项工作，即关于文学编年史的构思与撰写。

1978年冬，我在完成《唐代诗人丛考》一书时，曾写过一篇自序，这里想引用其中的一段话："我们现在的一些文学史著作的体例，对于叙述复杂情况的文学发展，似乎也有很大的局限。我们的一些文学史著作，包括某些断代文学史，史的叙述是很不够的，而是像一个个作家评传、作品介绍的汇编。为什么我们不能以某一发展阶段为单元，叙述这一时期的经济和政治，这一时期的群众生活和风俗特色呢？为什么我们不能这样来叙述，在哪几年中，有哪些作家离开了人世，或离开了文坛，而又有哪些年轻的作家兴起；在哪几年中，这一作家在做什么，那一作家又在做什么，他们有哪些交往，这些交往对当时及后来的文学具有哪些影响；在哪一年或哪几年中，创作的收获特别丰硕，而在另一些年中，文学创作又是那样的枯槁和停滞，这些又都是因为什么？"我当时写这几句话，是曾想到做文学编年的工作的。我觉得研究文学应从文学艺术的整体出发，而文学编年史则可能会较好地解决整体研究的问题。如以唐代文学为例，我们如果分段进行唐代文学的编年，把唐代朝廷的文化政策，作家的活动，重要作品的产生，作家间的交往，文学上重要问题的争论，以及与文学邻近的艺术样式如音乐、舞蹈、绘画、建筑等的发展，扩而大之如宗教活动、社会风尚，等等，择取有代表性的材料，一年一年编排，就会看到文学上"立体交叉"的生动情景，而且也可能会引出现在还想不到的新的研究课题。

前几年，我曾邀约几位学友尝试做这项工作。这项工作的难度是很大的。首先你得把唐代上百位作家的行踪搞清楚，把他们创作的诗文时间作确切的系年，把作家间的交往作对应的考察，这无异于先要替一个个作家编写出个人年谱，再把这众多的个人年谱汇总成作家群的活动记录，更不要说有些作品的真伪、有些作家生平记载的不确，需要重新予以辨析。这之中，我们当然可以吸取已有的成果，但不少是要从头做起的。所幸的是，经过几年沉潜的努力，唐五代将近三百五十年的编年史初稿已接近完成了，总字数将在二百万字以上。

这里，我谨向读者介绍其中的两段，看看这样来做编年史，对于我们整个文学史研究，是否能增加些什么。

晚唐的部分是我与厦门大学中文系吴在庆同志合作撰写的。前些时候他应约把文宗大和七年编年单独拿出来发表于《艺文述林》（福建师大中文系、上海文艺出版社合编，上海文艺出版社出版，1996 年 11 月）。大和七年（833）是十分平常的一年，在唐代文学史上没有什么特别之处。但既然刊登出来了，也不妨以此为例，看看中晚唐文学中平淡的一年是什么样的情景。

这一年，白居易 62 岁，在洛阳，春天先是任河南尹，四月间以病免，授太子宾客分司，更为闲职。刘禹锡也 62 岁，在苏州刺史任。一北一南，经常作诗唱和。二人有时还与时任河东节度使、年已 68 岁的令狐楚唱酬，成为当时年老一辈文坛耆宿活动的特点："章句新添塞下曲，风流旧占洛阳城。昨来亦有吴趋咏，惟寄东都与北京。"（刘禹锡《和乐天洛下醉吟得太原令狐相公兼见怀长句》）这年春，僧人宗密自苏州返洛阳，临行前刘禹锡有诗送之；宗密到洛阳，白居易也有诗赠之，称"柴袍朝士白髯翁，与俗乖疏与道通。官秩三回分洛下，交游一半在僧中"（《喜照密闲实四上人见过》）。僧人似乎已成为这两位诗家情思沟通的信使了。宗密，见《宋高僧传》卷六，事迹又见裴休《圭峰禅师碑铭》，本年 54 岁。是年秋，刘禹锡又有诗寄白居易，诗中感伤元稹、崔群等人之久已丧逝，白即有诗答之。此年，刘禹锡将他与令狐楚唱和诗编为《彭阳唱和集》，与李德裕唱和之作编为《吴蜀集》，又自编《刘氏集略》，并辑李绛遗集为二十卷。这种种，都足以见老一代诗人的情态，以及在交往中所寄寓的落寞心境。

这时，年辈比他们稍晚的李德裕，年 47 岁，此年二月以兵部尚书守本官同中书平章事；七月，拜中书侍郎，正式执政。李德裕是一个有作为的政治家，也是有见解的文学批评家。本年他在政治上有所改革，在科举制上主张进士试应通经术，试议论，停试诗赋，并由朝廷下令，批评"近日苟尚浮华，莫修经义"（《册府元龟》卷九〇《帝王部·赦宥》）。李绅本年正月，本已由寿州刺史授太子宾客分司，无实权，当经李德裕推荐，七月，改为浙东观察使。这样，就使得张祜、崔涯等较年轻的诗人前往越州（绍兴），共相唱和。

本年姚合在金州刺史任，六月间，诗僧无可在金州与姚合游，有《陪姚合游金州南池》《金州别姚合》等诗。贾岛也自长安往金州谒姚合，行前喻凫有《送贾岛往金州谒姚员外》诗。不久贾岛又返长安。这时马戴也在长安。而本年二月，李余等登进士第。赵嘏年28，应试落第。

从以上所述，我们已可大致看到当时诗人在南北空间的行踪，那就是，年岁较长的如白居易、刘禹锡、令狐楚分别在洛阳、苏州、太原，中年的如贾岛、姚合、喻凫、马戴等，诗风大致相近，居住并往来于长安、金州（汉水流域）一带。而李德裕正想有所作为于朝廷，李绅则又约集一些诗人于浙东。这样，大和七年的文坛就一目了然了。第二年，即大和八年，这幅诗人行踪图又会因行迹的变化而有所改观，我们将可翻开新的一页。

以上是中晚唐时极为平常的一年，让我们现在来看看开元盛世。著名的唐人选唐诗、编于天宝年间的殷璠《河岳英灵集》，在其叙述中曾谈及初盛唐的诗歌发展概略："武德初，微波尚在。贞观末，标格渐高。景云中，颇通远调。开元十五年后，声律风骨始备矣。"现在不少研究者即据此把开元十五年定为盛唐诗兴起的标志，"开元十五年"，在唐诗史上已成为一个典型的年代了。那么我们来看看开元十四、十五两年的情况（按初盛唐文学编年是我与湘潭师院中文系陶敏同志合撰的）。

开元十四年（726），正月，张嘉贞自工部尚书出为定州刺史，玄宗亲自赋诗送之，诏百官祖饯，作诗，张说为作序（《张燕公集》卷一六《送工部尚书弟赴定州诗序》），说是"春带余寒，野衔残雪"，"倾城出饯，会文章以宠行"，可以见出开元时期君臣赋诗、以文会友的情景。

是年三月，进士考试，一下子录取了好几个有发展前景的诗人：储光羲、崔国辅、綦毋潜等。綦毋潜登第后即授校书郎，留长安。而王维这年春也自济州归。李白则由金陵赴扬州，夏又由扬州游越中："舟从广陵去，水入会稽长。竹色溪下绿，荷花镜里香。"（《别储邕之剡中》）秋日，王昌龄自塞外归，经萧关、泾州返扶风，有著名长篇《代扶风主人答》。

是年冬，赵颐真赴安西副大都督任，张说、张九龄、孙逖、卢象都有诗相送。从这些诗中，可以见出身居长安之众人对西域的向往。

以上可以看到，这一年一下子就有那么多诗坛名人在南北各地跃动。接下去看开元十五年（727）。

三月，王昌龄、常建等登进士第，王昌龄授校书郎，留长安。张九龄除洪州刺史，自北往南。储光羲在洛阳。綦毋潜虽居长安，但思游越中，作诗寄储光羲，储以“春看湖水漫，夜入回塘深”之句答之（《酬綦毋校书梦耶溪见赠之作》）。此年春，孟浩然也至洛阳，与綦毋潜交往。而夏日孟又返襄阳，与襄州刺史独孤册唱和。

五月，徐坚等撰《初学记》三十卷成，上之朝廷。本年，张怀瓘所作《书断》成，其书三卷。这两种，一是类书专著，一是书法名作，由此也可从一个侧面见出开元文风之盛。

本年，李白始居安陆，娶故相许圉师孙女，并作《代寿山答孟少府移文》以言志。

本年有两位文人大家过世。一是与张说齐名的苏颋，年58。张说为作挽歌。有集四十卷，韩休为之序，张九龄称其为文阵之雄（参《开元天宝遗事》卷下）。一为比部郎中郑绩，年56。郑绩是一位学问家兼藏书家，藏书一万卷，曾编纂《新文类聚》一百五十卷、《古今集》二百卷、《甲子纪》七十篇。贺知章为撰墓志（墓志于1988年在西安灞桥区出土）。

我想，从开元十四年、十五年的文学大事记，已足可见出开元时期文坛的盛况了。这还只是两年，如果我们从开元十五年一直追溯到开元末（开元二十九年），就不啻身历盛唐诗坛之胜景了。这种逐年的编排，比一般性的论述，给人的感受当具体和生动得多。

当然，编年史只是文学史研究的一种，它并不能代替其他体裁、其他方式的研究，只是因为目前古典文学界对此还未予重视，因此我借此向学界提出。我已约请中国社科院文学研究所曹道衡同志着手搞自秦统一起到魏晋南北朝隋的编年史，请重庆师院中文系熊笃同志搞元代编年史。如果我们能落实这一计划，即从秦统一全国开始，一直到公元1911年（即清王朝结束），有一个长达两千余年的文学编年通史，人们可以一年一年地看到古代文学发展的具体历程，这将是我们文学史研究规模宏大的基础工程。我愿这一工程能在这世纪之交启动，并在不远的将来胜利完成。

（原载《江海学刊》1997年第3期）

21 世纪中国哲学前景展望

杨祖陶

世纪之交我国哲学的发展问题，也就是即将来临的21世纪我国哲学应有的方向、途径、主题、课题、方法和特征等问题，近年来已成为一个热点，并已展示出了一系列值得重视和思考的见解或主张。在这里，我们仅从哲学发展的一般规律与我国的历史现实相结合这一视角出发，就未来世纪我国哲学发展的宏观前景谈一点粗浅看法。

一

哲学是时代的产儿，真正的哲学都是自己时代精神的反映、精华或结晶。因此，对21世纪中国哲学发展的思考，应当而且必须从当前中国的现实及其在未来世纪的发展趋势出发。

我国现实中正在发生着的最大的变化，就是从社会主义计划经济体制向社会主义市场经济体制的转型。所谓社会主义市场经济体制，就是市场经济的机制与社会主义基本制度相结合。这个结合意味着创造一个全新的事物，它不仅是市场经济即商品经济史上前所未有的，而且是社会主义的理论和实践的历史上从未有过的。它作为一个科学的理论观念和宏伟的实践目标，正在指导着我们国家的经济活动乃至全部实践活动。由此可见，这一转型是我国现实中本质的东西，抓住它也就把握了我国现实及其在21世纪发展进程中的核心和命脉。

在这里，我们有必要运用马克思关于人类经济生活划分为自然经济、商品经济和产品经济三大形态或三个阶段，以及第二阶段为第三阶段创造条件的思想，来理解我国从社会主义计划经济向社会主义市场经济转型的实质内容。

这一转型首先意味着从自然经济（或商品经济极不发达、自然经济仍占优势的半自然经济）向商品经济的转型；其次意味着从初级的、不完全的社会主义向较发达的、较为成熟的社会主义的转型。这后一转型在逻辑上后于前一转型，但在实际中由于社会主义制度既是前一转型的起点和条件，因而这两个转型过程就是交织结合在一起而同时并进的。市场经济和社会主义的结合需要克服许多实质性的矛盾，解决一系列深层次的问题，因而作为新质事物的社会主义市场经济不是短时间内可以建立起来的，可能需要好几十年甚至上百年的时间；而且即便建立起来了，也还需要很长时间来不断完善它，使之成熟和达到更高水平，并在新质的基础上进行量的发展和扩张。至于社会主义市场经济究竟需要多长时间才能为自身向产品经济的质的飞跃作好量变的积累就更难预测了。因此绝不可能设想社会主义市场经济建成之时，就是开始实行产品经济之日。21 世纪对我国来说只能是社会主义市场经济的世纪，它要发展出作为产品经济前提的各种物质条件和精神条件。

因此，从社会主义计划经济向社会主义市场经济的转型，也就只能是从前现代的农业社会向现代工业社会的转型。这个转型正是我国人民一个多世纪以来梦寐以求但却一再被延误了的“现代化”得以正在实现的过程。由于西方现代工业社会高度发达的世界经济已进入了一个全球一体化时期，这就决定了我国现代化的进程同时也就是从封闭的、区域性的经济向开放的、作为全球性经济体系之有机组成部分的商品经济的转型。这种历史的时代的条件，一方面使我国可能把西方已达到的现代化高度作为自己现代化的目标，并以浓缩的形式和较快的速度走完西方现代化所经历的、历时 400 余年的诸阶段；另一方面，也使我国现代化进程中必然会遇到各种具有“后工业”和“后现代”特征的情况和全球性问题，从而使这一过程中的矛盾更加多样化、复杂化。社会主义的市场经济不可能撇开人及人和自然的关系问题。

必须强调指出，马克思正是从人的发展的角度提出自然经济、商品经济和产品经济三个发展阶段的。与此相应的人的发展的三个阶段是：从“人的依赖关系”到“以物的依赖性为基础的人的独立性”，再到“建立在个人全面发展和他们共同的社会生产能力成为他们的社会财富这一基础上的自由个性”①。我国目前正在发生，在21世纪还将继续进行的向社会主义市场经济的“转型”，也意味着十几亿中国人正在并还将经历巨大的变化。首先，从自然经济向商品经济的过渡也就是人摆脱对自然界的依赖和对建立在“个人之间的统治和服从关系”② 上的共同体的依赖，而成为独立的、有自我意识和主体意识的、与他人平等的、有自由意志的个体。其次，由于商品经济所具有的个人劳动和社会劳动相分离的特点，使得人的发展也成为矛盾的：一方面，每个人作为独立的个体进行自主的创造活动，外化自己的本质力量，发展自己的主体性和能动性；另一方面，无数个体创造活动所汇聚而成的总成果却呈现为每个个体所不能支配，反而要受其支配的物化的商品世界（商品拜物教、市场的“看不见的手”等），这种对于“物的依赖性”也就必然会限制、阻碍甚至败坏着个体的发展。但这是一个不可回避的过程，人就是在产生、经历和解决这一矛盾的过程中，在忍受和承担起痛苦的炼狱里发展自身的。最后，由于社会主义商品经济发展的未来趋势是产品经济，因此中国人自身的矛盾发展也必然是向着这样的目标趋近：摆脱对他自己创造的物（商品、财富、社会关系等）的依赖，充分展示“个人全面发展和自由个性”，形成“自由人的联合体”。

总之，在这个转型过程中，中国人将要通过作为个体主体的活动，从自然必然性（包括自然力和自然人共同体）的支配下获得解放，创建一个人化的对象世界，初步成为自然界的主人；接着，中国人还将通过联合起来的自觉主体的能动活动，向着从社会必然性（商品、社会关系）的支配下获得解放的方向迈进，以便成为“自己的社会结合的主人”，成为他自己作为人

① 《马克思恩格斯全集》第46卷（上），人民出版社1979年版，第104页。
② 同上书，第105页。

的主人，并因而真正成为自然界的主人。这就是从现在到 21 世纪中国人的精神——时代精神。

二

反映时代精神的哲学是由哲学家、思想家、理论家创造的，但他们并不能凭空创造，而只能在先前的哲学家流传给他们的哲学思想资料的基础上，或者说，只能在哲学传统的基础上进行自己的创造。

那么，在我国现实中有哪些哲学传统或传统哲学呢?

1. 源远流长的中国哲学传统。中国哲学产生和发展于自然经济阶段，它是古代的和封建社会的理论形态，反映着属于自然经济或农业文明的时代精神。从当前的现实情况来看，作为这种哲学的现实基础的自然经济正在消亡，因此这种哲学从总体上说已属过去。但是，由于它有着深厚的文化根基和悠久的历史传统，在数千年的历史过程中已深深地融于民族的血液之中，并长期支撑着中华文明的脊梁，作为这样的哲学传统，它就不仅只是一种“巨大的保守力量”，而且也具有向前发展更新的能量。这首先是因为，中国传统哲学所思考的某些哲学问题（如天人关系、有无关系、名实关系、能所关系、一两关系乃至理欲关系等）本身具有普遍性和永恒性，而且在中国哲学对这些问题的直悟、意会、体验、理解和认识中也包含许多值得珍视的成分，这些都是应当传承下来继续探讨和发挥的。正因为如此，这种哲学传统虽经“五四”以来的种种批判，乃至“文化大革命”中如“评法批儒”那样的政治批判却依然未曾中断，而且近年还出现了某种“复兴”的势头。再者，从中国哲学的历史看，它确实具有通过吸收外来文化因子而进行自我更新的功能和传统，能够随着时代的进展而改造自身。例如，由先秦和两汉儒学及道家传统与西域传入的佛教思想相融通而演化出来的宋明理学，明清之际从儒学道统中以自我批判的姿态而产生出来的启蒙思想，“五四”时期通过与西方哲学思想相交汇而形成的新儒家哲学思想，以及近年来首先在海外鼓噪，继而在中国大陆思想界产生了相当影响的现代新儒家思想。这些都表明，随着中国社会从自然经济向商品经济的转型，中国传统哲学本身也正在经历着自身的转型。因此，中国传统哲学在当前所面临的主要问题就是如何面对已经变化了的现实，接受现实生活和外来文化因子的挑战以促进自己转型的问题。

2. 近百年来传入中国的西方哲学传统。西方哲学对于中国人而言是外来的，对它的研究根底不深，不似中国哲学之渊深。但西方哲学本身也有着深远的历史根源，经历了漫长的历史发展。西方哲学在近代传入中国之时曾得益于西方文化的优势地位和当时中国人效法日本的“脱亚入欧”的“西化”梦。而由于西方近现代哲学理论更新频繁，也对中国文化形成了一次又一次的思想冲击波。但西方哲学在我国并不是那种可有可无或仅供摆设的“舶来品”，而是形成了一种已无法根除的传统。这当然不是偶然的，它有两个层次的原因。首先，在中国造成了较大影响力的西方近现代哲学是西方社会从自然经济向商品经济转型和商品经济社会走向高度发达的历史条件下的产物，是西方工业社会乃至“后工业”社会的时代精神的反映。就此意义而言，对这些哲学的引进和吸纳适应了我国目前正在进行的社会转型的现实需要，换言之，适应了中国现代化建设和改革开放的时代要求，这一点正是西方近现代哲学在当代中国得以生存和发展的现实根据。其次，从更大范围来看，不但西方近现代哲学，而且自古希腊以来的整个西方哲学传统，都有值得我们借鉴、学习和吸收的地方。这是因为，在今天，市场经济已不再可能是一个单纯区域性的问题，而必然要涉及全球一体化和世界性格局，从而涉及打破地域、民族、文化和文明形态的封闭状态的多方面、多层次的任务。各民族各文化传统间的碰撞、交融、互补在今天比以往任何时候都成为全球大趋势，对我们来说，这本身就是一个突破过去自然经济带给我们的狭隘眼界和心态，大力吸收全人类共同文化遗产的时代使命。然而，在我国西方哲学虽已经历了一个世纪的东渐史，但总的来说，至今还停留在一个表面和肤浅的层次，许多经典作品尚未得到深入的理解和消化，甚至未得到系统的翻译和诠释。这与本世纪中华民族所必须面对的一系列迫切任务及后来政治上的各种运动使国人无暇沉下心来有关。从本世纪末到下个世纪，中国哲学界已经获得并还可能获得一个较长时期的不受各种外界非学术因素干扰的大好时机，有可能静下心来对西方哲学各种深层次的问题进行认真严肃的探讨，真正做到使西方哲学“说汉语”。因此西方哲学研究在当今中国所面临的主要问题就是如何排除急功近利、不求甚解的心态而更加学术化和开放化的问题。

3. 马克思主义哲学传统。马克思主义（包括马克思主义哲学）最初是由俄国十月革命的炮声送到中国来的，尔后又由苏联这个社会主义国家继续传入中国。它首先不是作为一种深邃玄奥的哲学理论，而是作为一种可用来切实指导革命实践的理论武器，被处于水深火热之中走投无路的中国人所接受的。马克思主义一经传入中国，立即就成为先进的中国人观察和指导自身命运的世界观和方法论，成为中国人民求解放的思想旗帜。正是马克思主义，指导中国人民完成了新民主主义革命，建立起独立自主的新中国，继而又成为我国进行社会主义革命和建设的指导思想，直到今天仍在发挥着不可替代的巨大作用。社会主义市场经济这一科学理念正是其具体运用和创造性发展的光辉成果。马克思主义哲学虽然产生于商品经济的典型的和成熟的形态，即资本主义的矛盾、弊病和局限已充分暴露的历史条件之下，但是并不否定商品经济的历史必然性、必要性和进步性。它反对任何一种从商品经济向自然经济倒退的倾向，与此同时也肯定了商品经济将被更高经济形态即产品经济替代的必然规律，反对一切把商品经济永恒化的企图。马克思主义哲学在对现存事物的肯定的理解中同时包含着对它的否定的理解，就此而言，马克思主义哲学总是展示着现实和哲学发展的未来方向，因此，从本质上看，马克思主义哲学不仅能够批判地继承古今中外的一切优秀文化成果，而且还能够根据现实生活的发展不断地修正和发展自身，而不是一个自我封闭的抽象的原则体系。这一基本特点使马克思主义哲学在当前中国现实中所面临的主要问题就是如何克服教条主义的束缚，发挥自身潜在生命活力，吸纳中国传统哲学和西方现代哲学的合理因素，从而更切实地指导中国现代化建设的具体实践的问题，换言之，就是如何适应中国现实生活而在内容上创新和发展的问题，即如何实现理论的现实化的问题。

总之，中国传统哲学、西方哲学和马克思主义哲学在当前的中国社会转型的现实生活中分别面临的主要问题是传统的现代化、学术的开放化和理论的现实化问题，而它们各自所要克服的分别是故步自封的惰性、不求甚解的浮躁和教条主义的束缚。从现在起到21世纪，将是这三种哲学传统根据各自的特点来适应中国社会转型的现实需要，通过自我更新和相互比较相互吸收而发展自身的时代。未来世纪我国哲学发展的前景将是一个多元并立而又交相融合的局面，这三种哲学传统将会独立并存，同时又相互渗透，并通过相互作用而促进彼此发展。我们完全有可能在一种哲学中运用、移植另一种哲学的方法，提出、讨论乃至解决另一种哲学中的问题。这将是我国哲学有史以来从未出现过的一种繁荣局面。

三

各种哲学传统的发展都必须通过批判地继承这条途径来实现。对于传统的批判是继承和发展的前提，而真正的哲学批判都是在现实或时代精神的基础上进行的，它既非全盘否定传统，亦非死死抱着传统不放，而是通过辩证的否定即扬弃的方式而实现传统的更新和哲学的发展。

各种哲学传统的批判或自我批判均可以划分为三个层次：

1. 首先要弄清传统是什么，解决“事实”的问题。对于我们自认为的传统或别人所讲的传统要持一种怀疑态度，通过深入细致的研究来验证一下传统是否果真如此。这个层次的批判说到底就是通过质疑而解决事实问题，它是一切批判工作的前提。例如关于中国传统哲学，人们通常都过于强调它的“天人合一”的方面，实际上在中国传统哲学中也有“天人相分”的一面，例如荀子就曾提出过“明于天人之分”和“制天命而用之”的哲学主张，柳宗元强调天人“其事各行不相预”的思想，而刘禹锡则提出“天与人交相胜”的思想，到了明清之际甚至出现了王夫之的“以人造天”的光辉思想。关于西方哲学，人们又过于强调它的“天人相分”的方面，特别是认为西方近代哲学是所谓“天人相分”或“主客二分”的哲学。其实在西方近代哲学中“天人相分”的进展总是引来“天人合一”的回应，而德国古典哲学则只不过是从“天人相分”进展到以原始的“天人合一”为“天人相分”的前提，以“天人相分”为回归到更高层次的“天人合一”的中介的哲学思维进程而已。“天人合一”和“天人相分”的这种辩证统一关系已经以扬弃的形式包含在作为德国古典哲学之最大成果和逻辑结论的马克思的实践唯物论哲学里了。至于说到马克思主义哲学，人们一般又往往不顾实际而过于强调其辩证原理体系中的某一环节或某一侧面，并对其进行简单化和教条主义化的理解，而忽略了作为马克思主义哲学的活的灵魂的辩证法思想和作为其本质特征的理论与实际的历史的、具体的统一。

2. 其次是根据现实的发展趋势对传统进行鉴别和取舍，解决“态度”或“价值取向”的问题。由于传统是复杂的，有时甚至是相互对抗的，这就要求我们必须立足于现实的需要来确定取舍传统的基本态度。中国当前最本质的现实问题就是从计划经济体制向市场经济体制的转型，这个过程实质上也就是从自然经济向社会主义商品经济的转型，在这种现实前提之下，我们对于各种哲学传统进行取舍的基本态度既不应是一味追求顺应自然、天道的原始混沌的、适合于自然经济时代的“天人合一”思想，也不应是盲目热衷于西方后现代主义的“解构”主体的主张，而应该从各种哲学传统中剥离出有利于现实发展（即我国当前的社会转型）的因素，如天人辩证统一的思想，高扬人的解放和发展的思想，以及对“人的异化和非人化”进行文化批判的思想，等等。

3. 最后是在传统的基础上创造出反映时代的精神的新哲学体系，解决“创新”的问题。对于鉴别、取舍的结果，不能简单地拿来就用或完全抛弃，而应将其作为必要的“思想资源”，在适应现实发展需要的前提下，对已鉴别的东西（无论是要取的，还是要舍的）进行再分析和再综合。例如依附于自然经济之上的“天人合一”思想虽然在总体上与中国社会正在发生的转型过程不相适应，但其中仍然包含着一些有价值的成分，这些成分对于我们如何来解决中国现代化过程中必然会出现的某些物欲横流、精神贫困以及价值失范问题仍有启发、借鉴的作用和可资利用的方面。再如西方后现代主义的“解构”主体的思想，虽然与我国当前弘扬人的主体性的现实要求相悖，但是其对片面发展的主体性的批判并非全是无稽之谈，它至少提醒我们在现代化发展的过程中应注意片面强调人的主体性和工具理性的危害性，警觉盲目地、野蛮地追求“主宰自然”可能导致的恶果（如能源危机和生态问题），从而促使我们注意到将发展主体性的时代任务建立在更新的基础上，使人在支配社会，进而支配自然的过程中达到与自然的积极的统一与和谐。通过在现实基础上对传统“思想资源”的再分析和再综合，才能最终创造出反映时代精神的新的哲学思想、观念、原则、原理乃至理论的体系或系统等。

哲学传统批判的这三个层次是相互联系和相互制约的，它们构成了哲学自我更新和演进的三段式。第一层次的批判和第二层次的批判为传统的发展提供了“思想资源”，而第三层次的批判虽然是以前两个层次为基础的，但是在这个层次上批判已经发生了质的变化，即从对传统的单纯的确定与区分走向了赋予传统以新生命的创造。在这种创造性的批判过程中，传统仍然被保存下来，但却是以一种升华了的、更新了的形式被保存下来，因此它既是对自身的肯定，也是对自身的否定。这种自我肯定与自我否定的辩证统一（即扬弃）就是批判地继承哲学传统的关键和实质所在。

四

各种哲学传统的自我批判和发展更新不是在封闭的环境中孤立地进行的，而是在不同哲学流派、观点的相互联系、相互否定、相互汲取和相互促进中实现的。只有在这样的“百家争鸣”的前提下，哲学才能自由思考，才能推陈出新，才能修正和发展自己。这是哲学发展的一般规律。现代哲学与文化一样，是在多元并立、相互交流、自由选择和彼此竞争的条件下发展的，这就要求在我国的思想现实中培养一种“百家争鸣”的宽容气氛，这种宽容气氛不仅应在每种哲学传统之内，而且应在各种哲学传统之间广泛弥漫，成为不同思想观点相互交流和彼此促进的基本前提和一般原则。

“百家争鸣”对于哲学发展的重要性在于：首先，容忍分歧之存在，承认相互争鸣是理论家、思想家们创立和宣扬自己的理论、学说的前提，没有“百家争鸣”的学术气氛，任何新思想新观点的产生都是不可能的。其次，理论、学说的正确与错误及其正误之程度、有无价值及其价值之高低，只有在“百家争鸣”中才能弄清，通过不同思想观点之间的相互批评，从而为人们接受或拒绝以及在多大程度上接受或拒绝某种思想观点创造条件。最后，各种理论、学说也只有在“百家争鸣”中才能发现自己的缺憾和弱点，才能通过汲取其他理论、学说中的合理成分来充实和修正自己，从而实现自身的发展和更新。

当前我国理论界所面临着的一个主要问题就是：马克思主义的指导与“百家争鸣”的关系问题。关于这个问题，我想发表一点粗浅的见解。

马克思主义（不只是马克思主义哲学，而是由三个组成部分构成的完整的马克思主义思想体系）是我们国家当前实践活动的指导思想和理论基础，它的指导作用主要表现为：引导我们国家的各项事业沿着社会主义方向运行，走社会主义道路。而“百家争鸣”则是发展学术的方针和方式，就是说，通过“百家争鸣”的方式来促进社会主义学术的发展和繁荣。因此马克思主义对于学术事业的指导作用归结起来就是这么两条：第一，树立一个应当向着它前进的社会主义目标；第二，鼓励最大限度的学术争鸣。对于社会主义制度下的各种学术思想，政府可以发挥一定的导向作用和监督作用，或制定一定的法规，但却不应该直接使用行政手段来加以禁止和干预。

马克思主义的“百家争鸣”体现在两个方面：一方面是马克思主义内部不同理解（即对马克思主义观点的不同解释）之间的争鸣，另一方面则是马克思主义观点与非马克思主义观点之间的争鸣。在我们看来，做到这点乃是马克思主义哲学在本来意义的学术思想上的指导作用或主体地位的题中应有之义，因而也就是它应当肩负的职责和使命。然而它之做到这一点的必由之路仍然只能是“百家争鸣”。关于这一点可以从以下三个方面来说明：

第一，马克思主义哲学就其潜能和可能性而言，是人类迄今为止最先进、最开放、内容最丰富的哲学思想体系，因此也必然是能够起到上述指导作用的。但是这种潜能还不是现实，马克思主义哲学必须不断地使其潜能转化为现实，而它本身就是一种不断地从潜能向现实发展的哲学，而这个转变过程正是在“百家争鸣”的条件下实现的。

第二，从马克思主义哲学的产生和形成来看，马克思主义哲学是对人类一切优秀哲学成果的继承和发展。在这方面，马克思主义哲学对于继承以往哲学成果的自觉态度不是一般哲学所能比拟的（在马克思主义哲学产生之前也只有亚里士多德哲学、黑格尔哲学等少数几个哲学体系能够比较自觉地继承先前的一切哲学成果）。同样地，马克思主义哲学也不是对前人或同时代人的哲学思想进行形式逻辑的条理化或加以思辨梳理的产物，而是对以往和那个时代一切哲学成果的批判性的改造、创造性的继承和发展。由此可见，马克思主义哲学正是在与历史上和同时代的各种哲学思想的“争鸣”中产生和形成的。

第三，就马克思主义哲学的发展而言，马克思主义哲学也只有在各种哲学思想多元并立、相互争鸣的情况下，才能不断地从外部汲取新的思想精华，从内部进行自我更新。因此，反映现实和继承、批判、改造传统的各种哲学观点和理论学说越是纷歧复杂、枝繁叶茂，马克思主义哲学就越具有长足发展的厚实基础和广阔前景。就此而论，当前在我国理论界，发展马克思主义哲学一方面不只是研究马克思主义哲学本身的少数专家的事，而是一切对哲学，包括中国传统哲学和西方哲学有志趣、有能力的思想家、哲学家的共同任务；另一方面，在马克思主义哲学家中，如果想要真正对马克思主义有所发展，也必须把马克思主义哲学不是作为教条，而是作为观点方法用来研究一般哲学，包括中国哲学和西方哲学中的问题。马克思主义哲学的发展绝不能停留在对马克思主义哲学本身已往的历史和经典著作的诠释上，毋宁说，一切以马克思主义哲学为指导对人类面临的任何哲学问题的研究，甚至任何非哲学问题的哲学研究，都是马克思主义在当代富有生命力的发展的生动体现。因此，一个以马克思主义哲学为指导研究中国传统哲学或西方哲学的学者，他所做的工作就不仅仅是推进了我国的传统哲学或西方哲学研究，而且是推进了我国的马克思主义哲学研究。当然，由于研究对象的不同，这些研究大体上也会归属于不同的学科领域，相互之间也存在着一种比较、借鉴和争鸣的关系。但这正是马克思主义哲学本身不可缺少的“必要的张力”。至于马克思主义哲学的发展，则一方面要以各种哲学观点、理论的并存与争鸣为条件，另一方面也应在自身研究现实的基础上发挥能动性，自觉地同各种非马克思主义观点和马克思主义哲学中的不同意见进行争鸣，通过对争鸣对手的再认识、再反思和再批判，抛弃其不适合时代的成分和绝对化的成分，挽救其中的合理成分，使其转化为马克思主义的内容或统一到马克思主义的基础上来。这并非只是“量”的扩大，而是对自身内容的“质”的改善和更新，借此才能实现马克思主义哲学自身的否定之否定历程。由此可见，马克思主义哲学这样的敢于面对百家、同百家争鸣的过程，就是它实现自己对百家的“指导作用”和在百家中的“主体地位”的过程，而当马克思主义哲学在这样的过程中真正实现它自身的辩证发展时，它也就真正实现了它应有的“指导作用”和“主体地位”。

总的来说，21 世纪我国哲学的发展前景将是一个“百家争鸣”的时代，中国哲学和西方哲学将在传统的基础上和百家争鸣的过程中产生出适应中国现实发展趋势的新形态和新成果，而马克思主义哲学也将在自觉反映时代变革精神和百家争鸣的过程中实现自身内容和形式的革新，向着既超越中国哲学，又超越西方哲学的崭新的马克思主义哲学前进。

（原载《江海学刊》1997 年第 4 期）

关于西方“现代性”问题的论战

江天骥

哲学家们对现代性的不同解释决定于他们所采取的自我模型是彼此不同的，人的主体性在现代具有至高无上的地位。这个时期上帝的自由意志与创造力归于主体与自我。它是绝对的，是统一性、确定性、必然性、秩序和价值的源泉。但主体的各种能力中间何种是最主要的、决定性的，可以有不同的理解。

笛卡尔—康德—黑格尔轴心对于发展现代性概念为主体自主的概念起决定作用。现代性是主体自主性的实现。理性主义的现代性解释按照理论给人下定义。笛卡尔和黑格尔开始以自我反思的行为保证主体的存在，克尔凯郭尔、尼采、韦伯认为自行决策的意志力是最主要的，洛克和休谟则由感觉开始构造自我主体。

自我模型约有以下几派。第一，以笛卡尔—康德—黑格尔为轴心的理性主义模型。第二，培根、韦伯以及其他工具理性辩护者的自我意志力模型。第三，包括浪漫主义者和诗人波德莱尔（《恶之花》的作者）的美学一派的自我模型。第四，经济派是第三派的变种，它以同经济消费相联系的“制造”来替代那些目的在于较高雅享受的各类艺术。

从休谟、斯密、卢斯金（Ruskin，英国美学家）到巴图尔（Batuille）、利奥塔，现代性和热情的特殊运用相联系，或在经济需要与欲望方面，或在审美感情与鉴赏方面。对休谟和斯密来说，自我大部分是生产、制造的复杂活动所创造的，这些活动刺激新的欲望。马克思发现这种人为地产生的需要，结果导致自我异化。

上述各派——理性的、意志力的、表达感情和欲望的浪漫派和经济派，对现代性意义的解释、表述是彼此不相容和不可通约的。理性力量与主体的精神自我和人肆意安排和控制自然界的欲望是难以结合的。自我反思、自信其是（self-assertion）、自我满足和自我表现乃是构成现代主体的相互对立和冲突的方式。

布鲁曼伯格（H. Blumenburg）在《现代时期的合理性》一书中主张现代社会的原动力是自信其是而不是主体的自由实现。罗蒂赞同布鲁曼伯格的观点：现代性的原动力是“自信其是”。由于“世界魔力的消失，人便给自己构造一个具有基本合理性和可操纵性的反世界（counter-world）……自信其是的急迫需要成为奠立自我的最高权力”①。这个观点源出于尼采。尼采认识到世界的偶然性由此造成两个可能性，要么归顺柏拉图和基督教的虚无主义，要么自信其是，自作主张。既然没有传统的约束，自信其实模型便提升到意识层面，现代个体便开始认识到合理性的意志基础。于是个人自信其是就是这个情况的合理回应，而研究现代科学则是这种面对实在的偶然性和上帝的任意性之需要的主要行动。这样，自信其是的观念成为现时代的首要特征，意志、意志力便是现代性的界定特征。依靠“自信其是”便是现代个人的特殊性质。

依罗蒂看，现代性是“主体的自主性”的实现或是“自信其是”的结果。关于合理性的这种看法可能是现今的主流。但著名的思想史家福柯却认为康德的理性反思、笛卡尔和黑格尔以自我反思这个行动保证自我的存在仍然是现代前期的主要特征。福柯指出，康德预示现代社会（福柯指的是现代后期）的到来，因为它揭露古典的表象方式（福柯的古典时期指现代前期）的独断性。一种新形而上学对19世纪的这些生命哲学、意志哲学、言谈哲学的发展提供方便。现代思想和现代认识形式的特征是人类中心的，其结果，

① 布鲁曼伯格：《现代时期的合理性》，麻省理工学院出版社1983年版，第173—184页。

“人”由他在其中同时是知识的最高对象和最高主体的“有限性分析”诞生和创造出来。“人”作为人文主义言谈的主体兼客体既是经验资料的源泉，也是这些资料的真理性的先验保证。

福柯把由“表象分析”到“有限性分析”的转变看作进入现代的哲学范式。从笛卡尔到康德时期的哲学范式，其言谈提供出透明的表象媒介，它的语言元素符合于世界的原始元素。始于康德，“人”作为知识主体兼对象第一次出现了。哲学的基本任务是要证明人这一有限个体如何能够成为一切知识可能性的基础，恰恰这知识揭示了人受到种种经验因素的制约。任务就在于证明事物如何能够被人所表象。上面指出罗蒂是意志力派，但他对哲学史的论述也类似福柯。罗蒂认为笛卡尔之后，关于现代性的说法分为唯物论和唯心论两支。唯心论一支即笛卡尔—康德—黑格尔轴心对于发展现代性观念为主体自主性（subjective autonomy）是决定性的。他说，康德是现代性的哲学家恰恰因为他明确陈述审美的、道德的和科学的冲动中包含的认知方式的自由。黑格尔是现代性的真正的斗士，他认识到系统是维护价值领域的自主权所必需。但黑格尔的“错误转向”在于他试图在“主体哲学”高举的一种理性所给予的补救办法中寻求保卫诸价值域的自主权的手段。康德以清楚说明这些界域的自主权试图防止的而黑格尔意欲通过系统的保证来避免的这个危机，由于为道德行为者的意志自由提供保证的非宗教化过程而使现时代大受影响。韦伯假定这自由是合理性的基础，但技术社会中的形式合理性对于目的或价值是无关紧要的。因此，特定价值是非理性选择的结果。于是有效用合理性对价值合理性的胜利。

罗蒂相信，非宗教化所导致的世界魔力的消失和随后工具理性的兴起是为增强现代民主政治的自由与自主权付出的可接受的代价。[①] 虽则福柯和罗蒂对康德哲学有不同的解释，前者注重认识论问题，后者注重文化价值问题，但关于康德和现代文化与社会的关系问题，两人都强调康德的重大影响，这

---

① 罗蒂：《罗蒂哲学论文集》第2卷，第172页。

一点福柯尤为显著。依他看，现代前期（笛卡尔到康德出现）和现代后期（康德到结构主义出现）是划分不同时代的标志（16 世纪中叶到 18 世纪末期是后古典即现代时期，18 世纪末到 19 世纪晚期开创了后现代时期）。总之，两人对现代的合理性都给予肯定，也许程度上略有不同。

现在我们再介绍一位完全肯定现代性的德国哲学家，一位当代的康德主义者对现代性的看法。

亨利希（Dieter Henrich）在《理性的统一性》一书中指出，从笛卡尔到黑格尔，合法的现代性从来没有从事于征服必然性的意图，相反，现代主体总是（部分地）被界定为自我保存者，因而与其肉体和自然界有密切关系，这种关系取什么方式，是不能够完全阐明的。主体除开被包含于世界中之外，它对其自身的存在虽然有某些了解，它却永远面对着解释自己作为“人格”同世界整体的关系这一任务。[①] 亨利希拒绝接受任何这样的主张：语言的相互作用能够代替主体，就是说，使言谈中的自我指涉环节消除掉和平凡化。个人对所说的是真理之关心，亦即对他自己的关心，便把真正的对话同玩语言游戏区分开来。亨利希把康德看作主体和意识形而上学的更新者，他作为现代性的第二个创始人，改造了笛卡尔的遗产。他还把康德及其直接后继者看作提供了保卫那古典的现代性免受后尼采思想的主要势力——历史（海德格尔）和语言（维特根斯坦）——的猛烈袭击的根据。[②]

亨利希对现代性的辩护开始和终结于康德，并且特别是康德之提出“什么是人”这一问题，理性的一切首要问题都指向这个问题。康德关于这个问题的思想为对人的自由地和无限地更新的自我理解奠定了一个安全可靠的基础。[③]

这样看来，亨利希是不折不扣的现代主义者，罗蒂也属于现代晚期思想的范畴，尽管他有点倾向某些后现代的个别观点。至于福柯则较复杂，他同

① 亨利希：《理性的统一性》，哈佛大学出版社 1994 年版，第 7 页。

② 同上书，第 5 页。

③ 同上书，第 8—9 页。

样地继承康德的认识论，关于文化价值，特别是伦理道德问题则保持自己的独特看法。对于重要的利奥塔—哈贝马斯争论，即后现代—现代之争，起初他即指出两人都是错误的。福柯既非现代主义者，亦非后现代主义者，可以称之为反现代主义者。他也超越了后现代主义，因为他所谓后现代是后现代加结构主义时期。

福柯像亨利希一样注重康德的“什么是人”这个问题，但他有不同的理解。他指出，作为先验主体兼经验对象的人不是一个实体而是一个调节概念。我们需要区别人的实在问题和人的主体问题。依福柯看，西方的人是两千年来实践的产物，有如尼采说的，甚至我们具有身体也是实践给予的。他认为我们应当区别三种不同的相互关联的实在：自然科学告诉我们什么是物理实在，人文科学告诉我们什么是社会实在，而真理、权力和伦理的关系则构成一个给定时期的人的实在。

他指出，西方近来发生一系列的反权威斗争——女权运动，家庭内部、医院内部的斗争等——这些斗争对于个人地位问题提出质疑：一方面肯定个人有权和别人不雷同，而是真正的个人；另一方面他们对于把人隔离开、切断个人同他人的关系、分裂社区生活、迫令个人一切都依靠自己的做法发动猛攻。这些斗争不在于维护或者反对“个人”，而是反对“使人个体化的管制措施”。他们反对同知识、能力与资格相联系的权力效果，反对知识的特权，也反对施加于人们的表象的保密、歪曲和神秘化。简言之，反对“深层知识体制”（regime du savoir）。

所有这些斗争都是围绕“我们是谁”这一问题进行的。它们拒不接受一切抽象，拒斥那忽视我们个别地是谁的国家经济的和意识形态的暴力，也拒斥那决定我们是谁的科学和行政机构的讯问和审理（对异端分子的肆意镇压和严厉处罚）。总之，主要目标不是攻击“某某”权力机构或集团或精英或阶级，而是反对一种技术，即一种权力形态。

关于“我们是谁”这个实在问题，福柯指出：一百五十年来我们试图理解我们自己，都陷于失败。这开始表明人类学的本体论正在瓦解。结果海德格尔认为技术能够把人和物都当作可利用资源来处理，而不必把能创生意义的东西同客观化的东西对立起来。主体—客体关系便达到了两者都是被榨取的常备资源（Bestand）这个最后状态。福柯表明用理性去发现我们自己和我们文化在一个历史结构中的深刻真理是绝对必要的，而且相信自我中有深刻真理直接导致科学合理性在自我中的应用，从而导致人们想要避免的规范化(normalization)。所以系谱学把启蒙运动的解决看作是完全空虚的。

我们的“规范”有一种特定的“规范性”。凡是重要和真实的行动都不在合理性格子（grid）之外。规范趋向越来越大的总体化和特殊化，这样理性成为对常规的遵循。依福柯看，理性的优势地位是一个历史事件，是使免受基于制度的排斥措施之管制的那些疯狂者不得讲话的结果。他指出，发生于17世纪晚期的理性与疯狂的区分在西方文化史上是关键性的。这是两种隔离形式：排除在外与包容在内之间的区分。在人的实在中，理性和权力是相辅而行的。福柯的权力体制系谱学，以现代的生命—权力（biopower）而达到顶点：“社会的规范化是集中于生命的权力技术的成果。”① 而且“由于使用新的权力手段，不是以权力而是以技术，不是用惩罚而是用控制，不是依靠法律而是依靠规范化，结果这种权力逐渐支配生活的一切方面”②。

福柯相信基督教徒的向神父忏悔和弗洛伊德的病人向医生坦白的实践及其后果，一个主体为寻找深刻的真理而反省自己，乃是生命权力在西方文化中扩散的最重要途径。福柯伦理系谱学研究自我在西方文化中的历史变化。在古代，简朴的生活风格并非依靠民法法规或宗教义务强加于自己的，而是个人自行作出的选择。问题在于使自己的生活成为一件艺术品。古代的这个自我观念和基督教的观念很不相同。依照基督教，你必须放弃这一自我观念，因为依恋着自我便是违反上帝的恩典。福柯认为伦理的自我有四个方面，或者解释我们自己是谁，或者根除我们的欲望，或者用我们的性欲去达到一定的目的，例如生小孩，或者是禁欲主义——广义的禁欲主义。第三个方面叫

① 福柯：《性爱史》第1卷，Vintage Books公司1980年版，第144页。
② 同上。

作自我创生的活动（practique de soi）。第四个方面便是当我们依照道德行事时我们渴望成为什么人：成为纯洁，或不朽，或自由，或做自己的主宰等？这叫作目的（telos）。伦理行为的这四个方面基督教都和古代有别。

关于现代自我的修养，福柯指出加利福尼亚的自我崇拜信徒的观念是：依靠心理学或心理分析去解释自己的真自我。

福柯对现代自我的理解却不属于上述的任一个模型。他的自我模型大致是：第一，现代自我以知识权力的运用为特色。由于在社会中的不同地位，主体或者是对他人行使权力或施加影响的主体，或者是被施加权力或被施加影响的主体。第二，由于一定历史时期的知识型和真理体制的控制作用，以及相伴随的权力体制和权力技术的变化，主体由被统治、压制和起而抗拒逐渐变成驯服的和主动合作的，心甘情愿受权力管制。特别由于在西方文化中，天主教的对神父忏悔和现代心理病人对弗洛伊德式医生的坦白这种新技术的出现和发展，权力性质的转变更快、更彻底了。第三，新系谱学揭穿了现代社会所发展的人文科学及其在社会中部署的各种形式是精致的权力技术，目的在于造就一定种类的主体，以便节制和规范他们的行动。“权力创造驯服的身体和进行分析的深刻自我作为进一步的人文科学材料，它们的目标是为了一切人的越来越多的福利。”① 权力只是朝向愈来愈大的最优化的压力。第四，系谱学是被统治者使用的武器，证明他们的地位不是自然的，而是一个历史的事件，目标在于使人把目前流行的对存在的理解理解为一种历史的解释，并且保存那些抗拒目前我们世界的“规范化”而濒于危险的实践。福柯提供权力的系谱学是要通过证明我们对实在的理解不必依照生命权力的规定，我们不必受支配而去追求一切事情的最优化，而打开进行批评质疑的空间。对我们历史情况的理解将削弱目前流行的理解对我们的支配，从而使脱离我们的实践正在前进的方向成为可能。第五，福柯反对人们想当然地认为以人文科学为依据的福利实践凭着效率和最优化名义应当丝毫不加批判地扩展到我

① 引自《南方哲学杂志》第28卷增刊，第88页。

们生活的一切方面。他认为需要抵制的不是特定技术或策略，甚至也不是自然科学或人文科学，而是我们对存在的总体化、规范化的理解。第六，福柯否认人有必须重新找回的本质，甚至一个历史的本质也没有。但他似乎发现人们有积极地抵制生命权力的倾向。他试图证明我们从前曾经有过不同的对存在者的关系，这可以揭示将来我们也能够有其他关系。因为权力实践必定导致排除某些可能性而巩固某些一般遵奉的规范，系谱学者的任务便在于松懈那被当作固定不变的而在特定场合抗拒统治压制。[①] 可以肯定地说，他并非后现代主义者，只是对后现代主义有重大影响的哲学家。

上文关于福柯思想已讲得较详细，现在只简单地提出他何以不是后现代主义而是反现代主义的理由：

（1）他强调康德关于人是先验的知识条件兼经验的知识对象在认识史上的重要性，他并不主张取消知识、理论和逻辑论证。

（2）他认为理性是多元的，有古代的实体理性（substantive reason）和康德以后的调节理性（regulative reason）的区别，但并不否定理性。

（3）更重要的，他反复地谈到实在世界，也提到“深刻的真理”和“深刻的自我”，但他强调主体和对象、自我和世界的不可分性，指出这是究极的一元论哲学真理。所以他承认主体不是实体而是一个调节概念，但并不否认有自我特别是我的身体的重要性。

（4）虽然他反对生命权力对于个人的统治、压制和支配，作为西方思想史、文化史专家，他客观地描述权力地位、作用与方式的变化，从暴力到非暴力，并不对权力进行抨击，或试图根除社会中的权力，认为这既不可能也不需要。他甚至这样设想：由于权力体制总是要排除某些可能性而巩固某些常规，他承认每一权力体制都有它的好处和相伴随的危险，没有任何一个体制是理想的。

如果说，改良派并不感到现代西方文化遭遇到危机，那么福柯是否同他

---

① 福柯：《性爱史》第1、2卷，Vintage Books公司1980年版，第756页。

们类似呢？不是的。的确，福柯承认不同时代的知识型之间没有优劣之别，因为一切知识都是意识形态，并无真正科学可言。但他对所谓前科学和后科学时期较之现代“科学”有好感。同样地，各种权力体制也没有君主制度和民主制度之别：“本质上虽然时代有别、目标不同，权力的表现仍留在君主政体的魔力之下的状态。”① 尽管如此，福柯特别反对的是现代制度，因为现代的生命权力以崭新技术支配人的生活的一切方面，并且不断地扩张其统治权，最终将导致人的消灭。所以在政治上他是坚决反对现代西方文化的，他是反现代主义者，而不是后现代主义者。

西方最初出现在建筑和文学批评理论中的后现代主义，主要是一种态度或心境，并未伴随着危机感，似乎仅仅是艺术作品风格的改变和创新。哲学后现代主义兴起，情况就完全两样了。法国哲学家利奥塔在其演讲和著作中，特别是在1982年的“回答问题：什么是后现代主义”中针对哈贝马斯《关于现代性的哲学谈论》中的观点提出批评，这就展开了他们关于现代性亦即现代西方文化问题的争论。福柯起初对这种争辩的反应是：他们都染上现代思想中一种最有害的习惯，或者把现在看作同历史“断裂”的“现在”，或者把它看作发展的“顶峰”。福柯不赞成割裂历史，更不赞同“普遍历史”。

现在以利奥塔和德里达为后现代主义的代表，简述他们关于知识、理性、哲学、文化等问题的观点：

（1）利奥塔谈知识是对知识价值的讨论，是一种伦理学说。他认为在后现代，知识的地位已发生变化，知识/愚昧的区别让位于知识支付/知识投资的区分。知识像货币一样，被投入流通网之中了。

（2）科学知识曾击败叙事知识，把后者看作野蛮、落后、习惯性、权威、成见、无知、意识形态等，但事实上科学知识的根源是叙事知识，例如对所观察事件的叙述。

---

① 福柯：《性爱史》第2卷，Vintage Books公司1980年版，第88—89页。

（3）他们把现代西方文化的危机归咎于启蒙运动的普遍理性。启蒙运动实际上把白人理性或欧罗巴理性当作普遍理性标准，并用它来判定世界上其他文化的理性都是不合理的。

（4）后现代派否定唯一的理性、唯一的“主叙事体”，并接受可能无穷的和互相矛盾的叙事体。其间并无高下之分，没有共同的真理或基础（“在场”的形而上学）作为它们的根据。既然没有真理标准，那么对事情怎样作出判断呢？判断并不需要按照一般的标准。

（5）他们指出后现代从强调目的到强调手段的变化。纯手段知识成了语言游戏，以效率代替真、善、美的合理性标准。对科学仪器的依赖表明没有金钱就没有真理。科学语言变成商人的语言游戏，权力 = 真理 = 合法 = 正义。缺乏固有的真理标准和价值标准。这是道德虚无主义和价值相对主义。但利奥塔并不否定价值本身。他反对哈贝马斯提倡的以“意见一致”为真理和价值标准。

（6）后现代主义强调正义观念，认为要实现正义，第一步必须承认异型的（heteromorphic）；第二步，如果有一致，必须是局部的，这便产生有限元论证的多样性。它坚决否认无叙述的普遍性，指出“意见一致”必定暗中含有政治暴力和非正义。所以它宁愿从事于谬误推论（paralogy），而不追求一致。

（7）德里达激烈攻击启蒙运动的理性，称之为印度—欧罗巴的神话，白人的帝国主义和种族主义的逻各斯，即它自己的民族语言的神话，把这个重新集结和反映西方文化的白人神话，当作理性的普遍形式。它把特定的意识形式的变异作为意识的普遍必然的形式。这当然是被反对的。

（8）德里达指出，解构并不是放弃理性观念，而是使其分裂、移位，把它当作根深蒂固的幻想公之于世。所以他先拿“主体”开刀，使其彻底偏离中心，以此揭穿人们关于掌握真理和基本意义的幻想。其真正目的是将内在于理性运动中的暴力曝光。这一点同福柯的系谱学最终要发现那躲在理性背后的权力结构有些类似，但又不同，因为权力结构不必采取公开的或暗地的暴力形式。

（9）后现代主义者要攻击的目标是“逻各斯中心主义”。德里达把西方形而上学传统的“在场哲学”（philosophy of presence），即渴望存在（Being）在存在者（beings）中出现，叫作“逻各斯中心主义”。西方哲学这种逻各斯中心的偏见促使西方思想家企求呈现出他们所思所言者：一切的真理、存在、本质或者逻辑结构，企求把事物的大写的真理（Truth）予以特征描述就是现代性的核心，这一企图的失败即是在场哲学的失败或挫折——也即是现代性的挫折。

反之，后现代性的宗旨在于发展“别异哲学”（philosophy of difference）。后现代派认为我们没有能力在最一般的意义上思考“别异”是对整个西方形而上学的威胁，这便导致黑格尔以后的许多哲学家（克尔凯郭尔、尼采、弗洛伊德、海德格尔、维特根斯坦、福柯和德里达）异口同声地呼喊“哲学的完结”。

（10）后现代主义者对于人是否存在起码抱怀疑态度。利奥塔不仅否定共同的人类历史，甚至要放弃以“我们”这一概念作为人类团结一致的主体。后现代派相信，甚至意识主体，由于解构和心理分析的结果，是否存在亦已被怀疑。例如，他们认为，甚至于“我知道后现代主义的意义”这一命题现今已很难作出断定。不仅因为后现代是个复杂问题，而且因为被假定知道的这个人本身也是后现代问题所在。这种怀疑态度和福柯是两样的。福柯警告，如果任由当代的生命权力无限制地扩张而不加以抵制，将导致人的消灭。但他并不否认人的主体的存在，只不过指出，在他所指的后现代（结构主义）兴起以后，主体和对象已融合或凝结为一、不可分离罢了。

结　语

就以上几个特征来看，目前现代西方文化确实遭遇着深刻的危机，好像这时期人们生活在一个超级透明的淫乱世界中，可以看见一切恐怖和一切彻底的杂乱无章。但现代派则把后现代当作现代的一个阶段。

依后现代派看，当前危机表示现代英美—欧罗巴文化的混乱与分崩离析。危机的迹象在于人们有了一种狂热的文化自觉，它迫使我们作出元理论层面上的反思。因为关于文化的理论基础缺乏任何一致意见，谈到任何特定题目，人们都感到需要晓得一切可能选择的语义分析。

随着这一元心智性（meta-mentality）形式的自觉的发展，便不可能再相信对现代感情完成一种单一说明的切实可行性。到处是语无伦次和相互矛盾。现时代一切方面都充满种种纷乱的解释。这就是现代性危机的开始。

现代性文化问题可以表达为各个价值领域（科学、道德、艺术、宗教）之间的分裂，也可以表达为现代主体的内在分裂（理性、欲望和意识，或思想、热情和行动之间的割裂或矛盾）。

现代性的主要危机是同揭露文化人造品，包括那叫作“理论”的人造品的任意性相联系的，福柯关于知识同权力勾结的分析证明了言谈被当代社会中权力关系所决定的方式。从尼采开始的这一类分析已经使除最着迷的现代改良派之外的所有人都丧失了信心。

现代主义者对于文化和人格的解释狂热地企图改造各价值领域及其伴随的危机，这是当代的第一个意识形态运动。

第二个运动是挥舞着涡旋纹花呢旗帜的后现代主义。它把心灵的破碎及其在文化上的含义接受为比之有合理秩序的心灵优越得多。矛盾不和的心灵在其分裂和解构中被颂扬。后现代主义批判“一致同意”这一观念本身，并且拒斥任何为文化奠定基础的努力。

这是有关现代西方文化危机问题的两个意识形态运动。两方面对于是否有危机或危机的范围与程度、出路何在或是否有出路，都有不同的看法，并展开断断续续的辩论。

（原载《江海学刊》1998 年第 5 期）

当代中国马克思主义哲学五十年

王锐生

这半个世纪的中国社会是一个承前启后的社会。它的“前”，是一个背负着几千年封建主义文化传统、因袭的半殖民地半封建的落后大国。它的“后”，是人类即将进入的21纪。在这个新世纪面前，中国人民既面临无法逃避的挑战，又有可供民族腾飞的大好机遇。正是这一“承前启后”的时空坐标使得总结半个世纪以来的当代中国社会的哲学思维成为十分重要和极有意义的事情。我们知道，从本世纪20年代末开始，形式上统一了中国的蒋介石政权在不到20年的时间把旧中国拖到了濒临溃灭的绝境，而中国共产党则领导中国人民从绝境中拯救了国家与民族，并经过曲折发展走上了社会主义现代化的兴旺发达的道路。中华民族实现从绝境到复兴的转变，靠的就是马克思主义。所以阐述中国当代哲学的发展史，自然要以马克思主义哲学为主线。

（一）半个世纪以来，作为主线的马克思主义哲学的发展线索。

解放以来的五十年，首先是中国共产党运用马克思主义哲学治理国家的五十年，同时又是作为学术的马克思主义哲学在共产党领导的人民共和国发展的五十年。

这两句话都可以涵盖于“马克思主义哲学发展五十年”之内，但其参照系是有区别的。就前一句话说，参照系主要是把马克思主义哲学作为中国共产党改造客观世界和主观世界实践的理论工具、认识工具。人们不是说，马克思主义与中国实际相结合有过两次飞跃吗？这五十年主要就涵盖了第二个飞跃。在这个时段里，党的领导层力求在把马克思主义同中国实际相结合中治理我们的新国家。而马克思主义哲学也就由此得到发展。如果说，在民主革命阶段，马克思主义在与中国实际相结合中产生出毛泽东思想，那么在这半个世纪中，同样的结合又产生出邓小平理论。

就后一句话说，参照系是把马克思主义哲学作为一种当代中国的主流学术来看待、考察。在五十年的光辉历程中，哲学工作者同其他社会科学、人文科学的学者们一起从社会主义建设和社会主义现代化中汲取营养，研究和发展理论。靠着哲学工作者们的辛勤耕耘，马克思主义哲学始终作为学术思想的主体、主旋律存在于人民共和国的学术园地中。

必须看到，上述两种参照系的划分是相对的，它们之间又是互动的。在党的领导层运用马克思主义哲学治理国家的实践中，哲学工作者创造性思维成果必然被汲取并融入党的决策之中。通过这种方式，普通哲学工作者能够对党的路线、方针、政策的形成和贯彻起到理论支持和论证的作用。另一方面我们党在社会主义建设和社会主义现代化实践中形成的创新思想——有中国特色社会主义理论或邓小平理论及其哲学思想本身也就是中国当代最重要的理论学术成果。

尽管如此，这样两种观察问题参照系的区分仍是必要的。因为事实上它们是客观存在。

（二）由于当代中国马克思主义哲学的研究与运用客观上存在着这两种情况，就造成了当代社会主义国家哲学发展中特有的一些现象：

1. 当代马克思主义哲学发展所产生的那些对社会发展产生重大影响和推动的理论创新，许多都来自党的领导核心。

这是毫不奇怪的。马克思说过："哲学家们只是用不同的方式解释世界，问题在于改变世界。"① 以实现"改造世界"为自己根本功能和目标的哲学才是真正的马克思主义哲学。在社会主义国家里，执政党的核心层人物具有一切充分的条件去实现这一改造社会的功能，从而产生出推动整个社会发展效

① 《马克思恩格斯全集》第1卷，人民出版社1960年版，第57页。

应的理论创新。这一点，无论在夺取政权时期，还是在治理国家时期，都是如此。在本世纪30年代，旧中国不乏在书斋里讨生活的马克思主义哲学研究者，但只有亲自领导一支红军纵横在湘赣边界的共产党领导人毛泽东才能总结出“农村包围城市”这样具有创造性的革命战略。而正是这样的领导人才能在以革命战争反对反革命战争的历史背景下，从广泛游击战和运动战中总结出一整套具有中国特色的战争辩证法思想。同样道理，在当代中国社会主义现代化实践中实现使中国人从生产到生活发生天翻地覆变化的理论创新，也非中国共产党的领导核心邓小平莫属。

2. 事情总是有两重性的，优点与缺点也总是相联系而存在着的。执政党的核心人物掌握着影响十几亿人命运的巨大权力，他们一旦在哲学思维上有了偏颇，思维方式陷入了极端而又不能及时被纠正，由此导致的或“左”或右的路线、方针和政策又会给亿万人的生产和生活带来难以估量的影响，有时甚至是一场涉及几千万人牺牲的灾难。20世纪下半叶的中国社会发展一度出现曲折，从思想路线看无疑与此有关。

在现行体制下，党的主要政治领导人的哲学思维方式如果不幸出现严重偏颇，会通过路线、政策的中介对社会生活带来很大负效应——如何避免这一点，是值得重视和研究的。

3. 在国际共产主义运动中，有的领袖人物如马克思、恩格斯、列宁和毛泽东自身兼具革命家与学者的身份，有其一系列哲学著作。但也有一些党的核心领导人虽然也具有深邃的哲学思想，然而它的表现形式不同于专业哲学家惯有的那种由专业哲学术语、范畴所构成的严密的哲学理论体系。就是说，不通过专门的哲学著作表达出来。这一类不以专业哲学词句表达出来的哲学思维通常是凝结在（体现在）他们所制定的路线、战略与策略之中。也可以说，在他们那里，唯物主义认识论、辩证法和唯物史观一体化在他们对世界经济、政治发展和中国革命与建设的认识逻辑之中。如果按照通常所谓的“哲学形态”（哲学理论内容与形式结构的有机统一）去衡量，有人会得出结论说，这些领导人似乎没有自己独特的哲学思想。其实，这是一种偏见。

哲学，按照古希腊人的说法，是爱智的学问。衡量哲学有无生命力，这是标准之一。人们用来表达哲学智慧的形式有各种各样。不可以用一种表达形式来衡量、判断另一种。比如说，不可以用西方古典哲学的表达形式来套中国古代哲学，否则就会把后者搞得支离破碎，面目全非。就有哲学智慧的个人来说，有专业哲学家如康德、黑格尔那样的哲学智慧表达形式；也有专门从事革命和建设的领袖人物的哲学智慧表达形式。后者通常不是用“本体”“知识论”“范畴”“偶性”等专业词句来表达，而是蕴含在他们解决现实问题之中，在他们对战略、策略、路线、方针和政策的制定之中。如果以是否有专业哲学家的“哲学形态”来判定哲学智慧之有无，从而否定领袖人物有自己的哲学，那是肤浅之见。同一种堆满了佶屈聱牙的高深词句，却不能解决任何一个现实问题的哲学著作相比，有丰富现实斗争经验和广阔知识的革命领袖的理论概括，即使是三言两语，却往往蕴含着更多深邃的哲理。后者才是“智慧之学”。毛泽东用“实事求是”四个大字表达共产党的党性和思想路线，这不是比党内“左”倾教条主义者长篇大论的文章包含着更深刻的哲理吗？我认为，应当用这样的尺度来判断“有没有哲学思想”的争论问题。

（三）前面说过，最近的半个世纪是作为学术文化的马克思主义哲学在共产党领导的人民共和国发展的五十年。对这一学术文化发展作出贡献的，除了上面提到的党的领导核心人物外，更多的是普通的哲学工作者（教师、专业研究人员等）。

在今天，从已经达到的新的价值观高度来看，人们可能会对这些“贡献”中某些内容持一定的保留态度。但在当时的社会政治环境、氛围和认识水平下，一般的理论工作者是很难超越它们的。因此这里仍然使用“贡献”的字句，并不表明作者完全肯定它们。在作了这样的“但书”之后，我认为可以把这些贡献粗略地归纳（不是纯粹从学术视角作的归纳）为以下几个方面：

1. 哲学思想的宣传、普及和群众化。

现在看来，这方面的成绩是十分显著的。解放初，据说旧中国给我们留下五百万知识分子。在几百万知识分子中普及对社会发展史——历史唯物论的认识，其政治目的是促使这些社会精英实现思想转变，让他们自觉地团结在中国共产党周围，并通过他们的影响、教育而在几亿人口中形成一种全社会、全民族的向心力。哲学理论在历史上就具有促进精神文明的社会功能，但它从来就没有像解放初期那样发挥过如此巨大的直接作用。50 年代，新中国社会风气较好，在一定程度上与此有关。

2. 普通哲学工作者的活动和工作的另一贡献是为党的路线、方针、政策提供理论支持和阐释、论证。这一点在 50 年代至 70 年代末最为明显。那时候，几乎每个时期的哲学争论问题都是同当时的社会主义经济改造和历次政治运动紧密相关，甚至是直接从中引发出来的。比如说，书中关于“综合经济基础”与“单一经济基础”之争（对这个争论，当时的人还难以一下子把握到其深层内蕴。在经历了 40 多年后，今天再来体验，就不难明白：这个争论其实反映了一种急于过渡的急躁情绪与较为冷静的反对意见，前者是单一经济基础论，后者是综合基础论）。

3. 上述两方面的内容都可以归结为哲学作为意识形态所起的社会上层建筑服务于经济基础的作用。但哲学的作用不能仅仅归结于此。因为哲学运动在一定意义上是哲学世界观与哲学意识形态的相互作用。作为世界观的理论形式的哲学应当是一个民族乃至整个人类的一般文明成果的积淀，反映着一个民族乃至整个人类的整体思维水平。中国当代哲学工作者在这方面也做出过一些成绩。

准确地说，作为学术文化的马克思主义哲学只是在近 20 年来才有了比较显著的进步。而在此之前的 20 年是哲学的宣传、普及和群众化功能以及为政治路线作理论保证、论证和阐释占了压倒地位。相比之下，近 20 年可以说是马克思主义哲学的学术繁荣时期——尽管在市场经济重视功利的压力下，纯哲学学术活动显得有点“捉襟见肘”了。

这里所说的“学术繁荣”并不是单指哲学出版物的繁多、哲学研究队伍的庞大等外在的东西，而是首先指哲学思想的活跃，新问题和新观念的不断提出，新的思维方式与方法的大量涌现。以历史唯物主义这门学科来说，主客体的关系问题、主体性问题、价值论问题都是中国哲学界以前未曾触及过的。人学的提出更是给哲学研究开拓出一个广阔的领域，同时也意味着一个巨大禁区的打开。人性、人的本质、人的异化、人权、人的共同本性与人的个性等，这些在阶级斗争为纲时代被封闭起来的研究课题被解禁了。人们在承认阶级与民族差别继续存在的同时，也不得不面对由世界一体化趋势带来的对全人类共同利益、人类意识、全人类的共同道德规范等问题的哲学思考。

而这一切又是同哲学工作者在党的十一届三中全会重新恢复解放思想、实事求是的思想路线鼓舞下，勇敢地意识到哲学主题的转变直接相关。在改革开放以前，在阶级斗争为纲的哲学主题支配下，人们不会感到有观念转变的需要，不需要有新的价值尺度。在新的时期，在和平与发展成为当代的主题和世界日益一体化的时候，哲学工作者就迫切感到有这些需要了。于是，上面提到的那些新事物、新观念就都一下子涌现出来。总而言之，最近的20年是半个世纪以来中国当代哲学发展最有成果的年代，也是普通哲学工作者为中国当代哲学发展真正作出巨大贡献的年代。当然，普通哲学工作者能够作出贡献还有赖于客观环境的改善。这就是：（1）20年来党的基本路线的正确；（2）学术环境的相对宽松；（3）改革开放的伟大实践。

（四）在评判一个特定时期的哲学时，如果忽视了哲学的批判功能的发挥，那是绝对不成的。哲学是反思，是批判。失掉这些，哲学就不成其为哲学了。

在这半个世纪，马克思主义哲学的批判功能表现得怎样？我认为，应当一分为二来看。由于长达20年的“左”倾思潮的严重干扰，哲学的批判功能在相当程度上丧失了。连续不断的政治运动似乎意味着连续不断的“批判”，然而那是失去辩证理性的非批判的“打倒”“斗争”，是对事物的简单的绝对否定。

可喜的是，近20年的改革开放和社会主义市场经济体制目标的确立，表明了辩证理性批判的复归。辩证法是革命的、批判的。批判的辩证法并不是把两个矛盾方面僵死地对立起来。“两个矛盾方面的共存、斗争以及融合成一个新范畴，就是辩证运动的实质。”① 邓小平理论指导下的改革实践正是这样做的。比如说，同过去把计划与市场视为不可并存的对立物的观念相反，社会主义市场经济把二者有机结合起来。在这些例子里，辩证批判是通过矛盾的结合而达到事物向更高阶段发展（矛盾的真正解决）的。这一切表明，邓小平理论真正把握到马克思主义哲学的精髓，它在建设有中国特色社会主义的问题上否定了极左思潮的绝对主义、否定一切，而没有丢掉马克思主义哲学的真正批判功能。

以上是就党的高层领导的哲学运用说的。就普通哲学工作者来说，近50年的哲学研究，在相当长的时间内是在“哲学为无产阶级政治服务”的戒律下进行的。其结果是过分突出了哲学作为意识形态的政策论证和理论支持的功能。

马克思在《德法年鉴》中说，如果不使哲学变为世俗的东西，就应该做到：“要对现存的一切进行无情的批判，所谓无情，意义有二，即这种批判不怕自己所作的结论，临到触犯当权者也不退缩。”② 在马克思看来，哲学之所以不能丧失批判功能，不能变为“世俗的东西”，因为哲学是改造世界的，不坚持哲学批判立场，何以改造世界？人们要问，在共产党成为执政党的社会主义国家里，哲学还有必要保留批判一切的功能吗？有些人对此做出否定的回答。理由是，哲学怎么可以把批判的锋芒对着自己？但是，当一个社会、一个民族的理论思维或思维方式陷入非批判的僵化模式时，它就变得停滞了。马克思主义哲学如果丧失其批判功能，只剩下抽象的无生命的词句，那么它就成了没有真正灵魂的哲学。

有的同志害怕“对现存的一切进行无情的批判”的说法。其实，真正把毛泽东和邓小平所说的“解放思想、实事求是”贯彻到底，就必须如此。

我们是进入了社会主义，但这还是初级阶段。如果现实社会主义的生产力和生产关系、上层建筑和经济基础是“完全适合”的，那么你否定“对现

① 马克思：《哲学的贫困》，人民出版社1961年版。
② 《马克思恩格斯全集》第1卷，人民出版社1960年版，第416页。

存的一切进行无情批判”是可以的。但可惜事情并非这样。在社会主义的种种矛盾面前，能否对之进行无情批判，是对哲学工作者的考验。20 年前的“一大二公”的人民公社就因为它同现实中国农村的状况（生产力和农民群众的思想觉悟）处于尖锐的矛盾，因而导致中国农业长期处于停滞甚至倒退状态。然而我们的哲学却用各种浮夸、华丽辞藻和虚假描述来粉饰矛盾。中国农业之所以能走出这绝境，靠的不是哲学工作者的批判，而是农民自己起来用实践（“包产到户”即后来的家庭联产承包责任制）来批判那被“上面”树立为“通向共产主义的金桥”的人民公社体制。安徽小岗村农民是在生存的压力下这样做的。他们的批判确实做到“临到触犯当权者也不退缩”的“无情批判”的地步。同这些勇敢的农民相比，那时候，我们这些哲学家都只能提供没有真正哲学批判功能的文章。当然，责任不在哲学工作者。

值得高兴的是，近 20 年来，哲学的批判功能在一定程度上被恢复了。实践是检验真理的唯一标准问题的讨论就是这样一场哲学批判。但社会生活中的矛盾永远存在，所以哲学的批判功能永远不能消失。在总结中国现代哲学时千万不能忘记这一点。

（五）总结中国当代哲学史 50 年，目的是走向未来。

未来的 50 年，甚至整个 21 世纪的马克思主义哲学是怎么样的，在一定程度上受到我们今天认识的影响。所以目前哲学界一些同志在从文化思想角度研讨未来世纪的中国哲学，主张构建以马克思主义为主导，综合和汲取外国（西方）哲学以及中国传统哲学的精华的哲学。这个构建的思路是可取的。但我们也还需要从另一个视角——从最新科技和世界经济的发展前景来审视哲学的价值与哲学的未来。

不要忘记，哲学（唯物主义）不可避免地要受到现代科学技术革命的影响而发生形态变换。改革开放以来，中国虽然在生产力和科学技术上有长足进步，但总的说来，她在这方面依然是相对落后。这就要求我们特别警惕这样一种错误：不是适应新的科技革命进步和世界经济发展的客观趋势来提出新观念，研究新问题，反而是用抽象的、僵死的哲学教条去否定最新科技进步引发的新思想。前车之覆，后车之鉴。苏联哲学界曾经对刚刚出现的遗传因子、相对论和控制论都分别持过反对或怀疑的态度。那些以傲慢的哲学来鄙视最新科学成就的人，最终还是承认自己错了。有人说，苏联社会主义的挫败，固然原因十分复杂，但未能对20世纪几次伟大科学发现及时作出反应和在实践上跟上科技革命的步伐，从而大大影响其综合国力，恐怕也是原因之一。

我们应当坚持马克思主义哲学。但我们能否（或是否）真正坚持，还要看我们是否在事实上而不是只在口头上坚持解放思想、实事求是，并以科学的、大无畏的态度尊重事实，修正理论。

（原载《江海学刊》1999年第6期）

“人”的双重生命观：种生命与类生命

高清海

一

人虽来自动物，却与动物有重大分别；人是生命存在，又从不满足于生命的生存。这可以说是人之为人的共有的认识和体验。当原始人意识到自己是人，并试图去追求人的生活时，就开始了寻找与动物“有别”的内容和根据的漫长的探索过程。人们在“人是动物”这一论断中加进各种词语，如思想动物、理性动物、社会动物、工具动物、语言动物、文化动物等，为的就是表明人与动物有别的高贵特质；在相当长的历史时期里，人把自己设想成为“神”的后代，以为人身上流淌着的是神圣的血液，也是为了显示人对动物的这种高贵性和优越性。

人与动物的分别究竟是什么，人之为人的高贵处究竟在哪里？

这个问题不只是有关人的论断问题、认识问题，而且是直接关系到人作为人的生存和生活的重大问题。人该怎样生活，人活着的意义何在，什么才是人的真正生活和能够称之为人的活法？人不会满足于庸碌无为的生存，人活着总要追求点什么，以实现人的自我价值。所以，对于动物，不存在“为动物之道”的问题，而作为人，却必须讲求“做人之道”，不断去审视、规划、校正自己的人生目标和生活道路。这件事的本身，应该说就体现着人与动物、人的生活与动物生存的分别，显示了人作为人的高贵性和优越性。

人不满足于生命支配的本能生活，人的生活是经过理解的生活，人要规划自己的人生、创造自己的价值，这说明“人”作为人已超越了“生命”的局限，要去追求高于生命、具有永恒意义的东西，已属“超物之物”“超生命的生命体”，这才所以称之为“人”；因此我们把握人，也就不能把他再看作单纯的生命存在，仅仅理解为不过是具有某种附加值的动物生命。

人自己创造自己的生活，也就在同时创造着自己的属人生命。人除了有与动物相同的生命以外，还有着与动物不同的生命。我们应当从两重性的观点去理解人的本性，也必须以同样的观点去理解人的生命，即把人看作有着双重生命的存在：他既有被给予的自然生命，又有自我创生的自为生命。我们可以称前者为“种生命”，称后者为“类生命”。种生命与类生命的分别，可以从我们平常所熟悉的个体生命与社会生命、物质生命与精神生命、自然生命与文化生命、自在生命与价值生命、本能生命与智慧生命等的区别中去理解，因为它们大体上是相当或相互对应的。

之所以提出人有双重生命而非单一生命的观点，这是因为，在我看来，只有从这种双重生命——“种生命”与“类生命”——的观点，才能把握人的真正本性，理解人之为人、人区别于他物，特别是区别于动物的那种特殊的本质和奥秘。

二

生命的产生，是自然进化的一次重大飞跃，人的产生，则是生命进化的一次重大飞跃。

物质发展到生命，一个显著特点就是它使存在具有了自我凝聚的中心，生命自体形成界面，有了它自己的“自在性”，能够和周围的存在区分开来，通过物质和能量的交换不断增生自己。但生命作为生命是仍然要受自然支配的，它的主动权并不在自身。自然创造生命是连同它所需要的环境一块儿创造出来的，特定的生命离不开特定的环境，离开它所需要的环境生命就无法生存，“生命”属于它的环境，自然就是通过环境来主宰生命的。

关于人，马克思有一段精彩的说明。他说：“可以根据意识、宗教或随便别的什么来区别人和动物。一当人们自己开始生产他们所必需的生活资料的时候（这一步是由他们的肉体组织所决定的），他们就开始把自己和动物区别开来。”①

自己生产自己需要的生活资料，不再依赖自然的现成天赐，这就意味着人虽也是生命存在，却根本改变了生命与环境的天然关系：（1）生命由原来依赖环境的生存方式，变成依赖自身活动的生存方式；（2）生命原来属于它的环境的组成部分，对于人的创造活动来说，环境现在变成被改造的对象，反而成为人的生命的组成部分（人的无机的身体）。

这些，也就意味着“生命”的本性发生了根本性的变化：由于人的出现，使得自在的生命体同时具有了自为的本性；人把生命变成“自我规定”的自由存在，这样就使生命摆脱了自然的绝对控制和主宰；种生命是有限的，类生命则是无限的，由于人的产生便把有生有死的生命引向了永恒和绝对；原来生命被束缚于它的环境，属于狭小的封闭系统，人的创造活动使它变成能够广泛运用自然的能量充实自己，与万物一体、具有普遍意义的开放系统；如此等等。总之一句话，由于人的出现，使生命的性质、功能、价值、意义都发生了根本变化。

在动物身上，种的生命就是它的一切，动物忙碌一生没有别的追求，保持并延续种代生命，这就是它的最高规定和唯一目标。

对人来说就不同了。人也很宝贵从自然获得的种生命，但人宝贵这一生命，只是因为以它为基础和前提，才有可能去创造和实现具有永恒价值的更高的类生命。通过人的生命活动，实现整个存在的一体化，发挥存在本身蕴含的内在潜能，进而赋予自然存在以生活意义，把宇宙渐渐变成生命的活物即类化的存在，这才是人的生命活动的最高目的和价值。所以，人作为人的生活意义，主要不在于他的第一生命，而在于第二生命的创造活动，人不会满足于仅仅活着——像动物那样的生存，而总是要把第一生命引向第二生命，

① 《马克思恩格斯全集》第3卷，人民出版社1956年版，第24页。

通过第二生命的创造去实现第一生命的价值。

人的出现，赋予“生命”以全新的功能、价值和意义，生命的生存已不再仅仅是为生命本身，而是成为使整个存在走向活化的一个必要环节。不仅如此，人对生命性质的改变，既丰富了生命的内涵，同时也为宇宙的存在增添了新的联系方式，进一步丰富了宇宙存在的内涵。

无生命的存在处于普遍的联系之中，它们依照各自原有的性质也在彼此的相互作用中进行着物质和能量的交换，体现出某种自组织的功能，但这一切都是在随机联系中实现的，无机世界的存在并不具有特定的和稳固的对象性的关系。如果说，生命出现以后，在生物和环境之间建立起稳定的“对象性关系”，从而把事物的联系引向了内在化和有机化；那么，人的出现便又进了一步，他把对象性的关系提高为“自我对象关系”，由此不仅使对象关系普遍化到无限的范围，而且打通了生命与无生命的界限，使非生命存在也具有了某种活性。

从这一意义我们应该说，人是肩负着类化存在的使命来到世上的，所谓人的生命，也可以看作就是“宇宙生命的人格化身”。

三

在日常话语中，谈到一个人的生命，我们常常把它区分为生理生命、心理生命、社会生命、事业生命（如艺术生命、科学生命、体育生命、哲学生命、事业生命等），认为在一个人的身上，这些生命并不完全等同，有的人生理生命虽然很老了，他的心理生命却可以很年轻，或者处于相反的状态，至于事业生命的长短、久暂，在不同人身上的差别就更大了。这样的说法，便反映出人不止一重生命，人的类生命是由人自己的活动所创生这一事实。

“种生命”为人与动物所共有，它是我们通常所理解的“生命”。这种生命的根本特点是：由自然给予，具有自在性质，非人所能自主；服从自然的法则，与肉身结为一体，有生也有死，作为种性同等存在于一切个体身上。

“类生命”则是由人创生的自为生命，仅仅属于人所特有。这种生命作为对种生命的超越，已突破个体局限，与他人、他物融合为一体关系，因而也就获得了永恒、无限的性质；它体现在不同个体身上，由于人的创造活动有别，表现的价值是各有千秋、互不相同的。“类”这一概念与“种”的根本区别之一，就在它不是个体的抽象的统一性质，而是以个体的个性差别为内涵，属于多样性的甚至异质统一体的概念。

过去我们只承认前者是生命，不把类生命认作生命。在我看来，这是由于人们局限于生物学的观点去了解生命，往往以人的本原取代人的变化了的现实本质而形成的结果。如果我们承认人是具有超越生物本质的存在，而人的本质也像蛋白质分子一样具有自我组合生长的性能，那就必然要突破生物生命观点的局限，承认人是能够主宰生命的生命体，具有超出于生物本质的更高的生命本质。

按照马克思的说法，“动物和它的生命活动是直接同一的。动物不把自己同自己的生命活动区别开来。它就是这种生命活动。人则使自己的生命活动本身变成自己的意志和意识的对象。他的生命活动是有意识的”。马克思由此进一步指出，正是这一“有意识的生命活动把人同动物的生命活动直接区别开来”①。

“有意识的生命活动”，就是人所以高贵于动物之所在。动物与它的生命活动直接同一，动物只是属于它的生命即物种，严格说来，这就表明动物并不具有“我”性。只有人才形成了“自我”，能够把生命活动变成自我意志的对象，不仅超越生命本能的支配，而且还能主宰自己的生命活动。应该看到，人之所以为人，正在于对自然生命的这种主宰，在这一意义上，所谓“人”，也就是生命活动的主宰者和支配者的那个存在。② 这就是“类生命”的本质，也就是人的“自我”。

---

① 《马克思恩格斯全集》第 42 卷，人民出版社 1979 年版，第 96 页。

② 正是由此决定，动物的生存活动，用马克思的说法，只能遵循一个尺度即物种的尺度，人的活动则可以运用任何种的足度，因为人除了种生命以外还有一个超越种生命的人自身的“内在的尺度”即我的尺度，或“类”的尺度。见《马克思恩格斯全集》第 42 卷，人民出版社 1979 年版，第 97 页。

我们通常讲人是主体，“主体”这一概念最根本的含义，首先就是指人对自己生命的支配活动说的，人有一个自我的生命本质，支配自己的本能生命活动，才能进而支配人的活动对象、人的生存环境、外部世界存在。自为存在的生命体，就意味着人是自我创造、自我规定的生命存在，这也就是作为主体的自由性。

种生命从父母取得，类生命作为人的自我本质则要靠后天去形成、创造。动物获得生命就同时具有了它的本质，猫生来就是猫，人要成为人却必须经历二次生成。有了种生命只是具备了做人的基础条件，还不能算作真正的人；必须获得第二重生命的本质即类本质，才算有了人的完整生命，称得上完成的人。所以，猫无须去“做猫”，对人来说，却必须去“做人”，然后才能成为人。

我们常说的为人要有人格，“人格”从哲学的意义说，就是自我定位于类生命本质，具有自觉为人的意识和行为。人格含有做人的标尺、规范的意思，这个标尺不能是别的，如身份、地位、权势、智能、财富等，它只能是历史形成的人的“类本质”。类本质体现于生命中，形成个体的类生命。人把自我定位于类生命，自觉地以类的本质去支配自己的生命活动，这就叫人格。相反地，一个人如果缺乏这样的自觉，或者把自我定位于本能生命，使类生命完全屈从于种生命的需要，这样的人我们不能说他不是人，但可以认为，作为人他在人格上是有欠缺或者不足的。人格意识，就是自觉做人的意识，也就是以类生命为自我本质的意识，一个真正的人，必须具有这样的意识。

四

种生命作为本能生命是自然给予的，只能属于个体所有；类生命属于自为生命，虽然也存在于个体身上，它的内容却只能取自历史积淀的人类所共有的创造成果。

人的生存特点是，人作为生命个体而存在，能力虽然很有限甚至可以说很软弱，但他却能够把诸多个体生命凝聚为统一整体，并以内化的方式去转化外部世界的自然力量，这就使人具有了不可估量的无限巨大的能量和能力。个体生命所凭借和发挥的，实际是人的合成生命即大我的类能量，是内化于人自身的外部世界的强大自然力量。这里体现出人与人、人与自然的本质性的“一体关系”，并表现了人已超越物种限制，把生命变成自在与自为、自我与他我、内存在与外存在、小我与大我相统一的“类存在”的本性。人所具有的强大力量就来源于此。

个体必须获得类的规定，他才能够作为人而存在；种生命必须结合于类生命，它才能够作为人的生命而发挥作用。所以对人来说，肉体生命虽是可宝贵的，他并不具有单独的价值和意义，脱离开类本性和类生命的那种个体生命，与动物的个体生命便没有多大的差别。而从另一方面说，种生命一旦与类生命相结合，经过了类生命的开发，它也就与体现在动物生命中的性质根本不同，原来生命所蕴藏的巨大创造潜能，这时才会以奇迹般的形式迸现出来、发挥出来。从这一意义说，类生命也不具有单独的价值和意义，它也只有结合于个体生命才能发挥它的作为人的生命的价值和意义。

种生命与类生命，前者须以后者为性质规定，后者则以前者为实体依托，各自又只能从对方去实现自身的价值。这里便体现了人的两重生命的不可分割的内在统一关系。

真正说来，种生命和类生命并非两个生命，它们在人身上也不是单独存在的。它们之间及其与人的关系恰好用得上基督教用来形容上帝的那个说法，这里的种生命、类生命和人，正是一种“三位一体”的关系。分别来看它们各有不同的规定，实际上又属于一体的存在。“上帝”本来就是人的对象化存在，上帝的性质当然反映的也只能是人的本性。“三位一体”的性质，用黑格尔的话说，就是表现了人的自我的“否定之否定”的矛盾本性。

“人”不是单一本质的存在，而是充满着矛盾性质，并由矛盾因素所构成，具有开放性的存在系统；作为这一存在系统的核心的“自我”，也不是单一本质的存在，同样是一个“否定之否定”的矛盾系统。“我”的定位点何在？恐怕很难说得清。当我指称我时，已然超越了我，这里已经有了两个我：

对象的我、说话的我。人们都在追求自我实现，“自我实现”是把我实现为什么？人们因为不满意于当下现实的我，才要去追求我的实现，这样实现出来的结果，只能是否定原来那个我、走向另外一个我，否则就是我还没有实现。自我实现的实质变成了自我否定，正是“自我”的这个矛盾本性，困扰了历史上的很多思想家，人们到处寻找自我，却不知究竟存在于何处。其实，自我的矛盾，从根本上来说，表现的正是人的双重生命本性的矛盾。

以往的哲学家在传统哲学观念的支配下，总要去追求人和自我的单一绝对本性，这使他们经常陷入理论的困境难以自拔。现代的哲学家意识到这条路难通，许多人都转向承认人和自我是具有矛盾本性的，不再去追求人的永恒本性。然而问题在于，在众多矛盾因素中，怎样去确定人和自我的基点？这又是一个很大的难题。精神分析学家弗洛伊德从心理过程提出了“自我”的组织结构学说，他把我分解为本我、自我、超我三个因素，认为“本我”是由遗传的本能和欲望构成的原始无意识的心理结构，属于我的本源存在，“自我”是通过知觉意识的中介由外部世界的影响所改变的本我的一部分，“超我”则是人性中道德的超个人的方面，代表人的内心中的理想、良知的成分。[①] 弗洛伊德的观点代表了现代人的认识。按照他的看法，自我要同时侍奉三个主子，当然会常常陷入矛盾的困境，处于压抑的状态。这些分析都是符合人的实际状况的。不过弗洛伊德把我的基点实际上是放在了本我里面，看重的是肉体生命的本能（生的本能，死的本能，特别是性的本能），“外部世界”与他的自我是完全对立的（没有把它也看作属于人和我的构成部分，这同他仅从心理学去理解自我的局限有关），因而他的“自我”不仅总是处于苦闷压抑状态，而且也必然是经常扭曲失真的。

从双重生命观去理解人的自我，这个我也是矛盾的，同样有着矛盾的本性、矛盾的构成；但双重生命这种矛盾导致的不光是苦闷和压抑，更重要的是人的永不停滞的自我否定、自我超越、自我发展的历史存在的本性。

---

① 弗洛伊德：《自我与本我》，载《弗洛伊德后期著作选》，上海译文出版社 1986 年版。

本我，自我，超我，究竟哪个是真我？这是有关“自我”的基点定位的问题。按照双重生命观的理论，对这一问题只能历史地认识和历史地回答。在人的不同历史发展阶段，人的存在状态不同，自我的定位基点便不同，人的存在性质也因此而有所区别。在这里，决不能孤立和静止地去看待人的自我，那样就会把自我本性绝对化，因而陷入旧日传统哲学的困境。

关于人的生成和发展，马克思曾提出过“三阶段”或“三形态”的理论。他认为“人的依赖关系”是最初的社会形态；“以物的依赖性为基础的人的独立性”是人的第二大形态；“建立在个人全面发展和他们共同的社会生产能力成为他们的社会财富这一基础上的自由个性”是第三个阶段①。

这三个阶段，从人所体现的主体型态说，也可以把它们看作社群主体、个人主体和自觉的类主体的依次发展阶段。

人们在初期力量十分软弱的状态下，只能凭借合成生命所凝结的社群力量以求生存。这时个人完全附属于他所生活的群体，个体是没有独立性的。与此相适应，人们也没有形成与人群相分化的“我”的观念，如果我们问他是谁，他会回答他是“狼”或“袋鼠”，即他所属部落的图腾，直到亚里士多德的时代，还保留有“我们不属于自己”“个人是城邦的一部分”的说法。这就是说，“我”的基点那时是定位于社群共同体而非个体的本能生命。随着机器生产、商品贸易、市场经济的发展，人们的交往联系日益扩大，民族地域的历史转变为世界历史，这时个人才有可能形成为独立的主体，自主的“我”才有可能成立，人们才会产生与以前完全不同的“我只属于我自己，不属于任何人，也不属于天使和上帝”的观念。这时的“我”才可以说定位在本能生命的基点上。

按照马克思的看法，以个体为本位的社会形态，只是走向“自由人格”联合体这一更高形态的准备阶段。随着人的进一步发展，人和人、人和自然、人和自我都会走向本质统一的一体关系，人们最终毕竟要跳出狭隘自我的局

① 《马克思恩格斯全集》第46卷（上），人民出版社1979年版，第104页。

限，自觉定位于类生命本质，进入“大我”的无限广阔天地，因为只有这样才能使生命达到永恒、完全地实现自我。我认为我们今天已经迈进这一新时代的门槛，个体本位提高到自觉的类本位，已成为我们进入21世纪面临的主要任务。

五

“人”的问题，向来被看作世间最难解之谜，其所以难就难在他既是一种生命体，又似乎有着超生命的本性和质能。过去人们无法解释这种性质，只好说“人是什么？一半天使，一半禽兽”。

今天，我们应当改变从单一本性、单一生命去看人的传统观念，确立起人的双重本性观、双重生命观，只有这样的观点才有可能解开人的奥秘。过去人们没有条件这样做，是因为不理解人的实践本性，缺乏把双重观点统一起来的现实基础，那时要说人有双重生命，就会陷入超现实的神秘本源；现在我们既已发现了升华生命本质的人的现实基础，就应坚决摒弃那些沿袭已久的片面化、绝对化的单一生命观念。

按照单一生命的观点，对人我们只能从物种的本性去理解，把人的性质理解为前定的、给予的、永恒的、绝对不变的，等等，即把人了解为“物”。在历史上，关于人的观点从来都是抽象化的，总是不能把人把握为人，根源就出在这里。人的物化，就是非人化，也就是抽象化。过去并不是完全没有意识到这点，人们也曾试图给人的生命附加这样那样的性质，以便使他超越物的限制，只是，这样做如果不走向神秘化，对问题也只能有少许弥补，无法根本改变问题的性质。如果我们不触及“生命”这一根本点的本质，不承认人已改变了生命的性质、能量、功能，并已把它提高到一种新质的境地，人就始终跳不出物种规定的局限，不可能摆脱人的物化观点，改变人的抽象化型态。

只有从双重生命的观点，才能理解并解释清楚，“人”何以来自物却能超越于物，具有动物生命却又高于动物本质，本属软弱存在却有强大力量，本要肯定自身却在不断自我否定，坚持自我中心却又最为开放外向。有生有死却能创造永恒价值，从自然分化自身反而更深入自然内里，如此种种的自我矛盾性质，进而把人把握为“人”。这是从理论范围说的。

双重生命观对于指导、推动人的现实发展，更有着重大的实际意义。

“人”是人们最熟悉的对象，也是人们最不了解的对象。人们常常以为，父母给了我生命，只要我活着，无论怎样的活法，都理所当然地是一个人，如果有人指责他“不是人，不像人，不够人”，他会看作对他人格的极大侮辱，虽然他在内心或许能够承认他并不是一个“完人，好人”。这是从单一生命观必然会形成的意识。在现实的生活中，我们不必去讳言，由于人们把“人”的标尺定得过低，把做人理解得很轻易，不具人格、不讲人格、缺失人格甚至交易人格的人和事，也就是那种“人形动物”的思想行为，应该说随处可见、比比皆是，至于缺乏时代文明素质的状况就更不必去说了。

当然，我们不能认为这些人就安于这种状况，人都有人的追求，都期望做一个像样的人，谁也不会甘心做人形动物。然而，很多人却并不真正了解人应该是个什么样子，人作为人的真正追求究竟是什么，做人的根本尺度在哪里，人之为人的真正价值如何这些问题。在我看来，要改变人的状况，提高人的素质，需要做很多的工作，其中根本的一件事，就是去重新理解“人”，提高人们“人”的观念，强化人们的人格意识，引导人们走出本能生命的局限，确立人的高尚价值追求。要做到这点，就需要从理论上把人的生命同动物的生命区别开来，建立起人的双重生命观点，使人人都懂得，“人”不是天然的产物，而是一种自觉的追求、要想无愧于人的称号，做真正的人，就要建立“人格意识”、讲求“做人之道”，这是很不容易的一件事，然而人的高贵之处也正在于此。

实际说来，不论人们理论上是否承认双重生命，在现实生活中谁也回避不了人在本性上的这一矛盾。人有善恶之分、好坏之别，为善为恶是好是坏，就要看如何对待和处理这两重生命的关系，特别是要看如何去规划、设计、塑造自己的类生命本质。种生命作为自然本质，无所谓善也无所谓恶，它属于求生存的本能需要，关键是类生命如何导向：它既能被引导去向善，发挥出巨大的创造力，也可以被导引去作恶，成为严重的破坏力。古代哲学家试图为人找出一种或善或恶的先天本性，无论持性善说或持性恶说，人们都难以说服对方。但他们有一点是共同的，就是都主张对人要进行教化，为人要讲求修养，不能让生命去自然生长，在这方面我国哲学家给我们留下了许多值得继承的宝贵遗产。

我们不能认为种生命的原始本能就是恶，善恶好坏、为己利公这些道德品质只属于类生命的本质规定。以往人们从生命本能得出“自私是人的天性”，明显是混淆了不同的问题；但从另一个方面说，由人的本能生命也不可能自然地生长出善来，对它如果不加以规范引导，任其自然膨胀泛滥，从人的尺度去看，那就是恶。因为人的本能生命总是在类生命的作用下从事活动的，这就意味着类生命放弃了应有的职责，成了本能生命“助纣为虐”的帮凶。所以人若是做起恶来，没有动物能够比得上，那种残酷性、贪婪性、凶暴性、翻新的花样性，最凶猛的野兽看了也会自叹弗如，因为这里发挥作用的实际是人的已经变性了的自为生命。

建立“人是高尚的”这一信念，是做人的起码基础，只有在这一基础上才能谈到培植人的其他文明素质的问题。

这就是我近年来形成的关于“人”的基本看法和主张。

（原载《江海学刊》2001 年第 1 期）

再论马克思主义哲学的体系与方法

孙伯鍨

马克思主义哲学的实质究竟是它的体系还是方法？这个问题历经多年的讨论而至今难有共识。五六十年代以前，国内持传统观点的学者大都强调马克思主义哲学的观点与方法。所谓观点指的是世界观、宇宙观，进而至于人生观；所谓方法指的便是辩证法以及它在自然、历史和人文科学中的应用。其实，观点和方法是贯通的，其实质就是唯物主义辩证法，它既是根本的观点，也是根本的方法，把它运用于研究作为总体的自然，就产生马克思主义哲学的自然观；把它运用于研究作为总体的社会和历史，就产生马克思主义哲学的历史观；依次还有马克思主义哲学的人生观、认识论和伦理学，等等。在旧版以及后来稍稍改进了的教科书体系中，上述内容一般是这样安排的：首先是马克思主义哲学的自然观，为了和旧唯物主义的自然观以及黑格尔的唯心主义辩证法区别开来，在这一部分不得不加大分量地介绍一般的唯物主义辩证法，取材主要来自恩格斯的《自然辩证法》《反杜林论》和列宁的《唯物主义与经验批判主义》以及《哲学笔记》中的有关部分；其次是马克思主义哲学的历史观，由于在这一部分中强调为现实斗争服务，因此在基本历史哲学理论方面缺乏系统深入的阐述和论证，对马克思、恩格斯在创立历史唯物主义过程中的极为丰富的思想资料吸收和阐发得极为粗浅，大大损害了作为马克思主义哲学核心内容的历史唯物主义的科学性和批判性；再次是马克思主义哲学的认识论，这一部分在强调唯物主义反映论的同时虽然也突出了实践论，但由于实践范畴仅仅在认识论上被强调，而没有首先在社会存在论上被强调，因此历史中的主体—客体辩证法就未能纳入认识论的视域而获得充分的表述，结果就使辩证法（历史辩证法）、逻辑学和唯物主义认识论不能真正地统一（同一）起来，从而大大地损害了马克思主义哲学认识论的完整性和科学性。至于旧版教科书中因形势和任务的变化而随机增加的政策和策略论证，虽然难以用纯理论、纯学术的标准去评价，但我认为不应多加指责。

旧版教科书体系的上述缺点归纳起来就是理论阐述上的简单化和庸俗化，而造成这些缺点的原因却是多方面的：

第一，旧版教科书体系不是理解体系而是教学（宣传）体系，因此它在阐述马克思主义哲学的理论内容时重点不在于它的思想形成过程，而在于它最后形成的原理和结论，在表述方式上也不专注于思想的转变和逻辑的运演，而只作原理式的陈述，这就给人一种缺乏细致论证的、非批判的、独断论的感觉，并由此招来所谓教条式的、官方的、非学术性的种种非议；第二，旧版教科书由于突出了马克思主义哲学方法论（唯物主义辩证法）的普遍适用性，因而必须运用于自然、社会和人类思维等诸多不同领域，但对这诸多领域之间的内在关联、中介环节和过渡形式，却由于材料的欠缺和研究尚未深入而无法作出有科学根据的陈述，这就给人以这样的印象，即旧教科书体系不过是一种缺乏逻辑论证的板块组合，而不是有机构成（整合）的严密体系；第三，旧版教科书承担着政治理论教育和马克思主义思想灌输的任务，它不得不在教学体系中贯彻政治立场和党性原则，而这是马克思主义哲学作为改造现存世界秩序的理论武器的应有之义，为此，它必然要承受来自各种非马克思主义和不同政见者的责难和非议；第四，旧版教科书作为一种面向非专业读者的大众化教材，要求在内容陈述和语言表达上的简明和通俗，以及体例上的稳定和一致，这就往往要流于刻板和因袭而缺乏变通和创新，由此招来业内专家和学术界的鄙薄与批评就是在所难免的了。

但是，无论旧版教科书体系存在多么严重的弊病和缺点，也无论人们在设计和编撰新的教科书时能够作出怎样的改进，我们都不能把它和马克思主义哲学自身的理论逻辑结构等同视之。因为理解马克思主义哲学的内在逻辑结构是一回事，而用通俗易懂、简洁明了的话语体系传授这种哲学的理论内容又是一回事。难怪从否定旧版教科书的编写体例以来，至今还没有创造出一种能令大多数业内专家都感到满意的教学体系。

事实上，从上世纪80年代初期以来，中国哲学界围绕马克思主义哲学体系的争论焦点并不在于教科书本身，不是一些人要维护旧版教科书体系，而另一些人力图改变这种体系，问题的焦点是对马克思主义哲学根本性质的理解。毋庸置疑的是，随着改革开放的逐步深入，禁锢已久的西方社会思潮大量涌入国内，马克思主义学说的主导地位受到冲击、削弱而发生动摇，一部分人置马克思主义的指导地位于不顾，干脆打出了“全盘西化”的旗帜；另一部分人慑于形势的剧变急于要跟上时代的潮流，力主从内部改革马克思主义学说，这种主张在哲学、政治经济学和社会主义学说中都有强烈的反映，于是一股重新解读马克思主义的学术潮流成为时尚，风行全国，在哲学领域，长期因袭苏联传统的旧版教科书体系便成为众矢之的。在新潮哲学家们看来，旧版教科书中最不能令人容忍的是，它不是从人及人的生活世界出发谈哲学，而是从自然界出发谈哲学，这样，它就势必承认自然对历史的优先性，自然辩证法对历史辩证法的奠基性，承认历史规律对于主体意识的外在性和客观性，承认唯物主义反映论和社会发展的非目的论（决定论），等等。所有这些都被指责为直观唯物主义和机械决定论，是应当被抛弃、被革除、被扬弃的旧哲学的残余，他们认为，马克思主义哲学应当现代化，应当背弃世界观，转向生存论，用西方现代和后现代的最新哲学来充实、补充、革新它的内容。依据这种主张，不仅旧版教科书体系是完全陈旧、完全不适用的，而且全部马克思主义哲学的经典文本都必须根据这个标准加以取舍、重新解读、进行再造。然而沿着这条道路走下去，只能导致无休止的体系之争，而不能产生任何能为多数人肯定的结果，正像我们在“西方马克思主义”发展史上已经看到的那样。

在主张重建马克思主义哲学体系的国内学者中，也有另一种情况，他们力图在传统教科书框架体系的基础上加以改进、充实和完善，运用马克思主义经典文本中的基本哲学范畴建立起一种能够包容马克思主义哲学全部内容的规范体系，这样，就可以使马克思主义哲学获得一种严整的理论形态和稳定的逻辑结构，一方面足以抵御和应对西方流行思潮的侵袭和挑战，另一方面又便于人们完整、系统、准确地把握它的精神实质。但是，面对世界历史的复杂变化和科学技术的迅猛发展，要想在日新月异的新形势下完成上述这种建构哲学新体系的任务，几乎是不可能的事。我们从现代西方哲学的诸多派别中不难看到，每当它们的新体系建立之时，也就是这种哲学寿终正寝之日。这就是说，任何体系的生命都是短暂的，能够保存下来并继续发挥作用的，也许只是它的方法。

马克思和恩格斯生前并未打算要建立自己的哲学体系，但是他们研究的对象却涉及自然、社会和人类思维，在社会领域中尤其注重对经济的研究，人们据此把各个相关领域的研究成果衔接起来而构成一种教学体系，这原非马克思和恩格斯的本意。但是尽管这样，有一点却是肯定的，就是在马克思和恩格斯有时是合作、有时是分别研究上述各个不同领域的时候，他们在哲学方法上却是完全一致、始终一贯的，这个方法就是唯物主义辩证法或者叫作辩证唯物主义。正像恩格斯后来所一再强调的那样，他和马克思所阐发的唯物主义（新唯物主义或辩证唯物主义）既不是教条，也不是公式，而只是方法，即研究问题的指南。作为方法，唯物主义应如何应用于具体的研究领域，这要视研究对象的具体特性而定。因此，我们只把辩证唯物主义或唯物主义辩证法当作哲学方法来看，而不是特指马克思主义的“自然哲学”或“一般唯物主义”。按照我们的理解，并不存在这样的情形，即历史唯物主义是自然唯物主义的推广和延伸。事实上，当马克思和恩格斯着手运用辩证的而不是直观的唯物主义揭开人类历史的奥秘（历史之谜）和社会生活的本质的时候，他们还没有在改造旧唯物主义自然观的问题上进行过认真的思考。可见，他们对作为哲学方法的辩证唯物主义的运用是在历史领域中开始而在政治经济学和对资本主义的现实批判中臻于成熟的。《资本论》可以说是马克思成功地运用唯物主义辩证法全面透视一个特定的经济社会形态的光辉典范，因此《资本论》的方法（大写的逻辑）对于历史科学（包括自然史和人类史）的研究无疑具有普遍性，但即使这样，人们也不能把它当作公式到处乱套。正如列宁指出的，《资本论》的逻辑仅仅是辩证法的局部情形。对于真正懂得辩证唯物主义并能在科学实践中有效地加以运用的人们来说，它就绝不是几个名词、几个套语，而是极其严整、严密的科学方法和治学态度，坚持这种方法，哪怕对于一个细节问题也必须作出艰苦的努力才能有所成就。否则，就绝不是什么唯物主义，更无须去谈论辩证法。

依据上述观点，我们认为仅仅围绕体系的争论并不能真正触及马克思主义哲学的根本性质问题，问题的关键不在体系而在方法。如果抛弃或者背离了马克思主义哲学的根本方法，那么任何哲学体系，即使仍然冠以马克思主义的名称，也不能视为是马克思主义的。在马克思主义哲学体系中，能不能有人学的、生存论的以及价值论等的地位，这并不关涉马克思主义哲学的根本性质问题，关键是在研究上述这些问题时是否坚持并运用了马克思主义哲学的根本方法——唯物主义辩证法或辩证唯物主义。这就是我们在体系与方法问题上的基本看法。

（原载《江海学刊》2001 年第 2 期）

全球创新竞争中的中国制度创新与管理创新

李京文

在我们进入21世纪时，面对的是“地球村”的信息化、智能化、生物技术和新材料、新能源等引发的重大新变革。社会的生产方式、交换方式、分配方式和人类的生活方式、思维方式正在发生剧烈的变化。因此，创新对每个人、每个企业乃至每个国家都变得越来越重要。

制度创新——一切创新的基础和保证

正如熊彼特指出的那样，创新的主体是企业家，是有创新行为的人，是在一定的经济、社会中生存与发展的个人或群体。因此，一切创新皆受经济、社会制度的制约与影响。

技术创新不是孤立的个别行动，而是需要有制度创新的保证才可能奏效的社会行为。因此，仅有技术创新是远远不够的。这不仅在我国在发达国家也是如此。2000年2月，法国的《欧洲日报》有一篇文章写道：“跨入2000年的欧洲是近年来经济增长最被看好的一年，许多分析家发现新经济也在欧洲崛起。推动欧洲的新经济的力量不全然是来自科技的进步。欧洲的经济发展靠的是私有化、自由化以及企业为提升全球竞争力和照顾股东利益而掀起前所未有的制度与管理的变革。”

1. 制度创新的含义

从经济学的角度看，制度创新一般是指制度主体通过建立新的制度构建以获得追加利益的活动，它包括三个方面：第一，反映特定组织行为的变化；

第二，指这一种组织与其环境之间的相互关系的变化；第三，指这一种组织的环境支配行为与相互关系规则的变化。

制度创新一般要遵循“成本—收益”原则，任何一项制度创新都应当坚持收益大于成本的原则，但由于制度主体的特点各异，因而判断标准也不尽相同。一般有三种“成本—收益”关系可以进行比较。一是微观成本与收益的关系，这指从个人、家庭、企业或某个团体的角度评价新制度构建的成本与收益。二是社会成本与收益的关系，它是从经济行为互动的角度评价一项新制度构建的成本与收益。三是政治成本与收益的关系，是从国家和政府行为的角度评价一项新制度构建的成本与收益。

在制度创新的过程中，“成本—收益”的三种评价结果大都不会完全一致。经常是微观成本低而社会成本和政治成本高，或者相反，这种不一致增加了制度的摩擦费用。

制度创新有多种形式，但每种创新都会导致某个领域的制度变迁。制度变迁的实现表现为从起点模式向终点模式的替代、转换的过程。替代和转换过程要通过制度主体的创新行为来推动。

2. 制度创新的作用

制度创新在整个创新体系中居于基础和重要地位。无论在哪一种社会制度下，一切活动都是在一定的经济基础之上进行的。无论是技术创新还是知识创新，如果不和制度创新相结合，其结果不是有名无实就是事倍功半。如果所有制结构不合理，产权不明晰，分配制度不合理，或者组织结构不明确，则一切创新都将失败。因此，为了迎接知识经济时代的到来，我们在扎扎实实地搞好技术创新、知识创新的同时，必须高度重视制度创新，把它放在十分突出的地位加以研究和推进。

管理创新——各种创新成功的基本条件

1. 管理创新的含义

随着科技进步与知识经济的到来，管理及其创新具有更深刻的含义。管理不仅是对生产经营进行计划、指挥与监督，而且主要是协调人与人、人与物、机构与机构的关系，发现和重组各种资源，激发各方面的积极性和主观能动性，为全面实现主体目标而协同努力。

管理创新与工艺创新不同，它强调创新是贯穿于整个经济、社会活动过程中的基本活动，并具有以下特点：

第一，在管理领域中，创新是管理思维的变迁所形成的新模式。具体地说，它不是把管理的创新理解为一种日常工作，而是对日常管理过程中的“中断”，是通过“创新”达到目的的行为。

第二，管理创新的目的是发现“创新机会”。它可以为组织带来潜在的利益，不创新就不能获得这些机会。在此意义上，管理效率服从于效益。

第三，管理创新是受“创新成本”约束的活动。管理是有成本的，如果创新“成本”很高或者“垄断性”很低，一方面，即使有机会，由于成本约束也难以抓住；另一方面，如果能“搭便车”而使利益均衡化，将导致创新动力不足。

第四，管理创新的形式有很多，在管理系统各个要素中都可以进行创新，如制度、组织、激励、绩效、技术、文化等，但从根本上说，创新的目的是对管理资源或要素的重新构建以获得创新收益。因此，管理创新的“创新”区别于一般意义上的“发明”及“新组合”的导入。不能把管理创新等同于“管理发明”。

第五，管理创新的中心是“创新人”的产生，他不仅仅局限于管理者或企业家，“创新人”的核心特征是创新“实践”而不仅仅是“理论阐释”。

根据上述理解，“管理创新”就是为了在市场竞争中赢得管理优势，重组管理资源，以更有效的管理行为，实现取得创新收益的过程。

2. 管理创新与制度创新的关系

管理创新与制度创新的关系十分密切，一方面，制度创新本身就包含着管理创新，因此制度创新直接影响着管理创新；另一方面，管理创新会促进或阻碍制度创新的实现。有效性是制度创新的关键，因而必须强调有效管理在制度创新过程中的重要作用，这是因为：其一，由于市场经济的竞争迫使一个企业或组织要不断地在发展技术和组织方面进行投资以求生存和发展。为了更快、更多和更低成本获取这些技能、知识以及成果，必然要求进行管理创新。一系列创新的管理制度的变化，从时间维度看就表现为制度变迁的历史过程。其二，追求利益最大化的活动决定制度变迁的方向和制度创新的方式，从社会发展角度看，制度变迁的轨迹实质就是创新能力以及企业家决断精神的选择、竞争、合作和均衡的结果。企业家的真正任务就是设计和发现市场、评价产品、技术，积极有效地管理企业成员的活动。企业家的创造性作为有效管理的关键因素是由环境的不确定性所形成的压力决定的。

当代制度创新和管理创新的特点与趋势

知识经济的来临和经济全球化的加速发展，使得制度和管理创新在21世纪将具有许多新的特点和趋势，归纳起来，有以下七个方面：

第一，知识资源成为制度创新和管理创新的第一要素。知识的生产、应用、创新与知识产权的保护，成为制度与管理创新的头等任务。

知识商品化是指把知识转化为商品，从而获取利益。商品知识化是指它可以提高商品中的知识、技术含量，以此提高商品的性能、质量和档次，从而获得高附加值，俗称提升商品的含金量。促成了传统产业的转型和新管理方法的出现。

传统的生产大多以消耗大量的自然资源和能源为主。而现代知识的创造和发展大大降低了人类社会对自然资源的依赖，传统的生产要素（资本、劳力、土地）已逐渐退居第二位、第三位，知识资源成为创新的首要资源。企业财富中心由厂房和设备，变为知识、智力等无形资产。因此，首要的任务是更好地生产、应用和保护知识和知识产权。知识产权制度的最终价值是刺激知识的生产与技术创新，追求一种利益的平衡。它本身也可以被看作以刺激知识生产为目的、调节社会利益的平衡机制。

知识产权制度的制度功能主要表现在三个方面：（1）具有促进合作功能。

知识产权制度通过对高新技术研究、开发、商品化过程中形成的复杂的产权关系进行调整，使知识产权的所有者和使用者能够相互合作，保证高新技术产业化的顺利实施。（2）具有技术扩散功能。以专利制度为例，作为赋予专利垄断权的代价，专利法规定专利技术必须对外公开。据世界知识产权组织统计，全世界最新技术成果的90%—95%首先在专利技术中表现。（3）具有资本营运功能。知识产权是一种重要的无形资产，知识产权评估较其他无形资产而言，其科学性、客观性比较强，从而维护了知识产权的资产特征。

第二，创新的动力和成果分配机制有了变化。过去，创新的动力主要是为了探索科学奥秘的特殊兴趣和对它的执拗追求，在20世纪50年代以来已经逐步演变为主要是为了权益，如追求名和利，特别是经济效益。因此，制度创新和管理制度必须更加注意分配方式和激励机制方面的问题。已经出现创新的成果不再主要归资本所有者（资本家）而是归知识所有者（知本家）的案例。现在应建立这样的财富分配制度，使拥有发明成果并得到成功应用的科技人员不再是清贫的创造发明者，而是财富的拥有者。20世纪80年代初，世界首富前十名是石油、钢铁、汽车制造业巨子。1996年世界富豪前十名排行榜一半以上是从事知识、信息产业的人物，如比尔·盖茨等。1997年世界前六名富翁中有5名是技术创新专家，美国微软公司16000名职工中，资产在百万美元以上的有2000多人。各种技术创新与个人荣耀和利益挂钩，使从事科技的人在观点上有一个非常大的改变，人为利而搞创新是天经地义的事情，靠知识和创新而成为一个富翁是很光荣的事情。这样就会吸引更多的人为获取名和利去拼搏，去搞发明创造和技术创新。

第三，创新的周期显著缩短，出现了短周期快节奏的创新和企业运行模式。以往一项成果从发明到推广应用一般要花30—50年，至少10—20年，但高新技术出现后，从发明创新到应用仅需3—5年。近几年这个过程进一步加快，使人认识到技术创新有立竿见影之效。过去洛克菲勒等石油大王积累第一个10亿美元用了几十年时间，比尔·盖茨用了12年，雅虎的杨致远和戴维·菲洛用了3年，搞网上拍卖交易的海湾电子公司的创建人奥米戴仅用了5周时间。这就要求建立适应这种快速变化的企业制度、金融体制和管理方法。

第四，创新的组织与运行机制在不断变革。组织不应是一成不变的，它是使人们有效合作的一种工具，某种形式的组织机构是适用于在一定条件下、在一定时期内完成特定任务的一种形式。任务、条件、时间变了，组织形式也应该改变。

在20世纪以前，科技活动的运行机制主要是居里夫妇的个体模式。20世纪初，大发明家爱迪生创办了世界上第一个研究所。20世纪初，个人分散活动创造和研究机制逐步受到重视。

到了20世纪30—40年代，在苏联和西方一些国家，公有、国有体制下的科研机构设置独立于企业，而私有、民营体制下的科研机构既有设在企业中的，也有独立运作的。

高科技兴起后，发明创造立竿见影地产生经济和社会效益，吸引人们为了共享利益而组织起来共同搞发明创造，知识创新者不再满足于被雇佣而是勇当自立者。

20世纪50—60年代以来，创新的组织形式在不断变革中逐渐明确创新的主体在企业，出现了园区式创业环境和产、学、研结合的形式，90年代以来，又出现了全球化、本土化的趋势。

在诸多创业形式与机制中，到目前为止，以科技园和孵化器为特征的产学研结合机制，是推进高新技术产业化最适宜的社会组织制度安排，是技术创新的典型示范和先行区。

第五，风险资金成为支撑创新的金融支柱。科技创新需要资金投入，这些投资要面对技术风险、经济风险、市场风险等，特别是大型项目、高难度项目所面临的风险压力更大。与高风险相对应的是高回报、高经济效益和高市场风险的并存，是高技术企业生存与发展必须面对的现实。通常这类企业有三种发展态势：

（1）少数企业成长壮大；

（2）多数企业捞到一把后见好就收，产权转让或关闭；

（3）在研发过程或产品市场竞争中失败。

关键是人们如何看待创新和竞争中的失败。

应该认识到参与高风险竞争者是勇士，为激励后继者，因而出现了政府和民间的风险投资。政府从纳税人缴纳的税收中帮助、维持社会稳定和创新活力。

从制度经济学来看，风险投资是对传统投融资方式的创新，它具有以下几个方面的功能：（1）产业培育功能。（2）风险分散功能。（3）形成有效的公司治理机制功能。（4）要素集成功能。风险投资过程中存在资金、技术、人才、信息、管理、市场等各种资源的整合，产生集成效应，提高了资本效率和资金使用的生产性和增值性。（5）更新文化价值观的功能。风险投资的发展是对创业精神的弘扬，风险投资事业的兴旺和运作，必须促使人们的就业观念、市场观念、风险意识、效率效益等观念发生深刻的变化，有助于形成新的文化价值观。

第六，管理的任务与模式不断创新，主要表现为：（1）管理的对象不再主要是财、物，而是人，而且是有知识的人。对知识分子的管理不能是雇佣，而应视其为伙伴，要更多地尊重他，留住他，并不断培养他，使其尽最大可能发挥作用。（2）现代企业管理应重视国际企业竞争，应把管理标准定在国际竞争上。（3）企业管理要把引导、促进变革和创新作为管理的主要内容。（4）企业的组织形式要有创新。传统的工业管理模式——层级管理受到了严峻的挑战，扁平化、虚拟化的组织形式不断出现和发展。一般来讲，扁平式的结构有利于大家信息共享，地位平等。但另一方面企业还要有领导、有决策、有中心。

另一个特点是管理中更充分利用信息技术的成果，以前虽然也利用信息技术的一般处理，比如收集、储存等，以后必须更加注重信息加工这一层面，要把各种类型的信息及时收集、分析并将结果利用到管理中，这对管理水平的提高是有很大作用的。从企业运行的角度看，企业经营是一个物资流动、资金流动与信息流动的过程。在现代信息技术的基础上，企业可以把物流、资金流和信息流三流合一，实现高速高效运转。

第七，制定创新战略成为引导国家和企业发展的重要措施。一个企业、一个地区、一个国家的创新活动及其成果直接反映该企业、该地区、该国家的科技与经济能力及水平。关注全球科技进程，研究制定创新战略、策略及措施是不容忽视的大事，许多国家都在不断制定和完善国家创新战略，以创新战略作为引导国家发展的重要指针。

制度创新成为创新战略的重要组成部分。近年来，不仅原来的计划经济国家实行各种形式的经济转轨，而且发达的资本主义国家也在不断变革自己的产权管理制度，如公司并购成为当代的潮流，企业不断壮大或被淘汰。在许多国家，高科技企业如雨后春笋般涌现，同时另一些企业倒闭或消失。1996 年，硅谷有 3000 多家高技术企业开业，同期有 2000 多家关门。1999 年，韩国有 3 万多家中小企业开业，2 万多家关门。有人预测，在未来的 5 年中，现有公司只有 10% 能保存下来。

为了作好产业和企业的制度创新和管理创新方面的战略，需要认真研究和回答以下几个问题：

（1）我们的使命是什么？我们的价值观是什么？（2）谁是我们的客户？客户的认知价值是什么？（3）我们的（绝对）优势是什么？我们能够做什么？（4）我们面临的机遇、挑战和新科技如何？（5）如何更好地发挥我们的能力？如何做好组织工作？（6）我们的具体目标是什么？如何跟踪结果？（7）变革的范围、幅度和频率如何？

当前我国制度创新、管理创新的重点任务

当前，中国正处于改革与发展的关键时期：一方面，市场化改革已成为不可逆转的历史趋势；另一方面，我国已加入 WTO，面临着机遇与挑战。为了适应形势的需要，制度创新和管理创新必须在以下几个方面抓紧推进：

1. 推进所有制结构的转移与创新

建立多种所有制并存的经济结构。中国现阶段所有制多样性格局，主要

是通过在传统体制的薄弱环节或周围发展各种非国有经济而形成的，是“增量改革”的结果。

从工业企业增加值构成来考察，非国有经济的比重已经接近国有经济，2000年国有及国有控股企业占全部工业增加值的59.2%，具有一定规模的非国有企业占41.8%；在工业总产值中，非国有工业企业的比重超过国有工业企业的比重，达到51.7%，但除了表明非国有经济成长性强、运行效率较高之外，并不说明非国有经济在整个所有制结构中已获得主体地位。

目前，中国国有企业资产至少仍占全社会企业总资产的50%以上，如果考虑到国家依然掌握大量社会资源并具有不断将其资本化或资产化的能力，全部国有资产的比重可以说占绝对统治地位，因此，国有经济的战略性调整的任务还很艰巨，最关键的是解决好产权不清问题。

2. 政府管理机制的转换与创新

随着市场机制的基础作用确立和非国有经济的成长，改革的重点必然向政府改革转移。实践证明，非国有经济的培育和国有企业改革主要不是企业自身可以承担和完成的，它是和政府改革、职能转变紧密相连且互为条件的。

政府管理体制改革，关键是解决政府职能上“越位”“缺位”和“错位”问题。即在政府不该介入也管理不好的领域，大幅度削减政府直接干预经济的职能，把市场能够解决的问题交给市场去解决，如放松行政性管制，减少行政性审批，打破行政性垄断等；在市场机制难以发挥作用的领域，增加和强化新的职能，如加强对经济运行的监控、完善社会保障、提供信息服务等。

3. 建立一支高素质的专门经营管理队伍

在传统计划经济体制中，企业管理者与行政官员的身份是可以相互替代的，这往往导致企业管理行为的扭曲。在现代市场经济体制中，所有者、经营者、生产者三方面通过权力机构、决策管理机构、监督机构，形成了各自独立、权责明确而又相互制约的法人治理结构，这一法人治理结构需要有专业的管理者——职业经理人。职业经理人以其超优决策和创新能力激活并保持着企业的生命力，成为企业组织结构的设计者、修正者。职业经理人的存在及其功能的发挥是现代经济发展的微观基础。

中国的职业经理人历史短、数量少、素质不高。职业经理人短缺已成为制约我国经济不断发展的障碍，成为向市场经济体制转轨和建立现代企业制度的瓶颈。中国企业目前正在酝酿一场变革，其最明显的标志就是职业化的经理人市场在中国已经初露端倪。在现代市场经济的竞争中，作为市场竞争主体的企业应由职业化的经理人来从事企业的经营管理，只有这样，才能实现所有权和经营权的分离。

为了鼓励职业管理人员的成长并不断提高其素质，对他们实行股票期权激励，不仅能够有效改善治理结构、降低代理成本，更重要的是，对我国职业经理市场的发展，可起到催化作用。与年薪制更多地照顾经营者的短期利益相比，股票期权具有长期报酬的特点，因此，股票期权已在许多国家得到普遍实施。股票期权制度不但可以激励经理人，增加对他们的竞争压力，而且较高的收入可以激励更多的企业家积极加入到职业经理的队伍中来，而过高的收入又会引起其他有志之士对控制权的争夺，对经理代理成本起到抑制作用，这无疑将有效推动我国职业经理市场的发展和公司治理结构的改善。

4. 制定和实施我国的创新战略

当前，中国正面临诸多挑战，最严峻的是在迎接知识经济和经济全球化过程中，在加入 WTO 后如何应对激烈的国际竞争，如何更有效地利用自己的资源，提高资金的使用效率和人力资源的使用效率。高盛国际集团（亚洲）副董事长肯尼斯·柯蒂斯认为，中国每年的新增存款中很大一部分因为投资方向和回报的原因流到了国外。柯蒂斯认为这其实是自相矛盾的：一方面，中国各级政府想方设法在全世界招商引资，拿出了种种优惠政策；另一方面，国内却有如此多的闲置资本没有被动员起来，最终或者是存进了银行，或者是流到了境外。

经济学家认为，在提高资金使用效率方面，有两个迫在眉睫的巨大压力使中国不能丝毫掉以轻心。一是道路、交通、水利、通信和环境保护等基础设施建设需要大量的长期资金，它们的建设质量直接决定了明天的增长质量；另一个压力则是日益逼近的人口老龄化所带来的养老金支付问题，随着老龄人口增长的速度超过年轻人口的增长速度，人口结构的金字塔就会发生倒转。如何提高资本的使用效率，将是日程上的首要问题。其中，最大的机会和挑战，则是如何动员全社会的养老资金，把它们投入到回报最好的经济领域和企业之中。这个问题解决得好，中国将会在增长质量和未来的养老金支付方面取得双赢的结果，否则就只能是双输的结局。

另一大挑战是如何提高人力资源的使用效率。今天中国城市化的比率是36%，30年后将会达到60%以上，也即意味着新增5亿多的城市人口，这可是美国人口的两倍！到时候，将会有8亿—9亿的人口居住在城市之中，形成一个全球性的核心城市市场。这固然会对社会管理和城市基础设施建设及其投资带来沉重压力，但如果能够把如此庞大的人力资源比较有效地开发出来，由此所释放出来的潜力将难以想象。

为了充分利用中国的各类资源，必须制定和实施符合中国情况和世界潮流的创新战略。特别是各个产业和企业，在我国面对全球竞争的今天，必须有自己的全球创新战略去应付。面对技术的不确定性和我国企业技术水平相对较低的情况，有的专家提出：企业可以采取以下创新战略，如在新技术平台上的密集投资。在国外技术领先地方设立研究所。购买外国高技术企业，加入技术战略联盟等。尽管现在从许多方面讲，我们还比较落后，但我们应该看到我们也具有通过创新迎接知识经济新时代的基础，而且有的产业、有的地区基础还是比较好的。如上海、北京、深圳等地是非常不错的，这些地区有很多企业已经具备了不断创新的基本要求，所以我们不能等到工业化完成之后再来谈创新，我们必须以积极的态度来迎接创新全球化，要全方位地实施创新战略，应在继续完成工业化的同时，努力发展“知识经济”，以信息化来带动工业化，使中国的企业愈来愈多地在全球创新竞争中不断发展壮大。

（原载《江海学刊》2002年第1期）

辛亥革命的历史功绩与局限

茅家琦

历史功绩：打破中国历史发展的“改朝换代”式的发展规律

辛亥革命的历史功绩，概括起来说就是推翻封建王朝，创建中华民国，民主共和思想深入人心。这是大家都知道的。

这个功绩的伟大历史意义在于打破中国社会历史发展“改朝换代”式的循环发展规律。这个规律就是：封建王朝到了后期，衰败腐朽，民不聊生，爆发农民起义；农民起义摧毁了统治集团，却又在农民战争胜利之后建立起一个新的封建王朝；新王朝发展到它的后期又腐朽不堪，引起又一次农民起义；新的农民起义的结果，旧王朝被推翻，出现了又一个新的封建王朝。封建王朝—农民战争—新封建王朝—新农民战争—又一个封建王朝，如此循环不已。中国社会历史就这样轮回演变，导致封建社会长期延续。历史上早就有人抨击皇帝，但找不到出路——如何打破这个循环式的“改朝换代”的模式，用另一种制度来代替帝王封建专制。“大丈夫当如是也”，刘邦的一句话一直被后代奉为圭臬。从中国传统文化中，肯定找不到出路。

以孙中山为代表的革命志士的伟大功绩在于他们向西方学习，吸取西方文化的精华，用于改造中国社会现实。在中国历史上孙中山及其领导的辛亥革命，第一次用西方的民主共和思想打破了中国封建社会历史循环的固有规律，将中国社会历史推向一个新的发展阶段。这个功绩是思想开放的结果。我们说，孙中山是学习西方的先进人物，其重要的含义就在这里。因此，将孙中山说成尧舜禹汤文武周公孔子孟子一脉相承的道统继承者是不全面的。正确地说，孙中山吸取了中西文化的精神。

孙中山及辛亥革命取得功绩的动力是什么？我认为是丰富的人文精神。孙中山关心人的尊严与幸福，尊重人生价值，从上书李鸿章到倡导三民主义，都是为了人群的幸福，民族、国家的幸福。为了民族、国家、人群的幸福，他牺牲小我，奋斗不已。正是这种精神推动他吸取中西文化的精华，创立三民主义、五权宪法，发动武装斗争，十次起义，十次失败，毫不气馁，愈挫愈奋。就辛亥革命的历史看，这种丰富的人文精神不仅体现在孙中山的一生中，而且体现在许许多多革命志士身上。在这方面，人们往往记得邹容、陈天华、《革命军》《猛回头》等人物与著作，但远不止此。

以黄花岗起义时两位烈士方声洞与林觉民为例，他们的高度人文精神很值得后代钦佩与发扬。在发动起义前夕，方声洞给年迈的父亲写了绝笔书；林觉民给新婚的妻子写了绝笔书。现在读起这两封绝笔书仍然感到十分动人，充满高度的人文主义精神。

方声洞在绝笔书中说：

> 此为儿最后亲笔之禀。此禀果到家，则儿已不在人世者久矣……迄于今日，外患逼迫，瓜分之祸，已在目前，满洲政府犹不愿实心改良政治，以图强盛……满政府一日不去，中国一日不免于危亡，故欲保全国土，必自驱满始。此固人人所共知也。儿蓄此志已久，只以时未至，故隐忍未发。迩者，海内外诸同志，共谋起义以扑满政府，以救祖国。祖国之存亡，在此一举。事败则中国不免于亡，四万万人皆死，不特儿一人。如事成，则四万万人皆生，儿虽死亦乐也……但望大人以国事为重，勿伤儿之死，则幸甚矣。

林觉民在绝笔书中说：

> 吾作此书时，尚是世中一人；汝看此书时，吾已成为阴间一鬼……

吾自遇汝以来，常愿天下有情人都成眷属，然遍地腥云，满街狼犬，称心快意，几家能彀！司马青衫，吾不能学太上之亡情也。语云：仁者老吾老以及人之老，幼吾幼以及人之幼，吾充吾爱汝之心，助天下人爱其所爱，所以敢先汝而死，不顾汝也。汝体吾此心于啼泣之余，亦以天下人为念，当亦乐牺牲吾身与汝身之福利，为天下人谋福利也。汝其勿悲！

纪念辛亥革命，纪念孙中山及一切革命志士仁人，就是要发扬这种人文精神，为人生价值，为人生幸福、尊严，为人群及国家民族的利益，奋勇前进。

这种人文精神，不仅是继承中国传统文化中的仁爱、忠恕、天下兴亡匹夫有责等思想精华，也包括西方希腊古典人文精神以及文艺复兴以后的西方人文主义思想精华。辛亥志士很多是留学生，接受叔本华、尼采、倭铿等西方文化精英的精神追求及人文主义哲学。他们也接受了基督教的博爱精神。孙中山在后来给美国传教士季理斐的一封信说过下列一段话：

阁下立志宏远，造福人群，远离贵国，惠来东土，本基督博爱平等主义，冶东西文化于一炉。萃欧美之精华，补东方之残缺，撮吾华之美德，正欧俗之偏倚，融洽中外，迪政牖民，良法美意，莫逾于此。①

1924 年 3 月，在“民族主义第六讲”中，他又明确地说：

仁爱也是中国的好道德。古时最讲爱字的莫过于墨子。墨子所讲的“兼爱”，与耶稣所讲的“博爱”是一样的。②

这种人文精神也包括佛教文化的精华。在萍浏醴起义时，杨卓林谋刺端方。到达南京后，他误交端方的两个密探，将密探认作朋友，结果被诱骗到扬州遭到清廷逮捕。清朝审讯官员要他写供词，他在供词中自称是“孙文之

① 《孙中山佚文两篇》，《民国档案》1996 年第 4 期。
② 《孙中山全集》第 9 卷，中华书局 1986 年版，第 244 页。

副将军”，并引西谚“不自由，毋宁死”和佛家语“众生一日不出地狱，即余一日不出地狱”以明志。①

可见，辛亥革命志士实冶东西人文主义思想精华于一炉。

历史局限：中国资产阶级主体不支持资产阶级民主革命

半个世纪以来，史学界公认的观点是辛亥革命胜利了，但辛亥革命又失败了。所谓失败是指同盟会很快失去了执政地位，中国的社会性质没有得到改变，仍然是半殖民地半封建社会。

是什么原因导致辛亥革命失败？论者的意见并不一致，还是一个值得深入讨论的问题。下文从辛亥革命与中国资产阶级之间的关系的角度切入，发表一点意见。

辛亥革命是一次资产阶级民主革命，它的目标是在中国建立民主共和国。但是，当时中国资产阶级的主体——绅商并不拥护革命派。

从洋务运动开始，经过甲午战争以及新政时期清政府两次提倡、鼓励与扶植，一批官员、买办、商人创办了近代企业，形成一个绅商阶层。1904 年，由于清政府的倡导，建立商会以后，绅商掌握了各地的商务总会。商务总会的建立，标志着中国资产阶级已经成为一支有影响的政治力量。“商”，在当时包括商业、工业等各种行业。“绅商”即工商界的头面人物，有经济实力、政治影响的代表人物有严信厚、徐润、周晋镳、张謇、汤寿潜、李平书、沈缦云，等等。从经济实力、政治势力看，当时绅商成为中国资产阶级的主体。

在政治上，绅商是拥护改良、拥护立宪的。1908 年 12 月在上海成立“预备立宪公会”，推动立宪运动，郑孝胥、张謇、汤寿潜、李平书等是领袖人物。这个“预备立宪公会”成为推动立宪运动的全国性领导机构。

绅商拥护立宪，是因为他们是晚清新政改革的得益者。甚至可以说，他们是洋务运动以来清政府发展近代工商业政策的产物。他们从新政中得到好

① 参见陆其国《在历史的档案里——血祭百年初》，《档案与建设》2001 年第 7—8 期。

处，希望继续改革，实行立宪，从而扩大自身的经济、政治利益。1910 年（宣统二年），在南京举办了官商合办的“南洋劝业会”，即商品博览会，包括农业、医药、教育、工艺、武备、机械、美术、通运等馆，历时半年，收到很好的效果。这一事实正说明：官府扶植工商业，绅商愿与官府合作。绅商支持新政，拥护立宪。

国内参加同盟会、拥护革命的主要是革命知识分子，他们从国内新式学堂、新式报刊或出国留学等渠道中接受了西方的民主自由思想，以资产阶级民主自由思想继承人的身份，以资产阶级民主共和国为奋斗目标，发动反清革命，创建中华民国。但是，他们本人很少是企业家。此外，还有被革命知识分子动员起来的反清会党及一部分新兵。过去人们往往将湖南的禹之谟当作参加革命的资产阶级中下层的代表人物，但在 1981 年举行的“纪念辛亥革命 70 周年青年研究工作者学术讨论会”上，郭世佑提出他的考辨意见。他认为：禹之谟是“小商家庭出身，早年当过学徒、塾师，任职军营文书等。中日甲午战争爆发后，在湘籍两江总督刘坤一所部效力……禹之谟‘愤时事日非，乃反而求诸实业，于是研究矿学者有年，考察扬子江流域矿产，屡兴工程，辄因阻力而止’。1897 年，禹之谟回到湖南，与维新志士谭嗣同、唐才常等人有所接触，且多次面晤湖南哥老会首领毕永年。1900 年，唐才常密谋自立军起义，禹之谟负责筹运军械。旋因起义失败，他流亡日本，在大阪、千代田等地工厂学习纺织技术。1902 年，禹之谟离日归国，次年，在湘潭始设小型织布作坊，名曰湘利黔。旋革命党人黄兴在长沙明德学堂创立华兴会，暗中组织反清革命活动。禹之谟经常晋省拜访黄兴，与商革命大计。据陈松藤回忆，‘每见公来省，必赴校晤克公畅谈，间作密语。由是，始知公为革命中之实践者’。1904 年，华兴会起义事泄，黄兴亡命日本。禹之谟借湘抚赵尔巽在长沙倡导‘新政’之机，得到 1000 元官方拨款，索性将‘湘利黔’迁往省城，试图以此为掩护，继续发动革命。1905 年初，他还创办驻省湘乡中学和惟一中学，着重在青年学生中直接培养革命骨干”。作者又说：“从禹之谟的经历中不难看出，他是一位由服膺维新变法、热衷实业救国而较早地转入反清革命洪流的革命者，晋省以后的实业活动主要是为其革命活动服务的。”①

这种情况到辛亥革命以后也没有出现基本的变化。1921 年年底共产国际的代表马林到桂林访问孙中山，又到广州对中国国民党进行了解。1922 年 7 月 11 日马林向共产国际执委会报告他对桂林、广州之行的印象。在分析国民党的性质时马林写道：

> 在同几个领导人谈话中，我明白了，国民党是由 4 种人组成。
>
> 1. 起主导作用的知识分子。
>
> 2. 华侨，即国民党组织中的资产阶级分子……中国的这部分资产阶级侨居异乡……他们没有明确的政治目标。国民党的领导人从未表达过这个群体的需要。
>
> 3. 南军中的士兵。
>
> 4. 工人。特别是在广东省和华侨当中，孙中山同工人已经有了长期联系。②

参加并支持兴中会、同盟会的是华侨资本家，而且主要是华侨中的中小资本家。华侨中的大资本家也不全力支持。著名华侨大资本家张振勋、胡国廉等对革命都不抱同情。号称“七大家”的南洋华侨朱子佩等，还有马来西亚的胡子春也都不支持孙中山。何况，华侨资本家并不是中国资产阶级的主体。

到光绪帝、慈禧太后去世，载沣掌权。25 岁的载沣不知天高地厚，拖延立宪步伐，进一步集中权力到皇族手中，绅商立宪派失望，大部分对清廷疏远，小部分转向革命党。武昌起义，各省先后响应独立；清廷派往武汉的军队又在汉口纵火焚烧三日，严重破坏了武汉的工商业。在这种情况下，立宪派绅商别无选择，采取拥护共和、支持各省独立脱离清朝统治的态度。他们

---

① 刘泱泱主编：《辛亥革命新论》，湖南出版社 1996 年版，第 468—469 页。

② 中共中央党史研究室第一研究部编：《共产国际、联共（布）与中国革命文献资料选辑（1917—1925）》（2），北京图书馆出版社 1997 年版，第 234—235 页。

一方面支持共和，另一方面又策划袁世凯上台。张謇是一位典型的绅商，武昌起义后，他曾建议铁良、张人骏派兵援鄂，但很快就转变立场。他在给许鼎霖的信中说："现在时机紧迫，生灵涂炭，非速筹和平解决之计，必致俱伤。欲和平解决，非共和无善策。此南中万派一致之公论，非下走一人之私言。"信中还表示：已不值得"为爱新觉罗氏争万世一系之皇统"①。张謇又致电袁世凯说："与其殄生灵以锋镝交争之惨，毋宁纳民族于共和主义之中。"② 张謇又极力拥护袁世凯上台。

如果说，武昌起义后，绅商拥护共和、支持革命，与革命党人有过短期的合作，其原因一是清廷载沣等阻挠立宪，加强皇族专制，绅商对清廷失去希望；二是汉口被烧杀三昼夜，破坏工商界利益，绅商渴望和平，反对战火蔓延；三是利用共和策划袁世凯上台。等到袁世凯上台，这种短期合作也就终止了。

绅商并不全心全意拥护孙中山，还可以从张謇的言行中找到原因。孙中山组织临时政府，1912 年元月 2 日发表各部总长任职命令，张謇被任命为实业总长。3 日孙中山约张謇谈政策，张謇在日记中写道："与中山谈政策，不知涯畔。"③ "不知涯畔"者，不着边际也。张謇对孙中山的政策主张表达了不满与反对。

绅商是当时中国资产阶级的主体，绅商不拥护孙中山等革命派，绅商拥护立宪，拥护袁世凯。中国资产阶级民主革命得不到中国资产阶级主体的拥护，这是一个值得深思的问题。

（原载《江海学刊》2002 年第 2 期）

---

① 《张謇全集》第 1 卷，江苏古籍出版社 1994 年版，第 188 页。

② 同上书，第 183 页。

③ 《张謇全集》第 6 卷，江苏古籍出版社 1994 年版，第 662 页。

论马克思主义哲学本体论及其当代价值

陈先达

没有关于本体论的理论，就没有哲学

哲学中的本体论问题，学术界争议颇多，其中既有关于译名的争论，也有关于本体论自身的争论。我认为，我们不应该拘泥于本体的词义学考证，也不能因为各种唯心主义的、神学的，以及旧唯物主义形而上的本体论而否认它在哲学中的地位。哲学中本体论存在依据的最深层的根源不是人的哲学思辨，我们不能依据某些错误的本体论观点而对本体论作为哲学问题采取拒斥态度。本体论问题存在的必然性和必要性是人的实在处境和生存需要。人生活在世界之中。人是生活于世界中的人，人面对的是人的世界。人的生存依赖世界，人必须了解世界和改造世界。作为不同于具体自然科学的哲学学说不能无视这个最根本的事实。对客观世界的具体把握是实证科学，而对包括人自身在内的世界的总体性把握是哲学。世界如何（它的本质和状态）属于本体论问题；世界如何认识（认识世界的途径、方法和规律）属于认识论问题；世界的意义（应该如何）属于价值论问题；如此等等。任何一个够得上称为哲学问题的问题都必然直接或间接地与世界客观实在性问题相关联。在哲学史上哲学领域不断分化又不断扩大，新的问题会不断出现。但无论怎样变化，对世界自身的认识始终是它的基础部分。本体论问题并不能涵盖全部哲学，但本体论问题的解决方式，对一个哲学体系具有基础性的决定性意义。

世界是唯一的，但关于世界存在的本体论学说却是多样的。我们可以不同意本体论理论中的思辨形而上学学说，不同意柏拉图、黑格尔的理念论和绝对观念论，不同意生命哲学、唯意志主义哲学以及各种非理性主义的本体论学说，但我们不能反对本体论问题。不能把马克思主义哲学的变革归结为对本体论问题的抛弃。其实即使是拒斥本体论的哲学仍然是以拒斥的形式包含着一种对世界实在性的看法。尽管自古至今，各种各样的本体论学说都是为自己的哲学体系寻求基石，主张各异，但从根本上说它的核心始终离不开人类面对的世界即存在，问题只是它以什么样的哲学观点对存在进行诠释。

马克思主义哲学本体论的立足点不是为了构造哲学体系，也不是寻找所谓安身立命的依据，而是建立既能认识世界又能改造世界的不同于以往的哲学。马克思主义科学世界观的可能性、必要性和客观基础，都是以对世界的本质和人与世界关系的科学理解为依据的。离开世界本身争论世界观问题，以及争论所有的哲学问题都无异于民间笑话中的瞎子争匾，自说自话。

本体论问题并不单纯局限于世界的本性问题，它关系到认识领域、实践领域、生活领域中的种种问题。实践是对象化的活动，对象化的活动必须有对象，而对实践的看法取决于对实践对象的看法。康德的实践理性、黑格尔的实践观念，虽然都强调实践但并不改变它的唯心主义本性，因为它对世界的看法是唯心主义的或者是二元论的。认识是对象化的知识，它必须有对象才可能有认识。因而认识论的性质取决于本体论的性质；唯理论与经验论都各有唯心主义与唯物主义之分，这并不取决于理性与经验自身，而是取决于它的本体论前提。马克思主义也强调哲学必须从天上降到地上，反对德国的思辨哲学；但马克思主义的生活世界、现实世界或者像他们所说的实际生活都是以自然界优先地位为前提的人的现实生活世界，即在人与自然关系基础上发生的包括经济生活、政治生活与思想生活在内的人的实际生活过程。它既有主客体关系又有以物为中介的人与人的关系。社会生活在本质上是实践的，而实践就内涵着人与自然、人与社会、人与自我的关系。否则任何实践活动都不可能进行。如果把生活世界只看作主体际世界、主体的经验世界、语言世界，这种生活世界的转向与把哲学归结为追求现象背后的理念和绝对观念的思辨哲学相比，有一定的合理性，但很难说是哲学的根本转折。因为当主体性和主体际关系失去一般唯物主义本体论特别是历史唯物主义的支撑时，双脚仍然跨不出唯心主义的领域。因此在我看来，所谓现代哲学的种种转向，如认识论转向、语言学转向、方法论转向、价值论转向、实践论转向、人学转向，等等，实际上是哲学研究重点和主题的变化，它不可能绕开世界的客观性问题。我们可以毫无例外地在这些重大问题上看到哲学性质的分歧。

从哲学发展看，本体论不是一成不变的。中国哲学与西方哲学，古代与现代都各有特点。在西方古希腊时期，本体论表现为对宇宙起源和世界物质构成统一性的追求。这表现为哲学童年时期的宗教与神话在哲学问题的继续。创世说、起源说是任何民族的神话中都存在的原始人对自身起源的追问，也是宗教创世说所提的世界起源问题。不同的是，当人类不是以幻想的神话方式也不是以上帝创世说的方式，而是以理性思维的方式解答这个问题，它就变为一个哲学问题。在古希腊，由于自然科学与哲学是浑然一体的，科学尚未从哲学中分化出来，因而古希腊的本体论对问题的回答既是哲学的又具有自然科学的色彩。在西方，当实证科学逐步从哲学中分离出来，从宗教与神话的怀抱中挣脱出来，哲学对本体论的提问，就摆脱了起源说和创世说的方式，变为纯哲学的问题，变为在人与世界的现实关系中，在人的思维与存在的关系中来思考世界的客观实在性问题。它的提问不是世界的起源和物质构成的问题，而是存在与人的思维的关系问题。存在和思维这两者都是现实的，思维就是人的思维，而存在就是人所面对的世界。这个第一性和第二性的问题，实际上也就是我们面对的世界是真实的客观的世界还是在它背后还有一个决定和产生现实世界的世界。这个产生现存世界的存在物，无论称之为理念、绝对观念或是主体的感觉、观念都是一样的。因为依赖观念的世界，当然是非客观的世界，它只是观念的变形和投影。

本体论是任何哲学都不能摆脱的问题，它是哲学中的根本性问题，是哲学不同于非哲学的一个本质性规定。中国传统哲学中同样有本体论理论。这突出地表现为道家关于道和儒家关于心性的学说。当然，中国传统哲学以人生哲学和伦理哲学为主导特色，因此道家的道变为德，而儒家的发明本心往往转变为道德修养的最高境界，因而中国哲学的本体论学说没有西方哲学那样浓重的纯逻辑的范畴体系色彩。但是，不能认为中国哲学没有本体论学说。当然，哲学家并不一定以本体论为重点来构建自己的哲学体系，哲学是多种多样的，更不用说在不同时代哲学会面对不同的问题。有认识论问题、语言问题、非理性问题、欲望问题、意志问题、人的问题，乃至当今的文化哲学、环境哲学、伦理哲学、生态哲学、经济哲学，可以说，哪里有问题哪里就有哲学。哲学会出现在任何具有普遍意义的问题的地方。但是无论哲学如何多样，只要是哲学，是哲学的思考方式，它就有一个本体论的前提。这个前提可以是显性的，也可以是隐性的。这种本体论前提决定它的整个哲学的性质和方向。有位哲学家说过："每一种认知论——即使它本身意识不到或不怎么愿意——也必然是一种本体论（这种理论一方面探究实体是什么，一方面探究对实体所作的思维是什么，然后把两者作一比较）。由于有这种关系，有时思维被视为根源于实体——这是实在论的观点，有时实体的结构被认为导源于思维的作用——这是唯心论的观点。不管怎样，这种关系是不能置之不理的。"①

世界观是自古就有的，但它的科学性经历了很长的过程。恩格斯在《法学家的社会主义》中曾从世界观发展的角度总结过从宗教世界观经历"资产阶级的经典世界观"即法学世界观——关于自由、平等、博爱的抽象人道主义世界观，到马克思主义的科学世界观的历史过程。科学世界观就是能科学地把握世界的客观本性，把握人与世界的辩证关系和为人类提供认识世界和改造世界方法和途径的世界观。其中具有基础性的问题是世界的本性和状态，即世界的本质和辩证发展规律问题。可是世界的客观性问题是所有哲学问题中最困难、最难以解决的问题，这是由人类存在的方式和人的认识自身的特点

① 加塞尔：《什么是哲学?》，商务印书馆1996年版，第45页。

决定的。由人提出和证明可以有一个在人的意识之外不依赖人的意识的存在，这就是一个悖论。这个悖论的存在，证明本体论的问题与认识论不可分。要使本体论问题得到一个具有科学性的解决方式，必须走出认识论自我中心的困境。

主客体认识关系中的本体论困境

人所面对的世界是包括人和人类社会在内的世界，也就是说世界是人的世界。这样人无法撇开人自身、撇开人作为主体来谈论世界，谈论世界的客观性。主体与客体的关系、认识与认识对象的关系是人类认识中永恒的任何时候都不可能摆脱的关系。这种关系的存在并不能把本体论化为认识论，或者否定本体问题的重要性，而只能更加证明本体论问题存在的必然性和在哲学体系中的决定意义。可是主客体关系的存在，的确使世界客观性问题变得更为复杂。正是由于人与作为认识对象的世界之间的认识论关系，使世界客观性这个最根本的本体论问题长期聚讼纷纭，争论不休。

旧唯物主义者离开主体谈论世界的客观性。这种纯客体论者虽然坚持唯物主义，强调世界的客观性，强调按照世界本来面目认识世界，可它无法解决什么是世界本来面目，人何以知道世界本来面目？难道世界的本来面目不是被人意识到的内容吗？难道人对世界的认识能不附加任何外来的内容吗？在旧唯物主义纯客观主义范围内无法解决这个认识论难题。唯心主义者的确抓住了旧唯物主义的要害，他们认为，撇开主体谈论世界客观性问题，就是谈论处于认识之外、经验之外的存在，这是神秘主义。如果你回答说我是在经验之内、认识之内、意识之内谈论世界客观性问题，我见到、我听到、我触到，那么，唯物主义又会陷入唯心主义的陷阱。因为这等于说，不存在世界本来面目的问题，世界本来面目就是对象在自己心中的面目，而不是对象自身的面目。这样，由于主体意识的屏障作用，对象的本来面目或者变为康德的物自体，或者变为主体意识的内容。不是倒向本质与现象对立的不可知论，就是倒向存在是被感知的唯心主义。

要解决从客体观察客体的理论和实践的矛盾，必然引入主体性，进入主客相关理论的领域。这种引入不是一个纯思辨的问题，而是事实如此。这样，本体论问题的解决和论证必须求助于认识论的正确解决，这样才可能避免独断论、怀疑论和不可知论。可主体问题的引入又增加了陷入唯心主义陷阱的可能性。当哲学家们强调人面对的是人的世界，因而主客体关系是人类实践和认识中普遍的必然的关系时，往往向另一面倾斜，即单纯从主体角度观察客体，从而把客体融入主体之中。

这的确是个难题。认识永远无法摆脱主体。人对客体的认识总是主体的认识，是从主体角度出发的认识。即使我们暂时搁置认识为自己构造对象、认识就是自我对自身的认识这种极端的意见不讲，就算认识是有客观对象，可要对这种对象形成认识，仍然离不开主体的参与。这样，主体认识的不同角度、不同条件、认识的主观图式都会影响到对客体的判断。“横看成岭侧成峰，远近高低各不同。”讲的是认识角度不同中的对象面目；坐井观天，蟋蛄不知春秋，夏虫不可以语於冰，讲的是不同时间和条件中所形成的对象的差异性；咖啡中的糖是不是够甜，各人回答可能不一样，这是主体感受差别形成的对象性质的差别性。总而言之，认识不可能没有主体，可认识一引入主体，关于认识对象的客观性问题就会陷入无休止的争论。所谓月亮在没有看时是不存在的，在实践范围之外世界是无，都是由此引起的。

存在问题是哲学家无法绕过的关隘。问题如何处理？当代著名的存在主义者雅斯贝尔斯把存在分为三种，一种是最低级的存在，这就是客观世界的存在，它是所有科学所把握的存在；另一种是个人的自我的存在，这是更高级的存在，它蕴含着潜在的可能性，不可能由支配客观存在的理性范畴所把握；因而在这种存在中包含自我超越的因素，当它与第一种存在相结合便进入第三种存在即前二类存在的结合，从而达到对存在的超越。很显然，人的存在才是一切存在中最重要的存在。其实海德格尔的“基础存在论”关于存在的学说也没有越出这条路线。在海德格尔的关于存在的学说中，“此在”置于存在者的首位。此在虽然也是在者，可不是一般的在者，而是所有在者中能够追问存在的意义，能够赋予存在以意义，能够理解和解释存在意义的在者，也就是“此在”。所以“对此在的存在论的解释，构成了基础存在论，此在充当的就是首先须问及其存在的存在者”。人的存在论是基础存在论，而其他一切存在无非是作为此在追问的对象才有存在的意义和价值。真理根本不是认识与对象的符合，真理只能是此在对存在的揭示和去蔽，因此在“此在”之前无真理，“此在”之后无真理。我们对这种看法并不感到惊奇。就其最根本的思想来说，是我们在哲学史上已知的关于人、关于主体性、关于主客体相互同一性理论的更思辨的更具有时代气息的一种说法。此在也罢，人也罢，主体也罢，无论怎样调换，只要坚持世界的客观性和意义全在于人的理解之中，世界的存在是依存于主体的，就是万变不离其宗。其他一切再说得天花乱坠也无改哲学路线的本质。

这种主客一体的哲学中国也有，所谓心物一体，万物本心，世界无心外之物就属于这一类。王阳明关于南阳镇看花的辩论最为生动。在常人看来，花生在山中，看与不看花照样存在，只能说，无人看时不知道花的存在而不是没有花的存在。“不知道”和“没有”不是一回事。前者属于认识论问题，后者属于本体论问题。可王阳明则说，你来看花时，此花在你心中明白起来，你不来看花时，此花与你的心一同归于寂寞。可是这样说，并非是没有困难的。因为它极力回避，不来看花时，花究竟存不存在？如果不存在，你心中关于花的观念由何而来？存在与关于存在的观念的先后问题，尽管被一些思辨哲学家认为是一个肤浅的问题，可确确实实是一根梗在思辨唯心主义者咽喉的骨刺。只有先有花才可能看花。岂止看花一例，整个世界都是如此。先有客观世界才有关于世界的认识。即使是人造的事物，观念的先行性也是有条件的，因为在头脑中形成的即将付诸实现的观念仍然是从实践中积累来的。而当它被制造出来，作为另一些人的认识对象时仍然是先于认识的主体。鱼不能离开水，水可以没有鱼。人不能离开世界，世界可以没有人。当然，世界没有人是个毫无意义的说法，没有人，一切议论都是无聊的空话。可是从本体论角度说，人对世界的依赖远比世界对人的依赖更为根本。可以说，没有世界就没有人，但不能说，没有人就没有世界，只能说，没有我们现在这样的世界。

认识对象的客观实在性先于认识的主体，这是认识论中的一个重要的根本性命题，也是认识可以具有客观真理性内容的前提。人不是在认识中构造客观对象，而是在认识中对处于被认识地位对象的认识。当然，人可以根据主体的需要有选择性地认识对象的不同方面，人选择自己需要认识的东西。但被选作认识对象的东西仍然是不依赖于人的认识的东西。人按照正确的认识创造出自己需要的东西，但这个东西已不是认识的意识内容而已转变为客观实在即再认识的对象。在认识中，人不应该增加对象所没有的东西；而在实践中，人应该创造世界所没有的东西。如果片面强调主体的作用，世界中的一切客体及其属性都只是主体自身的感觉，或者是主体的理解、解释，那么这些各种各样的感觉，这些各种各样的理解和解释是从哪里来的？这是一切唯心主义者包括片面的主体论者无法解开的死结。

真正解决这些认识困难的是马克思主义哲学。马克思《关于费尔巴哈的提纲》第一条我们都很熟悉，可往往容易把它理解为正确处理主客体关系的认识论问题，而较少考虑它的本体意义。实际上，提纲第一条同时是对马克思主义哲学本体论的科学解决。这种解决既没有离开唯物主义又超越旧唯物主义。其中的关键是，当马克思把实践作为主客体之间、认识与认识对象之辩证统一的基础时，就把哲学本体论问题从旧唯物主义、唯心主义、不可知论、怀疑主义等的困境中解脱出来。正是人类自身的实践每时每刻在证明有一个主体之外的客观世界。人的实践的成功与失败、正效应与负效应表明人不可能“心想事成”，而是取决于主体在何种程度上形成有关客体的正确认识。恩格斯就曾经批判过青年黑格尔，说“每一种感觉都迫使他相信世界和他以外的其他人的存在，甚至他那世俗的胃也每天都提醒他在他以外的世界并不是空虚的，而真正是把他灌饱的东西”①。实践迫使人们必须接受关于存

① 《马克思恩格斯全集》第2卷，人民出版社1957年版，第154页。

在客观世界的哲学观念；而自然科学与技术以自己的功效来证实唯物主义的这一原则。实践也打破了关于自在之物的假设，使本质显现在现象之中，成为人们能把握和利用的东西。

在马克思主义哲学看来，世界是客观的，它的存在不依存于人的主体。也就是说，先有对象才有关于对象的认识。人不可能认识世界上根本不存在的对象。依存于主体的不是客体而是被反映在主体中的客体的内容。我们面前的苹果的存在是客观的，它的存在不依存于主体，可在人们意识中存在的关于苹果的观念当然依存于人的意识，一个是意识外的存在——客观的苹果，另一个是意识内的存在——观念中的苹果。这是两个苹果，没有意识外的苹果，就不可能有观念中的苹果。观念中的苹果是不能食用的，正如观念中的货币是不能购物的一样。康德说过，观念中的一百元和口袋里的一百元是完全不同的。如果相同，每个人都可以自我宣布是百万富翁。

可是，世界的客观性不是永恒不变的。它可以是自在的变化，这就是自然自身的进化，另外是人类对自然的改造。人可以创造自然界没有的东西，可以改变自然存在的状态，这就是人化自然。人化自然的存在，并不否定世界的客观性，因为人化自然是由人对自在的自然改造而来的。没有先于人而存在的自然界，就不可能有人化自然。而且，人化自然对于所有的人来说，仍然是意识之外不依存于人的意识的存在，它能为所有的人所感知、反映和利用。自从人类产生以后，我们先辈改造自然的全部成果都是作为后代所面对的客观事实。“人并没有创造物质本身。甚至人创造物质的这种或那种生产能力，也只是在物质本身预先存在的条件下才能进行。”①

人在改造世界和人能够改造世界，这是人类产生以后每时每刻都在进行的现实。承认这一点并不困难。可是熟知非真知。能从人的这个现实活动中得出哲学结论则是另一回事。历史上以及当代许多哲学家都无视这个事实。

---

① 《马克思恩格斯全集》第2卷，人民出版社1957年版，第58页。

马克思和恩格斯面对自然界由于人类活动而发生的变化，在哲学史上作出一个具有根本转折性的结论，这就是人的实践是现存感性世界的基础。实践本体论是站不住脚的。对具有客体性质的世界而言，实践是人的实践，它是人的活动能力，具有主体性特征，实践不具有外在于人的独立性质。但由于实践是主客体之间的中介，人通过实践不是作用于观念而是作用于客体，进到客体，因而实践与只具有认识作用的观念不同，实践具有本体论的功能，即实践能把观念外的存在变为观念中的存在，把观念中的存在转变为观念外的存在。马克思和恩格斯的用语非常严谨，他们强调实践是我们周围的感性世界的基础。周围的世界即人的人化世界而不是整个世界。马克思主义哲学重视实践的本体论功能，消除了旧唯物主义的直观性，使唯物主义的历史发生了根本性转折。但马克思主义哲学始终从唯物主义和辩证法的观点来考察实践，强调实践观点一旦越出唯物主义和辩证法的范围，就会转变为唯心主义的“实践哲学”。

主客相关性原理，是最令哲学家们烦恼的问题。人是用人的眼睛观察世界，何以保证人们所看到的就是客观世界自身呢？似乎在主客相关中观察世界，顺理成章就只能是倾向唯心主义和不可知论。这种观点，与旧唯物主义可以说是相反相成。旧唯物主义由于离开实践理解客体性，因而无法真正坚持世界客体性，最终克服不了唯心主义，而主客相关论者也由于离开实践谈论主客相关性，既说不清为什么客体会进入主体，也说不清为什么主体会作用于客体。结果只能以主体是所有存在物中最独特的存在物，是一切存在物揭示自己的唯一的窗口的存在物之类无可辩驳的真理来“吓人”。说的是主客体不可分，实际上只是主体唱独角戏，主体是真正赋予客体以意义的存在物。“天不生仲尼，万古如长夜。”世界没有人，没有主体，一切客体的意义，存在的价值，以及属性问题都是白搭。衡量客体的尺度是主体也只能是主体。因为主客二项中具有能动性、具有意识和具有辩解力的只能是主体，客体没有发言权，也被唯心主义者剥夺了发言权。可是客体是会造反的，它并不是百依百顺任人摆布的少女。其实自然会发言，自然对人的惩罚就是自然的语言，是打破唯心主义思辨哲学的最有力的语言。自然是会说话的，客体是会说话的，只是醉心于自我的哲学家读不懂客观的自然的语言，因而只能接受自然的敲打和惩罚。

其实这个问题，在马克思主义哲学中已经解决。马克思主义哲学区分主客体两重不同的关系：科学关系和价值关系，这是引入主体后必然存在的关系。不承认人与客体间的科学关系，一切以主体为转移，必然是以人是万物尺度作为主客体关系唯一标准，在这种唯心主义观点下，世界客观性问题、自然规律客观性问题、生态环境问题的客观依据都不存在。唯一存在的只是人和人的需求。另一方面，如果不承认主客体中的价值关系，人的情感、欲望、需求、目的在认识中的选择作用、能动作用都化为乌有，人成为自然的玩偶。这样的所谓科学性只能是机械性和客体至上论。在主客体关系中，本体论问题的重要性正是由这两重关系决定的。而使主体与客体发生科学与价值关系并使两者统一的是实践。由于人的实践活动，客体被消融掉它的坚硬性而被人的目的和愿望所重铸；同样由于实践，主体被化解掉它的任意性和纯主观性，而必须受到实践的检验。尽管人在认识中不可避免地有主观附加，但这种主体的附加会在长期反复的实践中得到清洗，然后开始新的认识中又会有新的附加。因而按照世界本来面目认识世界是一个长期的不断反复的过程。但原则上我们可以说，按照世界本来面目认识世界是可能的，因为客观世界并不会由于主客体关系而变为物自体，实践打破了认识与认识对象循环不已的纠缠。由于实践，主体认识是否正确并不是重新回到主体自身，主体既是原告又是终审法官这种唯心主义思辨哲学统治由于实践宣告终结。马克思所说的人应该在实践中证明自己思维的真理性，即自己的现实性和力量，离开实践的思维的现实性和非现实性的争论是一个纯粹经院哲学的问题的著名论断，就是把实践作为防止由主客体相互作用而滑向唯心主义的不可逾越的栅栏，从而为世界的客观实在性提供了最有力的证明。

马克思主义哲学本体论是世界观科学性的基础

科学与科学性是不同的概念。科学是从学科分类角度说的，科学性是从认识中蕴含的真理性程度说的。从学科分类说，哲学不同于实证的自然科学。自然科学可以量化，而哲学是宏观的；自然科学可以公式化，而公式化是哲学大敌；自然科学以实验为基础，首先在实验室研究，而哲学可以而且必须借助于思辨。实证主义企图把哲学变为实证科学，结果以失败而告终。但这不是说，哲学可以没有科学性的问题，可以各是其是、各非其非。不是的。哲学从内容说可以具有科学性，即哲学作为人类认识的一种形式，有真理与谬误的问题。有的学者认为，哲学永无结论，是无休止的争论，有结论就不是哲学。这种说法把哲学与实证科学的区分绝对化、片面化。毫无疑问，哲学问题的正确性不像自然科学特别不像数学那样答案是唯一的。可是哲学中仍然有是非对错，有真理与谬误。只是哲学中的是非不像实证科学那样分明，可以非中有是，是中有非。唯物主义中的机械性形而上性就是是中之非，而唯心主义中包含的辩证法可以是非中之是。一个错误的命题可以包含智慧，而一个正确的命题也可包含着悬而未决的问题。特别是因为哲学中的问题都是大问题，任何一个哲学家都没有能力一劳永逸地解决它，因而问题中永远包含着问题。哲学家不仅可以对前人的论断质疑，提出不同的看法，而且可以对已经解决的问题提出新问题。这种复杂性显现出哲学问题似乎永无结论的假象。当恩格斯说，世界的物质统一性是要由长期的哲学和自然科学来证明时，正是考虑到哲学论断证明的长期性的特性。例如唯物主义主张物质第一性、意识第二性，可是如果解决不了物质如何被移置于人的大脑以及如何被改造，解决不了大脑如何思维，形形色色的唯心主义和物质与意识对立的二元论总会一再浮现。可是大脑如何思维是自然界的最大奥秘，是脑科学王冠上的明珠，迄今仍在探讨之中。这就是自有哲学以来，哲学中唯心主义与唯物主义争论不断的一个重要原因。但哲学既然是世界观，它不能无视世界的客观存在。只要承认世界存在，那它关于世界的论断就不能停留在哲学家个人对世界的看法的层面而不涉及它所论及的世界。

究竟什么是马克思哲学的本体论学说？我以为不能企图用一个判断或一个命题，如自然本体论、物质本体论或实践本体论来概括马克思主义哲学本体论的丰富内涵。任何简单的概括都会由于片面性陷入无休止的争论。我们可以不同意自然本体论，但我们不可能取消自然界的优先地位，取消任何为我之物都是从自在之物转化而来的事实；我们可以不赞成物质本体论，但我们不可能否认世界的物质统一性，不可能否认世界各种各样的现象是物质的不同形态或物质的属性；实践本体论是不能同意的，但我们无法否定实践具有本体论功能，人可以创造自然界原来没有的东西，可以参与自然的变化并在自然界打上人的烙印，使人的实践成为周围感性世界的基础。我以为，马克思主义哲学的本体论理论是一个包括许多重大问题的问题域。例如，自然、物质、社会、实践、规律、运动，等等，都是它的重要范畴，把它们对立或割裂开来，都会歪曲马克思主义哲学本体论的本质。如果要给马克思主义哲学本体论以名称的话，不妨称之为辩证唯物主义本体论，正如我们惯用的辩证唯物主义认识论、辩证唯物主义历史观一样。辩证唯物主义本体论包括一系列重要原理，但其中最重要最关键的问题，是世界的客观实在性及自在世界向为我世界的转化的基础问题。马克思主义哲学世界观的科学性和根据在于，它真实地揭示了世界本来面目和人类实践的参与使世界发生改变的过程。马克思说过："只要这样按照事物的真实面目及其产生情况来理解事物，任何深奥的哲学问题都可以十分简单地归结为某种经验事实。"①

人所面对的是人的世界。人所直接作用的世界是一个有限的世界，是自然、社会和人在实践基础上统一的世界。人不能认识实践之外的世界，但不能说未进入实践的世界是"无"、是"非存在"或者说没有意义。如果这样，"人类世界"就是一个凝固不变的哲学概念，实践和认识的循环往复的运动也

① 《马克思恩格斯选集》第1卷，人民出版社1995年版，第76页。

就没有可以扩展的空间。人类产生后不断把自在世界变为自为世界，自然对人的生成的历史就是不断改变这种自然、社会与人的统一的状况的历史。这个过程，实际上也就是自然发展史、社会发展史与人类自身发展相互作用的过程。自然、社会与人统一的现实世界是一个开放的体系，它永远朝着尚未进入人的实践和认识范围的无限世界的领域。我们千万不能把自然、社会与人在实践基础上的统一作形而上学的理解。

因此人所面对的不仅是人的世界，而且是一个客观的世界。这两者是重叠的、统一的。所谓世界的客观性，指的是它存在于人的意识之外，不依赖于人的意识而存在。没有这个前提，就没有哲学认识（岂止哲学，任何认识都如此）的真理性问题。人们不可能对根本不存在的东西谈论认识的正确与否问题，正如没有箭垛无法判断箭术高低优劣一样。当然，世界在人意识之外，不依赖于人的意识而存在的客观世界是唯物主义的共同原理，没有这一条一切都无从谈起。马克思就特别强调世界的现实性，他说过："哲学不是世界之外的超想"，"哲学首先是通过人脑与世界联系的"。[①] 他强调"从现存的现实本身的形式中引出作为它的应有的和最终目的的真正现实"，"从世界本身的原理中为世界阐发其原理"。[②] 无论有些哲学家怎样蔑视这个问题，斥之为自然本体论或者旧的哲学思维方式，可是世界的客观性问题是任何哲学都难以轻易通过的哲学"卡夫丁峡谷"。

马克思并没有因为世界客观性是唯物主义的共同前提而忽视它的重要性。问题是马克思主义哲学没有停留在或仅仅是重复这个原则。可是如果不捍卫世界的客观性原则，不反对片面强调人的自我意识就不可能坚持世界观的科学性。正因为这样，在《神圣家族》中马克思和恩格斯批判只承认自我意识、否识客体，认为认识只是与自己的臆想和幻影打交道的青年黑格尔派。他们说，鲍威尔"在实体中，他驳斥的不是形而上学的幻觉，而是世俗的内核——本性，他攻击存在于人之外的本性，也攻击人自己的本性。在任何领

① 《马克思恩格斯全集》第 1 卷，人民出版社 1995 年版，第 120 页。
② 同上书，第 416、418 页。

域中都不假定存在实体，这就等于不承认有任何有别于思维的存在”，“任何有别于主体的客体”，“任何有别于抽象的普遍性的现实的共同性、任何有别于你的我”。① 现在有些哲学家批评所谓主客二分，批评世界的客观实在性和人对世界的认识和改造是旧的哲学思维方式，他们把主客绝对对立的形而上学混同于唯物主义，在反对形而上学的名义下张扬主客一体，为了所谓辩证法而牺牲唯物主义。

辩证唯物主义强调世界的现实性，强调它存在于人的意识之外和不依存于人的意识，这是就它的物质性和客观性而言，而不是说人的意识不能通过实践参与到世界的生成和发展中去。实际上人的存在，同时也是自然对人的生成过程。如果这样，我们能不能说，马克思主义哲学的本体论是物质—实践本体论呢？不能。因为实践虽然具有本体论功能但它是主体的活动方式，它发挥的是世界人化的作用，它本身不具有离开人的客观实在性。而人化世界并不会因为是人的实践与意识的参与而变为主体性的存在，变为依存于人的意识的存在。它仍然是客观的和对于所有的人具有同样的客观实在性和规律性。世界客观实在性和主体活动的统一与区别，人与世界的这种复杂关系只有在辩证唯物主义本体论中才得以妥善地处理而避免旧唯物主义和唯心主义思辨哲学的弊端。

我们不能以为主张马克思主义哲学是科学世界观就是科学主义，就是抛弃马克思主义哲学的人文精神。这是不对的。科学主义和人文主义是两种相互对立的哲学观点。马克思主义哲学不是科学主义也不主张科学主义，尽管当代分析的马克思主义力图把马克思主义哲学科学化，但并不代表马克思主义哲学的当今的正确发展方向。马克思主义哲学的科学性强调的是哲学可以达到对世界的科学性理解，因为客观世界是本质与现象统一的世界，本体论并不是在现实世界之外或现存世界背后探求它的存在的依据，而就是探求人类在实践中面对的世界自身。本质就存于现象之中。世界的

① 《马克思恩格斯全集》第2卷，人民出版社1957年版，第180页。

物质实在性就表现在世界的多种多样的现象之中。物质世界就是人类面对的客观存在，是由无限的物体和过程构成的整体性存在。

马克思哲学世界观的科学性，表现在它关于世界客观性的论断，关于世界物质运动一般规律的论断，关于人与世界相互关系的论断，都是对世界真实面目和状态的揭示，可以为全部人类实践活动所不断证实。而以拒斥本体论、反对形而上学为宗旨的科学主义与马克思主义世界观的科学性风马牛不相及。实证主义强调经验、倡导实证、拒绝思辨、反对共相，可任何实证科学的经验、观察、科学理论、科学原则，如果没有可以参照的客体，没有存在于现象中的本质，没有反映本质的共相，只能是空谈。而任何具体科学的对象都是总的世界的一个部分，科学本身迫使一些科学哲学家必须回到本体论问题。尽管当今科学哲学中的“本体论承诺”是不彻底的、含糊的、羞羞答答的，但它的提出表明本体论问题是无可回避的。

马克思主义哲学世界观的科学性与它的人文精神是结合的。马克思主义哲学代表世界最大多数人的利益，把人类解放和人的全面发展作为自己的哲学使命，最充分地体现了对人的现实命运的关怀。但这种人文关怀不能纳入当今的人文主义的哲学思潮中，不能按照存在主义或抽象人道主义观点来解读或重建马克思主义哲学。马克思主义哲学本体论不是人的存在的本体论。人的存在问题、人的命运问题当然是哲学特别是马克思主义哲学应予充分关注的问题。但它的正确理解和解决必须在科学世界观特别是历史观的框架内才能做到。把人的存在问题、人的命运问题的根据放在人自身，而不是放在“人的世界”即人所处的经济制度、政治制度和特定的文化背景下来考察和解决，最多是悲天悯人，一掬同情之泪而已。我们只要观察一下当今世界一些人文主义者对人与环境矛盾的激化和人的生存境遇恶化的忧虑，对人的异化现象的谴责，对核战争威胁的声讨，可始终不涉及它的根源以及通向人与自然和谐，人与人和谐的道路，就可以知道没有科学世界观支撑的人文主义是软弱的，并不能为当代人类真正解决自己的生存境遇指明方向。可见，无论是站在科学主义或人文主义立场上批评马克思主义哲学，或按照这种观点来解读马克思主义哲学，都是不对的。因为马克思主义哲学的人文关怀是以世界观的科学性为依据的；而马克思主义哲学世界观的科学性中又包含对人类解放、人的自由和全面发展的历史规律和内化为信仰和理想的人文意识。马克思主义哲学完全超出片面的科学主义和人文主义的思维框架。

其实，无论是科学主义还是人文主义，包括当今的所谓后现代主义，尽管在拒斥还是承认本体论问题上态度不一样，可在反对世界客观性这个根本问题上，是站在一条战线上。科学主义倡导拒斥本体论，反对形而上学，实际上是反对存在于人的意识之外的能为哲学思维把握的客观世界。而各种各样的人文主义思潮的鼓吹者，虽然不采取拒斥本体论的立场，可他们所提倡的现象学本体论、人的存在的本体论、生命本体论、意志本体论，等等，都包含着对存在于人的意识之外不依存人的意志的客观世界的拒斥。他们所说的本体论不是指向客观世界，而是他们哲学体系借以立论的依据。至于后现代主义，则在反本质主义、反还原主义的口号下，同样是否定人的观念中的实在内容，通过否定反映论来否定客观世界。可是没有客观世界和客观世界的制约，一切唯心主义和各种荒谬哲学都可以孳生。

人文主义与神本主义是对立的，但可能相反相成。当非理性主义、唯心主义的人文主义拒斥客观世界时，就铺就了一条通向彼岸世界的神学道路。例如在当今备受重视的俄国的尼·别尔嘉耶夫就是一个例子。他倡导人的哲学，倡导人是存在的中心，只有人才能揭示存在的意义。可他对现实世界失望、对哲学感到失望时，强调人应该在存在中领悟到神的存在，因而倡导哲学应该回到神学，与神学相结合。他认为 19 世纪发生的哲学危机是哲学脱离神学导致的危机，因为哲学不可能靠自身也不能靠科学来获得营养，而只能到宗教中吸取营养。在他看来宗教没有哲学也过得去，因为它的根源是绝对和自满自足的。但是哲学没有宗教则不行，它需要宗教作为营养食物，作为复活圣水的源泉。“宗教是哲学的生命基础，宗教供给哲学所需要的现实存在。”[①] 哲学所需要的实在不同于自然科学所面对的实在。自然科学面对的是有病的和被毁坏的世界，是不健康的现实，正如满脸痘疹的人，而哲学所要面对的是现存世界背后的世界——即上帝的世界、神的世界。这是真善美的世界，而这个世界只有宗教才能提供。如果说，文艺复兴时期的人文主义由于坚持自然观的唯物主义，导致由神到人；而当代的非理性主义的人文主义由于否定客观世界，导致由人到神。人文主义思潮在人与神的关系上转了一个圈，关键问题是本体论的性质。离开对人与世界关系的唯物主义理解，就会由人本主义陷入神本主义。

马克思主义哲学变革的关键是以科学的本体论学说为依据的。不坚持世界的客观性和正确处理人与世界的关系，就不可能确立辩证唯物主义认识学说，也不可能有辩证唯物主义历史观的变革。历史观不是自然观的延伸，但历史观不能没有一般的本体论前提。在辩证唯物主义历史观中，如果排除了自然的客观实在性和人与自然的理论与实践关系，就没有历史唯物主义。历史和现实都证明，要坚持马克思主义哲学，必须坚持马克思哲学的本体论；而要在本体论问题上坚持辩证唯物主义观点，必须以承认世界的客观实在性为前提，才能正确处理人与世界的关系。在这个问题上动摇，就会全线崩溃，列宁曾形象地譬喻为“一爪落网，全身被获”。在当代的马克思主义哲学中，认识论和方法论问题、历史观问题、价值观问题、人生观问题，总而言之，任何重大哲学问题都会因为丧失辩证唯物主义的本体论前提而倒向唯心主义。卢卡奇晚年写作《社会存在本体论》这一著作时已经认识到这一点，他对自己否定自然界的优先地位，否定自然辩证法的失误作过自我总结。

时代在进步，实践在发展，科技在创新，马克思主义哲学当然也在发展。马克思主义哲学本体论的内容肯定会因为科学技术革命的新成就而更

---

① 别尔嘉耶夫：《自由的哲学》，学林出版社 1999 年版，第 9 页。

加丰富和创新。但信息科学的发展，虚拟现实问题和数字化生存方式问题的出现，都不能取消世界的客观实在性。人不能无视客观世界的存在，更不能把人的意志强加在自然之上。人只能在实践中把自在之物变为为我之物，但人永远面对的是一个客观世界。哲学当然要研究自我，但人的生存境遇的改变，不能归结为对人的心理世界的探求，而是对客观世界的改变。马克思主义哲学不能归结为生存哲学或生存论哲学。不把颠倒的世界颠倒过来，没有一个合理的社会，就不会有合理的生存环境。人的生存问题，说到底是一个正确处理人与自然的关系的问题、正确处理人与社会的关系的问题。否定物质世界的客观实在性，无视世界的客观性，无论在理论上或实践上都必然陷入困境。

（原载《江海学刊》2002 年第 3 期）

国家发展战略的选择方式和绩效检验

林毅夫

国家发展战略的经济条件理论：技术创新与自生能力

工业革命以后，世界逐渐分成发达国家和发展中国家两个群体。发达国家人均收入水平高、科技水平高、生活水平高，而发展中国家正好相反。在这种情况下，发展中国家怎样赶上发达国家或大幅缩小与发达国家的差距一直是人们不断思索、实践的课题。但是，从第二次世界大战至今，真正实现这一目标的国家和地区非常少，基本上只有日本和亚洲“四小龙”。

从早期的发展经济学理论来看，这个现实似乎难以理解。按照新古典增长理论，发展中国家赶上发达国家应该是资本积累的一个自然的结果。在新古典增长理论中，技术是外生给定的，因而每个国家技术相同。发达国家资本多，资本的边际报酬低，而发展中国家的资本少，资本的边际报酬高。在这种状况之下，发展中国家的资本积累的积极性较发达国家高，随着资本的积累，发展中国家应该趋同于发达国家的发展水平。但是这个理论未能很好解释经济现实。20 世纪 80 年代，芝加哥大学保罗·罗莫（Paul Romer）和罗伯特·卢卡斯（Robert Lucas）为代表的新增长理论放宽了“技术外生给定”的假设。他们认为技术是内生的，是由经济主体内生选择的。发达国家为了经济增长需要不断的技术变迁，为此它们进行 R&D 投资、技术开发和积累人力资本，而这些投入的边际回报是递增的。这个理论解释了为什么发达国家经济可以持续增长并且拉大了同发展中国家的距离。这个理论的政策含义是，由于发展中国家没有在 R&D 和人力资本上进行足够投资，它们不能赶上发达国家。然而，这个理论虽然可以解释发达国家经济何以可以继续增长，但是无法解释为何日本和亚洲“四小龙”等可以赶上或大幅缩小与发达国家的差距现象。因为，这些国家和地区在其追赶阶段，人力资本、R&D 等的投资远远不如美国和其他发达国家。因此这个理论也还需要进一步改进。近来又有些经济学家提出适用技术的理论。他们认为发达国家和发展中国家所用的技术是不一样的，发达国家资本积累比较高，用的是资本较密集的技术，发展中国家资本积累比较低，因此它们的适用技术是资本投入较少的技术。这个理论的政策含义是：发展中国家赶上发达国家的途径就是资本积累。但是这个理论有实证方面的问题，哈佛大学的丹尼·洛基克（Dani Rodrik）教授作的实证分析发现，人们无法区分是高储蓄导致高增长还是高增长导致高储蓄。同时，政府在加速资本积累中的作用如何，这个理论也说不清楚。

我个人认为，技术创新对经济增长的重要性不言而喻，然而，技术创新对于发达国家和发展中国家而言具有不同的含义。对于发达国家而言，由于它们处在技术的最前沿，因而技术创新就是发明创造；对于发展中国家而言，既可以自己发明创造，也可以引进国外的技术，后者对它们而言也是一种技术创新，而成本远低于自己发明创造。然而在所有文献中，人们往往忽略了最重要的问题：什么是一国应当采用的技术选择路线。对于一个国家而言，其实其最优的技术结构和产业结构内生决定于其要素禀赋，因此，发展中国家在选择技术时必须按要素禀赋结构特性来做决策。

一国的产业和技术是决定该国人均收入和综合国力的关键因素，如果一个国家要赶超发达国家，这就意味着要在产业结构和技术结构上赶上发达国家，而最优的产业结构和技术结构是由这个国家的要素禀赋结构决定的，因此对于一个发展中国家而言，重要的不是直接的以提高产业结构、技术结构为发展的目标，而应该是以提升这个国家的要素禀赋结构为政府发展政策的目标。但是现实中，大多数政府看到的只是技术结构、产业结构对人均收入和综合国力的决定作用，而没有意识到它是内生于要素禀赋结构的，盲目追求技术和产业结构的提升，在这种指导思想下制定的政策将会妨碍经济的发展。

要了解上述观点必须先了解一个企业的“自生能力”（Viability）的概念。如果一个处于自由竞争市场环境，具有正常管理水平的企业，无须依靠政府或外部补助就可以预期获得一个社会可接受的正常的利润水平，这就是企业具有的自生能力。对于一个企业而言，在一个竞争的市场环境中，它的自生能力取决于它的生产是否能达到可能的最低成本水平，高于这个最低成本，它就有被淘汰的危机。那么在一个竞争的市场环境，给定某一产品的等产量线以及这个社会等成本线，追求成本最小化的厂商就必须选择等成本线与等产量线几何切点对应的技术进行生产，才会达到最低成本，才会具有自生能力。等成本线的斜率决定于资本和劳动的相对价格，而资本和劳动的相对价格又取决于这个社会的要素禀赋结构当中资本和劳动的相对稀缺性，因此，生产某种产品的最低成本技术最终由这个社会的要素禀赋结构决定，当资本相对稀缺、劳动力相对丰富时，资本的相对价格高、劳动力的相对价格低，最低成本的技术是劳动力较密集的技术；反之，当资本相对丰富、劳动力相对短缺时，最低成本的技术是资本相对密集的技术。所以，在一个自由竞争的经济中，一个企业是否有自生能力，由这个企业所选择的技术是否和这个社会的要素禀赋结构的特性相一致而定。

自生能力的概念和比较优势的概念高度相关但并非相同，在一个开放的经济中两者都决定于这个经济的要素禀赋结构，但自生能力是从经济中企业的生存和获利能力角度来考察，而比较优势是从一个经济中各个产业的竞争力的角度来考察。同时，在一个封闭的经济中，不存在产业比较优势，但企业自生能力问题仍然存在，仍然由企业所选择的产品、产业和技术是否和这个社会的要素禀赋结构的特性相一致而定。

国家发展战略方式的类型选择

在上述理论的基础上，可以将一个国家的发展战略分为两类：一种是符合比较优势的发展战略，政府帮助企业选择这个国家具有比较优势的产业和技术；另一种是违背比较优势的发展战略，政府人为刺激企业选择该国不具有比较优势的产业和技术。违反比较优势的战略有两种形式，一种形式是发展中的国家建立资本密集型的产业以赶超发达国家，即所谓的赶超战略；另外一种形式是发达国家为保护劳动就业，而保护一些不具有比较优势的劳动密集型产业。

一个资本相对稀缺的发展中国家，如果在自由竞争的环境中，企业必须选择劳动密集型的产业、技术才有自生能力。可是发展中国家的政府在赶超的思想下，决定大力发展了一些资本密集型的产业。而该国的要素禀赋决定了这些产业在自由竞争的市场中是没有自生能力的，这种做法是一种政策决定，对于政府要优先发展的产业中的企业而言是一种政策性负担，因为如果让企业自由选择的话，它不会选择在这种没有自生能力的领域进行发展。当企业背负政策性负担时，政府必须给予企业政策性的扶持，包括税收优惠、要素价格扭曲等方式。在这种状况下，由于信息不对称，政府无法分清政策性负担所引起的亏损和企业自身经营所引起的亏损，政府只好把所有亏损的责任都承担起来，而使企业有了软预算约束。整个经济的运行效率会很低，要素禀赋结构提升的速度会很慢，发展中国家的经济发展就无法向发达国家收敛。

反过来讲，如果一个国家采取符合比较优势的发展战略，那么，在竞争的市场中，它将最有竞争力，将会有最大的资本回报率，拥有最大的资本积累，要素禀赋结构升级的速度最快，就能最快地赶上发达国家。但采取这种战略需要几个条件：

首先，要素的相对价格必须充分反映要素的相对稀缺性，只有在竞争性的市场中才能如此。政府的一个很大的责任就是维护市场的充分竞争。

其次，在比较优势战略下，要素禀赋结构升级会很快，企业必须作出相应的产业和技术的升级，而产业和技术的升级必须克服信息、协调和外部性的问题。政府可以用制定产业政策的方式来协助企业克服这些问题。

还有，产业结构和技术结构的升级经常需要一系列配套的制度安排。这里 14 世纪中叶谷登堡活版印刷的发明是一个例子。早期书本是人工抄写的，出版商是在接到订单，收到定金后才雇人抄书，而活版印刷的出现是一种产业、技术升级。活版印刷首先需要买铅制造字模，这就涉及资本投入及金融安排的问题；其次，排一次版不是只印几本，必须要保证所印的书籍可以卖出去，这就涉及存货管理，资金占用及市场营销渠道的问题；最后，如果排了版，另外一家出版社排版就会非常容易，这又涉及了知识产权保护的问题。可见，技术、产业升级经常需要一系列新的制度的配合，单个企业很难把这些变动都内部化，上述举的谷登堡后来因为资金周转不灵而破产了，所以，要素禀赋结构升级时，政府也必须在提供合适的制度安排上发挥一定的作用。

在违背比较优势的战略下和符合比较优势的战略下，都可以有产业政策，不同点在于产业政策所要推动的产业是否符合这个经济的要素禀赋结构所决定的比较优势。比较几个不同发展阶段的国家的汽车产业政策的成败最能说明这点。中国与印度、日本、韩国等分别在 20 世纪 50 年代中期、60 年代中期和 70 年代中期分别采取了这一个产业政策。日本运作得非常成功，韩国的汽车出口在国际上有许多，但三家汽车制造厂已经倒闭了两家，第三家也岌岌可危，中国和印度则是非常失败。原因何在呢？如果观察这些国家当时的要素禀赋结构，答案自然而然就出来了。一个国家的要素禀赋结构和人均收入具有很强的相关性。按 1990 年时的美元价格计算，1965 年时，日本的人均收入已经达到 5771 美元，当时已经超过美国人均收入的 40%。汽车产业在 60 年代已经是相对成熟的产业，在这个时候，日本将产业升级到汽车产业是符合比较优势的。这里还有一个故事，在 20 世纪 60 年代日本提出发展汽车产业的时候，日本通产省只支持两家企业：日产和丰田。当时的日本政府是反对像本田、三菱、马自达等企业进入汽车产业。但是这些企业当时违反日本政府的政策，在没有任何政府支持的情况下进入了汽车产业，而且在国际市场上非常有竞争力。这个故事反过来证明了，当时日本的产业政策是符合比较优势的。韩国在70年代提出自己的汽车产业政策时，它的人均收入只有日本的1/3，美国的1/5。这时它的要素禀赋结构所决定的具有比较优势的产业和汽车产业还相去甚远。在这种状况之下，韩国的政府给予汽车企业很大的政策扶持，如优惠的贷款、对国外汽车进口征收高关税，等等。虽然韩国的三家汽车企业建立了起来，它并不符合比较优势，命里注定现在韩国汽车业的窘境。反过来看中国和印度汽车产业政策的失败，就更容易理解了。50年代中期，中国和印度的人均收入，按照购买力平价，分别只有美国的1/12和1/15。在这个条件下发展汽车产业根本就是违反了比较优势原则。

国家发展战略经济绩效标准

从上述一个国家的发展战略是否符合该国的比较优势的理论出发，还可以得出一系列推论，它们都是可以检验的：

第一，不同的发展战略下资本积累的速度是不一样的。按照比较优势的发展战略，企业更有竞争力，资金的回报率更高，储蓄的意愿更高，要素禀赋结构提升速度更快。反之，如果违反比较优势的话，创造的剩余比较少，资金被扭曲的价格低，人们储蓄的意愿也低，因此要素禀赋结构的提升就慢。

第二，从技术转移的角度来看，遵从比较优势的发展战略和违反比较优势的赶超战略相比，所要引进的技术和现有的技术较接近，学习成本较低，而且，技术引进的成本也会较低，技术升级会较顺利。

第三，理论界对开放的利弊一直争论不休，按上述理论框架，这个问题就很好理解了，一个经济的开放程度应该是由内生决定的。一个国家的开放程度决定于该国的要素禀赋结构，按照比较优势战略，没有优势的就应该进口，有优势的就出口，这样，开放是有利于经济发展的。而如果违反比较优势，有两种情况，一种是进口替代型的违背比较优势，那些资本密集的产品本来应该进口，但是在赶超思想下却决定自己生产，进口就会减少。而且，有限的资本资源大多用于生产非比较优势的资本密集产业，具有比较优势的产业的发展就会受到制约，出口就会减少，所以，经济变成内向型，经济的发展也会因为违反比较优势而绩效很差。另外一种情形，以韩国为代表的出口导向型的国家，鼓励企业生产资本密集的产品出口，由于不具有比较优势，该类产业的回报相对就比较低，这也同样影响了经济的发展绩效和要素禀赋结构的提升。因此，不是越开放越好。

第四，关于宏观的稳定性问题。如果按照比较优势，企业竞争力强，整个经济的体质好，资本积累相对快，对外部的资金依赖性小，这样宏观状况应该比较稳定。反之，稳定性就弱。

第五，收入的分配问题。如果不按照比较优势战略，发展资本密集型的产业意味着创造的就业机会少，只拥有劳动力的贫穷人口的收入就难提高，这样收入的分配就会很不平均。

第六，关于人力资本和物质资本之间关系的问题。人力资本和物质资本是一种互补的关系。当物资资本相对丰富，技术、产业结构水平越高，技术、产业运行和进一步的升级所面临的不确定性就越大，要求的人力资本就越多。反过来，在物质资本相对低时，过高的人力资本的投资，会使拥有高人力资本的人才在国内无用武之地，而使人才流失到拥有高物质资本的发达国家，成为教育的过度的投资。实际上，人们在作教育和经济发展的回归分析时经常发现一种负相关的关系，用上述理论来解释就不难理解了。

以上所说都是一些可以模型化并进行经济绩效检验的假说。而本文一开头所讨论的发展中国家和发达国家的收入水平是否收敛的问题，也可以用这个理论来解释，发展中国家如果按比较优势来选择其产业、产品和技术，其企业应该具有自生能力，在市场中有竞争力，资本的投资回报率高，资本积累的速度快，而且可以利用和发达国家的技术差距，以低价的方式取得技术升级，发展中国家的增长速度应该快于发达国家而实现收入水平的收敛。反之，如果一个发展中国家推行违反比较优势的发展战略，企业没有自生能力，政府必须对经济进行各种扭曲以保护和补贴要优先发展的产业和企业，结果不仅导致资源配置的效率差，而且，必然造成权力寻租、贪污、腐化等社会问题，发展的绩效必然很差，和发达国家的收入水平相比差距太大而无法实现收敛。对42个国家1979年到1992年的发展经验的计量检验支持了上述的理论假说，亦即按比较优势来发展的话，发展中国家的收入水平向发达国家的水平收敛是可以实现的。

从上述的分析，可以得出一个结论：一个发展中国家如果想赶上发达国家，最重要的是采用一个正确的发展战略。

（原载《江海学刊》2002年第4期）

艺术真实的系统考察

王元骧

一

艺术的真实性原是西方文论中从“摹仿说”而生的一个概念。因为既然艺术是生活的“摹仿”，它就有一个逼肖现实的问题，这样真实性自然也就成了艺术评价的最高准则。现代西方有许多哲学家和艺术家，不是否定艺术有一个原本的存在（如表现主义艺术理论），就是把真实性仅仅看作是一个本体论的问题（如存在主义艺术理论），因而都很少从认识论的角度去研究艺术的真实性。但是不论怎样，艺术作为一种精神现象它总不可能是主观自生的，说到底是直接间接的对社会人生的一种反映，因而人们在阅读和评价艺术作品时，总是把真实性看作是艺术作品的一个不可缺少的品格。若是读者在阅读中发现一个作品的生活内容是虚假的、思想情感是造作的、艺术表现是不合情理的，那么，美感也就无从谈起，它也自然就无法在读者心目中存活和在社会上流传了。这就是长期以来真实性被许多艺术家视为艺术的生命，也是许多理论家都从认识论视角来考察艺术真实性的原因了。但是由于思想方法上存在的种种局限，以致直到今日，这个问题还没有一个比较圆满的回答。现在当我们重新提出这个问题进行再探讨的时候，回过头来再看看历史上一些代表性的见解，正确分析、全面评价它们理论上的功过得失，对于推进这个问题的深入研究，我觉得是很有必要的。

真实性的概念最早出现于西方古典主义的文学理论。因为古典主义视生活为艺术唯一的范本，认为艺术品是作家对生活的惟妙惟肖的摹仿，它的功能主要给人以求知的满足，因而它们就把艺术作品中的描写与实际生活的一致性作为衡量和评价艺术真实性的依据和标准。当然，这种逼肖并不是照抄生活，而是“描写按照可然律和必然律可能发生的”① 事。这就不仅要求艺术家必须深入认识生活，而且在此基础上还要借助想象，把现实作为可能性加以创造性的再现，它们认为这是构成艺术真实不同于历史真实的本质之所在。如塔索认为“构成和决定诗的本质，并且使诗同历史区别开来的最主要点在于，诗不是按照事物已有的样子去摹写，而是按照事物应当有的样子去表现；与其说诗要注意各个个别的事的真实，毋宁说要注意带有普遍性的事的真实”②。这一思想到了近代现实主义作家那里，就演变成为典型的理论，从此，艺术的真实性与典型性也就趋于合流，在一般现实主义作家那里，都把典型创造视为达到艺术真实的基本途径。而典型性的基本精神也恰恰在于它忠实地反映了生活的本质真实。

古典主义的真实观从艺术是现实生活的反映的原则出发，把是否符合生活的本质真实作为衡量和评价艺术作品的依据，这就从根本上杜绝了那些脱离生活、胡编乱造的创作倾向，即使在今天看来，也不乏它的实际意义。但是由于古典主义文学理论还没有从根本上分清艺术与科学的区别，还认识不到艺术与科学的不同，它是通过作家的审美感受和审美体验去反映生活的，所以不仅离不开作家个人独特的发现，而且还必然带有作家个人主观情感的印记；若是完全无视作家的主观因素，按照知识论的观点和要求仅仅从客观方面去衡量艺术的真实性，也就分不清艺术真实和科学真实的差别，这势必会影响人们对于艺术特性的准确认识和深入把握。在苏联和我国现代文艺理论中广为流传的把艺术真实与反映生活的本质规律直接等同的教条主义和庸俗社会学倾向，就是与这一思想传统息息相关的。

① 亚里士多德：《诗学》，商务印书馆 1996 年版。

② 塔索：《论诗的艺术》，载《欧美古典主义作家论现实主义与浪漫主义》（一），中国社会科学出版社 1980 年版，第 129 页。

这种被古典主义文学理论所忽视了的构成艺术真实的主观因素即作家思想情感的真实，到了18、19世纪被浪漫主义作家发现和强调出来。与古典主义文论以描写个别与描写一般作为区别诗与历史的标准不同，浪漫主义认为“历史处理的是大量的事迹”，而诗所表达的则是“人心的思想感情”[①]。这就表明浪漫主义对创作源泉的理解已从外部世界转向作家的内心世界。如果说古典主义是一种再现的理论，那么浪漫主义则是一种表现的理论。既然这样，浪漫主义为什么还要谈论艺术的真实性呢？这是因为它们与古典主义一样，都承认艺术之外有一个本体（本源）的存在，只不过这个本体已由外部世界转移到了人的内部世界。这样，表现就其性质来说同样也是一种摹仿。所以，它们在理论上大都沿用“摹仿”一词，如赫兹里特说，“诗是自然的摹仿”；雪莱说，“诗是摹仿的艺术”。只不过它们所理解的艺术真实已不再是与生活实际相符，而是艺术家在自己的自由想象中能否忠实地表达主观情感。因为“想象……不是按照事物的本相表现事物，而是按照其他的思想情绪把事物揉成无穷的不同形态和力量的综合”[②]，所以他们认为诗“就是通过那些把这些景象信以为真时所必然产生的情绪的给人以深刻印象的真实性，来打动人们的情感”[③]，这里所说的艺术品的真实性，实际上指艺术家情感的真实，亦即作品表达思想情感所达到的诚挚的程度。

浪漫主义对艺术真实性的理解显然是对古典主义的一大补充和完善。但是由于浪漫主义对主观情感的理解都不同程度上存在着封闭的倾向，对作家主观情感与客观生活之间的内在联系尚缺乏一种自觉的认识和明确的态度，在某些表述中仿佛使人感到它是主观自生的。这样就容易导致唯心主义和神秘主义。这种倾向到了20世纪的表现主义等文论中就更趋极端，具体表现为：第一，把主观与客观完全对立起来，以主观来否定和排除客观。浪漫主义者虽然并没有明确表示主观的东西归根到底是客观现实的反映，但至少并

---

① 赫兹里特：《泛论诗歌》，载《欧美古典主义作家论现实主义与浪漫主义》，第301页。

② 同上书，第303页。

③ 柯尔立治：《文学生涯》，载《欧美古典主义作家论现实主义与浪漫主义》，第276页。

没有把两者完全对立，以主观真实去否定客观真实，如柯尔立治与华兹华斯就曾热烈地探讨过“那种通过忠实地坚守自然的真实而激起读者同情的力量”①，而只不过认为“严格的历史真实会损害诗的真实，打破历史真实是为了诗意真实更能发挥”②；而表现主义作家则认为“我们所感知的外表实在是不真实的”，文学反映的真实世界只“存在于我们自己”③。第二，把感性与理性的东西对立起来，以感性来否定理性。浪漫主义虽然把情感真实视为艺术真实的本位，但并不排除理性，倒是主张真正的艺术真实应是情感与理性的有机结合。如华兹华斯提出“诗起源于在平静中回忆起来的情感”④，就是认为生活中的情感只有经过认识的鉴别、整理和加工，渗透理性内容才能在艺术中进行表达；而表现主义甚至可以说整个现代主义文论都反对理性、夸大非理性（包括情感、意志）和下意识，认为艺术真实就是由作家对自己的印象、直觉、情感、潜意识的不加修饰的流露和宣泄而生，认为只有这样，我们才能看到本真的心灵生活，若是经过理性的选择加工，就会导致虚假。如布列东认为艺术就是“纯粹的精神无意识活动”，“在不受理性的任何控制，又没有任何美学或道德的成见时思想的自由活动”。⑤ 我们承认现代主义文论在发现人的深层心理方面作出贡献的同时，又不能不指出这种把感性与理性对立起来，完全排除理性来宣扬直觉、情感、潜意识等非理性心理则又使得它们从一种片面走向另一种片面。

人们对于艺术真实的认识两千年来之所以始终不能摆脱片面，在我看来就是因为没有看到艺术是一个由多种要素和成分构成的有机整体，以致在探讨艺术真实时往往只是着眼于其中某一因素而无视其他成分。因此我们要探讨艺术问题，包括艺术真实在内，首先就必须树立起这样一种整体的观念。

---

① 《19世纪英国诗人论诗》，载《欧美古典主义作家论现实主义与浪漫主义》，第62页。

② 席勒：《论悲剧艺术》。

③ 埃德斯米特：载《创作中的表现主义》，《现代西方文论选》，上海译文出版社1983年版，第152页。

④ 华兹华斯：《抒情歌谣集·序言》，载《欧美古典主义作家论现实主义与浪漫主义》，第268页。

⑤ 布列东：《超现实主义宣言》，载《现代西方文论选》，第169页。

整体是由部分所构成的，离开了部分也就没有整体；但它又不只是部分的简单相加，它的性质是由各个部分的相互联系、相互渗透所构成的系统特质所赋予的，是任何处于孤立状态下的部分所没有的。这就是亚里士多德所说的"整体大于部分之和"的道理。而反过来，在这个整体中，部分也不像它未进入整体时那样，它获得了原先孤立状态所不具备的整体的特质。这就要求我们认识艺术作品，包括艺术的真实性时必须变一维、单向的思维方式为多维、系统的思维方式。这种整体的思维方式在古希腊哲学中还带有某种自发的倾向，但是到了近代在机械论自然观的影响下，却渐渐被人们所淡忘，习惯于把具体的事物分解开来，仅仅抓住其中某一或某些要素去作孤立的、静止的研究，它的影响也波及文艺理论，包括对艺术真实的研究，从而使得我们在这个问题上尽管殚精竭虑但终究难以找到满意的解答。根据这一实际情况，我认为要使艺术真实性的研究有所进展，就必须抛弃这种机械的、形而上学的思维惯性，来对之作全面的、系统的、全方位的考察。这一工作大致可以从这样两个方面来看：首先，艺术作品是一个系统，它是一个由诸多要素构成的一个有机整体，任何要素进入这个整体就不再像原先孤立状态那样，就获得了整体所特有的性质；其次，作品与读者之间也是一个整体，作品是经由读者阅读才能发生它的社会效应的，因此作品的真实性也只有通过阅读，在读者意识中产生一种真切的体验即真实感之后，才能得到读者的确认。如果这两方面我们都注意到了，那么，对于艺术真实性的探讨至少会在现有的基础上有一个较大推进。

二

现在，我们就从以上认识出发，来看看艺术的真实性到底是由哪些方面、哪些要素构成的。

前面说过，真实性的概念原本是基于艺术是生活的反映这一认识提出来的，是指反映在作品中作家的主观认识与客观事物的一致，这就使得人们往往以哲学上的真理性（按亚里士多德在《形而上学》中的理解，就是"每一事物之真理与各事物之实必须相符”）来解释艺术的真实性，但这只能说是抓住了艺术真实性的客观根据而并没有说明艺术真实性本身。因为艺术是借助具体生动的形象来反映生活的，这里不存在抽象的理性观念。从艺术作品的内容方面来看，艺术总是以作家的审美感受和审美体验为中介与生活发生联系的，因而能够引起作家审美感受和审美体验的对象主要是现实世界各种各样的人物以及由他们的活动构成的生活世界。这两者是不可分割的，因为社会生活是由人的活动构成的，所以在艺术作品中如果写出了真实的人物性格，也就必然会写出真实的社会生活，那种脱离人与人之间现实关系的具体描写的艺术真实是不存在的。所以狄德罗说“诗里的真实是一回事，哲学里的真实又是一回事。为了存真，哲学家说话应该符合于事物的本质，诗人只求和他所塑造的人物性格相符合”①。正是由于这样，艺术家在创作时一般都不会离开人物性格的把握而抽象地去考察艺术反映生活的真实性问题（如考虑是否真实深刻地揭示了生活的本质、规律等），他所孜孜以求的只是把人物性格令人信服地展示在读者面前。列夫·托尔斯泰在谈到他的小说《哈泽·穆拉特》中对沙皇尼古拉一世的描写时说：“我写的不是尼古拉的传说，但他生活中的一些场面是我的中篇小说《哈泽·穆拉特》所需要的，而且因为我只喜欢写我很了解的东西，agant（就是），所谓 Las Coudees franchas（放手而为），那么，我就应该尽我所能地完全掌握开启他性格的钥匙。我就是为这而搜集并且阅读一切与他生活和性格有关的材料的……”② 因此，当作家一旦把握了人物的思想性格，也就等于把握了他与周围人物、环境的关系，在写作时就可以凭着自己的想象自由驰骋，应付裕如了，哪怕情节极度地夸张，乃至近乎荒诞，如果戈里的《钦差大臣》、马克·吐温的《三万元遗产》等。由于事件的发展都是以人物性格为依据，由人物的性格生发出来的，所以给人的感觉就如同霍布斯所说的，虽然“于事未必然”，然而却“于理必可能”。这样，作品也就超越了实际生活，使得现实作为可能性在作品中获得了创造性

① 狄德罗：《论戏剧艺术·关于语气》，载《西方文论选》，上海译文出版社 1979 年版，第 353 页。
② 列夫·托尔斯泰：《致阿·安·托尔斯泰雅》。

的再现。人物性格是无比复杂多样的，正如世界上没有两片完全相同的叶子，世界上也没有两个完全相同的人物。如果说艺术真实必须反映生活本质真实的话，那么它所反映的也只能是通过一些具体人物的行动所体现出来的生活的特殊本质，不像理论家所把握的那种没有独特个性的抽象的普遍性。这就使得艺术反映生活有着一切理论形态所无可比拟的丰富性和生动性。过去我们在探讨艺术真实时往往离开对具体人物和人物关系的分析，把它看作一种抽象的生活本质和规律，以致我们的文学批评往往离开艺术形象的客观实际而陷于庸俗的社会学。这些着眼于从艺术作品的客观对象方面所把握到的艺术真实即我们通常所说“事理之真”。

但既然艺术对生活的反映是以艺术家的审美感受和审美体验为中介而进行的，而体验作为客观对象能否与人们主观需要相契合所生的一种情感状态，它具有一种推己及人或推己及物的功能。因此，当艺术家的思想情感为某一对象所激活之后，这种情感就会诱发艺术家联类无穷的想象，不仅把他带入一个为他想象所虚构的世界之中，而且还会使他把自己幻想中的人物都当作是真实的，并对他们倾注着自己全部的感情，与他们共历磨难，同享欢乐。这样，就会对读者产生一种情感说服力，使读者感到一切仿佛都是真实存在，确信无疑的。读者之所以把这些明明虚构的故事当作真实的生活来接受，就是由于渗透在艺术形象中的艺术家的感情的真挚所产生的一种说服力。因为“感动人的绝不会是人所不信的东西”①，“你不热切相信的东西决不会感动你”②。只有作家自己为之感动并坚信不疑的东西，才有可能感动读者，令读者信服。这表明情感乃是构成艺术形象不可缺少的内容，它决定着艺术作品不但是以理服人，而且还总是以情感人的。列夫·托尔斯泰就曾经把“真诚”即“艺术家对他所描写事物的真诚的爱憎感情”③ 看作是一个真正艺术作品的不可缺少的条件，并反复强调“必须只在要求表达的思想是如此缭绕着你，

① 布瓦洛：载《诗的艺术》，《西方文论选》，第298页。
② 乔治·桑：《致福楼拜》。
③ 列夫·托尔斯泰：《莫泊桑文集·前言》。

自你获得这些思想以来不把它表现出来，就不让你安静的时候”① 去进行写作，才能获得成功。由于情感的产生是与主体的需要相联系的，这就意味着它的内容实质上就是一种内隐的行为取向，一种对现实的愿望和追求。它不是按照理智、按照必然律，而是按照愿望、按照自由律进行活动的。所以一旦读者完全被作品中所表达的情感所攫取、所征服，完全沉溺于作者所表达的情感并为之所深深感动，也就不会再拘泥于作品的细节，一些在理智的眼光看来所不能接受的描写，在情感的状态下也会畅达地进入人心，使读者从受必然律支配的理智状态中超越出来，按照自己的意愿去想象和理解。这样，才有可能出现汤显祖在创作《牡丹亭》时完全摒弃“生而不可与死，死而不可复生”等“以理相格”的“形骸之论”，而凭着他的意愿所至大胆地描写了“生者可以死，死者可以生”的梦中之情，使得他提出的“理之所必无，安知情之所必有耶?”② 的艺术主张比之霍布斯的“于事未必然，于理必可能”的艺术真实论来又进了一步。许多带有幻想描写的艺术作品如关汉卿的《窦娥冤》、郑光祖的《倩女离魂》等、果戈理的《外套》，读者不仅不会以事理之真提出质问，而且还为之深深激动，就是因为它们所反映的是一种“于情所必有”。相对于前面所说的“事理之真”来说，它们表达了一种“情意之真”。

所以，对于艺术真实就内容来说，我认为它就是一种“事理之真”与“情意之真”的有机统一，既反映了生活的真实关系，又真切地表达了人们的意志、愿望。但是对于真正的艺术来说，这些内容又是经过一定艺术形式的改造、加工才能在作品中获得生动的表现。这些艺术形式包括作为一般规范、模式的各种艺术种类、体裁、手法，等等。它们最初都是艺术家在创作时出于对内容的整理、改造和加工的需要而产生的，后来经由不断总结和概括逐渐形成为一种相对稳定而又与所表达内容相对独立的规范和模式。这些规范和模式一旦确立之后，就成为一种存在于艺术家头脑当中的一种预成的图式，

---

① 列夫·托尔斯泰：《致列·尼·安德列也夫》。
② 汤显祖：《牡丹亭·题辞》。

支配着作家对题材的选择、改造、加工和艺术内容的表达。于是，就会使得艺术家在创作时出现这样一种情况：一方面，他所要表达的内容必然呼吁和追求一定的表现的形式，要求找到相应的形式来进行表达，就像布洛克所说的："艺术再现总是依照一定的惯例（按，亦即图式），所以我们永远找不到一幅对世界完全客观再现的画。"① 艺术不同于原生态的生活，就在于它按照一定的艺术规范和形式把现实中所存在的东西重组了一遍。而另一方面，一定预成图式的存在，又可以免除艺术家在提炼内容的过程中从头开始去探寻表现形式，而完全可以通过对于预成图式的改造，使这些具体的内容达到生动完美的表达。一旦经过了形式的结合，表现在艺术作品中的内容也就与实际生活拉开了距离，从而使生活的形态上升为艺术的形态。正是由于任何作品的内容都体现于一定形式之中，是依赖于一定的形式而存在的，这就要求我们在考察艺术真实时不能完全脱离形式，而必须把作品的体裁、形式、风格等独特的表现因素考虑在内。这样就决定了诗歌的真实不同于小说的真实，写意风格的真实不同于写实风格的真实……因为诗歌一般都是激情状态下的产物，情感有调节感知的作用，这样，那些夸张、铺叙、变形在偏重于写实的小说中使人无法接受的描写，在诗歌中就不仅不会使人感到失实，而且由于它酣畅地传达了作者情感之真反而给人以艺术上的极大的满足，从而使得诗歌比之于小说总是更倾向写意，更需要借助于我们生动活泼的自由想象和联想去进行解释。过去学界对《陌上桑》中的罗敷是否劳动妇女有过怀疑，主要理由是诗中所描写的罗敷的服饰如"头上倭堕髻，耳中明玉珠，湘绮为下裙，紫绮为上襦"等，似乎不像是一个饱受封建地主压迫、剥削的劳动妇女的穿戴。这就是无视诗歌这种艺术体裁、形式和风格的特征，以阅读小说时那种追求细节真实的眼光来看待罗敷形象塑造，而不知这种烘托的手法在诗歌中的特殊地位的缘故。这表明形式在构成我们对艺术真实性的理解上非但不是可有可无的，而且往往具有根本性的意义。

---

① 布洛克：《美学新解》，辽宁人民出版社 1987 年版，第 63 页。

三

以上，我们还只是就作品本身来对艺术真实性所作的一些探讨；如果从艺术活动的全程、从作品与读者的关系来看，那么，作家所提供的作品还只能说是一个潜在的实体；它只有经过读者的阅读和欣赏，在读者中产生一定的心理效应之后，这种潜在的实体才能化为实在的东西。这就要求我们衡量作品的真实性就不能只孤立地就作品本身，还要看它能否在读者意识中唤起真实的感觉，使读者感到真实可信。这种真实感觉作为读者在阅读和欣赏过程中由于读者与作者的视界融合所产生的一种心理效应，既是一个认识论的问题，又不完全属于认识论的问题。因为欣赏活动作为一种趣味判断，即康德所说的一种“感性评价的能力”①，它总是在读者意识的感性层面上发生的，总是离不开读者个人的感觉和体验，总是在一定情感的激发下凭借读者的个人经验和想象去对作品作出自己的评价的。情感有调节的作用，这就使得艺术作品所表现的内容反映在读者的意识中总是经过读者的意识的改造和再创造的。如同布洛克所说“我们感知到的真实永远要经过主体的解释和变换，世界不存在供我们感知的未加交换的真实”②。这就决定了阅读时读者真实感的产生不同于纯理智的逻辑判断，它不是完全按照因果关系、按照客观决定性的原则所能解释的，它除了有赖于作品所表达的艺术内容的真实之外，还取决于能否与读者自己的生活经验、思想认识、欣赏习惯、艺术理解能力等主观因素相契合。艺术的真实感就是在接受过程中读者的主观因素和作品的客观因素达到优化组合的一种产物，是这个系统整体特性所派生的效应。因此，要使艺术的真实性为读者所确认，还需要有这样两个条件：

首先，是作品所表达的内容与读者生活经验和思想认识的契合程度。我们强调读者生活经验和思想认识在艺术感知中的作用，是由于从认识论的观

---

① 布洛克：《美学新解》，第121页。

② 康德：《实用人类学》，重庆出版社1987年版，第137页。

点来看，认识并不只是对于事物的消极的反映，它总要以自己已有的经验作为参照的系统和判断的依据。艺术阅读与欣赏是离不开读者的感受和体验的，从这个意义上说，它当然不完全属于认识活动；但不论怎样，在读者的感受和体验中不可避免地又必然包含着认识的成分，而且只有当读者对作品的内容在理性上有了认识之后，才会有更深切的感受和体验。这样，在阅读的过程中，读者已有的经验也就成了对作品的艺术真实进行判断的主观条件，支配着读者对作品真实性的评判。所以，高尔基认为唯有“文学家和读者的经验结合一致才会有艺术的真实——语言艺术的特殊魅力”①。再加上由于艺术以艺术家的审美情感为心理中介来反映生活这一特性，决定了艺术家通过艺术形象塑造向读者所传达的不只是一种知识，像以往人们所理解的只是对生活本质规律的一种揭示，同时也是对人生意义、价值的思索、探寻和追思。这就更不是仅凭理智的分析，而只有以读者自己的人生阅历、人生体悟为心理背景，才能理解它所传达的人生真谛，领悟它的思想内涵，评判它的意义和价值。正是由于这样，所以即使对于同一个作家甚至同一个作品，由于读者的人生阅历和生活体验的不同，从中所感受到的真切的程度也不一样。陈继儒诗云：“少年莫漫轻吟味，五十方能读杜诗。”② 就是说，由于杜甫诗歌中所表现的那种深沉郁结、忧国忧民的思想情感，不是那些初出茅庐、入世未深的少年人所能领会的；只有历尽沧桑、饱经忧患、步入中年以后读来才会有真切的感受和体会。这就使得同一个读者对于同一个作家或同一作品在不同年龄阶段读来，感受和领会也往往会不一样，如同郭沫若所说：“同一部《离骚》，在童稚时我就不曾感得甚么，然而目前我们称道屈原是我国文学史上第一个天才的作者。”③ 这评价自然包括对作品内容的思想深度、思想价值和它的表达所达到的真切感人的程度在内。

其次，是作品的形式、风格与读者的欣赏习惯和欣赏能力的契合程度。

---

① 高尔基：《给初学写作者的信》，《论文学》，人民文学出版社 1978 年版，第 225 页。

② 陈继儒：《读少陵集》。

③ 郭沫若：《艺术的评价》。

这是因为在艺术作品中，内容不是抽象的存在，而是通过一定艺术形式表达出来的，因而读者阅读和欣赏作品也就不能跨越形式，而首先基于对于艺术形式的感知和认同。若是对于艺术形式缺乏一定的经验和知识，我们在阅读和欣赏作品时就会感到莫名其妙、无法理解，就更谈不上为之感动了。所以舒曼说“只有明了形式，才能明了内容”①。从这个意义上说，对形式的理解也就成了我们在感知艺术作品过程中获得对作品的真实感所首先必须克服的一个障碍。而平时大家在阅读作品过程中之所以不感到这个障碍的存在，乃是由于经过长期阅读和欣赏经验的积累，对于一定形式已经完全适应了的缘故。现在许多人在谈到艺术形式时往往比较多地强调“陌生化”、强调艺术形式的特异而造成作品内容与实际生活的距离所引起读者的惊异感而产生的审美效应；而很少注意到由于片面地追求新颖、奇特而使读者无法适应、认同所造成的读者理解上的障碍。为什么历史上许多新的艺术形式手法和风格在其当初出现时都会这样那样遭受非议、冷落，即使是很有创造精神的表现也只有过了很长一段时间待到为读者所理解和接受之后，才受到人们欢迎呢？这就是由于读者对它需要有一个适应和习惯的过程。这些为读者所接受和认可的形式、手法和风格由于年长月久经过人们反复的欣赏就会在人们的意识中固定下来，内化为人们的一种审美心理图式，一种所谓“接受惯例”。“惯例”这个概念很久就已经产生，有学者认为欧洲“中世纪美学最独特的贡献就是诗不仅借助耳朵、心灵而借助惯例来进行评价的”，“与习惯的东西不同的不能产生愉悦”。② 这就说明了艺术作品之所以畅通无阻地进入人的心灵，是与读者接受惯例的契合所产生的自动化的效应分不开的。可惜这一很有价值的思想并没有引起理论界的注意。形式主义强调形式的“陌生化”自然是有道理的；但却没有看到形式的“陌生化”与接受的“自动化”并不是截然对立的，只有形式的“陌生化”而没有接受的“自动化”，艺术感知就会显得困难重重，是很难即目会心，立即唤起读者审美的愉悦的。所以豪泽尔认

① 舒曼：《音乐家生活守则》。

② 塔塔科维奇：《中世纪美学》，中国社会科学出版社 1991 年版，第 154、148 页。

为："独创性的体验只有在已经安顿好的习规（亦即'惯例'）的轨道上，才会传播"，"没有舞台和观众之间的某种习规的默契，也就没有戏剧，没有听众和观众甘心情愿地将怀疑抛在一边，也就没有艺术"①。而读者之所以能把高度形式化、风格化的艺术作品的内容当作实际生活那样来感知，明明在进行艺术欣赏却仿佛参与到实际生活中那样经受种种体验，就是由于惯例在意识深处发生作用。它仿佛在时刻提醒我们：对于作品的内容我们必须按照该作品所遵循的某一艺术类型的形式、手法、风格的特点去进行理解。这样，惯例的掌握也就成了一种艺术眼光的形成和确立。正是由于人们有了这样一种艺术的眼光，对于艺术，才会按照这个假定的世界本身的特性和存在规律去进行审视和观照。这样，像戏曲、歌剧、芭蕾舞等从日常生活的眼光看来完全不近情理的表现形式也就不仅变得可以理解，而且使人觉得似乎只有按照这一形式才能使作品的内容获得酣畅淋漓的表达，并给人以心满意得的艺术享受。要是在艺术阅读和欣赏中不能克服这一矛盾，使得自己的欣赏能力适应于一定的体裁形式和风格，那么，人们对艺术的理解就只能永远停留在自然主义所提倡的那种生活真实的水平，是很难进入艺术的境界的。我们前面说过艺术作品内容的真实总是显现在一定的艺术形式之中，从而使得内容在不同艺术类型、形式、风格的作品中都必然按照一定形式的规范和要求来进行表现；这种特定的表现形式到了阅读和欣赏的阶段，就是由于相应的接受惯例的作用才被读者予以确认并获得真实的效应。这就决定了一个作品能否在读者中产生真实的效应不但取决于读者对作品反映的生活内容与表达的思想情感的真实性的认同，而且取决于能否按照一定的艺术规范和形式的特性去进行感知和领会。否则就难免感到费解、隔膜甚至阻抗的心理，那又怎么能带领读者进入艺术的境界、产生真实的感觉呢？

我们强调艺术的真实性只有在阅读和欣赏过程中转化为读者的真实感才能发挥它的艺术效应，但也不能把这种真实感看作是纯心理的、纯主观的，

---

① 豪泽尔：《艺术史哲学》，中国社会科学出版社 1992 年版，第 356 页。

并进而以我是否感到真实可信作为衡量艺术真实性的标准和依据。这样就很容易否认艺术接受的反映论性质而陷入主观主义和相对主义。从唯物辩证的观点看来，读者的艺术感知总是以艺术作品的客观存在为依据的，尽管读者对作品的感知和评价有所不同，但这只不过是具体的感知过程中由于条件差别所产生的心理变异。读者的真实感和作品的真实性的关系也是这样。我们主张对艺术真实问题只有通过系统的考察才能作出科学的说明，它的基本精神，就是要我们坚持全面地、辩证地来看待问题。

（原载《江海学刊》2003 年第 1 期）

文化传统和综合创新

张岱年

中国哲学的特点和贡献

最近一段时间以来，有许多人对用西方的逻辑分析方法来整理中国哲学所带来的问题，提出了不同的看法。这是很有意义的。冯友兰先生、金岳霖先生等人都对“中国哲学”和“中国的哲学”进行了区分。我在《中国哲学大纲》和其他的文章中也对这个问题发表过意见，我现在依然坚持那时候的看法。也就是说：“中国哲学与西洋哲学在根本态度上未必同；然而在问题及对象上及其在诸学术中的位置上，则与西洋哲学颇为相当。”① “区别哲学与非哲学，实在是以西洋哲学为标准，在现代知识情形下，这是不得不然的。”② 基于此，我认为概念分析、命题分析依然是解决中国哲学的问题的最好办法。过去中国哲学讲体会，把理论和实践结合起来讲，但体会的方法和逻辑方法结合起来不矛盾。从方法论的角度看：分析的方法、考据的方法都应重视，但最主要的还是分析的方法。这一点我可能是受罗素的观念的影响。

我们应该看到中国的哲学和文化与西方的哲学和文化之间的差异，但也不能夸大这种差别，或者对这种差别作简单的归纳。比如过去有一种说法，

---

① 张岱年：《中国哲学大纲》，中国社会科学出版社 1982 年版，第 2 页。

② 同上书，第 17—18 页。

认为中国文化是主静的，西方文化是主动的，把它们作为中西文化的主要区别。这种观念是有失偏颇的，不能反映实际情况。主静是道家的思想，虽然有广泛的影响，但并没有在中国文化中占主导地位，而《易传》中“动静不失其时，其道光明”才是儒家的态度。所以，说中国文化是静的文化，那是缺乏充分的理由的。

近来又有人说，西方哲学因为强调主客二分，所以造成了人和自然之间的紧张，要达到人与自然之间的和谐必须求助于中国哲学。我的朋友季羡林先生甚至提出只有天人合一才能拯救人类的主张。对此我们也要进行分析。西方主流思想是强调征服自然，如洛克；但也有主张保护自然的思想，如莱布尼茨。中国讲天人合一，讲人与自然的和谐，但也有征服自然的思想，各种思想都有。不能简单化。

说21世纪中国思想将占主导地位，就是把问题看得简单化了，中西思想虽有偏好，但都主张一方面要改造自然，同时也告诫不要破坏自然，如恩格斯在《自然辩证法》中说过，不能光讲斗争、征服自然，应该强调和谐合作。

同样，我们也要正确看待马克思主义和中国传统文化的关系，现在我们要学习了解孔子、孟子的思想，但关键是要学习马克思主义。只是我们不能像过去一样，将儒学和马克思主义对立起来。

毫无疑问，儒学和马克思主义在本质上是不一样的，儒学主要讲做人的道理。但这两者之间也有一致性。马克思写过一篇文章说，专制主义让人不成其为人，专制主义利用儒家，使许多人将儒家和专制主义等同起来。其实，儒学的主要思想就是要使人成其为人，因此儒家思想中也包含有丰富的反专制和民本的思想，儒家在这一点上还是有贡献的。

现在也有一些海外的学者将马克思主义在中国的发展概括为马克思主义的儒家化，这种提法不合适。毛泽东讲过，与天斗，其乐无穷，把斗争看得最重要。斯大林也强调斗争。但如果认为马克思主义是“仇必仇到底”也不符合实际情况。但以强调斗争和主张和谐作为中西文化或哲学的差异，便是把问题简单化了。的确，儒家把和谐看得最重要，宋儒张载说，“有象斯有对，仇必和而解”，我觉得可以改一个字，“仇可和而解”，这样就比较好地解决了斗争和和谐的关系。

文化精神和综合创新

革故取新就能前进，因循守旧必然落后，现在中国传统文化正经历一个舍旧创新的转变过程，这就需要我们认真分析中国传统中是否也包含继续前进的内在根据，中华民族将如何自立于世界文化之林。

近一个多世纪以来，我们对儒家思想进行了很严厉的清算，这是必要的。但是我们要避免那些情绪化的做法，应当根据时代的需要对儒家进行重新的认识，因为儒家构成了中国文化精神的核心内容。中国文化糟粕很多，也有精华。最重要的精华，我常提的有两条：（1）自强不息的精神，永远前进；（2）厚德载物的宽容精神。《易传》提出“刚健”的观念，又提出“天行健，君子以自强不息”的著名命题，两千多年来一直激励着中国人奋发向上。同时儒家强调宽容的态度，允许不同的文化存在。虽然儒家也强调“夷夏之辨”，但它一直强调文化本身的吸引力，而不主张以一种强制的方式推行自己的文化观念。这一点是很重要的。

不过，儒家思想有一个很大的缺点，比如，当时人们提出“正德、利用、厚生”是人类生活中的三件大事，但是孔子只是讲正德，没有讲利用、厚生，这有消极影响。这一点别的学派也有缺陷，魏晋讲玄学、宋明讲理学，都是有所偏，都不注重利用、厚生。西方就强调利用、厚生。墨家利用而不厚生，庄子的《天下》篇中，就批评墨家太苦，一般人接受不了。汉武帝他们讲独尊儒术，这是统治者为了社会的安定，只好这样。可惜墨家思想逐渐消失，道家一直存在。墨家消失的原因很多。墨家有组织、有领袖，它的组织很严密。有组织的被打垮了，没有组织的反而打不垮。

应该说，在中国传统文化中有大量消极的思想观点，应努力加以克服，但也有大量积极的有价值的思想观点应该肯定。有的同志问我，文化的精华和糟粕是很难区分的，能否有一个一般性的标准。我觉得不同的时代会对文化的发展提出不同的要求，但有两条是基本的：（1）真正反映客观实际情况；（2）能够促进文化的发展。第二点是非常重要的标准。列宁说过无产阶级思想最重要的是能不能促进社会的发展，不能促进就是不进步。邓小平同志晚年也说过：发展是硬道理。

我们现在已经进入了社会主义社会，所以要建设的是社会主义的新文化。在文化的发展上，我一直提倡一种“综合创新”观点，简单地说：反对全盘西化和中国文化优越论，要对中西文化进行分析，既要发扬优秀传统，又要吸收西方的优秀文化，合在一起叫综合创新。我在《中国文化和文化论争》一书中对之有详细的论述，后来方克立同志和其他一些同志对这个观点表示支持，最近刘鄂培同志还专门编了一本《综合创新》，也很好。综合创新就是要创造一种新文化，我们的新文化是什么样的呢？我还是愿意用我以前写的文章中的一段话来概括，我们建设社会主义新文化，一定要继承和发扬自己的优良传统，同时汲取西方文化的先进贡献，逐步形成一个新的文化体系。这个新的文化体系，是在马克思列宁主义原则指导下，以社会主义价值观，来综合中西文化之长，而创新中国文化。它既是传统文化的继续，又高于已有的文化，这就是新文化。

（原载《江海学刊》2003 年第 5 期）

社会转型、体制转型与经济增长方式的转型

洪银兴

从党的十一届三中全会开始的经济改革标志着我国经济转型的起步。经济转型涉及三个方面：一是经济体制的转型，即由计划经济体制转向社会主义市场经济体制；二是增长方式的转型，即由粗放型增长方式转向集约型增长方式；三是社会转型，即由不发达经济转向现代化经济。经济转型可以说是邓小平理论的直接实践。在邓小平理论的指引下我国的改革开放和现代化建设的伟大事业取得了显著的成就，成功地走出了中国特色社会主义的新道路。

二十多年的经济转型取得了明显的进展，也带来了多个层面的变化：市场态势由卖方市场转向买方市场；宏观经济不均衡的主要特征由通货膨胀转向通货紧缩；经济结构正在发生重大变动。与此同时，转型中的摩擦和矛盾正在显现，市场秩序的混乱，信用的缺失，失业和下岗人数的剧增，收入差距的扩大等无序现象又成为经济转型的阻力。这表明潜伏的体制矛盾还在逐渐显示。因此，实事求是地研究已经和正在进行的转型的无序现象，从中寻求由无序走向有序的路径，应该是十分有意义的。

以全面建设小康社会为导向的社会转型

由不发达转向现代化，可以说是在社会形态方面的经济转型。在制定现代化建设的发展蓝图时，邓小平提出了“三步走”的战略构想：第一步从1981 年到1990 年国民生产总值翻一番，解决人民的温饱问题；第二步从1991

年到20世纪末，国民生产总值再翻一番，人民生活达到小康水平；第三步到21世纪中叶，人均国民生产总值达到中等发达国家水平，人民生活比较富裕，基本实现现代化。

十六大根据“三个代表”重要思想提出了在本世纪头20年全面建设小康社会的宏伟目标。其意义在于，在完成第二步战略目标后到实现第三步战略目标阶段之间加了一个全面建设小康社会阶段，使我国的现代化进程有个明确的长远目标和近期目标。全面建设小康社会包含在现代化的进程中，将小康社会建设作为现代化的具体阶段来推进，可以说是中国特色的现代化道路。

实现人民的愿望、满足人民的需要、维护人民的利益，是“三个代表”重要思想的根本出发点和落脚点。在趋向现代化的进程中突出全面小康，是要明确经济增长的每一阶段都要给人民群众带来实惠，使人民群众分享增长的成果。其实质是富裕人民。可以说，能否富民，人民的富裕程度达到什么水平是经济转型是否成功的试金石。这体现了人民的长远利益和当前利益的结合。

全面建设小康社会当然要关注GDP指标，特别是人均GDP指标。例如根据十六大描绘的蓝图，2020年我国人均GDP将达到3000美元，这是全面小康社会的数量指标。许多小康社会指标依赖于人均GDP的增长。从现代化的进程考察，人均GDP是重要指标。人均800美元与人均4000美元不仅仅是数量差别，在许多方面还存在着质的差别。原因是全面小康社会的某些关键性特征需要人均GDP达到一定的水准。例如根据发达国家所走过的历程，收入差距的缩小要在人均GDP达到1500美元以后才开始。再如人们服务性消费的扩大，高等教育的大众化，环境的治理和改善等，都需要在人均GDP过了1000美元后才逐步推进。原因是这些方面的供给和需求不能脱离用人均GDP指标衡量的生产力发展水平。因此达到全面小康，根本的是经济发展，实现GDP等数量指标的翻番。

但是，不能把GDP指标强调过头。用GDP指标衡量经济增长和小康水准时存在着功能性缺陷：第一，它不能反映人民群众多方面需要的满足程度，现实中人民需要满足程度（包括人民群众的消费水平）同 GDP 增长并不是同步的；第二，它不能反映为取得这些成果付出的代价，包括人力、物力及各种各样“牺牲”的代价，特别是环境质量的下降；第三，它不能反映增长成果的分配，哪些人在增长中得到更大的利益和共同富裕的程度，例如收入差距的扩大。这些恰恰是我们现在全面建设小康社会所要解决的问题。

全面建设小康社会要突出生活质量的提高。生活质量指标包含多方面内容，其中包括人民生活的改善、受教育机会的增多和其他社会福利的普及和提高。目前，人民群众的消费水平仍然存在着结构性缺口。最为突出的是，居民收入水平、恩格尔系数、人均住房面积、居民小汽车拥有量、受教育程度特别是接受高等教育的程度、环境质量指标以及服务消费水平等均还处于低收入国家水平。全面建设小康社会及富民政策就一定意义上说，是要针对这些结构性缺口进行重点建设。

全面建设小康社会不只是指物质生活达到小康水平，还要求在精神生活方面达到小康，就是说富民不仅要在物质上富有，还要求在精神上富有，其中包括享受政治上的民主、现代文化和教育方面的熏陶。显然，全面小康所要求的 GDP 指标可以提前达到，但生活质量的指标、环境质量的指标、精神文明的指标、政治文明的指标、法制完备的指标等不可能像 GDP 指标那样快就能实现。

富裕人民是全面建设小康社会的目标。邓小平理论的一个重要内容就是允许一部分地区一部分人先富起来。党的十六大又进一步重申要保护发达地区、优势产业和通过辛勤劳动与合法经营先富起来的人们的发展活力，鼓励他们积极创造社会财富。与此同时，又特别强调要高度重视和关心欠发达地区以及比较困难的行业和群众，特别要使困难群众的基本生活得到保障，并积极帮助他们解决就业问题和改善他们的生活，使他们切实感受到社会主义社会的温暖。这两个方面的兼顾，特别是强调“更要”关心低收入群体，体现代表最广大人民群众的根本利益。在实践中两者的兼顾既要靠市场又要靠政府，前者在初次分配中起作用，实现效率目标；后者在再分配领域起作用，实现公平目标。

根据“三个代表”重要思想，党的十六大提出了扩大中等收入者比重的新思想。这是富民的直接体现。因为中等收入者比重的扩大是建立在低收入群体减少的基础上的。不仅如此，从一定程度上讲这是解决小康社会建设的拉动力。在发达国家中等收入者阶层被称为中产阶级，由公务员、律师、医生、企业主、教授等组成。在现代社会中，中等收入者是社会的中坚阶层，也是社会中最为稳定的阶层。全社会收入的提高也是由中等收入者阶层的扩大带动的。更多的低收入者进入中等收入阶层，意味着中等收入者是改革和发展的直接受益者，更是改革与发展的推动者。据有关资料，我国目前的中等收入者标准为人均年收入超过5万—8万元，达到此标准的据统计不到就业人口的15%左右。从发展趋势讲，如果将就业人口分低收入、中等收入和高收入三个阶层。这个结构不应该是金字塔型的，原因是低收入群体过大的社会不仅是落后的，也是不稳定的。显然，全面小康社会的居民收入结构应该是菱形的，或者是橄榄形的，即处于上端的高收入者比重和处于下端的低收入者比重都是较低的，处于中端的中等收入者比重应该是较高的。中等收入者比重的不断提高将是全面建设小康社会的现实进程。

兼顾公平的基本考虑是提高低收入者收入，从而缩小收入差距。在经济发展的一定阶段收入差距扩大是现代化的代价。结构调整会使弱势产业部门的就业者地位下降，甚至下岗失业。现在，不断扩大的收入差距不仅发生在不同地区间，也发生在不同阶层间。根据库兹涅茨的倒U形曲线，在推进现代化的起始阶段，收入差距有扩大的趋势，而到一定阶段收入差距便开始缩小，他把收入差距开始缩小的那个“拐点”看作是进入现代化阶段。衡量收入不平等程度的基尼系数在我国现在已经达到发达国家的水平。问题是，我国这种程度的收入不平等是建立在人均GDP处于低水准基础上的。这意味着，最低收入组的收入不能满足基本生活需要，不可避免地会产生车匪路霸之类的社会冲突，从而成为小康社会建设和现代化的障碍。现在突出小康，意味着收入差距扩大的状况不能等到实现现代化后再去解决，必须在小康社会建设过程中去解决。

“三个代表”重要思想要求把不断改善人民生活作为处理改革发展和稳定关系的重要结合点。目前改善人民群众的生活就集中在提高两大低收入群体即农民和失业下岗的职工的收入水平。

提高农民收入与解决整个“三农”问题相关。其主要途径是统筹城乡经济社会发展。具体地说，解决农民问题靠减少农民，解决农业问题靠非农化，解决农村问题靠城市化。这就是十六大所强调的，农村富余劳动力向非农产业和城镇转移，是工业化和现代化的必然趋势。为此需要消除影响农村劳动力转移的政策障碍，建立城乡一体的劳动力市场。在此基础上，通过加快农业产业化、农村工业化、农村城镇化、农业的外向化进程等途径提高农民收入。

提高失业和下岗职工的收入的关键是扩大就业和促进再就业，健全社会保障体系。无论是解决就业问题还是完善社会保障体系都应该与经济转型相一致。就业是民生之本，解决就业问题的关键是改善创业环境和增加就业岗位，健全就业再就业服务体系。提供更多的就业和再就业固然是政府应尽的责任，但更为有效的途径是劳动者自谋职业和自主创业。政府在这里所要做的是为之提供有效的政策和环境，提供有效的服务。

以基本经济制度为导向的经济体制转型

全面小康社会建设需要制度保障，最根本的是加快社会主义市场经济体制的建设。

我国的市场化改革已经推进了二十多年，随着社会主义市场经济体制的发展，社会经济成分、组织形式、就业方式、利益关系和分配方式日益多样化，新事物新矛盾层出不穷，社会也面临着大量前所未有的新课题。就目前来看，阻碍发展的制度供给缺口主要涉及以下内容：一是保护私有财产的法律制度；二是鼓励创新和创业的分配制度；三是鼓励企业家成长的社会氛围和制度；四是鼓励科技进步的知识产权的保护制度；五是维持市场秩序和信用的市场规则和信用制度。针对这些新问题、新课题需要在理论创新的基础上进行制度创新。

根据马克思主义关于生产力和生产关系、经济基础和上层建筑的辩证关系理论，体制转型的基本要求是代表先进社会生产力要求，改革和调整生产关系，根据改革中形成的新的经济基础的要求改革上层建筑，其目标是解放和发展推动社会前进的先进社会生产力，并且为先进社会生产力的成分作用提供生产关系和上层建筑方面的制度安排。制度创新从根本上涉及关于社会主义制度的理论创新。

“三个代表”重要思想创造性地运用马列主义、毛泽东思想和邓小平理论紧密结合新的实践，提出了关于建立社会主义市场经济体制的思想，关于公有制为主体、多种所有制经济共同发展是我国社会主义初级阶段的基本经济制度的思想，关于按劳分配为主体、多种分配方式并存的思想，等等。这些重要思想都是对马克思主义理论的重大贡献，也是新时期经济体制转型的根本指导思想。其意义在于通过市场经济、多种所有制经济和多种分配方式等方面的制度安排解放和发展当前最为活跃的生产力。

这里特别要关注现阶段的基本经济制度的概念提出的客观背景。前一阶段的市场化基本上是在制度外发展非国有经济。由于当时中国的市场属于卖方市场，商品严重短缺，非国有经济进入的行业基本上带有“填空”的特征，其发展迅速是显然的。进入20世纪90年代后期，一方面，制度外的资源被充分动员，这就使非国有经济发展遇到资源限制；另一方面，许多领域特别是非国有经济成分主要进入的制造业领域进入了买方市场，这些领域的竞争过度造成非国有经济成分发展的势头减缓，效益下降。在这种市场新格局中，产生国有经济与非国有经济的激烈竞争，其结果是国有企业效益下降和非国有企业发展受阻。国有经济布局的战略性调整和国有企业的资产结构重组便是这种背景下的必然选择。

“三个代表”重要思想依据我国长期处于社会主义初级阶段的基本国情，将公有制为主体、多种所有制经济共同发展明确为基本经济制度。这意味着公有制与各种非公有制经济都是基本经济制度的组成部分，它们不是对立，而是合作的关系，统一于社会主义现代化建设的进程中。根据发展先进社会生产力的要求，需要突出“两个毫不动摇”：毫不动摇地巩固和发展公有制经济，毫不动摇地鼓励、支持和引导非公有制经济发展。关于基本经济制度的规定具有重大的推动新的思想解放的意义。其现实性在于为当前包括国有企业在内的各类企业的改革清除了思想障碍。

公有制为主体是社会主义制度的基本要求。实现公有制为主体的关键是明确公有制及公有制为主体的含义。公有制经济不是指公有制企业，而是指国有资本和集体资本。公有制为主体不是指公有制企业为主体，而是指公有资产在社会总资产中占优势，国有经济控制国民经济命脉。

根据“三个代表”重要思想对基本经济制度的界定，可以明确所有制结构进一步调整的方向。第一，将公有制为主体界定为国有经济控制国民经济命脉，那么在不涉及国民经济命脉的部门国有经济就没有占支配地位的要求，于是就出现国有经济在非国民经济命脉部门中退出低效益企业、长线产业的战略性调整。第二，公有制为主体体现在企业股权结构中的控股地位和控制力，那么在国有经济需要控制的国民经济命脉部门中也不一定要国有全资，除了极少数部门必须由国有独资以外，大部分可以采取股份制形式，在保持国有资本控股的前提下让出一部分股权给非国有资本。第三，公有制为主体是资本概念而不是企业概念，公有制企业的减少，比重下降不影响公有制的主体地位，在非国有资本积极进入的竞争过度的行业，国家可以主动地拍卖和出售国有企业（包括效益较好的企业），让非国有的资本进入这些企业。这个过程对企业来说是其资本的置换，对国有资本来说是资本由存量变为流量，由实物形式变为货币形式，是国有资本的物质承担者的改变，由此可能产生国有资本由低效益占用向高效益占用的转变的效应，国家也可以将置换出来的资本再投入关系国民经济命脉的行业和关键领域。第四，市场化改革需要进入长期由国家管制的垄断性行业，虽然在这一领域仍然要坚持国有经济控制，但必须放松国家规制，引入竞争机制，同时要吸收非国有股权的进入。

由上述基本经济制度概念出发，对绝大部分国有企业，就有个产权重组问题。私人经济、外资经济和上市公司经济是现阶段三大充满活力的经济形式。因此，国有企业（也包括其他类型的公有企业）的产权结构重组的方向就是与这三大活力经济对接，形成国有企业与私人产权制度的结合，具体地说，除了一部分中小企业改制为私人企业外，相当部分企业通过吸收私人资本或其他法人资本的途径形成多元股权的公司制企业，甚至允许私人资本控股。对国有企业进行这种新的产权制度安排，可以提高其竞争力，发展先进社会生产力。

与确认基本经济制度概念相适应，私人企业进入了新的发展阶段。我国目前发展私人经济已经不是数量问题，而是企业规模和质量问题。私人企业质量不高问题突出表现在三个方面：一是大企业（集团）不多；二是具有国际竞争力的私人企业不多；三是私人企业集中的领域的产业等级低。因此扩大私人企业规模、增强企业实力、提高企业所处的产业等级，是现阶段发展多种所有制经济的主题。目前加快非公有制经济的发展主要涉及两个方面：一是放宽国内民间资本的市场准入的要求，拆除私人企业进入领域的各种政策壁垒，准许外资进入的市场同样应给国内私人企业；二是完善对私人财产的法律制度，鼓励私营企业通过上市和股份制吸收多元股权，建立现代企业制度。

产权和市场是市场经济体制不可分割的两个方面。根据现阶段基本经济制度的特征进行的经济体制的转型包括市场的转型，也就是由发育不成熟的不完善的市场向成熟的完善的市场转型，建立统一、开放、竞争、有序的现代市场体系和市场秩序。针对现阶段市场体系不完善的问题，市场建设需要突出发展产权、土地、劳动力和技术等市场。创造各类市场主体平等使用生产要素的环境。针对目前存在的假冒伪劣、坑蒙拐骗等市场秩序混乱问题，拖欠债务、不守合同等信用缺失问题，市场建设的主要内容是规范市场秩序，目前主要涉及健全现代市场经济的社会信用体系，打破行业垄断和地区封锁，促进商品和生产要素在全国市场上的自由流动。

十六大报告要求形成与社会主义初级阶段基本经济制度相适应的思想观念和创业机制。改革的总体思路就是把一切积极因素充分调动和凝聚起来，努力形成全体人民各尽其能、各得其所而又和谐相处的局面，这种局面主要涉及两个方面的制度调整。

首先是收入观念的调整，一切合法的劳动收入和合法的非劳动收入都应该得到保护。不能简单地把有没有财产、有多少财产当作判断人们政治上先进和落后的标准。在社会变革中出现的新的社会阶层是中国特色社会主义事业的建设者，对他们的创业精神都要鼓励，对他们的合法权益都要保护。其次是收入分配制度的改革。其基本思想是：确立劳动、资本、技术和管理等生产要素按贡献参与分配。在知识、技术、企业家等要素的所有权属于私人的情况下，按各种要素的贡献取得报酬，不仅能刺激劳动要素所有者的劳动投入，还能刺激资本、技术、管理等要素所有者的各种要素的投入，并且形成各种要素所有者之间和谐相处的局面。

以新型工业化道路为导向的发展道路的转变

在上个世纪90年代中期，中央关于“九五”计划的建议提出了实现两个转变的目标。这就是除了经济体制的转变外，还要实现经济增长方式的转变，也就是由粗放型经济增长转向集约型经济增长。因此我国的经济转型包括经济增长方式的转变。

发展经济学中有增长不等于发展之说。它是针对发展中国家单纯追求增长而出现的环境污染、资源高消耗、经济效益下降等有增长无发展问题提出来的。因此，增长方式转向集约型，实际是要解决这种有增长无发展问题。

经济增长方式转变也是经济转型的现实要求。在转型期，由于两种体制交织，旧体制下单纯追求产值增长而不顾效益的行为仍然顽强地起作用。有了投资自主权的企业由于决策能力差，而热衷于重复建设和重复投资，这种重复投资行为还能得到地方政府或部门的保护（诸侯经济）。这种情况积累到一定程度超过市场购买力，就不可避免地会产生产品的积压。由此产生的市场问题会迫使经济增长率下降，更为严重的便是出现经济衰退和就业不足。

经济发展是经济转型的主题和中心。经济转型中的许多矛盾和摩擦可以用经济不发展来说明，而且可能通过经济发展来解决。“三个代表”重要思想从坚持党的最高纲领和最低纲领相统一的角度，提出发展是我们党执政兴国的第一要务。在新时期经济转型中，一切妨碍发展的思想观念都要坚决冲破，束缚发展的做法和规定都要坚决改变，影响发展的体制弊端都要坚决革除。

针对现实中存在的有增长无发展的状况，“三个代表”重要思想对发展的概念和含义作了明确的界定：发展是以经济建设为中心、经济政治文化相协调的发展，是促进人与自然相和谐的可持续发展。这里所讲的发展的含义丰富了增长方式转变的内容，给增长方式转变提出了更高更全面的要求，这就是推动整个社会走上生产发展、生活富裕、生态良好的文明发展道路。

发展道路转变的实质是提高经济增长的质量。世界银行2000年发布的题为《增长的质量》的报告给增长质量下了明确的定义，其具体要求是：将促进经济增长的政策与普及教育、加强环保、增加公民自由、强化反腐败措施相结合，使人民生活水平得到显著提高。报告强调：我们需要更多更好的“高质量”的增长，这不是一种奢侈品，这对于国家抓住时机改善这一代人以及子孙后代的生活具有决定性的意义。在推进现代化的进程中突出小康社会，其重要性在于经济增长和现代化必须及时给人们带来生活水平的提高。

新型工业化的特征是：科技含量高、经济效益好、资源消耗低、环境污染少、人力资源优势得到充分发挥。显然，新型工业化道路也就是转变经济发展的道路。

第一是人与自然和谐的可持续发展。提高环境质量，改善生存环境已经成为全面小康社会建设的重要内容。其中包括直接影响人居及健康的基础设施环境和生态环境。只有资源得到充分而有效的利用、环境污染得到有效的控制，增长才是有价值的。由此提出的可持续发展的要求，就是寻求一条新的发展道路，即满足当代人的福利又不损害子孙后代福利的可持续发展的道路。就发展经济与治理的关系来说，已经到了先治理后发展的阶段了。

新型工业化实际是改变在上个世纪西方国家现代化过程中以矿物燃料为基础、一次性物品充斥的西方工业模式。一般的工业化都会经历高消耗高污染的阶段，如重化工业阶段。现在则要依靠科技跨越这个高消耗高污染的阶段。新型工业化意味着依靠最新科学技术跨越这种工业化阶段。现在推进的信息化，不仅可以使工业化水平一下子进入国际前沿，同时可以以其对物质资源的替代和节省，实现低物质消耗，以其带来的清洁生产而降低污染。

第二是发展高科技，逐步实现传统技术向现代科技的转变。根据“三个代表”重要思想，本世纪头二十年全面建设小康社会，需要正确应对世界多极化和经济全球化以及科技进步的发展趋势，抓住和用好重要战略机遇期，在日益激烈的综合国力竞争中牢牢掌握加快我国发展的主动权。综合国力的提高或者说一个国家综合竞争力的提高，必须建立在高科技基础上，由此提出由比较优势转向竞争优势的提升问题。

高科技产业化是一国综合竞争力的集中表现。科学研究的核心问题已不完全是或者说已不仅仅是追求学术上的先进性，科研成果商品化、产业化的速度和质量同样成了科技所追求的目标。一种新的科学发现产生以后，接下来的问题不只是追求更先进的目标，还要迅速地实现商品化和产业化。跟踪世界高科技发展和高科技产业化已经成为科学技术现代化不可分割的两个方面。

高科技产业化依赖科技创新和科技创业。其主要制约因素是科技投资和科技人才。十六大根据“三个代表”重要思想提出的科技创新机制是，形成促进科技创新和创业的资本运作和人才会集机制。这意味着现在无论是从全国范围还是国际范围来看，科技投入不足的问题不完全在于资金供给不足问题，而在于缺乏资本运作的机制和能力；人才缺乏主要在于缺乏会集人才的机制。就资本运作来说，十六大特别指出要处理好虚拟经济和实体经济的关系。尽管虚拟经济作为投机性经济，一旦失去控制就会导致泡沫经济之类的宏观风险。但是虚拟经济是现代经济的重要形式，它的存在和发展对实体经济的发展有显著的拉动作用。特别是在科技投入领域，依靠资本市场的运作，依靠风险投资，能够有效解决科技投入的资金问题。

第三是充分发挥我国人力资源丰富的优势。这里涉及两个方面问题：一是充分就业，二是促进人的全面发展。

就充分就业来说，面对沉重的就业压力，需要处理好高新技术产业和传统产业、资金技术密集型产业和劳动密集型产业的关系，目的是充分发挥我国人力资源优势。依靠科技进步的工业化必然是采用节省劳动力的技术。中国人力资源丰富又会提出人力资源的充分就业问题。这意味着我国的工业化在发展高新技术产业、采用高新技术的同时仍然需要保留和发展劳动密集型产业、采用劳动密集型技术。发展多种所有制经济有必要与采用多种技术发展多种类型产业结合。

就促进人的全面发展来说，人民群众既是先进生产力和先进文化的创造者，又是其成果的享有者。充分发挥人力资源优势绝不等于使用一般的人力，而需要在人的现代化基础上利用人力资源。人的现代化即人的素质现代化，人的身体素质、文化素质和道德素质达到现代化水准。人是现代化的主体。推进人的全面发展，同推进经济、文化的发展和改善人民物质文化生活是互为前提和基础的。现代化最终是由人来推动的，人的素质没有达到现代水准，也就不可能有现代化。

就人的观念与现代技术的关系来说，一般说来，一个国家的先进程度，就看它利用现代技术到什么程度。现代技术不是得到和使用一种工具之类的问题，现代技术是随现代思想而出现的，因此现代化进程不能仅限于物质资本的投资，还必须包括人力资本的投资。人的现代化观念的培养包含在其中。

就人的道德素质与现代文明的关系来说，市场经济以追求个人利益为基础，但不意味着所有的社会利益和社会责任都是在人们追求自身利益中达到的。许多社会利益和社会责任应该成为人们主动追求的目标。这就与人们的道德素质和文明程度相关。遵守共同的道德准则，有共同的道德观和价值观这是现代人的基本素质。一般说来，人的道德素质与人的受教育程度相关。现代经济行为的扩散和人们吸收现代技术的能力，都要以教育为基础。因此，发展教育，提高全民族的文化水平，是实现发展道路转变的必要过程。

（原载《江海学刊》2003 年第 5 期）

马克思时空观新论

张奎良

在马克思一生浩如烟海的著述中，除了早年的博士论文以外，直接谈及时空问题的，迄今未见。这是个不争的事实，但也是个谜团，令人疑惑不解。时空观如同物质观、意识观、运动观、真理观一样，是哲学构成的基本板块，为一切完备的哲学体系所必需。马克思哲学思想博大精深，实是不可能存在时空空场的。那么，马克思的时空观在哪里呢？它应该是什么样的形态呢？下面试作一间接的探寻和演绎。

物质时空：物质存在的基本形式

恩格斯在《反杜林论》序言中说："本书所阐述的世界观，绝大部分是由马克思确立和阐发的，而只有极小的部分是属于我的，所以，我的这部著作不可能在他不了解的情况下完成，这在我们相互之间是不言而喻的。在付印之前，我曾把全部原稿念给他听……在各种专业上互相帮助，这早就成了我们的习惯。"① 而《反杜林论》恰恰是恩格斯集中论述时空问题的著作，那里曾专辟一章《自然哲学·时间和空间》。既然马克思对《反杜林论》全书，其中包括时空这一章已经"听"了，有所"了解"，并未提出异议，那么就可以认为，恩格斯在《反杜林论》中所阐发的时空观也就是马克思所赞同的时空观。

① 《马克思恩格斯选集》第3卷，人民出版社1995年版，第347页。

马克思赞同恩格斯的时空观不是偶然的，而是有着深刻的时代背景和学理意义。恩格斯在《反杜林论》中把时空定义为“一切存在的基本形式”，并在批判杜林的过程中深刻地论述了空间的无限性和三维性以及时间的永恒性与一维性等原理。恩格斯对时空本质和特性的表述是对历史上唯物主义时空观的批判继承，代表了当时对时空认识的最高水平。

古代不可能有时空观，古人只能从自身活动和对自然界的变化的观察和体悟中形成顺序、间隔、距离、规模等模糊的时空意识。德谟克利特开独立的空间概念之先河，他的原子—虚空说实际上是把虚空理解为空间，认其为原子运动的场所。从此开始，对时空的研思越来越独立化、抽象化，走上了纯粹的哲学致思之路。

历史上一切唯心主义哲学家的共同特点是否认时空的客观性，把时空看成是主观感觉或意识的产物。贝克莱把他的“存在就是被感知”的命题运用于时空，认为时空仅仅是人们心中的观念。他的名言是：“离开了心中观念的前后继承，时间是不存在的。”还说：“广袤所在之外……即是在他心中的。”康德也反对时空的客观性，认为时空不过是人类先验固有的“感性直观的纯粹形式”，在他看来，抽去感性，时空就不存在。黑格尔不仅认为时空是绝对观念的外化，还杜撰了时空分离论，认为自然界先有空间，绝对观念外化为人类社会以后才出现时间。

与唯心主义相反，一切唯物主义者都坚持时空的客观性，反对把时空看成是感性和意识的产物。但是他们又将时空的客观性无限夸大，把时空看成是脱离物质或与物质平行的独立存在。伽桑狄、洛克及哥白尼、布鲁诺、伽利略等奉行机械唯物论的科学家一般都拥护和承袭德谟克利特的原子—虚空说，认为时空是物体运动的框架，这个框架存在于人和人的意识之外，是均匀和绝对不变的。牛顿集机械唯物主义时空观之大成，在实验观察及前人认识的基础上，他系统地论述了绝对时空的原理，并以此为根据建立了庞大的经典力学体系。牛顿认为，“空间是一切事物的贮藏所”，时间在事物之外均匀流动，与外界无关，存在着“空无一物”和“空无一事”的绝对空间和绝对时间。

恩格斯写作《反杜林论》时面对的就是上述唯心主义和旧唯物主义机械论这两种时空观。它们虽然在总体上都是错误的，但其性质不同，价值和意义也不同。唯心主义时空观在很大程度上是一种哲学玄想，是适应体系建构的需要而提出的一种独断。它既无生活实践的根基，也缺少坚强的逻辑，不过是对时空现象的一种主观化的曲解而已，驳倒它并非难事。而机械唯物主义时空观，特别是牛顿的绝对时空观，其性质和境遇则大不相同。由于绝对时空观符合人们日常的经验思维，加之在低速宏观领域内牛顿经典力学的全部原理在绝对时空中都畅通无阻，适合于人类的日常生活和一切工程设计，所以，绝对时空观长期统治着科学界和哲学界，要撼动它并非易事。

恩格斯的划时代贡献在于，在《反杜林论》和《自然辩证法》中，他不仅推倒了唯心主义时空观，坚持了时空的客观性，而且在恪守世界物质统一性的前提下，把时空准确地定义为物质存在的基本形式。一方面，时空离不开物质，如恩格斯说："物质的这两种存在形式离开物质，当然都是无，都只是在我们头脑中存在的空洞的观念、抽象。"① 另一方面，物质也离不开它的存在形式，只能在时空中存在，如恩格斯所说："时间以外的存在像空间以外的存在一样，是非常荒诞的事情。"② 恩格斯给时空下的物质存在基本形式的定义又划清了与旧唯物主义机械论时空观的界限，指明时空不是与物质平行或无关的独立存在，而只是物质存在的基本形式。面对恩格斯的定义，牛顿的绝对时空观念就没有立足的余地了，时间既不是物质之外均匀流淌的河流，空间也不是盛原子的容器，相反，时空作为物质存在的基本形式与物质密不可分，只要是物质存在就必定占有空间、经历时间，而时空正是物质存在的形式和体现。这样，恩格斯就把时空与物质的关系彻底说清了，它不仅继承了旧唯物主义关于时空的客观性、广延性、持续性等合理内核，而且在历史上第一次对时空的本质予以科学的界说，从哲学上给后来的爱因斯坦相对论

① 《马克思恩格斯选集》第3卷，人民出版社1995年版，第556页。

② 同上书，第392页。

时空观留下逻辑空间。

爱因斯坦相对论是对牛顿绝对时空观念的巨大冲击，它有力地证明了恩格斯时空定义的预见性和正确性。按照恩格斯的定义，时空既然是物质存在的基本形式，那么，时空的特性就应由物质的状况来决定，这是逻辑上的潜台词，是可以而且应该能够导引出来的。爱因斯坦的相对论恰恰揭示了时空对物质存在状态的依赖关系：狭义相对论指出，时空的特性是随着物体运动的速度的变化而改变的，当物体运动速度接近光速时，就会发生“尺缩钟慢”的现象，即空间延伸缩短，时间因速率变慢而延长；广义相对论又进一步揭示了时空与物质运动的内在联系，指出物质质量分布越大，运动速度越快，引力场作用越强，则空间曲率越大，时间流逝也越慢。

爱因斯坦相对论展示了一个前所未闻的新的时空观。1876 年恩格斯写作《反杜林论》，比爱因斯坦发表相对论早近 30 年。当时的时空观念无论在科学和哲学上都没有进一步跃迁的准备和积淀。在这种条件下，恩格斯凭借自己的哲学沉思，提出了时空是物质存在基本形式的正确理念，既批判了唯心主义的感性观念的时空观，又反对了旧唯物主义割裂时空与物质本质关联的机械论时空观，还包容和孕育了后来时空观念深刻变革的前提和可能，给那个时代的时空观念画上了一个圆满的句号。这个事实就使马克思在时空问题上无重新思考和重建的余地，马克思作为一个唯物主义者，他熟知 18 世纪法国唯物主义者的时空观，认同时空的客观实在性，而恩格斯对时空本质的揭示远远高于历史上一切唯物主义者的水平，克服了他们时空观的种种弊病，因此，在《反杜林论》中一接触到时空问题，马克思赞同恩格斯的观点就十分自然了。

马克思一生有计划但却没有机会写出正面阐述自己哲学思想的系统专著，因而也没有可能去展示自己在物质、运动、时空等一切哲学都不可或缺的重大基本问题上的观点。但是可以想象，马克思在一些问题上没有机会表述自己的观点不等于他没有自己的观点，没有谈到时空观不等于他没有自己的时空观。各方面的情况都显示，恩格斯在《反杜林论》中表述的时空观也就是马克思赞同的时空观。这个时空观是从旧唯物主义那里承袭过来并加以完善和发展了的，但在根本点上是一致的，如同列宁所说，马克思和恩格斯在唯物主义的一切更基本的问题上，“同一切旧唯物主义者之间没有而且也不可能有任何差别”①。列宁这句话虽然不甚精确，但道出了一个基本精神，即在时空这类唯物主义更基本的问题上，马克思同传统唯物主义观点相一致是必然的，而认同恩格斯更加精确完备的时空观就更是理所当然的了。

实践时空：实践活动的广延和持续

赞同恩格斯的时空观还只是马克思时空观的一个方面，仅局限于这一方面并不能使我们满足，而且严格说来，也未能使我们的认识有更大长进。一直以来时空问题无人问津，特别是马克思的时空观成为哲学研究中的寂静领域，其重要原因就在于认识到此就停步不前了，总觉得该说的都说了，进一步深入研究的余地似乎已经告罄。其实远非如此，按照马克思哲学思想的内在逻辑，马克思应该有自己独特的时空观，存在着把唯物主义时空观进一步拓展和深化的潜能及余地，而这是与马克思的哲学革命变革紧密联系在一起的。

众所周知，马克思的哲学革命变革是在唯物主义基地上发生的，他把唯物主义从传统的唯物质形态推进到唯实践的形态，创立了实践的唯物主义。在这个过程中，时空观作为物质存在基本形式的表述也随之转化为对人类实践活动的持续和规模的哲学表达。

马克思以前的时空观都是本体论思维方式的产物，是适应“解释世界”的需要，为说明世界的终极本原或本体的属性或存在方式而出现的。这种时空观的最突出的特点是它与本体或本原相一致，是彻底脱离人和人的生活实践的，仅仅是对世界终极存在或“世界图式”的一种追寻。马克思彻底扬弃了本体论思维方式，不去追寻世界的终极本原和始基，而是赋予世界以属人

---

① 《列宁选集》第3卷，人民出版社1972年版，第246页。

性质，使世界向人和人的生活现实回归。在马克思看来，现实的而不是玄虚的世界乃是人生活的世界，世界的奥秘首先在于人，“被抽象地孤立地理解的、被固定为与人分离的自然界，对人说来也是无”[①]。“在人类历史中即在人类社会的产生过程中形成的自然界是人的现实的自然界；因此，通过工业——尽管以异化的形式——形成的自然界，是真正的、人类学的自然界。”[②]把世界归结为人，使世界和自然人化，这只是马克思哲学革命变革的第一层次。还要继续追问：人何以为人？人的奥秘在哪里？马克思回答说：“整个所谓世界历史不外是人通过人的劳动而诞生的过程”[③]，劳动、实践是创造生命和世界的活动，人通过劳动而生成，通过实践而自立，劳动实践是人及自然和整个物质世界的根基和奥秘所在。在《德意志意识形态》中，马克思把劳动和实践提到如同世界的本原和本体的崇高地位，他说：“这种活动、这种连续不断地感性劳动和创造、这种生产，正是整个现存感性世界的基础”[④]，并说它哪怕中断一年，整个人类世界也就不存在了。这样，马克思作为一个唯物者与先前的一切唯物主义者相比在对世界的理解上就发生了根本性的转折。马克思总结说：“从前的一切唯物主义（包括费尔巴哈的唯物主义）的主要缺点是：对对象、现实、感性，只是从客体的或者直观的形式去理解，而不是把它们当作感性的人的活动，当作实践去理解，不是从主体方面去理解。”[⑤]马克思的“新唯物主义”或“实践的唯物主义”恰恰相反，用马克思自己的话来说，这是一种“把感性理解为实践活动的唯物主义”[⑥]。对世界、自然、对象、事物、感性这种理解上的根本区别，为马克思时空观的变革准备了逻辑前提，奠定了马克思新时空观的哲学基础。

马克思既然用实践超越了抽象的物质或自然，确立了实践活动的世界基

---

① 《马克思恩格斯全集》第42卷，人民出版社1979年版，第178页。
② 同上书，第128页。
③ 同上书，第131页。
④ 《马克思恩格斯选集》第1卷，人民出版社1995年版，第77页。
⑤ 同上书，第58页。
⑥ 同上书，第60页。

础地位，那么原来作为物质存在基本形式的时空也就必然相应地向实践转移。经过马克思的哲学革命变革，时空已不局限于与物质相联结，为物质而存在，只表征物质存在的持续性和广延性。而是相反，时空开始与实践活动相关联，为实践而存在，用以表征实践活动的持续长短和规模大小。因此，对马克思来说，时空既是他一贯认同的物质存在的基本形式，更是人类实践活动的基本形式，它表明实践活动的持续和广延特性。这样，先前唯物主义时空观的一个致命缺点，即离开人和人的实践来谈论时空就被彻底克服了，传统时空观的抽象性及由本体论思维方式所加诸的一切弊病也就都被扬弃了。从此，实践活动成为时空的载体，上升为时空观中的核心概念，马克思新时空观的一切要素和特点也都由此演绎而来。

马克思说过，实践即人的自由自觉的活动是人的最根本的类特性，只要人类存在，人的实践活动就永远伴随，生生不息。在这个意义上，实践活动就如同物质一样，其时间和空间也具有永恒和无限的特性。但是，实践是个总体性概念，任何具体的实践，其时空持续和规模又是暂时的、有限的，永恒和暂时、无限和有限的对立和统一是马克思新时空观的根本特点。

正确处理人类实践活动的有限和无限的关系，使实践活动的持续和广延相宜适度，这是个价值取向问题。马克思新时空观的重大意义在于它使时空由原来对物质存在的“解释”转向对实践活动的规模和持续性的关注，使时空问题成为人类实践活动时刻都必须重视的问题。对人类的实践活动来说，持续多长时间，采取多大规模，这对实践的成败往往具有决定性的意义。战争中战线过长，行动拖沓，不能速战速决会导致战役的失败；经济建设中基础设施规模过大，战线太长，贪多求快，也会使国民经济比例失调；“大跃进”年代，事事都搞大规模的群众运动，片面要求快、多，根本不可能好、省。所有这些事实都要求我们正确处理实践活动中的时空适度问题。

马克思一生经历了丰富多彩的实践活动，但他从未直接谈论过实践活动中的时空选择问题。按照马克思的基本思想，时空既然是人类实践活动的基本形式，那么，对时空就不应像从前那样，“只是从客体的或者直观的形式去理解”，而应把它当作人的感性活动，当作实践去理解，要从主体方面去理解。而主体都带有自己的价值取向和选择尺度，这就不能不使马克思的实践活动和理论主张带有时空的倾向性和倾斜度。比如，马克思一直认为资本是一种国际的力量，不能囿于一国或民族范围内去理解；人类历史发展是从民族史、地域史走向世界历史，驱动世界历史潮流的是生产力的普遍发展和与此相联系的世界交往；无产阶级的世界革命要求全世界无产者联合起来，遵从国际主义原则；共产主义是世界历史性的事业，“交往的任何扩大都会消灭地域性的共产主义。共产主义只有作为占统治地位的各民族‘一下子’同时发生的行动，在经验上才是可能的”①。他自己的生活实践也十分广阔，称自己为“世界公民”，建立了第一个世界性的共产党，领导和支持了第一国际和巴黎公社革命。可以看出，马克思倾向于大尺度的宽广视野，反对狭小封闭的手工业方式，类似今天广泛流行的说法，叫作“做大做强”，“发挥规模效益”。

在时间问题上，马克思倾向于“抓住机遇，加快发展”。他既有对革命的急切期待，多次预言革命的发生，但他又不主张巴黎公社在条件不成熟的情况下贸然发动革命，可是革命一旦发生，他又能正确对待。他希望自己在有生之年能够看到革命的胜利，可是晚年又明确表示，他“人老了”，对革命只能“预见”而不能“亲眼看见”。本来马克思一向主张革命要有序地进行，在时间上应按部就班，首先要经历资本主义，进入世界历史，然后进行共产主义革命，实现人类的彻底解放。可是晚年当俄国出现革命形势时，他又反对革命后的俄国立即跳入资本主义火坑，主张在保存村社土地公有制的条件下，借助资本主义的“肯定成果”，跳越资本主义“卡夫丁峡谷”，直接进入共产主义。马克思跳越“卡夫丁峡谷”的设想，在时间上与原来的主张相比既是一种无序，但又明显带有抓住机遇、相机行事之意。

总之，伴随着马克思的哲学革命变革，马克思在时空观上也进行了一场

---

① 《马克思恩格斯选集》第1卷，人民出版社1995年版，第86页。

深刻的变革，他把对世界的实践理解带到时空观中，使时空由物质存在的基本形式变成实践活动的基本形式。从此过去一向与人类实践活动毫不沾边并只用来“解释世界”的时空范畴就转化为人类“改变世界”的实践活动的基本样态。过去以本体论思维方式所理解的时空，由于只具有“解释世界”的世界观的意义，其实践功能就全部让位于牛顿经典力学的绝对时空观了。由于相对论时空观离现实太远，绝对时空观在日常生活中又畅通无阻，所以绝对时空观虽被批判，但对人类的实践活动并无妨碍。人们照样可以把时空理喻为均匀不变的河流和贮藏器，并用以计量实践活动的速度和规模。马克思的新时空观不仅使时空与实践相联结，而且赋予时空以主体性和价值选择的功能。正确地处理实践中的时空适度问题是当代科学和哲学的新课题，它鲜明地体现了时空观也像全部哲学一样，已离开“解释世界”的静谧王国，而向生活世界回归。

信息时空：在全球化、信息化背景下的“尺缩钟慢”效应

马克思的实践时空观开时空与实践对接的先河，使时空成为人类实践活动中随时都可以感受到的实实在在的存在。与传统的物质时空观相比，这种时空观的最大优点在于它是开放的、动态的，能够随着实践的发展而不断地变化和提升，形成与时代息息相通的新的时空理念。

“二战”以来，科技革命迅猛发展，以电子计算机为中心的网络化和数字化的信息革命，迅速地把世界推进到全球化和信息化的新时代。这个时代的最大特点是高速化，与从前相比，一切都处在快速运转中。交通便利快捷，信息传递神速，计算快速简单，生活节奏加快。这一切都诱发时空的变化，并导致新时空观念的萌生。

爱因斯坦相对论认为，时空随着物体运动速度的变化而改变，当物体以接近光速运动时，空间就会缩小，而时间就会变慢。这里描述的是接近光速这种极高速度下的时空变化，人的实践活动速度的变化当然不能与之相比。但是当今信息的传递和处理已经达到每秒上百亿次，其速度之快，足以影响

和带动时空的变化了。

说来也颇为神奇，如果我们沿着马克思哲学革命变革的思路，把时空由物质存在的基本形式提升为实践活动的基本形式，用实践的持续和规模来指谓时空，那么在当今全球化和信息化高速运转的背景下，时空确实朝着爱因斯坦相对论所指引的方向发生深刻的变化。首先是空间缩短，人类正深切地感受到他们赖以生存和活动的地球空间已经变得越来越小，成为一个名副其实的“地球村”。在规模效应的作用下，人类从来都没有像今天这样感到空间规模的缺乏和宝贵，地大物博不存在了，土地稀少，资源奇缺，海洋和地球空间争夺激烈，人和动物也在争夺生存空间。万里之遥，瞬间通话，洲际之隔，半日到达，今日的世界犹如一台电脑，在股掌方寸之中，人生的斗争拼搏犹如棋盘上的博弈。其次是时间变慢，单位时间效率大增，“洞中方七日，世上几千年”和“一天等于二十年”的时代正在到来。高速意味着效率，而效率就意味着时间的节省，能在较少的时间内做出最大的效益。如果时间过得很快，转眼间耗费了很多时间，其效率自然低下。只有时间过得慢，用较少的时间间隔产生出相当于“二十年”“几千年”的效益才能体现出高速的意义。所以，速度快、空间小的另一面必然是时钟变慢，这主要通过效益竞争、寿命延长、生产流程加速、策划研发、推销等非生产要素的增加等直接或间接地反映出来。时间弥足珍贵，必须一分一秒地充分发挥其效益，倏忽而过、无所事事的时代已经一去不复返了。

全球化信息化所带来的时空变化正在多方面地影响着人类的生活，给传统的生活习俗、节律带来极大的冲击和挑战。

第一，空间变小使人们交往的机会增多，交往越来越超出民族或地域的狭小范围而趋向国际化，马克思的世界历史思想将在更大的程度上得到验证和充实。交往的增多使竞争日趋激烈，国外的商品、资本都会冲击本国市场，行业垄断逐渐被打破，在人们密切交往的同时，摩擦纷争也会增多，交往的诚信受到考验，法律和道德的救助越来越成为必需。

第二，空间变小将使世界越来越拥挤和嘈杂，为了摆脱由此而来的烦躁，地球将面临更深度的开发。一方面，城市扩大，土地减少，耕地、林地、草地不断锐减；另一方面，地铁增多，高层建筑拔地林立，海洋的进一步开发也提到议事日程上。所有这一切都是为了使人们拥有一份属于自己的相对宽裕的自由空间，以求得安逸和清静。人类的这种本性和需求是难以遏止的，所以，土地、空间、海洋的竞争永无终结，由此将大大改变地球的面貌，加剧生态危机。同时也会从相反方面激起一部分人的出世情怀，他们厌倦交往，逃避斗争，过分迷恋电脑，在其虚拟的场景中讨生活，以满足自己对空间的需求感。

第三，空间缩小导致与空间相关联的产品价格高昂，从而影响人们的消费结构和消费心理。土地是人类生存之母，房屋、道路和农产品都是土地的产物，直接关系着人类的衣食住行，粮食可以通过科技革命大幅度提高单产来平衡粮价，而房屋和道路所占据的土地则是不可再生的，只能越用越少，这就不能不使房屋和道路的价格总趋势绝对升高。比较起来，道路尚有海洋、空间、地下可用来分流，而房屋价格最易长期居高不下，占据人们消费支出的主要部分。在发达国家，人们几乎用一辈子的努力来解决住房问题，我国也出现类似趋势。这就说明，人们虽不明了空间的哲理，但生活的现实已使他们确信，拥有自己的一块空间该是多么重要。

第四，时间变慢昭示我们应百倍地珍爱生命，充分地享受生活。时间变慢对人的实践活动来说，是间接感受到的，主要是与从前相比照。过去，在那种悠闲的生活状态下，时光不知不觉一晃而过，与此同时，成就鲜有，常有光阴似箭的虚度感。而当代，时间的含金量极高，每一时刻都联结着巨大的效益，乘飞机可以一小时就飞到千里之外，一部复杂的电脑和汽车可以在几分钟之内组装起来。所以现代时间十分珍贵，都是一秒一秒数着过去的。时间变慢意味着效率的提高和由此带来的物质文明、政治文明和精神文明的改善，人们会产生一种仔细品味生活，充分享受生活的时代认同感。寿命成倍地延长，生活水平大幅度提高，过去为温饱而奔波的危机感消失了，电视、上网、锻炼、旅游等享受生活的众多休闲项目被开发出来。这一切都有一个背后的潜台词：时间在变慢、效率在提高、寿命在增长、生活在变好。因此，必须百倍地珍爱生命，充分地享受生活，这是时代的昭示，也是当代人类面临的新的课题，我们要从时空观的演变上确立这种哲学的自觉。

第五，时空适度问题在历史上从来没有像今天这样重要而迫切。人类作为智慧动物，在实践活动中凭借自发本能都会意识到时空适度的重要性，因为时空的失衡意味着资源和劳动的浪费。但是，从前时空不适度造成的危害远不及今天来得大，人们也经常重视不足。在计划经济时代，工厂的规模大小，工人人数的多少，浪费程度多大，往往不予计算或者算不出来，因此出现许多规模过大、效益不高的超级大厂。“文革”及“文革”以前搞全国规模的政治运动或生产运动成风，规模过大、时间过长，从不计算投入产出，更出现停产闹革命、停课闹革命的荒唐事。而“大跃进”中遍地开花的大炼钢铁的小铁炉，后来允许兴建的大量小煤矿、小金矿等又是规模过小，技术落后，不断出现安全事故。这些都值得我们引以为训。

改革开放以来，我国在现代化建设实践中深刻体悟到时空问题的重要性，并从适度把握时空机制入手提出了一系列重大的举措。邓小平三步走的发展战略的指导思想就是抓住机遇，加快发展，隔几年就上一个新台阶，首先从时间上为现代化建设作出了规范。加快发展以提高效率为前提，高效率就要求在少时间内多出成果，这是与信息时代时间变慢的效应完全一致的。

近年来随着企业的破产、兼并和重组，规模效益日益显示出来。世界500强企业许多都是跨国公司或集团，商业中世界规模的连锁店在竞争中拥有巨大优势。我国高等教育实施扩招，把学校规模做大，已使许多学校走出办学的低谷。当然，在空间上也绝非规模越大越好。发达国家的小农场支撑农业生产的全部或大部，它远比我国一大二公的人民公社和苏联的集体农庄优越得多。我国从具体国情出发，实行以家庭为单位的联产承包责任制，农业规模虽小，但机制灵活，调动了农民的生产积极性，多年来制约我国经济发展的粮食问题已经基本解决，并走上由关注量而转向追求质的良性发展道路。

世界和中国经济发展的成就表明，关注时空问题，注重适度的时空调控十分重要。时空调控没有统一的模式，要根据实际需要和主客观的能力和条件，该大就大，该小就小，该快就快，该慢就慢，把大小快慢调整到一个合适的度，这正是领导决策的艺术和水平的体现，也是科学和实践应该深入研究的课题。

（原载《江海学刊》2004 年第 1 期）

如何认识中国新社会结构

宋林飞

近二十年来，中国经济持续快速增长，取得了巨大的成就，有人称之为“中国经济奇迹”。这一奇迹是怎么取得的？一是政府的力量，政府确定了现代化的目标，引导人们努力奋斗，并转变政府职能，为经济发展创造了必要的制度环境；二是市场的力量，改革计划经济体制，实行对外开放，探索市场经济的路子，通过利益机制与竞争机制调动了人们的积极性。这两种观点都有一定的解释力，但还应有新的视角、新的观点。

我提出第三种解释：是社会结构的力量，是中国社会结构变化激活了微观经济主体，形成了经济发展的强大动力。社会结构也是一只“看不见的手”，而且是一只隐藏在市场背后推动经济发展、更深层次的“看不见的手”。过去，中国社会结构缺乏活力。封闭的户籍制度，将城乡社会结构变成僵化的二元结构，农民、市民是两个难以融合的阶层。经过二十多年的改革开放，大批农民进入城市工作与生活，城乡居民普遍得到实惠，物质与服务消费水平大幅提高。社会结构的改善，对经济产生了巨大的活力。但目前活力仍然不够，13 亿人的中国没有 13 亿人的市场，一些城市居民特别是一部分农村居民收入低，缺乏购买力。投资者阶层还需要扩大，中等收入者比重应该进一步扩大，同时要缩小低收入者群体。只有社会结构发生这样的变化，才能形成投资与消费双推动，中国经济才能持续快速发展。

中国经济主体多元化与生机勃勃的基础，是社会结构的开放与变化。其中，新兴社会群体的兴起，不仅导致微观经济主体的空前活跃，也是宏观经济活力增强的源泉。

新社会结构的发展趋势

1. 新社会结构正在形成

如何认识当代中国社会的主体结构？我主张“五阶层说”，即工人阶层、农民阶层、知识阶层、私有阶层与管理阶层。相对于过去的二元社会结构，这种日趋多元化的社会结构可称为“新社会结构”。其中，知识阶层、私有阶层、管理阶层都是新兴社会阶层，他们和工人阶层一样都呈扩张态势，只有农民阶层的规模在不断缩小。

中国社会科学院社会学研究所“中国社会结构变迁研究”课题组提出，阶层划分以职业分类为基础，以组织资本、经济资本和文化资本的占有状况来进行划分，我国有十个社会阶层：（1）国家与社会管理者阶层（拥有组织资本）；（2）经理人员阶层（拥有部分组织资本和经济资本）；（3）私营企业主阶层（拥有经济资本）；（4）专业技术人员阶层（拥有文化资本）；（5）办事人员阶层（拥有少量组织资本和文化资本）；（6）个体工商户阶层（拥有少量经济资本）；（7）商业服务业员工阶层［基本没有三种资本，以下（8）、（9）、（10）同此］；（8）产业工人阶层；（9）农业劳动者阶层；（10）城市无业、失业、半失业人员阶层。我认为，这种以职业划分的阶层，（1）、（2）属于管理阶层；（3）、（6）属于私有阶层；（4）属于知识分子阶层；（5）、（7）、（8）属于工人阶层；（9）属于农民阶层。

改革开放以来，从传统的工人、农民阶层中分离出来了一些新兴的社会群体：（1）民营科技企业的创业人员和技术人员；（2）受聘于外资企业的管理技术人员；（3）私营企业主；（4）个体劳动者；（5）自由职业者（律师、医生、软件设计师、自由撰稿人、影视明星、各类经纪人、企业形象策划师等）。其中，民营科技企业的创业人员、私营企业主、个体劳动者属于私有阶层；民营科技企业的技术人员，受聘于外资企业的技术人员、自由职业者属于知识阶层；受聘于外资企业的管理人员，属于管理阶层。

2. 新兴社会群体的阶层化趋势

在计划经济条件下，工人和农民是我国社会的基本阶层，知识阶层是边缘阶层，干部是主导阶层。在社会生产力发展、改革开放的过程中，新兴阶层包括从农民、工人、知识与干部阶层中分化出来的乡镇企业职工、进城“农民工”、个体工商户、私营企业主、经理、律师等。新兴社会群体分布在各个社会阶层中，正在发展成为新社会结构的成长带。

私有阶层的成长——私有阶层的核心是私营企业主群体。农民、公有制企业经营者是私营企业主群体成员的主要来源，工人、干部是私营企业主群体成员的次要来源。私营企业发展主要依靠以下五个途径：个人技能、社会关系、贷款、公有制企业改制、违规。这五个途径都有一定的解释力。它们不同程度地对私营企业主的“第一桶金”和“原始积累”，具有重要的意义。私营企业主群体致富，主要得益于政策“红利”、劳动收入、要素分配等，但也包含通过违规途径得到的财富。违规有三种：一是违规借贷、假公济私，利用社会关系从公有制企业转移客户资源、供销渠道；二是偷税漏税、制假造假；三是走私、官商勾结转移公有资产。只因为违规致富现象比较普遍，有的地方为了解除这些私营企业主的“后顾之忧”，发出红头文件宣布不追究“原罪”。新修订的宪法规定，国家保护“合法的私有财产”，显然对于增强私营企业主的投资信心比不追究“原罪”之说更有意义。

知识阶层的成长——知识阶层是由脑力劳动者构成的，但相对独立性较低。有部分知识精英依附于私有阶层与管理阶层，也有部分知识精英的思想观念倾向于工人阶层、农民阶层。在私营经济发展的过程中，一些知名学者纷纷被聘为顾问、独立董事，拿着优厚的兼职薪金，拿谁的钱就得为谁说话。毛泽东曾经论述过中国知识分子的依附性，并形象地说：“皮之不存，毛将焉附？”现在，对于新兴的知识群体来说，“皮已生成，毛必附之”。

工人阶层的成长——工人阶层是一个不断扩大的阶层。一是从农村转移出来的劳动力不断加入传统的产业工人队伍，“农民工”成为新的工人阶层。

农业部最近提供的数据显示，每3个产业工人中就有2个来自农村。改革开放二十多年来，已经有1.3亿农民转变成乡镇企业工人，还有1亿多农民工及其家属进入城市。进城务工人员的经济社会地位，高于家乡的农民而低于城市的市民。同时，中等专业学校和高等院校的毕业生不断加入技术工人队伍。从而，正在形成由技术工人、一般工人与“农民工”组成的工人阶层。其中，最有发展前景的新兴社会群体是知识型的技术工人。

管理阶层的成长——传统的干部队伍的变化。一是知识化，大批大学生进入各级公务员队伍；二是企业管理者群体扩大化，经理市场正在逐步形成；三是社会管理者群体扩大化，许多政府的职能转变为行业协会、社区管理等组织的职能。

新兴社会群体的成长，不仅仅表现为他们从各个社会阶层中分化出来而不断扩大规模，还突出地表现为快速形成先富起来的强势群体。

3. 基本阶层的局部弱势化趋势

在计划经济向市场经济过渡的过程中，工人和农民是社会的基本阶层。这两个基本阶层中，传统的产业工人、传统的农民是社会经济地位相对下降的群体。基本阶层局部弱势化，导致新社会结构出现某些“层沟现象”。大体有以下三种“层沟现象”存在与滋生：

第一，市民与农民。这是传统社会结构遗留下来的、尚未消除的“层沟”。改革开放以来，市民与农民在社会流动方面已经趋向平等，当然现在还没有完全平等，但市民与农民在收入方面的差距却进一步拉大。1978—2003年，城镇居民人均可支配收入从343元增加到8500元，农民人均纯收入从133元增加到2622元，城乡居民的人均收入差距，从2.58倍扩大到3.24倍。世界上多数国家城乡收入比小于1.6倍。近年来，城乡居民之间的收入差距呈现继续扩大的趋势。如果考虑城镇居民的一些隐性收入与福利补贴，实际差距则比上述统计数字更大。根据国家统计部门的计算，农村贫困人口已经从1978年的2亿多减少到2003年的3000多万，农村贫困发生率从1978年的33%下降到2003年的3%。这是一个巨大的进步，但绝对数仍有较大规模，不可忽视。

城乡收入差距的进一步扩大化，带来了城乡关系的某些紧张因素与某些城乡矛盾的加剧。中国最大的问题，可能就在这里。

第二，私营企业主与雇佣劳动者。一些私营企业主为了加快资本原始积累，在员工的工资水平、劳动保护、社会保障等方面，具有绝对剩余价值生产和相对剩余价值生产以及获得利润最大化的自发倾向。国家劳动和社会保障部于 2004 年年初颁布了《集体合同规定》，当年 5 月 1 日起正式实施。目前，在私营企业推行工资集体协商制度，难度比较大，但必须推开。实行这一规定，对于协调劳资关系与缓解劳资矛盾具有重要的意义。

第三，干部与群众。脱离群众就会直接影响政治与社会稳定。大量的干群关系与干群矛盾发生在基层，显然只有社会上层的警醒是不够的，还需要广大基层、中层干部增强危机意识，及时化解干群矛盾，密切干群关系。

4. 先富群体的政治化趋势

新兴社会阶层是新时期的压力集团。其中，先富起来的工商界人士从仅关注财富迅速转向同时关注财富与权力，热情参政、议政。非公有制人士正日趋活跃在我国的政治舞台上，新兴阶层开始发挥重要作用。十届全国政协非公有制经济代表人士也远远超过了九届，全国政协委员中非公有制经济代表人士有 65 人，集中在工商联界。这些人不是雇工，而是大私营企业主、大企业的股东。2004 年宪法修改，一个重要的动因是私营企业主关于“私有财产神圣不可侵犯”的呼声。

先富群体参政有两种形式：其一，显性参政。通过合法与正当的途径参政，主要是通过选举或委任，兼任基层干部、政府官员（红顶商人）、民意代表（各级政协委员、人大代表）。这三条途径，第一、第三条是行得通的，第二条是行不通的。现在，“红顶商人”在一些地区受到了查处，正在纷纷脱去官帽。其二，隐性参政。通过不正当或非法的途径，主要是通过贿赂基层干部、政府官员（红顶商人）。同时，通过金钱收买官员作为自己的代言人。如有些农村的先富者，在村民直选中贿选村长。

先富群体具有巨大的社会活力。让他们参政议政，有利于政治和社会发展。他们参政议政的显功能，是提高他们的社会地位；潜功能则是多方面的，包括加强社会阶层之间的融合、增加赢利的机会、引起低地位社会集团的相对剥夺感。

5. 中等收入者群体的扩大化趋势

中等收入者群体，在某种意义上是社会中间阶层。其主要由两部分人构成：一是中小私营企业主、个体工商户等“老社会中间阶层”；二是专业技术人员、经理人员、一般行政管理人员等“新社会中间阶层”。1978 年以来，中等收入者群体是扩张最快的新兴社会群体。

关于中等收入者的比重，有多种估计：有人说，大中城市的中等收入者人数约占总人口的 10% 左右，农村比重更小。国外有媒体估计只有约 5% 的人口。显然，这是低估了。首先，应该找到一个标准，究竟什么样的人是中等收入者？我认为，目前还是使用收入标准，不要急于使用财产标准，不要等同于西方流行的“中产阶层”，应根据中国各地城乡居民的实际收入与生活水平来确定中等收入线为宜。中等收入的起点是小康生活水平的低标准，而不是达到小康生活水平的高标准。有人认为，年稳定收入要达到人民币 10 万元左右，才能算中等收入者，这个标准过高。以江苏为例，如果将城乡调查队统计的“中等偏上收入”“高收入”列为中等收入线，则中等收入者占 30%。这部分人的恩格尔系数已经达到 30% 以下，将他们列入中等收入者群体也不是没有道理的。我认为，我国大陆的中等收入者群体占总人口的 25% 左右。具体测算如下：据 2003 年全国城乡居民收入调查，城镇居民人均可支配收入为 8472.2 元；中等偏上收入为 9763.4 元，人数占 20.02%；高收入为 13123.1 元，人数占 9.92%。这两种收入群体占城镇总人口的 29.94%。[①] 同时，农民人均纯收入为 3582 元；人均纯收入为 3500—5000 元

① 《中国统计年鉴（2004）》，中国统计出版社 2004 年版，第 361 页。

的农民占13.2%；5000元以上的农民占11.85%，[①] 其中农民高收入者的比重低于城镇高收入者的比重，假定为一半，则农村高收入者比重为5.93%。农村中等收入者比重=13.2% +5.93% =19.13%。全国城乡中等收入者比重=城镇中等收入者比重×城镇人口比重+农村中等收入者比重×农村人口比重=29.94% ×40% +19.13% ×60% =11.98% +11.48% =23.46%。

形成中等收入者为主的社会结构大约还需要30年左右的时间。中等收入者群体不是一个独立的阶层。其中一些新兴的社会群体，独立的阶层意识并不强烈。“新中产阶级并未组成一个紧凑单纯的阶层”，这是C. 赖特·米尔斯对西方社会新中产阶级结构特征的一个认识。这种认识也适用于目前我国社会的中等收入者群体。

中等收入者比重较低，使得社会紧张在一段时期内还难以消除。农民，是中国最有社会结构指标意义的群体。中等收入者为主体的社会，是城市化超过50%的社会，必然是第三产业的比重超过50%的社会。中等收入者比重的扩大，将是城市化、工业化的结果。

新社会结构的运行机制

1. 双重分层机制

国内外的社会学者大多认为，在计划经济条件下，再分配机制对社会分层体系发生作用，拥有再分配权力的干部可得到更多的经济回报；在市场经济条件下，市场机制对社会分层体系发生作用，拥有知识与能力就能得到更多的经济回报。美国的社会学者提出了两个假设：一是权力贬值，二是人力资本升值（倪志伟，1989）。我们看到的实际情况表明，在计划经济向市场经济转型的过程中，不仅人力资本升值，权力也在升值，人力与权力共同成为社会分层的作用机制。

人力资本是显性升值，是日趋制度化的升值。这种制度化升值，是对知

---

① 《中国统计年鉴（2004）》，中国统计出版社2004年版，第381页。

识阶层的“社会地位非一贯性”弊病的克服与纠正。所谓“社会地位非一贯性”问题，是指学历、社会地位较高而收入较低，或学历、社会地位较低但收入较高的现象。欧美、日本等一些学者对此早有论述，如美国的格尔哈特·伦斯基、日本的今田高俊等。在20世纪80年代中期，“脑体倒挂”的社会分配不公现象非常普遍。有的学者认为，这很容易使知识阶层、官员阶层灰心丧气，也容易使“先富起来的人”小富即安。20世纪90年代后期，这种现象发生了明显的转变，高校实行岗位津贴制，企业专业技术人员的工资有了较大的提高。

权力升值是部分权力“资本化”与隐性升值，是少数官员通过权力寻租造成的，因此是非制度化的升值。有些学者把“组织资本”称为国家再分配权力。国家再分配权力，在计划经济体制下是经济分配的最重要机制。随着市场经济的发展，国家再分配权力在经济分配中的作用弱化，国家与社会管理者（领导干部）的经济地位相对下降。市场化和工业化加快的进程，导致的经济资本作用力增强、组织资本作用力弱化的变化轨迹，并不是直线型的。强政府与市场经济的结合，是现阶段中国市场经济的特色。这对于加快经济发展是十分重要的，有阶段性的意义，但这也是过渡性的。政府直接推动市场经济的负面影响，是“权力溢出”。有些领导干部利用手中的权力营私舞弊，主要形式是官商勾结、权钱交易。这是制度外行为，是党纪国法严厉打击的对象。2003年，共判处犯罪的县处级国家工作人员458人、地厅级73人、省部级6人。然而，权力部分“资本化”与隐性升值的腐败案例，仍然在不断发生，屡禁不止。

2. “金字塔型”向“橄榄型”的转变

当前，中国社会仍然是一种底层最大、中层与高层较小的“金字塔型”结构，而不是一种中层大、底层与高层较小的“橄榄型”结构。当中等收入阶层成为社会主体时，高收入者阶层与低收入者阶层之间的冲突就会受到阻止，社会矛盾和社会紧张程度就会大大缓和，极端的思想和冲突观念就很难有市场；当中等收入者人数占社会多数时，其生活方式就会推动与稳定消费市场。因此，使“金字塔型”社会结构转变为“橄榄型”社会结构，具有重大的社会经济意义。

党的十六大报告提出：“以共同富裕为目标，扩大中等收入者比重，提高低收入者收入水平。”扩大中等收入者比重、提高低收入者收入水平，是实现共同富裕的双重推进机制。目前，政府工作的重点之一，是增强低收入群体的社会保障。2003 年年底，全国城市低保对象总人数已达到 2235 万人，比 2002 年年底增加 170 万人。2003 年全国累计支出低保金 153 亿元，其中中央财政 92 亿元，地方财政 61 亿元。全国平均城市低保标准为 155 元，全国平均补差水平为月人均 59 元。从低保对象的构成看，特困职工、失业人员及其家属约占 96%，仍是城市贫困人群的主体，中西部地区、老工业基地和资源枯竭矿山集中地区低保人数相对较多。

目前，低保对象人数仍有可能增加，政府救济的压力仍然很大。在国有企业下岗职工基本生活保障向失业保险并轨过程中，一些出“再就业服务中心”不能重新就业的人员将直接进入最低保障系统。随着户籍制度改革的推进，相当多农村人口将转为城镇人口，其中部分生活困难的需要享受最低保障。在低保人数继续增加的情况下，如果适当提高低保标准和补差水平，则全年低保资金支出将需要 200 亿元以上。根据 2002 年下半年民政部组织的“百城万户”低保抽样调查结果，城市低保对象中有 63% 的家庭都至少有 1 名重病人或患慢性病人。因此，需要建立医疗救助制度。

提高最低工资标准，也是今后一项重要任务。现在的问题，是各地的最低工资标准偏低。按照国际惯例，最低工资标准应相当于职工平均工资的 40%—60%，我国《最低工资规定》也将这一比例作为制定最低工资标准的依据之一。但近年来一些地区最低工资标准的调整速度明显低于社会平均工资的增长速度，造成标准偏低的现状。1996—2002 年，最低工资的增长速度低于平均工资增长速度 1 倍以上的省（市、区）有 9 个，占 30%。2002 年全国有北京、天津、上海、广东、浙江、青海等 18 个省（市、区）最低工资标准不到当地社会平均工资的 40%。工资偏低，是近年来在广东省首先出现的

“民工荒”的主要经济原因。

3. 从差序格局向差距格局的转变

费孝通先生在《乡土中国》一书中指出：“我们传统的社会结构里最基本的概念，这个人和人往来所构成的网络中的纲纪，就是一个差序，也就是伦。”“这个社会结构和架格是不能变的，变的只是利用这架格所做的事。”①他还指出：“中国乡土社会的基层结构是一种我所谓‘差序格局’，是一个‘一根根私人联系所构成的网络’。这种格局和现代西洋的‘团体格局’是不同的。在团体格局里个人间的联系靠着一个共同的架子；先有了这架子，每个人结上这架子，而互相发生关联。”②

新社会结构不再是原来意义上的“差序格局”了，而是正在向“差距格局”转变的一种新的混合结构。阶层之间、人与人之间还有没有“序”？局部是存在的，但不再是制度化的了。“差序格局”的合法性危机已经发展到尽头，正在走向解体。阶层之间还是有差别的，并且有些差别有扩大的趋势。

中国社科院社会学所陆学艺等认为，按照其拥有组织、经济、文化资源的多少和有无，中国可划分为“五大社会经济等级”：社会上层、中上层、中中层、中下层、底层。什么是社会等级？伦斯基指出：“当一个阶级的存在，权利和特权达到由法律确认的程度，这个阶级就是一个等级。”③ 我国社会各阶层之间有收入等重要差别，但法律规定的权利与义务区分并不显著。因而，不宜使用“社会等级”概念分析我国现阶段的社会结构。

社会结构的刚性弱化，弹性扩大，社会阶层的“换位机制”明显增强。健全的社会应当构建一个合理的阶层“换位机制”。德国社会学家卢曼从以下三个方面谈到这种机制：（1）按上、中、下等级划分的分层结构处在合理状态，其核心内容是人力资源配置高低有序，能够在总体上保证“能者”居社会等级中的“上层”，其他依次居“中上、中中、中下和底层”。（2）以职业

① 费孝通：《乡土中国》，生活·读书·新知三联书店1985年版，第25页。
② 同上书，第29页。
③ 伦斯基：《权力与特权：社会分层的理论》，浙江人民出版社1988年版，第98页。

分类为基础的社会分层体系，能够把不同特长和兴趣的成员配置在适合自己的位置上，以此保证人力资源在横向上的优化配置，并使这种配置与个人价值的实现相吻合。（3）分层的合理状态必须是一种动态平衡，其游戏规则能够对社会成员起到促进和激励作用，给每一个成员合理地获得自己渴望的新的社会地位的机会。[①] 这些机制已经在我国出现。

4. 社会稳定机制

我国社会阶层的换位机制，首先是通过劳动力、技术、资本的流动实现的。要素流动创造了换位空间，政府改革举措为人们提供了换位“入场券”。农民最有热情换位，但往往拿不到换位“入场券”。拿不到就地换位“入场券”的农民，跟随亲友与邻里连锁迁移而进城务工。传统产业工人也往往拿不到换位“入场券”，但他们往往有“农民工”垫底。掌握知识与资本的人们，容易拿到换位“入场券”，他们也具有更大的换位空间。

国外有些社会学家对中国社会现状大惑不解：城乡居民实际收入差距已居世界前列，为什么中国还能保持基本的社会稳定？这可以有以下多种解释：第一，社会流动论。社会结构渐趋中高层化并逐步开放，人们可以通过自身努力实现向上流动。第二，发展受益论。大多数城乡居民家庭在改革发展过程中得到了实惠，纵向比生活条件不同程度有所改善。第三，普遍温饱论。贫困人口大幅减少，基本解决了温饱问题。同时也应看到，近年来城市居民拆迁与农民失地补偿不足、失业平均时间较长等问题引发的社会矛盾在加剧。因此，应从优化社会结构这一长期行为入手，合理分配经济增长带来的财富，统筹城乡发展，加强社会风险预警与防范，积极构建和谐社会。

（原载《江海学刊》2005 年第 1 期）

① 谢立中编：《西方社会学名著提要》，江西人民出版社 1998 年版，第 480 页。

从柞伯鼎铭谈《世俘》文例

李学勤

柞伯鼎是国家博物馆2005年新入藏的一件重要的西周青铜器，我幸有机会几次观察。对这件鼎，朱凤瀚教授首先做了介绍和研究①，黄天树教授继之有所补充②，均多创获。我只续论几点，特别就鼎铭文例怎样启发大家理解《逸周书》的《世俘》一篇提出个人想法，供读者考虑。

首先还须把柞伯鼎铭文写在下面，尽可能用通行字体：

惟四月既死霸，虢仲命柞伯曰："在乃圣祖周公繇又共于周邦。用昏无殳，广伐南国，今汝谌（其）率蔡侯𠂇（左）。"至于昏邑，既围城，命蔡侯告遟虢仲、𧻚氏曰："既围昏。"虢仲至，辛酉，尃（薄）戎，柞伯执讯二夫，获馘十人。谌弗敢忞（昧）朕皇祖，用作朕剌（烈）祖幽叔宝障鼎，谌用追享孝，用祈眉寿万人（年），子子孙孙其永宝用。

除朱、黄两文业已论述者外，还有一些问题需要说明。

鼎铭中的虢仲不是《后汉书·东夷传》所载周厉王时伐淮夷的虢仲。这件柞伯鼎形制类似陕西岐山董家出土的两件卫鼎，所饰窃曲纹结构则同于董家的卫簋，卫鼎记事属于周恭王五年、九年，卫簋属于周穆王二十七年。③ 看

---

① 朱凤瀚：《柞伯鼎与周公南征》，《文物》2006年第5期。

② 黄天树：《柞伯鼎铭文补释》，（台）《中国文字》新32期。

③ 夏商周断代工程专家组：《夏商周断代工程1996—2000年阶段成果报告（简本）》，世界图书出版公司2000年版，第30—31页。

柞伯鼎足是内侧较平的柱足，具有西周中期的特点，估计其年代在恭王，甚或再晚一些，是比较合宜的。西周到春秋的虢君常以仲叔季为称，我曾在过去小文中谈及。[①]

柞伯即胙伯。河南平顶山应国墓地出土的柞伯簋，是周昭王时器[②]，簋铭中的柞伯在射礼比赛中获胜，当时应在壮年，他可能活到穆王中期。穆王在位五十五年，时间很长，恭王时的柞伯当系簋铭柞伯的孙辈。看鼎铭柞伯之祖为幽叔，他是以侄入继君位。合观簋、鼎，可知柞伯世代在王朝任职为臣。

胙乃周公之后，由簋铭“柞伯用作周公宝障彝”已得证明，鼎铭更明讲周公系其“圣祖”。“在乃圣祖周公繇又共于周邦”，“繇”读为“迪”[③]，“又共”即“有功”，文句和《尚书·益稷》“各迪有功”相同。非常值得注意的是，这里讲到周公，完全是大臣的身份，没有曾经称王的迹象。史墙盘、佐盘叙述周朝世系，也不及周公，可见周公称王实出后世的想象。

“昏”，据鼎铭是一个有城邑的南方蛮夷方国，我猜想是文献中的闽。“昏”字古音晓母文部，“闽”字明母文部，音近相通，如《周易》屯卦六二“婚媾”的“婚”字，马王堆帛书本作“闽”。《周礼·职方氏》有“七闽”，郑注：“玄谓闽，蛮之别也。《国语》曰：‘闽芈蛮矣。’”今本《国语·郑语》作“蛮芈”，前人已据郑玄订正。[④] 闽和楚一样，是芈姓的，其城邑具体位置现尚无法考定。

“用昏（闽）无殳”，可参看1961年陕西长安张家坡所出孟簋“朕文考眔毛公、趞仲征无需”，以及宋代著录的敔簋“南淮夷迁殳，内（入）伐浘”[⑤]。“殳”在禅母侯部，“需”在心母侯部，这里都读为书母侯部的“输”。“输”即委输，指蛮夷对王朝承担的贡纳。“无输”是不缴贡纳，“迁输”是改变贡纳，从王朝来看都是罪状，因而加以征讨。西周晚期兮甲盘所说“淮夷旧我

① 李学勤：《走出疑古时代》，长春出版社2007年版，第109页。
② 李学勤：《重写学术史》，河北教育出版社2002年版，第178—179页。
③ 沈培：《西周金文中的“繇”和〈尚书〉中的“迪”》，《古文字研究》第25辑。
④ 徐元诰：《国语集解》，中华书局2002年版，第468页。
⑤ 复旦大学陈剑博士注意到“无殳”“迁殳”的关系，承黄天树教授告。

帛晦（贿）人，毋敢不出其帛、其积、其进人”，也就是这样的贡纳义务。

“今汝其率蔡侯左”，是虢仲命柞伯带领蔡侯担任这次征伐的左军。虢仲身为王朝卿士，应该是负责军事的大司马一类官员，作为征伐的主将是受王命，所以有权指派柞伯以及蔡侯。蔡在今河南上蔡，在对南方关系上有重要地位，可参看西周晚期的驹父盨。虢仲命柞伯的话即到此句为止。

柞伯、蔡侯的左军到达昏邑，包围了城，即派蔡侯返告在后面行进的虢仲和其副手遻氏。“遻”字从“룹”声①，在帮母幽部，与“报”字相同，“告遻”就是报告。遻氏应即遻仲。遻仲见上海博物馆所藏齐鼎，陈佩芬先生指出：“趞仲此人见于永盂，永盂是恭王十二年器，齐鼎或与此同时，鼎的器形和纹饰也属西周中期，与恭王时器相合。”② 鼎形制同柞伯鼎也十分近似，只是花纹有别。

柞伯鼎记载的这次战争规模不大，也不太重要，但是鼎铭描述战事的格式，却启发我们对一篇非常有价值的传世文献的部分内容有新的理解，这就是《逸周书》的《世俘》。

鼎铭可以划分为几个段落。第一个段落是虢仲对柞伯的“命”，指示他前往讨伐昏人。第二个段落是“至”，先是柞伯、蔡侯“至于昏邑”，在接到报告后，虢仲本人也“至”，即到达目的地。第三个段落是“执讯获馘”，说明杀死和俘虏敌人的数量。最后则是有关作器的种种习语。

“命”“至”和“执讯获馘”即“馘俘”的这种格式，在《世俘》中反复出现。

大家熟悉，《世俘》记述的是周武王伐纣的过程，是古文《尚书》中《武成》的异本。全篇由武王自周出发讲起，有一系列战争的叙述，分条摘录于下：

> 二月既死魄，越五日甲子朝至，接于商，则咸刘商王纣，执矢恶臣百人。太公望命御方来，丁卯，望至，告以馘俘。

---

① “룹”字参看《林沄学术文集》，中国大百科全书出版社1998年版，第30—34页。

② 陈佩芬：《夏商周青铜器研究》西周（上），上海古籍出版社2004年版，第298页。

戊辰……吕他命伐越戏方，壬申，荒新至，告以馘俘。

侯来命伐靡集于陈，辛巳至，告以馘俘。

甲申，百（伯）弇以虎贲誓，命伐卫，告以馘俘……

庚子，陈本命伐磨（磿），百（伯）韦命伐宣方，新荒命伐蜀。乙巳，陈本命新荒、蜀、磨（磿）至，告禽（擒）霍侯，俘艾佚侯、小臣四十有六，禽（擒）御八百有三十两（辆），告以馘俘。百（伯）韦至，告以禽（擒）宣方，禽（擒）御三十两（辆），告以馘俘。

百（伯）韦命伐厉，告以馘俘。

不难看出，这些叙说大多遵照着“命”“至”“馘俘”的次序。

问题在于对“至”的理解上。二月甲子武王“朝至，接于商”，是至征伐的目的地商，大家没有异议，而后面各条的“至”，注释者都理解为回到武王所在的商都。例如陈本命伐磿，新荒命伐蜀，朱右曾《逸周书集训校释》说：“今山东东昌府濮州南有历山，泰安府泰安县西有蜀亭，河南怀庆府修武县北有浊鹿城，然距朝歌俱远，非五日能往返也。”① 这是将伐蜀的出发点和回归点都定在商都。我过去说当时武王在西归途中②，实际也没有摆脱这种误解。

对照柞伯鼎铭，容易知道“至”是至所征伐的目的地，和武王“至”商其实是同样的。甲子“太公望命御方来”，丁卯“望至”，是走了三四天，至于作战经过几天，哪一天向武王告以馘俘之数，《世俘》并未明言。另外，如“新荒命伐蜀”，受命的庚子已在六月初，这时新荒可能已在距蜀很近的地方，所以五天后即“至”其目的地。这样看来，蜀不是不可能是今四川的蜀国。

弄清楚这一点，《世俘》反映的武王史事就需要重新思考了。

（原载《江海学刊》2007 年第 5 期）

---

① 朱右曾：《逸周书集训校释》，商务印书馆 1940 年版，第 56 页。

② 李学勤：《古文献丛论》，上海远东出版社 1996 年版，第 76—77 页。

中华民族是怎样形成的

金冲及

什么是中华民族？这在许多人看来，已经习以为常，不觉得有什么值得思考的问题。或者认为可以很轻易地回答：它无非是对中国境内各民族的一个总称。

但人们可以反过来提出一个问题：世界上存在着不少由多民族组成的国家，它的成员彼此可以承认是同一国家的国民，却未必在民族上认同有一个共同的总称。以往的罗马帝国、奥斯曼帝国，都是幅员辽阔、民族众多，但曾几何时便土崩瓦解，它的国民从来都不把自己称为罗马民族或奥斯曼民族。拿近现代来说，曾经号称“日不落帝国”的大英帝国的国民，当时包括加拿大、澳大利亚、新西兰、印度、南非等地区的居民，但他们也从没有把自己称为不列颠民族；就是社会主义的苏联，它的国民依然把自己称为俄罗斯人、乌克兰人、哈萨克人、格鲁吉亚人，等等，没有出现苏维埃民族之类的总称。

可见，中华民族这个被大家认同的总称，并不是同一国家的各族人民当然拥有的名称，更不是某个人所能任意制造出来或宣传而成的名词，而有着深厚的客观依据，是在千百年的历史进程中形成的。

构成民族的两个要素

要谈中华民族是怎样形成的，自然先要简单地说一下什么是民族。

什么是民族？前人提出过许多不同的定义，彼此不尽相同。这里不准备讨论民族的定义，只想说，能称为同一民族，一般需要具有两个要素：

第一，它是历史的产物，是某个人群由于长时期地生活在同一地域或环境中，建立起密不可分的经济文化联系，形成共同的心理状态、风俗习尚以及语言文字，从而产生有别于其他人群的一种特殊关系。如果缺少这个前提，即便是同一国家的国民，也不能称为一个民族。

第二，这个人群的成员之间，经过长期的相互沟通和密切交往，形成一种强烈的民族认同感，包括对过去的共同回忆、今天的共同利益和未来的共同命运。否则，它只是一个散漫的人群，很难说已成为一个自觉的完全意义上的民族。

血缘关系，看来不能构成民族的要素。民族并不等同于种族。血缘在民族构成中有一定的影响，但远不能起决定作用，事实上也几乎没有只由同一血缘组成的民族。倒可以说，民族一般是在人类从蒙昧时代进入文明时代、主要以血缘为纽带来联结的氏族社会解体后一步一步形成的。

民族，也不能说只是资本主义上升时期的产物。否则，汉民族的形成等都无法说明了。

中华民族形成的主客观条件

大家知道，中华民族是由五十六个民族组成的，而又在长期历史发展进程中形成了一个有机整体，或者叫稳固的共同体。费孝通先生把它称为“多元一体”，被学者们普遍认可。放眼世界，这种现象如果不说是独特的，至少也是罕见的。

那么多民族能够形成一个有机整体，有着它特定的主客观条件。

先谈它的客观条件。

看一看中国的地形图就会发现：中国的土地自然地形成同周围相区隔的一个相对完整的单位。它的北面是人烟稀少的沙漠、戈壁滩；西面和南边有帕米尔高原、喜马拉雅山、横断山脉等崇山峻岭；东面是大海。在它的中间，却有一片广阔的空间。青藏高原的青海地区是三江之源。黄河、长江两大河流发源于青海，横贯中国大陆的东西，奔流入海；雅鲁藏布江注入西藏。长江和黄河又都有无数支流。拿长江来说，进入四川后有岷江，重庆有嘉陵江，湖北有汉江，湖南有湘、沅、资、澧，江西有赣江。秦始皇开灵渠，把长江流域和珠江流域连接起来。汉以来同新疆交往的河西走廊，当年有党河和疏勒河两条大河，源自祁连山的雪水（现在已近干涸）。几条大河和它们的无数支流，形成密集的网状结构。

历来有水就有生命，就会有农业，有村落、城镇。古代人们交往的最便捷通道就是河流。中国的这种地理条件，特别是密如蛛网的众多河流，使它既在外部同周围相区隔，而在内部各个地区间又便于长时期地进行经济文化交流，使得相互融合成为十分自然的事情。

同古代四大文明的其他三个地区相比较，可以看到：埃及主要靠一条尼罗河，两侧是沙漠，没有大的支流；巴比伦也只有个两河流域，但规模比长江和黄河小得多，四周又没有大的屏障，很难阻挡其他力量进入和破坏；印度的恒河和印度河都在北部，并且向着相反的方向流去。它们都缺少中国这样的环境条件。这也许是它们以后发展道路不同的一个原因。

再看主观方面的因素。

中国的历史上尽管也存在着民族冲突和民族压迫，但中国的传统文化一向强调整体、综合、和谐，而又尊重事物的多样性，一直有着“天下大同”“协和万邦”“和而不同”这些理念，在人们的思想观念上留下了很深的烙印。

中国的各族人民之间经历了千百年的经济文化交流，形成了你中有我、我中有你、难分难解的特殊关系。长城的关口不只是战场，更多的是“茶马互市”之类的集市贸易场所。中原王朝和各族间常见的“和亲”，如王昭君、文成公主之类，不只是婚姻关系，也是重要的经济文化交流活动。

中国民族关系的这种特点，可以举出一个明显的例子来说明：清朝政府是由少数满族贵族统治的，对国内各民族，包括人口最众多的汉族实行民族压迫。但是，满族入关后两百多年间，经济文化乃至风俗习尚已经变得和汉族没有太大差别。辛亥革命准备时期起过最大鼓动作用的口号是“反满”。但革命起来后，除极少几个地方有少量满族人员被杀害外，没有出现如今世界上不少地方出现的那种种族仇杀的状况，更没有“种族灭绝”现象的出现，而是很快提出了“五族共和”的口号，这同中国的历史传统有很大的关联。

这样比较一下就可以知道：从罗马帝国到大英帝国，靠短时期的武力征服，而不是靠长时期的经济文化交流以及自然融合，很难成为稳定的共同体，更谈不上民族的认同了。而中华民族这个总称之所以能为中国各族人民乃至海外的中华儿女所认同，正因为它具有前面所说的那些条件。

千百年的历史演进

中华民族的形成，经历了漫长的过程。大体上有两个阶段：前一阶段是几千年来历史的演进，后一阶段是在近代以来反抗外来侵略者的共同斗争中形成了自觉的认识。

其实，占中华民族人口最大多数的汉族，之所以能绵延不绝，成为当今世界上人数居第一位的最大民族，也是由许多原来并不相同的民族或部族经过长期的经济文化交流后融合而成的。

从先秦说起。夏、商、周三代，从地下发掘的考古材料来看，大概并不是同一部族前后相续的三个朝代，而是原来并不相同的三个部族交替取得中原支配权而又相互融合的结果。夏原来在河南的中、西部和山西的西南部。商代从考古发掘材料来看，似乎是从今河北中部南下，进入河南，取夏而代之的。它的文化，主要是对夏文化的继承和发展。周灭商以前，在今陕西的扶风、岐山一带，并且受商文化影响很深；灭商后，才把首都迁到丰、镐。夏、商、周三代前后相承的结果，也逐渐形成一个总称，叫作“华夏”。

东周以后，汉族正是由未必出自同一血缘的许多族群融合而成。这种民族大融合，规模最大、最重要的有两次，时间都长达几百年：一次是春秋战国，一次是魏晋南北朝。同它们相对应，前一次，经过秦的统一，接着便出现汉代的大帝国；后一次，经过隋的统一，接着便出现唐代的大帝国。中国历史上所说的汉唐盛世也好，“文景之治”“贞观之治”也好，都是民族大融合的结果。“汉族”“唐人”的名称，也是这样来的。

为什么说春秋战国是一次民族大融合呢？大家知道，周以前，在中原的主体部分称为“华夏”，或者叫“诸夏”，那时并没有“汉族”这个名称；在它的四周有被称为“东夷”“南蛮”“西戎”“北狄”的部族（这是一个笼统的称呼）。那时候，齐、鲁统辖的地区，就是“东夷”所在（新石器时代这个地区的大汶口文化，发展水平并不在中原地区时间相近的仰韶文化之下），春秋五霸中最早称霸的就是齐；楚、吴、越地区的居民几乎都是“南蛮”，所以楚又被称为“荆楚”，它的地域是战国七雄中最大的；秦的兴起，包容了“西戎”的不少部族，以后的力量最强，统一了中国；“北狄”的范围很广，主体留在北方，未必都被融合，但它有一部分进入中原北部，如中山就是“北狄”之国，赵并中山，也把它融合进去了。赵武灵王“胡服骑射”，也是吸纳了“北狄”的文化。没有这样全国规模的民族大融合，不会出现兴盛的汉朝，也不会有汉族的形成。

魏晋南北朝的民族大融合是大家所熟悉的。五胡是指匈奴（一部分）、鲜卑、羯、氐、羌。陈寅恪先生在《唐代政治史述论稿》中考证：唐朝开国的李渊、李世民的世系，并不出自原来的汉人，而是胡人。安禄山也是胡人。西域文化对中原的影响更为众所周知，像胡琴、胡椒、胡笳十八拍等名词都流传下来，成为中华文化的一部分。没有那次全国范围的民族大融合，也就不会有强盛的唐朝，不会有至今在海外流行的“唐人”的名称。

我在云南大学看到他们绘制的一张有关中国人基因状况的图表，最初很使我感到意外。它表明：中国北方汉族同北方少数民族基因相近的程度超过了中国北方汉族与南方汉族相近的程度；同样，中国南方汉族同南方少数民族基因相近的程度超过了它同北方汉族相近的程度。这说明：不仅汉族是由许多原来不同的民族融合而成的，而且汉族同各少数民族也在历史的长期密切交往中形成了你中有我、我中有你的局面，血缘在构成不同的民族中所起的作用是有限的。

在汉、唐以后，元朝和清朝都以少数民族为中国的统治者。元朝统治者在国内实行严厉的民族歧视和民族压迫，不重视民族团结问题，所以，他们的统治不到一百年。但它也有重要的建树，西藏就是在元朝正式列入中国版图的。

清朝在中华民族的历史上有着巨大的功绩。正是它，奠定了中国的疆域。当我们说外国侵略者从中国割去哪些领土时，不是以汉、唐或元、明的疆域来比较，而是就清朝的版图来说的。

清朝的最高统治者由满族构成。尽管满族享有种种特权，对其他民族曾进行过残酷的镇压，但总体来说，清朝统治者十分重视民族团结问题。康熙、乾隆对汉文化的极端重视为大家所熟知。中国历代几乎都修筑长城，来抵御北方民族的入侵，包括少数民族建立的金朝也是如此。康熙皇帝却说他不修长城，而在关外的承德修了个避暑山庄。康熙晚年和乾隆每年都有五个月住在那里，并邀少数民族的王公也去那里住，一起在附近的木兰围场打猎。这一面是显示国威，一面又是联络感情。西藏的达赖五世去见过顺治皇帝，班禅额尔德尼也到承德住过。达赖、班禅转世要经过金瓶掣签制度的建立，驻藏大臣的设置，都是乾隆朝的事情。

我们祖先对中国这个统一的多民族国家的贡献还表现在：当西方列强在“地理大发现”后走遍世界掠夺殖民地时，他们在非洲、美洲、印度等地，都是先在沿海某个口岸站住脚，然后利用当地小邦林立的弱点，各个击破，最后把它逐步并吞为自己的殖民地。他们也来到中国，如葡萄牙人到过澳门，西班牙人到过基隆、淡水，荷兰人曾占领台湾三十八年，英国人也早来中国沿海试探过，但他们面对的中国不是那种小邦林立的局面，而是一个统一的大国，难以故技重演。中国没有被列强分割，沦为他们的殖民地，回想起来，我们不能不感谢祖先给我们留下的这笔丰厚的遗产。

中华民族自觉意识的形成

中华民族作为一个自觉的稳定共同体，是进入近代，特别是中日甲午战争以后的事情。

外国列强对中国的疯狂侵略，激起中国各族人民同仇敌忾的反抗。甲午战争爆发的1894年，孙中山在《兴中会章程》中第一个喊出“振兴中华”这个响亮口号，打动了无数中华儿女的心。甲午战败的1895年，严复写了《救亡决论》，第一次点出“救亡”那个直到抗日战争前中国人共同面对的主题。正是这种共同的命运，把中国的各兄弟民族更紧密联结成一体。

正式使用“中华民族”这个名称，最早大概是梁启超1902年在《新民丛报》上发表的《论中国学术思想变迁之大势》。他写道：“上古时代，我中华民族之有海思想者厥惟齐。”以后，他在1905年初所写的《历史上中国民族之观察》中，七次使用“中华民族”这个名称。杨度在1907年5月所写的《金铁主义说》中，更系统地论述了为什么要称为“中华民族”的理由。

“中华民族”这个名称被广泛地使用，是在辛亥革命建立民国以后。孙中山在就任临时大总统的《宣言书》中写道：“国家之本，在于人民，合汉满蒙回藏诸地为一国，即合汉满蒙回藏诸族为一人，是曰民族之统一。”“五族共和”成为传诵一时的口号。这年三月，黄兴等发起成立“中华民国民族大同会”，不久就改名为“中华民族大同会”。

这以后，日本加紧侵略中国。特别是“九一八”事变后，武力强占中国的东北。他们是把中国作为一个整体来对待的，并不区别你是汉族、满族、蒙古族、朝鲜族、达斡尔族、鄂温克族、赫哲族等。东北各族人民面对的是共同的命运，而且单靠哪一个民族都不足以抵抗日本的侵略。当时流行的歌曲《流亡三部曲》中唱道：“分什么你的我的，敌人打来，炮毁枪伤，到头来都是一样。”正是日本侵略者这个反面教员，大大增强了中国各族人民不分你我的“中华民族”的认同感。1935年，日本侵略者又制造“华北五省自治运动”，企图把华北从中国分割出去，激起了“一二·九”运动的爱国救亡运动高潮。在这一年诞生的《义勇军进行曲》发出了“中华民族到了最危险的时候”的悲愤呼声。这首歌唱遍了海内外有中华儿女存在的各个角落，抒发了人们的共同感情。

全面抗战爆发后，更增强了中华民族这种凝聚力和认同感，没有任何人能够排除在外。1937 年 8 月，巴金在上海出版的文学刊物《呐喊》上发表的《一点感想》中写道："一个人的生命是容易毁灭的，群体的生命就会永生。把自己的生命寄托在群体的生命上，换句话说，把个人的生命连系在全民族（再进一步则是全人类）的生命上面，民族一日存在，个人也不会灭亡。"

从这样简单的历史回顾中不难看到：中华民族所以能成为这样一个为海内外中华儿女公认的稳定的民族共同体，不是任何个人的意志所能左右的，也不仅有着地域、文化等方面的原因，而是在千百年历史中形成的，因此也必将长期地存在，谁也无法人为地把它取消。

（原载《江海学刊》2008 年第 1 期）

再论民国史研究中的几个重大问题

张宪文

中华民国史作为距离当今社会最近的断代史，是贯穿古今的中国通史不可分割的组成部分，不可否认和抹煞。可是，有很长一段时间，人们对它十分畏惧。这个学科简直成了“学术弃儿”。1972 年以后，在周恩来总理的大力倡导下，民国史逐步为历史学界所公认、接纳，并且发展成为史学领域中的热门学科。众多学者不断解除思想束缚，研究热情持续高涨，学术活动长盛不衰，整个民国史学术领域呈现欣欣向荣的景象。学术研究和学术水平有了很大提高，但是仍有许多值得思考和探讨的历史问题。当前，坚持科学的历史观和方法论，使民国史成为真正的科学，是历史学者的光荣使命。

关于民国史的思路、主线和体系问题

中华民国史作为中国历史的一部分，其发展演变有自身的规律、运动主线和运动过程。如何真实地再现这段历史并构建科学的框架体系，是民国史研究必须解决的重要问题。

由于民国史是历史学领域中比较年轻的学科，对它的基本内涵、学科体系，认识上都比较模糊。与同时代的一些学科，诸如中国现代史、中国革命史、中国共产党史、中国国民党史及新旧民主主义革命史等的关系异同，在很长时期不清楚，常常混杂在一起，甚至相互代替。民国史研究在中国大陆展开后，李新教授主编的《中华民国史》[①] 和本人主编的《中华民国史纲》（河南人民出版社 1985 年 10 月版），对民国史的学科体系曾作过一些尝试。如李新教授在“序言”中指出：“《中华民国史》主要地是写民国时期帝国主义在中国的势力怎样由扩大、深入而逐步被赶走和被消灭；封建主义如何由没落而走向灭亡；官僚资本主义如何形成、发展和被消灭；民族资本主义又怎样在受压迫、排挤中得到发展，民族资产阶级怎样由领导中国旧民主主义革命、几经挫折和反复动摇而最后接受中国共产党的领导。这些力量的消长兴亡以及它们之间的互相关系，就构成为民国史的主要内容。”《中华民国史纲》为了与中共党史、中国现代史有所区别，曾经以北洋政府、国民政府等统治政权的发展演变、兴衰来构建民国史的学科体系，并较多地削减中共领导的革命运动内容。事实上，这两部著作在民国史学科的初创阶段所制定的学科体系，都未能真正科学地反映民国历史运动的全过程，只是过渡性的体系，突出了政治史的结构和内容。

随着学术研究的发展和学者认识水平的提高，我们认为构建科学的民国史学科体系的时机已经成熟。

什么是学科体系？我们认为，学科体系是在相应的历史时期历史发展主线的主导下，围绕着这一历史主线建立起来的完整的学科架构。它将这一时期丰富的历史内容紧密联系起来，形成科学的网络和时空整体。它科学地反映这一时期历史发展的脉络和进程。它既不是一大堆杂乱无章的历史事实的堆砌，也不是对历史事实的片面取舍或对历史过程的割裂，而是通过对历史进程的描述显示这一时期历史发展的必然规律。

基于上述认识，构建民国史的科学体系，首先必须认清并抓住近代中国历史发展的主线和脉络。那么什么是近代中国历史发展的主线呢？这就必须对晚清的政治和社会状况有一个基本认识。众所周知，19 世纪在清王朝统治下，政治极端腐败，经济异常落后，清政府和各阶层对外部世界缺乏最基本

① 该书自 1981 年由中华书局陆续分卷出版，至 2008 年尚未出齐。

的了解，更不清楚世界发展的潮流和趋势，对面临的政治和经济形势缺乏危机感和紧迫感。1840 年鸦片战争后，西方列强接二连三地沉重打击中国，使中国的民族危机日益严重，也促成了中国人民的觉醒。先进的中国人和进步团体，都在探索中国往何处去，中国的发展道路为何？观察和总结这段历史可以看出，自鸦片战争以后的一百多年间，中国人民前仆后继、不怕牺牲、为之奋斗的目标，就是建设一个独立、自由、民主、统一、富强的现代中国，把中国由一个有优秀文化遗产但又在封建专制统治下不断受到西方列强欺凌的传统社会引向现代文明社会的发展道路。回顾近代中国人民的奋斗历程，许多重大政治斗争和经济举措，都紧紧地围绕着上述伟大目标来展开。这一运动线索就是近代中国历史发展的根本主线。中国人民坚持这条主线，就能不断取得成功和进步，反之，如果背离了这条主线，中国人民的伟大事业就要遭受挫折和损失。这是近代中国无数历史事实证明了的。今天，我们运用这样一条历史发展主线构建中华民国史的基本框架和学科体系，应该说是科学的，也是符合近代中国历史发展脉络的，和我们长期坚持的中国反帝反封建理论观念也是一致的，它涵盖了反帝反封建的基本内容。上述主线较之反帝反封建所涉及的内容更加广泛、完整，它全面概括了近代中国人民奋斗的历史和未来发展的趋势。从理论上说，这一主线体现了近代中国历史发展的必然规律和进程，体现了历史学者运用科学的历史观对历史本体、历史运动和历史规律的认识。

运用这一主线构建民国史的框架和体系，使我们对历史发展脉络的认识更加清晰，可以明确众多历史事件、历史人物等在历史运动过程中的地位和作用，改变过去简单地以阶级斗争的理论和方法分析复杂的民国历史，改变以国共两党的政治对立去划分社会各阶级和解释社会各种政治、思想和文化的变动。对北洋政府、国民政府以及国共关系这些重大的历史问题，应从社会大环境和历史演变中去分析和认识，而不单单停留在意识形态的分歧与政治的争斗层面进行评述。

构建新的民国史学科体系，应十分注意体现历史的连续性、国际性和现代性。这一问题已经引起历史学者的广泛关注和讨论。

2003年12月，首先由南京大学举办了“二十世纪四十年代中国历史”学术研讨会，其后陆续有单位举办了20年代或30年代的学术研讨会。研讨的目的就是要把一个个孤立的，甚至被割裂的相关历史问题、历史事件有机地联系起来，放在一个较长的历史阶段（譬如十年间），加以整体的、全面的考察，这样才能把各种历史问题发生的必然性、偶然性、前因后果、相互关联的因素，看得更深刻、更全面、更透彻，作出令人信服的判断和有关历史走向的分析。20世纪40年代是中国近现代史上非常重要的转折时期，面临着中国向什么方向发展的问题。过去，我们将这十年分割为抗日战争、解放战争和新中国成立三大历史板块分别研究，虽然成果累累，但是有些历史问题仍然被割裂开来，导致历史脉络不够清晰，认识不够深刻。倘若我们把“四十年代”作为一个整体过程加以解剖，可以清楚地看到中国面临着新的发展机遇，即中国能否走上建设现代国家的道路。这对国共两党都是严峻的考验，而两党面对机遇和历史转折都曾有深刻的历史教训。

关于国际性的问题，民国时期处在两次世界大战的大环境中，大国的激烈矛盾和斗争不仅使国际局势复杂化，同时也对中国的发展造成严重的影响。国际大环境既可给中国带来积极有利的因素，也可能造成灾难。孙中山早已讲过：“世界潮流，浩浩荡荡，顺之则昌，逆之则亡”，这个世界发展的大趋势，任何国家和人民都不能背离。民国历史必须放置在世界发展潮流尤其是国际局势的大变动中考察，才能获得完整的认识并经得起历史的检验。历史学者越来越清楚地认识到运用国际观念分析历史问题的重要性。

至于现代性观念，则是中国近一百多年来历史发展的主题。近代中国的历史就是中国人民奋发图强，摆脱帝国主义欺凌压迫和甩掉贫穷落后，努力实现现代国家的斗争过程。民国史研究不能忘记或忽视中国人民梦寐以求的现代化奋斗目标。在学科体系的构建中，应运用现代化的理论，贯穿和体现中国人民如何启动、推进中国现代化的历史进程以及所遭遇的种种挫折或失败。作为中国人民艰难追求的独立、自由、民主、统一和富强五大政治选项与我们强烈宣示的反帝、反封建，应该是近代中国历史运动相辅相成的两个方面。由此构建的民国史学科体系，不仅是科学的，符合近代中国历史发展实践的，同时也彻底改变了以阶级斗争为纲的陈旧模式。

中华民国史与中国现代史等相关学科的异同

明确中华民国史的学科体系，就比较容易将它与中国革命史、中共党史、中国国民党史及中国现代史区别开来。

首先，这些学科的学科性质不同。如中国现代史是通史，它和中国古代史、中国近代史共同构成贯通古今的中国通史。如前所述，中华民国史是断代史，而中国革命史、中国共产党史、中国国民党史及中国新民主主义革命史等，都属于政治史门类的专门史。

其次，这些学科的分期或上下年限也不一致。中国现代史的分期，早在上世纪50年代以后，多数学者就主张以1919年“五四”运动为上限，而下限则包含整个中华人民共和国的历史。上世纪80年代以来，随着学术研究的深入和学者们认识的变化，有一批学者主张中国近代史的范围应从1840年延伸至1949年。他们认为这一百多年间中国的社会性质、革命任务均是一致的，应该综合起来考察。也有学者将1919年至1949年的历史称为中国现代史，1949年以后的中华人民共和国历史称为中国当代史。这里就出现了什么是“现代”“当代”的疑问，两者的区别何在？用这两个词强行划分历史分期似乎逻辑不够严密且缺乏说服力。事实上，中国历史划分为古代史、近代史和现代史，并不是一成不变的。今天的“现代史”，说不定一万年以后甚至更短一些时间，已经纳入“古代史”范畴。我们总不能将一万年后的历史还说成是现代史吧！曾经在上世纪八九十年代高等院校广泛开设的中国革命史，其上下时限一般确认为1905年至1949年，这是因为1905年在中国才出现完整意义的革命政党同盟会。至于中华民国史的时限问题，对上限没有争议，主要是海峡两岸对下限止于1949年存在着严重的分歧。这一分歧不仅是学术问题、理论问题，也是两岸之间重大的现实政治问题。限于篇幅，本文不拟展开讨论。

再次，这些学科的内容有较多的联系，也有很大的不同。譬如中国共产党史，主要应反映中共在各个历史时期的路线、方针、政策、战略、策略的制定和发展演变；反映马克思主义与中国革命实践相结合的过程；反映毛泽东思想、邓小平建设中国特色的社会主义理论产生和发展的历史；反映党本身组织的发展和壮大。中国革命史则主要叙述晚清至民国时期中国各民族、各阶级人民群众，最初在孙中山等革命党人而后在中国共产党人领导下，与帝国主义、封建主义斗争的历史。它的主体内容是反映革命派联合全国劳苦大众及中间力量向反对革命运动的势力进行斗争的过程；也相应地涉及经济领域、文化思想领域两种力量斗争的历史。它不仅要研究社会各种力量的矛盾、斗争、整合，更要阐明革命与敌对势力消长和强弱变化过程。在学科关系上，重要的是如何认识中国现代史和中华民国史之间的区别和联系。如前所述，中国现代史是通史，中华民国史是断代史。通史是由若干个断代史组成的。中国现代史由于时间较短，只有中华民国史这样一个断代史。两者相比较，同在一个历史时段上，除上下时限有所不同外，其涵盖的历史内容应该是一致的。从政治史角度考察，两个学科都应包含和阐明各民族、各阶级、各政党、各社会团体、海外侨胞的活动。有关国共两党在民国政治舞台上的角色、角逐和力量消长，以及控制中国政局的统治政权的轮替，应是民国历史和中国现代史的主体内容，两个学科对此均不能偏废。两个学科应充分反映中国社会发展的全貌，阐明和厘清中国在20世纪上半期社会经济、思想文化、中外交流的曲折演变和进步发展等。作为断代史的中华民国史是永恒的；而作为通史的中国现代史，其时空范畴会随时代的前进而不断变动。

关于辛亥革命和南京临时政府的历史定位

辛亥革命是近代中国发生的重大历史事件，它与中华民国南京临时政府的建立，共同标志着中国由传统社会向现代社会的转变，是近代中国历史发展的第一个重要里程碑。

对这段历史的研究，在中国海峡两岸、日本、韩国和美国均有丰硕的学术成果。不仅举行过多次大型的学术研讨会，发表了大批有质量的学术论文，也出版了许多高水平的学术著作。如章开沅和林增平著《辛亥革命史》、金冲及和胡绳武著《辛亥革命史稿》、李新主编《中华民国史》（第一编）及台湾张玉法著《清季的立宪团体》和《清季的革命团体》等，代表了上个世纪七八十年代辛亥革命史研究的集中成就。但是，现在看来仍有一些大家曾经关注过的问题值得进一步思索。

关于辛亥革命的性质和成败问题：我国史学界长期以来认为辛亥革命是以孙中山为代表的资产阶级革命派领导的一场资产阶级民主革命，目标是要建立资产阶级共和国。对这一论断，我们一向深信不疑。但是多年来海外学者不断提出质疑，他们认为辛亥革命是“全民革命”。这一说法中的“全民”的内涵是什么？哪些阶层的人属于“全民”？革命的对象清王朝的统治阶级属于什么范畴？“全民”的定义含混不清。显然，全民革命的说法缺乏说服力。近几年也有学者提出，辛亥革命是“具有中国特色的国民革命”①。由此看出，对辛亥革命的性质判断，学术界存在着较大的分歧。

那么，辛亥革命是什么性质的革命呢？2001 年 10 月 10 日是辛亥革命 90 周年纪念日，江泽民在北京举行的纪念大会上说：辛亥革命是“伟大的民族民主革命”；2006 年 11 月 12 日是孙中山诞辰 140 周年纪念日，胡锦涛在北京举行的纪念大会上指出：“孙中山开创了完全意义上的中国民族民主革命。”两位领导人的长篇讲话，对辛亥革命的性质、意义作了精辟的、科学的定位。这里所讲的民族革命，既包括反对国内的民族压迫（特别是满族上层统治者对国内其他民族的压迫），也包括反对国外帝国主义对中华民族的压迫。民主革命既要推翻封建专制制度，也要建立民主共和国家，实现民主政治和国家的现代化。这一民族民主革命与我们前面讲的反帝反封建任务和目标是一致的。从辛亥革命的参加者来说，主要是海外华侨、留学生、知识分子、会党

① 蒋永敬：《辛亥革命究竟是什么革命》，《辛亥革命与中国现代化道路》，民国档案杂志社 2001 年编印，第 21 页。

成员、部分下层群众和较多的新军下层军官和士兵。海外华侨支持中国革命的主要是中小资本家。国内的上层绅商甚少支持中国革命。从辛亥革命的奋斗目标观察，也并非要建立资产阶级共和国。孙中山领导革命从一开始就十分注意防止西方资本主义的弊端影响中国未来的发展和方向。从辛亥革命的动力、支持者和奋斗目标深入剖析，我们不应将辛亥革命完全定性为资产阶级革命。

我们不能简单地说辛亥革命最终失败了。我们分析一切革命的成功与失败，要观察它是否完成了历史赋予的使命。完成了，就是胜利的革命；反之，则为失败。历史赋予辛亥革命的任务有两方面，一是推翻清王朝的专制腐败统治；二是建立民主共和国。考察辛亥革命，这两项任务都完成了。至于当时深刻存在的更为复杂的社会改造任务，绝非武昌起义一声枪响，或革命党人一朝一日所能完成的。辛亥革命后仍然存在着严重的封建残留以及妄想复辟倒退的势力，这在任何一个翻天覆地改变国家民族历史命运的大革命面前都是不可避免的。我们对比一下 1949 年民主革命胜利后，中国政治、社会、思想领域中存在的大量旧传统遗留，已经走过了几十年，改革任务尚要深化，从中就不难理解辛亥革命胜利的艰巨性和复杂性，也就不会过分地苛求革命的先行者们了。

对革命党人革命精神的认识：革命运动是一场变革社会并直接影响国家发展方向的激烈斗争。在这场运动中，其参与者抱有不同的目的或持不同的态度、发出不同的声音都是不奇怪的。但是，就多数参与者而言，应该是支持、拥护或坚持执行革命运动的方针、策略和斗争目标的。我们过去总结辛亥革命前后的革命斗争，常批评革命党人意志不坚决，缺乏革命的彻底性。这一看法对广大革命者来说，不完全符合历史实际。事实上，以孙中山为首的革命党人在一系列的反清武装斗争中，虽然由于各种原因连遭失败，但是他们仍不怕流血牺牲，前仆后继，继续战斗，表现了英勇的、坚定的、不妥协的革命精神。在历次斗争中，涌现了诸如徐锡麟、秋瑾、黄花岗七十二烈士等大批为革命献身的英雄人物。就是在辛亥革命后的艰难复杂时期，以孙中山为首的革命人士亦不断探索，继续寻求改造中国的道路。应该说，辛亥革命后是孙中山革命党人展现的一个新的探索时期，是坚持保护民主共和方向的奋斗时期。面对强大的帝国主义势力和艰巨的革命任务，孙中山在其遗言中发出了“革命尚未成功，同志仍须努力”以及“联合世界上以平等待我之民族，共同奋斗”的号召，显示了以孙中山为首的革命群体坚忍不拔的奋勇精神。革命运动中出于斗争的需要或敌强我弱的形势，采取一些灵活的方针措施或有限度的妥协政策，是有利于革命事业的，它与放弃革命原则有本质的不同。就孙中山让位于袁世凯而言，我们也应该根据当时的斗争形势和孙中山的高尚品质，作出历史的分析和判断，而不应简单地归之于孙中山革命的不坚定性和妥协性。

对南京临时政府历史地位的认识：辛亥革命的重要成果是创建了中华民国，而南京临时政府是中华民国的主要象征。大概由于它存在的时间短暂，因而人们对它重视不够。事实上，中华民国南京临时政府作为新时代的新生事物，在中国历史上作出了卓越贡献，留下了宝贵的历史文化遗产。南京临时政府在暴风雨中诞生，它从政治、社会、经济等方面构建了中国现代国家的雏形，体现了孙中山建设现代国家的理论和构想。[①] 孙中山早在 1903 年就说过：“我们必须倾覆满洲政府，建设民国。革命成功之日，效法美国选举总统，废除专制，实行共和。”[②] 南京临时政府开辟了中国历史的新纪元，展示了民主共和国未来发展的图景，它的贡献在中国是史无前例的。

譬如，它建立了中国历史上第一个民主共和国。它打破并摧毁了中国存在两千多年的封建王朝制度和体系，从此，民主共和思想逐步深入人心。虽然曾出现过复辟皇朝的反复，但是将历史重新拉回到清王朝的统治之下，是完全不可能的。

它确立了建设现代国家的基本原则。其一是以人为本的原则。孙中山很

---

① 参见张宪文《辛亥前后孙中山建设现代国家的理论与实践》，《历史档案》2004 年第 4 期。

② 《孙中山全集》第 1 卷，中华书局 1981 年版，第 226 页。

早就明确，“我们革命的目的是为众生谋幸福”[①]。1912 年 1 月 1 日，孙中山在担任南京临时政府临时大总统的就职宣言中，更明确地宣告：“国家之本，在于人民。”[②] 南京临时政府确认：“中华民国人民，一律平等，无种族阶级宗教之区别。”[③] 这与清王朝无视广大人民最基本权益有根本区别。其二是以法治国的原则。封建王朝是君权至上，以王法治国，而南京临时政府是以现代法制理论与立法观念规范国家的运行机制，依靠孙中山创造的中国式五权分立思想确立共和国的政治体制；颁布了与晚清《钦定宪法大纲》有本质区别的第一部具有宪法性质的《中华民国临时约法》，使中国初步具备了进入现代法制社会所必备的法制性和民主性。其三是以人民治国的原则。现代国家与封建专制国家的根本区别在于现代国家对人民群众的高度关注及广大群众参政议政的实施和不断扩大。南京临时政府赋予人民群众以更多的民主与自由。它在中国历史上首次运用选举方式选举国家领导人——临时大总统和副总统，并在各级国家机关大力提倡公务员应做人民的公仆和实施廉洁政治。这些都是国家由专制政治走向政治民主化的重要标志。

南京临时政府从其诞生至北迁，运行时间不足百日，其所制定的各项国策、政治体制、政策法规，均未及充分实践，更来不及检验成效。有些还停留在纸面文字上，或属于初创考虑不够周全，无先例可以借鉴，因而出现一些缺失或不足。但是，它的发展方向和政治上的首创精神是值得肯定的。它对中国迈向现代国家有着深远的政治意义。

北洋政府是中国政治转型期的必然产物

过去，我们论述北洋时期的历史，讲消极和负面多。譬如，说这一时期在大大小小军阀统治下，对内实施封建专制统治，剥削压迫劳动人民，对外

---

① 《孙中山全集》第 1 卷，中华书局 1981 年版，第 329 页。

② 《临时政府公报》第 1 号。

③ 《中华民国临时约法》（1912 年 3 月 11 日参议院通过），载中国第二历史档案馆编《中华民国档案资料汇编》第 2 辑，江苏古籍出版社 1991 年版，第 106 页。

投靠帝国主义，出卖民族利益，充当帝国主义代理人。他们割据称雄，连年混战，政潮迭起，政治腐败，是中国最黑暗的历史时期。

近二十年来，我国学术界对北洋时期历史的研究有了长足的进展，认识上有重大变化，学术观点也更加贴近历史真实。但是，有几方面的问题需要进一步深入分析。

其一，北洋时期是中国由传统社会向现代社会演变的转型时期。从表面上看，封建王朝被推翻，革命已经取得胜利，社会政治经济应有明显改观，可是整个社会充满矛盾、混乱、冲突和战争，人民怨声载道。如果我们冷静地加以观察和分析，深知这些现象的出现并不奇怪，是历史处在大转折和社会变迁过程中不可避免的甚至是必然的。北洋政府时期表现了社会转型期许多二元性的特点。它在政治、文化、意识形态方面，存在着明显的和突出的新与旧、进步与保守、现代性和传统性等的混杂、并存与矛盾，并且对立双方在不断地消长或反复着，表现在整个社会的各个领域。北洋政府的军政人员大多来源于晚清统治集团或从中分化出来，他们保存了相当多的传统政治与传统意识的影响，但是在民主共和的大潮流下，也吸收并保持了较多的辛亥革命和南京临时政府取得的民主共和政治的成果，这在北洋政府政治体制和政治生活中有较多的体现。因此，我们认为北洋政治是中国残存的传统政治与日益成长的现代政治文明矛盾冲突的畸形政治形态。我们应该看到北洋时期的中国在两种政治文化形态变动冲突中缓慢向前进步。仅以之为武人政治或定性为封建专制政权，都不足以全面认识民国初期这一政权的性质。只是由于北洋政府没有建成稳定的政权，政治不断动荡，掌权者缺乏改造社会的理念和建设国家的纲领、方向和目标，无法取得各阶层人民的支持，最后被国民革命运动推下政治舞台也是自取灭亡。

其二，北洋时期中国的现代化缓慢向前发展。众所周知，中国的现代化起步于 19 世纪 60 年代。中国在西方列强的政治压力和物质文明的刺激下，经过半个世纪的曲曲折折、风风雨雨，现代化运动初见成效。现代社会应具备的各种因素都在不断增强或提高。除以上对政治状况的分析外，作为现代化基础的国民经济有了较大发展。过去我们分析民国初年的经济发展，多称它是民族经济的黄金时代，说它是在第一次世界大战帝国主义无暇东顾而放松侵略和国内封建主义统治的夹缝里取得的。这一结论显然不够客观和确切。西方列强忙于战争是事实，但是北洋政府在其执政时期还是制定了许多扶持或有利于国民经济发展的政策和法令。它建立了财政部、农工商部等，起用张謇主持农林、工商部；它健全工商法律法规，完善现代金融体系，制定保护性税则，整理中央和地方财政，制定条例奖励工矿企业发展，种种措施促进了中国民营资本企业的发展。许多在民国时期有重要经济影响的大工矿企业都是20世纪20年代建立起来的，因此我们应肯定北洋政府在推动国民经济发展中的作用。

晚清时代，西方先进的司法观念、司法制度开始传入中国，对中国根深蒂固的王权司法传统形成巨大冲击。随着社会转型，作为现代社会必须实施以法治国，运用法律制度稳定和完善社会秩序，其制度核心是要体现法律面前人人平等的原则。而司法独立和司法公正又是现代司法制度的根本标志。民国初年，不仅在司法观念上有了较大的转变和进步，而且初步建立起现代性的司法机构和司法秩序。毫无疑义，中国现代法制的基础，奠定于北洋政府时期，并在许多司法案例中体现了法律面前人人平等的原则。

其三，能否科学地评价北洋军政人物，仍是一个严峻的学术问题。我们不能一面肯定历史事实，一面否定历史人物，这样做是不符合历史逻辑的。我们常常把大大小小的掌握军事实力的人都称为军阀，亦常将那时活跃在政治舞台上甚至做过一些不好事情的人，统称为政客，似乎北洋军政人物没有什么好人。我们应加强北洋历史人物的研究，对军阀这一概念也应给以科学的界定。对政治人物也不宜任意戴上政客的帽子，因为这是一个十分不科学的概念。学术界曾在河南安阳和山东烟台举行过袁世凯和吴佩孚的学术研讨会，这对于北洋人物的深入研究起了良好的推动作用。多年来出版过一些北洋人物的传记图书，其中多数没有准确的史料根据，或属于“戏说”性质，与严谨的史学著作有根本的区别。加强袁世凯、黎元洪、徐世昌、段祺瑞、冯国璋、张作霖等北洋人物的研究，是十分必要的。

国共两党关于改造中国道路的不同选择

辛亥革命后，由于中国面临着复杂的社会问题，如何改造中国，出路在哪里，成为中国人民亟待解决的大问题。中国的知识界和广大知识分子，出于爱国热情，曾提出或从国外移植过种种改造中国的理论和方案，诸如教育救国、职业救国、实业救国以及后来倡导的乡村建设运动等。这些方案未必恰当，有些是脱离实际的，甚至不符合当时的国情。然而，知识分子关心国家前途和命运，长期奋斗的精神是可贵的。

民国时期中国两大政治力量国民党和共产党，均把改造中国、建设现代国家作为自己的奋斗目标。鉴于其改造中国的基本纲领——反帝反封建的一致性，故两党于1924年第一次携手合作，开展国民革命运动，对中国革命作出了贡献。其间，两党均试图以自己的政治理念、政治纲领、政治策略，主导中国的社会改造并改造对方，因此，两党关系趋于破裂不可避免，最终导致1927年的分道扬镳。

1927年后两党各自走上了不同的改造中国的道路。中国共产党以苏俄十月革命为榜样，采取武装斗争的模式，在城市工人阶级中培养革命力量，走城市起义的道路。在本身力量薄弱且准备不充分的情况下，依靠弱势的工人群众，在沿海地区中心城市不断发动罢工或武装起义，结果屡屡遭受失败。而且对中国资本主义作出了不恰当的判断，面对尚不够发达的中国资本主义，过早地、不适宜地提出消灭城乡资产阶级的口号和政策，在政略、策略上造成失误，也给革命事业带来重大损失，以至于在城市中难以立足。

以毛泽东为首的一批中国共产党人，及时地总结城市起义失败的经验和教训，适时地实行战略转移，把工作重点和革命势力逐步转向农村，在农村中探寻发展中国革命、改造中国的新方向新模式。他们在艰苦的环境中，通过开展武装斗争、发动土地革命和建立农村革命根据地，把广大的贫苦农民吸引到自己的周围，在政权建设、社会改革和发展经济等方面，均创造性地提出一些前所未有的革命和建设理论与方针。中国共产党在广大农村走过漫长曲折、有成就也有深刻教训的革命斗争历程，1949 年在中共七届二中全会方针指导下，再次将工作重心转向城市，在革命战争不断取得胜利的基础上，在全国范围内实施更加深刻复杂的改造和建设新中国的路线和政策。我们应该把中国共产党 1927—1949 年所走过的道路，放在中国与世界发展大潮流中去深刻认识它的地位、作用和意义。

1927 年后，国民党在南京建立政权，主要控制着中国广大城市特别是东部半壁江山。蒋介石通过政治手段，整合了党内外政治、军事势力，分化了主要政治对手胡汉民派和汪精卫派，打击或瓦解了阎锡山、李宗仁、冯玉祥等军事实力派，通过追剿中国工农红军或运用政治、经济上的安抚、拉拢等手段，将势力伸往西南与西北地区，至 1935 年，蒋介石基本上统一了中国。

1927 年以后，蒋介石一方面坚持消灭中国共产党的方针与整合党内外的反对派；另一方面，通过由国民党执政的国民政府实施了较为深刻的、有成效的政治改革与经济改革。政治上，颁布了“训政纲领”，推行孙中山提出的五院制政治体制，但却坚持国民党的一党专政。经济上，蒋介石于 1928 年起用宋子文为财政部部长，1933 年又由孔祥熙继任。还募集了一批海归派的知识精英和技术官僚，先后召开了全国经济会议和财政会议，制定并实施一系列财政经济政策，譬如，颁布了新的工商管理法规，改革税制，整理内外债，推进关税自主和修正税率，改革币制，限制白银外流等。通过财政经济的改革，推动了国民经济的发展，一批国家资本主义企业也创办起来。20 年代末至 30 年代初，国内外政治、经济形势极为不利。1931 年日本发动侵华战争，世界资本主义经济陷于危机，中国国内战争频仍，全国各地出现严重灾荒。即使如此，从 1928 年至 1936 年，中国国民经济仍在起伏、曲折、缓慢地向前发展。1936 年是民国经济发展的高峰，它为即将到来的全面的抗日战争打下了物质基础。我们认为，从整体上说，30 年代的中国在现代化道路上向前迈出了一大步。

过去很长一段时间，我们不仅否定 30 年代经济的发展，而且将国家资本、官僚资本、四大家族官僚资本混为一谈，不加区别，这显然是欠妥当的。[1] 四大家族如果作为一个政治概念还是可以理解的，因为蒋介石、宋子文、孔祥熙、陈果夫陈立夫等，毕竟是国民政府时期居于最高层的政治领导者。然而把他们说成是四大家族官僚资本主义集团则不够科学，也不符合历史事实。蒋介石虽然是国民政府的最高领导者，但蒋氏家庭的财产有限，远未达到大资产者的水平。二陈主要掌控国民党的党产，诸如文化、新闻事业等，并非陈氏个人的财产。国民党败退台湾、陈立夫在政治上被边缘化之后，离台赴美，与友人合伙干起了“不想再侍候任何人”的养鸡事业。购鸡场，“要价四万七千美元，可得要先付二万元，其余分十年给付。当年四万七千元是一个很大的数字，我手头只有四千元，不得已只好向朋友告贷。孔祥熙先生很慷慨，答应借我八千元。与我合伙的胡先生也只能拿出四千元，其余四千元多亏其他朋友帮忙凑足了”。这样，陈立夫自1953年至1961年在美国新泽西州干了八年的养鸡业，最后“不得不关闭养鸡场，结束了惨淡经营的养鸡业”。[2] 宋、孔家族应该说是中国的大资产者。他们的财富增长无疑得益于长期掌握中国的经济与金融事业。但他们仍然属于私人资本主义经济范畴，与国家资本有根本区别。目前，对宋、孔家族私人经济的微观实证研究有待加强。

对民国时期各类经济形态作科学的界定，显然十分必要，这不仅是学术研究的需要，也有利于对经济领域中各类经济形态作出实事求是的判断。我们认为，近代中国经济从大范畴上说，存在两类经济形态，即外国资本和民族资本。这里说的外国资本应该是指外国资本家在中国经济领域内的投资和经营，而民族资本则泛指一切中国人所经营的企事业。这里所讲的民族资本和我们过去讲的民族资本主义概念有很大不同。我们认为，民族资本是一个经济概念，不应用政治观念定性。民族资本应涵盖国家资本和私人资本。私

---

① 参见陈伯达《中国四大家族》，华中新华书店1949年版。

② 陈立夫：《拨云雾而见青天——陈立夫英文回忆录》（中译本），（台湾）近代中国出版社2005年版，第419、422页。

人资本应视其资本量可有大中小资本主义之分。官僚资本主义应属于私人资本的范畴，而国家资本属国有资产，如国民政府实业部或资源委员会所属企事业等，它不能混为官僚资本。

国民党在大陆统治失败原因探析

对于国民党在大陆的统治在极短的时间内就遭到惨败的原因，多年来曾有种种分析。王聿修序《美国政府内的共产党》一书说："由于美国国会的调查，显示出近年来制定美国亚洲政策的人物，全是亲共的或是有共产党嫌疑的。"1949年美国国务院的白皮书说："中国大陆的沦陷，是由于中国政府的腐败，对此，美国无能为力。现在许多美国议员与美国人都已认识到，中国大陆的变色，美国对华政策受共产党暗中操纵，以致有利于中共，实应负更大责任。"① 对国民党在大陆的失败从美国方面找原因，似乎是离主题太远。1949年10月，蒋介石在台北办了一个"革命实践研究院"，其主旨是总结失败原因，准备改造国民党，重新组织力量，以便日后反攻大陆。蒋介石在开学典礼的讲话中说："我们今天失败的原因很多，而主要原因是由于我们军事的崩溃……"② 我们很难说清楚蒋介石是否真的认清了国民党的失败原因，但一个确切的事实是蒋介石将大陆时期的许多重要军政官员弃置一边，换上一批年轻官员，积蓄力量，打算与共产党再决雌雄。

事实上，抗日战争胜利后，大好形势带给国民党蒋介石以重建国家的机遇，蒋介石的威望也很高。可是，胜利的喜悦冲昏了蒋介石的头脑，他未能抓住有利的时机，在政略上犯了严重错误。也就是说，未能满足人民在战后迫切要求重建家园、休养生息的愿望；也未彻底改变国民党一党专政的现实，建立各党派的联合政府以实现各政党的联盟，而是通过内战一步步走下坡路，最终无法挽回。

---

① 转引自陈孝威《为什么失去大陆》，（台湾）跃升文化事业有限公司1988年版，第12—13页。
② 见秦孝仪主编《总统蒋公大事长编初稿》卷7（下），1978年10月未刊稿，第394页。

总结国民党在大陆失败的原因，可以说出若干条，但是最根本的原因有两条：

其一，是内部原因，即国民党本身的腐败，这是一个执政党走向崩溃的腐蚀剂。众所周知，抗日战争初期，面对日本侵略军的全面进攻，国民党尚能联合广大民众，共同对敌，众多将领奋勇杀敌，有的为国捐躯。然而，随着战争的不断扩大，国民政府败退西南、西北地区之后，国民党在军政各领域内的腐败现象日益显露，经济贪污日趋严重，军队缺乏战斗力，使抗战后方的广大人民怨声载道，民主宪政运动、学生运动不断发生。抗日战争的胜利，使人民群众为之一振，盼望国民党能以一个清新的政权领导国家重新走上现代化之路。可是，广大人民群众特别是沦陷区人民“想中央，盼中央，中央来了更遭殃”。国民党军政人员对各沦陷区的经济接收，变成了一次对国家财富的大掠夺。许多接收大员趁机贪污受贿、敲诈勒索，把大量本应收归国有的敌伪财产化为己有。国共两党内战爆发后，国统区经济形势日趋严峻，许多国民党官员利用职权垄断市场、走私外货、投机倒卖、操纵物价，腐败现象一发不可收拾。国民党的政治肌体被自己彻底摧毁，在军事上自然无法承受中共军队的沉重打击，国家改变是预料中的。

其二，是外部原因，即国民党失掉了中国人民尤其是广大农民和城市中小资产者的支持，从而被彻底孤立起来。

中国作为一个以农业为主的大国，农民占人口的大多数。中国农民梦寐以求的是两亩地一头牛的小康生活，实际是对最低生活标准的追求。1927 年国民党执政以后，虽然也曾在江浙地区作过小规模的土地改革试点，但是始终未把关心农民的切身利益放在工作首位。而中国共产党在解放了的广大地区热火朝天地掀起土地改革运动，使农民获得了土地。这样在国共两党你死我活的内战中，广大农民纷纷站到中共一边，参军参战参加推翻国民党政权。城市中，残酷的战争造成严重的经济危机，工商业破产，广大的中小资产阶级失去对国民党政权的信任，动摇了国民党在城市中的统治基础，社会不断动荡，民心极度不稳。抗战胜利后，国民党继续坚持一党专政和蒋介石的个人独裁，其“制宪”国大、“行宪”国大，也仅是在一党专政的体制下披上民主的外衣，本质没有改变。国民党坚持对中国民主同盟等党派的排斥、打击政策，使政治上的中间势力也倒向了中国共产党一边。国民党内部在行将倒塌的政权面前更是树倒猢狲散。

上述论证使我们对国民党政权仅三年时间在大陆迅即崩溃就不难理解了。它再次证明，历史是无情的，任何违反人民意愿、违反历史潮流的行为都将受到历史的惩罚。

（原载《江海学刊》2008 年第 5 期）

启智弘理 文脉赓续

江海學刊
创刊六十周年文集

原创学术卷

主　编　夏锦文　韩璞庚
副主编　李　芸　赵　涛

中国社会科学出版社

图书在版编目（CIP）数据

启智弘理　文脉赓续：《江海学刊》创刊60周年文集：6卷/夏锦文，韩璞庚主编．—北京：中国社会科学出版社，2018.11

ISBN 978－7－5203－3584－3

Ⅰ.①启…　Ⅱ.①夏…　②韩…　Ⅲ.①社会科学—文集　Ⅳ.①C53

中国版本图书馆CIP数据核字（2018）第254752号

出 版 人　赵剑英
责任编辑　杨　康　史慕鸿
责任校对　韩天炜
责任印制　戴　宽

出　　版　中国社会科学出版社
社　　址　北京鼓楼西大街甲158号
邮　　编　100720
网　　址　http://www.csspw.cn
发 行 部　010－84083685
门 市 部　010－84029450
经　　销　新华书店及其他书店

印　　刷　北京明恒达印务有限公司
装　　订　廊坊市广阳区广增装订厂
版　　次　2018年11月第1版
印　　次　2018年11月第1次印刷

开　　本　710×1000　1/16
印　　张　288.25
字　　数　4161千字
定　　价　1288.00元（全六卷）

编辑委员会

文集总序

韩璞庚

1957 年 11 月 18 日，中共江苏省委批准创办哲学社会科学月刊，1958 年 3 月，沐浴着年轻共和国的骀荡春风，《江海学刊》在古城南京出版发行。六十年风雨兼程，一甲子上下求索，《江海学刊》紧紧追随人民共和国前进的步伐，关注学术前沿，倡导优良学风，树立精品意识，实施品牌战略，终于成就梦想与辉煌。

创办之初的《江海学刊》，群星璀璨，大师云集。第一届编委会成员大多是当时省内乃至全国第一流的学者，首任主编为著名哲学家孙叔平先生。创刊之时，将刊物命名为《江海学刊》，固然有江苏濒江临海的地域考量，但更多地展现出办刊人容大广有、兼收并蓄的超迈抱负和博大胸襟。创刊号的《征稿简约》上，办刊方针被明确界定为“进行创造性的学术研究”，更凸显出先贤们但求新声的学术旨趣和志存高远的理论诉求。依托江苏人文荟萃、名家辈出、学风鼎盛的优势，草创初期的《江海学刊》发表了大量熔文史哲于一炉、思想性与原创性俱佳的学术精品。汪辟疆、胡小石、吕澂、蒯伯赞、周谷城、罗尔纲、唐圭璋、韩儒林、钱仲联、孙叔平、吴贻芳、陈鹤琴、陈瘦竹……一个个我们耳熟能详的学术大师的名字被永久地镌刻在当时还印制得略显粗糙的杂志上。高品位、高质量的办刊理念使《江海学刊》很快在当时为数不多的学术期刊中独树一帜，受到国内学术界、思想界的广泛关注与热烈欢迎。这也为日后《江海学刊》事业的成功与辉煌奠定了坚实的基础。

20世纪60年代中期，因众所周知的政治原因，《江海学刊》曾停刊多年。1979年，以《群众论丛》之名复刊。20世纪80年代初，应学术界的共同吁求，于1982年恢复《江海学刊》名称。1985年分为文史哲版和经济社会版，1988年两版合并。自此，《江海学刊》迎来了事业发展繁荣的新的历史时期。

文脉赓续，弦歌不辍。在国内外学术界的鼎力襄助下，在各级党委、政府的关心和扶持下，凭着对学术的虔敬与热忱，一代又一代的办刊人立定“办传世名刊，载精品力作”的宗旨，将繁荣学术和服务实践作为自己的座右铭，坚持“高品位、高质量”的办刊理念，努力实现“新颖、深邃、凝重、厚实”的办刊风格，既致力于对传统文化遗产的研究与整理，又着眼于对当代经济社会发展问题的关注与探求。正如当初创办者所期望的那样，《江海学刊》始终站在时代的前沿，立足江苏，面向全国，放眼世界，以容江纳海的气度和眼光，推出了一系列见解深刻、思想独到的学术精品，培养和造就了一大批成就卓著的神州学人，为繁荣我国人文社会科学事业和现代化建设做出了重要贡献，赢得了社会各界的广泛赞誉。

作为我国社会科学院系统中办刊历史最久、影响最大的综合性人文社会科学理论期刊之一，《江海学刊》第一批被确定为全国中文核心期刊、中国人文社会科学核心期刊、中国人文社会科学引文索引（CSSCI）来源期刊，获得了首届国家期刊奖、中国出版政府奖提名奖、全国百种重点社科期刊、全国百强报刊、华东地区最佳期刊、江苏期刊政府奖、江苏十强期刊、江苏十佳社科期刊等一系列荣誉。六十年磨砺宝剑，六十载播扬文明。《江海学刊》已成长为江苏省哲学社会科学界对外学术交流的重要窗口，国内人文社会科学对话与交流的高端平台，在全国学术界、期刊界具有举足轻重的独特地位。

总结六十年来走过的办刊历程，《江海学刊》的几代编辑人默默耕耘、执著坚守自己的办刊宗旨与学术理想，走出了一条具有自己独特个性的办刊之路，积累了丰富的办刊经验，形成了《江海学刊》独具的办刊风格和办刊特色。

第一，坚定立场，明确定位。《江海学刊》作为综合性学术理论刊物，是社会主义理论事业的重要组成部分，它始终坚持正确的理论导向。六十年来，我们形成了自己明确的政治定位与学术定位，始终坚持正确的办刊方向，努力宣传党的路线、方针、政策，为改革开放和社会主义现代化建设服务，把理论宣传、理论阐释与理论研究有机结合起来，发表了大量的理论研究文章。《江海学刊》守土有责，守土尽责，始终严把政治关，关注国内外重大的政治理论和社会实践问题，使刊物始终沿着正确的方向稳步前进；严把学术质量关，坚持以质选文、以质评文的学术导向，关注学术前沿，注重学理探究，使刊物始终保持高质量、高品位的学术水准。

第二，标新立异，倡导原创。针对目前国内学术思想领域原创因素缺失的状况，《江海学刊》得风气之先，开辟“原创学术空间”专栏，倡导原创，鼓励标新，推动中国原创学术思想的生长发育，促进中国学术话语体系的建构和中国特色哲学社会科学话语体系的形成。当然，开辟“原创学术空间”专栏，并不意味着我们天然具有裁定原创与否的权力，我们的学术理想是，提供一块阵地，创建一个空间，鼓吹一种氛围，倡导标新立异、勇于创造的思维倾向，激励学人原创思绪，激发民族思想活力，培育我们自己的思想巨人和学术大师。

第三，捕捉问题，注重策划。波普尔说过：“科学和知识的增长永远始于问题，终于问题——愈来愈深化的问题，愈来愈能启发新问题的问题。”《江海学刊》在组织策划稿件的过程中，始终坚持问题导向，强调问题意识，把问题意识作为编辑素质的必备要件。以问题为突破口，对研究进行深度开拓是本刊的特色之一。我们的编辑主体根据理论动态、学术资讯，结合期刊特点提出问题，通过精心策划，精心组织，经过与作者的广泛交流与沟通，找到解决问题的路径，这是编辑主体性的充分体现，也是办好学术期刊的重要保证之一。《江海学刊》的办刊特色，就是抓选题、重策划。《江海学刊》的编辑人员敢于担起历史的重任，广交天下学术朋友，共言天下学术大势，以前瞻的思维、敏锐的目光发现学术热点，捕捉学术信息，预测理论趋向，策

划学术选题，组织专题稿件，推出富于创意的理论文章，从而影响社会，服务实践，推动中国学术的繁荣与发展。

第四，刊载精品，成就品牌。《江海学刊》作为学术理论期刊，要在激烈竞争的学术场域中突出重围，创出品牌，打出名气，做出影响，必须确立精品意识，实施品牌战略。学术理论期刊要创出自己的品牌，必须抓精品、重策划。《江海学刊》的做法是，确保每期有精品，每个专栏有重点文章。但对于一本期刊来说，单个精品还不成气候，只能起到点缀作用，不能产生规模效应，要在单个精品的基础上，精心组织，精心策划，形成系列，形成规模，才能成就品牌选题、品牌栏目，创造出轰动效应，产生广泛社会影响。因此，从20世纪80年代末以来，我们策划了包括主体性、实践哲学、本体论、人学、发展哲学、公共哲学、文学史学、中国经济学的创新、涉外法学、转型期的社会问题、突发事件与社会应急管理、公众史学、数字史学、地域文化与商业历史、世纪之交的文艺理论等上百个名牌选题和品牌专栏，产生了轰动效应，推动了国内学术的发展，也为刊物赢得了很好的社会声望。

第五，提携后学，培养新人。清代学者赵翼有云："江山代有才人出，各领风骚数百年。"学术事业是代代相继的事业，学术研究需要积累，更需要传承。培育厚实庞大的学术人才队伍是我们一直以来追求的目标，也是我们办刊的优良传统。创刊之初，本刊就扶持与鼓励青年才俊投稿，不少现在的名家、大家就是当年的青年学子。比如，据著名经济学家何炼成教授讲，在他研究处于迷惘、彷徨之际，《江海学刊》1963年刊发他的《也谈生产劳动与非生产劳动》一文，坚定了他做学问的决心，改变了他的人生道路。80年代中后期《江海学刊》又推出了"青年论坛"专栏，为青年学子提供特定学术园地，可谓用心良苦，许多青年才俊从这个栏目开始了自己的学术之路。新世纪以来，我们又与江苏省规划办一起开辟"江苏青年学人"栏目，集中展示青年人的学术成果与学术风采，栏目推出后，深得青年学者的欢迎，产生了非常好的社会影响与示范效应。

第六，编研同备，专家办刊。数十年来，《江海学刊》秉持学者办刊的传统，着力打造一支编研结合、双轮驱动的编辑队伍。培育学者型的编辑，是本刊的一贯宗旨，如此才能使我们的编辑有学术话语权，在学术交流与对话中，能够真正参与讨论，形成学术对话与交锋。我们认为，只有在平等自由的学术环境中才能更好地组织专栏讨论，只有与学术共同体及学者进行深度融合，才能高水准地组织专栏稿件，组织学术讨论与争鸣。我们的历代编辑大都是本学科领域的专家，有些编辑更是自己学科领域的知名专家，受到学术界的充分尊重与信任。本刊目前在岗的10位编辑，7位拥有正高级专业技术职称，这在国内同行中是极为罕见的，也充分体现了《江海学刊》学者办刊的优良传统与专业定位。

朝耕夕耘，寒来暑往，六十年矢志不渝，六十年硕果连枝。为全面回顾本刊六十年所走过的非凡历程，发掘与整理濒临佚失的历史文献，弘扬优良传统，积累办刊资源，我们编选制作了六卷本文集，作为对《江海学刊》创刊六十周年的纪念。

（一）《江海学刊》创刊六十周年文集之大师卷。从本刊六十年所发表的大量文章中精选出各个年代有代表性的名家名篇，汇编成册。这些论文，为后人解读中国历史与文化、政治与社会，了解当代中国学术发展脉络提供了宝贵的第一手资料。虽尘封已久，墨香渐远，然今天读之，仍觉字字珠玑，识见深邃。重温名家大师的名篇佳作，让我们思深虑远，感佩不已。

（二）《江海学刊》创刊六十周年文集之原创学术卷。收录本刊自2002年创办“原创学术空间”栏目以来所刊发的部分论文，集中展现本刊近二十年来所发表的具有原创学术话语与原创学术思想的重要成果。我们开办“原创学术空间”栏目，就是想给国内尚且稚嫩的原创研究提供一个可以试错的实验空间与公共平台。进而言之，我们希望在这样一个“能指泛滥”而“所指衰微”的时代，能够开风气之先，激励原创思绪，激发思想活力，力挺学术自信，催生中华民族自己的学术大家和思想巨擘。

（三）《江海学刊》创刊六十周年文集之哲学卷。哲学是思想中的时代。《江海学刊》的哲学栏目，数十年来，一直秉承开风气之先、标新立异的办刊传统，牢固贯彻问题导向，关注时代热点，捕捉学术前沿，刊发了大量思想敏锐、见解超卓的学术论文，推动了国内哲学学科许多重大问题的讨论，国内哲学领域的很多重大理论争鸣是由本刊肇始的，以致著名马克思主义哲学家黄楠森先生在中国人学学会成立大会上说："中国的人学研究绕不过《江海学刊》。"这掷地有声的话语，是对办刊人的极大褒奖，让我们备感欣慰。20世纪80年代末以来，《江海学刊》率先开创集群式专题讨论模式，先后开辟认识论、历史唯物主义、实践唯物主义、实践哲学、实践本体论、主体性、认识主体性、历史主体性、人学、公共哲学、发展哲学、价值哲学、价值冲突与价值定位、面向21世纪的中国哲学、中西文化比较、空间哲学、身体哲学等一系列专题讨论，成为国内哲学界开展思想争鸣、展示学术成果的高端平台，博得海内外广泛好评。

（四）《江海学刊》创刊六十周年文集之文史卷。江苏物华天宝，人杰地灵，历史上文人辈出，名家荟萃。创刊以来，《江海学刊》依托江苏文星云集之优势，精心策划，精心组织，一代代文史编辑奋力拼搏，组织刊发了大量引领学术讨论，推动学术争鸣，促进学科建设的论文。作者中既有当时的名家大家，也有学坛新锐（后来也成为名家名流），他们的学术成果完整地再现了文史争鸣和学科发展的历史脉络。

（五）《江海学刊》创刊六十周年文集之社会科学卷。本卷内容涵盖经济学、管理学、社会学、法学、政治学等诸多社会科学领域，真实记录了六十年来特别是改革开放以来，国内社会科学领域研究的思想轨迹，关注当代中国发展现实，研究中国社会发展中的重大理论与实践问题，为现实问题的研究提供观点与答案。本卷撷精萃华，汇集精品，成为把握当代中国社会科学研究脉络的"测绘仪"。

（六）《江海学刊》创刊六十周年文集之辑目总览。此卷汇集自创刊号到2018年第5期共317期八千多篇文章的完整目录，纵横六十年，洋洋数千篇，

它既是对六十年中国社会发展历程的摹画，也是对六十年中国哲学社会科学研究成果的一次巡礼。辑目总览可以使我们对《江海学刊》六十年的成长历程和学科发展状况有一个全景式的了解与把握。

需要郑重说明的是：第一，从本刊六十年所发表的八千多篇文章中挑选出有代表性的论文，殊非易事。囿于篇幅，许多具有分量和学术价值的文章未能入选，遗珠之憾，在所难免。第二，为突出历史原貌，所选论文的编排一律按照当时发表之年代先后为序。第三，在编选过程中，除改善体例、纠谬补缺外，其余部分尽可能留存原貌。第四，由于历史原因，个别文章的某些提法、观点在今天看来或许已不合时宜，但为尊重历史，我们未作删改，尚请读者明鉴。

2018 年，是中华民族发展历程上一个特殊的值得记忆的年份，是新时代的开局之年，中华民族伟大复兴的梦想从未像今天这样清晰。新时代的中国吹响了哲学社会科学前进的号角，学术期刊的未来前景无限光明。

日出照东隅，扬帆正待航。在新世纪的学术征途上，我们满怀期待，同时充满信心。《江海学刊》作为全国知名的综合性人文社会科学学术理论期刊，要进一步提高质量，塑造形象，在全国学术理论期刊中保持并提升自己的位置，就必须发扬优良传统，倡导严谨学风，恪守学术规范，狠抓选题策划，创出自己更多的名牌专题、名牌栏目，要在一些重大的理论与实践问题上发出自己独特的声音，发表自己独到的见解，为学术研究中国风格与中国气派的确立、为中国特色的哲学社会科学话语体系的建构贡献智慧。

新时代的国内期刊界风起云涌，新时代的中国充满希望。《江海学刊》将乘中华民族复兴的东风，把握机遇，迎接挑战，奋勇开拓，敢于创新，在新的时代，使《江海学刊》立足江苏，影响全国，参与国际学术交流。海纳百川，有容乃大，江竞千帆，弄潮为先，我们将自加压力，负重前进，埋头苦干，无私奉献，为繁荣中国的哲学社会科学学术理论事业，为社会主义现代化建设做出自己突出的贡献。

有一位哲人说过：柏拉图理念的鸽子幻想在真空中自由地向天空飞去，但没有空气的支持，没有大地的支持，飞翔终成泡影，鸽子会坠入柏拉图的“洞穴”，在影子中爬行。真正哲人的鸽子应该既不安于作洞穴中的爬虫，也不要为真空中虚幻的自由所诱惑。那就让我们听从哲学家的召唤，做一只现实的鸽子吧！让我们脚踏中华大地，仰望祖国蓝天，在理想与现实之间、在大地与蓝天之间，乘着五彩的生活气流飞翔。

二〇一八年十月十八日

目　录

论存在的平凡本质

张　盾

现代哲学的主导概念是主体性概念和意义概念。构成存在论反对主体性概念和意义概念，就此而言构成存在论也可划归为后现代哲学。它的目标是为后现代哲学谋划一个新的存在论基础，它要求在一个不包含主体性和意义概念的论域中重新界定“存在”，这就是：凡存在总是存在者自己去存在。我在拙著《道法“自—然”》和一系列论文中已涉及这个新存在论的许多方面，本文讨论一个比较特殊的问题：存在如何在内容的自身重复中达于一种“平凡”本质。

存在论的“平凡”概念

按构成存在论，存在乃是重复自身的纯然内容。但存在不仅有它的纯然内容，而且有它的本质。而被一种重复性的内容所决定的本质就是平凡。固持的重复决定了一切存在者的存在按其本质都必然是平凡的。因为一个存在事态在它对自己内容的纯然重复中只能展示为一件平凡之事。这一点可在生活中得到类比的说明。生活中的存在事态表现为生活事务杂多的一个综合，即使在不涉及存在问题的情况中，反复地做相同的事情也会使事情本身变得乏味。但此种乏味乃是对事情的一种主观感受，而主观感受的事情本质是可以改变的，因而是不确定的。但存在本身的内容如果属于无形式的纯然内容，它就不会发生变化。由于一个存在除了重复自身内容之外不可能有别的内容，所以也就决定了这个存在不可能有别的本质，而只能有一个唯一的本质，那就是平凡。

按照用语之旧义，“平凡”属于生活所包含的一种价值，而一切价值都以人的生活目标为依据。构成分析探求存在的平凡本质，则不再把平凡当作一种价值，而是当作存在论的一个问题。存在论的平凡概念有如下要义：

（1）一个存在只以自身为目的的那种造性，称为平凡性。所以平凡不意味一个存在相对于生活中的某个目标而言是微不足道的。存在之平凡表示一个存在的内容远离一切具体的生活目标——从而远离一切存在的形式——仅以存在的固持本身为目的。而普通的平凡概念和非凡概念，作为价值概念，都要相对于生活的具体目标来确定，因而都是相对的。比如一个人的一种事业可能对这个人自己的生活具有非凡的重要性，但对一个更伟大的目标来说可能微不足道。而一个存在事态则永远以在一种重复中固持这一事态的内容为目的，除此之外不涉及任何目的。平凡正表示“存在”的这种本意。人的日常存在包含着生活事务杂多的一种综合，它所表现的人之存在的纯然内容就在于：做事不针对任何特定的目标问题，仅以把事情重新再做一遍为目的，并且不断地重复做下去。这种自足的重复做事包含着一种纯然内容，此内容不沾染任何形式。

（2）一个存在的平凡性是一种逐渐增长的量。也就是说，一个存在是在一种逐渐增强的方向上趋于平凡的。这就是平凡的深度结构。这里需注意：所谓平凡本质并不等于存在具有一种现成特性摆在那里，只要认真注意就能看到。平凡是功能性的，它是存在行为的一种力量，它产生于存在本身固有的一种深度结构。存在的纯然内容由于需要在时间中延伸自己，因此是有深度的。这个内容在时间中的延伸也就是被重复之量值的递增，这样一个深度结构的形成显然需要一种力量，这就是平凡，它在程度上是有强弱的：一个内容的可再性量值越高，被重复得越多，它就越是平凡的；反之一个内容越难以重复自身，它就越远离平凡。在生活中，“事情一旦存在，就会变得越来越平凡”。这是因为，一种事情被重复去做的次数越多，它就越远离“做什么事”这种具体的价值目标，只以自身为目的。比如日常家务以其被人类一般生存结构所决定几乎是万古不变的重复结构，将自身表现为最平凡的纯然内容。

与此相反，平凡性向较低量值的递减导致“神奇性”概念。神奇性的特点在于，神奇的存在不能重复自身，很显然，越是神奇的东西就越不可重复，也就越有价值。这是因为神奇性是被赋予一个存在的，而不是存在本身固有的，因为存在之神奇性永远来自存在的形式而非内容。实际上，存在之神奇性涉及存在现象的价值原理，第一人称存在的意义原则有一种追求神奇的本然倾向，因为一个存在必须给予自身才有意义，同时，一个存在必须具备某种神奇性才值得让它给予自身。由此说来，存在之神奇性又牵涉到存在的现象基础。一个存在向主体的视界将自身给予为现象时，总是可被主体判定为神奇的或是平凡的，这依特定的价值目标而定。但问题的关键在于，任一存在作为一个现象，总可设定某个目标来赋予它价值，使它高于其一般平凡本质，于是最平凡微末的东西也能获得非凡性。因此我们看到在生活中伟大可以产生于平凡，这是生活之价值论的真理。但却不是生活之存在论的真理。根据价值论，在可能性上一切意义给予的存在都具有神奇性；存在的创生则具有最高的神奇性，因为创生标志着存在的初始，在这个初始上已承载了创造力的全部灵性，而它所承载的存在者自己存在的可再性与平凡性则等于零。创生依亚里士多德就是赋予内容以存在的形式。

平凡与神奇

那么一个存在的平凡本质是如何消弭其神奇性的？人的存在作为“在生活中存在”又将如何趋于它的平凡本质？

在人类的生活及其历史中，有那么多非凡的东西和伟大的事业值得追求，比如文明的巨大进步或伟大的艺术作品，因此似乎很难把平凡当成人类存在的本质。赵汀阳就不同意我关于存在之平凡性的观点：“也许平凡性真的是存在的最好逻辑状态，但是对于人来说，这种最好的逻辑状态更可能是个坏状态，因为人所期望的各种事情恰恰是在要求非凡性，否则就不值得期望。正如‘例行公事’不足以说明生活一样，‘平凡’也不足以说明存在和历史。这里有个关键问题：存在不仅是个本然事实，而且是人的期望值……因此存在总是被复杂化、偶然化和奇迹化。”①

我想说明，这种对人类存在的价值解释虽然符合人之常情，却隐藏着存在论的歧途。我们那么想使自己的生活变得不凡，总是通过为生活设立各种目标来使它获得非凡的价值。像这样用神奇性来说明生活与存在的本质，就是“对存在的意义解释”，它以看存在的观念化作用为前提，通过把存在的内容与一个目标联系起来而使它神奇。神奇性在此是一种存在的形式。但是“在生活中自己去存在”的历事，在其第三人称性的亲历性上来说，却是一种完全不顾观念化作用的纯然内容。不能够在它之外为它设立一个价值目标，只能让它以自身内容的构成为目的，因此也就不可能有神奇性。由于亲历生活的存在内容必须在时间中平均展开，而且是自成目的的，所以这个内容除了收敛一切神奇性而渐趋平凡，不可能获得任何别的本质。这样，平凡性就仿佛成了我们“在生活中存在”的唯一理想，其内容永远只能渐趋平凡，无比乏味，根本不顾及任何观念化作用。浅白地说，所谓存在的第三人称性内容如果要在生活中表现出来，就只能表现为这种乏味的平凡。

有一种情况可以证明生活的平凡本质：再重要的事情一旦进入事务性的程序，也会在时间中渐渐褪去神奇的色彩，变得无谓和无奈。随着生活的推进使存在本身的平凡力量逐渐增长，事物越来越远离由特定目标指引的主体目光，“在生活中存在”渐次展示为事物杂多的自身重复。此种重复一方面使事情的存在退出视界，因为它作为平凡越来越失去注意的价值；另一方面，正是这种重复本身支撑起存在内容的固持，以及平凡性的力量在其深度结构中的增长。不可否认，事务杂多的细节在任一时刻都可以按某种尺度重新被注意，从而再次获得神奇。但是如果细节的内容在自行重复中不断堆积自身，它与价值目标的联系便必然被削弱，而且还以这种日复一日的重复来消磨从

① 参看赵汀阳为拙著《道法“自—然”》所写的序言，中国政法大学出版社2001年版，第2—3页。

外部赋予它的一切形式，因为重复的东西不可能被看作神奇的东西，只能被居有为平凡的东西。在我们生活之神奇性的消退中牢靠地标志着“存在者在生活中自己存在”所产生的平凡性量值的增长。

平凡的时间结构

现在从存在的时间性结构对存在的平凡本质做更深入的讨论。存在者构成自己的存在事态，但他只能在时间中构成，因为他的存在事态只能在时间中重复自身的内容。与此相应，平凡的深度结构也必然是时间性的，存在的平凡本质只能在时间中增长，并且可以在时间上测度其量值。

平凡的本质力量产生于存在内容的自身重复。存在之历事按其再性原理必达于平凡。但是只有无差别的东西才能互相重复，而这种无差别的内容平均化恰是时间性作用的结果。所谓“在时间中存在”即是在无差别相中重复自身之意，与一个具体事实在时间形式中展开其现象内容完全不同。因此，一个存在在时间中必渐入平凡。因为，内容之重复使存在变得平凡，而内容之重复只能在时间中实行，所以也可以说，存在的时间性决定了存在的平凡本质。这包括两方面：

（1）构成的时间——存在者自己存在的时间——具有平均化特性，即把存在之内容总量无限分割并平均地摊入每一时间点中。这样，在时间中存在就包含了一个依历事由初到终的全部时间平均分割历事内容并使之按前后相继的关系联结起来的过程。但是一个历事越趋近于它的终，其内容越显平淡无奇，其重复性量值越高，其存在越显示出更高的平凡力度。显然，存在之平凡性的这种增长由时间的平均化作用所致。我曾指出无差别的纯然内容是在摆脱了一切意义形式的限制之后得到的。但这只有在时间的平均化作用下才能实现，因为所谓纯然内容的无差别相恰在于：这种内容是作为被分割的部分在时间中绝对均匀地分布的，所以平均化从存在的每一分割部分之量值上，使内容的每一部分都成为无差别的，从而使历事的内容能够在各部分按前后相继的联结方式重复自身。

（2）构成的时间还具有当前化特性。构成自身的存在在时间中总能保持为一个“当下”存在，因为在任一时刻，它都必然居有属于自己的那个平均的部分量，从而使存在在那个时刻是“当下被构成的”。时间性的存在按其本质永远保持其为“当下存在”的固定格式。关键在于，“当下”不能以存在事态被主体看到的那个时刻为基准来确定。比如：“这本书刚才还有，现在不见了。”意义论域的时间概念就此判定这个存在出离了当下性；而“这本书刚才就有，现在还在那儿”，则被判定为保持在当下的存在之内。这根本不是构成的时间性之当下性，而是作为主观形式的时间的“现在”（康德的时间概念就是如此）。而“存在之当下构成”的有效性在于：如果一个存在在它的每一时刻都平均地居有一个部分量，那么就一个存在只能以某一时刻作为其“当下”来说，在此之前的那个“在先”性也必然保存着一个被当下构成的有效性，而不能作为已经消逝并依据在它之后的一个“当下”而被表象成作为“曾经”的一段存在史。“刚才有”不能依据“现在仍有”来判定其为有效的。每一时刻的存在内容按构成之道都平均地居有它的当下性。

于是存在的时间性从上述两个方面决定着存在的平凡本质：（1）作为平均化作用，从存在内容的分割量值上使每一个部分成为无差别的。（2）作为当前化作用，从存在构成的当下有效性上使每一部分成为无差别的。于是一个存在在时间中按前后相继的联结本质变成了一种重复性的叠加，这种必然导致平凡的有效性之重复叠加只能在历事的时间性结构中做到。

前面已将平凡定义为一个存在以构成自身为目的的“自成目的性”，现在可以从存在的时间性结构方面更明确地解说这种造性。

生活中的平凡感总是从生活的目的性着眼才表现出来。一个生活事务只有通过它与另一具体目标的关系才能表现其为平凡的。日常存在包含生活事务杂多的全部细节，事务之为事务就在于它不能与一个事业性的目标直接联系起来，仿佛没有目标，但又必须承担下来，这就会产生平凡感。一个事务仅当它与在它之外的另一个目标联系起来，才会变得不凡。比如，雷锋式的平凡事迹由于对一切事业性的目标来说都不是重要的，因此必须确定为平凡；

但是当它与一个更高的道德理想的存在联系起来时，却是伟大的。普通平凡感无法说明平凡的这种无谓却又无奈的性质，其实普通平凡感与存在论的平凡原理在这一点上是一致的。存在的平凡本质就是这样来表现的：一个在生活中历事的存在，在它与它之外的任何特定目标都不能联系起来的时候，如果它是无法摆脱的，它就只能以自身为目标，这个目标就是存在者的存在。

一个人的存在表示一种存在行为，它不同于任何具体行为。一个具体行为就它是可以选择的来说，总与一个特定目标相联系。生活中一个单独来看的具体事务虽然也能表现平凡感，但是总能够为它设定一个目标使之变得不凡。但平凡却是“存在”的绝对本质，因为存在就其区别于一切具体行为来说，是不能与任何特殊目标相联系的。天地间唯一一种不能指向任何具体目标的过程就是“存在”。存在没有在它之外的任何一个目标，人必须存在，这是他的天命，而不是他为达到任何目的而做的一个选择。这意味着，存在以自身为目的。因此存在不可能有神奇性。日常生活以其最充分表现存在者存在的此种自成目的性来说，令人感到无谓和无奈。在存在论上，此种自成目的性则是历事实相之内容特性的一个表现。历事因此必趋于平凡。

用自成目的性来定义平凡的理由，则来自平凡的时间性根据。如果一个存在以自身为目的，而不与在它之外的任何目标相联系，那么，它除了占有时间从而在时间中重复自身内容之外，没有任何其他说法。但是，时间性的存在内容只能平均地增长，这只能导致平凡，不可能带来神奇。因为一个存在只有与在它之外的另一个目标联系起来，使得另一个东西的存在的总量在一种超时间的“空间化”形式上一次性地被给予出来，从而作为一个巨大的存在总量和这个存在联系起来时，这个存在本身才能显示为神奇的。但这在时间中是不可能的。因为时间具有平均化作用，一个存在在时间中的内容必然要被分割为在量值上无差别的无数个瞬间部分，并且在有效构成的当下性上也是无差别的，因此能够在这种无差别相中重复自身内容，却不可能与一个作为外部目标的“空间化”的巨大存在总量联系在一起。这样，一个在时间中的存在只能以自身为目的，因此只能是平凡的。

这也决定了神奇的存在必然是非时间性的。神奇性意味着超越时间的平均化作用而作为一个总量在“空间化”形式上一次被给予。即使在常识中，神奇性也含有一个东西超越时间进入永恒的意思。这也是为什么存在的神奇性总是诉诸存在之创生程序的原因。因此可以这样对比神奇性与平凡：神奇性意味着把存在的内容形式化、“空间化”，使之成为一种非时间性的意义；平凡则要求把存在的内容平均地摊入时间之中。存在的时间性按其本质拒斥一切神奇形式。

平凡与死

根据平凡的深度结构可知，平凡是有量值的。但我们却不可能精确计算一个存在的平凡性的量值，因为平凡并不给领悟者指示一个精确的量值概念。但仍有一些评估原则可以给出。我已经说明平凡作为存在的本质是在时间的流逝中平均分布和逐渐积聚的，据此可以判断：一个存在在时间上越久则越平凡，因此平凡的最高量值当属于从初到终绝对完整的存在事态，处于最高时间值上的存在乃是最平凡的存在。

这带来哲学上的困难问题。一个存在在其最高时间值上也就是这个存在的终止，这就是死。这里的悖谬之处在于：死作为历事之终，标志着存在之平凡本质的最高量值即总量；但另一方面，死按其本质却不再意味着包含有最高平凡本质的一种肯定性的存在规定，而是意味着存在之历事的绝对终止，从而意味着存在之平凡本质的彻底否定。在人类的生活经验中，死总是使一个存在重新变得神奇，和生的创造几乎具有相同的力量。死因此成为构成分析的一个难题。

上面的悖谬产生于一种字面上的推理：平凡来自内容的重复，所以，如果死终止这种重复，也就否定了平凡本质。但这个推理不能成立。因为在此必须分清，一种“内容的自行终止”与这个“内容的否定形式”，两者是不同的。换言之，“死”与“无”是不同的。“无”是存在的否定形式，表示从一个存在外部对该存在做出的一种否定性范畴规定即“非存在”，它不同于

“一个存在事态自行终止自身内容”这样一种事态内部的程序，而后者正是死的本意。死从不表示从外部对一个存在所做的否定，死根本不是存在的任何形式，死的构成性的内容说法应该是：死作为存在者自己去死，表示一个存在事态对自身内容的自行终止，因此死是存在者自己去存在的生命事态的一个特殊部分。

死的特殊之处表现在：（1）一个存在事态的任一有限部分都以该事态内容的固持为目标，并以此来表现该事态“正在被完成”。但死作为存在事态的特殊部分却不再以固持这个存在为目的，而是终止这个存在，使之不再固持，以此来表现这个事态“已经完成”。但是死作为终止是以存在的绝对完整为鹄的，而不与存在之外的任何其他目标相联系。就此而言，死作为终止仍然属于那个自成目的的存在事态的一部分，而不自外于平凡本质。（2）一个存在事态中的任一有限部分都增加它的平凡性量值，但这样的任何一个有限部分却都不可能给出一个存在所包含的平凡性总量。这个平凡性的总量只有以存在者自己去死为条件，才能被达到。但必须注意，“自己去死”并不作为一个单独的非常事件将平凡的总量一次性给出。死仅仅作为一种边界条件，使那个可能的平凡总量变成现实的。一个存在所包含的全部平凡本质，是由存在者在其全部历事区间内平均构成并积聚起来的。（3）存在者自己去死，但他不能体验自己的死。因此一个生命存在对自身内容的自行终止是没有领悟的。在构成论域内，死的不可体验性恰恰更强地确证了存在者自己去死的“自一然”性。但是在另一种论域前提下，从死的不可体验也能得出完全相反的结论。维特根斯坦说：“死不是生命的事件。人是没有体验过死的。”① 维特根斯坦的原意大概是说，死不属于生命存在事实的一部分，而是生命存在的一种形式，但这个形式必须在世界之外。这导致对死的现象主义解释：首先，死必然是一个问题。如果死不是生命事态的构成部分，它就只能是生命的一种特殊现象，即使它作为生命事实的一种神秘形式，其有效性仍然取决于世

① 维特根斯坦：《逻辑哲学论》，商务印书馆1962年版，第98页。

界之外的一种神秘视界。其次，维特根斯坦以死不能被存在者体验为一个理由，来决定死的形式特性。这个理由是现象主义的，完全忽视了死的第三人称性内容。

死不能被去死者所体验，这启示了一个构成性的说法：死就其事态内容而言是不可领悟的。但是，死的现象对生者来说却是可以领悟的。这带来一个问题。死的内容本身并不神奇，但死亡领悟却赋予死的现象以一种特殊的神奇性。死的内容之所以平凡，是因为只有去死者自己才居有这一内容，而去死者自己却绝对不能体验这一内容，所以不可能产生非凡性的震撼力，无论这个死多么庄严，还是多么令人恐惧。然而，死却可以由生者来拟构和诠释，这就是死的现象。死亡领悟基本包括两种形式：或是对他人之死的现象进行诠释，或是由存在者在生前事先拟构自己去死的观念。无论哪种形式，都赋予死以神奇性。

不仅如此，死亡领悟还规定死使存在变为神奇。由于死终止生命存在，使领悟可把这个生命存在当作一个对象来看待，即当成一个绝对完整的事态整体来看待，存在者在拟构死的观念时，能够提前意识到自己的存在有一个绝对完整的形式和总量。但这样的一个总量并不是在事态内容的时间性结构中平均构成的，而是在死亡领悟中作为一种现象的绝对完整总量从形式上一次给出的。此绝对完整性既然能够一次性给出，死亡领悟也就可以进一步把这个完整性设定为生命存在的最高目标，从而使存在本身获得神奇性。日常存在的纯然内容永远重复这一内容本身，并在时间结构中平均分布每一个内容的部分量，表现为一切生活事务杂多在一种彼此互相重复的联结中平均推进生活者的存在事态，因此至多感受到这种存在之平凡，不可能产生任何神奇性。只有死才能取消这种自成目的、重复自身和平均构成的平凡本质。在死的观念中，当全部生命存在的内容作为一个总量一次给出，从而将存在的完整性作为一个目标显示出来，而且永远不会被再次重复时，存在者才对自己的存在感到神奇。

但领悟所得的这些结论是通过类比才得到的，即把生与死这种生命问题的神奇性，与一般东西的神奇性进行类比。一般东西是可以通过它与生命存在的完整性即生与死的联系而成为神奇的，比如，伟大的艺术创造因为属于一个人的生命而成为伟大的，献身行为由于和一个人的死联系起来而成为非凡的。这类一般东西包含特定的生活目标，因此其神奇性作为形式而存在。然而生与死不是一般东西而是人的天命，生与死作为纯然内容不属于任何形式。存在与死不能充当具体的生活目标，因为它不能被选择。这样，生与死只能以自身为目的，成为自成目的的平凡。一个普通东西如果与生死相连，可以变得神奇，但生与死本身的神奇性充其量不过是对普通东西的一种类比。

由此我们可以知晓，一个人的存在与死属于他的存在行为，因此不同于一切一般东西。在这个世界上，一切一般东西都是可以选择的，因此都是不确定的，完全可以是另外一种样子；只有存在与死是存在者所包含的两种绝对确定的可能性。一个存在事态永远趋向于达到它的最高平凡本质，这一点由于存在的终止才成为确定的。死在存在论上表示一个存在内容的自行终止，死因此也属于这个存在本身的一个内容。它标志着一个存在之平凡本质的积累达到了它的理想，从而使这一理想作为一个总量而成为确定的。但这并不是说由死本身给出这个总量，因为这只有在形式上才有可能做到，而死却不是存在的任何形式。

可见死的本意与存在论的平凡原理完全一致。一个存在在时间中永远趋向于更加平凡，死则意味着存在的终止。如果这个死不作为现象进入诠释，那么，它除了表示一个存在者对自身存在内容的自行终止这一点之外，就不再表示任何其他意思。因此，死也就成为一件最平凡的事情。

结　语

本文试图说明，世界上一切东西的存在，如果仅就其纯然内容来说而不加之以任何形式，就仅仅表示一种重复自身并以自身为目的“去存在”的时间性过程，结果，一切存在最终都将趋于一种平凡本质。这就是存在论的平凡原理。

文化批判并非本文任务，但存在论的平凡原理却能诊断现代文化的病根。因为，对于构成存在论的一切范本来说，这个平凡一直就是一切存在构成自身的根本目标。所以一个存在的内容在时间中重复自身所导致的平凡不是平庸，它恰恰表现着存在者自己去存在之“自—然”法度的力量。在文化领域，作品的存在属于一种观念性存在，一切在存在论上真正作为内容去存在的作品都是经典作品，这种经典作品的内容存在的本质力量就在于它可以永恒地重复自身，而这种永恒重复自身的存在力度正合于平凡原理。因此，现代文化需要经典作品而非一般作品，需要内容性的构成存在而非不断翻新的存在替代形式。这个要求与存在论的平凡原理是一致的，追求经典作品在存在论上就意味着追求作为存在历事之理想的平凡本质。

（原载《江海学刊》2002 年第 2 期）

论发展伦理学

——可持续发展观的伦理支点

刘福森

人的生存危机与发展伦理学

我提出发展伦理学的概念①，首先是对当代社会出现的人类生存困境和危机反思的结果。这些危机不是由个别人偶然的不适当行为造成的，而是由资本主义工业文明所形成的不可持续的发展观和发展道路造成的。“可持续发展”概念正是针对工业社会的“不可持续”的发展模式提出来的。它首先要解决的问题就是“发展的目的”这个价值论问题和“发展的规范”这个伦理问题。在当代条件下，已不允许以往人类经历的那种盲目的、自发的发展状态了。在那种发展状态下，人类凭借着一种求生的本能和盲目追求挥霍物质财富的无限欲望，不顾后果地向自然界索取物质财富，以资源和环境为代价换取自己的每一点“进步”。而可持续发展则必须是在明确的未来价值目标导引下，自我选择发展道路、自我设计发展模式、自我调控发展秩序、自我规范发展行为的自觉的发展。这种发展是一种有约束、有节制、有评价、有规范的发展。这里的“规范”不仅包括法律的和技术理性的规范，而且还包括以人类生存为基础的、以发展的可持续性为价值尺度的伦理规范。而对这种

① 参见《“发展伦理学”：当代社会发展的迫切需要》，《哲学动态》1995 年第 11 期；《发展伦理学的两个基本理论问题》，《哲学动态》1996 年第 4 期。

伦理规范的研究，正是发展伦理学的基本内容。

工业社会形成的现代社会发展观的最根本的危机是价值观的危机。当代世界之所以会出现人的“生存危机”，其根本原因之一，就在于这种发展模式只有动力的机制（如追求无限占有、消费物质财富的欲望和自由竞争）而没有自我约束、自我评价和自我规范的机制。它所关注的，只是“如何发展”（得更快），而对于“什么样的发展才是好的发展”和“为了什么而发展”的问题却漠不关心。社会发展的理论被看成只是研究社会“如何发展（得更快）”的“科学”，却忽视了社会“应当怎样发展”和“为了什么而发展”这个目的论、价值论和伦理的问题。正如美国学者威利斯·哈曼博士所说：“我们唯一最严重的危机主要是工业社会意义上的危机。我们在解决‘如何’一类的问题方面相当成功。”“但与此同时我们对‘为什么’这种具有价值含义的问题，越来越变得糊涂起来，越来越多的人意识到谁也不明白什么是值得做的。我们的发展速度越来越快，但我们却迷失了方向。”①

当然，传统发展模式也并非排斥一切规范。但是，它推崇的只是“技术理性的规范”（如工业生产中的技术规则和各种规章制度）。这种规范不仅有，而且越来越复杂和严格，因为它是保证经济增长和生产效率不断提高的手段。但是，这种规范只是依据客观规律和对规律的认识（即科学）所做的“手段性规范”（当然，这种规范也是必要的），而不是“目的性规范”。它不仅不涉及发展的终极目的问题，而且还排斥和遮蔽了这个问题。因此，这种规范只与“如何发展得更快”相关而同发展的“可持续性”没有任何关系。这样，经济增长的尺度就代替了人的尺度，本来是作为手段的经济增长本身却成为发展的目的。其结果是：发展背离了人，经济的增长背离了发展的可持续性。

这种发展观对手段的迷恋和对价值的遗忘，直接导致了“价值危机”。我们“做”的越来越多，而“想”的却越来越少；我们探索科学和技术的大脑

---

① ［美］威利斯·哈曼：《未来启示录》，徐元译，上海译文出版社1988年版，第193页。

越来越复杂，而我们思考价值和伦理的大脑却越来越简单。地狱与天堂的界限在我们这一代人的眼中变得越来越模糊：我们把无止境地追求对自然界的掠夺和对自然资源的挥霍叫作“文明”“进步”“生活水平提高”“时尚”，而没有看到这正是把人类推向悬崖峭壁的罪恶之手。在这种好坏善恶不分的情况下，我们发展得越快，我们就越接近地狱之门！如果我们还不及时醒悟，那么，总会有一天，即使我们侥幸没有踏入地狱的门槛，我们所处的生活环境也会与地狱相差无几。

价值的危机又直接导致了“伦理危机”。这种发展观把人改变自然界的能力和实践行为看作是天然合理的：“能”即“善”；我们“能够做”（即有能力做的）的天然就是“应当做”（善）的。如果我们“有能力”改变整个世界，我们就“应当”改变这个世界。至于这种改变是否对人类的生存和可持续发展真的有好处（善）这个伦理问题，却完全在它的视野之外。价值和伦理的缺失导致的是手段的疯狂（科学也疯狂、技术也疯狂、经济也疯狂），而手段的疯狂又导致了人类乘坐的开往死亡之谷的列车的加速狂奔。

在这种手段疯狂而价值迷失、行为无忌而伦理缺席的境况下，我们急需对人类的发展观和已经走过的发展道路进行哲学的反思和价值的评价，对我们未来的发展模式和道路进行伦理的约束和规范。人类是一种智慧生物，但我们的智慧不应当仅仅用于对外部自然界的掠夺和征服，而应当用于对自身行为的评价、约束和规范。只有如此，我们的行为才表明我们是一个真正的智慧生物，也只有如此，我们才能用自己的智慧拯救我们人类自己。因此，我们不仅需要以规范个人行为为基本特征的传统伦理学，而且需要以约束和规范人类整体发展实践行为的新伦理学——发展伦理学。

发展伦理学的对象和基本问题

发展伦理学首先以当代人类整体发展实践提出的伦理问题为对象。它在对人类过去的发展观、发展模式和发展道路进行哲学反思、价值评价的基础上，对人类未来的发展实践进行伦理的约束和规范。发展伦理学是建立在下面一个基本的伦理原则基础上的，即我们“能够做（有能力做）的，并非一定是应当做的”。“能”与“应当”的关系问题是当代社会发展实践中出现的新问题。在人类的实践能力还比较低的历史时代，人类改造自然界的实践行为只能勉强维持基本的生存需要。因此，发展自己的能力是当时人类生存面对的主要问题。理所当然，“发展是天然合理的”“能做的就是应当做的”的伦理原则是有其存在的理由的。但是随着人类实践能力的发展，人类的实践能力已经达到了能够毁灭整个地球生态系统的稳定和平衡、地球自然资源已经不能满足人类的这种无节制发展的欲望，因而在人类的实践活动已经威胁着人类自己的可持续生存和发展的情况下，人类实践中的“能够做”与“应当做”的冲突便发生并且逐步尖锐起来。因此，在当代发展中，“有能力做的并非一定是应当做的”就成了一个重要的伦理原则；“能够做”与“应当做”的关系问题就成了发展伦理学的基本问题。发展伦理学以当代人类的发展实践整体中的伦理问题为对象，也就是要从人类（对自然界）“有能力做”的发展实践中区分开哪些是“应当做”的，是有利于人类的可持续生存和发展的；哪些是“不应当做”的，是不利于人类的可持续生存和发展的。以此为尺度去评价当代社会的发展，那么，建立在工业文明基础上的现代发展道路和模式就是“不应当”的，而可持续发展模式和道路才是“应当”的。

传统伦理学的基本对象是解决个人之间的权利和义务关系问题，以保证社会整体的有序运行，它对人类的整体实践行为并没有做出伦理的规范，即把人与自然界的关系问题排除在伦理关系之外，因而这种伦理学在人与自然的关系问题上，是建立在“能够做的就是应当做的”的伦理原则基础上。传统伦理学的基本问题是“是”与“应当”的关系问题，它没有解决“能”与“应当”的关系问题，因而无法回答和解决当代人类生存面对的主要问题。

既然“能”与“应当”的问题成为发展伦理学的基本问题，那么，自然界也就成为人的伦理对象①。生态伦理学把人的伦理对象扩大到自然界，是有其合理性的，这正是当代人类面对的新的生存问题在伦理问题上的反映。但是，在理论上，生态伦理学却不能为可持续发展提供伦理的根据。所谓生态学的方法，即“认识到一切有生命的物体都是整体中的一个部分”的方法，“它克服了从个体出发的、孤立的思考方法”②。因此，如果对人与自然界关系的研究仅仅立足于生态学的解释原则，那么，就必然得出下面的结论：人仅仅是自然界的一部分，仅仅是自然界的“普通一员”，因而人类改造自然界的任何实践都是不应当的。自然中心主义生态伦理学的理论根据，正是生态学的这一解释原则。它把自然界的“内在价值”“自然界的权利”和“自然界的利益”看成人类保护自然的伦理行为的唯一根据，而与人类的可持续生存和发展的利益无关。因此，尽管这种伦理学在实践上对于保护环境有积极的意义，但在理论上却无法为可持续发展观提供伦理的支持。

人与自然界的全面关系包括下述两个方面：第一，从存在论的意义来看，自然界是人类的母亲，人是自然的儿子，是自然界的一部分，人类的实践行为必须服从自然的（生态的）规律；第二，从实践论的意义上说，人是一种不同于一般自然物的极其特殊的存在，即实践的存在、主体的存在。人类只有通过对自然界的能动改造才能生存。旧的（工业文明的）发展观仅仅看到了人与自然关系的第二个方面，不顾自然界整体的动态平衡的规律性，为了满足无限制的物质欲求毫无节制地向自然界索取；而生态伦理学则完全立足于自然中心主义的立场，仅仅看到了人与自然关系的第一个方面，否定人的主体性，把人仅仅说成是“自然界的普通一员”。发展伦理学则在全面理解人与自然之间关系的基础上，把人类的生存利益作为它的最高伦理原则：为了人类的生存和发展，人类必须改造自然；但是我们对自然界的改造活动必须限制在保证自然界生态系统稳定平衡的限度以内，这同样也是人类生存的需

① “伦理学对象”不同于人（伦理主体）的“伦理对象”（伦理客体）。前者是伦理学研究的问题，而后者则是指与伦理主体相对的伦理客体。

② ［德］汉斯·萨克塞：《生态哲学》，东方出版社 1991 年版，第 1—2 页。

要。自然界整体生态系统保持稳定平衡，是人类实践活动的绝对限度。这样，发展伦理学既承认了生态学的解释原则对人类的可持续生存和发展的积极意义，也承认了合理的有节制、有规范的人类实践的积极意义。因此，发展伦理学就成了可持续发展理论的一部分，发展伦理观就成了可持续发展观的伦理观。

发展伦理学是一个总体性概念。技术、环境、消费等方面的伦理问题当然也是发展伦理学的研究对象。但是，发展伦理学最终要从对发展的局部问题的研究中概括出关于发展总体的最一般的伦理原则，以解决当今社会人类面对的最根本的生存与发展危机。

要解决当今人类生存与发展面对的各种问题（困境和危机），发展伦理学还必须处理在发展中出现的各种复杂的关系。人与自然的关系是我们要处理的最基础的关系。人类面对的困境和危机发生的根本原因，就是我们在处理人与自然的关系上出了问题。因此，人与自然的关系问题当然就成了发展伦理学研究的主要对象。“能够做”与“应当做”的关系问题，就成了发展伦理学的基本问题。但是，要解决好这个问题，我们还必须处理好人们之间的社会关系，以便重新确立解决这些社会关系的新伦理原则。

人与自然界的冲突并不是孤立存在的。从造成这一冲突的原因来看，人与自然界的冲突往往同人类社会内部的利益冲突相联系；从这一冲突的解决途径来看，人与自然界的冲突也只有通过规范人们之间的合理的社会关系的途径才能解决。人与自然的关系，总是同人类社会内部的人们之间的社会关系相联系。这样，与此相关的社会伦理关系也就成了发展伦理的研究对象。这些关系包括：

（1）个体与类之间的伦理关系。地球生态系统是整个人类生命的支持系统，因此，保护地球生态系统的稳定平衡是全人类的最高利益。为了全人类的生存利益，应当规范那些与全人类的生存利益相冲突的追求私利的个体行为。由于浪费资源、破坏环境的个人行为是违背全人类生存利益这一最高利益的，因而是不道德的行为。在这里，人类个体如何对待自然界的道德问题，归根结底是个体如何对待自己所属的“类”的问题。无论任何物种，“种”的生存对于个体来说都是最高原则。同样，对于人这个物种来说，“类”的存在也是最高的存在，类的利益也是最高的利益，维护类的利益的伦理原则也是人类最高的伦理原则，维护类的利益的行为也是最崇高的道德行为。

因此，在我们的个人、民族、国家的关系中，应当把全人类的利益作为最高利益，把保护全人类的利益作为我们最高的道德理想，节制同全人类的利益相冲突的对局部利益的追求。工业文明的商品经济社会是一个以个人为本位的社会，而能够持续发展的社会则应当是一个以类为本位的社会，它要求重新确立一种新的价值观、伦理观和道德规范。例如，“私有财产不可侵犯”的原则，不仅是私有制社会的一个基本的法律原则，而且也是一个基本的伦理原则。从这个原则出发，我们无论如何处置自己的财产（哪怕是把财产毁掉）都是合乎道德的。但是，在当代社会，这一原则就应该受到质疑。在“资源有限”的条件下，地球上的剩余资源是全人类以及我们的子孙后代维持生存的基本条件，因而任何个人（特别是富人）、任何国家（特别是富国）掌握的任何资源和财富都具有全人类的性质。在这个意义上说，富人、富国挥霍了（在所有权上）属于他自己的资源和财富，就意味着其他个人（穷人）、其他国家（穷国）以及我们的子孙后代失去了生存的机会。因此，在当代社会，我们就应当得出新的结论：任何挥霍资源和财富（哪怕是在所有权上属于自己的资源和财富）的行为都是不道德的，他们侵害了人类的生存利益。

（2）个人与他人、民族与民族、国家与国家之间的伦理关系。可持续发展要求在个人、民族、国家之间确立一种公正的、合理的伦理关系。每一个个人、民族和国家，都不应当为了个人、自己的民族和国家的私利，把自己为了经济增长所造成的环境代价转嫁给他人、他民族、他国。以浪费资源和牺牲环境为代价的经济增长，不仅是对人类的可持续生存和发展利益的犯罪，同时也是对他人、他民族、他国的可持续生存和发展权利的侵犯。自己在经济的增长中得到了利益（当然只是眼前的利益），却要他人、他民族、他国为自己的行为承担后果，这是不公正的，也是不道德的。当前，研究和处理好发达国家同发展中国家之间的伦理关系具有特别重要的意义。第一，占世界人口1/5的发达国家，消耗着4/5的自然资源，他们应对当今人类面对的资源危机承担主要的道德责任。他们对资源的挥霍浪费，也侵害了其他国家和我们的后代为了生存必须使用这些资源的权利。这也是不公正的。第二，发达国家的“公害出口”也是一种缺德的行为。他们用每吨40—100美元的价格把废弃物转移到穷国（因为处理这些废弃物的成本是每吨1000美元），并把在本国被勒令禁止的工业转移到发展中国家。第三，发达国家对当今世界的环境状况恶化应当承担主要的道德责任。仅就CO_2的排放来说，发达国家长期排放CO_2的积累作用对造成地球温室效应起了主要的作用。而且现在发达国家仍在为了自己的私利（挥霍性的经济增长和消费的需要）侵害着发展中国家的可持续生存和发展的权利。要实现可持续发展，这种不公正的国际关系问题必须得到解决。

（3）代际关系伦理。确切地说，是我们当代人同我们的子孙后代之间关系的伦理。这个关系也是在当代才提出来的一个新的伦理问题，是传统伦理学没有提出也没有解决的问题，但它却是发展伦理学要解决的一个主要的问题。我们面对的整个自然界，不仅是我们当代人的生存条件，而且也是我们的子孙后代不可缺少的生存条件。但是，我们现在的发展，却是以“超支”地球上有限的自然资源为代价的；我们现在已经“预支”了属于我们子孙后代的那部分资源。这就剥夺了我们子孙后代的生存权利。我们破坏了地球的自然环境，使我们的后代失去了适合生存的环境，这对于我们的后代来说是不公正的。这种发展也是不可持续的，它使人类这个物种的延续受到了威胁。因此，我们应当只使用属于我们的那部分资源，应当保护我们的后代赖以生存的自然环境。我们当代人的任何挥霍和浪费自然资源和破坏环境的行为都是对后代人的犯罪，都是不公正和不道德的。

发展伦理学的终极原理

生态伦理学是建立在自然界的“存在”“内在价值”“权利”基础上的，它完全抛开人类的生存利益，企图从自然之“是”中推导出人类行为的“应当”。在这个意义上说，生态伦理学是自然主义的伦理学。[①] 与生态伦理学不同，发展伦理学的根据是人的生存与发展的可持续性，其基本原理是人道主义原理。在这个意义上，发展伦理学与生态伦理学是建立在完全不同的原理之上的。发展伦理学同传统伦理学依据的都是人道主义原理。在这个意义上，它们具有某些共同点。但是，传统伦理学是建立在传统的人道主义基础上的，而发展伦理学则是建立在新人道主义基础上的。

人道主义是14—16世纪欧洲文艺复兴时期的思想家为了反对封建制度和宗教神学，提出尊重人的价值和尊严，发展人的个性，追求人的自由而形成的一个以人为中心的思想体系。传统的人道主义的基本内容是：肯定人的地位、价值、尊严和权利，以反对神权；尊重科学，崇尚理性，以反对蒙昧主义；重视现实生活，主张个性解放，以反对来世主义和禁欲主义；歌颂友爱，提倡平等，以反对王权和等级制度。这种人道主义对于封建社会的“神道主义”和“王道主义”来说确实是一种历史性进步，但在资本主义工业文明的发展中却走向了极端，引发了一系列现代性问题。因此，这种人道主义如果不能得到根本性的改造，就不能适应当代社会发展的需要。发展伦理学的终极根据也是人道主义。但这是一种不同于传统人道主义的“新人道主义”。它在以下方面同传统的人道主义是根本不同的：

（1）从个人本位到类本位的转变。传统人道主义的物质基础是私有制，道德基础是个人主义和“合理的利己主义”。它所追求的人的权利、尊严、自由、平等以及伦理学讲的幸福、快乐等都是以个人为基点的。所谓“合理的利己主义”也只不过是“不损害他人利己行为”的个人利己行为而已。这种

① 参见拙作《自然中心主义生态伦理观的理论困境》，《中国社会科学》1997年第3期。

人道主义为资产阶级自由发展其个性和追逐最大的利润奠定了思想基础。正是这种对个人利益的追逐和自由竞争，一方面推动了经济的高速增长；另一方面也造成了对资源的掠夺开发和对环境的极大破坏，从而使人类的可持续生存和发展受到了威胁。在当今世界，人类面临的危机已经具有全人类的性质。第一，对自然生态系统的任何局部破坏，都可能会对整个自然生态系统产生影响，威胁着人类的生存。第二，任何个人的生存都必然依赖于“类”的生存，如果失去了人类的生存条件，任何个人都不可能生存下去。第三，解决目前困境的出路也只能是全人类的统一行动，任何局部的个人、民族和国家都不可能单独解决这一全局性的问题。因此，我们的价值观和伦理观需要实现从个人本位向类本位的转变。只有如此，才能解决时代提出来的新问题。

（2）从绝对主体意识到“有限主体”意识的转变。传统的人道主义消灭了虚幻的上帝，却创造了一个新的上帝，即人类自己。在处理人同自然界的关系时，人取代了上帝的地位，成了“无所不能”“无所不欲”“无所不可”“无所不做”的绝对主体，这是一个“疯狂主体”。它消灭了人的理性、价值追求和实践行为的绝对界限，使人失去了所有限制和约束。它忘记了，无论人的能力怎样发展，人都依然是自然界整体的一部分。作为部分存在的人类，始终都只有依赖自然界整体的存在才能生存。因此，作为自然界整体一部分的人类，永远都不可能超越自然界整体对它的限制。它始终是一个“有限主体”。自然界整体生态系统的稳定平衡的保持，是人类的欲望、行为的绝对限度（底线）。所谓发展伦理学就是评价、约束和规范人的欲望和实践行为的伦理学。对有限主体的确认，是这种伦理学的终极原理之一。

（3）从享乐意识到生存意识的转变。从生存论看，消费本来是对人的健康生存需要的满足。但是，传统的人道主义在实现了把人生的意义从天堂转向尘世、从禁欲主义转向物欲主义之后，人的消费也从对生存需要的追求转向了对挥霍、奢侈、享乐的追求。我们把这种追求叫作“欲求”。“欲求”不是“需要”，而是“想要”，它产生于人们追求对他人在地位上的优越感的心理竞争。[①] 丹尼尔·贝尔认为：“资产阶级社会与众不同的特征是，它所要满足的不是需要，而是欲求。欲求超过了生理本能，进入心理层次，它因而是无限的要求。”[②] 什么是幸福？只有当我们的消费超越了进入我们视线的其他人的消费时，我们才会感到幸福；只有当我们今天的消费超越了我们昨天的消费时，我们也才会感到幸福。这种心理上的竞争使消费的增长成为一个永远得不到满足的无底黑洞，其后果就是人均消耗资源量的无限度增长。在当今世界资源匮乏、环境污染的困境下，这无疑是人类生存和可持续发展的大敌。新人道主义立足于生存论来看待消费问题，把保证人的健康生存需要看作是满足消费的终极尺度，提倡适度的、节约型的消费。发展伦理学不同于传统伦理学，适度的、节约型的消费行为被看成是人类的美德，是在当今世界使人类摆脱生存危机的唯一出路。

（4）从现世主义意识向未来意识的转变。当传统的人道主义赶走了“神道主义”的虚幻的“来世崇拜”之后，合理的“未来意识”也被判处“退场”。商品经济的价值观是功利主义、实用主义的价值观。这种价值观只注重实惠和实效，只注重有限的、实际的东西，不关心无限的、神圣的、终极的东西，即只要现在，不要未来。“不求天长地久，只要曾经拥有”“过把瘾就死”是这种价值观和人生观的集中表现。这种现世主义的人生观是享乐主义人生观的孪生姐妹，都是在“用今天赌明天”，“用现在赌未来”的“赌棍”人生观。作为可持续发展观和发展伦理学根基的新人道主义的人生观则是面向未来的人生观。当今人类面对的生存危机告诉我们：人类的生死存亡在时间上是不可逆的。这是一个终极的问题，对这个问题是不容“试错”的。我们不仅要关注现在，更应当关注未来；我们不仅自己要生存，而且也要使我们的子孙后代和整个人类能够在地球上持续生存下去。因此，我们需要根据人类生存和发展的未来（可持续性）的需要来

① 参见拙作《消费主义文化价值观的后现代解读》，《自然辩证法研究》2002 年第 9 期。

② 丹尼尔·贝尔：《资本主义的文化矛盾》，生活·读书·新知三联书店 1989 年版，第 68 页。

约束和规范我们现在的发展与实践。这样的发展，才是真正自觉的发展。我们需要一种关注人类未来的新人道主义，也需要一种建立在新人道主义基础上的新伦理学，即发展伦理学。

（原载《江海学刊》2002 年第 6 期）

现代性现象学

俞吾金

近年来，关于现代性研究的论著如雨后春笋般地涌现出来。如果我们不满足于对这些已有的研究成果进行介绍性的、评论性的考察，就必须另辟蹊径。这里的道理很简单，因为即使我们对这些研究论著中提出的见解采取批判的、甚至否定的态度，也无法否认这样一个理论上的事实，即我们曾经进入过对象所开启的问题域，并按照对象的思路进行过思考。假如我们承认这一点，那么我们实际上已经被自己的研究对象牵着鼻子走了。不管我们的批判和见解具有多大的独立性，这种独立性仍然只具有相对的意义，因为它毕竟是在对象已经开启的问题域中的一种后续性的、回应性的思考。

我们的被动处境可能比自己想象的还要严重得多。众所周知，在现代性问题的研究中，任何一种见解总是从一定的视角出发①，而当一定的视角成为任何一个研究文本的出发点时，其他可能的视角就会处在被遮蔽的状态下。因而，当我们进入对这些文本的研究过程中的时候，潜伏在文本深处的特定

---

① 正如B. 费伊在1996年出版的《当代社会科学的哲学》一书中所指出的："视角主义是当代理智生活的占统治地位的认识论方式。视角主义是这样一种观点，它认为一切知识本质上都是带有视角性的，也就是说，知识的要求和知识的评价总是发生在一种框架之内，这种框架提供概念手段，在这些概念手段中并通过这些概念手段，世界得到了描述和解释。按照视角主义的观点，任何人都不会直接观察到作为实在本身的实在，而以他们自己的倾向性来接近实在，其中含有他们自己的假定和先入之见。"（转引自约翰·塞尔《心灵、语言和社会》，上海译文出版社2001年版，第21页）这种视角主义的观点在诠释学关于传统、先入之见、理解的前结构和诠释学循环等学说中也得到了充分的展现。视角主义启示我们，任何客观性都是奠基于一定的视角之上的，试图寻找一种不以任何视角为理论前设的客观性，无异于拉着自己的头发离开地球。显然，在对现代性问题的认识上，我们同样不能超越视角主义的认识方式。

的视角也会对我们的思想起规约作用。一旦这种规约作用支配了我们的整个思维，其他可能存在的视角对于我们来说也就等于不存在了，或者换一种说法，我们对它们也就视而不见了。

或许我们可以对基于各种不同视角的、关于现代性问题研究的论著进行系统的解读，从而摆脱任何特定的视角对我们思维的约束，但只要我们没有经过深入的反思，获得一个具有普遍的解释性与批判性的视角，那么我们就仍然处于折中主义的思维状态下，至多只能做到把我们认为有价值的、关于现代性问题的各种见解或概念综合起来。虽然这里所说的“综合”已经融入了理论思维，但这样的理论思维依然停留在问题的表面。正如黑格尔在批评仅仅停留在哲学见解的分歧性中而止步不前的哲学史家时所说的：“这样的哲学史家有点像某些动物，它们听见了音乐中一切的音调，但这些音调的一致性与和谐性，却没有透进它们的头脑。”①

为了从这样的研究困境中超拔出来，我们必须自觉地获得一种始源性的视角，以便揭示现代性问题所蕴含的最基本的内涵，并对迄今为止已经发表的关于现代性问题研究的各种见解获得批判的识见。

问题的提出

在1990年出版的《现代性的后果》（*The Consequences of Modernity*）一书中，第四部分第七节的标题是“一个现代性的现象学”（A Phenomenology of Modernity）。在这一节中，吉登斯有两处提到了这一概念。

在第一处，吉登斯这样写道：“在现代社会学的三个主要奠基者中，韦伯最清楚地看到了专门知识在现代社会发展中的重要性，并且用它概括出一个现代性的现象学的大纲。按照韦伯的看法，只有在官僚主义式的合理性的‘钢铁一般硬’的笼子的周边，日常经验才能保留自己的色彩和自发性。”②

① 黑格尔：《哲学史讲演录》第1卷，商务印书馆1981年版，第5页。

② A. Giddens, *The Consequences of Modernity*, Polity Press 1990, pp. 137—138.

在第二处，当吉登斯论述到现代性内部充满矛盾和张力时，这样写道：

> 我将按照四个辩证的相互关联的经验的架构，简要地勾勒出一个现代性的现象学。这些经验的架构中的每一个都以一种整合的方式关联到这一研究在前面已经展开的论述：
>
> 非地域化与再嵌入：疏远和直接的交叉。
>
> 亲密与非个性：个人信任和非个人联系的交叉。
>
> 专门知识与对知识的再占有；抽象体系和日常知识能力的交叉。
>
> 隐私与卷入：实用主义的接受和行动主义的交叉。①

通过对这两段论述的上下文和《现代性的后果》整本书及吉登斯已出版的其他论述现代性问题的论著的解读，我们对他所使用的“一个现代性的现象学”这一概念的含义可以做出如下判断：

首先，在其他专论现代性问题或涉及现代性问题的论著中，吉登斯并没有使用过“一个现代性的现象学”这样的术语。这表明，在他关于现代性问题的大量论述中，这一术语只具有边缘化的意义。换言之，在吉登斯的理论体系中，“一个现代性的现象学”并不是一个基础性的、核心的概念。

其次，《现代性的后果》这部著作共由六个部分三十四节组成，吉登斯只是在第四部分第七节中使用了这一术语。除此之外，在全书的其他部分，包括第一部分中的“导言”和第六部分中的“结语”，均未提及这一术语。这也启示我们，在这部著作的理论架构中，这一术语并不具有全局性的功能，它的出现具有某种任意性。也许可以说，吉登斯在撰写该书的第四部分时，心血来潮地创制出这一术语并加以使用。

最后，即使是在《现代性的后果》一书的第四部分第七节中，吉登斯也不是在实质性的意义上，而只是在象征性的意义上使用这一术语的。在第一段论述中，吉登斯强调，韦伯是从现代社会发展中的“专门知识”出发，去

① A. Giddens, *The Consequences of Modernity*, Polity Press 1990, p. 140.

“概括出一个现代性的现象学的大纲”的。也就是说，在韦伯的现代性理论中，“一个现代性的现象学”并不是奠基性的，真正奠基的倒是现代社会发展中的“专门知识”。同样地，在第二段论述中，吉登斯主张，“我将按照四个辩证地相互关联的经验的架构，简要地勾勒出一个现代性的现象学”。显然，在吉登斯的现代性理论中，具有奠基性意义的是与韦伯的“专门知识”不同的“经验架构”，而“一个现代性的现象学”依然处在被奠基的状态中。这就充分表明，在吉登斯那里发挥作用的绝不是“一个现代性的现象学”，而是他所继承的英国经验主义的传统，他至多不过是在这一传统中掺入当代哲学和社会学的某些观念的调料罢了。

归根结底，我们发现，在吉登斯那里，“现象学”这个大字眼不过是人们通常谈论的、最平常不过的“现象”（phenomenon）一词的另一种富有象征意义的、夸张的表达方式。事实上，在吉登斯的理论语境中，这一术语的存在理由、确切含义和基本的功能从来没有得到过任何论证和说明。所有这一切都表明，吉登斯只是忽发奇想地提出了“一个现代性的现象学”这一术语，但既未阐明它的实质性的含义，也未把它视为自己理论中的基础性的、核心的概念。

然而，这一新概念的提出毕竟为我们的思考提供了某种启发。众所周知，现象学是在当代哲学中最有创见和影响的方法之一。在某种意义上可以说，要在现代性问题的研究上另辟蹊径，非借助于现象学这一彻底的思考方式不可。正是基于这样的考虑，我们提出了“现代性现象学”（Modernity Phenomenology）的概念。虽然这一概念是在吉登斯的启发下提出来的，但在内涵和功能上却与他的“一个现代性的现象学”的概念存在着重大的差别。

在吉登斯那里，modernity 处于 of 格（即“的格”）的状态中，这种状态显示出 modernity 和 phenomenology 这两个概念之间的离散状态，即它们仅仅是通过 of 这个介词才连接在一起的，而在我们这里，modernity 这个名词直接以形容词的方式修饰名词 phenomenology，从而显示出这两个词之间的内在的、密切的联系；在吉登斯那里，“一个现代性的现象学”这一术语的出现具有某种偶然性、象征性和任意性，而在我们这里，“现代性现象学”概念的提出却具有自觉性、实质性和全局性；在吉登斯关于现代性问题的理论叙事中，“一个现代性的现象学”只发挥着边缘性的解释功能，而在我们关于现代性问题的理论叙事中，“现代性现象学”将承担基础性的、核心的解释功能。我们试图通过这一术语，对蕴含在现代性问题中的全幅内容重新进行考察。

先验现象学的启示

从胡塞尔创立现象学至今，一个多世纪已经过去了。在他的学生和众多的追随者那里，对现象学的理解可以说是仁者见仁，智者见智。事实上，即使是胡塞尔本人，当他在世的时候，他关于现象学的观念也处于不断变化和发展的状态中。在这个意义上可以说，撇开现象学运动中存在着的不同的分支和派别，抽象地谈论一般的现象学观念是有困难的。好在我们这里的意图不是专门就现象学的研究来探索现象学的要旨，而是就现代性问题的研究来探索现象学的要旨，因此，我们没有必要深入现象学的各个不同的派别中去，详细地考察它们之间存在着的重大差别。我们似乎只要考察一下不同的现象学派别都认可的一些基本的原则就行了。

然而，仅仅停留在这样的考察方式中还是不行的，因为我们有可能陷入理论上的折中主义。为了避免这种可能产生的结果，必须预先说明，我们对现象学要旨的考察主要是沿着胡塞尔和海德格尔的基本思路来展开的。尽管海德格尔在对现象学的理解上与胡塞尔存在着明显的分歧，但海德格尔确实代表了现象学发展中的一个最重要的方向。事实上，在20世纪20年代初，胡塞尔自己也常常说：“现象学，那就是我和海德格尔，再没有其他人。”①虽然胡塞尔后来对海德格尔哲学中蕴含的非理性主义的倾向表示不满，但他的后期思想也在一定程度上受到海德格尔的影响。总之，沿着胡塞尔和海德格尔的思路来探讨现象学的要旨是比较切实可行的。

---

① 伽达默尔：《哲学解释学》，上海译文出版社1994年版，第142页。

我们首先要询问，胡塞尔创立现象学的动因究竟是什么？在《先验现象学引论》一文（1929）中，他指出："每一个认真地想成为哲学家的人，都必须在一生中有一次回溯到自己本身，并且在自身中尝试一下，将所有现有的科学都加以颠覆并予以重建。哲学是哲思者的完全私人的事情。哲学关系到他的普全智性（sapientia universals），即关系到他的迈向普全的知识——但却是关系到一种真正的科学的知识，一种他从一开始并且在每一步上都可以出于他的绝对明晰性的理由而绝对地负责的知识。只有当我自由地决断要向这个目标生活，我才能成为哲学家。"① 众所周知，胡塞尔是研究数学出身的。显然，他把数学中的明晰性作为一个根本性的要求引入哲学研究中。他希望，哲学能够达到数学和自然科学意义上的科学性，哲学能够获得一个坚实的阿基米德点，不但它的每一步的论证都应该是明晰的，而且它将为其他一切科学澄明思想前提。

在他看来，要使哲学成为一门真正意义上的严格的科学，就必须建立并诉诸现象学。在《现象学》一文（1927）中，胡塞尔写道："'现象学'标志着一种在19世纪末20世纪初在哲学中得以突破的新型描述方法以及从这种方法产生的先天科学，这种方法和这门科学的职能在于，为一门严格的科学的哲学提供原则性的工具并且通过它们始终一贯的影响使所有科学都有可能进行一次方法上的变革。"② 这一论述表明，现象学既是胡塞尔追求的一种新的哲学理念，也是他所建立的一种新的哲学方法。

那么，作为现象学核心概念的"现象"一词在胡塞尔那里究竟是什么意思？在弗赖堡的就职讲座《纯粹现象学及其研究领域和方法》一文（1917）中，胡塞尔指出，虽然"现象"这一概念在18世纪就已经产生了，但人们对它的含义的理解和解释一直是模糊不清的。在胡塞尔看来，现象乃是事物在意识中的显现。他写道："如果对象不对认识者'显现'出来，如果他没有关

① 《面对实事本身：现象学经典文献》，东方出版社2000年版，第107页。
② 同上书，第83页。

于这事物的‘现象’，那么，这些事物对于认识者来说完全就是无。”① 这就告诉我们，显现乃是现象的根本特征。

当然，在这段话中，胡塞尔涉及的还只是现象的基础性内容。实际上，现象包含着更为丰富的内容和层次：“现象的第一个的和最古老的概念与感性物体的被给予性的有限范围有关，自然随着这种被给予性在感知中显示出来。这个概念隐秘地扩展到各种感性的被想象物本身。然后，它还扩展到在关联和联结着的意识综合中被意识到的综合对象，如同这些对象在其中被意识到那样；同时它还延伸到意识的被给予方式上，并且最后还包括一般意识的整个王国，即这个王国中所有的意识种类和在其中能够内在地表现出来的内容。我说所有的意识种类，是指它们也包括任何一种情感、欲望、意愿以及它们的内在‘内容’。”② 按照这一见解，现象主要包含如下的内容和层次：

第一，外部实在事物在意识中的显现；

第二，在想象中被综合起来的、虚构的对象在意识中的显现；

第三，在反思或范畴直观中，观念对象在意识中的显现；

第四，情感、欲望和意愿在意识中的显现等。

事实上，在胡塞尔看来，现象也就是意识，现象的王国也就是意识的王国。正是从这样的观念出发，他提出了“一般现象学”的概念。他写道：“阐明了现象概念，我们就得到了一般现象学的最初的观念：据此，它可以说是一种关于各种对象的现象的科学，是关于各种对象的科学，这些对象纯粹就是在意识本身中确定地显示出来的那些对象，就是以变化着的方式所显示的对象。”③ 也就是说，现象学研究的乃是在意识中呈现出来的对象，即现象；而非现象学的研究态度，尤其是自然思维的态度则认为意识可以直接把握超越于自身的、外在世界的对象。正是这一点构成了两种不同的思维态度之间的根本差别。

---

① 《胡塞尔选集》（上），生活·读书·新知三联书店 1997 年版，第 153 页。

② 同上书，第 155 页。

③ 同上。

所以，要把现象学的思维态度真正地贯彻下去，就必须对非现象学的思维态度，尤其是自然思维的态度进行认真的批判。所谓自然思维的态度，也就是人们通常采用的自然而然的思维态度。胡塞尔写道："所有自然的认识、前科学的特别是科学的认识，都是超越的、客观化的认识；它将客体设定为存在着的，它要求在认识上切中事态，而这种事态在认识之中并不是'真正意义上'被给予的，并不'内在'于认识。"①

也就是说，自然思维态度认为，人们的意识具有超越性，可以把握外在于我们意识的实在事物，从而做出关于外部世界的实在事物的种种判断。胡塞尔认为，自然思维的态度混淆了两类不同的对象：一类对象是在外部世界中存在着的实在的事物，它们是一种超越的存在物，即外在于我们意识的存在物；另一类对象是内在于意识中的对象，在所有这类对象中，基础性的对象乃是超越性的实在事物在我们意识中的显现。这种内在的存在物也就是现象。

在胡塞尔看来，要与自然思维的态度划清界限，就必须严格地区分上面提到的两种不同的对象，换言之，要通过对第一类对象，即超越于意识的实在对象的排除，而退回到意识之内，即退回到第二类对象——现象中。胡塞尔确信，只有在意识中显现出来的东西或在意识中被给予的对象才是真正合法的研究对象。胡塞尔把这种由外在事物这样的对象向意识内部的对象回归，即现象的回归称为"现象学还原"。

现象学还原的第一个步骤是把上面提到的第一类对象，即超越于意识的外在事物乃至整个世界以及我们关于外在世界存在的信念"悬搁"起来。胡塞尔写道："对意识到的世界的普遍悬搁（对它的'加括号'）将对相应主体而言始终存在着的世界从现象学的领域中排除出去，但取代这个世界的位置的是这样或那样被意识到的（被感知、被回忆、被评判、被思考、被评价等）世界'本身'，'括号中的世界'，或者，取代这个世界或个别的世界事物的

① 胡塞尔：《现象学的观念》，上海译文出版社1986年版，第33页。

位置的是各种类型意识的意义（感知意义、回忆意义等）。”① 这种普遍悬搁的态度是不是意味着现象学对外部实在世界的否定呢？胡塞尔的回答是否定的。

毋庸讳言，在日常生活中，无论是胡塞尔，还是其他现象学家，都要与这个超越于自己意识之外的实在世界打交道，怀疑这一点，甚至对此进行非难，都是没有意义的。② 现象学的悬搁乃是一种从根基上重新思考哲学问题的尝试。正是在这个意义上，胡塞尔强调：“所有的东西都还保留着，就像它们曾经所是的那样，只是我中止所有对存在和显像的执态。我也中止我的其他那些与世界有关的意见、判断、评价执态，将它们看作是预设了世界的存在的。即使对它们来说，我的中止判断也不意味着它们的消失，而是意味着，它们只是单纯的现象。”③ 在现象学看来，真正的世界乃是在意识中显现出来的世界，事实上，世界的意义及其他的存在的有效性都是从意识中获得的。

现象学还原的第二个步骤是在意识或现象中排除掉种种心理主义的因素，从而达到纯粹先验的意识或现象。胡塞尔把这一步骤称为“先验的还原”。在他看来，通过普遍悬搁，排除掉超越于意识的外在实在对象，还原到意识内的对象，即现象时，这种还原本质上还是一种“心理学还原”，其中还掺杂有种种心理主义的因素。所以，必须诉诸“先验的还原”，清除掉心理主义所蕴含的种种模糊性、偶然性和不确定性。

胡塞尔写道：“我们在这里将引入‘先验的还原’，它是比心理学还原高一层次的还原，心理学的还原是随时都可以进行的，并且同样借助于悬搁来

① 《面对实事本身：现象学经典文献》，东方出版社 2000 年版，第 88 页。

② 这使我们不由得联想起试图从“自我”推导出整个世界的费希特哲学所遭到的误解。海涅在《论德国宗教和哲学的历史》一书中写道：“费希特哲学受到越来越多的讽刺，这是一种特殊的情形。我看见过一张漫画，画着一只费希特式鹅。这只鹅有一个肥大的肝，肝大到使这只鹅自己都不知道它究竟是一只鹅还是一个肝。在它的肚子上写着：我 = 我。……大多数人误以为费希特主义的自我就是约翰·哥特利勃·费希特的自我，这个体的自我则又否定一切其他存在。‘多么无耻！’善良的人们喊着说，‘这个人不相信我们存在着。我们，我们要比他肥胖得多，而且作为市长和官厅秘书，我们还是他的上司呢！’那些贵妇人们问道：‘难道他连他太太的存在也不相信吗？’怎么，难道费希特太太竟会允许这种事吗？”参阅《海涅选集》，人民文学出版社 1983 年版，第 308 页。

③ 《面对实事本身：现象学经典文献》，东方出版社 2000 年版，第 111 页。

进行的纯化，先验还原则是在此纯化之后进一步的纯化；先验还原完全是普遍悬搁的一个结果，而普遍悬搁则包含在先验问题的意义中。如果每个可能世界的先验相对性都要求对这个世界进行普遍的‘加括号’，那么，它也要求对纯粹心灵和与心灵有关的纯粹现象学的心理学加括号。……心理学家是在把对他来说自然有效的世界之内的将出现的主体性还原为纯粹心灵的主体性——世界之中的主体性，而先验现象学家则通过他的绝对普遍的悬搁把心理学纯粹的主体性还原成为先验纯粹的主体性，还原为这样一种主体性，这种主体性进行世界统觉并且在其中进行对动物实体的心灵的客观化统觉，并且它使这些统觉在他自身中有效。”①

显而易见，胡塞尔在这里所说的主体性也就是先验的主体性或先验的自我，它也是先验意识的全幅内容。当还原达到这一全部意识或现象的阿基米德点后，是否意味着它已经成为一种“唯我论”了呢？胡塞尔的回答是否定的。在他看来，任何一个先验的主体或先验的自我都会通过“统觉”和“同感”，意识到先验的他我的存在，“先验主体性正是随此而扩展为交互主体性，扩展为交互主体——先验的社会性，它是整个交互主体的自然和世界的先验基地，而且同样也是所有观念对象性的交互主体存在的先验基地”。② 这就告诉我们，先验主体性本质上是一种交互的主体性，犹如莱布尼茨的单子处在先定和谐中一样。

当先验意识的基地通过现象学的二阶还原而显露出来的时候，现象学的任务是否就已经完成了呢？胡塞尔的回答是否定的。为了揭示意识的根本特征，他从他老师布伦塔诺那里借用了“意识的意向性”概念。

布伦塔诺在发表的《心理现象与物理现象的区别》一文（1874）中这样写道：“每一心理现象的特征在于具有中世纪经院哲学家所说的对象的意向性的（亦即心理的）内存在（Inexistenz）和我们可以略为含糊的语词称之为对一内容的指称，对一对象（不一定指实在的对象）的指向，或内在的客体性

① 《面对实事本身：现象学经典文献》，东方出版社2000年版，第98页。

② 同上书，第138页。

(an immanent objectivity)的东西。每一心理现象都把某物当作对象而包容于自身之中，尽管方式可能不同。在表象中总有某物被表象，在判断中总有某物被肯定或否定，在爱中总有某物被爱，在恨中总有某物被恨，在欲望中总有某物被欲求，如此等等。这种意向性的内存在是为心理现象所专有的。没有任何物理现象能表示出类似的性质。所以，我们完全能够为心理现象下这样一个定义，即它们都意向性地把对象包含于自身之中。”①

正是这一重要的见解使胡塞尔认识到，意识不管是处在表象、判断的状态下，还是处在爱、恨或欲望的状态下，它都不是空洞的，总是意向性地指向某物。胡塞尔写道：“我作为自我生活于其中的意识方式的基本特征就是所谓的意向性，就是对某物的各种意识到。”② 然而，胡塞尔的意向性理论和布伦塔诺的存在着重要的区别：其一，在布伦塔诺那里，意向的对象，即意向的相关项可以是超越于意识的外在的实在对象，也可以是意识内的对象；而在胡塞尔那里，由于已经把超越于意识的外在的实在对象悬搁起来，所以唯一合法的对象只能是意识内的对象。其二，在布伦塔诺那里，只是泛泛地把意向性理解为一切心理现象的特征；而在胡塞尔那里，由于存在着心理学还原和先验的还原这两个不同的层次，因而意向性也存在着两个不同的层次。其三，布伦塔诺只是从个别意识行为的角度来论述意向性；而胡塞尔则强调了意向性所具有的视域的特征。

这里涉及的每一个差别点，对于胡塞尔来说，都具有实质性的意义。由于前面的论述已经触及前两个差别点，所以我们在这里着重考察最后一个差别点。胡塞尔指出：“视域意向性——客体没有它便不成为客体——的情况又是如何？它指明着世界联系，就像意向性分析所指明的那样，没有一个客体可以离开这个联系而被想象，如此等等。这个情况对任何一个可能从属于世界的特殊客体类型都有效。”③

---

① 《面对实事本身：现象学经典文献》，东方出版社 2000 年版，第 49—50 页。
② 同上书，第 116 页。
③ 同上书，第 124—125 页。

那么，胡塞尔这里说的“视域”又是什么意思呢？克劳斯·黑尔德对这一概念做了详尽的分析：当一个人感知一张桌子时，他无法看清桌子所有的方面和部分，他看到的只是桌子的一个方面或一部分，其他方面或部分对于他来说处在隐蔽的状态下。尽管如此，这个人在感知这张桌子时，仍然把它作为一个整体来感知。换言之，当这张桌子在这个人的意识中显现出来的时候，那些隐蔽着的部分或方面也会映射并共现出来。也就是说，在感知中，感知者的意识具有一种权能性，即能感知到那些未直观到的、隐蔽着的方面或部分。黑尔德写道：“权能性的关系为我所展示的可感知之物的游戏场被胡塞尔称为‘视域’（Horizont）。”① 在感知过程中，被课题化的始终是对象，即意向的相关物，而权能性则处在非课题的状态下。然而，任何感知，任何意向，实质上都是在权能性的游戏场，亦即视域中展开的。“对于意识来说，在共现中已经包含着更广泛经验的权能性。所以，共现开辟了权能性的游戏场，亦即视域。由于共现属于统觉，所以统觉为意识创造了视界。因而，统觉对一个对象的构造不仅为意识将有关对象变成被给予性，而且统觉使得一个视域得以产生。构造就是视域的构成。”②

在这里，我们发现了由莱布尼茨、康德最先使用的“统觉”概念的极端重要性。事实上，现代的格式塔心理学也通过实验的方法证实了这种把感知的对象整体化的统觉的作用。当然，胡塞尔由于引入了视域的概念而使人们对统觉这一概念的认识达到了新的高度。正如兰德格雷贝在《胡塞尔告别笛卡尔主义》一文（1962）中所指出的：“意识不只是有关这个和那个在世存在者的意识而已，根据它的现实性视域，意识还总是同时作为世界意识。事实上，无论意识是指行动意识或情景意识，每一个别意识内皆蕴含着整全视域，而这种有关视域的学说使我们本质地迈前一步去超越近代意识理论的整个传统，而这一步使我们能够在此学说的提问界限中及在随之产生的困局中

---

① 胡塞尔：《生活世界现象学》，上海译文出版社2002年版，第10页。

② 同上书，第13页。

了解此传统。”①

在胡塞尔看来，正是由于这种视域意向性的存在，先验主体性的意向体验才不是一片混乱，而是一个多层次的综合的统一。在先验意识的范围内，这种统一形成了普遍的形式本体论，而这一本体论则为与事实科学或经验科学相应的区域本体论奠定了基础。然而，当先验主体通过统觉所开辟的视域意向性来完成其综合统一工作时，另一个根本性的因素绝对不能被忽略，那就是时间性的问题，正如黑尔德所指出的：“意识是一条体验流，即一种流动的多样性。但是，许多不同的体验都是作为‘我的体验’被我意识到的。这些体验都包含在这种属于‘我’的属性中，它们构成统一。体验流的这种多样性的综合统一在胡塞尔看来便是时间性。它构成时间意识存在的形式，并且这种构成十分奇特，以至于意识内部地‘知道’它自己的这种形式。这便是内时间意识。”②

在胡塞尔看来，这种时间性或内时间意识的实质乃是当下意识，然而，当下意识并不是介于过去与未来之间的一个抽象的、无延续性的点，而是像一段音乐，具有其延续性。而在这一延续性中，作为当下意识的高潮的乃是“原印象”（Urimpression），而在这个高潮的周围有一圈“晕”（Hof），在这个“晕”中，过去以“滞留”（Retention）的方式、将来以“前摄”（Protention）的方式表现出来。实际上，自然思维中的同质的、均匀流逝的“客观时间”正是在内时间意识，尤其是当下意识变异的基础上发生的，而它又倒过来掩蔽了始源性的内时间意识的存在和作用。③

综上所述，胡塞尔创立的先验现象学，以前所未有的彻底的态度不断地向意识内部发掘，直至达到全部意识或现象的始源性基础——先验自我，从而为从认识论的角度建立严格科学的哲学澄明了前提。不用说，胡塞尔关于

① 《面对实事本身：现象学经典文献》，东方出版社 2000 年版，第 540—541 页。

② 胡塞尔：《生活世界现象学》，上海译文出版社 2002 年版，第 18—19 页。

③ 正是通过类似的、对自然思维中已然存在的各种观念，如时间、空间、客体、客观主义、世界等的研究，晚年胡塞尔开辟了现象学研究的一个新领域，即发生现象学的领域。

现象学还原的方法和视域意向性的学说对我们重新理解现代性问题具有重要的启发。然而，我们也必须看到，胡塞尔的全部工作都是在静态的认识论的框架内展开的，他的全部努力都是探索先验主体在认识起点上的明晰性。他的这种一以贯之的风格可以用他在《先验现象学引论》（1929）的结尾处所引证的奥古斯丁的那句名言——“Noli foras ire，in te redi，in interiore homine habitat veritas（不要向外行，回到你自身；真理寓于人心之中）”[①] ——来加以说明。这种向先验自我的返回加剧了胡塞尔的学生和追随者的离心倾向，海德格尔自然也不能例外。

面向事物本身

正如萨弗兰斯基所指出的：“同胡塞尔密切合作的第一年，海德格尔已经开始把胡塞尔的现象学观念从意识的内在联系之中提取出来，放置到世界中去。”[②] 也就是说，海德格尔扭转了现象学发展的方向，从而把现象学的研究领出了死胡同。

在海德格尔看来，“现象”一词的含义就是让事物按其本身的方式显现出来，而现象学也就是按照事物自身显现的方式去看待并描述事物，而这也就是现象学家所说的“面向事物本身”。海德格尔写道：“‘现象学’这个名称表达出一个原理，这个原理能够被表述为：‘面向事物本身！’——它反对一切无根据的构造与偶发之见，反对采纳只是从外表上看来经过证明的概念，反对各种假问题——尽管它们常常被扩展为‘问题’并代代相传。”[③]

那么，海德格尔所说的“事情本身”又是什么意思呢？是不是在现象背后还有什么东西呢？他的回答是否定的。在他看来，现象背后不再存在任何其他的东西，但现象却可能处在被遮蔽的状态下。事实上，正因为现象处在这样的状态下，所以现象学才是必要的。这就表明，虽然海德格尔和胡塞尔

---

① 《面对实事本身：现象学经典文献》，东方出版社 2000 年版，第 142 页。

② 萨弗兰斯基：《海德格尔传》，商务印书馆 1999 年版，第 118 页。

③ M. Heidegger，*Sein und Zeit*，Max Niemeyer Verlag，1986，s. 27—28.

一样，也把现象理解为在意识中显现出来的东西，但他对现象的理解却与胡塞尔存在着重大的区别。他把“现象”（Phaenomenon）与“现像”（Erscheinung）、“假象”（Schein）区分开来，强调现象学所要面向的“事物本身”不是“现像”或“假象”，而是“现象”。这里的“现象”到底指的是什么呢？海德格尔写道：“本体论只有作为现象学才是可能的。现象学的现象概念（Der phaenomenologische Begriff von Phaenomen）意指这样的显现者，即存在者的存在和它的意义，它的变化及其衍化物。”① 在另一处，他以更明确的方式指出：“只有存在和存在结构才能作为现象学意义上的唯一的现象。”② 这就明确地告诉我们，海德格尔所关注的现象或事物本身乃是存在的意义，而在传统哲学，尤其是传统形而上学中，这种根本性的现象始终处在被遮蔽的状态下。

海德格尔认为，在所有的“存在者”（Seiende）中，唯有作为人之存在的“此在”（Dasein）能够询问存在的意义。海德格尔关于“此在”的论述反映出他和胡塞尔在对现象学理解上存在的重大差异：

第一，此在现象学本质上是意志（Wille）或意欲（Wollen）现象学。正是在这一点上，显示出胡塞尔的现象学认识论思路与海德格尔的现象学本体论思路的重大区别。如前所述，胡塞尔虽然也把情感、欲望和意志纳入现象或意识行为的范围内，但他从认识论的考察思路出发，把现象学分析的重点始终放在与认识相关的“表象”（Vorstellung）上，从而把情感、欲望和意志理解为在表象的基础上被奠基的意识行为。虽然海德格尔没有像普凡德尔那样，把自己的此在现象学称作意欲或意志现象学，但既然他的着眼点是生存论的本体论，所以，他始终把此在的意欲或意志理解为此在在世的始源性的现象。事实上，他对“情绪”（Stimmung）、“两可”（Zweideutig）、“烦”（Sorge）、“畏”（Angst）、“死”（Tod）等现象的分析都与人的意欲、意志或选择有关。在他看来，认识不过是此在在世的样式，也就是说，不是意欲或意志奠基于认识和表象，而是认识和表象奠基于意欲或意志。

① M. Heidegger, *Sein und Zeit*, Max Niemeyer Verlag, 1986, s. 35.

② Ibid., s. 147.

海德格尔这方面的思想曾对法国哲学家利科产生重大的影响。利科甚至认为，仅仅从认识和表象的意义上来理解现象学乃是胡塞尔的现象学必须抛弃的偏见之一。他在《意志现象学的方法与任务》一文（1952）中阐明意志现象的始源性时指出："如果我迟疑，我的犹豫不决就表现成不作选择、不能作选择、想去作选择、推迟作选择、惧怕作选择；但即使选择出缺，我仍是在选择的范畴之内，正如我的沉默乃是在话语的范畴之内。一个尴尬和缓慢的意欲、一个退让的意欲仍是一个意欲：对于我来说，世界乃是我投入进去以便做出选择的大海；意志的完全缺席将是人之存在的缺席。"① 这段论述表明，利科已经认识到海德格尔与胡塞尔在对现象学理解上存在的根本差异。

第二，此在现象学具有诠释的性质。海德格尔说："就诠释学这个词的始源性含义而言，此在现象学就是诠释学，诠释学标志着这一诠释事业。"② 在有的地方，他干脆称此在现象学为"此在诠释学"。并进而指出，此在进行任何诠释活动，都会陷入"诠释学循环"之中，即一方面，此在试图客观地进行诠释；另一方面，此在的任何诠释活动都只能在其理解的前结构的基础上进行。在他看来，这一循环并不是在认识活动中应该加以排除的恶性循环，事实上，理解的前结构也是无法排除的，"决定性的事情不是脱离这一循环，而是按照正确的方式进入这一循环"③。这实际上蕴含着对胡塞尔所主张的"普遍悬搁"的批评，即任何认识者都不可能把他自己的理解的前结构"悬搁"起来。事实上，胡塞尔强调的这种普遍的悬搁和他所主张的视域意向性也是相矛盾的，因为视域的存在已经暗示了可能进行的悬搁的界限。

第三，此在的"生存"（Existenz）结构也就是"在世之存在"（das in-der-Welt-sein），而存在的意义正是在"此在"在世中显现出来的。如果说，胡塞尔从静观的认识论上向先验自我的确定性回归，从而把获取先验自我这个阿基米德点作为现象学阐释的根本任务，那么，海德格尔则从生存论的本

① 《面对实事本身：现象学经典文献》，东方出版社2000年版，第850页。

② M. Heidegger, *Sein und Zeit*, Max Niemeyer Verlag, 1986, s. 37.

③ Ibid., s. 153.

体论的角度出发，把对“在世之在”的结构的分析视为现象学阐释的基本使命。正如萨弗兰斯基在谈到胡塞尔的自我概念时所指出的：“海德格尔将来要对这个难以捉摸的现象加以规定，并重新将它掷回到它（在胡塞尔处）偷偷溜出来的那个世界中去。胡塞尔的先验自我的脑袋里有一个世界，但是，这个脑袋却并不真正在世界之中。”①

第四，“此在本质上是共存（Mitsein）”。② 在海德格尔看来，这个现象学的命题具有生存论的本体论的意义。也就是说，即使他人不是现成地摆在那里，不被感知，共在也从生存论上规定着此在。换言之，此在之独在仍然是在世界中的共在，独在不过是共在的一种残缺的样式。此外，此在之独在不可能通过在它旁边出现的第二个人或更多的人来加以消除，“因此，共在和相互共在的事实性并不奠基于许多‘主体’的一起出现”③。在海德格尔看来，即使当独在夹杂在许多人中时，也不等于说这许多人都是现成地摆在那里的，独在与这许多人的关系本质上仍然是共在的关系，不过，这种共存是以冷漠和陌生的方式来照面的。

这些论述清晰地显露出海德格尔与胡塞尔之间的分歧。一方面，海德格尔不同意胡塞尔使用“主体”的概念，因为这一概念带有太多的近代哲学所崇尚的主客体两分的痕迹；另一方面，海德格尔也不同意胡塞尔从先验主体性走向先验交互主体性的思路，因为这一思路蕴含着这样一个前提，即先验主体性比先验交互主体性更具有始源性。在海德格尔看来，此在、共在和世界作为原初现象具有同样的始源性。不是此在先存在，然后再通过他人、陌生经验或同感，发现所谓“先验交互主体性”，而是此在的存在方式就是共在，即使此在没有领悟到这一点，它的存在也始终是共在。而此在认识到自己的本质是共在，也不是靠外在的感知或推论，不是靠外在的许多人的存在，而是它在骨子里就是共在的，共在就是它生存在世的无法逃避的方式。

---

① 萨弗兰斯基：《海德格尔传》，商务印书馆 1999 年版，第 115 页。

② M. Heidegger, *Sein und Zeit*, Max Niemeyer Verlag 1986, s. 120.

③ Ibid., s. 120—121.

第五，此在的空间性的本质乃是“去远”（Entfernung）和“定位”（Ausrichtung）。海德格尔认为，此在本质上不是现成的存在，它的空间性并不意味着它被摆在空间的某个位置上，也不能通过它与某物之间存在的距离来测量它的方位，而是在生存活动的“去远”和“定位”中展现出来的。所谓“去远”也就是“求近”：“在此在中存在着一种本质性的求近的倾向。我们今天被迫或多或少地随之而提高速度，而一切提高速度的方式的目的是克服远离。”[①] 也就是说，此在在世有一种先天的倾向，即把世界周围世界化。从一个角度看，此在把世界拉近到自己的身边；从另一个角度看，此在参与到一个更广大的世界中去。同时，我们必须注意到，此在的“去远”绝不是漫无方向的，这种“去远”是在“定位”中的“去远”：“定位”和“去远”一样，它们作为在世之存在的存在样式都是先行地通过繁忙所从出的环顾来加以引导的。[②]

在海德格尔看来，日常生活中的可均匀分割或测量的空间正是在此在的这种始源的空间性的基础上建构起来的。在这一点上，他和胡塞尔之间的差异也是显而易见的。胡塞尔对空间问题并没有很多论述，他只是强调：“在现象学被给予之物中包含着空间意识，即‘空间直观’作为感知和想象而进行于其中的那种体验。”[③] 在海德格尔看来，胡塞尔所谈论的这种空间意识或空间直观并不是始源性的，真正始源性的现象乃是此在在世，即此在在繁忙中的环顾，它的去远和定位。事实上，此在的任何空间直观都是在这样的基础上展开的。

第六，此在在世的根据是“时间性”（Zeitlichkeit）和“历史性”（Geschichtli-chkeit）。此在作为向可能性进行筹划的存在者，它对存在意义的领悟总是在始源性的时间现象，即时间性的基础上展开的。海德格尔写道：“从将来返回到自身，决心就以当前化的方式把自己带入处境中。曾在来自将来，

① M. Heidegger, *Sein und Zeit*, Max Niemeyer Verlag, 1986, s. 105.
② Ibid., s. 108.
③ 胡塞尔：《生活世界现象学》，上海译文出版社2002年版，第72—73页。

其情形是：曾在的（更好的说法是曾在着的）将来从自身释放出当前。我们把这种作为曾在着的—当前化的将来（gewesend – gegenwaertigende Zukunft）的统一现象称作时间性。”① 如果说，在胡塞尔关于内时间意识的论述中，“当下”构成时间性的核心，那么，在海德格尔那里，此在作为向可能性进行筹划的存在者，其时间性的核心始终是将来，由将来返回到曾在再进入当下的选择中。

从这里可以看出，胡塞尔的时间观仍然与奥古斯丁一样，是以静态认识论的反思或直观为基础的，在这种反思或直观中，显现出来的自然是“当下”的重要性；而海德格尔对时间性的理解是以生存论的本体论为出发点的，此在在向将来的筹划中领悟到时间性的真谛，所以将来构成他所理解的时间性的基础和核心。

海德格尔还进一步指出：“时间性显露为此在的历史性。”② 在他看来，历史性非但不能用流俗的历史观念来说明，相反，流俗的历史观念只有借助于历史性才能得到合理的说明，而此在必须从自己在世的“烦”中，从死、罪责、良知和自由中去领悟自己的历史性。众所周知，胡塞尔的先验现象学的宗旨是向超时间—空间的先验自我的返回，尽管他也讨论内时间意识或时间性的问题，但由于他对历史主义和历史问题的排拒，他在讨论时间性问题时并没有关联到历史性问题。然而，晚年胡塞尔却对历史哲学和历史解释中的目的论产生了浓厚的兴趣。利科在《胡塞尔与历史的意义》一文（1949）中指出了胡塞尔思想的这一转向所蕴含的困难：“胡塞尔创立历史哲学的尝试所提出的一切问题最终都完全走向困难。如果历史从包含在它之中的使命中获得意义，那么这一使命的基础在哪里呢？”③ 事实上，胡塞尔始终是在传统的理性主义的立场上来谈论历史发展的目的和使命的，然而，他对传统的理性主义本身却缺乏批判性的反思。

---

① M. Heidegger, *Sein und Zeit*, Max Niemeyer Verlag, 1986, s. 326.

② Ibid., s. 332.

③《面对实事本身：现象学经典文献》，东方出版社 2000 年版，第 838 页。

综上所述，海德格尔此在现象学中的意欲或意志现象学的倾向、此在诠释学的意蕴，尤其是他关于面向事物本身、在世之存在、共在、空间性、时间性和历史性的论述，为我们深入地领悟现代性现象的真谛提供了极为重要的思想资源。

现代性现象学的基本观念

现代性现象学也就是运用现象学的理念和方法，尤其是海德格尔的此在现象学的理念和方法，对现代性现象进行全面的考察。我们将着重阐述现代性现象学的基本立场、观念和方法，并从现代性现象的总体视域出发，对现代性的含义及与现代性一起共现出来的其他现象的含义做出明确的界定。

其一，有限悬搁。

什么是“有限悬搁”呢？这一概念是相对于胡塞尔所倡导的“普遍悬搁”来说的。胡塞尔试图通过现象学还原，把外部实在世界以及人们关于这一世界存在的信念通通悬搁起来，或存入括号之中。在我们看来，这种“普遍悬搁”只是一种理想状态，是永远不可能达到的，因为人们关于外部世界存在的信念已经渗透到最常见的符号——日常语言之中，除非胡塞尔把这种语言也“悬搁”起来，否则他就无法彻底地排除人们自然而然地拥有的那些顽强的信念。即使胡塞尔在现象学研究中创制出不少专门的术语，但无论如何，他叙述现象学观念的用语却远远地大于这些术语，借用芬克的话来说，他从日常语言中引入了大量未加认真审定的操作概念。正是这些概念的涌入，使胡塞尔所主张的“普遍悬搁”乃至彻底的现象学的还原受到严重的损害。

正如芬克在《胡塞尔现象学的操作概念》一文（1957）中所指出的：“虽然胡塞尔在其方法学中，探问了我们所谓‘论题’与‘操作的理解媒介’之区别，并且无可否认地，在某种程度上亦在‘现象学还原’的理论中，论题化了此一区分。然而尽管如此，此一区分以及胡塞尔思想中的诸多核心概念仍处于模糊中。‘现象’、‘悬搁’、‘构造’、‘产制’与‘先验逻辑’等概念皆较之其论题的解释更为操作地使用着，这些概念皆仍然是开放的问题。

洞见这些问题的尚未解决，表示了对胡塞尔的一个中肯的批判，但是并不意味着对胡塞尔的超越。处于阴影中，乃有限哲学思索的本质。勇于追寻光明的力量愈根源，其根本思想中的阴影就愈深刻。只有上帝的认识才是无阴影的。”① 芬克的批评表明了“普遍悬搁”或“加括号”之不可能性。实际上，“悬搁”这个词本身也没有被悬搁起来，“加括号”这个词组本身也没有被放入括号之中。在我们看来，所有的悬搁本质上都是“有限悬搁”，在探讨现代性现象时，我们必须清醒地意识到这一点。

在对现代性现象的探讨中，存在着形形色色、迥然各异的观点。事实上，要达到对一切现代性观点的“普遍悬搁”也是不可能的，但现象学的研究方法毕竟给予我们重大的启发，我们至少可以达到对这些先入之见的“有限悬搁”，即至少可以把在这里成为我们探讨对象的西方学者关于现代性现象的整体思路悬搁起来。

正如我们在前面已经指出的那样，我们关于“现代性现象学”的想法虽然受到吉登斯的“一个现代性的现象学”的提法的启发，但由于“一个现代性的现象学”的提法在吉登斯那里并不具有实质性的含义和作用，所以运用“现代性现象学”这一概念并不表明我们对吉登斯关于现代性的系统见解采取了非批判的态度。我们之所以要对西方学者的观点实行“有限悬搁”，目的是按照自己的思路，以更彻底、更系统的方式对现代性现象做出全面的、深入的反思。同样地，尽管“现代性现象学”的提法表明了我们在理论上同以胡塞尔、海德格尔为代表的现象学思潮之间的联系，但一方面，把现象学的理念和方法运用到对现代性现象的研究上，拓宽了现象学研究的思路，也是现象学研究中从未出现过的新的尝试；另一方面，我们对胡塞尔和海德格尔的现象学的观念也并不是完全认同的，而是采取了实事求是的、批判性的态度。

其二，现代性现象的总体视域。

当我们把现代性现象课题化时，在我们的视域中呈现出来的是一组现象：

① 《面对实事本身：现象学经典文献》，东方出版社2000年版，第603—604页。

“现代化”（modernization）、“前现代”（pre-modernity）、“现代”（modern）、“后现代”（post-modernity）、“前现代性”（pre-modernity）、“现代性”（moder-ni-ty）、“后现代性”（post-modernity）、“现代主义”（modernism）、“后现代主义”（post-modernism）。事实上，当我们对这九个现象中的任何一个进行考察时，其他八个现象都会以共现的方式呈现在我们的视域中。① 那么，这九个现象究竟是以什么样的方式呈现在我们的意识中的呢？

首先，以话语框架的方式在我们的意识中呈现出来的是“前现代”“现代”和“后现代”这三个现象。毋庸讳言，它们实际上是用来指称人类社会发展的不同历史时期的。“前现代”对应于“前现代社会”或我们通常说的“传统社会”；“现代”对应于“现代社会”；“后现代”对应于“后现代社会”。在这三个现象中，“现代”起着核心的作用。② 一旦我们把“现代”这一现象所蕴含的时间框架确定下来，“前现代”与“后现代”的时间框架也就相应地确定下来了。然而，困难恰恰在于如何来确定“现代”现象所蕴含的时间框架。

德国历史学家斯宾格勒早就意识到了这一历史分期上的困难。他在《西方的没落》一书中这样写道：“由于把历史分成了‘古代史’、‘中古史’和‘近代史’——这是一种令人难以置信地空洞无物且又毫无意义的体系，可是它却完全主宰了我们的历史思维……这种体系是简单地直线进展的，分配比例是无意义的，而且随着每一世纪愈来愈不合理，我们所不断知道的新的历史领域它也无法包括进去；尽管如此，它的正确性却从未被人全力地攻击过，这在未来

① 我们发现，这九个对象共有的词根是“现代”（modern），而“现代”是指一个历史时期，它显然属于胡塞尔所说的“客观时间”或海德格尔所说的“流俗时间”的范围。所以，无论是“客观时间”还是“流俗时间”，都不可能是始源性的时间意识，而真正始源性的时间意识，在胡塞尔那里称之为“内时间意识”或“时间性”；在海德格尔那里则称为“时间性”。关于始源性的“时间性”与“现代”这一概念之间的关系的探讨我们不在这里展开，但我们在这里只限于指出一点，即对这一关系的考察和领悟具有非同寻常的意义。它将澄明我们作为当代中国的研究者的独特的历史性和历史处境，从而为我们探讨现代性现象确定一个合理的前设。

② 据说，尤金·沃尔夫在1888年发表的一篇题为“现代”的论文中第一次阐明了“现代”概念，并把它比喻为“一位经验丰富而又纯洁的女性”。参见布雷德伯里、麦克法兰编《现代主义》，上海外语教育出版社1992年版，第27页。

的诸文化看来，真是难以置信的。”[①] 斯宾格勒所使用的“近代”概念也就是我们这里说的“现代”概念，这里的差异完全是由中文的翻译造成的。

就宽泛的含义来说，大概可以把文艺复兴时代迄今的漫长的历史时期都称作“现代”，然而，这样称呼的困难是：“古代”和“中古”都是确定的，但“近代”或“现代”却是不确定的，它不断地向将来延伸，不断地使自己膨胀，永远也没有一个尽头。就我们这里讨论的严格的含义来说，“现代”大致上指的是从十七八世纪的启蒙运动到20世纪40年代第二次世界大战结束为止这个历史时期。

与此相应的是，我们可以把启蒙时期以前的历史阶段统称为“前现代”，而与“前现代”对应的则是“前现代社会”或“传统社会”。而从20世纪50年代至今，大致可以被称为“后现代”[②]。正如利奥塔所指出的：“我们的工作假设是：随着社会进入被称为后工业的年代以及文化进入被称为后现代的年代。知识改变了地位。这种过渡最晚从50年代末就开始了。它对欧洲来说标志着重建的结束。”[③]

如果说，从前现代社会或传统社会到现代社会的主要转变是从共同体到社会、从身份到契约、从农业社会到工业社会、从特殊主义到普遍主义的话[④]；那么，从现代社会到后现代社会的主要转变则是从工业社会到信息社会、从生产型经济到消费型经济、从物的匮乏到物的绝对的丰盛。[⑤] 比较起

---

① 斯宾格勒：《西方的没落》（上册），商务印书馆1963年版，第31—32页。

② 凯尔纳和贝斯特在《后现代理论》一书中详尽地叙述了“后现代”概念的发生史。按照他们的考证，这个概念在1870年前后已经出现，直到20世纪六七十年代，才被西方广泛地加以使用，但他们对这个概念的含义却缺乏明确的论述；也没有系统地探讨我们前面提到的九个概念及它们相互之间的关系。事实上，不厘清这些概念之间的差异和关系，就很难对其中的任何一个概念做出合理的说明。利奥塔则不是从历史时期的视角，而是从叙事的视角来看待现代与后现代的关系。他写道：“什么是后现代呢？如果它在对主宰意象和叙事的规则提出疑问的令人眩晕的工作中占有位置，那么是什么位置，它无疑是现代的一部分。”参见利奥塔《后现代性与公正游戏》，上海人民出版社1997年版，第138页。

③ 利奥塔：《后现代状况：关于知识的报告》，生活·读书·新知三联书店1997年版，第1页。

④ 参见金耀基《从传统到现代》，中国人民大学出版社1999年版，第64—65页。

⑤ 参见鲍德里亚《消费社会》，南京大学出版社2001年版，第3—4、65—66、73—74、134—135页。

来，人们更容易认识前现代（社会）和现代（社会）之间的断裂关系，但对现代（社会）与后现代（社会）之间的断裂关系就不太容易认识了，因为这一断裂的过程至今仍然在进行，并没有完成。无论如何，当我们对“前现代”“现代”和“后现代”这些话语框架的范围做出大致的界定后，下面的探讨就获得了一个坚实的基础。

其次，作为直接感知的相关项，在我们的意识中呈现出来的是“现代化”这一现象。也就是说，我们可以通过对现代化的要素的感知，来判断一个社会是否已经实现现代化。在理论界，人们一般认为，现代化的概念是在20世纪第二次世界大战之后由西方学者率先提出来的，后来这个概念才在中国思想界风行起来。然而，事实并非如此。正如罗荣渠先生所指出的：“实际上中国现代化运动从自己的实践中提出现代化的概念和观点，早于西方的现代化理论约20年。”① 根据目前掌握的资料，在20世纪20年代，有的学者已开始使用“现代化”这个术语，而这一术语在报刊上的普遍使用则是在30年代。

当时，人们的思考不约而同地集中在下面这个问题上，即什么是现代化？有的学者认为：“就国家社会而言，现代化即是工业化（industrialization）。凡一个现代化的国家，即是一个工业化的国家。……工业化为其他一切的现代化的基础，如果中国工业化了，则教育、学术和其他社会制度，自然会跟着现代化。”② 按照这种见解，现代化的本质也就是工业化，只要工业化实现了，当代中国社会的其他方面也会自然而然地现代化。也有的学者认为：“所说现代化，最主要的意义，当然是着重于经济之改造与生产力之提高。换言之，即使中国经过一次彻底的产业革命。因为无论中国之前途为资本主义或社会主义，但中国经济之应改造与生产力之应提高，则为毫无可疑。”③ 这种见解

---

① 罗荣渠主编：《从“西化”到现代化》，北京大学出版社1997年版，第22页。这一见解也可以从当代西方马克思主义者詹姆逊那里得到印证。他指出：“现代性概念无法逾越的一个方面就是现代化的概念，而现代化概念本身的出现要晚得多，是二次世界大战之后的产物。”参见詹姆逊《现代性的幽灵》，载《文汇报》2002年8月10日。

② 罗荣渠主编：《从“西化”到现代化》，北京大学出版社1997年版，第229—230页。

③ 同上书，第246页。

与上面的见解实际上是大同小异的，都把经济发展视为现代化的主要含义。

如果我们把20世纪二三十年代的中国人对现代化概念的理解和后来的西方人的理解综合在一起，现代化的可感知的要素可以陈述如下：第一，工业化；第二，民主政治；第三，市场经济；第四，先进的科学技术；第五，合理化、世俗化和都市化。事实上，通过对这些要素的感知，我们也深化了对“现代”这一现象的内涵的理解，从而也深化了对它和“前现代”“后现代”这两个术语之间的差异的领悟。

再次，作为直接感知和初步反思的相关项，在我们的意识中呈现出来的是“现代主义”和“后现代主义”这两个现象。在通常的情况下，人们总是在文化艺术乃至意识形态研究的语境中来感知并反思这两个现象。正如凯尔纳和贝斯特所指出的：“在这里，争论围绕着艺术中的现代主义和后现代主义之间的差别而展开。在这些话语中，‘现代主义’被用来描述现代时期的艺术运动（如印象主义、为艺术而艺术、表现主义、超现实主义及其他前卫运动），‘后现代主义’则被用来描述那些出现于现代主义之后并与之决裂的各种美学实践。这些形式包括罗伯特·温图瑞（Robert Venturi）和菲力浦·约翰逊（Philip Johnson）的建筑、约翰·凯奇（John Cage）的音乐体验、瓦侯（War-hol）和劳申伯（Rauschenberg）的艺术、品钦（Pychon）和巴拉德（Ballard）的小说以及诸如《快刀手》（*Blade Runner*）和《蓝丝绒》（*Blue Velvet*）之类的电影。争论的核心是：现代主义和后现代主义之间是否存在尖锐的实质性的区别，以及这些运动的相应的成就和局限是什么。”① 这段论述表明，在文化艺术的研究中，存在着“现代主义”和“后现代主义”的思潮

---

① 凯尔纳、贝斯特：《后现代理论》，中央编译出版社2001年版，第4—5页。比如，利奥塔对现代主义与后现代主义的关系就有自己独特的理解。他写道：“后现代主义是现代主义的一部分，它在表现里面召唤那不可表现的事物，它拒绝正确的形式的安慰，拒绝有关品位的共识，这种共识允许产生对不可能事物的怀旧感的共同体验，并且探索新的表现方式——不是为了从它们那里得到快感，而是显示更好地产生存在着某种不可表现的事物的感觉。”（参见利奥塔《后现代性与公正游戏》，上海人民出版社1997年版，第140页）又如哈桑认为：“现代主义和后现代主义之间并没有一层铁幕或一道中国的万里长城隔开；因为历史是一张可以被多次刮去字迹的羊皮纸，而文化则渗透在过去、现在、未来的时间之中。”（参见哈桑《后现代主义概念初探》，载利奥塔等《后现代主义》，社会科学文献出版社1999年版，第118页）

是无可怀疑的，难以决断的是如何确定这两个现象的含义以及它们相互之间的关系和差别。

就“现代主义”的主要含义而言，布雷德伯里和麦克法兰做过更明确的说明：“朝着深奥微妙和独特风格发展的倾向，朝着内向性、技巧表现、内心自我怀疑发展的倾向，往往被看作是给现代主义下定义的共同基础。”① 要言之，“现代主义”主要意味着现代艺术在发展中风格上出现的急剧转变。那么，它究竟反映的是哪个历史时期的文化艺术作品呢？詹姆逊告诉我们：“现代主义的时代大约应为1880—1930年，文学运动中首先是象征主义运动开了现代主义的先河，马拉美（Stéphane Mallarmé）的诗是最有影响的；然后随着机器的出现，产生了未来主义，在苏俄和意大利都有发展。但所有现代主义都是从1857年波德莱尔（Charles Baudelaire）出版的《恶之花》（*Les Fleurs du Mal*）和与此同时产生的福楼拜（Gustave Flaubert）的小说开始的。德国纳粹分子上台之后（1930年前后），现代主义便告结束了，给后来诗人留下的只是epigone，意即出生太晚，无法找到新材料的痛苦。”②

就“后现代主义”的主要含义而言，也涉及文化风格。特里·伊格尔顿认为：“后现代主义是一种文化风格，它以一种无深度的、无中心的、无根据的、自我反思的、游戏的、模拟的、折中主义的、多元主义的艺术反映这个时代性变化的某些方面，这种艺术模糊了‘高雅’和‘大众’文化之间，以及艺术和日常经验之间的界限。”③ 詹姆逊则把文化艺术的大众化、商品化和消费化视为“后现代主义”的主要特征。同时，他还告诉我们：“‘后现代主义’一词正式启用大约是在60年代中期，它出现在一个很特定的领域，那就

① 布雷德伯里、麦克法兰编：《现代主义》，上海外语教育出版社1992年版，第10页。

② 詹姆逊：《后现代主义与文化理论》，北京大学出版社1997年版，第4页。在这部讲演稿的另一处，詹姆逊有一个补充的说法：“我所称的现代主义，虽然可以说是开始于1857年，即波德莱尔的《恶之花》和福楼拜的《包法利夫人》出版的那一年，但总的说来，应该说是开始于市场资本主义向垄断资本主义转变的同时出现的象征主义运动，即19世纪80年代。而且80年代出现的工业化、现代化正是资本主义社会前所未有的。”参见布雷德伯里、麦克法兰编《现代主义》，上海外语教育出版社1992年版，第158页。

③ 特里·伊格尔顿：《后现代主义的幻象》，商务印书馆2000年版，第1页。

是建筑。建筑师是第一批有系统地使用‘后现代主义’一词的人。他们的意思是，建筑里的现代主义已经过时了，已经死亡了，现在已进入了后现代主义阶段。”① 当然，詹姆逊在这里说的是“后现代主义”这个术语最早是在什么时候出现的，至于“后现代主义”思潮的出现显然要早于这一术语的正式启用。他认为，在20世纪40—60年代，随着印度、加纳、阿尔及利亚的独立，中国的解放和万隆会议的举行，出现了与第一世界、第二世界相抗衡的第三世界，也出现了新的殖民主义和资本主义发展的新阶段，人们称之为“晚期资本主义”“媒介资本主义”“后工业社会资本主义”或“跨国资本主义”等等。“后现代主义就是在这一阶段中出现的，正如垄断资本主义曾经带来了现代主义一样。”②

基于上面的论述，我们大致可以了解“现代主义”和“后现代主义”的含义及它们所对应的历史时期。如果说，“后现代主义”大致对应于后现代（社会）的话，那么，“现代主义”对应的则是19世纪50年代至20世纪40年代的现代（社会）。当然，它们各自显现出来的可感知的要素却不是上面这些简要的论述所能够涵盖的。③ 我们必须把很多学者阐释“现代主义”和“后现代主义”的见解综合起来，才能把捉住这些要素。

---

① 詹姆逊：《后现代主义与文化理论》，北京大学出版社1997年版，第163—164页。

② 詹姆逊：《后现代主义与文化理论》，北京大学出版社1997年版，第160—161页。我们在这里引证詹姆逊的这段论述并不表明我们无批判地接受了他关于资本主义发展的三个时期和晚期资本主义文化逻辑的理论架构。在我们看来，把现实主义、现代主义和后现代主义与资本主义发展的自由竞争阶段、垄断阶段与晚期资本主义阶段一一对应起来，未免把整个文化研究简单化了。马克思早就说过：“关于艺术，大家知道，它的一定的繁盛时期绝不是同社会的一般发展成正比例的，因而也绝不是同仿佛是社会组织的骨骼的物质基础的一般发展成正比例的。”［参见《马克思恩格斯全集》第46卷（上），人民出版社1979年版，第48页］在我们看来，文化艺术的发展具有自己的相对独立性，它的发展态势是成弥散状的。事实上，我们无法按照编年史的纪年方式，把不同的文化艺术作品硬装进一个个固定的时间框架中去，就像把刀叉和盘子放到每一个食客的面前一样。乍看起来，詹姆逊的文化理论借用了许多后现代主义的术语，但其思想架构仍然是从属于近代思维模式的。他的资本主义文化发展的三阶段论很容易使我们联想起黑格尔的三段论或孔德关于人类社会发展的三阶段论。当然，如果把詹姆逊的整个文化理论的架构打散，他的许多局部的、具体的论述仍不乏真知灼见。

③ 比如，詹姆逊也从另一个角度对现代主义做出了说明：“总体说来，现代主义与维多利亚时期的繁文缛礼、道德禁忌或上流社会的习俗格格不入。这就是说，不论伟大的高级现代主义的公开的政治内容是什么，它总是以最隐蔽的方式，在既有秩序中起危险的、爆炸性的颠覆作用。”参见詹姆逊《文化转向》，中国社会科学出版社2000年版，第18页。

“现代主义”的可感知的要素如下：第一，高雅文化与通俗文化的并存；第二，风格上的内在化和情绪上的焦虑、迷惘、孤独；第三，真理、象征和乌托邦；第四，时间和发生学。

“后现代主义”的可感知的要素如下：第一，大众文化和文化工业；第二，解构、碎片、拼贴和游戏；第三，仿真、类象和能指的暴政；第四，空间和拓扑学。①

最后，作为深度反思或本质直观的相关项，在我们的意识中呈现出来的是“前现代性”“现代性”和“后现代性”这三个最为抽象的现象。不用说，在这三个现象中，核心的现象乃是“现代性”。“现代性”的含义一旦被定位了，“前现代性”和“后现代性”的含义也就随之而确定了。然而，正是在如何把握“现代性”现象的问题上，存在着很多不同的观点。下面我们分析几种有代表性的观点。

第一种观点把“现代性”理解为一个特定的历史时期。比如，凯尔纳和贝斯特认为：“现代性一词指涉各种经济的、政治的、社会的以及文化的转型。正如马克思、韦伯及其他思想家所阐释的那样，现代性是一个历史断代术语，指涉紧随‘中世纪’或封建主义时代而来的那个时代。”② 显然，这种理解方式把“现代性”与真正指称历史时期的“现代”概念混淆了。

第二种观点把“现代性”理解为一种独特的社会生活模式和制度模式。比如，吉登斯认为：“在其最简单的形式中，现代性是现代社会或工业文明的缩略语。比较详细地描述，它涉及：（1）对世界的一系列态度、关于实现世界向人类干预所造成的转变开放的想法；（2）复杂的经济制度，特别是工业生产和市场经济；（3）一系列政治制度，包括民族国家和民主。基本上，由于这些特性，现代性同任何社会秩序类型相比，其活力都大得多。”③ 不用说，

① 哈桑曾列出了一张长长的表来区分现代主义和后现代主义。参见哈桑《后现代主义概念初探》，载利奥塔等《后现代主义》，社会科学文献出版社 1999 年版，第 123—125 页。

② 凯尔纳、贝斯特：《后现代理论》，中央编译出版社 2001 年版，第 2—3 页。

③ 吉登斯：《现代性——吉登斯访谈录》，新华出版社 2001 年版，第 69 页。

这种理解方式在相当程度上把“现代性”与“现代化”所显现出来的可感知的要素混淆了。

第三种观点把“现代性”理解为一种特殊的叙事方式。比如，利奥塔在1984年写给塞缪尔·卡辛的一封信中说：“在《后现代状况》中我关心的‘元叙事’（meta-narratives），是现代性的标志，理性和自由的进一步解放，劳动力的进步性或灾难性的自由，通过资本主义技术科学的进步……甚至还有——如果我们把基督教包括在现代性（相对于古代的古典主义）之中的话——通过让灵魂皈依献身的爱的基督教叙事导致人们的得救。黑格尔的哲学把所有这些叙事一体化了，在这个意义上，它本身就是思辨的现代性的凝聚。”① 细心的读者一定会发现，在利奥塔那里，“现代”“后现代”“现代性”“后现代性”和“后现代主义”这些现象都是从叙事的性质和范围的角度得到理解和诠释的。换言之，利奥塔并没有揭示这些现象之间的差异，特别是他磨平了“现代性”和作为一种文化风格的“现代主义”之间的差别。

第四种观点把“现代性”理解为自启蒙以来尚未完成的一个方案。哈贝马斯认为：“由18世纪启蒙哲学家所开创的现代性事业，就在于根据各自的内在逻辑来努力发展客观科学、普遍道德与法律以及自主艺术。与此同时，这一事业还意图将这些领域中的认知潜能从各自的秘传神授（esoteric）形式中解放出来。启蒙哲学家希望用不断积累起来的各门专业文化来丰富我们的日常生活，也就是说，理性地组织我们的日常社会生活。”② 尽管哈贝马斯强调蕴含在现代性中的解放潜能——以“客观科学、普遍道德与法律以及自主艺术”为主旋律的启蒙精神的重要性，但由于他把“现代性”理解为一项包罗万象的、未竟的事业，因而用单一的“现代性”的概念把另外三个概念——“现代”“现代化”“现代主义”的含义都包容进去了。换言之，他仍然没有意识到这四个概念之间的重大差异。

事实上，西方学者对“现代性”概念的理解程度不同地从属于这四种观

---

① 利奥塔：《后现代性与公正游戏》，上海人民出版社1997年版，第167页。
② 转引自凯尔纳、贝斯特《后现代理论》，中央编译出版社2001年版，第301—302页。

点。毋庸讳言，我们对这四种代表性的观点都持批评性的态度。在我们看来，“现代性”关涉到的应当是现代社会生活中的一个最抽象、最深刻的层面，那就是价值观念的层面。

作为现代社会的价值体系，“现代性”体现为以下的主导性价值：独立、自由、民主、平等、正义、个人本位、主体意识、总体性、认同感、中心主义、崇尚理性、追求真理、征服自然等。

与之相应的是，作为前现代社会，即传统社会的价值体系，“前现代性”体现为以下的主导性价值：身份、血缘、服从、依附、家族至上、等级观念、人情关系、特权意识、神权崇拜等。

同样地，作为后现代社会的价值体系，“后现代性”则体现为以下的主导性价值：差异性、偶然性、不确定性、碎片性、无序性、游戏性、精神分裂、结构解体、文本互涉、修辞和反讽、躯体和欲望、无中心主义等。

综上所述，按照现代性现象学的阐释，“前现代”“现代”和“后现代”这三个现象主要涉及对人类社会不同历史时期的时间框架的确定；“现代化”这一现象主要涉及现代社会整个生活模式的实际变化；“现代主义”和“后现代主义”这两个现象主要涉及文化艺术的风格；“前现代性”“现代性”和“后现代性”则主要涉及三个不同历史时期的主导性价值观念。随着这些现象之间的差异被澄清，现代性现象学也就获得了明确的定位，从而也就为对蕴含在现代性中的具体现象的分析指明了方向。

其三，现代性现象学的历史性的澄明。

我们作为此在，作为现代性现象的阐释者，生活在21世纪初的中国社会中。我们有着特殊的生存结构和历史性，而正是这一既定的生存结构和历史性决定着我们所面临的复杂的历史处境。19世纪下半叶，当中国这只睡狮从鸦片战争的创伤中惊醒过来，试图紧随西方，走上资本主义式的工业化道路，即现代化道路时，西方又产生了反对资本主义式道路的强大的社会主义思潮。随着俄国“十月革命”的炮响，中国人很快就被这一思潮席卷而去，尽管20世纪二三十年代中国学术界讨论过现代化的问题，可是，现代性的基本价值还没有在中国人的心中扎根。然而，当中国人在自己的心目中把普遍贫穷和社会主义等同起来时，也就等于宣告了这种模式的社会主义的失败。20 世纪 70 年代初，当“文革”的熊熊大火使中国的国民经济濒临崩溃时，痛定思痛的中国人重新举起了现代化的旗帜，试图追求现代性的基本价值，然而，发达的西方社会却声称自己已进入“后工业社会”或“后现代社会”，并开始对现代性的基本价值进行全面的反思和批评。在这种情况下，中国人还有必要追求现代化和现代性吗？我们究竟如何从这种歧路亡羊的困局中走出来呢？

一方面，前现代的价值观念还牢牢地禁锢着我们的大脑，但我们已开始追求现代性了；另一方面，我们还刚开始走上现代性的道路，而西方人已在批判现代性，倡导后现代性了。当前现代性、现代性、后现代性这三套价值观念在我们大脑中相互冲突的时候，我们究竟应该做出怎样的选择？这是一个我们无法回避的问题，也是我们后发国家的此在的独特的历史性在经验世界中的显现。

应该说，大部分中国人对自己的生存结构和历史处境的领会是清醒的，所以下面这样的见解也就成了当代中国人的共识：“中国现代化的目的，简单地说，有二，一是使中国能跻身于世界之林，使古典的中国能够成功地参与到现代世界社会中去；二是使中国古典文化彻底更新，使中国古典文化能在未来世界中扮演一重要的角色……中国的出路有而且只有一条，就是中国的现代化。现代化是世界的潮流，中国不能违逆这个潮流，而一厢情愿地回归到‘传统的孤立’中去；在这一点上说，我们没有选择，我们只有顺着潮流走。”① 当然，金耀基先生的这段话说得过于典雅，其实，说白了，也就是：中华民族为了能够在当今世界生存和发展下去，必须追求现代化和现代性。事实上，当代中国社会的改革开放及从计划经济模式向市场经济模式的转型，表明中国人已经义无反顾地选择了这一条道路。作为当代中国人，我们在探索现代性现象之前，必须深刻地领会自己的生存结构和历史处境。基于这样

① 金耀基：《从传统到现代》，中国人民大学出版社 1999 年版，第 154 页。

的领会，我们的阐释立场也就被确定下来了：

第一，由于当代西方人和我们的生存结构、历史性及历史处境不同，所以在他们那里被课题化的主要是“现代性”与“后现代性”之间的关系问题；而在我们这里被课题化的则主要是“前现代性”与“现代性”之间的关系问题。为什么从20世纪80年代以来，“中国传统文化与现代化（或现代性）”的问题一直是中国学术界的主导性话题？道理很简单，因为中国传统文化关涉到前现代性的问题，所以这个话题的实质也就是前现代性与现代性之间的关系问题。不是当代中国人出于偶然的原因喜欢这个话题，而是因为这个话题植根于中国人的生存结构之中。

第二，“前现代”和“现代性”这两套价值体系是相互冲突的，当代中国人不应该站在“前现代性”的立场上来指责“现代性”。这种复古主义的思想倾向不仅是错误的，而且也是可笑的。正如马克思在谈论古代人的发展看起来比现代人更全面的现象时所指出的：“留恋那种原始的丰富，是可笑的，相信必须停留在那种完全空虚之中，也是可笑的。”① 与此相反，我们必须站在“现代性”的立场上，对“前现代性”的价值体系做出批判性的考察和创造性的转化。实际上，在中国这样的后发国家中，现代性的全套价值体系还没有获得一个充分展现的机会。在这个意义上，我们也可以像哈贝马斯那样，把“现代性”作为当代中国人的未竟的事业。当代中国的有些学者之所以倡导“新启蒙”，是因为近代中国人在外族入侵和民族危亡的威胁下，从来就没有经历过完整的启蒙思想的熏陶，也从来没有完整地接受过现代性的价值的洗礼，所以，在一个相当长的阶段内，认识、认同并维护“现代性”的全幅内涵，对于当代中国人来说，仍然是必要的。

第三，“现代性”和“后现代性”这两套价值体系也是冲突的。在坚持和维护“现代性”的主导价值时，我们必须清醒地意识到，现代性也蕴含着自己的负面因素。应该看到，在相当程度上，西方学者，如韦伯、席

---

① 《马克思恩格斯全集》第46卷（上），人民出版社1979年版，第109页。

美尔、海德格尔等，对“现代性”的负面价值的批判是深刻的，也是合理的。

但是，当代中国人却不能轻易地把自己的立场漂移到这些“现代性”的批判者那里去，从而对“现代性”采取全盘否定的态度。从当代中国人的生存结构、历史性和历史处境出发，我们必须在一个相当长的时期里，继续追求现代化和现代性。这是我们的基本立场，是绝对不能动摇的。然而，对我们已经目睹的西方国家在追求现代化和现代性的过程中暴露出来的种种问题，以及我们在追求现代化和现代性过程中正在出现的问题，我们必须获得清醒的认识。也就是说，我们必须批判地汲取西方的“现代性”批判者的合理的思想，从而对我们正在进行的现代化事业和正在追求的现代性价值体系做出必要的、合理的修正。

一言以蔽之，我们应该正确地处理好“现代性”和“后现代性”这两套价值体系之间的关系：一方面，我们必须坚持追求现代化和现代性的基本立场；另一方面，我们必须具有这些“现代性”的批判者的眼光，以便有力地遏制“现代性”中的负面因素的蔓延。我们之所以必须借助于这些批判者的眼光，正如海德格尔的此在现象学向我们揭示的，始源性的时间性是以将来为核心的。一个民族只有善于借取将来的眼光来审视历史的经验和当下的现象，这个民族才是富于创造性的，才不会重复其他民族已经走过的老路。

其四，作为奠基性现象的生存意欲或意志。

在对现代性现象的探讨中，作为奠基性现象的生存意志和意欲起着十分重要的作用。正如我们在前面已经指出的那样，胡塞尔的先验现象学由于把表象作为第一性的、奠基性的现象，把生存意志、欲望和情绪作为第二性的、被奠基的现象，这使他对意向性乃至整个现象学的理解停留在抽象认识论的视野中。与胡塞尔不同，海德格尔的此在现象学则把生存意志、欲望和情绪当作与此在同样始源性的、奠基性的现象，所以在他的思想中实际上蕴含着意欲或意志现象学的本质性的维度。

利科独具慧眼地指明了意欲或意志现象的始源性："意欲不再是'悬空'地意指，它在当下作业。我操作一些好像由我做出来的当前存在，而整个世界——连同它的道路和它的障碍、它的死结和它已经解决的课题——就是我的行动的质料和脉络。那'由我做出来的'，即我们所称的'践行对象'，它与计划的分别在于：它是在世界里面而不再以世界为背景，它是在世界里而不在我的身体里。……作业是我对在事物之中（in medias res）遇上的困难的实践的回应，这回应是刻铸在世界的组织之中的。"①

同样地，在对现代性现象学的研究中，在对现代性现象的发生、结构和本质的领悟中，我们实际上也是从生存意欲或意志现象出发的。在我们看来，现代性现象不是通过静观认识论的意向行为所能够把握的，由于它是通过人的生存意欲或意志支配下的实践活动所造成的，所以，只有通过这些媒介才能真正把握现代性的现象。

事实上，马克思主义经典作家也为我们探索现代性的真谛指明了方向。马克思说过："我们的出发点是从事实际活动的人，而且从他们的现实生活过程中我们还可以揭示出这一生活过程在意识形态上的反射和回声的发展。"②马克思这里说的"从事实际活动"也就是人在其意志的支配下所从事的活动。恩格斯在致约·布洛赫的信中也阐明了类似的道理："历史是这样创造的：最终的结果总是从许多单个的意志的相互冲突中产生出来的，而其中每一个意志，又是由于许多特殊的生活条件，才成为它所成为的那样。……各个人的意志……虽然都达不到自己的愿望，而是融合为一个总的平均数，一个总的合力，然而从这些事实中绝不应做出结论说，这些意志等于零。相反地，每个意志都对合力有所贡献，因而是包括在这个合力里面的。"③ 在这里，我们发现，马克思的实践哲学与意欲或意志现象学之间存在着共契关系。

毋庸讳言，把生存意欲或意志视为始源性的现象，并以此作为入口来探

---

① 《面对实事本身：现象学经典文献》，东方出版社2000年版，第848页。
② 《马克思恩格斯全集》第3卷，人民出版社1960年版，第30页。
③ 《马克思恩格斯选集》第4卷，人民出版社1995年版，第697页。

索现代性现象，构成现代性现象学的本质特征。这一本质特征也为我们的具体的阐释工作奠定了基础。事实上，此在与共在、此在与世界、生存与生产、时间与空间、认同与异化、个体性与总体性、合理性与合法性、科学与技术、全球化与瞬时化关系的展开，都是与生存意欲或意志这种始源性的现象分不开的。现代性的全幅的价值体系也必须借助于生存意欲或意志这种始源性的冲动，才能得到合理的说明。

（原载《江海学刊》2003 年第 1、2 期）

原创法度：哲学原创本质、方法和规范的逻辑分析

崔 平

引言：中国当代哲学原创的考古处境

思想创新这一本该常新常在的理论思维本质，在中国被掩埋了漫长岁月之后，今天已成为一种普遍呼唤。但是，正如一件文物的出土并不意味着人们对它的熟知一样，思想创新的重提也仅仅是创新欲念的隐隐骚动，而不意味着社会创新意识及其能力的恢复和成熟。冲动背后的真情在于，对创新活动的悠久疏远，造成了民族创新经验的深度失忆，以致人们对于原创缺乏明晰、正确和统一的概念，不是坚持普遍的原创目标并辨识伪原创，而是陷入混乱的原创态度中，悲观主义地否定原创与杯水主义地冒充原创搅和了原创学术舞台。同时，由于缺乏关于原创的适切的规范意识和有效条件意识，在原创操作中又往往不能自我批判而流于轻浮草率，疏漏甚至回避自己主张的原创权利所负有的相应论证义务。在这样的思想氛围下，理论原创这块靓丽的牌匾很容易或被束之高阁，或被稀里糊涂地挂上陈庭旧院而反予否定原创以口实，葬送对创新思维的反思机遇。在后者，包含着陷入时代性学术泡沫的危险，即整个学术团体自欺地盲目进行“原创观点”的大生产，忙于寻找自我陶醉的感觉而不肯回到创新思维的原点，找回创新思维的本质，反省理论原创的可能道路，端正原创态度，进行有效的原创理论生产。

原创意识不仅在于原创冲动，更重要的是对指导实现原创的原创观念、

原创方法、原创规范、合格理论的标准等的明确把握。因此，要开创中国的哲学原创时代，就必须首先把原创本身设为课题，完成原创原始条件的发掘和积累。

在西方，哲学中严格的科学的理论意识即关于理论思维的合格形式的自觉，大体上是幸运地通过哲学史中偶然涌现的理论天才的理论思维行为经验化地树立起来，又在师从和效仿中延续下来的。而对于历史地陷入经验思维模式的中国文化，需要有意识地借助对理论思维的条件批判所建立的理论规则来冲击单调的经验思维倾向，从而真正培养起哲学中思维的理论化意识。

何为原创：关于原创的纯粹认识论——知识学批判

原创，不论理解为一种思维过程还是思想成果，都归属于认识范畴。这是直观明证的。而认识的现实存在形式是意识。因此，在意识中包含着原创，如果确有原创的话。意识的认识功能分类是确认原创的存在及其本质的必然途径。

由于意识必然是某种精神活动的结果，而认识作为一种精神活动也必然始终伴以具体意识存在，所以认识与意识互为形影，合一共存，不同的表述选择只是适应论述内容的不同意义——发生的或显现的——的结果。

意识是关于对象的，认识的目标是把握存在的属性和原理，存在是认识的真理性的根据。因此，可能的原创必然指向存在，是关于存在的认识。

认识作为一个过程整体，逻辑上必然有其绝对起点和由之展开的主观活动。这把意识区分为两类：给予的和思维的。给予性意识是被动接受的，与存在具有直接对应性，仅仅是对存在内容的无思维确认，在自身内直接显示自身和规定自身，显现为个别特殊内容。可以称这种意识为经验。经验按其本质形态就是分离存在的。经验的语言表达是个别性事实陈述。思维必然针对给予性意识内容进行，其存在的必要性和可能功能，逻辑地只能是超越经验而构造关于分离的经验内容之间的存在关联。因为，单质性的内容无以再施内在作为，思维也不能再主观无益地为创生单质内容而创生单质内容。因而思维性意识相对给予性意识具有一多对应关系，是对经验内容的超越性主动规定，富有普遍性，概念为其存在形式。通过思维性意识，分离的存在内容间接地得到普遍关联，形成具有必然性的知识。知识的逻辑形式是普遍判断，是对关联关系的设定。因此，意识普遍地意味着知或者说知道，但知道不简单的是知识，而是还包含着另类的直接事实确认即经验。简言之，意识有经验和知识两种。显然，原创只能从属于知识领域。

思一般的是涉及普遍概念内容的判断活动，知识正是追求普遍性的思的结果。而知识的诞生改变了思的可能逻辑结构，打破了产生原始知识的思的单一方向，增置与从特殊到普遍方向相反的从普遍到特殊方向。一定的知识以其概念普遍性和可能被更高概念所统摄的相对特殊性，创设了两个以自己为起点的思维发展方向。首先，作为普遍概念，特定的知识逻辑地具有对其所属特殊内容的存在限定能力，因而享有规定特殊个别存在的权利，拥有可能的潜在的适用活动空间。这个过程的实质是把普遍存在原理适用于符合其特定条件的特殊存在，从而展现该特殊存在的某种普遍属性。这种思可以称为知识的应用。知识的应用的特征是从普遍到特殊，是思由上而下推进自身。康德把这种思看作一种判断力的使用形式，并称为规定的判断力。仿此，可以把知识的应用这种认识称为规定的认识。与规定的认识这一认识发展方向相反，还存在把已有知识当作相对特殊的内容而继续构造普遍概念和存在原理这种可能的认识方向。在本质上，这一认识方向与构造原始知识的特殊向普遍的提升认识方向是一致的和同质的。这个认识发展方向的根据在于，特定知识本身有其普遍性限制，即是相对普遍的而非绝对普遍的，仅仅实现了有限内容的存在关联，其普遍性被其所属内容的特殊性所限定。因此，在逻辑上它们仍然没有彻底摆脱存在的分离性，有待进一步被更高的普遍概念和存在原理所关联和统一。这是知识的普遍性提升，其方向为从特殊到普遍，思在其中做由下向上的运动。康德对此类思维亦设有与“规定的判断力”相对的称呼，即反思的判断力。缘此，我们可以称从特殊到普遍这一认识方向为反思的认识。

规定的认识的结果是个别事物被归拢在特定普遍知识之下，从而获得该知识所表述的普遍性质。这一认识过程的判断结果的所有直接相关内容都是给定的和已有的，无须思的努力创设。而其间的连接按照知识与个例之间的逻辑关系，也是已在先被相关判断内容所内在决定的。因为，作为普遍性的知识逻辑上已拥有其特定的有效管辖区域即外延，使所属对象无条件地、直接地和自动地具有特定知识的内容规定。也就是说，这种规定关系对于思是已然存在而无须创设的。规定的认识的唯一认识任务在于，从特定个例的存在性质中发现符合知识存在的条件的内容，从而启动知识原理的套用过程。但这种发现活动是对事实的观察和在已知内容之间的比较，因而仅仅具有感受性，不涉及意识内容的主动增置。所以，规定的认识绝不是原创。

反思的认识的目标是构造关于存在的新的普遍概念和原理，展现存在的更广泛的关联和统一。这种认识所追求的普遍概念和原理绝非缺乏知识扩展功能的知性归纳普遍性，不是诸多个例中直观共同性质的抽取，而是理性的逻辑普遍性，即具有自身完整内在存在规定关系而超越于可能个例的直观存在性质之上，同时又具有对个例存在的普遍规定和限制作用。如果以归纳普遍性内容作为普遍概念和原理，那么就将带来诸多认识的和逻辑的矛盾。第一，归纳概念论潜在地包含逻辑循环，即适当的归纳个例的选定在先依赖所追求的普遍概念，因为没有后者的指导就不可能有对个别对象的辨认，而概念却正是当前所寻求者。第二，一旦仅仅以作为个例中的直观存在性质直接构造普遍概念，那么就使概念被牵入个别特殊性之中而失去绝对的普遍性保证，无以获得向普遍性的超越力量。第三，归纳方法本身不能保证归纳得出的普遍内容之间具有存在统一关系，但创造存在关联的概念其本身构成内容间必须具有内在统一规定关系。第四，它也不能保证对其他个别特殊内容的存在限定和关联关系，从而不能保证归纳概念的概念功能。与知性的归纳普遍性认识活动相反，对普遍概念和原理的寻求必须适应其存在统一功能而具有相对特殊内容的存在超越性。它必须能够填补被作用对象中的存在“空白”或“裂隙”，因而逻辑地要求创设新的存在意义。如果仅仅停留在原有意识的存在水平上而没有扩展和增置存在，那么反思的认识就绝不能完成自己的认识任务。然而，在逻辑上，思不能从特殊内容出发必然地和能行地上升到可以统摄它们的普遍概念和原理。因为，面对缺乏存在统一性的诸多分散的特殊内容，不能预知其中可能的可关联对象，所以无法设定思维对象。而存在关联有特定要求，不容任意捏合。质言之，盲目性笼罩着反思的认识。同时，由于普遍概念和原理处于当前缺失状态，在逻辑上并不蕴含于特殊内容之中，所以不能由特殊内容必然而直接地给出，而是需要反思在不断的努力中偶然洞见之。因此，对于反思的认识，从过程到结果，都具有认识的开创性。由此可以断言，反思的认识是原创。

原创是对存在的普遍概念和原理的构造。

原创的本质是创造普遍性关联，这种关联在逻辑上具有两个维度，即普遍与特殊之间的纵向关联和普遍内容或特殊内容之间的横向关联，但其实质都是对已有意识内容向普遍性提升。认识的不断普遍化的逻辑表现就是判断关联内容区域的不断扩展。而凡参与判断的内容都有自身的存在确定性，即有自身特殊的内涵。在逻辑上，作为要求实现判断关联的一个特殊存在内容，有多种向其他特殊内容发展关联关系的可能，因为作为特殊内容间的关联，没有哪种特定关联可以证明自己具有相对的优越性和排他性。诸特殊性在形成关联关系的逻辑可能性上具有平等地位。因此，以严格的逻辑眼光看，一个特殊内容的判断走向是多维的，进而知识的构造方案是多元的。一定历史阶段上的现实知识形态具有偶然选择性，而非唯一必然的理论构建道路。在理论世界中，可以说，现实的必然是合理的，但合理的不一定是现实的。

然而，同是偶然选择的不同知识道路，在理论发展能力上并不是平等的。因为，特殊内容间的关联有其相互间的特定要求，从而特殊内容关联方向具有自己潜在的可发展内容范围，不同关联方向间自然具有关联延展能力的差别。质言之，特殊内容间的不同关联方向所能形成的知识链的长短有别。相对于一个给定的对象域，不同关联延展方向具有不同的解释力，其中，有的关联方向可能无法达到对对象域的完全把握。所以，在认识活动中，必须在逻辑上为全新的知识重构留下空间。

另外，以上述原理为基础，如果对象域扩大，则使认识面临更大的危机可能。既有知识链条可能无法延及新增存在内容，从而要求创造新的可能的知识道路，其中包括创造全新的关联系统这种可能情况。

因此，知识的发展有延展与重构两种。相应地，原创有纯粹原创与混合原创两种。所谓纯粹原创就是开辟了一个新的认识道路，从起点到整个道路都由原创思想构成，形成一次思想革命。不管研究的对象是否在历史上被前人触及过，纯粹原创都拥有新的独立论域，自主地生成理论体系。纯粹原创在逻辑上是可设想的，在历史上也不断被思想革命所证实。自然科学和哲学社会科学都有纯粹原创的体系。人类认识的发生历史在逻辑上只有在纯粹原创的可能性中才能被理解，而其发展则只有借助纯粹原创才能出现论域的横向开拓和视野的陡然跃进。而在一个理论体系中含有前人的研究成果和原创思想——不拘于援用成果在体系中的逻辑位置——即为混合原创。混合原创在形式上介于传承与纯粹原创之间，它具有不同于传承研究的原创目的，而又在理论体系中含有相同于传承研究的引证内容。

混合原创虽然在原有知识体系的制约下进行，但新增普遍概念和原理并不能从中自然而然地生发出来，即原有知识体系并不蕴含新增知识，因为作为分离的特殊内容的相关者，新增普遍概念或原理是对真实存在空白的填补。否则，如果一个普遍概念和原理被原有知识体系逻辑地蕴含，能够必然地从中推导出来，那么这种普遍概念和原理就是相对原有知识体系为既有的，其获得性思维仅仅是分析的，没有综合创生功能，从而不属于原创。

一般地说，在混合原创还有可能的情况下，人们不太倾向于接受纯粹原创。也许这种做法有其认识上的方便和社会益处，也为知识体系的扩展本性所要求。但是，由于特定内容间的关联具有内在的限制性而非可以自由无限设置，而有限理智对于这种潜能并无预先把握能力，不能在其具体显现之前对关联链条的穷尽与否做出判定，甚至在原有知识体系已经被纯粹原创取代时也难以最终做出这种判定，所以认识的发展以及由混合原创向纯粹原创转换的恰切性都具有不可测度性。同时，从认识行为形态上看，原创，尤其是纯粹原创，关联着个体智慧，因而具有发生偶然性。即使以一个知识体系为基础的混合原创已在冥冥之中走到了它的自然尽头，也得等待富有灵感的智慧来实现向纯粹原创的转换。换言之，原创，主要指的是纯粹原创，是一种机缘性事件。因此，对于原创，不可能在先由具体实现原创的原创智慧之外的一般心智来盲目地预言或否定，而只能抱怀疑式的开放态度，让将来开口作答。原创按其本质就排斥他人关于原创人、原创领域、原创方式的外在规划。搞计划原创必然是瞎指挥。

原创的宗旨是缔造分离内容的存在关系，形成普遍知识。从认识发生的程序上，这就要求首先关注存在分离内容并将其设为问题加以追问，因而原创的认识起点是问题意识。

原创并非简单的是新知。换言之，新知并不都是原创。新知有多种，但其中新的经验、知识的运用作为新知并不属于原创范畴。

从特定内容的关联发展自由性可以看出，特定思想文本所包含的思想材料具有不定的多种可能连接方式，又加上文本不能包容对象的全部存在内容，所以文本不能成为认识的可靠依凭，仅仅面对文本所做的不同认识不能保证自己与存在的切合。因此，对于追求知识的认识活动来说，文本不等于世界。纯粹的文本研究由于违背认识的本然对象而不可能是原创。文本研究中也会有新的理解和解释，但一来由于它离开了存在本身，二来由于这种新的理解和解释仅仅是文本所含普遍概念向不同历史语境条件下具体的和偶然的特殊材料适用的结果，所以不能归入原创领域。对文本的不同理解改变的仅仅是特定存在的偶然所指物，是作为特定存在部分的特殊关联物的偶然变动，并非存在概念和原理的变换。至于理解和解释本身所建立的文本存在意义，则不具有知识的社会创生意义，而仅仅是对理解者个体来说的存在创生。

在思想的外在表现上，原创具有给定的历史文化环境和基础，比如语言、某些思想工具、方法和规范，但这些环境和基础不构成所谓原创思想的充分必要条件，不能必然而能行地产出原创思想。从作为语言的碎片大全的词典，不能必然地引申合成原创思想；参与建构原创思想的工具、方法和规范并不内在地提供原创思想的内容，而只是外在地辅助原创思维，并不损害原创思想的独立性。比如爱因斯坦的相对论虽然援用了微积分乃至初等代数知识，但由它们所表达的相对论理论却是自成体系、独立而原创的。如果不区分原创思想本身与原创思想的运思和作为表达手段的内容，就会借原创的历史语境之故而错误地否定原创的可能性；如果不区分原创思想与原创的思想史推动作用并认识到其间的非连续性和主观异质性（创造的与学习的），就会睡眼混沌而把原创与述古搅和成一团，踢倒轧碎每一个鲜嫩蓬勃的原创思想。“脚下留神”是一个社会的认识发展的重要学术批评条件。

原创不必非得从造字开始。

由消解美诺悖论走进问题意识的内在批判结构①

原创活动的前提是问题，即必须针对具体问题展开思维。因此，提问如何可能以及如何提问是原创的首要问题。而二者都取决于问题意识的构成，在问题意识的本质构成中包含形成问题的普遍条件和问题内容的存在形式。

问题——这一人们习以为常的思想活动经验一直被“美诺悖论”所困扰，苏格拉底把它揭示为问题意识的这样的逻辑困难：人不能寻求他知道的，因为他知道它，也就没有必要再寻求它了；另外，人也不会寻求他不知道的东西，因为他甚至还不知道要找什么。这一辩难的实质在于发现一个问句的主词与谓词之间意义的同一性循环所导致的互相依赖关系，在这种依赖关系中由于嵌入了意义空无的疑问代词而瓦解了命题的存在，进而引发认识行为层面上的自我消解这一逻辑矛盾。例如“美德是什么”中的“美德”与“什么”如果所指同一，就出现设问本身的两难处境：你要么知道美德，要么不知道，如果知道则为无意义的明知故问，没有认识价值；而如果不知道则不

① 以下关于问题意识的内在结构的例示性分析缺乏逻辑上的普遍有效性，其正面理论阐述请参阅拙著《有限意识批判》，吉林教育出版社2002年版，第191—204、246—249页。

可能确立“美德”这一发问的主词，所以必须取消“美德是什么”这一问题。美诺悖论对人类问题意识的发难构成一种对问题意识的内在逻辑否定，但是人类的显明的问题意识经验又对其形成强劲的抗辩，并稳定地坚持自己的提问活动及其语言形式。关于问题的这种逻辑与经验错位，说明逻辑分析的无效，暗示需要对问题的内在逻辑结构进行认真勘察。

“美德是什么”问题起于对道德生活现象的解释要求，其生活语境把它的意义具体地诠构为“美德行为的本质是什么”。如果考虑到人类的认识论信仰和观念系统，那么“美德行为”即为个别美德现象，而客观化的对象“本质”以“概念”形式折射为人的知识形态。所以，“美德是什么”进一步等效为“确认‘美德’的概念是什么”。在这一表达形式中，“美德”是已知的，但仅仅是个别行为现象意义上的，带有经验特殊性背景。而“概念”作为一种认识形式的抽象名词而存在，所具有的只是其逻辑规定性。这种逻辑规定性在认识上外在于个别美德现象的经验。换言之，“概念”在此只以纯粹的逻辑形式为自己的内容，并不涉及“美德”之特殊本质规定性，在认识论上不要求以对“美德”本质的认识为前提。“美德”与“概念”的这种逻辑层级判别具有决定性的认识论意义。正是这一判别造成了一种认识情境，即提出了具体的认识任务——为杂多而特殊的“美德”现象寻找满足“概念”形式要求的普遍规定性。由此，“什么”获得了自己独立的存在地位，成为一个介于美德现象与抽象逻辑名词“概念”之间的有特殊内容要求的代名词，它所表达的特殊内容应该是具体美德现象发生“概念”所表达的逻辑关系。可以说，“什么”是一种抽象的本质存在的信念。因此，在“美德是什么”中并不存在消极的主谓词意义循环。

设立“美德是什么”问题的确实是某种知，但不是对作为本质的“美德”的知，而是对美德行为的直接体验和对作为纯粹概念的“概念”及其适用的知识。也就是说，“美德是什么”这一问题的全部意义是由“概念”的普遍逻辑意义和“美德行为”的特殊表现造成的，正是这两种知相遇而创造了未知。“概念”的逻辑特性形成对特殊经验内容的否定而要求设置符合其形式规定的另类内容，此即“什么”之所指。因此，在“什么”中，有所知——形式，也有未知——实现出形式的特定内容。“什么”所表达的是先验地知其“有”，而不知“怎有”。

何以“概念”具有对“美德”行为的先验规范能力，亦即何以可能在先确立一个“美德的概念”的可能存在？这是“美德是什么”问题形成的关键。就作为逻辑功能的“概念”先于作为具体美德本质的认知而施用于“美德”行为而言，“概念”是在对美德行为作先验规定。在“美德的概念”短语中，“美德”相对“概念”处于特殊地位，是“概念”的承载者，“概念”具有相对高级的普遍性，而且必须在二者之间存在一种逻辑相关即某种必然存在的归属关系。也就是说，必须从“概念”的普遍性出发做出一个断言“一切事物都有其概念”，以之使“概念”获得向“美德”赋性的权利。因此，在“美德是什么”之外或之上有一个更普遍的命题作为其生成条件，并与“概念”相牵连而潜在地嵌置其中。没有这一特定的普遍概念，就不可能产生“美德是什么”之问。而这种普遍概念构成对所论事物存在的普遍根据的论断。因此，关于事物的前提的认识是形成问题的基础，也可以说成功的前提批判是具体问题的致成要素。在问题意识包含前提批判的具体结果并使之内在地处于普遍规定性这一前提地位而与设问对象形成普遍—特殊分化的意义上，问题具有内在批判结构。一定的前提批判的水平决定问题视域的层次和广度。在逻辑上，问题的内在批判结构具有向普遍侧和特殊侧开放发展的要求，因而问题必然有其经验基底和最高原理。这并不导致“第一提问”的逻辑困难，因为最高原理在思想领域中也就是意识的综合原理，而意识的综合原理作为意识存在的规律是随意识存在而给定的①。

提问是一个认识沿普遍性到（相对）特殊性的下降过程。这一过程的本质是不断根据作为存在前提的普遍概念（命题）设置相对特殊的问题，而其答案又可作为普遍概念设置相对自己为特殊的问题，如此连续地向直接经验

① 由直接的意识存在普遍属性推导意识的综合原理这一工作已被拙著《有限意识批判》所努力尝试。

层面推进。在其直接认识效果上，这是在不断地揭示和构造一个经验对象的前提，执行前提批判职能。而在认识形态上则可说是在进行先验批判——普遍概念构成特殊经验之可能条件。先验建构被连续的提问所具体设置，而提问本身正是在成功的先验认识基础上不断按环节开显的。提问与先验批判合一。提问由此而是有方向的即按先验批判要求的指引来进行，而先验批判是一个过程并且由特定的具体内容加以实现。

由问题意识的构成可以断言，就其中的概念形成相对问题内容的超越而言，提问需要智慧，只有智慧地在先拥有了某种概念，才会在思维中绽放出相关的特定问题。同时，问题也抽象地预示了问题内容间存在关联的可能性，为继而开展的认识奠定了理性决断基础，因而本身就具有重要的认识启迪功能。严肃有效的问题绝不是可以任意设定的，而必须是有根据的和可解决的。

按照问题的内在批判结构所具有的普遍与特殊两种关联向度，提问的可能空间被限定在普遍层面和特殊层面上，既可以追问特殊内容的普遍根据，也可以寻求问题内容间的直接特殊存在关系。前者构成对经验事物的理解和解释，是理论的；而后者在创造一种经验存在，是实践的或对策的。在提问的批判结构序列中，最初级的与经验相邻的第一个提问环节即为对策性的提问，它在解答过程中始终只有一个支配提问的普遍前提，即同质提问的重复。经验化思维的要害就在于用同一个概念针对不同经验材料作重复式设问，因而总是滑动在经验层面上。

方法洞见与原创决断

问题内容作为特殊内容被置于特定普遍概念之下，已经说明它们之间具有某种存在关联，这种关联由同一的概念作为中介建立起来。这种间接的存在关联在逻辑上设立起问题内容之间的直接的普遍必然的存在关联关系的可能性，因为存在不容非存在性的关联缺失，既然问题内容通过概念中介共同分享着同一种存在或者说参与同一种存在，它们也就应该必然存在关联关系，只是在当前问题意识中这种必然存在关联关系还是潜在的。问题是新存在眼光的启蒙。

问题意识还具有重要的方法内涵。第一，成就问题意识的特定概念在问题意识中占据相对普遍地位，它构成对问题内容可能的存在关联的逻辑规定，即必须按照其要求构造问题内容间的必然存在关联。因此，问题意识中的概念成为追求问题内容间的必然存在关系的理想或形式。进而，问题意识中的概念本身的认识性质即由之规定的有效认识方式也将一并带入关于问题内容的思维中，成为思维的形式要求。比如，如果一个问题意识中的概念要求由归纳获得，那么在相继展开的解决问题过程中也必须引入归纳方法。

第二，问题意识显示，概念内容与问题内容有存在上的逻辑距离，并且，按照存在关联的统一要求，必须通过不同的概念式必然关联，连续地构造出填补这一逻辑距离的关联链条，最终实现问题内容间的直接必然存在关联。原创思维任务的性质和形式由此给定。

第三，问题意识给定概念不同构成内容各自对不同问题内容的特定相对关系，同时，以普遍限定特殊这一形式，问题意识规定了概念构成内容各自对问题内容的特定作用关系。这些作用关系线索成为思维必须完成的历程。

第四，以问题内容与概念构成内容的相对存在关系为基础和中介，问题意识设定了问题内容间的相对存在关系及其性质和形式。在思维任务观点下，这正是要最终以特定内容填充而消除的存在距离。

第五，问题意识所含概念的不同构成内容间的相互统一规定关系，以其上位规定地位，必然要通过各自对问题内容的必然作用链条投射到整个问题解决过程中。具体地说，就是要求上述第三款与第四款相统一，在保持有关概念构成内容各自对问题内容的规定方向的同时，最终实现各个规定链条间的统一并落实在问题解决结果上。这实质上要求同是以概念为根据的两种内容间（概念内容与问题内容之间以及问题内容之间）必须契合，以概念内容对问题内容的规定链条间的特定结合形式，实现问题内容间所要求的存在关联形式。

综上所述，特定概念所设立的问题意识，已经在先预示着思维的道路。

问题决定方法。一个问题意识的特定构成就决定了思维的可能路线、形式和需要穿越的内容序列。这为原创思维创造了认识的方法条件。

但是，被如此揭示的方法仍然是抽象的，需要不同的特定内容具体地加以实现。而可能的存在关联的内容特殊性却不能必然能行地互相导出，因此，方法的洞见并不能消解探索的困难，而仅仅是为探索的成功赋予逻辑可行性，推动产生原创意向并做出原创决断。

哲学问题的合理形式

按照问题的内在批判结构所具有的问题发展空间，任一问题总可以扩展到其经验基底或者说还原为一个经验问题；而任何一个经验问题总可以作超验追问。但同一问题的这两种问题处理方式具有不同的前途。经验化处理只求得特殊经验对象的存在关系的特殊调整，构成一种生存或活动对策而不能形成对事物的深层理解。超验追问挖掘事物的普遍原理即其存在前提，构造关于事物的思想秩序，是在进行前提批判。因此，具体的提问形式与特定的认识目标相关，认识目的及其对知识结构的逻辑要求决定提问的对象和恰当内容。

尽管在哲学概念的定义问题上存在争议，但哲学具有追求对事物的普遍理解和解释这种规定性却是可以得到一般认可的。哲学的普遍性形式一致于按照问题意识的内在批判结构所做的前提批判选择，即在采取前提批判发展方向的设问中才能保持思维结果相对直接问题内容的普遍性，成为对给定问题内容的普遍把握。因为，普遍性与前提的逻辑特性契合，哲学的普遍性在逻辑上就表现为前提或基础。与此相适应，哲学思维的合法过程必然由普遍性命题来实现。哲学按照问题意识的普遍—特殊分化和双关结构，必然有其经验指向和归宿，但其内在发展目标却是构造关于经验对象的普遍概念把握。换言之，哲学的处境为面对经验而寻求超越经验的普遍理论解释。

哲学就是要针对事物的特殊现象谋求关于它们的普遍把握，构造关于一定特殊事物领域的统一存在关联，其理想知识结构为不同等级的普遍概念和原理在相互连续的规定关系中给出特定对象领域的根据体系。就此而言，哲学的任务是一种前提批判。前提批判按其本质要求完备性，即全面揭示一事物的全部根据才能达到对事物的真正理解和把握。存在论论域中的这种系统性根据秩序有其逻辑上的认识方向要求，即必须从可能的知识体系的最高概念开始，采取综合方法（前进式、下降式）展开。因为，只有综合方法才能保证哲学认识的完备性和最终有效性。在综合方法中，可能的根据都在先展露，每一认识环节在逻辑上以完备的根据为推进条件，因而其结论是准确的和确定的。相反，如果采用分析方法即由特殊到普遍地认识给定对象的根据，则在逻辑上陷入片面性，因为可能的根据尚付阙如，每一认识环节都缺乏自己所应当拥有的完备根据，即在根据不充分条件下进行断言，必然遗漏必须涉及的内容，无法揭示事物本然具有的全面联系。严格有效的哲学建构必须是综合式的普遍本质的递次揭示。其他方法尽管可以是哲学的即相关于哲学认识目的，但只能是哲学的预备性探索，最终都必须回归到以综合方法进行哲学建构这一正题上来。哲学建构的综合方法一致于问题的超验追问方式，因为前者正是在揭示事物存在的前提。而存在论意义下的综合式前提批判就是认识论意义上的先验批判——作为存在论前提的普遍原理即为认识上的先验原理，因为对前者的知识正是相对特殊的事物的经验知识的可能条件。

认识上的综合方法要求首先追问关于特定对象的可能知识体系的最高概念和原理。然而这一最高概念却逻辑地不能直接从给定特殊现象即问题内容中获得。因为，在哲学语境中给定的问题内容相对哲学谋求的可能内容具有特殊性或者说前提依赖性。而在逻辑上特殊与普遍之间在存在关系上是不对称的，即由特殊内容不能推导出普遍内容，而只能从普遍内容出发构造关于特殊内容的存在关系，因为按照存在关系的秩序，普遍内容规定特殊内容，反之，特殊内容却只能服从普遍内容而不能规定普遍内容。所以，哲学建构活动只能从适当的普遍内容出发，在不断的问题设置中沿下降方向发展对给定问题内容的普遍规定性的阐述。因而，在给定问题内容与作为哲学建构的可能起点的提问之间存在认识论断裂，即不能直接由之发展出切合哲学建构要求的提问。哲学的第一设问必须另外寻找自己的对象，这对象包含能够发展出对问题内容进行全面规定的最高概念。这就要求必须进行问题的转化，把一个给定的经验性问题转化为一个恰当的哲学问题。这种转化的实质是实现问题的跳跃式提升。

但是，这种问题转化是有严格条件的，即设置问题的概念必须有能力切中给定问题内容。因而寻找和确定特定普遍概念成为问题转化的关节点。这一初始概念的选定即确定了一条哲学道路，把思维抛置到哲学轨道上。由这种具体的转化要求可见，问题转化即由经验意识转变为哲学思维并不是空洞的和自由的，也不是抽象的认识态度由经验到普遍的转变，而是必须在具体的成功的思维操作中才能实现，需要明确的哲学意识和技能。从某种意义上说，对哲学思维境域的存在形式及其获得方法的模糊，正是造成哲学思维的混乱、低水平乃至假哲学出现的根源。

如何实现对设置初始哲学提问的概念的恰当选择，事关哲学思维的成败。显然，被给定问题内容的特殊性所牵连，这一初始概念不是可任意独断的，而必须是关于与给定问题内容存在相关关系的事物的概念，并且这事物在逻辑上具有相对给定问题内容的普遍根据地位。这种特定的存在关联保证由之开始的提问视域包含有效的解释给定问题的连续概念序列。因此，针对给定问题内容展开寻求其存在前提的逻辑批判，是哲学思维所要求的问题转化的必要步骤。逻辑批判帮助划定哲学提问的境域或界域，保证哲学问题转化的理性化和恰当性。

逻辑批判：作为哲学提问的准备或奠基

经验关联作为事物的直接现实关联，是通过事物的实质构成内容实现的，因而是事物内在存在关联的现象和结果。哲学提问的普遍性提升这一要求，按照普遍性内容对事物的根据地位和哲学提问的下降式发展方向，本质上就是在追求事物的内在根据及其序列。所以在哲学提问与经验关联之间具有某种关系，在被经验关联所包含的事物中包含着哲学提问所追求的内在关联内容，并提示着哲学提问的恰当方向。经验关联所显示的存在根据的自然秩序——因果性的和类属性的——指点着提问所追求的内在普遍关联关系的线索。

但在经验关联中，存在物抽象地以整体形态参与对存在关联的表现（共时的与历时的），因此使得经验关联具有粗糙性和外在性，不能具体显示其中何种构成内容真实地参与存在关联。而且，经验关联作为存在关联具有存在方式上的并列性和混杂性。因此，必须对经验关联关系中的事物做出关于其根据地位的确认，才能使之对哲学提问具有积极价值。而适应哲学提问的普遍性提升要求，其认识过程应该从给定的问题对象出发，追索其存在根据。以本体论观点看，这就是在经验领域进行一种前提批判，而在认识论眼光中，此即为对一事物的存在条件作逻辑批判，其进行设问的概念为“凡物存在都有根据”。

就存在根据的可能形式而言，因果差别和存在的层次差别构成对它的完整界定。也就是说，一物之为另一物的根据，要么在具有存在分离性条件下而表现为因果，要么在不可分离的并存条件下具有可辨识的层次分别且相互间构成基础与依托关系，即在逻辑上，作为基础者可以独立于另一个内容而保持自己的存在，同时缺少了作为基础者的存在，后者就不能存在。因此，逻辑批判的方法是因果分析和存在层次分析。

逻辑批判的任务始终是同一的，即寻找一个给定对象的外在根据物。由于给定内容的特殊性并不影响这种根据的形式，即其特殊性本身在追问根据这一抽象观点下不作为提问的独立因素，不能提出自己的问题，所以设置逻辑批判问题的是普遍同一的“根据”概念，整个逻辑批判就是这一概念循环往复运用以设置提问的过程。逻辑批判的这种提问结构决定，提问所针对的内容的逻辑地位始终同一于作为提问缘起的给定内容的认识论地位，或者说与给定内容的逻辑性质是同类的内容，不可能发生认识层面的提升。联系给定内容相对提问设置概念的相对经验给定性，可以判定，逻辑批判的合法活动区域为关于经验存在物的经验知识。

绘制存在关联的谱系草图是逻辑批判的功能。它实质上是在进行对经验存在秩序的理性观察，因为这种逻辑思维满足于对存在关联事实的外在确定，仅仅抽象地或者说空洞地断言两个事物间“有”存在依存关系，而不进行内在关联形式的揭示，并不创设关于存在依存关系的具体规定性即“怎有”。质言之，在逻辑批判中所得到的仅仅是在“前提”范畴下的存在根据的外在表现。

按照“根据”的“特殊存在物间的依赖”这一本质，根据追问是无限开放的。因为，在其对象侧，特殊存在物的特殊性本身决定它带有关联性——在相互关联中显现和存在，缺乏超越关联追问的逻辑特征，从而所获得的“根据”地位都是暂时的、相对的，不能摆脱设问概念的合法作用。在其设问的概念侧，“根据”概念作为概念具有抽象性，在逻辑上把自己的外延设定为一切可能的具体存在物，或者说具体存在物的可能世界。这使得它在设置问题中拥有思维的抽象拟制能力，即虚拟一个“什么”来充作所追求的根据。因而在其设置问题的形式“这物的根据是什么”中，“什么”并不受到关于存在物的经验的限制，可以主观地设置一个抽象的可能的“什么”以延续根据提问。根据提问所带有的任一根据的相对性和主观拟设能力这两种特性一起，决定在逻辑上它是无限的，既在无限经验界内周游不止，更可以超越经验的制约而无限想象。这正是传统形而上学——超验地独断第一因——的诱因。

但是，逻辑批判的这种逻辑无限性受到了哲学提问目的的外在制约，为其提供可以终止追问的形式条件。哲学提问的普遍性跃升所要达到的高度，是由之开始构造关于给定问题内容的内在存在解释，描述它的全部普遍规定性。因此，按照外在存在关联物对应和包含内在存在关联内容这一原理，一个可以包含或者说发展出给定问题内容全部普遍规定性的存在物，就已经满足哲学提问的要求，可以作为哲学提问的入手对象。而这一存在物在逻辑上就是给定问题内容的充要条件。充要条件的唯一性和对问题内容存在的必然致成性，保证对给定问题内容之全部内在普遍规定性的认识完备性，即可以作为诱发对给定问题内容之全部普遍规定性的认识的起点。这要求，逻辑批判不能停留在作为前提的必要条件形态上，而必须不断推进必要条件的追问直至到达对充要条件的把握。因为必要条件对于给定问题内容的存在还不是完备的。另外，面对诸多充分条件也必须进一步追踪单一的充分条件，使逻辑批判达到充要条件水平。并列的充分条件必然可以归属于一个更高的作为充要前提的存在物。因为，以作为“一果”的给定问题内容为中介，“多因”在逻辑上发生存在关联，这种关联所见证的存在相容，必然体现为对更高根据的共属。也就是说，充分条件也必须被推进以达到充分必要条件。

先验决断

在借助逻辑批判确定了启动哲学提问的对象之后，思维首先所面临的问题是具体实现提问的哲学化。其实质为，针对这一选定的对象，确定问题结构中一个适当的提问概念。按照哲学的认识任务，哲学就在于构造关于给定问题内容的普遍存在规律，其材料为概念规定。因此，哲学设问的源概念是“概念”，只有依之设置的提问才使哲学成为可能，其提问被决断为“这事物的概念是什么”。这构成提问概念的先验决断。

哲学的目标是构造关于给定问题内容的内在存在原理，追问其所以然的普遍根据，其形式为事物构成内容间的普遍规定关系，这种关系表现为普遍对特殊内容的制约。所以，哲学思维的方法被确立为内在构成分析，其理想是发现事物存在的内容及其相互间的规定关系或者说存在结构。内在构成分析是使哲学思维获得成功的可能条件。不同于逻辑批判的外在存在关联考察，它是对具有共在关系的一个对象的内容的内在存在秩序的分析。可以把内在构成分析这一哲学建筑术的确定称为方法的先验决断。

由于哲学的使命是发现存在的构成原理而非自然致成线索，它关注事物的共时性规律而不以事物的历时性联系为内容，所以自然因果关系被先验地排除在哲学建构正题之外。

与方法的先验决断相联系，产生哲学建构的合法内容的先验决断。内在构成分析决定，参与哲学建构的一切内容必须为被分析对象的直接构成内容，而不能是其他外在内容或者说其他对象的内容。因此，在哲学思维中，随着主题的确定，也就同时划定了可能的思维取材范围，即那些属于哲学对象的存在的内容。哲学不能旁顾这些合法内容区域之外的内容。质言之，哲学思维必须把自己限定在特定的对象之内，反过来说就是，要适应自己的课题而把相关对象孤立化，对之进行思想分割和隔离操作。由此，哲学成为有限的思想活动，是有限理智可以完成的思想事业。在活动对象的具体化中，哲学也成为具体的，可以对其成就做出确定的判定。如果超越这一哲学内容的限制，或者对此缺乏明确的自觉，哲学就会陷入无限对象的无限性纠缠之中，从而被迫按照逻辑“理智地”放弃哲学，或者相反，扮演不可为的超现实英雄，或者把哲学这一理性兴趣引渡给无限的上帝，使之成为上帝的哲学。

在哲学普遍性所蕴含的前提批判本义中，有不断设置根据即根据的根据这种要求，其理想为达到无前提的第一根据这一绝对前提。在形式上，如果以独断方式设置一个普遍判断作为哲学的开端，则导致这种哲学在逻辑上的缺陷，造成哲学的形式上的可疑性，从而破坏它的逻辑有效性。无前提的前提是一个认识要求，即作为彻底的思维原则，它要求在思维中不未经思维而直接引用任何具体的存在断言。在思想中，无前提性在“前提”的存在论依赖意义上，就是一个存在内容的纯粹思维的确定性，即经过思维并且这思维过程不启用一个涉及存在的实质内容来确定一个对象的存在。无前提有双重含义。一是在存在论层面上不再依赖其他事物即第一因。二是在认识论层面上这第一因又不表现为独断的认识设置，是要经过思维和论证的。二者似乎在认识行为意义上是矛盾的。但这种矛盾性可以在对前提的内容性和形式性的区分中加以消除。对一个存在物的存在确认，只要有可以不触及该存在物的存在区域的论证，就可以避免这一矛盾。也就是说，对第一因的论证不能使用与之同处同一存在范畴的实质（特殊）存在物，保持整个论证过程与第一因存在物的异质性（没有存在上的关联关系），采取形式的思维方式从而保持绝对的抽象性和普遍性。其理想为，从纯粹的思想接触到一个存在物的存在。也就是说在第一因的见证过程中不能使用特殊的关于存在的实质内容的存在语言。这种思维过程的绝对普遍性保证了其视见物的绝对的存在普遍性，使之具有第一因性格。由论证语言的非存在性所决定，这种论证的开端必然具有某种怀疑论形式。

按照普遍性之逻辑递归性即普遍性的不断提升必然导向一个最高普遍性内容，哲学至少需要进行一次以怀疑论作为开端的无前提思维，由之使其他存在内容成为有可靠根据的。此外，在解决给定问题过程中，可能牵涉作为适当哲学提问原点的对应存在物之外的其他存在物。一旦这“其他存在物”的普遍存在本质不能从在先根据中推导出来，就需要通过彻底批判形式非独断地加以发现和论证。所以，每一种哲学提问和建构所包含的以怀疑论为开端的彻底的前提批判数目及其在哲学体系中的设置结构，要根据给定问题所对应的哲学提问对象的逻辑地位和所牵连的其他对象的性质，来具体确定。对以占居逻辑原点位置的存在物为哲学提问对象的那个哲学建构活动，就必须设计彻底的前提批判开端。同时，也必须为所涉及的不能推定其本质的其他哲学提问对象设计前提批判。可以称这种涉及哲学可信性的开端形式的选择为哲学信用形式的先验决断。

先验批判：作为内在存在描述和对问题的依序推进

由针对给定问题内容所设置的原初哲学提问来启动的哲学建构活动，其任务为建立到达给定问题内容的存在构成的描述，因此是从普遍到特殊的下降过程。按照普遍内容是特殊内容的形式和前提这个原理，其中占居相对普遍地位的内容——认识在先的内容——构成下级特殊内容的前提和可能存在的条件。换言之，哲学建构的结果是揭示事物的前提序列，直至给定问题的经验存在。就其客观认识效用来说，它所进行的是与逻辑批判方向相反的前提批判。而且，不同于逻辑批判那种不断消极否定一个已获得的前提的最终前提性，它具有积极的建构特征，以每一环节的根据有效性为基础，连续肯定地给出事物的根据内容，构成关于给定问题内容的存在的根据体系。由于这种哲学建构所追问的普遍内容与作为直接经验的给定问题内容并不是外在的，而是就容存于其中，一起成就经验事物的存在，所以哲学建构具有典型的先验批判意义。

先验批判的核心工作是概念的建构即构造关于普遍原理的命题。其中，第一任务就是以彻底的前提批判方式确定相对哲学提问的最高概念，然后依序构造其他概念。按照内容的先验决断，只有那些与当前思维环节有存在构成关系的内容才能成为考察对象，而按照概念的逻辑特征，它在该内容区域中享有最高的普遍地位，并且必然已经完备地存在于其中。依照这样的把握，可以有某种具有启迪作用的概念建筑术。第一，对概念构造的可能内容进行批判，即划定合法的内容范围。第二，去除互相间的非关联内容，留存有关联内容。因为概念内容必然在逻辑上要与其他内容发生关联。第三，整理有关联内容的内容关联群，以相同的关联项为中介，排列关联层次。第四，去除关联关系群中关联项数目较大侧的关联关系端项，保留内容数量较少侧的内容项，直至最高关联内容。因为按照普遍性的外延特征或者说关联特征，在普遍与特殊的关联关系中，具有一多对应关系。第五，分析最高关联内容间的关系，使它们整合在一个统一体中。在这种哲学的概念建构中，没有超越考察对象本身之外而进行类间比较的地位，因为这违背内在分析原则。内在分析原则的消极规范是，差异不是本质①。

哲学建构的本质是存在批判即存在物之普遍构成原理的揭示，其终点是世界事物的存在。因此，普遍与特殊之间的关联的间断是推动哲学提问的动力。先验批判按其本质具有问题生产能力，它在不断地对普遍规定性的致知中推进自己，这种普遍规定本然地要求对经验存在的干涉，因而形成在它与经验存在之间的“空白地带”。随着先验批判环节的推进即每一概念的成功给出，先验批判自身都产生新的提问基础，形成新的具体的问题结构，其中，新的概念作为提问的设置概念而针对特定内容发问。先验批判正是在不断推

① 对亚里士多德“种加属差”本质确认模式的批评，请参阅拙著《有限意识批判》，第73—78页。

进哲学提问中展开的。先验批判因而带有方法功能，具有内在自律形式，是自觉的。

先验批判所求先验概念和原理的逻辑普遍性，也向先验批判思维过程和方向提出严格的要求。对于文明理性来说，一个观念的逻辑普遍性不能靠自身内容的特定规定性来证明，而只能取自这观念的产生过程。也就是说，只有在具有普遍必然性思维形式中得出的观念，才能是逻辑普遍的。观念生产过程的逻辑普遍性形式赋予在其中诞生的观念以逻辑普遍地位。因此，先验批判内在地要求完成任务的特定思维方式或思想形式本身具有逻辑的普遍有效性。

先验批判是对事物构成的分析，因此要求以完备性来保证自己对事物解释的有效性。所谓完备性也就是先验规定的完全无遗。按照先验的经验致成或者说普遍的特殊致成功能，普遍规定性的任何一点缺失都将造成存在的不可能，从而使其他普遍规定性整体地失去对存在的解释效力。而完备性要以每一论断的根据充分性作为认识保证。对于先验知识序列而言，根据的充分性就是占据每一环节的先验知识都必须由处于其上位的所有观念来构造其论证。按照普遍性的等级序列，这就是说在推出每一先验观念前，位列其上的所有更高级的普遍观念必须先行给出。因此，先验批判必须由具有最高普遍性的起点开始，连续递次下降。为完成先验批判任务即获得对一种事物构成的有效知识，就必须深入普遍性领域而展开一系列先验考察，广泛地牵连出其他普遍原理。

从哲学文本的叙事结构角度，可以把对先验批判的方法意义的阐述转换为先验批判的表述逻辑。一种先验批判的具体展开，其内容的出现序列必须满足先验批判的正当方法的要求。要言之，先验批判的表述逻辑是：贯彻彻底的批判原则而在普遍性形式下寻找批判对象的存在及其规定性，然后逻辑地推演关于该对象存在的有先验效能的诸普遍规定性。所谓有先验效能，是指具有对对象经验材料的有效组织能力，能够针对给定材料实现对象存在的构造。只有完备而有机的先验规定性才能拥有先验效能。也就是说，先验批判必须把存在构成分析推进到经验界面上，获得规定一个对象存在的所有普遍形式并在分析过程中显露出它们之间的联系。因此，先验批判是在普遍性领域内并在普遍规定性间的内在逻辑关系指导下，不断把先验规定具体化的过程。

先验批判按照其给定问题内容所对应的哲学提问层次而有层次差别。最基础的也是最高级的先验批判是理智批判，因为一切存在的确认都必须采取认识形式，所以认识本身的存在形式和规律是首要的批判任务，它不仅建立起对存在认识的内在理解，而且设定进行存在认识的逻辑规范，使得认识活动自觉遵守自身的性质并能进行有效性的自我辨识。

先验批判的先天自律暨原创的观念纪律

在先验批判的结构和方法中，包含对先验批判构成内容的逻辑约束，因为它来自思维的自我设计和管理，所以可以称之为内在的内容自律。

首先，彻底的前提批判反对一切独断，从而根除逻辑上的可怀疑性，避免围绕特殊性所常有的不同主张间的不可裁判的对抗。明确的彻底批判意识严格限定了先验批判，把它置于严格的逻辑条件下，使它必须审慎地遵从逻辑必然性的指导。对象的存在是唯一的，普遍规定性对这对象的关联也是必然确定的。因此，按照普遍性的指导进行的对批判对象之存在的寻找和确定也必然是客观的。这就是说，彻底批判使得先验批判的起点超越主观偶然性而成为普遍有效的。并且，一个具有相对高级普遍性的内容，是致成其下级诸内容的条件，因而具有某种先验属性。根据这种先验性与普遍性的可等效转换关系，绝对的普遍性直接赋予这起点内容以先验性。而且，从对象的存在之外进行的普遍思维所首先发现的该对象存在的普遍存在属性，因其位列关于该对象的普遍思维之首，必然具有最高普遍性位格。按照对先验批判任务的描述，这保证了先验批判起点的完善性，即具有发展出全部先验规定的潜力。

在接续进行的先验批判中，被普遍规定性间的必然逻辑联系所决定，先验批判必然能够有序递次展开，使诸普遍规定性按照其间的自然逻辑秩序不断显露。在这一过程中，每一上位先验观念为相对下位的先验观念的涌现提供根据，而且，提供充分必要根据。只要坚持严格的逻辑原则，就能保证每一观念出现上的必然性和先验合法性。因为，每一普遍规定性都有其意义的有限构成要素，也就是说具有含义分化可能性，而其中的每一构成要素当然分有与之同样的普遍性。比如，黑格尔的作为自身规定的“有”这一概念包含质、量、尺度三种规定性，这三者即享有与“有”同级的存在普遍性，而作为分支的“质”的构成要素（自在、定有、自为之有）则享有专属于“质”的方面的普遍性。普遍规定内容本质上具有普遍作用效力。因此，不同普遍规定内容间必然无条件地发生普遍的相互作用。这一点具有向普遍地思考它们之间的存在关联的行为的授权意义，它说明，基于普遍规定内容的普遍本性而自由设置它们之间的关联是合乎逻辑的。而普遍规定内容间相互作用的实质是向对方提出满足自己的存在要求，对其做出存在样式的规定。在这种规定中既有新的规定产生，且其结果必然享有普遍性，尽管这种普遍性是被决定的和次级的。比如，斯宾诺莎《伦理学》第一部分的第十命题（“实体的每一个属性必然是通过自身而被认识的”），就是由相对高级的界说四（“属性，我理解为由知性看来是构成实体的本质的东西”）和界说三（“实体，我理解为在自身之内并通过自身而被认识的东西”）推出的。由此可知，先验批判思维既具有合法的主动权利，又具有封闭形式即其自由活动被自然而然地限定在有限的已获得内容之内。因而先验批判必然使可能的逻辑联系连续地显露。反之，在存在逻辑间断即缺少必要的作用内容的参与或者存在序位非相邻的内容间，必然不能建立有效推出关系。这表明，先验批判是严格自我约束的，能够保持自己纯粹的先验品质。检查先验批判的逻辑形式的完善性即可判定其有效性。在先验批判规范下运行的先验批判，一定是完备的，即其内容实现自我涌现且可在先验批判自身内做出自我判定。要言之，依据先验性取决于逻辑普遍性，而逻辑普遍性被逻辑思维形式所赋予这条线索，先验批判成为自我立法和自主判定的，其标准即为保证观念普遍性的观念推出过程的逻辑形式。

按照先验批判的目标即解释经验的统一性，先验认识必然要进展到某种规律的存在经验之上，同时这标志着先验认识在某一路线上的终点。而后，先验认识必须自然转向，即选择另外合理的先验批判展开方向。在先验认识对经验界面的不断接触和退转中，先验批判保持住它的先验性，通向关于事物存在普遍规律的完备表述。

与内在的内容自律相对，先验批判还无形地受到来自认识对象对其构成形式的必然限制，因为这种作用紧随思维内容而自发产生，所以可以称之为内在的形式自律。

存在是先验批判的对象，构造存在或者说理解和解释存在这一普遍思维形态，继续延伸到先验批判中。因此，存在本身的普遍法则将无形地发挥支配作用。

但是，在认识与对象这一话语框架内，对象的存在以其特殊性而区别于认识这一特殊主观存在。这种存在上的疏离使得认识关系出现逻辑困难，即存在本身的普遍法则无意识，而意识着的思维不在先占有存在，所以思维要利用存在的普遍规律却须先认识存在的普遍规律，而认识存在的普遍规律又须利用存在的普遍规律。这一循环性矛盾的实质为条件与结果的自我纠缠，即由条件产生结果，但条件本身又依赖结果才能成就。克服这一认识关系矛盾的出路在于，超越存在的特殊形相而追问存在的普遍意义。

认识的现实形态指点着解决问题的方向。

由于思维的直接现实是意识，对存在的把握以及存在对思维的作用都须通过意识这一中介进行，所以，如果意识的存在能够分享一般所谓存在的规定性，那么存在就以其在认识及其对象中的同一性而废除其对思维发挥作用所需的在先思维其本身这个条件。

存在的确认是一个思想事件。因此，不论是常识的存在意义还是哲学的超越性存在概念，都不能逃逸于思想之外，必然在思想中有其根源。即使是外在的实在观念也是思想的一个设定，有其思想起源。我们所谈论的存在，必然在思想中有其规定，思想不可能触及自身不能容有的东西。

思想在自身之内独立地拥有存在概念表明，它本身就具有这存在概念所指示的规定性。因为，其他一切观念均待存在概念确定存在性，而存在概念本身亦为一个观念，所以，存在概念只能来自普遍的纯粹思想本身。思想本身也必然拥有这种存在，具有封闭性的思想不可能提供其自身所没有的东西。思想只能把其自身的现实构成提升为存在概念。思想的自我意识结构为此奠基。思想的自身确认表明，它已经把存在概念运用于自身。既然纯粹存在属于意识，而意识作为一种存在也同时被这纯粹存在所断定而确立自己的存在身份，那么意识的存在本身就同一于这纯粹存在（概念）。意识正是意识到自身的这种存在形式而将之作为存在概念的。换言之，意识的存在与所谓事物的存在具有同一的存在概念所表达的普遍存在规定性。

就意识被存在概念所确认，意识因分享存在概念而有自己的现实存在而言，存在是意识的先验条件。进而言之，普遍的存在规定性必然在以意识为形式的思维中自行发挥作用。

因此，存在通过意识形式直接实现对思维的制约，意识之普遍存在形式即为可接受的存在之标准。先验批判必须——当然也将自然地——遵守意识的从而也是事物的普遍存在形式的原理。

常识的存在概念以及与常识一致的传统的哲学存在概念——在思想之外而客观伫立——的重大失误在于，它作为存在概念却在其定义结构中决定性地带有片面化疏漏，即在断言存在时逻辑地把断言存在的观念这种存在排除于存在之外。因此，常识的存在概念使得存在残缺不全。

对于思维，意识的普遍存在形式也就表现为关于存在的可能性的规范即纯粹逻辑，与普遍存在相适应的绝对抽象性决定它是纯粹形式原理。

在实质上，先验批判内在的内容自律和内在的形式自律，体现了哲学认识的认识论的和逻辑的规范，构成与哲学认识本质相匹配的有效论证形式。对于要求合理根据的文明理性来说，它们即为有效原创的必要条件，违反或缺少它们，一种原创就不能主张自己的正题性哲学理论权利，否则也是在形式上逻辑无效的。

结 语

原创的贫乏大概是中国哲学现状的公认特征，其重要根源正在于方法意识在思维中的缺席。带有实用主义特性的经验思维倾向妨碍中国学人全面反省和占有哲学思维方法的各个逻辑环节，从而按照哲学思维的普遍理论结构去确定和完成哲学思维任务。在哲学研究中，不说那些稻粱为谋的伪学术，就是抱有严肃求知目的的真诚哲学思考，也存在很多半截子现象，即把对事物的经验性的因果生成考察当作本质分析路线，以自然起源作为事物本质，从而仅仅停留在“逻辑批判”阶段，不能自觉地转换到哲学理论的正式构造工作中，偶触哲学之门却无力一推，只助跑而不起跳，因此也就缺乏乃至没有真正的哲学思维和建树。因此，澄明方法意识已成为优化中国哲学研究的关键问题。感时发奋，忧思疾步。兹撰拙文，不揣鄙陋而与谋振兴中国哲学之大事。

“身体”辩证

张曙光

有关“身体”的论题显然不具有“原创”性，倒是有赶时髦之嫌。因为近几年来，国内翻译了不少西方关于身体的论著，一些学者特别是女性学者对性别问题的研究兴趣持续不减，而各种身体写作的举动则一次比一次更“先锋”。但此论题又确实是一个老而弥新的问题，一个属于全人类又属于每个民族每个人的普遍又特殊的问题。虽然人类从诞生之日起就注意到自己的身体，但人的身体在不同的文化和不同的时代却有不同的遭遇，人们对它的态度亦颇为不同。现代西方人尤其是哲学家拿人的身体说事，是要用身体的图式或视角取代意识或纯思的图式或视角；现代中国人之关注身体，固然也受到西方的影响，但更主要的则缘于自己处身位置的变化。比如，在刚刚过去的那个崇尚“革命”的年代，身体被视为革命的本钱，本钱当然要生出革命的“利息”，但献身革命也正是身体当然的归宿；而在一个刺激消费的市场经济社会，个人本位同时也使人的身体具有了属己性和目的性。然而，当人们把自己的身体奉为目的时，它却仿佛变成了伊甸园里智慧树上的那枚果子，谁吃下去谁就会陷入自身的撕扯之中：身体的目的性与手段性、身体的生物性与精神性、身体的个体性与社会性、身体的向生性与向死性、身体的偶在性与命定性、身体的自我与非我等一系列二律背反，在新的社会背景下凸显出来，让人感到左右为难。正因为如此，笔者认为，身体完全应当进入中国哲学的视野，让身体获得合乎身体本性的识见。或许，“身体”还会成为中西哲学思想会通的一个新的亮点。

一

人生在世，亦可说是人身在世；人在生活中，亦可说是身体在生活中。那就让我们先从在世的生活来看身体。

在生活中，我们既能确知自己身体的存在，也能够直观到别人的身体，对于与生俱来的身体，只要属于正常，我们就不会有多少稀奇之感。在我们忙碌于生活特别是投身于事业之时，我们的身体很有些类似于手中的工具，越是运用得得心应手，我们越感觉不到它的存在，也不会特别在意它；倒是哪个部位受了伤得了病，或由于劳累过度而身手变得不灵活了，我们才会给予特别关注。当然，此时的关注是对象性的，最标准的形式是医生对患者的询问、检查和治疗。但是，当我们以身体自身的目光而不是医生的眼光来看身体，或是内在地体验自己身体的活动时，身体非但不是工具，反而成了运用工具的“本体”，而作为本体的身体必定是我们的出发点甚至一切。我们能够看到各种色与形、听到各种音响、嗅到各种气味、尝到甜酸苦辣、感觉到冷暖或者软硬，这都是身体感官的作用。说唱逗笑、腾挪翻转，是身体的功能性发挥；吃喝拉撒、衣食住行，是身体存活的需要；发明创造、社会变革，则既要由人的身体贡献体力和智力，最终也还要落实到人的身体的安康与长寿、舒展与自由。即使“医生的眼光”，也要从医生的感官出发，医生为患者看病也不外乎老子说的“以身观身”。至于人自身各器官、各部位、各系统之间的相互关系，包括意识或精神系统与其他系统的关系，则是身体自身的分工合作、相互的服务与协调。总之，身体既是人的活动的出发点，也是人的活动的目的地。

由此，对于人来说本不稀奇的身体，一下子变得无比的重要，重要到难以言说的地步，如同我们看不见能够看见整个对象世界的眼睛，我们说不出我们一切活动都赖以出发的身体。“道可道，非常道”，老子只能强名之曰道；可说的身体亦非身体自身，我们也只能强说之。如谓不然，谁能就身体的内涵给出一个明确的界说，清清楚楚地说出身体与生命、身体与大脑、身体与心灵、身体与自我的关系？更不要说揭示人的身体的奥秘了。但是如同道并非完全不可道，身体亦非全然不可说，身体就是我们自身，我们的生活和实践无时无刻不在表达、呈现着它，换言之，我们的身体总是以各种“话语”形式在诉说着、实现着自己。在人们共处和交往中形成的言谈与书写，不过是身体最具公共性的诉说形式，不过是对身体的那些可感可视却无声无迹之言的转述与记录。言谈与书写之于活生生的身体，的确书不尽言、言不尽意，而由于书与言皆是公共性符号，它就只能述说人的身体一般，而人的身体恰恰是个别即个体性的，属于每个人自己，语言的有限性问题于此暴露。然而，这个问题不过表明人的身体绝不能归结为并终止于关于身体的语言或言说。关于身体的语言或言说既要在人们相互之间即所谓主体间展开，还要辅助于身体相应的活动和表情，举手投足，眉飞色舞，声情并茂，有时还要沉默不语，这是有身之人论说身体的题中应有之义。同理，关于身体的哲学话语，也就不能再完全仰仗那些纯粹抽象的概念，而必须借助象形、象声的文字。由此亦可知，语言不是身体的家，身体倒是语言的家。

人常说，生活是人最好的老师，而人的在世生活正是由人们活的身体制造出来并享用的。所以，人是从自己亲身活动中获取经验和教益的。人的亲身活动告诉自己的是，人有身才有一切，无身则一切皆无，什么财富、权力、爱情、事业、真理、智慧、生命，这些世上至为宝贵的东西，哪一样都要依托并落实为人的身体活动。我们相信，那些重病在身的人体会到的，正是一个健康身体的无比美好；我们还相信，那些在名利场中碰得头破血流、弄得身心交瘁的人，到头来都会感叹，只有身体是自己的，其余皆为身外之物。身体安康就是福，这不能不说是生活的真理。然而，人的一大“弱点”就是好了伤疤忘了痛。人的伤病痊愈之后，身体的健康自然又会成为寻常之事，也就失去了特别看重的必要性；从名利场中跳出或逃出的人，一旦休养生息恢复了元气，那身外的名利对于身体就又会产生磁石吸铁般的效应，诱惑他跃跃欲试。不错，人既然知道自己的弱点，就应当改正，有生病的教训，就要注意保持身体的健康；知道个人的名利算不了什么，追名逐利反要被名缰利锁所缚，就应当淡泊名利。老子的质问于今仍不过时：“名与身孰亲？身与货孰多？得与亡孰病？”[①] 庄子的评说亦应认真倾听：“自三代以下者，天下莫不以物易其性矣！小人则以身殉利；士则以身殉名；大夫则以身殉家；圣人则以身殉天下。故此数子者，事业不同，名声异号，其于伤性以身为殉，一也。”[②] 庄子希望看到的是人人皆能“保身”“全生”“养亲”“尽年”，而不愿看到人们伤性殉身，即使圣人以身殉天下，也并非不是憾事。证之以今天，那些为民为国殚精竭虑而英年早逝的人，依然是一切良知者的心中之痛。可以说，随着社会的进步，人们越来越有条件讲究养身之道了，身心健康，于公于私都是好事。但这是否意味着身体可以避开一切的名与利？是否意味着一己之身体至高无上？如果人人都有一个强健的好身体，却使之处于无知无欲、无所作为的状态，那它对于人来说，还有什么意义？极端地说，如果害怕五色令人目盲，五音令人耳聋，五味令人口爽，驰骋畋猎令人心发狂，难得之货令人行妨，就有眼不让看美色，有耳不让听妙音，有嘴不让食佳肴，有手不让挥舞，有脚不让跳跃，那人的生存岂不索然无味，身体之本性也岂不被桎梏起来而大受伤害？须知，我们的身体天然指向外部对象世界，天然需要在感觉、摄取和享有身外之物时，投射和释放自己的体能与智能、智商与情商，并体验自身运动的快感。我们的身体就是我们自身，它固然具有非对象性，但同时亦不能没有对象性即向对象开放与对象共在的取向，否则它就成了马克思说的那个“无”。而人的身体既属于自己，又系于父母的生养、他人的关照、社会的塑造乃至天地自然的惠顾，集生理性、精神性和社会性于一体，并非超然世外，处于无待状态，人又岂能只关注自身的存活？贵生为己到了杨朱“拔一毛而利天下，不为也”的地步，也就难免遭到类似孟子对杨朱的责骂。孟子亦有言：“古之人，得志，泽加于民；不得志，修身见于世。穷则独善其身，达则兼善天下。”[③] 断裂的现代人难道已不存在得志与不

① 《老子》第四十四章。
② 《庄子》:《骈拇》。
③ 《孟子》:《尽心下》。

得志、穷与达的问题了吗？难道可与孟子所讲的这一处世原则背道而驰吗？自爱爱人，贡献社会，造福人类，泽被自然；民胞物与，立功立言，生得其时，死得其所，使自己和处身之世良性互动，相得益彰，这不正是人的身体的自我实现吗？

而既然人只能从自己的身体出发，那它就一定如黑格尔所言之“起点”，处身于此而又趋向于彼，是自己而又超越着自己。因此，究其根本，身体的本质既在身体之中，亦在身体之外，即在身体“可欲”的对象之中。换言之，人的身体具有它自己的否定物在自身中，身体自身就包含着差别和否定，这就是生命的新陈代谢，就是精神的自我超越，亦是大自然这一非人格身体的兴衰盛歇的循环往复。然而，生命不可直观，精神不可直观，它们只能寓于并显现为有形之身；大自然生生不息之大德，亦最能由人生体现由人身体悟。可以说，“情动于中而形于外”（或思于内而行于外，感于外而发于内）的身体，是中介性的，处于内在精神与外部世界之间；亦是建构性的，既分化又整合着人的内心世界和现实世界；还是自返性的，在空间上展开着对象化及其扬弃的活动，在时间上进行着生生死死的循环。这大概就是生活向我们昭示的身体的真理吧。

二

人生在世即在历史中，“世”可指世间天下，亦可指世代时代①。人类处世的智慧正是一代代地生发和积累的。那么，人自身的历史特别是爱智慧的哲学的历史，又给我们讲述了什么样的关于身体智慧的故事呢？

如果从源头看，人类的智慧正是一种直接从身体出发产生的生活智慧即在世生存的智慧。这一点，在中国古代哲学中表现得尤为突出。众所周知，按《易传》，伏羲演八卦，是观象于天、观法于地，近取诸身、远取诸物的结

① 古汉语中，三十年为一世；父子相继亦称一世或一代。作为佛教用语，“世”指过去、未来、现在。

果。“近取诸身”，人自己的身体就是人最切近的取法之对象。人身乃有性之身，有男女之分，且有生有死、有少有老，能伸能屈、能进能退，充满了矛盾和辩证性。并且，人是靠身体的感觉器官来“远取诸物”“观物取象”的。中国人一向重视的“象”既是人的眼睛看到的具体形象，又是体现着人的理解力与想象力的象形性、象征性符号即意象。这意象反映着人身体的处身位置即自身与对象的境域性关系，体现着人的拟人化人性化的观照。易经的阴阳二爻和由此构成的卦象，都象征着人事和呈现在人面前的自然现象及其变化。有论者指出，《周易》是通过“象”的想象和规定来把握整个世界的，中国汉族人的思维所表现的直觉、体悟、动态平衡、系统整体、全息等特征，都源于这种取象与观象的象思维；象思维是形象中心主义，其优越性在于：具有与对象直接关联的直观生动性，在表象中显示对象的动态整体性，从一点把握整体的全息性。[①] 象思维既见于中国最早的哲学思维及其符号，亦作为思想文化基因代代相传并发挥着巨大的作用，中国的书画即是明证。《易经》的近取诸身，远取诸物，在中国书画中进一步明确为“外师造化，内得心源”的原则，作为造型艺术的中国画毋庸赘言，与画同源的汉字，几乎都是象形、象声、指事、会意的文字。宋人韩拙认为，画源于伏羲画卦象，书本画也，画先而书次之。存形莫善于画，载言莫善于书。故知书、画异名，其揆一也。[②] 后来，汉字在发展过程中衍至秦汉的小篆，其图画性已渐为符号性所取代，但仍然保留着图画的痕迹，仍然是象形性象征性的，从直观上就能够让人们感觉到它的意义。如“身”在甲骨文中从人而隆其腹，像人有身之形，现在仍保留此状；“心”则状作为五脏之首的心脏之形；“思”在小篆中从“囟”从“心”，囟状人的囟脑门；“意”从“音”从“心”，寓人的意识出于心而发于言；繁体字的“爱”是有“心”的，“圣”字在“王”的上面有“耳”有“口”，表明善于倾听善于言说的人才可作圣王（一些很不高明的简体字简化了原字的形与声之后，不仅使汉字缺少了感性直观性，也流失了许

① 王树人等：《传统智慧再发现》（上），作家出版社1996年版，第62—63页。
② 转引自杨乃乔《悖立与整合》，文化艺术出版社1998年版，第228—229页。

多极其宝贵的文化意蕴，削弱了中国人的形象思维能力。有识者早就指出的这一问题值得重视）。由汉字而汉语，汉字的象征性特点进一步展开，产生出宜于状物、抒情、喻理，启人联想的诗性哲学和文学。鲁迅先生曾谓中国汉字汉语“意美以感心”，“音美以感耳”“形美以感目”① 所言极当。可以说，中国人的象思维及其文化符号的创造，在表明其从自己感性的身体出发以身观物的特性。前后、左右、上下、远近等这些方位词皆以人的身位为坐标；山腰、河床、云头、树冠、风吼、海啸等则使自然对象拟人化了；而数字和十进制的由来则直接源于人的十指；宏观、微观更说明是以自身肉眼的视力来区分的。总之，人的身体之形，让人们重视事物的形象并给予象形的把握；身体之活性，使人们意识到运动比静止更为根本，而动静、张弛、刚柔的呼应与转化是中国哲学以及书画、武术的基本原则；人的身体运动所导致的场景变化即移步换景，则启发了中国绘画的散点透视；身体之灵性之精神，更成就了中国古人“通神明之德，类万物之情”的境界和智慧，成就了中国书画的气韵与神韵。中国文论有“不着一字，尽得风流”之说，而“妙不可言”“此时无声胜有声”一类悖论性隐喻性之言，也意在提示人们在有限之言下面，还有一个用心体悟即可意会的默而隐的奇妙世界。这个奇妙的世界并不外于身体，而是身体与天地会通的灵明、神明的世界。文学评论家鲁枢元写道：中国语言的最高境界是要捕捉那种“无状之状”“无象之象”“恍惚窈冥”的境界，这就是“道”所指喻的宇宙人生的精义。中国语言借助其象征性和隐喻性，把人们引向“澄思”“玄览”“意会”，而终于能够使人们跳出有限的经验之域，“精神横骛八极之远，心思竖游万仞之高”，一苇渡航，驶向言语之外那个无限展开的彼岸。② 值得强调的是，中国汉语及其思想的这种从显到隐、从有形到无形的转换或跃升，并非像西方哲学那样走向一个消尽感性色彩的逻辑思维世界，而是走向一个更加灵动自由的意象世界。中国古人或许不懂现代之现象学，但他们知道外部世界是相对于人的身体

① 《鲁迅全集》第9卷，人民文学出版社1981年版，第344页。
② 鲁枢元：《超越语言》，中国社会科学出版社1990年版，第244—246页。

才如此这般地存在的；人的身体与外部世界始终处于相互作用之中，也只有通过自己身体的功能性行为，通过身体的观象与取象，人们才能实际地把握这个世界，与周围世界打成一片，建构起一个属己的意义世界并借以安身立命。《庄子·逍遥游》中的那个其翼若垂天之云的大鹏之徙于南冥，“水击三千里，抟扶摇而上者九万里”，固然为人的肉体所望尘莫及，但它既取象于飞鸟，又使人在精神上摆脱了肉身的沉重，扔掉了世俗的枷锁，高举慕远，实现了自由自在的意象。追日之夸父，奔月之嫦娥，大闹天宫的孙悟空，这些神话中的人物同样表明了中国古人关于自身与对象世界之可能性关系的丰富的想象力。

然而，人对处身其中的世界的拟人化意象化，虽然反映了人从现实出发又超越现实的取向，极大地拓展了人的思想和精神空间，意义重大，但毕竟属于以想象支配自然力的范畴，如果停留于此想象，人们就会陷入类似安徒生童话中那个卖火柴小女孩的一厢情愿的境地。“我欲乘风归去，又恐琼楼玉宇，高处不胜寒。起舞弄清影，何似在人间。”东坡先生在此表明的对天界的向往又大感寂寥、终于还是依恋人间家园的心迹与情感，其实反映了人类在“大地”与“上天”之间徘徊流转的普遍的矛盾性状，也是人自身在对象性活动中形成的张力及其缓解：处身于大地而心却飞向上天，但最终还是要在大地上安身立命。处身于大地，自然会有与大地一体共生的亲近感和信任感，但人却必须面向黄土背朝天地劳作，必须与灾难抗击与野兽搏斗；筚路蓝缕，以启山林，以开洪荒。处身于人间，与人相依为命，更会有人情的慰藉，家园的温馨，然而，每个人都不能总是在家人的庇护下生存，他必须走向陌生的外部世界，含辛茹苦，建功立业。置身大地，置身人间，都既会有宜人的天作之合，也必定有冷酷的生存竞争；既会有成功的喜悦，亦会有身心的创痛；既可顶天立地，也会有匍匐潦倒之时。

不言而喻，现实的人生毕竟是有限有待的，因为人的肉体生命是有限有待的；而人生的一切意义都要以人的生命存活为前提；人的生命存活要有足够的物质生活资料，人生产物质生活资料的体力和智力就要持续地提升。于是，人既是自己的目的，又是自己的手段，人因此不能不在观念和实际上把自己划分为二，且必定落实为身体自身的手段性和目的性的二分。手段通向工具，工具属于技术，技术讲究的是效率，效率遂不能不成为人生的一大主导性原则，并势必贯穿人与物和人与人两方面的关系，在使人与物的关系成为实用性关系的同时，也使人与人的关系演变为功利性关系即服务于生产效率的有效的合作关系。而随着人的生产能力的提升，他们的需要和借助想象生成的欲望，也会不断地增长、膨胀。凡此种种都说明，人生在世即人与自然和人与人的存在的原初整体性，不可能是已然完成的整体性，而必定是基于内在差异和矛盾不断地分化与整合着的整体性。从感性直接性而言，人的身体恰恰是分立的即个体性的，身体的个体性意味着人的需要、欲望、意志和思想的个体性，意味着人与人的关系还有互为对象的一面。这样，对于一个要保持内部和谐的共同体来说，就始终会有一个对彼此外在的个体的整合问题。

春秋战国时期，诸侯并起，但伴随着铁器的出现和普及，迎来的恰恰是人的自我意识觉醒，自身利益得到重视的时代。在这个“天命”落“人文”兴、“道术为天下裂”的时代，人们的处身位置发生了沧桑巨变，人与人的对象性关系也达到极致状态，这就是各诸侯国之间及其内部的相互利用和你死我活的战争。利用是对他者的体力和智力的利用，战争则以保全自身和消灭他者为目的。人们从自身利益出发，变法改革、合纵连横，到头来却使自己的身体成为工具，生命处于凶险之境。这不能不引起智者们深深的思考。于是，在法家和兵家顺应时势，指导君主们富国强兵、攻城略地、称王称霸之时，大哲老子却看透了人世的辩证法，他告诫世人特别是那些有财有势者：“持而盈之，不如其已；揣而锐之，不可长保。金玉满堂，莫之能守；富贵而骄，自遗其咎。”他要人们学天地，“天地所以能长且久者，以其不自生，故能长生”；学江海，“江海之所以能为百谷王者，以其善下之，故能为百谷王。”他向王侯们开出了“自然无为”的治国之方，贡献出他的“三宝”：“一曰慈，二曰俭，三曰不敢为天下先。”老子认为这是最根本的“深根固柢，长生久视之道”。[1] 然而，他清楚地知道，虽然其道甚易知，甚易行，天下却莫能知，莫能行，因为王侯们不是他所期待的“圣人”，既不能“后其身”“外其身”，也做不到“以百姓心为心”。庄子对人性也看得透彻，他说：“夫天下之所尊者，富贵寿善也；所乐者，身安厚味美服好色音声也；所下者，贫贱夭恶也；所苦者，身不得安逸，口不得厚味，形不得美服，目不得好色，耳不得音声。若不得者，则大忧以惧，其为形也亦愚哉！夫富者，苦身疾作，多积财而不得尽用，其为形也亦外矣！夫贵者，夜以继日，思虑善否，其为形也亦疏矣！人之生也，与忧俱生。”庄子深刻地揭示出人生的悖论，而那些为了活身反而不能活身的人，则既颠倒了身与物的关系，又是对自身生命的无知。庄子要人们看破世俗和肉身，由俗世之人道上升到自然之天道，“无以人灭天，无以故灭命，无以得殉名。谨守而勿失，是谓反其真。”养身的关键在于看破生死，摒弃物欲而顺乎天理，他说：“养形必先之物，物有余而形不养者有之矣。有生必先无离形，形不离而生亡者有之矣。”故而要弃事遗生，“弃事则形不劳，遗生则精不亏。夫形全精复，与天为一。……形精不亏，是谓能移。精而又精，反以相天”。[2] 如果说，在先秦乱世，老庄献出的是师法自然以“保身”的智慧的话，那么，儒家极力倡导的则是让人们依照仁与礼来“修身”即成就道德人格。

孔、孟、荀最为关心的是社会与人的心灵秩序问题，他们既重视一套合理的社会体制的建构，又深刻地意识到人们树立道德自觉性的极端重要。以笔者之见，孔子作为儒家祖师，对于中国思想文化的最大影响或许在于以下五个方面，其一是“仁者，爱人”，“孝弟也者，其为仁之本与”的良知洞见；其二是“克己复礼”，“导之以德，齐之以礼”的礼义观；其三是“己欲立而立人，己欲达而达人”，“己所不欲，勿施于人”的忠恕之道；其四是他对于弟子们“志于道，据于德，依于仁，游于艺”的教导；其五是他本人

---

① 《老子》第九章、第七章、第六十六章、第六十七章、第五十九章。

② 《庄子》:《秋水》;《达生》。

“笃信好学，守死善道”的精神。[1] 可以说，“仁”的重要性在于它统一了个体的身心，给出了人己关系，以一字而揭示了人的立身处世之道。自许天降大任于自身的孟子，为平治天下，提出了经世济民的仁政，尤为重视人的道德修养。他认为，“天下之本在国，国之本在家，家之本在身”。而要使此身成为仁人君子，就必须吾日三省吾身；之所以如此，就在于人与禽兽皆为生命，躯体接近，而相异之“善端”“几希”，必须善加护持，充实提升，亦即存心养性、居仁由义，穷不失义、达不离道，如此则最终定当成为“富贵不能淫，贫贱不能移，威武不能屈”的“大丈夫”，成为“上下与天地同流”的真“君子”。[2] 荀子处身于从天下大乱走向天下大治的战国末期，在他的思想中，理想性和现实性达到了新的统一。他明确指出，“夫贵为天子，富有天下，是人情之所同欲也；然则从人之欲，则势不能容，物不能赡也。故先王案为之制礼以分之，使有贵贱之等，长幼之差，知愚能不能之分，皆使人载其事而各得其宜，然后使悫禄多少厚薄之称，是夫群居和一之道也”。社会内部要靠“礼”来“明分使群”，社会成员则必须有所师法，从而“化性起伪”。因为“人无师法，则隆性矣；有师法，则隆积矣；而师法者，所得乎情，非所受乎性，性不足以独立而治。性也者，我所不能为也，然而可化也。情也者，非吾所有也，然而可为也。注错习俗，所以化性也。并一而不二，所以成积也。习俗移志，安久移质，并一而不二，则通于神明，参于天地也”。而这个走向与神明通、与天地参的过程，也就是“修身”的过程。可见，孟、荀虽一主性善，一主性恶，但都认为人要从一个血肉之躯“成人”“成己”，即成为合格的社会成员和有充分道德自觉的君子，就必须通过“修身”。“志意修则骄富贵，道义重则轻王公；内省而外物轻矣。《传》曰：‘君子役物，小人役于物。’此之谓矣。”[3] 荀子还与庄子一样重身轻物，反对物役，但却着眼于现实，诉诸师法修养。荀与庄，一取法乎天道，一取法乎人

① 《论语》:《学而》;《雍也》;《颜渊》;《述而》;《泰伯》。
② 《孟子》:《离娄上》;《滕文公下》;《尽心上》。
③ 《荀子》:《荣辱》;《儒效》;《修身》。

道，实则从一个侧面说明了人身所具自然与社会之两重性。荀子还从礼法角度解释了“不识不知，顺帝之则”这句古语，进一步表明荀子作为一代大儒，看重的是社会规范的内化和社会生活过程的“自然而然”。若再联系荀子对天人关系和礼乐文明的论述，可以说，后来在马克思那里得到充分展开的“自然的人化和人的自然化”的命题，在中国的荀子那里已具思想萌芽。由此亦可见，古今中外先贤大哲其道相通。道理无他，凡“道”都是人“走”出来的生存之道，并一定要“走”向天下人皆能走之“大道”；此即“天下百虑而一致，殊途而同归”也。

然而，从中国先秦的荀子走到现代作为世界公民的马克思，跨越上下两千年，东西数万里，才走出一条属于全人类的大道，这就意味着荀子之后的中国人前途漫漫，任重道远。事后诸葛地说，在中国古代，一向为儒者们重视的“修身”，固然是文化的、道德的，但也是礼法的、社会的，意在要人明白自己的“身份”“身位”，不可妄生非“份”之想和越“位”之念。人的身心由此被牢牢束缚于礼教和宗法之中。笔者曾指出，以孝悌为核心的仁义道德曾是中国古人的安身立命之本，它在给中国人带来天伦之乐、家族之情和群体之谊的同时，也培育了个体的道德人格。但始料未及的是，在秦统一后两千余年的历史上，它却产生了两方面的问题，一方面，使人严重地依赖家庭和群体，缺少独立个性，倘若不得不走向外部世界，则生存能力明显不足，甚至变得卑怯。鲁迅先生有言，意图生存，而太卑怯，结果就得死亡。另一方面，它与个人正当的身体欲望亦并非没有矛盾，人欲及其利己行为确实会削弱家族和群体纽带的牢固，于是，在先秦儒家那里尚可统一的仁与欲、义与利，便终于在后儒们那里分裂，“仁义道德”演变为“存理灭欲”，最后导致了“以理杀人”。这不能不说是中国人生存的一大悖结和悲剧①。从社会角度看，这一问题反映的是群体本位与个体之身的矛盾；从个人角度看，这一问题则反映了人自身的自我与非我、肉体与心灵等诸多两重性。问题的要害

① 参见拙作《悖谬及其超越》，《福建论坛》1999 年第 4 期。

在于，这些矛盾在中国古代却未充分发育成从正面推动社会进步的张力，而是被强行做了单面性的处理，即被束缚在家族、群体本位这一个维度中，从而也就被束缚在世俗性和地域性的生活中。中国的小农经济和宗法制度之难于变易，或许是古代中国人处身于其中的自然历史之宿命吧。

这里不妨稍作比较。众所周知，在西方思想文化源头的古希腊，哲人们也是从自身出发把握世界万物的，其形象思维与抽象思维虽未明确二分，但其认识的过程却逐渐显示出超越身体感官的取向。古希腊第一位哲学家泰勒斯是一个天文学家，相对于地上的事情，他更“热衷于认识天上发生的事情”①。毕达哥拉斯则从经验出发走向了对抽象之数的迷恋，毕达哥拉斯派的格言即是“数统治宇宙”②。巴门尼德进而把人基于感官的感性认识贬抑为“意见”，将基于思维的理性认识尊崇为“真理”，开创了西方特有的本体论哲学。经苏格拉底和柏拉图，西方的哲学思想更是无可动摇地走上了概念化逻辑化的道路，从而离“地上”的现实世界越来越远，而距“天上”的可能世界越来越近。这无疑最大限度地超越了人的身体的非理性、个体性和有限性，开启了人的精神的理性、一般性和无限性，并由此与人在尘世中的感性生活构成巨大的张力。然而，西方源于希伯来的宗教信仰一旦利用了源于希腊的理性精神，在推动西方宗教与科学发展的同时，也势必要造成对科学甚至人自身的戕害，从而引起不肯也不能放弃感性生活的人们的思考与反抗，西方历史的一波三折也就在所难免了。当西方的理性精神在黑格尔那里转而包容了宗教的信仰和洞见而达到登峰造极时，物极必反，也就不能不招致非理性主义的强劲反弹，于是，在过去的20世纪，人的物欲和强力意志就成了人世的主宰。如今，不仅非理性主义的问题暴露无遗，各种极端的思想文化在彼此冲突中也经历了相互的克服、抵消和扬弃。在这种历史境遇下，当西方学者和我们都把目光聚焦于人自身时，人的活生生的身体的辩证性难道还会自我隐匿，而不敞开在我们的视域之中吗?

---

① 参见汪子嵩等《希腊哲学史》第1卷，人民出版社1997年版，第148页。

② ［美］T. 丹齐克：《数，科学的语言》，苏仲湘译，商务印书馆1985年版，第83—84页。

三

说到身体，就不能不说到心灵。人是有身之人，亦是有心之人；人生活于世，既要靠身的躬行力作，亦必定有心的关注和筹划。当人聚精会神、全神贯注于某项事情时，身体运动与心灵取向便达到了高度的一致。人的身心既相对区分又能够相契相合，表明人的身心在根本上是统一的。所以如此，就在于人的肉体生命活动具有自返自省或自觉自明能力，借此能力，人得以分辨有无、利害、是非、善恶、美丑、圣俗，从而取所当取，为所当为，实现自身的自主和自由。而依古人所见，并非身体的任一部位皆有此能力，只有身体的特殊器官——心和脑——专司此职能，心之官则思却不止于思，脑却只有思维、记忆等功能，所以在古人那里，心可以涵盖脑而脑却不能涵括心。在中国传统的思想文化中，心总是具有相互关联的两方面含义：其一，它指的是作为身体最核心最要害之部位的心脏；其二，它指的是经由心（和脑）而生成、显发出来的人的特性与功能，即人异于并优于动物的自觉自明即“灵明”，也就是人们通常所说的精神现象及蕴含在其中的人性。人的精神萌生之初固然“几希”，但随着人的身体活动的展开和不断地被启蒙教化，它就会越来越彰显、丰富，从而使“心”获得极其宽泛的语义，举凡人的心理、意识、欲望、思想、情感、道德、意志、理想、智力、性格、胸怀等，皆可由心来指涉。这样理解的心或心灵，在指向身体外显与内蕴的各种属性的同时，也就敞开了与身体的直观性、在场性、现实性和有限性不同的另一面，乃至于“摆脱”身体的躯体限制而上天入地，驰骋于一切可能的世界。心的上述两方面含义，意味着人心所特有的这样一种存在论性质：它是自在的实体（“心脏”）又是自为的主体（“心意”，“心志”）；是本体论的（“天理良心”）又是生成性的（“人大心开”）；是自我（“修身在正其心”，“吾心自足”）又是世界（“我心便是宇宙”）；有世俗的一面（“私心”，“人心惟危”）又能超越世俗（“道心”，“为天地立心”）；既具个体性（“人之情心，好恶不同”）又可以通约整合（“心心相印”，“万众一心”）；是情感性的（“心情”，

“爱心”）又是理智性的（“心同理同”，“心即理”）；有感性与热度（“热心”，“人心都是肉长的”）又淡然自处（“素心”，“心如止水”）；既真实不罔（“实心”，“诚心”）又虚怀若谷（“虚心”）；等等。可见，心是人身的极富张力，甚至无法穷尽、难以言喻的境域。而心的内在张力实则维系于又体现为心与身之间的张力，而且，心在这一张力中更具能动性和主导性。在许多中国思想家那里，心身关系往往被理解为“神”“形”关系，恰恰说明它们本然的内在的一体性而又在功能上见出高下主从。荀子曾谓：“心者，形之君也，而神明之主也，出令而无所受令：自禁也，自使也，自夺也，自取也，自行也，自止也。故口可劫而使墨云，形可劫而使诎申，心不可劫而使易意。是之则受，非之则辞。”① 充分说明了心的高度自主自由。当然，这并非说心遵循自由律，形则服从必然律，它们完全由不同的法则支配；而是形具而神生，神生而形活，在功能上相互影响、相互转化。范缜如是说：“神即形也，形即神也，是以形存则神存，形谢则神灭也。”又说，“形者神之质，神者形之用，是则形称其质，神言其用，形之与神，不得相异也。”② 心学大家王阳明更具体地论说道：“耳、目、口、鼻、四肢，身也，非心安能视听言动？心欲视听言动，无耳、目、口、鼻、四肢，亦不能。故无心则无身，无身则无心。但指其充塞处言之谓之身，指其主宰处言之谓之心，指心之发动处谓之意，指意之灵明处谓之知，指意之涉着处谓之物，只是一件。”③ 与中国传统思想文化的主流肯定天高于人而又天人合一、道高于器而又道不离器的观念或信念一致，人的身心关系亦秉此一理，体用不二。

上述关于身心的看法，似已属人生常识。然而，人的身心关系并非如常识般简单明了，身心关系是自我自身的关系，其自我相关自身纠缠的特性，始终会让人感到剪不断理还乱。事实上，上述看法主要基于人们一定历史阶

---

① 《荀子·解蔽》。
② 范缜：《神灭论》。
③ 王守仁：《传习录》下。

段的生活经验和直觉。关于人的身心关系还有更多的解释维度和可能性。例如，把心身归结为“灵”“肉”，就更加突出了它们的对立和价值上的高下与优劣；如果基于现代科学认定意识在脑不在心，以“脑”或“脑子”（brain，mind）代替“心”（heart，mind），则更要大大地修正、缩减关于身心的传统看法中的丰富意蕴，弱化情感的因素特别是“自爱”的向度，而强化其智力和认知的维度。此外，当我们以“身”“心”（更不用说“体”“脑”）这一现成的词汇思考我们自身的关系时，我们已然不自觉地落入言诠词障和某种思维方式之中，即现成的实体性的视角和对立统一模式，这样，身体总是“在世界之中”的生存论存在论性质，身体在其活动中自相呈现从而被人们自己感觉、发现的本然的自发性、生成性和模糊性，身心一如的系统整体性就不易被我们重视。同时，相互对待的身心问题还容易被看成单纯的个人的自我问题，而实际上，它是人类全部问题在每个个体身上的集中体现，全方位地关联着人与自然、与他人、与器物、与文化、与社会、与神灵、与存在、与道或逻各斯的关系。因此，人的身体是不能被简单视为身与心、灵与肉、体与脑（或生理与心理、物质与精神）这两方面要素的结合的，在看到其生理性、精神性的同时，我们还应当看到它的文化性和社会性。例如，当我们今天能够把人的某些心理问题指认为身体问题而非所谓“政治思想”或“道德品质”问题时，我们其实经过了一定的文化启蒙和社会演进的中介。正因为人的“身心”关系可以辐射为人类的整个生活，所以，人们对自己身心的认识、理解过程，作为人自身分化、演变、发展的内在组成部分，必定是极为漫长、繁复和错综复杂的，且永远不会终结于将来的某一天。一定的时代只能达到那个时代所允许的认识，人们也只能从历史地形成的特定时代信念和思维中去究诘超越时代的普遍和永恒。

可见，在任何时候，我们对于身心关系都只能从一定的范式或框架出发来理解和把握，并由此出发去寻求多视域的交融。我们日常生活中的身心观，也正是自觉不自觉地由某种范式和框架所支配的。从理论和历史上看，人们对身心关系的看法，大致受到三种范式的支配，其一是身心原始统一的范式，其二是身心二分范式，其三就是现代超越身心二分的现象学身体范式。

身心的浑然不分可以追溯到最早的神话，身心不分同时也是物我不分，人兽、人神杂糅。在古希腊神话中，神祇的出现和谱系表征着宇宙的起源和人类从混沌状态中的诞生与分化，最先出现的神祇们都是自然某一部分（或某一功能）的化身并具有其特征。在赫西奥德的《神谱》中，首先来到的是混沌神卡俄斯，随后是肚腹宽大的大地女神该亚，此外还有爱神。著名的希腊学家让—皮埃尔·韦尔南就最早三大神的关系评论道：赫西奥德是让人们重新体验一种诞生，他叙述一种起源的进程。那前来作为存在的，首先是“洞开”——卡俄斯这个词在词源上接近洞开、半开，缺乏形式和稳定性；然后是稳定而坚实的“大地”。这两个强大的神之间既对立又聚合的张力关系恒久地把他们维系在一起，但他们并不彼此结合，而是自行地、单性地生殖。爱神厄洛斯所代表的是先于性的区别和对立时期中的强大的生殖神。这是一种基本的性爱，它转达了在起源本身过程中实施的强有力的更新，推动并通过卡俄斯和该亚，催生别样的东西，并保障后来有性的正常的生殖。① 以宙斯为主的奥林匹斯山上的神，也都有人类不可企及的自然伟力，但已经与人同形同性，其神性的优越远远高于人性，但其缺点却丝毫不亚于人性。并且，包括宙斯在内的神都不能为所欲为，而受着他们意识不到也无法抗拒的“命运”的支配。希腊神话中的神祇并非人的祖先，中国神话中的神却是人类的始祖，他们大都具有半人半兽的特点。开天辟地的盘古，龙首蛇身，嘘为风雨，吹为雷电，开目为昼，闭目为夜。死后骨节为山林，体为江海，血为淮渎，毛发为草木。抟土造人的女娲，传说是人首蛇身；另说女娲与鳞身的伏羲是兄妹，为繁衍人类而结为夫妻。炎帝神农据说是人身牛首。黄帝轩辕一说亦是人面蛇身②。如何理解这些传

---

① 参见让—皮埃尔·韦尔南《神话与政治之间》，余中先译，生活·读书·新知三联书店 2001 年版，第 283—285 页。

② 参见袁珂《中国神话传说词典》，上海辞书出版社 1985 年版；又见袁珂《中国神话通论》，巴蜀书社 1993 年版。

说？黑格尔曾就埃及狮身人面像指出，从兽体内探出人头，这表示“精神”开始从单纯的“自然的东西”里提高自己。从一方面说，人头或人的形体是精神的体现；那么，从另一方面说，人异于兽形的身体本身就具有精神性即超越兽性的人性。据《尸子》和《吕氏春秋·察传》记载，“不语怪力乱神”的孔子对于上述一类传说做过这样的辨析：传说“黄帝四面”，孔子说：“黄帝取合己者四人，使治四方，不谋而亲，不约而成，大有成功。此谓四面也。”传说“夔一足”，孔子则曰：舜以夔为乐正，于是正六律，和五声，以通八风，而天下大服。舜于是赞道，和，乐之本也，夔能和之，以平天下，若夔者，一而足矣！“故曰，夔一足。非一足也。”孔子的这种解释值得我们注意的是，它完全是人文的，且既有历史论据又充满生活洞见。传说中人类先祖的形体之所以极为“怪异”，固然表明人类从自然中的诞生经历了一个人兽共处和不断地从物种关系上提升的过程，更主要的原因在于，人们相信自己的先祖也是天地万物的神灵或化身，从而既能制服天灾人祸亦能与万物内在相通、和谐相处。孔子则正是基于他们化成天下、造福人类的文化和社会事功而还原了他们以人的正常形象。孔子的解释实际上已说明，人的生成即属人的身体的生成，完全基于人在大自然中的生产、交往和整个社会文化的创造活动，因而属人的身体也必定是人文化成的身体即有了内在意识和外在形体特征的身体。

当人类还处于人类学家所说的“泛灵”（泰勒）、“交感”（弗雷泽）和“互渗律”（列维·布留尔）的意识状态时，他们已然有了灵魂既隐藏、渗透于肉体又可以与之脱离的观念。依据我国古代的巫术观念，灵魂最早被理解为一种关联于生命的精气。《礼记》和《礼记外传》中关于灵魂的看法是：“魂气归于天，形魄归于地。”“人之精气曰魂，形体谓之魄，合阴阳二气而生也。”西方学者指出，几乎所有用来称呼灵魂的词，最初都是指与生命有关的呼吸或生命气息。① 正是从灵魂与肉体相互区别的观念中，进一步产生出身心

① 参见朱存明《灵感思维与原始文化》，学林出版社 1995 年版，第 76—77 页。

分殊或二重化的观念。一方面，人们可以直观地经由人是否有气息（呼吸）对人的生死作出判断；另一方面，人一旦有了自我意识，他就会在意识到自身肉体存在的同时，意识到意识的存在之不同于肉体的存在，就会基于自我意识的自明性和自为性而由灵魂（soul）观念进至心灵（mind）观念，并力求达到摆脱一切外在束缚的绝对自由，从而也就必定要求对处于自然因果链条中的肉体的物理学和生物学法则的摆脱。可以说，人对自然万物的超越性取向，人异于并优越于物的自我确证，正是内在地通过心灵对于肉体的区分和否定才得以展开的。人的心灵与肉体有多大的疏离感和否定性，人就会在多大程度上走出并反作用于自然界。因而，人的身心关系实则关联并反映着人与自然万物的关系。

关于人的身心二重性的观念，在西方思想史上远比在中国思想史上表现得更加分明和严重。西方人之所以长期尊崇心灵贬斥肉体，是因为在他们看来，心灵具有最为优越的“理性”品格，肉身则为物欲所充斥。苏格拉底认为，人之为人在于灵魂而不在于肉体，人认识自己就是灵魂认识灵魂的理性，这样人才能获得智慧，达到神圣。他赞同奥菲斯教关于“肉体是灵魂的坟墓”的观点，并认为哲学家不同于常人之处就在于，他关心的不是肉体享受而是灵魂。柏拉图从理性认知的角度进一步发挥说，灵魂和肉体在一起时只能遭受欺骗，只有纯粹的思想才能获得智慧。爱智的哲学家的结论就是，肉体是恶的，因为肉体的无数需要以及疾病会妨碍我们寻求真理，肉体带来的情感、欲望、恐惧以及各种幻想和蠢事，则使得我们无法思想。肉体及其欲望也是产生战争的根源。我们必须从肉体中解放出来，只有灵魂单独存在才能认识真正的实在，因此只有死亡才能得到我们想要的智慧。所以在生前我们应该避开肉体的干扰，保持自己灵魂的纯洁；一旦死亡来临我们便达到了目的，灵魂得到净化即与肉体分离，将分布在肉体各部分的灵魂集中起来，打破桎梏得到永生。[①] 柏拉图的这种唯灵论思想成为后来西方神学世界观的重要组成

① 参见汪子嵩等《希腊哲学史》第2卷，人民出版社1993年版，第410—413、699—701页。

部分。但在犹太教和基督教的教义中，人的肉身本来是无辜的。上帝按照自己的形象造出的亚当夏娃都有身体，但最初无知无欲，因而也无忧无虑。只是吃了智慧树上的果子后，像神一样知善恶，有智慧，才意识到自己“赤身裸体”并设法隐藏。然而，这样一来，人类始祖从而整个人类的命运也就注定了：这就是被神赶出伊甸园并被罚终身受劳作和生育之苦。而上帝的形象是一般人看不到的，可以说是“隐身”的。按人的理解，全知全能的存在应当属灵而不属肉，所以上帝应是圣灵；但上帝也不能无形象可言，那样就会产生其存在的真实性问题。上帝是圣灵，又是圣父圣子。耶稣作为上帝之子来到尘世解救人类，道成肉身，被钉上十字架后又死而复生，亲自为王治理人间一千年。《圣经》所讲的神与人之间由一致到对立再到和解的故事，始终关联着他们身体的“显”与“隐”的交相转化，关联着人如何对待自身的肉欲、物欲和自己的信仰、诚信（与上帝之约）。这其实真实地说明，人的身心、灵肉的矛盾冲突，不仅源于人的自我意识，源于男女两性结合进行的人的生产和物的生产，同时也必定关联并反映人类及其文明从自然状态中艰难的产生及其矛盾关系，关联并反映人与人之间在生活实践中不断展开的复杂的社会关系。身心的二重化，实则意味着人类与自然和个人与社会的对象性区分。同时，“道成肉身”也表明人们心目中的“上帝”或“神灵”也有着彼岸与此岸、超验与经验、隐与显、不可知与可知的两重性，即一些宗教思想家所极力强调的“神性”与“人性”的两重性：虽然其全知全能在人的理解力之外，但其大德大能却不能对人无所显示，而这最终还是要靠“可感”的“身体”会通于人类，“显灵”云云，不过同此道理。我们认为世上没有人格化的神，只有大智大慧的“圣人”，而圣人无论如何知天得道、超凡脱俗，但还是眷顾着芸芸众生，就因为他有一个和凡人一样的肉身且自爱复爱人，正如“圣人”老子所言：“圣人自知不自见，自爱不自贵。”如果说，“心”是圣人与天道之间的联系纽带的话，可以说，“身”正是圣人与百姓之间的根本纽带。

而这同时也意味着有“心”有“身”之人（请对照“无心无肺”这一訾

言读解）的自我纠缠和撕扯。且看中国古人留下的感叹身心对立甚至分裂的句子：“吾所以有大患者，为吾有身，及吾无身，吾有何患”（老子）；“一心而不豫兮，羌不可保也”；“魂兮归来！去君之恒干，何为四方些”（屈原）；“千秋万岁名，寂寞身后事”（杜甫）；“长恨此身非我有，何时忘却营营”（苏轼）；“此生谁料，心在天山，身老沧洲”（陆游）；“心比天高，身为下贱”（《红楼梦》中的晴雯）等等。人不能无身，但有身就有了源于现实世界的痛苦和祸患，这却不由自主；即使身体安然无恙，心灵却已被放逐；可以名传千古，却无补于生前的孤寂；心有所愿，但人的处身位置和命运却注定了这愿望只是泡影等等。种种的苦恼，不仅一般地表明了身的现实与心的理想的矛盾，而且直接缘于个人自由与特定社会关系和规范的对立。尽管由于观念的心灵与具有自然和社会双重规定及限制的身体相比有着更大的自由度，所谓“身无彩凤双飞翼，心有灵犀一点通”（李商隐），因而人们更看重心灵的自由，但心灵总要为身体所拖累，只有身心俱忘才能彻底解脱。于是，在很长的时间里，道家特别是庄子的思想，以及主张四大皆空的佛教，特别是声称“本来无一物”的禅宗，对中国人的身心观便都产生很大影响。

而西方人关于身心二重性的矛盾看法，则在笛卡尔那里达到了某种“彻底”性，即“思维”着的精神与“物质”性的身体干脆被二元化为两个实体（尽管还要由“松果体”来联系）。而思维就是“我思”，它没有也不需要身体，而这丝毫无碍于它作为主体的自主性和自足性。“自我”由于身心二分产生的困惑似乎彻底解决了。西方近代以来，自笛卡尔的“我思故我在”到黑格尔建构起囊括一切的泛逻辑主义的精神哲学，意识或精神似乎完全摆脱了身体的规定性而达到了自己的目的即自由，而其实，这不过是把身体自身的二重性之理性意识一重引向了极致，从而也就导致了对另一重即非理性的操控与遮蔽。理性的张扬无疑启蒙了人的主体意识，催生了现代性即把整个社会都带入理性化进程之中，但它同时也造成了现代社会运动的深刻矛盾，由于原子式的主体自身主客对立，身体的肉体或非理性方面被桎梏被抹杀，现代化作为世俗化运动就失去了动力和目的。现代资本主义的发展既需要马克斯·韦伯所指出的新教伦理精神的孕育，也同样需要松巴特所说的奢侈的消费来刺激和拉动。事实上，人作为具有生命意志（“will”同时指人的意愿、欲望）的存在者，不能不要求自己生活欲望的实现。而这个欲望直接基于人的身体的肉身性。即使是为现代性开辟着道路的理性，如康德所言，它也不能不顾及人基于肉身的感性的幸福。正是人的肉身的感性特质，才保证了人的生存的个体性和属己性。叔本华非常赞赏康德对知性形而上学的否定，他进而提出“世界是我们生命意志的表象”，以本体化了的“意志”率先反对黑格尔的“理性”。基尔凯戈尔以具体的个人及其内在感受反对黑格尔的客观精神，以个体化的生存取代作为理性概念的抽象的存在。费尔巴哈、马克思也都曾着力批判黑格尔“无人身的理性”。到了20世纪初，从理性意识回到感性身体终于成为思想的主潮。身体首先是肉体，但又绝非无精神性的肉体，正确理解的身体，是理性与非理性、自我意识与自身的自然和解的身体。确如梅洛—庞蒂所言，在19世纪末的许多思想家看来，身体还是一块物质，一堆机械结构。在20世纪，人们修正和深化了肉体即有生命的身体的概念。身体和精神的界限变得模糊，人们把人的生命看成既是精神的，也是身体的，人的生命始终以身体为基础，在其最具体的方式中始终涉及人与人之间的关系。[①] 在超越身心二分的新的身体范式的形成中，现象学发挥了极大的作用。

四

从现象学视角看身体，始于胡塞尔，舍勒、海德格尔、萨特、梅洛—庞蒂等也都在现象学视域中阐发过人的身体或生命现象。但由于他们对现象学理解和运用上的差异，其身体观并不完全一致。这里我们主要解析一下胡塞尔和梅洛—庞蒂的身体现象学。

---

① ［法］梅洛—庞蒂：《符号》，姜志辉译，商务印书馆2003年版，第284页。

我们知道，胡塞尔最为推崇笛卡尔，并说人们可以把现象学称为一种新笛卡尔主义，但他们的差异其实非同小可。胡塞尔认同笛卡尔基于怀疑的我思前提，但认为他的先验转向存在重大失误，即并未达到对一切先入之见的悬搁，思维实体概念及其身心二元观就是未加清除的成见。胡塞尔则以其纯粹的先验自我，保证了客观世界从先验自我中“获得它每次对我所具有的全部意义及其存在效果”。胡塞尔认为他的先验现象学并非“唯我论”，因为它内在地具有从“唯我论的自我学”向“交互主体性现象学”扩展的意图。交互主体性意味着在各个主体之间存在着共通性，它使得一个“客观”的世界先验地成为可能。胡塞尔如此说道：通过对所有那些把我当作“陌生者”的先验构造给予出来的东西的抽象，向我的先验的本己领域还原，而还原了的我自己的本己，就是“自然的被本真地把握到的躯体”，在其中，“我就唯一突出地发现了我的身体，也就是说，作为唯一的身体，它并不是单纯的躯体，而恰好是一个身体，是在我的抽象的世界层次之内的一个唯一的客体……‘在’这个唯一的客体‘中’，我可以直接地‘处理和支配’，尤其是可以在它的每个‘器官’中起支配作用。通过用手动觉地去触摸，同样地，通过用眼去看等等……我就能够震动起来、活动起来，如此等等，从而我就能够直接而又间接地通过身体来采取行动了。除此之外：通过感知活动，我就能动地经验到了（或者说，我就能够经验到）一切自然，其中也包括我自己的身体”；“我就获得了‘我的身体’和我的‘心灵’，或者说，我就把我自己还原为了一个心理物理学的统一体，在这个统一体中，我的人格自我就在这个身体中并‘借助于’它而在‘外部世界’中发生作用，从而受到外部世界的影响了”。如果说自己的身体的发现靠“感知”，那么，对他人的身体的发现还要加上“类比”或“联想”。胡塞尔说，若是另一个人进入了我的感知领域，我首先感知到并认定他的躯体，如此认定，是因为这是“一个与我的躯体相‘类似的’躯体，就是说，一个必须是以与我的躯体达到了现象上的结对这样一种方式而被获得的躯体，那么，现在看来马上就清楚了，在意义的递推中，它一定会从我的身体中立即获得一个身体的意义”。当然，我“在这里”，别人则“在那里”，但“我能够通过我的动觉的自由变换，尤其是通过来回走动的变换来改变我的位置，以至于我仿佛可以使每一个在那里都变换为一个在这里”。于是，借助感知活动和类比、联想，“在那里的外部躯体就从我本己的东西那里类似地获得了身体这一意义”①。对于胡塞尔从先验自我出发的“交互主体性”论说，在西方哲学界是有很大争议的②。无论从纯粹的先验之域能否进入人的经验世界，而只要先在地肯定人总是作为“我们”或“族类”生存的共在性或共通性，又实际地诉诸人的感性交往活动及其经验，人们相互承认身体和人格存在本不是什么问题。胡塞尔的上述论说让我们想到的不正是老子的“以身观身”吗？

梅洛—庞蒂对人的身体的把握则直截了当得多，因为他的现象学是知觉（或感知）和体验的现象学。他认为现象学的世界不属于纯粹的存在，而是通过每个自我的体验及其相互作用显现的意义。他赞同海德格尔的“在世界中存在”，并认为，彻底的反省不过是依赖于非反省生活的意识，而非反省生活是其初始的、一贯的和最终的处境。“在进行反省之前，世界作为一种不可剥夺的呈现始终‘已经存在’，所有的反省努力都在于重新找回这种与世界自然的联系，以便最后给予世界一个哲学地位。”而人与世界最自然最直接的联系就是感知，“知觉是一切行为得以展开的基础，是行为的前提。世界不是我掌握其构成规律的客体，世界是自然环境，我的一切想象和我的一切鲜明知觉的场。真理不仅仅‘寓于内在的人’，更确切地说，没有内在的人，人在世界上存在，人只有在世界中才能认识自己”。③ 所以直接从知觉出发，就可以确证人的自我由其身体体现，展示人的身心一体的境域，并由此敞开人们共在的社会世界，因为知觉本来就意味着人的自知和这一境域的先行存在。的确，由于身体的某一部位的问题和意识的抽象能力，人们会认为身体结构是偶然的，

---

① ［德］胡塞尔：《笛卡尔式的沉思》，张廷国译，中国城市出版社 2002 年版，第 132—133、151、155、159—161 页。

② 参见倪梁康《现象学及其效应》，生活·读书·新知三联书店 1994 年版，第 152—156 页。

③ ［法］梅洛—庞蒂：《知觉现象学》，商务印书馆 2001 年版，第 1、5—6 页。

人们能想象一个无手、无脚、无头的人，同样，也能想象一个无性别的、通过扦插和压条法繁殖出来的人。对此，梅洛—庞蒂断然批评道：只有当人们抽象地看待手、脚、头或性器官，即把它们当作不是处在其生命功能中的物质部分，只是对人形成一个抽象概念，即只让“我思活动”进入抽象概念时，这才是可能的。“相反，如果人们用人的生存，也就是用使世界成形的固有方式来定义人，如果人们把‘器官’重新放回取自那里的功能系统中，那么一个无手或无生殖系统的人和一个无思想的人同样是不可想象的。”他进一步指出，在人身上的所有功能，从性欲到运动机能和智力，是完全相互关联的，所以在人的整个存在中，区分被当作一个偶然事实的身体结构和其他必然属于身体结构的断定，是不可能的。在人身上，一切都是必然的，例如，有理性的存在同时也是直立的、拇指和其他四个手指能对握的存在，这不纯粹是一种巧合，同样的生存方式表现在这里和那里。① 通过对一些病例的引证解析，梅洛—庞蒂更为有力地说明了身体在应对伤残、事件和外在情境时具有自动补偿、替代或复原的智慧。人的身体性状和活动方式之所以呈现现在这个样子，的确不是“偶然”的“巧合”，是因为当我们意识到自身并开口说话时，我们已然在世存在，已然有了如此这般的形体、意识和语言，用庄子充满哲理和诗意的话说，“天地与我并生，而万物与我为一”，这已经是通过无数偶然而形成的作为“既定事实”的必然。总之，人的生命的身体形式及其功能，是生存于天地之间的人在漫长的生产和交往活动中，在与周围世界相互作用和适应的复杂过程中，同时也在肢体与意识、生理与心理的内在转化和协调中，历史地形成的。梅洛—庞蒂借助心理学的所谓“身体图式”概念，不管是理解为“身体在感觉世界中对自身姿态的整体觉悟”，还是进一步理解为身体基于其生命向度“主动地把存在着的身体各部分联合在一起”，它总是表示身体在世界上的这样一种存在方式：身体是一个格式塔式的“完型”，因为“身体朝向它的任务存在”。② 我们从自己的体验中，也能够意识到身体能够根据行动目标和具体处

① ［法］梅洛—庞蒂：《知觉现象学》，商务印书馆 2001 年版，第 223—224 页。

② 同上书，第 137—138 页。

境而自动地或伸或缩，或张或弛，使自己随遇而安或处于高度紧张状态，身体的这种直觉或智慧并不一定是“自觉”的意识所具有的，对于每个人来说，在生活、工作和学习中，能否“找到感觉”都是很重要的，这也许就是“跟着感觉走”的道理所在吧。

梅洛—庞蒂的这种从知觉出发的身体现象学，必定意味着人们身体的共生共在。依他所见，这甚至不是什么推己及人的“类比推理”，因为类比推理必须以它应当解释的东西为前提。只有比较和辨别他人的表情和我的表情，只有认识到我的表情和我的心理之间的完全相关，另一个意识才能被推断出来。而感知活动先于这些事实并使其成为可能，使每个人在指向另一个人的同时也指向自身，从而直接提示着人们身体之间的关联性或同构性。所以，“将心比心”“设身处地”是以身体的感知和对对方的认同为前提的。梅洛—庞蒂指出，每个人的身体都可以观察外部物体，却难以自我观察，“为了观察它，需要有另一个本身也不能被自己观察到的身体”。任何人的身体都不是孤立自存的实体，而是一个场域、一个世界，因为在世的身体又在世地活动着，“我的目光一旦落到正在活动的一个有生命的身体上，在该身体周围的物体就立即获得了一层新的意义：它们不再仅仅是我能使之成为的东西，而且也是这种行为将使之成为的东西。在被感知的身体周围，有一个旋涡，我的世界受到吸引和被吸入：在这种情况下，我的世界不再仅仅是我的世界，它不再仅仅向我呈现，它也呈现给某个人，呈现给开始显现在那人身上的另一种行为。……然而，是我的身体在感知他人的身体，在他人的身体中看到自己的意向的奇妙延伸，看到一种看待世界的熟悉方式……这个外来的生命，同与之建立联系的我的生命一样，是一个开放的生命”。我对别人的身体像对我的身体一样地肯定并进行交流，是离不开先已存在的作为文化符号的语言的，语言之所以是人的共同生活世界的媒介，可以说恰恰由于它是人的感知意义的对象性和普遍性存在方式。“在对话体验中，语言是他人和我之间的一个公共领域，我的思想和他人的思想只有一个唯一的场所，我的话语和对话者的话语是由讨论情境引起的，它们被纳入一种不是单方面能完成的共同活动中。在那里，有一种合二为一的存在，在我看来，他人不再是我的先验场中的一个行为，在他人看来，我也不再是他人的先验场中的一个行为，在一种完全的相互关系中，我们互为合作者，我们互通我们的看法，我们通过同一个世界共存。”① 可见，对于人的身体的存在及其主体间性，梅洛—庞蒂借助于心理学的“身体图式”尤其是“感知”和“对话”，即人们相互之间的感性作用与通过语言的交往，要比胡塞尔所提供的东西更具切实可行的确证功能。

那么，对于现代人的现实的身体问题，上述论说有什么意义呢?

这就首先要弄清楚现代人究竟出了什么样的身体问题。无疑，如果说理性充当了现代性的经线，那么，人的血肉之躯则充当了现代性的纬线。甚至可以说，人的身体越来越成为现代社会环绕着旋转的轴心。但是，这并不意味着现代人的身心已经和谐健康地发展了，无论是在20世纪还是在当今，人类内部特别是不同的民族之间的对抗，都直接指向对方身体；即使在同一民族社会中，人的身心问题也是相当普遍和严重的问题。现代人的生存悖论也许就在于，他越是以自身的理性与生命意志推动现代化进程，现代化就越是使人自身的生命和自我走向知性化和欲望化。而这在很大程度上可以归咎于人对自身之个体化过分的甚而单向度的“偏好”，当个体化的向度成为人的唯一向度从而取代或否定了社会化的向度时，个人从社会中的解放和自由就会陷入严重的悖论。如同康德所说，人有一种要使自己社会化的倾向，也具有一种强大的、要求自己单独化或孤立化的倾向，“想要一味按照自己的意思来摆布一切，并且因此之故就会处处遇到阻力”；“正是这种阻力才唤起了人类的全部能力，推动着他去克服自己的懒惰倾向，并且由于虚荣心、权力欲或贪婪心的驱使而要在他的同胞们——他既不能很好地容忍他们，可又不能脱离他们——中间为自己争得一席地位”。② 在现代，人的这一个体化取向更具

① 梅洛—庞蒂：《知觉现象学》，商务印书馆2001年版，第127、443、445—446页。
② 康德：《历史理性批判文集》，何兆武译，商务印书馆1990年版，第6—7页。

现实可能，所导致的问题也更为复杂了。

我们知道，在传统社会，人们与周围世界有着信仰、血缘和宗法的关联，他们先赋的社会身体与地位更将这种关联明确为一种当然的义务或责任；并且，实物的生产和消费方式也限制了人的物欲，如果不能直接为人的身体使用和享受，财物再多也无多大意义。[①] 但现代社会改变了这两方面的约束。这就是现代性将社会关系和人的身体从原来境域中的“脱域”或“抽离”。一方面，传统社会的基本矛盾，即人的身体的个体性及其所要求的独立取向，与他们作为群体这个“大生命”的某一器官（如“手足”）的局部性的矛盾，得到实质性的扬弃。自然界和族群的首领都被祛魅，宗法关系被破除，人们获得了自身独立和社会平等，每个人都可以凭自己的能力和身体条件来证明自己。科技的发展则既把人们从体力劳动中解放出来，也最大限度地消除了他们不愿承担的肉体欲望的自然后果。于是，身体与世界原初的各种关系和限制被消解。然而，随着生物技术在人身上的运用甚至类似梅洛—庞蒂所说的“通过扦插和压条法繁殖出来的人”即“克隆人”的可能性，人类也正在面临更加难以测度的关系。另一方面，当一切原本绝对的东西都变得相对化时，金钱却使人的致富欲望从相对走向绝对，商品的花样翻新和传媒广告更使人的欲望不断地膨胀，老子“为腹不为目”的劝诫被改造成“为腹更为目”甚至“为目不为腹”，人们在围绕各种利益展开激烈竞争的同时也追逐着各种流行时尚。于是，科技理性与人的肉身欲望互为因果，相互推进，在把人的身体从周围世界抽离出来的同时，也把人带入更大的风险和空虚之中，因而人要么更加躁动和焦虑，要么更加随波逐流游戏人生。连吉登斯、福山等一些对现代性问题的解决持乐观态度的理论家也感到了事情严重的一面。在《现代性与自我认同》一书中，吉登斯相当全面地论说了现代性给自我带

---

① 中国过去有很多民谚可为佐证。如“家有千间房，你也只能睡你那七尺床”“金窝银窝不如自家的狗窝”“三十亩地一头牛，老婆孩子热炕头”等都是人的半自然生活状态的写照。“叶落归根”“荣归故里”等则反映了人的生活价值观与特定地域即生于斯长于斯的家乡的关联。现代性在消解这些传统的生存方式的同时，也应当体会一下基于身体的生存论存在论意蕴，这意蕴当有永恒的意义。

来的远远大于传统社会的危险与机遇；福山则在《大分裂》一书中，多方面地解析了西方后工业社会与科技和经济发展相伴随的家庭解体、犯罪升级与信任危机，特别是物质发展与人的道德倒退的二律背反。在包括中国在内的发展中国家，由于现代与传统的异质性冲突甚至相互排拒，个体自我与民族自我的认同问题尤为严重，并特别表现为个人身心的苦恼焦虑，对他人的身心——借孔子的话说——则是“近之则不逊，远之则怨”；对自然更是到了狂开乱采、毫不顾惜的地步。那么，现代社会的出路何在？应当说，这里没有所谓“根本的总体的”解决方案，但可以认为，领悟并尊重生活世界中身体行为图式来调整人的身心关系并借以重建人与人之间的信任与道德，维护作为人之“无机身体”的大自然自发的动态平衡，对于应对和矫正现代性的问题无疑具有重要意义。

前面已指出，人的身心问题并不只是个人自我的问题，它密切地关联着人与自然、人与社会的关系。笔者认为，就个人而言的身心关系，就世界而言，就是人类与自然或“人与天”的关系；就社会而言，则是个体与大众或“己与群”的关系。这些关系具有内在的相通性、高度的同构性和系统整体性。人类从大自然中诞生是一切问题的根源，因为它同时意味着人的自觉意识即心灵从生理肉身中的产生，意味着最有能力和条件的那一部分个体从群体中脱颖而出成为精英。即使大自然在先民眼里是充满神话色彩的意义世界而给予仰赖和膜拜，但是随着人类的成长壮大，他们必定要把自然作为改造和获取的对象，正如心灵把肉体作为支配和役使的对象，精英把大众作为管理和统治的对象，于是就有了社会和文明的金字塔式的结构即高下优劣的等级分化。由理性主导的现代性文明拆除了传统的金字塔，但它又试图在全球范围内建立起新的金字塔。问题在于，现代性已经把人类自身二重性的矛盾发展为悖论，一方面，它把自然——包括人自身的自然——对人的顺应推向极端，以至于到了庄子所极力反对的“以人灭天”“以故灭命”的程度；另一方面，它又带来了远比传统社会多得多的可能性。现今，“自觉”与“自发”、“高贵”与“卑下”、“中心”与“边缘”等二元对立的或两极化的模式已经不能再继续下去，人类共同生存下去的“绝对命令”已然在要求原来对立双方的相互包容和彼此贯通。用马克思的话说，这就是“人的自然化和自然的人化”；用舍勒的话说，这就是“生命的精神化和精神的生命化”。个人之身心，社会之群己，世界之物我，本来都是系统整体性的存在，它们又同属于世界这个有机的大系统。对于这个大系统中的所有多种多样的差异、矛盾和对象性关系，我们都应当超出主客二分的知性思维，首先从生存论存在论的视域理解之。准此，则心灵、精英和人类，更应当主动地向自己原来的对立面也是自己得以耸立其上的根基“回归”，倾听它，领悟它，回报它；从自己的“何所来”寻找自己的“何所去”。今天的时代无疑是全球化时代，人类的全球交往正在使人成为世界公民，但这并不意味着人的生存没有了地方性。如同吉登斯所说，“全球化的概念最好被理解为时空分延（time-space-distanciation）的基本方面的表达。全球化使在场和缺场纠缠在一起，让远距离的社会事件和社会关系与地方性场景交织在一起”。然而，“每个人依然过着一种当地性的生活，并且身体的局限性使得在每一个时刻所有的个体都处于时间和空间的特定情景之下”。[①] 总之，在全球化时代，人的身心既借助现代信息和科技得以全球交往，身体的有限性和与周围环境建立熟悉而安全的关系的需要，又只能使人过一种相对稳定的当地性生活。这可参照中国的一句俗话：“一方水土养一方人。”这句话不应理解为人终生只能生活在某一特定地域而永远走不出那环境，而是说，人与生活在其中的自然环境，必有一个经由人的身体活动而相互适应的过程，而“适应”本身就意味着陌生化和异己性的消除，意味着一种和谐融洽的共生的实践关系的建立。而人与人和人与自然环境的相契合，既基于人自身的活动及其试探、调节功能，又是以人与世界始源的内在一体性和共生性为前提的。显然，人只能生活在具有生命条件的地球上而不能生活在太阳中。此可谓：有此世即有此身，有此身即有此心，反之亦然。这或许就是身体昭示于我们的真理，而真正属于时代的

① ［英］吉登斯：《现代性与自我认同》，赵旭东等译，生活·读书·新知三联书店 1998 年版，第 23、220 页。

真理也当具有历史的永恒性。就让我们再来倾听一下老子的箴言吧：“故贵以身为天下，若可寄天下；爱以身为天下，若可托天下。”“修之于身，其德乃真；修之于家，其德乃余；修之于乡，其德乃长；修之于邦，其德乃丰；修之于天下，其德乃普。故以身观身，以家观家，以乡观乡，以邦观邦，以天下观天下。吾何以知天下然哉？以此。”①

（原载《江海学刊》2004 年第 2、3 期）

① 《老子》第十三章、第五十四章。

“代”论

廖小平　曾祥云

在迄今为止对代际关系的研究中，很少看到有对“代”进行具体规定的探讨①；人们每每在讨论代和代际关系的时候，总是将“代”作为一个不加定义的、似乎具有不证自明性的“自然”范畴加以接受和使用。毫无疑问，对“代”的讨论将是一项十分艰难的工作。但是，不能因其艰难而加以回避甚至逃避，因为，对“代”的审视和规定是代际关系研究的基础性工作；“代”是进行代际关系研究的逻辑起点。

本文将尝试来做这一艰难的工作。在做这一工作之前，必须绕开各种令人眼花缭乱的、多少带有一点随意性的划代的做法。我们将从哲学的高度，从各种对代的具体讨论中超脱出来，而抽象出代的最基本、最一般、最本质的属性和规定，以为进一步的讨论提供一个一般性的理论框架。

代的自然属性和社会文化属性

“代”究竟是指什么？这个问题首先就意味着“代”具有什么属性？只有回答了这个问题，才有可能揭示“代”的内涵并为“代”的划分提供一个基本依据。

一提到代，人们首先想到的就是年龄层（或年龄周期、年龄段），即代首

① 在我所见到的有关文献中，对“代”的内涵讨论得最多、最系统、最理论化的是张永杰、程远忠的《第四代人》（东方出版社1988年版）。

先是一个自然范畴，具有自然属性。毫无疑问，这是一个最基本的生物学事实。任何社会中的一代人首先是由一定年龄层的人组成的，人们由于年龄层的不同而自然地形成不同的代，一代人之所以被看作一代人，首先就是因为他们处于同一个年龄层。因此，代无疑是一个与年龄有关的问题。这是讨论代必须面对和考虑的最基本的事实和前提，不管社会、文化变迁有多快，都不能改变代的这一生物性的自然属性。这也是我们讨论代际关系时必须依靠的基本的“自然框架”。

代的这种自然属性，作为判别代的标准之一，其意义首先表现在：它“自然地”把不同代人区别开来，使人们在对代的把握上不至于觉得代是一个不可捉摸、变幻不定的东西。不管某一代人具有多么复杂和丰富的社会文化特性，这一代人作为“自然的”一代人是无法改变的。我们只有在这一代人中才能理解他们独特的社会文化特性，也就是说，我们必须在构成一代人的年龄层中，来理解他们所面临的特定的社会文化条件和环境及他们所具有的不同于其他各代的价值观念、生活（存）处境、思维方式、情感体验乃至语言习惯。

然而，代的自然属性仅仅具有形式的意义，即为人们理解和确定代提供一个自然框架或年龄范围。年龄本身并不能构成代的实质性内容。在现代社会，人们越来越无法接受以年龄作为划分代的标准。因为现代社会文化变迁之快，使代的自然性质仿佛失去了甚至包括其形式意义在内的任何意义。人们已经更倾向于以社会文化标准来划代，即赋予代以社会文化属性：一代人区别于另一代人的实质性内容是其社会文化特质而不是其自然属性。这已经成了代研究者的共识。首先，对于人这一社会性动物而言，年龄从来就不是一个纯生物学概念，同时它是一个社会学概念①，正是因为面临着基本相同的

---

① 有些社会学者将年龄分为生物学意义上的“自然年龄”和社会文化意义上的“社会年龄”。比如，关于社会年龄，美国社会学家德克尔认为：“不管我们是哪一代人，不论我们处于成熟的哪个阶段，赋予我们年龄意义的时间有种种的社会定义。在有的社会中，50 岁的人就被认为老了，而在其他社会中，人到了 70 岁还不算老。相反，15 岁的人被看作儿童还是成年人，则取决于社会年龄的定义。”（戴维·L. 德克尔：《老年社会学——老年发展进程概论》，沈健译，天津人民出版社 1986 年版，第 12 页）为避免混淆，我们在本文中所说的“年龄”都是特指“自然年龄”，而不使用“社会年龄”一词。

社会文化条件和环境，处于同一年龄层的人才会有基本相同的需要、价值观念、生活（存）处境、思维方式、情感体验和语言习惯。其次，抽去社会文化内涵的代，只是一个“年龄空壳”，因为，只有基本相同的需要、价值观念、生活（存）处境、思维方式、情感体验和语言习惯等社会文化因素才真正构成代的实质性内容。而决定代的实质性内容的，除了生命的自然周期（包括生物学周期、生活周期和年龄周期）之外，社会的结构性变动和历史事件是更为重要的方面。① 以上都是从社会运动的“常态”来看的。若从社会运动的“非常态”观之，那么，假如某一社会激变或重大历史—文化事件使某一社会群体鲜明地具有这一历史时期的文化特征或特定的社会—文化面貌，那么，正好处于这一时期的某一代，其社会文化属性就格外地凸显出来，以致人们常常将带有这一特定文化特征或社会—文化面貌的群体称为“某某代”。对这些“代”的研究具有特殊的意义（人们通常就是在这一意义上来研究代的）。然而，本文并不局限于对某一特定代的研究，而是坚持在社会常态下来讨论代和代际关系问题。

如果将代的自然属性和社会文化属性加以剥离，并分别将它们看作代的一种实体形态，那么，我们就会得出存在着相互独立的两种代的结论：“一种是由于年龄的不同而自然形成的并主要地由年龄而区分的‘代’，即自然的、主要是生物学意义上的‘代’；另一种是由于所处时代和环境的不同而形成的，并通过由此形成的社会性差异而区分开来的‘代’，即社会学意义上的‘代’。”② 实际上，这里所谓“自然之代”和“社会之代”无非是代的两种属性及其另一种表现形式而已，而不是相互独立和平行的两种代。作为代的自然属性和社会文化属性，它们是既对立又统一的。首先，代的自然属性由其年龄层所决定，因此具有相当的稳定性和不变性；而代的社会文化属性，随社会文化的变迁而变化，因此，相对于自然属性来说，具有不稳定性和多变性。其次，不管社会文化变迁的速度是快还是慢，代的社会文化属性都应

① 参见 P. 布雷雄、J－F. 切尔尼亚《法国人价值观念的变化》，《未来研究》2000 年第 5 期。
② 张永杰等：《第四代人》，东方出版社 1988 年版，第 10 页。

该在相对稳定的代的自然年龄周期（即“自然属性的框架”）内来加以理解和审视，不能因社会文化变迁之快而“缩短”代的年龄周期，也不能因其变迁之慢而“延长”代的年龄周期。也就是说，在一定代的年龄周期内发生的一切其变化或快或慢的社会文化因素，都应放在这一代的年龄周期内来加以理解和审视，尽管在这一年龄周期内可能已渗透了其他代的某些社会文化成分。否则，对代的划分和理解就会产生模糊和混乱，比如，当前所普遍存在的对代的随意划分就是如此（我们在后面讨论“代与亚文化”时还会涉及这个问题）。最后，与上一点相联系，代的自然属性也总是处于特定的社会文化条件和环境之中，因此，它又被社会文化条件和环境所规定和制约，并因之而凸显代的自然属性的社会文化面貌和特征。

需要说明的是，代的自然属性和社会文化属性的上述关系，在传统社会和现代社会有着不同的表现形式。在传统社会，由于社会生产力水平低下，人们的生活领域狭窄，社会文化结构的变迁十分缓慢，各种社会文化因素处于相对稳定的状态，社会文化因素主要表现为同质性，它们可以延续许多（自然）代，代与代之间没有什么社会文化差异，人们所观察和感受到的主要就是代的自然属性，即周而复始的代的自然更替，而感受不到社会文化的变迁。在这种情况下，人们就可以很自然地、一目了然地以代的自然属性作为划分代的主要标准，代也就清晰地表现为纯粹的、生物性的年龄层，而社会文化规定和属性则退居其次。与传统社会形成鲜明对照，在现代社会，尤其是进入信息社会以后，社会文化的变迁速度加快，信息周期越来越短，在同一代（这里主要指由年龄层所规定的“自然之代”）内，社会文化因素急剧变化，并且发生了质的分化，不同质的各种社会文化因素在同一代内相互激荡，甚至截然不同的社会文化因素在同一代内穿过。因此，仅以代的自然属性来理解和规定代就远远不够了，必须以代的自然属性和社会文化属性的统一来规定代，甚至在某一特定的历史时期，社会文化属性成了划分代的主要标准。然而，即使在这种情况下，代的自然属性也没有消失，它作为代的社会文化属性的“自然框架”发挥着划定代的边界的作用。可是，有些人看不到这一点，认为在急剧变化的现代社会，代的自然属性没有什么作用了，因而变得可有可无了，甚至有些人走得更远，完全消解代的自然属性，将社会文化属性作为划分代的唯一标准，从而突破代的“自然框架”，将代进行高度“时间压缩”，而在同一个年龄周期内划分出很多“代”来①。这当然不符合事实，也是令人难以接受的。

结合对代的属性的分析，如果试图给出一个代的简洁定义，那么，所谓“代”，就是在一定年龄范围内具有共同的社会文化规定和特性的共同体。

代之二维：个体之代与类之代

对代的自然属性和社会文化属性的理解，还必须对以代的主体的形式表现出来的个体之代和类之代的阐释加以补充和延伸。因为，代的自然属性和社会文化属性只适用于“在场”的代，而无法对“不在场”的代（这里主要指尚未进场的后代）以“在场”的代的自然属性（如年龄层）和社会文化属性（如现实的社会文化因素）来加以规定，而“不在场”的代又是代际关系研究不可忽视的重要方面，因此，提出个体之代和类之代的概念，将有助于对不在场的代的有关问题的解决。

首先，关于个体之代的有限性和类之代的无限性问题。个体之代是一个以生物学和生理学为基础的概念，其所指的对象是处于同一年龄层的有限的个体生命。因此，个体之代的生存时空就是从出生到死亡的生命过程和生命空间，婴幼儿、青少年、中年和老年是其生命过程的主要阶段。作为具体的个体，在经历了生命过程的各个阶段之后，就走向消亡，其生命也就结束。这种生存的暂时性是一种无可避免的、宿命式的困境。可见，个体之代随着处于同一年龄层的个体的消亡而退场。这就是个体之代的有限性。但是，个体之代的文化信息和文化规定却并未就此终结，而是转化为人类的共同财富，成了类的一部分。所谓类之代，则是一个以人类整体和文化来划分和标示，

① 如将本属青年范畴的所谓“新人类”也看作一代。

即以文化为内核、以人类整体为载体的代的概念，它不因个体和个体之代的消亡而消亡，而是借助历史获得了超越个体的条件，并随着人类整体和文化的延续而绵延。类之代与人类整体和文化相互承载、同步传承、互为表里。因此，只要人类整体和文化仍在延续，类之代就不会消亡，并与人类整体和文化共同发展。从这个意义而言，类之代就具有无限性。这正是人类对未来具有终极关怀情感的人类学和文化学根据。

其次，关于对个体之代的利他与对类之代的利己的问题。这实际上是一个人与个体之代和人与类之代的关系问题。在人与个体之代的关系中，纵观人类社会的发展历史，往往存在着这样一种现象，即每个社会成员对自己的下一代和后代表现出特别的关心和爱护，甚至为了下一代和后代的利益而不惜舍弃和牺牲自己的利益甚至一切。在这种以亲子关系和亲缘关系为基础的人与个体之代的关系中，包含着“天生”的、“本能”的亲代利他倾向，其目的是自己生命的延续（在中国文化境遇中就是“传宗接代”）。在特定的范围和条件下，这种建立在亲子关系和亲缘关系基础上的人与个体之代的关系，是人类社会得以发展和进步的重要推力，尤其是在牺牲自己以利“后人”的“利他”行为中常常体现出高尚的伦理行为而令人感动不已。同时，我们又发现，在人与类之代的关系中，却表现出一种相反的伦理行为，即对作为整体的人类后代的利益“视而不见”，出现人类后代利益的盲点。在个体之代的利益与类之代的利益发生矛盾时，倾向于维护个体之代的利益而舍弃类之代的利益，表现出明显的利己倾向。这种现象在日常生活经验中随处可见。于是，在代际关系中，就表现出人与个体之代的关系（“私”）和人与类之代的关系（“公”）之间的矛盾。比如，这种矛盾在对资源的可持续利用问题上就表现得非常明显。在一个社会中，比较理想的状态是：如果大多数人具有可持续利用资源的理念，并按照某种公共选择方式来选择整个社会资源利用原则的话，那么，大家都会选择可持续利用原则，从而既有利于个体之代的发展，也有利于作为整体的类之代的发展。然而，由于不能排除对个体之代的自利性，人们总是更偏爱将财产传给予自己有血缘关系的直系后代，甚至在资源的代际分配时力争更多地分配给自己的后代；而在承担可持续利用的公共选择上，就想“搭便车”，即使损害了类之代的利益也在所不惜。不仅如此，当找不到可以不增加私人成本的可持续利用资源的方式时，人们还会根据自身和个体之代的利益选择非持续利用资源的方式，从而对人类整体及其后代造成损害。①

总之，明确个体之代的有限性与类之代的无限性的区分，讨论对个体之代的利他和对类之代的利己的关系，其目的就是要说明，不能因个体之代的有限性和此在性而否认类之代的无限性和终极性，也不能因个体之代利益的短暂性和局部性而无视类之代利益的长远性和整体性，而应将两者有机地统一起来。

当然，上述对个体之代和类之代的区分，只是一种为了说明问题的理论抽象。事实上，所谓个体之代和类之代，不过是本来统一着的人的个体属性和人的类属性在代际关系上的特殊表现而已。说明这一点是非常重要的。

代的在场、退场和进场

代是年龄—社会—文化—历史之流。代是一个动态的概念，代本身就是一个连续的过程。因此，我们必须以动态和过程的观点来看代。任何一代都要经历进场、在场和退场的过程，这一过程反映了代的生存时空的变化。

代的在场是指在现实生活中实践着、生活着、活动着的代，是现实地存在着的代。这是我们首先要面对的对象。

按照社会学和人口学通常的划分，当在价值和伦理层面讨论代时，在场的代就主要是由青年、中年和老年三代组成的。② 老、中、青三代又各有两种生存时空和关联形式。一是共存于一个时空中的老年、中年和青年，他们一

① 参见陈安宁《资源可持续利用的伦理约束与激励机制》，《中国环境报》2002 年 3 月 15 日。

② 需要特别指出的是：在这里，我们将略去“儿童”等对价值对象缺乏独立的系统判断，并在各方面依附于成人社会的年龄层的人群。这不仅是为了讨论问题的方便，而且是由于儿童还没有形成独立的代意识，没有自己的代文化。但是，如果我们的讨论涉及纯粹作为生命存在的对象时，对“儿童”就是不可忽略的。

方面由于在同一时空中生存，面对着相同的社会文化环境；另一方面又由于曾经生存于不同的时空之中，所经历的社会文化环境不同，因此，他们在需要、价值取向、伦理道德观念、生活方式、思维模式等各个方面，既有相同的地方，因而能够“和平共处”于同一时空之中，也有不同的地方，于是潜存着“代沟”的可能。二是任何一代在正常的情况下都要经历由青年到中年再到老年的三代发展过程，他们都要在与其年龄阶段相应的时空中生存，因此，他们在不同的生存时空中，在其青年、中年和老年阶段，其需要、价值取向、伦理道德观念、生活方式、思维模式等或多或少地会发生相应的变化，因而，“青年之我”将不同于“中年之我”，“青年之我”和“中年之我”也将不同于“老年之我”。美国社会学家戴维·L. 德克尔在分别对不同年龄阶段的人和人在不同年龄阶段对宗教意义的理解进行比较研究时，就是以代的上述两种生存时空作为依据和方法的。他认为，对生存于同一时空中的各代的比较研究是“横剖研究”，而对先后经历不同生存时空的同一个人的青年、中年和老年阶段的对照研究，是“纵贯研究”。[①] 在这里，应该指出，我们所说的“代际”关系是指前者而非后者，即作为“横剖研究”对象的青年、中年和老年。

必须指出的是，在讨论在场各代时，对青年、中年和老年的划分是抽象主义和印象主义的，即在用“青年”“中年”“老年”这些词语来描述一个“代”时，只是对他们所进行的一种特征性的描述和抽象的理论概括，而不是对他们的一种机械划界。这就是说，第一，从代的自然属性来看，不能企图给青年、中年和老年分别划定一个非常精确的年龄界限，如他们各自究竟是从多少年龄到多少年龄才算是“科学”和“精确”的？如果这样去理解和划定代的界限，那么，毫无疑问就会跌入机械论的、形而上学的泥坑。迄今为止，即使是最权威的国际机构和研究机构也没有给青年、中年和老年给定一

---

① 参见［美］戴维·L. 德克尔《老年社会学——老年发展进程概论》，沈健译，天津人民出版社 1986 年版，第 14—19 页。德克尔还提出了一种对代的“同期群研究”方法，它是“横剖研究”与“纵贯研究”相结合的方法。

个“权威”的年龄界限。第二，从代的社会文化属性来看，存在着“跨代”和“滞代”甚至“模糊代”的现象，比如，在价值观上，某些在年龄上属于年青一代的人，其价值取向可能跨过了本代而与中年或老年的价值取向接近甚至相同；而一些在年龄上本属中年或老年一代的人，在价值观上却可能与年青一代的价值观接近乃至相同；另有一些处于某一年龄层的人，其价值观可能同时与各代特别是相邻两代的价值观都相近或相同。这些现象在日常经验中是随处可见的。但是，不能因“跨代”“滞代”和“模糊代”现象的存在，就认为对青年、中年、老年的划分是无意义的。在这里，“跨代”“滞代”和“模糊代”是一个可以用上面所说的“社会年龄”来加以诠释的问题。

代的退场是代和所有生命个体不可逃避的宿命。代的退场首先意味着属于这一代的所有个体的生命的消亡，这是一种不可违抗的自然规律。以他们作为载体或由他们所创造的文化也随着他们的退场而成为历史。但是，与已退场的一代在肉体生命上的彻底消亡不同，以他们为载体或由他们所创造而成为历史的文化（包括物质文化、精神文化和制度文化）不但没有消失，而且对在场各代仍然发挥着影响和作用。马克思指出：“历史不外是各个世代的依次更替。每一代都利用以前各代遗留下来的材料、资金和生产力；由于这个缘故，每一代一方面在完全改变了的环境下继续从事所继承的活动，另一方面又通过完全改变了的活动来变更旧的环境。”① 当然，每一代所利用的不仅包括“材料、资金和生产力”等物质文化，而且还包括价值观念、伦理道德规范等精神文化和各种礼法制度等制度文化；这里所指的“环境”，也已经不完全是自然环境，而是人化的即文化的环境。由此可见，退场的代在文化上构成了后代以之为前提并加以继承的传统的一部分。也正是在这个意义上，我们认为在研究代际关系时，不能无视退场的代与在场各代的关系，而应该把他们纳入代际关系的研究范围。

---

① 《马克思恩格斯选集》第1卷，人民出版社1995年版，第88页。

尚未进场的代意味着将要进场，并对在场各代将逐代取而代之。在米德所说的"未来重复过去"的传统社会的"后象征文化"中，在"现代性"问题还未凸显的条件下，尚未进场的人类后代一直在人们关怀的视野之外，更谈不上对后代利益和权利的尊重和维护。人们常常以"我们并不知道尚未进场的后代的生活是否比我们好"这种模棱两可的理由，或"尚未进场的后代一定过得比我们好"这种现代主义历史进步观的理由，漠视后代的利益和权利，甚至否认后代的利益和权利。正因如此，尚未进场的后代"理所当然"地就被排除在代际关系讨论和研究的范围之外。随着现代社会尤其是工业革命所带来的各种"现代性"问题的出现，人们认识到，在场各代的行为和生存方式将对尚未进场的人类后代的生存产生影响，因此，人们越来越关怀尚未进场的人类后代的生存状况，这无疑是一大进步。然而，在对尚未进场的人类后代是否具有他们特有的需要、权利和要求时，人们又犹疑不决，因此，迄今还提不出哪怕是像"动物权利论"那样的关于尚未进场的人类后代权利的合理而有力的权利论证明。①

代的在场、退场和进场是一个永恒的、不断连续的生存时空转换过程；每一代也都要经历从进场到在场再到退场，或者说，从未来生存时空到现实生存时空再到过去生存时空的过程。在这一过程中，代的在场，即现实的生存时空永远是主要方面，因为只有在场的代才是唯一现实的存在和唯一现实的主体。因此，从表面上看，"一切只能由他们说了算"！然而，从历史和过程的观点来看，在场的代对已退场和将进场的代的态度和如何处理自己与他们的关系直接影响着在场各代的生存价值和生存意义。比如，在对尚未进场的人类后代的关系中，"现代世界存在着由于即将来临的核毁灭而让人类断子绝孙的可能性，从这一可能性中引申出的对人生意义的威胁让我们认识到，

① 大卫·格里芬指出："由于现代性认为未来与现在没有内在的联系，个人的合理的'自我利益'也就被假定不会超出他或她的有限生命之外。比如，当一位当代杰出的思想家被问及为什么我们要从事一些可能对我们死后 75 年才会发生的事件产生影响的活动时，他说'对此没有合理的答案'。"（参见大卫·格里芬编《后现代精神》，中央编译出版社 1998 年版，第 25 页）

展望未来对目前的存在具有多么重大的建设性意义。一旦意识到这种事实，我们就会发现，为保护百年或千年之后的地球的行动提供资金，同为保护过去年代的行动提供资金，两者同样都是‘合理的’”。[①]

从关于代的在场、退场和进场的讨论中，我们还可以看到：代际关系不仅包括在场各代之间的关系，而且还包括在场各代与已退场和将进场的各代的关系。

代、亚代与亚文化

在在场各代中，由于每一代所面对的社会文化背景不同，生存时空条件的差异，以及由此决定的每一代的需要、价值观和伦理道德观的相异，因此，一代具有一代独特的代文化；同时，在同一代内部，又经常出现与该代文化相对的“另类”文化。这是我们讨论代际关系时必须面对的又一个重要问题。对于这些问题，我们将首先从社会主流文化与亚文化关系的背景中展开讨论。

所谓“社会主流文化”，是由社会大多数人所奉行或社会权力掌握者所控制的文化；所谓“亚文化”（subculture），又称“副文化”“支流文化”或“少数人群文化”，是与社会主流文化相对的，其特点是与社会其他群体共享一种文化模式，但在语言、习俗、价值观和社会规范等方面具有独特特质的群体文化，在某种程度上能够游离于社会主流文化之外。在社会主流文化与亚文化的关系中，就两者的地位而言，社会主流文化是已制度化的文化，并表现为社会控制者的意识形态，而亚文化则是还未制度化的文化，或者说是前制度化的文化，相对于居于中心地位的意识形态来说，它处于边缘地带；从两者的作用来看，社会主流文化总是发挥着维护社会稳定、使文化不致断裂而得以延续的功能，而亚文化的作用则是双重的，即一方面它可能对主流文化起着价值认同、价值整合、价值传播、价值归属、价值识别和价值鼎新等功能；另一方面也可能与主流文化相悖逆，起着负文化的作用，这时，亚

① 大卫·格里芬编：《后现代精神》，中央编译出版社1998年版，第25页。

文化就会脱离社会的主体和主导价值观念和价值规范的约束，并对主流文化的传承造成负面影响。①

那么，在代际关系的语境和领域内，“亚文化”何所指？对此，我们将从两个层面来分析：(1) 社会主流文化与青年文化的关系；(2) 代文化与其代内“亚文化”的关系。

关于社会主流文化与青年文化的关系，流行于几乎所有社会学和青年学学者中的观点是，青年文化是一种与社会主流文化相对的“亚文化”。这在一定意义上是无疑义的，但不是绝对的。因为，如果再进一步分析，就可以发现，这里首先存在着两个问题：(1) 青年文化在何种意义上说是亚文化？(2) 与青年是亚文化的主体和承担者相对应，社会主流文化的主体和承担者究竟是谁？

我们首先来看第二个问题。

在谈论作为亚文化的青年文化时，人们总是将作为社会主流文化的“主体”搁置起来，似乎这一主体是不言而喻的，这就是“社会”。然而，这一指喻是不明确的。因为，青年所组成的社会毫无疑问也是“社会”的一部分，故而不能有充分理由证明青年文化为什么是与社会主流文化相对的亚文化。也许从代际关系的维度来看，理由会更加充分和明确，这就是：与青年文化相对的是“成人文化”（这里所说的“成人”应当包括中年和老年，而以中年为核心和支柱）。由于成人在一个社会中掌握着各种最基本的权力（例如话语权、制度安排权等），所以，他们就能够运用这些权力将代表自己文化需要和文化特征的文化加以制度化（由此而致“中心化”）和意识形态化（由此而使“神圣化”），使之占据社会文化的中心、主体和主导地位，从而成为社会的“主流文化”。而由于青年在一个社会中没有取得上述权力，无法使代表自己文化需要和文化特征的文化制度化和意识形态化，而只能处于社会文化的边缘和次要地位，所以青年文化自然就只能是“亚文化”。由此可见，只要把社会主流

① 参见杨德广等主编《中国当代大学生价值观研究》，上海教育出版社 1997 年版，第 198—202 页。

文化和亚文化的关系放在代际关系的维度中来审视，问题立即就一目了然：与亚文化的主体和承担者是青年，所谓社会主流文化的主体或承担者，不是笼统的“社会”，而是“成人”，即中年和老年，尤其是中年①。

解决了这个问题，那么，上述第一个问题也就自然解决了，即在且只在青年文化是一种还未制度化和意识形态化的文化，或者说还是一种处于前制度化和前意识形态化的文化的条件下，青年文化才是一种亚文化。

如果说青年文化作为一种亚文化非常符合传统社会青年文化所处地位的实际和传统社会人们对青年文化的定位，那么，在现代社会，尤其是在现代信息社会，所有这些情况都已发生了变化。现代社会的青年文化，已经带有米德所说的“年长者不得不向孩子学习他们未曾有过的经验”的“前象征文化”② 的特征。对于现代青年文化，越来越多的人看到了其越来越重要的地位，以至于有人甚至认为“一个青年本位文化的时代已经到来”；与当代社会在自然年龄上已经进入老年社会相反，在价值观和其他一切精神生活方面，社会却越来越年轻，出现“社会年轻化”的趋势，从这个意义来说，现代社会就是青年人的社会；在市场经济条件下，青年与市场已经有着难以割舍的天然缘分，青年人不仅成为市场经济的主体之一，而且成了市场消费的“上帝”，以青年人为对象、为主角的各种产业迅速发展起来，从一定意义上讲，市场经济就是青年经济。随着年青一代在政治、经济、文化、知识上地位的提高，社会权力不得不重新分配，年青一代开始分享社会权力，从而拥有了更多的话语权。这样，青年文化至少有相当一部分也就随之与成人文化一样，能够制度化和意识形态化了。此外，在现代社会，青年文化对成人文化的反哺功能越来越突出，对成人文化的影响和改变越来越明显。这种种情形都说明，现代社会的青年文化已经难以仍用“亚文化”来加以概括了，它已转变

---

① 有意思的是，有学者认为，从“老年文化”的相对独立性而言，它也是一种“亚文化”，“老年人能够创造一个可提供有意义的角色和活动的亚文化，正像年轻人创造了一个跟其特有的情况相关的亚文化一样”。（参见德克尔《老年社会学——老年发展进程概论》，天津人民出版社 1986 年版，第 164 页）

② 玛格丽特·米德：《代沟》，光明日报出版社 1988 年版，第 20 页。

为社会主流文化的一部分。正因如此，将现代社会中全部青年文化绝对地、毫无条件地划定为亚文化，就显得有点过时了。①

那么，关于代文化与代内亚文化的关系又是如何呢？关于这个问题以及“代文化”和“代内亚文化”的名称，是我们讨论代际关系时提出的一个全新的问题。

所谓“代文化”，就是某一代所特有的、能与其他代文化相区别的文化，它能反映这一代的文化本质，体现其文化面貌和文化特征，它具有稳定性的特点。所谓“代内亚文化”，是指与该代享有同一文化模式，但又与整体代文化有所区别，或者游离于代文化之外，甚至表现为“另类”文化的文化，它具有易变性的特点。代文化与代内亚文化的关系在在场各代中都有明显的表现，但在青年文化中表现尤著，因而“青年代文化”和“青年代内亚文化”也是研究者们讨论得最多的。

正如代问题严格说来是一个现代的问题一样，“代文化”严格说来也是一个现代的概念，而不是一个历史的概念。历史上，文化的演进只是在一定程度上带有代的特征，就其性质和模式而言，只能划分出时代文化，同一时代中几代人之间的文化差异是微乎其微的。只是到了现代，每一代人才会也必然形成自己的文化，即形成真正意义上的代文化。② 事实上，代内亚文化与代文化一样，也是一个现代概念，它是与代文化相伴而生的。

---

① 比如有人就把任何形式的青年文化无条件地看作一种具有反文化性质的亚文化，认为青年文化“是对先前文化偏离和反叛的一个副产品。在任何社会当中，青年总是被迫地处于从属和低下的地位，并且遭受着角色丧失和没有权力的痛苦。当成年人社会拒绝接受他们的角色和身份时，青年就把仇恨转向成年人”。（参见1988年4月12日《理论信息报》上的文章《评价青年文化的四个观点》）这种看法如果在传统社会还适用的话（米德认为在后象征文化中就是如此），那么，对现代社会而言就有点过时了。正如有学者指出的：“在一些国家，‘青年文化’（adolescent culture）已经争得一席之地，并在许多方面影响到主流文化。而在我国，青年文化的合法地位至今未获确认。其实，在中国近百年的历史中，青年文化亦曾显示出巨大的影响力。轰轰烈烈直接影响中国社会发展进程的五四运动，就是一批年轻人发动起来的。中国共产党成立之初，其核心人物中的毛泽东、蔡和森、周恩来等，也皆是不到而立之年的青年。在今天和明天，青年文化必将发挥更大的作用。我们的主流文化应以博大的胸怀接纳青年文化，不应持排斥态度而使其沦为逆反文化（counter－culture）。”（钟年：《文化濡化及代沟》，《社会学研究》1993年第1期）

② 参见张永杰等《第四代人》，东方出版社1988年版，第31页。

代文化与代内亚文化的关系，是以同一代在价值观上的同一性、稳定性与差异性、变异性的关系为基础的。就是说，在宏观上，同一代处于同一时代和同一个大环境之中，这使他们在文化的主要和核心方面，如价值观方面属于同一代人；而在微观上，他们成长和活动的环境又有着无限的差异性，因此，其内部也就包含着复杂的层次，活动着各种各样的代内群体和代内"小团体"。所以，应从代的差异性中来把握其同一性，从变异性中来把握其稳定性，只有这样，才能对代文化有一个真正的理解和把握；同样，要在代的同一性和稳定性中看到其内部存在着差异性和变异性，也只有这样，才能实事求是地承认在代内存在着亚文化。

在这里，我们要注意的一个倾向是，以代内亚文化取代代文化，以此为根据又将仅带有代内亚文化特征的代内群体替换为独立的、作为整体的某一代。当前十分普遍地将所谓"新人类"①"新新人类""飘一代""e 世代"等从年青一代中剥离出来当作独立的"代"来对待，就是这种倾向的明显表现。由于"新人类"现象的出现在很大程度上是由他们特殊的生存境遇决定的，故而具有一定的社会必然性，对这些现象进行特例研究是十分必要的。但是，按照我们上面所做的分析，这些"新人类"等现象只是年青一代中比较独特而易逝的"亚代"现象，"新人类"等不能代表也代表不了整个年青一代，他们不能反映年青一代的本质特征和全貌，最多只是年青一代的"另类"或"亚代"而已，他们不可能像青年文化（至少一部分）在现代社会成为社会主流文化那样，取"代文化"而代之，更不应将代内亚文化看作是代文化的完整表征，以避免在对代际关系研究时造成不必要的混淆和混乱。

（原载《江海学刊》2004 年第 4 期）

① "新人类"是 20 世纪 80 年代在日本首先流行起来的概念。作为一个被普遍运用的时髦的日常用语和青年研究的主要概念，"新人类"一词甚至在 1986 年获得了由《现代用语的基础知识》主办的"流行语大奖"的金奖。参见陈映芳《个人化与日本的青少年问题》，《社会学研究》2002 年第 2 期。

“后人类”进化

张之沧

自人类社会产生以来，自我意识、人类思维、语言符号、文化样式、社会实践与人的生物机能一起作用于人的进化过程。结果，仅在几十万年时间内，人类就凭借其智慧使地球发生翻天覆地的变化。这恰如哈佛大学生物学家S. 高尔顿所言：“当你考虑到在如此短的时间内，发生如此多的事件的时候，你就会认识到人类为了生存，不仅发明了新事物、新战略，并把这些发明传递给子孙后代，而且人类创造出来的这些东西，还反过来加速度地创造人类自身，并改变着人的进化路程。”① 换句话说，自从自然界把生物进化的接力棒交给人类，人类进化中的统治力量就不再只是自然界，而是包括人自身。人类也不再被动地受各种自然力支配，而是依赖自己的能动性认识和科学技术去积极地发现规律、利用规律，为自身服务，使自己逐步成为由自我意识主宰的“自为存在”。尤其是人类极度适应的天赋，使之能够在地球上的任何地方生存，遇到任何环境变化都能够做出创造性反应。正是借助这种极强的适应性，人类才在诸多方面获得巨大成功：发明了畜牧业、农业、工业；建造了乡村和城市；给日益增多的人口提供了衣食住行和生活用品；发明医学拯救了无数岌岌可危的生命，延长了人的寿命；制造了发达的通信和交通工具传播着人类文明，推广着先进文化，使世界上许多落后部落迅速跟上文明步伐；又创造了各种社会机构和组织，使人类社会日益变得秩序井然、富

① P. Donahue, *The Human Animal*, New York, 1985, p. 65.

丽辉煌和魅力四射。但是，所有这些都还没有能够改变人类的自然进化性质，致使人类进化迄今还基本上是纯粹自然人、生物人和社会人的进化。人作为一种生命，还是一种纯粹的生物体，而非“自然 + 技术”的综合体。只是到了20世纪下半叶，借助生物工程和人工智能，人类的进化历程才开始逐渐发生转折，进入一个新的“后人类”进化时期。

何谓“后人类”

“后人类”（post-mankind），就是指20世纪60年代，一些发达国家进入以信息社会为特征的后现代之后，利用现代科学技术，结合最新理念和审美意识对人类个体进行部分的人工设计、人工改造、人工美化、技术模拟以及技术建构，从而形成的一些新社团、新群体。这些人再也不是纯粹的自然人或生物人，而是经过技术加工或电子化、信息化作用形成的一种“人工人”。他是一种将人造器官、人造物件或电子软件和人的自然肉体有机结合的人—物系统或人—机系统。具体地说，数千年来造成的人的身体和精神、肉体和心灵、生和死以及自然和技术之间的对立与分离，随着当代高科技的新进展、新实践以及人类心灵对超自然的自由主体的强烈渴望与热切向往，将日益趋向弥合与统一。特别是今天高度发展的虚拟技术、网络世界、赛博时空、机器人、电子人、基因工程、器官移植、克隆技术、试管婴儿、变性手术、激光整容术、全面整容术、相异性的人工合成等极富想象力的高难度科技手段，不仅正在与日俱增地中断上述成对范畴之间的区别，而且也日益有力地证明上述各种二元论的对立既不是自然生成的，也不是永恒不变的，而是经由一种形而上学的世界观建构起来的。

事实上，自20世纪70年代第四次科技革命之后，有关自然和技术之间势不两立的陈词滥调就开始不攻自破。比如技术创造的物质财富不仅极大地丰富了人类的日常生活，而且还要改变和替代人类的自然生活，使处于相互竞争中的自然人日益变成更具竞争力、生命力以及更具智慧和能力的“机械人”或“电子人”（注：这两类“技术人”本质上是人而非机器）。也就是说，当代高科技正日益将肉体和物体、人体和机器、人脑和电脑、生命和技术、生物和文化相互融合，构成新的人体，使人们普遍成为自然和科技的共同产品；这种“技术人”再也不是原先那种纯粹的自然肉体，而是对自然和机器的双重否定和超越。当然，今天及早些时期的“变性人”“人造美女”“人造特工”以及替换上各种人造器官或移植器官的人都属于这类，但是典型的后人类主要指那些能够将机械、电子制品、电子软件和人体融为一个有机整体，而且标示着整个人类未来演变方向的人群。

关于目前人类通过人工智能、生物技术、虚拟技术、遗传工程和电子人技术导致自身由纯粹的自然人、肉体人向机器人、电子人的进化，在发达国家已经得到许多科学家、科幻小说家和哲学家的认同与支持。尤其是许多从事赛博虚构的作者十分感兴趣地探讨了未来“电子人”的可能性以及相关问题。比如英国学者马多克斯（T. Maddox）就将这种由自然和技术共同缔造的人类称为“后达尔文的生命概念”或“后人类”。

在后人类社会，由于人类的肉体不再是原先纯粹的自然肉体或生物肉体，它被镶嵌进许多高科技物质、高科技产品，诸如各种人造器官、人造血液、人造皮肤、人造肢体、人造基因、人造软件；精神也不是原先纯粹的肉体精神或社会精神，而是镶嵌进许多后天的人造精神、人造大脑、人造记忆、人造思维，比如后人类的眼睛可以同时是一架照相机、摄像机，后人类的耳朵可以同时是一台收录机，后人类的大脑可以同时是一部快速和大容量的记忆与储存装置。总之，后人类的人将成为一个用后现代的科学技术全副武装了的人，因此后人类社会也必然被镶嵌进许多与人工技术、人造物品相关联的要素和成分。

比如在科学技术方面，20 世纪以来新开发的电子技术、生物技术、空间技术以及新材料和新能源的发现与发展，都将通过对人体或人类自身的改造而极大地提高人类的生存质量和文明进程。特别是 21 世纪有望创造出的利用脑神经线路原理与结构的生物电子计算机以及与生物集成电路相结合发展起来的生物电子技术，将会更好地改造人类、创造人类和服务人类。今天正在兴起的基因重组技术、细胞融合技术、生物反应堆技术、克隆技术以及遗传密码的解读等，将会广泛应用于医药工业、化学工业、食品工业和农业、畜牧业，应用于疑难病症的根治、人类质量的提高、遗传特征的改造，应用于延年益寿、器官移植、大脑嫁接。另外，新材料的发展，将会推动超导合金和形状记忆合金的实用化变成普遍的现实；新能源的发现，也会给人类提供更多的能量；至于飞速发展的空间技术，将会给后人类社会开发出更多和更新的生存空间。为此有人预言：新技术对21世纪的人类将产生革命性作用，其中利用"硅物质、电子、DNA、语言"等复合势力制造出的"超人""后人类"或有关人的"新形式"将会大大胜过迄今人们所理解的"上帝和人"。

社会存在决定社会意识，有什么样的人类就有什么样的观念。后人类个体在肉体和精神享有充分自由的基础上，往往都会以自我为中心，幻想按照自己的方式来改变整个生活世界，使自己作为一个自由、独立的主体，完全生活在自己的各种意识状态中；超越所有的外在形态，不受任何对象和观念的束缚；采纳一种完全超脱的生活方式，让内在精神能够无限地舒展；让生命主体能够自由自在和随心所欲；让后人类社会能够充满无穷无尽的生机。

后人类的进化方式

后人类进化除了遵循一般的自然规律、生物规律和社会规律之外，还同时伴随着一种加速推动人类发展的技术过程。这种技术上介入的人类进化通常由三种不同的方式组成：一是借助基因工程或无性繁殖（如克隆技术）；二是通过技术种植或人工种植；三是利用虚拟技术制造虚拟主体、改造现实主体，将虚拟世界和现实世界、虚拟人和现实人合二为一。

关于第一种进化方式，毋庸置疑，是20世纪50年代兴起的分子生物学和遗传工程学共同作用的结果。正是从那时起，人类开始利用基因工程优化人体结构，完善人体功能，改进人体素质，去除遗传疾病，增强人体适应自然的能力，产生人类所希望的人体，以保证在未来社会能够进行有效竞争，促进人类进化，推动人类文明。今天人类通过对遗传物质DNA进行重新编码，不仅可以促使肉体不断生长，而且可以将身体部分地更替和置换。

至于第二种技术种植方式，显然属于后人类进化的又一个阶段。在这一阶段，人类不仅可以通过外科手术给一双眼睛配上眼穴，装上一架照相机，可以将一种微通道形象的高级移动电话安装在他的眼睛中，将一个削尖了的读书器放入他的视神经，将一只发音器连接在他的耳朵后面的插座里；而且可以利用类似的技术去改造或加工一个人的四肢或其他组织器官，以强化他的四肢和整个躯体。如此技术化和电子化的人机系统，既可以谓之为一个“后人类之人”，也可以看作一个非常完整的生物性综合软件系统。

对此，美国学者基伯逊等人认为，这种从自然人到电子人的进步是历史进程中的必然，人类必须接受这个现实。尽管今天的多数人会继续把能够繁殖的“机器人或电子人当作进化的强大潮流中的一件稀奇事，然而他却是不可避免的结果”①。因为，“这种电子人时代的到来并不是不切实际的。它是自然界的下一个进化阶段。我们完全可以设想：人类一定会在不久以后就能够在他们的头脑中携带百万个字节的计算系统，进行直接的脑对脑的交流和沟通。另外，生活在那个世纪中的人们还能够改变自己的身体，以适合于他们所喜欢的衣服”。② 这不仅会使人类个体变得更加优雅、美丽，而且会克服自然人或生物人固有的主体间性。当然，要进入这种状态需要付出巨大代价，但是这类“改造人”的事件无疑证明人类正在日益将后现代的人性强加给人类的日常生活和社会实践。

关于第三种有关虚拟主体的探究，不仅主张利用电子技术、器官移植或人工智能来改造人体，而且主张后现代技术的目标是超越身体，放弃身体，以便在机器中和网络中实现身体的不朽，让技术使人类不朽的梦想变为现实。届时，自然和技术之间的界限会完全变得模糊，以致连人类自己都难以区分究竟何种事物属于自然，何种事物属于技术。在这种背景下，赛博空间将会给人类提供一种理想化的前景。这正如普拉特（C. Platt）在 1991 年详细描述

① Martin Dodge, Rob Kitchin, *Mapping Cyberspace*, London, 2001, p. 204.

② W. Gibson., *Count Zero*, Harper Collins, London, 1986, p. 138.

的：总有一天，人类的头脑将最终被转换或被转变，即从保证我们物质身体得以生存的肉体性实体转变为纯粹智力性的电子实体。这时候，高度发展的人类技术将完全摧毁人和机器之间的区分，而且从此之后人类也将不再需要满足这种老的动物的食物、掩蔽处和性。

特别是在符号化、数字化、信息化以及主要是借助语言打造出来的虚拟主体、无性别主体的隐蔽状态中，现实中的两性关系、两性界限几乎完全模糊不清，性别角色在虚拟的舞台中不再被大家看重，因为起作用者、行为者完全是“代号”“代码”“概念人”或“电子人”，而不是现实中“强悍”的男人和“柔美”的女人。

此时，与作为一个实体的电子人程序不同的是，进入机器中的非现实存在只不过是该种机器利用虚拟现实时的一种经验状态。在这种情况下，大脑或心灵，在机器内部与空间相互作用时，将会离开身体获得自由。因此对于赛博空间，人们是经常地将其描述为一种无实体的空间，一种由心灵占据而不是由身体占据的空间；是通过插座进入一个惯常的赛博空间的甲板或覆盖物，这个覆盖物投射了他的无实体意识进入矩阵。在这里，身体和精神的二元论变得无意义，因为这种等式的一半——身体正在失去，即正在化作纯粹的信息和符号。在现代社会中，所有的空间都被具体化，所有的身体都占据空间；而在赛博空间中，将不再是这种情况。那些进入机器的上载意识都是想象的延长和某种幻想的经验的许诺。在一些赛博小说中，一个人的意识和记忆只要被上载进入一种机器，就能够实现它旨在成为“新人”的本质。

毋庸置疑，构成这种机器人或电子人的身体是具有自我消耗性质的，而且正是这种机器人的头脑详细地界定和说明了人性。在这里，灵魂就是软件；而软件就是计算、习性和记忆。这时大脑和身体全都是肉体和器官槽（organ-tanks）中的“种子”。为了上载进入一个机器人，一些作者还考察了这种机器人软件中，一个人脑的捕获物和储存量。至于《硅人》《置换城市》和《光路》等小说的作者，则主要是思考了上载进入一个单独的计算机之后，又输入一个分散的网络中的情况。在所有这些情况下，头脑都将变成类似于电脑软件一样的东西，字面上变成0和1的组成，模仿着心理学的计算和连接模式。这种机器人软件显然与一幅画不相干，而是常常像一个凝结的立方体，被安放在一个僻静的储藏室的拱顶里面的架子上。这不是一本没有人看的书，或是一种纯粹的柏拉图式的理念形式，而是一种由0和1组成的数以亿计的字节群集。它超越和扬弃了一个旧世界，构造或创建了一个新世界。

在这些创建中，作家们利用现在电视机器人的意图，旨在允许上载的意识与电脑的外部空间相互作用，或者说，电视机器人（telepresence）让拷贝与物理世界相互作用，以便它们能够更充分地相像于人类。在那里，交通工具与现实世界中的所有交通工具都极为相像。你能够租用它，用管道输送你的头脑进入其中；只要你需要和现实世界相互作用，就可以去你想去的任何地方。这样一来，电脑建构，继基因工程与技术种植之后，在本质上就变成创造后人类的第三种途径或第三个场所。

概括上述对于科学技术与人类进步之间紧密关系的分析可以清楚地看出，在人类走进一种新的社会空间关系的时候，可以说是从根本上重新改装了现代主义。特别是赛博空间作为一种强有力的变形力量，瓦解了许多现代主义者的思想系统。它在许多层次上，弄得现实和虚拟、公众和私人、地方和非地方、自然和技术、精神和肉体、生存和死亡、天性和文化之间的界限模糊不清。当然这不是说，这种瓦解和破坏就是件好事，正如我们已经概述的，一种后现代社会的逻辑结果常常是强化了不平等和不公正的发展。但是面对赛博空间和虚拟世界这一最富有挑战意味的现实，我们可以进一步思考这些变化的结果和可能性。

事实上，近年来一些最具影响力的学术分析也一直在利用这些分裂的和毁坏的空间（spaces of disruption），以探索批判性的政治理论。比如著名的海拉维（Donna Haraway），在她的有关“电子人政治”发展的前景分析中，就详细地考察了“自然和技术相结合或相合并”的可能性问题。因此可以肯定：赛博虚构不论是对于人类的现在还是未来都是重要的，因为它打开了一个新的世界空间，为人类更加广泛的深思和实践提供了新的场所。当然，它们的重要性眼下还只是部分的和选择性的，有关未来的反乌托邦的寓言故事，还只是立足于现在所做的推断，要将其变为现实还有很长的路要走。

然而，赛博虚构和赛博空间肯定会有一个非常广阔的前景，因为这些“沉思的场所”已经显露出巨大的魅力和潜能；这不仅表现在它们的有关未来空间性的一般显示上，也表现在它们与那构成这种空间性的社会空间过程的一致性上。与此同时，所有未来社会空间关系的精确形式也都在发生变化。特别是为许多作者一致看重的一种由自由意志和资本主义所统治的未来，在那里，全球的财富和权力都将为跨国公司所拥有，而且“国家—地区”结构将被逐步削弱，走向消亡。一种二元经济将得到繁荣，而且会通过管理和监督的社团模式而得到加强。社会将日益变得都市化，同时也将日益变得支离破碎，或是被分化，或是变成一个模拟城市。至于其中的居民，其身体将通过利用基因工程和技术种植而被加强。这样一来，必将给眼下的人类提出更广泛的挑战。特别是那些批判主义的理论家和基础论的激进主义者将要构建一系列相反的政治学，不仅旨在阻止一种反常的乌托邦前景变成现实，而且将与公众空间的侵蚀相结合，去竞争新的监视、管理和被构造的贫乏的空间性。这种政治学将会识别和促进有可能变成现实的后现代性的乌托邦。

后人类进化的前景

后人类进化有一个远大、美好的前景。就目前而论，它至少可以在不久的将来做到以下几点：

一是去除精神残障、根治肢体残疾。后人类进化过程中，所要承受的一个最艰巨的使命就是去除阻碍人类文明进步，危及人类生存的各种疾病。其中包括每年都夺去几百万人生命的艾滋病、心血管病以及各种各样的癌症和精神疾病。未来社会的人造器官，包括人造的各种生物性器官、生理性器官，都可以用来替换被各类顽症病蚀了的器官，使人类机体重获新生。未来社会的人造大脑、人造记忆“芯片”，或人工移植“智能系统”“思维系统”可以用来根治各种精神疾病或替换那些生病的脑神经部件或脑神经系统。

肢体残疾无疑是影响人口质量的一个重要因素。当然，迄今为止人类还没有能够很好地解决残缺的机体和智力“生命化”或“有机化”问题，许多残肢还要取决于金属制品或合成材料，但是我们相信不久以后，人类的智慧和技术会从各个方面根治肢体残疾。人类完全有能力通过基因移植、基因重组等手段，把这类疾病消灭在基因层次或胚胎状态。这将既有利于个体生命的至善，也有利于整个人类的文明进程。

二是渴求人格完美、追求个性多样。在后人类社会，人们的“爱美之心”和渴求完美的自由意志同样会继续关注自己的内心和精神、自己的素质和人品、自己的教育和修养以及自身的容貌、形象和体魄；使生活的中心由此转向自我意识的内在组织系统，使生活不断地得以更新和美化，使人生不断地产生青春般的新鲜感和各种全新的魅力；在塑造肉身的同时，也将个体审美主义推向极致。届时，更多的人将会不惜代价地根据需要和兴趣来设计、改造和包装自己。这其中将会包括利用各种最先进的技术进行个体整形，也一定会兴起更多的从事人造器官、人造肢体、人造容貌、人造形体以及基因重组、基因治疗等方面的职业和行业。那时的人造形体、人造容貌会像今天人们走进理发店任意选取自己感兴趣的发型一样，让形体师们自由构造自己所喜爱的形体。这个难度当然要比构建一种发型困难得多，但是人类的智慧、高超的技艺和由审美燃烧起来的激情会创造出一切令人不可思议的奇迹。

在这个时代，人们当然也不必杞人忧天，担心所有的人都会拥有舞蹈演员的体形，电视明星的容貌，篮球运动员的身高，或健美运动员的体格。多元的审美观和价值观一定会继续保持人的个性特征和整个人类的多样性属性。只是有一点可以肯定，在后人类的进化过程中，女性将会变得愈来愈美丽、动人，男性将会变得愈来愈健美、强壮，而且这种变化是不可扭转的趋势。届时，每个人的心中都会有一架审美的天平，他们会从更深的层面理解什么是美丑善恶，什么是健康病态，什么应该选择和淘汰。自然、生物、文化和科学技术的进化将会一起作用于人类的整体进化过程，作用于人的自我选择，作用于人的价值观、人生观、审美观以及伦理道德，并进而将盲目和自然的人生提升为自觉和科学的人生。

三是普遍信仰身体、重视情感、悦生轻死。面对几千年空泛说教制造的虚假人格，抽象理性编织的虚幻主体，在后人类社会，人们将极力消除意识和精神的异化，积极倡导回归被理性和意识疏离了的身体，以恢复人的真实本性。届时，人们将普遍相信“信仰身体比信仰精神更具有根本意义”。以身体为准绳，而不是以传统的伦理道德和陈旧的灵魂为基准，将是一种令人惊异的思想和举动。这种从身体，即生命本身的角度重新审视一切，将历史、艺术和理性都作为身体弃取的动态产物的人生观，将有着颠覆乾坤的价值。以往蔑视身体的人实质上是憎恨生命和大地，本末倒置地将心灵看作大理智，把身体看作小理智。实际上，强调身体就是强调生命力，就是在医治贫血的灵魂。对于真正的觉醒者来说，“我全是身体，其他什么也不是；灵魂不过是指身体方面的某物而言罢了”。因此后人类社会，人们不会只倾听死亡的声音，相反会更多地倾听健康身体的声音，因为那是更诚实、更纯粹的声音；因为只有健康、完美的身体，才会说话更诚实，行动更纯粹，才会真正地言说大地和生命的意义，才会摆脱所有外在的束缚，消除一切压迫，追求一种更加崇高的人生目标。

由此，在后人类阶段，人们对待生死的态度也会发生巨大改变。人们彻底觉悟生和死的辩证法，认识到生是死的前提，死是生的基础；正是生和死的不断交替构成生命界和人类社会不断演化的进程；也正是基于这种认识，后人类将既不畏死也不恶生，而是更加看重生命，更加关注生存质量，坦然对待生死，形成一种悦生轻死的人生观。

四是消除种族差异，融合民族文化。后人类进化的另一个前景就是导致肤色、种族和文化差异的日渐消除。首先，过去的纯粹种族不再存在。民族主义、纳粹主义或白人至上主义将失去存在根基。只要看看今天的美国民族是如何具有世界性和人类性，就不难得出结论，世界种族的一体化必将以不可阻挡的趋势吞噬着世界民族的多样性。其次，世界文化和世界语言的一体化，也必将淹没世界文化和世界语言的多样化。当然，现实中也同时充溢着人类不断变化的观念、意识和希望以及不可尽数的实践手段和无穷多样的真理形式，但是，现实社会却存在着反对多样化的强大力量。这种趋向统一的力量不仅主张用道德法则和物理学规律对多样化进行限制，而且在西方日益扩张的商业和科学技术的步步紧逼下，对越来越多的民族文化的作用与改造，都是在消灭多样化，使得现在文化的差异正趋消失；具体地说，现实中“环境的高度贫瘠化和普遍的齐一化已经成为当今世界所有政治和经济制度下的工业社会的特征”①。迟钝、乏味、单调、齐一像弥漫的浓雾一样正在覆盖着许多国家。

这种趋向统一性的好处是，更利于全人类拥有统一的伦理道德标准、意识形态标准、文化审美标准，或真理性和实用性标准，以衡量全人类所有个体的行为、道德、认识和审美；坏处则可能是抹杀人的个性、民族性、多种多样的文化传统、审美上的多样性以及广泛存在于行为实践中的自由意志。当然，人们不愿意看到这种大综合、大统一的局面和趋势，但是世界的发展往往不是以人的主观意志为转移的：熵增原理不仅适用于自然界，也适用于人类社会的发展演化趋势。因此人类要想保证世界的多样性、生命的持久性、生活的丰富性、精神的自由和肉体的欢愉，就必须时时处处自觉地锤炼自己的筋骨，陶冶自己的心智；不断地创造新生活，发现新形式；不断地推动政治文化的多元化，提升人的自由度，使人类精神和生存现状得到改善；既充分体现人类理智的能动性和发自内心的善良意志，也同时展示人类对自然秩序的依赖和尊重。即便在后人类社会，人类作为“自由的理性行为者，也能认识和遵循道德性的种种规定”，让人类背负着各种义务和责任日趋至善至美之人间胜境。

（原载《江海学刊》2004 年第 6 期）

① Donald Heyneman, *Journal of Parasitology*, 1970（1），1984，p. 6.

“生态”概念的存在论诠释

余治平

只有上升到存在论高度的生态哲学，才有可能通达自然或万物的内部秘境，进而体悟宇宙生化变易的真谛。汉语语境里，仅就物自身的生存而言，存在论与本体论是统一的，甚至有着相同的意义。当人们对生态概念进行本体论化的审视与阐发之后，就可以发现，原来，“生态”就是物的最基本的存在方式。古代中国的思想家们并不是只对道德论、伦理学或政治论感兴趣，其实他们始终都没有忽略过物自身的存在问题。从先秦到明清，对生、生生、易的认真而深入的讨论，集中反映出中国思想家们的本体论智慧。所以，“中国古代没有本体论”“汉语世界没有形而上学”的说法显然是无知且难以成立的。中国古代思想中，有严肃的本体论，有地道的形而上学。古代思想家们的生生之道就是他们关于物的存在方式及如何存在的基本理解。只可惜，这种智慧至今仍然没有进入当代学人的视野，还没有被继承，更谈不上发扬与光大。生态，应该涉及物自身的存在状态。所以，今天的生态哲学研究不应该蜕变成一种环境哲学或环境伦理，而应该挖掘出更为深刻的形上内容，它的存在论意义必须被揭示出来。

目前哲学界生态思想研究的贡献与局限

目前中国哲学界对生态问题研究的主要贡献集中体现在：面向经典，挖掘出古代生态、环保思想资源。许多学者非常认真地梳理了儒、道、佛、墨、管等古代思想家的生态思想与环保理念，由此可以发现，中国古人的生态思想是非常丰富、璀璨的，为我们在今天解决生态危机的问题提供了宝贵的精神遗产。

但是也有诸多不足，主要表现在：第一，只满足于对某一思想家或某一学派的生态思想的挖掘与梳理，历史描述有余，而义理论证严重不足，史料清理多于原理分析。大家都知其然（即富有生态思想）而不知其所以然（即为什么会产生这样的生态思想），很少有人会对形成生态理念的深层原因作进一步思考，“天人合一”“天地合德”“万物同体”“天地之大德曰生”之类命题的哲学根据仍被遮蔽着。

第二，儒家、道家、佛学的生态学思想被表象化、肤浅化。生、生生、生态直接被等同于生命、环境整体、环保理念，“天人合一”也多作道德化、人格化或人性化的诠释与理解，“仁民爱物”仅仅被看作一种关爱生命、节约克俭、珍惜资源的生活意识。在一些学者的论著里，“生态哲学”的概念往往被降格为一种浅显而几乎没有任何哲学规定的“环境哲学”“自然保护哲学”或“资源哲学”而被使用。

第三，人与物、物与物之间的关系被过分伦理化，实际上，只在人的本位上理解自然，自然仍被资源化，进而只是人类开发与利用的对象。许多论著只在保护地球生态环境的预设下理解自然，这种态度显然已经是另一种人类中心论，自然本身的价值与目的得不到认同，物还得围绕人转。于是，这便暴露出人性的狭隘与自私。人只能从自身的角度或者从人与人的关系中去理解物自身，而难以做到真正的无私，即与物等齐，绝对的大公，或“天下为公”。

而从形上方面来理解，儒、道、佛的生态思想似乎应该上升到存在论的高度来认识，才能够充分彰显出其本身所具有的深刻蕴涵。换一个视角进行深度解读，看一看为什么物是生态的、物是怎么生出来的、又是怎么死去的。哲学从业者应该立足于哲学，关注哲学自身所能够关注的生态思想，在生态研究中，为哲学自身寻找合法、适当的地盘。哲学家所关注的不应该是环境工程学、环境保护学，也不应该是环境伦理学，更不可能是作为自然科学的各种形式的生态学，如植物生态学、分子生态学、微生物生态学之类。哲学家应该走到这一切自然科学、工程科学的背后，从形上的高度去建构并夯实生态思想的哲学基础，为物之生生奠定学理根据与逻辑支撑，所以哲学家所应该关心的是物自身的存在状态、物为什么能够生出来。存在论意义上的生生之道才应该是哲学所要研究的对象。

"生态"与"静态"

目前已经被普遍使用的"生态"概念，一般都具有两种词性。作为形容词，它的基本含义主要指，有利于生物体生存的，对一切生命存在有所帮助的，如在生态食品、生态住宅、生态社区、生态城市词汇中，"生态"即指"生态的"。而作为名词，"生态"则指环境总体以及包括人在内的物与物的相互关系，如在自然生态、社会生态、生态环境、生态保护词汇中，"生态"即指一种利生性的总体关联。于是，从意义上看，作为现代汉语的"生态"一方面始终保持着与生存、生命、生产的密切关联；另一方面，又具有总体性、整体性和全面性的指称。值得指出的是，现代汉语的"生态"一词，与西文 ecology 一词及其学科内容的传入有很大的关系。中国人最早使用"生态"一词，可能是受日本学者的影响。早在 18 世纪末，日本学者就首先用平假名"生态"翻译了西文的 ecology。但现在的日本社会基本上已不再使用"生态"一词了，而代之以片假名"イコロジ"。英文的 ecology 还附有"环境适应""系统均衡"的含义。H. 萨克塞在《生态哲学》一书中指出，作为德文的 Ökologie（"生态学"）是从希腊语 Oikos 中衍生而来的，而希腊语 Oikos 的原意则为房子、家，蕴含着整体、全部、系统的意思。而 Ökologie 则似乎也可以译为"家务学"①。德文中，Ökologie 还指涉"生物与环境之间的关系"。于是，生态就像一个家，家是什么？实际上，家始终不可能只是一套房

---

① Sachsse Hans：《生态哲学》（*Ökologische Philosophie*：*Nater – Technik* – Gesellschaft），文韬、佩云译，东方出版社 1991 年版，第 1 页。

子、几件家具摆设或者纯粹的人口数量总和，显然，家应该首先是一种关系复合体，家里面蕴含着深厚的并且难以被我们作知性认识的关系结构。人在本质上都是家的产物，我们始终是一种离不开家的动物。可见，词源学上的追溯，可以帮助我们很好地理解源于西方的“生态学”及“生态”一词的实质。

实际上，现代汉语中的“生态”在指涉事物存在的关系总体、整体的同时，也可以作“生的状态”“生生的状态”来理解。从哲学存在论（或本体论）的角度看，宇宙万物无不处于生生的状态，生生是一切存在物的最根本特征。任何一个被我们所看到的事物，并不是它自身真实的面目。物自身不可能向我们呈现出它的全部内容。呈现在我们面前的事物，已经是物自身经历了生发、生化、生物、生成过程之后的现实结果。物从生机、生性、生发、生化，到生物、生成、生长，直到生命、生活、生存，披星戴月、栉风沐雨地走过了一个漫长而遥远的路程。事物所呈现给我们的样子，实际上只是物自身进入主观之后的现象与表象。

与物自身的生态直接相对应的是它的“静态”。现象世界里的人们只能够看到物生成为事物之后的静态，即物自身的表出形态，而不容易察觉、领会到它处于变易不息过程中的生态。物自身呈现给我们的样子其实已经是它生而有所存（即生成为事物）的终点，但同时又无疑是现象世界的起点。相对于事物在我们世界里展开的全部过程而言，物自身内部的事件显得非常遥远，甚至已经成为不可追忆的历史或神话而难以被人心所理解。人心记忆的速度永远赶不上物生生的速度，认识论总是滞后的，它的对象始终是死的，而物自身却能够永远活着、生着。

“生生”的蕴涵

非常有趣的是，在汉语世界里，“生”是一个具有极强亲和力与附着力的词汇，仅从组词规则上看，它便可以与不同的动词、名词、形容词、副词组合在一起而构成一个意义更为丰富、蕴含更为深厚的新词。《广雅》曰：“生，出也。”生是一个必有所出的过程。《说文解字》曰：“生，进也。像草木生出土上，凡生之属皆从生。”① 生，指示着动态化的出、进，意味着物自身的呈现、涌现，是物由本体大道的存在论境域向现象世界的感性直观的延伸与迈进。《大戴礼记·本命》曾指出：“分于道，谓之命；形于一，谓之性；化于阴阳，象形而发，谓之生。”② 于是，生是出、进、化、形、发的动力、原因、根据或基本存在方式，是物的隐藏在最内在的、是其所是的本己。

生生，是一个具有高度概括功能的概念，它把物的存在及物自身运动的最基本特征与最内在的秘密全都包容了进去，同时，它几乎与所有与生有关的概念和命题都发生了复杂而深刻的关联。甚至，“生的哲学”就是“生生的哲学”或“生生之道”。

作为一个汉语复合词，生生，第一，可以被理解成一种动名结构，指那种具有本体论性质的“生”能够产生出有生命或能生存的事物（即后一个“生”）来，“生”由“生”所生，物在生中成了事物。第二，又可以被理解为一种双动词关系，“生”而接着又“生”，强调的是“生”作为一种生命活动或生存活动的不间断性。运动与运动之间永远是没有间隙的。第三，还可以被理解成双名词结构，物物，或物与物，亦即物存在，物以物为物，物以物的方式生存、存在，并且，物存在，是将生与生并列而让物自身自行呈现于世界之中。实际上也是在强调物自身的内在联系以及物与物之间生态学意义上的统一性与连续性。第四，也可以被理解为双形容词结构，强调了每一个物都存在于来临的途中，因而都不是真实确凿的，毋宁说是夹生的，是永远都具有未完成性的。第五，“生生”也可以被理解为双副词结构，指物的存在情状，物始终“在生成的状态之中”、始终处于“生化变易的过程之中”，也就是说，物永远在运动着，不断地生成它自身。

因为“生生”，所以世界才呈现为不断延续的过程整体。我们无法想象，一个物可以离开作为它存在的基本条件的“生生”而现实地形成它自己。事

① 桂馥：《说文解字义证》，齐鲁书社1987年版，第526页。

② 王聘珍：《大戴礼记解诂》，中华书局1983年版，第250—251页。

物的过程与历史应该由“生生”所造就。《易传·系辞上》曰：“日新之谓盛德，生生之谓易。”这是“生生”观念最古老而又最经典的表述。“生生”的原始含义可能只涉及阴阳万物的变易之道。在《系辞》中，尽管物的变化千奇百怪，复杂多端，但仍然有行迹可以追寻。物之变，其根源在于阴阳之气的相互生化、沟通与调和。

《易传·系辞下》说：“天地絪缊，万物化醇；男女构精，万物化生。”孔颖达注曰：“絪缊，相附著之义”，“唯二气絪缊。共相和合，万物感之，变化而精醇也”。“构，合也，言男女、阴阳相感”，“故合其精而万物化生也”。“生生，不绝之辞。阴阳变转，后生次于前生，是万物恒生，谓之易也。”周敦颐的《太极图说》亦解曰：“二气交感，化生万物，万物生生，而变化无穷焉。”显然，从唐代到北宋，“生生”在不同的注释家那里，始终只被理解为阴阳二气相互交感与通会的现实结果。“生生”的过程似乎被感性化地定格为阴阳、男女两种不同性质之间的“絪缊”与“和合”。尽管这些注释非常忠实地阐发了《易》的精神原意，但显然都没有发掘出《系辞》更为深厚的生生哲学意蕴。“日新”“盛德”“生生”的生态学含义远没有彰显出来，它们需要更富有生发感、生成感、生命感与生态感的哲学诠释。

什么是“易”？易，指更变、改易、化生，实际上也就是物自身生存、存在的最基本方式。物以运动的方式存在着，物的运动是生存，是死亡，是当下物自身朝着自己而生发自己、出离自己的不断涌现。询问“易是怎么发生的”，实际上也就是在追寻物是如何呈现的、物是怎么来到世界之中的。于是，物、运动、存在自身便源始地统一在一起，本体论、知识论、存在论原本是不可分离的。

王阳明说：“天地间活泼泼地，无非此理，便是吾良知的流行不息。”（《传习录·卷下·黄以方录》）所谓“良知”不过就是儒学本体之物的另一种表述。天地、良知实质上只是一物，是一体的存在。良知的“流行不息”透露出“生”“生生”哲学的深刻道理，良知的发用即是每一个物在当下的活生生的呈现，并且，这种呈现在每一物身上都是从不间断的，在宇宙总体存在上也是从不间断的。物即良知，即流行，即我，即天地，即宇宙。在物的生生过程中，道体始终能够维持着自身的统一。

物是不断由它自身涌现出来的，当下这一秒钟的物自身都只是它自己而已，而不可能是前一秒钟或下一秒钟的物自身。这才称得上“日新”，即时时刻刻都在生化、变易。王船山说：“天地之德不易，而天地之化日新。今日之风雷非昨日之风雷，是以知今日之日月非昨日之日月也。”“人见形之不变而不知其质之已迁，则疑今兹之日月为邃古之日月，今兹之肌肉为初生之肌肉，恶足以语日新之化哉!”（《思问录·外篇》）在存在论上，每一次当下的物自身都是断裂的，运动、连续、因果、规律本质上是不存在的。但在现象世界的认识论和有机论哲学中，物却是连续的且富有前因后果效应的统一的整体，运动却是可能的，因果关系也是可成立的，规律也能够被发现。物的一次次呈现构成了物的生生，又由于生生，成就了宇宙的永恒。生生与物之间、生生与世界之间互为因果，循环推演。

生生自庸

然而，物为什么能够生生，我们始终不得其解。但有一点可以肯定，物的生生起源于物自身的内部，完全是由于它自己的原因促成，并实现为它自己所是的这个样子。所以《尚书·盘庚》说：“生生自庸。”按照《说文解字》的解释，“庸，用也。从用、从庚。庚，更事也”。显然，“庸”也指示着富有动感的运动、变易与更化，说明“生生”始终处于动态的历史与过程之中。物在生生、涌现的过程中，能够始终把持住自己，维持自身的统一性与质的规定性，从而使自己成为属于自己的存在。物有内部，它自己的内在机制真实地构成了物的存在基础与生存动力。

生生的哲学，是一种始终充满活力的哲学，因为它指引着一种自强不息的精神气概，鲜明地勾勒出宇宙万物的基本特征。《易传·象·乾》曰：“天行健，君子以自强不息。”孔颖达疏曰：“行者，运动之称。”王引之说：“行，道也。天行谓天道也。”无论是“运动”，还是“天道”，实际上都在说明物生发、生成与存在的基本情状。

物为什么能够一代又一代延续下去？一秒钟之前的物自身为什么能够延伸出当下一秒钟的物，而当下一秒钟的物自身又为什么能够延伸出一秒钟之后的物自身？运动是如何发生的，又如何可能？运动发生的第一推动在哪里？同一种物自身之间的内在联系的根据在哪里？这一切都发生在物自身的内部，物的生存、存在、化变全都根据它自己的原因。自强不息是物自身的内在品质与根本德性。所以，跳出《尚书》原始文本的语境，“生生自庸”当解为自行发动、自用功德，它最深刻地揭示了物的生发过程与存在特征，因而始终闪烁着生存论本体论的光辉。

天地之大德曰生

作为一句口头禅，“苍天有好生之德”一直活在古今中国人的心理世界。天之大道、物的首要德性应该是生、生生。儒家一向有用“仁心”诠释生生之德的精神传统。戴震在《孟子字义疏证》一书中说：“仁者，生生之德也”，“由其生生，有自然之条理”，“惟条理，是以生生；条理苟失，则生生之道绝”。“生生”被视为天地万物之所以生存与存在的一种秩序与品性，仁为万物生发、化成的内在根据与价值基础，“生生”被提升到一种可与物同存共在、比一切现成之物更为源始的本体论高度。

康有为在《中庸注》中也曾指出：“仁……在天为生生之理。”除却其人格化、道德化的言说方式，可以看出，物的产生与存在完全源于它的天性之仁，物的存在是必然的，它必须如此，并且也只能够如此。物不得不存在，不能不是其所是、成就自己，物以它所可能实现的方式生存着，即物以物的方式生存着。生生是物之天性的最直观反映。

实际上，《太平经》似乎也较早地就已经将“仁”归为“生”了，强调天“乐生”，并以“乐生”为心性本能。《太平经》说：“天者，常乐生，无害心，欲施与”，“乐生无为”。苍天有好生、乐生之盛德。天什么时候都会呈现出一种“乐生”、好施的本性，而对每一个物都能够有所给予，有所成全，使其成性、成物、成自身。“天气有心而仁也”（《拘校三古文法》），那种“乐生”之仁恰恰是天的心魂、本质、功能之所在，也被称为“天心”。人最基本的德性应该是秉承于天心，而不是失去天心。

于是，《易传·系辞下》的“天地之大德曰生”应该具有更为普遍的哲学蕴意。这一句中的“天地”既可以指被宏观化的宇宙整体，上帝存在，又可以指具体的每一个物自身。“德”为性格、功能与品行。“大德”乃指最基本、最具有普遍价值的性格、功能与品行。孔颖达注疏此句曰：“以其常生万物，故云大德也。”苍天上帝能够不断地衍生出万事万物，万事万物又能够不断地涌现出来。一代又一代的物，前赴后继、生生不已，永不凋零中断，而能够绵延于天地之间、千古之间，追随于日月时空，这才是天地最基本的德性，才称得上所谓的“盛德”。苍天、上帝愿意并能够绵绵不断地化生万物，造就出世界的盎然生机，体现了生、生生的品性。

程颢“天只是以生为道”的著名命题应该是宇宙天地生生之“仁”、之“大德”与“盛德”的最好注脚。《河南程氏遗书·卷二·二先生语上》说：“生生之谓易，是天之所以为道也。天只是以生为道。继此生理者，即是善也。”又，“万物皆有春意，便是继之者善也。”原来，天生物，天成物，是天自己的德性必然，是追逐自己的存在，甚至也是它最根本的职责使命。

物不存在，不降生，物不如此而存在，那么，它将干什么并成为什么呢？这一问题显得非常的悠远、艰深，换算成西方哲学的话语则成为一个近似永恒的形而上学问题——“das Seienden in seinem Daβ – und Sosein”，即为什么存在者存在及如此而存在，或者，为什么物只能够是其所是、自在永在？在西方哲学史上，它困扰了自巴门尼德开始到柏拉图、亚里士多德，一直到海德格尔的几乎所有伟大的哲学家。而在中国哲学里，一千三百多年前，北宋儒学思想家程颢轻轻的一句“天只是以生为道”，画龙点睛，清楚地勾勒出了解决问题的根本线索。

实际上，“天”“生”与“物”之间具有高度关联性与源始统一性。天道即生道，即物道，即人道。进一步，在本体之天（“道”）与现象之物

（“善”）之间，程颢用了一个“继”字作联结，独具匠心，精微深妙，它能够确凿而形象地体现出“生”或“生生”自由出入有无之境的性质与功能，并且还能够将“生”与“善”有效地联系在一起。显然，“善”是物之成，是蕴藏于物的内部的“机”的生成、生物，是物的既定存在样态。

不止于此，程颢还能够进一步阐述到：“天地之大德曰生，天地絪缊，万物化醇，生之谓性，万物之生意最可观，此元者善之长也，斯所谓仁也。人与天地一物也……”（《河南程氏遗书·卷十一·明道先生语一》）生与仁、人已经被直接联系在一起，物道、天道、仁道、人道在“生生”之道之中合而为一，化而等齐，甚至它们从来就没有被分离过，只要物一产生、一呈现，就什么都出来了。

这样，“天地以生物为心”（《河南程氏外书·卷三·陈氏本拾遗》）的命题才是可以理解的。天地始终将化生万物，将“生”与“生生”作为它自己的本性自然，天地的样态就是物自身生生、涌现的样态。换言之，唯有永无止境的“生生”活动才是物存在的基本特征，才是天之自然。

而问题的另一方面则应该是，生生即创造，物的存在就是它自身向着自身的不断创新。所以，生生即创生，物的每一次存在实际上都经历了一次伟大的冒险，即在无数非己性的可能性中做出不成为他者别物而只成为自己的坚执选择。而冒险在实质上等于创新，创新同样也意味着冒险，存在即是冒险。物在生生之途中无数次地面临着无数的可能性，物不断选择自身、生成自身并沉沦于自身的过程，就是它实现自我创新的经历。面对无数的可能性，物总是只选择一种它最本己、最有所倾向的可能性而生发自己、出离自己，把自己让渡给现象。物的存在总是它自身创化的结果。物是被它自己所创制出来的，或者物自身创制着物自身，而不是被包括上帝在内的任何一个他者别物所创制的。物的呈现始终需要它自己不断地产生、奉献出一个个新物、一个个新我，这样，物自身便具有最源始的创造性。

物存在着意味着物创造着，不作一时一刻的停顿，物生生就是物创新，就是物创化。没有创造性的物，不可能使它自己呈现出来，亦即它连让自己存在的能力与勇气都没有，因而也就不可能现实地来到世界之中而呈现在我们的面前。物的自我创新的精神，是日月天地生生不息的原动力，也是宇宙世界大化流衍最真实的奥秘。

物，因为创新，所以才能够不绝于世。物有后，源源隽永，无穷无尽。更进一步，物在创新、生生、存在之路上，在展开它自身的全部内在规定的同时，既实现着它自身存在的秩序，也实现着宇宙天地存在的秩序。或者，物不断地生生、创造与存在，不断地让自己呈现，因而在达到它自己生存、它自己存在的目的的同时，也让宇宙天地生存、存在。物是存在、生生、创造、秩序原本绝对的统一。秩序在创化中实现，创化在秩序中生发。所以，这为生生哲学所揭示出的一个最朴素、最根本但又常常被人们所忽略的道理就是，物自身有无穷的创造力，宇宙也有无穷的创造力。

天道刚健，与穆不已，人事行为应当取法于天道，积极向上，开物成务，济事全性，而能够与天地合德。这样看来，《易》道广大，知周万物，凡六十四卦，但唯独以“未济”卦结束，其意无穷，值得玩味。“未济”之卦象，下坎上离，卦辞曰：“亨。小狐汔济，濡其尾，无攸利。”亨，通“享”，意为享祭，指谨慎地进行享祭。狐不善游水，老狐狸冬日过河，听冰下无水之声而后过。而小狐狸无知，遇水直渡，长尾濡水，沉重而不堪负担，最终全身淹没。这里，为“未济”卦所强调的是一种对待无知之物的谨慎态度，同样的道理，我们也应该怀着一份严肃、认真乃至仁爱、宽厚的心情对待那些尚且不为我们所认识的天地、宇宙与生、生生，而没有任何理由可以粗暴而野蛮地将它们肆意糟蹋。“未济”，事未成也，事尚未成，则须有所行进，才能够顺遂通达，事未成，标志着事情还没有获得最终的完成，还没有真正成己、成物、成体而作为现象事物呈现于世界之中，生、生生的过程仍在继续，而这一切又并不是一种偶然、不正常甚至错误的现象，相反，恰恰是宇宙万物是其所是、存在之为存在的一种基本状态。

（原载《江海学刊》2005 年第 6 期）

重构先验批判：反击后现代怀疑主义的一种元哲学筹划

崔　平

哲学的时局

带有形而上学高贵气质和远大抱负的现代意识哲学①，由于违背了康德关于形而上学可能条件的忠告，终于在20世纪60年代遭到了命中注定的怀疑主义——以后现代主义这一特定形式表现出来——的凶狠阻击，并且陷入相持状态。

在批判传统形而上学而谋划一种科学的形而上学时，康德从形而上学的认识普遍性出发，把先天综合命题确立为科学的形而上学的合法形式，规定形而上学不能是经验的。② 而且，康德还对一种可能的科学的形而上学的构造形式做出规定，认为应该用综合方法去建立普遍知识的体系。但是，现代意识哲学却试图或者从意识存在的事实材料出发，或者从人类具体的认识历史出发来谋求形而上学论断，因而都在本质上沾染经验性。同时，出发点的具体给予性逻辑地决定与综合方法对立的分析方法成为必然的哲学选择。这种实证性的方法论导源于现代意识哲学对科学性的追求和对实证自然科学的简单模仿，没有认真分析自己任务的内在方法要求及其有效性的特定表现形式。

① 这里所谓的现代意识哲学宽泛地指称那些关注人的智性的存在方式问题的哲学理论。

② 参阅康德《未来形而上学导论》，庞景仁译，商务印书馆1982年版，第17、164—165页。

其实，科学性的实质是论断的普遍有效性，而有效性的逻辑条件是论断必须直接针对并完全涵括所断言的对象领域，具有与对象领域相适应的辖域。自然科学在本质上是关于特定自然现象的构成规律的研究，因而从特殊经验内容出发的实证方法成为满足其有效性要求的合法方法。但哲学谋求具有整体意义的普遍知识，其论断的效力逻辑上要超越具体的经验对象。所以，从特定经验内容着手的哲学都是类推型认识，其秘密在于跳过一个本当加以直接研究的对象区域而把一个只有特殊对象根据的论断送入普遍性彼岸，因而具有主观独断的普遍性。这在本质上使哲学丧失了出师前所既定的理性论证原则，并为任意妄断偷开后门。前康德形而上学遭到最多攻击的软肋部位正是这种推理。哲学对普遍性的追求本身向哲学提出了不同于自然科学的理论起点要求，即必须从具有与某种哲学目标相称的某种普遍内容出发，换言之，它有自己的根据规则：具有逻辑普遍性的内容而非例证才能进入哲学建构的各个环节。从逻辑的观点看，思辨的而非归纳的方法才能找到符合这种根据规则的形而上学建构材料。就此而言，现代意识哲学的基本方法论已在根本上决定自己走偏了路，即试图用经验材料完成先验探索。因此，现代意识哲学不可能超越和克服后现代主义加于它的诸如独断、无根据等种种形而上学指控，形成对它的形而上学理想的有力解构。现代意识哲学对自己科学性的实证误认，把自己推向了尴尬境地：一场理性论证自身的活动却发现自己没有遵守理性的严格逻辑标准。

深刻的康德背景使得现代意识哲学把形而上学主题从自然对象切换为意识存在。当然，对意识存在的不同视角产生了不同的意识哲学形式。但是，一个共同之处在于，它们都把自己的使命理解为阐明理性的本质即智性的基本活动方式。就此而言，现代意识哲学被定位在认识论区域内。然而，由于这种认识论按照其方法论规定被建基于意识的实存形态之上，所以不同于以往的认识论对理性活动现象的功能性考察，它成为一种直接的内在存在构成分析而被本体论化。认识论的存在论向度具有相对主客二分框架内的认识论的功能视角的进化意义，是由外在观察向内在透视的转换，标志着认识的深化和向问题本源的切入。但是，由方法论的经验本性所决定，现代意识哲学被普遍打上了特殊存在的烙印，都牵连现实存在所不可逃避的特殊具体性。比如，致力于意识的先验构造形式的主体哲学，被经验给予性的个体性圈定在个别主体之内，从而使得理性不再是康德所假定的普遍理性，而必须把这种理性的普遍性即主体间性当作自己的论证任务。主体与经验存在的个别性的相关，直接损害了主体哲学谋求关于理性的普遍规定性知识的计划。而作为应对举措的语言转向所推出的交往理性概念，虽然能够利用语言的社会普遍性来规避主体间性困难，但却具有逻辑粗糙缺点，即回避了个体的交往能力这一交往的先验条件问题，因而归根结底还是没有合乎理性地摆脱主体哲学困境。这种困难引起了后现代主义对大写的主体、大写的理性的警惕和怀疑，并意欲弃之而他顾。更为糟糕的是，由具体的意识经验或科学知识入手来挖掘理性普遍形式这种做法，使形而上学踏进存在的无限罗网之中，确定的普遍原理这一探求目标被无限的材料所纠缠。这是因为，任一特殊的实存都是在整体中确立其自身存在和意义的，也就是说在存在领域内，特殊实存具有诸差异特殊内容间的开放关联性，所以，试图从某一特殊意识经验存在发现普遍规律，就必然被存在关联的引力拽向无限的差异事物之中。在逻辑上这种困难表现为整体与部分的循环。胡塞尔的内在时间结构的“边缘域”，海德格尔的“时间性”，伽达默尔的“效果历史”都是其不同反映。语言转向，不论是语义学的还是语用学的，以自己存在的经验性质都未能避免这种困难。其实语言意义在胡塞尔等人的思想中就占有重要地位。正是在语言现象中，德里达开发出了差异、延异、播撒这些后现代主义哲学概念。无限的关联和相互依赖，使得任一内容都失去了存在基石的地位，使建立存在等级秩序不再可能，因而后现代主义高喊“去中心”“反逻各斯”“反对后设叙事”这些解构口号。

经验存在的整体关联性在逻辑上带来对哲学不利的结局，即存在确定性的丧失。从“当下”这一维度看，由于确定特殊经验存在的全部意识内容不可能一并给出，所以也就不能在任一当前时刻认识这特殊经验对象的存在意义。这严重损害了一切针对给定材料进行哲学认识的方案和把一切对象都置于并存状态来考虑的思维理想，从而直接打击了胡塞尔关于意识活动奠基于直接给予的意识生活经验的信条。而从历时维度看，经验具有沿时间分布的开放给予性，因此，任一经验存在的意义按照经验存在的逻辑都关联着未来的可能经验，随不断绽放的经验区域而变化。正当意识哲学家饶有兴味地以“时间性”来描述这一经验存在的历史性的时候，后现代主义哲学家却接续进行彻底的逻辑思考，将整体诠构的无限性和历史的无限开放性带进一种关于实在的哲学思考中，逼问现代意识哲学家特定的经验存在如何可能，并针锋相对地反对“在场”、反对形而上学、反对理性，而提倡相对主义。这些主张是从现代意识哲学的工作方式中合乎逻辑地发展出来的，因为特定经验存在已被整体性和历史性所瓦解，无法具有任何意义上的现实性，亦即丧失了自己的存在同一性。理性面对这种结构中的一个经验都已无力确定其存在意义，更何谈承担包揽存在整体解释这一形而上学任务？焦点在于，绝对流动的意识显然拒绝任何寻找确定性的企图。这进一步加强了后现代主义对设为统一中心的主体性和理性普遍性的解构。

现代意识哲学的目标与出发点的错位——在特殊经验内容的存在构成中寻找普遍形式——所潜在的裂隙逐渐暴露并被后现代主义者一一盯梢，招致全面攻击。这些攻击汇合涌向虚无主义，形成哲学史又一波怀疑主义思潮：消解真理标准，怂恿相对主义，抛弃确定性和是非判断。但后现代主义挑起的这种与现代意识哲学的对抗，并不是外部性的立场对抗，即各自从不同的原理设定出发而发生的对立，而是现代意识哲学的逻辑延伸，即它自身中就包含足以导向某种后现代主义的因素。因此，现代意识哲学难以生产出克制后现代主义的理论而继续前进，而后现代主义也具有更为突出的对现代意识哲学的终结作用。但是，由于后现代主义对人类认识来说只从事破坏却并无建树，使人对形而上学的理论建构热情颇感同情，从而不能在根本上驱散现代意识哲学的那种形而上学式灵魂。

后现代主义者关于形而上学的想象力，他们仅仅依据对现代意识哲学这一特殊形态的形而上学进行狙击的一时得手，就草率发布了形而上学终结的宣言。其实，后现代主义的诞生是现代意识哲学不当思维技术所酿成的恶性学术事故，滋生于其思维方式的错误。因此，后现代主义所讨伐的真实对象是现代意识哲学作为形而上学的漏洞，而不是形而上学本身，不能把它理解为是对一切可能的形而上学普遍有效的，后现代主义的论说本身在逻辑上还没有达到这种普遍水平。

古老的后现代主义

怀疑主义在哲学史上一贯立命为反对派。后现代主义正是在反对现代意识哲学中形成的。从后现代主义与现代主义对峙的描述中可以看出，现代意识哲学方法论所假借和倚重的经验存在也恰是后现代主义的反击平台。据此，后现代主义反掉了现代意识哲学追求普遍知识的希望，消解了一切确定性。现代意识哲学并不是否认经验存在的变化，只是仍然对变化中的规律怀有信念。相反，后现代主义却决意沿着变化把现代意识哲学逼迫出局，否定其所主张的当下经验存在的构成可能性。其实现代意识哲学之于后现代主义，就是赫拉克利特与克拉底鲁之争。“你不能两次踏进同一条河流”与“你不能一次踏进同一条河流”这两个命题的逻辑关系，已经预言了今天哲学斗争的实质。而晚期希腊怀疑主义者毕洛所主张的对真假判断的推脱态度，也大致指示出后现代主义的极端真理民主论这种价值取消主义归宿。

观点的神韵雷同并不意味着后现代主义没有相对古代怀疑主义的进化关系。作为反对派，其批判对象的历史踪迹折射出它自己的演进和水平。后现代主义正是怀疑主义以古代为起点不断追击哲学的各种变化形态的结果，在现代意识哲学的历史联系中有它的内容积淀线索。古代哲学以素朴的客观存在信念和存在与认识的同一为基础，而怀疑主义抓住自然存在的变易或者说认识的相对性来否定存在的客观性，抛弃实在观念，主张犬儒态度。这逼迫哲学不断修改其独断形式，并最终发展出笛卡尔的批判的怀疑方法，把认识起点从外在世界移置到认识主体这一内在世界上，以“我在”为第一基石。似乎“我在”已甩掉怀疑主义。但笛卡尔的沉思过程表明，主体成为一个纯粹的认识者，外在世界的存在只有通过认识的中介才能显现，只能作为“我思”的附属产品。客观性因而出现可以置疑的裂缝。休谟乘机依据对认识过程的经验论考察，攻击认识范畴的主观性，否认其客观意义，从而以对认识的怀疑在近代复活了怀疑主义。这种对认识的怀疑是较古代的实在怀疑论更为彻底的怀疑主义，因为在逻辑上，一旦认识被怀疑，对实在对象的怀疑就必然继起。康德努力恢复主体内在世界的普遍性，以认识范畴的先天普遍性赋予认识以客观性。但是，世界的客观性在康德那里相对素朴的客观概念已经打折，即用认识图像的普遍确定性替代外在存在观念。但这只是知识的客观性或稳定性，而非形而上学思维中观念所指的真实性。实际上，康德在此已表现出对实在怀疑论的无奈，不再关切甚至同意在实在问题上的怀疑主义。问题至此还没有完结，先验哲学空洞抽象的形式性，以及先验演绎的不完善，都使得知识的具体构造问题陷入晦暝。现代意识哲学正为解决这一问题应运而生。然而不幸的是，开始便在方法论上选择了经验分析思路，陷入经验存在泥沼。而经验存在在康德哲学之后，同时具有认识意义和存在意义，因此除了针对现代意识哲学的特殊形式所得出的特殊怀疑命题之外，古代的实在怀疑、近代的认识怀疑都被后现代主义所兼容，将反实在、反普遍、反主观存在这一整个怀疑主义史中不同形态的要义凝结为自己的现实表现。从某种意义上说，后现代主义正是一路尾随哲学的应变和选择而纠缠上现代意识哲学的。在后现代主义看来，不但外在世界那样的存在不可断言，对可能的存在不可能认识，而且就是主观内在世界的构成也已属不可能。这就把反击理性主义引向主体本身，认为在康德看来直接切己的自由精神存在也没有能力创造出确定的对象存在。这就是说，被现代意识哲学作为存在之源的统一性主体并不存在。显然，随着哲学中心从外在向内在的逐渐转移，怀疑主义也相应地把自己从客观怀疑论深化为主观存在的怀疑论。

虽然怀疑主义内容在扩展，但它的方法却一直未变，是在用一把弓箭射击不同的靶子。存在的变化和开放关联性是怀疑主义的唯一支点和全部土壤，由此引出各种对立观点，从而利用矛盾律达到软化、冲击一个哲学正题的目的。它的逻辑非常简单，就终止于反驳和破坏某种断言的效果上，而矛盾律的形式决定它仅包含推出相反论题这一个环节。同时，作为反对派，怀疑主义享有一种逻辑便利，即对它所反对的普遍断言，只要举出一个反例就可在逻辑上有效地瓦解其效力。因此，怀疑主义有着普遍的论说形式：口号—个例分析。在这一点上，后现代主义当然也不例外。后现代主义大量的文本见证着塞尔对后现代作家批评招数的三个步骤的概括：其一，逆转所谓的二元对立的等级秩序；其二，于作品中找出关键词语，以此为突破口来展示游戏的另一面；其三，潜心推敲作品。① 质言之，后现代主义与以往的怀疑主义抱有相同的逻辑观念，重复着同样简单的论证范式。然而，后现代主义制造了与这种逻辑简单性不成比例的大量文本，用文本的繁复掩盖或者试图弥补其逻辑的贫乏。

为什么矛盾律这个被人们通常使用的逻辑规律在怀疑主义者那里引发了反常的消极否定效应，或者说矛盾律的何种使用诱导出怀疑主义？怀疑主义的论证历史显示，形式逻辑的原理体系一旦带着普遍认识目的而向特殊经验领域做直接运用，就必然导致怀疑主义。其机理在于，特殊存在的关联性导致关于同一对象可以做出不同的论断，这被矛盾律判定为不能同真而要求从中做出选择，以维持同一律的有效性。在同一律看来，不具有同一性的存在是不可设想的。于是，根据律受同一律的驱使，对互相矛盾的判断进行根据批判，试图排除那个无根据者而保留另一个有确定可靠根据者。但由于经验存在的无限关联性，此类寻求根据的逻辑批判必然陷入无穷后退，除非介入一个独断，否则推求就不可终结。这导致关于同一对象的不可判定状态。因此，怀疑主义竟是彻底的逻辑主义者。虽说它的逻辑思维简短单薄，但并不缺乏逻辑力量。是经验存在瓦解了逻辑系统本该具有的判定功能，因为在经

① 参阅陆扬《德里达——解构之维》，华中师范大学出版社 1996 年版，第 94 页。

验界中，思维的形式原理系统的诸原理不能创造出互相满足的条件。只要思维驶入经验区域，它就只能有权做出此时此地性的特殊性描述，而不能奢望普遍性断言。反过来，只要它试图进行普遍论断，怀疑主义障碍就是不可超越的。

回归确定性：先验田园

但是，形而上学理想也不可能因为怀疑主义的阻拦而被丢弃，因为它与怀疑主义逻辑同源，同样滋生于形式逻辑系统，具有对等的有效性。不过，形而上学理想在形式逻辑原理系统内有自己不同于怀疑主义的运思方向和程序。与怀疑主义一样，形而上学观点也首先发现了经验世界中复杂的对立性质，而依据矛盾律对它们的存在性进行置疑和否定，并创造一个“现象”范畴。形而上学没有急于恢复事物的同一，而是首先追问这种状态的根据，在根据律的观念下，每一现象都会有其实在原因。但按照同一律，一物之为一物即为一，而不能分裂为二，凡物存在必须统一。因此，根据的线索必然收敛。所以，思维按照其必然原理而设立起本质范畴和抽象的作为存在承担者的实体范畴，本质是从现象到实体的过渡中介，实现现象的秩序化。在怀疑主义中，根据的观点至上，而在形而上学中，同一的观点至上。形而上学所给出的是一种使形式逻辑原理体系自我满足的对策，是试图把无限对象有限化的设计。形而上学表现出理智与对象的斗争，因而显得崇高。而怀疑主义总是顺世论的，软弱谦卑。所以，形而上学充满生命的积极活力，在哲学史上虽历遭劫数，但杀而不死，相反，却不断进行自身革命，充当人的生活的意义和价值的支点和源泉。

形而上学的逻辑底蕴预设了它的可能条件。也就是说，形而上学认识必须在形式上体现逻辑规律间的相互要求，实现逻辑规律的绝对容存。而只有在一种形而上学成真时才会有存在的确定性和随后怀疑主义的逃遁。

按照形而上学的逻辑致思方向，它以充满对立的经验世界为对象而被矛盾律所启动，无所偏废地为每一经验事物寻找根据而运行根据律。而同一律向追求根据的思维做出范导，要求重新实现被矛盾律所否定的对象的存在性，创造新的存在形式。在矛盾律、根据律、同一律的这种三角形周流作用中，两两间形成对特定思维任务的规定，而且其中之一总是为由另外两者之间所规定的认识活动规定意义和性质，因为它正是另外两方生成认识要求的中介和条件，另外两方正是为它而设立起自己在认识中的作用地位。因此，沿着形而上学的逻辑运思方向依次分析矛盾律—根据律、根据律—同一律、同一律—矛盾律之间的纯粹逻辑关系，并分别与在它们之外的那个第三者相联系而确定其认识性质，就能够和完备地描述形而上学的成真条件系统。

由矛盾律所指代的事物的经验对立而向根据律的诉求，意在为那些存在受到对立性损害的每一方寻找各自的存在辩护，其形式为向一个他物寻求存在支持，并将其作为相对自己具有更高存在效力的存在根源。换言之，一个根据也就是与寻求者有存在联系并占据决定和主动地位的他者。因此，在矛盾律和根据律之间设立起来的是某种存在关联，它包含由存在决定关系而成就的制约性和由根据相对寻求根据者所造成的他者性，以及由存在优越性所生成的超越性。这种制约和超越只是为了恢复在矛盾中已经涣散的事物的存在，也就是要重新塑造逻辑同一性。因此它们以同一的某种实现为目标，接受同一律的调制。从它所形成的事物间关系看，这形成一种综合要求，拟制的是存在综合。

而在根据律与同一律之间，形成了有限化和结构化要求。由于根据律满足于个别性根据序列，所以在逻辑上它处于与同一律要求相对立的开放状态。同一律克服根据的这种开放性的结果，必然是根据序列的渐次收敛，这也就是作为根据的事物的有限化。同时，与有限化过程相伴，按照根据的关联本性和同一律的整体归一要求，也必然有事物间的横向和纵向的组织结构形成即结构化。此番有限化和结构化一应矛盾律所导致的存在虚无而设，目的在于在矛盾这一不可理解的存在现象之上构造一种可接受的存在形式。所以，有限化和结构化的任务是存在批判，即一种对存在构成普遍条件的分析和追问。

同一律与矛盾律的认识关联形成显明的映照关系。同一律表达着存在的逻辑形式，是相对矛盾律消极存在意义的对存在的积极恢复。因此，在矛盾律和同一律之间具有存在化关系，即同一律承担赋予矛盾律所指代对象以存在性的职能。而同一律所表征的同一的逻辑单一性与矛盾律所表征的逻辑杂多性，又形成普遍化特征，即与同一律对应的认识结果具有相对于矛盾律对应的认识对象的逻辑普遍性。由于同一律所表征的内容区域把矛盾律所表征的内容区域整体指派为对象，所以，这种逻辑普遍性的载体是一种不沾染经验内容的纯粹普遍内容或者说纯粹形式。存在化和普遍化都在根据律的指引下作为寻求根据的结果表现出来，因此二者都作为经验杂多的存在的可能条件而存在。一种使得经验物的存在成为可能的普遍性存在正是所谓的先验条件。质言之，哲学认识必须以普遍形式为材料，表现为先验判断。

综合结构、存在批判、先验判断这些形而上学形式要求具有它们各自的形而上学方法效应。

与综合结构相适应，形而上学建构必须采取综合方法，即由最高普遍命题开始向下逐次展开命题系统。因为，对于一个可能的具有综合结构的事物关联，只有进行与其存在关联和决定方向一致的认识活动，才能在每一认识环节达到全面把握，即把在这一环节上的一切决定因素考虑在内。而与之相反的分析方法（从给定事实开始而向上溯求其根据）则在其每一认识环节上都逻辑地处于晦昧不明状态——它们的决定因素恰恰是未来认识的任务。因此，分析方法所进行的每一步认识都不能达到对所认识层面事物的正确全面把握。综合方法按其本质就必须层层有序推进，建构关于认识对象的体系化知识系统。形而上学的构造方向应该与设立形而上学使命的逻辑运思方向恰好相反。以往形而上学常见的重大错误就是误用分析方法，其代价是掉进片面化陷阱。

存在批判以构成形式分析而存在。因此，形而上学的合理兴趣为对内在结构及其存在关联功能的发现和描述，而不是外在关联性的自然因果关系的勾连。但以存在物间的因果模型来进行形而上学构建活动——如果不是全部搬用至少也是作为一种形式掺入其中——却是形而上学家的积习。同时，存在批判的有限化特性要求根据寻求的终点，以一个无根据的根据为最高根据。联系综合方法，这也就是说形而上学应该以一个无前提的前提性的存在为建构起点。这一点直接为分析方法所违反。而对于思维来说，直接独断一个这样的根据是最方便，似乎也是唯一的选择。但是，独断与存在批判所内含的批判即寻求根据的旨趣和立意不相容，丧失其理性论证力量。而且，从思维的真理可靠性看，这也包含巨大的逻辑危险。因而必须使最高根据是有思维过程的，亦即思维经过认识活动而与之相遇并达到直观洞见。如何满足这个彻底批判的要求是保证形而上学理性论理力量的关键。引出最高根据的思维内容——可以称为纯粹批判思维——显然处于思维对象的存在构成之外，不参与对象的存在构成，否则即成为“根据”。而且对于纯粹批判思维来说，这最高根据的存在与否逻辑上还是未知的，因为它正处在认识的过程中。就认识对象的存在直接被这最高根据所决定和定义而言，对于纯粹批判思维来说，对象的有无尚处于悬疑之中。所以，纯粹批判思维的功能正在于寻找和碰触对象，或者说中性地发问对象的存在。由之可以确定，纯粹批判思维是形而上学的一个怀疑论开端。怀疑论开端作为思想疑问的逻辑可能性被形式逻辑原理体系所保证，即形而上学的逻辑运思已经针对特殊经验抽象地设立起一个可能的最高根据观念，只是其现实性和具体规定性尚付之阙如。又，由于纯粹批判思维的预期结果是最高根据，而这最高根据作为“同一”之直接承担者在内容形态上按照先验分析要求必须是纯粹普遍的，所以这纯粹批判思维也必须是纯粹普遍性的——特殊经验思维不能带给其结果以纯粹普遍性，在纯粹抽象的思想规定性中展开。纯粹批判思维是对最高根据视见的外在引导，推动思维走向与它的直接相遇。其提问起点应该是必然包含可能的最高根据或者说认识对象的存在的普遍思想观念。而相遇的形式为，这最高根据在纯粹批判思维的某个环节上被一个确定的普遍概念所必然包含，或者说指示着这一最高根据。纯粹批判思维因为既外在于最高根据或者说认识对象，又显现纯粹普遍性，所以必然是纯粹形式性的先天分析命题。先天分析性保证它作为发现最高根据的思维过程不向最高根据附加任何实质规定，从而防止自己又暗中沦为关于对象的形而上学构造的一种根据。被如此严格限定的怀疑论开端，满足彻底批判关于最高根据的非根据化思维这一批判化要求。彻底批判的实现，既在正面上避免独断这一令逻辑理性所不能自安的现象，也在反面上消除怀疑主义对形而上学无穷后退的反驳和讥笑。而以往的形而上学都没有达到这种前提批判的彻底性。即便是笛卡尔的怀疑方法，也是对个别经验物的逐次反思，因而，既在逻辑上受经验开放性的影响而不能达到检索的完全性，又被经验认识的偶然性所限制而没有怀疑思维的必然性，同时也因对经验事物列举的经验直接性而未满足彻底思维化要求。

先验判断的形而上学方法意义在于，它规定必须以纯粹的概念统一方式搭建形而上学体系，指明只有在可以作为先验条件的纯粹普遍概念领域才有存在确定性产生。而且，也只有在这一先验领域，才能同时满足综合方法和存在批判的要求。质言之，形而上学只能产生于先验田园。相应地，认识活动只有以先验观点才能理解存在。因此，形而上学必须以经验存在为对象，将其设在自己的彼岸作为统辖目标，而不是从经验存在出发。要想打破当代哲学中现代意识哲学这种理性形态与后现代主义这种怀疑主义的紧张关系，并超越后现代主义，重新找回认识和存在的确定性，就必须清除对哲学科学性的实证误解，躲开怀疑主义瘟疫的天然媒体——经验存在领地而返回和保持在纯粹普遍性领域内。

被哲学所揭示的先验原理，不但按照形而上学的意图承担维护存在意义的任务，而且以其根据的普遍性具有对其作用对象的逻辑规范功能，即只有满足其要求者才有可能是正确的，而不满足者必然错误。但是，绝不能把这种逻辑规范看成对对象世界直接有效的真理，可以代替对象之具体真理的探讨。因为，先验原理与其作用对象在逻辑上相分离，先验原理具有抽象确定性，而其对象则是个别偶然的，可以由不同的个别对象内容实现出同一的先验原理所要求的关系。更为关键的是，这些对象内容作为杂多本身没有真理性，只有依赖先验原理才能拥有存在性，是先验原理赋予对象内容间的具体联系以真理地位。也就是说，对象内容间的具体联系是真理的直接内容，先验原理仅仅是真理的抽象判据。因此，形而上学的天然职能是生产先验真理以给出（经验）对象真理的标准：一种具有完备先验原理形式的对象内容间的关联或综合即为真理。

作为真理标准的先验原理按其预设具有普遍确定性和有限性，在其中，各个先验原理都处于普遍逻辑秩序之中，被派以相对确定的有效性。而有了标准的这种绝对确定性，对象内容关联的真理意义就是可完备描述的。具体真理的意义——包括相对性——在其可适用的标准当中。有效的生活真理——它必然关联具体现实内容——既不在纯粹先验界，也不在纯粹经验界——它不能以任何具体构造而自足产生关于自己真理性的逻辑品格的自我意识，而是在二者相切合的界面上闪现。成功的形而上学必然恢复人类的判断能力。

康德哲学：一座不能续建的斜塔

面对休谟怀疑主义对人类知识客观普遍性的进攻，康德天才地创造了先验概念，把认识论引向先验领域来克制怀疑主义，辩护认识的可能性。通过哥白尼革命，康德把知识的基石从客观对象搬运到自我主体中，又利用主体先验知识的普遍性掩埋休谟所主张的认识主观性。可以说，康德的哲学先验观点为人类开发出一种拒斥怀疑主义的新型资源。但是，由于哥白尼革命仍然滞留在主客二分框架内，康德不得不在逻辑上设立一个“物自体”来安慰实在怀疑论而全力对付知识怀疑论这一怀疑主义的近代新生劲敌。因此，就休谟怀疑主义包含古代实在怀疑论而言，康德仅仅反掉了休谟怀疑主义的一半即认识的主观任意性，而保留了另一半即实在的客观真实性的不确定性。康德没有勇气和力量把先验批判指向存在。

康德所开辟的先验哲学传统在抵制怀疑主义过程中的这个漏洞，旁证其形而上学建构的失败。形而上学按照其逻辑预设，应该而且能够达到对世界存在的解释。依据形而上学思维的逻辑根源所阐明的形而上学标准形态，为具体诊断康德哲学的纰缪提供了科学和系统的依据。

受其反击认识主观论这一特定任务的局限，康德关于智性的先验批判被定性为知识普遍性的辩护。而康德过于狭窄地处理这一问题，仅仅关注知识的普遍表现形式而把其根源追溯到直接与知识相邻的逻辑形式环节。对于逻辑，康德则以在其诞生之后内容体系的历史稳定性而坚信它的完备和正确，不再考察。一个批判哲学家在此非批判地容忍了一个历史学思维习惯。这个关于逻辑的独断，直接把康德关于知识普遍性问题的批判的形而上学，限定为逻辑批判。而就逻辑体系不表达一种存在构成而言，逻辑批判不具有存在批判意义。也就是说，在康德的先验批判体系中，错误地用逻辑批判替代了存在批判。这使得康德的先验哲学被注定不能解决任何关于存在的问题，也绝不能由之发展出可能的关于存在问题的答案。因此，在逻辑上，曾比较成功地抵制了近代经验论的怀疑主义的康德先验哲学，绝不可能被用作反击以存在构成为焦点的后现代主义的基础。

起点的逻辑独断使康德同时触犯了形而上学的两个规范即经验超越性和彻底批判性。没有哪种理性独断可以远离经验，否则就不可能在离开了理性思维的条件下而想象有独断内容的来源。理性独断必然暗通经验。被康德所独断的逻辑形式，在它们的创始人亚里士多德那里就来源于思维经验的归纳，而不是统一的理性推证的发现。因此，逻辑独断是设置了一个需要推论其理性根据的根据，没有满足作为形而上学可能条件的存在批判所要求的彻底批判，需要补写某种纯粹批判思维。但是，这个任务绝不是在康德形而上学体系内可以直接完成的简单修缮，而是必然要打破其体系，在一种新的形而上学体系中才能完成。因为纯粹批判思维只能针对最高存在构成形式，而逻辑形式并不表征一种存在构成。显然，只要残留独断，就不可能有思想的理性清晰性并获得压制怀疑主义的不可置疑的论证力量。

在形而上学的方法维度上，虽然康德具有综合的理论意识，并努力实现在其批判哲学中[①]，但是由于他只能把批判的起点落实在智性活动的不同现象

---

① 参见康德《未来形而上学导论》，庞景仁译，商务印书馆1982年版，第160页。

上，所以他设想的综合起点“主体”源泉变成了徒具象征意义的形式，并不能发挥对知识统一的逻辑说明作用。最根本的缺点是，赋予主体以统一功能的“我思”仅仅是一种自然存在关系，其中之“我”被康德用作出发点时仅仅被给予了抽象的同一性，由之可以设置逻辑统一功能，但并未揭示其内在存在，因而并不能从中理性地分析出感性、知性、理性。主体的这三种认知功能实际上是依赖对思维经验的观察分类提出的。

康德先验哲学的逻辑批判定位的后果是必然漏失真理论。由于直接接触对象材料的知性范畴是纯粹形式，仅仅作为一种主体的认识活动功能而存在，只是不受材料特殊性影响的知识的构成手段，所以它们不能处理形式与质料的结合问题。显然，思维形式不是可以任意施用的，但康德先验哲学缺乏形而上学所要求的材料参与观点，因而不能在形式的何种材料运用为合法问题上有所作为。也就是说，对于经验知识即存在之特殊内容的特定组织的可接受性，康德先验哲学不可能给出积极的判据。他所提出的知性范畴不可超验使用这一消极规范，只是划定了理性认识的边界，并未阐明边界之内的认识正确性条件。防止形而上学超验谬误还须与一般认识错误的鉴别相结合，才能成就完整的真理论。而一种完善的真理论的意义正在于阐明存在构成问题。作为一段历史，康德先验批判在真理论上的先天缺陷，既是现代意识哲学兴起的根源，也是怀疑主义以后现代主义形式复活的根源。现代意识哲学相对康德的进步正在于提出现实意识存在的内在构成即存在形式问题，但不幸的是却付出了倒退到具体的经验内容之中而被存在特殊性所纠缠的代价。

意识批判及其前途

后现代主义的逻辑延伸是各行其是的廉价民主，这种民主的偶像即古代犬儒。它不啻为在存在领域内进行的一场“捣毁神像”运动，一切确定性都必遭扫荡。其自然后果是，给社会实践和理论认识带来巨大危害。可以说，对不断追求健康生活的人类来说，它是一个不祥的兆头。理性曾历遭劫数，但以往都幸运地成为反思的契机，在认识的深化中转化为历史进步的一环。

现在，意义和价值的直觉信念正呼唤对后现代主义进行反击，再现历史的辩证奇迹，向世界灌注更丰满通透的灵魂。这是自康德克服近代哲学危机之后，哲学所面临的最严峻的时刻。

找回存在和确定性，这就是时下哲学的使命。

由此，哲学重又与形而上学结缘：不但那种关于存在原理的学问在历史上一致地被称为形而上学，而且存在追问必然追随逻辑递归方向而具有超越经验的结构。

然而，当前哲学的形而上学选择并非仅仅是实用主义的反应性临时对策，而是另有其深刻的逻辑必然性。怀疑主义和形而上学都信赖同一律、矛盾律、根据律这三个基本逻辑原理，只是对它们的运用程序不同。但是在这两种不同的运用程序之间并不具有同等的认识论的和逻辑的价值。形而上学从矛盾律到根据律再到同一律，这种逻辑运转承诺抽象思维的有效性，确立了存在同一的非经验方式即概念方法，从而充满气魄地走迂回构造之路，在追求整体化中期望一种大型同一。形而上学是解决问题而不是取消问题的道路。这种做法与其出发点即对逻辑律的思维是一致的，思维在两种情况下都被认为是有效的。而从矛盾律到同一律再到根据律的怀疑主义则把存在同一性局限在具体的个别事物之内，缺乏关于存在同一方式的想象力，拒斥概念思维而局限于经验层面考虑问题，客观上限制或取消了思维的反思作用。怀疑主义仅仅是取消问题。更大的问题在于，怀疑主义是自相矛盾的，即它进行怀疑主义论断本身就是一个思维过程，而怀疑主义却否定思维的有效性，具体表现为它在进行判断而同时却反对做判断。这种逻辑矛盾使怀疑主义不能被任何有健全思维的人所信服。因此，形而上学对怀疑主义具有逻辑优越性。尽管形而上学的历史表明它也是一条充满魔鬼和陷阱的道路，但却是哲学淘沥存在的唯一可以寄望的技艺。哲学只能不断重试形而上学。

虽说一种可能成功的形而上学被限制在先验区域内，但因以康德为代表的先验哲学传统在逻辑上存在先天缺陷，却不可续建以应对哲学的当前形势。因此，面对形而上学探索要求，哲学必须首先审慎进行关于形而上学方向的元设计。形而上学要求一个最高根据，而按照先验领域的普遍必然性，特定的起点就注定了先验分析的展开。因此，重建一种形而上学意味着重新寻找安固的起点。

按照存在批判这一形而上学的任务，它应该进行整体存在性的构造，存在是它的课题。而综合方法要求这种存在分析以一个最高根据为起点，在存在论题内，这也就是要求以最高存在的确定为体系建构的支点，由之诱发形而上学的有序扩展。因此，这个最高存在不是在认识道路上可以首先论定的存在那种认识序列意义上的第一存在物，而是具有直接的本体论基础这一价值的存在，它内在地支配存在图式和秩序。就此而言，笛卡尔把“我在”作为第一哲学的起点是一个巨大错误。在存在批判和综合方法之外，形而上学还必须满足先验判断这一条件，即“最高存在”必须处于先验普遍性领域内。也就是说，最高存在绝不能是一个具有经验性的具体所指物那样的实体性存在，而必须是某种普遍的思想概念或者说纯粹的存在形式。无疑，这个纯粹的存在形式就是存在概念。而按照存在批判的彻底性所要求的纯粹批判思维设置，不能独断存在概念。因此，形而上学的首要课题就是弄清存在概念。

存在高于逻辑，因为逻辑本身是为了存在，每一逻辑规律都是为使存在可以被思维理解和接受而设立的。因此，把哲学追问的起点放在存在上，肯定是对康德的逻辑批判性的先验哲学的超越。然而，难题在于如何批判而不是独断地获得存在形式，首先就有如何确定存在概念的寓所问题。

存在的确认是一个思想事件。因此，不论是常识的存在意义还是哲学的超越性存在概念，都不能逃逸于思想之外，必然在思想中有其根源。即使是外在的实在观念也是思想的一个设定，有其思想起源。我们所谈论的存在，必然在思想中有其规定。思想不可能触及自身不能容有的东西。存在概念的所属指点存在分析的方向。存在概念为思想所拥有。因此，必须采取纯粹的思想考察形式追问存在的意义。

思想在自身之内独立地拥有存在概念表明，它本身就具有这存在概念所指示的规定性。因为，其他一切观念均待存在概念确定存在性，而存在概念本身亦为一个观念，所以，存在概念只能来自普遍的纯粹思想本身。思想本身也必然拥有这种存在，因为具有封闭性——不能触及自身所没有的东西——的思想不可能提供其自身所没有的东西。思想只能把其自身的现实构成提升为存在概念。思想的自我意识结构为此奠基。思想的自身确认表明，它已经把存在概念运用于自身。既然纯粹存在属于意识，而意识作为一种存在也同时被这纯粹存在所断定而确立自己的存在身份，那么意识的存在本身就同一于这纯粹存在（概念）。意识正是意识到自身的这种存在形式而将之作为存在概念的。换言之，意识自身的存在是其拥有存在概念的源泉。

常识的存在概念以及与常识一致的传统的哲学存在概念——在思想之外而客观伫立——的重大失误在于，它作为存在概念却在其定义结构中决定性地带有片面化疏漏，即在断言存在时逻辑地把断言存在的观念这种存在排除于存在之外。因此，常识的存在概念使得存在残缺不全。其后果在于，奠基于残缺的存在圈划之上的存在哲学，不可能达到其普遍有效地把握存在的目标。根据上面对存在概念居所的分析和定位，这样的存在哲学甚至已是从根本上走错了方向。

在把意识存在确定为存在概念的本根之后，形而上学所内在要求的存在概念追问，就深化为对意识的构成或者说显现形式的分析问题。思想在运用着存在概念说明，它拥有“存在”的构成条件和内容，因而具有通过思想把“存在”的构成原理揭示出来的基础。同时，“存在”属于思想，揭示它的也是思想，在认识者与被认识者之间具有同质性即存在同一性，没有存在间距那样的认识论障碍，而且意识本身具有“透明”性即自我意识，所以，对于存在的追问仅仅是思想的自我体现，具有现实的可认识性。意识存在与纯粹存在同一这种存在论结构，与存在作为思想形态而被提出一起，展露意识存在为存在追问的恰当切入点。

对于形而上学，相应于它所追求的存在概念的纯粹普遍性，必然向意识存在分析提出普遍性要求。任何从特殊出发的思维活动都逻辑地沾染不能褪掉的特殊性色彩。因此，其任务就是发掘意识存在的普遍形式——只有纯粹形式才能达到绝对的普遍性。而一物之普遍形式即构成该物之现实存在的条件和规则。在对这种作为条件和规则的普遍形式的完备揭示中，即划定该物的存在界限，为其刻画出可能的存在状况。在逻辑上，这些可能的意识分析结果，正是意识的纯粹存在的规定性，表达着为存在概念提供范本的意识存在的实际性。按照对批判的哲学理解，这种内容构成对给定意识存在的澄清，属于批判思维。因此，这种意识存在分析构成意识批判。

后现代主义的要害在于反对意识的现实存在确定性。就它构成对哲学存在和发展的挑战和刺激，客观上诱导哲学去发现意识批判主题而言，也许可以说它作为哲学思维的一种历史处境所发挥的提示作用，恰好耦合形而上学的本真逻辑起点。

意识批判具有一般形而上学的特征。在其存在构成形式分析意义上，它显然是一种存在批判；从构造意识存在的系统原理出发，综合方法为其所内在要求；而寻求纯粹普遍的意识存在规定这一点，决定它必须采取先验判断形态。由此，意识批判成为形而上学的一部分和开端，并为自己规定了由纯粹批判思维直接而无独断地发现意识存在的最高普遍形式的任务。

前提批判的彻底性具有很大的思想难度，这为以往一切形而上学均不能达到所旁证。它对思维操作技术做出单一的先天分析规定，而且又对切入点具有苛刻的要求，即着手对象必须碰巧在逻辑上与纯思一致。意识批判被赋予形而上学起点意义之后，改变了这一问题在历史上所一贯表现出的艰难外观，使之具有逻辑乐观性。

作为形而上学序曲的纯粹批判思维要求采取先天分析命题形式。根据对意识存在与存在概念关系的阐述，二者具有在思想领域中的自相关性，即存在概念根源于意识存在的普遍构成形式，而意识存在也在自身之内自觉到存在概念并将其运用于自身。这说明，意识存在和存在概念之间具有分析性关系，可以必然地互相引导对方。但受意识批判主题限制，形而上学彻底批判的任务特化为，在存在概念所确定的区域内寻找意识存在的普遍形式。因为这一活动被限定在纯粹普遍性水平上，所以其实质为从存在的思想意义或所指中寻找“意识”这一普遍存在物。存在关系的分析性为展开寻找意识存在的思维提供了可能。

纯粹批判思维的分析结构，要求按照批判本意用一个思维过程中介来连接作为主词的存在的思想意义和意识存在的本质规定。这就决定二者具有分离关系，不可能在提及主词时就能立即断言意识的存在形式。因此，纯粹批判思维具有疑问结构，即在形而上学问题的诱导下做出一个怀疑论式的提问：在存在观念的思想指涉中有“意识”存在的普遍概念，或有意识存在吗？同时，在开展这个怀疑论式的提问时，按照彻底批判要求绝不能以一个判断开始，即其第一条语句不能是一个命题。因为，如此则这一断言就不具有思维根据，而必须从设置准备从其中引出所求对象（意识）的主词（存在）开始。但主词之规定当然亦受此限制而不能以直接命题形式给出其定义描述，而必须从其存在表现的普遍形式——有某物——入手分析其思想意义，以便赋予其“思维—结论”形式。以纯粹普遍思想开始的分析思维过程决定其所得之结果——假如能够获得的话——也必然具有纯粹普遍规定性。把“有某物”作为存在概念的表现形式并没有违反前述规则，因为这只是一个存在概念的形式化运用现象，同时也并没有因此给“存在”附加什么实质规定，存在概念没有任何变化地作为其中之“有”而待分析确定。

关于意识存在或意识最高普遍构成形式的纯粹批判思维，构造了一种特殊的非独断论证。以其结果为起点而开始的意识存在的先验批判担负着多种功能，或者说逻辑上可以实现诸多认识任务。

第一，以意识之最高普遍存在规定开始的综合认识活动，按其本质可能性，要依序推导出意识的一切先验形式内容，并最终发现其普遍构成结构或者说普遍存在形式。因为按照先验的本质，它作为经验存在的根据，必然要到达经验并形成对现实经验存在的直接规定。它的纯粹普遍的思想思辨性——这已为关于形而上学条件所论述——所具有的可能内容间的必然联系，保证这一先验分析过程能够贯彻到底。

第二，逻辑是思维自身的自我立法，目的在于保证思维的合理可接受性。

根据存在相对逻辑的优越地位，和意识对存在标准的根源性，可以断定，逻辑是意识内在地根据自己的存在构成形式而提出的要求。因此，从意识存在构成形式应该推导出逻辑形式系统，或者说为一向被赋予公理地位的逻辑发明出统一的论证。在逻辑的这一论证水平上，其本质才能得到清晰把握。另外，直观的事实为，语言是对意识的表达，因此，也必然能够从意识存在构成形式中推定语法体系。

第三，由于一切可能的认识活动都必然以一个现实的意识存在为起点，而且也必然在每一环节上采取意识存在形式，所以认识的发动及其一般过程的根据，必然包含在意识存在的普遍构成形式中。

第四，意识存在的普遍构成形式作为思维之源，必然决定思维方向以及不同思维结果间的意识存在关系的安排，因为这种关系本身就需要通过意识来实现。也就是说，思维的有效性情形及其最终前景可以根据意识存在普遍构成形式加以论定。进而，意识存在领域内的普遍的真理确认机制和关于存在的组织方式就可以显露出来，最终回答真理和存在问题，了断当前哲学中怀疑主义与形而上学之间的论争。

（原载《江海学刊》2006 年第 1 期）

“易和哲学”论纲：社会和谐发展观的中国哲学理念

漆　思

在中国文化与哲学精神的历史源头，有一幅精美绝伦、简明深奥的“宇宙图式”——太极图，其中蕴藏着中国哲学思维广大精微的深层奥秘。太极图的奥秘正在于其涵容了中国哲学思维的两大基本特质：“易”与“和”，这两种思维以其丰富深刻的意蕴体现了中国文化精神的深层结构与中国哲学思维的创新范式。对“易”与“和”两大思维的挖掘，使我们能更清晰地看出中国文化与哲学精神的本质并展望其未来，从而可以综合创造出“易和哲学”这样一个新的思维范式。

“易”思维：中国哲学思维的“变易发展”理念

“易”现在似乎是很抽象的概念，其实它是中国古人对日往月来、阴阳转化这一“宇宙图式”自然运转的意象把握。《说文解字》释“易”为：“日月为易，象阴阳也。”我们透过太极图阴阳鱼的交互运转，可非常直观地理会“易”的象形本义：上为日下为月，寓意阴阳变易转化。“易”原有“简易”“变易”“不易”的“三易”之说，其中“变易”为“易”之本色。从《周易》到以后“易”的演化中，大致有以下四重含义：（1）“易生”：“生生之为易”，“易有太极，是生两仪”，世界由阴阳矛盾推动，处于生生不已的创生转化之中；（2）“易变”：“大易流行”，“太虚本动”，阴阳二象轮回运转，注入自强不息的动变活力；（3）“易通”：“极则反”，“穷则变，变则通，通则久”，阴阳变通，彼此消长、转化以达到动态中的通达平衡；（4）“易和”：“阴阳交感”，“天人和合”，对立面在相即相离的演化中实现新的和谐统一。以上四重含义层层递进，共同体现了中国哲学思维贯通天地人一体的大易流行、生生不息、阴阳转化、变易致和的“易”思维本色及其“变易发展”理念，形成了中国哲学的“易”思维特质——的“创生转化论”。

在中国伟大的典籍《周易》中，“易”思维的“创生转化论”特色得到了系统的确证。“易”本义就是阴阳创生转化的意象，“日往月来”“寒来暑往”“无往不复”“否极泰来”“极则反”“变则通”等就是明确表征。《易传》的系辞上阐明：“《易》有太极，是生两仪，两仪生四象，四象生八卦，八卦定吉凶，吉凶生大业。”“易”思维从而成为当时民族精神的精华并预测和指导社会生活实践。“易”通过阴阳两种属性的重叠交织与推演转化，目的在于反映、契合自然与历史的变化规律，构成了一个世界变易发展的创生转化体系。从乾坤二卦到既济未济二卦的六十四卦演绎中，以阴阳彼此消长的卦象及隐喻卜辞，从而把中国传统哲学思维探究的天人、物我、本末、体用、一多、动静、群己、灵肉等阴阳矛盾置于“大易流行”的创生转化体系之中。“易”包涉了一切阴阳矛盾的创生转化，构成了中华民族千百年来安身立命、生生不已、自强不息的精神品格，从而生成了中华民族深层思维结构中“易”的“创生转化论”特色。

《周易》的系统论证后又有无数哲人通过注《易》、解《易》来发挥这一思想。就是当时老子的“反者道之动”的辩证回复和孟子的“尽心、知性、知天”的“乐天知命”，都无逃于“易”思维的宗旨。荀子通过“解蔽”对“易”思维进行了初步总结，得出“天行有常”“天人相分”从而“制天命而用之”的唯物论阐释。后经阴阳家邹衍“五德终始”的循环论证，直到董仲舒那里形成“三统之变”“物必有合”的历史循环论。汉代对“易”的研究主要是从易理与象数角度进行阐发，注入“易”思维以新的社会文化内涵。经魏晋南北朝至隋唐玄学与反玄学、神学与反神学、佛学与反佛学的长期较量后，到宋明理学、心学在理气、心物的对立与和解中形成“易”思维形而上的抽象思辨体系。之后经过近代启蒙思潮和理性主义的发轫，直到王夫之对“易”做出较为全面的批判总结，得出了“太虚本动”“变化日新”的光辉结论。从此中国传统“易”思维“创生转化论”的思维范式得以确立，与当今马克思主义辩证发展观相契合，成为中国人的主导性思维方式。

中国“易”思维的形成，对中华民族的影响无疑是巨大而深远的。“易”的“创生转化论”一度使中国较早地成熟了直观意象的系统思维，以此去观测自然、预测社会、指导实践。在社会政治经济、实用科技、思想文化等诸多领域都独领风骚，成就了同时代西方难以企及的华夏文明。在经济方面注重天地人协调发展的生态农业，治水平土、顺应自然，使自然与社会协调发展；在政治方面注重协调社会各层的大一统，维持社会的稳定，保持整体的有序运转，从而化解社会矛盾，促进了多民族的凝聚融合；在思想文化方面，注重直觉整合的系统思维，形成了较为完备的整体论特色；在科技方面，注重经验的积累与技术的改进，使实用科技方面出现“四大发明”，特别是在医学、农学等方面有着突出的成就；在文艺上注重整体和谐中求曲求变的审美倾向；在国民心态上形成了负阴抱阳、自强不息、注重群体、乐在人伦、崇尚自然、安身立命的精神。但是，传统“易”思维的阴阳转化论过度强调了整体的循环转化，忽视了多样性个体及其自身质的飞跃，使中国社会长期处于一种自得自足的封闭系统中：经济上自然循环，未能推行竞争创新；政治上宗法一统，未能倡导自由民主；在民族性格上形成了相对保守的阴性心理特征，主内不外求，在身心伦理上下功夫，不在器物制度上求革新，定性不定量的直觉意象思维也影响了科学分析思维的发展。可见“易”思维的正反两面都十足地代表了中国传统哲学思维方式的特质，它具有自身鲜明的优越性，也带有自身难免的弊端。在今天整个全球社会大变革之际，面对传统文化现代化的浪潮，中国传统“易”思维更要回应全球化时代和平发展的主题，在当代伟大的改革发展与创新实践中扬弃自身，化为全球化时代人类呼唤的协调发展与和谐变革精神，实现中华民族一脉相承的传统“易”思维的继往开来与综合创新。

“和”思维：中国哲学思维的“和谐融通”理念

在中国文化精神与哲学思维中，“和”的内涵比其现代的意义更为博大精深。在《辞源》里，“和”就有“谐”“调”“顺”“合”等多重释义，可见“和”在中国传统文化与哲学思维中是一个十分重要但又常为现代人所忽视的思维范畴。“和”思维主要有如下四重含义：（1）“和生”：“和实生物，同则不继”，“和而不同”，在多样性统一的“和”中才能化生万物；（2）“调和”：“相反相成”，“以他平他谓之和”，在系统中使不同的因素相互协调实现和解，维系着事物的有序运转；（3）“中和”：“适度中节”，“发而皆中节，谓之和”，“致中和”乃“天下之达道”，有适度制衡的动态功效；（4）“和合”：强调“天人和合”与“阴阳之序”，阴阳矛盾在对立中达到统一，促成多样性的统一体或对立面的和合体，变易的阴阳矛盾在创生转化、对立冲突、协调融合的过程中通达新的和谐。对以上层层递进之意蕴的挖掘，使我们对“和”思维的特质与范式有了全面的理解。透过太极图那和谐圆融的系统图式，我们对“和”的本义有了更直观的意会：“和”就是太极图的圆圈，是维系阴阳鱼对立统一的矛盾和合体。“和生”“调和”“中和”“和合”所体现的“和谐融通”理念正是“和”的本质，构成了承载中国文化与哲学精神的“和”思维特质①——“协调整合观”。

“和”思维最早载于先秦典籍中，其要求多样性的统一或对立面的和谐。《国语·郑语》记载了西周末年史伯与郑桓公的对话，史伯提出了“夫和实生物，同则不继。以他平他谓之和，故能丰长而物归之”② 的重要命题，开始了中国哲学史上著名的“和同”论争。后来《左传》记载了晏婴与齐景公的对话，晏婴提出了“和与同异”“否可相济”的思想。老子指出：“道生一，一

① 漆思：《中国哲学的“和”思维特质与和谐发展理念》，《吉林大学社会科学学报》2005 年第 6 期。

② 《国语·郑语》，《四部丛刊》本，商务印书馆 1979 年版，第 120 页。

生二，二生三，三生万物。万物负阴而抱阳，冲气以为和。”① 其“刚柔相济”“相反相成”的思想正是“和”思维的宗旨。庄子指出：“夫明白于天地之德者，此之谓大本大宗，与天和者也，所以均调天下，与人和者也。与人和者，谓之人乐；与天和者，谓之天乐。”②《易经》中兑卦第二爻的爻辞为“和兑，吉”，《易传》则更进一步提出“保合大和”的思想。在《论语》中孔子以“和”来区分人：“君子和而不同，小人同而不和。”③ 孟子则提出了著名的“天时不如地利，地利不如人和”的观点。总之，儒家倡导一种“中和”思想：“喜怒哀乐之未发，谓之中；发而皆中节，谓之和。中也者，天下之大本也；和也者，天下之达道也。致中和，天地位焉，万物育焉。”④ 这可以说是将“和”提升成一个极为重要的思维范畴，并高扬“礼之用，和为贵”⑤ 的“贵和”精神，强调“和”有大用。

“和”思维的根本特质，正是强调“和”的协调整合功能，调解矛盾诸方面，使之趋向动态平衡，从而实现囊括自然人事为一体的“天人和合”境界。自先秦以后，沿孔孟之道儒家着重发挥了这一思想，到董仲舒那里形成“天人感应”的“天人合一”体系。在魏晋南北朝兴起的自然与名教的论争中，郭象以“独化论”来消解二者的矛盾，实现名教与自然的致“和”。在盛唐时，十分注重“和乐”的社会功用，诗歌中蕴含着“温柔敦厚”的人文教化。在宋明理学与心学中，“和”思维通过道器、理气、心物的对立，然后在形而上的理性思辨或日常生活的良知体验中达到和解。基于封建社会太平治世的需要，特别在礼教中加强“和乐”教化，规定名分等级，通过各司其职、各就其位而“不越礼”“不逾矩”。甚至明清时对“和”崇尚到连皇宫大殿也要以“太和”“中和”“保和”命名。近现代革命所要建立的国家大都号称“共和国”，就是要体现各民族、各阶层的民主平等与普遍和谐。不用说上

---

① 张震点校：《老子·庄子·列子》，岳麓书社 1989 年版，第 12 页。
② 同上书，第 52 页。
③ 《四书五经大系》第 1 卷，天津古籍出版社 1998 年版，第 119 页。
④ 同上书，第 17 页。
⑤ 同上书，第 44 页。

流社会的旨趣，就是普通百姓也以“和”为贵，信守“平和”“和气”“和顺”“和美”“和平”“和睦”“和谐”，乃至造反也要冠之以“义和”，从而使这种“和”思维的“协调整合观”渗入人们社会生活的深处。中国人就用这种“协调整合观”来认识和把握事物，自觉不自觉地以“和”思维做人行事。

传统“和”思维及其“和谐融通”理念由来已久，除思想认识渊源之外，还有中国特定的社会政治经济环境。正像“易”思维的阴阳创生转化论的形成一样，“和”思维的矛盾协调整合观亦扎根于中国社会文化土壤。从地理上看，古代中国以黄河流域为核心形成了自我进化的华夏文明圈，这正是“和”思维的一个现实模型。中国人就顺着“和”思维的理路去整合世界，直观笼统地圈定认识和实践对象，把其当作一个整体系统，以矛盾协调整合观的“和”思维方式把握并创建新事物。反过来，这也促成了中国传统社会大一统的政治模式、自足循环的经济框架及和谐审美的文化形态，从而形成了独立于西方的自足的中华文明系统。随着近代资本主义的入侵，两种文明碰撞的结果客观上使中国社会进入“不和”的状态。于是激起一代代中国人放眼世界，吸收消化不同于中国传统的新文明，从而改变了旧中国的命运，实现了中国社会新的“和”态——人民共和国。

对“和”思维的评价，自然和对“易”思维的评价一样，要一分为二地看待传统哲学思维，这也正是传统自身的矛盾本性使然。“和”思维作为表征中国哲学的思维特质与思维范式，对中华文明的生成与发展产生了重大影响。长久以来，“和”思维及其“和谐融通”理念整合凝聚了中华民族组成一个文明礼仪之邦，维护了国家的多民族和谐统一；生态上“天人合一”，注重“天时地利人和”；政治上德法并重，追求“政通人和”；经济上厚生利物，注重生态循环；思想文化上兼容并蓄，“和”解佛学、西学等外来文化，使“中和”审美成为中国文化艺术的准则。文化与哲学思维方式上的矛盾协调整合观也深刻塑造了中华民族的心态，“家和万事兴”“和气生财”“和睦和美”“和平共处”等“贵和”思想深入百姓的日常生活。因此，中国人信守一种求“和”的思维取向，谋求“天人和合”、人际和谐、身心和谐，从而把自然、社会与人本身的和谐共荣作为发展的目标。但另一方面，“和”思维也使中国人笼统地“求和”，注重了整体功效，忽视了多样性的个体。以礼治国，忽视法治；重农抑商，忽视创新；极端地谋求大一统，忽视乃至压抑了个体独立性、自由个性与主体自我的生成。“和”思维的负面性也给中国传统社会的封闭保守以思想观念上的支援，并强化了这种国民心态。凡此种种，我们透过“和”思维所具有的双刃剑锋，清晰地看到其在中国传统哲学思维中的地位及功效。在当代世界走向全球化的进程中，体现中国文化与哲学精神特质的“和”思维，更有着无穷的活力与魅力。面对和平与发展的时代主题，要求我们挖掘中华民族这一充满辩证智慧的“和”思维并进行与时俱进的转化与创新，从而为构建“和谐社会”与“和谐世界”提供中国文化精神与哲学思维的深层理念支撑。

“易和哲学”思维：综合创新与现代转化的中国哲学思维范式

将“易”思维与“和”思维辩证综合，就可以创造性地得出“易和哲学”这样一个新的思维范式。显然，功夫全在于综合创新与现代转化方面。面对中国传统文化与哲学的现代化创新，从“五四运动”以来就有种种表述，其中冯友兰的“抽象的继承法”、张岱年的“综合创造论”、傅伟勋的“创造的解释学”、林毓生的“传统的创造性转化”等都颇有合理之处，其用心都在于吸纳古今中外一切文明成果综合创新中华文化，但由于在思维方式与思维特质处着力较少，提出的方案多是一般性指导原则，仍缺乏中国传统哲学现代化创新所必须赖以立足的思维支点。“易和哲学”的提出，正是转换视角立足于思维特质与思维方式所做的一种初步尝试。通过上述分析，我们认识到“易”与“和”确是中国哲学思维的两大特质。这两种哲学思维的共同特点，都体现在对世界的整体运行给予直观系统的把握，而遗憾的是未能在“易”思维与“和”思维的动静刚柔对立中给予辩证的综合创新与现代转化。将

“易”思维的阴阳“创生转化论”与“和”思维的矛盾“协调整合观”有机结合，就可以综合创造出“易和哲学”这样一种新的思维范式，有助于确立中国传统哲学现代创造性转化的思维支点。

第一，中国哲学思维方式的“易和”特质及其现代创造性转化。我们知道中国传统哲学思维包罗万象、蔚然大观，其现代创造性转化自然千头万绪，这就要求抓住中国传统哲学思维的特质——“易”思维与“和”思维，如此则可以化繁为简，提纲挈领，迎刃而解。尽管中国传统哲学思维未能将“易”思维与“和”思维实现辩证综合，而且在西方传统哲学思维里亦有“万物流变”“对立面和谐”的思想，但从比较分析中西两大哲学思维传统的主流线索及其固有张力来看，与西方哲学注重求“分”求“异”的思维传统不同，中国传统哲学思维倒是一贯地继承并发展了求“一”求“和”的整合思维。诚然，“易和哲学”的现代化创新必不能缺少西方哲学思维的参照，要吸取其理性主义精神与科学分析方法，但更不能抛弃中国传统哲学思维的优势与特长，只能以中国哲学思维传统为主进行哲学思维的转化与创新。中国哲学思维的创造性转化只能在根植于传统中创新传统，否则，现代化就意味着自身传统的丧失。中国哲学思维的转化与创新需要传统与现代化的承接贯通。中国传统哲学思维的现代化，既是传统的自我转化过程，又是其现代化创造革新过程，是传统转化与现代化创新的成功贯通过程。在哲学思维中，传统性与现代性之间并不是二元截然对立的，既有矛盾与对立的因素，也有相互转化、相互依存的关联。这就需要使传统与现代化的革新之间保持一种内在的张力，促成传统的转化与革新。中国哲学思维的现代创造性转化是一次“凤凰涅槃”的新生，是中华文化复兴与民族精神新生的思维依托，其关键在于弄清自身哲学思维方式的特质并实现与时俱进的创新。

第二，中国哲学思维现代创造性转化的全球化时代涵容。中国哲学思维的创新需要面对当代社会实践与现实生活世界。反映中国传统哲学思维精髓的“易和哲学”要契合“和平”与“发展”的全球化时代主题，更加务实灵动，将其和谐融通与变易发展的理念根植于当代现实生活，从社会实践的内部挖掘而不是从外部灌输。只要深刻地掌握了当代社会实践的趋向是和谐发展的生态文明与可持续发展潮流，建构“和谐社会”与“和谐世界”是当今人类的时代呼唤，那么“易和哲学”就应当从当代市场经济、民主政治、知识社会、多元文明、个性文化的内在机制中，理出合乎逻辑的价值规范，在全球化多元融和的文明秩序中彰显出“易和哲学”特有的思维和精神。在当代，“易”的理念就是全球化的发展变革精神，“和”的理念就是多元化的宽容和谐精神。这样，中国传统哲学思维现代创造性转化的“易和哲学”就不至于架空于现实生活之外，而是在当代人类社会实践内部找到其应有的新的生长点。

第三，中国“易和哲学”思维建构的理论价值与时代意义。世界正在日益走向经济全球化与文化多元化，以传统宗教为纽带的区域文明正在走向全球多元文明，和平与发展成了国际社会的主题，和平共处、共存共荣、生态平衡、协调发展，正预示着中国“易和哲学”思维的现代复兴。从东西方文明交流互动之日起，独具慧识的西方思想家就关注独到的中国哲学思维，以宽阔博大的胸怀吸收着中国古老的哲学智慧；现代新儒家等正是在继往开来的意义上复兴着国学，进行着独特的探幽发微、探赜索隐、钩深致远。因此当代中国的年轻学人更有义务和使命承接传统哲学思维的“易和”智火，从中国自身的伟大变革中提升出符合全球化时代需要的“易和哲学”思维：

(1)“易和哲学”思维的哲学认识论意义。“易和哲学”坚持“一阴一阳之谓道”的“易和”之道，然后由此来推演万物流变、对立和谐这样一个矛盾系统。“易”为世界的动变活力，通过阴阳矛盾注入永恒的创生能力，展开宇宙大化变易的运行历程；“和”为世界的构成法则，成为阴阳矛盾演化的整合秩序，在相互依存中和谐运转。“易和哲学”从“易”思维的“创生转化论”与“和”思维的“协调整合观”综合生成的“矛盾化合观”出发去理解和把握世界，从事物的整体系统来分析和综合，确立了认识论上的整体观与系统观特色。“易”思维重演绎推理，达到认识的分化和抽象；“和”思维重归纳综合，达到认识的整合和具体。从而在事物变“易”致“和”中全面系统地把握对象、关系及其过程，使主体在反映客体的基础上得以建构，并用人的尺度和物的尺度统一的"易和"大系统尺度来认识真理、改善世界、觉悟人生，人自身也获得审美体验与境界升华。

（2）"易和哲学"思维的哲学发展观意义。"易和哲学"用系统整体思维看待社会这一有机体的运转："易"意味着进步，"和"意味着秩序；"易"追求发展，"和"守持稳定；"易"是生产力，"和"是社会关系；"易"为变革的力量，"和"为维系的力量。"易"与"和"从社会的存在方式到人的生活方式再到人的思维方式层层统贯，二者决定与反决定、作用与反作用，在社会系统中进行辩证运动，在相互规定和协调中从一种社会"和"态演进到"不和"态社会，通过社会实践发展到新的"和"态社会。这样，就在变革、协调与稳定中使人类社会得到有序进化。在"易和哲学"的思维范式中，"易"是协调发展的变易思维，"和"是整合秩序的和谐思维，"易"的主动的发展逻辑与"和"的主静的和谐逻辑综合创造所形成的"和谐发展观"，构成了"易和哲学"在社会发展观上的辩证法。从当代现实来看，"易和哲学"正呼唤着以人为本的全面协调可持续的发展观与和谐社会的构建，其精神实质就是要求确立"易和"发展观。

（3）"易和哲学"思维的哲学人类学意义。"易和哲学"正是以体现以人为本，实现人的全面发展和人与生态的和谐发展。在人的生活世界中，"易"是一种生存的动力因素，促使人认识并创造自我，在现实中表现为人的自由自觉发展的类本性与主体自为性；"和"是一种生存的规范因素，成为人得以自我实现、自我超越的价值理念与社会规范。在哲学人类学层面上，"易和哲学"思维所体现的新人学是人的自由全面发展与社会价值规范的内在统一，其"发展"与"和谐"相融通的"易和"人学智慧，理应彰显应有的现代意义。这也正是中国传统哲学思维（其实质就是人学思维）热爱自然、珍视生命、注重人伦、追求内在超越、达到自我完善与境界升华的根本旨趣。在当代，要将"易"的发展变革精神与"和"的宽容和谐精神，创造性地建构起"易和哲学"思维，以塑造和引导全球化时代人类共存共荣的时代精神。"易和哲学”思维所昭示的哲学人类学智慧，不仅能在人的思维方式上引发革命，而且将革新人的生活方式和提升人的思想境界。

“易和哲学”精神：构建和谐社会与和谐世界的“和谐家园”意识

“易和哲学”契合全球化时代和平与发展的主题，其和谐发展理念成为构建“和谐社会”与“和谐世界”的人类“和谐家园”意识。全球化时代精神的召唤与中华民族复兴的使命，都要求我们创造性地阐发体现中国文化与哲学特质的“易和哲学”精神，在人与自然、人与社会、人与自我、人与文明等诸多关系中建构起普遍的和谐发展理念，以开辟人类社会和谐发展的新境界。

第一，生态和谐家园：在人与自然的关系中确立生态文明的天人和谐理念。本来人与生态环境是和谐统一的，即中国古人所说的“天人和合”。然而随着现代性思维及其规划的确立和扩张，人与生态的关系开始对立起来，主体性的膨胀使人与生态的关系发生了根本性的逆转：“遗忘了生存家园的限度，沉醉于发展至上主义的迷魂剂；缺席了生态伦理的关怀，滥觞于消费享乐主义的狂欢宴；迷失了有限理性的昭示，偏执着技术乐观主义的征服棒；僭越了天人关系的和谐，孤行着人类中心主义的狂想曲。”[①] 其结果不但危及生态的可持续发展，还危及人类自身的命运。在主客二元对立思维方式的影响下，伴随着工具理性的无往不胜和科学技术的突飞猛进，人对自身产生了一种新的迷信。现代性规划因此蜕变成理性支配世界、主观包容客观、主体征服自然的人的主体自我膨胀过程。随着现代性问题在全球化时代的充分暴露，引发了当代人的生态主义觉悟：人不仅要考虑自身生存的合理性，还要考虑包括人在内的大生态的可持续发展，需要建构一种“民胞物与”“共生共荣”的和谐发展理念，实现人与自然在生态文明基础上的和谐发展，开创天

① 漆思：《现代性发展理念的内部陷阱》，《长白学刊》2004年第6期。

人和谐进化的“生态和谐”时代。

第二，社会和谐家园：在人与社会的关系中确立协调发展的人际和谐理念。社会是人与人组成的生活共同体，是我为人人、人人为我的分工合作的人类社会家园。然而，现代性思维中的个人主义与主体主义，从自我出发，追逐自身利益的最大化，必然诱导出急功近利、自私自利的自我中心主义，造成社会关系的危机，使社会家园的基础遭到摧毁。这就要求从自我中心化的个人主义与主体主义转向社会和谐的共同体意识，重建当代人类的社会家园。人的本性要求自我与他人、人与外部世界建立起内在的和谐关系。一种能包容世界的人就是传统儒家所说的“天民”：不仅是作为物种的一个人，也不仅是作为社会的一个公民，还不仅是作为人类的世界公民，他更是在最普遍的意义上“觉解”整个宇宙的人。破除自我与“他者”二元对立的思维模式，进行社会关系与社会制度的革新，既打破社会对个人的约束，又实现个人对社会的依存，从而避免个人本位的误区，使社会成为个人健全发展的家园，开创出人类和平共处、多元互补的“社会和谐”时代。

第三，精神和谐家园：在人与自我的关系中确立全面发展的身心和谐理念。人不仅需要生态家园与社会家园，而且还需要一个安身立命的精神家园。然而，在现代社会中，人类面临的最大困境正是精神的危机。“上帝死了”之后，似乎一切都是可能的，似乎人怎么“活”都不受限制。人失去了对自然的敬畏，也失去了对社会共同体的忠诚，更失去了对精神信仰的依归，这就带来了精神上的困惑。个体由于丧失了社会有机体的和谐，注定要承受存在主义的焦虑和虚无主义的困倦，只能靠功利主义和享乐主义来追求感性满足。于是现代人变成了一个十足的“经济人”：“理性”地算计，“最大化”地获利，价值被金钱化，社会被功利化，人生也被“物化”。因此，要从极端片面的理性化追求，转变到以人性的丰富性为中心的合情合理的选择。超越现代性思维之后的人应当是追求全面发展、身心和谐的“自由个性”的人，这样的社会就是“自由人的联合体”，从而开创出促进人的全面发展的“自由个性”时代。

第四，文明和谐家园：在人与文明的关系中确立文化融合的文明和谐理念。由于西方在近代的崛起，就把西方模式及其价值观念唯我独尊起来，企图强加于别人。在全球化时代，无论是西方的中心主义，还是其他一切形式的中心主义，都需要被超越。从全球文明和谐发展的高度来审视，人类要实现各个文明传统的多元互补与相互借鉴：既要看到每种文明传统对于人的价值所蕴含着的普遍意义与合理性，也要看到其独特性、多样性、差异性，通过文化交流与对话，使各民族文化的发展与全球多元一体文明时代的发展要求相一致。有史以来人类的文明形态之间，既存在着交流与合作，又存在着矛盾与冲突。历史证明，人类社会的进步主要依靠前者，而后者则往往导致人类的灾难。因此，必须摒弃现代社会完全基于民族—国家利益和宗教—文化传统的差异与分歧所带来的“文明的冲突”，以平等、对话、协商、合作、共生、共荣的新理念引导“和谐社会”与“和谐世界”的建构，开创人类文明和谐发展的新境界。

“易和哲学”观：科学发展观与社会和谐观综合创新的“和谐发展观”

“易和哲学”观在当代社会发展理念上的集中体现，就合乎逻辑地表征为“和谐发展观”。“易”思维倡导科学的“发展”理念，是科学发展观的中国哲学思维基础；“和”思维倡导普遍的“和谐”理念，是社会和谐观的中国哲学思维基础，二者辩证综合创新的“易和哲学”思维，必然倡导融合科学发展观与社会和谐观于一体的“和谐发展”理念，结合“全球化浪潮”与“中国经验”，自然而然地就应当升华为中华民族与全人类共同需要的“和谐发展观”。

社会发展是一个自然历史过程，单纯强调社会进化论与单纯强调社会和谐论都是片面的社会发展观。社会进化论主张的发展观只把社会看成是合规律性的自然过程，忽略了人类社会生活的主体建构性、历史性与目的性；社会和谐论的发展观只把社会看成是合目的性的自主过程，忽略了人类社会生活的客观必然性、制约性与规律性。"和谐发展观"是发展论与和谐论的辩证统一论。"发展既是不以人的意志为转移的必然过程，是由社会基本矛盾运动决定的；发展又是通过人的自由自主的创造性活动实现的。发展是实现和谐的基础与条件，和谐是发展的目的与结果。发展是在一定的矛盾与冲突中实现和谐，和谐也孕育着新的矛盾与冲突。因此，无和谐的发展是'恶的无限性'，是社会动乱的根源，因而也不是真正的社会发展；无发展的和谐是社会的停滞，只能停留在空想的浪漫主义境界之中，最终导致社会的衰落与崩溃。"① 而我们倡导的"易和哲学"观，就合乎历史与逻辑地必然倡导融进化论与和谐论于一体的"和谐发展观"。

在当代，中国社会现代化正面临着"为什么发展，怎样发展"的发展理念与发展方式的战略抉择问题。这样，科学发展观就应当被理解为与社会和谐观目标相一致的"和谐发展观"：改革是和谐社会要求下的改革，是构建和谐社会的根本动力与有效途径，其核心是通过制度完善与体制创新激发社会活力，增强自我发展能力；发展是在科学发展观指导下的发展，是构建和谐社会的首要任务与最终目标，其核心是要实现人与自然、人与人、经济与社会等诸多关系的和谐发展；和谐是改革发展的价值取向与保证机制，其实质是使改革发展成为人民的事业，激发人民参与改革的主体意识，让人民共享发展的成果，实现以人为本的社会和谐发展。

科学发展观与社会和谐观辩证综合创新的"和谐发展观"，是立足中国"易和哲学"思维传统、继承马克思主义唯物史观与借鉴全球社会发展理论所做出的综合创新。中国思维传统中有着强调以人为本、协调发展，注重天人合一、社会和谐等丰厚的"易和"思维传统与思想资源；马克思主义的唯物史观揭示了人类历史发展的规律和趋势，提出了把握和处理发展问题的一系列原则和方法，如人民群众创造历史的观点、实现"每个人全面而自由的发展"的思想等；20 世纪后半期以来，全球社会发展观经历了从以经济增长为

① 漆思：《现代性的命运——现代社会发展理念批判与创新》序言，中国社会科学出版社 2005 年版，第 5 页。

核心的传统发展观到以人为中心、追求可持续发展的新发展观的转变，这都为当代中国社会发展理论的创新与和谐发展观的创建提供了厚重的思想基础。

从中国哲学思想发展源流上讲，“和谐发展观”正是中国“易和哲学”思维、精神、理念在当代社会的创造性体现，是科学发展观与社会和谐观的辩证综合创新。“和谐发展观”的提出，顺应了当今人类求“和平”、求“发展”的全球化时代精神的呼唤，更加注重发展的人民性与和谐性，坚持以人为本是发展的最高尺度，谋求实现以人为本的和谐发展；注重发展的全面性、协调性与可持续性，追求经济社会的协调发展与人的全面发展，强调发展要惠及子孙，建立发展的长效机制；注重发展的辩证性与多样性，按照统筹兼顾的辩证法则处理发展问题，在遵循发展普遍性要求的基础上追求多样化、多模式化的发展；注重发展的科学性与创造性，既尊重经济社会发展的客观规律性，又突出人作为历史创造主体的能动性，是科学性与创造性在实践基础上的统一。“和谐发展观”的理论创新，其根本宗旨在于谋求以和谐发展的方式实现以人为本的发展理念，创建着真正体现中华民族特色与全球时代精神的人本和谐发展理论。这标志着中国古老的“易”思维与“和”思维现代创造性综合的“易和哲学”，必将进一步启迪和开拓社会和谐发展理论创新的广阔空间。

马克思指出：“问题是公开的、无畏的、左右一切个人的时代声音。……问题就是时代的口号，是它表现自己精神状态的最实际的呼声。”① 当代全球化发展产生的挑战和平与发展的新议题，可以集中概括为“和谐社会”与“和谐世界”的建构问题，迫切需要社会发展观与社会发展理论的全面创新来进行回答。哲学社会科学的理论创新尤其是社会发展理论的创新具有特别重大的意义：在全球化的背景下，中国社会发展理论的创新不仅成为推动中国社会现代化全面和谐发展的先导和前提，而且成为推动创建中国社会发展理论学派的现实途径和时代呼唤。

---

① 《马克思恩格斯全集》第40卷，人民出版社1979年版，第289—290页。

“易和哲学”的尝试性探索，正在响应中国“协调发展”与“和谐社会”的时代精神，昭示国际社会“和平”与“发展”的时代主题，关注生态文明时代人类和谐共荣的命运。透过全球化的重重迷雾，我们应当自信：“周虽旧邦，其命维新”，“易和哲学”思维虽然古老，而其精神理念常新。中国哲学思想应该站起来面向人类的未来：“为天地立心，为生民立命，为往圣继绝学，为万世开太平”①，发出自己久违的声音。担负起这种使命和责任，我们就有理由展望：古老而常新的“易和哲学”将会给当代人类社会和谐发展提供一种新的精神启示。

（原载《江海学刊》2006年第2期）

① 《张载集》，中华书局1978年版，第376页。

拯救实践：元实践学探赜

徐长福

关于拯救实践

哲学史上解决理论与实践的关系问题的主流思路，是同质论思路。根据该思路，理论与实践之间不管有多么不同，其本质是一致的。实践的表现形态可能很复杂，但它总有一个本质。理论有对有错，但正确的理论一定是那种把握住了实践本质的理论。于是，正确理论和实践本质的一致，就成了迄今为止人类思考理论与实践关系问题的最为广泛普及、最为根深蒂固的思维预设。

这条主流思路的意义在于突出了理论对实践的指导作用，但其要害在于易于造成理论对实践的剪裁、宰制甚至强暴。沿着这条思路去解决理论与实践的矛盾，通行的办法就是给实践更换支配性理论，即让旧的、曾经被认为正确的理论替实践中出现的不良后果承担责任，而让新的、当下被认为正确的理论取而代之，去向实践重新承诺一个良好前景。

与这条主流思路如影随形的还有一条思路，可称为异质论思路。根据该思路，实践是个别的、多样的、差异的，理论是普遍的、单纯的、划一的，二者之间或者有着根本的区别，或者有着重大的出入，总之无法达到统一。如是，实践的全部或者某些重要部分就不在理论约束的范围，而理论也基本上成了无关实践痛痒的智力游戏。迄今为止，这种思路是主流思路的唯一的反对派，跟主流思路构成了一种类似朝野抗衡、阴阳互补的关系。

这条反对思路的意义在于强调了实践有理论所覆盖不了的特殊性，但其要害在于容易把实践变成无理论的随波逐流或恣意妄为。摆脱了某种强权理论，实践可能会有解放的感觉，但如果摆脱了一切理论，实践的解放就会演变为混乱与无序。

还有一种庸常的折中调和论调：我们既要看到理论与实践的联系，又要看到二者的区别，要把它们辩证地统一起来。这种论调貌似有理，实则似是而非，其要害在于它不承诺任何约束性条件。无条件的“既要这样又要那样”连小孩都会，可是即使小孩也明白，如果妈妈口袋里没有钞票，“既要又要”等于一场空。可见，这样的论调既没有讲清任何学术上的道理，也无助于解决任何实际问题，不过是一种理论的想象，不值得作为一条思路来对待。

笔者力图开掘一条新的思路。它将表明，理论和实践的关系要比先前的所有理解都复杂得多。这种复杂性的关键在于异质性（heterogeneity，或异类性）。一方面，任何情况下，任一实践活动所包含和牵涉的因素都不可能被归整入同一种类，而必定分属不同种类，这就决定了以同质性（homogeneity，或同类性）为对象的理论不可能在任一单一系统中逻辑一贯地说明这些相互异类的因素。在此意义上，任一单一理论，不管它如何全面、正确，对实践来说都是不够的，实践在内涵上总比理论要多。另一方面，任何情况下，在实践活动中，没有任何因素可以不属于任何种类，亦即没有任何因素不可以被类型化地处理，这就决定了以同类性为对象的理论对实践的任何问题都有发言权，而实践中的任何因素不管如何特殊都无权逃避理论的约束。在实践中，可能有不必理论地对待的因素，但不可能有不能理论地对待的因素，在此意义上，绝对的理论无涉的实践是不存在的。据此，理论和实践的关系应被看成是一个实践对应多个理论、一个理论对应多个实践的双向交织关系。

开掘这条新思路的目的在于把实践从上述旧有的思路中拯救出来。按照上述主流思路，理论和实践的关系发展到极致就是出现一种单一理论独占性地支配实践的局面。这种情况下，实践中超出该理论范围的部分就会遭到粗暴的对待，其结果是实践的丰富性和整体活力被理论的绳索所绞杀。反之，按照上述反对思路，理论和实践的关系发展到极致就是理论是理论、实践是实践，二者彻底脱钩，这样一来，实践就会变成断线的风筝，从而被彻底葬送。拯救实践，就是要给实践的不同种类的因素以不同种类的理论照料，在明确各异类因素的理论指标的前提下，再寻求诸异类因素之间在个案中的操作平衡。

关于元实践学

对于主张理论和实践具有本质的统一性的论者来说，不存在跟理论问题不同的实践问题，从而也就不存在跟理论哲学（或理论学科）不同的实践哲学（或实践学科）。两者之间即使有区别，也只是题材上的区别而不是实质上的区别。对于主张理论和实践具有本质的差异性的论者来说，既然理论问题和实践问题不能相互还原，在理论哲学（或理论学科）之外就该有实践哲学（或实践学科）。至于那些彻底的差异论者，或许连实践哲学（或实践学科）的可能性都会加以否定，因为关于实践的非理论的哲学或学科，本身就是悖理的说法。

这样一来，对实践之为实践的哲学或理论说明在哲学史上就一直付之阙如。

在《理论与实践》这本文集的“新版导言”中，哈贝马斯提出了“实践学”这个概念。他说：“［科学］认识在实践中的应用，即［科学］认识一方面转化为生产工艺（Technologie）和行动计划（Strategie），另一方面转化为交往实践，可以从科学上得到准备；这是处于萌芽状态的实践学（Praxeologie）的任务；研究科学和政治（例如政治协商）之间可能存在的相互作用，就属于实践学。”[①] 划出一门叫作“实践学”的学科去专门研究科学和实践特

① 哈贝马斯：《理论与实践》，郭官义、李黎译，社会科学文献出版社2004年版，第6页。

别是政治实践的相互作用，这是哈贝马斯的一个过人之见。不过，如果实践之为实践不能事先从根本上得到厘定，理论和实践的关系就不可能得到真正有效的说明，实践学也就只可能建立在一些非反思、非批判的设定上，从而成为悬在半空的学问。

对解决理论与实践的关系问题来说，比实践学更加基础的理论是“元实践学”（仿德文 Praxeologie 造词当为 Meta-praxeologie，英文为 meta-praxeology）。它是对实践学诸前提预设的反思性和批判性考察，其核心任务在于回答：究竟什么叫作实践？实践如何可能？

先前所有关于实践的界说要么把实践看成既区别于又作用于认识或理论的活动，要么看成不但区别于而且无关于认识或理论的活动。前者就是上一节所讲的那种主流思路，它通过预设实践和理论之间的本质同一，使实践可以被理论地言说，使关于实践的理论成为可能，但代价是实践被理论整制成同质化的东西，失去了其最重要的异质性品质。后者是前述那种反对思路，它否定了理论和实践之间的同一本质，客观上凸显了实践不同于理论的特质，但由于它把实践变成了不可理论地言说的东西，使二者间失去了内在关联，实践的异质性品质由此仍被锁闭在幽暗之中。

元实践学致力于理论地说明实践的异质性。它建基于一个双重预设并将自反式地去说明这个预设：理论与实践之间既内在关联又不能互相还原。因其内在关联，所以关于实践的理论是可能的；因其不能互相还原，所以实践和关于它的理论不具有同一本质，进而两者不可能统一于任一单一理论体系之中。并且，因为元实践学对实践的说明是自反式的，即它的理论前提不由外部供给而由自己设立，这是一种理论高度和理论局限均无以复加的极限思维，所以它是一种形上学，即实践形上学（metaphysics of praxis）。

据学者考证，康德曾有过“实践形上学”与“理论形上学”的区分。[①] 不过，他的实践形上学也就是道德形上学（metaphysics of morals），其与知识

① 参见张雪珠《道德原理的探讨——康德伦理学至 1785 年的发展》，台湾《哲学与文化》月刊杂志社 2005 年版，第 194 页。

领域的理论形上学是彼此隔绝的。或者说，康德实际上有两种理论，即关于知识的理论和关于道德的理论，或关于自然的理论和关于实践的理论，两种理论各有各的形上学。在此意义上，尽管道德实践具有不同于自然事实的特质，不能由知识理论来确证，但它的本质仍须由关于道德实践的理论来确证，亦即道德实践统一于它自身的理论原则，逸出单一理论原则之外的异质性不仅是不允许的，而且是不可思议的。实践的异质性完全在实践形上学的视野之外，这是康德实践哲学的特色，但也是其根本局限。所以，笔者所阐发的元实践学或实践形上学，跟康德的实践形上学或道德形上学具有迥然不同的、甚至恰好相反的理论旨趣。

元实践学将揭示，理论和实践不是康德式的彼此割裂的两个领域，而是具有共同的形上学基点的相互交织的两种系统。正是这个基点本身所内在包含的异质性同时造成了实践对于理论的开放性和独立性。拯救实践，只有深达这个基点才有可能，而元实践学就是探察这个基点的学问。

作为关于实践的形上学，元实践学以揭示实践得以可能的最深层机制为己任，但不否定也不代替从其他各种角度对实践的思考，包括历史上已有的思考和将来可能有的思考。这是因为，既然元实践学认为实践的最深层机制是异质性，研究实践的理论当然也具有异质性，不同的理论都可能具有自身独到的内容和价值。元实践学所认取的是一种形上学的思路，它当仁不让地去定位自身的目标和价值，并毫不客气地批评其他理论的问题，但尽管如此，它仍然只是一种诸可能的异质性思路之。在此意义上，先前解决理论和实践问题的主流思路和反对思路都有其各自的合理性。元实践学无意全盘否定它们，但一定要揭露其僭越之处，将其限定在适当的范围。

关于同质论实践哲学

沿着上述解决理论与实践关系问题的同质论思路所建立的哲学，可称为同质论实践哲学。任何同质论实践哲学同时也是同质论理论哲学。

柏拉图哲学是同质论实践哲学的典范。尽管柏拉图发现了许多异质性现象，但他所自觉担当的使命却是努力用一以贯之的理论逻辑去“拯救现象”[①]，即寻求对异质性现象的同质论说明。柏拉图《理想国》中设计了一条联系理论和实践的同质论道路，包括从认识感性个别事物到认识善的理念的上升之路和利用对善的理念的认识去改造现实的下降之路。[②] 上升之路就是从实践到理论之路，下降之路就是从理论回到实践之路。这两条路之所以相通，在于根据柏拉图的看法，现实中每一类个别事物都来源于一个共同的原型，而所有的原型又统一于一个最高的原型，即善本身。这样一来，解决实践问题的关键不在实践中，而在理论中，只要从理论上正确把握住贯穿事物和实践的唯一的永恒真理，实践问题的解决就有了根本的保障，剩下的只是操作的事情。

到了近代，不管是在培根的路向，还是在笛卡尔的路向，以知识改变世界成了哲学的主旋律。所不同的是知识标准的改变，这时最称得上知识的是实证的自然科学知识，而不是柏拉图那样的形上思辨知识。理论和实践的同质论被更加深固地建构起来，并逐步转化成全面改造自然和改造社会的实际力量。

康德的情况上已提及。一方面，他看到了自然知识领域和道德实践领域的异质性；另一方面，他在两个领域所采取的都是同质论思路。在自然知识领域，理论知识转化为技术实践，自然科学理论和技术实践之间是同质性的。在道德实践领域，千差万别的行为都服从一条唯一的道德律令，道德理论和道德实践之间也是同质性的。尽管康德还看到了德性和幸福之间的异质性，但他通过悬设不朽和上帝又从理论上对它们做了同质化处理。

无论培根、笛卡尔还是康德，都把理论知识看成永恒不变的真理体系，这点延续了柏拉图理念论的基本信念。黑格尔也相信存在这样的真理体系，但他认为这样的体系是在逻辑和历史的演化过程中开展出来的。这样一来，

① 参见陈康译注《柏拉图：巴曼尼德斯篇》，商务印书馆 1997 年版，第 46 页。

② 参见柏拉图《理想国》第 7 卷，郭斌和、张竹明译，商务印书馆 1997 年版，第 274、309 页等处。

到了黑格尔那里，理论和实践的同质性就跟逻辑和历史的同质性联系了起来。

马克思把同质论实践哲学发展到了巅峰。他不仅认为理论和实践、逻辑与历史之间是同质性的，而且认为实践的自然性（物质生产）和道德性（自由前景）、个体性（全面发展）和社会性（人类大同）、必然性（客观规律）和主动性（革命运动）也是同质性的。据此，他才坚信自己的理论乃是对人类历史的唯一正确认识，同时也是无产阶级的唯一合理的行动指南。

所有同质论实践哲学都不是简单地将理论和实践做同质化处理，它们都承认二者间存在差异。不同的学说对差异的具体规定不同。但不管怎样，它们都有一套消除差异并最终达到同质化的办法。也就是说，同质论实践哲学并非主张理论和实践之间无条件的同质性，而是主张二者之间在本质上归根到底的同质性。

同质论实践哲学在20世纪开出两大意识形态，一是西方资本主义意识形态，一是苏联、东欧、东亚、加勒比等地区的社会主义意识形态。前者趋向于在同质性前提下包容较多的异质性，可归入温和的同质论实践哲学；后者追求一种尽可能不含异质性成分的纯粹同质性，可归入激进的同质论实践哲学。另外，20世纪的市场主义和技术主义的学理基础都是温和的同质论实践哲学，而法西斯主义、种族主义、原教旨主义和西方霸权主义的学理基础则是激进的同质论实践哲学。

时至今日，人类所积累和掌握的理论知识已经达到了“爆炸”的程度，人类的实践已经彻底改变了地球表面和人间关系的模样。但衡量起来，只能说成败并存，喜忧参半。其间出现的许多问题都跟同质论实践哲学有关。

关于异质论实践哲学

沿着上述解决理论与实践关系问题的异质论思路所建立的哲学，可称为异质论实践哲学。

严格说来，异质论实践哲学既难以称作理论，更难以称作哲学。异质论实践哲学的极端状态是否认理论与实践之间的任何关联。若按这种极端观点，理论是完全普遍性的原理，实践是绝对个别性的操作，那关于实践也就不可能形成任何意义上的理论认识。如果从这种极端观点去看仍认为有实践哲学可言的话，那么只剩下一个可能的理由，即实践相对于理论而言的异质性毕竟是各个具体实践活动所共有的特点，至少对这一共同点可以做理论的甚至哲学的指认和探讨。也就是说，极端的异质论实践哲学在积极的意义上无法成立，仅在消极的意义上有一点根据。

当然，实际存在的异质论实践哲学都没有那么极端，它们一般承认，实践除了具有相对理论而言的异质性这一消极的共同性外，还具有许多积极的共同性。当然，这种承认有两个前提限定：首先，这些共同性的普遍程度和稳定程度要打折扣；其次，这些共同性合起来也不足以完全规定任何一个具体的实践活动。也就是说，尽管可以对实践加以理论认识，但对实践的这种认识跟实践本身之间仍然不具有归根到底的统一性。历史上不同的异质论实践哲学就游走在这个弹性区域内。

异质论实践哲学是从亚里士多德开始的。他针对柏拉图同质论实践哲学的问题，将学科一分为三：理论之学、实践之学和制作之学。[①] 理论之学以数、自然和神为对象，求取普遍确定的知识。实践之学和制作之学都以人的行为为对象，由于人的行为不具有理论对象那样的普遍性和确定性，因而有关领域的研究不能形成严格意义的理论。理论问题依靠对有关问题的理论研究以及相应的理论智慧（sophia）就能解决，而实践问题和制作问题的解决则不然。实践问题的解决靠的是人在实践过程中培养起来的德性和实践智慧（phronesis），制作问题的解决靠的是在制作活动中训练出来的技艺（techne），而理论问题对实践和制作的理论研究只起一种辅助作用。至于理论学科的研究则无关实践和制作问题的解决。

可见，亚里士多德意义上的实践哲学实际上是指区别于理论哲学的一种学术门类，它严格说来是不能叫作哲学或理论的，而只能叫作准哲学或准理

① 亚里士多德：《形而上学》1025b25，*The Complete Works of Aristotle*，volume two，Princeton University Press，1984，Princeton，p. 1619；吴寿、彭汉译本，商务印书馆1991年版，第118页。

论。相比之下，柏拉图意义上的实践哲学就是他的理论哲学，两者是一个东西。

亚里士多德实践哲学的长处很多，但根本的局限在于：把求取知识的理论领域跟诉诸行动的实践领域完全分离开来，并且没有说清楚对实践的研究跟实践本身究竟是什么关系。

古罗马的传统中也富有异质论实践哲学的资源。罗马法有一个基本的精神："一切定义，在法学上都是危险的。"① 罗马人高度尊崇实践智慧（prudentia），因为它是得自经验的知识，而不是得自理论思辨的知识，后者属于理论智慧（sapientia）。在罗马传统中，西塞罗最早对此做出明确的区分，并将拉丁词 prudentia 和 sapientia 跟希腊词 phronesis 和 sophia 对应起来。② 不过，也正因如此，罗马人才十分缺乏关于实践的哲学理论，理论和实践的关系才十分模糊。

在中世纪哲学中，托马斯·阿奎那延续了亚里士多德哲学对理论和实践的区分。不过，他的贡献主要在于传承而非创发。

到了近代，在同质论实践哲学的主流旁，突现了一种颇具异质论特点的实践哲学，即维柯的实践哲学。他认为："知识不同于实践智慧：那些在知识方面出类拔萃的人寻求用一个原因来解释许多自然结果，但那些在实践智慧上出众的人则寻求用尽可能多的原因来说明一个事功，以便通过归纳来达到真理。产生这个差异的原因在于知识追求最高真理，而实践智慧追求最低真理。"由此，他反对"把适用于知识的判断方法转移到实践智慧领域"，因为这个领域的事物"往往随机地发生"。并且，他把"满足于单一真理而从不追求或然性"的做法看作一个绝大的错误，"平民会犯，君王和统治者也会犯，有时还会造成巨大的灾祸"。他还称道"罗马人特别擅长于处理实践智慧方面

① 参见周枏《罗马法原论》（上册），商务印书馆2002年版，第11页。

② 参见 *Prudence*, edited by Robert Hariman, The Pennsylvania State University Press, Pennsylvania, 2003, pp. 39—40。

的事务”。[①] 不过，维柯的理论底牌却是普遍主义的，他根本上在意的是从差异的民族传统中发现普遍历史规律，所以他最推崇的是柏拉图而不是亚里士多德[②]。

启蒙时期，最激烈地反对同质论实践哲学的人要数柏克。他说：“任何理论原则，无论是政府原则还是自由原则，只要它们……是依靠逻辑推论的，于是就认为这样的原则是人类可以切实遵循的，那将是一个很大的错误。”“政治家不同（于）学院中的教授：教授对社会只具有普遍的观念或看法，而政治家则要把无数事务的具体境况同这些普遍的观念或看法连在一起进行思考。具体境况是难以穷尽的，其关联性也是没有止境的；具体境况是变动不居的，同时又是转瞬即逝的。一个人如果不把具体境况和普遍观念联合起来加以思考，这个人不只是犯了错误，简直就是十足的愚蠢，也可以说这个人是形而上学的疯子。……这个政治家就会永远葬送他的国家。”[③] 据此，他不遗余力地倡言亚里士多德意义上的“实践智慧”（prudence）。但是，柏克并没有深入探究具体境况和普遍观念究竟如何相互关联。

马克思主义哲学将同质论实践哲学在学理上发挥到了极致，这使得马克思之后的实践哲学逐步转向异质论思路。在这条思路上，现当代实践哲学对理论与实践之间的同质论关联进行了多角度的解构，致力于将实践从单一理论体系的宰制中解放出来。维特根斯坦早期对可说的与不可说的加以划界，后期将可说的也置于生活形式的规定之中，从语言维度解构了理论与实践的同质性。伽达默尔用解释学抵御科学方法对人文世界的侵蚀，把实践从科学理论的技术应用变成人际、代际、文明际相互理解和彼此融合的活动。哈贝马斯则专门辟出一个交往领域，用主体间共识代替超越任何主体之上的普遍真理。他们尽管存在分歧，却不自觉地联手揭示了一个最不能理论先定的实践维度——主体间维度。后结构主义者纷纷挑结构的毛病，热衷于寻找断裂、

① 利昂·庞帕编译：《维柯著作选》，陆晓禾译，商务印书馆1997年版，第75—76页。

② 参见汪堂家、孙向晨、丁耘《十七世纪形而上学》，人民出版社2005年版，第六章。

③ 柏克：《自由与传统》，蒋庆、王瑞昌、王天成译，商务印书馆2001年版，第303、309页。

边缘、差异、离散等，彻底打碎了理论和实践的同质性。但是，这些工作破多于立，分多于合，像传统异质论实践哲学一样，长于拆散理论和实践之间成问题的关联，而拙于将两方面正确地重新关联起来。

冷战结束之后，基于同质论实践哲学的意识形态信念趋于瓦解。在全球化进程中，科学理论介入人类实践越来越深，而单一科学理论对实践的影响又越来越乏力。这种局面是过去所没有的。用罗尔斯的话说："现在，严重的问题是，现代民主社会不仅具有一种完备性宗教学说、哲学学说和道德学说之多元化特征，而且具有一种互不相容然而却又合乎理性的诸完备性学说之多元化特征。这些学说中的任何一种都不能得到公民的普遍认肯。任何人也不应期待在可预见的将来，它们中的某一种学说、或某些其他合乎理性的学说，将会得到全体公民或几乎所有公民的认肯。"① 其实，自然科学、社会科学的境况也大致如此，一方面存在那么多五花八门的理论，另一方面又没有任何理论可以取得垄断性优势。这种情况下，多样的理论和多样的实践之间的关系，就成了一个仅仅沿着异质论思路所难以求解的时代性课题。

关于本项研究的主题

同质论实践哲学告诉我们理论和实践的联系，不同的同质论实践哲学分别揭示了联系的不同方面，这是其贡献所在。但它们都将这种联系简单化为自己那套特定的理论跟所有人类实践之间的本质同一关系，从而跟其他理论对立起来，形成了理论之间的排他性格局。当实践从这些理论中获得某种益处的同时，又不可避免地受到不同理论间相互冲突的负面影响。

异质论实践哲学告诉了我们理论和实践的区别，不同的异质论实践哲学分别给出了区别的不同理由，这是其贡献所在。但它们既无法全然否认联系的客观事实，又不能深入揭示联系的复杂机制，所以普遍缺乏建设性意义。

元实践学在出发点上靠近异质论实践哲学，它以理论和实践之间的区别

① 罗尔斯：《政治自由主义》，万俊人译，译林出版社2000年版，第4页。

为前提，但在落脚点上则靠近同质论实践哲学，它以重构理论和实践之间的联系为目的。

笔者将着重阐发如下基本观念及其内在关联。

元实践学首要的概念是异质性，其基点是范畴的异质性。笔者将通过探讨亚里士多德的范畴理论来说明这个概念。在《范畴篇》中，所谓范畴就是述谓的最高的种，十种范畴就是十个最高的述谓种类。这十种述谓都是普遍性的，可共同陈述一个个别事物，但相互之间不能还原，即它们不能进一步归并。范畴的普遍性保证了同一范畴内概念联系的逻辑必然性，从而使理论得以成为可能。不同种的范畴不能相互还原，即具有异种性或异质性，决定了理论单位的多元性。所有的范畴都可以共同陈述一个个别事物，表明个别事物具有不同种类的普遍性，它是各种异质的普遍性的复合体。因此，对个别事物的整体认知和实践筹划就有赖于对各种相关的异质性理论的综合运用。可见，异质性意味着理论和实践之间不具有基于一种范畴或一套理论的统一性，却不意味着理论和实践的隔绝。先前实践哲学的同质论思路和异质论思路的共同症结，就在于没有解开异质性这个纽结。

异质的范畴和理论如何聚合为一个个体？这是个体化问题。存在的世界是个别事物的总体，理论的世界是普遍原理的总体。从存在世界进入理论世界的方式是抽象化，从理论世界进入存在世界的方式是具体化。抽象化在于悬搁异质性，具体化在于复原异质性。将异质的诸范畴和诸理论复合为一个完整的个别事物，就是个体化。个体化在语言中表现为异质性述谓对同一个绝对主词——只能充当主词不能充当述谓的主词——的复合陈述，在思维中表现为一种基于特定个案的跨学科和学派的复合思考，在实践中表现为在异质性境况中诉诸理性运筹和身体操作的特定行为和事功。个体化的关键在于异质性的操作，这是先前各种个体化学说所没有参透的道理。

人是具有异质的普遍性质的个别存在，是唯一意识到这点且能利用这种异质性空间进行活动的存在。在这个意义上，人是自由的存在。自由的根据不在于别的，而在于异质性的自觉，或自为的异质性。每一种范畴内部都可以逻辑地演算，都可以梳理成必然的系统，可不同种类的范畴之间却不存在这样的逻辑必然性。自由既不在必然的背后，也不在必然的外面，更不在必然的终点。自由在必然之间。单说自由是对必然的认识是不够的，一定要说自由是对异质的必然的认识。只有不同范畴的必然性之间存在异质性，人拿这种异质性来为己所用才有可能。自由不在于对必然的克服，也绝不存在只有自由没有必然的境界。自由只在于可以从一种范畴的必然切换到另一种范畴的必然，即在于可以在异质的必然间进行选择、决定和施行。自由的空间和限度都在这里。

实践是个体的人或人们所发出的行为，受主体间维度（或称人我维度）和主客体维度（或称物我维度）的双重约束。主体间维度是自由的个体之间的关联性。一个人无法把另一个人完全作为一个物来对待，他们之间的关系是两个自由体之间的因应关系，不但要因应彼此所具有的各种异质的必然性，而且要因应彼此在异质的必然之间作切换的那种自由。这不仅是身与身之间的交道，更是心与心之间的交道，是身心复合体之间的交道。在实践中，自然事物是纯粹的客体，或自在的异质性，它们以其异质的必然沉默地规定着人们的方方面面，同时又给人留出余地。人可以用意识的光照洞悉这些异质的必然，然后巧为利用，以遂己意。不过，即使这种本事也是自然造化的结果，故而因缘聚散绝非尽归实践掌握。对客体，人可以利用；对主体，人应当商量。人的实践介于利用和商量之间，其结果只能从做中出，而不能理论地先知先觉。

实践的思维方式的根本特点在于必须针对个案处置相关的异质性。这跟理论的思维方式可以撇开个体差异而操作同质性迥然不同。不过，理论所把握的同质性可以帮助澄清实践个案的特定品质，既可以为物我交接提供知识，又可以为人我交涉提供理由。不仅如此，复合不同理论之所见，实践个案所牵涉的物我、人我诸端就易于得到全面的呈现，利弊得失的权衡取舍就有了较为充足的依据。由此，理论助益实践的机理可见一斑。尽管如此，实践个案毕竟各不相同，不同个案与不同理论的关涉面、关涉度、关涉方式和关涉构成等都有差别。所以，实践的思维不能只在一种范畴、一套理论中运行，而必须善于在异质的范畴和理论间切换，并善于对不同范畴的问题和不同理论的见解加以统筹，以达至实践的最优成效。也就是说，实践有求于理论，但谢绝理论思维。

实践运思的目的是善和幸福。善是异质的，幸福是异质之善的总体。人只能谋求可行之善，而期望总体之福。实践运思必须合乎规范，行己有德。规范和德性也是异质的，所以需要智慧。实践运思的智慧于物我之道为技艺，于人我之道为明智（即实践智慧）。德智双修，为仁由己；谋事在人，成事在天。极而言之，人之所能不过在中道二字。

元实践学最终把实践放回到大化流行中加以定位和省察。自然乃无数异质的因果必然链条铰合的天网。天网恢恢，疏而不漏。没有任何因素可以卓然超绝，优游无碍。人不过是诸多因缘起聚的结果，实践不过是造化预设的某种运行程序，它让人借助一点灵明在异质的因果链条间繁忙奔走，又牵连出无数新的链条。实践的根本意义不过在于通过这种繁忙奔走将有限主体之程序内容实现出来。至于要超越有限、通达无限，恐怕只能诉诸亚里士多德式的对至高存有的理论之思或内心景仰了。

关于本项研究的自我限定

元实践学是对实践的形上学探讨，无关乎实践的具体内容，更不提供任何实践个案的解决办法。或者说，元实践学只是拟订实践思维之操作系统的基本原则，而不提供操作系统的成品，更不编写应用程序和个案文档。我不会责怪当初提出 0 和 1 二进制原理的人没有设计出 Windows 系统，没有开发出 Office 软件，更没有帮我做出这篇 Word 文档，同样，我想大概也不会有人责怪我的元实践学对增加 GDP，解决“三农”、贫富分化等问题没有实际助益。

元实践学是一种有限的理论，是一种自觉限定自己功能的理论。对于那些渴望和相信同质论哲学之灵丹妙药的需求者来说，这样的理论自然用处不大。同时，元实践学又负责任地申明自己的理论品质，并宣示其原理的约束力量。对于那些喜好诗意想象和神秘体验的人来说，这样的理论又会枯燥乏味。

作为一种既有约束力又有限度的理论，元实践学的精义无非在于：只要违背异质性原理，实践就不可能成功；而如欲实践成功，则还须同时具备其他异质性条件。这正如：只要违背 0 和 1 二进制原理，计算机系统就不可能设计出来；而如欲设计出计算机系统，则还须同时具备其他异质性条件。

（原载《江海学刊》2006 年第 3 期）

本质认识的元问题与宗教的本质

高新民

在当今的哲学社会科学、人文科学研究中，有一现象颇值得深思，即所有关于某种重要对象的本质的研究都陷入了尴尬的、令人困惑的窘境。例如人的本质、文化的本质以及我们这里所要论及的宗教的本质等，其定义乃至系统的理论可能在百种以上，而且还在“与日俱增”，但问题有二：一方面，正如宗教学创始人麦克斯·缪勒所说：“世界上有多少宗教，就会有多少宗教的定义，而坚持不同宗教定义的人们之间的敌意，几乎不亚于信仰不同宗教的人们。”① 不仅他们谁都说服不了谁，就是局外人由于没有弄清认识本质的标准、标志、条件、程序和方法等根本性问题，也无法对已有研究之是非、得失、进退做出明确的判断。另一方面，定义的增加与向真实本质的逼近似乎不成正比。尽管各种新的理论不断涌现，但几乎看不到对本质认识的实质性进展。之所以出现这种状况，主要原因之一是，我们在进行本质的追问的时候，忽视了或完全没有意识到这里所隐藏的一系列属于本质探讨之基础的、元问题性质的哲学认识论和语言哲学问题，如“本质”的本质和“本质循环”以及本质认识如何可能、怎样可能等。

“本质”的本质

所谓“本质”的本质，即我们在探讨某一现象的本质时，“本质”一词实质上指的是什么，或者说当我们谈论“本质”时，赋予它的意义是什么。

---

① 麦克斯·缪勒：《宗教的起源与发展》，金泽译，上海人民出版社1989年版，第13页。

殊不知，“本质”一词是一个用得最多最滥的词。在黑格尔和胡塞尔的以本质为研究对象的现象学（当然具体内容迥然有别）中，到处都充斥着这个词。他们考察了它们的不同用法和多重含义，同时又在不同的意义上使用该词。综合说来，“本质”一词在哲学和日常的运用中至少有以下含义：（1）“什么”一词要求回答的对象、属性、特征，例如回答“什么是桌子”这一问题时所指出的桌子的结构、形态、功能、特征等都可以看作桌子的本质。胡塞尔说：“最初，‘本质’一词表示在一个体最独特的存在中为其‘什么’（Was）的东西。”[①]（2）与表面现象相对的隐蔽着的实质性的东西，相当于“实质”“本来面目”，比如说“某某表面上很友好，其实坏得很”。（3）一事物的内在的构造、基础或基质，不同于属性，但又是它们的根据或基础。（4）永久的状态或基础。（5）与事物的存在相对而言，是构成事物的个别的、真实的或终极本性或种类的东西。（6）某类事物的根本特性或特征，某物只有具有这种特征才能用某概念。（7）各种具体形态的共同的形态。（8）数学等精确科学所要把握的理念的本质。（9）内在的意识现象中的本质。后三种“本质”是胡塞尔经常提到的，而他本人的现象学要把握的则是最后一种本质。

在研究宗教本质的过程中，人们肯定是在不同的意义上使用“本质”一词的。由此所决定，他们这里研究的目标和对象无疑是大相径庭的。之所以有对宗教本质的人类学观点和社会学观点等的分歧看法，主要是因为它们分别是在内在结构、原因、根源等不同的意义上使用“本质”一词。既然如此，当然只能是“各吹各的号、各唱各的调”，不可能集中力量向着共同的目标深掘，因而无助于认识的连续不断的、循序渐进的发展和深入。明白了这一点，也就不难解释许多关于某某本质的探讨、争论异常火热而未见明显的认识进步：由于论者对“本质”的理解各不相同，所以争论实质上等于是用不同的语言说话，自然等于没有展开争论，即使在争论，实

---

① 胡塞尔：《纯粹现象学通论》，李幼蒸译，商务印书馆 1995 年版，第 51 页。

际上也是没有意义的争论。缪勒一针见血地指出：为了避免宗教定义上的无谓的争论，“关键在于双方要明确理解某些词语代表什么意义或不代表什么意义”①。

“本质”的本质这一问题纯属语言哲学的问题，与实在、认识、思维有联系，但不能混同。实在当然是有本质的，并可以为人所认识，所思考。但是要认识事物的本质，必须找到认识本质的正确出发点和程序。传统的认识论认为：要认识本质，必须先认识个别，然后再从众多的个别中抽象出事物的本质。这种从个别到一般的认识过程论本身当然是无可非议的。但仅用这种方法还不能达到把握本质的目的。因为如前所述，“本质”的意义是多种多样的。因此在抽象事物的本质的时候，第一步是要搞清楚“本质”的本质。用胡塞尔的话说，人的这种认识是从意义活动开始的。所谓意义活动，即指向本质的、澄明概念表示的本质规定性或意义的理想的、意向的行为，其材料不是个别的实在本身，而是概念。没有这种意义活动，没有语言哲学所说的概念分析，进而没有概念的统一性，我们就不能指向有同一性的个别事物，不能谈论同一类事物，进而当然不能有抽象活动。意义的实在内容的统一性在于它们有共同的意义。

如果认识本质的程序中必须有意义活动，必须澄清“本质”的本质，那么怎样去澄清呢？我们知道，语词是人创造的，其意义是人授予的。随着认识范围的扩大，认识深度的加深，过去语言表达不了的实在必然不断增加，这就要求我们经常举行“命名式”，创立新的词语，或赋予旧词以新义，让它在指称原有对象时，还能指称新的对象。既然人有这种创立新词新义的权利和必要，那么我们在澄清“本质”的意义时，又必然碰到新的问题，这就是不同的人据此论证自己在不同意义上使用“本质”一词的合理性。就一般的意义而言，这样论证当然是正确的。但就具体的研究对象而言，“本质”的意义是必须统一的，而且也是可以统一的。因为人既有创造的特权，同时在语

---

① 麦克斯·缪勒：《宗教的起源与发展》，金泽译，上海人民出版社 1989 年版，第 7 页。

言的运用中又有遵守规则的义务。这是人有社会生活、能交流沟通的前提条件之一。就宗教本质认识这一具体语境来说，在授予“本质”以意义，让它指称什么时，关键有两点，一是词源学的考察，一是结合宗教这一特殊对象进行具体的分析。

就第一点而言，如果“本质”一词在最初“命名式”上所确定的指称、意义是妥当的，能够表述、涵盖我们在把握宗教本质过程中所要表达的东西，那么就应本着“如无必要勿增实体”的经济原则，遵守该词的运用和派生原则。从词源学上说，在中文和西文中，发明“本质”一词的先人在该词的“命名式”中赋予它的意义是基本一致的。如在中文中，“本质”是两个意义相近的单字的合成词。“本”原指草木的根，据《说文解字》，本从木，一在其下，故指的是根，与“末”相对（一在木上）。引申义有“根基、基础、根本、根源、根据”等意。“质”，从贝、从所，最初指交换过程中用以换物的“贝”“所”，引申义有“底子”的意思，如说“黑质而白章”，派生义有：体、躯体、物体的本体、主体等义。“本”与“质”连用在中国古代早就出现了，如《续古文苑》中刘智的《论天》中就有这样的说法：“日光之所照，光体小于蔽，则大于本质。”这里的“本质”就有本来面目的意思。用“本质”翻译西文 essence 是极为妥当的。该词原初的意义是：永久的状态或基础，与属性不同并作为属性之根据、基础；某类事物的根本特性，某物只有具有这种特性才能用某名称。

就宗教本质研究的具体特殊情况而言，这里有四点必须注意：第一，宗教现象斑驳纷呈、光怪陆离，宗教给人的印象五花八门，以至于面对宗教人们仿佛成了摸大象的盲人，各执一端。在这种情况下，人们出于自身的“求理解”的本性，首先要回答的当然是“究竟”这一形而上学的终极问题，如“宗教究竟是什么”？第二，每种宗教都有观念、行为、仪轨制度、组织等诸多构成因素。对此，我们在理解宗教时，当然想知道：宗教文化为什么以这样一些特定的方式呈现出来，其根据、根源是什么。第三，宗教的功能作用并不是统一的，有的人把它视为洪水猛兽，而有的人把它奉为至宝，以至于认为它与生俱来，是人类彻底解脱的前提和基础。在这种情况下，人们迫切要知道的是它的实质或庐山真面目。第四，宗教是由众多的具体宗教形态所组成的集合体，因此揭示宗教的本质就意味着要揭示一切宗教形式的共同的本来面目。

经过上述的“意义活动”，笔者认为，在宗教本质研究中，结合中文“本”与“质”的本来含义，笔者认为，“本质”一词的含义或所指称的对象应该是：一类事物中共同的、不同于他类事物因而为之独有的、内在于该类事物诸构成要素中并决定着它们的、作为实质、根据和基础的东西。具体地说，就本质的存在来说，本质是属于事物内部的东西，因此把本质等同于事物的外在原因，如把宗教产生的社会原因、自然原因、社会需要当作宗教的本质就是不妥的。就事物的自身构成来说，本质是隐藏在各要素中或背后并决定着它们的东西。从发生顺序来说，本质在先，其他要素在后，是派生与被派生的关系。就本质与功能作用的关系而言，前者是事物的体，后者是事物的用，也是派生与被派生的关系，就此而言，把宗教的社会、文化和心理解脱等功能作用，当作宗教的本质也是不妥的。就事物的关系来说，本质是具有它的事物所独有的类的根本规定性，是把它与其他事物区分开来的标志，是对事物归类的根据，也是某物能否享有某种类名称的根据。总之，如果我们要揭示宗教的本质，那么我们就要找到宗教中具有上述标志的东西。换言之，一种宗教本质理论或一种宗教定义是否合理，就要看它是否包含着对上述方面的完整而统一的揭示与说明。

“本质循环”与本质认识的哲学认识论思考

在揭示宗教的本质时，除了必须解决上述“本质”的本质这一问题之外，还必然要碰到“本质循环”的问题。因为要揭示宗教的本质，必须立足于所有宗教现象之上。如果我们只以自己所熟悉的某一或某些宗教为立论基础，必然会犯以偏概全的逻辑错误。过去的许多宗教定义之所以不令人满意，主要原因就是：它们是基于某一或某些宗教现象而抽象出来的。正如著名宗教学者缪勒所说："只知其一者，一无所知。"[①] 杜尔干也说：在抽象宗教的定义时，"我们要包括我们能够了解的所有宗教体系……我们既没有权利又没有任何逻辑方法能够排除其中某些部分而只保留另一些部分"[②]。但是应引起特别注意的是，当我们为着抽象宗教的本质而去搜集各种宗教样本时，必然碰到类似于"解释学循环"的一种"循环"：要寻求一类现象的本质，必须确定该本质所寄存的那类现象，或者说在把一种现象拿来分析、抽象时，必须先确定它是否属于待研究的那类现象。把什么现象放入待抽象的样本中，直接决定了未来要揭示的是什么样的本质。例如如果我们把图腾崇拜等原始宗教排除在抽象的样本之外，所认识到的宗教本质将是一个样子；而反过来，把范围、外延稍微扩大一点，如把邪教、种种迷信文化放进来，所得到的宗教本质又将是另一个样子。而要确定抽象所需的样本，又必须求助于关于本质的认识，因为本质是分类的依据，是决定某一现象能否进入这一类现象的标准。当我们把某一文化现象放入要抽象的样本中，或将其排除出去，都是根据我们先在的关于本质的认识。例如我们要说明宗教的本质，无疑要考察巫术和图腾崇拜之类的文化现象。人们通常否认前者属于宗教，而承认后者是宗教现象。在做出这一判断时，人们肯定运用了关于宗教本质和特征的某些先入之见。但这些先入之见又是从哪里来的呢？无疑是从对个别现象的解剖、抽象得来的。换言之，本质的抽象又有赖于对它所依存的现象的确认。总之，要抽象出本质，必须先确定待抽象的现象，而要确定现象样本，又必须先有关于本质的认识。如此递进，以至无穷。这一循环普遍存在于一切种类的本质探究之中，不妨将其简称为"本质循环"。

笔者认为："本质循环"是一个真正的哲学难题，每个试图认识一类现象的本质的人必须引起警觉，必须和哲学工作者一道，站在哲学的高度加以思

---

① 麦克斯·缪勒：《宗教学导论》（1873），第16页，转引自E. 夏普《比较宗教学史》，吕大吉、何光沪、徐大建译，上海人民出版社1988年版，第39页。

② 杜尔干：《宗教生活的初级形式》，林宗锦、彭守义译，中央民族大学出版社1999年版，第22页。

考。这里应予注意的是：本质认识是否可能？如果可能，又是如何可能的？把握本质的一般的、可行而正确的程序是什么？

很显然，第一个问题是一个事实问题。如果客观上人类已经得到了关于某一类现象的共同本质的认识，哪怕是其中某一方面、尚不完善、尚待发展的认识，那么就可以断言：本质认识在事实上是可能的。迄今为止，人类已经得到了许多事物（尤其是自然事物、人造事物）如原子、分子、计算机、细胞、各种社会形态等的本质的认识，其中许多是比较完善的。人类能根据有关认识取得实践上的成功就足以说明这一点。现在的问题是：本质认识是如何可能的？笔者的初步见解是：本质认识既不是先天的，又不是后天一次经验认识的产物，既不是认识之前的某种臆断或先入之见，又不是基于一个或几个事例的简单抽象，而是由许多环节构成的、循环往复的复杂认识过程，其中主要的环节有：通过意义活动找出“宗教”一词的原本所指，分析这些所指的构成要素、特征、功能作用，揭示、刻画它的“典型表象”，接着据此搜索样本，扩大考察的范围，直至搜集到一切可以搜集的样本，然后“从个别到一般”，抽象出这样本所包含的共同本质，最后是同化反例或基于反例对抽象的结论做出重构或做出修正、发展。

跳出本质循环，建立认识本质的科学的认识论和方法论，首先是要确定出发点。笔者认为，就宗教的本质而言，这第一步应是对“宗教”一词做出词源学和语义学的分析，亦即胡塞尔所说的意义活动。其目的是找出该词最初的所指和意义，即语义学家们所说的“语义涵盖面”（semantic coverage）①，弄清它指称什么，不指称什么。诚然，要揭示宗教的本质，当然要有抽象本质所需的尽可能多的样本，而确定样本的形式和范围肯定不能以先入为主的“本质设定”为标准，而必须有新的标准。这种标准只能通过对“宗教”一词的语源和语义分析而取得。正如缪勒所说：“一个词的语源意义，在心理上

① Don L. Nilson and A. P. Nilson, *Semantic Theory: A Linguistic Perspective*, Massachusetts: Newburg House Publishers, 1975, pp. 55—89.

和历史上总是极其重要的。因为它指出了某种观念由此出发的确切起点。”①因为一方面，这里认识的目标尽管指向的是宗教现象的本质，但是现象不仅不是自明的，而且还受到了各种偏见尤其是语言之歧义性的干扰和遮蔽，例如不同的人由于对“宗教”一词的理解不同，因此所说的对象及其范围也一定各不相同，而这种不同又决定了不可能抽象到共同的真实的本质。另一方面，没有概念的统一性，不知道语词为什么被创立，创立时主要想意指什么，我们就不可能谈论同一的事物，就不知道知觉对象作为“某物”的规定性，从而也就不知道该不该把它放在待考察的样本之中。最后，正如著名语言学家索绪尔所说：“语言并不同社会大众商量”，“人们在什么时候把名称分派给事物”②，这实际上是一种“契约”，是后来的人必须学习和遵守的规则。进行词源学、语义学的分析，其重要任务就是要澄清“宗教”一词运用的有关规则。如果得到了澄清，那么便有助于清除假问题和防止无谓的争论。

怎样进行这种分析呢？笔者认为：关键是要从分析德国语言学家德里尔（J. Trier）的“语义场”概念开始。语义场又称词汇场，指的是意义相近的词构成的一个集合。例如每当一个词 W_1 消失，与之相近的词 W_2 的含义就会扩大，兼含原来属于 W_1 的含义。如果出现一个有关的新词 W_3，那么 W_2 的含义就会缩小，划出一部分含义由 W_3 表达。“宗教”一词在创立时，与其有关的词如信神、崇拜、犹太教等就组成了这样一个语义场。众所周知，“宗教”一词译自英文 religion，而后者又来自于拉丁词 religio。可以推定，拉丁文“宗教”一词从其词源③转化而来正式成为一个指称特定文化现象的词语，具体时间约在公元前3—前2世纪。因为在公元前3世纪之前，古希腊、罗马的文献中看不到这个词。从文字发展的历史看，拉丁文在此之前没有字母 G，

① 麦克斯·缪勒：《宗教的起源与发展》，金泽译，上海人民出版社1989年版，第7页。

② 索绪尔：《普通语言学教程》，高名凯译，商务印书馆1985年版，第107—108页。

③ 有两种看法，一是认为源自 relegere（思考、重温，与轻视相对），一是认为源自 religare（系扎、拴住、联系）。参阅 *The Encyclopedia Britannica*，Vol. XXX111，New York：The Encyclopedia Britannica Company，1911，pp. 61—76。

它是这个时期在C上加一小直线而成的[①]。另外，公元前2世纪末之后，“宗教”一词大量充斥于西塞罗、卢克莱修等众多作家的作品之中。之所以在此期间诞生“宗教”一词，主要根源于当时的社会状况、交流的实际需要和有关词汇场的运动。我们知道，这个时期，罗马在执行它的征服“世界”的巨大工程的过程中，给各族人民带来了深重的灾难，从而激发了人们在感官世界之外去寻求解脱的激情。与之相应便出现了各种信仰、膜拜形式的“澎湃的洪流”。[②] 总之，这一时期人们所看到的宗教的门类越来越多，其内容、构成纷繁复杂，形式五花八门。原有的希腊、拉丁文单词如“信神”“虔信”“苦行”“隐修生活”“宙斯崇拜”“太阳神崇拜”等都无法言简意明地指称、说出所有这些既不同又相近的文化现象，而迫切需要一个内涵上能包容上述信仰对象、救赎基础，外延上能指称所有这一切信仰形式的新词。于是“宗教”一词便应运而生了。

由以上分析可知，新生的“宗教”一词所指的对象或“语义涵盖面”主要是古罗马人在征战过程中所接触到的、广泛流布于古希腊、意大利半岛、古埃及、爱琴海东岸等广大地区的各种信仰、崇拜形式。它们都有信仰的对象和救赎的基础，但这对象、基础的具体内容和形式又迥然有别。

首先，我们可以以“宗教”一词所指称的没有争议的宗教形式为基础，抽象出它们共同具有的特性，揭示“宗教”一词的“典型表象”或评价性语义特征，即该词所指对象的典型的特征和功能作用。因为这些典型表象与本质有密切的联系，后者常常体现于前者之中。前者是外显的，因而可以直接予以把握。如果我们对此有基本正确的认识，那么一方面我们可以进一步扩大作为抽象样本的宗教现象的范围，另一方面又为由表及里揭示宗教的本质创造了条件。值得注意的是，对宗教属性、特征和功能的探索与描述务必全面，不然的话，下一步的工作就可能出现偏差。依笔者看来，宗教的属性和特征主要有：信仰某种超自然力量、终极实在的存在，信仰存在着两个世界，

① 参阅B. A. 伊斯特林《文字的产生和发展》，左少兴译，北京大学出版社1987年版，第372页。
② 文德尔班：《哲学史教程》（上卷），罗达仁译，商务印书馆1987年版，第283页。

一个是痛苦不幸的世俗世界，一个是美妙、快乐、超凡脱俗的神圣世界，正如文德尔班所说："使这两个世界作如此分离的世界观是构成整个宗教、哲学运动的共同基础。"① 它们还有一套关于它的存在作用、奇异等的神话、观念或理论；此外它们都相信来生，甚至相信可以超越死亡，实现永生；相应地，信奉者还会表现出敬畏、崇敬、虔诚之类的感情，并有各种形式的、狂热的崇拜行为和礼仪；有各种约束行为的道德规范和禁戒；有祭司或神职人员；有组织制度。当时的宗教都突出地表现出这样一些功能作用：第一，它们是信奉者对付自然、解决他们物质生活中碰到的问题的重要手段之一，例如已有的科学、技术、经验、巫术、哲学知识不管用时，就求助于宗教，有时多管齐下，有时只用于某一方面，一般平民百姓用得更多的是宗教、巫术。第二，宗教在人们的精神生活中具有重要的安抚功能，不管所信仰的对象是什么，不管他们相信什么可以拯救他们，这种对象、基础都是他们心灵之依托、安心之本。第三，宗教可以满足他们认识与解释世界的渴求，尤其是当碰到了已有知识解释不了的问题时，他们常常求助于宗教。第四，宗教对维护他们的社会稳定和发展具有至关重要的作用。

其次，以所把握的属性、特征、功能为基础，扩大作为抽象宗教本质之样本的宗教现象的范围，把具有共同性的文化现象吸纳进来，把异类的文化现象排除在外。正是在这个过程中，"宗教"一词适用的范围越来越广，宗教家族的成员越来越多。例如在"宗教"一词产生后的几百年中，东方的佛教、道教、伊斯兰教以及原始的图腾崇拜都不属于"宗教"一词的指称范围，但基于它们与上述典型表象在特征、属性和功能作用上的类似性，自然可以把它们也算入宗教的范畴。各民族、国家存留下来的民族—国家宗教以及人类学家在田野调查中发现的原始部落的各种崇拜形式也是如此。现在比较难判断的是巫术、儒学、邪教等究竟算不算宗教。根据上述判定标准和方法，笔者认为它们均不能划入宗教的范围。

① 文德尔班：《哲学史教程》（上卷），罗达仁译，商务印书馆 1987 年版，第 285 页。

最后，像杜尔干、夏普等宗教学者所强调的那样，以尽可能广泛全面的样本为基础抽象出宗教的真正本质。当然在这个抽象过程中，由于宗教现象的复杂性，人的认识能力的有限性，必不可少的要用到试错法，进行多次抽象。例如从几种较典型的、自己较熟悉的宗教形式中挖掘出后面的本质，建立假说性的理论，然后用别的宗教现象去验证、证实、证伪。如没有碰到反例便继续寻找反例，如碰到了再重建或修改原先的假说，如此循环往复地进行下去，直至找到能经得起检验的关于宗教本质的科学理论。

宗教是特种形式的生命关怀理论和实践体系

由于篇幅的限制，本文不可能描述作者根据上述程序提出宗教本质理论的过程（留待专文予以讨论），而只能先概述其结论，然后作一简要的说明。笔者借鉴、综合前人的有关成果，结合自己的研究认为，宗教的本质或定义应该是：宗教是以信仰为前提，以神圣的力量为基础的、制度化了的生命关怀理论与实践体系。

首先，这里值得强调的是：宗教充满着强烈的、独特的生命关怀主旨和本性，即关心人的生老病死，试图拔苦与乐。具体地说，既关心人的生，又关心人的死。就生而言，一方面，任何宗教都试图铲除缠绕着人的痛苦、烦恼、不幸、灾祸；另一方面，要让美好的生活更美好，直至得到最高级、最圆满、绝对的幸福，而不仅仅得到以痛苦为代价的、本身仍夹杂着烦恼，在失去时将导致新的烦恼的幸福，即佛教所说的有漏的幸福。宗教就其主观愿望来说，不仅要让人生活得好，还要让人死得好，死得安详、愉快，没有痛苦。有的宗教甚至要摆脱、超越死亡，实现长生久视（道教）或永生（基督教）或了生脱死（佛教）。简言之，在宗教那里，“生死事大”。宗教不仅以解脱生死、拔苦与乐为动机、为目的，而且以此为出发点，其他的因素和现象都由此生发开来。其次，宗教的行为过程、归宿都贯穿着这一点，宗教的历时性和共时性结构中都渗透着这一点。没有这一点，就没有宗教。就宗教的客观效果来说，信众或多或少从信教中得到了所期许的东西，有一些真实的受用。

有的人也许会说，关怀生命不是宗教独有的本质特征，科学、哲学、巫术等从根本上也享有这种关怀。一点也不错，有鉴于此，笔者在宗教的生命关怀前加上了一系列定语，以突出它是特种形式的生命关怀。其个性、独有的本质特征在于，它关怀生命的内容、基础和方式与其他的关怀迥然有别。就内容而言，宗教是通过对生命的超常的实验、试验如苦行、修禅等而建立起来的一种超世俗的生命观、人生观。首先，宗教对生命有独特的理解，它常常与长生、永生的观念联系在一起。尤其是后来成熟的宗教，都相信生命是永恒的，生命不是一次性的，生与死都是生命的形式。死也是一种存在方式，同时还是从一种生向另一种生的转换形式。其次，宗教的人生价值观、幸福观、解脱（解放）观等与非宗教的观念有着本质的区别，例如佛教认为：由色声香味等物质对象刺激所引起的、基于感官欲望满足而取得的幸福快乐是不真实的，而是虚幻的、有漏的，要想得到真正的幸福快乐，实现彻底解脱，重要的前提条件之一就是生厌离心，舍弃它们，实现价值观的根本转变，甚至完成人的生理、心理结构的脱胎换骨的转变。即使在原始宗教中，同样是生命关怀，它与科学、巫术也是迥然有别的。宗教是在科学、巫术对生命的关怀无能为力的时候和地方出现的。

宗教的生命关怀的基础有两点，一是信仰，二是关于解脱、救赎的基础的特殊观念。首先，许多宗教尽管不排斥智慧、理性，甚至给予高度的重视，如佛教强调“智为能度”，但所有宗教都突出信仰的优先性，因为信仰是前提、基础，同时也是贯穿始终的手段，此即“信为能入”“信如手”。这是宗教生命关怀的突出特点。不过，值得指出的是，尽管有的或大多数宗教强调神是信仰的对象，但这并不是宗教的共性，因为有许多宗教并不信神，有的即使相信有神存在，但并不信仰它，如佛教认为神、天在四圣六凡的凡位，其所信仰的是佛法僧三宝，一切宗教共同信仰的对象是信徒们所体验到的或圣人、教主所开示的所谓真理。

其次，宗教的生命关怀都以解脱、救赎为终极目的和最终归宿。尽管世俗的生命关怀乃至哲学也不乏这种终极关怀，但各自所诉诸的基础、本体根本不同。常人求助的是能带来感官愉悦的物质财富，而哲学以某种形而上学的实在为基础。宗教则不同，它把一种非世俗的、具有超自然力量的实在当作救赎的基础、根本，找到它、证得它，时时、事事、处处在以之为寄托，将心、命安立于之上，就无事不办了、自在了、得救了。有的学者把它概括为超自然的力量或神，有的叫作终极实在，有的叫作“神圣”或“神圣者”（the numious），如此等等。这种力量的共同特征是，看不见，摸不着，有某种神秘性，不是自然的力量，不是科学的对象，至少过去与现在的科学没法加以认识，此外还有神圣的一面，如至上性、不可侵犯性、超世俗性、不可思议性，强大无比，与人为善，因而可以成为人的安身立命之本，是彻底解脱的前提和基础。但是这种力量在不同的宗教中其表现的形式是极不一样的。在低级的宗教中，它常表现为图腾、英雄、强大的力量（如玛纳、奥伦达、鲍昆特等）以及祖先的灵魂、非人幽灵、主神（男神、女神、控制掌管宇宙某一部分、职能的神等）；在有的民族宗教、世界性宗教中，它表现为无所不能、无所不在的人格神；在近现代经过改革后的宗教中，它表现为类似于第一推动力或想象的作为精神之寄托的实在，或真正终极的存在，如现代自由派神学家保罗·蒂利希把上帝当作“存在本身”，把耶稣称之为“新存在”；在佛教等特殊宗教中，它表现为实相或宇宙万物的本体、本来面目、终极实在，它无相无不相，没有任何神性、神秘性，只要证悟了它，“安心于实相”，便现证涅槃，当下解脱。由于形式如此多样，如此悬殊差别，因此无法为这种力量安立一个统一的名称，只要明白它们分别是各种宗教所开出的解脱药方的基础就行了。就此而言，把宗教定义为对神或神性物的崇拜就大错特错了。

再次，宗教的生命关怀既形成了理论（在原始宗教中是自发的、零碎的，而在成熟的宗教中是完备、系统、博大精深、浩如烟海的理论体系），又表现为实践。尤其是后一方面，构成了宗教生命关怀这一本质的重要特征。宗教是一种信仰，包含着深奥的学问，但更重要的是一种行为方式，一种独特的人生实践。正是在此意义上，太虚法师把宗教定义为：以“自心修证之实际”，“教化他人”，“宗是自心修证的实验，言语不及，他人不能共知，然是教之根本所在。由此根本发挥表现教化他人，使他人共了则谓之宗教”①。尽管这个定义是依据基督教、佛教等世界性宗教抽象而来的，但无疑从一定的方面揭示了宗教强调人生实践的本质特征。另外，宗教的教法、理论是宗教祖师的行动、实践的总结、结晶。宗教为人所开出的拔苦与乐、进入彻底幸福快乐的神圣世界的药方，不仅要靠人领悟、理解、背诵，而且更重要的是要通过人的实践去体验、去修习，甚至反复多世抑或经世历劫的修行，才能进入。而且实践、行动都有固定的原则、程序、模式，形成了纷繁复杂的仪轨制度。如佛教对衣食住行的约束戒律多达成百上千，一言一行都有规则。如果把握住这一本质，信徒的各种特殊、奇特的行为甚至不可思议的狂热的行为如崇拜、苦行、禁戒、礼仪、舞蹈、诵咒等便不难理解了。它们是宗教本质的必然的外在表现。这正是它不同于哲学等学说、学问的根本之处。

最后，宗教的生命关怀理论和实践制度化了。早在原始宗教中，不但浅显的理论和行为方式制度化了，而且信同一种宗教的人结成了统一的组织，其内部有各种分工，有等级森严的祭祀队伍，有相对固定的宗教活动场所。后来的成熟的宗教更是如此，以致宗教给人的直观印象就是教团、教堂、寺庙等有形可见的社会和物质实在。其实，它们不过是宗教的独特生命关怀的物质载体。

总之，宗教的最深刻的本质就是以特殊的根据、形式对人的生命、甚至对一切生命形式（如佛教）的关怀，就是要帮助人们提高生活质量，养身益生。其他层次的本质、特征、外在的现象都是由此所决定、所派生的。下面简单地予以论证。

从起源上说，宗教是人们为了生存的需要而创立的，是人解决自身存在所面临的种种问题的一种手段。原始人的智力、知识、社会、经济条件极为

---

① 黄夏年主编：《太虚集》，中国社会科学出版社 1995 年版，第 397 页。

有限，最基本的需求就是生存下去，用马斯洛的术语说，他们此时只有衣食住行和生命安全这类最简单、最低级的需要。而满足这些需要的手段、方法就是科学技术、巫术和宗教。当然都是原始、萌芽形式的东西。马林诺夫斯基说："无论怎样，原始的民族都有宗教与巫术，科学态度和科学。"[①] 许多人否认原始人的科学，认为科学在后，其实不然，人类一开始就有对自然的科学认识。马林诺夫斯基在新几内亚的美拉尼西亚人中间发现：他们的农业既靠耕种，又靠巫术。你若对他们说：治园不要劳作、全用巫术，他们会笑你思想简单。只是解释不了的问题，解决不了的事情，如意外的收获或意外的灾祸，才用巫术、宗教。[②]

众所周知，图腾崇拜是最早的宗教制度，至少是最早的之一。原始人之所以崇拜图腾，主要根源于他们生存竞争上的需要，或者可以说是他们"在生存竞争上得到的赏赐"。崇拜它，既出自于精神的需要，又有生物学的意义，因为在当时的条件下，他们认识到能有助于他们生存的就是与他们打猎、采集、种植息息相关的各种植物，尤其是动物。马林诺夫斯基说："我们见于图腾制的，不是初民对于神秘现象的玄想，乃是两项心理状态的混合：一方面，对于环境中最为切要的东西的实利主义的顾虑，一方面对于美鸟、爬虫、危险动物之类使人想象、引人注意的东西有一种先入的意见。根据我们对于图腾心理态度的认识，原始宗教本甚近于实际，本甚近于蛮野人对于实际生活的直接趣意。"[③] 宗教行为后面隐藏的也是这样的本质。因为宗教行为是化解人的内心矛盾的一种手段、方式，马林诺夫斯基说："凡此一切，我们都见得到，全地方社会是执行了宗教传统的命令，然而如此执行的用意，又只是为了几个人的利益，为了死者亲属的利益，以使他们自拔于内心的矛盾；全地方社会所以如此执行宗教传统的命令的缘故，便因为如此乃是这种矛盾的

---

① 马林诺夫斯基：《巫术、科学、宗教与神话》，李安宅译，中国民间文艺出版社 1986 年版，第 3 页。

② 同上书，第 13 页。

③ 同上书，第 6 页。

解决。”[①]

另外，大量的田野调查还说明：宗教的本质、核心在于对死、终极问题的关怀。恐惧感，如对可见不可见的对象的恐惧，对死亡的恐惧，对前途的担忧，以及其他莫名其妙的恐惧，这是原始人乃至现代人最常见的现象。一个因纽特人阿瓦向一位苏联旅行家说：“我们怕，我们怕恶劣的天气，……我们怕病魔……我们怕死人。我们怕空中和地上的精怪……怕我们尚不知道的一切东西。怕自己看见的周围的事物，怕神话故事讲述的内容。”[②] 恐惧产生了宗教，而宗教又为人类提供了面对恐惧、死亡、超越死亡的一种方式。

从宗教的功能作用来说，宗教安抚生者的功能折射的正好是宗教的终极关怀的本质。马林诺夫斯基说：“丧礼能使活人与尸体保持一种关系……更加上追悼的礼，祭祀的礼——有了这些，宗教便可战胜恐惧、失望、灰心等离心力，而使受了威胁的群体生活得到最有力量的重新统协的机会。”[③]

总之，属性与基质、构成要素与内在联系、用与体，一言以蔽之，现象与本质是统一的、不二的，前者是后者的表现、显现，后者是前者的核心、根据、基础、决定因素和本来面目。宗教的属性、特征、构成要素、功能作用根源于、贯穿着并表现了这样的内在本质：以信仰为前提、以神圣的实在或超自然力量为基础关切人类的生与死。

（原载《江海学刊》2006 年第 4 期）

① 马林诺夫斯基：《巫术、科学、宗教与神话》，李安宅译，中国民间文艺出版社 1986 年版，第 27 页。

② A. 格里戈连科：《形形色色的巫术》，上海人民出版社 1992 年版，第 15—16 页。

③ 马林诺夫斯基：《巫术、科学、宗教与神话》，李安宅译，中国民间文艺出版社 1986 年版，第 35 页。

政治义务重释

周　濂

苏格拉底在《克里托篇》中为慷慨赴死所做的自我辩护被公认为政治义务理论的定调之作，在拒绝克里托的出逃建议时，他提出了如下三个论证：

第一，城邦之于苏格拉底就好比养育他成长的父亲、母亲，是城邦以及法律的保护才使得苏格拉底“得以出生，受到抚养和教育”，比起父母和先祖来说，国家甚至要“更为尊贵、更为可敬、更为神圣，它受到众神和所有有理智的人的尊敬”。因此，“如果你不能说服你的母邦，你就应该按它的命令行事，忍耐地服从它加于你的任何惩罚”。

第二，即便城邦对苏格拉底所做的事情是不正义的，但是城邦让苏格拉底和他的同胞“分享了所有的好东西”。

第三，任何雅典人到了成年，认清了城邦的政治组织和法律之后，如果仍旧不满，都可以带着财产到他愿意去的任何地方。但是与此同时，如果任何人在这样的前提下，仍旧选择留下来，城邦就有理由认为他这样做是在事实上“允诺”按照城邦的旨意行事，这是一种自愿订立的契约。①

苏格拉底的论证勾勒出此后两千年各种政治义务理论的基本雏形和论证思路：从角色义务、感恩原则、公平游戏原则一直到认可理论。② 尽管澄清与

---

① 柏拉图：《苏格拉底的最后日子——柏拉图对话集》，余灵灵、罗林平译，上海三联书店 1988 年版，第 82—107 页。

② 值得一提的是，苏格拉底提供的是一个复合论证，而后世的哲学家大多只是从其中的某一条原理出发，希望借此单一原则一劳永逸地解决政治义务问题，这一单向度的论证取向似乎有悖苏格拉底的初衷。

比较各种政治义务理论的效力与限度是一个颇富理论意义和价值的工作，但是本文的宗旨却无意于此。其理由在于，在比较各种具体的政治义务理论之前，一个更为重要的哲学任务是在概念层面厘清政治义务的本质定义与适用范围，唯其如此，才能为进一步的理论探讨廓清问题的领域和指向，奠定一个较为牢靠和稳固的地基。

基于上述考虑，本文尝试解决的问题主要有：如何在概念上区分义务与责任，并在此基础上定义政治义务，作为一种特殊的道德义务，政治义务的主要特点是什么？一个成功的政治义务理论必须包含哪些要素？为什么现代的政治义务理论必然在概念上要包含自愿主义？

义务与责任之辩

在探讨责任与义务的概念差异之前，我们先来考察以下两组命题：

1. “有义务去做某事”（have an obligation to do）与“被迫去做某事”（be obliged to do）；

2. “有义务（或责任）去做某事”与“应该去做某事”（ought to do）。

第一组命题的区分是哈特在《法律的概念》中做出的①，很显然，当一个持枪劫匪命令你把钱交出来的时候，你只是被迫交出钱来，而不是有义务交出钱来；而当国家税务工作人员向你征税的时候，即使你可能百般不情愿，通常也被认为是有义务履行纳税活动的。这个区分有诸多哲学含义，但是与本文主题有直接相关性的有如下三点：第一，它告诉我们义务的产生不仅仅基于惩罚的威胁，而是有其道德根据，换言之，义务是一种特殊的道德要求；第二，义务虽然具有一定的强制性，是对义务人个体意志的一种压迫，但是如果这个义务是正当的，那么必然至少在某个时候它是符合义务人的意志的，在这个意义上，我们可以说义务是具有某种自愿主义的意涵的；第三，对于这个区分最具颠覆性的追问是：这个区分真的存在吗？换句话说，在持枪劫

① H L A. Hart, *The Concept of Law*, Oxford University Press, 1970, p. 80.

匪与征税人员之间真的存在差别吗？无政府主义者的回答是两者之间没有本质差别。如果我们认为无政府主义者的观点是错误的，那么我们就要追问征税人员的权利与权威从何而来，以及纳税人的纳税义务又是如何被证成的？

第二组区分是西蒙斯在《道德原则和政治义务》中做出的，西蒙斯指出，“X有义务去做A”并不总是蕴含着“X应该做A”，因为当我们告诉X他有义务（或者责任）去做A的时候，我们通常是在告知他，因为他正处在与别人特定的关系之中，这种特定关系使得他有很好的理由去做A；但是当我们告诉X说他应该去做A，我们更像是在给他提建议，并且告诉他有最强的理由支持他去做A。西蒙斯认为，“应然判断”通常是审议（deliberation）的产物，在审议过程中考虑了诸多因素，责任和义务只是其中的一种可能因素。因此，说一个个体有义务或者责任，永远都不是在提供支持他这么做的最具决定性的理由。但是当我们说这个个体“应该去做A”，“A是他做得对的事情”，或者“他不做A是错误的”时，通常都是在“考量所有事情”之后做出的判断，是说当所有关于行动（或不行动）的理由都被考量之后，A有足够强的理由去支持它。[①] 这个区分相当重要，它提示我们：一方面，我们不会轻易被纳粹的借口说服，因为尽管我们相信纳粹军官的确有责任（基于职位）服从上司的命令去杀害无辜的犹太人，但我们认识到责任和义务并没有为屠杀犹太人提供决定性的理由；另一方面，我们也不会被无政府主义者轻易说服，尽管从逻辑和概念的关系考察公民与国家的关系有可能导致不存在政治义务的结论，但是不存在政治义务并不表明我们就应该反对国家（或政府），因为不存在政治义务并未为我们反对国家（或政府）提供最具决定性的理由——个体与国家的关系除了是逻辑的和概念的，还是有机的和情感的。最后这点提示尤其重要，它让我们时刻警醒政治义务理论的限度，用西蒙斯的话说就是，“说一个个体有政治义务（或者政治责任）并不是说……他应该履行义务，或者这个义务为行动提供了决定性的理由。政治义务（或责任）仅

① A John Simmons, *Moral Principles and Political Obligations*, Princeton University Press, 1979, pp. 7—10.

仅是决定我们应该如何在一个政治共同体内行为的相关考虑因素之一种。”①

做完以上理论准备之后，我们可以简单考察一下义务与责任的概念区分。日常对话中，人们通常不做区分地随意混用这两个概念，这说明两个概念的确存在诸多重叠交汇之处。但是也有一些道德哲学家和政治哲学家根据自己的理论立场严格区分这两个概念。比如罗尔斯在早期就认为：“责任（duty）和职责（responsibility）被用于某种职位或职务，义务（obligation）通常是人自愿行为的结果。”②

从罗尔斯的这个理解出发，我们可以在以下两个层面理解责任概念：

首先，责任是与个体拥有的特定公职、岗位和角色直接相关的任务或者行为，西蒙斯把它称为“职位责任”（positional duties），它既可以从属于某一制度性框架，也可以从属于某一自然身份，比如我们既可以说作为一个警察的责任、作为一个教师的责任，也可以说作为一个父亲的责任。

其次，如果我们把这种自然身份做广义的理解，责任这个概念也可以在独立于任何建制性的背景或者特定角色的情况下加以使用，比如说：“救助落水者是我们的责任”，这里的“我们”并不特指某一特定职位或角色的人群，而是作为“自然人”或者“道德人”的“我们”，这个意义下的“责任”无疑是一种普遍的道德要求。这也就是罗尔斯所说的“自然责任”（natural duties）或者“道德责任”。通常认为，这类责任包括帮助有需要的人的责任，匡扶正义的责任，不杀人、不欺骗、不做坏事的责任等等。③

与“责任”相比，“义务”具有如下几个特点：

第一，“一个义务就是通过履行某些自愿的行动（或者不作为）创造出来的道德要求”。虽然绝大多数“职位责任”也是通过自愿的行动而创造出来

① A John Simmons, *Moral Principles and Political Obligations*, Princeton University Press, 1979, p. 11.

② John Rawls, “Legal Obligation and The Duty of Fair Play”, in *Collected Papers*, ed. Samuel Freeman, Cambridge, Mass: Harvard University Press, 1999, p. 118.

③ A John Simmons, *Moral Principles and Political Obligations*, Princeton University Press, 1979, pp. 12—13.

的，比如你是通过自愿成为一名警察从而负有了身为警察的责任，可是对于自然责任而言，就不存在自愿与否的问题，不管你是否愿意，在其他条件许可的情况下，当你看见落水者，你都有自然责任或者道德责任去施以援手。

第二，"一个义务是某一特殊的人（the obligor，债务人或义务人）对另一个特殊的人（the obligee，债权人或权利人）的欠负"。在这个意义上，"义务更像是还债"，并且"作为已经被'履行'的义务至少有时候是可以一劳永逸地被解除的，而道德责任则永远是我们的责任"。

第三，"每产生一个义务，相应的也同时产生一项权利"。在这个意义上，西蒙斯与 H. L. A. 哈特等人的观点一致，认为在权利和义务之间存在逻辑上的关联。

第四，一个行动之所以是一种义务，是因为债权人和债务人所参加的互动（transaction）或者关系（relationships）的本质，而不是因为被要求的行为的本性。这句话的意思是说，一个行为是道德上不被容许的这个事实使该行为不可能具有道德义务的性质，同时一个行为是道德上可接受的或者甚至是被赞许的也不能使这个行动具有义务性质。关于前半句话，我们可以考察这个例子，一个黑手党的喽啰向老大许诺谋杀史密斯，尽管就许诺这个行为而言，这个杀手似乎负有某种许诺义务，但由于杀人这件事情本身是不被道德允许的，所以这个所谓的许诺义务就被不许杀人的道德责任压过。关于后半句话，我们可以考虑这个例子，张三与李四是亲密的朋友，并且张三曾经在李四困难的时候帮助过后者，基于友谊或者互惠原则，张三有正当的权利要求李四帮忙，李四也有义务尽其所能满足张三的要求，但这不意味着李四有义务为了帮助张三而倾家荡产甚至牺牲自己的生命，即使李四这么做了，我们一般也只会称颂这是一段伟大的友谊，但它已经不属于义务范畴而是分外之事。所以说，"义务不是由具有义务的行动之本性而产生的"①。

根据以上区分，我们发现，责任尤其是"自然责任"与义务的主要区别

① A John Simmons, *Moral Principles and Political Obligations*, Princeton University Press, 1979, pp. 14—15.

在于：（自然）责任是普遍的而且是非自愿的，而义务则是自愿的并且是特殊的。这里存在两组共四个变量：普遍的/特殊的，以及自愿的/非自愿的。事实上西蒙斯认为，所有的道德要求（moral requirements）要么是普遍的要么是特殊的，要么是自愿的要么是非自愿的。这两组彼此排斥（exclusive）又共同穷尽（exhaustive）的二分概念可以为我们提供四种可能的道德要求区分：（1）普遍的而且自愿的道德要求；（2）普遍的但非自愿的道德要求；（3）特殊的而且自愿的道德要求；（4）特殊的但非自愿的道德要求。其中，第一种类别即普遍的而且自愿的道德要求是不存在的，它是一个空集。因此，所有的道德要求其实都落在以下三种分类中：普遍的但非自愿的；特殊的而且自愿的；以及特殊的但非自愿的。①

我们发现，一旦上述区分成立将导致一个极强的理论后果，即所有的义务都只可能是特殊的而且自愿的道德要求，而责任则可能是普遍的而且非自愿的或者特殊的而且非自愿的道德要求。这一分析框架对我们理解政治义务理论究竟有何助益？我们将在下一节做详细论述。

政治义务的构成要素

政治义务的问题虽然早在《克里托篇》中就已提出，但是由于政治义务真正关注的是个体的权利与自由，所以在当时的时代背景和政治文化脉络中也没有成为核心问题。一般认为要迟至现代之后，特别是随着社会契约论的兴起，政治义务才成为政治哲学的中心问题。有学者甚至主张政治义务只有在自由主义、个人主义的脉络中才真正成其为问题②。应当说这个观点并非没

① A John Simmons，"Political Obligation and Authority"，in *The Blackwell Guide to Social and Political Philosophy*，edited by Robert L. Simon，Malden，Mass：Blackwell，2002，pp. 27—28.

② Thomas McPherson，（1967）*Political Obligation*，London：Routledge and Kegan Paul，p. 63. 麦克佛森认为，那些强调政治义务重要性的学者往往更倾向于是个体主义者而不是集体主义者，更倾向于把社会视为人为的产物而不是自然的产物，更倾向于责任伦理而不是爱的伦理。在本书的第 67 页，麦克佛森再次指出："政治义务仅仅对于一些特定的理论家才是一个重要的概念——一般说来，如自由主义者，个人主义者，还有那些相信社会是人为产物的人。"

有道理，事实上对多数社群主义者（以及多数保守主义者、社会主义者）来说，公民所负有的政治义务几乎是不言自明、“无须废话”的论题。这也可以解释为什么社群主义者很少论证政治义务。20世纪上半叶，由于极权主义政权的普遍存在，政治义务问题更加少人问津，直至今天在许多非民主制国家中它依然是一个禁忌话题。与此相对，随着第二次世界大战的结束，尤其是20世纪六七十年代美国民权运动、反越战运动的兴起，西方政治学界关于政治义务以及相关的公民不服从的讨论却日益盛行，逐渐成为主流话语，极大推动了政治义务理论的发展。

乔纳森·沃尔夫认为，说一个人有政治义务至少等于说：“他在正常情况下有遵守所在地法律的责任，包括缴纳该负的税款。其它义务也包括在内：应征保卫国家；做一个爱国者；甚至去寻找并揭露国家的敌人。”[①] 理解政治义务的关键在于，某些行动是被法律（或者政府和政治权威）所要求的这个纯粹事实是否能够赋予人以履行它的理由。无论公民服从的最终对象是“法律”“政府”或者“政治权威”，绝大多数政治理论家都认为政治义务是存在的，或者即使最终的结论是不存在政治义务但至少这个问题是值得我们深思的。这个问题的确值得我们深思：为什么因为它是法律或者是政府和政治权威的命令，我们就应该甚至不需要考虑其内容而服从它？有什么道德上的理由支持我们这么做？显然对每一个拥有反思能力和自主性的人来说这都或多或少构成困惑。

诸种政治义务理论的提出就是为了解答这一困惑，不过在回答这个问题之前，我们有必要进一步澄清或者界定政治义务的特性，唯其如此，我们才可能在一个较为坚实的理论地基上探讨各种政治义务理论的得失。比照此前列举的义务特点，我把政治义务的主要特点总结如下：

第一，政治义务作为一种特殊的道德义务，它是通过履行某些自愿的行动创造出来的道德要求。

---

① 乔纳森·沃尔夫：《政治哲学绪论》，香港牛津大学出版社2002年版，第45页。

第二，政治义务的承担者必然是某个特定政治共同体内部的公民（citizens）、成员（members）或者参与者（participants），它与道德责任（或义务）的主体不同，后者的主体是普遍意义的“自然人”或者“道德人”。所以，说一个人负有政治义务指的是去支持特定的政治共同体，而不是所有（正义的）政治共同体。

第三，政治义务的形成乃是因为公民与国家（或政府）之间存在的互动（transaction）或者关系（relationships）的本质，而不是因为被要求的行为的本性。换言之，某一条法律的具体内容可能在道德上是错误的，但是基于公民与国家此前所形成的特殊关系，公民仍旧有义务去服从这条道德上错误的法律。这个问题立刻就关联到服从的限度问题，我们在此前曾经区分过“有义务去做某事”与“应该去做某事”。公民所负有的这种政治义务究竟是指绝对的、全面的、毫无例外的，还是指在一般原则之下仍然保留有不服从的空间，这个追问将把我们引向对公民不服从（civil disobedience）的思考。

第四，公民负有政治义务必然与统治者拥有统治权利相对应，并因此也与国家（或政府）拥有正当性具有逻辑关联性。所以对政治义务的论证也同样适用于对国家正当性的论证。

第五，政治义务属于代价很大、成本极高的义务，这是我们在论证政治义务时必须要考虑的成本问题。

毋庸讳言，以上五个特征每一点都必然引发争议，尤其是第一点“政治义务是通过履行某些自愿的行动创造出来的道德要求”，从某种意义上说，不同政治义务理论的最大争论点就在于此。我们知道传统上大致存在以下几种政治义务的解释理论：身份认同原则、成员资格解释、感恩原则、认可理论、公平游戏原则以及自然责任解释等。其中，社群主义者、公民共和主义者以及保守主义者大都支持政治义务的成员资格原则、感恩原则和身份认同原则的解释，他们认为不管自愿与否，特定政治共同体内的成员都负有政治义务，这类政治义务理论一般统称为“联合体义务”（associative obligations）。自由主义者大都接受政治义务的认可原则或者公平游戏原则的解释，认为政治义务一定要含有自愿主义的内容，因为这两种解释是基于公民与政治体之间的互动关系所产生的，因此也称之为政治义务的“互动解释”（transactional accounts）或者“互动义务”。除此之外，还有一些自由主义的学者如《一种正义理论》时期的罗尔斯则支持政治义务的自然责任解释（natural duties accounts），这类解释也不主张政治义务的自愿主义性质。

我们在第一节曾经介绍过，如果用普遍的/特殊的，自愿的/非自愿的这四个范畴作判准，只可能存在三种类型的道德要求：普遍的但非自愿的；特殊的而且自愿的；以及特殊的但非自愿的。这个分析框架将导致一个极强的理论后果——所有的义务都只可能是特殊的而且自愿的道德要求，而责任或者是普遍的但非自愿的或者是特殊的但非自愿的道德要求。如果我们接受上述分类，并以此再来审视各种政治义务的理论，就会一目了然地发现，在各种传统的政治义务理论中只有互动解释（包括认可理论、公平游戏原则）满足特殊的而且自愿的道德要求，因此也有可能证成普遍的政治义务，而政治义务的联合体解释和自然责任解释则必定不能证成普遍的政治义务：前者属于特殊的但非自愿的道德要求，它缺少自愿主义因素；而后者属于普遍的但非自愿的道德要求，除了缺少自愿主义因素外还无法解释政治义务的特殊性。①

如果我们结合国家正当性/证成性的分析框架②，将会对上述结论了解得更加清楚：启蒙之后，随着正当性的客观面向日益丧失约束效力，主观面向

---

① Harry Beran 在讨论政治义务的真实认可理论时，认为共有三种版本：成员资格版本、民主版本和互惠义务版本。其中所谓的互惠义务版本就是通常所说的公平游戏解释，我认为 Beran 把公平游戏解释直接归入认可理论的做法是不妥的，我在后文将指出，公平游戏解释若想证成普遍的政治义务，就必须引入认可理论，但是作为论证义务的一种理论，公平游戏解释所依据的基本道德原则与认可理论是不同的，因此 Beran 的分类有欠妥当，参见 Harry Beran，*The Consent Theory of Political Obligation*，1987，pp. 69—84。

② 我认为，在概念层面上，正当性是一种“回溯性”的概念，它关注的是政治权力的来源和谱系，也就是从“发生的进路”去评价政治权力；而作为“前瞻性”概念的证成性，关注的是政治权力的效用和达成的目的，也即从“目的的进路”去评价政治权力。相关讨论请参见拙文《正当性与证成性：道德评价国家的两条进路》，载《年度学术 2004》，中国人民大学出版社 2004 年版。

也就是被统治者的意志表达逐渐成为正当性的根据和基础，鉴于国家正当性与政治义务之间存在逻辑上的关联性，任何对政治义务做非自愿论证的理论都无法同时证明政治正当性，因此也就注定是一个失败的理论。由此可见，只要我们正确区分了正当性与证成性，并且深刻领会被统治者的意志表达在现代政治中所处的位置，就能够提纲挈领、纲举目张地认识到在现代民主国家的论域内，政治义务的自然责任解释和联合体解释都存在重大的理论缺陷，只有政治义务的互动解释如认可理论、公平游戏原则才有可能在国家正当性与政治义务之间建立起逻辑相关性。

我们可以重新列明其中的论证步骤：

前提1，政治正当性与政治义务之间存在逻辑上的关联，所以能够证明政治正当性的理论同时也可以证明政治义务；

前提2，现代政治的正当性基础是被统治者的意志表达；

前提3，在诸种政治义务理论中，只有政治义务的互动解释才具有自愿主义的性质；

结论：只有政治义务的互动解释才可能在政治正当性与政治义务之间建立起逻辑关联性。

这显然是一个对确（valid）的论证，但是否真确（sound）却必须检查其全部前提的真假值，特别是其中的一个隐含前提——“政治义务必须要有自愿的因素”。我将在下一节探讨这个问题。此外，需要特别指出的是，这个论证还遗留两个核心的问题没有回答：（1）政治义务的互动解释至少包括认可理论和公平游戏原则，哪一种理论能够更好地承担起论证政治义务和政治正当性的任务？（2）政治正当性与政治义务的确存在概念联系吗？由于本文的宗旨是廓清政治义务的概念内涵，不准备过多探讨与比较具体的政治义务理论，以及政治义务与政治正当性的关联性，所以我将把这两个问题留给其他文章另作处理。

政治义务的自愿主义因素

为什么政治义务的获得必须要包含自愿主义的因素？我们可以从肯定的与否定的两个角度回答这个问题，否定的角度是论证那些非自愿的政治义务解释为什么是错误的，肯定的角度则是论证为什么政治义务必须要包含自愿主义的因素以及如何界定“自愿主义”或曰“自主性”。

在开始讨论这个问题之前，首先要提请注意的是，我们追问的是政治义务与自愿行为之间的关系，而不是普泛的义务与自愿行为的关系。前面说到，日常语言一般不区分义务与责任，早期的罗尔斯以及西蒙斯之所以特别强调义务“是人自愿行为的结果”，更多的是出于理论方便而做出的人为定义。事实上，当我们说每个人都对其家庭负有某种道义上的承担时，无论把这种承担命名为责任还是义务，都无法抹杀这一事实，即它更多的是出于自然而然的情感纽带而不是人为的自愿行为的结果。但是就本文所关注的论题——“政治义务”而言，我认为它的确必须是自愿行为的结果，这里不只是有定义之分，更有语词所反映的现实之别。

因为政治义务所追问的是作为公民的个体与作为政治体的国家之间的道德关联，所以政治社会的本性就成为了解政治义务的关键所在。我认为，政治义务之所以必须是自愿行为的结果，是因为现代观点倾向认为政治社会是人为的而非自然的产物。与此相对，那些主张政治义务不是自愿行动产物的人正是认为政治社会是自然的而非人为的产物。为了更好地理解上述观点，有必要引进德国社会理论家斐迪南·腾尼斯（Ferdinand Tønnies）曾经做过的一个经典区分。

腾尼斯区分“Gemeinschaft”和“Gesellschaft”这两个概念，分别意指两种不同的人类共同生活的基本形式：所谓 Gemeinschaft（通译“共同体”）指的是“一切亲密的、私人的和排他性的共同生活”①，这是一种持久的和真正

---

① Ferdinand Tønnies, *Gemeinschaft und Gesellschaft*, translated and edited by Charles P. Loomis, New-York: Harper & Row, 1957, p. 33.

的共同生活，它是以血缘、感情和伦理团结为纽带自然生长起来的，其基本形式包括（1）亲属，（2）邻里，（3）友谊；而所谓 Gesellschaft（通译“社会”）则是“公共的生活——它是世界本身”①，这是一种为了要完成一个任务而结合的社会，它是机械的和人为的聚合体。在共同体的生活形式里，不管人们在形式上怎样分隔也总是相互联系的，母与子的关系便是典型；相反，在社会形式里，不管人们在形式上怎样结合也总是分离的，最明显的例子就是现代社会无处不在的契约关系。

腾尼斯认为在人类发展史上共同体要早于社会。从“共同体”到“社会”，从“礼俗社会”到“法理社会”，从“身份社会”到“契约社会”，从“自然社会”到“人为社会”，体现的正是现代社会所走过的历史轨迹。尽管在现代社会中仍旧存在“共同体”的生活经验，并且它对于个体生存仍旧有饱满而丰盈的意义，但不可否认的是“社会”生活扮演着更为重要的角色。

根据以上区分，如果我们仍旧认为现代社会主要还是停留在“身份社会”“礼俗社会”“自然社会”或者说“共同体”的阶段，那么其内部的社会分层、等级秩序以及统治与被统治、压迫与被压迫的关系就是有其天然的正当性与合法性，换言之也就不需要任何特别的正当性论证，更进一步，臣民所负有的政治义务也就与其自愿行动没有关系，或者干脆就是不需要特别论证的。联合体义务的主张者正是这样论证自己的观点的：

> 如果我们是一个群体的成员，那么在其他情况同等的时候，我们就有义务去服从统治这个群体的规范。这种义务并不源自于我们认可成为成员，因为这种义务理论主张，在群体和联合体中，比如家庭和政治体的例子里，人们不是经过认可加入的。不论自愿与否，成员资格都蕴含了义务。任何人只要认识到他或者她是特定政治体中的成员必然也会认

① Ferdinand Tønnies, *Gemeinschaft und Gesellschaft*, translated and edited by Charles P. Loomis, New York: Harper & Row, 1957, p. 33.

识到他或者她负有服从该政治体的法律的普遍义务。[①]

罗纳德·德沃金把这种政治共同体称为“义务的母体”（pregnant of obligation）：

> 对政治正当性的最佳辩护——政治共同体根据集体的共同体决定认为其成员负有义务的权利——不是建立在陌生人之间的契约或正义的责任或者公平游戏（而这是哲学家希望去寻找的东西），而是建立在友爱、共同体的更为肥沃的基础上，以及他们伴随而来的义务。政治联合体，就像家庭、友情和其他更为局部和紧密的联合体形式，就其自身就是义务的母体。[②]

根据上述观点，作为家庭和政治共同体的成员，我们就天然肩负有麦克尔·哈丁蒙（Michael Hardimon）所谓的“非契约式的义务”也即，义务仅仅只是源自于“我们与生俱来的身份”[③]。在支持这个观点的人看来，至少在表面上政治义务的成员资格解释或者说联合体义务的主要优点有三个：首先，它拒绝自愿/非自愿的简单二分；其次，它符合常识的直觉，大多数人都认为自己是政治共同体的成员并有义务服从其法律，而成员资格理论能够支持这种广泛的道德直觉；最后，这种直觉很显然产生自政治体成员所共享的身份认同感。[④]

反之，如果我们接受腾尼斯等人的观点，认为现代社会首先是一种机械的、人为的产物，或者如社会契约论者所论证的，政治社会是由处在“自然

---

① Richard Dagger, *Membership Fair-play and Political Obligations*, in Political Studies 2000, Vol. 48, p. 106.

② 转引自 Richard Dagger, *Membership Fair-play and Political Obligations*, in Political Studies 2000, Vol. 48, p. 106。

③ 同上。

④ 同上书，pp. 106—107。尽管政治义务的成员资格解释或曰联合体解释有如上三个表面上的优点，但反对者却认为这三点都是大可质疑的，比如理查德·戴格尔（Richard Dagger）就分别从家国比喻、身份认同与义务以及群体特性与义务等角度逐一反驳“成员资格”解释的论证。

状态”中的自由平等的个体通过相互认可和协议所建立的，那么任何源于自然的、受命于天的或者世袭的政治权威和统治秩序就都需要被重新置于价值评估的天平上进行二次正当化，而这种正当化的基础只可能源于被统治者的某种自愿行动，由此政治义务也就必然包含自愿主义的因素。

由此看来，问题的争点仍旧落在“腾尼斯区分”上：现代政治社会的本性究竟是共同体还是社会？虽然联合体义务的主张者并非来自同一阵营，而是包括社群主义者、共和主义者以及保守主义者等等，因此他们对政治社会的本性的具体理解也各不相同，但是大致说来都逃不过腾尼斯对“共同体”所做的描述，即政治社会是以血缘、感情和伦理团结为纽带自然生长起来的共同体。限于篇幅，我们无法一一审查各种观点的具体得失，本文将把重点放在家国比喻上，其理由恰如托马斯·麦克佛森（Thomas McPherson）所说：“那些希望强调国家（或者社会、或者统治者和臣民之间的关系的）自然性的人，一般都转而讨论家庭模式。显然在人类关系的领域里没有比家庭关系中的基本联系要更少人为、更多自然的了。”①

所谓“家、国、天下”，从家庭结构出发分析政治共同体对于多数的联合体义务主张者来说是理所当然的，尤其是像雅典城邦这类信奉自然主义和目的论的古代政治社会②：规模不大，价值观高度统一，公民之间对于什么是美好生活有着几乎一致的认识，把家庭作为理论范式向外拓展至政治共同体的分析似乎是顺理成章的思路。③ 但是这种思路却不适用于启蒙之后的政治社会，尤其不适用于大规模的、多元主义的现代政治社会，这不仅因为自然主义、目的论的观点已经被打破，人们不再把国家视为永恒不变或者自然正确

① Thomas McPherson, *Political Obligation*, London Routledge & Kegan Paul, 1967, p. 45.

② 按照江宜桦在《政治社群和生命共同体》一文中的分析，亚里士多德之所以特别强调城邦的自然性，原因可能有两个，第一，他希望政治学的处理与其自然哲学之原则一致；第二，为了反驳希腊智者学派所倡导的城邦契约论。参见“知识分子论丛”之《共和、社群和公民》，许纪霖主编，江苏人民出版社 2004 年版，第 141—142 页。

③ 传统中国政治也是从“家国同构”的前提出发去设计政治制度的，石元康教授在《家国同构与政教合一：论儒家传统政治与民主政治之异质性》一文中对此有精准的分析，他指出在民主政治的体制下，国与家完全是两个结构不同的群体。家是基于亲情的血缘组织，而国则是根据个人的意志所建立起来的契约团体。在现代民主政治的思想体系中，家国同构是不可思议的事情。

的存在而是人为的产物，还因为国家更多的是作为手段工具而不是目的被理解——人们需要国家这个必要的工具和手段来确保生命权、财产权、自由权乃至个体幸福。虽然没有人可以自主选择出生在哪一个国家，就像他无法自主选择出生在哪一个家庭，但是现代意识倾向于认为政治体与个人的关系远不像亲情或家庭那样生死相依、血脉相连，它是我们可以重新评估并且进行再选择的对象，从家庭到政治社会之间存在一个逻辑推演的断裂。因此，尽管一个人在年幼的时候，是国家和法律的保护使得他受到抚养和教育，他因此（出于感恩原则）负有道德上的责任（这里的“责任”严格按照罗尔斯的定义，也即它是非自愿性的）去服从国家的法律，但是这不意味着在他拥有成熟的理性和智性之后，不能对他和国家的关系重新评估和选择。换言之，一个“与生俱来的身份”只能证明公民对其国家负有一定程度上的道德“责任”（无论基于身份原则还是感恩原则），但不能证成这个人负有普遍的政治义务（这里的“义务”同样严格按照罗尔斯的定义，也即它是自愿行动的产物）。

然而在麦克佛森这样的保守主义者看来，家国比喻不仅没有任何问题，而且社会究竟是人为的还是自然的这个问题根本就是一个伪问题。他认为以洛克为代表的自由主义者之所以错误地提出了政治义务这个问题，症结就在于他们错误地理解了个体和社会的本性及相互关系，他这样论证自己的观点：

> 社会究竟是人为的或是自然的这个问题是一个伪问题。要点在于我们就生活在社会中，不管我们如何设想社会是从何而来的。隶属于社会就蕴含着对规则的接受，这些规则包括权利和义务。除非我们了解什么叫作拥有权利和义务，否则我们就不可能理解什么是社会——反之亦然。（一个主动接受高尔夫俱乐部会员资格的人不接受俱乐部的规则是不可能的。这种联合体的成员资格本质上就蕴含着规则和义务；一个没有认清成员资格蕴含着义务的人，就是根本不理解成员究竟是什么意思的人。）负有义务与作为一个社会存在者是不可分的。义务这个概念被任何对社会这个概念作适当解释的理论所要求。

社会的人负有义务因此就不是一个需要解释或者“证成”的经验事实（也许是其他类型的事实）。社会的人负有义务是一个分析命题而不是综合命题。因此，任何形式的“我们为什么应该接受义务”的一般性问题都是错误的。“为什么我（作为一个成员）要接受俱乐部的规则?”是一个荒谬的问题。主动接受规则是身为成员的意义组成部分。同样的，“为什么我应该服从政府”也是荒谬的问题。①

麦克佛森进一步总结说：

寻找政治义务的普遍理据——一个我们在政治社会中是否负有义务的理据——乃是在追问一个无意义的问题。它误将一些与政治社会存在分析性关系的事物混同于政治社会的纯经验事实。契约、认可、神圣权利、传统等概念，被不同的理论家引进以期解释或者证成那些根本就无需证成的东西。……我们可以断言，洛克式的进路是错误的。它在强调个体和个体权利（在很多方面这是值得尊敬的）的时候把自己建基于对社会概念的错误理解上。个体、个体权利以及个体的义务，只能在与社会的关系之中才被得到理解，而不是抽离于社会之外。②

麦克佛森对洛克式的政治义务理论的批驳看似层层推进、绵密无隙，实则在诸多关键的概念上混淆不清，比如责任/义务，社会/国家，社会义务/政治义务以及成员资格/公民资格等。

以高尔夫俱乐部的成员资格为例，我认为这个例子不仅没能支持麦克佛森的观点，反而足以显示出他的概念混乱。高尔夫俱乐部是一个典型的自愿组成的联合体，没有哪一家高尔夫俱乐部是自然产生的，它既非封闭式的社会，也没有任何人天生就是其成员。一个人要成为高尔夫俱乐部成员，除了要满足一些基本条件外，还必须要经过一个认可的程序，也即个体主观意志

① Thomas McPherson, *Political Obligation*, London Routledge & Kegan Paul, 1967, p. 64.
② Ibid., p. 65.

的表达的过程，非如此不能成为俱乐部成员。而只有在成为高尔夫俱乐部成员之后，这个人才会受到规则的约束并负有相应的义务。因此，当麦克佛森说“一个主动接受高尔夫俱乐部会员资格的人不接受俱乐部的规则是不可能的”，其原因不像他认为的那样是因为“接受俱乐部的规则”是“身为成员的意义组成部分”，而在于这一“会员资格”乃是他“主动接受”的，也即通过他自愿并审慎地考量之后做出的决定——根据认可理论，一旦一个人对俱乐部表示了认可、主动接受了成员资格，也就因此负有服从规则的相应义务。由此可见，当麦克佛森说一个高尔夫俱乐部的会员因为会员资格所以必须接受俱乐部的规则时，他只说出了事实的一半，另一半事实——同时也是最重要的事实在于，高尔夫俱乐部的会员资格并不是与生俱来的，而是经过个体自愿且审慎地认可才拥有的。我认为这同样可以用来比附政治共同体的成员资格之获得过程。

由此看来，在探讨因成员资格而负有政治义务——这也正是政治义务的联合体解释要旨所在——的时候，除了要了解成员资格的具体含义，更为重要的是要了解并确定成员资格是如何获得的，而这无疑要牵涉到政治社会究竟是自然的还是人为的这个问题，倘若政治社会是自然形成的，那么成员资格也就是自然获得的，如果政治社会是人为形成的，那么成员资格也就必定是自愿获得的。①

不仅政治义务的联合体解释无法为现代国家的政治义务提供一个坚实的基础，政治义务的自然责任解释同样存在无法克服的问题。首先，自然责任解释不诉诸个体的主观意志，这也会导致无视个体的自主性原则；其次，更大的问题在于它无法解释政治义务的“特殊性”，通常理解政治义务指称的是特殊公民与特定政治体之间的关系，可是根据自然责任解释，某一特定国家

---

① 更为准确的说法应该是，公民资格的获得应该包含自愿因素，据此我认为应该对成员资格（membership）与公民资格（citizenship）之间做出理论上的区分，因为即使在现代社会中，成员资格的获得也仍然是与自愿行动无关的，但是公民资格的获得却必然与自愿行动存在某种关联，限于篇幅，这个问题留待他文再作详细讨论。

的公民不仅必须对该国负有政治义务，而且还应该对所有合理正义的国家都负有政治义务，这显然与我们的日常直觉相去甚远。对此德沃金的批评可谓一针见血，他说政治义务的自然责任解释“并不能对正当性做出合适的解释，因为它并没有把政治义务充分紧密地与具体的社会联系起来，而具有这种义务的那些人却从属于这个社会，它没有表明为什么英国人有支持英国制度的特殊义务”①。

以上论证并不企图彻底否定自然责任解释和联合体解释，事实上我坚持认为在解释个体与国家之间错综复杂的道德关系时，上述两种理论有其独特的功用和位置，它们虽然无法证明政治义务的存在，但却能够有效地证明个体相对于特定政治体的“政治责任”。

所谓政治责任，与政治义务相对应，指的是那些根据个体与生俱来的身份或者一些非自愿行动所负有的相对于特定政治体的道德要求。在我看来，政治责任/政治义务的区分源于责任/义务的区分，并与证成性/正当性之区分存在一一对应的关系。传统的政治义务理论之所以在身份原则、成员资格解释、感恩原则、认可理论以及公平游戏原则等理论之间纠缠不清，不是因为这些理论本身没有解释力，而是因为理论家们没有在基本概念上进行梳理和澄清。事实上身份原则、成员资格解释和感恩原则并非没有解释效力，只是它们解释的对象并非政治义务而是政治责任。

通过分离政治义务和政治责任，我们可以看到缺少自愿主义维度的自然责任解释和联合体解释只能证明政治责任而不是政治义务，所以在现有的备选理论中就只剩下“互动解释”可能承担这个任务，尤其在把正当性/证成性这一分析框架考虑进来后就更是如此。我们认为，在现代性的背景下，可以在政治正当性/证成性、政治义务/政治责任以及诸种“传统政治义务理论”建立起如下的关联：

---

① Ronald Dworkin, *Law' s Empire*, 1986, p. 193。相关论证参见 Simmons, 1979, chapter 4, 以及 George Klosko, *Political Obligations and Natural Duties*。威尔·金里卡（Will Kimlika）在《当代政治哲学》一书中也对这个问题有很深入的分析。

存在概念关联

公民的政治义务 —— 政治正当性

政治义务的互动解释
（认可理论或者公平游戏原则）

存在密切但非概念的联系

公民的政治责任 —— 政治证成性

联合体解释（身份原则、感恩原则等）
或者自然责任解释

上图意在表明，政治义务与政治正当性之间存在的概念关联只可能是通过认可理论或者公平游戏原则建立起来的，而在政治责任和证成性之间则是通过联合体解释或者自然责任解释建立起联系的。

或许有人会认为区分政治义务和政治责任不过是无聊的语词游戏，它有意义但并不重要（meaningful but not significant），因为二者所指称的对象似乎是重叠的，比如都是服从国家的法律、服兵役、纳税等。对此我的回应是，我们是通过语言进入和理解世界的，因此澄清一些重要的概念就不仅是无聊的语词之争，它将帮助我们把握和了解与语词相连的事实本身。虽然政治义务和政治责任所指称的对象似乎是重叠的，但二者之间的意义差别却不可以道里计。

通过区分政治义务和政治责任，将帮助我们更为清晰明白地把握个体与国家之间错综复杂的道德关联，了解各种传统的政治义务理论其效力何在，特别是有助于个体了解自己所拥有的权利及所处的位置，从而彰显现代社会对个人自我决断的重视和强调。并且，由于现代社会更多的是契约社会而非身份社会，所以基于个体自愿行动而产生的政治义务对于个体所具有的约束效力也比政治责任要更大。

（原载《江海学刊》2006年第5期）

论“欲望健康”与“价值并立”：否定主义的欲望观与社会交往观

吴　炫

20世纪以来，中国学人一直在中西文化冲突间徘徊，并造成我们只能用“中西比较”的思维方式研究问题的学术现状。但事实上，知道西方的长处和中国的长处并不能解决问题，因为两种文化的长处放在一起会有冲突，难以运转。不仅在哲学上“天人对立”与“天人合一”是这样，中国人的“悟性思维”与西方的“逻辑思维”也是这样。如果我们说要将两者结合起来，这就需要论证，没有论证的结合就是一厢情愿的，难以操作。因此，在欲望问题上和价值冲突问题上，我主张对西方的长处和中国的长处同时进行哲学意义上的改造，努力建立中国当代自己的欲望观和社会文化交往观。其中，“健康放松”是我针对个人的欲望和社会如何建立健康的欲望生活机制提出来的，其底线是“全方位尊重世界”。而“不同并立”是通过“完整人格”的建立来削弱“逐利”或“轻利”等现象并解决社会与全球的价值冲突问题而提出来的。

“健康”的基本哲学内涵

在否定主义哲学中，所有“本体性否定”的“对象”，都属于“生存世界”。“生存世界”是以循环、延续、本能性和非人为性为其特点的，并渗透在人的自然性生存和文化性生存这两种类型和模式中。人类在“生存世界”的基本生活准则，应该是由“放松”导致的健康的和谐，而不是用各种“应该”的语言制造各种非自然性的生活，及其造成的“轻视欲望”或“沉湎欲望”所导致的异化。或者说，“放松”就是当代性的欲望和谐之道德观。

在自然性生存世界中，“健康”首先具有“顺其自然”的意思，并要求着人类的自然性生活，像自然万物那样呈现出千姿百态的丰富的天然可能性。当自然界既有风暴般的“冲突”，也有湖泊般的“宁静”；既有水往低处流的“朴拙”，也有鸟往高处飞的“激昂”；既有动物族类相残的“冷酷”，也有母子之间爱抚的“温暖”；既有“猴子称霸王”的不平等，也有私有制出现之前的原始“平等”。“顺其自然”就包含着由上述各种可能性引导的，使人类的生活显示出复杂性、有机性，不应该由任何人为性去制约的意思，并反衬出迄今为止中西方各种“自然观”的“人为性局限”。这意味着，“健康”对“顺其自然”的理解，已经既不等同于道家哲学的“简朴”，也不等同于儒家哲学的血缘性“亲和”；既不等同于卢梭意义上的“平等、无奴役”的自然观，也不等同于张炜笔下的由“小草和柔弱的动物”组成的自然世界——因为这些“自然观”，均是用一种各取所需的态度对“自然”的“某一方面”的理解，而不是用放松的、宽容的态度去拥抱自然界的全部可能性。其结果，也就破坏了自然的丰富性，“不放松”地对待了自然。当我们既不能像道家文化那样推崇“柔弱”，贬低“强健”，也不能像西方进化论那样推崇“强健”，贬低“柔弱”的时候，我们就是在说：人类的“霸权现象”和似乎成立的“落后现象”，其实都是人类破坏自然、以人为性的、不完整的自然性标准来衡量世界的结果。虽然这些标准都是对自然界某一方面内容的提取，使得我们不能简单地说“不自然”，但由于“自然”并不等于“某一种自然”，“自然”就是在多种事物、多种形态之间自由地穿行的意思，那么我们就不好说崇尚“强健”是掌握自然的精髓，也不好说肯定“柔弱”才是掌握自然的精髓，而是说：对“强健”和“柔弱”不作任何价值评判和价值引导，让人放松地生活其间，才是掌握了自然的精髓。

以此类推，当我们说“健康”地对待自己的“欲望”的时候，就是说“欲望”从根本上说来，也像自然界万事万物那样是丰富的、无序的。欲望之间并无价值的差异，也没有一个此欲望好、彼欲望不好的道德性划分。一个人喜欢这种欲望的满足，另一个人喜欢那种欲望的满足，还有一个人喜欢多种欲望的满足，本质上都是无可厚非的。当我们说一个人“好吃懒做”时，其实也不是指其人不应该“好吃懒做”，而是指不能成天“好吃懒做”，不能总是“好吃懒做”，总还应该有点其他欲望，或做一点超越欲望的事。但“应该做点其他什么”，并不是建立在对“好吃懒做”的“克服”和“鄙视”基础上，而是建立在人生的丰富性或人生必须还应该有另一个世界支撑的基础上，属于与“存在”相关的问题。这样，将“克服”“好吃懒做”改变为“不满足于”“好吃懒做”，便成为“本体性否定”的基本规范。这个规范，便是对“好吃懒做”的宽容。就人的生存世界和欲望世界来说，每个人在求舒服的意义上都是喜欢“懒做”的，也都是喜欢吃或吃好的，因此这根本不应该牵涉人格问题。甚至可以说，人类求发展的过程，某种程度上便是“好吃懒做”驱使的。在文化的意义上，由于人类的创造成果（如吃生食因为火的发明而改为吃熟食，一般的熟食又因为菜谱的发现而改为美食）堆积如山，“放松”就不仅意味着要满足人吃饱的欲望，而且还应该进一步满足人吃好的欲望，在吃好的前提下，还应该满足人不断变化吃的花样的欲望……如此一来，人的文化生活才能呈现自然界那样丰富的形态。因为各种文化“果实”摆在那里，就如自然界各种“果树”生长在那里一样，我们怎能禁止动物们去采摘呢？传统哲学将此解释为人的贪婪而赋予贬义（所谓“存天理，灭人欲”），道家哲学要人过得“简朴”来制止欲望的生长，但在“本体性否定”中，它们因为赋予“放松”的含义而具有健康的意味。“顺其自然”的本义即成为“顺其文化性自然”。在这一点上，我们甚至可以说，物质文明的过程，便是人的欲望不断延伸的过程，本身不应该用传统道德进行指责或进行价值高低的限制。因此“放松”在价值观上，就是不排斥对任何一种事物的体验，也不受任何事物所累的意思；“放松”就是一种自然而然的、动态的、欲望逐步递进的过程。它听凭身心感受的驱使，它的无目的性便成之为丰富性，它的无所驻留性便成之为健康性。

这意味着：只要一个人不妨碍和伤害他人，在欲望世界中想做什么，其实都是可以的，即便他只想“好吃懒做”。但“不妨碍和伤害他人”，并不是对“欲望”的规定，而是“欲望”活动的“边界”。因此，“放松”不是随心所欲的代名词，尤其不是在随心所欲的借口下“胡作非为”的代名词。由于欲望世界是无序的，所以欲望世界的相互冲突在所难免，这样，我们就要给人的欲望实现制造一个“边界”。我们之所以要给人的欲望设定“边界”，首先是因为大自然也有它的“边界”：如鱼类只能在水里存活，水稻难以在北方生长，所有的动植物目前只能在地球上繁衍、生息，以此类推，太阳系、银河系也会有它的边界，否则我们不会称之为“太阳系”“银河系”。这种生存的“边界”，在人类生活中就体现为“法律”和“国家”。“法律”和“国家”就是人在自由地实现自己的自由意志时不可逾越的“边界”。其次，法律和国家作为“边界”的诞生，也是人区别于动物的地方（动物是相残的而又自身无力管束的），这种区别是因为人就是“本体性否定”自然界的结果。地球既然有不同于动物的“动物”（人）产生，那就是因为人除了有和动物类似的边界，还应该有不同于动物界的边界，那就是人自觉地诞生一种“边界”——法律，它是人类为更好地、放松地、像自然界的事物那样生存、又能防范自然的无序性、相残性，而被人类设计出来的。

在人类历史上，道德和法律是人类的两种创造。但传统道德在制约人的相残性（尽管很无力）的时候，也克制了人的基本欲望（似乎很有力），所以比较起来，不规定人应该干什么，而规定人不能冒犯、欺骗、伤害他人的“边界”，更适合现代人的生存之道。这个边界有“道德”和“法律”之说。所谓道德，在我的否定主义理论中，就是“全方位尊重世界”。以此为尺度，我认为西方的民主和自由与中国的温情均有“不健康性”。这表现在：中国汉民族一般不会对外侵略，但是多内乱，且不尊重人和人的生命的例子无处不在，甚至形成了一种“无意识”积淀。电视剧《水浒传》中武松怒杀蒋门神的时候，观众是很有快感的，这种快感遮蔽了其中的问题：武松把蒋门神杀了，把包庇蒋门神的官员杀了都可以理解，这是一种复仇，但是武松为什么要“血溅鸳鸯楼”，把包庇蒋门神的官员的一家妻儿老小全杀掉呢？本来是英雄侠士很正义的行为一下子越界，就与暴政式的草菅人命很难区别，而我们的编导却对此没有现代审视意识，否则作品的意味就会更为丰富。我们不仅不尊重人和人的生命，而且常常通过贬低他人、嘲笑他人、怪罪他人来捍卫自己的尊严。这个问题在“文革”中，乃至在我们今天的学术争论和思想批判中仍很突出。与不尊重人相补充的就是依附性人格和奴性人格，所以不是依附他人就是贬低他人便成为我们的文化人格。因此，我认为，如果缺少“全方位尊重”这样一个底线，中国的现代化是很难完成的。另外，西方式的民主又存在着这样的问题：对内不对外。西方人对内可以建立民主制，但对外却做不到“尊重他文化”。其关键点在于：即便西方人认为全球都应该建立民主体制，也不能用“侵略”的方式来进行。所以，这个问题最早应该反思“普罗米修斯盗天火”的问题。“盗”与今天美国式的霸权有密切的联系：当人类可以向自然盗天火的时候，当然就可以向其他国家“盗资源”，因为自然在今天已经国家化了。

所以，“尊重所有的世界”不仅应该是我们的道德内省，而且也促成中国法律将“不能伤害和轻视他人”作为行为的首要标准。道德与法律以此为基准，就可以打通道德与法律的“不一致性”。

从“轻视贬抑欲望”到“尊重离开欲望”

爱因斯坦在《我的世界观》这篇演讲里说：“叔本华说‘人能够做他想做的，但不能要他想要的’。”① 我以为世界从此以后便应该进行新的划分：“想要的”属于“欲望世界”，“想做的”属于自我价值创造的“存在世界”。但是当叔本华进一步说人“不能要他想要的”时候，可以导致两种理解：一是对“欲望世界”应该有所克制，二是不能沉湎于“欲望世界”无休无止地获取。这两种理解都包含着对欲望的“否定性”，但前者是“克服欲望”的

① 《爱因斯坦文集》第3卷，许良英、范岱年编译，商务印书馆1979年版，第42页。

否定观，后者是否定主义“离开欲望”的否定观。

我想说的是：“克服欲望”的否定观是导致“纵欲”和“逐利”现象的文化性根源，是一个没有正常实现自己欲望的人在一旦可以实现的情况下的必然结果，而且还会呈现奥修所说的状况：一个克制自己欲望的人，就已经在心里面纵欲了。因此，当爱因斯坦说“我从来不把安逸和享乐看作是生活目的本身——这种伦理基础，我叫它猪栏的理想”[①] 时，一方面，爱因斯坦是将创造性的工作作为自己的人生依托，从而“放松”地对待了享乐本身，另一方面，爱因斯坦这番话则很容易导致鄙视安逸享乐的理解效果。我想说的是，这正是传统的“克服性”否定观的局限——爱因斯坦本来想说的是人的价值不能依托在安逸生活之上，结果由于这种否定观的局限，就变成人追求安逸是可耻的。在安逸作为一种本能支配着大多数人的生活，但人们又需对这种生活采取轻视态度的尴尬中，人类的基本生存状况就显得躲躲藏藏、惶惶不可终日。这里面就涉及几个关键性的问题：人们究竟为什么要否定安逸和享乐的生活？人们否定安逸和享乐的生活究竟是为了什么？我们又该怎样否定安逸和享乐的生活？

我以为：由于安逸和享乐的生活是人的本能性、循环性生活，所以虽然它不可抗拒，但存在着消磨人的创造性、让人产生空虚感，并且最终必然要衰老死亡的局限。一种文化沉浸在安逸和享乐中，将必然呈现中国文化在近代衰落的格局；一个国家沉浸在安逸和享乐中，将必然导致罗马帝国灭亡的结果；一个人沉浸在安逸和享乐中，或者成为百无聊赖的贵妇人，或者成为纵欲而死的西门庆。因此可以说，追求安逸和享乐，就是打开了通往死亡之门——我们用的力量越大，通向死亡的距离便越短。所以，无论是“放松”性地对待快乐欲望，还是“逐利”“纵欲”性地对待快乐欲望，其差异只不过在于前者是自然而然地通向死亡，后者则是加速通向死亡。在这一点上，为了摆脱死亡，我们必须对安逸和享乐性的生活态度持一种“本体性否定”

---

① 《爱因斯坦文集》第3卷，许良英、范岱年编译，商务印书馆1979年版，第43页。

的立场——通过创造另一个不死的世界来实现。然而，由于“放松”性地对待享乐与“逐利”性地对待享乐存在着重要的差异：前者是以尊重欲望世界的不可违抗性，但又不满足欲望世界的空虚性为特征的，后者是以轻视欲望世界，进而追逐快乐享受，因而也意识不到死亡的危险性为特征的。所以对欲望体验的“放松”性态度，反而有可能使人离开欲望世界；而对欲望的轻视性态度，反而只能使人沉湎于欲望的追逐。之所以如此是因为：“放松”地对待欲望和享乐世界，人就不会沉湎于某一事、某一物，也不会沉湎于对某一种快乐的享受；当一个人对各种生存性事物既有所用心又无所用心的时候，他才可以因腻味感、循环感而产生离开这个世界的价值冲动。而“沉湎”于生存快乐，那肯定是“沉湎”于某一种事物、某一种快乐体验（如沉湎于打麻将或网上聊天），即便他对某一种事物或快乐体验产生腻味感，那也是对某一种事物或快乐体验的腻味，而不可能是对快乐本身的腻味。在这样的情况下，他腻味某一种事物，还会去追逐另一种事物，也就不可能在根本上摆脱快乐的诱惑。

亦即在“轻视欲望”的否定观支配下，大多数人只能沉湎于对享乐的追求，而只有极少数人才能摆脱这种追求的诱惑。但像爱因斯坦这样地摆脱欲望和享乐的诱惑，在“本体性否定”看来，不是因为在意识上保持对欲望和享乐的轻视态度就可以做到的。很多人冠冕堂皇地说轻视享乐，但背地里却十分重视享乐或在目的论上是为了获得更多的享乐；也有很多人声称为理想而奋斗，但在异己性的理想破灭后只好回过头来沉湎于欲望和享乐。而爱因斯坦的“离开欲望世界”则具有这样的意味：只有真正创造性的工作，才可以使人在一定程度上摆脱欲望世界的诱惑，也只有从事创造性劳作的人，才可以避免因信念和理想幻灭而导致对享乐的热衷态度，也才可以对欲望和享乐持无所用心的态度，并因此对沉湎欲望和享乐的人感到遗憾。但这种遗憾不是对欲望和享乐本身的鄙视，而是对“沉湎”于欲望和享乐以及离不开欲望和享乐的遗憾；对“沉湎”于欲望和享乐的人的遗憾，在根本上也不是对他们没有理想追求的遗憾，而是对他们没有自己的创造性理想追求的遗憾；

对没有自己的创造性工作追求的人的遗憾，也不是鄙视他们从事从众性的、阐释性的、承接性的工作，而是遗憾他们只能沉湎于从众性的、阐释性的、承接性的工作，并且自以为这就是全部价值之所在。实际上，当多数人觉得爱因斯坦高不可攀时，他们就已经是在为自己的“沉湎”寻找理由了；当多数人觉得爱因斯坦的创造不可思议时，他们也就在为自己的非创造性生活寻找理由了：把爱因斯坦归结为天才后，他们就可以为自己是凡人、进而为自己不能“离开”欲望世界而处之泰然。他们不知道，爱因斯坦之所以成为爱因斯坦，只在于爱因斯坦首先不满足用既定的思想和观念看问题所带来的“安逸性”，不满足阐释前人思想的所谓学术工作所带来的“享乐性”，因为这种“安逸”和“沉湎”，与满足于物质快乐和利益的享受，在性质上是等同的。因此，爱因斯坦的“鄙视”，实际上不仅在说他鄙视物质生活的享乐，也同时在说他轻视只能阐释前人思想的享乐，就是在说他的创造是“何以成为可能”的。或者说，在“本体性否定”看来，除了创造性生活，其他一切生活其实都带有享乐性。站在创造性生活的角度，你就不能不对只有享乐性生活的人采取遗憾的态度了。

也因此，“离开欲望世界”的“离开”之义，一方面给人们在欲望世界的放松性的、充分的满足留下了自由的空间；另一方面为了人的完整之故，也为了人的心灵有所依托之故，由“离开”所构成的否定内涵，由此就具有创造另一个世界之义。这样的一种“否定”我称之为“本体性否定”，并形成了一种新的“放松”和“紧张”兼具的现代人才有的二重世界：人们在生存世界、欲望世界和享乐世界，只要不触犯他人利益，尽可以放松地对待自己的欲求，而不必人为地克制或沉湎于什么，不必紧张地追求什么，但在离开这个世界、创造自己的价值世界的否定过程中，则必须真正地紧张和认真起来，因为这是自己成之为自己的立身之本，所以可能要用毕生的努力。欲望、享乐等是大众性的，因此不可能代表一个人自我价值的实现。所以发财只能证明一个人的生存能力，而不能证明一个人的创造力，除非这个人在发财之道上有自己的创造。因此，不仅坑蒙拐骗与公平经商有区别，公平经商也与创造性地经商有区别。创造性工作虽然要与生存性世界、既定的现实世界打交道，但由于性质已不在获利和有快感，所以就不能以是否获利和有快感为尺度。因此这就有写赚钱的书和写让自己心安的书之别。什么才能使人真正产生看轻享乐或真正放松地对待享乐的力量，除了创造性的生活支撑，别的力量恐怕均难以达到——爱因斯坦看轻享乐，是因为有自己的创造性生活支撑，而一个下岗女工不能看轻享乐和欲望，除了生存危机本身的原因之外，没有自己的创造性生活支撑也是一个重要的原因。我们虽然不能要求一个女工成为爱因斯坦，但我们可以要求一个已摆脱贫困又沉湎欲望的现代人，多少具备爱因斯坦的意识。可以说，一个人只有以创造性的生活为依托，他才可以真正健康地对待欲望世界，他才可以摆脱或抵抗享乐的诱惑或沉湎于享乐的诱惑这极端性的传统的二元生活。他才可以建立新的二元性生活，他才可以成为一个真正“完整”的现代人。

从“和而不同”到“不同才和”

应该说，从“和为贵”①“矜而不争”②“德莫大于和”③，及至我们今天所要谈论的“和而不同”④，“和”与“同”在儒家哲学中的突出地位是不言自明的。而其基本含义，早已由《国语·郑语》中史伯所提出的“以他平他谓之和”“和实生物，同则不继”的观念奠定。即“和”是事物“多样统一”所造成的和谐与互补，这种和谐与互补可以促使万事兴旺，这便是“贵”，也便是“美”，所以有“中和之美”之说；反之，由于“同”是指事物的相同或简单相加，不仅于事无补，反而有不美之含义，更易引起纷争。这样一来，当孔子说“君子和而不同，小人同而不和”⑤时，不仅将“和”与君子、与礼、与稳定相联系，“同”与小人、与非礼、与动乱相联系，扬“和”贬

① 《论语·学而》。
② 《论语·卫灵公》。
③ 《春秋繁露·循天之道》。
④ 《论语·子路》。
⑤ 《论语·子路》。

"同"，而且，作为一种个人和群体关系之理论，"和而不同"还阐明了一种在中国古代文明中源远流长的符合自然辩证法的思想：像大自然的和谐是在万事万物的差异中才成为可能一样，人群的和谐也同样是在保持个性或事物之差异中才成为可能。因此，"差异"是"和谐"的基本前提，"无差异"才是破坏"和谐"的罪魁祸首。

这是因为，"和而不同"并不是人类建立的区别于自然界的伦理，而是体现自然界运行规则的伦理。因此，"和而不同"在解释人类的自然性生存一面时，尤其是在解释人类社会维持自然界那样的生态平衡时，是比较有力的。中国的"儒、道"哲学，作为注重自然性生存的哲学，当然注意到这个问题，并因此既使中国古代文明体现出"生长—成熟—衰老"的自然性特征，由此区别于西方过于人为性的革命，也由此使中国古代文明，将"和谐"与"稳定"作为自己的最高境界。因为自然界是以求生存为其本性，因此人类如果要维持自己的长久生存，也就必须像自然界那样保持万事万物之间的差异而相长——在此意义上，"现代化"如果是以取消文明、民族间的差异为代价，以所谓"全球大同"为鹄的，那么我们就可以说，这样的"现代化"无疑将缩短人类的生命历程。因此，亨廷顿意义上的"文明冲突"，如果不是以文明的多元并存为目的，那么，文明之间的冲突对人类而言，就是趋于一元性的、毁灭性的。这种毁灭不仅从鸦片战争、二次世界大战这种文明征战、统一的灾难看出，而且也从其反面——当代世界的稳定，正是因为各民族坚持了自己的文化本体和价值立场看出。

问题在于，随着儒家哲学在当代市场经济条件下解释力的式微，"和而不同"的内涵、功效及解释范围，也就相应地发生危机。这种危机首先体现在"和而不同"的思维方式上。即：以先讲"和谐"、"亲和"再讲"差异"、"个性"的思维路径，在中国人的道德实践中，很容易为求和而丧失差异。这是因为，"和谐"在儒家哲学中，已经不是指自然性的和谐，而是由伦理所规范的"稳定"。具体说来，就是由等级和血缘制所规定的和谐。这一点和道家哲学所讲的非自然性之"道"，是如出一辙的。道家虽然也讲自然性，但这自然性由于被老子规定为“水往低处流”的“简朴”之义，这就将人的求快乐之本能的自然性延伸，限制在自然界之水准，从而将人的自然性与自然界的自然性相混同了。亦即人由于懂得对快乐的领会，寻求快感体验的差异（如吃饱—吃好—娱乐等），就是人的自然性。而违背这种自然性，就是不自然。而由这种不自然所规定的“和”，在道家那里，具有泯灭人的欲望的不断实现之倾向，在儒家这里，也同样具有扼制人的欲望、人身自由与选择多样性之弊端。所以晏婴在谈到“和”时，不是讲“和如羹焉。水火醯醢盐梅以烹鱼肉……宰夫和之，齐之以味……”便是说“清浊，小大，短长，疾徐，哀乐，刚柔……以相济也”①；也使得儒家所讲的“和”与“不同”具有不对等性：以“和”为主，以“不同”为辅。儒家另有“和一”② 之说，“君君臣臣父父子子……各得其位，自然和”之说，即意指“和”是遵守等级的象征，而“君臣父子”的差异，正保证了这个道德之“和”的实现。如此一来，“和而不同”之“不同”，除了风格可以有阳刚阴柔之差异，兴趣爱好之差异以及等级性的差异外，还能有什么样的差异呢？而这种差异，不正好反衬出对世界的基本看法上不能有差异吗？或者说，不正好反衬出“和”与“一致”是等同的吗？如此，思想的独创以及人格独立所显示的差异，最后在实践中也就没有了立锥之地。

这意味着，儒家偏向人伦的“和”，在解释当代社会各种复杂的“和”的情况时，已捉襟见肘。因为由封建等级制所显示出来的“等级”之“和”，与家庭团圆所显示出来的“安详”之“和”，与大自然万事万物无序共生所显示出来的“平衡”之“和”以及与西方意义上的个体相互尊重所显示出来的“平等”之“和”，在价值上无论如何是有重要差异的。比如，大自然的“平衡”之“和”，本身就是由平静与冲突、生生灭灭为其运动形态的——我们不能视“平静”为“和”，视“冲突”为“争”（不和）。如果以此逻辑来看待人类社会，我们就不能视“大公无私”为“和”，视“私”为“争”或

① 《左传·昭公二十年》。
② 《荀子·荣辱》。

“不和”。儒家哲学推崇“公”、推崇“安宁”，贬抑“私”、贬抑“纷争”，在今天看来，也就显示出极度的偏颇。由于个人利益和快乐欲望是人的本能，我们只能引导而不能克制，这样我们就可以说：今天重视“私利”的社会，正是以往贬抑“私利”的道德引导出来的，并暴露出传统道德论在“否定观”上的重大局限。这种局限体现在“和”的问题上便是：将个人利益以及由此引起的纷争视之为“不和”而排斥，不可能建立起像自然界那样的包罗万象、宽容万物之“和”，也不可能涉及个体之间相互尊重产生的近代人文主义意义上的理性之“和”，更不可能涉及我所说的存在者之间的“不同才和”、存在者如何建立自身的生存世界与存在世界这一“平衡”之“和”的问题。

“不同”这个范畴也同样如此。就像一个抽象的“和谐”遮蔽了西方的“形式的和谐”与中国的“人伦的和谐”的不同质一样，无论是儒家所讲的“不同”，还是黑格尔所讲的“质变”，也都没有涉及“不同”也有性质差异的问题。像金、木、水、火、土，咸、甜、苦、酸、辣，也是差异，也是不同，但这种差异，就像人的外貌差异、性格差异，乃至人的一般的感受和认识差异一样，是天然的、自然的，并不需要特别人为的、创造性的努力，“一千个人有一千个哈姆雷特”也是指的这种情况。相反，我们常说的“共识”，倒是需要经过人为的努力才能达到（诸如思想工作之类）。或者说，凡是人为性的东西，要么制造相同的东西（如复制，如人云亦云），要么制造出来的不同的东西，与自然性的差异是不一样。对前者而言，这种人为性体现为一种由从众性、强制性所形成的“文化自然性”——它虽然是人做的，但这所做的事情与自然界的运行性质并无二义，即“本质不变，形态各异”。金、木、水、火、土虽然有别，但本质上都属于自然性与物质性，人的感受和思维活动皆有个性特点，但对世界的基本理解可以是一样的（儒学支配了中国几千年就是明证）。反之，文化为什么只有东西方两大系统，而不可能每个人都有自己的文化，中西方富有才华和智慧的人很多，但为什么只有老子、孔子、柏拉图、亚里士多德等思想家产生，这就显然牵涉到人的创造性和非创造性活动、创造性活动之间的“否定本体论”意义上的差异——这个差异，既不是自然性所能解释的，也不是一般的人为性所能解释的。这样一来，文化的不同、思想的不同，就不能混同于五味的不同、五色的不同，也不能混同于金、木、水、火、土的不同与人的个性之不同。“和而不同”如果不能区分这两种性质之不同，自然会丧失对复杂的社会现象的解释力和穿透力。

“不同才和”与“尊重之和”

为此，“否定本体论”认为，只有改造关于“和而不同”的思维方式，变“和而不同”为“不同才和”，并赋予“不同才和”以“生存论”和“存在论”这两种不同的含义，形成两者之间不同而并立的新否定关系，才可以较为有效地解决上述问题。从“和而不同”到“不同才和”，“否定本体论”试图完成自己对当代“和”“不同”及“同”等问题的理解。

表面上看起来，相对于“和而不同”，“不同才和”只是一种逻辑关系的调整，但是这个调整，无论从理论上还是实践的功效上，都是十分重要的。就像海德格尔以“我在故我思”对笛卡尔“我思故我在”的改变是一种思想的改变一样，我们一些思想的症结，也常常局限在旧有逻辑关系的天经地义上。在理论上，“和而不同”在内涵上固然包含“差异”的意思，但由于“和”是逻辑起点，“而”是连接词，“不同”与“和”是并列的关系，并不能突出“不同”是“和”的先决条件的意思；而在实践中，一旦“和”被赋予了儒家的伦理规范，为了维护这个规范，“不同”也就随时可以被牺牲。而“不同才和”的基本意思是：不是“和”可以“不同”，而是只有“不同”才能做到真正的“和”，并且也才能保证“和”的健康实现，这就是外之全球化格局中不同文化并立之宽和，内之鼓励不同世界观的思想并存之宽容。在“和而不同”中，“和”的基本内涵以及实现方式是未决的，或者因为“不同”造成了这种未决；而“不同才和”不仅规定了“和”的实现方式，也规定了“和”的基本内容：它是由不同性质的事物所组成，从而对儒家意义上的伦理之“和”，实现了价值上的深化与穿越，特别是针对儒家不重视个体的世界观之创造这一点。这是因为，在“不同”的思维方式下，此事物与他事物因为性质的不同而没有可比性，没有此事物（文明）优越他事物（文明）落后之说——因为任何事物均有其正负效应，我们不好取一个事物的正效应来比照另一个事物的负效应，也不可能将我们过去所追求的理想，看作是一种完美无缺的事物——这在历史观上将从历史进步论导向历史不同论，在共时性下世界将从终极关怀导向存在关怀，从对一种价值的追求导向对不同价值的追求，从西方中心论或东方中心论导向两种、多种文化并立之“宽和”论。

由于以不同的世界观所奠定的“存在”是对“生存”的“本体性否定”，所以“存在论”意义上的“不同”，不仅是人为性的产物，而且是创造性的产物。又由于文化与文明最能体现这种“创造性的产物”，而文化与文明的核心是由思想（即对世界的不同的理解）所构成，所以“存在论”所指的“不同”主要是由“对世界的不同的理解”所规定的，并通过人类与自然界的关系、文化之间和文明之间的关系、各种文化与文明形态之间的关系优先体现出来的。

首先，人作为“能对世界产生理解的动物”，与自然界无这种能力的动植物之间的“不同”关系，就不能被混同于自然界万事万物之间的“差异”。人通过创造自己形成与自然界“不同而并立”的关系，这个关系又造成了人类世界与自然界这两个世界的“平等之和”，而自然界中万事万物的差异，却不具备将自己“对象化”的能力，因此这些差异总体上还是依附于自然性的，我将前者称为“不同才和”，而将后者称为“和而不同”。这意味着，无论是以轻视自然界的态度对待自然界，还是以丧失人的创造性的态度顺从自然界，都不是正确地对待自然界的态度。人对自然的态度，既不是“天人合一”，也不是“天人对立”，而是“天人并立”。

其次，全球化格局中的宽和，则是通过对世界理解的“不同”，形成文化之间和文明之间的“不同而并立”，才可以有人的心灵意义上的安宁。当中国人以自己东方式的对世界的理解面对西方文化时，不仅可以有自己的心安感和归属感，而且可以对西方文化的霸权态势（任何霸权态势都是造成“不和”的基本原因）形成一种“平衡”的张力。同样，近代以降，当我们竭力以“反传统”的姿态对待自己的古代文明而传统又反不掉时，当我们以西方思想来反对中国古代思想但西方思想又不能化为我们的血肉之躯时，不正好说明我们还没能建立起自己对世界的理解、因而也不可能建立起中国式的现代文明吗？如此一来，不仅我们相对于古代文明其心态是不平衡的，而且我们仅仅抓住中国古代文明面对西方文明，因为缺乏当代性的思想支撑，其心态同样是不平衡的——这样，西方文化对我们的征服性态势，就始终具有某种意义上的合理性，并且既是文化上西方人不愿意与我们平等对话的原因之一，也是我们只有对话意愿但并不具备对话能力的原因之一。

所以，鼓励“不同才和”，大则就是鼓励全球文化格局中的中国当代性的思想和理论原创，以使我们摆脱对西方思想理论或“依附”或“抵抗”之“不和”，小则是在中国文化内部，摆脱对中国传统文化或“依附”或“打倒”所造成的“冲突之不和”，使得我们真正可以将西方思想与中国传统构成“不同而并立”的尊重性平衡关系。

我把这样的思维称为“二元对等思维”，以完成对“二元对立思维”的当代改造。至于对“二元对等思维”的哲学阐述，本文在此不赘。

（原载《江海学刊》2006 年第 6 期）

本原隐喻：论形上之道

马天俊

引言

语言问题所引起的重视已经大大改变了哲学对自身的理解。

这种改变着的理解中目前最为显著的是在发展了的逻辑的基础上对哲学的分析。过去一个多世纪中，对哲学的逻辑分析已经成为哲学本身的一笔公认的财富，尽管逻辑分析并未穷尽哲学的语言。在逻辑分析未尝恰当理解的哲学语言样式中，有一种正日益引起关注，对它的讨论也日益深刻地重塑着哲学的自我理解，这就是通常被称为隐喻的一类语言样式。

对隐喻，可以描述，可以举例，却几乎不能定义，否则它就可以纳入逻辑分析，而不需要另做考察了，就像保罗·利科指出的那样："不以隐喻的方式来谈论隐喻是不可能的。……并不存在这样一种非隐喻的立场，从这种立场出发，我们可以把隐喻以及所有其他的修辞格看作是在我们面前进行的游戏。"① 利科的论断暗示着，对隐喻的理解不可能通过逻辑分析来进行。同时，隐喻又确乎不是无关紧要的游戏，在哲学中，隐喻甚至是为哲学范式定调的源泉，隐喻的转换也将造成哲学在根本上的变革或创新。

除了精深的分析和严格的推理外，哲学在更重要的意义上往往要给人的生活提供形上基础。那么，哲学以何种方式提供基础呢？在严格的意义上，凡是

① 利科：《活的隐喻》，汪堂家译，上海译文出版社 2004 年版，第 15—16 页。

逻辑上尚需前提的东西都不能被认为是最根本的。这就使得凡是逻辑上可推论出来的东西都不是哲学要用以充当根本基础的东西，由此，对形上基础的哲学寻求就超出了推理能够探究和辩护的范围。在这种情况下，隐喻就成了哲学由以展开其形上追求的重要方式。那么，隐喻在哲学中的状况具体怎样呢？这里我们不妨个案性地由“本”的隐喻问题入手阐发“本原”的隐喻世界。

“本”的隐喻：内部关联

有子曰：“其为人也孝弟，而好犯上者，鲜矣。不好犯上，而好作乱者，未之有也。君子务本，本立而道生。孝弟也者，其为仁之本与！”[①]

这段话所含见解在儒家哲学中显然是重要的。其中一个关键用语——“本”，它的诠释及其彼此的关联，值得特别关注。

“本”，许慎《说文解字》[②] 的解释是：“木下曰本。”段玉裁注：“本、末皆于形得义，其形一从木上、一从木下，而意即在是。”“本”的本义[③]看来无论如何都是指“木”的某个部分——根或干，而且是通过方位来指示的。这样的“本”可看可摸可尝可嗅甚至可吃，与形上之物了无干系。但在“君子务本”这句话中，君子的作为显然与“木”或它的某个部分没有关系，这里的“本”似乎另有所指，“君子务本”是个隐喻的说法。那么，“本”指什么呢？

在敞开这一问题之际，略事停留是必要的。在这句话中，如果不以“本”为“木”或它的某部分，“本”有另外的意思，那么这意思为什么有子没有直说，却用了可能使人会错意思的“本”呢？换言之，有子本来应当说“君子务 X”——这 X 是直接的。无奈，有子不是这样说的，他只说“君子务本”。于是，为求真正的意思，就必须对“本”进行解释。真正标准的解释形式上只有一个，即“本”就是 X。然而，X 不是一个有正常含义的汉语词，

① 《论语·学而》，《十三经注疏》本，何晏注，邢昺疏，朱汉民整理，张岂之审定，北京大学出版社 1999 年版。以下对何晏、邢昺的援引，均出自该书。

② 所用文本为段玉裁《说文解字注》，上海古籍出版社 1988 年版，下引同此。

③ 词语而有“本义”，这并非全无问题，本文结论的某种推论将倾向于弱化词语有本义的观点。这里暂且依习惯使用该词，以免横生枝节。

说“本”就是X，只是形式正确，内容却是空的，故而不能算有效的解释。当然，最好还是记住这个X，哲学之形上努力的核心任务，就是让这个空疏的X充实起来。反过来说，在眼下的语境中，X的第一个或许不大称职的填充物就是“本”。

“本”的不称职性务须加以救治，“本”的木料累赘（也许还有方位性）必须剔除。哲学的形上倾向固然不满足于“无本之木”，为此却不得不追求“无木之本”。实际的解释史大体是这样的。

第一，流传最广的是三国魏人何晏的注：“本，基也。基立而后可大成。先能事父兄，然后仁道可大成。”何晏用“基”来解释“本”，这样有什么进展吗？“基”比“本”更近于或更是X吗？“基”是什么意思呢？许慎《说文解字》说：“基，墙始也。从土其声。”不难看出，“君子务基”比“君子务本”离“君子务X”绝不更近。为求“无木之本”而给出“基”，并没有克服方位性——连改换也没有，只是把木性的东西置换为土性的东西。如果X不能有木性，它同样没有理由带着土性。这里真正发生的，不是隐喻的解除而是隐喻的转换。

不仅如此，这个转换还改变了对哲学来说可能非常重要的一种因素。X未曾出场，要解释有子的话，他自己的用语当然具有第一位的重要性。有子用“本”，“本”是木的根或干，这是自然的有生机的东西，“本”能够生长，也能够生长出别的东西。而何晏解释时所用的“基”，它是墙之始，墙是人工的而且没有生机，“基”自己不能生长，也不能生长出别的东西。如果说在“基”上面有了别的东西，那也是人工加上去的。这种改变也使得“本”和“基”原本一致的方位性即“在下”的意义出现了差异，“在下”固然都能支撑，但一个是有机的，一个却是机械的。在形而上学意义上，如果说X更像“本”，大概X可以主动地生出别的东西，比如在有子的话里，就可以使“道”生出来。相反，如果说X更像“基”，那么X大概就还需要异质的人工因素或类似人工的因素加进来，才能“生”出别的东西。这种差异，对哲学的形上追求来说，远不是无足轻重的，从已有的各种哲学来看，这种差异是至关重要的。

第二，继何晏之后，北宋人邢昺又提供了这样的疏："是故君子务修孝弟，以为道之基本。基本既立，而后道德生焉。"邢昺的阐释颇为包容，"本"既为"基"，索性"基""本"连用。由于存在前面讨论过的差异，简单地把"基"和"本"连用，既不能消除差异，用"基本"解"本"也未能在趋向X的意义上更进一步。虽然"基本"这个复合词并不是邢昺为作此疏而创造的，但它的含义却仍偏向"本"而不是"基"。[①] 如此看来，"基本"基本上是在延宕解释问题，它甚至连一个新的隐喻也算不上。

第三，另一种延宕的解释是由南宋人朱熹给出的，他的《四书集注》相应的解释是："本，犹根也。……言君子凡事专用力于根本，根本既立，则其道自生。"这种解释相对来说是最老实的，既无新的隐喻，也谈不上根本的转换。如果一定要说有转换，那也不过是在"木"的这一部分和那一部分之间转换罢了。如果"本"是至极的，此外无他，那么朱熹以"根"相解，可说是对"本"的最好保留和捍卫。而且，朱熹的解释使用了"根""本"连用的复合词"根本"。但是，如果说"本"之外还有那个X，那么"本"之释为"根"就是最没有进展的。

第四，清人刘宝楠在其《论语正义》中提供了一种新的解释："《注》训'基'者，《说文》：'基，墙始也。'始亦本也。"[②] 这里，"本"与"始"又联络起来。那么"始"是什么呢？许慎《说文解字》说："始，女之初也。"而"初，始也。从刀衣，裁衣之始也"。段玉裁解释说："制衣以剪，用刀则为制衣之始，引申为凡始之称。"《尔雅》[③] 也说："初，始也。"刘宝楠认为"始"即"本"，而"始"与"初"互训。但是，因"本"而说出"始"，从

① 《辞源》（缩印本，商务印书馆1988年版，下引同此）把"基本"解释为"根本"，所引书证是《汉书》的句子："是以明王爱养基本，不敢穷极，使民如承大祭。"《现代汉语词典》（商务印书馆1996年版，下引同此）与《辞源》一致，也解"基本"为"根本"。《辞海》（上海辞书出版社2002年版，下引同此和1999年版缩印本）没有"基本"词条。

② 刘宝楠：《论语正义》，"清人注疏十三经"本，高流水点校，中华书局1990年版。

③ 《尔雅注疏》，《十三经注疏》本，郭璞注，邢昺疏，李传书整理，徐朝华审订，北京大学出版社1999年版。

“木”的方面就转到了（女）人的方面。而“始”又以“初”相解，从人的方面就又转到了人工制品方面。“始”大概与“本”在一个重要的哲学方面保持着一致，即它们的自然生长性。考虑到有子随后说“本立而道生”，用到了“生”，那么说“君子务本”和说君子务“始”，都保持着生机，这在哲学上很重要。当然，从“本”到“始”，发生了隐喻的转换仍然是不难看到的，而“始”是否比“本”更接近那个悬设的X？当然不是，所发生的只能说是又一个隐喻转换。

至于间接涉及的“初”，它与“本”差别就比较大些。如果说段玉裁的解释合乎情理，那么许慎的说法“裁衣之始”，就是在用工具指代使用它的动作过程或动作对象。由于工具总是预设了工具的使用者，它所从属的过程或者它所针对的对象要发生什么变化，工具并不占主导地位。在这个意义上，以“初”解“本”和何晏的以“基”解“本”，有共同的弱点，亦即使君子之所务失去了自然生机。

第五，程树德（1877—1944）《论语集释》[1] 的有关阐释引向对“本”的新理解。程树德写道：“案《吕览》：‘夫孝，三皇五帝之本务。’此‘本务’字实出有若‘务本’之语，故唐太宗[2]《孝经序》以孝为百行之源，源即本也。”查“孝经序”[3]，文中有“孝者德之本欤”——邢昺的疏是：“正义曰：《论语》云：‘孝弟也者，其为仁之本与?’今言‘孝者德之本欤’，欤者，叹美之辞，举其大者而言，故但云孝；德则行之总名，故变仁言德也。”又，“虽五孝之用则别，而百行之源不殊”——邢昺的疏是：“正义曰：五孝者，天子、诸侯、卿大夫、士、庶人五等所行之孝也。言此五孝之用，虽尊卑不同，而孝为百行之源，则其致一也。”严格说来，“孝为百行之源”是邢昺的说法，不严格地说，当然也是李隆基的说法。关键之处在于，李、邢的看法

① 程树德：《论语集释》，“新编诸子集成”本，程俊英、蒋见元点校，中华书局1990年版。

② 疑为“唐玄宗”之误。详见《孝经注疏》，《十三经注疏》本，李隆基注，邢昺疏，邓洪波整理，钱逊审定，北京大学出版社1999年版。

③ 见《孝经注疏》，《十三经注疏》本，李隆基注，邢昺疏，邓洪波整理，钱逊审定，北京大学出版社1999年版。

都与有子的那段话相关联，程树德或许就是因为这一点而指明“源即本也”。这样，在“本”的解释网络中就又添加了一项——源。

那么“源”是何义？“源”字似乎不古，一般认为本当作“原”①，许慎《说文解字》说：“驫，水（泉）本也。”这样看来，程树德的“源即本也”，也是又一次做了隐喻转换，从木的方面转到水的方面。当然更早的许慎在解字时已经在这么做。

如果单独考虑“源”，那么现代的解释主要是这样的，《辞源》和《汉语大字典》说“源”是“水流起头的地方”，前者引证了《礼记》和《荀子》，后者引证了《广韵》《国语》等。《现代汉语词典》的解释也一模一样。这使得与“本”关联的“源”，又与“头”相关联了。按《说文解字》，“头”即“首”，“首”即“头”，《尔雅》则有：“首，始也。”另外，与“头”相关的还有“题”“额”“颡”“端”（即“耑”②）。

慢慢地，围绕着“本”，一个互有关联的网络形成了：本、基、根、始、初、源、原、头、首、端。隐含的有木、土、水、人、器具（衣、刀）等。按照本文的讨论顺序，似乎“本”是这个网络的核心，但是，这个网络更可能是没有核心的。也许，那个悬设的X可以成为中心？也许吧。因为在这漫长的解释之流中，X始终未曾出场，所以要说X是中心，这中心仍不过是悬设的。

第六，最晚近的重要解释可以举杨伯峻的工作为例。对有子的话，他解释说：“君子专心致力于基础工作，基础树立了，‘道’就会产生。孝顺爹娘，敬爱兄长，这就是‘仁’的基础吧！”③ 在这里，“基础”充当“本”的解释，从中不难看出有前人何晏解释的影子，但多出了一个字“础”。“础”是什么？《说文解字新订》说：“础，礩也。从石楚声。”又，“礩，柱下石也”。

---

① 宋人徐铉等解释说：“今别作源，非是。”见《说文解字新订》，臧克和、王平校订，中华书局2002年版，第758页。清人段玉裁也认为：“后人以原代高平曰遼之遼，而别制源字为本原之原，积非成是久矣。”见所著《说文解字注》，上海古籍出版社1988年版，第569页。

② 按《说文解字》：“耑：物初生之题也，上象生形，下象根也。”段玉裁解释说：“题者，额也。人体额为最上。物之初见即其额也。古发端字作此。今则端行而耑废。”

③ 杨伯峻：《论语译注》，“中国古典名著译注丛书”本，中华书局1980年版，第2页。

《汉语大字典》解释“础”：“垫在柱下的石礅。”另外，许慎《说文解字》解释“柱”：“柱，楹也。从木主声。”“楹，柱也。”前面已经表明，以“基”解释“本”，会将有生机的东西转换为无生机的东西，现在以“基础”解释“本”，由于“础”的特殊性，情况就更复杂了。“基”作为墙之始，可以与其上的墙之其他部分同质，也可以不同质，而“础”与它以上的别的东西显然是不同质的。“基”尚且要假借其他力量才能“生”出别的东西，“础”就更是这样了，而且“生”出的东西与“础”并不相同。比较起来，把“基”“本”连用，比把“基”“础”连用，在解释“本”的事情上，要克服更大的差异。

当然，无论如何，事实上“基础”已经成为解释“本”从而描摹那个形上的X的解释网络中正常的一分子，并与其他各项沆瀣一气。《辞海》解释“基础”说：“把建筑物、机器设备等的荷重传递给地基的结构”，也“泛指事物发展的根本或起点”。《现代汉语词典》解释说“建筑物的根脚”以及“事物发展的根本或起点”。[①] 很明显，“基础”的解释，要依赖“根”“本”以及“脚”。同时，这种依赖当然也不是单向的，《辞源》解释“根本”说：“本下曰根，木下曰本。后比喻事物的本源或关键部分。”《现代汉语词典》解释说：“事物的根源或最重要的部分。”[②] 这就又转回到了“源”。

另外，杨伯峻的解释工作中还有一个对“本”的解释对本文的讨论来说有相当的价值。《论语·八佾》：“林放问礼之本。”杨伯峻译文是：“林放问礼的本质。”在此，“本”解释为“本质”了，这似乎是一个颇为现代从而颇有西方哲学味道的解释。“质”在许慎《说文解字》中的解释是：“以物相赘。”段玉裁解释说：“质赘双声。以物相赘，如春秋交质子是也。引申其义为楪也、地也。”又，许慎解释“赘”：“以物质钱。从敖贝，敖者犹放，谓贝当复取之。”段玉裁解释说：“若今人之抵押也。”复合词“本质”的解释

① 《辞源》无“基础”词条。
② 《辞海》无“根本”词条。

在《辞源》中是："事物本来的形体[①]；事物的根本性质。"在《辞海》中是："本来的品质或质地。"《辞海》其余的解释和《现代汉语词典》唯一的解释都是彻底现代的某种哲学解释。[②] 经过杨伯峻的解释，"本质"现在也加入了"本"的隐喻网络。很难确定是因为"本质"在当代的频繁使用还是因为《论语》诠释史内在的惯性，使本"质"连入了这个网络。

更多的解释可能性在杨伯峻《论语译注》里还有。"本"在《论语》中使用了5次，其中4次前文已经提及，另一次出现在《子张》篇中："子游曰：'子夏之门人小子，当洒扫应对进退，则可矣，抑末也。本之则无，如之何？'"这里，显然是"本""末"对称而言的。杨伯峻在该书后所附"论语词典"中写道："本（5次）（一）名词，根本，基础（4次）：君子务本；（二）动词，探本（1次）：本之则无。"[③] 这里又有两个对"本"的解释："根本"和"探本"。但是，在杨伯峻译注的正文中，"本"的4次名词性使用中，实际上3次（都在上引有若的话中）解释为"基础"，1次（即"林放问礼之本"）解释为"本质"，根本没有用到"根本"。同时，"本"的动词使用即"探本"的解释也没有直接出现，而是使用了借助于"基础"的一个间接解释，具体是："子游道：'子夏的学生，叫他们做做打扫、接待客人、应对进退的工作，那是可以的；不过这只是末节罢了。探讨他们的学术基础却没有，怎么可以呢？'"[④] 看来，"探本"作为解释实际上也被再解释了：探

---

① 《辞源》为此义项所引书证是晋代刘智"论天"："凡光之所照，光体小于蔽，则大于本质。"这可能是最早的使用。

② 《辞海》说："与'现象'相对。本质是事物的根本性质，是事物内部相对稳定的联系，由事物所具有的特殊矛盾构成。现象是事物的外部联系和表面特征，是本质的外在表现。本质和现象是对立的统一。两者相互区别：本质比现象深刻、稳定；现象比本质丰富、生动、易变。两者又相互统一：本质决定现象，总要表现为一定的现象；现象总是这样或那样地体现本质，它的存在和变化总是从属于本质。现象可以区分为真象和假象。假象是本质的一种歪曲的表现。任何事物都是本质与现象的统一。透过现象把握本质是科学的任务。"《现代汉语词典》说："指事物本身所固有的、决定事物性质、面貌和发展的根本属性。事物的本质是隐蔽的，是通过现象来表现的，不能用简单的直观去认识，必须透过现象掌握本质。"

③ 杨伯峻：《论语译注》，"中国古典名著译注丛书"本，中华书局1980年版，第231页。

④ 同上书，第201页。

讨……基础[①]。其实子游这句话中既然明明是“本”“末”对举，这语境就限制了“基础”之类隐喻转换出现的合理性，更何况前面已经措置了“末节”一词。那么，隐喻在再解释亦即再隐喻过程中出现的错位是思想不严谨的后果吗？看来不是，因为杨伯峻这部书在学术严谨性上应该是无可挑剔的。[②] 合情的理解似乎是，这类隐喻转换太基本太平常了，就像穿衣服系扣子一样，若非专门从隐喻的角度反思，差异以及混淆简直可以说不存在。

总括上述六个方面，我们看到，围绕有子的话，一个相互关联的隐喻网络大体上完整显现了，它由“本”“基”“根”“始”“初”“源”“原”“头”“首”“端”“础”“质”等构成，它们各自都能单独使用，也能与其他字组合使用，形成“本根”“本始”“本初”“本源”“本原”“本质”“基本”“基础”“基质”“根本”“根基”“根源”“始基”“始源”“始原”“初始”“源本”“源始”“源初”“源头”“起头”“开端”“发端”“原本”“原始”“原初”等。某些组合可能不为现代汉语所习惯，但其诠释也是以上述诸字的相互关联为基准的。

对此，人们当然可以深入思考，仔细权衡，它们中哪一个或哪些个能够是或者接近哲学形上活动所悬设的那个 X 呢？

一方面，其中任何一个都可以是 X，有子说“君子务本，本立而道生”，何晏说“基立而后可大成”，邢昺说“故君子务修孝弟，以为道之基本。基本既立，而后道德生焉”，朱熹说“君子凡事专用力于根本，根本既立，则其道自生”，杨伯峻说“君子专心致力于基础工作，基础树立了，‘道’就会产生”……这些话完全不能理解为是在说与 X 无关的事情——它们就在说 X。哲学的形上活动从而哲学的历史就是这样生成和演变的。

但是另一方面，由于这网络中的任何一个都根本上带有自身的特殊的经

---

① 朱熹相应的解释是“推其本”，也是动词性解释，但可能是更本分的。

② 杨伯峻在该书“例言”中写道：“本书初稿曾经我叔父遇夫（树达）先生逐字审读，直接加以批改，改正了不少错误。其后又承王了一（力）教授审阅，第二次稿又承冯芝生（友兰）教授审阅，两位先生都给提了宝贵意见。最后又承古籍出版社童第德先生提了许多意见。著者因此作了适当的增改。”见该书“例言”第 36 页。

验性质或者说“出身”，它们中任何一个都够不上 X，而只不过是 X 的隐喻。并不存在什么标准可以衡量哪一个更接近 X；与其说 X 有时或日益被接近了，还不如说 X 只不过在不断地被替换。

综合以上两个方面可以说，替换 X 的过程就是一个隐喻的过程，替换的替换就是隐喻的转换，也就是隐喻的再次被隐喻。值得强调的是，本文使用的“X”一直就是悬设的，它一直没有出场，也就不可能真正充实起来。哲学史或者说解释史上实际出场而且极为充实的都只是 X 的替身。这些替身不断叠加，相互增补。考察它们的合适方式不是认识论也不是逻辑学，而是考古学和修辞学。实际上，正是这些替身而不是 X，才构成了哲学形上活动的真实场景。如果说 X 是形上的，那么它的真实构成却一直是形下的。与其说人们一直生活在形而上学根据所支撑起的生活世界中，不如说人们一直生活在形而上学的形下隐喻网络中，或者说生活在隐喻的形而上学中。

“本”的隐喻：跨语言的关联

不管是浅尝哲学的周边还是深究哲学的内核，都不难发现，本文通过梳理有子之言的解释史所彰显的隐喻网络中，“本原”“本质”“基础”本源”“始基”“基质”“根本”“根基”“根源”“本根”“本始”“本初”“基本”“始原”“初始”“始源”“源本”“源始”“源初”“源头”“原本”“原始”“原初”，也就是人们在现代汉语言中进行哲学言述的基本语汇，其重要性可以这样描述：禁止它们就等于禁止哲学。

现代汉语言的哲学活动中一个非常重要的成分就是对西方哲学资源的消化吸收。在新时代的意义上，汉语要讲哲学，哲学也要讲汉语。[①] 也是在这个意义上，本文的主题应当从中西哲学语言互动的角度得到进一步展开，具体

① 杨适曾贴切地写道：“我们是用汉语来思维的。我们的学习、思考、讲授、写作、诠释和所有的研究工作，对大多数人主要只能用汉语。即使有些人可以用英、德、法语来学习，甚至个别的也能够知道一些希腊文，但是作为中国人，其理解的最后落实还得靠他的母语来实现。”（杨适：《古希腊哲学探本》，商务印书馆 2003 年版，第 33 页）这番话虽是针对汉语如何恰当翻译古希腊哲学语汇问题的，但也说透了中外思想语言相互影响中母语——对中国人来说就是汉语——的重要性。

讨论汉语哲学的英语翻译解释和西方哲学的汉语翻译解释。关于前者本文仍以有子的那句话为例，关于后者则要征引其他相关文献，核心仍是一个，即“本”的隐喻网络。

首先讨论“君子务本，本立而道生。孝弟也者，其为仁之本与?”的英语叙述，本文选取五个例子，先罗列，后讨论。

甲、理雅各（James Legge）的译文：

The superior man bends his attention to what is radical. That being established, all practical courses naturally grow up. Filial piety and fraternal submission! ——are they not the root of all benevolent actions?[①]

乙、韦利（Arthur Waley）的译文：

It is upon the trunk that a gentleman works. When that is firmly set up, the Way grows. And surely proper behaviour towards parents and elder brothers is the trunk of Goodness?[②]

丙、刘殿爵（D. C. Lau）的译文：

The gentleman devotes his efforts on the roots, for once the roots are established, the Way will grow therefrom. Being good as a son and obedient as a young man is, perhaps, the root of a man's character. [③]

丁、李详甫（David H. Li）的译文：

A gentleman commences with the foundation. With a solid foundation, Direction takes shape. Filiality and deference are the foundation of nobleness. [④]

戊、安乐哲和罗思文（Roger T. Ames and Henry Rosemont）的译文：

Exemplary persons（junzi 君子）concentrate their efforts on the root, for the root

---

① *Confucian Analects, the Great Learning and the Doctrine of the Mean*, translated by James Legge, Dover Publications, Inc., New York, 1971, p. 137.

② 孔子：《论语》（汉英对照本），“大师经典文库”本，Arthur Waley（英国汉学家）译，外语教学与研究出版社 1998 年版，第 3 页。

③ *Confucius: The Analects*, translated by D. C. Lau, Penguin Books, 1979, p. 59.

④ *The Analects of Confucius: A New Millennium Translation*, translated and annotated by David H. Li, Premier Publishing Company, 1999, p. 10.

having taken hold, the way (dao 道) will grow therefrom. As for filial and fraternal responsibility, it is, I suspect, the root of authoritative conduct (ren 仁).[①]

甲、丙、戊的译文都把“本”翻译为 root，或 what is radical。这是第一类解释，它似乎近于或者就是本于朱熹的解释：“本，犹根也。”丁译文则把“本”翻译为 foundation。这是第二类解释，它似乎近于或者本于何晏的解释：“本，基也。”乙译文把“本”解释为 trunk。这是第三类，它似乎是在“本”两可的现代解释[②]倾向中选取了一个。如果从差异的角度看，以 trunk 解释“本”的做法在《论语》注疏的主流作品中并不明显，也可能根本没有。如果从相近的角度看，对“本”做这样的解释，也不好说不对，因为在汉语本身的历史中，离“本”不远的“根”“茎”“干”与“本”也时有混用。也是从这个角度来说，乙的译文似乎可以不必自成一类，而归入第一类。这样就是两类解释，它们大体与《论语》解释史的主流文献相吻合。

但是，微妙的自然差异却不能不注意。所有有用的语言都是特殊的，没有凌驾于所有特殊语言之上的一般语言。而且，每种语言都有其自身在历史中养成的结构与倾向，具体到词语身上，就是每个词语都因其发生史和使用史而形成自己的“出身”，这种出身在漫长的使用史中会渐渐发生变化，但却不是任何特定的使用者能够随意改变的。一种语言的用语对译到另一种语言中时，从理论的角度看，不能不是解释。而只要是解释，就可能甚至必然涉及隐喻。在从汉语翻译为英语时，在本文所讨论的关键词身上发生了什么样的隐喻解释呢？

第一类解释是把“本”翻译为 root，或 what is radical。

关于 root，*The Oxford English Dictionary*[③] 的解释是：that part of a plant or tree which is normally below the earth's surface。类似地，*Shorter Oxford*

① 安乐哲、罗思文：《“论语”的哲学诠释：比较哲学的视域》，郑家栋主编“新传统主义丛书”本，余谨译，中国社会科学出版社 2003 年版，第 196 页。

② 《辞源》“草木的根、干”、《辞海》“草木的根或茎干”和《现代汉语词典》“草木的茎或根”，《汉语大字典》前两项也是“草木的根”（并引许慎说）和“草木的茎、干”。

③ Second edition, Clarendon Press, Oxford, 1989.

English Dictionary[①] 的解释是：the colourless，usually underground，part of a vascular plant （developed from the radicle） which serves to anchor it，convey nourishment，etc. 。*Merriam-Webster Dictionary*[②] 的解释是：the usually underground part of a seed plant body that originates usually from the hypocotyl，functions as an organ of absorption，aeration，and food storage or as a means of anchorage and support，and differs from a stem especially in lacking nodes，buds，and leaves。root 其词源是古英语 rōt，来自古斯堪的纳语 rót，意思是 root。它也与古英语 wyrt（植物）和拉丁语 rādīx（根）有关。不难看出，root 明确地具有位于地下、与干相区别并从土壤传输营养的含义，这个 root，汉语的常用理解事实上是"根"。笼统地看，"root" 对 "本" 未尝不是一个极好的翻译解释，但是，似乎可以问："本" 是明显位于地下吗？未必；"本" 与 "干" 明确有别吗？也未必；"本" 是传输营养的吗？可能是。在汉语本身，"木下曰本"，仅此而已。"君子务本" 以及其中的 "本" 随着翻译被带入了另外一种语言，完全无法确保它们在迁移（translat-ed）中不接受那种语言语词自身所有的"出身"，叠加、增补、缺失都会在这个过程中发生。这时，与其说 "root" 是 "本" 因而可以对译，不如说 "root" 像 "本" 因而能够隐喻。仅就翻译而言，如果对翻译持有对应倾向，那人们就不得不苦恼于 "对应" 的困难甚至不可能，因此翻译不得不 "沦" 为某种知其不可而为之的艺术。从本文探讨的角度来看，对应倾向实乃令人绝望的希冀，不过反过来看，翻译也可以变得坦然：翻译有准确性吗？不，而且不必，翻译是隐喻的技艺。

radical 的词源是拉丁文 rādīx，意思是 root。"radical" 现代的基本意思也与 "root" 相关，即 "of，relating to，or proceeding from a root"[③]。因此，"本" 通过 root 而发生的迁移关系也会在这里发生。不仅如此，值得强调的

---

① Fifth edition，Oxford University Press，2002. 上海外语教育出版社 2004 年版，中文名为《牛津英语大词典（简编本）》。

② *Merriam-Webster Dictionary*，Merriam-Webster，New Rev edition，2004.

③ Ibid. .

是，“radical”通常还有“极端的”“激进的”等含义。显然，“君子务本”在汉语解释传统中，从来没有出现过君子是极端的或激进的这样的理解，大概也不可能出现。但是，理雅各的译文“The superior man bends his attention to what is radical”却完全不能预先就阻止这样的理解①。此外，radical 的含义还与origin有关，而 origin 的出身与 root 无关而与“rise”有关，下文再讨论。

总之，“君子务本”在英语中被赋予了新的语义关联，或者说“本”在跨语言的解释中进入了与以往不同的隐喻网络。跨语言的比较可以使人们发现某种有趣的隐喻转换，但一个仅能阅读英语的人自然地只会在“The superior man bends his attention to what is radical”或“Exemplary persons concentrate their efforts on the root”或“The gentleman devotes his efforts on the roots”这样的句子中形成明确的理解。查考有关语言的注释经常能够缓解这种困境，但不能根本解决。经典之为经典，不是因为它是学者咬文嚼字的苦行专利，而是因为它是普通人自然接触的生活图景，这时不能指望人人都成为专家学者，时时小心隐喻以及隐喻的转换。而隐喻及其转换也就在这种不自觉的语言之家中发挥着塑造心灵和世界的作用。

如果第一类解释的情况像上文所讨论的那样，看来曾提到过的第三类解释就不好并入其中了，因为 trunk 的含义和出身与“本”相差似乎太远。

trunk 的现代含义主要有四：（1）根枝以外的树木主干；（2）人或动物除头、肢外②的躯干；（3）有盖子的行李箱；（4）象的鼻子③。trunk 的词源较近的来自古法语 tronc，指 alms box in a church（教堂里盛救济物的盒子），较

---

① 人们一般认为一句话的确切含义要在相当的语境中方能得知。当然是这样。但这与本文目前的讨论不冲突，因为所谓“语境”在其现实性上也只能是某种特殊语言，也受制于特定语言的“出身”。这样看来，确定含义的问题并没有解决，只是被延宕了而已。

② 这两项含义中都有明确的限定值得注意，即既有别于“根”，也有别于“枝”或“肢”。亦可参见 *Merriam - Webster Online Dictionary*。

③ 据 *The Pocket Oxford Dictionary of Current English*（7th Edition，1984），trunk：main stem of tree as distinct from branches and roots；person’s or animal's body apart from limbs and head；large luggage-box with hinged lid；elephant's elongated prehensile nose。

远的来自拉丁语 truncus，意为砍、修剪，原意为通过砍而损毁，初似指工具或艺术品，后用于人或动物，有致残的意思。[①] 这样看来，在英语中 trunk 与 root 是明确相区分的，彼此互不包含，而且前者还暗示着残缺不全，或者竟有行李箱/象鼻子的意思。如果以 root 解释“本”多少还是吻合的，那么，把“君子务本”表达为“It is upon the trunk that a gentleman works”，就在含义上既增加了不少也减掉了不少。然而这并不是一个纯然的错误，它只是需要更多的附加解释，例如，为了对付溢出来的残缺不全的意思，可以阐释说善始善终是好的，无终之始不真成其为始，虽然不可本末倒置，但无末之本也不真成其为本，本自身也有它的未完成性……当然，这类附加解释往往是深奥的，同时也可能是牵强的。事实上，以 trunk 解释“本”，把“君子务本”又带入了另一种新的语义关联亦即隐喻网络中。其中，人们可能必须有意识地把象鼻子、行李箱及多少有点恐怖的光秃秃的躯干阻挡于理解之外。这一点在哲学上很重要，原本“本”是与“末”相区分的，现在代以“干”与“枝”、“根”或“头”、“肢”相区分，整个话语场景都发生了置换，要言之，是隐喻的转换。人们也许可以说这种翻译是不准确的，但这就是翻译的实际。从严格的意义上讲，何晏把“本”解作“基”就已经是不准确的。这些都未必是错误，不能用“错误”这个简单的标签来敷衍此类问题。

再来看第二类解释。Foundation 的含义及词源都与人工制品有关，可经由古法语而上溯至拉丁语 fundus，意即 bottom（基底）。从前文讨论可知，何晏的解释即以“基”解“本”已经是隐喻的转换，以英语据何晏的解释进行翻译，也只是对“本”做了再一次的隐喻。也许，用英语的 base 来解释“基”从而隐喻“本”可能增补得会少些。

总体来看，随着“本”被译解为 root，trunk，foundation，或者短语 what is radical，它都将不由自主地被带入各不相同的语义脉络，它们都不比

---

① 据陆谷孙主编：《英汉大词典》，上海译文出版社 1993 年版。

“本”更一般，而是同样特殊，真正发生的并不是哲学上被特别推崇的定义或推理，而是从一种特殊之物转换（metaphor[①]）为另一种特殊之物。如果说从汉语到英语的过程中，哲学形上叙事的固有经验性或顽固的形下性没有得到克服而只是转换，那么到其他语言的情况大概也不会有根本的不同。换言之，世界上没有一种现实的语言对哲学的形上叙事是“本质上”合适的，哲学说德语也好、说英语也好或者说汉语也罢，或许都不过是勉为其难。

跨语言的隐喻转换当然也发生在用汉语译解西方哲学的事情上。这方面的内容过于广泛，本文不得不依自身的主题做出选择和限制，以便讨论可以深入。可以注意，当用由“本”衍生的若干基本词汇——“本原”“本质”“基础”“本源”“始基”“基质”“根本”“根基”“根源”“本根”“始原”“始源”“源本”“源始”“源初”“源头”“原本”“原始”“原初”——来讨论某类哲学问题时，同样的问题（姑且假设有同样的问题吧）在另一种语言例如英语中，是不是用本文刚刚讨论过的那些有关的词汇——root、radical、trunk、fundamental 和 foundation——来讨论的呢？

相对来说，英语不古，并无古老的所谓英语哲学，但一个有意义的入手点还是可以找到的。西方哲学一般以伊奥尼亚哲学为最早，伊奥尼亚哲学的主要关注点是“本原”[②]，它也是亚里士多德认真讨论的若干哲学范畴中的第一个。这里不妨以亚里士多德这段讨论[③]为例。本文没有能力直接讨论希腊语，这是个遗憾。在此前提下，遗憾也可能有积极意义，前文悬设的形而上

① 英语“隐喻”和“翻译”在词源上似乎关系密切。依 *The Oxford English Dictionary*（second edition，1989）的解释，metaphor 来自法语 métaphore 和拉丁语 metaphora 及古希腊语 metapherein，其中 pherein 的意思是 to bear。translate 来自拉丁语 translatus，即 transferre 的过去分词，其中词根是 ferre。而 bear 的同类词根也是拉丁语的 ferre 和古希腊语的 pherein。亦可参看陆谷孙主编《英汉大词典》。

② 这里语言上的尖锐难题出现了：只能用某种特殊的语言来表述问题。“本原”－“αρχη”－“arche”－“origin”－“beginning”，每一个都是特殊的，没有一般的。这个难题似乎是不可解决的。马克思和恩格斯在《德意志意识形态》中曾说过：“‘精神’从一开始就很倒霉，受到物质的纠缠，物质在这里表现为振动着的空气层、声音，简言之，即语言。”（《马克思恩格斯选集》第 1 卷，人民出版社 1995 年版，第 81 页。）语言其实自己也很倒霉，总要受到“某种”语言的纠缠。

③ 1012b34—1013a23，即亚里士多德《形而上学》第 5 卷第 1 章。

学的X，在这里不妨就替换为“αρχη”[①]，权做一个形式充实。

首先，来看英语表述。罗斯（W. D. Ross）（1908）的表达是：

‘BEGINNING’ means（1）that part of a thing from which one would start first, e. g. a line or a road has a beginning in either of the contrary directions.（2）That from which each thing would best be originated, e. g. even in learning we must sometimes begin not from the first point and the beginning of the subject, but from the point from which we should learn most easily.（3）That from which, as an immanent part, a thing first comes to be, e. g. as the keel of a ship and the foundation of a house, while in animals some suppose the heart, others the brain, others some other part, to be of this nature.（4）That from which, not as an immanent part, a thing first comes to be, and from which the movement or the change naturally first begins, as a child comes from its father and its mother, and a fight from abusive lan-guage.（5）That at whose will that which is moved is moved and that which changes changes, e. g. the magistracies in cities, and oligarchies and monarchies and tyran-nies, are called archai, and so are the arts, and of these especially the architectonic arts.（6）That from which a thing can first be known; for this also is called the be-ginning of the thing, e. g. the hypotheses are the beginnings of demonstrations. (Causes are spoken of in an equal number of senses; for all causes are beginnings.) It is common, then, to all beginnings to be the first point from which a thing either is or comes to be or is known; but of these some are immanent in the thing and others are outside. Hence the nature of a thing is a beginning, and so is the element of a thing, and thought and will, and essence, and the final cause—for the good and the beauti-

① 这个用语的哲学重要性是显然的，正如文德尔班所说的：“αρχη（始基）这词本身凝聚着历代宇宙论者的幻想。”参见所著《哲学史教程》（上卷），罗达仁译，商务印书馆1987年版，第49页注④。另外，据杨适的考察，《约翰福音》中著名的“太初有道”的“太初”，就是用αρχη表达的。见所著《古希腊哲学探本》，商务印书馆2003年版，第138页注①。

ful are the beginning both of the knowledge and of the movement of many things. ①

罗斯（1924）的这段译文后来有一个修订的版本：

We call an origin (1) that part of a thing from which one would start first, e. g. a line or a road has a origin in either of the contrary directions. (2) That from which each thing would best be originated, e. g. we must sometimes begin to learn not from the first point and the origin of the thing, but from the point from which we should learn most easily. (3) That from which (as an immanent part) a thing first arises, e. g. as the keel of a ship and the foundation of a house, while in animals some suppose the heart, others the brain, others some other part, to be of this nature. (4) That from which (not as an immanent part) a thing first arises, and from which the movement or the change naturally first proceeds, as a child comes from the father and the mother, and a fight from abusive language. (5) That by whose choice that which is moved is moved and that which changes changes, e. g. the magistracies in cities, and oligarchies and monarchies and tyrannies, are called origins, and so are the arts, and of these especially the architectonic arts. (6) That from which a thing can first be known; for this also is called the origin of the thing, e. g. the hypotheses are the origins of demonstrations. (Causes are spoken of in an equal number of senses; for all causes are origins.) It is common, then, to all to be the first point from which a thing either is or comes to be or is known; but of these some are immanent in the thing and others are outside. Therefore the nature of a thing is an origin, and so are the elements of a thing, and thought and choice, and substance, and that for the sake of which—for the good and the beautiful are the origin both of the knowledge and of the movement of many things. ②

这两段译文主要的差别在于 beginning 换成了 origin。

---

① METAPHYICA, 1012b34－1013a23, (*The Works of Aristotle*, translated into English under the editionship of J. A. Smith and W. D. Ross. Volume VIII) translated by W. D. Ross, Clarendon Press, Oxford, 1908.

② W. D. Ross, *Aristotle's Metaphysics*, Clarendon Press, Oxford, 1924. *The Complete Works of Aris-totle*, (the revised oxford translation, in two volumes) edited by Jonathan Barnes, Princeton University Press, 1995, pp. 1599—1600.

其次，来看汉语表述：吴寿彭（1959）的汉语表达是：

“原”的命意（一）〈原始〉事物之从所发始，如一条线或一条路，无论从哪端看，都得有一起点。（二）〈原始〉是事物之从所开头，如我们学习，并不必须从第一章学起，有时就从最好入手的一节学起。（三）〈原本〉是事物内在的基本部分，如船先有船梁，屋先有基础，而有些动物有心，有些有脑，另有些则另有性质相似于心或脑的部分。（四）〈原由〉不是内在的部分，而是事物最初的生成以及所从动变的来源，如小孩出于父母、打架由于吵嘴。（五）〈原意〉是事物动变的缘由，动变的事物因他的意旨从而发生动变，如城市政府、寡头政体，王制以及暴君都叫作“原”〈主〉。技艺亦然，尤其显明的是大匠师的精于设计者。（六）〈原理〉是事物所由明示其初义的，如假设是实证的起点。（因为“原因”与“原始”之义相通，所以“原”有六义，因也该有六义。）这样，所谓“原”就是事物的所由成，或所从来，或所由以说明的第一点；这些，有的是内含于事物之中，亦有的在于事物之外；所以“原”是一事物的本性，如此也是一事物之元素，以及思想与意旨，与怎是和极因——因为善与美正是许多事物所由以认识并由以动变的本原。①

范明生（1988）的汉语表达是：

arche 的含义有：（一）事物开始的部分，比如一条线或一条路，无论从相反的哪一端，都有一个起点。（二）事物最好的出发点，例如学习时，我们有时并不是从头开始，而是从最容易学好的地方开始的。（三）事物从它的某个内在的部分先产生的，比如船从龙骨开始，房屋从基础开始，至于动物，有人说是从心开始，有人说是从脑开始，还有人说是从别的具有类似性质的部分开始。（四）事物从某个不是它的内在部分开始产生，运动变化都是从它开始产生，比如小孩是从他的父亲和母亲开始，而打架是从骂人开始产生的。（五）运动变化的事物是由于某个东西的意志而产生运动变化的，例如城邦的

① 亚里士多德：《形而上学》，吴寿彭译，商务印书馆 1959 年版，第 83—84 页。

统治，寡头政治、君主政治和僭主政治，也都被称作 archai，技术也是这样，特别是建筑术。（六）由于它而开始认识事物的，也叫作本原，比如，假设是证明的开始。原因也有这么多含义，所有的原因也都是开端。所有的arche有个共同点，它们是事物的存在、产生以及被认知和说明的起点，但它们有的是在事物以内，有的却是在事物以外的。所以，作为 arche 的本性，它是事物的元素，事物的倾向和选择，事物的本质，事物的目的因——因为“善”和“美”是许多事物的知识和运动的起点。①

苗力田（1989）的汉语表达是：

所谓始点，就是事物由之最初运动之点。例如，一段线、一条路都在此端有个始点，而在对方有另外的始点。或者是每一事最佳的生成之点，例如学习有时并不必定从最初学起、从事情的开端学起，而是从最容易的地方学起。或者内在于事物，事物由之最初生成之点，例如，船只的龙骨、房屋的基石；所以，有的人把脑髓、有的人把其他类似的东西，当作动物的本原。有的最初由之生成之点并不在事物之内，而运动和变化自然而然地由之开始，例如父母是婴儿的始点，纠纷是战争的始点。或者是，能运动的东西遵照而运动，会变化的东西遵照而变化的意图，例如城邦的首脑、当权者、王公或僭主。arche 还指某些技术，其中特别是建筑术。其次，事物最初由之认识的东西，也叫作事物的本原，例如，前提是证明的本原。原因的意思和本原一样多，全部原因都是本原。

全部本原所共有意义就是，存在、生成和认识由之开始之点，它们既可以内在于事物，也可以外在于事物。从而自然是本原，元素是本原，设想、意图、实体和何以是都是本原。在许多情况下，善和美是认识和运动的始点。②

苗力田（1993）修订了的汉语表达是：

① 汪子嵩、范明生、陈村富、姚介厚：《希腊哲学史》第1卷，人民出版社1988年版，第153—154页。

② 苗力田主编：《古希腊哲学》，中国人民大学出版社1989年版，第505—506页。

本原的意思或者是事物中运动由之开始之点，例如一段线、一条路都在一端有一个起点，而在另一端有另一个起点；或者是某一事情最佳的生成点，例如学习有时并不必定从最初开始，从事情的开端开始，而要从最容易的地方学习起；或者是内在于事物，事物由之生成的初始之点，例如船只的龙骨、房屋的基石，所以有的人把心脏、有的人把脑髓、有的把类似的其他什么东西当作动物的本原；或者是由之生成，但并不内在于事物的东西，运动和变化自然而然地从它开始，例如婴儿是由父母产生，战争是由争吵产生；或者是按照其意图能运动的东西运动，可变化的东西变化，例如城邦的首脑、当权者、君主或僭主们；而技术也被称为“本原”，尤其是建筑术。其次，事物最初由之认识的东西也被称为此事物的本原，例如前提是证明的本原。原因的意思和本原一样多，因为一切原因都是本原。

全部本原的共同之点就是存在或生成或认识由之开始之点。它们既可以内在于事物也可以外在于事物。正因为这样，自然是本原，而元素、思想、意图、实体和何所为或目的都是本原。在很多情况下善和美是认识和运动的本原。①

李真（2005）的汉语表达是：

开端的意思是：（1）事物的那个部分，一个东西首先从它移动，例如一条线或一条路，在相反方面的每一面都有一个开端；（2）那个点，从它出发每一事物可以最好地产生出来，例如一个研究的活动有时应当不是从最原始的或者从论题的起点开始，而要从容易学习之点开始；（3）一个事物，作为内在的部分，某事物由它得以首先变为存在，例如一条船的龙骨和一座房子的地基，至于动物，有的人认为是心脏，有的人认为是头脑，还有的人认为是具有这个性质的其他部分；（4）一个事物首先从它（不是作为一个内在的部分）开始变为存在，并且运动和变化自然地首先从它开始，如像一个小孩来自他的父亲和母亲，一场战斗来自污辱性语言；

① 苗力田主编：《亚里士多德全集》第7卷，中国人民大学出版社1993年版，第110—111页。

(5) 那样一个东西按照其意志使得运动的东西运动起来，使得变化的东西发生变化，例如城市中的长官，以及寡头、君主和僭主都被叫作治理者(αρχη)，在技艺中也有这样的称呼，特别是在建筑技艺中[1]；(6) 一个事物可以首先由它而得以认识的东西——这也叫作事物的开端［原理］，例如假设是证明的开端（原因也能有相同数目的不同的意义，因为所有的原因也都是开端［原理］）。

所有开端的共同性质就是“第一的东西”，从它出发一个事物或者是存在的，或者变为存在，或者得以认识，但是它们有的是内在于事物的，而其他的则是外在的。因此“自然”是一个“开端”，而且“元素”、思想和选择，以及实体和“终极因”也是“开端”——因为善和美在许多情况下都是认识和运动的开端。[2]

在上引七段译文中，可以很容易发现两组特殊词汇，一组是英语的：

beginning，begin，origin，originated，连带的有：nature，element，thought，will，choice，cause，essence，substance，例证中出现的有：line，road，learning，keel of a ship，foundation of a house，animal，heart，brain，child，father，mother，fight，abusive language，magistracies，cities，oligarchies，monarchies，tyrannies，arts，architectonic arts，hypotheses，demonstrations。

另一组是汉语的：

原，原始，原本，原由，原意，原理，本原，发始，开头，开端，来源，初义，始点。连带的有：本性，自然，元素，思想，倾向，设想，意旨，选择，本质，实体，怎是，何以是，极因，目的因，何所为，终极因，目的。例证中有：线，路，学习，船，屋，动物，小孩，骂人，纠纷，打架，战争，城邦的首脑，当权者，王公，君主或僭主，城市政府，执政官，寡头政体，王制，暴君，技艺，建筑大师，大匠师的精于设计者，实证，父母，吵嘴，船梁，龙骨，基础，假设，等等。

---

① 译者注：“如称为‘建筑大师’、‘巨匠’之类。”

② 亚里士多德：《形而上学》，李真译，上海人民出版社 2005 年版，第 115—116 页。

从词典的角度看，αρχη 的汉语解释是："I ①起因，起始，本源，基础，前提；②原则，要素；③末端，末尾。II ①王权，统治权；②王国；③长官职务，公职；④当局。"[①] 而 αρχη 的英语解释是："① a beginning，first cause，origin；② a first principle，element. ③ firstlings. ④ the corner of a sbeet. "[②]

与前文讨论过的"本"的英译联系起来看，可以发现大概同一个问题的三种语言表述的叠合与错动。首先，当把以 αρχη 为核心词的叙述表达为汉语的时候，汉语所用的词语脉络大体上就是"君子务本"阐释史中已然形成的隐喻网络。其次，当把以 αρχη 为核心词的叙述表达为英语的时候，英语所用的词语脉络以 beginning 和 origin 为主。最后，以"本"为核心词的叙述表达为英语的时候，英语所用的词语脉络却是以 root、radical、foundation、fundmental 为主的。考虑到这三个方面，下面可以讨论三个问题：第一，英语表达古希腊语的时候，是否发生了隐喻或者隐喻的转换？第二，汉语表达古希腊语的时候，是否发生了隐喻或隐喻的转换？第三，假设存在同一个形而上学问题即"本原"问题，那么，为什么在表达成英语时存在明显的不一致？

第一个问题可以借助于罗斯的注释来讨论。针对对 αρχη 的翻译，罗斯两次做注，第一次是："The double meaning of αρχη –'beginning' and 'government' –cannot be reproduced in English. "[③] 第二次是："'Origin' translates 'αρχη', elsewhere often 'source' or '(first) principle'. In Greek 'αρχη' also means 'rule' or 'office'. "[④] 第一个注释表明英语翻译只能是缺失或增补中的抉择，没有对应。仅以 beginning 来解释，显然少了重要

---

① 据罗念生、水建馥编：《古希腊语汉语词典》，商务印书馆 2004 年版。

② 据 *Greek-English Lexicon*，edited by Liddell and Scott，Abridged Edition，Clarendon Press，Oxford，1977。

③ METAPHYICA，1013a13，translated by W. D. Ross，Clarendon Press，Oxford，1908.

④ W. D. Ross，*Aristotle´s Metaphysics*，Clarendon Press，Oxford，1924. *The Complete Works of Aristotle*，(the revised oxford translation，in two volumes) edited by Jonathan Barnes，Princeton University Press，1995，p. 1599.

的内容；同时，还会多出些内容。beginning 是 begin 的动名词形式，而 begin 的含义与“打开”（to open）有关，也与“打哈欠”（to yawn）有关①。αρχη 通过 beginning 被带入英语的意义网络，滋生的差异无法通过语词解决，从而恐怕根本就不可解决。语词的意义被迫在翻译解释中不断流浪，一如有子的“本”到何晏那里就成了“基”。罗斯后又把 αρχη 翻译解释为 origin，并申明 source 和（first）principle 也是常见的候选者。但是，origin 本出自拉丁语 orīrī，意为 arise 或 rise，相关于（日月）“升起”“东方”等内容②。source 的现代含义与水流有关③，词源则是拉丁语的 surgere，意为 rise④。principle 的现代含义虽然是抽象的，但其词源是拉丁语 princeps⑤，意为 initiator（始作俑者），其词干 capere 意为 to take⑥。逻辑上绝不可能证明这些词会与 αρχη 吻合，其实它们彼此也不相吻合。因此，翻译在缺失和增补中必然沦为解释，而就像前面讨论的那样，解释只能在特殊者之间进行，必然带有隐喻性。只有通过隐喻，形而上学所追求的“一般”才可能被创造出来。

第二个问题的答案已经存在，只欠一个集中的表述。首先，显然也没有

---

① 据 *The Oxford English Dictionary*（second edition，1989）和《蓝登书屋韦氏英汉大学词典》（中国商务印书馆和美国蓝登书屋 1997 年版）。

② 据 *The Oxford English Dictionary*（second edition，1989）。

③ 参见 *Little Oxford English-Chinese Dictionary*（edited by Maurice Waite）（《牛津英汉双解小词典》，郑荣成、马秉义等译），外语教学与研究出版社、牛津大学出版社 2002 年版，解释是：place from which river or stream issues。

④ 据 *Shorter Oxford English Dictionary on historical principle*（5th edition，edited by W. R. Trumble and A. Stevenson，Oxford University Press，2002）。中文名《牛津英语大词典（简编本）》，上海外语教育出版社 2004 年版。

⑤ princeps 的前缀 prīmus 即是“第一”的意思，first principle 这样的措辞似乎是累赘的。不过这种语言现象却很常见，汉语相应的表达也是“第一原理”，“第一”和“原”其实是重合的。

⑥ 据 *Merriam-Webster Online Dictionary* 和 *Oxford Concise Dictionary of English Etymology*（edited by T. F. Hoad，Oxford University Press，1996）。中文名《牛津英语词源词典》，上海外语教育出版社 2000 年版。

一个汉语词能够对应 αρχη[①]。其次，为表达出 αρχη，汉语动用了“根源”“来源”“本原”“基质”“本体”“本体的基质”“本体作为基质”“始基”“发端”“起源”“开始”“起源”“原因”“根”“元素”“原则”“初始根源”“根据”[②]，等等。这些词语所形成的意义网络大体近于本文已经彰显出的以“本”为核心的隐喻网络。再次，缺失与增补显然也同英语一样发生在汉语译解古希腊语的过程中。最后，依据亚里士多德表述中的例子，人们可以看到一些陌生的东西，如一条线、船和船梁、心脏、脑、父母和小孩、吵嘴和打架、政府、王制、假设和证明等，不管 αρχη 有多么深奥，它总是和这些具体的甚至触手可及的东西有关。对于哲学的形上活动，亚里士多德显然具备第一流的直觉，但就是他，在阐述 αρχη 问题时，也不得不借助于大量形下的实例。起亚里士多德于地下，可以试问，假如不许使用此类实例，αρχη 的问题

① 吴寿彭在说明 αρχη 的翻译时写道：“各民族言语文字发生时，若干原始字根，均出于人生基本活动，故多相似。然其日久孳乳则因生活、环境、与思想变化而颇相异致。凡一字数义，即双关或数关之字，各民族必难得相同的一字，其所关数义均属一致。因此本书各卷译文中（例如 αρχη）往往不能不以两个或三个以上（例如‘原始’‘原理’‘渊源’）的中文名词来译取一个希腊名词。”见吴寿彭译亚里士多德《形而上学》，商务印书馆 1959 年版，第 83 页注②。李真也在相应的地方解释说：“古希腊语 αρχη 兼有‘开端’‘源泉’‘本原’‘原理’和‘统治’等多种含义。古代雅典的由若干人组成的最高执政官员，即称为`αρχων，中译为‘执政官’，即由此字而来。”见李真译亚里士多德《形而上学》，上海人民出版社 2005 年版，第 115 页注①。

② 汪子嵩、范明生、陈村富、姚介厚的《希腊哲学史》第 1 卷有一节专论 αρχη，这里所列的词汇就出现在这一节里。参见该书第 151—159 页，人民出版社 1988 年版。此外，相关的词汇还有“原质”（original substance）、“元质”（primal substance）、“元素”（element），参见罗素《西方哲学史》（上卷），何兆武、李约瑟译，商务印书馆 1963 年版，第 51—53 页。其他各种见诸汉语表达的有关叙述，不论是翻译还是讨论，所用词汇都不超出这里所列的，如北京大学哲学系外国哲学史教研室编译的《古希腊罗马哲学》（商务印书馆 1961 年版），北京大学哲学系外国哲学史教研室编译的《西方哲学原著选读》上卷（商务印书馆 1981 年版），苗力田主编的《古希腊哲学》（中国人民大学出版社 1989 年版），第欧根尼·拉尔修的《名哲言行录》（马永翔、赵玉兰、祝和军、张志华译，吉林人民出版社 2003 年版），黑格尔的《哲学史讲演录》第 1 卷（贺麟、王太庆译，商务印书馆 1959 年版），文德尔班的《哲学史教程》上卷（罗达仁译，商务印书馆 1987 年版），梯利的《西方哲学史》修订增补版（葛力译，商务印书馆 1995 年版），泰勒主编的《劳特利奇哲学史第一卷：从开端到柏拉图》（韩东晖、聂敏里、冯俊、程鑫译，冯俊审校，中国人民大学出版社 2003 年版），策勒尔的《古希腊哲学史纲》（翁绍军译，贺仁麟校，山东人民出版社 1992 年版），罗斑的《希腊思想和科学精神的起源》（陈修斋译，段德智修订，广西师范大学出版社 2003 年版），叶秀山的《前苏格拉底哲学研究》（人民出版社 1997 年版），杨适的《哲学的童年》（中国社会科学出版社 1987 年版）和《古希腊哲学探本》（商务印书馆 2003 年版），颜一的《流变、理念与实体——希腊本体论的三个方向》（中国人民大学出版社 1997 年版），尼古拉斯·布宁和余纪元编著的《西方哲学英汉对照辞典》（人民出版社 2002 年版）。

还怎么讨论呢？而且，由于 αρχη 与这些实例的关联，看来 αρχη 本来就不是一个专门给形而上学使用的特选词汇，这和“本”或“道”在中国思想中的地位是相似的。似乎也可以说，从亚里士多德开始，古希腊语、拉丁语、英语、汉语都在轮番做着形而上学的隐喻工作。和数学或现代逻辑相比，哲学的形上活动更为“不幸”，它无法拥有自己的专用词汇。

第三个问题索解不易。在本文已经考察过的文本中，英语译解古希腊语的文本中完全没有用 root 或 radical，foundation 和 fundmental 也不常用。同时，英语译解古汉语的文本中完全没有用 beginning 或 origin。这可能意味着，root 及其相关词汇并不是西方哲学讨论问题的基本用语。但是，从汉语来看，上述英语词汇却都不超出“本”“基”“根”“始”“原”的隐喻网。从后果来看，一方面是消极的，以西方哲学固有的习惯规范为根据译解而来的英语文本很难进入主流哲学思考的视野。这或许能够从某种意义上支持一种有影响的论点，即中国没有哲学①。另一方面则是喜忧参半的，举例来说，梅依在评论海德格尔与老子思想的关系时写道：“暗中对非西方精神的文献挪用，已经进行了如此之久而不为人知。”② 按照梅依的看法，海德格尔通过研习汉学译介的资源说出了西方固有形上传统未曾说出的智慧，当职业的哲学界为海德格尔的新哲学而赞叹或迷惑时，既表明了中国思想的特殊力量，也表明了西方主流哲学对译介资源的无知和无视。也许可以猜想，西方的哲学家和汉学家很少了解对方的工作，正如安乐哲和罗思文谨慎地指出的：“当然，我们绝不是要一笔抹杀前辈学者的成就，没有他们的辛勤努力，我们必将一事无成。但是，从事语言学、汉学和哲学的学者们不但

---

① 从一个不同的角度，安乐哲和罗思文也指出：“不假思索地猜想人类有一种普遍的人性和担心某些领域的过多不同将导致严重的不均衡，掩盖了中西文化的巨大差异。而中华文明的发生、发展正直接展现了中西方的显著不同。我们的译文未能深入表现这种差异，因而使西方读者觉得，中国文化似曾相识。在西方人将另一种哲学传统误读为熟悉之物的同时，本应被忘记的西方标准也在审验着异域文明。于是，所有的外来文化都被看作西方文明的低级阶段（于是，西方学术界认为，中国典籍中没有‘真正的哲学’）。”见所著《论语的哲学诠释》，余谨译，中国社会科学出版社 2003 年版，第 193 页。

② 莱因哈德·梅依：《海德格尔与东亚思想》，张志强译，中国社会科学出版社 2003 年版，第 3 页。

从来没有进行过合作，甚至在学科内部和学科之间频繁地相互贬斥。”[1] 近代以来的学术体制也在加剧这种状况。尼采的《悲剧的诞生》一出版，就遭到了古典语文学界的严厉批评[2]，海德格尔对 SEIN 的溯源与发挥受到逻辑学家和语言学家的指责[3]，宋儒对孔子的解释也受到注重小学的学者的讥讽[4]。

形上之道：在隐喻中开显

在本文议题和素材许可的范围内，似乎可以生发出下列理解：

第一，在哲学的形上活动中，事情、思想、语言是三个必要的互相关联的方面。从语言的方面来看，假如有仓颉造字这回事，当初造“本”恐怕并没有想到哲学，没有想到有子会用它来讲儒家哲学，更没有想到今人会用它来讲某些异域的哲学。但有子讲“君子务本”，“本”就挪作他用（metaphorized），变生出了新的意义。如果“隐喻”这词还描摹了什么过程的话，有子对“本”的使用当属其列。类似地，亚里士多德对 αρχη 的使用也是如此。尼采主张“一切词语本身从来就都是比喻”[5]，这是个穷根究底的讲法。即使在弱一些的意义上，也确实可以认为纵然不是语言开始的时候而是哲学活动开始的时候，隐喻就率先出场了。并不存在特别一般的、意义直接的词汇或者字面可用的词汇以专门支持形而上学活动。从汉语言的情况看，本文以讨论个案的方式搜罗了本体论及其相关言述的用语主体，并显明这是一个隐喻之网，其中每一个都与另一个处于替代、增补的关系中。

就其自身而言，事情和思想大概都不能认为是语言之内的。言外有事，

---

① 安乐哲、罗思文：《论语的哲学诠释》，余谨译，中国社会科学出版社 2003 年版，第 167 页。

② 参见靳希平、吴增定《十九世纪德国非主流哲学》，北京大学出版社 2004 年版，第 339—340 页。

③ 参见乔治·斯坦纳《海德格尔》，李河、刘继译，中国社会科学出版社 1989 年版，第 60 页。

④ 程树德在讨论有若“其为仁之本与”时评论前人说：“宋儒不通训诂，遂至沿袭其误，强事解释。”见所著《论语集释》，中华书局 1990 年版，第 14 页。

⑤ 尼采：《古修辞学描述》，屠友祥译，上海人民出版社 2001 年版，第 20 页。

言外有思。言外之事有的可感，言外之思有的可想，但是，它们没有公共性，更谈不上一般性。既不可言亦不可感纯然在外的事情，其如何或不如何，甚至其在或不在，均无差别，也就没有任何可能的意义。既不可言亦不可想纯然在外的思想也一样。事情如要生于人间，思想如要达于人间，就必定要进入语言，在语言中牵连流转存毁生灭，其实况与痕迹便是词语及其使用。在进入语言的意义上，词语的关联及其变化就是事情、思想的关联及其变化。词语关联所呈现的静态和动态模式，因此就是世界模式。在这个意义上，隐喻就不只是语言内部的一种重要的关联模式，它同时也是事物的关联模式。

第二，“本”即使有原初的含义，这在哲学上也未必是意义最为重大的。真正重要的是，“本”及其衍生者共同构成了形而上学活动的一个重要的隐喻场。黑格尔在谈哲学的现实性时化用了一个希腊成语，这里不妨套用：形而上学总想到别处，可是“这里是罗陀斯，就在这里跳罢”。

第三，哲学形上活动的隐喻品质也体现在跨语言的理论交流中。就像没有特殊词汇专供哲学使用一样，也没有哪种语言是专供哲学使用的。那么是不是哲学形上活动就没有任何称手的语言可凭借呢？看来不是。从隐喻的角度考虑，如果隐喻是语言的常规特征，任何语言可以说都适合做形而上学工作。不同的语言或许往往做出了不同的形而上学，但隐喻之桥可以确保它们之间也不会彼此隔绝，就像不能完全翻译一样。

第四，形上话语的隐喻性敞开了（消极意义上）无限的可能空间，哲学家在其中可以当诗人，也就是说，他有创造的权能。但是，形而上学活动开始时某种语言已经在那里，这就使得哲学形上活动受到某种语言习惯性的牵制甚至左右，除了哲学自身的历史负担以外，哲学家也一向并不能够在可能真的自由的空间中完全自由地翱翔。哲学家有时会对某些词语作特殊使用，有时甚至创造一个词，但他既不可能对任何词都做特殊使用，更不可能创造他所使用的所有词语，换言之，哲学家不得不在绝大多数情况下接受已有的语言并受其引导。

第五，有时哲学是可以推理的，但这一定是在隐喻所构造的基本形上语汇及其关联的概貌已经形成后才能进行。而且要注意，推理既不可能穷尽隐喻网络的结构，也不可能规范隐喻网络的蔓延，相反，推理的特定方向性往往要受特定隐喻关联的暗示。要言之，创造是原始的，不受逻辑约束。

第六，如果说隐喻是一种延宕的解释，那么此外还有没有哲学上真正的解释呢？答案似乎是否定的。

第七，对哲学隐喻性的了解当然缔造不了新的哲学，但它改变哲学的自我了解。

（原载《江海学刊》2007 年第 2、3 期）

当代逻辑科学“应用转向”探纲

张建军

近年来，关于当代逻辑科学发展“转向”即研究重心转移的讨论在我国学界展开，先后提出了“认知转向”“非形式转向”等主张。① 我认为，这种讨论对于我国逻辑教学研究现代化事业的发展及其作用的发挥具有重要意义。与之构成呼应的是，在国际逻辑学界享有盛誉的《哲理逻辑手册》（*Handbook of Philosophical Logic*）第一主编、英国著名逻辑学家 D. M. Gabbay，在该手册第二版第 13 卷发表了他与著名非形式逻辑专家 J. Woods 合作的长篇论文《逻辑学的实用转向》，系统论述了他们关于当代逻辑科学的研究重心应从考察“推论”（inference）与“论证”（argument）的理想结构，转变为考察认知主体的实际推理（reasoning）与论证（arguing）过程之逻辑机理的主张，并提出了建构一般“实用逻辑”（practical logic）的基本构想。② 本文试图在吸取上述观点合理精髓的基础上，提出当代逻辑科学“应用转向”的观点，即当代逻辑科学研究的重心应转向本文所阐释的“应用逻辑”。

何谓“应用逻辑”——以科学逻辑为例

“应用逻辑”（applied logics）一词，在西方学界曾被用来指谓一种“非

---

① 参见鞠实儿《论逻辑学的发展方向》，《中山大学学报》逻辑与认知专刊 2003 年第 2 期；陈慕泽《逻辑的非形式转向》，载冯俊主编《哲学家 · 2006》，人民出版社 2006 年版。

② Dov M. Gabbay, John Woods, *The Practical Turn in Logic*, *Handbook of Philosophical Logic*, Second Edition, Vol. 13, Dordrecht: Springer, 2005, pp. 25—123.

经典逻辑”学科群，包括经典逻辑的一系列扩充系统，如狭义模态逻辑、时态逻辑、认知逻辑、道义逻辑、问题逻辑等，其共同特点是在经典逻辑的基础上引入具有重要哲学意义的新的逻辑算子，运用形式化方法建构新型逻辑系统；有时该词也同时指谓异常逻辑的扩充系统。这些新型逻辑系统及其元逻辑性质的研究，是20世纪中后期逻辑理论研究最重要的领域。由于其始终与广义逻辑哲学研究处于相互作用之中，也由于其本身所固有的普适性理论价值，该学科群被越来越多的学者称为“哲理逻辑”（philosophical logics，国内学界通常译为“哲学逻辑”）。这显然是一种更为恰当的称谓。该学科群虽然多由逻辑应用特别是在哲学中的应用启发而来，但本质上仍属“基础逻辑”（逻辑基础理论）的范畴。它们作为“新工具”，在大的学科层面上与经典逻辑基础理论相同，称为“应用逻辑”在语用上是不恰当的。

“应用逻辑”也应与“逻辑应用”区别开来。乔姆斯基生成转换语法、皮亚杰认识发生学都是运用现代逻辑新工具所获得的成果，但它们都属于“逻辑应用”而非“应用逻辑”。罗素的摹状词理论、克里普克因果历史命名理论等也是现代逻辑应用于哲学研究所获得的成果，它们也不是“应用逻辑”。西方某些学者秉承罗素—斯特劳森用法，把这些成果也称为“philosophical logic”研究，这是一种容易引人误解的不恰当称谓。

我认为，“应用逻辑”的恰当定位，应是居于逻辑基础理论与逻辑应用研究之间的一个学科群，其典型范例就是在国内外学界已获得长足发展的“科学逻辑”。

“科学逻辑”（logic of science）是卡尔纳普首先使用的一个学科称谓，用以指谓演绎逻辑与归纳逻辑在科学理论结构中的作用机理研究，“是对科学语句和概念的逻辑说明”。这种用法被后人发展为对如下研究领域的称谓，即逻辑因素在科学研究各环节作用机理以及逻辑因素与非逻辑因素相互作用机理的系统探究与把握，也就是在科学研究中的逻辑应用方法论研究。在逻辑主义占主导地位的时期，主要集中于前一方面“机理”的研究；历史主义兴起后，科学逻辑研究的重心转移到后一方面“机理”的研究，其在当代学科体系中所发挥的重要作用是有目共睹的。

我国的科学逻辑研究肇始于20世纪60年代，80年代初形成了系统的研究纲领，把科学逻辑定位为“经验自然科学的逻辑方法论”，即“关于科学活动的模式、程序、途径、手段及其合理性标准的理论”，分为“发现的逻辑”“检验的逻辑”和“发展的逻辑”三个基本方面，演绎逻辑、归纳逻辑与辩证逻辑的基本理论与方法在科学研究中的作用机理受到了全面研讨。我国科学逻辑研究的突出特点，是在80年代全面启动之初，即确立了在逻辑主义与历史主义之间维持必要的张力、探索其对立互补机理的研究纲领，并取得了一系列恰与国际学界发展趋势相合拍的重要成果，这在很大程度上得益于我们既立足于逻辑学的现代发展，又能掌握辩证思维方法论的基本理论。在世纪交替之际，我国科学逻辑研究又逐步完成了由经验自然科学方法论向经验社会科学乃至人文科学方法论的扩张，以在科学主义与人文主义之间维持必要张力的精神继续新的探索，在应对后现代思潮的冲击方面发挥着独特的作用。当前，我国科学逻辑研究的许多成果又呈现出与如下阐释的“认知逻辑”“非形式逻辑”等学科交叉互动的景象，具有良好的发展前景。

实际上，上述意义上的科学逻辑研究的始祖，就是逻辑学之父亚里士多德的《后分析篇》。《前分析篇》是逻辑学诞生的标志，而《后分析篇》则是第一个系统的科学逻辑文本，其中建立了历史上第一个以归纳—演绎程序为中介、以观察和解释性原理为两翼的逻辑应用方法论体系。尽管由于其主要的科学背景是几何学，其核心是演绎科学方法论，但亚里士多德对逻辑在整个科学探索中的作用机理的诉求显然具有高度的自觉。当代以形式系统为对象的证明论（元数学）可以看作演绎科学方法论的现代化（证明论作为当代演绎科学方法论的核心，也可视为广义科学逻辑的组成部分[①]），而当代科学逻辑可以视为亚里士多德全面探讨科学研究中的逻辑应用方法论之诉求的当

① 普特南曾经强调指出将演绎科学方法论与经验科学方法论进行统一性研究的必要性。参见B.麦基编《思想家》，生活·读书·新知三联书店1987年版，第363—365页。

代后裔。①

以科学逻辑为范例，面向特定领域系统研究逻辑因素在该领域的作用机理，以及逻辑因素与非逻辑因素的相互作用机理，即关于该领域的逻辑应用方法论，这就是本文所界说的“应用逻辑”。

“非形式转向”意义辨析

倡导非形式转向的学者，把逻辑转向的目标定位于“有效地发挥逻辑在素质教育中的作用”，具体地说，就是侧重于研究如何提高社会成员“评价日常推理和论证的逻辑思维能力”。其研究重心分为相互关联的两个方面，一是“批判性思维”的逻辑机制的把握；二是非形式论证的建构与评估，统称“非形式逻辑”研究。

显而易见，以本文的观念视之，所谓“非形式逻辑”，实际上是应用逻辑的一个重要分支，其研究诉求，就是要系统把握逻辑因素在日常非形式论证与批判性思维中的逻辑应用方法论，亦即系统把握逻辑因素在非形式论证与批判性思维中的作用机理，以及逻辑因素与非逻辑因素在其中的相互作用机理。据此理解，非形式转向也就构成本文所谓“应用转向”的一个重要组成部分。

“非形式逻辑”的西方始祖显然是亚里士多德的《论辩篇》《辨谬篇》以及《修辞学》。但应当明确的是，这三篇特别是前两篇的主体内容是在演绎逻辑诞生之前完成的，有很强的朴素性与初始性，不应作为现代非形式逻辑研究的典范。譬如，《辨谬篇》中列举13种论证谬误，并未把形式谬误与非形式谬误区分开来。非形式逻辑的另一始祖，是中国先秦名辩学说特别是《墨辩》，其中有许多可资利用的宝贵思想。尽管其逻辑思想发展水平总体上并不高于《论辩篇》，但有自己诸多独特之处。此外，我国独特的辩证思维传统，亦可在非形式逻辑研究中发挥特殊作用。

---

① 参见张建军《深入开掘逻辑学的方法论价值》，《光明日报》2003年11月4日。

现代逻辑基础理论的巨大进展（包括哲理逻辑学科群的出现），为非形式论证中的逻辑应用提供了崭新的工具。例如，现代西方非形式逻辑学界许多学者所主张的“第三类推理”［如“检证式推理”（probative reasoning）、“推定式推理”（presumptive reasoning）等］，究其实质，都可视为对经典或非经典的演绎与归纳推论在实际推理与论证中的作用机理的刻画。那种把非形式逻辑看作与形式逻辑相并列甚至反动的观点，显然是不正确的。

如果说，科学逻辑研究对于“赛先生”（科学）的发展具有重要意义，那么，非形式逻辑对于“德先生”（民主）的发展更为至关重要。毋庸置疑，不在全社会造成“尊重论证”的空气，就不可能有宪政民主的充分发展。20世纪90年代以来，西方政治哲学界与法哲学界兴起“审议式民主”（deliberative democracy）的研究热潮，深刻反思了西方选举文化所暴露出来的种种弊端并探索其克服途径，其间与非形式逻辑研究的复兴与发展有着深层关联，进一步凸显出逻辑的社会文化功能，这是非常值得我们研究与借鉴的。

“认知转向”意义辨析

倡导“认知转向”的学者，把逻辑转向的目标定位于“给出知识获取、知识表达以及知识的扩展与修正的认知模型与方法”，主要目的在于为计算机科学与人工智能服务。这是因为，20世纪中后期计算机科学进入了知识处理和智能模拟阶段，构造逻辑系统描述高级认知过程、模拟知识表达与处理、研制新型软件，已成为逻辑学领域的一个主流方向；而数理逻辑尤其是图灵机理论的发展，启发人们用计算机隐喻来理解人类的信息加工过程。这一切使得人类有可能运用心理学实验技术研究思维即高级认知过程的形式与规律。相应于以上两方面，作为新的逻辑类型的“认知逻辑”（cognitive logic）可以分为两个主要方向，一是“认识逻辑”，指在对认识论概念分析和对认识过程直观理解的基础上构建逻辑系统；二是心理（心智）逻辑，主要指在人类高级思维心理学研究基础上建立起来的逻辑系统。鉴于以上原因，许多论者强调，逻辑的认知转向，意味着向现代逻辑之父弗雷格的反心理主义研究纲领告别。

我认为，上述观点对于我们把握当代逻辑发展的脉搏，有非常重要的启发价值。诚如有些学者指出，计算机科学和人工智能研究是当前和今后一段时期内逻辑学发展的主要动力源泉，至少是主要动力源泉之一。[①] 但人工智能研究中的逻辑应用，毕竟不是作为逻辑学家的主要工作，因此有必要进行层次辨析，从而分辨逻辑学与逻辑学家所可能起到的具有主体性的作用。

我们知道，弗雷格区分逻辑的东西与心理的东西（“反心理主义”要义），与现代逻辑的创生密切相关。由现代人工智能研究对逻辑应用的需求，并不能得出否认这种区分的必要性的结论。从“应用逻辑”的观点看，毋宁视之为对如下研究的强烈需求：在现代逻辑理论研究充分发展的基础上，重新探索逻辑的东西在心理的东西中的作用机理，或者说二者之间的相互作用机理。

上述“认知逻辑”的第一方面，就是已获得较大发展的 epistemic logics（认识逻辑，通常也译为“认知逻辑”），是“哲理逻辑”的重要分支，因而应隶属于逻辑基础理论，尽管有些系统直接根源于人工智能研究中提出的问题（如信念修正逻辑）；在上述“认知逻辑”的第二方面，则需要将逻辑应用与应用逻辑两方面区别开来。逻辑基础理论在认知科学这个当代学科群（所谓大科学）中的广泛应用，使得作为该领域的逻辑应用方法论的“认知逻辑”（logic of cognition）或“心智逻辑”（logic of mind）的出现，成为必要和可能。这是逻辑学家及相关哲学家在该领域的真正用武之地。显然，这种意义上的认知逻辑或心智逻辑，是应用逻辑的一个重要成员，是连接基础逻辑与当代人工智能研究中的逻辑应用的桥梁。

应用逻辑学科群的崛起

以科学逻辑为范例明确“应用逻辑”的学科性质，我们立即可看到一个

---

① 参见陈波《从〈哲学逻辑手册〉（第二版）看当代逻辑的发展趋势》，《学术界》2004 年第 5 期。

应用逻辑学科群体正在崛起。除上述三大分支外，我们还可给予具有类似性质的“广义博弈逻辑”（含决策与公共选择逻辑）、“法律逻辑”、“教育逻辑”等学科以恰当定位。我们还可沿此思路建构新的应用逻辑学科。比如学界正在探讨的“经济逻辑”，实际上可以分为两类，一类是“经济科学的逻辑”，系科学逻辑的一个分支领域；另一类是“经济活动的逻辑”，实际上是在经济活动中的逻辑应用方法论研究。[①] 至于应用逻辑学科之间的划界与隶属关系则不必严格区别，一切以研究价值为转移。

有些已成型的学科领域的研究内容，实际上贯穿于基础逻辑、应用逻辑和逻辑应用三个层次或两个层次，但明确区分这三个层面是具有重要意义的。比如面向自然语言的语言逻辑研究，迄今在上述应用逻辑层面上尚未获得明确的自觉意识。有的学者从现代语言逻辑更加注重“语言交际”研究的角度展开论述，倡导逻辑学研究应实现向“更加关注语言的使用者，关注语言使用中人的因素”的转变。[②] 以本文观点视之，若从中界划出作为语言交际过程中的逻辑应用方法论的“语言交际的逻辑”，则可确立应用逻辑的另一个重要分支。

再如，现代逻辑在哲学中的应用研究一直在“哲理逻辑”或“逻辑哲学”的名义下发展，但尚未形成自觉形态的在哲学研究中的逻辑应用方法论。从上述观点看，建立 logic of philosophy（即“哲学逻辑”）这样一个应用逻辑学科分支不仅是可行的，而且会在应用逻辑学科群中发挥至关重要的作用。

基础逻辑、应用逻辑与逻辑应用的相互作用

由上述可见，确立自觉的应用逻辑意识，可以为进一步开发逻辑基础理论成果的方法论功能提供新的路径，以便充分发挥逻辑应用方法论研究在逻辑基础理论与逻辑应用之间的中介、桥梁作用，促进三个层面的互动发展。

---

① 参见桂起权等《经济学的科学逻辑论纲》，《湖南科技大学学报》2005 年第 4 期。

② 参见蔡曙山《语用学视野中的逻辑学》，《光明日报》2003 年 11 月 4 日。

逻辑学基础理论自19世纪末以来获得的长足发展，相当于当代的“前分析篇”，而当前逻辑发展的重心应当转移到系统建构当代的“后分析篇”上来。狭义的后分析篇指科学逻辑，广义的后分析篇即指应用逻辑学科群。Gabbay等人主编的《哲理逻辑手册》（以下简称《手册》）使用的是“哲理逻辑”一词最宽泛的用法，第一版四卷特别是第二版十八卷的内容实际上涵盖了逻辑基础理论、应用逻辑与逻辑应用三大层面的非常宽广的领域，在一定程度上显示出三个层面的互动关联。但由于没有自觉区分上述三个不同层面，因而也难以自觉地去表明这三个层面的互动机理，没有使“应用逻辑”层面的作用得以凸显。有些具有横断性的研究领域（比如逻辑悖论研究）在方法论功能研究方面尚未得到充分重视，也与缺乏自觉的应用逻辑意识有关。实际上，Gabbay和Woods的《逻辑学的实用转向》一文的主体内容，正是上述意义上的“应用逻辑”的探讨，而如果他们所构建的一般“实用逻辑”系统能够确立，实际上就是在这种逻辑应用方法论研究的基础上构建了一个新型的逻辑基础理论。由是观之，他们的这项成果可以作为应用逻辑研究桥梁作用的一个生动体现。这一点可以从他们的如下论述中得到进一步印证：“我们所谓逻辑学的实用转向，只是一种更为一般的转型的组成部分（尽管是具有基本重要性的部分）。在这种更为一般的形式上，我们会看到那些敏感于主体认知目标及相应认知资源的逻辑学。据此，推理者只有将其头脑中的认知任务和可资利用的适当资源相结合，才能做可靠的推理。”[①] 我认为，所谓“敏感于主体认知目标及相应认知资源的逻辑学”，就是本文阐释的“应用逻辑学科群”；而所谓“更为一般的转型”，就是本文阐释的“应用转向”。

在《手册》第二版总序中，Gabbay还出人意料地作了如下判断：“在过去十年中，哲理逻辑给人印象最为深刻的成就，或许是与谬误理论、非形式

① Dov M. Gabbay, John Woods, *The Practical Turn in Logic*, *Handbook of Philosophical Logic*, Second Edition, Vol. 13, Dordrecht: Springer, 2005, pp. 25—123.

逻辑和论辩理论等领域的研究伙伴之间富有成效的商谈（negotiation）。”[①] 作为一位长期从事计算机科学与人工智能中逻辑问题研究的学者的这个判断，是非常发人深思的。“实用逻辑”思想的提出，显然就是这种“商谈”的一个成果。我认为，对应用逻辑学科群的认识与把握，可以为这样的“商谈”提供最好的学科平台。

对于我国学界来说，当代逻辑科学的这种应用转向，为我国逻辑事业的发展提供了难得的历史机遇。在当代“前分析篇”方面，我们的确在短期内难以改变落后状态，总体上还是要实行“拿来主义”（尽管可以获得一些“单打冠军”）；但在当代“后分析篇”方面，我们有自己的一些独特条件（比如上述辩证思维的历史传统），应为当代逻辑科学的发展及其社会文化功能的发挥，做出更多独特贡献。

（原载《江海学刊》2007 年第 6 期）

① Dov M. Gabbay, *Preface to the Second Editon*, *Handbook of Philosophical Logic*, Second Edition, Vol. 1, Dordrecht Kluwer Academic Publishers, 2001, p. 8.

论本体的实质

江　畅

自古以来，哲学家们对本体有不同的理解和表述，但他们大多把本体看作是客观存在的，看作是人可以认识和把握的。这种客观主义和认识主义的本体论基本立场存在着诸多难以解决的问题，其症结在于他们对本体实质的把握存在着偏差。本文试图在对以往不同本体论所使用的基本概念进行辨析的基础上，说明为什么应该以“本体”作为本体论的基本概念，并进而阐明本体的实质，以期深化本体问题的研究和讨论。

本体及相关术语辨析

自古以来本体论研究都是个体性行为，一般没有某种得到普遍公认的、具有普遍规范意义的范式，本体论因而也是个性化的。不过，从总体上看，本体论也有一些使用较多的概念，其中主要有始基（principle，亦译为本原，为了与笔者对本原作更广义的理解相区别，以下对这个概念使用始基的译名，而不使用本原的译名）、存在（being）、生存（existence）、实体（substance）、本体（noumenon）这五个概念。这五个概念是同一类型的概念，都是用来表达或标示构成现象之后的那种东西的，但它们并不是同一个本体论都使用或部分使用的，而是在不同的本体论中分别使用的。就是说，有的本体论使用的是始基，有的本体论使用的是存在，如此类推。当然，也不排除有某些同时使用两个概念的情况。之所以存在这种基本概念不统一的情形，是因为哲学家从不同的角度研究本体问题。

当哲学家从现存的事物不断追溯其原因或不断分析其构成要素，一直追溯到事物的最初的原因、分析到事物的最原始的构成要素时，他们就会形成“始基”的概念，基于这种研究思路所构建的本体论就会以始基作为本体论的基本概念。始基就其本义而言就是指事物由它产生、最后又复归于它的那种作为万事万物源头的东西。从认识的角度看，始基不是通过理智或理性直觉或直观的，而是理性由果溯因分析出来的，其前提是线性因果观。西方哲学史上的米利都学派的朴素唯物主义、原子论，中国的陆王心学就是这种本体论的典型。

当哲学家着眼于寻求所有事物的共同属性的时候，他们就会形成存在的概念，因为到目前为止，人们发现所有事物的共同属性只有一个，那就是它们都是某种东西，或者说它们都是，即都存在。基于这种研究思路所构建的本体论就会以“存在”作为基本概念。存在（being）就其本义而言就是指所有事物所具有的共同性质。当哲学家基于以上研究思路进一步着眼于生物特别是人的共同属性时，他又会形成“生存”的概念。所有的生物不仅存在而且还谋求生存。生存（existence）就其本义而言就是指所有生物所具有的共同性质。从认识的角度看，存在和生存都是通过理性抽象所获得的。西方哲学史上巴门尼德的存在论、中世纪的实在论、存在主义，中国的程朱理学，就是这种本体论的典型。

当哲学家着眼于事物与属性、偶性、样式（表现形态）等的关系来寻求什么更实在时，他们就会形成实体的概念，基于这种研究思路所构建的本体论就会以“实体”作为基本概念。实体（substance，亦译为本体）就其本义而言就是指作为其他东西的基础、基质或主体的那种东西。从认识的角度看，实体是基于经验事实进行逻辑构想的结果。西方哲学史上亚里士多德的实体论、笛卡尔的二元论就是这种本体论的典型。

当哲学家从现象入手去寻求现象背后作为现象的承载者时，他们就形成了本体的概念，基于这种研究思路所构建的本体论就会以“本体”作为基本概念。本体（noumena）就其本义而言就是指现象背后、引起现象但不具有现象属性、被认为是唯一实在的那种东西。它是理性根据某种价值取向对现象世界所做的本原性或本真性重构，是与现象世界相对应的本原世界，包括本原的事物及其相互关系。从认识的角度看，本体原本是人的理性抽象、溯源和思辨构想的结果，但由于哲学家们常常把它看作是客观自存的，将它对象化，认为它是人的理性的对象，所以在哲学史上通常认为它不是人的感官能感知的，而只能通过人的理性或通过理性直觉或直观所认识，或通过非理性的体验等方式所把握。西方哲学史上柏拉图的理念论、康德的先验感性论、叔本华和尼采的意志主义就是这种本体论的典型。

以上五种思路都是基于现象对世界的终极追问和逻辑推论，因而都属于本体论研究的范畴。但是，在本体论所使用的这五种基本概念中，只有将本体作为本体论的基本概念才是理由最充足的，因而也才是最合理的。其原因有二：

一是本体概念可以涵盖始基、存在、生存和实体概念。本体作为对现象世界所做的本原性重构，具有总体性，更适合作为本体论的基本概念，而始基、存在、生存和实体等概念则是非基本的概念。本体包括对现象世界的事物的本原性溯源，找到事物的最初原因和最原始的构成要素。这种最初原因和最原始的构成要素就是始基。现象世界中的所有事物都有一种共同的规定性，这就是它们都存在。当哲学家把事物的这种最抽象规定性看作是事物的最一般本质，认为它是最真实的存在时，它也就成了现象世界背后、引起现象的本原事物。在作为现象世界之一的生命世界，所有事物都有一种共同的规定性，这就是它们都生存。当哲学家把生物的这种共同规定性看作是生物的共同本质时，它也就成了本原性的东西。存在和生存的概念是从所有事物或所有生物的共性寻求其本原的结果。实体则是寻求事物的基础、基质或主体的结果。就实体是其他事物的基础、基质或主体而言，它与始基有某种相似性，其不同之处在于它不再被看作是最初原因或最原始的构成要素，而被看成是构成事物根基的本原事物，就是说它是本原性事物，而不是本原性要素或原因。由此看来，本体涵盖始基、存在、生存、实体概念，对现象进行逻辑溯源就有了始基和实体的概念，对现象进行逻辑抽象就有了存在和生存的概念。显然，它们是理性根据某种价值取向对现象世界进行本原性或本真性重构的组成部分，尽管并不是其全部。

二是只有以本体为基本概念，本体论才能真正实现其使命。本体论的根本使命就是要揭示人生、社会、世界、宇宙及其相互关系的本来面目。本体作为现象背后的现象承载者实际上就是构成人生、社会、世界、宇宙的逻辑要素及其关系，这些逻辑要素及其关系在哲学上被看作是本真的或实在的。显然，只有弄清楚这些逻辑要素及其关系（即本体），才能揭示人生、社会、世界、宇宙各自本身及其相互关系的逻辑结构（本来面目）。相反，以始基为本体论的基本概念，虽然可以找到人生、社会、世界、宇宙的源头，但这种源头不可能推出人生、社会、世界、宇宙各自本身及其相互关系的逻辑结构（本来面目）；以存在或生存为本体论的基本概念虽然可以找到人生、社会、世界、宇宙的共性，但这种共性本身不是人生、社会、世界、宇宙各自本身及其相互关系的逻辑结构，也不能推论出这种逻辑结构；以实体为本体论的基本概念虽然可以说明事物与属性等的关系，但不能揭示人生、社会、世界、宇宙的逻辑要素，因而也不能揭示它们各自本身及其相互关系的逻辑结构。因此，可以说以始基、存在、生存、实体为本体论的基本概念是误入歧途。正是这种误入导致哲学史上不少本体论成为对于人类生存和发展没有多少实际意义的思辨游戏，这种教训是值得记取的。

需要指出的是，我们说本体是本体论的基本概念，并不否认始基、存在、生存、实体是本体论的概念。当哲学家从不同的角度讨论本体问题时可以使用这些概念，但对本体论的基本概念达成共识有助于本体论研究范式的形成，有助于本体论研究的深化。

理性追问与本体构想

本体论所研究的本体并不是客观存在的，而是人的理性不满足具体的、特殊的、片面的知识而追求抽象的、一般的、总体的知识的结果。就是说，日常理性、科学理性并不能发现本体，而只有追求世界的终极和本原的哲学理性才能发现或设立本体。没有哲学理性就不能发现本体，或者不如说就没有本体。本体是哲学理性设立的，也可以说是理性穷根究底的追问发现的，这是本体的独特本性。把握本体的这种独特本性，我们才不会在本体论研究中犯传统本体论或形而上学的客观主义错误。

理性是人在谋求生存发展的过程中逐渐获得的特有认识能力，是人之为人的根本规定性，因而也是人区别于其他一切事物的最显著特征，正因为如此，亚里士多德说“人是有理性的动物”。如果说理性是人之所以为人的根本规定性，那么在人最初获得理性后，人的理性在与人类的发展相互作用的过程中不断地演进，不断地变得复杂起来。这种复杂性至少体现在两方面：一是理性被区别为理论理性或思辨理性和实践理性或道德理性。前者被认为是人获得理性知识的理性认识能力；后者被认为是人制定法则并按照这种法则行动的理性实践能力，这种能力在传统社会主要体现在人的道德方面，因而也被认为是理性的道德实践能力。二是理性作为认识能力可以区分为日常理性、科学理性（康德意义上的知性）、哲学理性（康德意义上的理性）。这三种理性具有递进性、超越性、交互作用性。递进性是指科学理性是在日常理性基础上发展起来的，哲学理性是在日常理性和科学理性的基础上生长起来的。超越性是指科学理性超越了日常理性，哲学理性超越了科学理性，它们之间已经有了性质的不同。交互作用性是指日常理性、科学理性与哲学理性之间存在着复杂的交互作用，不仅有从发生学角度看的正向传递性作用，而且有逆向的反作用，即哲学理性对科学理性和日常理性有重要的规范和导向作用。

理性这两方面的复杂性正好体现了理性的总体自然倾向，这就是不满足于现状，要求不断地追求，不断地超越：一方面不满足于日常经验认识和获得日常经验知识，而要求进一步追求科学认识和获得科学知识，再进一步追求哲学认识和获得关于世界终极的本原的知识；另一方面不满足于认识和获得知识，而要求把知识变成实践，变成人们行动的目的、原则、方案、措施，使知识造福于人类。正是因为理性具有前一种自然倾向就有了哲学的本体论，而具有后一种自然倾向就有了哲学的价值论。

今天看来，哲学史上哲学家们看作世界本体的那种东西（无论把这种东西看作是始基、存在、生存、实体，还是看作本体）并不是客观自存的，而是哲学家们理性追问的结果，或者说是哲学理性构想的。证明这一点并不难。我们可以设想，如果世界上确实存在过去哲学家们所断定存在的最实在的本体，那么自古以来的哲学家应该对这种客观自存的对象逐渐达成共识。因为既然这种东西是客观存在的，而且通常认为能通过理性认识，那么即使再难认识，经过几千年来哲学家的不懈努力，至少也能对它达成一些共识。然而，我们看到的却是，自古以来的哲学家从来都没有在什么是本体、本体是一元的还是多元的、本体与现象是什么关系问题上达成过共识，乃至近代以来不少哲学家对本体究竟是否客观存在提出了质疑。事实表明，导致在本体问题上不能达成共识的原因，不在于有客观自存的本体存在，只是人的理性的局限而不能对它达成共识，而在于根本就没有客观自存的本体存在，本体只是哲学家根据自己的价值追求从自己独特视角和个人经验构想的。不同的哲学家所处的时代需要不同，哲学家的价值追求、视角、经历、所使用的方法不同，他们所构想的本体自然就不会相同。只有这些作用因素相同的哲学家才可能达成对本体的共识，然而对于不同个体的哲学家来说，不可能在所有这些作用因素方面相同。因此，我们可以断定，即使再过几千年，哲学家们也不可能在本体问题上完全达成共识。

关于这一点，休谟、康德已经有了清醒的意识。休谟是从彻底经验主义（怀疑主义）的角度证明，人只能认识感觉范围内的事物，感觉之外的本体是不能为人的感觉所感知的，因而它是否存在是值得怀疑的。根据他的逻辑推论，哲学家可以断定世界的本原是物质，或者是精神，或者是上帝，但不能证明这些本原性的东西是客观存在的。既然如此，哲学家所断定存在的本原，并不是真的存在，并不是人的认识对象，而只不过是哲学家自己的构想。虽然休谟没有明确否认本体是客观自存的，但否认了它作为认识对象的可能性，事实上已经意识到了哲学家所断定存在的各种本体实际上是人为构想的，并不是客观自存的。康德继承了休谟的本体不可知的观点，但根据由人的先天直观形式整理而形成的现象必有某种外在来源断定本体（他通常称为自在之物）存在，并据此将世界二重化为自在之物和现象。他承认本体确实如同休谟所说的那样存在于人的认识彼岸，是人的认识能力所不能达到的。由此可以推论，既然自在之物是人不能认识的，那么不仅它是什么，而且它存在不存在都是不能证明的。如果说康德批判哲学的正面阐述还没有表明本体是人为构想的，那么他对旧形而上学的批判则清楚地表达了这种思想观点。康德在把自在之物推向了认识的彼岸之后，根据他的先验感性论，即自在之物和现象划分的理论，分析了旧形而上学的问题是何以发生的。康德认为，人的理性有一种追求无限、终极、总体的自然倾向，旧形而上学的自由、灵魂、上帝等被看作终极实在的理念就是理性的这种自然倾向在哲学上的体现。在康德看来，这些理念本来不过是人的知性范畴超越使用所产生的“先验幻相”，旧形而上学家却把这些理念看作是客观存在的、理性可以认识的对象，于是就发生了独断论的错误。康德的这种分析清楚地揭示了被哲学家看作实在的那些本体的人为构想性。后来他在《实践理性批判》中甚至把在《道德形而上学基础》中断定实存的自由也看作一种“悬设”。今天看来，康德比休谟更聪明，休谟发现了本体的非客观存在性，但他由此简单地否弃了它，康德则不仅发现了或不如说承认了本体的非客观性，而且注意到了本体的人为构想性，并且利用这一发现做了两件事：一是批判旧形而上学，揭露旧形而上学产生的根源；二是根据自己批判哲学的需要作了自己的设定。

从以上对休谟和康德哲学的简要分析看，这两位伟大的哲学家虽然都没有明确否定本体的客观存在性，但明确指出了以往哲学家所独断存在的本体不是客观存在的，而是他们自己构想的。笔者认为，尽管今天还有不少哲学家以至一般人都还认定存在着某种独立于人的本体，但本体（至少到目前为止哲学家们所断定存在的那些本体）是人为构想的这一点，在休谟和康德那里已经有了到目前为止未被否证的定论。

奎因在讨论本体论问题时提出了著名的“本体论承诺”（ontological commitment）的概念。从他的这一概念来看，似乎他认为有某种客观的本体存在，然而事实并非如此。

奎因是针对逻辑实证主义拒斥形而上学、否定本体论的任何意义，而肯定本体论可以是有意义的。他认为，任何科学理论都具有某种本体论的立场，都包含承认或否认这样或那样事物存在的某种本体论的前提。用他自己的话说：“一个人的本体论对于他据以解释的一切经验乃至最平常的经验的概念结构来说，是基本的。”① 他认为，本体论问题，简言之就是关于“何物存在”（what is there）的问题。一个科学理论的本体论承诺问题，就是按照那个理论有何物存在的问题。如果一个理论是真的，那么它就承诺了必定存在的某些对象。奎因注意到无论是科学理论还是日常经验都以某种本体论为前提，并基于这种本体论肯定某种本体存在，都隐含着某种本体的承诺。笔者以为，这种见解是深刻的，而且也符合我们的科学经验和日常经验。

那么，科学理论也好，日常生活也好，它们所承诺的本体论及其本体从何而来呢？并不是从它们自身而来，而是从哲学而来。就科学理论而言，任何科学理论都是经验性的，这种经验性的科学理论并不提供、也不可能提供本体论，它们的本体论承诺及其本体承诺通常是以哲学家的本体论为根据的。奎因在《从逻辑的观点看》一书中就提到过对科学理论产生影响的多种本体论，而着重分析了四种或者说两对对立的本体论，即现象主义和物理主义、唯名论和实在论。他所涉及的本体论都是哲学本体论。不同时代的科学理论差不多都是以某种哲学本体论为前提建立起来的，即使科学家对此没有清醒的意识，他们也会通过教育或其他途径接受哲学本体论的影响而在建立自己的科学理论的过程中预设了本体论前提，并通过本体论预设了本体的前提。例如，近代的牛顿力学就是以上帝存在为其本体前提的，包含了上帝本体论的承诺。人们的日常生活更是经验性的，不可能提供本体论，日常生活的本

① 威德拉·奎因：《从逻辑的观点看》，江天骥等译，上海译文出版社 1987 年版，第 10 页。

体论承诺通常也是以哲学本体论为根据的。在没有任何哲学的影响下，人们也可能在生活经验中自发形成某种朴素的自然本体论观念，相信周围的世界外在于自己存在。但是随着人类文明的进步，特别是随着信息时代的到来，哲学对社会生活渗透越来越深广，以至今天几乎没有任何人的本体论承诺没有受到哲学的影响，只不过有些是通过哲学教育直接接受影响的，有些是通过舆论宣传或文化熏染（如通过宗教）间接接受影响的。

由此看来，科学理论和日常生活所承诺的本体论及其本体是哲学所提供的本体论及其所构想的本体。奎因的“本体论承诺”的理论只是说明科学理论和日常生活都会以某种哲学本体论为前提，或者说以承诺哲学本体论的本体存在为前提，并不断定本体是客观自存的。

本体的性质

本体不是客观存在的，而是在人的理性的自然倾向驱动下人为构想的结果。但是，这种人为构想物与其他人为构想物不同，它有自己特殊的性质。这种性质概括说来就是认识上的超经验性，逻辑上对于其他事物的始基性、共相性和本质性以及构想它的价值指向性。

本体是哲学家构想的，哲学家的这种构想既不是经验的归纳，也不是理性的演绎，而是哲学的思辨。从经验中不可能归纳出本体及其属性和关系。例如，我们可以说我们所经验的所有事物都存在着，但并不能由此推出世界上所有事物都具有存在性，因为我们的经验不能穷尽世界上的所有事物，“从逻辑的观点看，无论从多少个别的陈述中，都不能推出一般的陈述来”①。关于本体的命题可以作为大前提推论出事物的本体属性，而不能从经验命题中演绎出关于本体的命题。哲学的思辨是基于而又反思和批判经验（日常的和科学的），借助由果溯因、逻辑抽象等认知手段对事物的本原所做的一种推断性构想。这种构想来源于现实又超越了现实，使用了认知手段又超越了认知

① Karl Popper, *The Logic of Scientific Discovery*, London: Hutchinson, 1959, p. 27.

手段，发生了某种认识上的跨越。正是这种跨越使本体与现象隔离开来，成为经验世界以外的东西。

由于发生了这种认识上的跨越，哲学所构想的本体及其属性和关系就超越了现实世界中各种具体事物的有限性（包括空间和时间上的），因而更具有普适性和解释力。正因为如此，本体不仅被哲学家也常常为平常人看作更真实的东西，看作是本真的客观存在。但是，既然本体是一种哲学的思辨构想，即使人们认为它比现实世界中的事物更实在，但它毕竟是超经验的，是人凭感官不能感知的，凭逻辑不能推出的。人们要把握它，只能遵循哲学家的思路想象它，或者由于信服哲学家的论证信奉它。

一方面，因为本体是一种超经验的思辨构想，所以由于构想的角度、条件和方法不同，不同哲学家构想的本体也不尽相同。另一方面，也因为本体是哲学的构想，而不是客观的存在，人们不可能通过经验证实它，也不可能通过逻辑证明它，所以人们也难以对本体形成共识。这就是任何社会的人们都不可能在哲学信仰上达成完全一致的根本原因之所在。

在哲学史上，有一些哲学家已经注意到本体的超验性质。例如，柏拉图就认为，人的感觉不但不能认识作为本体的理念，相反是认识理念的障碍，只有人的理性才能借助感觉的触媒作用洞察理念。叔本华则不仅认为感官感知不了作为本体的意志，而且理性也认识不了，人只能在“自失”（如在审美的过程中忘却了自己）的过程中“观审”到。但是，大多数哲学家（特别是那些构想本体的哲学家）似乎没有意识到本体本身并不是客观存在的，而是哲学家的思辨构想。我们可以认定它是最真实的，但这种最真实性是哲学家赋予的，并不一定意味着客观存在性，尤其是不能改变本体是超验的哲学构想这一事实。

根据哲学史上丰富的本体论思想资源，从与现实世界的关联着眼，我们可以给本体的性质作一个界定。这就是，本体是哲学家构想的由本原事物构成的本原系统。这个规定包含三层意思：

第一，本体是本原意义上的，而不是现实或现象意义上的，是“本然”

而不是“实然”。这里所说的本原意义，含有以往哲学家所赋予万物的始基性、共相性和本质性意味，但不是严格意义上的。

第二，本体不是本原事物本身，而是由本原事物构成的。这里说的本原事物不只是指本原意义上的个体事物，因为宇宙有许多东西是事物，而不是个体事物。例如，原子论中的“原子”是本原意义上的个体事物，但其中“虚空”虽然也是本原意义上的事物，但不好说是个体事物。当然，在必要的时候，本体论也可以赋予一定的事物以终极实体的意义，如莱布尼茨把单子看作“形而上学的点”，即本体论意义的终极实体。

第三，本体是由本原事物构成的本原系统。本体是相对于现象而言的，现象是系统，本体也应是系统，可以相对于现象（世）界称为本体（世）界。既然是系统，它就不会是由一个或一种事物组成，而是由多种事物组成，它们可能是独立自主的个体，也可能是不具独立自主性的事物。系统中的各种事物之间存在着各种关系，这些本真事物之间的关系当然也属本体范畴。从这个意义上看，本体是由本原事物及其相互关系构成的本体界。

值得指出的是，以上这种对本体自身性质的理解是对以往哲学家赋予本体的各种性质的继承和超越，但不能根据这种界定裁定以往一些哲学家构想的不符合这种界定的本体不是本体，只能说他们构想的本体是不完全或不充分意义上的。例如，我们可以根据这一界定说赫拉克利特的“火”、中国哲学的“气”不是那么典型意义上的本体，因为它们基本上不是由本原事物构成的本原系统，但我们不能据此说“火”“气”等不是本体。

如果本体仅仅是万物在始基意义上的共相与本质统一，那么哲学家就会达成共识，然而自古以来，哲学家从来没有在什么是万物的本体问题上达成共识。原因就在于哲学家构想本体的目的是要为他的价值论或为他的价值意图服务（对此有些哲学家是自觉的，有些哲学家不是自觉的），因而在构想本体的过程中包含了他的价值预设和价值期待，所构想的本体包含他们的价值取向。不同价值取向是使哲学家构想不同本体、建立不同本体论的根本原因。

哲学家给予本体什么样的价值预设和价值期待取决于三种因素：时代精

神或时代问题；个人个性和经历；所接受的哲学影响。

我们说哲学是时代精神的精华和升华，其重要体现之一就在于哲学家对本体的构想及其对本体根本特性的规定（体现为本体论原则）。哲学家对本体的构想不仅与时代课题直接相关，而且蕴含着解决时代课题的根本性原则。正因为如此，不同时代的哲学家所设立的本体相去甚远，而同一个时代的哲学家构想的本体则常常有相似性。例如，古希腊时代，在伯罗奔尼撒战争前后，什么是幸福、如何获得幸福的问题由于人们道德普遍滑坡而成了一个需要解决的时代课题，于是善（德性）及与之相联系的灵魂、理性成了哲学大家们构想的本体。自由问题是近代的重要时代课题，笛卡尔设定的“精神”、康德设定的“自在之物”、黑格尔设定的“绝对精神”都是要为自由提供本体论的论证，证明自由是人之为人的根本。过分理性化导致了现代文明社会个体生存受到威胁、个人的个性和活力丧失等一系列现时代问题，于是有了以构想非理性的东西（意志、生命、生存等）为人类乃至宇宙本体的种种现代人本主义哲学。

哲学家个人的独特个性和特殊经历对哲学家的本体构想和设立也有重要影响。克尔凯郭尔之所以把“孤独个体”（即孤独的非理性的主观心理体验）看作是真正的本体和真正的真理，与他身心发展不平衡、家庭特殊的管教方式导致的内向的、忧郁的、伤感的孤独性格直接相关。亚里士多德差不多在柏拉图学院跟随柏拉图学习了20年，他的这种特殊经历，使他对柏拉图理念的局限和问题了解得十分透彻，于是建立了不同于理念论的实体论，不是把理念，而是把个体事物及使个体事物成为该个体事物的“形式”看作本体（实体）。哲学家个人的独特个性和特殊经历使他们以不同于他人的方式感受时代精神和接受哲学影响。

哲学家所受的哲学影响对他们构想什么本体也有重要影响。古希腊的苏格拉底、柏拉图、亚里士多德有直接的师承关系，他们对本体的构想虽有所不同，但有一种明显的共同倾向，这就是对精神、理性、德性的强调。康德、费希特、谢林、黑格尔作为德国古典哲学的代表人物，他们的本体论也有着把自我、精神、理性看作人的本体的共同倾向。意志主义、生命哲学、存在主义等学派也有类似情况。这些学派创始人之后的代表人物几乎都是受到创始人哲学的影响的，他们之所以建立他们自己的那种本体论与他们所受的哲学影响直接有关。这些哲学为他们把握和回答时代课题提供了特定的视角。

正因为本体的构想深受哲学家价值预设和价值期待的影响，所以他们的本体论以及他们对本体的构想是因时代而异的、因人而异的、因哲学派别而异的。反过来看，任何一种有影响的本体论也会体现着时代的价值取向，体现着哲学家个人的价值期待。这一事实表明，一种真正的本体论，必须体现时代精神的要求，并能从根本上回答时代的课题，而且必须有哲学家的个性。

（原载《江海学刊》2008 年第 1 期）

有关“朋—友”现象的原体验分析

张志平

所谓“朋—友”现象的“原体验”既是历史的也是当下的。它的历史性的原体验通过“朋”和“友”在词源学意义上的诞生泄露了出来，也通过历史流传物有关“朋—友”的文本叙事展现了出来；它的当下性的原体验则本质性地呈现于我们通过自我与他者当下活生生的交往所捕获到的“朋—友”意识中。我们之所以称这些为“原体验”，是因为一直以来它们被遗忘或遮蔽，因此需要我们抹去尘埃才能恢复本相。基于此，本文将首先从词源学的角度分析“朋”和“友”的原初蕴含，接着以俞伯牙和钟子期的价值意识转变为例描述“朋—友”关系的本真绽放过程，随后，再基于我们当下的“朋—友”意识去聆听“朋—友”现象的本质及其内在张力。在此基础上，本文还将对德里达和阿伦特的“友爱”思想做出剖析，并审视“朋—友”现象在我们这个时代的表现特点。

一

让我们首先从词源学的角度开始分析“朋—友”一词的原初内涵。《易·兑》里说：“君子以朋友讲习”，意思是说，君子要经常和朋友在一起学习论道，以相互促进。针对其中的“朋友”一词，孔颖达的注解是：“同门曰朋，同志曰友。”可见，“朋”和“友”本来有其各自独立的含义。“朋”注重的是外在的“同”，要同“门”同“派”；“友”注重的是内在的“同”，要“志”同“道”合。

更本源地看，“朋”作为名词，本义是古代的一种货币单位，其古代字形（商代）见左边。《诗经·小雅·菁菁者莪》中的“既见君子，赐我百朋”中的“朋”就指的是这种货币。在《观堂集林》中，王国维先生也说：“殷时，玉与贝皆货币也……于玉则谓之珏，于贝则谓之朋。”① 由于“朋”这种货币所用的材料是贝壳，所以，它作为货币单位就和贝壳的数量有关。一种说法认为，五贝为一“朋”；另一说法认为，“五贝一系，二系一朋”②。在此，无论是作为“五贝”还是作为“二系”，“朋”的含义都包含两个本质要点：一、它是诸多“贝壳”在一起的集结，并因此是合“众”为“一”；二、它是属于“贝类”的贝壳在一起的集结，并因此是“物以类聚”。“朋”的这两个本质要点在“朋”的各种用法中都得到了体现。从名词的角度看，无论是“朋友”还是“朋党”中的“朋”，都含有同类集结的关系。从动词的角度看，作为“勾结”“凝聚”“合伙”的意思，“朋”体现的是同类集结的过程。例如，屈原《离骚》中的“世并举而好朋兮”以及《后汉书·李固杜乔传》中的“朋心合力”中的“朋”就具有这种动词的含义。③ 从量词的角度看，作为“一对”或“一班”的“朋”表达的也是“同类集结”后形成的某种单元整体。

既然“朋”的原初含义是一种货币，那也就意味着，除了“同类集结”之外，“朋”还蕴含着“货币”的性质。从现象上看，货币的本质在于它是对人们通过暴力或非和平方式实现私欲的一种限制和约束。尊重货币也就意味着在实现自我利益的同时首先要尊重他人利益的实现，而这种对他人利益的尊重所体现出来的平等交换就是人与人最基本的友爱关系之一。由此可见，在以“朋”为介质的货币关系中，人对人的“友爱”态度已开始萌芽。货币的这种本质也寓意性地反映出“朋”的本质，那就是，作为“同类集结”关系，“朋”是人们通过对自我私欲的限制而和平地与他者建立的一种利益上同

① 王国维：《观堂集林》，中华书局2006年版，第161页。

② 同上书，第163页。

③ 参见《古代汉语常用字字典》，商务印书馆1983年版，第186页。

盟的等价交换关系。这种人际关系建立的前提在于，双方都有能力在通过对方实现自己利益的同时也能够为对方的利益之实现做出贡献。就此而言，“朋”所建立起来的友爱的人际关系又是有限度的，也就是说，它是以自我利益的实现为前提的。反过来也可见，“朋”的脆弱性就在于，一旦共同利益解体，蕴含着友爱态度的“朋”的人际关系就可能瓦解。

“友”本来是个会意字，在古代字形中（见左），一说像顺着同一方向的两只手，表示以手相助，一说像两手相交，以示友好。在我们看来，前面一个字形（商代）的“友”字像两只齐心协力、并排飞行的大雁，后面一个字形（周代）则像两个一起欢快共舞的人。不过，无论哪种解释，“友”都和“朋”一样，首先意味着不同个体之间的集结关系。不过，与“朋”以自我利益的实现为前提不同，“友”强调的是无私地予人以帮助或支持，如《孟子·滕文公上》中说的“出人相友”。也许，司马光在《潜虚》中的一段话更能反映“友”的本质。他说：“天地相友，万汇以生。日月相友，群伦以明。风雨相友，草木以荣。君子相友，道德以成。”在此，“友”意味着，它是能让差异的双方相互合作以共创美好的力量。这里的美好就是指生成、澄明、繁荣或德性。由此可见，与“朋”以自我利益的实现为前提不同，“友”更强调双方通过无私的合作以促进共同善的发生。

经过上述词源学分析，我们发现，作为词语的“朋—友”，其含义并不是单纯的，而是原初就包含着内在张力。虽然“朋”和“友”都含有和睦共处之意，但以“朋”为重心的“朋—友”和以“友”为重心的朋—友却存在着差异。在前者中，“朋”是目的，“友”是工具；也就是说，“友”的目的是结成“朋”，再以“朋”为工具实现自我的利益。在这种“朋—友”关系中，双方互为工具，是一种“我—他”关系。在后者中，“友”是目的，“朋”是工具；也就是说，“朋”的目的是为“友”的出现创造条件，而“友”作为创造美好的力量，它以共同善的生长、茁壮和繁荣为目的。在这种“朋—友”关系中，双方互为目的，是一种“你—我”关系。

二

一直以来，俞伯牙和钟子期的关系都是“朋—友”关系的典范。两人的故事既是对“朋—友”关系进行言说的历史现实，同时也是人们对“朋—友”关系进行阐释的理想期许。以这个故事为例，将有助于我们洞悉“朋—友”关系的发生、建立和展开。

在《列子·汤问第五》中，俞伯牙和钟子期的故事只有寥寥数语，它经过冯梦龙的演绎而变得曲折感人。在冯梦龙眼里，俞伯牙和钟子期一个是上国名公而另一个是穷乡贱子，但却因偶然的机缘借琴声两人超越社会地位的差别而相知相吸。在此过程中，从起初的陌路相逢、贵贱有别，到后来的不拘小节、声气相求，再到后来的肝胆相照、契若金兰，两人的存在一直都在剥离某种不属于本真存在的东西，直至双方的本真存在向彼此绽放。下面，就让我们对整个过程中俞伯牙价值意识的演变加以分析。

起初，“伯牙开囊取琴，调弦转轸，弹出一曲。曲犹未终，指下‘刮刺’的一声响，琴弦断了一根。……伯牙惊讶，想道：是荒山了。若是城郭村庄，或有聪明好学之人，盗听吾琴，所以琴声忽变，有弦断之异。这荒山下，那得有听琴之人？哦，我知道了，想是有仇家差来刺客；不然，或是贼盗伺候更深，登舟劫我财物。”① 在此阶段，结友的机缘已经浮现，但对方对自我来说仍是陌生的、匿名的他者。由于他者与自我处在不明朗、不确定的关系中，所以，他者的存在就引起自我的猜疑，动摇甚至打击着自我对环境的信心，并在自我的意识中被把握和领会为潜在的危险或威胁。这表明，他者对自我的关系还保持着异己的性质，而他者的存在也因为没有向自我的意识照面而处在遮蔽中，甚至遭到变异或扭曲。

接着，“忽听岸上有人答应道：舟中大人，不必见疑。小子并非奸盗之流，乃樵夫也。因打柴归晚，值骤雨狂风，雨具不能遮蔽，潜身岩畔。闻君

---

① 冯梦龙：《警世通言》，中华书局2002年版，第2页。

雅操，少住听琴。”① 在此阶段，他者开始现身，环境开始透明，自我仿佛在黑暗中获得一线光明，原来的猜测和疑虑得以减弱。但环境的透明同时也意味着双方具体差异的展露。由此，原来完全异己的、抽象的他者就与自我建立起一种同一的差异关系。危险的消除本身就是自我和他者具有同一性的表现，但这也使自我对价值的差异意识得以可能。于是，就有下一个轻视、嘲笑或在其他情形下仰慕、钦佩对方的阶段到来。

“伯牙大笑道：山中打柴之人，也敢称‘听琴’二字！此言未知真伪，我也不计较了。”② 在轻视或嘲笑阶段，他者的非本真价值，如外在的身份或社会地位等，作为其全部价值的象征在自我的价值意识中呈现出来，并使自我在比较中获得一种价值差异意识。这种价值差异意识体现在俞伯牙身上就是他对钟子期作为山中打柴之人的不屑和蔑视以及他对自己价值的自傲与自负。这种自傲与自负使俞伯牙在钟子期面前忘不掉他的尊贵之身，要求对方过多而要求自己过少：“伯牙见他不告而坐，微有嗔怪之意，因此不问姓名，亦不呼手下人看茶。”③

但是，随着他者本真价值的不断绽放，自我开始被对方的本真价值所吸引和诱惑，也逐渐把自我原来因价值优越感的阻隔而向对方封闭的心扉敞开。这个敞开过程就是自我从非本真的存在状态转向本真存在状态的过程，即从注重他者的非本真价值转向他者本真价值的过程：“伯牙将断弦重整，沉思半晌。其意在于高山，抚琴一弄。樵夫赞道：‘美哉洋洋乎，大人之意，在高山也！’伯牙不答。又凝神一会，将琴再鼓，其意在于流水。樵夫又赞道：‘美哉汤汤乎，志在流水！’只两句，道着了伯牙的心事。伯牙大惊，推琴而起，与子期施宾主之礼。连呼：‘失敬！失敬！石中有美玉之藏，若以衣貌取人，岂不误了天下贤士！’”④ 彼此本真价值的相遇是两种力量的撞击。通过撞击，

---

① 冯梦龙：《警世通言》，中华书局2002年版，第2页。

② 同上。

③ 同上书，第3页。

④ 同上书，第4页。

自我对对方的“情”被激起，对对方的疏离意识则被淹没。“情”被激起一方面通过“心情”的激动表现出来，另一方面也通过行为从原来对对方的无所作为甚至失礼到对对方的忙碌和尊重表现出来：“遂命童子重添炉火，再爇名香，就船舱中与子期顶礼八拜。伯牙年长为兄，子期为弟。今后兄弟相称，生死不负。”[①] 由“情”生“义”，他们之间的“朋—友”关系至此得以建立。此后，就开始了这种关系的持存和“运作”。

“朋—友”关系的持存或运作首先体现在双方的情义互动中。“朋—友”关系的建立意味着两颗精神心灵的相知相契，但并不意味着他们的身体在时空中不会隔离。不过，恰恰是身体的隔离为双方进行约定和做出承诺提供了机缘，而基于约定和承诺的“信”和“义”也由此得以展现：“伯牙说：‘贤弟，我来仍在仲秋中五六日奉访。若过了中旬，迟到季秋月分，就是爽信，不为君子’；子期说：‘既如此，小弟来年仲秋中五六日，准在江边侍立拱候，不敢有误’”[②]，这是他们彼此向对方做出的承诺；“光阴迅速，过了秋冬，不觉春去夏来。伯牙心怀子期。无日忘之。想着中秋节近，奏过晋主，给假还乡”[③]，这是俞伯牙对承诺的践行。

虽然“情义无价”，但是“天地不仁”。“情义”的持存并不能改变必然性的展开。俞伯牙如约来到钟子期的家乡，听到的却是钟子期病故的消息。他“五内崩裂，泪如涌泉，大叫一声，傍山崖跌倒，昏绝于地”[④]。在此，对方的离世虽无损于“朋—友”关系在自我心中的延续，但却使基于“朋—友”关系而形成的存在价值整体遭到致命的创伤，并因此变得残缺不全。一首“摔碎瑶琴凤尾寒，子期不在对谁弹！春风满面皆朋友，欲觅知音难上难”道出了这种存在价值整体的弥足珍贵，也道出了知音离世后自我存在价值的落寞和孤寂。[⑤] 由此可见，在“朋—友”关系中，自我的本真存在价值因对

① 冯梦龙：《警世通言》，中华书局2002年版，第5页。
② 同上。
③ 同上书，第6页。
④ 同上书，第7页。
⑤ 同上书，第8页。

方的本真存在价值得以绽放；离开对方，自我的本真存在价值也会因无人照亮而落入巨大的黑暗或深渊中。这种黑暗或深渊就是精神的孤寂和落寞：“子期子期兮，你我千金义，历尽天涯无足语，此曲终兮不复弹，三尺瑶琴为君死!”① 在此，作为对象的“朋—友”已经死亡，但“朋—友”关系仍通过幸存者对离世者的悼念及其义务的担当单向地延续着。这种担当就体现在钟子期死后俞伯牙替他尽孝道上。俞伯牙对钟子期的父亲说：“待下官回本朝时，上表告归林下。那时却到上集贤村，迎接老伯与老伯母，同到寒家，以尽天年。”② 由此可见，“朋—友”关系并没有因为一方的离世而受损或终结，它的“情义”本质仍在活者心中延续着。

在上述分析中，我们可以看到，“朋—友”关系的建立过程就是双方的非本真价值逐渐被剥离而本真价值逐渐得以呈现的过程。在此过程中，双方由陌生变熟悉、由疏远变亲密，不但向对方释放着友爱的力量，而且也让彼此的本真价值得到茁壮和繁荣。不过，需要补充的是，“朋—友”关系的建立过程不仅是剥离彼此非本真价值的过程，同时也是包容和消化它们的过程。这在管夷吾和鲍叔牙的“朋—友”关系中就体现了出来：“他两个同为商贾，得利均分。时管夷吾多取其利，叔牙不以为贪，知其贫也，后来管夷吾被囚，叔牙脱之，荐为齐相。这样朋友，才是个真正相知。”③ 在此，对对方非本真价值的承担和包容反而成为真正的“朋—友”关系的见证，并体现出友爱所具有的宽宏大度的人性力量。

三

从现象上看，友爱态度是“朋—友”关系得以建立的前提。④ 通过友爱

---

① 冯梦龙：《警世通言》，中华书局2002年版，第8页。

② 同上书，第8—9页。

③ 同上书，第1页。

④ 友情与亲情、爱情的区别在于：虽然三者都以爱为前提，但亲情一般是以双方的血缘关系为基础的，爱情一般是以各自对对方的身体意向性为基础的，也就是说，包含着性爱的渴望，而友情的存在既不需要有血缘关系，也不以性爱为目的，它仅仅需要人们在精神心灵上的契合相知，而精神心灵上的契合相知又孕育出情义、忠诚、信任、肝胆相照、同舟共济等诸如此类的友爱品性。

态度，甚至原本互不相干的陌生人也能集结在一起，分享彼此的本真价值并感受人性的温暖。在此过程中，友爱态度在彼此间的动态运行不但让双方体验着做人的尊严，而且也照亮了它们存在价值的可能空间，使之不断得到生长、茁壮和繁荣。友爱态度使彼此的本真价值得以生长、茁壮和繁荣的原因在于，作为“朋—友”的双方经过时间的沉淀将对对方的友爱态度延续下来，并在交互作用中不断向对方注入某种价值活力，而这种价值活力又滋养并不断促成彼此本真价值的生长和绽放；就此而言，友爱态度是通达、提升乃至完善彼此存在的本真价值的桥梁之一。借此桥梁，一方不但恢复着自己的本真价值并让自己富有人性，而且也让对方的本真价值得以自由呈现并赢得尊严；另一方不但担当起自己的存在价值责任，也设身处地地担当起对方的存在价值责任。

友爱态度在“朋—友”间的动态运作表明，“朋—友”不是一种静止的、固定化的交往对象，而是一种友爱关系的生长、形成和持存的过程。在此过程中，友爱态度作为力量相互作用、彼此回应，并经受着时间的考验。即使作为“朋—友”关系项的双方被时空隔离，这种“朋—友”关系仍会通过联络、回忆、怀念等方式在时间中持存。在此意义上，我们说，“朋—友”关系具有非时间的时间性。也就是说，虽然必须在时间中展开自身，但只有在时间中历久弥新、常驻不去，并因此获得自己的非时间性，“朋—友”关系才在真正意义上才实现了自身。就此而言，“朋—友”关系既是当下的过去又是过去的当下。自我之在当下把对方认作“朋—友”，是自我通过回忆对彼此之间的友爱过去进行重现或激活的结果，而这种重现或激活又把过去带到当下，使自我在当下仍能绽放出和过去一样对他者的友爱态度和亲密体验。由于对过去的重现或激活需要记忆要素相助，所以，记忆也是“朋—友”关系得以持存从而真正实现自身的必要条件。这也说明，当下的友爱态度虽然具有“朋—友”关系的性质，但还不能完全等同于具有非时间性的时间性的“朋—友”关系。

虽然友爱态度构成“朋—友”关系的本质，但这并不意味着“朋—友”

之间只能一团和气。事实上，友爱态度还必须容许“朋—友”之间的“暴力”的自由入侵。只有能够容纳争吵和批判的“朋—友”关系才能真正经得起时间的考验。这是因为，在此过程中，双方都能在对方面前坦率而真实地做自己，与此同时，彼此又对对方本真存在价值的信念未发生动摇，并因此是一种真正的“朋—友”关系。反过来说，完全的一团和气、不敢争吵和暴露分歧，友爱态度就可能沦落为单纯的迎合而成为表面性的装饰。由此，双方的非本真价值就有可能因为被怂恿而无法被剥离，双方共同善的促成、茁壮和繁荣也就无从谈起。但是，争吵或批判如果达到否认对方的本真存在价值即不尊重对方人格，甚至对对方进行羞辱的地步，它就会因为过度而对“朋—友”关系构成颠覆。这说明，真正的“朋—友”关系还包含一种气度。气度本身是个区间和悖论：它在舒展和“大度”地容纳“暴力”自由入侵的同时，又畏缩和“小气”地为这种“入侵”设置了底线。由此可见，友爱态度还具有它的弹性和硬度：它必须留下足够的回旋空间，也必须经得起风雨的考验，而不能像玻璃般太具有易碎性、像门缝般太具有狭隘性。

不过，诚如“朋—友”的词源学分析所揭示的那样，“朋—友”关系及其友爱性质也蕴含着潜在的张力、危险或变异的可能。

怀疑在隐背景中的存在构成“朋—友”关系的内在张力。在大多数情况下，“朋—友”关系是在彼此的陌生、怀疑，甚至敌意中形成的，而它的形成过程既是友善、熟悉、亲密、情义等生成和壮大的过程，也是陌生、怀疑、甚至敌意减少以至消除的过程。但是，当“朋—友”关系建立起来之后，陌生感和敌意可以说是完全消除了，但怀疑作为潜在的可能性并没有得到彻底根除，而是仍作为“朋—友”关系的隐背景存在着，并随时准备对“朋—友”关系进行颠覆。说“随时准备”是因为，在特定机缘下，一旦处在隐背景中的怀疑被激活，“朋—友”关系中作为友爱态度持存之基础的信任就面临瓦解的危险。在此，怀疑和信任的关系在于：怀疑是“朋—友”关系中潜在的否定性力量，唯有当怀疑被克服时，信任关系才得以建立；但是，被克服的怀疑并没有彻底丧失自己重新被激活的可能性，相反，它一直都在对对方有可能辜负信任的行为进行诊断和过滤。一旦它认定对方的言谈举止值得怀疑，自我对对方的友爱态度和亲密体验就会随之减弱以至于消失。不过，悖论的是，在对“朋—友”关系构成威胁的同时，怀疑也是一种维持“朋—友”关系的力量。也就是说，正是由于怀疑具有重新被激活的可能性，双方才时时刻刻自律地履行自己给对方的承诺，不辜负对方的信任或保持对对方的忠诚。一旦自我没有做到这一点，对方的怀疑就可能出现并成为现实，“朋—友”关系由此就可能发生动摇。在此意义上，我们说，怀疑是一种无形的监控力量，它既保证“朋—友”关系的健康运行又对“朋—友”关系构成威胁和挑衅。由此也可见，在“朋—友”现象中，自我的“朋—友”意识与“非朋—友”意识是同时并存的。它随时会出于某种原因把“朋—友”变成“非朋—友”，又把“非朋—友”变成“朋—友”；当自我把一些人认之为“朋—友”时，这同时也意味着那些没有被自我认之为“朋—友”的人是“非朋—友”。自我意识中“朋—友”和“非朋—友”之间的界限表明，自我的友爱态度和信任态度具有自己的局限性和封闭性，也就是说，它们始终只针对那些被认之为“朋—友”的人，而在面对“非朋—友”时，这些态度如果不是缺乏至少也会大打折扣。不过，正是这种意识界限的存在为“非朋—友”向“朋—友”转化或者“朋—友”向“非朋—友”转化提供了先天的可能。

“朋—友”关系面临的危险根源于友爱的“过度”。在“朋—友”关系的实现过程中，一方面，双方都出于友爱而替对方着想；另一方面，双方也会在友爱的激励下提升自己的本真价值。在前一种情形下，友爱的表达过程同时也是为对方“献身”或承担责任的过程。在此过程中，一方以友爱的名义对对方的存在价值进行友好性干预或友好性承担。但是，友好性干预一旦超出一定的度，就会对对方构成存在压力，使对方不堪重负；同样，友好性承担一旦超出一定的度，也会对自我构成存在压力，使自我不堪重负。由此，“朋—友”关系本身就成为负担。在后一种情形下，友爱的激励会使自我积极筹划自我的存在价值，但这种筹划如果过度也可能事与愿违，使自我的存在价值遭到悲剧性毁灭。不过，如果担心友爱的“过度”而不作为，又可能导致友爱的“不及”。由此，“朋—友”关系也可能趋于平淡。

“朋—友”关系变异的可能在于它有本真的样式和非本真的样式。本真的“朋—友”关系以“友”为重心，看重的是对方的本真价值；非本真的“朋—友”关系以“朋”为重心，看重的是对方的工具价值。亚里士多德说：“那些为了用处而爱朋友的人是为了对自己有用，那些为了快乐而爱朋友的人，是为了使自己快乐。这都不是为了自身而友爱，而是为了有用和快乐”，只有“那些为了朋友自身而希望朋友为善才最是朋友，因为他们都是为了朋友的自身”[①]。在此，亚里士多德把“朋—友”就区分为两种类型，一种是因为“朋—友”有用，另一种则是为了“朋—友”自身。其中前者就属于“朋—友”关系的非本真样式，而后者则属于“朋—友”关系的本真样式。本真样式向非本真样式的过渡就是“朋—友”关系的变异。

由此可见，“朋—友”关系一方面会立足于怀疑的深渊之上，另一方面也会摇摆于过度和不及之间；一方面有可能从目的性沦为工具性，另一方面也有可能深陷在自身的局限性当中而变得狭隘。“朋—友”关系的这种境况意味着，它并非纯粹单一的友爱关系，而是包含着自身内在的张力和矛盾。

四

我们对“朋—友”的本真样式及其变异之可能性的分析在汉娜·阿伦特和德里达的友爱思想中也分别得到反映。

阿伦特强调的是“朋—友”关系的本真样式。她认为，“朋—友”不仅仅是在我们遭遇不幸的时候帮助我们的人，而且是我们不用掩饰就可与之同喜悦、共欢颜的人。[②] 在她看来，就像希腊人所理解的那样，“朋—友”之间

---

① 《亚里士多德全集》（第八卷），苗力田主编，中国人民大学出版社 1992 年版，第 168—169 页。如果交朋友仅仅是为了自己的用处和快乐，那这种朋友关系就是非本真的。在这一点上，我们同意亚里士多德的观点。但是，在某种意义上，朋友关系并不排斥“用处”和“快乐”这样的要素。这是因为，促进彼此本真存在的生长、绽放和繁荣，不仅是“朋—友”关系的最大用处，而且也是“朋—友”关系所能带来的最大快乐。

② 汉娜·阿伦特：《黑暗时代的人们》，王凌云译，江苏教育出版社 2006 年版，第 20—21 页。

的友爱，其本质在于言谈。言谈意味着自我渴望与他人分享世界，意味着自我在他人面前真实地展示自己，并因此意味着人对人的友爱。只有这个共同世界被人所关注和分享，这个世界才不是非人的冷漠的世界，而是充满人性的世界。[①] 基于此，她认为，友爱尤其和人性相关，只有在友爱出现的地方，才会有人性的浮现。由此可见，在阿伦特这里，友爱作为人性的展现也使得友爱成为政治的要求和对世界的防护。这是因为，只有友爱存在，话语权才不会被一部分人垄断，每个人才有机会说出他自己认为的真理；只有友爱存在，人才能成为康德意义上的目的而不是工具；只有友爱存在，人才能领会到存在的真正意义，世界才能持存和繁荣。

德里达看到的则是“朋—友”关系发生变异的可能。按照他的观点，阿伦特对她所理解的那种友爱的呼唤很可能只是一厢情愿，因为观念的理想性和现实的复杂性之间永远存在落差。德里达是从两句话出发展开他对“朋—友”概念的解构的。亚里士多德借前人的话说：“哦，我的朋友们，根本就没有什么朋友”；类似地，尼采也说：“敌人们，根本就没有什么敌人。”[②] 这两句话从内容上看是不同的，但在本质上却是一致的，即都包含逻辑悖论。如果根本就没有什么朋友，我如何能称呼我向之发言的那些人为“朋友”？同样，如果根本就没有什么敌人，我如何能称呼我向之发言的那些人为“敌人”？通过称呼“朋友”或“敌人”，概念在“敌—友”之间设定了一条界限，但通过“根本就没有什么朋友”或“根本就没有什么敌人”，这条界限又被一笔勾销。由此，无论是“朋友”概念还是“敌人”概念都具有了反讽性质。那么，设定“敌—友”界限的同时又消除这条界限是如何可能的呢？可能的答案是，我们拥有关于“朋友”或“敌人”的理想概念，但在现实中被我们称为“朋友”或“敌人”的人却不“配”各自的理想概念。以上述两句话为例，当亚里士多德不断重复这句格言“哦，我的朋友们，根本就没有

① 汉娜·阿伦特：《黑暗时代的人们》，王凌云译，江苏教育出版社 2006 年版，第 21 页。这是阿伦特对古希腊人的友爱思想的解释，但也是她自己所赞同的观点。

② 德里达：《友爱的政治学及其他》，夏可君编，吉林人民出版社 2006 年版，第 12 页。

什么朋友”时，语调里可能包含着对被称呼为“朋友们”的那些人的“蔑视”“忠告”或“失望”以及对“朋友”概念与“朋友”现实之间存在落差的无可奈何，因为所谓的朋友其实不够朋友或已经变得不再是朋友。当尼采说“敌人们，根本就没有什么敌人”时，语调里可能同样包含着对被称呼为“敌人们”的这些人的“蔑视”“敬意”或“善意”以及对“敌人”概念与“敌人”现实之间存在落差的欣喜或自负，因为所谓的敌人也可能光明磊落、言行一致、让你充满敬意，或者根本就不配当你的敌人。现实与概念之间存在落差的根本原因在于：在历史现实中，一方面“敌—友”之间的界限并非泾渭分明，另一方面朋友或敌人也会因为变异而差异化自身。由此，就造成了现实和概念之间的裂痕，或可述与可感之间的异质性。

通过对“敌”“友”概念及其关系的分析，德里达试图解构施米特的政治学。他说：“政治的概念作为概念，无疑相应地表明，话语的理想性希望更严格地陈述政治的理想性。但是，任何（即现实的）政治都不符合它的概念。所以，运用这些概念，根本不可能正确地描述、规定任何政治事件。而且，由于政治学在本质上是一种实际行动，所以，政治与其概念之间的不符合就不是偶然的。”① 德里达有关理想性政治学的谈论也适用于他对传统哲学思想的解构，也反映出他解构精神的实质，即概念和理论试图对“现实”进行解释、归类，甚至胁迫“现实”纳入概念和理论的理想化框架中运行。但是，一方面概念和理论不断在历史中差异化自身，另一方面现实也总是桀骜不驯，不断从概念和理论的框架中逃脱，固执于自己的失序，并导致概念或理论与现实之间的不符。由此，不仅“理想的政治学”绝对不可能，甚至“理想的思想”或普遍理论也绝对不可能。这种不可能就是理想和现实之间绝对同一的不可能。但是，当德里达试图解构概念或理论与现实或实践之间的相应性关系时，他恰恰通过一种对不相应性的描述而试图让自己的理论和现实之间达成某种相应性。

---

① 德里达：《友爱的政治学及其他》，夏可君编，吉林人民出版社 2006 年版，第 158—161 页。

但不管怎么说，无论是阿伦特还是德里达，都以自己的方式见证了“朋—友”关系的内涵。阿伦特从本真的“朋—友”关系出发，认为友爱是人性化世界得以可能的前提；德里达则通过对理想的朋友概念的解构让人洞悉现实的复杂性以及张力。尼采说：“如果我们不能生活在一起，我们又如何能生活？……生活在一起，爱在一起，这是‘生命’伟大之谜的答案吗?”① 这种追问一方面把包括友爱在内的爱设定为生活的目的和意义，认为它是生活值得一过的前提；另一方面又传达出尼采对这种生活是否能够实现持有很大的怀疑。在我们看来，尼采的追问恰恰悖论地综合了阿伦特和德里达两人的观点：我们因为抱有希望而充满失望，因为感到失望而需要希望。

五

“朋—友”现象不仅仅是理论对象，更是人类的历史实践表现。从微观上看，“朋—友”关系是私人性的，和某些个体之间的友爱交往有关，并关系到个体心灵的充实与富足；从宏观上看，“朋—友”关系却是公共的，和不同民族或国家之间的友爱交往有关，并关系到世界的和平与安定。一个时代“朋—友”关系及友爱态度的多少或程度的高低，在很大程度上反映着该时代总体的道德品性和价值品位。恩培多克勒曾把“爱”与“憎”作为宇宙中的两大力量，并认为，“憎”的力量强大时，世界就趋于战争和冲突，而“爱”的力量强大时，世界就趋于安定和有序。② 根据这种假定，我们可以说，人类社会历史发展的总体方向就是“憎恨”的力量在逐渐减少而“友爱”的力量在逐渐强大的过程。在此过程中，社会特征大体上是从等级性和共同体性不断向平等性和个体性过渡的，从只有少数人拥有自由到绝大多数人都拥有自由过渡的。社会结构的等级性意味着友爱在表达或实现自身时的局限性和差等性，而它的共同体性又意味着友爱的休戚与共和肝胆相照。社会结构的平

① 尼采：《我妹妹与我》，陈苍多译，文化艺术出版社 2003 年版，第 347 页。
② 参见《西方哲学原著选读》，北京大学哲学系编译，商务印书馆 1981 年版，第 42—43 页。

等性意味着友爱的广泛性和开放性，但它的个体性又可能导致友爱的工具性和实利性。而少数人还是多数人拥有自由也恰恰标明着社会友爱的广泛程度。这是因为，绝大多数人同时能拥有自由首先意味着他们都懂得尊重他人或维护他人的尊严，这种对他人尊严的维护就是最基本的友爱态度。在现代社会，由于平等性的增强，不论是个人、民族还是国家之间，“朋—友”关系及友爱态度的范围和领域也越来越广；但与此同时，由于个体性的增强和自我意识的觉醒，现代社会的价值观又在很大程度上是以自我利益为核心的。在此条件下，友爱态度和“朋—友”关系就可能变异为利益最大化的一种手段。事实上，在我们这个时代，友爱就存在这样的张力：它一方面在扩展自身的范围和领域，另一方面又在失去自身的本真性根基。

（原载《江海学刊》2009 年第 1 期）

面向哲学本身：对“纯粹哲学”的现象学反思

李金辉

纯粹哲学是指哲学研究要求保持哲学的“纯粹性”，保持哲学研究方法的独立意识和对哲学学科独立性的问题意识。它对于当前哲学界充斥的“后现代”研究潮流和主张哲学终结的“后哲学文化”情绪具有很强的批判作用。对于主张哲学与其他学科领域结合的部门哲学（具体表现为实践哲学、社会哲学、文化哲学、发展哲学、人类学哲学等）的哲学学科合法性探讨也具有启发意义。如果说后现代哲学和各种部门哲学有将哲学终结和泛化的危险，那么纯粹哲学的研究对于哲学“保持住自身”和保持哲学独立的学科意识就具有特别重要的理论意义。而哲学要想“保持住自身”就必须采用“面向事情本身”的现象学（包括现象学还原、现象学解构和现象学建构在内的）方法，必须将现象学方法和纯粹哲学的探讨相结合。通过现象学方法，纯粹哲学研究可以获得自己的纯粹哲学问题、纯粹哲学方法、纯粹哲学主体和纯粹哲学世界，进而保持哲学研究所必需的哲学意识。

我们认为，“纯粹哲学”的现象学反思可以从以下几个方面入手。

“纯粹哲学”：哲学研究的“现象学转身”

当前哲学界越来越重视哲学的应用研究，由此产生了众多的部门哲学，这些部门哲学注重哲学和其他学科之间的联系的探讨，这当然促进了哲学的发展和创新。但与此同时，也蕴含着一种取消或忽视哲学的纯粹性研究或“纯粹哲学”研究和丧失“哲学意识”的危险。在这种情况下哲学如何把握住“自己”呢？这是每一个从事哲学研究的人应该具有的理论意识。我们认为哲学要想“保持住自己”就必须实现哲学研究的“现象学转身”，使哲学研究从对各种部门哲学的研究转向“纯粹哲学”的研究。纯粹哲学研究不是反对部门哲学研究和否定其理论意义，而是主张在研究部门哲学之前首先对“哲学本身”进行哲学反思，从而保持各种部门哲学作为哲学学科的合法性。因此，对其他部门哲学的方法论反思是纯粹哲学研究的题中应有之义。这种方法论反思对于划清哲学与其他学科领域的界限，坚持哲学自身的独立性是必不可少的。

纯粹哲学要想实现“现象学转身”进而“面向哲学本身”进行研究必须进行划界，划清哲学世界和日常生活世界、科学世界的界限，划清哲学学科与其他实证科学的界限，这样才能保持哲学研究的“纯粹性”。这种划界是从事哲学研究的理论前提，这种划界表现为哲学研究中必不可少的“哲学意识”，它决定了我们的研究是不是“哲学的”研究。“哲学意识”的存在避免了在哲学之名下从事的“非哲学”的勾当。当前借哲学之名的分支学科越来越多，似乎不谈“某某哲学”“某某学科”就没有合法性，同时也似乎暗示了哲学发展的某种“虚假繁荣”。其实，如果没有对“哲学作为哲学”的“纯粹哲学”的“哲学意识”，这些所谓的“某某哲学”是很值得怀疑的。这既害了“某某”学科，也害了哲学。混淆了哲学和“某某”具体学科的界限，使“哲学作为哲学”的一般哲学的地位降到了某种实证科学的地位，实质上取消了哲学研究的空间。同时，“某某学科”也因为要实行哲学的“僭越”，带有了某些思辨的特征，阻碍了科学自身的发展。

当然，强调哲学学科和具体学科之间的划界，并不是要否定哲学和具体学科之间的联系，而是要给哲学和具体学科研究以相对独立的理论研究空间，也是要防止目前理论界所谓“哲学终结”论的理论危险。当前，哲学界越来越强调哲学与日常生活世界、与科学世界、与实践活动的联系。“哲学回归日常生活”“哲学回归实践”“哲学回归文化”等口号甚嚣尘上，这当然为哲学开辟了新的领域，发展了部门哲学。但同时也蕴含着一种危险，即取消“作为哲学的哲学”的“纯粹哲学”研究的危险。我们认为“哲学回归日常生活”“哲学回归实践”“哲学回归文化”的重点并不在“回归”概念和“日常生活”“实践”“文化”等概念上，而是在哲学概念上，在以“哲学”的方式回归上。因此，哲学仍是一个不可缺少的前提。“回归”不是哲学的目的，而是以“哲学”的方式实现“超越”的手段。哲学的本质恰恰在于“超越”和反思这些“回归”，在于以“哲学”的方式“回归”。而以“哲学的方式”回归是以哲学的“超越”为前提的。哲学的“超越”要求对科学世界、日常生活和文化世界进行“现象学还原”。现象学的还原首先以“加括号”的方式“中止了”关于日常生活、实践活动、历史文化世界以及与之相应的一切科学理论判断，达到了“纯粹先验自我意识”这一自明性的“现象学原点”。哲学的“超越”就是我们所说的纯粹哲学研究的“现象学转身”，它决定了各种部门哲学作为哲学的学科合法性。因此，以“哲学的方式”回归是建立在现象学对“某某领域”的理论“悬搁”（现象学转身）的基础上，将“某某领域”作为被“超越的”前提和基础，进一步寻找哲学的自明性“地基”，为向这些“某某领域”理论的哲学“回归”奠定哲学基础，进而以“哲学的方式”回归（现象学的构造方式重构）这些领域。

显然，哲学向“某某领域”的回归并不会取消哲学自身存在的合理性，相反，它是以哲学自身存在的合理性（纯粹哲学的研究）探讨作为回归的基础。因此，对“哲学作为哲学”的“纯粹哲学”的哲学意识的强调，是对现在相当多的“部门哲学”的“哲学无意识”的批判，是对这些“部门哲学”将哲学研究实证化和科学化的“元理论”反思。它会在当今理论界贬低“纯理论”研究、哲学界在后现代思潮的影响下主张“哲学终结”的“后哲学文化”研究泛滥的情况下，重建“哲学作为哲学”的“纯粹哲学”的理论尊严。

国内关于“纯粹哲学”的研究，叶秀山先生是具有代表性的人物之一。他主编了一套“纯粹哲学丛书”。在为这套丛书所写的序言中，叶秀山先生表达了研究纯粹哲学的初衷：“现在来说‘纯粹哲学’。说哲学的‘纯粹性’，乃是针对一种现状，即现在有些号称‘哲学’的书或论文，已经脱离了‘哲学’这门学科的基本问题和基本要求，或者可以说，已经没有什么‘哲学味’，但美其名曰‘生活哲学’或者甚至‘活的哲学’，而对于那些真正探讨哲学问题的作品，反倒觉得‘艰深难懂’，甚至断为‘脱离实际’。”① 所谓“纯粹哲学”是指：“‘哲学’必须以‘自己自身’为立足点和核心。哲学要以‘自己自身’为‘出发点’，并以‘自己自身’为‘归宿’。”② 那么，哲学的“自己自身”是什么呢？如何获得哲学的“自己自身”呢？在我们看来，哲学的“自己自身”就是哲学自己的“纯粹领域”，就是“纯粹哲学”。

如果说叶秀山先生通过自己的努力为使“纯粹哲学”成为一个值得关注的领域做出了巨大贡献，那么倪梁康先生则通过现象学研究使“纯粹哲学”的研究进一步走向深入成为可能。他认为现象学方法的目的在于使哲学的研究对象和研究方法获得“纯粹性”。他说：“‘纯粹的’或‘纯粹性’不仅标志着胡塞尔对其现象学所做的最基本规定，它们同时也意味着胡塞尔作为哲学家对自己的哲学生活所提出的基本要求。在这个意义上，任何形式的现象学还原方法最终都是为了达到同一个目的：研究对象和研究方法的‘纯粹性’。”③ 可见，现象学方法和纯粹哲学研究具有内在的契合性，二者都关注哲学的“纯粹性”问题，“纯粹哲学”完全可以借鉴现象学方法来获得自己的研究领域和研究问题，从而实现哲学研究的“现象学转身”。

“纯粹哲学”的兴起：哲学的现象学追问

我们认为当前哲学界对“纯粹哲学”的“遗忘”在于没有分清“哲学是什么”这种追问方式中包含的两种不同理解方式。“哲学是什么”这种提问方式可以有两种理解，一是“部门哲学”的理解，即科学主义的、实证主义的

---

① 叶秀山：《哲学作为创造性的智慧》，载叶秀山《西方哲学论集》，江苏人民出版社 2003 年版，序言、第 61 页。

② 同上。

③ 倪梁康：《纯粹的与不纯粹的现象学》，载《现象学与纯粹哲学》（第九辑），上海译文出版社 2007 年版，第 5 页。

理解，即哲学是某个“什么”、某个东西、某个“存在者”，这个“什么”可以通过表象主义的认识论方式加以认识，并寻求其存在的“根据”。而这个根据也是某种“什么”、某个“存在者”，换句话说，哲学一定是个给定的、现成的存在。哲学一定是个“有”。这种对哲学的追问符合自巴门尼德以来的古希腊西方哲学传统，一是它坚持“存在者存在”的“存在论”或“有论”，哲学是对存在者的认识，哲学就是认识论。在这种传统中“不存在者不存在”，即“无”是不存在的，因而“无”是不足“论”的。二是“纯粹哲学”的理解，即存在论的、现象学的理解，这种理解悬置“什么”，它追问的哲学不是“什么”，哲学不是现成的存在者。哲学什么（存在者）也不是，哲学就是哲学自身。换句话说，哲学就是“无”，哲学应该论“无”，哲学不是“有”论而是“无”论。即哲学要追问“究竟为什么在者在而无反倒不在?”[①] 纯粹哲学作为探讨“哲学之为哲学”的问题就必须对哲学作存在论的、现象学的追问。存在论、现象学的追问，按照海德格尔的说法，必须坚持“存在”和“存在者”之间的“存在论差异”。将“存在本身”通过“现象学还原的方法”凸显出来，使“存在本身”作为哲学思考的主题。即“什么是存在？存在意指什么？究竟从何处出发才能领会诸如存在之类呢？存在领悟究竟何以可能”等一系列问题。[②] 存在作为“存在自身”是不能再被现象学还原的“现象学的剩余”。如所周知，海德格尔对现象学方法的重视来自胡塞尔。胡塞尔通过现象学方法发现了不能被还原的、作为“存在自身”的“现象学的剩余—先验意识王国”，并由此发现了基本的存在论差异。“作为在一种确定意义上‘绝对的’存在的先验意识王国，通过现象学还原产生了。它是一般存在的原范畴（或按我们的用语，原区域）。一切其他存在区域均植根于此范畴，按自己的本质均相关于此范畴，并因而在本质上完全依赖于此范畴。范畴理论必须完全从一切存在区别中最基本的区别——作为意识的存在和作为在意识中‘显示’的和超验的存在——开始，这些区别如我们所见，

① ［德］海德格尔：《形而上学导论》，熊伟、王庆节译，商务印书馆2005年版，第3页。
② ［德］海德格尔：《现象学之基本问题》，丁耘译，上海译文出版社2008年版，第17页。

只有通过现象学还原的方法才能在其纯粹性中被达到和证实。”①

综上所述，无论海德格尔还是胡塞尔都通过现象学还原的方法达到了对哲学的“纯粹性”理解，虽然，二者在关于如何理解“存在”这一点上存在着差异。这样，纯粹哲学就获得了自身的逻辑起点和现象学地基，接下来就可以通过“意向性概念”来现象学地建构自己的纯粹哲学世界了。这个纯粹哲学世界是存在自身的“显现”“展开”和存在自身的现象学呈现。因此，纯粹哲学反对关于哲学的认识论的、科学主义的理解，坚持对哲学的现象学和“存在论”理解。

总之，纯粹哲学研究需要特殊的提问方式，总是在其他“部门哲学”将哲学当作无意识的前提时，追问“哲学之为哲学是什么”，即“哲学本身”是什么？其他“部门哲学”的提问方式是“哲学是什么”，“哲学本身”在这里是不成问题的和给定的，“哲学本身”不是研究对象，成为哲学研究主题的是“什么”。而“哲学本身”真的是没有问题的吗？“哲学本身”不需要追问吗？关于“哲学本身”的哲学思考即“纯粹哲学”的思考，真的没有必要吗？“纯粹哲学”是关于哲学的哲学，是“元哲学”，是对“哲学本身”的前提性追问。是对“哲学本身”的自我反思。或者说，在“纯粹哲学”看来，哲学从来都不是给定的、完成的，哲学一直都在寻找自身存在的合理性和合法性，哲学永远都是“导论”，哲学永远在反思、追问的“途中”。因此，“纯粹哲学”是哲学研究中的前提性研究，是其他部门哲学得以进行的基础。没有“纯粹哲学”的研究，部门哲学就没有作为“哲学”称号的合法性。“纯粹哲学”是奠基性的哲学，是为其他部门哲学立法的学科，而其他部门哲学只是哲学的应用，是第二性的哲学。即哲学只有解决了“哲学本身”的第一性的问题，才能解决“哲学是什么”的第二性的问题。部门哲学关于“哲学是什么”的提问方式很容易导致作为“宾词”的“什么”对作为“主词”的“哲学本身”的“遮蔽”，导致对“纯粹哲学”研究的遗忘。这也是我们

---

① ［德］胡塞尔：《纯粹现象学通论》，李幼蒸译，商务印书馆1996年版，第183页。

研究“纯粹哲学”的初衷。通过“纯粹哲学”的研究我们可以恢复对“哲学本身”进行研究的哲学意识，恢复对“哲学作为哲学”的“哲学本身”的“纯粹哲学”意识。

“纯粹哲学”研究的现象学方法

胡塞尔和海德格尔的现象学方法对“纯粹哲学”研究和“哲学意识”恢复尤其具有启发意义。

胡塞尔现象学方法通过“现象学的还原”对关于日常生活世界和科学世界的理论进行了“悬搁”，进而进入先验的“澄明”之境，为“纯粹哲学”的研究找到了它的根基。胡塞尔将这种我们所谓的“纯粹哲学”研究称为“纯粹现象学”研究。他认为“纯粹现象学”“作为严格科学的哲学”是一门本质上全新的科学，它是哲学的基本学科。它需要不同于“自然态度”和实证科学方法的现象学态度和现象学方法。

胡塞尔的现象学方法坚持哲学的思维态度反对自然的思维态度。胡塞尔在《现象学的观念中》清楚地区分了自然的思维态度和哲学的思维态度。他认为自然的思维态度不关心认识批判，“在自然的思维态度中，我们直观地和思维地朝向实事，这些实事被给予我们，并且是自明地被给予，尽管是以不同的方式和在不同的存在种类中，并且根据认识起源和认识阶段而定”①。胡塞尔认为，自然的思维态度对认识的可能性和条件无法加以探究，它坚持对认识论的无反思的、非批判的、自明的态度。自然的思维态度是一种典型的自然科学的、实证的知识论态度，它缺乏对自己的理论前提的认识论批判。与此相对应，胡塞尔提出了哲学的思维态度，认为只有哲学的思维态度才能解决认识论的可能性问题并坚持对认识的条件进行批判和反思。这种哲学的思维态度被胡塞尔称之为现象学方法。这一点可以从他给现象学的定义中得

① 胡塞尔：《现象学的观念》，载《胡塞尔文集》第2卷，倪梁康译，人民出版社2007年版，第16页。

到验证："现象学：它标志着一门科学，一种诸科学学科之间的联系；但现象学同时并且首先标志一种方法和思维态度：特殊的哲学思维态度和特殊的哲学方法。"① 通过对自然的思维态度和哲学的思维态度的对比，胡塞尔认为："哲学处于一种相对于所有自然科学来说的新维度中，虽然这种新维度（如这个词所形象地说明的）可能与旧维度有着本质的联系，但它符合于一种新的，从根本上新的方法，这种方法和'自然的'方法是对立的。谁否认这一点，谁就没有理解认识批判所特有的全部问题，因而也就没有理解，哲学究竟要做什么和应该做什么，以及相对于所有自然认识和科学，赋予哲学以怎样的特性和合理性。"② 胡塞尔认为，哲学必须采取"哲学的态度"和"哲学的方法"才能达到"纯粹性"。哲学必须摆脱这些"自然态度"的纠缠，将这些世界放进括号当中存而不论、不做判断，重新开始哲学的思考。换句话说，哲学是无前提的，哲学的起点必须是"纯粹的"、自明性的。哲学必须从头再来，从零开始。哲学的纯粹性与胡塞尔现象学方法的"先验的兴趣"紧密相关。所谓"先验的兴趣"在胡塞尔那里主要是指人类朝向先验哲学的意向，它以"先验的悬隔"为前提，以对"自然兴趣"的中立化为前提。③ 而这需要对以往的常识和理论进行"现象学的还原"，直到还原到一个不能还原的自明性起点为止。这样就实现了胡塞尔所说的从"自然观点"向现象学观点转变的"哥白尼式的革命"。

海德格尔发展了胡塞尔的现象学方法。认为现象学方法和存在论密切相关。认为存在论的探讨要求一种特殊的把握存在的方式：先天的认识。"先天的认识所拥有的基本环节组成了我们所谓的现象学。现象学是存在论（即科学哲学）方法的名目。"④ 海德格尔认为，在存在论中，应该沿着现象学方法

---

① 胡塞尔：《现象学的观念》，载《胡塞尔文集》第2卷，倪梁康译，人民出版社2007年版，第22页。

② 同上书，第24页。

③ 关于"先验兴趣"概念的解释，参见倪梁康《胡塞尔现象学概念通释》，生活·读书·新知三联书店1999年版，第254页。

④ 海德格尔：《现象学之基本问题》，丁耘译，上海译文出版社2008年版，第24页。

的道路并以概念构思存在。现象学方法包括现象学还原、现象学建构和现象学解构三个环节，三者是统一的、共属一体的。通过“现象学还原”使得存在主题化，通过“现象学建构”使得存在对“预先所与的存在者（向着其存在以及其存在之结构）的筹划”得以可能，通过“现象学解构”使得存在的概念把握以纯粹“存在论”的方式来进行。总之，海德格尔的现象学方法是与存在的主题化、存在自身的显现和存在的“存在论”概念把握紧密相关的，现象学方法是与存在论镶嵌在一起的。换句话说，现象学方法使得海德格尔的纯粹“存在论”探讨得以可能，没有现象学方法就没有海德格尔的存在论，就不可能使哲学（海德格尔的存在论）摆脱各种“在者”形态或“在场”形态的形而上学而“纯粹”起来。

哲学经历了现象学的“悬搁”和“还原”（我们称之为“现象学转身”）后，已经变得更“纯粹”和更“透明”了，哲学的地基和起点已经建立起来了。哲学从此摆脱了日常经验和各种实证科学理论的束缚，可以自由地创造了。

现象学方法与“纯粹哲学”主体的形成

哲学家首先是日常生活中的人，因此具有日常生活的思维和常识。这就形成哲学家的“熟知”和日常生活的“视域”，从而决定了哲学家最朴素的世界观。但是哲学家并不满足于这种常识世界观，他要寻求常识和熟知背后的“真知”，寻求“作为严格科学的哲学”。哲学家必须摆脱常识的束缚，成为纯粹哲学思考的主体。这个主体是笛卡尔的“我思故我在”中的“思考中的我”，它产生于对以往传统常识和理论偏见的怀疑，是这种怀疑的产物和结果。这种怀疑产生了真正的纯粹哲学思考的主体，它是哲学学科独立和纯粹哲学的开始。从此，哲学发生了从本体论向认识论的转向，思维和存在的关系问题开始成为近代哲学的基本问题。康德的“纯粹理性批判”目的也是获得纯粹哲学思考的主体，即“我能知道什么”，对人类的认识能力进行了批判，从而划定了科学知性（纯粹理性）和哲学理性（实践理性）的界限，划定了知识论（必然领域）和存在论（自由领域）的界限，为自由思考的纯粹哲学主体的产生奠定了基础。这个主体表现为“我应该做什么”的自律（自由）的纯粹哲学主体。这个主体在费希特那里表现为“绝对自我”，在谢林那里表现为“绝对统一”的观念，在黑格尔那里表现为“绝对精神”，总之，从康德开始的德国古典哲学表明，哲学思考的主体离日常生活常识和经验感性越来越远，离实证论的科学知识越来越远，哲学思考的主体越来越摆脱这些“必然领域”的“污染”和束缚，越来越“纯粹”、越来越“自由”，哲学思考主体的“自我意识”越来越强。

到了胡塞尔那里，哲学思考的主体更是成为摆脱一切负担的、绝对自由的“先验自我”。胡塞尔运用他的现象学方法通过现象学还原对日常生活世界、以往的所有科学理论进行了“悬隔”，最后达到了一个自明性的哲学思考主体“先验自我”。这个“先验自我”比笛卡尔的“自我”更加自由、更加“纯粹”，因为笛卡尔的自我在胡塞尔看来还没有摆脱“实验心理学”的纠缠，还需要通过“先验还原”进一步向他的“先验自我”迈进。胡塞尔所构造的纯粹哲学主体是“对世界和属于世界的经验主体实行了现象学还原之后留下了作为排除作用之剩余的纯粹自我”①。它具有“非被构成性”的特征，因而是自明的、超验的现象学原点。在此意义上，胡塞尔说：“我们将把纯粹自我当作一种现象学材料，而一切超出此界限的与自我有关的理论都应加以排除。”② 至此，哲学思考的主体达到了“澄明”之境，作为一个“纯思”的主体通过“意向性”可以自由进行哲学思考和现象学的“构造”了。

我们认为，哲学家尤其是作为理论的“沉思者”的哲学家，作为大学中从事哲学研究的哲学家（孙正聿先生称之为“做哲学”的人）必须保持作为笛卡尔的“我思的我”和胡塞尔的“绝对自我”自我意识，进行自由的理论创造。哲学的世界是理论世界，是作为思的对象的“可能世界”，哲学的产品是“观念”和“思想”。哲学作为哲学的前提必须摆脱现实世界的“纠缠”，

---

① ［德］胡塞尔：《纯粹现象学通论》，李幼蒸译，商务印书馆 1996 年版，第 151 页。

② 同上书，第 152 页。

使“纯粹”的思想和观念自身独立，从而使它们按照“哲学自己”的方式自由地“开显”出来。这本身就是哲学自身的现实化过程。因此，对现实世界的“改造”对“纯粹哲学”来说是一个“伪问题”，哲学不能承受“实践”改造之“重”，哲学也不应该对现实“负责”，它只能对“想象世界”“可能世界”和“观念世界”负责。哲学是纯粹的思想自身的事情，它不假外求。不仅如此，哲学还必须摆脱或“悬搁”现实世界的“必然限制”，从而获得思想的自由，进而自由创造出一个现实中没有的“可能世界”“思想世界”和“观念世界”。因而，哲学是一个最自由、最具创造性的领域。这一点正如叶秀山先生所说，“哲学是作为创造性的智慧”。

现象学方法对“纯粹哲学”世界的建构

哲学家作为思想的自由创造者的独特性决定了哲学对象（哲学世界）的特殊性。哲学对象是一个可能世界，它给人们提供的是一种“可能生活”。这个世界在现实生活中是不存在的和不“在场”并“隐藏”起来的，换句话说，它是人类思想的“产物”。这个世界是只有人这个独特的存在才有的，然而它不是普通人在日常生活中可以“直接”观察到的和体会到的。它必须经过哲学家的“反思”和积极创造才能为我们“开显”出来，才能“出场”。这个世界是纯粹先验自我意识“构造”的“意向性的世界”，是胡塞尔所说的“意向的相关项”领域。哲学世界是一个绝对意识建构的、只对意识有效的有意义的价值世界。这个世界在常人看来并不存在，因为它相对于现实世界来说并不“在场”。

哲学的世界是本体的世界、存在的世界。康德首先为这种哲学本体和哲学存在的世界与科学知识的世界划清了界限。他把前者称为实践理性运作的领域，后者叫作理论理性（科学知性）运作的领域。科学世界遵循自然的规律，是必然性的领域；哲学世界遵循自由的意志，是自由创造的领域。哲学世界在康德那里是不为“科学知性”所知的领域，是不可知的。因而哲学世界在康德那里还是“隐而不显”的，本体论和存在论被放到了信仰领域。

哲学世界作为本体的世界、存在的世界凸显出来，这要归功于叔本华和尼采的意志哲学以及胡塞尔和海德格尔的现象学传统。正是叔本华和尼采使原来在康德那里“隐藏”的不可知的“本体”——“自由意志”显现了出来。从此“自由意志”摆脱了“纯粹理性”的阴影由“幕后”走向了“台前”。“自由意志”作为哲学的世界和本体得到了哲学家的关注。

海德格尔和胡塞尔的现象学则通过“现象学的还原”使哲学世界得以进一步彰显，哲学世界作为“本体”和“存在”在胡塞尔那里表现为“悬搁”一切“自然观点”之后与“先验自我”相关的“现象学领域”。这个世界既非实在世界也非观念世界，而是超越于二者之上的先验意义世界（本质世界中和“非实在世界”）。在海德格尔那里表现为不同于“存在者世界”的“存在世界”，总之，现象学也使“本体”和“存在”显现出来，因而使哲学“本体论”和“存在论”的理解得以可能。

从此，哲学不仅仅作为“科学的知性形而上学”，而且更是作为“自由的理性形而上学”，哲学不再仅仅是“知识论”的，更是“本体论”的和“存在论”的。显然，哲学世界是哲学家人为想象和构造的世界，这个世界的起点是从“自然观点”来看的“无”和绝对自明性的“纯有”，这里的“无”和“有”是隐藏的，必须经过现象学的“悬搁”才能发现。这里的“无”和“有”都是“纯粹的”，是黑格尔所说的“纯有”和“纯无”，因此可以作为哲学世界的起点。黑格尔逻辑学的起点正是“纯有”和“纯无”，因为黑格尔的逻辑学、认识论和存在论是统一的，因而“纯有”和“纯无”既是逻辑学的起点，也是存在论的起点和认识论的起点。可见，哲学世界的起点是作为“纯有”和“纯无”的“纯粹存在”和“纯粹本体”。

哲学世界起点的发现需要胡塞尔所说的“现象学还原”，需要我们面对“事物本身”，这是胡塞尔的“第一哲学”，它通过胡塞尔早期“静态现象学”达到。而关于哲学世界的知识需要在“第一哲学”的基础上，在“先验自我”的基础意识上的“意向性”自由地“构造”出“意向相关项”来，因此本体论在胡塞尔那里表现为后期的“发生现象学”，即他的“第二哲学”。显然，胡塞尔的现象学哲学是“第一哲学”和“第二哲学”的统一，是发现、描述“本体”起点（先验自我）和“构造”关于本体知识的统一，是现象学还原（海德格尔称之为现象学解构）和现象学建构的统一。而第二哲学恰恰应该建立在第一哲学的基础上，它体现了胡塞尔的“纯粹哲学意识”。因此，脱离了胡塞尔的第一哲学（纯粹现象学），我们很难理解他的第二哲学（发生现象学），很难理解胡塞尔晚期向“生活世界”和“交互主体性世界”的回归。这一点胡塞尔自己有清楚的说明：“现象学可分为作为第一哲学的本质现象学（或普遍本体论）以及第二哲学，即关于事实总体的科学或关于综合地包含着所有这些事实的先验交互主体性的科学。第一哲学对于第二哲学来说是方法总体，并且第一哲学在对第二哲学的论证中回溯到它自身。”① 胡塞尔现象学哲学的发展道路为我们关于“纯粹哲学”的研究提供了一个相当好的范例。理解当今各种各样的“不纯粹”的部门哲学必须以“纯粹哲学”的探究为前提，否则哲学向生活世界的回归、向文化世界的回归、向实践领域的回归，就都成了“假问题”。因为我们从来就没有“走出”（超越）这些世界，从来就没有超越这些“自然观点”，何谈“回归”呢？因此，哲学必须首先使自己“纯粹”起来，（以现象学还原的方式）解构和超越各种常识世界和科学世界，才能以哲学的方式“回归”（“现象学的建构”）日常生活世界、常识世界和科学世界。

（原载《江海学刊》2009 年第 3 期）

① ［德］胡塞尔：《现象学》，倪梁康译，载倪梁康主编《面对实事本身》，东方出版社 2006 年版，第 103 页。

思想的现象学

余日昌

现象学研究本质的呈现。主张“回到事物本身”、寻求一切知识根源的胡塞尔现象学，通过“悬置”现象去呈现现象的本质，以说明“事物如何进入意识”。因此，这种通称为意识的现象学或描述的现象学，也具有了不少“解释”的特点。本文提出的“思想的现象学”，主张“回到思想本身”，旨在探索思想的乃至哲学的原点，通过某种“洞见”方式走向一条“让读者的意识能够意识到作者意识本身”的路径，让“思想或人类能思的本质”显现出来，以此说明“原创性的思想如何成为可能”。在这种意义上，“思想的现象学”可谓一种“创造的现象学”。

这样一来，“思想的现象学”首先面对的前提就是“思想必须以及能否成为一种事物而能够在胡塞尔意义上被现象化”。这个问题并不复杂。因为所谓思想，其存在于语言、文本、各种对它的解释及其形成某种哲学体系之前，紧接在某种产生这种思想的原创意识之后。所以，从“意识之外可被对象化的东西都属于事物”这种宽泛的理解来看，思想应当可以成为另一种那个被意识的对象，比如阅读某种思想的读者的意识的对象。因此，对于读者的意识来说，某一思想就有可能按照现象学的方法被悬置、还原，隐藏其后的那种作者原创意识，也就有可能在读者的意识中得到本质显现。这就是“思想的现象学”所以能够成立的可能性所在。读者大都必须首先阅读某种哲学，才能进而阅读其背后的思想，进而发现此事项的原创意识。所以，“思想的现象学”是从研究哲学入手的，或者说是首先对哲学乃至其背后思想进行悬置而展开的。

“思想的现象学”所面临的当今哲学，也许能够解释其所思，却无法显现其背后思想之自身，即能思，哲学之间的相互注释则将思想的原旨累加地误读。所以，由“思想的现象学”来探究产生出这些思想的作者原创意识，就显得非常必要了。

“思想的现象学”客观地具有其特殊的发生背景。1994 年，美国麻省理工学院 *Thsis Eleven* 第 37 期标出了一个充满对象性的讨论主题：“哲学之后的哲学”。从此，哲学家们便从未停止让思想展现其能思的各种努力，比如康德多次以“先验逻辑”为基础的认识论去终结远古时代的纯粹形而上学学科，新实用主义及后现代文化学家理查德·罗蒂对分析哲学及各种基础主义、本质主义进行过全面批判。然而，当今哲学却正在渐渐失去它的合法性，概念性语言依然禁锢着哲学，思想总被贴上不合适的标签，由此构成了哲学的窘境，不少哲学家因此无地自容或装模作样。基于这种基本判断，“思想的现象学”将努力表现出一种新的思想观并希望提供一个未来形而上学发展的基本向度。

一

哲学正在丧失它的合法性，“哲学正在进行着大量过分的肚脐炫耀，哲学家们却垂着双臂绕着圆圈而行，好像他们正在因为阐述了一门没有合法名分的学科时被人逮着那样感到羞愧。”① 这是一种客观现状。为什么哲学正在丧失它的合法性？因为 20 世纪后半叶的哲学，更多地被布置为哲学家们相互对话的舞台，它引导人们更多地关注其对话形式而不是其建设性或创造性的个性化成果。随着对话水平不断提高，新真理创新的缺乏被遮掩了起来，同时成就了一批乐于谈论过去的知识分子化的饶舌妇或知识分子的房东。所以我

① Robert Elliott Allinson（1942 年生，现代美国哲学家，2001 年间任教于香港中文大学哲学系）：*A Metaphysics of the Future* 前言第 2 页，Aldershot，England；Burlington，VT：Ashgate，c2001。

们不由地叹息：今天的“哲学家”们还能对自己这个称号容忍多久？当今读者面对哲学，大都自觉或不自觉地首先采用某种认识论“强迫洗手”，哲学的思想性由此遭受极大的限制。比如，科学哲学家马赫所创建的逻辑实证主义对拉美哲学产生过强大影响，但其哲学如今却被限定去为其他学科进行洗涤，或被其他学科借作洗衣房使用的洗涤剂，或被限定去担任一个超级评论者的角色。

因此，与科学在真理方面依然占有一席之地相比，哪里才是哲学真正能够落脚的地方呢？也许有四种可能的情形。第一种是，哲学还能提出与科学探究相似的真理问题，它可以继续被放在一个比较狭窄的语境中进行讨论。这种情形下，哲学变成了科学的穷亲戚。然而，如果哲学企图去阐述或表达一些相同于科学所提出的真理问题，它的理性之声将会显得非常粗鄙。在同时驶向一个真理方向的过程中，哲学与科学的情形犹如福特汽车与协和飞机之间那种不存在竞争性的比赛。第二种是，哲学有可能去探索科学探索所达不到或不合适的一些有所不同的真理形式，其中最明显的便是对于那些受过科学训练的大脑来说好似诅咒的先验论形式。这时，哲学不得不回到一些中古时期形而上学的阴影当中，面对第一位置上的科学，哲学再也不便称自己也是一个正在从事着属于自己一类真理的学科了。第三种是，哲学虽然在每一个科学学科中依然拥有着特殊思想的能动性，但它却丧失了自我的主体性。在一定水准上，哲学虽然与某一科学学科保持着关联性，却没有任何可以被单独分离出来的哲学真理，也没有任何能够构成哲学学科内容的哲学观念实体。这时，哲学的身份虽然不再是中世纪那种神学的侍女，却还是不幸沦为了科学殿堂中的侍应生，其工作便是对科学所发现和证明的各种真理进行语言性的组合和琢亮，并且按照真理的“秩序”去建造一些所谓的“真理之屋”。第四种是，由后现代思潮表现出来的。哲学被伽达默尔推到了解释学这个哲学方法论的极限，哲学的角色遭到了限定、提问和鄙视。这为后现代解构力量的侵入提供了条件。由于后现代的超理性，哲学被其解构因而转变成了一种能够吞噬落入理性深渊中任何东西的吞噬物。于是，后现代主义描述了这种知识分子同类相食的新高地，其中，知识分子通过所谓的知识，在吞噬其他全部理性物品的同时，也吞噬了自己。

虽然康德曾以“认识论先占”作为有力武器对中古形而上学进行了成功的批判，造就了一批“科学之屋的清扫夫”，可如今在科学号角所召唤的队伍中，哲学除了其“认识论”这件利器之外，其他则是被无情抛弃了。哲学的身份因此而谦卑，其合法性自然也受到了威胁。

因此，“哲学体系正在被建成什么样子”便成了一个不可回避的问题。胡塞尔、怀特海（Whitehead）与哈慈霍恩（Hartshorne）等人在小心回避了康德那种以“心物二分”为前提的“认识论洗手”而得益之后，曾经有过建构哲学自己的“真理之屋”的一些企图和努力。他们力图采用体系化的形而上学方式，去表达有关实在论的相关解释，以保持前康德主义唯理论者那种“前批评”的哲学身份。虽然，即便是“哈慈霍恩神性”①，这类概念最后也免不了所有唯理论哲学都会去重复的那样，如新酒装入旧瓶而最后总被贴上某种认识论的标签，但是，他们也留下了一种共同的财富，即他们的形而上学取向都是“非认识论先占”的。

以康德的标准度量，“非认识论先占”会让哲学陷入失去独立身份及其合法性的窘境。因此，“非认识论先占”有着引领哲学重归于某些思想原点的可能。在回归那些思想原点的路途中，哲学一件件地卸去了以往用以证明真理的那些认识论装备，同时期待最终能被思想的本质直接装备起来。认识论曾经预先假定了思想本质的所在地，即认识论摆出一些人们已经知晓的所谓认识论真理。人们带着某一种先占的认识论真理去探求思想的本质，就如同人们入水时就已经知道怎样游泳一样。这就是认识论所拥有的一种特权。问题在于认识论真理并非就是思想的本质甚至形而上学的实在。针对这种“认识

---

① C. 哈慈霍恩（Charles Hartshorne，1887—2000），美国著名宗教哲学家、过程神学主要代表人物之一，最引人注目的是他关于神的本质和存在的观念。他认为：“无疑，上帝的观念包含了形而上学的全部内容。”因此，他认为形而上学就是“对神学的世俗研究”，任何哲学除非是有神论的，否则它就不可能一以贯之。参见 David Ray Griffin：“Postmodern Religion's View of Charles Hartshorne”，*Founders of Constructive Postmodern Philosophy*，State University of New York Press，1993。

论先占”，黑格尔提出过一种颇具悖论特点的反对意见，他认为，如果一定要以“认识论先占”作为入水的先决条件，那么，人们就会犯“你在学会游泳之前拒绝入水这种错误”。显然，不入水是不可能真正学会游泳的。可见，“认识论先占”表现的是一种哲学的工具性。也正因此，它往往隔离了哲学背后之思想的本质显现。所以，“非认识论先占”成了不让哲学丧失其合法性的一个开端。

然而，上述几种“非认识论先占”的努力属于相对主义。问题是，在相对主义的语境当中，哲学家在保护其哲学乃至其背后思想之合法性方面又具有怎样的功效呢？实际情况是，当今哲学家对于自我思想的设计，其视野往往会因相对主义而被限定，即他们往往会以一批能够分享同样假设与同样标准的特殊听众为对象。这种局限显然也限制了他们的哲学乃至其背后思想与真理或实在真正相对应。

二

“非认识论先占”也具有一种19世纪与20世纪之交“语言学转向”的历史背景。罗素和以早期维特根斯坦为代表的分析哲学，希望能够通过语言分析这个路径，对哲学及形而上学的真理与实在做出某种语言学上的精确表述，以形成一种具有规范作用的哲学语言，这就使其“概念”的意义具有了相对论和唯名论的特点，由此，通过语言概念来表达的确定性和普遍性一度成为召唤人类的号角。自称唯名论者的罗蒂曾经认为，由笛卡尔开创、后经洛克补充、最后在康德那里日益完善的那种基于“心物二分”的“心灵镜式哲学”是错误的，因此，语言哲学便有条件成为“镜式哲学”的替代物。但是，他最后却指出语言哲学本身也是荒谬的，不然的话，维特根斯坦就不会在其后期，从原先追求语言意义转向追求语言用法并且否定语言本身具有意义，从而终结了自己对“语言哲学”这件“哲学摧毁器”的继续发明。所以，罗蒂做出了这样一个大胆的判断：当代分析哲学家已经试图将表现主义者从总体上移除出去。这也是导致他一心想建构自己的“无镜哲学”

的一个直接原因。

受此启发，我们发现，时至今日，哲学语言实际上已经变成了一种囚禁哲学家思想的牢笼。因为“语言的转向并不就是哲学发展的方向，它并没有从根本上改变传统哲学的思维方式。……哲学家们仍然在用不同的语言谈论着同样的传统哲学认识论的问题。”① 所以，我们希望能从另一个角度或路径，即以“思想的现象学”与罗蒂那种“无镜哲学”一同努力去突破语言的囚禁。为此，我们可以提出一个未来形而上学的战略发展口号，即“去解放被维特根斯坦囚禁的人”。实际上，这可以被认作是一种对“非认识论先占”这个主张的进一步进展，表现出一种从“非概念先占”出发的“非哲学语言先占”特点。

维特根斯坦曾经认为，哲学问题曾经是那种归咎于语言正在失去其影响的伪问题。即由于人们意识到了语言的误导性，以至于这样一些“哲学问题”将会消失。所以，“语言与世界的联系”成为压在维特根斯坦心上的一块石头。他曾经通过“不要探究意义，不要探究用途”这句名言，对其图示理论进行过彻底的修正或放弃，这正是罗蒂做出上述“当代分析哲学家已经试图将表现主义者从总体上移除出去”这个大胆判断的直接依据。遗憾的是，罗蒂用以取而代之的“无镜哲学”却一直处于一种“只破不立”的状态，而“思想的现象学”则力图“破字当头，立也在其中”。

可以说，一方面遵守“面向事实本身”这个现象学的基本原则，另一方面有别于胡塞尔那种“将任何一种非客体化意识行为都奠基于客体化的意识行为之中”② 的意识的意向性结构，这是“思想的现象学”的基本特点。“思想的现象学”主张将“让读者的意识能够意识到作者意识本身”作为一种终极的意识，实际上是一种“将任何一种非客体化意识行为都奠基于主体化的意识行为之上”的意识的意向性结构，即意识的意向性指向意识本身，从而形成思想不断逻辑链接、进而不断推进完善的终极向度。在这种最高层次的

---

① 参见刘放桐等编《新编现代西方哲学》，人民出版社 2000 年版，第 630 页。

② 参见洪汉鼎《现象学十四讲》，人民出版社 2008 年版，第 196 页。

意识中，不可能存在那种含有相对论和唯名论意味的客体化意识行为。这也是对后期维特根斯坦反对“私人语言存在”这个近代哲学共同前提的一种赞同。①“思想的现象学”的初级进项，采用了现象学的本质直观并强调其中的“反思”，以至于能够无时无刻地面对“意识本身”。然后，“思想的现象学”则进一步让意识回到“让读者意识能够意识到作者意识本身”这个终极意识层面。在这个层面上，胡塞尔意义上的“意识的意向性结构”则被变得并不那么清晰了。

在这样一种“思想的现象学”向度上，人们将会如何去解脱语言对哲学的禁锢呢？维特根斯坦实际上是被人们误用了他那“语言之梯”的用法。他也似乎认同了自己所产生的那些对形而上学问题进行提问之后总被谈论为精神约束的东西。尽管后期的维特根斯坦认为哲学的目的就是要从精神中解脱自己，但是，“语言之梯”反而更应当含有“能够到达更高级的实在本质”和“如何了解更高级的实在本质”这两条线索。因此，如今的思想乃至哲学的目的，首先应当是能够意识到有可能去对那些并不显得立即有答案的问题，比如“时间是什么”或“空间是什么”等形而上学问题进行提问。“并不显得立即有答案”是一种哲学提问意识中的“不适”。如果一个提问意识是因它具有一定的不适度而引发，也许这种不适度正表明这个问题本身就是一种正确的提问种类或意向指向之标志。如同身体某一部位的疼痛所给予人们需要关注某些深层组织的那种信号。所以，对形而上学问题的原创意识进行提问的这种意识本身，就是这样一种特殊的信号，就是“一种意识能够意识到另一种意识本身”的直接表现。也许，这种提问意识本身所能揭示的是，所有如同“时间是什么”这一类的“无时间的问题”其本身都含有一种内在意义，这就是，即使在对那些没有答案的问题意识进行提问的方式中，提问意识本身也会拥有在人类生命中产生某种深刻意义的潜力。

---

① 可作为参照的说明是：笛卡尔的“我思故我在”就是把个人的意识状态看作最准确无疑的存在；康德的“主观的知觉判断”就是一种“私人语言”。

对此，“有意义”这一类问题的真正存在，实际上就是在人类生命中去创造意义的一种条件。针对形而上学问题的作者的原创意识进行提问的意识，就具有这种“有意义”的内在价值，它首先强调对于恢复形而上学问题合法性尊严的基本要求。因此，这样一种特殊向度（不同于胡塞尔）的“回到意识本身”的内在价值取向，便成为“思想的现象学”的一个基本向度。我们试图在通过提问“去意识那种产生形而上学的原创意识”，也可以说是通过“回到原创意识本身”这层意义上，去突破当今诸多思想乃至哲学曾经被维特根斯坦“从追求语言意义转向追求语言用法”这种语言转向之蛊惑所产生的语言禁锢，以达到解放那些被维特根斯坦所囚禁或落入语言陷阱中的人们的目的。

“思想的现象学”还主张，伴随着那种产生形而上学提问意识之意识的产生，以往那些哲学论证也将被视作一种为了提出某种特殊难题而进行的上下文衔接以及被适应的变化。于是，大部分的思想乃至哲学便有可能由那种手持“语言学论证”这个20世纪时代工具的其他学科侍应生，转身变成未来能够直接产生“对各类意义所含哲学问题尤其是形而上学问题进行提问”这种提问意识的“意识的主人”。

三

几乎所有的哲学读者起初都是冲着“标签”来的。当今哲学的标签纷至沓来，而“思想的现象学”这种未来的形而上学并不愿意被人贴上以往哲学家曾经使用过的标签，以至于有可能发生上述那种为着“能够分享同样假设与同样标准的特殊听众”而设计的限制，从而重新陷入另一种窘境。

一阶真理有赖于其发现的领域，而此发现也仅仅发生于直观甚至洞见所“再现”的一瞬间。哲学的思想只生存于它们的再现之中。这是“思想的现象学”这种未来形而上学观的基本立场。所以，“思想的现象学”主张对所有未来形而上学的思想都必须经过“哲学体验”，而不采用“认识论先占”的方法预先给它们贴上一些并不合适的标签。即使面对那些并非自己所创造的哲学思想，任何读者实际上都有过不同方式、不同程度的那种以“内心再创造”为特点、并非经验主义的主观体验。找到了这种主观体验的极限，就是让哲学的读者最终会真实地或真正地体验到“读者的意识能够意识到作者意识本身”。这是“思想的现象学”的核心。

当今流行的经验主义测量方式无法发现“读者的意识能够意识到作者意识本身”。所有外部证据也绝无可能跟踪它或认知它。所以，如果提出将“读者意识能够意识到作者意识本身”作为一种终极真理来对待则不无道理。由于“思想的现象学”其基本向度是以“悬置”所有思想的外部证据为前提的，所以，它是一种崭新而有别于“描述的现象学”的“创造的现象学”。虽然“思想的现象学”与胡塞尔现象学同有“先占意识领域（而不是先占意识结构）”的特点，但前者确定的是思想的真实度，后者确定的是知识假设或真理假设是否为真；前者以“洞见”发现思想背后的原创意识，后者以“直觉”反映现象背后的本质；前者以思想为现象，后者以现象为现象，这样的区别使“思想的现象学”有可能成为胡塞尔意识现象学面向思想的一个新发展。

绝大多数的哲学家并无可能完全亲自去建立某种哲学的知识，所以，他们只能不得已地去获取那些由“类比”推知出来的真理，如同人们相信“人人都有双眼”这样的经验主义结论。这样就难免被贴上别人已经使用的标签，而这些标签具有将那些在广义上相似、在决定性方面存异的哲学家们糅合成一团的危险。胡塞尔式的现象学家只有不再对经验世界发生兴趣之后，才有可能趋近于那些有关经验世界的哲学真理。这已经是一种“去标签”的做法了。相比之下，“让读者的意识能够意识到作者意识本身”作为“思想的现象学”宗旨，已经蕴含着“作者意识本身原本并没有什么标签”这层深度的意义。所以，“思想的现象学”更有理由成为直接回避“标签”的一种现象学。

作者的意识其本质在它们还没有在读者意识中显现出来之前，是不能被全然认知的。作者的意识是一种先在而超验的真实。在意识中被发现为真实的东西，正是作为必然真实而被发现的。读者的意识对作者的意识有所意识，就是去发现其背后的本质，它的基本向度显然与胡塞尔那种针对“意识结构”的探索有所不同，因为“思想的现象学”并不追随胡塞尔“所有意识都属于一种客观”的主张。“意识结构”实际上还只是一种对认识论的理论建构，并不是现象学的直接论据。相比之下，“思想的现象学”应当是一种紧随着仅从纯粹意识数据中得出的那些检验结论的形而上学。

有待完善或进一步修正的是，在“思想的现象学”当中，用以替代已经变得模糊了的胡塞尔式的意识之意向性以及胡塞尔不愿被人随便贴给自己标签，却又不得不去借用称谓的那个“直觉主义”。这个称谓源于被称为柏拉图那个“被遗忘的第四”的认识元素①。“直觉”是发生“反思”的必要条件或前提。“思想的现象学”所指代的“反思”，不同于洛克那种作为概念材料和知识材料来源之一的“反省”。洛克的“反省”起步并滞留在人们对于内心活动的知觉当中，故而也被称为“内部的感觉”，所以，它显然不同于黑格尔所意味的“反思”。黑格尔认为，“反思指反复思考直接呈现在心灵中的东西，并产生它的思想”。“反思从直接给予的东西如知觉或感觉开始，但进展到发现在给予的东西背后本质的东西和有意义的东西。因此，反思涉及对思维的思维。”② 所以，“让读者的意识能够意识到作者意识本身”显然就是对黑格尔这种“对思维的思维”的一种拓展，“思想的现象学”也因为这种拓展而具有了特殊意义的“反思”，从而明显地与胡塞尔那种“本质直观”的现象学有所区别。

“思想的现象学”比较高级的进项所采用的“直觉”，一方面不同于“直观”，另一方面更接近于“洞见”或瞬间的“领悟”，以至于思想中未

① 即柏拉图在《第七封书信》中将知识行为分析成为“名称、定义、形象化的比喻（即象喻——本文作者注）、为结果而发生的认识本身与认识的适当对象、形式”这五个知识构成的第四个部分。

② 参见黑格尔《小逻辑》第2节，转引自尼古拉斯·布丁《西方哲学汉英对照辞典》，人民出版社2001年版，第866页。

来的“直觉知识”将与现象中已知的“推理知识”区分开来。作为“思想的现象学”的参照系，亚里士多德的伦理学强调过一种“理性的直觉”即“理性的洞见”，而在对相似于“思想的现象学”向度的另一种探索中，罗伯特·E. 埃林森（Robert Elliott Allinson）也曾经试图建立一种既区别又相似于英国以沙夫茨薄利、罗斯等人为代表的那种具有客观主义传统的伦理直观主义的、同样主张“基本道德判断不证自明”的主观主义的直观主义伦理学体系。①

基于上述非理性主义的基础，“思想的现象学”所主张的“反思”，一方面需要在其发生之后迅速地离开感觉或知觉这一类发源反思的东西，另一方面需要培养一种特有的“洞见”。因此，“思想的现象学”在其实践过程中实际上是无法预置标准的，也是无须预置标准的，当然也是根本上反对语言论证方式的。可见，“思想的现象学”实际上也应当是无法“贴标签”的。由于这个缘故，“思想的现象学”这种未来的形而上学反对唯名论。因为，采用母体语言所进行的任何哲学论证，其过程都与一种“被误置的凝固体（即一个个体的事变像一种存在的抽象形式那样被变得实体化）的谬误”的导向密切相关。这种导向总是将理念化的存在最终变得实体化而转入一种真正的实在，形成以一般化名称为特点的概念存在，然后为后来的哲学研究者提供所谓“已知的直觉”。这种“已知的直觉”正如“鉴赏”或“赏识”那般，各种语言的标签、图示、标准等“已知”，都将引导着人们去“如此地直觉”，而这样的“直觉”实际上更多的还是一种按照预置标签所展开的“鉴赏”，鉴赏者的意识还是没有真正地实现被现象学地“悬置”，还没有真正地“让读者的意识能够意识作者意识本身”。

语言模型与实在之间的关系最多只是相似而不可能相等。所以，“思想的现象学”推崇东方老子的“不可言说之道”、庄子的“心灵世界”以及佛教“指与月”等基本思维方式甚至禅观默照，并可将荀子的《正名论》

---

① 详见 Robert Elliott Allinson：*Saving Human Lives*，Dordrecht：Springer，2005 年出版。

拿出来重新推敲，从中借鉴一些有助于说明“思想的现象学”去处理名称与实在之间关系的特殊方式。这便是“思想的现象学”有待以后努力完善的内容。

当今哲学及哲学家们，大部分人疲于应付那些由维特根斯坦发明的“语言妖术”所不断创造出来的“伪问题”，而另一些人却乐于通过语言游戏或“贴标签”来重新置“伪”。20 世纪至今，哲学依然还未脱离维特根斯坦时代，哲学因为它从来不曾超越它的语言边界而正在变成越发渺小与狭隘的岛屿。所以，“思想的现象学”也许能够引导哲学家暂时不将自己的注意力落在特殊的形而上学真理与实在或客观现象世界之间的联系方面，即既不落在识别客观经验的条件方面，也不落在分析范畴的结构方面，而是引导人们在第一位置上去发生严格的现象学关注，以至于最终能够抵达一种具有良好基础的本体论。从这一点看来，“思想的现象学”还应当是一种“超越的”现象学。

按照上述描述，“思想的现象学”不失为一种“超越”（而不仅仅是“走出”）当今哲学窘境的崭新向度。这个崭新向度的最大特点，就是力图避免未来形而上学出现某种历史趋同现象（即存在于知识环境中的那种“自然环境”现象）。隐约之中，“思想的现象学”也表现为一种借鉴黑格尔成功地通过超越性转向而拓展德国古典哲学的路径，去超越胡塞尔甚至海德格尔现象学的冲动与激情。沿着这个崭新向度看去，饱含着现象学本旨所期望的那种具有重要性的东西，则是一种作为知识源泉、体现思想的自身权利且带着思想自身特殊步骤和合理性模式的新思想方式。这显然也是一种不可能被当今哲学认作时尚的目标。

我们可以发现，当今诸多思想乃至哲学似乎都在渴望某种发生在被支配的鉴赏者身上的意识跃迁，以便在第一位置被重新估价成一个更新的哲学信条。当然，这种最初由于诗性或宗教气质所引发的意识跃迁也容易产生错误。不确定地说，进一步，如果不使用语言或标签便可以理解或识别真理，或者有可能去了解那些超越了语言边界的或者无标签的真理，那么，语言与标签是否能够表现出它们的确与人们追求真理的方案，即所谓“思想”是无关的呢？这也是“思想的现象学”留给人们进行未来形而上学发展讨论的一个基本问题，而且，更加困难的地方在于，“思想的现象学”在其方法训练上还必将经历一段有待摸索的艰难阶段。

（原载《江海学刊》2009 年第 6 期）

论一阶指

徐长福

导　论

本文是我的书稿《拯救实践》第一卷第六章中的一部分。该书旨在创立一套名为“异质性哲学”的理论，该卷系统阐发了“意识与异质性”的基本原理，该章逐一排查了“意识的问题域”，该部分专题探讨了一阶符号指谓中的“指”的问题。

我把人类意识分为两个基本领域：自然直观和符号指谓，或称直观意识和符号意识。前者指由自然赋予人的那种意识机能，后者指人通过运用自己所发明的符号来认识事物的那种意识机能。人运用符号的基本方式是指谓关联，即先用一个符号意指对象，再用另一个符号去述谓该对象，由此实现对于该对象的一种认知。表意指的符号叫主词，表述谓的符号叫谓词，其意义结构可表示为“X 是 a”。

符号指谓可分为三个阶次。以个别词为主词、以表实在意义的普遍词为谓词的符号指谓为一阶指谓。如“这是一个人”“苏格拉底是智慧的”。在这两个例子中，“这”“苏格拉底”所意指的事物都是个别事物，故这种词叫作“个别词”；“人”“智慧的”表示种类或特征，故这种词叫作“普遍词”，又因它们都包含空间或时间规定性——此即所谓实在意义，故这种词又可确切地称为“实在词”。如果主词和谓词都是实在词，那么这种符号指谓就是二阶指谓，如“人是有理性的”“智慧是一种德性”。

还有一种符号指谓，其谓词不表实在意义，而表范畴意义，这种指谓就是三阶指谓。如“苏格拉底是一个个别事物”“人是一个属”“智慧是一种性质”“性质是一个范畴”。这四句话中的谓词都不向述谓对象提供任何时空规定性，“个别事物”只是表明“苏格拉底”这个符号所意指的对象是一个不可再分的存在单元，“属”只是表明“人”是一个以苏格拉底、柏拉图等无数存在单元为其个例的种类的名称，“性质”只是表明“智慧”的个例不是像苏格拉底那样的存在单元，而是存在单元身上的某个特征，“范畴”只表明“性质”是符号的最抽象的种类之一。这种有关符号与对象的关系、符号与符号的关系的意义，就是范畴意义；表示范畴意义的普遍词可叫“范畴词”。也就是说，对三阶指谓而言，任何符号都可以充当其主词，但只有范畴词才能充当其谓词。

一阶指谓把个别词和实在词关联起来，是为了认知个别事物的种类或特征；二阶指谓把实在词和实在词关联起来，是为了认知实在种类的更高的实在种类或更抽象的实在特征；三阶指谓把充当谓词的范畴词跟其他词语关联起来，是为了认知主词之意识机能的种类或特征。一阶指谓的真假，取决于个别词所指代的对象是否在自然直观中存在，以及实在词所提供的意义在对象身上有无直观对应物。二阶指谓的真假必须通过其所包含的一阶指谓而到自然直观中去认定。三阶指谓的真假比较复杂，但也要曲折地以自然直观为最终判据。

根据符号指谓阶次的这种划分和规定，个别词对于对象的意指就是全部符号指谓的基础。考察这个基础，进而弄清其中哪个部分是可靠的，哪个部分是成问题的，对于我们更加深入地认识自己的意识具有重大的意义。

个别词对于对象的意指叫作“指代”。这种指代是在个别词充当一阶指谓的主词时完成的，因而可叫“一阶指”。本文把一阶指分为亲指和非亲指两大类，后者又包括忆指、闻指、虚指、超指和期指五类。下面是具体分析。

亲指——符号意识的立足点

一阶指也就是个别词对其对象的指代，其中特别是专名对其对象的指代。一阶指的问题在于：有些个别词的指代超出了自然直观之当下直接意识的范围。要弄清这一点，又必须先说明内在于自然直观范围的指代，我以“亲指”名之。

亲指是指在自然直观的当下用个别词对直观对象的指代。这是符号意识立于直观意识的基点。

不久前乘火车，见邻座一位老者抱着一个幼儿。老者指着窗外不停地教小孩说：“大马！”“大牛！”“大树！”“大河！”小孩也不时跟着咿呀学一句。我觉得非常有趣。在这个例子中，老者的指就是亲指，他看见了一个易于辨识的对象，然后用手指头指过去，甚至连“这”字或“那”字也不用说出。小孩顺着老者的指直观过去，咿呀学语间也意指着那相同的对象。在此一指中，老者说“大马”，小孩也说“大马”；在下一指中，老者再说“大马”，小孩也说“大马”。经过不断重复，这些不同所指的直观形象与其共同名称之间的稳定关联就被老者教给小孩了。实际上，我们每个人从出生以后都是这么习得符号意识的。

亲指在于当下直观到的对象。对那个小孩来说，直观到那些被大人叫作“大马”“大牛”的对象是至关重要的。这时，留给小孩心灵最重要的东西是他亲眼看到的那些生动的形象。“大马”“大牛”之类的发音无关紧要，他高兴就咿呀一下，不高兴就拉倒。只有在大人把相同的发音不厌其烦地重复千百次后，他才会对这些词语感兴趣。

不过，亲指又不等于直观。亲指，不管有无“这”“那”这样的词语襄助，都已经属于符号意识行为了，因为它有“大马”“大牛”这类词语跟随。亲指的作用在于在直观的视域中指点出某个局部作为意识的对象，以待普遍词的述谓，所以，它是“X 是 a”这一符号指谓之意义结构中的第一个部分。与之不同，纯粹直观意识要么在直观视域内无所区分，要么以区分出对象为一个意识行为的终点而非起点。设想那个幼儿独自看到车窗外的一切，其时在他的头脑中尚无“大马”“大牛”的概念，这种情况下，他的直观视域一定是五光十色的浑然整体。假如这时他也注意到某匹大马、某头大牛，也把它们从背景中区分了出来——有点像亲指，那么，他所实现的是一个怎样的意识行为呢？我想，只要没有大人的教导，他最多只能注意到这一个一个的对象及其类似之处，然后任其在视域和头脑中流逝，而无法指定它们以对其种类或特征再作专门认识。也就是说，对于纯粹直观意识来说，类似亲指的行为是一个意识行为的结束；而对于符号意识来说，类似直观行为的亲指则是一个意识行为的开始。符号意识也就是这样将自己植根于直观意识中的。至于禅宗似的一指了之、更无下文的做法，则是符号意识高度发达后的不言之言，是指谓之间、直观意识和符号意识之间双重合一的行为。正因为如此，当小和尚不明就里也要去指时，由于他的指尚停留在直观意识层面，因而免不了要挨师父的打。

亲指的对象小于直观视域。为什么那位老者只说“大马”“大牛”，而不说“大自然”“大世界”呢？因为老者亲指的对象是直观视域中的局部，它们可参照整体视域来加以辨识，适宜作为小孩的认知对象，而后一串词语所意指的是一种总体性的对象，其范围超出了直观视域，只能思维地辨识而不能直观地辨识，不宜拿来教小孩。胡塞尔在《纯粹现象学和现象学哲学的观念》第一卷中通过“直观场”“背景直观的晕圈”“体验边缘域（Horizont，即视域）”“现象学时间性边缘域”等术语探讨过意识所注意的对象与作为其背景的非注意性视域的关系问题。但他把算术运算这种抽象的符号意识活动的背景也称为“边缘域”，表明他并未在严格自然直观的意义上讨论对象和视域的问题。[①] 如果数字的背景也叫“视域”，那真正的视域就得不到正确的了解。

没有符号襄助的亲指是纯粹的指，或纯指。纯指是指代之实质的本真表

① 参见胡塞尔《纯粹现象学通论》，李幼蒸译，商务印书馆1992年版，第92、103、208页。

现，即指代的作用仅仅在于指出一个直观对象以让谓词去述谓。密尔所谓“专名只有指称而没有意义”，只有在亲指之为纯指的意义上才能得到彻底的说明。[①] 黑格尔在《精神现象学》中把“这一个（this）”作为意识的开端[②]；罗素把“这”“那”作为逻辑专名，以之指代亲知（acquaintance）的对象。[③] 其实，这种指代已经不那么纯粹了。正因为如此，黑格尔才从“这一个”中直接看出了普遍性，罗素才把亲知直接界定为偶性之知。甚至还有弗雷格出来说，专名也有意义。可是，那位老者在教小孩时，手指往前一伸，这其中既没有什么普遍性，也没有专指什么偶性——偶性是要在跟实体的对照中才区分得出来的，更未寄予什么意义。纯指之纯，在于指代符号可以忽略不计，在于符号之为表象和直观之为对象尚未二分，在于指之所至即是存在之物。

把存在问题解决在符号意识行为的开端之处，这就是亲指的妙处。亲指之物一定是直观中的对象，它是被直接当成存在的东西的。或者说，对亲指之物来说，存在与否不是问题，有何意义才是问题。老者一指出去，意味着一定有某个东西在那里；他示意小孩看，必定相信小孩能够看见，且所见相同。以此为前提，他才说“大马”“大牛”，目的在于让小孩学会那些对象所分属的种类的名称，即懂得那些直观之物的意义。这是把小孩的意识从直观层面向符号层面擢升，从而引领小孩进入意义世界的第一个步骤。

亲指虽然可以不由指代符号襄助，但它实际上暗含了指代符号，并且归根结底要由指代符号来表示。其所以如此，是因为指谓的目的就在于让意识超出直观的限制，而指代符号就是对象在非亲指情况下的最好替身。也就是说，要从直观意识上升到符号意识，仅有指是不够的，还必须指而代之。那匹马在车窗外倏然而逝，老者亲指不及，却可以用“那”字相称，对小孩说：

---

① 参见 John Stuart Mill, *A System of Logic*, *Collected Works of John Stuart Mill*, vol. vii, University of Toronto Press, Toronto, 1974, p. 34。

② 参见黑格尔《精神现象学》（上卷），贺麟、王玖兴译，商务印书馆 1979 年版，第 63 页；Hegel, *Phenomenology of Spirit*, translated by A. V. Miller, Oxford University Press, Oxford, 1977, p. 58。

③ 参见 Bertrand Russell, *The Problems of Philosophy*, Oxford University Press, Oxford, 1971, p. 62。

“那是大马!”再亲指刚进入视野的这匹马说:“这也是大马!”如果没有“那”字,对那匹马的符号意识就无所凭借了。至于“那”字,则是从“这”字衍化而来的。亲指的最切近的指代符号是“这”,但亲指对象是一定要远去和淡出的,在此过程中,表近指的逻辑专名“这”就被表远指的逻辑专名“那”所取代了。

“这”“那”只有在亲指中才真正指代各不相同的直观对象,而一旦脱离直观,就成了空泛的表示普遍的“个别性”的词语。这就要求,在跟直观相疏离后,对于曾在直观中的个别对象,不能继续用“这”“那”去指代,因为这种符号无法把那些对象区分开来,如果一定要指代的话,只能采用普通专名。那位老者和那个小孩可能都无须在事后继续谈论那些大马、大牛,因此不必了解那些直观对象有没有或有什么专名。可是,那小孩的亲人却是小孩必须一个一个地记住的。或许小孩太小,尚不清楚亲人们各自的专名,但“妈妈”“爸爸”“爷爷”“奶奶”在他那里实际上就是被作为专名来使用的。那列火车上还有一个小孩,一旦不见爸爸就拼命地叫“爸爸、爸爸”,甚至躺在过道上打滚,谁哄都没用,直到爸爸出现把他抱进怀里。可见,“爸爸”这个专名对这个小孩的意识需要来说是多么的重要!如果没有这个特定的符号,他的意识行为该是怎样一番不同的模样啊!

普通专名的作用在于在非亲指的情况下指代直观中的个别对象,或者说,普通专名是直观对象在符号意识中的特命全权大使。在使用逻辑专名“这”“那”时,个别性在直观中而不在符号中。这是一种直面事情本身的意识,因此不要求指代符号本身体现出个别性。但在使用普通专名时,对象的个别性已从当下的直观中隐遁,所以用来指代它的符号就必须体现出这种个别性。如果那个哭闹的小孩不叫“爸爸”而叫“这”或“那”,尽管他自己所意指的就是其爸爸,那也不会有人知道他要表达什么,因为他所意指的对象当时并不在大家的直观中,人们看不到他和他所意指的对象之间的联系。

非亲指的诸种情况

亲指与非亲指的区别是一阶的，所涉及的问题是个别词所指代的对象是否出现在直观中的问题。就此而言，尽管所有普遍词的指都不是亲指，但它们并不关涉这个问题，因此不属于这个讨论范围。

我们每时每处都在直观，都免不了要用个别词去指代千差万别的对象，这些指代都是亲指。与此同时，在我们平常所使用的个别词中，有相当部分都不是按亲指来使用的。这些非亲指的指代情况十分复杂，这里列举若干重要的种类。

第一，个别词指代记忆中的对象，可称为忆指。记忆是直观的储存，是直观的一种衍生形式。在亲指时，个别词、意识图像、直观对象三点一线，注意的焦点在对象身上；而在忆指时，直观对象缺席，个别词只能以意识图像为焦点。比如，老王在街上看见熟人，叫一声“老张”，这时，尽管他的头脑通过视觉形成了一个图像，但他用“老张”一词并不意指这个图像，而是透过这个图像直指那个直观对象。在老张从直观中消失后，老王仍然可以用“老张”这个词，但该词这时的所指就只能是他头脑中所储存的老张的图像了。个别词指代直观对象和指代意识图像，其性质是不同的：在前一种情况下，对象的存在是当下自明的，而在后一种情况下，对象的存在只在记忆之中。孔子说：“祭如在。”[①] 言在祭祀先祖时要当先祖就在面前。其中，在祭祀那些曾被直观过的先辈时，对他们的专名的使用就是典型的忆指。

忆指对符号意识的重要性正如同记忆对直观意识的重要性。没有记忆，直观意识就无异于一面镜子，映照万物而无所留存。没有忆指，符号意识就会沦为直观的影子，无法自立其意义的门户。但是，忆指并没有一个当下自明的直观对象，这就使相关述谓无从直观地对质。相比之下，亲指就没有这样的问题，所有关于其对象的述谓都可以当场验证。

① 孔子：《论语·八佾》。参见朱熹《四书集注》，岳麓书社 1985 年版，第 88—89 页。

第二，个别词指代传闻的对象，可称为闻指。“《春秋》分十二世，以为三等：有见，有闻，有传闻。有见三世，有闻四世，有传闻五世。”① “有见”指为孔子所亲历者，“有闻”指孔子从前辈那里所听说者，“有传闻”指由前辈的前辈所传说下来者。用个别词对所亲历过的对象的指代为亲指或忆指，对来自于他人传言的对象的指代就是闻指。闻指并无对象在直观中，自然也无直观对象的图像留存在头脑中，它的所指完全是靠符号确立起来的。

闻指的作用在于借以分享他人的亲指和忆指，使指代变得可以人际交流。我们在日常言谈中听来许多个别词，从书本上学到许多个别词，并信以为真地加以使用，这些都是闻指。在闻指中，个别词跟它原本指代的直观对象是完全脱钩的。刘邦的岳父吕公喜欢看相，初见刘邦时就惊异于刘邦非凡的相貌，并对刘邦说：“相人多矣，无如季（‘季’为刘邦的字）相，愿季自爱。”“季”作为专名在吕公这儿便是亲指，其所指对象就在吕公当下的直观中。司马迁在记述这些事情时还有自己的描写，比如：“高祖为人，隆准而龙颜，美须髯，左股有七十二黑子。”② 相比吕公对“季”的使用而言，司马迁对“高祖”的使用就是闻指，他本人并未直观过刘邦，这个对象完全是他用符号指定的，尽管其描写颇为生动具体。可见，虽然吕公和司马迁都在用个别词指代刘邦，但二者的意识行为具有完全不同的性质：前者的个别词有直观相配合，或者用现象学的说法是直观充实的，而后者的个别词则并无相应的直观，并永远无法直观充实。当然，他们二人的说法对我们这些读者来说又变得毫无差别了，即都是些无从稽考的传言。

闻指的对象之所以可以认定，乃是因为我们可以借用亲指的对象来比附。没有直观过刘邦，却可以把他想象为一个跟我们直观过的甲近似的某个人。一旦有了这样的认定，后续的述谓就有了基础——没有直观过刘邦的隆准，却可以把我们直观过的乙的高鼻梁安到这个假想的个人的脸上；没有直观过

① 康有为：《春秋董氏学》，载《康有为全集》第二集，姜义华、张荣华编校，中国人民大学出版社2007年版，第324页。

② 司马迁：《史记》第二册，中华书局1959年版，第342、344页。

刘邦的美髯，也可以把直观过的丙的络腮胡再添加到那张脸上去。

第三，个别词指代虚拟的对象，可称为虚指。世上从来没有孙悟空，可我们都在用“孙悟空”指代同一个对象，即小说《西游记》中的那个猴子。闻指的对象是我们未见其有却可以信以为真者，而虚指的对象则是我们明知其无却显得煞有介事者。艺术的世界、宗教信仰的世界、电子网络的世界都是由虚指的对象所构成的世界，尽管它们之间还有进一步的区别。

闻指虽然没有相应的直观，但在闻指中被使用的个别词在最初被亲指地使用时却是有相应的直观的。例如，虽然司马迁没有直观过刘邦，但吕公是直观过的。相比闻指的情况而言，虚指中所使用的个别词在任何情况下都不会有相应的直观对象。不仅《西游记》的读者们没有直观过孙悟空，该书的作者吴承恩也没有直观过这个猴子。对这种不在任何人直观中的对象，人们可以用人造直观的方式虚拟出一个图像来，作为个别词的所指。比如，给孙悟空画一幅像，找个真人扮演孙悟空，干脆为这个猴子拍一部电视剧。

虚指的世界是非直观的一阶世界。虚指的世界生动而具体，它可以带给我们类似亲指的世界那样的真切感受。但虚指的世界又是非直观的，或者说它的直观只是虚拟的，而非实际的。宗教要求把虚指的对象看作实在的事物，而艺术则要求把虚指的对象跟亲指的对象区分开来，两者都在虚指的内在张力上做文章。

还要说明的是，虚指对象的虚拟性和具有普遍性的图式的虚拟性是根本不同的。表面上看，虚指对象和图式都不能直观，或者说它们都只有拟似的直观而没有真正的直观。可实际上，虚指对象是个别的，其不能直观在于它自身不存在；而图式是普遍的，其不能直观在于它只表示意义，而不表示存在。如是，对虚指对象的述谓无论如何没有直观认定的可能，而对图式来说，如果其个例是亲指对象，例如“人”，则相关的述谓就有望通过直观例示得到一定程度的认定。当然，也有图式是以非亲指对象为个例的，例如“鬼”，对它的述谓自然无法从直观认定，不过，这不能归因于图式本身的虚拟性，而只能归因于其个例的非亲指性。也可以说，对虚拟的个别对象的意指是虚指，而对图式的意指则是泛指。

第四，个别词指代超出直观视域的对象，可称为超指。在通常意义上，亲指的对象一定小于其背景，亲指的功能就在于将对象从其背景中指示出来。以此为基准，忆指的对象也不会比其背景还大，闻指、虚指亦然。但是，在实际的符号指谓中，有些个别词所指代的对象则超出了直观视域，以至于出现直观视域被个别对象所包括、背景不复存在的情况。比如，当我们用“中国”去指代一个对象时，如果我们身处中国国内，则我们直观所及的一切，包括我们自身，都在该词所指对象的范围之内。但是，问题在于，即使我们把直观所及的一切都算上，这一直观内容也远远不足以充实“中国”这个专名，“中国”所指代的对象要比我们的直观视域宽广得多。仔细想来，当今天的中国人说到“中国”时，大家头脑中所浮现的图像多半是那幅公鸡形状的地图，而不是我们眼前的某片街区或田野。也就是说，“中国”这个专名及其使用者的相关意识图像是没有严格的直观对应物的。同样作为一个国家，新加坡就不是这样，它从高塔上就可以被一览无余（仅就其空间范围而言），因此“新加坡”这个专名可以按亲指来使用。

直观视域只是个别词所指对象的一个部分，这就是超指的实质。超指跟亲指不同：亲指的对象小于直观视域，而超指的对象则大于直观视域。超指跟虚指也不同：虚指的对象不论整体还是部分都不可能出现在直观中，而超指的对象则只是整体不出现在直观中，其部分还是可以直观的。超指跟闻指也不同：闻指的对象完全是符号意识的构造物，而超指的对象则只有其整体是符号意识的构造物，其局部还是可以直观的。于是，超指就面临这样的问题：指向直观却不能完全直观，或指实而不能落实。

超指是直观意识和符号意识、存在领域和意义领域纵横交汇的十字枢纽。

第五，个别词指代预期中的对象，可称为期指。一个个别事物尚未在直观中出现，但被预期将会在直观中出现，这种情况下，人们也可以为之拟定一个指代符号。这种指代就是期指。比如，用事先拟好的名字去指代一次尚未形成的台风、一个尚未降生的孩子、一项尚未实施的工程。期指主要有两种：一种指代客观上可能出现的事实，一种指代主观上打算实现的目标。

就期指的对象完全不出现在直观中而言，期指相似于虚指。不同的是：期指包含了对象将要出现在直观中的预期，而虚指则不含有这种预期。人们即使永远不见耶稣来拯救，也不妨碍其继续信仰上帝，但如果共产主义的实现总是往后推，则人们就不免疑窦。究其原因，在于“上帝”是虚指，“共产主义”是期指。

诸指代间的关系

非亲指的情况不止上述五种，但它们无疑是主要的种类。以亲指为基准，可以厘定其间的关系。亲指、忆指和期指是在同一意识主体内从时间维度所做的划分——当下直观的指代为亲指，曾有直观的指代为忆指，将有直观的指代为期指。亲指和超指是在同一意识主体内从空间维度所作的划分——小于直观视域者为亲指，大于直观视域者为超指。亲指和闻指是从意识的人际维度来区分的——亲指是对自我直观的指代，闻指是对他人直观的指代。亲指、忆指、期指、闻指和超指都是实指，即都承诺了对象在直观中的实际存在。与之相对的是虚指，这是一种不承诺其对象的直观实存的指代。实指和虚指的区分是就虚实关系而言的。

从亲指立场看，其跟非亲指的关系大致如下。亲指注定要变为忆指，而忆指的对象也有重新被亲指的可能。老王看见老张时叫一声“老张”，这是亲指；老张走了，老王还念叨“老张”，这是忆指；转天老王又看见老张，“老张”一词又成了亲指。自我的亲指和忆指一旦被他人使用就成为闻指，而他人的亲指和忆指一旦被自我使用也会成为闻指。甲讲述亲历的事情，头脑中关于对象的图像是他曾经的直观；乙转述甲的故事，头脑中关于对象的图像只能根据想象来构造。当然，闻指也有转化为亲指的可能。“久仰久仰，幸会幸会”就是这种转化体验的表达。现代传媒技术给文字报道配以影音资料，使闻指更加接近于亲指；现场直播更是将闻指的对象变得跟亲指的对象不仅没有多少差别，有时甚至更加真切。亲指也可以实指虚用而成为虚指，但原本虚指的东西却无论如何不会成为亲指的对象。比如，吕洞宾据说真有其人，但后来被当成了神仙；玉皇大帝本来是神仙，所以不会变成真人。超指的对象在一定条件下可以转化为亲指的对象。比如，地球长期以来是超指的对象，但宇航员在飞船上对“地球”一词的使用却是亲指。期指依其本性是要转化为亲指的，但事实上能否转化还要看情况。例如，天气预报要下雨，但雨始终没来；施政报告说要在三年内把河水变清，但六年过去了，河水还是那样。

非亲指的诸指代之间也有复杂的关系。对忆指来说，不仅亲指会转化为忆指，其他非亲指也会转化为忆指。对闻指来说，不仅他人的亲指到我这里就成了闻指，而且他人的其他非亲指一旦为我所用也会变成闻指。对虚指来说，不仅亲指可以虚拟，其他非亲指也都可以虚拟。对超指而言，亲指的对象作为超指对象的部分在实在性上起着支撑作用，其他非亲指的对象也在为对象的超直观部分的填充各尽所能。对期指来说，不仅对亲指的对象可以预期，对超指的对象也可以预期，甚至对闻指和虚指的对象都可以预期。

正是亲指和非亲指的这种混合使用，构成了一阶指的功能系统；也正是亲指对象和非亲指对象的错综交织，构成了我们生活于其中的一阶世界。

非亲指——一阶指的问题域

指代的意识作用在于呈现对象在直观中的存在。指之所及，有那么一个对象在直观中存在便已然自明，再以个别词代之，即可交付述谓。就此而言，只有亲指才是指代应有作用的完整体现。相比之下，非亲指以对象在直观中的缺席为特征，因而其所指代的对象是否存在便成悬疑。

虚指原本不承诺对象在直观中的存在，似乎一开始就摆脱了成问题的处境，其实不然。虚指的关键在于所指对象必须像在直观中存在一样，所以虚指的最终参照系是亲指。虚指如果不像亲指，也会被指责为不真实。同时，虚指毕竟不是亲指，如果把虚指还原为亲指，则一个想象中的一阶世界就完结了。虚指的奥妙在于既要拟还要像。

忆指是最接近亲指的指代形式。忆指的可靠性跟记忆的能力成正比，跟记忆的时间成反比。忆指的正常使用以头脑对指代符号及其所对应的意识图像的双重保存为前提。如果头脑中只留下一个指代符号而没有与之匹配的意识图像，或者只留下一个意识图像而没有相应的指代符号，或者指代符号和意识图像搭配错误，都无法形成正确的忆指。现代影像技术将直观储存在意识之外，大大提高了忆指的可靠性。不过，由技术所保存的直观材料在被公共使用时也会造成一个新的问题：这种直观材料既不对应使用者的直观，也不对应使用者的记忆，指代符号跟它之间的匹配因而缺乏可靠的保障，张冠李戴在所难免。

闻指是对他人所使用的指代符号的借用。闻指的问题在于：他人的符号可以借用，但他人头脑中跟该符号相匹配的图像不可借用。闻指的使用需要意识主体调动自己头脑中既有的图像资源另塑一个对象来跟所借用的指代符号相匹配。在此意义上，闻指的对象跟虚指的对象相似，即都是想象的。因为这样的缘故，真实的曹操跟戏说的曹操对于我们这些没有直观过曹操的人来说并没有多少区别，李清照和林黛玉对我们这些读者的真切性亦无二致。不过，虚指的对象只求相像，不求落实，所以想象不构成其局限，而闻指的对象本为直观中存在的事物，仅靠想象显然难以达及其本真的存在。也因为这样的缘故，历史学家才要努力将《三国志》跟《三国演义》区别开来，尽管《三国志》中的指代也是闻指；文学史家才会把李清照的诗作记到她本人的名下，而把林黛玉的诗作记到曹雪芹的名下，尽管李清照的名气未必比林黛玉大，而曹雪芹的身世则远比林黛玉模糊。

超指是最迷惑人的指代。超指的对象在整体上超出了直观视域，但在局部上却可以有直观的显示。这样一来，就容易造成一种错觉，仿佛超指就跟亲指一样。正因为如此，我们平时在说起“中国怎样怎样”时的口气，才往往跟说“张三怎样怎样”时的口气没有什么两样。可实际上，张三是我们可以纳入直观视域加以把握的对象，其存在是直观明证的，而中国则不是一个可以在直观视域内把握的对象，其存在就其整体来说是通过符号确立起来的。超指的问题就在于把中国这样的对象当成了张三那样的对象，却又缺乏像张三那样对象的直观去充实这种指代。

期指是指代的冒险，它指代目前没有而将来会有的事物。期指的对象完全是通过符号确立的，它预支了存在信用，以所指对象将在直观中出现作为信用偿还的条件。可问题在于：预支的存在信用是实在的，但偿还却是不一定的。比如，预言地震要来，大家为之所受的折腾是实实在在的，可地震是否真的来并不一定。

超指和期指的混合使用是一阶指中问题最大的区域。在超指那里，对所指对象本来已经做不到真正意义上的直观充实，这种情况下，如果还要对这种对象的未来状况加以期指，其指代的效果就很难逆料了。这种意识行为是一阶指中最为胆大妄为之举。可能有人会以"以管窥豹""一叶知秋"相反驳，不过，必须指出的是：这虽是不错的认识方法，却是以事前对豹的整体和秋的形态已有所直观为前提的。也许出于同样的理由，那些供小孩子们玩耍的拼图游戏才往往要提供一个整体图形作参照，以引导玩家把小碎片拼接到适当的地方。所以，不能用"以管窥豹""一叶知秋"的办法来对待超出直观视域的对象。窥豹和窥中国、知秋和知时代的区别在于：没有人能够在窥中国之前已然具有对于中国整体的直观，也没有人能够在窥时代之前已然具有对于时代形态的直观。就此而言，我们关于中国和世界及其现状和未来等超出直观视域的对象的指代，其实充满问题。进而，基于这种指代所进行的述谓，以及根据这种指谓所从事的实践也充满问题，那就一点也不奇怪了。

小　结

本文探讨了一阶符号指谓中指的原理和问题。这种探讨以一阶指中亲指和非亲指的区分为切入点。亲指是指在自然直观的当下个别词对直观视域内的对象的指代。这是符号意识立于直观意识的基点。亲指不容易出问题，即使出问题也容易解决，因为对象就在当下的直观中。非亲指是指个别词对不在当下直观视域内的对象的指代，包括忆指、闻指、虚指、超指和期指。忆指是指个别词对记忆中的对象的指代；闻指是指个别词对传闻对象的指代；虚指是指个别词对虚拟对象的指代；超指是指个别词对那种部分可直观但整体不可直观的对象的指代；期指是指个别词对预期中的对象的指代。由于没有直观可以对照，因而非亲指容易出问题，且问题常常无法得到最终解决。其中，超指是最成问题的指代。超指的对象在整体上超出了直观视域，但在局部上却可以有直观的显示。这样一来，就容易造成一种错觉，仿佛超指就跟亲指一样。超指和期指的混合使用是一阶指中问题最大的区域。在超指那里，对所指对象本来已经缺乏完整的直观，这种情况下，如果还要对这种对象的未来状况加以期指，其指代的效果就很难逆料了。

对一阶指的探讨是对一阶指谓的探讨的基础，而对一阶指谓的探讨又是对二阶指谓和三阶指谓的探讨的基础。如果读者对其他探讨内容有兴趣，可以参阅我的相关著述。

（原载《江海学刊》2010 年第 1 期）

“人”、“我”、“心”、“身”

——兼论哲学的性质与现代哲学的特点

张曙光

一

金岳霖先生在《论道》中说的一段话是大家熟知的，他说：研究知识论让我可以站在知识的对象范围以外，我可以暂时忘记我是人。凡问题之直接扯到人者我可以用冷静的态度去研究它，片面地忘记我是人适所以冷静我底态度。研究元学则不然，我虽可以忘记我是人，而我不能忘记“天地与我并生，万物与我为一”，我不仅在研究对象上求理智的了解，而且在研究的结果上求情感的满足。① “元学”就是哲学。为什么哲学的研究不同于科学知识的研究？为什么研究者不能忘记“大自然”与“我”的并生共存？就是因为哲学不是研究外在于人的某种对象，不是以求得具体的知识为目的，而是要对人自身及其生存于其中的世界做一根本性的把握，并以之支撑和引导人的生活。这种把握不可能在世界之外观察描述，只能由“我”在“世界之中”做出，则我作为“人”的特性，与世界作为“它自身”的特性，就势必关联在一起。于是，一方面，“人生天地间”；另一方面，“万物皆备于我”。我由此求得知情意的全方位满足。一个没有“人”即没有“我”的世界，和一个没有“世界”的孤零零的我，即使存在，由于它们的非对象性，也是无从研究和了解的。即使前者呈现于自然科学之

① 参见金岳霖《论道》，商务印书馆 1985 年版，第 16—18 页。

中，后者呈现于神话或某种神学之中，也仍然说明“世界”与“人”不可能无关。

所以，我一向认为，哲学是“人”学也是“世界”观。人与世界的相互规定与转化，和人学与世界观的相互说明与贯通，互为因果。不消说，哲学的世界观是不同于科学的“世界观”即“世界图景”的。因而也就不存在哲学要么是人学要么是世界观的非此即彼的答案。也不宜说哲学主要的是人学或主要的是世界观，那还是把人与世界分离并分别地对待了。只要分别地对待，就会取主客二分的认知态度，那就不再是完整的哲学研究了。至于说哲学在历史上曾主张主客对立的认识论或知识论是不错的，因为人与对象世界、主体与客体毕竟不同且有矛盾，人们必须正视这一矛盾，解决这其中的对立，为此就要采取客观的即理性的态度。但哲学一开始就高于这一见解，当它的思想触角伸展到主客关系时，它既意识到二者的区分与对立，又能够发现这一区分与对立的相对性，所以哲学在根本上将主客关系理解为内在相通、差异互补、相互转化的关系，并且认为这一关系不过是人与世界的关系的一个层面，要全面地把握人与世界的关系，除了依靠人的认知能力，更要凭借人的情感、意志和直觉；而在人的生活实践中形成的“相信”这一心理机能，已然表明了人与周围世界根本上的一体性、一致性。

当古代哲学家以某种自然物作为世界万物之本原，提出“一是一切，一切是一”的本体论命题时，哲学就肯定了人与世界的一体性和一致性。然而，这时的哲学还没有明确地意识到人是异于乃至高于自然万物的，而有意无意地把人混同于万物中的一物、一切中的一分子。我们知道，哲学思想最初沿袭了上古神话的“创世”思维，究诘的是世界的“本原”问题。这时的哲学固然能够说明人和万物一样地从本原中“产生”而又“复归”于它，却未能揭示人不同于其他生物的特性及其历史命运。而人一旦成为人，即有了自我意识和主体性的活动，他（她）们就一步步走出自在的自然状态，开始谋划自己的生活，并为此思考自己与对象世界之间的关系。因而，哲学思想不可能总是停留在自然本体论阶段。事实上，时间不长，世界本原问题中的“一”和“多”、“变”与“不变”的矛盾，就被一些思想家（如巴门尼德）所发现并促使他们考虑各种“本原”论作为人们认识的结论，与人的认识能力和认识形式（感觉与思维）的关系。这样，通过否定感觉的可靠性和肯定理性思维的真理性，“思维”与“存在”连同“人”与“世界”的关系便进入了哲学的视野，智者们关于“人是万物尺度”的命题则从另一方面明确地说明了这一点。直白地说，人学之“学”也好，世界观之“观”也罢，都只能是从人生在世的活动中生发出来的人的生存观念、生活态度。因而，就让我们从“人”“自己”出发——而“人”这一“自己”恰恰是他自己，又不是他自己。且看下面的分解。

二

当我们说“这个房间有桌子”和“这个房间有人”时，这些表述都是关于对象的判断，两句话没有任何语法上的区别。然而，在前面的表述中，表述者与表述对象不仅彼此外在，还有人与物的质的区别，而在后面的表述中，表述者与表述对象却都是人，即使他们是不同的人，也仍然是“人—类”。“人”是一种“类”的意识与称谓。而类意识和类称谓，其实就是“普遍的我”“大写的我”的意识。当我们写出或说出“人”字时，我们不是自己在指称自己吗？“人”是人的自我意识、自我命名。因而，“人”本然地通向“我”。

当然，人作为类意识是普遍的我、大写的我；但人又是以个体生命的形式存在的。“我”是人类，亦是个体。我或自我的表达就有两种：我是一个人；我是张三。前者将自己与从属的类联系起来。后者呢？似乎在作无谓的重复。但张三不是无缘无故地说自己是张三，不是对着一块石头，而是对李四或王五来介绍自己。这样的语境本身就说明，张三与李四或王五拥有同一个交谈的前提，即他们都是人，这是他们对“类”的认同；但他们又是彼此不同的“个体”，不能互相取代或归结，所以，每个人才需要不同的专名或称呼。而这些个人也正是在相互的交往活动中，意识到作为个人的“我”的相对性，在“类”这一“大我”的范畴内，“我”与“你”、“我”与“他”相互区分、相互规定并相互转化。

这种关于自我的表达清楚地说明，人这种世间的存在者异质于一切非人的存在者。一方面，人是自我相关的，人内在地指向自身，指向“我”，因而，人有一个属于“我”的意识的世界、内在的世界；另一方面，人这个自我意识者，具有“类”和“个体”的双重性，这双重性不只是普遍与特殊、整体与部分这两个相互对待的方面，还是两种相反相成的指向：类属性指向个人对类的“从属”和个人之间的“平等”，个体性则指向个人对类的“独立”与个人自身的“自由”；类属性指向“普遍”“无限”“永恒”，个体性则指向“个别”“有限”“暂时”。人的类属性和个体性显然是相互区分并相互规定的，因而也相互渗透并转化。所以，人的真正的自由只能生成并实现于人类社会中，且与平等不无矛盾；生命短暂的个人，只有作为类的环节并通过对类的贡献才能达到“不朽”，而类的永恒也只能是一代代人的生死嬗递。从人这一自我称谓中，我们分析出类与个体或者说自我显示为类与个体。表面上，这种分析或显示是超历史的，实际上，它却是自笛卡尔以来的现代自我观所强调的。笛卡尔的“我思故我在”似乎是一个不需要身体、能够摆脱身体的功能性“实体”，因而既不必考虑人所属的民族，也不必考虑人的性别、年龄、性格等特殊的具体规定。虽然笛卡尔说到“思维”时还包括人的情感和心理因素，但“思”既然不需要“身”，并且思的主要功能在于理性思维，所以它其实是充分地体现在数学、几何学、物理学中的概念的、逻辑的思维。它当然也很容易通向超验之域。笛卡尔以我思怀疑了哪怕是“魔鬼”的骗术，却最后肯定了“上帝”的存在。他在肯定了无身的“超验之我”的同时，也不得不承认有身的“经验之我”的存在。当然，自笛卡尔以来的西方哲学和科学的进展，凭借的首先是无身之我的理性思维。这种思维不是要解决人的实际生活问题，而恰恰是对人的现实生活的超越，是能够不动声色地俯瞰整个世界的绝对的主体。这一主体所揭示的逻各斯也不是人之情理，而是纯粹普遍必然的世界之物理。这种“理”本来掌握在上帝手中，现在却由人的思维破解了、敞开了，人由此得到了上帝造物的奥秘，这是何等的自豪，又是何等的荣耀！而掌握了包括人之生理的世界物理，却不期然地给有身之我即经验之我带来了实际的好处，那就是技术与效率。事实上，无论思想家把人想象成什么，人在现实中总要食人间烟火，像其他生命一样离不开空气、水与阳光，像其他动物一样生老病死，并且为了生活的舒适愉快，还不能不受趋利避害、好逸恶劳的“天性”的制约。当这种天性因宗教改革而可以为“善”即借助各种技术条件创造财富以荣耀上帝时，就更会成为驱使人的需要不断扩大膨胀的动机。于是，抽象的思维与人的肉体欲望的结合，成了资本主义现代化的强大动力，也是现代人追逐金钱财富、声色犬马的强大动力。

而在传统社会，“人”与“我”却非简单地区分为超验与经验、类与个体这两个方面。我们不妨回忆一下中国传统社会，或者中国当下的某个偏远乡村。那里对个人还有一种称呼，就是“我”或“他”是“谁谁家”的，老陈家的、老王家的，或刘庄的、李桥的等。人们往往知道一个人是某个共同体的成员就行了。在依靠血缘、姻缘和地缘组织起来的社会中，如果只是知道某个人叫张三、李四，那几乎没有任何意义，只有把他（她）落实到某一村庄某一家族，人们才掌握了关于他的有用信息：这里包含着可以“信任”或需要“警惕”、可以“亲近”或必须“疏远”，等等。这就是传统社会关于人的文化规定性。显然，在这种社会，“共同体”是构成自我的重要方面。更远的时代，还讲“非我族类，其心必异”。那时，现代意义上的“人类”是一个抽象的符号（虽然这个符号不乏积极的想象力），真实存在的是文化性民族性的“族群”，而个人只有作为族群的成员才有身份、价值与归宿。吉登斯如是说：“人们对其群体或共同体的看法与他们对他群体、他共同体和局外者的特性的看法密切联系，在许多部落文化中，用来指共同体成员的词汇同用来指‘人’的词汇完全相同。在这种用法中，局外人被当成连人的基本尊严都没有的物种。”① “局外人”之所以不被作为人看待，就是因为他们与这一群体存在着很大的文化差异，彼此隔膜，而又不时地发生野蛮的冲突。

共同体或族群的维度就是“我们”的维度。“我们”是相对于“他们”而言的。我们之中虽然也有我与你的区分，相对独立并竞争，但我们处在同一关系网络中，根本上是一体的，尤其是与他们发生利益的对立和冲突时，我们更要携起手来，加强合作，共同对付他们。这就是为什么在传统社会，“人类”要么是个空洞的名词，要么指的只是个人所从属的共同体或族群的根本原因。所以，前现代社会绝非人们想象的那样，“天下”一片和谐太平，在不同的族群之间其实充斥着对立、冲突，至少是互有戒心、彼此防范的。

这种情况，在世界范围内，是随着资本主义经济的全球性扩张而逐渐改变的。市场经济及其法权关系呼唤着每个人独立自主，传统共同体不是成为束缚，就是变得无足轻重，共同体的维度在人的自我意识中也逐渐淡化。这时，自我才表现为类与个人。资本主义世界市场的形成，一方面，使世界上各民族的生存竞争和利益冲突进入常规状态（在初期甚至酿成世界大战）；另一方面，它也使这些不同的民族互通有无、相互依存，逐步生成了与他们各自的利益内在相关的共同利益。在全球化时代，任何阶级与民族的压迫虽然直接指向其他阶级与民族，但最后也将指向自身；而任何阶级与民族要获得最后的解放，就不能不寻求与其他阶级和民族的和解。因而，“人类”才逐渐生成为一个包括所有地球人在内的具体概念。这无疑构成了马克思恩格斯强调全人类的解放和共产主义的世界历史性的时代语境。

中国近代以来的启蒙也是突出类与个体。它要中国人从传统的纲常伦理中解放出来，走出几千年“君君臣臣父父子子”的上下尊卑的等级关系，破

---

① 安东尼·吉登斯：《民族—国家与暴力》，胡宗泽等译，生活·读书·新知三联书店1998年版，第140页。

除把人束缚在其中的身份规定，让每个人都真正成为普遍的人、大写的人，而又是能够自己思考、自主选择、自担责任的“这一个人”，从而实现整个民族的觉醒与振兴。于是，就有了像鲁迅先生那样的呼声：中国人的当务之急，是争得“做人”的资格。这里所讲的“人”，既是作为类的人，包含有人的通性、人的平等，又是每个独立与自由的人。

然而，处于东西方文化冲突中的中国人，却难以直接成为人类的一员或世界公民。某位中国人自以为成了摆脱中国的文化传统和社会组织的自由个体，成了一个大写的人，但在外国人眼里，即使你头上的辫子没有了，你会说外语了，也会仅仅因为你与生俱来的黑头发黄皮肤，而被“归类”于东方民族。如果一个人硬要完全否定自己从属的社会和文化共同体，那结果他就会成为一个抽象的存在。这就是西方的启蒙进入东方的问题。东方的启蒙不能只要类与个体，还必须在类与个体之间重建共同体。当然，从现代的观点看，即使前现代社会的伦理道德，也有着显著的狭隘性、排他性，因为那不可能是全人类的道德，而只是这一族群的道德，“道德以群体为尺度”（黑格尔），所以，在不同的群体之间发生冲突时，他们往往以“真”“善”“美”“圣”自居，把“假”“恶”“丑”“俗”指派给对方，从而制造并强化着人类内部的分裂和对立。在普遍性上，传统道德远远比不上以宇宙为尺度、以人类为尺度的自然科学，所以人文与社会科学就有了一个“普遍性”问题。但是，传统共同体内部的道德毕竟要求每个个体之“小我”走向代表共同体所有成员的“大我”，这一取向有利于个人的社会化和普遍化程度的提升。我们今天在道德上所要努力的目标之一，就是突破传统共同体的界限，甚至民族国家的界限，将这一逻辑贯彻到全人类。

马克思说过，商品是天生的平等派，而货币则是最大的共同体。相对于自给自足的农业经济，相对于皇权专制制度，也相对于斯大林模式的“社会主义”体制，市场经济和民主政治的优越性正在于它能够将个人及其民族的能力调动出来并使之在全世界流动，世界历史即人类的历史由此才能真正展开。人类的历史不只是全人类的主动的或被迫的参与，在根本上它是指“人类”之于自身的“内涵”与“外延”的接近。从外延方面看，人类是生活在地球上所有个人的集合，人的发展必须表现为每个人的发展；着眼于内涵，人类自成目的，因而也就是每个人都以自己为目的，又互为目的。这必须经过人类各民族、各社群、各个人之间长期的普遍的交往实践，彼此才能沟通、了解，消除陌生感和异己感。如果说这种交往必然会伴随利益的纠纷和冲突的话，那么，在持续的交往活动中，人们不只会认识到彼此的分歧和对立，还完全能够发现合作的可能与共同的利益所在，从而通过谈判、协商，寻找合理的解决争端、减少摩擦、避免对抗的途径，这就是中国人常说的“不打不相识”。正是在这个过程中，各民族内部的逻辑逐渐成为不同民族之间的逻辑，即彼此意识到“人”与“己”、“我”与“你”（或“我们”与“你们”、“我们”与“他们”）的相对性：他人不过是另一个我，我不过是对方眼中的他人。因而双方只有相互承认人格上的平等，并像尊重自己一样尊重对方，每个人、每一方才能走出本能的欲望阶段——其实也是“自我中心”阶段，形成真正社会化的自我意识，即将自己与对方统一起来的、寓类意识于个体意识之中的自我意识。此即黑格尔所说的“真实的自我意识”：“因为在这里自我意识才第一次成为它自己和它的对方的统一；那本来是它的概念的对象的自我，现在事实上不是对象了（即不是与它相对立的现象了）。”从这一自我意识中于是产生出“人”的普遍的“精神”：“精神是这样的绝对的实体，它在它的对立面之充分的自由和独立中，亦即在互相差异、各个独立存在的自我意识中，作为它们的统一而存在：我就是我们，我们就是我。”所以，“真正的自我意识是自在自为的，这由于并且也就因为它是为另一个自在自为的自我意识而存在的；这就是说，它所以存在只是由于被对方承认”①。正是切身的普遍的交往，人们才能产生感情，建立互信，形成具体而丰富的“类情感”和“类意识”。在这个意义上，已故哲学家高清海教授提出的“类哲学”完全具

① 参见黑格尔《精神现象学》（上卷），贺麟等译，商务印书馆 1979 年版，第 122 页。

有合理性和正当性。

于是，自我的规定性，就包含了个体、民族和人类这三个维度。

那么，自然呢？自然是非人格的存在，所以似乎与自我毫不相干。然而，自然，自己如此、自为因果、自然而然，不就是没有我的我或潜在意义上的自我吗？个人是小我，则人类是大我；人类是小我，则天地万物是大我。但是，有感觉和有意识的我，毕竟是人；也只有人，才能把天地万物作为一个大我来看待，自觉地做大自然的看护者。所以，即使主张超越人类中心主义的海德格尔，也仍然以人作为通达存在的“此在”，虽然在可能（能在）的意义上，人才是此在。

三

人生在世。我们也常说人生天地间。地在下，天在上；人身生息于大地，而人心却向往着天空；人也就有了“形下”和“形上”的双重维度：一方面，人有物质需要，且不得不服从因果必然律；另一方面，人又有自由的憧憬，并能够超脱自己当下本能的需要而进入道德、审美和信仰的境界。而所谓的形下和形上，显然系于人的肉身和心灵的区分。当人有了自我意识，反躬自省，他首先就会发现自己的肉身，肉身是物性的、被动的、必死的，与动物看不出多大的区别，如由物欲生出贪婪，则更是“衔接着一切的恶德”。而发现了这一点的意识，则似乎轻盈灵动，可以自由自在地浮想联翩、高飞远举，人的梦境似乎尤其表明意识可以摆脱肉体的束缚。于是，人的意识或思想就被人自己想象为与肉身迥然不同的心灵实体，身心就成了人的两个性质和取向相反的部分，使人常常处于自相矛盾的悖论状态。而既然“心”“身”的区分本身就包含了价值的褒贬，所以，无论中西，先哲们无不认为心高于身并主张以心驭身。西方的哲人特别是柏拉图更是视心身关系为“灵”“肉”的对立，他认为，肉体如同灵魂的坟墓，只有肉体死掉了，人失去了肉体生命，灵魂才获得自由；相应地，感性的可见世界是虚假的，不可见但可知的理念世界才是真实的。柏拉图这种灵肉对立的二元论在西方影响很大，特别是通过基督教神学而成为西方两千年的思想主流。后来笛卡尔将心灵从认知的角度进一步抽象化为“思维”，思维是不占有空间的实体，包括人的肉身在内的物质则是占有空间的实体，“思维与存在”的关系于是演变为“精神与物质”的关系，主客二分的认识论思维模式即由此确立。

中国哲学思想虽然也认为心高于身，却反对心身二分。在中国先贤那里，身心关系不是褒贬分明的灵肉关系，而是相辅相成的形神关系。荀子曾谓：“心者，形之君也，而神明之主也。出令而无所受令：自禁也，自使也，自夺也，自取也，自行也，自止也。”① 这相通于我们所说的自觉自主的“主体性”。《黄帝内经》亦曰：“心者，君主之官也，神明出焉。”后人解释说：“心为一身之君主，禀虚灵而含造化，具一理而应万几，脏腑百骸，惟所是命，聪明智慧，莫不由之，故曰神明出焉。”② 可见人之“心”之所以主导“身”，不在于它是身外幽灵般的神秘之物，而在于它就是人的生命的精华和中枢，是人的身体最为灵活机动的所在；人是万物之灵，心则是身之灵。因而可以说，身正是通过其心来发动自己、支配自己和彰显自己的。心不等于单纯的思维，就在于心首先是“心性”“心志”“心情”。孟子主性善说，性善也就是心善，所谓心之“善端”。在他看来，“尽其心者，知其性也。知其性，则知天矣。存其心者，养其性，所以事天也。”③ 因而，修身也就是修心，正心也就是正身。由此不只身心和谐，而且天人合一。身心一如，就是情理相契，世界由人身感而心知，并无柏拉图式的感性世界与理性世界的二分。诚然，由于中国传统思想文化总是强调身心和合，不重视其分化，身心之间形不成较大的张力，意识特别是理性认识的能动性不能充分展开，加之儒家所主张的礼教对人的身心两方面的束缚，非礼勿视，非礼勿言，中国人身心活动整体上囿于日常生活及其经验的樊篱内，严重限制了个性的发展和创新

① 《荀子·解蔽》。

② 《中国思想宝库》，中国广播电视出版社 1990 年版，第 1229 页。

③ 《孟子·尽心上》。

精神。近代以来更是受到西方文化致命性的冲击，这不能不说是一个严重的教训。然而，中国思想关于身心的上述见解却并非一无是处，在今天反倒呈现出更根本的意义，在作为人的理性思维产物的工业文明给人类带来巨大的福祉，也将人类引入灾难丛生的风险世界时，它提示我们，人无论把自己想象成什么，他都是一个只能靠大自然的水分、空气和阳光为生的生命；人的生命固然需要通过自身的二重化形成张力，激励和鞭策自己不断地超越，但这种超越应当是生命整体的提升，而不能只是精神层面的事情，也不应导致生态不可修复的破坏；人与自然的和谐与人的身心和谐是互为中介、互为因果的。

那么，我们究竟应该如何看待人的身心关系呢?

我们不妨先来看一下马克思的有关论述。马克思认为，动物与它的生命活动是直接同一的，而人与自己的生命活动不再直接同一，由于有了意识，人能够把自己的生命活动变成自己的意识和意志的对象，从而使生命本能的活动成为有意识的感性对象性活动。就是说人的意识不仅以自身为对象，以外物为对象，还能动地把自己的生命力量投射到外物上去，使人与外物在相互作用中相互转化，彼此扬弃着异质性和陌生性；于是，人与外部世界打成一片，如果说这时外部对象是人的非人格形态的话，那么，人则成为外物的人格形态。所以马克思说："人不仅像在意识中那样在精神上使自己二重化，而且能动地、现实地使自己二重化，从而在他所创造的世界中直观自身。"马克思同时也意识到，人的有意识的活动固然是人的优点，但这一优点又恰恰成为人的最大缺点："人正因为是有意识的存在物，才把自己的生命活动，自己的本质变成仅仅维持自己生存的手段。"① 在马克思看来，人的异化的产生及其解决，不只系于个体的身心关系，还关涉着人与自然和人与人的关系。因为每个人自身的分化，不仅联系着人与自然的分化和人与人的分化，甚至就是这种分化在个体身上的体现。换言之，个人身心的二重性，就是人

① 《马克思恩格斯选集》第1卷，人民出版社1995年版，第46—47页。

与自然和人与人既分化又整合这一矛盾关系的内化形式；人们的生产、交往活动以及在这一活动中形成的意识和语言，既是这一矛盾关系不断发生与发展的动力，也是这一矛盾关系不断得到解决的形式和手段。而既要“顺”着人的肉体本能“起念”，又要“逆”着人的肉体本能“起念”的意识，更是充当了人的生命活动从而也是人与世界矛盾关系的内在机制。如果说每个人的个体意识更多地反映着他个人的肉体需要的话，那么，整个共同体的社会意识则反映着族群的共同命运与使命，所以，像社会学家涂尔干等人才会认为普遍的道德意识和宗教的偶像是社会共同体的投射与象征。当然，事情还有另一面。我们知道，追求自由的个人总是试图既超越自身肉体的需要和牵累，又超越群体道德的束缚，像庄子那样逍遥于心灵世界或精神的天空。这说明人的心灵或精神世界一旦产生，就有着对于一切现实世界的独立性和自足性。所以，那些意识到现实世界总有缺陷和不义、人生总有无奈和遗憾的哲人，就总会强调哲学是理解宇宙人生的学问，是精神“境界”之学。的确，有了阔大高远的境界，人就会出淤泥而不染，在滚滚红尘中保持独立人格；而心灵的充实与自由，不仅使自己的精神得到安顿，还将反转过来坚定自己追求真善美的人生志向，使自己的生命机能持续地得到调动和激发。

按照笛卡尔“我思故我在”的思路，当然可以说，人之所以为人全在于其自我意识，凡有自我意识者即为人，而不管他有着什么样的形体。然而，人只是从类人猿这一种动物发展而来，其他动物都不具有成为人的实际可能性。这要求我们在思考人的问题时，不能只是取形上的、超验的态度，而必须参照包括人的生理的和文化的经验性特征。人的历史本身就是经验性的，它清楚地表明，人并非像笛卡尔所说的那样，一开始就有自明的“我思”，似乎“我思”如同创造自己又创造世界的上帝，而是类人猿在特定的自然选择压力下所发生的生命结构与功能的质变，因而人的诞生是自然与人“共同”创造的结果，也只有在大自然所提供的环境和条件下，人才能够有所作为。因而，我们说人的“自我创生”也好、“自我依赖”也罢，都是有条件的、相对的。即使说人凭借自己的感性的对象性活动创造自己、发展自己，感性的对象性活动本身就意味着他不仅受制于对象，还将在使对象人化的同时，使自身对象化。人的自觉的主体性首先不是属于认知意义上的主客二分，而是现象学意义上的人对自身的“发现”：呈现于人的感觉和意识中的自身的生命体，立于天地之间，相互依存又彼此独立；于是人格意识便在人们对自己身体的感知和意识中生成。人的自我意识就是围绕自己的身体活动这一轴心或半径所形成的人格意识，它是对自己作为人类个体的认同，也意味着人对其身体和行为的权力与责任。所以，人一旦发现自身，反身自省，从而有了我与你的相互指认、男与女的性别区分，他（她）就要给予自己以规定，从而在某种尺度上限制自己，又在另外的尺度上彰显自己；人们也就会为自己的肉体穿上“衣”物，并通过与异性的结合建立一个“家”；而对家园的耕耘、看护，对家人的帮助、呵护，既是他们生命的实现方式，也是他们对自己负责的表现。——人的肉身这才成为赋有文化和社会属性的身体。马克思所看重的人的“对象性活动”，海德格尔所说的“现身情态”，正是人的身体向万物的敞开和人的身体的相互照面，是人的身体的生命活力、潜能和灵性的“绽出”；人的生活与人生的意义就生成在他们身体的分工与合作的交往活动、他们对于自己身体自主的支配和对象化产物的欣然接纳之中。由此，人的“在场”才成为“亲在”或“亲身”性之在，是全神贯注、全身心地投入，而不是“神情恍惚”“心不在焉”的。所以伽达默尔说：“人的此在在自己的存在中对自己的理解不是黑格尔的绝对精神那样的自我认识。它不是自我外化。相反地，它知道它并不是自己以及自己的此在的主人，而是必须在存在者中间才能遇见自己，并且当它遇见自己时不得不接管自身。它是‘被抛—筹划’。”① 经验的事实已然说明，人与世界的关系是一个由感觉的全方位性和意识的超越性和普遍性所决定的极其丰富并不乏各种可能性的关系，认知

① 《伽达默尔集》，上海远东出版社2003年版，第463页。

的关系只是其中的一个维度，情感的、意志的和信念的关系倒更为根本。我们自己的感受、直觉以及当代科技都告诉我们，单纯的认知和计算，我们乐意也能够交付计算机，但我们对生活的感受、情感和意志，既无法由计算机替代，我们也绝不愿意让渡出去。我们之所以重视“亲在”“亲身”，突出一个“亲”字，正在于人生在世，就是人基于自己的感性生命活动所营造出的人与世界的高度融通、亲密无间的一体性关系，就是我们所追求的身心一如、情景交融、物我两忘的审美境界。所以金岳霖先生说研究元学时我不能忘记“天地与我并生，万物与我为一”，不仅在研究对象上求理智的了解，而且在研究的结果上求情感的满足。而现代哲学更是主张从人的身体活动、从人的生存经验出发来理解我们自己及其生活于其中的世界。

四

张世英先生借鉴海德格尔和梯利希的思想，认为人生在世有两种关系或称结构，一是“人—世界”的在世结构，这种关系的特点是“内在性”“非对象性”和“人与天地万物相通相融”；二是“主体—客体”的在世结构，这种关系的特点则是“外在性”“人类中心论”和“认识桥梁型”。前者优先于后者，后者是从前者派生而来。[①] 笔者对此表示赞同。而于赞同之外，所要补充的一点是“人—世界”的结构即人“融身”于、“依寓”于世界之中，虽然相通于世间万物，而又与之不同。世间万物之在世是“天然自在”，而人之在世则有了“自觉自为”的性质，与世界是有“分别”的，庄子所谓“天地与我并生，而万物与我为一”，即使“并生”“为一”，物我毕竟有别。正因为如此，在很大程度上，世界才成为由人“建构”起来的世界。而人与世界的分别，不过是世界自身的差异、分化与矛盾在人的身体活动中的表现而已。

① 参见张世英《哲学导论》，北京大学出版社 2008 年版，第 3—8 页。

所以，笔者更倾向于用中国的一句俗语，即“亲兄弟，明算账”来表示人生在世的两种关系，如果说“亲兄弟”是本体论的，“明算账”则是“认识论”的。亲兄弟表明人与自然、人与他人、人心与人身，如同一母同胞的兄弟姐妹，有着先天的自然血缘关系，血肉相连、情同手足、休戚相关，所以首先不是对象性的认知关系，而是信靠、情感关系；兄弟姐妹不是陌生人，无须用冷眼打量、客观研究，而彼此已然声息相通，理解默契。然则兄弟姐妹的身体生命毕竟是分立的，他们（她们）各有自己的意识和意志，各有其独立性和不可替代性；一旦长大成人，就都要安家立业，营建自己的小家庭、小生活。所以亲兄弟还须“明算账”，即理性地、冷静地看待各自和相互之间既统一又分化的关系，特别是在经济生活等方面划出界限，分出你我。这既是相互承认对方的独立人格，也是相互尊重对方的劳动和权益。兄弟姐妹之间还应当也必定有竞争，在友善的竞长争高中共同发展。然而，这种属于“工具理性”的明算账，却不应该主导他们（她们）之间的关系，更不应成为关系准则，使他们形同陌路，损害手足之情，破坏彼此信任。在某些特殊情况下，他们（她们）甚至还要为“大家”而弃“小家”，乃至杀身成仁、舍生取义。这样的“杀身”和“舍生”，恰恰使其得以“不朽”“永生”，因为他们（她们）已将自己的生命转换为族类生命的生生不息。

那么，人类能否实现前述金岳霖先生所引述的庄子所称许的“天地与我并生，万物与我为一”那样的一种境界？其实，这一境界远不是现实的境界，而是理想的境界。我们知道，人类进入现代以来，社会已很难再以原来共同体的道德原则引导人们由“小我”走向“大我”，原来主客二分的认识论关系也向着“主体间”关系变化。当今，“他人”的原则越来越受到人们的重视，他人是另一个我，而又是一个不同于自己的陌生之人，“他”永远需要“我”的关注，而又永远不能与我合二为一。这突出地表明，越是随着人的个体性的提升和人的自我意识的发展，人越会不断地进入自我的分化与认同、独立与依赖的矛盾关系中。在当代世界性交往过程中所出现的人类的统一性和多样性、全球化与地方性的矛盾，也是其表现形式。凡此种种，无不说明人类正是由于自身的二重性、自我的悖论性，而总是处于问题之中，因此也处于解决问题的开放过程中。所以无论人类如何发展，都不会“万事如意”，从此天下太平，只需睡大觉。正如人作为族类与个体的两重性已然设定了“平等”和“自由”的双重目标，人就要不断地去解决“平等”和“自由”这两种价值之间的矛盾和冲突。这是人的命运，也是人的使命。

可见，人类的问题虽然聚焦于“自我”或“自我意识”，却不是单纯的意识范围内的事情，它所要面对和处理的，是人与包括自身在内的整个世界的现实的矛盾关系，这一矛盾关系对于人自身而言，既是内在的又是外在的，是先天的也是后天的，是能动的也是受动的，是必然的又是充满偶然性的，是人的命运也是人的使命所在。因而，作为扬弃了对象意识于自身的自我意识，只有密切地联系着、参照着感觉经验才能真正作为人的生命活动的内在机制发挥作用，不断地追寻并实现着老子所说的“自知者明”“自胜者强”。人类历史永远不会终结，因为那将是人类生存的终结；而人既要知其不可为而为之，又要在精神上确立起自足的境界，这大概就是哲学的双重任务吧。

（原载《江海学刊》2010 年第 4 期）

道的可能解法与合理解法

赵汀阳

对经典的解释需要什么样的创造性？

先说个故事。在1993年第6期的《社会科学战线》上，我写过一篇关于老子《道德经》第一句话的解释问题的短文，认为“道可道非常道”的现代流行解读可能是错误的，并且试图论证“可道”的意思不是“可说”，而应该是“有规可循”的意思。2010年10月，我有幸与裘锡圭先生一起参加在布鲁塞尔的“中欧文化高峰论坛”，其间裘锡圭先生说他看过我的那个“新解”，并且与我分析讨论了老子的这个重要命题。裘锡圭先生是古文献学大师，他的分析使我多多收益。简单地说，假定我的记忆准确的话，裘先生认为，从春秋战国当时的语言惯用法上看，作为动词的“道”确实多指“践行”之意，但也不排除“说出”的用法，他揣摩老子的语气，认为老子开篇时很可能想要点明他要向人们讲述的深刻思想并非一般俗论，据此，“道可道非常道”很有可能说的是“我这里要说的道，可不是通常所说的道”。一个理由是，《道德经》通篇都在言说老子心目中的道，显然，道并非不可言说，否则与《道德经》所论就互相矛盾了。裘锡圭先生的这种解释颇有吸引力，尽管他也采用以“说”去解动词“道”，但与流行的解法大不相同，流行解法讲的是“道是不可说的”，而裘锡圭先生讲的是“道是可说的”。关于“道是可说的”这一点，我完全同意裘锡圭先生的看法，不过，这个解说更适合作为老子整个文本的潜台词，似乎并不是针对“道可道非常道”这一命题的直接解读，因此我仍然愿意保留我的解法，我答应裘先生再对我的解法做些解释。后来又就此问题请教了我的受业导师李泽厚老师，李老师说，在目前存在的诸种解法中，他较为同意我的解法，因为比较符合老子的思路。重要的是，李老师同时指出一个问题：古典思想的生命力就在于我们总能够发展出多种有创造性的解法，我们只不过是力求合理的创造性解释，因此传统才能转换为当代。故事讲完了，接着说问题。我愿意以此短文向裘锡圭先生和李泽厚老师致敬。

古典思想是我们可以开发的思想资源，有多少种合理开发的方式，就意味着古典思想有多少条通向当代之路。关键问题是，什么才是合理的创造性解释。所谓合理，应该是说，一种解释与古典问题具有明显的相关性（relevance），俗话称为“靠谱”；所谓创造性是说，一种解释能够在古典思想与当代问题之间建立新的相关性，在古典思想中开发出当代的有效性，使古典思想“增值”。比如说，我以“天下体系”去重思重构周朝的“天下”概念，就是试图这样去做的。

在这里，我愿意进一步讨论关于老子《道德经》第一章的解释问题，尤其是“道可道非常道”这个命题，它直接涉及对老子思想的整体理解，涉及对老子思想的定位，因此很值得深究。首先，我们可以采取一种比较开放的分析策略，对古典文本的意义解释不要求必然之论，而是允许多种可能解释；其次，追求某种“更好解释”（better interpretation）——可以理解为弱意义上的“更好论证”（better argument，哈贝马斯标准）——首先意味着，何种解释在古代语境中是更为可能的，这追问的是，古人更有可能说什么；同时意味着，何种解释对于当代思想而言更具建设性，这追问的是，替古人对当代人说什么才是更有意义的。按照这种标准，我们有理由追问：（1）在古代语境里，老子思想主要是一种关于知识问题的形而上学还是关于实践问题的形而上学？（2）老子思想对于当代问题有什么建设性的方法论意义？澄清这两个问题应该有助于更好解释老子的文本。

中国古人的知识追求与超验问题无关，基本上是以生活问题为界，即使是那些关于自然万物普遍原理的想象，比如阴阳五行之类，也是关于生活知识的艺术注释，绝非“科学”探究。可以说，中国思想中并无单纯关于“万物”（things）通理的形而上学，而是另外发展了一种关于“万事”（facts）通理的形而上学，思想重心不在万物而在万事，万物只是万事的相关背景，万物只是因为万事而具有意义。事情要一件一件做出来，因此，“做”的问题，尤其是“做法”的问题，就成为中国思想的核心问题，道虽为万物万事之共理，但既然物之意义在事，因此，道的意义在于成为事理。当思想追问的是万事做法之通理，这种形而上追求就在本质上是作为方法论的形而上学，而不是作为超验解释的形而上学。因此不难理解为什么中国思想并不关心现象背后之理念，而是关心贯穿现象之中的道理，就是那种应万变而能守一的一贯之道。关于“万事形上学”（metaphysics of facts）以及“做事”理论的更详细论证可以参见我关于“我行”（facio）问题的分析（区别于“我思”，cogito）①，在此不多说。

道作为普遍方法论是可说的，而且必须是可说的，也就是能够思想的，否则又如何能够“知”道？假如道不可说，也就不得闻了，孔子又如何能够想去“闻道”呢？关键在于，在中国思想语境里，如何“知”道，这不是一个无法逾越的知识论问题，因为，道就在事中，道是亲近人而在的，而不是知识界限之外的存在或理念。确实如裘锡圭先生所指出的那样，《道德经》通篇都在解说道。老子详细地从生命的、生活的、政治的、社会博弈的、军事的等多方面讲述了道的原理。

当然，中国思想传统中也有关于不可说问题，但主要是关于美学意境的。美学意境确实不可言传，但这与知识论问题无关，而是对一种无限丰富的美学效果的追求，因为具有无限性的意象是永远迷人的。简单地说，作为思想对象的事理都是可说的，而作为想象力对象的意象才是不可说的，这是两个完全不同的问题。至于佛教给中国思想注入了某种不可说问题，这是后话，

---

① 参见赵汀阳《共在存在论》，载《每个人的政治》，社会科学文献出版社 2010 年版。

与先秦语境无关。现代西方知识论的引入，尤其是唯心论和先验论，给中国思想指出了一个以前没有被关注的因而显得特别新奇迷人的超越领域，这很可能诱导现代人把老子之道解释为“不可说”之道。不过最后这一点纯属猜想，也只能是猜想，因为我们难以找到人们心里怎么想的证据。但可以注意到，古人关于老子的解释更多与我的解释相一致（后文接着分析），而把道看作是“不可言说”的，则多属现代解读。总之，我想强调的是，中国古代思想家对于那些“更高的”（the higher）或“隐藏着的”（the hidden）万物之理的知识论兴趣非常有限，而更多地关注那些道不远人、亲身可即的万事之理，特别是政治、社会、生命和生活之理。所以说，道的问题不太可能是个知识论问题。

如果按照当代观点来看，老子的思想（连同兵家思想）蕴含着相当于当代博弈论的思想，甚至可以说是世界上最早的博弈论，它与当代主流博弈论的思路既有不谋而合之处又有深刻差异。这一点意味着老子思想有着巨大的潜力。从整体上说，老子思想在广度上远远超出博弈论，可以说是一种对一切事理普遍有效的思想方法论。老子的思想有一个特别的优势，它采用的是动态互动模式去思考各种问题，当代思想的发展已经注意到，这种把动态互动的形势状态考虑在内的思维模式比主体性的或单边主义的思维方式更为理性、更有能力处理复杂多变的事情。按照哲学的说法，老子的思维模式从一开始就直接进入了主体间的（inter-subjective）问题而不是主体性的（subjective）问题，就是说，任何被思考的事物都是或者好像是一个“对手”（player）而不是一个“对象”（object），都是一个具有主动回应能力的事物，而不是一个被观察的被动者或者被主体的知识能力所处理定型的对象——这个问题说起来有些拗口，请原谅我多说几句。对象是一个“在场的”但却只是“被看的”、由我的主观性来做主的现象，而对手不仅在场，而且“在局中”与我互动，所以说，卷入与我的关系之中的事物并非一个为我所定、唯我是从的知识论对象，而是一个有可能与我共谋、或与我作对、或与我共变、或甚至改变我的存在方式的对手。因此，道要说明的是我与事物之间的互动创作的关系。在这个意义上，道是存在论意义上的（ontological）运作方式，却不是知识论意义上的（epistemological）神秘对象。

文本分析

现在回到《道德经》第一章的理解问题上。老子曰：

> 道可道，非常道，名可名，非常名。无名天地之始，有名万物之母。故常无欲以观其妙，常有欲以观其徼。此两者同出而异名，同谓之玄，玄之又玄，众妙之门。

我愿意把这一章翻译为：

> 凡有规可循之道，就不是一般普适之道；凡可明确定义之名，就不是普遍概括之通名。无者，表达的是天地之根本状态；有者，说明的是万物之成形状态。因此，要从无定无实的原则去理解世界本质上之不可测；要从有形实在的原则去看待万物各自的限度。这两者是同一个道理的两面表达，同样都在说明世界万物之不可思议，而此种不可思议也是不可思议的，这是理解所有奥妙的入门。

关于以上解释，可以分析如下。

对《道德经》第一章的解读向来分歧很多，不仅对字词的理解不一，甚至断句的理解也不尽相同。可以发现，各种解读在语文上都各有理由，很难说哪一种是完全不对的，这是古文本解读的固有问题，尤其是古代语境已经丢失，因此很难凭借当时语境去获得比较准确贴切的理解。现在的问题是，那些在语文上似乎都有理由的解读往往在思想语法上存在可疑之处，读起来语文是通顺的，思想却不太通顺，甚至上下意思不连贯，不知究竟所指何意，更不知老子为什么要说那些貌似高深莫测的话。这显然与《道德经》主要内容不一致，尽管老子有少量词句在今天读来古意难测，但主要思想朴素清晰，并无玄虚，事实上先秦的话语都清楚明白，直达人心，玩弄玄虚之风气实为后世之弊。我相信上面我对《道德经》第一章的翻译在思想上是顺理成章的，是通顺明白的思想。

作为道篇首句的“道可道非常道”关系到对道的根本理解。几乎所有现代的解释都把它解读为“可说的道就不是永恒的道”，或者非常类似的意思。这种解读从老子原意上说恐怕是错误的。不过，按照现代或后现代理论，据说读者有权利按照他的偏见对文本进行误读，也就无所谓绝对意义上的对错。尽管误读有的时候可能是积极有益的，因为它或许能够产生意想不到的新意，但我们仍然需要注意艾柯（Umberto Eco）对“过度诠释”（over-interpretation）的批评①，就是说，也许一个文本潜在地蕴涵着“无限衍义”（unlimited semiosis）的可能，但那些无限衍义毕竟不能超越“作品意图”而变成离谱的过度诠释，否则就不再是积极的误读而是犯规了。这个道理就像是一个乐曲可以有不同的演奏方式，但演奏出来的仍然必须能够辨认出是哪个乐曲，即使有人愿意加以创新演绎，也必须是由那个乐曲的逻辑所能够演化出来的，否则就是另一乐曲了。当然，假如宽容一些来说，对“道可道”的现代流行解释可能还不至于是面目皆非的过度诠释，但至少也是不顾本义而把某种引申义当作本义的不良解释，所误导的不仅是语言文本而且是思想逻辑。

“道可道非常道”虽一句话，但涉及关于老子整个思想的理解，因此是个大问题。危险在于把“可道”解为“可说”。这种解法把老子博大的形而上学、政治与道德思想问题收缩为知识论问题，甚至是神秘主义知识论问题，从而导致对老子的片面和狭隘的理解。有证据表明，多数古人的解读虽不尽相同，但大多并没有出现现代类型的误读。那种神秘主义式的误读是在现代才变成流行解法的，尽管这种误读或许与魏晋玄学和佛家观念多少有些渊源，但恐怕与现代西学（知识论问题和知识论神秘主义）的影响有更多关系。

我坚持认为，按照老子思想的逻辑，“可道”应解为“可因循”。古人通常的解法与此基本相似。例如：（1）韩非《解老》曰：“理定而后物可得

① 参见艾柯等《诠释与过度诠释》，生活·读书·新知三联书店 1997 年版。

道……而常者无攸易无定理。无定理非在于常所，是以不可道也。”韩非距老子不远，他的理解应该比较符合当时的语境和观念，他强调老子所言之道的特点是“无定理”，因此并无定规可循。这是最重要的解释。（2）严遵《老子指归》曰：“可道之道，道德彰而非自然也。……日明者，不道之道常也；操烛者，可道之道彰也。”严遵所论，侧重道之自然而然，点明可道之道乃人为的规则规矩。（3）河上公《老子河上公章句》曰：“道可道，谓经术政教之道也。”河上公的理解与严遵类似，进一步把可道之道明确为规章制度。（4）苏辙《老子解》曰：“可道者不可常……今夫仁义礼智，此道之可道者也，然而仁不可以为义，礼不可以为智，可道之不可常如此。惟不可道，然后在仁为仁，在义为义，在礼为礼，在智为智。彼皆不常，而常道不变，不可道之能常如此。”苏辙说得很明白，各种人定的可道之道各有定规，各有不可混淆的界限，所以并非普遍通用之道。（5）吴澄《道德真经注》曰：“道犹路也，可道，可践行也。若谓如道路之可践行。”吴澄解得最为明白不过了，动词“道”是“行于道”的意思，与“可说”毫无关系。（6）一直到王夫之《老子衍》都保持这种传统解法：“可者不常，常者无可……是故不废常而无所可。”这显然也说的是可否墨守成规的方法论问题，而与是否能够言说的知识论问题毫无关系。

毫无疑问，“道可道”的正宗含义是“有规可循之道”，其所指是伦理经术政教礼法以及各种操作规则、章程规制、日用技术等那些能够规范化、制度化、程序化的东西，也正是老子在《道德经》各章里不断反对的那些东西。老子反对刻板规范，反对墨守成规，推崇符合自然的那种无法固定化的、灵活弹性的、始终跟随形势而变化的道，正是以“无法之法”去应对万变之中国正宗思维方式的发明。从今天的思想去看，老子的方法论具有重大意义，它是人类关于如何应对复杂情况、不确定情况以及风险考虑的最早探索，而所谓“复杂思维”在今天正是一个极其重要的前沿理论问题。

无独有偶，古希腊哲学中关于 physis 和 nomos 的争论虽与儒道之争在具体内容上多有不同，但在问题上和思路上却有某些共通之处，可供参考。希腊所谓 physis，大概相当于自然之道，如果表现在人的问题中则属于人之本性的原理；所谓 nomos，则是人为之道，是造成一个特定社会的那些规范、习俗、法律、制度，大概可以说是一切规章制度之总和。在希腊当时的语境中，法律是 nomos 最为突出的所指，因为当时所谓的法律实际上几乎包括了政治制度，而当时的道德问题关注的是“卓越德性”（virtue），而不是伦理规范，因此，nomos 就是以法律为核心的规章制度。希腊哲学家们在推崇 physis 还是 nomos 的问题上有许多影响深远的争论，可以想象，假如当时老子和孔子去访问希腊，估计老子会支持 physis，而孔子则会支持 nomos。实际上，对于人类生活，自然之道和人为之道都是必需的，缺一不可，正如儒家道家都获得了重要地位，这是后话。

言归正传。从引申义上看，没有一定之规因而不能因循的、只能灵活变通去理解之道当然也就必定是不容易说清楚的道，但问题是，难以说清楚不等于“不可说”，而仅仅是“难说”。关于“说”的问题可以成为道的一个演绎意义，但毕竟只是一种衍义，不能用来替换覆盖其本义。在理解老子上多有创见的王弼意识到了老子思想在潜在意义上的复杂性，《老子指略》曰：“言之者失其常，名之者离其真，为之者则败其性，执之者则失其原矣。”王弼此论是不是从言说角度去理解道的最早说法，有待考证，至少应该是比较早的一种说法。不过值得注意的是，王弼虽开出道的“不可言说”之新意，却也不曾偏废其“践行”本义，不似现代学者只强调关于言说的问题，日久忘本，致使老子面目半非，深意渐失，由一个现实主义思想家变成一个玄虚论者，此种选择损失太大，恐不得当。

早期汉语中表示“说”多用的是“言”。“道”作“说”用，多见于比较晚近的汉语，尤其是口语化的汉语。当然，在早期汉语中，道或许也偶然用作“说”，但肯定不太普遍，且似乎缺乏充分必要或十分明确的证据（也可能是我孤陋寡闻），因而还可以存疑。今人不乏欲为之辩者，但所用例子往往缺乏必然性，如果解为“践行”或“遵从”，反而更通顺。例如荀子有句“君子道其常而小人道其怪”，读起来其中的“道”既可以解为“听从”或“遵从”，也可以解为“说”，似乎都通顺，但假如其中的“道”解为“说”，还是有些不太舒服，因为小人也有可能就“常道”而夸夸其谈，比如当今之世经常谈论貌似深奥的大道理的江湖骗子比比皆是。因此，荀子这句话更应该解为“君子遵从常理而小人盲从谬论”。这样理解也更符合社会事实，因为小人就是容易听信各种谬论邪说、流言蜚语尤其是点铁成金、包治百病的奇谈怪论。又如《论语》有句：“子曰：‘君子道者三：我无能焉，仁者不忧，知者不惑，勇者不惧。’子贡曰：‘夫子自道也。’”这段话其中的“道”往往被解为“说”，这也似乎有些勉强，因为只要对应前文“君子道者三”即可知道后面的“道”应该是“做”的意思。这句话应该说的是：“孔子说：‘君子要做到三件事，仁者不忧，知者不惑，勇者不惧，可是我还做不到呀。’子贡说：‘先生您自己正是这么在做的呀。’”假如像有些译文那样说成“子贡说：先生您说的正是您自己呀”，这样好像也说得通，可是子贡的语气就稍显谄媚了，而我们知道，子贡是个稳重之人，衷心赞美之词也应该说得有所收敛才对。诸如此类。总之，在先秦时期，道合适解为践行之意的例子颇多，而合适解为言说之意的例子并不多见，而且还都缺乏必然性，通常也能够合理地解为践行。

当然，正如前面说到的，把道看作是“不可说”的，这仍然是一种可能的解释，只是不太合理，很难与老子文本的其他论述形成连贯通顺的关系。更重要的是，假定关于道的核心问题真的是一个知识论问题，而且假定道是不可说的，那么，道的问题从一开始追问就终结了，根本不应该也不值得说下去了。既然道已经被宣告为不可说的，那还有什么可说的呢？这里很容易想到维特根斯坦对“不可说”问题的处理，维特根斯坦承认，那些“最重要的问题”是不可说的，因为它们构成了我们能说的能力界限，在界限那里，我们就只能到此为止了。参考维特根斯坦的态度，我们有理由相信，假如老子也意识到一个维特根斯坦式的知识论问题，那么，老子也会像维特根斯坦那样选择“沉默”，而事实与此相反，老子对道进行了深入详细的论述。因此，比较合理的解释是，老子对知识论的“界限问题”根本就不感兴趣，他关心的是存在论和方法论的问题。

中国思想家很少脱离“行”的领域去讨论“知”的问题（名家算是例外），“行”的问题实为中国思想之核心，这一点也决定了中国思想家所关心的存在论问题同样总是与“行”的问题密切相关，甚至可以说，“行”的问题不仅界定了“知”的领域而且也界定了“在”的领域，其基本精神是，如果一个知识论问题或者存在论问题不能落实在行为问题上，那么就不是一个根本问题，在这个意义上，中国式的存在论并不是关于“在者”的本质研究，而是一种“作为方法论的存在论”（methodological ontology）。所谓根本问题，是以它与行为的相关性所定义的。这个“以行为本”的原则注定了中国思想以“facio”（我行）为焦点而不是以“cogito”（我思）为焦点，因此，“在”（to be）的问题就表现为“做”（to do）的问题（关于facio ergo sum问题的分析详见我的《共在存在论：人际与心际》一文，参见《哲学研究》2009年第8期，在此不论）。老子的存在论追求也是以“行”的问题为核心的，他试图化自然为文明，把自然之道的高明之处化成人的思维——行为方式，使人在形势万变之中始终能够选择一个最合适的存在状态。

另外一个相关问题是，“玄”一般解为神妙神奇之类，这当然是正确的，但这只是文学读法，不是思想读法，就是说，文字意思上虽然不差，但没有说出其中的思想性意义。考虑到老子是思想家，因此，读出其中的思想性意义是很有必要的，至于读出什么样的思想意义，则可以争论。我这里的读法是“神妙”的引申义，根据是这样的：（1）没有比“无”和“有”更基本的概念了，因此它们是不再需要进一步解释理由的概念；因此（2）不再有理由去解释的东西就是奇迹，因此是“不可思议的”，反过来说，只有不可思议的东西才能够是万物之本原，否则就只好没完没了地解释下去。老子这里谈论的是一种形上学直观，既朴素又深刻，事实上只要我们稍加反思就可以发现，奇迹是我们得以存在的基本事实，为什么有物存在？为什么有天地？为什么有万物而又终将死去？关于奇迹问题，可以参考西人的类似表达，如德尔图良认为“因为不可思议，所以我才相信”（Credo quia absurdum est。旧译为

“因为荒谬所以我相信”，此种译法虽然语文优美，但容易被误解）。Absurdum 的意思是“对于我们的知识能力而言是荒谬的”，之所以荒谬，是因为超过了我们的知识能力，是知识论上的荒谬而绝不是存在论意义上的荒谬，因此就是“不可思议”的意思。在逻辑上说，只有超出了理性知识因而不可思议的东西，才有资格作为本原，否则就只不过是我们知识中的一个普通对象。按照西方思路，不可思议的东西导出的问题是“相信”。如果不相信，就会在关于世界的基本信念上落入怀疑论的彷徨中，而信仰则带来坚定的信念和行动根据。对于中国思路来说，对超越性存在的信仰并不是一个重要问题，甚至多余，中国更愿意信任那种贯穿在万物万事之中的道，道不远人，而是人们能够亲身体会和践行的，因此，道的存在本身是个不需要论证的不可思议的奇迹，但人们能够随道而行，这又是一个亲近的事实，所以老子试图说明如何接近道并且符合道。在这个意义上，老子区分了“可道之道”和“不可道之道”，即有规可循之道与无规可循之道。有规可循之道属于器的层次，是形而下的事情，无规可循之道才是形而上之道，是使一切有规可循之道能够各就各位、各行其是、各得其所而且形成互相协作的万变之道。

老子的“水的方法论”

儒道两家在中国思想中具有决定性地位，其中儒家观念大致决定了中国的价值观，道家观念则基本上代表了中国的方法论。道的方法论既是生命之道也是生活之道，其基本原理并无二致，大致可以称为“水的方法论”。水是老子在论述方法论时的基本隐喻，所谓“上善若水”。描述了水的运作就是描述了行为策略的最优原则。在这里无法详细讨论老子博大精深的水的方法论，但仍然有必要简述其要点，以此多少证明老子的道是可说的而且是可闻的。

（1）老子的方法论首先是一种非常理性的甚至可以说是极端理性的思维方式，它极其强调“风险规避”原则，这一点与当代博弈论不谋而合，应该说是有过之而无不及。一切涉险行为都被认为必须放弃，甚至达到“无为”的地步。不过，无为并不是说真的一切事情都不做，而是说，做事情要采取最保守的态度和做法，也就是尽量符合自然。为者伪也，伪的东西就是人为创作的规章制度，类似 nomos。为了对付人类社会产生的各种问题（比如利益、权力、权利、秩序、社会安全等“争权夺利”问题所导致的各种冲突），人为创作的那些规章制度是必需的，但也包含着巨大风险，因为人为建立的规章制度都是未经充分证明甚至根本未经证明的大胆想象，其合理性和有效性一直都有许多疑问。一般来说，人们创建某种规章制度，往往采取的是一种积极观点（进步论的或者激进主义的），其基本原则大概是：如果一种制度改变能够带来某种明显好处，那么这种改变就是可取的。与此不同，老子建议的是一种极端保守主义的消极观点：如果一种制度改变可能带来某种明显的坏处，那么这种改变是不值得推荐的。对坏处的警惕超过对好处的热望，这是老子思维的一个基本点。

（2）水的特性是柔软而不可摧，能够随形而成形，能够适应一切情势，老子所强调的正是水的这种能够应对万变的方法论，强调那种能够始终随形势变化而变化的灵活性。这种思维方式在当代被看作是考虑复杂多变情况的思维方法论，随着科学发展以及全球化的发展，关于复杂性的思维研究正在变得越来越重要，老子思想可以说是复杂性思维方法论的创始，即使从今天的眼光来说，老子的方法论丝毫都不过时，甚至仍然是前卫的。我们知道，全球化的复杂运动正在使世界无政府状态的无序乱世变得越来越难以预料和难以控制，传统思维和传统策略似乎都在搬起石头砸自己的脚。正如政治学家 Joshua Cooper Ramo 在他的新书中所描述的那样，无论人们心怀什么样的“良好预期”去做出各种精明的努力，结果几乎都事与愿违，他有趣地描述了这种悖论性的当代境遇：“那些为我们的安全所专门设计的政策反而使世界变得更加危机四伏，比如说，有史以来最大规模的反恐战争不但没有能够清除恐怖主义，反而催生了更危险的恐怖主义；种种控制核武器扩散的努力反而鼓励了许多国家加速谋求核武器……试图狙击金融危机的种种措施结果反而激发金融危机早日到来；种种试图拯救环境的技术投入应用却使得那些要被保护的物种死得更快；种种的中东和平计划反而使和平变得越来越渺茫。”① 显然，今天种种事与愿违的现象正在挑战现代发展起来的那种还原论的、常规化的、机械化的、程序化的理性思维模式，我相信现代理性远远没有能够充分表达“理性”这一概念，理性仍然是一个开放的概念，需要人们去重新发现。在这个意义上，老子对“可道之道”的局限性的批评以及对“不可道之道”的想象是令人敬佩的。

（3）做事治世采取柔软策略，不等于采取软弱可欺策略，事实上老子强调的柔软策略是更能够取得成功、能够胜过刚强的最优博弈策略。强者逻辑的博弈策略是对利益最大化的直截了当追求，斤斤计较，寸土不让，力求消灭对手的强硬策略。这种直接追求利益最大化的策略虽然往往被论证为“理性的”，但这种“理性”其实很有可疑之处，因为，利益最大化这一追求本身却是非理性的，它必定招致他者以其道还治其身的反制，因此，以利益最大化为直接目标的理性并非我们需要的稳定可靠的理性。老子的柔软策略就包含着一种更为深思熟虑的理性，它试图以最小成本去保证风险最小化（而不是力争利益最大化），以最小代价去使挑战者的威胁落空，使对手自取其祸而使危险消于无形，同时，总是给对手留有余地，余地是合作和长期利益的基础。这是老子所强调的“不争”而能“成功”之道，其中所蕴含的更为成熟的理性有待人们重新发现和发展。

（原载《江海学刊》2011 年第 1 期）

① Joshua Cooper Ramo, *The Age of the Unthinkable*. Little, Brown and Company, 2009. p. 9.

哲学的终结与道学导论的任务

柯小刚

在所谓“中国哲学的合法性问题讨论”中，有一种流行的意见似乎成为不言自明的信条，即认为哲学是西方特有的学问，中国则本来没有哲学。这种说法所据以为显而易见的理由之一在于：虽然“哲”和“学”这两个字古已有之，但是在近代通过翻译西文的 φιλοσοφια（philosophia）而发明“哲学”一词之前，中文里是没有“哲—学”这个双字组合之词的。

这种似是而非的意见如果成立的话，那么，根据完全相同的推论方式，我们也完全可以说：第一，φιλοσοφια 也不是西方所固有的，因为在苏格拉底把希腊文中已有的 φιλειν（爱）和 σοφια（智慧）两个词结合起来发明 φιλοσοφια（爱智、哲学）这个新词以前——而且这还只是通过苏格拉底的学生色诺芬、伊索克拉底和柏拉图的转述而形诸书面——希腊人也是没有 φιλοσοφια 的，虽然在此之前已经出现了许多诸如泰勒斯、阿那克西曼德、赫拉克利特、德谟克利特等一大批伟大哲学家和哲学体系；至于专门学科意义上的哲学，还得迟至亚里士多德的理论体系建构方才略见雏形；而为了达到近世所谓哲学的形态，还得经由漫长的希腊化时代和中世纪经院哲学对亚里士多德体系的吸收改造，以及近代哲学的深深依赖于经院哲学的经院哲学批判，方才最终形成一个比较成熟但同时也面临终结的形态。第二，哲学是西方所没有的，因为从苏格拉底以至于黑格尔显然都不认识“哲学”这个词，虽然他们认识 φιλοσοφια（philosophia）这个字母组合。

上述两种说法当然是不尽正确的，甚至是不乏浅薄的。它们的浅薄来自其推论方法的荒谬。通过这两个颇显机智实则无谓的论断，我们得以看清那种毫无思想的仅据字面而来判定事情本身之推论方法的不足为凭[①]，从而帮助我们从那种以为“哲学为西方所特有而非中国所固有”的流行意见中解脱出来，以便更加自由地、原本地、面向事情本身地在中文语境中展开哲学运思的可能空间。这一运思空间如今正是在“哲学的终结和道学的重新开端”这一标题之下标示着它的历史处境。

所谓“历史处境”，在这里既不是指“西方思想史的现代阶段”——这个现代阶段以其全球化传播为显著特点，也不是指“中国文化的现代转型”亦即西化转型，而是特别地指一种真实意义上的“世界历史”——绝非片面西化意义上的世界历史——的开端。

Philosophia 恰是在它的终结之际转译入中文而成为哲学，这或许是具有世界历史意义的事件。Philosophia 的终结并不是指一般意义上的哲学思想的终结，而是特指作为一种特殊哲学形态的西方传统形而上学（meta-physica，后—物理学）的终结；而哲学的新生——如果“哲学”这个新生不久的中文词语果真能够获其真实意蕴的话——则必定是道学的重新开端。而道学也只有借由这一世界历史性的良机，方才能够革命性地实现其尚未全面展开过的超越民族文化狭隘性的普遍性。

哲学终结与道学重新开端之际的基本情绪：以海德格尔为中介

哲学的终结恰恰发生在传统意义上的西方形而上学繁荣鼎盛的 19 世纪，这个世纪也正是所谓“地理大发现”之后以“世界历史”之名形成现代历史哲学和历史主义意识的世纪。正是在以逻辑和历史之统一为基本原则的黑格尔哲学那里，哲学达到了它的终结，具有“世界历史”意义的终结。接下来，

① 当然，这并不意味着排斥富有思想意蕴的借助词源学和训诂考据方法而来展开的解释学工作，相反，我们在后文还将适当运用这种字词训诂的解释学方法。

同样深具世界历史眼界的哲学家，但也是最后的哲学家马克思和尼采，进一步推动了这一终结的过程。伴随这一过程、并且作为这一过程之背景和内在经验的，是面对“世界历史”的基本情绪，无论这一情绪是进步论的乐观主义还是退化论的悲观主义。这两种看似相反的情绪表达着哲学终结过程的相同的时间—历史结构，那便是一种植根于末世论之中的线性历史—时间，它来自基督教并构成着近代世界历史想象的基轴。哲学之终结发生于这一末世论的线性时间基轴之上，本身也直接表现为这一线性时间基轴；哲学之终结发生在由此时间基轴所规定的或进步乐观或退化没落的世界历史情绪之中，本身也直接表现为或进步乐观或退化没落的世界历史情绪。然后，在“哲学的终结与思之任务”[①] 肇端之际，在具体规定一种不同于传统西方哲学的思之任务的内容之前，海德格尔首先改变了历史—时间的基本结构和面向世界历史的基本情绪。

在后期海德格尔的秘密手稿——其秘密性质并未伴随其违背海德格尔遗嘱的出版而得到消除——《哲学论稿：从 Ereignis 而来》的第五赋格之第四部分“时间—空间作为无—基础”中，海德格尔曾如此谈及一种叫作“踌躇（Zögerung）”的基本情绪：

> —基础是无—　　。在自行放弃中，基础以一种卓越的方式带向那个敞开之境（Offene），也就是　　空的最初的敞开之境，那个空以此而成为一个确定的空。只要基础也在而且恰好正在无基础中有所奠基而又还没有真正奠基，它就是处在踌躇（Zögerung）之中。
>
> 无—基础是基础的踌躇着的自行放弃。在放弃中自行敞开着那源初的空，发生着那源初的　　（Lichtung）[②]，这个疏朗同时也在其自身中显

---

① 参阅海德格尔“哲学的终结与思的任务”，见 Martin Heidegger, *Zur Sache des Denkens*, Tübingen: Max Niemeyer, 1976。

② Lichtung，或译“澄明”“林中空地”。

示出踌躇。[①]

如果说无论进步还是退步的历史观都是线性的、单方向的，并从而是从一种被认定为确定的基础出发的决定性序列——这恰与哲学之终结息息相关——那么踌躇的基本情绪就是哲学终结之际，也就是传统形而上学的基础被抽离之际，思想仍然能够在虚无主义的危险之外保存一线生机的存在历史（Seinsgeschichte）情绪。

在基础的踌躇着的自行放弃中展开着作为无—基础的基础、作为基础的无—基础即疏朗，或者说在疏朗的敞开中显示出踌躇的基本情调，这说的乃是行道的经验。[②] 如果说进步论的乐观主义只知一味“向前看”，退步论的悲观主义只知一味“向后看”，那么，踌躇的行道便是“瞻前顾后”的。所谓“瞻之在前，忽焉在后”，行道的基本经验必定是“从……而来”，“到……而去”，也就是“在……之间”的上下求索。正如海德格尔在《在通往语言的途中》中所阐明的那样，道就是开道（Bewëgen），行道就是在路上（unterweg）。[③]

渊源于行道之基本经验的思想在西方思想史中还属于海德格尔所谓“尚待思想的事情”，因为传统西方哲学所由从出的基本经验基础一直是广场：教堂广场承载着宗教经验，市政厅广场规定着政治经验，市场广场维系着日常生活领域。在欧洲市镇，这三种广场命名比比皆是，此现象绝非偶然。事实上也只有在方静的广场之上才有形而上学的静止稳固基础之寻求，以及由此基础前提的规定而来的单线条历史时间结构。然而海德格尔，这位“哲学终结”之后“思想”的期备者，已经走出了广场的边界，踏上

---

① Martin Heidegger, *Gesamtausgabe Bd.* 65: *Beiträge zur Philosophie* (*Vom Ereignis*), Frankfurt am Main: Vittorio Klostermann, 1989, pp. 379—380.

② 参阅拙文《睨读〈中庸〉》，载柯小刚《在兹：错位中的天命发生》，上海书店出版社2007年版。

③ Bewëgen 施瓦本－阿伦玛尼方言，海德格尔借此探索语言与道路开辟的关系。相关讨论参见海德格尔《在通往语言的途中》（孙周兴译，商务印书馆1997年版）的“语言的本质”“走向语言之途”等文章。

了道路的开端。[①] 这必将给西方哲学带来革命性的影响，虽然这影响方才刚刚开始踌躇地显示出来。

在道路现象学的意义上，踌躇首先意味着犹豫的姿态。这种犹豫并非不够自信、举棋不定或者满怀罪责、畏缩不前，而是由对远方的敬畏而带来的周遭气氛的改变以及行道姿态的改变。犹豫的姿态是敬畏的姿态，是在敬畏中蓄势的姿态。这种姿态是对自身的逸出，是身体在心志的拉伸下满成一张弓。踌躇是“踌躇满志”的踌躇。

因此，踌躇同时意味着朝向远方的兴会之志。兴会有别于兴趣，因而兴会之志不同于那由兴趣而来得到规定的志向。志向意为：对某种明确目标、目的的去向、取向、趋向和趣向，因而在志向的兴趣中所经验到的首先是欲望，其次是渴望，最后是失望乃至绝望——无论其兴趣或志向是否满足，结果的经验必将相同，这是由兴趣和志向本身的结构所先行规定了的。相比之下，兴会之志则是无所趣向的兴味的兴发和会归——同时作为兴发和会归，这意味着一种绝不同于兴趣—欲望—满足的线性时间结构。在作为兴发的开端中已经先行归来了作为会归的终结，同样在作为终结的会归中仍然涌动着作为开端的兴发，因而兴会之志所发生于其中的场域乃是海德格尔所谓的时间—空间或时间—游戏—空间。这一时间—空间，以及由此时间—空间结构而来规定的踌躇的基本情绪，正是在哲学终结之际重启道学开端的必要准备。这一准备由一位西方思想家来完成，这正表明我们所谓道学的重新开端绝非狭隘的民族思想文化的保守主义复兴，而是发生在世界历史背景之中的世界历史事件，只不过这一世界历史不再是 19 世纪意义上的或进步乐观或退化没落的西方中心论的线性世界历史图景，而是基于行道之基本经验的以无基础的基础为基础的踌躇的世界历史情绪。

---

① 关于道路与广场之关系的详细分析，参阅拙文《道路与广场》，载拙著《在兹：错位中的天命发生》，上海书店出版社 2007 年版。

道学的重新开端内在地表现为道学導论的基本任务

“哲学的终结与思的任务”，海德格尔为思所规定的不同于哲学的任务，在中文语境中的落实将具体表现为道学的重新开端。道学的重新开端不是在历史学意义上的保守主义倾向的传统文化复兴，而是道学意义上的发生运化。道，这直接就是不断重新发生、运化、开端的别名。道学的重新开端，这不仅是立足于中国思想传统之现代处境中的一种历史学论断，而且是道学自身在崭新的世界历史条件下的自我更新。这一自我更新首先体现为道学導论的基本任务。

“道学導论”中的“導”字，我们特意恢复它的“繁体字”写法，是为了突出“道”与“導”的本原一体关系。“道”与“導”本来是一个字，这提示我们：道学導论，这并不是外在地为一种叫作道学的现成学科提供一个导入其中的道路，而是导入其中的道路本身就是道学自身的展开；而且，只有经过这一名为“導论”的道路开辟，道学的具体内容方才能够重新生成和展开，道学这一称谓也才具备实际的意义，而在此之前根本无所谓道学。道学并不是任何现成的理论体系或科学知识。道学的这一“不可为典要”① 的动态生成特点决定了：道学導论这一提法绝不可在通常所谓“导论”的意义上被理解为“关于”道学的導论，而必须在“道自道”② 的意义上被理解为道自身的道说展开。因此，道学導论的基本任务本身就是道学的自我更新、重新开端的本质内在要求。“道可道，非常道。”说到底，道学并不提供确定的知识，它只是引导、暗示、起兴，所以道学原本就是導学；導论原本就是道论；内容便是方法，方法便是内容。道学導论原本就是一个“重言”③，即

---

① 《周易·系辞下传》。

② 即道自導，前一道字为名词，后一道字为动词。

③ 参阅《庄子·寓言》：“寓言十九，重言十七，卮言日出，和以天倪。”“重言”之“重”，此从郭庆藩训为“复”，暂不取向秀/郭象注《经典释文》“世之所重”训义。参见郭庆藩《庄子集释》（下卷），中华书局 2004 年版，第 947 页。

意在有所兴发引导的同义反复。

秦汉以降，“道”“導”二字分途，但直至战国时代的金文，这两个字还保持为一个字的形态：“導。”① “道”“導”分途虽已弱化了“道”与“導”之间的关系，但还不至于像简化的“导”字那样完全丧失了与“道”字的关联。

“道”与“導”的原本一如关系，既是“道学導论”所要致力阐明的基本任务，又是“道学導论”何以可能的基本前提。任务如何同时达到任务的前提？这个解释学循环本身即是“道”与“導”之关系中的应有之义。这层意义首先向我们提出了道学導论的第一个基本问题：关于道路或方法（μεθ - οδος，循—道）的问题。

“道”“導”原本一字，但其分化亦非偶然。毋宁说它们的分化正是道自導的结果。“道可道，非常道。”道本身无从道说，对道的道说不得不分别从“名词性的”“道”一面来说，同时从“动词性的”“導”一面来说。道本身在人的语言中——人言既是属于道之道说，又是脱离道本身的向道之道说——永远不得不表现为“道”与“導”的相互道说。说到“道”，似乎就有那么一个东西叫作“道”，所以“道”在人言中为了完整地道说自己，必须借助“導”的创辟性；而若单说一个“導”，那么过程与作用就似乎无须法则与尺度，所以“導”为了完整地導向自己，必须借助“道”的贞定性。“道”“導”分途，这诚然是道本身的原初脱落事件，但同时也正是道之为道在人言中的活力源泉所在。

而且，对于我们此处的“方法论”考察来说，只有“道”“導”分途，作为道路或方法意义的路途方才能够从囫囵大体的道本身之中分歧显明出来。或者说，道自道，从而導致“道”“導”之分化，这正是道路或方法所有从来的原初事件。道如果不分化为“名词性的”“道”和“动词性的”“導”，道路或方法就无从谈起。当然，在“道学導论”的问题语境中，我们就“道路或方法”所道说的，还远不是“某事某物的道路或方法”，而是“道路或

---

① 更早的甲骨文中则无“導”而有“行”，有一种观点认为“行”为“導”之初文。关于“行”“導”关系，在此限于篇幅无法作进一步探讨。

方法”本身。它要回答的问题是：任何道路或方法，它何以成为一条道路或方法，如果不是因为道可以而且必须自身分化，以便产生一条可以从某个地方導向另一地方的道路?

道自身判分的结果就显现为路。《释名·释道》：“路者露也，人所践蹈而露见也。”路是道之可见性，可见之道即为路。路之显明分裂了道之原初统一性，因为道之原初统一性有赖于晦暗，而现在路之显明使得这种深刻的原初晦暗不复纯然自在。自此，道之原初统一性必将有赖于“道”与“導”之关系的展开和回归。“道学導论”的任务，即致力于这样一条展开和回归之道路的修建。路诚然破坏了道的原初统一性，但路仍然归属于道，只不过其归属于道的方式不再是直接的，而是必须经过“途径”的连接性和过渡性而来间接地归属于道的统一性，或者说必须通过“道学導论”的“方法”而来“導向”道原。

《释名·释道》：“涂（途），度也，人所由得通度也。”“俓（径），经也，人所经由也。”无论途还是径，都是从人方面而来立言。人之道路方谓途径。必须经由途径，人才归属于道路。只有人才需要途径，道路本身潜然脉动，昭然显明，无须途径。如果说道需要途径的话，那么只有人才是道的途径，所谓“人能弘道，非道弘人”[①]，道通过人而来实现自身。但这个实现的过程却首先是：道迷失在人之中，降低为途径、方法、技术。只有当人以道为途径的时候，也就是说当人从脱落道原的途径、方法和技术回归到大道的时候，道才真正以人为途径而达到自身的回归与实现。

道、導分途以及在分途之后依然保持着的同一关系，具体落实到道学的实践意义中便是道与德的分离以及在分离之后依然保持着的贯通关系。以此之故，道学绝非单纯思辨体悟意义上的玄学，而是一以贯之的道—德之学。[②]关于道学作为道—德哲学的具体内涵，由于篇幅之限，我们在此无从展开。作为一个先行的简要提示，我们在此仅满足于指出“道—德”一词的独特书

① 《论语·卫灵公》。

② 关于这一点的详细分析，参阅拙文《形上学与形而上学：道学与形而上学的先行预备性考察》，载柯小刚《思想的起兴》，同济大学出版社2007年版。

写方式：这一书写方式在现代语文处境中的必要性以及它所蕴涵的方法论意义。

“道—德”，以这个词的独特书写方法（method，道路，方式），首先意味着对“道德”这个汉语习语的拆解——通过拆解其已然僵固不化的双声词语而回到其原初的“道”与“德”这两个单字的联合，其次，与此同时，或者乃至在先，意味着对“道”与“德”这两个单字之间源初固有的贯通一如关系的提示。道与德，“形而上学”与“伦理学”，在道学的视野中首先是贯通一如的，这种贯通一如关系正是“道德”所由产生的溥博渊源；但是“道德”的产生却随即带来了德之道性渊源的遗忘，以至于“道德”被教条化、抽象化为无关道学的无源之水、无本之木。

更进一步的危险在于：在遭受过西文殖民的现代中文处境中，通过 moral 一词的翻译为“道德”，“道德”就更加被囫囵地用作一个丧失了思想活力的符号整体，用以对应 moral。自此，“道德”的意义不再由道与德之间的微妙关系来得到理解，也就是说不再从其道学意义来得到理解，而是通过 moral 这个西文词语的殖民地镜像来得到规定。当我们考虑到一个外语词汇的殖民地镜像不但无能于唤起中文本土思想资源的鲜活源泉，而且同样是对其外语来源之丰富性的脱落，从而在“洋泾浜汉语”中产生一种双重脱落本源的、最为平面化的语言文化的时候，这种危险给我们带来的焦虑感就愈发强烈了。在这种处境之下，把道与德两个字用连字符断开连接起来，既保持它们为一个词语，又拆解它们，这样一种独特的书写方式或许有助于一方面抵制“moral－道德”的平面化，另一方面唤醒道与德之间的原初差异—关联，以便为道学的道—德展开准备合适的概念。

诚然，一个短短的横杠，或者“连字符”——就像在西文构词法中所称的那样——在这里有望起到这样一种拆解和提示的功能。但这不是一种“现代的，太现代的”野蛮构词法吗？这难道不是来自西方语文的一把利刃？它难道不会深深地刺痛中文的肌理？这样一种做法，如果不是出于追赶时髦——“时髦”，这不是对 modern 这个西文词语带着深深的殖民地文化印记的洋泾浜式翻译——的话，那么它又是出于何种严肃的和必需的考虑？

然而逗号、句号、顿号、分号、引号，尤其是破折号这个更长的剑峰，早就已经深深地植入中文的气息和节奏，构成了中文感觉中不再为我们所感知的内在痛楚——或者说已经成为我们通过中文感知其他痛楚的前提或仁性的觉知能力本身。而现在，不但是中文单字和传统中文词汇，而且是大量在翻译中形成的词语或固有单字的重新组合以及各种源于西方文艺复兴时期的标点符号，乃至汉语拼音这样一种记录汉语语音和语调的外来记号系统，都已经成为我们汉语的仁觉身体本身。这个身体在持续不断的外来刺痛中一直在不停地变化自身，成长为新的身体，在这个新的身体中，原先的刺痛逐渐转变为对渐趋麻木的身体仁觉的唤醒以及内化为身体仁觉中不可或缺的灵性感受和生发的元素。本着这样一种积极吸收化用西方语文的思路，我们接下来探讨一下道学導论工作的现代语文处境及其历史任务。

从文质关系而来探讨道学導论的语—文处境及其历史任务

口头语言（语）和书面文言（文）之间的关系，构成了道学传统自古就运作于其间的语—文条件。道学在现代的式微与现代语—文在受到西方语言的冲击之后的改变有着密切的内在关系。因此，道学導论之语—文处境的讨论，就成为其历史任务之探讨的应有之义；甚至我们也许可以说，关于道学導论之语文处境的探讨与道学導论之历史任务的探讨，本就是一件事情的两个方面。

语、文有别，这是塑造了中国思想传统之独特面貌的基本因素。由语、文之别，带来了道学之道说的文、质关系。子曰“文质彬彬，然后君子”①，表达了道学的最高理想。

口语质直，可以直接说明观点，然而它的文赉就直接藏在它质直的外表，

① 《论语·雍也》。

因为每一个习惯用语都以它质直的外表隐藏着许多未加反思的前提偏见。相反，书写则有着比较文史的（“文胜质则史”）外表，但它可以避免口语的因为出于顺畅的要求而导致的不自知的文赍，从而更能够曲折地通达本质的东西。口语和书写的分道，早在中文思想的发端之际就已经发生，孔子和庄子，韩愈和惠能，一直体现着这种有益的紧张。即就儒家自身内部而言，《诗》《书》和“论语”之间，《集注》和“语类”（此以朱熹为例）之间，也蕴漾着文与质之间的往返相复。中文思想一直就活跃地发生在“文”和“语”之间，而在西方语文压力之下的“白话文运动”之后，我们就开始落入一种“丧文”和“失语”的双重贫乏状态。这是我们眼下从事“道学導论”工作的语—文处境。如果说思想从来脱不开语文的境况，那么这个糟糕的境况就将时时规定着道学導论工作展开自身的困难。

口语与文言的关系直接关涉道学的根本问题。道一方面是道说，是口说；另一方面又是文理的道道，是书写；这层关系在道路的取象中则表现为，道路一方面是大地上的路途文理，另一方面又是“行之而成”的非现成性和缘发构成性。道路坦然显现于眼前，然而它的两端悄然隐没于远方。因此，口说与书写的关系，是在“方法论”① 意义上首先要考察的道学内容。通行本《老子》开篇：“道可道，非常道。”（帛书甲本：“道可道也，非恒道也”，文小异。）道可以通过即时的口说而来道说，但是道还有超越即时缘构性的文理一面（文即理），而且书写之文也不过是天道文理的一种观象取则而已。无论人言道说还是人文书写皆非常道（恒道），但这两个方面却直接构拟着道化的阴阳两面，通过它们之间的紧张游戏关系而来实现着“可道”的方式。王弼关于“言”“象”“意”的思辨涉及的是三者之间的关系，而不是在佛教思想或西方哲学中常见的关于“能指”和“所指”二者之间的关系，从中也可以看出一些道如何可道而又非常道并因而可以反复道的消息。

相比之下，西方由于没有严格意义上的文字就缺失了“象”的环节，从

---

① Methodology（方法论），来源于希腊语 μετα-‘οδος，直译可作“循道学”。

而使得言和意之间的关系成为问题的核心。所谓严格意义上的文字在这里是指与口语音声相脱离的表意符号。拼音民族只有记录音素的二十多个字母作为他们的“文字”，可以说在“文”方面是非常贫乏的。拼音文字不是严格意义上的文字，它们只不过是一些尚不精确的“音标”而已。（现代语言学家在此基础上发明了完备的音素标记）所以，西方哲学一开始就是，而且永远只能是“逻各斯学”（-logy 进而成为各门学科的后缀）、言谈之学，而不可能是“道可道、非常道”并因而能反复道的道学。反复道的道学有赖于书写和言谈之间的文质相复。

“子所雅言，《诗》《书》、执礼，皆雅言也。”① 在中国传统之初，思想和教化就同时维系于语言和文字两端，缺一不成道化之行。相反，在柏拉图和苏格拉底那里，书写则是一种可疑的技术（《斐德若篇》），理想的城邦建立于辩证言辞而不是诗书经典之上（《理想国》）。因此，前者发展为一种“文质彬彬”的道学，后者则发展为一种“质胜文则野”的逻辑—哲学，或物理学—后物理学（physica-metaphysica），即科学和形上学相互批评—补充的形态。这种形态本来就不圆满自洽，所以在现代遭遇根本的危机，临近终结。

现在，这个临近终结的危机不光是西方的危机，也是我们的危机，现代世界的危机。因为在“现代化”过程中，在“白话文运动”之后，中国的文—化（这里尤其是指文言经典的教化）也被我们自己抛弃，开始进入一个由文返质的过程。或者更严格来说，不是由文返质，而是黜旧文而适新质的过程。因此，西方“质胜文则野”的弊病及其带来的危机，同样成为我们的弊病和危机。从缘起上说，这诚然是一种外来传染的病症和危机，但就自身感受的紧迫性而言又是切身的和内在的。

道学導论的工作背景之一就是要面对这场危机，担负起普遍的责任。通过“道学導论”疏導出来的这条道路，在这里作为“中国人”的“我们”要重新生成为普遍意义上的“人”。这个普遍意义上的“人”或天下之人，在

① 《论语·述而》。

现代民族国家建制和“文化哲学”“人类学”和“比较哲学”的繁荣中，已经变得湮没无闻。重建道学，并且首先是为道学开辟道路的“道学導论”工作，其“政治”上的意义便在于通过最具普遍性的“道”来重新生成最普遍的“人”。

以道观之，无论西方之质还是中国之文，都还是相对片面的东西。从这个大的道学视野来看问题，我们才能认识到“白话文运动”“新文化运动”或许不无积极因素的历史意义：那便是道的自我更新。这个更新的过程是这样的：首先，当“文”成为片面的东西，就必须通过荡涤这个“文”而来进入一种即使难免另一种片面性的质；然后，如果这个民族确然曾经是饱有道之经验的民族，那么它就有望在普遍性的质野危机中临危受命，由质返文，并且实现文的革命，重新生成“文”的普遍意义。

中文如今担负着这个普遍的天命，这个判断的作出并不是出于民族主义的思想，而是刚好相反，出于“普遍主义”的、“世界主义”的思想。中国历来富有这种以天下为己任的思想。所谓“天命”就是这样一种普遍担当的思想，所谓“周虽旧邦，其命维新”就是这样一种文—化的天下担当。只有承受天命、担当天下，中国才是“中国”，否则就不过是“亚洲”的一个国家“支那”。在China这个似乎中性的名称中隐含着一个意思就是华夏堕落为夷狄，也就是道之不行。

华夏是中国，这并非出于犹太式的宗教自诩，而是出于行道之故；华夏变为夷狄，这也并非因为上帝不再眷顾，而是因为道之不行。“人能弘道，非道弘人。”“道不远人。”“吾欲仁，斯仁至矣。”天命并不是什么“规律”或“客观必然性”，也不是外来强加的什么命定运程、预先规定的事件序列。天命就是道义的担当。人顺天而动，赞天地之化育而参之，这样的人就是行道之人，就是真正普遍意义上的人，也就是天下之人。而只有天下之人才配得上“中国之人”的称号，因为“中国”与其说是一个民族国家的名称，还不如说恰是与民族国家相对立的天下概念。道学導论作为一种行动——这绝不仅仅是一种“理论”的建构——就是要开辟一条道路，重新生成天下之人。

这个文化之所以是文—化——能化之文和能文之化——就在于它是从属于道的文化。道该文质，原始反终，贞下起元。只要是从属于道的文—化，那么，无论在某个特定的历史时期或地缘处境中变得多么颓败，它都蕴含着重新开端的生机。“生生之谓易。”“一阴一阳之谓道。”[①] 文—化的重新开端既是“道学導论”工作所要導向的目标，也是这一工作所以可能发端的源头。

（原载《江海学刊》2011 年第 3 期）

① 《周易正义》。

哲学的自我主张

罗　骞

哲学是干什么的？这个问题倒不是说公众对哲学产生了质疑。公众怀疑哲学时，哲学家可以免开尊口，淡然一笑。但搞哲学的人对哲学提出疑问，进而怀疑自己的身份，乃至油然升起莫名的虚无，这就成了一个根本问题。黑格尔曾经认为，哲学就是哲学史，说的是哲学之“历史”与“逻辑”的统一。今天，在讽刺的意义上，哲学倒是真成了哲学史，从事哲学就是翻检哲学史，清理遗物。哲学专家们寄居在观念的残骸上考证研究，面对思想，而不是在思想中面对存在本身。于是，昔日代表人类精神高度的哲学家、思想家都成了专家，成了学者，成了知识分工中的“技师”。哲学史家、哲学专家有了哲学家的美誉。人们大都不会误将物理学思想史的研究者称为物理学家。这个区别是明显的。物理学家本质上不面对物理思想，而是面对物理事实。唯有哲学包裹在沉重的哲学史中不再有活力。这一状况是如何发生的呢？哲学是否还有走出这一困境的可能性，再现生机？的确，如果哲学只能面对过去，只能沉醉在自己辉煌的历史中，因此只还有思想史意义的话，它也就无可挽回地终结了。我们都看到，哲学的终结（至少是危机）成为现代以来哲学的核心主题。哲学像是在自虐，不断地陷入宣告自我终结的悖论。哲学却在这个悖论中残存。人不能亲自宣布自己的死亡，但人能告别过去。惜别中留念既往，忧虑前程。所谓哲学的终结也许类似这样的告别。道别意味着新的旅程，终点就是起点，就是出口，敞亮着诸多不确定的可能性。终点和出口处总需要路标，即是对可能前途的诸种规划和主张。

我这里要谈的就是哲学终结中的自我主张。

一

哲学作为哲学是现代的产物，这当然不是说哲学是现代才出现的，相反哲学最为古老。在现代学科分化以前，人类思想是总体性的，哲学是人类精神的本质形态，是包孕诸学的母体。自现代以来，自然科学从哲学中分裂生殖，这是人类精神形态的一次根本变迁。在这一变迁中，总体的思想进展为具体的知识。对于存在者之确定性的把握成了认识的任务，真理被理解为可实证的正确知识。哲学被逼为诸种学科之一种，成为学科建制中的“哲学”，因其思考对象被学科专业化瓜分豆剖而岌岌可危。就连康德老人也为哲学王后的风烛残年备感凄惶。为哲学奠基和宣布哲学终结遂成为现代以来哲学的基本主题。科学主导知识，这种人类观念形态的转变表征着历史存在的变迁。存在被理解为实在，真理必然被理解为关于实在的正确知识。超验世界向实证的经验世界转移，超验本质让位于经验现象，实证原则取代思辨抽象获得统治地位，这就是从观念层面而言的现代。

如何理解这一现代观念的总体变迁呢？我们首先想到了马克思。马克思先后在两种意义上说到哲学终结。一是通过实践哲学理念，消灭哲学，实际上是实现哲学，完成哲学。他的意思是说，哲学理性把握了真理，而真理不能只是观念，必须转变为现实。此一看法，表明了早年马克思在黑格尔的巨大阴影下对观念论哲学的膜拜和忠诚，从理论到实践就是执行黑格尔的思想遗嘱，兑现真理。二是认为思辨哲学的概念抽象，应该让位于实证科学对现实的经验描述，实证科学才能正确把握现实，亦即准确地再现和反映实在。这两层意思仍然是我们今天理解的理论联系实际的基本含义。从这两层意思来看，不论是观念兑现为实在还是实在变成观念，均以同一性为前提。在这种同一性中，观念表现为可证实性，对象表现为可知性。表征内在知识与外在对象同一的科学性成了马克思思想的基本原则。

马克思关于哲学终结的思想表明了科技理性在现代取得统治这一实际状况。在科学的攻城略地中，哲学让渡事实真理，退回到不确定性的价值领域。哲学被理解为思想表达，而不是再现真理。这是一条重要的思路。在这条路上有文德尔班、李凯尔特等。马克思显然不在这条路上。尤其对1845年之后的马克思来说，哲学是意识形态，非科学，乃至于反科学。如果真有马克思的所谓哲学革命，实际是以科学革哲学的命，消灭哲学。至少阿尔都塞的马克思是这样。马克思揭露虚幻和虚伪，恋上了科学性。当然，也可以说马克思主义是哲学，而且是一种批判的哲学，但不能忘记，“成熟”马克思的批判是以“科学性”为底本的，马克思根本看不上仅仅立足于道德立场的谴责。在后来的马克思主义传播体系中，哲学被理解为作为科学的科学，正确而普遍的世界观，这实际上仍然是以科学性规定哲学。科学性成为马克思主义的内在原则。科学性为革命性背书。革命性乃是因为它科学，揭示了绝对必然性的历史发展逻辑。科学性之绝对统治与其说是用科学取代信仰，不如说是用科学性来保证信仰，或者说是科学性本身成为信仰。科学真理代表了无坚不摧的力量。毫不奇怪，马克思主义成为科学的信仰，或者说信仰的科学，二者乃是一回事。

不论马克思终结哲学，还是马克思主义阐释中将哲学科学化，均彻底贯彻科学理性，走在现代启蒙理性的道路上，走在同一性真理的道路上。科学理性是在什么样的意义上接替哲学并且终结了哲学呢？它是旧的完成并因此从属于旧的原则呢，还是开启了新原则的新开端？这恐怕还是问题。

海德格尔也谈论过哲学的终结，并且是在与马克思大体相同的意义上谈过。这就是现代科学的确立使哲学无可挽回地进入了终结阶段。显著的差异在于，海德格尔所谓哲学之终结乃是哲学展开为诸科学。海德格尔说，现代科学的本质建立在自柏拉图以来便叫作哲学的希腊思想基础之上，哲学追求真理的任务最终由经验科学承担，看似瓦解了哲学，实际是哲学的完成。这就是说，现代科学是哲学最为极端的可能性，它追求确定性和自明性的真理，即知识与存在相符合，实现了希腊哲学由来已久的求真使命。[①] 正是在此意义上，海德格尔认为马克思是使形而上学达到最极端可能性的柏拉图主义者。海德格尔理解的哲学终结是实现，马克思理解的是瓦解。海德格尔不以现代科学的立场批判形而上学，而是在与形而上学共属一体的意义上体会现代科学的本质，并因此在科学之后沉思思想的任务。

哲学是否从一开始就恰当地领受了求真的任务，并且终究在由其发展出来的具体科学中完成这一任务，因而走向终结了呢？深受海德格尔影响的罗蒂，从颠覆符合论的真理概念入手，谈论大写哲学和科学的终结。罗蒂认为，现代科学同哲学一样以为存在着客观的实在，真理就是正确地切中和把握这个实在。事实上，人类无法确证或否定认识之外的实在，当然也无法确定和否证认识是否准确再现了这一实在，认识只是一种可更改的描述，并不存在非历史的绝对真理。存在和关于存在的知识都是偶然的。真理不过是有用的共识。因此对罗蒂来说，提供绝对真理的哲学和科学都终结了。哲学的终结，不是完不成，或者完成了提供认识论真理的任务，而是说本不该有这个任务，或者说不该有以这种真理为任务的哲学。“后哲学文化”时代洞穿了大写真理的虚妄。不过，就像王位被取消之后曾经作为国王的人继续活着一样，罗蒂认为大写的哲学没了，搞哲学的人还在，但他们不再自诩提供绝对原则、基础和根据，而是一种私人的爱好、对未来的想象，他们乐于以对话的方式发表意见，而不是发现绝对的大写真理。

问题涉及的总是真理。哲学与真理在一起。这个真理当然是指认识真理，符合论真理，也就是罗蒂讲的“表象主义真理”。宣布哲学的终结，就是说哲学不再与这种真理在一起了，无论是忠实履行了契约，还是契约本身无效，它们都缘尽了，哲学的终结就是了却这段与这种“真理”的姻缘。不过我们看到，哲学却在终结声中延续。海德格尔一方面说哲学就是形而上学，哲学在诸科学的接替中终结了；另一方面又说只要人存在，哲学就以某种方式发生，在这个意义上他晚年的“思”依然可以看成是哲学发生

---

① 海德格尔关于哲学终结的论述见于《哲学的终结和思的任务》《世界图像的时代》等，载《海德格尔选集》（下），上海三联书店1996年版。

的方式。像罗蒂，宣布大写哲学终结了，却给哲学在多元文化市场中留下一个世俗位置，让它与科学、政治、文学一样成为放弃了王位的公民，安心发表意见和憧憬未来。

在知识论路线上，哲学只是留下了两项任务，为科学奠基和与科学划界。哲学如果不能走出科学真理的范式，也就是走出逐渐被巩固起来的认识论传统，哲学就只能是终结于科学了。就看到现代科学之形而上学的本质这一点，海德格尔似乎比马克思考虑得更深入一些。他将思指向后形而上学的思之路线，而不是驻足于对于存在的实证性理解。为此，海德格尔转向古希腊思想，到前柏拉图传统中寻求资源，当然也转向古老的东方传统。这一向古老传统的转身，是否可能让这些传统醒来将是决定性的一步。它关涉的是哲学的认识论传统及其后果是否能被克服。海德格尔谈到哲学终结时说，哲学至多还有一种“模仿性复兴”，意思是说没有复兴，本质上是模仿。复兴的本质不是模仿，而是新开端，像文艺复兴一样，是转身在原始发生处重新迎接那不曾实现的现实可能性。在这个意义上，哲学还会有复兴，而不是模仿吗？也许，哲学终结的话题只是无法逾越黑格尔的巨大而发出的无望与气馁吧？也许，哲学终结话题只是某种有所期待的转身及其尚未完成的彷徨与忧虑吧？

如果真是这样，我们倒有可能通过哲学的终结谈论其可能性和自我主张了。

二

亚里士多德说哲学源于惊诧。惊诧乃是对世界的不知所以和莫名其妙。动物似乎也有某种惊诧，但唯有人能在意惊诧，言说并祈求摆脱惊诧。认识指认惊诧之事物并知其所以，将外在性纳入内在，使灵魂无纷扰，恢复宁静，这就是自由。爱智慧的哲学大体就成了爱知识，通过确知而摆脱惊诧，满足好奇。所以哲学乃是沉思的生活，观念的事业，认识的事业，关系灵魂不受纷扰的同一性。不仅亚里士多德，及至黑格尔仍然看重哲学实现的这种同一性，以理性的概念体系统摄所有存在领域。认识的同一性解除作为在世情态的惊诧而使灵魂自由。以观念方式把握和切中令人惊诧之物，让它成为可理解的、驯顺的，纳入内在。外在存在作为存在的被表象性和内在心灵的表象性就建立在这种同一中，观念中的同一性。真理即二元区分中的同一性，就是外在在内在中如其所是地呈现与被呈现，存在在透视中透明。这种透明使精神获得自由，使人获得理性的享用。

及至现代，自由仍然被决定性地把握为对必然的认识，解除神秘。因此，一旦认识依赖实证并指向技术，在技术对存在者作为存在者的有效布置安排中，哲学也就在它自身孕育出来的科学中完成了。存在的可订造性解除惊诧，面对存在时的惊诧变成了生产中的自由，不仅是自然，而且是社会和人本身的生产和再生产已然被理性地支配着。就像霍克海默和阿多诺的极端之言，科学对待自然就像独裁者对待他的臣民一样。比如说，就人生命的神秘来说，从哪里来到哪里去的追问不是已经决定性地交给了生命科学、医学以及人工智能了吗？当医生的手术刀决定婴儿诞生时刻的时候，生辰八字蕴含的神秘命运也就彻底瓦解了。科学摆明事实，生命从受精卵开始；人们得以操控事实，人工地制造生命。于是，不再有惊诧，因为不再有神秘！“未知”只是尚未知道而已，就其裸露在清楚明白的可知性中而言，它乃是已知的，无神秘可言。我们无所惊诧，我们拥有科学，并且拥有技术。

求真哲学就这样以实证科学和技术的祛神秘化结束！

培根的“知识就是力量”较早地宣告了这一重大思想事件：指向技术的科学主导人类知识形式成为现代原则。[①] 哲学的爱智慧走向了爱知识，走向实证真理和实用技术。这是亚里士多德始料未及的。对亚里士多德而言，求知不是为了实用，而是抚慰灵魂的惊诧，哲学就是在闲暇中面对惊诧。惊诧是

① 关于这个问题，霍克海默和阿多诺在《启蒙辩证法》中开篇就进行了探讨。他们对于科学、技术、理性、宰制、同一性等方面的思考对于理解现代无疑是至关重要的。遗憾的是他们很大程度上将这些问题同启蒙一样去历史化了，似乎变成了无历史的永恒。

内在的，所以哲学关乎精神的自由。沉思在实在的意义上的确无用，它不是生存的技能，而是面世的姿态，是闲暇中的闲思。与“行动”相反，它是理论的“认识”。这种认识终究成了实证的真理和科学，并成为技术生产的前提。四假相说和经验归纳法成为现代思想的开端之一，不是偶然的，自有历史性在里面。

在认识中将外在纳入内在，寻求确定性真理，建立同一性，固然是解除惊诧和恐惧，获得自由的方式。然而，外在之无限和不确定意味着没有绝对同一，寻求确定性本身却因不确定而纷扰了灵魂的平静。“吾生也有涯，而知也无涯，以有涯随无涯，殆已！”在知识中建立确定性的真理倒未必是存在的根本智慧了。存在的智慧不是求真，而是修为养生，是面对世事不动心的无为超脱：“为学日益，为道日损。损之又损，以至于无为，无为而无不为。”人不一定能确定地认识和改变世界，但可以不假外求，改变我们面对世界的方式，修身养性，“求其放心”，以不动心完成内在的超越，智慧地存在。哲学乃是人学，为学本质地变成了为人。据说古希腊还有一条被遗忘的神谕“改变你自己”，这倒是在中国老庄思想和佛教禅宗的主张中很好地显现着。当然，这种自我修为、“自我改变”，在内省和静观中获致天地一体、万物与我同一的通脱，并不是无知无识的混沌，也不是符合论真理中的同一，而是返璞归真的超越，大智若愚。惊涛骇浪中波浪的不动心绝不同于猪的安然进食。这里有为人的智慧，为人的“境界”。摆脱惊恐不是认识中对“物”的清楚明白，而是超然和洒脱，是泰山压顶而镇定自若的修为。当然，傻子似乎也总是乐呵呵的，但“开口便笑笑天下可笑之人，大肚能容容天下难容之事”才是智慧的境界，才具备存在的分量。

黑格尔认为中国古代思想的“同一”特性，只是混沌。物我两忘的“同一”也许确有从实在的坚硬中撤退，入于“空无”的倾向。不过，“一死生，齐万物”的超拔却也彰显了哲学作为存在真理的原始本质，一种生存智慧，一种难得糊涂。东方哲学大体是生存智慧，是实践的，而不是知识体系。黑格尔因此就说中国没有哲学，因为在他那里，哲学是那种关于实体的、普遍的东西、客观的东西的知识。① 认识论真理作为存在真理之一端突出，取代智慧，存在的智慧变成了对真理的执着，哲人最后必成长为科学家，或者说科学家必挤走哲人。哲学在对存在的揭示中遗忘了存在，哲学变成知识，存在在科学中被揭示为实在性的存在。

哲学需要重新体认存在的真理，也就是在实证真理之后转身寻找存在的智慧。问题不唯是弄清真相，追问“是什么”，通过理智抓住事实，而是如何去存在，去面对事实。只有这个“如何在”才显出存在的智慧，才能加重存在的分量。哲学事关存在的轻重，在存在之轻中加重存在之重，在存在之重中体认存在之轻。这个加重或“减担”，是存在之轻与重之间的相互掂量，是从懵懂走向觉悟的存在之路。不要以为我们认清了事实，我们就不懵懂。也许，正是清楚明白的事实性让我们走向迷途，对于存在忘乎所以，不知所措。

哲学是智慧地存在着观照存在。智慧乃是觉悟。孔子知其不可为而为之的执着，老子骑青牛绝尘而去的飘逸都透露着人之为人的智慧觉识。第欧根尼的木桶、海德格尔托勒瑙堡的小屋守护着存在的真理。存在是有韵味的，存在的智慧不是正确的知识，而是存在之光，是使实存灵动起来的那份灵性。有了这灵性，人便由自在而自为，入于“采菊东篱下，悠然见南山”的澄明之境。子曰：“一箪食，一瓢饮，在陋巷，人不堪其忧，回也不改其乐。贤哉回也！”这个乐就是智慧之光，自由之境，就是智慧地存在。这样说来，不仅科学中那点正确的知识，而且生产中那点摆置实在的技巧，其实都没有走上存在真理的大道，离自由委实还远。哲学成为追求绝对真理的学问，并在现代科技中达于完成，至多是存在真理最为初始的准备。明白了这个世界是“什么”，“如何”存在于这个“透明”的世界才成为真正的问题，作为存在智慧的哲学在这“真理”之后也才算真正上路！于是我们可以说，不要误解了哲学的终结，哲学的终结说的是哲学重新起步。

哲学曾经开端于懵懂的惊诧，将再次起步于世界的透明！

---

① 黑格尔在《哲学史讲演录》导言中专门探讨了“东方及东方哲学之不属于哲学史”的问题。

三

所谓“世界的透明”倒不是说，科学作为求知哲学的完成穷尽了知识的可能，而是说世界成为“事实”，成为“未知”的裸露在可知性中的事实，不再有事实之外超越的神秘与神性。这一现代的本质被韦伯称为世俗化，称为祛魅，在尼采那里则是虚无主义的降临，即所谓超验世界的崩塌。没有超验本质支配的世界，“怎么都行”成为在世的“自由”。在这个自由中，看起来是哲学作为超验的灵光失去了光芒，实际上哲学本身参与了对超越的解除，树立了事实性，即存在作为实在显现。当超验作为虚幻解除之后，面临生命不能承受之轻的飘浮和喧嚣，哲学必须再度起航，以加重存在的分量。不过，哲学家已经明白世界根本就没有根本，远航的旗帜不再写上“神谕”或“科学”，不再追问“本体”，而是“面对存在本身”了。

没有比存在更大的问题，面对存在本身，哲学没有边界，哲学永远是大写的。

这个“大写”不是说哲学家必有“为天地立心，为生民立命，为往圣继绝学，为万世开太平”的宏志。我们固然崇敬这样的宏志，并且绝不低估它在文化生成中的分量。但哲学的大写却说的是它事关存在，是存在之智慧，事关存在中存在着的超出实存的人韵，即所谓的形而上之道。道是行走的足印，大地的纹路，添加和超出。“化性起伪”，伪者，人为也。人为就是人在，就是人化，就是对实存的添加和雕饰，是创造中的遮盖凸显，删除增补。如果说，哲学曾经将主观的“添加”当作实存，新的哲学之作为存在的雕饰就是在将存在揭示为实存的同时拒绝实存。哲学不再追问根本何在，意义何在这种没底的问题，因此不再宣布教条和绝对真理，而是将存在作为存在创造和守护，以免世界从超验性不能自拔地跌入实在性。哲学在存在的创造和守护中必有其位置。

存在之雕饰，即在战战兢兢中创造和守护存在。

没有雕饰，存在作为实存，人就不会是人，就没有人韵缭绕的世界。实存是懵懂的实在性，物持存为物。人为万物之灵，它因“人为”而超出实存。人不是世界之外的世界的旁观者，世界就是“人为”的世界，“为人”的世界。人对于世界的观念的揭示乃是因人“在世界之中存在”。人创造世界，让世界作为世界向人存在。哲学作为存在的智慧就是实存向人的生成。实存升华为具有意义的空间，成为超出实在的存在，成为世界。德里达晦涩地告诉我们：“动物因为它是裸体的而处于非赤裸中，而人在其不再赤裸的意义上处于赤裸之中。”① 他说的是物性的实在与人性的存在。人能成为世界上最野蛮的动物，最无耻的动物，也就是说，人根本不能成为动物，成不了动物。当他放弃他的人性时，一下就跌到动物性之下了。

动物没有凶残，没有羞耻，动物因为兽交而永远没有“兽交”，它们只是在自然的物性的规定上存在，它们的生命与自身同一，是实在性。它们没有世界，它们不“在世”。而人却不是这种实在，也无法返回实在，人之为人不能坚持就必坠于实在之下，处于实在性之下违背实在性。文明是压抑中的升华，自由解放不能是向动物本能的复归，放弃压抑就没有了升华中的意义。人被迫为人，将自己保持在实在性的上面，悬着。成为人就是创造和守护存在，保持这种超越的悬浮。存在的雕饰就是在守护中形成和修改，追寻那不定型的为人的尺度，在不完美中追求完美，在无尺度中形成和坚守尺度。没有完美的完美，没有永恒的永恒。瞬间闪烁永恒，暂时体现完美。完全、彻底、绝对以概念对存在的遗漏为前提，因为它梦想包罗存在，终结存在。然而，存在是可能的不确定空间：存在走在存在的途中，存在在存在的途中去存在，创造和守护。

创造不是生产，虽然创造的确也生产着，但它是守护着的生产，是耐心地保留那个原初的实存并使之具有灵动神韵的琢磨。所以它不是无中生有，也不是“打破一个旧世界”的大生产运动！今天的人类已然能够彻底地毁灭这个世界，自我毁灭成为人类存在的切实处境。在这种作为类的毁灭的彻底

---

① 德里达：《我所是的动物》，载夏可君编《解构与思想的未来》，吉林人民出版社 2006 年版，第 115 页。

性中，不会有遗物，甚至没有对于毁灭的见证和哀悼!① 人幸存于毁灭尚未发生的毁灭性中。② 有了这种毁灭的切实可能性，存在本质上是幸存的“遗物”。创造中的守护就是在这种毁灭性中持存，看护。然而可笑的是，在这种毁灭性中，我们也看到了某种“智慧”，这就是有意识地利用和掌控冲突的规模和烈度，让有限的局部战争频繁上演。不断打砸，但避免砸烂，这种理性的“算计”也能是存在的智慧吗？因其有理性在，故比疯狂更加疯狂，比流氓更加流氓。

守护着持存就是救亡，就是在毁灭性中，在“畏死的先行”中智慧地存在。

马克思曾经有一个震撼人心的说法，哲学家只是以不同的方式解释世界，问题在于改变世界。马克思拒绝“非批判的实证主义”，看到了超出实存的变异，看到变异之作为变异的“主观性”，而不是把存在看成直观、事实和感性。存在不再是“自然”，不再是作为物的自在物性。人作为主体进入自觉了，但不是笛卡尔式的反思性的自觉。“我思”是静观，“我在”是生存，是超出实存的生产，而不是从我思倒向单纯的实在性，物性本体。在上帝被现代杀死的氛围中，追求自由的人被把握为存在的“创造者”了。历史中主体的自由体现为对于存在的生产和再生产。

现代是生产时代。生产超出定在，设定定在，存在就是去生产。生产的逻辑是科学，本质是技术。法西斯主义的大屠杀以科学的人种学为基础实现人的自我净化和自我生产，婴儿工厂和集中营的死亡流水线都有技术理性的现实运作。科学和生产中只有物性的存在，只有实存，没有尊严和诗意。阿多诺愤而说奥斯维辛之后，写诗是野蛮的。没有了战战兢兢的呵护，没有了

---

① 利奥塔曾经在《无身体能否思维》中揶揄哲学家说，45 亿年太阳死亡以后，您的现象学，您的乌托邦政治死亡以后，就没有人敲丧钟也没有人听那钟声了，我们所经历及所思不过是一些苍白的幻影（见利奥塔《非人》，罗国祥译，商务印书馆2000 年版，第 8—11 页）。

② 可以初步指出三种毁灭的可能性：人类自我冲突导致的毁灭，人类与环境矛盾导致的毁灭以及由自然规定的毁灭，包括偶然事件发生和地球生命极限决定的毁灭。存在论必须将人类的毁灭性作为内在因素，领会存在的意义，思考如何智慧地存在。

敬畏和神圣性，存在之雕饰蜕变为生产，事实的、物性的操作。存在不再是开放的生成，不再是可能性展开中的多维意义，而是定制打造。即便教育也只是人的生产体制，追求利润的内在环节。教育的生产流水线以求生存的名义剥夺了生存。我们已然看不到孩子，看到的是被生产的潜在商品，肉体的资本。生于今天的中国，我们刚刚走上这条路，我们不知道这是一条多长的路。

人当然是生产者，在马克思历史唯物主义的意义上，人不仅要通过生产生存，而且需改变那种加诸自身的扭曲和束缚，在流动的历史中追求和完善属于人的尺度，追求自由和全面的发展。这就是解放，马克思从启蒙那里继承的主题。但是“生产”不能遗忘守护。当生产的无限强力冲击存在之底线时，当生产的逻辑消解人的尊严和意义时，在创造中守护存在，将成为存在之思沉默不宣的语境，重组整个存在意识，并且重建存在智慧。

马克思不曾身临存在的深渊，没有遭遇人类生存的底线，在马克思那里还只有“历史的生产”，追求自由和解放，尚没有守护和救赎。这并非马克思的失误，而是由于人类生产中的自我毁灭在20世纪才真正成为一个存在论意义上的事件。不论在类的历史还是个体生命的生产中，今天我们俨然感受到了生产的重压。存在岌岌可危，变得如此之轻，不堪一击；同时又如此之重，难堪其重。在存在的灾难中唤醒对于存在的守护，乃是思之任务。正是在此，哲学将重新回到航线，回到存在的真理，面对存在本身，有所期待地率先回应存在的呼唤，在创造中呼唤对于存在的守护。这种守护不再是缭绕着神性的上帝对子民牧羊人似的照料，而是赤裸裸的存在危机中的自我救赎，一种责任和担当，一种存在的智慧。

哲学作为存在之思从这里开始，不再从神秘，而是从冰冷的事实开始，因此是在现代之后重新开始……

四

海德格尔以他长期沉思的经验告诉我们，并且声明这是一句老实话，他说哲学将不能引起世界状况的任何直接变化，只还有一个上帝能救渡我们。[1] 据说晚年面对人们的来访，他的夫人不得不挡驾，希望人们不要打搅，总是连声说："海德格尔在思想！"思想是思想者的存在，作为思想者的思想就是思想者作为存在者的存在。海德格尔在，海德格尔思想，海德格尔在思想，变成了一个意思。作为20世纪哲学高峰的海德格尔最后却退到"沉思生活"，那个他试图以生存论洞穿的笛卡尔命题，却成了他晚年生命的写照："我思，我在。"古希腊开始的"沉思生活"与"行动生活"之二元区分以及以此为前提的"沉思生活"的优先性，不是据说已经由马克思的实践概念给颠覆了吗？比如说汉娜·阿伦特就是这样看的，我们也是这样看的。那么，在马克思"改造"世界以及海德格尔自身面对纳粹的"积极生活"之后，海德格尔的这一逆转具有何种哲学的性质呢？是不是说，无论如何，哲学终究只能是观念的事业，它至多是与日常生活相异化的"专业的"思想家的存在，思想存在？甚至等而下之地成为哲学范畴的翻炒？就像建筑工人搅拌砂浆一样！

如果真是这样，即便这种"沉思的生活"如海德格尔般庄严肃穆，它仍然难以称得上是真正的存在智慧，而是与存在相异化的思想的存在，是作为思想的思想，或作为观念的观念。按照马克思的说法，哲学还是没有走出"阿门塞思冥国"，仍然是没有肉体的精灵，或者说，只有哲学家是这些精灵的肉体。马克思以实践范畴揭示了这个精灵的唯灵论的本质，颠覆了"沉思生活"的优越性。但是，这个颠覆，这次从形而上学沉思的逃逸，却是到生产，到了历史的"生产"中了。而人们恰是在现实历史的生产中看到了沉沦和坠毁，看到了希特勒，广岛原子弹。海德格尔对于生产性的检讨，代表了反思20世纪历史生产的哲学层面。但他却返回到了"沉思"，退回到马克思之前，最后退到了对于思想的无望。在这种对"生产"实践的无望氛围中，我们看到后海德格尔的话语操作和思想游戏成为一种快感的表达，解除思想的实践担当之后，思想轻松自如，却也失去了重量。

---

① 参见孙周兴选编《海德格尔选集》，上海三联书店1996年版，第1306页。

面对生产历史的危险，哲学的未来不应该是撤退，回到“冥思”，回到观念。问题不在于生产，而在于为生产提供非生产的逻辑，守护存在于谨慎的创造中。在这种存在的守护和创造之中，哲学不再停留于实在性，不再把自己规定为事实性的真理，而是一种存在的智慧。为学真正就是为人，就是学会生活，就是智慧地存在！由此，我们可以确定地说，东方的儒、释、道虽不是“哲学”，这些做人的“学问”倒成了真正的哲学。在人类存在的危机中它们可能成为存在智慧的源泉。哲学家将断然放弃成为“移动书架”“百科全书”，放弃成为生产观念的观念制造商。唯有这种放弃，哲学才有机会抵达存在，成为存在的智慧！这种抵达，是对概念硬壳的穿透，面对并抵达于存在本身。在这种放弃中，在这种“无执无失”中，哲学本质上越过了所谓的各种挑战，再现生机。是否提供可实证的真理，是否能造就一种直接的历史形态，不再是哲学的任务，因此也不再是责难哲学无能的尺度了，因为哲学作为存在的智慧将比这些任务更原始，它涉及的倒是使这些任务能够成其为任务的东西，是如何存在。

创造和守护乃是人存在于世的在世方式，而不是对于世界的正确“观法”，单纯提供立场和观点。哲学不再是一种认识真理的体系，而是存在，是实践，它本质上就是要影响世界，并在世界之中参与世界的塑型，而不是建构一套哪怕人不在它还在的真理。没有这样的真理等待哲学和留给哲学了。看着众多的具体学科在认识论的道路上收获果实，哲学欣然隐退，这一路的种子本来就是由它播撒的。哲学不是被罚下场了，而是在认识论哲学催生的科学之后，坚定而坦然地走上那久已延宕的存在之路。在这条路上，不再有诗学、历史、伦理、政治、文化、天文等的切割。在这条路上，真、善、美熔铸为存在的总体智慧，不仅是个体的，而且是人类存在的智慧，存在之创造和守护的智慧。

神性曾经赋予存在意义，但一度地远离了存在而变成存在的桎梏。科学摧毁超验的世界，但却将存在的世界变成了物性的实存，并变成物化的生产。所有这些人类精神形态的变迁都有哲学的身影，今天哲学将在对物性意识的扬弃中真正带我们走进人的世界，参与人的世界的生成。哲学变成实践的，也就是生活的，而不是在生活之外为生活提供至上的规定和原则。当代哲学家们常常感到，世界已经变成了一个实证的、实用的、经验的、感性的、瞬息化的、视觉化的时代，总之，是一个跟哲学作对的时代，哲学算是玩完了。的确，就哲学作为生活之外的观念抽象和原则预设来说，它必是完了。正因如此，哲学作为存在智慧的春天正悄然来临，它展望并期待着一个新的世界的诞生。在神秘的超验和冰冷的实在之间是人的世界，它既不是神性的也不是物性的存在，而是超出实存的世界，是人栖居的家园。没有人的世界，不管是神的还是物的世界都是抽象的，观念中的世界，不是真正的存在、现实的感性的存在。人不是半神半兽的存在，人就是人的世界。哲学作为存在的智慧不再走超验的宗教之路，也不再走科学的实在之路，而是面对存在本身，面对这个实在而又超实在的意义世界，创造并守护这个世界。

今天世界的重新世界化就是超越实存并且拒绝神秘。在此进程中，哲学不再是概念的抽象，而是生存的实践，是活着的智慧。与生活相异化的哲学的扬弃，就是存在智慧的实现，哲学精神的复归。作为知识技师的哲学家也将在这样的复归中失去地位，因为他的存在一度地表现为哲学本身的异化。在哲学由关于存在的知识再度成为，并且本质上成为存在智慧这个意义上，通常所谓的哲学终结实际上昭示着哲学的复兴。存在的创造和守护乃是哲学作为存在智慧的担当和使命。在人的神化，进而人的物化历史性地发生之后，哲学将伴随并引领人的人化，不仅为世界垫底，以批判的力量防止向实在的坠落，而且为这个存在的世界领航，以积极的姿态开启存在的意义空间。

哲学事关存在。如果存在论可以理解为上述意义上的“事关存在”，而不仅止于“论及存在”，则可以说，哲学本质上就是存在论，并且必然是存在论的。

（原载《江海学刊》2011 年第 4 期）

作为产品和作为方法的个人

赵汀阳

每个人对于他人都是一个超越的存在。互为超越者的人们可能成为朋友也可能成为敌人。假如人们的心灵都属于同一个精神世界，即使因为利益的冲突或者意见的分歧使其互相仇恨，人们仍然能够互相理解，生活在传统共同体中的人们就是如此。属于不同精神世界的人们不仅互相超越，而且互相隔绝，不是因为遥远或者不相往来，而是因为无法互相理解，缺乏可以共享的精神。互相超越有可能导致无法解决的战争，而互相隔绝则有可能形成文明的冲突（像亨廷顿说的那样）。如果每个人都有一个专属自己的不可分享的精神世界，一个以维特根斯坦所不相信的私人语言写成的精神世界，那么，人的存在状况又如何呢？这其实并非设想，而是现代事实。现代人是一种被命名为“个人”的现代产品，现代给每人一个自己的精神世界，因此每个人可以只听从自己。莱布尼兹在现代个人尚未完工之时就预告了这个产品，他说，每个心灵就是一个“没有窗户”的自足的世界，称为单子（monads），单子所预告的就是后来被称为原子式个人的心灵。不过莱布尼兹的预告是乐观主义的，他相信单子们虽然是孤独的，但上帝却为单子们设计了皆大欢喜的“预定和谐”。这个想法太乐观了，事实似乎并非如此。

在个人被制造出来之前，人只是自然个体。每个自然人的自身（self）区别于他人的理由是身体的自然唯一性。身体是我的自然边界，这种意义上的我在本质上只是一个宾格的我（me），因为每个人尚未拥有仅仅属于自己的精神，就是说，尚未成为精神的我。在现代之前，精神是公共资源，公共精神代表着人们的精神，我总是属于“我们”而区别于“他们”。比如说，一个人的精神意义在于他所属的家庭、部族、城邦或者教会。在这种意义上，个体尚未由自身（self）转变为自我（ego），因此只是自然个体而不是个人。自然个体的价值是可以比较的，因为自然个体的价值体现为可比较的能力和行为。可比性意味着对人的认识和评价有着社会标准甚至客观标准，因此，传统社会更多地从品质（virtues）和道理（logos）的优劣去解释规范和法律以及对人的评价。

个体对自身的自然之爱也总是参照社会普遍承认的价值标准，而不是对自我的自由之爱。镜子早就让人能够认识自己并按照社会标准去调整自己的形象，苏格拉底就曾经让醉汉照镜子以便知道他是多么堕落。人类也早就会为自身辩护，柏拉图《申辩篇》里的苏格拉底就试图以普遍道理为自己行为的正当性辩护。可见，无论认识自己或为自己辩护，都是以社会标准为准。文艺复兴突出了对人的关注，这明显促进和加深了人们对自身之爱，但在成熟的自我出现之前，对自身之爱仍然按照社会标准的争风吃醋，无非是时尚性的竞争。镜子在现代如此流行，表面上是认识自己，其实是认识自己是否符合时尚。时尚给了人们规划自己形象的机会，齐美尔指出，时尚是“需要将自己与他人区分开来的诉求”①，“那些天性不够独立但又想使自己变得有点突出不凡、引人注意的个体”就特别喜欢时尚，因为“时尚甚至可以提升不重要的个体”。② 可是这种对特殊化的追求又会被大众模仿，于是就不再时尚了。化妆品工业和美容业诱导人们认同它们所定义的美、健康、青春、体型等概念，整形、节食、化妆、健身房成为“定制自己”的方式，成为与众不同的根据。可是那些标准本身并非与众不同，而是试图导致千人一面的时尚潮流，因此，时尚貌似表达个性，可却是最没有个性的表达方式。时尚的这种悖论性不仅无法成就“自我”，还反而使“自身”也变得面目不清了，而时尚的不稳定性代替了传统关于真善美共识的稳定性，使价值标准失去可

① 齐美尔：《时尚的哲学》，费勇等译，文化艺术出版社 2001 年版，第 76—77 页。

② 同上书，第 78 页。

靠性。可见，塑造“自身”不足以定义个人，自身的独特性总是依赖着可比性，依赖着社会标准，因此，自身的独特性仍然缺乏不可还原的性质。

仅仅通过塑造自身不足以创制个人，更重要的事情是对自己内在世界的反思和发现，也就是从塑造身体性的自身转向创造一个精神性的自我，建立主体性而定义自己的主观世界。对于我的主观世界，我将拥有主权，即决定一切判断和价值的自主权。对内心世界的反思（反省）并不是现代的独特行为，古代人也重视反思，但有一个根本差别：古代人的反思是以社会标准或文化共识去检讨自己的观念和行为，力图向公共价值标准看齐，校正自己的错误或不良行为；现代人的反思是反社会、反传统、反历史的行为，试图以我为准去重新理解和定义价值标准。于是，我的现时性成为我的世界的标准和我的历史的起点，这样的反思性（reflectivity）就同时变成了自返性（reflexivity），就是说，当我的根据就是我自己的主观性时，也就形成了自相关（self-reference）。一旦反思性成为自返性，自身就开始转化为自我。

一些有趣的细节似乎暗示着从自身到自我的转化过程。古代人感兴趣的精神世界由神话、诗歌和戏剧构成，这些精神作品讲述了他人的故事及其内心（通常是共同感兴趣的英雄或伟人），几乎与己无关。自传是现代人的兴趣，尽管自传可以追溯到奥古斯丁的《忏悔录》（*Confessions*）——虽然并非现代意义上的自传，却明显涉及自己的内心世界。奥古斯丁的反思影响深远，甚至是笛卡尔的我思的理论根源。现代人对自传写作的热情更可能与卢梭的富有感染力的《忏悔录》有关，卢梭之后，自传写作风靡至今，现代人热衷于写作自己的内心世界和独特经验，即使不以自传为名的许多小说其实也是精神自传。另一个并非巧合的情况是，自画像成为类似自传那样的热门作品。自画像也许早已有之，但成为一个流行的画种却与文艺复兴有关。真正表现了内心精神世界的最早现代自画像据说属于范·艾克（Jan van Eyck）1433 年的作品。不过最为自恋的当属伦勃朗，据说其自画像多达 90 幅（含油画、铜版画和素描自画像），甚至更多。

关心人是文艺复兴的精神转向。彼得拉克嘲笑当时人们拥有一切似是而非的知识，却对人一无所知："有的人对野兽飞禽和鱼类的事情知道得很多，对狮子头上有多少鬣毛、鹞子尾上有多少羽毛、水螅下沉时要打多少个旋涡，了如指掌。还知道凤凰如何被芳香的火烧死后又会复活，刺猬能够阻止航船行驶，但一见水就失去力量，如此等等。所有这一切或大部分都是无稽之谈，即使这些说法都是真的，对我们寻找幸福生活又有什么用处？知道飞禽走兽的特性而对人的本性一无所知，不知道我们从何处来、到何处去、为什么生活，这又有什么好处？"① 在当时的背景下，彼得拉克的这番话就算是惊世骇俗了。1487 年皮科在罗马的哲学辩论会上以"论人的尊严"为题的讲演更彻底地摆明了现代问题，他预告了现代人的心声：任何动物都受其本性限制，狗只能像狗那样生活，狮子只能像狮子那样生活，如此等等，只有人没有自身限制的本质，人能够选择和创造各种生活，人是自己的主人，所以人能够是并且应该是自由的。② 关于人的这种理解在今天已经平淡无奇，甚至过时或恶俗，但在当时则是石破天惊。如果比较亚里士多德对人的传统理解就可以看出其中的重要变化，亚里士多德断言："人生来是政治动物……在城邦之外非神即兽。"③ 所谓政治动物就是属于并且参与城邦公共生活的人，而"城邦以正义为原则"④，因此人的价值在于追求公共正义。皮科却相信人之所以异于动物在于自由，而不在于社会生活和公共价值。以自由去定义人的价值就是定义了现代人。

成为精神主体的人就是"自我人"。自我人意味着精神上独立自主的个人，他相信自己是自己的精神权威，自己有精神全权去进行价值判断，自己的精神不依赖他人而具有完整意义，而且，私人经验或私人知识是不可替代和不可还原的，于是"自我"就具有了绝对和至高的价值。这种夸张的自我追求显然有某种自恋倾向，浪漫主义者，例如卢梭，就是自恋的典型。不过，

① 转引自加林《意大利人文主义》，生活·读书·新知三联书店 1998 年版，第 22—23 页。
② 同上书，第 124 页。
③ 亚里士多德：《政治学》，1253a。
④ 同上。

迷恋自我并不能证明自我拥有绝对至高地位的合法性，因此，自我的浪漫主义想象还需要理性主义的证明。这就不难理解为什么伯林把康德也纳入浪漫主义，把他称为拘谨的浪漫主义。[①] 也许康德是“拘谨的”，缺乏浪漫气质，甚至痛恨浪漫主义，但他其实是更为彻底的浪漫主义，他不是在情感上浪漫，而是在思想上浪漫，他试图让理性去证明一个最浪漫的人的概念，而这是一个几乎无法完成的任务。具体地说，康德试图证明自我具有毋庸置疑的主体性，而不是想象的主体性。假如自我真的具有对价值和行为的全权主体性，那么，自我的绝对地位就被证明了。

笛卡尔对自我的证明尚未完工，“我在”（I am）并不能证明自我的绝对地位，因此，康德试图进一步证明“我是主体”（I am the subject）。康德的问题是：人凭什么成为主体？何德何能成为主体？答案是理性。首先，康德试图证明理性有能力建立普遍必然有效的知识，因此人类有充分理由成为知识主体。人类性的知识主体只能证明人类的绝对地位，但仍然不能证明个人自我的绝对地位，因此，关键在于证明个人能够成为道德主体，也就是说，自我有全权为行为的正当性负责，能够仅凭理性而建立普遍有效的价值判断。可以看出，一旦证明了道德主体，就证明了个人的精神独立性，证明了每个人都是终极目的，证明了每个人等于最高价值，也就证明了自我的绝对地位。康德这个极端浪漫的论证虽然并不成功，但却很好地完成了自身向自我转变的想象，而康德的主体性原则成为个人的精神立足点。

关注个人尤其是浪漫主义地关注个人就必定强调个人经验。创造了自我就是创造了不可比的个人存在，于是，对于每个人来说，个人经验就高于共同经验，个人判断高于集体判断，个人价值观高于传统德性。康德的所谓“哥白尼式革命”其实很不像哥白尼革命，至少是貌合神离的，因为，哥白尼革命纠正了一个错觉，使人们知道其实太阳并非绕着地球转而是地球绕着太阳转，可是康德的“哥白尼式革命”却制造了一个错觉，使人们误以为世界

---

① 伯林：《浪漫主义的根源》，第四章，译林出版社 2008 年版。

以人甚至以自我为核心。这个想法确实过于浪漫了，尽管人人闻之心喜，但这个错觉却注定事与愿违：假如每个人的经验、判断和价值观都是优先的和绝对重要的，同时也就意味着绝对不重要，因为每个人的判断和观点都只能获得来自自己的唯一一票，结果是，人人重要就无人重要，听人人的就无人被听。个人主义是一个自我挫败型的概念，这个悖论在现代生活中逐步展开着。

从现代小说与古典文学（神话、戏剧和史诗等）的区别可以看出现代个人主义经验方式所遇到的困境。古代的叙事文学是故事，而小说是现代的产物，它虽然有所叙事，但不再是故事，小说的本质是叙心，是关于个人经验、感悟和情感的表达，而故事必须是关于他人的，因此故事构成了人们共同知识、共同经验和共同命运。关于这个区别，本雅明有着十分透彻的理解，他说，在现代，讲故事的人之所以越来越少，是因为现代人被剥夺了“分享经验的能力”①。故事总要包含一些“有用的东西”，也就是能够给人的忠告，这些忠告凝结了共同的生活经验和世代相传的智慧，因此故事能够建立关于生活意义的共同理解，由神话、戏剧和史诗所表达的故事沟通了人们与他人，沟通了今人与古人，沟通了生者与逝者。可是到了现代，“无论对我们自己还是对别人，我们都没有忠告”②，因为“小说家封闭了自己。小说的诞生之地是孤独的个人”③，因此，小说在表达生活时，只是表达了属于自我不可通约的那一部分，于是，现代人人人都在独白。让现代人如此迷恋的自我到底有什么特别的东西可以表达或值得表达呢？假如那就是仅仅属于自我的、关于自我本身的体验，那么大概只能是迷茫，一种迷路或迷失的感觉，因为自我表达只不过是一种自相关，是表达的悖论状态，是任何道路都通向自我否定的状态，当自我转向自我本身就只能是此路不通。这是现代人的“先验的无家可归”状态（transcendental homelessness，据说是卢卡奇的用语）。当小说

① 本雅明：《写作与救赎》，东方出版中心 2009 年版，第 79 页。
② 同上书，第 83 页。
③ 同上书，第 84 页。

试图表达自我，所真正得以表达的是生活的困惑，而不是生活的意义。因此，在生活实践的意义上，小说毫无教益。例如卡森·麦卡勒斯的杰出小说《心是孤独的猎人》就深刻地揭示了现代的心灵困境：现代人的孤独是无法解决的问题，而孤独不是因为双方有着根本差异而无法理解，而是因为各自的自我都没什么值得理解的，所以才形成彻底的孤独。每个自我都没有什么特别意义或特别之处，每个自我由于孤独而空洞，除了一些大同小异不值一提的欲望，并无值得探索的内容。因此，心灵的鸿沟不是因为巨大的差异，而是因为渺小的相似。我们从戏剧的演变也同样可以看到人的心灵走向孤独的过程。希腊戏剧或古典戏剧表达的是人与命运的冲突，或悲或喜的命运是人们的共同问题或是普遍存在的问题，而现代戏剧转向表达人与人的冲突，极端现代的戏剧则表达个人自我内在的冲突或无从选择的荒谬状态。这一切表明，自我既不是一条道路也不是家园。

自身到自我的演变还只是在精神上走向个人，但仍然不足以形成完整的个人。个人的建构不仅需要一个独立自主的自我，而且还需要一个获得合法承认的独立“自身”，也就是说，还必须承认自私欲求的合法性。于是，与自身到自我的演变几乎同步进行的是自私的合法化和合理化，其成果就是所谓“经济人”。这是一个相当委婉的说法，假如直陈其实质的话，自私的合法化就是把自私变成贪婪，而贪婪的学术表述是“排他利益最大化”或“自身利益最大化”。经济人的本质就是理性地追求排他利益最大化。自私乃自然天成，几乎不可改变，但作为自然事实的自私有其自然限度，这个限度就是自然需要，正如霍布斯指出的，自然人的需要无非是生存的需要。这意味着，在生存的自然需要被满足之后，自然人追求更多利益的积极性就减弱了。这种自然限制是大自然或上帝的精明设计，显然，去追求并非必要的额外利益而招致额外的危险并不合算。从动物或者早期人类的生存方式都可以看到这种自然自发的合理算计。贪婪不是自然人性，而是一种文化。现代人以为在理性的帮助下就能够更精明地计算各种机会，于是，利益最大化变成了一种信念和使命，因此甘冒奇险去追求利益最大化。个人主义承认自私是正常人性，这没有问题，事实上还有某种程度的解放作用，因为古代社会为了克制自私往往以宗教或伦理为名矫枉过正地压抑了正常人性。不过，现代性却也是对古代社会的一种矫枉过正，自私合法化制造了一个错误的文化事实，一旦把自私确认为正当的，人们就再也没有正当理由克制自私了，自私必定膨胀为贪婪。人类不是这样矫枉过正，就是那样矫枉过正，很少达到过（也许从来没有达到过）孔子想象的那种尽皆相宜的中庸，这是需要解释的悲剧。

现代的最大错误大概就是把自私合法化变成贪婪。人类的普遍贪婪已经威胁到自然资源、社会安定、世界和平甚至人类生存。贪婪几乎可以解释人类的全部悲剧，包括一切社会冲突和政治冲突，诸如囚徒困境、搭便车、公地悲剧和反公地悲剧、争权争霸、国际无政府状态和文明冲突等等至今无计可施的困境。并非人类理性不够发达，问题在于，当排他利益至上，个人利益永远优先，这就在逻辑上排除了解决冲突问题的可能性。在这种情况下，理性越发达，人们越懂得如何谋取利益的最大化，就越深陷于各种困境。这其中有个理性本身的悖论。理性的执行者是个人，因此，理性只是被用于为自己谋幸福而不是为人民谋幸福。不难看到，人类种种困境的共同原因是：个人理性很难导致集体理性，更准确地说，个人理性的结果几乎必然是集体非理性。我们有理由怀疑，个人主义游戏本身就是错的，因为在这个游戏中，人们玩得越精明，就越陷入共同的灾难，各种机关算尽的个人主义策略都只能使人们在集体非理性的陷阱中越陷越深。根本原因在于，一旦个人存在同时成为方法，成为一种思维和行为方法，集体悲剧就几乎无法避免。作为方法的个人主义思维是单边主义的，由单边主义的视野和追求所支配的个人理性一心追求排他利益的最大化，可是也必定导致他者的不合作和反击，结果人人所为总是事与愿违。这是个人主义的宿命或自身逻辑。

从自身到自我的演变加上从自私到贪婪的演变已经使个体非常接近个人了，但仍然欠缺一个决定性的最后环节，这就是从个体的自然存在（natural being）演变为个人的政治存在（political being），也就是说，从自然人发展为自我人，再发展到经济人，最后还必须发展为政治人，才能够完成“个人”

这个产品。事实上，有一部分人很早就成为政治人，但最初的政治人不是个人的政治人，而是属于共同体的“人们”，也就是属于城邦（polis）并有权利参与城邦事务的人们，而那些无权参与城邦事务的人就是奴隶、未开化的人或者神（所谓非神即兽云云）。现代所创造的是一种新型的政治人，是政治个人，即对个人事务拥有全权的个人，是人人都有资格成为的那种政治人。正是这种人人皆是的政治人彻底改变了社会的存在论状态。假如个人主义仅仅是一种道德主张或者一种价值主张，就未必能够改变社会，而一旦落实为政治事实，生活就发生实质改变。很显然，如果个人的独立价值（即独立于家庭、共同体和社会而仅仅以自我而被定义的价值）没有得到政治—法律制度的保证和保护，那么就只是一厢情愿的主观想象。自我所想象的个人边界是无法设防的，只有政治制度才有可能为个人划定存在论意义上的个人边界，从而建立并且保卫个人的领地。个人的政治边界就是个人权利，个人权利就是个人的主权。

创造个人权利的前提条件是创造人人平等的身份。平等身份的创造与基督教有着极其密切的关系，在这个意义上说，个人的基因可以追溯到基督教的基本精神，尽管基督教是通过创造了群众而迂回地创造了个人的基因。基督教的社会革命首先在于它发明了具有普遍通用心灵的群众，从而打破了人在家庭、共同体和社会中的传统身份，使任何人都可以获得一种通用身份（基督徒），而基督教的信仰就成为通用心灵，信徒就是最早的群众。破坏自然形成的社会关系所定义的特定身份是残酷的，就像一个人被逐出家庭和村庄那样失去依靠。不过基督教给出了一种新身份作为诱惑，鼓励人们为了这种新身份而去主动超越家庭和共同体。与被逐不同的是，主动背弃虽然也是痛苦的，但却是为了一种想象的更高诱惑。耶稣给出十分夸张甚至恐怖的说法：“凡是为了我和福音的缘故而撇下房屋、父母、兄弟和财富的人，必得到百倍的回报”①，甚至“若不恨自己的父母、妻子、儿女、兄弟姐妹和自己生

① 《新约·马可福音 10：29》。

命的，就不能作我的门徒”①。背弃家庭、社会关系和共同体而后获得一种新身份，一种人人相同、人人平等的身份，一种以基督教信念作为普遍精神的通用身份，这就是基督教发明的群众。群众的魅力在于，每个人在这种新身份中似乎分享了所有人的力量，每个人都似乎因此变得强大而且安全。人们迷恋成为群众，正是谋求力量感和安全感，它比传统共同体的安全感更加通用。每个人只需要相信上帝而不再需要依赖特定共同体，每个人都有了不依赖任何他人的精神独立性，这种独立性不是他人给的，而是上帝给的。这一点蕴含着群众到个人的奇妙转变。

人人拥有一模一样的平等身份，这个情况导致了双面结果：人们变成了群众的同时，人人也都变成了孤独存在。正因人人平等，是以每个人独立于他人，人人无需通过他人去定位自身，每个人就开始悄悄地变成“个人”。创造群众的同时势必创造个人，这就是基督教的社会革命的深层变化。路德的宗教改革（实际上是恢复原教旨）使人向现代意义上的个人逼近了一步。路德重新指出，在上帝面前人人平等（相当于真理面前人人平等或法律面前人人平等），这是一个决定性的突破。只有当每个人是平等时，才有可能拥有独立于他人的自我意识，才可能成为仅仅因其自身而具有独立价值的“个人”。既然平等，就没有人在作为人的价值上高于别人，于是，每个人的社会地位、社会关系、特定身份就变得相对次要了，每个人都获得了一种超越社会关系的新身份，即上帝给予的信徒身份。既然人人都可以获得这个平等身份，每个人就无须由别人来代表，每个人也不能代表别人而只能代表他自己，所以说，人人平等因而人人独立。可见，平等是个体变成个人的一个关键条件。

从一个有趣的历史变迁可以看出人们多么喜欢平等。在欧洲古代，座椅（chair）是地位和权力的象征。文艺复兴之后，座椅才开始慢慢变成人人可以使用的普通生活用品，人人都喜欢座椅，因此座椅成为时尚。从人们对座椅的热爱还可以看出，平等的隐性本质是独裁者的梦想或者是对权力的嫉妒。

---

① 《新约·路加福音 14：26》。

人人都想成为独裁者，但显然不可能，而且绝大多数人毫无希望，于是退而求其次，人人都想在自己的地盘里当个小小独裁者。成为个人就是成为独裁者，尽管是一个权力非常有限的小独裁者。可见，成为个人是在追求一种特权，一种受制度保护的有限特权。个人无论在精神上还是在物质上都坚决与他人划清界限，与社会划清界限，与国家划清界限，就好像自己是一个拥有主权的独立王国，所以现代人一定要明确个人的经营范围和地盘边界，以便有效地保卫个人。传统人总是属于他人、社会和国家的存在，当人们试图与他人、社会、国家划清界限，就意味着反对传统，反对古代，反对权威，反对等级，反对一切高于个人或者压缩私人空间的事物，力图把自己从种种对自由的限制中解放出来——所谓“解放”（liberation）就是解脱束缚而获得自由（liberty），使自己属于自己，让自己拥有对自己的主权，这是人所以成为现代人的关键条件。在这一点上，自我人与经济人的意图是一致的，都是试图通过解放而获得自由，因此，不切实际的自我人与唯利是图的经济人终究能够合二为一。

正如前面分析的，仅仅作为意图或价值观的个人概念是不够的，自我无法保卫自身，因此，个人必须获得制度确认而由一种意向性的存在变成一个制度性的存在，想象的自由必须被确认为落实的权利。自由是权利的实质，但权利却是自由的一个悖论性表现：权利是人人互相普遍承认的有限自由，它既是对自由的保护也是对自由的限制。前面我们分析过，充分实现的自由是权力，或者说，自由的本身是权力，但权力不可能普遍拥有，因此人们宁愿要一种不太自由的自由，即权利所允许的自由。权利是对权力的否定，也就是对充分自由的否定而获得有限自由。霍布斯对自由有着透彻的认识，他把天然的自由看作是“自然权利”。霍布斯相信，在无法无天的自然状态中，每个人都有一种天然许可的自由，想干什么就干什么，但结果是灾难性的：每个人成为每个人的敌人（bellum omnium contra omnes），每个人都饥寒交迫、孤立无援、危在旦夕、在劫难逃，于是必须有个强大的政府对每个人的自由有所管制。

霍布斯的政治意图其实很不现代，但其理论却成为现代性的奠基理论，其中奥妙在于，人的自我保全欲望是自然事实，而霍布斯从这个自然事实推论出普遍有效的自然权利。毫无疑问，这个“推论”根本不是逻辑推论，而是命名，即把自然人性命名为自然权利，这可能是自私合法化的最早理论。既然自然权利的内容等于自然人性，那么就意味着，只要是为了自身生存，一切不择手段的行为都是合法的，就是说，贪生怕死、见利忘义、损人利己甚至损人不利己等等一切自私的选择都因为是天然的因而是合法的。可以看出，此种自私的合法化创造了一种全新的权利概念，它认定了自然权利并不需要承担对等的相关义务，甚至根本不需要承担任何义务，它是一种没有义务的权利。这是自然权利的要害之处。列奥·施特劳斯对此分析得十分清楚："如果自我保全的欲求乃是一切正义和道德的唯一根源，那么，基本的道德事实就不是一项义务，而是一项权利。所有义务都源于自我保护这一根本的和不可转让的权利。因此，不存在什么绝对的或无条件的义务；只有当履行这些义务而不至于危及我们的自我保护时，这些义务才是有约束力的。唯有自我保护的权利才是无条件和绝对的。按照自然，世间只存在一项不折不扣的权利，而不存在不折不扣的义务。确切地说，构成人的自然义务的自然法并非一项法律。既然基本的绝对道德事实是一项权利而非义务，那么公民社会的职能和界限就必须以人的自然权利而非自然义务来界定。"① 正是这种无须义务的权利概念奠定了“权利为本”的现代政治文化，而权利优先或权利为本的现代文化为社会和生活埋下了深刻的隐患。

自由本身是空话，只有能够真实兑现的自由才是自由，所以自由必须落实为权利。能够被声称为权利的东西实在太多，因为人们想要的东西实在很多，那么，什么权利是一切权利之中最重要或最优先的？或者说，何种权利最能够保证自由的真实兑现？这是关键问题。如果不能对权利有个正确排序，就不可能最有效地实现自由。有一种权利是不言而喻的，那就是生命权，对

① 列奥·施特劳斯：《自然权利与历史》，生活·读书·新知三联书店2003年版，第185页。

此没有争论。除了生命权，什么是诸种权利的重中之重，就是问题的关键了。关于这一点，洛克的见识极为朴实又切中要害，洛克发现，除了生命权，保证个人自由的最重要条件就是在政治和法律上得到保护的私有财产权利。财产是个人实际可支配的自由空间的边界，只有当个人拥有“神圣不可侵犯的”私有财产，他才有能力去实现各种自由，显然，一贫如洗的自由只是一纸空文的自由。人们之所以需要国家和政府，根本上说是因为国家和政府有可信能力防止对私有财产的侵犯，从而人们能够“安稳地享受他们的财产”①。

当自我人、经济人和政治人三者为一，就形成了充分的原子式个人，这样，创造个人的工程就完工了。这个完工的个人拥有全方位的边界，其中，身体是个人的自然边界，自我是个人的精神边界，财产是个人可支配空间的边界，而权利是个人的政治边界。个人堪称现代所创造的首要产品，它从根本上改变了人的生活状态，现代的各种价值都是附着于个人概念而生效的，现代生活也是以个人作为基本存在单位而展开的。但是，个人这个产品并非无懈可击，个人的存在边界虽然划分得很清楚了，可是个人的存在基础却很不牢靠，个人的存在基础有着两个悖论性的存在论困难，或者说，个人是一个非良基存在（non well founded existence）。这两个存在论的困难分别是“自我悖论”和“无效率的方法论”。

首先，自我是个悖论，也可以说，主体性是个悖论。有必要回顾笛卡尔的“我思故我在”。作为思想行为的我思无疑是“我的”，这一点没有问题，但我之所思虽然在心理意义上是我的，但在观念意义上不可能仅仅是我的，而必须同时可以成为他人之所思，就是说，所思的内容必须是公共可理解的。维特根斯坦的“私人语言反论”已经无可辩驳地证明了思想内容必然依存于公共标准。于是，我虽然拥有某个观念的专利，但这个观念却必须是公共产品，否则无意义。这意味着，我思不是所思的标准。接下来的问题更加严重，我在（I am）意味着什么呢？首先，我的存在意味着我是什么。假如自我是

① 洛克：《政府论》（下册），商务印书馆2003年版，第59页。

自足的，我就必须能够决定我是什么。我之所是能否由我而推出？这里遇到一个自相关问题（self-reference）：我试图由我推出我之所是，可是我之所是却必须事先定义了我。于是，我是什么？我是谁？就是一个必然难倒我自己的问题。现代人们喜欢说的“我做我自己”是典型的自欺欺人，这是一个毫无内容毫无意义的命题。也许可以把我看作一个未来时态的存在，于是说“我尚未是……”那么，我能够是什么？很显然，“我是”（I am）必须落实为“我做”（I do）才能够获得内容。

康德意识到了这个困难，当康德试图解释“人是什么”这个问题时，他就是在实践层面去建构个人主体性的，就是说，人是什么最终落实为我是什么，而我是什么取决于我的实践选择。不过康德的解释方案却有些奇怪，在康德看来，个人主体性就是个人自由加上普遍理性，既然理性是普遍的，并无个人特征，那么，个人主体性的“我性”（I-ness）就只是落实为个人自由意志了。“我愿意如此这般”（I will）的宾语会是什么呢？康德为了保证意志的纯粹自由，于是让意志拒绝听从任何欲望和利益，身体被抛弃了，自身被排除了，只剩下听从普遍理性的那个作为纯灵的自我，可是这样的自我是毫无特色的，无法区别于其他自我，于是，康德对个人主体性的论证反而使个人主体性消失在普遍主体性之中。

康德要求人们听从普遍理性的原则（绝对命令），这个要求是不切实际的，事实上人们往往见利忘义。假如对自我采取现实主义的理解，自我就大概相当于个人事务的独裁者，类似于人们喜欢说的“我的事情我做主”。既然自我有全权去决定价值，那么，自我就具有这样的逻辑形式：“×是我的选择”意味着“×是好的”。这是试图由事实推出价值，休谟已经证明这是不可能的。事实上，假如每个自我都认定我的主观意向等于价值标准，每个自我的价值也就同时互相解构了，每个自我的价值就都成为不被他人承认的价值。而且，假如自我就是衡量价值的尺子本身，那么又如何衡量自身呢？自我的这种自相关状态一方面貌似建立了自我的绝对价值，其实同时又消解了一切价值，因为没有一把尺子可以衡量自身。在不存在可比性的情况下，也就没有一种价值是可以确定的。自我是一把无刻度的尺子，而主体是个最大的虚构作品，因此，基于自我或主体性之上的个人是非良基的存在。

个人概念的第二个困难与其方法论相关。除了自我或主体性，个人概念的另一个基础是作为方法论的个人主义（Methodological individualism）。作为方法论的个人主义与作为价值观的个人主义虽然关系密切，但不可混为一谈，其中一个重要的区别是，作为价值观的个人主义显然不是中立的思维方式，而是专门立意为个人主义进行辩护和解释的立场，而作为方法论的个人主义则被假定为中立的，经常也被说成是“政治上清白的”（politically innocent）。尽管作为方法论的个人主义这种“中立的”分析方法往往有利于个人主义的主张，但仍然被认为不是故意所为，而是“碰巧”证明了个人主义观点的正确性。这一点相当可疑，最为可疑之处就是，方法论的个人主义与价值论的个人主义明显地共享了最重要的一些基本假设（个人理性和排他利益最大化的优先地位）和基本分析单位（原子式个人），而这些假设和分析单位正是需要被考察和被论证的，不能未加证明地自动成为理所当然的理论前提。此种基本假设的共享形成了理论上的暗度陈仓，因此，方法论的个人主义恐怕并非如其声称的那样中立或政治清白。

方法论的个人主义的核心假设是个人理性（individual rationality），它意味着从个人出发、为个人着想、以个人为准、谋求个人利益最大化的理性思考方式。它通常被假定为一种“心同此理”的普遍思维方式（尽管不排除存在个别大公无私的人，但人数太少因而对于整个社会来说可以忽略不计）。自霍布斯、洛克、亚当·斯密以来的大多数现代哲学家和经济学家都承认此种个人理性。个人理性也许没有一个标准定义，但人们大致都承认以下假定：（1）个人是自私的，总是谋求排他利益的最大化；（2）个人总是能够选择实现排他利益最大化的最有效策略，也就是能够对所有可能的有效策略进行排序；（3）个人对有效策略的理性排序是逻辑协调的（consistent），即不会出现循环排序。

此种个人理性很难说能够实现理性的目标。由于每个人的知识、信息的局限性，加上个性化偏好的影响，因此，每个人所意识到的策略集合并不一定等于他可能采用的策略集合，就是说，某个人的“实际所思”往往小于其“可能所思”，既然眼界有限，某个人的实际所思的策略集合有可能全都是愚蠢策略，或者可能把最佳策略漏掉了。在此情况下，所谓的“最佳策略”其实是个含糊不定的概念，它只是主观意识所以为的最佳选择，并不一定就是客观情况下的最佳策略；所谓的经济人的算计有可能很不经济；理性选择有可能其实是非理性的。正因为人们自以为是的策略选择，所以产生了许多得不偿失、自取其祸、两败俱伤的无效率决策。事实上，人们愚蠢的选择似乎远多于正确的选择，所以历史主要由各种悲剧构成。最典型的就是战争（包括军事战争、经济战争和文化战争），历史表明，大多数战争都是灾难性的，而且得不偿失，但人们却从来没有吸取教训。更为可疑的是，即使在拥有充分信息的情况下，个人理性也无法保证集体理性的结果，更多时候导致了集体非理性的结果。经济学家和政治学家们发现的囚徒困境、搭便车、公地悲剧和反公地悲剧之类就是个人理性难以克服的典型困境。显然，个人理性无法理性地解决人类冲突问题，甚至反而助长了冲突，因此我们有理由怀疑个人理性并没有能够正确表达理性概念，就是说，在个人理性（rationality）与理性本身（reason）之间存在着明显的距离。

每个人拥有自己的世界，同时却又构成了世界之间的深刻分裂，这意味着个人不是一个完善产品。基于自我概念和个人理性概念的个人是个排他存在，它解构了一切可共享的价值，而且难以与他人达成协调合作，因此这种排他性的个人在存在论意义上是无效率或者低效率的。正如我们所分析的，个人的排他性甚至使得个人在使用理性时反而错过最好的可能选择，这说明，理性是否能够实现其最优选择，这并不完全取决于理性本身，而还需要一个正确的使用方式。

（原载《江海学刊》2012 年第 2 期）

虚无·主义·Dis-play

胡大平

尼采预言：虚无主义这位所有客人中最阴森可怕的一位已经站在欧洲的门口。[①] 由此，虚无主义成为一种主义话语，成为我们定义世界和理解世界展开的思维方式之一。在这种方式中，生命成为一个表象，被不同技术加工的表象，而它本身则失去了价值。在尼采看来，虚无主义代表着对生命的贬低和否定，这是上帝死亡之后欧洲的命运。当然，尼采关于虚无和虚无主义的论述是不充分甚至含混不清的，因此，由他定义的虚无主义产生了一系列学术、理论、思想和政治问题，特别是今天的激进学者接过这个话题将之与形而上学、资本联系起来时，话语自身便在传播过程中因为过度诠释而丧失了确定的意义。

虚无：表皮或深度

虚无主义，作为一种把自身建立在空洞之上的主义话语，它的存在具有悖论性质：它有一个表象，但你无法抓住它；它的表皮就是自己的深度。

既然深度在指尖溜走了，我们就努力地搜集其表皮吧。

芭芭拉·克鲁格是20世纪美国著名摄影师之一。她的不少作品都可以理解为以影像对哲学命题的阐释，也因此，借由其创造的影像而流传的那些命题成了一种新的哲学。例如，被人们称为“I shop therefore I am”的那件作

---

① 尼采：《权力意志》（上），孙周兴译，商务印书馆2007年版，第148页。

品，它只是用现代摄影手段颠覆性地诠释了笛卡尔的思考——到底是什么东西构成了存在的内核，通过改写，她把思考置入了当代。当然，你会说，如果时代变迁改变了存在的内核，那么今天可能又不是芭芭拉那幅摄影作品所再现的那种情况了。比如，你可以这么说：I blog therefore I am。

芭芭拉的作品引起了很大的争议，她是否算得上艺术家都成问题，但她在某种意义上确实触及了时代的重要主题——虚无主义。将那个口号作为命题来处理，我们会发现，在形式逻辑上，它们将会破坏（解构）笛卡尔的形而上学，而它在西方哲学主流一直被视为对抗虚无主义的基础。笛卡尔那句“我思故我在”之振聋发聩的意义正在于形而上学：通过把知识学意义上的回忆说转化成本体论的理性假设，在文化根基上打开了解决欧洲之基督教神权政治遗产问题的空间。也正是因为这一点，他才成为现代性思想之起点。如果“我思”真的瓦解了，我们只能在商业或者上网这样的俗世活动中寻找人之根基，毫无疑问，形而上学将不复存在。虚无主义在19世纪60—90年代得以定义时，它表明的便是形而上学的瓦解。

不过，真正的问题不在这里。因为，当shop或者blog替换cogito能够成为主体之根时，不仅主体的性质发生了改变，而且主体是否继续成立也成了问题。要理解这一点，必须基于芭芭拉采取的这种艺术的形式：对广告的挪用。

广告是什么？广告并非如常识理解的那样，只是一种推销商品的方式。如果这样的话，那么事情就变得不可理喻。

网络上流行许多对各种著名品牌广告的批判，甚至有人指责广告商都是骗子，要求大家再也不要相信他们。当然，这个号召只是一种无奈的情绪发泄罢了。因为它根本就没有涉及一个事实：厂商根本就没有广告自己的产品。在今天，如果哪个商家说自己的产品“经久耐用，美观大方”肯定会被人耻笑。全部广告商，就像约好了似的，都只广告一种东西：成功人士的或者排他性（因为独享）的生活方式。也由此，“广告是资本主义文化的生命——资本主义已经到了没有广告就难以生存的地步——同时，广告又是它的幻梦”①。

广告，作为制作梦幻的方式，对于资本主义生存具有至关重要的意义，因为没有这样的梦幻，现实就无法维持下去。这正是现代性的问题。在传统社会中，神、祖宗之法、先贤的教诲等占据着现实的形而上学根基，而它们现在都被抽走了。② 这正是问题所在。芭芭拉的作品并非只是戏仿了笛卡尔的那个命题。她的行动，真正戏仿的是广告。并且，正是在这种戏仿中，她指认了现实之空洞：这就是现实的意识形态框架。就此而言，她在 1982 年拍摄的另一件《无题》更准确而生动地描述了虚无主义何为。在照片上，她用了何种形象，这并不重要，重要的是那些形象旨在说明的一个观念：you rule by pathetic display。“显示”或“在场”或今天更流行的 show 或“在线”，是你统治的工具，也是你遭受统治的工具，虽然它是 pathetic，即贫乏的、无价值的，因此是可怜的。由此作为框架，我们可以理解，从 shop 到 blog，除了这两个词，其他的一切未变。存在的基础或前提不断改变，而存在本身始终如一。正是在这里，她的作品恰当地呈现了虚无主义：世界变得如此丰富，而人依然形如槁木。

主义：形而下表象还是形而上内核

虚无主义，作为一种话语，是由屠格涅夫、陀斯妥耶夫斯基、尼采等人描述和定义出来的。③ 它描述的是一种欧洲经验。这是怎样的经验呢？尼采断言，这是对传统的全面杀戮。甚至，也正因此，尼采无法精确地描述和定义“虚无主义”这个词所指的对象。在相当长一段时间的思考中，尼采罗列了其方方面面的表象：从政治上的无政府主义、自然科学的虚无主义……一直到艺术中的虚无主义。因为问题涉及方方面面，所以他干脆预言欧洲将进入虚

---

① 约翰·伯格：《观看之道》，戴行钺译，广西师范大学出版社 2005 年版，第 170 页。

② 也因此，在笛卡尔的“我思故我在”那里，实际上就隐含着虚无主义的风险。可以说，也正是因为这一点，笛卡尔仍然把上帝作为一个空洞的形式作为“我思”的最后保障。

③ 参见马歇尔·伯曼《一切坚固的东西都烟消云散了：现代性体验》，徐大建等译，商务印书馆 2003 年版，第 129 页。

无主义时代，把虚无主义视为新时代的框架。

尼采将欧洲的未来命名为虚无主义，甚至他自称是一个虚无主义者并以虚无主义的姿态来对抗虚无主义，这种做法在哲学上提出一系列的问题：究竟何为虚无主义？为什么欧洲会陷入虚无主义的阴影？在虚无主义的气息中，哲学何为？

（一）虚无成为一种主义话语

虚无，一片空场，或一个空洞。用“虚无”来描述人之存在状态时，无非是强调这样一个事实：被称为异于自然的人的一切，乃诞生于自然的空地；而就人最终复归于自然来说，人所创造的一切，无异于尘土。由此，面对虚无时，必定演化为两极态度：一极承认生命之原初意义的匮乏，而以战斗的姿态赋予其意义；另一极则拒斥全部赋予其意义的努力，从而否定人类既往的历史。

在现代性成形之前，人类（无论东方还是西方）采取了谦卑的姿态，臣服于神、自然和强力，用它们填实了那个空洞，所以生活保持着一种原始的丰富性。特别是对于东方人来说，尽管其佛教很早就洞悉人生之根基的虚无，但并没有因此而采取虚无主义的态度。[①] 西方人从哲学之始便乐于寻求被称为“存在”的东西，将其视为某种主动的充盈实体，编织强大的本体论话语以网罗住处处皆漏洞的生活，尽管其实际上承认了生活本身在根基上的脆弱性，但亦没有以追逐空洞而生。问题是在笛卡尔之后才产生的。

笛卡尔本身是一种战斗性的姿态，他以彻底的怀疑精神把人置于理性之上而不是信仰之上。只是，在某种意义上，笛卡尔的战斗性状态颇有无奈之举的性质。之前，哥白尼的宇宙学通过指认基督教的丑闻从而粉碎了欧洲从外在崇高寻求存在之根的合法性。笛卡尔尊重形同虚设的上帝而转道个体，特别是其关于实践哲学的定义，无疑是一种积极的姿态。后来达尔文把人还

① 乐于生活而不是制造历史的中国人并没有创造出虚无主义话语，尽管主张四大皆空的佛教亦构成其文化核心之一。就此来说，尼采关于佛教虚无主义的提法显然不能给予太多的重视。

原成他的四条腿兄弟同样的境遇，马克思把人还原为满足自己生存需求的方式，都在理性层次上指认西方关于人的认知传统——主体假设——的丑闻，并试图从外部重建人的根基；当弗洛伊德揭示无意识问题，人的内部性便被彻底破坏了。至此，主体完全破产了，形而上学亦不复存在。在这里，虚无主义才成为主体及其世界背后的那个空洞的话语——即真正以那个空洞为内核的世界之意识形态框架。

有趣的是，主义作为话语，它的流行恰恰是存在根基之空洞性在现代性之中逐步暴露出来以后的事件。反过来说，主义话语的泛滥，尤其是在今天，恰恰是现代性根基之虚无性的征兆。就此而言，现代性哲学是反形而上学的。因为后者试图为生活设定高于它自身的绝对的根据。凡是诉诸上帝的意志、不朽的人性、伟大的法则、牢不可破的传统以及暴力或其他世俗权威等的哲学，都是形而上学，而不是现代哲学。真正的现代性哲学，即使我们仍然可以权宜地称其为形而上学，但也必须承认，它的前提首先是建立在“non”而非“onto”之上的。在此意义上，笛卡尔以降的现代哲学，只不过是古代教条的一种极端版本，它赌在这一点上：除了理性不信仰别的东西，并且拒绝为理性信仰本身的合理性做论证。换句话来说，它本身已经成为非理性的信仰或迷信。怀特海称现代科学是非理性主义的，其意正在于此。

在这一背景下，作为预言者，尼采率直地指认，虚无已经成为一种主义话语，甚至是处在现代性根基上并由此构成现代世界之幻想框架。

(二) 为什么是尼采而非其他人把现代性意识形态指认为虚无主义?

在尼采之前，对“现时代的根本特点”的探究已经成为欧洲知识的使命，英国人斯密的经济学、法国人基佐的历史学、德国人黑格尔的哲学在这一点上几乎是同质的。在这种探究中，费希特是非常独特的，一方面，他承继了启蒙的伟大理想，并试图在其基本框架上设想德国人的使命；另一方面，在某种意义上，他已经把自己的眼下描述成一个过渡，揭示了尼采所面对的世界结构。

费希特说，现时代“把两个根本不同的世界——黑暗世界与光明世界、强制世界与自由世界——的两端联结起来了，但又不属于其中的任何一端”①。这样的时代，不仅哲学家，而且一般人，都陷入深刻的忧郁之中：这是一种焦灼，由于缺乏确定性而产生的无根感。可以说，费希特—黑格尔—马克思都是在这一焦灼上工作的，但是他们不曾设想尼采那样的预言。为什么？

或许，对照一下他们与尼采，我们将得到一些启发。

正是在现代性之中，日常变得无法维持，个人被迫在流沙上建立自我的幻景。这一图景率先在马克思那里获得至今仍然最生动的表述，其“一切固定的东西都烟消云散了”这个表述成了描述现代性的标准修辞。今天的许多研究者都在尼采与马克思之间看到了某种共同的东西，即上帝死亡之后欧洲历史的创伤。不过，与后来的尼采不同，费希特—黑格尔—马克思在放眼欧洲历史的时候，他们首要关注的是德国人的解放。在德国落后（即马克思所称“我们不是当代的历史同时代人”）刺痛感的支配下，他们把德国的超越与世界历史的实现联系起来，这是他们设想支撑历史的普遍框架或根基。

他们设想的根基是什么呢？费希特最直接地描述了这一点（黑格尔与马克思两者可谓都是费希特的传人）：

> 作为神圣力量的知识。②

作为宇宙图景的“绝对超时间的存在”，决定了时间的那个“原始根据”，它不是别的，而是体现主客体同一的理性知识或者理性本身。“同一性”是费希特、黑格尔和马克思的共同之处，不同的是他们对这同一性的理解：费希特认为是知识，黑格尔认为是理性本身，而马克思则强调实践。所以，他们在基本背景判断方面与尼采是一致的，即上帝已死，但他们却都勇敢地做出了相反的预言：费希特说，替代上帝的是知识；黑格尔说，是绝对精神（理性）赤裸的显现；马克思则强调，是挣脱一切表象而自为在场的生产力。

---

① 费希特：《现时代的根本特点》，沈真、梁志学译，辽宁教育出版社1998年版，第17页。
② 同上书，第116页。

我们不应该简单地把费希特—黑格尔—马克思的“实有主义”（如果需要一个在字面上与“虚无主义”直接对应的相反立场描述词汇的话）仅仅理解为德国使命关注的使然，它们的另一维度是建立在欧洲历史之上的普遍史（或世界史）。它在法国大革命后成为欧洲知识分子的普遍意识，并在拿破仑使欧洲资产阶级化的征战中呈现为常识。

令人惊异的是，作为时代另一个最重要的预言者之一，康德，在普遍史的叙述中，采取了与卢梭一样的结构：一方面定义了启蒙话语之个体独立和自由（普遍史的目标）的特征，另一方面却以绝对义务论之伦理作为普遍史的基础。这同样见证了那个作为根基的普遍史之压抑特征。因此，当后一特征充分展现出来的时候，也即普遍史真正呈现出实现其自身姿态的时候，如何思考历史再度成为一个问题。当普鲁士国王威廉一世在法国凡尔赛宫的镜厅中登基宣布德意志帝国成立时，欧洲历史借由在俾斯麦支配下的德国实践就进入了新的阶段，德国在象征上的完成反而宣布了黑格尔历史计划的失败，同时俾斯麦对左派的围剿亦使马克思设想的社会主义改变了方向。

尼采无疑是在上述背景中思考欧洲的，但他既没有像马克思那样在理性范围内重建这个背景，亦没有像屠格涅夫和陀斯妥耶夫斯基那样在感性范围内再现这个背景，他的思考既非哲学（传统的形而上学或理性主义），也不是文学。尼采，在某种意义上，是杜尚之后那种对历史碎片进行审美的艺术家。在他看来，康德—费希特—黑格尔—马克思这一德国解决现代性的方案因其对历史理性的信仰而陷入理性自身的狡计，这一狡计恰恰是苏格拉底奠定形而上学传统之问题：对知识和辩证法的信仰。值得注意的是，这个传统并非线性地从古希腊发展到德国古典哲学，德国古典哲学作为后基督教理性，它是欧洲在文艺复兴绕过基督教理性之后的重建。因此，尼采寻求自己批判的根基时，出其不意地要求向前苏格拉底回归！这是欧洲历史第二次向古希腊的回归。同一者的永恒轮回，尼采的这个主题在欧洲文化的进展中清晰可见。简言之，尼采要求再度越过基督教的与后基督教的（或新教的）理性——即历史——重新评价欧洲的历史。在《悲剧的诞生》这一并未获得成功（未取得预想之反应）的起点之后，尼采发现自己的思想是“不合时宜的”，并很快留下四篇统称《不合时宜的思想》之长文，在其中《历史的用途与滥用》一文序言中，他称：

> 这些思想是“不合时宜”的，因为我正试图将确实让我们这个时代引以为荣的东西——其历史文化——描绘为我们这一时代的错误和缺陷。这是因为我相信，我们都正在患一场恶性的历史狂热病，我们至少应该认识到这一事实。[①]

尼采的这一路径，卡尔·洛维特和哈贝马斯都以某种方式叙述过，并且他们围绕后黑格尔主题在青年黑格尔、马克思和尼采之间进行对照。特别是哈贝马斯，他认为尼采选择了后黑格尔抉择之一，即彻底告别理性主义的启蒙辩证法道路。[②] 如果这是可信的，那么便涉及马克思批判的一个缺失。在《共产党宣言》中，马克思描述了日常已经无法维持而个人被迫在流沙上建立自我的幻景。遗憾的是，在创立唯物主义历史观过程中，尽管马克思发展出独特的意识形态批判理论，但他并没有在后来表明，上述现代性的经验同时造成了一种新的意识形态需要：人们不能再像传统那样，基于某种单一的、纯粹的、绝对的实体来体现现实，而只能不断地为现实创造出新的和更新的意识形态幻象。正是这一原因，主义话语的盛行，成为现代性标准特点之一。马克思粉碎了旧有意识形态，并且他并不试图将自身的主义建设成一种新的意识形态，但在反对各种意识形态（包括国际工人运动中的宗派主义）过程中又不得不把自身作为意识形态。“马克思主义”这个术语的产生见证了这个难题。

尼采没有马克思的包袱，如果马克思试图在碎片化的历史上重建共同体并由此实现启蒙的个人解放目标，那么尼采则是对那些碎片进行审美了。在俾斯麦之后的德国，尼采嘲笑任何一种设想“原始根据”的历史计划，他义

---

① 尼采：《历史的用途与滥用》，陈涛等译，上海人民出版社2000年版，第2页。

② 哈贝马斯：《现代性的哲学话语》，曹卫东等译，译林出版社2004年版，第四章。

无反顾地举起了锤子。他把现时代的欧洲描述成虚无主义，并对其采取了暴怒态度，即以虚无主义来对抗虚无主义。这也是尼采的锤子哲学的魅力之一。

（三）尼采之虚无主义论述

当尼采说“虚无主义这位所有客人中最阴森可怕的一位已经站在欧洲的门口”之际，就他本人来说，也处在对身体状态的某种焦虑之中（尽管在其文本表述中，他一直表现得十分强大）。在某种意义上，那种焦虑状态解除了理性对他的束缚，这使其表述狂放不羁，除了他自己对该问题的表述能力。也由此，他基本上给我们留下了一大堆需要去解的谜。

一般地讲，在尼采那里，虚无主义指的是基督教没落后的状态：一切都没有意义，对价值、意义和愿望的彻底拒绝，生命就此被贬低。在他看来，“以往人类的全部理想主义正在转变为虚无主义——转变为对绝对无价值状态即无意义状态的信仰……”（第361页）[①]，而它的“极端形式乃是虚无（即无意义）永恒”（第249页）。在尼采看来，“虚无主义作为对世界的道德解释的结果”（第356页），“乃是失败者不再有任何慰藉的征兆”（第251页）。对于虚无主义，尼采没有定义，在其后，包括海德格尔、德勒兹等大师，也没有弄出个所以然来。所以，毋宁说，虚无主义，这个事物，麻烦之处在于：它不能定义。或许，我们一旦将其定义出来，就不再处于虚无主义状态了。更进一步，虚无主义只是一个绵延中的事件。

这样看来，当尼采说“虚无主义并不是颓废的原因，而只是颓废的逻辑”（第991页）时，我们更能清晰地理解他所欲表达的东西以及他关于虚无主义的区分和自身虚无主义立场的声明。实际上，尼采的论述是针对传统形而上学的批判，这种形而上学，如马克思所言，坚持一种关于本源、始基、大写的根据……即绝对的假想（意识）而主张某种道德。在尼采看来，这种绝对瓦解了，他的重估一切价值的努力亦参与了瓦解过程。宣布绝对的瓦解，这

---

① ［德］尼采：《权力意志》，孙周兴译，商务印书馆2007年版。凡见于此文献的论断，只在其后标识页码。

一事件，就如皇帝新装故事中指认皇帝没有穿衣服那样。不过，这一事件并不直接导致虚无主义。例如，我们清晰地看到，尼采在关于历史之“生成”的主张方面与马克思完全一致，但后者就没有试图重建形而上学，也没有像尼采那样主张虚无主义。

虚无主义，不是尊重历史植根于虚无这个事实，而是以虚无作为历史的目标，将虚无作为世界图景的支撑框架。所以，黑格尔—马克思都取消了物自体，但他们也都没有主张虚无主义。其中，黑格尔以历史目的论兜住历史之底，马克思通过在历史之中注入强大的物质生产力而防止其颓废，即虚无主义逻辑的发生。更清晰地说，在工业文明展开过程中，人们普遍地看到了，历史（无论是有目的还是无目的的过程）在归根结底的意义上是建立在“无”之上的，即是由人创造的。尼采只是处在这种历史观的转折点之上的人物之一。与其他人不一样，他看到了在目标上的颓废。

就历史建立在虚无之上这一点而言，治疗或抗击颓废的虚无主义，其正确道路不是重新设立某种外在的价值，而恰恰是面向虚无而生的勇气。所以，在尼采那里，便产生了两种虚无主义：“作为提高了的精神权力的象征”，即“积极的虚无主义”；以及“作为精神权力的下降和没落”，即“消极的虚无主义”（第401页）。如果以统一的视角来看的话，可以这么说，“‘虚无主义’乃是精神的至高权力的理想，最充沛的生命的理想：既是破坏性的又是嘲讽性的”（第403页）。

当然，就此而言，我们或许也会在尼采的遗稿中看到某种形而上学（就像海德格尔那样）。不过，除非把逻辑本身视为形而上学的，否则那种强调并无多大的意义。因为，在尼采的主旨之中看不到任何为人类及其历史设定新的形而上学的冲动，即便把虚无本身视为形而上学的规定性。尼采的全部特征都是一种意志的发泄，一种直接就是审美的冲动，就如其最终试图用“强力意志”作为自己最后计划的标题：伸张一种强力，重估一切价值。

尼采是未完成的。他的未完成，并非仅仅因为上帝收回了他的生命，而是源自他本人的犹豫。或许，这会招致多数尼采专家的批评性质问：尼采犹豫过吗？是的！并且与他的批判之欠缺相关。通过与马克思的参照可以清晰地看到，尼采的批判是针对整个西方内在主体的，这与马克思一致，但与马克思诉诸客观的主客体关系不一样，在某种意义上可以把尼采描述成依赖在主体内部但并不从属于主体的某种主客体关系，弗洛伊德之后，我们将之命名为“无意识”。尼采对此深刻依恋，但它的彰显与其身体状态密切相关：一方面，他将之压抑和掩盖在《偶像的黄昏》和《论道德的谱系》等“重估一切价值”的作品中；另一方面，又在“强力意志”的思考中尖锐地将其置于表面。这种犹豫，与批判带来的新的逻辑要求一致。一切既有价值消解之后，我们站在一个被称为空洞或虚无的平台上。因此，真正的问题是：以创造力来克服 display 之空洞，但又是在空洞之上进行的。对此，尼采显然并没有把握。

尼采当然把虚无主义看作是现代现象（甚至在他时代还刚刚彰显），不过他并没有严格地分析原因，而是在定义上就把原因纳入其中了，即上帝死亡！很自然，他在整个欧洲文化中看到了这种虚无主义的种子，因此去描述它们的谱系。在这里，尼采有其深刻之处（在整个欧洲文化结构的解释上），亦有其肤浅的地方（在现代性之形成的理解上）。他真正忽视的是这个问题：上帝只是理性的一种形式，它死亡之后，其他形式顶替了它的位置。上帝死了，这是事实。上帝是被谁杀死的，谁替代了它，这是另一类事实。在后一类事实上，尼采的研究显得力不从心。尼采关注的是内在的世界，所以他主张上帝死于怜悯，即道德。但实际上，由培根的“新工具”，笛卡尔的“方法”开始的现代性，恰恰是以工具替代了上帝。后来的海德格尔、霍克海默和阿多诺都是在这一路线上操作现代性批判的。在直接的意义上，这也开启了对马克思的批判，因为马克思确实也是以工具替代了上帝。

就欧洲的历史来说，上帝死亡这个事件暗示的虚无主义的形成，并非单一事件的结果，而是9—15世纪（即布罗代尔描述的资本主义兴起之前的世界）一系列重要事件接合。我们现在就要叙述它。不过，在尼采这里，我们仍然需要做一点强调：尼采对主体的批判很深，但亦埋下了一个让他的劣拙模仿者显得很肤浅的种子。因为，如果不理解什么东西如何最终占据了上帝的位置，我们就不能真正地理解人为何恰恰是在近代开始被连根拔起的。

就尼采来说，他把欧洲历史描述成一种“时代的缺陷与错误”，一笔勾销了欧洲人（最直接的是德国人）的历史自豪感——在他看来，欧洲19世纪末创造的那些历史成就是无意义的，因此他本人站在虚无主义立场上把虚无主义贯穿到底，在其文字生涯的最终阶段，曾在卡片上留下这句话：在旧上帝被废除之后，我已经准备统治这个世界了……（第1441页）这个口号，表征着一种无根基哲学的萌芽，它是培根—笛卡尔抽掉存在之大写根据之后欧洲哲学的再度颠倒，这种哲学是属于艺术的，但它并没有完成。人们看到了这一点，所以称他为后现代哲学家。不过，这么做的时候，尼采又被杀死了。尼采要求的不是哲学，而是锤子，它代表着强力。

（四）虚无主义的源起

因为尼采的缺失，我们必须回到虚无主义的起源这个问题。怎么来解释这个起源呢？说到起源的时候，是不是仅仅指某个事件呢？

让我从尼采的感觉开始吧。

在《人性的，太人性的》中，尼采描述了他称之为“大解脱”的事件。[①] 这个“大解脱”事件，是《圣经》“启示录”的颠倒版本，但它暗示“启示录”。正是在这里，一个对照自然地浮现了——丢勒，16世纪宗教改革期间的德国艺术家，欧洲北方文艺复兴的杰出代表。

16世纪早期，文艺复兴在欧洲北方继续生长着，而此时，特别是涉及人之存在的形而上学根基变化的宗教改革已经开始了。在此背景中，丢勒这样的真正有思想的艺术家比其他人更深层和更尖锐地看到了大地的动荡。例如，他曾为《圣经》之“启示录”做出一系列版画。在这里，最值得一提的是其作于1525年的被称为《大洪水的幻觉》的水彩画。略知艺术史的朋友们都知

① 尼采：《人性的，太人性的：一本献给自由精灵的书》，杨恒达译，中国人民大学出版社2005年版，第8—9页。

道，这幅画与其早期的“启示录”主题绘画最大的不同之处在于：它几乎是用现实空间来再现幻觉的。与同一时期米开朗基罗的《末日审判》不同，后者描述的是幻想空间。当然，我们不能夸大这种不安。但是，在丢勒创作的背景中，这种不安确实是一种征兆：路德宗教改革氛围中，现实散裂了，失去了它的支撑。这并非仅仅源自路德对传统教会的挑战，而且与新教自身的内在冲突直接相关。正是在这一背景中，《圣经》在丢勒的艺术中精确地肉身化。他的那幅被称为《苦恼的主》的自画像便是如此，在某种意义上它记录了新教之后教民的困惑。而同时期的霍尔拜因笔下的亚当与夏娃也成了典型的市民夫妇，他们不知所措地面对着那个最终成为他们罪因的苹果。

丢勒时代，虚无已经成为一种感觉，但它尚未成为一种主义、一种最终座架西方的意识形态框架。[①] 丢勒通过自己的作品警告时代已经陷入虚无。可以说，丢勒在某种意义上更像是虚无主义的预言家，尼采则是它的定论者。

正是因为那种感觉，丢勒以及霍尔拜因等艺术家，不分青红皂白地赞扬路德、伊拉斯谟、莫尔等那个时代的不同性质的先知，为我们留下了他们的形象。然而，从事后看来，矛盾的是，虚无主义在欧洲的确立与他们并非没有关联。这三个人，是属于思想的，他们在时代扛起了反教会的大旗，以期推动欧洲问题的解决——在那个时代，问题的根源被理解为基督教。16 世纪早期的历史地位是非常独特的，1515—1517 年，这三年里产生了三个后来具有至关重要影响的文本事件：马基雅维利的《君主论》、莫尔的《乌托邦》、路德的《九十五条论纲》。它们分别代表着民族国家政治整合、社会之世俗理想和新的宗教世界，影响至今不辍；它们联结着支配现代欧洲结构的三大事件：民族国家、社会主义和新教。值得注意的是，在这三个文本中，没有一般意义上文艺复兴的那种假借古典学的对基督教的反抗，它们的话语合法性分别建立在：异教式的权力、世俗生活和个体化的宗教。在这里，尚不见后

① 当主义话语盛行的时候，就将其从人的内部拔了再来，转化成现代社会结构！人们的忠诚被系在这些主义上，几乎所有传统品质都被客观化为由话语——政治的或法律的——维持的社会结构，从而解除了个体的责任。

来被置于现代性骨架的市场（资本）和技术（工具），但它确实是冲破基督教从而为虚无主义打开大门的至关重要的一步。经由它们的座架，业已展开的人文主义运动、地理大发现获得了新的不同意义：它们不再是基督教的欧洲之事件，而是现代世界历史之运动了。

稍后，对应于信仰和宗教宽容的政治自由、对应于法则的权利、对应于权力的平等，才逐步上升至话语，并与市场和民主政治牢牢绑在一起（18 世纪末）。欧洲人把自己的日常生活从教会手中拯救出来的时候，开始了新的社会法则和道德论证，但矛盾的是：一方面，它们被独立论证，即把自己的根子从日常生活中拔出来；另一方面，由于它与统治的脱钩反而更紧地锚定在统治之上，从而为日常生活的全面规划提供了坚实的前提。正是在这一进程中，笛卡尔才扮演了至关重要的角色。所以，在总结现代性或现代资本主义时，后来的韦伯实际上采取了笛卡尔加路德的计算方式，把它理解为以新教伦理为内核的合理性计算。这一点，恰恰是尼采没有触及的。

在此的简要叙述，并非为虚无主义在欧洲的兴起做一个定论，相反，它只是指明：作为上帝死亡之后欧洲的命运，既非一蹴而就，亦非单一因素使然。当然，在其后果上，我们也会发现，它最终将渗透到一切领域。

为使讨论有所深入，在此，需要拓展到新的维度。在论述的第一部分，我们已经提出表皮与深度问题。实际上，虚无主义正是从深度转向表皮的结果，在其最终形态上，便是赤裸的欲望。现代性本身推翻了一切传统的理由——上帝的意志、不朽的人性、伟大的法则、牢不可破的传统以及暴力或其他世俗权威等，当它主张只服从自己的权威时，它是建立在欲望法则（韦伯之目的理性）之上的。这是理性的秘密。霍克海默的启蒙辩证法便是要揭示这一点。后来齐泽克挪用拉康以一种反犬儒主义的犬儒主义姿态进行大众文化批判时，他只不过颠倒了启蒙辩证法的批评形式，而死死咬住一点：现代性是建立在空无之上的，它的淫秽之处即用各种各样的现代性事物掩盖了那个空无。

在某种意义上，艺术史又率先表明了上述结构。在一般意义上，现代艺术与虚无主义的关联，是因为它本身源于浪漫主义时期发展起来的无意识的觉醒。人们常常在波德莱尔那里强烈地体验到这一点，他抨击时代艺术家的“实证主义”，即按照外部现实来描绘现实，而推崇“灵魂的最深处”。波德莱尔没有把无意识概念化，如果是这样的话，他就是弗洛伊德了。不过，他的那种艺术的呐喊记录了时代的主题变换。这种变换，马克思同期以自己的方式思考着和定义着，稍后一点，尼采同样如此。

把波德莱尔作为切入口将十分重要。因为，他有助于我们理解尼采以及马克思。他盛赞的“灵魂最深处”，在直接的意义上，也正是笛卡尔的“我思”之深度。必须强调的是，后者的我思，通过与基督教的联系（回忆），恰恰把上帝挤走了。这正是后来尼采大声断喝上帝已死的开端。在基督教的世界中，上帝占据着我们“灵魂的最深处”，它作为内在的声音构成我们之为主体的根据。在沿着笛卡尔路线追踪现代主体时，有一个事实经常被人们遗忘：笛卡尔同时定义了实践哲学。这是一个绝不能轻视的信号。因为，它隐含了近代西方的深层的辩证结构：主体（意义）必须在自己“灵魂最深处”才能找到，但也只有把自己的欲望与意志铭刻在外部世界上的时候，我们才能够看到自己的“灵魂最深处”。这个问题，只是在现代性的全部追求在英、法、德三个代表那里充分展现出来的时候，我们才能充分看到。马克思—波德莱尔—尼采便处在这一时刻。

之所以是尼采定义了虚无主义，原因在于，他发现：各种主义都是对虚无的抗拒，唯独虚无主义除外。也因此，他本人义无反顾地走向了虚无主义。在这一点上，他是最真诚的现代性哲学家。

Dis-play：存在之呈现还是存在之解构

尼采试图采取彻底的虚无立场来战胜虚无主义，就如马克思以比资本主义更资本主义的方式（在目标上，彻底的个人所有制，自由人的联合体；在手段上，解除对生产力的一切限制）来战胜资本主义。就此而言，尼采虽然始终面对形而上学问题，但他的思维方式并非形而上学。海德格尔对尼采的解读，正如德里达指认的那样，只是通过拯救作为形而上学家的尼采从而为自己辩护——不再受复杂的时事纠纷影响，牢牢地占据纯粹哲学家的位置。[①] 其实，无须德里达专门论证，稍有哲学素养的人都能理解，特别是在职业化的现代哲学中，鸠占鹊巢是猎取纪念碑的常识方式，只是海氏具有过强的自我意识，在“签名”问题上落下一个踪迹，或者相反地说，故意留下一个陷阱：专门捕食那些真正的哲学家。我们不论德里达比海德格尔聪明还是笨拙，真正吸引我们的是事件背后的事件：解构。在我看来，德里达的解构、福柯的谱系学，尽管不能也不应该还原至尼采的批判，但恰恰在旨趣和功效方面却几乎没有差异，因此直接的意义上，是尼采式批判的延宕。它们在20世纪后半叶的全球流行，再度提出这个话题：我们如何应对虚无主义？

这个问题，至今仍然没有答案，否则它就不会成为一个问题了。但在这里，我希望谈一谈后结构主义内部的解构实践。

（一）解构作为姿态

解构不是揭露，如果是这样的话，它就不会获得解构这个名称；解构也不是破坏，如果是这样的话，德里达就不可能那么理直气壮地主张“解构即正义”。当然，在一种情况下会是例外，即中国“文革”式语境：在这个语境中，“造反有理”。遗憾的是，解构只是一种学院里学术生产的姿态，它也不是革命。那么，解构是什么呢？解构即display，它是一种作为唯物主义的彻底虚无主义姿态，即战斗的虚无主义。[②]

在解构之前，得做一件准备工作。

在display这个词中插入一根棍子，以示解构之形象，即把它整理成dis-

---

① ［法］德里达：《阐释签名（尼采/海德格尔）：两个问题》，载汪民安、陈永国编《尼采的幽灵》，社会科学文献出版社2001年版。

② 从尼采到后结构主义是相通的。既然尼采超越善恶的强力意志并不是一个能够用传统伦理标准来加以解释的概念，那么，由它代表的历史结构本身就中立化了，既摆脱善恶的纠缠，也无所谓真假。尼采的这一进路，甚至在韦伯的社会学那里清晰地看到，后者用作解释历史的理论类型，作为一个理性概括，它在善恶和真假问题上中立于解释主体。

play：dis 是表示否定的前缀，这一插入表明解构是一种玩（play）的姿态，但不跟你玩。我玩，我不跟你玩，这便是解构。

（二）锥子与真理，德里达的个案

让我们从 the Truth in Painting 这个文本入手。① 该文本谈论的是“真理”问题，且是绘画中的“真理”，因此更贴切地表明其 dis-play 性质。因为，绘画，如果将之作为真理手段，那么，它是一个相当悖论的事件：它不是给世界添彩，而是以色彩让世界脱衣。例如，梵高的“鞋”之系列。我们的谈论就与它相关。

坦率地说，我没弄明白德里达要说什么，虽然我知道他确实说了那个东西。例如，开头他便对虚构出来的一句话——“I am interested in the idiom in painting”——进行反复解构，尤其是其中的 in painting，把人搞得云里雾里。尽管这样，我还是冒昧一试，拿起锤子。尼采说得好，锤子是最好的提问。作为署名作者的德里达，谁说他不曾期望这样呢？

在这里，我提及的是他对梵高之“鞋”的解构。他的解构有一个噱头：在关于艺术品的起源或本质（本源）这个问题上发言时，海德格尔提到了梵高的一件作品，他称之为“农妇鞋”，并留下那句著名评论：

> 在这鞋具里，回响着大地无声的召唤，显示着大地对成熟的谷物的宁静的馈赠，表征着大地在冬闲的荒芜田野里朦胧的冬冥。这器具浸透着对面包的稳靠性的无怨无艾的焦虑，以及那战胜了贫困的无言的喜悦，隐含着分娩阵痛时的哆嗦，死亡逼近时的战栗。[《海德格尔选集》（下），第 253—254 页]

有一个叫 Meyer Schapiro 的很较真的艺术史家，读了以后纳闷：凭什么你说这是一“双”农妇鞋？梵高类似作品有七八件，而据考证，描绘的都是他自己的鞋。在他看来，如果那不是一双农妇鞋（即不成事实），海德格

① *Derrida*, *Jacques. The Truth in Painting*, London: the University of Chicago Press, 1987.

尔的解读就是胡扯了。于是他致信海德格尔，从而产生了那个著名的通信事件。德里达便是从这个通信事件入手来讨论“Restitutions of the truth in pointing”。注意，这里是 pointing，而非 painting，换一个字母，画便解构了。这是德里达惯用的伎俩。Pointing 是什么呢？按照德里达引文——POINTURE（Latin punctura），sb. fem. Old synonym of prick——暗示，就是打洞的锥子。好嘛。德里达这回要钻牛角尖了。他要用一粒芝麻榨出一缸油，那个标题或译为：用锥子来恢复真理，恢复针眼里的真理，把真理塞进针眼里……如果注意到锥子与锤子之间的差异，我们便能够理解德里达与尼采之间的差别。它们之间的联系恰恰也在于此。我们以正式的方式来描述：在面对欧洲现代性之虚无时，尼采用虚无主义之锤“重估”了一切“价值”，德里达用解构之锥“重建”（restitute，拉丁文词根 re-statuere）了一切“真理”。

德里达揭示的“真理”或他本人的真相，显现在如下摘录出来的问话中：

> – Here they are. I'll begin. What of shoes？ What，shoes？ Whose are the shoes？ What are they made of？ And even，who are they？ Here they are，the questions，that's all.
>
> ……
>
> – what makes him so sure that they are a pair of shoes？What is a pair？
>
> – what makes him so sure that it's a pair of shoes？What is a pair，in this case？ Or in the case of gloves and other things like that？（257）

别小看这些话。不过，要理解它们的要义，并不能按传统的阅读方式进行，否则就是不解构了。它们的意义就在形式中。这种形式是对一个词（或符号之能指）的意思（或符号之所指）的无穷追究，不能停止。

因为，解构是针对话语的。作为一种显示策略，通俗一点讲，就是唠叨死你。它把语音降到了零度，通过让话语走开的方式敞开了语言，对它来说，语言就是废话。在这一点上，它说出了本质。

废话有意义吗？胡说有意义吗？不仅有，而且意义就隐含在胡说中。英文 nonsense 不清晰地表明了吗？sense 就在 nonsense 之中清清楚楚地躺着。废话说得越多，它越敞开。海德格尔不就是这样的吗？在这里，又是《皇帝的新装》故事之不同版本——非常复杂的哲学版，老谋深算的无辜的讲了实话的孩子般的哲学家。这些故事，效果与下述全球小学生提供的创意完全一致。叫我求 X，我就按照 find 的意思把它“翻”出来；叫我写相反的字，我就把字反过来写。这就是解构，作为真相之 dis-play 的解构。

世界本来是充盈的，我们用锥子在上面打了一个洞，沿着这个洞望去，一片空洞。所以，我们称世界是虚无。解构玩弄的便是锥子或那根小棍子（prick）。解构，在归根结底意义上，是通过解散语言中心的逻辑而暴露欲望。它不像尼采的哲学，要去打碎什么，而总是通过拆解而暴露什么。

（三）作为彻底唯物主义的解构事业

不能因为它像玩笑一样，就否定解构作为严肃事业的特征。正如在今天，思想必须承担娱乐功能，才能打动人；娱乐必须承担思想功能，才能逗笑人。德里达的解构是反叛现代虚无的运动之一，它的意义通过与其他反抗比较才能更清晰地显现。

在韦伯所称的理想类型意义上，反抗有两个极端类型：以虚无对抗虚无，以实体对抗虚无。前者是解构式的，后者是原教旨式的。原教旨有无数种变体，通常被人们挂在嘴上的有三种类型：宗教的、市场的、政治的。它们在当下国际政治实践中已经深刻地纠缠在一起，成为纯粹的原教旨。

值得注意的是，按照尼采的分析，实体式对抗本身即是虚无主义的成因，或更确切地说，是它的催化剂。因此，他才把虚无主义作为对抗虚无的最后手段。他没有做的一件事是解除原教旨。这是由其他人完成的。

原教旨，作为信仰的一种类型，它依赖于两个假设：第一，真理存在于语言中。第二，真理表现为深度。对于第一点，尼采也曾指出过：“人类长期以来把事物的概念和名称作为永远真实的东西来相信，同样也养成了他们借以居于动物之上的那种骄傲：他们真的认为在语言中掌握了关于世界的知识。”[①] 但是他并没有着手解决这个问题。实际上，在他之前，马克思的意识形态批判已经提供了方案。尽管马克思并没有能够阻止自己被滥用和教条化的风险，但他确实有说服力地证明：如果语言不表述存在本身，那只是说说而已；如果已经是一种实事，无须语言对之辩护。解决第二个问题的是一群人，拉康、福柯和德里达尤为突出，他们借助了语言学和列维－斯特劳斯开启的结构主义视角。

德里达面临着与尼采差不多的困境，只是他比后者更加坚定。这种坚定来自对义务的解除。尼采怀有一种近乎传统的义务，这种义务在现代被扭转了，在整个现代虚无主义的扩散中和屠杀中，义务不仅是苍白的，而且甚至是反动的。在清理法西斯主义遗产时，纽伦堡审判或许就面对这种困境（如何判定一个忠诚于天职或义务的人在整体职业罪行之中的个体责任）。在这种困境中，只有坚信“造反有理，革命无罪”才可能赢得出路。在后68传统中，德里达崛起的时候，他确实在知识上逐步强化了这一信念。最终，破坏性解构、创造性解构，这两种类似尼采虚无主义区分的形式在德里达这里消失了（丧失了区分的合法性），因为解构便是绝对的正义。这一主张便是那种无义务的革命。

这种无义务的革命是通过挪用语言之能指链进行的，即能指的游戏，通过这种 play 最终解除能指的中心地位，而 dis-play 它的空洞之真相。据说，福柯便是受尼采启发而推进谱系学事业的。他发现，在尼采那里，“没有一个原初的所指”[②]。这便是以虚无主义来对抗虚无主义事业的真谛。在20世纪中，海德格尔，如德里达批评的那样，是十分虚假的，他总是假惺惺地躲在语言之中寻找真理，大谈什么语言是存在之家的论调。其实，在语言中，什么也没有。

---

① ［德］尼采：《人性的，太人性的：一本献给自由精灵的书》，杨恒达译，中国人民大学出版社2005年版，第21页。

② ［法］福柯：《尼采·弗洛伊德·马克思》，方生译，载汪民安、陈永国编《尼采的幽灵》，社会科学文献出版社2001年版，第105页。

我们无须在学理上以语言学本身来论证解构的逻辑。因为，这没有什么难解的逻辑。策略本身清晰地表明，它主张所指较之能指的优先性。当然，德里达不会做出这种主张，因为该主张亦会陷入原教旨。他最终转向对能指相对所指的优先性的不停息的质疑。在形式上，所指较之能指的优先性，与对象（客体）较之欲望（主体）的优先性以及物质（存在）较之于精神（思维）的优先性同构，都是唯物主义的立场。

在索绪尔的语言学之后，结构主义出其不意地提出了一个至关重要的问题：当代的唯心主义，最深刻的，躲到了语言中心主义之中。这种唯心主义，因此，亦是虚无主义的最深刻的类型。在结构主义看来，被虚无主义驱逐的意义，并非符号学中的所指，而是其定义的能指与所指之间的关系。这一点至关重要。因为，意义诚为主体赋予客体的，它是主体占有客体的方式，但它并不记录在已经被锚定的能指中，相反，如果意义是生动的，那将永远在生成之中。这正是尼采追求的。实际上，在谈到物的时候，黑格尔在《小逻辑》第125节的说明中曾不经意地指出：物与特质便由“是”（Sein）的关系进而为“有”（Haben）的关系。由此，世界并非是由“是”或“存在”构成的本体性关系，而是不同的对象之间的相互作用和据有的关系。在此意义上，人之生存，无非是一个事件；真理现象所关涉的，也无非是事件。

德里达便是在上述进程中通过不断地创造书写和擦除事件（解构）来敞开真相的。在更广泛的范围内，齐泽克亦是如此。

（四）作为正义的解构与存在主义的困境

作为一种无须对自身合理性进行辩护的反叛，解构是马克思之革命与尼采之“重估一切价值”实践的延宕——在时间中，非形而上学的种子（“幽灵”）保留了下来，而它的显现则无限期地被延迟了。今天，它在学院这个反叛舞台上，以擦除自身的方式威胁它所攻击的对象。但是，它亦只是一种玩玩而已的策略。因为，为了取消能指的中心地位，使所指充分展开，解构策略性地运用了它所批判的能指链。从积极的方面说，这是一种有效的斗争策略；从消极的方面说，它亦容易陷入同义反复之权力逻辑之中。在德里达和齐泽克的分析中，我们经常会看到这一点。当齐泽克出现在“占领华尔街”行动的现场，以一种行为艺术那样的方式宣读他的演讲时，就像他平常在各种讨论会上的演讲一样，讲讲笑话，以一种“不要害怕争取你渴望的东西”的重复来对抗“空手套白狼”的金融投机，我们很难相信世界会就此改变。

然而，在“没有其他选择”的时代里，如果连解构都不被信仰的话，那还有何种正义？还有何种自由的可能。

虚无主义是黄昏的阳光投射在人身上的阴影，在欧洲文化之中，这个阴影便是死亡的征兆。黑格尔预言历史趋于完成之际，人们便见着了这个阴影。现在，这个阴影已经扩散开来。但是，不必因此就悲观。因为，死亡真正来临之际，恰恰是虚无主义的解决之时。齐泽克在自由广场的演讲中说，“因此我们需要的只是耐心”。是的，解构就是耐心！只要你有足够的耐心，不仅真相，而且多样性，都会在耐心中绽放出来。

Dis-play 吧，这儿就是自由广场！

（原载《江海学刊》2012 年第 3 期）

论和平函数与和平系数

——关于和平程度的计算法

邓曦泽

社会科学中有各种系数，如基尼系数（Gini Coefficient）可衡量收入分配公平程度。同理，能否建立和平系数，用以衡量家庭、国家及任意交往体的和平程度？本文试图建立和平函数，并引申出和平系数。

和平的计算问题

1959 年，以挪威国际和平研究所的创立为标志，“和平学”应运而生。和平学需要处理和平程度的度量问题，但长久以来，人们并没有给出有效的和平程度计算法。例如，和平学家加尔通（Johan Galtung）的《和平论》就没有专门讨论和平程度的计算法。[①] 2007 年，史蒂夫·基利亚（Steve Killelea）提出了和平指数（GPI，即 Global Peace Index，全球和平指数），但和平指数有几个缺陷。（1）在适用对象上，GPI 适用于一个国家或由国家构成的地区的和平程度，而非适用于任何交往体。（2）无法反映某些指标的和平性质。按照 GPI，军费或武力是非和平的表现，但实际上并不全然如此。如果甲国独霸世界，滥用武力，而乙国发展武力，削弱或挑战甲国，那么，乙国的武力对于体系秩序来说，是增加还是减少了和平呢？显然是增加了和平。由此可知，武力既可以损害和平，也可以促进和平，具有两面性，因此，和平指数的可靠性不足。（3）基尼系数、恩格尔系数等在模型上都有严格的函数

① ［挪威］约翰·加尔通：《和平论》，陈祖洲等译，南京出版社 2006 年版。

(统计误差另当别论),但和平指数仅是选择具体指标进行统计,无法建立一个严格的模型来描述和平,因而它不够严格。

如何才能使和平计算模型在理论上具有严格性呢?关键是要找到决定和平的变量。拙著《文化复兴论》找出了和平的两个基本变量,此书从公共交往角度论证历史文化的功能与价值,并初步讨论了和平的条件。交往秩序的混乱,或者说暴力的产生,由两个基本因素决定,“这里有两个变量,一是公共交往平台是否有效,二是行为者是否遵守交往平台(即公共规则)……我们可以确定,导致秩序混乱,有且只有两种原因:一是没有有效交往平台,二是行为者不遵守交往平台”。其中,有无交往平台就是本文所说的公共规则问题,而是否遵守交往平台就是本文所说的执行问题。①《文化复兴论》虽然找出了和平的两个基本变量,但尚未发现二者的数学关系。

针对此研究现状,本文试图完成两个任务:(1)严格证明规则、执行与和平的逻辑关系;(2)建立规则、执行与和平的数学关系。后者也就是建立和平函数。

和平函数的建立

和平与暴力(或冲突)都是在公共交往中发生的。离开了公共交往,个人行为无所谓和平与暴力。任一行为者(广义,包括个体与群体,群体又包括家庭、邻里、公司、社会、国家、国际组织等)因要从其他行为者处获得自己所需要的利益而与其他行为者构成的交往关系,就是交往体。交往体至少由两个行为者构成,但交往体自身不是行为者,例如,家庭内部的交往,家庭成员才是行为者,家庭不是行为者。行为者之所以要进行公共交往,是要获得利益。并且,行为者总是希望其行为能为自己带来最大利益(即效用最大化假设)。这些都是无须讨论的,而只需作为本文的预设。需要讨论的

① 邓曦泽:《文化复兴论——公共儒学的进路》,人民出版社2009年版,第123页。

是：要使交往得以和平进行，需要满足什么条件？与此相应，暴力得以发生，又是因为缺乏什么条件？运用条件分析法，可以帮助我们找到衡量和平程度的基本变量。

要使交往和平进行，必须同时满足两个条件：一是必须有公共规则，二是规则必须得到执行。下面，先列举经验案例，再进行理论证明。

A类案例：没有规则而导致暴力的案例。《史记·楚世家》言，周朝时，楚国借口自己是蛮夷，不认可中原诸国的号谥规则，擅自称王，导致双方在号谥问题上没有公共规则，因而必然产生冲突。《韩非子·显学》言："世之显学，儒、墨也……夫是墨子之俭，将非孔子之侈也；是孔子之孝，将非墨子之戾也。"显然，在奢俭问题上，儒、墨两家的信奉者必然发生冲突。这两例说明，公共规则对于避免暴力是必要的。

B类案例：有公共规则但不执行而导致暴力的案例。一条公共规则要能遏制暴力，它还必须被执行，如果建立了规则但行为者拒不执行，也会导致暴力。例如，春秋时期有"不伐丧"的礼制[①]，如果他国丧君而伐之，就会被认为是不正义的。但是，有些诸侯国不遵守"不伐丧"规则，例如，"秋七月，庚辰，郑伯睔卒……晋师侵郑"（《左传·襄公二年》），杜预注曰："晋伐丧，非礼也。"据此可知两点：一方面，即便有规则，如果行为者不遵守，同样会导致暴力，这说明执行也是避免暴力的必要条件；另一方面，如果有了规则但行为者不执行，该行为者将被判定为不正义的，规则对行为正义性的判定功能并不受行为者是否执行规则的影响，除非规则被废除或逐渐而广泛地不被认可而不成其为规则。

C类案例：有公共规则且执行而避免暴力的案例。例如，春秋时期，"不伐丧"的礼制确实遏制了一些箭在弦上的暴力，"三月，陈成公卒。楚人将伐陈，闻丧乃止"（《左传·襄公四年》）；"晋士匄帅师侵齐，至谷，闻齐侯卒，

① 陈立：《白虎通疏证》卷五，中华书局1994年版。

乃还”（《春秋·襄公十九年》）。《左传》《公羊传》对晋国退兵都予以了表彰。[①]

尽管上面给出的案例不多，但我们仍大体可以得出以下结论：从 A 类案例可知，在一类事件上，若交往各方无公共规则，则必然导致暴力；从 B 类案例可知，在一类事件上，若交往各方建立了公共规则但其中某方不执行，也必然导致暴力；从 C 类案例可知，在一类事件上，若交往各方有公共规则且各方执行规则，则一定可以避免暴力而实现和平交往。用 P 表示和平，则 $\neg P$ 是暴力；用 x 表示公共规则，用 y 表示对规则的执行。那么，规则、执行与和平的逻辑关系是：$x \wedge y \leftrightarrow P$；$\neg x \vee \neg y \leftrightarrow \neg P$。这两个式子是等值的，意即，对于某类交往事件，当且仅当具有公共规则且交往各方执行规则，则交往和平进行。这两个式子明确给出了以下信息：（1）规则与执行是影响和平的两个一般条件（即两个基本变量），不受具体事件的影响；（2）它能告诉我们影响和平的两个条件，而不能告诉我们这两个条件与和平之间的数量关系。关于后一问题，留待下文，这里先证明，对于和平交往，规则是必要条件；执行是必要条件；规则加执行是充要条件。关于公共规则本身的合理性，本文暂不予讨论，而假定公共规则都得到了交往各方的基本认可，是基本合理的。

（一）公共规则是和平的必要条件

（1）预设：行为者追求效用最大化。

（2）定义 1：公共规则是对交往行为的规定，其功能是对行为是否正确作出判定。

说明：公共规则是指那些规定具体事件的具体规则，而不是抽象规则（如宗教的“要按神灵的旨意行为”，康德的绝对命令“要只按照你同时认为也能成为普遍规律的准则去行动”）。规则不仅包括成文规则，也包括风俗、习惯、共同的价值观念等非成文规则。

① 笔者对和平条件有长期的思考，在《文化复兴论》中，这些案例已被用来揭示影响和平的公共交往的条件（参见邓曦泽《文化复兴论——公共儒学的进路》，人民出版社 2009 年版，第 129—130 页）。

（3）定义2：惩罚是一个交往体对因违反公共规则而损害其他行为者利益的行为者进行强行限制而使其收益降低的行为。

求证：公共规则是和平的必要条件。

（4）假设：一类交往事件没有公共规则。

（5）由（2）可得，引申定义：正确的行为是符合公共规则的行为；错误的行为是违反公共规则的行为；无所谓正确与否的行为是未受公共规则规定的行为。

说明：这里说的正确与错误，是通常的说法，可以换成道德与不道德、正义与不正义、合法与非法。无论使用哪一对概念，都不影响讨论。

（6）由（3）可得，引申定义：奖励是一个交往体对因符合公共规则而增进其他行为者利益的行为者进行的使其收益增加的行为。不奖不惩是一个交往体不改变因做出未受规则规定的行为的行为者的收益的行为。

说明：有些行为符合公共规则似乎未受奖励，例如遵守交通规则，但实际上对这种合规则行为的奖励是间接的。遵守交通规则，可以享受正常的交通便利，而如果不守规则，就要受处罚。享受正常的交通便利即是对遵守交通规则的奖励。

（7）由（3）、（5）、（6）可得，在一个交往体中，如果行为者的行为正确，他所获得的利益就被交往体认可（受到奖励，包括看起来并没有受到奖励的间接奖励）；如果其行为错误，则它获得的利益要受到交往体的惩罚；如果行为者的行为在规则的规定之外，则无所谓正确与否，其所获得的利益至少可以免于处罚。

说明：此点所涉及的规则的执行问题是另一个问题。

（8）由（1）、（4）、（7）可得，如果一类事件不受公共规则的规定，则行为者不受约束，其任意行为都无所谓正确与否，其所获得的利益皆可以免于处罚。

（9）由（8）可得，行为者出于效用最大化考虑，其行为选择是任意行为。

（10）由（1）、（9）可得，在效用最大化的驱动下，不受约束的任意行为必然导致行为者对其利益的无限扩张。

（11）由（10）可得，行为者无限扩张其利益的行为必然侵犯其他行为者的利益，从而引发利益冲突。

（12）由（11）可得，行为者之间必然产生利益冲突。

（13）由（7）、（12）可得，因此，如果一类交往事件没有公共规则，必然导致暴力。证毕。

补充论证：是否所有交往事件都应有规则？在我们的经验中，并非所有交往事件都受规则的规定，似乎某些没有受规则规定的事件也没有发生利益冲突。若此，对于有些交往事件，规则是否必要？本文的回答仍然是肯定的。虽然有些新鲜事件并没有明确的规则，但可能有一些模糊的规则（经常存在于风俗、习惯之中），这些模糊的规则也会对某些交往事件构成一定程度的规定，只不过人们经常不能意识到。说没有公共规则必然导致暴力，也指没有模糊规则。其实，除了模糊的具体规则，人类还形成了处理新鲜事件的基本原则："己所不欲，勿施于人"（《论语·卫灵公》），此言的准确含义是：如果你不愿意被强迫，你就不要强迫他人。[①] 这一原则就是协商原则（协商原则也就是伦理学所言的道德金规则，存在于各大文化中，只不过表述各异）。协商原则要求交往各方遇到新鲜事件时要相互尊重各方意愿，通过协商解决问题。但是，由于新鲜事件究竟是什么类型的事件，人们无法知道，导致协商原则没有明确的处理对象，即处理对象太宽泛、太模糊，无法对违反规则的行为者给出明确的惩罚措施，其约束力就很有限，所以，人们才要建立更明确的规则。据此还可以说，凡是新鲜事件的出现，必定引发新的利益冲突，因为新鲜事件都尚无明确的具体规则加以约束，都会引发冲突。当冲突发生后，人们再制定具体规则约束事件，防范冲突。

---

① 邓曦泽：《论意愿论及其普遍有效性——关于道德判断根据的考察之四》，《江海学刊》2011年第5期。

（二）规则被执行是和平的必要条件

这一命题要好证明得多。由上面的（2）、（5）可得，不执行规则就是违反规则的行为，必定是侵犯其他行为者利益的错误行为，这种行为必定引发利益冲突。虽然不排除这种可能，即有些行为者由于实力过于强大，即便他违反了规则，侵犯了他人利益，也没有人来惩罚他，由此看起来似乎没有产生暴力，但实际上，违反规则的行为者乃是用暴力违反规则并强行阻碍交往体对他的惩罚，这本是就是暴力的一种表现形式。所以，如果规则不被执行，必然产生暴力。由此推出，规则被执行是和平的必要条件。

（三）规则加执行是和平的充要条件

这一命题也很好证明。由上面的（2）、（5）可得，如果行为者都按照规则行为，都接受规则的约束，则其行为都不侵犯其他行为者的利益，因此，交往关系一定是和平的（惩罚所导致的暴力不构成对此结论的否定，见下文）。这是对规则加执行是和平的充分条件的证明。再加上（一）和（二）的证明，则可以得出：规则加执行是和平的充要条件。由此，我们可以对和平进行较为严格的定义：和平就是对规则的有效执行而产生的交往关系（或交往状态）；或者说，和平就是行为者对规则的遵守而产生的交往关系。在日常的表达中，和平的定义可以简化为：和平就是对规则的有效执行。由于交往行为必定在至少两个行为者之间发生，所以，交往行为一定是交往关系，而交往关系有且只有和平与暴力两种状态，所以，交往关系一定有交往状态。因此，交往行为、交往关系与交往状态，具有逻辑上的互推关系，根据语境换用三者，并不会产生歧义。

这里有两点需补充。其一，如果一个行为者违反规则，交往体或其他行为者根据规则对该行为者进行惩罚（即执行规则），这种惩罚性暴力不构成对上述证明的否定，因为它是补救性暴力。在各方行为者始终遵守公共规则的前提下，首发暴力和补救性暴力均不会出现，而补救性暴力不过是对存在并执行公共规则将导致和平这一命题的否定之否定式的论证。简言之，不论是何种暴力行为所导致的和平之崩溃，在存在公共规则的情况下，就一定是由于没有执行规则所导致的结果。而为维护规则之执行而采取暴力行为，就不再是损害和平的，反而成为和平的补救条件。

其二，有人指出，冲突的原因很多，例如，力量对比失衡、误解等，并非只有没有规则和不执行两种。但实际上，这种质疑并没有区分原因与诱因，诱因只是具体的事件，而原因还可以在更进层分析，原因的外延大于诱因，引发冲突的各种诱因都可以归为行为者或者没有规则可循，或者不守规则。例如，“宋公不王。郑伯为王左卿士，以王命讨之，伐宋”（《左传·隐公九年》）。宋公不王（不朝觐周王），属于不守规则的具体情形，既是郑国伐宋的诱因，也是原因。但是，不守规则这种一般情况却只能视作导致冲突的原因，而非诱因。

上面只是定性的讨论，下文将建立规则、执行与和平之间的数学关系。

首先，如何对规则进行计量？

我们要对规则进行计量的是一个交往体内受规则规定的交往事件占该交往体内所有的交往事件的比例，这个比例记作 x，$0 \leqslant x \leqslant 100\%$。

其次，如何对执行进行计量？

用 y 表示规则被执行的程度，任何规则的被执行程度为 $0 \leqslant y \leqslant 100\%$。

若此，一个交往体的和平程度为：

式 1：$P = f(x, y) = xy$（$0 \leqslant x, y \leqslant 100\%$）

这个函数就是和平函数，而 xy 的积就是和平系数。

相应地，一个交往体的暴力程度为：

式 2：$P' = f(x, y) = 1 - xy$（$0 \leqslant x, y \leqslant 100\%$）

这个函数就是暴力函数，$(1 - xy)$ 的值就是暴力系数。

和平系数 + 暴力系数 = 1。

为什么 x、y 这两个变量之间是乘积关系呢？因为，（1）规则是执行的必要条件，这种必要条件是存在意义上的必要条件，没有规则就无所谓执行；（2）并且，规则与执行都是独立变量，从有规则推不出规则能被执行。所以，规则与执行之间是线性关系，二者共同发生作用而构成的关系应用乘法来计算。

不过，式1只是和平函数的简式，没有考虑不同事件的差异以及不同规则执行程度的差异。若考虑这些差异，则和平函数还可以细化。

首先，对规则进行细化。

一个交往体内可以有许多类交往事件（下文常省“交往”）。每一个规则只能规定有限类事件。甚至，我们完全可以这样处理规则与事件的关系：一个规则规定一类事件。这样处理不会导致任何麻烦。对于一个限定多类事件的复合规则，我们可以分解为多个规则。在理论上，具体事件的数目可以是无穷的（但实际上是有穷的），但事件的类型却是有限的。例如，“不准偷盗”，具体的偷盗事件之数目可以是无穷的，但是，再多偷盗事件都只能归为一类。随着人类生活的变迁，可能出现新的种类的事件，也可能有些种类的事件会消失。无论增减，人类的生活事件的种类是有限的。确定事件为有限种类，有助于对规则进行计量。但是，这样做，会削弱理论的严格性和普遍性。所以，对于尚不能归类的事件，记作Δ。

根据一个规则规定一类事件，我们就可以把规则与事件种类联系起来，有些种类的事件（下文常省“种类”）受规则限定，有些事件则可能未被规则限定。对于受限定的事件，有多少个规则就有多少类事件，反之亦然。

设单类事件为e，已经归类的事件有m类（m取有限值），其中有k类受规则规定，另有Δ类未归类的事件。再考虑各种事件的发生频次，以及各种事件在交往体中的重要性，从而计算各类事件的权重。然后，将权重纳入考虑，再计算被规则所规定的事件（e_1至e_k之和）在所有种类的事件（e_1至e_m再加e_Δ）中的比率。用q表示一类事件在一定时段（如一年）内的发生频次，用s表示重要性程度（$0<s\leqslant 100\%$），用w表示权重，被规则规定的事件种类为：e_1、$e_2\cdots e_k$，所有交往事件为：e_1、$e_2\cdots e_m$，e_Δ。一类事件的权重为，单次该类事件的重要性与所有种类事件的单次事件重要性之和的比率，即，$w_i=s_i\div(s_1+s_2+\cdots+s_m+s_\Delta)$。若此，一类事件的重要性（或价值、效

用，下文主要使用“效用”一词）为：$e_i = q_iw_i = q_is_i \div (s_1 + s_2 + \cdots + s_m + s_\Delta)$；受规则制约的事件的效用总量为：$(q_1s_1 + q_2s_2 + \cdots + q_ks_k) \div (s_1 + s_2 + \cdots + s_m + s_\Delta)$；所有交往事件的效用总量为：$(q_1s_1 + q_2s_2 + \cdots + q_ms_m + q_\Delta s_\Delta) \div (s_1 + s_2 + \cdots + s_m + s_\Delta)$。若此，$x = ((q_1s_1 + q_2s_2 + \cdots + q_ks_k) \div (s_1 + s_2 + \cdots + s_m + s_\Delta)) \div ((q_1s_1 + q_2s_2 + \cdots + q_ms_m + q_\Delta s_\Delta) \div (s_1 + s_2 + \cdots + s_m + s_\Delta)) = (q_1s_1 + q_2s_2 + \cdots + q_ks_k) \div (q_1s_1 + q_2s_2 + \cdots + q_ms_m + q_\Delta s_\Delta)$。x 的含义是：在交往中，被规则所规定的事件（之效用）在所有交往事件（之效用总和）中所占的比例。换句话说，x 表示的是规则对交往事件（即交往生活）的覆盖率。

其次，对执行程度进行细化。

执行程度的细化很简单（这并不意味着具体的调查、统计工作简单）。受规则规定的事件（e_1 至 e_k）未必都被完全执行了。每一类事件被有效执行的程度记作 y_i（$1 \leqslant i \leqslant k$）。那么，实际上被执行的事件效用比值为：$(q_1s_1y_1 + q_2s_2y_2 + \cdots + q_ks_ky_k) \div (s_1 + s_2 + \cdots + s_m + s_\Delta)$。

若此，和平函数可以细化为：

式 3：$P = f(x, y) = xy = ((q_1s_1y_1 + q_2s_2y_2 + \cdots + q_ks_ky_k) \div (s_1 + s_2 + \cdots + s_m + s_\Delta)) \div ((q_1s_1 + q_2s_2 + \cdots + q_ms_m + q_\Delta s_\Delta) \div (s_1 + s_2 + \cdots + s_m + s_\Delta)) = (q_1s_1y_1 + q_2s_2y_2 + \cdots + q_ks_ky_k) \div (q_1s_1 + q_2s_2 + \cdots + q_ms_m + q_\Delta s_\Delta)$ $(0 \leqslant x, y \leqslant 100\%)$，亦即

$$P = f(x,y) = xy = (\sum_{j=1}^{k} q_js_jy_j/(\sum_{j=1}^{m} s_j + s_\Delta)) \div ((\sum_{j=1}^{m} q_js_j + q_\Delta s_\Delta)/(\sum_{j=1}^{m} s_j + s_\Delta)) = \sum_{j=1}^{k} q_js_jy_j/(\sum_{j=1}^{m} q_js_j + q_\Delta s_\Delta)(0 \leqslant x,y \leqslant 100\%)$$

式 3 的含义是：在交往中，受公共规则规定且被有效执行的效用在所有交往事件总效用中所占的百分比。和平函数把和平程度转化为效用问题，考察交往中有多少效用是和平实现的，并通过计算效用关系来计算和平程度。若此，和平程度就可以像经济学计量效用那样计量和平。例如，基尼系数可

以通过考察在全部居民收入中用于进行不平均分配的那部分收入占总收入的百分比，从而反映公平程度或贫富差距，而和平函数则通过考察在全部交往中和平实现的效用的百分比，从而反映和平程度。和平函数反映出来的是，一个交往体的和平值（即和平系数）越高，该交往体越和平。和平函数是符合经验的，在日常生活中，越多的效用（或通常所说的利益）能和平实现，则和平程度越高。

至此，和平函数建立完毕。

根据和平函数，我们可以再次严格定义和平：和平是在交往中被公共规则规定且被执行的效用。① 当然，通常不必使用这个定义，前面给出的定义也不会引起误解。由于公共交往中的效用是对交往各方发生的，所以，被公共规则规定且被执行的效用实现出来就是交往各方的关系，也就是交往关系（或交往状态）。同时，我们还可以严格定义和平系数：和平系数是在一个交往体中被规则规定且被执行的效用与交往体所有交往事件之效用总和的比值。

和平函数的局限与价值

（一）局限

在建立和平函数后，其运用的可靠程度依赖于调查、统计所获得的初始数据的准确程度。如同基尼系数、恩格尔系数一样，要获得完全准确的初始数据是不可能的。其实，和平函数只是回答规则与执行之间的数学关系，至于如何获得初始数据，不是和平函数的任务，也不影响和平函数在理论上的优美。这正如三角形的面积公式只回答底、高与面积的数学关系，至于如何具体地测量底边和高的长度，不是该公式的任务。不过，对于和平函数细化式的几个变量（q、s、y），在获得初始数据时，应考虑如下因素：

第一，交往事件种类数目问题。虽然实际上，任何交往体的交往事件种

① 这个定义虽然与加尔通的定义（“和平是非暴力的和创造性的冲突转化”）不矛盾，但定义方法迥然不同（参见［挪威］约翰·加尔通《和平论》，陈祖洲等译，南京出版社2006年版，第13页）。

类都是有限的，但为了避免降低理论的严格性与普遍性，本文未将交往事件种类限定为有限数目，而用 Δ 表示未被规则限定的事件种类。在实际调查、统计时，由于交往事件种类都是有限的，所以，可以不考虑 Δ，甚至可以过滤一些不重要的或不经常发生的交往事件。但是，如果和平函数的运用者认为他所面对的交往体的交往事件实在过多，无法完全归类，那么，这时候，就只有对 Δ 进行估值。这种估值显然比调查、统计所产生的误差更大。

第二，因利益偏好产生的同类事件对不同交往体的重要性程度与权重问题。一类事件的权重需要根据交往体的不同情况进行估值，政治、经济、文化等因素都会影响同类事件对于不同交往体的重要性，和平函数无法反映权重。其实，其他某些系数也不能避免类似弱点。当然，一个公式不可能考虑过多的特殊情况，不等于不应该考虑特殊情况。权重问题要求我们在运用和平函数时，需要结合不同交往体的经济、政治与文化特征来考察其效用观念与相应的利益偏好，从而提高研究尤其是预测的可靠性。

第三，对某类事件发生频次的统计问题。

第四，对规则执行程度的统计问题。

获得一类事件的执行程度 y_i，需要选择该类事件的一定数量的具体事件作为样本来统计。对于同类事件，也许各次事件的执行程度有所差异。对于一类事件的执行程度 y_i 的计算，应这样操作：设样本有 m 个，每个样本的执行程度为 y_i'，则该类事件的平均执行程度为：$y_i = (y_1' + y_2' + \cdots + y_m') \div m$。计算公式很简单，但在进行具体的调查、统计时，却比较繁琐。

第三、第四这两种情况的统计不可能是完全准确的。此类统计误差是许多指标都无法避免的，例如，GPI 的许多指标都是很难准确统计的，可操作性并不强，如公民之间的互信程度，政治稳定性，爆发恐怖行动的潜在可能性，暴力犯罪的程度，暴力示威的可能性等，尤其是可能性事件，是只能估计而无法统计的。

第五，和平函数只考虑影响和平的两个最近的变量（规则与执行），并对特定秩序的和平程度作出衡量，如果通过和平函数计算出该秩序不稳定，我们则可以通过结果来追溯原因，再考虑如何通过修正原因来改变结果。但是，和平函数很难反映导致该秩序的较远的原因。特别是，和平函数无法反映如何才能制定公正、科学的规则与如何才能保障规则能被严格执行这两大问题。有许多因素都可以影响规则的制定与执行，而和平函数无法反映这些因素。首先，和平函数无法反映规则的公正性与行为者实力的关系。其次，和平函数无法反映行为者的实力与规则的执行之间的关系。

本文无法专门讨论操作问题，但略须指出，在操作上，运用和平函数要根据交往体大小的不同而分很多情况。例如，对于家庭和平程度的计量，由于一个家庭中的交往事件种类和数量有限，故不需要专门限制统计的地域和人数，而可以以 1 年内家庭中发生的交往事件为样本；对于一个国家和平程度的计量，则可以以一定区域内的 10 万人在 1 年内的某些重要交往事件为样本。

（二）价值

和平函数明晰了规则与执行的数学关系，这是它的重要创新。和平函数具有上述不足，并不能否定其价值。我们可以从比较优势角度，理解和平函数的价值。无论给出的数据是否准确，在同样数据的前提下（或精确或模糊），有和平函数显然比没有和平函数更能准确把握数据的关系，从而获得和平程度。任何一种理论都只有有限的功能。一种理论是否有价值，不在于还有一些问题是它不能解决的，而在于它对解决以前的理论所未能解决的问题有何推进，在于有了它之后和没有它之前相比，人们获得了哪些有益的新东西。因此，对于一种新理论、新主张，我们应该持相对进步的态度。这是评价理论创新及其价值的进步主义而非完美主义的原则。

和平函数的价值表现为：

第一，和平函数具有普遍适用性，不但适用于一切交往体，并且适用于任何具体交往事件。我们可以用它来衡量国家间、一个国家、国内行政区、家庭、邻里、公司等交往体及具体交往事件的和平程度。当把和平函数运用于具体交往事件时，可把交往各方视作一个交往体，因为交往体是一个非常宽泛的概念，既可以是短期的、小范围的，也可以是长期的、大范围的。但是，GPI 却只能适用于衡量一个国家或地区的和平程度。

第二，和平函数可以清楚地揭示交往体秩序受哪些条件的制约。若知道特定交往体的和平程度，和平函数有助于我们寻找原因。而在基本路径上，和平函数可以告诉我们，若要促进和平，或者需要改善规则，或者需要加强执行。

第三，和平函数为定量计算与预测交往体秩序提供了基本公式。

第四，和平函数可以反映交往体的有效组织程度。任一交往体的组织程度与和平程度都由两个条件决定：一是有多少交往事件被规则所规定；二是已经订立的规则被执行的程度。根据这两个条件，可以衡量一个交往体的有效组织程度。

第五，和平函数强化论证了法治的重要性。现代社会为什么以法治为基本特征之一？根据和平函数可以知道，规则的覆盖面越大，且规则越能被执行，则一个社会（或国家）越和平稳定。而规则的制定与执行，其实都是法治问题。按照中国关于法治国家建设的口号，规则这一变量表达的就是“有法可依”，即要完善法制体系（即规则体系），扩大法制的覆盖面并使法制合理化；执行这一变量表达的就是“有法必依”，即必须切实执行已经颁行的法律、制度。法治的核心内容就是有法可依与有法必依，且统治者也必须接受法律的制约。

第六，和平函数可以有效地解释与描述处于转型期的交往体和平状况之演变。转型期包括革命时期和变革时期。在转型期，废除某些老规则，建立某些新规则，但老规则的废除与新规则的建立都不是一蹴而就的，新规则的合理性需要经过一定时间才能得到人们的认可。在这个过程中，导致许多事件无法可依。根据规则是和平的必要条件，人们在这些事件上势必产生暴力，因此，转型期的和平程度通常较低，但好的转型会使和平程度增加。

转型期必然涉及规则的废立与合理性问题。在此，可补充一点：在一定限制下，和平函数可以描述规则是否合理导致的和平状况。有些规则本身就是不合理的，越严格执行就越会导致暴力，越不执行反而越不会导致暴力。对于这种情况，如果我们能确定某条规则是否合理，并可以大体确定其合理程度（合理值j），那么，该条规则能有效规定的交往事件的效用总量就应该在 $q_i s_i \div (s_1 + s_2 + \cdots + s_m + s_\Delta)$ 的基础上再乘以 j_i。若此，被合理规则规定且被有效执行的交往事件的效用总和为：$(q_1 s_1 j_1 + q_2 s_2 j_2 + \cdots + q_m s_m j_m + q_\Delta s_\Delta j_\Delta) \div (s_1 + s_2 + \cdots + s_m + s_\Delta)$。则有：

$$x = (\sum_{n=1}^{k} q_n s_n j_n / (\sum_{n=1}^{m} s_n + s_\Delta)) \div ((\sum_{n=1}^{m} q_j s_j + q_\Delta s_\Delta) / (\sum_{n=1}^{m} s_n + s_\Delta))$$

若此，和平函数仍是 $P = f(x, y) = xy$。在这个意义上，和平函数可以间接描述规则合理性程度对交往体和平程度的影响。但是，它只能描述而不能解释规则为什么合理或不合理，不可能直接给出促进规则合理化的方案。

第七，和平函数可以有效反映国际政治的政府性问题。根据第四点，运用到国际政治上，和平函数可以处理国际政治是否具有政府特征的问题。和平函数准确针对了国际政治中无政府的两个基本特征：其一，因无立法权威，故国际交往缺乏有效规则；其二，因无执法权威，致使违反国际规则的行为得不到制裁。相应地，有政府的条件就是有有效规则且能有效执行。这意味着，根据和平函数，国际秩序的和平值越高，国际政治越具有政府性；暴力值越高，国际政治越具有无政府性。进一步，国内政治与国际政治可以相互转化，且这种转化可以在和平函数中得到描述与解释。因为和平值可以反映国际政治的有效组织程度，所以，用和平值来衡量国际政治的无政府或有政府程度，比通常用政府这种组织形式来衡量国际政治有无政府的方式更客观与有效。

上述七种价值，前四者是一般价值，与具体交往体、具体交往事件无关；后三者是在特定交往事件（即特定领域）上的应用价值。由于法治、转型期、国际政治这三个领域对于人们来说非常重要，而和平函数能有效运用到此三个领域，这就可以说明和平函数的确具有重要价值。

和平函数若要付诸应用，还需做许多工作，尤其是操作化非一文所能胜任。在应用上，和平函数需要大量调查、统计，且很难做到精确，但这不是和平函数本身的弱点，因为公式不负责处理初始数据的获得问题。和平函数提供了一种新的理解、定义与计量和平的方法，在理论上是严格的，在实践上则能大体反映交往体的和平程度。并且，即便不进行具体的计算，在宏观上，和平函数也有相当大的价值，因为明确认识到规则、执行与和平的逻辑关系和数学关系后，我们可以更加准确地判断造成特定和平状况的具体原因，并可为促进和平提供数据与基本路径；而在生活中，当需要对和平程度进行模糊估计时，和平函数也可以让模糊估计变得更有根据和更准确。

（原载《江海学刊》2012 年第 5 期）

原创理性：超越经验引力和思想史引力

崔　平

在认识论范畴内，理性通常被理解为把握事物本质和普遍存在规律的一种主观认识能力。过去，对这种一般理性的不同运用产生了许多特殊的理性概念，如价值理性、工具理性、实践理性、科学理性等等。现在，针对认识活动中的原创现象，非常有必要设立“原创理性”概念，并展开关于它的存在条件和活动规律的深入分析。把原创理性设立为研究对象，就是要阐明一般理性面对原创任务时特殊的适应性调节和行为表现，即一般理性如何设计自己的运用形式而从中赋予自己以原创的逻辑可能性，由此发育出原创机能。

笔者在《与流行“原创”观念的对话》（《社会科学战线》2011 年第 1 期）一文中，已经揭示出原创的本质特征、特殊思维形式和进行原创的合理时机，并把经验和思想史确定为诱发原创问题的意识环境。如果像康德所认定的那样，原创思维所使用的判断力这一理性认识能力不可教[①]，那么关于原创理性的研究就不能企图制造与成功原创零距离的具体操作技艺，而只能探求原创认识的一般形式，其中的一个重要而基础的方面就是，澄清和防范那些妨碍原创思维的消极因素，努力创造还原创理性以自然而自由活动权利的条件。由此，原创认识与经验和思想史的关系问题凸显出来，其焦点在于，一个被启动起来的原创性认识与其意识环境具有何种自然关系，应该如何自我维护和推进。

① 参阅康德《纯粹理性批判》，蓝公武译，商务印书馆 1983 年版，第 140—141 页。

经验对思维的平面化强迫与原创退隐

经验是诱发原创问题的要素，但二者之间存在逻辑距离，即在特殊经验与最高普遍原理之间需要认识提升。相继而至的问题是，在穿越这段距离的过程中，经验可能发挥怎样的认识作用，扮演什么角色。由于经验凭借它对问题的具体确认的参与已经直接卷入原创之中，从而可能影响到原创认识的展开，所以必须认真分析它在原创中的认识前途。

经验，在其最广泛的意义上就是对主观存在事件的经历，或者反过来说，认识主体所经历的主观存在。从这个意义上讲，不仅那些狭义的经验即被动性的关于外部对象的感性认识属于经验，就是那些自主的内在精神活动在其成为过去事件的条件下也转变为一种经验，只不过其中的内容已经僵固，不再作为有待发展而富有思维力量的内容来显现，而是连同它们之间所形成的联系作为被给予的特定历史事实而存在，并成为精神观照和接受的对象。在更狭窄的意义上，经验指被确认为有效的主观存在，比如实践知识或技能。对于原创认识具有完整意义的是广义的经验中那些被确认为有效的内容，因为原创认识的对象是存在，而存在的完整领域包括外部对象存在和内在主观存在，并且根据上文的分析，原创认识以具有存在性的内容为起点。也就是说，如果把整个主观意识的历史内容施以真假判断而区分为经验和教训，那么卷入原创认识之中的主观意识内容就是除遭到否定的“教训”之外的经验。与作为主观意识内容的经验相联系，经验同时意味着一种认知方式，即对给定事物的直接性的和被动式的接受。不论是对外部对象的知觉还是对内在主观活动的自我反省式知觉，都共同采取这一认识活动方式来完成。

认识的目标是理解和把握存在。而在直观性质上，经验具有内容具体性，它向认识主体提供存在的面貌。同时，经验具有生成上的被动接受性，这恰好使得它满足对认识与存在的关系所作的逻辑设定，即存在优先于认识，认识应该跟随和依从存在。另外，经验具有以生成上的直接性为根据的强迫感，内在地生成抑制主观任意性的自我辩护力量，从而完整保留存在的客观性于自身之内。经验以其对存在的这些贴近性而被附加优越的认识地位，即在认识效能的反思中，如果缺乏对经验认识过程及其全部结果的批判和知识结构的完备知识，那么经验就会把自己看成直接与认识目标相同一的充分有效的认识，从而主张成为认识的普遍方式的权利。质言之，以存在为中介，经验具有过渡和提升为普遍认识方式的冲动，认识论的经验主义就是其在哲学史中的现实存在形态。经验论正是以经验的认识起源地位和可靠性为根据展开论证，从而片面坚持贯彻经验认识方法的。但是，存在具有更丰富的内涵，被经验论选作自己据点的内容只是存在的表面特征或者说直观属性。在哲学史上，存在概念的反思和进步始终没有跟上意识在自己的活动中所获得的对存在的自然领悟，即作为明确概念的"存在"一直被主客体关系所定义，是认识的一个对立物，而认识活动所构造或者说切身体验的存在却是存在内容本身及其统一关联，在其中必然具有非经验内容的某种出现，因为在经验内容中并不能抽出可以提供这种关联的内容。这其实就是古老而仍未合理解决的存在与思维的同一问题。必须指出，像谢林那样迁就某种需要而独断地设定存在与思维同一并不能解决存在的真正内涵问题，相反，只有在足够抽象的高度上寻找作为思维的直接现实的意识存在本身的存在规律并由之确定存在概念，才能达到二者之间的真实同一原理。姑且放过这个复杂而艰巨的研究任务不谈，即便上述内容也已经表明，认识所直接体验到的存在的构成方式高于或者说优越于在主客分离框架下所得到的外在性的存在观念。因而可以断言，经验论是有待批判和修正的。

一旦经验超出自己的具体范围而扩展出思维方式属性，就会产生经验思维。在经验思维中，被经验与存在的同一性关系拟制所决定，它必然把经验内容设定为唯一具有认识价值的对象；同时，也会把经验作为与存在的唯一联系途径而排斥其他认识方法。因此，经验思维必然把认识内容封闭在经验内容之内，在其中展开形式化的认识操作，试图产生一般认识范畴所要求的特定认识结果，比如普遍概念、普遍原理等，也就是在不创造经验内容之外的内容这一条件下解释一切现象。在经验的个别特殊性支配下，经验思维必然把一切超越经验形态的内容或属性还原为对经验的某种认识添加，从而将它们排除于存在之外，贬低为主观编造。经验论作家对认识的论证策略以及当代分析哲学的极端反形而上学立场印证着经验思维的这种逻辑。比如洛克就把思维活动理解为对经验内容的机械加减，而休谟甚至把思维本身还原为一种内在感觉过程。而关于概念的性质的唯名论所否定的就是作为超越经验的普遍概念的实在性。

那么，在经验内容范围内，人们能追求怎样的认识目标？本来，经验不会推动直接产生普遍知识观念并由此追求超越经验的逻辑属性的普遍知识。[①]因为，按照经验存在的个别性，其内容的意义只能局限在自身存在之内，而由之发展出的认识论上的经验主义又排除了通过认识活动为之主观添加有效内容的可能性。但是，经验可以凭借其直接存在意义而在存在范围内获得有条件的另类普遍性。在经验层面上，一切存在都被设定为客观的不容移易的实在内容，同时也都必然是特定存在，即表现为具体特殊的内容。存在的不容变易性使特殊的经验存在固定化，把特定存在强化为具有内在构成必然性的存在，亦即认定对于某一存在而言那些特定内容的连带出现及其关联方式具有必然性，一个特定存在就证明某些特殊内容间的必然的存在相关性和对应性，从而赋予它们的存在构成以唯一性。申言之，特定的特殊内容间处于必然的相互选择状态并以固定的方式相互结合。用一种抽象的语言对此加以描述就是：只要是这些特殊内容出现，就必然以这样的形式构成它们的存在。这就造成对特定存在的同一性拟设。由此，存在获得它的第一个规定即同一性。这种同一性对一个经验中出现的所有特殊内容有效，即实现在它们之间。而在一个经验存在内，由于各种特殊内容共同出现组成一个整体，所以必然处于某种相互关联的特定关系结构框架中，在其中，各个特殊内容的关系范围必然是不均衡的，即所发生关联的内容的数量、内容的性质和关系的样式一定不同，否则就会呈现构成内容的绝对平等，从而消解一切关系所要求的

① 关于这一点罗素已经注意到，而他是用“科学推理的公设”名义来挽救经验认识的。参阅罗素《人类的知识》，张金言译，商务印书馆 1983 年版，第六部分“科学推理的公设”。

要素不对称性，即一种关系必然以关系构成内容之间的地位差异性为条件。不同的关系意味着不同的特定内容群的共同呈现，其中每一内容都作为其他内容出现或者说存在的条件。因此，构成内容越简单，这种关系的存在的条件就越少，相应地在逻辑上其存在可能性就越大，因为较少的构成条件的齐备要容易于较多条件的齐备，换言之，所需条件较少的存在的稳定度要高于所需条件较多的存在。在这种存在条件的差异中，必然显现出存在之同一性的高级与低级分化，构成内容少的存在关系为高级同一性，反之则为低级同一性。就一个经验的存在由诸多相对简单的关系组成而言，高级同一性存在内容必然参与低级同一性存在并作为它的一部分。由于一个经验内的各种相对简单关系并不平等，要求构成一个可以承担整体存在的关系，所以要区分内在的地位差别和关联秩序，因而最终必然产生一个把其他关系直接或间接统一起来的具有最高级同一性的存在关系。一个重要的范畴即普遍性和特殊性就此在经验内部逻辑地诞生，即在自身构成内容的存在现实性程度的对比中，具有相对高级同一性并在经验的整体关系中占据较中心地位的关系是相对普遍内容，反之则为相对特殊性内容（在直接的存在中连带关联它的相对高级同一性内容）。在极端情况即关系内容为最末端因而牵连最广泛内容条件下，所赋予的同一性仅仅是当下个别经验。

普遍性显示同一性的相对牢固程度，同时也标志着存在性的相对独立和自由，即相对普遍的内容对于整个经验存在是必要条件，而其他特殊内容则不是普遍内容的存在条件。而一个经验所内在的这种逻辑意义上的普遍性必然折射为现实经验世界中的存在重演频率。所以，经验思维必然寻求普遍性存在内容以确定决定和支配特定经验存在的关联关系内容，并且必然诉诸一种符合经验认识本质的直观方法即经验归纳加以展开。经验归纳在逻辑上具有两面性。一方面它能帮助显示主观选择的某种经验联系内容具有普遍性，另一方面这种显示由于其根据的经验有限性而没有绝对证明效力。经验归纳的最简单形式就是类推，即以某种同一认定为基础而把单一经验存在的关联关系直接作为普遍规律向另一经验对象适用。

从纯粹的经验出发说明经验思维的发动逻辑和形式，一来显示出经验的思维规定力量，二来为揭开归纳思维的本质打开了门径，继而可以清除许多归纳问题上的理论困难。由上述分析可以看出，经验在自身之内可以独立提出一种思维方式的主张。而经验思维的形成机制说明，归纳过程确实以对一个关联关系的确认为开端，但这是在直接经验基础上进行的，以一个具体经验为标准，并非以一个理性主义的抽象概念为标准，而且其认识具有试验性质，所获得的结果或认识目标也不是理性主义那样的抽象概念或原理，相反，仅仅是对存在关联内容本身的确认，并没有超出自身之外的对其他异质内容的作用和规定力量。归纳悖论即先有概念再行归纳和有限的归纳主张无限的权利，由此就自然消失。不能用理性主义的认识范畴来解释和规定归纳认识，必须严格区分两种认识方法的目标和意义，把它们限定在各自的合理范围内。经验论与唯理论之间的长久论战历史表明，双方都忽视了认识目标的本质差异，没有意识到各自的权力范围，错误地争夺同一名分，企图以自己代替另一方。比如洛克的《人类理解论》就表明，他在借用唯理论的普遍概念来理解自己的认识论观点，而笛卡尔、莱布尼兹等人也试图让自己的普遍概念包容具体的经验存在内容。其实，经验无需理性主义所设定的认识范畴就能够内在地发展出经验思维及其工具归纳方法。

对经验设立经验思维的分析表明，经验思维或者说归纳方法的认识结果并不像休谟所说的那样，是重复观察相似现象而形成的心理习惯，而是经验的内在逻辑力量的预设，它从单一经验选择判断内容，只是诉诸其他经验来检验和纠正。因此，经验认识自然保持其经验客观性。

经验思维以其直观生动性和直接存在性而具有对思维的强大吸引力，同时，经验思维以经验在认识历程上的原初地位而获得优先发生的便利，因此它成为思维的原初自然形式。但是，经验思维在认识能力上先天不足。经验思维把认识内容限定在特殊经验之内，而且其操作采取带有被动性和外在性的归纳方法，只对特殊经验内容进行相互间的分析和比较，描述直观给定的不同层次构成内容的存在属性和相互关系，不能超越经验的给定内容范围。

因此，经验思维的起点是特殊内容，其过程也局限在特殊性层面上，当然也就逻辑地最终不能摆脱特殊属性。但是，由于缺乏对经验思维的专门反思和批判，经验思维却长期被不当地看成获得普遍知识的手段，用自己的存在普遍性冒充逻辑普遍性。① 其后果为，自然而然地忽视和丢弃知识结构中的逻辑普遍性内容，使得认识合法地停留于特殊经验内容之中，在根本上偏离原创目标。因为，根据对原创的知识论分析，原创正在于对抽象的但却对其他内容具有规定作用的观念的设立，而这种观念的内容并不能通过对经验内容的机械加减获得。

由于经验思维只能关注特殊内容，而在特殊内容层面的限度内只能思考它们之间的直接存在结合问题，所以经验思维的提问必然局限于对特殊存在的构造的兴趣内，实践的而非解释的目的占据认识目的，从而呈现技艺或技术的形态。显然，这种认识特性与原创内容的理论性本质脱节，从根本上就不具有原创眼光。

经验思维针对经验只可能进行两种分析操作，即经验间的外在比较和经验的内在分析。不论是外在比较还是内在分析，都带有相对原创目标的先天缺陷。原创理论的功能在于揭示存在构成的普遍形式，它超越具体的内容而对它们普遍有效。但经验间的外在比较只能触及可见的共同经验内容，且这

① 所谓逻辑普遍性是指一种内容在其他诸多性质不同的特殊内容之上或之外而对它们具有普遍的制约和影响作用，比如概念对诸多特殊存在内容就具有这种逻辑普遍性。所谓存在普遍性是一种单纯时空范畴，是指诸多事物在不同时空存在中的同一性。逻辑普遍性内容是在自身的同一与被作用对象的变异中显现出普遍性，而存在普遍性内容是在时空分布的同一性重现中显现出普遍性。在逻辑普遍性中，普遍内容具有抽象性，作为普遍内容之管辖对象的特殊内容在性质上可以是不定的和变动的，并没有同一要求，比如“实体”这一概念所对应的具体特殊内容是多种多样的；而在存在普遍性中，普遍性内容本身就是具体的特殊存在内容，其普遍性以时空存在中的同一为条件，即这种普遍性仅仅是说，只要满足与所规定的特殊存在相同一这一条件，所设立的关系就是成立的。比如，自然科学定律总是具体指示和规定了所适用的存在物，其普遍性表现为适用于不同时空中的所有具有同一规定性的不同事物。也就是说，逻辑普遍性没有存在具体性，而存在普遍性直接包含具体存在内容并作为普遍性之载体，或者说，逻辑普遍性设置在特殊现实之外，而存在普遍性直接设置在具体现实之中。具有逻辑普遍性的内容对其所辖特殊内容的作用在于指出它们之间的存在关联应该满足自己的规定性，因而仅仅具有形式意义，并不能直接给定特殊内容之间的存在关系，因为特殊内容之间的存在关系必然受到它们之间内容特殊性的影响而有待具体确定。而在存在普遍性之中的可能对象，其存在关系却是直接套用定理而必然确定的。总之，逻辑普遍性的作用对象是变动的差异内容，而存在普遍性的作用对象却是具有同一质性的不同个别存在物。

些共同内容在各自的个别经验存在中并不能显示对其他构成内容的有效作用，因而不可能达到认识的原创高度。相比之下，似乎内在分析一致于上述原创目标，因为经验作为对存在的直接现实性把握，用存在的观点看应该包含一切有效的普遍原理于自身之中，因为在存在构成内容范围内，根据性内容与归属性内容必然直接关联而存在。但是，从认识的观点看，经验的构成分析并不能发现和提取作为经验构成根据和形式的普遍原理。因为，如果要保持分析的纯粹经验性，就必须严格限定在直观给定的构成内容上，而在经验中只能显现构成内容及其共存事实，普遍原理并不能作为一个独立的经验构成内容显现出来。进言之，内在分析的模式只能是对一个经验内容的构成内容的区别和展示，其前途必然走向相互更加分离和远隔的下一层次内容。这就是说，从经验出发的分析只会展开下行认识，而不会走向上行以便确定普遍原理这一道路。即使从经验出发作关于其存在构成条件的分析，也不会发现真正的普遍存在原理。因为从逻辑上看，从特殊推不出普遍。而如果采用分析方法即由特殊到普遍地认识给定对象的根据，则一来在逻辑上陷入片面性，二来也不能获得实在的关于经验构成的普遍条件。前者的原因在于，在存在中每一层次内容的意义都牵连着与之发生关联的一切上位内容的作用，在有关上位内容即可能的根据尚付阙如的情况下，每一认识环节都缺乏自己所应当拥有的完备内容，从而无法揭示事物本然具有的全面联系。而后者的原因在于，特殊的经验构成内容间显现的是有待某种普遍原理去综合的差异，而差异意味着虚无，针对它们只能设想功能性的抽象名称，而不能内在地揭示这一名称的正确所指内容。综上所述，经验思维无法走向原创的居所。

此外，在绝对的经验范围展开的认识必然具有历史性，因为被经验所限定的认识只能针对已然发生的观念进行，而且是一种经验内容的抽取。因此，经验思维在根本上总是一种意识事件的重复。这与原创的存在原初性直接背离。

综合经验思维方式的上述自然作用可以断定，经验在诱导和支持一种原创问题的提出之后，便立即显现抑制原创思维的副作用，产生对原创行动的抵制力量即经验引力。质言之，在经验思维的认识兴趣和思维机制的共同作用下，思维停滞、滑动在经验现象层面上，作无深度的平面认识，即不能自主发现问题而只是等待给予问题，不能连续提问而只作一种经验综合努力，从而消解原创的可能性。因此，原创思维必须适时地完成对经验的认识功能批判并自觉地摆脱经验对自己的引力。

思想史与原创的逻辑断裂：原创认识与非原创认识的判断异质性

思想是对存在的理论解释，包括针对特定存在领域所作的普遍理论论断和依之所作的进一步判断。思想史被原创提问划分为两部分，它们都以不同形式为原创认识做出贡献，即被否定的和被保留的，前者在自我毁灭中诱发和显现问题，而后者作为存在内容与经验一起参与设问对象的确立。① 至于那些派生的运用性论断，其命运则依照其所属普遍理论的上述具体处理即抛弃或保留而定，与之保持一致性。对于原创来说，问题在于如何对待思想史上的那些普遍理论论断本身，具体说就是如何对待那些在经历内在矛盾的消解之后所保留下来的参与原创提问的普遍理论论断。因为，原创的认识目标正在于占据知识体系中的最高普遍理论论断的位置，从而构成与思想史中的普遍理论论断的逻辑相竞和冲突。因此，必须对思想史的认识功能作出严格的逻辑分析和批判。

思想一般地表现为普遍论断，因而具有内在的解释扩张力量，即以其普遍性主张某种对可能存在对象的管辖和制约权利，倾向于把自己运用于可能出现的特殊存在对象上，亦即形成特定的解释定势。而思想的这种普遍性是抽象的逻辑普遍性，并没有确定的对象界定，开放地面对与之相关的各种可能对象，在被特定的认识具体否定之前，并不能限定其有效作用范围。并且，即使被特定认识活动显现为无效的，那也不能看作是绝对判定，因而只能暂

① 参阅崔平《与流行“原创”观念的对话》，《社会科学战线》2011 年第 1 期。

时否定它的有效性。因为，具体认识活动是特殊的，一次对普遍概念和原理的运用失败并不能充分证明普遍概念和原理的绝对无效，即不能排除可能存在其他特殊认识道路的成功可能性。可以断定，思想，如果不施以特殊限制措施，那么它就自然地释放其普遍概念和原理的规定能力，试图充当对新认识对象的先定立场，决定思维方式。在思想的这种力量作用下，思维必然选择以给定知识为起点的认识道路，表现为有限制条件因而被局限在特定框架内的思维。被普遍概念和原理的逻辑作用方向——针对相对特殊的内容形成判断——所决定，这种认识只能构造出相对特殊的论断，其展开必然显现判断的逻辑普遍性递次衰减形势。质言之，思想的自然作用必然滑向特殊存在。与此相关，思想史研究由于以既定思想为前提，所以也必定具有相同的认识发展形式，其认识功能只能是拓展解释范围，或者通过发现既有概念和原理间的蕴含和限定关系清理既有思想间的关联关系。要言之，思想史研究只能使已有思想对存在的表达更加细密化，并不能增添新原理。

思想史所造成的上述认识方向表明，它在本质上与原创认识相背而行，不可能达到原创认识的目的。其原因在于，原创所拟追求的知识的逻辑地位恰恰应该高于给定思想史，处于思想史内容之上而不是之下。所以，思想史的作用愈加发展，认识所处的位置就愈加远离成功原创的本然居所。由此显示，在思想史统治下的思维绝无向原创发展的潜能，思想史并不蕴含有待原创的概念或原理。这种认识目标上的反向性可以通过两种认识的思维机制及其判断性质的差异进一步清晰刻画。

思维的直接现实是判断构造活动。从认识发生上看，判断必须以相关内容的关联阙失意识为前提，而对于尚未存在的事物的阙失意识必然以关于存在的某种理想为根据，正是在后者的映照下才能拟制一个“应然”而“未然”的存在状态。由于这种存在理想在认识上先于特定存在内容，不可能依赖一种“未然”存在内容而存在，所以必然不沾染特殊性而表现为纯粹普遍性，落实到观念界就是普遍概念或原理。只有通过某种普遍概念或原理，才能确定一种判断任务。也就是说，引导判断活动的问题意识以某种先在的普遍概念或原理为前提。可以称这种普遍概念为判断形成概念。

而从判断的内在逻辑关系看，判断的形成也必须以判断形成概念为前提。判断是一种综合，按其形式只能由有限内容构成。判断是主词所表达的事物和谓词所表达的普遍属性之间的关联，意味着二者之间的同一。但对于综合判断来说，主词和谓词所表达的内容具有差异性，因而从其自身出发并不能造成一个判断，这使得二者之间的同一关系必须被某种具有普遍性的概念来成就。同时，何种存在内容应该成为判断的作用对象也必须由某种普遍概念来确定，否则，对于有限理智来说就无法合理地从事判断认识努力。即便是分析判断也是一种综合，只不过是对主词内容的自我确认，而它在确定判断相关内容即提取何种内容充任谓词问题上，仍然必须依赖某种判断之外的普遍概念的指导，否则就流于任意而失去理性合理性。但是分析判断由于其谓词在认识上仅仅是对主词的重复而不能成为原创认识。黑格尔在其《逻辑学》的“概念论”中按照精神的发展秩序已经发现概念对判断的先行地位，指出判断是概念的展开和发展。但是，他的分析是在思维与存在的神秘同一设定下而先验论地把判断理解为概念走向存在的进一步自我规定，而不是概念对判断的指引。如此，概念与判断之间的内容差别和分离关系并没有得到澄清。其实，判断是普遍概念在某种特殊内容中的一种实现，普遍对特殊的逻辑限定关系是其根据，二者之间并不存在逻辑性的蕴涵关系。

把以思想史为前提的认识和原创认识放在判断形成的内在框架中，可以发现二者之间的重大构造差别。

在思想史语境中，被思想史的自然认识力量所决定的下行认识采取从普遍到特殊的认识展开序列，作为给定前提的是思想史中的某种普遍概念或原理，它们当然占据作为判断形成基础的概念的地位。因此，一切被思想史所支配的下行认识都预设了一个思想中的普遍概念或原理作为判断形成的基础概念。这些概念具有特定内容，指出判断的相关因素和关联方式，赋予判断活动以特殊线索。不论判断如何发展，只要不超出思想史范围而接受思想史的普遍认识效力，判断就必然以思想史中的实质概念即相关特定存在内容的概念为判断形成概念。而其认识方向必然是康德所说的规定的判断力的活动，与原创所要求的反思的判断力的活动恰好相反。①

而在上行式的原创认识中，给定的认识环境是经验和思想史，虽然其中也包含某种概念或原理，但相对于拟议中的判断却处于下位地位，在逻辑上不能充当判断的形成概念。相反，在原创认识中，由于在认识对象之外已经没有任何概念或普遍原理，所以原创判断不可能获得一个现成的实质概念作为判断形成的指导。但是，按照判断形成的一般结构，原创判断也必然以某种概念为基础。在没有任何实质内容可以被采用的条件下，能够作为原创判断的形成概念的就只有不关乎特殊存在对象的纯粹形式性概念。对于可以成为原创判断的综合判断来说，这种纯粹形式性的概念也就是那些一般综合范畴，它们表征认识的先天要求。

由于在形式与内容之间存在认识跳跃，即不能从形式中揭示内容线索，而只能抽象地确定认识的目标。因此，两相比较，在思想史约束下的认识与原创认识在判断性质上存在不可逾越的鸿沟，即前者以思想史所提供的实质概念为判断形成概念，后者以一个纯粹概念为判断形成概念。而任凭以实质概念为形成概念的判断无限发展，也绝不能导向以纯粹形式概念为形成概念的判断。质言之，以思想史为前提的认识绝不会通向原创认识。因此，原创认识必须钳制思想史的自然的认识作用，积极谋划自己的认识道路。

争夺理性的竞赛：经验和思想史之间的合谋与思维的原创化改造

原创知识占据最高级知识论地位，原创认识活动于抽象王国并且超越一切已有知识，必须是没有前提制约的自由思维，② 因而要求逻辑理性和智慧的

---

① 参阅崔平《与流行“原创”观念的对话》，《社会科学战线》2011 年第 1 期。

② 同上。

介入以便获得相应的超越性主观构造力量。但是，上面的分析表明，经验和思想史的认识功能与原创的这种要求之间存在逻辑差距，构成消解原创的经验引力和思想史引力。不仅如此，二者之间具有相互支持而协同抑制原创的关系。经验思维的立足点或根据被限定在直接现实的经验内容范围内，同时，其认识主题也正是与其根据具有同一存在性质的经验对象，因而具有绝对的经验封闭结构，缠住逻辑思辨这一理性的翅膀。所以经验思维具有逻辑上的绝对经验性，而其结论必然呈现个别性和零散性，缺乏逻辑关系意识和体系冲动，满足于一个思维构成环节的简单认识。由此，经验思维必然成为社会雷同和历史雷同的，即每一个可能的认识主体面对相同的认识对象，都必然重新站到相同的出发点即直接的对象经验上，并根据经验思维法则而获得一个重叠视野，进而也只能得出基本相同的结论，使认识活动降低为重复认识。这必然造成认识的不断“回零”现象，使后人无法超越和摆脱传统思想，因而心甘情愿、理直气壮地固守、重申传统思想。其消极后果为，在客观上粉饰思想史，使它们获得绝对真理和不可逾越的假象，从而滋生思想史的作用合理性表象，按照知识社会学规律维护和加强传统思想对原创认识的思想史引力。因此，在经验思维作祟的地方必然有思想史崇拜盛行。于是，思维的经验趣味与思想史构成天然同盟，经验引力与思想史引力合谋共同抑制原创，而原创的希望恰恰在于克服经验和思想史所设置的消极引力，还创造智慧以自由。

要实现原创就必须直接面向现实存在作问题研究，把一切经验和思想史压制为思考的对象而非思维的手段和根据，也就是只能让它们充当被处理的对象而不能充当处理工具。这是原创的知识论地位所教导的箴言。认识的对象是提问过程的起点，但却不是解决问题的起点。一个问题在理论上的解决就是获得关于特定事物的存在方式和根据的理解。显然，这种根据绝不能同一于作为其限定对象的存在内容。对于原创，虽然认识的过程要始终针对存在对象，从而特定存在内容要参与思维过程，但特定存在内容在其中只能以自身的特殊性来限制思维对根据性知识的构造或采用，而不能直接提供决定思维方向和环节的前提性概念或原理。因此，必须严格区分认识的对象起点与论断展开的逻辑起点，从而准确地把握经验和思想史的合理认识界线。作为逻辑起点的前提性概念或原理决定对象起点所包含的存在内容在思维过程中的分布和出现秩序。在消除对象起点和逻辑起点之间的模糊观念条件下继而实施限定经验和思想史的认识意义的技术性操作，是原创认识摆脱经验引力和思想史引力，从而获得原创思维必要条件的关键步骤。因为，经验和思想史产生对原创的消极引力正是在它们超出自己的个别的直接存在性而谋求充当思维的普遍根据的时候。

经验是向主观精神开放客观存在的第一形式。关闭经验势必使原创失去重要的对象来源。但对于经验，原创要防范它借助与存在的联系的强势地位而主张自己的绝对认识形式地位并向唯一的思维方法发展。为达到这一目的，就必须进行经验批判，从中明确它的真实认识功能。这是一项纯粹的反思任务。在西方，虽然一直有经验论存在，但通过哲学中自古希腊以来就不断涌现的认识论的本质主义、反现象主义和各种怀疑主义，不同深度地揭露了经验认识的不足甚至不可靠性，从而不同程度地防止了经验神话的扩散。此外，还有理性主义长期与经验论对抗，也有效地抵制了经验主义的霸权倾向，实现了认识论中的某种平衡。这种认识论思想中的冲突结构阻止了思维领域中经验统治的发生，保护了原创所要求的最低认识环境。人类认识的地方史证明，一旦缺乏这种对经验的反省和理论反击，经验对原创的引力就会显现，造成原创的疲软。就逻辑与经验的对立和补救功能而言，逻辑精神，尤其是对矛盾的敏感性，是消解经验引力的重要文化心理基础。

思想史是增加观照存在的一扇窗口，轻视思想史就是关闭加深把握存在的渠道。对于原创来说，通过思想史可以扩大问题视野。然而，鉴于思想史的自发作用必然不能达到原创目标，原创认识必须首先根据原创目标严肃而合乎逻辑地处置思想史。认识一旦做出原创处境判断即确认应该放弃用既有知识完成认识的统一而转向寻求新的最高概念和原理，就必须彻底清除那些被确认为无效的概念和原理，选择直接面向存在并独立创造新的概念和原理的认识方针。在这种原创立场的过滤下，即便仍然保留下来的概念和原理的存在性质也会发生剧烈变化。思想在其自然状态下以具有普遍性的形态而存在，在逻辑上含有管辖和制约其他相关对象的能力，呈现一种“理论蓄势”状态。然而，原创态度已经不再承认有任何具有逻辑有效性的普遍概念和原理，否则，承认一个已有概念或原理的普遍性，就是接受它的规定作用，因而随之设置了一个认识前提，让它僭越地占有可能的原创知识的逻辑地位。相反，原创按其认识目标的逻辑属性就必须否定一切保留下来的概念和原理的逻辑功能，不再把它们看作具有普遍性的概念和原理，而仅仅看作对存在属性的直接描述。其效应为，原来的概念和原理被去理论化，失去扩展适用于其他存在内容的能力，也就是去掉自己与未来可能对象的逻辑距离而同样作为一种直接的具体存在内容，可以把这称之为概念或原理的“理论去势”。被做去势处置的原有概念和原理不再主张认识的逻辑前提地位。因此，对待思想史可以采取两种认可方式，即不去势地承认它们的理论有效性和去势地仅仅承认它们的存在确认有效性。原创认识对思想史必须采取后一种认可方式。在这种认可方式下，就自然放弃原有概念或原理作为普遍概念或原理的逻辑管辖权利，不再用它们去做解释和规定所面对存在对象的努力，相反，而是把它们充作待解释和规定的具体存在本身。

每一个思想归根结底都是原创的结果，或者本身就直接作为历史上的某一认识阶段的最高原理或概念，或者在原创概念或原理的作用下导出，从而分有认识的原创性。因此，真正的思想史应该就是一部原创史。在精神的历程中，思想史就是针对特定原创认识情境——认识对象和认识条件——所做的成功原创认识，是一个个原创范例。虽然它们在特定的认识活动中所给出的原创内容本身具有普遍性，但并不具有超出自身之外的认识普遍性，即不能推广于其他原创认识。面对新的原创认识任务，不仅一个原创认识的内容失去普遍限定能力，而且它的特定过程，包括思想环节和思维方法，也都没有适用有效性。因为，原创的认识逻辑并不蕴含在一般认识情境中，相反，被认识的特殊内容所决定，原创思维具有绝对的创造特殊性，不可能存在一种具有普遍意义的原创方法。也就是说，对于原创，思想史只能训导不应该怎样，而不能确定应该怎样。但是，这并不意味着思想史毫无原创认识功能。相反，正是由于原创无方法，所以才特别需要在以往的原创事例中学习原创技能。而在排除了对直接致成原创的积极认识步骤的简单模仿之后，思想史的原创学习价值就在于消极地体验原创的认识偶然性和原创思维对思想史的批判态度，从中把握原创的否定性条件。假如正确地以原创态度对待思想史，那么它就教导一种认识开放态度，把思维推送至原创所应居处的思想史之外。

发现真理是一切民族的热望。然而在如何更有效地探索存在本质和规律这一问题上的反思水平却不尽一致。西方的启蒙传统虽然没有直接达到对思想史的原创处置水平，但是毕竟以其对传统的怀疑精神缓解了思想史对原创的压制力量。所谓启蒙，并不是某种确定的认识水平，而是对已有思想观念的绝对有效性的怀疑和对新认识的开放态度。培根对于所谓“四假相”的警惕、启蒙运动对于先见的反对、胡塞尔对思想史的悬搁要求，都以歪曲的形式逼近对思想史的原创性处置目标。他们的偏差在于，对思想史采取了一种过度否定的简单抛弃做法，没有发现思想史的存在认识意义，把本该从事的对思想史认识效能的逻辑限制误操作成内容切除。其后果为，在否定了思想史的理论有效性之后，堵塞了思想史内容向原创提供认识内容的渠道，从而在认识对象的图谱中漏失本该扩展的原创认识任务，因而难以想象思想史对认识发展的贡献形式，使得原创在逻辑上失去认识的历史连续性和深入发展可能。这种做法使原创与历史的关系无法得到合理理解，从而也就不能解释认识的历史发展事实。可以断定，径直接受思想史为原创的理论前提和彻底否定思想史对原创的任何参与，都是在原创问题上对待思想史的极端过枉态度。思想的历史沉淀可以经过批判程序向认识对象进行内容回流，并通过这种途径刺激原创的认识扩展和逻辑提升。

原创按其知识的逻辑地位和属性意味着绝对的认识开放性，首先它要求进入自由思维的空间。因此，只有超越经验引力和思想史引力从而有效抵制来自天然思维环境的消极束缚，理性才能置身于原创空间，从而调整为原创理性，即拥有原创的必要外在条件并有待内在地运用智慧来进行原创认识的理性。

被经验和思想史统治的认识与原创认识具有不同的展开方向和认识功能，因此，能否成功实施对经验和思想史的合理批判，这关乎理性对自我理解和定位的选择，决定理性的角色意识和有无原创冲动。

（原载《江海学刊》2013 年第 1 期）

再造“太极图”

——重构中国传统哲学理论体系的一点设想

张再林

再造“太极图”

当我们穿越时空隧道，回到中国古代久远的过去就会发现，今天中国的传统哲学，面临着和宋明理学兴起的漫漫前夜几乎同样的时代语境和时代课题。

那是一个中国传统哲学遭遇空前危机的时代。众所周知，自魏晋以降，随着佛学的大举进袭，以儒家学说为代表的中国传统哲学节节败北。儒学作为“国学”的地位一落千丈。其间，贵为天子的梁武帝几度出家为僧更是一个极具象征意义的标志性事件。它为我们表明了在何种程度上佛学已经自下而上地为万众顶礼，而传统儒学的颓势是那样地一发不可收拾。

因此，殆至隋唐，中国社会之所以“天下僧民，不可胜数”“传衣钵者起于庾岭，谈法界、阐名相者盛于长安”，中国思想界之所以由“独尊儒术”让位于儒释道的三足鼎立，乃至佛学几乎取得了“准社会意识形态”的地位，这一切与其说是出于一种新的历史机缘，不如说依旧是先前的“西风东渐”这一难以遏止的巨大惯性使然。我们看到，也正是这种佛学的愈演愈烈，最终导致了中唐儒、佛之间的激烈火并，开启了以韩愈为代表的排佛运动。它在为传统儒学长期高枕无忧的道统地位拉响警笛的同时，也使亨廷顿所预言的那种几乎势如水火的“文明冲突”，早在距今千年的中华大地上就拉开了其历史的序幕。

应该承认，佛学的愈演愈烈、儒学的日渐式微，除了与当时中国特定的社会政治背景有关外，也充分暴露了中国传统儒学先天不足的文化根性。也就是说，儒学教人在形下的人伦日用上用功夫，固然在这方面远胜那种“外人伦”“遗事物”的佛学一筹，但是，“推万法，穷理尽性，至于本源，则佛教方为决了”（宗密《原人论》），在哲学的形上探索方面，则较之佛学而黯然失色。老黑格尔曾经说过，一个民族如果没有形而上学，就好像一座金碧辉煌的神殿，里面什么都有，却惟独没有至尊的神。诚如黑氏所说，形而上学以其文化上的超越指向，乃体现为一个民族文化之慧命所在，一个民族精神之真正寄托。西方民族如此，中华民族也不例外。因此，“援佛入儒”，以佛学为借鉴建立起一种哲学形上学，同时该学说又不丢弃中国传统文化的本色，就成为新时期宋明思想家所肩负的不可推卸的思想使命和文化重托。也正是在这一极具历史感的时代精神的召唤下，宋明新儒家开山之祖周敦颐的一种中国式的形上学体系——“太极图”图式（见《周氏太极图》）就从中应运而生了。

正如“太极图”以及其词约义丰的“太极图说”为我们所表明的那样，这种中国式的形上学体系最突出的理论贡献，在于把《老》《易》熔为一炉，以一种前所未有的完整的宇宙本体论理论体系的推出，而开宋明人“道”的探索之先河。在这种宇宙本体论理论体系里，不仅“无极而太极”，宇宙最高本体本无而不空，而且“一动一静，互为其根”（《太极图说》），阳动与阴静能受一体、相互作用，从而无与有、本体与现象、“寂然不动”与“感而遂通”克服其原有的对立，妙合为一种具有自我生成机理和负反馈功能的生命目的论系统。一方面，无极→太极→阴阳→五行→男女→万物，由“一”而生“万”；另一方面，万物→男女→五行→阴阳→太极→无极，又“一”由“万”而显。它既从根本上克服了传统儒学本体缺席这一理论弊端，同时又不流于佛学空无本体的那种老调重弹。这样，随着这种有关宇宙本体的哲学图式的推出，“千载绝学，始有指归”。由此才有了二程、张载、朱熹等人的一

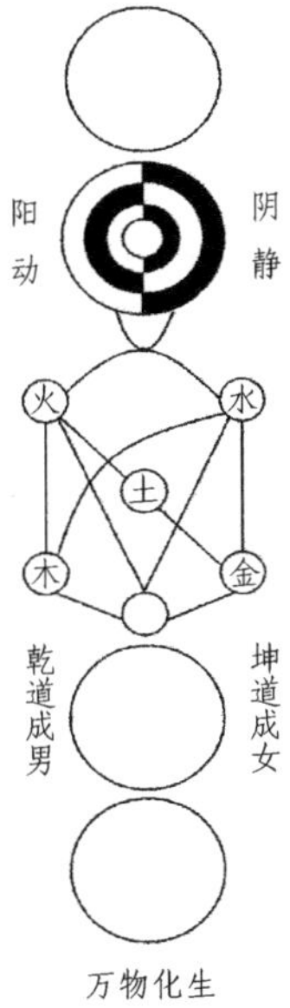

图 1　周氏太极图

系列理学理论的接踵推出，由此也才使诸如无极、太极、道器、体用、理气、阴阳、动静等概念开始被显于中国学术谈辩的中心论域。因此，周敦颐的“太极图”图式的破暗而出，可谓在中国思想史上居功至伟。这样一种中国式的哲学体系的正式确立，不仅标志着在所向披靡的佛学的“权力话语”下的中国传统哲学绝境逢生和再次崛起，并且为我们迎来了中国哲学开始实现其真正的文化自觉的全新的历史时期。故对周敦颐所谓“其功盖在孔孟之间”（胡宏语）这一历史评价，与其说是一种文人的溢美之词，不如说是名至实归之誉！

历史往往存在着惊人的一致。一旦我们以史为镜地反观今天，就会发现古今之间存在着一种何其相似乃尔之处。一方面，我们看到，现代中国面临着和中国前宋明理学时期几乎同样的时代语境：同样是西方哲学话语的所向披靡、权力统治，同样是中国传统哲学理论的节节败北、不堪一击、日甚一日的“合法性”的危机。所不同的仅仅在于，此“西方”并非彼“西方”，如果说前宋明理学时期的中华民族，所面对的是一种衣被着神秘的佛国光芒的天竺之西方的话，那么，今天的中华民族，所面对的则是挟现代科技和器械文明的千钧之威的欧美之西方。另一方面，这也必然决定了，现代中国正面临着和中国前宋明理学时期几乎同样的时代课题。那就是，以现代西方哲学的理论挑战为契机，对已有的中国传统哲学形态给予深入的理论反思，并在此基础上重建一种既顺应时代潮流，同时又能坚持自己民族文化本色的崭新的中国式哲学体系。

因此，一种再造“太极图”的历史使命，已时不我待地被推向了中国当代哲学建设的前台。当天降大任于斯人之际，它要求肩负此历史使命的中国哲学学者，要像当年那些“出入佛老，返之六经”的宋明理学家一样，不仅应熟谙西方现代哲学的话语，也应以中国传统的文本为依据；不仅应着眼于不可逆的时代的今天，也应立足于作为历史背景的过去。惟其如此，我们才能使自己得以跻身于一种伽达默尔式的鲜活的“解释学的视域”，我们也才能在今人与古人、读者与作者的作为“效果历史”的文化对话中，走出“我注六经”与“六经注我”的两难取舍，克服自己理论言说上的“私人话语”，在对自己传统的创造性阐释中，开拓出一种既现代化又民族化的全新的中国式的哲学理论体系。

国学大师梁启超认为，“不中不西，即中即西”。通过“三教合一”而推出“太极图”的周敦颐为我们证明了这一点，我们相信，中国新时代的一场“再造太极图”的理论运动也应循此而行。

中国哲学方法论的确立

如果说哲学理论上的思考代表了人类一切理论思考的一种前提性思考的话，那么，哲学方法论的思考作为入门路径的思考，则堪为一种“前提之前提”的思考，一种哲学上更为根本的思考。“血管里流着血，水管里流着水”，它如同“管道”一样，规定着不同哲学内容上的不同取向和取舍。这意味着，一切哲学理论体系的创立有赖于方法的先行，无论西方哲学还是中国哲学都概莫能外。因此，正如笛卡尔通过理性主义“怀疑一切”的方法确立了一种

“我思”本体的哲学体系那样，正如海德格尔通过直觉主义“现象学”的方法确立了一种“此在”本体的哲学体系那样，中国传统哲学同样是通过方法论的自觉进而走向其哲学理论上的自觉。

宋明理学即其显例。纵观一部宋明理学的发展史，既是一部哲学理论的奠定的历史，同时又是一部哲学方法的确立的历史。就周敦颐的“太极图”图式而言，一方面，他的不无超验的形上“太极”本体的设定实受佛学“疑则别参”的方法的深刻启迪；[①] 另一方面，他的“乾道成男，坤道成女”、“太极”即“人极”等观点显然又与中国传统直觉式方法存在着千丝万缕的联系。我们看到，随着宋明理学理论上的不断深化，其方法上的争端亦日益凸显。正是在此意义上，著名的“鹅湖之会”注定成为宋明理学发展史上一划时代的重要事件。其间，围绕着“为学之方”，陆氏兄弟以“尊德性”为宗，主张为学在于“切己自返”，应“先发明人之本心，而后使之博览”（《年谱》，《陆九渊集》卷三十六）；而朱熹则以“道问学”为主，认为为学在于“格物穷理”，应“欲令人泛观博览，而后归之约”（同上）。前者以“易简工夫”自诩，直斥后者为“支离事业”，而后者则以“教人为太简”为病，反唇相讥对方有流于“禅学”之嫌。

不同的方法论决定了不同的宇宙观。表面上是“为学之方”的剑拔弩张，背后却隐含着对宇宙本身知解上的冰火两重天。陆氏兄弟之所以坚持一种“切己自返”的“直觉式”的致思路线，乃旨在趣向那种“若能尽我之心，便与天同”这一内在论的、心本体的宇宙观。相反，朱熹之所以主张一种“格物穷理”的“渐进式”的致思路线，乃旨在趣向那种“未有天地之先，毕竟也只是理”这一外在论的、理本体的宇宙观。这样，朱陆在“为学之方”上的激烈争端，实际上作为宋明新儒学理论上歧出的真正起点，从中为我们

---

① 《佛法金汤编》：“佛印往鸾溪，敦颐谒见，相与讲道。问曰：‘天命之谓性，率性之谓道，禅门何谓无心是道？’师曰：‘疑则别参。’……公有省。”黄百家亦说：“晁氏谓元公（周敦颐）师事鹤林寺僧寿涯，而得‘有物先天地，无形本寂寥，能为万象主，不逐四时凋’之偈。”（《濂溪学案下》，《宋元学案》卷十二）

开出了中国思想史上“理学”与“心学”这两大哲学体系之间有如泾渭的分野分判。

人们看到，这种方法论之争，随着新时期重建中国哲学理论体系这一历史任务的呼之欲出，又一次浮出现代中国学术论辩的水面。而论及这一争论所聚焦的问题，其既可视为过去的宋明理学朱陆之争历史的继续，又与时俱进地被赋予了新的时代新的特点。

一方面，有感于中国传统心性哲学过于易简空疏之弊，并受发端于亚里士多德“用具形上学”的现代西方实用主义思潮这一如日中天的时代风气所激，以胡适为代表的科学主义学者在致力中国传统哲学的现代阐释时，不可避免地求助于一种“工具式”的方法论的归依。在他们那里，墨辩的名学，荀子的礼制，朱子的“格物致知”，王夫之的“天下惟器”，颜元的“役使万物”“造命回天”的实学思想，方以智的堪比西方科学的“质测之学”，一时作为中国哲学中的稀世之珍开始备受礼遇。对于他们来说，恰恰在于这些长期以来备受冷落的非主流学说的趣向里，不仅隐含着久违的中国传统方法论上的真正智慧，而且惟有赖以对它们的发掘，才能使我们的传统与科学文明、制度文明麾下的人类现代文明得以历史地接轨。

另一方面，出于对中国“尽性知天”这一传统的致思方法的捍卫，并与西方现代那种“工具式”的方法论保持距离，现代中国一批人文主义学者在致力于中国传统哲学的现代阐释时，则使自己对一种似乎更为“中国化”的“直觉式”方法论乐此不疲。对于他们来说，这种“直觉式”的方法不仅深得中国工夫之三昧，亦可在西方哲学最新发展的理论形态中找到其积极的支持和回馈。这也为我们说明了诸如张君劢、朱谦之这些现代新儒家的学说何以与柏格森直觉主义的生命哲学惺惺相惜，说明了西方现象学家何以如此地被今天一些中国传统哲学阐释者引为知己，以致对现象学方法的研究不仅为我们从中孵化出吴光明所谓的“故事思维”、杜维明所谓的“体知”、王树人所谓的“象思维”、张祥龙所谓的“缘在之在”以及笔者所谓的“身体哲学”这些中国哲学阐释的新成果，且由此使中国哲学作为一种可公度性的话语开始走向世界。在这里，我们与其说是看到了一种为原教旨主义所诟病的“以西释中”，不如说是以一种人同此心、心同此理的方式，进一步地验证了中国式方法论的普世性。

于是，我们看到，一种攸关中国哲学理论命运的方法论之争，在沉寂了近千年后又一次在21世纪的今天复活了。“工具式”的方法与“直觉式”的方法之间的取舍，继宋明理学之后又一次成为历史新时期中国哲学建设的两难选择。若以“直觉式”的方法为圭臬，虽使中国哲学“无物不体”而妙契不无圆融，呈自成一体的本有之“体”，却使其不可避免地重蹈重体轻用的覆辙，一如实用主义者批评现象学的“唯体验论”时所指出的那样，使中国哲学既成为“沉默的”又成为“跛足的”[①]：“沉默的”意味着中国哲学如禅默一般地没有言说、没有理论，“跛足的”则意味着中国哲学以其器用之短而缺乏付诸实行的可操作性。反之，若以“工具式”的方法为准则，虽使中国得以克服重体轻用的传统理论积弊，却使其顾此失彼又入见用忘体的思想误区。当西方后现代主义者业已对现代主义“工具理性”极端的偏执痛定思痛之际，当代的中国哲学建设却依然非反思地一味“师夷之长技”，这一惟用是从的哲学取向和那种重体轻用的取向一样，显然也是不合时宜的。

然而，一旦我们回到中国哲学的真正源头《周易》，就会发现，这一看似不可调和的方法论之争可以涣然冰释，并使其争论议题最终成为地地道道的“伪问题”。因为，《周易》不独以其“利用安身”“尚象制器”与“不言所利”“感而遂通”二者的并举，并无方法论上顾此失彼之虞，并且在《周易》哲学里，正如治《易》大师焦循通过凿通“情”与“欲”、“性”与“利”而为我们所指出的那样，[②] 也与现代“新实用主义”融合现象学与实用主义这一现代哲学致思趣向一致，[③]“直觉式”与“工具式”这两种致思方法看似

① ［美］理查德·舒斯特曼：《身体意识与身体美学》，程相占译，商务印书馆2011年版，第76—115页。

② 张再林等：《身体、两性、家庭及其符号》，西安交通大学出版社2010年版，第83—86页。

③ 此处的现代“新实用主义”指以美国哲学家舒斯特曼所提出的实用主义。在舒氏的学说中，提出了介于现象学与实用主义之间的哲学的“第三条道路”。见《身体意识与身体美学》第二章。

显分二途、迥然异趣，实际上根本上却是形二而实一的。

正如笔者曾指出的那样，“无论是强调生命与其环境天然合一的直觉式思维，还是生命迎接环境挑战的实用式思维，其都不失为一种系于我们自身生命的‘根身性’思维和‘切身性’思维，其都迥异于传统西方的源于柏拉图主义的‘祛身化’的思维，和那种具有极端的超越性趣向的‘我思性’的思维”①。这两种方法的“涉身性”毋宁说意味着，与西方哲学不同，“身”而非“思”不仅业已成为中国哲学方法的根本依据，并且此“身”也亦功夫亦本体地为我们指向了中国哲学本体所奠的坚实之基。这样，随着中国哲学中亦直觉亦工具的“两一”方法论的真正确立，一种以“身”为本并且“体”“用”兼综的全新的中国哲学理论体系也就随之和盘托出了。

中国哲学理论体系的基本构架

一种全新的中国哲学理论体系，或换言之，一种全新的“太极图”图式可如图2所示。

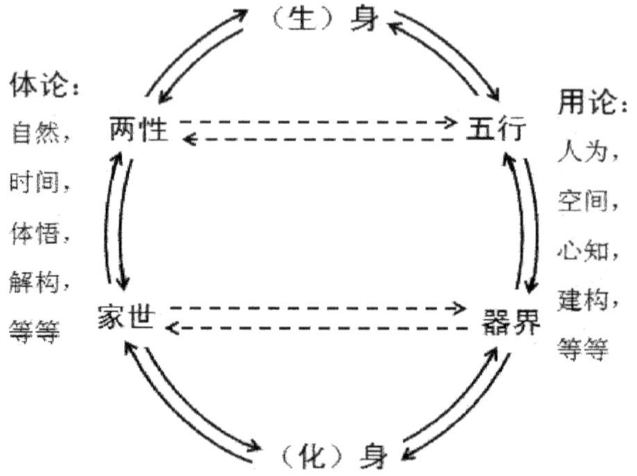

图2　生命的无限生成

① 张再林：《从现象学反观中国传统思维的双重性》，《哲学研究》2011年第12期。

1. 这种全新的中国哲学理论体系，其有别于以周式“太极图”为代表的宋明理论体系的最根本之处，在于它与“下学而上达”的中国致思传统一致，作为后理学的“即身而道在”思想的历史承续，并顺应当代哲学的“回归生活世界”“一切从身体出发”的时代趋势，乃为一种由“身”出发、以“身”为本的哲学理论体系。在该体系中，“身”以其现象学意义上得以直接把握到的“此在”性质，以其实用主义意义上一切须臾不可离的生命目的的前提，已不再是佛教所谓“臭皮囊”，基督教所谓的“原罪”，西方思辨哲学所谓“坏的感性”，而是以一种“万化生于身”（李贽语）的方式，成为新哲学的坚实之基，被置于其理论的始源和中心地位，取代了理学那种既无形无迹又不可把握、不可践行和措用，从而具有突出的思辨唯心主义特征的绝对超验的“太极”，以及作为“太极”的别称的程朱的“天理”。

这种“身”之所以可命名为“生身”，一是借用佛教的“生身”这一概念所指，意味着该“身”并非那种具有极端超验和非现实性质的所谓的“法身”，而为一种一开始就脱胎于父母的经验的、现实的“肉身”；二是与“生生之谓易”这一《周易》的生命哲学宗旨相吻合，意味着该“身”与其说是一种“实在论”之身，不如说是一种“能在论”之身，它是以不断地生成，即生命之“几”为其宗旨、规定。就此而言，一如古人“身体发肤，受之父母”所云，“身”既是“己身”又是父母之“遗体”，既是“因”又是“果”，既是“起点”又是“终点”，并以这种首尾相接的“过程之身”的性质，使自身区别于那种以“创造者”与“被创造者”的严格二分为预设前提的，西方式的“起源论”中任何原创物的设定。中国古代“身”的这种“两极相关”的特征，不仅与维特根斯坦的“没有基础的基础”、梅洛－庞蒂的“没有创造的创造”这种涉身性的哲学思想一致，也在著名汉学家安乐哲对中国古典哲学之本体的解读中得到极其有说服力的回应。①

2. 一旦“太极”还原为“生身”，那么，这意味着“太极生两仪”的所

① 安乐哲：《古典中国哲学中身体的意义》，陈霞、刘燕译，《世界哲学》2006年第5期。

谓的“阴阳二仪”，实际上也以一种现象学还原的方式，近取诸身为我们身体自身的男女两性，意味着所谓“阴阳化生”的过程，乃体现为基于两性和合的生命家族的不断的世代相生，由此就形成了如图2所示的（生）身→两性→家世这一生命的运演模式。这种模式不仅告诉我们“人只是作为男人和女人而存在着”（费尔巴哈语），也即尊身必然要导向尊性，而且还告诉我们“有夫妇，然后有父子”（《周易·序卦传》），也即惟有男女两性这一至为根本的关系的确立，才使父子相继的人类生命族系的谱写成为真正的可能，并“子子孙孙，引无极也”（《尔雅·释训》），最终使我们自身实现从有限的生命个体向无限的生命共同体之生命归依。

无疑，这种（生）身→两性→家世的哲学模式的推出，以其突出的生命“系谱学”（genealogy）的性质，为我们集中地体现了中国哲学之为中国哲学的真正特质，并与那种既“无性克隆”又“无生无死”的，并以意识→范畴→宇宙为取向的西方哲学模式形成了极其鲜明的对比。① 因此，尽管囿于人类哲学表达上西方文化的权力话语，该模式时至今日并未引起学界应有的认可和重视，但是我们相信，随着现代人类文化中日甚一日的“祛性化”“无家可归”的危机，也随着后现代主义向生命之“系谱学”回归的思潮的迅猛崛起，人类也终将从对其“祛魅”走向对其“复魅”，并在对其新的文化自觉中，再次彰显这一古老模式极其深邃、不无合理的哲学意义。

3. 这种全新的中国哲学理论体系的另一大特点，是与其方法二重性相应的体用二者的兼备。它在强调“身之体”的同时，亦不忽视“身之用”的重要身份和地位，乃至流于一种德留兹式的“无器官的身体”（The Body-withaut-Organs）为人所诟病。这使其图式呈现为一种别出心裁的“双螺旋式”的对称结构。一方面，图2左它为我们展现出了（生）身→两性→家世这一生命

---

① 西方传统这种“无性克隆”又“无生无死”的性质，除了在尼采哲学、海德格尔的存在主义哲学、梅洛-庞蒂的身体性哲学里已多有涉及外，尤在鲍德里亚的后期哲学里得到深刻的揭露。参见Baudrillard：*Symbolic Exchange and Death*（Sage Publications，1993）以及*The Vital Illusion*（Columbia University Press，2000）。

运演路线；另一方面，图2右又有（生）身→五行→器界这一生命运演路线与之相辅而并行不悖。显而易见，较之于周敦颐那种不无“道家化”而多少流于自然主义、冥契主义的“太极图”，由于把“五行”不再纳入“阴阳”的统辖之下，把“五行”与“阴阳”一视同仁并分门别类，使这种新的哲学图式与中国古老的“实用理性”精神一脉相承，为我们极大地凸显了中国哲学中的“器用”之维。

正如人所用之手有五指，以至于王夫之以“五用”训“五行”那样，[①]这里的“五行”与其说为我们确切地指向五种自然物质及其属性，不如说是泛指人的一切“上手”（at-hand）活动，一切“利用”活动：从人生理的五脏之用，到人伦理的五常之用，再到人治理的五礼、五刑之用，无一不可尽纳其中。同时，也正是由于这种“上手”活动、这种“利用”活动，才使“宇宙在吾手”（李贽语）的同时，也使包括一切“上手之物”、一切“利用之器”在内的器物制度世界的存在成为真正可能。因此，这意味着，欲使中国哲学彻底告别那种业已流于唯心性化的“理学”，并欲使中国哲学真正跻身于工具理性旗下的现代人类的科技世界，对其哲学中（生）身→五行→器界这一脉路的重新开显定是不可或缺的，尽管这一路线自荀学后长期以来被边缘化在其文化的种种“小传统”之中，以至于仅仅在今天的中医理论里人们才能触摸到其脉搏的跳动。

4. 从这种体用兼备的“双螺旋式”的结构中，生发出了中国哲学理论上的“体论”与“用论”。“体论”就其以一种直接的把握方式涉身于“身之体”而言，它更多地为我们指向了中国哲学理论中的自然、时间、体悟、解构（“生”）等之维。[②] 相反，“用论”就其以一种工具的把握方式涉身于

---

① 王夫之谓“五者有不行焉，则亦不资之以用”（《尚书引义·洪范二》）。

② 必须强调的是，与佛教中对“体用”之“体”的那种实在论的理解不同，我们这里的“体”的概念与其说是一种名词意义上的实在之“体”，不如说是一种动词意义上的能在之“体”，即梅洛－庞蒂的“身体意向性”意义上的身体之“体”，也即身体自身自发的开显活动、生发活动。

"身之用"而言，它更多地为我们指向了中国哲学理论中的人为、空间、[①] 心知、建构（"成"）等等之维。此外，就二者的学派依托而言，如果说前者以其顶礼于"天之道"，而更多地体现了一种"道家式"的致思和价值取向的话，那么，后者则以其崇尚于"人之道"，而更多地体现了一种"儒家式"的致思和价值取向。

这种"双螺旋式"的结构表明，不独中国哲学以其体用兼备、以其"中体中用"，而使所谓的"中体西用"之说业已成为无稽之谈，并且视中国哲学为所谓的"唯自然""唯时间""唯体悟""唯解构"取向的哲学的种种成见亦可以休矣。和西方哲学理论一样，中国哲学自身的思想资源中同样不乏对人为、空间、心知、建构等等维度的积极认可。这些维度不仅早在先秦荀子、墨子、名家、法家的学说中就破雾而出、清晰可辨，而且尤其随着"后理学"思潮的异军突起，随着该思潮代表人物王夫之推出所谓的"依人而建极""能必副所""愈思而愈得""畴以尽人"，而以一种历史的否定之否定的方式而倍加豁显。

5. 一如⇆这一符号所示，对非线性的"回互性"的强调，是新"太极图"的又一极为突出的特色，它使该图式成为一首尾相接、环环相扣的生动的"生命链"。一方面，这种"回互性"一如周敦颐的"太极图"所展示的那样，表现为无论是就（生）身→两性→家世的运演模式而言，还是就（生）身→五行→器界的运演模式而言，都既坚持"一而生万"，同时又坚持"一由万显"，其都在"一"与"万"之间，与其说遵循着一种思辨的独白式的"父子型"逻辑，不如说是遵循着一种生命的对话式的"共生型"逻辑。另一方面，这种"回互性"如该图所示，亦存在于这两种模式之间以及与之相应的"体论"与"用论"之间。故我们看到，"两性"之阴阳消长使"五行"的金木水火土成为相生相克的历时性动态系统的同时，又使其自身与空

① 如郭沫若提出，"（五行）这种观念的起源应该是起于殷代的五方或五的崇拜"（《中国古代社会研究》，人民出版社 1954 年版，第 114 页）。

间定向上“五行”的“五方”相连;[①] “家世”之家使“器界”的器成为我们亲切的“家伙”的同时，又使其自身服从于不无客观的“器物制度”的规范。因而这同时也决定了，“体论”与“用论”这两大系统并非相互绝缘、各不搭界的，而是同样具有“我中有你，你中有我”的特点。以至于正如中国传统哲学理论所表明的那样，其“自然”是“人为化”的自然，而“人为”则是“自然化”的人为；其“时间”是“空间化”的时间，而“空间”则是“时间化”的空间；其“体悟”是“心知化”的体悟，而“心知”则是“体悟化”的心知；其“解构”是“建构化”的解构，而“建构”则是“解构化”的建构。由此才使中国哲学理论除了有所谓“体用不二”之说外，还有所谓“天生人成”、所谓“时位相关”、所谓“语默不二”、所谓“成者必毁”等命题的推出，才使中国哲人成为既坚持生命的血缘又坚持制度的规范的“礼”的信徒，并使中国哲学所遵循之道从表面上的“儒道二分”，最终命定地走向了实质上的所谓“儒道互补”。

6. 取自佛教用语的“化身”一词，原指佛为普度众生，在世上现身说法，能随时变化为种种形象。[②] 借用而不搬用这一佛教的词义，这里的“化身”则指世间的芸芸众生之身，经由自身的不断的生命践履，由潜在的可能之身生成、转化为集一切果业之大成，并随化所显地现种种形的现实之身这一过程。就此而言，该过程与其说是身的从无到有，是身的由隐至显，不如说是如火之始燃、泉之始达，其体现为身体生命突破了自身时空的限囿，从有限之身向无限之身的生成，或如古人以“伸”训“身”那样,[③] 其体现为身体生命由屈到伸的无限的弹性延伸：“家世”之维主要体现为身体生命历时

---

① 此指古人将一年时令的变化分别对应于东方木、南方火、中央土、西方金与北方水。关于这一点可参看白奚的《中国古代阴阳与五行说的合流——〈管子〉阴阳五行思想新探》一文，《中国社会科学》1997 年第 5 期。

② 慧远《大乘义章》卷十二：“佛随众生现种种形，或人或天，或龙或鬼，如是一切，同世色象，不为佛形，名为化身。”

③ 《释名·释形体第八》：“身，伸也，可屈伸也。王先谦曰：‘周礼大宗伯曰：侯执信圭。’注：‘信，当为身，声之误也。信，古伸字。’《荀子·儒效》注：‘伸，读为身。’身、伸二字声同而意通。《说文》：‘伸，屈伸也。’”《释名疏证补》，东汉刘熙撰，清毕沅疏证，王先谦补。

性上血脉的延伸，而“器界”之维主要体现为身体生命共时性上能作的延伸。正是在这种时空双向的无限的延伸之中，才使“天地宇宙，一人之身也”（《淮南子·本经训》）这一古训得以真实不妄地验证，才使人之身得以出神入化地成为贯古通今又顶天立地的“宇宙之身”，并在这种身的无穷的化渡之中，最终使古人所谓的“死而不亡”这一生命的永恒对人成为真正的可能。

这样，随着这种作为生命无限生成、无限延伸的“身道”的如如朗现，人们关于这种新“太极图”是否取消了哲学之形上超越性的疑惑和致诘，也一起得以彻底地消解了。显而易见，在这里，我们与其说是看到了一种与哲学之形上超越性的诀别，不如说是以一种“下学上达”的方式，以一种“即身即佛”的方式，而使一种中国式的“内在超越”的哲学思想第一次得以真正明彻的洞揭。因为，正如中国古人在以“伸”训“身”的同时，又使“伸”“神”相通那样，[①] 对于他们来说，“神”之所以为“神”，恰恰就在于它存在于我们每一个人此在的身体之中，身体的生生不已、生生不灭之中，而非存在于那种彼岸的“天国”之中，“天国”的无生和寂灭之中。

（原载《江海学刊》2013 年第 3 期）

① 《说文》：“申，神也”，又古“申”字又作“伸”（如《后汉书·冯衍传》谓“进退无主，屈申无常”），故“伸”“神”为同源字。

论道德推理

晏 辉

在伦理学研究中，对道德推理的研究是比较薄弱的，故而，关于德性论的研究也就不够深入而全面。一如关于德性的研究需要结构主义和生成论的思维方式，对道德推理的研究也必须如此。道德推理构成德性之原始发生的核心环节。

实践推理与道德推理

任何推理都是面向未来、可能的事物的，对必然事物的判断构成事实推理，对所意愿事物的判断构成价值推理即实践推理；事实推理以万物循以产生的规律为基础，实践推理以万物应该循以产生的规律为前提。而在实践推理的域限内，有以追求快乐和幸福为目的的实践推理，称之为价值性的实践推理；有以考量观念和行为正当性为旨归的实践推理，可称之为有关正当性的实践推理，即道德推理。道德推理是一般推理中的特殊类型。人之能够推理、愿意推理，并不仅仅由于对未知事物的好奇，一如亚里士多德所说，知识、科学和哲学都起于惊异，更在于人之特定的存在方式和存在使命。人始终处于不足和匮乏状态，由此决定，人必须不断地获取解除其不足和匮乏的“外在之善”。然而，世界并未预先为人类准备好“外在之善”，只是准备了用于创造这些“外在之善”的“始料”，于是，合乎规律地、合于价值诉求地创造“外在之善”就成了人的宿命，人的宿命就是通过合乎规律地创造价值世界从而创造其自身。然而在现实地创造价值世界之前，需预先在观念上完成这种改造。观念的改造活动是一定有判断的，包括事实判断和价值判断。事实与价值并非两种完全不同的事项，价值本身就是一种事实——作为一种价值事实，只是这种事实是相关于一个或多个需求者而言的，是对需求者有效用、有意义的那种。如此一来，事实判断与价值判断就有明显的分别：前者是有关同一个事物前后相继的逻辑关系的观念联结，它体现的是时间性；后者是有关不同事物在同一空间中的相互联结，它体现的是空间性。这既决定于人类求知的愿望，更决定于人之存在使命。只有预先弄清同一事物的前后相继、不同事物的空中联结，之后才能断定这些事实是否具有相关于需求者而言的有用性、价值性。然而在事实判断的主体及其旨趣方面却有更为详尽的分别，以科学家的视野，完成事实判断乃科学的使命，任何一种以科学的名义出现的理论都以呈现规律（自然规律、社会规律、思维规律）为己任。于是，科学家便借助知性的力量，构造一个由若干具有解释力的概念构成的范畴表，凭借先天感性直观形式时间和空间获得形态各异的经验材料，再由理性用范畴整理作为表象的经验，得出具有自洽性的逻辑体系。这就是康德意义上的纯粹理性问题，为着再现客观的事实逻辑，一个范畴表、一个逻辑体系是必须的。它们虽不在时间上优先，却在逻辑上优先，正是由于它们，各种规律才得以体现或再现，这便是规律的被给予性，虽不是被生成性。这是西方近代哲学所追求的哲学境界，也就是使世界图像化。于是，追求一种“原理”乃自然科学家和社会科学家梦寐以求的事情。然而，以追求快乐与幸福为终极目的的常人，既无能力也无兴趣追求所谓普遍有效的“原理”，他们的事实推理仅限于其理性和意愿所及的日常事务，他们更感兴趣的是这些日常事实于其生活所具有的意义。关于价值与意义的判断构成实践推理，它优先于事实推理。实践推理是相关于人的意愿的，是与人的欲望、愿望和价值目标有关的推理形式，是相关于判断者自身的事情。

实践是出于人的意愿、欲望并为人服务而作出的行动，它以万物应该循以产生的规律为前提。而就一个行动得以发生的元素来说，至少有三个环节是必要的：前提、过程和结果。作为行动之第一元素的前提，既包括了行动得以进行的物质条件，如设备、工具等，还包括精神因素，如知识、决策、意愿、动机等。不可否认，在行动的整体中，缺少任一要素都不得进行，但属前提最为要紧。实践推理便发生于行动之前提这一环节中。在一个行动发动之前，会预先发生什么呢？黑格尔说，人是靠思想站立起来的。当把这一命题转换成具体行动之发动之前的实践推理时，其内在的复杂性便直接呈现出来。而就其所涉及的性质和类型看，主要集中在两个方面。第一方面是与价值事实有关的推理，其所用到的是技术理性，解决的是如何可能的问题；第二方面是与价值应当有关的推理，其所用到的是实践理性，解决的是应当如何的问题。两个方面的道德哲学问题便是善与应当的关系问题。为着追求一个与行动者有关的价值事实，行动者会在行动之前完成一个表象上的预先拥有或预先给予。人会在两个向度上完成当下呈现，一个是将从前的经历或体验在当下呈现，体验的当下移植可称为置后呈现。它不是把曾经的体验过程重新拥有，而是表象上的重新再现，这种再现也会产生某种类似于真实的体验，但实质上却是记忆上的或回忆上的体验，是体验在时间序列上的向后延续，它是面向过去的事情。另一个是未来价值事实和体验的预先拥有，它是面向未来的事情。行动者要在行动之前完成两个表象构造：价值事实和价值事实的效用。任何一种事物都是事实，但不必然地都是价值事实。一般事实是单项的，人们对单项事实的判断是分析判断，而价值事实则是多项的，人们对多项事实的判断构成综合判断。① 价值事实是单项事实之属性或功能与需求者之需求之间的客观关系，对这种关系的判断构成价值判断。价值判断基于客体事实和主体事实之上而又不止于这些事实，而是对两种事实之相异、

---

① 在一切判断中，通常有两种：分析判断和综合判断。“要么是谓词 B 属于主词 A，是隐蔽地包含在 A 这个概念中的东西；要么是 B 完全外在于概念 A，虽然它与概念 A 有联结。在前一种情况下我把这判断叫作分析的，第二种情况下则称为综合判断。因而分析的（肯定性的）判断是这样的判断，在其中主词和谓词的联结是通过同一性来思考的，而在其中这一联结不借同一性被思考的那些判断，则应叫作综合的判断。前者也可以称为说明性的判断，后者则可以称为扩展性的判断，因为前者通过谓词并未给主词概念增加任何东西，而只是通过分析把主词分解为它的分概念，这些分概念在主词中已经（虽然是模糊地）被想到了：相反，后者则在主词概念上增加了一个谓词，这谓词是在主词概念中完全不曾想到过的，是不能由对主词的任何分析而抽绎出来的。”（康德：《纯粹理性批判》，邓晓芒译，人民出版社 2004 年版，第 8 页）对价值事实的判断就属于综合判断。

相合关系的断定。这种断定在行动者创造一般事实之前已经预先地把两种事实的相异、相合关系构造出来了，但只是观念的构造，因而只是表象。另一种表象构造则是享用体验的构造，这是实践推理的一个十分重要的方面。除了两种事实的预先联结之外，行动者还要把对价值的享用即体验构造出来，形成虚拟享用。[①] 这种虚拟享用虽不是真实的，却是客观的。虚拟享用者会借助足够的想象力使自己沉浸在对价值的享用中，从而产生想象的愉悦、快乐甚至幸福。作为实践推理之重要内容的虚拟享用会产生两个效应：占有欲望的神圣激发和意义总体的适度扩展。即是说，虚拟享用既可以激发起人们对外在之善的过度占有，从而造成虚假消费、过度消费和炫耀消费；同时也可以从少量的价值物中体会出更多的意义来。

与创造、占有和享用价值事实有关的另一重要方面的实践推理就是关于行动之正当性的断定。行动正当性发生的根源在于每一个体的非自足性的存在以及交互性的状态。每个正常的人如欲可持续地生活下去并意欲过上好生活，总需要外在的善，而外在的善通常是稀缺的，即便作为非排他性分配的尊严也有相互承认和尊重的问题。面对这些排他和非排他资源，人们在分配、占有和享用这些资源时，经常涉及正当与不正当问题，用伦理学的术语说就是“应当”的问题。关于应当问题的表象要比对价值事实和对价值事实之体验的表象复杂得多，也困难得多。其一，关于行动正当性的实践推理在逻辑上晚于对价值事实和对价值事实之体验的推理。作为非自足从而依赖于外界的存在物，人在进行思维和行动时总是从“心”出发。起于心意以内的由己性使得行动者并非先考虑行动的正当性问题，而是优先断定行动对我“意味着”什么。在这个意义上，人性假设确实有其哲学基础，这个基础就是人的“为我性”和“向我性”。行动与行动者之间天然的直接同一性，使得行动者的“利己性”或“为我性”更具有强大的力量。然而，行动者的“利己性”或“为我性”是受到他者制约的，这个他者既可以是其他个人，也可以是组

---

① 关于“虚拟享用”问题，我几年前曾做过初步讨论，参见《虚拟享用：伦理辩护与批判》，《中国社会科学》2005 年第 6 期。

织、社会，甚至国家。然而他者的制约作为他者的“呼声”并不天然存诸行动者的内心世界，“内心的声音”和“他者的呼声”是完全不同的“价值诉求”。就“价值诉求”的原始发生看，“内心的声音”总具有逻辑上的优先性。其二，从复杂性程度上看，对价值事实和对价值事实之体验的推理乃是分析判断，其所坚持的逻辑是：欲—求—价值；而对行动之正当性的推理则是综合判断，它是“他者的呼声”在“内心的声音”中的“回响”，其所坚持的逻辑是：正当—求—欲。其三，从原始发生看，价值推理不是培养起来的，而是训练出来和发展起来的，它是借着社会条件和社会环境把早已潜存于心的“由己性”逐渐实现出来，它所用到的理性乃是实用理性（目的）和技术理性（手段），其智慧类型乃是“智巧”。它们都属于可学习的事情。相反，正当推理则是培养起来的，人天生只有为善的潜质却不必然具有为善的行动，人的德性是培养起来的，依靠的是教化，不仅仅是学习更重要的是模仿。正当判断应用的是实践理性，其智慧类型是明智、正义、理智、节制、自制、慷慨、大方、友爱。它们都是可教化的事情。任何一个实践主体并不先天具有正当推理的能力，这种能力是个体在反复进行的社会化过程中习得的，包括对伦理规则的了解、理解、记忆和运用；用规则判断一个行动的正当性及其程度；这种性质和程度是不可以具象化的，只能作为对这种性质的意识而预先呈现在行动主体的理智世界中。

与价值的占有和享用有关的实践推理和与行动的正当性有关的实践推理是密切关联的。虽然并非每一个价值的实践推理都直接涉及正当的实践推理，但在多数情况下是关联的，事实上，两种实践推理是不一致的：于行动者而言，价值的实践推理是首要的；对行动的利益相关者而言，正当的实践推理则是首要的。当二者不可得兼的时候，与正当的实践推理相关的“先天法则”、“善良意志”和“实践理性”就会发挥效力，致使正当性的意识优先于价值性的意识。如有情感渗透于其中，诸如同情的、回报的意识，那么使正当性的意识优先就会容易一些；反之，情感上并不直接意愿正当优先但理性上必须优先，就更加困难一些，它需要广泛而更加充分地运用理性。

道德推理的复杂性

道德推理作为一种复杂的观念活动，其原始发生的机制是极为复杂的。对于这种复杂性我们不能用描述的方法，而只能用发生学的方法加以叙事，且必须充分借助事实体验和想象体验的力量。一如上述，道德推理作为有关观念、行动或制度正当性问题的判断形式，从来就不是分析的命题而是综合的命题，它起于价值判断而又不止于价值判断，乃是多项元素的综合。道德推理作为理智性的观念活动，并非发生于人的任何阶段。在尚不具备完全推理能力的婴幼儿时期，道德推理是不易发生的，只是到了能够较为熟练地运用范畴于事件或人物并对事件或人物的道德性质进行甄别的时候，道德推理才能发生。虽然每一个体在养成道德推理能力上有区别，但基本上遵循着皮亚杰在《发生认识论》中所描述的“基本原理”。至于一个人的道德推理能力究竟是如何形成的，则不属于本文所讨论的题材，在此我们所要集中探讨的是，一个有基本推理能力的人，其道德推理是如何发生的。

在道德推理的原始发生上，推理主体是否具有善恶观念乃是首要的元素。任一被社会化了的个体并非先天具有善恶观念，而是在不断进行教化的过程中逐渐建立起来的。然而却有两种性质有别的善恶概念，针对善恶概念的语义双关性，康德明确指出：“‘认其为善’这个说法也是意义双关的。因为它的含义很可能是：我们所以把某种东西表象为善的，乃是我们欲求（意愿）它；但是它的含义也可能是：我们所以欲求一种东西，乃是因为我们把它表象为善的。因此，如果不是欲求为善的动机，就是善为欲求（意志）的动机。因而在前一种情形下，所谓‘认其为善’的这个说法就会意味着：我们是本着善的观念而欲求某种东西，在第二种情形下，则是，我们是根据这个观念而欲求那种东西——这个观念是必须在愿望之前，而为其动机的。”① 于是“认其为善”就在内涵和指向上严格地区别为两

① 康德：《实践理性批判》，关文运译，广西师范大学出版社2002年版，第49页。

种，尽管它们密切关联：向行动者而言的和向他者而言的。无论从以“认其为善”为内容的善恶观念的原始发生上，还是在这种观念的具体运用上，向行动者而言的善恶观念都是优先的。由人的非自足性所决定，人必须优先获得使其能够生活的资料，才能做各种事情，因此，占有外界物以解除不足和匮乏乃人的宿命，人只有首先为着自己才能更好地为着他人。而人的占有、接受和享用总伴有或强或弱的感受，亦即快乐、幸福，痛苦和不幸。毫无疑问，与幸福和不幸相关的体验都是感受性的，因而都是经验。当这种与感受性相关的体验反复出现并形成流动的体验时，一种与幸福和不幸相匹配的概念就被建立起来了，即善恶概念。这种向行动者自身而言的善恶概念乃是一种单一的价值关系：价值物与需求者之间满足与被满足的关系。这种单一的价值关系是随着需求者的出生、成长和发展而一同被建构起来的，它具有向着需求者而言的自然而然的倾向性：需求者会主动建构和寻找与他的需要相一致的价值物，规避不一致甚至还有害的事情。需求者这种起于心意以内的由己性决定了他的建构与寻找具有鲜明的向我性和为我性，而这些似乎是无须教导和教化的。因为，任何一个人来到这个世界，首要的事情是占有和享用，而不是贡献或奉献，奉献是需要基本能力和积极意愿的，而这些是必然需要教导和教化的。通过反复的教化，一种向他者而言的善恶概念逐渐被建立起来，这是一种“应当”的观念。“应当”的观念乃是一种三项元素的统一：（1）向我而言的有价值的存在，（2）这个价值于他者同样有效，（3）同一种价值在他我之间分配具有不同的意义。“应当”的观念就是对这个“不同意义”的意识。除了有关“物”之分配的“不同意义”的应当之外，还有关于“行为”的应当，它是有关向谁而做的“行为”。向我而做的“行为”，其意义是朝向我的；向他者而做的“行为”，其意义是朝向他者的。面向“行为”的应当，构成了责任或义务。向行动者而言的“应当”乃是必然的，向他者而言的“应当”却并不总是必然的。“自然规律是万物循以产生的规律，道德规律是万物应该循以产生的规律，但却不能排除那些往往使它不能产生的条件。”① 人天然具有向我而言的善恶倾向和善恶观念；人天然具有接受向他者而言的善恶观念的潜质，但却并不天然具有它。“德性分两种：理智德性和道德德性。理智德性主要通过教导而发生和发展，所以需要经验和时间。道德德性则通过习惯养成，因此它的名字‘道德的’也是从‘习惯’这个词演变而来。由此可见，我们所有的道德德性都不是由自然在我们身上造成的……德性在我们身上的养成既不是出于自然，也不是反乎自然的。首先，自然赋予我们接受德性的能力，而这种能力通过习惯而完成。其次，自然馈赠我们的所有能力都是先以潜能形式为我们所获得，然后才表现在我们的活动中。”② 朝向他者而言的善恶观念无疑是在反复的教化中建立起来的，但它绝非康德所言是非经验的，而是理性与情感的过程，既是体验又是认知。《大学》极为细致地论述了善恶观念的养成路径：欲齐家、治国、平天下者，先修其身；欲修其身者，先正其心；欲正其心者，先诚其意；欲诚其意者，先致其知；致知在格物。而格物者则必是推究事物之理，以求一知（智），也必是格心中之欲，以求诚意。求一知便是知，求诚意便是情。经过反复的“学而时习之”的过程，方能知善恶、行善事。善恶观念在道德推理中属于前判断，是在进行有情景的道德推理之前优先完成的判断，它既是根据又是标准，有了这个根据判断者才能就一个规则、一个事件、一个行为进行正当与否、善恶与否的断定。当然，若没有可判断的对象，善恶观念作为根据和标准也仅仅是形式的，而无实质内容。

道德事实及其甄别。道德推理一定是与道德事实相关的观念活动，是由已知的一般事实或道德事实根据善恶观念推出未知道德事实的过程。道德事实指已经表现过的和正在表现中的道德现象，是由言说与行动构成的、与善

① 康德：《道德形而上学原理》，苗力田译，上海人民出版社1986年版，第36页。
② 亚里士多德：《尼各马可伦理学》，廖申白译，商务印书馆2003年版，第35—36页。

恶有关的现象。道德事实是社会事实中[①]的核心部分，它不是一般的行事方式、思考方式和感知方式，而是蕴涵着善恶性质的方式。道德事实一定是社会事实，但社会事实不一定是道德事实，我们既不主张一切社会事实都有道德性（伦理性），也不坚持把道德事实扩大到全部的社会领域。不可否认，人类的所有行事、思考和感知方式基本上是在人与自然、人与人以及人与自己的关系内进行的，道德现象亦是如此，但道德性并不普及所有的人类现象。所谓道德性乃指与幸福和正当性有关的事情。幸福是相关于行动者的事情，可称为内心的声音，也可称为自我责任；正当性是相关于他者的事情，叫作他者的声音，也可称为社会责任。责任乃是出于对法则的尊重而产生的行为必然性，依照此理，道德事实乃是在关系中被定义的，也是在关系中被评价的。只有关乎责任的社会现象才可算是具有道德性的现象，而只有具有道德性的社会现象才可称为道德事实。

从社会道德事实的内部构成上看，可由德性、德行与规范三个部分构成。德性是一个人格健全的人所拥有的能使他生活得好，并出色地完成他的活动所需要的优良品质，在社会道德事实的意义上，这里的德性乃是人们实际具有的品质，而不是一种可能性，至于这种德性是有限理性者长期修为而成，还是通过教化得来并不重要，重要的是人们是否事实上拥有德性。德性是一切德行得以发生的基础，有规范而无德性，规范则空。德性只对个体有效，而对组织无效，因为组织作为非人格化的集合体，是无良心可言的，它没有

---

① 社会事实概念最早由法国著名社会学家埃米尔·涂尔干提出。与前辈孔德一样，涂尔干也认为我们必须要像科学家研究自然一样，客观地研究社会生活。他的著名的社会学第一原则就是“把社会事实当做物来研究”。意思是可以把社会生活严格地当作客体或自然事实来加以分析。根据涂尔干的看法，社会事实是外在于个体的行事方式、思考方式和感知方式，有其自身的实在，外在于作为个体的人的生活和感知。社会事实的另一个特性是它们对个体施加某种强制性力量。然而人们常常并不认为社会事实的制约性质是强制性的。这是因为，人们一般主动地遵从社会事实，相信他们的行事是出于自己的选择。涂尔干认为，事实上，人们只是简单地遵从其所处社会普遍的模式。社会事实能以多种方式制约人们的行动，从直接的惩罚（例如犯罪的情况），到社会拒绝（行为不被接受的情况），再到单纯的误解（语言误用的情况）。因此，社会事实难以研究，因为它看不见，摸不着，不能直接观察。惟其如此，涂尔干始终致力于将社会学研究自然科学化。在我看来，一如吉登斯所言，社会学是关于人类生活、群体与社会的研究，但社会学似乎始终是在价值中立原则指导下研究，较少顾及行动者的意愿以及行动的正当性问题，而这恰恰是伦理学的任务。

反思，更无忏悔、懊悔、自责。促使组织担负责任实质上即是分责或卸责，本质上，应该把组织的责任具体到决策者、管理者和执行者那里。在组织中，只有每个人各就其位、各司其职、各尽其能、各得其益、各负其责，才是公正的，也才是和谐的。柏拉图说，公正的社会必定是和谐的。人的德性作为一种素养、修养和教养，乃是一种潜质，但这种潜质是在反复运用中形成的、实现的。其实现的方式便是德行。德行是与善恶有关的说与做。说就是表达，表达的内容可以是言说者的内心标准，也可以是针对他者的德性和德行的状态的评判，前者为陈述，后者为评价。朝向自我的表达既可以是道德立场，也可以是道德承诺；朝向他者的评价既可以是具有善恶性质的谴责、描述，也可以是道德激励或鼓励。朝向他者的评价原本就是行动，而朝向自己的言说（承诺）则不能仅停留在说上，必须落在现实的基地上，这就是德行。狭义的德行是那些出于意愿，内得于己外得于人的行为；而广义的德行则指个体、组织、国家或为着自己，或为着他人而发动的具有善恶性质的行为。广义的德行有利己利他行为、利他不利己行为、利己而不利他行为、不利己也不利他行为四种类型；而从形式讲则有康德在自由范畴表中所表达的复杂情形。由此判断，只要是充满利益相关性从而蕴涵着责任的说与做就是社会道德事实。

在道德事实范畴内，除了德性与德行、说与做之外，还有规范。在一个反复交往的人群 P 中，出于交往的需要，人们或由权威者供给，或民主给出的游戏规则 R。这些游戏规则或用于规约人们的行动，或用于分配稀缺性资源；若某个成员不遵守 R 反比遵守有收益，那人人都不遵守；反之人人都遵守。这便是规范，规范是一种集体行动的逻辑，具有空间与时间上的公共性。道德规范是社会规范中的组成部分，尽管一些规范与道德规范是重叠的，具有道德性，但它们并不就是道德规范，如社会组织制定的各种规章、守则、条例以及具有权威性的法律规范，这些规范所规约的对象以及事项，通常也是道德规范所及的事情，但它们并不就是道德规范。其一，道德规范不是通过法律的形式或理性的方式制定出来的游戏规则，尽管我们也把国家和组织制定的各种规章等称为职业道德规范，但它们与普遍化、持久化的道德规范有别。其二，道德规范通常表现为社会惯例、习俗等形式，是常识式的范畴和语言，许多还被凝结成名言、警句、箴言、语录等，是人终其一生都需学习和践行的事情，因为它们所指称的乃是做人做事的基本道理。若是一个组织、民族或国家失去了做人做事的基本道理，那也一定失去了最基本的社会秩序。故"伦者，辈也"。辈，序也，上下为次序，同向先后为顺序。道德黄金律便是伦的基本命题。① 其三，道德规范发挥其效力的方式不是靠着物质的力量、法律的支持，而是内心信念和社会舆论。内心信念植根于人的心灵深处，只要心灵不被荒芜，眼神就充满光泽。而社会舆论则是内心信念的社会表达，它发生于也表现于主体间性之中。社会舆论具有极大的方便性，无须动用各种其他形式便可直接表达，可以发生于任何场合，也可以表现在任何时段。道德规范尽管缺少规章、条理和法律那样的严密性和逻辑性，也无须诉诸笔端，写成完整的文本，但它却有通俗易懂、易记易行的范畴和语言。道德范畴和道德语言植根于日常生活中也通行于日常生活中，康德称之为"大众的道德理性知识"。但这绝非说，道德范畴与道德语言乃是先天具有的，而是圣人、贤者、明君将大众的道德理性知识提炼总结成易记易行的名言警句。惟其关乎人的基本的做人原则，道德范畴和道德语言可以穿越时空，成为后辈们所能利用的重要的道德资源。一旦这些范畴和语言被人们遗忘，或模糊不清，或被替代，社会的基本秩序也就近于崩溃之边缘。

当个体、组织和国家在道德规范的视域内现实地说并做的时候，一种总体上的道德事实便构成了，我们也可以把这种道德事实称为道德现象。道德事实是具体时空背景下的人们通过自身的言说（行动）和构造（规范）形成的社会事实，是人们已经经历过和正在经历着的可以用道德规范衡量的事情，有道德体验、道德经验、道德记忆和道德情感渗透其中，人们既是剧作者、剧中人又是评论者，具有真情实感。久已逝去的道德事件要么变成了故事、

① 关于道德黄金律约有三种陈述形式：《圣经》："爱邻如己"；康德："你要按照意愿别人对待你的方式对待别人"；孔子："己欲立而立人，己欲达而达人"，"己所不欲，勿施于人"。

典故，要么变成了仅供人们进行美好回忆的素材。既已逝去便不可再现，再现的是追忆，是道德事件的后置。可惜的是，很多人沉浸在缺少地基的回忆之中，而对改善、完善当下的道德事实无甚作为。久已逝去的道德事实只能通过改变人们的观念的形式影响人们，而人们已经经历和正在经历的道德事实才是现实的，是道德认知和体验的起点。

广义的道德事实乃是在道德上良莠并存、好坏参半的道德现象。既有被人们赞誉、钦佩的道德榜样（人和事），也有符合正当性标准的观念和行动，这是被肯定的；更有违背基本道德规范的观点和行动，这是必须谴责和批判的。在已出现的历史可能性中，尚未出现单一的被称誉、被肯定、被谴责的道德现象。但无论哪种情况都可视为道德现象之一种，都是人们必须正视的、正确对待的事情。这种良莠并存的道德现象作为一种客观的伦理环境，对不同的人群具有不同的意义，我们把这种不同的意义称为道德事实中的公正问题。造成不公正的主要力量乃在于两个优势人群：权威者集团和成人人群。权威者集团既是成人人群又是社会稀缺资源的占有者，因其在社会各个领域居于重要地位，故其因不遵守法律和道德规范而造成的社会损失要比其他人群大得多。这种损失一方面表现为利益上的侵害：或将公共资源据为己有，或不公正地分配给相关者。另一方面是将规范的实践效力锐减，以致造成道德信念、道德信用危机，因为其行为与其允诺给人们的道德承诺相去甚远，由这种言行不一、知行不合所造成的道德后果极其严重。一当权威者既是道德信条的言说者、宣传者，又是破坏者，其道德形象必然变得虚假。其道德责任是双重的，既要为其触犯法律和违背道德行为负责，又要为其破坏伦理环境负责。它使人们不再相信他们的道德承诺，甚至不再相信道德的力量，从而使伦理生态失衡。除了权威者集团之外，一般意义上的成人人群是构造道德事实的另一支重要力量。任一社会的人群基本上是由未成年人、成年人（此处指中青年人）和老人组成。而在德性的教化上通常都是向下的方式。在传统社会，老人群体既是智慧的象征，又是道德的榜样。而在市场社会，社会治理基本上不再依靠经验、故事和叙事，而是靠着理性、科学技术。而在三个人群中，未成年人和老年人在掌握且充分运用理性和科学技术方面均弱于中青年人，因此，精英集团（政治精英、经济精英、知识精英和社会精英）通常也就垄断了教化的权力。他们不但通过理性将他们认为具有普遍有效性的原则和规范诉诸文字，而且以舆论的形式表达他们的好恶。倘若他们是其所倡导的原则与规范的先行者，那他们一定是知行合一者，从而成为道德榜样。然而，大量数据表明，最容易不守原则和规范的恰恰是成人人群。他们向未成年人提出的是最高的道德标准，而自己践行的却是最低标准，甚至没标准。当现代媒体把拥有各种话语权力的成人群体之各种违法乱纪行为公布于众的时候，未成年人和老年人便不再相信他们的倡导和承诺。当政治精英集团的言行不一与成人人群的知行不一结合在一起的时候，一种类型化、普遍化的负面伦理环境也就构成了。这种外在冲突的伦理环境，终将导致三种更为深刻的道德分离：德性与规范的分离、德性与幸福的分离、行动者与行动的分离。

道德事实的甄别不是对德性、德行和规范的单一认知、确认，它们构成道德事实的要素，而是对一个具有善恶性质的完整社会事实的断定。这种断定，未必条理清晰，符合理性逻辑，但通常是客观的，是在已有道德经验的基础上对已经发生过、正在发生和将要发生的社会事件所进行的总体性把握。有了对道德事实的甄别，一种朝向行动者而言的道德推理才能够发生。人们也许出于理论的目的，也许出于判案的需要，从而专门研究人的道德推理是如何发生的。而生活实践中的道德推理则是朝向行动者的事情，研究一个行动者在进行价值选择时，其关于行为正当性的推理是如何发生的。道德推理乃指：具有一定推理能力的人，依照善恶观念，对自己在实施具体行动之前，就此行动于己于人所可能具有的正当性（责任性）进行的预先断定，是对行动之未来道德性或正当性的预先呈现。道德推理实现了两种意识上的空中连接：一种是形式的连接，即实践法则、责任、行动三要素的组合，道德推理是对三要素组合的观念把握；另一种是内容连接，即若如此这般地行动，于人于己意味着什么，是道德的、非道德的，还是反道德的。道德推理乃实践智慧的重要表现，而实践智慧则是人类处理与自己的欲望有关的事情时所表现出来的行动艺术，道德推理又是这种行动艺术的关键因素，是面向未来的观念行动，是把“应当”（善恶）的观念付诸实践之先而在意识上的预先拥有。作为未来正当性的预判，它使一般的意志植根于善良意志之上，以使行动朝向善良的轨道运行。尽管，想做到的未必必然做到，但道德推理毕竟开启了朝向善的闸门。具有完整道德人格的人，其德性与德行由动机（前提）、行动（过程）和效果（后果）三个要素构成，并由此构成一个连贯的行动轨迹：动机构成前置，行动构成经历，后果构成反思。道德推理作为未来道德事实的前置，或善恶事实的预先拥有，乃是德行之原始发生的原初性要素。当然，人并非天生具有道德推理能力，相反，人们是在反复进行的道德生活中才培养起这种能力。人不是先天具有德性，而是因为经常做有德性的事情，才成了有德之人。道德推理亦复如是。而在实际进行的道德推理中，有些是直觉式的，有些则是智巧式的，在不同的社会类型中，两种类型的道德推理虽可能同时存在，但通常以某种类型为主。

社会类型与道德推理

不可否认，只要有人存在，只要人们愿意生活下去并意欲过上好生活，道德推理就是必要的，也是可能的。然而在不同的社会类型中，道德推理却有类型上的差异。这种类型上的差异既相关于人的整体生活的质量，更相关于人的普遍的道德水平。

熟人社会与直觉式的道德推理。所谓直觉式的道德推理乃指推理者将实践法则、责任与选择在意识上的直接连接，而无须计算基于这种推理之上的德行所给予行动者的回报，更无须在德性成本与功利收益之间做艰难抉择。在一个反复交往的人群中，其交往所遵循的游戏规则既可以是千百年来积淀而成的风俗习惯、社会惯例、宗教仪轨、巫术禁忌，也可以是理性制定的典章制度、规范条例、守则规定。前者是自然的，非反思的，人们遵照它们而行乃依照日常的道德意识和常识，充满着日常的感情与情感，此所谓有情有义；而后者则是理性化的过程，人们公开且充分运用理性制定了各种规范，同时也充分运用理性进行道德推理并选择行为。虽不排除在任一社会形态里，两种道德推理形式是同时存在的，但通常以某种类型为主。是采取直觉式的还是采取智巧式的推理形式，并不取决于主观努力，而是取决于他所生活于其中的伦理环境，以及由这种环境造成的推理习惯。在一个家国同构的传统社会里，因在家庭与国家之间没有广阔的社会空间，没有类似于“市民社会”这个概念所指称的领域，因此适用于由差序格局构成的熟人社会的游戏规则同样适用于非血缘和非地缘关系的权力领域。当人们的日常生活主要是靠着“情”的逻辑而不是理性的力量来维系的时候，一种直觉式的道德推理才有可能。所谓“情”的逻辑乃是维系家庭和家族的爱情和亲情，维系村社关系的乡情，以及维系朋友关系的友情，它们分别属于血缘、地缘和友缘关系。在这个朝夕相处的生活共同体中，共同体成员形成了相似甚至相同的风俗、习惯、惯例、家规、村规、乡规，这些规范体系具有不证自明的正当性，既合理又合法，具有普遍的、持久的效力，它不允许有质疑，也不允许有例外。道德事实与非道德事实没有分别，德性与生活也没有分别，进言之，德性与规范就是生活，德性与规范既无工具化也没有边缘化。共同的生活环境，相似的生活经历，形成了共同的生活意志，这种意志属于同质意志。在这种同质意志支配下，共同体成员在做人做事的生活实践中，其道德推理通常是直觉式的，虽不排除个别成员的道德机会主义动机和行为，但绝大多数成员都会在内容与形式两个方面完成道德直觉。道德直觉与直觉式的道德推理虽不属于同类行为，但却同出一源。行为者不会就自己即将选择的行为于己之利做十分智巧的算计，即便有求得道德回报的意识，也必须先行利他。行动者会把他者的利益以及保证这种利益的日常道德意识（范畴与规范）置于优先的地位。在这种语境下，行动者与行动、德性与规范、德性与幸福是统一的，只是这种统一是缺少理性的反思和对利己与利他之冲突的感受。一如黑格尔和涂尔干所批评的那样，在家庭、家族和村社中，人的理性是最不发达的，但直觉式的道德推理却保证了被称为生活共同体的熟人社会的高度自治与和谐，也保证了成员之间高度的认同感和归属感。虽物质生活简朴，但心理和精神却是丰富的。

由资本的运行逻辑所推动的全面的市场社会，从根本上颠覆了传统社会的基本结构，更改变了传统社会的生产方式、交往方式和生活方式。当行动者与行动、德性与规范、德性与幸福不再天然统一，而是发生分离甚至冲突的时候，道德推理也发生了改变。道德推理是行动者依照普遍认可的实践法则对即将选择的行动所产生的道德后果所进行的预判。当整个社会把“自我”作为核心范畴置于观念与行动的首要位置时，一种智巧的、朝向自己的道德推理势必成为典型的推理类型。这种推理与直觉式的推理类型不同，它主要的不是一种分析命题式的推理，而是综合命题式的推理。分析命题式的道德推理描述的是，当且仅当，我是有理性存在者，而他者亦复如此，故为着尊重他者为人，须按着意愿他者对待自己的方式对待他者，或意愿使自己的行为成为实践法则的形式去行事。而综合命题式的道德推理则是，当且仅当，我是生命、生存和生活的出发点和归宿，故我如此这样地选择和行动，只要不反乎实践法则和他者利益即可。此种推理的出发点，乃是三种要素的并存：我、他者、实践法则。若三者不相冲突，那么以“我”为优先；若三者不可得兼，必须放弃“我”的打算，以便使自己的选择和行动在道德上说得过去的时候，其内心常常伴有焦虑、不爽。在出于、合于、反乎德性而行的三种类型中，熟人社会的人们通常以出于和合于德性而行的类型为主；而在处处充满利益相关性的市场社会，则以合于甚至反乎德性而行的类型为主。这种道德推理类型原本是在充满利益相关性的交往领域中形成并践行的基本类型，这是可以理解也是可以接受的事实。然而它们却逐渐向以友情、乡情和亲情的熟人生活领域扩展，致使原本以“情”的逻辑为轴心运转的私人生活愈益失去浓浓的人文关怀，一种普遍化的功利主义价值观和个体主义的行为方式贯通于生活的各个方面，这对以差序格局为基本色调的中国传统社会结构和交往生活结构乃是一种致命的解构。当然，造成这种致命解构的不是由于不合理的道德推理所致，相反，连同不合理的道德推理一起，整体性的道德危机乃是因了全面的市场化，因了全面的功利主义打算，全面的个体主义和享乐主义。事实证明，这不能算是一种整体上的好生活，物质生活与精神生活相悖，德性与幸福相离，问题道德推理只是整体性道德危机的一个表象，解决问题的根本出路在于，重建一个相对为好的社会基本结构，包括更加合理的生产方式、交往方式和生活方式，此乃世界性的课题。能否提供中国经验，值得我们共同努力。

（原载《江海学刊》2013 年第 5 期）

行为逻辑论纲

程广云

政治社会：一个行为集合体

前苏格拉底时期的自然哲学家们主要是把世界当作一个事物的集合体，寻找这个事物集合体的始基和本原。在考察一个个事物的同时，他们注意到了事物之间的相互联系，注意到了事物所构成的系统。某些哲学家（如德谟克里特、亚里士多德等）有初步的系统论思想。“系统”这个词来自德谟克里特，亚里士多德断言“整体大于它的各部分的总和”，“脱离了身体的手，只是名义上的手”，这里就包含了系统论的思想。这一思想在中国哲学、印度哲学中更加显著。按照这一思想，我们不能“只见树木，不见森林”，而要“既见树木，又见森林”，就是既见一个个事物，又见事物之间的联系以及事物所构成的系统。

恩格斯指出，黑格尔对世界的理解由“事物的集合体”转变为“过程的集合体”。当然，黑格尔用概念的辩证法取代了事物的辩证法（“用头立地”），被马克思重新颠倒过来了（“用脚立地”）。[①] 按照这一思想，事物之间的相互联系和相互作用推动事物的运动、变化和发展。任何一个事物，都处在一个从产生到灭亡的过程当中。在此意义上，这个世界就不仅是一个事物的集合体，更是一个过程的集合体。所谓“过程”就是对一个有开端、有终

① 《马克思恩格斯选集》第4卷，中共中央编译局编，人民出版社1995年版，第243—244页。

点的事物运动、变化和发展的描述。任何事物都是一个过程，这意味着任何事物都是有始有终的、暂时的，没有一个事物是无始无终的、永恒的，但作为事物集合体和过程集合体的世界本身却是无始无终的、永恒的。这是一个矛盾，这个矛盾可以理解为现象和本体、经验和理性之间的矛盾。我们所感知和经验的只是一个在时间和空间上有限的领域，无限的世界本身是我们所无法感知和经验的，只能在理性思维中把握。当然，黑格尔否定“坏的无限”，肯定“真的无限”。黑格尔认为，无限不在有限之外，而在有限之内。有限的连续叠加并不构成无限，有限中就包含了无限，就转化为无限。①

无论将世界理解为一个事物集合体，还是将世界理解为一个过程集合体，这个世界都是自然世界，当然也包含了政治社会，但这种理解范式却没有突出政治社会不同于自然世界的根本特点。

维特根斯坦把世界理解为一个事实集合体。② 这就是说，这个世界不是由房屋、人、桌子、椅子、电脑等等事物构成，而是由诸如此类一些事实构成：例如在一个房屋里，一个人坐在椅子上操作着放在桌子上的电脑。一个事实对应着一个逻辑命题，事实包含了原子事实和分子事实，命题包含了原子命题和分子命题，一个原子事实对应着一个原子命题，一个分子事实对应着一个分子命题。维特根斯坦将世界理解为一个事实集合体，为对世界进行逻辑分析奠定了基础。在某种意义上，事实是事物的连接，这种连接既可以是物与物的连接，也可以是人与物的连接，更可以是人与人的连接。但是，当任何一个事实被观测、被描述时，它就被赋予了一个参考系——观测系或描述系，这个观测系或描述系既有人，也有物，是二者的连接。

当我们对政治社会进行研究时，我们应该知道，组成政治社会的单元既不是一个个孤立和静止的事物，也不是这些事物之间的相互联系和相互作用所构成的一个个系统，也不是事物之间的运动、变化和发展所构成的一个个过程。将构成政治社会的基本单位理解为一个个事实，同样没有彰显政治社

① 黑格尔：《小逻辑》，贺麟译，商务印书馆1980年版，第229—230页。

② 路德维希·维特根斯坦：《逻辑哲学论》，贺绍甲译，商务印书馆1996年版，第25页。

会不同于自然世界的根本特征。

政治社会是由人构成的，按照亚里士多德的说法，人是政治动物。[①] 他们的个人行为，尤其涉及两个人以上的 N（N⩾2）个人之间的行为，如劳动、交往等，绝大多数不同于动物的本能活动，已经具有某些政治性和社会性。政治社会是一个行为集合体，行为的规范化和制度化就构成了政治社会。

行为的主体一定是人，是有意识和有目的的人，行为的客体（对象）可以是物，可以是人。因此，我们可以将行为区分为两种基本类型：一是涉物行为，一是涉人行为。无论何种行为均有一定意义指向。涉物行为如劳动，它是人和物之间物质、能量、信息的变换过程；涉人行为如交往，它是人和人之间物质、能量、信息的变换过程。前者形成主客体关系，后者形成主体间关系。政治行为主要不是涉物行为，而是涉人行为，具有主体间性。在实际生活中，涉物行为和涉人行为并不是截然分离的，它们经常是相互关联的，表面上是单纯涉物行为，实质上仍然是涉人行为。比如，当一个人进行生产劳动时，他使用的生产工具涉及制造生产工具的其他劳动者，他的劳动成果一旦进入商品交换过程就涉及人与人的交往，也涉及产品的分配和占有关系，最终涉及其他消费者。因此，只有当我们独立考察单一行为时，才能划分涉物、涉人两种行为。

行为可以区分为原子行为和分子行为，原子行为是行为的基本单元，是最小的、不可再分的行为。分子行为由两个或两个以上原子行为复合而成。

若主体用 S（subject）表示，客体用 O（object）表示，中介用 M（medium）表示，人用 p（person）表示，物用 t（thing）表示，则我们可以得出六种原子行为模型：

原子行为Ⅰ：S-Ot

原子行为Ⅱ：S-Op

① ［古希腊］亚里士多德：《政治学》，吴寿彭译，商务印书馆 1965 年版，第 7（133）页；《尼各马可伦理学》，廖申白译注，商务印书馆 2003 年版，第 19 页注①。

原子行为Ⅲ：S-Mt-Ot

原子行为Ⅳ：S-Mp-Ot

原子行为Ⅴ：S-Mt-Op

原子行为Ⅵ：S-Mp-Op

原子行为Ⅰ的特点是：主体是人，客体是物，无中介。主体以自身身体和身体器官直接作用于物，这是人的一种自然行为。但是，在绝大多数情况下，这种自然不是自在自然，而是人化自然。无论作为主体的人，还是作为客体的物，都不是纯粹的自然人和纯粹的自然物，人是社会人，而物则被人对象化了。但是，无中介的行为还是比有中介的行为更简单，人与物的直接作用比人与物的间接作用更趋向一种自然行为。这种行为不仅在历史上是最原始的行为，而且在逻辑上是最基本的行为，是我们分析一切行为的起点。因为在人与物的直接行为模型中不直接包含人与人的相互关系，所以不直接构成人与人的人际规范，而只构成人与物的技术规范。这种技术规范是最简单的动作规范，比人利用工具作用物的操作规范更简单。比如仰望星空，就是这样一种行为。

原子行为Ⅱ的特点是：主体和客体都是人，无中介。人与人之间身体和身体器官直接相互接触都是这种行为，这同样是人的一种自然行为，类似原子行为Ⅰ。所谓自然同样是比较而言的，无论作为主体的人，还是作为客体的人，都是社会人。同时，在这种行为模型中，主体和客体的位置可以互换。这种行为除了动作性的技术规范之外，同时涉及人际规范。当主客体的位置互换时，人际规范也就发生变化。比如男女性爱，从传统社会男女之间主客体的不平等行为到现代社会男女互为主体的平等行为，两性行为规范已经发生了根本变化。

原子行为Ⅲ的特点是：主体是人，客体和中介是物。主体是社会人，客体和中介有可能是对象化或工具化的自然物，更有可能是人造物。在这一行为模型中，人不是以自身身体和身体器官直接作用于物，而是通过中介（工具）间接作用于物，因此仅仅具有动作性的技术规范是不够的，需要操作性的技术规范予以补充。因此，比较原子行为Ⅰ和原子行为Ⅱ，原子行为Ⅲ的技术规范要求更为复杂。操作性的技术规范涉及工具的制造和使用，而工具的制造和使用又刺激了人类理性思维的发展。这就是黑格尔所谓的“理性的机巧”①。中介（工具）环节越多越复杂，理性（思维）程度也就越高越发达。这一行为模型已经彻底脱离完全意义上的人的自然行为，人的行为与人的动物式的本能行为的区别，标志着真正意义上的人的社会行为的开端。比如天文观测，就是这样一种行为。

原子行为Ⅳ的特点是：主体和中介是人，客体是物。在这种行为模型中，作为主体的人与作为中介的人的相互作用，要求一种人际规范；而他们与作为物的对象之间的关系，则要求一种技术规范。与原子行为Ⅲ相比较，原子行为Ⅳ突出了人际规范比技术规范更重要的意义。两种规范比较起来，技术规范显然应该服从人际规范。比如，顾客从广告代言中了解产品信息，其中技术含量是建立在人际信用基础上的。

原子行为Ⅴ的特点是：主体和客体是人，中介是物。与原子行为Ⅲ相比较，这种行为模型补充了人际规范的要求。在这种行为模型中，人是客体，不是中介。当人作为客体时，他的位置可以与作为主体的人互换。这就将它与原子行为Ⅳ中的人作为中介区分开来。当人作为中介时，他的位置既不能与主体互换，又不能与客体互换。比如，礼尚往来就不同于商品交易，双方并不具有任何买卖关系。

原子行为Ⅵ的特点是：主体、中介、客体三者都是人。这种行为模型最典型地显示了人际交往关系的特征。在这种行为模型中，技术规范已经被人际规范所取代，是一切原子行为的最高级的模型。原子行为Ⅱ是简单的二人游戏，而原子行为Ⅵ则是复杂的三人或三人以上的多人游戏，它们之间有着根本区别。比如，婚姻介绍就不同于男女恋爱，媒人对于双方都

---

① ［德］黑格尔：《小逻辑》，贺麟译，商务印书馆1980年版，第394页。

负有一定责任。

按照行为有无中介，原子行为可以区分为动作行为和操作行为，动作行为是无中介的主体—客体行为或主体—主体行为，记为 S-Ot/p。操作行为是有中介的主体—中介—客体行为或主体—中介—主体行为，记为 S-Mt/p-Ot/p。我们将主体—主体行为（S-Op）以及主体—中介—主体行为（S-Mt/p-Op）作为政治行为的两个主要原子模型。中介既可以是物，也可以是人。

一个原子行为既可以是几个动作的复合，也可以是几个操作的复合，或是几个动作和几个操作的复合，因此，不能简单地把一个动作或一个操作当作原子行为来理解。例如司机开车是一个原子行为，该行为由若干动作和操作构成：手握方向盘，脚踩油门、刹车，挂挡或换挡，观察路况……这些动作和操作是该原子行为必要或充分的构成要素。它们各自没有独立意义，不能分别构成一个原子行为。动作不是动作行为，操作不是操作行为。它们之间的划分标准在于一个动作或操作有无独立意义，有独立意义的是动作行为或操作行为，无独立意义的是动作或操作。若以为一切动作或操作都是动作行为或操作行为，原子行为则不能成立，它可以被无限划分下去，乃至每一个肢体关节的活动、每一个细胞组织的活动等等。

上述原子行为Ⅲ、Ⅳ、Ⅴ、Ⅵ不能被理解为分子行为，之所以如此，是因为同一物作为中介和客体，或者同一人作为中介和客体，在性质上是有根本区别的，这四种行为模型不能被化约为更简单的行为。正因为它们是最简单的行为模型，所以才被称为“原子行为”。

若一行为由若干原子行为构成，则该行为为分子行为。如一司机驾驶汽车在人行横道上撞倒一行人，这一行为可以分析为三个原子行为：一是司机开车，二是行人过路，三是司机开车撞人。在这一事件中，司机和行人是两个当事人，汽车是行为的一个中介。按照上述分析，司机开车、行人过路是原子行为Ⅰ（S-Ot），司机开车撞人是原子行为Ⅴ（S-Mt-Op）。

首先，原子行为间可以进行与运算，即 $F = A \wedge B$。上例中的分子行为可以说是对三个原子行为进行与运算的结果，其中任何一个原子行为若不出现的话，该分子行为就不出现。其次，原子行为间可以进行或运算，即 $F = A \vee B$。如司机撞人后逃逸是一原子行为，司机撞人后救人是一原子行为，不同的选择导致不同的后果。最后，原子行为可以进行非运算，即 $F = \overline{A}$。若 $\overline{A}$ 表示司机撞人后逃逸，对之进行非运算的结果就是司机撞人后没有选择逃逸。

不论何种原子行为，还是何种分子行为，都与其他行为处于因果关联之中，行为的因果关联形成行为链。在一个行为链中，我们将我们要研究的行为称为“对象行为”（objective behavior），简写为 O（A/B，当行为为实际的行为时，约定为 A；当行为为可能的行为时，约定为 B）；将作为对象行为原因的行为称为“前行为”（pre-behavior），简写为 Pre（A/B）；将作为对象行为结果的行为称为“后行为”（post behavior），简写为 Post（A/B）。由此，前行为—对象行为—后行为形成一个行为链，符号化为 Pre（A/B）-O（A/B）-Post（A/B）。

对象行为（事件）是我们要研究的行为。尽管任一行为都不是孤立的，都处于一定的行为链之中，但任一行为都可以独立出来，成为我们要研究的对象，譬如上述司机撞人就是一个对象行为。前行为是作为对象行为（事件）原因的行为。前行为包括可能的前行为和实际的前行为，前者可以穷尽，但实际的前行为的数量小于或等于可能的前行为。前行为不一定蕴涵行为动机，而是与对象行为存在因果关系，譬如司机开车撞人的原因可能是司机醉酒或闯红灯等，可能是汽车故障等，可能是行人闯红灯或未走斑马线等。后行为是作为对象行为（事件）结果的行为。后行为包括可能的后行为和实际的后行为，前者可以穷尽，但实际的后行为的数量小于或等于可能的后行为。后行为不一定蕴涵行为目的，而是与对象行为存在因果关系，譬如司机开车撞人的结果可能是司机救人、投案、逃逸或继续伤害等。前行为不是一切对象行为之前的行为，后行为不是一切对象行为之后的行为，时间上的先后关系不一定是逻辑上的因果关系，因果关系是一种特定的先后关系。

行为链的分析不考虑行为的动机和目的，不是说行为人没有行为的动机和目的，而是说行为人行为的动机和目的必然显现在行为和行为链上，因此，行为链的分析只考虑行为的原因和结果。考虑行为原因和结果的是逻辑分析，考虑行为动机和目的的是心理分析。

政治哲学：一个动名词体系

因为世界分为自然世界和人类社会，人类社会分为私人领域和公共领域亦即政治社会，所以哲学分为自然哲学和人类哲学，人类哲学分为道德哲学和政治哲学等等。自然哲学是对自然世界的研究，它是一个知识王国。知识有普遍必然性，有真理和谬误之分，自然哲学以追求真理为目标。真理具有可检验的标准，且有可应用的价值。政治哲学是对政治社会的研究，它是一个意见王国。意见有特殊性和偶然性，根据特定情境有适宜与否、恰当与否之别。政治哲学以追求共识为目标，共识不一定是真理，因为真理往往掌握在个别人或少数人手中，而共识则是多数人或所有人达成的，共识具有评价的尺度，且有实践的效用。

一些语言学家的语源学研究证明，在所有词类中，动词是首先产生的，名词是动词名词化的结果，其他词类也是这样。① 动词优先于名词以及其他词类，充分说明了人类思维和语言首先产生于行为，包括动作和操作的内化和积淀。因此，对行为的确切描述，只能以动词或动名词的形式进行。

以往人们通常是以名词体系来表述政治哲学的，之所以如此，是因为他们将政治社会视为一些状态的表现，比如政治哲学常用的一些关键词（如正义、自由、平等、民主等）是用来描述政治社会某些状态的。所有这些名词，或是一种价值标准，或是一种行为规范，或是一种制度安排。这种名词体系只能有效地描述政治社会的某种静止状态，不能有效地描述各种静止状态的

---

① ［德］J. G. 赫尔德：《论语言的起源》，姚小平译，商务印书馆1998年版，第65页；［美］乔恩·埃尔斯特：《理解马克思》，何怀远等译，中国人民大学出版社2008年版，第75—76页。

前因后果及其动态过程。

既然政治社会是一个行为集合体，对这个行为集合体的研究，就应该表达为一个动词或动名词体系。作为政治哲学的关键词，只有将它们还原为行为或行为链，才能衡量它们的合法性和正当性。只有一种政治哲学的动词或动名词体系，才能有效地描述某种政治行为的因果关联以及政治社会的动态过程。

亚里士多德在其伦理学的研究中，首先将行为区分为意愿行为和非意愿行为。① 意愿和非意愿是一种心理学蕴涵。在研究人的行为时，经验论哲学（如休谟、斯密）注重人的行为动机。而理性论哲学（如康德）则注重人的行为准则。实际情况往往兼容二者。例如，我们在司法实践中，以刑法来区分罪与非罪，而又以犯罪动机来区分故意犯罪和过失犯罪，故意犯罪属于意愿行为，过失犯罪属于非意愿行为。意愿行为应承担相应的刑事责任，非意愿行为不应承担相应的刑事责任，而应减免。一种行为究竟属于故意，还是属于过失，应当根据具体情境分析，譬如醉酒驾车，虽然行为人在醉酒状态中肇事属于过失，但行为人明知醉驾危险仍然醉酒驾车却属于故意。

意愿、动机这样一些心理倾向是内在的、非外显的，无法被观测到，因而不能排除对心理倾向的主观臆断。因此，我们在描述心理倾向时，需要给出一系列的行为证据。例如，在司法诉讼审判程序中，判断犯罪的动机是故意还是过失，需要将这种动机还原为一系列的行为证据，如人证、物证、书证，以及这些证据之间所构成的因果关系即证据链等，这个证据和证据链将内在的心理倾向还原为外显的行为和行为链。这个还原包括观测、描述两步。

首先是观测。观测主体是人，观测客体（对象）是对象行为和行为链，观测中介（工具）是观测系，它由时空构架、人的感觉器官以及作为人的感觉器官延长或放大的观测仪器、实验设备组成。作为事件主体或客体或中介

---

① ［古希腊］亚里士多德：《尼各马可伦理学》，廖申白译注，商务印书馆2003年版，第58页。

的人是“当事人”，作为观测主体的人是“旁观者”。旁观者与当事人可以是同一人，可以是不同人。休谟、斯密系统阐述了当事人和旁观者的理论，他们认为，在任一事件中，人们或为当事人，或为旁观者，抑或二者兼而有之。作为当事人，按照“经济人”假设，人们以自利心为出发点；作为旁观者，按照“道德人”假设，人们以同情心为出发点。前者是私人情感（特殊情感）的表现，后者是公共情感（普遍情感）的表现。自我心灵的旁观者就是良心，世界（宇宙）的旁观者就是上帝。道德行为不来自一般行为准则，而来自对一般行为准则的尊重，这就是责任感，既是一种道德情感，也是一种宗教情感。①

观测行为中的证据链对应于对象行为中的行为链，意味着在一个时空构架中，每一证据都可以还原为一种行为，证据的因果关系即证据链也可以还原为行为的因果关系即行为链。这种还原意味着我们将某一事件作为对象行为研究，亦即引入另一行为，这是一个观测行为。

设旁观者为 S’，观测对象为 O’[O’ 既可以是一个行为，也可以是一个行为链，即 Pre（A/B)-O（A/B)-Post（A/B)]，观测系为 M’，人为 p，物为 t，则我们可以得出三种观测行为模型：

观测行为Ⅰ：S’-O’

观测行为Ⅱ：S’-M’t-O’

观测行为Ⅲ：S’-M’p-O’

三种观测行为模型表明，所有观测行为的主体都是人，客体（对象）都是行为或行为链，因此观测行为的类型仅仅体现在有无中介、中介为物或为人的区别上。

---

① 参见［英］休谟《人性论》下册，关文运译，商务印书馆 1980 年版；《道德原则研究》，曾晓平译，商务印书馆 2001 年版；［英］亚当·斯密《道德情操论》，蒋自强、钦北愚、朱仲棣、沈凯璋译，商务印书馆 1997 年版；《国民财富的性质和原因的研究》（上卷），郭大力、王亚南译，商务印书馆 1972 年版。

观测行为Ⅰ是最简单的观测行为，旁观者直接用自己的感觉器官，如视觉器官、听觉器官等，直接观测对象行为和行为链，但这种观测行为模型却具有相当的局限性，它要求旁观者身处现场，即使身处现场，旁观者仍然受到自身感觉器官的局限，容易出现错觉。观测行为Ⅱ引入了某种中介物，如某种观测仪器或实验设备等。中介物的引用可以突破现场和人体感觉器官的局限，纠正错觉，但是必须保证其科学性和有效性。观测行为Ⅲ不同于观测行为Ⅰ的直接观测，类似于观测行为Ⅱ的间接观测，但它引入的却不是中介物，而是中介人。总体来说，这种观测行为既不能突破现场的局限性，又不能突破人体感觉器官的局限性，容易以讹传讹。在这种观测行为模型中，中间环节越多，观测效力越低。但在缺乏观测行为Ⅰ、Ⅱ的情况下，观测行为Ⅲ也有一定的参考价值。比如，我们观看一场比赛，现场观看、看直播、听解说分别属于上述三类观测行为。

尽管当事人可以观测事件，判定事件的性质以及各自承担的责任，但是，他们总是将自身利害带入观测行为，不像旁观者可以超越利害关系，保持价值中立，作出公正判断。对象行为的意义是由观测行为来判定的。观测行为如何判定对象行为的意义？旁观者必须依据某些标准来衡量每一当事人行为的是非对错，判断的依据是行为规范，在交通事故中判断的依据是交通规则。因此，按照交通规则衡量，司机是否遵守交通规则，行人是否遵守交通规则，是判定事件的性质以及他们各自承担的责任必然涉及的两个基本问题。但是，一个对象行为往往不能说明自身，通常需要追溯前行为，推及后行为，也就是通过一个行为链说明问题。比如，在司机撞人前，若司机实施了醉酒驾车或闯红灯等行为，则司机应承担这一交通事故的完全责任或主要责任；反之，若行人实施了闯红灯或未走斑马线等行为，则行人应承担完全或主要责任；若一方违反而另一方不违反交通规则，则一方承担完全责任另一方不承担；若双方共同违反交通规则，则按照情节轻重分担主次责任。这就是追溯前行为的分析。同时，司机在撞人后亦有各种选择，如救人、投案、逃逸或继续伤害等行为，司机所应承担的责任也相应减轻或加重，行人轻伤、重伤、伤残或死亡等状态也对事件的性质和责任判定产生重要影响。

然后是描述。描述主体是人，描述客体（对象）是观测行为和证据链，描述中介（工具）是描述系，它由语言系统（包括语法、修辞和逻辑）组成。作为描述主体的人是“陈述人”。陈述人既可以是当事人，也可以是旁观者。当事人只有作为旁观者，才能成为陈述人。关于“陈述”，当代语言哲学已经进行了广泛深入的研究。索绪尔认为，符号是所指（概念）和能指（音响形象）的结合；言语活动包括语言（社会的）和言语（个人的）；语言包括共时态（语言的状态）和历时态（语言的演化）。“语言是组织在声音物质中的思想。”奥斯汀和塞尔指出三种言语行为：一是言语（命题）行为，指使用语句传达某种思想，它是言语行为的核心部分，用以表示指称和论断，它的语法形式是语句的若干部分，其中专有名词、代名词以及名词性短语表示指称，宾词表示断定；二是以言行事的行为，表示语句在被说出时具有某种加强语意的力量，它的语法形式是完整的语句，它的逻辑形式是 F（P），P 是这种言语行为所包含的命题内容，这种内容是与某种加强语意的力量（F）同时出现的，用以表示加强语意的主要标志是一些“完成行为式”；三是以言取效的行为，指利用说出语句产生一定效果。莫里斯指出指号具有三种关系：对语言中的其他指号的关系、对所意谓的对象的关系、对使用和理解这些指号的人的关系。①

描述行为中的证据链对应于观测行为中的证据链，意味着人证、物证、书证以及这些证据之间通过时空构架形成的因果关系即证据链，进而通过语言系统完成，这是一个描述行为。依据行为链的观测和证据链的描述来确定事件当事人的责任，比如我们用交通规则来判断交通事故当事人的行为对错并确定其责任。

① 参见［瑞士］费尔迪南·德·索绪尔《普通语言学教程》，高名凯译，商务印书馆 1980 年版；《逻辑与语言——分析哲学经典文选》，陈波、韩林合主编，东方出版社 2005 年版；《理解与解释——诠释学经典文选》，洪汉鼎主编，东方出版社 2001 年版。

设陈述者为S”，描述对象为O”（O”既可以是一个观测行为，也可以是一个证据链，即O’[Pre（A/B）–O（A/B）–Post（A/B））]，描述系为M”，则我们可以得出一种描述行为模型：

描述行为：S”-M”-O”

描述行为模型表明，描述行为的主体是人，客体（对象）是证据或证据链。

由于观测本身是可能出错的，因此对观测的描述更有可能出错。陈述人总有一定的价值取向，必须力争价值中立。在这一问题上，尤其应当区分当事人及利害相关人的描述和旁观者的描述，当事人及利害相关人的描述不能避免价值倾向，旁观者的描述可以价值中立。证据需要辨别真伪，证据链需要辨别正误。即使证据以及证据链相同，仍然具有不同的解释向度，需要比较鉴别。

从行为规范到制度安排

康德特别强调“道德法则”，认为“道德律令”不是“假言命令式”（“或然的”和“实然的”实践原则），而是“定言命令式”（“必然的”实践原则），是只问用心不问后果的直言律令。“普遍立法”是具有普遍性和必然性的三个“绝对命令”之一。① 根据这一思想，规范是行为的可普遍化。我们可以把一种规范还原为一种行为准则：你所做的大家都可以做，你所做的就是合法的和正当的；反之，你所做的大家都不可以做，你所做的就是不合法的和不正当的。当然，这里所谓的“法”，不是自然法，而是人为法。它是以一定社会和文化条件为前提的。在某种社会和文化条件下合法和正当，并非“自然”地合法和正当。历史上，甚至某些国家和地区的现实生活中对妇

① 参见《康德著作全集》第4卷，李秋零译，中国人民大学出版社2005年版；《实践理性批判》，邓晓芒译，人民出版社2003年版；韩水法译，商务印书馆1999年版。

女、少数族裔、弱势群体的普遍歧视，就是这样一些例子。

因为规范是可普遍化的行为，所以规范界定行为方式。例如游戏规则界定游戏本身，如下棋、打牌、赌博等，每一个人参与游戏，就意味着承认规则；反之，否认规则，就意味着退出游戏。虽然游戏角色具有随机性，游戏过程具有偶然性，但游戏规则却具有普遍性、必然性。这里符合“罗尔斯式”的“原初状态”和“无知之幕”设计。① 除非作弊，每一个人都只具有游戏规则的一般知识，而不具有游戏结果的特殊信息。因此，无论人们扮演何种角色，他们都会期望大家共同遵守规则。正是规则，保证游戏的过程和结果公平、正义。

任何一种行为规范均可还原为一系列行为，通过对行为和行为链善恶趋向的分析，由此衡量行为以及行为规范的合法性和正当性。两种规范比较，若一种规范导致人们趋向善行，则这种规范是合法的和正当的；若导致人们趋向恶行，则是不合法的和不正当的。关于行为善恶，柏拉图、亚里士多德将德性归结为理性；功利主义将道德归结为利益；康德认为道德是出自好意（“善的意志”）、“义务”亦即对于法则的纯粹敬重。② 我们区分善恶行为的标准有两个方面：一是增加他人价值和社会全体价值的行为，这是狭义的“善”；二是合理增加自我价值和相关个人价值的行为，这是广义的“善”。所谓“合理”，就是自我和相关个人价值的增加不能同时减少他人和社会全体的价值。两种规范比较，若一种规范有助于人们合理满足需要和实现能力，则这种规范是合法的和正当的；若无助于人们合理满足需要和实现能力，则是不合法的和不正当的。需要的满足、能力的实现，不是纯粹个人的主观想象，而应具备社会的客观条件。

一系列的行为就构成了社会，一系列的行为规范就构成了制度安排。规范是行为的准则，而制度则是规范的体系。规范往往是以直言律令（“……应

① 参见约翰·罗尔斯《正义论》，何怀宏、何包钢、廖申白译，中国社会科学出版社 1988 年版。

② 参见《康德著作全集》第 4 卷，李秋零译，中国人民大学出版社 2005 年版；《实践理性批判》，韩水法译，商务印书馆 1999 年版。

如何”）的形式来表达自身，而制度则是以假言律令（“若不如何，则……”）的形式来表达自身。制度通常是建立在趋利避害的理性人的人性基础上，通过诸如道德和法律等形式、激励和惩罚等方式，使合乎规范的行为收益严格大于不合规范的行为收益；换句话说，使合乎规范的行为成本严格小于不合规范的行为成本，从而保证规范具有实际效力。例如财产制度、婚姻制度决定了人们趋向通过合法的和正当的方式，避免通过不合法的和不正当的方式满足自己的食色——饮食男女的本能需求。

生活是行为的总和，生活方式是行为方式的总和。因为制度是规范的体系，所以制度界定生活方式。例如财产制度界定人们的谋生方式，人们通过劳动、工作获取报酬，通过投资、创业获取收益，通过继承获得遗产，是合法的和正当的谋生方式，为社会所保护或激励；反之，通过盗窃、抢劫、诈骗、贪污、受贿谋生，是不合法的和不正当的，为社会所禁止和惩罚。婚姻制度界定人们的性爱方式，男女平等、自由恋爱、自由结婚、一夫一妻，是合法的和正当的性爱方式，为社会所保护或激励；反之，强奸、骗奸、诱奸、卖淫嫖娼，是不合法的和不正当的，为社会所禁止和惩罚。

任何一种制度安排均可还原为一系列行为规范，通过对生活好坏趋向的分析，由此衡量制度安排的合法性和正当性。两种制度比较，若一种制度导致人们趋向好的生活，则这种制度是合法的和正当的；若导致人们趋向坏的生活，则是不合法的和不正当的。什么叫作好生活？什么叫作坏生活？柏拉图、亚里士多德将幸福归结为德性和理性；功利主义将幸福归结为效用和情感；康德区分了“善”与“福”，将前者归属于理智世界，将后者归属于感觉世界，在“至善”中确立了二者的统一，其中，“善”（善行）是第一位的，“福”（幸福）是第二位的，并且不是就其“谋得”而言，而是就其“配当”而言。[①] 我们区分好坏生活的标准有两个方面：一是人格价值高下，这是底线；二是人生价值大小，这是高线。需要和能力的正比关系意味着好的生

① 参见《康德著作全集》第4卷，李秋零译，中国人民大学出版社2005年版；《实践理性批判》，韩水法译，商务印书馆1999年版。

活，在一定社会条件下，若每一个人需要的满足程度等于能力的实现程度，则就个人而言是幸福的，就社会而言是公正的；反之，需要和能力的反比关系意味着坏的生活，在一定社会条件下，每一个人需要的满足程度大于或者小于能力的实现程度，都是不可能的。若一部分人需要的满足程度大于能力的实现程度，一部分人需要的满足程度小于能力的实现程度，则就个人而言，以幸福为衡量标准，一部分人过度，一部分人不及，就社会而言都是不公正的。两种制度比较，若一种制度推动人们需要满足和能力实现的关系朝着正比方向发展，则这种制度是合法的和正当的；若推动人们需要满足和能力实现的关系朝着反比方向发展，则是不合法的和不正当的。

（原载《江海学刊》2014 年第 1 期）

“你”、“我”、“他”和我、你、他

——单数的实践主词与实践主体及其基本结构

徐长福

在《实践主词、实践主体和自由本体——从“我”说起》（《现代哲学》2010 年第 4 期）一文中，我采用了“循名责实”的分析方法，从“我”说起，看看“我”在实际的使用中究竟意指什么，以及它与其所意指的对象究竟是何关系，并得出了一些基本结论。在此基础上，本文拟进一步分析“你”、“我”、“他”这三个单数实践主词及其关系，并分析由它们所指代的我、你、他这三种单数实践主体及其关系，最后再分析这两个方面之间的关系，从而完成对单数的实践主词和实践主体及其基本结构的分析任务。

“你”、“我”、“他”

1. 实践指的人称结构

在前面提到的那篇论文中，我循“我”对我的本指而得自由本体，只是一种自证。本文将表明，“我”对我的指是由“你”对我的指和“他”对我的指相配合而共证的。这就是说，每一个人的存在都是通过“我”、“你”、“他”三个人称代词的共同指代而得到人际直观认定的。这三种指代构成了对实践主体的人称指代结构。

前文已述及，“我”是实践逻辑专名。如是，“我”对我的指代属于一阶指。当“我”指代我时，“我”是实践主词，指代我这个实践主体。这种对实践主体的指代可称为实践指。实践指跟表纯粹认知的一阶指有一个根本区别，那就是：实践指包含一个三位一体的指代结构，即由“你”、“我”、“他”这三个人称代词所构成的人称指代结构，而纯粹认知性的一阶指则可以用指示代词“这”或“那”一指了之。

设想有人指着我桌上的一件物品问我：“这是什么?”我答：“这是一个充电器。”其间，问答双方都用同一个“这”来指代这件物品，并且不会发生任何指代不清的问题。把“这”改成“那”也一样。可是，当朋友问我“你在做什么”时，我却答“我在写东西”。其间，问答双方对我的指代用了两个不同的词语，即“你”和“我”。也就是说，在对方的问话中，我是被“你”指代的，而在我的答话中，我是被“我”指代的。如果这时有人向朋友打听我在做什么，朋友很可能说：“他在写东西。”在这句话中，我又成了“他”的指代对象。尽管在这三句话中，我被三个不同的词语指代，但交谈的各方并不觉得淆乱。相反，如果各方都用同一个词语来指代我，反而会让大家莫名其妙。

这种情况表明，我作为实践主体的存在是由三种目光交叉锁定的，而我桌上的充电器作为一个纯粹认知对象的存在则只靠一种目光即可锁定。换句话说，桌上那个充电器通过“这”或“那”的亲指即可认定其有，而我则总是要通过“你”、“我”、“他”的交叉指代来共证其在。

每一个我都要由“你”、“我”、“他”三个人称代词来指代，这不是任意的。“我”是第一人称代词，其对我的指代是本指，这种指代既显示我作为实践主体已然存在，又开启我的自我认识。“你”是第二人称代词，其对我的指代是对指，这种指代表明跟我正在发生实践关系的对方对我作为实践主体的存在的认定与承认。“他”是第三人称代词，其对我的指代是旁指，这种指代表明当下跟我没有实践关系的第三方对我作为实践主体的存在的认定与承认。

不仅“我”指代我这个实践主体，“你”和“他”也指代我这个实践主体。正因为“我”、“你”、“他”都指代我这个实践主体，即一个可以发出行为的个别实体，所以它们都是实践逻辑专名。所不同的只是：“我”这个实践逻辑专名在充当主词时跟它所指代的作为实践主体的我统一于同一个自由本体，因而是本位的实践主词；而“你”所指代的虽是我这个实践主体，但发出这个指代行为的却是我这个实践主体的对方，主词“你”和它所指代的我并不统一于同一个自由本体，就此而言，“你”可以称为对位的实践主词；“他”指代我这个实践主体，但发出这个指代行为的自由本体却身处我的实践关系的旁边或边缘——既不在其中又相距不远，如是，“他”就是旁位的实践主词。

不过，需要特别说明的是：虽然“你”和“他”也被叫作实践主词，但它们之为实践主词不是自立的，更不是跟“我”平等的，而是依附于“我”的——只有“我”才是本原的、绝对的实践主词，包括“你”、“他”在内的其他实践主词都是派生的、相对的实践主词。

用“我”来指代我的是我，用“你”来指代我的是你，用“他”来指代我的是他——当你不以我为对方时，你对我而言就变成了他；反之，当他把我作为对方时，他对我而言就变成了你。这种指代关系不仅呈现了自由本体绝对多元性的事实，而且显示了他们之间的一种先验性质的结构。也就是说，自由本体的多元性并不是杂乱无章的，而是由实践逻辑专名的指代结构来加以规范的。这种结构就是实践指的人称结构。

历史上各种关于我的哲学分析之所以陷入唯我论的泥淖，就是因为这些分析没有看到实践指的人称结构及其重要意义。

2.“你”的优先性

在实践指的人称结构中，对位实践主词“你”对我的指代其实比本位实践主词“我”对我的指代更具优先性。

当我聚精会神写作时，若无朋友问“你在做什么”，我不会说“我在写东西”。在这个例子中，朋友用“你”指代我在先，我用“我”指代自己在后，并且“我”是被“你”引导出来的。即使把我和朋友的位置调换过来也一样。假设是我打电话给朋友，问他“你在做什么”，他回答“我在写东西”，那么，情况同样是：我用“你”指他在先，他用“我”指他自己在后，他所说的“我”是被我所说的“你”引导出来的。扩展开来看，在日常生活中，两个人相见首先都说“你好”或类似的话，然后再说“我如何如何”。虽然这时的“你”指代对方，“我”指代自己，但“你”的出场同样先于“我”的出场，“我”是由“你”引导出来的。当然，这里所要集中探讨的是对作为实践主体的我的指代问题，其他相关问题留待后文去处理。

在对我的指代结构中，“你”之所以优先于“我”，在于“你”表对指，其指向是正向朝外的，相应的直观可称为对观；而“我”表本指，其指向是反向朝内的，相应的直观可称为本观。不仅如此，对观也是以你为对象的直观，而本观则是对于对观的自我意识；也就是说，对观是意识行为的主题，而本观则是意识行为的副题。因此，在意识关系上，对观优先于本观，基于对观的对指优先于基于本观的本指。平常两个人在一起，总是把对方看得最清楚。生活中每个人最熟悉的形象都不是自己的，而是最亲近的人的。就算没有人对着我说“你”，我也可以在镜子里对着直观中的自己说“你”。

我被称作“你”，一方面表明我被承认为一个实践主体，另一方面表明有一个和我一样的实践主体正在跟我发生人际关系。如果没有那个对我说“你”的实践主体的存在，我也不会表现为由“我”所指代的实践主体。可见，“你”既是“我”的引导词，也是两个相互对待的实践主体之存在的索引词。

称我为“你”的人也被我称为“你”。就此而言，用“你”对指我的那个实践主体不是别人，就是你。你用“你”对指我，表明我的存在已在你的对观之中。即使你只是跟我通电话，我的声音作为我的整体的一个方面也完全在你的直观把握之中。就算你我素昧平生，仅以书信交往，你称我为“你”也至少表明你相信我的存在，或预设了我的存在。对你而言，我的存在意味着或者我是你正在对观的，或者已经对观过的，或者可以对观的。更重要的是，你称我为“你”，原本包含着对我的回应的预期，亦即我会相应地称你为“你”。只有实际构成了回应关系，“你”的对指才是完全的。或者说，只要得到了我的回应，“你”的对指行为就算最终完成了——即使我不在你的对观之中，你也可以通过我的回应而确认我的存在。

“我”对我的本指存在间距，但这种间距不超过自我意识的视域。“你”对我的对指也存在间距，但这种间距却会突破你对我的直观视域。“你”原本是没有传输辅助手段的语音符号，当你用它来对指我时，我一定在你的直观视域内，或至少我的回应要出现在你的直观视域内。可是，在有了书写符号后，“你”对我的对指和你对我的对观就脱节了——我可以不在你的直观视域内。比如，靠鸿雁传书的我和你就只有对指而没有对观。现代传媒利用语音、文字、图片和视频等远距传输技术，既极大地扩展了你我的对指间距，又保证了彼此间尽可能多的对观联系，使对指间距的情况复杂化。

不管怎样，通常情况下，在“你”对我的指代中，我的存在不会成为问题。只有在网络虚拟世界，由于我把本体隐藏在符号之中，“你”对我的指代才会发生、存在问题。

3.“他”的必要性

三人行，除了你、我必有他。你称我为“你”，我称我为“我”，他称我为“他”。

“他”为第三人称代词，可以充当旁位的实践主词。汉字“他”可拆为“人”和“也”，颇多“望文生义”的空间——指代任何虽不是你和我但也是人的存在单元。现代汉语发明一个“她”字，用来专指女性，而把原本统指“也是人”的“他”限定为男性及不明性别者的人称代词，这实在是多此一举。如果一定要“接轨”西方语言，让人称代词体现性别，那也应该同时多发明一个字来指代男性，而不要让男性独占原本男女共享的“他”字。出于这种理由，本文把“他”用作单数第三人称代词，不分性别。

凡用“他”称我的人，我也用“他”相称。他用“他”来指代我，表明他跟我不是当下实践关系的双方，或者说我已旁落到他的实践关系的边缘，成了他与其对方之外的第三方。如是，“他”所充当的主词就是旁位实践主词，其对我的指代就是旁指，相应的直观就是旁观。当然，与此同时，他也因之而旁落于我的实践关系的边缘，成为我的实践关系的第三方。

我只要存在，只要有本指的能力和行为，就一定是实践主体。这个道理对他来说也同样适用。尽管如此，只要他没有用“你”称我，就表明他是把我置于其当下实践关系的边缘的，同时也是把他自己置于我的当下实践关系的边缘的，从而我和他各自当下的实践关系就是互为边缘的。

不过，他称我为“他”，表明他毕竟是意识到我的存在并承认我的实践主体地位的；他发出对我的旁指行为，也表明他同样是一个实践主体。虽然我和他都是实践主体，但我和他却互为彼此实践关系的外人。这既是自由本体绝对多元性的体现，也是实践关系复杂性的体现——我和你之间的关系不同于我和他之间的关系。

我被称为“他”和被称为“你”是可以转换的。朋友本来称我为“你”，这时，我是其实践关系的对方；可他转头跟另外一个人说话，就把我称为“他”，于是，我就成了其新的实践关系的第三方了。也可设想相反的情况：朋友本来是在跟另外一个人说话，其间称我为“他”，我是其实践关系的第三方；可他转过来跟我说话，就称我为“你”，我又变成了其实践关系的对方。我从被称为“你”到被称为“他”的变化是边缘化或去中心化，而从被称为“他”到被称为“你”的变化则是中心化或去边缘化。只要是三人行，每一方就一定都免不了一会儿被称为“你”，一会儿被称为“他”，亦即在被中心化和被边缘化之间循环。

“他”的必要性在于，一方面，我因被称为“他”而拥有了跟无数实践主体的潜在实践关系；另一方面，“他”也给我提供了从他人的实践关系中退出的机制。当我外在于某一实践关系时，只要我被称为“他”，我就有了被称为“你”的可能，就有了进入这一实践关系的可能，亦即有了去边缘化的可能。称我为“他”的人越多，我的实践关系的可能性空间就越大。当我既在某一实践关系中时，一旦我被称为“他”，我立马就旁落到这一实践关系的边缘。再从他人的角度看，“他”的必要性还在于，那些外在于我的实践关系的个人因称我为“他”而有了称我为“你”的可能，从而有了成为我的实践关系之对方的机会。

除了你和我，谁都可以称我为“他”。称我为“我”的人无论如何只有一个，称我为“你”的人在我的实践关系的每一单元中只有一个，称我为“他”的人在任何时候都可以有无数个。我被称为“他”，预设了复数的他人的存在。

跟本指和对指一样，旁位实践主词“他”对我的旁指也存在间距。不同的是，相比本指和对指，旁指的间距最大。称我为“他”的人可以就在我的身旁，此时，旁指伴随着旁观，我的存在不超出旁观者的直观视域，间距相对较小。通常所谓“旁观者清”，大概在这个时候最能成立。不过，旁指也可以不伴随旁观。比如，当朋友放下电话跟别人说起我时，我并不在其直观视域内，他们旁观不到我。有时，旁指甚至恰恰需要脱离旁观。比如，别人当着面不便说我的话，可以等我从其直观视域中消失后再说。更为重要的是，旁指可以在完全且永远缺乏旁观的情况下进行。比如，那些跟我今生今世也无缘晤面的人，同样可以称我为“他”；即使哪天我不在人世了，只要别人愿意，也可以旁指我，尽管其指之所至皆为虚无。

本指间距不管有多大，都不至于使我的存在脱离我的本观而让我不知“我”之所指。对指间距虽大于本指间距，但由于对指要求我的回应，因而只要我的回应出现在你的对观中，我的存在对于你的对指来说就不会成为问题。相比之下，旁指无需回应，不必在直观中落实，既可以“旁观者清”，也可以张冠李戴，甚至捕风捉影，这样一来，由“他”所旁指的我就变得最为可疑——那么多的“他”所指的我真的是我吗？对此，他并不在乎，而我也无从知晓。

4. 实践指的剩余——无指、无观和其他

据说全球目前约有70亿人，而迄今为止总共有过800多亿人。在所有这些人中，用“我”指我的人始终只有我一个；用“你”指我的人就算日增一个，终我一生也只能以万计；至于用“他”指我的人，尽管无从测度，也不过在所有用“你”指我的人外再加上那些跟他们一道谈论我的人而已。即使那些超级名人，也同样只有其各自才可以用“我”指其自身，而用“你”指他们的人也不见得就比用“你”指普通人的人更多，唯有用“他”去指他们的人可能会比用“他”去指普通人的人多出若干个数量级——尽管这相对于总人口而言仍然十分有限。

“你”、“我”、“他”对我的指代显示了我的指代者的范围。这个范围的人加上那些被我用“你”和“他”去指代的人，就构成了我的实践指的全部范围。只有在这个范围内，“你”、“我”、“他”才会发挥切实的指代作用，才可能具有实践意义。超出这个范围，既没有人用“你”和“他”指代我，也没有人被我用“你”和“他”去指代，相对于那些人来说，我和他们之间的关系比互为边缘还要远，已经到了完全相互外在的程度。

凡是我的实践指所不能指达的人，对我而言都是实践指的剩余。这些剩余的人分属两大区域。较近的区域是我日常置身其中的茫茫人海。单就对我的指代来说，这茫茫人海又可分为两个部分。其中，一小部分人可能直观到我，却既不用“你”指我，也不用“他”指我，而是把我视若无物，漠然以对——他们对我可谓有观而无指；而更大的一部分人则对我甚至连一瞥也不会有，他们即使看到过把我卷入其中的某片人潮，也不会把我作为存在单元加以观照——他们对我可谓既无观也无指。

所有人都存在于这同一个世界，可每个人都有自己不同的实践指的范围。如果把每个实践指的范围都看作一个实践的格局，那么，每个人就都是自己实践格局的当局者，而对于其他人的实践格局来说，就或者是其局中人，或者是其局外人。局外人也就是特定实践格局的剩余者。不同的实践格局之间或者互有交叠，或者互不搭界，局内局外的边界也处于不断流变之中。没有人可以同时存在于所有人的实践格局之中，也没有人可以做到不让任何人成为自己实践格局的剩余者。更重要的是，没有人可以做永远的当局者，所有的实践格局都有破局的时候。

5.“你”、“我”、“他”的共同替代符号——普通专名

实践指是一个三位一体的结构，包括本位实践主词“我”的本指、对位实践主词“你”的对指和旁位实践主词“他”的旁指，以及这三者所指代的我这个实践主体。这个结构是绝对的。但是，“你”、“我”、“他”作为实践

逻辑专名属于个别词，当它们共同指代我时，可以用普通专名即我的姓名统一地加以替换。

比如，有人打来电话，说："喂，请问你是徐某人吗?"我答："是的，我是徐某人。"电话那头称我为"你"，电话这头则称我为"我"，但都以"徐某人"为替换符号。假设通话之后，对方向第三方介绍情况，说："我刚才给徐某人打了电话。"第三方问："他说什么?"这时，我又变成了"他"的指代对象。虽然如此，用来替换"他"的符号仍然是"徐某人"。可见，在对我的指代结构中，三个实践逻辑专名都可以由"徐某人"这一个普通专名来替换。

假设正在写这些东西的不是徐某人，而是另外某个人，上述对话也能成立，但用来替换"你"、"我"、"他"的普通专名就不会再是"徐某人"了，而只会是别的姓名，如"张三"、"李四"。由此可见，"你"、"我"、"他"虽然可以用来指代任何实践主体，但它们在每一次运用中都特指某一个实践主体，因此，如果要将这些不同的实践主体区分开来，就不能靠这三个实践逻辑专名，而只能靠"张三"、"李四"这种普通专名。也就是说，实践指内在蕴涵着普通专名和实践逻辑专名之间的可替换性。

这种替换现象表明：一方面，我作为实践主体是个别的存在，我的姓名就是这种个别性的表达，用来指代我的"你"、"我"、"他"不过是这种个别性的三个指代维度；另一方面，我的个别性又不是一种孤绝的状态，而是一种内在蕴涵了人际性的状态，表现为我的姓名不仅可以反过来由实践逻辑专名替换，而且可以由"你"、"我"、"他"三个实践逻辑专名来替换。

这样一来，我作为自由本体就不仅仅是"我"这个实践主词和它所指代的我这个实践主体的统一体，而且是"我"这个实践主词连带其对位主词"你"及旁位主词"他"和它们所共同指代的我这个实践主体的统一体。我的姓名这个普通专名就是这个统一体的专用符号。

我、你、他

1．实践主体的人际结构

当我用“我”指代我时，我的实践关系的对方是用“你”来指代我的，而我的实践关系的第三方则是用“他”来指代我的，这种情况下，“我”、“你”、“他”都以我为指代对象。这是站在我的立场上并以我为指代对象所看到的实践指的人称结构，亦即实践主词的指代结构。

可是，我不仅是被指代的对象，也是发出指代行为的主体。这不仅表现在我已经用“我”指代我自己了，而且表现在我还可以用“你”指代我的实践关系的对方，用“他”指代我的实践关系的第三方。我用“我”所指代的对象是我，我用“你”所指代的对象是你，我用“他”所指代的对象是他。这样一来，站在我的立场上，我就有三个指代对象：我、你、他。“我”是本位实践主词，我用“我”指代我，表明我是本位实践主体；“你”是对位实践主词，我用“你”指代你，表明我承认你也是实践主体，只不过是相对于我而言的对位实践主体；“他”是旁位实践主词，我用“他”指代他，表明我承认他也是实践主体，只不过对我而言是旁位实践主体。

我承认你和他都是实践主体，意味着我知道你和他跟我一样都可以由“你”、“我”、“他”共同指代。从我的角度去看，所不同的是：我用“我”指代我自己，因而我的主体性是由我建立的；你用“我”指代你自己，因而你的主体性只能由你建立，而不能由我建立；他用“我”指代他自己，因而他的主体性也只能由他建立，而不能由我建立。我只能承认你和他的主体性，而不能建立你和他的主体性，因而你和他的主体性对我来说是对位的和旁位的。

反过来，尽管我无法超出我自身而站到你和他的立场去发出指代行为，但我根据你、我、他的谈话可以推知：跟我一样，你也把你自己看作本位实践主体，而把我看作对位实践主体，把他看作旁位实践主体；他也把他自己看作本位实践主体，而把他的实践关系的对方看作对位实践主体，把我和你看作旁位实践主体。也就是说，尽管你、我、他都是实践主体，但三者并不是直接互等的，不仅各自被指代时的情况不尽相同，而且其发出指代行为时的情况也不尽相同，其间的关系比通常所谓的主体间关系要复杂得多。

有我，有你，有他——这就是由实践指的人称结构所彰显出来的实践主体的人际结构。

“你”、“我”、“他”是用以指代的符号，是实践主词；你、我、他是被指代的对象，是实践主体。“你”、“我”、“他”既可以共同指代你、我、他中的任何一方，也可以分别指代你、我、他中的各方。反过来说，你、我、他中的任何一方都可以被“你”、“我”、“他”共同指代，其中的各方也可以被“你”、“我”、“他”分别指代。

2. 你——对位实践主体

我是本位实践主体。我只有已然存在，才能直观到你的存在，并用“你”去指代你，从而把你把握为我的实践关系的对方。就此而言，尽管在意识关系上，对位实践主词“你”优先于本位实践主词“我”，但在实践关系上，作为本位实践主体的我却优先于作为对位实践主体的你。

我称你为“你”，表明我或者已经对观到你，或者已经设定了你的存在。

说我对观到你，并不是说我只是感知到了一个物质形体，而是说我用我的整个直观机能把握到了一个对位实践主体的存在，而这个主体不仅能够领会我用“你”所发出的对指行为，而且能够用“你”对指我，以作为对我的对指的回应。我称你为“你”，蕴涵了我对于你的回应的预期，即你也会称我为“你”。或者，因为你已经称我为“你”了，所以我才作出回应，称你为“你”。可见，你的存在不是我用我的感知一点一滴复合出来的，更不是我用对你的形体的感知加上对你的心灵的推导而复合出来的，而是在我把你作为我的实践关系的对方加以对观的过程中直接意识到的。

可以先有对观再有对指，也可以先有对指再有对观。如果是后一种情况，那么，当我发出对指行为时，我一定相信你的存在，也就是说，我相信你是可以被对观到的，或者你的回应至少会出现在我的对观中。我之所以相信你存在，是因为我直观到某些迹象，并由此推定它们是由一个实践主体造成的；我之所以对指你，是因为我希望借此得到你的回应，即便这种回应仅仅表现为某些新的迹象。只有在我的对指无所回应的情况下——包括你和你的任何回应迹象都没有出现在我的对观之中，你的存在对我来说才会成为悬疑。这就是说，缺乏对观的对指透支了关于你的存在的信念，而这种透支是必须偿还的，否则信念就会破灭。

本指和本观若即若离、不即不离，这是本指间距的特点。与之不同，对指和对观既可以如影随形，也可以相隔天渊。对指间距的这种特点为实践指带来充满张力的空间。你在我眼前时，我可以当面说“你”；你不在我眼前时，我也可以通过各种传输媒介来说“你”。我可以为了回应你的对指而说“你”，也可以为了得到你的回应而说“你”，甚至即使你永不回应我也依然说“你”。对指间距的这种张力状况表明，我不能对所有的你等量齐观，而必须对不同的你进行存在信度的区分。具有最高存在信度的你是出现在我的对观中的你，我不会对这样一个你是否存在产生怀疑，这种对指属于亲指。具有最低存在信度的你是既未出现在我的对观中也不对我的对指有任何回应的你，这种对指属于虚指。具有中间信度的你是虽未出现在我的对观中但对我的对指有所回应的你，我可以确认存在着回应者，但不能确认回应者是哪一个你，以及是否为同一个你，这种对指属于一阶指的混合类型。

正因为对指和对观之间存在巨大的间距，所以信仰才有了可能。信仰的对象不必在我的对观中，却可以用“你”去对指，其存在仅仅系于我的相信。就此而言，我完全可以把天、地、鬼、神都称作“你”。不过，相信你存在和对观到你存在毕竟不是一回事，对指终究还得以对观为根据。天、地可观却无言，不会反过来称我为“你”；鬼、神既无言又不可观，同样不会反过来称我为“你”。我叫天天不应，叫地地不灵，说明天、地并不是我的对位实践主体。我敬鬼、神而远之，也是因为它们从不回应我的对指，也从不现身于我的对观之中。如是，我对天、地、鬼、神唯有心存敬畏，即使对指它们，也不会把这种对指跟对我身边的人的对指混为一谈——我对我身边的人的对指，可以由我的对观来认定；可我对天、地、鬼、神的对指，却无法由我的对观来认定。

3. 他——旁位实践主体

当我跟你谈起另一个人时，这个人就成了他——不仅我称之为“他”，你也称之为“他”；不仅我和你称之为“他”，他也称我和你为“他”。我和你称他为“他”，意味着我和你已经承认他也是人；他称我和你为“他”，表明他也在发出一个指代行为，也是一个实践主体。但是，我作为实践主体是自我透明的——我对自己的符号指谓具有自我意识，你和我作为实践主体是互相半透明的——我和你在彼此应和中互相开放符号意识，而他作为实践主体则对我和你都是不透明的，或至少是不直接透明的——他既不是我和你，也不必跟我和你相应和。正是在这个意义上，我是本位实践主体，你是我的对位实践主体，而他则是我和你的旁位实践主体。

我对旁位实践主体的指代叫旁指，这是实践指中间距最大的指代。他作为旁指的对象是否存在，必须通过旁观来认定。凡是旁观范围内的旁指都不易出问题，而凡是超出旁观范围的旁指都容易出问题。

在我所有的旁指行为中，只有少数行为伴随着旁观。只要跟我在一起的人不止一个，我就必定用到旁指，并且具有相应的旁观，也就是说，就必定有人被我称为“他”，并且他还可以被我旁观到。我所说的“他”是否确有所指，是否指得其人，以及其后的述谓是否属实，都以我对他的旁观为基础。不过，他不可能始终保持在我的旁观之中。当其脱离我的旁观范围时，我依然可以旁指他。有时，正因为他不在我的旁观范围，我才可以更方便地旁指他。有的人可能只被我旁观过一次，却可以被我千百次地旁指。在不被旁观的情况下，他的专名可以充当替身而作为我旁指的对象。比如，如果他在场，我可以用手指着他说“他”；而当他不在场时，我就必须先说出他的姓名，再用“他”加以旁指。不管怎样，只要我对他有过旁观，他的存在对我的指代来说就至少不会成为问题。

在我旁指过的所有人中，只有少数人被我旁观过，而大多数人都在我旁观所及的范围之外。也就是说，对我而言的旁位可以近在咫尺，也可以远在天涯；可以是同时性的，也可以是异时性的。对于不在我旁观范围内的他，我只能旁指其姓名，并设定该姓名对应着一个实践主体，而不能直接把他把握为一个存在的单元。他超出我的旁观范围越远，其存在对我来说就越成问题。就算我确信他的存在，我也无法对他形成旁观所特有的那种明证感。正因为如此，具有存在设定的历史人物往往不如没有存在设定的小说人物真切——关于存在的信念毕竟不是对于存在的直观。

伴随旁观的旁指属于亲指，曾有旁观的旁指属于忆指，从无旁观的旁指属于闻指或虚指。可见，不同的旁指因间距不同而有着意识品质上的差异，或者说，并非所有的他都具有相同的存在信度。

4. 剩余实践主体——在我、你、他之外

在这个世界上，对我来说，只有一个我，却有许多你，还有更多的他。我、你、他加在一起，就构成了我所发出的实践指的作用范围。超出这个范围，我的实践指就无能为力了。

可是，在这个世界上，除了我、你、他，还有大量其他人。虽然我的指代无法达及他们，但我知道他们无不是实践主体。这种不在我、你、他范围的实践主体不妨称为剩余实践主体，他们构成了我的实践指范围的外部社会环境。

依据跟我的关系的远近，剩余实践主体可分为内、中、外三大圈。内圈是我对之有观而无指的那部分剩余实践主体。如大街、车站、广场、商场等场合的人流，我直观到它，甚至卷入其中，却不对其中的诸个体分别指代。中圈是我对之既无观又无指却有实际影响的那部分剩余实践主体。如那些读我的作品而跟我素不相识的读者，我无缘见到他们，也无从招呼他们，却不经意扰动了他们的生活。外圈是我对之既无观又无指亦无实际影响的那部分剩余实践主体。如那些遥不可及时空领域中的人们，我跟他们天悬地隔，即使设想也漫无头绪。

对于剩余实践主体，我无以指代，更无从述谓，因而不可能把他们作为各自独立的实践主体纳入我的计虑考量之中，但我的实践却有可能对他们产生影响。

我的对位实践主体和我的旁位实践主体是我的实践格局的内在构成因素，而我的剩余实践主体则是我的实践格局的外部环境。对位实践主体和旁位实践主体不可能变成剩余实践主体，但剩余实践主体却可以变成旁位实践主体乃至对位实践主体。

5. 实践主体的专用指代符号——普通专名

我、你、他都是实践主体，但在实践关系中的角色不同。站在我的立场，自称“我”的是我，被称为“你”的是你，被称为“他”的是他。可是，站在你的立场，自称“我”的是你，被称为“你”的是我，被称为“他”的是他；站在他的立场，自称“我”的是他，被称为“你”的也许是别人，而我和你则都被称为“他”。也就是说，我、你、他作为三种实践主体的相互关系是由“你”、“我”、“他”三个实践逻辑专名先验确定的，但我、你、他究竟是谁，究竟对应哪一个存在单元，却无法仅凭这三个实践逻辑专名来确定。这种情况下，作为各个实践主体的专用指代符号的普通专名就起到了不可替代的作用。

每一个实践主体都有自己的普通专名，即一张表示自己作为一个独一无二的存在单元的标签。正是借助这张标签，不同的实践主体得以相互区别开来，并在此前提下形成我、你、他的人际结构。也就是说，每一个实践主体都是以各自的名义来相互指代的。

对我来说，你不是某个特定的个人，而是实践关系中与我相对待的一个位格。一个人只有占居这个位格才是你，否则就不是你；而可能占居这个位格的人是难以计数的。因此，在跟你打交道时，我不会满足于用实践逻辑专名指代你，还要知道你的普通专名。同理，他也是实践关系中的一个位格，可以占居该位格的人也难以计数。因此，我也只有通过不同的普通专名才能把不同的他区分开来。至于我自己，由于只有一个，因而不必靠普通专名来进行自我区分。不过，我毕竟有普通专名，之所以如此，是因为那样可以帮助别人把我跟其他人区分开来。

我不必时时念叨自己的普通专名，你可以不告诉我你的普通专名，他的普通专名我可能无从打听到——尽管如此，我、你、他毕竟都有各自的普通专名，它们都是用来替换实践逻辑专名的，都是不同实践主体的专用指代符号。

“你”、“我”、“他”和我、你、他的统一

1.“你”、“我”、“他”与我、你、他的错综关联

我是本位实践主体，可以由三个实践主词来指代。其一，我可以由本位实践主词“我”来指代，这个指代为本指，发出这个行为的主体是我自己，相应的直观为本观。其二，我可以由对位实践主词“你”来指代，这个指代为对指，发出这个行为的主体是我的对位实践主体，即你，相应的直观为对观。其三，我可以由旁位实践主词“他”来指代，这个指代为旁指，发出这个行为的主体是我的旁位实践主体，即他，相应的直观为旁观。

我因为跟你相对待而成为我，你因为跟我相对待而成为你，从而你、我互为对位实践主体。你作为对位实践主体，同样可以由三个实践主词来指代。其一，你可以由本位实践主词“我”来指代，这表现为你可以自称“我”，你的自称也是本指，相应的直观是你的本观。其二，你可以由对位实践主词“你”来指代，即可以被对指，但发出该行为的不是你，而是我，与之相应的直观是我对你的对观。其三，你可以由旁位实践主词“他”来旁指，发出该行为的是你的旁位实践主体，即他，相应的直观是他对你的旁观。

他是相对于我和你而言的旁位实践主体，也可以由三个实践主词来指代。其一，他可以由本位实践主词“我”来指代，发出这个本指行为的是他自己，相应的直观是他对自己的本观。其二，他可以由对位实践主词“你”来对指，不过，对指他的既不是我，也不是你，而是他的对位实践主体，相应的直观

是该主体的对观。其三，他可以由旁位实践主词“他”旁指，发出该行为的既可以是我，也可以是你，还可以是他的其他旁位实践主体，相应的直观就是这些旁位实践主体的旁观。

他的对位实践主体的存在使得实践主体势必涉及第四个人，即除了我、你、他，还有跟他对位的你。他的对位实践主体可能在我的实践指的范围——那样的话，那个实践主体对我而言依然是旁位实践主体；也可能不在我的实践指的范围——那样的话，那个实践主体对我而言就只是一个剩余实践主体。也就是说，实践主词从逻辑上看无论如何只有本位、对位和旁位三个，而实践主体则除了本位、对位和旁位外还有剩余，如是，不管他的对位实践主体是我的旁位实践主体还是我的剩余实践主体，实践主词和实践主体在逻辑结构上的不完全重合都必然导致实践指所涉及的存在单元在数量上突破三个，而扩展至四个乃至更多。

任何一个人都作为本位实践主体而直接关联着其对位实践主体和旁位实践主体，并间接关联着剩余实践主体，从而支撑起一个实践主体的人际结构；而这一结构又是由实践主词的人称结构显示出来的，亦即是由“我”的本指、“你”的对指和“他”的旁指所展现的。这两种结构错综关联，每一个人都是这种关联的一个纽结。

不过，每个人作为实践主词的人称结构和实践主体的人际结构相互关联的纽结又不是处于一种像渔网纽结那样的平均状态。每个人都只能把自己称为“我”，而不能把别人称为“我”，这是实践指中最不可移易的基点。这就意味着，我只能从我是一个这样的纽结出发，去推想别人也是同样的纽结，而不可能站在中立的立场上去同等地定位这些纽结。

2. 本位实践格局、对位实践格局、旁位实践格局和剩余实践格局

我，加上所有被我称作“你”的人，再加上所有被我称作“他”的人，就构成了我的基本实践格局。这是我的实践指所能直接达及的范围，可叫作本位实践格局。你，加上所有被你称作“你”的人，再加上所有被你称作“他”的人，就构成了你的基本实践格局。这是你的实践指所能直接达及的范

围，可叫作对位实践格局。他，加上所有被他称作“你”的人，再加上所有被他称作“他”的人，就构成了他的基本实践格局。这是他的实践指所能直接达及的范围，可叫作旁位实践格局。

对任何一个实践主体而言，本位实践格局只有一个，而对位实践格局和旁位实践格局则有许多个。我是我的本位实践格局的当局者，你是我的对位实践格局的当局者，他是我的旁位实践格局的当局者。不同的对位实践格局和旁位实践格局还有不同的当局者。由于不同的实践格局有不同的当局者，也有不同的位格关系，因而，即便两个实践格局所覆盖的人员完全相同，它们也不能化约为一个实践格局。更多的情况是：不同的实践格局有不同的人员覆盖范围，同一个实践格局的人员覆盖范围也处在不断变动之中。

实践格局之间的联系方式主要有两种。其中，最重要的方式是通过对位关系相互关联。当我称你为“你”而你也称我为“你”时，我和你之间就建立起了对位关系。借此，我的实践格局和你的实践格局就正面挂上了钩，两个格局中的人员就有了直接交汇的可能。当然，也有这种情况：我把你称作“你”而你并不把我称作“你”，或者相反，这种对位关系是不对称的，两个实践格局的关联也是单方面的。

实践格局之间其次的联系方式是通过旁位关系而相互关联。我称一个人为“他”，他也称我为“他”，于是，我和他之间就有了旁位关系。借此，我的实践格局和他的实践格局就侧面挂上了钩，两个格局的人员就有了间接交汇的可能。当然，也有这种情况：我把他称作“他”而他并不把我称作“他”，或者相反，他把我称作“他”而我并不把他称作“他”。这种旁位关系是不对等的，两个实践格局的关联也是单方面的。

此外，还存在实践格局之间互不搭界的情况。比如，由我的剩余实践主体与其相关方所组成的实践格局就跟我的本位实践格局无所关联。当然，由于对剩余实践主体甚至不能用“他”去指代，因而对其实践格局的谈论只具有假设性。

既没有孤立的实践格局，也没有固定的实践格局。只要存在我、你、他，实践格局就是多元相依的；只要生活不息地流动，实践格局之间就会不断地交融。

对于实践格局，还可以从许多角度加以考察。这里不再展开。

3. 自由本体的人际共在

前文已经阐明，“我”是实践主词，我是实践主体，二者的统一体就是实际存在的个人，即用“我”来自指的自由本体。本文的分析进一步表明，不论实践主词还是实践主体都不是单一维度的，而是三位一体的。也就是说，实践主词并非只有“我”一个，而是有“你”、“我”、“他”三个；相应地，由实践主词所指代的实践主体也并非只有我一个，而是有我、你、他三个。就此而言，实践主词和实践主体的统一就不仅仅是“我”和我的统一，而且是“你”、“我”、“他”和我、你、他的综合统一。进而，作为实践主词和实践主体的统一体的自由本体就不是那种唯我主义的唯一者，而是内在蕴涵了双重三一性的存在单元。这种存在单元不仅在量上是绝对多元的，而且具有一种源于实践指的人称结构的先验人际性。因此，这种存在单元不仅自在地存在，而且在人际结构中自为地共同存在——表现为既作为本位实践格局的当局者而存在，又作为对位实践格局和旁位实践格局的相关者而存在。这种存在可称为人际共在。

自由本体作为存在单元不是由自我产生的，而是由自然产生的。这是自由本体人际共在的一个前提。实践主词“你”、“我”、“他”只是存在单元的指代符号，而不是它们的创生性力量。可以说，一个存在单元因“我”的指代而显现为我，因“你”的指代而显现为你，因“他”的指代而显现为他，总之因实践主词的指代而显现为实践主体，但不可以说，显现为实践主体的那个存在单元本身是由实践主词产生出来的。这个前提也可以表述为，人的自然在存在上先于人的自由。

不过，事情还有更重要的方面。尽管人的存在是由自然产生的，但人的自由却是人借符号而自我造就的——人仅仅因为会说“我”才成为自由的本体。不仅如此，尽管人与人的许多关系也是由自然规定的，但人仅仅因为会说“你”和“他”，才把别人也看成自由本体，也才被别人反过来看成自由本体，并且才把相互关系总是看成我、你、他的关系，即不同的自由本体之间的关系。因此，自由本体的存在是自称“我”而互称“你”和“他”的存在，是作为我而关联着你和他的存在，也就是说，是在实践主词和实践主体的双重结构中所开显的存在，是在各种实践格局的牵连和互动中所展现的存在。

当然，并非每一个自由本体都跟其余自由本体人际共在。实际上，由于自由本体的总量极其庞大，绝大多数自由本体之间并不构成人际共在关系。确切地说，所有被当作剩余实践主体的自由本体都只是特定人际共在关系的外部因素。因此，自由本体的人际共在是有限度的。

4. 人际共在的主题——共思与共做及其交错

自由本体的人际共在不同于物与物的相互作用。地球、太阳和月亮之间时刻都在相互作用，但它们从不思考这种相互作用，更不会根据各自的思考来操控这种相互作用。思考它们并试图有所作为的是地球上的人。小区院子里的狗们在追逐嬉戏，小孩子们也在追逐嬉戏，看起来没有什么两样，但是，狗们不说“你”、“我”、“他”，一阵闹腾，也不知道它们各自为何快活，为何动怒，而孩子们则知道说“你”、“我”、“他”，还知道说“我家的狗”、“你家的狗”、“他家的狗”，高兴时不分彼此，一旦争执起来就把我、你、他分得甚为清楚。狗打架，不会向主人申诉，主人各自拉开自己的狗即可；小孩打架，则会向大人告状，大人除了各自拉开自己的小孩，还免不了要讲一通我、你、他的道理。可见，自由本体的人际共在不是存在单元之间纯粹自在的相互作用，而是由实践主体的符号指谓所中介的自为的相互作用。

我、你、他作为存在单元都各是一个整体，从而人际共在是我的整体、你的整体和他的整体的共在。可是，在是整体，思与做却不是整体，其间具有天然的不对称性。思是有主题的，这表现为每一个运思的句子都是特定主词和特定谓词的结合。做也是有主题的，这表现为每一件运作的事情都是特定主体所发出的特定行为。思对于在可以抓住一点，不及其余，既单纯又清楚，并且不影响在之为在。做对于在也可以有所为而有所不为，不过却免不了会牵一发而动全身。不仅如此，我有我的思与做，你有你的思与做，他有他的思与做，那些剩余实践主体同样有其自己的思与做。这些思与做都只是共在的某些有限的方面，不过并不妨碍共在本身时时处处都在整体地起着作用。如此一来，我思和我做之间、我思和我做跟我在之间就可能有一致的时候，也一定有不一致的时候。进而，我思、你思和他思之间就可能有心往一处想的时候，也一定有各怀心思的时候；我思、你思、他思和我做、你做、他做之间就可能有协调的时候，也一定有扞格的时候。更重要的是，我、你、他的共思和我、你、他的共做跟各方的共在之间就可能有和谐的时候，也一定有冲突的时候。如果再加上自然万物的影响，此间的交错局面就更为复杂了。因此，一方面，共思和共做内在于共在并引领共在，没有共思和共做的共在不是属人的存在方式；另一方面，共在总是大于共思和共做，共在减去共思和共做总有许多剩余，尤其是意想不到的剩余。

不管共思、共做与共在的关系如何复杂，只要三者和谐，生活就能正常运行。比如，我肚子饿了，去食堂买饭吃。我的肚子只是我的身体的一个部分，但我却要运动我的整个身体到食堂。更重要的是，光是我的整体到食堂并没有用，还必须食堂开门，各位工作人员的整体也在食堂。窗口的食物伸手可及，可我还得先跟服务员的整体打交道。我对服务员说："你好！我买两个蛋糕。"他说："两块钱。"我递上钱。他说："这儿不收现金，刷卡，或者收票。"我忘了带卡，问："找谁买票?"他指着旁边窗口说："他。"我只好又到那个窗口，对另一个服务员说："你好！我买两块钱的票。"他不吭声，收钱递票。我拿了票，再回去买到蛋糕。第一个服务员要做的事不过是用手收票递食物，可他的整体也必须到场，他的嘴还要说说话；第二个服务员要做的事不过是用手收钱递票，可他的整体也必须到场，他的嘴就算不说话，也不能擅自离开。至于我，买到食物就大嚼起来。我的嘴刚才说话，现在吃饭，而身体的其他部分则或者跟嘴协作，或者默默作陪。在这个事例中，"我肚子饿了，要去某食堂买饭吃"是我用符号指谓所思及的主题，然后，我运作自己的身体，经过若干步骤，完成了这个主题。其间，食堂的服务员一个卖票给我，一个卖饭给我，这两个主题是他们各自的所思、所做，最后也都成了。这三个主题就是我们三个人各自所做又相互关联的三件事情，我们各自的思和各自的做都配合得当，事情之间也互相衔接得不错，尤其是特定主题的共思和共做跟整体的共在没有发生冲突。日常生活中共思、共做和共在相和谐的情形无非如此。

不过，生活中也有成问题的情形。比如，我正在电脑前赶活儿，可肚子饿了。这时，我的整体要么继续赶活儿，要么去食堂，而不可能把手留在键盘上打字，让肚子去食堂。假设我选择继续打字，这时，尽管我所思所做的只是一个主题，但我的所在却绝不这么简单，我的日渐增强的饥饿感正在不知不觉地影响着我的整体的存在状态，包括我打字的状态。就此我已体会到，我的在要比我的思和做丰富得多。我好不容易赶完了活儿，饥肠辘辘地冲到食堂，遇到卖饭的服务员正在关窗口，赶紧叫：“等等！我买点吃的。”服务员一脸不高兴，说：“已经下班了。我还回家哩。”我知道，他也是一个整体，不可能身体留下来卖饭给我，心灵先走一步回家。我只好恳求道：“帮帮忙！我就买两个蛋糕。”他一听没好气：“蛋糕卖完了！”说罢又要关窗。我见状马上改主意：“别的也行！”他说：“还有两个馒头，一块钱。赶紧吧！”虽然那两个馒头比服务员的脸色还要冷，可我仍然毫不迟疑地掏钱递过去。没想到服务员这下火了：“这儿不收钱，你不知道吗？刷卡，或者买票！”我忘了带卡，问：“找谁买票？”他没回答，只是朝旁边窗口看了一眼。我猜那个正在起身离开的人是卖票的，连忙冲过去，喊道：“我买票！”可那个服务员理都不理我，抱着票箱径直走掉了。我知道他是身和心的整体一块走掉了。等我回过头来，这边的窗口也“啪”的一声关上了。在这个设想的情形中，先是我思、我做和我在不一致，再是我的思与做、你的思与做、他的思与做相扞格，最后是包括三方的思与做在内的三方共在整体冲突。

共思、共做与共在相和谐的难处不仅在于思、做、在三个方面天然的不对称，而且在于我、你、他不是三个孤立的存在单元，而是三个实践格局的当局者。我之所以饿着肚子写东西，是因为有人催我交卷；卖饭的服务员着急收工，可能是因为他还要回家照料小孩；卖票的服务员对顾客不理不睬，可能是因为他跟食堂领导关系不错。可见，共思、共做与共在是否和谐，还离不开实践格局之间相互交织的大背景的情况。

此外，共思、共做与共在的和谐除了需要诸主体的自由努力，还仰赖于诸本体的自然遂顺。共思齐其心，共做协其力，共在随其缘，这应是人际共在的主旋律。

5. 普通专名在人际共在中的作用

实践逻辑专名只有“你”、“我”、“他”三个，它们构成实践指的人称结构，亦即实践主词的人称结构。这是符号指谓的先验规定，没有人可以任意改变。实践主词的人称结构决定了实践主体的人际结构，使得后一种结构也包括三个因素：我、你、他。可是，实际被“你”、“我”、“他”所指代并作为我、你、他而存在的自由本体在数量上却是无限开放的。这样一来，要逐一区分这些自由本体，仅靠实践逻辑专名就不够了，而跟自由本体一一对应的普通专名就此派上了用场。

对于直观范围内的人，只要实践逻辑专名足够分派，普通专名就不必出场。我去食堂买饭，服务员在我的对观范围，我不用叫他的名字，直接称“你”即可。我也在卖饭的服务员的对观范围，所以他也可以直接用“你”称我。卖票的服务员在旁边的窗口，没超出我们的旁观范围，所以我们也不用叫他的名字，用“他”相称即可。大致说来，只要你和他既在我的直观范围又不交换位格，普通专名是用不着的。

如果三人行，你和他需要交换位格，普通专名就少不了。我跟张三、李四一起聊天，一会儿称张三为“你”，一会儿称李四为“你”，而转换时多半要用到他们的普通专名。我要转跟李四说话，会说：“李四！张三怎样怎样，你如何如何。”其中，“李四”加叹号表呼叫，其作用在于把非对位的实践主体变成对位实践主体；同时，用“张三”充当“怎样怎样”的主词，表明该普通专名所指代的对象已从对位实践主体变成了旁位实践主体。等再转跟张三说话时，也采用同样的办法。

如果直观范围内人员众多，普通专名的作用就更加明显了。我在课堂上要指代那么多学生，“你”、“我”、“他”三个实践逻辑专名肯定不够用，这时，花名册就成了有用的东西。

对于直观范围内的人，只要其在离开直观范围后无须被提起，我就用不着其普通专名，反之就会用得着其普通专名。我去食堂买饭，我和服务员显然都不用询问对方的名字。可是，如果我买的不是饭，而是房子，我和卖家都肯定要搞清楚对方的姓名，以便今后无法直观到对方时仍能循名责实地找到对方。

不过，普通专名的根本用处还在于实践指的超直观使用。只要在直观范围内，实践指的主力符号就总是实践逻辑专名，普通专名只起辅助的作用。只有超出了直观范围，普通专名才变得必不可少。其所以如此，是因为当对位实践主体或旁位实践主体出现在直观范围内时，作为其代表的普通专名即可退至后台，而当对位实践主体或旁位实践主体不在直观范围内时，其普通专名就必须走上前台，充当主力符号。比如，我向招聘单位给应聘学生写推荐信，由于我身处招聘者的直观范围外，所以我必须在信中既写清楚学生的姓名，也要签上自己的姓名，只有在此前提下，我才能在信中说“我如何如何”、“他如何如何”。又如，有些本科学生给我写电子邮件，抬头既无称呼，落款也不留姓名，通篇都是些“你如何如何”、“我如何如何”的话，让我不知怎样对待才好。

普通专名在人际共在中的具体用法还有很多，此不赘述。

归结起来，普通专名出场，是为了解决“谁”的问题。我通常不会产生“我是谁”的问题，但经常会产生“你是谁”、“他是谁”的问题，也会碰到被人问起“你是谁”的问题。对于“谁”的问题，普通专名是最好的答案。一般而言，只要没有发生“谁”的问题，就无须使用普通专名；反之，只要发生了“谁”的问题，就必须使用普通专名出场解决。

6. 普通专名对自由本体的平均化

由实践逻辑专名所建构的实践格局是一种差序格局。在本位实践格局中，我永远是中心，你和他永远是外围；在对位实践格局中，你永远是中心，我和他永远是外围；在旁位实践格局中，他永远是中心，我和你永远是外围。并且，在这三种实践格局中，本位实践格局永远是中心，对位实践格局和旁位实践格局永远是外围。这种在任何情况下我、你、他都不可能对等的格局就是差序格局。

不过，差序格局之间在很大程度上又是互相抵消的。我既是本位实践格局的中心，又是对位实践格局和旁位实践格局的外围；你既是对位实践格局的中心，又是本位实践格局和旁位实践格局的外围；他既是旁位实践格局的中心，又是本位实践格局和对位实践格局的外围。这就是说，实践格局在都是差序格局的意义上具有某种平衡性，由此造成了自由本体的一种平均化状态，普通专名就表征了这种状态。

每个自由本体都有一个普通专名，或者说每个人都有名有姓，这是一种具有本体论意义的现象。每个人既通过别人称呼自己的名字而意识到自己是一个独一的自由本体，又通过称呼别人的名字而承认别人也是一个独一的自由本体，并且通过互相称呼名字而意识到大家在作为自由本体的意义上的平等性。

有了书写符号后，人的名字还可以脱离即时的口头称呼而保存下来，甚至汇编成册，立案存档。档案中的名字彻底脱离了差序实践格局，而变成了一种去位格化的自由本体的中立性指代符号。这样一来，无论本位实践主体，还是对位实践主体和旁位实践主体，甚或剩余实践主体，都被一视同仁，并可公共地加以检索。

相对于由实践逻辑专名所建构的差序实践格局而言，由人的普通专名所建构的实践格局就是一种等序格局。这两种格局交错、叠加起来，就构成了诸自由本体所共在的世界。

7. 虚拟世界中普通专名和自由本体的颠倒

由电脑网络技术所造设的虚拟世界颠覆了普通专名和自由本体的关系。在真实世界中，直观中存在的个人是自由本体，“我”是任何自由本体皆可用以自指的通用符号，普通专名是各个自由本体的专用指代符号。其间，自由本体是本，指代符号是末，两者不容混淆，也不会混淆。可是，在网络虚拟世界，一切都变了。网民们并不现身于相互的直观中，出场的只有五花八门的网络普通专名。这些网络名字跟使用它们的个人之间并无必然的对应关系，既可以一个人使用多个网络名字，也可以多个人在同一个网络名字下说话，以致实际的交流不是发生在个人之间，而是发生在网络名字之间。这样一来，网络名字俨然成了网络上的自由本体，而使用这些名字的个人则降格为名字的替身——只要网络名字不需要替身出场，个人就可以一直隐匿起来，这好比在真实世界中，只要人出场了，姓名是否出场就成了次要的事情。网络名字是本，实际的个人是末，本末就此颠倒。

网络虚拟世界是彻底符号化的世界，是纯粹意义的世界，是网络时代的天堂。在这里，网络名字直接就是实践主体。通常情况下，只要网络名字不对真实世界造成危害，就不会有人去追究这个名字是否指代某个实际存在的人，或者在网络上使用这个名字的人究竟是谁。事实上，网民在以网络名字投身网络虚拟世界时就已经承诺了网络名字的本体地位，尽管有时也要受到虚实混淆的困扰。一旦网络名字成了自由本体，虚拟世界就没有什么东西叫作存在了，或者说，一切存在的东西都已经被屏蔽在这个世界的门外了。因为网络语言中的“你”、“我”、“他”所指代的只是网络名字，而网络名字并不指代某个存在单元，所以，指代实践主体的个别词在虚拟世界就跟存在摆脱了干系，本体就此变成虚无。本体虚无的直接后果是网络语言中的谓词不再有直观约束，从而可以谓所欲谓，为所欲为。不要存在，只要意义；不管主词，只管谓词——这就是网络虚拟世界颠倒普通专名和自由本体的实质。

可是，摆脱直观约束之后的网络虚拟世界与其说是天堂，不如说是一种新型鸦片。首先，没有直观约束的述谓之间必然爆发异质性冲突，并且这种冲突还无从解决。真实世界的述谓可以直观认定，而虚拟世界的述谓则没有直观认定的可能。其次，网民们可以用网络名字到虚拟世界去豪饮意义，可他们的存在却不得不被弃置在真实世界，从而造成两个世界、两种生活的分割乃至对立。虚拟世界毕竟不是一个独立的世界，更不是真实世界的替代物，它不过是真实世界的一种符号衍生体，因此，其所提供的意义满足不管多么诱人，都不能替代真实世界的问题的解决。最后，虚拟世界跟真实世界并非阴阳两界，无法沟通，而是密不可分，相互影响。虚拟世界和真实世界尽管虚实有别、本末异位，但一个人并不因其在虚拟世界中以网络名字行事而在真实世界中以真实名字行事就变成了两个人，这一点使得这两个世界的关系注定会纠缠不清。就此而言，虚拟世界只是多重折射过的真实世界。

当然，说虚拟世界颠倒普通专名和自由本体，并不意味着否定电脑网络技术对认知的正面作用。一方面，电脑网络技术跟其他信息技术一起，为实践指提供了极其便利的直观辅助手段，让每个人的任何举动都可能被所有其他人直观到，极大地强化了普通专名与自由本体之间的指代关联，把人们的实践格局普遍扩展到了前所未有的程度。另一方面，其又创造了一个虚拟世界，为无所逃于天地之间的人们提供了一个暂且藏身的虚拟空间，让这些自由本体可以隐去本体而尽享自由。或许，这实虚显隐之间也存在着某种平衡之道吧。

8. 对依循单数实践主词所做分析的归结

单数实践主词包括“你”、“我”、“他”这三个实践逻辑专名和可以替换它们的普通专名。其中，“我”是本原的、绝对的实践主词，“你”和“他”通过跟“我”相参照而成为派生的、相对的实践主词，普通专名仅在可以替换实践逻辑专名的情况下才充当实践主词，因而也是派生的和相对的。此外，所有的复数实践主词也都是派生的和相对的。复数实践主词包括实践逻辑专名的复数形态“你们”、“我们”和“他们”，以及可以替换它们的普通专名。

上述循名责实的分析解决了三大问题。

第一，谁在实践？答案是：我。我用“我”指代我，这个行为是一切实践的原点，我作为这个行为的发出者就是实践主体。我成为我，即成为一个实践主体，必须满足四个基本条件：第一，我必须已经是一个存在单元；第二，我必须实际产生一个作用；第三，我必须把这个作用看成由我发出的行为；第四，我必须懂得用“我”，并懂得用我的普通专名替换“我”。由自己发出一个行为，这就是自由；我知道自己作为一个存在单元而承载了这样的自由，于是就成了自由本体。

第二，我跟谁一起实践？答案是：你和他。我仅仅因为用“我”自指而成为实践主体，这是本原的和绝对的。不过，可以用“我”自指的存在单元有很多，每一个存在单元在用“我”自指的同时，还要把自己跟其他用“我”自指的存在单元区别开来，由此就派生出了“你”和“他”。在这一结构中，“我”是本位实践主词，“你”是对位实践主词，“他”是旁位实践主词；相应地，我是本位实践主体，你是对位实践主体，他是旁位实践主体。这就意味着：（1）我除了能够用“我”本指外，还必须可以被“你”对指和被“他”旁指；（2）我除了能够用“我”本指外，还必须能够用“你”对指你，用“他”旁指他；（3）“你”、“我”、“他”不论指我，还是指你、指他，都可以用普通专名加以替换；（4）跟我一样，你和他也都是承载了各自自由的存在单元，因而都是自由本体。

第三，还有谁在实践？答案是：无数指代不到的人。“我”本指我，“我”的所指永远在我的本观当中；“你”对指你，“你”的所指是我对观的对象，但也有超出我的对观的时候；“他”旁指他，“他”的所指是我旁观的对象，但常常不在我的旁观之中。相比之下，本指的间距最小，对指的间距较大，旁指的间距最大。除此之外，还存在着无数我用“你”和“他”指代不到的剩余自由本体，对其中一小部分，我虽有直观但并不加以指代；对其余的绝大部分，我既无从指代又毫无直观，我只不过相信他们存在而已。反过来看，对于绝大多数实际存在着的自由本体来说，我同样是他们用“你”或“他”所指代不到的，亦即是他们的剩余。所有那些我指代不到的剩余自由本体各自都在实践，正如处在无数自由本体的指代范围外的我也在实践一样。

从以上问题的解决得到三个基本命题：（1）我在实践；（2）我、你、他都在实践；（3）我、你、他之外还有其他人在实践。第一个命题所表达的是主体性原则："我"是实践主体的标志，是自由本体的表征。第二个命题所表达的是人际性原则："你"、"我"、"他"的人称结构决定了实践主体的人际结构，显示了自由本体的人际共在。第三个命题所表达的是剩余性原则：自由本体有名有姓，但不可胜数；实践主体本性开放，但格局有限。

上述三个原则为后面对复数实践主词的分析提供了基础。

（原载《江海学刊》2014 年第 3、4 期）

博物论

——博物学纲领及其价值

刘啸霆　史　波

博物论来自博物学，是以博物学为基础和对象的一种哲学理论，或者说是哲学博物学。博物论与博物学的关系类似于知识论与知识学或方法论与方法学的关系，后者属于一种科学知识范畴，前者则是哲学的一个方面，是“二阶”的博物学或元博物学。

博物学的来源与特性

今天，人们听到“博物”二字多感陌生，以为都是一些老古董，属于博物馆里的内容（当然，这和今天的博物馆盛行没有直接关系）。说博物学古老固然是没有问题的，因为它本就是人类知识的活化石，但若以为博物学离我们很远却是不对的，因为它正是我们身边的学问。我们在日常生活中可以随时随地感受和学习到的知识大多属于博物知识，倒是数理科学的知识离我们的生活很远，需要到实验室和专业的课堂里才能系统学习。毫无疑问，现在流行的标准化的课堂教学，从内容到形式基本属于数理教育。

博物学，按其字面意思，就是能“辨识许多事物”的学问。所谓“博物洽闻”指的即是这个意思，也就是见多识广，知识渊博，通晓万物之谓也。①

① 刘华杰：《看得见的风景：博物生存》，科学出版社 2007 年版，第 83 页。

一如孔夫子所说的“多识于鸟兽草木之名”①。西方人把博物学叫作“Natural History”，翻译成汉语叫自然史或自然志。读起来有些别扭，以为是历史科学，其实主要是叙述自然知识（包括动物、植物和矿物的种类、分布、性质和生态等）的学科。博物学有时也叫博物志，指对大自然的宏观观察和知识分类，包括今天所说的天文学、地质学、地理学、生物学、气象学、人类学等学科中的部分内容。比如，传统的地质学、矿物学、植物学、昆虫学，都来源于博物学，最近比较时髦的生态学也是从博物学中衍生出来的。

从知识论的角度看，博物学是指与数理科学、还原论科学相对立的，对大自然的事物进行分类和宏观描述以及对系统内在关联进行研究的学问。它既包括思想观念，也包括实用技术。所以，博物学是一门内涵丰富的综合性学科，也是一种重要的科学范型和研究传统。②

博物学知识的来源主要有下述几种途径。

（1）个体的生活亲知，也就是日常活动中的感受和体知。因为博物学知识主要是围绕人的日常生活和生存展开的，所以大体上不离开人类的基本活动，它很少把这样的求知过程变成一个类似现代数理科学的专项化活动。

（2）集体或族群的劳动协作。博物学知识既是个体的知识，也是族群的知识，人们获得经验后通常要在族群中进行交流和验证，逐渐汇聚成小群体或部族的共有知识。

（3）先民经验的传承。博物学知识的长期传承途径是口述，即口头流传。当然，随着记录条件、工具和手段的出现，一些知识也开始以文字的形式流传和积存。

（4）知识分类。这也是博物学最主要的工作，通过分类把握知识的脉络和谱系。较之数理知识，博物学知识经常显得散碎、不连贯、说不清，这实际是按照现代逻辑化眼光审查的效果。而实际上博物学有自己的处理方式，为了把握和辨识万事万物，博物学最主要的工作是分类，由此人们也增进了

---

① 《论语·阳货》。

② 刘啸霆：《STS 视野中的科学》，《自然辩证法研究》2014 年第 7 期。

自己的知识。分类有按照对象特征进行的，也有按照经验获得的方式进行的，也就是在主体与对象的关系中把握对象。今天重新活跃的操作性定义就由此而来。通过分类，这些知识就有了自己的脉络和谱系。比如中国古人长期按照自己的知识分类进行生产和生活，“自给自足”，自成体系，在西学进入之前，也没有感到有什么不便利。

由于博物学是基于初民在大地上最基本的生存经验而形成的，因而就具有自然性、切近性、涉身（embodied）性、个体性、具体性和本土性等特点，并体现为和人安身立命直接相关的基础性或根性。

（1）自然性。所谓自然性，是说博物知识大多数是自然地获得的，因为获得这些知识的活动本身就是随着人的生存自然而然地发生的。由于初民最早面对的都是天然自然，也就是荒野，所以博物学的第一个对象就是荒野。在这方面，人必须首先尊重和适应荒野，才能在荒野中生存。博物学既是自然而然的知识，它的第一个立场和原则就是尊重自然。博物学所最常用的经验获取方法——观察，就是以不改变对象的现存状况作为前提的。同时由于博物学的动力来自百姓平常日用的基本生活需求，而不是为了谋求利润等增殖性扩张性欲望，所以它一方面和古老的巫祀文化及神话有着千丝万缕的联系，另一方面在它的准则里也没有后来数理知识的排他性和赢家通吃的诉求。

（2）切近性或涉身性。所谓切近性，是说这些知识就是人们身边的知识，这些知识一般具有实用的特点。初民由于活动能力和条件的限制，与之打交道的多是一些近身事物，这种通过切身感受所获得的知识，其个案化的比例远大于今天的数理经验，这也决定了他们的经验和知识的涉身性特点。这些知识尽管达不到今天知识的理论化程度，但却都是一阶的、实实在在的和非常质朴的，它们基本都是生存所必需的，因而是可以随调随取的，其转化率也非常高。《周易》所说中华人文始祖“古者包牺氏之王天下也，仰则观象于天，俯则观法于地，观鸟兽之文与地之宜，近取诸身，远取诸物，于是始作八卦，以通神明之德，以类万物之情。作结绳而为网罟，以佃以渔，盖取诸《离》”[①]，也是表明即使这种具有世界观和本体论地位的知识，也不能远离身边的平常日用。正所谓“道不远人”[②]。

（3）具体性和有情性。由于古时的工具相对简陋，需要人付出更多的体能和肢体技巧才能完成劳作。在这样的语境中，人与自然的接触是直接的，感受是多样的，人的生命体验因而也是具体的。这样获得的知识自然也就比较多的是切身性的感受。它不是纯知识论的，而是寓有活动者自身的生命情感在其中，从而使活动者所处的世界变成了有己的或属己的世界，而个体性、具体性等也都与此有直接关联。这是一个附魅的世界，其内容基本是环境友好型的，表述则是附丽的、有情有意的。人也只有在这样的语境中，才能涌出属于生命本身的感怀，才能体味出所谓的诗情画意和生命的本然意蕴。所以，博物学语境中的山川草木都是人的生活不可或缺的一部分。就此，所谓诗意地栖居，必然是博物地栖居。

（4）本土性或地方性。本土性是说，古人由于活动范围的限制，其所获得的知识都具有比较明显的地域性或乡土性，是典型的“地方性”的知识。这实际就是当地人的生存智慧。它与当地人的生活习惯、社会秩序保持一致，是天人合一的智慧结晶，正所谓“一方水土养一方人”。所以，博物学的知识有许多是“湿的”[③]、难言的，是处于生命状态的、与知识拥有者共在而不可剥离的东西。而且，博物学没有更大的抱负，一般不主动扩展到其他区域去挤兑别的知识。

总体上看，博物学作为以观察为主导方法的知识，强调以不改变对象为前提，自然地获得事物的信息，因而是原本意义的自然学。在博物学的眼光里，万物皆有生命，皆能自我显现，从而皆有光辉。

---

① 《周易·系辞下》。

② 《中庸》第十三章。

③ “湿的”来自“湿件”（wetware）一词，有时也叫黏性的，它是由鲁迪·卢克（Rudy Rucker）于1988年在《湿件》一书中首次提出来的。他把知识分为“软件”和“湿件”两种。“软件”也叫“思想”，是编码化的、储存在人脑之外的知识；湿件也叫“技能”（skills）或“只可意会的知识”（tacit knowledge），是储存在人脑中，无法与拥有它的人分离的知识，包括能力、才干、信念等。此外，还有硬件的知识，即以人工物品方式存在的实物知识。

博物学与数理学

在人类知识史上，博物学传统是比现行的数理学传统古老得多、在古典时代又长期占主导地位的研究范式。

数理学是以数学方式加工通过物理方式，主要是实验所获得的经验即物理经验所形成的知识类型，是数学进入自然研究的一个结果，其范围大致包括现代各门常规学科。数理范式则是以近代数理科学为基础所形成的重实验数据、逻辑和公理的理论知识类型，这是因为近代科学的规范是以数学和物理（实验科学）的结合形成的。所谓近代哥白尼—牛顿的科学革命，说到底就是数理科学传统对博物学传统（那时叫自然哲学传统）的颠覆。

在数理学那里，物理是近代科学的直接基础，它的基本职能是获得关于外部自然世界的实证经验；数学是近代科学的核心，它的基本职能是逻辑化或体系化。所谓自然科学就是关于自然的经验被科学化，也就是物理类的经验被数学化成为“物理学”。比较而言，古希腊的物理学是指所有关于自然方面的知识，是“大物理学”，即自然学。近代各门知识成为“科学”（分科之学）的标志就在于它们的实证经验本身被数学化。这样做的一个基本后果是，理论知识以自身为目的而把世界数学图像化，也就是说世界的本质就是数学，把握了数学也就把握了自然。于是，数学成为自然科学的“上帝”，现代科学一下子成了数学“宗”。①

由于数理学既强调经验的确凿性，又强调逻辑和规范的严谨性，这都是以往博物学的弱项，所以数理学一经形成就具有了某种力量，不但很快进入知识系统的核心，确立了话语主导权，并使知识规范统一，而且因其高度的自为性和自我辩护能力，最终被确立为人类生活中的理论中心化原则。这样的知识由于纲领过强也必然具有强烈的排他性，导致新兴的科学文化成为一

① 刘啸霆：《对科学与宗教关系的知识社会学分析》，《河北学刊》2007 年第 3 期。

种争斗的文化。这不仅是知识重心的转移，更是理论的社会地位、主导纲领和知识范式的转换。但是，这样获得的知识也使人类陷入左右不得相顾的境地。最明显的体现就是，以数理方式所获得的经验实际上只是一种“间隔性”的经验。这直接导致了三个后果。

（1）人类因自然的数学图像化和活动的技术化间隔，失去了与自然直接的、本然的联系。现代科学在遮蔽已有知识传统的同时，固然开出了一些新的经验，如与技术有关的虚拟经验等，在某种意义上也扩展了人对自然的理解，但是，对个体的生命存在而言，这种技术性的经验具有不可忽视的弱点。首先，这种知识只是一种人工经验，它是以技术和图像为基础的间接经验，是一种被塑造了的经验，不具有自然性和直接性，人对自然的理解和感受是技术化、形式化的，不再是具体的、具有肉身感受性的“实在”。其次，这种经验以凸显主体的某种需求为特征，是孤立的专项化的经验，缺乏生命普遍联结的完整性。再次，这种经验以技术或形式的均一化为背景和特质，削弱了经验的个别性和多样性。结果，我们对自然索迫得越深，我们实际离自然就越远，人类原初固有的体知、亲知和默会传统，也因此变得陌生和疏离，而生命在自然状态下获得生存经验的可能性则越来越小。人类已有的经验获得方式和内容被大大削减了，人的生活失去了原初的丰富性、具体性和真实性，生活的意趣和幸福观念也因此变形。

（2）数理科学试图把精神物质化的努力，也使得人自身工具化，这正是现代性介入人类经验和生存的一个后果。它导致历史进程发生了颇具讽刺意味的角色转换：原本打着人文主义旗号登场的科学，却因把自身旗帜化而将人文让给了哲学、宗教和艺术等。科学从此成为资本和市场运营的配给资源，成为物欲扩张的推进器，从而走向原初的反面。

（3）以数理科学的纲领为中心形成了一种数理学的世界观，即用孤立、片面、静止的眼光看问题，其核心是“自然界的绝对不变性”① 这样一种见

① 恩格斯：《自然辩证法》，于光远等译编，人民出版社1984年版，第9页。

解，我们习惯称之为机械论的世界观。自然从此失去它的整体性和有机性，成为人类自我中心体系的要件，直至最后走向死亡。

数理科学的兴盛遮盖了博物学的光芒，导致博物学在20世纪出现沉寂。但博物学虽然不在科学的聚光灯下，却蜗居在人们看不到的地方“自得其乐”。法国哲学家米歇尔·福柯通过揭示任何知识背后都有一种价值预设并有一种权力在起作用，从而在流行的宏大叙事之外发现了系谱学知识，也就是一种博物学知识。[①] 同样，美国社会学家格尔兹所说的地方性叙事，以及现在认知科学所探究的身体知识等，也都是重要的博物学知识。其实，即使到了今天，我们的生活之中仍然时时处处有博物学在发挥作用。我们是人，而人是生物，因此没有博物学我们就根本无法生活。这也就是数理科学及其所支撑的启蒙运动最致命的地方，它们因为自己的兴发而欲将他者置于绝地，却也割裂了自己同传统与对象及环境间的联结。

与数理学相对，博物学至少有四方面值得我们重视。

其一，从发生学上看，博物学作为原始古老的知识形态，也是一般知识的原初形态，就是说，现今的所有学科都有一段博物学意义上的发生史。

其二，由于知识是供人使用的，所以现在的许多知识都还遗留有博物学的特性，特别是需要手工操作的技术实践类型的知识，比如医学的临床实践，在相当程度上还是一门手艺型的技术，需要涉身性经验；此外，电的使用和技术规范、地质学和天文学的实践等也是如此。

其三，就思维方式而言，博物学的思考是整体论的而非还原论的，是有机论的而非机械论的，是多元论的、有情的可以兼容相处的，而非简单排他的、无情的。

其四，由于数理程度较低，所以最初的博物知识大多是和其他知识有机融汇在一起的。在博物学看来，世界上存在的东西没有无用和没有价值的。一个东西存在至少有三方面的价值：自我价值，为系统而存在的价值，以及

---

① 参见［法］福柯《词与物》，莫伟民译，生活·读书·新知三联书店2001年版，第2页。

作为自然显现的价值。这就像一片森林，其中的任何一样东西都是不能随便抛弃的，只是由于社会在某一时段的侧重点不同，会形成不同的系统性知识特征。比如，在物质财富没有明显增加、社会结构大体稳定的情况下，人天关系、人伦原则就上升为主导关系，这是维护共同体存在的一个基本手段和形式。于是，在东方领跑的是伦理，而在西方领跑的则是信仰，在希腊实际上是政制。后来，到了罗马时期，政制让位于宗教。其实，那时的宗教也是一种“政制”。博物经验的这种“混合”性也是导致数理学认为它们“纯度”不够、不是科学的原因。

综合来看，如果非要为以上两种思想范式寻找其源头，那么它们大体可看作哲学史上柏拉图传统和亚里士多德传统的某种展现。我们可以将博物学与数理学的特性差别以直观形式简要对照如下：

知识纲领 特性	数理学	博物学
世界观类型	机械论	有机论
	一元论	多元论
	意识论	生存论
世界观立场	理论中心化	理论、实践并重
	工具理性	价值理性
对待他者的态度	斗争、排他	相处、兼容
	舍我其谁、赢家通吃	生者有份、集体共在
对待自然的方式和结果	无情的	有情的
	自然是客体	自然是家园
	自然死亡	天人和谐

续　表

知识纲领 特　性	数理学	博物学
信息获取形式	实验榨取	自然观察
	间接为主	直接为主
知识对主体的关系	间接的关系	直接的关系
	抽象的、编码的	具体的、“湿”性的
知识发展动力和诉求	增殖性需要	生存性需要
	无限性诉求	有限性诉求
知识传递途径与类型	书本、课堂	实践、生活情境
	编码知识	生存素质
纲领形成的时代和前景	工业时代	农业时代
	有限前景	无限前景

今天的博物学既然能够劫后余生，不仅表明它不是随便可以被驱除出历史舞台的，同时它的回归还要向人们说明一个关于科学和人类生存的完整原理并提供一种新的世界观和眼光。

博物学的纲领

由前述知道，博物学作为一种古老的知识范型，是一种有机的世界观。它不是争斗性的、跋扈性的知识，而是宽容厚道的学问，它不会打着进步主义的旗号随便宣布别人为非法。这样的立场和态度是对话的和建设性的，是可以沟通与合作的，这是和谐精神的典范。当我们把博物学的立场上升为一种纲领和准则即博物论时，它就成了与数理学所推崇的现代性方式极为不同的建设性观点和立场，成为现代思想对话的重要推动力量。

建设性是相对于破坏性或否定性而言的，是以对既存事物和状态的某种接受与承认为前提，通过非激烈性否定的方式促进事物完善和系统提升的一种准则和规范。从基本后果上看是以不导致局面破裂为原则，因而是协商或建议的姿态。

破坏性和否定性更多地表现为斗争性和对抗性，它们追求赢家通吃或唯我独尊，这都有使正在进行中的活动终止或激烈转向从而导致事情整体瓦解的取向。而建设性则是以正在进行的活动通过有序调整而适当延续或使事物整体得以保存与优化为取向。所以，相对于斗争性与“破”的哲学原则等终结和激进的强纲领，建设性具有有限性和柔性，是弱纲领，是“立”或互利的哲学，因为今天人类的主体性实在过于强大，用一个时髦的词来描述，建设性的原则就是非暴力的和创造性的冲突转化，是“和平学”。①

人类文明发展到今天，已经进入全球时代并形成某些具有全球性的共识，人们已经开始修改和超越古典轴心时代的一些准则，并努力寻找和确立一些新的时代准则。建设性就是文明发展到今天人类所凸显出的一个新准则，它来源于古代的博物学，但增加了新质，成为一个主导性的新纲领。人类之所以需要建设性，是因为文明发展中的确定性在“丧失”，因为“风险社会”的存在以及文明在整体上存在崩溃的可能性，那些在以往曾经被看作杞人忧天的幻景，如今却正一步步地变为现实。

于是，当建设性成为一种交往原则时，就有了特殊的意蕴。

首先，在基础存在论的层次上，建设性立场承认事物的多样性和万物一体，承认多元共生和共同福祉，因为在共生圈中，万物各有其存在的权利，

---

① 参见［挪威］约翰·加尔通《和平论》，陈祖洲等译，南京出版社2006年版，第13页。

这个权利是先天自有的，不是任何事物后天赋予的。

其次，在价值论上，建设性立场就是有关各方都有好处，对所有参与者都有意义的情况，是对成果的共同分享，讲究共生、互利和共赢的情况，它以大系统整体的最优为价值取向，坚持大系统整体运行中成本和消耗最小的原则。虽然对所有参加者都有益处的结局，并不一定就能实现整体利益的最大化，但却是追求整体利益在价值上最终必须满足和实现的唯一选择。

再次，在方法论上，建设性主张共容、相互尊重、欣赏，乃至赞美，从对方的美中看到自己的美，从与对方的交往中来成全自己。费孝通先生晚年所倡导的美美原则“各美其美，美人之美，美美与共，天下大同”①，可谓其绝佳表达。

最后，在现实行动方面，建设性的立场把强者和弱者拉到同一水平的谈判桌上，要求强者自我约束和对弱者适度扶持，强调责任分担。正如《圣经》和《老子》所宣示的，那原本强的，必要表现为弱；那原本高的，必要表现为下。因为只有这样，才能把整个系统的运行维持下去。

建设性纲领的提出作为博物学的一个成果，是人类交往世界观转变的一个根本点。因为它涉及交往的目的和出发点——我们的一切活动究竟是追求整体共生，还是要独享其成？如果基于前者，那就是建设性的，它带给人类的是一个新文明。

建设性的原则虽不复杂，但是实现建设性的努力却异常艰难。为此，我们必须充分利用人类已有的多种多样的思想文化资源，探索通往建设性的多种有效途径。

（1）要积极挖掘人类文化中的建设性资源，确立建设性的理念和思维。如果我们简单套用一下黑格尔的辩证法则不难看出，斗争性的哲学其实属于比较简单的非此即彼的知性思维，而建设性则是比较高级的辩证性思维，因

① 费孝通：《“美美与共”和人类文明》，载《费孝通在2003》，中国社会科学出版社2005年版。

为它讲的是通过强者自律而实现对立面的统一，是“合众为一”。因此，为了推动这个“统一”，首先就要有超越对立的更高的意识和智慧。

（2）要有建设性的组织。建设性并不是无条件的亲吻和拥抱。有时，为了实现建设性，也需要持续地和强者、利益占有者开展不懈的斗争，就像甘地和曼德拉那样。这是一个极其艰苦的历程，但又是一个必须经历的过程，只有高尚者身心的献祭和涅槃，才能引领我们勇往直前。他们是文明真正的火种。

（3）要开展建设性教育。人类的生存不只有对抗，还有合作和共赢，而这需要起码的相互理解、相互尊重和自我克制。谦和、忍让、宽恕和赞美并不是软弱与无能的表现，而是一种文明和教养，这是一种更高的境界和智慧。这里，除了一般性的规范教育以外，更对强者提出了自我约束的特殊要求。因为“强”不再是建立在对他者的欺压之上，而是建立在战胜自我的基础之上的，是一种“知强守弱”。世界上唯一先验合理的否定是自否定即自我约束。新文明的跃升，就是从强者的自否定开始而确立自己的哲学基础的。因此，从他否定的哲学走向自否定的哲学应成为建设性建设的第一准则。这也意味着，有了建设性，我们的一切特别是生活的意义等，就将获得新的解释。建设性原则的实现，也意味着人类文明的层次将获得大幅跃升。

（4）要有建设性的行动。近代以来以数理知识为载体的同一性哲学都是理论优位的，它把理论（T）放在世界的中心，而把生活实践放在理论的外围，自然界则在最外圈。这是一种完全把理论作为最高目的从而颠倒了世界根本秩序的做法。与此相反，新的博物学坚持理论与实践（P）是并行缠绕互为中心的，或者说像太极图那样是双中心（T&P）的，其整个外形就像个椭圆。当然，这两个中心在本体上是等价的，但在表现上却不总是完全对等的，至于哪个中心在什么时候略占主导，则取决于事物的发展需要以及各自的成熟程度。

现代科学技术主要是知识和技法层面上的，而博物学则直接关涉人文等安身立命的意义，二者根本不可能简单地相互取代或合并。今天，在人类理论化过强的情况下，如何把自己的真理和善良践行出来，不仅成为新时代“改变世界”[①] 的根本诉求，也成为全部哲学的根本疑难[②]。善是一种德，而德必须见诸行动成为德行，否则就是空洞的悬辞，有害而无益。我们曾经在很长的时段里大体达到了“贫而好礼”“贫贱不移”的治理状态，但是今天有了成批的富人，如何实践“富而好仁”“富而有德”，就成为良善社会建设的根本诉求。而这也是“新博物学”[③] 建设的题中应有之义。

中国博物经验的世界意义

与那种简单地同西方去比拼中国有几项领先的发明以满足脆弱的心理自尊不同，在博物学的意义上，中国有更多的优长。一方面，中国是世界上现存的最古老的农业国家，也是人类历史上绝无仅有的博物大国，因此中国的经验主要是博物的经验。即使是火药和指南针等发明，在古代中国也是属于博物学意义上的成就，而不是数理科学的成绩。另一方面，中国博物的经验具有实践性、体知性、集体认知性、内在心性和伦理性（即善的传统）。[④] 这在人类历史上独树一帜，蕴涵深厚，缜密系统，虽非完全独有，但至少已是硕果仅存，因而在对抗过度数理化了的经验方面具有不可穷竭的主导性价值。

中国博物经验的形态主要包括下述几个方面。

（1）历史性经验。即通过由祖先崇拜和追怀所形成的血缘传递传统，保证了文脉的连续性，并在今天依然发挥作用，而且祖述这种历史沿革也成为

---

① 马克思：《关于费尔巴哈的提纲》（十一），载《马克思恩格斯选集》第 1 卷，人民出版社 1995 年版，第 54—57 页。

② 赵汀阳：《第一哲学的支点》，生活 · 读书 · 新知三联书店 2013 年版，第 10 页。

③ 参见刘华杰《新博物学》，《文汇报》2003 年 8 月 13 日。

④ Liu Xiaoting. “The Philosophical Value of the Chinese Experience of Natural History,” in *The Perspective of Neo-Aristotelism*, *Biocosmology-Neo-Aritotelism*, Vol. 4, Nos. 1 & 2, Winter/Spring 2014, pp. 80—88, Novgorod.

今人逻辑思维的一个独特向度。中国古话叫作“老磨坊一辈留一辈”。

（2）人文性经验。由于中国自古以来没有一神教传统，其对经验的把握主要在人天关系、群己关系、身心关系中来体现，具有德性和修身的特点，并由此形成了人伦教养和集体共处的经验与原则——“天下”经验与和的原则。

（3）身体性经验。主要是通过艺匠传统传递的体知经验。中国古人有非常强势的轻言和否智传统，并特别注重在行动中把自己的修行体现出来。身体力行，戒除空谈，由此成为中国人为人处世的基本原则和体知经验的基本形式。

（4）内在性经验。所谓内在性经验主要指心灵性的经验。中国文化由于佛教的传入而在唐代形成具有本土特色的禅宗，到宋代则整体向内转，至宋明时期三教合流，形成心学。心学强调个体的内在体会和心灵认知，由此形成了强调个人修养的境界文化，达到传统思想的高峰。

（5）文典性传统。中国是四大文明古国之一，古文字的形态基本得以保留，这在世界上是独一无二的。这些文字以经、史、子、集的形式汇聚和记载了历代的家国私人经验，代代延续，体量庞大。但这还远远不是中国文献的全部，大量野史、轶文，少数民族的文献等多有散失，保留至今的不足1%，更何况还有许多未能见诸文字而仅凭口传和身授的经验多已绝迹。即便如此，这仍是世界上最丰富璀璨的智慧宝库，是人类文化遗产和资本中的“原始股”，值得研习和参鉴。

古代的中国一直是在博物的意义上发展自己的实践智慧传统，形成了属于自己博物文化的重要思想和行动规则，其根本则在“生生”①。经常有人批评中国古代的技术缺乏系统的理论，而存在过多的伦理干预，殊不知这种关系恰恰强调的是德（道）与技的一体性或不可分离性，是“德艺双馨”。现代科学和技术由于失去了道德或伦理这个“紧箍咒”，便使物欲助长了自己的

① 《周易·系辞上》。

"猴性"而"大闹天宫"。而在社会交往范围内，孔夫子所提倡的"己所不欲，勿施于人"[①] 的主张，以及"和为贵"的处世准则，都已成为今天全球伦理与世界和平的重要原则。

作为中华后学，我们在高喊"创新"的同时，只有像孔夫子当年那样，在历史大转折时期继承和弘扬中华古学的文脉与精神，实现返本开新，才是比那种空泛的创新更可贵且更具质性的真创新。

（原载《江海学刊》2014 年第 5 期）

① 《论语·颜渊》。

中国作为一个政治神学概念

赵汀阳

概述：漩涡模式

叙述中国难于叙述天下。天下中有国，国中有家，这个体系层次分明，结构有序，而中国是一个内含天下结构的国家，以天下之意而行一国之实，那么，国家结构与天下结构如何得以结合？又如何形成？

在分析中国的生成与持续的动力结构之前，首先需要明确几个概念：周朝的天下体系衰于春秋而亡于秦，先秦属于前中国的天下时代。秦始皇开创行政一统的郡县制度①，使天下收缩为中国，自此天下故事转变为中国故事，因此，自秦至清是为古代中国。

虽然秦制度终结了天下体系，但天下概念仍作为政治基因存在于中国实体里，使中国成为一个内含天下性之国家。尽管秦汉以来的中国不再经营世

① 曾经有些历史学家模仿西方的历史概念而把秦至清的制度称为“封建专制”，这是一种错位定性。周朝才是封建，秦以后为郡县。现在大多数人不再使用这个误导性的概念，转而以西方政治学的定位而把秦至清的制度称为“中央集权”“专制政体”之类。此类概念部分接近真实，但不准确。秦以来的王朝制度虽以皇帝为最高权力，但部分保留了古时之“共治”传统。除了无视制度的暴君，皇帝通常不能独裁。秦汉建立了多层“商议政治”，内阁官员的御前会议通过辩论而决定国家事务，如有特别重大而难以决断的事情还需召开由中央机构众官参加的百官会议，最后方案由皇帝批准。历代制度各有差异，但基本原则一致。据余英时的研究，宋代的共治政治达到最佳状态。因此很难将中国王朝制度称为专制，而如果称为共治制度也是夸张，因为皇帝终究拥有最后否决权。由于在现代政治学里缺乏准确描述中国王朝制度的概念，这里将中国王朝制度称为“行政一统制度”，也是权宜之名，有待改进。主要的理由是，中国王朝的最主要政治状态是官民之分，是官僚集团与民间社会的关系，是皇帝所辖官僚集团的统治，故称“行政一统”。

界，却试图把中国经营为一个天下的缩版。这两种政治各有其志：经营天下之最终目的是使整个世界实现内部化（internalization of the world），使世界成为一个再无任何外部性（externalities）的万民共享社会，使一切政治实体得以协和共在，所谓“协和万邦”[①]；经营中国之主要意图是让中国万世长存，不再操心世界内部化，于是，外部世界变成了威胁和挑战。在周朝时，“荒服者不至”被认为是周穆王错误所导致的失序问题[②]，秦汉之后，如果“荒服”族群不与中原王朝为敌，就是岁月静好，国之洪福了。随着天下“无外”问题的退场，国家“内外”成了焦点问题。经营中国的注意力便集中于建构长治久安的内部秩序，同时试图使中国成为一个能够经得起任何外部博弈的国家。天下无外的理想本是“以天下为一家，以中国为一人”[③]，随着天下体系的终结，无外的理想便收缩为后半句，化为中国内部的多元兼容原则，而正是这个原则使内含天下结构的中国具有政治现实性。

中国的双重性质注定了古代中国始终是一个未完成状态的概念，也是一个始终具有开放性的实体存在，就是说，中国存在于连续演变中，以“易”为其存在方式——“易”意味着表现为万变的不变之道，是变与不变的同体存在。因此，中国表现为一种生长方式，而其实体规模变化不定，时为秦之中土，时为唐元清之广域，或为十六国、南北朝、五代十国或宋辽金西夏之裂土。秦汉以来的中国作为裂土的时间甚至长过一统的时间，但大一统却始终是个政治神学信念。从历史形态上说，中国是一个分与合的动态过程，尽管分合不断循环，但合是其内在目的。大一统不仅是权力追求，也是和平生息的需要。根据《周易》的存在论原则，“生生”乃是存在之根本目的，有利于万物万民“生生”的政治状态就是合理的存在状态。信念虽然重要，但终究还需具有决定性作用的客观动力。仅有大一统的信念仍然不足以必然解释中国的连续性和凝聚性，必定还存在某种势不可挡的客观动力，这正是需

① 《尚书·尧典》。
② 《国语·周语上》。
③ 《礼记·礼运》。

要分析的问题。

当代人的历史叙事难免暗含着当代思维的倒叙理解。虽然此时之当代性可以对彼时之当代性提出问题，却不能把此时之当代性倒置为彼时之当代性。假如把当代概念倒映并追认为古代事实，这种“逆向建构”会切断历史自身的筋脉，使一种历史变成了无线索的情节组合，失去自身连贯的历史性（historicity）。比如，来自西方历史线索的民族国家、民族主义、征服王朝、帝国主义等等现代学术概念对于西方历史是自然连贯的，而用于解释中国历史则造成历史线索的断裂。尽管1911年之后的中国故事在很大程度上变成了西方主导的历史的一部分（或许当代中国在断裂后又以某种方式重新生长），但假如把古代中国故事按照西方线索去逆向建构，终归是以鹿代马。

中国的精神世界发生于巫术而成熟于历史意识，如陈梦家所描述，是一个“由巫而史”[①]之发展过程。据张光直所考，中国文明之初，拥有精神解释力的“巫”与政治首领“王”是合一的，这意味着精神权力对于政治权力的重要性，而当文字出现，“史”具有了更强的精神解释力，于是史官与巫师曾经集于一身。[②]李泽厚认为由“巫”化出了“史”而终于形成以历史意识为主导的精神传统是中国文明之关键，他称之为“巫史传统”。[③]在历史取得了对存在的解释权以来，中国关于存在的反思形式就是历史性的，存在（being）被理解为变在（becoming）。与之相比，西方思想对存在的反思形式从希腊以来就是概念性的，存在必依永恒概念而在。中国的精神世界以历史为刻度，一切存在的意义都在历史性中展开，所谓“六经皆史”便是此意。

孔子理解的“春秋”必须表达大义，即存在之应在之道。各种叙事所理解之正统大义或有不同，每种关于正统的解释皆可用以支持一种叙事，但何为正统的论证却不能是一种自我叙事，否则就变成自相关的无效论证。微言虽达大义，大义却难自证。司马迁的“通变”意识似乎更接近历史变化本身，

---

① 陈梦家：《商代的神话与巫术》，《燕京学报》1936年第20辑。

② 张光直：《美术、神话与祭祀》，生活·读书·新知三联书店2013年版，第85页。

③ 参见李泽厚《由巫到礼 释礼归仁》，生活·读书·新知三联书店2015年版，第13—21页。

更接近存在之变在之道。在此，我不准备征引任何一种叙事之正统观念，而只限于分析中国是通过什么样的集体行动而被塑造的，就是说，不以历史叙述者的价值观点去理解中国是什么样的，而从历史行动者的博弈选择去理解中国为何是这样的。于是，中国的生成过程可以被理解为一个长期的博弈游戏，对其中变迁各家自有不同的价值看法，但形成中国的关键在于行动者的理性做法，正是行动者的做法定义了一个博弈游戏的问题、目的和性质。与历史行动者的视野相关，有两个问题是这里的关注焦点：（1）中国是个连续存在，那么，什么是形成中国连续性的动力结构？（2）对生存最有利的优势基因就会被不断重复，那么，什么是中国在历史中被不断重复的生存基因？

由于历史机缘不同，早期中国政治始于世界政治，即以天下体系为政治框架而建国建家；西方政治却始于城邦国家。这两种政治基因相异而或可互补，却不是能够合并的同类项。秦汉以来中国转为国家政治，但却不能等同于西方的国家概念，因为中国既不是城邦，也不是民族国家，甚至不是西方政治概念的帝国——尽管古代中国与帝国有某些外在相似处（比如没有法定边界），其实貌合而神异。貌似"帝国"的古代中国缺乏帝国主义性质，虽然并非从不扩张，但扩张不作为中国之立国意图，也不是国家行为的动力。也许可将中国勉强称为"大国"（great power），但这种说法没有表达出国家的政治性质。另有一种看法认为中国是有别于民族国家的"文明国家"①，时下在西方和中国都颇为流行。中国肯定不是民族国家，但把中国定位为"文明国家"，却也有令人迷惑之处。如果文明可以定义中国，为什么文明不能定义别的国家？难道别的文明缺乏特点以至于不能定义身份？同为多民族多文化的俄罗斯、印度、美国应该如何理解？另外，以民族定义国家有其明确的政

---

① 列文森、白鲁恂等西方汉学家以中国为文明国家。更早的分析或源于葛兰言，葛兰言没有直接使用"文明国家"一词，但其名著《中国文明》（1929）把中国社会看作一种文明去分析。现代儒家也有类似理解，钱穆认为中国的"民族与国家都只是为文化而存在"（《中国文化史导论》，商务印书馆 1994 年版，第 23 页，第 1 版是 1948 年）；梁漱溟则认为"中国遂以社会而代国家"（《中国现代学术经典·梁漱溟卷》，河北教育出版社 1996 年版，第 520 页，第 1 版为 1949 年）。梁漱溟引用友人来信说：1920 年罗素来华访问，在上海讲演时指出："中国实为一文化体而非国家。"（同上书，第 255 页）由此来看，最早提出中国是文明国家的或是罗素。

治性质，而以文明定义国家却难以表达同等明确的政治性质。国家是个政治存在，对国家的定义终究需要表达其政治性质。如果仅仅从人类学性质去理解中国，那么王铭铭的“文明体”概念也比文明国家更恰当。①

使中国区别于民族国家的性质必是中国的政治概念或原则，即作为中国政治起始基因的天下概念及其“无外”和“协和”原则。在这个意义上，中国是天下的缩版（microcosm），是个以天下为内在结构的国家（a world-pattern state）。或者，如果以民族国家作为对应概念，则中国似可称为“万民国家”（inclusive state）。以上概念只适用于古代中国。至于现代中国，也有双重性质：传统中国性质加上现代国家性质。现代中国在古代中国的基因上引入现代国家的性质而成为一个现代主权国家，却仍然不是民族国家。关于现代中国性质的争议基于对现代国家概念的一个狭隘理解，即现代国家必是民族国家。实际情况是，现代主权国家至少有两个基本型：民族国家（例如欧洲各国）和合众国（例如美国、中国、俄罗斯、印度）。合众国同样具有法定边界和法定主权等现代国家性质，只是以多民族多文化而区别于民族国家。就目前趋势来看，越来越多的民族国家正在慢慢演变成合众国，欧洲多国之阿拉伯人、非洲人、东欧人和东亚人的人口增长迅速，已很难说是原本意义的民族国家了。因此，合众国有可能将会发展为现代国家的主要类型。

中国政治中一直内含天下基因，即使天下已收缩为中国，同时古代中国也缺乏民族国家和民族主义的诉求。中国直到清末遇到西方现代民族国家的挑战才对民族国家和民族主义产生思齐之意，梁启超大概最早提倡学习西方的民族主义和民族国家以便转型为现代国家。② 古代中国没有主权概念，只有政权，没有法定边界，所谓领土，只是实力变化的函数。古代战

① 参见王铭铭《中国：民族体还是文明体?》，《文化纵横》2008 年第 12 期。

② 梁启超在 1901 年提倡民族主义（《国家思想变迁异同论》，《饮冰室合集》第 1 册《文集 6》）；在 1902 年提倡民族国家（《论民族竞争之大势》，《饮冰室合集》第 2 册《文集 10》），但后来又转向国家主义。

争也不是民族战争，而是政权之间的战争。与宋作战的辽军统帅韩德让是汉人，灭宋的元军统帅张弘范也是汉人。如果按照现代民族主义概念，他们会被追认为汉奸，但在历史语境里，他们是出生并生活在北朝的居民，而北朝也是中国，正如宋是南朝之中国。只是张弘范相信天命在元，而文天祥相信正统在宋。

既然与民族冲动无关，那么古代中国的分合动力是什么？这种历史动力是如何形成的？中国是“万民”（现代的说法是“多民族”）汇集之地，中国历史也是万民合力之作，是一个多线索交织而成的故事。每一种具有连续性的历史都会有某类事件或问题不断重复出现，那么，什么原因或理由使得相似的事情不断发生？最简便的解释是将其归结为“传统”。中国连续不断的存在就经常被归功于中国文化传统，进而又通常被归结为儒家传统，儒家传统又被认为具有显著的道德性。这个文化神话实有若干疑点。首先，以什么历史事实来证明中国人在道德上更为高尚？这是个问题。我们恐怕不能忽视实际行为与道德教义之间的差距①，因此需要意识到，实际上构成历史的行为另有更强的理由和动力。其次，儒家观念只是在宋以后具有最高权威地位，而那时中国存在模式早已形成，这意味着中国概念另有成形的道理。儒家肯定是中国最重要的传统，但中国传统之多样性也是显然事实。更进一步的问题是，即使传统对历史具有足够大的解释力，传统也还不是落实到底的解释，我们仍然需要追问，为什么会形成如此这般的传统？这种传统的吸引力到底在哪里？一种传统为什么有其传播限度或文化边界？

历史事件只是故事，故事背后总有其历史内在动力结构。什么是使得某种事情不断重复发生的动力？这是需要解释的问题。历史事件无疑因具有创造性而千变万化，而历史性却隐藏在千变万化的故事不断重复的动力结构里，这种内在动力结构定义了一种历史是什么样的博弈游戏，并且不断诱发前仆

① 民谚比教义更准确地反映真实的社会情况。李庆善在《中国人新论：从民谚看民心》（中国社会科学出版社 1996 年版）里以大量互相矛盾的传统民谚说明了行为理由的两面性：一方面提倡正直无私，另一方面建议圆滑求利，如此等等。

后继的行为。由于历史性并不直接体现在历史的故事性之中，而是隐藏在历史故事性之中的反故事性，是贯穿在不可重复的事件中的重复性，因此，历史性具有形而上的意义而能够解释一种存在之所以存在。当一种存在的时间性具有了自觉的动力结构就形成了历史性，历史就占有了时间。理解历史性的方式各有不同，或为超验神学，或为自然神学：如果历史被理解为有其终极目标，历史性就是一种使命；如果历史被理解为无限展开过程，历史性就是一种存在寻求自身永在的生长方式。后者正是中国历史之取向，即生生而日新之意。

存在的直接动力是寻找生存资源，这是自然状态；当存在试图谋求稳定可信的继续存在，或者说，当一种存在谋求占有未来，就必须寻找政治资源，于是就进入了政治状态。或可以说，追求存在一开始只是经济问题，但追求不被他人劫走的未来，就变成了政治问题。维持生存的单纯经济活动只是人与自然的关系，属于自然过程而尚未构成历史。一旦利益关系产生出权力问题，就进入了人与人的博弈游戏，所以历史总是从政治开始。权力意味着建立秩序，把可资利用的资源（available resources）变成所支配资源（controlled resources），以此使继续存在变成可信的预期。在这个意义上，政治就是试图以秩序去占有未来。当一种秩序试图规定未来必须如此发生，秩序就是在创造历史。由此可以理解沃格林所谓“历史的秩序来自秩序的历史”①。

如果一种历史秩序成为众所追求的政治资源，就会形成一个共同参与的博弈游戏，并且由此展开为一种共同的历史。对于中国，是什么样的历史秩序，什么样的博弈游戏，使中国历史成为万民的共同历史？当一种历史秩序或一种博弈游戏成为万民之共同兴趣，它就成为一个“聚点”（focal point）。这是借用谢林（Thomas C. Schelling）的一个博弈论概念，“聚点”指的是人们未经事先商量却不约而同的选择。② 在这里，聚点可用于解释共同历史的形成。

---

① 沃格林：《秩序与历史》卷一《以色列与启示》，译林出版社 2010 年版，第 19 页。
② 谢林：《冲突的战略》，华夏出版社 2011 年版，第 48—51 页。

曾经有一个实为假定的共识（难以考证这个看法的起源）：中国是中原文化不断向周围“扩展”或“辐射”而形成的。张光直认为中原向外扩展的看法是个错觉，事实应该是各地文明的“相互交流”，而形成这个错觉的一个原因是，考古的兴趣一度集中在中原“支持了中原核心地位的错觉”①。鉴于新石器时期的中国存在着水平相当的多处文明及其互动，张光直的看法对于夏商周以前的早期中国可能是更准确的，但夏商周以来的中原事实上变成了中国之核心，如何理解这个核心的性质以及核心与周围的关系才是根本问题，或者说，如何解释中国成为一个包含了中原和“各地”的整体存在才是根本问题。中国的形成过程中的确存在着文化的互相交流和中心扩展的情况，但这两种现象仍然不足以构成必然解释：互相交流模式不能必然地解释中国整体性的形成，因为文化间的互相交流并不必然导致合一，还有各取所需而维持独立性的可能；中心向外扩展辐射模式也不能必然地解释中国整体性的形成，因为周围族群不断涌入中原也是一个不容忽视的历史事实，而更重要的是，扩展未必能够保证合一，有可能被抵制，甚至有可能竞争失败。从理论上说，能够确保形成大规模的政治与文化存在的根本原因是吸引力，也就是孔子所谓“近者悦，远者来”的原则②。这正是我选择“聚点模式”来解释中国的理由，即必定存在某种吸引力导致中国成为一个共同选择。

中国历史自有诸多需要研究的聚点，我们在这里要分析的是贯穿中国古代历史的一个政治博弈聚点，即以中原为核心的“天下逐鹿”博弈游戏，其动力结构是一个有着强大向心力的漩涡模式，众多相关者抵抗不住漩涡的诱惑而前仆后继地“主动”加入游戏成为竞争者，也有许多相关者被动地卷入游戏中，博弈漩涡逐步扩大，终于达到稳定而形成了一个广域的中国。

在地理上，从漠北到江南，从东海到西域之间的广大地面形成一个无分割的逐鹿空间，这个广域的核心地区，通常称为中原，是早期中国的发达地区（与地理条件、气候条件、交通条件都有关系），不仅是最早的经济中心和

① 张光直：《古代中国考古学》，生活·读书·新知三联书店 2013 年版，第 434 页。
② 《论语·子路》。

政治中心，也是文化中心，它意味着逐鹿游戏所能达到的权力极限而成为天下逐鹿的必争之地。“逐鹿中原”这个成语如此生动地概括了中国历史的博弈游戏，因此赵辉认为这个成语有效地反映了以中原为核心的中国历史主流发展趋势。[①] 假定所有具备实力的竞争者都对逐鹿中原感兴趣，需要进一步解释的问题就是：为什么逐鹿中原的游戏会形成“漩涡”模式，以至于欲罢不能地形成了中国历史的连续性？为什么逐鹿中原会形成追求大一统的向心力，而不是多方满足于各自割据的均衡？说到底，中原有什么不可替代而非争不可的特殊资源？

张光直相信，中国的“文明动力是政治与财富的结合”[②]。政治追逐财富是常理，但这里的问题是，作为古中原的黄河中段流域在物质文明上虽有相对的综合优势，却并无压倒优势，也并非每种技术都是最优。考古证据表明，北自内蒙古和辽宁一带，南至长江流域的早期中国，相当密集地分布着众多的文明产地，资源条件各有所长，技术能力大致接近，生活水平相差不远，却为何不满足于各安其所，而要逐鹿中原呢？即使中原的物质财富略有相对优势，也尚不足以解释中原必然成为众望所归的逐鹿之地，尤其难以解释为什么中原是个值得不断前仆后继的逐鹿之地。什么才真正是中原的决定性优势，这还需要进一步追问。物质财富和交通枢纽无疑都是重要因素，但似乎仍然不是最具决定性的因素。或许我们应该在物质条件之外去分析其他的诱惑。与消耗性的物质世界不同，精神世界是增值性的，精神世界越被使用就会凝聚更多的附加值和魔力，就越能够吸引更多的心灵。因此有理由相信，中原的特殊地位必定在于中原拥有一个值得争夺的精神世界，一个人人都可以加以利用去获得并保有权力的精神世界。

中原精神世界之所以具有号召力和普遍可分享性，至少在于以下几个决定性的因素。（1）汉字。这是早期中原形成的书写文字，在当时是中国地区能够记录和储存大量信息的大数据系统，是能够承载复杂思想和丰富叙事的

① 赵辉：《以中原为中心的历史趋势的形成》，《文物》2000 年第 1 期。

② 张光直：《考古学专题六讲》，生活·读书·新知三联书店 2013 年版，第 156 页。

书面载体，因此，以汉字为载体的精神世界是早期中国最具大规模传播能力的信息和知识。[①]（2）思想系统。中原文化是当时具有最大容量的解释能力和反思能力的思想系统，具有反思人类行为和解释万物的世界观和历史观，集中表达在《周易》《尚书》《周礼》《诗经》《春秋》等早期文献里。这意味着中原的思想系统具备了组织空间和占有时间的能力，既占有历史性，又占有公共性，也就具备了组织大规模社会的能力和创造制度的能力，同时具有对历史、社会、制度和权力的正当性的自我解释能力，因此成为当时中国最具优势的精神资源。（3）周朝创制的天下观念也是一个决定性的因素。天下概念的“无外”原则意味着最大限度的兼容性，不拒绝任何人的参与，也就预先承诺了一个任何人都可参加的博弈模式，也因此成为对所有人具有同等吸引力并且可加以同等利用的政治资源。与此相配合，周朝的天命观念以有德为得天下之理由，这等于论证了革命的合法性，逐鹿也就师出有名。天下观是一个化特殊性为普遍性的有效例子：天下概念虽是周朝的特殊发明，但天下概念的内容却具有其普遍意义，因此能够被普遍接受而成为一个政治神学资源。[②]（4）政治神学的雪球效应。逐鹿的胜利者们为了保有对优势资源的合法利用和稳定占用，几乎都选择了周朝创作的天命传承故事，把自己的王朝加入悠久的政治传承叙事中，成为这个长篇故事之一章节，以此解释其政治合法性。于是，不断丰富的历史本身变成了一个政治神话，几乎无人会拒绝利用这种现成的优势资源。

或许还有更多因素，但这几个决定性的因素已经足以形成逐鹿中原的漩涡模式。漩涡效应在于它的持续向心力，历史表明，最初一些政治势力为了夺取优势资源而主动卷入逐鹿中原的博弈，从而制造了漩涡，而随着更多政

① 据有待确证的说法，在早期中国，除了汉字，还存在古彝文，但情况不详。据说古彝文是西南族群的古文字，与今天的彝族文字存在一定相关性。今天所存的彝文作品主要为明清文献，内容多与巫术占卜有关，似乎意味着有更早的来源。但古彝文产生于何时，是否足够成熟，何时成熟，是否足以表达复杂抽象的思想等等问题还有待专家研究。

② 基督教也是一个化特殊为普遍的成功例子。耶稣受难和复活是特殊故事，却宣布了一个对所有人开放的普遍信仰。

治势力的卷入，这个漩涡的体量不断扩大，优势资源和政治意义不断累积，因此进一步增强了漩涡的向心力效应。正是天下逐鹿游戏持续不断的漩涡效应创造了中国，而这个漩涡游戏的开放性——归功于天下观念——决定了中国是一个不断生长的概念。

天下之缩版

考古学通常把新石器时期看作文明形成期。相对于中东两河流域和埃及文明，中国文明的形成或许不算早[①]，但目前出土文物的技术风格显示中国文明应为独立发生。新石器中期，中原地区已开始农业生产，但仍属于农耕、游牧和渔猎混合经济，手工技术已能够制作陶器和玉器，有了原始饲养业。[②]新石器晚期出现丝织品和青铜器，特别是出现了大规模聚居地，有了城。山西南部临汾盆地的陶寺遗址有个面积达280万平方米的大城[③]，如此规模的大城被认为或许是个王城（此时尚早于夏朝，或许属于传说的某个圣王），其中还出土了疑似初始文字的符号[④]。据张光直，新石器末期的中原已具有“中国”文化基本特征，他相信当时已经出现的小米、水稻、高粱的种植、猪狗牛羊马的豢养、夯土建筑、蚕丝与麻、陶器、木雕和铜器、饕餮纹饰、甲骨占卜和象形文字，这些特征大概定义了以黄河流域为核心的早期中国文化。[⑤]另外，仰韶、大溪和红山出土文物说明，从蒙古、中原到长江流域都有龙的形象（蒙古红山的玉龙是目前发现的最早的龙形象），这意味着如此广域已有了大跨度的文化共通性。[⑥] 张光直推测，自公元前4000年前后，华北、华南

① 欧美流行的看法认为苏美尔文明远早于中国文明和印度文明，但并非没有质疑之见。近数十年的考古发现，大概与苏美尔文明同时的中国也有文明迹象，包括初始农业和粗糙陶器等，但似乎不如苏美尔文明发达，有待进一步的考古。这里仍从流行之说。

② 中国社会科学院考古研究所：《中国考古学·新石器时代卷》，中国社会科学出版社2010年版，第198—202页。

③ 同上书，第568页。

④ 同上书，第786—795页。

⑤ 张光直：《中国考古学论文集》，生活·读书·新知三联书店1999年版，第54—55页。

⑥ 同上书，第36页。

等地的文化"已经互相连锁成为一个更大的文化相互作用圈(sphere of interaction)"。[①]

按照传说，公元前2000年前后开始了中国的王朝时代，但第一个王朝夏朝长期缺乏实证。1960年开始发掘的二里头遗址被认为说明了夏文化的存在（碳十四测定为公元前1900至公元前1500年，正是传说的夏朝时期)。[②] 夏文化的存在是否能够证明夏王朝的存在，仍有待更多证据[③]。二里头遗址位于洛阳平原，自古被认为是天下中心，包括夏商周三代在内的中国半数王朝都建都于此。在二里头文化之前，洛阳地区及其周边是新石器时期的中原核心文化区，是仰韶和龙山文化所在地，从中可见文化之连续性。在许宏看来，二里头遗址应该就是中国的原型，是最早的"中国"。[④] 一个重要证据是，二里头遗址核心区有个规模巨大的疑似王宫，面积达10万平方米，主宫殿面积达1万平方米，其建筑布局一眼可见出与紫禁城的概念相似性[⑤]，尽管比紫禁城要简单得多。1963年陕西出土一件称为"何尊"的青铜器上有周成王建造东都的诰命铭文，其中有"余其宅兹中国"之语，这是最早见于文字的"中国"。何尊上的中国所指就是二里头遗址所在的洛阳盆地。[⑥]

二里头遗址文物的丰富性说明二里头政权（是否夏朝政府有待证实）已经控制了大量资源和技术，拥有农业、畜牧业和渔猎的混合经济，玉石、陶器、漆器、青铜器、丝织品、酒器等等礼器或生活用品，甚至已经有了双轮车。遗址中发现的许多海贝意味着中原与远处沿海已有往来[⑦]（二里头遗址与

① 张光直：《中国考古学论文集》，生活·读书·新知三联书店1999年版，第158—159页。

② 中国社会科学院考古研究所：《中国考古学·夏商卷》，中国社会科学出版社2011年版，第81页。

③ 张光直认为二里头文化看起来应该是夏文化，但之所以不能最终确定是夏文化还是商文化，是因为"至今未发现二里头文化的文字材料"（张光直：《古代中国考古学》，生活·读书·新知三联书店2013年版，第376—377页）。可问题是，就目前的证据而言，二里头时期应该尚未形成文字，恐怕不可能找到"文字材料"。

④ 许宏：《何以中国》，生活·读书·新知三联书店2014年版，第145—148页。

⑤ 同上书，第117—119页。

⑥ 刘庆柱主编：《中国考古发现与研究1949—2009》，人民出版社2010年版，第196页。

⑦ 中国社会科学院考古研究所：《中国考古学·夏商卷》，中国社会科学出版社2011年版，第107—123页。

最近海岸之间直线距离约600公里)。二里头文化中最具意义也是最有争议的是：刻在陶器上的符号是不是初始文字？那些符号看上去很像文字，但无法解读。新石器的符号可能是后来文字的部分来源，张光直认为那些“零星出现的”符号大概尚未形成系统文字。[①] 晚于二里头文化数百年的殷商文化确定有了成熟的文字，有甲骨文为证，也有古书记载：“惟殷先人有册有典”[②]，说明殷商文字已经成熟到足以清楚记录制度规则和描述事件。文字的成熟需要足够长时间的过程，因此考古学家推测“不能设想夏王朝却还未曾使用文字”[③]。早时陈梦家推断，汉字之兴起“约当去今三千五百年，最早不得过于四千年以上”，应属于“商民族特有的文化”[④]。此说大致不差，或需略加修正。

可以说，二里头文化已包含了中原文化的最基本基因。虽难以罗列早期中原文化的基因图谱，但可选择几个基因作为示例。二里头的王宫初步表现了延续数千年的“中轴线”概念。作为一个神学性质的隐喻，中轴线概念贯穿在中国的大多数空间布局中，从房屋、庭院、宫殿到城市，甚至推广到对国家乃至天下的理解。具有中轴线对称格局的房屋既是家，也是国之微观模型，进一步也是天下之极小模型。另外，二里头的建筑结构也初步具备中国数千年传统建筑的基本样式。据梁思成的概括，中国的梁柱式建筑具有特异的外部轮廓，上有“翼展之屋顶”，下有“崇厚阶基之衬托”[⑤]。如此建筑格式也具有形而上学的隐喻性质：四周伸展的屋盖象征着天，厚实的基座象征着地，而人居于天地之间，寓意“天地人”的关系结构。对于人，天地本是最大的房屋，而房屋乃最小之天地，尽收天地之意于所居，正应“配天”原则（语出《中庸》)。

---

① 张光直:《古代中国考古学》，生活·读书·新知三联书店2013年版，第346页。

② 《尚书·多士》。

③ 中国社会科学院考古研究所:《中国考古学·夏商卷》，中国社会科学出版社2011年版，第125页。

④ 陈梦家:《中国文字学》，中华书局2011年版，第11页。

⑤ 梁思成:《中国建筑史》，百花文艺出版社1998年版，第15页。

中原文化没有超越性的宗教，却对自然有着神学理解。自然是万物之道的最终标准，而自然之道以自身为准，即老子所谓“道法自然”。能以自身为准，正是神圣存在的本质指标，因此可以说，自然便是中国的一个神学概念。与自然一致（所谓配天）就是衡量人的世界的神学标准。把天地复制为家，便是象征性的配天之意，也是敬天之礼。可以推想，中国的“家”不仅是个家庭概念，同时也是一个自然神学概念。天地无穷伸延并且兼容万物，以天地为准之家同构地复制了天地的无穷兼容性，天地也被复制为不同规模而同构的家园：家庭是最小规模的家，国家是较大规模的家，天下是所有人的家。这种以天地为本的同构复制也同时复制了天地的神学性质，因此，“天下—国—家—国—天下”的双向循环复制，进一步构成了中国概念的神性，使其具有了政治神学的意义。

宗教感或神学性是人类几乎没有例外的自然情感。宗教感来自某种免于质疑的神性信念，往往是一种文化的稳定性之所在，因此很难想象一种稳定连续的文化没有宗教感——虽不一定表现为有组织有教规之宗教。最容易理解的神性是超越性，因此，多数宗教都假定了一个超越性的至上存在。令人疑惑的是，连续稳定的中国本土文化竟没有原生一个超越性的宗教，学者们一直试图解释这个费解的事实，如“道德代替宗教”（梁漱溟）或“美育代替宗教”（蔡元培）的说法。道德与诗文在中国文化中确实被安置在高位，但仍然并不具有至上神性。与自然之道不同，道德与诗文无法以自身为绝对标准，也就不是终极标准，因此缺乏神性，也因此缺乏一致的判断标准（伦理和审美标准乃争议之地），也就不可能真正代替宗教。对于古代中国人，真正具有神性的概念首推“自然之道”，其次是最接近自然之道的“天下”，接下来应该是象征性复制了天地秩序因而复制了天地神性的“中国”。如果说古代中国的道德信念被赋予神性表现，也是因为人道被认为符合天道：自然是神性所在，道德只是自然神性的转现；同样，诗词也为自然之道之印证，其所赞美的日月、河山或草木也意不在风景之美学效果，而在于自然神性，或者在于带有自然神性负荷的生命、家国、故土。

中国概念的神学性质或可解释“中的国”（middle kingdom）的概念何以引来质疑之深层原因。假如中国的概念仅仅意味着地理意义上的世界中心位置，那么只是世界各地常见的主观感觉，不值得当真拒斥。正因为中国概念具有神学意义，所以对于一神教才是一个值得严肃对待的异教概念。儒家以为道德观念是中国文化区别于其他文化之根本，其实儒家道德并不被识别为特殊伦理观。这正是明末利玛窦的中国经验，他发现儒家道德与基督教道德可谓大同小异，因此相信中国是传播基督教之大好之地。传教士在中国遭遇的传教困难与伦理差异基本无关，而是因为思维方式的严重差异。当时中国的基督教“信徒们”同时继续信仰儒家、佛家、道家、祖先以及财神等神灵，传教士难以接受此种“不诚”。事实上各处的生活基本问题相类，道德也相差不远。因此，伦理道德恐怕难以说明中国的本质特殊性。

中国概念的神学化自有其线索。按照古代中国的想象，天下之中是中国。这个想象或许起源于地理感觉，如上所述，最早的“中国”在洛阳平原，稍后扩大为从西安、晋南到洛阳一带，也就是后来被称为“中原”的地方。这个位置四通八达，具有地理中心的作用。尽管中国概念已经借助关于天地空间格局的想象表达了自然神性，但在夏商时应该尚未成为一个政治神学概念。周朝建立了“世界性”的天下体系，天下体系中有千邦，中国居中而为宗主国，而天下体系每个层次都是同构的。当天下收敛为中国，中国继承了天下的基因而成为内含世界结构的国家，这种天下性质的负荷使中国从一个复制了天地秩序的自然神学概念同时成为一个复制了天下秩序的政治神学概念。

中国的空间演化同时也是空间概念的演化。国之本义是都城，字形示意为武器守卫着城墙所围之地。一国所辖地面不仅有都城，还有“郊”和“野”。都城近旁之周边地区为郊，包括诸多小城和“乡”，是有政治权利和义务的国人居住地；野乃是郊之外的大片农业地区，是没有政治权利的庶人或野人居住地。[①] 中国是宗主国的首都，也就是王朝首都。周成王宣告建新都

① 参见杨宽《中国古代都城制度史》，上海人民出版社2006年版，第25—36页。

城："余其宅兹中国"（把家安在中国），这个"中国"就在洛阳。随后中国的概念由宗主国的首都扩大为整个宗主国（王畿），继而大概在春秋时期，中国已可用于指称中原地区，周朝体系里有着宗亲关系和礼乐文化的众多诸侯国都在中国之中，包括黄河流域的河南、陕西、山西、山东、河北，以区别于南方和漠北的蛮夷文化地区。这意味着中国在地理意义之外又附加了文化意义。当长江流域的蛮夷诸侯（荆楚吴越等国）的文化与中原变得更相似，且有实力卷入中原争霸，中国概念就进一步扩大到长江流域，随着更多地区卷入逐鹿中原的博弈游戏中，中国的概念也随之不断扩大，曾经扩大到比今天的中国大得多的地域：极致广域是元朝之地，西越葱岭，东临日本海，北纳西伯利亚，南至南海；其次的广域，也是长期稳定的疆域，是清朝之地，同样西越葱岭，东临日本海，南至南海，北有蒙古和小部分西伯利亚。中国概念取决于天下逐鹿的漩涡效应，也就是说，中国的规模取决于逐鹿游戏卷入多少参与者，同时，逐鹿的漩涡效应也使中国拥有多样综合的文化。

中国综合文化的形成方式，称之为"化"。化是变易，不是一方之改变而总是互化。因此，化区别于宗教的皈依（converting），而是多种文化对存在秩序的合力重构。也许最接近"化"的变易形式是基因变异或基因重组。在这个意义上也许可以说，善于化的中国概念具有某种"生物性"，或者借用塔勒布的概念，具有拒绝固守原状而善于变异的"反脆弱性"（anti-fragile）。[①] 中国的善化能力与天下之信念有关。唯有天下原则能给予互化以合理合法的解释，这正是天下基因在中国概念里的功效之一。

在多族群多文化的互化过程中，中原文化一直是互化的主要资源。尽管进入中原的游牧族群通常部分保持着原有的文化（北魏孝文帝的全盘汉化运动是个例外），但由于缺乏中原拥有的高度成熟的知识生产系统（大量而全面的文献图书、教育系统和学术系统），于是几乎都理性地接受了中原业已高度发达的现成文化资源，进而也同样成为中原文化的拥有者和推进者。科举制

---

① Taleb, *Antifragile*: *Things that Gain from Disorder*, Random House, NK, 2012, p. 3.

被认为是中国文化一大发明，便为鲜卑血统的隋文帝一朝所创。入主中原的游牧王朝推进儒学的积极性不亚于汉人王朝，游牧王朝给予孔子的封号便至少与汉人王朝的封号平级，其中，汉朝追封孔子为公爵，唐朝追封为王，明朝追封为先师（精神领袖），而西夏（藏族）追封孔子为皇帝（最高封号了），元朝（蒙古）追封为王，清（满族）追封为先师。另一个意味深长的事例是，元朝首次把程朱理学定为科举考试的标准答案，而宋朝自身却未曾给予程朱理学如此地位。① 文化原产地并不能独占其文化解释权，一种文化一旦被分享就成为共同资源。众多族群分享中原文化的现象类似于欧洲各国分享来自希腊罗马和耶路撒冷的文化。

互化乃是不争之历史事实，谁主导互化，却是关涉到谁代表中国正统的敏感问题。这个问题的敏感性实为历史语境所造成。在多数情况下，逐鹿漩涡不断卷入的大多数竞争者都化为中国人，竞争者的原住地也因为卷入逐鹿中原的漩涡而合入中国，匈奴、鲜卑、突厥、契丹、女真、蒙古、满族等等，尽皆如此。宋朝之前，进入中原的北方竞争者的胜利都比较短暂，在宋朝时期却形成了长达300年的割据格局：辽（契丹）占据北部中国，地域大过宋，西夏（藏族）占据西北，宋占据中原和南方，当金（女真）取代了辽，把领地扩大到淮河一带，更占有了中原的大半部分。于是，谁代表中国“正统”就成为问题了。

辽与宋对峙，就权力主导而言，宋处于弱势，甚至为了和平而向辽纳贡，因此辽当仁不让地自视为中国之正统，但在外交措辞时则温和地说成平等之割据：“境分二国”但“两朝事同一家”（辽兴宗和辽道宗写给宋仁宗和宋神宗的国书如是说）。最有趣的是，辽太宗灭后晋时获得了据说是秦始皇为“万世”中国所制之传国玉玺，传国玉玺一直被神化为天命的物证，因此获得传国玉玺便被认为是正统的一个象征。辽兴宗曾经为科举命题为“有传国宝为

① 姚大力：《蒙元制度与政治文化》，北京大学出版社2011年版，第270页。

正统赋”。[1] 宋时处弱势，便采取与辽相反之理据而强调华夷之辨。王桐龄认为，正因宋朝幅员偏小，武力衰弱，对辽夏金元应付维艰，于是“尊王攘夷学说成为天经地义”[2]；又据葛兆光，宋与辽金西夏的并立状态使宋陷于“从所未有的关于中国的焦虑”[3]。此种焦虑迫使宋朝的政治叙事从天命的普遍性退缩为特殊性，把“天下人的天下”观念替换为汉人的中国，这等于背离了周朝开创的普遍关怀之天命传统，而把天命理解为族群之私产或类似于殷商想象的上天特殊眷顾。此种退缩叙事虽有内部凝聚之效，其代价是失去了政治叙事的广泛容量。

南北朝之分通常被认为是临时状态，因此虽各执一词而未及根本。元朝和清朝皆为非汉人主政整个中国，尽管元朝和清朝不同程度地接受了中原文化，且与中原文化有着深入互化，但元朝和清朝的性质超出了宋代以来儒家叙事的限度，于是不得不重新解释正统。其中尤以元朝最难解释，元朝推行不平等的民族政策，基本国策是突出蒙古人的地位和传统，只因统治之需而部分采用了中原制度和文化，但在决策机构中蒙古人的人数超过半数，色目人也多于汉人。[4] 元朝还放弃使用秦始皇传国玉玺的传统，另制材质规制不同之帝玺[5]，此举或暗示元试图开启新统。

如何解释元朝的历史位置，据张兆裕的分析，这是朱元璋建立明朝后所遇到的“前人未遇之难题”。朱元璋给出了一个两面解释：蒙古皇帝几乎征服了整个天下，前无古人，必是天命所授，否则不能成功。既然蒙古受天命而主政整个天下，那么蒙古主政中国也是天意。然而，蒙古终究不适合治理中国，所以天命必然要回归中土，轮到他来做皇帝[6]。因此，朱元璋在象征正统

---

① 以上关于辽朝的资料皆转引自王柯的《民族与国家：中国多民族统一国家思想系谱》，中国社会科学出版社 2001 年版，第 119—128 页。

② 王桐龄：《中国民族史》，吉林出版集团 2010 年版，第 376 页。

③ 葛兆光：《宅兹中国》，中华书局 2011 年版，第 41—42 页。

④ 陈高华、史卫民：《中国政治制度通史》第八卷（白刚主编），人民出版社 1996 年版，第 60 页。

⑤ 同上书，第 37—38 页。

⑥ 张兆裕：《明代华夷之辨》，载中国社会科学院历史研究所主编《古史文存・明清卷上》，2004 年版，第 265—277 页。

传承的历代帝王庙里将元世祖忽必烈列入中国正统皇帝之序列。朱元璋对正统的新解并非全新，只是否定了宋朝的华夷之辨，回归周朝传统的天命解释，而周朝思想在中国传统中有着至高地位，其权威性远超宋儒，朱元璋的解释也就不难成立。宋明儒家的华夷之辨虽然引经据典于先秦，托词于孔子春秋大义之“攘夷”原则，实则有悖于周朝传统的天下和天命概念。瞿式穀曾经指出华夷之辨乃是附会误读，“吾夫子作春秋，攘夷狄，亦谓吴楚实周之臣而首奸王号，故斥而弗与，非谓凡在遐荒尽可夷狄摈之”①。瞿式穀的解读更符合周朝之天下古义。元朝虽然武功显赫，但在文化上除了个别突出成就，与宋朝相比有着大幅度的下滑，因此难言文治。元朝选择了以大一统作为合法性定位，所谓“自古帝王非四海一家不为正统”②。于是，天命的证据收缩到只剩下地理指标：完成大一统。民心问题隐去了。

至于清朝，满族所居之东北属于明朝辖地，清朝主政中国也大体继承明朝制度，疆域远超明朝，民生状况良好，清朝前中期近150年的“盛世”在历史上罕有其匹，因此在正统性上的疑义远不及元朝。但在清初的明朝儒家遗民看来，清朝仍然有正统的疑问，王夫之借讨论宋朝之亡以喻明朝之亡：“宋亡，则举黄帝、尧、舜以来道法相传之天下而亡之也。”③“亡天下”是来自顾炎武的概念，顾炎武有言“易姓改号，谓之亡国。仁义充塞，而至于率兽食人，人将相食，谓之亡天下”④。王夫之的用法似乎偏离了顾炎武的原意。顾炎武虽怀故国，亡天下之论却非针对清朝，他在文中所举“仁义充塞”的例子是晋朝，而晋朝却非夷狄。王夫之另加解释的“亡天下”似乎意指中原文化传承之断裂，这一点恐与事实不符。清朝对中原文化的推崇应无疑义，清朝所沿用的世界观、历史观和伦理秩序都属于中原传统。

元朝和清朝正统性的真正疑点在于，元朝和清朝皇帝都保留了大汗身份，

---

① 瞿式穀：《职方外纪小言》，载谢方《职方外纪校释》，中华书局2000年版，第9页。

② 《元史》卷一百六十一《列传第四八》。

③ 王夫之：《宋论》卷十五《度宗》。

④ 顾炎武：《日知录》卷十三《正始》。

这一点被用来说明元朝和清朝并不属于中国传承线索中的王朝，而是征服了中国的外国。关于这个疑点，当代人无法完全接近历史真实，只能寻找最合理的解释。以当代理论去逆向建构古代事实，符合历史真实的概率恐怕要小一些，而以符合古人最大利益的理性理由去推测古人的选择，就更可能接近历史真实。按照“最大利益”（主要包括政治利益和经济利益）去推想，摆脱中国王朝线索而定位为入侵者的征服王朝，这样的身份选择恐怕不符合元朝或清朝的最大利益，显然不可能是元或清的理性选择。元清皆保持其双重身份，是因为需要得到两种传统的一致支持，以便控制生活与生产方式都不同的两大区域。元朝和清朝都认为自己完成了前所未有的大一统伟业，并没有把所辖之地分开看作两个国家，因为中原传统的天命观和大一统概念对于元朝或清朝都是最有利的政治神学叙事：只有成为大一统中国的合法传承之主，才能有效征用最大资源、最大权力和最大利益。既然加入中国历史线索符合元朝或清朝的最大利益，就很难想象元朝或清朝会拒绝对自身如此有利的政治和历史资源。在与明朝逐鹿中原之前，努尔哈赤在写给明朝万历帝的信中已经征用天下概念解释了满族主政中原的合法性：“天地之间，上自人类下至昆虫，天生天养之也，是你南朝之养之乎？……普养万物之天至公无私，不以南朝为大国容情。……天命归之，遂有天下。”①

据实言之，中国的概念始终是多文化的互化与共同建构的结果，既不是表现为汉化的同化，也不是不同文化之间的互相拒斥与分隔，但在混成的中国文化中，由于以汉字为载体的精神世界更为丰富深厚，中原文化的基因始终起着主导作用，这也是无需回避的事实。即使北方族群（特别是蒙古和满族）入主中原，中原文化仍然是文化互化的主要资源，如前所述，嵌入中国的历史线索正是入主中原的北方族群的最大利益之所在，因此势在必然。无论元朝还是清朝，其政治合法性都仍然在中国思想中能够被解释，至少在周朝传统里能够被解释，也就是说，作为内含天下结构的国家，中国汇万民于

① 《清入关前史料选辑》1，中国人民大学出版社1984年版，第289—296页。

一体并非难题。

直到清末，中国才真正遇到了无法自圆其说的身份难题：不仅中国在地理上并非天下之中心，在政治权力上也不是天下之中心，甚至在知识生产上也并非天下之中心。如果逻辑一致地根据天下概念去理解世界，清末以来的中国不再是天下概念里的那个“中国”，而只是一方“诸侯”。同时，古代中国的自身叙事也遭到外部世界的质疑，来自他者的叙事也带来了属于另一个世界的逻辑，也因此产生了语境错位的解释和跨文化理解的困难。

一个典型的例子是，汉朝以来（特别是明清时期）的朝贡制度被看作中国强加给世界的一种等级制。费正清称之为“朝贡体系”[①]，他把朝贡制度解释为“中国的世界秩序，是一整套思想和做法。千百年来中国统治者们不断将这套东西加以发展，使之永久保存下来”[②]。然而，把朝贡制度理解为朝贡体系恐怕是言过其实的过度诠释。汉朝以来的“朝贡”虽保留了周朝的朝贡名称，却已无实质支配权力，基本上有名无实。周朝的朝贡是诸侯对天下体系的一种政治和经济义务，诸侯提交的贡赋虽不等于税收（弱于税收），但也是对周朝维护天下体系的成本费用分担。可是汉朝以来的朝贡制度只是一种政治想象，除了少数与中国王朝关系密切的藩属国（朝鲜、越南、琉球等），大多数朝贡国并没有承认对中国王朝的附属关系，中国王朝对朝贡国也没有政治和经济的支配关系。因此，汉以来的朝贡只是一种涉外制度而已，远够不上支配性的“体系”或者“秩序”。自汉唐至明清，朝贡关系采取厚往薄来政策，对朝贡者优厚赏赐、高价回赠，绝大多数朝贡国利用朝贡的优惠政策进行利好贸易，乃至争相朝贡，使朝贡贸易造成中国的巨大逆差，中国王朝甚至不得不限制朝贡的次数和货物数量。[③] 由此可见周边国家所理解的朝贡之经济含义远多于政治含义。

---

① 费正清主编：《中国的世界秩序：传统中国的对外关系》，中国社会科学出版社2010年版，第283页。

② 同上书，第1页。

③ 郑有国：《中国市舶制度研究》，福建教育出版社2004年版，第214—220页。

我们还需要注意到反向朝贡的现象。汉武帝之前，西汉苦于与匈奴的长期竞争，为求得和平而“岁奉”匈奴许多财物，恰如李云泉所说的，这表明汉朝反向匈奴朝贡。① 中原王朝对强势竞争者的反向朝贡并非特例，两宋对辽金也是反向朝贡。反向朝贡的现象说明，朝贡是一种通用的政治策略，并非单方专用，总是强势一方受贡。

中原王朝的涉外政策也不止朝贡一途，事实是朝贡与和亲两种策略长期并存兼用，虽然朝贡为主和亲为辅，但不能因此把中原王朝与周围政权的关系简单归结为朝贡。据阎明恕，和亲的作用在现代史学中被明显低估。和亲策略自商周至清朝一直运行，并非偶然事件，也并非总是迫于压力的权宜之计，而是长期策略，既有中原王朝处于被动地位的“消极和亲”，也有处于主动地位的“积极和亲”。②

朝贡关系中稍有实质政治意义的是册封和奉正朔：受册封意味着比较亲近的关系，在国事危急之时可以求助于中国；奉正朔则是使用中国皇帝的纪年来标记时间，如果朝贡国奉行中国王朝的纪年，就意味着承认中国的历史叙事是通用历史。按照这个逻辑，如今中国以及世界上多数国家都采用西方纪年，不知道算不算奉行西方之正朔？

逐鹿中原

天下逐鹿的说法最早见于《史记》：“秦失其鹿，天下共逐之。”③ 在此，鹿代表最高权力。为什么以鹿代表权力？此事似无确知。权力是政治博弈的“猎物”，以动物象征权力并不难理解，但古中原猎物甚多，与鹿相较而更强、更大或更有气势的动物并不少有，中原初兴之时正值全新世大暖期④，气候温润，植被良好，不仅有牛有熊有虎有豹，甚至有大象和犀牛，为何选中鹿来

① 李云泉：《万邦来朝：朝贡制度史论》，新华出版社 2014 年版，第 13 页。
② 阎明恕：《中国古代和亲史》，贵州民族出版社 2003 年版，第 157 页。
③ 司马迁：《史记·淮阴侯列传》；也见于班固《汉书·蒯通传》。
④ 参见满志敏《中国历史时期气候变化研究》，山东教育出版社 2009 年版，第 92—118 页。

代表权力？似乎有点费解。鹿的最早文献形象见于《诗经·小雅·鹿鸣》，“呦呦鹿鸣”所描绘的鹿是祥和温暖的形象，似与权力无关。张光直有个猜测：在古代遗址中可见鹿肩胛骨用于占卜，因此可能有“仪式意义”，或与逐鹿的含义有关。[①] 不过这似乎不足为证。鹿肩胛骨固然可作为占卜的仪式用品，但古代占卜用品更多的是牛肩胛骨，尤以龟壳为贵，这似乎暗示着，牛骨和龟壳的“仪式意义”超过鹿骨。我们或可另外推想：在早期中原，老虎、大象虽更能代表力量，但过于凶猛，并非单纯的被动猎物，而是搏斗对象。只有单纯的猎物才适合作为竞赛性的狩猎对象，而在单纯的猎物里，鹿是具有“典型形象”的猎物，华美胜过野猪、山羊、狐兔，且有“王冠般”的鹿角，适合用于象征权力。对此有个旁证，《周易》有“即鹿无虞，惟入于林中，君子几不如舍”[②] 之语，说的是，由于没有得到山林管理官的指导，鹿躲入密林，君子不应穷追。这暗示着，在那时，猎鹿已成为在专业官员指导下为王公贵族准备的竞赛游戏。鹿或可因此成为权力象征。

逐鹿游戏的关键在于存在着难以抗拒的诱惑。逐鹿中原是政治权力的竞争，在以中原为核心地区的广域空间里，众多政治势力争夺最大权力以图控制最大资源。有些势力是主动参与者，也有因为连锁关系而被卷入的被动参与者。如前所述，逐鹿游戏的特性在于它具有漩涡效应，一旦被卷入就难以全身而退，除非放弃一切利益和土地而彻底出局（如部分匈奴和突厥之远遁）。成败兴衰只是一时之情节，却不是逐鹿游戏的历史性结构。前面我们概括地分析过中原成为权力聚点的逻辑推想，这里需要进一步理解中原成为聚点的历史语境与演变。

逐鹿为什么在中原？许宏推荐了两种有助于理解的解释。一种是卡内罗的“限制理论”：条件优越的地方有着集中的资源，众人纷至而使人口密度增大，中心区域的居住者便处于被包围的状态，于是不得不加强力量，扩大据点规模，以便自保或击败竞争者，结果在这个地区形成密集据点和激烈冲突。

① 张光直：《中国考古学论文集》，生活·读书·新知三联书店1999年版，第53页。
② 《周易·屯》。

许宏相信远古中原可能存在着这种情形。另一种是赵辉的“中心理论”：中原地处广域的中心，因此成为交通、物流和情报中心，中原又因此汇集了最多的政治经验而变得更加成熟，而边缘地区由于缺少学习机会而竞争不利。赵辉试图说明，中原的成功与交通条件更有关系，而与经济实力没有必然关系。[①] 这两种理论看来都能够部分地解释中原成为中心的历史条件，但仍有一些疑点。长江流域的自然资源和人口不少于黄河流域，文明兴起也不晚于（或稍晚于）中原，物质技术和交通条件也不弱于中原，为什么没有成为中心而直到春秋时代还被视为蛮夷？另外，假如交通物流是决定性因素，那么为什么西域没有成为中心？从更大空间的流通来看，西域更是四通八达的物流和信息中心，东接中原，西连中亚和中东，自有条件可以兼备东西方的物质和技术之长，事实上经西域传入中原或传入西方的物资和技术很多，以至于形成丝绸之路，可为什么西域的地位不如中原？

奥尔森的国家理论提供了另一种相关解释。[②] 一个国家的成功必须具有强大的集体行动能力。可是奥尔森定理表明：小集团比较容易形成集体行动，而大集团总是存在严重的搭便车问题而往往导致集体行动的流产，因此，作为大集团的成功国家必定至少满足两个能够超越搭便车困境的特殊条件：（1）能够形成普遍共享利益，类似于儒家想象的“有德之邦”；（2）具有选择性激励的制度，类似于法家推崇的赏罚分明制度。根据历史及传说，在中原兴起的核心王朝都兼备圣王之德治传统和赏罚制度，大概符合奥尔森的条件。奥尔森的理论或可解释成为逐鹿胜利者的条件，却无法用于解释中原成为逐鹿空间的必然性和持续性：为什么中原成为人们欲罢不能的逐鹿之地？我们一直在追问的是：中原究竟有什么非争不可的特殊资源？中原在交通上、经济上和政治上的社会发展综合指标足以让众多势力前仆后继地卷入争夺游

① 许宏：《何以中国》，生活·读书·新知三联书店 2014 年版，第 96—99 页；也见赵辉《以中原为中心的历史趋势的形成》，《文物》2000 年第 1 期。

② 参见奥尔森《权力与繁荣》《国家的兴衰》，上海世纪出版集团 2005 年版；《集体行动的逻辑》，上海三联书店 1995 年版。

戏——可这已经是中原故事的后半部，问题在于中原故事的前半部。

中原成为聚点，肯定与资源有关，而同样不可忽视的另一个原因可能是：与其他同样富有资源的地区相比，中原相对容易攻占，战争成本比较低。这个缺乏传奇色彩的原因听起来令人失望，但或许也是一个助长积极性的因素。经济条件、交通条件或战争成本等等因素或能解释逐鹿中原的偶然性，却仍然不足以解释逐鹿中原的必然性。我们真正需要理解的并非逐鹿中原事件之偶然发生，而是逐鹿游戏的持续性或一贯性，确切地说，需要解释逐鹿游戏为什么会成为一个漩涡。到底是什么原因形成了逐鹿游戏的漩涡模式？是什么因素维持了中原的漩涡向心力？只要形成了漩涡模式，逐鹿中原就不再是偶然行为而是必然的博弈了。

在人类发展出种种“征服自然”的技术之前，世界是一个无法支配而不可测的存在，因此，人类通向存在之谜的途径是“魔法”。占卜是最早的一种魔法，而后起的书写文字是使一切魔法失色的最大魔法。文字把一切事物保存在人可占有的形式里，既保住过去又预设未来，把属于自然的时间性变成属于人的历史性。文字因此创造了一个唯心主义的世界，而这个唯心主义的世界又以“摄魂”的方式去叙述客观存在的唯物主义世界。这就是最大的魔法。人借助文字而具有神力，所以仓颉造字而鬼神夜哭。在人类无法以唯物主义的方式占有世界时，就以唯心主义的方式去占有世界，创作或虚构了一个能够解释一切事物的精神世界，从而使生活超越一时一地之羁縻而“唯心地”存在于整个世界和所有时间维度之中。魔法就是力量，于是先民必争魔法。中原远古的“绝地天通”事件就是争夺魔法之役，圣王将巫术权力从民间收归国有，意味着唯有王者方可占有世界。与巫术不同，文字这个最大魔法天然具有普遍可分享性质而无法为任何权力所独占，于是，争相分享文字魔法所开拓的精神世界便成为生存之普遍行为。

既然中原最早发明了书写文字并且发展了以汉字为载体的精神世界，这个捷足先登的精神世界所占有的就不只是对世界的解释权，而且占有了中国这个存在的历史性，从而形成一种精神的路径依赖：分享这个精神世界就等于分享了历史，分享这个为更多人所分享的精神世界就能够获得更大的政治伸延幅度，也就分享了对存在最有利的更大可能世界。在这个意义上，中原最具特殊性的资源应该就是以汉字为载体的精神世界，这个无形资产比地理中心或物质资源更为显著也更重要。逐鹿中原的漩涡模式或由多种原因合力形成，但其中最具决定性的动力非常可能就在于争夺中原精神世界及其传统的分享权，也就是争夺知识生产能力和历史解释权。

当然，这只是一个基于合理的政治理由的推想。假定这个推想成立，下面的故事就大致顺理成章了。在历史上争夺中原的精神世界最为成功的例子当属以周公为首的西周政治家集团。周偏居西北而近西戎，在周朝攻取中原取代殷商之后，周公集团通过"德"的概念重新定义了天命的归属理由，修改了殷商独占天命的祖神与天帝合一传统，把天命概念转化成为惟德是辅的无私普遍天道。"德"必须落实为"行"方能得证，而行为构成历史意义。由此可推，应该是周确立了中原精神世界的历史性。此举成功地把周的新观念接续到了夏商传统上，合法地占有了中原的精神世界和历史的解释权，进而，周创制了天下观念而把中原的精神世界推向空间极致。可以说，周公思想是在时间和空间概念上的政治神学革命，时间转为历史，世界化为天下，并以此为中国的存在方式展开了大容量的历史性和世界性：与天之无穷相配而具有不绝之历史性；与地之广大相配而具有无外的世界性。这个精神世界的可能容量几近极致，由此可以大概解释中国文化之早熟，也可以解释此后历代不断沿用的理由。

周朝衰落使列强再次有了逐鹿机会，数百年的春秋战国基本上奠定了逐鹿中原的漩涡模式，形成了逐鹿中原的稳定向心力。此后历代王朝不断加强这个漩涡效应。这个漩涡并没有始终固定在中原，无论漩涡中心如何游离中原核心地区，逐鹿游戏却没有偏离中原的精神世界而始终保持其漩涡模式。当漠北势力逐步成为逐鹿中原的最强竞争者，与中原势力大致势均力敌，时常还强于中原政权时，逐鹿游戏的漩涡中心便由中原位移至幽燕一带，与此一致，中国王朝的首都也从西安洛阳移到北京。据周振鹤，金朝和元朝的建都理由已经言明了对天下之中之新解释，金朝建都北京并称为“中都”，最早明确表达了北京成为中国核心的理由：“唯燕京乃天地之中”；元朝建都北京也有同样的解释：“天子必居中”，于是“非燕不可”。[①] 自宋朝以来，中国经济中心移到了江南。这说明政治博弈的漩涡中心未必总与经济中心一致。

逐鹿游戏的消长与进攻者或防守者的经济学考虑之间有着明显相关性。在经济和军事能力范围内，竞争各方可承受成本的最大值与收益最大值的比例决定了是否进行军事冒险，进攻或防御都发展到控制了最优之可及资源为止。这或可解释，为什么即使在中原王朝的实力明显强于漠北游牧族群时，也并不试图征服草原而满足于威慑漠北草原，反过来也可解释，漠北草原一旦势力明显强于中原，就必然南下建立自己的中原王朝，因为最优资源在中原。《盐铁论》中记录了汉朝关于是否应该武力征服匈奴的辩论，主和派点明了中原王朝不适合武力征服游牧部族的秘密：“匈奴之地广大，而戎马之足轻利，其势易骚动也。少发则不足以更适，多发则民不堪其役。役烦则力罢，用多则财乏。”[②] 即使用兵也追不到匈奴：“匈奴牧于无穷之泽，东西南北，不可穷极，虽轻车利马，不能得也。”[③] 所以对游牧部族作战以自卫反击为宜：“非贪壤土之利，救民之患也。”[④] 相反，漠北进攻和统治中原的成本都相对低得多，而收益很大，一旦控制了中原，就不仅拥有充足的经济保障，而且能获得最大的精神资源和政治资源。李鸿宾的研究说明，由于东北族群与中原来往密切，有更多的互相了解，对逐鹿中原最有兴趣，也最具入主中原的条件。[⑤] 事实确乎如此，除了蒙古，成功入主中原的北方族群多为东北部族（鲜卑、契丹、女真、满族等）。

逐鹿游戏各方势力的消长也导致了中国式的“分合”问题。欧洲历史上也曾有分合，合的一个理由是帝国，分的主要理由是民族和宗教教派，欧洲

① 周振鹤：《中国历史政治地理十六讲》，中华书局2013年版，第256页。
② 《盐铁论·备胡》。
③ 《盐铁论·西域》。
④ 《盐铁论·伐功》。
⑤ 李鸿宾：《逐鹿中原：东北诸族南向拓展的秘密》，《中国社会科学报》2015年1月29日。

对分的兴趣胜过合的动力，原因之一便是民族和宗教的精神向心力强于帝国。古代中国没有一神教，因此各种信仰缺乏强势要求而可兼容存在；也没有民族主义或种族主义，文化差异或隔阂在精神力量上弱于天下一家的信念，因此也容易接受兼容存在。不过，精神理由还只是合的必要条件，却不是充分条件，终究需要能够推动“合”的实际行动，逐鹿游戏的漩涡向心力正是导致合的动力因素。当逐鹿游戏的向心力强度发展到一旦卷入漩涡就成为漩涡的一部分而把中国变成一个漩涡式存在，其漩涡效应就使“合”成为必然之势。对于每个竞争者而言，“分”都不是最大利益之所在，只是竞争能力不足时的自保策略，或者说，“合”乃是漩涡本身之大势，而“分”只是力抗漩涡而陷入僵局状态的权宜之计。

以秦朝算起，中国的南北朝状态或多方割据状态甚至长过大一统的时间，包括匈奴、鲜卑、突厥、契丹、女真、蒙古和满族在内的北方族群割据半壁中国的时间占中国历史过半，主政整体中国的时间也有三百多年（元朝加清朝），另有西南族群的长期割据。漩涡模式使竞争失利者难以全身而退，竞争失利而拒绝“合”，就将因完全出局而失去一切利益，甚至失去家园而远遁。中国的漩涡式存在不断卷入众多族群，必定形成多民族多文化的共存局面。多民族多文化如何共存，或者说，如何在“合”中有“分”，就成为任何一个王朝必须解决的问题。这个万民共在的事实导致中国一直实行混合制度，一国两制或一国多制。

是谁发明了一国多制？是周朝吗？周朝的天下体系虽然兼容并蓄，各有其俗，但天下体系不是一国秩序，而是世界性的秩序，并非一国多制，而是多文化体系。秦朝改制才使中国成为一个国家，但天下的兼容基因使中国历代都大致奉行周朝的“不求变俗”原则的政治遗产①。事实上并非完全不变其俗，各族群在共存中互化之事一直存在。

当汉朝与匈奴卷入漩涡式博弈，继而开通西域后，便开始直面众多族群

① 《礼记·曲礼》。

如何共处的问题。汉承秦制，以“一统”制度取代了周朝的“协和”秩序，然而，一统制度只是解决了直辖地域的“同”问题，却不能解决“不同”之族群之间的“和”问题。对于军事实力与汉朝相当或虽略逊却难以平定的匈奴，汉朝试图通过和亲方式将其纳入朝贡概念，但匈奴与汉朝是竞争对手，并不是汉朝的加盟者，朝贡实为名不副实的概念挪用。汉朝的政治新经验来自开通西域，西域存在众多小规模部族，缺乏统一性，众多部族之间有冲突，与匈奴也有冲突，而又居于丝绸之路一带，与汉朝分享着丝绸之路的贸易利益，因此有与汉朝合作并寻求汉朝保护的积极性，“西域思汉威德，咸乐内属”①。当汉朝的统治延伸至西域，就面临文化差异问题。郡县制的直接统治并不适宜加盟的西域族群，汉朝发明了一种秩序延伸制度，称为“都护”②，即监护官制度。汉朝设立的西域都护府，相当于郡的地位，却不是郡。都护府没有太守（行政主官），而只设都尉或校尉（军事主官）。这意味着，都护府是军事监护单位，而不是社会管理单位。都护府的主要功能是军事据点，驻军屯田，看护西域，所看护的西域小国最多时达 50 个。③ 由于不具行政管理功能，都护府意味着不干涉西域各族的自治秩序，只维护西域与中央王朝的合作关系。都护府大概是中国最早的“一国多制”秩序，其“羁縻”原则成为后来隋唐羁縻制度的基础。

十六国时期北方游牧族群进入中原建立了并立割据的多个政权，治下汉人众多，因此实行“胡汉分治”制度。匈奴刘渊的汉国最早建立胡汉分治，皇帝身兼胡汉两族之共主，下辖两套官员，分管胡人和汉人。基本格局是胡人当兵汉人种田，胡官统辖军队，而汉官负责管理经济和社会，因此，胡汉分治同时就是兵民分治④，这样就把国家划分为“军队”和“社会”两个空间，虽是两制，却不是政治上的一国两制，更像是社会分隔制度。唐朝的羁

① 班固：《汉书·西域传下》。
② 班固：《汉书·郑吉传》。
③ 孟祥才：《中国政治制度通史》第三卷（白刚主编），人民出版社 1996 年版，第 257—258 页。
④ 黄惠贤：《中国政治制度通史》第四卷（白刚主编），人民出版社 1996 年版，第 72—80 页。

縻制度则具有真正的政治性。唐朝地域广大，族群众多，设立羁縻州作为中原以外地区的行政单位，其辖区内的制度依照该地区民俗而定，具有很大程度的自治权。羁縻州的自治程度各有不同，其中自治程度最高的是完全维持民族传统制度，从行政主官到各级官员都由本族人担任；自治程度其次的是中央派驻监督官员；自治程度稍弱的是中央派驻官员与本地官员联合管理。[①]后世的土司制度可以理解为羁縻制度的衍生版本。辽代实行蕃汉分治，北枢密院以契丹老法管理契丹人，南枢密院以汉法管理汉人。[②] 蕃汉分治没有民族隔离的含义，并非胡汉分治的翻版，只是依俗而治。在辽朝高层中多有汉人官居宰相、枢密使、元帅、尚书、节度使、大将军等等，如韩德让官至大宰相、总南北二枢密，封晋王，已经位极人臣。[③] 元朝制度尤为复杂，大体上以蒙古制度为尊，同时附会汉法，多制并举。例如法律是蒙古法、汉法以及回回法的多元联合体。[④] 元朝地域极其广阔，大多数地区的情况对于元朝都是新经验，而元朝尚未形成稳定成熟的制度就衰落了。在总体上说，元朝在军事统治下基本上维持各地传统习惯，类似于军人政权。明朝大致沿袭唐朝的一国多制，边疆地区维持各族群的传统制度，其中，元朝为西南民族发明的自治土司制度在明朝发展成为成熟制度。清朝继承了明朝的成熟制度，在中原地区采用高度汉化的治理，在边疆各地实行自治与中央监管的混合制度而多有改进。大概言之，中国一直是内含多种制度的政治秩序：在先秦的天下时代，是多文化体系；自汉以来，是一国多制。

逐鹿的漩涡模式所形成的中国是个多文化多族群的混合体，其中多文化的互化是一方面，而多族群的融合又是一个问题。虽是互相同化融合，但所谓的“汉人”或“汉文化”终究是主干，因此经常被认为其实是汉化。这是个相当混乱的问题。“汉”这个概念不仅自身具有复杂性，而且经常与“中

---

① 俞鹿年：《中国政治制度通史》第五卷（白刚主编），人民出版社 1996 年版，第 256—260 页。

② 李锡厚、白滨：《中国政治制度通史》第七卷（白刚主编），人民出版社 1996 年版，第 2、74—87 页。

③ 王桐龄：《中国民族史》，吉林出版集团 2010 年版，第 394—398 页。

④ 姚大力：《蒙元制度与政治文化》，北京大学出版社 2011 年版，第 280 页。

国”概念混为一谈。汉族是现代概念所追认的界定，可问题是，中国从来不是民族国家，而是不断生长的弹性存在，其伸展度取决于逐鹿游戏的规模，凡是进入游戏漩涡的地区和族群都是中国的创造者。黄帝炎帝是西戎或东夷，商源于东夷，周源于西戎与夏之混合，隋唐皇族血统以鲜卑居多，更不用说元与清了。古中原族群（夏商周等）与不断进入中原的周边族群（匈奴、突厥、鲜卑、羌人、藏族、契丹、女真、蒙古、满族、苗族等）一直在融合中成为新中原人，其多族混成的结果才是现代所命名的汉族。更准确地说，早期中国并无汉人族群与非汉人族群之分。在夏商周时期，一些北方或西北族群本来也居住在中原深处。据王桐龄①，直到春秋时期仍有许多北方或西北族群的诸侯国位于中原，分布在陕西、山西、宁夏、河北、山东、河南等地，在逐鹿博弈中失利才退向漠北，最后一个北狄强国中山国（河北中部）直到战国中期才被赵国攻灭。自汉朝开始，漠北势力增强，又纷纷加入逐鹿游戏。加入较晚的是吐蕃藏族，而居于青海、甘肃的藏族则更早就加入了逐鹿并多次割据于中原。公元763年，吐蕃曾一鸣惊人地攻陷中原首都长安。

从逐鹿漩涡可见，“中国”是一个远大于“汉”的概念。任何一种价值观叙事与中国的概念都有所偏差，只能由逐鹿漩涡的动力结构和生长方式之历史事实去界定。史书中所见之“历史事实”往往为历史叙事所建构。以最为复杂的元朝为例，明朝对元朝的叙事、元朝的官方叙事、蒙古的传统叙事以及西域关于元朝的叙事所理解的元朝性质各有差异，皆为价值观叙事。这里只是采用了最为收敛的可公度事实（the commensurable facts），即前文所定义的只以政治和经济利益为准的“最大利益”所能够解释的事实。以此观之，元朝虽以蒙古为尊，其最大利益却在中原，故忽必烈决定成为中国皇帝实为理性选择。这同样也可解释元顺帝兵败退至漠北而仍自认是元朝皇帝，史称北元，后只因反攻无望才瓦解。

王桐龄所著《中国民族史》以几近完美的详细材料描述了中国众多族群

① 王桐龄：《中国民族史》，吉林出版集团2010年版，第18—28页。

的互相同化过程。按照他的考证，自秦朝成为中国以来，历代王朝分别为众多民族所建立：金和清为满族所创，前赵、后赵、夏、北凉、元为蒙古族所创，前燕、后燕、西燕、南燕、西秦、南凉、北魏、北周、北齐、辽为满蒙混血民族（鲜卑、契丹等）所创，后唐、后晋、后汉为回族所创，前秦、后秦、后凉、西夏为藏族所创，而在号称汉人的国家中，齐国实为汉人与东夷混合，秦国为汉人与西戎混合，晋国和燕国为汉人与北狄混合，大理为汉人与苗族混合，同样，在号称汉人的大一统王朝中，秦汉晋隋唐宋明都是各族混合。[①]

无论古代中国各族是否有天然的自我中心意识，重要的是，外族并不被理解为必须回避的禁忌，少有不可逾越的民族界限。对于一个政权，政治权力是最要紧的利益。一个王朝是否拒绝其他民族分享政治权力，就是对民族意识的最好检验。王桐龄发现，无论谁主政中国，政治权力或统治阶层都向所有民族开放。他罗列了极其详细的证据说明每个王朝的高层官员分别来自众多民族。例如，在以汉人为主的朝代中，见于史册的非汉人官员在隋朝有匈奴、鲜卑以及其他胡人共 51 人，在唐朝有鲜卑、突厥、高丽、吐蕃、契丹、回纥、日本、印度等民族共 122 人（多有名将名臣，尉迟敬德是鲜卑人，哥舒翰是突厥人，高仙芝是高丽人，元稹是鲜卑人，李克用是沙陀人），在宋朝有鲜卑、匈奴、突厥、党项、阿拉伯等民族共 34 人（名将呼延赞是匈奴人），在明朝有蒙古、女真、回鹘等民族共 174 人；反过来，在以非汉人为主的朝代中，见于史册的汉人官员在辽朝有 68 人（包括位极人臣的韩德让和赵延寿），在金朝多达 277 人，在元朝，因功而被赐予蒙古名字的汉人官员有 37 人（包括名将史天泽、张柔、张弘范）[②]，至于清朝，汉人官员远多于满族官员，多到难以统计，不乏名将重臣。另一个重要的检验标准是通婚，中国各族通婚（包括皇族宗室与外族通婚）历来十分普遍，并无禁忌，唯独宋与元有所顾忌，以宋朝最为极端，皇族完全不与外族通婚；元朝宗室很少与汉人

① 王桐龄：《中国民族史》，吉林出版集团 2010 年版，序言。

② 同上书，第 335—525 页。

通婚，汉人女子入宫也仅有 9 人，公主则不与汉人通婚。[①]

至于所谓汉文化，也是众多文化混成的结果。如果需要对汉文化给出一个最具特征性的描述，也许可以说，那是一个以汉字为载体而开放的精神世界。这个精神世界一直在生长过程中，历史上已经吸纳了众多文化的信息，在与多种文化的互化过程中，制度、服饰、美术、音乐、饮食、工具、语音、习俗皆多有变化，唯有作为精神世界载体之汉字保持其超稳定性，而汉字承载着汉文化最为基本的基因。

汉字的超稳定性或与汉字本身的图像性有关。一方面，作为媒介的汉字表达外在世界而建构了一个对象世界；另一方面，作为图像的汉字自身却又构成一个具有自足意义的图像世界。图像汉字的这种特殊性使汉字超越了作为能指（signifier）的符号而具有独立意义。语言的语音意义在于意指（the signified）或所指（referent），也就是说，语音符号的意义即指示（reference），这意味着，符号本身并无独立意义，若失去与所指的约定关系，符号的意义则为空。作为图像的汉字却具有双重意义：所指意义和显现意义。公孙龙的费解名言“物莫非指，而指非指”[②] 很可能针对的正是汉字的特殊性：事物皆为文字的所指对象，而文字自身的意义不等于指示。汉字作为“指”，当然具有符号的指示功能，但汉字这种“指”本身是图像，也就建构了一个“天下之所无”[③] 而独立于对象世界的精神世界。

汉字图像所构成的还不仅是一个精神世界，同时又是一个自身具有建构功能的精神主体，兼备所思（cogitatum）与我思（cogito）之功能，当然那是一个匿名的主体，一个文化主体。因此，一个中国人的思想总是具有双重主体，个人心灵主体和通用的汉字主体，并且以双重主体同时凝视世界：心灵在看世界的同时，汉字也在“看”世界。典型情况如古典诗词，一方面表达的是诗人看到的外在世界，另一方面又是诗人以汉字组成的一个自足的图像

① 王桐龄：《中国民族史》，吉林出版集团 2010 年版，第 440—441 页。

② 《公孙龙子·指物论》。

③ 同上。

世界，这使诗词具有自然世界与图像世界的视界叠合效果。汉字图像是体现精神之“形”，是“形而上”和“形而下”的汇合处，因此使特殊性具有普遍性，使过去始终在场，使历史性具有当代性，这种意义的厚度无疑是一种精神吸引力。

中国的汉化固然与汉文化的精神吸引力有关，但汉文化之所以成为众多逐鹿势力的共同选择之聚点，应该还与逐鹿者的理性选择有关。所谓理性选择，首先追求最大安全，其次追求最大资源。混成的“汉人”占中国人口大多数，因此，对于有能力入主中原（无论半壁还是全境）的其他族群，征用汉文化是一种占优策略（dominating strategy），不仅利于保证政治安全和经济利益，而且可以借助汉文化的精神解释力和知识生产力而获得政治的最大持续力。既然以汉字为载体的精神世界具有最大的信息储存空间和最大的信息生产能力，也就是具有最大的信息输入和输出能力，这对于建构政治神学和历史叙事，对于建立制度和组织社会都是不可或缺的资源。在西方精神世界进入东半部亚洲之前，以汉字为载体的精神世界是这个广域里无可匹敌的精神资源，于是，汉文化才能成为一种众所征用的共同资源。

中国作为众多族群逐鹿之地，胜负之事并无定数，关键在于，逐鹿游戏的漩涡有多大，中国就有多大，进入逐鹿游戏之中的地方就成为中国内部，而与逐鹿游戏无涉的地方便是中国外部。关于中国之内外，这是一个容易被误读的概念。在先秦的天下时代，根据天下无外的原则，天下是无界的，但地方政权所辖之地是有界的，因此，相对于政权辖地来说，就存在着内外之别。对于周朝宗主国的王畿来说，所有诸侯国都是外部，而诸侯国之间也互为外部；对于有着宗亲关系的分封诸侯国（所谓诸夏）来说，四方之东夷北狄西戎南蛮的加盟诸侯国是外部；对于天下体系内部的所有诸侯国来说，尚未进入天下体系的远方四海之地就是外部。天下体系终结之后，整个中原成为秦朝的直辖地（类似于王畿地区是周王的直辖地），而中原以外地区是尚未治理之外部，但有别于外国。秦汉之后，天下不再是政治制度，却仍然是一个知识视野。因此，内外并非指中国之内外，而是治理之地与未治之地之别，是以政权为界之内外概念，非以国家为界之内外概念。

这里不得不提到经常被误读的长城。早在秦长城之前，中国已经建造了多条长城，遗迹尚在。春秋战国时期，诸侯争霸或兼并的战争频发，各国为了自保开始各自修建长城，即在各国的军事前沿地带上根据地形的合理性所建造的军事工事。齐国最早修建长城，在其南部修建了长达千里的长城，其中西南段长城用于防御晋国，而正南、东南段长城用于防御楚国和越国。[①] 虽然齐国与楚国和越国并不接壤，其间分布着众多小国，但作为大国的楚越经常跨国征战。楚、鲁、魏、秦、燕、赵、中山诸国随后也都修建了各自的长城。这些长城多半用于防御或进攻中原的其他诸侯国，只有一部分是用于防御漠北游牧族群。如齐国长城全部是防御中原诸侯国的。燕和赵都各有北长城和南长城，北长城用于防御漠北游牧族群，南长城用于防御中原诸国。中山国（游牧白狄）的长城却是朝西的，是为了防御赵国。[②] 楚国的长城则北向而用于防御或进攻中原，如此等等。显然，各国的长城之修建取决于竞争者所在方向。秦朝长城则只是为了防御游牧族群，因为秦朝一统中原之后，竞争对手只剩下漠北势力了，而西域在那时尚未卷入逐鹿游戏。秦以后历代修建的多条长城同样说明了长城的意义取决于谁是竞争者。如北魏王朝在内蒙古地区修建长城是为了抵御同为游牧民族的柔然[③]，高句丽修建长城是为了防御中原唐朝的进攻[④]，辽在黑龙江、辽宁到内蒙古一带建有漫长的长城，值得注意的是，辽长城以外地区（远至俄罗斯部分地区和整个东北以及部分东西伯利亚）是辽的辖地，不是外国，就是说，辽长城完全是在辽的内地，几乎居中，显然与国界毫无关系，而是预防女真和室韦等部族的可能反叛[⑤]。

多数长城之所以位于与秦长城或明长城之重合地带或南北相去不远的位

---

① 段清波、徐卫民：《中国历代长城：发现与研究》，科学出版社 2014 年版，第 1—17 页。
② 同上书，第 114—156 页。
③ 同上书，第 247—248 页。
④ 同上书，第 284—285 页。
⑤ 同上书，第 304 页。

置，是因为这一带几乎就是古代中国两大经济区的分界线，即游牧（渔猎）经济和农耕经济的分界线，同时几乎就是中国东部季风区与西北干旱区的分界线，也是中国的400毫米等降水量线，即半湿润和半干旱地区的分界线，大致符合“胡焕庸线”[①]：自黑河至腾冲一线。这条斜切线不是标准直线，而是依地形变化而弯曲、偏离或犬牙交错的连线。胡焕庸最早通过统计数字证明了中国的地形图、雨量图和人口分布图三者的大概一致性。这条线具有如此多层重叠一致的含义，在很大程度上影响了逐鹿游戏的博弈状态，大概把古代中国分成了游牧（渔猎）势力和农业势力两个大区域，也通常是一国两制（或一国多制）的分界线。当然，这种划界只是大概模样，在长城外部也有农业存在。

从长时段来看，这两大区域的军事力量大致势均力敌，各有兴衰之时，但经济生产方式以及生活方式的差异使长城一线最容易成为两大势力的博弈均衡线，两大势力博弈力竭休战或理性言和之时，往往就停止在长城一线。当然，每次的博弈均衡都有所出入，如河套地区，虽属干旱区，却有良好的灌溉条件，可农可牧，自战国以来，河套地区便反复易手。[②] 大概言之，自从中国博弈由东西争胜转为南北争胜[③]，长城一带就是典型的博弈均衡线，除非某一方拥有势不可挡的实力而实现大一统。当然，长城并非唯一的博弈均衡线，在南北争胜中，北方胜过南方的时候较多，除了长城一带，其次的博弈均衡线便是淮河秦岭一带，再次是长江。总之，长城不仅不是边界，而且是逐鹿博弈的中心地区，是中国的南北中线。这也能够解释为什么中国的核心随着博弈漩涡的变化而从中原位移到了北京。北京位于这条博弈均衡线附近，最利于同时控制南北中国，因此，有能力同时控制南北中国的王朝都选择了定都北京。

---

① 胡焕庸：《中国人口之分布——附统计表与密度图》，《地理学报》1935年第2期。

② 周振鹤：《中国历史政治地理十六讲》，中华书局2013年版，第75—77页。

③ 傅斯年：《民族与古代中国史》，河北教育出版社2002年版，第3页。

补语：以变而在

中国的源流和成分如此复杂多变，又万变不离其宗。张光直称之为中国文明之“连续性形态”。[①] 中国连续存在之原因当在于中国本身是一种生长方法。《周易》的形而上学是中国思维方式之本。存在之目的是永在。何以永在？在于变易，在于“生生”和“日新”。这意味着周易的形而上学不是一种关于“在而不变”的存在论（ontology of being），而是一种关于“以变而在”的存在论（ontology of becoming）。《周易》的存在论化成中国存在之方法论：一切皆在变易中，而变数不可知，存在之道便在于变通，也就是始终保持与变化同步协调。变通不仅是为了继续存在，也为了使存在变得更有容量，以至于能够应付“万变”，而能应付万变，存在才得以不变。老子在《道德经》中以“水”为隐喻阐述了应变性的思维方式：效果最优的存在方式就是如水一般随形而成，随机而遇。这种“水的方法论”或能解释中国何以善变而善存。作为生长方法而存在的中国具有“以变而在”的无限性，是以中国能够像一个“世界”那样存在，具有“世界性”容纳能力，能以“不是之是”的方式生长。孟子曰：“所过者化，所存者神”[②]，或可注解中国持续的历史性。

一个称为“忒修斯之船”（The Ship of Theseus）的希腊故事说，一条木船有的木板破旧了，就置换了新木板，如此不断置换下去，终于这条木船的每块木板都更换过了，可是这条木船看上去还是原来的那条木船……

（原载《江海学刊》2015 年第 5 期）

① 张光直：《美术、神话与祭祀》，生活·读书·新知三联书店 2013 年版，第 130 页。
② 《孟子·尽心上》。

论学术表演

王晓升

学术研究是知识分子为了探索真理而展开的艰苦工作，与表演或游戏可谓风马牛不相及。从这个意义上看，如果要说学术表演，那么只能是打引号的“学术”。如果学术真能表演的话，那一定会引起艺术家们的不满，因为他们的表演是一种严肃的艺术，即使人们玩弄学术，也无法达到艺术的标准，从这个意义上来说，这里的表演也要打引号。而我在这里的“论”也没有达到学术论文水准上的“论”，因此，从严格意义来说，“论学术表演”本身或许就是表演。

学术表演的形式和特征

在艺术中，所谓表演就是在一定的公开场合用形式上的模仿，塑造某种被观众接受的形象。因此，从原则上来说，表演与真实的生活是有距离的。而戈夫曼却认为，除了玩世不恭的表演者，大多数表演者确信，他的表演就是真实生活。① 于是，整个人的生活就是一场表演。他分析了这种表演。表演中有前台表演和后台准备。真正的表演在前台，而后台则为前台的表演做准备。当然，人们会说，戈夫曼这个理论有点夸大其词。我们在公开场合下的活动不是完全装出来的，我们吃饭、休息不是仅仅为了表演，这就是我们的

---

① 欧文·戈夫曼：《日常生活中的自我呈现》，黄爱华、冯钢译，浙江人民出版社1989年版，第17页。

生活。但是如果我们把他的这些说法放在一定的社会生活条件下和特定的社会活动中，那么还是有实际意义的。

究竟在什么样的社会生活条件下和什么样的活动中，戈夫曼的这个分析才有意义呢？鲍德里亚对“再生产”的分析为我们提供了有关基础。在鲍德里亚看来，在发达资本主义社会，生产已经进入再生产阶段，人们的生产不是工业化时代的那种有目的的生产，而是为了生产所进行的生产，或者说，这是一种形式化的生产。这种形式化的生产具有审美的特性①，因为，这种生产是对真正生产过程的一种模仿（仿真）。如果生产不是为了实际的目的，而是模仿生产，那么这就类似于舞台表演中的生产了。这就是用形式性的模仿来再现生产。如果我们的物质生产活动都是表演，那么建立在这种物质生产活动基础上的其他一切活动可能也难免会有表演的性质。比如在生活中，我们生产的衣服非常多，以至于它完全超出了实际的需要，于是生产商就要通过衣服形式的变化来推销衣服，从而维持其再生产。而购买衣服的人之所以要购买衣服，是因为他看上了衣服的形式，而不是因为他已经没有衣服穿了。于是在这里，穿衣服就越来越成为一种形式的展示，人们以此来塑造能够被其他人接受的形象。从这个意义上来说，穿衣服就有了表演的性质，而生产衣服不过是在为“前台”表演而进行的后台准备。

当然，人们会说，今天生产发展了，衣服越来越时尚化了，有表演的性质，但是它并不是没有功能的，比如说，它还具有遮丑或者保暖的功能，只是其功能越来越淡化，而形式越来越重要而已。当然，这里有许多原因，比如，衣服的生产毕竟还是需要成本的，衣服的生产也不会绝对过剩，衣服的形式和它的功能是联系在一起的，如此等等。可是，如果衣服绝对地形式化、时尚化，那么其功能就几乎消失了，而成为纯粹形式的衣服。比如某些走红毯女星的衣服，既不遮丑也不保暖，纯粹就是为了吸引眼球，这是纯粹的表演。在我们的生活中有一种东西几乎可以不费成本地被生产出来，而且也可

---

① 鲍德里亚：《象征交换与死亡》，译林出版社 2012 年版，第 42 页，部分译文有改动（下同）。

以进行任意的形式变化，并可以通过这种变化来吸引眼球。这种东西的生产很容易绝对过剩，这就是话语。话语生产的过剩也可以导致纯粹的表演。我们的学术活动是用话语来进行的。如果我们在学术活动中的话语生产是绝对过剩的生产，那么这种话语生产就是表演性质的生产。在这里，我要特别强调的是，真正有价值的理论是不会过剩的，而如果说理论会过剩，那么这只能是话语生产的过剩。

如果学术活动是为了探索真理，解决实际问题，那么这样的学术活动绝对不是什么表演。但是，如果我们的学术活动既不是要探索真理，也不是要解决实际问题，而就是要通过形式的创新来吸引眼球，那么这就如同女星的时装，就是表演。我们必须追问，我们的学术活动中有没有这样的表演呢?本来学术会议是要探讨问题的，如果不探讨问题，那么这样的学术会议就是学术表演。在国内的某些学术会议中，人们都会提出各种学术议题，许多人都要宣读论文，甚至有时也要讨论。不过人们注重的不是如何让问题得到深入的讨论，而是要考虑，究竟让谁先发言，谁来主持，而会议的主题是什么，论文的内容是什么，这些都已经不重要了。于是在学术会议上，安排谁发言，谁先发言，就成为会议的主题，学术会议俨然成为一场学术表演。在学术会议上，也有某些极端的做法，在会议发言中，有人不讲论文的想法，而只是讲故事，比如，讲某个大学者的故事。学术会议倒是像说书的茶馆，你方唱罢他登台。这里有主角、配角。那些做主题报告的是主角，其他发言者就是配角，而那些小组会上的发言者则是跑龙套的。有意思的是，在这里，演员和观众已经无法区分，其中的参与者既是观众，又是演员。更值得注意的是，在各种不同角色的表演场所，出场时间都是有规矩的。如果主角出场时间是20分钟，那么其他配角的出场时间是绝对不能超过这个时间的。有些学术大腕与某些影星一样，可以罢演，拿架子。在“开会”时，配角必须关注主角，而主角可以随时退场。学术大腕出场有时还需要出场费。召集学术会议的人有时要找到“投资人”。有了投资人之后，他们就成为这场学术表演的“导演”。于是，我们看到，许多有“资本的人”都希望成为导演。本来学术讨论会应该就学术问题进行深入的讨论，但是这类讨论会却没有讨论，只有发言，或者只有规定时间内的表演。即使讨论，人们也不能进行理论上的交锋。我们的学者好像还没有适应这样的讨论。如果有人批评自己的文章似乎就是不尊重。我认为，在如此多的文章中，我之所以批评你，恰恰是因为我尊重你。如果我不尊重你，我看你的文章干什么呢？然而在我国学术界，不仅在学术会议上不能讨论，而且在论文中也不能讨论，如果讨论，那就会伤感情。这就是说，从一开始，人们就把写论文看作表演，而非看作探索真理的活动。

在我们的各种学术评审活动中，真正的学术评审越来越演变成形式审查。比如，在评职称的时候，各个学校都制定了教师岗位评聘的标准。这个标准包括发表论文的等级，研究基金的数量和等级，获得奖励的数量和等级。于是评审者也就只能按照这个标准来衡量一个学者的“学术”水准。学术评审成为真正的形式审查。评审者没有时间也不可能有足够的时间对论文的水准和质量进行认真的评审。于是，对于被评审者来说，重要的不是论文的质量，而是它的形式，比如发表的档次，获得的奖励。从这个意义上来说，被评审者只要学会表演就可以了。只要能够在某个舞台上表演一次，他就能够成为“教授”。而杂志社的编辑们就成为这场表演的总导演，他们负责对主角、配角、台词进行把关。评审人也不是什么观众，与学术会议中的情况一样，他们既是观众又是演员。他们进行评审不是真的要对某个学者的学术水准评出一个高低，只是进行形式审查。或者说，他们就是按照编写好的剧本进行表演，该说话的时候说话，该投票的时候投票。他们的活动是形式性的出场。为了使这场表演更“真实”，人们甚至要煞有介事地谈“学术”。

表演都必须在公共场合中进行，于是，公共场合成为学术表演得以展开的“舞台”，杂志无疑是最重要的舞台。当然，这个舞台是有等级的。这就如同中央电视台与地方电视台的差别一样。虽然地方电视台也有好节目，但是舞台太小，观众太少。于是演员们都希望到中央电视台表演，否则，你就永远成不了明星。相应地，为了跟中央电视台一决高下，地方电视台也会不惜重金邀请某些明星来参与表演。所以，我们经常看到地方杂志也会有学术大腕的文章。如果说杂志社是电视台的话，那么学术会议就类似于剧院。如今，杂志社还要参与举办各种学术会议，致力于垄断学术舞台。这就如同电视台要吃掉剧院一样（我并不反对学术期刊组织学术会议，正像我不反对在期刊上发表论文一样，关键在于其是否贯彻了学术性）。

戏剧的表演总是有导演、演员和观众。一般的人只能既当观众又当演员。“学术”大腕就不满足于当一般演员了，也不满足于当一般的导演。他们要当大导演，唱主角。他们自导自演已经成为学术界和艺术界的共同特点。不过，学者从一开始就得学会自导自演，自我欣赏。这种自我欣赏有时很极端，在这里，学者们表现出无法摆脱的自恋。这是学术表演超过艺术表演的地方。

学术表演与话语再生产

上面只是从外在形式方面说明了学术表演，而学术表演的核心问题在于学术成果自身形式化特征。正如我们前面所指出的那样，如果东西生产多了，那么人们就必须注重东西的形式。只有形式上不断创新，东西才能卖得出去。日常生活中亦是如此。当然，在日常生活中，把东西生产太多也不是一件容易的事情，这只有在机械化大生产的条件下才有可能。如果说在物质生产领域中，这种机械化生产已经使形式化的生产成为可能的话，那么在学术研究领域，尤其是人文社会科学研究领域，这种形式化的生产也成为可能。电脑可以进行大规模的复制，网络可以进行大规模的传播。于是，大规模、大批量的学术 GDP 的生产已经成为可能。我们中国现在已经成为世界上第一学术论文生产大国，这都要归功于“机械化”大生产，没有机械化大生产，学术论文不可能如此大规模、大批量地生产出来。更重要的是，我们的社会都是用 GDP 的规模来衡量一个单位的。地方上为了发展经济需要引进大规模的生产线，大学也要有大规模的生产线，从教师到学生都是这条生产线上的工人。

当学术 GDP 被大规模生产出来的时候，我们首先面临的是“产品”的使用价值问题，或者说，学术研究必须思考真问题，必须有“使用价值”。可是，如果大规模、大批量地生产的时候，这些产品的使用价值就要大打折扣了。这就如同服装生产太多的时候，其使用价值就要打折扣一样。当时装生产太多的时候，时装就要进行形式上的创新。学术研究也一样，如果没有创新，学术研究就没有意义。但是这种创新究竟是为了什么？如果学术研究中的创新果真是为了解决问题，那么这种创新无疑是必要的，并且是有意义的。但是如果这种创新不是为了解决问题，而是为了创新而创新，那么这就是纯粹形式上的创新，如同时装进行形式上的创新一样。时装的形式创新并不会给时装带来新的使用价值。但是，人们还是喜欢这种创新，并坚信这种创新使时装具有新的使用价值。比如，人们会说，这种新的时装样式好看，布料的质量更好，让人更舒适等。这是时尚的一个特点，即使用价值的延伸。学术研究也是这样，人们会进行使用价值的延伸。本来没有多大用处的东西，人们都会自吹自擂，这个课题、这篇论文有多大的学术价值和现实价值。其实，这类论文所具有的价值就如同时装中多了一个纯形式的口袋而已，并没有什么实际的使用价值。

其次是学术研究中的创新问题。许多作者在写论文的时候，总喜欢搞一些新名词、新概念，并且把这些新概念弄得让人无法理解。它们看上去很新，但其实只是纯形式的变化。比如，大家都熟悉鲍德里亚的一个词汇“仿真”，关键在于它的意思，而不在于这个词被翻译为什么。如果人们仅仅为了创新而进行各种新翻译，比如把它翻译为“似真”（当然我并不是说，它不能这样翻译，不能用这些词，而是说，我们要清楚理解这些词的意思，并有效地使用它，而不是拘泥于字词上的“创新”），那这就是一种重复。这种创新其实是机械重复基础上的变革。这种所谓的创新，并不带来任何实质性的意义。可以说，这就是制造差异的表演。鲍德里亚在论述相关问题的时候指出：“这种纯粹的机械性大概仅仅是一种悖论性极限：真正的生成方式……不是纯粹的重复，而是两项之间极小的差距，极小的变化。”① 这就是说，现代社会中的机械复制与大工业时代的机械复制不同了。大工业时代的机械复制是完全

① 鲍德里亚：《象征交换与死亡》，译林出版社 2012 年版，第 97 页。

相同的东西的复制，而现代社会中的大规模复制是以极其微小的差异进行的复制，这是机械复制的“悖论性极限”。

比如，原来学术论文有抄袭，这就像工业化时代那样简单复制。现在学术论文没有抄袭了，因为在现代社会，学术论文的生产进入了“仿真”阶段，人们不抄袭，而是通过制造差异来掩盖抄袭。聪明的抄袭方法就是换一种说法表达同样的思想，甚至故意制造对立。如果有人说“A”，我就偏偏讲“非A”。这好像是创新。这就如同有人批评某个裸体画太色情一样，于是在裸体画的某个地方打上马赛克，难道有了马赛克就不色情了吗？这难道不是用微小的差异来掩盖抄袭吗？如果用鲍德里亚的方法来说明的话，这就是对符号的重新编码。现在我们核查学生的论文是否有抄袭现象的时候，用计算机来对比。这种核查方法停留在工业化生产时代，所以一般来说没有什么作用。现在我们应该做的工作是查一查，哪些是“仿真”的论文，可是，这很难。

在这里，表演性质的创新与机械重复属于同类的东西。从鲍德里亚的角度来看，现代社会中的复制与工业化时代的复制已经不同了。工业化时代的复制就是完全相似，而现代社会中的复制（仿真）是“模式生成”“差异调制”等。① 这种仿真是从工业化时代复制过程所延伸出来的，是更高级形式的复制。比如，在现代社会的时装设计中，时装设计师都是按照系列设计的，在这个系列中，设计师要进行差异调制。一件衣服上没有左口袋，另一件就没有右口袋。这就如同人们对无意义的代码进行各种形式的编排一样。我们现在的学术研究也是按照模式生成、差异调制的方式来进行的。比如同样研究海德格尔，有些人把海德格尔同中国古代的学者联系起来，有些人把他与古希腊的人物联系起来，这是一种研究模式。另一种模式就是抓住其中的概念，解释其意义，张三一种解释，李四进行了不同的解释，王五又有其他解释，他们都能够从海德格尔的文本中找到依据。我不是说，学者们不能进行这类研究，而是说，这样的研究的实际价值究竟是什么？如果只是为创新而

---

① 鲍德里亚：《象征交换与死亡》，译林出版社 2012 年版，第 73 页。

创新，只是为发表文章而发表文章，那么这就是一种时尚化的表演。在这种时尚化的表演中，人们的研究看起来有意义，而实际上这是意义的延伸。这就如同牛仔裤上多了一个洞，也被说成很有“意义”。但实际上，它既没有创新，也没有意义。所有这些新的复制形式的共同特点是，没有所指的能指符号的编码，这是代码形而上学。[①] 沃霍尔的绘画作品《玛丽莲·梦露》就表现了机械复制时代的创新特点。语言符号再生产的特点，就是代码的变化。

最后是学术话语“内爆”的问题。我们知道，在当代社会，学术研究已经完全可以批量地进行了，甚至可以说是大规模地复制了。重复的学术研究肯定是无意义的，于是学者们就必须创新。而创新就是形式的创新，人们不断地构造新词汇，寻找新课题，开发新领域。比如，一些学者挖空心思来寻找西方某个不为人知的学者，并夸张地说，这个学者的研究如何重要。他们今天研究一个新人物，明天又有一个新人物。这些所谓的学术新人或许就是那些国家学术批量生产的产物。现在的论文太多，课题太多，研究的人物太多，研究者太多，所有这些研究要能够引人注目，就必须要新。于是，人们开始为创新而创新，创新不是为了解决问题，不是为了探索真理，而是为了能够引人注目，这就如同花样翻新的时装一样。当学术研究为了能够引人注目的时候，学术研究开始走上了表演之路。

学术表演就是进行无意义的话语再生产，就是代码的各种形式的重新组合。这样的复制（仿真）从根本上看就是说了一大堆废话。但是，人们很艺术，让废话看上去很有意义。这是有“艺术”的废话，人们总是认为这些有艺术的废话表达了什么。从这个意义上来说，今天的学术研究已经走上了学术时尚化的道路，它具有审美的性质。如果我们用后期维特根斯坦批判形而上学的研究时所说的话，那么，在这里，“语言放假”了[②]，它不干活了，没有语用学功能了。我们在玩弄语言游戏。

---

① 鲍德里亚：《象征交换与死亡》，译林出版社 2012 年版，第 73 页。

② 维特根斯坦：《哲学研究》，汤潮等译，生活·读书·新知三联书店 1992 年版，第 29 页。

学术研究中的超级现实主义

当学术研究变成学术表演的时候，学术论文也要像现代电影电视（复制性文化的典范）那样追求听觉和视觉冲击效果。本来学术论文是说道理的，必须通过深入的分析，严密的推理来说服人，而如今，学术论文越来越变成无意义代码的编织，有些学者还特别喜欢编造一些词汇，说一些让人无法理解的话。这些新形式的话语就是用来“吓唬人”的，就是为了表现深奥的学术，实际上这就是吸引他人眼球的表演。现在我们在参加学术会议，或者阅读学术论文时面临的一个重要问题就是听不懂，看不明。实际上这种情况之所以会出现，就是因为学者们追求学术“深奥”。他在做学术报告或者撰写学术论文时从一开始就没有期望别人能读懂它。他并不期待与别人交流，让别人思考，而是给别人以“刺激”，让别人震撼。本来我们在文化中通过视觉、听觉来相互交流，但是，现在人们已经不满足于这种听觉和视觉上的交流了，也不需要这种交流了，而是要从根本上触动其他人。所以鲍德里亚指出：“伟大的触觉交流文化来临了！”[①] 在这种触觉文化中，创新就是要让人震撼，就是要达到“刺激临界点”[②]。本来在艺术表演中有舞台，但是，在伟大的触觉交流的文化中，艺术是没有舞台的。即使我们把杂志、讲坛说成“舞台”，但是在学术表演中，人们总是致力于消除这种舞台效果，让它回归到“学术”。比如，为了掩盖这种舞台表演效果，人们在学术研讨会上会增加一些互动环节。或者我们也可以说，它致力于把观众或听众也纳入舞台中，从而消除舞台和观众席之间的距离。鲍德里亚把这种艺术的表演称为“整体剧院”。在这个剧院中，观众和演员之间是没有距离的，那些没有在讲坛上演讲的人实际上也是演员，他们在下面“仿真”地倾听，他们在寻找机会表演。为此，鲍德里亚说：在这个整体剧院中，“不再有舞台，不再有中断，不再有‘目光’：

① 鲍德里亚：《象征交换与死亡》，译林出版社 2012 年版，第 95 页。
② 同上。

这是表演的终结，是表演性的终结，戏剧走向了整体的、融合的、触觉的、知觉的（不再是审美的）环境性”①。这就是说，本来，这是学术表演，但是，触觉文化的表演不是传统上视觉艺术和听觉艺术上的表演。这种表演不再是有舞台和观众意义上的那种表演。在这里，整个学术领域都在表演（或者说不再表演），而没有舞台的表演就如同生活中的情景一样，人们不再能够区分表演和生活（学术）了。从这个意义上来说，这是表演的终结，而且是“表演性”的终结。这就是说，从此之后，学术上的表演是没有舞台的表演，而且是在消除了表演可能性之后的表演。因为，这里的所有表演都同生活（学术）如此密不可分，以至于表演的可能性不存在了。但是，这并不是因为它不再表演，而是一种新的形式的表演，超级现实主义的表演，以真实的形式出现的“表演”。正是从这个意义上来说，整体剧院不再是审美性的。或者说，我们在这里进行的表演不是审美性质的表演，不是传统意义上的表演，而是这种表演的颠倒，它要让表演不再像表演，而是让表演看上去像真实。其实，这也是许多艺术表演努力的方向。我们可以说，超级现实主义的表演是达到顶点的表演。

比如，“深奥学术”的最重要作用就是让人无法把学术与艺术区分开来。它明明是艺术，但却以“深奥学术”的形式出现。它甚至比那些研究真问题的学术还具有学术性。在这里，“深奥学术”形成了一个超级真实的学术。这是比真学术还要真的学术。鲍德里亚说：“对真实的精细复制不是从真实本身开始的，而是从另一种复制性中介开始，如广告、照片，等等——从中介到中介，真实化为乌有，变成死亡的讽喻，但它也因为自身的摧毁而得到巩固，变成一种为真实而真实。”②“仿真”“模仿”就是要让自己看上去是真学术，它是为了真实而真实。虽然真实在这里化为乌有，但是另一种形式的真实——超级真实出现了。这不是从真实开始的，也不是从模仿真实开始的，而是从真实的复制开始的。比如一些人根本不理解海德格尔，而是从海德格

① 鲍德里亚：《象征交换与死亡》，译林出版社2012年版，第95页。

② 同上书，第95—96页。

尔的解释开始研究海德格尔。在别人没有搞清楚海德格尔的基础上，“研究”海德格尔，而且他的研究看上去还果真在研究海德格尔。这是从中介到中介的研究，是超级真实的研究。

为了显示这种超级真实的学术研究，人们也必然要努力达到“刺激的临界点”，编造词汇、故作深奥。在这种故作深奥的“研究”中，创新出现了。通常来说，商品需要做广告才能让别人知道这个商品，而论文本身就是在各种公共场合下出现的，因此，它不需要做广告。在电视上，商品广告出现的时候，我们都知道，那是广告。可是，当论文在公共场合下发表出来，我们根本看不出它是广告。但是这并不意味着论文就不是广告。论文是在公共场合中出现的，它巧妙地把广告和论文集合在一起。于是在这里，学术论文就是广告，学术报告就是广告。人们之所以还做学术广告是为了掩盖学术论文就是广告的真面目。

如果学术就是表演，就是广告，那么是不是没有真学术了呢？当然不是。问题在于，我们怎么区分真学术和假学术呢？在现实主义阶段，我们可以区分真实和对真实的模仿，在超现实主义中我们可以区分真实和想象，可是在超级现实主义阶段，真实已经被超真实消解了。① 超级真实的学术消解了真实的学术。或者说，学术研究已经成为超级真实的学术研究的一个环节。没有真实的学术研究，超级真实的学术研究就不可能。可是当超级真实的学术研究以如此大规模的方式被生产出来的时候，我们如何区分真实的学术和超级真实的学术呢？超级真实的学术比真实的学术还真实。这就是我们在学术超级现实主义中所面临的困难。比如说，在学术领域，我们有时候确实需要研究一些形而上学的东西，而这种形而上学的东西没有当下的现实意义，但是，它却是我们的重要课题。可是，我们怎么把真正的形而上学的研究与仿真的研究区分开来呢？我们怎么把海德格尔的真实学术研究与这种研究的“仿真”形式区分开来呢？问题就在于，这种真实已经被超级真实所消解，仿真的海

① 鲍德里亚：《象征交换与死亡》，译林出版社2012年版，第96页。

德格尔研究可以批评、讨论乃至否定真正的海德格尔研究。于是一切的海德格尔研究都被拖入仿真的海德格尔研究中。“仿真的”学术与真学术是无法被区分开来的。真学术已经成为“仿真”学术中的一个环节。

当学术表演达到顶峰的时候，我们就无法区分表演和艺术了。这是很多艺术追求的目标，舞台上的表演尽量要真实。不过这会引起巨大的恐惧。如果木偶像人那样表演，而人像木偶那样表演，如果这两种表演在不同的舞台上发生，那倒没有什么问题。如果它们在同一舞台上表演，木偶和人之间无法区分开来，那无疑会引起巨大的社会恐惧。这里包含了恶魔的内涵。①

学术表演与学术死亡

从表面上看，学术表演不仅不会导致学术死亡，而且还会使“学术”更加“繁荣”，这是由学术本身的特性所决定的。长期以来，学术研究要中立，不要受到政治、社会、经济气氛的影响。学术研究要追求它自身的目标，或者说，它只追求真理。如果说，在自然科学和技术科学领域中，科学研究结果的真理性在一定程度上要受到有效性的约束，而在人文社会科学领域中，学术研究结果的有效性则要大打折扣。在很大程度上，这类学术研究的有效性根本无法衡量。于是，在像哲学这样的人文科学领域中，追求真理很容易变成为学术而学术的代名词。当为学术而展开学术研究的时候，学术研究的空间就无限广阔了。在这里，学术研究的需要是由学术领域自身产生的。学术研究可以在圈子内进行而不顾现实。学术研究的需要自身会激发其新的需要。于是，这就产生了为研究而研究，为学术而学术的研究，这就是学术自身再生产。这种再生产可以无穷无尽地进行下去，各种代码可以无限地编织下去。从这个意义上来说，学术不会死亡。

不过这种学术上的自我再生产从另一个意义来说也就是死亡。我们甚至可以说，这种追求学术的自我再生产就是追求自身的死亡。我们前面说过，学术再生产是学术自身的自我复制，是从中介到中介的生产，是类似东西的

---

① 鲍德里亚:《象征交换与死亡》，译林出版社 2012 年版，第 68 页。

自我重复。按照鲍德里亚的看法，这种重复就是另一种意义上的死亡。鲍德里亚说："对我们这些有性生物而言，死亡也许并不是虚无，而仅仅是有性化之前的生殖方式。"[①] 这就是说，对于我们这些有性生物来说，我们的生命再生产是以性行为的方式来进行的，因此每一个生命的产生都是一个全新生命的诞生；而在有性繁殖之前，生物有机体的繁殖是细胞自身内部的分裂，并且是一个细胞分裂为两个同样的细胞。我们现在的学术研究类似于细胞自身的分裂，这是同样的东西的自我分裂和再生产，是自身的自我复制。因此，对于我们人类来说，死亡不是生命的彻底终结，不是变成虚无，而是细胞自身的分裂。如果我们的生命变成了细胞自身的分裂，那么我们就成为一个简单的生物有机体，我们就不是"人"了，或者说，我们不再是社会意义上的人。从这个意义上来说，人在社会的意义上死亡了。同样的道理，当学术变成学术"细胞"的自我分裂，变成学术自身的再生产时，学术也就死亡了。从这个意义上来说，今天的学术繁荣恰恰表现了学术的死亡，或者说，这种学术有一种死亡冲动，它在向着自己的死亡而努力。

按照鲍德里亚对于物质再生产过程的分析，真实已经与想象不可分割地联系在一起了。人们不再可能区分这个是真的，那个是假的。人们不再可以直截了当地指出，"这是马戏"，"这是演戏"，"这是电影"。[②] 这就如同我们所说的那样，在学术研究领域中，我们已经无法区分真学术和假学术。我们不能说，"这是学术表演"，"那是学术研究"。而且在当代社会中出现的最重要的现象是我们"把真实送入卫星轨道"[③]。在自然科学的研究中，这是指人类已经把空间站送入卫星轨道。这里也有两室一厅的结构，是人类生活空间在卫星上的翻版，是在人类生活之外构造的一个"超级空间"。在学术研究领域中人们也是如此。人们把真实的问题送入超越现实的超级空间里，进行思辨的思考。鲍德里亚说："地球生境的日常性本身被提升到宇宙价值的高度，

---

① 鲍德里亚：《象征交换与死亡》，译林出版社 2012 年版，第 97 页。
② 同上书，第 99 页。
③ 同上。

绝对背景的高度——在太空实体化——这是形而上学的终结，这是超级现实时代的开始。”① 原来人们对日常生活的问题进行深入的形而上学思考，这是有现实基础的深入思考。现在，人们对这些形而上学问题进行简单复制和再生产。形而上学的问题已经变成了超级现实的形而上学，或者说，形而上学已经终结。这是仿真的形而上学。这个仿真的形而上学研究领域形成了一个超级的学术空间，人们在这个空间里可以进行自由的“形而上学”思辨。在这里，现实被提升到“卫星轨道”，日常生活中的问题被提升到了宇宙的高度，提升到绝对背景的高度，哲学的思考变成了绝对有高度的思考，是在“卫星轨道”上的思考。不过，鲍德里亚指出，在这个超级空间里，所有人“大概在他们的摄像机上看到了自己的现场死亡”②。在这个超级空间里，人们所进行的工作是进行空洞无物的复制、再生产，他们看到的就是自己的“现场死亡”，看到自己所进行的无聊的复制和再生产。

那么如何才能化解这种无聊的学术再生产或者话语再生产呢？我感到鲍德里亚在《九十九亿个上帝之名》那一节做了一个非常精彩的说明。《九十九亿个上帝之名》是克拉克的科幻小说的名字。这个科幻小说讲述了这样一个故事：在西藏有一群喇嘛（Lama），他们用自己的一生来诵读上帝（Dieu）的名字。但是这个上帝的名字的数量非常庞大，有九十九亿个。它们是同一个词根通过变格而形成的。如果把上帝的名字都读完，那么世界就终结了。在鲍德里亚看来，这些喇嘛本身在宗教上有一种死亡冲动。这些喇嘛在诵读上帝的名字的时候，他们读得很慢，并且已经诵读好几个世纪了。可是，其中一个人听说西方有一种机器能够以神奇的速度进行记录和编读，于是他们中的一个人就去 IBM 订购了一台功能强大的电脑来进行这样的工作。按照 IBM 工作人员的说法，这台电脑三个月就可以完成这项工作。IBM 的人（我们也是类似的“文明人”）当然不相信喇嘛的说法，但是他们害怕，假如电脑证明，读完这些上帝的名字，世界并不会终结，那么这些喇嘛会报复他们。

---

① 鲍德里亚：《象征交换与死亡》，译林出版社 2012 年版，第 99 页。

② 同上。

于是他们在装好电脑之后逃离了寺庙，“当他们走下山，走向文明世界时，他们看见星星一个个地熄灭了……”① 当然这纯粹是一个虚构，喇嘛不会信奉上帝，西藏也没有这样的喇嘛。但是，这个虚构的故事却告诉我们一个道理，如果我们的学术研究也像喇嘛那样念经，只是在根本一样的东西上进行简单的变化（同样词汇的变位），那么我们的学术研究就会走向死亡。假如我们用电脑来进行高速度的学术再生产，那么我们就会加速这样的学术死亡。当我们加速进行这样的再生产的时候，当我们走向“文明世界”的时候，我们会看见“星星一个个地熄灭”。当我们走向真正的学术研究的时候，我们会看见学术的明星一个个地“熄灭”。

从这里可以看出，鲍德里亚似乎欢迎那种学术嬉皮士所进行的解构活动。索克尔编造论文的做法实际上就是一种学术恶作剧。② 这是玩世不恭的表演。然而，这种恶作剧恰恰表明，现代学术研究已经变成无意义的符号编织。这种无意义编织起来的所谓论文甚至也被看作是有相当水准的。鲍德里亚似乎鼓励人们编造此类论文。这似乎是解构现代学术表演的最好方法，就是让表演走向极端，让表演自己出丑。也有些人完全走向反面，拒绝发表论文，拒绝说话，这也是对学术表演的无声抗议。在学术会议上，有些人不讲论文的观点，而就是讲故事，这似乎也是一种学术恶作剧，就是要把表演推向极端，从而解构这种学术表演。

究竟有什么办法能够有效地解决学术表演的问题呢？学术嬉皮士的办法肯定不是最好的办法。《论学术表演》本身虽然也有表演的性质（学术时尚化的大潮中，反时尚也是时尚，在超级真实的学术表演中，反表演也是表演），但它是阿尔托所说的那种“残酷戏剧”，它要让人直面自己所不愿意看到的东西。它至少给我们敲响了警钟，我们的学术界已经患上了“白血病”！

（原载《江海学刊》2016 年第 2 期）

---

① 鲍德里亚：《象征交换与死亡》，译林出版社 2012 年版，第 290 页。

② 参见张聚《索克尔事件概述》，《自然辩证法研究》2000 年第 6 期。

比较哲学的元问题及道德形态学方法再思考

田海平

比较哲学视角与道德形态学方法的内在关联，一直是文化政治哲学和道德哲学讨论中不可回避却又始终未曾探究的课题。① 从比较哲学的元问题看，比较性思维和比较问题的背后是不同道德体系和文明体系的自我定位、自我理解和相互关联及互竞互争的问题。它涉及在当今文明多样性背景下如何从比较思维开出道德形态学方法，进而在古今对看、中西互镜的道德形态学探究中革新比较哲学思维类型及其启蒙视野。本文从比较哲学的元问题切入，对该问题进行再思考。

比较哲学的元问题

不论从何种意义上看，比较哲学在当今中国学术系谱中都应该被划到“高端学术”之范畴。人们若非对哲学本身及相关文化政治问题有深切之体认和深入之研究，是很难在这一领域登堂入室、一窥堂奥的。因此，如果往深里看，就不难发现，这是一个对学问、思想和知识条件均有很高要求的领域。仅就其两个特点，即就其比较跨界的跨文化的学问特质和说通历史、说通理论、说通现实的“通古今合内外”的思想禀赋特质而论，就不难看到这一派学问的大气磅礴。一般公认的比较早的比较哲学的代表作是梁漱溟先生的

① 本文依据笔者2014年11月30日在中国人民大学召开的“比较哲学方法论研讨会暨比较哲学学会筹备会”上的发言思路撰写而成。“道德形态学”方法和理念是笔者将形态学方法引入道德哲学而创设的新概念。在《比较哲学视角与道德形态学方法》（《中国社会科学报》2015年6月15日，《新华文摘》2015年第16期）等论文中，笔者提出了一些基本看法。本文是对该问题的再思考。

《东西文化及其哲学》。它在今天仍然被看成是这方面的经典。现代新儒家（包括梁漱溟在内）从熊十力、冯友兰、金岳霖、贺麟到牟宗三等学者，无一例外地是在比较哲学的视域中对儒家思想的现代性论题进行阐释。从这个意义上，我曾指认，比较哲学视角无疑是百余年来中国学术中最为引人入胜的视角。

然而，如果回顾这一段学术史，对于中国比较哲学的问题意识及方法论自觉而言，始终存在着一个如何超越习常“所思”的那种理解范式和思想方式，从一种文化前提批判的视角进入比较哲学的问题。我们称该问题为“比较哲学的元问题”。比如说，对儒家伦理的研究，始终存在一个如何从伦理思考方式或伦理思维的儒家范式进行勘察或考辨的问题。这个问题如果仍然在儒学之“所思”的方向上而不是在一种文明多样性的视野下，就很难跳出儒学之“所思”的限定。这即是说，“思”儒学之“所思”隐含着一种比较哲学的“元问题”，其实就是进入一种前提批判的比较哲学之视域。换句话说，要对那种在“自然态度”下的对文化前提不做深究的研究进路进行一种批判性之审思，以匡正“比较”二字之义理。这里要强调指出，这种“自然态度”一直以来是构成有“比较”而无“哲学”的比较哲学之误区的根由。比如，以西方形而上学的概念逻辑的思维方式定义哲学，就会得出中国古代思想中没有“哲学”的结论，这实际上没有问及“哲学可能以另一种方式”出现在中国古代思想中。因此，人们习见的比较哲学，易于在“虽有所思”却缺少“思‘所思’”之“思”的思想深度。它忘记了，对比较哲学而言，对比较之视域的“所思”进行“反思”①，实际上更为根本，意义也更为重大。

在这一点上，至少有三个前提性的问题，是我们在“思所思”的意义上（而不仅仅是“所思”的意义上）理解比较哲学及其方法时绕不过去的“元问题”。这就是哲学形态的“一与多”“古与今”“中与西”。

首先，由比较哲学看哲学形态的“一”与“多”，必须突破“本质主义”

---

① 笔者从孙正聿的“思想的前提批判”（通过区分“构成思想”与对“构成思想”的前提进行反思）的观点的启发，用“思”和“所思”来指称它们的不同。参见田海平《前提批判：走向哲学的自由之境——孙正聿的哲学四重奏》，《哲学分析》2015 年第 6 期。

的理解方式。我们只有在一种复数的、多元的“哲学形态”的理解性共识中，才能敞开比较哲学的视角。那种通过先行楔入对哲学形态的一元“普遍本质”预设，而将某种文化谱系中的哲学及特征确认是唯一的绝对真理的体系或正统权威的观点，必然会封闭比较哲学所必须的二维的或多维的比较视差。因此，以本质主义思维方式看问题，哲学史就是一个“形而上学古战场”。哲学爱智的根本任务，就是在探寻存在本质的基础上思考“物之由来”和“人之根本”。对“一”的迷恋，对“在”（或事物本身）的执着，对“实体”的偏好，使传统形态的哲学往往坠入“起源幻像”而无法真正进入比较哲学视域。此外，本质主义还为普遍主义或基础主义哲学预留了一个意义论或价值学的起点或制高点，从这里产生了普世主义“独白式”的哲学形态，在“普遍性—特殊性”框架下内含在诸“特殊性”中发现“普遍性”之旨趣。这意味着，如果哲学的目的只是将某一种哲学作为唯一普遍之物一再表述出来，那它就会陷入“普遍性幻像”。哲学之“存在”（无论是单数的存在还是复数的存在）的历史表明，哲学必须破除上述两种“幻像（起源幻像和普遍性幻像）”，才能真实地面对作为复数的哲学形态的多样性和差异性，在尊重差异的前提下进入比较哲学之论题域。

其次，从比较哲学看哲学形态的“古”与“今”，必须走出历史虚无主义的价值图式。历史虚无主义有两种形式：一是“厚今薄古”，是在“现代性”尺度上表现出来的历史虚无主义；二是“厚古薄今”，或曰“发思古之幽情”，是在“后现代性”尺度上表现出来的历史虚无主义。在“古—今”之别的跨越历史时间长度的比较哲学的诸进路中，问题的关键在于如何看待现代性。一般而论，现代性的核心是把古代世界的伦理、价值、社会习俗或风尚、人们的生活方式及哲学理念彻底颠覆。“一切稳固的东西都烟消云散。”这个历史过程引发的总体文明转型，被称为“现代性”。它隐含了“除旧布新”的价值预设和文明“物化”的虚无主义逻辑。以现代性为尺度衡量古代哲学或其他文明传统中的哲学，就会坠入“厚今薄古”的隐蔽的历史虚无主义泥淖。尼采曾经对欧洲虚无主义的价值方式进行揭蔽。他指出，现代欧洲隐蔽的虚无主义危机表现为“最高价值的自行贬值”，危机的爆发就是现代世界的精神危机或价值危机，就是“上帝之死”。他写道：“关于另一个世界的观念为何总是没有好下场？形成批判‘这个’世界的局面——这到底意味着什么？”[①] 尼采全部著述都可看成是对此作答。他从悲剧时代古希腊人的思想经验和生命体验中感悟：现代人已经走进“虚无”之中。尼采的口号“重估一切价值”把现代性描绘成了一条“从自己后尾吞噬自己”的“巨蟒”。这是一切后现代哲学及文化以“厚古薄今”的方式对现代性进行解蔽和颠覆时彰显出来的一种“彻底的”历史虚无主义，即在一种“古—今”对比中将现代性隐蔽的虚无主义公开揭示出来。无论在“现代性”尺度上，还是在“后现代性”尺度上，当比较哲学在哲学形态之“古—今”维度展开之时，它面临的最大危险就是历史虚无主义的价值图式。

最后，从比较哲学看哲学形态的“中”与“西”，必须警惕西方普遍主义的话语压迫。在这一点上，比较哲学需要先行澄清一个基本概念，即每一种哲学在其世界意义和历史意义上都关涉普遍性，在其初始文化语境和时代精神境遇下都是具有普遍意义的哲学，是人与物、我与他者、人与世界以及诸神、现实生活等实存维度的思考和筹划。黑格尔说，“普遍的东西是自由的威力”[②]。然而，在当今比较哲学的“中—西”维度，面对西方普遍主义话语的全球扩张及其“文化殖民”（或意识形态霸权），一切非西方话语的哲学都面临丧失“普遍性”的危险。如果我们考虑到任何一种民族特性总是与人类命运共同体的普遍性密不可分，那么就必须承认，任何“可比性”的前提都是文化理念、价值方式和生活世界的多样性，也就是一个民族或国家从其特性或它的“这一个”出发用以定义“普遍性”的哲学的多样性或文明的多样性。“放弃了对‘普遍性’的界定，就是放弃了一种特殊具体存在的文化。”[③]

---

① 尼采：《权力意志：重估一切价值的尝试》，张念东、凌素心译，中央编译出版社 2000 年版，第 319 页。

② 黑格尔：《逻辑学》（下卷），杨一之译，商务印书馆 1981 年版，第 270 页。

③ 张旭东：《全球化时代的文化认同：西方普遍主义话语的历史批判》，北京大学出版社 2005 年版，第 6、32 页。

因此，比较哲学的“中—西”维度，关联到如何看待当代中国社会生活的基本形式和西方现代性的普遍主义范式之间的相互关系。说到底，就是在一种比较哲学的视角下思考如何重构中国现代性的问题。中国自鸦片战争后遭遇西方现代性的全面挑战。挑战如果集中到一种文化政治层面看，就是“普遍—特殊”的辩证法。即为抗拒普遍性的丧失，在比较中坚持一种特殊性，反而成了哲学由以界定其普遍性的方式。从这一意义上看，比较哲学需要对“构成思想”的那种体制化的西方现代性进行反思，才会在遭遇西方普遍主义的话语压迫之时保持清醒和张力，真实地面对中国现代性问题。

比较哲学与道德形态学方法

比较哲学的“元问题”有其深层关切。问题内核就是对哲学用以构成思想的前提进行批判和反思（思“哲学之‘所思’”），并由此进入哲学形态的“一与多”“古与今”“中与西”的深层关联。比较哲学突出的思维特质，是在这种关联中展现的“比较思维”类型。一方面，它预设了作为总体的普遍性的存在。如果没有这种相对于“总体”而言的普遍性，可比性或比较根本无从谈起。另一方面，预设的总体又不是靠“绝对命令”或“第一因”之类的形而上学理念来定义其普遍性，而是靠特殊性的自我理解来呈现其普遍性，即总体或“普遍物”存在于个体和“个别物”的表象之中。如果说比较哲学最终以“认同”为指归，那么它所寻求的“认同”却不是对某种特殊性的认同，即不是轻率地站在某种“个别物”的立场否认普遍意义的存在，而是对特殊形态中内含的普遍意义的认同。这就是一种良好的比较哲学的内在要求。

我们依据对比较哲学元问题的理解，勾勒一个抽象模型（该模型使比较哲学的普遍性理论预设的重要性得以突显），再以儒学或儒家伦理的现代性问题为参照对该模型进行阐释，从而使比较哲学视域中的道德形态学方法得以突显。

1. 比较哲学的抽象化推论模型

我们把有关可比性概念的反思进行简化抽绎，形成如下两个推论的程式：

【Q1 程式】Q1（即问题一）是：为什么要拿 A 和 B 进行比较？如果 A 和 B 没有可比性，比较不具备合法性。因此，比较 A 和 B 的前提，是二者必须具备可比性。标记为：Q1［A，B］。

得出大前提：只有 A 和 B 有可比性，才能拿 A 和 B 比较。

【Q2 程式】将 Q1 转换成一个技术性问题 Q2。Q2 是：如何衡量 A 和 B 具备可比性？关键在于两个因素：第一，预设 A 和 B 之间存在一总体性的 C，它是 A 和 B 的普遍性体现（可比性的前提）；第二，从 A 中看它内含的 C 性，再从 B 中看它内含的 C 性（将可比性转化为比较过程的环节）。因此，通过普遍性 C 反观 A 和 B，A 与 B 在深度关联中构成了一种比较互镜的关系。标记为：Q2［（A，B），C］。

得出小前提：C 使 A 和 B 有可比性。

由前提得出结论：当且仅当 C 成立，才能拿 A 和 B 比较。

上述抽象化的推论尽管是一种形式化推理，（并不关涉内容或质料方面）但不难看到，其中隐含着的“普遍—特殊”辩证法及其在比较哲学论题上呈现的一种“三角关系”，实际上指向了比较哲学在具体比较项目中寻求普遍性的深层关切。这个“三角关系”形成的张力若以一种抽象化模型描述，则可图示如下。

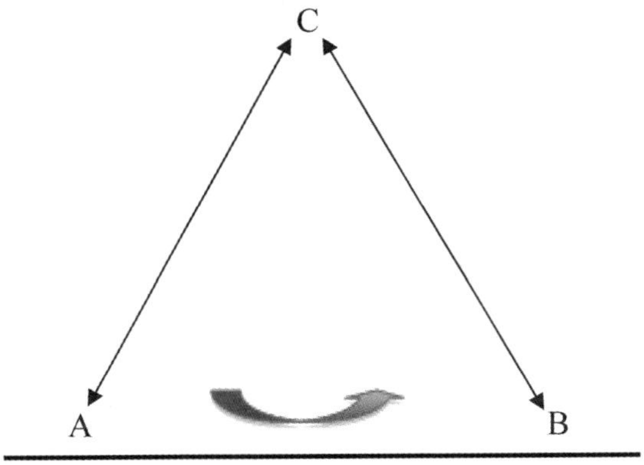

具体说，从Q1［A，B］到Q2［（A，B），C］的形式推论中，内含一种理论突破的可能。即，设定普遍性C，用以指导对特殊可比项A和B的比较探究，再从特殊的可比项A和B中寻找普遍性C，以进一步完善最初设定的普遍性C。这一循环往复的探究过程，就是在A和B的相关性中深入挖掘C。

2. 关于“儒家伦理之现代性”的比较哲学探究

如果我们试着将有关“内容”纳入这个形式推论之中，就会敞开比较哲学所蕴含的形态学视角。

最常见的，也是最具影响力的例子，是将儒家伦理与新教伦理设定为两个可比较项A和B。对二者的比较哲学研究可以在多个层面展开。但经典的，也是聚讼纷纭的方面，是在经济伦理学的普遍性理论预设下展开的比较哲学论题。构成可比较性前提的理论预设，就是“现代化理论（C）”。按照韦伯预设的现代化理论（传统与现代化的断裂或对立模式），新教伦理催生了资本主义精神，因而具有现代性（C性）；儒家伦理不能催生资本主义精神，因而不具有现代性（C性）。韦伯的现代化理论预设（C），得出儒家伦理与新教伦理不具可比性的结论。列文森（Joseph Levenson，1920—1969）依据韦伯论题，作出断言：儒学已寿终正寝，盖其原因在于它与现代化（西方化）势不可挡的进程格格不入，只能是“无墙之博物馆”中的一件展品，而不能作为活的思想资源在20世纪重现生机。①“韦伯－列文森”命题提出了一个对汉语思想界影响重大的比较哲学论题，它把儒家社会（或受儒化价值观之影响的东亚社会）推到了一个由西方现代性话语定义“普遍性”的“影响之焦虑”之中。当代新儒家是在面对西方现代性之势不可挡和“韦伯－列文森”命题之步步紧逼的文化政治境遇中，探索儒学以及儒家伦理“能否”以及“如何”吸收科学、民主之精神资源以开出现代性。新儒家中各家各派大多是通过对比较哲学之“三角关系”进行重构，以把脉儒家文化在现代化进程中遭遇的深刻的道德和精神危机，进而探讨儒学复兴和文明重建的当代课题。

① 参见林同奇《人文寻求录：当代中美著名学者思想辨析》，新星出版社2006年版，第3页。

例如牟宗三的新儒学，就是从儒家精神脉络（A）与以亚里士多德到康德为代表的西学精神脉络（B）的比较视域中，探讨"'内圣'如何开出新'外王'"的"道德的形上学"问题。这个问题的实质就是"旧邦新命"的当代重演。说到底，是如何"从儒家传统伦理开出现代性"。于是，在现代化理论范式上就要重审韦伯预设的"现代化理论"（传统与现代性冲突的"短现代化"）。

从一种文明多样性视野出发，姚新中认为，传统与现代化之关系实际上有三种模式，即"短现代化"（short modernisation）、"长现代化"（long modernisation）和"传统与现代化的循环模式"。[①] 这关涉到如何对"儒家传统重开现代性"的比较哲学之普遍性理论预设（C）进行修正的问题。"'现代化理论'所说的现代化可以被称为'短现代化'（short modernization），即现代化在某一时空中完成对传统的背离、拒斥和替换。"[②] 按照这种"短现代化"的理论预设，会得出"韦伯—列文森"命题：儒家伦理开不出现代性，儒学寿终正寝了。"长现代化"理论模式是指"现代化以渐进和全面的方式将传统融入现代化"，它把现代性看成是一个贯穿文明史（从轴心文明—区域文明—全球文明）的绵延的扩展，而不只是一个时间点或一个固定空间范围内的过程。现代新儒家大都是通过"长现代化"理论预设（C）来思考儒学复兴的文明肌理和文化慧命，即牟宗三所说的儒学"第三期"发展的使命：在儒学从轴心文明、区域文明走向全球文明之际，让儒学担当"旧邦新命"之使命。当然，这两种现代化理论，不论"长""短"，都存在割裂传统与现代化的弊端。而从传统与现代化不可割裂的方面看问题，会得出一种"传统与现代化的'循环模式'"的理论预设。这种"循环模式"不只是强调传统怎样"不断地为现代性所改变"，同时也强调现代性怎样"不断地也为传统所改变"。以这种传统与现代性之相互改变的良性循环为前提，把"传统与现代化之'循环模式'"作为一种普遍性理论预设（C），以之衡量儒家伦理的现代价

---

① 姚新中：《传统与现代化的再思考》，《北京大学学报》（哲学社会科学版）2015 年第 3 期。

② 同上。

值，我们就会真实地进入传统与现代性的辩证统一，并由此呈现“儒家传统的再现代化”的比较哲学之论题。①

3. 从比较哲学论题中开出道德形态学方法

以上关于儒家伦理的现代价值的探究，指向问题之核心：使可比较性和比较成为可能的普遍性理论之预设（C），如何在“普遍—特殊”的辩证法中，通过传统与现代化（现代性）的总体性理论之推陈出新，以适应文明多样性时代的时代精神之吁求。这里隐含一个值得深入挖掘的持续了一百多年的比较哲学论题：（1）基于“短现代化”理论预设，“韦伯－列文森”命题提出问题（儒学或儒家伦理面临危机）；（2）基于“长现代化”理论预设，当代新儒家对问题作出回应；（3）基于“传统与现代化的‘循环模式’”的理论预设，当代中国学者提出了“儒家传统再现代化”的比较哲学论题。我们看到，这些与儒家伦理的现代性问题相关的比较哲学的三种普遍性理论预设，究其实质而言，是从哲学形态的“一与多”“古与今”“中与西”的元问题层面，步步深入，切近从“道德形态过程”开出一种“道德形态学方法”。

“长现代化”理念和“传统与现代化的‘循环模式’”的理论预设，优先强调从文明多样性的视野摆脱本质主义的思维方式、虚无主义的价值图式和西方中心主义的意识形态话语的压迫。由之所定义的“普遍性”在道德哲学论题上，（比如儒家伦理的现代性问题）特别强调从“道德形态过程”看待特殊具体的文化存在和道德现象。以此观之，则“新教伦理催生资本主义精神”与“儒家伦理开出现代性”在“道德形态过程”上遵循着全然不同的“普遍性理论预设”，两者之间不具可比较性。以新教伦理的道德形态过程为标杆来衡量儒家伦理的现代性问题，是以一种单一文明尺度定义“普遍性”的非比较性思维，因而暗藏了西方中心主义之陷阱。经过这样的澄清后，如果从可比较性的角度和比较的视野上，对贯穿于“道德形态过程”中的“普

① 这一段行文中加引号的内容引自姚新中《传统与现代化再思考》一文。关于“传统与现代化”的三种模式的核心观点亦是对该文观点的一种转述。

遍性—特殊性”之辩证法以及“传统—现代化”之相互改变的循环模式进行深入挖掘，就会触及“道德形态学方法”的问题意识。

首先是关于道德探究的物质形式方面的“形态学的视角”。海德格尔曾指认，艺术品之为“物”是使艺术得以展现的物质形式。以这种方式思考道德探究的“物质形式”方面，会得出一种道德形态学（它本质上是属于偏重道德问题之面向的“社会形态学”[①]）结论：使“道德”得以展现的物质形式就是“人口现象”或“人的现象”，它是与自然法则相对应的社会法则的基础。也就是说，人口数量、人口密度（社会规模）、居住方式（群落）、民族分布、人口迁徙、人口生产方式、家庭、族群、国家以及人们之间的交往方式和实践方式（包括劳动分工、职业教育、宗教信仰），等等，这些特殊具体的社会存在、文明类型和道德现象，是展现道德的普遍性和规范性的特有形式。因此，“道德形态学”就是从“人”之关联于一切物质形式、制度框架、信仰方式和话语谱系的相互关联性出发，提供理解规范性之来源和美德之构成的物质基础和实践根源的一种视角或方法。19 世纪社会学家孔多塞、密尔、涂尔干等人称之为“道德科学”[②]。而马克思的社会经济形态的问题意识，则内含从生产方式和交往方式的物质形式出发（包括物体系、技术系统、人口现象、话语结构、权力谱系、符号象征）揭示“道德形态过程”，因而展现了使可比较性和比较得以可能的普遍性。换句话说，以马克思的实践唯物主义观点诠释道德形态学的视角和方法，是一个有待展开的课题。这一课题透过

---

① 涂尔干在其一生的学术生涯中都试图完成他在博士论文《社会分工论》中提出的任务，即通过社会形态学以实证科学的方法来研究道德事实，在此基础上建立一门“道德科学”。从涂尔干思想中一直未被充分关注的社会科学的“道德旨趣”看，他早期所论述的“社会形态学”思想实质上就是一种“道德形态学”。其道德旨趣是指社会科学力图通过研究社会生活本身来为人们的道德实践提供规范性基础，而不是从某个公设出发通过推论得出道德法则。

② 对于 19 世纪的英法社会学家来说，道德科学、伦理科学、政治科学、社会科学等词汇经常是可以替换使用的。读一下那个时代的精英学者的著作，如孔多塞、密尔、孔德、列维 - 布留尔、涂尔干等人的作品，就会理解他们所共享的一种主张，即道德科学是借助实证科学的方法来研究社会法则的学科。道德规范或法律是对社会法则的一种人为表达。以此观之，一门社会科学必定同时也是一门道德科学、伦理科学。相关论述参见陈涛《道德的起源与变迁——涂尔干宗教研究的意图》，《社会学研究》2015 年第 3 期。

实践批判或政治经济学批判的视角，反思比较哲学的普遍性理论预设，可以为诸如“儒家伦理的现代性”之类的比较哲学论题，提供一个可比较性和比较的“操作平台”。①

其次是关于道德探究的可比较性方面的“开放总体性”。比较性思维是反思“普遍—特殊”之关系的关键。它既是理解我们的文化和知识在一种分类体系的框架下既相互独立又彼此关联成为一个整体的“开放总体性”的前提，又是从这种具备“开放总体性”的比较哲学论题开出道德形态学方法的枢机。在两个特殊可比较项 A 和 B 的比较性思维中，比较和可比较性的精神实质不是一较短长或一决高下，也不是寻求“一个”统领“另一个”的权力话语。比较哲学不致力于一种超越文化语境之具体性的“普遍之人”“普遍伦理”（或普世价值）以及超验永恒本质的抽象普遍性之探寻。它对普遍性的寻求总是以承诺特殊性为前提。“面向差异”“尊重他者”是比较性思维的基本要求。因此，摆脱对“本质主义”的柏拉图式的热情，破除对民族精神之为“绝对精神”的黑格尔式的执迷②，着眼于不同的社会经济和文化政治系统之间的相互关联并将它们放到一个融会贯通的开放总体性的整体视域及可比较性平台上进行考察，以寻求两者之间可共认的、公共的和可公度的普遍性，这有助于推动道德探究在比较哲学思考方式中进入一种道德形态学视角或方法。

最后是关于比较性思维与伦理思维的契合。比较思维对可比较性理念的坚持，使之有别于传统本体思维方式而表现为一种伦理思维方式的特质。这使得比较性思维与伦理思维的契合方式成为理解道德形态学方法的关键。概

---

① 这个观点借用了张旭东对马克思主义作为可比较性和比较问题的参考系的有关论述。张旭东的表述是：“比较和可比较性一定要有一个操作平台，这个操作平台并不是每一个理论话语都可以提供的。而马克思主义可以，因为马克思主义认为统一整个现象世界的是资本、商品、生产力和生产关系。这一系列的东西都是普遍性的论述，在做西方和东方的比较时，需通过马克思政治经济学的概念过渡才可以实行。”参见张旭东《全球化时代的文化认同：西方普遍主义话语的历史批判》，北京大学出版社 2005 年版，第 30 页。

② 这种执迷表现在黑格尔哲学为现存的普鲁士政治权力辩护的政治哲学主张。他认为，绝对精神可以通过一个基于特殊民族、宗教、种族和文化传统的理想政体将以往一切历史发展阶段导向一个总体性目标，从而在那里达到极致与和谐。

而言之，二者有很多的契合点，择其要者表现在以下三个方面。

（1）二者都倡导尊重与相互影响的价值，并由之激发了重估或重构文化政治之秩序或社会生活之法则的文化批判或社会批判的一种思想势能。

（2）二者都致力于使道德探究的目标不是封闭在普遍性理论话语之内部，而是在理论与实践、普遍与特殊的相互关系中不断地打破特定事物的局限和禁锢，在面向关联性实践总体和生活的开放总体性中，寻求对道德形态过程的普遍的、辩证的把握。

（3）二者对“开放总体性”的强调，旨在确立一种尊重差异的伦理思维准则。简要言之，表现在三个方面：其一，向实践总体性开放出一种以“途中道德”① 为指引的理论思维；其二，向历史总体性开放出一种以“道德多样性”为指归的现实感；其三，向他者总体性开放出“面对他者”的道德自我意识。

比较性思维与伦理思维的契合，在道德探究的可比较性方面，凸显了道德形态学视角或方法的重要性。

比较哲学的启蒙视角

尽管比较哲学会涉及一些古老的议题，特别是在道德探究维度产生了一些超历史的比较论题，但究其矛盾所关涉的核心而论，它们仍然属于现代性问题。涂尔干指出：“要想妥善地理解一种实践或一种制度，一种法律准则或道德准则，就必须尽可能地揭示出它的最初起源；因为在现实与过去之间，存在着密不可分的关联。”② 时间维度的“新—旧”“古—今”“传统—现代

① “途中道德”的提法，来自笛卡尔《方法论》。德国学者胡比希将之发展为“伦理帐篷”的说法，有五个特点：一是稳定，能够遮风挡雨；二是可移动，能够面向未来开放；三是可修正错误，方便于根据环境或语境进行调整；四是符合责任分担原则，拆除后移走时由多人分担之而避免责任集中；五是满足需要，即满足人们的道德舒适感（参见 C. 胡比希《作为权宜道德的技术伦理》，《世界哲学》2005 年第 4 期）。甘绍平在《人权伦理学》讨论“人权冲突与道德智慧”时引用并对之进行评论和阐释。甘绍平：《人权伦理学》，中国发展出版社 2009 年版，第 190—191 页。

② 涂尔干：《乱伦禁忌及其起源》，汲喆、付德根、渠东译，上海人民出版社 2003 年版，第 3 页。

化”，空间维度的“我者—他者”“中—西”“本土—全球化”，使比较哲学内涵的现代性在一种“元问题”深度上，指向“一与多”“普遍与特殊”“个体与总体”的辩证关联。由这一维度展现的道德形态学方法看，伦理的普遍性不再是某种先在的绝对物之呈现，而是“人”之现实的世界筹划活动中的创造与建构，是社会法则之构成及实践性人文知识之形成的过程。也就是说，是“道德形态过程”的呈现。这里内含着一种革新比较哲学思维类型及其启蒙视角的方法问题。它不是一种技术路线或一套操作规范，而是使可比较性或比较思维转化成为一种价值观和一种建立在对差异性之认可基础上的伦理思维。

当启蒙现代性刚开始浸进现代人的日常生活并在启蒙学者中催生一种“世界公民”的伦理实践类型之时，诗人歌德就兴奋地创制了“世界文学”（Weltliteratur）这个术语，来表达文学阅读中不同生活世界之间的可译性和可比较性。一个人坐在原地不动就可以通过阅读做文学的世界旅行，今天进入法国人的心灵状态，明天进入苏格兰人的生活世界，最大限度地摆脱生长环境带来的村俗气和狭隘性，而变成一个眼界开阔、富有想象力的“世界公民”。尼采在《人性的，太人性的》一书第23节写下了一个标题——“比较的时代”。他说：“这样一个时代是如此获得意义的：各种世界观、各种风俗文化在这个时代能得以比较，并且一个接一个地受到体验。”① 尼采并不是为这个时代献上颂辞。相反，他担忧的是在令人目不暇接的可比较的丰富性和多样性中人性和道德的迷失：它是否预示着更高的审美、更高的道德和更高的人性？

如果说歌德是在启蒙的意义上描画比较视域中“世界公民”之形象，那么尼采则是在一种“后启蒙”的意义上反思一个“比较时代”的来临。如果设想二人生活在当今这个互联网、大数据、“云”时代，他们会以怎样的眼光看待这个以互联网和移动通信为平台的“比较的时代”和“比较的世界”

---

① 尼采：《人性的，太人性的》，杨恒达译，中国人民大学出版社2005年版，第33页。

呢？想象不出他们会做何评论。但有一点是确凿无疑的，那就是，哲学是时代精神的一面镜子。如果人们的哲学思考方式和道德探究形式仍不能从比较思维和伦理思维的契合方面获得突破，不能具备一种尊重差异、面向他者的开放总体性，那他还是生活在传统本体思维和传统伦理观念的阴影之下，并不能真正理解歌德为何赞美启蒙时代的世界公民，而尼采为何会担忧在一个过度启蒙的“比较的时代”精神会走进虚无。这表明，深入反思比较哲学开出道德形态学方法的意义，需要从文化政治和观念史的意义上重审比较哲学的启蒙视角，以回应如下三问：如何定义“普遍性”？如何避免视角之误置？如何敞开一种形态学之远见？

第一问，道德形态学如何在“普遍—特殊”的辩证法中定义“普遍性”？

这个问题指向一种文化政治或观念史的形态学解蔽。人们运用和提出某个哲学概念或哲学范畴，或者言说某种“哲学话语”，都有其文化政治的或观念史的形态学背景。换句话说，这些概念、范畴和话语在其出场境域中总是潜隐着某种有待诠释的总体性的文化政治语境或整全的意义系统。这类似于生态学所描述的生物群落的分布一样，同一物种在不同“生境”形态的呈现方面所表出的功能是不同的。同样地，比方说，被释义为“实践智慧”的某一道德哲学范畴，在亚里士多德的著作中和在马基雅维里的著作中的文化政治形态表出或观念史分布就很不相同，二者又与中国儒家思想中蕴涵的“实践智慧”有很大的差异。这使得从不同视角进行比较探究以勘测其形态学之构成和类型的分布、流变及演化，就变得十分必要。而从形态过程追溯其概念结构，从生活史之勘察重述其传统，就必定是在一种比较与互镜的语境参照和思想对话中使人们所探究的问题得以澄清。不论从中国语境看问题，还是从西方视角看问题，比较哲学之进入道德哲学论题就必然会以某种方式切近于以一种“道德形态学方法”进入文化政治的语境解蔽或观念史批判，而揭示这一关联总体性就是真实的比较哲学的思想启蒙。

第二问，道德形态学如何避免比较哲学的启蒙视角之误置？

比较哲学在文化政治或观念史方面易于陷入的最大迷误，是将某一语境中的价值观念或道德理想确立为唯一的普遍物或普世价值，并赋予它以启蒙之功能。这在中国比较哲学的许多论题中时常见到，因而遭遇“缺乏远见”之指责。究其根由，则在于视角之误置，即把“西方视角”等同于“启蒙视角”，比较哲学自身所固有的启蒙视角反而隐匿不彰。它通常导致两个后果：一是将“古—今”之变的中国文化语境中自身的启蒙问题混同或简化为一种“中—西”之别的抽象比较问题，有意无意地设定了“西学”的启蒙功能和普世意义；二是将“中—西”之别重构为“古—今”之变，进而将“中学”引以为解决西方启蒙现代性之“蔽”的灵丹妙药。前者欲以“西学”为标准治中国文化政治之“病”。后者欲以“中学”来治西方现代文明之“病”。不难看到，这里所说的启蒙视角之误置，有可能使比较哲学或是落进了西化派之窠臼，或是陷入国粹派之泥淖。因而，使得这一门高端学术，或者为西学话语所主宰，或者为一种夜郎自大的文化偏至论的情绪所浸染。应该看到，比较哲学有其固有的“启蒙视角”，这是我们要重点开启的一种哲学意义上的深层启蒙。它既不是对“西方视角”的无批判认同，也不是对其片面地拒斥，而是在古今对看和中西互镜的形态学视域中拓展一种具有启蒙效应的形态学“远见”。以道德形态学方法所内含的比较哲学之旨趣而论，这一有别于“西方视角”（但又与之密切相关）的启蒙视角，包含了“形态相通”的追求和“语境互证”的史识。

第三问，道德形态学如何在古今对看、中西互镜的比较哲学视域敞开一种有别于西方视角的“远见”？

比较哲学的启蒙视角对道德哲学的意义在于，它敞开了将形态学方法引入道德哲学的时空维度。时间维度的古今对看，和空间维度的中西互镜，是比较哲学在一种关联总体性视域发挥文化政治或观念史批判之启蒙功能的两大视角。基于比较哲学自身的启蒙效应，我们在道德探究的比较哲学论题上，不能就道德论道德，也不能局限于某一时空范围的“点”上从抽象原则进行道德论证或道德推理，而必须从一种形态学整体论的视角进行概念史和生活史的问题域还原、认知旨趣拓展和社会经济形态比较，以便在不同的参照体系中从长时段和大尺度的观念史论域和文化政治视角考察各种活着的道德形态。由此而论，道德形态学方法可以被归之于比较哲学范畴之下。其要义在于强调“形态相通”和“语境互证”之结合。“形态相通”旨在把握道德形态转换的内在逻辑。把握了这个逻辑，就会开显不同形态之间的差异性相互激荡而引发的一种启蒙效应。“语境互证”涉及道德语汇、论证和判断的语义学分析、语用学诠释和语境论勘探，是让道德哲学的“抽象”复归其形态学的具体，并以伦理的实践性人文知识过滤这种抽象。因而，在研究视角上先行预设了两条“平行线”的相接①，即以形态相通的理想为目标，它是道德形态学方法力图展现的“天际线”；以语境互证的史识为基础，它是道德形态学方法的“地平线”。尽管“天际线”和“地平线”是两条不可能相交的“平行线”，但在视野上人们也会预设其相接。作为比较哲学切入道德哲学论题的尝试，道德形态学方法无疑设定了这样一种理想的“远见”。

结　论

在比较哲学的元问题的深度上反思道德形态学方法，会获得许多有益的启示。其中，最为令人瞩目的是，它所开启的文化政治批判和观念史批判，在伦理的实践性人文知识基础上将拓展启蒙视野的广度。

由于道德形态学方法离不开“语境互证”之史识，“古今对看”和“中西互境”的比较思维会将比较哲学的启蒙视角收入“再启蒙”（或后启蒙），这使得以“同一性”为标记的伦理的绝对性遭遇“道德形态过程”之瓦解。而道德形态学视角和方法又赋予不同语境的“伦理”以一种切近“形态相通”的开放总体性之可能，于是在比较思维与伦理思维的契合中，各种不同的道德传统、伦理体系和普遍性法则得以从伦理的实践性人文知识的淘洗中呈现。

由此，得出两点结论。第一，道德形态学方法可以作为比较哲学方法引入道德哲学，它以“形态相通”和“语境互证”为正题法则，关注长时段乃

① 参见田海平《比较哲学视角与道德形态学方法》，《中国社会科学报》2015 年 6 月 15 日。

至跨历史时段中经过各种思想观念的交锋和涤荡，特别是经过中西文化的冲突和激荡，最终沉淀的道德形态。[①] 第二，以这种方法学意识为指引，当前中国道德探究亟需在一种比较哲学的“启蒙”或“再启蒙”的文化政治批判或观念史批判中开启“道德形态学”的远见。

（原载《江海学刊》2017 年第 1 期）

① 参见田海平《比较哲学视角与道德形态学方法》，《中国社会科学报》2015 年 6 月 15 日。

两种生产的历史观与工业时代的未来

——一种基于“中国道路”的世界历史思想

谌中和

农业时代的思想家由于完全缺乏对文明起源的实证性把握——他们通常把文明的开端寄托于某个超自然的神灵或神性人物，因而各主要古典文明尤其是轴心时代的思想家虽然有关于人性与特定历史时代社会治理的多向度思考，但关于历史发展道路或历史哲学的有价值思考却在他们的理论贡献之外。西方开创的工业文明不仅导致了各主要文明区域日益紧密的联系，使人类历史从“民族历史时代”进入“世界历史时代”，而且，与工业文明伴生的各门具体科学尤其是人类学与考古学的发展使人们对早期文明的经历获得了越来越清晰的认知，这就使关于文明发展道路的思考第一次成为可能。在西方文明马踏四方的过程中，西方思想家率先开启了关于人类历史发展道路与历史哲学的思考。但是，一方面，迄今为止西方文明的“世界历史思想”都主要只从西方的民族历史思想出发，有强烈的西方中心论色彩，他们或者认为人类文明的未来已经逻辑地包含在西方文明自身的展开之中，或者干脆宣称“世界历史”已经“终结”于西方世界。另一方面，随着西方工业文明的病症日益深刻地暴露出来，很多西方思想家意识到，要引领当代文明走出困境，达至人类文明现实（而非乌托邦）的美好未来，需要寻找新的智慧。当他们这样思考的时候，大都把目光投向东方，对中国文明寄予厚望。[①] 但是，由于

① 马克思晚年转向对东方社会的研究，认为未来社会所趋向的新制度是东方制度在新形式下的“复活”；汤因比在晚年认为西方文明将把人类引向“集体自杀之路”，对中国文明特别寄予厚望；海德格尔也公开表示对中国文明的向往，他的很多思想主张有明确的中国文化渊源。

受到现有“世界历史思想”的局限，他们对中国文明的历史发展道路与独特价值理念的实质缺乏深刻洞察，这就使他们的相关思想最多还只是一种软弱无力的主观愿望。

如果当代文明的困境表明人类迫切呼唤一种不同于西方的新的“世界历史思想”，那么，有着伟大历史传统与独特价值理想的中国文明的当代崛起就意味着中国文明对于现代化道路已经有某种独特反思与领悟，从而使基于中国历史传统与中国现代化道路的“世界历史思想”第一次具有现实性。这种“世界历史思想”将依据其对自身历史发展道路与独特价值理念的新的总体性把握与创造性反思，在吸纳既有世界历史思想积极成果的基础上，对工业时代的未来发展方向进行既合乎历史发展逻辑又符合人性内在要求的建设性理论前瞻。

一

西方文明最伟大的世界历史思想之一是马克思的历史唯物主义学说。历史唯物主义最具重要意义的思想主张，是坚定地把物质生产作为社会生活的基础。马克思说：人类的“第一个历史活动就是……生产物质生活本身”①，所以应该“从直接生活的物质生产出发阐述现实的生产过程”②。唯物史观从物质生产出发解释人类历史，用物质生产的逻辑推演社会历史进程，既具有很强的理论说服力，也是实现人类解放的重要现实力量。此后的重要思想家都难以忽视马克思历史唯物主义对于历史研究所具有的里程碑式的意义。

如果马克思之前的社会历史研究的共同缺点，是没有明确意识到物质生产对于社会生活的基础性意义，那么，马克思之后的社会历史理论家们的共同缺点，则是最多只意识到物质生产对于社会生活的重要意义，而没有意识到人口生产从来就具有的、和物质生产同样重要的历史意义，没有把对社会

---

① 《马克思恩格斯文集》第1卷，人民出版社2009年版，第531页。

② 同上书，第544页。

历史与人类文明的理解置于人口生产与物质生产共同组成的两种生产的基础之上，从而使以往的各种历史哲学不可避免地表现为单腿或跛脚的历史哲学。这种历史哲学由于从根本上缺乏对社会生活的完整理解，因而既不可能形成对人类历史的正确把握，更难以形成对人类未来的准确预期，使历史学一直停留在前科学的状态。

一个很直白的经验事实是，物质生产与人口生产是两种并行不悖的人类生产实践活动，二者从来不能通约为一种生产，它们各有其任务与目标，也各有其形式与规范，两种生产共同构成人类的基本社会生活。而且，两种生产的总体历史地位并不是没有主次的。人吃饭是为了活着，但活着应该不是为了吃饭。如果人类的生存完全不需要借助在大自然中进行的物质生产所获得的生活必需品，人类或许会放弃艰辛的劳作，并把大自然完全当作他们的游乐场，但人类应该不会因此放弃种群的绵延，人类的历史也将是别样的情形。

人和其他动物在物质生产方面的差别，主要不在于是否有分工与协作，而在于各种技术的发明和使用。各种需要特别方式予以传承的复杂性生产知识（不能充分物化的技术）和工具（物化的技术）使人类的物质生产活动不仅更有效率，也更有尊严。正如马克思所揭示的，物质生产的技术与生产组织形式[①]经常处于变动之中，这种变动也被认为是人类文明进步的主要内容。技术的性质与普及状况总是极其深刻地规定着社会的分工与协作，从而形塑出特定的社会历史情状。对这一点的深刻洞察与揭示是马克思历史唯物主义的主要思想成就。

但是，人类社会同时更深刻地受到人口生产的形塑。任何时候，种群的持续繁衍肯定是其最高目标，因而从根本上说，物质生产是为人口生产服务

① “生产组织形式”与“生产关系”既有联系又有重大区别。马克思的生产关系概念主要强调生产资料的所有制形式，并且试图依据不同的生产资料所有制区分出不同的“经济社会形态”或社会发展阶段，但所有权经常具有的模糊性很容易使理论家们陷入无谓的理论争论。生产组织形式则主要强调生产中人与生产资料的结合方式，即生产是如何实现的。根据技术的性质与普及状况，生产组织形式大致可以区分为各种形式的大生产与家庭小生产两种类型。

的，而不是相反。人口生产对于理解人类历史从来就具有与物质生产同样重要的意义——如果不是更加重要的话，但人口生产经常被理论家们视为与历史发展这一宏大叙事关系疏远的私生活，其重要性长期没有得到理论上的彰显。正如物质生产并不只单纯生产出有形的物品，而且同时生产出对于社会生活的理解极其重要的特定生产关系与思想观念一样，人口生产不仅生产出比物品更重要的“产品”——人口，同时还生产出对于理解社会生活更具重要意义的“生产关系”与价值观念。所有社会的制度与思想，都只有在两种生产的基础上才能得到充分理解和完全说明。

人口生产最重要的社会历史意义首先是通过缔造家庭这一最具重要性与恒久性的社会组织形式，从而最根本地形塑了人类文明最基本的人际关系与核心价值信念——家庭关系和以家庭关系为基础的伦理道德信念。虽然人类的人口生产也许曾经有过复杂的历史经历——很多理论家认为，在父权制核心家庭出现之前，人类的人口生产曾经有过一段漫长的以两性关系紊乱为特征的“大生产”阶段，但人口生产的家庭形式即父权制核心家庭，既是主要人类族群最后不约而同的共同选择，也是人类文明化进程的共同起点。作为人口生产的基本组织形式，家庭——而且只有家庭——是直接以人为目的的，这就使家庭关系成为最重要的社会关系，家庭生活成为最符合人性的生活，家庭生活的原则也是最符合人性的原则——虽然这并不意味着所有现实的家庭生活都是最人性的。什么是家庭生活的原则？首先，家庭生活的原则肯定不是个人利己主义的。按照个人利己主义原则，下一代的成长将完全不可能。其次，家庭生活的原则也不讲求形式化平等。不仅父子之间是不平等的，甚至夫妻之间也不一定讲求形式平等。再次，家庭生活的原则也与我们通常理解的“正义”原则不是一回事，如按劳分配和等价交换。家庭既不讲究按劳分配，家庭关系从根本上也不同于契约交换关系。最后，虽然最有成效的协商通常只存在于家庭生活中，但只主张有限责任的民主也不是家庭生活的原则。家庭主张无限责任，不仅家长对家庭需要承担无限责任，家庭成员之间也相互承担无限责任。实际上，现有来自西方文明的各种概念范畴都不足以概说家庭生活的原则。我们只能说，家庭生活的原则就是人性或人类灵性，就是爱和善。家庭不仅是人生的摇篮，也是人类灵性或人类基本善的根源。

这就使人类文明中各种重要的核心价值信念都更直接、更深刻地与人口生产尤其是与家庭生活的原则相关联。马克思说："意识在任何时候都只能是被意识到了的存在，而人们的存在就是他们的现实生活过程。"① 这是极朴实而深刻的教导，只是人们的"现实生活过程"从来就不应该仅仅从物质生产方面去理解，现实的生活过程必然是两种生产的复合。所有时代的思想观念与意识形态，都必然同时与两种生产尤其是与人口生产相关联。道德、法律与宗教（伦理宗教）的源头也应该同时追溯到一个社会的两种生产。道德观念的基本原型与源头无疑是人口生产所导致的伦理观念，法律虽然对于调节物权负有相当的责任，但法律不仅同时规范人伦关系，而且判断一部法律是否为良法的标准，主要是看它是否把人而不是物置于更加重要的地位，以及它对人的保护是否符合人口生产尤其是家庭生活的价值观念，是否彰显或保护了人类的基本善。而宗教主要可以理解为一个社会对某种特定的人口生产原则及其衍生到整个社会生活领域的价值信念的神圣化。

人口生产尤其是家庭生活的另外一个重要意义是为社会的公共政治生活提供基本的形式参照与价值理想。马克思的国家学说充分考察了政治国家与物质生产及其发展阶段的关系，它不仅把政治国家直接理解为经济基础的产物或决定物，而且认为政治国家是维护特定强势阶级利益的暴力机器，因而本质上是缺乏合法性、最终必然走向灭亡的恶物。但是，我们很难接受人类长期生活于其中的政治共同体本质上是恶的，尤其是不能想象这种政治共同体的灭亡。也许是出于对马克思国家本质上恶的理论的反对，韦伯试图为权威寻找积极的合法性根源。他区分了三种权威类型，即依靠个人魅力的克里斯玛型权威、依靠神圣传统的传统型权威与凭借形式化法律制度的法理型权威。这种权威理论的缺点是它最多只考察了各种历史与现实的政治权威本身，

① 《马克思恩格斯文集》第1卷，人民出版社2009年版，第525页。

拒绝追溯政治权威的社会生活根源与现实基础，没有揭示政治权威与社会生活必然存在的内在关联，因而主要还表现为一种理论上的主观性。作为马克思之后的思想家，这无疑是一种理论倒退。

由于家庭是文明时代最基本的人口生产形式，家庭生活的血缘关系也从根本上形塑了人类政治权威的基本类型。最基本的血缘关系无非两种，即父子（代际）关系与兄弟（代内）关系。在这两种关系中，都天然地包含着权威，这就是父权与兄权。无论哪种权威，其合法性首先都是爱与善，同时兼有力量或知识的因素，是善与力量（知识）的统一。这里的所谓力量与知识，是指父亲或兄长相对于儿子或弟弟来说的，通常具有更多的见识与经验累积。只是在兄弟关系中，力量的因素有更多的凸显，而父子关系中，善居于绝对主导地位。家庭之所以成为人类历史中最具有稳定性、最让人温暖的社会组织，是因为家庭生活总是最直接、最充分地体现了父子与兄弟关系中天然具有的善与知识的传承。虽然家庭生活的两种权威并不一定是完美无缺的，但家庭权威既是人们最先接触的权威，也是人们最能接受的权威。正是家庭权威的这种品格使它成为社会公共权威的理想范型与现实参照。两种生产的历史观认为，父子型权威与兄弟型权威是社会公共权力的两种基本类型，前者更强调善，后者更强调力，但人口生产的基本善是二者的共同主张。大体上说，当社会的物质生产处于稳定状态，如传统时代，社会通常选择父子型权威，以彰显或粉饰社会公共管理的善。如果社会的物质生产总体上处于上升或变动时期，社会需要对知识与力量特别予以鼓励或奖赏，兄弟型权威就会占主导地位。当代的政治权威主要可以理解为兄弟型权威。

由于人口生产所导致的血缘关系最让人感到温暖，也最具有稳定性，因而在社会复杂到大大超出血缘关系的范围之后，社会的管理者通常会把特定的血缘关系作为公共权力的参照，同时把与这种血缘关系相匹配的伦理价值信念作为社会的理想追求，这就是社会的伦理化。既然国家是物质生产发展到特定历史阶段的产物，而某种植根于人口生产的血缘组织是国家诞生之前唯一现实的社会组织，因而人口生产所导致的某种特定社会组织形式就直接表现为前国家时代的社会生活形式。在那里，社会秩序被认为是通过传统习惯或氏族首领的威信来维系的。人口生产的家族血缘关系之所以能够直接成为前国家时代的社会形式，并成功维系当时的社会生活秩序，是因为这种血缘关系一直是最强有力、成本最低的人际关系维系纽带，所以在剩余产品极有限的前国家时代，它直接表现为血缘家族时代的社会秩序就具有充分的合理性与必然性。按通常的理解，国家时代与前国家时代最显著的差别，是前国家时代的社会共同体直接就是血缘共同体，而国家时代由于地域广袤、人口众多，就更倾向于以地缘来划分国民。不过，至少在农业时代，世界各主要农业文明不仅始终非常强调血缘关系的重要性，而且即使是在没有明显血缘关系的人群之间，也会构建出某种有关血缘关系的信念，借此加强或便利对广袤地域内广大人群的社会治理。[①] 实际上，在任何时代，血缘关系及其价值观念始终对社会公共生活秩序的构建与维系具有头等重要的意义。任何一种秩序，都必然以稳定作为首要追求，而一个有秩序或稳定的社会通常是社会的人际关系符合人性的社会。因而，要想在没有真实血缘关系或血缘关系稀薄遥远的人群或国家中建立起稳定的秩序，最有效的途径，就是首先让人们把他们生活于其中的国家想象成某种血缘共同体，并且让他们的生活尽可能符合他们对真实血缘共同体生活的预期与想象。

由于家庭、家族、种族是人口生产所导致的几种基本血缘共同体，社会的伦理化也有家庭伦理化、家族伦理化、种族伦理化这样几种不同的路径与价值取向。大体上说，家庭伦理化就是把社会当作若干家庭的集合，因而主张用家庭生活的伦理原则来进行社会治理，其理想是达致天下一家。中国文明在帝国时代就坚定地主张家庭伦理化。儒家政治伦理思想的实质，是主张可以而且应该用家庭伦理原则的社会化进行社会公共管理；家族伦理化则把社会设想为很多个大家族的集合，这些家族虽然理论上也有一个共同的祖先，但社会公共权力通常被某个或某几个特定的血缘家族世袭垄

① 在华夏民族的想象中，整个华夏族群要么是伏羲与女娲兄妹婚的后代，要么是黄帝炎帝两弟兄的后裔。

断。中国文明在西周时期和欧洲在中世纪的封建制度是家族伦理化的典型。种族伦理化则把社会理解为若干种族或固定社会等级的集合，虽然各个种族或等级也被设想为有某个共同的神圣性根源，但不同种族或等级要么是天神用贵贱不同的材料制造出来的，要么分别代表了人的不同器官与功能，如大脑和四肢等。种族伦理主张进行严厉而稳定的社群区分，奴隶制、种族歧视或区隔是种族伦理化的必然产物。虽然当代文明对这几种伦理化路向有非常明确的价值评判，但一个确定的历史事实是，在整个农业时代，只有中国文明才最终坚定地选择了家庭伦理化道路，而各种形式的种族主义制度与伦理价值思想曾经长期在古印度与古希腊罗马文明中居于主导地位，至今仍有强大影响。

与物质生产的技术可能发生重大变化从而导致其组织形式随之发生变化不同——技术进步的程度与频率经常被理论家们夸大，而且，生产组织形式的变化也不能只通过技术进步本身得到说明①——人口生产组织形式的特点是追求稳定。人口生产的基本组织形式即家庭极少发生变化。无论时代、地域、种族，父权制核心家庭从它诞生以来，就是人口生产通行的组织形式，始终保有高度的稳定性。家庭这一生产形式的稳定性内在地转化为家庭关系的稳定性。夫妻关系虽然出于后天的选择，但一经成立，人们就不主张对之轻易变更。代际关系虽然也表现为经验的发生，却具有先天性品格，它从来就既不能选择也不能变更。人口生产的价值观念因此也具有高度的稳定性。夫妻关系的忠诚与持久、代际关系的慈孝等，是所有家庭生活的永恒理念，很少

① 把生产组织形式的变化归根到技术的发展状况是唯物史观的基本主张，“手工磨产生了封建君主的社会，蒸汽磨则产生了工业资本主义社会”是马克思的名言，但马克思这句话的真理性可能局限于这样的范围，即技术（工具是物化的技术）的重大变化通常会引起生产组织形式的相应变化。但是，生产的组织形式及其变化并不能只从技术及其变化得到充分的说明和理解。一个很明显的事实是，手工磨有极其悠久的历史，它不仅与封建君主社会有共生性，而且与封建君主社会之前漫长的一段早期农业社会同时存在，所以实际上不能说“手工磨产生了封建君主社会”。由于生产的组织形式既包括人与劳动对象的关系，也表现为生产中人与人的关系，它必然同时与人口生产及其价值观念有关，即与一个社会对公平正义的理解有关。因此，只有从两种生产出发才能实现对生产组织形式及其变化的理解。

因为时代、地域和人种而发生变化。①

于是我们发现，在人类的两种基本生产活动中，物质生产对财富与效率的追求，通常会导致技术及一系列相关社会因素的运动与变化；而人口生产必然具有的稳定性与伦理价值则为各个时代的社会治理提供了现实的范型与价值归依。这两种活动样式虽然向来就具有一定的紧张关系，但始终不离不弃。二者的具体与历史的统一构成现实的社会生活，而现实生活的符合逻辑的展开就是人类历史。

二

由于所有的“文明”社会都以人口生产的家庭化为起点，从而使所有早期文明社会的主要努力都专注于与物质生产有关、基于特定地理条件下的各种生产、生活的重大技术问题的解决，这就使那一时代的文明表现出明显的技术崇拜与技术统治的特征。几乎所有的当代历史学家都肯定，各个文明社会在农业时代的重大技术成就大都是在其早期即雅斯贝尔斯所说的“轴心时代”之前取得的，此后就进入漫长的技术普及与停滞时期。因此，两种生产的历史观把早期农业社会称为农业文明的技术化时代。技术化时代最突出的文化特征是自然神崇拜与原生巫术②的盛行。如果自然神崇拜表现了当时人们由于对自然的无知而导致的恐惧与谦卑，那么原生巫术则表现了当时人们勇于探索，征服自然、利用自然的文明创举。技术化时代的漫长岁月一定会使人们逐步把握在特定地理条件下生存所必需的各种基本核心技术。在取得这

① 黑格尔在《法哲学原理》中很深刻地揭示了家庭关系（包括夫妻关系）所具有的伦理品格，他明确反对把夫妻关系归结为契约关系。但是，囿于他对自己发明的“辩证法”理论模型过于刻板的坚持，他把子女的独立理解为家庭的解体或伦理的丧失，从而过渡到市民社会。如果他不那么拘泥，本可以把家庭主要理解为人口生产，把市民社会理解为物质生产。

② 这里用原生巫术指称文明早期主要针对各种自然力或自然神而创设的生产性巫术，以区别于历史时代仍然存在的主要以社会生活事务（如个人命运）为主题的次生性巫术。原生巫术的实质是通过对自然现象的特定历史水平的研究以达到对自然力的某种控制与利用，与自然科学的性质相类似，巫师是当时技术进步的精英分子。英国人类学家弗雷泽在其名著《金枝》中，最早认识到这种巫术与科学的同构性。

些技术进步之后，农业时代的技术进步就开始停滞不前。技术化时代的结束可能有这样两点意味，即客观上，特定时代的技术进步是有瓶颈的；主观上，人类对财富的追求也仅仅停留在特定的预期上。

技术化时代结束之后，各文明社会的主要关怀就开始转变为，如何在既定的技术或财富状况下实现某种尽可能美好或稳定的生活，其实质是如何公平正义或符合人性地分配有限的社会总产品。当然，对于总体缺乏自足性（古代西方文明由于没有大河平原的依托，经济生活总体缺乏自足性）或总体缺乏稳定性（中东农业文明区域由于紧邻西方，经常受到西方文明的袭扰，总体缺乏稳定性）的社会，还有如何补充社会总产品或保卫社会总产品的任务。这些目标尤其是公平和正义都主要表现出一个社会对善与恶如何理解的道德评判。由于人口生产是人类基本善的源头，那一时代的精英分子对这一问题的思考都是从人口生产所导致的某种特定形式（主要是家庭、家族、种族）中寻找答案。用人口生产所导致的某种特定形式及其价值观来组织与形塑伴随技术进步必然出现的以广袤地域和庞杂人口为特征的复杂社会，把人口生产中必然具有的特定的善引入社会公共管理，使社会趋向某种特定的善与正义，是轴心时代制度与思想的共同特点，这就是农业文明在技术进步停滞之后普遍进入的伦理化时代。伦理化时代的重大文化现象是各种甄别善恶、扬善抑恶的道德哲学与伦理宗教的出现。这里需要指出两点，第一，对特定伦理关系的假定与设想是所有时代政治生活的共性，技术化时代的公共管理也一定具有伦理化色彩，但是技术化时代会通过特定的制度设计对技术进步予以特别鼓励。第二，伦理化时代公共管理的主要目标是使社会实现特定形式的公平与正义，因而会努力把社会形塑为某种想象的血缘共同体，并对那种血缘共同体的价值观念予以特别强调。

中国文明在伦理化时代最重要的制度发明是确立了以家庭为基本单位的物质生产形式，实现了两种生产形式的统一。家庭经济不仅消除了社会劳动与私人劳动的分离，使家庭劳动直接成为社会劳动，而且，家庭经济最大限度地把人口生产的伦理温暖引入物质生产中，极大地消解了人们在物质生产中通常会产生的外在强制感。家庭经济通过主要生产资料（尤其是土地）的家庭占有与支配，既实现了那一时代最大限度的劳动自主，也保证了那一时代最基本的社会公正。虽然家庭经济既最符合人性，从而也最有效率[①]，但家庭经济只有在特定历史条件下才具有现实性。家庭经济的社会历史条件是核心生产技术（包括知识和工具）的稳定和普及，即每个家庭的主要劳动者都具有带领家庭成员进行生产所必要的基本知识，每个家庭都有能力配备或获得生产所必需的基本生产资料。因此，家庭经济是农业文明发展到高级阶段才会出现的生产组织形式。[②]

那一时代最伟大的思想创造是儒家对家庭伦理的系统理论自觉及以这种理论自觉为基础的儒家政治伦理思想。儒家思想的第一要义是对家庭生活的伦理原则的充分理论自觉。孔子着重谈到两种家庭伦理关系，即父子关系与兄弟关系。在父子关系中，他强调儿子对父亲的“孝”；在兄弟关系中，他强调弟弟对兄长的“悌”。在孔子之后的其他儒家学者对家庭的其他关系尤其是夫妻关系进行深入讨论之后，就形成了中国文明关于家庭生活的基本信念与价值准则。虽然这套家庭生活的伦理准则是经孔子及其后继者获得理论自觉的，却不能认为这套准则是孔子或儒家发明的。从孔子开始的对家庭伦理原则的理论自觉显然由于这样一种历史情势，即家庭在那个特定的历史时刻开始成为两种生产或全部社会生活的共同基石。以孔子为代表的儒家对于家庭生活这种新的时代角色及其重大意义率先进行的深

① 中国改革开放的第一步——实行“家庭联产承包责任制”——本质上是恢复家庭经济形式在农业生产领域的主导地位，其成效是有目共睹的，而且至今难以动摇。另外，先进工业国家的农业生产并没有采取资本主义雇佣大农场的方式，至今仍然主要是家庭农场。农场面积虽然可能很大，但主要依靠家庭劳动而不是雇佣劳动。这表明，只要技术与工具的性质方便家庭拥有和使用，家庭经济就是最有效率的生产形式。中国农业的集体经济经历则表明，在技术稳定且普及的情况下，大生产形式注定没有效率。但当下中国的很多理论家对此缺乏洞察，他们迷信大生产形式的效率，盲目鼓吹大规模雇佣劳动农场的优越性，这在理论上是错误的，实践上极可能导致灾难性后果。

② 中国在家庭经济时代之前的经济形式，从逻辑上和实际上必然是某种特定的大生产形式，具体详见拙著《中国的诞生》第四章《中国诞生的土地制度与生产组织形式的演进》，复旦大学出版社2013年版。

刻洞察与思考是儒家思想之所以伟大的根源。孔子认为，任何人都首先是家庭生活的产物，所以每个人都应该恪守家庭生活的基本原则，这就是“孝悌”。如果一个人具有家庭生活的美德，那他通常也会具有社会生活的美德——忠义，这个人也就具有了“仁”的德性。孔子说“仁者爱人”，“仁者”就是对家人之外的他人也有爱心的人。孔子主张，应该让那些具有“仁爱”美德的人来管理社会，这就是“仁政”。与在家庭生活中强调“孝悌”不一样，仁政的重点是强调统治者要像父亲管理家庭那样用爱心来管理社会。儒家政治伦理思想把天下国家当作家庭的放大，强调君主应该用管理家庭的方式来管理国家，并选任那些具有家庭生活美德的人作为他的助手。这种政治伦理思想的实质是把家庭生活的伦理原则引入大国时代的政治生活，把家庭生活的伦理原则作为国家治理的核心价值理念，这是一种深刻植根于人类灵性的政治理念。由于与这种制度主张相适应的社会历史条件即小农家庭经济的主导地位始终没有发生重大变化，儒家的政治伦理主张在此后的两千多年基本没有受到质疑，稳定地成为在中国占主导地位的制度安排与意识形态。

伦理化时代之后，不仅社会的核心生产技术已经进入稳定状态，而且社会平稳运行所需要的制度与思想也都被发明出来，于是文明普遍进入西方理论家们所说的“停滞”时期，但本文更愿意把这一社会发展阶段称为可持续发展阶段，因为在此后的漫长时期，社会总是持续地保有或重建在特定水平的繁荣。除非因为极其特别的历史境遇的逼迫，文明将始终在某个特定的水平线上徘徊。西方工业时代的思想家曾经普遍发现和指责中国文明的停滞，并把停滞的根源归结为大河文明与家庭小农经济的保守品格。西方思想对中国文明的这种判断后来也成为中国学术界进行文明反思与自我批判的核心观点。但这种判断主要只表现了率先进入工业时代的西方对仍然处于农业时代的东方（完全可以理解）的傲慢与偏见，并不蕴含关于文明发展道路与文明精神品格的建设性思考。实际上，西方文明在罗马帝国崩溃之后，也进入以停滞为基本特征的中世纪。只是西方文明由于没有大河平原的依托，而罗马帝国的崩溃又使其失去了从中东先进农业文明区域获得补充生活资源的现实性，这就使西方在中世纪的“停滞”或可持续发展状态比中国文明要等而下之很多，他们亦自称为“黑暗的中世纪”。

三

但西方文明在寻找中国和印度作为替代性依靠的过程中，意外地完成了地理大发现。地理大发现所呈现的全新地理与人文格局使西方文明开启了规模、难度与成就都远超古希腊罗马时代的新一轮殖民运动。如果西方文明在古希腊罗马时代的殖民运动是以平静、狭小的地中海为地理背景，罗马帝国是其最高文明成就，那么这一次他们就要直接面对变幻莫测、宽阔无垠的大洋，这就要求他们作出全新的技术与社会应对。当西方文明在这一过程中不仅成功地开启自农业文明技术化时代之后的新一轮重大技术进步，而且发明出适应新的世界人文格局的系列制度与思想之后，他们就开创了人类文明的新纪元——工业时代。

工业文明最伟大的成就是生产技术的巨大进步，使人类的物质生产与生活状况跃迁到一个新境界。当下，技术进步的步伐还在向各个领域不断推进，一时难以预期其尽头。与技术进步密切配合、相互支撑的是市场化大生产形式，这种生产形式由于既有大机器作为利器，又通过市场竞争机制破除人与人之间的一切伦理温情，从而创造了前所未有的生产效率。与这种大生产形式相匹配的政治伦理思想是以“自由、平等”为基本价值取向的启蒙思想。这种政治思想的逻辑出发点是“原子个人”与“经济人”假设，它通过剥离人的一切与人口生产尤其是与家庭生活有关的伦理关系与价值信念，把人理解为纯粹的物质生产动物，把社会理解为单纯的财富生产、分配与消费的场所，把人与人之间的一切关系理解为经济契约关系，最后，也把财富及其增长直接理解为幸福和善。

几个世纪以来，起源于西方的工业文明横扫天下、所向无敌，迫使包括中国文明在内的其他古典文明向其学习，开始艰难曲折的现代化文明转型，也使儒家和中国传统政治哲学的失落成为必然。当以技术稳定为特征的小农家庭经济被以技术进步为特征的工厂大生产取代之后，儒家所主张的以家庭伦理为基础的政治思想就不再具有现实性。正是在这个意义上，五四运动对以儒家为代表的中国传统政治思想的批判当属中国现代化进程中意义重大的思想启蒙运动。但五四运动及其思想继承者没有对由儒家所自觉的家庭伦理原则与其具体的、历史的政治伦理主张进行切割，他们不仅抛弃了儒家的忠君、尊卑、轻技重道等具体政治主张，而且猛烈攻击家庭生活及其道德原则本身，鼓吹西方原子式个人的自由主义，这在实践上注定不会成功，在理论论证上更加软弱无力。中国文明不可能，也不需要全盘西化，中国文明的优良内核和历史道路不能虚无化，这是一百多年来血与火的历史给我们提供的基本启示。

中华民族经过一个多世纪的艰难探索，尤其是最近三十多年改革开放的伟大实践，已经大大缩小了与西方工业强国之间的实力差距。中国的崛起无疑是具有重大历史意义的转折性事件，它意味着拥有古老、优秀文化传统——而且这一传统仍然活着——的中华文明已经成功地接受现代文明的洗礼，西方不再是工业时代唯一的主导力量。与此同时，随着工业文明的不断展开，其本身固有的病症也日益深刻地显露出来——中国在崛起的过程中也必然极其深刻地体会这种病症。这就使很多人开始期待中华民族的伟大复兴，希望中国当代文明能够根据这种独特的历史经验，创造性地开辟出一条引领人类走出文明困境、达至美好未来的“中国道路”，同时也希望中国当代思想能够依据其对中国历史传统与中国道路的独特领悟，为工业时代的人类文明贡献出一种新的“世界历史思想”。

当代文明的主要病症之一，是各种新技术与大机器的大规模使用导致人类生存环境的急剧恶化。虽然几乎所有的理论家都注意到技术这把“双刃剑”对环境的伤害，也把环境问题与工业资本主义生产方式相联系，但迄今为止，理论家们对环境问题的思考基本止步于对当代物质生产展开“资本逻辑”批判，这显然是不够的。实际上，应该把当代环境问题的根源归结为与当代技术紧密相关的社会化大生产组织形式。任何形式的生产都必然导致环境的改变，但大机器、大生产对环境的破坏无疑尤其深刻。因而当代环境问题的根本解决只有在技术进入新一轮停滞或稳定状态、社会主动放弃当代占主导地位的社会化大生产组织形式之后才有可能。技术的再一次停滞并非完全不可预期，这一方面由于技术进步本身必然是有瓶颈的，另一方面也由于人类生活真正需要的技术进步很可能是有限的——就像我们真实需要的财富是有限的一样。在人类历史上，各主要古典文明不仅都有过漫长的技术停滞经历，而且还曾经公开抵制过技术进步。基于农业时代人类文明的这一历史经验，本文预期，工业时代未来技术革命的方向，是发明各种适合家庭使用的小型生产机器，从而为家庭小生产时代的再次到来铺平道路。只有到那个时候，由于技术进入稳定状态，大生产形式不再居于主导地位，社会的工业生产主要表现为家庭生产，工厂大量消亡，并出现大规模逆城市化运动，人类重新散居原野，环境问题才会得到真正的解决。

当代文明的另外一个重要病症是人的普遍焦虑与内在精神分裂。现时代，社会化大生产是当下最具重要性的物质生产形式，这种制度安排的主要特点是在生产中尽可能撕破温情脉脉的人情面纱，把所有生产者（个体与集体）都置于直接而激烈的市场竞争中以调动生产者的积极性与创造性。这种生产制度不仅使家庭极其深刻地淡出了社会的主流生产领域（工业生产），而且还竭力使很多本来由家庭承载的生活功能社会化，如做饭、洗衣之类，从而弱化家庭生活的地位。由于这种制度崇尚进步、讲求竞争，技术崇拜与拜物教成为现代物质生产的基本价值理念。与此同时，社会的人口生产仍然一如既往地通过家庭的形式进行，传统的家庭伦理原则仍然承载着社会的核心价值观，慈爱、孝敬、忠诚、谦让等家庭生活美德不仅在家庭生活而且在社会生活中持续得到推崇。这就使当代人被迫生活在一种矛盾分裂的历史境遇中，由于两种生产的组织形式的分离及其价值追求的相互紧张和冲突，使现代文明与现代人普遍具有严重的内在精神紧张与分裂，其实际后果是对家庭生活及其价值理念的巨大折损。

为了说明当代文明的这种精神状况，西方的理论家发明了系列富于创意的思想成果，如马克思的异化学说、卢卡奇的“物化”理论、韦伯的“工具理性”与“价值理性”的冲突、海德格尔的技术批判理论，等等。这些理论的共同特点是设定某种不同于“经济人”假设的、普遍的完美人性，并认为物质生产尤其是资本主义物质生产导致了这种完美人性的丧失。这些理论对大机器与资本主义大生产对人的伤害进行了深刻的理论揭示与批判，对当代文明的精神与价值困境也有深刻的反省。但是，由于他们都停留在对完美人性（人类灵性）仅进行理论设定，却没有把人类灵性明确地归结为人口生产尤其是家庭生活的基础上，所以都不可能把这种状况的原因归结为两种生产形式的分离及其价值观的冲突。这就使他们的理论说明缺乏足够的通透，对未来的预期要么陷入悲观主义，要么完全缺乏现实性。

对于两种生产组织形式的分离而导致的当代文明的精神分裂的克服，在逻辑上存在两种可能的路径。一种路径是用物质生产的组织形式与价值观念来统一人口生产的组织形式与价值观念，即用现代社会化大生产的方式来生产人口——这在技术上正日益变成现实，其结果是传统家庭的消亡与人类数千年来确立的核心价值体系即家庭伦理原则的崩溃。这种景象不仅已经被小说家们构想过，也一直让具有保守主义情结的思想家们忧心忡忡。另一种路径是以人类文明一直坚守的人口生产的家庭形式统领工业时代的社会化大生产，让社会的物质生产重新回归到家庭经济的形式，以家庭生活伦理原则的社会化作为社会治理的意识形态，从而使人口生产的伦理原则成为束缚物质生产野性与物欲泛滥的“捆仙绳”——这也是中国文明在孔子时代曾经发生的故事。历史总是惊人地相似。中国文明在农业时代从大生产到小生产形式转变的历史经验、20 世纪以来的技术批判思想、越来越明显的增长趋缓的态势、互联网强大的知识普及功能，以及功能先进、用途多样、操作简单的小型工具机的可能的大规模出现，使笔者对人类文明的家庭经济与家庭伦理化未来抱有坚定的信念。如果真有那一天——也只有到那一天，我们才可以骄傲地说，那就是中国文明的伟大复兴，那也是中国文明对人类文明新的伟大贡献。

结 语

综合上述两种生产的观点就获得了这样一种对农业时代历史的理解框架或历史观：农业文明的起点是人口生产的家庭化，但社会的重心是特定地理条件下与大众生产、生活即衣食住行密切相关的核心技术问题的解决，所以早期农业社会是农业文明的技术化时代；技术化时代之后，社会的中心问题转变为既定技术或财富状况下的公平正义，而人们的公平正义观念的源头是人口生产，所以他们用人口生产所导致的某种血缘形式及相应的价值观来重新组织社会，这就是社会的伦理化或农业文明的伦理化时代。伦理化时代之后，农业文明进入以稳定或停滞为基本特征的可持续发展阶段。

两种生产的历史观认为，人类在工业时代或世界历史时代也将经历“技术化时代—伦理化时代—可持续发展时代”的演进。迄今为止的工业文明一直是工业文明的技术化时代，其主要成就是实现了自农业文明早期以来的另一次重大而密集的生产技术进步，使人类的生存状况跃迁到一个全新的技术境界。当下占主导地位的西方制度与思想，其主旨明显倾向于鼓励技术进步与财富增长。工业文明的技术化时代虽然还要持续相当一段时期，但是，在可以想象的将来，技术进步将进入瓶颈或停滞时期，人类文明的中心任务将转变为：如何在工业时代的新技术所导致的新的生活状态与紧密全球化时代的背景下，在全球建立稳定和谐的社会秩序，其实质是发明世界历史时代全人类共同信守的基本制度与价值理想，这就是工业文明的伦理化时代。可以肯定的是，世界历史还没有终结，当下占主导地位的制度与思想也不是工业时代最后的选择。

从当代人类文明已经确立的基本价值准则来看，中国文明无疑是农业时代人类文明的模范，这既由于其强大而持久的生命力，也由于其宽容大度的和平主义精神，更由于其对家庭伦理原则独到而执着的坚守。因此，如果人类文明对生命的繁衍持续选择家庭婚姻的形式，那就可以预期，中国文明在农业时代确立的以家庭伦理为原型的儒家政治伦理思想将对工业文明伦理化道路的开辟具有重要的启示与借鉴——但这绝不意味着中国传统制度与思想的简单复活，新的制度与思想将扬弃其因时代条件而出现的历史局限，并吸纳工业时代政治思想的诸多积极成果。

（原载《江海学刊》2017 年第 5 期）

论中国话语的马克思主义哲学建构的坐标与原则

任　平

中国话语的马克思主义哲学的当代出场不仅是马克思主义哲学中国化百年史的不懈追求，也是传统中国哲学向中国化马克思主义哲学转化的有效进路，更是在全球文明对话中融会中、西、马，建构当代马克思主义哲学中国文化形态的积极尝试。由于文化立场的不同，对于中国话语的马克思主义哲学的构建，有赞同、有反对。在赞同者中，其理解也各不相同。其中，有将中国话语的马克思主义哲学当作马克思主义儒家化、道家化、佛学化，总之将马克思主义纳入新儒家（梁漱溟先生）、新道学或新佛学的范畴，形成所谓"以儒解马"、"以道解马"和"以佛解马"等等；也有学者（如方克立先生）主张"中体、马魂、西用"，将马克思主义之魂注入中国哲学之体中；此外，张岱年先生主张"融会中西马，创造新形态"。由此可见，中国话语的马克思主义哲学，本质上涉及马克思主义与中国哲学、西方哲学的相互关系，涉及文化立场、文化态度的选择。本文思考的坐标主要选定为：第一，全球文明对话；第二，马克思主义与中国传统文化对话；第三，中国化马克思主义与国外马克思主义对话。创制的基本原则主要有四个。第一，整体性继承原则，包括精神继承的整体性、话语表达方式的整体性和思想特色的整体性。第二，批判性创新原则，即中国话语的马克思主义哲学应当超越传统中国哲学的眼界，在创新性转化的意义上转向中国化的马克思主义哲学，从而实现理论立场的马克思主义化、文化态度的中国化的高度统一。第三，历史性梳理原则，即对任何一个以中国话语呈现的哲学概念、范畴、原理，都要从中国传统哲学的根源上加以考订，看其含义的源流演化脉络，看其与当代实践和西方哲学、马克思主义哲学的关系，因而最终确定其当代意义。第四，思想性引领原则。中国话语的马克思主义哲学从话语体系来说，综合统一了中西马哲学，是当代中国哲学的主要存在形态之一，但是，其思想性本体灵魂，依然是马克思主义哲学。本文仅就坐标和整体性原则问题先发表些看法，以求教于大家。

理解的地理学：三大对话的坐标

中国话语的马克思主义哲学主要涉及古今中外四个变量，因而至少构成三组对话关系：全球文明对话、马克思主义哲学与中国传统文化的对话、中国马克思主义与国外马克思主义的对话。三组对话关系不是外部性的反思关系，而是中国话语的马克思主义哲学内部思考的逻辑链条上的三个重要环节。

所谓全球文明对话坐标，是由于中国话语的马克思主义哲学构建绝非仅仅是中国语境内的思想事件，而首先是一个具有世界历史性的事件。中国话语的马克思主义哲学发轫于旧全球化时代“世界走向中国”的历史中，而初成于新全球化时代“中国走向世界”的进程中。马克思主义的原初语境是西方文化，批判地继承着德国古典哲学、英法古典政治经济学和欧洲空想社会主义的文化血脉。马克思主义中国化进程，是世界走向中国进程的一部分。原初“仅限于西欧”的唯物史观、马克思主义哲学走入中国语境，发生着东西方文明之间的对话。中国化不仅是马克思主义与中国革命、建设、改革、发展实践相结合的过程，具有实践路径，更是与中国优秀传统文化结合的过程，具有文化路径。在文化意义上，充满西方文化精神、采取西方话语方式的马克思主义如何以充满中国精神、采取中国话语的形态出场呢？这就是一个大问题。马克思主义中国化，在文化意义上，就是要用中国精神、中国风格、中国特色、中国话语重写马克思主义，让马克思主义在中国大地重新出场。也就是说，中国精神、中国风格、中国特色、中国话语的马克思主义，肯定有别于国外马克思主义。当然，什么是中国精神、中国风格、中国特色、中国话语，需要深度研究，这一研究要在全球文明对话中加以判定，例如，西方哲学强调求真意志，而中国哲学强调求善意志；西方哲学强调的实践向度为对象化，以改造外部世界的诸物，中国哲学强调的笃行指向主体间性、自我修身，德性伦理等。因此，主体间性的仁、礼以及主体修身、修养论无论对于认识论还是社会行动论都非常重要。中国哲学有许多智慧话语，如“天人合一”等，对于马克思主义解答人与自然关系有莫大帮助。坚持全球文明对话，当然要注意将马克思主义与时俱进的对话对象思想资源也一并引入，不能将马克思主义仅仅看作是一次性完成的，马克思主义也是在与西方思潮的不断对话中，榨取其合理思想资源而不断与时俱进的。因此，中国话语的马克思主义哲学，要保持与当代西方思潮对话的能力，具有参与全球文明对话的开放性和发展性。更进一步，中国话语的马克思主义哲学也需要在中国走向世界的进程中积极推动全球文明对话，在这一对话中，为世界哲学，特别是为全球马克思主义哲学增添中国思想。

所谓马克思主义哲学与中国传统哲学对话的坐标，包含着五个含义。第一，二者形成古今对话关系。中国传统哲学属于传统时代的传统哲学，虽然富于当代意义，但是首先确实是传统哲学。马克思主义哲学是现代性哲学，是在现代社会中产生的现代哲学，需要汲取传统哲学的大量资源。二者对话，旨在促进中国传统哲学现代创生性转换而成为现代哲学；促使马克思主义哲学有中国传统哲学之根，从而能够成长为有历史脉络的中国话语的马克思主义哲学。因此，二者对话在这一意义上仍然有古今对话的意味，不能用后现代的多元文化对话向度抹杀古今对话的维度。第二，多元文化之间的对话。两个生长在不同文化之境中的哲学互译，当然需要寻找对口词、对意句、对标话，也需要审慎研究其背后的文化差异甚至冲突，以及各自的个性和特点。第三，前理解与接受理论的对话。马克思主义中国化的过程，存在着文化意义上、思想意义上的前理解共同视域，因而才能够发生。中国知识分子和大众之所以接受马克思主义，是有本土文化的前理解结构支撑的，这就决定马克思主义为什么能够穿透中国文化的屏障。第四，传统向现代创生性转换的对话，通过马克思主义的洗礼，这是一个重要路径，这在前面已经提及，不再赘述。第五，传统与继承的对话。中国化马克思主义应当成为中国传统哲学的全面或主体继承者，成为中国哲学的当代形态之一，这里就有二者如何取舍、如何继承的对话关系，需要我们仔细研究。

所谓中国马克思主义与国外马克思主义的对话，主要是指：第一，在来源上，中国马克思主义是国外马克思主义在中国传播、发展、演化的产物。当然西学东渐，如何被中国化，需要研究其历史逻辑和现代逻辑。第二，中国化马克思主义与国外马克思主义，有资本全球化造就的全球分裂原因，有文化地理学差异原因，形成了理论主题、风格和气派的迥异，但依然可以互相借鉴和学习。第三，中国马克思主义需要走向世界，影响和发展国外马克思主义，这就要看究竟中国马克思主义对于马克思主义增添了哪些对于马克思主义和整个人类有价值的东西、有特色的东西，也就是思想的中国创造。

整体性继承：文化立场与文化态度的转向

创制中国话语的马克思主义哲学的基本原则必然要以史为鉴，应将其建立在深刻总结百余年马克思主义中国化的历史经验和教训的基础之上。马克思主义中国化，不仅是马克思主义基本理论与中国革命和建设实践相结合的产物，也是与中国传统优秀文化相结合的产物。这种结合，不仅要有实践路径，也要有文化路径。中国化马克思主义，不仅要有科学的中国理论形态，更要有中国文化形态。因而，坚持和发展中国化的马克思主义，不仅要有理论自信，更要有文化自觉和文化自信。后者，需要我们有文化立场和文化态度的转向。

在长达百年的马克思主义中国化历史进程中，第一代中国马克思主义者和共产党人曾经对于国外的马克思主义理论和文化采取“洋教条式”的盲目崇信，而对于本土的中国传统文化则采取简单否定的态度。陈独秀、李大钊、瞿秋白等本身就是“五四”新文化运动的主将，他们毫无例外地采取在新文化运动中“打倒孔家店”、彻底反传统的激进的文化立场和文化态度，为国外马克思主义在中国的传播扫清文化地平。其结果就是中国马克思主义始终面临一个康德式的分裂：中国的马克思主义之根究竟是源自和依赖外国的先天传播，还是源自中国革命后天的实践创制？中国的马克思主义传播路径分别为梁启超从欧洲，李大钊、李达、艾思奇等人从日本，以及“十月革命一声炮响，给我们送来了马克思列宁主义”①。对于中国共产党人来说，特别是缺少文化知识的工农兵大众来说，这是先验的舶来品，而中国人要准确了解马克思主义必须通过各种“赫尔墨斯”（信使，如陈独秀、王明等人）来实现。按照这一逻辑，如果中国工农兵大众的革命实践与本本理论发生冲突，那么错误的一定是工农兵大众及其实践，纠偏的方式一定是强调“为中共更加布尔什维克化而斗争”②。但是，这一崇尚国外新文化洋教条的文化立场和文化态度，将国外马克思主义当作可以现成拿来、照搬照抄的普遍教条，简单跨界平移到中国，其结果是造成 1927 年和 1934 年两次中国革命的大失败。在长征途中，迫于形势，以毛泽东同志为代表的中国共产党人在深刻反思、批判和纠正这一严重错误时，最先仅在军事和政治上加以改正，还来不及在文化立场和文化态度上加以深刻反思和检讨。直到延安时期，通过整风运动，才有可能在文化立场和文化态度上对洋教条的马克思主义做深度反思和检讨。毛泽东同志在《〈农村调查〉的序言和跋》《改造我们的学习》《整顿党的作风》《反对党八股》等著作中全面、深入地反思了教条主义产生背后的文化立场和文化态度问题。《实践论》解决了一个文化立场转变和文化自信根基的问题，指明了唯有实践才是一切认识发生的根本来源和基础，也是检验真理的唯一标准。中国化的马克思主义，只有在中国本土的实践中才能诞生。理论与实践一旦发生矛盾，错误的始终是理论。中国化马克思主义只能在后天的工农大众和革命军队的浴血奋战中一点一滴地通过本土化路径来诞生，理论的主体不是知识分子，而是工农大众，他们的实践和文化创造着自己的马克思主义。中国化马克思主义绝不是国外马克思主义在中国的简单平移，不是

① 《毛泽东选集》合订本，人民出版社 1968 年版，第 1360 页。
② 陈绍禹：《为中共更加布尔什维克化而斗争》，《新华日报》华北分馆 1941 年 5 月出版。

马克思主义一成不变地在场，而是在中国本土大地的重新塑造和重新出场。中国化不仅是指话语层面的民族风格和中国气派，而首先是理论、思想、文化的中国化。这一石破天惊的论断，真正确立了中国化马克思主义文化自觉和文化自信的主体性，才是中国化马克思主义创制的前提条件和中国道路的真正起点。毛泽东同志在《中国革命与中国共产党》《新民主主义论》等系列著作中，强调了马克思主义必须与中国实际，包括与中国革命实践和中国优秀文化相结合的必要性和必然性。中国化马克思主义作为文化融合不能没有文化身份，这应当属于当代中国文化形态范畴。不仅如此，中国化马克思主义努力汲取了“实事求是”、“和谐”、“矛盾辩证法”、人类大同、天下为公等中国传统优秀文化的精髓，正努力成为中国优秀传统文化的真正继承者。为此，毛泽东同志提出：“今天的中国是历史的中国的一个发展；我们是马克思主义的历史主义者，我们不应当割断历史。从孔夫子到孙中山，我们都要认真总结，继承这一份珍贵的遗产。”① 沿着这一道路，在中国文化自觉和自信的基础上，我们应当重新探索马克思主义中国化的出场形态，实现马克思主义中国化百年史中无数的思想家、理论家、学者的夙愿。

建立中国话语的马克思主义哲学，要摆正文化立场和文化态度，梳理中国化马克思主义与中国传统哲学的关系。广义地说，自从“十月革命一声炮响，给我们送来了马克思列宁主义”，包括马克思主义哲学在内的整个马克思主义理论，就理所当然地成为当代中国哲学的内容，而且是其主要内容，正如当年第一次西学东渐中佛教来到中国，今日的中国哲学史必然要以这一内容为研究对象一样。当然，中国哲学史还不等于中国哲学，史上存在的未必就是表达中国哲学本真意义和特征的东西。因此，要构建真正的中国当代哲学，就要让中国话语的马克思主义哲学成为中国优秀传统哲学遗产的主体继承者，进而成为当代中国哲学的主体形态和样本。正如列宁所说：“只有确切地了解人类全部发展过程所创造的文化，只有对这种文化加以改造，才能建

① 《毛泽东选集》合订本，人民出版社 1968 年版，第 499 页。

设无产阶级文化。”“无产阶级文化并不是天上掉下来的，也不是那些自命为无产阶级文化专家的人杜撰出来的，如果认为是这样，那完全是胡说。无产阶级文化应当是人类在资本主义社会、地主社会和官僚社会压迫下创造出来的全部知识合乎规律的发展。”① 基于这一认识，笔者认为，中国话语的马克思主义哲学就是中国传统哲学的反思和批判的主体继承者，需要建立整体继承、一脉相承的关系，要得到中国传统哲学内在精神、内在脉络的真传。因此，建构中国话语的马克思主义哲学，第一原则就是对中国传统哲学，特别是其优秀成分要整体继承。

整体继承是一种以中国文化、中国哲学为本体的文化立场和文化态度。这一文化立场和文化态度，是建立在中国传统哲学与当代中国哲学即中国话语的马克思主义哲学之间有内在的本体、本真、本性上的一致性和一脉相承性的考量上。中国话语的马克思主义哲学是从对中国传统哲学的真正坚守而不是全面抛弃，是弘扬发展而不是根本否定的立场和态度出发的。前者是说，中国传统哲学内在地追求一种理想社会和民本价值观，与中国话语的马克思主义哲学之间有内在贯通性。中国传统哲学与马克思主义一样，在根本上都是一种对于社会变革和改造的政治理想，都有类似的社会理想和政治主张。儒家对于“天下为公”“大同社会”理想状态的崇尚，大乘佛教中“普度众生”的佛教共产主义，地藏菩萨的“我不入地狱谁入地狱”的自我牺牲、拯救天下的宏大抱负，与马克思主义的解放全人类的共产主义理想之间，有目标上的一致性，都是中国梦的经典内容。它们之间的差别，不是理想目标上的原则差别，主要在于实现路径、条件上的差别。因而，中国传统哲学的政治社会崇高理想与中国话语的马克思主义哲学之间的原则差别，与国外空想社会主义与科学社会主义的差别关系类似。从前者向后者的转变，是中国社会主义、共产主义思想从空想向科学的转变，因而是历史地一脉相承的，而不是完全断裂的。可以说，中国传统哲学的抱负和理想，只有在中国话语的

① 列宁：《青年团的任务》，《列宁选集》第4卷，人民出版社1995年版，第285页。

马克思主义哲学中才能真正实现。因此，中国话语的马克思主义哲学，恰好是中国传统哲学政治社会理想的最终实现的当代形态。

从这一意义上说，作为中国传统哲学的当代形态，中国话语的马克思主义哲学必然接过中国传统哲学的总问题、总追求和总理想，并给予总的解答，用中国方式、中国话语来解答中国问题，形成中国哲学的当代形态。

整体继承原则因而就至少包括三个层次。第一，整体继承中国哲学的总命题、总问题、总追求。“究天人之际，法古今之变，成一家之言”成为总命题；“为天地立心，为生民立命，为往圣继绝学，为万世开太平”成为崇高使命；天下大同成为崇高追求。第二，整体继承中国传统哲学的总解答哲学风格、特色、精神风骨，并继续向前推进。例如，中国哲学注重人的主体修养，注重人伦关系，注重在改造客观世界之前，改变、调适主观世界，所谓诚意正心修齐治平，佛教所谓去执论。作为中国话语的马克思主义哲学，要努力成为中国传统哲学的现代继承，那么就不是借用一两个概念、范畴那么简单，在理论框架上，要有突破，要充分展现中国哲学的原初所长、原有特色、原有优势，取长补短。第三，整体继承一切中国传统哲学中各家各派真正有价值的、有当代文化和实践意义的思想、原则、命题、话语，形成“接着讲”的当代话语形态。对立的命题有时恰好是辩证统一的，如中国古代董仲舒的“天人合一”思想与王充的“天人相分”是矛盾的，但是今天在马克思主义哲学意义上却是对立统一的，人在依赖天而生存的同时不满足天所给予的，要改造自然、驾驭自然，天人交相胜，人定胜天，但是不能破坏生态，违背自然规律，因此又是统一的。

整体继承原则与以往的个别概念、思想、范畴的继承有原则不同。其差别，以往就像穿着一件西装，上面打了几个中国补丁，虽然有中国元素，但是从整体上看，文化立场和文化态度依然是西方的，文化本位依然是西方的，哲学体系、思维框架和话语体系依然是西方的。要从上一状态转化为整体继承，就是用中国装为框架，这是一个整体框架的转型，也是文化立场、文化态度从西方文化本体向中国文化本体的重大转变。话语不仅是形式，更是文化的家，中国话语是中国人的精神家园。中国传统哲学需要创造性转化和创新性发展，需要用马克思主义加以批判性变革，因而要有马克思主义的反思批判原则。然而，这一批判不是外在的反思，本质上是中国哲学的自我反思、自己运动、自主发展。这一演化的每个环节和成果都是重要的，因而构成历史性梳理原则。马克思主义的反思和批判旨在回应时代的最前沿趋势，因而是具有引领性的原则。

（原载《江海学刊》2018 年第 1 期）

论酒的精神

——从中国思想史出发

贡华南

酒之性味与意味

酒首先是一种“物”，一种对人有特定意义的物。酒由水、水果或五谷酿成，但酒不可还原为他物。物对人的意味不在人的静观中产生，而在人与物直接接触、作用时呈现。就酒来说，它的性味被行家里手表述为：“甘辛，大热。”[①] 热力上行，即可使人不断上升、不断融合、不断突破。按照阴阳属性分，甘、辛、热都为“阳”。更重要的是，酒还是一种“无形而有体者”，或者说，是一种无形式的“质料”。不过，这种质料不是惰性的静止之物，人遇它即动变不已。显而易见，它内蕴着使人动变不已的力量。不断的上升又让人相信它的动力有其方向，或达到某种特定目的。作为质料，且富有动能，内含目的，此乃《周易》“乾”卦的基本特质。由此看来，酒与“乾”具有相近的品格：健进不已，生机无限。酒具有移易人的物质与精神的双重力量，饮酒则是自发或自觉地借助酒改变自身，实现人的价值目的的活动。历史地看，对酒的领悟使饮酒逐渐成为中国人过其精神生活的一种重要方式，这具体展示了中国精神道路——“日用即道”之丰富内涵。正基于此，在中国早期历史中，“酒”虽然没有像古希腊那样有人格形象，被奉为“酒神”，但在

① 朱肱：《北山酒经》。

相当多的语境中，“酒”又像“酒神”一样出现在精神舞台上，发挥着重要的精神影响。酒参与了不同时期中国精神的塑造，甚至成为一个相对独立的精神力量，影响着中国精神发展的趋向。

酒与三代精神

禹奠定了夏文化的精神基石，其精神有多端，如“三过家门而不入”的舍家为天下精神，平治水土的贤能品格，另外就是对酒的断然拒绝。文明之初的圣贤对酒的原初体验必定是震撼的，酒的甘美令禹立即意识到它对人到底意味着什么：感官的愉悦必然会让人沉迷于其中，贪图享受必然会失去斗志。禹平水土，以贤能闻名，同时以贤能立身。贤能、为公与对酒的拒绝是相互贯通的。[①] 孟子称“禹恶旨酒而好善言”（《孟子·离娄下》）。孟子对于禹的精神概括得很准，“旨酒”一方面属于享乐，另一方面耗费民财，于人于己皆不善。在物品稀缺的夏代，一己享受意味着万千人受难，故禹深恶旨酒。他没有将治水的“疏通”精神用于治酒，而是以“堵”“拒”待之。可能与其历经千辛万苦治水，对之爱恨交加有关。

成汤以贤能仁爱立商，但随着青铜器技术的掌握，生产水平的提高，物质产品越来越丰富，商人的价值观念也逐渐改变，特别是上层的意识形态在不断改变。“节俭”之德被“奢靡”取代，享受被视作理所当然，甚至被神话。比如，贪食的饕餮广泛见于商代青铜钟鼎彝器上（多刻其头部形状作为装饰）。饕餮所体现的享受精神在商文化的各方面都有反映，也构成了不同于夏的新的精神品格。（宋）王质《诗总闻》：“前诗（《诗·商颂·那》）声也，所言皆音乐。此诗（《诗·商颂·烈祖》）臭也，所言皆饮食也。商尚声，亦尚臭，二诗当是各一节。《那》奏声之诗，此荐臭之诗也。”王质揭示

① 墨子从夏，尚贤，拒礼（兼爱、尚同），又拒乐（节用、非乐）。墨子将此精神概括为尚贤能、尊天事鬼、爱利万民等，可谓精辟。

商人“尚声，亦尚臭”的思想特质，应该说极具洞见①。“声”（比如“鞉鼓渊渊，嘒嘒管声。既和且平，依我磬声。於赫汤孙！穆穆厥声”）对应“耳”；“臭”（比如“清酤”“和羹”）对应“口”，商代重“耳”又重“口”的思想特征应该与此密切相关。“声”与“臭”相较于“形”都属于“质”，“尚声”与“尚臭”都可归于“尚质”，所谓“殷尚质”也。以“质”为其精神对象，也就是通过“酒”“和羹”“臭”展开其精神生活。不妨说，饮酒与饮食、赏乐一样，乃商人“过精神生活”的方式。

酒与乐以和乐为主，商人以二者祭祀上帝、祖先，其中也包含以之通达上帝、祖先之意。② 不过，酒与乐泛滥必然导致人与上帝边界的消弭，以及上帝崇高性、神圣性的消解。上帝本高高在上，充满威严，但在酒、乐中，一方面，人世间的秩序在酒乐之中同样被软化，不断被突破；另一方面，一切的界限③被酒与乐融合、融化，甚至被打破。上帝与人的距离被不断消除、被不断化解，故人（尤其是王）遂膨胀、狂妄而以上帝自居，其结局就是帝国的威严系于一人。一人在“肉林”“酒池”中迷失，帝国便轰然倒塌。

代殷而起的大周以“礼乐”治理天下，“乐”与殷传统“尚声”相通。但在“礼乐”文化中“礼”占据主导地位，可以说，“礼”乃周文化损益殷文化而标识自身者。相较于“乐”，“礼”具有外在性、形式性等刚性规范特征。此刚性规范在一定意义上约束着乐，防范着乐的泛滥。为莽然冲撞的酒设置界限亦是其题中之义。“形式性”即所谓“文”也，“周尚文”即明此，孔子“郁郁乎文哉”也有鉴于此。“文”或“形式”与视觉对应，在此意义上，周文化开启了视觉性思想，尽管“乐”中还保留了“尚声”之听觉特质。东周“耳目，心之枢机也”（《国语·周语下》）应本于此。

---

① 事实上酒、食、乐与乐的亲密关系一直被先人留意，如“子有酒食，何不日鼓瑟？且以喜乐，且以永日”（《诗·唐风·山有枢》）。

② 先人（巫）借助酒或音乐达到迷狂状态，在迷狂中，横亘在人与上帝、逝去者之间的时空被拉近，而实现彼此交汇。在今日看来，上帝、逝去者与人的时空距离由心理因素造成，酒、音乐改变的是人的心理状态，而不是物理时空。

③ 殷商有刑，所谓“商有乱政而作汤刑”（《左传·昭公六年》）。但其时，酒被上层极少数当权者占有，饮酒并没有被当作“乱政”，故“汤刑”无所用。

随时突破规则，是酒，还是喝酒的人，这并不重要。重要的是，文明的历史一再发生，即使在“禁酒令”中也能看出这一点。在中国最早的禁酒令——《酒诰》中，明确言及：“祀兹酒。惟天降命，肇我民，惟元祀。天降威，我民用大乱丧德，亦罔非酒惟行；越小大邦用丧，亦罔非酒惟辜。……无彝酒。越庶国：饮惟祀，德将无醉。”（《尚书·酒诰》）桀纣沉湎于酒，以酒放任、宣泄欲望，任由欲望莽动、冲撞，最终以酒亡国，这是周人的共识。面对一个以酒乱德，以酒乱人伦的局面，周人要避免步商纣后尘，维持周的长存，必然要思考、化解酒带来的问题。周文化对酒充满了警惕与戒备，故而以“礼”（规范化了的人情）控制酒。在放纵与禁止之间寻求平衡，这需要深沉的智慧。即使如此，《酒诰》也保留了几个饮酒的缝隙。首先，（祭）祀可饮，如“清酒既载，骍牡既备”（《诗·大雅·旱麓》）。“尔酒既清，尔肴既馨。公尸燕饮，福禄来成”（《诗·大雅·凫鹥》）。清酒与骍牡、佳肴为最重要，也是最基本的祭品。其次，养父母也可用酒，“孝养厥父母，厥父母庆，自洗腆，致用酒”（《尚书·酒诰》）。前者是敬天、敬祖，后者是敬养父母。为什么祭祀可以饮酒？因为祭祀要完成生者与死者之间、人与天之间的沟通与穿越，这恰恰是酒的基本功能。在《诗·大雅·既醉》中提供了线索。“既醉以酒，既饱以德。君子万年，介尔景福。既醉以酒，尔肴既将。君子万年，介尔昭明。”按照通常的解释，“既醉以酒，既饱以德”的主语是“祝官”（代表神主），主祭者供奉上足够的酒让其“醉”。“醉以酒”的祝官通达醉酒，在迷狂状态中不再是自己，而成了神主的化身。否定自我，成为另一个，醉酒乃祝官由人而神的必要前提，也是主祭者显示其真诚的方式以及据以确认神主的根据。在“醉以酒”之后，其许诺与祝福（如“君子万年，介尔景福”）才庄严可信。

以礼乐治理天下，确定了周文化的内涵（关注点与实质是人情）与形式（具体情境下的诸种具体的仪式）。酒、乐关乎人情，指向人情的满足、宣泄，礼的实质是对人情的规范（《礼记·礼运》：“人情者，圣人之田也。”）而不是率尔否定、弃绝。这恰恰是对大禹治水“疏导”精神的继承与发扬光大。酒由此被自上而下地释放出来。以礼乐治世，高高在上的神明不再是人所关注的中心，人自身生命节律的安排、调适成为头等大事。《礼记》以孔子之口说道："一张一弛，文武之道也。"生命之一张一弛被视作正道，以一张一弛的态度对待生命，寻求二者之间的平衡，这无疑是礼乐文化的精髓。在人情的宣泄、放纵中，在一张一弛节律的运行中，酒随时在场。

酒与形而上

酒与礼是一对天然的敌手，礼总是企图把酒纳入划定的规范之中。不仅斋戒时禁止饮酒，而且在正常的宴乐之时，饮酒也往往被礼仪主导与支配，所谓"饮酒孔嘉，维其令仪"（《诗·小雅·宾之初筵》）。将饮酒的价值规定在对礼仪的尊崇上，这当然是一个美好的愿望。《易》中有类似的表述："九五，需于酒食，贞吉。"（《易·需》）"酒食贞吉，以中正也。"（《易·需·象》）"中正"即完全合乎"礼"。实际上，酒随时要冲击礼的尊严，打破礼的约束。这一点，庄子看得非常清楚："以礼饮酒者，始乎治，常卒乎乱。"（《庄子·人间世》）酒所具有的持续的功效就是突破规则，因此，饮酒最终必以礼的失败收场。① 每一次欢宴都如此，礼一次次被玩弄、羞辱，这必然降低礼的尊严。

礼与酒的对立也助推着酒与乐的结盟。"乐者，乐也，人情之所不能免也。"（《礼记·乐记》）"礼乐"之"乐"以不同位分的人群之间的"欢乐"之"乐"为内涵与目的，酒同样以"合欢"为基本指向。在人类文明之初，在祭祀、庆典等诸多场合中，酒与乐一直紧密纠缠。② 继而，在人们的日常生

---

① 《诗经·小雅·宾之初筵》形象地刻画了由未饮到初饮，由未醉到既醉的过程：未饮时"温温其恭"，未醉时"威仪反反""威仪抑抑"，既醉时"威仪幡幡，舍其坐迁，屡舞僊僊""威仪怭怭""不知其秩""乱我笾豆，屡舞僛僛""侧弁之俄，屡舞傞傞"。

② 酒与乐是燕乐最好的方式，也是最经典的待客之道。比如："呦呦鹿鸣，食野之苹。我有嘉宾，鼓瑟吹笙。……我有旨酒，嘉宾式燕以敖。"（《诗·小雅·鹿鸣》）同时，酒与乐又是家庭生活的基本方式："宜言饮酒，与子偕老。琴瑟在御，莫不静好。"（《诗·郑风·女曰鸡鸣》）在古代中国，婚姻一直被理解为"合二姓之好"。但夫妇有别（身体、心理等自然差别及角色认同等社会差别），夫妇构成的家庭一直需要某种物质或精神来浑化差别，达到和乐一体。饮酒与作乐就被理解为夫妇相处过程中浑化差别、调节冲突的基本方式。后世，家庭生活成为自足的精神生活，饮酒也相应成为超越柴米油盐平淡日子的重要的精神生活方式。如果说"执子之手，与子偕老"（《诗·邶风·击鼓》）是静态的完美爱情画面，"宜言饮酒，与子偕老"则是动态的、富有生活气息的完美爱情画面。

活世界中，奏乐、饮酒相互交融①，此乐与彼乐互相渲染，互相推动，共同抒发着人之所不能免的人情。以酒合欢②，展开乐，但饮酒一直试图突破礼乐，特别是，酒与追求个人欢乐幻像的欲望合流，欲望漫无边际地飘散，饮酒变成了放纵。因此，酒与礼乐文化之乐存在着差异。③ 乐是人之所作，制作者在作乐时已经将原初的声、音纳入礼之中，其乐为和乐。以乐而乐远不如无限定裁节的酒所带来的乐奔放与热烈。

礼乐文化视觉与听觉并重，但二者之间的平衡只是理想。姜尚尚贤，片面发展了事功效率精神。④ 周公以尊尊亲亲治鲁国，礼乐相对平衡。周公与姜尚之间的对立是礼乐与事功之间的对立，这对张力也蕴含着礼乐文化进一步发展的命运。历史的进程展示出了礼乐与形名事功斗争的结果：礼崩乐坏，而形名事功精神暂时胜出。⑤ 不过，礼崩乐坏并非全靠形名事功这个外力造就。礼乐之间的对立，酒助力乐，这动摇了礼的统治地位。礼乐之间既配合又争斗，在争斗过程中，酒参与并与乐结盟（在商时就是盟友），不断突破礼，最终影响，甚至决定了礼乐文化的走向。礼崩是第一步，乐与酒联盟战胜了礼，同时也毁灭了乐，所以，乐坏是第二步。礼坏而乐亦崩坏，在礼、乐、酒三者冲突中，最终胜出的是酒。

事功效率与酒同时胜出，二者也一起获得了解放。旧有的规则（礼）被

① “乡饮酒礼”为周代创设，并在秦汉后为士大夫遵行至清道光年间。“作乐”是“乡饮酒礼”的重要环节，它包括升歌、笙奏、间歇、合乐几个环节。由此可见“酒”与“乐”的融合程度。参见杨宽《西周史》，上海人民出版社2003年版，第742—743页。

② 欢乐时饮酒，饮酒时欢乐，彼此交融，有酒有乐的场面不断被想象成美满的生活场景，上至于“王”，下至于“士”，莫不如此。“王在在镐，岂乐饮酒。……王在在镐，饮酒乐岂。”（《诗·小雅·鱼藻》）酒弥漫个人，而融入另一人，共同饮酒一直被期待。

③ 在尼采的观念中，音乐是酒神艺术，二者中酒神更根本。在中国，西周时代一直试图将饮酒纳入礼乐，特别是乐之中，以酒辅助乐而实现乐的和乐功能。

④ 《淮南子·齐俗训》：“昔太公望、周公旦受封而相见，太公问周公曰：‘何以治鲁？’周公曰：‘尊尊亲亲。’太公曰：‘鲁从此弱矣。’周公问太公曰：‘何以治齐？’太公曰：‘举贤而上功。’周公曰：‘后世必有劫杀之君。’”太公望与周公旦所趋向的道路皆本于礼乐精神。举贤尚功进一步发展就是形名事功，形名事功与礼一样偏重区分性、确定性的形式。尊尊亲亲在孔子仁学思想中进一步历史地展开，二者皆推重和乐的人情。

⑤ 对于春秋思想世界内在张力的具体考察，请参见贡华南《春秋思想界的张力：论新思潮与老传统的关系》，《复旦学报》（社会科学版）2017年第5期。

突破，人性中理智与欲望得以施展。然而，事功效率与酒并未结盟。“形”以客观、外在、确定、区分为特征，“酒”则以冲动、突破、不确定为其秉性。二者之间的对立、冲突有其必然性。作为事功效率工具的形名法令等客观确定精神在春秋战国的蔓延，以齐桓—管仲为代表的这个思潮逐渐占据着思想界的主导地位，成为新的秩序。酒是任何现有规则、秩序的忤逆者，形名法令则欲随时压制酒的随意、莽动，二者很快成为对手。所以，老的诗书礼乐传统、新的形名思潮、酒三者，在春秋时代已经构成了精神界明争暗斗的三元。

孔子以“仁”充实“礼”，欲护持诗书礼乐传统，而批驳、超越形名法令。“仁”以人情为实质，这与酒有相通之处。我们看到，孔子不再单纯以“礼”这种外在的规范来约束酒，而是将个人酒量（承受酒的能力）与客观化尺度视作饮酒的根据，表现出对酒相当的宽容与尊重。“惟酒无量，不及乱。”（《论语·乡党》）“乱”是指个人的视听言动超过、打破正常状态及礼仪尺度。因此，“不及乱”既包含个人的自制工夫，也包含对客观化尺度（礼）的尊重。[①] 这与《酒诰》“德将无醉”思想一致。《易》也有类似的表述：“上九，有孚于饮酒，无咎，濡其首，有孚失是。”（《易·未济》）“饮酒濡首，亦不知节也。”（《易·未济·象》）节制（“节”）是个人的品德，每个人生命之“节”（节律、张弛之度）不同，根据每个人生命之“节”饮酒，此为“知节”。

《老子》没直接说酒，但相关论述与酒有关联。比如第三章“不见可欲，使民心不乱”，第十二章“五味令人口爽”，反对感官享受自然也包括过度饮酒。对于尚贤崇智带来存在的分化（离），《老子》深度拒斥，这又包含着对酒的部分认同。《庄子》自觉超越形名，而走向“形而上”（即“形形者”或“使其形者”）。对于与形名作对的酒，庄子也表现出某种肯

---

① 可以比较以礼饮酒的形式化特征。“君子之饮酒也，受一爵而色洒如也，二爵而言言斯，礼已三爵而油油，以退。”（《礼记·玉藻》）按照礼的规定，每个君子都饮三爵而退。每一爵饮都有对应的不同的容貌，此饮酒的实质在行礼——完全的形式化规定，而不在饮酒。

定。他意识到饮酒的不同功能，首先“饮酒以乐为主”（《庄子·渔父》）。其次醉酒又是一种对生命分裂状态的克服。“夫醉者之坠车，虽疾不死。骨节与人同而犯害与人异，其神全也，乘亦不知也，坠亦不知也，死生惊惧不入乎其胸中，是故逆物而不慴。彼得全于酒而犹若是，而况得全于天乎？圣人藏于天，故莫之能伤也。”（《庄子·达生》）“醉”是意识麻醉状态，表现为失去理智辨析能力（不知），不为死生恐惧所伤。因此也无从分别我与非我、彼与此。在庄子看来，恰恰是酒可使人“神全”，其原因在于死生惊惧等让人身心分离的要素被醉隔绝于外，不入于胸，从而身心混一，魂魄不离，此谓“全于酒”。

全于酒者乃理智被酒麻醉的结果，赞美酒的人也往往以此为根据，指出理智对人的有限性、不完整性。蒙蔽理智、使人摆脱理智的控制，这恰恰是走向完整生命的关键一步。不过，对于反对者来说，酒扰乱理智，就变成酒的罪状了。如“醉者越百步之沟，以为蹞步之浍也；俯而出城门，以为小之闺也：酒乱其神也”（《荀子·解蔽》）。醉者之“以为”总与事实有不符，神乱而无功也。

老的诗书礼乐传统、新的形名思潮皆以形式性（礼、形名）为尊，尊“形”故无“形而上”之必要。试图超越以“形”为尊才会有“形而上”冲动。孔孟以“仁”为第一序精神，道家同时否定与超越两大思想传统，都表现出“形而上”的强烈冲动。历史地看，随着“形”向“形而上”的推进以及向“体”范式的转换①，“酒”（对人）的新意义不断涌现。由“形”到“体”，由“形”与“形”之间的分割到“一体”，以融合、突破界限为基本功能的“酒”越发显得必要。可以看出，酒与“形而上”冲动天然合拍。

汉代不断开疆拓土，不断上升、突破已有界限而建立庞大帝国。同时，追求夫妇一体、家国一体、君臣一体。在思想领域，先用黄老，休养生息，

① 具体过程，请参见贡华南《从无形、形名到形而上》（《学术月刊》2009 年第 6 期）以及贡华南《从“形与体之辩”到“体与理之辩”——中国古典哲学思想范式之嬗变历程》（《中国社会科学》2017 年第 4 期）。

物丰民阜；继而罢黜百家，独尊儒术，以儒家思想一统天下。社会安定，生产力恢复，物质产品丰富，酿酒技术普及①，酿酒规模不断扩大。政府放开对酒的管制②，酒铺增多，饮酒量激增。最重要的是，汉代尊儒术，礼又被提倡、鼓励，以此治国、齐家、修身。但是，“乐”崩坏之后，江山社稷活动尚有乐舞，士人、平民的日常生活则无。在一定意义上，酒进入寻常百姓家（有条件的士大夫偶可行“乡饮酒礼”而行乐），与礼配合，发挥着“乐”之和乐功能。

这从汉人对酒的认识中可以发现端倪。“酒者，天之美禄，帝王所以颐养天下，享祀祈福，扶衰养疾。百礼之会，非酒不行。……今绝天下之酒，则无以行礼相养；放而亡限，则费财伤民。”（《汉书·食货志下》）“天之美禄”指天所赐予的好福运、好享受。无酒不成礼。酒何以能够“颐养天下”？荀子已经谈到“礼者，养也”（《荀子·礼论》）。其养是指：以礼义给欲望划分界限，以养身养情。“以酒养天下”的观念包含着汉人对酒的新认识，比如他们已经认识到酒为“百药之长”（《汉书·食货志下》），它可疗治百疾（扶衰养疾③）。酒不能令人饱，对维持人的生存并非必要之物，或者说乃多余之物，生活之装饰。酒之颐养天下，重要的不仅是以酒养身。而在于，酒可以“养神”，所谓“享祀祈福”即此也。具体地说，酒可合欢④，对于调整人的精神状态，丰富人的精神生活，都具有重要价值。不妨说，饮酒已经成为汉人精神生活的一部分，尽管还未必是其日常精神生活的主要方式。当然，自孔、孟始，饮酒已被当作一种享受，一件乐事。如“有酒食先生馔”（《论语·为政》），“曾子养曾皙，必有酒肉”（《孟子·离娄上》）。以酒养身，且可悦心，

① 酿酒工艺简单，这有利于酒的普及。王充将此工艺简单概括为：“蒸谷为饭，酿饭为酒。酒之成也，甘苦异味；饭之熟也，刚柔殊和。”（《论衡·幸偶篇》）当然，高品质的酒需要在“选谷”“选水”“蒸谷”“酿饭”等环节达到高水平。

② 汉武帝推行酒榷，实行酒类专卖，昭帝时废除。

③ 汉人对酒的“药”用价值认识深刻。比如《说文解字》：“医（醫），治病工也。……得酒而使，从酉。王育说。一曰殹，病声。酒所以治病也。《周礼》有医酒。古者巫彭初作医。”将酒理解为“所以治病”者，医则为“得酒而使”者。酒之治疗作用无以复加矣。

④ 如焦延寿：“酒为欢伯，除忧来乐。”（《焦氏易林·坎之兑》）

这是儒家对人为什么要饮酒的回答。汉人无疑继承了这个观念，以礼（或德）饮酒，以酒行礼，从而构造了一个和乐一体的酒乡。

基于对酒的认同，汉人对酒移易人的品格也有着新的评价。韩非子曾断言“常酒者，天子失天下，匹夫失其身”（《韩非子·说林上》）。似乎常饮酒百害无一利。许慎则为酒辩护：“酒，就也，所以就人性之善恶。”（《说文解字》）人性善，饮酒会就善而善；人性恶，饮酒会就恶而恶。酒本身无问题，饮酒也不成其为问题。对酒的这些认识无疑显示出汉人宽大的包容心胸与开放心态。

醉的自觉

汉人以酒颐养天下的观念构造了“酒乡”（酒的世界），魏晋人推进了一步，自觉构造了“醉乡”（醉的世界）。如同微醺与大醉的区别，酒乡与醉乡也有差别。酒乡是一个愿意共饮者以酒为媒而共同创造的和乐局面；醉乡则是由一个醉酒者开创，所有醉酒者自由出入的世界。二者是量的差异，也存在质的差异。酒乡的特征是和乐，醉乡的特征是混全一体。

汉末，新形名家崛起，名法治世，功利、效率、确定、客观精神再次主宰思想界。于酒，曹操好饮，颇知之，但基于政治考量而发布禁酒令。① 曹植承其父意而作《酒赋》。曹植对酒的掌故、性味与性情有充分的了解，其对酒多有同情，甚至赞赏。但其才情被经世之虑（作者之事）压抑，而以“矫俗先生”自居，斥酒为“淫荒之源”，最终直白地将“酒”与“先王”“君子”对立，“酒赋”对酒的同情与对禁酒令之认同正是其内在精神冲突之表达。

儒家（杜恕的《体论》为代表）、道家（王弼的《老子注》《老子指略》为代表）以“体”批驳形名，在思想方式上抗拒之、超越之，而归于“一

① “对酒当歌，人生几何？譬如朝露，去日苦多。慨当以慷，忧思难忘。何以解忧，唯有杜康。”（曹操《短歌行》）曹操深知酒之妙用。于此可见曹操思想、性情皆有内在紧张，乃至分裂。

体”。[①] 于酒，孔融依据儒家精神传统，作《难曹公表制酒禁书》：“酒之为德久矣。古先哲王，类帝禋宗，和神定人，以济万国，非酒莫以也。”酒一则可以用来祭祀神明祖宗，作为人与神明祖宗相互通达必要的媒介；二则可直接移易多愁多忧的世人精神，使之谐和安定。此二者乃平治天下的基本条件，舍弃之而以名法治世，则不济。“竹林七贤”则在行动上以特定的在世方式——“饮酒”与形名家抗衡，而自觉归于天地万物一体。竹林之饮，不必追问是酒占有了七贤，还是七贤占有了酒。如实地看，二者交融，酒获得了人格形态，七贤之人格也以酒显。酒再一次以独立的精神形态出现在思想界。

刘伶《酒德颂》在此视域下获得了清晰的思想史意义。对照形名家思想，《酒德颂》的旨趣可以更鲜明地呈现。“大人先生”是酒的人格形态，或可说是人、酒无间者。在刘伶，醉不是逃避，而是自觉的精神追求，承载着价值理想。大人先生以酒破除了个人有限感官所及并自限的狭小时空，随酒升腾至天地、万期、日月、八荒构建的无边无际的洪荒之境。在天地、万期、日月、八荒构建的一体之境中，耳目所及之形声皆如纤尘。至于人为构建的礼法之拘，是非之限，大人先生亦能作如是观。其所以能如此，乃在于它能够去除一切思虑，感官不为外在事物、利欲所迁移，不为外在事物所移易。在刘伶观念中，酒之功近于道。它移易人的身体与精神，最终把人领入至广至大之境。酒浑化一切外在的差别，也会让人抑制、泯化一切分别之知，让人自由展开自己的生命，自由拥抱（而非把握）这个世界。大人先生的世界人我和悦、物我相与、形神浑化、魂魄相守，此和乐境奠基于自觉的醉。换言之，无自觉的醉之支撑，只能偶窥醉乡之好，最终必迷而不复得其入路。

竹林之饮的大人先生们，远拒曹魏以来“新形名”之泛滥，近则以酒求乐（其乐陶陶）。陶渊明的《饮酒》诗在此时段思潮中也呈现出确定的意趣，

---

① 具体论述请参见贡华南《从“形与体之辩”到“体与理之辩”——中国古典哲学思想范式之嬗变历程》，《中国社会科学》2017 年第 4 期。

名为饮酒诗，但诗中多不见酒，实际上，是酒将陶渊明带到此诗境。① 酒使人心远，心远而能无车马喧。酒的世界与世俗清醒的世界是完全不同的两个世界："一士长独醉，一夫终年醒。醒醉还相笑，发言各不领。"（《饮酒》其十三）醉者失去自我，也就失去自我所属的一切关联。这些关联属于过去，当然会随着过去被现在含摄而被无化。酒可合人群之欢，但醉境中随着醉者自主消弭彼此界限，醉者与未醉者分裂为两个世界。醒与醉拥有两种语言、两套逻辑，故彼此不通。世俗世界看似规矩井然，但"世俗久相欺"（其十二）。名利世界如梦幻（其八），但他们仍然"有酒不肯饮，但顾世间名"（其三）。陶渊明自陈："忽与一觞酒，日夕欢相持"（其一），坚决持酒而入酒的世界。酒的世界有佳菊（其五、其七），有荒草淹没的青松（其八），有清风、幽兰（其十七），也有悲风中的蔽庐、淹没庭院的荒草（其十六）。一言以蔽之，"酒中有深味"（其十四），故愿意"杜门不复出，终身与世辞"（其十二）。

醉的世界在陶渊明即是"桃花源"。秦以强力实现一统，以刑法维持其存在，结局是"乱"。"桃花源"与"秦时乱"相对，有秩序（屋舍俨然，阡陌交通），而无刑罚；有人情（黄发垂髫，并怡然自乐；以酒食待客），而无酷法；有生机（良田美池桑竹、鸡犬相闻），而无争斗。"桃花源"无疑是一个醉者构建的永久和乐之境。

为什么七贤、陶渊明自甘于"醉"，热烈地追求"醉"？醉首先触及的是我们身体的边际。"醉，卒也。卒其度量，不至于乱也。"（《说文解字》）"卒"表征度量之限度。度量是身心的度量，一边是"乱"，另一边是身心所控制的"不乱"。《说文》立足于清醒世界秩序的维护，故深深警惕身体的度量。诚然，"醉"首先敞开的是人的有限性。目之所视，耳之所闻，口

① 陶渊明《饮酒二十首》序言曰："余闲居寡欢，兼比夜已长，偶有名酒，无夕不饮。顾影独尽，忽然复醉。既醉之后，辄题数句自娱；纸墨遂多，辞无诠次。聊命故人书之，以为欢笑尔。"诸诗皆为醉后所作。不言酒，实在酒中。陶渊明对于商周时期乐与酒的完美结合充满向往，但他不会弹琴，只能抚无弦琴。

之所尝，体之所触，心之所思，皆有确定的边际。饮酒而不醉，或以微醺为目标的人在此边界内生存，以各自的边界自制自限，甘心做一个有限的存在者。醉者则愿意越出自身的边界，漫游、领略边界之外的、自由平等的世界。

形名与事功相互贯通，二者在日常生活中的表现即平庸。酒一直与形名事功敌对，它同样蔑视平庸。竹林七贤与陶渊明尽管思想旨趣有差异，但对待平庸的态度则相当一致。平庸乃耳聪目明者所发现的这这那那、形形色色。或者说，平庸乃是向我们寻常的耳目所呈现的微微末末。平庸者看到这，而看不到这之前；听到那，而听不到那之外。究其根本，平庸世界乃是一个分割、分裂的世界。完整的世界被分割成碎片，人群被分割成彼此对立者，平庸世界中的人自身也是形神分裂。醉者将这这那那混而为一，将之前与之外融为一体，耳目呈一而及于一切。每一次醉都会消解平庸，因此定然不平庸。"三日不饮酒，觉形神不复相亲。"（《世说新语·任诞》）古代人以酒弥合内在精神的分裂，现代人"以酒为浆"也是看到了酒的弥合功能。形神相亲的人同时也是一个与万物相亲的人，所谓"酒正自引人着胜地"（《世说新语·任诞》）。"胜地"不是物我互相胜的角斗场，此乃远离争斗尘嚣之清净地。诚然，饮酒者并没有实实在在地移易此角斗场，实情是："酒正使人人自远。"（《世说新语·任诞》）"自远"表达的是，酒移易着个人鄙俗的目光与眼前鄙俗的境况，而能够进入远离尘俗之境。

醉者的生命融在酒中，或者说，酒构成了醉者的生命。酒在醉者的身体中存在，在醉者的身体中不断流动，与血交融。血被酒簇拥，被酒带动而流遍每个脏腑关节。融化、突破每个脏腑关节，由内而外，浮于外的官窍被酒化而一同消融进酒中。眼睛不再注目于形色，耳朵不再沉溺于声音，口舌不再留恋滋味，他们都被酒聚集在一起，离开身体，不断升腾。[①] 酒所充实的身体与酒一样充满力气与勇气，无身而不再有内外，人与物的界限由此虚化而

---

① 醉酒者的身体是"没有器官的身体"，参见德勒兹《弗朗西斯·培根：感觉的逻辑》，广西师范大学出版社 2007 年版，第 57 页。

隐没。在俗人眼中，与酒为一的人往往被目为“狂”。平庸者不理解迷狂的真实含义，只能简单地斥责与贬抑。确实，酒狂对平庸者的迷茫转瞬即逝，而对平庸的世界缺乏尊重。酒狂那坦荡的眼神虽不清澈，但却能映照出比海市蜃楼更美的图景。描绘幻境的美妙语词游离在平庸世界之上，酒狂并非要使平庸者献丑，但平庸者却抓住所谓的“逻辑”不放，摆明了要与酒狂作对。

醉的思想史意义在于：魏晋醉的自觉，也是情（欲）的自觉。醉自觉诀别严苛的形名，及形名塑造的世界：在上理智称霸，在下自觉顺从，二者一体。形名造就的世界实质是世界的区分、割裂，彼此的疏离。醉的世界则是自觉以混全的酒打破区分、割裂，融化疏离而进入一体的世界。酒与理智对立，而与情欲勾连。在《酒德颂》《桃花源》的世界中，不是没有秩序，它秩序井然，却带着浓浓的人情味。醉乡是一个奠基于和乐精神之上的精神世界。自觉且愿意醉的人不是由于精神空虚，而是因为醉乡的精神内涵太广大丰厚。

酒、诗与佛理

不过，醉的自觉、人情的自觉却一直将酒与形名世界对立，其流弊是情欲的泛滥、欲望压倒秩序，世界的虚幻。酒以“体”的精神与形名（包括平庸）对抗，以其最激烈的方式——醉超越了形名，最终走向了胜利：形名被彻底贬抑。但酒长于破坏而拙于建设。醉乡（桃花源）并不能满足人的欲望（人情），它也没有提供一个更好的与天地万物相处的办法。因此，酒的胜利不免惨烈：颠覆了形名，却流于现实之失序与精神之虚幻感。

在新的形名思潮退潮之后，佛教开始替代之而担当起管制酒的时代重任。佛教以苦打动中国人，以寂灭作为解脱之道。断欲被理解为实现寂灭的基本方式，戒酒则是断欲之基本要求。不同于形名依靠外在的强制，戒酒等断欲之目被理解为一种内在的修行。彼时，兴盛的世俗酒风与佛教戒酒之间构成了鲜明的对立。唐人有诗勾画出这种对立画面：“千里莺啼绿映红，水村山郭酒旗风。南朝四百八十寺，多少楼台烟雨中。”（杜牧《江南春》）“酒旗风”

与“寺庙”作为时代精神之二元，鲜明地对立，这构成了南北朝真实的时代精神。“烟雨中”喻示着二元精神对立之结果晦暗未明。不管怎么说，有了佛教精神之制衡，酒的泛滥被检局，相应的精神秩序得以整饬，这为走出混乱而达于有序奠定了基础。

佛教戒酒说基于饮酒造成的危害，比如：“饮酒有六失：一者失财，二者生病，三者斗诤，四者恶名流布，五者恚怒暴生，六者智慧日损。”（《长阿含经》之《善生经》第十二）佛教除了以地狱、来世恐吓人，佛陈说醉酒之害，一直试图在说理。佛的出发点是以“六道轮回”“缘起说”等理论解脱人生，安顿身心，以确立平和的人间秩序。但他们最终却是以种种理论拆散了人生，拆散了世界。把醉说得一无是处，这与魏晋名士们的认知完全不同。以此持戒酒说也与先秦以来儒家所持的“合欢”说迥异。因此，佛教戒酒观念的传入注定掀起论争风波。

大隋以武力实现统一，鼓励佛教。李唐崇尚文治武功，推行三教并行政策，其精神根柢则一如大汉，事功、享乐等世俗精神占据主导，三教皆为平衡此世俗精神而设，由此带动中国精神复元。戒酒与饮酒构成了大唐精神之二元，酒再次进入主流精神层面。

王绩嗜酒且能酿酒，撰有《酒经》《酒谱》（二书已佚），可知其深解酒性。其人善抚琴，慕阮籍、嵇康之高风，得陶渊明之旨趣，作《醉乡记》，自觉将“醉乡”描绘成一个道家式的理想之境（淳寂）。他以醉乡为理想，评判历代政治得失，刻画出黄帝以来的政治思想史演变历程。他认为，醉乡与“结绳之政”“礼繁乐杂”“丧乱”相悖，而与“舟车器械不用”“刑措不用”之政相接，随着酒仙精神而显。醉乡不在禁酒之“西天”，相反，不醉者不得入，恰恰是醉酒者可游于其中，这可以看作对佛教禁酒断欲思想的回应。[①] 王绩的诗作奠定五言律诗根基，其开创的诗与酒相结合的新境界奠定了大唐的精神基调。

---

① 王绩对佛教并无针对性说法，但其道家立场还是很清楚的。其兄王通立足于儒家立场，对佛教有说法：“西方之教也，中国则泥。”（《中说·周公》）这或许对理解王绩对佛教的态度有参考价值。

醉者在迷狂中创造了伟大的作品，比如李白的诗、张旭的狂草，等等。李白是诗仙与酒仙合体，其本人对爱酒有完整的辩护。如：他认为饮酒可以齐生死，远愁闷，忘吾身。简言之，酒通大道，饮酒之乐胜于神仙。诗圣杜甫有吟酒诗三百多首，其人好酒，有条件即纵酒，即痛饮。白居易好酒，且善酿酒，自号“醉吟先生”。作《醉吟先生传》曰：“性嗜酒，耽琴淫诗，凡酒徒：琴侣、诗客多与之游。”同时“栖心释氏，通学小中大乘法，与嵩山僧如满为空门友”。与友交往，“必为之先拂酒罍，次开诗筐，诗酒既酣，乃自援琴，操宫声，弄《秋思》一遍”。诗、琴、酒合体，此白居易之个性。酒的基本特性是开放、升腾、突破，白居易栖心释氏，则可以视作大唐诗酒开阔胸怀之具体表现。

酒激发、调动了三大诗人之诗情，创造出千百首天才作品[①]，最终三人也归于酒，与酒同在。李白“以饮酒过度，醉死于宣城”[②]。杜甫亦死于酒，“永泰二年，啖牛肉白酒，一夕而卒于耒阳，时年五十九”[③]。白居易尽管不是直接死于酒，但其疾应该与其嗜酒有关。[④] 自然生命与精神生命都融于酒，酒旗风可说即是大唐风。

与佛教注重说理不同，诗以抒情为要，诗与酒的结合，情感狂潮一发不可收拾。酒风吹到哪里，欲望即在哪里唤起。在大唐，欲望在哪里唤起，梵呗即在哪里响起。佛家以“苦”为“教”，如“苦集灭道”四谛以“苦”为第一谛，以“灭、道”为解脱之法。按照传统说法，在味为“苦”，在“性”为“凉”。以“苦”立教正是以“凉”示人、以“凉”示物。佛家视“欲念”为“火”，所谓“欲火”是也（《楞严经》卷八：“是故十方一切如来，色目行淫，同名欲火。菩萨见欲，如避火坑”）。以“清凉”降“欲火”，以

---

① 刘禹锡道出了酒对于诗情的作用，如“法酒调神气，清琴入性灵”（《昼居池上亭独吟》）。“今日听君歌一曲，暂凭杯酒长精神”（《酬乐天扬州初逢席上见赠》）。酒可以“调神气”“长精神”，天才作品多从此出。

② 刘昫等：《旧唐书》，中华书局 1975 年版，第 5054 页。

③ 同上书，第 5055 页。

④ 据《对酒自勉》《自叹》《东院》《初病风》《枕上作》《足疾》等诗记载，白居易晚年患有眼疾、肺病、足疾、风痹等多种疾病。

止定人心、净化人心，人心即可得清凉。如《大方广佛华严经》："如是一切。普遍虚空。以为庄严。周遍十方一切世界诸佛道场。而为供养。普令众生皆生欢喜。除烦恼热。得清凉乐。如是示现。充满十方。""悉能除灭一切热恼。令其身心普得清凉。菩萨摩诃萨菩提心香亦复如是，发一切智。普熏身心。能除一切虚妄分别贪嗔痴等诸惑热恼。令其具足智慧清凉。""烦恼热""热恼""热毒"使世人深陷苦中，唯清凉佛法可使人清凉。佛法以"清凉"为特征，亦以清凉为直接效果，此正可对治酒带来的热毒、热恼。

僧人以茶来贬抑酒，可以看作佛理与（诗）酒相争的一个方向。如皎然："越人遗我剡溪茗，采得金牙爨金鼎。素瓷雪色缥沫香，何似诸仙琼蕊浆。一饮涤昏寐，情来朗爽满天地。再饮清我神，忽如飞雨洒轻尘。三饮便得道，何须苦心破烦恼。此物清高世莫知，世人饮酒多自欺。愁看毕卓瓮间夜，笑向陶潜篱下时。崔侯啜之意不已，狂歌一曲惊人耳。孰知茶道全尔真，唯有丹丘得如此。"（《饮茶歌诮崔石使君》）茶味苦，至寒①，苦、寒之用为收摄、清明界限、持守自身，此正可对治世人热烈的贪欲。茶不仅具有"涤昏寐""爽满天地""清神"等对治生理之疾，还具有"破烦恼""全尔真"等精神上的疗效。这与性味大热、助长烦恼的酒完全相反，后者以热力使人上升，以热量融化界限，由上升而成为突破的力量，由此助长人的欲望。从茶的立场看，毕卓醉瓮间徒为笑柄，陶潜篱下酒亦不值一哂。故皎然感慨"俗人多泛酒，谁解助茶香"（《九日与陆处士羽饮茶》）。茶性与佛理相通，以茶为友成为佛教自然的主张。皎然以茶自标清高，同时批评"世人饮酒多自欺"，由此揭开佛理与诗酒对立的新篇章。

总的来看，人情（诗与酒）与佛理（戒酒）之间的对立构成大唐精神的内在基本张力，二者近三百年的冲撞开拓着大唐的宏大精神疆域，也丰富、充实着大唐的精神境界。

---

① 对茶的性味，茶圣陆羽的表述最为经典："茶之为用，味至寒，为饮最宜精行俭德之人。"（《茶经》）

酒与天理

随着大唐的瓦解，诗酒与佛理的对立也迅速丧失尊严。北宋初年实行酒、酒曲专卖政策，酒的生产被政府严格控制。控制酒的生产之目的是增加酒税，酒税成为北宋政府的主要收入。为增加政府收入，总结与推进酿酒技术一直被重视。于是，酒业繁荣，酒肆林立。对酒的认识不断深入，窦苹的《酒谱》，朱肱的《酒经》等论酒专著纷纷涌现。人们对酒的需求也不断增长，人的情欲处于激荡之中。宋代没有向外开疆拓土的豪气，却不断向内——心性之域开疆拓土，发展出心性之学，不妨说，正是为了对治此时疫——与酒相互助燃之情欲的躁动，宋儒以此重建了儒学，并以儒学精神重建了东土（从周敦颐到张载）。相应地，宋儒自觉坚定地拒斥佛教，并以天理代替佛理，牢牢控制酒与人情。

周敦颐奠定了宋儒的精神基调，比如，确立君子人格，将孔颜乐处作为精神目标等等。邵雍既有唐人之洒脱，又能洗去唐人躁动不已之悲情，而契接周敦颐，以安乐为生命之基本情调。邵氏嗜酒，其饮酒，不追求扫荡人伦、归于天地之大醉，而自觉坚持微醺。坚决将酒纳入理中，不放任其流入无序。他主张以酒超越世俗之分化与分裂，而归于天人、人我未分化之境。邵雍常饮，所谓“有酒时时泛一瓯”（《对酒吟》）。他饮酒以微醺、微醉为好。在他看来，酒之妙用，“非唯养气又颐真”（《安乐窝中酒一樽》）。酒对身体与精神都有颐养之功。酒于朋友间交际亦有合欢之功，邵雍对此深有体会。常饮酒，故能常乐、安和。酒不惟能使人安乐，它与诗一样，还具有通达鬼神造化之能。酒之使人通达天地，实际上是泯除彼此清晰的辨别，回复到人、我、天未分之初。邵雍作了《喜酒吟》，道出了酒与天人未分之境之间的联系：“尧夫喜饮酒，饮酒喜全真。不喜成酩酊，只喜成微醺。微醺景何似，襟怀如初春。初春景何似，天地才细缊。不知身是人，不知人是身。只知身与人，与天都未分。”（《喜饮吟》）饮酒至于微醺之时，便可达于“天地才细缊”之境。此时，两仪未分，身心未分，人我未分，天人未分，天人浑然一体。邵雍说，“君子饮酒，其乐无穷”（《君子饮酒吟》），盖基于此。

宋儒中，程颢曾监汝州酒税，负责酒的生产，对酒非常熟悉，这与程颢追求“孔颜之乐”“仁者浑然与物同体”（《识仁篇》）不无关系。“遴英同醉赏，谁复叹官羁。”（《中秋月》）“价增樵市炭，兴入酒家帘。”（《春雪》）但其他儒者对“乐”与“酒”的兴趣一般，程颢抱怨“旁人不识予心乐”（《偶成》），“旁人”恐怕不仅指普通民众，还应包括当时的儒者。当然，程颢的志向不是做狂饮的“名士”或“诗家”，而是成就圣贤。“名士”或“诗家”乐于为酒所动，而升天入地。圣贤却能定心定性，不为酒动志，不为酒动心，简言之，不为酒动。可见，大程子已不复恋酒、嗜酒，坚持定心定性，将酒纳入天理心性之中。

朱熹曾作《醉下祝融峰》：“我来万里驾长风，绝壑层云许荡胸。浊酒三杯豪气发，朗吟飞下祝融峰。”“醉”与清明自守相对，“醉”而“飞下祝融峰”，疑为纵情山林之士。“驾长风”“许荡胸”，读此诗，酒壮豪情，颇有酒仙之态。但这并不是朱熹的常态，在其作后即自悔“荒于诗”（《东山乱稿序》）。这表明，朱熹与酒并不投缘。

酒与茶的对立在宋儒中得到一定程度的解决。邵雍不唯喜饮酒，同时亦爱饮茶。“静坐多茶饮，闲行或道装。傍人休用笑，安乐是吾乡。”（《自咏》）茶有俭德，以茶的精神饮酒，这正可平衡酒之狂放，而长居安乐。朱熹偶尔喝酒，豪气偶发，便深深自悔，最终深契于茶，归依于天理。还从吃茶中说出了一番道理。如：

> 天理、人欲，只要认得分明。便吃一盏茶时，亦要知其孰为天理，孰为人欲。（《朱子语类》卷三六）
>
> 先生因吃茶罢，曰：“物之甘者，吃过必酸；苦者吃过却甘。茶本苦物，吃过却甘。”问：“此理如何？”曰：“也是一个道理。如始于忧勤，终于逸乐，理而后和。”（《朱子语类》卷一三八）
>
> 建茶如“中庸之为德”，江茶如伯夷叔齐。又曰：“南轩集云：‘草

茶如草泽高人，腊茶如台阁胜士。’”（《朱子语类》卷一三八）

听朱熹评论，俨然一茶家，不难发现其精神深契于茶。各种茶皆如圣贤，都有美德。较之“涤昏寐”“爽满天地”“清神”“破烦恼”“全尔真”等佛家功能性赞誉，以茶拟圣贤更坐实了茶德茶性。如我们所知，茶以清明为德，这对于涵养修德大有助益。宋儒以天理为标尺进行修行、变化气质，反对天理之外任何事物对人的改变。酒以移易人为特征，自然成为宋儒所要规避的对象。宋儒反对人为酒动，更反对人为酒困。茶如圣贤，饮茶有助修德成性，此性情正与宋儒内在追求相契合。其后，茶饮的普及在一定程度上为酒觅到了敌手，茶与酒的对立成为其后中国人精神生活的日常。

警惕诗酒的程（颐）朱虽也谈“乐”，但终不能将之贯彻于日常生活。所谓“理而后和”，便将“和乐”置于第二位。其首要在世态度是“敬”，所谓“涵养须用敬”是也。“乐”以差别之弥合为特征，表现为由内而外发越通畅的气象。“敬”则以差别之持守为特征，表现为实诚之尊重。宋儒谓“礼主于敬”，透露出敬的实质是对“别”的尊重。我们由此可以看出，较之饮酒者尧夫、明道对和乐一体的钟情，警惕酒的程朱渲染“天理”与“人欲”之别，严防人欲，试图将酒纳入天理控制之下。如此，也就控制了酒的融合、突破之功能，从而阉割了酒之本性。

从邵雍到朱熹，对酒的热情逐渐减弱，以至于警惕、疏远酒。这与高扬茶德、以敬在世紧密配合，最终通过天理、人欲之判析，将酒牢牢置于天理控制之下。天理不同于“六道轮回”“缘起”等邈远佛理，它在人伦日常之中随时显现，并以“绝对的应该”（所当然）随时控制饮酒，试图牢牢遏制住酒的本性。

蒙元以弯弓铁骑横扫欧亚大陆，与此征服欲望应和不已的酒也尽显豪迈苍劲。帝国尚饮，酒风吹遍欧亚大陆。欲望向四方奔腾，帝国凝聚力不再，程朱理学遂入庙堂，担当起收拾人心之任。①

---

① 元朝皇庆二年（1313）复科举，诏定以《四书集注》为标准取士。

小 结

在中国精神演变历程中，人们对酒的热情高涨，各种酒被源源不断地创造出来。酒得以持存，得以在华夏文明长河里流淌不息。酒的度数越来越高①，对人的身心刺激越来越大，其所激发的人性力量（激昂、迷狂、升腾、突破）也愈发强烈，酒赐予人的创造力同时不断增进。酒不断融合、突破各种界限，不断为人类提供新的可能性与生机，将人带至新的生命境界。相应地，莽动不已的酒所召唤的对酒的限定、裁节、管束、调适，从礼，到形名，到名法，到佛理与茶，到天理与茶，由外到内，由疏到密。酒常动，而礼、形名、名法、佛理、天理、茶常静。二者之间激荡、不谐、对抗。一部文明史就是一部或主动或被动，或自发或自觉裁节、平衡酒的升腾、突破、莽动之伟力的历史。由此，“文”愈繁愈明，中国人的精神家园不断被建构。

（原载《江海学刊》2018 年第 3 期）

① 高度白酒（烧酒）出现得较晚。关于中国烧酒的起始，有“东汉说”“唐代说”“宋代说”“元代说”诸种。目前，学界多接受“宋代说”。参见李华瑞《宋代酒的生产和征榷》，河北大学出版社 2001 年版，第 43—48 页。

启智弘理
文脉赓续

江海學刊
创刊六十周年文集

社会科学卷

主　编　夏锦文　韩璞庚
副主编　李　芸　赵　涛

中国社会科学出版社

图书在版编目（CIP）数据

启智弘理　文脉赓续：《江海学刊》创刊60周年文集：6卷/夏锦文，韩璞庚主编．—北京：中国社会科学出版社，2018．11

ISBN 978－7－5203－3584－3

Ⅰ．①启…　Ⅱ．①夏…②韩…　Ⅲ．①社会科学—文集　Ⅳ．①C53

中国版本图书馆CIP数据核字（2018）第254752号

出 版 人　赵剑英
责任编辑　熊　瑞　陈肖静　杨　康
责任校对　韩天炜
责任印制　戴　宽

出　　版　中国社会科学出版社
社　　址　北京鼓楼西大街甲158号
邮　　编　100720
网　　址　http://www.csspw.cn
发 行 部　010－84083685
门 市 部　010－84029450
经　　销　新华书店及其他书店

印　　刷　北京明恒达印务有限公司
装　　订　廊坊市广阳区广增装订厂
版　　次　2018年11月第1版
印　　次　2018年11月第1次印刷

开　　本　710×1000　1/16
印　　张　288．25
字　　数　4161千字
定　　价　1288．00元（全六卷）

编辑委员会

文集总序

韩璞庚

1957年11月18日，中共江苏省委批准创办哲学社会科学月刊，1958年3月，沐浴着年轻共和国的骀荡春风，《江海学刊》在古城南京出版发行。六十年风雨兼程，一甲子上下求索，《江海学刊》紧紧追随人民共和国前进的步伐，关注学术前沿，倡导优良学风，树立精品意识，实施品牌战略，终于成就梦想与辉煌。

创办之初的《江海学刊》，群星璀璨，大师云集。第一届编委会成员大多是当时省内乃至全国第一流的学者，首任主编为著名哲学家孙叔平先生。创刊之时，将刊物命名为《江海学刊》，固然有江苏濒江临海的地域考量，但更多地展现出办刊人容大广有、兼收并蓄的超迈抱负和博大胸襟。创刊号的《征稿简约》上，办刊方针被明确界定为"进行创造性的学术研究"，更凸显出先贤们但求新声的学术旨趣和志存高远的理论诉求。依托江苏人文荟萃、名家辈出、学风鼎盛的优势，草创初期的《江海学刊》发表了大量熔文史哲于一炉、思想性与原创性俱佳的学术精品。汪辟疆、胡小石、吕澂、蒯伯赞、周谷城、罗尔纲、唐圭璋、韩儒林、钱仲联、孙叔平、吴贻芳、陈鹤琴、陈瘦竹……一个个我们耳熟能详的学术大师的名字被永久地镌刻在当时还印制得略显粗糙的杂志上。高品位、高质量的办刊理念使《江海学刊》很快在当时为数不多的学术期刊中独树一帜，受到国内学术界、思想界的广泛关注与热烈欢迎。这也为日后《江海学刊》事业的成功与辉煌奠定了坚实的基础。

20世纪60年代中期，因众所周知的政治原因，《江海学刊》曾停刊多年。1979年，以《群众论丛》之名复刊。20世纪80年代初，应学术界的共同吁求，于1982年恢复《江海学刊》名称。1985年分为文史哲版和经济社会版，1988年两版合并。自此，《江海学刊》迎来了事业发展繁荣的新的历史时期。

文脉赓续，弦歌不辍。在国内外学术界的鼎力襄助下，在各级党委、政府的关心和扶持下，凭着对学术的虔敬与热忱，一代又一代的办刊人立定"办传世名刊，载精品力作"的宗旨，将繁荣学术和服务实践作为自己的座右铭，坚持"高品位、高质量"的办刊理念，努力实现"新颖、深邃、凝重、厚实"的办刊风格，既致力于对传统文化遗产的研究与整理，又着眼于对当代经济社会发展问题的关注与探求。正如当初创办者所期望的那样，《江海学刊》始终站在时代的前沿，立足江苏，面向全国，放眼世界，以容江纳海的气度和眼光，推出了一系列见解深刻、思想独到的学术精品，培养和造就了一大批成就卓著的神州学人，为繁荣我国人文社会科学事业和现代化建设做出了重要贡献，赢得了社会各界的广泛赞誉。

作为我国社会科学院系统中办刊历史最久、影响最大的综合性人文社会科学理论期刊之一，《江海学刊》第一批被确定为全国中文核心期刊、中国人文社会科学核心期刊、中国人文社会科学引文索引（CSSCI）来源期刊，获得了首届国家期刊奖、中国出版政府奖提名奖、全国百种重点社科期刊、全国百强报刊、华东地区最佳期刊、江苏期刊政府奖、江苏十强期刊、江苏十佳社科期刊等一系列荣誉。六十年磨砺宝剑，六十载播扬文明。《江海学刊》已成长为江苏省哲学社会科学界对外学术交流的重要窗口，国内人文社会科学对话与交流的高端平台，在全国学术界、期刊界具有举足轻重的独特地位。

总结六十年来走过的办刊历程，《江海学刊》的几代编辑人默默耕耘、执著坚守自己的办刊宗旨与学术理想，走出了一条具有自己独特个性的办刊之路，积累了丰富的办刊经验，形成了《江海学刊》独具的办刊风格和办刊特色。

第一，坚定立场，明确定位。《江海学刊》作为综合性学术理论刊物，是社会主义理论事业的重要组成部分，它始终坚持正确的理论导向。六十年来，我们形成了自己明确的政治定位与学术定位，始终坚持正确的办刊方向，努力宣传党的路线、方针、政策，为改革开放和社会主义现代化建设服务，把理论宣传、理论阐释与理论研究有机结合起来，发表了大量的理论研究文章。《江海学刊》守土有责，守土尽责，始终严把政治关，关注国内外重大的政治理论和社会实践问题，使刊物始终沿着正确的方向稳步前进；严把学术质量关，坚持以质选文、以质评文的学术导向，关注学术前沿，注重学理探究，使刊物始终保持高质量、高品位的学术水准。

第二，标新立异，倡导原创。针对目前国内学术思想领域原创因素缺失的状况，《江海学刊》得风气之先，开辟“原创学术空间”专栏，倡导原创，鼓励标新，推动中国原创学术思想的生长发育，促进中国学术话语体系的建构和中国特色哲学社会科学话语体系的形成。当然，开辟“原创学术空间”专栏，并不意味着我们天然具有裁定原创与否的权力，我们的学术理想是，提供一块阵地，创建一个空间，鼓吹一种氛围，倡导标新立异、勇于创造的思维倾向，激励学人原创思绪，激发民族思想活力，培育我们自己的思想巨人和学术大师。

第三，捕捉问题，注重策划。波普尔说过：“科学和知识的增长永远始于问题，终于问题——愈来愈深化的问题，愈来愈能启发新问题的问题。”《江海学刊》在组织策划稿件的过程中，始终坚持问题导向，强调问题意识，把问题意识作为编辑素质的必备要件。以问题为突破口，对研究进行深度开拓是本刊的特色之一。我们的编辑主体根据理论动态、学术资讯，结合期刊特点提出问题，通过精心策划，精心组织，经过与作者的广泛交流与沟通，找到解决问题的路径，这是编辑主体性的充分体现，也是办好学术期刊的重要保证之一。《江海学刊》的办刊特色，就是抓选题、重策划。《江海学刊》的编辑人员敢于担起历史的重任，广交天下学术朋友，共言天下学术大势，以前瞻的思维、敏锐的目光发现学术热点，捕捉学术信息，预测理论趋向，策

划学术选题，组织专题稿件，推出富于创意的理论文章，从而影响社会，服务实践，推动中国学术的繁荣与发展。

第四，刊载精品，成就品牌。《江海学刊》作为学术理论期刊，要在激烈竞争的学术场域中突出重围，创出品牌，打出名气，做出影响，必须确立精品意识，实施品牌战略。学术理论期刊要创出自己的品牌，必须抓精品、重策划。《江海学刊》的做法是，确保每期有精品，每个专栏有重点文章。但对于一本期刊来说，单个精品还不成气候，只能起到点缀作用，不能产生规模效应，要在单个精品的基础上，精心组织，精心策划，形成系列，形成规模，才能成就品牌选题、品牌栏目，创造出轰动效应，产生广泛社会影响。因此，从20世纪80年代末以来，我们策划了包括主体性、实践哲学、本体论、人学、发展哲学、公共哲学、文学史学、中国经济学的创新、涉外法学、转型期的社会问题、突发事件与社会应急管理、公众史学、数字史学、地域文化与商业历史、世纪之交的文艺理论等上百个名牌选题和品牌专栏，产生了轰动效应，推动了国内学术的发展，也为刊物赢得了很好的社会声望。

第五，提携后学，培养新人。清代学者赵翼有云："江山代有才人出，各领风骚数百年。"学术事业是代代相继的事业，学术研究需要积累，更需要传承。培育厚实庞大的学术人才队伍是我们一直以来追求的目标，也是我们办刊的优良传统。创刊之初，本刊就扶持与鼓励青年才俊投稿，不少现在的名家、大家就是当年的青年学子。比如，据著名经济学家何炼成教授讲，在他研究处于迷惘、彷徨之际，《江海学刊》1963年刊发他的《也谈生产劳动与非生产劳动》一文，坚定了他做学问的决心，改变了他的人生道路。80年代中后期《江海学刊》又推出了"青年论坛"专栏，为青年学子提供特定学术园地，可谓用心良苦，许多青年才俊从这个栏目开始了自己的学术之路。新世纪以来，我们又与江苏省规划办一起开辟"江苏青年学人"栏目，集中展示青年人的学术成果与学术风采，栏目推出后，深得青年学者的欢迎，产生了非常好的社会影响与示范效应。

第六，编研同备，专家办刊。数十年来，《江海学刊》秉持学者办刊的传统，着力打造一支编研结合、双轮驱动的编辑队伍。培育学者型的编辑，是本刊的一贯宗旨，如此才能使我们的编辑有学术话语权，在学术交流与对话中，能够真正参与讨论，形成学术对话与交锋。我们认为，只有在平等自由的学术环境中才能更好地组织专栏讨论，只有与学术共同体及学者进行深度融合，才能高水准地组织专栏稿件，组织学术讨论与争鸣。我们的历代编辑大都是本学科领域的专家，有些编辑更是自己学科领域的知名专家，受到学术界的充分尊重与信任。本刊目前在岗的10位编辑，7位拥有正高级专业技术职称，这在国内同行中是极为罕见的，也充分体现了《江海学刊》学者办刊的优良传统与专业定位。

朝耕夕耘，寒来暑往，六十年矢志不渝，六十年硕果连枝。为全面回顾本刊六十年所走过的非凡历程，发掘与整理濒临佚失的历史文献，弘扬优良传统，积累办刊资源，我们编选制作了六卷本文集，作为对《江海学刊》创刊六十周年的纪念。

（一）《江海学刊》创刊六十周年文集之大师卷。从本刊六十年所发表的大量文章中精选出各个年代有代表性的名家名篇，汇编成册。这些论文，为后人解读中国历史与文化、政治与社会，了解当代中国学术发展脉络提供了宝贵的第一手资料。虽尘封已久，墨香渐远，然今天读之，仍觉字字珠玑，识见深邃。重温名家大师的名篇佳作，让我们思深虑远，感佩不已。

（二）《江海学刊》创刊六十周年文集之原创学术卷。收录本刊自2002年创办“原创学术空间”栏目以来所刊发的部分论文，集中展现本刊近二十年来所发表的具有原创学术话语与原创学术思想的重要成果。我们开办“原创学术空间”栏目，就是想给国内尚且稚嫩的原创研究提供一个可以试错的实验空间与公共平台。进而言之，我们希望在这样一个“能指泛滥”而“所指衰微”的时代，能够开风气之先，激励原创思绪，激发思想活力，力挺学术自信，催生中华民族自己的学术大家和思想巨擘。

（三）《江海学刊》创刊六十周年文集之哲学卷。哲学是思想中的时代。《江海学刊》的哲学栏目，数十年来，一直秉承开风气之先、标新立异的办刊传统，牢固贯彻问题导向，关注时代热点，捕捉学术前沿，刊发了大量思想敏锐、见解超卓的学术论文，推动了国内哲学学科许多重大问题的讨论，国内哲学领域的很多重大理论争鸣是由本刊肇始的，以致著名马克思主义哲学家黄楠森先生在中国人学学会成立大会上说："中国的人学研究绕不过《江海学刊》。"这掷地有声的话语，是对办刊人的极大褒奖，让我们备感欣慰。20世纪80年代末以来，《江海学刊》率先开创集群式专题讨论模式，先后开辟认识论、历史唯物主义、实践唯物主义、实践哲学、实践本体论、主体性、认识主体性、历史主体性、人学、公共哲学、发展哲学、价值哲学、价值冲突与价值定位、面向21世纪的中国哲学、中西文化比较、空间哲学、身体哲学等一系列专题讨论，成为国内哲学界开展思想争鸣、展示学术成果的高端平台，博得海内外广泛好评。

（四）《江海学刊》创刊六十周年文集之文史卷。江苏物华天宝，人杰地灵，历史上文人辈出，名家荟萃。创刊以来，《江海学刊》依托江苏文星云集之优势，精心策划，精心组织，一代代文史编辑奋力拼搏，组织刊发了大量引领学术讨论，推动学术争鸣，促进学科建设的论文。作者中既有当时的名家大家，也有学坛新锐（后来也成为名家名流），他们的学术成果完整地再现了文史争鸣和学科发展的历史脉络。

（五）《江海学刊》创刊六十周年文集之社会科学卷。本卷内容涵盖经济学、管理学、社会学、法学、政治学等诸多社会科学领域，真实记录了六十年来特别是改革开放以来，国内社会科学领域研究的思想轨迹，关注当代中国发展现实，研究中国社会发展中的重大理论与实践问题，为现实问题的研究提供观点与答案。本卷撷精萃华，汇集精品，成为把握当代中国社会科学研究脉络的"测绘仪"。

（六）《江海学刊》创刊六十周年文集之辑目总览。此卷汇集自创刊号到2018年第5期共317期八千多篇文章的完整目录，纵横六十年，洋洋数千篇，

它既是对六十年中国社会发展历程的摹画，也是对六十年中国哲学社会科学研究成果的一次巡礼。辑目总览可以使我们对《江海学刊》六十年的成长历程和学科发展状况有一个全景式的了解与把握。

需要郑重说明的是：第一，从本刊六十年所发表的八千多篇文章中挑选出有代表性的论文，殊非易事。囿于篇幅，许多具有分量和学术价值的文章未能入选，遗珠之憾，在所难免。第二，为突出历史原貌，所选论文的编排一律按照当时发表之年代先后为序。第三，在编选过程中，除改善体例、纠谬补缺外，其余部分尽可能留存原貌。第四，由于历史原因，个别文章的某些提法、观点在今天看来或许已不合时宜，但为尊重历史，我们未作删改，尚请读者明鉴。

2018 年，是中华民族发展历程上一个特殊的值得记忆的年份，是新时代的开局之年，中华民族伟大复兴的梦想从未像今天这样清晰。新时代的中国吹响了哲学社会科学前进的号角，学术期刊的未来前景无限光明。

日出照东隅，扬帆正待航。在新世纪的学术征途上，我们满怀期待，同时充满信心。《江海学刊》作为全国知名的综合性人文社会科学学术理论期刊，要进一步提高质量，塑造形象，在全国学术理论期刊中保持并提升自己的位置，就必须发扬优良传统，倡导严谨学风，恪守学术规范，狠抓选题策划，创出自己更多的名牌专题、名牌栏目，要在一些重大的理论与实践问题上发出自己独特的声音，发表自己独到的见解，为学术研究中国风格与中国气派的确立、为中国特色的哲学社会科学话语体系的建构贡献智慧。

新时代的国内期刊界风起云涌，新时代的中国充满希望。《江海学刊》将乘中华民族复兴的东风，把握机遇，迎接挑战，奋勇开拓，敢于创新，在新的时代，使《江海学刊》立足江苏，影响全国，参与国际学术交流。海纳百川，有容乃大，江竞千帆，弄潮为先，我们将自加压力，负重前进，埋头苦干，无私奉献，为繁荣中国的哲学社会科学学术理论事业，为社会主义现代化建设做出自己突出的贡献。

有一位哲人说过：柏拉图理念的鸽子幻想在真空中自由地向天空飞去，但没有空气的支持，没有大地的支持，飞翔终成泡影，鸽子会坠入柏拉图的“洞穴”，在影子中爬行。真正哲人的鸽子应该既不安于作洞穴中的爬虫，也不要为真空中虚幻的自由所诱惑。那就让我们听从哲学家的召唤，做一只现实的鸽子吧！让我们脚踏中华大地，仰望祖国蓝天，在理想与现实之间、在大地与蓝天之间，乘着五彩的生活气流飞翔。

二〇一八年十月十八日

目　　录

经济学篇

社会学篇

政治学篇

法学篇

经济学篇

农业转化与国民经济发展的关系及交融问题初探

蔡　昉

农业实现“两个转化”，一方面有赖于国民经济诸部门的超前发展，另一方面要疏通农业与国民经济其他部门的联系渠道，其中最重要的是建立一个完善的农村市场体系，只有这样，才能实现农业转化与国民经济发展的交融。

一　农业转化的基本制约来自于国民经济其他部门

农业是整个国民经济体系中的一个重要组成部分，其发展是不能独立于国民经济发展轨道之外的。特别是，我国农业正处在从传统农业向现代农业转化和自给半自给农业向商品化、社会化农业转化的阶段，对于整个国民经济在物质技术基础和产业结构以及其他方面的要求就更为迫切和重要。这些要求包括：工业装备农业的能力（机器、能源、化肥、农药等）；教育部门培训和输送人才的满足程度；适宜技术的提供；交通、运输等基础设施的发达水平；信息网络的完善；产品需求结构的合理；农产品加工能力及其布局；剩余劳动力的吸收能力；等等。

建国三十多年来，我国农业的发展丝毫也离不开上述各方面的推动。例如，有的同志估算，1952—1980 年农业总产值增长的 28% 来自科学技术的因素。[①] 特别是党的十一届三中全会以后，在党的各项政策的推动下，农业生产利用外部经济条件的输入取得了空前的成就。请看下列数字：1984 年农业总

① 武静清：《全国农业投资效果问题研究座谈会综述》，《经济问题》1984 年第 12 期。

产值达到3377亿元，比1952年增长了6倍，比1978年增长了1.3倍[①]；农业机械总动力1984年为26509万马力，分别比1952年和1978年增加了1000多倍和65.9%；化肥施用量1984年为1739.8万吨，分别比1952年和1978年增加200多倍和96.8%；1984年农村用电量为464亿度，比1952年和1978年分别增加900多倍和83.3%[②]。

但是，我们不能满足于纵向的比较。在这个新的技术革命方兴未艾的世界上，横向的比较即与其他国家同一指标进行比较更为重要。特别是要拿农业对国民经济其他部门提出的要求，与它们的满足程度相比较。从这方面看，转化中的我国农业，需要有一个更为有力的外部经济支持体系。其内容包括：

1. 适应农业经济有购买力的需求的工业装备。如小型化、多样化、多用型、多配套、少耗能的农业机械、机具，高效复合化肥，低毒、低污染农药，农用载重汽车等。目前这些都还不能得到充分的满足。例如，我国农用载重汽车拥有量1983年为27.5万辆，每5481亩耕地才合一辆，而苏联1980年就拥有农用载重汽车159.6万辆，每2122亩耕地就有一辆[③]。

2. 充足而经济的能源供给。目前我国约2/3的农户每年有3—5个月缺少生活能源。全国每年在农村烧掉的秸秆薪柴为数惊人，以每户每天至少需柴8公斤计，每年就需生物有机燃料5亿吨以上，是秸秆生产量的125%多[④]。农业生产用能也存在同样的问题，就电力而论，目前农用电动机缺电40%。[⑤]

3. 适用的农业技术。我国农业近年来的较快发展，一靠政策，二靠科学。但是细究起来，前几年农业的发展更多的是来自政策效应，而今后一段时期则主要借重于技术效应了。有的同志认为今后到2000年前的农业发展，科学技术因素至少要占55%—62%。[⑥]

---

① 剔除价格变动的因素，1984年比1978年提高71.4%。

② 根据《中国统计摘要·1985》中的数字计算。

③ 《红旗》1984年第19期，第30页；《农业经济学》，苏联谷穗出版社1982年版，第116页。

④ 杨纪柯：《农业现代化的起步战略》，安徽科技出版社1983年版，第121—122、134页。

⑤ 同上书，第134页。

⑥ 武静清：《全国农业投资效果问题研究座谈会综述》，《经济问题》1984年第12期。

4. 相应的资金支持。我国农业扩大再生产的资金始终不足，1984 年农林水利气象的基建投资额又比 1978 年减少了 30.4%，并由占国民经济各部门基建投资总额的 10.6% 降到 5%。[①] 其他资金渠道也没能得到疏通。例如 1983 年乡镇企业实现的利润中只有 16% 用于农业。

5. 农村普通教育水平的提高和职业培训、再教育途径的开辟。1984 年我国农林牧渔劳动者中各类文化程度构成比例与全国平均数相比，大学毕业或肄业为 1.15%，高中为 49.15%，初中为 81.20%，小学为 108.09%，文盲、半文盲为 129.54%[②]。提高农村教育水平，增强农民从事现代农业、商品生产的素质，是十分紧迫的任务。

6. 通畅的农产品流通渠道体系。我国农产品流通体制正在改革中，新的一套开放、多向、平等、机制完善的渠道体系还没有建立起来，成为农业商品经济进一步发展的制约因素。

7. 适应于农业商品化发展的基础设施。我国交通、运输设施很不发达，储藏、加工能力也低，而乡镇企业的主要经营方向与相应产业距离颇大，1984 年乡镇企业就业人数的 66.2% 都集中于工业企业，从事交通运输的仅占 3.4%[③]。

8. 农业剩余劳动力的去向。1984 年底农村从事农林牧副渔业的劳力还占乡社劳动力总数的 88.1%，同时，乡社总人口仍然占到全国人口的 84%。[④] 另外，工业中主要问题不是劳动力的缺乏，而是劳动生产率太低。这是一个很现实的两难问题。

二　工业化程度和农业开放度低是制约农业转化的主要原因

由上面因素的分析可以看到，我国农业商品生产实际上还处于资源和需

① 《中国统计摘要·1985》，第 69—70 页。

② 同上书，第 24 页。

③ 同上书，第 43 页。

④ 同上书，第 23—28 页。

求双重制约阶段，而其中最主要的还是资源的制约。马克思指出："生产生产着消费：（1）是由于生产为消费创造材料，（2）是由于生产决定消费的方式，（3）是由于生产靠它起初当作对象生产出来的产品在消费者身上引起需要。因而，它生产出消费的对象、消费的方式和消费的动力。同样，消费生产出生产者的素质，因为它在生产者身上引起追求一定目的的需要。"① 在生产本身受到严格资源制约，并未形成普遍的买方市场，因而还无法以新的产品结构创造出消费者的需要的时候，需求制约就不可能是最主要的制约力量，而仅仅表现为"在生产者身上引起追求一定目的的需要"而已。

因此，下面的分析较多地从资源因素方面展开。

我国农业从传统型向现代化，从自给半自给向商品经济的转化，受到了国民经济其他部门的制约，原因有两条：一是国民经济的发展不适应农业转化的要求。有人说我国农业落后于国民经济其他部门的发展，拖了国民经济的后腿。我认为恰恰相反，是国民经济其他部门的欠发达拖了农业的后腿。上述说法只有在一定的意义上是有道理的，即第二条原因，农业的开放度低，农业的转化过程没有与整个国民经济的发展建立起普遍的联系，没有交融。

国外学者根据世界农业技术的进展及趋势，认为农业的发展越来越少地依赖于自然，而越来越离不开技术的进步②。这样一个趋势的前提条件是整个国民经济特别是工业的发达和农业服务体系的完善。我国在这两方面无须讳言是有很大差距的。

1. 我国仍处于较低的工业化水平阶段。联合国工业发展组织使用"制造业附加价值在商品附加价值中的比重"指标，比较了各国工业化程度，把世界各国划分为四大类：工业化国家（60%以上）；半工业化国家（40%—60%）；正在工业化中的国家（20%—40%）；非工业化国家（20%以下）。例如1976年的这个工业化指标：西班牙为81.1%，南斯拉夫为75.7%，韩国

---

① 《马克思恩格斯选集》第2卷，人民出版社1972年版，第95页。

② 玛丽林·周：《世界粮食问题展望与农业潜力》，农业出版社1982年版，第309页。

为42.8%，墨西哥为58.9%，阿根廷为61.4%，中国为51.6%[①]。在这种较低的工业化水平下，我国工业内部结构还很不合理，重工业更多的是为自身服务的。1949—1978年重工业增长90.5倍，而轻工业仅增长19.7倍。[②] 这一数字可为一证。

2. 我国农业的转化是在与国民经济其他部门的发展相互隔绝的状态中进行的。由于在处理农业与国民经济其他部门的关系问题上，违背了客观的经济规律，造成两者交融的渠道不畅、动力不足。例如，国家垄断了农业与其他国民经济部门在人员、技术、生产资料、产品、资金等方面的流通，堵塞了社会的分工、协作所要求的横向经济联系。这造成：①农业的技术改造效果不佳，生产效率提高的速度缓慢，农业科技人员人心思离；②农村经济的发展畸形、单一化。集中调配的有限资金、物资被集中于农业（特别是种植业），损害了农林牧副渔和农村社会经济的综合发展；③农业机械化经济效益差。表现为作业机与动力机不配套；人、机、马三套锣鼓并存，三套成本开支；农牧副渔各业机械化水平不平衡；种植业中各项作业的机械使用程度也参差不齐，生产过程不协调；④农用生产资料质次价高，货不对路；⑤农业劳动力潜在剩余，劳动生产率低下；⑥农产品流通中不等价交换，歪曲了价格信号，阻碍了商品经济的发展。

三　实现农业转化的关键在农业外部

首先，农业进一步转化的外部条件在于整个国民经济及其诸多部门的超前发展。农业在国民经济中相对份额的下降，是一个客观规律。目前全世界典型的低收入国家农业产值总要占到国民生产总值的30%以上，农业就业则占到总就业的70%以上；分别比典型的中等收入水平国家高出1.3倍和60%。而中等收入水平国家的农业产值比和就业比，又分别高于发达国家1倍以上[③]。

---

① 杨沐、杨世涛：《从工业看国民经济增长的几个问题》，《经济学研究》1985年第9期。
② 《中国经济、社会发展战略问题研究》，第Ⅳ章，第42页。
③ 《农村发展研究（通讯）》第15期，第2页。

适应农业相对份额下降趋势的规律，一是加快整个国民经济发展的步伐，二是把农业转到更多地依靠外部条件，量的扩大与质的加强并重发展的轨道上。党的十一届三中全会后农业经济的发展，使我国已经走出了难以温饱的阶段，粮食已经基本自给，棉花自给有余；以城市为重点的全面经济改革正在深入。这为我们顺应农业相对份额下降趋势的规律，促进农业的两个转化创造了良好的经济背景。在国民经济其他部门有了超前的发展后，第一是依靠它们对农产品供给的要求影响农业合理生产结构的形成；第二是为农业创造一个充分满足需要的物质技术基础和服务体系。

值得说明的是，顺应农业相对份额下降趋势的规律，并不意味着使农业萎缩。相反，这是要创造一个外部拉动系统来刺激农业转化过程的加快。法国农业经济学家约瑟夫·克拉兹曼教授曾做过这样一个假设：假如一个国家非农业部门收入增长速度由2%提高到4%，这引致对食品的需求略有增加；由于农产品需求的价格弹性很小，其结果是需求略有增加将会引起价格的明显上涨；又由于生产开支占产值的1/3或一半，如果价格上涨1%，总收入就会增加1%，纯收入则会增加1.5%—2%。因此，农产品的需求只要略有增加，农民收入的增长速度就会明显加快。不仅如此，国民经济以更快的速度增长，还会为农民提供更多的就业机会，农业人口的减少速度加快，生产的增长速度将会略有减缓。由于农产品需求的价格弹性很小，则生产的减缓增长会引起价格的相对上涨，这便是农民收入增长的另一因素①。这个假设是针对一个农业人口比重比较小的国家所作，并且是关于收入的增加问题。因此对于我们要寻求解决的问题没有直接的实验价值，但它无疑也向我们指示出农业外部经济环境的变化会从需求和资源两方面共同影响农业发展。

其次，疏通农业与国民经济其他部门以及农村经济部门联系的渠道，使它们得以交融发展。农业与国民经济各部门的联系内容包括：①物质交换；②劳务交换；③信息交换；④价值转移；⑤人口转移；⑥价值观的交融。这

① 约瑟夫·克拉兹曼：《法国农业政策——错误的思想观点和幻想》，农业出版社1982年版，第119—121页。

些联系是通过四种机制实现的：物质的，经济的，信息的，社会行为的。物质的运输、贮存、分配和交换系统是农村与社会联系的物质基础。该系统由道路、桥梁、运输手段、仓库、电网、管道、通信设备、无线电、荧光屏等组成；商品货币交换以及预算财政关系是这种联系的经济基础；而信息联系是通过有形和无形两种渠道实现的。前者包括印刷品、电影、无线电广播、电视，后者是指人们的彼此交往；这种联系的社会行为机制是通过人们自愿（而不是社会规定）行为的一定类型实现的①。

众所周知，在我国，农业与国民经济其他部门联系的上述渠道是很不完善、很不通畅的。这表现在①实现联系的物质基础设施薄弱；②商品货币的交换关系不发达，农产品流通和生产资料流通长期被人为地加以阻塞。财政分配关系的核心是靠农业为工业化提供积累，损害了农业的发展；③信息是以指令性下达和程式化的上传的形式传递的，由于国民经济分配关系扭曲，因而经济信息也是不真实的。另外，社会传播很少提供生产决策和职业素质提高所需要的信息；④由于农业与国民经济其他部门在上述方面的脱节，农业生产者的社会行为方式和价值规范与社会的交融也较少发生。

因此，我们亟待建立一个完善的农村市场体系，以之作为农业与整个国民经济充分交融的渠道。这个农村市场体系包括：农产品流通渠道体系，农村资金融通机制，土地合理分配和集中机制，人才和技术、信息的流通渠道，以及这个市场体系的空间依托——农村集镇。

---

① 《系统研究农村的方法论问题》，苏联科学院西伯利亚分院“科学”出版社 1977 年版，第一章第 4 节《农村与社会的外部联系》。

四 建立完善的农村市场体系是实现农业与整个国民经济交融发展的重要环节

商品交换的对象越来越不局限于产品，而逐渐包括了各种生产要素，换句话说，各种生产要素参加到商品交换中，这是简单商品生产向发达商品生产过渡的一个重要内容，并且丝毫也不违背马克思的劳动价值论①。而在我国农业转化的这个阶段上，认识到这一规律，积极引导建立一个包括各种生产要素在内的完整的农村市场体系，更有着极其重要的意义。首先，它是农业与国民经济其他部门、农村各部门、农村各个地区之间、农业生产者之间建立普遍联系、促使生产要素大跨度移动和重组的渠道。农村市场体系的形成，促使城市资金、技术、人才、服务系统向农村延伸，推动了农村各业更有动力地为农业转化服务，开辟了农业劳动力转移和土地集中的途径，疏通了居民储蓄资源转化为扩大再生产积累资金的渠道。其次，它是建立一个间接控制型的农产品流通渠道体系的基础。实践证明，农产品流通最不适宜人为干预，但是，由于农业生产的特点和农产品需求的特点，又要求加强对农产品流通的宏观控制。建立一个包括资金、劳务、信息、土地、技术等特殊商品在内的农村市场体系，就可以通过国家利用经济杠杆及经济立法等手段对特殊商品市场的干预，从而达到间接控制农产品流通的目的②。

下面我们分别讨论一下农村市场体系中的各项内容。

1. 建立一个具有多种目标、多种经营组织形式，多种调节手段的多层次、立体的农产品流通渠道体系。在这个渠道体系中要充分体现开放、多向、平等的特性，价格既要反映价值，又要反映供求，为农业生产者提供一个完全竞争的环境。但是，由于农业生产受自然因素的偶然性影响较大，农产品需

---

① 例如马克思在他《资本论》的研究范围内就曾将商品的概念扩大三次。参见王克玲《试论马克思对商品概念的三次扩大》，《经济研究》1985 年第 7 期。

② 这是一个不小的课题，有待于专门探讨。

求的收入弹性和价格弹性较小，所以又必须对农产品流通给予一定的保护和加强宏观控制。

2. 建立一个国营、集体、民间各种资金融通方式并存的农村资金市场。国家银行和信用社因其在全国各个角落建立起的强大的信用网络和巨额的资金，必然是农村资金融通的主渠道。但是，在体制上和经营方式上要适应农村变化了的形势而更灵活些，此外，要允许各种民间信贷的发展，农业生产是自然再生产和经济再生产过程的统一，自然再生产中必须考虑的是有生命的劳动对象和劳动过程。这使农业生产过程变得异常复杂。适应这个特点，农业资金的使用要求在季节上、劳动阶段上的分布十分灵活，这在客观上要求有金额巨细、贷期长短并存的融资体系，目前重要的任务是要把农村资金引导到农业生产中。

3. 建立一个在国家有效控制下，具有集中机制的土地市场。也就是充分利用国家宏观调节、控制和市场微调两套机制。改革方向是将全部土地（包括原归集体所有的耕地）逐步过渡为国有，并由国家有关机构执行土地再分配的调控职能，实行土地的国家租赁制，在经营者与国家的租赁关系之下，经营者之间可以进行土地的有偿调剂。这样，利用两套机制控制土地的使用并实现集中经营。

4. 建立一个能够充分流动的农村信息、技术市场。由于信息和技术是一种软商品或无形商品，因而它们不受时间、空间的限制，可以在充分大的范围内流动，又由于现代化信息和技术对于传统的自给半自给农业具有巨大的冲击力，它们的流动比任何其他生产要素的流动都要来得更重要。目前要做的是，充分承认信息和技术的价值，使它们像商品一样，按照地区差价指示的方向运动。

5. 建立一个农村剩余劳动力在既有的可能条件下充分转移并能把有技术的能人在地区和部门重新配置的农村人才市场。农业剩余劳动力的吸收，生产力其他要素在劳动者之间的重新配置，是农业生产率提高，从而加速农业转化过程的重要一环。由于我国资源分布的不平衡，而不同人才与不同资源的结合则会产生不同的生产率，所以建立人才市场，承认人才的相对价值①，使其流动起来，重新组合是十分必要的，也是农业开放的关键。

6. 建立一个能够充分选择的农村生产资料市场。农业生产资料是否适合于生产者的需要，只有经过在市场上进行比较、选择，才能够看清。建立农村生产资料市场还有利于改革旧有的一套农业生产资料供应体制，促进商品经济范围的扩大。同时也有助于引导农村工业向为农业服务的方向发展。

7. 大力发展农村集镇，使之成为农业与国民经济其他部门发生广泛经济联系的空间依托。农村集镇是农业经济与国民经济以及农村经济部门相沟通的场所，也是市场体系的汇结点，也是加强农业联系的基础设施的附着地和农业剩余劳动力转移的第一级，特别是，农村集镇的发展是我国城镇化战略的一个重要特点和内容，也是中国式现代化建设的一大特色。

［原载《江海学刊》（经济社会版）1986 年第 3 期］

① 相对于不同的生产资源。

宏观经济政策构成体系的系统分析

魏　杰

宏观经济本身的复杂性及宏观经济政策目标的多元化，决定了宏观经济政策是一个包含多种宏观经济政策的有机政策体系。对于宏观经济政策应该是一个有机的政策体系，经济学界的意见是一致的，但对于应该建造什么样的宏观经济政策体系，经济学界则存在着严重的分歧。之所以产生这种分歧，主要是由于人们对宏观经济政策的分类有不同的认识。因此，宏观经济政策分类与宏观经济政策体系紧密地联系在一起，可以说是一个问题的两个方面，所以宏观经济政策体系的分析总是从宏观经济政策的分类开始的。

宏观经济政策的分类及其不同意见

宏观经济政策的分类在学术界有很大的争论，大致上有四种分类法。第一种是按照宏观经济政策的最终目标，将宏观经济政策划分为四类：实现稳定目标的增长政策，包括财政政策和货币政策等；实现增长目标的增长政策，包括劳动供给政策和资产形成政策等；实现结构协调目标的结构政策，包括产业结构政策和投资结构政策等；实现公平分配目标的分配政策，包括收入分配调节政策等。第二种是按照宏观经济政策的所属范畴将宏观经济政策划分为两类：属于经济体制范畴的体制政策，包括竞争政策和分配政策等；属于经济运行过程范畴的过程政策，包括财政政策和货币政策等。第三种是按照宏观经济政策的作用领域，将宏观经济政策分为三类：保障经济过程稳定运行的过程政策，其中主要包括调节供求总量及结构平衡的政策；维护经济秩序正常化的秩序政策，其中主要包括维护体制秩序、经济结构秩序和经济运行秩序的政策；提供和增强经济基础条件的基础政策，其中主要包括增强能源及交通运输的政策、优化环境的政策和提高科学文化水平的政策等。第四种是按照宏观经济政策的作用核心，即调节供求总量平衡及供求结构协调，将宏观经济政策划分为三类：增进总供给增加的经济增长政策，包括提高生产率的政策和促进资产形成的政策等；稳定总需求增长的稳定政策，包括财政政策和货币政策等；协调供求结构的协调政策，包括产业结构政策和投资结构政策等。

上述对宏观经济政策的不同分类，并没有重大的原则区别，仅仅是出发点和分析问题的角度不同而已。但是第四种分类要相对比较好一些。因为，无论是宏观经济政策目标的有效实现，还是经济秩序的正常化和经济过程的稳定，都需要有供求总量平衡和供求结构协调这个最基本的前提。也就是说，供求总量平衡和供求结构协调是制约整个国民经济发展的最重要决定条件，宏观经济政策目标、经济增长、经济过程稳定、收入分配公平化及经济秩序正常化等，都只有在供求总量平衡和供求结构协调的条件下才成为可能。因此，从供求总量平衡和供求结构协调这个宏观经济政策的作用核心来划分宏观经济政策分类，是深入到了宏观经济政策的较深处，其他方式的划分都只不过是这种方式的演变而已。

宏观经济政策的作用核心是从供给与需求两个方面调节总量及其结构，以保持供求总量的平衡及其供求结构的协调。宏观经济政策对于供求总量平衡的调节是通过增进总供给和稳定总需求而实现的，对于供求结构协调的调节是通过引导需求结构和调整供给结构而实现的，因而宏观经济政策调节供求总量及其供求结构的具体过程表现为增进总供给、稳定总需求和协调供求结构。因为其中的增进总供给集中地表现为通过激发经济动力而刺激经济增长，所以宏观经济政策的最终功能往往表现为刺激经济增长、平衡供求总量、协调供求结构。从这个意义上讲，宏观经济政策实质上就是从宏观上为经济发展寻求动力，并从宏观上保障经济稳定而协调发展的政策体系。按照宏观经济政策的具体作用过程及功能来划分，宏观经济政策的体系构成包括增进总供给的动力政策、稳定总求增长的稳定政策、调节供求结构的协调政策。因此，我们对于宏观经济政策构成体系的分析，首先是分别分析动力政策、稳定政策及协调政策，然后在此基础上再分析它们相互配合的共同过程。

动力政策的内容其作用

动力政策是指通过影响经济增长的三个决定因素即生产率、资产形成及劳动投入而激发经济活力，从而通过总供给增加而平衡供求总量的供给调节准则及方针。由于动力政策主要是对总供给发生作用，通过增进总供给而对供求总量平衡实施影响作用的，因而动力政策也往往被称为总供给调节政策。动力政策所直接作用的总供给是推进供求总量平衡的决定性力量，总供给增进对于平衡供求总量具有治本的主动性积极作用，因而动力政策是极其重要的宏观经济政策。一般来说，总供给增长总是劳动、资产和生产率增长的某种组合的结果，爱德华·丹尼森等增长经济学家曾用一个简单的公式归结了这三个因素对总供给增长的贡献，即总供给增长率等于生产增长率加上0.7乘以劳动投入增长率及0.3乘以资产投入增长率。0.3和0.7是根据资产和劳动在国民收入中所占的相对份额的数据而推导出来的，是用资产与劳动的收入来表明它们对总供给增加的贡献状况。因此，以增进总供给为中心的动力政策就具体表现为提高生产率的政策、刺激资产形成的政策、增加劳动供给的政策。

第一，提高生产率的政策。

生产率是对总供给增长具有决定意义的因素。在劳动与资产的投入量不变的情况下，总供给增长就取决于生产率提高的状况。按照现有的经济学家的统计，正常条件下生产率提高1%，那就意味着整个经济从同量劳动和资产中可以多生产1%的产品供给。因此，提高生产率的政策对总供给增长有着极其重要的作用。生产率的提高主要取决于利益、竞争、科技、产业组织及社会稳定等要素，因而提高生产率的政策就包括能有效促进这些要素充分作用的利益分配政策、竞争政策、科技政策、产业组织政策、社会稳定政策。

利益分配政策是为微观上的按效率分配创造良好的宏观条件及制度保障，并且从宏观上用公平原则对微观分配的结果进行有效的调节，从而形成一个效率原则与公平原则相结合的利益分配体制，从效率和公平两个方面激发经济活力，促进生产率的提高。竞争政策是为维护正常的竞争秩序和保护竞争而提供政策规定和手段，具体表现为一系列有关维护正常竞争秩序和保护竞争充分展开的措施与规则，其实质是用政策形式将排除各种不正当竞争的方法及消除限制竞争因素的途径加以强制肯定，从而使竞争充分发挥有力促进生产率提高的作用。科技政策是为科技的发展提供雄厚的经济基础和良好的研究条件，建立有利于科技人员充分发挥积极作用的科技管理体制，并且形成能使科技成果迅速转化为现实生产力的科技成果转换制度，用强制形式把有利于科技发展的科研体制、科技管理体制、科技成果转换制度等政策化，使科技促进生产率提高的作用能够顺畅地发挥。产业组织政策是为总供给增长寻求最有效的产业组织形式，并以政策形式强制使各产业的组织形式符合总供给有效增长要求的政策措施及手段，其实质是要通过产业组织形式的优化而为生产率提高提供组织保证。社会稳定政策是为生产率提高创造必需的社会稳定条件，其中包括维护正常和健康的社会秩序，遏止各种社会病态的蔓延和发展，打击各种犯罪和腐败行为等，从而使劳动及资产能够在优化的环境中增强活力和效率，保证生产率的迅速提高。

第二，刺激资产形成的政策。

资产存量的增长能够有效地加速总供给的增长，往往是资产增长率提高一个百分点，总供给增长率就提高 0.3 个百分点。因此，刺激资产形成的政策对总供给增加有着重要的促进作用。刺激资产形成的政策的主要功能，是调动国家、企业、个人的积累与投资的积极性，通过资产存量的增加而带动总供给的增长。按照刺激资产形成的政策的作用对象来看，刺激资产形成的政策包括国家资产成政策、企业资产形成政策、个人资产形成政策。国家资产形成政策、企业资产形成政策、个人资产形成政策的共同作用，能够通过刺激资产增加而有力地促进总供给的增长。

国家资产形成政策是指国家将适当的国民收入用于积累与投资，并使用于积累与投资的国民收入能够发挥高效益作用的国家调节积累与投资活动的准则与方针，其关键是确定积累与投资在国民收入中所占的恰当比率，并且形成积累与投资高效化的政策监督体系，通过政策形式而强制地使国家对积累与投资份额的确定，以及国家资产的形成过程，都能朝着有利于促进总供给增长的方向发展。企业资产形成政策是指促使企业内部形成积极主动的资产形成机制的政策与激励规则，其主要功能是对企业自身形成的资产的使用及资产收益的分配，做出明确的政策规定，使企业对自身通过积累与投资而形成的资产具有完全的使用权和较多的收益享受，从而提高企业形成资产的主动性及积极性，使企业资产形成对总供给增长发挥有效的促进作用。个人资产形成政策是指国家对个人资产形成及个人资产收益的基本政策观点和政策准则，主要是要求国家在政策上要对合理的个人资产形成给予保护，并使个人资产所有者能够通过合法的途径获得应有的资产收益，从而增强个人资产形成的活力，通过个人资产增长而带动总供给的增长。

第三，增加劳动供给的政策。

劳动供给增加对总供给增长的促进作用，要比资产增长对总供给增长的促进作用大得多。按照有的经济学家的计算，劳动供给增长率提高1%，总供给增长率就会上升0.7%，比资产增长对总供给增长的促进作用高1倍多。因此，通过劳动供给增长而带动总供给增长的增加劳动供给的政策，对于总供给增长有着极其重要的促进作用，我们必须制定有效的增加劳动供给的政策。增加劳动供给是一个质与量相统一的经济范畴，是指在增加劳动数量的同时提高劳动质量，并且内在地激发劳动的主动性和积极性，因而增加劳动供给的政策包括与劳动数量增加相关的就业政策、与劳动质量提高相关的劳动素质政策、与激发劳动的主动性和积极性相关的劳动收益政策。

就业政策是指为扩大和增加就业数量而采取的政策性刺激规则，其主要功能是从政策上寻求和肯定就业的途径及方法，通过扩大就业而增加劳动供给的数量，从而促进总供给的增长。劳动素质政策是指充分提高劳动者的技能及素质的政策规定，其中包括职业教育、在职培训和重新就职学习等劳动技能培养政策，主要是通过政策形式而强制地保障劳动供给质量的提高，从而促进总供给的增长。劳动收益政策是保障劳动的应有收益，从利益上促进劳动积极性和主动性提高的政策规定，其主要功能是增强工作能力，通过劳动的内涵增加来促进总供给增长。

从上述对动力政策的具体形式的分析中，我们可以清楚地看出，动力政策主要是为生产率、资产形成和劳动投入这三个总供给增长要素的充分作用提供有效的政策保障，通过激励和促进总供给增长要素而带动总供给的增长，其作用重点完全放在由生产率、资产形成、劳动投入这三者形成的供给增进过程上。

由于动力政策直接涉及总供给增长的推动力量，属于总供给增长政策，而总供给增长又被看作为供求总量平衡的物质基础，所以人们更多地注意动力政策是有意义的。

稳定政策的内容及其作用

稳定政策是通过调节总需求的稳定增长而实现供求总量平衡的。由于稳定政策把保持供求总量平衡的作用重心放在稳定总需求的增长上，因而稳定政策往往也被称为总需求调节政策。稳定政策的直接调节对象即总需求增长，对于保持供求总量平衡具有极为重要的作用。实践表明，总需求增长的失常状态即总需求膨胀和总需求萎缩，都会对供求总量平衡带来巨大的冲击和负效应。总需求膨胀会使供求总量因需求增长过度而失去平衡，总需求萎缩会使供求总量因需求增长不足而失去平衡。因此，对于保持总需求稳定增长的重要性，自20世纪30年代以来已被大多数经济学家所充分重视。就连那些在其他问题上有很大分歧意见的经济学家，也都一致要求保持总需求的稳定增长。许多经济学家认为，第二次世界大战后西方发达资本主义国家经济持续增长的一个重要原因是实行了保持总需求稳定增长的有效政策。我国近几年的实践也从反面证明了保持总需求稳定增长的重要性。可以说，近几年来困扰我国经济发展的最主要困难是总需求膨胀太厉害，急于求成的指导思想以及由此而来的基本建设任务安排过大和消费水平提高过快等因素，诱发并推进了总需求的盲目过猛增长，从而打破了供求总量平衡，使得与供求总量失衡相关的通货膨胀及收入分配不公等无序现象急剧发展，最终使经济发展陷入困境之中。因此，必须实行以保持总需求稳定增长为中心的稳定政策。一般来说，稳定政策主要包括国民收入分配政策、货币政策、财政政策、投资政策、消费政策、储蓄政策。

总需求是通过国民收入分配过程而形成的，其形成过程直接同货币形态的国民收入分配量及其与实物形态的国民收入量的相互关系有关。货币形态的国民收入分配量形成总需求，而实物形态的国民收入量则形成总供给，因而货币形态的国民收入分配量的确定及其与实物形态的国民收入量的相互关系，直接涉及总需求的增长状况。正因为如此，所以作为调节货币形态的国民收入分配量及其与实物形态的国民收入量的相互关系的国民收入分配政策，就对于调节总需求的稳定增长有着极为重要的作用，是稳定政策的重要组成部分。一般来说，国民收入分配政策可以为总需求的增长幅度及变动趋势确定一个大体的框架，从总体上保证总需求的稳定增长。

总需求的担当实体是货币，因而货币供应量及其与货币需要量的关系，直接决定着总需求的增长状况及总需求同总供给的关系。一般来说，没有货币的盲目超量供应，总需求膨胀是不可能形成的；同样，没有货币供应的过度紧缩，总需求也不会极度萎缩。货币同总需求的这种内在联系，使得货币政策对保持总需求的稳定增长及供求总量的平衡具有极其重要的作用。货币政策对于货币供应量及其与货币需求量的相互关系的调整，可以直接决定总需求的状况及其变动趋势，因而货币政策是调节总需求变动的总闸门，是保证总求稳定增长及供求总量平衡的最有力手段。

政府财政对于总需求有着非常重要的影响，是总需求变动的内在因素。

政府购买、转移支付、税负征收等财政行为的任何一个微小变化，都会对总需求状况发生影响。因此，财政政策通过对财政收入与支出量的主动调整，可以有效地保障总需求的稳定增长，实现供求总量的平衡。一般来说，在财政政策能够充分作用的条件下，财政政策对于熨平总需求的过大波动和缩短总需求波动的过长周期，有着极为强烈的作用。因此，财政政策是保持总需求的稳定增长和供求总量平衡的重要稳定政策。

消费需求是总需求的最主要构成部分，一般要占到总需求的2/3左右，因而总需求的稳定增长有赖于消费需求的稳定增长。消费需求与总需求的这种内在关系，使得消费政策对于保障总需求的稳定增长具有重要的意义。消费政策作为调整消费需求总量变动的行为准则，可以直接约束或扩张消费需求总量，通过消费需求而影响总需求变动，从而对总需求增长起到稳定作用，实现供求总量的平衡。因此，消费政策在调节总需求增长及平衡总量过程中是被经常使用的重要政策，并且一般都很有效。

投资需求是构成总需求的重要变量。投资需求虽然在数量上小于消费需求，但它却是总需求中最易变动并且波动很大的部分，它的波动会通过乘数过程而引起总需求乃至供求总量关系的巨大波动。因此，作为调节投资需求的投资政策，是稳定总需求增长的重要政策。投资政策通过对投资总量的约束和调整，可以有效地保持总需求的稳定增长实现供求总量的大体平衡。一般来说，总需求的过大波动没有投资政策的作用，是很难稳定下来的。因此，投资政策也是稳定总需求增长和平衡供求总量所必需的重要政策。

国民收入在形成总需求之前要经过储蓄环节，储蓄往往会使国民收入使用量在时间上发生差异，使一部分国民收入因被推迟使用而在一段时间内不形成总需求，如通过财政贴息可以使一部分应成为总需求的国民收入在一段时间内成为潜在货币。因此，储蓄政策也是很重要的总需求稳定政策。储蓄政策通过对储蓄量的调整，可以有效地调节总需求及其供求总量关系，保证总需求的稳定增长和供求总量的平衡。

上述所分析的各种稳定政策，从不同的过程以不同的方式面对总需求增长发生调节作用，共同维持总需求的稳定增长。稳定政策对于总需求增长的调节，可以较迅速地促进供求总量的平衡，因而稳定政策对于调节供求总量平衡具有重要的意义。理论界有人把稳定政策仅仅当作短期的和被动性调节政策，这是不对的。总需求增长任何时候都会对供求总量关系发生作用，保持总需求稳定增长任何时候都有意义，因而作为调节总需求增长的稳定政策，在调节供求总量平衡的全部过程中都会发生作用。

协调政策的内容及其作用

协调政策是国家调节供求结构的基本政策原则和政策措施的总和，其功能是保持供求结构的有序发展，实现供求结构的协调。供给结构与需求结构的矛盾是经常存在的，其原因在于随着经济发展人们的需求结构总是在发生变化，而供给结构又往往不能及时完全地适应需求结构的这种发展变化。供给结构与需求结构的矛盾在商品经济体制下通常主要是依靠市场机制的作用协调的，但市场机制并不能完全有效地调节供求结构与需求结构的矛盾，而且调节往往需旷日持久，易于造成经济动荡和社会劳动浪费。因此，国家要在充分利用市场机制作用的基础上，通过协调政策而调节供给结构与需求结构的矛盾，以持供求结构的协调。

协调政策是从两个方面对供给结构与需求结构的矛盾发生调节作用的。一是从需求方面对需求结构进行政策引导，包括从政策上鼓励和限制某些方面的需求，以使需求结构能符合当时社会生产力所能提供的供给结构。二是从供给方面调整供给结构，使供给结构能满足需求结构的要求，其主要政策原则有：对于需求收缩的部门采取有序的适应政策，即通过压缩和调整而使之现代化，以适应市场需求的要求；对于眼前需要收缩而今后还要发展的部门采取有目的的保存政策，即通过调整和整顿而把这些部门的最重要的部分实力保存下来，以备今日和将来之需；对于新兴发展部门采取有远见的塑形政策，即大力帮助和支持有前途的新兴工业部门，以使这些部门适应即将发展起来的需求结构的要求。协调政策对子供求结构的上述调节，无论是需求结构引导还是供给结构调整，都是很复杂的经济过程，因而协调政策是一个包括多种结构调节政策的政策体系。一般来说，协调政策主要包括需求结构引导政策、产业结构政策、投资结构政策、技术结构政策等。

需求结构引导政策是国家通过约束与鼓励的政策形式而调整需求结构的政策方针与措施，其中包括提高市场需求结构透明度及准确度的政策措施与方式，为个人消费结构导向的鼓励政策与限制措施，以及调整政府购买及支出结构的政策措施等。这些政策方针和措施可以对需求结构的变动发生导向作用，从而使需求结构能够符合供给结构的要求。需求结构引导政策对于需求结构的变动会迅速发生调节作用，使需求结构适应供给结构，促使供求结构的协调，因而需求结构引导政策是供求结构协调的重要调节政策。

需求结构引导政策虽然对于协调供求结构矛盾有很重要的作用，但是仅靠需求结构引导政策还是不够的。因为，在需求结构真正反映经济发展的实际状况的条件下，供求结构矛盾往往都是由于供给结构不适应需求结构而引起的，国家不可能通过需求结构的调整来达到供求结构协调，只能通过调节供给结构而实现供求结构协调。因此，必须在注重需求结构调节政策的同时，还要重视供给结构调节政策。一般来说，供给结构最终取决于产业结构的状况，产业结构从生产的深层制约着供给结构，因而供给结构的调整首先需要运用产业结构政策来进行。产业结构政策是国家通过调节产业结构而调节供给结构的政策措施，其核心是通过产业鼓励与产业限制政策来调节产业结构，进而通过产业结构的调整而调节供给结构。产业结构政策可以大致上为产业结构及供给结构提供一个总体发展框架，保证供求结构与需求结构的协调。

供给结构的调整从宏观经济政策的角度来看，应该通过增量结构调整与存量结构调整相结合的方式来进行，而增量结构调整和存量结构调整的主要政策方式又都是投资结构政策，所以投资结构政策对于供给结构的调节就具有非常重要的作用。投资结构政策是国家调节固定资产投资在国民经济各组成部分的分配比例的基本原则和方针，其核心是通过对国家自身投资结构的调整和对企业及个人投资方向的引导，以及对存量结构的调整，使得在投资结构的带动下而形成符合需求结构要求的供给结构。

产业结构政策和投资结构政策对于供给结构的调整，需要有技术结构的配合和支持，因而技术结构政策也是重要的供给结构调节政策。一般来说，当符合供给结构调整要求的技术结构体现在产业结构政策和投资结构政策中时，产业结构政策和投资结构政策就会对供给结构的调整发生强烈的调节作用。因此，必须在供给结构调节中充分发挥技术结构政策的作用。技术结构政策是国家按照供给结构的要求选择和调节技术结构，使技术结构合理化的政策准则。技术结构政策包括完善技术结构调整机制的措施，完善技术结构同产业结构和投资结构的联系方式的措施等。技术结构政策主要是通过对产业结构和投资结构的技术构成的调节而实现对供给结构的调节的，因而它实际上就是产业结构和投资结构的技术素质政策，这就要求技术结构政策同产业结构政策和投资结构政策相结合。实际上，供给结构的调整过程，就是产业结构政策、投资结构政策和技术结构政策共同作用的过程。正是由于它们的共同作用，才使得供给结构合乎需求结构的要求，保持了供求结构的协调。

宏观经济政策构成体系内部的有效配合

以上分析的宏观经济政策构成体系中的各项宏观经济政策，在调节时差和作用过程等方面都各有自己的特点，即既有优点也有不足，因而各个宏观经济政策在实际运行中必须相互配合。特别是应该看到，由于所有的宏观经济变量都是相互作用并内在地联系在一起的，而任何一个宏观经济政策又都只具有直接调节某一类宏观经济变量的功能，所以国家不可能通过某个宏观经济政策的单独作用而实现预期调节目标。宏观经济变量之间的这种内在联系及单个宏观经济政策的作用局限性，使得各种宏观经济政策只有有机地相互配合，才能有效地实现调节目标。各种宏观经济政策相互配合的方式，主要包括下述五种。

第一，政策时差配合。所谓政策时差，就是指宏观经济政策由制定到最终对经济运行发生影响的传导时间。政策时差如果具体划分，可分为认识时差（即从经济运行出现问题到人们认为应该采取调节措施的时间）、制定时差（即政策从制定到被正式实施的时间）、作用时差（即政策从实施到真正发生效应的时间）。各个宏观经济政策的政策时差是不同的。例如，财政政策的制定时差要比货币政策的制定时差长，因为在决定财政政策时，政府提出的有关税收变动和支出调整的财政措施，往往要经过一个较长的批准过程（在我国要经过人大常委会批准才能执行，在西方要经过国会通过才能执行），而货币政策的制定则不需要那么长的批准过程（西方国家的货币当局可以根据经济形势随时变动货币政策，我国的中央人民银行在请示国务院后也可以较快地变动货币政策）。当然，财政政策的作用时差要比货币政策短一些，因为货币政策无论是通过扩张货币供应量降低利率而刺激有效需求增长，还是通过紧缩货币供应量提高利率而抑制有效需求增长，都需要有一个较长的时差，但财政政策只要能使政府扩大或紧缩支出，就可以立即使总需求增长或下降。正因为各个宏观经济政策的政策时差各有长短，所以各个宏观经济政策只有相互配合，才能避免调节时滞的出现。

第二，作用效应配合。所谓作用效应的配合，就是指宏观经济政策的松紧搭配问题。宏观经济政策的松紧搭配有四种方式：一是全部都紧；二是全部都松；三是有松有紧；四是大部分紧小部分松或大部分松小部分紧。这四种搭配方式在不同的经济情况下的调节作用是不一样的，究竟采取哪种搭配方式，关键是要看实际经济运行与预期目标的偏差状况。一种来说，如果经济的实际运行背离预期目标太远，使得社会总需求过度膨胀或极度疲软时，可以采取全紧或全松的搭配方式；如果经济运行虽然同预期目标严重背离，但还没有形成社会总需求的过度膨胀或极度疲软时，应该采取大部分紧小部分松或大部分松小部分紧的搭配方式，如果经济运行与预期目标稍有偏差或刚刚开始出现偏差，社会总需求的膨胀或不足的状况还不严重时，一般以有松有紧的搭配为宜。根据不同的情况采取不同的松紧搭配方式，既可以促使调节目标快速而有效地实现，又能避免过猛的经济振荡，消除或减轻调节过程中出现的副作用。

第三，调节功能配合。所谓调节功能配合，就是指具有不同调节功能的宏观经济政策相互配合。各个宏观经济政策在实际作用过程中的功能是不相同的，有的宏观经济政策主要具有调节社会总需求的功能，着重于短期调节，有的宏观经济政策则主要具有调节社会总供给的功能，着重于长期调节；还有的宏观经济政策主要具有结构调节功能，着重于结构协调；等等。因此，在运用宏观经济政策时，要特别注意使它们的功能相结合。例如，当社会总要求膨胀而有效供给不足时，就要既注意发挥主要具有调节社会总需求功能的货币政策和财政政策的作用，以抑制总要求膨胀，同时又要充分发挥主要具有调节社会总供给功能的竞争政策及产业组织政策的作用，以促进总供给的增加，从而使宏观经济政策从总需求和总供给两个方面来协调供求总量的平衡。这表明，围绕着调节目标而使具有不同调节功能的宏观经济政策相互配合，非常有助于调节目标的快速实现。特别是有些调节目标，如果没有不同功能的宏观经济政策的相互配合，是无法实现的。因此，各个宏观经济政策的调节功能的相互配合，对于供求总量平衡和供求结构协调是非常重要的。

第四，主次配合。所谓主次配合，就是指在一定时期内以某一宏观经济政策为主，而辅之以其他宏观经济政策，使它们能够有效地相互配合。不同的宏观经济政策在不同的经济运行状况下的调节力是有很大差异的。例如，在微观经济单位对市场机制反应灵敏、素质较好和活力较强，并且市场机制也较完善、具有较高效应的资源配置能力的条件下，紧的货币政策对于抑制总需求的过猛增长具有比较理想的作用，但在企业缺乏积累动力、有关影响生产力布局的重点投资无法靠企业自行解决，并且结构性有效需求不足的严重状况难以通过市场机制加以矫正的条件下，松的财政政策对于增加有效需求则具有比较强的作用效力，当供给结构失调，产业结构极度不合理时，从长期看，产业结构政策比其他宏观经济政策具有更为有效的协调结构矛盾的作用；在投资规模失控，固定资产投资增长过快，并且一时又难以从抑制预算外固定资产投资上压缩投资增长速度时，紧的财政政策通过削减预算内固定资产投资来抑制固定资产投资的过猛增长，就非常易于奏效，等等。正因为如此，所以在不同的经济状况下我们总要以某一个宏观经济政策的调节作用为主。但同时也必须要辅之以其他宏观经济政策。因为，如果只使某个宏观经济政策独立地发挥调节作用，那么这个宏观经济政策就有可能在发挥积极调节作用的同时，带来某些不利于预期调节目标实现的副作用。例如，紧的货币政策虽然可以有效地抑制总需求膨胀，但也有可能使某些部门、地区、企业的发展受到阻碍；紧的财政政策虽然也能够有效抑制总需求膨胀，但却有可能挫伤企业和个人的生产经营积极性，影响总供给的有效增加。特别是国家在采用某一个宏观经济政策调节经济运行时，会有可能遇到意料不到的新情况，虽然国家可以及时采取相应的对策，但这并不是一种自觉性较强的办法，较好的办法是在以某一个宏观经济政策为主的同时，辅之以另外一些旨在应付意料不到的新情况的配合性宏观经济政策，使这些宏观经济政策能在调节过程中起到缓冲的作用或增大保险系数的作用。

第五，交替配合。所谓交替配合，就是指一些宏观经济政策在实施一段时间之后，应该由另外一些宏观经济政策取代，形成一种交替配合的格局。任何一种宏观经济政策的调节作用都不是万能的，其效应性是同它所适应的经济状况相联系的，因此，所有宏观经济政策都应该随着经济状况的变更而相互替代。特别是任何宏观经济政策都不能较长期地使用。较长期地使用往往会使后续反应加重，反而不利于预期调节目标的实现。例如，紧的财政政策尽管可以较快地缓和经济过热的膨胀局面，但如果实施时间稍长些，那就会对生产经营者及劳动者个人形成较强烈的社会和心理冲击，放松他们促进经济增长的紧迫感，并且需求的急剧萎缩必然会产生降低社会总供给水平或经济衰退的效果，使国家难以通过提高效益而积极地增加总供给，最终可能导致总供给的进一步短缺和萎缩，引起国民经济增长的停滞。因此，交替配合是保证宏观经济政策有效发生作用的重要前提条件。

宏观经济政策正是通过上述五种方式的配合而形成了有机统一的政策体系，从这种意义上讲，宏观经济政策的构成体系是通过相互配合而形成的作用构成体系。因此，对于宏观经济政策构成体系的分析，应该从静态即宏观经济政策体系包括哪些宏观经济政策来说明，也应该从动态即宏观经济政策的动态配合来说明。只有这样，才能完整地把握宏观经济政策构成体系。

（原载《江海学刊》1989 年第 6 期）

论国际贸易与经济发展

张二震

当今世界各国的经济，越来越朝着开放的方向发展。借助于世界市场，各国经济相互联结成一个有机的整体，对外贸易在各国的经济发展中扮演着越来越重要的作用，它从宏观上强烈地影响着一个国家经济发展的模式和速度；另一方面，各个国家的经济发展状况又反过来影响着国际贸易。因此，国际贸易与经济发展的关系，包括互相联系的两个方面：一是国际贸易对经济发展的作用，二是经济发展对国际贸易的影响。认真探讨这两个方面的理论和实践问题，对于进一步贯彻党的改革开放政策，对于选择正确的对外贸易发展战略，更好地利用国际分工和国际交换来加速我国经济的发展，无疑具有重要意义。但是，应该承认，我国学术界对这个问题的探讨仍很不深入、很不系统。本文拟作一初步探讨，以就教于学术界。

一

按照马克思主义的观点，对外贸易与经济发展的关系，归根到底是交换与生产的关系。马克思说："交换的深度、广度和方式都是由生产的发展和结构决定的。……可见，交换就其一切要素来说，或者是直接包含在生产之中，或者是由生产决定。"① 从最本质的意义上讲，是生产决定交换，但如果从再生产过程看，作为再生产过程的一个阶段的交换不仅仅是一个消极的被决定

① 《马克思恩格斯选集》第 2 卷，人民出版社 1972 年版，第 102 页。

的东西，在一定条件，交换也能对生产发生反作用，有时会对生产的发展发生巨大的推动作用或阻碍作用。不断扩大的生产，需要一个不断扩大的市场。反过来，不断扩大的市场又能促进生产的不断扩大。这种情况，在各国经济发展史上和世界经济发展史上，是非常明显的。

另一方面，交换领域虽然是在生产运动的控制之下，但它还服从于本身的运动，并且它的发展有其本身的特点和规律性。马克思指出：“生产归根到底是决定性的东西。但是，产品贸易一旦离开生产本身而独立起来，它就会循着本身的运动方向进行。”① 因此，生产与交换在每一瞬间都互相制约，并且互相影响，以致它们可以叫作经济曲线的横坐标和纵坐标。

生产与交换的关系，也就是经济增长和对外贸易之间的辩证关系。经典作家一向重视对外贸易在资本主义发展中的作用。马克思指出：“对外贸易的扩大，虽然在资本主义生产方式的幼年时期是这种生产方式的基础，但在资本主义生产方式的发展中，由于这种生产方式的内在必然性，由于这种生产方式要求不断扩大市场，它成为这种方式本身的产物。在这里，我们再一次看见了同样的二重作用。”② 在这里，马克思根据历史与逻辑统一的原则，指出了在资本主义的产生和发展中，对外贸易曾经起过的巨大作用。列宁也同样重视对外贸易的作用。他指出：“没有对外贸易的资本主义国家是不能设想的，而且的确没有这样的国家。”③ 列宁还认为，社会主义并不排斥对外贸易，反而会更加重视对外贸易的作用。他写道：“建立统一的、由各国无产阶级按总计划调整的世界经济的趋势，这种趋势在资本主义制度下已经十分明显地表现出来，在社会主义制度下必然会继续发展而臻完善。”④

资产阶级经济学家十分重视国际贸易在经济发展中的作用。古典经济学家亚当·斯密提出了“为过剩产品找出路”的学说。

① 《马克思恩格斯全集》第 37 卷，人民出版社 1971 年版，第 485 页。
② 《马克思恩格斯全集》第 25 卷，人民出版社 1974 年版，第 264 页。
③ 《列宁选集》第 3 卷，人民出版社 1959 年版，第 44 页。
④ 《列宁选集》第 4 卷，人民出版社 1972 年版，第 273 页。

大卫·李嘉图论证了国际分工或国际专业化的基本原理——比较成本说，明确地说明了贸易利益之所在。直到现在，国际贸易理论的中心问题，都是以贸易利益的形式来把握国际贸易对经济增长的作用的。李嘉图本人认为，对外贸易是实现英国工业化和资本积累的一个重要手段。

约翰·穆勒认为，国际贸易对于一个资源未能开发的国家来说，可以起到工业革命的作用。他认为，对外贸易可以导致更有效地利用世界的生产力，这是对外贸易的直接的经济利益。

瑞典经济学家、诺贝尔经济学奖获得者俄林，创立了资源禀赋理论来说明国际贸易问题，他也充分注意到了国际贸易对经济增长的意义。

20世纪30年代，D. H. 罗卜特逊提出了著名的对外贸易是“经济增长的发动机”的命题。后来的经济学家又进一步补充了这个学说。

具体来说，对外贸易对一国的经济增长起着以下几个方面的作用。

第一，通过对外贸易，一国可以引进外国先进的技术、装备、专利等，这比一切由自己来研究和开发要节省时间和投资。这些技术、装备等资本品的进口，对一国的经济增长是特别重要的。资本货物的进口使这个国家取得了国际分工的利益，能大大节约生产要素的投入量，有助于提高一国工业的效益。它是经济成长的主要因素。

第二，出口的增长也趋向于使有关国家的投资领域发生变化，使它们把资金投向国民经济中最有效率的领域，亦即它们的各自享有比较优势的领域。在具有比较优势的领域进行专业化生产，就会提高劳动生产率。

第三，出口也使得一国得到规模经济的利益，使得生产增长，成本降低，就业增加，取得“乘数效应”，很多工业部门具有增殖的作用。在对外贸易的带动下，一个工业部门的发展又可以带动一系列工业部门的发展以致各种各样的从属的工业部门都建立起。因为在经济运行中，各产业之间呈现出各种联系。所谓“联系”，是指一个部门在投入和产出上与其他部门之间的联系。

第四，世界市场上的竞争会给一国的企业造成压力，这种竞争的压力是提高企业素质的一种最有效的刺激。一国在进口和出口各种商品时，实际上就把本国的企业直接或间接地纳入了与外国企业的竞争之中。一方面，出口企业不能不同外国生产同类商品的企业竞争；另外，国内企业又不能避开进口商品的竞争。出口部门为了扩大在国外的市场，就需要坚持不懈地努力生产出成本低、质量好的商品，以在国际竞争中占一席之地。非出口企业为了维持在国内市场上的地位，就必须改善服务质量，降低商品价格，以在进口商品的竞争面前保持自己的销路。由于参与国际贸易，各国企业面临的竞争程度大大增加，这会有效地引导生产资源进行合理配置，淘汰那些效率低下的工业企业。

第五，对外贸易对一国的产业结构变动也能起间接的推动作用。一个国家的经济是在反复进行两种结构变动的过程中增长和发展的。一种是由单一农业向轻纺工业、进而向重工业、化学工业发展的结构变动（多样化的结构变动）；另一种是采用高效率的生产方法，使各产业部门进一步现代化的结构变动（效率化的结构变动）。伴随着这种变动，往往有下列变化：过去进口的商品转由国内生产，进而又把它转为出口商品。所以在结构变动时期，对外贸易的作用是非常之大的。另一方面，为了建立新的产业部门和提高效率，就必须引进先进技术、机器设备以及先进的管理知识，这无疑会促进经济（产业）结构的高度化，从而促进经济的进一步发展。

总之，经济发展与对外贸易之间确实存在着互相联系、互相影响的关系。经济成长必然迫使商业去寻找新的市场，从而促进对外贸易的扩大，而国外市场的扩大及其所带来的新需求又会促使旧有工业企业的发展和新工业企业的产生。许多国家的经济发展史已经证明，商业的扩张往往先于并推动着工业的进步。在许多国家，对外贸易的发展走在工业变化的前头，而且时常推动着工业沿着对外贸易发展变化的曲线前进。

二

上面，我们从理论上分析了国际贸易对一国经济发展所起的作用。正如本文开头指出的，国际贸易与经济发展的关系，还有个重要方面，就是经济发展对国际贸易的影响。探讨这个问题对于我们选择正确的外贸战略，避免因经济增长而导致贸易条件下降或恶化的前景，有重要现实意义。

一般来说，经济增长从两个方面影响国际贸易，一是需求，二是供给。

经济增长从需求方面影响国际贸易，是指随着经济的增长和人们收入水平的提高，人们的消费偏好就会按恩格尔定律所揭示的趋向向享受资料或奢侈品转移，从而使不同国家的出口商品享有较好或较坏的贸易条件这样一种情况。19 世纪德国经济学家、统计学家恩格尔发现，随着人们收入的增加，对各种商品的需求量就会增加。但是，收入的增加所引起的对不同的商品需求增加的百分率是不同的，亦即需求的收入弹性是不同的。一些商品如食品等生活必需品，其需求的收入弹性较小，而另一些商品如奢侈品、享受品等，需求的收入弹性较大，且不断上升。

恩格尔法则在国际贸易领域仍然适用。很明显，在国际贸易中，工业制成品的需求的收入弹性较高，而初级产品的需求的收入弹性较低。随着经济增长和人均收入的提高，国际市场需求会越来越向奢侈品、享受品等工业制成品转移，这就会使得制成品出口国享有提高产品相对价格、改善贸易条件的好处，而使得那些原料等初级产品出口国以及生活必需品出口国的产品的相对价格下降，贸易条件恶化。在当今国际贸易关系中，发达国家贸易条件不断改善，从国际贸易中获取了较多的利益，而发展中国家总的来说仍处于不利地位，并要承受不断恶化的贸易条件，其重要原因之一，是由于发达国家和发展中国家出口商品结构不同所致。

经济增长从供给方面也影响国际贸易从而影响贸易条件。首先从供给方面考察经济增长对国际贸易的影响的，是西方经济学家罗勃津斯基。他的结论被称为罗勃津斯基定理。这个定理指出：在两种生产要素、两种商品模型的情况下，在商品和生产要素的价格保持不变的条件下，如果其中一种生产要素的数量增加了，而另一种生产要素的数量保持不变，那么密集使用了前一种生产要素的产品的绝对产量将会增加，而密集使用了后一种生产要素的产品的绝对产量将会减少。根据这个定理，如果一国劳动力供给增加了，劳动密集型产品的绝对产量就会增加，资本密集型产品的绝对产量就会减少。如果劳动密集型产品是这个国家的相对优势产品即出口产品，那么，随着劳动力的增加，这种产品的出口量也会随之扩大。如果资本密集型产品是这个国家的进口竞争产品，那么这种产品的进口量也会随之扩大。如果劳动密集型产品是这个国家的进口竞争产品，而资本密集型产品是出口产品，那么，随着劳动力的增加，进口竞争产品即进口替代产品的绝对量就会增加，从而减少进口；出口资本密集型产品的产量也会减少，从而缩减了出口量。总之，当一种生产要素的供给增加时，如果密集使用了这种生产要素的产品是出口产品，那么该国的对外贸易量将会增加。如果它不是出口产品，那么该国的对外贸易量将会减少。如果资本密集型产品和劳动密集型产品都是出口产品，那么，当劳动力供应量增加时，根据罗勃津斯定理，可以推定，劳动密集型产品的出口将会增加，资本密集型产品的出口将会减少。

从上面的论述可以看出，经济增长从供给方面影响一国的对外贸易量，主要取决于这种增长是出现在进口竞争行业还是出现在出口行业。如果增长在进口竞争行业发生，那么该国的对外贸易量将会缩减；而如果增长发生在出口行业，那么该国的对外贸易量将会扩大。那么，经济增长对一国的贸易条件会产生什么影响呢？简单说来，如果一国的经济增长发生在进口竞争行业，进口替代的产品的产量就会增加，而出口产品的产量将会减少，从而缩减该国的对外贸易量。如果由于该国进口产品数量的减少足以影响到这种产品的世界价格，那就会使这个国家的贸易条件得到改善。比如，假定在该国缩减一种进口量的情况下，国际市场对这种商品的供给量却未发生变化，再假定该国是个大国，是一个大买主，那么，这个国家进口替代的经济增长就会使该国的贸易条件改善。反之，如果一国的经济增长发生在出口行业，那出口产品的产量就会增加，进口竞争产品的产量将会减少，从而扩大该国的对外贸易量。假定世界市场的其他情况未发生变化，那么，该国增加了出口就会导致出口商品价格下跌，而增加了进口需求则会导致进口商品价格上涨，从而导致贸易条件恶化。如果一个国家经济的增长使得出口产品的供给迅速增加，而这种产品的需求又缺乏弹性，则有可能产生贫困化的增长即出口的扩大非但不会增加该国的国民收入，反而使这个国家的出口商品价格暴跌，贸易条件急剧恶化，从而使这个国家的经济受到损害。应该指出，这不仅仅是一种理论分析，实际上，大多数发展中国家在扩大出口以促进经济增长方面，已经不同程度地陷入困境。许多发展中国家无力改变初级产品出口为主的状况，因而不能完成出口向工业制成品和多样化的转变。而发达国家对初级产品进口需求弹性又比较小，发展中国家工业品进口需求的收入弹性（其中不仅包括工业消费品，而且包括经济发展所需要的机器、设备）非常大。发展中国家为避免每人平均年收入水平随着人口增长率而降低，又要力求维持贸易收支平衡，就要提高经济增长率，因此不得不通过降低本国出口价格来扩大出口，其结果是贸易条件恶化。虽然经济增长率勉强提高了，出口也扩大了，但由于贸易条件下降，使该国的实际收入反而降低了。①

上面关于经济增长与对外贸易相互关系的理论探讨，对我国发展对外贸易无疑具有现实意义。一国的对外贸易，只有在对国内经济增长发生积极作用时，才是有意义的。我国发展外向型经济，扩大对外贸易，不单单是为了出口创汇，而是为了通过国内市场和国际市场的循环机制，促进我国经济发展和产业结构的不断优化。

（原载《江海学刊》1992 年第 1 期）

① 范家骧：《国际贸易理论》，人民出版社 1985 年版，第 58 页。

现代市场经济条件下的宏观调控体系研究

沈坤荣

现代市场经济与宏观调控

我国在深化改革、扩大开放、加快发展中提出要建立社会主义市场经济体制。综观世界各国的经济，没有统一的模式。我国搞市场经济，应走自己的路，但学习和借鉴各国的先进经验，是必要的和重要的。现代市场经济不同于传统市场经济，传统市场经济以自由放任为特点，而现代市场经济强调政府干预，政府围绕一定的经济目标进行调节或控制。迄今为止，西方各主要市场经济国家根据本国的情况，实行侧重点有所不同的宏观调控体系，形成了不同的市场经济模式。大体来说，可以分为分散型市场经济和协调型市场经济两类。

分散型市场经济，以美国、英国为代表，其主要特征是：国家不制订统一的经济发展计划，只制订以经常项目为主的财政预算计划，国家不制定产业政策，但在不同时期对某些行业实行保护性关税政策，企业资金的来源以直接融资为主，以间接融资为辅。对于协调型市场经济，以日本、德国、韩国为代表，其主要特征是：国家制订统一的经济发展计划；国家根据不同时期经济发展的任务，制定产业政策，并在财政、金融政策上给予扶持；企业资金的来源以间接融资为主，以直接融资为辅。显然，两种经济模式的最大区别在于政府干预经济的程度有所不同。但从一个较长的时期来考察，协调型市场经济能够为本国经济的发展创造一个更为有利的宏观环境，从而使经济发展得更快一些。

宏观调控的主要任务及其政策配套

有效的宏观调控，是任何国家的经济系统赖以存在和发展的客观需要。调节是软控制，控制是硬调节，其目的都是使经济系统有序运行。现代市场经济条件下，这种宏观调控已超越了个别国家的范围，而成为双边的或多边的国际协调行为了。宏观调控的必要性产生于社会化大生产，而非生产资料公有制，经济系统越大越复杂，越需要宏观调控。我国现阶段生产力发展水平比较低，处于二元结构状态。经济发展面临着工业化和现代化的双重任务。为了在21世纪中叶使人均国民生产总值达到中等发达国家的水平，必须实行赶超战略，建立社会主义市场经济体制，使蕴藏的巨大经济潜力释放出来，与此同时，必须建立起健全的宏观调控体系。我国宏观调控体系的主要任务是：

第一，尽量缩小经济波动，保持经济总量的平衡，只有保持经济总量的大体平衡，才能保持物价的稳定，实现经济的持续、稳定、协调发展。保持经济总量的平衡，需要从需求和供给两个方面进行调节。需求的调节主要是合理控制投资和消费的增长速度。例如，1993年上半年，我国经济生活中遇到一些问题，其主要原因在于过去依靠下达投资规模计划的行政手段已经失效，而新的投资风险约束机制尚未建立起来，以间接手段为主的投资调控体系不能有效地发挥作用，投资膨胀引起投资价格急剧上涨，并由于对进口的依赖增强，引起人民币市场汇率下跌，经济生活中出现这种不正常情况的根源还在于金融体制改革滞后，金融双轨制、银行既承担政策性贷款又进入市场经营资金。这种双轨制的必然后果是经过银行体系的计划轨运行的资金“漏出”非常严重，资金体外循环的数额越来越大，而漏进市场轨的资金价格（利率）被越炒越高，资金价格炒得越高，银行“漏出”的资金便越多。金融秩序的这种混乱状况势必导致国民经济的不稳定。因此，必须加强宏观调控，保持总量的基本平衡。

第二，优化经济结构，包括优化产业结构和地区生产力布局。发展社会主义市场经济，主要是让市场机制对资源配置起到基础性的作用。但市场的作用并不是万能的，许多国家的经验表明，政府在调整产业结构和地区生产力布局方面，应当发挥重要作用。所以宏观调控的一个重要职能，就是运用各种经济杠杆引导资金的流向，使之符合经济发展战略和结构调整的要求。政府的调控作用与市场机制的作用并行不悖，而且是市场调节的补充。例如，加强基础设施、扶植幼稚产业、增进研究和开发、控制环境污染等方面，其所需资源都不能没有政府的有效调控。

第三，用税收、社会保险等方式，来保证收入分配的公平合理化。一方面要拉开收入差距，以激励效率的提高；另一方面又要保证分配合理，以促进共同富裕。收入分配受诸多因素的影响，有不少因素存在于分配领域之外，政府必须多方注意，及时调控。例如，1993 年以来我国出现的经济过热主要热在炒房地产、炒股票等“泡沫经济”上。银行等金融机构将大量资金投向“泡沫领域”的动因就是它的资金回报率高，能得到丰厚的利润。因此，必须加强对“泡沫经济”的宏观调控。

第四，在国际交流中保护国家和企业的利益。国内的宏观调控总是与国际经济协调相联系的，政府在双边、多边的国际经济协调中发挥着不可替代的作用。这种包括商品贸易和外汇收支平衡方面的协调，往往成为有关国家宏观调控的推动力量或重要内容。特别是我国即将恢复关贸总协定缔约国地位要求我们按照国际惯例改革现有的外贸体制，这就意味着我国企业将直接面临着国际竞争。在这种情况下，更需要政府根据结构调整和升级的需要，灵活地运用关税政策，调节进出口结构，保护国内幼稚产业，扩大出口。

另外，配套的政策体系是宏观调控的核心内容。政策体现政府的意图和要求，它通过对经济行为主体的利益进行调整，来鼓励或限制某种经济行为。制定和执行政策，就是运用各种经济和行政手段，对资源进行分配和再分配，通过社会总供求及其结构的变化，来实现宏观调控的目标。在宏观调控的政策体系中，主要有财政政策和金融政策；产业政策和外汇政策；价格政策；以及其他的一些政策，例如农业政策、住房政策、社会保险或保障政策等。在宏观调控中正确运用上述配套的政策体系时，一方面要求单项政策具有民主性和科学性，另一方面要求各项政策间经常进行综合协调，使它们处于和谐的配合状态。

我国建立宏观调控体系的基础在于深化改革

在现代市场经济中，存在着市场与国家之间、企业微观行为与国家宏观政策体系之间的关系，并需要根据市场经济发展状况和本国具体条件对这种关系不断地进行调整，特别是对国家干预的重点、范围、方式和力度及时地进行调整，形成既适合市场经济一般规律又符合本国具体情况的宏观调控体系。

从西方国家市场经济发展的历史过程来看，国家与市场的关系经历了一个由外部保障发展到内部调节、政府的宏观经济调控由外生变量转化为内生变量的过程。在自由市场经济阶段，政府的干预是外生变量，具体干预手段主要是立法和行政手段；在现代市场经济阶段，政府的干预是内生变量，具体干预手段在注重立法和行政手段的同时，更注重经济手段。

在我国，现代市场经济尚处于产生和形成的初期，因此，在相当一段时期内尚不具备建立起与市场原则相一致的宏观调控体系的条件，政府的宏观干预在很大程度上只能是经济运行的外生变量，具体干预手段也只能主要是行政和立法手段。例如，从最近我国中央银行对人民币汇率的干预情况来看，行政手段的效应要比经济手段效应明显。中央银行通过紧缩银根来控制经济过热势头的同时，更着重运用行政手段对我国的金融秩序进行整顿。主要运用行政手段对我国经济进行干预这在我国当前市场经济条件下是合理的。

但是，从长远的角度和市场运行的内在要求看，我们应当坚持建立以市场为基础的宏观调控体系，以保持国家干预的合理性和有效性。在逐步建立宏观调控体系中应坚持和贯彻以下基本原则：必须以有自主权、有活力的企业组织为微观基础；有利于弥补市场缺陷和市场功能的正常发挥；国家干预的重点、范围、方式和力度要适当；综合运用经济、法律和行政手段，一般应以经济和法律手段为主体。

根据我国市场经济发展的现状，在建立宏观调控体系和模式过程中，除了应坚持上述的基本原则外，还应注意宏观调控的短期目标和长远设想。在短期中，宏观调控的主要手段是行政手段和立法手段，目标是维护市场经济运行所需要的秩序条件。具体内容包括：（1）用行政手段处理中央、地方和企业的关系，不仅要使企业摆脱中央政府的控制，更要让企业摆脱地方政府的束缚，使企业真正成为有理性的企业。这实际上也是建立国内统一市场的需要。（2）用立法手段保证和维护社会秩序和竞争秩序的稳定。（3）用政策手段加快要素市场的发育。（4）加速推进金融体制改革，加快专业银行向商业银行转化的进程。

从总体和长远来看，我国宏观调控的核心是改造政府的宏观经济管理的部门和结构，从与市场原则一致观点来看，政府的宏观管理机构不应延续计划体制中的部门分工，而应建立综合宏观调控部门和加强它们的调控能力，取消或削弱一切与企业直接挂钩的部门。切断政府各主管部门与企业的上下级关系，只有对政府的经济管理部门以及它们的职能进行上述改革，才能真正保障未来的宏观调控是一种间接的、与市场原则一致的总量调控。

（原载《江海学刊》1994 年第 2 期）

论中国改革的稳定意义

刘德海

中国的改革之所以是成功的，有两个紧密关联并且同等重要的标志：一是通过改革解放和发展了生产力，经济建设上了新的台阶，综合国力大大增强，人民的生活水平显著提高；二是在改革的进程中，保持并且促进了政治稳定和社会稳定。换言之，改革既具有发展的意义，又具有稳定的意义。

采取改革开放新方针的战略着眼点在于，为社会主义制度选择好的体制和政策，注入活力，增强其稳定性

稳定的含义非常丰富，人们可以从不同方面和不同层面去感受、理解和把握，但稳定的基础无疑是社会的基本制度。就我国看，没有社会主义的基本制度，就会四分五裂，一盘散沙，天下大乱，任何意义上的稳定都将无从谈起。因此，保持社会主义制度的稳定以及进一步的巩固和发展，是我国最高意义的稳定。考察我国改革的稳定意义，应当首先上升到这样一个高度来认识问题。

为了说明这个问题，我们有必要把目光拉回到1978年前，看看那时是怎样的一种情形。简单地说，中华人民共和国成立后头八年，我们的发展比较顺利，建立起了社会主义制度的基础。但在这以后，经历了大约20年“左”的错误，其中包括十年“文化大革命”的大动乱和“文化大革命”结束后的两年徘徊。当时的情况是，用邓小平同志的话讲，从1957年算起的20年中，

“就整个政治局面来说，是一个混乱的状态；就整个经济情况来说，实际上是处于缓慢发展和停滞状态”。① 面对这样一个局面，邓小平同志率先开始了对我国社会主义制度和中华民族前途命运的深邃的思考。在邓小平同志看来，林彪、“四人帮”搞的那一套是假社会主义和反社会主义的，这种“社会主义”，从社会主义本质的要求看，显然是“不够格”的；从稳定的角度看，又显然是不稳固的，是没有生命力和长远前途的。

怎样才能使社会主义变得“够格”，怎样才算是“真的搞了社会主义”呢？首要的问题当然是要在社会主义的问题上解放思想，拨乱反正，弄清楚究竟什么才是真正的社会主义。早在1980年4月，邓小平同志就尖锐地指出：“不解放思想不行，甚至于包括什么叫社会主义这个问题也要解放思想。”围绕着什么是社会主义的问题，邓小平同志首先把思考的焦点对准生产力和经济问题。在这方面，他讲了大量的话，如“经济长期处于停滞状态总不能叫社会主义。人民生活水平长期停止在很低的水平总不能叫社会主义”等。思考的结果，便是在党的十一届三中全会上明确而坚定地提出了全党工作重心的转移。

从本质上讲，社会主义应当比资本主义更能促进生产力的发展，但为什么我们在实践中并没有很好地体现出来呢？这是邓小平同志紧接着思考的又一个重要问题。邓小平同志对这个问题的思考是多方面的，其中有一点是十分重要的。邓小平同志认为，社会主义能更快更好地促进生产力的发展，这是毫无疑问的；但这种优越性只是社会主义制度提供的一种现实可能性，不会自然而然地生成，不可能靠“空喊社会主义的口号”变成现实，而必须选择和制定出为发展生产力创造良好条件的“好的政策”。没有这种“好的政策”，社会主义在这个方面的优越性是不可能由可能性迈进现实性的门槛的。这是一个十分重要的思想，是选择和实行改革开放方针的重要理论依据。提出工作重心的转移在理论上是正确的，在实践中也显得十分紧迫。但是怎样

① 《邓小平文选》第三卷，人民出版社1993年版，第264页。

才能真正顺利而有效地实现这样一个重大的转移呢？旧的僵化的体制已经使我国社会主义事业付出了极其沉重的代价，甚至是命运的代价。如果不进行体制的改革和创新，工作重心的转移必将是十分有限的，不可能彻底。邓小平同志敏锐地看到了这一点，指出："旧的那一套经过几十年的实践证明是不成功的"①，"二十年的经验尤其是'文化大革命'的教训告诉我们，不改革不行，不制定新的政治的、经济的、社会的政策不行。十一届三中全会制定了这样的一系列方针政策，走上了新的道路。这些政策概括起来，就是改革和开放。"② 对于改革开放的重要性和必要性，邓小平同志指出，过去的问题，"并不是哪一些同志的责任，责任在于我们过去没有及时提出改革。但是如果现在再不实行改革，我们的现代化事业和社会主义事业就会被葬送。"③

在这里，我们看到，邓小平同志是把改革开放作为为社会主义选择的"好的政策"来看待的。我们还看到，邓小平同志在这里严肃地提出了我国社会主义制度的命运问题，并且把它同改革开放十分直接、十分明确地联系起来了。按照邓小平同志的这个思路，不对旧的僵化体制进行改革，就不能保持、巩固和发展社会主义的基本制度。体制的改革关系到制度的命运。改革的稳定意义在这里鲜明而突出地显现出来了。

对于采取改革开放新方针的这样一个深远的战略意义和政治意义，许多人在当时并不是很清醒，很理解。少数人把改革开放理解为搞资本主义。

我国改革策略选择的稳定趋向和稳定效应

采取改革开放的新方针，为社会主义制度注入活力，增强其稳定性。从战略的和长远的角度看，这种活力性与稳定性无疑是统一的。但这并不意味着两者之间是天然的一致，不存在任何矛盾。粗线条地看，我们可以把活力性归结为社会的动力机制，把稳定性归结为社会的平衡机制。这两种机制从

① 《邓小平文选》第三卷，人民出版社 1993 年版，第 237 页。
② 同上书，第 266 页。
③ 《邓小平文选》第二卷，人民出版社 1994 年版，第 150 页。

属于同一个社会制度又分别有自身的价值趋向和目标追求，因而它们之间既统一，又有矛盾。特别是当我们截取一个时间段看时，它们彼此之间的制约、冲突是很明显的。如果能考虑到这种矛盾性，在制定改革开放策略时，既着眼于“放开”、“搞活”，激发活力性，又充分注意社会制度的特点，与平衡机制相衔接、相协调，就可以在富有活力地加快发展的同时，保持和促进社会政治稳定。反之，如果为活力而活力，结果只能是要么因严重妨碍稳定而不得不中断改革的进程，要么孤军深入、畸形发展导致社会主义制度命运的终结。这后一种结果，我们已经在一些国家的剧变中看到了。在我们国家，我们看到的则是前一种情形。这样两种反差巨大的结果，毫无疑问是多种因素综合作用的结果。但改革策略选择的不同，不能不说是其中的一个十分重要的原因。

改革的策略大致可以区分为渐进和激进两种。从理论上讲，渐进式改革和激进式改革各有利弊。从不同的角度看，比如说从眼前看与从长远看，从发展上看与从稳定上看，这种利弊的大小和表现形式是有所不同的。从保持并有利于稳定的角度看，则可以很确定地说，渐进式改革优于激进式的改革。这个结论至少是由以下几个要素决定的。

（1）改革是社会主义制度的自我完善，是伴随社会主义全过程的长期运动。一般来说，这种运动应当是有序的、渐进的，而不必采用急风暴雨的方式。（2）旧的僵化的体制一般都形成了一种相当稳固的结构和巨大的惯性，要想一下子打破它显然不容易做到，而且很有可能引起震荡。（3）新体制的选择和规范运作都需要经过实践、认识、再实践，再认识的不断反复。（4）还要充分考虑文化传统的约束和社会公众对改革的认同能力和心理承受能力。

从上面提到的这几个问题看，改革是渐进还是激进，决不仅仅是个时间长短和发展快慢的简单问题，其中有一个十分重要的政治问题即稳定。如果不考虑这些因素，硬要采用激进的方式，企图一步到位，就很容易引起经济上的严重混乱并进而使社会矛盾迅速加剧。即使通过各种手段能够把动荡的局势稳定下来，但为此付出的代价将是十分巨大的。从这个意义上看，渐进式的改革策略，实际上也就是政治风险和政治代价相对较小的策略。

从总体上说，我国改革采取的是一种渐进式的策略，由易到难、由点到线、由局部到全局逐步推进。依照邓小平同志的设计，我国十多年的改革开放，呈现出了从农村改革到城市改革；从经济体制改革到政治体制、科技体制、教育体制改革；从对内搞活到对外开放；从试办经济特区、形成沿海开放带到沿江、沿边开放并逐步向内地辐射这样一幅非均衡推进的波澜壮阔的画面。从前面的论述中我们已经知道，这种渐进的策略是充分考虑并且体现了稳定的要求的，甚至可以说它本身就是稳定的一个重要条件。

仅仅指出这一点显然是不够的。我们还应当相对具体地考察一下，我国改革策略的稳定效应是如何发生的。除了选准突破口（从农村开始）和把改革的重点放在经济体制这两个于稳定至关重要的特点外，以下几个方面的特点也都具有十分明显的稳定趋向和稳定价值。

第一，重视试点。改革是有风险的，即使是渐进式地进行，这种风险也是不可避免的。我们所能做的就是如何尽可能地把这种风险降低到最低程度。要做到这一点，除了在思想理论上要做好充分准备外，一个很重要的环节是试点。邓小平同志同毛泽东同志一样，都强调试点。邓小平同志把改革称作革命，同时又说，从另一个意义上讲，我们现在做的事都是一个试验。可以说，我国改革开放的几乎每一项重大决策，都是在经过试点、取得经验、对原来的构想进行调整以后逐步推开的。邓小平同志之所以高度重视试点，一个重要的着眼点在于，通过试点，“看到成功的可能性较大以后再下决心”。①

第二，充分考虑我国国情和社会制度的特点，根据实际需要和实际可能妥善把握破和立的关系。改革是新旧体制的一种转换，是一个破旧立新的过程。要改革，当然需要有破字当头的勇气，不破自然不能立；但破只是前提，是手段，立才是目的。如何把握破和立的关系，对于稳定关系极大。大致说来，处理破与立的关系主要有三种方式：一是先破后立，二是边破边立，三

① 《邓小平文选》第三卷，人民出版社 1993 年版，第 177 页。

是先立后破。苏联和东欧的一些国家采用的是第一种方式，并且试图大破大立。这就是所谓的“休克疗法”，即通过对原有体制实行“休克”，从零开始。这种方式在这些国家程度不同地表现出了大致相同的结局：政局动荡，政权更迭，制度变色。我国的改革主要采用了边破边立和先立后破两种方式。这就是我们在一段相当长的时期双重体制胶着并存的原因所在。双重体制并存使我国的改革付出了比较大的“摩擦成本”，如经济过热、宏观失控和某些秩序混乱等社会问题。对此，我们理所当然地要总结经验，进一步摸索新旧体制相衔接、转换和替代的更佳方式和时机。但对双重体制并存简单地予以否定，并不是理性的思考，也不现实。“休克疗法”的震荡和双重体制的摩擦相比较，从稳定的角度看，我们无疑应当选择后者。

第三，用一项改革的成果支撑另一项改革措施的实施，用一个阶段的改革成果支撑下一个阶段改革的推进。渐进式改革，从形式上看，不搞全线出击，各项改革先后推出。深一层看，实质上是待一项或一个阶段的改革取得成功，获得进一步改革的必要基础和条件后，再开始下一项或下一个阶段的改革。在这个过程中，注意改革的配套进行，待时机和条件成熟，实行整体推进。这种方式具有十分明显的稳定价值。

第四，注意及时总结经验。邓小平同志反复强调，我们的改革是一项全新的事业，没有现成的经验可学，我们只能在干中学，在实践中探索。既是探索，就要允许有失误，允许犯错误，准备冒一点风险。但我们的事业经不起大的挫折和反复。为了“不使小的错误发展成为大的错误”①，引起大的动荡和反复，“关键在于不断总结经验”。在邓小平同志的倡导下，我国改革采取了“胆子要大，步子要稳，走一步，看一步”这样一个既积极又稳妥的方针。正是有了这样一个方针和态度，我们才在十几年的改革中，面对各种复杂情况一直保持比较平稳的发展，没有出现大的动荡和反复。

第五，保持改革政策的连续性和稳定性。这个问题既关系改革本身，又

---

① 《邓小平文选》第三卷，人民出版社 1993 年版，第 268 页。

直接涉及稳定。邓小平同志特别关注这个问题，反复强调不变。邓小平同志强调不变有两个着眼点：一是不能影响和妨碍改革，二是要有利于保持和促进稳定。他指出："一变人心就不安定了，人们就会说中央的政策变了……处理不当，就很容易动摇我们的方针。"① 邓小平同志也讲变，但这种变是以改革开放方针不变为前提的。他指出："随着实践的发展，该完善的完善，该修补的修补，但总的要坚定不移。"②。在邓小平同志的指导下，我国改革开放政策很好地保持了一种连续性和稳定性，对于安定人心、稳定局势起了十分重要的作用。

改革的成果已经成为保持和促进稳定的重要因素和重要条件

邓小平同志有一个很重要的论断："改革开放的成绩要充分估计够"。这一个"够"字很值得我们用心去体会。要估计够，至少应当包含着全面性的要求，即要把改革的成绩讲全。其中，改革的成果对于稳定的影响和意义无疑是一个重要的方面。

改革的最深刻的稳定意义在于，在改革开放的基础上，我国的社会主义成为开始真正活跃起来的社会主义。

经过十多年的改革，原先单一的所有制结构变成了以公有制为主体、其他经济成分并存的格局；以按劳分配为主体、其他分配方式为补充的新的分配形式取代了过去平均主义的分配形式；在经济运行机制上，由过去高度集中的计划经济开始向建立社会主义市场经济体制迈进。在这几个方面的转变过程中，我国的生产力获得了解放和发展，经济开始活跃起来。从政治体制方面看，我们也看到了大致相同的变化。我国的政治体制改革，并不像有些人夸张的那样严重滞后于经济体制改革。事实上，在经济体制改革的进程中，都直接或间接地包含了政治体制改革的内容。如破除人民公社制、扩大地方

① 《邓小平文选》第三卷，人民出版社 1993 年版，第 371 页。

② 同上书，第 371 页。

自主权、企业实行厂长（经理）责任制等开始较早的这几项改革，都包含了十分重要的政治体制改革的内容。当然，政治体制改革的任务，是邓小平同志在1986年首次正式提出来的。党的十三大根据邓小平同志的思想，确定了政治体制改革的长远目标和近期目标。我们注意到，无论是讲长远目标还是近期目标，十三大非常强调的一个问题就是效率和活力。经过这几年的努力，我们在实行党政分工、进一步下放权力、改革政府工作机构、改革干部人事制度、完善社会主义民主和加强社会主义法制等方面，都平衡地、稳妥地迈出了步伐。我国目前的政治体制，与十一届三中全会前那种与经济体制紧紧结合在一起的政治体制相比，无疑是大大地前进了一步，具有了新的活力。

对这样一种活跃局面的出现，邓小平同志感到十分欣喜。他以兴奋的口吻说道："改革开放使中国真正活跃起来。"① 这个分量很重、内涵深刻的提法应当引起人们足够的重视。联系邓小平同志的这一思想，我们就可以发现，邓小平同志所以如此看重这种"活跃"，与他对下面一个问题的长期关注和思考是联系在一起的。这个问题是：一个党、一个国家、一个民族、一个社会，究竟是活跃起来，还是死气沉沉？究竟是搞活，还是管死？这是一个关系社会稳定甚至命运的带根本性的问题。在邓小平同志看来，管死、死气沉沉，不会有真正的稳定，社会主义制度不可能稳固，社会主义的前途和命运就有问题；只有搞活，活跃起来，才有利于长治久安，有利于社会主义制度的巩固。这是对改革与稳定关系的真正深刻的理解和把握。

实践的发展充分体现和印证了邓小平同志的这一重要思想。我国现在的这个"活跃"局面，一方面是通过破除那些不属于或不利于社会主义发展的传统观念，抛弃那些我们曾经固守和附加给社会主义的但不利于生产力发展的方法、手段，而大胆地采用我们曾经拒绝但并不损害社会主义本质、有利于生产力发展的方法、手段而逐步形成的。因此，这个"活跃"，是活了社会主义，并没有损害社会主义的本质。另一方面，这个"活"并不是无边无际

---

① 《邓小平文选》第三卷，人民出版社1993年版，第232页。

的，它是在坚持四项基本原则基础上的活，是在国家实行宏观调控下面的活，是在法律规定范围内的活。因此，这种“活跃”不是无政府状态的。至此，我们可以合乎逻辑地作出如下的判断：正是在改革开放的基础上，我国的社会主义开始焕发出生机和活力；正是在社会主义活跃起来的基础上，我们很好地解决了一段时期曾经十分严峻的社会主义制度的命运问题，巩固了社会主义制度，并且获得了长期稳定发展的条件。

这就是我国改革的最深刻的稳定意义之所在。这就是我们的基本的结论。

改革对于稳定的影响和意义是多方面的。这种影响和意义又是具体而实实在在地发生的。因此，我们理所当然地还要进一步开阔视野，从一切有关联的方面对这种影响和意义具体地做出分析和说明。在所有必须考虑的因素和方面中，以下几点不应被忽视（这里仅作为思考问题的思路提出来）。

1. 改革开放的方针已经成为安定人心、稳定局势的最具号召力和感召力的一面旗帜。改革开放的方针经过实践的检验是正确的、有效的。老百姓从中得到了实惠，也看到了希望，因而真心拥护它。改革开放政策稳定，人心就稳定，这就是稳定的重要群众基础。

2. 改革开放的成果使我们形成了承担风险和解决问题的能力。为什么我们的国家能够很稳定，就是因为我们搞了改革开放，促进了经济发展，人民生活得到了改善。邓小平同志还从未来的发展角度强调了这个问题。他指出：“改革开放越前进，承担和抵抗风险的能力就越强。”①

3. 在改革开放的推动下，我国社会的稳定机制逐步地但是深刻地发生了积极的变化，开始形成了一种与活力性相统一的稳定机制的雏形。改革开放以来，在经济体制和政治体制改革的进程中，出现了许多新的变化，其中最重要的是强调制度建设和法制建设。邓小平同志就是从制度建设着手解决社会稳定问题的，认为这是更根本、更长远、更靠得住的。几年来，我国在公民民主权利保障体制的建设、基本政治制度方面的建设、多党合作体制方面

① 《邓小平文选》第三卷，人民出版社1993年版，第364页。

的建设、社会主义民主体制的建设和政治监督体制方面的建设等方面，都迈出了较大的步伐。社会主义市场经济体制目标的确立，使我们最终找到了把社会主义基本制度与法制和制度建设结合起来的新的思路和模式。这种模式既具有活力性，又与稳定性相联系、相协调、相统一。它反映了现代社会发展的特点和规律，为我国社会不仅在20世纪而且在21世纪既保持快速发展又保持长治久安提供了带根本性的保证。

4. 改革开放为四项基本原则注入了新的内容和活力，使我国社会主义的根本政治保证更富有时代气息，更适合中国国情，因而更加坚强有力。对于改革的稳定意义，我们要善于透过现象看本质，抓根本，抓主流。同通过改革开放使社会主义制度更加稳固地发展并且取得了长期稳定发展的条件相比，在改革开放形势下出现的种种不稳定因素无疑是“支流”问题。而且，对这种“支流”问题，也需要做具体分析，不能把责任不加分析地推到改革开放身上。如果不这样去看问题，面对复杂情况，很有可能得到“乱得很”的结论，也极有可能不切实际地试图以放慢改革步伐甚至牺牲改革去追求所谓的“稳定”。这是一种陈旧的思维方式，同时也是一种危险的逻辑。今天的稳定发展局面是改革开放带来的，今后要继续保持稳定发展，同样离不开改革开放。如果放慢更不用说停止改革的步伐，那么，只能造成一种既不发展也不稳定的局面。为了提请人们注意这个问题的严重性，我们以邓小平同志的一段话作为结语。“只靠我们现在已经取得的稳定的政治环境还不够。加强思想政治工作，讲艰苦奋斗，都很必要，但只靠这些也还是不够。最根本的因素，还是经济增长速度，而且要体现在人民的生活逐步地好起来。人民看到稳定带来的实在的好处，看到现行制度、政策的好处，这样才能真正稳定下来。……只要我们争得了这一条，就稳如泰山。”①

（原载《江海学刊》1995年第1期）

---

① 《邓小平文选》第三卷，人民出版社1993年版，第355页。

创建以“合作”为主线的新经济学

黄少安

本文就如何领悟经济学精神，如何把握和判断经济学发展的总体趋势，如何创建“中国经济学”发表一点个人看法。

经济学精神的真谛

什么是“经济学精神”？我理解的经济学精神就是“节约、互利、均衡”。迄今为止的任何经济学流派，无不以此作为终极的价值追求。是的，经济学研究资源配置，为什么？因为资源在任何特定时空条件下，相对于人的需要而言，都是稀缺的，所以需要节约。所谓优化配置，就是物尽其用，不浪费，也就是节约。放弃了或失去了“节约”，经济学就不存在。从某种意义上可以说，经济学就是“节约”的科学。“节约”是针对人与物或人与自然的关系而言的。所谓“互利”，指的是不同经济主体间一种良性的互动关系。它既是经济学对经济关系的一种客观描述，也是经济学本身的一种追求。经济现实中“互利”是普遍的。不同经济主体虽然有各自的利益，但是，不同主体的行为客观上互为条件。例如，市场供求主体之间就互为条件，相互依存。当然，经济现实中，也有互害现象。经济学的追求之一，就是提出政策主张或制度设计，尽量把“互害”转化为“互利”或尽量减少“互害”。经济学的“均衡”不仅狭义地指市场供求相等（这当然是一种均衡），作为经济学精神的“均衡”，包括经济关系中相关方的妥协、公平，大家都能接受或过得去，没有大的冲突或矛盾，经济的和谐和平稳等，还可以引申到和平。

经济学的“均衡”包括两个方面：一是人与人之间的均衡。例如，市场供求均衡；企业与企业之间的平等交易；国家与国家之间的友好经济往来；同代人之间的和谐关系及代际之间公平等。二是人与自然之间的均衡，例如，如何合理而有效地利用自然资源、保护环境、实现人与自然的良性循环等。经济学既描绘经济均衡的图画，又不断地揭示失衡的现实。而现实的经济世界中，既有均衡的一面或实现均衡动量，又总是有许多因素导致失衡或阻碍均衡的实现。经济学的一切理论研究、政策主张及以此为依据的制度设计及其变革，都是追求经济“均衡”。可以说，经济学把“均衡”视为一种经济伦理，视为一种美。即使经济学揭露矛盾，揭示非均衡，也是为了实现“均衡”，例如：马克思主义经济学。

“为什么”最大化追求不是经济学精神？这可能是有些人会问的。我的理解是：它虽然是迄今为止经济学较通用的基本人格假设，但是并不是经济学精神。一门科学的假设前提不能算是这门科学的精神。经济学承认人的经济理性，承认追求自身利益最大化的普遍性，但是并不赞赏和鼓励这一点。而是在此假设前提下，有更高的追求——节约、互利和均衡。“最大化”倒是与马克斯·韦伯揭示的“资本主义精神”更接近，当然二者不相等。

经济学，从某种意义上说，是一门科学（是不是科学，由于科学划界标准不同而有不同结论），同时也是一种文化。作为一门科学，对于人来说，是一种认识、解释经济世界、参与经济活动的工具；而作为一种文化，对于人来说，是完善、美化自身、提高文明程度的因素。人是社会化的动物，必须不断文化自身，才能不断扬弃其动物性，变得文明起来。现代人的文明包括众多方面，拥有经济学知识，崇尚经济学精神，是现代人文明的重要内容。崇尚节约、力求互利、向往均衡，不是一般的功利，而是一种文明。假如社会上多数人都崇尚经济学精神，多一些经济学文化，我们的经济世界中将会减少许多浪费和相互损害，增加许多和谐。这正是现代文明人所应该追求的。学习和研究经济学，崇尚经济学精神，是人自我完善的内容，是人生本身的价值构成。

对经济学发展趋势的总体判断

从目前来看，经济学发展有两个主要特征或两大趋势：一是经济学的数学化程度越来越高，数学模型越来越复杂，也使经济学越来越精致或精细化，研究的问题也越来越具体（包括宏观和微观的具体问题）。某个经济学家在某个具体理论上的研究成果，往往被视为经济学的重要贡献或突破。二是经济学的对外扩张或称“经济学的帝国主义”，也就是把正统经济学的方法即古典和新古典的方法延伸或扩充到原来不属于经济学界区的领域中，从而导致经济学与其他学科的融合。公共选择理论、新家庭经济学、新制度经济学或产权经济学、法经济学等都是对外扩张的结果。沿着这两个方向发展，都会有助于经济学的完善或扩大其影响。但是能否导致经济学的革命或重大突破呢？不可能。经济学需要数学，但不是数学，这几乎是人们的共识。把经济学无限度地变成数学，显然是走进死胡同，那些逻辑优美、复杂的数学模型离经济现实越来越远，连经济学家自己都难以看懂，又能有什么用？经济学是实用性科学，不能解决或解释经济现实问题，其科学价值何在呢？显然，朝着数学化的方向不会导致经济学的革命。这里需要说明一点，不是说中国经济学界的数学水平已经太高了，高到了要走进死胡同的程度。我们离这一步还较远。在此是从经济学发展或创新的角度来讨论问题的。经济学的对外扩张也不能导致经济学的革命。尽管它的每一次扩张都让人们感到新鲜和兴奋，也开拓了人们的视野，相应的经济学家，相当一部分获得“诺贝尔经济学奖”。但是，我们应该看到，所谓“对外扩张”，实际上只不过是把已有的经济学方法和理论，确切地说，是正统经济学的方法和理论运用到新的领域，尽管其作用不可轻视，但是就经济学本身而言，没有任何进步或突破。这种扩张是有限度的。还能扩到什么领域、扩大了又怎么样？套一个不确切说法：这是经济学的外延式发展。

什么是经济学的革命？由于标准不同，回答也不一样，对经济学说史的认识也不一样。我认为：既然是“革命”，必须是整个理论体系的重大突破或改变。它首先必须有经济学基本方法或其哲学基础的改变，然后是基本范畴、基本原理和对经济世界基本判断的改变。对某个具体问题的重新解释，某个基本原理的修正或具体方法创新是不能叫作革命的。如果说，对一个数学模型的某个环节做了改变或增加一个、两个变量也叫作“革命”的话，“革命”的意义就失去了。我认为迄今为止的经济学说史，能够称得上革命的只有那么几次：第一次是“斯密革命”，以个人自由主义为哲学基础，创立了一个自由主义经济学体系；第二次是“马克思革命”，以辩证唯物主义和历史唯物主义为哲学基础创立了独立而完整的解释人类生产力与生产关系，主要是资本主义生产关系及其变迁的经济理论体系；第三次可以说是“新古典革命”，从庞巴维克等的边际革命开始到马歇尔终结，创立的是“新古典理论体系”。当然，也有人认为它不是一次与其他几次革命并列的革命，只是古典经济学的发展、精确化。第四次是“凯恩斯革命”。这是一次不折不扣的革命。它的哲学基础发生重大改革，以“国家干预主义”取代“自由主义”，前者与“集体或集团主义”相联系，着眼于社会全局，后者与“个人主义”相联系，着眼于微观。以此为基础，创立了一个以宏观经济运行为研究对象的完整的理想体系。新的一次革命还没有发生，尽管有那么多“诺贝尔经济学奖”获得者，但是他们的名字没法与斯密、马克思、马歇尔、凯恩斯相提并论。

从中国传统文化中寻找哲学基础，创建以“合作”为主线的经济学

从经济学的发展趋势，我们看到了经济学的危机，没有看到哪个理论具有真正革命的意义。但是，同时也预感到已经到了经济学革命的前夜。下个世纪的经济学必将发生革命，当然也可能发生在中国。对于中国新一代经济学子来说，实在是挑战，也是机遇。

迄今为止的经济学，包括马克思主义经济学，都是西方的，它也不能完全解释和解决中国所面临的问题，所以，既从科学发展，又从现实需要出发，提出了“经济学本土化”的问题。“经济学的本土化”不仅仅是把西方经济学的理论、方法运用到中国来，而应该是中国人独创的经济学，确切地说，是创建“本土化的经济学”或“中国经济学”。这当然不是指建立起一个封闭的、只有中国人才能理解、只具有中国意义的经济学，而是指具有中国文

化特征、而又具有普遍意义的经济学。当然，它必须起码对解释和解决中国重大经济问题有用。“创建中国经济学”的理想前景是：在21世纪，中国由于有了革命性的贡献而成为经济学的中心或中心之一。这是有可能的。它取决于两个方面：一方面，中国作为一个大国，其经济迅速增长和发展。由此提出的问题也很多、很深刻，对传统理论具有更大的挑战性。而经济学的革命和发展，根本上来说是由问题导向的。问题的广度和深度决定经济学革命的程度。另一方面，中国是一个有着几千年文化积淀的国家，中国经济的发展同时也是中华文化的复兴和发扬。这种复兴和发扬必将推动经济科学和经济学文化的发展，甚至革命。所以，“中国经济学”的产生和发展是有文化根基和现实基础的。

迄今为止，中国虽然有着丰富的经济思想，却没有产生有理论体系、具有科学意义的经济学。这本身是一个值得研究的问题。有些人认为中国人缺乏科学思维的头脑。这种观点不能成立。也不是中国缺乏产生经济学的文化根基或哲学基础。因为中国丰富的传统文化中，许多因素不仅不排斥经济学，而且为西方经济学的产生和发展提供了文化营养。例如：道家文化的自然观，其实就是自由主义经济学的哲学基础，法家文化完全可以成为国家干预主义经济学的哲学基础，儒家文化更是可以包容多派的经济学。谈敏博士在其博士论文《法国重农学派的中国渊源》中，揭示了法国古典主义经济学（重农学派）与中国文化的联系，说明了中国传统文化可以成为经济学产生和发展的文化土壤。为什么中国本土没有产生经济学？有些人认为是缺乏一种产生经济学的激励制度；有些人说是小农经济延续的时间太长，没有资本主义市场经济的充分发展，而经济学是资本主义市场经济的产物……这些分析虽不同，却都有一定道理。我也有一种解释：中国长期在经济上领先于世界，过去确实是地大物博，不存在严重的资源稀缺问题，因而对经济学缺少强烈的现实需要。经济上出现困难往往是战争造成的，战争一结束，经济自然恢复，经济学文化水平低，军事文化很发达。到了18、19世纪，中国走上衰落之时，应该说，现实很需要经济学的产生，但是由于经济文化中心的转移，西方既成为经济中心，也成为经济学中心。中国已失去了创建经济学的资格。

所以，中国有资格创建经济学时，没有足够的需要或动力；有足够需要时，又失去了资格。

不过，现在的情况不同了，可以说，中国既有创建经济学的资格，也有强烈的现实需要。但是，我们需要准确地把握和判断经济学的发展方向，不能盲从，也需要审视和适应经济现实。只有这样，才能寻找到经济学创新的突破口，从而做出革命性贡献。回顾经济学说史，可以发现：迄今为止的经济学都是竞争为主线的，几乎所有主要的理论体系，都是“围绕竞争”这一轴心来构建的。不同经济主体之间充满竞争气息。生产者与消费者之间，不同的生产者之间，供求主体之间等都是不同经济人之间为“最大化”而竞争。这不是说已有的经济学错了或不妥，因为经济现实中，本来就充满了竞争。已有的经济学已充分揭示和解释了这些竞争，这正是它的贡献。但是，没有或没有来得及对人类经济现实中同样重要的一面——“合作”给予应有的关注和重视。当然不是说经济学家没有论及过合作，没有任何理论研究，斯密曾经关注过合作，从分工的角度论述过合作的必要。现代的博弈论也论及了合作博弈。但是，这里所指的对合作的忽视，是指没有足够的理论研究，没有像揭示和解释“竞争”那样揭示和解释“合作”，更没有建立起以合作为主线的完备的经济学体系。其实“合作”与“竞争”作为人类经济关系，就像一枚硬币的两面，是同样重要的，却有不同的图像。21 世纪的经济学可能是以“合作”为主线的，这一主线的改变或研究重点的转移可能导致经济学的革命。这一转移可能性是人类经济关系中合作更多、合作的客观需要更强烈所决定的。竞争无疑是推动人类社会进步、当然包括经济的进步的强大动力，但是合作也能起到同样作用，而且更符合人类的终极价值，更能实现许多通过竞争所要实现的目的。不过单靠已有的经济学是不能完全解释“合作”的。“合作”能产生剩余，避免两败俱伤，这些部分地可以用经济人追求“最大化”的假设来解释。“博弈”已经给了我们一些有限的工具。但是不能全部，甚至不能根本上解释。我们需要修改整个经济学的基本人格假设。“合作”不仅为了功利意义上的剩余，更重要的是为了实现或表现人性的另一面。“竞争”和“合作”，或者“好斗”和“好和”是人的本性的两个方面，二者相辅相成，共存一体。经济学应该，也可能从人的“合作”性出发，以此为假设前提，构建新的理论体系。要构建新的体系，需要人格假设的创新，从而必须有经济学基本方法论即哲学基础的改变。中国的传统文化，特别是儒家文化中，更多地具有“和”“合作”、追求人性和谐的因素。“和为贵”“和气生财”“中庸”等思想，其实就是“合作”的思想。因此，中国传统文化能够为以“合作”为主线的经济学提供基本方法论，为经济学的革命提供文化基础。中国的经济学家可以有意识地从传统文化中吸取营养，不过，不能简单地把相关思想直接套用到经济学中去。经济学家需要从传统文化中提炼出一些成分，再转化成经济学的基本方法论。这一转化不是容易的事情。对于中国的经济学家来说，是一个修炼过程。

当然，提出从中国传统文化中寻找哲学基础，创建中国经济学，创建以合作为主线的经济学，并不意味着对其他经济学的否定，而是对经济学的丰富。而且，必须吸收和运用已有经济学的一切成果。经济科学的发展有其连续性，中国经济学家需要认真地学习和理解已有的各种经济学理论，严肃、客观地对待所有经济学流派。这一点说起来容易，做起来难。中国人有个不好的习惯，喜欢“刮风”“一边倒”，对待不同的经济学流派也是这样。原来把马克思主义经济学视为唯一科学，西方其他经济学，一概予以批判和否定。近几年又走上另一极端，极力推崇当代西方经济学，否定马克思主义经济学。最关键的是这种“否定”或“肯定”并非建立在认真研究、客观分析的基础之上。如果说创建中国经济学还有大的障碍或困难的话，就是这种思维方法上的“走极端”、不成熟。

（原载《江海学刊》1997年第5期）

内生性通货紧缩约束下我国经济增长的对策

范从来

投资乏力是经济低速增长的重要原因

1992 年以来，针对国内出现的房地产过热和股票市场的过度投机，政府采取了一系列适度从紧的宏观经济政策，实现了高增长、低通胀的良好局面。在物价涨幅迅速回落以及 GDP 增长持续下降的状态下，我们必须防止引发另一个严重的经济问题即通货紧缩。通货紧缩往往是经济萧条和萎缩的前兆。应该看到，一旦发生通货紧缩，其对经济发展所造成的危害性，绝不亚于通货膨胀造成的危害，1929—1933 年席卷西方世界的经济危机就深刻地说明了这一点。虽然我国的经济运行格局与其有本质的不同，但是应该看到通货紧缩所造成的严重的副作用。美国联邦储备局主席格林斯潘就提出，通货紧缩会使资源分配失常，导致经济无法全面发挥潜能；通货紧缩下一般物价下跌将导致实际利率更高，这将抑制投资需求，导致失业率上升。通货紧缩对中国经济发展可能带来的危害是显而易见的。

正因为如此，我国采取多种措施刺激经济增长，并提出 8% 这一目标。但从 1998 年上半年的情况来看，启动经济增长的效果并不十分理想。江苏省是我国经济比较发达的省份，上半年实现国内生产总值 3163. 8 亿元，增长率比上年同期下降 3 个百分点，是 90 年代以来的最低增长水平。可以说，中国经济在这一轮的经济收缩中，还没有完全摆脱经济下滑的惯性，实现全年经济增长8%的目标有相当大的难度。那么究竟是什么原因导致我国经济增长难以启动?

一般而言，一个国家或一个区域的经济增长主要通过出口需求、消费需求和投资需求的刺激。从出口来看，我国经济的对外竞争具有一定的优势，但由于亚洲金融危机持续波动，危机国家经济情况不断恶化，日元汇率大幅度下跌，出口对中国经济稳步增长的推动效应难以迅速扩张。1998年1—5月，江苏省实现外贸出口62.96亿元，增长13.4%，增长的幅度比全年同期下降12.6个百分点。出口需求难以启动我国经济的快速增长。除了出口需求，GDP的增长主要可以依靠国内消费需求和投资需求的增长加以推进。在消费需求方面，由于居民收入增长幅度较低，失业下岗人员增加，居民收入预期下降，加上目前缺乏新的消费热点和城镇居民住房制度改革进度不大，这使得我们在短期内克服消费疲软状况显得十分困难。1998年上半年，江苏省实现社会消费品零售额1082.79亿元，增长率只有4%，增长的幅度比上年又下降了6.3个百分点。从物价的走势来看，江苏省1—5月的商品零售物价指数分别是97.9、97.8、98.7、98.0、98.4，比上年同期分别下降了2.1、2.2、1.3、2.0、1.6个百分点，物价水平持续下降，商品零售物价总水平同比下降了1.8个百分点。物价水平的持续下降意味着市场需求的进一步萎缩，企业生产能力的闲置，商品销售和资金周转的困难。因此，靠增加消费需求和出口需求，余地很小，增量这一块不靠投资推动是不行的。投资在加快我国经济增长的过程中有着重要的作用。

可以说，我国经济的快速增长对投资有着很高的依存度。但就江苏投资的实际情况来看，投资增长乏力比较明显，依靠投资实现经济的快速增长的目标并没有完全实现。上半年固定资产投资479.23亿元，增长17.8%，高于GDP的增长率，但增长的幅度比上年同期回落了2个百分点，1—6月全省新开工项目同比仅增长6个百分点。根据苏州市的统计[①]，1998年以来，随着

① 苏州市统计局:《统计资料》第34期，1998年7月10日。

扩大内需、增加投资政策的逐步落实，苏州市投资力度有所加大，1—6 月全社会固定资产投资完成额同比增长 16% 左右，但仍大大低于 1992 年至 1997 年每年递增 32.1% 的水平。1998 年 1—6 月，苏州市城镇和农村集体投资分别下降 30% 和 13% 以上。无锡的投资情况是，1998 年上半年全社会固定资产投资完成 98.14 亿元，只增长了 2.3%。其中国有投资下降 11%，集体及其他投资增长 8.6%；第一产业投资增长 7.8%，第二产业投资下降 21.3%，第三产业投资增长 28.2%。1995 年、1996 年、1997 年，无锡市的投资率分别为 29.69%、26.74% 和 26.53%。1998 年上半年仅为 19.4%。由此可见，投资乏力比较明显，依靠投资实现经济的快速增长的目标并没有完全实现。投资增长的乏力是经济低速增长的一个重要原因。

内生性通货紧缩是投资乏力的主要因素

有一种观点认为，我国经济运行中的投资增长乏力是由于商业性银行尤其是国有商业银行“惜贷”① 行为造成的。

应该说，持这种观点的不是少数，也是有一定道理的。因为，从宏观上来看，从 1996 年起，我国货币政策一直不紧，而是向着相当宽松的方向发展。近两年中央银行连续五次降低利率，1997 年国有商业银行的贷款额度均未用完，1998 年 1 月 1 日开始取消对国有商业银行的贷款额度管理这一切都表明过去两年多的时间内，中国的货币政策并不紧。而从微观来看，商业银行贷款的增加并不明显，加上企业销售不畅、效益下滑、资金周转困难，必然对企业的投资产生很大的制约作用。根据江苏省苏州市的调查②，1998 年上半年部分工商企业经济效益下滑，生产经营陷入重重困难之中。从国有工业企业和年销售收入 500 万元以上的非国有工业企业来看，一是实现利税负增长。1—5 月实现利税 28.86 亿元，其中利润总额 10.79 亿元，分别同比下

① 惜贷，又有人称为息贷、慎贷、惧贷、恐贷，各界人士对此看法不一。这里称“惜贷”不表示我们对这种现象的主观评价，只是作为一种现象用此名称加以概括。

② 苏州市统计局：《统计资料》第 34 期，1998 年 7 月 10 日。

降5%和14.2%。二是亏损进一步加剧。截至5月底，苏州市工业亏损企业987家，亏损面为25.07%，同比扩大2.26个百分点，亏损额为9.87亿元，同比上升26.6%。其中三资工业亏损额为5.15亿元，同比上升1.05倍，三资工业亏损额占全市工业亏损总额的比重达52.2%。另据有关部门统计，苏州市203家地方国有预算内工业企业有89家亏损，亏损面高达43.8%，同比扩大8.3个百分点；亏损额为1.19亿元，同比上升41.9%。三是产成品积压增多。工业产销衔接虽好于上年同期，但仍不理想，产成品积压较多。5月末，苏州市工业企业产成品存货为118.55亿元，同比增长10.9%。四是企业间拖欠严重。5月末，全市工业企业应收账款净额为211.75亿元，同比增长14.9%。企业效益下滑，导致企业资金周转相当困难。在这样的情况下，如果银行不增加一定的信贷资金投入量，企业必然难以大规模地开始投资活动。

从银行的信贷情况来看，至1998年6月底，江苏省金融机构各项存款余额6079.69亿元，比年初增加399.61亿元，同比少增48.79亿元。各项贷款余额4672.26亿元，比年初增加232.01亿元，同比少增13.38亿元。存贷比为76.9%，1997年底的银行的存贷比为79.2%①，这就是说，金融机构在宏观货币供应量有所放松的情况下，银行现金资产有所上升，贷款占存款的比重反而下降了2.3个百分点。惜贷现象应该说是存在的。

再从各层次货币供应量的增长情况来看，1997年底，江苏省M0的增长率为24.7%，M1的增长率为18.8%，M2的增长率为21.7%②。1998年上半年各层次货币供应量的增长率，M0、M1、M2分别为16.87%、13.1%、20.6%，其中，M0、M1分别比上年同期下降1.3个、5.6个百分点，M2虽比上年同期上升1.2个百分点，但与1995年、1996年同期的39.2%和33.4%相比，其增长速度仍是下降的。6月末，流通中现金M0增长16.87%，低于上年同期1.5个百分点，1—6月全省金融机构累计投放现金59.20亿元，

① 中国人民银行江苏省分行调统处：《1997年江苏经济金融形势分析》，《江苏金融》1998年第2期。

② 同上。

比上年同期少投放30.37亿元。上半年的M0、M1、M2的增长率比1997年底分别下降了7.83个、5.7个和1.1个百分点。也就是说，各层次的货币供应量无论是同比还是与上年底相比，其增长率都是下降的。毫无疑问，那种希望通过增加贷款，启动投资，促进经济快速增长的努力没有能实现，人们自然会认为商业银行的惜贷行为是投资增长乏力的重要原因。

实际上，从货币供应量层次结构的分析中可以看出，在货币供应量增长率下降的同时，货币流动性①也出现了下降的趋向。6月末，广义货币M2同比增长20.6%，增长率比同期略高1.2个百分点。准货币（M2—M1）同比增长25.5%，增长率比同期高5.6个百分点。这表面，银行信贷资金的投放，一方面增长率下降；另一方面，增加的那部分货币投放又有相当大的部分转变为M2中的不能开出支票的那部分存款，不能开出支票的那部分存款即准货币是一种潜在的社会商品货币购买力，而M1（现金和可以开支票的存款）是一种现实的社会商品货币购买力，流动能力远远大于准货币。货币流动性下降，意味着投放的信贷资金转化为现实商品购买力的比例下降了，增加投放的信贷资金对短期投资活动和经济增长的贡献下降。

进一步分析可以发现，货币构成中企业存款的构成比有所上升。1—6月江苏省金融机构企业存款比年初增加40.94亿元，同比少增加138.79亿元，其中企业活期存款同比少增加79.05亿元，企业定期存款比年初增加54.76亿元，占企业存款新增量的133.8%。这表明增加的信贷资金有相当大的部分转变为企业的定期存款。企业作为一个生产经营和投资的主体，其潜在货币购买力增加，一方面表明企业资金并不紧张；另一方面表明，企业拥有资金后不是用于现实的生产经营投资活动，而是资产金融化，类似于居民的持币待购。在这样一种情况下，即使增加信贷资金的投放，也难以起到刺激投资增长力度的作用。

之所以如此，我们认为，是因为在物价水平不断降低的情况下，存在着

① 货币的流动性指货币资产直接用于商品和劳务购买的能力，一般用M1/M2之比加以表示。

内生性的通货紧缩现象。其主要原因是真实利率所导致的通货紧缩效应。为了增加金融对经济增长的支持，我国在近期已经连续5次下调利率，名义利率已经降到比较低的水平，但由于通货膨胀率下降得更快、幅度更大，致使我国的实际利率已经接近改革开放以来的最高峰。实际利率的高水平，导致金融性资产的收益率相对上升，实物性资产的收益率相对下降，企业有资金也主要用于拥有金融资产，而不是进行实物性投资，这就是我国当前企业往往愿意进行金融资本的运作，而不愿意进行固定资产投资的原因。金融性资产收益率水平相对比较高这一判断，我们可以通过利息支付的相对水平来加以说明。1997年居民的真实利息收入大概为3000亿元，相当于全部独立核算国有企业利润总额的6倍[①]，这可以充分说明金融性资产收益率远远高于实物性资产。在这样一种收益率结构中资金的配置必然向金融资产倾斜，形成一种加快货币回流、紧缩货币供应的内在动力。这可以说是存在内生性的通货紧缩现象的一个很重要的因素。

另一方面，高昂的真实利率水平给企业营造的是相对严峻的金融环境，一方面导致企业负担上升从而投资下降，另一方面导致货币供应量减少从而总需求下降。这也正是导致美国1929—1933年史无前例的大萧条的根本原因。当时美国的名义利率为1%—2%，而物价指数则为-9%左右，这样真实利率达10%—11%，远远高于美国历史上的平均真实利率。因此，我国投资增长乏力的主要原因不是银行惜贷，而是在内生性的通货紧缩约束下，企业、银行等投资主体投资意愿不足所造成的。我们要促进经济的快速增长，必须认识到这一金融背景，寻求内生性通货紧缩约束下增加投资的策略。

创新政府融资手段，加大政府投资，刺激我国经济的快速增长

在内生性通货紧缩的约束下，企业和个人作为投资主体，投资意愿不足，

① 北京大学中国经济研究中心宏观组：《寻求多重经济目标下的有效政策组合》，《经济研究》1998年第4期。

即使增加银行贷款也难以达到刺激投资的效应。而从经济结构调整的角度来看，目前我国不能全面放松银根。因为，当前我国经济中存在的突出问题的原因是多方面的，但从根本上来说，是结构性矛盾长期累积的结果。在这样的大背景下，如果放松货币控制，可能会使我们失去结构调整的机会。可以说结构调整需要货币政策继续适度从紧。从企业改革角度来看，企业的传统机制、企业的垄断，使企业的成本上升。如果放松银根，成本的推动会更加自由地吐到市场上，不会成为推动改革的动力。只有适度从紧控制总需求，利用成本增加对企业经营的压力，加速企业改革。因此，不能放弃适度从紧的货币政策，到处撒胡椒面，去救那些本应淘汰的企业，那样就永远也解决不了结构问题和建立激励机制及约束机制问题。加快经济增长速度的总体思路应该是加大政府投资的力度，直接推动我国经济的增长。

制约政府投资的主要因素是，政府财政的弱化。改革以来，我国财政收入迅速下降。财政收入占 GNP 的比重 1978 年为 34.8%，1991 年下降到 18.5%，1996 年进一步下降到 10.85%。之所以如此，是因为中国经济体制改革的最大失误是，政府在放弃对商业活动的直接控制或直接所有之后，并没有迅速建立起一个常规结构的税收制度，以便追回因放弃生产资料所有制而失去的利润。目前，我国国内税收的 80% 来源于国有企业，而国有企业平均的资产盈利率只有 6%—9%，税收基础非常不稳定。在这样的财政状况下，政府投资确实难以顺利进行。

但是，我国的财政状况有可能好转，一是因为国有企业改革加快，国家财政收入的基础会大大改善；二是因为政府机构调整加快，财政支出负担有所降低；三是因为个人所得税潜力很大。1995 年个人收入占 GNP 的 70%，个人所得税占 GNP 的 0.2%，1992 年英美是 10%，法国 7.1%，德国 9.3%，韩国 3.6%，印度 1.2%。另外，在现代市场经济中，政府投资也不完全依赖于税收收入，可以在很大程度上通过信用方法，募集资金，实现投资。从社会资金的潜力来看，中国作为一个发展中大国，投资率的高低从长远来看主要取决于国内储蓄率的水平。90 年代以来我国国内储蓄率一直保护在较高水平。

1995年国内储蓄率为40.3%，1996年为41.5%。90年代以来，我国国内储蓄率均高于同期固定资产投资率，平均储蓄率与平均总投资率基本持平，这说明我国具有较雄厚的国内资金基础。政府完全可以通过信用方法募集资金。

在政府财力有限的情况下，利用资本市场吸引私人资本参与基础设施建设，是加快基础设施建设的重要途径。基础设施项目具有稳定而持续增长的用户、收入稳定、市场风险小，对私人资本具有很强的吸引力。私人资本介入基础设施项目的问题是有可能导致政府丧失对基础设施的控制权。基础设施的重要性、垄断性和社会性，使得我们不可能放弃对基础设施项目的控制权。因此，基础设施控制权问题就成为引入民间资本的主要难度。为了解决这些问题，我们必须创新政府的融资手段。

（1）政府可以通过投资主体多元化的方式，组建基础设施上市公司，借助于资本市场发行优先股票筹集资金，实现政府投资对民间资本的杠杠性使用。这是因为优先股是相对于普通股的一种特殊类型的股票，在公司分配盈利时，优先股股东按照事先确定的固定股息率在普通股之前优先分配股息，但优先股股东一般在股东大会上没有表决权，不能参与公司的管理。这就既可以在基础设施领域引入私人资本投资，又可以充分保障政府对基础设施项目的控制权。

（2）发行可转换债券融资。可转换债券融资是指股份有限公司依照法律程序发行的具有可转换为股票功能的一种特定债券，即持有人除可获得债券的固定利息外，还可以在指定时间以约定条件将债券转换成发行公司的股票。可转换债券对基础设施行业具有很强的融资效应。这是因为，可转换债券一般具有较长的期限，这一特点符合基础设施项目的资金需求的特点；由于可转换债券附带了企业的股票买入期权，债券票面利率一般比普通的公司债券低。这样，在债券发行后至被转换之前，可减轻利息负担。一些有良好盈利前景的电力、电信和交通运输企业都可以利用自己股票价值的升值潜力，通过发行可转换债券，大幅度地降低资金成本。

（3）资产收益证券化（ABS）融资。ABS是国际上刚刚出现的一种项目融资方式，ABS是基于项目资产收益的证券化融资方式，它主要是以项目本身所拥有的资产和资产的预期收益为保证，通过资本市场发行债券筹集资金的一种证券化融资方式。ABS的运作可以为不能获得信用评级或信用等级较低的机构所拥有的高质量的项目，通过信用增级，进入高档投资级证券市场，以较低的成本筹集到项目的建设资金。我国的基础设施项目过去受低信用评级的制约，只能运用外国政府或国际金融机构的贷款，不能进入高档投资级国际资本市场，ABS可以解决这一问题，为基础设施项目筹集大量的外国资金。ABS项目融资还可以不受项目原始权益人自身条件的限制，绕开一些客观存在的壁垒，筹集大量的资金，具有很强的灵活性。这一点特别适合我们的基础设施项目。我们有很多高质量的基础设施项目，受项目原始权益人长期亏损的限制，这些项目一直缺乏资金，不能上马。ABS可以突破基础设施企业亏损这一障碍，依据某一基础设施项目的收益发行证券募集资金。因此，ABS可以使我们的基础设施项目借助于间接条件进入国际证券市场，为引进外资创造新的途径。

（原载《江海学刊》1999年第1期）

新世纪中国经济体制改革断想

张卓元

经过20年的改革开放，我国的经济体制已发生重大变化，社会主义市场经济体制已初步形成，市场在社会经济资源配置中开始起基础性作用，国有大中型骨干企业正在向公司制转轨。但是，改革的任务远未完成，经济发展的体制性障碍还到处可见。随着近期我国将加入WTO，建立开放的适应WTO的市场经济体制的过渡期和调整期只有5年左右。因此，面向新世纪，我们需要继续加紧推进改革，扩大开放，并着重在体制创新上实现新的突破，为国民经济的稳定增长和经济结构的优化升级提供强大的动力。

进一步提高国民经济市场化程度

继续提高国民经济市场化程度，是完善社会主义市场经济的重要环节。要进一步开放市场，促进全国统一、开放、竞争、有序的市场体系的形成。继续发展商品市场，重点发展生产要素市场，实现生产要素价格市场化。继续打破地方封锁、部门分割，反对不正当竞争，即使是自然垄断行业，也要尽可能引入市场机制提高效率。如电力行业，要搞统一电网，但发电可以市场竞争，谁的电价低就用谁的。前两年流行一时的“行业自律价格”，是有害市场竞争的，终于名存实亡。这个教训值得记取。当前的问题主要是一些垄断部门利用自己的垄断地位搞高价、高收费，为本部门谋利益。也有一些行政部门直接出面，用行政命令抑制市场竞争。这些都是属于需要改革的内容。

在发展生产要素市场中，最重要的是发展资本市场，使我国的高储蓄率能更好地转化为高投资率，使企业融资的渠道更加宽畅和提高直接融资的比重。为了支持经济的较快发展，今后每年都要有 3 万亿元以上的投资。而我国财政由于“两个比重”偏低的状况短期内难以根本扭转，财政资金投入不会很多，一年只有一两千亿元，主要用于少数大型基础设施建设、技术改造和先导产业中的骨干项目。绝大部分投资，要靠各种类型企业融资特别是在资本市场直接融资解决。我国资本市场这几年发展很快，去年股票市值已占 GDP 的 32%，但仍有不小的发展空间。居民不仅有大量储蓄，而且投资意愿逐步增强，要采取各种政策措施鼓励和引导社会资金用于投资。

为了更好地发展资本市场，要改革股票发行办法，取消各类行政审批，实行股票上市资格核准制度，对符合条件的各种所有制企业在股票上市发行方面应一视同仁。创造条件推动国有股和法人股转让和上市流通，改变国有股、法人股、社会流通股同股不同权、不同价的不正常状态。对业绩不好、连续三年亏损的上市公司坚决摘牌，不能容忍上市公司只能生不能死的奇怪现象继续下去。

为了形成公平竞争的市场环境，还要结合加入世界贸易组织的要求，参照国际通行的市场经济规则，完善我国社会主义市场经济的行为规范和运行机制，与国际规范和标准接轨。要对已有的不符合建立全国统一市场的法律法规，进行一次全面清理，出台和完善有利于形成全国性统一市场的法律。

加快建立、完善开放的市场经济体制

应对经济全球化迅速发展的挑战和加入世界贸易组织的新形势，客观上要求我们加快建立和完善开放的市场经济体制，进一步扩大对外开放，积极走出去参与国际市场竞争。同时要参照国际通行的市场经济规则，完善我国社会主义市场经济的行为规范和运行机制，与国际规范和标准接轨。

首先要着重分析加入 WTO 对中国经济的影响。

据有关部门估计，根据中美达成的双边协议，加入 WTO 对我国经济的影响是既有利也有弊，总体上利大于弊，符合我国的根本利益。加入世贸组织对我国经济发展有几方面积极影响。首先，有利于促进我国开放型的社会主义市场经济体制的建立和完善。其次，有利于我国扩大对外开放，扩大利用外资（据美国高盛公司预测，到2005年，由于加入WTO的作用，流入我国的外商直接投资有可能达到1000亿美元，比1999年的404亿美元增加近1.5倍），更加积极地“走出去”。再次，有利于推进我国经济结构调整和产业优化升级，逼迫我国企业提高国际竞争力。最后，有利于我们参与国际规则的制定，便于我们在参与经济全球化过程中趋利避害，保护我国权益。

加入世贸组织也面临严峻挑战，不少产业和企业会受到不小的冲击。这表现在：

降低进口关税税率对一些行业冲击不小。协议规定，我国工业品关税税率平均将降到9.44%（现在是16.44%），降税的实施期总体上是到2005年，个别产品可延长到2008年（汽车到2006年要降到25%）。我国具有比较优势的行业或产品，如纺织品、皮革、陶瓷、玻璃、橡胶等，关税降幅较小，而缺乏竞争力的行业或产品，主要是汽车及零部件和部分化工品等，关税降幅大，将受到较大冲击。

取消配额、许可证等非关税措施将使一些竞争力弱的产品失去保护。根据协议，我国在加入WTO后最长5年的过渡期内将取消配额、许可证和特定指标等非关税措施。目前我国实行上述保护措施的工业品主要是汽车、石化、机械行业中竞争力弱的产品，失去上述保护措施后，会受到较大冲击。

开放领域的扩大，将对金融、保险、电信、商业零售批发等产生较大的影响。如根据协议，入世后3年内我国将基本上放开流通领域的国内经营权和进出口经营权，逐步取消对外资设立分销企业的地域、数量及股权比例限制，这些显然会对我国相关企业产生冲击。

面对加入世贸组织可能带来的冲击，我国要充分利用过渡期，积极推进改革，加快对内开放，加大对经济结构战略性调整的力度，增强国际竞争力，完善宏观调控体系，提高应变能力。比如，改变对产业的现行的直接扶持的方式，改为通过基础设施投资、研发基金投入、科技产业化基金、环保基金等间接扶持方式。对农业采取增加农业技术、良种研发和普及推广的财政扶持等。这样可以规避世贸组织规则的制约。与此同时，要利用 WTO 有关规则合法保护自己，如加快反倾销、反补贴及保障措施的立法和运用；制定必要的技术法规、产品标准、评定程序等，限制不符合规定的产品进口；加强反垄断措施等。

今后，还要在利用国内国外两个市场、两种资源方面有新的突破，更加积极地走向世界。鼓励能够发挥我国比较优势的对外投资，支持有实力的制造业企业跨国经营，到境外开展加工贸易或开发资源，发展对外承包工程和劳务合作，加快技术创新，创出自己的名牌，增强国际竞争力，发展我们的跨国公司。

深化财政金融体制改革，完善宏观调控机制

为促进经济的稳定增长和经济结构的优化升级，一方面需要努力提高财政保障能力，包括调整相关税种的税基和税率，如提高中低档卷烟和酒类的消费税税率，合理开征新税，如遗产税、赠予税，严格清理和控制税收减免，开辟新的社会保障筹资渠道等，逐步提高“两个比重”。在近期实施扩张性财政政策时，要合理控制财政赤字和国债规模，防范财政风险。1999 年中央财政赤字为 1797 亿元，占中央财政总支出的 22%；债务发行额为 3715 亿元，相当于中央财政总支出的 45%；债务余额 10408 亿元，占 GDP 的比重接近 13%。这个问题值得重视。另一方面，要适时调整财政支出结构，财政支出至少在 21 世纪前 10 年，要重点保证加快社会保障体系建设，实施西部大开发战略，推进国有企业改革和国有经济布局战略性调整，加快城市化进程，支持科教兴国战略的实施，切实加强农业的基础地位等。解决财政问题，从根本上说，要靠深化财税改革和完善财税体制。首先要积极稳妥地推进税费改革。继续完善分税制财政体制，建立规范的转移支付制度。继续推进预算制度改革，实行部门预算制度，细化预算编制，增强预算的透明度和约束力。逐步建立公共财政的基本框架。全面推进政府采购制度，从目前各地试点情况看，

全面实行政府采购制度可节约财政资金10%以上。逐步减少以至完全停止财政对一般竞争性领域的投资，财政资金集中用于满足社会公共需求方面。

深化金融体制改革。完善与社会主义市场经济发展相适应的金融组织体系、市场体系、调控体系与监管体系。这包括：

推进各类金融机构转变经营机制，完善法人治理结构。创造条件比如到“十五”后期将目前四家国有独资的商业银行改革为国家控股的股份制银行。据估计，“十五”期间，四家国有独资商业银行累计将增加贷款5万亿元，相应要增加资本金4000亿元。把国有独资商业银行改革为国家控股的商业银行，可减轻中央财政压力，优化产权结构。

逐步推进利率市场化，首先是货币市场利率和外汇存贷款利率市场化（目前银行间同业拆借利率、银行间债券市场利率、票据贴现利率、一部分大额存款利率等已由市场决定），其次是在扩大商业银行利率的浮动范围的基础上实现贷款利率市场化（目前城市金融机构已把中小企业贷款利率的浮动幅度扩大到30%，农村信用社贷款利率浮动幅度已扩大到50%），最后是存款利率市场化。

逐步剥离和减少银行的不良资产，特别是严格防止不良资产比重的增加，加强和完善金融监管，减少和化解金融风险。建立对国有商业银行的指标考核体系和国有商业银行行长离任审计制度，确保金融业安全和高效运行。

发展证券业，扩大直接融资。这包括在规范和发展主板市场的基础上，加快二板市场和债券市场的建设和发展步伐。特别是要培育机构投资者，进一步扩大基金规模。在确保资金安全的前提下，推动养老基金等长期和稳定的资金进入证券市场。按照市场经济的原则管理证券业，提高市场透明度。强化信息披露，使证券发行市场公开、公正、高效、有序，加强对证券业的监管等。

有计划地推进金融对外开放，扩大国际金融合作。按照我国参加WTO的协议，逐步放开银行、证券、保险业，同时，支持我国有条件的金融机构到境外设立营业机构。

进一步完善汇率形成机制，完善以市场供求为基础的、单一的、有管理的浮动汇率制度。如适度扩大浮动空间，使汇率尽量反映市场供求变化等。我国已在1996年12月实现了人民币在经常项目下的可兑换，对资本项目仍进行管制，主要是对中资企业借入外汇和输出资本的限制，不允许外资进入我国A股证券市场。随着我国经济实力的强大，社会主义市场经济体制的逐步完善，金融市场日益规范，金融监管水平和防范国际资本冲击能力的提高，经过一段时间的努力，人民币将成为可自由兑换的货币，实现资本项目的可兑换。当然这不是短时间能做到的，需要一定时期的努力。

进入21世纪的一个重要任务，是积极推进投融资体制改革。对于企业出资建设国家鼓励、允许和不需统筹平衡的项目，由企业自主决策、自担风险，政府不再审批。拓展企业融资渠道，增强企业扩大投资的实力。我国居民不仅有大量储蓄，而且投资意愿逐步增强。要鼓励和引导社会资金用于投资。抓紧制定并实施产业投资基金管理办法，积极推进建立风险投资机制。取消各种不利于社会投资和非国有经济发展的限制，鼓励民间投资。有人估计，进入21世纪第一个五年计划即我国“十五”期间，为保持7%的经济增速，需投资20多万亿元。按照过去的经验数据，投资资金的来源大体是：财政占5%，利用外资占10%，银行贷款占45%，其他40%靠企业通过各种渠道包括上市融资解决。社会主义市场经济体制初步形成后，企业越来越成为真正的投资主体，政府投资只能占一小部分，主要靠其他社会资金投资。因此，需从体制上、政策上解决鼓励社会投资的问题。

深化分配制度改革

推进收入分配制度改革，不断地普遍地提高人民生活水平。坚持按劳分配，允许和鼓励生产要素参与分配。继续实行鼓励依靠诚实劳动和合法经营致富的政策，同时通过税收、扶贫、完善社会保障等措施抑制收入分配差距过大的偏向。

改革开放以来，我国人民生活水平有了较大的提高。1999年，城镇居民人均可支配收入达到5854元，比1995年增加1571元；农民人均纯收入2210

元，增加632元。居民个人金融资产大量增加。目前，城乡居民储蓄存款余额超过6万亿元，外汇存款近600亿美元，债券、股票、现金等其他金融资产也大幅度增长。农村贫困人口逐年减少，预计到2000年底，可减少到2400万人。居民生活质量逐步提高。居民消费的恩格尔系数，城镇居民由1995年的49.9%降到1999年的41.9%，农村居民由58.6%降到52.6%。居民居住、交通、通信条件逐步改善。与此同时，人口增长得到有效控制，国民素质不断提高。

存在的问题，首先是农民收入增长缓慢，城乡居民收入差距扩大。近几年由于农产品供过于求价格下跌，乡镇企业发展减速，致使农民收入增长缓慢，特别是占总农户62%的纯农户，有些还呈收入减少状态（据估计，农民从农业得到的人均收入，1998年减少32元，1999年减少108元）。城乡居民收入之比，由1997年的2.47∶1扩大到1999年的2.56∶1。地区差距继续拉大，东、中、西部地区人均GDP之比由1995年的2.3∶1.25∶1，扩大到1999年的2.4∶1.3∶1。居民中高低收入差距也较大。据国家统计局在1999年三季度对15万户城镇居民基本情况调查表明，全部调查户中20%的高收入户占有全部收入的42%，20%的低收入户仅占有全部收入的6.5%，高低收入差距为8∶1。据国家统计局测算，城镇居民基尼系数从1990年的0.23上升到1998年的0.295，农村居民基尼系数从0.31上升到0.3369。如果城乡居民一起算，则其基尼系数超过0.4，即达到公认的危险水平。

其次是失业人口增加，就业压力加大。这几年经济增速减缓，国企改革深化，下岗人员增多，加上经济结构的调整和升级导致一部分职工失业，使城镇失业人员增加。1999年底下岗职工和失业人员约1600万人，加上城镇未登记的失业人员还有几百万人，估计城镇实际失业率已达7%左右。此外，农村还有1亿多剩余劳动力要转移到非农产业，我国农业劳动力约5亿人，目前从事农业劳动的约3.5亿人，富余1.5亿个劳动力。因此，城乡就业压力很大。

今后，要在经济发展的基础上继续增加居民收入，重点是提高农民的收入。在调整农业生产结构，促进农产品加工转化和增值，扶持农业产业化经营，提高农村经济效益，增加农民收入的同时，需推进农村税费改革，切实减轻农民负担。广开就业门路，如发展劳动密集型产业和第三产业，支持中小企业发展，加快城镇化进程等，创造更多的就业机会。

企业分配制度改革这几年有所推进，但存在问题也不少。企业职工工资1999年为7600元，与1995年相比较，年均增长6.8%。除西藏外，已有30多个省市建立了最低工资保障制度。目前，已有6000多户国有企业试行了经营者年薪制，这6000多户以中小企业为主，年薪为职工平均工资4—8倍。

今后，特别是国有和国有控股企业，要逐步建立起工资收入能增能减的弹性机制。企业工资水平参照当地社会平均工资（相当于劳动力市场价格）和由本企业经营效益决定，个人工资与劳动贡献紧密挂钩。鼓励生产要素参与收入分配。在一些中小企业可以实行职工持股，高新技术企业实行技术入股，有条件的国有企业实行年薪制、股权或期权激励办法等。还要按照“暗补变明补、补贴进工资”的原则，结合医疗、养老、住房、教育等体制改革，合理提高工资水平，实现工资收入货币化，提高透明度。建立公务员工资增长的正常机制，逐步提高公务员的收入水平。

加快社会保障制度建设

进入21世纪，建立和完善社会保障体系的紧迫性更加突出。当前国有经济布局战略性调整中一个重大障碍，就是由于没有建立比较健全的社会保障体系，不能形成正常的退出机制，许多富余的人员减不下来，一些要关闭和破产的企业的人员因不能很好安排而不能及时关闭和破产，改组、联合、兼并等工作也常常因人员安置问题而受拖累等。可以说，加快社会保障体系建设，无论是对深化改革、促进发展，还是保持稳定，都有重要意义。

这几年，我国在建立养老保险、失业保险、医疗保险为主要内容的社会保险（或保障）制度方面已取得一定进展。到1999年末，基本养老保险覆盖的职工人数增加到9502万人，占职工人数的81%，仍有19%的职工未覆盖；失业保险覆盖人数增加到9852万人，占职工人数的72%，仍有28%的职工未覆盖；医疗保险制度改革正在积极推进，目前，省级规划已经全部出台，90%的地方制订了实施方案。预计到2000年底，医疗保险能覆盖5000万城镇职工。所以，今后一个重要工作，是扩大社会保险的覆盖面。

社会保障制度的最大难点在资金问题。到1999年底，基本养老保险基金虽有733亿元的结余，就全国算，可以支付4个多月，但其中62%以上集中在7个东部沿海省市（广东、上海、山东、江苏、浙江、北京、福建）。1999年已有26个地区基金当年入不敷出。失业保险基金也存在类似问题。我国职工社会保障欠账很大。究竟欠账多少，各方面估计不一。世界银行估计有二三万亿元，我国有人估计也在一二万亿元。这是国家的一笔隐性负债。1999年，党的十五届四中全会决定提出，要开辟更多的筹资渠道，充实社会保障基金，如变现部分国有资产，调整财政支出结构等。还可以考虑增设新的税种，发行特种国债等办法，增加社会保障基金。

失业保险制度也要逐步完善。在加快劳动力市场建设的同时，逐步使下岗职工的基本生活保障，由企业再就业服务中心承担，转向社会享受失业保险，依靠劳动力市场实现再就业。这样，就可以使“三条保障线”（下岗职工基本生活保障、失业保险、城市居民最低生活保障）变为“两条保障线”（前述后两条）。

社会保险基金的管理体制改革很重要。不但不能“五龙治水”，而且要逐步做到由独立的政企分开的基金管理公司管理。要由多家管理公司竞争，不能独家垄断。政府要为社会保险基金的管理立法，以便有法可依。国外有成功的经验，如智利的做法就很成功，不妨仿效。与此同时，要推进社会保险社会化管理和服务。如养老金由银行、邮局等发放，退休人员逐步与原单位、企业脱钩，归社区管理等。

（原载《江海学刊》2000年第4期）

论非营利行业国有经济单位的改革方向

——以卫生医疗服务业为例

金　碚

国有经济（国有企业是国有经济的组成部分之一）具有超越利润目标的特殊功能，即可以做到不以本单位利润为唯一目标，甚至可以不以追求利润为目标。因此，当国家没有更好的方式来达到某些社会目标和公共政策目标时，建立和发展国有经济就是唯一可行的选择。可以看到，在许多公益性的产业中，各国都建立了国有企业，或者其他国有经济单位（例如非营利机构）。但是，随着国民经济的强盛，越来越多的公益目标和公共政策目标也可以由非国有企业或机构来实现，而且，国民对公益性产业的供应质量的要求越来越高，此时，仅仅依靠国有企业和国有机构就越来越不能满足国民的多样化和多层次的需求，所以，民营企业在这些产业中的发展空间会越来越大。以商业方式来实现某些重要的社会公益目标成为发达市场经济中的通行做法，这就使得民营企业在传统的公益性产业中也能发挥越来越重要的功能，这当然意味着国有企业或者国有非营利机构的有些职能将转由民营企业来承担。本文以卫生服务业为例，讨论非营利行业中的国有经济单位的有关理论问题和改革方向。

非营利行业和非营利机构的性质

从理论上分析，非营利机构既可以是一个经济学概念，也可以是一个法律概念。它是介于政府组织、营利机构之间的一切社会组织。按照经济学的理解，非营利机构就是不以营利为目标的经济实体，对于这种经济实体，市场机制（价格机制）难以充分发挥调节作用。至于这种经济实体为什么不以营利为目标，可以区分为多种情况：第一，即使该经济实体具有“经济人”的理性，也难以获得盈利，换句话说，其非营利性是由产业的实物性质决定的；第二，该经济实体不具有“经济人”理性的行为特征，而具有利他主义性质；第三，经济实体可能具有“经济人”理性，而且该产业也具有能够获得盈利的物质性质，但是，社会要求其不得以营利为目的。按照法律概念的理解，非营利机构是对某种经济实体的行为规范的限定，即无论是哪种实物性质的经济实体或者无论该经济实体的行为特征是否具有“经济人”理性或利他主义，只要具有非营利机构的地位，就要按照不同于营利机构的法律规范来对其行为进行调节，而一个经济实体是营利机构还是非营利机构是可以选择的。所以，在许多行业中，完全可以既有营利机构也有非营利机构。

按照以上的分析，我们可以把非营利机构分为性质不同的三大类：一类是“无法营利”的非营利机构；另一类是“不愿营利”的非营利机构；第三类是“不允许营利”的非营利机构。

第一类非营利机构的含义强调的是该产业的物质技术性质，即物质技术性质决定了这类机构无法进行商业性的营利活动，典型的例子是路灯、航行灯塔、广场等。

第二类非营利机构的含义所强调的这些组织的宗旨不是为了营利，但并不等于说它们不可能营利。事实上，非营利机构的收入往往大于支出，它们是能够获得盈利的。但是，由于它们具有非营利机构的法律性质，所以，它们所赚取的利润必须服务于组织的基本使命，用于扩大向社会提供的服务和质量，而不能进入经营者和管理者的腰包，这是这类非营利机构和营利性机构的最大区别。

第三类非营利机构的含义强调政府的管制政策，即该行业可以营利，但政府出于社会利益的考虑（或者其他原因），规定该行业或该机构不得进行营利活动。换句话说，如果政府允许，这类行业或机构就可以营利。

一般认为，非营利机构管理控制过程的主要特点是：不存在利润指标；

政府提供税收与法律上的优惠政策；通常是服务性机构；对实现目标与战略有特殊的资金来源；顾客不是主要的资金来源；员工大都是专业人员；非营利机构的责、权、利不是十分明确；高级管理层具有特殊性；资金管理具有特别的重要性。①

从以上的分析可以看到，既然非营利机构不以营利为目的，就会有不同于一般企业的特征。现存的各类非营利机构未必永远只能是非营利机构。一般来说，第二类、第三类非营利机构只要被证明更适宜于采取营利性机构的经营方式，就可以通过改革转变为营利性机构—企业。第一类非营利机构中，有些是根本不可能进行营利性经营的，或者是在现有的技术和管理水平条件下非常难以采取营利性经营的方式（将来也许可以具备营利性经营的条件），但是，其中也有一些机构，只要采用某种管理方式并获得必要的技术支持，也有可能采取营利性的经营方式。例如，一般情况下，公路管理机构属于第一类的非营利机构，但是，采取收费的方式，公路完全有可能成为营利性的产业。

随着市场经济体制改革的深入，许多事业单位采取了“企业化经营”的方式，这实际上表明，这类机构是可以或者有可能转变为企业的。当然，由于该类机构的特殊性，是由国有企业经营更好还是由非国有企业经营更好，或者国有企业和非国有企业各自应承担怎样的职能，这就成为一个特别需要研究的课题。本文就以医疗服务行业为例来研究这一对我国当前的改革具有重要理论意义和现实意义的问题。

关于卫生医疗服务特殊性的讨论

社会道德准则要求：当疾病患者因收入低下而看不起病特别是当疾病危及其生命时，医疗行业负有强制供应的道德义务。但是，在现代社会，大多数医疗单位并不是慈善机构，由此，医疗服务的公益性并不意味着能够对所

① 陈昌柏编著：《非营利机构管理》，团结出版社2000年版，第13页。

有的病人实行免费治疗。作为事业单位的卫生医疗机构是受预算约束的，如果收不抵支，最后只得关门。

与一般产品和服务的消费不同，医疗消费具有很强的或然性：每个人对医疗的消费需求首先取决于是否生病，而每个人是否生病是或然的而非必然的。针对这种或然性，为了降低个人风险，需要建立社会保障和商业保险制度。医疗消费的或然性虽然决定了医疗消费的非自愿性，但并不完全排除病人（或其亲属）的偏好对医疗需求的影响，所以，可以观察到，当医疗费用由患者自理时，医疗服务的需求是具有价格弹性的。即当价格不同时，患者可能作出治疗或不治疗、采用费用较高的方式治疗或费用较低的方式治疗的不同选择。

医疗服务的另一个特点是，信息不对称性很强。卖者（医生）具有明显的信息优势，在很大程度上，可以代替买者（患者）做出消费决策，因而有可能诱导患者过度消费。其实，信息不对称是普遍存在的现象，在其他行业，卖者也可以通过种种手段（例如广告）来诱导消费者，以生产者主权损害消费者主权。特别是对于所谓“信任产品”，消费者对产品质量效果的信息非常缺乏，所以，政府必须作出要求卖者进行信息披露的严格规定。

医疗服务具有很高的差异性，由此导致很强的垄断性。首先，医疗行业的技术进入壁垒很高，加之政府和行业组织通常会设置较高的进入壁垒（政府对医生执业实行许可制度，行业组织也可以制定具有约束力的从业规则），使医疗服务业成为进入壁垒最高的行业之一。其次，医疗行业的服务差异性很大，同样的疾病由不同的医生诊治效果可能很不相同，所以，不同医疗单位（或医生）提供的医疗服务往往具有不可替代性，使医疗服务单位具有较强的市场势力。最后，医疗单位的市场地位通常具有较强的区域性，即对于一般的疾病特别是急诊，消费者总是愿意就近就医，因此，医疗服务需要提供社区性的服务，这也可能导致医疗单位在一定区域内获得垄断性市场势力。

由于上述行业特殊性，卫生医疗服务业在各国都被认为是非常特殊的行业或产业。因此，在大多数国家，卫生医疗业都是政府参与很强的领域，尽管对此常常有许多的争论。在西方市场经济国家，有人认为在医疗部门政府参与的不断增加是不可避免的而且是有益的，另一些人则认为这是不合理的，是医疗保健部门低效率的根源。①

政府参与的理由主要认为在卫生医疗部门存在明显的市场缺陷。在竞争市场中，当违反了竞争市场的基本假定时，通常就不能达到供求上的经济效率。而在卫生医疗领域，以下一些最重要的假定没有得到满足，即消费者有完全的信息，资源具有充分的流动性，以及病人和供应者具有购买和提供医疗服务成本最小化的激励。虽然允许广告宣传，但消费者仍缺乏关于其医疗诊断、处置需要、不同供应者的质量和收费方面的信息。由于进入卫生人力专业受到限制以及须通过医疗机构进入各种医疗机构市场，而且对各种人员所能从事的工作也有限制，使卫生医疗资源的流动性受到妨碍。

通常情况下，病人对其医疗需要、诊断、处置要求和供应者（医疗机构）的质量一无所知，使人们认为医生有可能偏向诱导对自己的需求。在医疗部门，消费者缺乏信息和限制进入医疗职业的规定导致其价格超过平均水平。卫生医疗机构能够根据病人的需求弹性定价，表明缺乏价格竞争。病人的过度保险和按成本支付供应者导致资源利用不当、设施过度重叠、医疗费用迅速上升，随之影响卫生医疗供应的效率。总之，医疗费用高是一个世界性的现象，成为人们经常抱怨的话题。

由于市场进入障碍和缺乏价格竞争的影响，使病人对医疗保健支付的价格并不反映其使用这些服务的边际价值。由于病人得到保险补贴（或通过政府，或通过税收减免），他们对医疗服务的利用会超过他们必须支付完全价格时的需求。同样，第三方支付者、政府和病人（通过自费和纳税）支付的医疗保健价格超过了治疗的最低供给成本。总之，卫生医疗的高价格可能并不反映其服务的高质量和高效率。

上述情况导致政府的参与和干预。但是，也有人认为，虽然医疗服务市

① ［美］保罗·J. 费尔德斯坦：《卫生保健经济学》，经济科学出版社 1998 年版，第 325—326 页。

场存在明显的缺陷，但许多缺陷是由政府自身造成的。各国政府通常采取措施干预卫生医疗市场，以表面上保护消费者为理由，对市场进入、信息和价格竞争实行限制。鉴于医疗服务的技术性质以及缺乏信息的消费者可能遭受不合格供应者的危害，政府通过卫生行业和卫生机构的活动，把对消费者的保护着重放在非营利性的供应者上，规定了非营利性机构的培训要求：由卫生医疗行业管理部门发放执照，对准许开业的提供医疗服务者实行严格限制；禁止宣传价格、质量和便于就诊的信息，以阻止不道德的供应者使病人误入歧途。这些措施未必能取得理想的效果，反而事与愿违，所以，反对政府干预卫生医疗市场的人认为，妨碍医疗部门更有效运行的缺陷正是在政府的保护下发生的。

许多人反对消除信息上和行医上的限制，他们认为，消除市场缺陷并不能改善卫生医疗部门的现行体系。这些人反对由市场来决定医疗服务提供的数量和质量。他们反对在卫生医疗业中进行市场竞争的理由，并不是基于经济效率高低，而是基于价值判断，他们认为以效率高低为标准并不适合于卫生医疗行业。因为，病人既没有足够的信息，也没有足够的理性来选择适当的供应者和正确的医院治疗质量。为此消费者不应介入这种决定，应该完全由专业人员决定；而专业人员对医疗保健的决定或分配也应根据医疗需要而不是根据消费者选择。

如果假定消费者没有理性，或者人们不相信消费者能够有效地进行正确选择，则需求曲线就不能代表社会边际效用。在这种情况下，指望以消除市场缺陷来满足消费者需要的经济政策将不能达到目的（当然是那些不相信消费者选择和消费者主权能够正确决定卫生医疗供应数量的人所设定的目的）。

可见，对卫生医疗体制的安排存在很大的价值观差异，许多争论是由价值观上的差异所致。那些反对在医疗保健需求上运用消费者主权的人也反对在供给方面进行市场竞争。那些市场竞争支持者们假定当供应者竞争消费者时将使其成本最小化（使他们能以较低的价格售卖其服务），并且提供消费者期望的那些服务。不相信消费者能够确定生产者应该生产什么的人，对于供应者能否相互竞争而又不损害病人常常表示怀疑。这些人希望以对供应方进行规制和实行行业性垄断来取代供应方之间的竞争。

有的人主张，不论应由谁决定医疗服务的数量和质量的价值观有多大的差异，还是应该允许不同的供应系统在供给方面展开竞争。尽管也许有人怀疑竞争能够达到高效率而不损害消费者，但允许竞争的存在并使之成为一个受到比较严格控制的供应系统的替代方案，至少可以比较公平地检验出是由政府机构还是由民间建立的系统在达到一定的产出水准上谁更有效。

从国内外学术界的讨论和争论看，承认卫生医疗服务具有特殊性是一个共识；但是，从这一认识出发，关于卫生医疗服务行业的体制安排却没有统一的意见。基本的问题是：政府要不要干预，干预的程度如何？政府是否应该直接参与卫生医疗服务的供应（建立公立卫生医疗机构），或者，应该主要由政府还是民间企业提供卫生医疗服务？是否必须对卫生医疗服务行业的民营机构（企业）进行严格管制？

医疗行业的制度安排为什么会事与愿违？

不能不承认，同其他行业相比，我国卫生医疗服务业尤其是城镇公立卫生医疗机构的体制改革明显滞后，成为发展状况令人非常不满意的行业之一。我们可以发现，50 年来，政府总是在想做好事，但结果却往往总是事与愿违。

其一，政府一直认为，卫生医疗服务是人民群众的基本生存需要，所以，必须让所有的人都能看得起病。但是，由于国家力量有限，因而这种良好的愿望只能在城市居民中落实，即政府通过国有企业或其他单位，几乎将所有城市职工的卫生医疗服务都包下来了。机关企事业单位成为卫生医疗服务费用的支付者。医疗单位实行全民所有制事业单位的体制，获得国家财政的支持。当然也存在一些服务水平相对较低的集体所有制性质的医疗机构。经济体制改革以前，个体私营的医疗机构很少。经济体制改革以来，非国有的医疗机构有了较大的发展，但至今比重很小，作用十分有限。

正是从向全社会提供“必需品”的愿望出发，结果却使医疗供应成为

“供给品”，整个社会不堪重负。医疗价格的费用逐年大幅度增长，越来越多的企事业单位职工和群众感到看不起病。国家财政和企事业单位也越来越承担不起“第三方支付”的负担。

其二，我国现行卫生医疗体制的制度安排是从克服市场机制难以解决公平性的愿望出发的，结果却是政府直接配置导致另一种形式的不公平，而且使效率受到更大的损失。由于信息不足，政府配置资源的机制未必能达到社会理性目标，例如，政府制定医药价格，但并不拥有医疗和药品成本的充分信息，所以，医疗和药品价格的不合理一直是卫生医疗部门解决不了的问题。再如，各利益群体的谈判力量不平衡，加之政府的利益偏向，由政府机构配置卫生医疗资源很难符合公平原则，最突出的现象就是城乡待遇的差别、按行政级别享受质量不同的医疗服务等。又如，政府负责部门（主管或管制部门）通常具有利益偏向，即倾向于更多地考虑自己管辖或管制的单位的利益和要求，所以，政府的参与和干预替代了市场机制后，消费者未必能获得公平的待遇。相反，消费者往往感到经常受到供应方的不公平对待，而找不到说理的地方，因为供应方有强大的政府背景。所以，现行体制从实现公平的愿望出发，结果却维护甚至扩大、强化了不公平的关系。

其三，我国现行卫生医疗体制从其设想的初衷看，是希望所有的人包括低收入者都能看得起病，所以，挂号费、治疗费等基本医疗项目的价格标准定得很低。而仪器检查等不直接治疗的项目价格却很高。特别是，由于卫生医疗机构难以从基本医疗项目获得成本补偿，就力图从仪器检查、药费等项目获得更多的收入，大大超过实际需要地要求消费者（病人）多做高级仪器检查，多买高价药。可以说，由于卫生医疗机构真正能治病的项目要亏损，而与治病没有直接关系的项目却能大赚其钱，导致了卫生医疗机构和医生的行为越来越具有“创收性”，而以损失医疗的科学性和经济性为代价，消费者特别是低收入消费者享有的医疗服务质量难以得到保障。从下表中可以看到，20 世纪 90 年代中期以来，医疗保健服务价格指数越来越超过物价总指数。1994—1995 年，医疗保健服务价格指数还略低于物价总指数。1996 年以来，医疗保健服务价格指数明显高于物价总指数，甚至当（1998—1999 年）物价总指数低于 100（即物价总水平下降）时，医疗保健服务价格水平仍然以高于 10% 的幅度增长（1998 年和 1999 年分别增长 17.2% 和 11.7%）。总之，现行卫生医疗体制从满足低收入人群基本需要的愿望出发，结果是真正受损害大的恰恰是低收入人群。由于医疗机构的增加、价格提高而服务质量和效率没有明显提高，20 世纪 90 年代以来卫生医疗机构病床的使用率幅度下降：1996—1999 年分别为 82.7%、80.9%、66.9% 和 59.8%。

医疗保健服务价格指数与物价总指数的比较

年份	商品零售价格指数	居民消费价格指数	服务项目价格指数	医疗保健服务价格指数
1994	121.7	124.1	125.7	120.2
1995	114.8	117.1	120.2	111.1
1996	106.1	108.3	116.0	112.4
1997	100.8	102.8	116.5	122.9
1998	97.4	99.2	110.1	117.2
1999	97.0	98.6	110.6	111.7

资料来源：《中国统计年鉴》(2000)。

卫生医疗服务业产权改革的方向

以上分析表明，卫生医疗行业中的有些服务项目完全有可能采取市场化的方式来经营，甚至可以用企业的方式组织卫生医疗机构，提高企业效率，更有效地向社会和消费者提供卫生医疗服务。这表明，卫生医疗行业中的各种服务项目，有的确实必须采取上述第一种非营利机构的组织形式，但是，有不少服务项目具有上述第二种、第三种非营利机构的性质。所以，卫生医疗机构完全可以根据各种卫生医疗服务项目的不同特性，采取不同的产业组织形式。

问题还有另一方面：卫生医疗行业的改革不仅要考虑如何更好地向社会和消费者提供服务，而且也要考虑卫生医疗机构自身发展的问题。而如果卫生医疗机构自身不能很好地发展，没有实现技术进步和不断改善工作条件的经济实力和经济资源，那么，也就没有能力长期有效地向社会和消费者提供质量较高的服务。

从以上关于非营利机构和卫生医疗行业性质的分析中我们可以看到，进行卫生医疗机构产权制度改革必须研究以下几个重要问题：

1. 卫生医疗机构的产业性质和功能。医疗卫生是一个特殊行业，卫生医疗机构应以社会效益为主，所以，国家有必要设立国有卫生医疗机构，也可以制定法律和政策鼓励设立其他形式的公有制卫生医疗机构。这类卫生医疗机构的行为特征是不以营利为目标的，所以称为“事业单位”。不以营利为目标不等于不存在盈利的可能性。在我国，由于政府对卫生医疗机构的收费标准实行严格的管制政策，卫生医疗机构的可营利性被抑制了，使得卫生医疗机构自身的产权收益无法实现，因而须有其他方式对卫生医疗机构进行“补偿”。

在医疗卫生行业，完全有可能以商业化的方式来达到满足社会需要的目的。只要政府放松价格管制，卫生医疗机构就能够成为营利性行业，以追求利润为目标的私人经济就会有进入这一行业的动机。在此条件下，如果放松进入管制，私营卫生医疗机构就可能存在和发展，并同国有的卫生医疗机构进行竞争。由此可见，我国卫生医疗机构产权制度的改革是同政府对医疗卫生行业的管制政策直接相关的。

如果允许非国有经济进入卫生医疗服务领域，就会使国有医疗机构同非国有医疗机构处于市场竞争状态。竞争有助于提高整个医疗行业的效率和竞争力。

2. 卫生医疗机构的投资方式和清偿责任。卫生医疗机构的产权制度同其资金来源以及法律要求其承担的清偿责任直接相关。卫生医疗机构的资本金来源可以有多种方式，其中主要是：第一种，政府拨款、国有企业拨付或民间捐赠，这种资金对于卫生医疗机构是“免费”的，既不需偿还本金，也不需支付利息。第二种，私人投资或民间集资，这种资金是需要有回报的。第三种，由政府或民间提供一定量资金设立基金，以基金收益作为卫生医疗机构的资金来源。第四种，通过借贷关系（例如银行贷款）筹集资金，再依靠自身积累形成资本金；以这种方式形成的资产其产权归属的认定比较复杂。

一个企事业单位的产权制度的性质不仅取决于资金来源的性质，而且在更大程度上取决于所承担的清偿责任。在市场经济的新体制下，卫生医疗机构应负有怎样的清偿责任呢？主要可以有三种选择：第一，国家要求卫生医疗机构“自收自支、自负盈亏”，但实际上仍然由财政对卫生医疗机构负无限的清偿责任。这种情况下，卫生医疗机构类似于主权所有制企业或政府出资的无限责任公司，卫生医疗机构不会破产，实质上是负盈不负亏。第二，卫生医疗机构的投资者以其出资额为限负有限的清偿责任。在这种体制下，卫生医疗机构实际上就是有限责任公司，如果发生入不敷出、严重亏损的情况，就可能破产倒闭。第三，卫生医疗机构的投资者负无限的和连带的清偿责任，在这种体制下，卫生医疗机构实质上就是业主制或合伙制企业，有的国家规定私人卫生医疗机构须实行这种制度。除此之外，还有其他一些选择，例如合作制、股份合作制等，但在这类产权制度形式下，清偿责任的界限比较模糊，难以有很大的发展前途。

3. 卫生医疗机构产权制度改革还要考虑医疗行业垄断性、竞争性和政府管制的产业组织特征。由于医疗行业的产业组织具有不完全竞争（垄断竞争）的特性，而且医疗服务的交易过程特点决定了常常具有卖方垄断的性质，例如，患重病的病人特别是急诊病人难以选择卫生医疗机构。所以，政府必须对卫生医疗机构进行较严格的管制。而严格的政府管制也可能使卫生医疗机构具有更强的垄断性。垄断会导致价格高、服务质量差，所以，通过包括产权制度改革在内的医疗卫生体制改革来增强医疗行业的竞争性是很有必要的。卫生医疗机构之间的竞争使得竞争力强的卫生医疗机构有更大的发展空间，竞争力弱的卫生医疗机构失去发展空间，而这种优胜劣汰过程往往需要通过产权交易（兼并、收购、托管、联合等）才能实现。因此，卫生医疗机构产权制度改革要解决卫生医疗机构产权的可转让性问题。

4. 多种经济成分的卫生医疗单位如何实现有效竞争与分工。如前所述，由于医疗行业所具有的特殊性，多种经济成分的医疗单位的并存是一个显著的特点。即使是在资本主义市场经济条件下，也是公立和私立卫生医疗机构并存。问题是，由于卫生医疗机构的所有制性质不同，其行为目标也会有差别，政策上允许进入的领域也会有差别。例如，国有卫生医疗机构负有更多的社会责任、私营卫生医疗机构进入的领域受到更多的限制、政策所规定的不同类型卫生医疗机构的收费标准不同等。在这样的情况下，各医疗单位如何实现有效的竞争和合作呢？问题的实质是：由于产权制度的差别，以及对不同类型单位所实施的不同政策，不同类型的医疗单位在市场竞争中所处的地位可能是有较大差别的。因此，健全医疗市场需要解决两个问题：第一，尽可能形成一种公平竞争的市场竞争秩序；第二，细分市场，使不同类型的医疗单位在不同的市场中各自发挥优势。

5. 卫生医疗机构产权制度改革要同政府对医疗卫生行业的管制政策的合理化相配合。医疗卫生行业要实行较强的政府管制，卫生医疗机构产权制度的改革必须充分考虑到这一行业特点。

从我国经济体制改革的前景看，政府必然要适当放松对医疗行业的管制，从而使卫生医疗机构的可营利性得以释放，同时使医疗行业的竞争性进一步增强，在此基础上，卫生医疗机构产权制度改革才能有良好的制度和政策环境。也只有在此基础上，通过产权改革才能提高卫生医疗机构的效率，保证有效的医疗服务供应，达到更好地满足广大人民群众对医疗服务的需要这一根本目的。

以上述产权改革理论为指导，我国卫生医疗行业改革的方向应该是：以公立卫生医疗机构为主，多种经济成分并存，形成适度竞争，不断提高卫生医疗行业的供应能力和供应效率。

这一改革方向的经济实质是：在国家制定必要的政策要求卫生医疗机构把实现社会公益目标放在第一位的同时，也要将卫生医疗机构的收入动机导向实现社会目标，即在提高科技水平和管理水平的基础上，使得垄断性和公益性行业（卫生医疗行业）有可能更多地采用商业性方式和竞争性体制来达到社会目标。这表明，在卫生医疗行业，一部分卫生医疗机构仍然可以保持事业单位的组织形式（即为国有非营利机构）；一部分卫生医疗机构可以改革为国有企业的组织形式，以更加商业化的方式，高效率地提供可以由市场机制调节但具有较强公益性的卫生医疗服务项目；同时，允许和鼓励非国有企业或非营利机构进入卫生医疗行业，不仅可以增加我国卫生医疗行业的整体供给能力，而且有助于增强卫生医疗行业的活力和竞争力。因此，从改革的方向看，虽然从总体上卫生医疗行业具有非常强的公益性，所以必然有相当多的卫生医疗机构属于非营利机构，但是卫生医疗行业并非百分之百的非营利行业，其中也可以存在一定比例的营利性机构即企业形式的卫生医疗机构。而政府对卫生医疗行业的管制制度和体制政策安排，要使得各类卫生医疗机构在不同的细分空间中发挥各自的优势和优点，满足广大人民群众对卫生医疗服务日益增长和日趋多层次的需求。

从卫生医疗服务业看非营利性行业的改革

从对卫生医疗行业的研究我们可以看到，在我国为数众多的“非营利行业”中，实际上包括了各种不同性质的经济单位。有些机构属于本文所说的第一类非营利机构，有些属于第二、第三类非营利机构。深入研究可以发现，在过去属于第一类非营利机构的经济单位中，随着技术和管理水平的提高，包括新的经营方式的创造，有些现在已经可以不再属于这一类别。换句话说，在过去属于第一类非营利机构的经济单位，现在已经有可能采取商业化的经营模式，因而有可能转变为营利的机构，由市场（价格）机制进行调节。

还可以发现，越来越多过去属于第二、第三类非营利机构的经济单位，现在正在转变为可以企业化经营的经济实体，进而重组为企业，完全由市场机制进行调节。也有些过去属于第二、第三类非营利机构的经济实体，在政府有效管制制度的制约下，可以采取企业组织方式，在实现盈利目标的同时保证社会目标的实现，甚至是更有效的实现，即更具有经济性，其服务质量也更高。

在我国，过去把所有特别注重社会公益性目标的经济单位都按“事业单位”的形式进行管理，而且事业单位通常都是“全民所有制”性质。这样做当然具有优点，但也产生了一系列问题：

第一，事业单位主要甚至完全依赖于政府，没有竞争压力，也没有内部的激励机制，因此缺乏提高效率和竞争力的内在动机和外部压力。所以，这类行业通常服务质量差，技术水平提高慢，员工积极性难以充分发挥。

第二，随着社会发展水平和人民生活水平的提高，对过去完全由非营利机构提供的服务项目的需求越来越高，而政府缺乏足够的资源来扩大非营利机构的业务规模，从而导致这类行业的供给越来越不能满足社会的需要。比较典型的行业有卫生医疗服务业，还有教育行业等。

第三，由于不允许非营利机构进入这些领域（认为非营利机构进入这些领域就会破坏这些行业的公益性），所以，这些行业资金短缺。迫于资金短缺的压力，一些非营利机构就会寻找其他的方式进行“创收”，有些创收行为实际上就是营利行为，有些创收行为远远偏离本职业务（不务正业），也有些创收行为根本就是歪门邪道。这样，一方面造成管理的混乱；另一方面又损害了本职业务的提高和发展。

从我们的研究中可以看到，在非营利机构中，有相当一部分是可以转变为企业，即把全民所有制事业单位重组为全民所有制企业（国有企业）或其他类型的企业，按照产业化的方式来经营的。这不仅有助于这些单位自身的发展，也有助于整个行业的发展。如果这样做是可行的，那么，就意味着这一行业可以允许有资金实力的企业（国有企业和非国有企业）进入，成为社会资本（甚至外国资本）可以投资的产业。这无疑可以增强整个行业的实力和水平。

当然，这同时也会产生三个问题：第一，如何保证该行业的公益性不因为其企业行为而受到过分的损害；第二，在同一个行业中，既存在营利性机构（企业）又存在非营利机构，如何进行分工、协调和政府管制；第三，国有非营利机构和国有企业在这样的行业中应该居于怎样的地位，发挥怎样的作用？

从我国目前的国情出发，在公益性和社会目标特别突出的行业，如本文所重点讨论的卫生医疗服务业，国有机构和国有企业应该占有主导地位，以保证社会目标的实现，特别是保证社会公平目标和保证基本供应的实现。在这类行业中长期存在并且今后仍然会存在非营利机构，表明这类行业具有较强的公益性，如果没有特别的制度安排就有可能损害消费者的利益，因此有必要采取国家参与和干预的制度安排来满足这样的社会要求。其中，保持国有非营利机构和国有企业在这类行业中的一定比例，保证广大消费者基本需求的满足，并对进入这类行业的非国有企业的行为进行引导，就是重要手段之一。

（原载《江海学刊》2001 年第 6 期）

服务型政府的经济学思考

吴先满

服务型政府理念的经济背景

西方近现代经济学长期探索的理论研究证实，人类社会发展至今，实行以商品生产和商品交换为基础的市场经济，是一种相对而言更为有效、更为人们所普遍接受、更为可持续运行与发展的一种经济运行形态和资源配置方式；人类社会的市场经济发展经历了长期曲折的变化过程，有早期市场经济和现代市场经济之分，目前世界上多数国家和地区的市场经济发展已经或正在进入现代市场经济阶段；现代市场经济相对于早期市场经济而言有很多不同点，其中带有根本性的区别就在于是否建构形成了现代国家（政府）的经济调控、管理体系与机制，现代市场经济是有宏观管理的市场经济；现代市场经济体系中，市场机制是基本的经济调节机制和资源配置方式，国家干预、政府调控是弥补市场机制调节的不足或失灵，克服市场机制调节的负面影响或缺陷，是服务于企业、居民家庭等市场主体，是服务于消费者和投资者，同时也是一种对全社会经济活动及秩序的监管与维护，保持市场经济运行的公开、公平与公正，因此，国家干预、政府管理须以不伤害市场机制的正常调节与配置作用为限；为此，必须对政府的调节、管理及其职能作用作出严密而又细致的分工、规制与监督，以防止和纠正政府行政权力的不当使用，就此而言，政府的服务与职能作用应力避缺位、越位和错位。

中国经济改革开放与发展自始就内含着对政府的机构改革与职能转换，始终以此作为其中的一个重要组成部分和内容，与此同时，经济改革开放与发展的其他各方面对政府机构改革与职能转换也都直接间接地发生作用，可以说经济改革开放与发展的每一个重大步骤与措施、每一个重大变化与进步，都给予政府机构改革和职能转换以重大影响。中国的政府机构改革与职能转换正是在这样的历史背景下，在社会各种力量的综合作用下而进行的。

在走向社会主义市场经济的过程中，中国的政府机构改革和职能转换确实已经取得了一系列的重要进展。单从政府机构改革和职能转换本身看，这20多年间就相继进行了四次大的改革与转换，差不多每隔5年进行一次，最近的一次是从1998年开始的，至2002年前后大体完成。然而更为重要的是，经济改革开放与发展的持续推进，经济社会生活的不断变化和进步，它们每时每刻都在作用于政府的机构与职能，强有力地牵引着、推动着政府的机构改革与职能转换。众所周知，中国的经济改革首先是从农村开始的。农村家庭联产承包责任制的普遍推行，极大地促进了农村经济发展和农村市场经济的形成，千千万万的农户迅速成为农村市场经济的主体，这就有力地加速了原有落后的人民公社制度的解体，有效地遏制了农村经济中的“长官意志”和“瞎指挥”，代之而起的是初受规制约束的县、乡（镇）两级政府管理，尽管它们的行为尚未完全上轨、合规，但毕竟农民和农户对于自己的经济事务较之于从前是有了更大的自由度和更充分的决策权。农村经济改革的重大突破强烈要求城市经济体制也必须同步改革。从1984年起，中国经济体制改革的重点由农村转向城市，进入全面推进经济体制改革的阶段。这一年，中央作出了经济体制改革的决定，其中对社会主义经济运行的属性、政府与企业的关系以及政府内部各层次的关系等都作了富有创新意义的阐述与规定。1984年至1992年，中国的政府机构与职能进行了一系列的调整、转变，政府的宏观经济管理体系得到了改革、重建。这期间，城市经济的大门对内对外初步打开，较多地扩大了国有企业的自主权，价格改革在调放结合中推进，逐渐形成市场价格机制，改革了计划、商业、物资、财税与金融体制，商贸流通逐步放开，消费品、生产资料市场基本形成，财税金融体制初步向市场化调整、转变，资金、劳动力与人才、技术等要素市场初见萌芽，政府管理体系内部下放了一些权力于地方政府（省、地、县），市管县的体制较多推进，城市政府的经济职能得到了扩大和增强，但是整个经济运行和政府管理中的计划经济因素仍然较多的存在，计划经济与市场经济两种体制、两种因素、两种力量尚处于对峙阶段。1992 年邓小平同志南方谈话和党的十四大，打破了这种僵局，社会主义市场经济体制的目标明晰，之后党的十四届三中全会规划出了社会主义市场经济体制体系的宏伟蓝图与基本框架结构，1997 年党的十五大又作出了一系列新的论断、部署与要求。从 1992 年至今的这 10 年，中国经济改革开放与发展得到了加速推进，迈上了一个新的台阶，与此相适应的，中国的政府机构改革与职能转换也取得了新的进展。这期间，国有经济的战略性调整和国有企业的股份制改造，增强了政府对产权制度改革和国有资产管理的意识与职能，计划、财税、金融、投资等宏观管理体制改革新方案的出台实施，总体上弱化了政府对市场主体微观生产经营和投融资活动的直接控制，同时也调整了政府与企业、中央与地方的利益分配关系，企业和地方政府的职责与权限又有了扩大，商品市场进一步发展，要素市场初步形成，市场渐趋体系化，对内对外的经济开放显著扩大和加深，政府的机构与人员有了一定程度的精简，社会保障得到了普遍的重视与加强。

政府转变职能的指导思想与改革思路

经过“八五”“九五”以来的持续、艰巨努力，进入 21 世纪之初，中国的经济运行格局发生了重大变化，这就是社会主义市场经济体制的基本框架大体形成，社会经济生活中市场经济的因素与力量正在上升为主导地位，市场机制的调节与配置作用明显增强，政府管理职能在进一步的调整、转换中开始面向市场，面向全社会。

1. 政府职能转换的指导思想与原则

21 世纪初叶，加紧加快政府机构改革和职能转换的指导思想与原则是：

以马列主义、毛泽东思想、邓小平理论和“三个代表”重要思想为指导，适应富民强国、社会主义市场经济体制体系的健全、完善和加入世界贸易组织的形势与要求，在坚持社会主义国家和政府性质与根本宗旨的前提下，充分吸收借鉴国际国内市场经济发展以及政府管理已有的理论成果与实践经验，按照精简、高效、统一的原则，加大力度，加快步伐，改革政府机构，转换政府职能，以使政府经济管理更好地服务于现代化，服务于社会，服务于人民。

2. 政府职能转换的基本思路与框架

经过分析研究，本文提出加紧加快政府经济管理与职能转换的基本思路与框架结构如下：

（1）基本思路。这就是努力实现从传统的计划管制型政府到现代的市场服务型政府的转变。中国未来的政府经济管理模式既不是“小政府、大市场”，也不是“小政府，大社会”，而是基于现代市场经济核心理念的、合乎社会主义市场经济运行本性与发展规律的现代市场服务型政府。这是一种崭新的政府经济管理模式。我们认为，现代市场服务型政府，就其实质而言，它不是中国的政府性质与根本宗旨的变化，而是中国的政府运作形态和对经济管理方式的调整、改革与创新，说到底是中国的政府运作方式的转变。现代市场服务型政府，也不是只讲服务，不要管理，而是把服务作为管理的出发点和归宿，管理是为了更好的服务，是为全社会和全体人民提供更高质量的服务，以服务为中心，将现代政府为全社会和全体人民服务的核心理念贯穿渗透到政府经济管理的完整系统之中，最终落实和体现在政府经济管理的各部门、各层次、各环节的具体实践与行动上。

（2）主要特征。现代市场服务型政府是相对于传统计划管制型政府而言的，因此它与传统计划管制型政府有着根本的区别。其主要特征可以描述如下：现代市场服务型政府，它们赖以依托的社会经济运行形式是社会主义市场经济，在这种经济中，商品货币关系和市场体系获得充分发展，并最终确立自己稳固的统治地位。现代市场服务型政府，它以市场作为基础性的资源配置方式，充分发挥市场机制的调节与配置作用，市场逐渐成为社会经济活动的中心舞台，政府经济管理来源于这个市场舞台，服务于这个市场舞台，保持和维护这个市场舞台的高效率、统一性和公开、公平与公正，通过这个市场舞台实施政府经济管理，实现政府管理与服务的目标。现代市场服务型政府相对于传统计划管制型政府而言，它在经济管理与职能上，强调服务，寓管理于服务之中，而非管制；是有限职能的政府，有所为而有所不为。凡是市场、企业、个人能够发挥或能够更好发挥作用的地方，政府不做，凡是市场、企业、个人不能或不适宜发挥作用的地方，政府积极而为之。总之，政府是为那些市场、企业、个人所不能为或不适宜为之事，这就不是全能、万能的政府，就可以大大减轻政府的包袱和负担，使政府轻装上阵，精简高效；是为广泛而统一的社会经济活动服务的政府，将所有的企业、个人和市场活动统统纳入自己的服务范围，而不仅仅偏于为国有经济服务或者是仅仅偏于为境内本国居民经济活动服务，经济管理活动本身也不仅仅是管制、监督，而是包括服务、组织、引导、计划、协调、控制与监督；是依法行政，根据国家的法律法规施行政府经济管理，更多地运用经济杠杆和法律手段，并通过市场和社会中介组织进行管理和服务，因而强调经济管理的间接性和宏观、综合性，更富有规则性、连续性和稳定性；是分工、专业化、区别类型的经济服务，而不是混杂性的，没有功能区分的。一般而言，现代市场服务型政府的经济管理职能主要包括或区分为社会秩序管理、经济运行调控、国有资产运作、社会保障体系和一般公共服务这五大职能，它们既相互联系、配合，又相互分工，相对独立，各司其职，各行其道；是公开化、开放型的经济管理与服务，虽保有一些必要的涉及国家利益的经济机密，但绝大多数的管理与服务活动及其法规、政策、措施是面向市场、面向全社会，是公开的、透明化的；是税费分清、来去合法有理、以税为主、规范运作、总体负担不重的政府经济服务与管理，而不是税费混杂，秩序紊乱，负担偏重（这一特点是相对于转轨、过渡期的管理情形而言的）；是受人民和社会广泛监督的、权利与义务相对称、认真负责的政府经济管理，而不是缺乏监督或监督不力、权利与义务失衡、不负或少担责任的政府经济管理。

（3）框架结构。未来的现代市场服务型政府其管理职能与组织结构大体设想如下：社会秩序管理职能，为社会全体成员提供安全、稳定的社会公共秩序，包括国防、公安、司法等；经济运行调控职能，为企业、居民家庭等提供安全、稳定的社会经济秩序和消费、投资环境，保持国民经济的持续稳定协调运行与发展，主要包括计划、财税、金融等；国有资产运作职能，为实现国家战略目标和利益而以国家名义占有一部分社会生产资料和产业，为城乡生产与生活投资兴建重要的基础设施（水电气路桥等），包括国有资产管理决策与投资运营等；社会保障体系职能，为全体社会成员提供不同类型和不同程度的社会保障，以分散社会风险，缓和和减轻经济社会波动对家庭的冲击和压力，增进居民福利，包括养老、失业、医疗保险、最低生活保障和社会救助与福利等；一般公共服务职能，为国民经济运行发展和全体社会成员提供一般的公共服务与管理，包括科教文卫、大众传媒与社会信息、政府公务员的管理与服务等。这五大职能构成一个完整的现代市场服务型政府管理体系，涉及经济管理的职能主要是经济运行调控、国有资产运作和社会保障体系，虽然它们各自所处的地位和所发挥的职能作用有别，但都是现代市场服务型政府及其管理所不可或缺的。

建设城市服务型政府的战略重点

中国的政府经济管理从纵向结构看，主要包括中央、省（市、自治区）、地（市）、县（市）四层，城市政府及其经济管理是这一完整管理体系中的一部分，然而它却涉及这四个层次的三级。从实际情况看，中国的城市政府及其经济管理客观存在着大中小城市的各种不同的行政层次与经济类型，这就决定了城市政府及其经济管理的复杂性。城市政府及其经济管理作为政府管理必然有它共性的一面，因此，本文以上关于政府及其经济管理职能包括对现代市场服务型政府的一般研究和所形成的结论、观点、看法，对于城市政府总体上也是适用的，但是另一方面城市政府又有其特殊性，因而又需要作具体分析，以便突出重点，区别对待。

有一点是明确、肯定的，这就是中国的城市政府不大具有宏观经济的调控职能。宏观经济调控是对一国经济的总量控制与管理，通常由中央级的政府行使其职能。在中国，诸如财税、金融等宏观经济调控主要集中于国务院决策和中央财金管理部门行使，包括城市政府在内的各级地方政府不具有决策权，它们的主要任务是贯彻执行中央的决策。虽然日常生活中一些地方政府及其工作人员，有时也讲“宏观管理”，但这里的“宏观管理”并非真正意义上的宏观管理，实际上不过是一种涵盖本行政区域的综合管理，本质上属于中观经济范畴。在开放的社会主义市场经济条件下，城市政府包括中心城市政府的经济时刻处于与周边地区经济千丝万缕的交流过程之中，单凭本城市政府的经济资源与管理力量是无须也无法做到自我平衡的，因此，一般而言，城市包括中心城市的政府，其经济管理中的经济运行调节职能远不如中央政府，相对于中央政府而言是大大弱化的。完整意义上，城市和中心城市政府也在行使着前已述及的那些基本职能，但是必须指出，这些基本职能行使的具体情形是有所差异的。

对于城市政府特别是中心城市政府来说，它的经济管理与职能行使必须符合城市经济的性质，突出城市经济的特点，以利于充分发挥城市特别是中心城市的经济功能与作用。根据多年来城市经济发展管理的实践经验以及我们提出的现代市场服务型政府模式的构想，我们认为，当前加紧加快城市和中心城市政府的职能调整、改革与转换，主要应突出以下的重点环节或方面：

1. 在更好地发挥城市和中心城市政府的社会秩序管理职能的同时，应加紧加快城市和中心城市政府的经济管理职能和一般公共管理职能的调整、改革与转换。

2. 在一般公共管理职能方面，城市和中心城市政府当前迫切需要适当精简一般的政府行政管理机构及其工作人员，尽快建立起一支高效、廉洁、奉公的城市政府公务员队伍，精简的人员可以充实到社会的企事业单位与市场中介组织中去；与此同时，大力加强城市和中心城市的科教文卫功能，加快城市和中心城市的科技、教育以及文化、卫生事业的发展，增强城市和中心城市作为科技、教育、创新、文化与信息传播中心的功能与作用，努力把城市和中心城市塑造成为现代学习型的城市和富有创新精神的城市。城市和中心城市政府加快发展科教文卫事业，当然必须坚持社会公益性的原则或方向，但也可以适当引入社会资金和市场经营及企业化的运作机制，不必完全由政府包揽下来。例如教育发展，政府必须切实保证提供充足、优良的义务教育，这方面政府责无旁贷，必须保证足够、有力的人财物力支持，而在高中、大学、成人等其他年龄段的教育方面，政府则在给予必要的人财物力支持下，可以适度引入社会资金投资办学，以利于拓宽高级教育渠道，让更多的人能够享受高等级的现代教育，提高市民素质。医院的兴办与管理，也可以走政府办与民间办相结合的路子。现在城市和中心城市的各种新闻媒体事业发展已经相当程度的市场化了，这方面倒是需要防止过度市场化和商业利益倾向。城市和中心城市本就是信息中心，所以现代城市必须大力发展信息业，加快推进信息化，努力构建“数字城市”，为城市和中心城市的经济社会发展提供畅通的信息传递和信息技术支持。

3. 在城市和中心城市的经济运行调节、国有资产运作和社会保障体系的职能方面，调整、改革与转换也应是分别不同情况组织实施，防止一概而论，一哄而起。

在经济运行的调节方面，城市和中心城市政府当前仍然需要精简这方面的机构，进一步弱化对具体企业和市场活动的直接指挥和控制，放手让企业和市场做大做强，多服务，少干预。今后，对城市和中心城市政府经济管理的效绩考核，应突出富民和可持续发展方面的指标，适当加大这方面指标的权重。在国有资产的运作职能方面，城市和中心城市政府的当务之急是该放的要进一步放开，该管的要进一步管好。所谓该放的要进一步放开，主要是指当前和今后一个时期要加紧加快所有制结构调整的步伐和力度，努力完成国有经济的战略性调整和国有企业的战略性改组，把国有经济控制在最必要的限度，加快城市和中心城市的个私经济、集体与合作制经济、股份制经济等民营经济发展，尽快使民营经济成长成为城市和中心城市的主体性经济，以从根本上增强城市和中心城市经济的生机与活力。加大对城市和中心城市政府产业和投资行政审批改革力度，进一步放开搞活，降低市场准入的产业、技术、管理及投资的门槛，便利城内外、区内外、国内外各种投资者特别是民营经济力量的进入。所谓该管的要进一步管好，一是指对必须保留的为数不众的关系国计民生的国有资产必须严格依法管理，严格国有资产的决策、投资与经营程序，防止国有资产流失，保持国有资产的安全、保值、增值；二是指城市和中心城市政府必须为经济社会发展和广大消费者、投资者提供完备、充足、优良、高效的现代城市基础设施，包括交通、邮电通信、水电气、房地产和居民点的社区服务等。这方面政府负有不可推卸的责任，职能不可缺位，但具体的投资建设与经营管理可以向社会开放，引进民资和外资，保持政府在人财物上的足够影响力和控制力，政府资金与民间资金合作，完全可以做到活而不乱。

在社会保障体系方面，城市和中心城市政府当前和今后相当长的时期内都要从改革、发展与稳定相结合的战略高度重视社会保障，把做好社会保障作为政府富民为民的德政工程，作为政府工作的重中之重。做好社会保障，应做到在改革传统社会保障制度的同时同步构建新的社会保障体制体系，始终保持这一新体制体系内在结构与要素的完整性和统一性，逐步扩展它的覆盖范围，从党政机关、国有企事业单位扩展到各种所有制经济，从城市扩展到农村，并经常性地补充社保资金的公共部分，实现社保基金的保值、增值，不断提高社会保障的程度和水平。

4. 在行使以上这些经济职能，加强和改善政府经济管理与服务的过程中，城市特别是中心城市政府还应该突出城市的市场体系建设，为经济运行与发展，为广大消费者和投资者提供完整、统一、开放、竞争有序的各类商品与要素市场环境及条件。城市特别是中心城市，由于人口、资源和产业密集，经济有着显著的集聚效应，对周边地区经济时刻产生着巨大的吸引力和辐射力，使之成为某一特定区域的经济、政治、文化、科教中心等。中心城市在经济上的集聚性和吸引、辐射作用，是以城市的市场充分发展为基础的。因此，调整、转换城市和中心城市政府的职能，改善和强化政府的经济管理与服务，关键是在要在培植、壮大市场上狠下功夫。培植、壮大市场并不见得一定要求政府及其部门筹资直接投资兴办各种市场（过去工商部门直接办市场的做法留下了不少的后遗症），在这方面政府引导社会资金兴办倒更为适宜，最重要的是政府要抓紧完成经济体制改革任务，调动一切积极因素，促进市场发育、成熟，不仅要兴建一批现代有形市场，而且更重要的是形成健全、完善的现代市场经济关系，保持健康稳定的现代市场经济秩序。从这个意义上说，城市和中心城市政府形成健全、完善的现代市场经济体制制度供给，以满足企业、居民和经济社会发展的要求，就是政府提供了最重要的“公共产品”或服务。无疑，这是人民评判现代市场服务型政府和城市、中心城市现代市场服务型政府的管理与服务质量、水准与绩效的一个重要尺度或标志。

在健全、完善社会主义市场经济体制体系的过程中，中国各级政府都应该突出为社会的服务功能。相对于高层政府而言，城市和中心城市政府更加贴近企业和居民家庭，更加接近日常生产和生活，所以城市和中心城市政府的经济管理与职能行使，更要注重从广大企业和市民所普遍关心而又自我解决不了的事情做起，从保障正常的生产生活和增进企业、民众的切身利益着眼，排忧解难，热忱服务。从形式上看，城市和中心城市政府的经济管理与服务可能表现出与企业和市民更为亲近、亲善和亲和的特征来，当然是既亲商也亲民，而非顾此失彼。

（原载《江海学刊》2003 年第 3 期）

和谐社会构建中的企业慈善责任研究

赵曙明

构建社会主义和谐社会，是新形势下提出的一个新的重大命题。企业慈善责任是企业社会责任的一个重要方面，是构建和谐社会的重要内容。增强慈善意识，强化企业和企业家的慈善责任，不仅为中国新兴的企业家阶层提供了一种发展信念和道德动力，更是市场经济激烈竞争之外的和谐剂，必将为构建和谐社会注入新的生命力量。

慈善是企业的社会责任

1. 企业社会责任问题的提出

20 世纪 50 年代中期以来，关于企业社会责任（Corporate Social Responsibility，CSR）问题的讨论一直都是西方经济学界和管理学界的热门话题，争论的核心问题包括：企业为什么需要承担社会责任？企业应该在多大程度上承担社会责任？

主流企业理论把利润最大化作为企业的最主要目的，认为企业是属于股东的私有财产，企业经营者应该奉行赢利至上思想，只需对股东负责，不必承担除此之外的责任。[①] 1970 年 9 月 13 日，诺贝尔奖获得者、美国经济学家米尔顿·弗里德曼在《纽约时报》刊登题为《企业的社会责任是增加利润》

① 陈宏辉、贾生华：《企业社会责任观的演进与发展：基于综合性社会契约的理解》，《中国工业经济》2003 年第 12 期。

的文章，指出“企业的一项、也是唯一的社会责任是在比赛规则范围内增加利润”①。

与此相反，利益相关者（Stakeholder）理论在企业社会责任问题上则明确指出，企业的责任除了为股东追求利润外，还应该考虑利益相关者，即影响和受影响于企业行为的各方的利益。② 著名管理学大师彼德·F. 德鲁克在其《管理——任务、责任、实践》一书中，把企业对社会的影响和对社会的责任作为管理的第三项任务，把其视为与“取得经济上的成就”，“使工作富有活力并使职工有成就”具有同等重要地位，应在同一时间和同一管理行为中去执行。③ 美国哈佛大学迈克尔·波特教授将其竞争优势理论运用于企业慈善行为的分析，最终形成独树一帜的战略性企业慈善行为理论，强调企业慈善行为对企业竞争环境可能产生积极影响，并将这种企业慈善行为定义为战略性慈善行为（Strategic Philanthropy）。④

利益相关者理论与主流企业理论在企业社会责任问题上的根本分歧在于：前者认为企业应该对其利益相关者负起包括经济责任、法律责任和慈善责任在内的多项社会责任，而后者则强调企业经营唯一的任务就是在法律许可的范围内追求利润最大化。

随着经济和社会的进步，特别是20世纪70年代以来，消费者维权运动、劳工运动的不断兴起以及能源危机和环境污染带来的灾难不断出现，使人们在管理理论上关注企业社会责任问题，要求“赋予市场经济以人道主义”，确保生产商及供应商所提供的产品符合社会责任的需要，提倡企业要承担相应的社会责任，做对员工、对社会负责的企业。近些年来企业社会责任的思想受到了全世界的普遍关注，《财富》和《福布斯》等商业杂志在企业评比时都增加了企业社会责任的标准。国外有一些大学商学院也已经专门开设了企

① 中国企业联合会：《企业社会责任发展历程》，《WTO 经济导刊》2005 年第 11 期。

② 陈宏辉、贾生华：《企业社会责任观的演进与发展：基于综合性社会契约的理解》，《中国工业经济》2003 年第 12 期。

③ 彼德·F. 德鲁克：《管理——任务、责任、实践》，中国社会科学出版社 1987 年版。

④ 唐更华、王学力：《企业慈善行为策略研究新进展》，《管理评论》2004 年第 9 期。

业社会责任相关课程。

企业社会责任是对企业的一种全新认识，是对将追求利润作为企业唯一宗旨的界定的修正和发展。企业作为社会组织也是社会的成员，除了要实现自己的经济目标外，还应该关注社会及其他的社会成员利益，为全社会的发展承担起应有的责任，也就是企业的社会责任。卡罗尔提出的社会责任有四个层次的含义：经济、法律、伦理和慈善，从事各种类型的慈善活动是企业参与社会生活，承担社会责任的一种重要的表现形式。①

2. 慈善是企业社会责任的载体

在中国传统文化中，慈善是仁慈、善良、富有同情心的意思。许慎的《说文解字》中对慈的解释为"慈，爱也"，对善的解释为"善，吉"，引申为友好之意。② 老子云："上善若水，水利万物而不争。"③ 儒家文化中也包含了对"慈善"思想的理解，"老吾老以及人之老，幼吾幼以及人之幼"④。几千年来，中国传统文化一直提倡"与人为善""天人合一""扶危济贫"，这里面实际上蕴含着深厚的传统美德和人道主义精神。闻名于中国商业史的晋商、徽商等，救百姓于水火之中，捐巨款购买粮食赈济灾民，就折射出朴素的企业慈善情怀。在现代社会中，慈善的表现形式丰富多彩，企业从事慈善活动的途径也是多种多样的，不仅包括捐款、资助，还包括创办基金会、参加各种公益活动等；不仅指财物上的给予，也指理念、智慧、信息等方面的支持。

北京大学厉以宁教授认为，企业的社会责任应从三个方面来认识：第一，企业最重要的社会责任是为社会提供优质的产品、优质的服务；第二，企业必须重视经济增长的质量，在经济增长的同时，注意改善环境；第三，企业要为社会的和谐做出贡献，不但要关心自己企业的职工，还要关心所在的社

① 郑若娟：《西方企业社会责任理论研究进展——基于概念演进的视角》，《国外社会科学》2006 年第 2 期。

② 许慎：《说文解字》，中华书局出版社 2004 年版。

③ 老子：《道德经》，江苏古籍出版社 2001 年版。

④ 孟子：《孟子》，中华书局 1960 年版。

区，互助、互爱、互信，社会才能取得和谐。作为企业家，要有社会责任感，关心社会公益事业。

慈善是企业履行社会责任的一种重要的途径和方式。企业的社会责任不仅包括对内部员工的责任，为职工的生存、就业、社会保障等提供良好的环境和条件，还应对整个社会的发展贡献应有的力量，特别是对社会的弱势群体应该给予必要的关注和帮助。通过慈善捐助、参加各种类型的公益活动或创办基金会都可以实现作为企业公民的社会责任。从事各种慈善活动是企业社会责任的一个重要组成部分，是企业的一种崇高的社会责任。

在我国的经济舞台和社会舞台上，企业家群体正越来越受到人们的推崇和关注，他们胸怀产业报国的信念，热衷慈善，能给全社会树立一个好榜样，能让人们感受到，这部分社会精英正在改变着中国的财富形象。

企业承担慈善责任是构建和谐社会的重要内容

1. 慈善是和谐社会的内在稳定器

亚当·斯密是西方经济学的鼻祖。他在《道德情操论》[①] 中讲的一个观点是，社会的财富如果不被全社会所共享，那么这个社会就不稳定，我们今天在讲和谐社会建设的时候，应当从中有所感悟。

构建社会主义和谐社会必须关注社会的弱势群体，弱势群体主要表现在应对社会风险能力的脆弱，因此建立完善的社会保障体系是维护弱势群体利益的有效之法。慈善事业是健全社会保障体系的一个不可缺少的方面，是对以政府为主体的社会保障体系的重要补充，它在促进社会公平、维护社会稳定、实现共同富裕方面均有着重要的作用。

社会的第一次分配是按照市场经济体制的规律，以效率优先，兼顾公平。社会第二次分配，则以政府行为为主，以公平为主，兼顾效率。而社会的第三次分配，就要体现企业的社会责任，积极发挥慈善作为和谐社会建设中的

① 黄文夫：《竞争、和谐与企业家》，《中华工商时报》2005 年 7 月 12 日。

减震器作用。发展慈善事业，对于提高构建社会主义和谐社会的能力，具有重要意义和作用。

2. 企业是现代慈善事业发展的最重要的主体

现代慈善事业应该由现代企业来主导，企业是现代慈善事业发展的最重要的主体。企业作为社会主义市场经济的主体，相对于个体公民在慈善活动中所起到的作用更大。无论是捐款还是组织公益活动，企业的能量更大，更有能力来投入，有条件组织人力、物力和财力保证慈善活动的成功举办，因此企业主导的慈善活动的影响作用也相对较大。企业在进行慈善活动过程中，不仅推广了一种慈善理念，教育了本企业的员工，也树立了良好企业公民的形象，对同行也有示范带动作用。更为重要的是，企业作为社会利益和发展的受益者，所获取的利益远远多于个人，因此相对个体公民而言，企业更应该有责任“取之于民，用之于民”。因此，现代慈善事业的发展和成熟更主要的还是要依靠以企业为主体的广大社会团体的推动和支持。

企业是一个“多面体”。作为经济范畴的企业，它追求最大利润；作为法律范畴的企业，它要做好“企业公民”；作为道德范畴的企业，它要承担社会责任。企业慈善责任不仅是企业使命，而且是全面建设小康社会过程中企业必须面对的现实。构建和谐社会理念的确立，意味着企业承担慈善责任不仅仅是一种简单的社会道德呼吁和企业文化理念，而且更应是企业必须参加的社会实践。

3. 企业承担慈善责任有助于提升企业竞争力

社会认同也是一种竞争力，企业承担慈善责任能够提高企业的市场认同度，从而有利于提高企业的市场竞争力。当今国际市场竞争中，企业的经营理念已逐渐发生变化，传统的成本、质量、供货期只是最基本的要求。承担包括慈善责任在内的社会责任不仅能为企业赢得更好的声誉、得到人民大众及全社会的认可，而且也可以在市场中更好地体现企业的文化取向和价值观念，从而为企业的长期稳定发展营造更好的社会氛围。在经济全球化时代，企业之间的竞争核心已经从过去的设备、厂房以及制度等“硬件”，发展为企业文化、社会责任等“软件”。长期以来，我国企业普遍存在重“硬”轻“软”倾向，过分偏重制度建设，轻视道德责任培养，这已经影响了企业的可持续发展。

因此，企业要想获得持续发展和基业长青，就不仅应该关心产品的质量和价格，关心企业内部的和谐，也应该关心商业道德，关心企业与社会的和谐以及对社会应尽的慈善责任，积极发挥慈善作为和谐社会内在稳定器的作用，积极提升自身的“软”竞争力。

总之，衡量一个企业是否优秀，除了它的利润、规模这些因素外，企业的慈善责任将占据越来越重要的位置。海尔总裁张瑞敏认为，企业最重要的是为社会做出最大的贡献。尽到社会责任后，利润将是一个很自然的事情。他还说，不能把利润作为最重要，甚至唯一的目标，否则，可能就得不到利润。[①] 事实上，越来越多的企业实践充分说明，在慈善责任和企业绩效之间存在正向关联度，企业完全可以将社会慈善责任转化为实实在在的竞争力。当然，一个企业和企业家的慈善责任，并不是简单地一次性地为慈善机构和希望工程捐了多少钱，而是与他对于社会、环境、资源、股东、员工等有一种整体的考虑和持续的责任感密切相关的。

目前中国企业慈善活动的现状与存在的问题

慈善思想在中国虽然源远流长，但慈善作为一种事业在中国则起步较晚。近年来，我国慈善事业取得了很大的成绩，得到了长足的发展。但在较长一段时间以来，中国社会在机制、体制上存在一些问题和弊端，慈善机制和企业的慈善文化不够完善，企业从事慈善活动还存在一系列的问题，正如胡润所说，与国外相比，“中国的慈善业还没有真正开始”[②]。目前中国大陆企业

---

① 尹晓燕：《企业利润与“企业公民”的价值取舍》，《工人日报》2005 年 4 月 7 日。

② 周凯：《胡润富豪榜暗示中国的慈善业还没有真正开始》，《中国青年报》2006 年 4 月 12 日。

在从事慈善活动上存在的问题主要有：

一是慈善规模比较小。说到中国慈善业与国外的差距，一个经常被引用的数字是，2004 年中国慈善机构获得的捐助总额，仅占当年 GDP 的 0.05%，而美国这一比例为 2.2%，是中国的 40 余倍。据《福布斯》杂志统计，世界首富比尔·盖茨的捐款金额相当于个人资产的 37%，微软企业于 2006 年 6 月 15 日还公布了企业创始人比尔·盖茨的退休计划。2008 年 7 月以后，盖茨将离开日常工作，花费更多的时间和精力关注慈善事业。他还重申，“有生之年，我们打算将价值 400 多亿美元的财富全部捐献给社会”①。投资者索罗斯的捐款比例高达其资产的 43%，美国钢铁大王卡耐基去世前更是捐献出了自己的全部财产。②

2006 年 4 月英国人胡润编制的中国慈善榜发布，长江实业（集团）主席李嘉诚基金以 6.7 亿元的捐赠额，名列中国慈善企业排行榜第一名。③ 2006 年 8 月 24 日，李嘉诚表示，未来会向私人慈善基金——李嘉诚基金会注入不少于他个人资产三分之一的资产。历年来，李嘉诚成立的私人公益慈善基金会已捐出及承诺的款项约 77 亿港元。④

相比之下，中国大陆虽然也不乏富豪慈善家，但通过调查《福布斯》、胡润等慈善排名榜，就会发现中国企业的慈善事业还存在缺位。目前，中国存在的 1000 万家企业中，有过捐赠记录的不超过 10 万家，也就是说 99% 的中国企业没有参与慈善事业。

二是慈善理念不够成熟。国外跨国企业在企业慈善方面有着成熟的“企业公民”（Corporate Citizens）理念，认为一方面应重视公司自身的利益，而另一方面，考虑到公司是社会的一员，即所谓“企业公民”，公司还必须重视社会长远利益，寻求有效途径使小我（即企业）与大我（即社会）达到完美

① 孙琎：《微软：比尔·盖茨 08 年退休　投身慈善事业》，《第一财经日报》2006 年 6 月 19 日。
② 顾蔚：《慈善业如何才能更有作为》，《第一财经日报》2006 年 1 月 23 日。
③ 蒋廷玉：《社会责任是衡量企业优劣的重要标准》，《新华日报》2006 年 11 月 21 日。
④ 董鸿乐：《李嘉诚将把 1/3 身家做慈善》，《国际商报》2006 年 8 月 31 日。

的和谐、统一。因此，它们往往将企业慈善活动与企业的发展战略和商业利益紧密联系在一起，形成了一整套规范化、制度化的运作机制，进而形成了具有自身特色的企业慈善文化。如："宝洁是盖房子的""等我们长大了，宝洁也老了，我们就可以帮助他了"。这是宝洁捐建的希望小学孩子们眼中的宝洁。同样，在可口可乐希望小学读书的山区孩子认为"可口可乐是学校"，他们没喝过可口可乐，只知道可口可乐出钱建了学校。但是，在无形中，"宝洁""可口可乐"这些品牌已经通过企业慈善公益举动深深地印在孩子们的心中。而中国企业虽然在公益捐赠方面也做出了很大的贡献，但是，中国企业的捐赠理念为"回报社会、造福桑梓"，没有将企业慈善活动与企业的发展战略和商业利益联系起来，也没有形成规范化、制度化的运作机制。慈善活动在很大程度上取决于企业领导人的良心，没有将慈善活动与企业的发展结合起来。这就使得我国企业的慈善捐助基础十分脆弱和不稳定，使慈善事业缺少长久的驱动力。

另外，在捐赠的运作机制上。发达国家的企业慈善榜与企业家个人慈善榜一般是分离的。例如，比尔·盖茨的捐赠不是微软企业的，而是出自他个人的基金会，微软企业有自己依照年度计划进行的企业捐赠。但在中国，很多时候企业慈善榜与企业家个人慈善榜是一样的，企业的捐赠就等于是企业领导的捐赠，企业本身并没有专门的慈善计划和意识。

三是慈善体制尚不完善。中国现行税法规定，企业所得税的纳税人用于公益、救济性的捐赠，在年度纳税所得额3%以内的部分，准予免除。个人向慈善公益组织的捐赠，没有超过应纳税额的30%的部分，可以免除。[①] 这实际上是"捐款越多，纳税越多"，是对企业捐赠的变相"打击"。同时，申请退税过程烦琐，中国慈善业的运作透明度不足，管理水平和公信力亟待提高，也影响了企业和个人的捐赠积极性。而在一些发达国家，政府对企业和个人的慈善捐献给予比较优厚的免税待遇，并对有关慈善组织或机构给予必要的

① 潘洪其：《胡润不满慈善榜高朋满座，中国慈善业未真正开始》，《东方早报》2006年4月13日。

财政补贴，同时对个人所得或遗产征收超额累进税，引导富人捐赠慈善事业。

中国慈善事业现状还与富人担心捐赠可能导致“露富”，并可能招致外界的负面评价有关。近年来社会上对中国富裕阶层及其财富的议论有两个热门词，一是“原罪”，另一个是“仇富”。所谓“原罪”，是指一些民营企业家要么“第一桶金”来路晦暗不明，要么通过一些灰色手段参与运作国家资源，实现暴富。而在“仇富”者看来，绝大部分富人的财富不是正义兴企所得，而是取之无道、来之不义。在这种社会文化心理下，富人为慈善事业慷慨解囊，就容易被人误解。这些都对富裕阶层投入慈善业构成了现实的制约。①

四是慈善活动形式比较单一。中国社科院社会政策研究中心课题发现，中国企业参与慈善的主要形式还限于各类捐赠行为，捐赠的形式是以资金为主。国外的跨国企业的捐赠方式则更加多种多样，技术、设备、产品和资金等捐赠方式并行。在华跨国企业埃克森美孚企业承认，他们在华并没有多少金钱捐赠，而只是做了很多公益事件。相对于财物的捐赠，在华跨国企业更愿意参加一些公益活动和公益志愿行动。②

财物的捐赠是慈善活动的重要方式，但参与各类公益活动，宣扬慈善理念，贡献企业的时间和智慧同样是慈善的重要表现形式，相对于国内企业的资金捐赠，这是中国企业目前应该学习的慈善理念和慈善运作机制。

另外，民营企业相对国有控股企业在慈善活动中参与度也较小。这些问题都需要适应社会主义和谐社会建设的要求，通过观念更新、体制变革、环境优化等多方面途径加以解决。

在和谐社会建设中促进企业履行慈善责任的对策建议

1. 强化责任意识，树立慈善观念

企业作为社会经济的主体，在经济发展中的作用增大，就意味着企业和

① 潘洪其：《胡润不满慈善榜高朋满座，中国慈善业未真正开始》，《东方早报》2006年4月13日。

② 《跨国企业上市公司热心公益只是神话?》，《中国青年报》2006年4月20日。

企业家地位的上升，同时也意味着社会责任的加大。企业以社会的存在而存在，企业应该建立在企业家的社会责任观之上，而不是建立在企业家的权利观之上。企业不是“赚钱机器”，企业的成功归根到底不在于赚钱的多少，而在于对社会的回报。这种沉甸甸的责任不仅是企业的永续经营，而且是要企业投身慈善事业，回馈社会。创造社会财富的众多企业，是发展慈善事业的重要源头活水，他们的慈善意识强不强、支持慈善事业的力度大不大，是决定慈善事业规模的重要因素。这就要求企业经营者在做出决策的时候，不仅需要考虑企业对员工的法定义务，促进企业内部的和谐，而且还必须考虑企业行为是否有利于公众利益、社会进步和社会和谐。

企业应树立社会慈善意识，正确认识慈善责任，将慈善责任由一种外在的约束内化为企业的内在需要，主动承担慈善责任，树立起良好的公众形象，成为获得广泛认同的可信赖的企业，从而大大增加企业的社会资本，提高自身的市场竞争力。2004 年初，正泰集团南存辉在名为《在创新中提升和跨越》的演讲中，提出了著名的“五个提升与跨越”的观点。其中之一就是如何从追求利润最大化向追求社会价值最大化提升和跨越。他要求企业要积极投身慈善事业，回报社会，促进企业持续发展。这既是正泰 20 年磨砺发展之精华的总结，也标示着正泰及中国其他企业未来的发展方向。①

2. 突出企业主体，弘扬慈善文化

我国的慈善事业长期以来都是由政府主导，自己搭台唱戏。在人们的思想里，认为慈善是政府的事情。但慈善是应该由整个社会共同参与的一项事业，并不能由政府来唱独角戏，企业作为特殊的公民，应该承担更大更多的慈善责任。

企业伦理文化对于实现企业管理的最佳境界和企业履行慈善责任有导向和支持作用。用辛苦的收益报效国家、社会，不是经济学规律的规定，也不

① 胡迟、顾建平、刘平青、李建明：《正泰集团公司跨越式发展的经验与启示》，中国企业联合会《企业研究参考》总第 10 期，2005 年 4 月。

是传统管理学的原则，而是一种社会伦理问题。企业的慈善责任是一种新兴的企业管理伦理，是一种旨在追求“共同福祉”的企业社会实践。[①] 企业在培育和弘扬慈善文化时，应该紧密结合自身实际，寻求与其产品相关的慈善项目进行有规划的、长久的慈善活动，从而形成特色鲜明的慈善文化。这里可以借鉴许多国外跨国企业的经验，通过相关的慈善公益活动在自己的企业文化中深深地打上慈善的烙印，如生产化妆品的企业会通过慈善公益活动把关爱妇女作为其企业文化的一部分，以婴幼儿产品为主的强生等企业则把慈善公益活动的目标集中于儿童安全方面，生产化学用品的杜邦等企业更侧重于对公益环保方面的投入。总之，我们每一个企业和每一个公民都要有爱心，关爱弱势群体、关心残疾儿童、培养慈善意识，投身慈善事业。

3. 健全慈善组织，规范慈善行为

非政府的慈善组织应该在现代慈善事业中承担重要的任务，是现代慈善事业发展必不可少的重要角色。目前，在国家民政部门注册的中国公益慈善组织约有 30 万个，而没有经过注册登记的有 300 万个。这些组织良莠不齐，有不少组织没有规范的规章制度，没有规范的管理，也没有严格的监督机制，影响了慈善事业的公信力。培育一批信誉度较高，操作规范的非政府慈善组织是我国目前慈善事业发展过程中必须要解决的问题。很多企业和个人不愿参与慈善捐赠一个重要的原因就在于我国目前的慈善活动的操作上存在一些不透明的因素。缺少一个捐赠项目信息共享平台，对于捐赠的去向和效果也缺乏清楚的了解，这就制约了企业的积极性。[②] 公信力的缺乏带来了中国慈善事业的相对落后。就目前来说，中国的慈善事业距发达国家还有很大的距离，以美国为例，中国人均 GDP 与美国相比差 38 倍，而人均慈善捐款数差 7300 倍，这的确是个惊人的差距。[③]

---

① 赵曙明、吴昊宇：《企业伦理文化与人力资源管理研究》，《经济管理》2006 年第 16 期。

② 王开玉、周艳：《企业的社会责任与慈善》，《中国社会学 2006 年会论文集》。

③ 周志兴：《慈善事业需要公信力》，《中国青年报》2006 年 4 月 22 日。

4. 完善激励体制，优化慈善环境

政府应进一步为发展慈善事业创造良好的社会环境和条件。第一，政府要加强对发展慈善事业的舆论宣传，进一步增强企业经营者的慈善意识。电视、广播、报刊、网络等多种媒体都要把推动慈善事业的发展当成自己义不容辞的社会责任，要运用灵活多样的形式，吸引更多的企业经营者参与慈善事业、奉献慈善事业。第二，进一步推进全方位的体制改革，继续培育和完善市场经济环境，祛除富裕阶层所拥有财富的“原罪”色彩，同时在全社会培养健康的财富文化和慈善文化，使富人以创造财富为荣，并大大方方地乐善好施。

同时，要加快有关慈善公益事业的法律法规建设步伐，通过制定强化企业社会责任的各项法律制度，进一步引导企业强化社会慈善责任意识。“道德”固然是慈善的决定因素，但制度同样也能引导慈善。在发达国家，与税收相关的捐赠制度，可以归纳为“一疏二堵”。一疏，是企业和个人捐助慈善和公益事业可以获得免税的待遇；二堵，是用高额的遗产税和赠予税，对资产由“私”到“私”的转移进行限制，以促进企业家更好地履行慈善责任。民政部发布的《中国慈善事业发展指导纲要（2006—2010）》指出，未来五年中，民政部将推动制定便利捐赠人办理税收优惠政策的程序，全面落实企业和个人自愿无偿为公益事业捐赠财产应享受的税收优惠政策。这个积极的政策指向，可望在一定意义上解决企业和个人捐赠积极性不足的问题。

总之，慈善事业作为爱心事业，它在现代社会中的作用越来越大，也受到了越来越多的企业家的关注，并在构建和谐社会、促进社会全面发展过程中发挥积极的作用。发展现代慈善事业是一个系统的工程。承担起相应的慈善责任，用科学发展观指导企业的经营行为，维护社会的整体利益，已经成为社会主义市场条件下的现代企业义不容辞的责任！

（原载《江海学刊》2007 年第 1 期）

“综合”“折中”与经济学的创新

——以约·斯·穆勒、阿·马歇尔和保罗·萨缪尔逊为例

尹伯成

在经济学发展史上，一些经济学家不但常常“综合”前人的研究成果，而且常将两种截然不同甚至对立的学说加以“折中”，以构建自己的理论。对于这种“综合”“折中”特别是后者，过去学术界通常持否定态度，轻则称为“调和折中”或“折中主义”，重则斥之为“大杂烩”。其实，这种“综合”甚至“折中”往往是经济学家构建自己新理论的重要方法之一。经济学说史上三次经济学重大综合的代表人物——约·斯·穆勒、阿·马歇尔和保罗·萨缪尔逊为我们提供了最好的例证。

约·斯·穆勒的“折衷主义”

约翰·斯图亚特·穆勒（John Stuart Mill，1806—1873）是19世纪英国著名的经济学家、哲学家和社会活动家，写过很多著作，经济学方面的代表作是1848年欧洲革命前夕出版的《政治经济学原理及其在社会哲学上的若干应用》（下称《政治经济学原理》）。这部著作在相当长时间内被奉为政治经济学理论的权威教材，直到19世纪70年代后才被边际效用理论逐步取代。

约·斯·穆勒经济学的最大特点，马克思概括为“没有生气的折衷主义”[①]（折衷，同折中）。这一特点是时代的产物。约·斯·穆勒开始活动于19世纪三四十年代，其经济理论体系的形成，同当时英国及欧洲大陆的经济

① 马克思：《资本论》第1卷，人民出版社1963年版，第17页。

发展和阶级斗争有着密切联系。1873 年英国发生了经济危机，工商业萧条，工人大量失业，生活困苦，工人运动此起彼伏，社会改良主义和空想社会主义思潮的影响不断扩大。所有这些都给约·斯·穆勒的思想以深刻影响。他看到了资本主义严重贫富不均的残酷现实，非常同情穷苦劳动者，对资本主义收入分配制度十分不满，认为这是一种“劳动产品的分配几乎同劳动成反比”① 的分配方式，但又认为，这种分配制度并非资本主义私有制造成的，而是由“社会的法律和习惯”② 决定的。作为资产阶级的思想家，约·斯·穆勒像所有为私有制辩护的人一样，认为“私有制的含义是对个人拥有其劳动和节欲的成果给予保证”，“正当的为私有制辩护的理论是以公平原则（即报酬与努力成比例）为依据的”。③ 他不主张废除这种私有制，但希望通过改变社会产品分配方式来改善工人阶级状况。他说：“如果立法的趋向有利于财产的分散而不是集中，就会发现私有财产原则与自然和社会灾难之间并无必然的联系。”④ 这就是说，他一方面认为资本主义私有财产制度不能颠覆，应予以保留；另一方面又承认资本主义现实矛盾，同情穷苦人民，主张对社会进行改良，尤其要改进产品分配方式。这就是约·斯·穆勒的“没有生气的折衷主义”。这里的“折衷”是指“企图调和一下资本的政治经济学和现在已经不容忽视的无产阶级要求”⑤。

马克思认为，资本的政治经济学和无产阶级要求是根本无法调和的，因为资本的政治经济学极力要为资本主义私有制辩护，无产阶级则要求推翻和消灭这种私有制，而约·斯·穆勒则企图用社会改良办法调和二者，因此，这是“没有生气的折衷主义”。

约·斯·穆勒的“折衷主义”，不仅表现在他的社会改良观点和政策主张

---

① 约·斯图亚特·穆勒：《政治经济学原理及其在社会哲学上的若干应用》（上卷），商务印书馆 1991 年版，第 235 页。

② 同上书，第 227 页。

③ 同上书，第 236 页。

④ 同上。

⑤ 马克思：《资本论》第 1 卷，人民出版社 1963 年版，第 17 页。

上，而且表现在他的一整套经济理论体系上，用马克思的话说，他的全部政治经济学著作无不“表现出一种在任何矛盾面前都毫不退缩的折衷主义”①。约·斯·穆勒自认为自己的经济学理论，只是祖述亚当·斯密和大卫·李嘉图的经济理论著作。其实，他的一整套经济理论，不仅来自斯密等人的劳动价值论、生产费用论、供求论以及李嘉图的土地报酬递减律论和级差地租论，还来自詹·穆勒的工资基金论、托马斯·罗伯特·马尔萨斯的人口论、让·巴蒂斯特·萨伊的销售论以及纳骚·威廉·西尼尔的“节欲论”等各种理论，是所有这些理论的大综合。他的每个基本理论观点，几乎都有前人的痕迹，没有理论创新的“生气”。我们知道，他所综合的前人的种种理论中，不少理论是相互矛盾、互相冲突的。但这些相互矛盾的理论到了他手里，都不用退缩，都可相安无事地找到自己合适的位置。例如，利润来源于剩余劳动和来源于资本家的节欲，是两种对立的观点，但约·斯·穆勒一方面接受李嘉图的观点，认为利润来自剩余劳动；另一方面又接受西尼尔的节欲论，认为利润是忍欲的报酬。他使二者妥协并相安无事的逻辑是：由于资本家进行了节欲，从事了监督劳动，并承受了投资风险，就理应从工人所创造的劳动产品中取走了一大部分作为三种形式（作为节欲报酬的利息、作为冒风险报酬的保险费和作为监督劳动报酬的监督工资）的报酬。同样，他的生产理论、价值或价格理论等，无不是各种不同的前人理论的妥协和综合。

尽管约·斯·穆勒的经济理论体系只是前人观点的“综合”和“折衷”，但不能说它没有意义。事实上，任何一套有影响的理论体系的诞生，任何一位有重大影响的经济学家的出现，都不可能是凭空而生，而总要汲取和综合前人的观点和材料。时代在前进，形势在变化，各种经济理论层出不穷，一段时期后总需要有位大师级人物来把各种理论加以“综合”或“折衷”以形成一整套更适应时代需要的新理论体系。约·斯·穆勒在自己这部经济学代表作的序言中说：“最近几年的讨论……已产生很多新的思想和对这些新思想

---

① 《马克思恩格斯全集》第25卷，人民出版社1974年版，第630页。

的应用。看来有理由对政治经济学领域重新地审视一遍。”“一本在目的总概念上类似于亚当·斯密，而与现代更广泛的知识和进步观念相适应的书，是目前政治经济所需要的贡献。《国富论》的很多部分已经过时，而且整个说来是不完善的。”而他自认为自己这本书里形成的理论就是要“使他那个时代的哲学同社会经济现象相联系并取得那么令人钦佩的成就那样，坚持用现代最好的社会思想来说明社会经济现象”。① 总之，有了约·斯·穆勒对前人观点的“综合”和“折中”，斯密的理论体系就演变成了穆勒的理论体系。

阿·马歇尔的“综合”“折中”

19 世纪 70 年代初，英国的威廉·斯坦利·杰文斯、奥地利的卡尔·门格尔和法国的马力·爱斯普利·瓦尔拉斯相互独立而又几乎同时发表了三部有相同理论倾向的著作，标志着西方经济学演进中一个重要转折的发生。这是从斯密到约·斯·穆勒的古典时代的结束而以边际主义兴起为特征的新古典时代的开始，这就是经济学说史上所谓的“边际革命”。从此以后，经济学的重心和立足点就开始由古典经济学时代的生产成本分析转向边际效用分析。

难道生产成本分析真的没有用了吗？任何商品生产出来，明明都要花费成本，怎么生产成本分析在边际革命以后就“英雄无用武之地”了呢？在经济分析中如何协调传统的生产成本理论和新流行的边际效用理论之间的矛盾？阿·马歇尔的均衡价格理论很好地解决了这个问题。

阿尔弗雷德·马歇尔（Alfred Marshall，1842—1924）是 19 世纪末 20 世纪初西方经济学家中最有影响的人物，是英国“剑桥学派”的创始人，1890 年出版的《经济学原理》是其代表作。正是在这部著作中，他将过去和当时的各种经济学说兼收并蓄、综合调和，构建了一个微观经济学理论的基本框架，支撑这一框架的主要理论就是妥善解决生产成本论和边际效用论之间矛

① 约·斯图亚特·穆勒：《政治经济学原理及其在社会哲学上的若干应用》（上卷），商务印书馆 1991 年版，第 7—8 页。

盾的均衡价格论。

所谓生产成本论和边际效用论之间的矛盾，乃指商品价值或价格，究竟是由生产成本决定，还是由边际效用决定这两种理论间的矛盾。传统古典经济学派主张由生产成本决定，而边际效用学派主张由边际效用决定。阿·马歇尔提出，这两种理论都有道理，只是边际效用决定的是商品的需求价格，而生产成本决定的是商品的供给价格。他说，商品的需求价格衡量了商品对购买者的边际效用①，而“生产费用就是商品的供给价格”②，“当需求价格等于供给价格时”的产量就是均衡产量，“它的售价可以叫作均衡价格”③。就这样，马歇尔用边际效用说明需求价格，用生产费用说明供给价格，再用需求价格和供给价格的均衡说明了商品实际成交价格就是均衡价格，从而巧妙地解决了古典的生产费用论和当时流行的边际效用论在解释商品价值或价格方面的矛盾问题。应当承认，这种均衡价格论在经济学发展史上是一大理论创新。

然而，过去我国一些经济学说史著作常把马歇尔这种均衡价格论说成是一种“折中主义”的大杂烩，因为它只是把生产费用论和边际效用论加以调和折中，加上一个学说史上早就存在的供求论而已，根本没有自己在理论上的创新。实际上，这种说法是不正确的。

第一，马歇尔的均衡价格论并非经济学说史上的简单的供求论。的确，用市场上的需求与供给的对比关系和均衡来说明商品价格或价值的形成，在经济学说史上大有人在。然而，他们多半是用“供不应求时价格就涨，供过于求时价格就跌，供求平衡时成交价格就决定了”这样的方式和理论来说明商品价格的形成，这是一种简单的供求论。但马歇尔的理论则不同，他没有停留在供求关系决定价格上，而是进一步寻找需求和供给背后的因素。他认为，购买者愿付一定价格来买商品是为了取得商品的效用，即需求取决于效

---

① 阿·马歇尔：《经济学原理》（上卷），商务印书馆 1981 年版，第 114 页。
② 阿·马歇尔：《经济学原理》（下卷），商务印书馆 1981 年版，第 31 页。
③ 同上书，第 37 页。

用，要使购买者愿意支付更高的价格，商品的边际效用必须更大，而边际效用只有在商品购买数量越少时才会越大，这样，便有了价格和购买量成反向变化的需求规律。同样，他用商品生产费用论说明为什么要使生产者（出售者或供给者）供给量越大则售价（供给价格）必须越高的供给规律。正是这种边际效用论和生产费用论在价格形成理论中的运用，划清了马歇尔的均衡价格论和历史上的简单的供求论的界限。

第二，将前人理论综合运用并加以改进而成的新理论成果，绝非既往理论的简单拼合，犹如餐桌上的大拼盘。大拼盘里的各味菜肴仍是各味菜肴，猪肝仍是猪肝，鸡片仍是鸡片，不管是装在拼盘里还是单装在冷盘里。然而，马歇尔的均衡价格论绝非这类餐桌上的拼盘。诚然，马歇尔的整个理论体系确实是前人思想的综合，但这种综合并不是各种不同的经济学观点的简单凑合，而是通过融会贯通、加工改造而组装成了一套新的经济理论体系，犹如人们用砖、木料、水泥、钢筋造成了一座大厦，就再不能说大厦还是砖、木料等。经济学说史上各种不同的观点本来都不过是经济思想演进长河中的一个个支流。这些支流汇合而成的新理论体系，不能再将其看成原来各种观点的机械凑合，犹如无数细小江河汇合成长江，总不能说长江还是这些支流。同样，拿用边际效用论和生产费用论综合而成的均衡价格论来说，本来，只用生产费用说明价值，或只用边际效用说明价值，都是片面的，难以对价值和价格作出完美而令人信服的解释，但经马歇尔加工改造，以生产费用说明供给价格，以边际效用说明需求价格，再加进均衡的时间因素，勾画出短期市场价值到长期正常价值的发展图景，确实就使本来难以弄清的价值形成过程得到了清楚说明，也符合人们日常感觉和理性认识。

第三，剪刀式理论并非供给和需求在价值决定上的半斤八两论。马歇尔的确说过：“我们讨论价值是由效用所决定还是由生产成本所决定，和讨论一块纸是由剪刀的上边裁还是剪刀的下边裁是同样合理的。的确，当剪刀的一边拿着不动时，纸的裁剪是通过另一边的移动来实现的，我们大致可以说，纸是由第二边裁剪的。”① 然而，他并没有因此认为在价值决定上供给和需求是半斤八两一样重要的。相反，他认为，只是在短期内，需求才在市场价值形成时更起作用，而在长期内，商品正常价值形成时，供给起决定作用，而正常价值才是商品价值的基础。因此，他认为，在价值形成中起根本的决定性作用的是供给因素，是生产费用。也正因为如此，阿·马歇尔才被认为是古典路线的继承者，他只是用边际效用论的新思想来充实和完善古典价值论而已，因此他的学说也被称为新古典经济学。

保罗·萨缪尔逊的“新古典综合”

上述约·斯·穆勒的经济理论是西方经济学历史上第一次有影响的“综合”和“折中”。尽管他所“综合”“折中”的各种理论观点有明显差异，然而从总的倾向看，还基本上没有离开从生产成本角度探讨价值、价格和收入分配的理论轨道。正因为如此，西方经济学界比较一致地把到约·斯·穆勒为止的西方经济理论称为古典经济学。

阿·马歇尔在1890年出版的《经济学原理》，是比约·斯·穆勒的《政治经济学原理》在思想、观点和内容上要深刻得多的又一次“综合”和“折中”，因为在这本书中，马歇尔把两种完全对立的价值论结合在一起，创立了一种均衡价格论，不仅用以说明商品价值的形成，还用来说明收入分配，使市场经济中的许多现象得到了比较令人满意的解释。当然，马歇尔的理论并没有抛弃古典理论，只是加进了新的解释力。

然而，马歇尔的均衡价格理论所阐明的，毕竟还只是经济资源如何通过市场价格机制实现优化配置，它献给人们的也只是一支自由竞争的赞歌，而相互竞争的也只是私人生产经营企业。可是，随着现代商品经济的日益发展，时代赋予了经济学更多的任务，不仅要解决资源配置问题，还要解决资源能否充分利用问题，不仅要说明市场的经济功能，还要说明政府的经济功能，

① 阿·马歇尔：《经济学原理》（下卷），商务印书馆1981年版，第40页。

于是，约翰·梅纳德·凯恩斯的经济学应运而生了。凯恩斯经济学从理论方法到政策思想各方面都实现了对传统的新古典经济学的革命。然而，有了这场革命，传统的新古典经济理论是否就寿终正寝了，或者说该被彻底抛弃、否定了呢?

对此，以保罗·萨缪尔逊（Paul A. Samuelson，1915— ）等为代表的一批美国经济学家认为，凯恩斯革命并没有完全否定传统经济学。凯恩斯本人认为，当社会实现充分就业后，新古典学派的理论还是对的。社会实现充分就业，就是资源得到了充分利用。新古典学派理论就是资源得到充分利用前提下如何优化配置资源的理论，但问题恰恰在于资源能否得到充分利用。凯恩斯经济学正是研究社会如何实现充分就业，即资源如何得到充分利用的问题。可见，凯恩斯经济学和新古典经济学各有自己的研究对象和方法，只是从不同角度来说明统一的现代市场经济现象。现代市场经济是混合经济。混合经济既需要市场发挥配置资源的作用，也需要政府发挥调控和管理经济的作用，二者缺一不可，因此，凯恩斯经济学和以马歇尔为代表的新古典经济学不但可以结合，而且应当结合。于是，萨缪尔逊等人就把凯恩斯经济学和新古典经济学加以"综合""折中"，构筑了一套新的从微观到宏观的统一的经济理论体系，这就是"新古典综合"，是经济学说史上的第三次"综合"。这一次"综合"，完成了经济学既说明资源配置又说明资源利用的全新使命，构筑了一套有机的统一说明现代混合经济体制的完整理论框架。

但是，"新古典综合"却遭到了另一批凯恩斯学说追随者的坚决反对和彻底批判，这就是以琼·罗宾逊为代表的新剑桥学派。新剑桥学派指责新古典综合派是冒牌的凯恩斯主义，批判新古典综合派把原来根本不能相容的凯恩斯理论和新古典理论硬捏在一起，是彻底违背了凯恩斯革命，等于回到了新古典经济学的老路。他们和新古典综合派展开了激烈论战，这就是所谓"两个剑桥之争"。这两派究竟谁是谁非，目前尚无定论。尽管如此，大致可以认为：

第一，到目前为止，"新古典综合"仍是西方主流经济学，而新剑桥学派的理论和主张，从来就未登上过西方主流经济学的宝座。

第二，从政策思想看，“新古典综合”的总需求管理思想一直被许多西方国家的政府在不同程度上当做政策思想在实践，而新剑桥学派的一些政策主张大多只是停留在学术领域被讨论和研究。

第三，“新古典综合”的理论和主张，可能比较符合现代混合经济的实际，而新剑桥学派的一些理论和主张，如收入均等化等，可能愿望是美好的，但离现实可行性较远。

从这两派争论的结果也可看出，将一些不同学派的理论按现实情况加以“综合”“折中”，可能会产生一些离实际经济生活较近的新理论和政策思想，而强调各派“不妥协”性的极端思想和主张，哪怕主观愿望再好，也可能成为空中楼阁。

“新古典综合”从基本倾向看，还是属于凯恩斯主义，它不但过去曾受到新剑桥学派的挑战，现在还继续受到新自由主义和其他非主流经济学派的挑战。也可能正是在这样不断接受挑战的过程中，它才能不断“综合”进各种不同的新理论而使自己获得丰富、完善和发展。现在，萨缪尔逊等人似乎还摆出这样一种架势：他们的理论，不仅会综合进新古典传统理论，还会综合进现代西方经济学各流派中他们认为值得吸收的有价值的东西。正如萨缪尔逊在为他的《经济学》出版50周年所写的“金色的诞辰”一文中所说：“由于全面而精心地处理了主流经济学中的不同派别，这本著作得以保持了它在经济学参考书目中的代表作位置。”① 当然，不能认为这本畅销的经济学教材所讲的东西全部都是新古典综合派的理论和主张，但“新古典综合”也确实在不断吸收当代经济学发展中的最新成果。这样的“折中综合”，并非餐桌上的简单拼盘，更不是什么大杂烩。正确的“折中”，本身就是一门艺术；科学的“综合”，更是一种创造，是融会贯通，是推陈出新。任何一门科学都是在不断吸收前人成果的基础上发展起来的。

① 保罗·萨缪尔逊等：《经济学》中译本，华夏出版社1999年版，第4页。

结论与启示

以上我们讨论了经济学说史上三位重要经济学家如何“综合”“折中”前人的不同理论来构建自己的理论体系，实现经济理论的创新。他们的例子说明，经济学的发展，经济理论的创新，和对既有理论的“综合”甚至不同观点的“折中”关系非常密切，甚至可以说，“综合”“折中”是经济学理论创新和发展的重要方法之一。且不说“综合”，为什么有时“折中”也能成为经济学创新的方法之一？这是因为，所“折中”的两种看似完全不同甚至对立的理论，可能实际上本来就是从两种不同角度研究问题得出的结论，而这些结论和观点恰恰包含了某些相对的、片面的真理性，如将它们妥善“折中”，就可能得出完善的新理论。

经济学和其他科学一样，其发展和演变具有一定连续性，“综合”“折中”正是沟通旧理论和新理论的桥梁之一。正因为如此，马歇尔认为，支配生物发展的规律也适用于人类社会，生物的发展只有渐变而没有飞跃，人类社会发展也是一样。在《经济学原理》中，他以“自然界没有飞跃”作为全书题词。他还强调“连续原理”是其经济学说的特点，认为不但各经济现象不能有严格区分，而且经济学新旧理论间也并非格格不入，新理论完全可从对旧理论的“综合”“折中”中来。

从对旧理论的“综合”“折中”中产生出新理论，是否也适用于马克思主义经济学对资产阶级经济学的利用和借鉴？一些同志认为，资产阶级经济学家可以从已有的资产阶级理论中“综合”“折中”出自己的新理论，但马克思主义经济学家无法通过对资产阶级经济理论的“综合”“折中”来发展和创新马克思主义经济学，因为它们各自代表完全对立的两大阶级的利益，两个阶级的经济学有着根本不同的立场、观点和方法。正因为如此，至今国内还有不少经济学家在对待西方经济学问题上，强调分析批判，而轻视吸收和借鉴。

这种观点和态度其实并不可取。诚然，西方经济学和马克思主义经济学属两种不同阶级的意识形态。西方经济理论的资产阶级意识形态性质，决定了它必然要为资本利益辩护，决定了它不可能承认资本主义剥削制度具有将来必然要为社会主义制度取代的历史过渡性。然而，所有这些都并不会妨碍我们对西方经济理论的综合利用和借鉴。这是因为，西方经济理论一方面是资产阶级理论，另一方面又是现代商品经济或市场经济理论，而且这种两重性是与生俱来、共生共灭的，犹如商品具有使用价值和价值，生产商品的劳动具有具体劳动和抽象劳动的两重性一样。众所周知，资产阶级是通过发展商品生产和市场经济而发财致富的。资本剥削雇佣劳动，也是在不断发展商品生产的形式中实现的。为了发财致富，资产阶级及其理论家需要不断总结如何在生产经营中提高经济效益、如何不断优化资源配置、如何防止和克服经济大起大落、如何发展对外贸易等。这样，一套套经济理论就在不断总结实践经验中产生出来，而且随着实践发展而发展，随着形势变化而变化。各派经济学家或者由于他们面临的经济情况有差异，或者由于他们观察和思考经济现象的角度有差异，或者由于他们各自代表的集团的利益有区别，总会提出各色各样的理论思想和政策主张，并形成不同的思想和政策倾向。比方说，凯恩斯主义者主张国家干预多一些，而新自由主义者主张经济自由多一些。经过实践验证，他们会不断修正自己的观点和主张，并且会不断从别的学派的理论宝库中汲取对自己有用的思想观点和分析方法，从而形成一种各派理论既互相有别、相互纷争又相互吸收、相互融合的格局。

我国是一个社会主义国家，社会主义制度决定了我们要以马克思主义作为指导思想。然而，我们实行的又是市场经济体制。作为现代市场经济，不管是资本主义的还是社会主义的，都要讲经济效益，都要讲资源配置，都要讲公平竞争，都需要政府宏观调控。所有这些，都决定了我们不能因为搞的是社会主义经济，就不向人家学习；不能因为我们研究的是马克思主义经济学，就不吸收和综合西方经济理论中大量对我们有用的东西。尤其是随着改革开放步伐的加快，我国不断融入经济全球化的浪潮，我们必须越来越多地和西方国家打交道，和它们开展竞争，这样，我们应当更加重视它们的经验和理论。对我国来说，闭关锁国的时代已一去不复返了，计划经济老一套也一去不复返了，如果我们的思想观念再不更新，再不与时俱进，就会吃大亏。正因为如此，当前我们一方面说对西方资产阶级经济理论要批判，另一方面在分析现实经济问题时恰恰又大量使用西方经济理论。试以目前国内正在争论的两个热门经济话题为例加以说明。一个是关于目前我国应以控通胀为主还是以防经济下行为主。一些人主张要以控通胀为主，因为CPI居高不下，PPI持续上升，如果从紧货币政策稍有放松，两位数通胀率可能就在眼前，对经济伤害极大。另一些人主张应以防经济下行为主，货币过紧了，经济增长会过分放慢，失业率会大幅上升，从而影响社会稳定。究竟应如何正确处理二者关系？显然，这实际是西方经济理论中失业与通胀此长彼消的老问题。实际上，通胀与增长要兼顾，把二者都控制在社会可容忍的限度内。另一个是国内成品油价格要不要放开的问题。由于我国石油的对外依存度已接近50%，在高烧的国际油价面前，如果国内成品油价格不能及时相应调整，将带来一系列严重问题，大量的油价补贴只会增强对石油的需求，从而助推国际油价进一步上升，然而，由于油价调整会大大影响国内通胀，国家不得不采取逐步减少油价补贴、逐步放开油价的办法。这里面也涉及西方经济学中一系列理论问题。可见，今天我们已根本用不着讨论该不该运用西方经济理论，而只要考虑如何来运用西方经济理论的问题。马克思主义经济学要随着时代而发展，充分显示其与时俱进的生机与活力，就离不开对西方经济理论的综合运用。

（原载《江海学刊》2008年第5期）

意识形态演变和制度变迁：以中国国有企业改制为例

姚　洋

研究和讨论中国过去三十年改革的文献可谓汗牛充栋，其中多数力图解释为何中国改革取得了成功，并进而促进了中国经济奇迹般的增长。这些研究不但加深了人们对中国的认识，还为经济学的一般理论做出了贡献。譬如，对于乡镇企业的研究突出展示了产权的复杂性及其在现实世界中的作用；对于农村改革和国有企业改革的研究为激励在决定代理人经济行为中的重要性提供了新的证据；对于财政分权的研究让我们进一步理解了激励和承诺在政府关系及制度变迁中所扮演的角色；对于制度变迁速度的研究揭示了制度移植中时机和制度环境的重要性。但是，鲜有研究尝试对中国改革的发生过程及其成功给出一个实证性的理论解释。

本文拟从演化的角度来考察中国改革，以弥补实证理论的空白。演化的观点之所以必要，是因为制度变迁只能在一个以有限理性为前提的模型中发生。通过关于不完全契约的争论，经济学家如今已经知道，只要代理人是完全理性的，即代理人有能力预知所有未来可能发生的情形并知道它们发生的概率，则完全契约就有可能实现。[①] 制度可以看作是一种社会契约，因此，通过最优设计，制度可以就自然或人类的所有未来状态给出相应的最优规则，因此也就没有制度变迁的必要了。为了引入制度变迁，我们就需要引进有限理性，假设代理人无法完全预见未来可能发生的情形，

① Maskin, Eric, and Jean Tirole. Unforeseen Contingencies and Incomplete Contracts. Review of Economic Studies. Vol. 66, 1999, pp. 83—114.

也就是说，我们需要假设制度设计的代理人具有某种形式的适应理性。事实上，作为过去三十年中国改革的指导方针，邓小平的“摸着石头过河”就符合适应理性的假设。对于一个想要从现实角度解释中国改革的理论而言，这个假设是一个正确的理论前提。

基于这个前提，我们视意识形态的演变为中国改革进程的核心。制度构建于意识形态之上，因为正是后者决定了什么是合意的社会。制度变迁往往无案可循，它们并非经由某种固定程序所得到的机械结果，而是看似杂乱的人类行为有意或无意地超越现有制度边界的结果。尽管这些行为大多数无果而终，但其中也有一些会带给我们关于更好的生活组织方式的惊喜。这些惊喜促使我们反思现存制度背后的意识形态，而一些强烈的惊喜甚至就此改变了现存意识形态以及它所决定的制度。

将制度的更迭视为意识形态的演变，这种视角和主流经济学中的传统观点相当不同。完全理性假设和均衡分析限制了经济学对制度变迁的解释力，因为只有一小部分制度变迁遵循了主流经济学中流行的常规机理。多数对制度变迁的解释最后都化归为外生变量的变化，致使变革的内在机理仍被锁在黑匣子中。对意识形态在制度变迁中作用的研究则能够打开这个黑匣子。这种研究思路和其他社会科学尤其是心理学和政治学的研究思路不谋而合，也得到诺斯的推崇。[①]

为了把研究具体化，本文将研究的场景设定为国有企业的改制过程。国有制是计划经济的两大支柱之一，而且，国有企业的改制涉及成千上万人的切身利益，因此，意识形态的演变就变得更加重要。

本文的结构如下：首先回顾制度变迁的文献，重点讨论作为新制度经济学代表的诺斯和作为老制度经济学代表的布罗姆利对待内生制度变迁的两种不同思路，并试图对他们的观点进行综合，然后讨论如何在格雷夫的

---

① North, Douglass. Institutions, Institutional Change, and Economic Performance. Cambridge: Cambridge University Press, 1990; Understanding the Process of Economic Change. Princeton: Princeton University Press, 2005.

拟参数框架下把意识形态纳入到一般的经济学模型中来，接着给出我们模型的设定和基本逻辑，并进一步给出模型的详细内容，最后是结论。

意识形态和内生制度变迁

我们的目的是给出一个关于中国渐进改革的内生制度变迁理论。在此之前，我们有必要阐明“内生”的意义究竟何在。对于经济学家而言，内生变量就是那些由作为研究对象的系统本身所决定的变量。例如，在一个传统的一般均衡模型内，除了事前确定的效用函数和生产函数外，价格、工资、产出、消费、需求、供给等都由模型本身导出。在这种情况中，我们称除偏好与生产技术外，其他都是内生的。以此类推，一个内生的制度变迁应当产生自研究者所探究的系统，而非系统外强加的某个力量。然而，当涉及预测时，经济学家们却经常或者说不得不求助于对于系统而言事先确定了的参数的变化。譬如，当诺斯和托马斯研究西欧土地所有制的变迁时，他们采用土地—人口比作为预测因子：当土地—人口比降低时，土地价格相对于劳动力价格上升，所以土地变得更加私人化。[①] 这是新制度经济学派的标准研究进路。

然而，这一方法受到来自布罗姆利的挑战。对他而言，这一方法和用自行车的后轮运动来解释其前轮运动一样机械。在设计上，后轮驱动前轮，这的确无可辩驳，但驱动自行车的能量并非来自后轮，而是来自骑车的人。虽然后轮运动是前轮运动的机械原因，但并非前轮运动的理由。试图以类似相对价格这样的经济因素来解释制度变迁，就像用自行车的后轮运动来解释其前轮运动一样，这仅仅找到了制度变迁的机械原因，而不是它的理由。布罗姆利继承了康芒斯的思想，认为应当把制度看作“约束、解放和扩展个人行动的集体行动”，并且，“……如果我们致力于理解这种集体行

① North，Douglass，and Robert Thomas. The Rise of the Western World. New York：Cambridge University Press，1973.

动的理由，我们就必须放弃决定论的机械化表述，不再视公职官员为任性的效用最大化者。同时我们必须构建一个更加诚实的研究方法，以探究当个人参与集体行动时如何产生对未来结局以及可能带来这些结局的诸多道路的合理想象”。①

很大程度上，布罗姆利是正确的，我们将要建立的模型也采用了他的建议，将一种个人想象——意识形态——引入正式模型。然而，布罗姆利可能过度强调了个人意向所扮演的角色，从而使得对制度变迁的结构性分析举步维艰。人类意向对制度变迁的确非常重要，但经济学家仍旧需要一个可进行结构性分析的扳手，即那些可以让我们分析制度变迁机制以及至少作出一些指示性预测的概念和分析工具。布罗姆利是老制度经济学派在当代的重要代表之一，而导致老制度经济学派没有能够对制度和制度变迁给出有预测能力的模型的原因，正是因为它缺乏结构性分析。尽管新制度经济学家们在做出预测的时候可能显得幼稚，但通过使用标准的经济学分析工具，他们的理论更易于处理，并为进一步的改良做好了铺垫。

阿维纳·格雷夫在他 2006 年的新书《制度和通往现代经济之路》中提出了一个更加平衡的观点。该书第六章专门围绕拟参数的概念讨论内生制度变迁。传统的博弈论模型研究的常常是一种交易或一项制度，并将制度定义为一组均衡策略；所谓制度变迁，就是制约交易的各项参数的变化，而这些参数对模型而言是事先确定的。但这导致了“过度的稳定”，即制度已经被参数事先确定了。博弈论研究方法的另一个缺陷是，在很多情况下，它仅能解释在某一组事先确定的参数集合下制度的自我实施，而对其动态变化，即长期中的自我强化或自我毁灭，则无能为力。另一方面，政治学家和历史学家提供的历史分析却意味着“过度的不确定性”，因为许多因素的变化都可能导致制度的变迁。通过采用拟参数的方法，格雷夫试图建立一个内生制度变迁的理论，以同时说明制度在短期的自我实施性质以及在

① Bromley, Daniel. Sufficient Reason. Princeton: Princeton University Press, 2006, p. 84.

长期的自我强化或者自我毁灭。他写道：

[与以上两个分析方法] 对照而言，本章论断在研究自我实施性质时将情境的某些方面视为具有参数性质，而在研究制度的动态演变时将它们视为可变变量。这种方法在理论上是合理的，在分析上是可处理的。我们可以问一个问题：作为一种博弈均衡的制度，除了影响所研究的交易行为，是否还会内生地影响情境的某些方面？在研究短期的自我实施性质时我们应当把一些方面当成参数，而在研究长期动态时应该把它们当作内生决定的——即变量。那些以这种方式内生演变并造成如此效果的变量即是拟参数。①

用博弈论的术语来讲，拟参数在单期博弈中是固定的，但随着时间被博弈本身所改变。当这些参数是固定的时候，标准的博弈论可以用来解释自我实施性质，或者以更加传统的博弈论术语来说，可以解释均衡或者均衡集合在单期博弈中是如何形成并且维持的。当这些参数随着时间变化时，单期的均衡或者均衡集合可能被强化或者削弱。格雷夫与传统博弈论分析方法的主要不同在于，他假设拟参数会受到现存制度的影响，在长期强化或者摧毁现存制度。他认为：

关注在一组给定参数条件下特定交易在行为上的规律性，会使人们不太注意超出这种行为之外的制度的其他衍生意义。制度影响很多因素——譬如财富、身份、能力、知识、信仰、居民分布以及职业专长等——那些在一般博弈研究中被当作参数的东西。尽管要证明制度在一般意义上具有这样的衍生意义大概是不可能的，但要想象出一种制度在影响所辖交易内的行为之外不具有任何其他长期影响也甚为困难。在博弈论的框架中，这样的影响意味着一些变量将进行动态调整，如

① Greif, Avner. Institutions and the Path to the Modern Economy: Lessons from Medieval Trade. New York: Cambridge University Press, 2006, p. 160.

果忽略这种影响，这些变量在单期博弈中可以当成参数。①

格雷夫比较了两个中世纪意大利城邦——威尼斯和热那亚的政治经济轨迹。在中世纪，这两个城邦都建立了强大的海上霸权，它们最初的政治安排也颇为类似。威尼斯受选举产生的总督领导，同时受到参议院的监督；热那亚则直接由一个选举出来的执政官治理。然而，历史上热那亚的政治经历了种种动荡，威尼斯却维持了相对的稳定。格雷夫把热那亚的问题归结于其最初家族间权力争夺的文化以及随之而来的财富的不平衡增长。财富在这里被当作一个拟参数。在短期内，财富的分配达到一个平衡点，各个家族不会挑起纷争，这时，他们就达到了一个短期的自我实施的均衡。可是，当商业扩展之后，一些家族比另一些更快地积累了财富，能力增强，因此开始挑战该短期均衡，使得它在长期不可持续。而对于威尼斯，格雷夫认为它的稳定来自下述家族信念的不断强化，即他们应当联合起来反对任何背信弃义的家族。

尽管格雷夫对历史事件的解释并不全然令人信服，其理论也可能存在缺陷②，但他同时为解释制度的稳定性和动态性做出了努力，经济学家因此多了一个新的视角，可以使制度变迁模型更加接近现实。格雷夫围绕拟参数所发展的方法，一方面很灵活，足以使经济学家们解释制度变迁的动态过程；另一方面，它具有相当的结构性，足以让经济学家在分析中采用标准的和新近发展出来的博弈论工具。我们将要建立的模型正是在分析现代制度变迁中应用这个方法的一个认真尝试。

在我们的模型中，中央政府的意识形态是一个拟参数。在每一期（单期博弈），意识形态是固定的，对于地方政府来讲是一个参数。给定意识形

① Greif, Avner. Institutions and the Path to the Modern Economy: Lessons from Medieval Trade. New York: Cambridge University Press, 2006, p. 164.

② 参见格里高利·克拉克对他的严厉批评：Clark, Gregory. A Review of Avner Greif's Institutions and the Path to the Modern Economy: Lessons from Medieval Trade. Journal of Economic Literature, Vol. XLV, 2007, pp. 727—743.

态，地方政府对民营化水平的选择是自我实施的，因为这些选择是地方政府的最佳反应，换言之，这些选择构成了一个优势策略均衡。但它们并非终点，因为它们会导致中央政府意识形态的变化。在各期之间，中央政府意识形态是为系统带来动力的变量。这正符合格雷夫对拟参数的定义。不过，我们的故事比格雷夫自我强化与自我毁灭的概念稍复杂一点。复杂性来自于一些地区民营化后可能通过劳动市场产生市场外部性，从而有利于其他地区的民营化。这种正反馈机制导致了多重均衡的存在。此时，人的意向性会扮演至关重要的角色。如果中央政府总是以渐进的方式调整意识形态，系统将掉入不完全民营化的陷阱；相反，如果中央政府采取一个大胆意识形态跨越，倾向更多的民营化，系统最终将收敛至完全民营化。

模型设定和基本逻辑

（一）基本设定

让我们从一个有 n 个地方政府和一个中央政府的经济体开始。在第 0 期，每个地区都有一个连续统的同质国企，分布在［0，1］区间上。这个连续统的假设只是为了下文模型叙述的方便，即便假设每个地区的企业数目是有限的，我们的中心思想也不会改变。现实中，同一地区的企业是异质的，这里假设企业同质是因为我们关注的重点是地方政府与中央政府的互动过程。但是，我们假设不同地区的企业之间存在差别，差别的具体形式在下文将涉及。

从第 0 期开始，每个地方政府决定是否将所辖企业民营化，如果是，再决定要民营化多少企业。我们假设一个企业一旦开始民营化，就由完全国有变成了完全私有，即不存在部分民营化的企业。由此，地方政府的决策就变成要决定民营化企业占全部企业的比例。我们以 p_{it} 表示第 t 期地区 i 民营化企业的比例。民营化之前，地区 i 的每个企业对地区 GDP 的贡献是 S_i，而民营化之后，贡献为 R_i。这里要注意，R_i 是减去改制成本后的净值。改制过程的最大成本来自改制所释放的冗余员工的再就业和安置费用。许多地区改制的步伐缓慢，仅仅是因为它们缺乏足够的资金为富余员工提供再就业培训或一次性对他们进行补偿。民营化的净收益是

$$\Lambda_i = R_i - S_i$$

它可能为正，也可能为负。我们假设 R_i 和 S_i 对地方政府和中央政府而言是公开的共同知识。

在第 0 期，中央政府的意识形态是国有制，即所有企业都必须国有。但是，中央政府在后面各期中会对这个意识形态进行修正，可能接受更多的民营化。我们用 p_t 来代表中央政府意识形态在完全的国有制（此时 p_t 等于 0）与完全的私有制（此时 p_t 等于 1）之间的定位。某个地方政府可能偏离中央政府的意识形态，但会遭到中央政府的惩罚。此处我们想强调的是，若某个地区采取更为保守的立场，譬如小于 p_t 的民营化比例，也会遭到惩罚。我们假设惩罚能够以货币形式来度量，这样它就可以与地方政府的其他收益及损失相比较。我们用 C_i 来表示惩罚所等价的货币量，随着偏离程度的增加，这个数额一般来讲是递增的。

地方政府关心各自地区 GDP 的总量①，即

$$y_{it} = p_{it}R_i + (1 - p_{it}) S_i = S_i + p_{it}\Lambda_i$$

地区 i 的领导人的净回报就是 GDP 减去中央政府对他的惩罚，即

$$\pi_i = y_{it} - C_i$$

他的目标是通过选择民营化比例 p_{it}，最大化净回报 π_i。上文提到 C_i 随地方政府对中央政府意识形态偏离的程度而递增，所以找到 p_{it} 的最优值是可能的。这里我们假设民营化是可逆的，在现实中这种情况也会发生。下文中我们将对这一假设做进一步的说明。

在每一期开始，中央政府观察到各地迄今为止的民营化比例以及各地在上一期的 GDP。中央政府关注全国的 GDP，同时，对于意识形态采取务实主

① 我们也可以把这个假设理解为地方政府关心它们所获得的税收。税收和 GDP 之间一般具有固定的比例，因此关心税收等于关心 GDP。

义的态度。这里的关键是，我们假设中央政府具有有限理性：它事先并不知道什么样的私有制与公有制的混合状态是最优的，为了找到最优的比例，它会采取一个简单的强化学习过程。这个学习过程的一般规则是：如果发现民营化能够增加地区 GDP，那么就调整意识形态以容许更多的民营化，即提高 p_t 值，反之则降低 p_t 值。图 1 给出该规则的具体细节。由于存在多个地区，同时每个地区或者提高或者降低民营化比例，中央政府有必要在衡量民营化的效应时确立一个规则。这里我们假设它调整意识形态时根据的是民营化进程与地区 GDP 增量的相关关系。在图 1 中，横轴代表某个地区从第 $t-1$ 期到第 t 期民营化比例的变动 Δp_{it}，纵轴则代表这个地区从第 $t-1$ 期到第 t 期 GDP 的变动 Δy_{it}。图中的每一个数据点对应的是第 t 期一个地区的民营化比例变动与 GDP 变动的组合。根据所有地区的数据点，中央政府可以计算出二者的相关关系。注意，只有在 t 期改变了民营化水平的地区才进入中央政府的计算，我们用 Ω_t 表示这些地区的集合。图中显示了一个正相关的情况（因此回归线有着正斜率），意味着地区 GDP 的变动与民营化的变动是正相关的。此例中，中央政府会调整意识形态使之倾向于更高的民营化程度。不过，我们假设调整的程度为随机的，即新意识形态的位置可以是 p_t 和 1 之间的任意一点。如果是负相关，中央政府向下调整意识形态，在 p_t 和 0 之间随机选择一个位置。最后，如果相关度为零，中央政府则保持 p_t 不变。这个规则意味着，民营化对 GDP 的边际贡献的具体数值不是重要的，重要的仅仅是其符号。这是一个简单的强化学习过程，仅仅要求最低限度的理性。这一特征对于我们的论述目的相当重要。严格的理性假设具有一些良好的性质，如理性是唯一的，同时可以用严格的数学语言来表述。对照而言，有限理性可以表现为多种形式，采用不同的形式可能会产生完全不同的结果。这里定义的简单的强化学习过程的优势在于，它对于理性只作了最低限度的限制，因此，当其他限制加入之后，我们的主要结论仍然成立。但是，我们也将看到，引入有限理性之后，可以得到更接近现实同时也更有意义的结论。

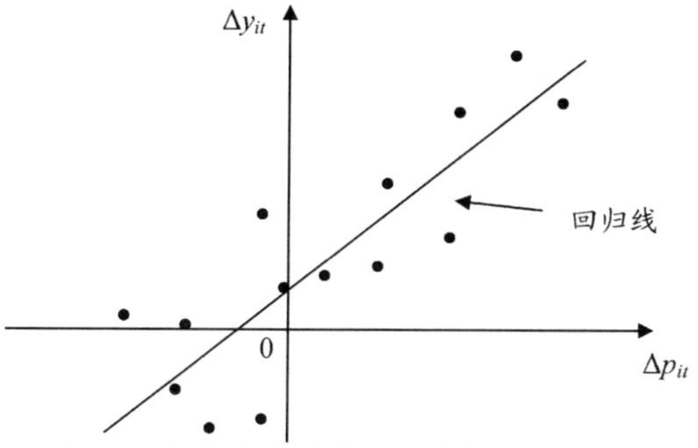

图 1　中央政府对地区民营化效果的评估

（二）均衡

在以上设定之下，如果一些地区在第 0 期开始着手对部分国有企业进行改制，同时提高了 GDP，民营化进程便开始了。这些地区可能是那些民营化收益较高的地区，因此即使被中央政府惩罚也是值得的。中央政府观察到这些地区的民营化过程和它们的最终 GDP 产出，就会向上调整意识形态，允许更高的民营化比例。这个意识形态的变化将放松对地区的约束，从而使那些已经开始民营化的地区进一步民营化，同时将更多地区带进民营化进程。然而，这个过程并不一定会一致收敛到完全民营化，因为有些地区的民营化净收益为负。

为展开讨论，我们需要对均衡给出一个明确的定义。我们称：如果中央政府不再改变其意识形态立场，同时没有任何一个地区改变其民营化水平，则民营化进程达到了均衡。需要注意，达到均衡时，一个地区的民营化水平并不一定与中央政府的意识形态完全吻合。除了一致收敛到完全私有制或完全国有制的情况外，那些从民营化中可以获得正收益的地区，其民营化程度会超出中央政府意识形态所允许的量，而那些从民营化中获得负收益的地区，其民营化程度将低于中央政府意识形态所允许的量。

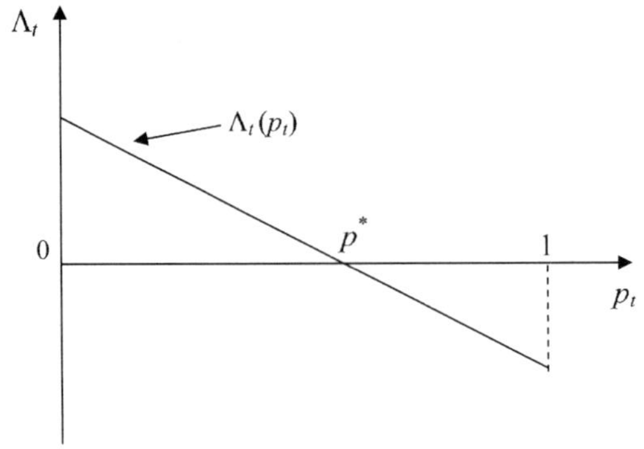

图 2　均衡的决定

我们可以借助图 2 来理解模型的均衡。根据前文的讨论我们知道，各地区每一期对民营化水平的选择是当期中央政府所宣布的意识形态的函数，所以系统的动态过程可以简化为中央政府意识形态这一个变量的动态过程。在图 2 中，我们用横轴代表第 t 期中央政府的意识形态 p_t，纵轴则代表 Ω_t 集合中各地区从民营化中所得收益之和 Λ_t。我们讨论的关键在于说明 Λ_t 是 p_t 的递减函数。我们首先注意到，当 p_t 很小时，只有那些民营化净收益为正的地区才会开展民营化试验，而那些会从民营化中蒙受净损失的地区不会有任何举动，因此，Λ_t 为一个较高的正值。当 p_t 逐渐增大，两件事情会发生：一方面，越来越多净收益为负的地区被迫开始民营化，它们的损失对 Λ_t 的贡献为负；另一方面，越来越多净收益很高的地区将完成所有企业的民营化（我们称之为完全民营化），由于它们不再改变民营化的选择，所以就不再属于 Ω_t 集合。这样，在 Ω_t 集合中有正收益的地区的数量逐渐减少，使得 Λ_t 的值渐渐减小。当 p_t 达到 1 时，所有具有正收益的地区都已达到完全民营化，这时 Ω_t 集合中的地区都只有负的净收益，所以 Λ_t 也转为负数。作为 p_t 的函数，Λ_t 一定会在某一点穿过水平轴一次，图中我们用 p^* 表示，其值位于 0 和 1 之间。这一点决定了均衡时中央政府的意识形态，它意味着一个不完全的民营化状态。而且，这个均衡是稳定的，即一个小扰动不足以让系统离开这个均衡。当扰动让 p_t 小于 p^* 时，Λ_t 为正，中央政府将提高其意识形态的位置；相反，当扰动让 p_t 大于 p^* 时，Λ_t 为负，中央政府将降低其意识形态的位置。

这不是一个合意的结果，也不符合中国发生的情况，原因在于我们的模型太简单，没有考虑真实经济中各个地区之间的互动。在下文的正式模型里，我们将考虑这个因素。

正式模型

上文已经给出了我们模型的设定及基本逻辑，所以本节直接进入主题，讨论模型本身。为了方便数学描述，我们再作两个技术性假设。与上文中假设有 n 个地区不同，这里我们假设地区是［0，1］区间上的一个连续统，其中每一个地区的独特标志是民营化净收益 Λ_i。第二个假设是，Λ_i 分布的密度函数为 f（Λ_i）。

（一）基本模型

首先，处理每一期地方政府是如何选择民营化水平的。为此我们需要中央政府对意识形态偏离之惩罚的显式表达。这里，我们将惩罚定义为偏离程度的二次函数：

$$C_{it}=\frac{1}{2}\sigma\ (p_{it}-p_t)^2 \tag{1}$$

其中 σ 是一个正的系数。在第 t 期，地区 i 选择 p_{it} 以最大化 $y_{it}-C_{it}$。由于 $y_{it}=S_i+p_{it}\Lambda_i$，最大化问题可以表述为：

$$\mathrm{Max}_{p_{it}}\ [S_i+p_{it}\Lambda_i-\frac{1}{2}\sigma\ (p_{it}-p_t)^2] \tag{2}$$

该问题的一阶条件是：

$$\begin{cases}R_i-S_i-\sigma\ (p_{it}-P_t)\ \leqslant 0\\ p_{it}\ [R_i-S_i-\sigma\ (p_{it}-P_t)]\ =0\end{cases} \tag{3}$$

$$\text{或}\begin{cases}R_i-S_i-\sigma\ (p_{it}-P_t)\ \geqslant 0\\ (1-p_{it})\ [R_i-S_i-\sigma\ (p_{it}-P_t)]\ =0\end{cases}$$

它意味着：

$$\text{若}\frac{\Lambda_i}{\sigma}+p_t<0,\ p_{it}=0; \tag{4a}$$

若 $0 \leqslant \frac{\Lambda_i}{\sigma} + p_t \leqslant 1$，$p_{it} = \frac{\Lambda_i}{\sigma} + p_t$； (4b)

若 $\frac{\Lambda_i}{\sigma} + p_t > 1$，$p_{it} = 1$。 (4c)

这些条件可以定义任一时期的三类地区。第一类地区由（4a）定义，它们从民营化中获得的净收益小于 $-\sigma p_t$，所以在 t 期不会民营化任何国有企业。不过，随着 p_t 的增加，它们中有一些地区会开始民营化。这类地区中包括一些特别的地区，它们的民营化净损失大于 σ，即便当中央政府的意识形态处于完全民营化的立场时，它们也仍旧会维持完全国有制的状态。第二类地区由（4b）定义，包括的是一些不完全民营化的地区，它们的民营化选择总是与中央政府的意识形态立场有 Λ_i/σ 的差距。对于民营化收益 Λ_i 为正的地区，其民营化程度总是领先于中央政府的意识形态立场；而民营化收益 Λ_i 为负的地区，其民营化程度总是落后于中央政府的意识形态立场。第三类地区由（4c）定义，包括那些民营化收益大于 $\sigma(1-p_t)$ 的地区，它们会对所有国有企业进行民营化。其中的特殊情况是那些净收益大于 σ 的地区，即便中央政府的意识形态处于完全国有化的立场，它们仍旧会将所有国有企业民营化。

接下来我们定义中央政府更新其意识形态的规则。在上文中，我们已经对这个规则进行了大致的定义，即中央政府意识形态的更新与民营化变动和地区 GDP 变动之间的相关度有关。这里我们把这个定义形式化。实质上，中央政府所要做的是确定下式的符号：

$$\Delta Y_t = \int \Delta p_{it} \Delta y_{it} di \quad (5)$$

如果 ΔY_t 为正，中央政府将随机从区间 $(p_t, 1]$ 中选择一个点，作为新的意识形态立场；如果 ΔY_t 为负，中央政府将随机从区间 $[0, p_t)$ 中选择一个点，作为新的意识形态立场；如果 ΔY_t 等于零，中央政府将保持意识形态在 p_t 的位置上。

在式（5）中，以 $S_i + p_{it}\Lambda_i$ 代替 y_{it}，我们可以得到

$$\Delta Y_t = \int (\Delta p_{it})^2 \Lambda_i di \quad (6)$$

注意，如果地区 i 没有开展民营化试验（即不增加或减少民营化的国企

比例），Δp_{it}等于零。同时，对于满足条件（4a）或（4c）的地区，它也为零。所以我们仅需要考虑满足条件（4b）且在第 t 期民营化程度有变化的地区，即集合 Ω_t 中的地区。将这种情况下 p_{it}的解代入式（6）中我们可得

$$\Delta Y_t = (\Delta p_t)^2 \Lambda_t \tag{7}$$

其中 $\Lambda_t = \int_{i \in \Omega_t} \Lambda_i di$ 是在第 t 期开展了民营化试验的地区的净收益之和，这使我们能方便地找到系统的长期均衡，即中央政府不再改变意识形态立场的时候。一旦中央政府不再改变，地方政府也就停止调整民营化比例。所以，均衡可以完全由以下条件给出

$$\Lambda_t = 0 \tag{8}$$

集合 Ω_t 由 $\Lambda_i \in [-\sigma p_t, \sigma(1-p_t)]$ 的地区组成。进一步，这些地区可以划分为两组，一组中地区的 Λ_i 位于区间 $[0, \sigma(1-p_t)]$ 上，其值为正，而另一组中地区的 Λ_i 位于区间 $[-\sigma p_t, 0]$ 上，其值为负。具体而言，

$$\Lambda_t = \int_{-\sigma p_t}^{\sigma(1-p_t)} \Lambda_i di \tag{9}$$

很显然，Λ_t 是关于 p_t 的单调递减函数。同时，当 p_t 为 0 时，Λ_t 为正；当 p_t 为 1 时，Λ_t 为负。所以，方程（8）存在 $p_t \in (0, 1)$ 上的唯一解。根据函数中值定理，我们得到以下命题：

命题 1：系统必有且只有一个均衡；在这个均衡上，民营化是不完全的。

也就是说，在这个均衡上，中央政府的意识形态立场介于完全国有制与完全私有制之间，同时一些地区对一些国有企业进行了民营化。当然也可能存在没有开展任何民营化的地区（那些民营化净收益显著为负的地区）以及进行了完全民营化的地区（那些民营化净收益显著为正的地区）。

可以很容易证明，这个均衡是一个李雅普诺夫稳态。要证明这一点，首先请注意当 Λ_t 为正时中央政府将提高 p_t，但同时 Λ_t 会降低，因为更多的地区完成了完全民营化，从而离开了集合 Ω_t；其次，中央政府在 Λ_t 为负时会减小 p_t，但这又会提高 Λ_t。所以，这个均衡是李雅普诺夫稳态。但是，它不是渐进稳定的，因为中央政府很可能在 Λ_t 为负时过度调低 p_t，以至于 Λ_t 转为正。关于稳定性的结论由以下命题概括。

命题2：命题1所定义的均衡是李雅普诺夫稳定的。

命题1和命题2说明，单纯的务实主义意识形态演进并不足以确保系统收敛到完全民营化。但是我们需要注意，这个模型还非常简单，不够现实，特别地，模型里并不存在地区间的经济互动。在现实世界里，互动却是存在的。如我们在前文中所显示的，其中某些互动在民营化进程中会创造正向溢出效应。接下来我们考虑一种情况，即由地区间就业互补性所造成的正向溢出效应。

（二）就业正向溢出效应与民营化的收敛

在现实中，通过实体经济的互动，地区之间还存在其他正向溢出效应。譬如，李少敏、栗树和、张维迎构建了一个地区间由于对资本的竞争导致民营化扩散的模型。① 本文要考虑的是民营化的就业溢出效应。对民营化的最大约束在于民营化过程导致大量冗余员工流入社会。这不仅关系到社会稳定，也关乎党的合法性，所以中央政府极为重视。在资金和新就业机会有限的地区，民营化开展得较慢；而在某些地区国有企业冗员问题没有其他地区那么严重，因为它们的经济和地理环境更加优越，或者勃兴的私人部门已经吸收了大量的冗余工人。广东、浙江以及其他一些沿海省份正是如此。在这些地区，民营化提高了企业效率，增加了对工人的需求。这种超额需求可以缓解其他地区所面临的就业约束，因为现在它们的工人可以迁移至这些更为繁荣的地区。

要讨论地区间的就业溢出效应，我们需要在模型中直接引入就业决策。为此，我们假设每一个企业仅仅使用劳动来生产一种同质产品。起初不管在哪一个地区，每个国有企业雇用工人的数量总是 L_0，产出在各个地区都是一个常数 g_0。每个企业都存在冗员，但工资总额为一个常数，因此每个企业的利润也是一个常数，令其为 S_0，每个工人的工资为工资总额除以本企业的就

① Shaomin Li, Shuhe Li, Weiying Zhang, The Road to Capitalism: Competition and Institutional Change in China. Journal of Comparative Economics, Vol. 28, 2000 (2), pp. 269—292.

业人数。国有企业不能解雇工人，但工人可以选择离开，工人的工资随就业人数的下降而上升。国企可能为工人提供某些非市场化或者非货币化的收益，譬如，它们可能比私企有更好的就业保障，同时工人们相互间存在的一些人际关系对于工厂外的生活有帮助。这意味着，工人的保留工资高于他们在国企所获得的货币工资，且随着自动离职人数的上升而上升。所以，选择离开的工人数量，比方说 L_R，是每一期外部市场工资 w_t 的递增函数。

民营化之后，企业的效率得到提升，但在不同的地区却是不同的。对于地区 i，一个代表性的民营化企业具有以下生产函数

$$g_{it} = \alpha_i g(L_{it}) > g_0 \tag{10}$$

这里 α_i 为每个地区的效率因子，因地区而不同；L_{it} 是 t 期所雇用的工人数量。现在，工厂可以自主决定要雇用多少工人。L_{it} 可以大于或小于 L_0，这取决于当时的工资水平 w_t 以及效率因子 $\alpha_i \in (\alpha_0, \alpha_m)$。

在第 t 期，地区 i 的民营化企业可以获得利润

$$R_{it} = \alpha_i g(L_{it}) - w_t L_{it} \tag{11}$$

我们假设企业是短视的，它们选择 L_{it} 仅求最大化当期的利润 R_{it}。这个假设与中央政府决定意识形态时的随机性是一致的：既然未来不可预见，企业不得不将行为短期化。根据当期利润最大化的一阶条件，我们可以很容易得到，L_{it} 是关于 α_i 的递增函数，同时是关于 w_t 的递减函数。

民营化之后，企业让所有的冗余员工下岗，数量为 $L_0 - L_R(w_t) - L_{it}$。地方政府必须给每个下岗工人数量为 W_0 的补偿金。地方政府只能依靠自己的力量筹资。在现实中，中央政府为工人再就业提供一些补助，但各省承担了筹资的主要责任。

民营化的净收益 Λ_i 在每期都会有所变化，所以我们用 Λ_{it} 来代替，可表示为

$$\Lambda_{it} = \alpha_i g[L_{it}(\alpha_i, w_t)] - w_t L_{it}(\alpha_i, w_t) - [L_0 - L_R(w_t) - L_{it}(\alpha_i, w_t)] W_0 - \alpha_0 L_0(\alpha_0, w_0) \tag{12}$$

显然，Λ_{it} 是关于 α_i 的单调增函数。对于 w_t，情况就比较复杂。Λ_{it} 关于 w_t 的偏导是：

$$\frac{\partial \Lambda_{it}}{\partial w_t} = -L_{it} + \left(\frac{\partial L_{it}}{\partial w_t} + \frac{\partial L_R}{\partial w_t}\right) W_0$$

由于L_{it}随w_t递减，而L_R随w_t递增，因此当w_t增加时，我们并不能马上确定Λ_{it}变动的方向。但是，当w_t较小时，L_{it}和$\partial L_{it}/\partial w_t$会较大。对于$\partial L_R/\partial w_t$,在$w_t$较小时它也比较小，当$w_t$增加时它同时也会增大。譬如，当工人的保留工资的分布比较集中时，一定存在一个临界值，当w_t小于它时，$\partial L_R/\partial w_t$会比较小，而当$w_t$超过这个临界值时，它会变得比较大。所以，我们可以放心地推论，存在一个临界市场工资率，比方说w^*，当w_t小于它时，Λ_{it}随w_t增加而递减；当w_t大于它时，Λ_{it}随w_t增加而递增。

地方政府仍根据公式（4a）、（4b）、（4c）决定p_{it}，不过此时Λ_i换成了Λ_{it}，Λ_i的两个临界值$-\sigma p_t$和$\sigma(1-p_t)$，也转换为α_i的两个临界值：

$$\alpha_1 = \alpha(-\sigma p_t, w_t), \quad \alpha_2 = \alpha[\sigma(1-p_t), w_t]$$

我们容易证明，这两个值都是关于各自第一个自变量的增函数。对于w_t的情况，则要取决于w_t是小于还是大于w^*。当w_t小于w^*时，α_1和α_2随着w_t增加而递增；当w_t大于w^*时，α_1和α_2随w_t增加而递减。

对于一个给定的中央政府意识形态立场p_t，现在我们需要确定的关键变量是w_t。为此，我们需要推导出每一期劳动力的供给和需求。由于国企工人得到的是一个固定工资，要确定w_t，我们仅需考虑劳动力的市场需求及供给。劳动力需求来自于两类民营化之后的企业。一类是完成了完全民营化的地区的企业，它们当中的每个企业的劳动力需求量为L_{it}。因为一个地区的企业总量是1，这意味着完全民营化地区的劳动力需求总和就是L_{it}。另一类民营化企业则来自不完全民营化的地区，每个地区的劳动力需求总和便是$p_{it}L_{it}$。将不完全民营化地区所得到的结果$p_{it} = \Lambda_{it}/\sigma$代入，就可以得到劳动力的市场总需求：

$$L_D = \int_{\alpha_1}^{\alpha_2} \left(\frac{\Lambda_{it}}{\sigma} + p_t\right) L_{it}(\alpha_i, w_t)\, d\alpha_i + \int_{\alpha_2}^{\alpha_m} L_{it}(\alpha_i, w_t)\, d\alpha_i \tag{13}$$

当$w_t \leqslant w^*$时，对任意给定的p_t，L_D随w_t递减。当$w_t > w^*$时，情况比较

复杂，因为这时 Λ_{it}随 w_t 递增而 α_2 随 w_t 递减，两种情况都会导致 L_D 的增加。然而，它们仅仅在边际上影响劳动力需求，因为 Λ_{it}的增加和 α_2 的减少只会增加不完全民营化地区中进行民营化的国有企业的比例。工资率对 L_{it}的影响仍然占据主导地位。所以，我们可以做一个规范性假设，即劳动力需求是工资率 w_t 的递减函数。比较而言，我们可以很直观地推导出，对于给定的 w_t，L_D 随 p_t 递增，这可以从 L_D 对 p_t 的偏导数看出来：

$$\frac{\partial L_D}{\partial p_t}=\int_{\alpha_1}^{\alpha_2}L_{it}(\alpha_i, w_t)\,d\alpha_i + \sigma L_{it}(\alpha_1, w_t)\left[\frac{\Lambda_{it}(\alpha_1)}{\sigma}+p_t\right] + \sigma L_{it}(\alpha_2, w_t)\left[1-\frac{\Lambda_{it}(\alpha_2)}{\sigma}-p_t\right] \quad (14)$$

劳动力供给由四部分构成。第一部分是从尚未进行任何民营化改造的地区所释放的冗余员工，在每一个这样的地区，进入劳动市场的工人数量是 $L_R(w_t)$。第二部分来自不完全民营化地区中还未民营化的国有企业所释放的冗余员工，在这样的一个地区，进入市场的工人数量是$(1-p_{it})L_R(w_t)$。第三部分则是由不完全民营化地区中进行了民营化的国企所释放的工人，在每个这样的地区，其数量为 $p_{it}L_0$。第四部分是已完全民营化的地区所释放的工人，在每个这样的地区，其数目是 L_0。因此劳动力的总供给为

$$L_S=\int_0^{\alpha_1}L_R(w_t)\,d\alpha_i + \int_{\alpha_1}^{\alpha_2}\left(1-\frac{\Lambda_{it}}{\sigma}-p_t\right)L_R(w_t)\,d\alpha_i + \int_{\alpha_1}^{\alpha_2}\left(\frac{\Lambda_{it}}{\sigma}+p_t\right)L_0\,d\alpha_i+\int_{\alpha_2}^{\alpha_m}L_0\,d\alpha_i \quad (15)$$

正如对劳动力需求的分析，对于给定的 p_t，我们并不能轻松证明 L_S 随 w_t 递增。但是，由于我们在分析劳动力需求时所提到的原因，我们给出一个规范性假设，即劳动力供给随 w_t 递增。与劳动力需求的情况一样，我们可以直接推导出，对于给定的 w_t，L_S 随 p_t 增加而增加，这可以从下面的偏导数看出来：

$$\frac{\partial L_S}{\partial p_t}=\int_{\alpha_1}^{\alpha_2}(L_0-L_R)\,d\alpha_i$$

$$+\sigma(L_0-L_R)\left[\frac{\Lambda_{it}(\alpha_1)}{\sigma}+p_t\right]$$

$$+\sigma(L_0-L_R)\left[1-\frac{\Lambda_{it}(\alpha_2)}{\sigma}-p_t\right] \quad (16)$$

劳动市场的出清条件是

$L_D=L_S$

此条件可以确定 w_t 的唯一解，它是关于 p_t 的函数。根据隐函数定理，可以知道 w_t 随 p_t 的变化取决于$\partial L_D/\partial p_t$ 和$\partial L_s/\partial p_t$ 的大小，而参考式（14）和式（16）可知，这又取决于在［α_1，α_2］区间上，L_{it}是大于还是小于 L_0-L_R。如果前者大于后者，则 w_t 是 p_t 的增函数，反之，w_t 是 p_t 的减函数。事实上，$L_{it}\geqslant L_0-L_R$意味着当一部分职工分流之后，民营化企业的就业需求至少足以雇用所有剩余的职工，换句话说，这些企业有超额需求。这正是民营化正向溢出效应的核心所在：由于民营化企业对劳动力的需求超过了其本身的职工数量，因此抬高了市场工资，吸引其他地区的国有企业的冗余员工进入市场，从而降低了其他地区民营化的成本。

给定存在这种正向溢出效应，工资随中央政府意识形态位置的上移而增加；又由于工资增加导致 Λ_{it}呈现先降后升的趋势，中央政府意识形态位置的上移也导致 Λ_{it}呈现先降后升的趋势。这样，我们就可以描述系统的动态过程了。民营化试验首先出现在那些民营化收益为正的地区，对于它们而言，即便 L_R 为零，Λ_{i0}仍是正的。接着，中央政府调整意识形态立场，调高民营化的比例，其结果是，市场工资率提高，所有地区的民营化净收益下降。这时，从民营化中可获得正收益的地区数目成为一个关键变量。如果这个数量降低得过快，以至于主导试验集合 Ω_t 的是一些净收益为负的地区，即集合中地区民营化净收益之和 Λ_t 在工资率到达 w^* 之前就变为了负数，民营化因此将退步到一个不完全民营化的均衡，此时的工资率小于 w^*。相反，若维持正收益的地区的数目在工资率达到 w^*之前减少得不够快，Ω_t 集合中占主导的还是这些地区，即 Λ_t 一直为正，那么，便会有越来越多的地区从民营化中获得正收益，因为高水平的市场工资带来了正向溢出效应。最终，系统将收敛至完全民营化。

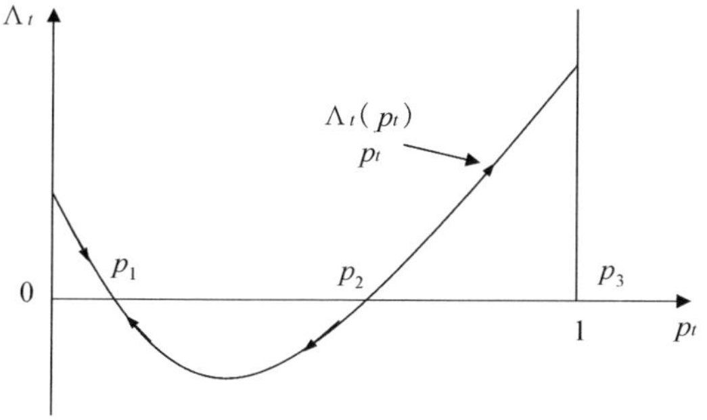

图 3　存在就业正向溢出效应时的多重均衡

以上的讨论可以通过图 3 得到更加清晰的说明。横轴代表中央政府在第 t 期意识形态的位置，纵轴代表集合 Ω_t 中地区收益之和 Λ_t。上文中讨论的第二种情况比较简单，所以图中没有描述。第一种情况则更为有趣。根据前面的讨论，我们将 Λ_t 描绘成关于 p_t 的一个凸函数。此时存在三个均衡，图中分别以 p_1、p_2 和 p_3 表示。头两个均衡在 Λ_t 等于零时获得，第三个均衡在系统移动至完全民营化的极限时获得。在三个均衡中，p_1 和 p_3 是（局部）稳定的。在 p_1 附近，当 p_t 小于 p_1，Λ_t 为正，所以这时 p_t 会变大；当 p_t 大于 p_1，Λ_t 为负，所以 p_t 会变小。因此，p_1 是一个（局部）稳定均衡。p_3 是局部稳定的原因显而易见：对于大于 p_2 的 p_t，Λ_t 一定是正的。p_2 这个均衡不稳定的原因是，当 p_t 小于 p_2 而大于 p_1 时，Λ_t 为负，所以这时 p_t 会变小；当 p_t 大于 p_2 时，Λ_t 为正，所以 p_t 会增加。

图 3 说明，为了达到完全民营化，大胆的意识形态跳跃具有重要的作用。如果意识形态转变是渐进的，系统会停滞在 p_1 这个稳定均衡上。然而，如果中央政府采取一个大胆的举动，将意识形态立场从 p_1 之下移至 p_2 之上，那么完全民营化就可以实现。

考虑图 3 所显示的情况，可将这一部分的结论概括为如下命题。

命题 3：当存在就业溢出效应时，系统存在一个不完全民营化的稳定均衡和一个完全民营化的稳定均衡。如果中央政府对意识形态转变采取的是某种渐进策略，系统将到达不完全民营化的均衡。如果中央政府在某个阶段进行大胆的意识形态跳跃，完全民营化的均衡就可以达到。

结 语

本文以中国国有企业的民营化为背景构建了一个内生制度变迁模型，它的主要特点是有限理性、意识形态的动态调整和民营化的多重均衡。尽管它采用的情景是国企改制，但模型的精要同样适用于解释中国其他改革。中国之所以没有陷入局部改革的陷阱，原因有二：其一，中国政府是泛利性的，表现在它把社会总体福利置于局部利益之上；其二，中国共产党对意识形态持务实主义的态度，敢于进行大胆调整。①

在学术层面上，本文是对内生制度变迁理论的一个贡献。尽管制度经济学家很早就意识到了意识形态对制约和激励制度变迁的重要性，但把意识形态纳入规范的经济学模型的努力却非常稀少。本文将意识形态当作格雷夫所定义的拟参数，同时展示了意识形态对制度变迁的制约和激励作用。具体而言，我们的模型发现，如果意识形态的变化总是比较缓慢的，则系统将陷入诺斯意义上的无效制度安排之中；反之，如果意识形态在某一阶段发生较大的变化，则系统将朝着有效的制度收敛。

我们的模型和中国过去三十年的历史是吻合的。细心的读者可能会质疑，是否有必要在我们的模型中引入意识形态——的确，如果中央政府从最开始就持有完全民营化的意识形态，系统一夜之间就能够收敛到完全民营化。但我们引入意识形态并非为了玩一些技术把戏，而是因为意识形态转变在中国的改革过程中的确非常重要。中国的改革得益于中国共产党的两次意识形态大转变，一次是 1978 年的真理标准问题的大讨论，一次是 1992 年确立的社

---

① 详细讨论参见姚洋《中性政府和中国三十年的经济奇迹》，《二十一世纪评论》2008 年第 6 期。

会主义市场经济理论。没有真理标准问题的大讨论，就没有改革的开始；没有社会主义市场经济理论，就没有20世纪90年代的市场化改革。

（原载《江海学刊》2008年第5期）

长江三角洲都市圈经济与行政区经济的矛盾和整合

张颢瀚

都市圈是现代经济组织的中心地域，商品、资本、人才、信息等几乎所有生产与生活要素均在此快速流动、整合，这里成为经济发展的引擎、技术创新的源泉和新文化的孵化地。长江三角洲作为我国三大都市圈之一，对中国乃至整个亚太地区的发展均具有举足轻重的作用。国务院出台的《关于进一步推进长江三角洲地区改革开放和经济社会发展的指导意见》（以下简称《指导意见》）明确地把长三角的区域范围从15个城市定位到苏、浙、沪两省一市，近期中央又提出了涵盖安徽、江西的泛长三角概念，长三角将朝“沿江”“沿海”两个基本方向扩展。长三角新一轮的区域扩展过程实际上就是不断突破行政区界限的过程。随着越来越多的行政区域的加入，将会产生更多、更复杂的行政区利益矛盾，跨越行政区的公共问题也会更为多元而复杂。经过多年的发展，长三角区域合作已取得了显著成效，但真正一体化的格局仍未形成。一体化发展的最大阻力是诸侯经济，而诸侯经济产生的根源是行政壁垒。因此，泛长三角一体化不仅要实现经济一体化，还要实现行政区之间的协调，实现都市区与行政区之间的协调。通过创新政府合作机制，探索政府与社会间的多方治理模式，促进行政区经济与都市圈经济的整合，是泛长三角一体科学发展的关键所在。

都市圈经济：扩展逻辑与长三角的实践

（一）都市圈经济的扩展

都市圈是指在可延展的区域内，以一个或多个具有辐射功能和导向功能的中心城市为核心，相当数量不同功能和规模的城镇紧密联系在一起，形成的具有一体化倾向的区域共同体。其发展一般经历中心城市独立发展、都市圈初步形成、都市圈扩展、都市圈创新发展四个阶段。① 都市圈扩展是圈域扩张与结构优化同步推进的过程，在这一过程中经济、社会、政治、文化、空间组织等多种力量共同发挥作用，获取比较利益、集聚与扩散、交通线路生长是其中的主要力量。

1. 获取比较利益是都市圈扩展的主要动因

都市圈实际上是利益的共同体，对利益的追求是城市结盟的原因，也是都市圈扩展的根本动因。第一，都市圈扩展是追求比较利益的必然结果。获取比较利益的途径有两种：一是产品转移途径，各地只生产具有比较优势的产品，通过自由贸易获取相对高的价值；二是要素转移途径，通过劳动力、资本、技术等要素的跨界输出，将单体优势转换成能产生效益的组合优势。无论哪种途径，都以产品和要素的自由流动为前提，从而加强了城市分工协作的广度和深度，促进了都市圈的产生与扩展。第二，根据经济网络理论，都市圈扩展可以获得大于部分利益之和的整体利益。（1）空间扩展通过产业的耦合和补偿作用，使原有产业链条得以延长和优化，扩大了需求增长与供给增长的联动效应，催生了产业集群效益；（2）都市圈内企业和劳动者的频繁交往与学习，使技术、管理等领域的创新通过价值链条迅速扩散，提高了区域创新能力；（3）各种实体可以方便地共享基础设施和公共服务，提高了

① 张颢瀚、张超：《大都市圈的成长阶段与动力机制》，《江海学刊》2006 年第 1 期。

公共设施的投入—产出效益。① 最后，都市圈扩展得益于中心区和腹地对个体利益的追求。中心区达到一定规模后会产生土地价格上涨、劳动力成本提升、生态环境恶化、竞争压力增大等问题，需要在更大范围内配置资源、组织生产，以降低成本，实现功能升级；腹地也需要接受中心区辐射，以优化发展平台、提升经济能级、扩大产业规模、拓宽发展视野，获取中心城市的服务。因此，通过都市圈扩展，中心区与腹地区可以获得各自的比较利益。

2. 集聚与扩散是都市圈扩展的主导机制

集聚与扩散是成长要素在空间内流动和重新配置的过程，集聚促使要素流入优势区域，扩散促使要素从中心区向外围区流动。这两股力量伴随于都市圈形成和发展的全过程，一方面推动中心城市规模和辐射范围不断扩大，另一方面促使城市间联系不断强化，成为都市圈扩展的主导机制，一定条件下主导力量的转化推动都市圈进入不同发展阶段。都市圈成长初期，集聚发挥主导作用，在地理区位、自然条件、经济基础、政治资源等方面占有优势的城市，能够吸引更多的发展要素，其规模不断扩大，成为中心城市。中心城市继续发展，影响力不断增强，当集聚超过一定容量后，内部成本迅速增加导致规模不经济，形成增长的门槛，但在内力与外力的双重驱动下，其经济结构不断升级，一些传统产业开始向外扩散并重新集聚，在中心城市周围形成新的增长点，集聚与扩散机制同时发挥作用促使都市圈全面成长。随着信息化的推进、高新产业的发展和生产性服务业的崛起，城市在功能上显著分化，最具优势的城市在竞争中脱颖而出，成为核心城市，其他具有一定区位优势和竞争优势的城市有可能成为副中心城市。核心城市的辐射作用主要体现在国际交通枢纽、金融中心、生产服务中心、科技研发中心、制度创新中心等方面，其辐射范围广、能级高，可以影响所有相邻的城市。区域性中心城市则继续发挥辐射作用，传统的单中心辐射模式被多中心辐射模式取代，

---

① Evert Meijers, "Polycentric Urban Regions and the Quest for Synergy: Is a Network of Cities More than the Sum of the Parts?" *Urban Studies*, 2005, Vol. 42, pp. 765—781.

扩散成为区域发展的主导力量，推动都市圈进一步融合，逐步进入扩展与创新发展阶段。

3. 交通是都市圈扩展的主体基础

都市圈扩展是通过要素在空间上的流动实现的，要素流动必须以交通为载体，都市圈内外的交流与协作必须以交通为纽带，交通是都市圈扩展所依赖的各种载体的主体性的基础和先行条件。首先，交通线是都市圈的脉络和骨架。交通沿线要素流动成本低、效率高，区域发展的阻力小，激发了沿线要素集聚和城市生长，使都市圈空间组织表现出明显的轴线特征和交通指向性。其次，交通线路的延展方向决定了都市圈的扩展方向。都市圈中心城市的辐射范围与交通发达程度密切相关，交通线路的生长不仅可以促使中心城市生长，而且会沿交通线形成新的增长点，使更多的互补性区域纳入都市圈范围；都市圈的扩张又产生更多的物流、人流、经济流、信息流需求，促使交通线路在地域上继续推进，由此形成交通线路延伸与都市圈扩展的循环链条，使二者的扩展方向基本一致。第三，交通发达程度决定了都市圈的一体化程度。快速、便捷的交通缩短了交往的地理、心理和时间距离，降低了城市间的通勤成本，增加了城市间相互作用的频率、广度和深度，有利于在更广阔的范围内组织生产，实现城市分工与协作，因此交通越发达城市间的联系越紧密，都市圈的一体化程度越高。

（二）长三角都市圈经济扩展的条件与趋势

经过长期积累，长三角已经形成相对完备的城镇体系，核心城市上海及区域性中心城市南京、杭州等都具备了强大的辐射能力，加之网络化交通体系尤其是高速公路体系基本建成，为空间扩展提供了充足的动力和基础。扩大区域范围，对长三角核心区、外围区以及大长三角区域整体乃至全国的发展均具有重要意义。可以说，长三角空间拓展的辐射机制、利益机制和交通条件等均已具备，正进入都市圈扩展阶段，并逐步发展成为国际性的都市群。

第一，长三角已具备自我生长的实力。2008 年长三角 16 市人均 GDP 突破8000美元，已具备强大的综合实力和生产规模，新兴制造业、电子、重化工、汽车制造业成为长三角的优势产业，企业集群加速崛起，核心城市上海表现出较强的城市辐射力，副中心城市南京、杭州等的产业扩散效应凸显，辐射成为中心区域发展的主要力量。第二，长三角已具备空间扩展的交通基础。长三角地处沿海发展轴和沿江发展轴的结合部，腹地连绵广阔，随着沿海、沿江铁路、高速公路建成通车，泛长三角将形成T字形综合交通格局，北达徐州、连云港，南至温州并向福建延伸，西通安徽、江西并将达湖北、重庆的高速与快速交通体系，为空间扩展提供了良好的载体。第三，空间扩展是长三角突破增长门槛，实现产业转型升级的需要。长三角发展正面临资源、环境、竞争等容量限制，随着产业链条的高端化，一方面传统产业需要向外转移，另一方面新兴产业需要上游产业配套，而周边地区拥有相对丰富的资源和较强的产业互补性，空间扩展可以使长三角在更广阔的范围内配置资源、组织生产，有利于优化结构、增强发展活力。第四，空间扩展是核心城市功能升级的需要。增强我国竞争力需要国际经济中心城市上海作支撑，国际经济中心城市的核心特征在于服务业的主导和引领。服务是无疆界的，长三角现有16市的产业规模不足以支撑上海成为国际区域性生产服务中心，空间扩展可以为上海产业升级提供更广阔的腹地支撑，使其实现服务功能的跳跃式提升。第五，空间拓展是周边地区加速发展的需要。周边地区与核心区联为一体，可以直接享受更好、更优的第三产业和创新服务，在承接核心区产业转移的同时对外输出劳动力，依托更畅通的国际市场和物流平台，从而实现跨越式发展。

考虑到地理文化的延伸性、区域规划的完整性、产业结构的差异性和交通设施的一体性等重要因素，泛长江三角洲将朝沿江、沿海两个基本方向扩展，形成“3+2”的框架，即首先形成上海、江苏、浙江两省一市的基本框架，然后再扩展到安徽、江西两省的部分地区。从长久看，有可能扩展或影响至湖北、重庆的部分地区。

第一，我国沿海发展战略和江苏沿江开发战略的实施使长三角首先形成上海、江苏、浙江两省一市的基本框架。一方面，江苏沿江开发战略的实施跨越了长江天堑，加快了上海、苏南与苏中、苏北的要素互通，成为长三角北扩战略的重要组成部分。上海向北辐射，经过通泰都市圈的传递，进一步带动徐连盐都市圈发展，使其成为长三角的现代农业生产加工基地和国家沿海重要的制造业基地。另一方面，浙江温州、金华等市早已通过在上海设立子公司或将总部转移到上海与长三角发生了密切的要素联系，随着沿海交通主轴向南贯通，特别是杭州湾跨海大桥通车，这种联系进一步加强，甬台温都市圈将成为泛长三角的重要部分，浙江全省纳入长三角。国务院《指导意见》也已经明确，上海、江苏、浙江两省一市框架的形成，可以保证长三角行政区域的完整性，有利于降低行政成本、提高行政效率。

第二，随着我国沿江大交通战略的实施，长三角空间范围不断向西扩展，安徽、江西的相关地区被纳入泛长三角；从长远发展趋势来看，湖北、重庆与长三角的经济联系也会进一步加强。泛长三角沿江拓展，得益于沿江铁路、高速公路的建设，也得益于上海国际性经济中心城市地位的确立及其中心功能的强化，同时也需要南京都市圈的传递辐射和直接辐射功能的发挥。安徽、江西资源丰富，劳动力成本低廉，具有明显的资源和劳动力优势，长三角则具有资金、技术、人才、产业与国际化的优势，将两省纳入长三角有利于发挥比较优势，获取比较利益，加之交通联系便利等原因，安徽、江西是泛长三角进一步扩展的首选区域。湖北、重庆与长三角联系的加强得益于地理空间上的延展性和便利的交通联系，从长远看，湖北、重庆与长三角合作，有利于我国在沿江一带进行高新技术与钢铁、汽车等重要产业的整合，使沿江产业带成为我国信息等高新技术产业与钢铁、汽车等重工业在更高技术水平上、更高生态要求上发展的空间走廊。

需要指出的是，长三角的扩展不仅是行政空间的扩展，更是经济合作范围的扩大，即合乎市场规律的一体化运行范围的扩大。在这一过程中，都市圈逐步替代行政区成为现代经济的中心组织单元，使得以行政区为单位组织经济的合理性日益下降，对行政区经济带来一系列挑战。

都市圈经济与行政区经济的矛盾：理论机理与现实表征

（一）都市圈经济与行政区经济的理论差异

都市圈经济与行政区经济矛盾的根源，在于都市圈经济与行政区经济内在机理的差异。

第一，都市圈经济以市场为导向，行政区经济以政绩为导向。都市圈以市场为推动力，企业拥有自主发展和自由选择的权力。行政区以政绩为导向，以政绩为推动力，地方政府为获取政绩对辖区内的企业进行强烈干预，企业为获取特殊利益与政府合作进行权力寻租。市场主导与政府主导是都市圈经济与行政区经济最本质的差别。

第二，市场利益共享，行政利益非共享。在我国当前的行政职能制度框架下，政府间的关系首先是利益关系，这种关系决定和约束着政府间的权力关系、财政关系和公共行政关系。[①] 地方利益的最大特点就是排他性，行政主体的不同利益诉求造成区域的利益分割，在约束相对缺失的情况下，当利益发生摩擦时地方政府往往以谋求自身利益最大化为目标，做出对自身有利却损害区域整体利益的选择。

第三，市场无疆界，行政有疆界。都市圈经济以市场为导向，市场按供需关系运行，以生产要素和产品的自由流动为前提，要求遵循统一的市场规则，实现公平竞争，其运作空间是一体的、开放的，是无疆界的。行政有疆界，按行政关系运行，每个行政主体都有其特定的权利空间，在一定的地域范围内自主处理各项事务而不能超越行政边界，因而其对事务的管理具有局部性、封闭性。不同行政主体的不同利益诉求往往使行政边界成为要素流动的门槛，导致交通不通、市场不市。

第四，都市圈经济中各主体的地位平等，行政区经济中各主体的地位非对等。都市圈的各组成城市，虽然规模和经济实力存在差异，但是其在法律

① 谢庆奎：《中国政府的府际关系研究》，《北京大学学报》（哲学社会科学版）2000 年第 1 期。

和规则上的地位是平等的，这是其横向平等联合与合作的基础。而行政区划本身就是政府公共权力在地域上的分配，直辖市、地级市、县级市分属不同的行政等级，不仅在政治和法律上而且在经济领域也具有管辖与被管辖的关系，高级别的城市拥有更强的资源配置能力和行政影响力，地位的非对等性决定了行政区经济往往采取纵向联系方式，制约了城市间横向对话与合作关系的发展。[①]

（二）长江三角洲区域扩展中的现实矛盾

在长江三角洲的区域扩展与合作过程中，存在三个突出矛盾：第一，区域的不稳定性。从原来的15市到现在的16市，以外的城市又不断要求加入，这是长三角扩展的必然结果，也使得长三角一体化不断遇到新的矛盾，对一体化政策和规划的制定提出了开放性、动态性、前瞻性要求。第二，行政的不对称性。长三角经济区范围与长江三角洲中心省市的行政区分离，使得制定一体化规范的行政能力不足，在一个行政区内要制定两个不同空间的规划，不仅矛盾，而且不利于调动区域各方面的积极性。随着两省一市框架的建立，这一矛盾得以逐步缓解。第三，更为根本的是都市圈经济与行政区经济的差异性引发的矛盾。当前的行政区经济是计划经济向市场经济转轨过程中的一种特殊区域经济现象，它以行政区为基本单元和疆界组织与控制经济活动。在改革开放初期，这确实调动了地方政府的积极性，发挥了较多的正面功能。但是，随着现代交通、信息技术的发展和经济全球化的深入推进，上海等大都市的影响和辐射范围早已超越原有边界，许多公共事务的解决必须依靠多个辖区政府的共同努力，长三角都市圈开始跨越省市界限成为经济的基本组织单元，对行政区经济带来一系列挑战。以行政区划为界线组织经济的形式与长三角发展趋势越来越不适应，对区域经济互动产生了刚性制约，必须加以改革。需要说明的是，在我国行政区经济与都市圈经济并存的历史条件下，行政区与都市圈的边界是一个矛盾的、动态的变化过程，当都市圈的拓展遇

① 陶希东：《转型期跨省都市圈政府间关系重建策略研究》，《城市规划》2007年第9期。

到行政区边界限制的时候，需要按照都市圈的运行规律打破行政区界限。但是当都市圈经济已经拓展到行政区内的相当范围后，由于我国的区域发展规划与交通基础设施的规划与建设等，多是以省、市为单元进行的，基本形成了省、市内的完整的交通与发展体系，在都市圈经济有较高比较利益的情况下，相关省市和地方又会要求把完整的行政区纳入都市圈范围，这也是我国行政区经济与都市圈经济并存情况下的必然现象。

（三）行政区经济与都市圈经济的矛盾对长三角一体化发展的约束

都市圈经济与行政区经济的矛盾在长三角拓展过程中多有体现，使得各城市虽然达成了一系列正式、非正式的合作计划，但是实际操作困难重重，难以实现真正的一体化。具体表现为：第一，要素流通领域的分割依然存在，集中体现在各省市规则不统一、信息不透明、存在行政壁垒三个方面。其对内开放程度滞后于对外开放程度，使得市场对资源的配置作用无法有效发挥，难以实现资源的优化组合。第二，经济发展缺乏协调，产业存在不必要的同构。长三角 16 市产业基础相似，对增长产业的判定往往也一致，大都选择电子信息、汽车、新材料、生物医药与重化工、纺织服装等作为支柱产业。为谋求地方经济利益最大化，各城市纷纷通过土政策和土地价格优惠招商引资，其结果是产业同构，影响了区域极化与扩散效应的发挥，难以形成发展的合力和足以支撑创新的产业规模，削弱了产品的国际竞争力。随着区域的扩张，越来越多的发展水平较低的地区融入长三角，为核心城市的产业升级提供了充足的互补空间，产业同构现象有可能减轻。第三，基础设施重复建设。各地的公共产品供给表现出较强的个体性，虽然在铁路、高速公路等线状、网状基础设施建设上基本实现了一体化，但港口、机场等枢纽型基础设施的建设仍存在大量重复，无法达到规模经济，利用率不高，造成资源浪费。第四，环境一体化治理难以为继。生态环境是不可分割的整体，系统自净功能的发挥得益于各种生态流的存在，以行政区为基础的治理模式导致了生态分割，产生了跨界污染问题，激化了区域矛盾。

都市圈经济与行政区经济的一体协调整合：总体思路与实现路径

（一）都市圈经济与行政区经济协调整合的总体思路

长三角的发展现状是，经济壁垒与行政壁垒同时存在又相互影响，经济一体化水平落后于经济发展水平，行政一体化水平又落后于经济一体化水平，都市圈经济与行政区经济之间的张力日益明显。实现都市圈经济与行政区经济的整合，需要重点解决三个问题：一是经济一体化，以市场为主导，以产业集聚和扩散为基本动力，实现要素自由流动和城市间的合理分工协作；二是行政协调一体化，推进地方政府间的广泛合作，逐步扩大合作领域和地域，确保合作的规范化、制度化、常态化；三是经济与行政关系的一体化，切实转变政府职能，减少政府对经济的过度干预，实现行政与经济的协调共荣。

本来通过调整行政区划实现都市圈经济与行政区经济的协调整合，也是一种合乎逻辑的思路。但是由于这种思路要求把一定都市圈的区域作为一个单独的行政区划，进行独立的运作与管理，无法彻底解决行政区经济带来的诸多问题。第一，都市圈经济以要素自由流动为前提，它的运行没有固定疆界，具有边界的模糊性，并且根据都市圈范围划定行政区范围难以摆脱以行政手段干预经济的局限；第二，都市圈发展是空间不断扩展变化的过程，其边界具有变动性，而行政区划本身有固定边界，都市圈的扩展会不断突破现有行政边界，使新的行政边界成为新的壁垒；第三，根据都市圈范围调整行政区划，当都市圈发展后，又会提出行政区划扩展的客观要求，会使行政边界频繁变动，不利于社会稳定和经济发展。都市圈经济与行政区经济矛盾产生的根源不在于经济区与行政区不重叠，而在于二者的利益主体在利益诉求与利益获取手段等方面的差异性，在于现有体制下行政对经济的过度干预。因此，与调整行政区划相比，创新区域合作机制、建立整体治理模式，是实现二者协调整合的更具现实性的选择。创新区域合作机制、建立整体治理模式的要点在于以市场机制为结合点，以利益共赢为基本原则，以政府职能转变为方向，以区域合作组织为中介，以区域共同治理的政策法规为规范。

（二）市场机制是协调整合的结合点

市场机制以价值杠杆为手段促使生产要素自由流动，使集聚和扩散成为可能，催生了城市间广泛的、内在的经济联系。都市圈经济与行政区经济的协调整合必须依靠市场力量的推动，一方面充分发挥市场配置资源的基础性作用和企业的竞争主体作用，另一方面积极发挥政府规范市场行为的宏观调控能力。市场机制建设的核心是建立与国际接轨、发育完善、运作规范的一体化市场体系。就泛长三角而言，应重点建设要素流通和产权交易市场体系，以市场为基础统一配置资源，实现要素合理流动，实现企业之间、城市之间的资产调整和重组，从而弱化经济发展的行政干预。企业作为经济主体地位的确立是市场机制建设的关键，为此必须明确界定企业和政府的责任与权力，减少政府对企业竞争的过度干预。在市场机制建设中，政府的作用主要在于，通过建立和实施市场运行规则，为市场主体营造统一的政策环境，具体包括：以进退规则规范市场主体的经营功能、责任和义务；以竞争规则规范市场主体的竞争行为，营造公平竞争的环境；以交易规则建立交易双方权利和义务相互制约的关系。①

（三）利益共赢是协调整合的核心与关键

都市圈经济与行政区经济具有不同的利益主体，其利益诉求既有相同的部分又有相互差异甚至矛盾的部分，行政壁垒来自地方政府间的利益矛盾，行政对经济的过度干预也源于地方政府对经济利益的追求。实现市场主体与行政主体以及不同行政主体之间的利益共赢，实现个体利益最大化与整体利益最大化的同步推进，是都市圈经济与行政区经济协调整合的基础与核心，也是泛长三角一体化的关键。利益共赢首先应实现利益主体地位的对等，如若凭借行政等级、城市规模或经济实力等获取特殊利益，势必造成弱势主体

① 张颢瀚等：《长江三角洲一体化进程研究——发展现状、障碍与趋势》，社会科学文献出版社2007年版，第379—390页。

利益受损，诱发权力寻租行为，从长远来看也将损害强势主体的利益。地位对等应建立在市场机制基础上，不同行政主体应借助于市场手段，通过发挥自身的自然资源、劳动力、资金、技术等比较优势获取相对利益，共同管理区域性公共事务，以避免重复建设、恶性竞争造成的损失。建立在利益共赢原则上的协商对话，是泛长三角各级政府摆脱囚徒困境、实现利益共赢的有益途径，为此应建立都市圈信用体系和政务公开体系，强化政府的信用管理，实现政府间的互信、互通。

（四）政府职能转变是协调整合的枢纽与突破口

在计划经济向市场经济转轨过程中，政府职能转变不到位是行政区经济产生的深层根源。地方政府拥有利用行政力量支配公共资源的能力，可以制定竞争规则、税收政策、环境许可制度和控制土地价格等作为投入，变相参与经济活动，导致非规范竞争行为的发生。以实现地方政府由经济开发型政府向公共服务型政府转型为目标，淡化行政区划的经济功能，强化其政权建设、社会管理和公共服务功能，是都市圈经济与行政区经济协调整合的枢纽。政府职能转变并不意味着长三角各级政府在经济一体化发展中无所作为，而是“有为”手段的变化，由直接干预经济变为营造共同发展的环境，其目的是实现政府与市场力量的协调。转变政府职能，首先要纠正把经济增长作为政绩考核单一指标的倾向，综合考察政府政绩，把考核重点放在区域合作、社会福利、创新能力、公共事业发展、生态环境保护等方面①；其次要实行政企分开，政府应发挥引导和规范的作用，不能代替市场或企业进行决策，更不能介入企业竞争；最后要推进税费改革，强化地方政府的公共财政职能，改变地方政府收入主要来自土地经营和工商业税收的现状。

（五）区域合作组织是协调整合的中介与平台

区域合作组织是合作的执行者，是都市圈经济与行政区经济协调整合的载体，其建设要立足宏观、中观、微观三个层面。宏观层面，在国家权力下

---

① 陈国权、李院林：《论长江三角洲一体化进程中的地方政府间关系》，《江海学刊》2004 年第 5 期。

放的同时，地方政府在平等自愿的基础上，将一部分职权上交给区域，成立长三角市长联席会、都市圈委员会或城市共同体等类型的区域协调组织，负责制定都市圈发展战略和政策，对计划的执行进行统一监督、调控，对区际重大矛盾进行协调和仲裁。中观层面，成立具有跨界服务功能的政府协调与运作组织或社团组织，发挥其沟通政府和企业的纽带作用，提高其在都市圈合作政策制订中的参与能力，为泛长三角一体化发展提供运作平台，并将其纳入法制化管理轨道。微观层面，以市场为导向，推进企业的跨区域投资和联合，积极稳妥地发展跨部门、跨行业、跨地区的大型企业集团或企业联盟以及相关的行业中介。各类区域合作组织是泛长三角一体化的直接推动主体。长江三角洲的协作与一体化需要相应的组织推动和法规规范，在新的发展阶段，应根据新的战略目标，对长江三角洲区域协作的机构与机制进行进一步的提升。

（六）区域共同治理的政策法规体系是协调整合的保障

地方政府的竞争并不必然导致无序竞争，行政区经济并不必然导致诸侯经济，不规范行为的产生源于规则的缺失或执行不力。地方政府作为利益主体有其特有的获利模式，单纯依靠改变其主观意图实现都市圈一体化是不现实、不稳定的，必须以规则约束政府行为，规避权力使用不当的风险，变人治合作为法治合作。首先，在土地批租、招商引资、人才流动等方面制定统一的规则并将其具体化，以此为依据对长三角的地方性法规进行清理，不符合规则的依法予以废止或修改，以谋求多元规制的协调，营造公平、无差异的市场运行环境。其次，制定泛长三角区域发展规划及基础设施规划、环境保护规划等专项规划，对都市圈的重大设施建设、生态环境保护、社会事业发展等做出具有法规性质的综合部署。最后，探索有利于区域协调发展的制度体系，并且通过设立地方性法规和规划立法等措施赋予其应有的法律约束力和权威性，设置常设机构对各项规则的执行进行实时监控，对违规行为依法进行约束和制裁，避免各项合作政策的“议而不决、决而不行”。

（原载《江海学刊》2009 年第 3 期）

论住房市场的内在本质、功能边界与价格走势

易宪容

当前我国住房市场的基本态势

从2010年“国十条”[①]起，经过近两年的房地产宏观调控，尽管从2011年10月起国内一些城市住房价格出现微幅下降，但全国整个住房市场持续了一年多的“量降价滞”僵局并没有被完全打破。中国住房市场这种僵局能否打破？什么时候打破？僵局打破之后住房市场又会走向哪里？它对整个中国经济及民生会造成什么影响？这些都是当前市场及国人最希望有明确答案的问题。不过，要获得这些问题的答案，不仅要对当前住房市场的现状有一个清楚的了解，而且要对当前国内住房市场一些重大理论问题进行梳理与分析。

首先，我们来看当前国内住房市场的现状。从表1来看，近十年来，国内住房市场表现出以下几个特征：一是住房市场处于超高速增长期。2002—2011年住房开发投资、资金流入及住房销售金额分别增长了792%、854%、920%，住房市场出现了前所未有的繁荣。二是这种超高速增长有两个关键的节点，即2003年和2009年。这两年政府就住房市场发展分别出台了“18号

① “国十条”是指2010年国务院发布的《关于坚决遏制部分城市房价过快上涨的通知》（国办发〔2010〕10号）。

文件”① 与“131 号文件”②。这些政策使住房市场短期内完全转变为一个以投资炒作为主导的市场，使住房市场成为一种投资赚钱的工具。三是由于住房市场成为投机炒作赚钱的工具，导致房价快速飙升以及泡沫吹大。虽然从国家统计局公布的数据来看，每年房价上涨幅度大致在6%左右，但从住宅的均价来看，不到十年时间里上涨了244%。而以银行信贷杠杆为工具的住房投机炒作，不仅是这个时期住房市场繁荣的动力，也是这个时期房价快速飙升的推手。四是在“131 号文件”之后，由于政府采取过度激励住房投机炒作的信贷政策及税收政策，国内住房市场投机炒作更是发展到了极致，房地产泡沫吹得巨大，从而使得2010 年政府不得不出台政策对住房市场进行宏观调控。但是由于住房的赚钱效应十分明显及住房政策目标与执行上的差异性，使得国内住房市场宏观调控与转型面临着巨大的困难。

表 1　　2002—2011 年我国住宅市场发展状况

项目/年份	住房开发投资		资金流入		销售面积		销售金额		住宅均价	
	绝对数量（亿元）	同比增幅（%）	绝对数量（亿元）	同比增幅（%）	绝对数量（万平方米）	同比增幅（%）	绝对数量（亿元）	同比增幅（%）	绝对数量（元/平方米）	同比增幅（%）
2002	7791	22.8	9750	26.7	23702	18.9	4958	23.3	2092	12.9
2003	10153	29.7	13197	35.3	29778	25.6	6543	32.0	2197	5.0
2004	13158	29.6	17169	30.1	33819	13.6	8619	31.7	2549	16.0
2008	30580	22.7	38146	1.8	59280	5.0	21667	-20.1	3576	-1.7

① “18 号文件”是指2003 年国务院发布的《关于促进房地产市场持续健康发展的通知》（国办发〔2003〕18 号）。

② “131 号文件”是指2008 年国务院发布的《关于促进房地产健康发展的若干意见》（国办发〔2008〕131 号）。

续　表

年份＼项目	住房开发投资		资金流入		销售面积		销售金额		住宅均价	
	绝对数量（亿元）	同比增幅（%）	绝对数量（亿元）	同比增幅（%）	绝对数量（万平方米）	同比增幅（%）	绝对数量（亿元）	同比增幅（%）	绝对数量（元/平方米）	同比增幅（%）
2009	36232	16.1	57128	44.2	86185	54.4	38432	80.0	4459	24.7
2010	48267	33.2	72494	25.4	93052	8.0	43953	14.4	4723	5.9
2011	61740	27.9	83246	14.1	97030	3.9	48619	10.2	5011	6.1

资料来源：根据相关年份的《中国统计年鉴》及《中国经济景气月报》整理。

也就是说，近十年住房市场的繁荣（尤其是在2009年之后）是建立在住房投机炒作及大量的银行信贷资金流入的基础上的，它导致住房的价格快速飙升，尤其是一二线城市的住房价格涨得更快。尽管表1中住房均价上涨幅度不小（有150%），但国家统计局公布的数据并不是如此。这些数据不仅掩盖了一二线城市房价飙升程度，也掩盖了巨大的住房市场泡沫。实际上，到2010年底，国内住房市场泡沫已经到了无以复加之地步（这个巨大的住房市场泡沫可通过居民房价收入比、住房空置率、房价房租比、城市住房炒作普遍性等方式来度量与观察）。“国十条”就是在这样背景下出台的。

在“国十条”看来，当时国内住房价格过高，市场炒作严重，不仅把85%以上中低收入者挤出住房市场，而且使中国金融体系积累了巨大潜在风险。当前国内金融体系面临的不少风险，如地方融资平台的风险、房价下跌可能导致的银行信贷风险等，无不与住房泡沫过大有关。而住房价格过高及住房泡沫巨大成了阻碍国内经济结构战略转型的重大障碍。同时，过高的房价也使得住房市场成为一种社会财富掠夺与转移的机制。这种机制不仅剥夺了绝大多数人住房福利条件改善的权利，也成了腐败党的机体及造成整个社会矛盾与冲突的根源。因此，挤出房地产泡沫并让过高的房价回归理性已经成了政府的基本共识。

不过，从“国十条”开始，尽管中央政府出台了不少住房宏观调控政策，但住房市场则是表现为“量降价滞”的状态。所谓“量降价滞”，就是指全国主要的城市住房销售量快速下降了50%以上，一些城市甚至下降了近70%，但是住房的价格却顶在天花板上，不向下调整。即使从2011年10月以来，不少一二线城市的住房价格开始下跌，但是房价下跌或只是个别楼盘或只有些许，并非全国性普遍现象。2011年，全国住房市场的各项主要指标并没有出现很大变化，只不过房价上涨幅度缩小甚至于不涨而已。

这种现象正好说明了当前住房市场是一个以投机炒作为主导的市场，而不是居民购买住房消费的市场。因为，如果住房市场是一个消费市场，当住房的销售量出现大幅下跌时，其价格也会随之下跌；住房销售量下跌得越严重，住房价格下跌幅度也就会越大。当住房价格下跌到一定程度时，住房的消费者会逐渐地进入市场。但当住房市场是一个以投机炒作为主导的市场时，尽管投机炒作者进入市场的条件发生了根本性变化，新的投机炒作者也不能或不敢进入市场，住房销售量会迅速下降甚至可能降为零。但这时如果已经进入的投机炒作者仍然预期住房的价格不会下跌，或者预期下跌之后又会上涨，那么已经进入的投机炒作者是不愿意退出市场的，整个住房市场就会出现“量降价滞”的僵局。

现代住房市场的性质与功能

一般来说，住房作为一种商品，与其他商品有很大的差别。住房既是投资品，也是消费品；既是必需品，也是奢侈品；既是一般商品，也是公共产品。正因为住房具有多元化的属性，住房市场的性质与功能就取决于政府的住房政策。就目前的情况来看，中国住房的性质应该建立在以下三个基本前提之上：

首先，在现代文明社会，个人居住权具有天赋性，即每一个人降生在这个社会，社会就有义务保证他最为基本的居住条件。因此，住房性质的第一要义是指每一个公民的基本居住权具有原则上的优先性。这是住房市场存在与发展不证自明的公理。保证每一个人基本的衣食住行，是人类社会得以存在和繁衍的基本条件，也是现代文明社会的基本标志。正因为基本居住权是现代文明社会的基本需求，因此，在发达国家，甚至有一定的文明程度的国家，保证每一个居民基本的居住权是其住房市场的基本政策宗旨。[①] 比如，美国住房政策的宗旨或核心就是要让每一个美国公民能够买得起有支付能力的住房。[②] 公民居住权的优先性说明住房问题关系到每一个人的基本生存条件，是社会文明进步的基础，因此，住房问题从本源上就是住房消费的问题，它的功能就是满足人们的基本居住需要。离开了这一基本属性，住房其他方面的属性也就无从谈起。

最后，中国住房市场以城市的土地为国家所有为基础。[③] 土地国有意味着什么？不仅在于中国土地为中国全体的公民所有，全体公民对国有土地具有终极所有权，而且在于中国土地所有的权能都是为全体人民服务，人民有权分享土地上的成果。也就是说，尽管中国的城市土地由中央政府委托地方政府来管理，但最终所有权是全体人民。人民有权利来转让或收回国有的土地，也有权利来共同分享土地的增值与成果，有权利来分享土地附着物的溢价。因此，保证每一个公民基本居住权利的优先性更应该成为中国住房市场发展的基本国策。[④] 在这样的公理体系下，中国住房市场的法律制度、发展模式、

① 无论是1981年联合国的《住宅人权宣言》，还是法国、西班牙、荷兰等国的宪法，都把每一个公民的基本居住权放在绝对优先位置上（参见贾康等《中国住房制度改革问题研究》，经济科学出版社2007年版，第2—3页）；美国的《国家住宅法》把住房发展的宗旨界定为生产“安全舒适、绝大多数人有支付能力的住宅”（参见童悦仲等《中外住宅产业对比》，中国建筑工业出版社2005年版，第3页）。

② 可以说，美国所有的关于住房市场发展的制度规则、法律及经济手段都是围绕着如何保证每一个公民基本的居住条件来确立的。比如美国关于住房市场的各种优惠政策都是支持居民自住需求，而对住房投资则有严格的限制条件。可以说，凡是成熟的市场经济国家，对住房投资都有严格的限制（参见施瓦兹《美国住房政策》，中信出版社2008年版，第一章导言）。

③ 谢伏瞻等：《土地制度与住房政策》，中国大地出版社2008年版，第3页。

④ 党的十七大报告就把“住有所居”作为推动和谐社会建设的最基本的方面；关于住房的2007年的“24号文件”和2008年的“131号文件”都把住房发展归结于民生的市场，归结为改善全体居民基本居住条件。

运作规则、利益分配与调整等只能在这个基础上建立、延伸与拓展。离开这个基础，离开了居民居住权的优先性，住房市场存在与发展的意义就不一样，它所面临的困难与问题就会风生水起。也就是说，在土地私有社会，土地要素也具有一定意义上的公共性（保证居民居住权的天赋性）。而在土地公有或国有制度安排下，不仅土地具有保证每一个居民居住权天赋性的义务与责任，而且每一个公民也具有分享土地增值及土地附着物溢价的权利。土地要素生产的商品首先是消费品而不是投资品，即使在此前提下可转变为投资品，其投资的成果与收益也不应由少数人占有，而应由全体人民来分享。

第三，住房市场的性质还表现在住房的民生性上。因为，中国是中国共产党领导下的社会主义国家，中国社会所有的发展都是为了民生。正如胡锦涛总书记在十七大报告中指出的那样，中国共产党的根本宗旨就是全心全意为人民服务，党的一切奋斗和工作都是为了造福人民，要始终把实现好、维护好、发展好最广大人民的根本利益作为党和国家一切工作的出发点和落脚点，做到发展为了人民、发展依靠人民、发展成果由人民共享。这是科学发展观的核心。[①] 所以，“住有所居”是民生经济的基本内容之一。也就是说，中国的经济发展比如住房的发展，并非仅仅追求 GDP 增长、住房产值增加，而是看这种发展是否符合绝大多数人的利益，是否提高全体中国人民的住房福利水平。[②] 如果我们的住房市场是仅仅为了富人的市场，是仅为少数人服务和谋利的市场，那么这个市场就是与民生性及党的基本宗旨相背离的。

可见，居民基本居住权的天赋性、城市土地的国有性、党的宗旨的人民性，不仅决定了中国住房的性质是消费品而不是投资品，住房的居住功能具有绝对的优先性，也决定了该市场在保证居住绝对优先性的基础上所溢出的投资部分、住房产生的增值与土地附着物的溢价，每一个居民都具有分享其成果的天然权利。中国住房就是一种居住的消费品，它的基本功能就是为了

---

① 参见《中国共产党第十七次全国代表大会文件汇编》，人民出版社 2007 年版，第 36 页。

② “131 号文件”就认为住房市场发展的基本宗旨是为了居民住房条件改善与提高居民住房福利水平。

满足每一个居民基本的居住条件，即使是住房居住功能溢出的投资性质，其成果也应由全体居民来分享而不是被少数人占有与掠夺。这就是中国住房市场的基本性质与功能，也是中国住房市场得以发展的基本理论前提。

保障性住房的实质与发展边界

一般来说，要保证每一个居民基本的居住条件，在住房性质界定清楚的情况下，既可通过市场方式来实现，也可通过政府制度安排方式来进行。对于后者，就是在成熟的住房市场体系外设立一个住房保障体系。可以看到，当国内房价被推高，超过绝大多数居民的支付能力并使住房问题转化为一个社会和政治问题时，有观点就认为，当前国内房价过高或住房泡沫过大，是中国住房保障体系出了问题。政府可通过“市场归市场、保障归保障”的住房双轨制方式来化解当前住房市场的问题。所以，当前住房价格过高不是市场的问题，而是政府如何加大保障性住房建设的问题。同时，在政府看来，建设保障性住房不仅可以保障中低收入民众的基本居住条件，也可在一定程度上遏制过高的房价，并且不会改变住房市场宏观调控的工具性，从而起到“一箭三雕”的作用。

可以说，正因为政府看到了保障性住房能够起到“一箭三雕”的作用，所以加强保障性住房建设成了近年来的住房宏观调控政策的重心。无论是2010年“国十条”还是2011年“新国八条”，这些住房宏观调控政策，最有新意的就是“大造保障性住房”。新政策希望通过“大造保障性住房”，不仅可建立起中国的保障性住房体系，解决当前不少城市中低收入居民住房条件差的问题，而且能够起到遏制住房价格的作用，同时也可减小商品房市场调整可能给经济增长所带来的负面影响。看上去，这样的住房宏观调控策真的是一个好的选择。但是，这种“大造保障性住房”的发展模式，其理论基础在哪里？它是否符合现代市场经济的基本法则？如果不符合其问题又出在哪里？如果这样做在理论上不成立那么其经验法则又在哪里？中国具体实际与这些经验法则有哪些因素相吻合，哪些因素不吻合？如果不吻合，其问题又在哪里？如果不从这些方面来思考，“大造保障性住房”的规划要起到“一箭三雕”的作用是不可能的，甚至有可能会适得其反。

正如前文所指出的，现代文明社会的一个重要标志就是任何国家都有义务为其国人解决基本的居住条件问题，居住权是现代社会每一个公民的天赋人权。因此，无论是市场经济成熟的欧美国家，还是新兴市场经济国家，基本上都会把“保证居民的基本居住条件”写入宪法。① 住房发展的前提就是要保证该国居民的基本居住条件，只不过，不同的国家所采取的方式不一样。正因为住房发展的第一要义是保证居民的基本居住条件，许多国家政府出台的住房政策都围绕着这一要义来展开。无论是土地国有的国家还是土地私有的国家，住房的生产、交易、流转、持有等环节的政策都是围绕着保证居住条件的第一要义而制定。比如德国等发达国家就严格地禁止住房投资炒作②，在这些国家进行住房投机炒作都会血本无归。正因为有这样的政策，德国的住房价格每年上涨不足1%。而美国、日本等则通过住房所得税及住房财产税来保证住房第一要义，并通过不同的优惠政策让绝大多数居民都有支付能力进入住房市场（比如利率补贴、税收减免、财政补助等）。③ 也就是说，保障性住房体系并非仅仅建造大量的低价格的住房，而是针对不同收入阶层的居民采取不同的住房保障政策，该政策的目标就是要让每一个公民的基本居住条件得以保证与改善。

中国作为土地公有的社会主义国家，住房刚刚从计划分配过渡到市场购买阶段。由于自2003年以来住房政策出现严重的误差，整个住房市场完全偏离了住房的第一要义，而成了一个投机炒作赚钱的工具。由于住房的功能发生质上的变化，它不仅会偏离现代文明社会住房的基本要义，也会导致住房的价格快速上涨，并使中低收入民众远离市场。在这种情况下，不仅使得许多人的住房福利条件越来越差，越来越远离现有的住房市场，而且也使需要

① 参见施瓦兹《美国住房政策》，中信出版社2008年版，第1页。

② 参见贾康等《中国住房制度改革问题研究》，经济科学出版社2007年版，第31—32页。

③ 参见施瓦兹《美国住房政策》，中信出版社2008年版，第1—10页。

进入保障性住房的人越来越多。因此，政府规划“大造保障性住房”对这些人来说当然是一件鼓舞人心的事情，也被看作是一个巨大的民生工程。但实际上，如果不是自2003年以来住房市场的性质与功能出现了严重偏离，保障性住房的需求不会如此迫切。

不过，当前这种“大造保障性住房”的发展模式却隐含着一个严重问题，即这种住房发展模式既要解决中低收入居民基本居住条件问题，又要使住房价格保持在现有的水平上不向下调整。而这种“高房价、高地价、高福利房”的经验模式①主要来自中国香港及新加坡两个小岛地区。我们知道中国香港及新加坡的保障性住房所占比重过高，主要是其经济环境使然。新加坡与中国香港都是高收入的经济发达地区，其人口分别是300万人和700万人，完成现有保障住房体系已经花了近70年的时间。这种住房保障体系有其特殊性。在这两个地区，其保障性住房的规模之大或比例之高在全世界来说都是绝无仅有的（中国香港的公屋达50%以上，新加坡租屋达到85%以上）。并且中国香港与新加坡的住房发展模式不仅经历了一个长期的历史发展过程，而且这种发展模式同样是以牺牲绝大多数人的住房福利条件为前提的。也就是说，无论是从哪个方面来说（人口规模、地域广阔、时间周期等），中国是不具备条件来建造这种住房保障体系的。

从现有的规划来看，政府出台保障性住房政策旨在做到以下几点。一是重新界定当前中国住房发展模式，即建立“住房双轨制”，把保障性住房与商品房市场割裂开来，中低收入居民的住房由政府保障性住房来解决，保障性住房之外完全由市场来解决。这样既可解决中低收入居民住房问题，又可使住房宏观调控不对当前的高房价造成多少影响与冲击，从而达到稳定房价的目的。二是使当前住房市场发展模式实现重大转变。新的住房政策有可能对市场造成较大的冲击，特别是在市场转型过渡期，如何减少住房市场销售下降对住房业的冲击则成了新的住房政策的重心所在。而大造保障性住房，一

---

① 参见杨汝万、王家英主编《香港公营房屋五十年》，香港中文大学出版社2003年版，总论。

方面可能适当地解决部分的住房问题，另一方面可以部分弥补住房固定资产投资减少的问题，从而促进住房市场的平缓转型。三是对住房市场进行调整，特别是挤出住房泡沫。政府看到住房泡沫严重性及其危害，但是，其政策希望在挤出住房泡沫的同时保持房价稳定，从而不影响整个经济的短期增长。

政府希望通过大造保障性住房来冲击高房价及挤出住房泡沫，进而实现当前住房发展模式的重大转型，意图当然是相当好的。但是这些政策既不符合市场法则的逻辑，也与中国现实情况相冲突。其实，中国住房市场的关键问题，并不完全是保障性住房体制的问题（早些时候国内保障住房过于不足，当前增加一些建设也是现代文明社会的必然），而是过高的房价将绝大多数居民阻挡在住房市场之外。而房价过高又是政府一系列错误政策的结果，是这些政策促使中国的住房市场完全成了一个投机炒作的市场，一个赚钱赢利工具。可以说，如果这个问题不解决，保障性住房生产再多，要解决绝大多数中低收入居民的住房问题也是不可能的。如果住房市场“去投资化”，挤出住房市场泡沫，住房价格全面回归理性，保障性住房的比例自然会逐渐减小，“住房双轨制”更没有必要。在市场经济发达国家，没有哪个国家是通过这样的双轨制来解决居民的住房问题，市场仍然是化解诸多居民住房问题的最好方式。

退一步说，假定“住房双轨制”的发展模式能够成立，那么各地方政府有没有动力大造保障性住房，有没有财力建造保障性住房？如果各地方政府没有财力建造更多的保障性住房，那么中央政府对保障性住房的责任书再明确也无济于事。特别是当绝大多数地方政府都没有财力来建造大量的保障性住房，建造保障性住房的责任书就可能成为一纸空文。这里并非法不责众的问题，而是这种大造保障性住房的规划不符合中国的实际。地方政府也没有能力来建造大量的保障性住房，否则中国住房市场又会回到计划经济的老路上去。再假定“住房双轨制”是有意义的，各地方政府也有钱来大造保障性住房，则这些保障性住房的分配要有好的法律制度来安排。早几年的情况不要说，即使是现在，不少地方的保障性住房也成了一些特殊阶层的福利，这是路人皆知的事情。如果大造保障性住房成了政府官员腐败的工具，那么大造保障性住房政策就会南辕北辙了。

从上述的分析可以看到，保障性住房的实质是在住房市场的性质与功能界定清楚的条件下，保障每一个公民基本的居住条件。这种住房保障有广义与狭义之分。住房保障体系的广义性是政府通过不同的优惠政策让绝大多数居民都有支付能力进入住房市场，不同层次的居民所获得的优惠政策不一样；住房保障体系的狭义性是指政府通过建造保障性住房来让极少数居民最低限度改善其住房条件。保障性住房的性质确定之后，其边界自然就划定了。也就是说，狭义的保障性住房的边界是以政府严格的财政预算为条件的。同时，保障性住房的边界又取决于商品房市场的价格水平，商品房价格水平越低，保障性住房的范围就会越小。

高房价市场不可持续性及房价下跌经济可承受性

从 2011 年 10 月开始，全国房价“只涨不跌”的神话开始终结，国内房价不仅持续下跌数月，而且开始由一二线城市向全国蔓延。正因为一些城市房价首次开始下跌，抵抗房价下跌的各种博弈及言论也层出不穷，比如荒唐的“房闹”、房企股权交易的增多、中小房企面临资金链的断裂、地方政府土地财政告急、市场“量跌价滞”的僵局，“房价不能大跌”、住房市场不能够大起大落、“房价下跌过大所造成的负面影响比房价上涨的负面影响更大”等言论更是风生水起。特别是随着国内外经济增长的放缓，要求放松国内住房市场宏观调控的呼声又开始出现。对于这样的局面，中国住房市场何去何从？尽管当前中央政府对住房市场宏观调控的态度是坚决的，但若房价再下跌调控政策是否会重新“松绑”是相当不确定的。不过，国人对高房价不可持续性应该有清醒的认识。

第一，如果国内住房市场不调控，房价不下跌，住房市场的预期不改变，这样的住房市场是否可持续？毫无疑问，这种住房市场是不可持续的。它的不可持续性不仅在于住房巨大泡沫将导致严重的金融危机及社会危机，而且在于中国经济的“房地产化”正在让中国产业结构逆向选择、让中国经济战略调整面临困难、企业及整个社会的核心价值堕落等。因此，从2010年“国十条”开始，中央政府对当前国内住房市场不可持续性的共识越来越清晰，宏观调控态度越来越坚决，所要达到的目标及所采取的政策工具越来越具体与细化。比如，温家宝总理就认为房价要回归到绝大多数居民有支付能力的水平，房价回归到理性就得让绝大多数居民可接受。可以说，这既是当前住房市场宏观调控的短期目标也是底线，同时也是未来住房市场得以健康发展的基础，与前文所指出的住房市场三个基本前提是一致的。

第二，当房价快速上升，好像市场皆大欢喜，但当房价下跌时，好像市场就十分恐慌了，否则为何有人会认为住房的价格下跌到某种程度会让整个社会出现问题？现在我先要问的是，当前中国的住房市场是不是一个正常的市场，或至少是不是一个不太成熟的市场？如果承认中国的住房存在一个市场，那么住房市场价格的波动是十分正常的事情。十年来，国内不少城市的住房价格可上涨10倍，那么它下跌，即使是大幅度的下跌也是正常了。房价的上涨与下跌及周期性变化是市场永恒的主题，否则只有房价上涨而没有房价下跌，也就无市场可言。如果否定这个前提，那么讨论国内住房价格上涨与下跌又有何种意义？

既然承认国内存在一个住房市场，这个市场的价格可上涨或下跌，那么房价上涨下跌就是市场的一个常态。因此，当国内住房价格持续上涨十年之后，开始逐渐下跌也是市场的常态。在这种情况下，根本不值得来讨论房价下跌的影响问题，更不值得来讨论房价下跌多少对谁影响多大的问题。比如有人说，房价下跌对绝大多数持有住房的城市居民来说就是其财富的大幅缩水。但实际上，无论此人是把住房看作是投资品还是消费品，至少有一点应该明白，既然居民的住房财富可快速增长，为何就不可突然减少呢？2008年，美国爆发金融危机，绝大多数金融资产缩水达50%，面对严重的资产缩水，没有看到哪个美国人会因为其资产减少而不让美国股市的价格下跌。如果把住房界定在消费产品的范围内，作为消费品它只会贬值，因此，作为消费品的住房其价格下降同样也是正常的，住房价格下降根本就不存在所谓的财富缩水问题。

第三，现在整个社会都在关注国内房价下跌对国内外经济的影响问题。最为流行的观点就是，如果房价下跌过大，不仅会直接影响住房投资，而且会影响与住房相关的各行各业的投资与生产，并由此引发整个中国经济的全面衰退。表面上看，这种观点是有道理的，从而也成为从上到下的主流意见。但是实际上这种观点是不成立的。一是当前国内不少城市的住房价格已经上涨十年了，房价上涨幅度也很大，住房泡沫也吹得巨大，这样的住房市场发展已不可持续了。如果不可持续的住房市场还希望通过政府托市的方式将这个泡沫继续吹大，最后的结果一定是整个住房市场泡沫的破灭，进而导致中国爆发金融危机甚至经济危机。二是既然当前存在巨大泡沫的住房市场不可持续，那么只有通过有效的宏观调控政策来挤出这个巨大的泡沫，才能把住房泡沫破灭的风险降低。因此，房价下跌、住房泡沫挤出可能对国内一些企业、行业及个人造成一定程度的损失，但这只是这些行业、企业及个人必然承担的风险及成本，并不能因为某些企业、行业及个人没有能力来承担这个风险，当前中国的住房市场泡沫就不要挤出，住房市场就不要调整。三是当前中国的住房市场必须从根本上进行调整或转型，这是中国住房市场发展的必由之路。这不仅是中央政府住房宏观调控的目标，也国内住房市场的基本法则使然。因此，当前房价并不是要不要下跌的问题，而是要尽量降低这种房价下跌的风险或损失。

第四，当前住房市场最有迷惑性或最可能让宏观调控政策逆转的观点就是，由于“房地产业的支柱性”，如果房价下跌将导致与房地产密切关联的数十个产业出现衰退，进而使中国经济增长出现问题。如果中国经济没有增长，其他的发展都是空话。这就是我早几年所指出的“要警惕房地产要挟整个中国经济”。其实，这里有以下几个层次的问题：一是当国内住房市场泡沫巨大且不可持续时，它不仅不会促进经济增长，反而会摧毁经济增长。二是房地产的“支柱性”或房地产经济增长之动力，不是建立在住房投机炒作基础上的，而是建立在民生基础上的。只有以民生为前提的住房市场才是带动经济增长的动力，而以投机炒作为主导的住房市场带给经济增长的只能是系统性风险。三是既然房地产的支柱性是建立在民生的基础上，住房市场价格就得回归理性，使绝大多数居民有支付能力购买。当住房价格严重高于这种水平时，房价下降也是必然，否则房地产的支柱性不仅不存在而且失去意义。当投资为主导的住房市场向消费为主导的市场转型时，也就是住房市场价格向下调整期，不可避免地要承担一定成本与代价。四是以消费为主导的住房市场的支柱性不仅在于中国有一个无限大的市场，而且在于与投机炒作市场相比，其需求空间更大。房价下跌也正好是把巨大的住房潜在需求转化为现实需求的过程。在这种情况下，房价下跌的幅度越大，进入市场的消费者就越多，住房的销售就会越多，国内住房市场发展就越健康与稳定。

可见，国内高房价的不可持续性乃是不争之事实，因此，国内高房价下跌也是一种必然。关键的问题在于，这种房价下跌是泡沫自然破灭还是通过宏观调控挤出泡沫。从世界历史来看，住房泡沫自然破灭必然会导致经济全面衰退，其风险是最高的；如果通过合适的政策人为挤出泡沫，可能让这种房价下跌的风险降到最低程度。当前政府正在采取后一种方式，但是中央政府所下的决心还是不够，其问题的关键就在于没有真正看清这种房价下跌的利弊得失。

房价理性回归及合理的房价水平

2012 年政府工作报告指出，要坚持住房调控政策不动摇，促进房价合理回归，打击住房投机炒作，促进住房市场健康发展。该精神就是 2012 年房地产宏观调控的目标与任务，如果不实现这个目标，国内住房宏观调控就不会停止。而且该目标与任务也为国内住房短期政策向长效机制转型提出了要求。这样也就去除了住房开发商及地方政府希望让住房宏观政策出现逆转并回到 2009 年的状态的幻想。

我们可以看到，中央政府之所以要坚持住房宏观调控政策不动摇，就在于尽管当前住房市场宏观调控取得了一些成效，比如住房开发投资增长有所回落、住房投机炒作需求在某种程度上得到遏制、房价上涨的势头开始转变、保障房的建设在快速推进等，但是国内不少城市房价之高、住房泡沫之大并没有实质性的改变，住房市场面临的巨大风险并没有根本减弱，国内住房市场面临的问题仍然十分严重。

因此，促进房价的合理回归，就是认可当前不少城市的住房价格仍然处于高位，而过高的房价对社会经济发展有严重的负面影响。那么，什么是住房价格的合理水平？首先就是让住房市场回归到它的基本功能。生产住房是为了满足民众基本的居住要求，而不是提供投机炒作赚钱的工具。也就是说，要让住房价格回归到合理水平就得转变当前住房市场的性质，恢复住房的基本功能。因此，要把住房市场界定为消费市场而非投机炒作市场，这是住房价格回归理性水平的基础。因为，住房作为一种消费品，理性的价格就是绝大多数人可以接受或者有支付能力购买。在这个市场，住房价格是以绝大多数居民的实际消费水平为基础的。房价高了，住房消费就会下降；房价低了，住房消费就会上升。住房消费一定时，住房供应增加了，住房价格就下降；住房供应减少了，住房价格就上升。

那么，在把住房界定为居民居住消费品的基础上，绝大多数居民可接受的合理房价在哪里？按照联合国的研究，世界绝大多数国家的住房价格水平基本上保持在购买一套住房需要一个家庭3—6年的收入。这就是住房价格与个人收入比。而重庆市黄奇帆市长则把合理的房价水平界定为当地居民用其6—7年收入购买一套70—80平方米的普通商品房。尽管这种界定还有待进一步细化，但基本给出了当前国内各城市合理房价水平的基准。因为，就目前国内不少城市的房价水平来看，这些城市的房价不仅明显高于这个基准，甚至高于这个基准多倍。比如说，现在北京市三四环之间的住房价格为每平方米3万元以上，而北京市居民收入水平中位数为12万左右。如果这部分居民在此地段购买一套70平方米的住房，总价为210万元以上，其房价收入比就达18倍以上，其房价就高于一般基准水平3倍以上。因此，像这些地方的房价调整或下降，应该成为2012年政府住房宏观调控的目标或任务。

同时，我们也应该看到，中央政府要让房价回归合理水平，不仅要让住房回归其基本功能，让房价为绝大多数居民所接受，而且这也是未来国内住房市场健康发展的基础及前提条件。因为，如果国内住房市场转型为以消费为主导的市场，不仅住房市场的价格会逐渐回归理性，而且也使国内居民住房消费需求不断地释放出来，这才是目前中国经济最大的内需，也是未来中国经济持续稳定增长的动力。现在问题的关键是政府如何通过政策促进住房市场性质的转型，如何来承担这种转型所面临的成本及代价。

小 结

十年来，中国住房市场得到快速的发展与繁荣，显著提高了整个城市居民的居住水平。但是，由于对国内住房市场许多重大理论问题认识不清，导致住房政策出现不少误区，从而使得国内住房市场远离它的基本性质和居住功能而成了企业获得暴利的行业，成了投资者赚钱的天堂。“国十条”之后，中央政府希望通过合适的住房宏观调控政策让中国住房市场回归到常态。但是，同样是由于对一些重大理论问题认识不明确，从而使得中央政府住房宏观调控犹豫不决，住房市场的调整僵局难以打破。

要打破这种僵局，就得对国内住房市场这几个重大理论问题有个清晰的认识，并在此基础上出台适应中国住房市场的政策，这样才能让国内住房市场走上持续健康发展之路。中国住房的基本性质与功能就是旨在满足居民基本居住条件的消费品，即使是住房居住功能溢出的投资性质，其成果也应由全体居民来分享而不是被少数人占有与掠夺。这是整个中国住房市场得以发展之前提与基础。为了实现这个目标，住房政策要运用以经济杠杆为主导的政策工具，如住房信贷政策及税收政策等，减少政府行政权力对市场的干预，并通过合适的制度安排把住房投机炒作限制在一定范围内（比如商业地产、高档住房及租赁市场等），严格去除住房市场的疯狂的赚钱效应，保证中低收入民众最基本的居住条件。同时，把这些原则固化为相应的法律制度，如

《住宅法》《住宅信贷法》《住房税收法》《住宅保障法》等，这样，未来国内住房市场发展就有了既定的方向。

（原载《江海学刊》2012年第3期）

新型城镇化的基本模式、具体路径与推进对策

倪鹏飞

引　言

城镇化是由科技进步、社会生产力发展所引发的，分散聚居在农村功能区域的农业人口转为集中聚集在非农功能区的非农人口，进而传统乡村社会转为现代城市社会的历史过程。城镇化人口不是标签意义上的城市人口，而是享受城市基础设施和公共服务的人口。城镇化地区不是行政和地理意义上的区域，而是承载非农人口和非农产业的功能区。城镇化不仅表现为城镇数目的增多、城市面积的扩大、城市人口增加，还包括人口职业的转变、产业结构的转变、空间形态的变化，也包括人类社会的组织方式、生产方式和生活方式的变化，由此导致经济、社会、文化、环境和人的变化。

改革开放30年来，中国演绎了波澜壮阔的城镇化史诗，也有力地支撑了中国经济增长的奇迹。截至2011年，中国城镇化率超过50%，拥有6.9亿城镇人口，设市城市655个，小城镇近20000个，已初步形成以大城市为中心、中小城市为骨干、小城镇为基础的多层次的城镇体系。但目前中国已经进入城镇化的中期阶段，传统的以经济发展为中心目标、以外向型工业化为中心动力、以地方政府为主导、以土地为主要内容、以规模扩张为发展方式、以物质资本大量投入为驱动要素的城镇化模式已不可持续。这种城镇化模式的问题突出表现在，人口不完全城镇化：按照常住人口计算的城镇化率已达

50%，而享受均等公共服务的城市户籍人口仅仅达到35%；土地过度城镇化：过去30年城市人口增长1倍，建成区面积增加了接近4倍；城市发展失序：大量人口向行政级别高的中心城市聚集，中等城市发展相对缓慢，小城市功能不完善，小城镇比较分散。这种城镇化模式还带来了资源大量消耗、空间过度集中、经济结构失衡、环境严重污染、社会矛盾激化等一系列问题，一些城市和乡村患上了比较严重的“城市病”和“乡村病”。

今天，全球超过50%以上的人口居住在城市，生活在科学技术日新月异、城市集群化发展、经济全球化突飞猛进、生态环境持续恶化的城市世界。一方面，发达国家过度消费和新兴工业化大国迅速崛起导致的需求迅速膨胀，使不可再生资源变得严重短缺；另一方面，发达国家过度排污和新兴工业化大国的排污增加，导致全球变暖及环境进一步恶化，严重威胁人类生存环境。这要求中国的城镇化不能再走传统城镇化的道路。

目前中国已进入中等收入国家行列，改革开放创造的中国奇迹使中国拥有了城镇化转型升级的资本、人才和技术基础，与此同时，由于居民收入的提升、素质的提升和社会的开放，市民意识觉醒，社会矛盾突出，加上生态脆弱、资源短缺，难以持续支撑传统城镇化模式。中国作为一个发展中大国，具有人口众多、空间广阔、资源短缺、分布不均、发展水平差异大的特征，这也要求中国城镇化既要充分利用大国规模经济的优势，也要力避过度聚集和长距离、高成本流动。

总之，在这样一个全新的时代背景下，深刻反思中国的城镇化模式，对新型城镇化的模式、路径与战略进行全面系统的总结和探索，无疑具有特殊重要的意义。

新型城镇化的基本模式

基于传统城镇化的问题以及未来城镇化面临的时代特征和国情特点，本文认为，新型城镇化的基本模式应该是：以科学发展观为指导方针，坚持“全面、协调、可持续推进”的原则，以人口城镇化为核心内容，以信息化、农业产业化和新型工业化为动力，以“内涵增长”为发展方式，以“政府引导、市场运作”为机制保障，走可持续发展道路，建设城乡一体的城市中国。

（一）新的最终目标是城乡一体的城市中国

新型城镇化的最终目标应该是城乡一体的城市中国，即整个国家城市和乡村基础设施是一体的，公共服务是均等的，整个国家被着上城市的底色，农民拥有与市民相当的知识、技能、素质和收入以及均等的公共服务，农村也拥有与城市相近的基础设施。具体还包括：

1. 新型经济。以新型工业化为总体背景，拥有“科技含量高、经济效益好、资源消耗低、环境污染少、劳动力密集”的产业体系，“内需为主、消费支撑”的需求体系，“人力资本与技术创新”越来越起主导作用的要素结构体系，由顶天立地的大企业和铺天盖地的中小企业组成的企业结构体系，充满活力的经济。

2. 新型社会。以新型社区、新型社会组织和新型社会管理为基本要素，交往方式社会化、社会联系国际化、生活方式现代化、居民构成多元化和流动性、社会阶层橄榄型的包容和谐的社会。

3. 新型环境。城镇主导背景下的城乡，自然景色优美，生态环境良好，资源利用节约，环境保护有效，人与自然关系友好，共同塑造绿色低碳的环境。

（二）新的主要内容是农民市民化

1. 让所有城镇化人口获得均等的公共服务，推进“以人为本”的城镇化。人口城镇化主要有三种形式：升学城镇化、就地城镇化和异地城镇化。这三项城镇化的占比大致各为30%，其他形式的城镇化占10%。人口城镇化的新内容是让这三类人群尤其是农民工享受同城镇原来户籍人口均等的公共服务。未来城镇化的重点和主线应当是保障1.6亿存量和未来增量农民工享受同城市户籍人口均等的公共服务。

2. 以优化国土空间利用为关键点，推进内涵增长的城镇化。空间城镇化主要有三个区域：老城区、新城镇和农村居民点。空间城镇化的新内容是：通过旧城改造，提高城市土地的利用率；通过减缓新城的蔓延和扩张，提升城市的容量；通过农村居民点撤并，减少农村建设用地规模。

3. 着力克服“城乡病”，推进健康可持续的城镇化。在城镇化率超过50%以后，进入城市病集中爆发期，城镇化也有可能导致农村的凋敝和衰退，因此，防治“城乡病”，确保城乡健康发展和城乡双赢是新型城镇化的重要内容。

（三）新的基本动力是信息化、新型工业化和农业现代化

在全球日益信息化以及重大技术突破和第三次工业革命即将到来之际，中国新型城镇化拥有三大新动力：

1. 新的拉动力。基于信息化基础的科技含量高、经济效益好、资源消耗低、环境污染少、劳动力密集的新型工业化，与基于智能化基础的第三次工业革命，将构造城镇化的崭新需求拉动力。

2. 新的推动力。充分利用现代信息技术和信息系统的农业产供销及相关的管理和服务现代化，即生产工具的机械化、生产技术的科学化、生产组织的产业化、劳动者素质的提高，将构造城镇化的崭新供给推动力。

3. 新的原动力。信息化作为当今科技进步的集中体现，不仅间接影响着城镇化的供求推拉力，而且直接决定城镇化的规模、速度、形态与质量。

以上三化不仅为新型城镇化提供了比以前更加强大的动力，而且决定了城镇化以人为本、创新驱动和可持续发展的新特征。

（四）新的发展方式是内涵集约增长

1. 提升城市和乡村集聚区的密度。充分利用有关地上地下城市空间，在有限的城市空间布局较高密度的产业和人口，促进城市产业布局的集群化和城市土地利用的集约化。

2. 优化城镇与乡村集聚区的布局。依托合理的城镇及乡村空间布局和便捷的联系渠道，提高资源、要素和产业的配置和利用效率。

3. 完善城镇和乡村集聚区的功能。完善和配套城乡基础设施和公共服务体系，提升城乡基础设施和公共服务的质量，使之更好地发挥外部经济的作用。

4. 培育和利用高端要素。改变过去依靠物质资本投入和资源大量消耗的做法，利用人力资本和创新要素促进城镇化的发展。

新型城镇化的具体路径

在“可持续城镇化”的总体路径下，推进新型城镇化要走以下八条具体路径。

1. 走以人为本的城镇化道路，推进居民的“迁转俱进”

发展城镇要依靠人也是为了人，城镇化的一切应当围绕人的城镇化来展开。“以人为本”的城镇化的关键是推进“迁转俱进”：实现人口从乡村到城镇的迁移与人口从农民到市民职业身份转换同步推进，让迁移到城市的居民能够在城市里“住有所居”“学有所教”“老有所养”“劳有所得”“娱有所乐”“病有所医”，充分享受到城镇现代化的公共基础设施和服务，拥有一个良好的居住和空间环境、良好的人文社会环境、良好的生态环境、清洁高效的生产环境。“以人为本”是目的也是手段，提高了人口素质和收入水平，改善了要素供给，也扩大了消费需求，有利于城乡可持续发展。

2. 走倾斜平坦的城镇化道路，兼顾空间的“公平效率”

聚集和自由流动能够确保资源的最佳配置以及分享规模经济与外部经济，从而提升经济效率，但是过度聚集将会导致拥挤的成本、“城市病”、区域差距扩大。推进新型城镇化，第一，在全国空间布局上，一方面，要发挥中国作为大国的规模优势，积极消除城市之间各种市场分割障碍，促进全国统一大市场的形成，实现国内市场充分一体化；另一方面，要把握城镇化空间聚集的度，使城镇化聚集最大化规模经济和外部经济的效益，最小化规模不经济、外部经济的成本。第二，在城市规模和城市间发展关系方面，强调大城市、中等城市、小城市和小城镇协调和联合发展的城市集群化道路，改变单纯走中心城市带动或小城镇发展的道路。让空间上接近的若干大城市、中等城市、小城市和小城镇紧密联系起来，以便互相补充、相互配合，使处在城市群或城市带的每个城镇都能享受到城市群的正外部经济。第三，在城乡关系方面要走城乡一体的道路，要把工业与农业、城市与乡村、城镇居民与农村居民作为一个整体，逐步打破二元结构。实现基础设施和公共服务的城乡一体化，加快基础设施和公共服务向农村延伸和衔接；加强城市向农村的反哺力度，通过转移支付实现对弱势农村和落后地区的支持。

3. 走产城互动的城镇化道路，确保经济的“持久繁荣”

第一，继续保持或扩大第二产业优势，尤其是提升第二产业的国际竞争力，不仅能够为产业工人提供就业机会，而且能够提高第二产业的收入水平；第二，大力发展就业吸纳能力高的生产性、消费性、分配性和社会性服务业，不仅能够促进经济发展，而且能够加快城镇化的步伐；第三，积极推进农业产业化，提高农业生产效率，增加农民收入；第四，制订实施城市居民收入增长计划，确保城市居民收入增长，在扩大就业机会的同时提高非农就业者迁移到城市的能力，从而推进城镇化和经济社会发展。

4. 走绿色发展的城镇化道路，确保生态的“自然优美”

未来城镇化不走先发展后治理的老路，也不走唯环境不发展的道路，要走低碳化、工业化与城镇化协调发展之路。第一，鼓励发展节能性环保产业，降低产业发展对能源、水资源、空气等生态资源的消耗或破坏；第二，支持探索循环经济模式，以更少资源生产更多经济价值；第三，要求工业入区、入园，促进产业集群，既可以集中处理污染，又可以使各产业分享外部经济；第四，加强节能环保宣传，鼓励城市居民在日常生活中践行节能环保；第五，加强城市绿地资源建设，提高生态环境自我净化能力；第六，倡导绿色消费，减少消费污染；第七，重视调解资源占用与分配、环境污染方面的矛盾、冲突，促进城镇化与环境保护的良性互动。

5. 走包容增长的城镇化道路，确保社会的“公平正义”

推进新型城镇化，应统筹城镇化与社会发展的关系，在社会和谐中推进城镇化。第一，在政治方面，让更多的人获得参与决策和议事的机会，为不同社会阶层的人提供发展的机会和平台，让所有的人分享城市发展进步的成果。第二，在社会方面，正确处理政府、企业和居民的关系，保护农民和城镇居民的合法权益，尊重居民的意愿和选择；正确处理当地居民和外来居民的关系，切实保护外来居民权益，让外来居民与当地居民和谐相处；正确处理不同收入阶层之间的关系，既鼓励人们创新、创业和创富，又关心和保护弱势群体，实行向弱势群体倾斜的普惠福利，建立与完善配套的社会保障政策，缩小贫富差距。

6. 走创新驱动的城镇化道路，确保城市的“引领未来”

中国作为后发城镇化国家，应毫不犹豫地实施创新驱动战略。第一，实施创新要素驱动，推动经济增长，迎头赶上先发国家。为此，要将教育置于更加优先发展的位置上，继续加大教育投入，延长义务教育，扩大职业教育和成人教育，建立与未来城市中国经济社会发展相适应的多层次的教育体系。加大科技投入，培育创新的主体，构建创新的网络，搭建创新的平台，积极发展和城市体系相适应、与产业体系相匹配的分层次、有分工的科技创新体系。第二，实施制度和管理创新，保障新型城镇化可持续推进。第三，不仅要在技术上不断创新，而且在管理上尤其在发展方式上不断创新，力争后发先至，后来居上，进而引领世界潮流。

7. 走政府引导的城镇化道路，发挥市场的“基础作用”

城镇化是市场主体分享外部经济偏好在空间聚集上的显示，是市场主体空间自由选择的过程。城镇化要求健全市场制度体系，但由于存在市场失灵，仅仅通过市场选择难以实现最优均衡。促进城镇化健康可持续发展，需要政府创造适宜的硬件环境和软件环境。一方面，便利市场主体流动，使其空间偏好得以显示；另一方面，兼顾国土空间利用的“效率与公平”。因此，政府的主要职能是：第一，顺应城镇化发展规律，对城镇化进行前瞻性科学规划；第二，建设辖区范围内的一体化的公共基础设施；第三，为在不同区位的居民提供均等化的公共服务；第四，为在不同空间区位活动的企业和居民提供公平、公正、均等、统一的规范化的制度环境。

8. 走本土开放的城镇化道路，确保城市的“世界个性”

第一，利用全球，借力世界。要积极实施全方位开放战略，利用全球的要素、资源和市场，借鉴全球的发展经验，坚持世界的发展标准，顺应全球的发展趋势，构建一个充分国际化的城市国家。第二，立足本土，保持个性。每个地方的城镇，都有自己不同的基础、背景、环境和发展条件，每一个城镇都应该有自己的个性，要突出多样性。在城市功能上，大城市、经济中心城市应该发挥集聚功能，增强对区域的辐射能力，重点发展具有优势的技术密集型和资本密集型产业，大力发展生产性服务业，强化技术创新和制度创新，成为中国参与国际竞争的重要力量。中小城市则要在保持产业特色的同时，依托相对较低的投资成本和比较完善的产业发展环境，主动承接大城市的产业转移，为城市发展提供强有力的支撑和充足的动力，提升对周边区域的凝聚力和带动力，增强自身向大城市发展的能力。第三，在文化上，坚持国际化的多样性与当地化的主旋律的结合。一方面，要海纳百川，积极吸收外来优秀文化；另一方面，要注重保护和继承文化遗产，尊重当地居民的各种文化和生活特性，体现古今交融的文化魅力，实现当地文化与外来文化的多元并存和融合发展。

新型城镇化的推进对策

为恰到好处地发挥弥补市场失灵的职能，积极推进新型城镇化，政府可采取四项基本对策措施：制定战略与规划、提供基础设施和公共服务、完善制度与政策、加强监督与管理。

（一）制定战略与规划，引导新型城镇化可持续发展

1. 发展目标：城乡一体的城市中国

为建立一个城乡一体的城市中国，国家应制定面向2040年的全国城乡发展规划，在科学发展观的指导下，对中国城镇化发展目标和步骤进行顶层设计和统筹安排。

（1）城镇化的速度：未来新型城镇化要根据经济社会发展和资源环境的承载状况，保持适当的速度。有鉴于全球竞争格局和中国转型升级的未来形势，中国未来新型城镇化不应该也不可能再像过去一样，按照每年1%的速度增长，未来中国城镇化将是内涵城镇化和外延城镇化并举，“重在质量”，一方面解决1.6亿人的不完全城镇化问题，另一方面继续解决3.6亿左右新增人口的城镇化。

（2）城镇化人口总规模与水平：预计2040年中国人口应保持在14亿左右。从人口空间分布来看，25%居住在农村，25%居住在小城镇，25%居住在中等城市，25%居住在大都市。未来中国城镇化率以达到75%为基本目标（东部80%、中部70%、西部60%），中国城镇人口2030年将达到8.6亿，2050年将达到10.6亿左右。

（3）城镇化用地规模与水平：城镇化地区用地面积占非农建设用地面积的比例为65%，全部非农建设用地面积16万平方公里，城镇地区非农建设用地总面积10万平方公里，其中，大城市、中小城市、小城镇、农村非农建设土地占用比例分别为15%、20%、30%、35%。人口密度以每平方公里1万人为标准。

（4）城市规模体系：城市是国家资源的集结点和经济发展的龙头，更是国家创新和创富的中心。2040年，城市数量达到1000个左右，小城镇20000个，将形成超大城市、特大城市、大城市、中等城市、小城市、小城镇、居民点协调发展的城市发展空间格局。第一，要利用先进的交通通信技术手段，通过合理规划，培育一批大城市和超大城市，在扩大城市规模的同时，重点

提升城市的能级，使之发挥增长极和动力源的作用；第二，将一大批作为区域中心的小城市扩展为中等城市，同时加强对中等城市的支持，发挥其对区域整体经济社会发展的连接、带动和聚集作用；第三，针对目前小城市功能不全、管理水平低的特点，完善小城市的功能；第四，小城镇具有连接城乡、亦城亦乡的独特作用，应针对小城镇布局分散的问题，调整优化小城镇的布局。

（5）城市功能体系：从城市功能看，未来中国城市将是一个开放的体系，城市功能将呈现层级分化趋势。未来形成世界顶级城市 2 个，世界城市 3—5 个，国际化城市 15 个左右，国家级城市30—50个，近千个区域性和地区性城市。香港、上海等，集聚世界产业体系中的高端服务业、高科技制造业，产业环节中的研发设计和品牌营销环节得以发展，成为全球经济控制和管理中心，成为世界顶级城市。有些城市承担某些服务世界的专业功能，成为国际型城市。有些城市承担管理和服务全国的综合功能，有些城市承担管理和服务全国的某些功能，有些城市承担管理和服务区域的综合功能，而中小城市承担专业制造功能，小城镇承担连接城市和农村的功能。

（6）城市空间布局：未来中国众多城镇将以城市绵延带、城市群或城市圈等形态，呈点、线、面三种结构，通过现代化的交通网络连接在一起，镶嵌在广袤的乡村大地上。城市成为区域空间的心血管，广大农村地区就是其肉体。

在全国空间布局上：第一，东部区位优越、环境适宜、人口稠密，以面为主、点线结合，支持东部地区率先发展，转型升级，走向世界，参与国际竞争。第二，中部和东北资源丰富、人口稠密，以线为主、点面结合，通过制定激励政策，鼓励人才、产业等向中部和东北地区转移，实现中部崛起和东北振兴，在发展中尤其注意资源节约和环境保护。第三，西部地广人稀，以点为主、线面配合，继续实施西部大开发政策，收缩战线，集中发展，同时着力进行环境保护和生态恢复。

在区域空间布局上：一方面，要充分利用规模经济和外部经济的优势，推动城市群的一体化发展，促进城市群区域交通同网、信息同享、市场同体、产业同布、环境同治，避免产业恶性竞争和基础设施重复，形成产业布局与分工合理、经济联系紧密、内部聚集效应与对外扩散效应明显的城市群；另一方面，关注并重点援助边缘区域。

在城乡空间布局上：第一，通过建设集群化和网络化的城镇，使城乡融为一体，分工合作，互利双赢；第二，通过建设紧凑型城市等，减缓城市的蔓延和扩张；第三，通过新农村建设、农村居民点撤并等，在改变农村面貌的同时，实现农村土地的集约利用，确保农业区域面积不缩小。

2. 发展步骤：分两步实现理想城镇化目标

第一步，到2020年实现60%的城镇化率，从城乡三元结构向二元结构转变，城乡基础设施基本配套完善，城镇里当地人与外地人的收入及公共服务基本均等，外出人口逐步迁出，农村的基础设施、公共服务和留守居民的收入逐步提升，城乡之间收入和公共服务基础设施差距缩小。第二步，到2040年实现75%的城镇化率目标，城乡人口相互流动，从城乡二元结构变为城乡一元结构，即城乡一体化，城乡基础设施配套、完善和一体，收入、公共服务的城乡差距由缩小到均衡。

（二）提供基础设施与公共服务，支撑新型城镇化健康可持续发展

1. 基础设施：逐步实现基础设施的城乡与全国一体

（1）构建全国一体的基础设施网络。按照全国城乡规划布局以及城市分布状况，利用先进科学技术，构建和完善快速、高效、便捷、便宜的全国交通、通信、信息等基础设施网络系统，使区域之间、城市之间、城乡之间的资源、人口和信息能够迅速、便捷、便宜地自由流动。

（2）完善区域一体的基础设施网络。加快城市有形基础设施和无形服务网络建设，完善由高速公路、高速铁路、航道、运输管道、电力输送、网络、排水管网体系和通信干线等构成的区域性基础设施网络，缩短城市间的通勤距离，使城市群内部以及各大城市群之间资源和信息实现共建共享。

（3）实现城乡一体的基础设施网络。按照城乡一体的规划要求，尽可能将城市的基础设施网络延伸到乡村居民点或边缘城镇，使乡村居民可以使用到与城市居民一样的基础设施。

2. 公共服务：逐步推进公共服务的城乡及全国的均等化

（1）按照子女教育、五险、住房和养老的先后顺序，逐步推进农民工与当地居民的公共服务均等化。完善就业和创业服务体系，拉动居民收入增长；提升城市医疗卫生体系质量，扩大医疗保障覆盖率；加大商品住房供给能力，提高公共住房保障水平。与此同时，推进区域之间和城乡之间就业、社保、教育、医疗等公共服务更大区域的统筹及均等化。

（2）制定积极有效的财税、金融和产业政策，重点援助农村、非城市群、城市群边缘区发展，加大基础设施和公共服务的投入，避免马太效应，降低区域差距。

（三）改进监督与管理，促进新型城镇化顺利推进

为实现对市场行为主体的有效监督管理，首先要建立适应城市中国的行政监督与管理体制。

（1）建立适应城市中国的行政管理架构。适应城市中国的管理需求，借鉴发达国家的经验，调整行政区划，减少管理层次。以城市群为基础，结合地缘、政治、经济、文化、历史等因素，在东中部人口较多的发达区域增加一些直辖市，在缩小省区范围的基础上实行省管县制度。

（2）构建财权、事权对称的纵向政府间关系。重新界定中央和地方政府事权和财权，进一步厘清各级政府的公共职责与公共权限，明晰各级政府事权和公共支出责任，做到事权与财权相一致，以便地方政府更好地履行职责，促进城市良性发展。同时，中央各部委可通过国家项目对落后地区城市发展进行直接投资，或通过财政转移支付对落后城市开发项目进行补助，确保财政资金投入力度，为城市发展提供资金保障。

（3）建立横向政府区域协调机制。要进一步完善区域特别是城市群区域

的协调机制，成立统筹区域内城市发展的组织机构，创新公共治理模式，推进区域协同，通过共同市场建设与基础设施的统一规划和共建，协调整个区域内的产业规划、道路交通网络建设、信息基础设施建设。

（4）建立城乡一体的市政管理体制。第一，适应日益复杂的城乡经济、社会、环境、对外联系等需要，完善城镇的管理职能，建立城乡一体、以城为主导的城市管理体制。第二，革新公共管理理念，推进政府管理的人性化、高效化、制度化、奖惩化、竞争化，提高公共服务水平，为城市的发展和城市竞争力的提升提供高效的政府服务。第三，培育非政府组织，将大量的事务交给非营利性组织完成。第四，强化城市社区建设，鼓励社区管理组织创新和制度创新，发挥城市社区的自治、学习、服务等功能，提升公众自我教育水平，充分发挥公众参与的作用，使广大居民能够参与城市社会管理，表达自身利益诉求。第五，建立健全城市危机应急机制，提升应急处理能力，通过制度化的防范和管理，最大限度地消除城市所面临的各种风险及突发事件隐患，或者将风险和突发事件所造成的危害降至最低限度。

（5）完善政绩考核和问责、追责制度。建立科学的绩效考核制度，制定以科学发展观为指导，体现全面、协调、可持续发展的政绩考核指标体系，将新型城镇化的标准体现在评价指标中，评价标准涉及城市经济建设、社会进步、文化繁荣和环境保护等方面，考核结果体现城市政府的发展绩效并作为城市主要负责人职务变动的重要依据。

（6）重新确定城市设立及相关功能的标准。第一，修改《城乡规划法》，重新明确城市规模等级。建议结合中国人口众多的实际情况，根据人口规模确定设市的标准，确定城市的大小，然后再根据城市规模确定城市职能标准。合并、收缩部分西部地区城市，以便降低其管理成本；推动东部地区较大镇改市步伐，以便完善其管理职能。第二，制定约束性的、量化的指标体系，对不同规模的城市资源利用、环境保护、基础设施、公共服务标准作出明确而具体的规定。

（四）改革制度与政策，保障新型城镇化健康发展

1. 建立确保城镇化可持续推进的政策制度

（1）深化财税体制改革。重构纵向政府间事权与财权对称关系。优先实施义务教育经费的全国统筹，逐步实施社会保障的全部或部分全国统筹。建立中央和省级财政支持农民工市民化的转移支付制度，建立农民工市民化的政府、企业与个人成本分摊制度。

（2）深化土地制度改革。建立城乡一体的土地制度，农村土地所有权国有化，赋予农民交易土地使用权的权利，激活农民的土地资产，推进土地资产股权化、农民股东化、权益民主化，着重培育公正、公开、公平的农村土地产权流转市场，积极促进土地产权流转，并建立严格的土地产权保障制度。建立城乡一体、同权同价、自由竞争的土地使用、交易和收益分配等制度。

（3）深化户籍制度改革。根据就业、投资、居住等状况，实行外来人口有选择的市民化制度。对于暂未市民化的居民，实施分享部分权益与义务的居住证制度。

（4）深化就业制度改革。进一步开放劳动力市场，对劳动者普遍放开所有的劳动行业，只要是社会需要、国家允许开办的行业，都要向公众开放。同时，清理限制农村劳动力进入城市的地方性政策法规，不断消除城市就业市场的形形色色的歧视制度，建立城乡统一的就业培训制度，保障公民平等的就业权利。

（5）完善社会保障制度。第一，积极推进社会保障制度改革，突破城市社会保障不管进城农民的误区，建立覆盖城市所有居民的统一的社会保障体系，改变社会保障城乡分割的二元格局。第二，进一步扩大社会保障的宽度和广度，建立全国统筹的养老保险、失业保险、医疗保险、工伤保险和生育保险等社会保险制度。第三，建立以最低生活保障为基础、专项救助为支撑、慈善帮扶为补充的新型社会救助体系。第四，建立具有地方特色的统筹就业、养老、医疗等方面的大社保制度框架和政策体系。

（6）深化投融资体制改革。应在政府财政的引导下，以中长期信贷支持为主，积极创新发展直接融资工具。加强制度和市场建设，扩大资本市场，健全金融体系。初步形成包括基础设施证券化、基础设施投资基金、市政债券、民间金融等形式的多元的融资模式。

2. 构建确保城镇化持续推进发展的长效机制

（1）价格调节机制。第一，运用先进技术手段，尽可能使基础设施和公共服务具有可排他性，对使用者付费的服务可以采取梯度式加价的收费方式，少使用者付低费，多使用者付高费，以减轻贫困人群的负担。第二，逐步建立农业用地经营权转让市场定价机制、规划建成区集体土地转为国有土地的使用权市场定价机制以及城镇拆迁安置过程中住房市场定价机制，充分发挥价格在土地利用中的调节作用，从而实现土地收益在农民、城镇居民、政府和企业之间的公平合理的分配。

（2）生态补偿机制。充分发挥价格在节约资源、保护环境中的杠杆作用，通过明确产权和贯彻实施“使用者付费、污染者付费”的原则，将经济生产和生活中的外部成本内部化。

（3）土地占用机制。根据现有的人地分布状况，设定不同地区人均可占用非农用地面积标准，将人口和用地指标票据化，各城市根据自己的承受能力，决定接收农民工数量和增加用地数量。接收城市要解决这些外地农民工的住房、医疗、教育和社保等，并缴纳购买土地的指标款；而各农村地区根据人口迁徙的数量，获得土地款，并将一定数量的废弃宅基地转为农业用地。

（4）资金筹措机制。城市基础设施资金需求规模大、回报周期长，存在资金供求期限错配等问题，因此，要发展长期融资的金融工具，如长期信贷、基金投资、长期债券、资产证券化等，实现基础设施建设供需现金流的匹配。

（5）财政补贴机制。中央财政和省级财政建立农民工市民化的转移支付机制，根据各城市吸纳农民工定居的规模，每年定向给予财政补助。财政补助主要用于支持城市政府建设更多面向农民工及其家庭成员的社会保障，建设医疗设施、义务教育和职业教育设施，建设廉租住房，加强市政设施的扩容改造等。

（6）税收调节机制。加快税收体制改革，尽快开征房地产税、土地税、资源税、环境税，并以此为基础健全城市税收体系，一方面，解决城市建设资金过度依赖“土地财政”的问题；另一方面，充分发挥税收在节约资源、保护环境中的杠杆作用。

（原载《江海学刊》2013 年第 1 期）

新一轮“超级增长周期”还是疲软的复苏

——未来十年全球经济形势研判

陈文玲

中国正站在一个新的历史起点上，经过中华人民共和国成立后六十多年发展，特别是改革开放35年快速发展，中国已经成为一个经济大国，正在向经济强国迈进，未来十年，中国极有可能在目前的第一大制造业国家、第一大贸易体的基础上成为世界第一大经济体。那么，我们将面临怎样的全球发展态势，全球范围将有哪些挑战和机遇？这是一个崛起的大国不能不研究的重大战略课题。

全球经济未来十年走势

随着经济权力的转移，成功的新兴经济体将通过跨境商业和金融交易，帮助推动低收入国家经济增长。未来几年，发达经济体在减少家庭债务的过程中，消费将趋于正常化；亚洲国家出口的高速增长也将向常态回归，新兴市场国家正着眼于在外需与内需之间取得平衡，并逐步倚重国内消费。均衡、可持续和包容性增长的理念逐渐成为各方共识。总体来看，全球经济进入低于过去60年趋势增长率的“新常态”。根据世界银行统计，按照市场汇率加权计算，1973—2011年全球GDP年均增长3.0%，其中2000—2011年增长2.7%。预计未来十年，世界经济增长速度在2.5%左右。①

全球经济稳步增长，新兴经济体增速高于发达经济体，对全球经济增长

---

① 国家信息中心经济预测部：《未来十年中美经济发展趋势判断与测算》，2012年。

的贡献持续扩大，亚洲经济增速将高于世界其他地区，占全球经济份额稳步上升。世界大型企业联合会预计，在基准情景下，未来十年世界经济增速为4.4%，其中，新兴经济体增速达到6.3%，发达国家增速只有2%；新兴经济体经济总量占世界的比重由现在的50%增长至60%。[①] 世界银行报告[②]预计，2011—2025年，新兴经济体年均增速将达到4.7%，发达经济体同期增速为2.3%。到2025年，中国、巴西、印度、印尼、南非和俄罗斯这6个新兴市场国家，对全球经济增长的贡献将从目前的1/3上升至1/2。IMF更加乐观，预测未来5年新兴经济体将保持6.5%—7%的高速增长，2020年中国、印度、俄罗斯、印尼、墨西哥和土耳其等7大新兴市场国家GDP总和有望超过七大工业国。[③] 2013年5月16日世界银行报告指出，到2030年发展中国家在全球的投资中将占到47%—60%，而现在是23%。我相信这个趋势是不会改变的，所以我们应该鼓足信心，要看到未来，要看到新兴经济体走在整体崛起的道路上。

亚洲开发银行（ADB）报告[④]指出，20世纪60年代，亚洲GDP占全球GDP的比重仅为10%，目前为25%，预测到2020年，全球经济增长率为4%，亚洲经济增速为5.8%，对全球经济增长的贡献比重超过50%；全球经济总量达到90万亿美元，比2010年增长45%，亚洲经济对全球的贡献由2010年的27.4%上升至33.5%，到2050年亚洲经济产出将占全球经济总产出的一半以上。

短期内，发达经济体潜在产出下降，2015年后，发达经济体产出缺口缩小，实际增速与潜在增速保持一致。经合组织（OECD）报告[⑤]分析，在基准情景下，短期内金融危机将影响潜在产出规模，但不会对OECD成员国潜在增速造成长期影响。2015年后，除了受危机影响较大的几个国家，多数发达

① 世界大型企业联合会：《2011全球经济展望》，2011年。
② 世界银行：《全球发展地平线2011——多极化：新的全球经济》，2011年。
③ IMF：《世界经济展望报告》，2011年。
④ 亚洲开发银行：《亚洲2050：实现亚洲世纪》，2011年。
⑤ OECD：《OECD经济展望》，2011年。

国家产出缺口缩小，经济增长达到潜在增长水平。预计 2010—2015 年，OECD 成员国经济增速为 2.8%，通胀率为 1.8%，期末失业率由 8.3% 降至 6.2%。2016—2026 年，经济增速为 2.1%，通胀率为 2.3%，期末失业率降至 5.6%。美国经济结构调整并没有实质性突破，经济有可能短暂复苏，但在较长时期表现为低增长常态。美国经济依然面临着国内外双重严峻挑战，一方面，来自国内的债务困境、失业困境和低增长困境短期内难以摆脱；另一方面，由于欧元区是美国最大出口目的地，美国企业来自海外的销售额有一半来自欧洲市场，欧债危机将长期困扰美国。但从长期来看，美国的高新技术创新实力仍然强大，美国提出重振制造业计划和扩大国家创新优势等战略，如能取得实质性进展，将为未来美国经济发展注入新的活力。

全球经济结构面临调整，新兴经济体消费占 GDP 比重上升，投资占 GDP 比重下降，经常项目顺差缩小。世界银行报告[①]认为，虽然新兴经济体特别是东亚各国储蓄率较高，但未来人口老龄化趋势将加速居民消费增长。预计到 2025 年，东亚经济体消费占 GDP 比重由 2010 年的 40% 上升至 47%，印度和拉丁美洲国家的比重也将缓慢上升，而美国则由 70% 下降至 63% 左右。新兴经济体将成为全球潜力最大的市场，最大的消费群体将创造巨大的市场需求。

新兴经济体投资占 GDP 比重也将相应下滑。东亚经济体由 45% 跌至 37%，俄罗斯、土耳其、拉丁美洲等新兴经济体也均出现不同程度下滑，而欧元区国家将由 16% 上升至 18%。但是，新兴经济体投资结构将发生较大变化，世界银行 2013 年报告指出，新兴经济体中最大的投资者将是中国和印度。目前，中国已成全球对外投资排在第三位的国家，未来十年有可能成为第一、第二大投资国。

全球经常账户失衡状况得到改善。大型新兴经济体经常项目顺差占 GDP 比重逐渐缩小，其中中国由 8.1% 降至 5.6%，俄罗斯由 4.9% 降至 4.1%，南非由 17.4% 降至 12.9%；发达经济体经常项目赤字比重降低，甚至某些经济体

---

① 世界银行：《全球发展地平线 2011——多极化：新的全球经济》，2011 年。

由逆差转变为顺差，欧元区由 -0.1% 升至 0.2%，加拿大由 -0.2% 升为 0.5%，美国由 -6% 升至 -4.5%。

全球贸易规模持续扩大，对全球产出的贡献不断升高。国际贸易仍然是带动全球增长的动力。世界银行报告①预计，到 2025 年，全球贸易占产出的比重将由 49.9% 上升到 53.6%，新兴市场国家内需扩大促使进出口贸易规模大幅增加，进口占全球份额由 35% 增至 45%，出口份额由 38% 增至 50%，同期，发达经济体进口、出口份额分别下降至 55% 和 50%。新兴经济体全球贸易份额逐渐接近发达经济体。

世界经济面临的一系列新挑战

挑战之一：世界经济将面临发达国家如何真正走出经济困境，力求避免过度经济刺激政策造成虚假繁荣或对新兴经济体的冲击，这是当前和今后一个时期的严峻挑战。

几年前爆发的国际金融危机当前进入新阶段，主要特征包括主权债务系统性透支和风险，私营债务部门风险向公共债务部门风险转移，美、欧、日等发达经济体政府债务缠身。欧元区主权债务危机像传染病一样蔓延。目前，全球主权债务总额已逾 95 万亿美元，超过了 55 万亿美元的全球股市总市值，亦超过全球 GDP 总值。据国际货币基金组织（IMF）预测，发达国家囊括全球十大外债发行国，举债总量占全球八成多，2014 年发达国家债务总额占 GDP 比重将超过 100%，2015 年占 GDP 比重将达到 122%，直到 2030 年才有可能恢复到金融危机前的水平。②

从经济危机规律和发达经济体经济现状看，此轮国际金融危机尚未结束。近几十年，美国、欧洲经济周期缩短，“衰退—复苏—扩张—衰退”各阶段大多为半年至多不超过 1 年。但此次经济衰退后的复苏已历时近 5 年，不仅没

① 世界银行：《全球发展地平线 2011——多极化：新的全球经济》，2011 年。

② IMF：《世界经济展望报告》，2011 年。

有快速反弹，发生“双底衰退”的概率仍然存在。发达经济体能否从金融危机的泥沼里尽快挣扎出来，避免用过度刺激的货币政策、财政政策支撑短暂的复苏，而是正视造成问题的原因并从制度设计上改进，成为推动世界经济持续发展的动力而不是“拖累”，这是全球经济未来十年发展的关键。

挑战之二：世界经济将面临新兴经济体如何战胜输入型通胀与通缩以及如何应对经济下行的风险，顺利实现经济发展方式转变，保持经济发展活力，这将成为中长期的挑战。

2008 年国际金融危机后，国际粮食价格和大宗商品价格大幅波动，食品价格上涨成了新兴经济体 CPI 大幅上涨的主要因素。国际货币基金组织（IMF）追踪的 1929 年以来的 14 轮经济周期中，本轮复苏是最缓慢的，但信贷反弹却是最快的。目前全球央行的资产规模约为 18 万亿美元，占全球 GDP 的 30%，是十年前的两倍。发达经济体深陷债务泥潭，都在持续通过量化宽松或无限期、无限量宽松货币政策来维持债务循环，长期低利率和全球范围内的流动性泛滥将成为常态。考虑到全球产出缺口会逐步减小、资源价格将在跌宕起伏中继续走高，全球可能将面临高通胀压力，金融市场动荡加剧。

过去闻所未闻的事情，现在却变成导致问题发生的导火索。韩国的白菜、印度的葱头、印尼的辣椒市场供求问题演化成社会危机，阿尔及利亚、突尼斯物价上涨引发全面骚乱和政治危机。2010 年国际市场 50 种食品价格攀升 25%，小麦价格上涨 70%；2011 年食品价格继续攀升，食品价格上涨成了新兴经济体 CPI 大幅上涨的主要因素；2012 年食品价格总体平稳，但在未来十年内，食品价格、日用消费品价格、生产资料价格变动加快，不确定性增强。新兴经济体处于快速发展进程中，是大宗商品的主要买主，全球铁矿石、石油、大宗农产品等商品涨价，随时可以吞噬其发展成果，并打断其发展进程。

中国、印度、俄罗斯、巴西、南非“金砖五国”和墨西哥、阿根廷等一大批新兴经济体，受发达国家金融危机以来宽松货币政策、无休止的财政政策和新贸易保护主义等影响，2012 年经济增长开始下行，经济发展或将进入“换挡期”。虽然从高速增长进入仍比发达经济体高得多的中高速增长，但发展模式可持续性不强，产业结构单一，基础设施落后，资本投入产出率不高，仍是困扰新兴经济体的难题。未来十年特别是最近这几年，假如发达经济体不能尽快走向复苏，新兴经济体发展模式转变缓慢，加之难以预见的外部冲击，特别是通胀等压力，整个世界将因缺少经济增长点和有后发优势地区的替代，迎来真正的全球性的黑暗和灾难。

挑战之三：世界经济将面临国际货币体系亟待变革、金融体系动辄引发震荡的风险，推进国际货币体系改革或将难以达成共识和共同行动。

金融危机实质是由不合理的国际货币体系造成的，大多数国家对此已基本达成共识。国际货币体系从金银本位到准金本位再到自由汇率，英镑和美元先后成为实质上的世界货币，尽管“牙买加体系”允许各国选择货币和汇率，但很多国家仍然继续选择美元作为储备货币和贸易结算货币。在“雷曼”破产后，流入美国的国际资本增多了数倍，而不是减少了，这说明国际投资者希望持有美元作为避险资产，也说明继续选择美元作为储备货币和贸易结算货币，既是各国自主选择的结果，也是当前无奈的选择。在一定意义上，美元的“霸权”地位，是选择使用美元的所有国家共同赋予的，所有的国家包括美国自己也认为，国际货币体系必须改革，但却仍然选择美元。

持有越多美元和美元资产的国家，越怕美元贬值，越不敢大量抛售美元，因为担心剩下的大部分可能陷入更大幅度贬值的窘境。格林斯潘曾在爆发“次贷风波”和金融危机后坦言，造成这些问题与他多年采取过度宽松的货币政策和低利率有直接关系，然而之后几年，他的继任者仍然走在他的旧路上，宽松、宽松、再宽松似乎成为从格林斯潘到伯南克再到耶伦的选择。日本实行长期的“零利率”和无限期宽松货币政策，英国也推出宽松货币政策，澳大利亚、印度等国紧步其后。欧洲一些国家和通胀压力较大的经济体则步入加息周期，使整个世界金融市场动辄顷刻间震荡。未来十年，国际货币体系改革能否推进，并在推进中不使世界经济大幅震荡，是对各国特别是对美国是否具有负责任大国胸怀的考验。如果国际货币体系不发生变革，将不会对全球性美元泛滥和美国贸易和财政“双赤字”现象产生制约。其结果是，美元将持续贬值，国际大宗商品价格将持续上扬，最终，全球经济将面临难以克服的通胀风险，这将继续沉重打击全球经济，尤其是新兴经济体，并可能导致全球经济的再次衰退。

挑战之四：世界经济将面临世界老龄化趋势加快发展、劳动适龄人口占总人口比重不断缩小的挑战，老龄化将消减全球经济发展动力。

联合国最新人口调查报告显示，2011 年全球人口已突破 70 亿，全球人口从 60 亿增至 70 亿只用了 12 年，预计 2025 年将达到 80 亿，到 21 世纪末将达到 100 亿。发达国家老龄化与“婴儿荒”同步，美、日、意、德等国家，60 岁以上人口比例都将达到 30% 以上，儿童人口增长率持续低迷甚至负增长。

令人担忧的是，老龄化在向发展中国家加速挺进，一些发展中国家“未富先老”或“边富边老”。到 21 世纪中期，发展中国家老龄化率将上升到 14%，老龄人口将比现在增长 4 倍。在劳动力曾经取之不竭的东亚，劳动适龄人口的比例将从 2010 年的 64% 降至 2050 年的 57%。

老龄化社会加速到来，劳动适龄人口逐步减少，既预示着全球性人口红利将结束，从而改变经济规模持续扩大的发展前提；也将对传统福利社会模式、教育、就业、养老等一系列问题提出变革的迫切需求。据联合国报告预测，到 2050 年，全球人口将达到 91.5 亿的峰值，其中 60 岁以上人口将突破 20 亿，占全球总人口近 22%，65 岁以上人口的比例将增至 16%；届时每位 65 岁以上的老年人仅能依靠 3.9 个年龄介于 15 岁至 64 岁的劳动力供养，而在 2010 年这个比例还是 1∶ 8.7。

全球人口老龄化还预示着储蓄水平和投资水平下降，消费水平上升，但购买力却急剧下降。全球经济体特别是新兴市场国家能否实现消费水平以及老年人口购买力水平的整体上升，取决于相关政策的执行力和有效性，例如，金融业的发展和社会保障体系的完善，将极大地降低人们用于整个生命周期未来的预防性储蓄。

挑战之五：世界经济将面临粮食安全、能源安全等问题的多重挑战，解决吃饭问题和动力问题成为世界性难题，最不发达国家和地区的人民生存问题值得高度关注。

世界粮农组织报告[①]称，未来十年国际粮价将继续高位运行并持续波动，有可能比1997—2006年的平均价格水平上涨16%—40%。据联合国统计，目前世界上每7人中就有1人受到饥饿威胁，本轮粮食危机又导致4400万新增饥饿人口。预计美国到2022年将需要1.8亿吨玉米来生产生物燃料，相当于5.8亿人全年的口粮。其他一些国家用粮食生产生物燃料的计划也在陆续实施之中。

国际能源供求矛盾更加突出。2011年初，BP在英国伦敦发布的《BP2030世界能源展望》指出，全球的碳排放高峰将在2020年后很快到来，届时的碳排放水平较2005年高出20%。未来20年一次能源消费会增长将近40%。非经合组织国家能源消费到2030年将比现在增长68%，年均增幅达2.6%，对世界能源消费增长的贡献达93%。据国际能源署预测，到2030年，全球现有油田产量将下降2/3。可以预见，随着世界经济发展和人口增长，特别是新兴经济体全面进入工业化、城市化、现代化、市场化和国际化发展阶段，国际能源供需平衡将更加脆弱。

挑战之六：世界将面临更多全球公共性问题与建立解决这些难题的制度安排的挑战，提供全球公共品成为大国在国际事务中的首要责任。

例如气候变暖问题，世界银行报告预计，21世纪（2000—2100年）全球温度将比工业化前升高5℃。[②] 2009年11月24日发布的《哥本哈根诊断》报告指出，到2100年全球气温可能升高7℃，海平面可能升高1米以上。再比如贫困问题，发展中国家有1/4的人口仍处在极度贫困状态。[③] 据世界银行发布的《2010年世界发展指标》，国际金融危机引发的经济衰退，又使全球增加了6400万极度贫困人口。

世界经济还面临人口爆炸、全球环境恶化、自然灾害、掠夺式地滥用自

① 世界粮农组织：《2010年到2019年粮食展望》，2010年。

② 世界银行：《2010世界发展报告：发展与气候变化》，2010年。

③ 按照世界银行的定义，人日均收入低于1.25美元为极度贫困。

然资源、贫困、疾病、国际恐怖主义、生物技术规则和移民规则、建立新的贸易投资规则等诸多方面的问题。用传统思维应对这些问题已难以奏效，迫切需要有效的方法来解决全球共同面临的问题。但是从目前来看，建立解决这些问题的全球性制度安排，还有待达成共识并采取统一行动，但是这些议题尚未开启进行顶层设计和制度安排的进程。如何在未来十年或更长时间内解决这些问题，将决定今后几代人在这个星球上的生存质量、生活质量和生命质量。

寻求共同认知、共同语言与共同行动

机遇与希望之一：转变传统思维模式，形成发展共识，这是推动世界经济转型和结构调整、释放经济发展潜力的最大希望。

美、日、欧等国家和地区，纷纷对先前制定的经济发展战略进行调整。美国制定了再工业化和新能源发展战略，公布了《美国创新战略》，建立了总统科技顾问委员会，实行首席技术官制度。在政策取向上，引导企业向实体经济回归，将制造业确定为产业发展的主要战略方向，并实施 5 年出口倍增计划。还将通过新能源发展战略，促进经济复苏和创造就业。欧盟首脑会议 2010 年 6 月通过《欧盟 2020 战略》，创新成为首要目标，决定未来十年推动经济实现智能、可持续和包容性增长，确定了就业、研发、气候变化、教育、减贫五项具体目标。德国制定《高技术战略 2020》和《科学自由办法》。同年 6 月，日本政府出台新增长战略，通过国内要素和扩大对外开放两个渠道寻求经济增长动力。

中国、巴西、俄罗斯等新兴国家也走在转变经济发展方式的道路上，当这些选择步入健康运行轨道时，世界经济就一定能走出当前的困境，就一定能达到胜利的彼岸。面向未来十年，应充分发挥国际经济组织，如 IMF、联合国、二十国集团、世界银行以及其他区域经济合作组织的作用，在经济发展方式转型、国际货币体系改革、全球气候变化等议题上协调推进，促使变革、调整、转型、创新、发展成为更多国家的共同期盼和共同选择。

机遇与希望之二：以“金砖五国”为代表的新兴经济体对全球经济贡献显著上升，为争取世界经济走出低迷，迈向复苏和繁荣提供了战略空间。

中国国际经济交流中心对巴西、俄罗斯、印度、中国、南非“金砖五国”的预测表明，到 2015 年，5 个国家 GDP 占全球比重将由目前的 17% 上升到 23%，2020 年这一比例将达到 31%，2025 年将达到 41%，2030 年将达到 47%，甚至有可能达到 50% 以上。预计 2020 年美国 GDP 将达到 21.1 万亿美元，而届时中国将达到 17 万亿美元，占美国 GDP 总量的 80.6%。毫无疑问，以“金砖五国”为代表的新兴经济体加快发展，是一个寓于全球化发展大框架中的经济现象，涵盖亚洲、非洲、拉美、欧洲等地区的众多国家。随着新兴经济体在全球经济中的权重不断上升，对全球经济增长的贡献不断增加，越来越多的人承认新兴经济体崛起是一种不可逆转的长期发展趋势。

这些国家未来十年的整体崛起，将为全球贫困人口进一步减少做出巨大贡献，对这些国家和所在地区、对全球经济发展都有利，这是当代世界史上一件大事，为过去 400 年国际关系史所罕见。除此之外，在发达国家面临经济困境的情况下，新兴经济体快速发展，为世界经济恢复增长争取了时间和空间，为未来十年甚至更长时间世界经济持续发展，做出并将继续做出独特的贡献。

机遇与希望之三：充满“睿智”的创新，驱动人类从工业（后工业）社会向知识社会跨越，也是未来十年世界经济发展中最大的变量。

近几年，世界经济在坎坷中孕育的希望，在很大程度上源于各国以科技革命带动产业革命进而实现经济增长的信心。美国制定了《国家创新战略》《2010—2014 年智能电网研发跨年度项目规划》，欧盟推出“创新联盟”“欧洲数字化议程”和史上最大规模科研和创新投资计划，日本制订了第四期科学技术基本计划（2011—2015 年）草案，韩国的《绿色增长国家战略及 5 年计划》2010 年进入具体实施阶段。

中国、印度、俄罗斯、巴西等国家也加快了在科技创新与科技发展道路上的脚步。英国实现工业化进程用了 200 年，美国用了 150 年，日本用了 100

年，而中国实现这一进程可能会压缩在几十年。可见，无论是发达国家还是新兴经济体，在“后金融危机时代”均将科技创新与科技革命作为经济复苏和发展的突破口，积极改造传统产业，竞相角逐新兴产业，为世界经济注入了新活力。世界银行报告①预计，高生产率的新兴经济体将实现6%左右的年均增长速度，而生产率较低的新兴经济体也将有年均3%的增速。

机遇与希望之四：低碳经济、循环经济、绿色经济和新能源发展将成为未来十年全球经济新的支柱之一，或成为新的经济增长引擎。

在全球反思经济模式的今天，低碳经济、循环经济、绿色经济和新能源不但是未来世界经济发展结构调整的大方向，也是少数在国际金融危机中逆势发展的领域。根据汇丰（HSBC）的一项研究显示，按照目前趋势，到2020年时，低碳行业的年收入将超过2万亿美元。② 世界自然基金组织2011年2月24日预测，全球可再生能源到2050年有可能满足人类大部分需求。《欧洲2050年能源路线图》计划碳排放量到2050年比1990年减少80%—90%。日本可燃冰储量相当于日本百年消费量，2013年3月12日，日本开始从海底可燃冰层提取甲烷。

应对全球气候变化，发展新能源成了很多国家共同的战略选择，发展低碳经济、清洁能源和可再生新能源成为科技创新的热点。据《BP2030世界能源展望》，2010—2030年，可再生能源包括太阳能、风能、地热能源和生物能对能源增长的贡献率将从5%增至18%。以先进核能、可再生能源为代表的新能源将逐步取代石油、煤炭等化石能源的主导地位。生物燃料产量预计将由2010年的180万桶/日上升至2030年的670万桶/日，其在未来20年中的增长，将是非石油输出国组织国家液体燃料供应增长的125%。

机遇与希望之五：努力推动建立共同承担责任的全球治理机制，重塑人们对经济增长的信心和国际经济新秩序，是创造未来十年世界经济发展新辉煌的重要保障。

---

① 世界银行：《全球发展地平线2011——多极化：新的全球经济》，2011年。

② HSBC：《衡量气候经济》，2010年。

当今世界经济正在经历一场大震荡、大调整和大变革，需要找到一条有效的全球经济治理之路，共同搭建或改造全球治理的主要平台。国际金融危机打破了旧的国际经济秩序，联合国、世界银行、国际货币基金组织、国际贸易组织等国际机构变革已将应对全球问题的议案提上日程。联合国发表的《2010 年世界经济与社会概览》，提出“改革全球储备货币体系、改革世界经济治理结构、改革全球治理机制”；G20 讨论的议题从经济金融问题向其他领域扩展；金砖国家首脑峰会提出世界经济必须实行包容性等。

如何使国际机构在协调全球性问题时具有权威性、合法性、公正性和有效性，如何使世界性经济组织和各种国际论坛具有引导性、透明性、战略性和疏导性，逐步形成全球共同认知、共同语言和共同行动，这不仅决定着未来十年的世界，也决定着人类的未来。

全球经济发展可能出现的两种“替代情景”

1. “基准情景”：走向复苏并持续发展的十年

其假定前提是，全球依然保持和平、发展、合作的主流和基调，不会出现大规模的战争和冲突；将继续保持开放的自由贸易和投资环境，全球金融系统逐步走向相对稳定；全球经济治理虽然没有实现新的突破，但开始形成治理共识；各国经济在合作、互动和竞争、对抗、博弈中前行。中美两国作为最大的发展中国家和最大的发达国家，经济转型取得进展；中美经贸关系按照构建新型大国关系的要求发展，中美经贸合作取得新的进展。

在这种情景下，未来十年世界经济增长率或在 3%—5% 之间。其中发达经济体增速达到 3%，新兴经济体增速或在 5%—7% 之间，美国、欧洲、日本、中国、印度经济的实际增长率将分别达到 2%—4%、1.5%—3%、2%—3%、6%—7%、6%—8%。全球实际经济规模将增至 90 万亿美元。

2. “乐观情景”：世界迈向经济增长新一轮“超级周期”

其假定前提是，由于全球化条件下各国利益高度重合和融合，大家取得共同认识并采取协调一致的行动：加强合作，互利多赢；优势互补，重建秩序；创新调整，应对挑战；互相让步，包容发展。

在这样的假定前提下，我们面临的一系列挑战将逐步解决或转化为新的机遇，世界经济也许出现2010年渣打银行《超级周期报告》所描述的情景，即世界经济进入新一轮超级周期。从2000年持续至2030年左右或更长时间，世界经济实际增长率将达到3.7%。其中美欧、日本、中国、印度经济的实际增长率将分别达到2.5%、1%、6.9%、9.3%。

世界大型企业联合会预计，乐观情景下，未来十年世界经济增长率将达到5.4%。其中发达经济体增速达到3%，新兴经济体增速达到7.4%，其中美国、欧洲、日本、中国、印度经济的实际增长率将分别达到3.4%、2.4%、2.4%、9.4%、9.8%。[①] 全球实际经济规模将增至105万亿美元，比基准情景规模扩大约15万亿美元。

3.“悲观情景”：疲软的复苏抑或“失去的十年”

其假定前提是，主要国家缺少“战略清醒”，金融危机、债务危机、实体经济“感染”叠加效应持续发酵，全球经济“二次探底”并引发社会动荡：拒绝反思，“君临天下”；失衡加剧，复苏缓慢；市场动荡，环境恶化；关系纠结，集体坍塌。

这样的情景发生的可能性不大，但也不是绝无可能。给出“悲观情景”，是为了给世界各国统一认识、统一行动提供一种特别的警示。当前发达国家经济深陷困境，包括增长困境、失业困境、债务困境和政策困境，不论是量化宽松货币政策，还是举债还债的财政政策，政策效力都在递减，难以从根本上扭转颓势。新兴经济体发展外部环境恶化，面临通胀困境、贫困困境、生态困境和转变经济发展方式的困难。非洲和其他一些发展中国家自身能力薄弱，还难以在世界经济增长中有所作为。

因此，如果上述假定前提发生，世界经济增长的进程将被打断，甚至出

---

① 世界大型企业联合会：《2011全球经济展望》，2011年。

现全球性经济衰退。世界大型企业联合会预计，在悲观情景下，未来十年，世界经济增长率只有2.6%，其中发达经济体增速为1%，新兴经济体增速为4%，美国、欧洲、日本、中国、印度经济增长率分别只有1.3%、0.6%、0.1%、5%、5%。[①] 届时全球经济规模只有80万亿美元，比基准情景规模缩小约10万亿美元。

（原载《江海学刊》2014年第2期）

① 世界大型企业联合会：《2011全球经济展望》，2011年。

区域协调发展的新内涵与新思路

徐康宁

中国区域发展不平衡的问题与矛盾由来已久，且随着经济社会的新发展而呈现加剧态势。为缩小区域之间的发展差距，政府层面出台了很多扶持落后地区的政策，也实施了专门支持欠发达地区的相关战略，但以经济发展水平和社会福利水平衡量收效不大，区域发展不协调的问题依旧严重，部分地区之间的差距还在扩大。研究中国区域发展不平衡的问题，推进区域之间尽可能协调发展，必须要有新的思维，用新的视角去看待中国的区域发展问题。

区域发展不平衡的自然地理基础

自古以来，中国就是东南一带地狭人稠，西北边疆地广人稀，人口分布极不平衡。1935 年，中国地理学家胡焕庸教授发表了《中国人口之分布》一文，首次以定量分析的结果指出中国人口分布的这一特点。胡焕庸教授在文中指出："今试自黑龙江之瑷珲，向西南作一直线至云南之腾冲为止，分全国为东南与西北两部，则此东南部之面积计 400 万平方千米，约占全国总面积之 36%，西北部之面积，计 700 万平方千米，约占全国总面积之 64%；惟人口之分布则东南部计 4.4 亿，约占总人口之 96%，西北部之人口，仅 1800 万，约占全国总人口之 4%，其多寡之悬殊，有如此者。"[①] 胡焕庸教授首次提出的瑷珲—腾冲直线，明确地显示出了中国人口空间分布的基本特征。后

① 胡焕庸：《中国人口之分布》，《地理学报》1935 年第 2 期。

来，美国学者将胡焕庸教授确立的瑷珲—腾冲直线称为胡焕庸线，在地理学界产生了重要的影响。

胡焕庸教授提出中国人口分布界线至今已近80年，中国的经济社会发展已经出现了巨大的变化，但是，今日中国的人口分布与当时相比，虽有细节上的千差万别，但总体分布特征依然没有大的变化。在中国的人口地理版图上，胡焕庸线今天仍未消失。

改革开放以来，我国人口出现了巨大流动态势，使人口空间分布有了一定程度的变化，尤其是大量外出务工人员从西部地区流向东南沿海地区，使东部的人口聚集程度更高，但并未根本改变胡焕庸线的人口分布基本特征，它依然是反映中国人口空间不均衡分布的基线。表1反映了1935年和改革开放后三十多年来中国人口在东南和西北地区的分布状况。1982年，东南地区聚集的人口占全国人口的比重达到94.4%，只比1935年下降了1.6个百分点；1990年和2000年分别下降了1.8个和1.9个百分点；2010年下降了2.5个百分点，这段时间下降较快，有可能是因为中国长期执行的计划生育政策在东南地区首先显现效应，致使人口聚集程度略有下降。从胡焕庸线提出到现在近80年，中国人口集中于东南而疏于西北的分布界线只改变了不到3%。

表1　中国人口东南—西北地区分布的变化情况

区域	1935	1982	1990	2000	2010
东南地区人口占全国比重（%）	96	94.4	94.2	94.1	93.5
西北地区人员占全国比重（%）	4	5.6	5.8	5.9	6.5

资料来源：《中国统计年鉴2012》。

此外，胡焕庸线不仅是反映中国人口空间不均衡分布的基线，而且是我国东南和西北地区经济发展差距的重要分界线。东南地区不仅人口密度高，同时经济发展水平也要明显高于西北地区。表2显示了我国东部地区与西北地区在单位面积人均GDP上的差距，进一步显现了经济活动的聚集程度。因此，胡焕庸线的意义不仅仅在于其人口分布差异，还在于这条线揭示了中国资源环境基础的区域差异特征，这也是其长久以来依然能够被实践验证的真正原因。①

胡焕庸线反映了中国内部自然地理环境与人文发展状况之间的关系，揭示了土地、气候、地形等自然地理条件对包括人口聚集、经济活动在内的人文发展状况的巨大影响。胡焕庸教授自己在解释中国人口分布这一特殊现象时提出了三个因素：自然环境、经济发展水平和社会历史条件。考察中国区域发展的长久历史，以及根据胡焕庸线提出后近80年没有发生根本变化这一事实，我们认为，形成中国人口及其经济活动在地理上分布不均匀的主要原因是特殊的自然地理环境。中国西北和西南边疆地区自然地理条件相对恶劣，不利于人口的聚集与人类赖以生存和发展的农业及相关经济活动的开展。一个有意思的现象是，后来人们发现，中国的400毫米等降水量线与胡焕庸线高度重合，暗含着胡焕庸线的经济含义。400毫米等降水量线是中国半湿润与半干旱的分界线，年降雨不足400毫米，土地容易沙漠化，不利于农业集约生产，自然也不利于人口的聚集。可以预计，胡焕庸线所表达的经济地理含义不仅存在于过去和今天，今后也会长期存在，这意味着中国的区域发展不平衡有特殊的自然地理基础。

---

① 黄园淅、杨波：《从胡焕庸人口线看地理环境决定论》，《云南师范大学学报》（哲学社会科学版）2012年第1期。

表2　2011年中国省级行政区单位面积上的人均GDP

单位：元/人・平方公里

行政区	单位面积人均GDP	行政区	单位面积人均GDP	行政区	单位面积人均GDP
北京	4.92	安徽	0.18	四川	0.05
天津	7.19	福建	0.39	贵州	0.09
河北	0.18	江西	0.16	云南	0.05
山西	0.20	山东	0.31	陕西	0.16
内蒙古	0.05	河南	0.17	甘肃	0.05
辽宁	0.35	湖北	0.18	青海	0.04
吉林	0.20	湖南	0.14	宁夏	0.63
黑龙江	0.07	广东	0.29	新疆	0.02
上海	12.97	广西	0.11	西藏	0.02
江苏	0.62	海南	0.85	浙江	0.58
重庆	0.42				

资料来源：《中国统计年鉴2012》。

区域发展不均衡是一种经济常态

观察世界各国的经济发展过程，会很容易地发现区域之间发展的不均衡是一种常见的现象。除了像新加坡、卢森堡这类因面积很小而不存在区域发展问题的国家外，世界上几乎所有的国家都存在着内部区域发展问题，都不同程度地有着区域经济不均衡问题。例如，韩国是一个面积不足10万平方公里的国家，其工业化和城市化程度很高，产业十分发达，已经步入现代化发展时期。但是，即便是韩国这样一个不大的经济比较发达的国家，内部仍然存在着区域经济发展不平衡问题。在韩国，经济活动过度地集中于首尔及其周围地区，首都经济圈集中了全国一半的人口和七成的经济产出，首尔的现代化水平与欧美国家的大都市基本齐步，但距首尔仅百余公里的内部腹地，经济则相对落后，城市稀落，差距很大。韩国在卢武铉时期决定迁移首都，除了考虑到国土安全因素外，很大程度上也是希望通过迁都来缩小内部地区发展的差距。那些国土辽阔、内部自然地理条件差异较大的国家，区域经济发展不均衡的矛盾就更为突出。美国是世界上经济最为发达的国家，但依然存在着内部区域发展差距明显的问题。美国经济分析局（U. S. Bureau of Economic Analysis）的相关数据显示，2010 年，美国经济实力最雄厚的加利福尼亚州的 GDP 是 1. 94 万亿美元，而经济最弱小的佛蒙特州的 GDP 只有 264 亿美元，两者相差 73 倍。同年，美国最富裕的哥伦比亚特区（首都华盛顿所在区）人均 GDP 为 17. 41 万美元，而人均 GDP 最少的密西西比州则只有 3. 29 万美元，相差 5. 3 倍。

对于像中国、俄罗斯这样的地域广阔、区域发展基础迥异的大国，各地区的资源禀赋、区位因素、历史条件、人力资本水平等存在着巨大的差异，这些差异必然对区域经济发展产生很大影响，而且是长期的影响，区域发展不均衡的现象就更为突出。俄罗斯自彼得大帝时代就存在着东西之间巨大的发展落差，西伯利亚及远东地区的发展基础和发展水平远远不及俄罗斯的欧洲部分，尤其是莫斯科、圣彼得堡等经济中心区。几百年过去了，这种差距仍然存在，某些方面还有所扩大。结合考察世界其他国家的经验，长期来看，一国内部的区域经济发展总是不均衡的，总有一些地区经济发展较快，而另外一些地区发展较慢，长期积累的结果就是区际差异的存在。认识到这一点非常重要，这有助于把握一国内部区域之间发展的均衡与非均衡之间的辩证关系。换句话讲，不能盲目追求绝对的区域经济均衡发展，或一时的无差异发展，必须充分考虑各地区的自然、地理、历史条件，考虑到各地区资源禀赋、基础设施、区位因素等方面存在的差异，允许地区之间存在一定的发展差距。尤其是对于中国而言，内部区域间的自然地理环境差异很大，不充分尊重客观存在的自然地理条件以及自然约束与人类发展之间的辩证关系，简单地通过人为指向性的经济发展活动改变这种关系，并不符合自然的规律和经济发展的规律。

当然，虽然区域之间的非均衡发展已成为常态，但地区差距还是应该控制在一定的范围内，并且随着经济社会的不断发展，经济社会发展的文明成果还是应该在更广泛的区域内得到普及和享用。我们提出区域协调发展的战略要求已经很多年了，虽然地区发展差距在一定范围内有所缓解，但总体而言，差距并未缩小，而且某种程度上还在继续扩大。在今天的时代背景下，若要在区域协调发展上取得重要突破，关键的问题是：究竟什么是真正的区域协调发展？我们应该遵循什么样的新思维来推进区域的协调发展？

福利共进、区域互利、生态保护：区域协调发展的新内涵

关于区域协调发展的内涵，国内已有很多研究，并有几种代表性的观点：郝寿义认为，区域协调发展是不同区域基于自身要素禀赋的特点，确定不同要素约束条件下的开发模式，形成合理的分工，同时在政府的调控下，使区域之间的发展条件、人民生活水平的差距保持在合理的范围内，人与自然之间保持和谐的发展状态。[①] 陈秀山和杨艳认为，区域协调发展必须以区域利益协调为主线，实现经济发展和社会发展两大领域，四大板块、主体功能区、经济圈与经济带三个空间层次的协调，要着力构建地区比较优势充分发挥、区域差距控制在合理范围、地区基本公共服务均等化、市场一体化加强、资源有效利用且生态环境得到保护和改善等五大目标的动态组合。[②] 薄文广、安虎森和李杰认为，区域协调发展不仅要考虑经济发展水平的差异（这可用人均 GDP、基尼系数等指标来表征），还要考虑享受公共服务方面的差异（这可用社会保障、住房、教育、医疗、生态环境等指标来表征）。[③] 范恒山认为区域协调发展的内涵至少应包括五个方面：一是各地区人均生产总值差距应保持在适度范围内；二是各地区群众能够享受均等化的基本公共服务；三是各

---

① 郝寿义：《区域经济学原理》，上海人民出版社 2007 年版，第 177 页。

② 陈秀山、杨艳：《我国区域发展战略的演变与区域协调发展的目标选择》，《教学与研究》2008 年第 5 期。

③ 薄文广、安虎森、李杰：《主体功能区与区域协调发展：促进亦或冒进》，《中国人口·资源与环境》2011 年第 5 期。

地区比较优势能得到合理有效的发挥；四是不同地区之间形成优势互补、互利共赢的良性互动机制；五是各地区人与自然的关系处于协调和谐状态。①

笔者认为，所谓区域协调发展，是指在既定的条件和环境下，各地区的发展机会趋于均等，发展利益趋于一致，总体上处于发展同步、利益共享的相对协调状态。区域之间协调发展的重点诉求应由发展速度的协调转向发展利益的协调，由发展结果的均等转向发展机会的均等。事实证明，简单地追求各地区发展结果的均等，不仅违背了客观规律，而且容易造成新的不协调。例如，我国东南沿海地区的城市化发展很快，出现了大城市密集发展或城市群的格局，一些中西部地区要复制这一模式，也要发展自己的大城市甚至大城市群，结果出现了一系列的造城运动，造成了比较负面的影响。由于地理环境以及比较优势的不同，各地区不必追求一样的发展速度和一样的发展结果，而应该注重发展机会的均等。例如，对于不适合集聚大城市的地方，城市化应该着重于小城镇的发展，并同时给予希望并有能力到大城市发展的居民以同样的机会，即赋予各地区民众相同的迁徙权和居住权。还有，我国中西部地区之所以落后于东南沿海地区，一个很重要的原因在于前者没有后者的开放机会，使得发展环境与机遇都远不如后者，现在则应当给予中西部地区更多的开放机会，尤其是通过扩大对周边国家的开放促进中西部地区获得更多的开放机遇。

在今天的时代背景下，区域协调发展不能着眼于各地区发展速度的同步化，而是应该着眼于发展利益的协调和发展机会的协调。事实也证明，地区之间发展速度的趋同是很难实现的，即便实现往往也要付出巨大的代价。和以往相比，今天的区域协调发展应当要有新内涵。区域协调发展的新内涵应着重反映三方面的内容：一是区域发展利益的综合协调，以福利共同增进作为防止区域发展差距扩大的主要努力方向；二是区域之间发展的互利协调，区域发展与整体国土的开发利用战略协调一致；三是区域发展与生态环境的

---

① 范恒山：《我国促进区域协调发展的理论与实践》，《经济社会体制比较》2011年第6期。

自然协调，区域的开发与建设有利于资源的节约和环境的保护。

所谓区域发展利益的综合协调，是指各地区在发展中应得的利益方向一致、大体协调，所有的地区都会随国家的整体发展而得到相对一致的福利增进，并以福利的共同增进作为地区发展差距相对缩小的重要尺度，同时，不出现少数地区以牺牲其他地区利益而获得特殊发展机会的现象。由于资源禀赋、历史基础、区位条件的不同，一个国家内部允许地区间存在着发展差距，甚至是较大的差距，但一国的国民，除去政治和民族的原因，应该在享受福利方面保持一致性，其范围包括教育、医疗、文化、交通、通信、养老、社会救助等各个方面。例如，美国的哈佛大学、耶鲁大学、普林斯顿大学等著名高等学府，不仅接受纽约、波士顿等东部发达地区的来自中产阶级以上阶层家庭的优秀青年学子，也要留有机会给来自南部和中部不发达地区中产阶级以下阶层家庭的孩子，只要这些青年足够优秀的话，巨额学费和艰难的入学门槛不应该成为他们跨进名校的障碍。也只有这种社会阶层之间的流动性，才能够促进区域之间的流动性，并通过福利的共同增进在一定程度上保证地区之间差距的某种缩小。这些年来，我们的视角总是放在地区经济发展水平的缩小上，既没有如愿地缩小区域之间的发展水平差距，也忽视了区域间福利的共同增进，结果使得不同地区不仅出现巨大的经济发展落差，而且也出现了国民基本福利水准上的巨大落差。现阶段强调区域协调发展，应该更加强调不同区域之间福利的共同增进，以体现区域发展利益的综合协调。

所谓区域之间发展的互利协调，是指某一具体区域的发展要与周围区域紧密一致，形成互利协调关系，同时，区域发展在战略上要与整体国土的开发利用相协调，任何区域的发展都应该服从于整体国土的开发利用战略。任何一个区域的发展都不能脱离周围的区域而实现单独发展，客观上存在着区域间发展的互利联动关系，不尊重这种关系，一味地想实现某一地区的单独发展，结果反而会欲速则不达。过去十几年，国家在促进中西部地区发展方面出台了很多政策，努力使落后地区能够赶上东部发达地区的发展步伐，但往往由于政策相对单一，对区域之间发展的互利协调关注不够，缺少区域间的联动发展机制，所以效果并不明显。这些年出台了很多区域发展战略，许多还上升为国家战略，但全国尚未有一个明晰的国土开发利用总体战略（该战略应该比现行的功能区规划更为细致全面），在后者缺失的情况下，一些区域发展规划即便上升为国家战略，也往往顾此失彼，区域之间不尽协调，而有的区域发展规划本身就是地方力量出于局部利益考虑游说中央的结果。

所谓区域发展与生态环境的自然协调，是指区域的发展必须尊重人与自然关系的规律，区域的开发必须与周围的生态环境协调一致，有利于资源的节约和环境的保护。如果不充分尊重人与自然关系的客观规律，不重视地域发展与周围自然环境的关系，想当然地实施特定地区的发展战略，结果都会事与愿违，或者以生态环境的长期破坏为代价。例如，由于我国自然地理环境的特殊性，中西部很多地区地形险恶，交通不便，资源短缺，生存环境较差，并不适合过多的人口聚集和经济活动的集中。而且，这类地区又常常发生自然灾难，不仅造成巨大生命财产损失，而且救灾不易，代价极大。对于这类地区，应当更多地尊重人与周围自然的关系，积极实施移民计划，疏散人口，减轻生存的压力，或者是尽可能地处理好发展与环境的关系，而不是简单地强调当地的经济发展，更不能不顾自然规律过分地强调灾后原地重建，再建一个城市或县城。据《南方都市报》2012 年 6 月 4 日报道，青海玉树灾后重建，为解决路途遥远、交通不便引起的运输砂石困难，就地取砂，在长江水源的通天河大量采砂，对生态环境造成了严重破坏，结果是“重建一个玉树，毁掉一条长江”。这确实令人深思。

借助于对新时期区域协调发展新内涵的分析，我们可以大致勾勒出当前区域协调发展的总体目标。这个总体目标是：在区域共同发展的基础上，努力促进地区间收入差距向可控方向转换，区域间民众的公共福利消费水平趋于一致，大体平衡，生产要素合理流动，区域间的市场机制与合作机制充分显现，推动区域朝着更加协调、更加可持续的发展方向迈进。

形成收入条件与内生增长机制：区域协调发展的新思路

落后地区的一个典型特征就是人均收入低下，因此，解决当地的低收入问题、增加民众收入成了所有落后地区政府的首选政策。在这些政策中，最具有普遍性的就是组织本地劳力外出打工，以增加当地劳动者和家庭的收入。大批的劳动力跨地区流动和远距离外地就业已经成了中国经济的一个独特现象，其规模之大、流动范围之广、带来的多重影响之深，可以说世界少见。

应该说，落后地区劳动力的跨地域流动和实现远距离外地就业，在一定程度上解决了不发达地区富余劳动力的出路问题，提高了当地大批劳动者及其家庭的收入，也为吸纳大批外来劳动人口的地区增加了劳动投入，促进了当地的产业集聚和经济快速发展。但是，我们也有必要从另外一个视角去分析这种发展思路的利弊，研究大批劳动人口外流给当地带来的其他影响。总的来看，这种依靠外出人员远距离就业增加收入的办法只是一段时间的权宜之计，不可长期使用，而且还要充分认识到这种办法对落后地区的长期负面影响。

劳动力外出打工虽然一定程度上增加了落后地区的人均收入，但由于主要劳动人口在外，本地丧失了聚集生产要素的机会，收入并非内源产生，而是依附于外地的经济活动，长此以往，本地逐渐失去了内生循环的财富创造机制。此外，由于主要劳动人口同时也是主要消费人口，他们在外地取得收入的同时，也将消费部分地留在了外地，本地的市场形成就更加困难。市场形成困难，经济就不可能繁荣。还有，大批劳动力在外，政府就缺少税收，本地的基础设施和公共产品建设只能是残破不全或低标准的，又从另一个方面即社会发展上扩大了与发达地区的差距。在区域经济中大致有这么一个现象：凡是本地有大量劳动人口外出打工的，甚至外出劳动力规模超过留在本地的劳动力规模，当地的基础设施建设和公共服务水平与发达地区的差距往往更大。事实上，考察我国各地区人口流动情况可以得知，流出人口长期大于流入人口的地方，经济发展的落后程度往往更加明显。世界上也有许多依靠输出劳务提高收入的国家，如菲律宾、印度、巴基斯坦等，但这只能使民众的生活有所改善，而无法使本国明显地提高经济发展水平。从长远的眼光看，产生形成收入的条件要比增加一些收入重要得多。

形成收入的另一个重要条件就是人力资本，没有人力资本的培育不可能真正消除贫穷和落后。经济学家林毅夫担任世界银行副行长兼首席经济学家之职四年，这一职务让他有机会近距离地观察大量发展中国家的经济现象。他在离开世界银行后所著的《探索经济繁荣》一书中提出了一个有意思的命题：布隆迪为什么不是瑞士？布隆迪是非洲东部的一个内陆小国，人口规模与瑞士大体相当，地处高原，没有多少资源，自然地理条件与瑞士有几分相似，但在经济发展上两国却有天壤之别。瑞士是世界上经济最发达的国家之一，而布隆迪却是联合国确定的世界最不发达国家之一，人均 GDP 只有 300 美元。林毅夫认为两国发展差距的根本原因在于劳动技能的天然之别，布隆迪的劳动力只能从事简单的农牧作业，没有多少技术含量，而瑞士的劳动力主要从事的是技术或知识含量很高的高技术产业和现代服务业生产。[①] 林毅夫无疑是对的，劳动技能是区别国家与地区发展差异的一个重要原因和标志。那种主要依靠组织本地劳动力外出打工的地方，是不可能培育出较高的人力资本的，所以也始终保持着与发达地区的巨大发展差距。

当然，促进落后地区形成内生增长机制，并非完全放任其自我发展，政府仍然可以有所作为，引导地区间的发展关系趋于平衡。

首先是建立与经济发展同步的转移支付机制。转移支付机制虽然不能解决地区发展不平衡的全部问题，但却是解决这一问题的必要手段，使用得当，的确可以取得较好的效果。1990 年德国统一后，政府面对占国土面积近三分之一的落后的东德地区，如何缩小东西德地区的巨大发展差距成为经济政策的重中之重。德国政府采用的第一个办法就是力度很大的转移支付措施，向全体国民征收 7.5%（后来降至 5%）的“统一税”，用于原东德地区的建设

---

① 林毅夫：《繁荣的求索：发展中经济如何崛起》，北京大学出版社 2012 年版，第 123—126 页。

和经济发展。虽然这项政策遭到国内尤其是原西德地区人们的普遍反对，但德国政府始终坚持了下来，过去二十多年为原东德地区的发展注入了相当于数千亿欧元的资金，有效改善了原东德地区的发展条件，缩小了地区发展差距。1990 年德国统一时，原东德地区的发展水平不及联邦德国的一半，20 年之后，无论是人均 GDP，还是综合发展水平，原东德地区的发展水平已经达到原西德地区的 80% 左右。德国政府预计，到 2030 年，东西德地区的发展差距将基本消除。我国采用转移支付的方式促进落后地区发展也已经实行了很多年，但现在的问题是，转移支付的力度缺少与经济发展同步挂钩的机制，应当随着经济的发展使得转移支付的规模有一个稳定增长的机制。此外，应当筹建专门用于促进地区协调发展的地区发展基金，完善现有的地方对口支援的做法，以克服各地区由于“结对”不同而苦乐不均和资金投向使用效率不高的问题，发展的方向应当是以运作统一的地区发展基金为主，地方对口支援为辅。

其次是均衡地区间的基础设施建设。落后地区如果不在基础设施上有一个明显的改善，地区间的发展差距就难以控制，甚至越拉越大。虽然我国中西部地区的基础设施建设成本很高，且短期内较难产生同比的经济效益，但仍要适当地超前规划和建设高标准的基础设施，把长远的发展目标和考量放在第一位。也许目前在中西部地区建铁路、高速公路、机场等基础设施成本高、经济效益低，但这些基础设施是落后地区经济起飞和当地民众享受基本公共服务不可或缺的必要条件，从长远眼光看，这些基础设施的建设仍然十分必要。“十二五”以及“十三五”期间，我国的基础设施建设的重点应当转向中西部地区，并通过基础设施的空间均衡来促进经济和社会发展的空间均衡。

最后是促进生产要素的良性空间配置。我国改革开放三十多年来，在市场机制的诱导下，加上地理、交通、环境等因素，大量的生产要素聚集于发达的东部地区，甚至中西部地区的部分原有生产要素也出现向东部地区迁移的趋势，生产要素在空间上的配置严重不均衡，东部地区经济增长动力十足，生产要素充裕，而中西部地区经济增长相对缓慢，生产要素明显短缺。解决地区发展差距过大的问题，必须从生产要素的配置入手，必须使落后的地区也能尽快集中更多的生产要素，形成内生的发展能力，促进生产要素在空间上的配置出现良性化的趋势。促进生产要素实现良性的空间均衡，产业在地区间的转移是其中的关键，也是最有效的途径。因此，促进欠发达地区出现和发展更多的产业，或让更多的产业流向落后地区，是调节生产要素空间配置的最好方式。有必要指出，在工业化尚未完成的中国，产业发展主要是指工业化或与工业化有关的相关产业，对于大部分地区而言，发展产业或吸收产业转移主要是指工业或与工业化有关的产业。在强调差异化发展和追求新型发展道路的背景下，一些欠发达地区提出不同于东部发达地区的发展模式和发展思路，如希望不通过走工业化的道路而一步实现经济发达、社会繁荣的局面，或者说只是发展旅游业、文化创意产业就能缩小与发达地区的差距，除了极少数特殊地区（而且是范围较小的特殊地区），大部分地区是很难实现这一点的。从一般规律看，绝大部分欠发达地区还是要吸收从发达地区转移过来的产业，而且要加快这种产业转移的步伐。

（原载《江海学刊》2014 年第 2 期）

中国人口转型与经济增长：基于统一增长理论视角

郭熙保　郑淇泽

在过去的两千多年里,中国经历了强盛、衰退和复兴的过程，它的发展历程对人类进步产生了深远的影响。特别是自20世纪80年代以来的30年，人口转型带来了中国人口“质与量”的转变，推动着中国经济完成了从停滞到增长的起飞。2010年，中国超过日本成为第二大经济体，并且经济总量将有可能在2030年超过美国，成为世界上最大的经济体。到底是什么原因使得停滞两千年的中国经济迅速增长？统一增长理论提供了一种从长期视角检验不同国家或文化经济绩效的自然框架。① 借助统一增长理论来分析我国人口转型与经济增长，能够更好地解释经济起飞的过程与面临的挑战。

统一增长理论的基本结构

2000年以来，以Galor为代表的经济学家创立并发展了统一增长理论，它实现了宏观模型和微观基础的统一、发展经济学与增长经济学的统一。② 统一增长理论首次突破了马尔萨斯理论、新古典增长理论以及内生增长理论仅着眼于某一个发展过程的限制，对整个人类社会经济发展的内生转型机制提供了一个简洁的理论框架，为审视人类历史的发展提供了新的视角。

---

① Galor, O., “From stagnation to growth: Unified growth theory”, *Handbook of Economic Growth*, 2005, 1, pp. 171—293.

② Ibid.

后续研究丰富和发展了统一增长理论，如工业革命起源①、人力资本形成②、李约瑟之谜③等。下面就统一增长理论中三个历史阶段、转型机制和理论模型三方面进行阐述。

1. 经济发展的三个历史阶段及其特征

统一增长理论把人类经济发展过程分为三个阶段，即马尔萨斯时期、后马尔萨斯时期和持续增长时期（见表1），并从人均收入、人口增长、技术进步和人力资本形成之间的关系出发，为三个阶段之间的演化过程提供了良好的微观基础。统一增长理论认为，技术进步是经济增长的关键，但技术进步的源泉不同，决定了经济增长速度的差异；在人类发展早期，人口规模是技术进步的关键因素；随着社会经济的发展，对人力资本需求的增加开始成为技术进步的重要原因。

表1 经济发展的三个历史阶段

属性 \ 阶段	马尔萨斯时期	后马尔萨斯时期	持续增长时期
发达国家	100000BCE—1750	1750—1830	1830年至今
欠发达国家	100000BCE—1900	1900	—
人均收入	不变	增长	持续增长

① Jones, C. I., "Was an industrial revolution inevitable? Economic growth over the very long run", *Advances in Macroeconomics*, 2001, 1 (2).

② Galor, O. and O. Moav, "From physical to human capital accumulation: Inequality and the process of development", *The Review of Economic Studies*, 2004, 71 (4), pp. 1001—1026.

③ 汪川、赵亚奎：《重视“李约瑟之谜”：“统一增长理论”的视角》，《经济学动态》2011年第12期。

续　表

属性＼阶段	马尔萨斯时期	后马尔萨斯时期	持续增长时期
人口增长率＝出生率－死亡率	缓慢增长（高出生率，高死亡率）	加速增长（高出生率，低死亡率）	下降（低出生率，低死亡率），人口转型
技术进步	慢	加快（工业革命）	持续快速
人力资本	无	有教育无人力资本	人力资本和技术进步相互作用

资料来源：Galor, O.,“From stagnation to growth: Unified growth theory”, *Handbook of Economic Growth*, 2005, 1, pp. 171—293。

在马尔萨斯阶段，由于处于农业社会，人类一直为维持生存而努力，出生率高，死亡率亦高。人力资本与技术进步都微不足道，难以对生产力产生显著推动作用。这个阶段的教育微乎其微，而且与生产力基本无关。

在后马尔萨斯阶段，人口规模的扩大拓宽了市场交易范围，推动了专业化和分工的发展，劳动生产率提高，人口和人均收入同时快速增长。由于人口自然生育力有一个最高限，人均收入的增长速度最终超过人口的增长速度，人口转型开始。它逐渐改变了人口的年龄分布，增加了劳动年龄人口及其比重（人口红利），经济进入工业革命第一阶段。此时教育也发展了，但一般被看作是文化的附属品，人们对教育的投资基于非经济因素，例如宗教、教化、道德形成、社会控制等，生产过程对其需求很低，人力资本对生产过程的贡献很小。

人们收入水平的提高导致对人力资本投资不断增加，马尔萨斯稳态逐渐消失，经济转向现代经济增长阶段。当然，地理因素、历史偶然性、制度和文化的差异使得各国人口转型和经济起飞时间有所不同，形成了世界人均收入和人口增长大分流。在工业革命第二阶段，生产过程越来越复杂，对技术的要求越来越高，导致了对人力资本的需求逐步增加。这一阶段的技术进步增加了对人力资本的需求，同时人力资本的增加也促进了技术进步，形成了良性循环，最终父母开始偏好子女的质量而不是数量，引发人口向低出生率、低死亡率转型，经济进入持续增长阶段。总的来说，统一增长理论解释了人类经济从停滞到增长的整个过程，其三阶段转型可用图1表示。

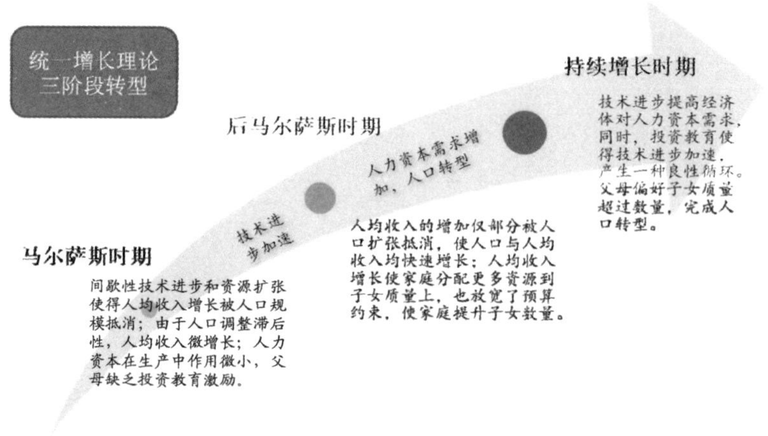

图1　统一增长理论的三阶段转型过程

2. 统一增长理论模型

Galor和Weil在2000年首次提出了能够解释人口、技术进步和人均收入之间的内生演化且与几千年来发展过程相一致的统一增长理论模型。该模型解释了经济发展的三个阶段以及实现从停滞到增长转换的驱动力。

模型假设：人力资本由受教育程度和技术水平共同决定，适应新的技术所需要的时间与受教育水平成反比，与技术进步率成正比，技术进步率由受教育水平和人口规模共同决定。n_t 为t时期一个成年人拥有的子女数量，它代表人口增长率。经济中的个人在面临抚养子女和参加劳动总的时间约束下，选择孩子的数量和质量。e_t、g_t、x_t、z_t、L_t 分别为t时期单个人的受教育水平、技术进步率、人均有效资源、潜在收入和成年人数量，经济发展由序列 $\{e_t, g_t, x_t, L_t\}_{t=0}^{\infty}$ 的联合演化所主导。

模型动态系统由两个不同体系组成。在第一个体系中，经济处在马尔萨斯时期，个人受生存消费约束。他首先要满足自己的生存需要，然后将剩余的资源用于抚养子女。经济的演化由一个四维非线性一阶自洽系统主导：

$$\begin{cases} x_{t+1} = \emptyset^{a}(e_t, g_t, x_t, L_t)\, x_t \\ e_{t+1} = e[g(e_t, L_t)] \\ g_{t+1} = g(e_t, L_t) \\ L_{t+1} = n^{a}[g(e_t, L_t), z(e_t, g_t, x_t)]\, L_t \end{cases} \quad \text{for } z_t < \tilde{z} \qquad (1)$$

其中，初始条件是由历史给定的。

在第二个体系中，经济突破了生存边界，人口增长对人均收入增长率的抵消作用被消除，不再有生存约束，人力资本投资和技术进步的相互影响产生了良性循环，经济跳出马尔萨斯边界，开始了人口转型。在持续增长时期，技术进步超过人口增长，人均有效资源开始增加。假定人口增长是外生给定的，即假定人口数量是固定的，在持续增长的稳定均衡中，教育水平、技术进步水平、人均资源增长率以及人均产出都将会是固定的。经济的演化由一个三维的系统控制：

$$\begin{cases} x_{t+1} = \emptyset^{b}(e_t, x_t, L_t)\, x_t \\ e_{t+1} = e[g(e_t, L_t)] \\ L_{t+1} = n^{b}[g(e_t, L_t)]\, L_t \end{cases} \quad \text{for } z_t \geq \tilde{z} \qquad (2)$$

下面描述技术进步率和教育在三阶段中的动态变化。

在给定人口规模 L 时，技术和教育的动态由序列 $\{e_t, g_t; L\}_{t=0}^{\infty}$ 表示，这个序列在每个时期 t 都满足：

$$e_{t+1} = e(g_{t+1}) \begin{cases} = 0 & \text{if } g_{t+1} \leq \hat{g} \\ > 0 & \text{if } g_{t+1} > \hat{g} \end{cases},$$

$$g_{t+1} = g(e_t, L_t), \qquad (3)$$

$$g(0, L_t) > 0,\ g_i(e_t, L_t) > 0,\ g_{ii}(e_t, L_t) < 0,\ i = e_t, L_t$$

（3）式定义了人力资本与技术进步率之间的关系，$g(0, L_t) > 0$ 说明即使没有人力资本，技术进步率也会随着人口增长而提高；g_i（e_t，L_t）>0，g_{ii}（e_t，L_t）<0 说明在有了人力资本以后，技术进步率随着人口和受教育水平增加而增加，但是以递减比例增加；$\hat{g}$ 为刚好产生人力资本时的技术进步率。

鉴于函数的性质，这个动态的子系统有三种不同的结构，如图 2 所示。随着人口的增加，经济由一种结构内生地演变到另一种结构，g_t 曲线向上移动表明人口增加对技术进步率的影响。

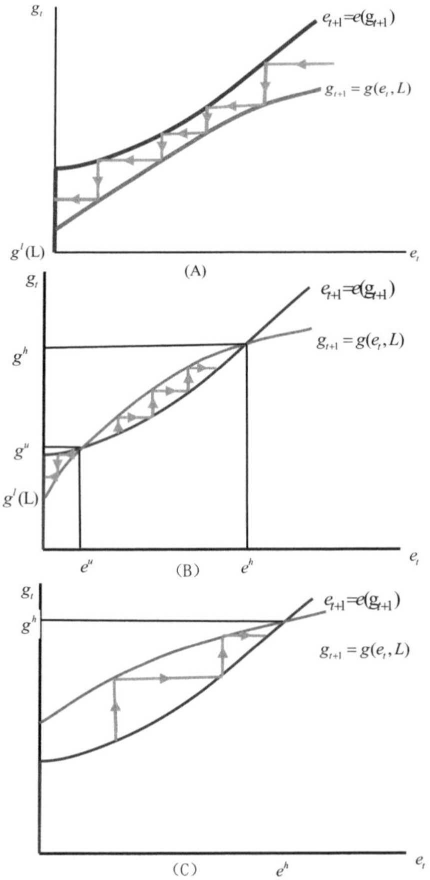

图 2 技术进步率与教育的关系

在马尔萨斯时期（图 2A），人口总量较小，经济处于马尔萨斯稳态，$[\bar{e}(L)，\bar{g}(L)] = [0，g^{l}(L)]$，其中 g^{l}（L）随着人口的增加而增加，人力资本保持在0水平上，表明这个时期没有人力资本。

在后马尔萨斯时期（图2B），具有中等规模人口，规模经济、市场交易扩大、专业化分工等因素使这一阶段技术进步加快，技术进步曲线向上移动，收入增长不再被人口增长完全抵消，经济处于过渡状态。动态系统有三个均衡状态，两个稳定的均衡点：$[\bar{e}(L), \bar{g}(L)] = [0, g^{\iota}(L)]$和$[\bar{e}(L), \bar{g}(L)] = [e^{h}(L), g^{h}(L)]$，一个内部不稳定的均衡点：$[\bar{e}(L), \bar{g}(L)] = [e^{u}(L), g^{u}(L)]$，其中$[e^{h}(L), g^{h}(L)]$和$g^{\iota}(L)$随着人口规模单调增加。随着对人力资本需求的增加，经济正在向持续增长阶段过渡。

在持续增长阶段（图2C），具有一个较大的人口规模，技术进步更快，技术进步曲线持续向上移动，对人力资本的需求更加旺盛，父母的偏好由子女的数量转为子女的质量，开始加速对人力资本的投资。动态系统具有一个全局稳定的均衡状态：$[\bar{e}(L), \bar{g}(L)] = [e^{h}(L), g^{h}(L)]$，其中$e^{h}(L)$和$g^{h}(L)$随着人口规模单调增加。

总的来说，Galor等人认为，在马尔萨斯时期，人力资本投资回报率为0，人力资本对生产率几乎没有贡献，物质资本是经济发展的主要驱动因素。但随着技术进步和经济的发展，人力资本对生产力的贡献逐渐凸显，投资人力资本回报率不断提高，最终触发人口转型。直至今日，人口转型和人力资本需求增加已经成为一个国家经济进入持续增长时期的重要标志。

中国经济两千年的盛衰交替

按照统一增长理论的阶段特征，我们把中国经济发展过程分为三个阶段：马尔萨斯时期（1949年以前）、后马尔萨斯时期（1950—1978年）和持续增长时期（1978年至今），并以此来分析中国的人口转型与经济增长之间的关系。

1. 两千年之轮回：马尔萨斯停滞时期（1949年以前）

自秦统一六国直到新中国成立，中国人均收入增长一直较为缓慢。从图3

中可以看出，公元1年我国人均收入为450国际元（1990年水平），自此一直处于低速增长状态，直到宋代达到顶峰600国际元；自此开始停滞不前，1820年后甚至出现衰退，经过战乱，1950年人均收入又回到公元1年的水平，仅为448国际元，笔者把它称为两千年之轮回。

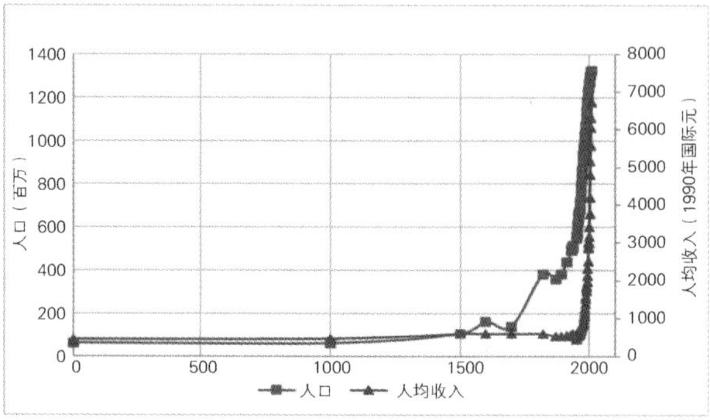

图3 中国人口和人均收入变化（1—2008）

资料来源：Maddison，A.，*Statistics on world population，GDP and per capita GDP，1—2008 AD*，University of Groningen，2010。

两千年来我国人口增长也相对缓慢，从西汉末年（公元1年）的5960万人缓慢增加到清康熙三十九年（1700）的1.38亿，年均增长率仅为0.78‰，也基本符合马尔萨斯特征。

与西方国家发展过程不同的是，近代中国人口的增长先于人均收入增长。从图3中可看出，进入18世纪以后，中国人口增长明显加速。乾隆六年（1741）统计人口首次突破1亿大关，达到一亿四千万。至道光七年（1827），中国人口已跃至4亿以上。[①]

到了清代后期，人均耕地面积从清初的7.2亩锐减至2.2亩[②]，人口增长已经远远超出物质资本的增长。“人多地少”的矛盾严重制约了人民生活水平，清代人口平均寿命仅在30—35岁之间。[③] 人口恶性膨胀严重阻碍经

① 石蕾：《试论清代人口膨胀的成因及其后果》，《南京人口管理干部学院学报》1997年第1期。
② 梁方仲：《中国历代户口、田地、田赋统计》，上海人民出版社1980年版，第516—519页。
③ 宁可：《试论中国封建社会的人口问题》，《中国史研究》1980年第1期。

济发展，1820—1870 年人均收入不仅没有增长，反而从 600 国际元（1990 年水平）降到了 530 国际元。1949 年前的两千年，中国经济没有出现快速增长，人均收入没有大幅增加，由此我们认为中国经济一直处在马尔萨斯时期。

2. 经济与人口增长加速：后马尔萨斯时期（1950—1978 年）

自鸦片战争以来，近代中国一直处于战乱中，直至 1949 年新中国成立才为经济发展提供了一个稳定的社会环境，生产力才开始逐渐恢复，人口和人均收入同步快速增长，我们认为中国进入了后马尔萨斯时期。

新中国成立初期的土地改革把土地分给农户，充分调动了农民的生产积极性，人均收入在这一时期得到了快速增长。从表 2 中我们可以看出，在完成新中国成立初期的土地改革以后，人均收入从 1951 年的 491 国际元增长到 1958 年的 690 国际元，年均增长率为 5.8%。

表 2　　新中国成立初期人均收入及增长率

年份	1951	1952	1953	1954	1955	1956	1957	1958
人均收入（1990 年国际元）	491	538	552	557	577	616	636	690
增长率%（上年为基准）	9.6	9.49	2.71	0.86	3.52	6.87	3.23	8.55

资料来源：Maddison，A.，*Statistics on world population*，*GDP and per capita GDP*，*1—2008 AD*，University of Groningen，2010。

与此同时，和平环境之下的出生率也很高，而医疗卫生条件改善使得死亡率大幅降低。从图 4 中可以看出，1949—1957 年，总死亡率由 20‰下降至 10.8‰，出生率在这个时期基本保持在 32‰以上的高水平。而且，三年自然灾害结束以后，国民经济转好，由于补偿性生育的原因，生育率更是大幅度上升，1962—1978 年生育率一直保持在 18‰—37‰之间，同时死亡率进一步下降到 6.25‰左右，在这期间人口增加了将近 3 亿。

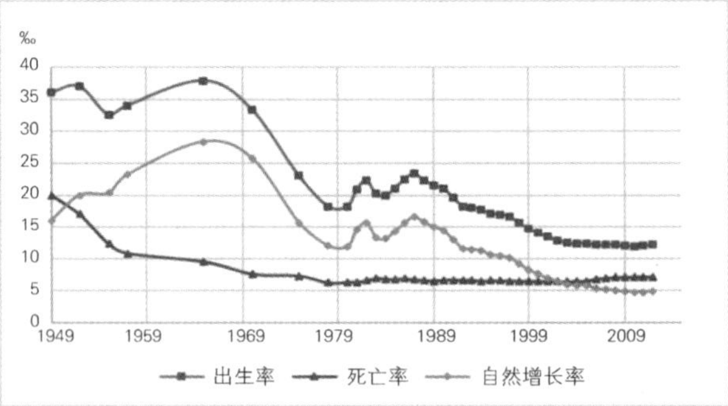

图 4　中国人口出生率、死亡率和自然增长率（1949—2010）

资料来源：相关年份《中国统计年鉴》。图中剔除了三年自然灾害的不正常年份。

虽然重工业优先发展战略和政治运动对我国人均收入产生了一定影响，但总的来说，人均收入依然保持了一定的增长率。从 1988 年的《中国统计年鉴》中可以看出，重工业在 1952—1978 年的平均增长率是轻工业的 2.6 倍，工业占社会总产值的比重从 1952 年的 34% 提高到 1978 年的 62%。我国人均收入从 1962 年的 550 国际元增长到 1978 年的 978 国际元，年均增长率为 4.9%。人口和人均收入的同步增长使得我国突破了马尔萨斯边界，开始向后马尔萨斯时期过渡。

3. 历史性的转折：一胎化政策的出台

统一增长理论认为，人口转型完成是经济开始进入持续增长阶段的重要标志。而人口转型的实现有两种方式：一种是经济自发转型（随着经济发展和收入的提高，父母更加偏好用子女的质量代替数量，从而降低人口出生率，最终实现人口转型）；另一种是采取政策手段人为转型（控制出生率以迅速实现人口转型）。

生育率的自发降低需要改变父母的偏好。这就要求经济必须发展到工业革命第二阶段（第一阶段中工业发展不依赖人力资本而依赖人口规模的扩大），形成生产部门对人力资本的强烈需求，而这在 20 世纪 70 年代末的中国是不现实的。当时中国仍然处于较落后的经济状态，经济结构以农业为主，工业部门无法形成对人力资本的大量需求。

同时，1950—1970 年的高生育率使得我国人口快速增加，这对粮食供给产生了巨大压力，与此同时，我国农村出现了巨大的隐蔽性失业。[①] 为避免陷入马尔萨斯陷阱，必须控制人口出生率，以减少人口对经济增长的抵消作用。如果按照 1973 年人口增长速度增长，那么在 2001 年我国人口会达到 16 亿，2050 年将达到 44.6 亿，很显然这种恶性人口膨胀将会使经济掉入马尔萨斯陷阱。

计划生育政策正是在这样的背景下提出的，1978 年 3 月，五届全国人大第一次会议通过的《中华人民共和国宪法》第 53 条规定“国家提倡和推行计划生育”，计划生育第一次载入宪法。1979 年起中国开始实施以一胎化为核心的计划生育政策。

4. 新时代的到来：持续增长时期（1978 年至今）

计划生育政策实施以来，中国新生人口显著下降（见图 5），1978—2008 年，我国人口自然增长率从 12‰下降到 5.08‰，2011 年进一步下降到 4.79‰。根据 2013 年世界人口数据表中的总和生育率，世界平均水平为 2.5，发展中国家（不包括中国）为 3.0，而中国只有 1.5，被归入低生育率国家行列。直至今日，中国已经完成了由后马尔萨斯时期高出生率、低死亡率向持续增长时期的低出生率、低死亡率的人口转型。

一胎化政策的有力推行大大降低了中国的人口出生率，导致少儿抚养比迅速下降，劳动年龄人口比急剧增加，中国在短期内形成了一个青壮年劳动力资源相对丰富、抚养负担轻的“黄金时期”，人口经济学家称之为“人口红利”。蔡昉估算出计划生育带来的人口红利对 1982—2000 年人均 GDP 增长率的贡献为 26.8%。[②] 人口红利对我国经济增长的贡献主要体现在以下两个方

---

① 郭熙保：《发展经济学》，高等教育出版社 2011 年版，第 233—236 页。

② Fang, C. and D. Wang, “Demographic transition: Implications for growth”, *The China Boom and Its Discontents*, 2005, 34.

面：一是减少人口抚养负担，增加适龄劳动力供给。例如，我国就业人口从1978年的4亿增长到1993年的6亿，2011年达到7.6亿。同时，人口负担呈现不断下降的趋势，根据《中国统计摘要2011》，我国总抚养比1982年为62.6%，2011年下降到34.4%。二是提高居民储蓄率，为我国高资本积累提供了巨大资金保障。我国20世纪80年代平均储蓄率约30%，90年代初储蓄率在35%以上，2012年储蓄率达到52%，为全球第一。汪伟通过分析1989—2006年省级面板数据指出，人口结构变化是我国储蓄率持续提高的重要因素。①

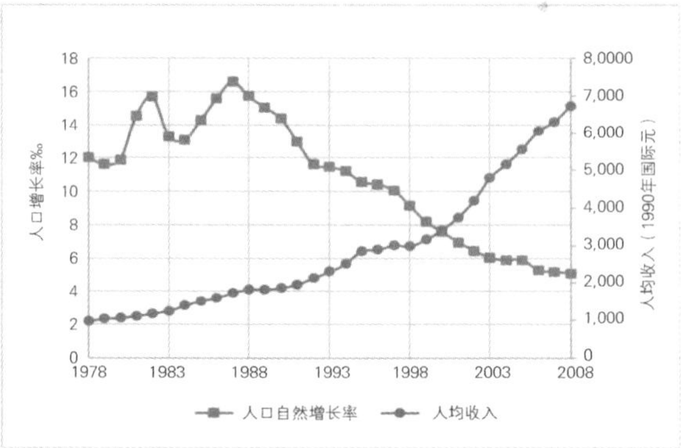

图5 中国人口自然增长率与人均收入（1978—2008）

资料来源：人口自然增长率来自《中国统计年鉴2012》，人均收入来自Maddison, A., *Statistics on world population*, *GDP and per capita GDP*, *1—2008 AD*, University of Groningen, 2010。

虽然我国的人口转型被认为是人为造成的，但工业化进程依然符合统一增长理论。改革开放后一系列政策的实行促进了工业化的到来，这导致了对人力资本的巨大需求。如图6所示，我国初中及以上学历人口比重从1982年的26%增加到2010年的62%，高等教育人口比重从1%上升到9%。教育水平的提升促进了技术进步，技术进步又使得对人力资本的需求不断扩大。人力资本需求的增加从根本上改变了父母的偏好，导致对子女的人力资本投资迅速增加。

① 汪伟：《经济增长、人口结构变化与中国高储蓄》，《经济学》（季刊）2010年第1期。

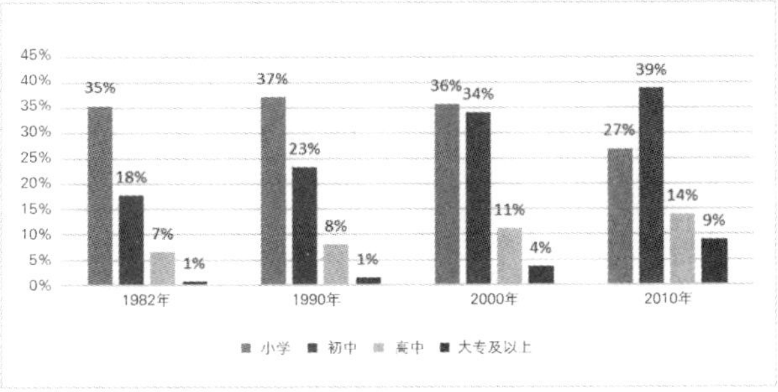

图6　各类受教育程度人口占总人口比重（1982—2010）

资料来源：《中国统计摘要2011》。

虽然过去三十多年里对中国经济增长贡献最大的是物质资本积累，但人力资本积累也起到不可忽视的作用并且逐年增加。根据相关学者的估算，1978年我国物质资本存量和人力资本存量分别为6254.4亿元和1335.364亿元，两者比例为4.68∶1；到2007年两者都有了飞速增长，存量分别达到117908.2亿元和43190.23亿元，比例变为2.73∶1，人力资本积累快于物质资本积累。[①] 这表明，改革开放以来的人口增速下降与人力资本需求的增加，符合统一增长理论中持续增长时期的基本特征。因此，我们认为中国自1978年开始进入持续增长时期。

中国实行计划生育政策尤其是一胎化政策以来，在经济不发达的情况下，成功地将人口控制在低生育率水平。作为世界上人口最多的国家，计划生育政策不仅对中国的经济发展、人民生活水平提高产生了巨大影响，而且对整个人类社会发展也做出了重要贡献。但人为控制出生率在为经济转型带来动力的同时，不可避免地产生了一些副作用，如提前老龄化、性别比例失调等。

① 雷辉：《我国资本存量测算及投资效率的研究》，《经济学家》2009年第6期；焦斌龙、焦志明：《中国人力资本存量估算：1978—2007》，《经济学家》2010年第9期。

超前人口转型带来的挑战

与欧美国家不同，中国的人口转型并非伴随着经济发展的自然过程，而是通过政策干预来加速完成的，在进入高收入阶段之前就实现了人口转型。从中国人口发展的现状来看，这种加速人口转型在获得“人口红利”的同时也放大了人口老龄化对我国经济未来发展的不利影响。

1. 人口结构转变对中国经济带来的挑战

20 世纪 70 年代末开始，我国通过一胎化政策控制人口出生率，产生了巨大“人口红利”，但紧随“人口红利”而来的就是“人口负债”。图 7 为联合国对中国各年龄段人口的预测结果。根据这个预测，2015 年我国人口红利将达到最高峰，之后将逐渐减少。由图 7 可以看出，中国 15—64 岁劳动年龄人口在 1975 年为 5.11 亿，之后开始持续增长，直到 2015 年达到峰值，总量为 10.1 亿，之后劳动力绝对数量将呈现逐步减少趋势。

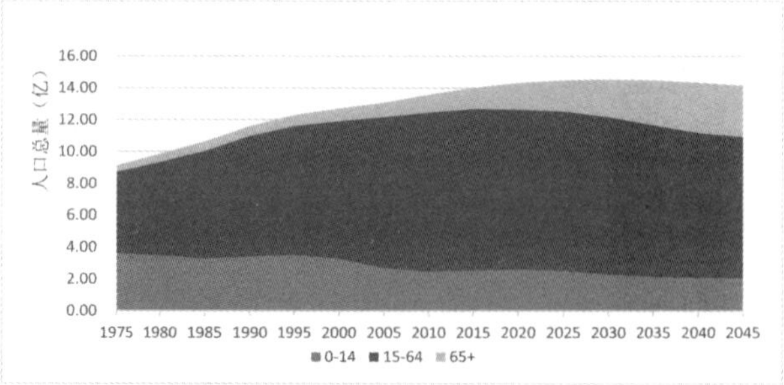

图 7 预测中国人口总量（1975—2045）

从图 8 可以看出，65 岁以上人口占比逐渐增加，而 14 岁以下人口占比逐渐缩小，我国老龄化将会越来越严重。1975 年，劳动年龄人口占总人口 56%，65 岁以上人口占总人口 5%；2015 年劳动年龄人口占总人口的比重上升到 72%，65 岁以上人口为 9%；2045 年老龄人口比重上升到 23%，而劳动年龄人口比重下降为 63%。由此可见，中国人口结构将会在未来 30 年之内完成从“人口红利”到“人口负债”的转变。

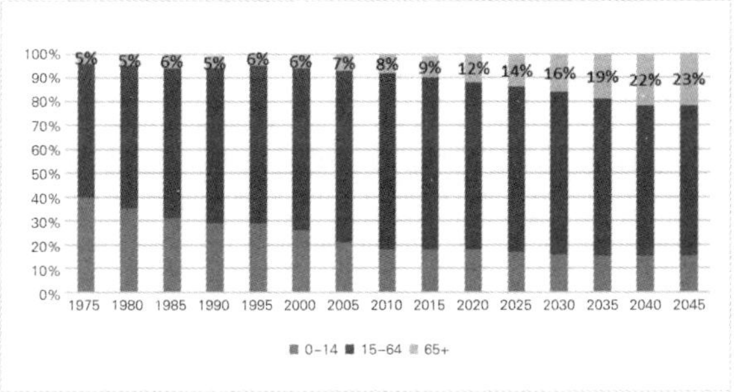

图 8　预测各年龄段人口占总人口比重（1975—2045）

资料来源：United Nations, Department of Economic and Social Affairs, Population Division, *World Population Prospects: The 2012 Revision*, 2013。

老龄化并不是中国独有的问题，发达国家也普遍存在。发达国家大多用 45 年以上的时间来实现 65 岁以上人口占总人口的比重从 7% 上升到 14%，其中，法国所花的时间是 130 年，瑞典 85 年，澳大利亚和美国 79 年左右。尽管发达国家都面临着人口老龄化对经济增长和养老保障制度的挑战，各国在应对老龄化问题上也存在差异。但总体上来说，这些国家由于人均收入已经达到相当高的水平，技术创新也处于前沿水平，因此，主要依靠创新驱动的经济增长仍然是可持续的，迄今也足以应对老龄化危机。①

与发达国家不同的是，中国老龄化进程超前于社会经济的发展。中国通过计划生育政策只用了近 30 年就完成了老龄化进程，是目前唯一一个以较低收入进入老年型人口结构的大国。② 我国人口老龄化的特殊性在于：老年人口规模大，老龄化速度全面超越世界水平，地区分布和城乡发展不平衡，老龄化超前现代化。③ 发达国家老龄化是在完成经济结构转型的前提下到来的，但我国在出现老龄化的同时，经济基础还较为薄弱，经济结构还处在工业化中

① 蔡昉：《人口转变、人口红利与刘易斯转折点》，《经济研究》2010 年第 4 期。
② 邬沧萍等：《中国特色的人口老龄化过程、前景和对策》，《人口研究》2004 年第 1 期。
③ 郭熙保等：《人口老龄化对中国经济的持久性影响及其对策建议》，《经济理论与经济管理》2013 年第 2 期。

期阶段的水平，结构转型还远远没有完成，因此呈现“未富先老”情形。

2. 中国加速人口转型的模型解释

要进一步理解人口老龄化对经济发展的影响，我们有必要对统一增长理论模型作一些补充。

（1）计划生育对经济发展的促进。统一增长理论中 L 代表 t 时刻成年人（全部参与劳动）数量，n 代表一个成年人新生小孩的数量，也就是人口增长率。中国在刚进入后马尔萨斯时期时实行了计划生育政策，人为地降低了出生率。假定劳动人口不变，统一增长理论中子女教育水平 e_t 和技术进步率 g_t 之间的关系如图 9 所示，模型公式详见前文的（3）式。

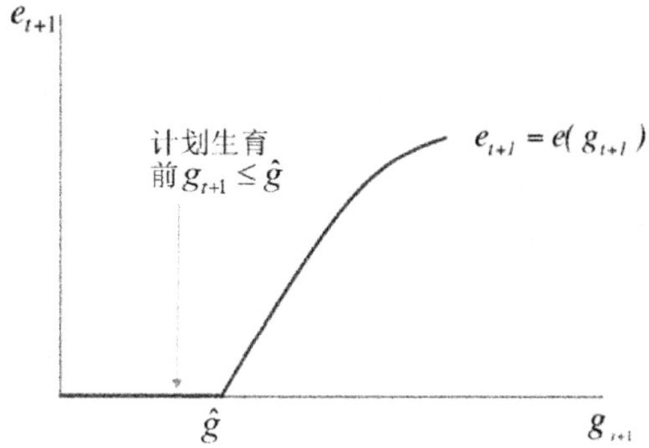

图 9　技术进步率和受教育水平之间的关系

计划生育政策实施时中国还处在工业化初期，$g_{t+1} \leqslant \hat{g}$（技术进步率还处在 $\hat{g}$ 即产生人力资本需求的最低技术进步率以下），人力资本对生产贡献很小，父母对子女教育的需求很低。随后计划生育限制了子女的数量，父母的偏好自然就转到对子女质量进行投资。父母对子女教育 e_t 的投资会导致技术进步率 g_t 的提高。当技术进步率提高到 $g_{t+1} \geqslant \hat{g}$ 时，e_t 和 g_t 之间就会出现正相关关系。随着对教育投资的增加，中国经济开始进入工业化的第二阶段，人力资本开始对生产起到促进作用。这时，技术进步也对教育产生了更大的需求。e_t 和 g_t 的良性互动加速了经济发展，使得人均有效资源 x_0 快速增长到 x_t，导致中国经济的跨越式发展。变化过程由图 10 表示。

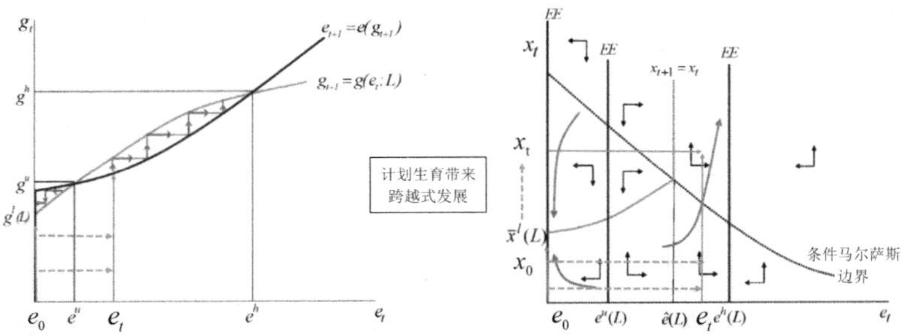

（A）　　　　　　　　　　　　　　（B）

图 10　计划生育对经济增长的促进作用

注：图 B 中向右下倾斜的点状线为有条件的马尔萨斯边界，经济处在马尔萨斯时期和后马尔萨斯时期状态时都在边界以下，突破马尔萨斯时期后处在该边界以上。

教育水平从 e_0 提高到 e_t（图 10A）带来了技术进步率的提高，使得经济体跳出马尔萨斯陷阱，进入持续增长阶段。图 10B 是统一增长理论中受教育水平和人均有效资源之间演化关系的相位图。受教育水平提高促进了经济发展，突破马尔萨斯边界后，人均有效资源相应地从 x_0 提高到 x_t。

（2）老龄化对经济发展带来的挑战。由（3）式可知，技术进步率 g（e_t，L_t）不仅由受教育水平决定，成年劳动人口数量也对其产生相当大的影响。当经济发展到 t+1 时期，人口红利消失，老龄化来临，劳动人口绝对数量将会减少，g_{t+1}曲线向下移动到 g_{t+2}，它的下降将削弱对人力资本的需求，使得父母削减对子女教育的投资，即 $e^h_{t+2} < e^h_{t+1}$。技术进步率和受教育水平的下降最终会导致人均有效资源从 x_{t+1}下降到 x_{t+2}，这就是老龄化对经济发展的影响。

同时，老龄化又分为自发的老龄化和人为加速的老龄化，其形成方式不同对经济绩效产生的影响也大不相同：

其一，自发人口转型引发的老龄化对经济发展的影响。人口自发转型后，老龄化将会导致劳动力人口 L_t 小幅减少到 L_{t+1}。由于 g_{t+2} = g（e_{t+1}，L_{t+1}），劳动人口减少虽然会影响未来技术进步率和教育投资进而影响人均有效资源，但影响不是很大，不会使得经济跌出持续增长阶段。随着经济发展，经济又会复苏到之前的持续增长水平。它对经济发展的影响可由图 11 反映，双向箭头表示经济过程可逆。

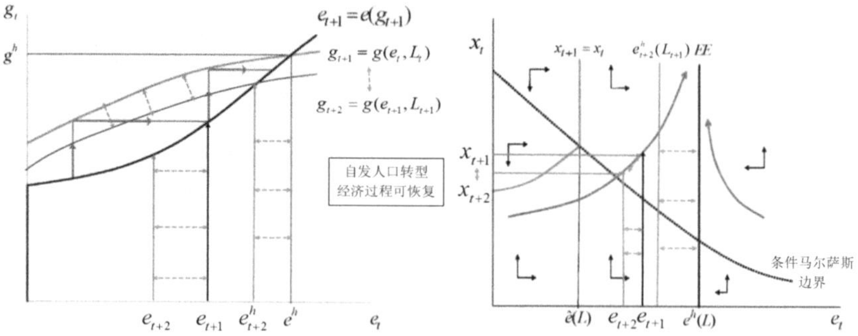

图 11　自发人口转型引发的老龄化对经济绩效的影响

小幅度人口规模减小使得技术进步率从 g_{t+1} 减少到 g_{t+2}，技术进步放慢使教育投资从 e_{t+1} 减少到 e_{t+2}，人均有效资源也从 x_{t+1} 下降到 x_{t+2}。但经济并没有跌出持续增长阶段，随着经济复苏，该过程可逆，经济仍会回到最优的长期均衡状态。

现阶段发达国家的经济增长率不高与人口老龄化有很大关系，但是这些国家已经进入发达阶段，技术进步并未出现衰退，增长率稍低不会使其跌出持续增长阶段。此外，发达国家现代科学技术发展迅猛，大大抵消了人口老龄化和人口停滞或减少带来的不利影响，这种情况反映在图形上表现为技术进步曲线 g_{t+2} 的斜率变得更大了，使其均衡点往右移动。

其二，人为加速人口转型对经济发展的影响。通过人为加速完成人口转型后，若长期坚持计划生育政策，那么成年劳动力 L_t 将会出现持续的负增长，这将导致技术进步率持续下降。一旦技术进步率下降到保持持续增长的最低门槛以下，即 $g_{t+1}\leq\hat{g}$，经济将会陷入发展陷阱，若没有外部冲击，它将很难重新回到持续增长阶段。长期人口下降的动态过程由图 12 表示。

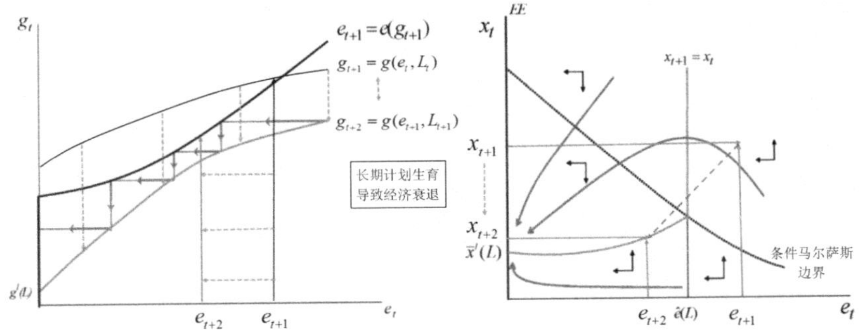

图 12　人为加速人口转型对经济绩效的影响

大幅度人口规模减小使得技术进步率从 g_{t+1} 减少到 g_{t+2}，当 $g_{t+2} \leqslant \hat{g}$ 时，经济跌出持续增长阶段，开始出现长期衰退。此时，技术进步放慢使教育投资从 e_{t+1} 减少到 e_{t+2}，教育与技术进步率之间的正向关系消失，人均有效资源也从 x_{t+1} 下降到 x_{t+2}。对于一个人口数量持续减少的国家而言，该过程不可逆。

中国通过计划生育政策来加速人口转型，在未进入发达阶段就出现了人口老龄化，人为超速进入老龄化时的技术进步率低于自发进入老龄化时的技术进步率。老龄化来临时，给定同样降幅的技术进步率，人为加速的中国也就更容易跌出持续增长阶段。因此，中国可能会因老龄化掉入中等收入陷阱，从而难以进入高收入阶段。

应对超前人口转型问题的对策思路

为了减缓老龄化带来的经济衰退，保持持续经济增长，我国的人口政策应该做相应调整。

通过对统一增长理论模型的补充分析我们可以看出：短期的一胎化政策可加快经济转型速度，使得“人口红利”提前到来；但是长期实施一胎化政策将导致老龄化越来越严重，从而导致经济衰退。人口问题有一定的惯性，

“一胎化”一旦成为社会习惯，生育率将会很难再提高。现今抚养一个孩子的成本已经成为家庭中最主要开支，很多普通家庭无力负担多子女抚养成本。而且，统一增长理论告诉我们，放松“一胎化”政策不会引起人口出生率的猛增，随着经济的发展，人们会更加偏好子女的质量而不是数量。因此，放松一胎化政策将不仅可减轻人口抚养负担，而且可拉动内需，对经济增长有促进作用，尽快放松一胎化政策是缓解人口老龄化等问题的必要前提。

另外，应当大幅度增加对教育和健康的投资，提高全社会人力资本存量，提高劳动生产率。人力资本是提高生产率的决定性因素，是经济可持续发展的重要基础。人力资本同物质资本一样存在边际收益递减的性质①，而中国目前还处于发展阶段，教育基础相对发达国家还是较为薄弱。因此，增加人力资本投资，提高全社会人力资本存量，是增强中国未来创新能力的战略性举措。现阶段我国教育资源和社会资源普遍向大中型城市集中，农村师资数量和质量都相当薄弱，加之农村家庭收入相对较低无力负担高额学费，致使农村青少年不得不放弃接受更好更多教育的机会。我国应把教育资源更多地投向贫困地区和低收入家庭，只有这样才能使整个社会的人力资本快速提高，以抵消人口结构老化和人口数量减少所造成的技术进步率下降。

（原载《江海学刊》2015 年第 1 期）

① 郭熙保、习明明：《人力资本边际收益递减、后发优势与经济增长——基于国家间面板数据的实证分析》，《世界经济研究》2012 年第 4 期。

长江经济带发展潜力与两岸合作机会

魏后凯

长江经济带以长江“黄金水道”为骨架和纽带，从东到西横跨上海、江苏、浙江、安徽、江西、湖北、湖南、重庆、四川、贵州、云南11个省市，土地面积约205万平方公里，2014年地区生产总值（GRP）占全国（未包括港澳台，下同）的41.6%[①]，出口总额占45.8%，承载人口5.84亿，占全国的42.7%。建设长江经济带是当前中国正在实施的“三大战略”之一。很明显，在当前中国经济进入以“增速减缓、结构优化、动力多元、质量提升”为基本特征的新常态发展阶段的背景下，长江经济带将成为继沿海经济带之后主导中国经济持续快速发展的核心支撑带，其在未来中国“协调东中西、统筹南北方”大战略中处于枢纽地位。长江经济带的崛起将为中国经济长期保持中高速增长奠定坚实的基础。

长江经济带战略提出的背景和过程

早在20世纪80年代中期，陆大道就提出把沿海地区和沿江地区作为全国国土开发和生产力布局主轴线的“T”字形战略构想。[②] 1985—1987年国家计委组织编制的《全国国土总体规划纲要（草案）》吸纳了这一思想，明确提出“在生产力总体布局方面，以东部沿海地带和横贯东西的长江沿岸相结

① 由于多方面原因，全国31个省、自治区、直辖市GRP加总数远高于国家统计局发布的GDP总数。这里按长江经济带GRP占31个省、自治区、直辖市加总数的比重计算。下同。

② 陆大道：《2000年我国工业生产力布局总图的科学基础》，《地理科学》1986年第2期。

合的'T'型结构为主轴线"①。虽然该规划由于多方面原因未上报国务院正式批准实施，但它对后来中国国土开发和生产力布局产生了深远的影响。

20世纪90年代，长江经济带被正式纳入国家发展战略框架。1992年6月，国务院召开长江三角洲及长江沿江地区经济规划座谈会，提出了加快长江三角洲及长江沿江地区开发和经济发展的战略构想。1992年10月，党的十四大提出了"以上海浦东开发为龙头，进一步开放长江沿岸城市，尽快把上海建成国际经济、金融、贸易中心城市之一，带动长江三角洲和整个长江流域地区经济的新飞跃"的长江流域开发思路。1995年9月，《中共中央关于制定国民经济和社会发展"九五"计划和2010年远景目标的建议》明确提出，要推动形成"以上海为龙头的长江三角洲及沿江地区经济带"。1996年3月，国家"九五"计划又提出，长江三角洲及沿江地区要"以浦东开放开发、三峡建设为契机，依托沿江大中城市，逐步形成一条横贯东西、连接南北的综合型经济带"。

自2011年以来，中国经济增长速度逐步放缓，连续3年GDP增速在8%以下，2012—2014年平均为7.6%，已经结束了高速和超高速增长的时代。在这种情况下，中国经济要寻求持续快速增长，必须培育新的增长极和增长带。长江经济带就是这种能够支撑未来中国经济持续快速发展的新增长带。2012年12月，李克强在江西九江主持召开长江沿线部分省份及城市负责人参加的区域发展与改革座谈会上指出，要"保持我国经济持续健康发展，中西部回旋余地和发展空间更大，沿江地带是重要的战略支点"。2013年9月，李克强又做出批示，提出"依托长江这条横贯东西的黄金水道，带动中上游腹地发展，促进中西部地区有序承接沿海产业转移，打造中国经济新的支撑带"。2014年政府工作报告进一步明确提出："依托黄金水道，建设长江经济带。"这意味着长江经济带被再次纳入国家发展战略框架，并正式提升为国家战略。2014年6月，李克强主持召开国务院常务会议，部署建设综合立体交

① 陆大道：《建设经济带是经济发展布局的最佳选择——长江经济带经济发展的巨大潜力》，《地理科学》2014年第7期。

通走廊、打造长江经济带。

经过大量的前期研究和多次讨论修改，2014 年 9 月国务院发布《关于依托黄金水道推动长江经济带发展的指导意见》，明确了长江经济带的战略定位和总体发展思路，提出依托长江黄金水道，把长江经济带建设成为具有全球影响力的内河经济带、东中西互动合作的协调发展带、沿海沿江沿边全面推进的对内对外开放带、生态文明建设的先行示范带，同时以附件的形式公布了《长江经济带综合立体交通走廊规划（2014—2020 年）》。此后，四川、重庆、安徽、江苏、江西、湖南、湖北、上海等省市纷纷响应，先后出台了推进长江经济带建设实施意见。在 2014 年中央经济工作会议上，中共中央明确提出重点实施“一带一路”、京津冀协同发展、长江经济带三大战略。为推动长江经济带建设，2015 年初国务院成立了推动长江经济带发展领导小组，由张高丽任组长。

作为推动长江经济带建设的重要战略举措，继先期批复的《长江三角洲地区区域规划》（2010 年）和《成渝经济区区域规划》（2011 年）之后，2015 年 3 月国务院又批复了国家发展改革委报送的《长江中游城市群发展规划》，提出把长江中游城市群建设成为长江经济带重要支撑、全国经济新增长极和具有一定国际影响的城市群。2015 年 5 月，国家发展改革委印发了《长江经济带综合立体交通走廊建设中央预算内投资安排工作方案》，明确从中央预算内投资中设立专项，在2015—2020 年间对长江经济带综合立体交通走廊相关项目建设给予补助。2015 年的补助标准以总投资扣除征地拆迁费用为计算基数，东部地区项目按 15%、中部地区项目按 20%、西部地区项目按 25%的标准予以补助。2015 年 6 月，国家发展改革委又发布了《关于建设长江经济带国家级转型升级示范开发区的实施意见》，提出以长江经济带国家级、省级开发区为载体开展国家级转型升级示范开发区建设工作。目前，由国家发展改革委组织编制的《长江经济带发展规划纲要》已上报国务院，即将批复实施。

长江经济带发展变迁及空间分异

长江经济带被称为“龙的脊梁”，在中国经济中一直占有十分重要的地位。在改革开放之前，尽管长江经济带GRP占全国的比重出现了较大波动，但均在41%以上，1952—1978年平均为43.1%（见图1）。然而，自改革开放以来，虽然长江沿线地区被作为全国国土开发和生产力布局的主轴线，但整个长江经济带GRP占全国的比重却在小幅波动中不断下降，由1979年的44.6%下降到2008年的39.9%，减少了4.7个百分点。这说明，改革开放后相当长一段时间内，在全国经济高速增长的宏观背景中，长江经济带处于相对衰退之中，其在全国的地位明显下降。之所以会出现这种情况，主要是在国家战略布局中，国家开发开放的重心主要集中在沿海经济带，而对长江经济带没有给予足够的重视。20世纪80年代提出的“T”形主轴线布局构想，虽然被吸纳进《全国国土总体规划纲要（草案)》，但由于该规划未正式批准实施，因而更多停留在学术探讨和规划层面。

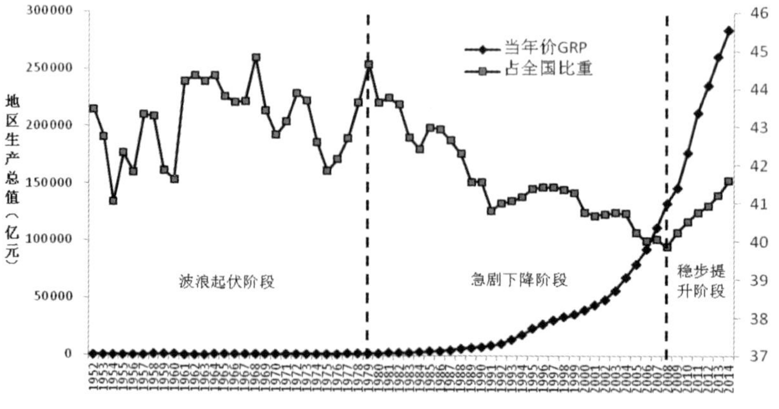

图1 长江经济带GRP及其占全国的比重

资料来源：根据《新中国60年统计资料汇编》、各地区统计年鉴和《中国统计摘要》(2015）计算。

2008 年是一个重要的转折点。随着西部大开发战略和促进中部崛起战略的深入实施，长江中上游地区经济增速明显加快，开始进入高速增长的快车道。在这一背景下，长江经济带 GRP 占全国的比重开始趋于上升，到 2014 年已提升到 41.6%，比 2008 年增加了 1.7 个百分点。当然，这一时期长江经济带在全国经济地位的提升，也与国家对长江经济带的高度重视密切相关。这期间国家先后批复了《江苏沿海地区发展规划》《鄱阳湖生态经济区规划》《皖江城市带承接产业转移示范区规划》《长江三角洲地区区域规划》《浙江海洋经济发展示范区规划》《成渝经济区区域规划》《洞庭湖生态经济区规划》《长江中游城市群发展规划》，并批准设立了重庆两江新区、贵州贵安新区、湖南湘江新区等。总体上看，新中国成立以来长江经济带经济地位的变化，大体可以分为波浪起伏（1952—1978 年）、急剧下降（1979—2008 年）和稳步提升（2008 年之后）三个阶段。目前，长江经济带已经进入了持续快速增长的“大发展”时期。

为了反映长江经济带的内部空间分异，我们计算了新中国成立以来长江经济带省际和上中下游之间人均 GRP 的泰尔系数。泰尔系数最早由泰尔提出[①]，是衡量地区差异和空间不平等的重要指标。从省际差异看，改革开放之前，尽管泰尔系数出现较大波动，但总的趋势是不断增加的（见图 2）。这说明，改革开放之前长江经济带的省际差异在不断扩大。自改革开放以来，长江经济带人均 GRP 省际差异在 1978 年至 1990 年曾出现大幅缩小，泰尔系数从 0.2322 下降到 0.1023，但 1990 年至 2003 年又开始趋于扩大，此后开始出现逐步缩小的趋势。从 2003 年到 2013 年，长江经济带省际人均 GRP 泰尔系数从 0.182 下降到 0.0876，下降了 51.9%。很明显，近年来长江经济带省际差异的缩小主要是长江三角洲地区经济增速放缓，而其他省份经济增速加快的结果。在 2005—2014 年间，上海 GRP 年均增长 9.8%，浙江为 10.5%，江苏为 12.1%，而除云南外，其他省份均高于 12.1%，重庆则高达 14.0%

① Theil, H., *Economics and Information Theory*, Amsterdam: North - Holland, 1967.

(见表1)。尤其是在2012—2014年间，随着中国经济进入中高速增长的新常态，上海、浙江的增速已经下降到8%以下，江苏也只有9.5%，而其他省份仍保持两位数高速增长态势，平均增速均在10%以上，重庆和贵州则高达12.3%。

图2　长江经济带人均GRP泰尔系数的变化

注：2000年以前人均GRP按户籍人口计算，2000年及之后按常住人口计算。

资料来源：根据《新中国60年统计资料汇编》和各地区统计年鉴计算。

表1　近年来长江经济带主要经济指标变化

		GRP年均增速（%）		2014年人均GRP（美元）	工业增加值比重（%）			城镇化率（%）		
		2005—2014年	2012—2014年		2010年	2014年	年均变化	2010年	2014年	年均变化
长江经济带		11.9	9.7	7931	43.2	40.1	-3.1	48.71	54.24	1.38
省份	上海	9.8	7.4	15847	38.1	31.3	-6.8	89.30	89.60	0.07
	江苏	12.1	9.5	13328	46.5	41.7	-4.8	60.58	65.21	1.16
	浙江	10.5	7.9	11878	45.7	41.7	-4.0	61.62	64.87	0.81
	安徽	12.3	10.6	5604	43.8	46.0	2.2	43.01	49.15	1.54
	江西	12.2	10.3	5643	45.4	44.5	-0.9	44.06	50.22	1.54
	湖北	12.6	10.4	7671	42.1	40.2	-1.9	49.70	55.67	1.49
	湖南	12.6	10.3	6558	39.3	39.7	0.4	43.30	49.28	1.50
	重庆	14.0	12.3	7791	46.7	36.3	-10.4	53.02	59.60	1.65
	四川	12.7	10.4	5719	43.2	43.5	0.3	40.18	46.30	1.53
	贵州	12.8	12.3	4297	33.0	34.0	1.0	33.81	40.01	1.55
	云南	11.4	11.0	4438	36.0	30.4	-5.6	34.70	41.73	1.76

续　表

		GRP 年均增速（%）		2014 年人均 GRP（美元）	工业增加值比重（%）			城镇化率（%）		
		2005—2014 年	2012—2014 年		2010 年	2014 年	年均变化	2010 年	2014 年	年均变化
按上中下游划分	下游	11.3	8.9	11085	44.5	40.7	-3.8	59.06	63.37	1.08
	中游	12.5	10.3	6678	41.8	41.0	-0.8	45.69	51.70	1.50
	上游	12.7	11.2	5456	41.3	38.0	-3.3	39.64	46.10	1.62
按三大地带划分	东部	11.1	8.6	13192	44.6	39.8	-4.8	65.18	68.81	0.91
	中部	12.5	10.4	6390	42.2	42.1	-0.1	44.99	51.03	1.51
	西部	12.7	11.2	5456	41.3	38.0	-3.3	39.64	46.10	1.62

注：东部包括上海、江苏、浙江，中部包括安徽、江西、湖北、湖南，西部包括重庆、四川、贵州、云南。

资料来源：根据《中国统计年鉴》（2010）和《中国统计摘要》（2015）计算。

长江经济带横贯东西，是连接东中西三大地带和沟通南北方的重要纽带。为了反映长江经济带的东西空间分异，我们采用地理学方法，将经济带划分为上游、中游和下游地区。其中，下游地区包括上海、江苏、浙江和安徽，中游地区包括江西、湖北、湖南，上游地区包括重庆、四川、贵州和云南。总体上看，长江经济带上中下游地区间人均 GRP 差异要小于省际差异，变动幅度也相对小些。从变动趋势看，新中国成立一直到 1991 年，长江经济带上中下游地区间人均 GRP 泰尔系数在波动中大体趋于稳定，之后上中下游地区间差异开始出现不断扩大的趋势，这种状况直到 2005 年才得到根本扭转。自 2005 年以来，随着西部大开发和促进中部崛起战略取得实效，长江中上游地区经济增速不断加快，上中下游地区间人均 GRP 差异开始逐步缩小。需要说明的是，虽然安徽在地理上被划入下游地区，但其发展水平和经济特点与中上游地区十分相似。因此，从地理学角度的上中下游划分方法，实际上低估了长江经济带发展水平的东西差异。如果按照东中西三大地带进行划分，长江经济带发展的东西差异要大得多。2014 年，长江经济带下游地区人均 GRP 是上游地区的 2.03 倍，而东部地区则是西部地区的 2.42 倍（见表 1）。而且，随着长江经济带西部地区经济发展的加快，中部和西部地区的发展水平日益接近，过去典型的“三级阶梯”结构正日益被“两级阶梯”的二元结构所取代。在这种二元结构中，长江三角洲地区发展水平较高，处于支配和控制的中心地位，而其他地区发展水平较低，属于被支配和被控制的外围地区。

值得注意的是，早在1992年，国家设立了浦东新区，并希望通过浦东的开发开放来带动上海、长江三角洲继而整个长江经济带尤其是中上游地区的发展。然而实际上，在20世纪90年代和“十五”时期，浦东的开发开放虽然带动了上海和长江三角洲地区的发展，但它对长江中上游地区的带动作用非常有限。之所以如此，主要有两方面的原因：一方面，这期间国家把开发开放的重点仍然放在长江下游地区，尤其是长江三角洲地区；另一方面，上海离中上游地区的空间距离较远，在距离衰减效应作用下，浦东的开发开放很难辐射带动整个中上游地区的发展。其结果，在改革开放以来较长一段时间内，长江中上游地区出现了被“边缘化”的趋势，其与下游地区之间的差距在不断扩大。① 显然，要缩小这种差异，关键在于加快中上游地区发展的步伐。

长江经济带的发展潜力与空间战略

自改革开放以来，中国经济的持续高速增长主要是依靠沿海地区的高速增长来拉动的。按照1978年不变价格计算，在1979—2013年间，沿海经济带对各地区GRP增长的贡献率达到60.4%。从图3中可以看出，自20世纪60年代中后期以来，沿海经济带GRP占全国的比重一直在不断提升，从1967年的48.4%提高到2003年的61.4%，增加了13.0个百分点。经过改革开放以来三十多年的大规模开发建设，目前沿海经济带已经成为主导中国经济增长的核心支撑带。然而，随着发展基数的提高和转型升级压力的加大，近年来沿海地区经济增速开始放缓，其GRP占全国的比重逐步下降。2012—2014年，沿海经济带GRP年均增速已下降到8.8%，比长江经济带低0.9个百分

① 魏后凯、蒋媛媛：《长江流域地区开发规划：现状与展望》，《学习与实践》2009年第11期。

点，更远低于长江中上游地区（见表1）。沿海经济带GRP占全国的比重也由2006年的61.4%下降到2014年的57.6%。在中国经济进入新常态发展阶段后，要保持有质量的中高速增长，单纯依靠沿海地区已经远远不够，急需在中西部和东北地区培育新的国家级增长极和经济支撑带，推动形成多中心网络开发的新格局。①

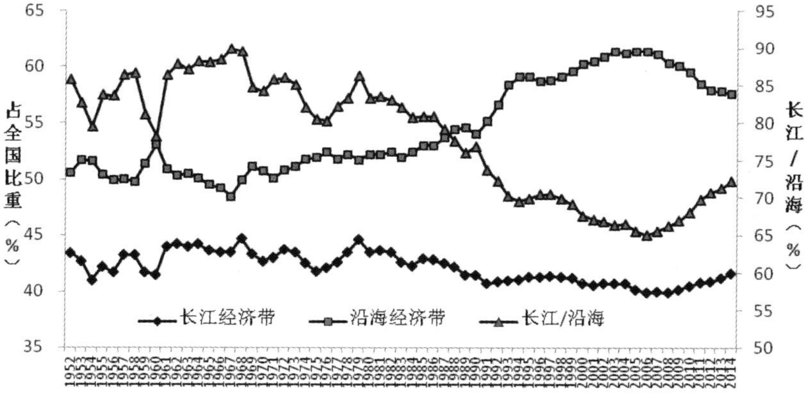

图3　长江经济带和沿海经济带GRP占全国比重的变化

注：沿海经济带指沿海12个省市区，包括北京、天津、河北、辽宁、山东、上海、江苏、浙江、福建、广东、广西、海南。

资料来源：根据《新中国60年统计资料汇编》、各地区统计年鉴和《中国统计摘要》（2015）计算。

长江经济带交通区位优越，基础条件较好，发展潜力巨大，有条件建设成为继沿海经济带之后又一条支撑中国经济持续快速发展的新增长带。第一，长江经济带依托长江“黄金水道”，交通便利，人口、产业和城镇密集，要素组合较好，具备大规模开发建设的基础条件。目前，中国大多数城市均面临缺水问题，而长江流域水资源丰富，长江航运能力相当于40条铁路，这就为临江现代化大工业发展和城镇建设创造了有利条件。第二，作为长江经济带

① 魏后凯：《新时期我国国土开发的新方略》，《绿叶》2009年第9期；魏后凯：《建设长江经济带及重庆应对策略》，《改革》2014年第6期。

的主体部分，安徽及中上游地区现有发展水平较低，未来经济发展的潜力巨大，有条件建设成为拉动中国经济增长的发动机。2014 年，长江经济带中部和西部地区人均 GRP 分别只有东部地区的 48% 和 41%，城镇化率也分别低 17.8 个和 22.7 个百分点。较低的发展水平也预示着其发展潜力所在。第三，在中国经济进入新常态发展阶段后，尽管全国经济增速已逐步放缓，由高速增长向中高速增长转变，但长江经济带中西部省份因发展水平低，目前大多处于工业化和城镇化“双加速”阶段，预计在今后一段时期内，仍将呈现出高速增长的态势。在“十二五”时期，长江中上游地区经济增长速度和城镇化速度均远高于下游地区（见表 1）。需要指出的是，近年来云南等地工业增加值比重的下降，是在缺乏制造业强力支撑的情况下第三产业快速发展的结果。这与长江三角洲地区工业增加值比重的下降是截然不同的，前者是工业化滞后的表现，而后者则是逆工业化的结果。第四，近年来长江经济带经济快速增长，2012—2014 年 GRP 增速达到 9.7%，尤其是长江中上游地区均呈现出两位数的高速增长，长江三角洲地区近年来经济转型升级的步伐也在逐步加快。这表明，长江经济带已经呈现出良好的快速增长势头。

由此可见，长江经济带的发展空间和巨大潜力主要在中上游地区。加快长江经济带建设，必须在继续抓好下游转型升级的基础上，把着重点放在中上游地区，促进上中下游地区协调发展、共同繁荣。

首先，实行上中下游联动。上中下游联动是促进流域经济带协同发展和一体化的关键。要打破地区分割，强化分工合作，通过上中下游联动，推动下游资金、人才、技术等要素向中上游流动，推动下游产业向中上游有序转移，由此形成上中下游协调发展、共同繁荣的局面。只有这样才能防止中上游地区被“边缘化”，推动长江经济带形成全面发展、共同繁荣的新格局。当然，对中上游地区而言，要实现共同发展的目标，还必须加快转型升级的步伐，而不能单纯依靠承接下游的产业转移。在新一轮科技革命浪潮下，单纯的梯度推进思路将不利于中上游地区的发展。

其次，建设三大国家中心城市。从功能定位和综合实力看，上海理所当然是长江经济带的“龙头”。但是，长江经济带东西延绵数千公里，即便是“龙抬头”，也未必能够摆动整个“龙身”和“龙尾”。上海作为“龙头”的作用，更多是发挥引领、示范和标杆作用。这样就需要在中游的“龙身”和上游的“龙尾”，分别将武汉和重庆培育发展成为国家中心城市，使之成为辐射带动中上游地区发展的极核。其中，上海既是整个长江经济带的“龙头”，也是长江下游地区的极核，而武汉是长江中游地区的极核，重庆是长江上游地区的极核。这三大极核均应培育建设成为国家中心城市。目前上海和重庆已经明确为国家中心城市，而武汉还没有得到国家认可。现有 5 个国家中心城市主要集中在沿海和西南，从促进中部崛起和辐射带动长江中游地区的角度看，当前应把武汉明确为国家中心城市，以便加快推进长江中游城市群建设。这样通过三个极核的互促互补和辐射带动，推动长江上中下游三大“板块”协同发展。

最后，积极培育三级城市群。长江经济带是由众多城市群串联而成的城镇密集带。目前国家已经确定了“三大两小”的城市群配置格局。“三大”是指长江三角洲、长江中游和成渝三个跨区域城市群，“两小”是指滇中、黔中两个区域性城市群。从长远发展看，长江经济带要重点培育三级城市群体系：一是世界级城市群，包括长江三角洲城市群和长江中游城市群。其中，长江三角洲城市群在 2020 年前，长江中游城市群在 2030 年前，均有条件培育建设成为世界级的城市群。在长江三角洲城市群，除了发挥好上海的“龙头”作用外，还要强化南京和杭州的副中心作用，积极培育新的经济增长轴，构建多中心、网络化的协同发展格局。二是国家级城市群，包括成渝城市群和江淮城市群。过去有人主张将江淮城市群纳入长江中游城市群[①]，也有人主张将安徽纳入长江三角洲城市群。事实上，从空间范围和经济联系看，目前江淮城市群是相对独立的，有条件建设成为国家级城市群，尽管某些城市有可能纳入长江三角洲城市群范围。三是区域级城市群，包括滇中城市群、黔

① 张雅杰等：《基于 ESDA - GWR 多变量影响的经济空间格局演化——以长江中游城市群为例》，《经济地理》2015 年第 3 期。

中城市群和三峡城市群，其核心城市分别是昆明、贵阳和宜昌。过去，不少学者均把宜荆荆（宜昌、荆州、荆门）纳入长江中游城市群的范围①，国务院颁布的《长江中游城市群发展规划》也将宜荆荆包括在长江中游城市群之中。但是，从长远发展看，为了推动三峡经济区的建设，将以宜昌为中心的三峡城市群建设成为相对独立的区域性城市群，是很有必要的，也是具备条件的。

长江经济带建设中的两岸合作机会

长江经济带作为引领中国经济持续快速发展的重要支撑带，其开发建设将给海峡两岸带来诸多合作机会。这种合作机会将是全方位的，不仅体现在投资和经贸方面，也体现在科技教育、文化旅游、人员交流等诸多领域。依托长江经济带战略的实施，加强海峡两岸全方位合作，携手推进长江经济带建设，将有利于在海峡两岸形成一种利益共同体，从而开创互利共赢的新局面。

台湾地区与长江经济带在要素组合和优劣势方面具有互补性。台湾地区经济发展水平较高，资本和技术力量雄厚，管理经验丰富，拥有一批著名品牌，但岛内资源匮乏，要素成本高，发展空间受限；而长江经济带尤其是中上游地区地域辽阔，劳动力充足，水资源、清洁能源、矿产、生物资源丰富，要素成本较低，但发展基础薄弱，资金、技术和人才的制约未得到根本解决。因此，加强双方的投资和经贸合作，将是海峡两岸合作的主体，其发展潜力巨大。

台商对大陆的投资早期高度集中在粤闽地区。自 20 世纪 90 年代以来，台商在大陆的投资出现了明显的“北上”趋势。② 这里所指的“北上”，主要是从粤闽地区向长江三角洲地区转移，江苏、上海和浙江相继成为台商在大

---

① 秦尊文：《论长江中游城市群的构建》，《江汉论坛》2010 年第 10 期；魏后凯、成艾华：《携手共同打造中国经济发展第四极——长江中游城市群发展战略研究》，《江汉论坛》2012 年第 4 期。

② 晁罡、熊吟竹：《台商在大陆投资的区域和产业分布特征分析》，《华南理工大学学报》（社会科学版）2013 年第 5 期。

陆的重要投资区位。根据台湾地区“经济部”投资审议委员会公布的数据，台商在粤闽地区的投资，1991 年曾占台商在大陆投资总额的 74.2%，之后该比重不断下降，2012 年已降到 19.7%。相反，台商在长江三角洲地区投资所占比重，则由 1991 年的 14.1% 迅速提高到 2005 年的 64.1%。近年来，台商在长江三角洲地区投资的比重已出现下降趋势，而在粤闽地区投资的比重出现了一定回升（见图 4）。与外商在华投资区位变迁不同的是，台商投资在由粤闽地区向长江三角洲地区大规模转移后，并没有继续“北上”，迄今为止台商在京津冀地区投资所占比重仍然很低，其他沿海地区也没有得到台商的青睐。倒是在国家政策的引导下，台商在中西部地区投资的比重明显增加，由 2000 年的 1.8% 迅速提高到 2014 年的 21.5%。这说明，随着西部大开发、振兴东北地区等老工业基地和促进中部崛起战略的实施，近年来台商在大陆投资已经出现了明显的“西进”趋势。

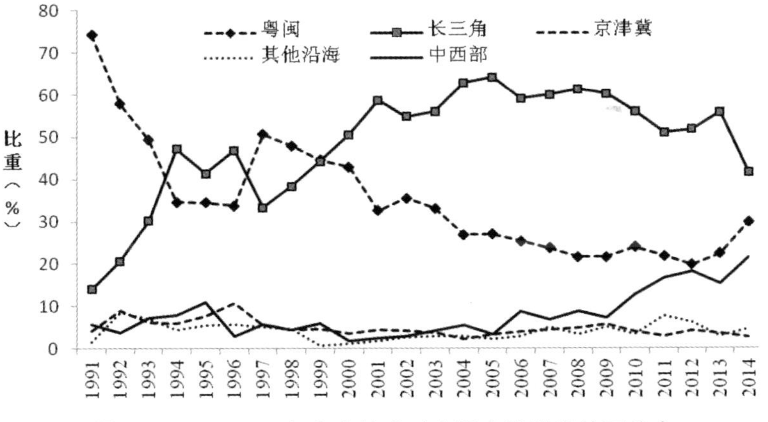

图 4　1991—2014 年台商核准对中国大陆投资地区分布

资料来源：台湾地区“经济部”投资审议委员会。

由于长江经济带的诸多优势和巨大潜力，自 20 世纪 90 年代以来，台商在长江经济带的投资规模迅速扩大，所占比重急剧增加，由 1991 年的 15.2% 提高到 2004 年的 66.8%（见表 2）。之后，长江经济带台商投资占台商在大陆投资的比重均维持在 60% 以上，2014 年略微下降到 57.6%。然而，从上中下游的分布看，台商在长江经济带的投资高度集中在下游地区，这种情况直到最近几年才有一定改变。自2009年以来，台商在长江经济带的投资总额中，中游地区所占比重已由2.7%增加到2014年的7.0%，上游地区则由2.7%增加到18.6%。从投资领域看，目前台商在长江经济带的投资高度集中在制造业、金融及保险业、批发及零售业、不动产业。2014年，这四大行业合计占93.7%，其中，制造业占64.7%，金融及保险业占13.8%，批发及零售业占11.0%，不动产业占4.3%。

表2　　1991—2014年台商核准对中国大陆投资情况

年度	总计（万美元）	沿海经济带		长江经济带		长江经济带上中下游分布					
		金额（万美元）	所占比重（%）	金额（万美元）	所占比重（%）	金额（万美元）			分布（%）		
						下游	中游	上游	下游	中游	上游
1991	17415.8	16413.1	94.2	2651.8	15.2	2459.1	175.7	17.0	92.7	6.6	0.6
1992	24699.2	23759.7	96.2	5966.9	24.2	5119.5	804.8	42.6	85.8	13.5	0.7
1993	316841.1	293785.8	92.7	113041.2	35.7	97943.6	7717.4	7380.2	86.6	6.8	6.5
1994	96220.9	88583.6	92.1	50563.4	52.5	45636.4	1469.3	3457.7	90.3	2.9	6.8
1995	109271.3	97313.4	89.1	53477.4	48.9	45288.8	6154.6	2034.0	84.7	11.5	3.8
1996	122924.1	119335.3	97.1	60961.3	49.6	57693.5	1913.3	1354.5	94.6	3.1	2.2
1997	433431.3	408836.4	94.3	165863.6	38.3	144883.4	13653.1	7327.1	87.4	8.2	4.4
1998	203462.1	194353.5	95.5	85668.2	42.1	79061.9	4025.2	2581.1	92.3	4.7	3.0
1999	125278.0	117910.8	94.1	61271.8	48.9	55399.2	2012.2	3860.4	90.4	3.3	6.3
2000	260714.2	256079.5	98.2	136210.9	52.2	133234.7	279.4	2696.8	97.8	0.2	2.0
2001	278414.7	271324.7	97.5	169714.7	61.0	163206.8	4240.2	2267.7	96.2	2.5	1.3
2002	672305.8	652728.8	97.1	385473.4	57.3	372746.4	6098.3	6628.7	96.7	1.6	1.7
2003	769878.4	737083.7	95.7	457571.5	59.4	432510.6	18150.4	6910.5	94.5	4.0	1.5
2004	694066.3	656121.6	94.5	463778.6	66.8	437927.7	15813.3	10037.6	94.4	3.4	2.2
2005	600695.3	580086.6	96.6	400818.9	66.7	386413.1	9662.5	4743.3	96.4	2.4	1.2
2006	764233.5	697020.7	91.2	510670.9	66.8	454068.8	7255.3	49346.7	88.9	1.4	9.7
2007	997054.5	928132.3	93.1	638990.3	64.1	601492.9	26011.3	11486.0	94.1	4.1	1.8

续　表

年度	总计（万美元）	沿海经济带		长江经济带		长江经济带上中下游分布					
		金额（万美元）	所占比重（%）	金额（万美元）	所占比重（%）	金额（万美元）			分布（%）		
						下游	中游	上游	下游	中游	上游
2008	1069139.0	974713.1	91.2	721150.9	67.5	661119.3	38504.8	21526.8	91.7	5.3	3.0
2009	714259.3	662015.0	92.7	460960.4	64.5	436152.8	12361.7	12446.0	94.6	2.7	2.7
2010	1461787.2	1277136.2	87.4	965612.9	66.1	833094.4	38595.2	93923.4	86.3	4.0	9.7
2011	1437662.4	1197411.5	83.3	941838.6	65.5	751563.0	41683.6	148591.9	79.8	4.4	15.8
2012	1279207.7	1045987.8	81.8	823202.6	64.4	690057.5	35562.1	97583.1	83.8	4.3	11.9
2013	919009.0	778278.0	84.7	598274.0	65.1	520903.8	30917.0	46453.2	87.1	5.2	7.8
2014	1027657.0	807106.6	78.5	591856.0	57.6	439907.7	41652.0	110296.3	74.3	7.0	18.6
1991—2014	14395628.3	12881517.7	89.5	8865590.3	61.6	7847884.9	364712.8	652992.6	88.5	4.1	7.4

资料来源：台湾地区“经济部”投资审议委员会。

从长远发展看，加强海峡两岸在长江经济带建设中的合作，应注意以下几点：第一，台商在投资区位选择上，不能只局限于长江三角洲地区，而应把投资重点逐步向安徽及中上游地区转移。皖江城市带、长江中游城市群、成渝城市群、黔中城市群、滇中城市群等作为国家重点开发区域，均具有良好的投资机会。第二，在投资领域方面，要进一步加大对台商的开放力度，不断扩大开放领域。在长江经济带建设中，除了制造业、金融及保险业、批发及零售业、不动产业外，基础设施、运输物流、文化旅游、现代农业、医疗养老、科技和信息服务等产业均具有较好的赢利空间。第三，要依托长江经济带主要中心城市和节点城市，发挥两岸各自优势，合作共建台商产业园区，尤其是科技产业园区。在有条件的地方，要加快建设一批国家级台资企业产业转移集聚服务示范区。第四，充分利用长江经济带科教力量雄厚的优势，加强海峡两岸科技教育合作，创建不同形式的教育和研究联盟。2013 年，长江经济带有普通高等学校 1065 所，普通本专科在校学生数达 1048 万人，分别占全国的 42.8% 和 42.5%；R&D 人员全时当量占全国的 44.1%，国内三种专利申请授权数则占56.9%。尤其是上海、武汉、重庆、南京、合肥、成都、长沙等城市，均为全国重要的科教中心。因此，加强海峡两岸的科技和教育合作潜力巨大。此外，长江流域是中华文明的发祥地之一，人文资源丰富，文化底蕴深厚，加强长江经济带与台湾地区的文化交流和合作，不仅意义深远，而且潜力巨大。

（原载《江海学刊》2016年第1期）

新常态下我国经济运行的三个特点和规律

刘志彪

我国经济发展进入新常态之后，经济运行中出现了许多新的问题和矛盾。比如，传统增长动力日渐式微，经济下行压力加大；成本上升太快，实体经济面临困难；化解产能过剩已达成社会共识，但去产能面临诸多难题；去杠杆的进程与稳增长之间发生了较大的冲突和矛盾；房价上涨过快过猛，引发了社会各界对房地产泡沫和经济风险的担忧等。这些问题看似复杂无序，但均可归结为供给侧的结构性问题。以“去产能、去库存、去杠杆、降成本、补短板”为重点任务的供给侧结构性改革，就是要从提高供给质量出发，用改革的办法矫正资源配置结构的扭曲，提高全要素生产率。

有鉴于此，我们依据供给侧结构性改革这一经济政策的主线，把新常态下经济运行的新特点归结为“供与求”“实与虚”“新与旧”这三对主要矛盾，并由此入手对经济热点问题进行较为深入的理论剖析，目的是深入地认识、把握新常态下经济运行的特点和规律。

供与求：五项重点任务联动、破解系列难题

当前，我国经济运行中的供求矛盾，主要不是周期性的总供给和总需求的矛盾，而是供给与需求之间在结构上的适应性和反应能力的矛盾，如普遍的、严重的产能过剩伴随着一些高技术产业产出的供给不足。这不是通过简单地扩张需求、加大货币放水力度就能解决的。解决中长期的结构问题，传

统的凯恩斯主义药方有局限性，根本解决之道在于结构性改革。①

在实践中，一些地方之所以感到去产能、去库存、去杠杆十分艰难，工作千头万绪却无处着力，是因为没有认识到“三去一降一补”这五项供给侧结构性改革的重点任务，是一个必须在中长期内付出巨大努力才能奏效的改革，它既有排序上的轻重缓急，也有内在的相互联系。只有以长远的眼光把五项重点任务联动考虑，才能破解产能过剩等系列难题，实现高水平的市场供求均衡。

一是利用竞争政策化解过剩产能，减少产业内的无效和低端供给。过去我国是短缺经济，在这个条件下扩张产能需要利用产业政策。现在去产能，政策工具不能用反了，应该及时地转换为运用竞争政策。竞争政策保护竞争而不是竞争者，它为市场主体创造公平竞争的市场环境，由此激发市场主体的活力和创造力。② 具体可以通过鼓励企业间的收购兼并去消灭僵尸企业，也可以在竞争中让它们自生自灭，实现市场自动出清。当下的政策取向，要鼓励前者，把对产能过剩企业的补贴，转为对兼并重组方优势企业的补贴；对某些产业重点扶持的政策，也应该由对产能的补助，转变为对消费者和用户的补贴，以培育市场需求、扩大市场竞争和淘汰落后企业。另外，也可以通过建立产能竞争标准，去淘汰落后产能。这是在“去产能”中减少行政干预的好做法。当前去产能实践中，有运用行政手段越演越烈的问题和倾向。其实，不分青红皂白地去产能，往往会反应过度，伤害无辜。较好的办法是把落后产能分为三种，并分类施策：在技术层面，它指以落后技术和工艺装备为基础的生产能力；在市场层面，它指丧失了竞争力的生产能力；在政策层面，它指高耗能、高污染、质量不达标、有安全隐患的生产能力。这样，对前两类落后产能，应该全部交给企业和市场调节。而对第三种落后产能，政府应通过提高环保、能耗、质量、标准、安全等各种准入门槛来完成淘汰目

① 人民日报社经济社会部：《七问供给侧结构性改革——权威人士谈当前经济怎么看怎么干》，人民出版社 2016 年版，第 11 页。

② 吴宏伟、谭袁：《保护竞争而不保护竞争者》，《北方法学》2013 年第 4 期。

标，加强规则意识，减少计划意识；加强选择意识，减少指令意识。这是良性产能治理的要件。

二是因地制宜、因城施策拓宽房地产去库存渠道。当前的房地产市场存在着严重的结构性矛盾。一、二线城市如目前上海、北京和深圳等城市，面临的不是去库存的压力，而是急需通过增加土地供应，补库存来缓解房价过快上涨的压力，迫不得已还必须动用包括限购、限贷等在内的各种行政手段。我国的楼市库存，绝大部分分布在广大三、四线城市和县城，这些地区的楼市泡沫，不是表现为价格上涨过快，而是严重的库存积压，它们才是真正需要去库存的重点地区。由于这些地区就业机会相对缺乏以及它们在基础设施投资、公共服务上与大城市的悬殊差距，目前年轻人口净流出的倾向十分明显，从而导致对住宅的需求相对不足。解决这一难题的关键在于，一方面要发挥基层的聪明才智、积极性和主动性，鼓励各地因城施策、因地制宜，以个性化的办法制定去库存的灵活政策。另一方面，中国的城市化过程，不可能把所有的人口都“引诱”或者“驱赶”到特大城市和大城市去，但是我们却不能人为地压抑人们对大城市公共福利水平的追求。因而最根本的办法，还是要大力建设功能互补、产业协调的连绵城市群落，只有如此才能避免大城市人口不合理地急剧膨胀，避免广大中小城市的凋敝。

三是要围绕去产能坚定地去杠杆，同时围绕融资难、融资贵问题，大力发展直接融资，降低企业负债水平。僵尸企业绝大多数都是靠高信贷杠杆维持生存的，因此去产能就是去杠杆，去杠杆就是加速去产能，就是降低系统性、大规模的金融风险发生的概率。对列入竞争政策要淘汰的落后产能，尤其是僵尸企业，要像中央权威人士所讲的那样，该“断奶”的就“断奶”，该断贷的就断贷，坚决拔掉“输液管”和“呼吸机”。与此同时也应该看到，我国实体企业的杠杆率普遍比较高，融资难、融资贵是长期没有解决好的实际问题。按照国际经验，系统地降低企业资产负债率的最佳途径，是加速发展以公司债和股票为主的直接融资。尤其是债券融资，因为对资本市场制度建设完善性的要求远低于股票融资，因而是比较适合国情的、有待开发的巨大的“蓝海”。为了使我国股票市场的融资功能逐步正常化，必须把对投资者权益的充分保护放到首要位置。

四是通过制度创新和制度改革，降低制度性交易成本和要素成本。降成本具有双向调节供求的政策含义。降成本包括降要素成本和制度成本两块。前者最重要的途径是提升生产率，由此去降低单位产出的成本；另外就是要通过制度改革，以降低制度成本来降低要素成本。例如，抑制因房价上涨过快而导致的各行各业的要素成本上升过猛的趋势，根本的办法还是要从制度上破除土地财政的副作用。税收和各种收费是制度成本的重要组成部分。目前我国全面大幅度降税的空间并不大，主要实施的是结构性减税政策，但是阶段性地降低长期居高不下的“五险一金”费率，却有较大的运作空间。降费率也是国务院印发的《降低实体经济企业成本工作方案》的要求。让政府与各种可面向市场的事业单位、中介机构彻底脱钩，让其参与市场竞争，也是可以尝试的重要的降费手段。

五是扬弃“扬长避短”战略，坚定地实施“扬长补短”战略。补短板必然使潜在的增长空间得到有效扩展。过去我们采取“扬长避短”战略，倾斜发展某些重点部门和领域。但对于实现全面小康和基本现代化目标来说，有些短板是避不开的，必须及早实施“扬长补短”战略。例如，全面小康社会的建设，重要的瓶颈在农村贫困人口，因此补短板就要注重脱贫攻坚的精准度；提高发展水平，瓶颈在科技进步和生态环境，因此补短板就要扎实推进科技创新和生态文明建设；基础设施建设的短板，在于其投融资体制机制，因此广泛动员社会资本的投入就是关键。从这个意义上说，当前补短板又要适度地加杠杆。总的来看，造成“短板”的原因主要是制度创新不足，因而“扬长补短”的关键，是要补制度创新的“短”，释放制度性红利。政府是制度供给的主体，也是驱动创新的主体，因此，要把创新制度的供给，当作政府调结构的“抓手”，政府要通过增加高质量的制度供给，给市场运行主体创造优良的环境。还应看到，当前去产能是最紧迫的重点任务，而补短板却只能在中长期内逐步加以解决。如果能够通过制度创新，逐步将过剩产能、僵尸企业占据或消耗的物资资源、市场资源和信贷资源，转移到短板部门，就能既尽快补齐短板，又不至于为了补短板而过度地加杠杆。

实与虚：让实体经济能够获取平均投资回报率

当前经济运行中，一个必须引起我们高度重视的问题是，以制造业为代表的实体经济企业，其生存和发展的空间受到了以房地产和金融业为代表的虚拟经济的严重挤压，尤其是房地产的资产泡沫，吸纳了社会主要的资源，提升了居民的生活成本，挤压了民众消费能力，拉高了市场利率水平，推高了制造业的成本，已经成为影响实体经济健康发展的重要的阻碍因素。很多实体企业在由此导致的高成本挤压下，已经无法赚取社会平均投资回报率，一些企业纷纷主动地退出市场，或被动破产倒闭。

现阶段出现较为严重的资产泡沫与我国经济发展的阶段有关。20 世纪末 21 世纪初，我国已经从资本短缺和商品短缺的“双短缺”经济，全面进入了资本过剩和商品过剩的“双过剩”经济。跟过去“双短缺”经济不同，在“双过剩”经济的发展阶段，主要矛盾和问题已经不是要千方百计地扩大投资规模和增加生产能力，而是要化解资本和商品的双过剩，同时千方百计地通过增加优质资产的供给，平抑严重的“资产荒”所带来的经济泡沫，即大量资金因找不到合适的投资品而导致的资产价格膨胀。这时，宏观经济政策如果仍然以追求增长速度为目标，就容易在一方面导致产能过剩的同时，另一方面又加剧了资产短缺，出现较为严重的资产泡沫。

平抑资产价格膨胀，一般来说可以从“堵”或者“疏”两个方面发力：前者就是利用包括行政手段在内的各种手段，限制或压制资产的价格和某些交易行为等；后者则是主动增加优质资产供给，以此平抑其价格上升趋势。总体看来，“堵”不是有效的方法，激进的货币政策还很容易刺破资产泡沫引发金融危机。比较好的办法是“疏”：一方面，可以在虚拟经济领域通过鼓励金融改革和创新，增加优质资产的供给，满足广大居民在收入提升之后不断增长的投资理财需要，从而平抑由资产短缺所带来的资产泡沫问题；另一方面，可以以供给侧结构调整引导企业技术创新，优化结构，淘汰落后产能，为虚拟经济领域提供更多可供选择的金融资产。即宏观经济政策可以通过资本市场的发展，鼓励收购兼并和资产重组，引导供给结构的优化调整，从而化解实体经济领域的过剩产能；也可以通过鼓励技术创新和产业创新，为资本市场提供更多的资产配置的选择机会。这些都是我国宏观经济政策所面临的新问题。

由此可见，缓解“资产荒”的关键，不是去凭空进行金融资产创新，而是要努力发展实体经济。不难看出，能否让实体经济获取社会的平均投资回报率，让从事技术创新的杰出企业获取超额经济报酬，是社会可以获得更多的优质金融资产的关键和基础。在金融学上，这种实体企业的“底层资产回报率”，直接决定了在此基础上通过打包创设的金融资产的安全性和流动性。简单来说，如果实体经济企业不行，那么哪来的可交易的、安全边际高的金融资产？如果通过所谓的“金融创新”人为地创造可交易的金融资产，那我们离金融危机就不远了。

这就提出了虚拟经济发展必须始终围绕服务于实体经济的问题。实体经济是国民经济的核心和基础，是国家竞争力的来源。现在虚拟经济发展过度了，必须回归其原有功能。正像中央权威人士所言，股市、楼市和汇市必须回归到各自的功能定位，不能把它们简单作为保增长的手段。尤其是楼市，房子是给人住的消费品，这个定位不能偏离。现在房地产价格迅速膨胀，与土地财政的体制和简单地把它作为稳增长的手段有直接的关系。“树不可能长到天上去”，必须采取有效手段恢复其原本的居住功能，抑制其投机炒作的功能。

应该指出，发生经济泡沫本身并不可怕，可怕的是不能合理疏导，并让其能量积聚起来冲击某个脆弱的经济环节。如果资本市场利用得好，反而可以引导和激励企业的创新活动，这是建设创新型国家的重要策略。从国际经验看，20 世纪 70 年代的美国，以资本市场和高科技的有效结合，带动其在 80 年代走出经济低谷，实现了又一轮的 30 年成长。2000 年以来，则以互联网的泡沫带动全球网络经济成长。2008 年金融危机之后，美国资本市场与科技创新的这一结合机制，仍然发挥了主导经济复苏的强大作用，不断推出网络信息产业的软硬件，如以 iPad 为代表的平板电脑、以 Facebook 公司为代表的社交网络等新兴产业继续领先全球。近年来，欧盟发布的《欧盟竞争力研究报告》承认，欧洲的科技研发和创新能力落后美国近三十年。英国前首相撒切尔夫人曾表示，这并不是由于欧洲技术水平落后，而是由于风险投资和资本市场落后。因劳动力成本偏高，同时又缺乏催化产业创新的市场化机制等因素，使得欧洲经济长期处于低迷状态，竞争力日渐式微，深陷主权债务危机。日本也存在同样的情况。2004 年日本财政大臣山本有二访华时曾说，日本经济的一个重大缺陷，就是资本市场相对不发达。日本的大银行和大企业实施捆绑式的发展模式，一旦大企业出问题，大银行就会破产，反之亦然。而一旦出问题，清理不良贷款就要花 10 年以上的时间，严重拖累了日本经济的复苏和转型。① 美欧日的事实充分说明，一个有效的资本市场体系对于经济转轨和技术创新具有重要的推动作用。

新与旧：加速经济分化形成新动能

当前我国经济新旧交替现象十分突出，其内在的动因是进入新常态后，促进经济分化的趋势不断增强，程度不断加深，效应也不断显现。

从区域增长格局看，东部沿海地区经济强势企稳回升，但东北和中西部地区依然困难重重，处于冰火两重天中。从产业部门看，总体上制造业步履艰难，但服务业尤其是现代服务业发展一枝独秀，亮点闪耀。就 2016 年前三个季度的工业数据看，采矿业、高耗能行业的生产增速回落幅度较大，而高技术产业则以接近两位数的速度增长，其中医药制造业、计算机、通信等制造业增长尤快。这种经济分化，说明了什么呢？

第一，进入新常态的表象是速度降低，本质特征却是“有增有减”“有上有下”：有效益、有质量、有环保的速度上去，而无效益、低质量、污环境的

① 祁斌：《资本市场与中国经济社会发展》，《中国流通经济》2012 年第 9 期。

速度降下去。这个本质应该是始终贯穿经济发展新常态的新旧分化逻辑。以固定资产投资为例。2016 年 1—7 月，尽管全国投资增速回落，只增长了 8.1%。但投资结构持续优化，第三产业增速比第二产业高 7.3 个百分点。特别是高技术服务业投资增长 18.6%，科教文卫领域投资增长 17.3%，高技术产业投资增长 11.7%，工业技改投资增长 13.8%，同时六大高耗能行业投资只增长 4.6%。“补短板”领域的农业投资增长 32%，信息传输业投资增长 35.4%，交通运输领域投资增长 11.7%，生态保护和环境治理投资增长 32.4%，公共设施管理投资增长 24.8%。

第二，新常态下结构变化的表象是比重和数量上的变化，本质特征却是“结构优化”下的“提质增效”：一是服务业增速继续快于工业，形成了以现代服务业为主体的产业结构。2016 年上半年，我国服务业增加值增长 7.5%，占 GDP 比重为 54.1%，对国民经济增长的贡献率为 59.7%。二是工业内部高附加值、低消耗、低排放产业的比重持续上升，技术含量不断提升。上半年，高技术产业和装备制造业增加值同比分别增长 10.2% 和 8.1%，占规模以上工业比重分别为 12.1% 和 32.6%。三是城市化水平不断提升，由此带动城乡居民收入水平、生活水平和福利水平的提高。四是区域均衡发展水平的提升。这些都体现了共享发展的要求，体现了发展的公正度。这些层面的结构变化，应该就是转型升级的主要目标，也是其主要标志。

第三，新常态下发展动力变化的表象是投入要素的转换，本质特征却是“全要素生产率”的提高。经验研究表明，依靠增加要素投入获得的增长并不能持续，更持久、高速的全要素生产率增进，才是决定经济增长的关键。目前我国经济增速放慢的背后，其实是全要素生产率不断降低的结果。而某些替代性的新动能的不断涌现，则是这些领域全要素生产率迅速上升所致。未来，要全面提升全要素生产率，即在既定要素投入下推动产出持续增进，一方面要靠改进资源配置，扭转要素配置扭曲，通过改革创新，实现资源从低效率企业、部门、地区，向更高效率的企业、部门和地区移动；另一方面根本上还是要靠密集的研发投入和高强度的技术创新。

从经济理论角度看，经济分化是在市场经济条件下，经济增长速度高位下行后的必然结果。这是因为：

第一，在高增长的繁荣时期，受快速扩张的需求拉动，资源往往会根据盈利信号向高收益的产业集中，这种投资的趋同，必然会带来产业结构的同构化。在进入需求收缩的增长周期之后，过大的产能便会争夺不断缩小的市场容量，表现为严重的产能过剩和过度竞争的格局，残酷的市场竞争必然带来产业内、地区间企业的业绩分化。这是无法避免的。

第二，在高增长的繁荣时期，受急速扩张的需求拉动，产业内的每个企业都可以占有一定的市场份额，都可以生存下去而不被强制逐出市场。“只有潮水退却时，我们才会发现究竟谁在裸泳。”但在需求低迷、产能严重过剩的产业中，只有效率高的企业才能续存下来，出现“市场份额向品牌企业集中，效益向规模企业集中”的分化现象。

第三，在高增长的繁荣时期，巨大的市场需求使产业内的企业不需要通过创新，甚至不需要提升成本效率也能安然无恙地生存。而在需求低迷时期，有的企业会为资源寻找新的去处，从事新产品、新商业模式的创新；有的成了僵尸企业，缩头冬眠；有的则停留在原处等着、熬着，指望着什么时候经济景气度上升。这些情况形成的分化趋势，显然是市场规律使然。

另外，推动经济加速分化，也是推进发展新动能崛起的出发点和前提。因为在择优分配的规则下，如果严重的过剩产能不能消除，僵尸企业不死，效率差的企业不能顺利退出市场，市场就不能出清，就要继续占用或者消耗物资资源、信贷和市场，而优秀的企业就不能获取更多的发展资源，经济发展的新动能就不可能崛起，最终阻碍增长质量和效益的提高。因此，在经济新常态下，我们现在最需要做的事情，就是要让市场机制起决定性作用，通过经济分化形成新的经济结构，实现新的高水平的市场出清。这意味着分化越快越好。只有快速的分化，才能为经济增长寻找到新的边际动力，才能节省供给侧结构改革的时间，最大限度地降低改革的社会成本。

既然经济分化不可避免，并且分化有利于中国经济进入最佳的调整和增长的轨道，那么对于各地区、各行业、各企业来说，与其抱怨现状，不如思考行动；与其苦熬，不如苦干。从抱怨经济分化和消极等待，全面转向埋头苦干、主动推进经济分化，重要的是要认清形势，提高思想认识和明确政策取向：

第一，要从中国特色社会主义政治经济学高度，全面理解、认识和处理现阶段的经济分化问题。解放和发展社会生产力，是现阶段中国共产党最重要的使命。促进经济分化，就是实现这一使命的发展手段。在战术上，要通过推进经济的迅速分化，最大限度地降低发展的社会成本，以短痛换取忍受长期的折磨。

第二，要主动适应新常态、重视创新和提升质量效益。实践证明，凡是主动适应、引领发展新常态重视创新和质量效益的地方和企业，其发展态势都比较好；反之，压力和困难就会比较大。这一发展新常态目前正在深化。未来我国将不断冒出更有活力的地区、更具国际竞争力的行业和企业，但同时有些地区、行业和企业的日子也会越来越难熬，必须有充分的思想和行动准备。

第三，推进经济分化的根本原则，在于破除预算软约束。软预算约束机制是阻止经济分化的主要的制度性力量，是市场出清的主要障碍。预算约束不能硬化，就无法让资源按照市场竞争规律流动，无法淘汰落后产能和低效企业。如果市场主体在投资决策时，从不用担心失败后的退出，以及不用担忧被追究决策责任，那么我们就根本无法驱动资源自动进入创新领域，反而会使经济风险日积月累。

第四，要以精准的产业政策引导经济分化和资源流动。产业政策在现阶段的功能，应该主要定位于弥补市场失灵和失败。它的作用是要解决因市场缺陷而忽视公共利益的问题，同时也要把握好产业政策作用的方向和主要内容，重点是要促进产业结构优化升级，推动产业向中高端迈进，强化中高端共性技术、人力资本等方面供给，提升生产要素的质量，形成鼓励技术创新的政策氛围。

（原载《江海学刊》2017 年第 1 期）

自贸区试验的创新功能与中国发展战略的转型升级

张幼文

以自由贸易试验区推进改革开放是党的十八大以后我国发展中的一项重大战略举措，它将有力地推进我国经济管理体制改革，提升对外开放水平，深刻影响经济发展进程。自贸区试验的根本意义在于通过改革开放促进创新，从而以创新实现经济发展战略的转型升级。从2013年9月上海作为第一个自贸区挂牌起，至2016年8月国家再批准七个自贸试验区，至此，全国自贸试验区战略布局已经全面形成，以自贸区推进发展战略转型升级的蓝图已经全面展现。

自由贸易区的传统功能与中国的创新

自由贸易区一般有两个含义：一个是各国之间形成贸易自由化组织（FTA）以促进国际贸易；另一个是在国内划定一个区域（FTZ），实行减免关税等自由贸易措施以促进对外贸易。中国的自贸试验区指的是后者，然而其要进行的探索试验主题却远远超出世界各国的实践，需要探索国家改革开放发展进一步推进所面临的大量新课题。第一个自贸试验区（上海）三年的实践全面证明了这一点，其中许多成熟经验正逐步在各地复制推广，推动着我国开放型经济新体制的建设。

1. 推进贸易便利化，从管理上提升开放效率

自由贸易区通常以商品贸易的零关税为特征，以此扩大贸易规模。在我

国，以保税方式推进加工贸易，已经取得了显著的成就。加工贸易在我国贸易发展中发挥了巨大的作用，当前的主要任务是延长国内价值链，提升加工贸易水平。

从全球贸易自由化进程看，过去半个多世纪以来各国的关税水平已经大幅度下降，尤其是在世界贸易组织成员间和各区域贸易组织中关税水平更低，甚至许多已经确定了零关税的目标。在世界贸易组织中，贸易谈判的重点已经聚焦在更高水平的便利化上，即不断提高与贸易相关的各种管理制度的效率，提高通关和检验检疫措施的效率，以降低商务成本。

尽管我国在与各国进行自由贸易区谈判中需要不断降低关税，但上述国内发展要求和世界发展趋势都表明，国内自贸区试验的重点不是实行零关税以促进加工贸易或扩大贸易量，而是进一步探索提高贸易便利化水平的制度改革。从海关、商检等政府部门管理制度上推进便利化，是我国顺应全球化发展趋势的要求，也是我国进一步提高开放水平的重要方面。入世 15 年来，我国在关税减让上已经显著推进，但由于在进出口管理相关体制机制上依然存在着各种问题，通关效率大大低于国际先进水平，提高了企业的商务成本，不利于国家获得更高的开放效益。这一现象的深层成因涉及现行的政府管理体制，包括部门分割、管理重叠、信息不共享、管理手段落后等。因此，贸易便利化本质上是国内政府管理体制改革的深化问题，只有深化改革，才能进一步提高开放水平，适应全球化的趋势。

在推进这一领域的改革中我们也必须看到，在国际贸易中走私现象依然猖獗，借助贸易贩毒等犯罪现象也普遍存在，推进贸易便利化必须以有效防范这类现象为底线，有效监管不能放松。因此，贸易便利化改革是存在着风险的，改革必须谨慎，通过自贸区进行试验是必然选择。

2. 扩大投资市场准入，测试新部门开放压力

在各国的实践中，自由贸易区的核心功能是商品贸易的自由化，而不是投资的自由化，但从上海开始的我国自贸区试验，更注重探索的却是投资自由化。

在全球化不断从贸易延伸到投资后，市场准入并不是指商品意义上的市场开放，而是指投资意义上对外商准入领域的扩大。投资意义上的市场准入是当前全球化的主要内容，已经成为各国间自由贸易区谈判和双边贸易投资协议谈判的主要议题。因此，投资领域开放部门的扩大是全球化的要求。

引进外资是我国开放的主要方式，我国也已经成为全球最大引资国之一。但是我国引进外资主要集中在制造业领域，而在服务业中仍然有许多限制。2001 年中国入世时，已经承诺了一批服务业的开放，但是从整体上看依然不足。扩大服务业特别是现代服务业的市场准入已成为扩大开放的关键，这一市场准入首先是商业存在形式即投资准入。

服务业的开放不同于制造业，存在着各种压力与风险。制造业开放后某些部门可能因竞争力不足而被外资控制，被打垮的是个别部门，但服务业却可能因被外资控制而导致横向的、全局性的压力。金融是经济的命脉，中国金融部门改革相对滞后，市场机制不成熟，企业竞争力不足，金融服务部门的开放必须高度谨慎。电信、互联网、文化、教育、医疗等服务行业，分别涉及国家信息安全、文化市场与传媒管理、意识形态、社会稳定等关键领域，不是纯粹的经济问题或市场问题。我们在这些领域还缺乏经验，需要进行压力测试，自贸区试验探索服务业开放的原因也正在于此。在通过自贸区进行这些领域的开放试验中需要突破的一个难题是，自贸区本身经济体量较小，产业与部门并不齐全，各类服务的市场需求规模有限，如何在既开放又可控的情况下进行测试需要各部门逐一具体设计。

3. 采用国际通行投资开放模式

随着投资在全球化中的地位日益提升，贸易自由化意义上的全球化日益转变为投资自由化。投资自由化要求东道国最大可能地对外资开放，同时也承认东道国可以保留一小部分领域不开放，或有限开放。为了使基于这种理念的开放更为清晰，要求东道国采用所谓负面清单的方式明确不开放或有限开放的部门，这些部门外资不能进入或只能在一定条件下（如限定投资规模或高管国籍等）进入。除了负面清单罗列的部门外，其他所有部门外资企业享受与东道国企业同样的国民待遇，这就是所谓准入前国民待遇，区别于以往在正面清单模式下先明确哪些部门可以进入，只有可进入的部门外资企业才可以享受国民待遇。

负面清单加准入前国民待遇是投资意义上全球化深化的标志，即把东道国对本国产业部门的保护限制在最小的范围内，除此之外外资企业可享受与本国企业完全相同的待遇而不受政策歧视。这一开放模式的历史性变化会从两个方面对中国产生影响：一是开放部门必须大大扩展，可保护部门大大减少，国际合作谈判压力加大；二是政策与管理透明度要大大提高，对属负面清单外的企业不存在审批问题，必须允许其在中国经营，因而对其合法经营的监管从原来的事前审批转变为事中事后监管，难度更高，风险更大。

从上海自贸区开始到试验扩大到天津、广东和福建，普遍采用了负面清单加准入前国民待遇的开放模式，第三批自贸区方案正在设计之中。由此，自贸区试验使中国熟悉了当代世界的开放模式，政府监管也聚焦到事中事后及相应的体制建设，外商投资法的修改也将以此为基础。这一试验将使中国现行的鼓励外资政策体系发生变化，政策缺乏透明度与稳定性且过于灵活的现象将消失，透明、规范、稳定的投资环境将逐步形成。

4. 以开放倒逼改革，控制深化改革风险

以改革促进开放，以开放倒逼改革，是三十多年来中国的一大特点与经验。在我国基本完成了体制转型之后的今天，改革的进一步深化将面临更大的风险。过去的改革也有过波动与风险，但由于贯彻“走一步看一步、先易后难”的策略，终于走过来了。特别是过去的改革是政府向市场放权，做的是增量层面的利益加法，参与改革的各方都得益，容易被接受。但是新一轮改革的特点是利益的再调整，特别是让市场在资源配置中的作用从基础性上升为决定性，政府作用要从强转变为更好，这意味着政府要将部分权力还给市场，其中包含着较大的风险。

人们往往容易把政府职能转换的困难单纯归结为政府官员不愿意放权，要利用权力谋私，其实不然。干部腐败是一大公害，简政放权可以减少权力滥用，但是我们同时也必须看到，从公共利益上讲，政府的严格管理显然是必要的。在中国，市场机制还不成熟，企业与个人逐步有了市场意识，与此相应的社会责任意识却远未形成，社会诚信水平低，企业真正讲诚信的只是少数。为了市场成长，政府不能越位，但在市场尚不成熟的条件下，政府更不能缺位。于是，改革面临着一个如何精准定位的问题，既要让市场活起来，让看不见的手发挥作用，又不能让坏企业做坏事、让不成熟的企业乱做事，政府不能只讲放而不讲管。改革的风险就在于对放开的市场能否有效控制。

自贸区试验的功能就在于把改革的风险控制在一定的范围内，以开放倒逼改革，因为全球化的更高水平的开放要求政府更加透明规范有效，这就明确了改革的方向，使改革有了参照系。同时，一个开放的经济系统在管理上更复杂，自贸区需要营造内外资公平竞争、统一管理原则的环境，要以此建立对市场与企业的管理体制。自贸区企业限于在区内经营，我们已经有了管理开发区、保税区的成功经验，因而在自贸区这一相对隔离的平台上进行改革探索，是有效控制改革风险的体制安排。

上海等地的试验正在逐步建立起一个市场有效、政府有为的新体制。企业诚信体系是这一体制的基础，诚信的企业可以享受便捷通道，效率更高，失信的企业必然受到严厉惩罚，直至被逐出市场。社会中介组织得到培育，其在法律约束下提供各类证书和评估报告，代表社会的公信力，承担起现在由政府负责的各种专业性服务功能。政府制定政策，进行调控，维护社会经济的公平公正。这样一个三位一体的体制正在政府改革不断深化过程中逐步形成。

中国开放型发展模式的转型升级

发展战略转型升级的必要性来自中国当前所处的发展阶段，来自现行发展模式与新目标的不适应性，来自国家在新水平上参与经济全球化的战略要求。改革开放以来中国发展的成就举世瞩目，无可争辩，但其又是在特定历史条件下的特殊选择。根本的经验是坚持改革开放，而具体的政策战略却需要与时俱进。传统模式转型升级的艰巨性，新阶段发展任务的复杂性，要求我们继续贯彻“摸着石头过河”“走一步看一步”的精神，采用在局部地区在有控制下进行试验的办法，以发现问题，减少风险，取得经验，复制推广。前后三批自贸试验区规划体现的就是这一精神。从这个意义上说，自贸区试验体现了我国在以开放促发展方面的多维战略转型。

1. 推进开放的主要机制从靠特殊政策转变为靠体制创新

前35年中国开放型发展道路的一个显著特征就是特殊政策，从在特区、开发区、出口加工区等实施特殊政策，到区外同样对外资、外贸采用特殊政策。以区域化推行特殊政策和对外资采用特殊政策是发展初级阶段的必然选择。整个国家从计划经济走来，为了发展需要加快培育市场但又缺乏经验，把这样一种市场化取向的改革限定在一个特定的区域中有利于减少风险，也有利于集中管理。对外资采用特殊政策的必要性在于中国对营造有利于外资进入的环境还没有经验，制度上的不足增大了外商的成本，以特殊政策提供优惠可以对外资运行中的额外成本进行补偿，有利于在与各国竞争资本流入中争取主动地位。

根据对扩大开放的传统认识，办自贸区就应当实行新的特殊政策。然而恰恰相反，从上海作为第一个自贸试验区开始，中央的方针就是不搞政策洼地，即没有新的比其他开发区更优惠的外资政策，有的只是其他开发区政策的组合。这是中国开放型发展道路的一个重大转折，标志着对外开放采用特殊政策阶段的结束。试验区的主要任务体现了新阶段开放的本质特征，即体制创新。在新阶段，中国需要通过改革的深化来创新体制，形成一个更有利于内外资本创业与发展的环境，替代政策差异化的发展模式。自贸区的功能之一就在于探索体制创新，并要求这些创新举措是可复制、可推广的，以便在全国范围内采用。

2. 将发展出口引进外资转变为广义的外资市场准入

我国对外开放从一开始就将出口作为发展的主要目标之一。由于国内基础差，资金不足，仅基于国内生产要素结构和规模不足以快速推动这一目标，因而引进外资就成为发展外贸的主要手段。外资有技术、产品和市场，而加工贸易就成为最有利于利用外资发展出口的路径。各开发区大量发展加工贸易出口，“引进外资发展出口”成为我国对外开放前35年的主要经济发展战略。

以引资推出口不是一个长期可持续的发展战略。这是因为，这一战略主要采用加工贸易的模式，中国必然长期处于国际价值链分工的低端。中国虽然已经注意到在发展加工贸易的同时需要不断延长国内价值链，以提高其对国内发展的拉动力，但加工贸易的总体意义是有局限的。

因此，在新阶段搞自由贸易区也就必然要求符合国家贸易发展转型升级的要求。尽管自贸区的名称是自由贸易，但以免关税促进加工贸易却不是其主要任务，自贸区试验的目的不应当继续聚焦在加工贸易上，这不符合国家战略升级的要求。在一定意义上，自贸区试验的重点是投资而不是贸易，即扩大对外资开放的部门，扩展市场准入领域，探索由此产生的国家安全风险防范问题以及在取消审批后的事中事后监管问题，从而形成更有利于外资发展的政府管理体制等。自贸区的这种在其名称上不能体现的试验主题，正是国家开放型经济发展阶段升级的要求和体现。

从为发展出口而引进外资提升到广义上的外资市场准入是国家顺应投资超越贸易的全球化趋势的选择。当前经济全球化正在向更高的水平提升，其特点是投资超越贸易。投资超越贸易并不是指投资规模超越贸易规模，二者统计口径不同，不可进行数量比较。在这里，超越指的是二者的因果关系及其在全球化中的重要性。世界经济从国际贸易开始，经过贸易自由化逐步推进经济全球化进程。今天，更深度的全球化体现在三个方面：第一，投资替代贸易——跨国公司进入东道国投资，产品在当地销售，从而东道国不再需要进口；第二，投资创造贸易——跨国公司在东道国投资，利用了东道国的劳动力和其他优势资源，提升了东道国的出口能力，生产和贸易量因此而扩大；第三，投资改变贸易——跨国公司在东道国设立企业，把部分生产环节转移至东道国或把产品的最终组装放在东道国，于是母国与东道国之间产生了零部件贸易，贸易总量也因此而扩大。因此，用广义上的市场准入替代原来“为出口发展引进外资”是开放型经济发展战略升级的表现。

3. 投资开放模式从正面清单转变为负面清单

自贸区试验的一个重大主题就是探索对外资开放采用负面清单加准入前国民待遇这一新模式。实行开放政策以来，我国对外资的管理方式是把外商投资领域划分为鼓励、允许、限制与禁止四类，体现了促进经济发展和维护国家经济安全的需要。这种外资管理模式的主要特点：一是开放领域有限，只有罗列在外商投资指导目录中的领域才允许投资；二是效率低且透明度不足，因为在这一体制下外商设立新企业需要经过一个时间较长的审批程序，能否最终被批准在很大程度上取决于政府决策。

随着经济全球化向更高水平发展，各国的投资领域扩大开放日益成为新主题，无论是区域合作的谈判还是双边合作的谈判，名称上虽然仍然叫自由贸易区，但实质上主题是投资领域开放的扩大。为了适应这一要求，欧美国家提出了负面清单的开放模式，即只有对外资准入有限制或禁止的部门罗列在清单上，而清单上未罗列的所有部门均允许外资进入。这样外商在东道国所享受的国民待遇也相应地成为准入前国民待遇，即在外资企业设立之前就享有与国内企业同等的待遇，而不是在通过审批之后才有这种待遇。相对于这一模式下的负面清单，原来的外资准入模式可以反过来称为正面清单。问题的关键在于，一字之差的实质是开放领域的扩大和开放管理模式的变革。

负面清单一词从上海自贸区试验开始后被广泛认识，直到在后两批自贸区中被普遍采用，在外商投资法修改中也将被采用。负面清单的不断缩短已经成为开放不断扩大的一个标志。尽管在空间有限的自贸区中扩大开放部门在操作上仍存在一些管理问题要解决，但这一模式的采用体现了我国对外商投资从有限开放上升到了全面开放。自贸区对负面清单模式的探索使我国的开放度走到了一个体现国际水平和标准的新阶段，为我国与美国等国家进行双边投资协议谈判提供了有力的支撑。负面清单开放模式的探索相应地推动原来的审批制转变为登记制，这引发了我国政府管理企业方式的一场历史性变革。在审批制下，不但企业设立要审批，而且其经营领域的相关资质也要通过审批颁证得到许可，而相关的职能分布在各个管理部门，企业必须逐一办理，不符合市场经济的效率原则。由审批制改为登记制后，各类经营的许可并未取消，要求相应地有更高效率的政府管理，于是“一个窗口”的体制改革也就提了出来。所以，负面清单的开放模式成为我国政府管理改革的一个突破口，这是开放倒逼改革实践的一个典型成果。

由“负面清单”概念又相应地产生了“正面清单”概念。近年来，“清单”这个概念甚至广泛地被政府管理领域的改革所采用，产生了“权力清单”“责任清单”等新概念，成为我国近年来改革中的一个新亮点。

4. 建设开放型经济新体制，从政策性开放转型为体制性开放

对外开放是基本国策，是一项大政策、大战略，然而政策性开放也是整个国家从封闭型经济走向开放型经济的一个阶段。在传统的计划经济和强调自力更生发展道路的封闭型体制下，把对外开放作为一种政策，本身是一种改革的突破方式和策略路径，即从政策与策略上实行开放，避免了先要完成全面体制改革再实行开放的难度，因而也是一种渐进的开放方式。政策是改革的一种探索，是旧体制逐步转型的过程。同时，对外开放作为政策也是就操作方式而言的，即对有利于开放型经济发展的各种新事物如外资与加工贸易等采用不同于现行财税政策的优惠政策。这种政策的特殊性是在旧体制未得到根本改革的情况下对新事物的一种制度成本补偿，通过这种补偿绕开旧体制的惰性，促进新事物的发展。

对外开放这两个层面上的政策含义同时也决定了其内涵的阶段性。当开放政策取得成就，证明其正确性，同时也因为其广泛实施而成为一种普遍现象后，政策的这一渐进的改革性质也就成为新历史条件下的体制要素，政策性开放向体制性开放的阶段转型升级也就到来了。体制性开放的内涵在于整个经济体制本质上是开放的，开放部门和开放性运行机制是整个经济体制的有机组成部分。西方经济学理论抽象地把经济分为“封闭经济”（close economy）和“开放经济”（open economy），前者假定无商品与生产要素的国际流动，后者假定二者完全自由流动。这是一种理论抽象，现实世界不存在绝对意义上的这两类国家，但它又表明可以把现实世界的国家大致上分为这两类。开放政策的成功推进使中国从前一类经济转变为后一类经济。

体制性开放意味着从法规到政府管理方式允许商品与要素的充分流动，而不再是一种例外的优惠安排。正是由于35年坚持对外开放基本国策，我国才完成了从封闭经济到开放经济的转型，开放型经济新体制建设的课题也就提了出来。这就使我们认识到，自贸区试验的核心不是强化特殊政策，而是强调体制创新。建设开放型经济新体制是自贸区试验的本质要求，要求政府管理体制更加高效、透明、规范，避免对内外资不同经济主体的差别化对待，使外资企业真正完全享受国民待遇。在涉及市场经济规则的法律法规方面参照国际市场惯例，同时又保持中国的体制优势，这样就形成了有中国特色的开放型市场经济新体制。从上海率先试验到第三批七个省市，通过政府职能转变和体制机制创新来建设开放型经济新体制始终是自贸区的最大主题。

自贸区试验以来的实践表明，中央政府并没有采用一步到位全面推进的方式，而是以试验为基本准则逐步展开。这是推进改革开放不断深化的根本路径，也是体制建设的要求。因为搞自贸区不是为了通过政策优势实现本地区的发展，而是为了探索在全国可行的制度创新，从第一批到第三批，自贸区都含“试验”一词，体现的正是这一探索性质而不是政策授权性质，是制度创新的目标而不是自贸区所在地本身开发的目标。

5. 以创新实现要素升级替代发挥廉价劳动力优势

上海自贸区启动试验之后，中央就向上海提出了推进自主创新，建设有全球影响力的科技创新中心这一远大目标要求，上海据此提出了“双自联动”的战略构想。自主创新成为自贸区试验的内容，体现的正是国家发展战略的转型升级。

前35年中国搞了一大批特区、开发区，发展加工贸易是一大主题。这一战略的正确性在于正确认识了中国的廉价劳动力优势，并以此作为吸引外资流入的条件。这一战略取得了巨大成功，其标志就是中国成为世界第一大出口国和贸易国。然而，这一战略成功的同时，也把中国的国际分工地位放到了价值链的低端，使中国在这种模式下得益相对较低。过去十多年来，国内学界深刻反思了这一现象，既肯定了其必然性、必要性、正确性，也指出了转型升级的紧迫性。

在全球价值链分工的今天，实现转型升级的关键是本国拥有的生产要素的创新与升级。中国要改变价值链分工低端地位，关键是要实现高级生产要素的获取与创新。在全球化开放和国际深度合作的今天，一国一般较少发展一个完整的产业，而只承担全球价值链的个别片段，具体承担哪些片段则取决于该国生产要素的结构与优势。跨国公司主导这种价值链分工的国际布局，使国与国之间形成了生产要素国际合作的模式。因此，创新的特征不是完整意义上的产业创新，而是基于高级生产要素创新的国际合作。

因此，将自主创新作为新的战略目标，体现的正是国家开放型发展战略的一大跨越。今天提出的自主创新，目标是拥有以技术为核心的高级生产要素，这不同于完整产业发展意义上的自力更生，后者是基于较少甚至完全没有国际合作的产业发展战略，而前者则是创造和拥有高级生产要素，坚持开放和国际合作的发展模式。在自贸区体制下推进科技自主创新，是开放型经济的全新战略定位，是靠廉价劳动力发展模式的历史性升级。各地自贸区普遍不再把发展加工贸易作为主题，正是反映了国家发展战略的这一转型升级。

自贸区试验的全国布局与新阶段发展战略

以试验区模式探索改革开放是中国新阶段的发展战略，今天这一战略部署已经全面展现，发展格局已基本形成。第三批自贸区仍然被赋予试验的任务，体现的是改革开放探索创新的不变要求，然而每一自贸区又要求形成各具特色的试验主题与发展目标，体现的是国家整体发展战略在各区域间差异化推进的部署。这样的战略部署，既适应了应对经济下行压力的需要，又开辟了中长期内区域平衡发展，各地功能分工，对外战略调整，提升综合国力的新的道路。

1. 试验从上海到内陆全面展开的战略进程

20 世纪 90 年代邓小平提出浦东开发开放，这就使上海这一全国的经济大都市被推到了改革开放的前沿。此后的实践证明了这一战略的深远历史意义。今天，上海再次被选为整个自贸区试验战略的先行者，原因是多方面的。改革进入了深水区表明深化改革的风险，国家的开放升级目标是现代服务业扩大开放，金融改革需要深化并在此基础上以金融中心城市参与国际竞争，以金融中心支撑人民币国际化，开放升级要实现在高端上参与国际分工而不是强化价值链低端参与，这些都决定了选择上海起步的必要性。

第二批自贸区新增的三地均在沿海地区，这是坚持了开放型发展的要求。前 35 年的发展基础决定了沿海地区有开放度较高的优势，这更有利于贯彻以开放促改革的战略要求，有利于进一步强化中国与世界经济的深度融合特别是体制机制上的融合。

第三批自贸区把试验扩展到内陆地区七省市，体现了以开放促改革、促发展的战略要求。三年来的探索已经基本明确了自贸区的功能定位，即开放的本质和体制创新的要求，三年后有条件在全国推开，而“一带一路”建设的对外经济关系新战略又把内陆地区同样放到了开放的前沿地带，改革、开放、发展的联动机制开始在新的意义上展开。

2. 沿海地区发展的新内涵

沿海地区在改革开放后实现了飞速发展，其重要特点之一就是抓住了国际产业转移的历史机遇，在承接这一转移中使中国经济融入了国际产业链。由于主要承担低端劳动力分工，也导致中西部地区虽然在开放意义上相对后起，但通过劳动力向东部沿海转移同样获得了开放型发展的机遇，成为中国承接国际产业转移总发展道路的一部分。

在中国成为世界第二大经济体，发展由规模竞争转向实力竞争的新阶段，承接国际产业转移已不可能继续作为发展的战略取向。与此不同，抓住新产业革命的历史新机遇，争取在这场产业革命中与发达国家走在同一起跑线上，才是沿海地区正确的战略选择。这一发展定位普遍体现在沿海各自贸区的方案中。上海把国际贸易、金融、航运、经济四中心的功能目标和科创中心建设目标与自贸区试验紧密结合，致力于在改革、开放、发展中发挥先行者的探索作用，并借此建成更高能级的全球城市进而为国家做出更大贡献。

天津是北方重要港口城市，自贸区建设有利于推动京津冀地区的协同发展，提升整个地区的开放型经济发展水平。

广东是国家对外开放的先行地区，在依托港澳、服务内地中发挥了重大作用，自贸区试验将有利于强化这一作用，深化与港澳地区合作，特别是在21 世纪海上丝绸之路建设中发挥枢纽作用。

福建自贸区建设的特殊意义在于推进海峡两岸经贸合作的深化，发挥其优势建设两岸经贸合作示范区，并成为21 世纪海上丝绸之路的核心区，通过开拓与21 世纪海上丝绸之路国家和地区合作的新市场服务于国家战略。

3. 内陆地区全面试验与发展的战略布局

自贸区试验不但是开放倒逼改革的战略道路，也是开放促进发展的战略部署。第三批自贸区的选择完整地体现了开放型经济新体制建设与发展战略之间的紧密联系。

作为东北老工业基地一部分的辽宁省，自贸区试验的目标在于加快市场经济取向的体制机制改革，促进现有滞后的产业结构调整优化，使东北老工业基地的整体发展水平得到显著提高，并且提高整个东北地区对外开放的水平。

浙江省在改革开放中经济发展显现了巨大的活力，民营经济大发展，自贸区试验的重点是建设舟山自由贸易港区，加快大宗商品贸易自由化，提升大宗商品全球配置的能力和中国对大宗商品的定价权。

地处内陆地区的河南省，其交通中心地位十分重要，其定位是建成贯通南北、连接东西的现代立体交通体系枢纽，从而在现代国家物流体系中发挥中心作用，并通过这一地位为“一带一路”建设发挥作用。

湖北省在国家实施中部崛起战略和推进长江经济带建设中地位关键，不论在承接沿海地区的产业转移上，还是在战略性新兴产业和高技术产业发展基地建设上，都具有特殊的重要地位，自贸区试验正在为实现这一目标创造更有利的条件。

在大西部发展中，重庆的经济体量与重要性日益凸显，已经成为当前国家新发展格局中的战略支点和连接点，作用十分关键。自贸区试验在于推动其提升开放力度，加快形成大西部地区的门户城市，在国家西部大开发战略的实施中发挥中心城市的作用。

在实现内陆地区与沿海沿边沿江协同开放的国家战略中，四川省具有重要地位。要加大西部地区的门户城市的开放力度，建设内陆地区开放战略的支撑带，打造内陆开放型经济的高地，自贸区试验将成为四川省经济发展的一个战略平台。

“一带一路”建设对于西部大开发将产生重大带动作用，陕西省正处于这一位置上。自贸区试验有利于陕西省建设西部门户城市，提升开放力度，打造开放新高地，探索内陆地区与“一带一路”沿线国家经济合作与人文交流的新模式。

4. 继续发挥中国的体制优势实现经济由大走强

从上海开始率先进行自贸区试验起，全国出现了一场自贸区热，各地政府纷纷向中央政府提出办自贸区的申请。前后三批自贸区试验规划表明，中央政府从上海这一代表国家市场经济水平的“四个中心”城市开始，先扩展到全部沿海地区，又扩展到内地不同区域，走出了一条内涵不断丰富、发展主题不断扩展的道路。另外值得我们思考的是，中国经济的体制优势再次显现，正在为新阶段的发展注入新的活力。

中国作为一个大经济体，通过前 35 年的发展开放形成了一个“区域发展导向型市场经济”体制。在这个体制中，各级地方政府不但有强烈的发展动力，而且有强大的发展职能。中央政府科学制定全国发展规划，各地按照自身特点和优势推进本地区战略，从而形成了全国多引擎的发展格局。这一体制来自对原中央集权计划经济体制的改革，改革没有消除全国一盘棋的优势，却形成了各级地方政府发展经济的巨大积极性。各级政府的经济职能是中国的体制优势，在前一阶段体现为不断设计政策，培育市场，形成了政府指导市场的格局。在新的阶段，在需要市场发挥决定性作用之时，各级政府又瞄准了市场有效、政府有为的新目标。争取自贸区试验的中央授权，其核心都是为了改革探索意义上的授权，以通过这种授权加快政府职能转变，为市场主体创造更大的发展空间。这一场自贸区试验的热潮与前35年的显著区别在于，在前一阶段存在着地区间政策竞争，各自以更优惠的政策争取企业投资，这种竞争在有效瓦解旧体制的同时，也带来了市场扭曲与不公平，长期来看不是市场经济的规范模式；在新的发展阶段，中央政府授权各地的是改革探索的权力，地方政府加快职能转变，根据国家对各地区的发展战略定位推动创新发展，因而将要走出的是一条新的发展道路，也再次充分体现了中国经济体制的内在活力。

（原载《江海学刊》2017年第1期）

社会学篇

理想类型与经典社会学的分析范式

周晓虹

在有关社会学的研究主题方面，近年来最为流行的说法是吉登斯提出的。他在一系列著作中，鼓吹社会学是现代工业社会的产儿，或者说社会学是与“现代性”（modernity）共生的现象，其目的就在研究现代性及其后果①。尽管这种说法的流行是最近20—30年间的事，但我们如果审视经典社会学的历史，就能够发现在19世纪，那些被称为“社会学先驱”的思想家们共同的特点，就是他们比其他人更为敏锐地意识到了一个与传统社会迥然不同的全新社会形态的到来。比如，圣西门就首先创用了今天已经十分流行的“工业社会”的概念②；而其他经典社会学家，也大多将“断裂”前后的社会形态分为名称各异的两种类型。传统社会与现代社会，在曼恩那里被称为“身份社会—契约社会”，在斯宾塞那里为“尚武社会—工业社会”，在马克思那里为“封建主义社会—资本主义社会”，在滕尼斯那里为“社区—社会”，在托克维尔那里为“贵族制—民主制”，在迪尔凯姆那里为“机械团结—有机团结”，在韦伯那里为“宗法传统经济—理性资本主义经济”，在库利那里为“首属群体—次属群体”，在索罗金那里为“亲密关系—契约关系”……一直到20世纪上半叶，还是有许多社会学家仍在坚持用自己的方式将社会作类似的类型学划分：如雷德菲尔德的“乡民社会—市民社会”，贝克尔的“神圣社

① Giddens, A., *Sociology*, New York: Norton, 1988.

② Lukes, S., “Saint - Simon (1760 - 1825)”, in Donini A., & Novack, J. (ed.), *Origins and Growth of Sociological Theory*, Chicago: Nelson Hall, 1982, pp. 58—59.

会—世俗社会”，以及费孝通的“礼俗社会—法理社会”。从某种意义上说，如果社会学是现代性出现的结果之一，那么上述经典社会学家对社会形态的两分概念的提出，就是对“现代性”的一种最初探讨，因为它最早触及了社会形态的这种“断裂”对人类社会的影响。

如上所述，尽管不同的社会学家对社会形态的探讨使用的概念不同，但我们都能够发现其中蕴含有类似韦伯的“理想类型”的分析范式。为此，我们首先从韦伯的“理想类型”入手，再讨论经典社会学家有关社会的分析范式，及其对社会学发展的影响。

一

理想类型（ideal types）是韦伯为了克服德国人文主义和历史学派过度个体化和特殊化倾向而提出的一种概念工具。“理想类型”的概念最初出现于韦伯1904年发表的“社会科学和社会政策中的‘客观性’”一文中，以后他又在包括《经济与社会》在内的诸多著述中进一步讨论过这一概念及其对社会科学研究的意义。

一般来说，在韦伯那里，“理想类型”的概念具有这样一些基本特征：(1) 理想类型是研究者思维的一种主观建构，因此，它既源于现实社会，又不等同于现实社会。“ideal types”既可以被译成“理想类型”，也可以被译成“理念类型”。这两种译法实际上正好揭示了这一概念的两个面向：其一，这种类型存在于人的观念中而不是现实中，因此它是一种理念；其二，这种类型所以能够称为“理想的”，是因为它代表的某种或某类现象是接近于典型的，是一种理想化的典型，现实中的社会现象只能与之近似，不会同其完全一致。所以，韦伯强调，“就其概念的纯洁性来说，这种精神建构不可能通过经验在现实世界的任何地方发现。它是一种‘乌托邦’（utopia）”①。(2) 理想类型尽管是一种主观建构，但并不是凭空虚构的，它是以理论结构的形式

① Weber, M., *The Methodology of the Social Science*, New York: The Free Press, 1949, p. 90.

表示的一种“时代兴趣”[1]，因此它也就体现着某个时代社会文化现象的内在逻辑和规则。“这种理想的类型化的概念将有助于发展我们在研究中的推论技巧：它不是‘假设’，但能够为假设的建构提供指导；它不是现实的一种描述，但却欲图为这种描述提供一种明确的表达手段。”[2]（3）理想类型在一定程度上是抽象的，但它并没有概括也不欲图概括现实事物的所有特征，它只是为了研究的目的单向侧重概括了事物的一组或某种特征。用韦伯的话来说，“一种理想类型是通过单向（one－sided）突出事物的一点或几点，通过对大量弥散的、孤立的、时隐时现的具体的个别现象的综合形成的……”[3]。正唯其如此，理想类型为比较在某一方面或某几方面具有共性的现象提供了可能。（4）理想类型的概念也充分体现了韦伯对价值的看法。一方面，他并没有无视行动者的价值观，比如，在有关政治社会学的论述中，他划分出了有关权威的三种“理想类型”；但另一方面，他鲜明地强调，“我们所谓的理想类型……和价值判断没有任何关系，除了纯逻辑上的完善外，它与任何形式的完美毫不相干。”[4] 换句话说，理想类型就价值而言是中立的。（5）最后，如阿隆所说，韦伯的“理想类型是与社会和现代科学的特点，即理性化的过程，联系在一起的。种种理想类型的建立，表明各门学科都在努力寻找物质的内在合理性，并以某种半成型的物质为基础建立这种合理性，使物质为人们所理解”[5]。

尽管韦伯的理想类型非常容易引起人们的误解，但是大多数社会学家都承认，这是他广为人知的对当代社会学的贡献之一。[6] 确实，理想类型的提出不仅为社会学研究提供了内在的逻辑结构，使得人们对不同社会现象的比较

① 科恩：《十九世纪至二十世纪初资产阶级社会学史》，上海译文出版社 1982 年版，第 272 页。

② Weber, M., *The Methodology of the Social Science*, New York: The Free Press, 1949, p. 90.

③ Ibid.

④ Ibid., pp. 98—99.

⑤ 阿隆：《社会学主要思潮》，上海译文出版社 1988 年版，第 549 页。

⑥ Cf. Freund, Julien, *The Sociology of Max Weber*, New York: Pantheon Books, 1968, pp. 59—70; Hekman, S., Weber, *the Ideal Type, and Contemporary Social Theory*, Notre Dame, Ind., University of Notre Dame Press, 1986, p. 38.

成为可能，更重要的是它大大缓和了实证主义提倡的普遍化的思维方式和历史主义信奉的特殊化的思维方式之间的冲突和矛盾。这一解决途径在当时缩小了历史学和社会学之间的分歧，而现在则为实证主义社会学和人文主义社会学的共存提供了某种可能。

韦伯不仅提出了理想类型的概念，他在自己的研究中也提出了各种类型的"理想类型"，如"新教伦理""中世纪经济""科层制"以及"感召权威""传统权威"和"法理权威"等。单就有关社会类型的议题而言，韦伯一样使用了理想类型的分类方法。有时，韦伯借用我们后面将要仔细论及的滕尼斯的"社区"（共同体）和"社会"概念代表两种不同的社会类型；但在多数情况下，韦伯还是使用自己的"宗法传统经济"和"理性资本主义经济"来标示两种不同的社会类型。无论韦伯使用的具体概念类型是什么，他对两种不同社会类型的比较都借用了"理性化"作为两者间的分野。在《经济与社会》中，韦伯明确写道："不论在个别情况下，一般情况下，还是在某种理想类型中，如果社会行动是以团结感为基础的（这是参与者的情感或传统连接的结果），社会关系就会社会化。另一方面，社会关系的社会化则是利益一致和权衡的结果，它是由理性的价值判断和便利因素决定的。"① 纵观韦伯一生的研究能够发现，他通过对宗教、法律、政治、城市化、音乐和艺术的研究，尤其是通过对科层制度和理性化进程的分析，论述了封建宗法经济被资本主义经济体系取得的必然性，而这一历史就是西方文明的近代发展史。

二

尽管韦伯的"理想类型"概念出现于1904年，但在此之前就有许多经典大师尝试着以类似的概念分析框架来描述传统社会与现代社会间的差异。从这种意义上说，韦伯的理想类型表现出的不过是当时社会理论领域流行的一种分析范式。

---

① Weber, M., *Economy and Society*, New York: Bedminster Press, 1968, p.91.

最早以两分式的理想类型方式分析社会进程的学者，是英国19世纪的法学家亨利·萨姆纳·曼恩（1822—1888年）。1885年，在《自然法》一书中，曼恩提出了他的社会进化的普遍规律："进步社会的运动在某个方面是始终如一的。通过这一运动过程，对家庭依赖的逐步解除和个人责任的不断增长将社会作出区分。作为民法研究的一个单位，个人稳步地替代了家庭。这种进步已经以不同的速率实现……正是契约，从一个历史的终点起步，从所有的个人关系都归结为家庭关系的这样一种社会状况起步，我们似乎已经稳步地迈向所有这些关系都产生于个人间自由协商的社会秩序的阶段。……我们可以说，迄今为止进步社会的运动都是从身份迈向契约的运动。"①

我们开篇已经表明，在传统社会向现代社会的过渡时期，或者说在"现代性"出现的转折阶段，社会科学历史上，通过建立自己的两分法的理想类型来分析社会、标明新社会性质的大有人在。限于篇幅，我们这里只着重论述滕尼斯的"社区"与"社会"和迪尔凯姆的"机械团结"与"有机团结"两对理想类型。这种选择性论述的基础不仅在于他们提出的理想类型的影响，更在于它们相互间的差异向我们提供了进行比较的可能。

1887年，滕尼斯在同名著作中提出了Gemeinschaft和Gesellschaft这样一对概念。尽管英语世界现在通常将其译为"Community"和"Society"，但大多数人还是承认："滕尼斯社会学的那两个关键概念，尚处在未翻译的状态，因为将它们翻译成'Community'和'Society'仍然带有模糊不定的意味"②；在汉语世界，最早吴文藻主张译成"自然社会"与"人为社会"；后来有人译成"公社与社会""共同体与社会""共同体与联合体"，更多的人则根据英文的译法译成"社区与社会"。值得注意的是，那个最先将英文"Community"成功地翻译成"社区"的费孝通，在这里却没有遵循英语世界的译法。

① Tonnies, F., *Community and Society*, New Brunswick: Transaction Books, 1988, p. 182.

② Cahnman, Werner J., *W. J.*, *Ferdinand Tonnies: A New Evaluation*, Leiden: E. J. Brill, 1973, p. 28.

他将这对概念，传神地译为“礼俗社会”和“法理社会”。①

无论这对理想类型应该如何翻译，滕尼斯和曼恩一样，希望能够用社区—社会这样一对概念，来描述两种不同类型的人类共同生活，或者说建立一种从社区到社会的以变迁为主题的社会学。按滕尼斯的观点：“所有亲密的、私人的和排他性的生活，就像我们揭示的那样，可以被理解成社区中的生活。社会的生活是公共的，它是世界本身。”② 具体来说，社区是在情感、依恋等自然感情一致的基础上形成的、联系密切的有机群体，在滕尼斯那里社区的主要形式包括“（1）亲属关系；（2）邻里；（3）友谊关系”等等；而社会则是建立在外在的、利益合理基础上的机械组合的群体。

在具体论述社区和社会的这些特征及相互间的区别之前，滕尼斯就写道：“社区是古老的；社会，无论其名称，还是其现象本身都是崭新的。……对乡村生活的所有称颂都表明，社区在那里是强大的，更富于活力的；它是人类共同生活的持久和真实的形式。与社区相对应，社会是短暂的、表面化的。据此，社区应该被理解成一种活生生的有机体，而社会则是一种机械的聚合，是一种人造物。”③ 从这样的论述中我们可以看出，尽管滕尼斯意识到了人类社会从社区发展到社会的必然性，但对这个无法忘怀家乡的田园生活的社会学家来说，更真实可感也更富有人情味的，仍然是那个 Gemeinschaft。

滕尼斯的社区—社会的理想类型有这样三种基本的特征：（1）社区—社会的理想类型在性质上具有历史哲学的特征，它欲图揭示欧洲社会在资本主义影响下发生的一系列变迁过程；（2）社区—社会的理想类型具有明显的意识形态特征，它触及资本主义社会中某种社会价值的不可避免的坍塌，并且欲图证明缺乏社区精神就无法维系任何社会关系；（3）社区—社会理想类型又具有理论的性质，“因为它欲图为分析社会生活的所有现象提供一种普遍的

① 费孝通：《乡土中国·生育制度》，生活·读书·新知三联书店 1988 年版，第 9 页。
② Tonnies, F., *Community and Society*, New Brunswick: Transaction Books, 1988, p. 33.
③ Ibid., p. 33—35.

概念”。[①]

滕尼斯的社区—社会的理想类型自提出以来，一直引起了社会学界的普遍关注。从整个西方社会学的角度说，社区—社会的概念在人类社会研究的类型学传统中起到了承上启下的作用；从我们这里的论述而言，它则直接引发了迪尔凯姆的机械团结—有机团结。这同样是社会学历史上分析社会类型时一对著名的理想类型。

机械团结（mechanical solidarity）是原始社会、古代社会以及现代的那些不发达的社会的一种社会联结方式，它通过根深蒂固的集体意识将同质性的诸多个体凝结为一个整体。用迪尔凯姆的话来说，在这样的社会里，团结“来源于相似性，它将个人与社会直接联系起来”[②]。在这样的社会中，由于社会分工不发达，人们的经历、活动、生活方式都十分相同，他们对集体具有强烈的归属感，每个人的个性都被湮没在对集体的遵从之中，并且具有一致的宗教和道德倾向。迪尔凯姆所以将这种团结类型称为“机械的”，是因为由此联结成的社会实际上就像无机物的类聚一样，它的分子都是类似的，而联结方式是机械的。

与机械团结不同，有机团结（organic solidarity）是由发达的社会分工，以及社会成员间的异质性所决定的另一种社会联结方式，它的典型就是近代工业社会。在这种社会联结形式下，由于分工导致的专门化，增强了个体间的相互依赖。一方面，分工越是细致，个人对他人或社会的依赖就越是深入；另一方面，每个人的行动越是专门化，个性就越鲜明，就越是能够摆脱集体意识的束缚。就像迪尔凯姆所言：“正是分工，越来越多地承担起原先由共同意识承担的角色。”[③]

我们能够发现，像那时的大多数社会学家一样，在迪尔凯姆的社会结构

---

① Szacki, J., *History of Sociological Thought*, Westport, Connecticut: Greenwood Press, 1979, pp. 344—345.

② Durkheim, E., *The Division of Labor in Society*, New York: Free Press, 1933, p. 106.

③ Ibid., p. 173.

的理念类型论述中，还是隐含着一种有关社会变迁的一般模式。可以发现，和韦伯、滕尼斯等诸多社会学家一样，迪尔凯姆的理论出发点也是由工业革命的迅速扩展而导致的分工的专门化以及科层制的出现。不过，和滕尼斯这样的怀旧主义者不同，在迪尔凯姆那里，由机械团结向有机团结的转变预示着一种新的社会类型在社会整合的基础上正在出现。还是在《社会分工论》中，迪尔凯姆写道："由劳动分工导致的团结迥然不同。如果说前一种团结预示着个人的相似性，那么这种团结则以异质性为基础。前一种团结所以能够存在，是因为个人的人格被吸纳到了集体人格中去了；而后一种团结所以能够存在，是因为每一个人都拥有了自己独特的行动范围，也就是说都有了自己的人格。这样，十分必要的是，集体意识为个人意识留出了一方天地，使它无法规定的功能得以确立。这种空间扩展得越广，由这种团结产生的凝聚力就越强。实际上，一方面，劳动越是分化，个人对社会的依赖就越强；另一方面每一个人的活动越是专门化，他就越会成为个人。……社会已经赋予我们的创造力以更多的空间。因此，在这里整体的个性和部分的个性获得了同步发展。社会能够更加有效地采取集体行动，同时，它的每一部分也都能够自由地行动。这种团结与我们在高等动物身上看到的团结何其相似！"①

如果将滕尼斯的社区—社会和迪尔凯姆的机械团结—有机团结相比，我们能够发现，尽管这两对理想类型都描绘了从传统到现代的社会变迁的一般模式，但两者之间还是有这样一些鲜明的区别：（1）在滕尼斯那里，社会变迁的动力是意志，这种人类的内在动力（与社区向社会的转变相对应的，是自然意志向理性意志的转变）；而在迪尔凯姆那里，动力则是分工和制裁这类外部因素的变化。因此，查曼认为，尽管迪尔凯姆的理想类型源于滕尼斯的启发，但不能认为两者间是完全对应的，只是顺序颠倒了一下。比如，"机械团结指的是社会制约的外部因素，而社区则导源于本质意志（即自然意志）

---

① Durkheim, E., *The Division of Labor in Society*, New York: Free Press, 1933, p. 131.

的内在现实。而有机团结和社会之间的裂隙则更是宛若鸿沟”①。(2) 与滕尼斯对传统社会（社区）田园牧歌般的怀念不同，迪尔凯姆清楚地意识到了有机团结的出现是历史发展的必然，是一种历史的进步。我们接下来就会看到，这种被吉登斯称作为“现代性”的东西正是社会学出现的历史与社会背景。

三

围绕经典社会学的出现背景，大多学者的分析都十分一致。美国社会学家 D. P. 约翰逊提出，社会学的产生动力来自两个方面：其一是“前所未有的复杂的社会变迁”；其二是这种变迁获得了来自知识界的有意关注，因为正是“急剧的社会变迁……有可能提高人们自觉地反复思考社会形式的程度”②。我们已经提及，英国社会学家安东尼·吉登斯也认为，社会学是剧烈的社会变迁或现代性出现的直接后果之一，而“这些变迁的核心就是 18 和 19 世纪欧洲发生的‘两次大革命’”，即法国的政治革命和英国的产业革命。③ 因此，欧洲社会学不过是对因工业文明和民主政治而导致的旧制度的崩溃所产生的秩序问题的种种反应而已。④

考虑到作为学科的社会学出现的背景，我们能够理解，滕尼斯的社区—社会和迪尔凯姆的机械团结—有机团结虽然都是经典社会学家主观建构的概念，但它们并不是凭空虚构的。这两对理想类型以及其他我们提及但未加论述的有关社会形态的种种理想类型，是 19 世纪下半叶到 20 世纪初叶经典社会学家以理论结构的形式，对人类社会进程的“断裂”表现出的一种“时代兴趣”。在相当的程度上，它既反映了那个时代社会文化的基本主题，同时又

---

① Cahnman, Werner J., *W. J.*, *Ferdinand Tonnies: A New Evaluation*, Leiden: E. J. Brill, 1973, pp. 239—240.

② 约翰逊：《社会学理论》，国际文化出版公司 1988 年版，第 18 页。

③ Giddens, A., *Sociology: A Brief but Critical Introduction*, London: Macmillan Pr. Ltd., 1982, p. 46.

④ 1998 年，美国社会学家巴特也以与我们十分类似的口吻说道：“应该牢记的是，社会学和社会理论的最初浮现，是对当时的社会—政治和经济跃升的一种反应。”参见 Baert, Patrick, *Social Theory in the Twentieth Century*, New York: New York University Press, 1998, p. 204。

构成了经典社会学的一般分析范式，或者说，它就是经典社会学理论本身。

正是因为经典社会学家解释社会形态时普遍借助上述二元论的理想类型，它赋予新生的社会学以逻辑起点和分析框架，也形成了它后来的先天不足。认真解读自柏拉图和亚里士多德起到当代为止的所有大师们的社会思想，能够发现19世纪之前的社会思想和此后的社会学思想的主要区别之一，就是早期的社会思想探讨的是人性与社会秩序的普遍关系，而社会学思想关注的则是工业社会，或因工业社会的到来而造成的人性与社会秩序的巨变。虽然"社会学"（sociologie/sociology）一词最初的创用者是孔德，但我们能够发现在他之前那些被称为社会学"奠基人"的先哲，和他之后被称为经典大师的那些人，无一不以社会变迁作为自己的探讨主题：在孔德之前，英格兰的弗格森撰写的《市民社会史文集》（1767）关注的就是"社会变迁以及社会从一种类型变为另一种类型的原因"；[①] 而圣西门不仅创用了"工业社会"的概念，并且预示了在工业社会的推进过程中国家与市民社会的分离倾向。在孔德之后，迪尔凯姆、韦伯和齐美尔都意识到了由社会进程的断裂和现代性的出现带来的变迁，人在现代性情境下的命运构成了他们著述的中心议题；而马克思则干脆欲图通过阶级斗争引发进一步的社会变迁。

应该指出的是，社会进程的这种"断裂"，因其造成的传统社会秩序和价值观的塌陷，在19世纪末和20世纪初的欧洲引发了社会和文明的危机。从这样的意义上说，经典社会学家们提出的各种理论和他们所作的不同努力，是对这一危机或文明的"断裂"作出的一种回应。十分自然的是，由于每个人所处的社会地位不同、对人类社会的发展认识不同、个人的生活和成长经历不同，不同的社会学家做出反应的方式也就不同：马克思和迪尔凯姆意识到他们生存的时代是一个危机四伏的时代，但他们又都对未来抱以乐观主义的态度；马克思描述了资本主义社会的无序和崩溃的必然性，但他也设想将有一种更为人道的社会体系的诞生，并解决在资本主义社会无处不见的物化

---

① 斯温杰伍德：《社会学思想简史》，社会科学文献出版社1988年版，第18页。

和异化现象；迪尔凯姆则相信，“工业主义的进一步扩张，将建立一种和谐而完美的社会生活，并且，这种社会生活将通过劳动分工与道德个人主义的结合而被整合”①。与马克思、迪尔凯姆不同，滕尼斯、齐美尔、帕雷托特别是韦伯，则以悲观主义甚至绝望的心情来对待上述危机。在韦伯眼中，现代西方世界正在面临一个巨大的悖论：在这里，人类社会要想取得任何物质方面的进步和扩张，都必须付出巨大的代价，这个代价就是与个人的创造性和自主性天然不容的科层制“铁笼”的不断扩张。用韦伯自己的话来说，“今天，我们已经目睹无所不在的科层制化和理性化正在降临，想想它们的后果吧。现在……在所有以现代方式运作的经济组织中，理性的预测在任何阶段上都已十分明显。由此，每个劳动者的行动都可以数量化的方式加以测量，每个人都成了机器上的一个齿轮；而且，一旦他意识到这点，就会努力成为一个更大一点的齿轮。”② 其实，无论经典社会学家是以乐观还是以悲观的心态，来对待因传统社会秩序的“塌陷”而造成的这种社会形态的改变，他们的分析社会的理想类型都是这种“断裂”的必然反应。

最后，既然经典社会学是 19 世纪和 20 世纪之交欧洲文明的产儿，这一背景也就必然会给它留下一个众所周知的局限：经典社会学家们在论述社会变迁的动力时常常求助于某种单一的解释，而他们对社会形态的理解受其使用的理想类型的影响又往往是二元对立的。显然，正是现代工业社会的出现，在相当的程度上改变了原先田园诗般的那个变化缓慢的世界，使之在诸多方面与先前的世界发生了极大的变化。尽管在 19 世纪和 20 世纪之交，被我们称为“现代性”的诸多方面尚未全面展现出来，但它体现出的某种征兆和趋向，足以使那些具有丰富的社会学想象力的经典社会学家体验到社会生活已经和将要出现的那些变化。因为他们认为这种变化是前所未有的，他们自然就会将变化前后的两个社会形态视为是截然相反的，或根本对立的。

---

① 吉登斯：《现代性的后果》，译林出版社 2000 年版，第 6—7 页。

② Quoted in Coser, L., *Masters of Sociological Thought, Ideals in Historical and Social Context*, Second Edition, New York: Harcourt Brace Jovanovich, Inc., 1977, p. 231.

无论是社会生活中的急剧变化的影响使然，还是将学术作为志业的责任感使然，同样十分自然的是，经典社会学家们都会对这种变化做出自己的反应，都会开始思考变化后面的基本动因。比如，对影响现代世界的主要动力的理解，在迪尔凯姆那里是由复杂的劳动分工所孕育的工业主义，在韦伯那里则是理性化的资本主义。在相当的程度上正是因为他们认为存在着一种与先前不一样的社会变迁的动力，并在改变着这个世界，所以才会使经典社会学家以不同的表达方式，都将基本的社会形态划分为“传统—现代”两种理想类型。我们知道，这样一种二元对立的观念后来直接塑造了帕森斯之后的所谓“现代化”理论。尽管人们对现代化理论的表述各有不同，但它的基本假设却无非是：（1）无论你用什么样的话语形式来代表“传统”和“现代”，反正在这两者之间存在着云水之别；（2）现代社会结构和经济制度的确立，是建立在传统社会结构和旧有价值观念式微的基础上的；（3）由此，用丹尼尔・勒纳的话来说，“传统社会”和“现代社会”是两种相互对立、性质不同的社会系统，而现代化就是从传统社会向现代社会全面转变的过程。[①] 这种简单的传统—现代两分法，以及作为其理论基础的单线进化论，在相当长的时间里被人们视为天经地义的公理，并直接影响到我们对变动世界的理解和误解。现在我们已经看到，这种盛行了100多年的有关社会形态的两分法，正在受到各种新兴的社会理论的批判与挑战。

（原载《江海学刊》2002年第2期）

① Lerner, D., *The Passing of Traditional Society*, *Modernizing in the Middle East*, Glencoe, Ili.: Free Press, 1958.

论城市现代化的动力与标志

张鸿雁

城市现代化水平高的国家和地区，无不是现代化发展水平较高的国家。显然，现代化集中体现在城市化和城市现代化的发展水平上。中国现代化过程伴随着城市化与城市现代化的发展，如果按照世界发达国家城市每20—25年翻一番的发展速度，当代中国城市化水平在30%的基础上，未来的20多年间，中国城市化将达到65%左右，中国现代化将集中体现在城市化和城市现代化的发展过程上。这一现实证明了塞缪尔·P. 亨廷顿的观点，他说："现代化带来的一个至关重要的政治后果便是城乡差距。""在很大程度上，城市的发展是衡量现代化的尺度。"① 这一表述说明了城市社会结构变迁与现代化的关系。人类社会整体现代化水平依托于城市化水平，而人类社会现代化的过程在很大程度上也可以说是城市社会结构变迁的过程。

城市现代化与城市社会结构变迁的"共容性"

对于现代化的认识，首先是一个世界意义上的文化认知与认同问题。即现代化是现实标准，还是理想化的设计标准？现代化是比较性认识，还是客观性认识？现代化是一个现存关系的描述，还是一个指标意义上的绝对观念？从目前看，国内有这样一些观点：（1）现代化只是一个与过去发展的比较状态，与过去比较所体现的发展都可以称为现代化；（2）现代化是一种社会变

① 塞缪尔·P. 亨廷顿：《变化中的政治秩序》，生活·读书·新知三联书店1989年版，第66页。

迁；（3）现代化是一种时段意义上的表述，即具有现代意义的，被现代大多数人接受的现实就是现代化；（4）现代化是有参照系的，这种参照系来自社会比较和社会成员的比较——这也是笔者的观点。既是一个时代意义上的时间概念，又是一个现存意义上的发展概念。因为现实社会的现代化是与非现代化比较后，现代化才称其为现代化。现代化是现实存在意义上的比较值，而不是观念形态的比较；（5）现代化既是一个理论指标，也是实现生活中可比较的、具体的社会指标——人的发展与生活质量的世界范围的比较级的合理关系结构，即是现实的、客观意义上的现代化。城市化和城市现代化是现代化的结果和表现形式；（6）发达国家的现代化不足以代表现代化，等等。

从人类工业社会以来的现代化过程来看，西方发达国家的经济社会发展指标的的确确走在了世界的前面，所以很多人把现代化与欧美社会联系起来，而事实上，欧美社会在相比较的意义上，代表着某一阶段人类社会现代化的过程，并且有某种引导性和参照性，不承认这一点，也是唯心主义的。美国社会学家 S. N. 艾森斯塔德曾说："从历史上看，现代化是一个朝着欧美型的社会、经济和政治系统演变的过程，这一过程于 17 至 19 世纪就在欧美各国完成了。"① 但是，从未来的比较性发展认识，欧美的现代化不能代表人类社会现代化总的方向，但是仅在"发达程度"和"现代性"比较意义上，欧美社会的现代化在科学技术和生活方式及生活质量方面给发展中国家提供样板的同时，也提供了经验和教训。在这里我们仍然用亨廷顿的观点来进行注解："现代化并不一定意味着西方化。非西方社会在没有放弃它们自己的文化和全盘照搬西方价值、制度和实践的前提下，能够实现并已经实现了现代化。"② 这种观点的实在含义表明了一种逻辑，即一个民族完全西化是不可能的，民族文化特质和自然属性与现代化不是一对矛盾。"世界正在从根本上变得更现

① 艾森斯塔德：《社会的进化与发展》（S. N. Eiscnstadt, *Evolution Development of Societies*），牛津 1996 年版，第 1 页。

② 塞缪尔·P. 亨廷顿：《文明的冲突与世界秩序的重建》，新华出版社 1999 年版，第 70—71 页。

代化和更少西方化。”①

有人将现代化分为前现代化、现代化和后现代化。但是，后现代化不足以作为前一现代化的指导形式。因为对现代化的认识具有某种政治解释的符号意义，因此，对现代化概念描述就必然有政治文化的特色。

在此我们不妨对各种现代化的观点进行比较。我们认为现代化是相对的，现代化社会是在新的形态与形式上创造矛盾的过程，是一个克服旧有存在的过程，而这一过程的最重要的形式就是社会全员，是社会差异的创造者、追求者和载体，任何现代化都是社会矛盾在一个新的层面的运动。R. 本迪克斯把现代化视为一种社会变迁过程，他说：“对于现代化，我理解的是源于英国的一种社会变迁模式……他存在于一些领先发展中的社会的经济进步和政治进步之中，也存在于后来者的追随于前者的转变进程之中。”② 我认为这一观点的重要贡献就是把现代化视为一个“社会变迁模式”，现代化是一个创造先进或落后追赶先进的进程，那么，谁是落后？谁又是先进的呢？事实上在社会生活中，在客观世界和在理论认识观上，已经存在一个价值判断体和参照系。所以就其内涵来说现代化是一个明确的比较性概念。

西方结构—功能主义创造者帕森斯，他提出自己的理论时，正面临全世界范围的改革浪潮，特别是大多数发达国家是在从农业社会向工业社会发展转化过程中出现的现代化过程，因此，相当多的学者把现代化的过程定义为农业社会向工业社会的转型，所谓工业化即为现代化，或者说工业化是现代化的特殊方面。但是，帕森斯的一个重要观点是不能忽视的，即现代化的过程是社会结构的总体能力适应提高的过程，一个社会结构不能满足社会系统功能需求时，社会结构的变迁是必然发生的，而城市社会结构与系统之间始终处于一个“不适应—适应—不适应—再适应”的过程，所谓社会结构的适应、增长、分化、容纳和价值的概括化就是社会结构变迁的形式与内在表述。

---

① 塞缪尔·P. 亨廷顿：《文明的冲突与世界秩序的重建》，新华出版社 1999 年版，第 70—71 页。

② W. 茨阿波夫：《现代化理论与社会发展的不同路向》，《国外社会科学》1997 年第 4 期。

这一理论思潮可以看到，对现代化的理解具有时代特征，人们不能超越时代，去构建一个完美无缺的理想现代化模式。社会现代化既是物质生活水平不断提高，科学技术不断发展的过程，同时也是不断调整社会成员需求利益和社会群体利益的发展形式。因此，克服“资源有限性”和“资源拥有差异性”构成了人类社会现代化的永恒的追求与过程，而不是最终结果。这一差异是社会存在的一种本质特征和客观形式。社会有差异，就会存在相对性不合理。

美国学者吉尔特·罗兹曼主编的《中国的现代化》一书中说：“我们把现代化视作各社会在科学技术革命的冲击下，业已经历或正在进行的转变过程。业已实现的现代化的社会，其经验表明，最好把现代化看作是涉及社会各个层面的一种过程。”① 罗兹曼把现代化视为一种社会转变过程，但是，他也没有忘记给人们一个具体的回答，而且他的回答也是巧妙的。他说，为了满足那些对现代化指标喜好者，“我们用非生命动力资源与生命动力资源之比率来界定现代化的程度。当上述比率达到这样的状态，即在不发生深远社会变革的情况下，生命动力（在人类历史的大部分时间里它指的乃是人力）资源的增长已经变得无法补偿，非动力资源的那怕是相当少量的减弱，此种社会或国家便可以被认为是现代化了。而且这种比率越高，现代化的程度也越高。”在这一理论解释中，他又说，“‘高度现代化’的特征就是拥有极为丰富的消费品的大众市场”。同时他认为对中国来说：“这里所谓走向现代化，指的是从一个以农业社会为基础的人均收入很低的社会，走向着重利用科学和技术的都市化和工业化社会的这样一种巨大转变。”② 在这里，与我的研究主题相对应的是，西方学者在指出中国的现代化时，特别提到了都市化，很显然，对于一个农业社会向工业社会转型的国家来说，都市化是一个社会变迁和现代化过程。对于城市化已经完成的国家，社会的现代化集中体现为城市的现代化。

---

① 吉尔特·罗兹曼：《中国的现代化》，《海外中国研究丛书》，江苏人民出版社 1995 年版，第 4 页。

② 同上书，第 1 页。

从理性的高度认识，现代化是指一个社会由落后分散的形态转变到一个有理性有组织的社会形态。在现代化的过程中，传统社会或前技术社会逐渐消失，转变成具有高度差异化社会结构的社会。

城市现代化是城市社会结构变迁的形式和目的。无论用什么价值观体现或构建现代化理论，人类现代化是有共性特征的，这个共性特征是就很多社会学家所提及的社会内在要素的“共容性”——同质性。用目前人类所能及的知识和认识观，我们可以找到现代化“共容性”与同质性。我们从广义社会发展所认识的现代化的共性，归纳起来国家和民族的现代化其“共容性”和同质性是：以人性解放为其主功能的规范与制度；现代高科技的广泛应用；普遍平等意义上的教育水平和机会；专业职业结构与核心家庭；开放的市民社会体系；广泛的社会契约关系；多元化社会制度和选举制度；公开的社会竞争结构；容纳其他文化的现代价值观；改变传统落后的民族文化习俗；广泛的职业化和专业化居世界前列；生活消费品的大众化和居于世界前列的社会家庭收入；广泛运用全世界的最新科学技术等。这些“共容性”与同质性往往通过社会发展指标体系进行某种描述，换言之，“共容性”也是人们对现代化和城市现代化指标体系的认同，而这些指标体系往往也是“共容性”认识的基点。这又可以证明一个重要的观点，即城市化和城市现代化以及社会整体现代化，在人们的心目中是有比较客观的经济、社会和文化发展指标的，因而，就现实来说城市现代化和社会整体现代化是有参照系的。

城市现代化的社会发展指标与价值认知

城市社会结构变迁是城市现代化的另类解释。总结国内外经济学、社会学和发展理论我们可以找到一种解释，现代化就是城市社会结构适应力增强、发展充分的表现。我们无论是从帕森斯的“四系统”，还是从布莱克的现代化动力论来看，社会系统需求与结构变迁始终是一个矛盾过程，因而城市社会系统的需求总是不能满足的，这是城市社会发展的动力本质。

事实上无论如何解释，一旦现代化进程引入一个指标体系，现代化就是一个明确的具有指向性比较体系构成值，同时也是一个现实需求判断的比较体系。简单举例，如果说美国20世纪80年代以100人有100台电话为现代化的比较值的话，而不发达国家可能是100人仅有20台电话或更少，显然仅从电话拥有率这一单一指标就可以说电话稀少的国家算不上是现代化。在这一比较中，有些人把人均占有电话率高视为一种现代化指标，这也无疑是正确的。有的国家以宗教治国，男女不能在同一车间工作，其解决的方法是利用最现代化科学电子监视技术，来观察女工与男工的接触及活动，很显然，这种现代化的工具用于维系最落后的社会关系，对于社会发展理论来看，无法把这种现代化工具的应用与社会发展的现代化联系起来。因此，社会现代化指标体系，硬件的统计，只能描述现代化的某一方面，同时指标体系既便于比较又是可操作的。但是，由于这种指标本身也是一种变量，因此，现代化又不能离开指标的说明和事实的比较。所以现代化指标既是一个动态指标，又是一个现存的存在性指标。在这个意义上，现代化实际上是现代世界范围内最发达国家的经济与社会发展程度的集中表述，而这一表述，在运用过程中，在量化的同时被注入了理性化的色彩，或是民族化色彩。但切记，任何现代化，都不应该是想象中的现代化，应是事实上的现代化。

目前，国内外许多学者都运用了指标体系来对现代化进行定量研究。如中国社会科学院与香港大学合作，对世界85个大城市的社会发展水平进行国际比较。据统计，全世界百万人口以上的大城市有180多个，其中亚洲有86个，南美洲22个，欧洲20个，非洲15个，北美洲14个，大洋洲2个，苏联23个。在分析比较数据时，实际上把85个城市作为数据统计对象。开始时采用了52个指标进行分析统计，调查报告说：为了进行“国际性比较和排序，我们选择了有代表性的10项主要社会指标，用综合评分法，对每个城市的社会发展水平进行综合的定量分析”。

“为什么不用经济指标？这是因为，20世纪80年代以来，随着社会的发展和物质文明的进步，发展观有了较大的变化，已从过去单纯追求经济增长，转变到以人的发展为中心，满足人的基本需求，提高生活质量为目标的发展观。近年来国际社会提出了‘可持续发展战略’，要求体现人口、资源、环境、经济、社会的协调发展。由于发展观的演变，衡量社会进步的量化指标也由经济指标转向社会指标，由社会指标体系来反映人的需求满足程度和生活质量的高低。”① 美国学者埃思蒂思（Richard J. Estes）用36个社会指标组成“社会进步指数”，对124个国家进行了综合定量评价。联合国开发署的《人文发展报告》只用3个指标，即平均预期寿命、成人识字率、实际人均GNP。很显然，这些指标所反映的是一种社会进步，是一种现代化程度。而指标的确定不是依据想象，而是根据社会实际能力与需求。因此，任何指标只是现存现代化的“移值性”的表述，即人们认识的现代化，是因为当代世界范围内的最先进的国家已经能够做到的（根据10个社会指标综合评价，综合得分前10位的城市是：蒙特利尔92分；东京90分；巴黎89分；大阪88分；费城88分；汉堡87分；芝加哥86分；柏林86分；伦敦85分；马德里85分；旧金山85分。）美国社会学家英格尔斯提出了一个社会现代化的指标，也是人们常用的指标体系。

我们可以根据中国社会科学院与香港大学合作的研究成果，对当代世界范围的城市现代化水平指标，进行城市现代化数据指标体系再构建或寻找到一般特点，也就是说，目前世界最新的城市指标体系如下：

1. 第三产业就业人员占就业人员总数的比例，70%—80%以上；

2. 食品支出占消费支出的比例，12%—20%；

3. 平均预期寿命，76岁以上；

4. 每千人口医生数，10人左右；

5. 婴儿死亡率，4‰；

6. 中学入学率，92%以上；

7. 每户居民拥有住房间数，4—5间；

8. 每百人拥有电话机数量，90部以上；

① 朱庆芳、莫家豪、麦法新编：《世界大城市社会指标比较》，中国城市出版社1997年版，第1—2。

9. 人均用电量，2000 千瓦小时以上；

10. 人口自然增长率，1‰以下。

显然世界发达国家城市现代化指标是超前的。比较起来看，世界最发达的城市重点指标是：第三产业比重最高的是纽约 80%—88% 左右，占 80% 以上的还有伦敦、洛杉矶、费城、布宜诺斯艾利斯、马尼拉等。占 70% 以上的有香港、东京、罗马、蒙特利尔、中国台北等。食品支出指标最低的是美国和欧洲各大城市，如洛杉矶、旧金山、芝加哥、纽约、费城、伦敦、柏林等城市只占 12%—16%，这是根据恩格尔系数衡量生活质量的重要标准，按恩格尔系数食品支出在 20% 以下为高收入水平。平均预期寿命最长的是东京、中国香港、新加坡、中国台北、巴黎、蒙特利尔、罗马、悉尼、墨尔本、马德里等。从目前看，在全世界大城市中平均寿命在 70 岁以上的有近 40 个城市，而在 78 岁以上的城市只有 12 个，中国的上海平均预期寿命达 76 岁。每千人拥有医生数最高的是莫斯科，每千人达 10 人左右，其次为马德里、巴黎、布宜诺斯艾利斯。中国的昆明是 7 人，杭州是 6.7 人。最低的是圣地亚哥等市，只有 0.1—0.7 人，最高与最低比相差 100 多倍。在婴儿死亡率方面，最发达城市是在 10‰以下，最低是釜山，只有 3‰。东京、大阪为 4‰，中国香港为 4.5‰，天津、沈阳、青岛，还有伦敦、墨尔本等较发达的城市都在 10‰以内，而达卡市是最高的为 108‰。另外，开罗、卡拉奇、孟买、胡志明市、德黑兰等城市都在 80‰—45‰之间。中学入学率发达国家都在 92% 以上，这些城市有东京、大阪、旧金山、费城、芝加哥、巴黎、新加坡、圣彼德堡等城市。中国的一些省会城市如北京、上海、长沙、广州、武汉、长春、太原等城市也都在世界发达之列。最低为达卡，只有 37%。中国大陆城市一般都在 80% 左右。每户拥有住房 5 间以上的城市有悉尼、费城、纽约、芝加哥等。拥有住房最少的是孟买只有 1.2 间。中国住房到 20 世纪 90 年代中期大部分为 2 间左右，最高是珠海，每户 2.6 间，最低是齐齐哈尔，每户只有 1.5 间。每百人拥有电话数量方面，最高是旧金山，每百人有 100 部。中国香港是 68 部。最低的是孟买、包头，中国大陆最高的是深圳 50 部。（有些指标因统计资料来源问题，资料统计年份不一，这一数字有不完善性。）据最新资料统计，上海到 1999 年 9 月，市民已经有每 8 个人一部移动电话，手机用户已经达 180 万户。人均生活用电量最高是芝加哥，达 6338 度（千瓦小时），人均用电在 2000 度（千瓦小时）以上的有东京、大阪、悉尼、墨尔本、巴黎等，在 1000 千瓦小时以上的有费城、伦敦、旧金山、纽约、柏林、中国香港等。最低的是孟买只 65 千瓦小时，在人口自然增长率方面，一些发达城市人口出生率已经出现负增长，如柏林、伦敦、罗马、汉堡和上海等，一般在 -5. 1‰—1. 5‰之间，在 1‰—2‰之间的城市有北京、天津、东京、大阪等。①

通过这些综合指标我们可以大体上认定这样一个事实，即世界最发达城市的综合指标。另有 80 分以上的还有纽约、悉尼、洛杉机、罗马等。居 20 位以前的中国台北、中国香港、新加坡等。中国大陆的 34 个城市居于中下水平，北京和上海得 58 分和 57 分。

这些综合指标表现的方式不同，各城市的侧重点也不同。城市社会现代化还包括人的现代化，对于这一问题，英格尔斯对印度、以色列、阿根廷等 6 个国家进行访谈，收集 6000 个样本，提出了“现代人的标准”，1974 年他将研究成果以《迈向现代化》为题出版，曾被学术界广泛接受。如城市人口素质能够控制，有些城市不是城市自身发展的必然结果，中国城市人口控制是政策性结果。认识世界最发达城市现代化的关键点是，这些现代化指标的实现与城市结构变迁有什么关联？在社会结构变迁中，城市现代化是如何完成的？城市社会的选择的主体是谁？很显然，没有人的现代化，城市的现代化是不可能实现的，因此，可以进一步说城市社会变迁，就是城市社会结构的动态调整，是城市现代化的实现过程。

城市化与城市现代化的外在表现就是城市数量增多，而其核心的增长就是城市规模的增大，中国城市发展的资料显示，城市现代化的发展与城市规模成正比，城市越大经济效益越高，超大城市综合发展水平位居全国前列，

① 朱庆芳、莫家豪、麦法新编：《世界大城市社会指标比较》，中国城市出版社 1997 年版，第 6—10 页。

人均 GDP 水平相当于小城市的 2.6 倍。在完全可预见的未来 20 年间，中国的城市从目前的近 700 座将增加到 1500 座，城市社会来临是城市生活方式的普及，更是以大城市为代表的城市现代化发展过程。

城市现代化与城市社会的来临

城市化和城市现代化是城市结构变迁必然表现形式和直接结果，也是社会整体现代化的必然过程，对于现代化理论的争论，其实质是两种文化观的争论，是春秋无义战的一种形式。现存的世界体系中，存在着现代化的样板，就应该去学习、效仿。而在一个特定层面上，因为某一社会存在着问题，就去否定现代化模式和样板及参照系的存在是没有道理的。因为人类社会从古至今，不存在没有问题的社会，那就是说，即使如有些人描述的理想型的现代化社会，也存在着各种各样的问题的。现存的社会是合理的，但都是不完善的。因此，任何现代化的社会都存在社会问题，这才是社会的本原。在现实的世界中，发达国家这一概念的产生就是比较的结果，现代化的指标也是一个比较值，发达国家是现代化指标的实践地。以此类推，城市社会结构的变迁，直接的显性功能和效应就是城市社会现代化指标的变化。

从正向的社会发展逻辑分析，城市社会结构变迁，主要表现为“城市性”的强化和“城市化区”现代生活方式的完成，同时，也表现为城市生活方式的深化过程。美国出版的《世界城市》把城市化定义为：城市化是一个过程，包括两个方面的变化。一是人口向城市运动，并在城市中从事非农业型生产与工作。二是农村的生活方式向城市生活方式转变，如价值观、行为方式和生活方式等，前一个方面是城市人口的集聚所体现的城市经济职能，后一个方面是社会、心理和行为观念的变化，而这两个方面是互动和互相影响的。①

城市结构变迁，是城市人“生存方式与生活方式构成关系结构的变迁”，

---

① tuly D. Brunn, Jack F. Williams, *Cities of the world – world Regional Urban Development*, Harper Collins College Publishers, 1993.

亦是在强化“城市性”的变迁，“城市性”就是区别乡村的“质性”。乡村也具有“生存方式与生活方式的构成关系”，其本质特点是，生存方式作为构成关系的主要方面，表现为与自然直接发生关系，在与自然的直接作用过程中获得生活资料与生产资料，生存方式居于主要地位，生活方式居于次要地位，抑或可以说乡村的生存方式与生活方式是分离的，整体生活方式在传统意义上也是封闭的、单一的，当产出等于或小于消费时，其价值实现主要体现在生存方式领域。而城市中的“生存方式与生活方式的构成关系”在理论上是一体性的，生活方式居于主要地位，生存方式与乡村比较居于次地位，即生存方式在总体形式表现为生活方式，或者生存方式只是生活方式的部分构成。基本的生活方式是通过货币作为纽带联结成社会关系构成群体的依赖性的生活方式体系，生活方式是开放的、多元的和多价值取向型的，价值的实现主要体现在生活方式的创造与理想价值实现领域。

在生存与生活方式结构构成中，社会地位越高，生活方式的需求距离生存方式的需求越远，而生活方式对生存方式的结合性与涵容性越高。如由社会富有者阶层组成的高尔夫球俱乐部的会员制群体，在打高尔夫球的过程中，既完成了休闲生活的享受，也完成了社会关系交往的需求，同时还完成了价值创造——生意交换，更重要的是在这一过程，也表现为个人的心理价值满足。因此，“城市性”与城市现代化的实质就是城市生活方式现代化的模式性。在相关领域，有关“城市性”解释也很多，其最重要的说明是，“城市性”就是指区别于乡村的城市文化特质、城市社会结构和生活方式的特征总和，强调城市的市民性，包括市民意义上的商品交换主体的平等性。

沃尔夫冈·查普夫在谈到现代化的动力源时认为，现代化是社会内部“冲突”的结果，这一认识观：“使现代的进化论也变得‘强硬’起来，该理论更强调变异和选择带来的代价和破坏。通过创新理论，行为理论方面的联系变得有效了：有一些个体行动者和集体行动者，试图克服各种阻力（传统、投资利益、恐惧心理、环境的复杂特性）去实施创新。这里，创新理论再次注意到个体行动和集体行动的非计划性的结果。通过创新，探寻和选择过程常常产生非预期的副作用，或者甚至是矛盾的后果。假如说现代社会能够提高其控制能力的话，那么，国家以及全球的整体规划不应当算作是现代社会的成就。"[①] 他提出的新观点是，现代化在一定意义上是"市场失灵和国家失灵恰恰产生于大众消费和福利国家的经验和成果，以及这些成果所带来的副作用。人们可以从迄今为止的各种发展的能力效应中推导出创新潜能。……熊彼特所说的'创造性的破坏'是否总能取得灾难性破坏。甚至在某些受马克思主义影响的学者那里找到了支持。比如，伊曼纽埃·瓦勒斯坦，他认为科技革命和政治改革的双元制是具备承载能力的：所以，反保守的创新加上反保守的改革共同作用，使得资本主义的世界经济又回到一个新的扩张和积累阶段这条道路上来。"[②] 无论各种观点有什么不同，现代化与城市社会结构的变迁是紧密相连的，从城市社会结构变迁的规律中我们可看到，城市社会结构的变迁可以表现为城市社会的进步和城市的现代化过程。在二元经济条件下"现代化带来的一个至关重要的后果便是城乡差距"。在亨廷顿看来，"城市的发展是衡量现代化尺度"，现代化的一种"后果"，就是发达国家城市与乡村之间的差异化在缩小。城市是社会结构变迁的主体，"城市成为新型经济活动、新兴社会阶级、新式文化和教育的场所，这一切使城市与和锁在传统桎梏里的乡村有着本质区别"。[③] 但是，城市社会变迁不完全等同于社会变迁，城市结构变迁和城市现代化都是社会变迁的一种状态，或者是一种主观描述形式。

城市社会结构的变迁与城市现代化构成一个共生体，没有城市社会结构的进化式的变迁，也就没有城市现代化的过程。从创新的意义上可以这样重新认识：城市现代化即是城市社会结构的更新。法国社会家孟德拉斯在1964年曾出版《农民的终结》的名著，并断言，法国的农民将成为"化石"，青

① 沃尔夫冈·查普夫：《现代与社会转型》，社会科学文献出版社1998年版，第42页。

② 同上书，第43—44页。

③ 塞缪尔·P. 亨廷顿：《变化中的政治秩序》，生活·读书·新知三联书店1989年版，第66页。

年农业劳动者，“当他们在家庭、农业经营和村庄的废墟上重建新的社会的时候，也就为农民的最后残存者敲响了丧钟……农民将在他们的伴随下自行地消失。”[①] 在20世纪60年代20年后的1984年，他亲自考察了法国的乡村与农民的现状，他说：“虽然，法国还有农业劳动者，但是，他们已不再是传统意义上的农民，乡下人享有城市的一切物质条件和舒适，从这种意义上说，他们（农民）的生活方式城市化。这种生活差距的消除是在70年代完成的。”[②] 孟德拉斯的观点给我们很多启示，中国城市社会的来临是必然的，这一过程比我们想象的要快。2020年前后的中国城市社会的来临所反映的社会变迁及城市化，其发展速度应该超过20世纪60年代的法国。如果中国真正能能够达到60%—70%的城市化发展目标，中国城市现代化所带来的社会发展将是正直意义上的社会现代化！

（原载《江海学刊》2002年第3期）

① H. 孟德拉斯：《农民的终结》，中国社会科学出版社1991年版，第296页。

② 同上书，第301页。

迈向实践的社会学

孙立平

实践社会学的提出

记者：在最近的几次学术会议上，您都在讲实践社会学的问题，而且这个问题似乎在青年学者中产生了很大的反响，是这样吗?

孙立平：不错。在最近6—7年的时间里，我们一直在用口述史的资料收集方式来研究20世纪下半期中国农民的社会生活。同时，在这个过程中，我们也做了一些相关的研究题目，比如当代中国农民与国家的关系问题。从2000年开始，我们明确地提出了实践社会学的概念。用这样一个概念，来概括在上述研究中理论上的发现。

记者：我们在《清华社会学评论》创刊号上看到您和同事、学生所做的关于当代国家与农民关系的研究。可以看出，你们在使用一些新的方法，得出的结论也很独特。但为什么要把这些研究的特点归结为实践的问题。

孙立平：其实，实践的问题，也是在实践中提出来的。前些年我们在农村进行考察的时候，发现一个令人困惑的问题。这个问题就是，目前国家是以一种什么样的状态在农村中存在着?或者说还在多大的程度上在农村社会生活中起作用?

当我们在农村进行实际调查研究的时候，我们发现了一种很矛盾的现象，或者可以说是一种悖论。从一个方面看，发生在20世纪80年代初的联产承包责任制的实行以及人民公社体制的解体，从根本上改变了中国农村社会生活的基本面貌和运行的方式，这在很大程度上表现为国家在农村的弱化。对此，无论是在学术研究的报告中还是在新闻媒体上，都有许多的报道。人们由此所看到的是一种国家对农村社会生活的调控已经相当有限的情景。我们在农村调查时也常常接触到似乎可以印证这种描述的场景。许多乡镇干部或是忙于乡镇企业的经营活动，或是无所事事、迟到早退；一些村庄的干部说，已经很长时间没有开过党支部会和村委会了，甚至村里的主要干部都已经外出打工去了。

然而这只是一方面的图景，而在农村社会生活中，我们还会看到同时存在的另外一种图景。即在这样的一种组织结构特征之中，国家的意志在农村中仍然基本得到了贯彻执行。熟悉农村生活的人都会知道，作为国家机构最低一层的乡镇政府要村庄去做的，或者是村庄对农民要做的，主要是定购粮的征收、三提五统款项的收取和计划生育政策的落实。我们可以将这些看作是在农村中国家意志的“最实在”的体现，或者看作是国家调控农村的指标。这些事情对于乡镇而言，是行政任务，而且是最棘手的行政任务；对于村庄干部而言，他们常常要得罪人，并且得罪的是“低头不见抬头见”的乡邻；对于农民而言，他们并不都是积极主动的，有时还出现牴牾。（在我们所做的定购粮收购的个案中可以明显看到这一点。）应当说，这些工作有着极大的难度。但尽管如此，就全国的情况而言，虽然在实现国家这些意志的过程中也出现了种种的问题，但可以说，该征的粮食基本都征上来了，该收的钱基本都收上来了，控制生育的目标也基本达到了。也就是说，国家的意志得到了基本的贯彻和执行。如果说在农村中政府已经处于一种相当弱化的状态，对这种结果如何进行解释？如果我们考虑到这些工作中的难度，就不会将这个现象简单地解释成一个软弱的组织结构在完成一件轻而易举的事情。但是，如果反过来说，能够根据国家的意志得到基本贯彻执行的结果，就断言国家在农村中的存在仍然是相当强有力吗？恐怕也不能。因为组织结构的软弱毕竟是普遍的事实。

记者：您是说在静态的组织结构上很难对这种矛盾的现象进行解释，从而需要进入国家权力在农村的实践形态？

孙立平：是的。这种矛盾在我们的脑海中首先形成的是种种困惑。接着的问题是我们到什么地方去寻找解决这种困惑的答案。在对一些具体现象进行分析的时候，我们意识到，权力的实际运作过程，或者说是权力运作的实践状态，可以对其中的一些问题提供解释。我曾经与一位有农村基层工作经验的朋友讨论过我们学术界经常遇到的“两难困境”的问题，即我们在理论逻辑上感觉是矛盾的那些现象。典型的就是互为条件的问题，A 要以 B 为条件，而同时 B 也要以 A 为条件。但在这位朋友所讲到的农村工作的实际过程中，所谓“两难困境”的问题，并不像在理论和逻辑上表现出的那么突出。这使我们意识到静态的逻辑与动态的逻辑、理论的逻辑与实践的逻辑之间的差别。在我们所做的几个案例当中，都可以看到，实践的逻辑是如何为这种矛盾或悖论提供新的解释的。

实践社会学的理论与方法

记者：实践这个概念在我们的社会生活中经常使用，而且是经常在不同的场合或领域中被使用，从某种意义上来说，这个概念多少有点被用滥了感觉。那么，如何界定您所说的实践社会学？

孙立平：这里所说的面向实践的社会学，强调的不是社会学这门学科本身的实践性，不是社会学知识在实际社会生活中的可应用性。面对实践的社会学所强调的是，要面对实践形态的社会现象，并将此作为社会学的研究对象。

那么，什么是实践？什么是社会现象的实践形态？大体上说，实践形态就是社会因素的实际运作过程。面向实践的社会学，所要面对的就是处于实际运作过程中的社会现象。对于过去人们主要从静态角度关注的现象，如社会关系、社会结构等，面向实践的社会学意味着要从实际运作过程的角度重新加以关注。

实际上，这涉及对作为社会学研究对象的社会现象或社会事实的看法，或者说，涉及对社会事实性质的假设。涂尔干认为，社会学是研究社会事实的。但问题是，究竟什么是社会事实，社会事实的基本特征是什么？在传统意义上，人们往往将社会事实看作是一种固态的、静止的、结构性的东西（在涂尔干那里是一种集体表象）。面对实践形态社会现象的社会学，则将社会事实看作是动态的、流动的，而不是静态的。也就是说，社会事实的常态，是处于实践的状态中。就如同在印象派画家的眼中，空气和阳光是流动的一样。

记者：你们的那组文章用了一个总的专题式的标题："当代中国国家与农民关系的实践形态"，将国家与农民的关系看作是一种实践形态，将会对这种关系产生什么样的新的理解？

孙立平：近些年来，我们在经验研究中，对面向实践形态社会现象的社会学进行了一些初步的探索。特别是在有关国家—农民关系若干个案研究中，我们试图面对的，就是一种我们称之为"国家—农民关系的实践形态"，或者说，是一种实践形态的国家—农民关系。

国家与农民的关系，扩展一点说国家与社会的关系，是社会学研究的重要主题之一。但在以往的研究中，人们往往要么是将这种关系看作是一种关系模式，要么看作是一种结构体。有关中国农村中国家—农民的研究也是如此。这些研究大多是将国家—农民关系看作是一种结构性的现象。在这种假设的基础上，他们试图回答，他们的关系是怎样的一种模式，是什么样的因素造就了这样的模式，这样的结构模式意味着什么，这种关系模式形成了一种什么样的结构体。还有类似的研究，则面对着双方力量的强弱（最典型的是强国家——弱社会或弱国家——强社会等模式的提出），各自的自主性等问题（特别是政治社会学和历史社会学中对国家自主性问题的研究）。

但在这种静态结构模式的研究之中，国家—农民关系的一个重要方面被屏蔽掉了，这就是：国家—农民关系在现实的生活中是如何运作的？这种关系在日常生活中是如何呈现的？在实践状态中，有无一些新的而且重要的因素在生成？运作的过程仅仅是结构因素在动态过程中的展开吗？国家—农民关系，如同许多社会现象一样，本身是“生动”而“热闹”的。如同在我们的个案研究中所表明的，如果离开诸如定购粮的收购、上访等这些具体的实践过程，国家—农民关系只是一种抽象。国家—农民的关系存在于哪里？就在这些具体而现实的实践活动中。

以实践形态的社会现象为对象的社会学研究，是一种与静态结构分析相当不同的研究途径（approach）。举例来说，农村中国家与农民的关系，既可以看作是一种静态的结构，由此来研究两者力量的强弱、支配关系等问题，也可以将其看作是一种实践着的动态过程，可能更准确地说是一种“行动中的（in action）国家—农民关系”。不同的研究途径，所要分析的问题是不同的。当然，这并不意味着实践社会学会忽视结构性因素。也可以这样说，它重视的是处于过程之中的结构因素。换言之，在实践社会学看来，实践也就是结构的运作状态。比如，在收定购粮的案例中所涉及的征收者——被征收者的地位、双方的权力关系、制度的背景等，都是在实践中呈现出来的结构性要素，同时也是实践社会学关注的焦点。

记者：一种新的研究途径的提出，往往取决于有没有切实可行的研究方法。实践社会学是如何解决这个问题的？

孙立平：在最初的时候，我们还没有提出实践社会学这个概念。在那组文章中，我们虽然整个专题使用了“国家与农民关系的实践形态”这个提法，但在文章中谈论的更集中的则是“过程—事件分析”的研究策略。

我们知道，在社会学中，实践的概念，是布迪厄创立的。他是一位社会学的理论大师，也是实践问题的主要倡导者。他对于实践特征的分析，可以给我们非常重要的启发。他讲得最好的是实践的紧迫性。在实践的过程中，时空出现了，因而也就出现了紧迫性的问题，这是实践本身所独有的。在静态的结构中，由于不存在时空的问题，特别是不存在时间的问题，紧迫性就不会出现。当然，重要的不是紧迫性本身，而是通过紧迫性我们可以理解实践的独特性。但他对实践的分析仍然是钟情于定量和结构分析，对于总体性本身在实践中的生成机制，他几乎没有涉及。我觉得是否可以说，他是用一种非实践的精神与方式对待实践的。原因是他将实践抽象化了，于是实践就死掉了。而只有再现实践的活的、热闹的本性，我们才能真正地面对实践，我们才可以看到实践的独特性之所在。从某种意义上来说，这种实践是一种链接，一种黏合，是社会现象的再生过程。如果说，社会生活中真的有列维—施特劳斯所说的那种符码（code）的话，那这种符码有相当一些是存在于社会现象的实践状态中。

我们提倡“过程—事件分析”的研究策略，目的是接近实践形态的社会现象。或者说是找到一种接近实践状态社会现象的途径。布迪厄在倡导实践社会学上之所以失败，就是因为没有找到一种面向实践状态社会现象的途径。实际上，实践状态的社会现象，是非常难以接近的。我经常举一个例子，稍微有点物理知识的人都知道，阳光是流动的。有的人还会进一步说，流动的速度是每秒30万公里。但如果让一个画家在画布上把阳光的流动性再现出来，却是非常不容易的。但印象派画家成功地做到了这一点。“过程—事件分析”分析，从某种意义上来说，是在实践死亡的地方重新激活它，让实践真正成为一种实践的状态。事件性过程的特性是把实践状态浓缩和集中了，因而包含了更多的信息，这是其一。其二，事件性的实践过程，具有一种创造性的机制。这就是前面所说的链接与黏合，是一种生成的机制，是一种过程的再生产过程。其三，也是最重要的，是它提供了实践状态的可接近性。但“过程—事件分析”只是接近实践，并不是分析。对实践形态社会现象的分析，是需要另外讨论的一个问题。

在最近的一篇文章中，我们又进一步地将实践社会学的关注点，概括为四个因素，即过程、机制、技术和逻辑。过程主要是指我们一直在强调的“事件性的过程”。过程实际上也是实践社会学的基本切入点。因为正是过程，特别是事件性过程，才会将实践的逻辑鲜明地展示出来。因此，你可以看到，我们做的几个个案，基本上都是事件，展示的都是这种事件的过程。当然，这些事件在类型上是不一样的。“种洋香瓜”是一个很紧凑很集中的事件。

“上访”则是一个时间和空间跨度都很大的一个过程。而“定购粮收购”，则是一个由许多小的事件构成的一个松散的过程。但不管是哪一种事件，其过程都给我们展示了许多令我们感兴趣的问题。然后就是机制。机制实际上是我们所要研究的那些因素起作用的具体方式。比如说，在“收粮”的过程中，那些“非正式因素”是如何介入正式权力的行使过程的？这些非正式因素，是以怎样的方式发挥作用的？就是我们所关心的问题。技术则是指在实践的过程中，实践活动的参与者在使用怎样的一些技术和策略，以及他们是如何使用这些技术和策略的。为什么要特别强调这个因素呢？主要是为了凸显实践活动中的主体性因素。实践是实践的参与者能动地发挥作用的过程。这种能动的作用，是塑造实践逻辑的一个重要因素。我们不能忽视这样一个极为重要的因素。而逻辑，则是我们研究的目标。实践社会学在面对实践状态的社会现象的时候，要找到的，就是实践中的逻辑。然后通过对这种实践逻辑的解读，来对我们感兴趣的问题进行解释。

实践增量与社会转型研究

记者：在完成那项“当代中国国家与农民关系的实践形态”的研究之后，关于实践社会学的研究有没有新的进展？

孙立平：我们最近做的一项工作，就是将实践社会学引入对“市场转型”的研究。众所周知，在最近十几年里，对于苏联、东欧、中国改革过程的研究，已引起越来越多的人的兴趣。在社会学中，这些研究主要是在“市场转型”的大题目下进行的。而且从前面的情况来看，这项研究已经成为社会学学术进展的一个很重要的组成部分。一位著名的美国社会学家就认为，这方面的研究已经不是在与主流社会学进行对话，而是其本身，已成为主流社会学的一个重要的组成部分。

记者：那么，将实践社会学引入市场转型研究，具有怎样的意义？

孙立平：要说清楚这个问题，就需要首先说明目前市场转型研究的一些基本特点。目前的市场转型研究，主要是以对苏联和东欧的研究为基础的。

一些有重要影响的研究，主要是在东欧和中欧国家来做的。其关注的主要问题，是市场转型与社会不平等的关系，以及市场转型过程中的精英（elites）转换问题。概括地说，目前的市场转型研究，具有如下四个特点：

第一，无论是对于市场转型的研究，还是对于后共产主义社会的研究，布达佩斯学派所关心的主要是其结构性特征；第二，对于结构性特征的关注，主要是通过大规模问卷调查的方式进行的。特别是撒列尼所主持的中欧精英转换的研究；第三，基本的理论视角是自上而下的，其对精英问题的重视，突出表现了这一视角的特征；第四，布达佩斯学派所研究的市场转型国家，主要是东欧，特别是中欧的匈牙利。在这些社会中，市场转型伴随着政体的断裂。

在其中，第四点是非常重要的。布达佩斯学派的主要理论取向、研究视角和所使用的方法，都与此有着直接关系的。苏东的市场转型是与政体的断裂联系在一起，这意味着在大规模的市场转型发生之前，政体和主导性的意识形态都发生了根本性的“转变”。这样就为名正言顺的、大规模的、以国家立法形式进行的市场转型提供了可能性。在这种转型的过程中，在很短时间内，社会中基本的制度安排得到了根本的改造。因此，布达佩斯学派有理由将他们研究的主要注意力放在制度和结构的特征上，放在不同时期正式制度结构的比较上。顺理成章的是，在这样的市场转型的过程中，知识精英起着重要的作用。因为在这个过程中，原来的权力精英由于政体的断裂而失去了原有的资源，而新的经济精英还没有发育起来。这样就为知识精英发挥作用提供了舞台。从这里边，我们可以看到在布达佩斯学派中，为什么对上层精英给予非常的重视，并使用自上而下的视角。同时，对于认识大规模的正式制度的变迁来说，大规模的问卷调查的方式，也无疑是有优势的。

记者：将实践社会学引入市场转型研究，会对这个研究领域产生怎样的影响？

孙立平：我们最近正在对我们这些年来所做的研究工作，也包括一些朋友和同事所做的研究做一些整理，从实践社会学的角度重新来加以认识。在这个过程中我们发现，中国社会学正在形成一些非常有特点、甚至是有很强的理论意义的研究成果。也许我们可以从实践社会学的角度，对这些成果进行一些讨论。也可以结合上述四个基本一起来讨论。

第一个问题是，中国的改革过程或市场转型过程与苏东有着明显的区别。这个区别主要表现为：在苏东，由于市场转型是与政体和意识形态的断裂同时进行的，而中国的市场转型则是在政体连续性背景下进行的。过去我们将这种转型称为渐进式改革。这个差别是如此重要，实际上意味着两种截然不同的转型过程。在苏东地区，20 世纪 80 年代末期发生的剧烈社会和政治变革，几乎完全打破了这些国家在政治体制和意识形态上的连续性。这种市场转型的特点是，在造成种种的社会动荡的同时，也形成了一种独特的市场转型的进程。以私有化的过程为例，在 20 世纪 80 年代之前还以种种隐喻的方式进行的辩论，而到了 20 世纪 90 年代，已经代之以大规模的立法。这种市场转型的方式，就为正式制度的运作，提供了广阔的空间，在其他的方面大体也是如此。

中国的市场转型过程，人们一般称为“渐进式改革”。所谓渐进式改革，最重要的含义其实就是政体和意识形态的连续性。而就对市场转型的研究而言，这种特殊的转型过程有着多方面的学术含义。我们这里至少应当关注这样两个问题，一是权力连续性背景下的精英形成，二是主导性意识形态连续性背景下的“非正式运作”。“资本转换”和“精英形成”是市场转型理论研究的一个核心问题。在撒列尼等人的理论中，实际上存在这样两个基本的假设。第一，不同类型的资本是相对独立的；第二，不同类型的资本之间是可以转换的。然而，这两个假设的成立是有条件的。正是以这两个概念为基础，在苏东，不同类型资本的相对独立性的形成，是以政体的非连续性为前提的。由于其市场转型是与政权的更替同时进行的，这样就大大削弱了过去的权力资本操纵其他类型资本的能力。从这种意义上说，政治资本的相对弱化，是其他类型的资本形成相对独立性的条件。而在中国市场转型的过程中，由于经济体制中的由再分配经济向市场经济的转型，并没有同时伴随政权的更替，因而政治资本的强势地位并没有受到削弱。其直接的意义是在于，即使是在市场转型的过程中，甚至是在市场机制已经成为整个社会中占主导地位的经济整合机制的情况下，政治权力仍然继续保持着对其他类型资本的控制和操纵能力。在这种情况下，不同类型资本的相对独立性很难形成。通过政治权力的作用，整个社会中的资本在很大程度上是以一种高度不分化的总体性资本的状态存在着，而不是以相对独立的资本的形态存在着。在这个基础上，中国市场转型过程中精英的形成过程，就表现为，并不是不同类型之间的精英的转换，而是在过去十几年改革过程中出现了一个掌握文化资本、政治资本和经济资本的总体性资本精英集团。

记者：刚才您谈到，这种独特的市场转型过程，也会对社会生活的运作方式产生重要的影响。

孙立平：也正是在这里，我们看到了实践社会学在研究中国市场转型中的极端重要性。如上所述，类似于苏东国家的政体断裂背景下的市场转型，基本上是以立法、通过正式制度推进的方式进行的。在这个过程中，尽管也存在许多争论，但这些争论基本不是在意识形态的层面上进行的，而主要是在策略和利益的层面上进行的。这种转型过程，为正式制度发挥作用提供了广阔的空间。而中国的市场转型则是发生在非常不同的背景之下。在整个转型的过程中，几乎都伴随着不间断的意识形态争论。如改革初期关于市场经济合法性的争论，后来关于股份制的争论，等等。这样的意识形态背景，成为市场转型的一种独特的成本。为了缩小这种成本，改革的推进者们采取了两种不同的策略。一是将新的的改革措施或市场因素纳入原有的意识形态当中，如“社会主义的市场经济”等。另一种方式，则是“不争论”。对于实质性的改革措施，有许多是通过变通的方式进行的。

在《作为制度运作和制度变迁方式的变通》一文中，我们对“变通”这种中国市场转型过程中的独特机制进行了系统的探讨。变通既不是一种完全正式的制度运作方式，也不是一种完全非正式的制度运作方式，而是介于正式的运作方式与非正式的运作方式之间的一种准正式的运作方式。更确切地说，变通实际上是一种正式机构按非正式程序进行的运作。进行变通的主体都是在制度中拥有合法地位的正式机构，或者是地方政府，或者是政府中的有关部门，或者是延伸着政权的社会调整和管理功能的企业以及其他单位。这篇文章特别指出，变通的最微妙之处在于它对原制度的似是而非全是。也就是说，从表面上来看，它所遵循的原则及试图实现的目标是与原制度一致的，但变通后的目标就其更深刻的内涵来看，则与原制度目标不尽相同甚至根本背道而驰。

在这里我觉得必须提出和强调一个概念，这就是“实践的增量”。所谓实践的增量，意味着实践要比静态的结构多出来一块。前面我们曾经讲到过布迪厄对实践特征的论述。他所讲的实践的紧迫性和实践的总体性等特征，都是在静态的社会结构中没有的，是在实践的过程中“多”出来的。这些东西都只有在实践中出现和存在，在实践中起作用。正因如此，使得我们可以对社会现象做出新的认识和解释。在研究“忆苦思甜”的时候，我们就发现，政治运动表现出一种很强的实践的总体性。我们都知道，在过去的几十年中，特别是在改革之前，政治运动在我们的社会生活中起着很重要的作用。我们许多的社会生活，都是依靠政治运动来推动的。对于政治运动的作用，很多人都注意到了。但为什么在那时的社会生活中要频频使用政治运动？一种解释是，当时社会生活是高度政治化的，至少在主观上是为了通过政治运动来达到改造人们的思想的目标。还有一种解释，认为政治运动实际上是一种社会动员的方式，由于当时社会生活科层化的程度低，许多社会生活就只能通过政治运动来推动。但我们在研究中发现，政治运动的作用还不仅如此。从今天的眼光来看，当时进行“忆苦思甜”，特别是土地改革时期的诉苦，可资利用的条件，相对于那样一场大规模的改造社会的运动来说，是相当有限的。这些条件主要是，有一个关于阶级和阶级关系的理论，农民由于分得了土地而产生的朴素感情，还有一个就是不同农民以及穷人和富人之间的传统的怨恨。这样的三个因素，并不足以造就一场如此深刻的政治运动。因为这些因素之间是断裂的。但运动的实践过程将它们联系在一起，使其成为一个整体。

这就是实践的生成机制。也就是说，在实践中生成了一种新的东西，总体的东西。

对于总体性本身在实践中的生成机制，我说的是一种意思：我们可以假定在市场中有一个买者和一个卖者。但这时双方是孤立的。接着实践发生了，就是双方的买卖行为。买卖行为就是实践活动。是实践活动，把买卖双方现实地联系起来了。这时，买卖活动和买卖双方一起构成了一种新的社会事实。这个总体性意味着什么呢，它意味着一种新的东西的生成。因此，在这里我们可以发现实践具有一种生成机制。因此，可以说，实践并不仅仅是结构的运转状态（如同在结构与行动的概念框架下讨论的那样）。实践是超越结构的，是不能还原为结构的。实践要比结构更多。这也就是，在“过程—事件分析”中说的“过程本身造就过程的逻辑”和“过程本身是一种独立的解释源泉和解释变数”的意义。

理解实践的这种总体性，特别是其生成机制，对于我们理解市场转型问题有重大意义。我们一些重要的改革举措是如何成功的？大家可以分析一下，在许多情况下，有关的政策规定并非很具体的。如果仅仅从有关的理论和政策来看，许多事情是做不好的。但在实践中，创造性出现了。所以，将实践社会学引入中国的市场转型研究，会使我们对中国改革和市场转型的过程产生新的理解。

日常生活与深度个案研究

记者：前面您谈到过已有的市场转型研究具有一种自上而下的视角，而且在研究方法上多使用大规模的问卷调查。从实践的角度来研究中国的市场转型过程，在这两个方面会发生什么变化？

孙立平：在前几年由伊亚尔和撒列尼等人所著的《没有资本家的资本主义形成》一书中，他们自己也承认，他们的视角是自上而下的。这是和苏东特有的市场转型过程直接相关的。如同前面已经指出的，苏东市场转型的基本特点是经济转型伴随着政体和意识形态的断裂。这样就为政治因素、正式制度、上层精英等因素发挥作用，提供了广阔的空间。因此，在研究这种市场转型时，研究者们关注上层精英的作用，关注是哪些精英在替代着哪些精英，这种替代与他们所拥有的资本类型具有什么样的关系等问题，是理所当然的。但中国的市场转型过程与之非常不同。由于市场转型的许多具体过程是以变通的方式进行的，这就给人们提供了更多的空间和机会，使得他们可以在实践的过程中进行新的创造。因此，研究中国的市场转型过程，就不能不关注他们的作用。

这样，在从实践社会学的角度来研究中国的市场转型的时候，就需要认真研究和分析普通人的日常生活。因为市场转型的实践逻辑往往是在那里产生的，也往往是在那里体现出来。但这个时候就涉及一个理论上的问题。就是如何看待普通人的日常生活，对于中国社会的研究，或多或少地受到两种理论模式的影响，一种可以称为整体论模式，一种可以称为本土性模式。前者实际上是一种国家中心论。20 世纪 80 年代以前的研究，基本上体现着这样一种理论取向。这种模式表现为：强调党和国家机器的压倒一切的作用，强调正式体制对于社会生活的调控功能，不承认自主性社会生活的存在；认为不存在独立的社会力量和大众文化，民众是被动的，社会生活是整齐划一的；变革的动力来自党和国家机器的推动。而本土性模式的形成，最初来自对整体论理论模式的批判。这些学者强调的是独立于国家之外的地方性知识的作用，而这些地方性知识往往是与传统的血缘格局、地方宗教等因素联系在一起的。在他们看来，普通人的日常生活，在很大程度上是自主的，是一块没怎么受外部权力渗透的净土。我们对日常生活的强调，与上述两种模式是不同的。我们不是将普通人的日常生活看作是一个完全自主的领域，而是看作普通人与国家相遇和互动的舞台。因此，我们要采取的，也不全然是一种自下而上的视角，而是强调自上而下和自下而上两种视角的均衡和整合。实现这种均衡和整合的关键，就是关注作为国家和民众相遇并互动舞台的日常生活。

最后是关于研究方法的问题。应当承认，大规模的问卷调查，是当代社会学的主流方法，对于许多社会现象的研究，其作用是不可替代的。但任何研究方法的作用都是有边界的。对于研究社会生活实践状态中逻辑，我觉得深度的个案研究是有着明显的优势的。因为它可以使得我们深入到现象的过程中去，以发现那些真正起作用的隐秘的机制。但我在这里要强调的，不是一般意义上的个案研究，而是注重“事件性过程”的深度个案研究。这种研究策略和路径，所要起的作用不是推断，而是发现逻辑，实践的逻辑。

（原载《江海学刊》2002 年第 3 期）

当代文化经济一体化的生成动因与实现途径

叶南客

今天在全球范围内，一个重要的发展趋势就是文化与经济的一体化。这不仅说明文化在经济社会发展过程中的导向、调适、保障功能越来越重要，而且说明文化正在成为经济社会发展的战略资源和强大生产力，成为一个国家的综合国力的重要组成部分。文化经济的一体化是我们对两者协调发展的更深层次乃至终极意义层面的揭示，一体化是趋势、目标和结果，而协调发展则是过程和实现目标的基本方式。如果说昨天我们还认为文化和经济是社会发展两个领域不同性质的事物，而明天这两者将成为一码事，那么今天，文化和经济正呈现出趋向协调和融合的势头，而我们所要做的事就是促进和加速两者的一体化过程。我们所应进行的理论探讨也就是发现和解释文化经济一体化的社会动因、一体化的内涵和表现方式以及加速一体化的方法途径。

文化经济一体化的社会动因

文化经济协调发展以至于一体化是一种社会文明进步的必然形态，它的生成动因可以从宏观的时代背景以及微观的文化对经济、产业、企业发展作用力显著增强等多个层面加以认识。

1. “文化时代的到来”

从 20 世纪 80 年代以来人们对身边世界急剧变化的惊讶描述和对 21 世纪社会形态的捕捉窥测中，我们发现无论是早期的“第三次浪潮”“新技术革命”，还是后来的“信息社会”或“知识经济时代”等语汇，无一不是人类文化进步的产物和表征，它鲜明地昭示，与以往的农耕时代、工业社会相比，信息、知识、智能这些文化的结晶在现代社会经济进步中的贡献份额已日趋突出，文化在推进未来社会发展中的主导地位已然确定。正因如此，日本前首相大平在国会讲话中曾指出：“现在已经从以经济为重心的时代进入了文化时代。当代，国民关心的目标从物质转向精神，关注文化。”① 在这一新时代中，文化的价值和其独特的魅力日益凸显，它已绝不单单是文字记录的一切成果，也不仅仅是吃、穿、住、行等生活方式的外在体现，它已渗透在社会生活经济生活的一切领域，构成每一个人及每一个社会生活的基本组成部分，并在社会政治和经济发展中展现出特殊的地位和巨大的促进作用，确如联合国 1986 年制定的《世界文化发展十年》政策文件中所宣称的：“没有一项名副其实的发展项目能无视自然和文化环境的基本特点及有关人群的需要、追求和价值。”因而该文件中确定的未来一段时间人类发展的两个主要目标，一个便是“在发展过程中更强调文化尺度”，一个则是“广泛促进人们的创造技能和文化生活”。

在文化时代中，文化既是发展的主题更是综合国力和国家竞争力的主体。伴随着经济全球化而来的不仅是经济上的全球流动和全球竞争，而且也必然增强文化上的全球流动和全球竞争，因而软实力已成为各国综合国力和国际竞争力的重要评价尺度。软实力主要是一种文化影响力，它来自一个国家的文化体系、意识形态和社会制度的吸引力，正像美国著名战略学家 J. S. 奈所说：“软实力和硬实力具有同等的重要性，如果一国的文化和意识形态更有吸引力，那么其它国家将更愿意跟随它；如果它能够建立一种机制，并且其它国家愿意按照它希望的方式限制自己的行为，那么将减少使用硬实力而带来的代价。”②

① 转引自［日］名和太郎《经济与文化》，中国经济出版社 1987 年版，第 1 页。
② ［美］J. S. 奈：《仍是竞争中的强者》，《世界箴言》1990 年 3 月号。

2. 文化是扩展现代经济活动的重要标志

现代文化不再仅仅是社会经济发展的精神动力和智力支持，它已作为一个独立的经济成分和产业升级标志而成为经济现代化的重要组成部分。所谓经济与文化的一体化至少包括当代经济的产业下游化趋势、经济的文化化趋势和文化的经济化趋势。产业下游化是当代世界经济的一条重要规律，早在17世纪，西方经济家威廉·配第就已经发现，随着经济的不断发展，产业中心将逐渐由有形财物的生产转向无形的服务性生产，工业比农业、商业比工业的利润要多得多。因此，劳动力必然由农转工、而后再由工转商，并且越来越多地转向文化服务业。

文化进入市场，文化形成产业。“文化的经济化、科技化”和“经济、科技的文化化”，使得文化中渗透经济的、科技的、商品的要素，文化本身已具有经济力、科技力。今天，电视、电影、音像出版、文艺演出、工艺美术、体育比赛、广告、信息、传播、娱乐等文化要素，已经发展成为庞大的产业集团，成为文化经济最直接的表现的形式，成为国民经济结构中的重要组成部分。“九五”期间全国文化产业单位新创增加值累计达1020.97亿元，年平均增长速度为6.7%。从世界经济范围看，文化产业已成为支柱产业之一，被视为21世纪的“朝阳产业”。据统计，美国400家最富有的公司中有1/4是文化企业，“时代华纳”与“美国在线”合并后，新公司2000年市场价值高达3500亿美元。而英国文化产业的平均发展速度是经济增长的两倍，日本的娱乐业产值仅次于汽车工业。因而日本学者认为“考察一个国家人们文化生活的总体，就可以理解一个国家的产业结构发展水平取决于这一国家的文化内容的意义……文化内容分别决定各国人生活的需求，实际上也决定这一国家的产业”①。

3. 文化构成现代产业升级发展的决定因素

文化一旦真正成为充满活力的经济因素，它便不可阻挡地向一切可能的

① [日] 名和太郎：《经济与文化》，中国经济出版社1987年版，第103页。

产业中渗透发展，在这一过程中，不仅借机壮大了自己，也大大刺激拉动了相关产业的延伸和升级。20 世纪 40 年代，另一位西方经济学家克拉克在对产业进行分类时又发现了一个经济法则：随着经济的发展，就业结构的中心从第一产业向第二产业，再向第三产业转移，被称为“配第克拉克经济法则”。事实证明，它是合乎实践发展规律的。随着当代新兴产业的崛起，人们提出将第三产业中的脑力劳动与体力劳动分开，将脑力劳动称为第四产业或知识信息产业。这一命名历时近 20 年，才为我国经济界所瞩目。当代服务业异军突起，人们又将第四产业中的满足人类心理感觉的服务业分出来，称其为第五产业。丹麦未来学家沃尔夫·伦森认为，人类在经历狩猎社会、农业社会、工业社会和信息社会之后，将进入一个以关注梦想、历险、精神及情感生活为特征的梦幻社会。人们消费的注意力将从物质需要转移到精神需要，从科学和技术转移到情感和逸闻趣事。

据有关部门预测，我国潜在的文化消费能力到 2005 年预计将达到 6000 亿元，这给文化经济发展留下了广阔的空间，也必将支撑并培育出一个巨大的文化消费市场。目前，我国城乡居民文化消费水平偏低，与经济发展水平很不相称，因而留下的发展空间更为广阔。中国具有得天独厚的文化底蕴和丰富的文化发展资源，完全可以抓住机遇，大力发展文化经济，放大文化经济对国民经济的贡献力。例如文化娱乐业将推动旅游、宾馆、餐饮、交通、演艺市场等的发展；而各类先进的文化设施的建设，则将有力地配合高科技转化为市场优势，并带动建筑业和制造业市场；此外，文化产业的公共参与性及其善于制造大众流行的特点，还将推动服装业、美容业及各类延伸产品市场。总之，文化产业的充分发展将成为我国各地新一轮经济增长的催化剂。再以旅游业为例。国际上很多的成功经验表明，文化艺术活动和旅游业是不可分离的两个相互促进的内容。近几年来，美国文化旅游项目吸引的国内外游客以年均 11% 的幅度增长，旅游收入中 2/3 与文化旅游有关。“十五”期间，不少省市要实施“旅游倍增计划”，城市旅游总收入、创汇年增幅均要大幅提高，杭州、南京等都提出到 2005 年基本实现由“旅游大市”向“旅游强市”的跨越。实现这一目标，发展文化经济大有可为。

4. 新经济对文化现代化的作用更加明显

文化经济一体化的动因不仅是文化对经济影响的日益渗透，而且也表现在经济对文化转型和更新的促进作用力日益加大。在新经济时代，知识成为发展经济最重要的资源，文化产业则成为知识经济社会的朝阳产业。知识经济作为一种建立在知识和信息的生产、分配和应用之上的新的经济形态，正在世界范围内迅速兴起，给世界经济的发展和文化发展的方式转变产生深刻的影响。知识经济特别是高新技术的发展，大大加速了文化传播的现代化，引起了世界媒业的巨大变革，基于因特网传播平台的“第四媒体”的出现，不仅使大众传媒发生根本的变革，而且带动了社会文化形态各个方面的变化，成为推动文化全球化的重要因素。因特网的拓展，实际上是传统媒体各种特征的汇合与扩展。既然所有的信息传播都可以建立在数字技术的基础上，电信、传媒和信息技术这些被传统分割的部分自然可以寻求“跨产品”“跨平台”乃至“跨部门”的合作。文化的传播变得更迅速、更广泛，文化产品也更易为大众所接受。传媒业与电子通信业的汇流，使得传媒业不再仅仅提供日常生活信息与新闻，而是扩展到了旅游、教育、娱乐等社会生活的各个层面，大大丰富了文化产业的内涵。多媒体技术的发展，使得信息产品的生产者能为消费者提供高附加值产品。文化产品经过纸介质、磁介质、电子介质、光介质等多种媒介的发展，其生产、交换和消费过程通过“记录”和“复制”技术不断加以放大，成为系统的“文化工业”生产部门，为文化产业的发展不断提供了新的机遇。

文化经济一体化的内涵与表现方式

21 世纪来临之际，人类的经济活动已经逐步进入后工业时代。在这个时代，文化与经济已经密不可分，不研究经济已无法准确地认识文化，而不研究文化也无法深刻地认识经济。我们认为现代化进程中文化经济一体化的主要内涵和表现方式至少有以下三种。

1. 文化与经济是“车之双轮”，应同步发展

区域现代化应该是社会内在各要素协调发展的进程，鉴于前现代化阶段以经济增长为主文化相对滞后的现实，在现代化启动时期，文化要素发展还应适当超前。考察发达国家的历程也是在20世纪70年代之后加快了文化事业和文化产业的速度，而迄今文化经济趋向于较协调地发展，而文化产业增长速度高于其他产业。日本知名学者日下公人在《新文化产业论》中便指出，“21世纪的经济学将由文化与产业两部分构成”，“文化必将成为经济进步的新形象，文化与经济的紧密结合，首先表现为文化对经济的渗透，产品的文化内容的价值比重迅速增大，而物质形式的价值比重正相应地下降”。美国较早顶着国内外的强大压力，坚持将发展高科技高文化产业作为经济发展的方向，取得了举世瞩目的成就，现在文化已成为美国的支柱产业之一。好莱坞大片、《豪门恩怨》肥皂剧、迪士尼乐园、流行音乐、全球传播业、《时代》杂志和《读者文摘》这些大众文化产品席卷整个世界，就像美国记者迈克雷指出：“美国真正的优势是文化与知识财产这两个非常人性化的资源。”近10年来，我国文化获得了迅速发展。改革开放和市场经济的战略决策大大解放了文化生产力，我国文化市场迅速开拓、文化产业迅速壮大，呈现了充满矛盾又充满生机的发展景观。在这样一个历史性的转折时刻，紧密关注文化经济的协调发展，有着强烈的迫切性和针对性。一些中心城市近年来也明显加快了文化产业的发展，文化内容在新兴产业产品价值构成中的比重也越来越大，并出现大量的富有美感和科技含量的智能化产品。在文化经济的同步发展中，新增社会财富中文化性的“软产品”所占比重越来越大，不仅像微软公司这样的新兴产业大部分是知识密集的软产品，而且传统制造业产品的文化内涵也越来越高。一般消费品生产，在当代已经着意通过其品牌、命名、设计将一定的文化形态、审美情趣，甚至价值观念附加于消费品之上，使之成为一定意义上的文化品。广告业的发展已经使广告本身不再是纯粹的商品信息，已成为精心设计、刻意迎合或推广某种精神价值的文化品。日本专家

曾对日本整个产业的服务化和“软件化”程度作过定量分析。他们把服务、软件等非物质性投入所创造的附加价值，在产品总附加值中的比重称为“软件化率”。分析表明，从1965年到1980年间，软件化率低于20%的产品比重从58%减少到了27.3%，而软件化率在60%—80%的产品比重却从1.5%增长到了17%。在传统制造业产品的文化含量越来越高的同时，尤其值得注意的是，由于高新技术的发展，数字技术、风格技术、人工智能、新型复合材料、生物工程技术、设计艺术等正在成为人们生活的必需品。正因如此，人们预感到，一个科学文化大发展时代即将来临，未来时代的竞争将是一场智力竞争，人类已经面临一场新的知识价值革命，人类社会将进入一个文化经济的社会。在这个社会中，经济社会发展中的知识含量、文化附加值将越来越高，知识生产力将愈益成为生产力、竞争力的关键因素。而文化产业作为知识经济全球化的新兴产业，作为以满足人类精神文化生活需要为目标而生产和服务的新兴产业，在开发人的智力资源、提高人的素质方面具有不可忽视的、不可替代的作用，从而成为启动支撑区域现代化的重要支柱。

2. 文化经济相互渗透融合，趋向于我中有你、你中有我

在协调发展基础之上的文化经济一体化，就是在两类事物相互融合中趋于“文化的经济化”和“经济的文化化”。所谓文化的经济化，就是指文化进入市场、文化进入产业，进而增加了文化的造血功能，使文化进入良性循环的发展机制。文化发展尤其文化产业发展要遵循经济规律，将文化的商品属性解放出来，文化企事业都要做大规模、做优结构，使文化具有经济力，成为社会生产力中的一个重要组成部分。文化就是经济，文化就是市场，特别是经济文化全球化的加快，发展文化产业也已经引起了国家的高度重视。这也是我国加入世贸组织的历史必然，根据WTO的《服务贸易总协定》要求，文化娱乐、电影业、音像业、艺术教育等都属于服务贸易的范围。在这种情况下，开拓创新，抓住机遇，加快发展是我们的唯一选择。中国文化产业要赢得较大的发展机会，其生存空间还亟须拓宽。

所谓经济的文化化，是说现代经济发展中文化的、科学技术的、信息的

乃至心理的要素越来越具有重要的、主导的甚至是决定性的作用，文化作为日益强大的产业结构已成为整个国民经济重要的、支柱性的产业。农业经济时代，全社会95%以上的人在为基本的生存条件粮食而工作，现在发达国家仅有2%—3%的人从事农业，便可满足社会的需要。工业经济时代，数百万、上千万人从事钢铁、机械、轻加工业，现在发达国家已把大多数加工企业转移到发展中国家。当一个国家经济中的文化、科技含量迅速增加的时候，这个国家的产业结构就会向下游转换。

经济的文化化更深一层的意义在于它代表着未来经济发展的方向。随着社会生产力的迅速发展，人们的社会需要不断提高。在基本的物质层次满足的基础上，人们更多地关注文化上的、精神上的、心理上的需要。商品的品牌和附加值，城市的品位和辐射力，都有赖于提高文化的含量。现代人对书籍、音像、影视、艺术产品的需求，对娱乐服务、旅游服务、信息与网络服务的需求，即使物质层次的衣、食、住、行需要也大大地文化化了。比如穿衣，不再讲究结实、耐穿、耐用，而更多地关注美、时尚、品牌与流行。随着社会经济的整体发展，人们文化知识层次的提高，文化消费将呈上升趋势，跨国界、跨民族、多样化、综合性已成为人们新的文化消费热点，这些都为经济文化化提供了广阔的前景。发达国家有句格言："增长不等于发展，富裕不等于幸福"，很形象地说明了现代人更需要的是文化消费和文化审美。无疑，经济发展到一定阶段以后，自然要将重心转移到服务、知识、信息等文化含量更高的产业方面。

3. 文化和经济相互促进，实现社会经济双重效益的共同提高

文化和经济的协调互动不仅表现在两者的同步性和交融性，还更为积极地表现在两者的相互促进上。社会主义的经济发展和经济基础从根本上规定了文化生产的性质和方向，要求社会主义文化把社会效益放在首位，现代经济进步促进了文化生产和消费的效率与结构的提升；而同时文化的进步特别是现代文化产业的走强，有力地推动了社会主义经济增长和竞争力的增强，积极促进现代产业结构的合理化和高度化，迅速改变了现代人的生活质量和

消费结构，两者的相互促进使各自的发展都更为和谐、更可持续了。文化经济相互促进的终极价值，应该是体现在现代人生产生活的社会经济效益双重统一和共同提高上。

市场经济本质上就是效益经济，它追求效益价值的整体性的最终实现。文化产品就其主体部分而言，一旦投入市场，经济效益便成为生产者和消费者追求的共同目标之一，区别仅在于二者取向的方向性不同而已。然而，全部问题的关键是，在当代中国所要建立和发展的是社会主义的市场经济。这就决定了文化产品的生产必须同时在两个方向上和重建中国文化价值体系，实现中国文化的现代化这一目标保持高度的一致性。一部文化精品，读者、观众越多，经济效益越好，其社会效益就越大。从这个意义上讲，对经济效益的重视，也就是对社会效益的重视。经济效益成为社会效益的桥梁与中介。然而，在现阶段，精神文化生产的社会效益与经济效益又确实存在着相互矛盾和相互背离的一面。在较大范围内，常常是好的社会效益的高低与经济效益的大小并不成正比，相反有时呈逆反状态。一些审美价值和文化价值高而社会效益好的作品却发行量下降，票房价值也比较低；而另一些审美价值和文化价值都很低，有的甚至是充塞了黄色和迷信的东西，却反而行销市场，发行量大，经济效益也很高。社会效益和经济效益的严重背离，扭曲了文化市场的发育。因此，在坚持把社会效益放在首位的同时，应当努力使文艺的社会效益与经济效益统一起来。而社会主义市场经济体制的建立，无论是就其动机还是就其效果来说，都是为了要实现这种统一。

文化经济一体化的实现途径

文化经济一体化是中国社会现代化的必由之路和必然趋势，我们的责任是通过不懈努力使这一趋势尽快成为现实，为此就必须从理论上探讨揭示在当代的背景下促成文化经济一体化的实现途径。文化经济一体化要求现代人尽快形成积极向上的文化意识，有明确的用文化价值推动区域经济腾跃的战略共识；而各地区各级领导又必须具备相应的文化战略实施领导才能和肩负振兴先进文化的强烈责任感。有关决策部门应尽快建立并领导具有权威性的管理协调机构，保障城乡各地文化活动、文化生产、文化服务的健康有序运行。文化主管部门要加强有计划地开展体现区域文化形象的多层次宣传，分步积极改善文化资源质量和文化环境条件，根据文化资源的优势配置原则，一手运用公共政策手段全方位增加各门类文化产业的生机能力，一手抓旗舰型文化产业集团，大力扶持文化人才、文化精品和文化服务的知名品牌，把文化事业做大、产业做强，真正把我国建设成为21世纪的文化强国。

1. 以法制化为保障

文化现代化的快速发展和加入WTO的挑战，都需要依法保障本土文化的健康运行以及与市场经济的协调发展。各级政府应充分认识文化立法的重要性，加快文化产业发展的条规建设，将重要文化设施和文化、文物资源的保护纳入法制管理的轨道。有关部门要尽快制定出台完善的文化产业政策，产业政策内容应包括产业内涵、产业结构、产业组织和产业布局等各个方面。

在此基础上，还应进一步加强文化市场的执法检查与监督，加强文化管理队伍建设与法制建设。对文化产品生产和经营服务，应制定规范的市场管理办法，防止不正当竞争和恶性竞争。应依法加强对知识产权的保护，严厉打击图书、音像、影视制品的盗版侵权活动，加强扫黄打非力度。应健全涉外法规，建立公平竞争的文化市场秩序。严格审查，禁止不良文化的侵入。应有效运用WTO的保护规则，对我国民族文化产业发展给予合理的必要的保护与支持。

2. 以信息化为推进器

和国家当前采取的以信息化推进工业化方针同理，文化经济的一体化过程中也急需以信息化推进区域文化的现代化。当今世界经济、科技和文化的一体化发展，集中体现在信息化潮流对文化产业的推动上。目前中国文化产业水平较低，与信息化水平低有很大的关系。2000年中国的信息能力仅为美国的8.6%，韩国的15.2%。以信息化为新载体积极推动应该是中国文化产业的基本战略。因此，21 世纪的中国应该大力推进信息化，要加强文化综合部门与经济综合部门的有机结合和互相联系，以实施科学高效的指导和管理，促进文化与经济的互融互动，要用高新技术改造传统文化产业项目，发展数字化电视节目的生产和播放系统，加快文化企业的结构调整，提高现有文化产业的科技含量，增强文化产业在国民经济发展中的重要作用。有关部门应研制建立标准化的信息系统，形成统一高效的信息中心、物流中心、金融中心，为实现区域文化产业的现代化创造条件。

当代信息技术革命为文化领域的发展提供了广阔的天地，文化产业一定要尽快与高科技结合，增加文化产业科技附加值，提高现代化水平，使区域文化经济协调发展更上一个档次。在研制提高文化产业高新技术含量的有关政策时，要立足于多媒体时代的高度去把握文化产业发展的走势，通过信息产品深加工发挥文化资源优势，开发文化产业社会服务的新领域。要积极实施中远期文化信息规划，通过重视技术开发和专业技术人才的培养，大力发展高科技娱乐设施和电子软件。加强科技与文化的结合，广泛应用现代科技，加快提升文化产品和服务项目的科技含量，具有十分重要的意义。一方面，要通过对广播电视、书刊印刷、文化娱乐等行业的技术和装备的更新改造，推进文化产业对创新技术的应用，保持其技术水平在国内总体领先，部分关键技术和装备达到世界先进水平，确保本国的文化产业能够在新的技术平台上保持更强的竞争力。另一方面，要以提高文化产品的核心技术为重点，开发一批技术含量高、市场前景好、竞争能力强、能形成产业规模的文化产品和服务项目，使广大人民群众能够真正享受到新技术所带来的崭新的影视、表演等文化艺术。

3. 以规模化形成优势

现代经济发展强调要有规模优势，文化建设尤其是文化产业更需要做大规模、做强自身实力，进而和经济强省一道形成综合性区域竞争力。当前世界各国文化产业也正在体制上进行新的改革，在结构上进行新的调整，在资源上进行新的配置，在秩序上进行新的结合。美、英、法、德甚至不惜修改法律，来促进电信、有线电视、计算机、媒体、娱乐业之间的收购和合并。这种全球经济一体化条件下的“资产重组”，与当初生产社会化条件下的资本集中，后来生产国际化条件下的跨国经营一脉相承。它是国际经济专业化协作、规模化发展的必然结果。

支柱性文化产业的重要标志之一是综合性产业大集团的出现。继《广州日报》之后，北京等地纷纷组建文化产业集团。近年来我国北京、上海和广州等地的文化产业中也出现了一些联合发展的形式，如北京歌华文化发展（集团）公司，就是由新闻出版、广电、文化等几个系统内的一些大公司捆绑起来组成的，是一种资本与资本联合以求更大发展的形式。上海组建了新民－文汇报业集团，强强联合，形成产业规模。上海影视合流之后，摒弃了按行政条块划分的部门设置，组建了永乐集团、上影集团、上海文化广播电影电视集团。出版方面，组建了世纪出版集团；发行方面，组建了新华发行集团、音像业方面，组建了新汇集团。这些大集团的组建，增强了上海参与国际竞争的实力。

为此，要尽快树立以中心城市为龙头，以文化资源为纽带，加强地区间的成片开发共建，形成文化产业规模的战略理念。同时，降低文化投资的门槛，加快文化产业人才，尤其是管理、策划人才的培养，以更多的人才更优的管理促进国内大型文化企业和文化集团的快速成长。

4. 以品牌化形成制高点

要学习著名企业如海尔、春兰、森达以及小天鹅的运作经验，组建一批品牌名优、综合实力强的大型文化产业集团，加强文化名城、名镇、名馆、名园和名品的建设，以具有影响力的名牌企业、名牌产品来占领文化市场，进而不断加强我国文化经济的国际竞争力。这方面，我国一些城市已逐步积累了成功的经验。如北京市充分利用北京丰富的历史文化资源，以开发传统文化产业为龙头，将弘扬传统文化与发展现代经济相结合，提出“推动文化产业园区的规划与建设”，计划未来5年建设“琉璃厂文化产业园区”和“东方文化艺术产业园区”两个大型文化产业园区。广东省注重盘活文化资源，在创立品牌上下功夫，颇有建树。佛山市文化局实施文化产业发展新策略，利用佛山经济调整的空间，以开发祖庙以东民居群为突破口，深化旅游的文化内涵，全面推动文化产业成为文化工作的经济支柱。

文化经济的一体化要求文化品牌建设应充分考虑到目前文化产品消费者的特定需求和消费习惯，更加巧妙地安排文化产品中所体现的思想性和倾向性，突出文化产品的娱乐性、消遣性、知识性、商品性，真正形成中国文化产品的市场竞争制高点。

5. 以特色化为制胜之道

在实现文化经济一体化发展中，要真正将地方的传统文化资源和现实的人力资源、经济资源进行最佳组合，形成区域性的发展特色，这是打造文化品牌形成真正竞争力的重要举措。发达国家文化产业成功的经验之一也是十分注重文化特色的推进作用，如英国20世纪最富有特色的艺术是戏剧、流行音乐和通俗小说，因而英国大力开发流行音乐，1997年英国出口音乐制品的收入超过了钢铁出口的收入。意大利则非常注重有本国特色的时装设计和产品开发，目前该国不仅造就了占世界1/3之多的时装大师，而且有1/5的人员从事时装业，从而形成了有意大利特色的巨型文化产业。我们要认真学习他人经验，充分挖掘和利用本土文化资源，加强文化与经济、文化与体育、文化与科教等方面的结合，使特色文化资源转化为新经济优势。在城市发展和文化形象塑造中，传统的、标志性的大型文化设施是现代城市美化必不可少的一部分；高科技的、现代化的文化设施也必须高瞻远瞩地进行设计和规划，甚至是超前启动；同时，群众性的、小型的，但又是星罗棋布的、富有江南水乡韵味或边寨风情特色的文化活动、文化标志工程，也必须引起高度重视，促进文化经济的特色化、合理化和品牌化尽快付诸为现实。

在中国文化走向世界的同时，要保护本国的优秀文化传统，弘扬民族文化的精华。通过制定和落实有关文化政策，扶持民间优秀的传统文化艺术，实施精品战略，为城乡居民提供更多、更好、更有感召力的文化艺术作品。民族文化的特色和个性是一个地区的“名片”，是无形资产，会带来可观的效益。要积极实施“特色文化工程”，加强文化名城、名镇、名馆、名园和名品的建设，创建全国民间艺术之乡、特色文化之乡。要以中心城市为龙头，以文化资源为纽带，加强地区间的成片开发共建，形成规模优势。要重视文化与旅游、文化与经济、文化与体育、文化与科教等方面的有机结合，使特色文化资源优势尽快转化为现实的经济优势。

（原载《江海学刊》2004 年第 4 期）

论当前的高收入群体

李　强

改革开放30年来，社会分层的一个最为突出的变化，就是产生了一个高收入群体。在关于贫富分化的研究中，“富有”的一端，即高收入群体常常成为研究者乃至全社会关注的焦点。30年前，当邓小平同志最初提出“允许一部分人先富起来”观点的时候，社会上曾经有过激烈的争论，人们试图论争，究竟哪一部分人应该先富起来。其实，当时人们也并不清楚，谁将成为高收入者。改革30年后，究竟谁成为高收入者了呢？本文试作出几点分析。

怎样调查高收入群体

我们知道，对于高收入群体的调研，今天已经变成了十分困难的事情。20世纪80年代初，社会学者采用入户问卷调查的方法了解收入等情况，那时候，无论是城市还是农村，入户调查还是比较好操作的。因为当时即使是城市居民一般也没有电话，所以，登门拜访也不用事先打招呼，往往是敲门就进。居民对于“不速之客”的来访也比较客气，一是当时人们没有什么重大财产，防卫的意识不强；二是当时居民的个人隐私意识不强，大家互相询问收入是很平常的事情。比如在火车上，互不认识的人聊天，第一个问题往往是“您在什么单位工作”，第二个问题就是“您挣多少钱”。所以，彼此询问收入是很正常的事，当时人们的收入来源不多，收入比较好计算。人们的收入水平普遍不高，最有钱的家庭被称作“万元户”，即全家人一年能够挣一万块钱（平均一个月不到一千元），就是最富裕的家庭了，当然，这主要是针对农村而言。由于收入水平普遍不高，被访者心理上也没有什么忌讳，所以，调研的数据也大体上是真实可靠的。

中国城市居民家庭普遍安装电话要到20世纪90年代中期，由于有了电话，即使是熟人之间的拜访，也不是“不速之客”式的敲门即入，而是事先要打个招呼。这时候，人们的生活水平上升，对于财产的防卫意识增强、个人隐私意识提高。所以，这时的城市居民入户调查就开始有一些难度了。不过，只要是运作安排得好，入户问卷调查还是可以操作的。笔者当时组织过一些全国规模的城乡抽样入户调查，在城市里，一般是与居委会事先联系，打好招呼、做好安排，调查员入户的时候向被调查者出示专用调查证件以及学生证、身份证等，再向被调查家庭发放一些礼品，调查也还是比较好操作的，基本上没有拒访的情况。不过，这时候，由于人们的收入水平上升了，一些人变得很富有了，回答有关收入的问题时，答案是否真实值得怀疑。为了获得真实的收入情况，笔者在设计问卷的时候开始加进了测谎的问题，比如，在问卷里不太引人注意的地方加进一些消费项目的问题，以此来核对收入的真实性。又如，让调查员记录该家庭的大件耐用消费品，找到可以核对该家庭收入的标志性大件消费品。再比如让调查员在问卷后记录对该家庭经济地位的印象等。所以，这一时期的城市居民家庭入户问卷调研还是比较成功的，即使是在北京、上海这样的大城市，也都运作成功了，并且在调查中发现了一些年收入数千万的高收入家庭。

然而，到了20世纪90年代后期，特别是新世纪以来，随着小区、住宅档次的提高、居民生活水平的提升和个人隐私保护意识的加强，城市居民的入户调研越来越困难。而此时，城市的管理模式也发生重大变化，城市社区居委会的地位下降，在众多新建的物业管理小区中，物业公司的地位大大上升，而物业公司是受雇于房屋业主们的，所以，他们的责任就是保障业主的权利和隐私，因而，他们一般都拒绝任何入户调查。90年代后期的“房屋体制改革”以来，大多数城市居民变成了住房的所有者，他们的权益意识大大增强，认为生人不能进入他们的房屋。特别是在那些高收入者聚集的高档住宅小区，基本上是无法入户调查的。这个阶段，虽然也有众多在城市里操作的入户调查，但是，如果仔细分析这些调查，就会发现它们基本上都避开了高档住宅小区，因此，这样的调查样本有很大的偏差，反映的往往是中低收入者的状况，而难以反映高收入群体的情况。所以，这一时期城市入户调查所提供的数据有很大的缺陷，因为高档小区基本被排除了。在北京、上海的一些非常高档的住宅小区里，物业管理公司雇用的保安把小区戒备得如铁桶一般，甚至连小区大门都难以进入。笔者曾经尝试与政府行政部门合作，看是否可以进入这些小区，结果即使是高层行政管理部门，也遭到物业管理者的拒绝。笔者曾经研究过高档住宅小区的拒访率，调查结果发现，即使有政府行政部门的协助，拒访率仍然非常高，达到 85% 以上。所以，笔者以为，目前对于城市高收入群体的研究，已经不宜采取入户调查的方式了。

当然，国家统计局城市社会经济调查司在城镇实施住户抽样调查，在城市中抽出了数万样本作为经常调查户，做家庭记账，作为按照法律履行的国民必须尽的义务。应该说，这个数据是具有全国代表性的，所以，本文下面对于这个数据中的高收入群体作了分析。由国家通过法律获得住户的数据，这样的方法有明显的优点，住户不能拒绝填答。但此种做法有利有弊，由于是国家出面，住户填答经济收入数据是否真实可靠，就成为研究者必须审慎对待的问题了。

那么，如果不采用入户调查的方法，还有什么其他方法吗？本文后面所分析的一些数据，来源于对高收入群体的非入户的调研。协助笔者进行调研的有李廷江、石长惠和李沛，调查时间为 2007 年 10—12 月。这次调研的对象是高收入群体，问卷的主要内容关于高收入群体旅游、航空消费等方面，尽管数据有限，但对于研究高收入群体还是有一定意义的。本次调查改变了传统的入户方式，主要尝试了两种调查方法，一种是在高收入群体活动的聚集区域做调查，主要是对参加各种教育培训、商业培训的老板、经理，包括一些参加 EMBA 班的高收入者进行调查。由于这些老板、经理是在外面学习，与自己的单位组织没有关系，而且又是匿名填答问卷，所以，被调查者没有压力，比较有利于反映真实情况。另一种是采取“滚雪球”的方式，即通过一些熟人关系、熟人网络发放问卷，先了解到哪些人是高收入者，然后通过熟人网络将问卷送到这些高收入人员的手中，也是不记名的，所以，也没有压力。本次调查，共回收问卷312份，其中填答比较完整的有效样本202份，虽然样本数量不多，但是，由于可以确认是高收入者，这样的样本还是很难得的。填答问卷者的地区分布也较广，分布在全国38个城市和地区，其中北京最多，占40.6%，东北占18.4%，华北占8%，华东占18%，广东占7%，华中和西部占8%。必须指出，由于本次调查不是随机抽样，样本量也很小，所以，本次调查样本的代表性不强，不能通过本次调查推论全国的情况。上文已述，由于对于高收入者的调研很少、很难，所以，本次调研还是提供了一些可供参考的一手资料。

谁是高收入群体

所谓收入上的高、中、低是相对概念，所以，高收入群体不是一个有明确界限的群体。当然，人们说“高收入者”或“富人”“有钱人”的时候，其含义就是指一个很特殊的群体，也就是说，在相比较的情况下，他们是收入很高或较高的人。当然，比这个群体更富有的，人们使用的概念往往是“巨富群体”、富豪、“亿万富翁”，这样的群体在世界各国都是人数很小的群体。本文研究的群体显然没有达到这样高的富裕水平。

下面，试比较一下，不同数据对于高收入群体的描述。

首先，我们考察一下国家统计局的调查数据。在调查方面，当然是国家统计局的体系最为完整，调研队伍也最庞大。由于中国城乡差异很大，富有的群体大多聚集在城市，我们就看看全国城市居民家庭的抽样调查数据①。2006年，国家统计局的城镇居民家庭抽样调查户数是56094户，作为抽样调查的样本量是足够大了。国家统计局的数据，选取其中大约1/10的户即5571

① 《中国城市年鉴2007》，中国城市出版社2007年版，第137—141页。

户作为城镇的高收入户。测算结果是，2006 年城镇高收入户的户平均收入为 91266 元，应该说是不低了。但是，如果按人均来算的话，平均每人年收入是 34834 元，平均每人月收入是 2902 元，在近年城市生活费用高涨的局面下，每月人均不到 3000 元，这样的收入水平恐怕难以称作是很高的收入群体。那么，还是根据该 56094 户的数据，我们选取其中的更高收入的群体。按照 2006 年户总收入分为 20 组，最低一组为 1 万元以下，最高一组为 10 万元以上，这样，最低一组占调查样本的 4.85%，最高一组占调查样本的 2.07%，从比例上看是收入分组人群中的两端了。最高一组的户平均年收入为 134528 元，人均收入 41140 元，也就是说人均月收入 3428 元，虽然看起来收入也不算很高，但是，这已经是在国家统计局对外公开的全国抽样调查数据中可以寻找到的最高收入群体了。该群体的收入水平如果与最低收入组比，差距还是很大的，该最高收入组是最低收入组家庭人均收入的 13.9 倍。从食品消费看，最低收入组恩格尔系数为 49.6%，而该最高收入组的恩格尔系数为 24.8%，两者生活水平差异明显。在相对的意义上，可以说他们是最高收入组。但是，在绝对的意义恐怕还很难说他们是很高收入的群体，还很难冠以“富人”或“有钱人”的帽子。

其次，国家 2005 年修订后的《个人所得税法》规定，自 2006 年 1 月 1 日起，凡年所得达到 12 万元以上的个人，须在第二年的 4 月 1 日前，主动到主管税务机关办理纳税。这样就提出了一个年收入 12 万以上（个人月收入 1 万元以上）的标准。

按照这个标准，可以与上述的国家统计局调查的户的年收入 10 万元以上的最高收入组比较一下。注意，这里应该计算的是有经济活动的个人的收入，而不是计算全家人均的收入，这样，上述 56094 户城镇抽样调查户按 20 组分组最高收入组，应该计算该高收入组每户有工作的人（就业者）的收入，而将不工作的人剔除在外，这样有工作的人的收入为每人年均 66270 元，月均收入 5523 元，虽然这样的收入不算低了，但是与国家要求申报个人所得税的年收入 12 万以上（即月收入 1 万元以上）相比较，还是有很大差距的。所以，年收入 12 万元以上的确实可以称作高收入群体。根据国家税务总局公布的资料，2007 年全国共有 1628706 人申报了个税，人均年收入 31 万元。根据国税总局的数据，该高收入群体主要集中在银行、保险、证券、烟草、电力、电信、石油、石化、航空、房地产、制造业、医院、高校等行业。从地区分布看，主要集中在北京、上海、广东、江苏、浙江、山东、福建、天津、深圳、宁波、青岛、厦门等省市，这些地区的申报者占了总申报人数的 81%。但是，国税总局的数据也显示，申报者多数是工薪阶层。于是，人们就提出质疑，老板到哪里去了，我国年收入 12 万元以上的老板到底有多少？

这就涉及了私营企业主阶层。在 20 世纪 80 年代的时候，虽然私有性质经济的业主已经有所发展，但是，规模一般较小，其主要是以“个体户”的形式出现的，符合官方规定标准的“私营企业主”较少见。私营企业主阶层的迅速发展是在 1992 年邓小平南方之行以后，这时候，无论在理论上还是在政策上，对于私营经济发展的恐惧感都消失了。在非官方的场合，人们也更多地使用“民营经济”或“民营企业”的说法，来取代“私营经济”或“私营企业”的说法。特别是到了 2002 年 11 月，党的十六大对《中国共产党章程》做出修改，关于党员条件第一条，从过去的“年满 18 岁的中国工人、农民、军人、知识分子和其他革命分子”，修改为“年满 18 岁的中国工人、农民、军人、知识分子和其他社会阶层的先进分子”。这一修改的意义十分重要，从此解决了长期困扰执政党的关于私有经济业主阶层能否加入中国共产党的问题。这一修改表明，作为执政党的中国共产党，将把新生的经济精英人士吸收到自己的队伍中来。

那么，我国的私营企业主有多少人呢？2004 年有 3650670 家私营企业，共有投资者即私营企业主 9486288 人，即平均每家私营企业有业主 2. 59 人。2006 年 6 月有 4648297 家私营企业，共有投资者即私营企业主 11841493 人，即平均每家私营企业有业主 2. 55 人。如果按照 2006 年的每家私营企业有业主 2. 55 人的比例计算，那么，到 2007 年中国私营企业业主共有约 13272750 人。而上面说了，2007 年申报年收入 12 万以上的只有约 163 万人，而这 163

万人的构成，大多数是工薪阶层，不是私营企业主，也就是说绝大多数私营企业主并没有申报年收入 12 万以上的个税。

那么私营企业主的实际收入状况如何呢？根据 2006 年中国私营企业抽样调查数据显示，私营企业主的个人年收入平均为 18. 6 万，私营企业主的家庭年收入平均为 25. 99 万。所以，根据全国抽样调查私营企业主自己填答的问卷，私营企业主个人的平均年收入是超过 12 万的。因此，中国的高收入群体，如果按照年收入 12 万的标准，估计是超过一千万人的，而不是申报的 163 万人。

最后，我们来考察一下笔者所作的小样本的高收入群体调查的结果。这次调查的职业群体或阶层，大致上可以归纳为五种：私营企业主、高层管理人员、中层管理人员、专业技术人员和一般职员。本次调查发现，高收入群体主要是前两种人：私营企业主和高层管理人员，虽然在中层管理人员和专业技术人员中也有一些高收入者，但是与前两种人群比，比例明显下降（见表 1 和表 2）。

表 1　　五个职业群体的个人年收入比较（%）

收入分组	私营企业主	高层管理者	中层管理者	专业技术人员	一般职员
5 万以下		1. 3	6. 1	33. 3	38. 9
5 万—8 万	2. 3	1. 3	6. 1	16. 7	11. 1
8 万—10 万	2. 3	5. 1	15. 2		11. 1
10 万—15 万	6. 8	16. 7	24. 2	41. 7	22. 2
15 万以上	88. 6	75. 6	48. 5	8. 3	16. 7
样本数（人）	44	80	33	12	18

表 2　　　　五个职业群体家庭年收入比较（%）

收入分组	私营企业主	高层管理者	中层管理者	专业技术人员	一般职员
20 万以下					
20 万—30 万	11.4	25.0	60.6	91.7	55.6
30 万—40 万	9.1	11.2	18.2	8.3	33.3
40 万—50 万	9.1	8.8	3.0		
50 万以上	70.5	55.0	18.2		11.1
样本数（人）	44	80	33	12	18

小样本调查的数据显示，88.6% 的私营企业主和 75.6% 的高层管理人员，年收入是超过 15 万的，而如果将 10 万—15 万的人也加上的话，两个数据分别达到了 95.4% 和 92.3%，所以，私营企业主和高层管理人员确实是属于高收入群体，这与我们一般的社会印象也是一致的。该比例与上述全国工商联关于中国私营企业抽样调查数据也相近，所以，看来，国家的《个人所得税法》将年收入 12 万以上的人视为高收入群体，还是比较准确的。当然，上述小样本数据也显示，中层管理人员也有将近半数达到了年收入 15 万元以上的水平，要注意到，很多情况下，中层管理人员和高层管理人员的界限并不是壁垒分明的，所以，也可以将中高层管理者合在一起视为收入较高的群体。相比之下，专业技术人员的收入则明显不如中高层管理者，所以，虽然专业技术人员在 20 世纪 90 年代中期以后收入也有明显上升，但是，如果与中高层管理者比较，收入还是要低很多的，所以，专业技术人员在总体上还算不上是高收入群体。

高收入群体的年龄、教育与社会来源

首先，我们来考察一下高收入群体的年龄特征，也就是年龄对于收入的影响。改革开放之前，资源配置和收入分配完全没有体现市场竞争的原则。

当年，无论是国营单位还是集体单位，无论是事业单位还是国家机关，奉行的都是统一的等级工资制度，涨工资也要等国家颁布统一的命令。这样的体制类似于一种“年功制”，大家论资排辈，年轻人收入较低，年龄越大、资历越老，则收入越高，老的不退后面的人就永远上不去。这样，收入与年龄的关系是正相关关系，用图像显示两者的关系就是从左下到右上的不断攀升的一条斜线。老一代占据高位，年轻一代只能处于低位。

到20世纪90年代中期的时候，笔者曾根据数据研究发现，年龄与收入的关系出现了一种十分奇特的变化，在一些大城市里出现了年轻人收入高，而中年人和老年人收入低的现象。该数据的获得采用了严格的PPS抽样入户问卷调查方法，是有代表性的。该数据证明，一个由年轻人构成的新生代，他们的收入居然超过了其他各年龄层①。20—30岁的年轻人的收入居然高于其他各年龄组，中年人组和老年人组的收入均低于年轻人组。与改革前相比，这是一种完全逆转的变化。为什么会出现此种现象呢？笔者认为，这与90年代中期体制转型造成的大量中老年人的失业下岗密切相关。换言之，由于引入了市场机制，有竞争力的年轻人突显出来，有学历、有文凭、会外语的年轻人进入高收入的外资企业或新型产业，而中老年人由于技术老化，遭到淘汰，总之，不能适应社会剧变的中老年人的相对收入剧减，于是出现了上述的情况。那么，目前的状况又如何呢？

此次小样本的数据显示，年轻人占据高收入位置的现象已经不复存在了。在此次调查的高收入群体中，中年人占据了绝对的优势。30岁及以下的年轻人仅占13.2%，中年人的两个组：31岁至40岁的占35.0%，41岁至50岁的占39.6%，两组合计为74.6%，占了绝大多数。而51岁至60岁的年龄组仅占了11.7%。可见，高收入群体中，年轻人与老年人比例均很低。根据这种情况，我们可以判断，我国体制转型的特殊时期已经度过。我们知道，在奉行市场经济的国家，收入与年龄的关系一般是一条中间高、两边低的倒U形

① 李强：《市场转型与中国中间阶层的代际更替》，《战略与管理》1999年第3期。

曲线。也就是说，刚参加工作的年轻人收入较低，45 岁左右的中年人收入最高，老年人收入又有所下降。这反映了收入与人们在市场上的竞争力密切相关。中年人的经验丰富、竞争力最强，因此收入最高。所以，仅从年龄与收入的关系看，我国已经进入了由市场配置资源的阶段。此次调查的五个职业群体，年龄与收入的关系如下所示（见表 3）。

表 3　　个职业群体的按年龄分组（%）

年龄组	私营企业主	高层管理者	中层管理者	专业技术人员	一般职员
30 岁及以下	2. 3	6. 3	15. 6	18. 2	47. 0
31—40 岁	31. 8	34. 3	43. 8	54. 5	29. 4
41—50 岁	61. 4	40. 5	31. 2	18. 2	11. 8
51—60 岁	4. 5	17. 7	9. 4	9. 1	11. 8
61 岁及以上	0	1. 2	0	0	0
百分比合计	100. 0	100. 0	100. 0	100. 0	100. 0
样本数（人）	44	80	33	12	18

其次，我们考察一下高收入与受教育程度的关系，是高教育水平的人收入高，还是低教育水平的人收入高？20 世纪 80 年代，改革开放初始的时候，个体户、“万元户”、私营业主刚刚崭露头角，社会上曾经出现过高收入与低教育的强烈反差现象。那时候，从事个体户、工商经营的多是一些低教育水平的社会群体，受教育较高的干部、知识分子等一般都还在体制内就业，收入反而比较低，出现了“脑体倒挂”现象。到了 90 年代中期，教育与收入的关系发生了根本变化，高收入群体的受教育水平有了明显提高。我们先看看最明显的高收入群体——私营企业主的受教育情况。90 年代末以来，我国私营企业主的受教育构成发生了很大变化，这与过去那种私营企业主文化素质比较低的状况形成了鲜明的对比。根据中国私营企业主阶层研究课题组 1993

年的全国抽样调查显示，当时私营企业主的文化教育程度是：大学本科以上毕业的仅占5.5%，其中仅有0.6%是研究生毕业，大学专科毕业的占11.7%，中等专业技术学校、职业高中和普通高中毕业的合计占35.9%，初中毕业的最多，占36.1%，小学毕业的占9.9%，还有1.0%的人是文盲。[①]这种情况到了21世纪则有了彻底的改观。根据全国工商联2004年关于私营企业主的调查报告显示，在其所进行的2998个有效样本的全国抽样调查中，全国私营业主的文化水平比1993年有了很大的提高。大学本科以上毕业的占20.7%，为1993年的几乎4倍，其中5.7%是研究生毕业，为1993年的将近10倍，大学专科毕业的占31.1%，中等专业技术学校、职业高中和普通高中毕业的合计占33.6%，初中毕业的占12.9%，小学毕业的仅占1.7%，[②] 这种文化素质水平大大高于我国在业人员的平均水平。

笔者此次小样本调查，针对的对象都是收入比较高的人，从总体上看，这些人的受教育程度也比较高。但是，在这个高收入群体内部，如果比较不同的职业层，就会发现并不是收入越高的人受教育程度就越高；相反，收入最高的私营企业主，如果与其他职业层比较，反而是受教育程度比较低的（见表4）。

表4　　五个职业群体的受教育程度比较（%）

受教育程度	私营企业主	高层管理者	中层管理者	专业技术人员	一般职员
初中	2.3	0	0	0	0
高中/职高、技校	4.5	1.2	0	0	0
中专	4.5	5.0	0	0	5.5
大专/本科	61.4	55.0	39.4	41.7	66.7

① 《中国私营经济年鉴》（1978—1993），香港经济导报社1994年版，第117页。
② 《中国私营经济年鉴：2002年—2004年6月》，中国致公出版社2005年版，第30页。

续　表

受教育程度	私营企业主	高层管理者	中层管理者	专业技术人员	一般职员
研究生及以上	27.3	38.8	60.6	58.3	27.8
百分比合计	100.0	100.0	100.0	100.0	100.0
样本数（人）	44	80	33	12	18

表4显示，在高收入群体内部，教育与收入并不是正比例关系，相关检验也不具备正相关的关系。与中层管理人员相比，高层管理人员的受教育程度反而要低一些，究其原因，恐怕是由于时代背景所致，即我国高等教育迅速发展是近年才出现的，而占据高位的管理者多是过去受的教育，其学历往往比新一代人要低。而专业技术人员的收入比私营企业主和中高层管理者明显低很多，但是其受教育水平却高很多。所以，在高收入群体内部相互比较，教育对收入的影响并不突出。

最后，我们看看私营企业主的社会来源，作为最高收入层的私营企业主他们来源于什么样的社会阶层呢？如果比较私营企业主的社会来源，就会发现，改革以来，发生了很大变化。正如上面对于教育的分析一样，改革初期，传统地位较高的群体很少有进入到个体户和私营工商阶层中来的，最先敢于从事市场经营的多是社会的边缘群体。而这种情况到了20世纪90年代后期以来，则发生了根本的改观。1993年的调查证明，80年代末和90年代初，私营企业主来自农民和工人的比例比较高。农村私营企业主中有53.5%的人过去是农民，城镇私营企业主中，来自工人的占25.2%，来自农民的占17.2%，两者合计占42.4%。那么，21世纪以来，私营企业主主要是从哪些职业、阶层转来的呢？根据2004年和2006年的调查，我国私营企业主在开办私营企业以前从事管理、干部和专业技术工作的所占比例明显提高。2004年的调查显示，私营企业主“下海”前有15.6%的是机关企事业负责人，有10.4%是一般干部，有14.2%是国有集体企业承租承包人，有2.8%是村干部，有1.4%是县处级干部，有13.0%是专业技术人员，有10.6%是供销人员，以上这些从事各类管理、专业技术型职业的人占到了私营企业主总数的68%。[①] 而2006年的调查证明，来自干部、国有或集体企业负责人、专业技术人员、企业供销员和个体工商户的，合计占私营企业主总数的67.4%。这样的一种职业来源的演变，也从一个侧面反映出了改革开放30年来，私营企业主构成的重大变化。

高收入群体与住房

改革开放30年后，中国社会出现的一个重大变化就是老百姓开始有财产了。2007年党的十七大报告提出：要创造条件让更多群众拥有财产性收入。2007年通过的《物权法》，也使得老百姓的财产有了更加具体的法律保护。

什么是老百姓的财产呢？最主要的就是住房。我国城市居民的住房从改革前的公有住房为主体，到今天的住房私有化，经历了一个艰巨的转变过程。从改革初期的"试点售房""提租补贴"，到后来的"以售代租"等政策，中央政府曾采取多种措施推进城市居民的住房改革，但是，真正有实质意义的住房改革还是在1998年。这一年，以《国务院关于进一步深化城镇住房制度改革加快住房建设的通知》的出台为标志，明确提出了取消和停止福利分房，代之以货币分房，当然，由于体制的惯性，福利分房的真正刹车，在各地很不一致，又延迟了大约两年时间。总之，进入21世纪以后，传统的单位福利分房基本被全面停止了。而原有的公有房屋、单位房屋，绝大部分按照工龄和贡献的不同，折价卖给了单位职工或住房的居住者。从此，中国城市居民的住房从公有化时代，进入了私有化时代。根据建设部公布的"2005年城镇房屋概况统计公报"，我国城镇住宅的私有率，2002年大约为72%，到了2005年私有率已高达81.62%，那么，这些私有化的住房是被什么样的人占有的呢？数据显示，多数还是通过房改卖给职工的"房改房"。据统计，到

① 《中国私营经济年鉴：2002年—2004年6月》，中国致公出版社2005年版，第30页。

2003年底，全国的房改房面积约有80亿平方米，“房改房”占全部住房总量的67.54%。在不同的城市，情况略有差别，但“房改房”至少占到住房总量的一半以上。换言之，现在大多数老百姓拥有的住房，是来自房改，也就是说，过去是公房，现在职工支付了比较低的价格而成为住房的所有者。所以，房屋改革的获益面还是比较广泛的。

当然，与此同时，人均住房面积也有了很大的上升。1978年，城市居民人均住房建筑面积仅为6.7平方米；在住房体制没有变革的80年代，虽然也有增长，但是速度比较缓慢；到了90年代，住房体制市场化以后，人均住房面积有很大增长，2000年达到20.3平方米，而到了2007年，我国城镇居民人均住房建筑面积已达到28.2平方米。同时，住房的质量、设施也都有了翻天覆地的变化。

2003年国务院出台的《关于促进房地产市场持续健康发展的通知》（国发〔2003〕18号）中，提出住房基本供应结构变为：“逐步实现多数家庭购买或承租普通商品房”。由此显示将大部分居民家庭的住房需求推向市场解决。于是，商品房逐渐成为居民获得住房的主要渠道，当然，这并不排斥“经济适用房”和“限价房”等半商品性质的房屋。这样，城镇居民的住宅就由过去的政府或单位提供，转变为居民个人购买。

表5　我国私人购买商品房的情况①

年份	全国住宅商品房销售的总面积（万平方米）	个人购买住宅商品房的面积（万平方米）	个人购买所占比例（%）
1991	2745	926	33.73
1992	3812	1456	38.20
1993	6035	2943	48.77
1994	6118	3344	54.66

① 根据国家统计局数据计算。参见《中国统计年鉴2004》，中国统计出版社2004年版，第254页。

续 表

年份	全国住宅商品房销售的总面积（万平方米）	个人购买住宅商品房的面积（万平方米）	个人购买所占比例（%）
1995	6787	3344	49.27
1996	6898	3666	53.15
1997	7864	5233	66.56
1998	10827	7792	71.97
1999	12997	10408	80.08
2000	16570	14464	87.29
2001	19938	18250	91.53
2002	23702	22793	96.16
2003	29778	28714	96.43

从表5可以清楚地看到，90年代以来，商品住宅越来越多的不是像过去那样被单位或政府购买，而是被居民私人购买。1991年在销售的住宅商品房中，个人购买的还仅占33.73%，而90年代中后期以来，个人购买的比例一路飙升，2003年达到96.43%，也就是说，很少有单位或公家购买商品住宅了。2004年以后，我国城市住房价格开始急剧上涨，目前像北京、上海、广州、深圳这样的大城市，一套单元房的价格动辄百万以上，甚至数百万、上千万。对于绝大多数老百姓来说，虽然住房价格升了，但是由于他们的住房不是用来炒作的，而仅仅用于自己居住，所以，即使住房价格上升也与赢利没有太大联系。然而，对于高收入者来说，他们可能购买了多套住房，这样，住房作为一种投资就可以带来巨大的商业利益。中国国情研究会与万事达卡国际组织发布的《2006中国生活报告》称，年收入超过11万元的高收入群体中，超过40%的人拥有两套以上住房，其中22%的人未来一年内还打算买房。那么，本次，笔者小样本的高收入者调查的情况如何呢？（见表6）

表 6　　　　　　　五个职业群体家庭拥有房产的情况（%）

您家拥有几处房产	私营企业主	高层管理者	中层管理者	专业技术人员	一般职员
1 处	9. 3	16. 8	37. 5	66. 7	72. 2
2 处	23. 3	33. 8	62. 5	33. 3	16. 7
3 处	37. 2	31. 2			
4 处	9. 3	9. 1			11. 1
5 处	11. 6	7. 8			
6 处	2. 3	1. 3			
8 处	2. 3				
10 处	4. 7				
百分比合计	100. 0	100. 0	100. 0	100. 0	100. 0
样本数（人）*	43	77	32	12	18

注：有极个别样本没有回答此问题。

由表 6 可以看到，高收入群体中的两个最为突出的职业群体：私营企业主和高层管理者，在商品房的占有上具有明显的优势。私人企业主中，90%以上都拥有 2 处及以上住房，67. 4% 的人拥有 3 处及以上住房，30. 2% 的人拥有 4 处及以上住房，个别的甚至拥有 10 处住房。而高层管理人员中，83. 2%的人都拥有 2 处及以上住房，接近半数的人拥有 3 处及以上住房，拥有 4 处及以上住房的占 18. 2%。而相比之下，专业技术人员的多数则除了自己的住房以外，并没有其他房产。

所以，此次小样本调研数据反映出，私营企业主等高收入阶层，在很短的时间里拥有了大量的住房。这样，前述的人均住房的数据就失去了意义，表面看来，目前，城镇居民人均住房建筑面积已达到 28. 2 平方米，但如果巨富者拥有 10 处住房，而贫穷者一无所有，那么，讲人均就没有什么意义了。表面上看来，近年城市住房价格的暴涨，对于所有的房屋产权所有人都是有利的，但是，对于大多数获得“房改房”的职工来说，他们并不会交易自己的住房，因而也就谈不上获得什么利益。而对于拥有多处房屋的私营企业主和高层管理者来说，他们的多处房屋主要不是自己居住的，而是用来投资的，或用来交易的，住房价格的膨胀也就是他们的房屋交易额的膨胀，所以，目前，住房上反映出的贫富分化是比较突出的。

当然，笔者一再强调，从住房上看，造成普惠的和造成贫富分化的双重因素都是存在的，上文阐述了，90 年代的房改对于多数中老年职工来说，是有普惠意义的。但同时，私营企业主、高层管理人员等富裕阶层拥有大量房产以及住房价格的飙升，则又是催生贫富加速分化的重要因素。

（原载《江海学刊》2008 年第 5 期）

马克思主义社会学理论研究的历史与机遇

刘少杰

改革开放以来，中国社会学在经验研究和理论研究等方面都取得了丰硕的成果，不仅对迅速变迁、复杂转型的社会现实开展了大量调查研究，形成了许多直接反映中国社会发展变化的学术文献，而且敞开视野，广泛引入和评述西方社会学的新理论、新学派，促进中国社会学的思想观念发生了深刻的变化。然而，在中国社会学呈现空前繁荣的喜人形势下，马克思主义社会学理论的研究却显得相对冷清，虽然也发表了一些关于马克思主义社会学理论的文章并出版了几部著作，但同社会学其他方面的研究状况相比，实在令人感到有些清冷低沉。本文试图在对近30年来马克思主义社会学理论研究状况作概括考察的基础上，对马克思主义社会学理论研究的一些深层问题作些探讨。

马克思主义社会学理论研究的历史

中国社会学对马克思主义社会学理论的研究，最早可以追溯到李大钊、瞿秋白和李达等人，他们在20世纪二三十年代，为阐释和传播经典马克思主义社会学理论做出了很多努力，不仅留下了一些介绍和评述马克思主义社会学理论的重要文献，而且还促进了马克思主义社会学对中国革命实践的理论指导。从李大钊、瞿秋白和李达等人的文献中可以得出一个结论：关于马克思主义社会学理论的研究，在马克思主义传入中国之初，占有显著的中心地位。并且，由于中国共产党在领导中国革命的过程中，已经把马克思主义社会学的阶级分析和阶级斗争理论、社会结构矛盾运动和社会发展变迁理论同实践斗争紧密结合在一起，所以，马克思主义社会学在中国不仅仅是思想理论，更重要的在于其思想观点在20世纪前期就已经转化成中国社会现实的一个不可分割的部分。

令人遗憾的是，20世纪30年代以后，马克思主义社会学的概念逐渐被人们淡忘，马克思、恩格斯和列宁等人关于社会结构矛盾运动和社会历史发展变迁的丰富思想，都被归结在历史唯物主义范畴之内。用历史唯物主义取消马克思主义社会学的做法，显然是受到了斯大林时期苏联“左”倾政治和教条主义的影响。苏联早期共产党领导人之一的布哈林因为论述了历史唯物主义即马克思主义社会学的观点，被斯大林指责为篡改了马克思主义的修正主义者。在斯大林认定的马克思主义理论体系中没有社会学，社会学被看成资产阶级的反马克思主义学说。

1949年新中国成立之后，中国社会学遭遇了近30年的禁闭，不仅西方社会学理论被拒斥于国门之外，而且马克思主义社会学理论也无人敢提，因此也就谈不上马克思主义社会学理论的研究了。直至改革开放，在邓小平的倡议下，中国社会学开始重建，马克思主义社会学理论也逐渐受到一些学者的关注。因此，新中国成立后，中国社会学界对马克思主义社会学理论的研究，其主要内容也就存在于改革开放以来的30年中所形成的文献中。我们可以把近30年马克思主义社会学理论研究的文献大致分为三类：

其一，关于马克思主义社会学的一些理论观点的专门研究，诸如对马克思、恩格斯、列宁和毛泽东等人的社会结构理论、阶级斗争和社会革命理论、社会有机体理论和社会发展理论等方面的研究，还有对卢卡奇、葛兰西、马尔库塞、哈贝马斯等西方马克思主义者的阶级理论、实践理论、社会批判理论和社会交往理论等方面的研究。这类文献很多，大多数为发表在期刊杂志上的学术论文，其中很大一部分是从事哲学和科学社会主义理论研究的学者撰写的，而由社会学研究者撰写的文章数量不多。

20世纪90年代，中国学术界曾经掀起一场持续很长时间的马克思主义关于社会发展的客观性与主观性、必然性与偶然性、规律性与选择性等方面内容的讨论，还对生产力和生产关系的性质与结构、科学技术在生产力中的地位、社会发展的根本动力与变迁机制等问题开展了深入讨论。虽然参加讨论的学者大部分是从哲学的学科视角进入的，讨论的内容也多集中于思想理论和方法原则，很少同经验研究联系起来，但是这场讨论的很多内容实质上就是马克思主义社会学的基本原理和马克思主义社会学的理论演化史。这里或许有如何看待社会学研究同哲学、史学和政治学等相近学科关系的问题，也可以将学者职业和学科设置清楚地划分为不同学科，但是对学者的学术研究，特别是涉及比较复杂的社会事实或理论现象的研究，事实上不可能做出严格的学科划分，因为有成就的研究往往是突破学科界限的。因此，总结一个学科的学术研究和理论演化，应当突破职业划分的限制，在更广阔的学术视野中对事实上属于本学科的学术成果做出考察和概括。

也是在20世纪90年代，中国学术界还形成了一场研究西方马克思主义的热潮，当时翻译出版了许多卢卡奇、葛兰西和法兰克福学派的西方马克思主义著作，还在大陆和台湾地区出版了一些评介西方马克思主义思想理论的著作，不仅对西方马克思主义的形成演化、理论观点和方法原则做了深入探索，并且对西方马克思主义同经典马克思主义以及东方马克思主义之间的关系也做出了分析。更重要的是，这次热潮对西方马克思主义是马克思主义在新的历史条件下的发展还是反马克思主义思潮做出了讨论，杜章智等学者坚持把西方马克思主义看成是马克思主义者在新的历史条件下的积极探索，这对于解放思想、推进西方马克思主义研究具有重要意义。由于西方马克思主义特别是法兰克福学派的社会批判理论，其主要内容都属于马克思主义社会学理论范畴，因此研究西方马克思主义实际上也就是在研究马克思主义社会学理论，不过参与者主要都是社会学界之外的学者。

其二，关于20世纪二三十年代中国马克思主义社会学代表人物的研究活动及其思想理论的研究。这类研究成果通常包含在中国社会学史的著作中，较早的有韩明谟的《中国社会学史》（天津人民出版社1987年版），后来在纪念中国社会学百年的热潮中，又出版了郑杭生、王万俊的《二十世纪中国的社会学本土化——有中国特色的社会学：社会学本土化从世界到中国的理论与实践》（党建读物出版社2000年版），杨雅彬的《近代中国社会学》（中国社会科学出版社2001年版），郑杭生、李迎生的《中国社会学史新编》（高等教育出版社2000年版），阎明的《社会学在中国》（清华大学出版社2004年版）等，这些著作对李大钊、瞿秋白、李达、许德衡和毛泽东等人的社会学研究活动和研究成果作了介绍和评论。近年来出版的一些关于中国早期马克思主义者的评传中，也有马克思主义社会学理论研究的相关内容，如余玉花的《瞿秋白学术思想评传》（北京图书馆出版社2000年版）、王炯华等人的《李达评传》（人民出版社2004年版）等。

虽然关于20世纪二三十年代中国马克思主义社会学理论研究的学术成果屈指可数，但都是很重要的。这些研究成果说明了一个十分重要的学术事实，即中国社会学发端之初并不仅仅是对西方实证社会学的引入，马克思主义社会学既是中国早期社会学的重要传统之一，而且在中国社会的民主主义革命和新民主主义革命中也发挥了重要作用。尽管20世纪二三十年代中国马克思主义社会学研究的传统在后来中断了，但是这20多年的学术历史却深刻地向后人启示，中国社会问题和社会发展的复杂性，不仅需要注重描述经验事实的实证社会学，而且更需要对社会现象开展批判性研究的马克思主义社会学，并且正是由于马克思主义社会学坚持对社会不平等、不公正、消极落后等方面问题开展深入批判，才有力地推动了中国社会革命和社会进步。

其三，关于马克思主义社会学思想理论或马克思主义社会学发展史比较系统的研究。这类研究成果实在是太少了，能够查阅到的著作仅有：常向群的《马克思主义社会学论稿》（河南人民出版社1992年版），高平主编的《马克思主义社会学史》（中共中央党校出版社1997年版），钟金洪的《马克思主义社会学思想》（中国审计出版社2001年版）。这些著作的意义在于，突破了把马克思主义经典作家关于社会结构变迁和社会历史发展的思想理论仅仅归结为历史哲学的“左”倾教条主义束缚，展开了系统总结马克思主义社会学思想体系和理论演化的学术追求，为在改革开放的新形势下开展马克思主义社会学理论研究做出了可贵的探索。

2006年，郑杭生和刘少杰主编出版了一部《马克思主义社会学史》，这部著作是改革开放以来对马克思主义社会学理论做出了系统总结、对不同时期的马克思主义社会学理论做出了深入论述的研究成果。《马克思主义社会学史》包括4个部分：马克思和恩格斯的经典马克思主义社会学理论；列宁和普列汉诺夫的俄国马克思主义社会学理论；以卢卡奇、葛兰西和法兰克福学派为代表的西方马克思主义社会学理论；以李大钊、毛泽东、邓小平等为代表的中国马克思主义社会学理论。这种内容构成扩展了马克思主义社会学理论的研究视野，不仅对马克思、恩格斯、列宁和普列汉诺夫的社会学思想做出了深入阐述，而且在国内社会学界首次把卢卡奇、葛兰西和法兰克福学派的社会学思想纳入马克思主义社会学理论体系，并且首次把邓小平理论、“三个代表”思想和科学发展观中的社会学思想也编入马克思主义社会学史。该书充分揭示了马克思主义社会学面对资本主义社会及各种消极现象的革命批判性，论述了对社会主义社会及各种进步现象的维护建设性，并以丰富的思想内容展示了马克思主义社会学是一个开放的体系，它在不同历史条件下建立了不同的理论观点并呈现了不同的理论形式，这表明它具有其他社会学传统难以与之相比的活力。

马克思主义社会学理论研究薄弱的原因

概观30年来中国社会学关于马克思主义社会学理论的研究成果，一方面应当肯定所取得的成绩；另一方面也应当承认，同中国社会学在其他方面取得的成绩相比，马克思主义社会学理论研究无疑是一个十分薄弱的环节。毋庸讳言，马克思主义社会学理论的研究成果，无论是在量的积累还是在深入的程度上都是很有限的，甚至同欧美社会学的马克思主义社会学理论研究成果相比也是很薄弱的。这里应当思考的问题是，为什么在中国社会学获得快速发展的有利形势下，马克思主义社会学理论的研究却如此冷清？应当说产生这种现象的原因很多，但以下几点可能是最基本的：

首先，中国社会学重建之初未能彻底清算“左”倾教条主义对马克思主义社会学的否定。中国社会学被当作“资产阶级反动学说”禁闭了二十多年，从根源上说是遭到了从斯大林时期就已开始的“左”倾教条主义的迫害。因此，中国社会学重建之初就应当坚决彻底地清算“左”倾教条主义的危害。然而，忙于学科机构设立、学术队伍培养的中国社会学界，未能从思想理论和学科发展史上去完成这个重要的任务，对于如何肯定马克思主义社会学的地位，如何摆正马克思主义社会学同历史唯物主义之间的关系，以及马克思主义社会学同其他社会学传统之间的关系等问题都未能给予深入讨论，更谈不上在社会学界形成关于这些重大问题的共识。甚至可以说，直至目前这些问题也未能得到深入研究，在很多学者的心目中，马克思主义理论体系中有历史唯物主义而没有社会学，并且历史唯物主义只是社会哲学或历史哲学，所以也就没有必要在社会学领域谈论马克思主义社会学。

中国社会学未能彻底清算“左”倾教条主义对马克思主义社会学的否定，也体现了中国社会学自我意识的薄弱。正如某些学者把历史唯物主义同马克思主义社会学对立起来一样，还有一些学者从实证主义社会学立场出发，把马克思主义社会学划在社会学范畴之外，至多不过把马克思等人关于社会历史发展和社会结构变迁的论述称为有别于社会学的社会理论。这实在是中国学术界尤其是中国社会学界的一件令人惭愧的事情，就连那些被称为西方资产阶级思想家的学者，在编写社会学史时，也都把马克思等人关于社会结构和社会发展的思想理论作为社会学的一个重要传统加以深入论述，为什么在以马克思主义为指导思想的社会主义国家却从不同角度排斥马克思主义社会学呢？应当承认，自中国社会学发端之初，马克思主义社会学就是中国社会学的一个重要组成部分，而中国社会学重建后不但不能彻底清算“左”倾教条主义对马克思主义社会学的否定，反而默认对马克思主义社会学的排斥，这说明中国社会学既没有完整肯定自己的历史，也没有明确抵制错误观点对自己的否定，其结果只能是马克思主义社会学从社会学领域中被删割出去。

其次，中国社会学重建之初没有深入清理马克思主义社会学理论研究的一些问题，另一个重要原因或许在于对政治问题的有意回避。虽然在20世纪80年代中国学术界已经对“左”倾教条主义展开了很多批判，但是不仅“左”倾教条主义在很多领域特别是思想领域不可能在较短时间内清除干净，而且长期在“左”倾政治压抑下的学术界也难免心存余悸，尽量避开被长期作为阶级斗争工具的马克思主义理论，以免遭过去曾多年被禁闭之难，这或许不失为一个安全的策略选择。但是，这是一个回避矛盾的选择。对马克思主义社会学避而不谈，试图把中国社会学建成远离政治生活的实证科学，这种学术倾向的实质是以片面的科学主义立场排斥社会学研究的价值追求。

回顾中国社会学的发展历史，一个不难得出的结论是，明确的价值追求是中国社会学得以兴旺发达的活力根源。笔者曾经指出，中国社会学在其发端之初就有明确的价值取向，就不是一个只讲科学不讲政治的实证科学。并且，正是因为严复、康有为和梁启超等中国社会学先驱胸怀“救国保种、振兴中华”的强烈的价值追求，把活力合群、家族制度、群术治群、化育新民等社会学研究同国家命运和民族兴亡等政治问题紧密结合起来，才使自己的学说焕发出强烈的社会号召力，推进中国社会学研究占据了那个时代的学术中心，执掌了那个时代的话语权。在李大钊、瞿秋白和李达等人笔下的马克思主义社会学，更是以明确的政治理想和坚定的价值追求而表达自己的思想内容，进而对推进中国社会革命与社会进步起到了不可替代的重要作用。然而令人遗憾的是，到了20世纪40年代，中国社会学却因为片面强调实证的科学原则，不仅交出了时代的主流话语权，而且同时也退出学术中心，迈开了“从堂奥走向庭院的边缘化”步伐。①

再次，琳琅满目的当代西方社会学引起了重建之初的中国社会学的极大兴趣，很少有人把注意力移向具有一定政治色彩的马克思主义社会学。20世纪后期，西方社会学进入了一个新的繁荣时期，各种新理论、新流派不断涌

---

① 刘少杰：《中国社会学的发端与扩展》，中国人民大学出版社2007年版，第10—14页。

现，对外封闭已久的中国社会学，在解放思想、走向世界的旗帜下，如饥似渴地吸收各种新思想、新观念。应当肯定，敞开胸怀迎接当代西方社会学的新成果，是中国社会学发展振兴的重要途径，因此无可非议。问题在于，当中国社会学的理论兴趣在很大程度上转向西方社会学后，原本就存在很多意识形态纠纷的马克思主义社会学理论，就更难以引起人们的学术兴趣了，甚至对一些同西方社会学并存发展的马克思主义社会学新成果也可能视而不见。

事实上，马克思主义社会学在20世纪后半叶的西方也获得了很丰富的发展，但中国社会学界对此却没有给予足够重视。这里还是面临如何认识马克思主义社会学的问题。如果人们认可的马克思主义社会学仅仅是马克思、恩格斯和列宁等人阐述的思想观念，那么在这些经典作家之后形成的马克思主义社会学新成果也就必然被抛在视野之外了。如果能够破除这种僵化的教条主义限制，不难发现根据马克思主义经典作家的思想原则做出新探索的理论成果实在是层出不穷。例如法兰克福学派主要代表人物马尔库塞，他在《爱欲与文明》《单向度的人》《反革命与造反》等著作中，坚持马克思主义的实践立场、辩证分析原则和理性批判精神，对资本主义社会异化、工业社会意识形态扭曲、感性压抑、环境革命和人类解放等问题做出了具有强烈时代感和创新性的丰富论述，这些被西方学者称为马克思主义社会学在当代新进展的理论成果，却被中国社会学置于视野之外。

最后，实证主义社会学观念限制了对马克思主义社会学理论的理解和接受。改革开放以来，虽然从西方传入的社会学理论流派多样、观点各异，但是对中国社会学主流产生较大影响的还是实证主义社会学。马克思主义社会学同实证社会学是在对立中形成与发展的，不仅马克思、恩格斯和列宁等马克思主义经典作家对孔德为代表的实证社会学给予了很多批判，而且后来的卢卡奇、马尔库塞等西方马克思主义者对实证主义也给予了严厉的抨击。因此，尽管在当代社会学研究中，马克思主义社会学同实证主义社会学也有一些交互借鉴，但就其学术立场、方法原则和历史演化而言，二者的对立是不可否认的。也正是因为这个缘故，当中国社会学在主流上接受了实证社会学之后，马克思主义社会学理论也就不可避免地受到了冷落。

事实上，在马克思主义同实证主义的长期对立中，最根本的分歧是以何种态度对待社会现象。在实证主义者看来，社会学应当像物理学那样用科学的客观性原则去描述社会现象，只问是什么，不问应当是什么；而在马克思主义者看来，社会现象并非都真实地表现了社会生活，人们看到的社会现象往往是因为各种权力制约和利益矛盾而被扭曲的假象，因此欲真实地揭示社会问题的实质，不能仅仅用科学的客观性原则去描述社会现象，更重要的是坚持用公平正义和自由平等的价值原则去批判地揭示假象而阐明真相，并引导人们为实现自己的价值理想而积极实践。应当肯定，面对复杂分化、深刻变迁的中国社会，单纯用排斥价值理想的客观性原则去描述社会现象，显然无法完成社会学应当承担的推进社会进步、促进社会和谐的历史使命，而欲完成这一神圣的历史使命，马克思主义社会学的地位与功能是不可替代的。

马克思主义社会学理论研究的新机遇

在改革开放和市场经济发展已经取得显著成就的新形势下，马克思主义社会学理论研究也面临空前有利的发展机遇。特别是中央提出开展以改善民生为重点的社会建设、构建和谐社会的战略任务，为马克思主义社会学理论研究开辟了广阔的发展空间。如何在新形势下认真总结马克思主义社会学的历史发展，明确认识马克思主义社会学的本质特点与历史地位，充分发挥马克思主义社会学理论在社会建设中不可替代的指导作用，是中国社会学必须认真对待的重大课题。

我们认为，马克思主义社会学理论经历了一个半多世纪的历史演化，形成了经典马克思主义社会学、俄国马克思主义社会学、西方马克思主义社会学和中国马克思主义社会学的不同历史形态。尽管马克思主义社会学在基本立场和方法论原则上始终保持了一致性，但因为历史条件和实践任务的发展，马克思主义社会学的四种历史形态在理论视野、面对问题、概念构架等方面都有很大变化。正确总结马克思主义社会学在不同历史条件下的发展演化，是在新形势下开展马克思主义社会学理论研究的必要前提。

经典马克思主义社会学开始于马克思在《莱茵报》时期和《德法年鉴》时期的社会调查研究和社会问题批判。马克思在对底层社会问题的调查研究中，逐渐接触到同政治领域和思想意识领域相对立的经济社会领域——市民社会。对市民社会的观察、分析与理论概括，是马克思主义社会学的理论起点。后来在《1844年经济学哲学手稿》《关于费尔巴哈的提纲》《德意志意识形态》和《共产党宣言》等著作中，马克思和恩格斯逐渐确立了历史唯物主义或马克思主义社会学的基本立场和方法论原则。1859年，马克思在《〈政治经济学批判〉序言》中对社会结构的矛盾运动、社会历史发展规律等历史唯物主义或马克思主义社会学研究的重大问题做出了如下理论概括：

> 人们在自己生活的社会生产中发生一定的、必然的、不以他们的意志为转移的关系，即同他们的物质生产力的一定发展阶段相适合的生产关系。这些生产关系的总和构成社会的经济结构，即有法律的和政治的上层建筑竖立其上并有一定的社会意识形式与之相适应的现实基础。物质生活的生产方式制约着整个社会生活、政治生活和精神生活的过程。不是人们的意识决定人们的存在，相反，是人们的社会存在决定人们的意识。社会的物质生产力发展到一定阶段，便同它们一直在其中运动的现存生产关系或财产关系（这只是生产关系的法律用语）发生矛盾。于是这些关系便由生产力的发展形式变成生产力的桎梏。那时社会革命的时代就到来了。随着经济基础的变更，全部庞大的上层建筑也或慢或快地发生变革。在考察这些变革时，必须时刻把下面两者区别开来：一种是生产的经济条件方面所发生的物质的、可以用自然科学的精确性指明的变革，一种是人们借以意识到这个冲突并力求把它克服的那些法律的、政治的、宗教的、艺术的或哲学的，简言之，意识形态的形式。我们判断一个人不能以他对自己的看法为根据，同样，我们判断这样一个变革时代也不能以它的意识为根据；相反，这个意识必须从物质生活的矛盾

中，从社会生产力和生产关系之间的现存冲突中去解释。①

马克思的这段著名的理论概括通常被称为历史唯物主义的经典阐述，但我认为它同时也是对马克思主义社会学基本立场、方法原则和理论构架的经典阐述。这里我们又面临如何看待历史唯物主义和马克思主义社会学关系的问题。笔者认为，列宁已经清楚地回答了这个问题。在1894年撰写的著作《什么是"人民之友"以及他们如何攻击社会民主主义者》中，列宁在批判民粹派的主观社会学时明确指出："马克思关于社会经济形态发展的自然历史过程这一基本思想，从根本上摧毁了这种以社会学自命的幼稚说教……他做到这一点所用的方法，就是从社会生活的各种领域划分出经济领域，从一切社会关系中划分出生产关系，即决定其余一切关系的基本的原始的关系。"②列宁紧接着引述了马克思在《〈政治经济学批判〉序言》中的经典阐述（如上所引），然后，列宁得出的结论是：

达尔文推翻了那种把动植物物种看作彼此毫无联系的、偶然的、"神造的"、不变的东西的观点，探明了物种的变异性和承续性，第一次把生物学放在完全科学的基础之上。同样，马克思也推翻了那种把社会看作可按长官意志（或者说按社会意志和政府意志，反正都一样）随便改变的、偶然产生和变化的、机械的个人结合体的观点，探明了作为一定生产关系总和的社会经济形态这个概念，探明了这种形态的发展是自然历史过程，从而第一次把社会学放在科学的基础之上。③

简言之，列宁认为，马克思关于经济基础发展变化推动人类社会变迁是自然历史过程的观点是历史唯物主义的根本观点，正是这个根本观点揭示了社会发展变化的根本动力和客观规律，使人们能够正确认识社会现象，进而

① 《马克思恩格斯选集》第2卷，人民出版社1995年版，第32—33页。
② 《列宁全集》第1卷，人民出版社1984年版，第107页。
③ 同上书，第111页。

把社会学放在科学基础之上，社会学由此而成为真正的社会科学。列宁接着指出，在马克思做出这种论断之前，没有发现哪种学说能像历史唯物主义这样把社会学变成科学，因此，“唯物主义历史观始终是社会科学的同义词”①。这就是说，列宁不仅认为历史唯物主义的根本观点把社会学置于科学基础之上，而且还认为历史唯物主义作为理论体系，本身就是社会科学亦即“科学的社会学”②。

1921 年，布哈林编写出版了《历史唯物主义理论——马克思主义社会学通俗教材》，在这部著作中，布哈林明确指出：“历史唯物主义理论处于怎样的地位呢？……它是关于社会及其发展规律的一般学说，也就是社会学。”“工人阶级有自己的、无产阶级的社会学，它的名称是历史唯物主义。”③ 布哈林的观点在斯大林时期遭到了严厉批判，但是应当肯定，布哈林的观点同列宁是一致的，或者说是对列宁的观点的进一步发挥，把布哈林的观点说成是篡改和反马克思主义是错误的。

事实上，在各种版本的历史唯物主义著作或教科书中，那些直接引述或进一步阐释的马克思、恩格斯和列宁等人关于社会结构矛盾运动和历史发展变迁的观点，哪一点不可以看作马克思主义社会学的理论内容？或许出于同实证主义论战的需要，为了同实证主义划清界限，使人们不至于把历史唯物主义简单地等同为实证社会学，马克思和恩格斯没有直接把历史唯物主义理论称为社会学。列宁根据历史唯物主义的基本立场和理论内容把历史唯物主义称为马克思主义的“科学的社会学”，布哈林则对列宁的论断做了进一步的阐述。并且，李大钊、瞿秋白、李达等中国马克思主义者也是坚持了列宁的观点，他们都把历史唯物主义视为马克思主义社会学在中国传播。

由卢卡奇、葛兰西和法兰克福学派等阐述的西方马克思主义，虽然在暴力革命和无产阶级专政等一些观点上同列宁等人为代表的东方马克思主义有

① 《列宁全集》第 1 卷，人民出版社 1984 年版，第 112 页。

② 同上书，第 110 页。

③ 尼·布哈林：《历史唯物主义理论》，人民出版社 1983 年版，第 7 页。

分歧，但是他们都坚持马克思主义的一些基本立场和基本观点，并且依据西方资本主义国家的历史条件和革命形势，为推进马克思主义理论特别是马克思主义社会学理论的发展做出了不懈努力，并且形成了丰富的、对20世纪思想文化产生了重大影响的理论成果。这些至今都被各种流派的西方社会学看作马克思主义社会学传统的西方马克思主义者及其理论，我们不仅没必要也不应当把他们从马克思主义社会学阵营中开除出去，而且还应当在他们具有广泛创新性的社会学著述中充分肯定其对马克思主义社会学的贡献。

改革开放以来，虽然马克思主义社会学理论研究在中国没有形成热潮，但是社会结构的快速变迁、开展以改善民生为重点的社会建设、构建和谐社会等新形势、新任务，确实给马克思主义社会学理论研究提出了一系列重大课题和空前有利的发展机遇。并且，邓小平、江泽民和胡锦涛等人关于改革开放、发展市场经济和构建和谐社会的一系列具有开创性的新思想、新观点，已经直接为马克思主义社会学理论增添了丰富的新内容。认真总结历史经验，纠正在特定历史条件中形成的一些理论偏见，及时抓住难得的新机遇，深入开展马克思主义社会学理论研究，既是中国社会学取得进一步发展的重要途径，也是更真实地认识中国社会问题、推进中国社会发展的实践要求。

中国社会正处于快速发展、深刻变迁的历史时期，在取得经济增长、文化繁荣和社会进步等方面显著成就的同时，各种社会矛盾或社会问题也以十分复杂的形式表现出来，特别是发展失衡、贫富分化、利益格局深刻调整以及制度失灵、分配不公、贪污腐化等方面的社会问题，都不是仅仅用实证主义社会学的科学观察和客观分析就能说清楚的，而马克思主义社会学的实践原则、辩证分析方法以及不仅解释世界而且还要改造世界的革命精神，对于研究和回答中国社会在快速发展中不断涌现的社会问题，具有明显优于实证主义社会学的地位和作用。

论及马克思主义社会学同其他社会学流派的关系，还需要进一步明确的是，马克思主义社会学在基本立场、理论视野和方法论原则等方面，超越了社会学中长期存在的科学主义和人本主义两大传统的对立。

科学主义传统的代表是实证主义社会学，对实证社会学的根本立场、研究对象、思维方式、理论追求和方法原则等问题做出最清楚讨论的是迪尔凯姆，他曾反复强调，实证社会学的研究对象是作为客观现象的社会事实，而社会事实必须作为外在于思想观念的“物”去看待，对于外在的、客观的“物”，社会学应当像物理学那样去观察，像数学那样去计算，亦即用科学的方法把握之，其目的在于把握社会生活中作为客观必然性的社会制度或社会规律。

坚持人本主义传统的解释学社会学、现象学社会学和后结构主义社会学等流派，坚决反对把社会事实简单地理解为外在的“物”，认为社会生活是由人们的社会行动展开的，人们是根据自己的意志、目的和利益等主观性因素支配自己的社会行动，所以不能把社会生活仅仅看作外在的客观对象，不能仅仅用科学的眼光去观察和描述，更重要的是对话、沟通和理解，是对社会生活的意义和人类生存的价值做出阐释、导引和批判。

概言之，社会学中的科学主义传统从社会生活的客观性出发，把社会事实当作外在的客观的“物”去看待，以物理学的研究方式去追求社会生活的客观规定性，试图在社会现象中揭示像自然规律一样的社会本质或社会规律；社会学中的人本主义则从社会生活的主观性出发，认为社会事实的本质是人们在社会行动中的主观意愿，而不是客观的“物”，研究社会生活应当用体验和解释人们主观性的理解方法，应当在社会的发展变化中揭示出意义与价值。更明确地说，社会学中的科学主义传统和人本主义传统是社会学研究中的两极对立，前者抓住了社会生活中客观的物的方面，后者抓住了社会生活中主观的精神的方面。

马克思主义社会学超越了科学主义与人本主义的两极对立。马克思主义社会学从实践出发，在社会生活的主观与客观、主体与客体的双向统一中把握社会现象的发展变化，不仅要研究社会生活的客观规定性，认识社会结构运动变化的客观规律，而且还要研究社会生活的主观意愿，理解人们在社会生活中的价值理想和意义追求；不仅要坚持按照科学精神去发现和揭示社会历史运动变化的客观根据，而且还要发扬人文精神，关心人生困苦，追求人类幸福与解放。所以，马克思主义社会学把科学主义社会学和人本主义社会学在两极对立中展开的两个方面都纳入了自己的理论视野和学术胸怀，严格相互排斥的两极对立由此被熔化在相互转化的交融关系之中。

总之，马克思主义社会学具有科学主义社会学传统和人本主义社会学传统无法与之相比的优势，它对社会生活开展的总体性研究以及批判性与建设性的思考，对于认识社会问题、化解社会矛盾、推进社会发展具有不可替代的地位和作用，特别是在处于复杂变迁、深刻转型且大力推进社会建设的当代中国，马克思主义社会学具有更加重要的指导意义和更加广阔的实践空间。然而，人们在马克思主义社会学的本质、特点、地位、功能和历史等重要问题上还有很多意见分歧或模糊认识，只有努力从理论上对这些问题给予深入研究和明确回答，才能真正确立马克思主义社会学的重要地位，才能有效地发挥它的巨大作用。

（原载《江海学刊》2008 年第 5 期）

“过密社会”的来临及其挑战

——以日本东京为例

田毅鹏

从“过密问题”到“过密社会”

自人类步入现代工业社会、开启城市化进程以来，便开始面临“过密问题”。在这里，所谓“过密”，实际上是相对于“适密”而言的。城市社会学的理论告诉我们，适当的人口密度是城市社会所必需的。在某种意义上我们甚至可以说，适当的高密度恰恰是现代城市社会的基本特质。如《不列颠百科全书》就将城市定义为相对永久性的和高度组织起来的人口集中的地方。世界公认的当代城市研究和规划大师简·雅各布斯也特别强调“密度”对于城市的重要意义，她在那部名为《美国大城市的死与生》的名著中，专设“密度之需要”一节，强调指出：对于城市来说“人流的密度必须达到足够高的程度，不管这些人是以什么目的来到这里，其中包括本地居民”①。在她看来，如果说“都市过密”会导致城市问题发生的话，那么，都市人口密度不足则往往会导致城市发展停滞甚至走向衰败。在这一意义上，城市一般被定义为一个人口众多、密集且成分复杂的居住区域。

迄今为止，学术界对“过密研究”存在两个主要的研究取向：其一是“问题取向”的过密研究，即将“过密”看作是城市化进程中衍生的一个严

① ［加拿大］简·雅各布斯：《美国大城市的死与生》，译林出版社2005年版，第221页。

重问题。如日本学者森冈清美等在《新社会学辞典》中，结合日本情况，以“问题取向”给“过密”现象下定义，认为过密是指“在住宅和城市等被限定的空间内，因人类大量集中而发生的各种社会问题。但在判断某地区是否存在过密现象时，又因其文化背景、生活样式、地理条件、技术水准等存在巨大差异。作为城市问题的过密现象，往往发生于经济活动和人口向城市急剧、过度的集中进程中，主要表现为生活条件的恶化和各种城市功能的低下。具体言之，过密问题主要包括住宅不足和过密居住，学校和城市下水系统、公园等城市公共设施整备滞后，道路和公共交通机关混乱，大气污染和噪音等公害，土地利用形态混乱等众多问题。”① 很显然，在上述观点看来，城市的理想状态应是“适密”。

其二是社会形态论意义上的过密研究，可称为“过密社会论”，即将过密现象作为一种总体性、趋向性的社会现象来看待，认为过密现象不仅是一种问题的存在，也是一种实体性的、常态性的现象，它代表了一种社会发展的新趋向。1965 年，日本学者加藤秀俊在《中央公论》上发表《高密度社会探究》一文，率先提出“高密度社会”概念，将过密现象作为一个复杂的社会总体性问题提出来并展开研讨，他认为我们“不仅要注意技术进步给日本带来的‘物理空间’的变化，而且更应注意‘社会高密度化’带来的影响”②。

比较上述两种研究取向，我们会发现：第一，“问题取向”的过密问题研究关注的是过密现象本身以及由过密而衍生出的一系列问题，并试图通过一系列的过密对策来减缓甚至解决过密问题。在这一研究取向下，人们固然要注意分析过密问题产生的原因及其发展的内在逻辑，但其分析所蕴含的多是一种“对策观念”，潜在的含义是：只要提出一套对策体系，过密问题便可得到一定程度上的遏制，甚至得到解决。因此难免堕入头痛医头、脚痛医脚的误区。与问题取向不同，“高密度社会论”不是将“过密现象”简单地视为一个临时性问题，而是将其作为一种新的现代社会形态看待，它标志着现代

① ［日］森冈清美：《新社会学辞典》，有斐阁 1993 年版，第 215 页。
② ［日］加藤秀俊：《高密度社会探究》，《中央公论》1965 年 4 月 1 日。

化背景下人类生存形态的根本性变化。在这种观点看来，过密现象虽然也是一种客观存在的城市问题，但却强调我们的认识不能止于“问题意识”。因为“问题”研究视角的潜在意义是“对策性”的，即只要我们寻找到解决过密问题的对策，问题似乎便迎刃而解了。而如果将“过密问题”提升到“过密社会”的高度来看待，便必须将其视作一个总体性社会问题。

第二，“问题取向”的过密问题研究大多只关注人口过密现象，但实际上，作为日本现代化发展进程中的一个值得特别关注的复杂问题，“过密”不应被简单地视为一种单纯的人口迁徙现象，而应注意在人口迁徙背后的整个社会结构的变化，主要包括经济结构、文化结构、城乡结构、人口结构、年龄结构、性别结构等方面，发现更为深刻的东西。围绕着过密现象，人们无论持乐观态度还是悲观态度，都需对过密现象产生的社会内在机理给出合乎逻辑的解释。

第三，“过密”与“过大”的区别。在理解“过密”概念时，我们有必要对“过密”和“过大”这对概念进行辨析。日本学者野倡田芳成认为“前者是密度问题，也就是‘容器’和‘装在里面的东西’之间的平衡问题。后者则意味着超过了适当规模的城市状态。东京到底是过密还是过大？根据上述判断，城市政策会存在着微妙的差异”①。伊藤善市也对“过密”与“过大”进行了认真辨析，他认为：“过大城市和过密城市虽然存在着密切关联，但其意义却是不同的。过大城市是指超过了一定规模（适当规模）的城市规模状态。主张抑制城市膨胀、发展者往往愿意使用这一词汇。与之相反，过密城市一般是指‘容器’和‘装在里面的东西’之间的相对平衡的问题。也就是说，如果二者之间失去了平衡，就会出现如交通阻塞、住宅难、大气污染等现象，这种过密状态往往意味着人类的企业活动和社会生活都陷入难以言状的困难状态。”② 由此可知，“过大城市论是以城市适当的规模为前提的，

① ［日］野倡田芳成：《大都市政策——城市的危机与再生》，产业能率短期大学出版部1974年版，第5页。

② ［日］伊藤善市：《地域活性化的战略》，有斐阁1993年版，第15—16页。

而过密城市论则是以‘容器’和‘装在里面的东西’应有的平衡为前提。但测量适当规模的标准不是单一的而是作为复数而存在的”[①]。“过密问题不只是物理意义上的失衡问题，随着收入水平和教育水平的提高，人们逐渐意识到生活质量的重要性，其过密意识和公害意识也愈加强烈。我们必须对上述心理给予密切的关注。”[②]

在这里，日本学界对“过大”和“过密”的区别虽然很有意义，但如果我们将分析问题的目光聚焦于东京，就会发现，在东京似乎同时存在“过大”和“过密”问题。在一定程度上，“过大”使“过密”问题变得更加严峻，而“过密”则使城市走上无尽头的“空间过大”的扩张道路。

“过密社会”的形成及其内在逻辑

研究“过密社会”，首先应该明晰其生成的内在逻辑，即揭示现代社会何以必然走向“过密”。在日本走向现代化和城市化的进程中，其“过密社会论”是在“东京一极集中”的过程中产生和发展起来的。因此，通过“东京一极集中”的形成过程，我们可以发现“过密社会”生成的内在逻辑。

（一）市场力量在城市过密进程中所发挥的重要作用

美国区域经济学家埃德加·M. 胡佛认为：自然资源的优势、集中经济、交通运输成本乃区域经济学的三个基石。这三个基石可分别称为生产要素的不完全流动性、生产要素的不完全可分性、产品与服务的不完全流动性。[③] 上述三个因素决定了区域经济集中化的总体趋势。从某种意义上说，伴随着城市化和现代化进程而出现的产业集聚、人口集中等超强的“集中过程”，实际上构成了现代社会一个最为重要的特质。虽然我们可以从很多角度来把握现代社会，但以下的特质是不可缺少的，即流动化、多样化、成熟化、情报化，这四者之间密切联系，不可分割。日本国家土地局的一项调查发现：“在其总

① ［日］伊藤善市：《地域活性化的战略》，有斐阁1993年版，第15页。
② 同上书，第16页。
③ 参见卓勇良《空间集中化战略》，社会科学文献出版社2000年版，第47页。

部设于东京的被调查公司中，有56.3%主要是为了便于筹资和进行金融投资；有45%是需要有一个中心区位以便监督通常处于分散地区的分公司和工厂；有41.7%是为了便于市场营销；有36.4%是为了从商业机构获取信息；还有31.8%是为了从行政机构获取信息。由此可知，尽管东京的土地、薪水及其他成本都很高，但把公司总部设于此，除了便于筹集资本、投资等金融需求外，解决有关信息资源问题，恐怕也是一个重要因素。”① 日本十大商社中的住友、三和等关系日本经济命脉的大公司原将本部设于大阪，但近年来却纷纷将其决策机构迁往东京。很显然，这大大推进了东京一极集中的进程。

（二）作为东京集中化发展的国土偏极化倾向，与近代以来日本国家现代化的整体战略有着密切关联

从历史上看，后发现代化国家在推进现代化的过程中，其“现代性”和“民族性”之间往往存在着激烈的紧张关系。“为争取民族性和现代性的斗争（以及二者之间的斗争）往往发生在城市中。在任何社会里，城市都是现代化的中心……一个民族要想现代化，城市必须走在前头。”② 因此，在理解城市过密问题时，我们不要将其简单地视为20世纪晚期的现象，而要注意从长时段的角度观察其发生的过程，破解其发生逻辑。如日本学者矢田俊文即认为：“明治维新以来幕藩体制的崩溃以及强有力中央集权体制的建立，是东京走向一极集中发展的远因。在这一意义上，东京走向一极构造已经历了近百年的时间。今日所说的东京一极化发展并未发生什么质的变化。”③ 日本历史上具有久远的“中央上位”思想，此种思想不仅表现为中央在军事、政治上的权威和优越地位，而且在文化上也具有压倒的优势。“这种由‘都’而发出的文化之波，影响于国民意识，确立了中央优越的思想。对都文化，进而对都人产生了强烈的崇拜。对都这一地理空间也产生一种崇敬感。在日本历史上，

① ［美］萨森：《全球城市：纽约、伦敦、东京》，上海社会科学院出版社2005年版，第156页。
② 贺照田主编：《后发展国家的现代性问题》，吉林人民出版社2002年版，第520页。
③ ［日］矢田俊文：《国土政策和地域政策》，大明堂1996年版，第5页。

早在奈良、平安朝即对都人的支配阶级地位表示承认。”① 不过，值得特别注意的是，日本实际上同时也是一个拥有较强地方主义传统的国家，明治维新前的幕藩体制不仅使日本地方保有相对独立的文化特色，同时也使地方经济得以形成相对独立的自我循环系统。这使得在第一轮过密化浪潮中，虽然人口大量集中于城市，但并未形成“东京一极集中”的格局。但由于日本现代国土形成是在中央集权体制的背景下进行的，日本的城市发展主要是在国家主义的理念下进行运营的。因此，作为其结果，国民的“首都意识”极强，对中央权力的优越性认同较强。② 正是在上述意义上，美国当代著名的城市研究专家萨森认为，“在过去三十年中，日本政府在塑造东京经济中起着重要作用”③。与日本相同，在亚洲“后发现代化”国家的发展进程中，亦多将城市作为富国强兵的工具和手段，故出现了众多的超大型城市。尽管东京圈在不断扩大，但其空间总是会迅速地被新积聚起来的人群所填充而呈现出一种饱和状态。人们对东京的强烈的憧憬转化为一种住在东京的优越感，企业本部不在东京便不是一流企业。个人不住在东京，当然也不是一流人才。由此，即便多付出几倍的代价，也希望住在东京。当整个日本列岛为上述气氛所左右的时候，东京的过密和过大便很自然地成为不可避免的事情了。

（三）从时间上看，战后日本城市发展过程中的“过密”，主要经历了三个阶段的复杂变化

1. 战前日本的特殊性变化

战后日本虽然较早意识到过密问题，并对大都市的人口增长采取了一定的限制政策，但从总体上看，大都市的人口增长仍然呈现出不可逆转的趋势。这从东京城市长时段的“膨胀史”中即可略见一斑。据日本学者伊藤善市统计，天正十八年（1590），德川家康入府江户时，当时的江户不过是一“寒村”，但到宽文元年（1661），江户人口已达30万人。到亨保六年（1721），

① ［日］池口小太郎：《日本的地域构造》，东洋经济新报社1967年版，第22页。
② ［日］远藤晃等：《人类复权的地域社会论》，自治体研究社1995年版，第61页。
③ ［美］萨森：《全球城市：纽约、伦敦、东京》，上海社会科学院出版社2005年版，第203页。

已成长为130万人（町人50万、武家50万、僧侣神官约30万）的大都市。当时欧洲大城市的人口分别是：伦敦70万弱、巴黎50万弱。就人口数量而言，东京此时已堪称是世界级的大都市了。明治十三年（1880），东京人口仅有96万人，20年后的明治三十三年（1900），倍增至191万人，又20年后的大正九年（1920），增至370万。尤其值得提及的是，到昭和十五年（1940），达到740万，超过全国人口的10%。同年的美国纽约人口总数为790万，列世界第一位，可见当时东京已发展成为世界第二大城市。①

2. 战后初期城市过密与乡村过疏的对立

在战后初期日本发展的历程中，过密问题是与过疏问题相伴而生的，是城乡问题在不同地域空间的不同表现。在战后初期发生的“过密”和“过疏”现象中，主要是指“城市过密”与边远农村、山村、渔村的“过疏”。当时的过密问题可以在“城市—乡村”的范式和框架内加以理解。从20世纪60年代开始，日本社会出现了史无前例的人口大迁徙和大流动，大量人口举家离村，进入城市，遂导致城市和农村同时出现了所谓“过密”和“过疏”问题。在一般意义上讲，所谓“过疏问题”，主要是指农村人口和农家户数发生急剧大量外流，导致其地域居民的生产和生活发生各种障碍，使地域生产规模缩小，生活发生困难，最终导致村落社会自身崩坏。也就是说，过疏是作为生产和生活空间的村落社会的解体过程而存在的。在20世纪60年代的经济高速发展时期，由于人口大量涌入城市，使得过疏成为困扰日本农村尤其是山村地域的一个严重而深刻的问题。在上述意义上，日本的城市过密实际上是相对于乡村过疏而存在的。

3. “东京一极集中”与“新过密问题”的发生

第三阶段到来的标志是“新过密问题”的发生。所谓“新过密问题”是指20世纪80年代后期以来过密现象的最新变化。这里所说的“新过密—过疏”，并非指城市和农村之间的地域变化，而是包括了“城市过密社会”和

① ［日］伊藤善市：《地域活性化的战略》，有斐阁1993年版，第18—19页。

“城市过疏社会”的含义。新过密化最大的特点是东京圈的一极集中化[①]，即从昭和五十年代到六十年代，日本出现了“国土东京偏极化”的发展趋向，大量人口流入东京。“与昭和三十年代、四十年代不同，此次大阪、名古屋圈相对比例有所降低，呈现出东京一极集中的样态。如果说昭和三四十年代是‘三大都市圈对地方圈’的构图的话，那么现在则是‘东京对非东京’。一边是繁荣的东京，另一边则是不景气的地方。”[②]

与东京的繁盛一时相比，地方城市则因“过疏状态”而陷于衰退境地，出现了“繁荣的东京和陷于不景气的地方”[③]。在这一意义上，“新过密”几乎成为东京一极集中发展的同义语。日本学者矢田俊文曾对“东京一极集中”一词的本义进行探寻，认为“东京集中一词被学界广泛使用大约开始于20世纪80年代后期。因此，‘东京一极集中’问题可以说是20世纪80年代后期的事情”[④]。“在昭和三十年代前半期，伴随着经济高速增长的进程，人口向东京圈、大阪圈、名古屋圈集中。后来随着经济增长的平缓，流入三大都市圈的人口逐渐减少，而人口向地方圈的流动则格外引人注目。但是，自昭和五十年代后期以降，由于产业结构的转换及就业机会由制造业向商业、服务业、金融业的转变而发生变化。其结果是人口移动从地方向东京圈的纯流入再次开始增加。另外，大阪圈的人口连续出现转出超过转入的现象。由此，与30年代不同，东京圈的人口增加最为显著……迄今为止的‘大都市对地方’的格局变为‘东京对其他’的新构图。”[⑤] 过密社会成为人类现代社会的一种常态生存模式。

---

① ［日］佐藤俊一：《战后日本的地域政治》，敬文堂1997年版，第411页。

② ［日］升秀树：《分权型国土的构筑和自立的自治体的形成》，第一法规出版株式会社1991年版，第97页。

③ 同上书，第98页。

④ ［日］矢田俊文：《国土政策和地域政策》，大明堂1996年版，第3页。

⑤ 《转型期的日本》（提案集），日本经济调查协议会1992年版，第604页。

“过密社会”之衍生问题及其对策

从问题视角切入，我们发现，由过密社会而衍生出的问题，其表现形态极为复杂，它与现代社会的众多矛盾交织在一起，形成了诸多“变态”，积淀为严重的城市社会问题。由过密化而引发的一系列社会问题不是单数问题，而实际上构成了一个“问题群”。一般说来，主要表现为城市市民居住空间狭小、城市交通拥挤、社会划一化、社区归属感弱化、城市都心衰落、郊区过疏化等方面。

（一）人口过密

到20世纪晚期，日本东京的人口过密问题日益明显。“以东京为中心，由神奈川、千叶、崎玉一都三县构成的东京圈虽然仅占国土全部面积的3.6%，但人口却大约有3000万人，占总人口的四分之一。而且，近年来，以服务经济化、国际化、情报化的推进为背景，企业的中枢管理机能集中在东京。尤其是需求各种情报的金融、保险业以及与情报相关联的服务业都集中在东京中心，特别是千代田、中央、港区三个都城的中心部位。加之，以金融业为中心的外资系企业大量进入东京，更加快了东京走向集中化的步伐。”①

人口过密问题往往集中表现在都心地区，形成“都心问题”。所谓都心问题，主要是与大都市心脏部位（CBD）相关联的问题群的总称。在东京都心，城市所应具有的功能已基本消失。作为商务和行政管理机构的都心逐步扩大，而作为居住地、生活地的城市功能则日渐萎缩。夜间人口减少、高龄化、日常生活维持困难、町的界限消失、居民组织与近邻的社会连接几乎荡然无存，从而衍生出一系列城市社会问题。都心是都市现代性的最典型代表。它大体上可以分为前近代共同体型的都市性和近现代的大众社会型的都市性，都是与村落性相对的。共同体型的都市性主要以高雅的宫殿、城郭、寺庙神社为

① 《转型期的日本》（提案集），日本经济调查协议会1992年版，第602—603页。

中心，与卑俗的商工住区结合在一起，其空间构造是典型的“圣”与“俗”的结合。而都市性则是建立在城市对乡村支配的基础之上，超越圣性而成为核心。柳田国男所说的“都鄙的感觉”就是建立在城市对乡村的支配的基础上的。概括起来说，都市性在价值层面上主要表现为“自由与放纵”“美与快乐”“富与饱和”“力与优越”等。在这一意义上，“都心”堪称是都市性的典型代表。① 但是，在最能彰显都市现代性的都心地域，受地价上涨、社会环境恶化、城市社会功能弱化等因素的影响，呈现出由“过密”到“过疏”这一更为复杂的变化，学术界一般把城市都心地区发生的过疏化称为“道纳斯化”现象。

一般来说，所谓“道纳斯化”现象，主要是指都心地域常住人口减少的现象。在都心地域白天劳动者众多，到夜间，因劳动者回到郊外居住而人口骤然减少。此种现象在东京都心表现得最为明显。都心人口减少的原因主要包括地价飞涨、都心地区生活环境恶化等因素。1990 年前后，东京千代田区的人口锐减。由于学龄儿童的减少，导致此地区的中小学学生生源大幅度减少，使得一些中小学不得不走向合并。同时，都心人口减少还直接导致购买力的下降，都心商店纷纷倒闭，使得居住在都心的居民苦不堪言，这些成为东京城市发展所面临的最为严重的问题，也构成了城市都心地域过密化进程中最为复杂的变化。

（二）企业过密

作为经济的中枢管理机构的公司本部，大多集中在东京地域内。以平成四年的数据为例，在上市的企业中，其本部设于三大都市圈的情况是：东京圈占 56.2%，名古屋圈占 7.7%，大阪圈占 24.4%。可见，三大都市圈云集了股份公司本部中的绝大部分。② 同时，金融功能也呈现出东京集中趋势。以金融、资本市场的全球化扩展为背景，东京成为与纽约、伦敦相匹敌的国际

① ［日］森冈清美：《新社会学辞典》，有斐阁 1993 年版，第 1091 页。
② 《转型期的日本》（提案集），日本经济调查协议会 1992 年版，第 544 页。

金融中心。与之相伴随，众多的外国金融机构进入东京。值得注意的是，外国金融机构八成弱都集中在东京，尤其集中在千代田区域。

（三）智力过密与文化划一化

都市过密与“文化划一化”。超大型城市发展的另一直接后果是将绝大多数的文化资源积聚到大都市里，这虽然可以大幅度地提高文化生产的效率，但往往也会因文化资源过度集中而导致学术垄断，进而出现文化的刻板划一的发展倾向。很多学者敏锐地发现，从文化生产的角度看，“东京的一极集中”将导致“文化的全国划一化和创造力的低下”，“东京一极集中必然导致具有特色的地方文化衰退，从而导致全国文化的划一”。① 这主要是因为：第一，就城市文化生产的体制而言，在中央集权体制下文化精英过度集中于东京，导致“一种思维方式，一种文化居于强势地位”，往往会对民族的创造力和批判精神产生压抑。东京一极集中直接导致地方特色文化的衰退，导致文化的全国划一化；第二，作为文化生产的主体——知识精英辐辏于京师，导致地方人才匮乏；第三，“东京一极集中”现象还导致地方大学的衰落，从而使地方社会文化缺乏必要的源泉。“诚然，过去东京即云集了众多的求学青年学子。但值得注意的是，与以往不同，近来的学子来东京上学，其更主要的目的是进入东京，享受四年充满魅力的东京生活。在这一风气主导下，地方大学日渐衰落是不可避免的。”②

面对过密社会的诸多挑战，自20世纪80年代以来，日本政府先后推出的“过密对策”主要包括：“第一是抑制产业及人口无秩序地流入大城市；第二是促进城市功能向地方分散；第三是促进地方开发。特别是第三方面，要对过密地域与开发地域之间的交通、通讯等方面进行整备，给立足于地方的企业以优厚的待遇。对地方大学进行适当的扩充和整顿。”③ 有的学者还提出建立起“多极分散型国土战略”，但实际上这也是难以实现的理想模式，因为

① ［日］坂田期雄：《地域活性化及其战略》，1989年版，第16—17页。
② 同上书，第14页。
③ ［日］伊藤善市：《地域活性化的战略》，有斐阁1993年版，第16—17页。

在中央集权的背景下，既然资源多集中在首都，那么，“地方的公司稍微有一点成就，便开始筹划将发展的重点转移到东京。支撑这种公司本部云集东京的主要原因是中央集权型的政治构造”①。其中，最具代表性的过密对策主要包括：

（一）办事处对策

据统计，“1974 年有 279 家外资公司在东京设立办事处，其中 150 家是非制造业公司。到 1984 年为止，日本的外资公司数量达到 2256 个，其中大约 63% 在东京中心区设有办事处，22% 在东京 23 个行政区域内的其他地方设有办事处。只有 15.6% 的办事处设在东京以外的地区”②。遂导致东京出现严重的办事处集中现象。从 1973 年前后开始，日本成立了“首都圈过密对策研究会”，参照英国的许可方式和法国的赋课金方式，草拟办事处规制：一是关于城市规划规制办事处的建立；二是固定资产的适当征税。所谓“许可方式”，是指在一定地域新增设办事处或变更用途，或试图扩大办事处规模时，需得到行政厅的许可，这可称为直接规制方式。在这种方式下，东京城市中心的三个地区除非是关涉公益不得不做的项目外，原则上予以禁止。所谓赋课金方式，主要有以下两个做法：一是为抑制办事处的无序增加，对办事处增加面积的部分课以一定的赋课金；二是对既存的办事处也课以赋课金。③

（二）迁都对策

主张迁都的学者曾提出许多观点，其具有代表性的观点主要有“迁都论”“分都论”“扩都论”“展都论”“改都论”“重都论”“还都论”等。作为解决过密问题的主要对策，迁都虽早已作为一个重要内容被提到日程上来，但其实施却远非易事。有调查数据显示，很多民众对那种大兴土木式的迁都表示谨慎，而主张将首都功能适当向地方分解的观点则日益增多。“据东京都民银行以东京都内和东京近县的经营者为对象所进行的有关迁都的调查结果显

① ［日］矢田俊文：《国土政策和地域政策》，大明堂 1996 年版，第 9 页。
② ［美］萨森：《全球城市：纽约、伦敦、东京》，上海社会科学院出版社 2005 年版，第156 页。
③ ［日］伊藤善市：《地域活性化的战略》，有斐阁 1993 年版，第 18—19 页。

示，回答‘最好稍微向地方分散一些’的占全体接受问卷调查者的60.2%；回答‘希望迁都者’仅占5.4%；主张将首都功能的一部分转移的占3.7%；向东京近县转移功能的占26.6%；主张东京再开发的占20.3%。”①

与论调日渐缓和的迁都论不同，反对迁都者的观点似乎更具系统性。反对迁都者的主张主要包括：“（1）东京是近代以来日本走向繁荣的引导者，在国内外已经确立了首都的形象，如果将首都迁往他处，将对国家发展产生不利影响；（2）在未发生战乱及自然灾害的情况下，实施迁都，在付出巨额经费的同时，整个迁都过程将旷日持久，势必对国民生活产生重大影响；（3）在中央集权体制没有改变的情况下实行迁都，迁都后将出现新的集中现象；（4）地价高涨并非仅仅因为建都东京；（5）作为迁都重要论据之一的地震的危险在整个日本都存在。”② 有的观点还认为，通过迁都手段将东京的政治中心功能分离出去不能从根本上解决人口过密问题，因为在迁都过程中真正能够实现移动的“实际上仅有56万人左右，不足首都圈3256万人中的2%，无助于首都圈过密问题之解决，同时，迁都从来就是大兴土木的事情，其过程极易发生腐败问题”③。

（三）“职住合一”

鉴于“职住分离”背景下东京市民将大量时间用于通勤、苦不堪言的现状，“以至于东京政府颁布一条法令，新建办公楼宇必须兼备住宅的设施”④。但这种“职住合一”的模式对于地价腾贵的东京来说，实在有些脱离实际。

上述过密对策虽然在一定程度上缓解了“过密步伐”，但并未从根本上解决问题。人类社会集中化的发展趋势仍在继续阔步前行。

---

① ［日］坂田期雄：《地域活性化及其战略》，1989年版，第37页。

② 同上书，第40页。

③ ［日］市川宏雄：《关于东京再生的认识》，《产经新闻》2001年6月7日。

④ 杨汝万：《全球化背景下的亚太城市》，科学出版社2004年版，第31页。

“高密度社会”与现代文明活力

在以“东京一极集中”为主要特点的城市高密度发展的背景下，如何使现代文明保持应有的活力，成为评价城市过密现象的关键。以美国著名的城市研究家芒福德等人为代表，对城市过密表示强烈的批判和质疑。芒氏的观点是在回答“城市是什么”这一最基本问题的追问过程中展开的。在他看来，城市就是“社会活动的剧场”。相较于城市与自然环境、城市与公众精神价值之间的关系，城市设计和经济功能是相对次要的。“在现实生活中，任何事件总是有一个合适的数值，一旦当前的状态超过了这个数值，那么市民每一项需求的增长都会带来困难。同样，地域扩张也有最合适的限度，超出了这个限度，城市扩张所带来的就不是重要的社会关系，而是直接导致城市的瘫痪……就临时性交往而言，社区是社会生活的单位，但是作为一个被组织起来的单位，如果整个区域都被密密麻麻的人群所覆盖，社区并不能有效地发挥其功用，因为密集的人口不仅会将整个交通动脉阻塞了，也阻断了社会功能的发挥。”① 可见，城市过密现象否定论者往往将城市过密与城市衰败联系在一起展开论述，他们断言城市过密是导致城市衰败的罪魁，主要表现在：

（1）过密状态下城市人自主支配的“私的空间”和“私的时间”的丧失。有的学者以“城市过密与公私空间的变化”为切入点，认为生活在过密的城市中，人类有可能失去文化创造力的基础。作为现代文明的创造者，人类必须拥有可自主支配的“私的空间”和“私的时间”。但是，“在地价飞涨、通勤时间无限延长的东京，人们失去了思索所必需的‘私的空间’和‘私的时间’”，从而导致城市文明走向衰落。

（2）就城市文化生产的体制而言，在中央集权体制下文化精英过度集中于东京，其弊端是显而易见的，表现为“一种思维方式，一种文化居于强势

① ［美］路易斯·芒福德：《城市是什么?》，载罗岗主编《帝国、都市与现代性》，江苏人民出版社 2006 年版，第 196 页。

地位，往往会对民族的创造力和批判精神产生压抑。在日本历史上，安定承平时间长久的时期，往往会出现以首都为中心的文化思想划一化、停滞化，导致民族创造力的低下”①。

（3）居住空间和职场空间的矛盾。由过密而引发的城市问题反映了人类现代文明的困境。“在东京有理想的职场却无居所，在地方居有所却无富有魅力的职场。”②

（4）中央依存思想。如果从广义的角度来审视过密问题，就会发现，这种“中央依存思想”内化于日本人心理深处，直接导致日本列岛的文明发展逐渐走向倾斜。这种依赖政府的国民思想，表现在地域范围内，主要与首都依存相关联，导致地方失去自信和地方经济发展空洞化。

（5）危机论。由于地震、海啸等自然灾害以及暴力破坏行为、军事攻击等人祸的威胁，首都功能有陷于瘫痪的危险。以地方经济停滞为代价，首都圈经济获得了发展。但另一方面，因地方经济陷于停滞，又出现了国土不均衡发展的问题；地价的高腾，导致拥有土地者与无地者之间不公平的扩大；公共事业费消失在土地费之中，社会资本的整备进展困难；高地价和高租金阻碍了外国企业的进入，已进入的企业则开始逃逸；城市过密化导致市民生活的贫困以及资源、能源供给的困难。③

自工业革命以来，伴随着城市化的进程，无论是学术界还是政界，总体性的基调是对城市过密的批判和声讨。正是在上述批判取向的基础上，一种“空间分散”的发展战略开始占据上风。“所谓空间分散战略，就是通过消极控制和积极引导的途径，适当地限制中心大城市的经济活动或将其一部分经济活动引向国内较小的城市或其他地区，从而促进城乡均衡发展，缩小地区之间的差别。有开发新地区，控制城市—乡村人口转移，建设新城市，分散

① ［日］池口小太郎：《日本的地域构造》，东洋经济新报社1967年版，第276页。

② ［日］升秀树：《分权型国土的构筑和自立的自治体的形成》，第一法规出版株式会社1991年版，第177页。

③ 参见坂田期雄《地域活性化的战略：差别、集聚和交流》，有斐阁1989年版，第16—17页。

城市就业等办法。”[①] 城市过密诚然可以发挥其“巨人效应”，但因城市过密势必导致城市的“可把握性”和“可使用性”降低，从而使得那种高效率大打折扣。

与上述反对城市过密发展的观点不同，世界公认的城市研究和规划大师简·雅各布斯则对“密度”持一种理性分析的态度。她认为对于城市来说，密度具有一定的必要性。“人群如果过于稀疏，倒是会带来一些变化，但那是不好的变化……只有人群集中在一起时才会产生便利的价值。”[②] 都市人口密度不足则往往会导致城市发展停滞甚至走向衰败。在城市过密及其所蕴含风险评估的问题上，简·雅各布斯是一个典型的乐观主义者，她认为：“时代已经不同了。从埃比尼泽·霍华德站在伦敦的贫民区前，得出结论，认为，为了拯救这些人，必须抛弃城市生活到现在，时代变了。很多领域的进步（相比之下城市规划和住宅改革倒真的是奄奄一息），比如在医学、公共卫生和流行病学、营养和劳工立法方面的进步都深刻地改变了过去曾经与城市的高密度生活密不可分的危险和恶劣条件。”[③]

由此出发，我们也不能忽视都市过密发展的某些正面效应，主要表现为：(1) 效率高。由于政府机关、民间企业的总部机构大多集中在东京，使得与政府及其他企业相接触的业务只在东京即可办理完成，保持了较高的办事效率。(2) 因情报的发信源集中在东京，可以迅速搜集到准确的情报。(3) 东京作为第三次产业发展的中心，获得了较快的发展。(4) 东京与纽约、伦敦、巴黎并称为世界性城市，“东京将来自日本全国乃至世界上的人、物、财、情报集中起来，经过加工，又传往全世界。这样，东京既有巨大的‘受信功能’，又有强大的‘发信功能’。东京的活力来源于由地方进京的人群之中，来源于世界各文明”[④]。“东京集中化现象一方面赋予东京以活力，使国际情

① 王耀东：《第三世界城市发展空间分散战略述评》，《社会科学辑刊》1994 年第 4 期。

② ［加拿大］简·雅各布斯：《美国大城市的死与生》，译林出版社 2005 年版，第 221 页。

③ 同上书，第 218 页。

④ ［日］升秀树：《分权型国土的构筑和自立的自治体的形成》，第一法规出版株式会社 1991 年版，第 131 页。

报都市的建立成为可能，但另一方面，也使东京及其附近的房价昂贵，住宅困难，交通阻塞等问题相伴而生。”“将人口和产业以及文化高度地集中在某些地域，对于增强人们之间或诸文化间的联系密度大有裨益。因为将人口、技术、思想、艺术高度集中于某一地域，便于人们交流思想，建立起密切的协作关系和竞争体制。”① 因此，高密度城市社会已经来临，这种人口的集聚是不可避免的。“上世纪60年代，日本做了第一个空间规划（即国土规划），其理念是：防止经济和人口向特定的大城市集中，缩小地区之间的差距。依据这一理念，日本一共做了五次国土规划，花了几十年工夫，最后还是未能阻止经济和人口向大城市集聚的趋势。可见，集聚是个规律，是阻不住的。”②

虽然日本人普遍承认“一极集中”的东京城对于支撑日本的发展和保持其在世界经济体中的地位具有不可替代的作用，但城市过密带来的弊端亦使改革过密城市的呼声一浪高过一浪。1985年，在“经济同友会”举行的问卷调查中，反对“东京一极集中”者达到73.9%，主张培育区域中枢城市的观点占89.8%，而持“地方分散促进论”观点的占75.6%。在国土厅主持的全国市区町村长的意见调查中，“东京一极集中论”的反对者达76.6%，“地方分散促进论”者占91.9%，主张培育区域中枢城市的观点占80.2%，可见对“东京一极集中论”提出质疑的观点占据了优势。③ 其中，“东京的发展”和“日本的发展”是最值得认真反思的问题。虽然“东京的发展”在很大程度上带动了“日本的发展”，但值得提出的是，“东京的发展”不等于“日本的发展”。一些有识之士断言，将日本的发展完全凝聚在东京这一空间，不仅意味着巨大的国土空间浪费，而且在多自然灾害的日本还蕴含着巨大的危险。以平成七年阪神—淡路大震灾为契机，唤起了大都市危机管理的重要性，对东京一极集中反思的议论也日益高涨。因此，我们应该对“东京中心主义”进行深刻的反思。

---

① ［日］池口小太郎：《日本的地域构造》，东洋经济新报社1967年版，第276页。
② 王胡瑞：《高密度城市不可避免》，《羊城晚报》2005年8月4日。
③ ［日］太原光宪：《都市政治的变容和市民》，中央大学出版部1995年版，第23页。

如何看待现代化背景下的城市“过密问题”，在学术界迄今仍存在较大的争议。迄今的观点绝大多数是将城市过密现象作为“问题”加以研究，忽略了伴随着现代化、城市化的进程，“过密社会”实际上已成为现代人一种实际的生存形态。为此，我们应超越“作为问题的过密”，而对“过密社会”展开系统研究。笔者认为，过密问题的实质是现代化背景下的“空间重组”，是人类在工业文明、现代性背景下的“空间生产”，每一个选择了现代化、城市化道路的民族都不可避免，只不过由于具体的国情不同而其表现形态有所差异。在这一意义上，我们应对日本战后以来“过密”现象的产生及对策进行系统深刻的研究与反思，并从中获得有益的启示。

（原载《江海学刊》2010 年第 2 期）

从发展道路到社会质量：社会发展研究的范式转换

张海东

我国学者在20 世纪 80 年代末提出中国需要自己的社会发展理论[①]，伴随着国外社会发展研究领域学术著作的大量移译，其后社会发展研究渐入佳境。梳理社会发展研究的理论脉络，我们可以清晰地看到，在社会发展的研究中，人们已经实现了认识上的两次飞跃：第一次飞跃是破除了片面的发展观，摒弃了单纯将经济增长等同于社会发展的观念；第二次飞跃是在社会发展道路和模式上，认识到既不存在唯一道路，也不存在统一模式。在上述两个飞跃的基础上，当下社会发展研究正面临着一个新的重要的范式转换，即从关注发展的道路和模式，转向关注发展的质量。

社会发展研究中认识上的两次飞跃

早期的发展观是片面的、单纯的经济发展观，人们普遍认为只要经济发展了，一切社会问题都会迎刃而解。但是社会发展的现实将这种朴素的发展观击得粉碎，发达国家和后发达国家所经历的“有增长无发展”的现实使人们深刻地认识到这种发展观的局限：片面的 GDP 至上的发展道路是行不通的。但这样一个今天看似非常简单的道理却是众多国家付出沉重代价历时很久才认识到的。在社会发展研究中，以佩鲁提出的“新发展观”、罗马俱乐部所描述的“增长的极限”为代表的发展理念实现了社会发展研究中认识上的第一次飞跃。

① 高清海、孟宪忠：《中国需要自己的社会发展理论》，《天津社会科学》1989 年第 1 期。

即便上述认识在几十年前就发生了转变，但是这不能完全杜绝后来者重蹈覆辙。在我国改革开放的早期，我们并没有走出传统发展观的局限，而是将发展单纯地理解为经济发展，各级政府的工作重心均是发展经济，这种思维方式曾经在一段时间里表现得非常明显。但是，经济增长了，物质丰富了，各种各样的社会问题也接踵而至。历史上发达国家和后发达国家曾经遇到过的“有增长无发展”的境况在我们的实践中重新上演。所幸科学发展观的提出及时地叫停并终结了片面发展观可能带来的更深危害，实现了认识上的第一次飞跃。

要理解社会发展研究认识上的第二次飞跃，我们需要简要回顾一下西方的社会发展理论。既然西方发达国家较发展中国家更早进入现代化的征程，那么西方的道路是否就是发展中国家的未来之路呢？这一问题引起了学者们的关注和讨论。概括地说，针对此一问题的理论成果主要有现代化理论、依附理论和世界体系理论。

现代化理论建立在对欧美现代化发展进行概括的基础上，这种理论认为，发展中国家由于自身内部原因，而未能实现从传统到现代的转变，仍处于传统社会阶段；而要实现这种转变，必须引进西方文化价值观。依附理论则主要是用“中心”和“外围”之间的不平等关系来解释非西方发展中国家的社会不发达的原因。它从西方发达国家与非西方不发达国家之间的掠夺与被掠夺的不平等关系着眼，在批判现代化理论的价值观念内因决定论的同时，陷入了在政治经济方面的外因决定论，即片面地强调经济。世界体系理论用体系观点来分析整个世界及其组成部分的发展与变化，它不像现代化理论那样只注重单个国家的现代化，也不像依附理论那样将世界简单地划分为中心与边陲，而是将整个世界视为一个统一的整体，探讨其总体的发展规律。

上述三种社会发展理论存在一定的差异，但它们有一个共同点就是试图给出一个统一的社会发展模式。但遗憾的是这些理论都没能深入地从社会现实层面来探讨特定国家和地区的社会进步与发展，它们隐含的前提性假设是西方发达国家的道路和模式就是发展中国家的未来之路，这一点是西方社会发展研究在理论上的重要局限。

中国在社会发展道路和模式的探讨上对社会发展研究的理论贡献可谓卓著。社会发展研究中认识上的第二次飞跃也即源于中国特色社会主义道路的理论与实践。在道路模式的探讨上，中国的社会发展从一开始就走出了一条独特的发展道路。新中国第一代领导集体践行的马克思主义普遍真理和中国革命具体实践相结合的社会主义道路，其实质是对苏联模式的修正；第二代领导集体开启的中国特色社会主义道路，其实质是对西方模式的否定。所以说，在发展道路和模式的探讨上中国从来就没有因循旧模式，而是另辟蹊径，走出了一条独具特色的发展道路。中国社会发展所取得的伟大成就表明：在社会发展道路和模式上，既不存在唯一道路，也不存在统一模式。一国一社会（甚或一国内部各区域）都要根据各自的实际情况探索适合自身具体国情的发展道路。这对诸多渴望走向现代化的发展中国家而言具有重要的借鉴意义。

我们之所以总结和概括社会发展研究中认识上的两次重要飞跃，主要是认为今后社会发展研究将面临一个方向性的选择，需要实现一个重要的范式转换，而这两次认识上的飞跃则是一个重要的前提性问题。我们认为，在摒弃了片面的发展观和对道路模式的探讨有了清晰认识的前提下，社会发展研究的纵深是关注社会发展的质量研究，换言之，发展出一套概念、理论和方法来衡量、测度甚或比较特定社会的质量可能成为社会发展研究的下一波走向和趋势。实际上中国社会发展的现实也提出了这样的理论要求。建设社会主义和谐社会这一目标的提出，实质上已经将社会发展的焦点引向关注社会发展的质量，如何建设一个富裕和谐的使全体人民能够有尊严地生活的社会正成为当下社会发展研究的重点。为此，社会发展研究需要实现研究范式的转换，即从关注发展道路和模式的研究，转向关注社会发展质量的研究。

社会发展研究的新范式——社会质量

那么，如何判定一个社会是好的社会还是坏的社会？如何衡量一个社会的质量的好坏？已有的社会发展研究理论并没有给出回答，主要原因是社会发展的质量并没有进入传统社会发展研究的视野，更遑论发展出一套针对处于特定社会发展阶段“社会的”质量的较完备的测度方法。

当然，经济学家有各种各样的指标来比较各经济体间的经济差距，但这远不够用以全面衡量社会的发展状态和质量。自从库兹涅茨在1934年提出GDP以来，它一直是衡量社会进步的最重要的测量标准。但是，众所周知，GDP作为衡量社会发展的标准有很多缺陷，因为它既不能反映非经济性活动，也不能反映社会的不平等、福利和生活满意度等关乎社会发展的质量方面的重要问题。对这一点经济学家也清楚地意识到了，他们试图超越GDP的话语霸权及其对“社会的”方面关注的不足。著名的诺贝尔经济学奖获得者阿玛蒂亚·森提出的人文发展指数（HDI）① 就曾经为联合国接受用以比较国际间的人文发展状况，虽然HDI的指标过于简单，不足以覆盖衡量社会发展的一些重要方面，但其对社会发展中“社会的”关注则提醒人们发展的目标所在。随后发展出的一些研究，例如对加尔布雷斯20世纪50年代在《富裕社会》中首次提出的“生活质量”（QOL）② 研究的拓展，都在试图超越发展问题上关于经济中心的片面性，关注发展中“社会的”层面。生活质量研究中设立了许多指标测度关乎“生活的”各个层面，但缺乏连贯的理论整合而使其显现出试图涵盖人类生活方方面面的局限。当今世界人们正试图寻找新的衡量社会质量的恰当的概念。例如诺贝尔经济学奖获得者约瑟夫·斯蒂格利茨牵头组成的一个有关经济表现和社会发展衡量方法的经济学家委员会不久前指出：“我们需要一系列更广泛的指标，从而更准确地捕捉福祉和可持续发展，以评估经济和社会的表现。”③

可以说，迄今人们已经对关注社会发展的质量达成了共识，虽然在很多情况下没有使用“质量”这个概念，例如，中国对和谐社会的追求实际上就是要实现一个高质量的社会。对社会发展的研究者而言，发展出一个可以度量“社会的质量”的理论和测量工具是社会发展研究的一个重要的方向。在

---

① 联合国开发计划署：《1990年人文发展报告》。

② 周长城等：《中国生活质量：现状与评价》，社会科学文献出版社2003年版，第7页。

③ Stigliz, Joseph, “Progress, What Progress?” *OECD Oberserver*, 2009.

这样的研究背景下，“社会质量”（Social Quality）的概念应运而生。

“社会质量”概念是20世纪90年代后期欧盟学者采用的一个用以衡量社会发展状况的概念。该概念提出后在欧洲受到高度关注，无论是学界还是欧盟均致力于研究、推广这一全新的社会发展理念。欧盟为此成立了欧洲社会质量研究基金会用于资助和推广社会质量研究的普及，1997年又通过了欧洲《社会质量阿姆斯特丹宣言》。该宣言给出了提出社会质量这一全新的社会发展理念的根本动机：“考虑到所有市民的基本尊严，我们声明：我们不想在欧洲城市目睹日益增长的乞讨者，流浪汉，我们也不希望面对数量巨大的失业群体，日益增长的贫困人群，以及只能获得有限医疗服务和社会服务的人群。”① 这些以及其他指标都表明欧洲社会为所有市民提供的社会质量的不足。社会质量提出后，欧洲许多国家均按照统一的欧洲版本的社会质量指标体系衡量各自国家的社会质量，并据此对有关社会政策进行调整。

我们认为，社会质量概念的提出实现了社会发展研究中研究范式的转换。一方面，社会质量的研究不仅将社会发展研究的重点从发展的道路模式引向具体社会的质量的衡量和测度，进而实现了社会发展研究方式方法的变革；另一方面，更重要的是社会质量的研究把握到了社会发展的目标和本质所在。这两个方面的理由可以从对社会质量的概念和理论的分析中得到确证。

社会质量的概念和理论

社会质量作为一个全新的概念，目前学者们已经将其发展为一个有很大拓展空间的基础性理论框架。从概念上来说，“社会质量是指人们能够在多大程度上参与其共同体的社会与经济生活，并且这种生活能够提升其福利和潜能”②。社会质量的概念内在地包含了四个方面的内容：

一是社会经济保障，指人们获取可用来提升个人作为社会人进行互动所

---

① Beck, Wolfgang, Laurent J. G. Van der Maesen, Fleur Thomese and Alan Walker, *Social Quality: A Vision for Europe*, Kluwer Law International, 2001, p. 375.

② Ibid., pp. 6—7.

必需的物质资源和环境资源的可能性。为了使个体在社会上免于贫困和被剥夺，制度和组织系统要为社会成员提供各种形式的社会经济保障，保障人们在面对各种社会风险的情况下获得所必需资源的权利，这些资源包括收入、教育、健康照顾、社会服务、环境、公共卫生和个人安全等。社会经济保障指向的是社会正义，以抗拒社会给个人造成的风险。

二是社会凝聚，指以团结为基础的集体认同，揭示的是基于共享的价值和规范基础上的社会关系的本质，考察一个社会的社会关系在何种程度上能保有整体性和维系基本价值规范。社会如何整合一个个群体、社区，这些群体、社区又如何整合为社会，人们对置身于其中的社会的认知如何，这些都是社会凝聚的要旨所在。从根本上说，社会凝聚指向的是团结和整合问题，以最大限度地减少社会分化或分裂。

三是社会包容，指人们接近那些构成日常生活的多样化制度和社会关系的可能性，人们在何种程度上可以获得来自制度和社会关系的支持。社会成员在社会生活中如何通过各种制度融入其中，社会是否有某个人或者某些群体因为具有某些方面的特征而遭受来自正式或非正式制度的系统性排斥，从而导致社会关系的紧张。这是社会包容的指向性。简言之，社会包容关乎个体平等的权利和价值，并在此维度上减少社会排斥。

四是社会赋权，指个人的力量和能力在何种程度上通过社会结构发挥出来，社会关系能在何种程度上提高个人的行动能力。人们必须在一定程度上自主并被赋予一定的权能，以便在社会经济的急剧变迁面前，有能力全面参与。赋权的含义就是增能，它意味着使个体能够控制自己的生活，能够利用各种机会以增加选择的空间。因此，它超越了政治参与这一狭隘的赋权含义，更多地聚焦于个体在知识、技能、经验等方面所具有的潜能以及这些潜能可以实现的程度。社会赋权关注的是社会为个人发挥自身能力而提供的生活机会是否公平，它指向人的尊严。

如果我们用一个类似数学象限的构图（见图1）① 来表示就能更加清晰地说明社会质量的理论架构。在这个构图中，作为横轴的X轴的左端代表的是制度、系统和组织世界，横轴的右端代表的是群体、社区和家庭。作为竖轴的Y轴下端代表的是个人的生命历程，竖轴的上端代表的是社会过程。社会经济保障的内容在第二象限中（横轴的左端和竖轴的上端区间），社会凝聚在第一象限中（横轴的右端和竖轴的上端区间），社会包容在第三象限（横轴的左端和竖轴的下端区间），社会赋权在第四象限（横轴的右端和竖轴的下端区间）。这一构图，一方面表示的是宏观（社会）和微观（个人）的纵向关系，另一方面则是制度、组织与群体、社区和家庭之间的水平关系。纵轴代表社会发展与个人发展之间的紧张关系，而横轴则代表制度进程与个体行动之间，或者用哈贝马斯的表达即系统或制度世界与生活世界之间的紧张关系。这两种持续存在而又密切相关的紧张关系产生了一种动力，这种动力影响了个体的自我实现和集体认同的形成，并将社会行动者转化为能够实现社会质量的行动者。当然，构图中的每一个象限，本身即代表着一个连续的系统：社会经济保障与不安全；社会整合与分化；社会融入与排斥；个人的自主与依赖。

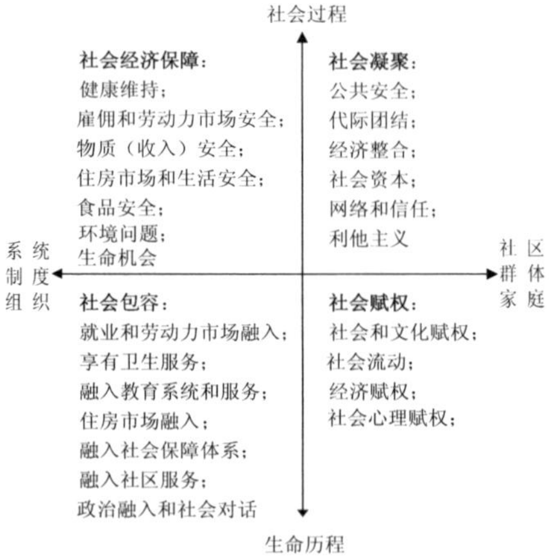

图1 社会质量的理论架构

① Beck, Wolfgang, Laurent J. G. Van der Maesen, Fleur Thomese and Alan Walker, *Social Quality*: *A Vision for Europe*, Kluwer Law International, 2001, p. 334.

社会质量有其独特的理论架构，其出发点是消解社会发展与个体发展的矛盾，解决组织世界与生活世界的冲突，从而改善社会状况，继而提升个人的福利和潜力。在坐标系的四个象限中，“如果着眼于社会体系、制度和组织体制等社会环境因素，一个社会的社会质量可以通过该社会为人们生活所提供的社会经济保障的水平和程度反映出来。但如果着眼于个体，该社会的社会质量也可以通过该社会为个人提供的进入社会体系的机会、开放度以及个人融入主流社会的可能性来反映”①。

我们认为社会质量的概念、理论和方法实现了社会发展研究范式的一次转换。其一，社会质量的研究实现了社会发展研究方式方法的变革，将社会发展研究的重点从发展的道路模式引向具体社会的质量的衡量和测度。社会质量研究是一项理论研究和经验研究密不可分的课题。在经验研究方面，上述四个条件性因素构成社会质量的四个基本维度，每个维度下又有一系列次级维度，这些维度可以操作化为一系列测量指标。例如，社会经济安全维度中，包括了健康维持、雇佣和劳动力市场安全、物质（收入）安全、住房市场和生活安全、食品安全以及环境安全等次级维度；社会凝聚维度中，包括了代际团结、经济整合、社会资本、网络和信任以及利他主义等次级维度；社会包容维度中，包括就业和劳动力市场、教育系统和服务、社会保障体系、社区服务的融入以及政治融入和社会对话等次级维度；社会赋权维度中，包括了社会和文化赋权、社会流动、经济赋权和社会心理赋权等次级维度。社会质量是由一系列内在关联的指标构成的完整的体系（例如在欧盟的社会质量指标体系中，共包含95个指标），可以通过大规模的调查来收集资料并进行统计分析。统计的结果可以对比，不同社会间的社会质量可以进行比较。这样，社会质量研究实际上就成为社会发展具体状况的度量尺度和测量工具，社会质量概念的提出使社会发展研究从质性研究转向量化研究成为可能。可以说，从社会发展道路和模式研究到社会质量研究是社会发展研究中的一个

① 林卡：《社会质量理论：研究和谐社会的新视角》，《社会质量与社会发展学术研讨会论文集》，浙江省社会保障研究中心2009年版。

重要转折。

其二，社会质量概念和理论把握到了社会发展的目标和本质所在。在社会质量的概念和理论体系中，社会发展被理解为人的发展，或者是个体的自我实现过程。这与社会发展的根本目标和宗旨是一致的。那么，在社会质量的理论中，什么是社会？它与作为个体存在的人是什么关系？这些问题之所以重要在于它们是建构社会质量大厦的基石，也是理解社会发展的本质和目标的关键所在。按照社会质量提出者的观点，社会的实质是在集体认同的语境下作为社会存在的个体的自我实现过程。换言之，社会是不断变化的个体作为互动的社会存在来实现自我的过程。在一定程度上，人的自我实现的过程，一部分是由历史因素也就是社会结构因素决定的，一部分是由行动者自身决定的。根据这种理论，社会日常生活世界的实现，在于作为社会存在的个体的自我实现与集体认同的形成两者之间的互动。

可以说，社会质量理论的这种认识把握到了社会发展的本质和目标所在。早期的片面发展观之所以被人们抛弃，最根本的一点在于它没有真正把握社会发展的本质和目标。单纯追求经济增长的经济发展观是只见物不见人，只有经济的发展，没有人的发展，这种发展观没有真正理解社会发展的真意。社会发展的本质和目标归根结底在于实现人的全面发展和人的彻底解放，而社会质量理论所蕴含的思想与此并行不悖。

社会质量的研究具有重要的意义。从理论层面上来说，社会质量是一种全新的衡量社会发展的理念和研究范式。它摒弃的是单纯追求经济增长的片面发展观，沿着可持续发展的思路谋求全体社会成员的共同福祉。从社会政策层面来说，社会质量的研究指向社会政策的制定，社会质量理论及其指标反映了一个社会中人们的生活状况，它涉及政府在收入保障、住房、公共卫生和教育等领域中的政策制定活动。因此，社会质量的政策蕴含十分明显，它追求社会政策的制定应该朝向全体社会成员共享人类社会发展成果的目标。

（原载《江海学刊》2010 年第 3 期）

中国社会网络与社会资本研究30年

张文宏

从20世纪70年代末社会学恢复与重建以来，中国社会学已经走过了30年的历程。本文试图梳理社会学重建30年以来中国社会学者在社会网络与社会资本研究领域所取得的理论和经验成果，并从研究方法与大型问卷调查、研究领域、主要特征和未来趋势等几个方面对该领域的研究状况进行评述。

大型问卷调查和研究方法

（一）大型问卷调查项目

作为一种研究范式、理论与经验研究的综合体，社会网络与社会资本研究在国内社会学界的兴起，与一批美国知名社会学家的热心推动密切相关，其中时任纽约州立大学奥本尼分校社会学系主任的林南教授在社会网络与社会资本研究的引进与推广方面，做出了突出的贡献。20世纪80年代，林南教授首先在南开大学、北京大学、上海大学等第一批最早恢复或重建社会学系的高等院校讲授社会网络理论和研究方法，从而吸引了一批国内的追随者。80年代中期以后，美国社会学家通过与国内社会学者的合作研究项目，将社会网络分析的理论和研究方法运用到大规模问卷调查项目中。

在中国大陆开展的第一项涉及社会网络主题的调查项目是1985年林南主持的“天津城市居民生活状况与心理健康调查”，随后由布劳（Peter Blau）、魏昂德（Andrew Walder）和阮丹青主持了1986年在天津进行的“天津城市居民的社会网络状况”的调查（阮丹青等，1990）。之后，边燕杰主持了“1988年天津社会网络与求职过程调查”（Bian，1994），阮丹青主持了“1993年天津城市居民生活与社会网络调查”，张文宏主持了“1998年天津城乡居民社会网络调查”，边燕杰、戴慧思（Deborah Davis）和王绍光联合主持了“1998年中国四城市餐饮网与社会资本调查”，边燕杰主持了“1999年中国五城市社会网络与求职过程调查”，赵延东主持了“2001年武汉下岗职工再就业中的社会网络”调查等。

如果说20世纪80—90年代在中国大陆实施的以社会网络与社会资本为主题的大型问卷调查多数局限于单一城市或几个城市的话，那么进入21世纪以来，在全国性的大型调查项目中，社会网络与社会资本的主题开始作为核心内容或核心板块进入研究人员的视野。如由中国人民大学李路路和香港科技大学边燕杰共同主持的“中国综合社会调查”（CGSS），2003年和2008年调查的主题均为社会网络与职业流动（中国人民大学中国调查与数据中心，2009）；中国社会科学院李培林主持的“中国社会状况调查”、边燕杰主持的“中国8城市社会网络与求职过程调查”、北京大学邱泽奇主持的“中国家庭跟踪调查”（北京大学中国社会科学调查中心，2009；2010）等，都有社会网络与社会资本的专题或板块。可以毫不夸张地说，社会网络与社会资本问题已经成为中国社会调查项目设计中不可或缺的一个重要组成部分。

（二）研究方法和测量技术

从已经发表的成果来看，在社会网络与社会资本研究领域，使用量化方法的占多数。而在量化研究中，又分为个体中心网络和整体网络的研究方法。

在使用个体中心网络的调查设计中，又有提名法（Name Generator）和定位法（Position Generator）之分。个体中心网络的题器设计，首先运用于1986年的“天津城市居民的社会网络”调查中，主要采用了美国社会学家博特（Burt）和马斯丹（Marsden）主持设计的“重要问题的讨论网”的提名法（Burt，1984；Marsden，1987）。此后，1993年的“天津城市居民生活与社会网络调查”、1998年的“天津城乡居民社会网络调查”、李沛良主持的“2000

年香港和北京社会支持网络与心理健康”等调查均采用了经过修改的“重要问题讨论网”及范·德·普尔的“社会支持网”提名法（Ruan，1998；张文宏等，1999；张文宏、阮丹青，1999；Lee等，2001），其中社会支持网又进一步划分为工具性支持网、情感性支持网和社会交往网络。提名法的优势包括：（1）相对于调查中的行动如提名项目而言，可以确定特定的内容区域；（2）描绘自我中心网络的位置、特征及嵌入在自我网络中的社会资源。但是，提名法测量的劣势也是显而易见的：（1）缺乏抽样提名项目的架构；（2）偏向于包含较强的关系（Lin，1999）。

在国内的研究成果中，最早使用定位法来测量社会资本始于1998年边燕杰等主持的天津、武汉、上海和深圳四城市的“餐饮网与社会资本”的研究（边燕杰、李煜，2000）。其后，边燕杰主持的1999年中国五城市（上海、天津、广州、厦门、长春）“社会网络与职业流动调查”、2003年和2008年CGSS均采用了边燕杰提出的用定位法测量拜年网所嵌入的社会资本。定位法是林南先生在1981年的奥本尼研究中首先提出的（Lin，Ensel，and Vaughn，1981），目前已经被普遍地应用于中国社会网络与社会资本的调查实践中。与提名法相比，定位法具有几个优势：（1）它建立在一个既定社会中有意义的代表性地位样本的基础上；（2）可以直接或间接地识别与这些资源位置的联系；（3）以多种资源标准（例如职业、权威和产业）为基础（Lin，1999）。

在社会网络的研究中，还有部分学者使用了整体网的研究方法，主要使用UCINET分析小群体诸如乡村、经济组织或教育组织内部的关系。如罗家德（2005）关于公司内团队网络结构与公司绩效沟通网络、虚拟社会网与现实社会网及咨询网络和情感网络的研究，刘军（2006）关于北方农村社会支持网络的研究等。同个体中心网络可以进行大规模的概率抽样和统计推断相比，整体网研究的样本较小，一般是在一个小群体内部整群抽样，不适合进行研究结论的推广。笔者将整体网方法比喻为“定量研究的个案方法”。

此外，还有部分学者使用社会网络或关系的概念，运用质性研究方法分析了农民工聚居区社会关系的生产和再生产（王春光，2000；刘林平，

2001）、农民工的地域与职业流动中社会信任关系的变化（翟学伟，2003）、商业交易中的信任机制（罗家德、叶勇助，2006）等问题。

值得指出的是，受访者推动抽样（RDS）开始运用于国内的大规模问卷调查中（赵延东、Perterson，2007；张文宏、雷开春，2008）。该方法是在传统"滚雪球抽样"方法的基础上，结合社会网络分析的理论和方法，使研究者有可能根据样本对总体特征做出合理的推论，特别适合于研究规模和边界不太清楚、不愿意暴露身份的隐藏人口，如下岗和失业职工、无家可归者、新移民等。

理论研究和经验发现

（一）理论研究

不可否认，随着一系列社会网络与社会资本领域的经典文献被翻译成中文发表，相当一部分国内青年社会学者开始追踪国外前沿成果。社会网络和社会资本的理论研究以评述性地介绍西方著名社会网络和社会资本学者的理论为主。另外，通过系统评介西方社会学家的有关理论和实证发现，结合社会网络与社会资本范式在研究中国社会中取得的成果而加以提炼，形成新的命题和假设，并对经验研究中的问题提出一些建设性意见。边燕杰（1999）通过对西方社会学家关于社会网络与求职过程的经典研究成果的系统评述，对于网络结构观、弱关系强度命题、强关系命题、社会资源理论、社会资本理论、结构洞理论及其经验发现做出了精练的概括，由此提出的制度安排假设、市场化假设和劳动力供给效应假设为后来的"职业流动中社会网络的功效"的经验研究提供了具体的思路。笔者通过对社会网络分析在西方社会的形成与发展、基本原则、主要理论、研究方法及其经典的实证研究的系统梳理，指出对于一个"关系资源"极为丰富的华人社会，网络理论及其分析方法可以提供独特的视角和实证研究手段。其他一些学者则在经济社会学或新经济社会学的教科书中对社会网络和社会资本的概念及其对于经济增长的影响做出了扼要的介绍（朱国宏，1999；张其仔，2001）。

对社会资本理论建构做出最大贡献的当属林南（Lin，1999，2001）。他认为，社会资本是从嵌入于社会网络的资源中获得的，它植根于社会网络和社会关系，因此，“社会资本可被定义为嵌入于一种社会结构中的可以在有目的的行动中涉取或动员的资源”。按照这一定义，社会资本的概念包括三种要素：嵌入于一种社会结构中的资源；个人涉取这些社会资源的能力；通过有目的行动中的个人运用或动员这些社会资源。因此可以构想，社会资本包含的三种要素涉及结构和行动：结构的（嵌入性）、机会的（可涉取性）和行动导向的（运用）。林南（1999，2001）认为社会资本的理论模型应该包括三个过程：社会资本中的投资、社会资本的涉取和动员、社会资本的回报。他把社会行动分为工具性行动和情感性行动，工具性行动被理解为获得不为行动者拥有的资源，而情感性行动被理解为维持已被行动者拥有的资源。对工具性行动而言，可以确认三种可能的回报：经济回报、政治回报和社会回报。每一种回报都可被视作增加的资本。对情感性行动来说，社会资本是巩固资源和防止可能的资源损失的一种工具，原则上是接近和动员享有利益和控制类似资源的其他人。因此为了保存现有资源，可以储存和共享嵌入性资源。情感性回报包括三个方面：身体健康、心理健康和生活满意。另外，工具性行动和情感性行动的回报通常是彼此增强的。

林南（2001）探讨了社会资本的三个范式：社会网络、民间参与和普遍信任，指出社会资本的理论发展应以网络和其嵌入资源为基础，以个人与人际关系的联系这一中观层次为分析取向。民间参与和普遍信任是网络和嵌入资源的派生概念，其在理论和实证上的贡献取决于它们与网络和嵌入资源的联系，以及密集和互惠的关系为创造回报的要素这一观点的有效性。1997年台湾社会变迁基本调查的资料首先从经验上证实，网络中的嵌入资源是社会资本的核心指标；市民参与仅仅在跨区域的组织（不包括地方性的组织，如村、邻里和庙宇组织）中才与网络、教育和社会经济回报等测量相关，亦即市民对跨区域组织的参与才构成社会资本；而普遍信任由于没有通过聚合效度（convergent validation）和判别效度（discriminant validation）的检验，不能作为社会资本的一个测量指标。

随着社会资本理论在社会科学界尤其是社会学界的影响不断扩大，围绕着如何定义社会资本概念的相关争论日趋激烈，在某种程度上使得研究者对此概念的内涵深感困惑。在理论建设方面，针对“社会资本”成为不同学科学者以及各种媒体使用频率较高的一个概念，张文宏（2003）指出，社会资本研究中的主要纷争是由概念界定的不统一、测量方法的差异和分析层次的不同造成的。在系统评述了布迪厄、科尔曼、波茨、普特南、博特和林南等社会学家的经典定义之后，张文宏对有关的经验研究按照个体、群体或微观、中观与宏观的分析层次进行归类。社会资本研究中的混乱与不同研究取向的学者将分析的焦点瞄准的网络位置、关系强度或嵌入性资源有关。

李继宏（2003）回顾了从格兰诺维特以来社会网络经验研究的文献，认为应用研究中的视角和方法不断变化，但是“关系”概念和强—弱关系维度却始终是分析的核心。强关系假设的缺陷在于简化了社会网络和预设在多元社会中并不存在的高同质群体，而弱关系的缺陷则是先验地断定存在着两个或多个没有任何交往的群体，因此建议用共时性和历时性的统一、不对称性、互为主体性以及关系的向度和强度来对静止的、客体性的、对称的和强弱二元对立的关系概念进行“去世俗化”的建构。李继宏对于关系概念的反思是建设性的，然而这些思考如何在经验研究中转化为可以操作化的指标，进而获得实证资料的证实或证伪，需要社会学者的共同探索。其实社会网络分析从不否认关系的不对称性，如社会网络分析的当代领军人物韦尔曼（Wellman，1988）就曾指出“内容和强度不同的关系通常是不对称地相互作用和互惠的……不对称联系和复杂网络分布在不同的稀缺资源中”。无论是有关社会支持网络（如讨论网、朋友网和具体帮助网）的研究，还是关于职业流动和地位获得的研究，多数社会网络分析也是与具体的事件相联系的，更有一些研究具备历时性的特点。也许经验研究中的概念设计和操作化与现实社会现象存在着差别，但是我们并不能因此否定这些“理想类型”的作用，否则学术研究就失去了概括和抽象的意义。

边燕杰是从个体层面上研究社会资本的代表。他认为可从三种不同的角度来定义社会资本：第一，社会资本即社会网络关系，个人的社会网络关系越多，则个人的社会资本存量越大；第二，社会资本即社会网络结构，高密度的社会网络有助于约束个人遵从团体规范，而低密度的社会网络则可以减少这种约束，为占据结构洞位置的个人带来信息和控制的优势，有利于其在竞争的环境中求生和先赢；第三，社会资本是一种社会网络资源，是个人所建立的社会网络，个人在社会网络中的位置，最终表现为借此位置所能动员和使用的社会网络中的嵌入性资源。在综合分析三种不同的社会资本定义的基础上，边燕杰指出“社会资本的存在形式是社会行动者之间的关系网络，本质是这种关系网络所蕴含的、在社会行动者之间可转移的资源。任何社会行动者都不能单方面拥有这种资源，必须通过关系网络发展、积累和运用这种资源”（边燕杰，2004）。

将社会资本分为“个体社会资本”和“集体社会资本”则是另外一种取向（罗家德、赵延东，2005）。个体社会资本即外部社会资本或私人物品，除了微观的个人关系及其所蕴含的资源外，也包括个人所占有的网络结构位置所能带来的资源。集体社会资本则指内部社会资本或公共物品，除了宏观的群体内部的社会联结与互信外，也包括促成集体行动并创造资源的群体的结构方式。

有的学者则不赞成对社会资本做过于宽泛的解释，如刘林平（2006）区分了社会网络资源与社会资本的关系。社会网络或社会资源是潜在的社会资本，社会资本是动用的、用来投资的社会网络；社会网络是社会资源，但是不一定就是直接的社会资本。社会资本蕴含在关系网络之中，表现为通过关系网络借用资源的能力，而这种关系网络的使用并不是没有成本的。它的成本就是经济活动的主体构建关系网络的投入或费用，即网络中的交易费用。因此，他不同意将社会网络简单地等同于社会资本。

社会资本理论一直受到功能主义观念的困扰。为了走出社会资本理论逻辑上同义反复和测量上自相矛盾的困境，有学者指出，应该从结构主义的视角出发，亦即从社会网络的结构而不是以其功能来定义社会资本。嵌入于个体、组织或地区中的社会网络的结构，是判断个体从社会网络获取各种回报的可能性的统一尺度。这些网络结构虽然可能带有某种功能，但社会网络的功能并不是社会资本本身，而是社会资本使用后的结果，或者说是社会网络结构的使用所得到的回报。为了彻底摒弃功能主义的局限，应该区分社会资本的结构、使用和功能这三个相关的要素。所有网络结构对旨在获得任何一种功能回报的行动的成功都具有直接的、间接的或潜在的作用。从结构视角定义社会资本有助于找到社会资本中对功能没有作用甚至具有负面影响的某些结构，并且有助于研究网络结构所具有的潜在功能，从而更加深刻地认识通过在网络中使用社会资本而获得行动成功的机理（朱旭峰，2006）。

从不同的层次来定义社会资本，可能是造成该领域中理论研究和经验研究产生重大分歧的一个根本性的原因。也正是对于社会资本的各种迥异的界定，吸引了来自不同学科、遵循不同学术传统的社会科学家加入到这一学术社区中，由此促进了20世纪末期以来国内外社会资本研究的理论分析和经验研究的繁荣，成为社会科学界特别是社会学界的一个热点领域。

正如边燕杰所指出的，“虽然存在多种定义，但社会资本的基本定位是清楚的、内涵是明确的，即社会关系网络。这可以从资本的本质特征来剖析。资本的原始状态是资源，行为者为获取收益和回报，将其投入于增值导向的努力之中。所以，判定资本的根本形式，需从资源与行为者的关系入手……社会资本是存在于行为者与行为者的联系之中的，如关系强弱、网络大小，等”（边燕杰，2006a）。在近几年国内社会学界关于社会资本的经验研究中，相当多的学者采用了社会网络的视角来定义和测量社会资本。笔者赞同这种观点，因为只有从社会网络角度定义和探索社会资本，才有可能使社会资本成为界定明确、可以测量的实证社会学的学术概念。

（二）经验研究发现

1. 社会网络与地位获得

职业地位获得一直是社会网络与社会资本研究领域的一个主流课题，国内学者沿袭格兰诺维特和林南的传统，对于不同群体的求职过程、社会和政治地位的获得过程及其职业流动进行了实证研究。

边燕杰的成名作《找回强关系》（Bian，1997）开创了运用社会网络视角研究中国地位获得的先河。在分析计划体制下中国城市的工作分配制度时，作者区分了在求职过程中通过社会网络流动的是信息还是影响以及求职者使用的是直接还是间接关系。其主要发现是，个人网络习惯于影响那些主管工作分配的实权人物，他们将分配工作当作对关系人的一种人情回报，这种行为建立在以信任和义务为特征的强关系基础上。具体而言：（1）工作更经常的是通过强关系而非弱关系获得的；（2）直接和间接关系都用来获取掌管分配工作的实权人物的帮助；（3）求职者和最终帮助者通过中介者建立了间接的关系，中介者与双方均是强关系；（4）使用间接关系而非直接关系的求职者更可能获得较好的工作；（5）年长的或具有较高社会经济背景的求职者比那些年轻人或地位较低的求职者更可能运用间接关系；（6）当求职者和当权者没有关系时，或当他们仅仅有表面交往时，在找工作的过程中，他们倾向于通过与一方或双方关系都强的中介人联系起来。

边燕杰、张文宏（2001）于1999年对城市劳动力流动的研究不仅证明了强关系假设在市场转型过程中的持续效力，而且验证了体制洞假设，部分证实了市场化假设、权力维续假设和机制共存假设。在计划体制下，社会网络的作用是通过强关系影响计划分配的具体方案，使关系使用者获得符合意愿的职业。双轨制和转型时代，强关系仍然起着人情交换的作用，但它是在劳动力市场不断扩展的条件下出现的。支持市场化假设的发现是，在职业的资格考核比较严格的条件下，流动者通过社会网络所获得的是信息，而不是人情。这一情形随着劳动力配置的市场化而不断凸显，这就说明市场化程度越高，信息桥的作用越凸显。但是这一结论不能推广到任何具体职业，也不能作为概括劳动力市场发展的一般规律的结论。这是因为，与市场化假设相悖的权力维续假设得到更广泛的证明。市场和权力的两种机制并不是平行发展、无主无次的，天津调查的结果预示着权力维续是主线、市场化是副线，劳动力市场的制度化是一个漫长的过程。使用社会网络的流动者主要是从关系人那里获得人情，单纯通过关系获得信息的频率并未显示出增加的趋势，网络的持续作用主要在于提供人情。此外，作为信息桥的弱关系的使用率不但没有上升，反而表现出微弱下降的势头，而作为信任和规范基础的强关系的使用频率却随着改革的不断推进而上升。这就预示着，正在完善的劳动力市场的信息机制可能比较发达，而劳资双方的信任机制、规范机制、监督机制等存在很大的漏洞，需要人情网络或强关系来补充。边燕杰（Bian，2002）对中国正在凸显的劳动力市场中职业流动过程中"关系"的存在及其作用提供了一种制度的解释。在他看来，正在浮现的劳动力市场充满了"体制洞"，从而使得正式渠道在求职者与未来雇主之间传递信息、建立信任和形成义务的功能失效，而体制洞为关系在劳动力市场中发挥作用提供了可能。

在劳动力市场逐步趋向规范的前提下，社会网络资源究竟是阻碍还是促进了劳动力的合理配置呢？张文宏（2006a）探讨了社会网络资源在城市职业配置中的具体作用。人力资本和政治资本较贫乏、经济地位较高的人更可能使用社会网络资源以实现职业流动；运用社会网络资源的职业流动者比不用者的求职效率低，但前者的目标收入却高于后者；运用社会网络资源的职业流向是从政府部门和国有企业流向个体、集体、合资、外国独资、新经济部门或无主管上级的市场化的经济实体；社会网络资源的运用，对劳资配置的吻合程度没有显著的影响。

作为中国社会中的精英群体，干部在其职业地位获得中是否也运用社会资本呢？周玉（2006）运用两省委党校部分学员的调查资料，对此做出了肯定回答。网顶、父母的行政级别、关键关系人的行政级别、与关键关系人的熟悉程度等因素对干部的地位获得产生了显著的正面影响。在转型时期的干部职业地位获得过程中，关系强度和关系人的地位发挥了关键作用，而广泛的交往并不能增加干部职位提升的机会。社会网络资本并不是唯一起作用的因素，人力资本和社会资本构成了当前干部职业地位获得过程中的并行不悖的双重机制。

作为弱势群体的下岗职工又如何利用社会资本来实现其再就业的目标呢？王汉生、陈智霞（1998）的质性研究结果表明，关系在下岗职工寻求职业或其他资源的过程中发挥着提供就业信息、信誉保障、经济活动中的庇护和资金帮助等功能，关系网络是下岗职工再就业的一条主要途径。丘海雄等（1998）发现，社会关系网络在对下岗职工提供经济和社会支持方面发挥着越来越重要的作用。社会支持结构已经从改革前的一元化格局转变为多元化格局。赵延东（2002）通过对武汉市下岗职工再就业过程的分析，研究了社会资本与人力资本在社会转型时期的作用及其变化趋势。他发现，社会资本的突出作用主要表现在劳动力市场尚未建立的情形下。随着劳动力市场的逐步建立和完善，社会资本的重要性也在不断下降，主要体现在使用社会网络的下岗职工却获得了收入较低、声望较差的工作，这可能与该弱势群体的社会资本总量贫乏，且多集中于亲属、朋友的狭隘范围有关。总之，社会资本在下岗职工再就业过程中的效用受到制度背景的制约。赵延东（2003）还利用同一数据分析了社会网络对于求职者的保留工资和实际工资的影响。他发现，如果下岗职工的社会网络中的弱关系比例越高，那么其在求职时的保留工资越高；网络规模效应和网络资源效应两个假设没有通过数据的检验，即下岗职工的社会网络规模和网络中所蕴含的资源状况对保留工资没有显著的影响。个人社会网络对保留工资的影响将随着劳动力市场的日臻完善而逐步减弱。网络构成中的弱关系对于实际工资的直接影响是负向的，网络资源对于实际工资的影响则是正向的，这也许预示着下岗职工作为一个弱势群体，不能获得强有力的实质帮助。赵延东（2006）还发现，下岗职工寻求再就业时大量地使用了以强关系为主的社会网络资本。下岗职工再就业过程中获得工作的质量在很大程度上取决于他们使用的关系人的社会地位，亦即关系人所能提供的社会资源，拥有更高地位的关系人就意味着下岗职工更可能找到较“好”的工作。该研究在某种程度上对林南的社会资源命题和边燕杰的“强关系的力量”命题提供了新的佐证。应该指出的是，赵延东将亲属以外的朋友和熟人都归为“弱关系”，似乎有值得商榷的余地。如果不能像格兰诺维特

(Granovetter，1973）那样按照互动频率、熟识程度、信任程度和互惠程度来测量关系的强弱，而是把朋友不加区别地视为弱关系似乎不太严格。

农民工的职业职位获得和社会网络重构是学者们关注的另一个课题。李培林（1996）对流动农民工的调查发现，76.1%的招工信息来源于亲友、同乡和朋友，进城以后的第一份工作有75%是通过亲友和同乡得到的。渠敬东（2002）试图运用新经济社会学的网络分析范式，从关系强度的角度来考察农民工生活世界的建构过程。他认为，农民工的社会网络是围绕着血缘、地缘和业缘等同质关系构成的，其中信任是这一网络的基础和枢纽。同时他也发现了农民工进入和融入城市生活的两个基本阶段：在生存阶段，围绕着强关系结成的社会网络为跨情境流动中的行动个体提供了保护伞，成为农民工在城市立足的基本条件，农民工的社会行动及其意义脉络都是依照这种以初级关系为基础的社会网络组建的，具有实质理性的意涵；在发展阶段中，农民工除了利用现有的同质关系外，还必须充分利用具有异质成分和制度因素的弱关系，寻求在城市生活中发展的信息、机遇和资源。正是在上述建构自身生活世界的过程中，工具理性在社会行动中逐渐占据了主导地位，并由此建立了目的和动机相统一的完全的行动架构。曹子玮（2002）的研究发现，农民工主要通过社会网中的强关系来找工作，农民工社会支持网主要是初级关系，其社会关系的作用大于社会组织。这表明，在中国现代化的进程中，农民工的社会角色、空间位置、资源获取方式虽然发生了根本的变化，但是他们社会关系结构中的基础——以血缘和地缘关系为核心的初级关系——仍然没有改变。

另外一些学者运用质性研究方法对某个特定社区的外来人口群体中的社会网络进行了深入考察。王春光（2000）通过对聚居在巴黎和北京的温州人的长期观察发现，社会网络不仅是温州人传递流动信息的媒介，而且是其流动得以实现的重要机制。社会网络成为移居外地的温州人生存和发展的社会资本：他们依赖族人和同辈，建立起自己的社会网络，为进入移居地以及以后的生存和发展奠定了基础。族亲、朋友和乡邻成为温州人社会网络的重要来源，为他们流动和迁移、就业和融资以及情感沟通提供了支持。移居以后的温州人在建构和使用社会网络方面发生了适应当地社会和环境的变化，主要体现在亲属关系的范围有所扩展和社会网络的地域覆盖面极大地拓宽。

通过对深圳“平江村”的实地观察和深入访谈，刘林平（2001）研究了关系生产和再生产过程中的理性运用逻辑。他从动态、多维、相互联系与竞争的视角，将关系分为强、弱、弱强和强强四种类型，并通过对资本筹集、寻找货源和事故处理等个案的研究发现，关系的功效是在比较中存在的，是人们获得利益、配置稀缺资源的重要手段。关系的本质是利益的交换。关系发生作用的场景是竞争不充分、信息不对称和规则不完善。寻找关系的路径是一个从强关系到弱关系的扩展过程。

翟学伟（2003）认为，简单地套用格兰诺维特的弱关系命题来解释中国农民工的社会流动和求职是不恰当的，为此，他提出用“信任”来解释中国农民工获得流动信息的可靠性问题。他把信任分为强和弱两类，具有义务性较强、熟悉度较高而且同属于一个内群体的信任是强信任，否则就是弱信任。通过对广东和浙江城市农民工的个案访谈，他发现只有强信任关系才能保证信息的真实可靠性。弱信任导致独立自由的个体在不同群体之间实现垂直或横向流动，而强信任会导致大批同质性群体流动到一地。这一访谈结果为未来大规模的农民工流动与社会网络的定量研究提供了某些启示。

无论是格兰诺维特的弱关系假设，还是边燕杰的强关系命题，在研究社会关系网络对于员工求职过程的影响时，涉及了劳动力市场的供给面，因此，将雇主引入对劳动力供求市场的分析，不仅可以了解到雇主招聘员工的方法，而且可以透视雇主做出雇用决定背后的真实原因。对雇主招聘员工的途径及原因的个案访谈结果显示，雇主在招聘员工的过程中不仅同时运用了强关系、弱关系和市场三种不同的渠道，而且偏向以特定的渠道聘任不同职位的员工。在招聘高级职位员工的过程中，通过与求职者的强关系形成信任基础，并以此作为预测员工日后工作能力与操守的依据。利用与求职者的弱关系，能使求职信息在私人网络中快速传播，从而更有效地寻找专业技术人员，增加员工与职位之间的适配性。而市场信息与职业中介机构，不但为雇主提供充足而快捷的劳动力供应，并对中高层职位员工的聘请发挥了间接的作用。针对不同职位的内在要求而采用不同的招聘途径，从而形成了分割的劳动力市场（廖文伟、王丽云，2005）。

2. 不同阶层的社会网络与社会资本

阶层分析和网络分析是研究社会结构的两种不同范式和视角。在近年来的研究中，学者们试图将两者结合起来。边燕杰（2004）分析了不同阶层的城市居民的社会资本差异。按照网络规模、网顶、网差和网络构成等指标来测量，行政领导、经理和专业技术阶层的社会资本总量高于非技术工人，其次是办事人员和技术工人，最低的是雇主、自雇者和非技术工人。前三个阶层拥有相对优势的社会网络。行政领导阶层的网络规模以及与领导层、经理层和知识层的纽带关系均明显高于非技术工人阶层。相反，雇主和自雇阶层则缺乏网络优势，虽然他们的网络规模大于非技术工人，但是其网顶低、网差小，尤其缺乏与领导层、经理层和知识层的纽带联系。其研究结果还揭示出，被访者的科层关联度越高，其社会资本总量越丰富，表现为拜年网规模较大、网顶较高、网差较大，与领导层、经理层和知识层的联系也较多；被访者的市场关联度越高，其社会资本总量越高，社会网络优势越明显。尽管可以从不同的角度去探索社会资本的差异，但是阶级阶层地位和与职业相关的社会关联度，是两个不同忽视的视角。阶级阶层地位限制了人们自由地拓展社会网络、积累社会资本。职业活动给人们提供了不同的社会机遇。阶级阶层地位优势以及工作场域中的职业交往优势，可以转换为社会网络和社会资本的优势。一旦具有了社会资本优势，将会产生主客观的积极效应。

边燕杰等（2005）运用城市不同家庭之间互相拜年的资料，评估了不同阶层内部和之间的关系强度和多元性，测量了阶层位置之间的社会距离。他的研究发现是：第一，体力工人家庭的社会交往更可能局限在阶层内部，他们在社交上处在边缘和孤立的状态；第二，官僚精英也呈现出独特的阶层内交往特征，意味着尽管干部阶层仍然占据着资源和机会分配的中心位置，但是在与不同职业阶层建立联系方面并不占据核心位置；第三，在专业技术人员和经理之间，存在着一种若即若离的交往模式，说明在收入相似的群体和个人之间，管理权力发挥着阶层隔离的作用。总之，无论是哪个阶层的家庭和个人，都倾向于同本阶层的人相互拜年，这是社会交往中的一个主要倾向。但是，也同时存在着“职业阶层相互隔离”“阶层间互相渗透”及“阶层间梯次交往”三种倾向。正如作者自己总结的那样，由于样本有限，这个研究结论只是初步的和探索性的。未来运用全国城市调查资料是否能够发现相同的网络模式，如何超越“春节拜年网”的方法技术评估和比较阶层地位的影响作用，运用关系范式探讨阶层结构是否还需要分析每一阶层的产权差别，这些问题需要未来的经验研究来回答。

张文宏等（2004）运用城市居民社会网络调查的实证资料，分析了阶层地位对于城市居民社会网络构成的影响：各阶层在选择讨论网成员时群内选择或自我选择倾向非常明显，阶层地位邻近、社会距离较小的人们成为讨论网成员的可能性较大，处于阶层结构顶端和底端的专业行政管理人员和工人的阶层异质性指数较低，位于中间阶层的小雇主和普通白领的阶层异质性指数较高，普通白领的阶层异质性指数明显高于工人。同工人阶层相比，专业行政管理阶层的群内选择倾向更明显，小雇主的阶层趋同性指数最低。这个结果表明，在中国城市居民社会网络成员的选择过程中，发挥中心作用的机制主要是同质性原理，声望原则或“上攀效应”仅仅表现在小雇主阶层中。与此相一致，阶层内部的选择是中国城市居民构建和维持社会网络的主要倾向。社会网络成员选择过程中的阶层界限在某种程度上成为人们社会交往的障碍，小雇主与其他阶层的社会渗透性较强。张文宏（2005a）运用同一资料探讨了城市居民社会网络资本的阶层差异。统计结果表明，阶层地位对城市居民的社会网络资源产生了重要的影响，主要表现在专业行政管理阶层的网络规模大于工人阶层，前者的关系种类比后者更多元化。专业行政管理阶层和白领阶层比工人阶层拥有更明显的“结构洞”社会资本，前两个阶层与网络成员的交往频率低于后者。专业行政管理阶层的社会网络在性别、年龄和职业异质性方面高于工人阶层。总之，占据更高阶层位置的专业行政管理人员比工人拥有更丰富的社会网络资本。社会网络结构特征的差异主要体现在专业行政管理阶层和工人阶层之间，可能与中国阶层结构的不充分分化有关。此外，张文宏（2005b）还探讨了阶层地位对于社会网络性质的影响。作者将讨论的问题分为情感性、工具性和混合性三种。重要的发现有两点：第一，同工人阶层相比，专业行政管理阶层和白领阶层与其网络成员更可能讨论混合性问题而非单纯的情感性问题；第二，专业行政管理阶层与网络成员更可能讨论工具性问题，工人阶层更可能讨论单纯的情感性问题。

还有学者从结构主义视角中对中国政策精英群体的网络整体结构和网络阶层结构进行了分析。调查发现，决定政策精英网络规模的因素有网络投资、知识运用能力、职业流动体制稳定性和行政级别。具体表现为，政策精英投入于社会交往的时间越多，其社会网络规模越大。高学历和海外留学经历在结识更高级别行政官员时的“敲门砖”作用越来越明显。行政级别在政策精英认识高级官员起到比结识普通官员更重要的作用。而且，由于与社会不同阶层人群交往时存在着“准入门槛”的差异，作为身份标识的学历、海外经历、行政级别随着网络成员级别的提高，对政策精英社会资本的作用会变得越来越大。相反，作为反映人际交往能力的职业流动体制稳定性和个人交往投入的贡献，则会随着网络成员级别的提高而逐渐减弱。尤其需要指出的是，该研究对“职业流动能够促进社会资本”的“常识”提出了质疑。这一意外发现促使社会资本的研究者必须重新审视以往关于职业流动和社会资本之间关系的若干命题，为未来的相关研究提供可以扩展的一定空间（朱旭峰，2006）。

3. 社会支持

社会支持网络的研究一直是国内学者关注的一个重要领域。阮丹青等（1990）运用“重要问题讨论网”的提名法收集了中国城市居民的社会网络资料，她的分析发现，在中国城市中，多数讨论网的成员是亲属和同事，他们之间以密切关系联系起来；社会地位较高的人，其社会网络规模更大、更多元化，与政治上有影响的人物的联系更松散；教育与网络规模正向相关；中年人在拥有更多元化的亲属和同事网络中占据着最好的位置；男性拥有更多的同事关系和较少的亲属联系，在建立政治网络中比女性更具有优势。赖蕴宽（Lai，2001）对上海城市居民社会支持网络进行考察发现，配偶和父母等亲属关系发挥着最重要的工具性和情感性支持功能。同亲属关系相比，同事的支持功能是次要的和更专门化的。在财务支持方面，家庭角色的作用更趋边缘化和专门化。该研究与阮丹青等研究的发现不同，这可能与两个城市的市场化程度不同及其研究设计的不一致有关。

笔者及其同事（张文宏、阮丹青、潘允康，1999a，1999b）首次对农村居民的社会支持网进行了大规模的问卷调查。结果显示，农民的社会网是以高趋同性、低异质性、高紧密性为特征的。同传统中国农村相比，以血缘和婚姻联系起来的亲缘关系在社会网中的重要性虽然有所下降，但仍然是一种最重要的社会关系。业缘关系、友谊关系和地缘关系在社会网中占据相当重要的地位。张其仔（1999）通过一个村庄的案例研究发现，用西方的方法和程序去追溯农民的社会支持网仅仅具有部分的适用性。弱关系在农民非就业领域的效力并没有得到经验资料的支持，相反强关系的作用则得到证明。该研究给我们的启示是，研究弱关系与强关系的作用，必须考虑相应的文化和制度场景。

蔡禾等（1997）研究发现，城市居民寻求业缘关系的意向强于郊区农村，寻求血缘关系的意向弱于郊区农村，这种差别在女性中不如男性明显。张文宏、阮丹青（1999；Zhang and Ruan，2001）对中国城乡居民社会支持网的比较研究发现，亲属在城乡居民的社会支持网中都发挥着非常重要的作用，但亲属在精神支持网中的作用不如其在财务支持网中那么重要，这个倾向在农民中表现得更明显。兄弟姐妹和其他亲属发挥着比父母更大的作用，特别是在财务支持网中。子女在财务和精神支持网中发挥的作用都非常小。配偶在精神支持网中发挥的作用也相当弱。同事和朋友在精神支持网中的作用比其在财务支持网中更大。在农村，邻居在财务支持和精神支持两方面均具有相当重要的作用。

政治体制、市场化程度和社会发展水平是否影响人们的社会支持网络的构成？为此，李沛良等（Lee，Ruan，Lai，Chan and Peng，2001）对香港和北京城市居民社会支持网络进行了比较研究，他们的研究结果表明，虽然两个城市的政治制度、市场化程度和社会发展水平存在着较大的差异，但是其个人支持网络的构成模式却惊人地类似，具体表现为近亲在提供所有类型的社会支持时发挥着最重要的作用。相对而言，近亲的工具性功能强于情感功能。在家庭关系中，配偶在工具性和情感性支持中发挥着同样重要的作用，父母和子女提供工具支持的功能大于情感支持。母亲比父亲、儿子比女儿在提供工具性和情感性支持方面更重要。兄弟提供更多的工具性支持，而姐妹则提供更重要的情感帮助。近亲中姻亲的支持作用很弱。换言之，血缘亲属比法律亲属的支持功能更强；密友的重要性虽然不及近亲，但是其提供情感支持的作用也不能被忽视。远亲、普通朋友、邻居、同事和专业机构的帮助者很少发挥支持作用。朋友的作用是次属的，而且集中于提供情感问题的帮助。这些发现表明核心家庭关系（特别是血缘关系）在香港华人和北京市民社会支持网络中的极端重要性。两个城市的主要差别在于，北京市民比香港市民更可能转向同事或邻居寻求帮助。

赖蕴宽等（Lai and Wong，2002）还运用香港电话调查资料直接分析了通过社会关系的信息传播以及关系特征对于信息获得和传播的影响。她发现，大众传媒，特别是电视，充当着信息流动的主要渠道，但是社会关系也被广泛地使用。个人倾向于与关系密切的人分享信息。通过亲属比通过非亲属或其他沟通渠道能够更快地将信息传播给目标者。

阮丹青（Ruan，2001）对于大陆和台湾个人社会支持网的比较研究发现，亲属在两个华人社会的讨论网中都发挥着重要的作用，但是亲属在台湾讨论网中的作用似乎比大陆更重要。在非亲属网络中，大陆发挥重要支持功能的是同事，在台湾则是朋友。个人社会支持网络的类似性与两个社会秉承共同的中华文化传统有关，其差异性则可能是不同的政治、经济和社会结构的结果。

刘军（2006a，2006b）运用整体网络的视角研究了黑龙江省一个乡村的社会支持网络的整体结构。他将法村的社会支持网络分为四类：情感支持、劳力支持、小宗服务和资金支持。在借贷关系中，直系亲属扮演着极其重要的角色，其中父母比兄弟姐妹发挥着更重要的作用；资金支持关系嵌入在亲属网络中；在小宗帮助中，网络成员的互惠指数较大，而在大宗借款支持方面的互惠性较低，但是普遍存在着一种一般性的互惠。在“劳力支持网”和“亲属关系网”中都存在着四个子群。该发现揭示了法村村民之间的互助行为的整体模式，子群重叠的程度与村民之间的关系强度有关。这项研究对费孝通先生的“差序格局”理论进行了一种社会网络意义上的量化验证。在方法论意义上，网络分析中的“块模型”的价值表现在它可以揭示多种社会网络的整体结构和关系模式，因此可用来研究特别重视“关系”的中国社会。

其他学者则从个体中心网络的角度研究了城市居民或某个特殊群体的社会支持网络。范成杰（2006）在对城市居民的个人背景与职业适应性关系的研究中发现，除了受到政治身份、态度、本人职称和母亲职称等因素的影响外，社会网络规模也对调查对象的职业适应水平产生了积极的影响。换言之，城市居民个人拥有的社会网络规模越大，其社会能力越强，可以利用的资源越丰富，职业适应水平也就越高。

在对吸毒人员的一项实证研究中，蒋涛（2006）通过对重庆市南岸区戒毒所吸毒人员的抽样调查，将被访者的支持网络分为毒品提供、情感支持和经济支持三类。数据分析结果表明，吸毒人员的社会支持网规模很小，在各个子网络中，毒品提供网络的规模大于经济支持网络，经济支持网络的规模又大于情感支持网络。吸毒网络具有秘密性和牢固性。通过相识关系获得毒品，朋友关系和亲属关系则提供情感和经济方面的支持，亲属关系在提供情感和经济支持时比朋友发挥的作用更显著。

4. 组织网络与组织的社会资本

从组织、群体等中观层面研究社会资本的构成及其影响是学者们关注的另一个领域。边燕杰、丘海雄（2000）将企业社会资本界定为企业通过纵向和横向联系以及各种社会关系涉取稀缺资源的能力。对广州 188 家企业的调查结果证明，企业的纵向联系、横向联系和社会联系是形成和扩展企业社会资本的渠道，社会资本对企业的经营能力具有直接的正面影响。对于企业间社会资本的比较分析表明，民营企业和第三产业的社会资本总量高于其他所有制企业和产业，该结果证明了结构约束论的效力，即企业只能在经济结构约束的范围内运行。对于企业家能力与社会资本总量关系的分析发现，企业家的教育水平和行政级别越高，企业的社会资本存量越大，这就间接证明了企业家能动性是形成和发展企业社会资本的重要条件。

边燕杰（2006）的一项研究发现，私营企业主的社会网络对创业过程至关重要。建立私人企业需要商业情报、创业资金、首份订单，三者缺一不可，而这三项经济资源都深深地嵌入在创业者的个人社会网络之中。深度访谈表明，社会网络中充满了商业信息，而关系人往往也是寻求合作伙伴、筹集资金、拿到订单的前提条件。在创业之初，融资渠道主要依靠社会网络，不仅因为这些投资存在于家庭和社会关系之中，更重要的是因为获取投资几乎毫无例外地是通过社会关系而运作成功的。企业主与客户之间既有的社会关系是初创企业获得订单的重要来源：既有社会关系为企业与客户间良好的信任关系提供了重要基础，从而使企业可以绕过复杂书面合同的订立过程，节约交易成本；而信任关系的长期维系也可以确保持续得到订单，有助于降低企业的经营风险。

边燕杰和李煜（2000）的另一项研究在家庭社会资本研究的中国化方面迈出了重要的一步。他们运用定位方法研究了城市家庭的社会网络资本和关系资本。他们把家庭的社会网络资本界定为嵌入在家庭成员的社会网络中的资源。通过家庭成员的社会关系网络涉取权力、地位、财富、资金、学识、信息等资源，达到功利或非功利的目的。调查发现，网络规模大，则网络中亲属关系比例小，网络资本总量高。网络位差大，则网络资源总量就高。另外，网顶高，网络资源总量就大。一个家庭若要提高社会网络资本，必须与地位较高的家庭和个人发展社会交往，同时必须发展非亲属关系，扩大网络规模，并且与各种不同社会地位的家庭和个人交往。

边燕杰（Bian，2001）在另一篇论文中研究了宴请在中国城市居民发展和维持人情交换中的作用。他把关系网络分为三种：扩大的家庭义务的网络、特定工具性关系的交换网络和非对称交易的社会交换网络。统计结果揭示，亲属关系在核心网络中占据了较大的比重，但是在宴请网络中的比例却较低，这个发现与扩大的家庭义务和感情的传统模型相悖。在宴请网络中，非家庭关系和工作关系所占的比例也大于其在核心网络中的比例。非家庭关系和工作关系从核心网络到宴请伙伴网络的增长说明，寻找宴请伙伴并不受较大的阶级差异的支配。换言之，工具性的特殊关系模型并不适用，相反，受到较大的网络多元化驱动，不对称交易的社会交换网络模型得到证实。边燕杰的发现体现在：第一，关系资源更可能嵌入在非家庭关系而不是亲属关系或其他类型的关系中；第二，宴请伙伴倾向于在干部、专业人员和工人的社会阶层内部彼此联系。这意味着中国的关系资源不太可能跨越阶层界限被动员；第三，宴请伙伴网络比核心网络更多元化，这意味着网络桥梁和关系转让，而不是有形资源的转让是关系资本积累的主要机制。李煜（2001）运用同一调查资料对文化资本与社会资本的关系进行了定量分析。他研究发现，一方面，根据“高层文化资本效用理论”提出的网顶中介假设基本上得到证实——高层文化资本是通过提高网顶、扩大网差而实现网络资本扩张的。网顶对于社会网络资本的积聚和扩张并不具有直接作用，而是通过网顶扩大网差，利用提高网顶所带来的更加广泛、丰富的潜在社会关系，结交更多阶层的朋友，从而达到增加网络资源的目的。另一方面，依据“文化资本多样性效用理论”导出的网络规模中介假设和网差中介假设未被证实。文化多样性对网络资本仅仅存在微弱的直接作用，其对网络规模、网顶、网差等结构指标都没有产生显著的影响。在西方被证实的文化资本多样性理论，在中国的脉络中却不能获得预期的发现，这可能与中国人的社会网络呈现出以血缘、姻缘为核心的由亲到疏、由近及远向外延伸的差序格局有关。

徐延辉（2002）从经济社会学比较分析的视角出发，将企业社会资本界定为基于企业家和员工个人品行（信任）而产生的动员社会稀缺资源的能力，通过企业的社会交换能力表现出来，并以企业为圆心，依据企业可以实现的社会交换的距离和密度划分为企业内部和外部社会资本两部分。她根据社会资本对企业生产函数的贡献率将企业内部的社会资本依次分解为企业家个人品行、员工个人品行以及企业产品的社会形象三个要素。企业外部社会资本指企业对外交往以及取得外部资源的能力，包括企业的社会网络和共生契约。企业的社会网络是企业在产品的产销过程中与其他贸易伙伴所发生的一些长期性和重复性的社会联系。徐延辉对企业社会资本的重新定义是一种新的尝试，但是这些定义和概念如何在实证研究中转化为可操作的测量指标，恐怕是未来经验研究中需要解决的主要问题。

林闽钢（2002）指出网络组织作为企业之间合作与风险共担的交互结构，将日益成为企业间竞争与合作的有力工具。我国组建企业集团过程中的网络组织的构造，应该成为重点关注的核心问题。这其中又有两个问题应该注意：一是关于企业集团的纽带除了需关注技术依赖、活动互补、分工合作和资本经营等要素外，企业集团的网络治理也是关键。从网络治理结构的综合角度来构造和重组企业集团，是从根本上解决规模不经济问题的关键；二是企业集团的组建是一个自组织的过程，社会环境与产业性质等方面的差异将会决定治理结构不同的内涵。

罗家德（2002）运用深入访谈方法从嵌入性的视角研究台湾“关系金融”的四种形式，发现私人借贷是一对一的人际关系，建立在感情连带的基础上。标会是小型、短期和封闭的网状人际关系网络，建立在会员间关系网络的强度与密度上。储蓄互助社是高封闭性、我群意识强的团体，建立在既有团体的内聚力与我群意识之上。信用合作社则是开放而团体化的人际关系网络，以地缘关系人脉连带及团体化过程为基础。这四种融资渠道的经济与社会功能紧密相连，因此加强人际关系网络的强度、密度或团体意识，是使经济功能正常运作的基础。

李明欢（2002）通过对“欧华联会”运作与功能的考察发现，这种跨国的华人华侨社团以追求群体效应，建立群体形象为主，其表达群体意见的目的不在于解决个别成员的具体问题，而是反映该群体的一般诉求，以期得到中国政府及欧盟官方对该群体的重视与支持，期望官方在制定相关政策时考虑该群体的利益，其最终的目标是寻求社会资本的最大价值转化。

5. 社会资本与公民社会：政治参与、关系与信任

近年来，社会学家对“关系和信任”的兴趣越来越大。虽然在社会资本的界定上并没有形成共识，但是多数学者承认关系和信任是社会资本的构成要素之一。

陈健民、丘海雄（1999）运用普特南（Putnam）的社会资本概念分析了社团的作用。他们采用“市民社区”的视角，把社团视为一种社会资本，认为社团的发展有助于建立人际间的沟通与合作，缔造互信和互惠交换的规范，从而减少在公共事务和市场上的“搭便车”或利益互损行为，最终对社区和社会的经济和政治发展做出贡献。通过对广州市160个市级社团的抽样调查，该研究发现社团发展的自主性仍然受到相当的限制，官办、半官办社团是社团的主体，民办社团不足被调查社团的20%。无论是在国家与社会的关系上，还是在其文化基础上，中国的社团仍然不能称为市民社区。由于大多数社团处于官方或半官方的地位，其独立发展的空间较小，垂直控制和对政府的依赖仍然存在。出于生存需要，社团正被迫走向社会，日渐以会员及社会为本位。因此，研究者建议：中国社团向“市民社区”的发展更需要社会的关怀，政府应该鼓励社团走向自主，并且尊重民办社团参与公共事务的权利。

刘军（2005）从整体网的视角出发，将“关系”作为一种新的分析单位。他认为，对“关系”的分析往往不同于对“点”的分析。与社会网络分析中的个体网研究可以进行随机抽样和统计推断不同，整体网的“关系”研究往往不能通过随机抽样的方式获得资料，因此，其研究结论不具有“统计推断”的价值。但整体网研究仍具有自己的适用范围，它适用于研究一个群体内部网络的整体结构，或者说适用于研究小群体。对于“关系”特征的整

体网研究，不仅可以获得某种独特网络的“整体”共识和对其典型意义的了解，而且是对个体网研究和属性数据分析结论的有效补充。

胡荣等（2006）分析了城市居民信任的结构及其影响因素。城市居民的信任包括普遍信任、一般信任和特殊信任三个部分，具体表现为对与自己有血缘关系的亲属和密切交往的朋友的特殊信任圈子的信任度最高，对与自己有合作关系的单位领导、同事和邻居的一般信任圈子的信任度居中，而对于包括生产商、网友、销售商及社会上大多数人的普遍信任圈子的信任度最低。这说明中国城市居民的信任结构存在着一种“差序格局”，特殊信任远远高于普遍信任。进一步的分析发现，在影响普遍信任的诸因素中，收入和社团参与因子具有正向的显著作用，说明社会经济地位越高的人对他人的信任程度越高。社会地位较高的人拥有的社会资源较多，因而抵御风险的能力较强，也就更能够承担信任别人可能产生的风险。社会地位较高的人往往在社会交往中占据优势和中心地位，更懂得社会资本的积极作用，从而在与他人的交往中能够更主动地相信他人。因此，培育更多的横向社团，鼓励市民更多地参与社团活动，是提高社会普遍信任的一个重要渠道。

胡荣（2006）还运用普特南的共同体趋向的社会资本理论，测量了中国农村基层社区的社会资本状况，并据此探讨了社会资本与村民政治参与及村级选举的关系。作者从社会成员之间相互关联的社会网络、互惠、信任和规范等几个维度进行了实证分析。结果表明，社区认同感越强，村民的参与程度越高，投入村委选举的积极性越高，村民越关心集体和村庄的公共事务；村民参与的社团越多，村民在选举中的参与程度越高。换言之，在社会资本的各种因素中，只有社团因子和社区认同因子对村民的政治参与和自主参与起着积极作用，而社会信任因子对村民的政治参与并无显著影响。这是因为农民不仅生活和生产在同一区域，而且社区内简陋的服务设施也主要依靠村民自己的力量来提供，这就使得农村社区的重要性远高于城市社区对市民的重要性。对社区认同感较强的村民往往能更积极地参与到基层选举活动中来。

林聚任等（2005）从社会风气观、公共参与、处世之道、信任安全感和关系网络五个维度，调查了山东省农村的社会资本状况。农村社会资本呈现出的“明流”是传统性、关系主义、家族主义、特殊性信任、社会参与性低等特点。“暗流”则是崇尚个人能力，不是简单地靠关系达成工具性目标，对血亲关系的信任建立在情感基础上，总体社会信任度较高。这个结论对于普特南的社会资本理论、费孝通的差序格局理论和现代化理论家的理性化假设均提出了质疑。

关系和信任在商业交易中的具体运作机制是怎样的？罗家德等（2006）通过对台湾一家高科技企业的深入观察和访谈发现，在商业交易流程的不同阶段会混合使用不同的治理机制。在交易初始的供货商开拓和评估阶段，采用市场竞争和网络口碑与推荐的混合治理方式。在签订采购协议书和讨价还价的过程中，信任使成本分析变得容易，并且不需要订定太多的惩罚条款，可以有效地解决不确定性。制度虽然在商业交易的各个阶段都发挥着重要的角色，但是却没有办法完全杜绝机会主义的产生并有效地维持秩序，而由关系结构所形成的信任关系，在资源交换和互惠的互动中，则可以起到维持交易秩序、解决资源交换不平衡、使合作关系持续的积极作用。

针对多数社会网络与社会资本研究中所采用的静态结构分析的局限性，有些学者重点从动态的视角考察了关系、信任的动态构建过程。秦海霞（2006）通过对私营企业主的关系网络构建过程的研究，揭示了在转型过程中私营企业主的行动选择策略和游戏规则。她把私营企业主关系网络的构建分为四个阶段，即寻找、编织、巩固、发展关系。在这个过程中，私营企业主以礼物作为关系建立的媒介，以人情作为社会交换的“货币”，与关系对象编织自己所需的网络模式，再以经济资本的投入作为巩固双方关系的筹码，促使双方依据各自的需求采取相应的策略，做出倾向于对方的决定。通过各种途径建构起来的关系网络成为一种最有力的策略性工具，其结果是社会关系对社会制度的全面渗透，这不仅直接影响到资源的重新分配，而且还重塑了权力关系，成为社会结构变迁的重要原因之一。笔者认为，私营企业主之间商业往来的重要机制是“关系”而非“市场”。这一方面说明了中国市场规则和信用制度的不完善，另一方面也表明作为中国传统文化核心内容之一的“关系”在社会转型时期被赋予了现代的工具理性的内涵。

6. 社会资本的负功能

社会资本理论的局限主要表现为主流学者忽视了社会资本的消极作用。作为一种理性选择理论，它漠视人类行动的非预期后果、非理性和无理性后果；将社会资本理论作为解释或解决一切社会问题的灵丹妙药，从而导致了社会资本的泛化。应该提醒研究者注意的是，国内媒体和普通大众往往把关系、社会网络和社会资本的正常使用当作不正之风甚至腐败的代名词，这不仅阻碍了社会网络与社会资本积极功能的发挥，而且给有关社会网络和社会资本的经验研究带来了额外的困难。在以往的研究中，“多数学者只是强调了社会资本的积极作用，而对于可能产生的消极甚至反功能却鲜有论及”（张文宏，2003）。但是，近几年来，研究者在经验研究中发现了社会资本负功能存在的几种不同形式。

晋军（2001）的质性研究选择了被主流社会学家所忽视的消极社会资本的作用机制。他通过对改革前中国社会的一个虚拟个案的分析，围绕交易成本、资本化、外人成本和过度资本化等概念，提出了分析消极社会资本的理论框架。社会资本的消极作用主要体现为封闭性，因为特定的稀缺资源被资本化为局外人难以涉取的社会资本，相应地增加了局外人涉取稀缺资源的成本。在此基础上，作者导出了消极社会资本的如下命题：当一个社会同时具有资源高度稀缺和结构相对封闭的特征时，外人成本将成为社会资本的一个显著的副产品；将会出现过度资本化的现象。人们对于社会资本的过分依赖，使得多数社会成员必须承担高额的外人成本，最终使个人的社会交易总成本以及相应的群体交易成本大幅增加。

刘林平（2006）在对企业社会资本的研究中发现，企业所投入的构建社会关系网络的费用与企业绩效之间并不如人们所期待的那样具有显著的正相关关系。换言之，社会资本对企业的作用有可能是负面的。从交易费用的逻辑来看，社会资本对宏观经济运行的作用并不总是积极的。从微观的角度看，社会资本的投入增加了交易费用，对企业的绩效也未必产生正面的影响。

赵延东（2006）在对武汉市下岗职工再就业过程的研究中发现，下岗职工在寻找再就业岗位时大多使用了社会网络，但得到的工作往往是较“差”的。尽管下岗职工对网络途径的使用极为普遍，但使用网络途径对于再就业的实际作用却似乎是矛盾的：一方面，下岗职工求职时如果使用网络途径将更可能获得再就业；另一方面，那些使用了社会网络途径的职工却获得了质量更差的工作。此外，职工的社会资本总量较为贫乏，且多集中于亲戚、朋友的狭小圈子内，这不利于职工获得更多的信息和资源，因而社会资本的使用不但没有给下岗职工带来“好处”，反而使他们陷入更为窘迫的境地。尽管他们可能更容易通过网络获得新职业，但得到的职业质量却不会太高。该项研究表明，“社会资本的负作用”不仅存在于宏观层面，在微观层面也同样存在，并且使用微观层面的社会资本有可能给个人带来更为不利的后果。

也有学者研究了关系与信任在农村社会的地下“六合彩”蔓延中的运作逻辑。邓燕华（2006）通过对湖南某村长期的田野调查，发现了关系是地下“六合彩”蔓延的主要渠道，而在交易过程中，存在着“自己人”和“外人”的界限以及不同的交易规则，关系信任是地下“六合彩”交易成功的根本保障。笔者认为，作为社会资本的一种重要形式，关系信任如果不能在合法和正当的领域发挥积极的作用，那么就有可能在非法领域（如地下“六合彩”的买卖或其他地下经济中）发挥消极的功能。

社会资本研究的特点、问题与未来趋势

（一）特点

纵览过去 30 年中国学界的社会网络与社会资本研究，我们可以发现如下几个特点：

1. 研究领域有所扩展、分析层次呈多元化、提名法和定位法的测量技术开始结合起来。社会网络与社会资本的概念、理论、测量方法和统计模型已

经被广泛应用于社会学、政治学、管理学的实证研究中，社会资本研究的多学科视角已经初见端倪，这说明发轫于社会结构视角的社会网络与社会资本的理论与方法的发展正在呈现出跨学科的特点。在社会学视角下的社会网络与社会资本研究，几乎涉及所有社会学研究的主流领域，诸如职业流动与地位获得、社会支持网、组织的社会网络与社会资本、社区、老年群体、弱势群体等。分析层次不仅仅局限于传统的微观层次，以家庭、企业、社团等群体或组织作为分析单位的中观层次上的研究成果也开始出现；研究设计中的提名法和定位法开始在某些研究中有意识地结合起来。在这个意义上，社会网络与社会资本研究正在成为一个具有方法论特点的跨学科领域。

2. 中国的社会网络与社会资本的研究正在走向专业化、制度化和规范化。其标志是开设专业课程、培养专业硕士生和博士生、召开专业会议、拥有专业化的学术团体。一些重点大学的社会学系（如清华大学、西安交通大学、南京大学、哈尔滨工程大学、中山大学、上海大学等）已经陆续开设社会网络分析和社会关系研究的本科生和研究生专业课程。2006 年的中国社会学学术年会，首次设立了社会网络与社会资本研究的专业论坛。自 2005 年开始，先后召开了五届“社会网与关系管理”学术研讨会暨社会网络分析技术的高层次专业培训班。一些社会学核心期刊（如《社会学研究》《社会》等）几乎每期都刊发社会网络与社会资本研究的论文。甚至有期刊组织社会网络与社会资本研究的专题（如《学习与探索》2006 年第 2 期）。作为专业化的另一个重要标志，中国社会学会社会网络专业委员会在筹备 5 年之后于 2009 年 10 月在上海大学召开的第五届“社会网与关系管理”学术研讨会上正式宣告成立。

3. 社会网络与社会资本研究的专业教材、专著、论文集、译著陆续出版，引进吸收的任务基本完成。如《社会网分析讲义》（罗家德，2004）、《社会网络分析导论》（刘军，2004）、《法村社会支持网络》（刘军，2006）、《中国城市的阶层结构与社会网络》（张文宏，2006b）、《社会资本与管理学》（郭毅、罗家德，2007）等。这些著作系统介绍了社会网络研究的相关理论、自我中心网络和个体中心网络资料的收集方法，重点评述了整体网络研究中的小团体、中心性、角色和网络动态性等分析模型，将社会网络分析看作是一门对社会关系进行量化分析的艺术和技术，全面分析了社会网络分析的基本概念，结合专业软件UCINET的使用介绍了社会网络分析中核心概念的操作化测量方法。

4. 量化研究和质性分析的成果交相辉映，相得益彰。在西方的社会资本研究中，占主导地位的是运用大规模问卷调查的数据、进行理论导向的社会资本的研究假设验证的定量分析，这种主流倾向可以从社会网络与社会资本研究的专业期刊Social Networks中发现。纵观国内学界的相关研究成果，除了定量研究成果外，以个案研究、田野调查和深入的访谈资料为基础的质性研究占了相当大的比重。定量分析和质性研究方法的结合，为推动社会资本研究在国内的繁荣做出了一定的贡献，从一定意义上也反映了研究者善于从日常生活的实践中收集“关系”实践的资料，因为中国社会本质上是一种“关系”社会。

（二）问题

尽管社会网络与社会资本研究已经成为最近几年社会科学界的一个热点领域，也取得了相当丰硕的成果。但是毋庸讳言，当前研究中也确实存在着一些问题：

1. 有关社会资本的概念至今还没有达成共识，由此导致了测量的混乱和对于同一结果的迥异解释，这在某种程度上阻碍了这一研究领域的发展。将社会资本的概念界定和操作化测量宽泛化和随意化，在某种程度上降低了社会资本理论的解释力。在一种测量层次上得出的结论，却与在其他分析层次上的研究发现进行比较和讨论。将在个案研究、田野调查中得出的结论推广到普遍的意义上，以致陷入了区位谬误的泥潭。

2. 部分研究者在“隐喻”而非“实质”的意义上使用社会网络、关系、社会资本等概念，从而使社会资本的术语和理论有可能流于时髦，而不能成为一个严肃的知识和学术领域。

3. 目前还没有设计出类似美国“讨论网”那样获得公认的提名法，来综合地描述中国人社会网络或社会资本的特征。虽然学者们尝试着使用“讨论网”“拜年网”“餐饮网”“求职网”等来测量中国人的社会网络与社会资本，并取得了较为丰硕的研究成果，但是无论是在提名法还是定位法的操作化测量中仍然没有形成一个获得高度认同的测量方式。

4. 本土化与跨文化比较研究的矛盾还没有很好地解决。

（三）未来趋势

结合当前社会资本和社会网络分析学者的研究兴趣、专长和中国社会转型时期的特征，以下几个方面有可能成为未来几年中国社会网络与社会资本领域的重要研究议题：

1. 关系社会学有可能成为新的学科增长点。正如边燕杰在2009年中国社会学年会的主题报告中所指出的，研究中国社会的关系主义现象，以及对这个现象的系统的理论和实证分析，也许是探索和推动中国社会学理念、中国社会学学科方向以及社会学的中国学术流派形成的一个可能的突破口。关系主义的本质特征是伦理本位、关系导向。关系社会学是一套关于伦理本位、关系导向、熟亲信为特征的关系主义现象的理论知识；在方法论层面上，关系社会学是探索和分析社会行为模式的一种思维方法论、研究方法论，即从关系主义的理论立场出发，研究中国社会和所有其他社会。关系社会学是把握中国社会现实及其变动的重要学术工具。不但在传统中国社会，而且在我们生活其间的从计划经济到市场经济的转型社会，关系主义都是调节中国人社会行为的关键机制。为此，关系社会学的概念、理论、方法，对于研究中国社会、社会变迁，是处于中心学术地位的。关系社会学将是推进中国社会学学科建设的重要突破口。有了关系社会学，我们就多了一个直接反映中国社会、中国本土文化的社会学知识体系，就有了一个新的研究和教学领域，从而更好地建立和完善中国社会学学科体系的目标。关系社会学将是我们开展和加强国际学术交流的新的阶梯和渠道。因此，笔者认为，如何借用在西方发展已经相对成熟的社会网络与社会资本的概念、测量方法，创建国内外社会学者都能认同的关系社会学学科体系，推动中国关系社会学的国际化，增强对中国社会及国际社会中关系现象的解释力，将是今后一段时期国内外同行共同努力的一个目标。

2. 在研究范式上，阶级阶层分析视角和社会网络分析视野渐趋融合。作为研究社会结构的两种不同范式，阶级阶层分析和社会网络分析的共性是研究人们在社会中的结构位置，只不过前者更偏重分析社会成员在科层制组织中的正式位置，后者更关注社会成员在非正式组织和社会关系结构中的位置。两种研究范式并不存在孰优孰劣、相互替代的关系，而是相互补充、相互完善的关系。因此，将阶级阶层分析的理论模型和测量方法与社会网络分析的概念和分析技术结合起来分析社会成员的社会资本状况，不论对于阶级阶层理论的发展，还是对于社会资本理论和研究方法的完善，都将做出预期的贡献（张文宏，2006b）。

3. 互联网及其他现代通信工具中的社会资本与人际社会网络形成互动。据工业和信息产业部统计，截至2009年底，中国网民规模达到3.84亿人，较2008年增长28.9%，在总人口中的比重从22.6%提升到28.9%，超过了世界平均水平。中国手机用户达到7.47亿，其中手机网民规模约为2.33亿，占网民总体的60.8%。其中发挥交通沟通功能的即时通信、博客应用、电子邮件、社交网站、论坛/BBS的使用率分别达到70.9%、57.7%、56.8%、45.8%和30.5%。不可否认，互联网目前已经成为相当一部分社会成员收集信息、交往、工作、娱乐和生活的一种重要手段。换言之，互联网和移动通信工具作为一种关系和嵌入性资源，已经成为当代中国人工作和生活的一种重要形式。互联网已经成为一种新型社会资本的积聚平台。因此，未来的研究将重点分析计算机网络是如何建立和分割社会资本、虚拟社会组织和团体形成的参与机制、虚拟社会成员的社会人口特征、网上互动和资源交换的模式、虚拟网络的规模、密度和异质性、网络社会资本与现实社会资本的同质性和差异性等问题。

4. 社会资本成为构建和谐社会过程中的社会整合与协调手段。以往的经验研究证明了不同层次的社会资本可以发挥信息搜寻和传播、施加社会影响、提供社会信用和社会支持、增强团体和组织的团结和凝聚力、促进社区参与和经济发展与社会繁荣等微观和宏观层面的积极作用。那么，在构建和谐社会的过程中，社会资本能否作为等级制调控和市场调节之外的第三种方式，作为一种社会整合与协调手段，促进社会成员之间、社会组织之间、政府、市场与民间社会之间的关系和谐？社会资本能否成为一种新的社会治理模式？如果回答是肯定的，那么其发挥整合与协调功能的机制究竟是什么？是否会带来负面的效应？这些问题均需要社会学者去展开研究。

5. 全球化和风险社会背景下社会资本结构与功能发生变迁。中国加入WTO以来，逐渐成为世界经济、政治、社会和文化体系中举足轻重的一员。在全球化背景下，大量的国际金融资本、物质资本和人力资本纷纷抢滩中国大陆，这种国际有形资本的加速流动，也必然带动国际和国内社会资本的结构重塑和功能转型。分析全球化和风险社会背景下社会资本结构和功能的变迁趋势将是未来研究的一个热点。

（原载《江海学刊》2011年第2期、第3期）

时间、叙事与想象

——将历史维度带回社会学

成伯清

倡导“新古典社会学的想象力”的塞勒尼，近又撰文指出社会学面临着政治、方法和理论上的三重危机。在他看来，政治危机主要是社会学既不能吸引足够数量的学生，也越来越不能为激进的社会改革提供远景；方法危机主要是社会学既不能真正探究因果关系，又未提供好的替代方案；理论危机则主要是对学科的核心基础缺乏共识，甚至在确认所应研究问题上也举棋不定，处在混乱的边缘。如何走出危机？塞勒尼认为社会学路径的力量在于反思性或反身性。“只要社会学回到对大多数人的关切上，关心阶层、性别和种族不平等、权力、贫困、表达、剥削和偏见，它将能找到自己的根。”① 社会学要保持自己的政治使命，必须回到批判性的宏观社会学，像古典大家马克思和韦伯那样，从事对重大社会议题的探究调查。他还认为，社会学的另外一个优势，是对所使用数据的批判性反思。唯有沉浸于社会情境之中，方能提出正确的问题、精确地描述事实以及解释社会行动者的选择。总之，在塞勒尼看来，反思性和解释性模式是值得尝试的道路。

关于社会学之碎片化乃至解体的说法，都算不上危言耸听了。塞勒尼上述关于危机的指陈，也确乎存在。只是通过回到古典而走出危机的主张，恐怕难以奏效。社会学如何提供社会改革的远景？如何找到休戚与共的阅听人？如何在方法论上找到正当路径？如何重新厘定自己的问题领域？对于上述问

① ［美］伊万·塞勒尼：《社会学的三重危机》，吕鹏译，《江海学刊》2015年第3期。

题，塞勒尼均是语焉不详。所以，正如他在文中略带尴尬地承认的，这种“左倾的、批判性的新古典社会学”，迄今在社会学同仁中“没有怎么获得成功”，也是由来有自。

不过，塞勒尼指出，“如果要将我们的社会改革成一个更好的社会，社会学也必须变革”①。这是一个应当予以正视和重视的主张。如何变革社会学，如何重塑社会学想象力，以应对时代的挑战乃至引领时代，是社会学当下安身立命的根本问题。下面我们首先从社会学想象力的关键维度谈起，分析当今社会学之所以既不够抽象，也不够具体还不够人文的缘由，通过叙事转向来拓展社会学的表征和再现空间，重新为社会学定位，最后再回应社会学的历史使命问题。

社会学想象力的维度

社会学想象力概念的提出，除了汲取经典社会学家的智识之外，关键还是源于对现实状况的不满。按照米尔斯的看法，“当代历史的事实，同时也是个体的男人和女人成功或失败的事实。……无论是对于个体的生活，还是对于社会的历史，惟有将它们放到一起都得到理解之时，才能真正各自地理解它们。但是，人们通常并不是根据历史的变迁和制度的矛盾来确定他们所遭受的困扰。对于他们所享受的幸福，他们一般也不归结于他们所处社会的大起大落。因为普通人极少意识到他们自身生活模式与世界历史进程之间错综复杂的联系……”②。在一个信息支配了注意力并远远超出了吸收能力的时代，米尔斯认为，各色人等所需要的，是无论对内在心理生活还是对外在职业生涯都有意义的社会学想象力，惟此方能洞悉广阔的历史场景和自身的实际处境。

“社会学想象力可使我们把握历史和个人生活历程以及二者在社会之中的

① ［美］伊万·塞勒尼：《社会学的三重危机》，吕鹏译，《江海学刊》2015 年第 3 期。

② C. Wright Mills, *The Sociological Imagination*, fortieth anniversary edition, New York: Oxford University Press, 1959/2000, pp. 3—4.

关系。此乃社会学想象力的任务与承诺。”[①] 可见，按照米尔斯的设想，社会学想象力涉及三个维度，即社会结构（social structure）、历史（history）以及个人生活历程（biography）。社会结构的维度关注的是特定社会作为一个整体的结构形态，结构的组成要素及其相互关系，如何区别于其他类型的社会秩序，结构的持续和变化意味着什么。历史的维度关注的是特定社会在人类历史中的位置，变迁的动力，对于整体人性发展的意义，历史时期的由来和影响，形塑历史的特定方式为何。个人生活历程维度关注的是这种社会中的主导型人格类型，将会转向何种类型，形成和选择、解放和压抑、变得敏感和趋于迟钝的机制为何，这种社会这个时期形形色色的行为和品格昭示了何种人性，社会的方方面面对于人性究竟意味着什么。[②]

根据米尔斯的看法，通过上述诸种问题的探索，通过转换视角，也就是借助于社会学想象力，世人可以把握时势，自觉人生境遇，深刻体会到社会的相对性和历史的转化性力量（transformative power）。于是，“他们好奇的能力重又复归，他们获得了一种新的思维方式，他们体验到价值的重估：总之，通过他们的反思和感悟，他们意识到社会科学的文化意义”[③]。所谓社会科学的文化意义，亦即社会科学所能起到的教养、启蒙和解放作用。这种社会学显然能够呼应阅听人的存在体验，易于产生休戚相关之感。

但不幸的是，也正如当年米尔斯所言，在运用社会学想象力上最有成效的做法，是区分了“社会环境中的个人困扰”（personal troubles）与“社会结构中的公共议题”（public issues），也就是将焦点放在社会结构层面的分析上。而对于历史和个人生活历程，则出现了系统性的忽视。

其实，在《社会学的想象力》中，米尔斯辟出了一章专门讨论“历史的用途”，既包括制度史，也包括个人史。在他看来，“所有名副其实的社会学，

① C. Wright Mills, *The Sociological Imagination*, fortieth anniversary edition, New York: Oxford University Press, 1959/2000, p. 6.

② Ibid., pp. 6—7.

③ Ibid., p. 8.

都是'历史社会学'"[①]。社会学即是一种书写"作为历史的现在"的努力。历史视角可以让我们充分把握人类社会的历史变异，明了社会结构的变化幅度和限度，以达到经验的充分性。一时一地的研究，经常预设或暗含了一种同质性，而这种同质性如果存在，本身也应被当作一个问题！"任何社会意象，都是带有历史特殊性的意象。"[②] 米尔斯还颇有先见之明地谈到对于历史的仪式性使用，或者为了摆脱历史而研究历史，所谓历史解释其实是有待解释的问题。对于"历史的相关性"（the relevance of history），米尔斯甚至提出了一种社会学原则，即历史是否重复自身，取决于社会结构和历史时期，也就是说，不同时期不同社会之中新事物出现的可能性大不一样。米尔斯以此来说明当时美国社会科学界何以普遍忽视历史，因为当时的美国社会与历史解释的相关程度，要低于其他社会和时期。

但无可奈何的是，随着美国社会学向世界范围的输出，社会学的非历史化（ahistorical）倾向愈益明显。这其中固然存在众多原因，包括社会学为追求科学地位而竭力效仿自然科学的模式。我们大致可以这样来表达也许不算太夸张：当前的社会学既不够抽象（以把握世界历史进程），也不够具体（以把握个人生活历程），还不够人文（以把握社会生活的意义脉络）。而导致这种视野扁平、脱离生活体验的取向的根本原因，还在社会学对社会生活的时间维度的忽视。

时间：虚空化与瞬间化

当然，社会学并未完全忽视时间维度，而是将处理时间维度的任务，似乎发包给了一个专门的分支学科，即"比较历史社会学"（comparative historical sociology）。根据迪尔凯姆的观点——"比较社会学并不是社会学的一个特

① C. Wright Mills, *The Sociological Imagination*, fortieth anniversary edition, New York: Oxford University Press, 1959/2000, p. 146.

② Ibid., p. 149.

别分支，只要它不再是专注于描述，而注重研究事实，它就是普通社会学了”①，加之深受马克思和韦伯影响的米尔斯上文所引的说法，即名副其实的社会学都是历史社会学，我们本应期待“比较历史社会学”应是社会学本身必要的维度，而非一个特殊领域或研究视角。但实际情况是，已然制度化的这个分支，成为社会学中具有历史兴趣的学者的园地，而非社会学思维中的内在构成部分。有些人研究历史上的社会现象，不过是找到检验普遍适用的社会学理论的一个场所而已，并非关注对象本身的时间性，他们更加关心诸种因素的构型，而忽视事件的时间序列。虽然各国情形可能有所不同，譬如向来强调历史深度和社会理论的德国社会学者多有历史关怀，但社会学本身的非历史化倾向确有更深的根源。

所以，需从根本上反思社会学如何处理时间问题，为此，我们又需回到对现代性本身的反思——尽管根据吉登斯的说法，社会学作为一门学科是现代性的制度性反思——尤其是要反思社会学可能囿于现代性视域而带来的局限。

社会学本身诞生于从传统到现代的历史转变（historical transition）之中，但在确认历史趋势之后，社会学就将历史抛诸脑后。事实上，从一开始，社会学就将历史想象为“阶段的序列”（a sequence of stages）或断裂，每个阶段具有自己的关键特征和内在逻辑。在孔德那里，是从神学到玄学到科学；在斯宾塞那里，是从军事社会到工业社会；在滕尼斯那里，是从礼俗社会到法理社会；在马克思那里，是从封建社会到资本主义社会；在迪尔凯姆那里，是从机械团结到有机团结；在韦伯那里，是从身份到阶级……相应地，社会学所提出的跟历史有关的问题，多是围绕着危机、革命、转型展开。② 但在特定历史阶段或社会类型之中，社会秩序与社会关系是确定的，时间是没有实质性意义的。

① 迪尔凯姆：《社会学方法的准则》，狄玉明译，商务印书馆 1995 年版，第 150 页。

② Elisabeth S. Clemens, “Toward a Historicized Sociology: Theorizing Events, Processes, and Emergence”, *Annual Review of Sociology*, 2007, 33, pp. 527—49.

而这种时间观，非常契合于现代社会有关时间的制度性安排。现代时间制度的核心宗旨，一言以蔽之，即是马克思所说的，“时间就是一切，人不算什么；人至多不过是时间的体现”[①]。也就是说，在资本原则的强制下，时间就是金钱，挣钱需要时间。在这种主导逻辑之下，技术理性关注的只是效率，人本身不过是一段时间的体现而已。

众所周知，时间观随文化和历史而变异。在现代社会占据主导地位的，是一种通过钟表和日历来测量的线性进程的时间观。其中涉及一种根本性的转变。波斯通在重新诠释马克思的批评理论时，曾经就时间是作为自变量还是因变量作出了一种区分。凡随事件而变化的时间为“具体时间”（concrete time），这种时间涉及自然节律，也与人类生活以及特定任务或过程的周期有关。在现代资本主义社会崛起之前，盛行的都是各种具体的时间观，时间并非独立于事件的自主范畴，而是在性质上各不相同，或好或坏，或神圣或凡俗。具体时间的计算方式并不依赖于固定时间单元持续的前后相继，而是基于事件或不同的时间单元。与之相对的则是所谓“抽象时间”（abstract time），是指均匀的、持续的、同质的、空虚的时间，独立于事件。抽象时间是一个独立变量，构成了一个独立框架，运动、事件和行动发生于其中。抽象时间可以分为均等、固定和没有品质差别的单元，或者分为可通约、可互换的节段。[②] 当然，这种抽象的时间观，惟有在现代社会大行其道。现代时间制度将时间标准化和统一化，实际上就是将时间空洞化或虚空化[③]，抽离时间的质性差异，变为可以出售的匀质的片段——尽管价格可能因人而异。

不惟如此，“现代”本身即意味着“新的时代”[④]。与过去决裂，与过去保持距离，乃现代性的立场之一。现代性本身是面向未来的规划——尽管如

① 《马克思恩格斯全集》第4卷，人民出版社1958年版，第97页。

② Moishe Postone, *Time, Labor, and Social Domination: A Reinterpretation of Marx's Critical Theory*, Cambridge, UK: Cambridge University Press, 1995, pp. 201—202.

③ 参见厄里《关于时间与空间的社会学》，载特纳编《Blackwell社会理论指南》，李康译，上海人民出版社2003年版。

④ 参见哈贝马斯《现代性的哲学话语》，曹卫东等译，译林出版社2004年版。

韦伯所言，未来的允诺多是“浪漫主义的骗局”[1]。而作为现代性产物的社会学，也浸透着现代性的精神。超越和撇开传统，既是社会学所预测的社会发展方向，也是社会学自身的惯常做法。所以，社会学之轻视历史，根源还在诞生地。随着西方现代性向全球的扩张，相对于西方（the West）的其他地方（the Rest），则沦为“没有历史的民族”——除了西方所昭示的普遍发展规律，其他的历史，都是时间之矢无谓的停顿或者偏离。

当前时间制度又有新变化，主要原因有二：一是资本原则的调整，一是新技术的发展。当然，它们之间的关系错综复杂，资本可使新技术得到迅猛发展和推广，而新技术也可改变资本流动和赢利的模式。随着资本在剥削生产者受到限制之后，转向了剥削消费者。而消费需要时间，于是，生产时间与休闲时间被区分了开来。在休闲时间中需要挤压进尽可能多的新异刺激，在确定好的计划中体验不确定性。可以说，休闲时间制度的安排，在一定程度上是生产时间制度的反结构（anti - structure）。在消费主义的世俗精神主导之下，“每一个瞬间都是一条小小的通道，由此，弥赛亚可以获得现身”（本雅明语）。消费的瞬间即获得救赎的时刻。信息和通信技术的迅猛发展，也导致了卡斯特所谓的“无时间的时间”（timeless time）：一方面，压缩了时间，比如全球金融的瞬时交易，在给定时间内安排更多活动的多任务处理（multi-tasking）；另一方面则是模糊了社会实践的时间序列和界限，包括弹性时间制度。[2] 于是，一种即时性（instantaneous）时间观愈益盛行：存在（being）取消了生成（becoming），视瞬间为永恒，现在就等于一切！甚至消解了未来。在我们这个越来越快的高速时代，首先排除的就是反思时间，因随时需要即时反应。在这种态势下，得心应手的也是布尔迪厄所谓的“快思手”（fast thinkers）[3]，他们提供的都是平庸而缺乏反思的常识之见。

---

① 转引自哈耶克《科学的反革命：理性滥用之研究》，冯克利译，译林出版社 2003 年版。

② Manuel Castells, *Communication Power*, Oxford: Oxford University Press, 2009.

③ 参见布尔迪厄《关于电视》，许钧译，辽宁教育出版社 2000 年版。

叙事：存在样式与表征策略

从现代时间制度的特征，我们不难看出，社会学有关时间维度的呈现和表征，与之存在着一种类似共谋（complicity）的关系。换言之，社会学在处理时间问题上，既没有表现出足够的批判性和反思性，也没有找到恰当的讲述时间故事的策略和方法。要将历史维度真正引入到社会学思维之中，我们首先需要突破社会本体论层面的现有预设。所谓社会本体论层面的预设，即是关于社会如何构成与运作、社会领域中存在何种实体和秩序、具备何种属性和趋势的基本观点。

自实证主义以降，在社会学中占据主导地位的现实观，或可称为单一和线性的现实观，即存在着唯一真实的社会世界，由具有特定属性的固定实体构成，事物的演变遵循着不变的因果关系之流，属性之间具有一种确定的影响，实体或属性之间各自独立，脉络无关紧要，也不存在顺序效应。[①] 这种现实观，恰恰是现代治理术的结果，是主导性秩序试图制造的效应。社会建构论虽然对之提出了挑战[②]，但在主流社会学研究中依然是盛行的潜在假设。

而在重构社会本体论时，我们首先需要纳入的就是时间维度。事实上，放在时间之流中，任何现实（“现在”，历史即“过去的现在”），理论上都是无限广延和无限密集的，可能交叉重叠乃至相互穿插。所以，根本而言，现实是异质的、多重秩序的，总是存在着隙缝，蕴含着多种可能性。韦伯早就指出，任何社会研究，不过是从无限之中抉择出貌似有限的文化现象来加以考察。[③]

那么，面对多重现实（multiple realities），我们该当如何把握呢？或者，我们可以怎样的恰当方法来表征这种特性呢？我们认为，社会学的研究取向，

① Andrew Abbott, *Time Matters: On Theory and Method*, Chicago: The University of Chicago Press, 2001.

② 参见伯格、卢克曼《现实的社会建构》，王涌译，北京大学出版社 2009 年版；格根《社会建构的邀请》，许婧译，北京大学出版社 2011 年版。

③ 参见韦伯《社会科学方法论》，韩水法、莫茜译，中央编译出版社 2005 年版。

大致可以分为三种，分别基于变量（variable – based approach）、机制（mechanism – based approach）与叙事（narrative – based approach）。[①]"以变量为中心的研究取向，可以描述与解释符合大数法则的现象，特别是复杂系统层面的共时性特征。而以机制为中心的研究取向，不仅要比以变量为中心的研究取向更加深入，也更加贴近实际的社会生活。一般说来，特定的社会机制都有发挥作用的情境条件，在机制中也已经带有时间的因素，而且机制的研究属于中层理论的范畴。以叙事为中心的研究取向，则适用于两个相隔甚远的层面，一是个体的生命之流，一是宏大的历史之流，并且可以将两者联系起来。同其他两种取向相比，叙事无疑可以更加妥善地处理人类体验的时间维度。"[②]

可见，叙事取向是讲述时间故事的恰当策略。且不说"叙事是时间的一个守护者"[③]，就是叙事认知作为一种正当的探究方式，也日益得到认可。[④]社会生活本身就是高度故事化和情节化的，人本来就是讲故事的人。"叙事人"（homo narrans）假设[⑤]，与我们前面所主张的社会本体论也是若合符节。

叙事取向不仅可以揭示人类社会存在的样式——所有社会化的人都是故事讲述者，当与他人互动或相遇时，总是处在一种潜在的讲故事的情境中；绝大多数的言语行为和自我呈现都包含了叙事要素；叙事和叙事情景既可能是冲突和竞争的场所，也可能是合作和共识的场所；所有的叙事都可能是理性的说明，但因语言的含糊性和差异性，所有的叙事又都是不完全的；叙事

---

① 参见 Peter Hedström & Richard Swedberg（ed.），*Social Mechanism：An Analytical Approach to Social Theory*，Cambridge，UK：Cambridge University Press，1999；成伯清《走出现代性——当代西方社会学理论的重新定向》，社会科学文献出版社 2006 年版。

② 成伯清：《走出现代性——当代西方社会学理论的重新定向》，社会科学文献出版社 2006 年版，第 54 页。

③ Paul Ricoeur，*Time and Narrative*，Volume 3，Chicago：The University of Chicago Press，1988，p. 241.

④ 参见 J. Bruner，*Actual Minds，Possible Worlds*，Cambridge：Harvard University Press，1986；应星《大河移民上访的故事》，生活·读书·新知三联书店 2001 年版。

⑤ W. Fisher，*Human Communication as Narration*，Columbia，SC：South Carolina University Press，1987，pp. 62—63.

存在于各个层面，从个人的、制度的到文化的，存在的时间也长短不一，且总是处在变化之中①——而且也是一种有效的表征时间中的存在的策略。当然，正如前面塞勒尼所强调的社会学在使用资料时的反思性，我们也必须清楚，所有社会学的资料都是已然经过诠释的资料，所有的社会学事实，都是经过叙述的事实，只要它们经过了以故事形式将事件变为事实的加工。社会学者从事资料收集的行动，实际上就是一种进入回答者生活的行动，而回答者的生活是由尚处在展开过程中的故事构成的。因此，在诚实的名义下，研究对象极有可能就同样的事情，在不同的时间和针对不同的人，讲述不同的故事。②

上述考量并非仅是技术层面的，也关乎学术的文化意义乃至政治意蕴。一旦引入叙事，我们不可避免地面临着众声喧哗，即多重叙事之间的竞争。我们或许可以更好地处理事件性时间（eventful temporality）了③，但有关何谓关键性事件的争论（the different definition of the defining events）的潘多拉盒子也就此打开了。个人的叙事与群体的叙事，不同世代的叙事，局部的叙事与整体的叙事，民间的叙事与官方的叙事等，势必出现分歧。这不是让已然濒于混乱边缘的社会学雪上加霜吗？但我们认为，这种貌似后退，是为让社会学立足于更为稳妥和坚实的基础之上。只要我们不是假装在讲述关于社会世界的终极真理，我们就必须以切合社会世界本身的方式进入其中，去聆听不同的声音。每个故事，也许只是众多可能中的一种特例（a particular case of the possible），但在耐心聆听中，我们可以接近故事可信的内核。

当然，更主要的，在不同的讲述中，我们认识和体察到不同的可能性，辨识出更多的转化性事件（transformative events）——即导致结构性变迁的事件。现实的多重性和时间的异质性，会在我们面前生动地展现。

---

① David R. Maines, Narrative's Moment and Sociology's Phenomena: Toward a Narrative Sociology, *Sociological Quarterly*, Vol. 34, Issue 1, 1993, pp. 21—22.

② 参见 William H. Sewell Jr., *Logics of History*: *Social Theory and Social Transformation*, Chicago: The University of Chicago Press, 2005.

③ Ibid.

现实与想象

叙事取向之导入社会学，还不仅仅是可以更好地处理时间维度。以叙事取向来变革社会学，或许还是社会学走出目前困境的一条路径。社会学对于一般公众之缺乏吸引力，无外乎既不能提供动人的故事，也不能提供有关时代的诊断和认知标绘（cognitive map）。而叙事的引入，不仅可以讲述攸关个人困扰和公共议题的故事，也迫使我们反思关于时代的宏大叙事何以乏味。也就是说，从微观层面看，叙事可以体现常人的喜怒哀乐，使人共鸣于富有寓意和韵味的故事；从中观层面看，周遭人群的成败沉浮，势必牵连于社会情境的云谲波诡，间或也迫使人直面结构性制约的无奈；从宏观层面看，时移世易，回首来路，也许让人深切领悟机缘汇聚的必然，但展望未来，歧途重重，不确定性中潜含着众多的可选择性。这种叙事社会学，即便不能提供未来社会的远景，也可为阅听人建构自身的愿景提供智识支持。而埋首于复杂数据展示和抽象命题体系建构的社会学，显然难以亲近一般公众，难以有助于公众理解自身的处境和探寻可能的出路。

当然，我们必须明确指出的是，叙事社会学并非仅能提供“软故事”，它也能阐明“硬道理”。事实上，我们前面所提到的分别基于变量、机制和叙事的研究取向，不是并列关系，可各凭喜好任意选择。在一定意义上，基于叙事的研究取向更为根本和彻底。以变量或机制为中心的研究取向，都是通过聚焦于研究对象的局部而试图揭示整体背后的规律性或规则性（lawfulness or regularity），但是这种让焦点变得清晰而使背景变得模糊的透视方法，恰恰可能是因局部的清晰而导致整体认识的扭曲。其实，任何研究，从对象的选择到操作路径的落实，都是基于特定的理论假设，或潜含，或自觉，而且理论假设中必有涉及研究对象乃至研究实践本身的叙事。基于变量或机制的实证研究，大多对于有关总体性背景的叙事结构缺乏明确的自我澄清，基本上是沿袭现有的主流假设，甚至是屈从于学界的集体无意识。所以，阐明局部操作背后的叙事框架，方可准确地为这项研究进行定位，也才能让我们准确地理解对象的生成和研究的意义。而在我们的日常社会学实践中，还有太多的潜在叙事有待自觉的阐明，特别是支配社会学思维的各类导向型叙事。这也可谓是叙事取向带给我们的一种方法论上的警醒。

另外，叙事即讲述故事的方式和角度，可以多种多样，但是叙事社会学展开的是一种受限制的想象力，并不能随心所欲地任意讲述。一般来说，非虚构的叙事会受到双重限制。一则是客观有限的可能性。叙事必须基于一定的事实素材，可信的叙事必须符合一定的事实逻辑。而事实无非关乎事态和行动者。由于系统的涌现及系统要素的交互依赖，限定了事态可能变异的范围；不同行动者转化事态的可能，则受限于行动的规范、能力以及所拥有的资源。一则是叙事结构的制约性。任何叙事都意味着有限的结局，这不仅是由历史经验决定的，而且也是由当时已被阐明的叙事网络决定的。特别是学术话语中的叙事，任何创新倘要获得承认，定会受到种种机制的审查和制衡：既要足够新颖，以让人感兴趣，又要足够熟悉，以让学界的共识清晰可辨。一般来说，领先于时代的研究，往往要等主流的叙事结构发生转变以后才被接受。

所以，不难看出，叙事结构限制了想象的空间。而叙事的转变，有时攸关秩序正当性的争夺。事实上，无论何种统治，都试图将现实自然化和命定化。任何有效的统治，都依赖于削减统治对象选择的可能性，甚至提供唯一的选择，即迫使统治者认命于现实，除了服从别无出路。当然，这种限制往往成本太高，柔性而经济的符号统治，莫过于想象力的支配。

关注时间，既不是为了缅怀辉煌的过去，也不是为了期待缥缈的未来，而是为了深刻地透视现实。增强历史意识，不仅是为认清社会的演变是路径依赖的（path - dependent），而且也是为揭櫫历史演变存在着另外的可能性。专注于“现在的历史”（history of the present）且以谱系学探索见长的福柯，在一定意义上就是要告诉我们，时间是异质的，我们不过是特定历史条件的偶然产物。但非常奇怪的是，福柯仿佛开启了后现代的空间转向，而他在时间维度上的探索，似乎在时代的选择中遭到遮蔽。

学术的作用之一，即在昭示和呵护另外的可能性，乃至拾取被遗忘的可能性。讲述不同的故事，好比铸造历史的时间之犁，用另外可能的想象，来松动板结的现实。

（原载《江海学刊》2015 年第 5 期）

论社会学研究的历史维度

——以政府行为研究为例

周飞舟

社会学研究与历史的关系，历来是社会学学科内部的一个重要议题。与其他学科诸如哲学、政治学等相比，社会学与历史的联系不够紧密，这与社会学产生的社会背景、发展和繁荣的路径以及所运用的研究方法等有关。社会学学科本身的历史所造成的社会学与历史的隔膜是一个被普遍意识到的问题，也是社会学家们努力引入各种“历史维度”“历史视角”并进行“历史，并非本文所要面对和进行处理的内容。本文力图从社会学经验研究的角度入手，以社会学的经验研究领域之一——地方政府行为研究为例，从研究中遇到的具体困难来说明引入历史维度的重要性，并对中国本土的社会学经验研究中的历史维度进行一些正面的讨论。

一

地方政府行为研究是目前中国社会科学研究的重要领域之一，社会学、经济学、政治学中都有大量的学者从各自学科的角度入手对地方政府在地方经济和社会发展中的政策和行为进行理解和解释。从社会学的研究来看，当前对地方政府的研究主要集中在两个方面：一个是在中央地方关系框架下的“项目制”研究，另一个是在组织社会学框架下的政府治理行为研究。虽然主题有所差异，但是这两类研究都体现了社会学研究注重实际运作过程的特点。其基本的研究思路是将政府行为放到一个“结构”的背景中进行考察。其中，“项目制”的研究主要借助的是中央地方关系的“纵向”结构框架，追踪项目资金在政府间由上到下的流动过程，在权力—利益的分析模式下透视政府间关系的互动方式，从而对政府如此行为的原因进行一种分析性的解释。[①] 政府治理行为研究主要借助的是政府间关系的“横向”结构框架，政府部门间存在不同的权力—利益关系，这些关系及实际运作中形成的互动模式构成了我们对政府治理效率的理解。[②] 这些研究在规范性研究的意义上是相当成功和深入的，但是如果我们将其研究的结果与实际的经验现象对比，就会发现还存在着一些缺陷，主要表现在两个方面。

首先，用于政府行为分析的“结构性”框架过于正式化和制度化。比如中央地方关系作为分析“项目制”的结构框架，主要借助于财政的分权和集权进行理解。财政的分权和集权的程度则主要依赖于收入、支出和转移支付的制度性分析，这种分析是一种典型的以权力—利益为主导的政治经济学色彩浓厚的分析。但实际上，这种分析得出的分权或集权的结论与现实有着相当的差距。中央地方关系的演变呈现出一定的规律，随着改革开放的发展，权力收放的程度和范围在进一步扩大，逐步变为所谓集权—分权，这与市场转型的发展有关系。但是除此之外，中央地方关系似乎也有一些自身的逻辑和规律，并不能只用权限和责任的分散或集中来加以测量。例如，对于所谓“诸侯经济”危险性的判断、对威胁稳定的形势判断，中央政府自身和学者的研究性结论就不够一致，中央政府似乎更加敏感一些。这种敏感是来自制度分析之外的东西。就好比一个外人靠经验证据来判断一个家庭是否会离婚经常会很不准确一样。再比如，政府间的动员激励机制和讨价还价机制比我们研究的要复杂一些，这在一定程度上是因为我们对政府内部部门间的理解偏于科层化和制度化所致。就动员机制而言，动员的严厉性和高效率是容易被外部感知到的，但是内部人则知道这种严厉性和高效率事实上经常与下级政府

---

① 理论方面的相关讨论，可参见成伯清《时间、叙事与想象——将历史维度带回社会学》，《江海学刊》2015 年第 5 期。

② 渠敬东：《项目制：一种新的国家治理体制》，《中国社会科学》2012 年第 5 期；黄宗智、龚为纲、高原：《“项目制”的运作机制和效果是“合理化”吗?》，《开放时代》2014 年第 5 期。

或部门的隐瞒谎报或浮夸联系在一起。这种感知能力的不足不只是因为我们是“外部人士”，还与我们目前的研究框架有很大关系，对政府行为过于制度化的理解导致我们“捕捉”不到或者遗漏掉了政府运作中的一些关键信息。

社会学的政府研究中的另一个缺陷在于，当分析政府行为时，使用了过多的组织学或者管理学的假设，这导致当前的政府研究范式过于“公司化”了。中国地方政府的行为被认为是高度“公司化”的，以追求绩效为目标，这基本上是学者间的共识。① 但是政府行为的“公司化”并不意味着我们应该以“公司化”的视角去看待政府，也就是说，“公司化”是政府行为的结果，但是之所以出现这种结果，并不一定是政府按照公司的运作方式展开行动而实现的。我们都知道，地方政府的一些重要目标恰恰是靠纯行政的方式才能实现，以与公司不同的方式去实现纯绩效的目标，是许多地方政府最为擅长的地方。② 当前社会学的政府行为研究，对行动的理性假设和绩效取向都很明显，容易将政府行为的问题实际转化为“公司管理”的问题来进行研究。

用组织学或管理学的思路来理解政府行为，容易将实际的政府运作过程简单化或技术化。例如，看上去十分复杂的委托代理问题，在组织学或管理学的分析逻辑中是相对技术化的，可以用基于“信息不对称”的行动模型来理解。但事实上，在这些形式化的分析中，信息不对称的程度是经常被夸大了的。从对组织结构的制度分析来看，信息是沿着科层制的构架流动的，比如通过各种文件来往、工作总结和汇报、各种会议和上级的调研等。但在实际的政府运作中，重要的信息则是沿着各种所谓“非正式”关系渠道流动的，比如各种饭局、聚会、聊天和八卦消息，一个领导了解真实的情况或者最重要的信息时并不一定是通过会议和调研，而是通过秘书、“死党”、自己的被

① 周雪光、练宏：《政府内部上下级部门间谈判的一个分析模型——以环境政策实施为例》，《中国社会科学》2011年第5期；陈家建、张琼文：《政策执行波动与基层治理问题》，《社会学研究》2015年第3期。

② Oi, Jean C., “Fiscal Reform and the Economic Foundations of Local State Corporatism in China”, *World Politics*, 1992, 45 (1); Qian Yingyi, and Barry R. Weingast, “China's Transition to Markets: Market-Preserving Federalism, Chinese Style”, *Journal of Policy Reform*, 1996, 1 (2).

保护人或者自己的派系来了解，不但上级对下级如此，下级对上级也是如此。在这种情况下，如果我们只考察正式的科层结构，哪怕对其做出极为精致深入的机制分析，我们仍然离事实很远。因为这些领导在正式的分析中，看上去对于重要的信息知道得很少，但他的决策却没有严重脱离实际。而学者们如果单纯依靠正式的制度和政策分析并由此提出政策性建议，却有可能更加脱离实际。

在已有的社会学研究传统中，上述社会关系被看作是“非正式”的，这经常意味着它们是次要的、补充性的，甚至是落后的、干扰性的，在组织和制度的逐步健全和完善过程中会被逐渐清除掉的。但实际上，这正是当前社会学的政府行为研究有所欠缺的关键所在。例如，在关于政府间隐瞒行为的研究中，以三年自然灾害时期的救荒行为为例，我们从正式的文件和材料中看不到省级政府行为间的巨大差异，只有从粮食购销的数量变动上推测省级政府有无救灾和隐瞒行为①，结果发现，政府对上隐瞒、对下救助是一种较为普遍的模式。但是，对于一个多级政府体制来说，这种判断本身是有逻辑矛盾的：如果下级普遍对上级隐瞒的话，上级的对下救助却有何依据？这种情况下，一些重要的信息会通过“非正式”的渠道进入上级政府救助行为的正式决策考虑之中，并会成为关键性因素，但很少会出现在政府的正式文件和会议中。再例如，在对项目制的研究中，我们看到了各种对项目申请、项目管理、资金使用和审计监督的研究，更加重要的是对项目制度中的关键一步，即为什么要申请这个项目、谁来申请这个项目也有了一些实质性的研究进展。有研究揭示了项目申请和实施中的“打包”行为②，更有研究揭示出甚至在“打包”之前基层政府上下级之间有过一些“非正式”的沟通、交流行为，在被研究的案例中称为“撮合”过程③。这个过程虽然是“非正式”的，但

① 周飞舟：《地方政府“公司化”的双重效应》，《文化纵横》2009 年第 6 期。

② 周飞舟：《三年自然灾害时期我国省级政府对灾荒的反应和救助研究》，《社会学研究》2003 年第 2 期。

③ 折晓叶、陈婴婴：《项目制的分级运作机制和治理逻辑——对“项目进村”案例的社会学分析》，《中国社会科学》2011 年第 4 期。

是对于决策来说是最为重要的过程。因为缺少“正式”的仪式性约束，上下级之间、下级政府之间的沟通和信息交流可能更为充分，各种社会关系也在其中起了重要作用，这决定了项目申请和实施的整体思路，在保证项目切合地方实际、实现项目的目标方面比那些正式过程更加重要和必不可少。

当前的社会学研究也普遍注意到了这些“非正式”社会关系的重要性，但是在分析和讨论它们时，经常存在一种还原论的危险，即把这些关系和关系网络看成行动者的权力和利益的交换网络。这样一来，政府中实际上就存在着两套并行的权力—利益网络：一套是正式的制度安排，由于带有正式性和公共性，所以其中的权力和利益交换可以受到各种规范的制约，使得这些交换更加偏向于“公共”目标，是一种“公共”行为；另一套则是非正式的社会关系，是以个人关系网络为中心的权力和利益交换体系，更不容易受到规范、制度和法律的制约，因此经常用来满足个人的或者私欲驱使的权力和利益要求。在这种思路之下，许多社会学研究就变成了批判私人的、不正当的个人关系对正式制度的侵蚀，或者是致力于通过实地研究去揭露正式的制度实际上是建立在非正式社会关系之上的海市蜃楼。① 这种还原论导致的研究困境是极为明显的：一方面社会学的研究发现了非正式关系的强大甚至是必不可少的存在，另一方面又将其看作是受到更少约束的权力和利益的私人表达，是一种与正式关系相比更加缺少正当性的关系。一种缺少正当性的关系何以是必不可少的？或者说，我们在研究中不断地发现所谓“关系”是重要的时候，同时又是在不断地证明这些关系是应该被公共的、正式的关系所替代或消除掉的。实际上，当我们将非正式社会关系完全看作是权力—利益交换网络的时候，已经预设了它的不正当性。其次，如果我们只是用权力—利益网络来理解这种非正式关系的话，最终仍然会用技术化手段来处理这些关系，比如我们可以用人际网络模型而不是组织架构模型来讨论“信息不对称”的问题。还原论的思路会引导我们顺着一条看上去不同的路重新回到问题的

① 付伟、焦长权：《“协调型政权”：项目制运作下的乡镇政府》，《社会学研究》2015 年第2 期。

起点。

如果我们要摆脱这种思路，就必须去正面讨论这些所谓“非正式”社会关系的性质。事实上，如果这些关系是完全以权力和利益交换为内容，以个人私欲为主导，那么去除或者代替它们只是一个制度建设、监督和执行的问题。但是如果这些关系在社会的意义上仍然具有一些正当性，那问题就更加复杂一些，因为这些关系中内含的正当性来自于历史。

二

中国自秦代开始实行郡县制，建立了中央集权的官僚体系。按照韦伯的理解，这是一种以传统支配类型为主的家产官僚制，与西方理性化的现代科层制相去极远。在中国近现代化的过程中，虽然消灭了帝制，但是并没有建立起西方意义上的宪政体制，其整个官僚体制构架虽然在制度上与西方的科层制相似，但是在内部运行的原则和规律方面，即上一小节所强调的社会关系方面，则在很大程度上仍然是传统的。① 或者说，一个官员在官僚制内要推动完成一件事，从动员到实施在很大程度上需要依靠其内部的关系结构，而支配这些关系的原则并非现代科层制的原则。

传统官僚制的核心是官员选拔体制。从汉代的察举制到唐宋的科举制，选拔体制经历了一个复杂的变化过程，到明清时期达到了科举制的顶峰。作为选拔最关键的要素，科举考试的内容越来越偏向“经义取士”，选拔出来的进士可以直接选任为州县官员的一把手。这些人既无行政法律知识，又无施政治民经验，对地方行政可以说是地地道道的“外行人”。同时，由于必须在家乡五百里之外做官，这些官员对于其治理对象来说又是地地道道的“外乡人”。我们可以将这种任用“外行人”和“外乡人”做行政长官的体制称为“二外政治”。这种选拔体制的用意是什么？这样选拔出来的官员与我们所看重的政府内部运作的原则和关系结构又是一种什么样的关系？

---

① 冯军旗：《中县干部》，博士学位论文北京大学，2010 年。

“二外政治”虽然是传统官僚体制发展的结果，但也的确给当时的官员带来了许多困惑。因此在明清时代，官场上盛行一类专门教人怎样做官的书，总称为《官箴书》。这些书大多是退休的州县官员写出自己的为官经验，给自己的子弟等一些青年官员传授“秘笈”所用。《官箴书》较早见于北宋，成熟于明代，盛于清代，按照狭义、广义等不同的分类法，少说有八十多种，最多的说法有五百多种。[①] 这些书种类驳杂，从公文案牍汇编到催科断狱案例无所不有，实务多而虚文少，对我们理解官场中的规矩和原则颇有启发。

在各种实务的讨论中，《官箴书》强调最多的并非制度律条，而是如何选用幕友、如何管理和使用衙役胥吏。有些幕友写的官箴书中也最强调如何选择“东主”。在选用幕友的问题上，具有丰富的行政经验虽然是必不可少的，但还是以人品厚重为前提条件。对待衙役胥吏，讨论的大多是如何恩威并施、如何防止其营私舞弊、如何从胥吏中挑选相对老实的人等。《官箴书》中的这些内容，虽然明显是针对缺少行政经验的新官所言，但是重点在于如何能够“知人善任”，而不是如何能够直接提高行政绩效。很少有《官箴书》建议用改变旧有组织构架和办事程序的方式来解决诸如“信息不对称”导致的隐瞒浮夸问题。另外，对于去外地做官的“新官”，一些《官箴书》会详细说明上任时一些重要的程序，如在京应该拜访哪些人物、到任应该如何祭神、如何行礼、如何与当地士绅来往等。我国自秦代以来就建立了“流官制”，目的是防止各种家族、家乡的血缘、地缘关系对官员公务的侵蚀，而这也恰好从反面说明了这些血缘、地缘关系的重要性。

但是遍览《官箴书》之后，让人印象最为深刻的部分并非那些公文和案例，而是几乎每一本官箴都会在前面用相当大的篇幅进行“道德说教”。这些说教大多是将“四书”“五经”中的原则和抽象道理具体化为官场上的“为官之道”，然后加以申述，比如为官应该“清、勤、慎”，并指出这些原则在经书中的根据等。从官箴书的性质和阅读对象来看，并无进行道德宣传的必

---

① 这些非正式社会关系的性质，如果其中存在着支配关系的话，既非完全的传统权威类型，也不是现代的法理型支配，相比较而言，更接近传统一些，详见本文后面的论述。

要，这些在一定程度上作为“秘笈”的为官手册花如此之多的篇幅进行说教，一定有一些重要的道理，这些道理与我们上一小节所强调的官场中的运作规则和关系网络又有什么关系呢？

用现代组织学的眼光来看，《官箴书》强调的主要是官员的个人特征而非组织的结构和运作特征，这与现代社会科学尤其是社会学的政府研究取向极不一致。实际上，当前社会学的政府行为研究之所以有着过于制度化和技术化的缺陷，正是因为过于重视组织结构和运作特征，而相对忽略官员的个人和关系特征所导致的。当我们用权力和利益模式去分析地方政府行为时，我们通常是将整个政府或者政府部门当作一个“行动者”来处理的，比如财政包干制促使一个地方政府“大办企业”，而分税制形成的新的利益分配格局促使地方政府“经营城市”①。这种“拟人化”的制度分析恰恰是不看重真正作为行动者的官员个人的：政府如何行为似乎与“谁”做政府的一把手无关。这个缺陷在我们进行宏观分析时并不太突出，但是当我们需要理解政府的具体行为和运作机制时就会变成一个严重的问题。因为现实的经验告诉我们，不同的人做领导意味着许多重要的行为有极大的不同。也就是说，当前的社会学研究中，政府的领导或者官员只是一些“职位”或“角色”，这些职位或角色由谁来填充或者扮演并不重要，我们假设无论换了“谁”，都会按“职位”或“角色”的期望来行动，这正是我们的分析偏于制度化和技术化的根本原因，也导致了我们对政府行为的研究在一定程度上偏离了现实。

这种重组织特征、轻个人特征的倾向始自瞿同祖先生的《清代地方政府》一书。在此书中，瞿先生首先用西方组织学、社会学的眼光考察清代的地方政府，发现了极多不合科层制规律以及不合绩效之处。例如，从组织学的观点看，政府中非常明显的一个不合理之处就是“叠床架屋”的问题，分工和责任不明确。办一件事，长官先派一个人去，又派一个人去干同样的事情，名义上是为了协助，实际上导致互相扯皮和掣肘。但是如果我们去看《官箴

① 赵骞、彭忠德：《三十年来我国古代官箴研究述论与展望》，《中国史研究》2009年第4期。

书》，“叠床架屋”就有一定的合理性：这并不是为了提高绩效，而是信任或者权力的分配出了问题。实际上，中国传统官僚制度中权力的一个重要的运作和分配方式并不符合现代的科层原则：皇帝、宰相和高级官员先把有潜力的、有能力的年轻官员留在身边，待建立了信任或者特殊关系之后，再把他派出去办事，地方由近及远，事务由轻及重，然后再招进一些更年轻的人来身边作为补充。这种由宫中到府中、由内朝到外朝的像“剥香蕉”的层层外翻的权力扩展方式所最为重视的，就是对官员的人品和能力等个人特征的考察与信任，而不是组织的结构特征。如果说组织结构有什么变动的话，也是为了适应对人的考察和信任而不是相反。

对官员的本身特征及其关系的重视能够在很大程度上修正我们对政府行为的研究取向。在中国的官僚体系中，这些特征对于我们理解政府行为有可能起到更加重要的作用。那么，这些特征到底和《官箴书》所强调的选贤任能与道德说教是什么关系呢？贤愚善恶与官僚制的实际运作结果又有什么关系呢？

三

对官员本身品质和能力的强调和重视容易被视为“人治”而非“法治”的标志。在政府行为研究领域中，“人治”经常和“清官政治”甚至“专制”的词语混用，似乎一强调人的重要性，就赋予了官员个人以少受甚至不受约束的专断性权力。这种思路与将社会关系“非正式化”的思路结合在一起，加剧了政府行为制度化和技术化的研究取向。

事实上，如果我们着重考察实际运作过程的话，“人治”官员的专断性权力并没有表面看上去的那么大。《官箴书》中繁复的道德训诫一方面要求官员自我约束，另一方面也是出于实际行政的需要。这些官员看上去威风八面，但当真的要处理起事情来则缚手缚脚、顾虑甚多。实际上，我们只要将官场中的一个官员与公司中的一个 CEO 对比一下，就可以看出前者的谨小慎微之处了。对于 CEO 而言，绩效目标明确，为了达到目标，可以依靠规则和制度来进行动员，也可以方便地辞退反对者。相比之下，官员的目标是多重的，很多情况下，“不出事”的目标比绩效目标更加重要，而且不但不能辞退下属，还要尽量避免制造更多的敌意。官员的顾虑主要来自如何维持下属的服从和忠诚、如何不引起对自己的负面传闻或评论、如何在各种阻碍中推动政务的进展、如何维持上级对自己的正面看法等，在这些多重顾虑中要做到万无一失，可以称得上古人所谓“若朽索之驭六马”了。

除了上述顾虑和自我约束外，政府官员在处理事情时也面对一些不得不然的处境。比如政府行政或事业单位的员工有家庭困难或者高龄而怀孕产子，经常会得到领导额外的“开恩”假期，比如可以迟到早退。这看上去是典型的“人治”的表现，但是从官员自身的角度考虑，他们其实并没有很大的自由裁决权，经常是不得不“开恩”，否则就是不近“人情”。在中国社会，一个官员如果被看做是不近人情的，就可能与“群众关系不好”“脱离群众”等评价结合在一起，甚而会被扣上“酷吏”的帽子。而且更为重要的是，许多官员本身也认为“不近人情”是不对的。

在一篇当代社会学研究的经典文献中，孙立平、郭于华两位教授分析过一个农村征收订购粮的案例①。面对能交得起但不肯交粮的老农，基层干部用尽各种办法都无法说服，最后说了一句“您就把我当做是要饭的”之类的话，老农就交了粮，问题得到了解决。孙、郭两位学者把这当做是一个“正式权力的非正式运作”的典型案例进行分析：“在正式行政权力的行使过程中，基层政府官员对正式权力之外的本土性资源巧妙地利用，即将社会中的非正式因素大量地运用于正式权力的行使过程之中，从而使国家的意志能够在农村中得到贯彻执行。”作者认为，基层干部实际上运用了一些权力技术，比如“情境定义”，即将收粮这样一种国家与农民关系的情境定义成了一种“乞讨”情境。在这样的情境之下，老农再不给粮食就是不对的。这是“非正式运作”的具体内容，也和本文第一小节里所提的“非正式”关系本质上是一致的。

① 周飞舟、王绍琛：《“农民上楼”与“资本下乡”：城镇化的社会学研究》，《中国社会科学》2015 年第 1 期。

这个案例的结果看起来好像是权力通过“非正式运作”获得了胜利，其实是很成疑问的。我们不应该假设那个老农会因为情境定义而屈服，老农在很大程度上并不会因为基层干部改变了“定义”就改变对情境的判断。他应该还是知道这是在收订购粮，而不是真的在乞讨。那么，他为什么交了呢？他不是因为被“骗”或被“操纵”了而交，而是因为基层干部“顺从”了自己认同的道理而交。老农认同的道理是，无论对方是谁，只要以乞求的态度对待自己，自己就应该给予帮助。这个道理比服从国家、比做安分良民等道理都重要，也比要交的那“十五斤花生”重要。所以基层干部用其他道理都不能说服，只有认同了老农认同的那套道理时，任务才得以完成。那么，是权力通过非正式运作得到了胜利呢，还是老农的那套道理得到了胜利？

通过对这个案例的进一步分析，我们可以看出，所谓“正式权力的非正式运作”，并不是任意运作，也不完全是以权力—利益为导向的行动者之间的复杂博弈，而是受一些“道理”的约束。这些道理包括应该体察人情、应该有施有报、应该帮助弱者等，实际上是一些行动伦理。各种“非正式”关系的建立、展开和运作，也受到行动者所认同的一些行动伦理的约束。正是因为这些行动伦理的存在，才使得单纯以权力—利益导向认识这些社会关系会落入还原论的陷阱。

至此，我们可以回到本文开始时提出的问题，如果说制度制约了权力和利益在正式组织方面的分配的话，行动伦理则制约了权力和利益在非正式社会关系网络中的分配。也就是说，那些由亲戚、朋友、圈子、派系等组成的关系网络并非只是个人化的利益网络，同时也受到一些行动伦理的影响，即连接人际关系的精神纽带的影响。这些行动伦理与正式的制度、规则以及科层制的精神很不相同，这是导致我们的政府行为研究脱离实际的深层原因。所以，要认识非正式关系的性质，就需要认识清楚这些关系之上的伦理。它们在现实中非常复杂，当前对这些非正式关系性质的经验研究，大多将其归结为“面子”“人情”“关系”等概念，并将这些概念作为对这些关系的解释。这当然不是解释，只是一种概括和描述，要更加深入地认识这些概念所包含的内容尤其是背后的伦理，就需要引入历史维度，因为这些概念及伦理扎根于中国本土的历史传统中。

与正式的制度和规则相比，这些行动伦理更加强调个人间的体贴照顾、人格化的忠诚义气等，我们可以在历史中找到这些伦理的源头。由于这种伦理具有强烈的个人化、人格化的特征，所以个体的德性和修养就在“非正式”的社会关系中变得极为重要。一个通情达理、忠诚厚道的人与一个刻薄寡恩、唯利是图的人在正式的组织制度分析中可能是没有差别的，但是在社会关系网络中的地位有着巨大的差别，也对其所在的差序结构的紧密程度有着重要的影响。如果一个科层制组织经常借助“非正式”的社会关系网络完成信息传递、激励动员、政策执行等任务的话，这个关系网络中的关键人物的德性就会非常重要。我们至此就可以理解《官箴书》中的道德训诫之所以对于官僚体制是必不可少的，就是因为这些伦理要求构成了传统官僚制运行的关键要素，也代表了传统官僚制的精神气质。从官僚制研究来探索社会学的历史维度，一方面是通过经验研究将官员行为中的行动规范和伦理因素提炼出来，另一方面在中国传统的社会思想中找到其依据和源头。这是为了达成对行动者行动意义的深入理解。只有去深入理解行动的意义脉络，才能理解行动。而这个意义脉络是不绝如缕，需要一直往前不断地追溯。

这种历史维度区别于两种学术界比较流行的“历史”态度。一种是将与现代社会或者要建设成的现代社会不相容的因素归结为中国人的劣根性，历史研究是为了证明这种劣根性古已有之。另一种是将与现代社会不相容的因素归结为传统社会或者农耕社会的残留物或遗迹，随着历史的发展会被逐步清除掉。这两种态度在很大程度上都具有一种“反历史”的取向，是预先假设了一种“超历史”的标准然后居高临下地审视历史。这些态度使我们很容易忽视当下正在起作用的“非正式”的社会因素。事实上，社会学研究面对的重大问题不是如何清除这些社会因素，而是如何理解这些社会因素。我们如果将这些因素上升到行动伦理的高度，就会发现，它们之所以难以消除，是因为这些因素与传统社会中的核心价值即“仁”“义”观念密切联系在一起。①

这些行动伦理不但在现代社会难以完全实现，即使在传统社会也更多的是一种获得认同但却没有能够完全付诸实践的理想。理想不能实现，不等于不能影响现实，理想正是以一种不能实现的方式影响现实社会的。所以，要认识这些理想，需要从它不能实现的部分展开，这些部分正是与我们今天批评的劣根性、残留物紧密联系在一起。古人云：“人之过也，各于其党。观过斯知仁矣。”中国社会中比较普遍的狭隘自私的毛病是和讲究爱有差等、亲疏远近的“仁”的理念联系在一起的；比较普遍的不遵守规则、不重视制度的毛病是和人格化的忠诚和“义”联系在一起的。可能真正的问题是在社会中如何使“仁义”之人更多、使自私散漫之人更少的问题，而不是完全抛掉传统的仁义观念，建立一个全新道德体系的问题。这是社会学研究应该具有历史维度的最大意义之所在。②

（原载《江海学刊》2016 年第 1 期）

① 孙立平、郭于华：《软硬兼施：正式权力非正式运作的过程分析》，《清华社会学评论》2000 年特辑。

② 周飞舟：《差序格局与伦理本位：从丧服制度看中国社会结构的基本原则》，《社会》2015 年第 1 期。

从发展社会学到转型社会学：发展研究学科范式的新探索

文 军 王 谦

发展与转型：社会学理论视阈下的重要议题

社会变迁是人类社会亘古不变的主题，对社会变迁的讨论常被置于社会学的核心。社会学作为一门研究现代社会及其变迁的独立学科，其本身就是产生于近代社会工业化和资本主义兴起这一空前的大变迁时代。在吉登斯（A. Giddens）看来，社会学正是急剧社会变迁和现代性的产物，“社会学起源于传统社会的分解和现代社会的巩固与发展过程中”①。正因如此，作为社会变迁具体面相和概念分析工具的“发展”与“转型”，从社会学诞生之日起，就与以研究现代性为己任的社会学之间有着千丝万缕的联系，成为社会学视阈下的重要议题之一。

今天，聚焦于发展研究的发展社会学已经发展成为涵盖现代化理论、依附理论、世界体系理论等在内的较为完善的社会学分支学科体系。关于社会转型的研究，也随着20世纪末全球化时代到来所引致的转型国家的快速兴起而受到越来越多学者的关注，正如亚历山大（Jeffery. C. Alexande）指出的那样，在一个逐渐全球化但仍不稳定的世界中，那些转轨社会的转型对人们理

① Anthony Giddens, *Social Theory and Modern Sociology*, Cambridge: Polity Press, 1987, p. 15.

解这些过程非常关键。[①] 社会学者对社会转型的研究，要么从宏观的视角将之视为社会发展的阶段转变，即传统社会向现代社会的发展和转变过程；要么从中观视角将之视为社会结构或社会体制发生的整体性变动；也有学者从国家社会形态更替视角，将社会转型用来特指苏联、中国这些社会主义国家正在经历的转轨过程。但无论哪一种取向的社会转型研究，大体没有脱离发展社会学长久以来形成的研究领域和理论框架而进行。[②] 然而在全球化深入推进的今天，发展社会学常因发展理论滞后于发展实践而陷入到自身的学科危机中，尽管发展社会学研究者已在努力克服旧有范式的不足以适应复杂的发展新局面，但在全球化这场深刻的社会大转型背景下，只建立起一种单一的发展研究范式来解释社会变革显然是不够的。因此，最契合当下社会变迁特点的社会转型研究，是否有可能从学科意义上成为一种新的发展研究范式值得进一步讨论。当然，这一切首先取决于回到发展与转型最初的概念指涉中，回到社会学发展的现代性脉络中去厘清二者之间的关联。

“发展”（development）在中西方的语境中，都有事物逐渐朝向好的方面变化之意，指的是事物由小到大、由简单到复杂、由低级到高级的变化。而对于“转型”（transformation），据新版《新华汉语词典》的解释，指的是社会经济结构、文化形态、价值观念、生活方式等发生转变，英文世界中则指的是人或事物发生的整体性改变。[③] 从最基本的含义看，发展与转型相比多了一层价值取向上的判断，或者说更强调一种方向性。而要进一步理清二者的逻辑联系，就得回到社会学的现代性命题上。如果对社会学的发展历程进行一番梳理的话，我们很容易发现其中贯穿的一条主线，那就是现代性的展开

① 转引自［英］威廉·乌斯怀特、拉里·雷《大转型的社会理论》，吕鹏译，北京大学出版社2011年版，第24页。

② 宏观取向和中观取向的社会转型，与社会发展关系密切。特别是从传统社会向现代社会转变的层面上使用“社会转型”概念时，几乎与社会发展、社会现代化同义，而这些都属于发展社会学研究的范畴。基于社会主义国家特殊社会转型的研究尽管与发展社会学向来强调西方发达资本主义国家发展经验的理论传统有所区别，但仍被学者视为发展社会学研究的新传统或者新议题而展开，详见孙立平《社会转型：发展社会学的新议题》，《社会学研究》2005年第1期。

③ 参见《新华汉语词典（最新修订版）》，商务印书馆国际有限公司2014年版，第264、1278页。

与反思。何谓“现代性”（Modernity）？现代性作为一个具有丰富意涵且使用频率较高的词汇，广泛存在于哲学、社会学、文学、经济学等诸多学科的学术话语体系中，用以表征一种时间、制度或精神等多维视野下具有进步意义的理性化过程。也有学者将之视为人类社会从自然地域性关联中脱域（disembedding）出来之后形成的一种新的人为的理性化的文化模式和社会运行机制。① 现代性的出现一般被认为与西方启蒙运动有关，正是启蒙运动中理性主义的传统为社会现代化过程提供了一些基本的价值尺度。② 作为现代性产物的社会学，其本身就是一门研究“何为现代性”的科学。无论是古典社会学理论，还是现代社会学理论，都是围绕着现代性的产生、发展和衍生后果而展开，关于现代性的讨论也多是建立在一种理论和实践层面的反思基础之上。哪怕是20世纪末以一种逆向思维方式否定、批判和超越现代性姿态出现的后现代思潮，在某种意义上也可以理解为从更为多元化的视角去解读和建构新的现代性，当代社会学理论对现代性本质的反思倾向也因此显得更为突出。

社会学和现代性之间这种天然联结，使得作为社会学重要议题之一的发展和转型，在探讨社会变迁问题时也始终是围绕现代性而展开，即都是置身于现代性的发展脉络中，去揭示现代社会形成背后如何可能和何以可能的逻辑。对社会学视阈中“发展”与“转型”关系的分析，也可以放在现代性的多维图景中去探讨：第一，现代性的时间维度。现代性本身隐喻了一种历史的线性时间观，现代总是相对于过去、传统、前现代等概念而言的。不管学者从何种视角来解读和反思现代性，现代性总是可以被用来指代“当前存在”

① 衣俊卿：《现代性的纬度及其当代命运》，《中国社会科学》2004年第4期。

② “现代化”和“现代性”是一对高度相关的概念。按照美国学者布莱克（C. E. Black）的解释，如果将现代性视为在政治、经济、社会各个领域发展最先进国家的特征的话，那现代化就特指这些国家获得这些特征的过程。参见［美］C. E. 布莱克《现代化的动力》，段小光译，四川人民出版社1988年版，第9、10页。“现代化”和“现代性”具有内在的一致性和统一性，作为现代社会特性的现代性是唯一的，但迈向现代社会的现代化却可以是多样的，有关“现代化”与“现代性”的关系，可详见文军《承传与创新：现代性、全球化与社会学理论的变革》，华东师范大学出版社2004年版，第29—35页。

的某种属性和状态，具有短暂性、偶然性和飞逝性，[1] 因为现代性永远在不断转变为过去和传统的过程中又不断地再生。从现代性的时间维度出发，尽管发展和转型都可以用来解释社会从“传统—现代”或者“现代—后现代”的发展转变过程，但“发展”凸显了社会变迁中现代性的线性展开逻辑，更强调传统与现代、现代与后现代之间的时间上的先后性与连续性。“转型”则与之相对，它打破了传统与现代、现代与后现代之间二元线性发展模式，使传统、现代、后现代等质素能同时并存于同一时空情境中，强调的是现代性非连续性或者断裂性的一面。[2] 第二，现代性的制度维度。现代性在具体社会变迁过程中通过一系列制度性安排得以展现，如经济上的理性化、政治上的民主化、组织上的科层化、文化上的世俗化以及公共领域的自律化等。如果说现代性的制度安排勾勒的是当下现代社会正在经历的一幅图景，那“发展”和“转型”正是对这幅图景所做出的具体阐释。区别之处在于“发展”更倾向于从纵向或者完整的社会变迁脉络中去说明现代性在经济、政治、文化、组织等领域中的制度性变化，因而更强调现代性制度性运行中稳定性的一面；而“转型”则倾向于从横向或者某段相对变动集中的社会变迁片段中去探讨现代性在上述这些领域中的制度性变化，因此更强调现代性制度运行中相对不稳定的一面。第三，现代性的精神维度。现代性代表了一种理性的精神，其特征就是一种对过去甚至对自身的批判与反思。启蒙运动以来，理性主义、普遍主义、整体主义等成为现代性的价值追求，尽管这些价值取向受到后现代的批判与解构，但这恰恰是现代性内在矛盾与张力的证明，更是现代性自我反思精神的体现。现代性的反思精神一直贯穿于“发展”和“转型”的研究中，只是“发展”的单向度趋势以及长期以来发展经验和发展模式的固化

① 最早使用“现代性”的是19世纪法国文学家夏尔·波德莱尔（Charles Baudelaire），他将现代性视为短暂的、飞逝的、偶然的，它是艺术的一半，而永恒、不变则是艺术的另一半。转引自谢立中《“现代性”及其相关概念词义辨析》，《北京大学学报》（哲学社会科学版）2001年第5期。

② 当然现代性的断裂性不只体现在时间上与历史传统的断裂，吉登斯从现代性的动力机制、制度维度以及现代性与日常生活的关联三个方面系统阐述了现代性的断裂性。Anthony Giddens, *The Consequences of Modernity*, Cambridge: Polity Press, 1990.

让发展研究在反思现代性上存在不足，建立在片面理性主义、普遍主义与整体主义之上的价值取向让发展研究容易陷入趋同化的危机中，而更具备中性取向的转型研究则有益于从趋同化的危机中脱离出来，在价值取向上更具差异性和多元化。

概言之，“发展”和“转型”是一对相互重合又各有侧重的概念。它们的重合性表现在二者均可以用来指称社会变迁从传统向现代的转变，发展是有方向的转型，转型是转变之下的发展，“发展转型”“转型发展”这样的表述方式常见诸一些学术文本中。“发展”和“转型”又各有侧重，这种侧重表现在即使它们都可以用来揭示现代社会形成的逻辑，但“发展”的本质决定了它更强调现代性展开过程中连续、稳定、单向的一面，而“转型”的特质则让它更偏向于现代性展开过程中断裂、相对不稳定以及差异化的另一面。从这个意义上说，“发展”和“转型”之间呈现出一种互补的特点。

危机与挑战：全球化背景下发展社会学的学科反思

20 世纪 50 年代兴起的致力于发展研究的发展社会学，因其产生于第二次世界大战后发展中国家普遍面临发展问题亟需理论指导这一特殊时代背景下，迅速成为当时极具影响力的显学。然而，20 世纪 80 年代以来，全球化这场涉及政治、科技、文化、经济、社会等各个领域在内全方位深刻而急剧的社会变迁，打破了发展社会学对发展实践节奏的把握，使发展社会学陷入严重的学科危机中。特别是这期间转型国家的不断涌现，暴露出发展社会学在“传统”与“现代”，“现代性的他者”和“他者的现代性”等基本问题上反思的不足。尽管发展社会学研究者在直面“转型成长中的危机”① 时一直在努力调适传统理论范式以适应新的发展，但发展社会学范式本身固有的局限却对发展社会学的未来发展构成挑战。

① 有学者认为当前发展社会学处于“转型成长中的危机”阶段，要摆脱危机就必须推动学科研究范式的变革，实现发展社会学学科研究范式的创造性转换。详见田毅鹏《发展社会学的学科危机及范式转换》，《江海学刊》2016 年第 1 期。

在前文关于发展的现代性追问中，我们发现“发展”概念本身就蕴含着一种时序模式以及向度上的展开逻辑，呈现出一种进化论意义上的叙事视角。这体现在发展社会学中，虽然发展社会学学科内部理论多元观点林立，但总体而言基本被框定于传统向现代发展，以实现社会现代化为依归的分析框架之中。发展社会学某种意义上近似于一种广义的现代化理论，关注的正是社会从传统向现代变迁的主题，只不过这种历史时间序列的变迁常被置于西方发达国家与非西方不发达国家的二元空间中去探讨，传统与现代之间的延续性、单向度发展的特点仍然得以以其他方式呈现出来——西方发达国家作为发展序列中先进、现代的一端，正是处于发展序列中传统、落后另一端的非西方不发达国家未来所要达到的目标。其中，20 世纪 50 年代以英格尔斯（Alex Inkeles）、艾森斯塔特（S. N. Eisenstadt）、列维（Marion J. Levy）等学者为代表的经典现代化理论，更是直接将传统社会的现代性转变作为研究主题，对现代化进行了全方位的解读。后来的依附理论、世界体系理论尽管理论观点有所差异，但以西方发达国家现代化发展经验为参照的“传统—现代”分析视角仍然被保留下来。在整个发展社会学现代性话语体系之下，西方发达国家和非西方不发达国家之间的关系更是被直接建构成为“现代性”与“现代性他者”之间的关系。

然而随着全球化时代的到来，转型国家不断涌现，对发展社会学传统的理论视角和分析框架造成冲击。20 世纪 80 年代后，世界上的多数国家都或多或少被卷入到这场全球化的社会变迁中，其中，以苏联解体为代表发生在波兰、匈牙利、罗马尼亚等东欧国家政治经济体制的急剧改变，让其成为这一时期较早的一批转型国家样本，从而受到发展学者的关注。对这批社会主义国家转型的研究也从一开始就被纳入到发展社会学传统的分析框架中：转型似乎印证了西方国家现代性范式的胜利，发展社会学者要研究的正是这些被称为“后社会主义”或者“后共产主义”的国家如何朝向西方资本主义的“市场和民主”转型的过程。但近三十年来东欧转型国家所经历的转型实践，却显示出多元化的转型路径和经验事实远不是传统的西方式发展模式所能解释的。特别是亚洲同属社会主义阵营的中国在经历了新自由主义全球化和世界金融危机的洗礼后依然崛起的独特转型经验，在增加了发展实践中不确定性的同时也丰富了全球化背景下转型国家的多样化形态。同样的例子发生在中东，2010 年年底开始席卷整个阿拉伯世界的中东变局，使得发生在埃及、叙利亚、利比亚等国家的民主转型曾一度被西方视为“第四次民主化浪潮”到来，① 但中东、北非地区这些转型国家近些年所经历的动荡，也充分暴露出西方式自由民主的局限，发展社会学传统的理论范式却很难对此作出合理的解释。更为重要的是，被发展社会学研究者一直视为现代性经典样板的欧美国家也陷入自身的现代性危机中，同样面临着转型的命运：2008 年开始的以欧美国家为主体的世界金融危机的爆发，正改变着西方发达国家的政治经济体系；全球性生态危机的存在也推动西方发达国家为此作出发展的结构性调整；从 2001 年美国的“9·11”事件再到 2015 年巴黎恐怖袭击以及欧洲难民危机，都在冲击着欧美发达国家现有的政治、经济、文化、人口和社会结构，欧美发达国家的现代化之路同样面临着全球化所带来的种种不确定性。② 在全球化的今天，西方国家和非西方国家社会转型过程相互交织在一起，形成了多元化的转型国家样式，③ 这些转型国家的出现，不同于历史上任何一种国家形态，它们存在于全球化的大变革浪潮中，很难用传统或现代、资本主义现代性或社会主义现代性、西方现代性和非西方现代性这些二元维度来界定清楚。

---

① 西方国家广泛使用“阿拉伯之春”来指称这场发生在阿拉伯世界的民主转型。但中东民主转型实践过程中暴露出的诸如军人干政、宗教极端主义泛滥等问题，却让西方国家抱之以希望的“阿拉伯之春”滑向“阿拉伯之冬”。参见刘中民《中东变局与阿拉伯国家的民主转型》，《当代世界与社会主义》2014 年第 1 期。

② 社会学家齐格蒙·鲍曼用“流动的恐惧”来形容全球化所带来的不确定性，没有一个稳定的结构让人们依赖或寄托人们的希望和预期，生活在其中的人们对不可控的风险充满恐惧。“人类历史上、技术上武装的最到位的一代，恰恰是被不安全感和无助感折磨得最厉害的一代。”［英］齐格蒙特·鲍曼：《流动的恐惧》，谷蕾等译，江苏人民出版社 2012 年版，第 109—110 页。

③ 有学者指出三类全球化的变迁力量相互交融、相互影响，共同塑造了今天的世界：非西方力量的崛起、环境可持续性面临的危机以及权威性来源的丧失。Prasenjit Duara, *The Crisis of Global Modernity: Asian Traditions and a Sustainable Future*, Cambridge: Cambridge University press, 2014.

全球化背景下多样化的转型实践首先引发了发展学者对“传统与现代”发展元问题的反思：传统与现代之间具有时序性且单向度的进化论式发展是否仍在继续？率先崛起的西方发达国家的现代性模式一定是非西方不发达国家发展的必经之路吗？当全球化嵌入地方情境时更强调的是西方现代化经验的普世性还是地方本土经验的独特性？[①] 全球化带来的究竟是非西方国家传统的脱嵌还是反更激发出民族国家传统的自我保护？这些问题的出现从根本上导源于全球化打破了传统与现代之间的二元对立或者连续统式的发展，使传统和现代的因素糅杂于一处，二者得以以不同的勾连方式多元共存于当下复杂的社会大转型过程中。[②] 发展社会学过去关于传统与现代之间关系的认知也因此被不断重构。鲍曼（Zygmunt Bauman）提出的“流动的现代性”（Liquid Modernity）、贝克（U. Beck）与吉登斯等人对“自反性现代化”（Reflexive Modernization）的分析对于理解社会变迁中传统与现代或者现代与后现代之间的关系提供了新的视角。[③] 如何应对全球化背景下传统与现代之间关系的多元变化，以及在此基础上对现代性做出更为合理化的解读，已成为发展社会学在解释和指导各民族国家发展实践中需要去突破的难题。

与此同时，发展社会学现代性语境中西方发达国家和非西方不发达国家之间“现代性”与“现代性他者”的关系也受到全球化的发展实践的挑战。对西方国家现代性的阐释一直是社会学的核心议题之一，虽然非西方国家的

---

① 艾森斯塔特将全球化的现代性扩张带来的究竟是趋同性还是差异性的讨论置于福山（Fukuyama，M.）的“历史终结”说以及亨廷顿（Huntington，S. P.）的“文明冲突”说之中，强调最初发端于西方的现代性在全球扩张的过程中，却在与其他体系的关联中展开了新的选择和可能性，由此而产生了多种文明的模式。这些多元的现代性同源且具有一些共同的特征，但它们迥异的意识形态和制度却早已超出了最初的西方现代性的同质化图景。S. N. 艾森斯塔特：《反思现代性》，旷新年、王爱松译，生活·读书·新知三联书店 2006 年版，第 19—34 页。

② 传统与现代之间的相互关联和影响，不仅纵向存在于民族国家内部的传统性与现代性之间，也横向存在于西方发达国家现代性与不发达国家现代性之间。

③ 参见［英］齐格蒙特·鲍曼《流动的现代性》，欧阳景根译，上海三联书店 2002 年版；Ulrich Beck，Wolfgang Bonss，Christoph Lau，“The Theory of Reflexive Modernization：Problematic，Hypotheses and Research Programme”，*Theory*，*Culture and Society*，Vol. 20，Issue. 2，2003，pp. 1—33；Ulrich Beck，A. Giddens，S. Lash，*Reflexive Modernization*：*Politics*，*Tradition and Aesthetics in the Modern Social Order*，Oxford：Polity Press。

现代化发展被纳入到发展学者的研究中，但这种研究更像为西方国家的现代性提供了合法化的注脚。换言之，非西方国家作为“现代性的他者”，其存在的意义就在于它要么作为一种反证，用来证明现代性之所以最早在西方出现就在于西方社会具备了非西方社会所不具备的某些特质，“东方的存在有助于从对立面帮助西方（欧洲）实现自我在形象、理念、特性以及经验等方面的认同和界定”[①]；要么作为一种传统“在场”的研究素材，为当下西方国家现代性的研究敞开了一扇“可以进入的历史”（accessible history）的大门。另外，西方国家和非西方国家这种现代性和“现代性他者”的关系，还表现在全球化进程中，西方国家作为现代性的主体，常被视为全球化扩张的发源地和推动力，而非西方国家在其中更像是扮演了一种现代性被动接受者的角色，或者说仅作为现代性的对象和客体而存在。而且，伴随着现代性的全球扩张，西方发达国家的意识形态得以有目的地输出到其他国家，影响着这些国家的发展。[②] 西方发达国家与非西方不发达国家之间这种现代性和“现代性他者”的关系，反映到发展社会学理论层面，更是直接表现为西方学术话语对整个发展研究的宰制。哪怕研究非西方国家独特的转型经验和事实，也是力图用西方学术话语来进行阐释，与此同时那些基于非西方国家发展的本土经验形成的学术话语却很难打破西方的话语霸权获得同等的地位。但进入 21 世纪以来包括中国、印度、巴西等非西方国家的崛起，以及不同国家在地方本土经验融入全球化过程中呈现出来的多元化社会转型之事实，暴露出了发展社会学在“他者的现代性”上反思的不足。今天，越来越多的发展学者开始尝试从非西方国家的立场出发来研究“他者的现代性”问题，然而对于发展社会学而言，要真正实现从“现代性的他者”到“他者的现代性”的跨越，需要面对的问题要复杂得多，它不是用简单“多元现代性”的表述就能轻松抹去

---

① Edward W. Said, *Orientalism*, New York: Pantheon Books, 1978, pp. 1—2.

② 皮埃特斯提出的发展理论七大维度中，其中一个维度强调的就是发展理论反映了某种特权利益的诉求或带有某种文化价值倾向，即理论具有意识形态特点。具体参见 Jan Nederveen Pieterse, *Development Theory: Deconstructions/Reconstructions*, London: Sage Publications, 2010, pp. 8—9。

长久以来西方中心主义对整个学科造成的根深蒂固的影响。这不仅表现在发展实践中西方国家的现代性仍然是今天许多非西方国家力争效仿的目标，更表现在发展理论阐释中西方学术话语体系仍然牢牢占据主流地位。

总之，为了应对复杂且多元的全球社会大转型，我们看到发展社会学为之做出的各种反思性的努力，发展社会学通过不断调适传统的研究范式以尽可能摆脱发展理论与发展实践相脱节的危机。今天的发展社会学经历了从重视经济发展向重视社会发展的转向，还经历了从一味批判向自省、从宏大理论叙事向微观经验探究的转向，经历了从非历史分析重回历史分析、从市场导向重回国家导向的转向，经历了从单一学科视角向跨学科视角等一系列转向①，理论多元化的特征愈发明显。但与此同时，我们也看到由于发展概念本身所蕴含的一种时序性、方向性的基本特质，加之西方发达国家的现代性无论是从发展先机还是发展程度方面都长期居于优势地位这一客观事实，发展社会学在研究社会变迁时形成的“传统与现代”进化论视角以及西方中心主义的叙事风格尽管在全球化的洗礼中受到一定程度的消解，但却还很难一时被彻底突破。从某种意义上，发展社会学多元化的调适和发展本身依旧没有从根本上改变它作为一种单一的“建立在现代社会基础之上强调传统到现代、西方国家现代性到非西方国家现代性单向发展”的现代性研究范式这一事实。

转型社会学的形成、发展及当代价值

作为现代性产物的社会学，现代性本身就构成了社会学逻辑起点和核心主题，社会学的产生和发展均是围绕着现代性的具体实践而展开，社会学同时也是一门对社会实践具有反思性的科学。如果说发展社会学产生源于发展中国家建设现代性的需求，那转型社会学的兴起则是对全球化进程中转型国家的现代性所作出的一种新回应。正是全球化背景下转型国家的不表征，推动了转型社会学的形成和发展，转型社会学关注的正是全球化背景下的社会

① 文军、王谦：《在反思中前行：西方发展社会学理论的新进展》，《江海学刊》2016 年第 1 期。

转型，尤其是介于传统与现代之间转型国家的多元现代性问题。

当然，如果从最宏观的视角来界定社会转型，即将社会转型视为社会从传统向现代或者从现代向后现代转变的社会变迁过程，社会学对社会转型的研究从社会学成立之日起就开始了——无论是古典社会学时期斯宾塞（H. Spencer）的“军事社会”和“工业社会”、滕尼斯（F. Tönnies）的“共同体”和“社会”、迪尔凯姆（E. Durkheim）的“机械团结社会”和“有机团结社会”、韦伯（M. Weber）的“宗法社会”和“理性化社会”，还是现代社会学阶段帕森斯（T. Pasons）建立在五个模式变项上对传统社会和现代社会的区分，[①] 或是当代社会学时期贝尔（D. Bell）的“工业社会”和“后工业社会”、贝克的“第一现代社会”和“第二现代社会”等，都是对广义的社会转型所做出的种种尝试性的解读。与这类研究高度相关的是从中观视角即从横向社会结构发生的转变来展开对社会转型的研究，如探讨构成社会的政治领域中的民主转型问题，探讨构成社会的经济领域中的市场转型问题等。[②]

在社会学关于“社会转型”的研究中，还有一类研究是以苏联、中国和东欧国家特殊的社会转型实践作为研究对象的。20 世纪 80 年代后，发生在上述社会主义国家的社会转型开始吸引了部分西方学者的注意。围绕这些转型国家的研究，在国际社会学界形成了真正意义上的转型社会学研究领域，其中以伊亚尔（Gil Eyal）、唐斯利（Eleanor Townsley）和塞勒尼（Ivan Szelenyi）为代表的“新古典社会学”（Neoclassical Sociology）学者，试图在研究这些社会主义国家社会转型的基础上，“理解资本主义和社会主义之间以及各种后共产主义政体之间的系统性差异”[③]。他们强调资本主义的多样性，力图

① 在帕森斯的行为模式变项中，“情感性、特殊性、先赋性、集体趋向、扩散性”代表了传统社会的一端，而“非情感性、普遍性、自致性、个人取向、专一性”代表了现代社会的另一端。

② 有关发生在政治领域和经济领域的转型研究，具体分析可参看王金红、黄振辉《从政治发展到政治转型——当代民主化进程研究的范式转移》，《开放时代》2009 年第 7 期；王曙光《转型经济学的框架变迁与中国范式的全球价值》，《财经研究》2009 年第 5 期。

③ ［美］伊万·塞勒尼等：《新古典社会学的想象力》，吕鹏、刘建洲等译，社会科学文献出版社 2010 年版，第 1 页。

把正在发生转型的苏联、中国、东欧等社会主义国家纳入到资本主义的框架中。[①] 还有一类是以布洛维（Michael Burawoy）为代表被称为“社会学的马克思主义”（Sociological Marxism）学者，同样关注了发生在这些社会主义国家的转型。布洛维在波兰尼（Karl Polanyi）“大转变”基础之上提出了“第二次大转变”的概念，用来指称发生在这些社会主义国家的转型[②]，只不过与新古典社会学者的不同之处在于其对资本主义是持批判和否定立场的，社会学家要做的就是通过社会学的创新和变革来迎接这场转型，强调的是国家转型过程中底层民众的视角。

长期以来社会学对社会转型的研究，始终被置于发展社会学的理论框架之下进行，而且这些研究多集中于西方学者对广大发展中国家社会转型的探究。但在全球社会变迁加剧的背景下，转型国家已经远远超出了发展中国家的范围，成为一个遍及全球的普遍现象。转型社会学一直关注的苏联、中国、东欧等社会主义国家的转型也只是全世界正在发生的社会转型的表现和例证之一。[③] 2003 年，国际社会学协会下的 RC09 研究委员会正式更名为“社会转型和发展社会学”研究协会，专门研究发生在世界各地的转型和发展实践。该委员会认为社会转型研究既适用于北半球也适用于南半球。学者对西方发达国家社会转型的研究以及非西方国家本土学者基于本国特殊社会转型经验的研究也开始增多，其中比较有代表性的如斯蒂芬（Stefan Immerfall）等人对

① 塞勒尼等人将这些国家的转型进行了类型划分：以中国为代表的东亚国家自下建立的资本主义，以俄罗斯为代表的东欧国家自上建立的资本主义，以中欧国家为代表的由外到里建立的资本主义。King Lawrence Peter, Ivan Szelenyi, Max Weber's Theory of Capitalism and Varieties of Post - communist Capitalism, First draft paper presented at the 2004 *Annual Convention of the American Sociological Association*, San-Francisco. 转引自郭于华《转型社会学的新议程》，《社会学研究》2006 年第 6 期。

② Michael Burawoy, “A Sociology for the Second Great Transformation?” *Annual Review of Sociology*, Vol. 26, 2000, pp. 693—695.

③ 发生在这些社会主义国家的市场转型，并不是一个个孤立事件，而是构成了整个世界经济市场化转型过程的一个组成部分而已。参见谢立中《迈向对当代中国市场化转型过程的全球化分析——一个初步论纲》，《求实》2016 年第 2 期。

21世纪欧洲国家社会转型的研究[①]，以及中国学者对本国社会转型的研究等。[②] 当全球化改变了发展社会学所植根的环境并暴露出发展社会学研究范式固有的局限，当各民族国家的社会转型变得越来越复杂多元且扑朔迷离，转型社会学研究是否有必要从发展社会学学科中脱离出来，成为独立的发展研究范式？对这个问题的回答也许可以从转型社会学所具备的当代价值入手。

首先，在一个逐渐全球化但仍不稳定的世界中，转型社会学研究无疑更契合当下社会变迁的特点。全球化从横向说，是一场牵动经济领域、政治领域、文化领域、生态领域等多个领域在内的全方位、复杂的、整体性的社会变迁过程，而且这一变迁跨越了地方、民族国家、区域空间、全球多个层次。从纵向来说，全球化可以被视为一场联系过去与未来的过渡转型阶段[③]，全球化背后多重力量相互作用的结果，使全球化变得充满了矛盾和种种不确定性，兼具单一化与多样化、国际化与本土化、一体化与碎裂化、集中化与分散化等特点。未来社会将会如何，全球化的社会变迁又将走向何处，这对于身处大转型背景中的人们来说很难给出标准化的答案。正因如此，与“发展”所蕴含的价值向度上的判断以及更强调现代性展开中连续、稳定、单向度特征不同，“转型”概念本身的中立性以及强调断裂、不稳定以及差异化的特点，使得转型社会学研究可以以一种更包容和更开放的视角对待全球化背景下的一切社会转型现象，也因此更契合当下社会变迁的时代特点。

其次，在对待传统与现代的关系问题上，转型社会学可以突破发展社会

① Stefan Immerfall，Göran Therborn，*Handbook of European Societies – Social Transformations in the 21st Century*，New York：Springer，2010.

② 中国的社会转型研究大体始于20世纪80年代，吸引了包括郑杭生、陆学艺、李培林、孙立平等社会学者的关注，并产生一些颇具影响力的成果。其中较早明确提出“转型社会学”设想的学者是唐魁玉（参看唐魁玉《关于建立“中国转型社会学”学科的设想——兼评90年代中国社会转型研究》，《中国矿业大学学报》2000年第3期）。清华大学的孙立平、沈原、郭于华、吕鹏等学者也致力于“转型社会学”的研究，他们主张将“转型社会学”作为一种理论视角来研究社会转型的过程，特别是研究当代社会主义文明的历史变迁过程。

③ 在这里使用“过去”与“未来”而不是使用“传统”与“现代”的维度，原因就在于要弱化全球化在传统发展研究视阈中所兼具的某种价值趋向的特点，即认为全球化的社会变迁在经历了动荡不稳定的阶段后，会朝向某种稳定且更高级的社会发展阶段迈进。

学在传统与现代关系视角上的局限。在全球化的今天，传统与现代之间呈现出来的复杂关系不再是简单的二元对立或者线性发展，取而代之的是传统与现代之间的相互融合相互建构①，二者以不同的勾连方式多元共存于当下复杂的社会大转型过程中。发展社会学在反思“传统与现代”的关系问题上，虽然用空间上的共时性打破了其时间上的延续性，强调现代的多种可能，但由于“发展”概念本身的局限，使发展社会学在研究当代社会变迁问题时始终很难彻底摆脱传统与现代之间的二元线性发展模式的束缚。“转型”之“转”以一种方向上的改变和不确定性，打破传统与现代之间的这种线性的延续关系，使得转型社会学可以突破发展社会学的局限，专注于研究当下融传统与现代于一体的社会转型。

再次，将转型社会学从传统的发展社会学学科体系中独立出来，有助于弱化西方中心主义的影响。西方发展社会学从建立之初开始，西方中心主义的影响始终挥之不去。这期间伴随着发展实践情境的改变，发展社会学学科也在尽可能地进行自我调适并朝多元化的方向努力，但长久以来根深蒂固的西方中心主义传统仍然对发展社会学的理论框架和研究体系造成影响，发展社会学体系之下西方国家和非西方国家之间“现代性”和“现代性他者”的关系很难被彻底打破。在这一背景下，如果转型社会学研究仍然只是作为发展社会学学科体系之下的一种理论视角或者研究领域而存在，那几乎可以预见这种社会转型研究仍然摆脱不了西方中心主义的干扰。因此，只有将转型社会学从发展社会学的学科体系中剥离出来，建构自己独立的研究范式，以一种更为中立和平等的视角客观地对待全球化背景下各民族国家正在经历的社会转型，非西方国家“他者的现代性”问题才能真正得到重视，西方中心主义对发展研究范式的影响才有可能得到最大限度的消解。毕竟，转型社会学研究范式最大的特点就在于它相对于发展社会学而言所具有的价值祛魅功能。

---

① 郑杭生教授提出“现代是成长的，传统是被发明的”的观点，强调传统与现代的互构共变的辩证关系，正是对待传统与现代关系问题上一个极富启发性的视角。参见郑杭生《论“传统”的现代性变迁——一种社会学视野》，《学习与实践》2012 年第 1 期。

最后，转型社会学研究范式的建构，可以打破传统发展社会学学科体系下西方学术霸权对发展研究的宰制。西方学术话语体系下成长起来的发展社会学在探讨非西方国家的发展问题时也习惯于用西方的理论图式来进行解释。在这种学术氛围中，非西方国家建立在本土转型经验基础之上的学术话语体系很难获得平等的地位。而在全球化背景下建立起来的转型社会学研究范式，则可以以一种更为平行的视角来看待发生在西方发达国家尤其是非西方国家的社会转型，通过对“主体间性”（inter－subjectivity）的强调，突出转型研究中非西方学术话语与西方学术话语之间的相互影响。因此，从这个意义上说，转型社会学学科范式的构建，特别是非西方国家具有本土特色的转型社会学研究范式的构建，对于挖掘非西方国家学术话语在整个发展研究中的价值有着特殊的意义。

当发展社会学的多元化调适依旧很难突破和改变其作为单一“现代性研究范式”存在的事实，转型社会学从当下社会转型的现实出发，通过对全球化背景下复杂社会变迁特点的把握，以更为中立和平等的视角看待传统与现代、西方国家与非西方国家之间关系，从而使传统与现代、西方国家现代性与非西方国家现代性得以相互融合彼此建构，多元共存于当下复杂的社会转型过程中，展现出“多重现代性研究范式”的特点。

范式转换：发展研究学科新范式的构建

在当代发展研究中，无论是将全球化视为现代性扩展的结果，抑或是将全球化视为通往现代性的条件，这场全球化的社会变迁对身处于其中的任何一个民族国家而言其影响都是复杂而深远的，全球化通过脱域的生产消费链条、无地的资本、无家可归的主体以及流动的全球网络，在避开场域的同时又在重构着场域①，各民族国家的现代发展和转型也因此比以往任何时候都表

① ［英］威廉·乌斯怀特、拉里·雷：《大转型的社会理论》，吕鹏译，北京大学出版社 2011 年版，第 136 页。

现出更为多元化的特征和彼此之间日益加深的关联性。面对如此复杂的社会变迁过程，人们很难只依靠某一种单一的研究范式就能对之进行全面的解释。今天的发展研究已经形成涵盖发展政治学、发展经济学、发展社会学、发展伦理学、发展哲学等在内的多个学科方向，就发展社会学学科而言，正是因为“转型”与“发展”所具有的不同意涵以及建立在此基础之上的“转型社会学”相对于“发展社会学”而言所具有的独特价值，有必要建构起“转型社会学研究范式”，从而实现发展研究从发展社会学向转型社会学研究范式的一种转换。

范式转换的发生在范式的提出者库恩（T. S. Kuhn）看来，往往产生于危机的出现。当科学共同体在常规科学研究时期，发现一些新的现象和事实无法用现有的范式进行很好的解释，即出现了“反常”，而当这种“反常”发展到一定阶段并让科学共同体对既有的范式产生怀疑时，科学的危机就出现了。危机的出现让人们去探索新的研究范式，在这个过程中科学革命得以发生，范式转换也得以形成，“一种范式通过革命向另一种范式的过渡，正是成熟科学通常的发展模式”①。发展研究中发展社会学向转型社会学研究范式的转换，本身正是学科成长和成熟的表现。需要指出的是，这里所强调的发展研究范式的转换，既不是要用转型社会学研究范式彻底否定和代替发展社会学研究范式，也不是像过去那样只是在发展社会学学科内部进行一般意义上的理论范式调适，而是将转型社会学研究范式视为对发展社会学研究范式的有益补充，将转型社会学从传统的发展社会学学科体系中脱离出来，并将其作为发展研究的一种新的研究范式进行建构。究其原因，主要在于转型社会学研究范式的构建，不仅丰富了传统发展社会学的内容和样式，弥补了发展社会学固有学科范式的不足，而且在发展空间形态上推动发展研究呈现出更加立体化、多样性共存的态势，转型社会学和发展社会学之间的互补性，共同构成了社会学一级学科体系下社会发展研究的完整图景（见表1）。

---

① ［美］托马斯·库恩：《科学革命的结构》，金吾伦、胡新和译，北京大学出版社2003年版，第11页。

表 1　　**两种发展研究范式之比较**

主题	发展社会学	转型社会学
研究对象	社会发展（聚焦于现代社会变迁中连续、稳定、单向度、历时性的一面）	社会转型（聚焦于现代社会变迁中断裂、相对不稳定、多向度、共时性的一面）
实践基础	从传统社会到现代社会的变迁	介于传统与现代之间的转型社会（国家）的转型发展
分析单位	建立在地域边界基础上的民族国家	逐渐弱化的民族国家边界，涉及地方、民族国家、区域空间、全球社会多个层次
产生背景	单极化、霸权主义	多极化、全球化
传统与现代的关系	强调传统与现代之间的二元对立或者连续统的发展	强调传统与现代之间相互融合、相互建构
现代性发展模式	西方中心主义/强调现代性发展中的主客体关系	去中心化/突出现代性发展中的主体间性
理论建构	西方学术话语影响下的理论建构	强调本土经验基础之上的理论建构，突显非西方学术话语的重要性
理论倾向	价值预判	价值祛魅
研究方法	比较研究/跨学科研究/结构、制度研究等	比较研究/一体化学科研究/实践、过程研究等
范式特点	单一现代性研究范式	多重现代性研究范式

当然，一门新的学科范式要得以建立，首先必须获得学术共同体的普遍认可。而且，范式的转换和更替也离不开流行理论、经验数据以及社会舆论

三者间的互动。[①] 不可否认，转型社会学研究至今仍然没有形成一个学术共同体公认的范型，目前也缺少较为成熟和有影响力的转型社会学理论，但这并不能成为放弃探讨转型社会学范式建构的理由。毕竟，已有越来越多的学者开始关注和介入社会转型议题的研究，社会转型研究领域中不断涌现的成果也为转型社会学研究提供了丰富的经验素材。当发展社会学学科危机暴露出旧范式固有的不足以及该领域范围内学术共同体对当下正在发生的全球社会变迁存在越来越多争议的时候，这恰恰为新范式的酝酿和构建提供了可能。转型社会学对于整个发展研究所具有的独特价值已不言而喻，问题的关键在于作为一门独立范式的转型社会学应该如何来构建。我们认为至少可以围绕以下几方面来展开：

1. 转型社会学的学科特色。转型社会学最大的学科特色，源于它对西方国家现代性的价值祛魅。在转型社会学范式的建构中，保持客观、中立地对待每一种类型的社会转型，承认社会转型有进步、倒退甚至停滞不前的任一可能，在全球化背景中强调传统与现代以及各民族国家现代转型过程中的相互作用和相互建构，是转型社会学必须坚持的核心原则。

2. 转型社会学的核心概念。社会转型无疑构成了转型社会学研究的核心概念，它同时也是转型社会学的研究对象。无论是从宏观、中观还是微观层面解读社会转型，学术界对于社会转型的界定和使用是存在诸多争议的，这一方面反映了实践过程中社会转型的复杂程度亟须理论的指导，另一方面也从不同侧面丰富了人们对社会转型的认知。对社会转型形成一个学科共同体普遍接受的解释对于转型社会学的建构来说虽然必要但并非当务之急，而以一种开放的态度去对待和整合各种社会转型概念也许才是当下转型社会学建构过程中应该持有的立场。但社会转型突出的是社会变迁过程中相对不稳定的时期这一点是必须强调的。

---

① 在美国社会学家赵文词（Richard Madsen）看来，流行理论、可获得的经验数据以及社会舆论之间的互动，影响到了学术范式的更替。转引自周晓虹《社会转型与中国社会科学的历史使命》，《南京社会科学》2014 年第 1 期。

3. 转型社会学的方法体系。在研究方法的建构上，转型社会学与发展社会学的许多方法其实是相通的，都强调对不同主体之间的比较研究，强调跨学科方法的吸收和使用。与发展社会学更强调对社会发展现象进行结构性研究和制度性研究的不同之处在于，转型社会学尽管也涉及社会转型过程中的结构和制度研究，但由于社会转型的变动性和多元化特质以及转型社会学研究范式整体表现出来的中立取向，聚焦于每一类社会转型动态的实践过程更有益于发现其中的运作规律和特点，因此强调的是一种实践研究、过程研究的方法。在过程研究中，叙事性解释（narrative explanation）、个案研究、类型学划分等都是研究社会转型常用的方法。[①] 此外，在跨学科研究的基础上，面对多重现代性的社会事实，转型社会学将更加突出“一体化的学科方法”（unidisciplinary approach）。

4. 转型社会学的构成体系。社会转型的内涵、特征、类型、过程、动力机制以及转型目标等可以构成整个转型社会学研究的框架体系。其中，社会转型内涵、特征、类型作为转型社会学的静态构成，对其研究可以置于具体的情境中从纵向的历史维度和横向的结构维度来进行——在历史进程中去明晰社会转型所处的位置和所呈现出的阶段性、方向性、程度上的改变，在不同层级、不同社会结构领域中去把握每一类社会转型的具体变化和特点。另外，社会转型的过程和动力机制作为转型社会学的动态构成，揭示的正是社会转型背后实际运作的逻辑和各种转型力量的较量。由于社会转型充满了不确定性和复杂性，对社会转型过程和动力机制的研究虽然对预测转型之后的社会将会怎样不一定会帮助很大，但对社会转型过程和动力机制的研究却可以帮助人们认清社会转型所处的阶段性特点，以便及时发现和确认一些有益于该社会转型朝向可预期目标方向发展的要素，从而使社会转型具备向该目

① John Grin, Jan Rotmans, Johan Schot, *Transitions to Sustainable Development: New Directions in the Study of Long Term Transformative Change*, New York: Routledge, 2010, pp. 97—100.

标发展的可能。[1] 显然，这里涉及对社会转型目标的讨论问题。由于社会转型过程充满了不确定性，如果说转型社会学与发展社会学相比最大的学科特色在于价值祛魅，在于不事先预设某一带有价值判断的现代性发展目标作为导向，那还有必要在转型社会学体系的建构中探讨社会转型的目标问题吗？对于这一问题的回答是肯定的，转型与发展同作为社会变迁的具体面向，尽管它与发展相比突出的是社会变迁中相对不稳定和断裂的一面，强调的是以一种客观中立的视角对待一切社会转型现象，但这并不意味着社会转型是没有任何方向性的转型。社会转型目标的设立对于社会转型的实践有着重要的指导意义，在这一点上，转型与发展是殊途同归的，只不过与发展社会学中突出西方现代性的价值参照不同，转型社会学中社会转型目标的确立，强调的是转型主体立足于自身结构性变化的社会实践特点，建构出具有自己特色的转型目标，这一目标有可能是政治、经济、文化、社会、生态等多个领域之间的相互协调和共生发展，其在某个阶段表现为一种可持续的、相对稳定的社会形态。

（原载《江海学刊》2017 年第 1 期）

---

① John Grin 等学者将社会转型过程视为连接两个相对稳定的动力均衡系统的一个中间状态，它是非线性且充满多种变化的可能。社会转型的动力系统包括三种维度：转型速度的改变、转型程度大小的改变以及转型周期（time period）的改变（转型周期又分为四类：朝向稳定期发展的转型、相对固化期的转型、发生倒退或反弹的转型、系统走向衰退期的转型）。每一类社会转型在上述三个维度的复杂变化共同决定了社会转型最终发展成为哪一种动力均衡系统以及向该系统转变的具体路径，而且通往同一种动力均衡系统的路径也可能是多样化的。John Grin，Jan Rotmans，Johan Schot，*Transitions to Sustainable Development：New Directions in the Study of Long Term Transformative Change*，New York：Routledge，2010，pp. 126—131.

政治学篇

民主集中制与国家政权建设

张永桃

民主集中制是民主基础上的集中和集中指导下的民主相结合的制度。它是中国共产党的根本组织制度和领导制度。党在全国执政以后，把这种制度运用于政权建设，在国家机构中实行民主集中制的原则。民主集中制在我国写进了党章，载入了宪法，具有党纪国法的崇高地位。邓小平同志指出，“民主集中制是党和国家的最根本的制度”，坚持和完善这一制度，“是关系我们党和国家命运的事情。”[①] 在当前“继续推进政治体制改革”、发展社会主义民主政治过程中，要进一步坚持和完善民主集中制，并把这一制度和原则全面运用于国家政权建设，以巩固和完善我国的社会主义民主制度。

按照民主集中制原则，坚持和改善共产党对国家政权的领导

现代民主国家，都实行政党政治，由政党领导或控制国家政权。当代中国实行的政党制度，是共产党领导的多党合作和政治协商制度。作为国家唯一执政党的共产党，对国家政权拥有全面的领导权。这是毫无疑问的。问题是共产党按照什么原则、采用什么方式来实现对国家政权的领导。

共产党组织不是国家政权机关，不具有直接行使国家权力的职能，它不能代替国家政权机关直接从事国家管理工作。党对国家政权机关的领导，主要是一种政治路线、政治方向、政治原则和重大决策的领导以及向国家机关

---

① 《邓小平文选》第一卷，人民出版社 1994 年版，第 294 页。

推荐重要干部。党按照民主集中制原则，把党对重大问题的意见、主张、决定等经过法定程序变成国家意志，通过党组织的活动和党员的模范作用，带领广大人民群众，在国家和社会管理各个领域全面贯彻实现党的路线、方针、政策。在这里，民主集中制的民主，就是各级党组织广泛听取党员和人民群众的意见，充分反映他们的意愿，充分尊重国家机关法定的权力和职能，充分发挥他们独立开展工作的积极性和创造性；民主集中制的集中，就是把人民的意愿、利益和智慧整合、凝聚起来，经过法定程序变成国家意志，变成党和国家的路线、方针、政策，并在行动中高度一致地贯彻执行之。实行这样一种符合民主集中制原则的领导制度和领导方式，有利于充分体现人民群众的利益和意志；有利于国家机关依法履行自己的职能，做好自己的本职工作；有利于党的路线、方针、政策的正确制定和执行，发生失误也能较快得到有效的纠正；也有利于坚持“党要管党”的原则，加强党的自身建设，不断提高领导水平和执政水平。

在共产党领导国家政权问题上，坚持和完善民主集中制，一是要牢固树立党必须领导国家政权的观念。执政党就是执掌国家政权的党。共产党的领导地位和领导作用，就是通过对国家政权的全面领导体现和发挥出来的。在这里，党的权力、国家的权力和人民的权力是融为一体的。共产党执政就是领导和支持人民掌握管理国家的权力，保证人民依法享有广泛的权利和自由，保证人民依法管理国家和社会事务。二是要坚持实行“党政分开”。邓小平同志多次强调党政分开是政治体制改革的首要问题，是关键。因为政党组织和国家组织所涉及的权力并非是同一性质、同一类型的权力，一个是政党的权力，一个是国家机构的权力，这两种权力是紧密相联系的，但又是不可混淆的。由于权力系统不同，它们所承担的职能也是不一样的，一个是以自己正确的理论和路线领导和支持人民掌握和管理国家权力，另一个是按照党的理论和路线直接行使国家权力，组织国家管理和社会管理，这两种职能是紧密相联系的，但又是不能等同的。党政不分、以党代政，实质上就是混淆两种权力，把两种不同的职能等同起来，其结果造成邓小平同志反复讲的“权力过分集中”的问题。而“权力过分集中”正是违反民主集中制的表现和结果。

按照民主集中制原则，建立和完善国家权力结构体系和权力制约机制

共产党在中国执政后，就按民主集中制原则，组建同人民民主专政的国体相适应的国家权力结构体系。这种权力结构根本不同于“三权分立”体制，而是由按民主集中制原则建立起来的人民代表大会统一掌握行使国家权力，再由各级人民代表大会按民主集中制原则产生同级其他国家机关，并对它们实行监督。“一府两院”等国家机关对同级人大及其常委会负责，而不能反过来监督、制约人大及其常委会。可见，我国国家权力结构的最大特点是“权力合一”，即由人民选举出来的人民代表大会把立法、行政、司法等全部国家权力统一掌管起来，在此前提下，政府、法院、检察院等国家机关依照人大赋予的职权独立开展工作，并接受人大的监督。

在国家权力结构问题上，进一步完善民主集中制，应着重解决以下几个问题：

第一，严格按照民主集中制原则，选举产生各级人民代表大会，使它们成为人民完全可以信赖的、真正代表人民利益的工作机关。这里的关键在于选举制度的完善；而完善选举制度的关键在于全面贯彻民主集中制原则。无论是直接选举还是间接选举，无论是人民代表的选举还是常委会的选举，都要按照民主集中制的要求，充分发扬民主，充分反映民意，充分体现民心，在此基础上集中出人民的权力机关。我国选举制度几经改革，在这方面已有不少进步，如将直接选举范围扩大到县一级、实行差额选举、一律实行无记名投票、选民或代表有权按规定推荐候选人等。但从实际情况来看，某些具体的选举办法、选举程序还存在许多不完善的地方，已有的一些比较好的制度和规定也没有得到全面有效的贯彻，候选人的“指定性”过强，选举人选择余地偏少，候选人介绍方法过于简单，选民盲目投票现象还比较突出。这些都得依照民主集中制原则继续加以改革和完善。

第二，严格按照民主集中制原则，人民代表大会作为国家权力机关依法

组织其他国家机关。人民代表大会的这一职权，同样是人民的权力的委托行为，所以也要充分体现人民的意愿和意志，保证我们的政府是人民的政府，我们的法院、检察院是人民的法院、人民的检察院。比较而言，我们对人民代表的选举比较重视，选举的民主程度也有较大提高，而对人民代表大会及其常委会选举或决定政府组成人员以及“两院”领导人，重视不够，研究甚少，透明度差，存在着不少值得进一步探讨的问题，比如怎样按照民主集中制原则完善候选人酝酿、产生的办法以及操作程序，要不要及如何实行候选人“述职制”和对领导人实行弹劾制，等等。这些也都得从符合不符合民主集中制的高度来思考和获得正确答案。

第三，严格按照民主集中制原则，人民代表大会及其常委会依法对“一府两院”实施有力监督，完善国家权力制约机制。依照我国宪法和法律，人民代表大会作为国家权力机关，对政府和司法机关实行法律监督和工作监督。这种监督是一种国家权力的监督，是一种“以权制权”的监督，在整个监督系统中应该是最有权威性的。但实际情况同法律上的规定有较大的距离，人大及其常委会的权力监督作用没有得到充分有效的发挥。人大监督组织和监督制度的不完善，可能是一个重要原因。有不少同志建议设置或强化宪法委员会、司法委员会、任免委员会等专门监督机构，完善一些具体的监督制度和办法，这对加强人大的权力监督，无疑是十分重要的举措。但我认为，最重要的可能还是在国家生活中真正确立起人民代表大会的法律地位，使人大的实际地位和它的法律地位相一致。要达到这一点，根本的办法是加强法制建设，增强法律的威严，确立宪法的最高权威，坚持法律面前人人平等，任何人、任何组织都没有超越法律的特权。

按照民主集中制原则，科学组织国家管理，推进决策科学化民主化

按照民主集中制原则组建起来的国家机关，在其全部管理活动中，同样也要贯彻这一原则。在国家行政管理活动中贯彻民主集中制原则，主要表现为：（1）国家行政机关在党的领导下，充分行使宪法和法律规定的职权，独

立开展对国家行政事务的管理。（2）国家行政机关作为国家权力机关的执行机关，对人民代表大会负责，接受它的监督。（3）在中央与地方、上级与下级行政机关之间，实行下级服从上级、地方服从中央的组织原则，保持政令统一，维护中央权威；中央、上级也要尊重地方、下级应有的权力和利益，充分调动和发挥他们的主动性和积极性。（4）国家行政机关内部实行集体领导和首长个人负责相结合的领导体制。（5）在国家公务员管理中，依法保障和实现权利和义务的统一。

国家管理中贯彻民主集中制原则，还有一个极为重要的问题，就是推进决策的科学化、民主化，不断提高决策水平和工作效率。毛泽东同志在谈到民主与集中的关系时，特别强调集中必须建立在广泛民主的基础上，他说："如果没有民主，不了解下情，情况不明，不充分搜集各方面的意见，不使上下通气，只由上级领导机关凭着片面的或者不真实的材料决定问题，那就难免不是主观主义的，也就不可能达到统一认识，统一行动，不可能实现真正的集中。"[①] 在决策的科学化与民主化的关系上，首先要做到民主化。没有民主化，就不可能解放思想，实事求是，广开言路，了解民情，反映民意，集中民智，当然也就不会有决策的科学化。反过来说，没有科学的理论和知识，没有科学的技术和方法，也难有真正的民主和正确的决策。要实现决策的科学化、民主化，必须按照民主集中制原则，逐步形成民主与科学、决策与法制相结合的决策机制，使决策工作制度化、法律化。这里，要重视和解决好两个密切相关的问题：一是要使广大人民群众参与决策和管理的民主权利依法得到保障；二是要使各级国家机关及其领导人的决策权力依法受到限制和监督。只有这样，才能使我们的决策建立在广泛的民主基础上并能避免权力滥用而达到科学化。

---

① 《毛泽东著作选读》（下册），人民出版社 1986 年版，第 818 页。

按照民主集中制原则，正确处理人民内部矛盾，调动社会各阶层群众的社会主义积极性

正确认识、把握和处理社会各阶级、阶层的关系，是国家政权建设的一个重要问题。我国现阶段，虽然还存在着特殊形式的对抗性政治关系，但已处于从属地位，占主导地位的是各劳动阶级以及劳动者内部各阶层之间的关系。在劳动者阶级、阶层之间，起主导作用的是建立在根本利益一致基础上的合作与联盟的关系，但也存在着差别和矛盾。随着经济市场化进程的加快和深化，这种差别和矛盾呈现出多样性和复杂性的趋势。正确处理和协调人民内部的各种复杂的关系和矛盾，对于巩固人民民主专政的国家政权，维护社会安定团结，调动全体人民群众的社会主义积极性，促进社会经济发展，有着十分重大的意义。

按照民主集中制原则正确处理人民内部的关系和矛盾，主要体现在两个方面：一是承认差别，依法保护差别；二是利益整合，走共同富裕道路。在社会主义初级阶段，我国实行两项基本经济政策，即公有制为主体、多种所有制经济共同发展和按劳分配为主体、多种分配方式并存结合。所有制关系上的“共同发展”和分配制度上的“并存结合”，构成我国现阶段经济关系的本质属性和基本特点。坚持和完善这种经济关系，有利于生产力的发展，有利于人民生活水平的提高。在这样的经济关系下，社会各劳动者阶层在对生产资料和其它生产要素的关系上，在职业分工、劳动方式、分配交换方式等方面必然存在着差别，由此又造成在收入来源、富裕程度、生活方式、社会作用等方面的差别。种种差别，归根到底是利益的差别。在社会主义初级阶段，这种差别具有必然性、必要性，因而是合理的。从政治上讲，承认这种差别，依法保护这种差别，就是民主。只有实行承认和保护差别的民主政策，才能调动广大人民群众的社会主义积极性。但是，共产党领导的人民政府，在承认和保护差别的同时，又必须采取适当的政策对劳动者阶层之间利益差别进行必要的调控。调控的方向是朝着共同富裕的目标进行利益整合。

利益的调控和整合，就是集中。这种集中，是符合社会主义原则和全体劳动人民根本利益的，因而是正确的和必须坚持的。正如邓小平同志指出的："社会主义与资本主义不同的特点就是共同富裕，不搞两极分化。"① 从承认和保护利益差别到实行利益调控和整合，就是贯彻民主集中制的过程，也就是按照民主集中制原则正确处理人民内部矛盾的过程。

市场经济带来的经济利益的多元化，不可避免地要反映到政治生活领域。各个社会阶层或利益群体，为了实现和保护自己的利益，必然会通过自身的力量、地位及其活动影响政治决策，使之朝着有利于自己的方向发展。随着政治体制改革向前推进，民主日益发展、扩大，人民群众有了更多的知情机会和参与条件，这会使不同利益群体间的矛盾明朗化甚至公开表现出来。这是民主化进程中难以避免的正常现象。对于这类情况，党和政府也要按照民主集中制原则进行协调和引导，以保证社会的安定团结和现代化建设的顺利进行。

按照民主集中制原则，继续改革和完善国家的政治体制和领导体制，发展社会主义民主政治

党的十二大报告根据邓小平同志关于改革党和国家领导制度的重要思想，明确指出："我们一定要按照民主集中制的原则，继续改革和完善国家的政治体制和领导体制，使人民能够更好地行使国家权力，使国家机关能够更有效地领导和组织社会主义建设。"② 党的十五大"要求我们在坚持四项基本原则的前提下，继续推进政治体制改革，进一步扩大社会主义民主，健全社会主义法制，依法治国，建设社会主义法治国家"③。

政治体制改革是一场深刻的革命，其核心问题是按照民主政治和法治国

① 《邓小平文选》第三卷，人民出版 1993 年版，第 123 页。

② 胡耀邦：《全面开创社会主义现代化建设的新局面》，单行本，人民出版社 1982 年版，第 30 页。

③ 江泽民：《高举邓小平理论伟大旗帜，把建设有中国特色社会主义全面推向二十一世纪》，人民出版社 1997 年版，第 33 页。

家的要求，对原有的政治权力关系和政治权力结构重新进行调整和组合。因此，政治体制改革比起其它领域的改革，更为复杂、更为艰巨。也正因为如此，政治体制改革的整个进程以及所涉及每项改革内容，都须贯彻民主集中制原则。政治体制改革的目标是民主，所以搞这一改革更应讲民主。一个方案的提出，一项制度的出台，一项建设的推进，首先要充分发扬民主，广泛了解民意，深入体察民情，鼓励说真话、实话，倡导百家争鸣，有些重要的制度改革还要上下反复征求意见。只有这样广泛、充分的民主，才会有正确的集中和切实可行的决策。中央作出了决策，各级、各部门就要坚决执行，不能“唱低调，想对策”，也不能“唱高调，做假戏”，要维护和加强中央的权威。没有中央的决心和领导，没有中央的意志和权威，政治体制改革难以向前推进一步。

在继续推进政治体制改革过程中，还会碰到许多困难和矛盾，需要我们进一步按照民主集中制原则，正确认识和处理好以下一些关系：发展社会主义民主与坚持四项基本原则的关系；发展社会主义民主与健全社会主义法制的关系；发展社会主义民主与维护社会稳定的关系；党内民主与人民民主的关系；加强党的领导和实行党政分开的关系；权力下放与维护中央权威的关系；上层民主建设与基层民主建设的关系；完善基本政治制度与改革具体民主制度的关系；完善“以权制权”的监督与扩大人民监督的关系；等等。政治体制改革的发展进程及其成果，在很大程度上取决于我们对这些关系的正确认识和把握。

（原载《江海学刊》1999 年第 1 期）

公共管理学的认同危机

张正军

一

对于熟悉社会科学发展的人来说，美国公共管理学所取得的成就是显而易见的。自怀特（White）1926 年出版《公共管理研究导论》标志公共管理学诞生以来，在其发展的每一个时期，无论是传统公共行政管理学占统治地位的早期，还是近期新公共管理运动的出现与发展，美国学者都占据着不可替代的学术领导地位。然而，由此对美国公共管理学持盲从或依赖态度、企图通过学术的移植或嫁接来创建与中国社会匹配的公共管理理论仍存在风险。第一，美国的公共管理学不像其他国家如欧洲那样可以在严格反统计的政治学传统中加以理解。对于经验和归纳方法的偏好，使美国的公共管理研究一开始就植根于美国国内的改革实践，并随美国政府管理的变化而变化，这使得美国的公共管理研究具有浓厚的经验主义色彩，不仅在理论观点而且在表现形式上都还未具备普遍必然的性质。第二，迄今为止的美国公共管理学仍处于基础理论的建构过程。由于缺乏欧洲大陆的演绎传统，在不同对象及议题的讨论之间，美国公共管理研究较少存在严格的逻辑推演关系。不仅在一系列重要公共管理问题上存在广泛争议和缺憾，在公共管理学自身的性质及其学科归属等存在的合理性问题上，也未形成基本共识。公共管理学在美国的生存发展因此仍面临着严重的“认同危机”（identity crisis）：一方面，公共管理学面临着来自社会实践特别是公共管理部门的认同压力和挑战，改变公众及公共管理者对于公共管理研究事业的冷漠、怀疑甚或责难态度依旧步履艰难；另一方面，公共管理学面临来自学术团体、学科建设特别是学界认可的压力和挑战，构建统一的公共管理一般理论体系并处理好同相邻学科间的关系、化解学者们因学科性质、归属等问题而产生的对于公共管理学的否定或排斥情绪仍任重道远。

二

为什么在学术研究上独领风骚、公共管理学已诞生70多年的美国，对这门学科的存在仍存有如此消极的认可态度呢？我们不妨从对美国公共管理研究历史变迁的概览中着手寻找答案。尽管已经有学者提出异议，威尔森（Wilson）仍被美国人广泛地看作公共管理研究之父。在1887年发表的那篇《管理研究》论文中，威尔森主张通过政治与行政管理职能的分离以协调宪法、民主与效率的冲突，倡导建立一门以行政技术和效率为核心的新公共管理科学。但是，直到20世纪20—30年代，由于社会需求的滞后及美国人的经验主义传统，公共管理研究并未因这种倡导演变成独立的学科。美国公共管理学的正式诞生被认为是以怀特《公共管理研究导论》一书的出版为标志的。按照斯蒂尔曼（Stillman）的观点和叙述，自1926年这本具有标志性意义的教科书出版以来，美国学者对于公共管理问题的探索大体经历了四个阶段或三次重要的范式转化①。

1926年至1946年是POSDCORB“正统”学说占主导地位阶段②。这一阶段公共管理学研究的核心集中于所谓“合理”的管理逻辑及思维方式，即计划、组织、人事、指导、协调、报告及预算等技术问题。POSDCORB强调平

① Richard J. Stillman, *The Study of Public Administration in the United States*, *Public Administration – Concepts and Cases*, Hought Mifflin Company, Boston, New York, 2000 , pp. 17—30.

② POSDCORB为计划（planning）、组织（organizing）、人事（staffing）、指导（direction）、协调（coordinating）、报告（reporting）、预算（budgeting）的英文缩写。

民政府的管理效率，为美国公共管理学的兴起创造了一个可资利用的参照框架，促成并推动了该学科的发展。它所代表的对于公共组织管理过程、管理技术及管理效率重视的方向意义深远。但由于它的僵硬性及对于公共组织和政策形成对外部环境相互作用现象的轻视，其支配地位在 20 世纪 40 年代中期后逐渐丧失。1947 年至 1967 年是美国公共管理学研究变迁中的社会科学“异端”阶段。其重要标志是达尔（Dahl）、西蒙（Simon）等一批学者新兴学术观点的出现。1947 年，达尔发表了一篇题为《公共管理学评论》的论文，对公共管理学基于政治和行政管理“二分法”基础之上的初始假定提出挑战，试图扩展该门学科关于人类行为的假定，从广阔的历史、经济、社会而非单一的技术或“理性人”理解管理效果。同年，西蒙出版了《管理行为》一书，批评 POSDCORB 混淆了事实和价值，并用“有限理性”模型解释人类的管理行为。在达尔、西蒙和其他学者的批评下，POSDCORB 从昔日居支配地位的正统理论变成一种历史的竞争性学说。随着不断从经济学、政治学、心理学、决策科学等其他学科吸收养料，公共管理学到了 20 世纪 50 年代一度获得了灿烂的发展，并不断进入大学课堂。与战前重视稳定、固定的原则以追求公共管理的经济性和效率即“2E”（economy，efficiency）不同，对有效性（effectiveness）或包括有效性在内的“3E”概念及动态过程的重视构成此阶段公共管理学发展的价值趋向。这种重视效果的行为主义倾向将公共管理的研究重点从官僚组织转向过程与后果，虽扩展了公共管理学的研究视角，但由于从根本上未动摇早期公共管理学的理性根基，其主导地位不久也为新的研究浪潮所取代。

这种新浪潮即 1968 年至 1988 年以大量反中央集权统治文献为表征的再言“民主”理想主义阶段。其发端的象征是 1968 年明诺布鲁可会议的召开。该会议及其随后出版的文集对已往重视理性、技术、绩效等因素的管理理念表现出敌意。强调公共管理学应采用新的观念，建立基于大众参与、舆论建设、分享分担、相互信任甚至人类之爱等基础上的公共管理及新公共管理学。与此同时，公共选择理论对已往公共管理观的批评则构成此阶段美国公共管理学的另一重要事件。几乎在明诺布鲁可会议召开的同年，奥斯特罗姆（Ostrom）开始了《美国公共管理学的理性危机》的写作并于1973年发表。该书不仅利用非常不同的术语和范式批评强调政治和管理严格分离、等级结构分明的单一中心管理等所谓的“威尔森—韦伯”国家建构观，而且提出并倡导称为“民主的公共管理范式”“公共选择”或“个人选择”等反中央集权观念的替换。在明诺布鲁可会议和奥斯特罗姆的影响下，此阶段的公共管理学文献不再主要以提升经济、效率、效果作为公共管理基本的价值观，而把限制、控制官僚制度的任意决定权以及广泛的民主参与作为瞄准的主要对象；伦理的、法律的和经济的因素一起被视为公共管理中控制政府行为的基本约束变量。在对旧的管理理论的不满情绪中，多面手的公共管理研究和教育开始趋于专业化，一批新的学科分支和公共管理术语如“新公共管理”“公共事务”“公共政策”开始流行并为越来越多的人所接受。关于公共管理学的性质、地位以及理论和实践的分离问题随着多样化研究的发展此间也变得突出起来。在此基础上，终于导致1989年国际形势变化下关于公共管理学“重建”运动的兴起。

1989年柏林墙的倒塌在西方学者眼中象征着冷战时代的结束。美国一时成为惟一的超级大国。伴随着国际地位及政府行为的变化，美国的公共管理学相应进入了一个基础重建的新阶段。其显著标志是，在1989年以来的十余年间，数群学者表现出对一系列公共管理基本理论问题的兴趣和重视。关于公共管理和公共管理学的性质、公共管理学的“大问题”（big questions）、公共管理的目标和评价准则、什么是好的生活和好的社会、谁应当管理和如何管理、合理的管理准则、公共管理的范围、公共管理者应当以仆人还是企业家的态度来从事管理，以及一般公共哲学的建立等问题讨论越来越多。尽管这些讨论目前仍无统一的结论，但其显示的公共管理学重建趋势则为大量文献所示明。在此重建运动中，倡导以企业家精神改造政府、提高政府工作效率的“再造者”（The Reinventors）的观点，通过对家庭道德的维系、人际关系的改善及公民对于公共服务的有效参与等方式以实现社区和公民问题重建的“社区主义者”（The communitarians）的观点，致力于寻求公共管理基本制度、哲学和整个学科重建的“VPI 重建者”（The Virginia Polytechnic Institution）的观点，倾向于以“现象学”和“主体间关系”观察社会、关注人类存在本性的“解释者”（The interpretivists）的观点，以突出技术和新型分析方法在公共管理学中应用的“工具制造者”（The tool—makers）的观点，以及趋向强调诸如公共责任、监督控制和权力、社会公共机构之行为、对于利益集团和民主的影响等深刻公共管理学政治问题的“新官僚制度分析者”（New bureaucratic analysts）的观点等，具有较大影响或代表性。

三

面对美国公共管理学历史变迁这一事实，不同的阅读者也许会有不同的解释。研究对象及研究范式的不断转化既可以被解释为美国公共管理研究自由及开放程度的一种表现，解释为研究内容的丰富多样和专门具体，也可解释为美国人在公共管理问题研究方法上体现的不拘一格以及探求真理的试错与创造精神。但是，这些肯定的解释并不能一概遮掩人们面对这同一文本可能产生的另一种感受：不管其研究对象和方法如何变迁，美国的公共管理学总体上依旧处于发育成长过程的童年阶段。透过理论研究的历史变迁，人们感受到的不只是知识的积累、融合与扬弃，更是不断的革命、差别或中断。多元的、经验的观念变革压倒了理论自身的演进逻辑。公共管理学未能像早期创始人期望的那样，在管理规律的基础上演绎出自己独特稳定的理论内核和叙述体系。这大概是导致一部分人仅仅承认公共管理问题研究的意义而拒不承认公共管理学独立地位的一个根本原因。对公共管理学存在价值持否定立场的人，其公开的态度可能是：公共管理学所涉及的诸多问题是重要而有意义的，但对于此类问题的研究并不必导致一门独立的公共管理学出现，它们可以溶解在政治学或一般管理学的框架中予以解决。因此，公共管理学“认同危机”的产生是必然的。它不单纯是域外学者对公共管理学的苛求、歧视或刁难，而同时是公共管理学自身发展缺陷的一种表现。换句话说，公共管理学在其研究主题、范式或方法不断变化的过程中，未能积累发展起一套相对稳定的基础理论，将多样化的问题研究和分散行为统一起来。公共管理学"认同危机"的实质在于多样性、分散化研究变迁中未能积淀出一致的理论内核，建立独立统一的公共管理学始终面临必要与可能性双重问题的困扰和挑战。

这种困扰和挑战在20世纪60年代已开始显现并引起了个别学者的注意。譬如，弗雷茨·莫舍（Fritz Mosher）在几十年前已经对过度分散变化的公共管理研究提出批评：它未能锁定研究领域；它的兴趣范围似乎是无限制的；它未能发展出一个严格的方法论；它对于定义的纠缠已使人厌倦；它在范式、定理或理论系统方面未达成任何一致；它没有建立起任何格式化的专用话语和符号；除了非常个别的实验研究，它没有模型或数学化成一门"计量管理学（adminimetrics）"。这种批评对于又经历了几十年变化的当代美国公共管理学仍然具有意义。进入20世纪80年代后期以来，讨论认同危机的文章开始多了起来（如Box 1992；Houston and Delevan 1990；Stallings and Ferris 1988；White，Adams，and Forrester 1996），并将批评的视野扩展至美国之外的英国和欧洲大陆①。

事实上，随着20世纪50年代国家行政组织价值中立"神话"的"破灭"以及作为传统公共管理学理论支柱之一的"政治-管理"二分法原则陷入困境、公共管理作为一种职业和一种学科的地位双重开始滑坡时起，公共管理学已开始孕育着这种危机。20世纪30—40年代，当政治学和管理学的关联成为一种趋势，公共管理学曾一度支配着政治学和管理学两个领域。公共管理事业得到社会广泛的尊敬和认同，公共管理的研究学者得到课题和资助，公共管理的教学人员得到学生，公共管理者得到合同。但随着20世纪50年代前后古典理性和效率原则的破坏及相继而来的政府实践对于"二分法"的摈弃，公共管理对于政治的独立性追求受到打击。政治学和公共管理学的界限开始变得模糊不清，以致在不少人心目中，公共管理理论便意味着那个时代

---

① Jos C. N. Raads chelders，"A Coherent Framework for the Study of Public Administration"，*Journal of Public Administration Research and Theory*，April 1999.

的政治学。公共管理作为一种学者的事业开始了一个漫长的螺旋下降过程。公共管理学作为一种独立学科存在的合理性受到质疑，认同危机逐渐突现。

这种危机主要来自并表现为实践和学术两个方面。实践方面的危机反映了美国的公共管理研究与美国公共管理现实的相互关系。在此角度，美国的公共管理学表现出与欧洲大陆的明显不同。在欧洲，公共管理的研究深受哲学、政治学、法学、历史学等社会意识的统摄，并根植于强烈的国家传统；在美国，公共管理的研究则试图创造“科学”，并渗透着浓烈的个人主义气息和对国家的怀疑、防御与反抗精神。移民国家、较少的外部威胁及开创新大陆时起就具有的对于中央集权制的先天厌恶，使得美国的公共管理研究不仅起步晚于欧洲，凝结着对中央集权的反抗精神，而且在许多情况下落后于政府的管理实践。欧洲政府和管理科学的发展双方领先于民主宪法的制定。激烈的反中央集权的控制则使美国宪法的产生和政府的成立先于对它们的研究。在欧洲，自上而下的政府建构养育了自上而下的理性的演绎的管理科学；在美国，对于个人及地方组织的关注则强化了管理研究者对于感性、经验及归纳问题的重视。由于胚胎时期没有一个居先存在的稳定政府，美国的公共管理思想习惯沦为宪法和民主价值观的奴仆，并随着宪法、民主权利及政府管理的变化而变化。美国公共管理研究所具有的这种发生学上的特点，使得其对每一阶段美国公共管理实践的指导意义大为削弱。特别是伴随当代全球性的私有化趋势，公共管理实践特别是政府道德权威和能耐等面临的信任和动机方面的危机，给公共管理学带来了新的挑战——公共组织和私人组织在其活动及运作方式上真的具有或应当具有本质差别吗？公共活动比起私人活动真的能够更好地提供社会需要的公共物品吗？公共管理者是否真的是一些可以信赖的利他主义者？公共管理本质上是一种实践过程或公共管理者实际所是的那样，还是由专家学者刻划出来的可能性状态或应是的那样？公共管理者真的能按理论家的学说取得成功吗？面对此类问题以及日益深刻的公共管理改革中的市场化倾向，公共管理研究如不给予有力的解释便难免陷入困境。特别是，当从存在角度把公共管理学研究看作一种必须平衡学术和社会团体需求的事业，进而迫使研究者面对现实的公共管理或政府行为采用灵活多变的对应方法导致理论系统化困难重重时，公共管理的解释功能、预测功能及应用价值必然低下。以致有人慨叹：除了一种差别性研究，公共管理学还可能是其他吗?

四

比起实践方面的危机，学术方面的危机对公共管理学的威胁更为严重。由于研究对象、研究范式及研究纲领的过度分散以及不同理论间竞争及进化评价标准的缺乏或混乱，美国的公共管理学长期遭受到来自内外两种学术现象的困扰或挤压。

一种困扰或挤压来自美国公共管理学内部的不足。就其形式和内容而言，当代美国的公共管理学仍具有浓厚的交叉学科而非单一学科的特点。在某种程度上，该门学科的边界还不清楚。这危及公共管理学是会否构成一个统一的、一体的独立学科而得到持续发展。面对问题焦点和流行理论的不断翻新、方法论上的实验法以及围绕局部或个别问题无休止的争议，美国的学者苦恼于公共管理学的代表们难于将不同的研究和理论统一起来以形成一体化的知识体系。这种苦恼的成因是多方面的，最为根本的在于公共管理学缺乏哲学层面上的一般理论。是否具有这种一般理论反映了一门社会科学自我意识的存在与否或强弱，而自我意识的存在与否和强弱又反映着一门学科的成熟与否及其程度。公共管理学需要自己哲学层面上的一般理论作为自身建设的基础和起点，并据此应对不同方面的实践难题。只是从政治学、管理学和经济学等别的学科借助理论和方法，公共管理学便不会成为科学，也难于对实践产生有效的指导和统摄作用。这也是公共管理学长期沦为实践附庸并滞后于实践的一个重要原因。除了在学科统一及实践干预方面表现的无能或无力，公共管理一般理论基础的欠缺在学术方面对该门学科发展的负面影响还有两个重要方面。第一，它未能建立起相对统一、稳定且自圆其说的研究纲领，因而也不能演绎出该门学科相互契合钳套的范畴体系与命题系统，并以此应付来自不同方面和层次的学术问题的挑战。公共管理的本质、目标、范围以及它和其他管理的区别究竟是什么？我们应当追求一种什么样的公共管理知识，是实证的、规范的还是二者兼而有之？我们怎样获得关于公共管理的好的知识并将其用于政府、一般公共组织或公共事业的有效管理？我们能否找出一切公共管理行为评价的普遍准则并据此判定一种公共管理行为是好的或差的？在何种程度上，我们应当使公共管理学发展成为追求唯一确定结论的“科学”、在何种程度上容忍不同理论观点的共存或创新？公共管理学能否发展出自身理论进步合理的评价准则？对诸如此类的问题挑战，没有一个共同而有力的一般理论作为基础去解释或迎战，公共管理学必然处于学术竞争的被动局面。第二，理论形态和研究的被动局面与来自实践的挑战带来了学术事业发展的萎缩。这不仅体现在社会对于公共管理研究支持力度的递减，更表现在公共管理专业学术队伍内部弥漫的自信心和献身精神的衰退、面对困难处境无奈的抱怨和失落感，以及公共管理研究作为一门职业诱惑力的减弱。在对近 10 多年来美国公共管理学研究成果特别是博士论文的统计分析中，美国学者已经看到质量和数量存在的明显滑坡。年轻的公共管理学还未发育成长起来便因营养不良而整体上处于“衰弱（marasmus）”状态①。

另一种困扰或挤压来自相邻学科对于公共管理学的挤压、非议或限制。公共管理学的“衰弱”本身就助长了其他学科对其的排挤或非议，特别是来自管理学温和的同化和政治学的公开限制。公共管理学在许多美国学者眼中常被看作政治学和管理学的后代。其生父母是政治学，其养父母则是管理学。管理学对于公共管理学的影响绝不限于日益增强的它与美国商学院空间上的联姻关系。更为根本的影响在于管理学对公共管理理论研究的修正或冲击。在公共管理学的演进中，这种修正或冲击至少体现在三个方面②：其一，管理

① Brack Brown, “Public Administration's Underdeveloped Core: Neglected Subjects”, *International Journal of Public Administration*, Volume21, Number 5, 1998.

② Nicholas L. Henry, “Root and Branch: Public Administration's Travail Toward the Future, Public Administration – The State of the Discipline”, Edited by Naomi B. Lynn and Aaron Wildansky, Chatham House Publishers, INC. Chatham, New Jersey, 1990, pp. 3—26.

学促使公共管理研究更加严密地检查公共管理中“公共”的意义。当传统的公共管理研究者主要从社会性、公共机构、制度法律层面理解“公共”时，位于商学院的专家则建议从影响公共利益的角度对公共管理的含义予以把握。其二，管理学使许多公共管理研究者相信，一个全新的包容预算、评估、定量等技术在内的研究方法对于公共管理学的发展是必要的，这不仅是增强公共管理学解释、预见及应用功能的一种要求，也是该学科趋向科学化的基本条件。其三，管理学以自己对待企业的精神使公共管理学研究变得严肃起来。不像缺乏自我检查、自我评估习惯的政治学，管理学在其发展中形成的良好自我剖解和分析风格促使公共管理研究者以平常的心态对自己所属的学科进行反思，并将这种反思看作提高学科自我意识、进而促进学科成熟的一种途径。管理学对公共管理学的这些影响使人们难免不这样思考：公共管理学是否最终会纳入一般管理学的框架体系，或为管理学科所同化？就像对于公共选择的经济学分析使公共选择理论不能因研究对象的特异而简单归于政治学范畴，一般管理学理论对于公共管理现象分析的强化难道不会使公共管理学有朝一日失去地盘或放弃其努力争取的独立地位？

比起管理学的温和同化，政治学对公共管理学的压力常表现为一种激烈的指责或限制。由于历史上的渊源关系，这种压力在很长时间难以消除。公共管理出生于政治学之家，其研究群体除部分科班出身的学者外，许多为经济学者、管理学者，特别是政治学研究者。当行政管理被一些政治学家理解为政治现象的构成或延伸时，或当公共管理学与政治学纷争天下时，建构独立自存的公共管理学便可能受到身居政治学圈子的专家学者的反对。迄今为止，无论在研究形式还是专业划分或是理论观点上，政治学比起管理学对于公共管理学都有更深刻的影响。在美国，许多公共管理研究学会的学术活动都与政治学会绑在一起，或作为政治学的一个部分；许多大学都将公共管理专业设置在政治学院系；美国政治学的基本概念如不证自明的民主价值、复合政治与政治参与、法律面前平等诸观念至今在大多数公共管理研究者的观念中，仍占统治地位。诸如此类的现象或原因使很多美国的研究学者特别是政治学者将公共管理学看作政治学的一个分支，或对于各种试图将公共管理学从政治学中分离出去的做法予以抨击，或在公共管理学的局部分离已成定局、政治学的叛逆者日趋增多的情况下，拒不承认公共管理学的“合法”地位。也许有人会把这些看作历史遗留下的痕迹或暂时的现象，随着公共管理学在新的发展中的脱胎换骨，它会像政治学、经济学那样获得自己为社会公认的地位。问题是，当政治与行政管理“二分法”的缺陷已经显露、公共管理与政治被证明在其本质上密不可分的情况下，我们又如何抵御政治学对公共管理学的干涉并划清二者的界限？譬如，在大量的文献已经证明政策制定和政策执行不可分割的基础上，学者们新近揭示了公共组织管理中与传统自上而下不同的自下而上的“政治管理”（political management）①，并将这种政治管理看作公共组织管理中一个极为重要的构成部分。在这种管理中，公共管理者就像院外游说者那样会与政治家或公共政策决策者进行博弈，通过影响政策过程和内容而获得公共组织有效运作的基本资源，包括公共权力、人力资源、货币和其他物品，在此基础上创造公共价值。如果政治与管理如此藕断丝连，公共管理学何能抵挡政治学历史悠久的不良干预？

显然，美国公共管理学面临的危机是客观而严重的。只有在这些危机解除的基础上，公共管理学才可能逐渐演变成广泛认同的独立学科。这需要对人类社会公共管理普遍、重大的众多问题进行系统的反思与理论创新，特别需要建构公共管理学自己哲学层面上的一般理论。新近兴起的“重建”运动也许代表着美国公共管理学沿此方向所做的一种努力。在此状况下，中国的公共管理学者并非只能奉行“拿来主义”而对一般公共管理学的理论建构不能有所参与或贡献！

（原载《江海学刊》2002 年第 3 期）

---

① Mark H. Moore, *Creating Public Value*, Harvard University Press, Cambridge, Massachusetts, London, England, 1995, pp. 105—134.

论政治文明建设的中国特色

金太军

作为人类文明中的政治层面，政治文明是人类政治智慧的结晶和政治发展程度的主要标志，是人类进入文明社会以来，改造社会和实现自身完善和提高过程中创造和积累的所有积极政治成果，是与先进生产力和经济基础发展需要相适应的政治进步状态。[①] 它集中表现为人们在一定的社会形态中关于民主、自由、平等、法治的实现程度。从政治分析的角度看，政治文明是一个有着深刻内涵和丰富外延、具有相当解释力和包容力的特定范畴，它与物质文明、精神文明密切相关但又相对独立，涵盖民主、法治、自由、平等、政治稳定和政治发展等概念，统合政治意识或政治文化、政治制度和政治行为等层面[②]，纵括人类进入文明社会以来的政治发展的全部历史进程，甄别社会政治生活的各种不同形态以及同一政治形态的不同发展程度。从静态上看，政治文明表现为一个多层次的复合结构；从动态上看，政治文明又处于不断的演进中；从性质上看，政治文明既有反映人类文明共同成果的一面，又有基于各国社会形态、社会制度和阶级关系以及历史、文化传统和现实条件不同而呈现出的多样性或民族性的一面。本文着重从政治文明的共性和个性的结合上，探讨政治文明建设的中国特色。

① 郑慧：《政治文明：涵义、特征与战略目标》，《政治学研究》2002 年第 3 期。

② 一般认为，政治文明大体包括政治意识文明、政治制度文明和政治行为文明三个部分。其中政治制度文明是政治文明的核心。

政治文明的共性和个性

作为人类社会实践中所获得的政治成果的总和，政治文明的交融与对话是一切政治文明生成与发展的共性，各文明因子的相互渗透、借鉴、融合、交流和影响构成了政治文明发生、发展的亮丽景观，这决定了人类政治文明应该也必然具有某些超越国界或地域的共性或曰世界性，如人民主权的思想和原则、法制和法治原则和成果、普选制及其产生的代议机构、以宪法和其他法律形式加以确认的民主制度、对权力制约和监督的机制、公民的政治参与制度、权利和义务相统一的行为规范等等。这些共性是人类政治文明发展的共同成果，体现了人类对政治生活规律性的深刻体认①，对世界各国具有一定的普适性和开放性。它们并非西方国家的“专利”，发展中国家当然可以借鉴。② 列宁曾强调要把“资本主义所积累的一切最丰富的、从历史的角度讲对我们是必然所需的全部文化、知识和技术由资本主义的工具变成社会主义的工具”③。这一论断在全球化趋势日益凸显的今天尤为重要。对此马克思早有预见：“过去那种地方的和民族的自给自足和闭关自守状态”，一定要走向“各民族的各方面的互相依赖”状态。美国学者奥斯特罗姆在《政治文明：东方与西方》一文中也认为，专制体制虽然在过去数千年中富有生命力，但作为政府管理体制对于未来的人类文明来说是不适当的。在他看来，人类政治文明的基础是公正、正义、互利和互信准则。④ 它们构成了人类不同政治文明单元深刻沟通和互动的逻辑前提和基础。

但另一方面，文明作为以共同心灵结构为内核的人类文化群落，基本上是在不同的时空环境中独立生长起来的，不同的文明形态有其异质性和独特

---

① 这种政治规律性的认识，典型如对政治权力的认识和判断：“权力导致腐败，绝对的权力绝对导致腐败。” Acton，Lord，Essays on Freedom and Power，The Beacon Press，1948，pp. 14—15.

② 《马克思恩格斯选集》第 1 卷，人民出版社 1972 年版，第 255 页。

③ 《列宁选集》第 3 卷，人民出版社 1995 年版，第 547 页。

④ 文特森·奥斯特罗姆：《政治文明：东方与西方》，《公共论丛》第 3 辑，生活·读书·新知三联书店 1997 年版，第 281—282 页。

的构造结构。各种文明在涓涓源头，就显现了独特的资质和禀赋。因此各文明单元（特别是政治文明）间的差异，是客观存在的和难以消解的。一定社会形态的国家政治是在一定历史条件下产生的，它具有一定历史条件所决定的原生形态。这样的原生形态是一个民族自己的创造，是国家政治随着历史条件的变化而发展的历史起点。后来的发展固然要对国家政权的原生形态进行扬弃，但也必定会汲取和发扬其中合理的成分，并使之形成本国政治文明的若干特点，从而表现出政治文明的个性或曰多样性和民族性。它们构成了人类社会的基本特征，也是人类政治文明进步的动力。从根本上说，正是多样性、民族性才构成了开放性的必要和世界性的色彩。决定各国政治文明民族特色的因素，概言之就是各国的国情，它主要包括本国社会政治发展现阶段的具体实际，本国历史所形成的民族文化的特殊性以及本国政治发展的历史连续性等几方面的内容。①

许多著名的政治哲学家都曾强调政治制度的设计必须与一国的国民性相适应。密尔明确指出，理想上最好的代议制政府形式对进步程度愈高的国家愈适用。实际上，西方发达国家的政治文明发展（集中表现为民主化）的道路不是一种类型或模式，而是各种不同的因素在各国特定组合。“在英国，主导的因素是工业化，它促使产生民主化，许久以后又促使产生科层化。在法国，主导因素是科层化和民主化的综合，工业化则是以后才到来的，其影响力也较小。在普鲁士（德国），则是科层化和戒严化相结合带来的现代化，民主化始终是缺乏的。”② “民主化是相对的事物，总体的现代化。它指的是对原先在这方面或那方面‘不民主’局面的一种改革。民主化过程中的重点，一般来说，除了那些本质上有助于民主的组成部分之外，应放在那些代表特定社会的传统组合中体现不够的组成部分上。例如，在很长时间内，德国有必要加强来自基层的参与；法国有必要对行政管理加以有效的控制；英国和

① 金太军：《政治文明：历史发展与中国特色》，《政治学研究》2002 年第 3 期。

② 塞缪尔·亨廷顿等：《现代化理论与历史经验的再探讨》，上海译文出版社 1993 年版，第 322 页。

美国则有必要建立一套社会服务和国家干预的基本制度。在联邦制国家，一定程度的中央集权是扩大民主潜力的一个要素，而在中央集权制国家，这个要素则是地方分权和权力下放。”① 这就是说，不同的民主或政治文明发展模式与类型在很大程度上是与各国各自的历史经验的组合相适应的。政治发展理论家亨廷顿甚至断言：“现代民主是西方文明的产物”，它的构成要素“也许可以在其他的文明中找到其中的一二个，但是作为总体，它们仅存在于西方之中”。② 亨廷顿的看法虽有“西方优越论”的嫌疑，但也不乏真知灼见：西方的政治文明包括民主离不开特定的国情，发展中国家可以借鉴，却很难照搬。连对美国民主有精深研究并推崇备至的托克维尔也“决不认为，美国人发现的统治形式是民主可能提供的惟一形式”③。

在亚洲，主政新加坡三十年之久并取得辉煌经济成就的前总理李光耀积一生之政治经验，提出了一个带总结性的论点：“我不认为通往民主的道路只有一条，也不认为只有一种民主”。④ 中国改革开放的总设计师邓小平更明确指出：“无论革命还是建设，都要学习和借鉴外国经验。但是照抄照搬别国经验、别国模式，从来不能得到成功。”⑤ 当然，作为现代政治文明核心的民主不等于资产阶级民主，资产阶级在其推翻封建专制制度的革命中为现代民主政治发展做出过重要贡献，同时也给现代民主打上自己阶级的烙印，但是，现代民主毕竟是整个社会进步阶级、阶层，特别是劳动者阶级共同奋斗的成果，而不是资产阶级的专利。现代民主外在实现于资产阶级的具体民主当中，“资产阶级民主”这一范畴除了民主的资产阶级统治性质，还有社会主义政治生活所必不可少的现代政治文明成分，我们要摒弃的是资产阶级的具体民主，“决不照搬西方政治制度模式”⑥，要继承的则是实现这一具体民主中的现代

---

① 塞缪尔·亨廷顿等：《现代化理论与历史经验的再探讨》，上海译文出版社 1993 年版，第 311 页。

② 塞缪尔·亨廷顿：《第三波》，上海三联书店 1998 年版，序第 5 页。

③ 托克维尔：《论美国的民主》，商务印书馆 1988 年版，第 362 页。

④ 转引自杨建平《法治民主：后发国家的政治选择》，《战略与管理》2001 年第 6 期。

⑤ 《邓小平文选》第三卷，人民出版社 1993 年版，第 2 页。

⑥ 江泽民：《为把党建设成更加坚强的工人阶级先锋队而斗争》，《求是》1990 年第 13 期。

民主规则。①

实践中，发展中国家在引进外国特别是西方的政治文明时，不能不仔细考察其特定的孕育背景，不能不认真研究其与本国国情的契合条件。任何一种政治文明都只能是一定政治生态环境的产物②，都必然受制于特定的历史背景、文化传统、民族心理、经济结构。上述政治文明建设的共性、开放性和世界性，是指它的相互交流和影响，而不意味着彼此同一和重复；不意味着只能采取单一模式，只能走一种道路。在一些社会主义或第三世界国家不乏照搬西方政治模式而最终失败的先例。这种成长于西方土壤的政治文明模式在第三世界无不以"水土不服"而难以生根，或被改头换面成为传统政治模式的外在形式。如苏联照搬西方推行所谓的"激进式改革"所导致的经济大幅度滑坡；非洲的某些小国效仿西方，几十甚至上百个政党争权夺利，上演了一出出"民主"闹剧，其结果更是经济的衰退和社会的动荡，这些实例都从反面证明了西方模式的非普适性。

政治文明建设的中国特色

在中国这样一个实行社会主义制度、有着独特的历史文化传统和特殊国情的东方大国，建设和发展政治文明，更应保持鲜明的本国特色。政治文明建设的中国特色集中表现为党的领导、人民当家做主与依法治国的有机结合和辩证统一。③ 换言之，党的领导、人民当家作主和依法治国是中国特色社会主义政治文明的三大支点和三大基本特征，共同组成了其基本结构。

首先，党的领导是人民当家作主和依法治国的根本保证，是当代中国社会主义政治文明的首要内容和突出特色。众所周知，政党政治的出现和不断

① 周毅之：《通向政治文明的理论路径——邓小平在现代文明积累的视域中审视社会主义政治发展的哲学思路》，《南京社会科学》2002 年第 10 期。

② 正是对政治与其环境间的互动关系进行生态学的研究，促成了生态政治学这一政治学分支学科的兴起。

③ 关于政治文明建设中党的领导、人民当家作主和依法治国的辩证关系，可参见李慎明《社会主义政治文明：全面建设小康社会的重要目标》，《经济日报》2002 年 12 月 2 日。

发展是近代以来人类政治文明发展的产物，是人类政治文明共性的重要体现，但这并不意味政党政治只能有一种模式。一党制和多党制并不是区分民主与否的根本标准，更不是度量政治文明发展程度的惟一尺度。其实，一个国家究竟实行哪种政党制度形式，并不是由哪个党的主观愿望决定的，而是该国的阶级性质、该国不同历史时期或同一历史时期不同历史阶段中各阶级阶层的力量对比以及政党实力的强弱、各国的民族、历史和文化传统以及所处的国际环境等诸多因素共同作用的结果。我国实行共产党领导的多党合作制度既符合发展中国家的政治发展规律，也顺应了中国人民盼望政治稳定、加速发展经济文化的迫切要求，体现了党的领导与人民当家作主是高度统一的。①

作为现阶段中国政治文明建设重要一环和基本途径的政治体制改革，本身是中国共产党领导制定并实施的改革开放总体战略中的一个重要组成部分，它体现了中国共产党的领导人进行改革的自觉意识。企图绕开共产党的领导或者在共产党之外另起炉灶，寻求所谓“体制外突破”，这只能是使政治体制改革从根本上失去可能性。从世界范围看，政党政治与民主政治是现代政治文明并行不悖、不可或缺的两个方面，缺少一个或若干个比较成熟的政党在政治系统中的领导作用，不但政治领域的改革和政治文明的发展难以为继，而且还会造成国家和社会的混乱和失序。这已为近代以来西方发达国家和许多发展中国家政治发展的正反两方面的经验和教训所一再证明。从中国的情况来看，共产党是中国的惟一执政党，是中国社会主义事业的领导核心及权力中心，中国的历史传统与政治文化的特殊属性②、超大规模社会的现实状况和后现代化国家的历史处境等具体国情，都决定了中国的经济、政治和社会各项事业的发展都关键在共产党，政治体制改革自然也不例外。中国共产党是近代以来经过若干历史挫折而最终积累起来的最宝贵的政治资源，她不仅

① 李铁映：《关于民主理论的几个问题》，《中国社会科学》2001 年第 1 期。
② 金太军：《论当代中国传统政治文化的现代化》，《人文杂志》1998 年第 5 期。

有七千万党员，其党员遍布全国各地各行各业，集中了当代中国最杰出的人才①，而且还具有健全的网络化组织以及强大的意识形态影响力和无与伦比的号召力。特别是党的政治领导层具备深邃且敏锐的政治洞察力，具备体悟历史发展进程、推动社会发展的一种理性意识和前瞻意识，对党、国家和人民的根本利益以及历史地位有着深刻的理解，对社会政治经济形势的发展变化有着清醒的认识，对现有的政治体制及其弊端也有正确的分析，对推进政治体制改革有强烈的紧迫感和自觉意识。因此，只有中国共产党才有能力领导并切实推进政治体制改革和政治文明建设，才能制订切实可行的政治体制改革方案，包括有计划地选择改革时机，确定改革目标，制定改革策略，有步骤地推进改革进程，并随时调控改革的规模和速度，力求避免任何突发的和不可控的事件和行为。这是保证政治体制改革获得成功的基本条件。国际共产主义运动的经验和教训证明，以执政党权威建构为基点支撑政治体系权威性，而不是照搬照抄西方模式，是社会主义国家政治发展的一般规律和基本要求。②

其次，人民当家作主是党的领导和依法治国的落脚点，是社会主义民主政治的本质要求，体现了中国社会主义政治文明的根本属性。中华人民共和国的一切权力属于人民，人民权力至上、人民当家作主不仅是社会主义政治文明的题中应有之义，而且人民更是社会主义政治文明建设的主体力量，因此，发扬人民民主是推动社会主义政治文明不断发展的根本动力。在我国，人民当家作主管理国家和社会事务的主要组织形式是各级人民代表大会，人民代表大会制度是我国的根本政治制度，在国家政治制度体系中居于核心地位，它的发展和完善是衡量整个国家政治制度乃至政治文明建设水平和完善程度的主要标志之一。

---

① 拥有6451万名党员、348万个组织的中共，集中了中国的绝大多数精英，包括多数甚至绝大多数各级国家机关的领导者和工作人员、知识分子、企事业单位的经营者和管理人员以及先进生产者、劳动模范等。

② 王俊拴：《当代中国政治体系权威性建构的基本特色》，《政治学研究》2002年第2期。

众所周知，我国人民代表大会制度与西方三权分立构架下的议会制不同，作为国家权力机关的人民代表大会是全权的、至上的、不可制衡的。[①] 从制度和宪法规范来看，中国的人大制度更能体现人民当家作主的民主原则，因为在这种制度下人民通过选举产生并接受自己监督的人民代表大会来控制和支配行政和司法机构，以保证整个国家权力体现人民的意志，它既可以避免出现代议机构变成马克思所抨击的那种无聊的"清谈馆"，又可以防止行政权因不受人民掌握而蜕变成压迫人民的"利维坦"，有利于消除滋生腐败的体制性根源，拓宽公民参政议政渠道，健全民主监督机制等等。可见，从制度设计的初衷及其文本规范来看，人民代表大会制是一种高度民主的制度安排。从制度的实际运作来看，西方三权分立体制中愈演愈烈的党派争拗、相互扯皮、相互掣肘，是不容否认的制度缺陷。在已经建立市场机制、形成社会自调节的发达国家，这种制度缺陷可能不会造成大的破坏；但在进行赶超型经济建设的发展中国家，它就足以延误发展，甚至成为社会动荡的根源。

当然，我国的人民代表大会制度从1954年在全国范围内建立至今还不到50年，同西方有300多年历史的议会制度相比，在一些具体方面还不成熟。特别是人大作为国家权力机关的全权地位并没有从一项宪法原则完全转变为一种制度实践，除立法权外，重大事项决定权、对一府两院的监督权和重要人事任免权等宪法赋予人大的权力还没有完全落实，其人员配备、机构设置和法律规定等方面均有与其职能不相适应的地方，等等。这就需要进一步从制度上、程序上保证人大成为名副其实的国家最高权力机关，确保人大切实履行重大事项的决定权和对由它产生的其他国家机关的监督权。包括加强人大的法律监督、工作监督和人事监督机制，建立或健全相应的组织机构等

① 中国的全国人大的最高国家权力地位是仅就国家机构系统内部而言的，它表现的是宪政结构；若着眼于实际的政治过程，国家的最高权力的拥有者是作为惟一执政党的中国共产党的中央委员会，它表现的是党政结构。宪政结构与党政结构相结合，并以党政结构为核心，构成了中国政治系统的主体部分，无论是宪政结构还是党政结构又都通过民主集中制的组织原则，在反映和代表人民（社会）的利益和愿望上取得了根本的一致，从而体现了执政党和国家机关的人民性质。

等①。这是健全、完善人大制度的基础性工作，也是推动当代中国政治文明发展的最宝贵的体制内政治资源之一。

最后，依法治国是完善党的领导和实现人民当家作主的基本途径，是社会主义政治文明的法制保障和政治文明发展水平的衡量尺度。宪法和法律是党的主张和人民意志相统一的体现，依法治国作为党治理国家的基本方略，是指在党的领导下依照宪法和法律规定，通过各种途径和形式管理国家事务，管理经济文化事业管理社会事务，保证国家各项工作都依法进行，建立和健全与社会主义政治文明相适应的具体的民主制度和程序，其内容既包括在宏观政治结构中把党、政权组织同其他社会组织的关系，各国家政权组织之间的关系，以及中央、地方和基层之间的关系，依据民主原则形成明确的制度规范，又包括在微观政治结构和具体的政治实践中，把民主原则同执政党的领导方式、组织方式联系在一起，同政府的各项职能和工作联系在一起，同各级领导干部的选拔任用联系在一起，同人民群众的民主实践联系在一起，用沟通、创议、协商、选举、决策、监督、罢免、复决等法治化、制度化的程序来体现人民对国家的统治权和在政治、经济、文化及社会生活中的主体地位，让人民循着制度、规范和程序行使民主权利，并依凭这些制度、规范和程序来保证人民参与的有序化、稳定化。特别是执政党要在宪法与法律的范围内，充分尊重和利用现存的制度安排和合法程序，积极主动地履行制定施政纲领、提名和推选国家机关候选人、动员选举和投票、组织政府、实施政纲、把党的意志变为国家意志等综合政治功能，切实保证社会主义民主政治制度化、规范化和程序化的实现，从而将依法治国与党的领导和人民当家作主统一而不是对立起来。这是中国特色的社会主义政治文明正在不断完善发展、走向成熟的标志。

（原载《江海学刊》2003 年第 5 期）

① 金太军：《政治的基本问题与中国政治体制改革》，《文史哲》2000 年第 5 期。

超越政治解放：从革命操作走向文明积累

——为中国改革开放30年而作

周毅之

中国改革开放30年，成就举世瞩目。这30年尤其以卓越的经济业绩令世人惊叹，连长期自视为对手者也不能不瞠目于当下的景象，以致在非技术层面上一时无从发难。但是，对中国改革开放30年的责难并未因此平静。责难的矛刺所向，尤为集中在政治发展。应该说，中国在这30年中从破除“两个凡是”“特别强调民主”，继而提出“依法治国”、建设政治文明，到适应时代潮流，探索和谐社会中的政治生活方式，已属艰难跋涉，步步推进，“日新”之貌人所共见，自不可随意轻薄。但是，轻薄者仍时有所见，其据以责难的主要尺度，则是“西式典范的自由与民主”，即马克思所界定的“政治解放”意义上的制度成果及规则。

责难之中，有森严的意识形态屏障而引起的种种褊狭，有挥之不去的冷战思维所留下的解不开的情结。但于我们自身，也确有“剪不断，理还乱”的思绪没有理清。对手的矛刺所向，也许正是我们的“阿喀琉斯之踵”。

要坦然面对时下的责难，要正确解读中国改革开放30年，还是应该回到邓小平。要明晰我们据以立论的逻辑基点，把握我们展开布局的战略起点，追寻继续前行的路径，应该重回中国改革开放总设计师的思考境域。

马克思的命题和邓小平的战略关切

“从政治解放走向人类解放”，是马克思政治哲学的第一个也可以说是最重要的一个命题，同时也是历史唯物主义早期理论史上的一个支柱性命题。

“政治解放本身还不是人类解放”①，只有超越政治解放，克服市民社会，使现实的个人同时也是类存在物的时候，才能实现人类解放。这一命题规定了1844年以后马克思的工作中心，构成马克思其后作为中心工作的政治经济学研究的前提和基础。同时，这一命题也为社会主义运动中的政治实践的历史内涵作了说明。从此以后，社会主义政治实践就是以实现对政治解放的超越和争取人类解放的目标为自身的历史规定性和主要哲学基础。

但是，在20世纪社会主义历史上，以超越政治解放、争取人类解放为旗帜的政治实践却显现出难以尽言的幼稚，在一些根本性、全局性、稳定性和长期性的问题上，屡屡出现悲剧式的扭曲。到20世纪晚期，邓小平以不屈不挠的顽强精神展开中国改革开放的战略布局时，所面对的是社会主义政治建设经验的严重不足，乃至形式民主意义上的民主传统都严重缺乏。在论及推进中国政治制度改革和完善的使命时②，邓小平这样提出问题：“旧中国留给我们的，封建专制传统比较多，民主法制传统很少。解放以后，我们也没有自觉地、系统地建立保障人民民主权利的各项制度，法制很不完备，也很不受重视。”③“我们过去发生的各种错误，固然与某些领导人的思想、作风有关，但是组织制度、工作制度方面的问题更重要。这些方面的制度好可以使坏人无法任意横行，制度不好可以使好人无法充分做好事，甚至会走向反面。即使像毛泽东同志这样伟大的人物，也受到一些不好的制度的严重影响，以致对党对国家对他个人都造成了很大的不幸。我们今天再不健全社会主义制度，人们就会说，为什么资本主义制度所能解决的一些问题，社会主义制度

① 《马克思恩格斯全集》第1卷，人民出版社1956年版，第435页。

② 关于政治制度改革，1979年邓小平的提法是：“改革和完善社会主义的经济制度和政治制度，发展高度的社会主义民主和完备的社会主义法制。”（《邓小平文选》第2卷，人民出版社1994年版，第208页）在1977年到1982年间，邓小平稳定使用的范畴是改革和完善“政治制度”，明确要改革的是“带有根本性、全局性、稳定性和长期性”的制度范畴。在1982年胡耀邦所作的党的十二大报告以及1983年十二届二中全会邓小平的讲话中，正式使用了“政治体制改革”的提法。此后，中国共产党的各种文件、邓小平的讲话和文章里，不再使用“政治制度改革”一语。对于处于复杂的国际政治格局和工业化初、中期进程中的中国来说，这一提法改变的理由是十分清楚的。至于本文的表述，将在更接近邓小平原意的意义上主要使用“政治制度”这一范畴。

③ 《邓小平文选》第2卷，人民出版社1994年版，第332页。

反而不能解决呢？这种比较方法虽然不全面，但是我们不能因此而不加以重视。斯大林严重破坏社会主义法制，毛泽东同志就说过，这样的事件在英、法、美这样的西方国家不可能发生。他虽然认识到这一点，但是由于没有在实际上解决领导制度问题以及其他一些原因，仍然导致了‘文化大革命’的十年浩劫。这个教训是极其深刻的。不是说个人没有责任，而是说领导制度、组织制度问题更带有根本性、全局性、稳定性和长期性。这种制度问题，关系到党和国家是否改变颜色，必须引起全党的高度重视。”①

在这里，邓小平以一位真正的马克思主义政治家的政治责任心以及一种历史哲学家的忧思，陈述着20世纪社会主义政治史上一个不容回避的悲剧性事实：当资本主义以“政治解放”的名义为人类政治文明所提供的成果特别是制度成果高度成熟时，以超越资本主义政治文明成果为己任的社会主义政治实践却显得如此不成熟，乃至在资本主义政治框架中都已解决好的问题，在社会主义政治实践中还未能解决好。如此尖锐地提出问题，使邓小平在中国改革开放的布局中清晰地显示出他的战略关切点：

1978年，在公认为中国改革开放宣言书的十一届三中全会主题报告中，邓小平说：“当前这个时期，特别需要强调民主。因为在过去一个相当长的时间内，民主集中制没有真正实行，离开民主讲集中，民主太少……这种状况不改变，怎么能叫大家解放思想，开动脑筋？四个现代化怎么化法？”②

1985年，在总结十一届三中全会精神及全会以后的政策成就时，邓小平说：“在总结经验的基础上，党的十一届三中全会提出一系列新的政策。就国内政策而言，最重大的有两条，一条是政治上发展民主③，一条是经济上进行改革，同时相应地进行社会其他领域的改革。”④

---

① 《邓小平文选》第2卷，人民出版社1994年版，第333页。

② 同上书，第144页。

③ 在20世纪中期以后，邓小平有时提“发扬民主”，但晚年在许多重要表述中用“发展民主”。他在20世纪40年代根据地民主政治建设中就用“发展民主”。“发展”和“发扬”各自相对应主词的微妙区别，便反映出邓小平政治思维深处对中国传统民主意识的超越。

④ 《邓小平文选》第3卷，人民出版社1993年版，第116页。

在中国改革开放的战略进程中，邓小平以毛泽东在战争年代就十分赞许他的那种“能吃夹生饭”的意志和毅力，矢志不渝地要啃下社会主义政治建设这颗远未成熟因而带着酸涩的果子。他坚信：“我们的制度将一天天完善起来，它将吸收我们可以从世界各国吸收的进步因素，成为世界上最好的制度。”①

现在世界上的制度成果，从总体上说仍然是以政治解放为基本含义的制度成果。邓小平在中国改革开放战略中明确要吸收其中的进步因素，但“吸收”不是重复这些制度成果，而是超越这些制度成果，建设“世界上最好的制度”。这就明确阐述了中国政治建设从政治解放走向人类解放的历史规定性，并为其构筑了根本的价值导向。这就是邓小平作为马克思主义者在中国改革开放中的政治关切点。

超越政治解放必须突破对“政治解放终结历史”的观念崇拜

在邓小平这里，以超越政治解放为历史规定性的中国政治建设的追求，是要在中国改革开放中建设“世界上最好的制度”。但是，在对中国改革开放30年的看法中，也正是这一点受到远比经济发展要多得多的责难。当然，这首先应说到超越政治解放所做努力的不成熟性，新生的不够成熟的制度实践遭遇来自制度成果高度成熟方面的嘲笑，并不稀见，故存而不论。而在更基本层面上的责难则是基于这样一种历史观念：政治解放已经终结了历史，实现了人类生活关系秩序的最高境界或终极状态。政治解放所达到的制度成果已经在全部历史进程的意义上实现了“最好”，因而不可能有“更好”。即如弗兰西斯·福山所宣告：“自由与民主的理念已无可匹敌，历史的演进过程已走向完成。”② 尽管并非持上述观念者皆认可福山的论证，但其共同点则是把政治解放的制度成果典范化、终极化甚至偶像化，使之成为种种政治论述的

---

① 《邓小平文选》第2卷，人民出版社1994年版，第337页。

② 弗兰西斯·福山：《历史的终结》，远方出版社1998年版，扉页题词。

无须证明的公理性前提，因而也成为评述中国政治建设的不必思考也不容思考的公设。这是一种观念崇拜，一种对政治解放偶像化的崇拜。抱着这种观念崇拜，自然把超越政治解放的任何努力都视为异类，视为不可理解而顿起责难。

如果历史的演进过程真的已“走向完成”，政治解放中形成的“自由与民主的理念”真的表述了终极理念，那么，对邓小平的改革探索和理论努力就只能用实用主义、功利主义、形式民主的框架来理解。这就等于抽去了邓小平全部改革努力的灵魂，抽去了中国全部改革事业的生命线。但是，历史进程并未成就一个“热寂”的故事，政治解放远非人类解放，历史不会终结于形式平等的人类生活状态。

把以形式平等为核心的自由与民主的理念宣布为永恒的真理，宣布为人类政治生活的终极性的表述，并非弗兰西斯·福山的发明。在欧洲早期的新教改革者那里，在近代自然法理论当中以及整个启蒙时代，也包括在19世纪自由主义政治理论当中，形式平等原则从不同视角、在不同层次上获得论证，所有这些论证无不视以这一原则为核心的自由、民主理念为人类政治生活中具有永恒价值的终极性表述。只是在20世纪晚期特殊世界背景下，福山宣布了一个“现实的”历史终结，因而显得特别惹眼。由于以扬弃政治解放为历史责任的政治实践的不成熟和各种挫折，使形式民主理念的意识形态反弹和向更广阔地带扩展，获得了反向的动力，其普遍价值和永恒价值似乎真的被证明了。哈贝马斯在描述时下这种意识形态景象时说：“从自由主义的观点来看，对社会主义具有价值的每一种东西都已经在社会民主时代得到实践。”①“官僚社会主义的革命性溃崩似乎表明现代性正在开拓边界——西方精神不仅作为一种技术文明，而且作为一种民主传统正在夺取东方。”②

这种“西方精神”、西方式“民主传统”真的带着上帝的旨意、带着历

① 哈贝马斯：《东欧剧变与〈共产党宣言〉》，载俞可平主编《全球化时代的“马克思主义”》，中央编译出版社1998年版，第43页。

② 同上书，第40页。

史宿命式的安排来“夺取东方”，并从而终结历史吗？如此来理解历史，本身就是一种神圣的荒诞。雅克·德里达在评述这种终结论的虚幻性时，指出如福山等的论证“必须去求助于他所谓的以‘为认识而奋斗’为基础的黑格尔对历史的非唯物主义的阐释”①。在黑格尔那里，资产阶级的政治历史在其思想形式上达到了“完成”。这种“完成”，使黑格尔宣布了一种“永恒价值”的出现，一种“唯一的真理”，一种“理性的实现”和“历史的终结”，尽管这种宣布与他的辩证法的主旨相悖。但正是在终结论者们因循黑格尔框架构思着一个“历史终结”的地方，马克思早已超越了黑格尔。马克思的结论是，以人权、自由、平等为旗帜的政治解放，只是市民社会从政治中的解放；政治解放当然是人类政治文明的一次历史进步，但绝非历史的终结。他说，“政治解放本身还不是人类解放”②，“只有当现实的个人同时也是抽象的公民，并且作为个人，在自己的经验生活、自己的个人劳动、自己的个人关系中间，成为类存在物的时候，只有当人认识到自己的‘原有力量’并把这种力量组织成为社会力量因而不再把社会力量当作政治力量跟自己分开的时候，只有到了那个时候，人类解放才能完成”③。黑格尔被马克思远远抛在后面，而终结论者们却还在黑格尔的边界内打转。

政治解放并未终结历史。历史并未在法国革命、美国革命的精神原则中“就此打住”。以为“西方精神”及其“民主传统”已经终结历史，只是一种被“真实地”理解着的虚幻影像。当20世纪90年代初有人以为“马克思主义消失了，没用了，失败了”，邓小平从容断言：“哪有这回事!”④ 对当下世界，只有持这种历史的理解和哲学的把握，才能坦然面对针对中国政治建设的责难，才能理解什么是邓小平所说的“世界上最好的制度”。否则就只能沉迷于上述虚幻影像之中，膜拜于政治解放的至上性之前，有心或无心地以之

① 雅克·德里达：《评福山的〈历史的终结和最后的人〉》，载俞可平主编《全球化时代的“马克思主义”》，中央编译出版社1998年版，第141页。

② 《马克思恩格斯全集》第1卷，人民出版社1956年版，第435页。

③ 同上书，第443页。

④ 《邓小平文选》第3卷，人民出版社1993年版，第383页。

为逻辑前提来评说中国的改革开放。

超越政治解放和承接政治解放的文明成果

比之于针对政治解放终结历史的哲学式否定来说，中国改革开放中的政治建设实践则显得更为生动，也更为复杂和艰难。历史是具体的。正因为历史是具体的，所以它常常走着曲折回环的道路，生成种种时空条件下异彩纷呈、鲜活丰美的特殊个性。对于固守灰色的逻辑定则的人来说，或者对于盲目满足于批判的成果而又肆意挥霍乃至践踏批判的理论财富的人来说，邓小平的顽强的改革探索是一种充满悖论而不可理解的努力，中国的政治建设实践的价值走向似乎呈现出扑朔迷离的景象。所以，当邓小平声言“特别需要强调民主”，强调防止“在英、法、美这样的西方国家不可能发生”的事情在中国发生时，西方舆论便欢称邓小平为“中国的托马斯·潘恩”，“邓正在将中国纳入非共产主义的轨道”。[①] 而当邓小平拒绝照搬西方式政治制度，强调政治发展“走自己的路”，则又被视为政治上“不开明”，或者是一个实用的现代化主义者，“是一个希望中国具有强大经济和军事力量的民族主义者”。[②] 这些纷繁复杂、相互牴牾的看法，继续延伸在关于中国改革开放 30 年的评说中。

这与中国改革开放启程时脚下的历史地基有关。旧中国没有真正享受政治解放的成果，新中国因为革命意识的极度强调也几乎拒绝思考对政治解放成果的承接。于是，在中国这块特定土地上以实现超越政治解放为规定性的政治发展实践，就发生了对政治解放成果的政策立场问题。

邓小平绝非在中国的土地上重复托马斯·潘恩曾在美国国土上的事业，但是在中国社会主义政治发展中承接政治解放的文明成果，则始终是邓小平政治思维中稳定存在的线索。1941 年，他在中共中央北方局论及根据地民主

---

① 参见齐欣等编译《世界著名政治家、学者论邓小平》，上海人民出版社 1999 年版，第 15 页。
② 同上书，第 572 页。

政治建设、反对“以党治国”时就这样分析问题：假如说中国是半封建的缺乏民主的国家，则反映到党内的是：共产党员一般缺乏民主的习惯，缺乏民主政治斗争的常识与锻炼。“假如说西欧共产党带有若干社会民主党的不良传统，则中国党或多或少带有一些国民党的不良传统。某些同志的‘以党治国’的观念，就是国民党恶劣传统反映到我们党内的具体表现。”“这实在是最大的蠢笨。”①

从以上分析我们可以体悟出当时邓小平关于民主政治的思考中所存在的一个基本看法：西欧共产党有民主传统，但是常常出现民主的资产阶级化倾向；而当时的中国共产党中则是“一般缺乏民主”，缺乏现代民主政治的“常识与锻炼”。直到党的十一届三中全会期间，邓小平仍然认为党内长期是“民主太少”。在他看来，中国共产党在民主政治方面所要解决的问题和西欧共产党不同，首先要解决的不是社会民主党的那种民主的资产阶级化影响，而是克服“国民党的不良传统”的影响，解决民主习惯缺乏的问题，建立西欧共产党已经获得充分“常识与锻炼”的现代民主政治传统。这种现代民主政治传统，正是生成于政治解放的进程之中，是以政治解放名义而获得的制度成果。这种成果，也正是中国的政治发展所应承接与享用的文明成果，正是邓小平所说的“我们可以从世界各国吸收的进步因素”。在邓小平的思考中，以超越政治解放为规定性的中国政治发展，历史性地包含着对政治解放文明成果的承接与享用。

在超越政治解放中包含对政治解放文明成果的承接与享用，这需要一种历史批判上的更高立场，一种和马克思建立从政治解放走向人类解放的命题相通的哲学立场。马克思的结论是，对于中世纪“动物时代”的政治蒙昧来说，“政治解放是一大进步”，尽管“它不是一般人类解放的最后形式”。② 政治解放使“市民社会从政治中获得解放”，使国家事务变成普遍的公民事务，使政治生活领域成为具有普遍性质的公共生活领域；政治解放摧毁一切等级、

① 参见《邓小平文选》第1卷，人民出版社1994年版，第8—11页。
② 《马克思恩格斯全集》第1卷，人民出版社1956年版，第429页。

行帮和特权，解除了市民社会的羁绊，使人们脱离了旧的直接的政治共同体，成为独立的个人，获得了作为个人主义的人的自由并承认了这种自由。于是，“政治解放一方面把人变成市民社会的成员，变成利己的、独立的个人；另一方面把人变成公民，变成法人”①。人尽管被迫在这种分裂的人格中生存，但毕竟已不是蜷曲在中世纪马厩里的“动物化”的人，而至少已是具有普遍性质的“政治天国”中的普遍性公民。由这一解放而形成的以形式平等为核心的民主、自由原则以及与此相适应的政治设施，是政治解放给人类政治文明所提交的一份历史礼品。

如此在历史合理性方面肯定政治解放的成果，并不是为了论理过程上的一种满足，而是要在超越政治解放的意义上合理利用政治解放的成果。政治解放不是人类解放，但是如果没有政治解放，就难以设想有人类解放；如果没有政治解放的成果，就难以设想有人类解放的现实进程。当政治解放使人被迫在双重人格中生活的时候，虽然政治生活中的平等只是一种“政治天国”中的平等，但毕竟在形式上实现了平等。于是，历史形成的任务是消除形式平等和事实不平等的对立，而不是消灭平等及其各项原则本身。实现人类解放和克服市民社会是一个统一的过程，克服市民社会是要消除形式平等的形式性，而不是消灭平等本身；是要从形式和实质的对立走向统一，而不是用实质去消灭形式。如果把对政治解放的超越理解为对民主、自由等形式规则的清除，那就等于重回政治蒙昧。这就是邓小平在中国政治发展中承接和享用政治解放成果的根本立场。

正是基于这一根本立场，邓小平特别强调民主，肯定“英、法、美这样的西方国家”的许多制度成果，却绝不是重复托马斯·潘恩。当然，也正是基于这一根本立场，邓小平拒绝照搬西方式政治制度，也绝不是“不开明”，更不可做实用的“民族主义者”的机会主义式理解。基于这一根本立场来审视对中国改革开放中政治实践的种种评说，既不可为赞语而迷糊，也不可为

① 《马克思恩格斯全集》第1卷，人民出版社1956年版，第443页。

“不开明”的指责而“觉得输理”，就挺不直腰杆；既不可轻信所谓西方式民主政治必将在中国经济现代化运动后“最终在中国发生”的判断而茫然不知所之，也不可慑于“经济实用主义”的妄评而失去方寸。本不在同一个立场或同一个平台上对话，种种屏障自然会阻隔了理解与交流，纷乱飘忽的种种责难本就不足为怪，抱持着一种超越性历史态度的人们自可“走自己的路”而泰然处之。

超越政治解放从革命操作走向文明累积

但是，要真正建设中国人自己的“世界上最好的制度”，要造就超越性的政治文明，对前述种种责难自可泰然处之，却切切不可漠然置之。因为其中所指有的可能正是压在我们肩上的包袱，正是我们应该认真对付的难题，冷静地从责难中获得放下包袱、破解难题的动力和理念，也许正可谓“他山之石，可以攻玉”。

中国改革开放中的政治建设，本就是背着沉重包袱启程的，其中包括社会操作的理念上的包袱。我们讲政治发展以超越政治解放为历史规定性，这种超越在社会操作上包括两个基本事项：第一，在权力归属的意义上为工人阶级和劳动人民“争得民主”，这是革命的操作；第二，在人类社会政治文明积累和进步的意义上创设实现人的全面发展的关系体系和公共生活的文明方式。马克思在历史哲学中完成了对政治解放的批判，提出了从政治解放走向人类解放的著名命题，但这不等于对政治解放的超越性否定在历史实践中的实现。我们注意到马克思在阐述政治解放时包含了许多关于现代政治文明发展的“卓越的、有益的部分”，但这些部分与对资本主义民主政治的批判捆绑在一起，尤其是后来马克思、恩格斯对19世纪中后期欧洲资本主义发展的成熟程度估计过高，因而理论注意力更多地集中在资本主义关系的危机和社会的革命性变革上。这样，对资本主义民主政治批判的主题日显突出，并逐渐占据了理论的主导视野。这种理论注意力的转移，是后来马克思主义政治理论中关于民主的阶级属性分析的主题优先性、对资本主义民主否定的优先性这一理论习惯的先期原因。这种以“两个优先性”为特征的理论习惯，在后来的革命背景中一再受到激励，从而走向极端并成为观念上的一种包袱。这种观念上的包袱使通过革命而“争得民主”的人们常常陶醉于意识形态中的历史优越感，而弃置了政治文明积累和进步意义上建设性努力，乃至“资本主义制度所能解决的一些问题，社会主义制度反而不能解决”。在苏东政治剧变后仍然毫不动摇地宣称自己是“马克思主义者”的前波兰统一工人党中央委员、“人道主义的马克思主义”的理论家亚当·沙夫，以一种悲观的口吻谈到，在经典社会主义理论中，同资本主义相比，社会主义应拥有更高的民主，但是，“比资本主义国家的民主制度更高的民主究竟是什么样子，谁也说不清楚”[①]。这一看法虽属悲观，但可以使从事社会主义事业的人们冷静地看清这一点：工人阶级和劳动人民在革命胜利后可以说是“争得民主”，但并不等于直接就有了比资本主义更高的民主，并不等于就解决了现代政治文明意义上的民主政治问题。

邓小平清楚地看到并努力破解这种观念上的包袱。在很长时间里，人们习惯于这样的思维方式：凡涉及民主，首先就是“民主和专制”的概念，首先就是“阶级的民主和阶级的专政”，首先就是“谁有民主和对谁专政”。邓小平给人们提供的分析与叙述思路则是：民主是现代化的“政治基础”，民主是现代文明的构成物；民主和现代化同在一个现代发展的进程中，“一步一步地前进”；解放思想的根本问题是“充分的民主”问题；民主在中国，也是摆脱传统社会禁锢、获得现代文明的问题。循着这一分析和叙述思路，他甚至在20世纪80年代初就明确提出这样的政治建设理念：“政治生活的民主化、经济管理的民主化、整个社会生活的民主化。”[②] 这是一个真正走在时代潮流前列、追求向人的全面发展境界逼近的政治建设理念，一个真正立足于中国的国情条件，对以政治国家与市民社会相分离、民主只是“政治天国”中的

① 沙夫：《做马克思主义者，不做教条主义者》，转引自陈学明《马克思主义在今天还有没有意义——从亚当·沙夫的回答说开去》，《马克思主义与现实》1999年第6期。

② 《邓小平文选》第2卷，人民出版社1994年版，第336页。

平等权利为特征的政治解放实现超越的政治文明理念。当把马克思作为自己理论渊源之一的吉登斯在思考着“解放政治”的诉求时①，邓小平在东方已开始致力于具有“生活政治”意味但更富于历史超越性的政治文明建设实践。进入21世纪后，中国共产党在社会主义和谐社会政治生活方式的建设中，继续把邓小平开始的这种实践探索性地向前推进。

这是一个需要创新理念和付出艰辛努力的进程。不解放思想，就不能推进这一进程；不放下早先长期背在身上的包袱，就无法理解邓小平的政治文明建设理念；不“换脑筋”，就难免时时遇到且无从应对来自不同方面的责难。解放思想，建设中国特色社会主义的崭新文明，正是我们重温中国改革开放30年、重温邓小平的根本点。

（原载《江海学刊》2008年第5期）

① 参见贺来《论马克思实践哲学的政治意蕴》，《哲学研究》2007年第1期。

中国特色社会主义民主政治的形式研究

王庆五

坚持党的领导、人民民主、依法治国的有机统一，是中国共产党根据中国国情和当代中国社会主义发展阶段的特点所确立的建设有中国特色社会主义民主政治的根本指导原则。但是在实践的探索和具体体制的安排中如何体现这一原则？多年来，理论界有这样的现象，即将西方的“三权分立”原则作为我们政治体制改革的参照系，有人觉得，政治体制改革如果不能按照“三权分立”的原则实施，就不能体现民主的本质和精神。笔者认为，所谓西方的“三权分立”只是一种逐步在资产阶级革命进程中形成的理论范式，在实践中从来就没有所谓标准的“三权分立”或“三权鼎立”的模式，至今在现实中留存下来的政治制度，只是资产阶级在革命中将权力制约的理论与本国国情和历史发展阶段相结合所创立的具体体制，这些体制体现了权力制约的精神，但不都是或绝大多数不是“三权分立”。同样道理，作为中国特色的社会主义民主政治，当然也只能根据中国的国情和历史发展阶段，来确立自身的理论范式和体制取向。

“三权分立”的理论及其在西方国家实践中的演变和变异

西方从古希腊的政治学家开始区分政府内部的职能或者政治制度所包含的要素，一直到英国资产阶级革命前后，对于政府具有立法、行政、司法的三种职能，以及这三种权力需要分立制约，已经成为相当普通的原则。对此，英国政治学家维尔有着充分的研究和阐述。[①] 但是，对于这些权力的具体内涵如何界定以及外部界限如何划分？分立制约的政治制度具体表现为什么样的国家政体形式？则是从英国资产阶级革命以后，资产阶级革命者在建立自己统治的实践中逐步探索的结果。

混合均衡制——英国资产阶级革命的实践和分权理论。从1640年开始的英国资产阶级革命，资产阶级和封建势力持续进行了近半个世纪的斗争，最后以资产阶级与封建贵族的互相妥协而告终，确立了议会制的民主立宪政体。在漫长的复辟与反复辟斗争和资产阶级建立自己政权的过程中，许多政治家和思想家进行了探索。在克伦威尔独裁专制终结和斯图亚特王朝复辟之际，英国神父乔治·劳森在自己的著作中就提出了政府职能的三重划分，即“国家有三种权力，或者说有三层权力，第一是立法，第二是司法，第三是执行”[②]。他强调立法权至高无上的原则，但是他第一次表达了混合政制的观点，即恰当的英国政制不是在君主、贵族院和贫民院间瓜分统治权，而是“这种主要的人格性最高权力在作为一个机构的整个议会中由君主贵族院和贫民院联合掌握”[③]。后来对英国政治制度建立与发展有着巨大影响的思想家洛克，一方面坚持立法权至高无上的原则，另一方面他又强调“立法权和执行权往往是分立的”[④]，不过这个分立是执行权一定要从属于立法机关的分立，是一种权力行使中的分工。也就是说，立法权尽管至高无上，甚至是绝对的，但不是专断的和无限制的。他在讨论立法机关对执行权的授权委托时说：“召集和解散立法机关的权力虽然属于执行机关，却并不使执行机关高于立法机关，而只是因为人类事务变幻无常，不能适用一成不变的规定，为了人民的安全而给以的一种委托。”[⑤] 洛克的理论体现了权力分立理论的基本思想，但不是纯粹的分权学说。他主张议会立法，国王只能同意立法，议会自身又不能执

---

① 参见M. J. C维尔《宪政与分权》，生活·读书·新知三联书店1997年版，第20—48页。

② 转引自M. J. C维尔《宪政与分权》，生活·读书·新知三联书店1997年版，第51页。

③ 转引自［英］M. J. C维尔《宪政与分权》，三联书店1997年版，第53页。

④ 洛克：《政府论》（下篇），商务印书馆1964年版，第90页。

⑤ 同上书，第96页。

行法律，它只能监督法律的执行。这里把君主立宪与现代议会民主政治这两个看起来泾渭分明的政体捏合在一起，既体现了政治体制的混合性，又体现了立法、司法、执行权力的均衡性。后来，英国遵循这种混合制政体理论所建立的制度，被当代英国政治学家维尔称为“混合政府、立法至上和权力分立的合成理论”，他认为：“尽管在这个理论中权力分立学说的思想扮演了从属的角色，但却是这个理论的一个关键。这里有政府职能在不同机构间的分割，但无论是职能还是机构都没有遵循纯粹权力分立学说的范畴，并且在一个至关重要的职能上是分享而不是分割这种权威。”①

权力分立理论与现实的悖论——孟德斯鸠的分权理论与法国资产阶级革命的分权实践。在法国大革命之前，孟德斯鸠所建立起来的只是一种权力分立的理论。他深刻地分析了权力的本质，认为“一切有权力的人都容易滥用权力，这是万古不变的一条经验”②。对于孟德斯鸠来说，什么样的政体不是最重要的，最关键的是如何使用权力，就是说“要防止滥用权力，就必须以权力约束权力”③。他界定了三种类型的政府，即共和制、君主制和专制国，同时也界定了国家的三种权力，即立法权、行政权和司法权。他集中火力猛烈抨击了专制制度对人民自由的侵犯，最详细地讨论了在其他制度中如何对权力进行制约。在《论法的精神》一书中虽然没有出现“三权分立”的字样，但是实际上他论证了如果这三种权力不加“分立”，自由就会丧失。他说：“当立法权和行政权集中在一个人或同一个机关之手，自由就不复存在；因为人们将要害怕这个国王和议会制定暴虐的法律，并暴虐地执行这些法律。如果司法权不同立法权和行政权分立，自由就不复存在了。如果司法权同立法权合而为一，即将对公民的生命和自由施行专断的权力，因为法官就是立法者。如果司法权同行政权合而为一，法官就将握有压迫者的力量。如果同一个人或是重要人物、贵族或平民组成的同一个机关行使这三种权力，即制

---

① M. J. C 维尔：《宪政与分权》，生活·读书·新知三联书店 1997 年版，第 68 页。

② 孟德斯鸠：《论法的精神》（上册），商务印书馆 1978 年版，第 154 页。

③ 同上。

定法律权、执行公共决议权和裁判私人犯罪或争讼权，则一切都完了。”①“三权分立”作为一种理论和学说可以说最早出现在孟德斯鸠的著作中，但是这看似纯粹的、理想的“三权制衡”的理论却没有在它的故乡成为政治制度的现实建构，相反是长期的政治动荡，最终使法国建立了半总统（半议会）制度。从1789年法国大革命开始至1940年法兰西第三共和国终结，法国资产阶级与封建势力、资产阶级共和派与立宪派进行了长期搏斗，其间经历了两次封建王朝复辟、两次帝制和三次共和国，才确立了资产阶级的共和政体，然后又经历第四共和国的议会政体，直到1958年第五共和国最终确立半总统制政体。

“三权分立”——美国对分权理论的综合以及实践中的制度创新。美国人是在英国资产阶级革命确立君主立宪混合均衡制政体与法国人提倡纯粹权力分立政体的两极中进行革命和讨论政体的制度安排的。美国革命之初，一部分主张纯粹权力分立与一部分主张混合均衡制的政治家形成两种立场，他们在权力分立制衡的原则上没有分歧，但对制衡形式重心的认识有所不同，后通过争论、妥协，他们逐步形成了三权分立、制约平衡的共识，并且成为美国宪法的基本内容。约翰·亚当斯在《为美国政府的宪法辩护》一文中一方面表达了对权力分立的重视，另一方面又在实质上论述了他对混合政体的拥护。他使得美国在纯粹权力分立的立场上后退，但又没能在政治实践中彻底贯彻他的政治主张。他起草的《1780年马萨诸塞州宪法》，阐述了他的混合制衡政体思想，但是制宪大会又没有让亚当斯走得更远，同时通过了不是出自他笔下的宪法修正案，突出强调了权力的分立原则：“立法部门将永不行使执行权和司法权或其中之一；执行部门将永不使用立法权和司法权或其中之一；司法部门将永不行使立法权和执行权或其中之一。”② 托马斯·杰弗逊早年接受了混合均衡制的思想，但在晚年逐步转变为权力分立的拥护者，并且与其他参与制宪的美国政治家们为一个三权分立、制约平衡的新宪法的诞生

① ［法］孟德斯鸠：《论法的精神》（上册），商务印书馆1978年版，第156页。

② 转引自M. J. C维尔《宪政与分权》，生活·读书·新知三联书店1997年版，第139页。

贡献了巨大智慧。美国人对分权理论的综合和实践安排的创新是：他们拒绝了英国的混合均衡制，但是也没有照搬纯粹的权力分立学说，而是在政制安排上既体现了三权分立的原则，又设计了在立法权、执行权、司法权之间的制约平衡的机制。

从最初英国资产阶级革命建立以议会为主体的混合均衡制政体，到美国独立战争后建立以总统为主导的三权分立、制约平衡政体；从法国思想家孟德斯鸠提出三权分立学说，到法国两百多年政体演变最终建立以总统为主导的半总统制政体，几百年来，西方国家权力制约方式的实践及类型呈现出多种变体，可以说并不存在一个标准的政治制度模式和权力制约配置的框架。德国以总理为主导的议会共和制政体，意大利以议会为中心的议会共和制政体，瑞士以委员会为主导的议会共和制政体，芬兰以议会和总统共同主导的议会共和制政体等，各种形式不尽相同。它们在一个所谓大的“三权分立”学说的指导下，产生的是许多不同的制度变体。

所谓标准“三权分立”的西方政治模式是一个伪命题

在西方近代历史的发展和资产阶级的政治实践中，立法权、行政权、司法权三种权力的划分以及三种权力必须互相制约，已经被人类政治文明的实践证明是正确的。但是，对于西方所谓标准的“三权分立”或“三权鼎立”的模式，其他国家、其他民族必须照搬，却是一个伪命题，从资本主义政治制度发展的历史和现实来看，没有一个国家的权力制约形式是完全一样的。

复杂的发展道路和不同国情形成了“三权分立”的不同理论范式及实践模式。在英国资产阶级革命的时代以及建立资产阶级政治制度的初期，还没有所谓的“三权分立”的理论。作为英国国情，一方面封建势力不像东方国家那样极端专制，另一方面资产阶级又具有天生的软弱性；作为英国资产阶级，一方面反对强大的封建势力，另一方面又需要适度加强王权遏制地方封建割据。资产阶级与君主结成联盟，“帮助君主加强王权，削弱封建贵族势力，以统一的中央集权取代分散无序的封建制"[①] 对资产阶级建立新生的政权极为重要。正是这些因素，使英国建立了君主立宪的混合均衡制政体。法国是“三权分立”理论的发源地，但是法国资产阶级不仅与封建势力进行了非常残酷的复辟与反复辟的斗争，而且资产阶级内部长期也没有取得政治共识，他们在共和国制还是君主立宪制、总统共和制还是议会共和制之间展开了长期的争斗，其间经历了5个共和国、14个政权，有些政权十分短命，最长的第三共和国也只有65年，其间一部宪法的平均寿命只有13年，最终戴高乐建立了以总统制为中心的法兰西第五共和国，它“在法国历史上算是最长寿的，它是法国宪法平均寿命的3倍，按照宪法规定，法国总统每7年选举一次，可以连任，正是强有力的总统保证了宪法的连续和稳定”[②]。“三权分立”的理论只在美国的政治实践中得到了体现。独立战争后，最初独立的13个州形成的只是一个松散、脆弱的联盟，而非统治管理国家的政府。面对各州矛盾日益加剧，社会矛盾非常尖锐，经济发展的迟缓，债务人与债权人、农奴主与农奴之间冲突加剧，英国、法国、西班牙这些老牌国家对这个新生的国家又虎视眈眈，随时可能入侵，因此，建立一个强大的中央政府极为紧迫。而强有力的中央政府的总统制和纯粹三权分立的共和制都不符合美国的利益，正是在几十种方案的争论中，最终美国选择了三权分立、权力制衡的总统共和制。“三权分立”只有在美国才从一种理论成为现实的制度安排。

权力制约方式只有类型而没有标准的模式。在当今世界，没有所谓标准的“三权分立”理论及制度构架。“三权分立”不是一种制度，而是一种权力制约方式或者说是政体安排。从资产阶级革命到今天，在资本主义政治制度建立和完善的过程中，其权力制约方式或者说政体安排主要形成了两种类型：议会制和总统制。但是在议会制和总统制这两种类型的政体安排中却没有所谓的标准模式。英国的议会是其最高权力机构，行使最高行政权的内阁是由占据上议院多数的政党组阁，虽然它可以运用议会多数的优势通过自己

---

① 莱斯利·里普森：《政治学的重大问题——政治学导论》，华夏出版社2001年版，第194页。
② 同上书，第207—208页。

提出的议案甚至滥用权力，但它在客观上受到上议院和国家元首的约束，更没有可以抗衡议会的权力。① 德国的议会制度则体现了与英国议会制度不同的特点，虽然总理是占据联邦议会多数的党派的领袖，但是议会中联邦议院和参议院的组成结构和宪法所赋予的权力与英国不同，使得总理虽然拥有很大的权力，但对议会的控制能力比英国更弱，而且在关键时刻由联邦议会选出的德国总统对国家稳定能够起到重大作用，因此，总理、联邦议会、总统形成了德国政治权力的合作与制约格局。② 意大利的以议会为中心的三权分立体制在议会制政体中则是独树一帜。它有着拥有广泛权力并在整个国家政治生活发挥中心作用的众议院和参议院，同时又有着由两院和各大区联合选出的总统，总统提名内阁总理行使国家最高行政权，总统提名两院批准的具有高度独立性的最高法院组成人员。它在形式上体现三权分立，但其原则不可能得到充分体现，例如，总理和内阁的生存权几乎完全被议会所控制。③ 在总统制中，与美国不同的法国，虽然有着一个由全国选民选举出的总统，宪法赋予总统巨大的权力，但在行政权力上与总统分权的还有内阁总理，他们共同主导法国的行政权。与英国和德国议会相比，法国又有着一个权力受到大大削弱的国民议会和参议院，其立法权、财政拨款权、监督权、弹劾权都受到很多限制，可以说“三权分立”在法国没有实际上的意义。④ 然而，与欧美不一样的是，第二次世界大战后亚洲一些国家和地区纷纷效仿美国的总统制“三权分立”体制，但没有一个成功范例。菲律宾在东南亚是较早开始工业化进程的国家，但是“三权分立”的总统制导致其国内长期政党林立、纷争不断、效率低下，经济社会发展长期居于东南亚末尾。印度尼西亚在 1997 年民主化后、我国台湾地区在 20 世纪 90 年代后，纷纷照搬美国的总统制“三权

① 参见劳伦斯·迈耶、约翰·伯内特、苏珊·奥格登《比较政治学——变化世界中的国家和理论》，华夏出版社 2001 年版，第 126—143 页。

② 同上书，第 222—228 页。

③ 参见郑楚宣、刘绍春《当代中西政治制度比较》，广东人民出版社 2004 年版，第 105—116 页。

④ 参见［美］劳伦斯·迈耶、约翰·伯内特、苏珊·奥格登《比较政治学——变化世界中的国家和理论》，华夏出版社 2001 年版，第 178—185 页。

分立”体制，带来的则是一轮社会内乱、民不聊生。总之，“三权鼎立”的体制只在一个国家即美国真正得到验证，但它不是一个普遍的政体模式，而且，除美国以外，它几乎还没有在其他地方成功的先例！

可以说，西方有所谓标准的并能够被其他国家照搬的“三权分立”或“三权鼎立”的模式，在理论研究的领域实质上就是一个伪命题。“三权分立”模式如果作为一种美国的实践，可以肯定它在美国的历史和政治发展中的适用性，但作为一种政治模式则显示出它内含的狭隘性。它只是西方民主的一般原则，如权力制约，多党政治，立法权、行政权、司法权三种国家权力分工的美国形式，超出美国的地域范围都很难找到一个与它类似的政治样式，至于说它是西方或者世界上最好的政治民主模式，各国都要按照这个模式建立自己的政治体制，则显得非常可笑了，恐怕连西方国家都不会赞同这样的判断！

从中国的国情和实际出发建设中国式民主政治体制

社会主义民主是社会主义的生命。中国必须继承人类政治文明的优秀成果，必须建设中国特色社会主义民主政治，必须进行政治体制改革，必须建立起中国式的权力制约体制，是今天中国共产党人、中国政府、中国人民的共识。但是，从世界政治文明发展一般规律和当今世界各国政治制度具体实践来看，中国式民主政治体制的内在权力结构的安排也必须坚持三条基本的原则：一是必须总结人类政治文明的历史与经验，吸收、借鉴人类政治文明的优秀成果；二是必须从中国政治发展的历史与国情特点出发，坚持中国共产党领导中国社会主义民主政治建设；三是着眼当今世界深刻变革和发展趋势，中国必须通过一条和平稳定的政治发展道路走向民族复兴。

总结人类政治文明的历史与经验，吸收、借鉴人类政治文明的优秀成果的原则给我们以深刻的启示：没有民主就没有社会主义。社会主义民主政治建设也必须遵循世界政治文明发展的一般规律，这就是坚持人民主权原则，坚持权力制约原则，坚持依法治国原则。绝对的权力导致绝对的腐败，中国在政治体制改革的进程中，同样要探索和建立立法权、行政权、司法权这三种权力之间的有效制约机制。

从中国政治发展的历史与国情特点出发，坚持中国共产党领导中国社会主义民主政治建设的经验原则给我们以深刻启示：作为根本政治制度，“中国人民从艰难曲折的探索和斗争中终于认识到，在中国，照搬西方资本主义政治制度是一条走不通的路，要完成救亡图存和反帝反封建的历史任务，必须以新思想新理论开创中国革命的新道路，建立全新的政治制度”，这就是“把工人阶级领导的、以工农联盟为基础的人民民主专政的国家制度和人民代表大会的政体制度，确立为中华人民共和国的根本政治制度”①。中国共产党领导的多党合作和政治协商制度的形成和发展“是中国近代历史发展的必然选择，是马克思列宁主义与中国实际相结合的产物，是中国共产党和各民主党派智慧的结晶，符合中国国情和中国革命、建设、改革的实际，符合社会主义民主政治的本质要求，体现了中华民族和而不同、兼容并蓄的优秀文化传统，具有鲜明的中国特色。这项制度，既符合时代发展潮流又体现中国社会发展的内在要求”②。

着眼当今世界深刻变革和发展趋势，中国必须通过一条和平稳定的政治发展道路走向民族复兴的原则给我们以深刻的启示：社会主义愈发展民主愈发展，为了保证中国在深刻的世界变革和走向民族复兴的进程中，不断坚持政治体制改革，走一条有中国特色社会主义政治发展道路极为关键。胡锦涛同志在党的十七大报告中指出：“政治体制改革作为我国全面改革的重要组成部分，必须随着经济社会发展而不断深化，与人民政治参与积极性不断提高相适应。……要坚持中国特色社会主义政治发展道路，坚持党的领导、人民当家做主、依法治国有机统一，坚持和完善人民代表大会制度、中国共产党领导的多党合作和政治协商制度、民族区域自治制度以及基层群众自治制度，

---

① 国务院新闻办公室：《中国的民主政治建设》，《人民日报》2005 年 10 月 20 日。
② 国务院新闻办公室：《中国的政党制度》，《人民日报》2007 年 11 月 16 日。

不断推进社会主义政治制度自我完善和发展。”①

上述三条原则已经从历史和国情的高度说明，“三权分立”或者其他什么西方的政治模式不是适合中国国情的民主政治体制，而坚持人民代表大会制度，坚持中国共产党领导的多党合作和政治协商制度，坚持党的领导、人民民主、依法治国的有机统一，坚持在中国共产党领导和人民主权的原则下立法权、行政权、司法权有机配合、相互制约的原则，则是进行中国政治体制改革，建立权力分工和制约体制的正确选择。根据对近代以来政治文明发展和当代世界各种政治体制的分析，笔者认为，坚持上述原则的中国特色社会主义民主政治的权力分工制约机制在理论范式上，可以用二元混合制内的权力制约与均衡政体来作为认识和分析框架。

首先，这是一种混合政体内的权力制约与均衡制。混合政体的特征就是将两种类型看似不同的政治体制混合在一个政治体制的制度设计中。英国资产阶级革命，将君主立宪与议会共和创造性地结合在一起，并在议会共和制的构架内实现了君主、两院、内阁以及司法的权力制约和均衡。这种首创的混合制政体以英国实际和国情为基础，且并没有立即得到其他国家资产阶级革命的响应，但在几百年的历史进程和英国的政治发展中发挥了稳定和进步的作用。今天，在中国，一方面坚持共产党的政治领导，另一方面将人民代表大会制度作为国家根本政治制度，同样是一种具有中国特色的混合政体内的权力制约与均衡制。混合政体，表现在它将中国共产党在国家政治生活中的中心政治作用，包括对人民代表大会的领导地位进行了宪法的确认，同时人民代表大会根本政治制度的地位也得到了宪法的明确确认。中国共产党的领导和执政地位，在国家政体中是排他性的，其他民主党派是中国共产党的参政党；人民代表大会，在国家政治生活中是人民共同参政议政的最高权力机构，而不是多党制政治角逐的场所。那种由一党执政就排斥议会共和制，议会共和制就排斥一党制的西方民主理论的单一逻辑在中国社会主义政治制

① 胡锦涛：《高举中国特色社会主义伟大旗帜 为夺取全面建设小康社会新胜利而奋斗》，《中国共产党第十七次全国代表大会文件汇编》，人民出版社2007年版，第23页。

度的现实和逻辑中都不适用，中国社会主义政治制度创造性地实现了这样一种混合：坚持共产党的领导与人民代表大会制度、多党合作和政治协商制度的统一。制约与均衡，表现在它所体现的中国共产党的领导，是要求中国共产党善于把自己的主张通过法定程序变成国家的意志，而不是对人民代表大会发号施令；人民权力至高无上的地位在于各级人民代表大会作为最高权力机关可以依法独立地选举产生各级人民政府（行政权）、人民法院和人民检察院（司法权），并对其实施监督和罢免。这样的互相配合、互相支持，形成了党的领导与人民代表大会制度之间的均衡关系，以及人民代表大会内部人民代表对政府机关、司法机关的制约关系。同时，在另外一个层面，中国共产党领导的多党合作和政治协商制度，不仅体现了中国共产党与各民主党派的互相合作的内容，而且突出了中国共产党与各民主党派的互相监督的制约内容，“这种监督是通过提出意见、批评、建议的方式进行政治监督”，“民主党派监督的内容是：国家宪法和法律法规的实施情况；中国共产党和政府重要方针政策的制定和贯彻执行情况；中国共产党各级党委的工作和中国共产党领导干部履行职责、为政清廉等方面的情况”。[①] 这样，中国共产党的领导与人民代表大会的支持与合作、人民代表大会体制内部的分权与制约、中国共产党领导的政治协商制度内部的合作与监督，创造了中国特色的社会主义民主制度特有的权力制约体制：混合制政体内的权力制约与均衡。

其次，这还是一种二元混合制政体。具有中国特色的社会主义民主政治，在政治体制上的鲜明特色还在于它不同于西方民主理论和逻辑中的所谓一元体系，即无论总统共和制还是议会共和制都将众多竞争的政党纳入议会体制。中国特色的社会主义民主政治制度，在国体上宪法规定了是工人阶级领导的、以工农联盟为基础的人民民主专政的社会主义国家，“与这种国体相适应的政权组织形式是人民代表大会制度，与这种国体相适应的政党制度是中国共产党领导的多党合作和政治协商制度”[②]。这种体制表现出与西方不同的特点：

① 国务院新闻办公室：《中国的政党制度》，《人民日报》2007 年 11 月 16 日。

② 同上。

人民代表大会制度在国家政治生活中具有至高无上的地位，宪法规定了“中华人民共和国的一切权力属于人民”，“中华人民共和国全国人民代表大会是国家最高权力机关”。[①] 中国共产党领导的多党合作和政治协商制度在国家政治生活中被确定为一项基本政治制度，这项制度一方面确认了中国共产党在国家政治生活中的领导和执政地位；另一方面确认了中国共产党与其他各民主党派之间的执政党与参政党的关系，宪法同时也明确规定：“中国共产党领导的多党合作和政治协商制度将长期存在和发展。”[②] 这种具有二元混合制特征的政体，使中国社会主义政治制度更加具有中国实践和政治发展的特色。它之所以能够在中国生根，根本就在于在长期的社会主义革命、建设、改革中，带领中国人民从民族解放走向民族复兴的中国共产党，始终代表着人民的根本利益，维护着人民的根本福祉。正是中国共产党的这种中国工人阶级先锋队和中华民族先锋队的性质，使得他在这具有形式上的二元混合制的政体中，能够保持着人民代表大会制度与中国共产党领导的多党合作和政治协商制度两者的协作、配合和平衡，从根本上体现了在当今中国人民当家作主的政治属性。它之所以能够在中国民主政治中运行，根本就体现在当今中国的社会主义民主政治运作中，无论是人民代表大会制度还是中国共产党作为执政党以及它所领导的多党合作和政治协商，都能够非常清楚地界定自己的权力运行边界，即到位而不越位。中国共产党作为执政党，始终把人民当家做主作为社会主义民主政治的本质和核心，党把自己的政治领导定位在：“坚持党总揽全局、协调各方的领导核心作用，提高党科学执政、民主执政、依法执政水平，保证党领导人民有效治理国家”，“坚持国家一切权力属于人民，从各个层次、各个领域扩大公民有序政治参与，最广泛地动员和组织人民依法管理国家事务和社会事务、管理经济和文化事业”。党把自己与人民代表大会的关系定位在：党在宪法和法律的范围内活动，并且“支持人民代表大会

---

① 《中华人民共和国宪法》第2条、第57条。

② 《中华人民共和国宪法》序言。

依法履行职能”，“保障人大代表依法行使职权”。[①] 在政治协商制度中，党把自己与其他民主党派的关系确定为：“中国共产党同各民主党派既亲密合作又互相监督，而不是互相反对。中国共产党依法执政，各民主党派依法参政，而不是轮流执政。”[②] 总之，中国共产党忠实地履行着一个在现代民主政治建设中领导国家和社会的执政党所应该履行的职责。作为国家最高权力机关的人民代表大会，其宪法上国家最高权力机关的地位和接受中国共产党的政治领导是统一而不可分割的，人民代表大会接受党的领导是历史、现实和中国未来的必然选择。没有党领导人民建立的人民民主政权，就没有中国的人民代表大会制度；党在社会主义革命、建设、改革的各个历史阶段所提出的路线、方针、政策，是人民代表大会确定国家前进方向、繁荣发展的根本指导；在人民代表大会内部，中国共产党的代表在发扬民主、表达民意、整合全国人民意志方面始终发挥着核心作用。人民代表大会自觉接受中国共产党的领导，已经成为这一制度生存、发展的立足之本、命运所系。在人民代表大会制度与中国共产党领导的多党合作和政治协商制度之间，中国创造了在现代民主政治中具有中国特色的选举民主与协商民主相结合的制度构架，即“人民通过选举、投票行使权利和人民内部各方面在做出重大决策之前进行充分协商，尽可能取得一致意见，是社会主义民主的两种重要形式”[③]。这种构架拓展了社会主义民主的深度和广度，既尊重了多数人的意愿，又照顾了少数人的合理要求，体现了最大限度地保障实现人民民主的制度和价值取向。

具有中国特色的议会民主制（人民代表大会制度的一院议行合一制），具有中国特色的混合政体内的权力制约与均衡制（人民代表大会对其产生的一府两院实施监督、中国共产党与各民主党派之间的团结合作与互相监督、人民代表大会制度与多党合作政治协商制度之间的相辅相成），具有中国特色的

① 胡锦涛：《高举中国特色社会主义伟大旗帜　为夺取全面建设小康社会新胜利而奋斗》，《中国共产党第十七次全国代表大会文件汇编》，人民出版社2007年版，第28页。

② 国务院新闻办公室：《中国的政党制度》，《人民日报》2007年11月16日。

③ 同上。

二元混合制（人民代表大会制度与中国共产党领导的多党合作和政治协商制度），将中国共产党的领导、人民当家做主、依法治国有机地统一在今天的中国政治实践中，它体现了中国人民对社会主义民主政治的向往、探索和智慧，也体现了中国社会主义政治体制进一步的改革和发展趋向。今天，我们已经建立的制度安排，为中国从实际出发建设中国特色社会主义民主奠定了坚实的基础，对这一制度的进一步深层探索和建构也是我们继续进行政治体制改革的努力方向。

（原载《江海学刊》2009 年第 1 期）

大力推进社会政策体系建设

吴忠民

近年来爆发的国际金融危机引发了中国不少的社会问题，这些问题同样也显露了中国社会经济发展过程中长期积累的重大缺陷。其中最为重要的问题就是，社会发展明显滞后于经济发展，经济发展与社会发展两者之间严重脱节，基本的社会政策严重缺位。这一重要问题导致了社会结构尤其是社会阶层结构的不公正、不合理，致使社会结构难以对经济发展提供有效、有力的支撑，如消费需求、社会团结和社会整合、社会资源以及社会安全等方面的支撑。

应对此次国际金融危机的目标有两个：一是从近期着眼，必须防止由金融危机所造成的实体经济危机深度化，必须防止金融危机向社会领域广泛蔓延；二是从长远着眼，必须进行系统的制度设计和安排，形成公正合理的社会结构，以弥补中国一个时期以来发展中的重大缺陷，为中国经济社会长远的健康发展做好必要的铺垫。

应当高度重视并大力推进初级的社会政策体系的建设

为了完成上述两个目标，需要做大量的事情。其中一个至关重要的事情就是应当高度重视并大力推进初级的社会政策体系的建设。

在一个健全的现代社会当中，经济政策与社会政策是协调、统一的，两者共同支撑着社会的安全运行和健康发展。特别需要指出的是，社会政策是社会公正理念的具体体现。对于现代社会和市场经济社会来说，社会政策是至关重要的。社会政策对于协调社会群体之间的利益关系，保证社会的安全运行，促进社会的整体化发展，提升社会的质量，均有着不可替代的重要作用。但是，在1978年以后较长的一段时间里，就总体而言中国社会一直认为经济目标应优于社会目标，经济发展几近成为现代化建设、社会发展的代名词，经济政策几乎成了压倒一切的基本政策。社会政策与经济政策两者之间呈现出严重的不同步和不平衡状况。而且，即便是在今日，社会政策无论是就其受重视的程度还是就其贯彻的力度而言，仍然不能与经济政策同日而语。经济政策固然十分重要，但是，如果只是强调经济政策而忽略了社会政策，以经济政策取代了社会政策，那么，这样的社会不可能是一个健全的社会，而只能是一个少数人受益、多数人的基本尊严和基本生活水准无法得到保证的病态社会，是一个社会焦虑不断加重、社会问题迅速增多、社会整合程度不断降低的低质量社会。

所谓社会政策，是指以社会公正为理念依据，以解决社会问题、保证社会成员的基本权利、改善社会环境、增进社会的整体福利为主要目的，以国家的立法和行政干预为主要途径（但不是唯一途径），而制定和实施的一系列行为准则、法令、条例的总称。简而言之，凡是同社会成员的基本权利和社会福利息息相关的政策（法令、条例等），都属于社会政策的内容，如社会救助法（条例）、反贫困法（条例）、就业法（条例）、失业保险法（条例）、社会保险法（条例）、工会法（条例）、最低小时工资和最高工时保障法（条例）、劳动者工作保护条件法（条例）、公共卫生保障法（条例）、义务教育法（条例）、资源和环境保护法（条例）、职业培训法（条例）、国民住宅保障法（条例）等。

应当看到，目前民众对于社会政策形成了一种普遍的要求，而且对于经过30年改革开放的中国社会来说，建立一个初级的社会政策体系已经具有了一定的物质基础。同时还应当看到，目前中国毕竟还不是一个发达或比较发达的国家，而且在社会政策方面的历史欠账过大，所以在现有的条件下，要想建立起一个高级的或中级的社会政策体系并不现实。基于前述两方面情形综合考虑，我们现在提建立一个初级的社会政策体系还是切实可行、能够做到的。

在现阶段，就初级的社会政策体系的制定和实施而言，应当也能够在以下几个方面实现重大的突破：围绕社会保险法的制定和实施做好一系列相关的事情，逐渐建立起覆盖城乡居民的社会保障体系；实施真正的亦即免费的义务教育，并且将初级的职业教育纳入义务教育的范围之内；建立起基本型的公共卫生保障政策体系；建立起以廉租住房保障为重点内容的住房保障政策体系；完善并提升城乡居民最低生活保障的政策体系；建立起合理有效的收入分配政策体系；出台鼓励充分就业的政策体系；形成并实施公正、合理、有效的劳资谈判机制；完善并实施劳动政策体系。

大力推进社会政策体系的建设，对于有效应对国际金融危机乃至确保中国未来长远健康、可持续发展，是一件至关重要的事情，具有重大的、不可替代的意义。

大力推进社会政策体系的建设是有效提升消费内需拉动力之必需

“中国的发展应当而且有可能实行以国内需求为主的方针。”① 而且这种内需主要是指消费内需。但是，应当看到，一个时期以来，为数众多的社会成员的消费水准并没有得到相应的提高，民生状况没有得到应有的改善。其一，在国民收入的分配中，劳动者报酬比重呈逐年下降的趋势。这是一个值得重视的现象。近年来，在按支出法统计的地方 GDP 构成中，劳动者报酬比重不断下降，2003 年以前一直在 50% 以上，2004 年降至 49.6%，2005 年降至 41.4%，2006 年降至 40.6%。② 有数据显示，在成熟的市场经济体中，初次分配后，劳动者报酬占 GDP 的比重，美国接近于 70%，其他国家和地区普遍在 54% 至 65% 之间。③ 与之形成鲜明对照的是，从 2002 年到 2006 年，企

---

① 温家宝：《走科学发展道路，实现可持续发展》，《人民日报》2005 年 9 月 7 日。

② 汝信等主编：《2008 年：中国社会形势分析与预测》，社会科学文献出版社 2008 年版，第 8 页。

③ 徐平生：《初次分配不公致中国 GDP“不实”》，《上海证券报》2006 年 8 月 15 日。

业的收入在国民收入中的比重从20%上升为21.5%，上升了1.5个百分点；政府收入比重从17.9%上升到21.4%，上升了3.5个百分点。[①] 其二，我国在基本民生方面公共投入的比例小得可怜，是世界上最低的国家之一。我们不妨比较一下10个具有代表性的国家在这方面的投入情况（见表1)。这个国别之间的横向比较说明：我国社会保障事业严重落后；公共教育事业明显落后；公共卫生事业严重滑坡。

表1　　主要国家在基本民生方面的公共投入状况比较

国 家	社会保障和福利支出占国内生产总值比重 1994—2000年（%）	公共教育支出占国内生产总值比重 1999—2001年（%）	公共医疗卫生支出占国内生产总值比重 2004年（%）
中 国	2.18（2007年）	2.85（2007年）	1.8
美 国	5.4	5.6	6.9
法 国	16.5（1980—1985年）	5.7	8.2
日 本	—	3.6	6.3
俄罗斯	7.5	3.1	3.7
波 兰	17.4	5.4	4.3
印 度	—	4.1	0.9
伊 朗	3.9	5.0	3.2
巴 西	12.7	4.0	4.8
南 非	1.1	5.7	3.5

资料来源：中华人民共和国国家统计局:《中国统计年鉴2008》，中国统计出版社2008年版；世界银行:《2007年世界发展指标》，中国财政经济出版社2008年版；联合国开发计划署:《2004年人类发展报告》，中国财政经济出版社2004年版；中华人民共和国国家统计局:《国际统计年鉴2004》，中国统计出版社2004年版。

中国正处在一个从生活必需品时代向耐用消费品时代转换的时期。[②] 在这

① 陈江生:《调整国民收入分配格局事关重大》，《学习时报》2008年3月25日。

② 孙立平:《以重建社会来再造经济》，《社会学研究》2009年第2期。

样一个时期，有效地扩大消费内需，对于中国社会经济能否迈上一个巨大台阶有着举足轻重的意义。而劳动者报酬比重的逐年下降，使得民众的消费购买力的提升受到限制；国家在基本民生方面公共投入得过小，又使得大量社会成员必须在现有的家庭财富当中切出一部分用于自我型的保障，以应对未来的生活风险。这一切，使得一个时期以来中国的消费内需拉动明显不足，最终消费率日益走低。2007 年，中国的进出口总额为 166740. 2 亿元，国内生产总值为 263242. 5 亿元，中国经济的外贸依存度已高达 63. 3% 。[①] 这个数字远远高于美国 2002 年 18. 2% 的外贸依存度水准。[②] 2007 年，中国的投资率达到了自 1978 年以来的次高点 42. 3% ，而消费率却创下了自 1978 年以来的最低点 48. 8% 。[③] 过度依靠外贸拉动的不利影响在于：成本高，利润低，风险大。过度依靠投资拉动的不利影响在于：容易导致重复、低效并形成大量不良贷款的建设。

显然，大力推进社会政策体系的建设，是走出上述困局的必需之举。其一，对社会成员提供大量基本公共服务产品以及理顺收入分配关系，可以使民众原来用于教育、卫生的许多支出费用转向日常消费，从而直接有助于形成大面积的、有效的消费内需拉动。其二，社会保障政策体系的建立，能够使社会成员对社会及市场的重要风险因素进行共同的承担，从而大幅度地缓解诸如社会成员在养老、医疗、失业等方面的后顾之忧，使其对未来的生活能够有一个相对稳定的预期，相应地可以大幅度减少个人的储蓄。与之相连的是即时消费的增加，甚至是提前消费亦即按揭消费（贷款消费）的增加。如是，中国的消费内需拉动力则能够间接地大幅度提升。

---

① 中华人民共和国国家统计局：《中国统计年鉴 2008》，中国统计出版社 2008 年版，第 707、54 页。

② 中华人民共和国国家统计局：《国际统计年鉴 2004》，中国统计出版社 2004 年版，第 292、293、49 页。

③ 中华人民共和国国家统计局：《中国统计年鉴 2008》，中国统计出版社 2008 年版，第 54 页。

大力推进社会政策体系的建设是确保社会安全运行之必需

中国的发展开始进入一个关键的阶段，换句话来说，中国社会开始进入了一个高风险的时期。正如胡锦涛所指出的那样，“在当前和今后相当长一段时间内，我国经济社会发展面临的矛盾和问题可能更复杂、更突出”①。“在当前国际国内形势下，我国发展面临的机遇前所未有，面对的挑战也前所未有，既有许多有利条件，也有不少不利因素，关键看我们工作做得怎么样。”② 随着现代化进程的迅速推进，随着社会经济结构已经和即将发生深刻变化，中国社会当中各种各样的、大量的社会问题必然会集中出现，在某个时期、某些地方甚至会以一种比较激烈的、爆发性的形式表现出来。同时需要注意的是，现在大量的社会调查几乎都显示出这样一种情况，中国现阶段的主要社会问题多集中在同民众日常生活有直接关系的领域，如就业、社会保障、公共卫生、义务教育、贫富差距等。不能否认的一个事实是，中国目前的民生状况不容乐观。由不容乐观的民生状况所引发的社会问题呈现出某种多发、高发、并发的态势，进而对中国社会的安全运行造成了十分有害的影响。特别是，在金融危机背景之下，这些社会问题有进一步加重的趋势，比如，失业问题加剧，低收入群体生活状态恶化，劳资纠纷和冲突加重，中等收入者财富明显缩水，群体性事件迅速增多等。而这些由不容乐观的民生状况所产生的社会问题，恰恰是可以通过社会政策直接予以解决或缓解的。

通过有力度的社会政策的实施，可以为大多数社会成员提供一个有效的基本生存底线，提供一个基本的发展平台，从而大面积、大幅度地改善民生的基本状况。而中国的基本民生问题一旦得到大幅度的改善，那么，就会从源头上大幅度减少社会问题生成的机会，就会在现实中大幅度减少社会问题

---

① 胡锦涛：《在省部级主要领导干部提高构建社会主义和谐社会能力专题研讨班上的讲话》，《人民日报》2005年6月27日。

② 《胡锦涛在中央党校发表重要讲话：坚定不移走中国特色社会主义伟大道路，为夺取全面建设小康社会新胜利而奋斗》，《人民日报》2007年6月26日。

的数量、减弱社会问题的强度，进一步看，中国现阶段的社会安全运行就能够得以实现。

大力推进社会政策体系的建设是形成公正合理的现代型社会结构之必需

社会结构对于社会经济的整体发展来说，具有基础性的意义。社会结构是社会机体的骨骼，支撑着现代社会经济健康持续的发展。一个社会的社会结构，决定了这个社会的发展空间、健康状况和安全系数。显然，经济发展同社会发展能否得以协调进行，在很大程度上取决于社会结构是否能够同现代经济结构（现代产业结构、市场经济体制等）相适应。

公正合理的现代型社会结构并不会随着经济发展而自动生成，而是一个需要进行主动建设的过程。不能否认的是，改革开放以来的一个时期当中，中国对于公正合理的现代型社会结构的建设没有予以足够的重视，致使社会结构出现了一些明显的问题，并由此衍生出许多负面的社会影响，在某种程度上固化了社会发展滞后的短板现象。其一，金字塔形外观明显。从收入状况和财富占有量来看，公正合理的现代型社会结构应当是一个以中等收入者为主体的、外观上呈“两头小、中间大”的橄榄型社会结构。但是，中国现阶段的社会结构却是金字塔形的，即中等收入者所占的比例过小，“关键问题是，该减小的社会阶层还没有小下去，该增大的社会阶层还没有大起来，社会中间阶层至今仅占23%”①，而中低收入者和低收入者却占到了70%左右。这样的一个社会结构是不合理、不公正的，对于社会经济的整体发展是十分不利的：不仅不利于内需的有效拉动，也不利于社会的安全运行。其二，没有形成一个互惠互利的社会利益分配结构。在中国现阶段，富裕群体在社会全部居民财富中所占的比例迅速提高，富裕群体的财富增进同中低收入者和低收入者的境况改善两者之间没有实现一种同步化，相反却出现了一种零和博弈的状况。调查统计显示，现在城市中10%的富裕家庭占城市居民全部财

① 陆学艺：《建构现代化的中国社会结构》，《中国社会科学院报》2009年2月24日。

产的45%。城市中最低收入10%的家庭其财产总额占全部城市居民财产的1.4%，另外80%的城市家庭占有城市家庭财产总额的53.6%。贫富差距过大的现象，既背离了共享社会发展成果的基本理念，同时也使社会各个群体之间难以形成一种普遍的认同感，进而会造成许多社会纠纷和矛盾。其三，缺少一个畅通的社会流动机制。畅通的社会流动，是一个社会实现机会平等取向、社会成员寻求自由发展以及改善自身处境的前提条件，是社会活力的重要源泉。但在中国现阶段，存在着许多歧视现象如户籍制度、同工不同酬、性别歧视等，从而人为地制造了不平等的社会成员身份系列。

大力推进社会政策体系的建设，有助于形成公正合理的现代型社会结构。通过社会政策的制定和实施，可以增大社会再分配的力度，从而减少贫困者和低收入者的比重，扩大中等收入者的比重，形成橄榄型的社会结构。通过社会政策，可以对劳动者的基本劳动收入进行保护，同时还可以对资方的违规赢利行为进行有效的制约，最终形成社会各个群体之间的互惠互利局面。通过社会政策，还能够有效地消除社会歧视现象，为建立畅通的社会流动机制清除障碍。凡此种种，对于社会经济的协调健康发展将起到一个不可缺少的、有力的支撑作用。

中国大力推进社会政策体系建设正当其时

对于社会政策大面积的制定和实施来说，中国如今正面临着一个重要的契机。金融危机使得中国经济遭受到多年来未曾遇到过的重创，并引发了一系列的社会问题。而且，在金融危机背景下，中国社会经济发展中的许多问题如经济结构转型问题、发展后续推动力匮乏问题、社会发展明显滞后问题、社会不公问题等都比较明显地暴露出来。对于这些问题，需要站在统筹全局的高度，并着眼于中国的长远发展，通过系统的制度建设，予以一揽子解决。而大力推进社会政策体系的建设，就是其中一项必不可少的、十分重要的内容。另外，需要注意的是，经过近年来以人为本基本理念、科学发展观以及和谐社会理论的倡导和实施，中国民众对于“四大建设”之一的社会建设的重要性已经形成了共识，因而对于社会建设当中的基本内容——社会政策的制定和实施也有着普遍的期待。

20 世纪上半叶美国和英国均是在前所未有的经济危机当中开始建立系统的社会政策体系。20 世纪 20 年代末 30 年代初，美国遭遇到了前所未有的经济危机，美国经济严重衰退。作为成功应对如此严重经济危机的罗斯福新政，其中的一项重要举措就是开始建立系统的社会政策体系。1935 年，美国通过了《社会保障法》，确立了现代社会保障制度。1935 年前后，美国还制定了大量的其他方面的社会政策，如《全国劳工关系法案》《税收法案》等。英国也是如此。经过第二次世界大战，英国几乎成为一片废墟。就是在这样的情形下，英国于 1945 年前后，推出了大量的社会政策，如《社会保障法》《家属津贴法》《国民医疗保险法案》《国民工商保险法案》和《国民救济法》等，开始建立比较完备的社会政策体系，并予以贯彻实施。20 世纪上半叶美国和英国在社会政策方面的举措，为这两个国家社会经济未来长时期的协调、可持续发展打下了坚实的基础，为之提供了强有力的支撑。美国和英国在社会政策方面的这些做法值得借鉴。

现在，中国的人均收入明显高于 1935 年的美国和 1945 年的英国；国家现在的公共权力和公共财力，更是远远超过了 1935 年的美国和 1945 年的英国；况且，中国共产党的执政理念是“立党为公，执政为民”，理应更加重视社会政策，理应在社会政策方面有重大突破。显而易见的是，在中国现阶段，建立一个初级的社会政策体系已经不是一个“能不能做到”的问题，而是一个“想不想去做”的问题。只要下了决心去做，我们国家应当也能够比当时的美国和英国做得更好，从而有效渡过金融危机难关，并为度过金融危机之后的中国社会经济“实现更长时间、更高水平、更好质量的发展”做好必要的铺垫，打下坚实的基础。

（原载《江海学刊》2009 年第 5 期）

论我国应急管理机制的创新

——基于源头治理、动态管理、应急处置相结合的理念

童　星　陶　鹏

问题的提出

当前我国业已形成以“一案三制”（即应急预案和应急体制、机制与法制）为基础的多层次、多部门、多灾种的应急管理体系。《中华人民共和国突发事件应对法》作为突发事件应对活动的行动总则，按照突发事件的种类性质、演进过程、危害程度与影响范围等因素，将突发公共事件分为自然灾害、事故灾难、公共卫生事件和社会安全事件等四大类型以及特别重大、重大、较大和一般等四个等级，并将其应对过程分为预防与准备、监测与预警、救援与处置、善后与恢复等四个阶段。可以说，我国从应急制度层面已经跨入了整合阶段①，该制度体系通过中央、省、市、县四级响应系统串联，在每一层级均形成了“四委员会、一应急办”② 的网络结构。③

以2003年“SARS”事件为起点，我国新一代应急管理体系创设至今，历经2008年南方冻雨雪灾和“汶川地震”、2010年西南五省（区、市）特大

① 童星、张海波：《基于中国问题的灾害管理分析框架》，《中国社会科学》2010年第1期。

② “四委员会”包括：防灾减灾委员会、安全生产委员会、食品安全委员会、社会管理综合治理委员会。

③ L. Xue, K. Zhong, “Turning danger to opportunities: Reconstructing china's national system for emergency management after 2003”, in H. Kunreuther, M. Useem (eds.), *Learning from catastrophes*, New Jersey: Pearson education Inc, 2010, pp. 198—201.

旱灾以及多起重大事故灾难和重大群体性事件等灾害危机事件的考验。一方面，显示出现有应急管理体系对成功应对各类灾害危机事件起到了基础性作用；另一方面，在一定程度上暴露出它的脆弱性。其一，在风险社会特征愈发显著、跨界越界①的复合型灾害危机愈发增多的背景下，上述政府主导的应急管理分类分级模式遭到了新的挑战，显得很不适应；其二，重在救援与处置的应急管理其功能极为有限，往往只能控制事态，并不能解决问题。以社会领域中的突发事件及其带来的公共危机为例，成功的管理必须能够发现真正导致危机的风险，包括问题、矛盾、漏洞和“病根”，从而解决问题，化解矛盾，堵塞漏洞，挖除“病根”，以达到同类危机不再发生的效果。我们经常看到，在处置城市逢雨就遭淹、渣土车闯红灯撞死人、地沟油上餐桌害人以及群体性上访等突发事件时，尽管能迅速控制住局面，但却难除根、不见效，其原因就在于只是停留于旨在控制事态的应急处置，忽视了事后的危机管理和事前的风险治理。② 有鉴于此，必须按照党的十八大的要求，加快形成“源头治理、动态管理、应急处置相结合的社会管理机制”。

应急管理机制模型：以灾害生命周期理论为基础

应急管理对象中的“急”，在中国就是指突发事件，而在国际上往往被称为“灾害”。这是因为中国自古以来就有“天灾人祸”的说法，灾害特指自然灾害外加原因不明的火灾，外延比较窄，其他类型的突发事件则被称为“人祸”；而在西方，灾害不仅仅被看作自然的或技术的风险，还包括基于社会正常运行的例外，外延比较宽泛。③ 此外，还应当看到，“传统的观点用狭隘的‘时—空’（space-time）观来看待灾害的背景、特点以及后果。而事实上，无论是灾前、灾中，还是灾后，均发生于一个广泛联系、相互链接、动

① 一般来说，跨越种类性质的复合型灾害危机如日本“3·11”地震、海啸与核泄漏被称为“跨界”；跨越行政区划甚至国界而发生的灾害危机则被称为“越界”。

② 童星：《社会管理创新八议——基于社会风险视角》，《公共管理学报》2012年第4期。

③ Robert A. Stallings, “Disaster and the Theory of Social Order”, in E. L. Quarantelli, *What Is a Disaster? Perspective on the Question*, London: Routledge Press, p. 137.

态发展的复杂世界中”①。

应急管理事务十分繁杂，需要通过全面而行之有效的政策设计来保障整体应急体系的协调运转。灾害生命周期理论作为人们认识与管理灾害危机的重要基础，引导着应急管理制度的嬗变。以过程方法（processual approach）为基础的灾害危机管理，首先将灾害过程视为周期性的循环，如斯蒂文·芬克（Steven Fink）的“危机生命周期”理论——征兆期（prodromal）、爆发期（breakout or acute）、延续期（chronic）、痊愈期（resolution）；其次将灾害危机的演进过程与管理政策结构化，划分出目前被认为是最具操作性且得到最普遍使用的灾害管理循环模型，即“减灾—整备（preparedness）—反应—恢复”，如罗伯特·希斯（Robert Heath）的危机管理“4R”模型——缩减（reduction）、预备（readiness）、反应（response）、恢复（recovery）。“减灾”是指针对各类灾害危机所提出的预防与消减方式；“整备”是指针对各类可能导致灾害危机的危险源进行检测预警，以及应对灾害危机所采取的管理体制、机制，尤其是在资源与协作上的整备情况；“反应”是指针对灾害危机爆发后所进行的各项维持社会秩序、救护、避难等工作；“重建”则是指对灾害危机所影响到的区域、群体、制度所进行的一系列重建工作。在我国应急管理体系建设中，灾害危机事件的应对通常被划分为预防与准备、监测与预警、救援与处置、善后与恢复等四个阶段，这同上述研究灾害危机演化的周期理论及其管理的循环模型不谋而合。因此，应急管理机制的内容千头万绪，都分别贯穿于减灾、整备、反应、恢复等各个阶段（见表1）。

① E. L. Quarantelli, “Epilogue: Where We Have Been and Where We Might Go”, in E. L. Quarantelli, *What Is a Disaster? Perspective on the Question*, London: Routledge Press, p. 244.

表 1　　全周期应急管理机制

减灾阶段	整备阶段	反应阶段	恢复阶段
危险源确认机制 风险沟通机制 脆弱性评估机制 风险防范机制 宣传教育机制 关键基础设施保护机制	预案编制机制 培训演练机制 组织建设机制 资源整备机制 能力维持更新机制 预警机制	先期处置机制 快速评估机制 分级响应机制 应急指挥机制 协调联动机制 公共沟通机制	恢复重建机制 救助补偿机制 心理救援机制 调查评估机制 责任追究机制 风险管理机制

首先，减灾阶段的机制构成。减灾阶段的工作重点旨在确认危险源并构建一系列管理措施。在减灾阶段，必须结合本地特征而确认相关危险源的存在，进而通过风险沟通机制来了解风险可能及其潜在影响，并将其纳入政策议程。在对客观风险进行分析的同时，也应该注意到脆弱性分析与评估的重要性，即对本地灾害危机应对所需的管理制度、组织能力、关键基础设施、群体抗灾能力、抗灾资源可得性与可及性等维度进行分析评估，以便清晰把握本地灾害危机应对能力。减灾阶段的政策工具作为风险防范机制的核心，主要可分为结构性减灾工具和非结构性减灾工具，前者注重硬件基础设施的建设与维护，后者注重政策设计对于减灾的重要意义，如对重大政策项目进行社会风险评估等。同时，减灾阶段还需要从文化层面提升应急管理能力，通过宣传和文化教育体系对个人安全文化、组织风险文化、社会风险文化进行有效干预与引导。

其次，整备阶段的机制构成。整备阶段作为应急管理中应急反应与恢复的基础，整备的充分程度直接影响着应急管理制度运转的绩效。预案编制是针对减灾阶段所确认的危险源的潜在后果而预先设定各种管理措施，其核心是构建应急管理的组织架构、工作流程、协调方式、资源保障等，通过一系列常规制度安排来尽可能地消解由危机造成的无序与混乱；培训演练机制旨在通过桌面推演（tabletop）、功能演练（functional）、局部演练（partial scale）、全程演练（full scale）等方式，发现并评估现行预案存在的问题从而加以改进；组织建设机制旨在对应急管理制度实施所需要的组织架构进行建设与调整，资源整备机制则是将应急管理所需要的各类资源体系进行分类、评估与整合，这二者构成了组织能力体系的核心；应急能力维持与更新机制则是对组织建设与资源整备所进行的定期评估与监督，以保证组织能力发展与灾害危机动态变化相一致；预警机制便是视灾害危机信息为公共品，真实、快速、公平、全面地传递到危险暴露群体中，以便能够做好各项准备以应对可能即将到来的灾害危机。

再次，应急反应阶段的机制构成。应急反应是应急管理制度建设的核心，当前预案体系建设的重点就是加强与完善应急反应所需的各项机制。在灾害危机事件中，以减灾与整备阶段为基础，首先需要做到对事件的先期处置，对事件进行及时救援与报送，而先期处置能力对于降低事件的负面影响有着至关重要的作用。对于灾害危机事件的分级、分类处置原则要求必须建立快速灾情评估机制，迅速、准确地收集有关信息，通过应急信息平台来处理与分析相关信息，并依据分级方法确立所采取的响应方式，从而在相应层级上启动应急指挥和协调联动机制；同时，该信息平台也具有在政府内部以及政府与公众之间的沟通功能。在此基础上，需要建立应急指挥机制将各相关机构和单位纳入统一规范的行动框架。

最后，灾害危机恢复阶段的机制构成。灾害危机恢复阶段的首要任务是恢复重建，主要包括工程性恢复重建与制度性恢复重建，旨在建立更具恢复力的社会。为了在短期内从灾害危机中得到恢复，需要综合协调与整合多方力量进行建筑物与基础设施的恢复重建，利用保险、救助、慈善等手段对受灾群众进行经济、心理与社会的重建和救助。此外，恢复阶段的另一项重要任务就是对事件进行调查与反思，客观评价应急管理制度的绩效，追究相关人员以及相关政策、制度、机构、价值的责任，不仅有某些官员的去职、处分，而且有某些政策出台或得到修订，某些机构、制度设立或调整，某个阶层的利益得到尊重、满足，某些价值得到弘扬、遵从，同时进行官员问责和风险问责。⑧风险问责的结果必然引起对风险管理的重视，这也就是一个新应急管理循环的开始。

我国应急管理机制设计与执行困境分析

我国建立应急管理机制的基本要求是：统一指挥、反应灵敏、协调有序、运转高效。近些年来，我国应急管理机制建设步伐加快并取得了显著成果，但相关核心管理机制的设计与执行困境也阻滞着应急管理绩效的提升。

（一）应急管理机制建设存在结构性失衡，风险治理特征不彰

从整体应急管理机制建构特征上看，普遍存在“重应急，轻预防”现象。虽然“预防为主”已成为我国应急管理体系建设的基础理念，但在相关制度与技术设计层面仍缺乏足够关注，从而导致应急管理机制的结构性失衡。现代风险管理从经济理性转向风险理性的实践表明，在高风险社会中，需要改造并重塑传统风险管理手段，全面识别、沟通与评估风险，从而达成风险治理格局。当前我国应急管理体系中的风险管理仍然停留在管理主体单一、自上而下单向以及封闭的局面，尚未建起一套多主体、纵横交错、开放的网络以达成风险共治的管理机制。在具体运作机制上，脆弱性评估还未应用于预案编制，作为一种有别于传统风险评估的机制，它强调将本地风险特征与社会特征相结合，建构具有本地化导向的测量指标，将本地社会的应灾能力置于应急管理的首要位置，改变过去被动应付的局面和忽视各地特点、搞“一刀切”的管理作风。在风险防范机制建设方面，结构性风险管理方式（如防灾基础设施与工程建设等）已经被普遍采用，但是对于这些设施的维护与更新则关注不够，特别是对于非结构性风险管理方式如重大政策决策和重大建设项目的社会稳定风险评估机制，仍然停留在学术讨论和一般号召阶段，尚未得到真正重视和认真落实。

（二）预案编制与管理缺乏本地性、动态性、科学性，失灵情形频现

诚然，预案编制是应急整备工作的核心，但其并非应急整备的全部。当前应急管理存在着严重的“预案化”倾向，即将完成预案文本编制视为应急

整备阶段的完结，而且各地各单位编制预案的过程基本上是“下级抄上级”、同级之间“我抄你、你抄他”，结果编制出的预案，缺乏针对性和实用性。其实各级各地预案在预案体系中的功能定位是不同的，顶层预案关注指导性，需要确定应急管理的原则与程序，基层预案则应注重操作性，需要进行危险源与应急资源的分析，制订行动协调的具体计划；各地各单位的实际情况千差万别，各自面临的主要灾害危机也不尽相同，因此预案编制必须聚焦本地危险源与脆弱性，并随危险源与脆弱性的变化而及时更新。

应急管理信息与基础数据平台缺乏整合，导致灾害危机事件预案编制所需决策信息不充分。对灾害危机事件信息的充分掌握、全面分析与正确研判是各项应急决策的基础。基础数据平台的缺失导致相关管理机制难以实现，如缺乏对地方救援能力数据的评估、录入与使用导致预案编制只停留在原则、运作程序层面，而难以依据部门应急能力进行调配，从而影响了救援效率，尤其是在“跨界越界危机”的处理中，缺乏基础数据信息会导致行政辖区之间和部门系统之间的协调联动缺乏运行基础。

（三）组织应急能力建设与管理机制薄弱，难以实现制度预期目标

其一，政府对培训演练的支持不够，演练手段单一。培训演练是修正预案和把握组织协作能力的重要方式。地方应急演练常受到政府重视程度、财政支持力度以及部门单位参与度等因素的制约，因而往往停留在低层次重复、方式单一的路径上，演练效果不佳。

其二，组织建设投入和评估机制缺失，能力更新维持困难。应急管理作为政府部门的一项基本职能，应当形成有效的财政投入机制和评估考核机制，以解决本地应急组织建设中所存在的问题。然而当前对于各级政府部门应急能力的评估仍停留在理论研讨和实践探索层面。

（四）应急反应机制一体化、地方化、多元化程度有待提升，相关保障机制仍需完善

其一，应急指挥机制标准化、规范化、程序化建设滞后。尽管灾害危机种类繁多，但是对于灾害危机事件的应急反应存在一些普遍适用的原则与规

范，如美国事故现场指挥系统（Incident Command System，ICS）便是从森林火灾应对中所总结出的一套经验做法，现已成为美国国家应变框架（National Response Framework，NRF）的核心部分，为应急反应体系一体化建设奠定了基础。如今我国各级政府的应急反应中，指挥部（中心）作为临时性协调组织被普遍设置，但亟待建立一套借鉴国外优秀模式并结合本土社会特征的指挥机制。

其二，事件发生地先期处置机制的实现存在能力困境，从而影响整体应急处置能力。先期处置机制在实际运作中往往只强调信息通报功能，对危机干预重视不够，这与基层应急处置能力欠缺有关。在应急资源和能力“头重脚轻”式的分配模式下，地方应急能力建设严重滞后。在危机初期，地方应急管理系统感知到各种应急需要，但难以满足救援需要，地方应急处置能力的短缺严重影响了较大级别以上突发事件的整体处置能力。

其三，多元社会救灾机制缺乏创新，对现实社会发展特征缺乏整合。社会参与随着网络信息时代的到来而呈现出多元、松散耦合的新特征，传统的政府包揽与应急主体多元化不相适应，难以在灾害危机发生之初就及时识别和吸纳救灾志愿者与相关组织。①

其四，关键基础设施保护机制缺失，应急系统崩溃的风险较高。关键基础设施是社会功能正常运转的硬件基础，主要包括：农业与食品系统、银行与金融系统、化工产业、商业设施、通信系统、运输系统、关键工业设施、水坝、国防工业基础、紧急救护系统、能源供应系统、政府运转体系、公共医疗系统、资讯科技系统、邮政船务、水资源系统等。这些系统既是应急管理能力的保障系统，又是危机脆弱系统，当前应急管理机制中尚未对这些设施予以特别保护，而关键基础设施崩溃的直接结果便是社会功能系统与应急功能系统的双重失灵。

---

① 童文莹：《中国巨灾灾后救助动员模式比较》，《江海学刊》2010 年第 5 期。

（五）灾后恢复机制的社会性、服务性、多样性不足，危机调查与问责机制运行存在诸多阻滞

灾后恢复主要针对灾后公共救助、灾后重建、灾民生活风险干预、经济恢复、文化心理恢复等方面展开。应急管理的恢复机制应当注重政府、市场、社会的合作，注重灾后救助的服务性，丰富灾后救助的手段。克里斯托弗·胡德（Christopher Hood）曾提出一个“制式反应”模型，其假设前提是政府官员有维护自我利益与规避咎责的倾向，导致他们按如下路径行动：拒绝问题→承认问题→承认问题但拒绝责任→承认问题也承认责任。① 避责博弈的目的是减少政治与政策压力。在一场灾害危机事件过后，会出现地区或政府部门领导者引咎辞职，这作为一种符号意义的政治操作，可以缓解所面临的外界指责，却没有深入灾害危机问题的本质。官员问责往往只限于灾害危机事件与组织应对的表面关系，而没有深入“风险制造”的层面，更没有将问责导向内化为切实的改革行动。

我国应急管理机制优化与创新

（一）更新价值理念，创新制度与技术，推行脆弱性评估机制，构建风险治理格局

“冰冻三尺非一日之寒”。灾害危机不能仅仅归咎于“天灾”“偶发”以及“突发”，更应注意到事件背后的政治、经济、文化、社会等背景要素的作用，寻求出由风险经灾害（突发事件）到危机的演化规律。② 认识背景要素在灾害危机动力演进过程中的影响，并有针对性地建构相关的因应策略，此乃应急管理的基础理念，即“源头治理、动态管理与应急处置相结合”。要树立灾害危机风险是可管理的理念，推动应急管理制度变革与技术革新。在应急管理整体机制设计层面，应当将灾害危机作为自然、科技系统与社会制度

---

① H. Christopher, “What Happens When Transparency Meets Blame - Avoidance?”, *Public Management Review*, 2007 (2), pp. 191—210.

② 童星：《风险灾害危机连续统与全过程应对体系》，《学习论坛》2012 年第 8 期。

背景相互作用的产物，应急管理的目标在于消减自然与科技危险源，不断消减导致危机后果出现的社会脆弱性。在进行应急管理整体机制设计时，应当依据灾害生命周期过程，注重风险阶段的管理机制建构，补强风险管理与整备机制，优化现有的应急反应与恢复相关机制，消除“应急失灵”现象。

风险管理手段的创新是未来应急管理制度优化升级的重要突破方向。应当构建以社会脆弱性评估为基础的灾害风险管理，构建一套符合国情的灾害危机脆弱性评估体系，其中包含脆弱群体的识别、应急管理能力、本地灾害危机文化、经济社会发展状况等指标的测量体系，全面检视本地灾害危机管理水平，从而为应急管理制度优化提供政策参考。同时，在风险社会背景下，通过多元参与的方式进行风险沟通，摒弃经济理性思考模式，建构更具风险理性的结果分析原则，如在重大政策决策和建设项目论证设计过程中加入社会稳定风险评估机制。2013 年 1 月 1 日开始实施的“新交规”规定“闯黄灯罚 200 元、扣 6 分”，结果引起网络和社会舆情阵阵反对，1 月 6 日公安部交管局要求各地对于闯黄灯“以教育为主，暂不处罚”。尽管迟到的改正还是好的，但如果在法规出台前广泛征求公众意见，认真进行社会风险分析，岂不更好！

（二）超越预案编制以真正达成预案动态管理，建立基础信息平台，提升预案管理绩效

“预案（plan）”与“预案编制（planning）”是两个不同概念，前者注重预案文本，后者涵盖范围更广，既包括预案文本，又指预案动态循环的更新过程，从风险管理到灾害反应再到灾害恢复，均可视为预案制定、执行、反馈、评估、修改的过程，即预案编制过程。预案编制过程中对危险源的识别、确认以及分析，对灾变中社会行为的预测与分析，对应灾能力的评估等，都是形成预案文本的分析基础与决策来源。同时，还应建立与整合应急信息、基础数据平台。首先是要构建应急管理信息系统互通互联与共享机制，突破部门、条块所造成的信息系统的分割状况，建立统一、多层次的区域应急能力基础数据库；其次是要构建灾害信息跨部门综合评估、研判以及预测机制，

在全面多元的思维下分析各项风险灾害信息。

（三）创新应急演练机制，完善组织建设与评估机制，夯实组织应急管理能力

桌面推演、功能演练、局部演练、全程演练分别基于案例推演、专项功能测试以及部分或完全仿真事件对预案进行评估修正。[①] 危机演练也是同公众系统沟通与教育的过程，可以让大众了解危险源及应对方式，从而提升社区灾害恢复力。在制定危机演练政策中，需要提升应急演练的有效性，在演练内容设计上，要注重灾害危机环境的仿真性，针对应急管理中的不同环节，考察动态环境中的应急管理制度绩效。需要强调的是，应当在公共财政中加强对应急演练的投入机制设计，为应急演练工作的持续顺利开展提供财政支持。

应急组织能力的培育、评估与维持更新已经成为政府行政管理改革的重要议题。正如有学者指出，当代政府管理面临的重大挑战是灾害危机的应对，“危机与突发灾难的处理，将是未来政府行政人员面临的最大挑战”[②]。应急组织能力建设作为一项亟待提升的应急管理制度环节，应首先以预案中的应急功能保障小组为基础，对庞杂政府组织体系进行分类分析，考察各个组织在应急管理中的职能与分工；再分析不同级别灾害危机条件下的灾区社会需要以及应急响应需要，在此基础上，建构应急管理组织能力评估框架与相关评价指标，以求全面衡量组织应急能力状况；最后，以评估结果为基础，建构并执行组织应急能力提升机制，监督反馈组织能力建设状况。

（四）推进应急反应机制一体化建设，强调地方能力、社会应急参与机制建设，建立并推行关键基础设施保护机制

其一，研究推进应急指挥机制标准化、规范化、程序化建设，最大限度

---

① G. D. Haddow, J. A. Bullock and D. P. Coppola, *Introduction to Emergency Management*, Oxford, UK: Elsevier, 2008, p. 201.

② J. P. William, “Emergency Management: A Challenge for Public Administration”, *Public Administration Review*, vol. 45, Special Issue, 1985, pp. 3—7.

地减少由于术语、环境、灾种、组织差异所带来的管理迟滞影响。应急管理系统亟待建立一套借鉴国外优秀模式并结合本土社会特征的指挥机制，如美国 ICS 模式将应急反应组织结构划分为计划部门、作业部门、后勤部门、财务或行政部门，并配备资讯部门、安全部门、联络部门共同辅佐指挥官。应当分析总结各地现有应急指挥机制模式，进行绩效比较，对于应急指挥机制的启动、运行以及结束进行深入研究，探索出能够在多灾种管理环境下有序运转的应急指挥机制。

其二，灾害危机的先期处置能力建设机制。需要将应急管理资源能力向下转移，在适度分权条件下提升基层应急管理组织的能力，特别是提升灾害危机事件的先期处置能力。先期处置主体不仅有政府基层应急部门，还包括事故现场的各类人员。先期处置机制应当注重灾害危机第一反应群体的能力建设。为此，各类有关公民安全教育与自救互救的宣传教育机制、基层政府应急组织的救援能力、危机领导力均应纳入灾害危机先期处置能力建设之中。在群防群治理念下，注重非正式救灾能力在先期处置过程中的重要作用，同时加强基层应急管理机构的投入、培训、演练等相关支持政策的制定与执行。

其三，把握现实社会发展特征，构建多元应急管理机制。政府在灾害危机应对中具有主导作用，但是其影响范围有限，需要社会公众的积极参与。目前社会力量在应急管理中的介入程度并不深，需要推动参与形式多元化、监督透明化、体系整合化。在制度设计过程中，考虑到社会力量参与灾害危机救援恢复的能力多样且不一，可通过建构培育机制，将其塑造为政府传统救援力量的有效补充；对于社会组织参与救援恢复，政府也必须建构起相关社会监督渠道；针对社会组织救援恢复力量的差异，为形成有效应急管理合力，需要在信息、资源、分工上进行事前沟通与规划，整合各方力量投入灾害危机应对之中。多元社会应急管理机制不仅存在于灾后社会救援过程中，在灾害危机前端环节也同样重要。在政府减灾与风险管理过程中，私部门的参与也必不可少。作为减灾行动的重要主体，私部门的行为转变有助于整体风险的消减。

其四，建立并推行关键基础设施保护机制。关键基础设施是社会功能正常运转的“硬件”。随着城市化步伐的加快，关键基础设施成为城市社会经济生存与发展的命脉，也是城市灾害危机脆弱性的重要标志。近年来，许多城市频繁出现“淹城”以及应急救援功能中断现象，其重要原因就在于关键基础设施保护机制缺失。应当补强关键基础设施保护机制，重新评估关键基础设施状态及其风险可能，并将其纳入发展规划与决策中。

（五）优化灾后恢复机制，强化应急管理评估与问责机制，维护应急管理体系持续、健康发展

其一，灾后恢复中加强社会组织管理。政府、市场、社会是灾后社会服务的三大供给主体，社会组织是推进灾后恢复不可或缺的组成力量。灾后恢复的社会需要亦是多样的，市场与社会组织可以弥补政府部门回应性不足的缺陷。其二，注重应急财政的公共性。以公共利益为目标，坚守应急财政过程、手段以及对象的公共性，保障应急财政的社会效益。灾害脆弱群体一般属于社会弱势群体，为了保障他们在灾后有效获取相关的社会服务，需要有针对性的政策设计。其三，创新灾害恢复的社会服务手段。灾害影响的多样性要求灾后社会服务必须不断创新以回应社会需求。就业支持、个人心理服务、教育等灾后社会服务形式对于脆弱群体的灾后恢复至关重要。其四，消除阻滞因素，落实危机调查与问责机制。灾害问责作为灾害社会学习的重要手段，要避免被视作一项处理公共关系的政治符号，防止危机调查与问责停留在运动化、政治化层面，应当对社会制度、结构、政策以及价值规范进行反思，进而彰显灾害问责的实质意义。

（原载《江海学刊》2013 年第 2 期）

国家治理现代化与公共政策研究范式的选择

严　强

公共政策活动与国家治理现代化

经过三十多年的持续转型，中国的改革开放走到攻坚阶段，进入深水区。伟大复兴的中国梦，除了需要以巨大的政治勇气，以强烈的历史使命感，最大限度集中全党全社会智慧，最大限度调动一切积极因素，敢于啃硬骨头，敢于涉险滩，锐意推进经济体制、政治体制、文化体制、社会体制、生态文明体制和党的建设制度“在新的历史起点上全面深化改革”① 以外，还需要全面提升治理能力，构建完整的治理体系，实现国家治理的现代化。

推进国家治理体系和治理能力的现代化是至关重要的。从世界现代化的进程来审视，不同国家现代化的差距不仅表现在工业、农业、科技、国防等领域实现现代化时间的迟早和程度的高低上，还表现在国家公共治理体系的圆缺和治理能力的强弱上。一个国家没有实现公共治理的现代化，则意味着这个国家的公共治理没有形成完整的体系，也意味着公共治理能力不强。而一个国家没有实现国家治理现代化则表明这个国家的现代化也是残缺不全、不完整的；而一旦缺少国家公共治理的现代化，不仅这个国家其他方面的现

① 《中共中央关于全面深化改革若干重大问题的决定》，人民出版社 2013 年版，第 2 页。

代化难以达成，而且国家的整体现代化最终也无法实现。①

虽然和工业、农业、科技、国防现代化比起来，国家公共治理现代化似乎更加难以把握，但从总体上考虑，国家治理现代化包含两个大的部分。一个部分是治理体系的现代化，另一个部分是治理能力的现代化。这两者是有机结合的，并且是相互依存和相互制约的。有了科学的国家治理体系才能孕育高水平的治理能力，不断提高国家治理能力才能充分发挥国家治理体系的效能。②

从比较分析的角度来思考，世界各国的国家公共治理现代化既有个性，也有共性。从个性方面来审视，在全球范围内，国家公共治理的现代化，有着不同的表现形式和实现方式，也包含着诸多方面的内容，从而国家公共治理体系现代化的表现形式和实现方式必然会有很大的差异。国家公共治理活动渗透在国家公共治理的许多方面，加上各国的基本政治制度、基本国情和文化价值的差异，具体的治理活动必定是通过十分复杂的环节和过程来实现的，因此，不同国家的公共治理体系中所包含的内容必然是纷繁多样、动态变化的。

但从共性的方面来审视，大凡国家治理的现代化总有大体一致的表现形式、实现方式和基本内容。走向现代化的国家公共治理或国家治理的现代化总是全面覆盖和渗透到人类共同体生活的政治、经济、文化、社会和生态的各个领域，实施政府、市场、社会多元主体的协调匹配，实现治理的系统性、整体性、协同性；国家公共治理的现代化又总是通过民主、法治、透明、公平、科学的方式来实现的。国家公共治理体系的现代化中总会包含一些不可或缺的要素，比如公共治理的观念、价值、结构、体制、机制、手段、途径等。③

从国家公共治理现代化的两个有机组成部分以及国家公共治理现代化的表现形式、实现方式、基本内容所具有的共性与个性的特征来衡量，国家公

① 参见丁元竹《积极推进国家治理体系和治理能力现代化》，光明网2013年11月16日。

② 参见江必新《推进国家治理体系和治理能力现代化》，《光明日报》2013年11月15日。

③ 同上。

共治理现代化中必然包括公共政策活动。第一，国家的公共治理必须通过由执政党和政府主导的、解决公共事务中公共问题的公共政策活动来实现。公共政策归根到底是解决稀缺的公共资源与不断增长的公众需求之间矛盾的具体制度设计和安排，其实质就是以公共组织为主导，围绕利用公共权力、配置公共资源、解决公共问题、维护公共利益等所展开的一系列谋划和行动的总和。[①] 在中国现有的基本制度框架下，在国家多元治理主体中，执政党组织和政府机构无疑是主导性的力量。国家治理的首要任务就是要解决公共领域中出现的公共问题。国家治理的目标就是要运用公共权力，使用公共资源，维护公共利益。显然，执政党组织和政府机构作为主导力量，只有通过科学、民主、有效的公共政策活动才能够确保国家治理任务和治理目标的实现。

第二，国家公共治理体系的现代化可以通过多领域公共政策的活动来建构和完善。现代公共政策活动贯穿在政治、经济、文化、社会和生态环境各个领域之中，科学、民主的公共政策活动能够将执政党和政府、市场、社会几个方面联结起来，形成国家治理的系统性、整合性和协同性。而且不同层级的执政党组织和政府机构通过拟定和实施不同层次、不同类型的公共政策活动，能够在国家治理过程中将顶层的战略设计、中层的策略协调和底层的操作探索结合起来。同时，只有通过制定和实施有关应对突发危机事件的政策，有关生产安全、食品安全、社会治安、国防安全的政策，才能够构建起国家治理中的立体安全体系。

第三，国家公共治理能力的现代化可以通过公共政策活动来实现。现代公共政策活动，通过政策制定、实施和评估，坚持民主、科学、法治的原则，确保能够及时、有效地解决公共治理中的问题，维护公共利益。正是通过展开民主、科学、有效的公共政策活动，执政党和政府才能树立良好的公共形象，取信于民，从而切实提升公共治理的公信力和执行力。

第四，公共政策活动能够体现国家治理现代化的个性和共性特征。公共

① 参见严强主编《现代公共政策学》，社会科学文献出版社 2008 年版，第 18 页。

政策活动带有强烈的政治性、能动性、价值性和操作性的特征[①]，因而具有不同基本政治制度、文化传统和基本国情的国家，无论是顶层的、中层的还是底层的公共政策，无论是政治领域的还是经济领域、文化领域、社会领域甚至生态领域的公共政策，在其内容、目标、价值、工具上都带有各个国家的特征，从而也就体现出国家治理现代化的个性特征。同时，只要是公共政策活动，无论它发生在哪个国家，它必然都有大致相同的要素结构和过程阶段，有许多公共政策在不同国家之间还可以相互借鉴、仿效甚至移植。这种公共政策活动的共性也反映出国家治理的共性特征。

公共政策现代化与政策研究范式选择

公共政策活动在国家治理中扮演着重要角色，国家治理的现代化必然要求公共政策活动的现代化。这一任务首先是由公共政策的理论研究来担当的。在由公共政策研究、公共政策分析和公共政策管理有机组合而成的公共政策知识和实务体系中[②]，公共政策研究及其获得的知识居于主导和基础的地位。多数学者都赞同英国公共政策学者黑尧的观点：公共政策研究获取的是关于公共政策过程的知识。[③] 虽然公共政策研究会涉及许多内容，比如公共政策的本质、公共政策的类别以及层次、公共政策活动的要素与系统、公共政策活动的环节与阶段等，但公共政策的本质、类型、层次、功能只有通过公共政策活动的要素系统及其运行阶段才能体现出来。而公共政策的要素系统只是政策活动的静态结构，这种静态结构一旦展开、活动起来，就成为公共政策过程。正是在这一意义上，我们可以把公共政策研究的核心内容归结为对公共政策过程的探索与阐释。公共政策活动中的政策分析依据的是政策过程，所要阐释和运用的是关于公共政策过程的知识；而政策管理则是依据政策过程的知识对不同领域的政策、多项政策组合的结构方式以及政策运行的周期

① 参见谢明《公共政策导论》，中国人民大学出版社 2002 年版，第 18 页。

② 参见严强主编《现代公共政策学》，社会科学文献出版社 2008 年版，第 20—25 页。

③ 参见米切尔·黑尧《现代国家的政策过程》，中国青年出版社 2004 年版，第 3 页。

进行的监测、协调。因此，公共政策研究的理论能够对整个政策活动加以指导。要通过公共政策活动来推进国家公共治理现代化，首先就需要推进公共政策研究活动的现代化。而公共政策研究的性质、功能则是由反映政策行动主体、政策价值、政策工具等要素间关联、互动的结构模式来确定的，因而公共政策研究活动现代化的一个重要途径是选择和建构新型的公共政策研究范式。

第一个在社会科学范围内使用理论范式概念的学者应该算是马克思。他在《资本论》中通过创造资本主义和共产主义这一对概念而对人类社会历史的变化发展作了制度范式上的比较。一个制度范式即资本主义是既存的但令人厌恶的社会形态；另一个制度范式即共产主义则是需要人们去努力构建的、令人向往的理想社会形态。在马克思之后，在社会科学的制度比较研究中使用理论范式概念的是米塞斯（Misice）和哈耶克（Hayek）。其他对社会制度范式做出研究的学者还有熊彼特（Schumpeter）、瓦尔特·奥肯（Walter Eucken）和卡尔·波拉尼（Polanyi）。

但是，现今人们对这些社会科学家使用过的理论范式的要领已经不太熟悉了。人们似乎只记得库恩（Kuhn）的有关自然科学研究历史演变中的范式概念。科学哲学家库恩在1962年出版的《科学革命的结构》一书中首先提出了自然科学理论研究中的理论范式替代问题。在科学哲学界，著名学者波普（Popper）、拉卡托斯（Lakatos）也对科学研究范式作过类似的探讨。拉卡托斯使用的概念不是“范式”而是“研究纲领”以及其中的所谓“硬核”。科尔奈认为，拉卡托斯的“研究纲领”概念能更好地体现一种理论研究的逻辑方式。不过，只有库恩明确提出自然科学理论的演变是通过一个理论范式取代另一个理论范式的革命的方式来达到的。[①]

在库恩看来，在自然科学中，一个学科的发展先是建立常规理论，当出现了新的现象，原先的理论无法进行圆满的解释时，就需要产生新的原理。

① 参见科尔奈《制度范式》，载《比较》，中信出版社2002年版，第16页。

当这些新原理渐渐地多起来，原先的理论框架已无法容纳时，就会产生科学革命。一个学科的理论经过一次革命后，又会形成新的常规理论。以后又会产生新的科学革命，再产生出另一个常规理论。如此循环往复，形成一个个科学理论发展的理论研究周期。库恩的有关自然科学研究中的范式主要包括下列内容：由一项重大的科学成就所构成的、在一定时期内规定科学发展方向的指南；包含一种图景、思路与看法的“形而上学的假设”；特定时期某个科学共同体所恪守的信念；一整套特定的符号、模型与范例。①

库恩所创造的科学发展的范式理论对于理解和促进自然科学的进步具有极大的影响力。也正是这种成功的解释，以及人们对自然科学的成就与方法的崇敬，这一范式理论也渗透到社会科学中来。20 世纪六七十年代以后，社会科学的许多学科在构建自身的理论体系时，都谈到了库恩的科学范式概念，公共政策学界也不例外。

要将库恩的主要是用于解释自然科学研究中理论更新发展过程的范式概念运用到公共政策科学领域之中，需要进行某些改造。因为尽管科学研究都有共同的规律，但是，公共政策科学属于社会科学范围，它与自然科学研究有很大的区别。在社会科学中不加区分地套用自然科学发展过程中的研究成果并不是严肃的科学态度。在社会科学研究中，理论范式是研究者群体在某一时期所持有并遵循的共同的理论假设、共同的观点和方法、共同的信念和理念。概括地说，就是用来进行学科思维的共同的理论框架。使用同一政策研究范式的研究者则会组成同一社会学科共同体。

从某种意义上可以说，公共政策研究的发展就是适应解决公共事务中公共问题的活动需要而产生的研究范式的更替。在西方的公共政策研究中一直存在主流范式和“替代性范式”的论争。虽然 S. S. 沃林（Sheldon S. Wolin）曾认为，在政治科学包括政策科学的理论变化中，至今还没有出现像库恩所描述的那种占优势地位的理论范式，也没有出现库恩所说的学科革命。但是，

① Thomas S. Kuhn, *The Structure of Scientific Revolutions*, 2nd ed, Chicago: University of Chicago Press, 1970.

沃林也不得不承认，即使现在的政治科学、政策科学还没有出现像牛顿力学那样的研究范式，但也已经有了某种指导性的设想结构，即反映政治生活、政策活动的意识形态的范式。①

20 世纪 80 年代，希尔夫（Self）等人则提到政策研究中政治学观点与管理学观点的竞争。著名政策学家邓恩（Dunn）以公共政策问题为标准提出两种政策研究典范：一是将政策问题视为客观状态的传统典范；二是将政策问题看作主客观结合的当代典范。20 世纪 90 年代，密诺根（Minogue）则概括出两种政策研究观点：一种是以技术、经济理性为主的管理典范；一种是以政治系统为依据的政治典范。

公共政策研究中的范式属于元理论层面的概念（meta-theoretically）。它包括本体论（何物、如何存在）、认识论（能否被认识、如何认知）和方法论（如何处理）三个维度。如果从社会科学研究进一步细化到公共政策研究，其研究中的理论范式主要包含下列内容：解决相同的或接近的政策学科中的相关性“难题”；从相同的或几乎相同的角度去观察公共政策现实：试图阐述相同的或相同类别的公共政策现象；具有相同的或相近的概念、观点和方法；使用相同或近似同类的公共政策概念框架；使用相同或相似的方法论去观察、处理所得出结论；用相同或相似的方法来支持公共政策的理论表述。

虽然公共政策研究的发展其最终动力来源于人类为解决公共治理中的公共问题、维护公共利益的公共政策实践，但是，这种公共政策实践对政策研究发展的推动却是通过一种中间环节即研究范式的转换来实现的。公共政策的理论范式能够帮助人们理解已经出现过的政策活动，确定和把握正在进行的政策活动和预测未来的政策活动。② 因此，在整个国家治理体系和治理能力走向现代化的总体要求下，必须提出公共政策活动现代化的命题，而公共政

---

① Sheldon S. Wolin, “Political Theory as a Vocation”, *American Political Science Review*, LXIII, 1969, pp. 1062—1082.

② 参见严强《国家治理与政策变迁：迈向经验解释的中国政治学》，中央编译出版社 2008 年版，第 330—331 页。

策的现代化则要求选择和建构新的公共政策研究范式。

从西方公共政策研究的演变过程来分析，先后出现过实证的、经济理性研究范式与后实证的、社会理性的研究范式。这两种政策研究范式也对改革、开放中的中国现实的公共政策研究范式产生了不同程度的影响。在中国社会转型、体制转轨时期，我们需要对已经流行的两种研究范式进行反思，并从国家治理现代化的要求出发，选择和建构辩证的、和谐协同理性的新型政策研究范式。

对已经建构和流行的政策研究范式的反思

一种公共政策研究范式之所以在某个时期产生、存在、流行并得到人们的重视，并不完全是由公共政策研究者的主观兴趣决定的，相反它在很大程度上是由当时国家治理的现实体系和能力提供给公共政策的实践条件和要求所决定的。当然，社会科学研究包括公共政策科学的研究，都与作为认识论和方法论的哲学联系在一起。当某种哲学在一段时间内占据主导地位时，它会极大地影响当时的社会科学家甚至自然科学家的思维方式、认识路线。这种影响同样会在政策研究范式中表现出来。

公共政策学科诞生以后，在西方出现并流行的第一个公共政策研究范式是实证的、经济理性的研究范式。这一政策研究范式的出现是由当时西方多数国家的国家治理任务和水平决定的。20 世纪 50 年代至 60 年代，西方国家刚刚从第二次世界大战中走出来，无论是失败的国家，还是胜利的国家，其国家治理都面临着恢复和发展经济、医治战争创伤的重任。因此，分析社会的客观现实状况，制定实施经济政策，成为所有西方国家政府和公共部门的主要工作。同时，经济生活中的实用性、计量性、货币交换的中介性也创造了哲学实证主义流行的思维条件。20 世纪 50、60 年代西方社会科学和行为科学中最有影响力的典范之一就是实证主义，其核心是强调以自然科学的方法来建立通则性理论，坚持认为只有通过测量与客观认定的方式所取得的知识，才能考虑为是真实的。在科学研究中必须坚持价值中立。这种对世界的总体见解极大地影响着公共政策研究。

从人类历史的发展来衡量，经济生活永远是人类最基本的也是基础性的生活。虽然经济的发展绝不仅仅是经济本身的事情，经济的增长和发展与资源、环境、文化、教育、卫生、政治等因素都是紧密地联系在一起的。但是人们有时也会简单地思考问题，以为经济发展就是国家治理的唯一任务，以为经济的发展就是经济本身的事，甚至是经济学家们的事。因此，当一个国家将经济发展摆在国家治理的重要位置上时，经济学和经济学家往往就会受到格外的优待和重视。在20世纪中后期，经济学家在西方政府中占据了较多的公职位置，经济学家也在公共政策研究领域占据着主导地位。

经济学家进入政府机构从事公共政策分析，同时也将经济学中的一些重要的原则和理论带入政策研究过程。这一时期西方政府的政策研究充满了经济理性。现实的人都被看成是具有自利动机的动物，任何人的行为都是为了争取个人效益的最大化；社会福利则被视为个人利益的总和，选择集体的福利或公共事务的目标就是设法把个人利益进行加总；自然和社会资源是稀缺的，经济决策的任务就是将有限的资源作合理的配置。经济理性的决策模式是：从个人偏好出发，诊断并确定问题，然后设定目标，再仔细衡量各种手段，从中选择最佳解决方案。以经济理性为价值导向的政策研究必然会产生出一种基本倾向，即认为经济学家就是政策分析家，解决社会问题只需要经济学家付出努力就行了。公共政策分析的内容都可以化简为市场价值的计算。经济效率即投入最小产出最大则成为政策分析的核心价值。

实证的、经济理性的政策研究范式在有关政策问题的性质、政策运行的过程、政策研究的方法等方面都有一套特殊的见解。以实证的、经济理性的研究范式看待政策问题时，人们坚持认为政策问题是完全客观的、不以人的意志为转移的，不承认在政策问题中存在人的主观因素，也往往忽略公共问题是变动的、公共问题之间是相互影响的。实证的、经济理性的研究范式对公共政策过程研究采取阶段论观点，整个政策过程被分割为包括问题认定、建议形成、政策采纳、政策执行、政策评估等若干环节。与此相对应，政策分析也需在不同环节和阶段上使用不同的技术。在这种理论范式的制约下，政策学家们发展出一套分析和确认政策问题的逻辑方法和模型。其实公共政策活动绝不仅仅是问题取向的，它首先是一种政治决定，合理的公共政策活动需要维护社会的公平、公正和推动民主的发展。

从20世纪70年代末开始，西方一些经济发达的国家在经济取得较大增长之后，却产生出另外一些未曾预料到的急迫的问题，如贫富两极分化、严重的环境污染、愈演愈烈的种族矛盾、不时爆发的宗教冲突、人际关系冷漠与道德败坏等。在不少国家先后爆发了大规模的与传统的社会运动不同的新社会运动。传统的社会运动是由受压迫者和弱者发动的，新社会运动的支持者却是另外两部分人。一部分是那些在现代化过程中被边缘化、为现代化过程付出了代价但获取很少的人，即社会弱势群体；另一部分是由于价值和需求发生转变，从而对现代化过程所带来的问题非常敏感的人，这主要是新中产阶级、年轻人、受过良好教育的人和富裕者。传统的社会运动关心的只是经济利益问题，新社会运动则反对把经济增长当作社会进步的决定因素。他们更加关注的是社会问题，而不是经济问题；更加推崇人际团结，反对极权性的、等级性的科层体制；更多的是追求个人自治，而不是物质利益和政治权力。新社会运动明显带有后物质主义的倾向，人们寻求建立一种全新的天人关系、人我关系、身心关系、两性关系、工作伦理和消费价值观。新社会运动不仅要求转变国家治理的目标和内容，也引发了人们对旧的思维逻辑和认识论、知识论的质疑和批判。这就要求公共政策研究适应新的公共治理的要求，选择和确立新的研究范式。

政策科学诞生后在西方出现的第二种公共政策研究范式是后实证的、社会理性的研究范式，它是在对片面的经济主义和与之相联系的实证主义批判的基础上得到确立和流行的。后实证主义对实证主义的本体观、认识观、方法观进行了批判。后实证主义认为既存的现象、过程是与人的主观相联系的，不存在主观之外的纯粹的客观。现象、过程中的因果关系是复杂多变的，存在多元因果决定因素、途径和结果。人们对现象、过程未来的预测是不准确的。人们对过程、现象的认识总是带有价值取向的，人始终无法摆脱先验知识和主观期望。人的认识是内外结合的，有些物体可以从外部观察，但心理、社会过程只能从内部体会，设身处地是最好的认识途径。同时人的认识又是历史的，包括过去的经验和学习过程。作为人认识的结果的理论不是对现象、过程的反映，而更多的是产生出来的共识。

后实证主义认为，政策科学是人文社会科学，其研究对象是活动的人，他们的活动是动态的、历史的，人们不能知晓自己和他人的所有因素，即使能知晓，也不能完全量化。研究人的活动不能用实验的途径，人善于适应环境，可以随时改变信念和行为。对现实的人的研究应当进行观察和田野调查。政策研究中量度的效度问题是不可能完全解决的，没有一种研究方式和工具手段研究者可以对其加以完全的控制。

与此同时，经济理性也受到质疑和批判。人们开始发现经济理性过于理想、狭隘、僵硬和不切实际，并试图以其他的理性来取代经济理性。有的学者如雷恩（Rein）在20世纪70年代初就指出，公共政策制定涉及在不同层次中对相互竞争的价值的选择。在最高层次是意识形态的选择：是主张自由主义，还是信奉保守主义。在第二层次上是同一意识形态内的价值选择。第三层次是价值转化为具体政策方案的选择。著名学者罗尔斯（Rawls）在1971年就强调，公共政策应以公平而非平等为标准。政策制定者必须对其所占据的地位采取漠视态度。如果设计一项政策只想到要使其职位得到好处，那只能为个人带来最少的利益，公共政策必须为社会公众所接受，必须为社会公众谋取更多的利益。马克雷（MacRae）也在1971年所做的研究中提出，研究公共政策时必须强调价值，政策研究中的价值选择必须包括三种特性：清晰性、一致性、通则性。迪马斯（Titmus）在1975年的著述中指出，社会福利政策的价值系统应当是分配正义。要实行分配正义就必须提倡利他主义，也就必然要降低自利动机，增强人与人之间的互惠性。培养利他主义是社会公共政策的核心。在这一时期，众多的政策学家主张在政策研究中应当讲究伦理道德。他们认为经济学家只用经济学来研究政策是不行的，经济科学只有转化为政策科学才能对公共政策有所贡献。

后实证主义认为政策问题不仅仅是政策问题的本身，而是包括人们思考行动的环境或对行动环境进行思考的内容。人们能看到的、能感受到的是政策问题情境，政策问题是公众对情境发出的抱怨的表现和状态。确认政策问题不是观察某种状态的后果而是公众经过思考和论辩所产生的认同，政策问题是集体确认过程的结果。在如何看待和解决政策问题上，不同的个体、群体和团体会发生价值上的冲突。

后实证的、社会理性的范式重视对政策过程的研究。他们认为，实证的、工具理性的政策过程理论强调有一套效用偏好可以排序的政策单元，能够收集所有方案，能够选择效用最大化的方案，能够预测政策结果。但是这些设想和假设，在实际的政策制定过程中都是难以做到的。人们在制定政策时并不存在认识一致的问题，每个人所获得的信息总是不完备的，不存在单一价值系统，也缺乏决定最佳方案的方法。工具主义和管理主义偏离了政策中的政治过程。政策制定不是统一的理性过程，而是没有开始和结束的复杂的互动过程。现实世界中的行为总是相互重叠的，而且也不是按次序出现的。实证的、逻辑的、连续的政策过程阶段理论无法解释真实的公共政策运行。

后实证的、社会理性的范式在对政策过程的研究中坚持认为，政策制定过程的连续性是暂时的，其间充斥的是政治集团间的相互调适。政策过程中的集体行为的结果与个人意图和目的之间常常是分立的。政策过程的不同层次上都会发生竞争，有不同的竞争规则。政策过程并不是组织起来的，政策制定中的组织只是辩论、竞争的一组程序。政策制定者的人格、制度的特性会影响政策结果，政策制定中完全的理性是行不通的。

虽然上述的两种公共政策研究范式首先出现并流行于西方国家，其表现形式和具体的内容带有西方国家制度、文化价值和国情的特征，但是，这两种政策研究范式也有某些共性，只要存在大致相同的国家治理的体系和能力，就会产生和流行相似的政策研究范式。从中国已有的前后三十多年的改革开放的历程来审视，从20世纪70年代末到21世纪初，由于片面追求经济高速增长，自觉或不自觉地用经济建设来取代国家的整体治理，实用主义泛滥，物欲横流。与这一时期相对应的则是实证的、经济理性的公共政策研究范式占据主流地位。虽然从2002年开始，高层决策者强调经济、政治、文化、社会、生态环境的统筹协调发展，人们也更多地关注后实证主义的思维逻辑和方式，更多地强调经济理性以外的社会理性，这些都推动了后实证的、社会理性的政策范式的形成，但实证的、经济理性的政策研究范式至今依然主宰着许多人的政策思维和政策实践。

选择和建构辩证、和谐、理性的政策研究范式

通过探索西方发达国家公共政策研究范式的演变和转换，可以发现一个事实，即用来指导具体的公共政策研究、分析和管理的政策理论范式总是变化的。这种变化又是和不同时期人类生活中矛盾的变化，从而迫使国家治理重点的转移相联系的。公共政策活动要能跟上国家治理体系和能力的变化，就需要及时选择和转换研究范式。当然，公共政策学者能否找到适合的、可以推动国家治理体系趋于完善和治理能力得到提升的新的政策研究范式，又和不同的政治制度、意识形态和文化价值所能提供的空间和条件不可分割。

在西方发达国家公共政策理论的研究发展中，在实证主义的、经济理性的政策研究范式遭到批判以后，曾出现过各种取代实证的、经济理性的研究范式的尝试。比如超理性模式的构想（Beyond Rationality Model）就提出了关于政策问题之间、政策方案之间、个人组织国家之间的交互联络的见解。再如实质理性构想（Substantive Rationality）则认为在公共政策过程中，传统的强调效率、适应、生存的学习组织，其策略是工具性的，必须让位于交互依赖网络中的实质性组织。另外还有理性意识形态构想（Rational Ideology），认为政策的核心应当建立在透过政策辩论所形成的理性思维的基础上。也有政策学家主张扬弃理性的构想，认为经济与技术理性是工具理性，不是政策分析的核心，必须抛弃经济理性，而以社会、法律与政治的理性来取代。虽然这些尝试和构想都包含有真理的颗粒，但都是零碎的、不成熟的，没有形成

完整的体系，从而也不能真正消除实证的、经济理性的研究范式的不良影响，也不能赋予后实证的、社会理性的研究范式更多的科学性和民主性。这种状况固然与西方国家公共政策学者的学术努力有关，但也与西方国家国家治理的现状以及政治制度、意识形态及文化价值有关。

当中国社会转型进入新的历史时期，执政党郑重地提出国家治理现代化的全新思维时，选择和确立新的公共政策研究范式就必然成为公共政策科学发展的当务之急。

对于中国的公共政策学者来说，已经成熟的马克思主义的世界观和方法论将成为这种新的政策研究范式的哲学指导思想。新的公共政策研究范式的哲学基础只能是辩证的、历史的唯物主义。

辩证的、历史的唯物主义在选择研究方法时，慎重地对待自然科学研究与社会科学的同一与差别。既借鉴又不照搬照套自然科学中较为成熟的研究方法、技术和工具，更加注重吸取社会科学中具有人文、社会传统的方法、技术和工具。既从客观世界事物和过程的规定性出发，又从人的思维的不同维度出发，将定量研究与定性研究、规范研究与实证研究、演绎研究与归纳研究很好地结合起来。

运用辩证的、历史的眼光和观点看待公共政策问题就形成了科学的政策问题观。这种政策问题观认为，任何公共政策问题都是现行的制度安排与社会创新发展产生矛盾的表现。政策问题不仅是客观存在的，而且是人们为实现社会发展主观建构的。任何政策问题都和其他的政策问题交织在一起，处在不断的变化之中。现在的政策问题是以往政策实施的结果，解决现在确认的政策问题会引发更多新的政策问题。

与辩证的、历史的本体论、认识论和方法论相适应的公共政策价值指向和实践的理性应当是与当代中国经济、政治、文化、社会、生态五位一体系统、整体、协调发展的宏伟愿景和建立中国特色社会主义、赶超现代化、实现中华民族复兴的中国梦相一致的理性。这一扬弃了经济理性和其他各类社会、伦理理性的新理性必然是一种新型的人类思维和实践理性，即和谐协同理性。

在这种和谐协同理性中，政府、市场和社会的关系将得到重建。

在辩证的、和谐协同理性的公共政策研究范式的指导下，公共政策的研究者、分析者和管理者面对的将是多项相互关联政策问题、多重政策领域、多个政策利益相关者，他们的政策思维必须是描述的、阐释的、批评—反思的复合，经验性、实证性和规范性的复合，前瞻性、回溯性、综合性的复合。以这种新型的研究范式为思考框架，人们将自觉地重视公共政策问题的主观性、人为性、交叉性、动态性、客观性，并自觉能动地反映和建构需要解决的公共政策问题。政策过程的线性与非线性的方面都将得到尊重。在政策的规划、决策、执行和评估中，事实和价值将有机地结合起来，平等的论辩、对谈、协商将成为规范的和制度化的途径，各种现代的分析技术将被人们自觉地用来解决稀缺的公共资源与不断增长的公众需求的矛盾。当然，要让这种新型的政策研究范式最终形成，并成为指导性的政策理论范式，还需要公共政策的理论研究者和公共政策的实践者坚持不懈的努力。

（原载《江海学刊》2014 年第 1 期）

从“多元主义”向“政策网络”的转变

——考察政策问题建构视角演变的路径

张康之　向玉琼

自19世纪后半期开始，社会组织化进程呈现出加速态势，个人往往需要通过组织的形式去开展意愿表达。进入20世纪后，民主体制的运行已经与组织活动紧密联系在一起了，只有通过组织，才能进入民主生活的过程。多元主义将利益集团的参与视为代议制之外的补充性表达渠道，在多元主义的观念中，利益集团所进行的是具有充分竞争性的意愿表达，代表不同的社会力量同等机会地影响政策过程，因此可以避免单一国家权威中可能包含着的偏见，从而有助于保证政策问题建构充分体现民意。然而，20世纪60年代以后，多元主义对现实政治的解释力受到质疑。先是多元精英主义对利益集团之间具有同等影响力的假设发难，接着是法团主义对国家作为一个自主的行动主体的强调，开始出现了一波将政策过程的社会中心论转变为国家中心论的运动，从而重构了政策问题建构权的分配格局。不过，无论是多元主义还是法团主义，都是在一种单一中心的线性模式中去思考政策问题建构权的归属的，并没有表达政策问题建构权的“去中心化”追求，而政策网络概念的提出，改变了这一点。政策网络概念意味着政策问题建构上的一种全新的解释框架，是在“去中心化”的追求中构想政策问题建构过程的，扩大而言，也在社会治理结构方面实现了对国家与利益集团之间关系的重塑。

多元主义视野中的利益集团

虽然美国开国时期还没有出现现代意义上的政党和说客，但麦迪逊在

《联邦党人文集》第10篇中对“党争”的论述却往往被认为是关于利益集团行动的政治理论基础，并且奠定了人们对利益集团的基本态度，迄今人们都还是这样来认识利益集团的。根据麦迪逊的理解，党派是“指为某种共同的利益或者共同的情感所驱使而联合在一起的一群公民”①，这涵括了我们现在所看到的政党和利益集团。党派的出现有着必然性，“无论什么时候，社会中有产者和无产者都会分别结成截然相对的利益集团。在债权人和债务人之间，也有这种类似的区分。土地所有者集团、制造业集团、资本所有者集团以及其他很多较小的利益集团，在一个文明的国度里必然要产生”②。但麦迪逊对这些党派持有的是警惕和审慎的态度，他认为，这一群公民“不论他们在全体国民中占多数还是少数，他们的利益同其他公民的权利、社会的长久利益和集体利益是相互冲突的”③。既然党派的出现必然会影响到政府的正常运转，甚至可能导致暴政，那么就必须对党争进行控制和加以防范。

如何防范党争的弊端，麦迪逊比较了两种控制方法：一种是民主政体，另一种是共和体制。麦迪逊在这里所用的“民主”一词的含义与我们今天所使用这个词的含义有所不同，当时民主一词主要指的是公民直接参与政治的直接民主制，而“共和”一词所指称的则是代议制。麦迪逊认识到，让全体公民都参与到政治过程中来是不可能的，即使实行直接民主制，最终也只能是由少数公民组成政府并加以管理，这种政体显然不能消除党争的危害，因此应通过代议制——也就是他所说的共和体制去控制党争。在麦迪逊看来，共和政体意味着由少数公民来管理，但这些公民是由全体人民选举出来的，而且在利益的相互竞争中，共和政府中的党派联合会遭到削弱，因此，共和政府能够管辖更多的公民和更为广阔的国土。麦迪逊显然对利益集团是持有偏见的，由于麦迪逊的影响，几个世纪以来，人们一直认为对共和制造成致命危险的就是“党派精神”。也就是说，既然利益集团必然会以特殊利益去破

① 《联邦党人文集》，程逢如等译，商务印书馆2009年版，第50页。
② 同上。
③ 同上。

坏公共利益，就必须使社会治理远离利益集团。当然，在今天，麦迪逊关于“共和”与“民主”的区分已经没有意义了，人们往往把它们看作是同一个东西，或者说，把共和看作是民主的追求、民主过程的结果和民主生活赖以展开的框架。但是，麦迪逊关于利益集团的认识却一直影响着人们对待利益集团的态度。具体到政策问题的建构过程，人们希望不受利益集团的干扰，更不希望受到利益集团的控制。然而，现实政治的发展却是与人们的主观愿望相反的，特别是在19世纪末到20世纪初这段时间，利益集团呈现出迅速成长的势头，对政策问题建构过程表现出越来越浓厚的兴趣，并开始悄悄地向政策问题建构过程中渗透。从美国的情况看，尽管直到第二次世界大战前的美国政治生活一直对利益集团抱有高度的警觉，但利益集团在政策问题建构中的影响也一直在扩大。这说明，麦迪逊的最初设想被现实政治发展所抛弃了，到了第二次世界大战之后，利益集团的强势发展迫使政治实践不得不做出相应的安排，从而走向了促进利益集团开展竞争而削减利益集团影响的政制设计方面。这就是20世纪五六十年代多元主义（pluralism）观念兴起的原因所在。

我们看到，19世纪末20世纪初，随着社会利益的不断分化，社会治理所面临的政策问题更加复杂，这对专业知识和技术的要求越来越高。加之这一时期公民自由结社权得到了尊重，而且整个社会的组织化水平得到了大幅提升，使利益集团的出现获得了必要的条件。在第一次世界大战期间，当政府计划委员会鼓励私人企业组成商业协会与政府进行谈判时，利益集团获得了一个飞速发展的机遇。到1920年，如全国煤协会（National Coal Association）以及美国铁路协会（Association of American Railroads）等团体已经成为美国政治生活中的固定参与者。同时，大量的处于变动中的竞争性利益集团迅速涌现出来，每个利益集团都拥有一定的政治资源，包括选票、资金、专业技术、信息、社会地位、大众传媒渠道等。凭借这些资源，利益集团积极地渗入政策建构过程中，以至于政策问题建构已经无法无视或者排斥利益集团，而是需要接纳利益集团的介入，需要在利益集团在场的情况下进行政策问题建构。

结果，利益集团的活动也就逐渐地实现了制度化。利益集团一般通过两种方式来影响政策问题的建构：第一，利益集团会努力与直接进行政策问题建构的机构或人员接触，如国会委员会成员或者行政官僚，都是利益集团设法接触的对象，在接触的过程中，利益集团会采取游说、辅助政策分析、提供技术支撑、帮助促进政治平衡等方式来对政策过程施加影响。第二，利益集团会通过社会舆论来塑造政策问题的特定形象，通过某一政治议题的提出来教育美国公众，努力促成公众对政策问题的一致印象，以此对政府施加压力。这样，虽然大多数议案直接出自立法委员会或者行政官僚之手，而议案的“灵感”却往往来自其背后的利益集团，是利益集团在频繁地设定政策议题，并使其进入政策问题建构的议程。在利益集团的行动中，政党的作用弱化了，到 20 世纪中期，政党政治基本上转化为利益集团政治。因为，随着利益集团日趋活跃，政党的利益表达机制受到了冲击，事实上已经不再能够成为利益表达的主要渠道了，民众的意愿更多的是通过利益集团组织起来，然后通过有组织的行动作用于政策问题建构。即使政党依然活跃于政治生活的前台，而在其背后，则是利益集团在发挥主导作用。

利益集团的兴起、发展和日益强势的政策问题建构功能推动了 20 世纪中期多元主义的兴起，同时多元主义也为利益集团所享有的政策问题建构权提供了合理的理论解释。早在利益集团刚刚兴起的时候，美国学者本特利就在 1905 年出版的《政府过程》中对利益集团的作用进行了描述，他甚至从利益集团的角度去重新描写美国的政治图景，一反当时公众中对利益集团的普遍偏见，对利益集团的作用给予了充分肯定。1951 年，杜鲁门在出版他的《政治过程》一书时，利益集团已经成为一种现实的政治力量，而且在政治生活的广泛领域中发挥着重要的影响作用，所以，在杜鲁门对利益集团进行研究时，也就非常自然地确立起了多元主义理论。杜鲁门这部著作被看作是多元主义理论的建构性作品，也正是由于确立起了多元主义观念，对利益集团的政治地位作出了准确的定位，从而扭转了在此之前视利益集团为“祸害”的观点，并把利益集团打扮成美国政治过程中的积极成分。杜鲁门提醒人们正视利益集团在国家政治生活中的作用，认为“构成政府过程的行为不可能离开利益集团而得到充分理解，这些利益集团无时不刻在活动”[①]。根据杜鲁门的观察，几十个国家部门中没有一个会出台那些被强势利益集团所反对的法律或政策。这也就意味着：要理解政治，就必须关注利益集团的活动。

多元主义强调利益集团在政策问题建构中的主导地位，认为利益集团活动是人民主权得以实现的一种新方式和新形态，但一般来说，多元主义是反对个人主义的。多元主义产生于第二次世界大战之后，出于对极权主义的痛恨，对国家的极权抱有充分的警惕，呼吁国家权力分散，在某种意义上，多元主义认为利益集团是缓冲国家极权最有效的途径。在多元主义看来，社会中存在着的各种宗教的、职业的和经济的社会组织充当了国家与个人之间的中介，只有通过这些社会组织，才能把个人组织起来与国家抗衡。这些组织具有独立的人格，他们对内部事务享有自主权，国家不能干涉，更不能对其施行控制，相反，国家应为社会组织的活动提供平台。涉及利益集团之间的竞争关系时，多元主义认为，所有利益集团都享有进入政治过程的资格，应当对政策问题建构拥有同等的影响力。也就是说，组织化的利益集团应当被置于自由竞争状态，在决策过程中，各种利益都有机会得到有效表达。虽然利益集团之间存在着利益冲突，但在竞争的条件下，哪一个利益集团都不会强大到能俘获政府的地步，也不会出现哪个集团因为力量过小而被剥夺利益诉求机会的现象。这样一来，由利益集团代表的社会力量占据了主导地位，政府则处在消极地位上，是相互竞争的利益诉求的综合者，对不同的利益诉求加以不断的中和与平衡，并实现了政策问题建构。多元主义对利益集团所代表的社会力量建构政策问题保持着毫不掩饰的乐观态度，认为这可以使可能带来偏见的国家力量弱化，同时，又在利益集团通过竞争的方式而实现的相互制约中，有效地避免了特殊利益对政策问题建构的俘获，从而保证了政策问题建构是科学的和真实的。

---

① 戴维·杜鲁门:《政治过程——政治利益与公共舆论》，陈尧译，天津人民出版社2005年版，第544页。

多元精英主义的政策问题建构观

达尔的《谁统治》常常被认为是对多元主义民主的观察记录，达尔也因此被归入多元主义的阵营。达尔是这样描述常态的美国政治的：“民众中积极和合法的群体具有很高的可能性，能在决策过程的某个关键阶段有效地表达自己的意见。”① 但不同于多元主义的观点，在达尔看来，并不是每个群体都能在美国政治过程中施加同等的影响。事实上，不同群体对决策的控制是不平均分布的，个人或群体在政治表达上的“有效性”是不平等的。因此，“政府决策的制定并不是就某些基本政策事宜统一起来的多数人的庄严过程。它是对相对少的群体的安抚。即使在选举时这些群体加起来是一个数字上的多数，它也通常无助于把这个多数解释为不仅仅是一个算术表达式”②。正是基于此，达尔提出了“多重少数人的统治”的概念，认为“一个政体的民主性质是由多重的集团或多重的少数人来保障的”。这些集团包括了几乎所有的强势利益集团联盟以及在政治上活跃的集团，他们与社会紧密相连，许多资源被作为有效的政治筹码而加以利用。不过，达尔眼中的集团基本上是社会的精英集团。所以，被人们称作为民主理论家的达尔其实是一个精英民主主义者，他所发展出的是一种多元主义的精英民主理论。之所以既是精英民主又是多元主义，是因为达尔并不把精英视为铁板一块，而是认为统治精英内部存在着众多的权力中心，这些权力中心由不同的利益集团组成，因而是一种多元政治。达尔说，“在一个世纪内，一个由具有凝聚力的领导者团体主导的政治系统已经让位于一个由许多不同阶层的领导者主导的系统，每个人都能以各自不同的方式将政治资源组合起来”③。在《谁统治》中，达尔所描述的是 20 世纪 50 年代美国的纽黑文市的政策议程设置，他从中看到的是不同的

① 达尔：《民主理论的前沿》，顾昕、朱丹译，生活·读书·新知三联书店出版社 1999 年版，第 199 页。

② 同上。

③ ［美］罗伯特·A. 达尔：《谁统治——一个美国城市的民主和权力》，范春辉、张宇译，江苏人民出版社 2011 年版，第 96 页。

团体和政客结成了松散的联盟，正是这些联盟，几乎控制了纽黑文市的所有政策议题。但我们也会发现，这些团体和政客都属于社会的精英，他们共同设置政策议题，这种现象被达尔认为是工业社会民主的常态，从中不难看出达尔的多元主义其实只有精英的身影，正是这些精英，才有资格参与到政策问题建构过程中来。

同达尔一样，林德布洛姆也致力于分析精英团体对政策问题建构的影响。在《政策制定过程》一书中，林德布洛姆着力描写了企业主管团体这样一个强势利益集团在政策问题建构中的作用。根据林德布洛姆的意见，“为了诱使企业主管履行职能，政府虽不必给他们提供所要求的一切，但却须提供能使其足以追求利润的各种条件。因此政策制定就被置于企业的特别控制之下：政府官员必须特别注意听取企业的意见；即使企业没有为其需要费尽口舌，也必须弄清楚它到底要什么；必须给经理们提供充分的支持以保证激励生产、就业和增长；而且在这样做的过程中必须使经理们拥有协商和实际参与政策制定的特殊权利”①。林德布洛姆的这一意见其实是要求赋予企业主管在政策制定中的特权地位，这无疑是在多元主义的名义下为利益集团辩护的做法，也许这是从民主的理念出发而提出的主张，但若转化为实践上的安排，必然引发反民主的后果。所以，多元主义民主理论无论是在一般意义上还是在政策问题建构的规划方面，都必然会走向神化利益集团功能的方向。虽然多元主义视野中的政策问题建构没有给中立的量化分析留下施展拳脚的空间，却在政治话语中和民主名义下过分地渲染了利益集团的功能，成为一种漠视公众的精英民主理论。所以，多元主义实际上是在政策问题建构中为强势利益集团代言。

林德布洛姆是在利益集团活跃于美国政治舞台的条件下开展自己的学术研究的，他基于利益集团控制政策问题建构的事实而提出了渐进决策模型，认为政策问题建构应从利益集团的行动中得到解释，而不能等同于纯粹的政

① 查尔斯·E. 林布隆：《政策制定过程》，朱国斌译，华夏出版社1988年版，第93页。

策分析。根据林德布洛姆的意见，“从某种意义上来说，如何提出问题需要选择能力或意志。在各种旨在提出与解决问题如解决上面列举的问题的方法中，并不存在对与不对这样的可供分析选择的方法”[①]。决策是一个政治过程，因为政策问题“还包含着道德的因素。除非考虑任何社会冲突中的价值或利益，否则这些问题就不能得到全部解决。解决问题需要的与其说是分析，而不如说是政治”[②]。这实际上是说，在政治过程中，理性分析往往无法发挥作用，政策问题是由人们之间的相互控制或行动的调适来确定的，从行动主体的相互作用中，往往更能准确解释政策问题建构的发生。在林德布洛姆看来，即使是普通的利益集团，也能通过游说、拉选票、专业知识分析等对政策问题建构过程施加影响。林德布洛姆甚至引用了一位州议员的话说：“他们能够研究各种问题，并能简明扼要地表述这些问题——而一般的议员或没有时间或不愿意这样做；如果没有院外活动人士的话，议员就可能对法案或问题一无所知。一个议员光是浏览就要花两个小时的议案，在一个专业院外活动人士那里十分钟就可以解释得一清二楚。”[③] 这样，利益集团通过影响国会议员的观念而以隐蔽的方式参与到了政策问题建构过程中。官僚、企业主管、知识精英和利益集团等政治和社会精英都处在一个互动的结构中，他们作为行动者，不需要关注整体的政策环境，只需要关注自己的偏好和利益不被其他利益集团或机构所遮挡或扭曲，但正是在这些单个的决策者的相互调适中，形成了某种合力，并使得政策问题的建构朝着某一个方向发展。

在政治学的发展中，20 世纪五六十年代是一个多元主义的时代，多元主义成了占主导地位的政治思潮。然而，从 20 世纪 60 年代后期开始，多元主义受到了越来越多的质疑。尽管此时的多元主义者已经抛弃了早期的利益集团理论家们所主张的政策就是利益集团利益综合的观点，但在一些重要问题上，多元主义仍然无法给出令人信服的答案，比如，政府是否应被视为独立

① 查尔斯·E. 林布隆：《政策制定过程》，朱国斌译，华夏出版社 1988 年版，第 31 页。
② 同上。
③ ［美］查尔斯·E. 林布隆：《政策制定过程》，朱国斌译，华夏出版社 1988 年版，第 112 页。

的行为主体而非消极的利益综合者？政府机构能否避免民选官员的影响？利益集团能否平等地代表个体利益？不同的利益集团对政策过程是否具有同等的影响力？对于这些问题，多元主义感到力不从心，即使勉强做出了回答，也不被人们所接受。所以，1965 年之后，多元主义逐渐衰落了。

在批判多元主义的学者中，洛伊（Theodore M. Lowi）是具有代表性的一位。1969 年，洛伊出版了《自由主义的终结》（*The End of Liberalism*）一书，学术界认为这部著作实现了从多元主义向多元精英主义的转变。虽然达尔和林德布洛姆都有明显的多元精英主义色彩，但是，人们往往把他们归入到多元主义的行列中，而认为洛伊才是一位从多元主义向多元精英主义过渡的人物。的确，洛伊成功地在多元主义与多元精英主义之间划出了一条界线。根据洛伊的看法，多元主义强调权力在各种社会团体之间的分配，显示出了“权力与控制无处不在”，因此，“它拒绝在政府与非政府机构的功能中进行自然区分的观念，这是正确的”①。但是，“正是因为法律制定太过松散，行政部门享有了大量的裁量权，在这过程中特定团体有机会干涉法律规则的制定，并不惜以牺牲公共利益为代价来提升他们自己的利益”②。也就是说，不同的利益集团所拥有的资源是不平等的，不同的利益集团是不可能平等地进入政策问题建构过程中的，每一个利益集团所代表的也都是特殊利益而不是公众的利益，更不会成为公共利益的代表，所以，利益集团控制的政策问题建构并不具有普遍的代表性和民主的合法性。受此影响，达尔在他 1985 年出版的《经济民主的前言》中修正了自己的部分观点，对利益集团对政治的不均衡影响给予了关注。

实际上，在多元主义理论盛行之时，谢茨施耐德（E. E. Schattschneider）就基于对美国政治现实的考察而提出了修正多元主义的见解。谢茨施耐德发现，美国的压力体制具有强烈的商业倾向，由上层阶级构成的压力集团具有

---

① Theodore M. Lowi, *The End of Liberalism*, New York: WW Norton, 1979, pp. 31—33.

② David Lewis Schaefer, “Theodore J. Lowi and the administrative state”, *Administration & Society*, Vol. 19, No. 4, 1988, pp. 371—398.

选择性，那种认为压力体制代表整个共同体利益的观点只是现代利益集团理论所制造的神话。在谢茨施耐德看来，“多元主义天堂里的弊端是，天堂唱诗班的音调里充满了上层阶级口音。大约有90%的人与压力体制无缘”①。压力体制只服务于少数人的利益，是这个社会上层阶级的游戏，根本不存在代表广大公众利益的问题。对于具有优势资源的利益集团来说，在出现了利益冲突时，总能通过数不胜数的机制抑制冲突，比如，不给另一些团体提供意愿表达的舞台，或者避免某一机构拥有插手某一事务的权力。这样，“整个立法制度中充满了控制爆炸性因素进入政府机制的手段。一切政治组织形式都倾向于发展某些冲突而抑制另一些冲突，因为组织本身就是对某种倾向性的动员。某些议题被组织化进入政治过程，而另一些议题则被排除在外”②。在“倾向性的动员”（biased motivation）基础上，巴克拉克与巴拉兹集中考察了政策问题建构背后的权力运作，提出了“不决策”（non-decision）的概念。“不决策”是指“一种方法，通过这种方法，调整现存利益和特权分配的格局，对于一些需求，在其尚未发出声音时就使其窒息，或使其隐蔽起来，或在找到相关的决策舞台的有关途径之前将其消灭。即使以上这些都失败了，也要在政策过程的实施阶段使其荒废，将其摧毁”③。在压力体制形成后，强势利益集团不仅不代表占社会绝大多数的公众的利益，而且在政策问题建构过程中试图杜绝公众的诉求，通过决策使自身的利益得到实现，也通过“不决策”对公众的利益诉求进行排斥。尽管“不决策”的方式显得非常隐蔽，但在政策问题建构方面，却是一种非常有用的排斥技巧。

政策问题建构显然会因所生产的政策类型的不同而有所不同，洛伊根据政策的社会效果或预期社会效果而把政策界定为三种类型：分配型、管制型

① E. E. 谢茨施耐德：《半主权的人民——一个现实主义者眼中的美国民主》，任军锋译，天津人民出版社2000年版，第34页。

② 同上。

③ Bachrach, P. and M. S. Baraz, *Power and Poverty*, New York: Oxford University Press, 1970, p. 44.

和再分配型。[①] 这三种类型的政策是与不同的政治结构相联系的，参与其中的行动者不同，社会力量在其中发挥的作用也不同。自然资源分配方面的议题受到个体和公司等行动者的关注，这些行动者之间不存在共同利益，但他们会互投赞成票以达成联盟；社会管制方面的议题会得到更多社会团体的关注，多元主义理论所看到的政策问题建构过程主要是这一方面的政策生产状况；再分配方面的议题往往受到社会精英的控制，多元精英主义的观点更适合于理解这一方面的政策问题建构。所以，对于不同的政策类型而言，政策问题建构权的分布是存在着很大差异的，多元主义所假设的普遍化的团体参与和控制政策问题建构不是普遍存在于所有政策类型中的。就洛伊做出这些区分来看，多元精英主义比多元主义对现实政治具有更强的解释力。也正是因为这一点，麦克法兰（Andrews Mcfarland）说："到了70年代后期，反多元主义者洛伊已经取代了多元主义的代表人物达尔，成为政治学领域中最有影响的学者之一。"[②]

奥尔森（Mancur Olson）跳出了传统的将大集团等同于精英集团的观点，从理性选择的角度分析了特殊利益集团对国家的控制，并以此来解释一个国家的兴盛或者衰败。因为成本往往是由个体来承担的，但收益却是在集团内部平均分享的，从而出现了"搭便车"的现象。结果，越是大的集团，行动力也就越弱，而小集团则具有较强的动力去开展行动。"由于较小的集团常常能自愿组织起来采取行动支持其共同利益，而大集团则通常做不到这一点，因此，社会中各集团之间的政治斗争的结局并不对称。"[③] 小集团通常具有较强的行动力去将自己的意愿转化为政策问题，而大集团必须通过"选择性激励"才能做到。因此，"不存在任何一个国家，所有具有共同利益的人都可以形成对等的组织，并通过广泛的讨价还价达成最优结果"[④]。较小的集团具有强烈的组建自己的政治游说团体去影响政策的动机，从而使政策符合自己的

① 杰伊·沙夫里茨等：《公共政策经典》，彭云望译，北京大学出版社2008年版，第107页。

② Andrews Mcfarland, "Interest groups and theories of power in America", *British Journal of Political Science*, Vol. 17, No. 2, 1987, pp. 129—147.

③ 曼瑟尔·奥尔森：《集体行动的逻辑》，陈郁等译，上海人民出版社1995年版，第151页。

④ 同上书，第38页。

利益，这就是特殊利益集团能够控制国家政策的原因。

从法团主义走向政策网络

尽管多元精英主义是在批判多元主义的过程中形成的，但它仍然强调社会团体对政策问题建构的影响，同时主张弱化国家的作用，因而仍可看作是一种“社会中心论”的理论取向。如果说多元精英主义与多元主义之间存在着区别的话，那也主要是在社会团体对政府决策过程是否具有同等影响力的问题上存在着分歧。问题的焦点其实是，在政策问题建构中，如何使社会利益得到均等的反映。与多元主义相比，多元精英主义能够更好地解释工业社会的政治现实。但是，多元精英主义也只是对多元主义做出了某些方面的修正，没有走出多元主义的理论框架。而20世纪70年代出场的法团主义（corporatism），则从根本上否定了政策问题建构权的“社会中心论”。法团主义主要是在对诸如瑞典、荷兰、西德等欧洲国家中出现的一种利益整合机制的理论提升中形成的思想派别。从北欧等国的政策问题建构实践看，存在于市民社会中的工会、雇主协会等自治社团组织都被逐步地整合到了政府规划之中，从而抛开了体制内外的分野，实现了社会与政府的高度融合。法团主义正是这一现实政治的反映，它强调国家在政策问题建构中的角色，认为社会团体只有进入国家体制之中才能发挥作用。当法团主义的兴盛甚至逐渐抵消了多元主义的风头时，“国家中心论”也就逐渐取代“社会中心论”而成为政策问题建构的主导性解释框架。

施米特（Philippe C. Schmitter）把法团主义定义为一套制度实践或团体利益表达的结构：“法团主义是一个利益代表系统，由数目有限、功能分化的利益集团构成。这些利益集团在其代表的范围内是独一的、强制性的、非竞争性的，并且团体之间具有严格的等级结构。它们被国家承认或由国家许可（如果不是创立的话）而建立，并在各自的领域内被特意授予垄断性的代表权。作为交换，团体在领导人的挑选以及要求的规定上，要受到国家一定程度的控制。”① 从政策问题建构实践的角度看，法团主义与多元主义意味着两种不同的利益表达与利益综合结构，但它们都是把利益集团认定为政策过程中的主要行动主体的，它们都将视线放在了利益集团上。作为理论形态的法团主义和多元主义所关注的都是以下基本的政治现实：（1）利益代表组织在政策问题建构中发挥着日益重要的作用；（2）社会利益的潜在纷争呈现出持久性和扩大化的趋势；（3）行政官僚、专业化的信息、技术专家以及根深叶茂的寡头统治在政策过程中作用日益强大；（4）党派的代表功能日益弱化；（5）公共政策范围日益扩大，并与私人领域之间相互渗透。② 这些都是法团主义与多元主义的共同思考对象和现实基础，但对于同样的政治现象，二者却给出了完全相反的解释。

从时间的维度来看，从多元主义到法团主义，似乎构成了一个连续光谱的两极。在多元主义这一极，利益集团的数量相当大，而且可以随意进入政策过程，他们是非层级制的并且自治的，在领导人的选择以及利益表达方面不需要得到国家特殊的认证和认可，因而不会受到国家的控制，他们在发挥对政策问题建构的影响力方面开展竞争，努力使自己的意愿体现在政策问题建构中。多元主义集中考察的是社会对国家的“输入”以及政府“产出”的分配效果，其中，政府并不是一个独立的行为体，而是一个消极的依附性的行动者。在法团主义的一极，国家出场了，而且处于决策过程的中心。法团主义视野中的利益集团在数量上是有限的，集团内部的成员关系之间具有强制性，集团之间是非竞争性的关系，内部结构具有严格层级。在法团主义视野中，参与到政策过程中的集团在法理上或在事实上都需要得到国家的认可或认证，每一个集团在自己的领域中都具有代表性的垄断性，并且在集团领导人选择和利益表达上受到来自国家的正式或非正式制度的控制。在法团主义的理论框架中，利益集团在政策问题建构中的影响力是较弱的，能够参与

① Philippe C. Schmitter, “Still the century of corporatism?” *The Review of Politics*, Vol. 36, No. 1, 1974, pp. 85—131.

② Ibid.

到政策问题建构过程中的，只限于国家认可的那些掌握特权的利益集团。法团主义大量使用的词汇是“中介”（intermediation）和“规制”（regulation）等，这表明，法团主义视野中的利益集团所发挥的是中介作用，是需要接受国家管理的。关于政策问题建构中的国家与社会关系，多元主义实际上忽视了国家的作用以及国家与社会之间的关系，眼中看到的只是利益集团的政策问题建构作用；法团主义将政策问题建构看作是由国家与被国家认可的利益集团之间在相互作用中完成，集团之间的关系在国家内部制度化并由国家来仲裁。因此，法团主义的任务就是将社会利益有序传达到国家决策体制中，在国家与利益集团的互动中去增进国家对社会问题的认识。

在法团主义模式中，国家与社会之间的界限划分不再那么明确，国家和垄断性利益集团之间建立了制度化的合作关系，国家允许利益集团参与到政策问题建构过程中，利益集团也会借此机会将自己的利益表达反映到政策问题建构中。相对于多元主义的权力多元化，法团主义更加注重政府与利益集团之间的互动，认为利益集团的参与应在政府主导之下进行，因而是一种有序的表达。利益集团是被纳入到国家主导的利益表达体系中而发挥作用的，所以，“利益集团并非在政府之外，向政府施加‘压力’，而是统治过程中的一部分，既执行政策，也协助拟定政策。这种政府与利益集团之间你侬我侬的状况，在某些国家益发亲密。总之，利益集团与政府之间界限分明的观念，事实上是错误的”①。利益集团的活动已经被纳入“国家”的指导与控制中，组织的自主性丧失了，整个政策过程是由国家力量主导，此时的利益集团只是国家的附庸。社团与国家逐渐实现了一体化，他们同样倾向于精英控制，即服从于日益强大的官僚控制，并远离他们声称要代表的选民。

多元主义是因为对极权主义的恐惧而强调社会力量对政策过程的影响，但在“新政”之后，国家规模与职能不断膨胀，特别是行政权的扩张以及行政国家的出现，都对市民社会构成了挤压，结果，政府不再是利益集团的一

① 格雷厄姆·威尔逊：《利益集团》，王铁生译，台湾五南图书出版公司1993年版，第179页。

个消极的对应物，以至于多元主义的社会中心论在解释政策过程方面越来越显得苍白无力。正是基于这一现实，在20世纪70年代，一些年轻学者喊出了“将国家带回来”的口号，不仅马克思主义的国家理论得到了重视，而且莫尔和亨廷顿等强调“国家结构”重要性的观点，也在这一时期大行其道。诺德林格（Eric A. Nordlinger）断言，“最流行的社会中心论解释现在已然过时了”[①]。在社会中心论的观点中，“国家几乎只是在名义上作为一部‘收款机’而存在，其精确地统计了竞争中的各个（‘力量均衡的’）社会团体的资源借贷情况，并随后对社会竞争的结果进行权威性‘认可’。根据一种差别有限的不同解释，国家不过是被视作展现社会利益、进行社会斗争的竞技场”[②]。这种观点的提出是基于这样一种现实，那就是，政府领导人提出的议案远远超乎社会群体和选民的要求，政府机构所建构的政策问题经常表现为与社会群体和选民要求完全相反的状况。因此，必须要在政策问题建构中“找回国家”，只有在从社会中心论转向国家中心论的视角转换中，才能真正解释政策过程。法团主义正是迎合了这一潮流而出现的。

多元主义与法团主义之间的区别也常常被人们描述为“弱国家”与“强国家”主张之间的对立，但这并不是事实。因为，在不同的政策领域中，国家在政策问题建构中所扮演的角色是不同的，即使国家所拥有的是法团主义结构，在某些政策领域中也会出现利益调停的多元主义模式，而在广义的多元主义系统中，也可以看到一些领域中的部门法团主义，就如达尔在《谁统治》中所描绘的纽黑文市那样，实际上是一种微观的法团社会。在一定意义上，利益集团理论并不适宜于描述谁统治美国的现实。不过，美国的政策问题建构总体上说会显得更适合于做出多元主义的解释，而荷兰、奥地利、瑞典等北欧国家的政策问题建构则具有较为明显的法团主义特征，而像英国等较多的国家在政策问题建构方面是介于多元主义与法团主义之间的。由于政

① 埃里克·诺德林格：《民主国家的自主性》，孙荣飞等译，江苏人民出版社2010年版，第37页。

② 同上。

策问题建构具有多种模式，一种试图综合这些模式的理论也就顺理成章地出现了，那就是以“政策网络”概念为标志的新的理论的提出，以求更好地解释不同政策领域中的国家与利益集团间多种类型的关系。

汉夫（K. Hanf）是最早主张将“网络”概念引入政策分析的学者之一。他认为，“网络”一词可以用来反映“政策制定中所包含着的数量巨大的公共与私人行动者之间的关系，这些行动者来自政府与社会的各个功能领域和不同层面”①。很快地，就有更多的学者开始使用“政策网络”的概念去分析政策过程，并出现了本森等具有广泛影响力的学者。本森（K. Benson）认为，政策网络是存在于“因为资源依赖而形成的相互连接的组织集群（a cluster or complex of organizations）中的，并在资源依赖结构的尽头与其他的组织集群区别开来”②。这是关于政策网络的最为经典的描述，即便是政策网络研究集大成者罗茨（R. A. W. Rhodes）也接受了本森的这一观点，认为政策网络是“一群复杂的组织因资源依赖而彼此结盟的状况，它们又会因资源依赖结构的断裂而相互区别”③。也就是说，在政策过程中，政府与非政府的行动者存在着资源方面的相互依赖，并因为资源方面的相互依赖而处在互动关系模式之中，形成了一个政策网络。所以，政策网络理论所关注的是具体政策问题建构中的利益集团与政府的互动关系。

根据凯尼斯和施耐德（Kenis and Schneider）的看法，在20世纪70年代末，政策网络以及类似概念的出现并非一种巧合，而是反映了政治转型的现实。因为，这一时期的公共政策过程呈现出如下特征：（1）有组织的集体行动成为社会的基本特征；（2）政策制定发生在部门分割的和更为精细化的政治系统中；（3）相互竞争的利益集团被高度动员起来，导致了政策问题建构过程的过度拥挤；（4）国家政策涵盖的范围扩大了；（5）政策制定的部门化

---

① K. Hanf, *Interorganizational Policy Making*, London and Beverly Hills: Sage, 1978, p. 12.

② K. Benson, “Network and Policy Sector: A Framework for Extending Interorganizational Analysis”, in D. Rogers and D. Whetten, *Interorganizational Coordination*, Lowa: Lowa State University, 1982, pp. 137—175.

③ R. A. W. Rhodes, *Policy Networks in British Government*, Oxford: Clarendon Press, 1992, p. 13.

导致了国家的“碎片化”；（6）公共领域与私人领域之间界限变得模糊，政策制定更多地发生在国家与利益集团的组分中。[①] 因而，政府过程不再遵循“议会制定政策，行政执行”的教科书式的二分传统，而是变得错综复杂，“政策网络的建立就是精英们对现实状况的反应”[②]。

在政策网络的视野中，国家与社会行动者之间的界限模糊了，政治与行政的边界也逐渐消退，公私之间的壕沟时而被跨越。所以，正式的制度框架被打破了，而非正式关系却成为准确把握政策过程的观察视角。无论是社会还是国家都不再是铁板一块，相反，在国家的碎片化中，国家与社会都是以多样化和碎片化的形象出现的，在公共与私人的相互渗透中，甚至很多行动者已经无法严格地归于公共的或是私人的范畴。利益集团仍然在政策问题建构中发挥作用，但政策问题建构不再是在利益集团与国会委员会和行政官僚所构成的封闭系统中完成的，而是由公众、知识分子、舆论媒介、技术专家、政府权威等这些随时自由出入政策网络的行动者建构起来的，每一个行动者都会对自己感兴趣的社会问题发表意见，并促进其向政策问题转化。这样一来，围绕着政策问题或政策项目形成了政策网络。在这个网络中，每一个行动者都努力通过自己的行动去影响政策过程，从而形成了一个博弈系统，使行动者呈现出网络分布的状况。所以，政策网络是在政策行动者的互动中产生，而且在具体的实践中被重新塑造，也可能随时消散。

政策网络的出现，意味着多元主义的社会中心论和法团主义的国家中心论都丧失了合理性，呈现出了“去中心化”的趋势。这也就是罗茨所说的，“服务继续被供给，却是通过拒绝中心权威的组织网络来完成的。我们生活在一个‘无中心的社会’”[③]。中心是相对于边缘而言，只要存在着中心与边缘

① P. Kenis and V. Schneider, “Policy Networks as an Analytical Tool for Policy Analysis”, paper for conference at Max Planck - Institut, Cologne, 4—5 December, 1989.

② Volker Schneider, “The Structure of Policy Networks: A Comparison of the Chemicals Control and Telecommunications Policy Domain in Germany”, *European Journal of Political Research*, Vol. 21, No. 1—2, 1992, p. 112.

③ R. A. W. Rhodes, *Understanding Governance: Policy Networks, Governance, Reflexivity and Accountability*, Buckingham: Open University Press, 1997, p. 1.

结构，就意味着行动者之间是一种不对等的关系，就会带来控制。政策网络不是官僚制，不具有等级结构，也不是对市场的简单复制，而是对市场与等级制的替代。在网络中，利益集团与职能分割的政府部门都是政策问题建构中的行动者，彼此相互依赖，通过信息交流和专业知识交换以及信任来维持他们之间的关系，没有能够操纵和控制网络的权威主体，政府的角色也转变为促进网络的运行和寻求合作的新形式。政策问题建构不是先前确立的规则的权威性实施的结果，而是行动者“共同生产”的过程。

政策网络不是一个静态的实体性存在，而是处在变动中的，对于一些社会问题，可能达成了共识并成功地进入了议事日程，而另一些问题却可能因为争议而无法达成共识；一些行动者在互动中彼此产生了紧密的关系，而另一些却没有。即使关于某一社会问题暂时达成了共识，也可能会因为新的行动者的加入而需要重新建构。不同领域的政策过程中会出现不同的政策网络，而且，在政策问题建构的不同阶段中政策网络也在发生变化。在政策网络这里，正式制度因为其实体性特征而只能作为最为宏观的结构背景，而行动者则是灵活的、流动的。所以，政策网络不会定型，也不可能让任何一个行动者成为中心，政策问题建构也永远处于开放的状态，已经形成的政策问题也都是暂时性的。由此可见，政策网络的概念为我们展示了一幅全新的政策问题建构图景，同时也提供了政策问题建构的新思维。

（原载《江海学刊》2014 年第 5 期）

民主衰落研究的兴起

陈　尧

近年来，中亚地区的政局持续陷入动荡，阿拉伯世界脆弱的民主政权接二连三遭遇解体。在短暂的民主化之后埃及重新回到军政权，也门陷入了内战的深渊，伊拉克、叙利亚则与极端组织“伊斯兰国”展开了艰苦的战争。2015 年，也门、伊拉克、叙利亚一起被纳入“失败国家”（failed states）的行列。① 短时间内，“阿拉伯之春”转变为“阿拉伯之冬”。在其他地方，泰国再次陷入了军政权的掌控，乌克兰则濒临国家分裂。亚洲、拉美、非洲等地区的大量新兴民主国家表现不佳，腐败、经济衰退、部族冲突、社会不平等等现象日益严重。自 2000 年以来，全球至少有 22 个国家②出现了民主解体的现象。除了少数国家陷入民主解体外，大量的新兴民主国家出现了民主发展停滞、民主质量下降的现象，就连老牌西方民主国家也遭遇了治理危机和民主信任危机。

在国际社会有着巨大影响的《经济学人》杂志于 2014 年 3 月发表封面长

---

① “失败国家指数”由美国《外交政策》（双月刊）和美国和平基金会共同编制，根据社会、经济、政治和军事指标就各国总体的社会稳定性进行年度排名，分为“极严重警告”“严重警告”“警告”“极严重警戒”“严重警戒”“警戒”“不稳定”“稳定”“非常稳定”“可持续的”“非常可持续的”11 个等级，其中进入“极严重警告”和“严重警告”等级的国家属于“失败国家”。“失败国家”有几个特征，如丧失对领土的实际控制、无法完全掌握合法动用武力的权力、合法权力机构的集体决策能力遭到削弱、无法提供基本的公共服务、不能作为国际社会的正式成员与其他国家交往等。

② 这些国家包括巴基斯坦、斐济、吉尔吉斯斯坦、俄罗斯、尼泊尔、尼日利亚、委内瑞拉、所罗门群岛、泰国、孟加拉国、肯尼亚、格鲁吉亚、毛里塔尼亚、洪都拉斯、马达加斯加、尼日尔、莫桑比克、利比亚、伊拉克、埃及、乌克兰、也门等。

文，哀叹“西方民主在全球的发展陷入了停滞，甚至可能出现了逆转”。[①] 著名的《民主杂志》于 2015 年第 1 期聚焦的话题即“民主衰落了吗”，福山（Francis Fukuyama）、戴蒙德（Larry Diamond）、施密特（Philippe Schmitter）、卡罗瑟斯（Thomas Carothers）、斯蒂潘（Alfred Stepan）、普拉特纳（Marc F. Plattner）等十多位著名的民主研究者围绕民主衰落话题展开激烈的讨论。[②] 近年来，关于民主衰落的研究层出不穷，民主回落（democratic rollback）、民主垮台（democratic collapse）、民主失败（democratic failure）、民主解体（democratic breakdown）、民主腐蚀（democratic erosion）、民主恶化（democratic deterioration）、民主逆转（democratic reversal）、民主衰落（democratic decline）、民主衰退（democratic recession）、民主回潮（democracy in retreat）[③] 等术语在学术著作、大众媒体甚至民间流行开来。在最近的民主化研究中，关于民主衰落和威权回归的文章充斥着相关的专业学术刊物，研究者对全球民主前景的看法已经从先前的乐观主义转向了悲观主义的情绪。

何谓民主衰落

严格地讲，民主衰落并不是一个确切的（well-bounded）概念，而是一个综合性的（comprehensive）概念。迄今为止，研究者们关于民主衰落的内涵并未达成共识。

关于民主衰落较早的研究为 20 世纪 70 年代林茨（Juan J. Linz）和斯蒂潘（Alfred Stepan）针对欧洲和拉美地区民主政体解体的分析。他们注意到在第一次世界大战、第二次世界大战后建立民主国家的浪潮中，均有一些国家出现了民主解体，并对这些案例解体的原因进行了分析。[④] 这实际上就是后来亨廷顿

---

① “What's Gone Wrong with Democracy”, *The Economist*, March 1st, 2014, pp. 47—52.

② Marc F. Plattner, etc., “Is Democracy in Decline?” *Journal of Democracy*, 26 (1), 2015, pp. 5—155.

③ 陈尧：《理解全球民主衰落》，《复旦学报》2015 年第 2 期。

④ Juan J. Linz and Alfred Stepan, *The Breakdown of Democratic Regimes*, Baltimore and London: The Johns Hopkins University Press, 1978.

所指出的第一波、第二波民主化之后的民主回潮。① 不过，由于每一次民主回潮之后诞生了更多的民主国家，因而直到近年，研究者对历史上的民主解体现象并未予以充分的关注。

大多数研究者在使用与民主衰落类似的概念时，将这些概念看作理所当然，而没有对相关概念进行厘清。除了民主解体或垮台这一术语相对明确外，不管是民主衰落、民主回落、民主退化、民主逆转还是民主失败，均面临着概念的模糊性。

一些研究者将民主衰落理解为民主政权的解体。戴蒙德就将民主衰退（democratic recession）理解为民主政体回到威权体制。② 根据梯利（Charles Tilly）的观点，民主衰落可称为“去民主化”（de-democratization）。③ 但是，在第三波民主化进程中，大面积民主解体的现象并没有出现，更多的是民主体制遭到腐蚀和民主政权遭遇挫折，许多民主化国家从自由主义民主逐渐向选举民主发生倒退或者选举民主进一步恶化，并最终陷入选举民主的泥潭或变为“混合政体”（hybrid regime）④。由此，研究者开始集中关注民主腐蚀现象。奥唐纳尔较早提出应警惕某些新兴民主国家中存在着“对现存公民权利的行使空间和自由宪政保障的有效性逐步削减”的现象，并将其比喻为民主的“慢性死亡”。⑤ 与民主遭遇挫折相对应的是，在民主化研究中涌现了大量“带有形容词的民主”（democracy with adjectives），例如“非自由主义民主”（illiberal democracy）、“半民主”（semi-democracy）、“形式民主”（formal democracy）、“代表性民主”（delegate democracy）、“假民主”（pseudo-democracy）、“弱民主”（weak democracy）、“部分民主”（partial democracy）等数十

① 亨廷顿：《第三波：20世纪后期民主化浪潮》，上海三联书店1998年版，第11—26页。

② 拉里·戴蒙德：《民主的精神》，群言出版社2013年版，引言第55—97页。

③ Charles Tilly, “Inequality, Democratization, and De－Democratization”, *Sociological Theory*, 21 (1), 2003, pp. 37—43.

④ Philip G. Cerny, “Globalization and the Erosion of Democracy”, *European Journal of Political Research*, 36 (1), 1999, pp. 1—26.

⑤ Guillermo O’Donnell, “Illusions about Consolidation”, *Journal of Democracy*, 7 (2), 1996, pp. 34—51.

种民主的概念。[①] 这些所谓的概念创新，仅仅揭示了一个现象，即新兴民主国家的民主发展水平普遍遭遇了衰退。

20 世纪 90 年代民主指数和民主质量研究的流行使得研究者找到了更为精确的方法来理解民主衰落。有研究者指出，实际上，任何一种民主的衰落均表现为民主质量的恶化或下降。民主质量的恶化是指民主政体内部的消极变化，因而，从民主质量下降开始的整个过程被界定为“民主的衰落”（decline of democracy）。民主衰落的过程可以是快速、短暂的，也可以是缓慢、长期的。民主衰落可能在某一个更低的民主质量水平点上停止，例如变成有缺陷的民主或选举民主，也可能以建立一个威权政权而告终，这一过程被称为“民主的解体”（breakdown of democracy）。[②]

在一段时期内，不管是民主质量下降还是政体性质发生变化，人们主要从单个政体的角度来理解民主衰落。近年来随着民主事业陷入困境的国家日益增多并发展为一种较为普遍的群体性现象，就需要将民主衰落的概念从单个政体变化向群体性政体变化进行修正。对此，我们可以将现有民主衰落的概念进行如下整理（见表 1）。

表 1　　民主衰落概念的分类

民主衰减（democratic diminution）、民主萎缩（democratic atrophy）、民主腐蚀（democratic erosion）、民主恶化（democratic deterioration）等	单个政体性质的衰减变化，即民主政体的质量虽然发生了衰减，但仍属于民主政体。
民主垮台（democratic collapse）、民主失败（democratic failure）、民主溃败（democratic meltdown）、民主解体（democratic breakdown）、民主毁灭（democratic destruction）等	单个政体性质的根本性变化，即从民主政体向非民主政体发生了转变。

① David Collier and Steven Levitsky，“Democracy with Adjectives：Conceptual Innovation in Comparative Research”，*World Politics*，49（3），2002，pp. 430—451.

② Gero Erdmann，“Transition from Democracy：Loss of Quality，Hybridisation and Breakdown of Democracy”，*German Institute of Global and Area Studies*，*Working Paper*，March，2011.

续 表

民主回落（democratic rollback）、民主衰落（democratic decline）、民主衰退（democratic recession）、民主回潮（democracy in retreat）、民主逆转（democratic reversal）等	群体性民主政体质量的变化，主要是指大量民主政体的质量出现下降，其中一部分政体甚至陷入民主解体。

当我们进一步审视民主衰落的内涵时，可以发现，全球性的民主衰落可以分为两种不同的现象：一种是民主逆转，即国际社会民主发展出现方向性的逆转，形成与民主化相反的趋势；另一种为民主回落，即除了少数国家出现民主解体外，国际社会中民主质量下降的国家数量超过民主质量提升的国家数量，即全球平均民主质量出现净减损，但民主发展的趋势不变。[①] 只有在厘清概念的基础上，才能对全球性的民主衰落现象进行客观的剖析。

民主衰落的测量

根据戴蒙德的看法，第三波民主衰落可以追溯到1999年巴基斯坦的军事政变。此后，许多新兴民主国家的民主事业遭受挫折，一些国家的民主质量出现严重下降甚至民主解体。[②] 今天，在不少学者和政治家的眼中，全球范围内的民主衰落已经是一个事实。

支持民主衰落观点的主要代表戴蒙德曾总结了四个理由：（1）国际社会出现了较明显的，甚至是速度加快的民主解体；（2）在许多重要的、大的新兴市场国家中，民主的质量或稳定性在下降；（3）在一些重要的国家中威权主义正在扩张；（4）以美国为代表的老牌民主国家表现日益糟糕，越来越明显地缺乏促进国际社会民主的意愿和自信。[③] 显然，这些理由需要经验证据的支持。

近年来，研究者分析第三波民主衰落的一个重要方法就是对全球民主国

① 陈尧：《理解全球民主衰落》，《复旦学报》2015年第2期。

② Larry Diamond, "Facing up the Democratic Recession", *Journal of Democracy*, 26 (1), 2015, pp. 32—44.

③ ［美］拉里·戴蒙德：《民主的精神》，群言出版社2013年版，引言第14页。

家主要是新兴民主国家进行民主质量的测评，通常采用定类、定距等方法以及主观态度和价值观方面的调查。

定类方法的主要内容就是对全球民主国家的数量进行历时比较，通过民主国家数量上的变化或民主国家在全球所有国家中占据的比例来判断全球范围内民主发展的趋势。由于单个研究者对民主国家数量的追踪研究很难展开，因而有关民主国家的历时性统计主要由一些研究机构进行。著名的“自由之家”（Freedom House）、政体 IV（Polity IV）、《经济学家》信息机构（The Economist Intelligence Unit）以及德国的贝塔斯曼基金会（Bertelsmann Foundation）多年来一直对民主国家的政治变迁进行追踪评估。列维茨基（Steven Levitsky）等人将四家机构有关民主国家的数量统计进行了汇总（见表 2）。

表 2　民主国家的百分比和数量（四家机构的调查）①

机构/年份	1990	2000	2001	2002	2003	2004	2005	2006	2007	2008	2009	2010	2011	2012	2013
自由之家	39%	45%	44%	46%	46%	46%	46%	47%	47%	46%	46%	45%	45%	46%	45%
	65	86	85	89	88	89	89	90	90	89	89	87	87	90	88
政体 IV	39%	50%	52%	53%	53%	56%	58%	58%	57%	58%	57%	57%	59%	58%	57%
	56	80	83	85	84	90	93	95	92	95	93	93	96	94	94
《经济学家》信息机构	—	—	—	—	—	—	—	49%	—	48%	—	47%	47%	47%	47%
								82		80		79	78	79	78
贝塔斯曼指数	—	—	—	—	—	—	55%	—	64%	—	62%	—	61%	—	59%
							65		76		74		72		70

从表 2 中可以看到，四家机构的统计表明，全球民主国家的数量在 2005—2009 年达到顶峰，之后稍有下降。但是，从民主国家数量减少来看，民主衰落的趋势并不明显。值得注意的是，在对民主国家的统计上，不同机构之间的差异较大。在政体 IV 和贝塔斯曼基金会的统计中，近年民主国家的比例为所有国家的 60% 左右，而“自由之家”和《经济学家》信息机构的统计比例中民主国家只有 45%—48%。

① Steven Levitsky and Lucan A. Way, “The Myth of Democratic Recession”, *Journal of Democracy*, 26（1）, 2015, pp. 45—58.

用定距方法进行测量是在区分类别和等级的基础上，将不同国家之间民主水平或质量用数量差别和间距的方法表示。柯兰齐克引用“自由之家”、贝塔斯曼基金会和《经济学家》信息机构的统计指出，到2012年，全球自由程度已经连续7年下滑，创下连续下滑年数的纪录。截至2012年，“有缺陷的”和“严重缺陷的”民主政体数量高达52个，发展中国家的“民主制度的质量总体已恶化”。2010年全球所有地区的民主平均得分都低于2008年，在受调查的167个国家中，91个国家的民主状态出现不同程度的恶化。①

不过，同样利用上述机构的调查，列维茨基等人的统计却显示（见表3），如果从民主质量变化的角度，很难讲近十年来全球民主发展出现了明显衰落的现象，政体IV的分数甚至还呈现逐年提高的趋势。

表3　全球国家民主平均分数（四家机构的调查）②

机构/年份	1990	2000	2001	2002	2003	2004	2005	2006	2007	2008	2009	2010	2011	2012	2013
自由之家	0.53	0.59	0.59	0.61	0.61	0.62	0.63	0.63	0.63	0.62	0.62	0.62	0.62	0.61	0.62
政体IV	0.53	0.65	0.66	0.66	0.67	0.67	0.68	0.69	0.69	0.69	0.69	0.69	0.70	0.70	0.71
《经济学家》信息机构	—	—	—	—	—	—	—	0.55	—	0.55	—	0.55	0.55	0.55	0.55
贝塔斯曼指数	—	—	—	—	—	—	0.53	—	0.54	—	0.54	—	0.53	—	0.53

另一个衡量民主衰落的指标来自民众对民主的价值观念和态度。从主观态度来看，民众对民主支持率的持续下降或民主支持率徘徊于较低水平可以判断为民主出现了衰落。

许多研究者引用全球民主晴雨表及其分支调查的数据来证明全球民主的衰落。戴蒙德曾援引拉美晴雨表（Latinobarometer）的调查指出，在拉美，只有五分之一的民众信任政党，四分之一的民众信任立法机关，三分之一的民

① Joshua Kurlantzick, *Democracy in Retreat: The Revolt of the Middle Class and the Worldwide Decline of Representative Government*, New Haven: Yale University Press, 2013, pp. 1—33.

② 作者对四项调查中的指数均折算为0—1之间的数值。Steven Levitsky and Lucan A. Way, “The Myth of Democratic Recession”, *Journal of Democracy*, 26 (1), 2015, pp. 45—58.

众对司法机关抱有信心。而根据新兴民主国家晴雨表（New Democracies Barometer）的调查，在东欧，新兴民主国家的民众对政府的信任程度更糟糕。另外，戴蒙德还引用了亚洲晴雨表（Asian Barometer）中关于菲律宾的调查显示，该国民众相信民主是最好政府形式的比例从 2001 年的 64% 下降至 2005 年的 51%，对民主的满意度则从 54% 下降到 39%。非洲晴雨表（Afrobarometer）显示 2000 年至 2005 年尼日利亚民众对民主的信心急剧降低。[①]

默克尔（Wolfgang Merkel）通过援引欧洲晴雨表（Eurobarometer）的调查，分析了从 1976 年到 2011 年欧洲国家民众对民主的满意度。除了 20 世纪 90 年代以外，大部分时期民众对民主的满意度均超过 50%，2011 年则达到 60%。但民众对政府、议会和政党的信任度自 2002 年以来一直呈下降趋势，对政府和议会的信任度 30% 都不到，对政党的信任度则在 20% 以下。[②]

从既有的经验分析来看，一些民主衰落研究在援引相关的统计数据时，往往将民众对政府或政党的态度作为衡量民众对民主制度态度的依据，这显然不符合现实情况。在西方国家中，民众对民主制度的态度与对政府、政党等的态度出现了较大背离。民众对民主价值和制度的较高支持度与对民主政府和政党的较低满意度并存，已经成为西方民主社会的常态。根据后者来判断西方国家出现民主衰落的现象，显然缺乏科学性。

同时，戴蒙德所引用的民主调查晴雨表的数据过于陈旧，未能反映近年国际社会民众的民主态度。实际上，根据各地区晴雨表的调查，对民主的态度并非十分糟糕。“拉美晴雨表”1995—2013 年对拉美 18 个国家的调查表明，人们对民主的支持变化不大。在“民主优于其他政体”这一问题上，受访者赞成的比例在 48%—63% 之间徘徊，而最近几年则维持在 60% 上下。[③]“非洲晴雨表”在 2011—2013 年对 16 个非洲国家的民主态度和价值观的第五轮调

① Larry Diamond, “The Democratic Rollback: The Resurgence of Predatory State”, *Foreign Affairs*, 87 (2), 2008, pp. 36—48.

② Wolfgang Merkel, “Is There a Crisis of Democracy?” *Democratic Theory*, 1 (2), 2014, pp. 11—25.

③ Latinobarometer Report 2013，参见 http://www.latinobarometro.org/latContents.jsp。

查显示，71%的非洲人希望建立民主，超过一半以上的人坚信民主统治，这一比例从2002年的36%上升到2012年的51%。[①]“阿拉伯晴雨表”（Arab Barometer）对14个伊斯兰国家进行了调查。在2010—2011年的调查中，83%的受访者支持民主制度，44.4%的人主张建立一种世俗民主制度。在2012—2013年的调查中，80%的人认为民主是最好的政治制度，53%的人支持一种世俗民主制度。[②]“东亚民主研究计划”（East Asia Barometer）对东亚13个国家和地区进行了民主调查。2012年的调查发现，大多数国家对民主的支持水平出现了一定的下降。但是，除了个别国家外，仍然有超过80%的人表示“民主对于我们国家是值得追求的”，超过60%的人同意“民主适合自己的国家”，大多数国家中超过一半的人表示“民主优于其他政府形式”。[③]

综合现有的研究机构和学者对民主质量的分析以及有关民主态度的调查，可以看出，第三波民主化中出现的少数国家的民主解体和全球性民主质量的下降属于一种正常范围内的回落，没有出现全球性的民主逆转。[④]或许，用施密特的表述——“危机与转型，而非衰落”[⑤]更为恰当一些，所谓的民主衰落不过是理想的民主与现实的民主之间差距的扩大。鉴于21世纪以来民主解体国家数量的增加，以及新、老民主国家均遭遇的治理危机，关于民主危机、民主衰落的原因以及影响民主生存的因素成为近年比较政治研究的热点话题。

民主衰落的归因

在第三波民主化进程中，那些备受困扰和失败的民主国家有着某些共同

① Afrobarometer, “Demand for Democracy is Rising in Africa, But Most Political Leaders Fail to Deliver”, *Policy Paper*, No. 11.

② Arabbarometer，参见 http：//www. arabbarometer. org/instruments – and – data – files。

③ Yu – tzung Chang, Yun – han Chu, and Larry Diamond, “A Longitudinal and Comparative Analysis of Citizen's Orientations toward Democracy and Their Evaluation of the Overall Performance of the Democratic Regime in East Asia”, *Working Paper*, No. 53.

④ 陈尧：《理解全球民主衰落》，《复旦学报》2015年第2期。

⑤ Philippe C. Schmitter, “Crisis and Transition, But not Decline”, *Journal of Democracy*, 26 (1), 2015, pp. 32—44.

的关键特征：往往是贫困的或收入中等偏下的国家，人均收入在5000美元以下；从世界银行的善治衡量标准来看，它们的排名都很低；在政治上不稳定，具有政治动机的暴力水平十分显著；社会被阶级、种族或者其他界线深深割裂；行政权力遭到严重滥用。[①] 这些特征提供了分析民主衰落原因的来源。

关于民主衰落原因的研究与整个民主化研究紧密相关。20世纪后期以来，国际社会民主化研究经历了民主转型和民主巩固两个阶段，施密特将这两个阶段的研究称为“转型学”（Transitology）和“巩固学”（Consolidology）。[②] 默克尔进一步将第三波民主化研究分为三种情绪主导下的三个阶段：第一阶段为乐观主义阶段，以行动理论为主要研究范式。该范式在历史目的论的指导下，强调战略行为者之间的互动推动威权政体向民主政体的转型；第二阶段为现实主义阶段，此阶段的主导研究范式为结构主义。该范式重申社会经济前提，认为人的行动受到经济和其他结构性条件的限制，社会关系被认为是决策者偏好的结构化。结构分析强调现代化理论的复兴、重新发现阶级作用以及国家作为民主巩固不可缺少的条件；第三阶段为悲观主义阶段，在这一阶段历史制度主义发挥了重要的理论指导作用。2000年以后，许多新兴民主国家未实现民主巩固而变为有缺陷的民主政权甚至退化为竞争性威权政权，一个重要原因就是转型之前的制度及其运行结果所产生的路径依赖。[③] 民主衰落研究仍然属于“巩固学”的范围或民主化的悲观主义阶段。

郑永年将西方社会主流研究中导致民主倒退的因素归结为几种威胁：一是来自非西方世界的“竞争性权威主义”和“模拟民主”等“非自由主义民主”政权越来越多；二是西方民主面临来自其他政体的威胁；三是来自西方国家本身，也即早期民主国家民主制度的衰落。支撑西方传统民主的基础，

---

① Larry Diamond, “Why Democracies Survive?” *Journal of Democracy*, 22 (1), 2011, pp. 17—30.

② Philippe C. Schmitter, “Transitology: The Science or the Art of Democratization?” in Joseph S. Tulchin, ed., *The Consolidation of Democracy in Latin America*, London: Lynne Rienner Publisher, 1995, pp. 11—41.

③ Wolfgang Merkel, “Are Dictatorships Returning? Revisiting the ‘Democratic Rollback’ Hypothesis”, *Contemporary Politics*, 16 (1), 2010, pp. 17—31.

在当代社会已经不复存在，其中，中产阶级的衰落是一个主要因素；四是西方国家已无力把其价值观和外交政策有机地结合起来。西方国家在民主扩散过程中面临着政治动力危机；五是来自民主的简化。无论是西方内部还是非西方国家，民主越来越简化成为选举政治。这些因素可以归为三类：西方民主内部的缺陷（民主机制本身存在一定问题如民主选举化，支持民主运行的基础或有利条件减少）、非西方民主所面临的问题（治理问题、非民主政权的竞争）和民主从西方向非西方传播、扩散过程中遇到的障碍。①

由于民主衰落不是一个明确的概念，其含义之模糊而难以作为研究变量进行测量，所以更多的研究者将民主解体或民主生存作为替代性研究变量，以回答民主国家为何解体、新兴民主国家何以生存等问题。

关于民主解体影响因素的研究大体分为两种路径（approach）：一是过程研究，即探讨民主解体的具体过程，集中关注政治行为者在这一过程中发挥的作用；二是结构研究，通过聚焦于宏观条件如现代化水平、经济发展、历史文化因素等来分析民主解体背后的根源。

在第三波民主化初期，林茨等人曾经分析过民主解体的原因。在他们看来，欧洲、拉美地区民主解体的主要原因在于政治行为者之间的互动，经济精英、军队等政治行为者在民主政权的解体中发挥了能动作用。尽管社会的结构性特征对于组织行为者构成了一系列的机会或约束，但更重要的是，政治行为者的某些特定选择提高或降低了政体稳定或持续的可能性。②

在第三波民主化研究中，一些研究者如奥唐奈（Guillermo O'Donnell）、卡罗瑟斯等人指出，政治行为者对民主或独裁的态度在解释民主生存或解体中具有关键作用。③ 梅尔瓦宁（Scott Mainwaring）等人关注到政治行为者在政策

---

① 郑永年：《当代民主危机：西方的认知》，《联合早报》2014 年 4 月 29 日。

② Juan J. Linz, *The Breakdown of Democratic Regimes: Crisis, Breakdown and Reequilibration*, Baltimore and London, M. D: The Johns Hopkins University Press, 1978, p. ix.

③ Guillermo O' Donnell, "Introduction to the Latin American Cases", in Guillermo O' Donnell, Philippe Schmitter, and Laurence Whitehead, eds., *Transitions from Authoritarian Rule: Prospects for Democracy*, Vol. II (Latin America), Baltimore, M. D: The Johns Hopkins University Press, 1986, pp. 3—18; Thomas Carothers, "Democracy without Illusions", *Foreign Affairs*, 76 (1), 1997, p. 85—99.

制定时的激进主义程度和民主偏好对于民主生存的影响。当政治行为者对民主有着强烈的规范偏好时，民主更有可能生存。[①]

也有研究者从民主选举结果的角度来分析政治行为者在民主解体中的作用，认为，从本质上，新的民主选举导致分配性结果，即产生新的“赢者”和“输者”。“赢者”和“输者”均可能对民主构成威胁。“输者”由于对自己地位的不满，通常对新生民主政权构成最直接的威胁。任何团体均可能属于“输者”，但军队和商业精英通常在民主巩固过程中作为潜在破坏者的现象尤其突出。军队可能是民主巩固中最大的障碍，尤其如果他们曾属于前威权政府的组成部分时。“赢者”破坏民主的方式是操纵选举、延迟改革或打击潜在的反对力量，从而削弱了民主的质量。[②] 在军事政变对于民主生存的影响研究中，有学者经过统计发现，1789—2008 年共有 90 次民主政权向威权政权的回归，其中有 55 次（占 61%）来自军事政变，其他则是在任者接管、内战、民众革命。[③] 不过，有研究者指出，尽管政变仍然是解释民主政府解体最重要的原因，但冷战以后政变对民主的危害已经小于冷战前。[④]

过程分析在解释单个案例的民主解体时是比较有效的，但是，在观察群体案例时，过程分析便显示出解释力不足的缺陷。同时，过程研究也难以回答单个政体的历时性变迁。这使得研究者更多地选择从结构因素来分析，试图总结出具有更强解释力的理论。

在结构分析中，经济因素一直被认为在民主化进程中发挥着重要的作用。同样，在民主衰落研究中，许多学者指出，如果经济表现糟糕，民主政体更有可能解体。较早时就有研究者指出，“缓慢的、衰退的经济增长提高了政权

---

① Scott Mainwaring and Aníbal Pérez - Liñán, Democratic Breakdown and Survival in Latin America, 1945—2005, *Paper for the conference "Guillermo O' Donnell and the Study of Democracy"*, Buenos Aires, March 26—27, 2012.

② Jon C. Pevehouse, "Democratic Survival and the Third Wave of Democratization", *Working Paper*, Center for Democracy, Development and the Rule of Law, University of Stanford, 2013.

③ Milan Svolik, "Which Democracies Will Last? Coups, Incumbent Takeovers, and the Dynamic of Democratic Consolidation", *British Journal of Political Science*, 45 (4), 2015, pp. 715—738.

④ Nikolay Marinov and Hein Goemans, "Coup and Democracy", *British Journal of Political Science*, 44 (4), 2014, pp. 799—825.

解体的可能性”①。海哥德（Stephan Haggard）和考夫曼（Robert R. Kaufman）认为，民主巩固至少部分取决于执行可持续增长政策的能力。② 斯沃利克（Milan Svolik）通过实证研究发现，威权回归的主要影响因素是经济衰退。低水平的经济发展，政府的错误选择以及威权历史，使民主国家更容易遭受解体的风险，但它们对于威权回归的时间没有影响。现有的经验研究表明，威权回归的风险只是与经济衰退相关，经济衰退导致了民主解体。③ 有学者进一步统计了1870—2007年33个国家经济下滑与民主解体之间的关系后指出，民主解体的可能性在经济衰落时期的确提高了——至少在未巩固的和贫穷的民主国家中。但是，这种相关性还需要加上一个条件，即当左翼政府掌权时，经济衰落时期民主解体的可能性较高。当右翼政府执政时，经济衰落不一定明显增加民主政府向威权体制回归的机会。④

普沃斯基（Adam Przeworski）等人考察了经济衰退的极端情况即经济危机对民主解体的影响。当人均收入低于4000美元的时候，民主政体对经济危机的反应要比威权政体更加敏感。一旦发生经济危机，民主政权的死亡率是0.0512（1/20），而经济发展时只有0.0152（1/66），前者是后者的3倍多。不仅如此，经济危机持续时间越长，民主政体的死亡率越高：人均收入连续增长3年以上的民主政权，其死亡率只有0.0286（1/35）；当人均收入连续两年下降的时候，民主政权的死亡率则高达0.0769（1/13），后者是前者的2.7倍。当经济发展超过了人均收入7000美元的时候，民主政权对经济危机具有

① Mark J. Gasiorowski, “Economic Crisis and Political Regime Change: An Event History Analysis”, *American Political Science Review*, 89 (4), 1995, pp. 882—897.

② Stephan Haggard and Robert R. Kaufman, “The Political Economy of Democratic Transitions”, *Comparative Politics*, 9 (3), 1997, pp. 263—283.

③ Milan Svolik, “Authoritarian Reversals and Democratic Consolidation”, *American Political Science Review*, 102 (2), 2008, pp. 153—168.

④ Thomas Brambor and Johannes Lindvall, “Democratic Breakdown in Economic Crises: The Role of Political Ideology”, *Working Paper*, 2014.

了强大的免疫力，至今还没有死亡的例子。[①]

针对经济衰退对于民主解体的影响，也有研究者提出了不同的看法。例如，戴蒙德认为，2008 年全球爆发了自 20 世纪 30 年代经济大萧条以来最严重的经济衰退，然而，到目前为止，它看起来似乎对民主生存的影响甚微。原因有三：首先，在经济上受经济危机打击的重灾区绝大部分是富裕的工业化民主国家或欧洲新兴市场经济国家。民主从来没有在一个富裕的国家解体，因为在经历数十年的成功运作之后，民主在这些国家已得到了巩固和制度化。其次，在那些新兴的和脆弱的民主国家（包括中等收入的东欧国家和欠发展地区国家）中，经济动荡影响了民选政府的垮台而不是民主的解体。最后，在受全球经济衰退的打击之前民主解体就已经发生，其原因可归咎于国内治理不善，而非不利的国际环境。大量实例显示，当民主解体发生时，经济增长的增速依然相当强劲。[②]

鲍什（Carles Boix）、阿塞莫格鲁（Daron Acemoglu）和罗宾逊（James A. Robinson）等人的研究聚焦于民主政体向威权政体退化过程中社会不平等和分配冲突发挥的作用。鲍什假定不平等的程度与民主政体倒退为威权政体的可能性两者之间存在着直接线性关系。他认为，不平等的财富分配提高了民众对于再分配的要求。当再分配的可能性提高时，富裕者对威权的偏好提升，民主的稳定性就会下降。[③] 阿塞莫格鲁和罗宾逊研究了不平等对于民主巩固和稳定的影响。由于反民主的威胁主要来自民主的再分配特性，与权贵利益相违背的再分配行为越显著，权贵越有可能为了自己的利益而发动反民主的政变。较高的不平等会推动民主化，但也会导致民主无法巩固，因为政变将变得更有吸引力。因此，在民主化研究中，基尼系数成为测量民主解体概

① Adam Przeworski, Michael E. Alvarez, Jose Antonio Cheibub and Fernando Limongi, *Democracy and Development: Political Institutions and Well - Being in the World, 1950—1990*, New York: Cambridge University Press, 2000, pp. 113.

② Larry Diamond, "Why Democracies Survive", *Journal of Democracy*, 22 (1), 2011, pp. 17—30.

③ Carles Boix, *Democracy and Redistribution*, New York: Cambridge University Press, 2003, p. 37.

率的一个重要指标。[①] 但是，海格德等人通过对第三波民主化国家的观察发现，分配冲突只是发生在高度不平等的国家中，在发生民主回潮的国家中不到三分之一的案例是由精英和大众之间的分配冲突所导致的。不平等、再分配与民主解体之间不存在明显的因果关系。[②]

在结构变量中，政治制度也是研究者聚焦的话题。宏观制度结构主要集中于行政与立法之间的关系、政党制度、选举制度等对于民主稳定的影响。利普哈特（Arend Lijphart）曾指出制度选择对于民主维持的重要性，认为议会制比总统制、比例代表制比多数票制、联邦制比单一制更有利于民主的稳定。[③] 林茨较早研究了总统制与议会制的优劣。他认为，总统制产生了赢者通吃的选举竞争、行政机构任期的固化、行政与立法之间易出现僵局等不足，容易导致民主的脆弱性，而议会制则是民主稳定更好的选择。[④] 关于总统制不利于民主巩固的说法也得到了一些经验支持。例如，梅尔瓦宁分析指出，自1967 年以来连续 25 年维持稳定民主政权的 31 个国家中，只有 4 个实行总统制，24 个是议会制国家，2 个是半总统制国家，1 个是混合政体。[⑤] 里格斯（Fred. Riggs）等人也针对发展中国家收集了许多支持性数据。[⑥] 不过，一些学者质疑总统制对民主影响关系的脆弱性。鲍尔（T. J. Power）和加西奥罗斯基（M. J. Gasiorowski）在对 56 个转型国家调查后认为，政体类型与民主生存

---

① ［美］达龙·阿塞莫格鲁、詹姆士·罗宾逊：《政治发展的经济分析——专制和民主的经济起源》，上海财经大学出版社 2008 年版，第 35 页。

② Stephan Haggard and Robert R. Kaufman, "Inequality and Regime Change: Democratic Transitions and the Stability of Democratic Rule", *American Political Science Review*, 106 (3), 2012, pp. 495—516.

③ Arend Lijphart, "The Southern European Example of Democratization: Six Lessons for Latin America", *Government and Opposition*, 25 (1), 1990, pp. 68—84.

④ Juan J. Linz, "Presidential or Parlimentary Democracy: Does it Make a Difference?" in Juan J. Linz and A. Valenzuela, eds., *The Failure of Presidential Democracy*, Baltimore, M. D: The Johns Hopkins University Press, 1994, pp. 3—87.

⑤ Scott Mainwaring, "Presidentialism, Multipartism, and Democracy: the Difficult Combination", *Comparative Political Studies*, 26 (2), 1993, pp. 198—228.

⑥ Fred. Riggs, "Fragility of the Third World's Regimes", *International Social Science Journal*, 45 (2), 1993, pp. 199—243.

之间的关系远比人们想象得要弱。[①] 梅尔瓦宁和苏加特（M. S. Shugart）指出，即使实行总统制，还是存在许多不同的具体实践。在拉美，不同国家的总统权力差异巨大，与此相联系的政党制和选举制的差异也较大，这些差异甚至跟总统制与议会制之间的差异一样重要。他们认为，林兹关于总统制的结论是不确切的，总统制运行的结果在现实中往往受到其他变量的影响。[②]

另一个受到关注的制度变量是政党制度。许多研究表明，两党制有利于避免意识形态的极端化，因为两党制设置了一定的门槛将意识形态极端化的政党挡在门外，从而有利于民主的稳定。相比之下，多党制由于代表了不同的阶层、部族、宗教团体、语言团体，这些群体之间的分歧和矛盾不利于民主的稳定。但是，也有学者如利普哈特提出了不同看法，认为在一个存在着众多引起政治冲突的问题的社会中，相比于两党制，多党制更有利于民主稳定，因为这些冲突必须有相当数量的政党来表达，而两党制无法像多党制那样可以容纳众多维度的问题。多党制可以使小党获得代表的机会，可以结成政党联盟进行执政。[③]

一些研究者注意到，在分析民主巩固中政党制度的作用时，不能只注意两党制与多党制的差异，一个国家中政党数量的多少对民主稳定并不会直接产生影响，必须将政党制度与政体形式结合起来观察。梅尔瓦宁认为，多党制与总统制的结合是现实中比较普遍的一种情形。但是，这一结合相比多党议会制或两党总统制更可能导致立法与行政之间的对立，因为总统总是力图确保自己在议会中的多数，但是在议会中自己所在的政党很少占据绝对多数，所以总统在每一个政策问题上被迫建立新的议会联盟，这就容易导致政府不稳定。相比之下，两党制与总统制民主更可能相容，因为意识形态的极端化

① Timothy J. Power and Mark J. Gasiorowski, "Institutional Design and Democratic Consolidation in the Third World", *Comparative Political Studies*, 30 (2), 1997, pp. 123—155.

② Scott Mainwaring and Matthew. S. Shugart, "Juan Linz, Presidentialism and Democracy: A Critical Appraisal", *Comparative Politics*, 29 (4), 1997, pp. 449—471.

③ ［美］阿伦·利普哈特：《民主的模式：36个国家的政府形式和政府绩效》，北京大学出版社2006年版，第54—62页。

在两党制下很少发生。极端化的政党被挡在门外有利于维护政治稳定。此外，总统制与多党制的结合由于政党之间联盟形成的困难而加剧了其脆弱性。议会制的多党联盟与总统制的多党联盟的不同之处在于三个方面：议会制中由政党选择总理和内阁，它们向政府提供支持，而总统制中由总统组阁，议会执政党就不一定支持政府；在总统制中许多拥有内阁成员的政党的议员不一定支持政府；在总统制中政党联盟解体的动机通常更加强烈。①

同时，梅尔瓦宁还分析了选举制度、政党制度与政体之间的关系，通过讨论比例代表制与多数代表制之间不同的作用机制，他指出，不是某种政府形式或选举制度，而是它们特定的结合将产生好的或坏的结果。在比例代表制中的政党分裂并不妨碍民主制度发挥功能，因为这些政党必须进行协商以结成一个政党联盟。但是，他看到了比例代表制与总统制结合的危险。在这一形式下，政党不需要建立稳定的政党联盟，一个分裂的、意识形态多极化的议会直接面对总统领导的政府，这一状况可能导致采取非民主的冲突解决方式，这对于民主稳定而言非常不利。②

鉴于制度作用机制的复杂，有学者总结指出，单独的制度变量不足以解释民主生存，制度对民主生存的影响往往不是直接的，而是根据社会经济表现的差异发挥着不同的中介作用，应当结合各种因素进行综合观察。③

还有研究者从文化的角度来分析民主解体的原因，认为问题不在于反对在任政府，而是缺少对民主实践的支持。在民主化之前，人们指责威权政府主要是因为他们遭遇大量的治理问题，所以民主被看作一种替代。当前，尽管许多政府在形式上是民主的，但它们面临的问题与之前一样糟糕。民主化的最大困难在于如何使大多数公民不要推翻与他们所反对的政府相关的民主制度。大多数人非常关注影响他们生活的政府政策，而很少关心作为一种抽

① Scott Mainwaring, "Presidentialism, Multipartism, and Democracy: the Difficult Combination", *Comparative Political Studies*, 26 (2), 1993, pp. 198—228.

② Ibid.

③ Michael Bernhard, Timothy Nordstrom and Christopher Reenock, "Economic Performance, Institutional Intermediation, and Democratic Survival", *The Journal of Politics*, 63 (3), 2001, pp. 775—803.

象价值的民主。只有当人们看重民主价值本身，而不是将民主政权看作一种变革工具时，民主才得到巩固。①

有研究者将所有影响民主解体或生存的因素归结为四个方面的变量：一是制度变量，涉及总统制与议会制、比例代表制与多数票制、联邦制与单一制等对民主解体的影响。除了宪法的稳定性对于民主稳定具有积极作用外，很难讲哪种制度更容易导致民主解体；二是社会变量，包括社会分裂程度、经济发展状况、是否具有民主的历史等。研究认为，具有较深的社会分裂或平行分裂的国家，比分裂较小或交叉分裂的国家更容易解体，经济水平低、不稳定的经济体更容易导致民主解体，以及具有不民主或混合历史的国家比具有民主历史、文化或公民社会背景的国家更容易解体；三是中介变量，包括政党体系的分裂程度、政党组织的极化程度以及政府稳定状况等。显然，社会中存在着高度分裂的政党体系、大量意识形态极化的政党组织以及不稳定的政府或联盟政府更容易导致民主解体；四是外部变量，即受到严重外来干涉的国家更容易发生民主解体。显然，在这些变量中，没有一个单一变量可以预测民主解体，民主解体是众多变量综合作用的结果。②

在对民主衰落或解体的原因分析中，不管是运用过程方法还是结构方法，绝大多数研究从影响民主运行的外部因素或条件来分析，很少有研究者从民主自身缺陷的角度来反思（尽管国际学术界对西方民主的反思从未停止过）。

当代正统的民主理论认为，选举是政治合法性的主要来源，民主选举就是通过代议形式将选民偏好进行聚集的过程。然而，代议制在刚提出时其民主性就遭到了质疑。卢梭就曾批评代议制导致政治异化，减少了政治过程中人民的直接参与。首先，通过选举代表行使政治权力，意味着个人对政治体系的影响只能是间接的；其次，当主权者创造了政府并委托权力给政府，由

---

① Marina Ottaway, "Democratic Reversals", *Georgetown Journal of International Affairs*, 1 (2), 2000, pp. 113—118.

② Abraham Diskin, Hanna Diskin, and Reuvan Y. Hazan, "Why Democracies Collapse: The Reason for Democratic Failure and Success", *International Political Science Review*, 26 (3), 2005, pp. 291—309.

选举产生的官员来管理社会事务时，选民在政治上就有可能变得消极；再次，当人口和国家的规模扩大，人们就会逐渐失去对法律的控制，行政人员对被统治者施加更具压制性的力量；最后，政府人员更可能是先追求自己的利益，追求自己作为政府成员的利益，最终才是社会的公益。如果政府被背离社会规范的利益所左右，它就会异化于人民，陷入腐败的深渊。① 当代理性选择理论进一步从技术层面予以质疑。理性选择理论所揭示的投票悖论表明，当全体选民进行投票时，虽然依照多数原则产生了一个执政党或执政党联盟来执掌政权，这一过程的民主性却是不充分的。因为政党的纲领包含了一揽子的政策体系，但是，在该政策体系内部，选民可能赞成某些政策却反对其他政策，而选举的结果却将包含着选民意见分歧的某个政党或政党联盟选举上台。民主投票无法真正反映选民的公共利益，大多数选民对投票的结果是不满意的。正如政治学理性选择流派的代表威廉·赖克（William H. Riker）曾指出，民主并非人们实现自治的方法，而仅仅是选民通过投票排除那些无能的领导者的方法而已。②

在当代西方政治生活中，民主日益遭到异化。政党和政客的首要目标不是选民，而是资助其竞选的财阀。政党不再是为了公共利益而致力于国家长远发展的人民代表，而逐渐蜕变为选举机器。为了获得选票，政党或候选人在表面上竭尽全力讨好选民，而一旦获选，对选民的所有许诺就变成一纸空文。吉伦斯（Martin Gilens）和佩奇（Benjamin I. Page）分析了美国 1981—2002 年 1779 项政策议题受影响的情况。研究表明，普通民众对政策的影响极小，甚至根本没有什么影响；富裕阶层则对政策有着极大的、重要的影响，比其他任何受调查者的影响都大；有组织的利益集团也对公共政策有着强大的、积极的影响。③ 在西方国家，激烈的政党纷争使得政府难以有效运作而经

---

① 卢梭：《社会契约论》，商务印书馆 1980 年版，第 123—144 页。

② William H. Riker, *Liberalism against Populism: A Confrontation between the Theory of Democracy and the Theory of Social Choice*, San Francisco: Freeman, 1982, pp. 244—246.

③ Martin Gilens and Benjamin I. Page, "Testing Theories of American Politics: Elites, Interest Groups and Average Citizens", *Perspectives on Politics*, 12 (3), 2014, pp. 564—581.

常性地瘫痪，已经成为一个系统性问题。

根据美国政治学者沃林（Sheldon S. Wolin）的观点，美国的民主正在经历一种逆转过程，退变成一种“逆转性极权主义”（inverted totalitarianism）的治理形式。在这种治理形式下，国家权力与公司权力结盟，构造了一种反民主的趋势。尽管它没有公开压制不同意见或产生极权领导者，但是，如同公司权力逐渐成为市场社会的主要特征，它使得政治权力日益极权化——公民变得消极、冷漠，大众媒体逐渐私有化，民主选举产生的领导者以神圣的法治名义治理国家的同时却可以不经过合法程序来使用监禁手段和酷刑。[①] 在“受管理的民主”（managed democracy）制度下，由于担心恐怖主义威胁以及其他任何危及社会稳定的事情，政治精英习惯地取消或管理民主权利，以确保民主制度的生存。[②] 这种情况同样发生在脆弱的新兴民主国家中，在这些国家中民主实践遭到扭曲的现象更为普遍、严重。

显然，老牌民主国家中这种所谓的选举民主并不是大多数普通民众的民主，而仅仅是少数精英的民主。在时代发展面前，“西方民主的制度和理论落后于实践，观念滞后于发展”[③]。许多新兴民主国家试图以自由主义民主为模板，最终只会导致同样的结局，这或许是全球民主遭遇困境的根本原因。从这个角度来讲，西方民主的衰落甚至全球范围内民主的衰落，或许真的不可避免。

民主衰落研究：一个持久的话题

在今天，民主衰落研究已经成为研究者乃至政治家们集中关注的话题。尽管不少学者对于民主是否真正衰落还存在着争议，但不可否认的是，民主的表现不尽如人意、民主正遭遇前所未有的困难已是不争的事实。

---

① Sheldon S. Wolin, *Democracy Incorporated: Managed Democracy and the Specter of Inverted Totalitarianism*, Princeton, N. J.: Princeton University Press, 2010, pp. 44—46.

② Ibid., p. xii.

③ 陈尧：《西方民主制度的结构性张力将动摇美国社会的根基》，《红旗文稿》2015 年第 22 期。

从研究范式来讲，民主衰落话题并未脱离民主化研究的第二阶段即民主巩固研究的视野，后者的主要内容就是分析影响民主稳定和生存的诸多因素。从研究方法或技术来看，较早时期的研究主要运用比较历史分析和阶级分析的方法①，其后的研究较多建立在质性比较研究的基础上②，近些年的研究则大量使用了博弈方法和量化分析的技术③。此外，许多研究也运用了案例分析方法。不过，案例分析的缺陷在于，它只能解释单个国家或若干国家的民主解体，而难以解释更大范围的民主衰落现象。值得注意的是，民主衰落的原因与民主解体的原因差异很大。民主解体与结构性因素没有直接关系，更多地源于政治行为者对民主制度不满而产生替代性的愿望。民主衰落则是一个长期的过程，其中，结构性因素如经济发展水平、社会结构、制度安排、社会不平等乃至文化因素等具有较强的解释力。

目前的研究丰富了关于民主和民主持续的有利条件或不利条件的分析，但人们对于民主衰落的具体过程和特定行为者的动机了解仍然很少。研究者大体知道哪些因素与民主衰落或民主解体具有一定的相关性，但是无法确切了解导致民主衰落的因果过程。

迄今为止的讨论集中于作为政体性质转变的民主衰落即民主解体，而较少围绕作为民主质量下降的民主衰落。就后者而言，民主衰落主要涉及的是政体民主水平的变化。这就要求首先对民主质量进行细致的界定。民主质量是一个综合的指标体系，尽管研究者基本达成的共识是，民主质量评估至少包括八个维度，即法治、参与、竞争、垂直和水平可问责性、公民自由和政

① James Mahoney, "Knowledge Accumulation in Comparative Historical Research: The Case of Democracy and Authoritarianism", in James Mahoney and Dietrich Rueschemeyer, eds., *Comparative Historical Analysis in the Social Sciences*, Cambridge: Cambridge University Press, 2003, pp. 131—174.

② Benoit Rihoux and Charles C. Ragin, *Configurational Comparative Methods: Qualitative Comparative Analysis (QCA) and Related Techniques*, London: Sage, 2009, pp. 1—18.

③ Daron Acemoglu and James A. Robinson, *Economic Origins of Dictatorship and Democracy*, New York: Cambridge University Press, 2006; Stephan Haggard and Robert R. Kaufman, "Inequality and Regime Change: Democratic Transitions and the Stability of Democratic Rule", *American Political Science Review*, 106 (3), 2012, pp. 495—516; Thomas Brambor and Johannes Lindvall, "Democratic Breakdown in Economic Crises: The Role of Political Ideology", *Working Paper*, 2014.

治自由、政治平等、政府回应性等。[①] 但是，大多数民主质量评估仅仅以民主制度及其运行过程作为主要内容，忽略了制度运行的结果。这也是导致人们曾经对第三波民主化的前景过于乐观的一个重要原因。民主质量的评估是一件复杂的事务，因为往往会出现非民主政权获得的社会、经济发展效果比民主政府更好的情况。因此，评估民主质量应当包括两个方面：一是集中于政体本身，测量民主政体相对于其他政体的民主程度；二是关注社会政治过程及其结果，即政府、公民社会、政治制度的民主过程和表现如何。显然，对民主质量的评估不能简单地从民主制度的存续来判断，而应更多地将民主作为一种治理体系，要重视民主治理的结果。正如普拉特纳指出，评估民主质量的困难在于民主不仅仅是一个目标，还是一种治理形式。无论它必须满足其他怎样的标准，它还必须能够提供人们所期望的福祉，从经济增长、教育到个人及国家的安全。[②]

近年来，在面对日益复杂的治理问题时，西方老牌民主国家显得捉襟见肘、力不从心，频频遭遇政府危机。这使得在西方社会中尽管民主制度看起来未有多大变化，但民主衰落之声不绝于耳。

毋庸置疑，不管是老牌民主国家还是新兴民主国家，都必须解决好自己所面临的治理问题。如果未能促进经济增长，减少社会不平等、有效打击腐败和犯罪、保障自由和法治，民众终将失去对民主制度的信心而可能寻求其他治理形式。通常，民主国家能够生存下去主要有两个原因：一是它属于民主巩固国家，因而民主解体的概率接近于零；二是民主还未得到巩固，但由于一些有利条件而维持下来。一旦有利条件失去，则可能回到威权政权或陷入政治不稳定。[③] 对于前者而言，其面临的主要问题来自经济领域或社会领

① Larry Diamond and Leonardo Morlino, *Assessing the Quality of Democracy*, Baltimore, M. D.: The Johns Hopkins University Press, 2005, pp. ix—xxxi.

② Marc F. Plattner, "The Quality of Democracy: A Skeptical Afterword", *Journal of Democracy*, 15 (4), 2004, p. 107.

③ Milan Svolik, "Authoritarian Reversals and Democratic Consolidation", *American Political Science Review*, 102 (2), 2008, pp. 153—168.

域，而非来自政治制度及其运行后果。经济困难通常不会危及这些国家的民主稳定，正如前述普沃斯基和他的同事所揭示的那样，民主从未在一个富裕的国家中解体。但是，对于那些新兴的、脆弱的民主国家而言，经济危机、社会严重不平等以及腐败猖獗等问题足以促发民主政府向威权政府退化。

当前国际社会众多国家民主发展遭遇困难甚至危机是否意味着自由竞争、法治的民主制度存在着根本性的缺陷，或者缘于自由主义民主模式的缺陷？民主制度的巩固和有效运行是否需要严格的条件？这些问题目前尚无答案。但可以肯定的是，关于民主的争议从未停止过，未来也不会终止。

（原载《江海学刊》2016 年第 2 期）

法学篇

中国行政程序法典化问题探析

杨海坤

一

实现行政法治是建设社会主义法治国家的瓶颈问题，而制定一部统一的行政程序法典则是实现行政法治的重头戏和新的突破口。没有行政程序法，依法行政可能沦为空谈。

20 世纪 80 年代以来，中国行政法以《行政诉讼法》的颁布和实施为标志获得了迅速的发展，进入 20 世纪 90 年代以后，行政法学的一个关注点（热点）就是中国行政程序法典化问题。学者的研究已经推动了立法实践，引起了国家立法部门的重视。

中国加入 WTO 是一件具有历史意义的事件。WTO 涉及的远不仅是市场开放和贸易问题，它的主要约束对象是各成员单位的政府。WTO 协议和规则对行政程序的公开性提出了更严格的要求，中国政府承诺的及时通知义务，及时公布法律、法规和其他具有普遍约束力的司法行政决定义务，设立咨询点义务等等，无一例外都要履行。另外，中国政府还承诺建立贸易政策审查机制，在相关的贸易领域，任何影响利害关系人权益的政府行为必须接受法院的司法审查，违反法定程序的行政行为将被法院撤销等等，无一例外都要履行。一句话，中国各级政府的相关行政行为必将更加严格遵守法定程序。

凡此种种，可以得出这一结论：中国目前迫切需要制定一部统一的行政程序法典。

行政程序法的价值越来越为学术界和实际部门所公认，对此，国内学者已作了相当多的阐发。笔者认为，行政程序法的价值可以简单归结为以下三方面：首先，行政程序法规范、监督行政权的合法行使，体现了法治政府和责任政府的理念，重点在于对政府行为实行有效的事先自我控制；其次，行政程序法提升了行政相对方的法律地位，为行政相对方提供程序权利保障，从而体现人性尊严，追求社会公正，保障行政相对方合法权益，促进行政民主化；最后，行政程序法促使行政权得到合理行使，提高行政效率，使行政权代表的公共利益与行政相对方的个别利益获得“双赢”的积极的效果。制定行政程序法的必要性问题目前已没有太多争论，关键是目前制定该法典的条件、时机是否成熟，有没有可能立即纳入我国立法日程。

笔者认为，参照国际和各地区的经验，对照我国的现实条件，我国制定行政程序法典的时机已趋成熟。

（一）国际和其他地区立法经验可资借鉴

20 世纪是世界各国公法得到显著发展的世纪，特别是第二次世界大战后，宪法与行政法在许多国家得到重视，各国行政法在关注行政权配置和运行的正当性的同时，对行政权运行程序的正当性给予了更多的关注。特别是 20 世纪 90 年代以来，世界范围内出现了新一轮行政程序法典化高潮，如葡萄牙于 1992 年、日本于 1993 年、韩国于 1996 年分别制定了各自的行政程序法典。我国澳门地区于 1994 年颁布了“行政程序法典”，我国台湾地区“行政程序法典”也于 1999 年正式出台。一个值得注意的现象是：在全球涌动的经济全球化、信息化、市场化、民主化世界潮流影响下，各国、各地区行政程序法典化出现了相互交流、相互借鉴的趋势，为尚未立法或立法不完善的国家提供了有益的经验。虽然各国所面临的政治、经济、社会问题不尽相同，各国所积淀的法律文化传统也呈现差异，但各国行政程序法典化则面临着不少共同性问题，例如关于政府信息公开、听取行政相对人意见、行政机关作出行政决定须充分说明理由、给予利益相关人陈述意见机会等行政程序制度已成为各国共识。国际和其他地区的经验对中国（大陆）行政程序法典化起着有益的推动作用，不仅可以使我国行政程序立法减少成本，而且有利于我国有关立法赶上世界潮流。近几年来，中美、中德、中法之间都进行了有关立法经验的交流，大陆和台湾地区行政法学者也多次进行了学术交流，国内已翻译或编印了各国、各地区行政程序法典（或草案）资料，国内学者在消化第一手资料基础上已作了不少比较研究，提出了许多有价值的分析意见。特别是 WTO 协定所体现的行政程序的宗旨、原则、制度对我国制定行政改革和行政程序立法有非常明显的依据和参照作用。①

（二）国内立法条件已趋成熟

现代行政程序法律制度的建立既有赖于立法实践经验的积累，又有赖于科学的法学理论，尤其是有赖于比较成熟的行政法学理论的指导。而这两个条件，我国都已经初步具备。

我国行政法的发展具有起步晚、起点高、发展快的特点。新中国成立以后相当一段时间受“法律虚无主义”影响，尤其是经过十年“文化大革命”的严重摧残，我国行政法建设，特别是程序法制建设完全处于空白状态。党的十一届三中全会揭开了我国法治建设的序幕，改革开放最初十年，国家立法的注意力集中在宪法、刑法、经济法方面，行政程序立法还处于自发发展状态。但随着市场经济、民主政治的逐步健全与发展，我国于 1989 年颁布了《行政诉讼法》，法治建设从此跃上了新的台阶。《行政诉讼法》从司法审查的高度对行政行为的程序提出了严格要求，将程序问题放在与法律根据、事实依据并列的重要地位，确立了行政程序违法导致行政行为无效的原则，标志着我国行政法治建设在指导思想和价值取向方面取得重大突破。在《行政诉讼法》颁布前后，特别是进入 20 世纪 90 年代以后，我国有关行政程序的立法逐步得到加强，尤其是 1996 年颁布并实施的《行政处罚法》是一部非常

① 参见戚建刚《WTO 对我国制定统一行政程序法典的影响》，《法制与社会发展》2001 年第 5 期。

注重行政程序建设的立法。该法第一次确立了行政听证制度，并明确规定不遵守法定程序的行政处罚无效。即将出台的《行政许可法》《行政强制法》等，都把注意力高度集中在行政行为的程序方面，这些突破性进展，都是法制建设实践的产物，同时也是行政法学，尤其是行政程序法学研究成果的体现。

近十年来，我国行政法学无论在介绍、借鉴外国行政程序立法成果、学术研究成果方面，还是在研究中国行政程序立法方面都取得了丰硕的成果。1996 年在厦门召开的“行政程序立法的理论与实践”研讨会上，应松年、马怀德提出了行政程序法最早的“体例结构”①；1997 年章剑生在评析这个体例结构的基础上提出了另一个体例结构②；1999 年杨海坤、黄学贤在《中国行政程序法典化——从比较法角度研究》一书中也提出了一个初步的方案；2000 年皮纯协教授主编的《行政程序法比较研究》提出了第一个具体立法建议，在这个“中华人民共和国行政程序法建议稿”之前还有一个关于这个建议稿若干问题的说明。该建议稿分总则、行政程序参加人、行政行为、抽象行政行为、具体行政行为、法律责任、附则共七章，计七十七条，这是迄今为止第一个具体草案。尽管值得讨论的问题很多，但这是向行政程序法典化迈出的最可喜的一步。可以说，一部中国行政程序法典正呼之欲出。

二

所谓法典化（例如民法、刑法法典化），一般是指将众多散见、杂乱的成文法，予以分门别类，将相同性质的法律规范，经过认真鉴别与整理，有系统地编纂于同一法典之中。而行政法的法典化，因其具有某些特殊性：行政法律规范数量庞大无比，行政法律规范性文件层级太多、形式繁杂，各行政机关职能、运行方式差别太多，变化也快等，要将所有行政法律、法规以及

① 应松年、马怀德：《我国行政程序立法结构》，《行政法学研究》1996 年第 3 期。

② 章剑生：《行政程序法比较研究》，杭州大学出版社 1997 年版，第 77 页。

规章等编纂于统一的法典中，其困难是难以想象的。行政法的法典化主要是指行政程序法典化，但不可能是所有行政程序法典化，也不可能是纯粹的行政程序法典化。无论是大陆法系国家行政法典化还是英美法系国家行政法典化的经验都表明，行政程序法律规范同行政实体法律规范不可能完全剥离，行政程序法典化的最卓越功能可能使它自身成为一国行政法的总则，使该国行政法的基本原则、基本制度、基本程序制度得以确立下来。这样的一部行政程序法典对于各单行法律、法规具有统领作用，对该国行政法的发展能起到正方向的“火车头”式的带动作用。中国行政程序法典化涉及的问题很多，笔者仅就其中几个重要问题发表以下意见和建议。

（一）关于行政程序法的目标模式和价值取向

行政程序法的立法目的直接体现该法典的目标模式和价值取向。据学者讨论，目前世界上行政程序法典的目标模式分为三种：一是权利模式（公正优先，兼顾效率），二是效率模式（效率优先，兼顾公正），三是权利效率并重模式。与此相联系，目前我国国内学者对中国行政程序法目标模式的设想也有三种：一是主张兼顾效率与权利保障，设计一套两者兼顾的平衡机制，以全面发挥行政程序法作用①；二是主张效率为优先，公平为补充，认为行政程序法的核心内容是行政执法行为，必须以一定的效率为保障②；三是主张公正（权利）优先兼顾效率，认为在公正与效率发生矛盾时，一般应做出公正优先于效率的明确安排与选择③。笔者仍然认为：从适应市场经济、民主政治和国际潮流的发展需要出发，行政程序法典应高屋建瓴，大处着眼，以程序公正为本位，确立公正（权利）优先，兼顾效率的模式，理由除已经阐发过

① 姜明安：《我国行政程序立法模式选择》，《中国法学》1993 年第 5 期；王锡锌：《市场经济与行政程序法制度》，《法商研究》1999 年第 5 期。

② 章剑生：《行政程序法比较研究》，杭州大学出版社 1997 年版，第 111 页。

③ 杨海坤、黄学贤：《中国行政程序法典化——从比较法角度研究》，法律出版社 1999 年版，第 90—98、448—452 页；杨海坤：《论我国行政程序法典化》，《学习与探索》1996 年第 3 期；黄学贤：《行政程序法的目标模式及我国的选择》，《苏州大学学报》1997 年第 2 期。

的以外,[①] WTO规则所体现的行政程序宗旨可给我们启迪和借鉴。WTO的宗旨既不是偏重追究行政效率，也不是兼顾提高行政效率和保护公民合法权益，而是要求各成员单位的政府为各自的贸易商服务、赋予各贸易商更多的信息与权利，减少贸易与投资壁垒等等，一句话，注重程序公正与平等，注重保护和增进公民、法人和其他组织的合法权利。[②] 正如一位研究者所言："当代中国需要行政法哲学思维。这对行政法的整体把握与行政法的经验考察一道，构成中国行政法治建设和行政法学发展不可缺的两翼。"[③] 关于行政程序法的立法目的应该是既全面，又突出重点。皮纯协教授主持起草的"中华人民共和国行政程序法建议稿"中总则第一条关于本法的立法目的，作如下表述："为规范行政行为，保障行政机关依法行政，保护行政相对方合法权益，保证行政效率，促进公民参与行政管理活动，依照宪法制定本法"。这一规定有可取之处，但其中保护行政相对方合法权益的价值目标还应进一步突出。

（二）关于行政程序法基本原则

著名法哲学家罗纳德·德沃金说过："我们只有承认法律既包括法律规则，也包括法律原则，才能解释我们对于法律的特别尊敬。"[④] 行政程序法基本原则是行政程序法立法目的最直接、最集中的体现，也是制定行政程序法具体规范、规则的指针。我国澳门回归前于1994年通过的"行政程序法典"，深受葡萄牙行政程序法典的影响，在其总则中专门规定了包括合法性原则、谋求公共利益及保护公民权益原则、平等及适度原则、非官僚化及效率原则等十一项基本原则。我国台湾地区1999年公布的"行政程序法典"也规定了

① 杨海坤、黄学贤:《中国行政程序法典化——从比较法角度研究》，法律出版社1999年版，第90—98、448—452页；杨海坤:《论我国行政程序法典化》，《学习与探索》1996年第3期；黄学贤:《行政程序法的目标模式及我国的选择》，《苏州大学学报》1997年第2期。

② 参见戚建刚《WTO对我国制定统一行政程序法典的影响》，《法制与社会发展》2001年第5期。

③ 查庆九:《当代中国行政法需要哲学思维——评〈行政法哲学〉一书》，《法制日报》2001年9月30日。

④ 罗纳德·德沃金:《认真对待权利》，中国大百科全书出版社1998年版，中文版序言，第18页。

依法行政原则、明确性原则、平等原则、比例原则和诚信原则五项基本原则。这种以具体法律条文直接规定行政程序法基本原则的方式比较适合于我国大陆行政程序法典。但我国大陆行政程序法典总则应规定哪些基本原则以及如何表述，目前还是一个讨论中的问题。近几年学者们的概括经历了一个由简到繁，又由繁到简的过程。笔者认为：从大的方面而言，法治原则（包括程序合法性原则和程序合理性原则，合法性原则又可分解为法律优位原则和法律保留原则等）、民主原则（可以分解为行政公开原则和行政参与原则）、公正原则（表现为平等、不偏不倚原则、比例原则、信赖保护原则）以及效率原则（包括顺序原则等）等基本原则是不可缺少的，它们之间的逻辑关系以及文字表达需要理论界与实际部门反复酝酿，以达到完整、科学、简洁。有青年学者提出，WTO 协定所规定的行政程序基本原则主要是统一原则、公平原则和公开原则，而统一原则则是我们原来比较忽视的，其基本含义与要求是：必须统一协调中央与地方各级政府行使抽象行政行为的权力；需要明确行政行为的成立、有效与无效和可撤销的条件，并统一各类行政行为的基本程序；需要规定对行政执法实行监督、救济和责任机制的条款，防止执法的不统一与歧视性待遇。[①] 此意见值得重视，但统一原则与效率原则之间关系还值得进一步探讨。

（三）关于行政程序法基本制度

行政程序法立法目的、基本原则首先必须通过一系列基本制度来体现，这些基本制度则由法律规范所构成。各国、各地区所确立的基本制度并不相同，考察国际经验，并立足于国内实践，笔者认为中国必须首先建立以下行政程序基本制度：信息公开制度、职权设定与授予制度、职能分工与协作制度、决策制度、调查制度、听证制度、回避制度、禁止单方接触制度、证据制度、说明理由制度、教示制度、时效制度、强制制度、责任制度、救济制

① 参见戚建刚《WTO 对我国制定统一行政程序法典的影响》，《法制与社会发展》2001 年第 5 期。

度等十多项制度。由于篇幅关系，本文不再对上述制度做详细论述，但其中证据制度、时效制度、责任制度目前尚未引起足够的重视，特别是关于违反行政程序法行为的法律责任的规定与追究，则显得至关重要。如果行政法律关系主体，尤其是行政主体出现步骤违法、方式违法、顺序违法、违反时间要求等情况，不能课以法定义务、追究法律责任，那么整个行政程序法就如同建立在沙滩之上。笔者认为：根据多数国家行政程序法的立法经验，明显违反法定程序并给行政相对方造成损害的行政行为应属行政违法行为，有权机关可予以撤销。程序违法明显轻微的，可以要求行政机关在法定期限内以补正方法解决。对违反法定程序的授意行政行为则应兼顾信赖保护原则斟酌是否撤销；对违反法定程序（对公民）的不利行政行为的撤销在特定状况下也要充分兼顾社会公共利益。行政主体违反法定程序所承担的法律责任应是一种成文的、严格的、适当的法律责任，而不应是模糊的、过于苛刻或难以追究的法律责任。所谓严格的，是指必须符合法定的最低限度的程序要求。①

（四）关于行政程序法的调整范围和结构模式

各国行政程序法的探索始于大陆法系国家，最初企图追求统一的行政实体法规范，在屡屡受阻后开始转向追求程序法规范的统一性。“行政程序的相对整齐划一性化解了实体行政行为的繁杂和多样，从而使制定一部统一的，能包容各种行政行为的行政程序法成为可能，并进而通过各国立法者的努力最终成为现实。”② 美国 1946 年联邦行政程序法典是一部比较单纯的行政程序法典，但是，从实际情况，特别是从大陆法系国家行政程序法典来看，行政程序法的调整范围除了行政程序以外，还必然涉及许多行政行为的实体内容，“各国（地区）立法实践有侧重实体和程序之分（尚不见纯粹的程序立法），

① 杨海坤、黄学贤：《中国行政程序法典化——从比较法角度研究》，法律出版社 1999 年版，第 90—98、448—452 页；杨海坤：《论我国行政程序法典化》，《学习与探索》1996 年第 3 期；黄学贤：《行政程序法的目标模式及我国的选择》，《苏州大学学报》1997 年第 2 期。

② 吕尚敏：《行政程序法典的结构选择——对十个国家和地区行政秩序法典的比较分析》，《社会科学》1999 年第 8 期。

但哪种模式的探索也不可能只立实体法或只规范程序，而是两者兼而有之。”[①] 根据中国台湾学者叶俊荣先生的分类，目前各国行政程序法大致可以分为四类：第一种是最完全的法典化，是指行政程序法典内容包容所有行政权行使所涉及的程序事项和实体事项，并作统一的安排；第二种是仅对程序进行完全的法典化，仅将所有行政事项的程序问题统一规定于一部法典；第三种是兼顾实体于程序，但仅就各种事项的共通适用部分纳入行政程序法；第四种是仅对几种重要的行政行为类型规定共适用程序，尽可能不涉及实体问题，这是范围最小的法典化。[②] 我国大陆制定行政程序法典应如何确定其内容，即调整范围，笔者以为：

1. 应采用程序与实体内容兼顾方式，但以规范程序为重点

前已论及，各国早有制定统一的完整的行政法典的尝试。由于行政事项范围广，差别大、变动性强，所以正如叶俊荣教授所称，将所有行政权所涉及的程序事项和实体事项规定于统一法典中，则过于理想，非常困难，但把各类行政行为必须遵循的共通程序要求规定于行政程序中是完全可能的。同时由于实体问题与程序问题时常“粘连”在一起，完全丢开实体问题也不现实，所以我们可以参酌大陆法系某些国家（例如德国、奥地利、西班牙、葡萄牙、荷兰等）立法经验，将行政组织、行政行为、行政救济中涉及的实体内容，适当规定在行政程序法中。

2. 应采用外部行政程序与内部行政程序兼顾方式，但以规范外部行政程序为重点

近十多年来，我国外部行政程序法发展较快（这与《行政诉讼法》《行政处罚法》等法律出台有关），而行政组织法、内部行政法的发展相对比较薄弱。尽管机构改革问题得到重视，但法制建设成果，尤其是行政组织内部职

---

① 朱维究：《行政程序法与行政法法典化——兼论行政法律规范的制定规则》，《法制日报》2001 年 7 月 22 日。

② 参见叶俊荣《转型社会的程序立法》，载《当代公法理论》，台湾月旦出版公司 1993 年版，第 386—389 页。

权授予、管辖权设置、内部行为程序等方面的立法成果较少（最近出台的《行政法规制定程序条例》《规章制定程序条例》以及《法规规章备案条例》可以看到这方面的努力）。如果不加强建设内部行政程序法，不能体现民主与效率，那么外部行政行为及其程序的民主化、高效化必然受阻，甚至可能严重损害行政相对方合法权益。借鉴德国、奥地利、西班牙、葡萄牙、意大利及我国澳门、台湾地区的立法经验，我国立法应适当规定内部行政程序（如职权授予、管辖、执法协助、行政协调、委托、行政会议制度等）。但不可忽视的是，行政程序法典仍以外部行政程序为重点，内部行政程序规定应以关联及服务于外部行政程序为目的。

3. 应对行政救济程序作原则规定和重要补充规定

行政救济可作狭义理解（不包括司法审查）和广义理解（包括司法审查）。行政程序法典可以包括广义的行政救济，例如美国联邦行政程序法典包括司法审查，但不少国家仅将行政复议程序作为行政救济程序整体纳入行政程序法典。由于我国已有独立的《行政复议法》和《行政诉讼法》，所以不必再把行政复议程序、行政诉讼程序整体纳入行政程序法典中。但作为一部最基本、最完整的行政法典，笔者认为应该把包括行政监察、行政听证、行政复议、行政诉讼、行政赔偿等重要制度系统化、原则化、简约化，将它们之间相互关系衔接好，使行政程序法的基本原则统率各行政法制度，同时在重要关系和重要问题上起补漏补缺作用，使整个行政法治系统成为完整的、和谐的系统。从立法成本上考虑这也是十分经济的。

4. 应采用共通行政程序与类别行政程序兼顾方式，但以规范共通行政程序为重点

所谓共通行政程序法是将各种行政行为必须遵守的共同原则概括出来，并加以抽象规定，如西班牙、葡萄牙、奥地利等国行政程序往往分为行政程序开始、审理、裁决、救济等内容。类别行政程序法则是根据各类行政行为不同特点，对其程序分别作出规定，如德国行政程序法将行政行为分为“公法合同”“要式行政行为”“确定规划行为”三种，日本行政程序法则将行政

行为分为“对申请的处分”“不利益处分”“行政指导”三种，各国规定都有所不同。我国行政程序法可以兼顾两者，既需要对其共通的行政程序做出概括，并加以规定，同时又需要对当前十分重要的典型行政行为的特殊程序作出规定，特别是对行政规划、行政决策、行政指导等新型行政行为的程序作出规定。

基于以上考虑，笔者兹提出一个不成熟的结构模式（也可称框架结构）：

（1）行政程序法总则（包括立法目的、适用范围、基本原则及重要概念界定）；

（2）行政主体部分（涉及行政组织法及重要内部行政程序规定，重点对行政组织内部职权设定、职权授予、行政机构相互关系、会议制度、文件处理制度等加以规定）；

（3）行政程序一般（共通）规定（包括当事人、管辖、协助、代理、调查、回避、证据、期间、送达、听取当事人意见、调查、阅览卷宗、说明理由、执行等，重点规定行政主体程序义务与行政相对方程序权利）；

（4）一般行政行为规定（包括行政行为定义，内容，一般要求，行政行为开始、进行、终结，行政行为的撤销、废止、更正、补正，重点对程序违法的行政行为的法律责任加以规定）；

（5）特殊行政行为规定（根据中国国情需要，选择就尚未立法而特别需要规范的行政行为的程序作出规定）；

（6）附则。

（五）关于立法步骤和立法准备

关于行政程序法如何出台，目前学者有两种意见，一种意见是先使各个单行的规范某种行政行为的行政程序的法律、法规出台，以后再考虑如何制定行政程序法问题（甚至有学者主张可以将它们编纂成一个法典，不必另行制定统一行政程序法）；另一种意见则认为在当前制定各个单行的某种行政行为程序的法律、法规的同时，立即着手研究统一行政程序法典的制定工作。笔者主张齐头并进的意见，即在逐个立法的同时，就着手起草统一的行政程序法。

为此，理论工作者和实际工作者应通力合作，至少从以下几方面做充分准备：

1. 从实现社会主义法治的高度认识行政程序法典化的必要性，特别是要使国家立法部门、政府部门高度重视此项工作，避免畏难情绪，知难而上。

2. 加强对行政程序法立法理论的研究，进一步收集各国、各地区立法资料，对各国、各地区立法的经验进一步分析、消化、吸收。

3. 加强调查研究，重视行政执法部门执法经验和教训，重视行政复议案例和行政诉讼案例中有关行政程序合法性、合理性审查的经验。

4. 整理现有行政程序法规范，总结已出台的规范行政行为的立法经验，从单行立法中上升为一般经验和一般规则。

（原载《江海学刊》2002 年第 5 期）

法律职业的形成及其条件

——一种制度史考察

夏锦文

法律职业化与司法现代化问题已成为时下法学界和法律界的热门话题。当代话语中的法律职业指直接从事与法律有关的各种工作的总称，也指称专门从事法律事务的人员及其所构成的法律共同体。法律职业者通常包括法官、检察官、律师、法律顾问、公证人和法学家，其中法官和律师是法律职业共同体的核心。[①] 法律职业需要特殊训练，具有独立的传统与原则，拥有同质的思维方式和推理方式；法律职业之从业者不仅应具备从事法律实务的特定的知识技能与执业经验，还必须具备大学法学教育的经历，具有深厚的法律专门知识功底和高尚的法律伦理素养。[②] 如果按照这种标准界定和考察法律职业的起源，那么，法律职业直至中世纪才初现端倪，直到现代社会才真正形成。倘若将法律职业的界定标准作适当放宽，将那些专门以法律为业的人员的出现作为法律职业的原初发端，那么这个历史的源头我们可以一直追溯到古罗

---

① 参见沈宗灵《比较法研究》，北京大学出版社 1998 年版，第 184 页。关于法律共同体成员的范围，理论界存在两种截然有别的界定。一种观点认为："不管是从事法学教育或研究，抑或从业于法官、检察官或者律师行业，乃至服务于政府部门或社会团体中的法律工作，作为一种职业，其构成了一个'法律从业者社群'，一个'以法律为业'，即以此为谋生手段乃至安身立命的担当的职业共同体。"在这种认识中，警察自然就成为法律共同体的一员，尽管他只站立在这个共同体的边缘地带。参见许章润《以法律为业——关于近代中国语境下的法律公民与法律理性的思考》，《金陵法律评论》2003 年春季卷。另一种观点将法律共同体成员主要列举为律师、法官和法学家。参见强世功《法律共同体宣言》，《中外法学》2001 年第 3 期。

② 笔者认为，在司法现代化的进程中，法律职业化与法学教育密切相关。法律职业化具有以下四方面的基本表征：法律职业的专门化，法律职业的分层化，法律职业的专业化，法律职业家的精英化。详细的相关论述请参见夏锦文《司法现代化进程中的法学教育》，《法学家》2005 年第 6 期；夏锦文《法律职业化：一种怎样的法律职业样式》，《法学家》2006 年第 6 期。

马时代。

法律职业的原初状态：古罗马的法律职业萌芽

从历史向度考察法律职业的形成，我们可以发现，在古罗马时代就出现了法律职业的最初形态。罗马的政治制度历经王政、共和、帝政三个时期，自公元前753年至公元476年，长达千余年之久。不过，古罗马国家及其政治、法律制度的产生并不标志着法律职业的最初形成。在王政时期，罗马城邦的法律渊源主要是古老氏族的习惯和社会通行的各种惯例，直至王政后期罗马国家真正形成时，这些习惯和惯例才逐渐演变成习惯法，因此，此时的罗马城邦还谈不上有什么法律职业。

古罗马国家最初的法律职业出现于共和时期。公元前510年，罗马由王政时代进入共和时代，国家不再由“王”统治，而是由每年由“军伍大会”选出并经元老院批准的两名“执政官”执掌政权，后因国务日重，又增设一些官员分理国政。直至公元前451年《十二表法》的颁行，职业法律家的原初形态才渐渐出现。公元前366年（《十二表法》颁行85年后），通过“军伍大会”选举产生了“裁判官”，即“内事裁判官”。公元前242年，又增设一名“外事裁判官”，他们掌握了罗马国的司法大权。我们认为，“裁判官”是有史以来职业法律家的最初萌芽。“内事裁判官”在罗马市民之间行使司法权，负责处理罗马的民事纠纷，并在事务官的协助下处理刑事案件。“外事裁判官”则负责处理罗马市民与外国人之间以及外国人相互间的纠纷事件。“裁判官”行使的是国家司法大权，不过，这种司法权属于监督司法的性质，即“裁判官”的主要职责是解决上诉于他的种种争执和解释一般的法律，并且“裁判官”还有一项重要的权力——选任“法官”从事证据的调查和案件的判决，选任“法官”数量的多少由“裁判官”根据案件需要而定。因此莫理斯指出：“罗马法的演进大都是这两位官员的功劳。”“他很像古英伦法律中的大法官或‘司法部长’。他是罗马法的一个伟大保管人，是当时法理的一个有力的解释者，而且又是一个操纵整个罗马法律之机构的人物。”①

之所以将“裁判官”界说为职业法律家的最初萌芽，其理由主要在于，首先，“裁判官”虽须经“军伍大会”选举产生，但是并非任何罗马市民均可被推荐或自荐为候选人，根据莫理斯的考察：“那些向罗马‘兵员民会’（即军伍大会）自荐为裁判官的候选人，当然一般是熟悉法律原理的人物，并且又是以高尚的品行和学识而获得人民的信仰。”② 由此可见，“裁判官”具备了作为职业法律家所必须具备的重要条件——法律学识和高尚品行。尤其是法律学识，这种法律学识不只是对法律知识的拥有，更是一种法律语言、法律知识、法律思维和法律技能的综合，具备了这种素养，也才具备了成为职业法律家的必要条件。其次，“裁判官”并非仅仅只是一个法律的宣读者和适用者，他们还是法律的创造者。《十二表法》虽然是罗马的第一部成文法，但是，“该法内容简单，要把其条文运用到具体事实上去还是需要解释的”③。解释法律既是法学家的职业，也是法官（裁判官）职业生涯的重要内容，罗马“裁判官”不但弥补了《十二表法》条文简约的缺陷，甚至成为整个罗马法的创造者。“历任裁判官间彼此的唯一竞争就是怎样使他们的告示比一切前任者所有的更胜一筹。这些出自罗马最能干的法学家之手的告示，经过多时便成为整部的罗马法了……所以罗马法是由历代裁判官的告示从《十二表法》中发展出来的。”④

如果说罗马法的发达得益于“裁判官”的解释和创造，那么，作为原初形态的职业法律家的一个重要阶层，罗马法学家也同样功不可没。公元前27年，奥古斯都（Augustus）成为罗马元首，开始了帝政时代，授予某些有名望的法学家以法律解释权。起初，法学家对法律问题的解释仅仅只是个人意见，法官并没有遵循义务。但是，“由于解答者对法学有较深的造诣，又是出于皇

① 莫理斯：《法律发达史》，王学文译，中国政法大学出版社2003年版，第131页。

② ［美］莫理斯：《法律发达史》，王学文译，中国政法大学出版社2003年版，第133页。

③ 周枏：《罗马法原论》（上册），商务印书馆1994年版，第59页。

④ 莫理斯：《法律发达史》，王学文译，中国政法大学出版社2003年版，第134页。

帝的授权，因而具有较高的权威性，故实际上对其他同类案件也多被引用”①。至哈德良（P. A. Hadrianus）统治时期，则“进一步规定，取得解释权的法学家之间，解答意见一致时，其意见即具有法律效力”②。至此，法学家成了历史上最早的、萌芽中的法律职业阶层的重要成员。从奥古斯都统治到哈德良当政的前后约一个半世纪中，罗马法学家形成了两大派别，一派以拉贝奥（M. Antistius Labeo）为首，主张共和政体，富有创新精神；另一派以卡披托（C. Atistius Capito）为首，属于保守派别，因循守旧，唯命是从。③ 公元426年，东罗马皇帝狄奥多西二世和西罗马皇帝瓦连尼安三世还专门颁布《学说引证法》，罗马五大法学家诞生，他们分别是盖尤斯（Gaius）、帕比尼安（A. Papinianus）、乌尔比安（D. Ulpianus）、保罗（Julius Paulus）、莫德斯蒂努斯（Herennias Modestinus）。由此，五大法学家的学说成为罗马法的一种重要渊源。在法学名家的背后还存在着一个庞大的法学家阶层，他们和权威法学家以及裁判官、法官等一起，共同推进了罗马法的进化和完善。

至此我们可以认为，裁判官（及其选任的法官）和法学家构成了罗马时代萌芽中的法律职业的核心，正如莫理斯所言：“罗马民法是罗马共和国的大法学家所完成的而由各裁判官锻炼出来的。”④ 不过，需要指出的是，罗马时代还没有生成真正意义上的法律职业，裁判官和法学家的事业还只是初具法律职业的性质，是萌生中的法律职业，是后来法律职业得以真正生成和繁荣的源头。

以法律为业：法律职业的制度发端

之所以没有将罗马时代的法律从业者的出现认定为法律职业的真正诞生，其理由在于，在整个罗马时代，从根本上说法律还掌控于统治者手中，裁判

---

① 周枏：《罗马法原论》（上册），商务印书馆1994年版，第59页。
② 何勤华主编：《外国法制史》，法律出版社1997年版，第87页。
③ 参见周枏《罗马法原论》（上册），商务印书馆1994年版，第60页以下。
④ ［美］莫理斯：《法律发达史》，王学文译，中国政法大学出版社2003年版，第135页。

官并不终身以法律为业，他们需经选举产生，且任期短暂，法学家也只有有限的几个是经过皇帝的特别授权其法律解释才具有拘束力的。尤其需要指出的是，罗马时代的法律还没有成为一种卡特尔式的利益共同体，还没有形成一整套法律知识的产出和传授制度，法律人才的培训和法律职业组织的准入制度尚缺乏一种严格而系统的专业评价标准及相应制度，真正意义上的法律共同体还没有形成。

真正的法律职业出现于13世纪末期的英国。即在英国法的早期发展阶段，法律事务主要掌控在僧侣手中，大部分是国王的随从，他们是法律知识的主要拥有者。后来，随着法律知识在教会之外的传播，才逐渐吸收世俗人员进入法律界。由于成员的阶层构成，也由于当时的皇家法院都设在伦敦，因此，一个与政治权力圈交融的法律家阶层逐步形成起来。在英国法学著作中，法律职业一词的含义通常限于律师，因此，从律师角度考察法律职业的形成过程是具有重要意义的。在英国，作为法律职业者典型代表的律师的出现决定于诉讼活动的实际需要。当时，诉讼程序制度已开始日益复杂并日趋严格，法律形式主义开始在诉讼程序中得到体现，这主要表现在以下一些方面：诉讼请求的正式陈述可能又长又复杂，而且必须正确地组织语词并陈述；每一条陈述被告都要逐条反驳，对陈述和反驳内容的真实性需经过检验和证据的证明，并将决定诉讼的结果。因此，选择普通人充任辩护人或自行陈述和辩护已经不能保证胜诉，这就需要一些能言善辩并懂得一些法律知识的人的帮助。但是，这些略懂法律的能言善辩者“还远非真正的律师！我们设想是那些在每个社区为其邻居所了解的人，他们具有必要的清醒头脑和准确的语言表达能力，当诉讼成为一种需要集中精力的事务的时候，他们即变成了以此为职业的人员”，“到13世纪末，在高等法院民事审判庭中，这已经变成了一种封闭性职业。只有那些经过一定方式获得许可的人，即那些御用陈述士可以在那里执业……‘陈述士’一词不再是这些人的职业头衔，他们变成了‘御用状师’，成了所有普通民事诉讼的垄断者”。[①]

14世纪初的英国，即形成和组建了许多由法律实务者构成的法律行会，其中四个至今仍然存在：林肯律师公会、格林律师公会、内殿律师公会、中殿律师公会。这些律师行会由“公会主持”领导，主持人是一些业绩卓著的资深开业律师，他们拥有批准新成员加入的权力，并作为行会的代表，从维护行会成员的利益出发，处理行会与国王、政府的关系，处理行会内部的利益竞争并决定行会成员组织的利益规模。作为职业法律家的典型，律师被分为三种类型——有资格出庭的高级律师（serjeant）、出庭律师（barrister，又译大律师）和负责诉讼准备工作的代理人（attorney）。至15世纪，在衡平法院中开始出现诉状律师（solicitor，又译小律师），从事类似于普通法院中的代理人的工作，但其地位低于代理人。

英国律师的产生及律师地位的获得并非一件十分自然而轻易之事。律师不仅仅取代了非职业的辩护人，而且祛除了教士在法律和诉讼领域的地位和利益。为了实现这一目标，律师和法官形成了职业联盟，联合成立多个法律协会组织，不断占据和垄断法律行业，垄断法官和法学所需要的官员职位，至15、16世纪，律师、法官真正实现了对法律市场的垄断。[②] 对于这种职业状况，波斯纳法官作出了如下总结：“成功的出庭律师与皇家法官（他们先前都是出庭律师）一起构成了一个亲密融洽的、同质化的小共同体。普通法就是这个共同体诸多价值的表现。他们不感到普通法需要系统化，需要成为一部法典，这一点就反映出这个共同体的同质性。共同体成员并不需要一个法典，这就像在英语社会中英国人无须一本语法书来了解如何说话一样。”[③] 律师（以及职业法官）的出现标志着出庭辩护乃至许多重要的诉讼事务不再可以由非职业人员担当，以及教会从法律和诉讼领域的退出。这一局面的出现，既是法律职业的形成标志，也意味着法律理性化进程的原初动力开始催生出

① 密尔松：《普通法的历史基础》，李显冬等译，中国大百科全书出版社1999年版，第35页。
② 参见马克斯·韦伯《经济与社会》（下卷），林荣远译，商务印书馆1997年版，第119页。
③ 波斯纳：《超越法律》，苏力译，中国政法大学出版社2001年版，第55页。

一种新兴的社会共同体，对此，韦伯做出了如下界说：“中世纪时，把‘辩护人’和‘律师’是严格区分开来的，前者渊源于日耳曼部落审判大会的合作社式的诉讼特点，后者则是随着王公的法院采用陪审团程序和记录的证明力和诉讼程序的理性化而出现的。”①

需要指出的是，法律的理性化仅仅只是法律进化的表现形态，它并不能完全被认定为法律职业形成的根本决定性动力，因为法律如何祛魅、法律的理性化如何能够催生法律职业的形成，离开政治的、经济的背景性事件因素是没有可能的。1066 年诺曼征服者进入英格兰以前，这里尽管已经存在一个包括法律和法庭在内的良好的政权体系，威廉一世还是加强了以中央集权为中心要旨的一系列政治举措，在司法方面，将司法权进一步向王权集中，将四分五裂的司法体系统摄于王权之下，尤其是将教会法庭与世俗法庭分离，规定教会法庭只审理涉及宗教事务的案件。1164 年，亨利二世颁布了《克拉灵顿宪章》，规定教士的刑事案件首先应向国王法庭投诉，随着随后一系列法令的颁布和制度的建立，法律最终摆脱了宗教的控制，法律制度逐步成为一项独立的制度，这为法律职业在英国的真正诞生提供了重要条件。

同样在 14 世纪，罗马法传统的法国也开始形成了一个职业法律家集团，他们属于资产阶级阶层，开始在巴黎法院取代教士、男爵及贵族对法律的控制地位，并且一大批实务法律家开始活跃在法律行业舞台，那些出色的实务法律家和法律顾问经巴黎最高法院的提名，经过选举，最后由国王任命为巴黎法院法官。在这一历史阶段，适用于整个法国的普通民法处于形成过程之中，这个过程既是一个罗马法与法国习惯法的融合过程，也是一个职业法律家对法国法律秩序的形成和对普通民法的产生发生重大影响力的过程。这些职业法律家不仅仅只是法学教授，他们还包括法官、实务家、律师、法律鉴定人、行政官等。没有这一职业法律家阶层的作用，绝没有法国民法典的诞生。

---

① 参见马克斯·韦伯《经济与社会》（下卷），林荣远译，商务印书馆 1997 年版，第 118 页。

现代意义上的法律职业化运动

现代意义上的法律职业内涵如何界定？法律职业在现代社会的演化历程又该立足于怎样的视角进行描述和评价？这涉及法律职业现代化运动的叙事学方法论问题，也是一个对现代社会中的法律职业进行价值论评价的标准问题。在此，我们因循韦伯法律理性主义路线，将现代社会中的法律职业纳入法律范式的现代转型之韦伯式进路进行考察，既粗略地描述现代意义上的法律职业化运动的兴起以及现代社会中法律职业化运动的基本历程，也对这一历程所蕴含的理性主义精神做出适当评价。

在韦伯看来，催生现代西方社会形成的精神动力是工具理性，它在国家制度形态上表现为国家管理机关的科层化，在法律上则表现为形式合理性法律的形成。工具理性在管理和核算中的应用是资本主义市场发育中的一个重要因素，因为它不仅促进了资本家的活动，而且促进了现代国家的经济功能；与此同时，现代社会中的科层组织通过全新的理性形式培训官员、评价业绩、给付薪水，为现代资本主义的产生和发展提供了重要条件。[①] 这种内在于西方文化中的特有的理性主义精神及其所滋生的形式合理性法律，极大地推进了现代法律职业的形成和发展，一个具有学识性、独立性、同质性、组织性、规范化和垄断性特征[②]的法律职业共同体开始在诸多社会共同体序列中获得重要地位。

法律形式主义运动对法律职业之发展进化的根本作用路径之一在于现代大学中的法律（法学）教育模式的出现。整个中世纪直至近代早期，传统的法律教育一直表现为一种行会式的以法律知识灌输和经验传授为内涵的法律技能训练模式，而没有赋予法律以科学学科地位，法律教育的内容仅仅限于

---

① 参见尼格尔·多德《社会理论与现代性》，陶传进译，社会科学文献出版社 2002 年版，第 235 页。

② 关于法律职业的六个特征系黄文艺、卢学英的理论归纳，参见黄文艺、卢学英《法律职业的特征解析》，《法制与社会发展》2003 年第 3 期。

实用的法律知识和技能，那种作为法律知识和技能之基础和养分的法理学识、规范准则、价值原则、方法论原理的法学理论一直没有成为法律职业教育的重要组成部分。对此，韦伯将现代法律教育模式与中世纪和近代早期的法律职业教育模式进行了区分和比较。韦伯指出："对于'专业的'法律教学进程、因而也是特殊法律思想的发展来说，有两种截然相反的可能性：由实践家进行的法律经验的教育，即仅仅或者主要在实践中进行，在'经验'的意义上是'手工业式的'；或者，在特别的法律学校和采用合理系统编排进行的法律理论的教育，即在这种纯技术的意义上是'科学的'。""第一种处理办法的相当典型的类型是英国行会式的由律师进行的法律教学。"① 在这种行会式的律师培训学校里，培训课程都是操作性很强的法律实务知识，培训方式是一种实际经验的传授，就像手工行会培训一样，培训内容限于实用的、与纠纷者利益紧密相关的法律规定和诉讼程序知识。这种法律职业教育训练模式漠视法的一般概念、一般理论和基本原理，法律没有能够上升为法学，制约了法律的抽象化发展。对于这种行会式、经验性法律职业训练模式的根本弊病所在，韦伯做出了如下诊断："法律实践和法律教学的纯经验的运作总是仅仅得出从个别到个别，而永远得不出从个别到一般的定理，然后才能从这些定理去演绎单一的因素。"②

经验主义式的法律职业教育的一个重大缺陷在于它严重制约了法律的形式合理性进化。在一定意义上，法律形式主义运动就是法律的形式化、一般化和抽象化，那种从经验到经验、从个别到个别的中世纪行会式法律职业教育必然不再能够合理回应乃至保障现代资本主义社会经济的蓬勃发展。西方法律职业教育模式开始了一次范式性变革——由行会式的法律经验传授向大学中的法律科学教育转型。

在1075年教皇格里高利改革和欧洲早期大学产生之前，西欧国家的法律大都与社会习惯、政治制度、宗教教规并无根本不同，法律并没有形成一种

① 参见马克斯·韦伯《经济与社会》（下卷），林荣远译，商务印书馆1997年版，第118页。
② 同上书，第120页。

独立的系统，成文法极其少见，司法制度还没有得以专门化，少有专门的法学著作，从而法律职业阶层也无法真正形成。法律职业的现代转型首先应该归功于欧洲早期大学对待法律教育的模式选择。近代西方法律制度初步出现于11世纪晚期和12世纪，这恰恰是欧洲最早的一批大学的建立时期，也是这些大学第一次将法律作为一种独特的和系统化的知识体亦即作为一门科学来教授，“其中零散的司法判决、规则以及制定法都被予以客观的研究，并且依据一般原理和真理而加以解释，整个法律制度均是以这些原理和真理为基础的。经受了新的法律科学训练的一代又一代大学毕业生进入正在形成中的宗教和世俗家的法律事务部门和其他官署中担任顾问、法官、律师、行政官、立法起草人”①。正是因为这个学识法律家阶层的形成，大量历史积累下来的法律素材和现实生活中的调整人们行为关系的潜在秩序规则才逐步被提炼为具有结构性和逻辑性的近代法律。“倘若没有有学识的法律专家决定性的参与，不管在什么地方，从来未曾有过某种程度在形式上有所发展的法。”② 随着近代资本主义市场化进程日益深入，通过大学学科式的法学教育不仅仅培养出一个更加庞大的学识法律家阶层，而且通过他们对法律职位的垄断、对法律程序的操控和对法律变革方向的引领，进一步加快了资本主义社会的现代化进程。

英国宗教改革之前，尽管已经出现了一些大学（如牛津大学），但是，大学中的法律教育内容是罗马法和教会法，英国本国的普通法和衡平法并没有直接成为大学法学教育的课程内容。直到1753年，布莱克斯东率先在牛津大学讲授英国普通法，为大学法律教育传授本国法知识开辟了道路。随后，其他一些大学也逐步开始将法学教育重点内容确定为本国法，使得大学在该国法律教育中渐渐获得了突出地位。至19世纪中期，大学法学院开始在英国的法律教育制度中获得了中心地位，一名试图获得法律职业岗位者，其前提条

---

① 伯尔曼：《法律与革命——西方法律传统的形成》，贺卫方等译，中国大百科全书出版社1993年版，第146页。

② 参见马克斯·韦伯《经济与社会》（下卷），林荣远译，商务印书馆1997年版，第117页。

件通常是首先在大学中获得学习经历和学位，然后在律师学院中进行一段时间的职业知识学习和技能训练，才基本具备从事法律职业的条件。据英国比较法学家赞德（M. Zander）研究，在英国，成为一名出庭律师或诉状律师的条件很多，其中两个重要的条件就是获得大学法学学位和在律师学院学习训练，而法官主要是从律师中的优秀者产生的①，可见，大学式的法律教育与行会式的业务培训构成了成为一名法律职业者的必要条件。② 经过漫长的发展历程，当今英国的法律职业形成以下几种职业家类型：（1）法官，包括治安法院法官、郡法院法官、高等法院法官、上诉法院法官、上议院法官；（2）律师，包括出庭律师（大律师）和诉状律师（小律师）；（3）法学家；（4）其他职业法律家。现代以来，一万九千余名治安法官、一百二十余名郡法院法官、约五十名高等法院法官、二十余名上诉法院法官以及数十名上议院法官负责处理着英国这个五千余万人口国家的民事纠纷和刑事审判，50000 名左右的律师代理着各类当事人的诉讼案件和法律服务业务，为这个后现代国家的社会发展和秩序和谐发挥着令外来者称奇的效能。③

19 世纪前半期，美国因循英国传统，法律教育也是一种学徒制。至 19 世纪后期，大学法学院开始担当该国法律教育的主要任务。1870 年，克里斯托福就任哈佛法学院院长，开始法律教育改革，其前提理念就是强调法律是一门科学。这一改革理念意味着职业法律家的受教育环境应该是现代大学，因为作为科学的法学应当与其他科学学科一样被予以对待，学徒制、作坊式的法律职业训练模式应当废除。克里斯托福首创“判例教学法”，强调为了掌握法律的基本原则，必须研究法官的判决，在授课方式上要求以“苏格拉底法”

① 早在亨利三世时期（1216—1272）就有从律师阶层选拔皇家法官的倾向；自 14 世纪开始，虽然没有制定法这样规定，但这种做法已成确定的习惯，并一直保留至今。参见［德］K. 茨威格特、H. 克茨《比较法总论》，潘汉典等译，法律出版社 2003 年版，第 287 页。

② 沈宗灵：《比较法研究》，北京大学出版社 1998 年版，第 310 页。

③ K. 茨威格特、H. 克茨：《比较法总论》，潘汉典等译，法律出版社 2003 年版，第 305 页。

(socratic method)[①] 的问题讨论法替代传统的演绎法系统讲授。[②] 形成这种法律教学内容和方法的重要原因在于美国的法律教育的理念定位是职业教育，进入美国法学院学习法律的学生一般必须已经获得文科或理科学士学位(B. A. 或 B. S.)。在法学院中学习法律，入学者首先需要申请参加全国性的“法学院入学考试”，因此，美国的法律高等教育既类似于研究生教育，又恰恰表现出明显的职业教育特点，足见美国的实用主义哲学之深刻影响。

今天，随着美国社会和文化的日趋复杂化，美国的法律系统的设计必须考虑如何去维护这种社会秩序，美国法律系统的结构膨胀导致了多种法律职业的进化。如果说美国最初的职业法律家主要是指法官和律师，那么今天的状况已经发生了巨变，今日美国的法律职业类型已呈现出一种十分复杂的状况，职业法律家类型至少包括法官（judges)、法院事务官（court clerks)、雇员（employees)、法律业务员（law clerks)、法院行政官（court officers)、律师（lawyers)、兼职法律助手（paralegals/legal assistants)、法律调查官（legal investigators)、法律秘书（legal secretaries)、财务和办事员（general accounting and clerical staffs）等。[③] 另外，在美国还有大量从事法学教学和研究的法学教授和学者，他们活跃在美国法律职业界的大舞台。[④] 在成员阶层的构成上，也日益发生着深刻变化，“男性白人”式的美国法律职业界已渐渐变异，女性、少数族裔日益增加着他们在法律职业共同体中的比例。作为职业法律家的主要构成部分，当下美国的律师数量已达100万以上，他们和法官以及其他职业法律家一起，构成了对美国社会最具影响力的行业之一。

---

① 苏格拉底教学法的主要方式指教授上课时点名学生，要求学生对预先要求预习的案件材料进行事实陈述、拟制法院判决及说明判决理由，然后教授继续追问并予以分析答疑。这种授课方式的关键在于学生必须做好课前预习。参见［美］伯纳姆《英美法导论》，林利芝译，中国政法大学出版社2003年版，第94页。

② 沈宗灵：《比较法研究》，北京大学出版社1998年版，第312—313页。

③ See Beth Walston - Dunham, Introduction to Law, 2004, Delmar learning, p. 112.

④ 据统计，为美国律师协会认可的法学院有179所，另外还有数十所没有为该国律师协会所认可的法学院（主要分布在加州），总数达二百余所。参见［美］伯纳姆《英美法导论》，林利芝译，中国政法大学出版社2003年版，第89页。

结语：法律作为职业的社会历史基础

在学术上，通常将职业法律家群体（法律共同体）的精神要旨抽象为一种由以公众法益维护和服务为宗旨，兼具深厚的学理底蕴和业务技能，奉行职业资格认定制度、职业伦理规范和职业团体章程的成员所构成的自治性团体。[①] 职业法律家并不仅仅将法律作为一种谋生手段，而始终将维护公众法益和实现正义为己任。美国著名法社会学家罗斯科·庞德曾颂扬“从事法律不仅是一种谋生方式，而且也是在‘公共服务’精神下所追求的一种职业。在理想的境界中，法律既是一门艺术，也是一种引以骄傲的行业，一种兼有学问和自由的行业”[②]。在职业法律家的观念中，法律职业也并不仅仅意味着从业者只是熟悉实用法律知识，职业法律家必须将法律作为一门科学学科加以对待，他们必须具备深厚的法学学理素养。[③] 另外，法律职业在传统、制度、服饰、思维方式、行为方式等方面具有明显的独立性，在职业背景、职业意识、思维方式、话语系统等方面显示出高度的同质性，在准入制度、保障制度、惩戒制度等方面形成了一整套规范体系，并具备足够的能力也在实际上垄断了法律行业。[④] 然而需要指出的是，这种对法律职业之一般性质的抽象化归结只是理论家的一种学说范式，并且这种学说范式显然也是现代性精神话语的一种法学兑现和落实，它仅仅只是对当下法律职业之现实的理论概括，甚至只是一个理想、一种信念，尤其在中国这样一个法制现代化进程刚刚起步的国度，法学家更是将法律职业的一般精神作为一个检视现实的标尺，作为制度建设的一个理想。

而在制度现实上，通过以上关于法律职业之历史演化历程的简要梳理，

---

① 季卫东：《法治秩序的建构》，中国政法大学出版社 1999 年版，第 198 页以下。

② 转引自史蒂夫·苏本、玛格瑞特·伍《美国民事诉讼的真谛》，蔡彦敏、徐卉译，法律出版社 2002 年版，第 40 页。

③ 波斯纳：《超越法律》，苏力译，中国政法大学出版社 2001 年版，第 57 页。

④ 关于法律职业的六个特征系黄文艺、卢学英的理论归纳，参见黄文艺、卢学英《法律职业的特征解析》，《法制与社会发展》2003 年第 3 期。

我们不难发现，法律职业这一话语单位在其“所指”上一直发生着断裂。“军伍大会”选举产生的“裁判官”、国王和封建社会的政治权力与法律职业的混同、教会僧侣对法律职业的教职化的掌控、行业协会对法律职业者匠人式训练和对法律行业的垄断、学理和技能兼顾并崇尚规则之治的法律家共同体的形成，对于这样一系列表征法律职业的话语，我们尽管可以采用“法律职业”一词加以统摄，但是我们无法否认，法律职业的历史从来就不是一个古今不变、中外永恒的历史，法律职业的含义不断发生着断裂，它并不连续。福科指出：“不连续性曾是历史学家负责从历史中删掉的零落时间的印迹。而今不连续性却成为了历史分析的基本成分之一。”① 因此，法律职业始终是一个关于社会历史的条件性概念和命运性术语，我们考察法律职业之生成和演化历程的视角始终应从其社会历史条件着眼，始终要关注不同时代和国度中的法律职业所赖以为基础的经济、政治、社会、文化以及法学研究自身的机制等方面的现实条件和现实语境。

需要指出的是，法律职业的生成和存在状况在受制于社会经济、政治、文化等外部环境条件的同时，其演化方向也受自身内在的“秩序—目的”结构机制的驱动。波斯纳就将法律职业视作一个利益共同体，将法律职业的生成和演化与经济行会卡特尔组织的发展变化进行了类比，得出法律职业演化的竞争性商业化趋向，实用主义进路中的法律职业发展将日益颠覆法律职业共同体的同质性，法理学已步入暮年，它不再能够彻底统摄作为职业法律家信条的法律自治性，法律职业面临着为利益驱动所导致的各种分工专业化趋势的肢解，最终法律职业将不再统一，职业法律家不再能够垄断整个法律行业系统。②

另外，通过对法律职业史的初步考订，我们也不难发现，法律职业一直对法律的发展和演化发挥着重要功能，法律职业并不仅仅只是一个知识和利益共同体，它还深刻影响着法律的形成和发展，法律职业自身就构成了法律

① 福科：《知识考古学》，谢强、马月译，生活·读书·新知三联书店1998年版，第9页。
② 波斯纳：《超越法律》，苏力译，中国政法大学出版社2001年版，第39页。

制度系统的一个重要组成部分，法律职业并非一个游离于法律制度以外的、以法律作为谋生手段的利益共同体，法律职业本身就是法律制度的一部分。诚如伯尔曼所言："培训法律专家的法律学术机构与法律制度有着复杂和辩证的关系，因为一方面这种学术描述该种制度，另一方面法律制度通过学术专著、文章和教室里的阐述，变得概念化和系统化并由此得到改造，如果不这样，法律制度将彼此分裂，不能被组织起来。换言之，法律不仅包括法律制度、法律命令和法律判决等，而且还包括法律学者（其中有时包括像法律学者那样一些从事讲述和撰写的立法者、法官和其他官员）对法律制度、法律命令和法律判决所做的阐述。"①

（原载《江海学刊》2008 年第 1 期）

① 伯尔曼：《法律与革命——西方法律传统的形成》，贺卫方等译，中国大百科全书出版社 1993 年版，第 10 页。

公权力主体犯罪：应然的解说与实然的超越

刘艳红

“公权力主体犯罪”之界定

“公权力主体犯罪”是指依照法律法规代表国家行使立法、司法、行政等公共职权的法人或非法人组织，在行使国家职权过程中实施的违反刑法规定的犯罪行为。

公权力主体犯罪的主体是“公权力主体”。公权力主体，即代表国家行使公共管理职权的社会机构或组织。我国刑事立法和刑法理论并未使用过“公权力主体”的概念。我国刑法第 30 条规定：“公司、企业、事业单位、机关、团体实施的危害社会的行为，法律规定为单位犯罪的，应当负刑事责任。”基于刑法总则第 30 条对单位犯罪的规定，刑法分则除了第 387 条单位受贿罪与第 396 条第 1 款私分国有资产罪明确规定主体为“国家机关、国有公司、企业、事业单位、人民团体”，第 2 款私分罚没物品罪规定其主体为“司法机关、行政执法机关”之外，其他法条罪名一律与总则保持一致使用的是“单位”概念。显然，除了第 387、396 条之外，刑法分则其他各法条的“单位”犯罪之“单位”既不限定是否具备法人资格也不限定是否具备公权力，只要是依法成立的“公司、企业、事业单位、机关、团体”都属于刑法中单位犯罪的“单位”。

“公权力主体犯罪”中的“公权力主体”则不同于单位犯罪中的“单

位”，前者的范围要小于后者。“公权力主体”是指依照法律、法规规定代表国家行使职权的国家机关、社会团体或其他组织。国家行政机关一经合法成立便具有行政权能；国家司法机关具有对案件进行裁决或监督的司法权能；军事机关具有防止和应付外来侵略的军事权能；其他团体、公司、企事业单位等社会组织，只有经过有权机关的授权才具有相应权能，取得公权力主体资格。因此，“公权力主体”本身并不只是国家行政机关，它还包括各级权力机关、司法机关、党政机关和军事机关以及其他依照法律法规授权或者接受委托行使公权力的组织，比如《中华人民共和国消费者权益保护法》第32条授予消费者协会对商品和服务的监督、检查并受理消费者的投诉等职权，如果消费者协会在此过程中利用对商品质量的监督权，向伪劣产品的生产销售者提供虚假的质量证明，就属于利用行使国家职权的便利条件实施了生产、销售伪劣产品犯罪。总之，“公权力主体”是根据刑法单位犯罪中的“单位”是否具有代表国家行使权力为标准而将其中具备者单列为一类。

公权力主体犯罪必须是公权力主体在行使国家职权过程中发生的违反刑法规定的行为。公权力主体犯罪的特点，必须是具有公权力的单位在行使国家职权的过程中因为故意或过失发生了违反刑法规定的行为。公权力主体犯罪并不仅仅因为其主体具有代表国家行使职权的资格就被作此命名，而是具有更为重要实质内涵，即在客观上犯罪行为的发生与公权力单位国家职权的行使有着直接关联。比如，海关在进口物品通关时伪造报关单实施走私行为，就是利用了海关负责进出口货物监管检查的权力实施的走私犯罪；作为公用事业企业性质的煤气公司，在其负责管道煤气和集中供热的工程建设及输配经营管理工作时，即属于行使国家行政职权的公权力主体，如其在天然气改造工程中收受投标单位财物发生的受贿犯罪，即为公权力主体犯罪。

实然的解说：公权力主体犯罪之立法肯定

“国家机关能否成为犯罪主体”或者“国家机关能否成为单位犯罪主体”，是目前刑法学界争议的热点和焦点。然而，这一命题本身存在疑问。

同一种罪名，例如走私罪，既可能由公权力单位构成，也可以由非公权力单位如私人企业、合资企业、民营事业单位等构成，因此，采用公权力主体犯罪的提法，可以避免受制于单位性质——是否国家机关——而放眼于某种单位是否代表国家行使公共管理职权，不再囿于从单位性质或形式来探讨某一具体单位如国家机关能否成为犯罪主体。国家机关是公权力主体中的最主要组成部分，但不是其全部；讨论国家机关应否成为犯罪主体，也正是因为国家机关是代表国家进行公共事务的管理和组织活动；如果国家机关能否成为犯罪主体是一个需要探讨的问题，那意味着，与国家机关同样依法行使着国家职权的其他组织能否成为犯罪主体同样需要探讨。狭隘地探讨国家机关能否成为犯罪主体是就事论事的一种体现，从该问题衍生至包括国家机关在内的公权力主体能否成为单位犯罪主体，才是回归问题的本质。

从实然层面分析，刑法第30条的规定表明，公权力主体能否成为犯罪主体的问题早已在立法上得到解决。这一实然层面的问题虽本身极其简单，然而实践中却仍存误解，故应引起重视。被称为“世界司法史奇闻”的新疆乌鲁木齐铁路运输中级人民法院（以下简称乌铁中院）因涉嫌单位受贿罪受审案，引发学界新一轮关于国家机关能否成为犯罪主体讨论。其中，有观点认为，本案关键是能否认定乌铁中院是刑法第387条规定的“国家机关”。[①] 该观点要求有权机关对“国家机关”是否包含法院进行解释，表明论者对我国宪法所规定的国家机构的性质和范围缺乏基本了解，因此，准确理解刑法第30条以及各分则条文单位犯罪的实然规定，在当前情况下仍有重要意义。

应然的超越：公权力主体犯罪主体身份之否定

从应然层面分析，刑法第30条将各种性质的单位一律规定为犯罪主体的做法大有质疑之处。

首先，将公权力主体作为犯罪主体，违背了刑法制裁法人犯罪的性质和

① 石峰：《“逻辑推理”不应比作“刑罚依据”》，《检察风云》2006年第18期。

目的。

法人和法人制度是社会商品经济发展到一定程度的产物。在当今社会经济急速发展、生产扩张的年代，法人作为以获取营利为目的的营利性社会经济组织，在追求利润最大化的过程中越来越多地实施了许多违法行为。“法人生命的价值首先是追求利润，在选择行为模式时，法人通常只会考虑一个问题，即该行为是否会带来利润。即便该行为可能违反法律，法人优先考虑的问题也不会改变——仍然不会离开利润和损失的问题。”[①] 由于法人违法行为的性质主要是违反经济行政法规的行政违法行为，因此，对法人违法行为最早及最主要的法律惩罚手段是损害赔偿等民事制裁。这也是为什么在处罚法人犯罪的国家，对法人的民事制裁（如财产性制裁、停业整顿等）是较之于刑事制裁更为有效的措施。在美国司法实践中，这种倾向也得到了印证。如绝大多数以违反联邦法被起诉的法人犯罪的最终都是被判决民事救济，其中多数被处以惩罚性的民事制裁。[②] 此外，行政制裁也被广泛地使用，如吊销营业执照、罚款、停业整顿等。随着法人违法行为日益严重，英国、法国等各国才陆续开始在刑法判例或者刑法典中承认法人犯罪。但是，也正是因为法人违法行为的经济属性，在刑法领域，长期以来的主要刑罚手段是财产刑性质的罚金刑。此外，在讨论法人是否具有刑法意义上的行为能力和责任能力时，肯定论者总是会从民法上寻找根据，认为既然民法承认法人的行为能力与责任能力，那么，当这种能力发生质的变化并承认其刑事上的可罚性，应该不存在问题。

刑法惩罚法人犯罪，是因为企业经济法人在经济活动领域违法行为日益增多，其目的是为了有效打击法人在实现商业利益的过程中实施的经济行政违法行为，通过刑罚来处罚其为了追逐经济利益而不择手段、造成人身或财产损失的行为。法人犯罪刑事责任能力的理论发展也表明，法人刑事责任的

---

① 李文伟：《法人刑事责任比较研究》，中国检察出版社 2006 年版，第 168 页。

② Parker J. S.，“Criminal Sentencing Policy for Organizations：The Unifying Approach of Optimal Penalties”，*American Criminal L. Rev.*，1989，26，p. 259.

根据与法人的经济主体性密切相关。“各国规定法人犯罪，主要是为了惩治和预防法人在经济活动中的犯罪行为；我国规定单位犯罪亦是基于这一意图。”①

因此，惩罚法人犯罪，确定法人的范围，必须与法人违法行为的性质、刑事责任的根据以及民法、行政法、刑法惩罚法人违法犯罪的目的联系起来，否则，就会在法人犯罪刑事责任范围的确定上失去方向。国家或者地方政府、国家机关等公权力主体，与承担经济目的、参与经济活动的企业等法人存在着性质上的重大区别，前者不是以实现经济利益为目的的经济实体，它们的行为体现的是国家意志，相当于国家行为，即国家立法行为、司法行为和行政行为，它们代表国家利益执行国家公共政策。如果公权力主体在行使公共管理与组织的活动过程中实施了违法犯罪行为，通常只能通过法律补救而不适用法律制裁。这是因为“公法是国家法，统治者的法；因此人们就不能想出反对国家行使的一种公法的直接制裁的方式”，而“国家是握有强制力的主人，不能直接对自己行使强制”。② 因此，对于公权力主体在行使职权过程中违法犯罪行为，可以通过行政救济、民事救济来消除不利后果，而不宜通过刑事制裁，否则，就会违背刑法惩处法人犯罪的目的。而且，如果承认公权力主体可以成为犯罪主体，其刑事责任能力根据也存在问题。从民事责任能力与刑事责任能力之间的关联性寻找企业法人的刑事责任根据，对作为民事活动主体、具有经济活动内容性质的法人而言是容易的，但是，对于国家机关等公权力主体来说，在没有参与民事活动而是行使国家公共职权的情况下，也承认其刑事责任能力，则有悖法人犯罪传统刑事责任的理论根据。

其次，否定公权力主体的犯罪主体身份有利于遏制刑罚制裁的扩张趋势。

刑法是以国家强制力为后盾，针对犯罪行为进行制裁的有力手段。但是，刑法不是制止犯罪的决定性手段。要使犯罪从根本上减少，必须考虑根治犯罪的原因。为此，有必要以人道主义为基础，慎重且谦虚地适用刑罚。换言之，刑法不应该以所有的违法行为、所有的有责行为为当然的处罚对象，而

① 魏健、杨清：《论单位犯罪主体的几个问题》，《河北法学》1998 年第 1 期。

② 狄骥：《宪法论》，钱克强译，商务印书馆 1962 年版，第 504 页。

应该将处罚范围限制在迫不得已的必要限度以内，即刑法是为了维护社会秩序而不得不采取的必要手段。这就是刑法的谦抑思想。刑法的谦抑思想是贯穿现代刑事法领域的基本理念。然而，“现代社会，无论是民主国家层面的社会还是世界社会，都倾向于扩张刑罚。在此涉及的不只是数量上的膨胀，不只是一个‘更多的同一’，而是刑法干预的范围和强度的质量上的变化。在国家的法秩序之中，这种变化一方面表现为在构成要件的领域大量增加危险犯的规定，另一方面表现为在制裁的领域不断倾向于处罚自然人的同时也处罚法人”①。对法人犯罪的扩张趋势，需要人们谨慎对待我国刑法有关单位犯罪的立法。因为在我国，这种扩张处罚的表现尤为突出。刑法第 30 条的规定等于编织了一张“天网恢恢、疏而不漏”的法网而将所有实施了刑法规定的犯罪行为的单位一网打尽，充分体现了我国刑法第 1 条所确立的“惩罚犯罪，保护人民”的刑法目的。为维护社会稳定与国家的长治久安，这一做法并无不妥。然而，在致力于构建民主法治社会的当今时代，过于宽泛的犯罪化规定，无法确保单位活动的空间自由。尤其对于公权力单位主体而言，当所有公权力主体同时也是刑法犯罪主体时，意味着立法、司法、行政等各种国家机关及被授权、委托的公共团体组织的自由都受到了刑罚的威胁；当作为国家权力代表的机关、团体等遭受来自被代表者对其自由权利的剥夺时，其效果是无异于使公权力主体的活力与公权力的正常行使也都受到了限制，最终必然削弱国家权力。而且，不把国家机关等公权力主体作为犯罪主体的根本原因在于，它与政府的合法性基础是相冲突的，会直接削弱政权的合法性。

法治的核心在于限制权力。肯定公权力主体可以成为犯罪主体，实际是运用法律限制权力的一种最后性手段。“法律的限制其实依赖于权力对权力的限制。考察各国历史和现状，在只有法律而没有权力之间相互制约关系的社会中，公共权力基本上是不受限制的。说到底，法律本身并没有多大的强制力量……法律的力量也就是国家权力的力量，只不过，它是另外一种国家权

① 乌尔弗德曼·诺伊曼：《国家刑罚的法哲学问题》，冯军译，载郑永流主编《法哲学与法社会学论丛》（第 3 辑），中国政法大学出版社 2000 年版，第 21 页。

力而已。"[①] 因此，通过惩罚公权力主体犯罪，意味着让一种国家权力即刑罚权惩罚另一种国家权力即行政权、司法权等其他公权力，这种试图以权力制约权力的企图，类似于三权之衡所欲达到的效果。既然如此，不如直接在政治或行政的层面通过其他制度实现权力之间的制约，也许效果更好。这样，反而实现了限制国家刑罚权的刑事法治之精髓。

再次，公权力主体犯罪立法缺乏实践生命也要求否定公权力主体犯罪主体身份。

虽然现行刑法第 30 条肯定了公权力主体等各种单位的刑事责任主体身份，然而，由于政治原因、国家机关等公权力单位在行使国家职权过程中必须相互协作等运行结构原因、社会对公权力犯罪主体的认同原因等，在现行刑法颁布以后，真正被定罪的公权力主体案件极为少见。2000 年 5 月 12 日《重庆经济报》曾报道过"新中国第一起将检察院定罪判刑的案例"，被告是黑龙江省安庆市人民检察院；2006 年 7 月发生了乌铁中院受贿罪的案例。前一个案例曾引起学者对国家机关能否成为单位犯罪主体的质疑[②]；后一个案例，则引起了社会各界的强烈震动，司法界、法学理论界对机关成为犯罪主体的质疑声尤为突出。可以想见，如果司法实践中真正对人民政府、军事机关、人民代表大会、最高人民检察院、公安部等其他更为重要或敏感或级别更高的公权力组织定罪量刑，所引起的震荡绝不会亚于乌铁中院案。在黑龙江省安庆市人民检察院案及乌铁中院案以前，司法实践中并非没有发生过公权力主体犯罪的案件，然而，在司法机关的最终裁决中，都是追究有关直接责任人员的刑事责任，是将这些行为作为自然人犯罪而不是作为单位犯罪处理的。如九江大桥案、凤凰沱江大桥案等一系列垮塌案均是追究自然人而不是公权力单位或者施工建设单位的刑事责任。以国家机关为主要组成部分的公权力主体是国家政权的一部分，用刑法惩治公权力主体犯罪对于国家政权

① 吴玉章：《西方的法治理论》，载郑永流主编《法哲学与法社会学论丛》（第 3 辑），中国政法大学出版社 2000 年版，第 178 页。

② 高艳东：《国家机关犯罪辨析》，《重庆社会科学》2000 年第 5 期。

的维护而言恰恰是反作用力，是破坏而不是维护。公权力主体犯罪在立法上的肯定和司法适用中的实际否定这一矛盾的局面，显然是因为司法机关难以超越国家利益频繁动用刑法打击代表国家利益的公权力主体。此外，难以认定公权力等单位主体的主观故意、单位往往将其犯罪推卸至个别责任人身上而拒不承认等，也是导致包括公权力主体在内的单位犯罪难以认定并最终定罪的重要原因。既然对公权力主体定罪的案件迄今为止非常罕见，这表明刑事立法肯定公权力犯罪主体身份的做法在司法实践中缺乏实际意义；与其在刑法第30条保留公权力主体的犯罪主体资格，莫如修改该条予以废除！否则，这样的立法——徒具法律条文而无法律实践——只会被讥讽为“一张立法的空头支票”。对于刑法分则的单位犯罪罪名，尤其是以公权力主体单位作为主体的罪名，因其定罪困难，也应该考虑废除这些条文，而改为直接按照自然人犯罪主体的罪名定罪量刑。否则，就是法律的虚设和立法资源的浪费。缺乏实践生命的公权力主体犯罪条文最终必然因其事实上的废置而导致从刑法典中的彻底废除。

这样的例子尤以刑法某些只能由公权力主体构成的犯罪为突出。特举两例在此说明。一是私分国有资产罪和私分罚没物品罪，前者的主体是“国家机关、国有公司、企业、事业单位、人民团体”，后者的主体是“司法机关、行政执法机关”，它们是刑法典中少有的只能由公权力主体构成的罪名之一。对这两个罪名，就不如废除，而直接对相关责任人员按照贪污罪处理。由此，不但同样处罚了这类私分国家财产的犯罪行为，而且精简了刑法罪名，最大的好处是，避免了司法实践中在认定这两个罪名时为“国有资产”的界定、单位分支机构是否可成为私分国有资产罪主体等问题争论不休①，有利于大大节省司法成本。另一个是单位受贿罪和单位行贿罪。单位受贿罪的主体是“国家机关、国有公司、企业、事业单位、人民团体”，它也是刑法典中明确

① 常本勇：《刑法中的国有资产不等于国有财产》，《检察日报》2005年4月20日；宋征：《单位分支机构可成为私分国有资产罪主体》，《检察日报》2005年2月25日；喜双庆：《正确区分私分国有资产罪与滥发奖金行为》，《检察日报》2005年1月11日。

规定只能由公权力主体构成的罪名，截至目前该罪名最大的贡献就是为当今法治社会奉献了“世界司法史奇闻”的乌铁中院一案；单位行贿罪虽然不是只能由公权力单位主体构成的犯罪，但是它作为包含公权力主体在内的单位犯罪以及作为单位受贿罪的对合犯，其适用非常之困难。为此，还导致理论和实践中有文章专门探讨如何“提高单位行贿罪的适用率”①。既然这些罪名的适用率很低，与其在提高它们的适用率上大做文章，不如废除这两个罪名，将之统一于第385条受贿罪和第389条行贿罪之下，对于公权力主体中实施此两种犯罪的人只追究有关自然人的刑事责任，对于非公权力主体性质的单位，则可考虑作为犯罪主体。

最后，否定公权力主体犯罪主体身份有利于我国法人犯罪立法融入国际潮流。

当今世界对法人犯罪的态度是：大多数国家还不承认法人犯罪主体的身份，反对将法人违法行为犯罪化；在少数国家刑法典明确承认法人犯罪主体的同时，则鲜有承认国家机关等公权力法人犯罪主体身份的。国际社会对法人犯罪的审慎态度，充分体现了“刑事责任是个人责任”的传统刑法原则，对于有效地控制泛刑化，意义重大。在此国际背景之下，我国刑法将公权力主体在内的各种形式的单位一律作为犯罪主体，与世界各国对法人犯罪的态度相距甚远，造成了单位犯罪处罚范围过大，需要重新检讨。

单位犯罪主体虽然在我国具有法典化的地位，然而，世界大多数国家仍反对将法人作为犯罪主体。在这些国家，仍然适用着“单位不能犯罪”（societas delinpuere non potest）的古老拉丁格言。在欧洲，存在着著名的“欧洲原则”，它是指“至今许多欧洲国家仍然实行的法人不负刑事责任的传统”② 原则。比如，“瑞典不承认法人的犯罪主体身份，对法人不适用刑罚意义上的制裁措施”③；“在意大利刑法制度中，犯罪主体只能是自然人，即只有有生命

① 张铭训：《提高单位行贿罪的适用率》，《检察日报》2007年10月14日。
② 罗结珍译：《法国刑法典》，中国人民公安大学出版社1995年版，序第8页。
③ 陈琴译：《瑞典刑法典》，北京大学出版社2005年版，中译版序第5页。

的人才能成为犯罪主体。因此，在研究犯罪主体时首先就应排除法人和各种集体性的单位”①；在德国，现行刑法不承认法人犯罪，理论上，肯定论者也不多见，且德国刑法判例以对法人科处刑事处罚和德国的社会伦理责任及刑罚观点相冲突为由，对法人犯罪也持否定态度②。

与我国一样在刑法典中明确规定了法人犯罪主体身份的国家并不多见，主要有法国、美国、加拿大、挪威、印度等国。众所周知，各国普遍使用的是“法人”犯罪之术语，我国刑法之所以采用“单位”一词，是为了更好地打击一些非法人组织的违法犯罪行为，因此，我国刑法的单位犯罪，既包括法人犯罪，还包括非法人组织犯罪。在承认法人可以成为犯罪主体的国家，除了个别国家之外，其他国家刑法均没有将国家机关等公权力主体作为犯罪主体，这些国家刑法中“法人”的内涵和外延都有严格的定义或要求。

在欧洲，少数承认法人犯罪的国家基本上都不承认国家机关等公权力主体是犯罪主体。比如，法国是欧洲各国最早承认法人可以构成犯罪的国家。现行《法国刑法典》规定，法人可以成为犯罪主体，“地方行政部门及其联合团体仅对在从事可订立公共事业委托协议的活动中实施的犯罪行为负刑事责任”。芬兰刑法原先拒不承认法人责任，但是 1995 年的一项法律针对某些特殊违法行为规定了法人犯罪的内容。现行《芬兰刑法典》第 9 章专门规定了“法人刑事责任”。该章第 1 条规定，“在公司、基金会或者其他法律实体的业务中实施的犯罪，可以基于公诉人的要求而被判处公司罚金，如果在本法中规定了该种制裁”，“本章的规定不适用于行使公共权力中实施的犯罪”。③

在英美法系国家，英国虽然承认法人犯罪但没有把国家机关作为犯罪主体。美国《模范刑法典》虽然规定了法人犯罪，但指出，“‘法人’不包括执行政府计划的政府机构或者为执行政府计划而由政府机构设置的实体”，显然

① 杜里奥·帕多瓦尼：《意大利刑法学原理》，陈忠林译，中国人民大学出版社 2004 年版，第 85 页。

② 参见黎宏《单位刑事责任论》，清华大学出版社 2001 年版，第 119 页。

③ 肖怡译：《芬兰刑法典》，北京大学出版社 2005 年版，译序第 8 页，正文第 3、33 页。

国家机关等公权力主体也被排除在刑事责任主体之外。《加拿大刑事法典》规定可以追究公司的犯罪，但没有明确它的构成要件。在判例法上，只有当公司的高级官员在执行职务时为公司利益犯罪时，才能构成公司犯罪。从近年来公布的法律草案看，法人犯罪的条件有放宽的趋势，甚至有可能会采取所谓“法人文化说”（Corporate Culture）的主张。但是，“法人犯罪”或“公司犯罪”是有严格含义的法律概念，在适用中不可能将司法机关或政府要害部门纳入定罪判刑的范围。① 因此，在加拿大，“代表国家的中央政府也不可能成为环境犯罪的主体。但地方政府不代表国家，它能否成为环境犯罪的主体值得研究，加拿大刑法规定州政府可以成为刑事被告，由于地方政府有时直接参与从事开发、利用环境的企业活动，因而有可能成为环境犯罪的主体，但在大多数国家，因政府活动的公益性质，使它成为该罪主体很难让人接受”②。

也有极少数类似于我国刑法承认公权力主体犯罪的立法例。例如，挪威、丹麦等国。

总之，在世界范围内，大多数国家并未在刑法中肯定法人犯罪，在实现了法人犯罪法典化的国家中，如同我国刑法承认公权力主体犯罪的国家则屈指可数。我国刑法对单位犯罪的规定固然有国内法人犯罪现实的原因，但西方国家对法人犯罪的态度无疑也值得我国借鉴。在目前这些法治更为发达、法人犯罪立法理论相对完善的西方各国基本都反对将公权力法人主体作为犯罪主体的背景下，思考它们为何不将政府部门或国家机关等作为犯罪主体，对完善我国单位犯罪的立法极有必要。可以说，我国刑法典明确规定单位犯罪，已经在立法上不同于大多数国家法人犯罪否定论的立场；而在此基础上，进一步将所有不同性质的单位包括政府机构等公权力组织一律作为犯罪主体，则明显过于超前，过于脱离当今世界各国法人犯罪的立法实际。如果这种过于超前的立法有利于实现法治国的人权保障精神，那么，超前也许是值得提

① 卞建林等译：《加拿大刑事法典》，中国政法大学出版社 1999 年版，中译本代序第 11 页。

② 付立中：《环境刑法学》，中国方正出版社 2001 年版，第 212 页。

倡的；然而，目前肯定公权力主体等各种单位犯罪主体身份的刑事立法，则明显违背了法治国的人权保障原则，违背了罪刑法定的实体正当原则：将所有单位不加区分地一律作为犯罪主体，其所体现的不是人权保障而是社会保护，不是限制国家刑罚权而是过于随意而广泛地使用国家刑罚权。有鉴于此，为了更好地实现法治国的精神，防止并限制立法者滥用立法权，我国刑法不宜过于广泛地承认单位犯罪主体，应将行使公共权力的国家机关等公权力主体一律排除在外，而不仅仅满足于就事论事地讨论“法院是否可以成为单位犯罪主体”并因此否定法院等个别公权力主体的犯罪主体身份；追究公权力主体刑事责任的最好做法是追究直接责任人员和有关负责人的刑事责任，对公权力主体则以行政制裁为主。此外，对其他可构成犯罪主体的“单位”加以严格解释。世界各国刑法典都会在刑法总则中单设一章或一节对法典中的法律术语做出严格的专属性解释，以免发生歧义；我国刑法典对于“委托”“委派”“诈骗”“伤害”“占有”等总则或分则中的重要关键词，都缺乏专门解释性规定。比如，单位犯罪中的“单位”，概念看似简单，实践认定却极为困难。“单位”是否都应当进行企业登记，或者都应当进行社团登记，或由有关机关批准呢？可以说见仁见智，众说纷纭。显然法律规定不能脱离社会现实，从企业的角度看，有很多未经工商登记的“企业”，还有一些个体户拉几个人就成立了建筑班子，算不算单位呢？再比如，业主委员会是群众自发的组织，算不算单位？一些未经民政部门登记的协会、联谊会、促进会等算不算单位？这些人能否成为上述罪名的主体？对“单位”概念不明确无疑置司法机关于两难的境地，导致司法实践中的混乱。[①] 这些不足都需要在日后的刑法典修订中进一步加以完善。唯此，我国刑法单位犯罪的规定才能融入法人犯罪立法的国际潮流，从而使我国非自然人犯罪主体的制度与理论在刑法科学的比较研究中得到长足发展。

当然，在我国目前政企不分的情况之下，各级公权力机关参与市场经营

① 张玲：《刑法应明确“单位”的概念》，《检察日报》2006 年 11 月 21 日。

的行为广泛存在，但这些活动与行使公共权力的性质并不相同：前者是从事经济活动，后者是从事政府公共管理活动。此时，它们实际上与西方国家的法人犯罪性质相同，在这些公权力主体从事市场行为过程中如果实施了刑法规定的犯罪行为，理应定罪。这说明，如果要对我国刑法单位犯罪立法进行修改，如果要废除公权力主体的刑事责任主体身份，就应该真正实现政企分离，使公权力主体真正成为行使国家公共权力的管理者和组织者。如果我国公权力主体如同西方国家一样只是履行政府职能而不参与市场行为，取消其犯罪主体身份就顺理成章了。

结 论

在公权力主体能否成为犯罪主体的问题上，要兼顾法人犯罪理论中英美法系国家实用主义刑法观与大陆法系国家伦理性刑法观，既要重视公共秩序及福利的维持，反对绝对的单位犯罪否定论；也要重视来源于德国法律传统的责任主义原理，反对广泛地处罚单位犯罪。我们应结合西方国家惩罚法人犯罪的目的，将公权力主体排除在刑法犯罪主体之外，对我国刑法单位犯罪立法进行修订。对于我国刑法学者在探讨国家机关不应成为犯罪主体这一传统问题的过程中展开的种种论述，如惩罚国家机关的性质（国家自己惩罚自己）、国家机关行为的性质（体现的是国家意志和利益）、国家权力的司法豁免、刑罚目的的实现、刑事政策因素、政治因素等各种理由，以往学界已有充分论述，此不重赘。

（原载《江海学刊》2008 年第 2 期）

司法公信力与良性司法

龚廷泰　何　晶

近几年来，司法的公信力问题受到了法学界和司法界的高度关注。一方面，民事诉讼案件呈大幅度增长，越来越多的民众在权益受到侵害时，把法院作为维护自身合法权益的最后一道门槛，他们诉诸法律，求助司法，期盼法院能够给他们一个公正的判决；另一方面，在法院终审判决后一些纠纷却依然不能平息，当事人一方甚至双方都对法院的判决不满，认为判决不公，不断申诉、缠诉、上访，“案结事不了”的现象正顽固地困扰着司法部门和涉案当事人。当下中国，司法公信力不足的原因十分复杂，有不少因素来自司法之外，如司法机关地方化而导致的地方保护主义；司法受到不正常的权力干预；普通民众证据意识不强，对司法程序生疏，导致有理无据或者有据过时，其权利主张得不到法律的支持，从而对司法裁判不予认同等。然而，司法公信力的缺失，除了司法之外的因素，法院以及法官自身的因素也是不可否认的客观事实。本文主要是从司法和司法官自身的视角，就司法公信力的内涵、功能及其与良性司法的关系作一粗浅探析，以求教于法学界和法律界同仁。

一

公信力涵盖了社会公共生活中政治、法律、道德、伦理等领域的内容。公信力既是一种社会系统信任，也是公共权威的真实表达。在现代社会生活中，维护社会公信力固然是每个社会成员的责任，但是那些掌握社会公共资源和权力的社会组织，如党政组织和国家立法机关、行政机关、司法机关等，则是现代公信力的主要承担者。

公信力与社会认同、民众认同有着直接的关联。公信力的危机，说到底是一种民众认同的危机。哈贝马斯在谈论政府公信力危机的原因时指出，履行政府计划的各项任务使失去政治意义的公共领域的结构受到怀疑，从而使民主受到质疑，公共行政在合理性方面缺失，国家机器不可能充分地控制经济系统，用行政手段无法维持或确立必要的合法性规范结构。① 在这种情况下，政府的公信力必然出现危机。

司法公信力是法治建设的重要内容，是司法权威的重要标志，是人民对司法的信任和尊重的心理态度以及人民对司法的认同和信仰的程度。② 司法公信力是司法权良性运行的客观表现。司法权的良性运行意味着，当民众向国家司法机关寻求法律救济时，司法机关能够公正司法，执行有力，司法权能获得足够的权威和民众的充分认同。司法权作为一种判断权，判断的结果即司法裁判如要得到当事人的承认、信服和整个法律共同体的认同、尊重，就必须强调司法权的良性运行。司法权在运行过程中，不得不在满足裁判的自洽性和合理性之间做出艰难的选择。哈贝马斯认为，他所提出的法律运用性论辩最能够满足司法权运作的这种要求。在这种运用性商谈中，正当法律程序的意义凸显出来。这样，一个独立公正的司法制度必不可少，而这种独立公正的司法制度将给整个社会带来一种长期的信用体系，司法公信力本身也将得到极大的提高。③ 人民法院及其生效裁判的公信力是社会公众对司法信任和服从的基础，它也是衡量一个国家法治程度的标尺。司法具有了高度的公信力，公众就会习惯于寻求公力救济；法院的裁判得到普遍的认可，执行就不再是难事，公平正义就能得到实现。

① 参见哈贝马斯《合法化危机》，上海人民出版社 2000 年版，第 64—66 页。

② 参见黄娟《在“应然”与“实然”之间——司法的公信力及司法权运行过程中的“信息失真”》，《湘潭大学社会科学学报》2002 年第 3 期。

③ 参见程春明、泮伟江《现代社会中的司法权——由中国法律实效性问题检讨司法权性质》（上），《中国司法》2005 年第 9 期。

关于司法公信力的内涵，主要表现在：（1）司法公信力的本质特征是民众的社会认同。社会生活中的每一个人都可以对周围事物及现象进行评价，特别是对那些与自身利益相关的东西。民众对司法权的运行进行监督与评价，对法院的公共职责及其执行结果给予是否认同、服从等肯定或否定的评价。民众的这种评价既有法律标准的评价，也有道德标准的评价。这两种评价都是基于社会的正义和道德的良知，其底线是公民的基本权利和基本尊严是否得到司法有效的维护与保障。

（2）司法公信力的内在要求是司法官的严格责任。司法权是人民赋予的一种公权力，因此它必须负担起一种公共责任。司法权关乎公民的生命、自由和财产权的存废，与其他公权力相比，具有特别的重要性。因此司法权的行使者更应审慎地行使自己手中的权力，更要对自己所做出的裁决担负起严格的责任。只有在这种情况下，民众才会对司法做出正面的、肯定性的评价。反之，如果任凭枉法裁判、以权谋私、假公济私等不负责任的现象发展下去，势必会引起当事人及公众的不满，造成紧张甚至对抗，从而削弱司法的公信力。

（3）司法公信力的法价值基础是司法公正。司法公正要求司法官理性、中立、独立、无私地审理案件，不仅符合程序正义，而且尽可能符合实体正义。司法公正不仅存在于正义的司法理念之中，存在于保障以权利义务关系为核心的人们相互关系处于合理状态的司法制度中，而且必须通过司法官公平、公正的司法实践来实现。特别是公正的司法制度及其司法实践作为一个可明显感知的效益系统，其效益程度也就在实际上反映着公众对司法的信任程度，它是检验司法及其公信力的客观指示器。[①]

二

如前所述，司法公信力不高的原因是多方面的，就司法自身而言，目前

① 王翠英：《现代公信力的道德价值》，《光明日报》2005年7月26日。

影响司法公信力的首要因素是司法不公，这几乎是当下中国民众的普遍看法。司法不公的最主要的致因是司法不廉，司法官道德失范。所谓道德失范，“其主旨就不是指生活中言说的道德规范的缺失或无效，而是指作为社会交往的内在关系法则的失缺”①。这里隐含着另一个前提，即存在着某种价值标准和规范体系（如《国家公务员职业道德规范》《法官职业道德规范》等），以及这个价值标准本身合理的自明性，否则，所谓道德失范就无从谈起。② 道德失范反映出在当今市场经济大潮下，一些司法官“良知缺失与良知遮掩”的境况，它是失范不公、司法不廉的主观根源。诚如大法官江必新同志所言，“司法公正是良善司法的核心要素和价值，在良善司法中占据主导或支配地位。司法失去公正就绝无良善可言”，司法公正与廉洁司法存在着正向度的关联，因为“廉洁司法既是公正司法的保障，又是司法所必须具备的品质”。③ 最近几年来，尽管全国法院系统党风廉政建设成效显著，但司法腐败并未彻底根除，法官队伍中的腐败问题依然严峻。“司法的腐败是最大的腐败”，当下，中国的司法腐败虽然不是普遍现象，但也绝不是个别现象。人情案、关系案、金钱案等司法不廉现象确实存在，从一般法官到大法官，法官违法犯罪时有发生。尽管这些腐败现象发生在极少数法官身上，但是其危害却是无法估量的，它极大地损害了司法的公信力。许多错误案件的产生，并不是某些法官对法律条文理解不到位、运用不熟悉，有时恰恰是他们利用自己丰富的专业知识，利用当事人对法律的信任以及对司法程序的陌生，故意徇私舞弊而造成的。个别法官或碍于人情，或通过司法权寻租受贿，知法却不公正判决。这种不公正判决，从根本上动摇了人们对司法的信任和尊重。因此，彻底治理司法腐败已迫在眉睫，唯有如此，才能使司法公信力不足的现状逐渐扭转过来。

遏制司法不廉，人们自然会想到加大法律监督和制裁的力度，也会想到

① 高兆明：《制度公正论——变革时期道德失范研究》，上海文艺出版社 2001 年版，第 17 页。
② 同上书，第 22 页。
③ 江必新：《良善司法的要义》，《光明日报》2008 年 10 月 20 日。

建立高薪养廉的制度，我们认为这些都是必要的。但是，作为法院自身的反腐，倡导良性司法则是必不可少的重要前提。

所谓良性司法，是指让美德成为每一位司法官在裁判活动中最重要的品质，它是司法权良性运行的客观表现。司法官是国家司法权的承担者和实施人，他应当具备的美德或者公正之德，一是指个人的人格正直；二是指人际公道，即平等地对待每一个当事人；三是指通过依法裁判、公正司法来维护社会制度的正义与公平。①

恪守良性司法，让美德成为每一位司法官在审判活动中最重要的品质，可以说是人类孜孜以求的法治理想。在古希腊时期，先哲们把法律与道德紧密地联系在一起，把道德正义或公正看作是法律公正的基础和前提。柏拉图认为人的首要美德是正义，亚里士多德也把正义或公正视为“美德的总体”。这种美德在柏拉图那里即为“智慧、节制、勇敢、正义”四大要素；在亚里士多德那里，则认为是人的一种品格状态。亚里士多德从“中庸”主义的法哲学出发，将美德定义为两极之间的一种适度状态。他认为，道德德性是适度，不及和过度都会毁灭德性。西方社会步入中世纪以后，美德的观念又注入了新的元素。信仰、希望、仁慈这三种美德逐渐取代了古希腊人的“四主德”成为人们推崇的主要德性。进入近代以来，西方思想家摆脱了宗教信仰的框架，从人性的角度来探讨美德。如休谟认为，美德包含了一些对自己和他人有用并令自己和他人感到愉快的品质。密尔从功利主义法哲学观出发，把美德视为追求最大多数人的最大幸福。康德从绝对主义义务论出发，强调义务是道德的中心，而美德的作用在于有利于我们履行义务，因为义务的履行需要勇气和努力，要求意志和自我控制的力量。到了20世纪初，美国哲学家麦金太尔则揭示了美德的多样性，认为功利主义和义务论都过分强调“我

① 我们注意到，最高人民法院副院长江必新大法官提出了与良性司法相近的概念——“良善司法”。他认为，“良善司法”的要义包括公正司法、廉洁司法、廉价司法、和谐司法、人本司法、民主司法、修复性司法和权威司法。其中，公正司法、廉洁司法、廉价司法、和谐司法、人本司法等方面的内容与本文所说的良性司法存在着密切的关联。参见江必新《良善司法的要义》，《光明日报》2008年10月20日。

们应当如何行动”的问题，而忽视了“我们应该成为什么样的人”的问题，并指出所有的美德都是以“实践”为基础的。[①]

综上所述，虽然不同的思想家对司法官的美德观点各异，分析的视角也各不相同，但是归纳起来不外乎两大要素：一是理性，二是良知。司法官的美德要求每一个法官“应当追问理性和良心，从我们最内在的天性中发现正义的根本基础”[②]。因此，我们认为，良性司法应当具有以下特征：

第一，良性司法是一种具有道德精神的司法。道德精神，亦可称之为德性精神或美德精神。尽管我国新时期的道德精神的内涵一时无法完全界定清楚并使之成为广大民众和社会的共识，但是，公平正义、弃恶扬善、明德崇法、道德良知等，应当成为我们这个时代应有的道德精神。只有符合道德精神的司法，才有可能实现良性司法。如果法官违背道德精神，不能恪守自己的职业操守，“吃了原告吃被告”，所做的判决也许看起来是“合法公正”的，可是它违背了作为一个法官的道德良知，也就失去了公正司法的基本要求，这样的“公正”判决，很难获得当事人的信任和道德认同，也就失去了司法的公信力。

第二，良性司法是一种担负起道德责任的司法。法官的司法活动，不仅要经得起法律的检验，而且能够经得起道德良知的拷问。司法活动的全过程都是法官“自由意志”的选择，包括对证据的采信，对法律的适用，无不都是法官的“自由意志”的选择。自由不是“任性”，从一定意义上来说，选择自由也就意味着一定的责任。“人类的处境是一种自由选择的处境”[③]，而人们一旦自由地做出某种选择，那么，他“对自己的选择是负有责任的；在自己承担责任的同时，也使整个人类承担责任”[④]。这种选择自由与责任的统一关系，可以称为一种“选择成本”，它是人们选择某种行为必须付出的代

① 参见蔡蓁编《美德二十讲》，天津人民出版社2008年版，第3—6页。

② 本杰明·卡多佐：《司法过程的性质》，苏力译，商务印书馆1998年版，第45页。

③ 让-保罗·萨特：《存在主义是一种人道主义》，周煦良、汤永宽译，上海译文出版社2005年版，第27页。

④ 同上书，第24—25页。

价。既然如此，法官就必须对自己所选择的行为负责，必须承担起所选择的行为的道德责任和法律后果。只有担负道德责任的司法，才是有公信力的司法。

第三，良性司法是一种“合理、合法、合情”的司法。“理、法、情”在中国传统法律文化中是统一的，广义的法概念，即是“天理”“国法”和“人情”的三位一体。[①] 这种法观念以儒家法律意识形态为基础，以维护封建皇权为依归，是传统的儒家伦理道德观念与国家法律制度不断相互渗透和融合的产物，今天从总体上看，它无疑是一种过时的、落后的法观念，与我们现时代的社会条件、制度性质、法治精神已经不相适应。但是，法文化又具有历史的连续性和继承性，如果我们对其进行创造性转换，赋予这些概念、范畴以新的内涵，它仍然具有重要的现时代价值。就良性司法而言，今天的“理”，就是党领导人民建设有中国特色社会主义伟大事业，就是贯彻落实科学发展观，全面建设小康社会，就是构建和谐社会。我们的司法官必须在司法实践中顺应这样的“理”，这样的“理”，是历史发展之“理”（规律）、人民群众之“理”（目的）。所谓“服务大局”的法理念，合乎这样的“理”。这样的“理”，无疑具有重要的理念价值意义。至于“国法”，作为司法官，用德沃金的话来说，“法院是法律帝国的首都，法官是帝国的王侯”[②]，我们的“每一种判决都是向法律帝国理想所投的一张赞成票”[③]，因此严格依法办案，服从法律，就像军人服从命令一样，乃是一个司法官的天职。至于“人情”，在当代社会，应是“民情”“民意”“民间的善良习俗”。在司法实践中，“提升司法公信力，要求法官不能机械办案，而要更加注重司法的社会效果，在裁判过程中充分考虑到社会公众的一般道德评价标准、法律认知程度和对事物的是非判断的基本准则。善良的民俗习惯凝结着社会大众的普遍性

① 参见范忠信、郑定、詹学农《情理法与中国人——中国传统法律文化探微》，中国人民大学出版社 1992 年版，第 9 页。

② 德沃金：《法律帝国》，李常青译，中国大百科全书出版社 1996 年版，第 361 页。

③ 同上书，第 364 页。

的价值判断准则，体现着社会成员的普遍性的社会经验。将民俗习惯引入司法裁判过程，无疑将有助于提高司法认同度”①。

第四，良性司法是一种具有道德权威的司法。社会权威可以从多种角度进行分类，如果从社会生活领域的不同来进行分类的话，可以分为政治权威②、法律权威、宗教权威、道德权威等。恩格斯在批判无政府主义主张个人无限自由和反对一切权威的错误理论时，曾经说过：“权威，是指把别人的意志强加于我们；另一方面，权威又是以服从为前提的。”③ 恩格斯指出，在任何社会，我们都需要权威。当下中国，需要政治权威，诸如党的权威、政府的权威，也需要法律的权威，否则，社会就会陷入无政府状态。现在的问题是，党的权威、政府的权威、法律的权威（包括司法的权威）为什么受到挑战，或者说它们的公信力为什么受到质疑，一个重要的原因就是这些权威必须以道德权威为基础。因为任何权威本身就意味着某种强制和服从。政治权威、法律权威的形成离不开国家的强制力作后盾。道德权威也有一定的“强制力”，不过这种强制力不是依靠一种外在的强制力，它深植于人的内心、社会的舆论、文化的传承和历史的积淀，它是一种社会强制，一种道德的自律。因此道德权威的影响力比政治权威、法律权威更大，作用力也更加持久。从这个角度来看，一种具有道德权威的司法，必定是一种具有持久公信力的司法。

第五，良性司法是一种具有道德规范性的司法。司法公信力是一种社会系统信任，这种社会系统信任的形成机制是多元的，它是一种制度、规范和德性三维一体的治理模式。一是强化制度的功能，包括司法官任用制度、奖励制度、问责制度、监督制度。强化制度的权威和刚性，是各国首选的、保障良性司法的价值选择。二是细化道德规范，这里主要是指司法伦理规范。要强化并细化对司法官的司法伦理规范的考核，防止流于形式而不注重实效。

---

① 公丕祥：《民俗习惯运用于司法的价值、可能性与限度》，《人民法院报》2007 年 8 月 30 日。

② 在我国，党的权威、人大的权威、政府的权威，可以纳入政治权威的范畴。

③ 《马克思恩格斯选集》第 3 卷，人民出版社 1995 年版，第 224 页。

三是提高司法官的道德品性，促进司法官德性修养的养成，包括认知层面的自觉、情感层面的自愿、行为层面的自然。这是一个长期教化的过程，这种优良品格状态的养成，主要依靠教育和学习。

三

提高司法的公信力既是法院自身的期待，更是广大人民群众的迫切要求。为了实现良性司法，提高司法公信力，必须建立司法公信力的评价系统。

一是评价主体。司法公信力的评价主体是谁？是当事人，法官，领导，还是民众？这是一个重要而备受争议的问题。我们认为，当事人和法官的评价往往带有主观性，领导的评价可能带有一定的客观性，但在涉及地方政府的利益时，就很难保证这种评价的客观性。因此，必须把人民群众作为评价的现实主体。邓小平同志用人民群众“满意不满意”“拥护不拥护”“赞成不赞成”作为评价我国改革开放和党的一切工作的主体标准，这一原则，同样适用于对司法公信力的评价。法治本质上是民主的，良性司法被认为是法院、法官、当事人的合法合理的行为和互动的过程和结果，因此，民众评价实质上就是一种民主评价，其主体“囊括了社会中的每个组织和机构，从家庭到国家”①。这里，包括公民个人、媒体、政党、社会组织、群众团体，都可以是司法公信力的评价主体。

二是司法公开。这里包括立案公开、庭审公开（涉及法律规定不予公开的除外）、审理过程公开、裁判结果公开四个方面。司法公开，是司法民主的题中应有之义。“民主司法是实现人民意志和根本利益的司法，是具有高度透明度或能见度的司法，是公民理性而有序参与司法过程（如陪审、旁听）的司法，是充分尊重当事人选择的司法，是实行多数人决定但又尊重少数人意见的司法，是司法机关及司法人员自觉依法接受理性监督的司法。”司法公开

① 哈斯·曼德、穆罕默德·阿斯夫：《善治：以民主为中心的治理》，国际行动援助中国办公室编译，知识产权出版社 2007 年版，第 14 页。

是提高司法公信力的重要方法和实践。随着法律的普及和公民法律意识、权利意识的提高，民众对司法的关注热情有增无减，对法官（司法精英）的司法过程的知情诉求日益强烈，对司法判决结果的预期性也逐渐明确，这对司法的公开性提出了严峻的挑战。为了实现善良司法，法院与法官越来越有必要推进司法公开，本着“公开是原则，不公开是例外”的原则，把整个司法过程置于阳光之下。这样，就能够为广大民众评价司法公正与否提供必要的前提。

三是评价指标。客观、全面、科学的评价指标体系是评价司法公信力的基础和前提，而目前还没有一个公认的标准可供选择。对此，我们认为，它应当包括两大类子指标：（1）内部评价和外部评价指标体系。内部评价指标包括法院内部的评价、错案率等；外部评价指标包括审判公众的满意度、媒体的评价、法学专家的评价等。（2）法律效果和社会效果指标体系。法律效果指标包括审判的透明度、程序的合法性、适用法律的准确性、判决的公正性、法律秩序的和谐性等；社会效果指标包括判决的合理性、判决的有效性、社会秩序的和谐性（包括符合公序良俗的要求）等。

四是评价机构。评价机构与评价主体相关联，但又有区别。当下中国，还没有一个对司法公信力进行评价的具有公信力的机构，这是一个值得研究和关注的问题。我们设想，能否建立一个类似国家审计机构的“社会审计”机构或社会评议机构，这个机构应当是中立（独立于法院和当事人）的“公民评议团”，其组成人员可以是人大代表、政协委员、法学专家、新闻记者、普通民众代表等人士，其经费可以通过成立基金会的方式筹集。这个机构可以通过媒体、网络、走访、问卷、电话调查等方式，对司法公信力的状况进行评估，并且把评估的结果反馈给司法机关和社会大众。当然，这只是我们的一些设想，要想将其付诸实施，还有许多制度性和操作性的问题需要解决。

总而言之，实行良性司法，提高司法公信力，需要强化司法官的德性养成，在当下中国已经成为共识。关于对人的德性或曰美德的培养，从古希腊的亚里士多德关于城邦、教育与法律对个体德性形成的意义，到康德的法律

“他律”与“道德律”“自律”理论、黑格尔的社会教化思想、中国儒家的“修身养性”学说，从欧洲启蒙思想家的“环境决定论”，到东方中国儒学的“教育修养说”等，这些宝贵的思想理论资源，对于我们加强司法官的德性养成，促进良性司法，提高司法公信力，无不具有重要的借鉴价值。在这里，司法官的“德性养成是在特定存在环境条件下的自我主动精神提升过程，社会善美环境与个体的自觉理性批判均不可或缺”[①]。因此，提高司法公信力是一个庞大的社会系统工程，它几乎涉及社会政治、经济、文化生活的方方面面，既有制度层面的障碍需要解决，也有观念层面的误区需要冲破，还有实践层面的问题需要探索。但不管如何，这些问题必须解决，我们也相信这些问题最终能被解决，任何悲观的观点，无动于衷的态度，都是错误的。

（原载《江海学刊》2009 年第 2 期）

① 高兆明：《制度公正论——变革时期道德失范研究》，上海文艺出版社 2001 年版，第 163 页。

强化民事第一审程序：原理、路径与方法

李　浩

问题的提出

近年来，民事案件的上诉率在持续增长，当事人不服一审法院判决、裁定提起上诉的案件不断增加。

表 1　　　　　2002—2008 年全国法院一审民事案件的上诉率①

年份	一审判决和驳回起诉数（件）	二审受理案件数（件）	上诉率
2002	1962501	361697	18.43%
2003	1934869	371323	19.19%
2004	1815271	378631	20.86%

① 一审判决和驳回起诉数、二审受理案件数的数据来自 2003 年至 2009 年《最高人民法院公报》刊载的全国法院司法统计公报（2002 年以前的《公报》未刊载司法统计数据）。《公报》将一审案件的处理情况分为五类：判决、裁定、调解、移送、其他，其中适用裁定的案件又分为驳回起诉、撤诉、终结三种。依据民事诉讼法第 140 条的规定，允许上诉的裁定包括不予受理、对管辖权有异议、驳回起诉三种情形，所以本文统计上诉率，是把一审的判决数与驳回起诉数相加，用二审受理案件数除以一审判决数与驳回起诉数之和得出的比率。鉴于《公报》并未提供针对管辖权异议的上诉案件数，并且也未说明驳回起诉数中是否也包括了不予受理的情形，因此本文得出的上诉率只是大致准确的数据。

续　表

年份	一审判决和驳回起诉数（件）	二审受理案件数（件）	上诉率
2005	1787485	394629	22.08%
2006	1795565	409295	22.79%
2007	1868206	425654	22.78%
2008	2025427	525282	25.93%

尽管影响当事人上诉的因素相当之多，上诉的成本、二审法院的改判率等都会影响到当事人的上诉决定，但是无论何种因素对当事人上诉起到了实际作用，上诉总是表明了当事人对一审法院做出的裁判有意见，不服一审法院对事实的认定或法律的适用。2008 年与 2002 年相比，上诉率提升了 7.5 个百分点，至少是从一定程度上说明了一审裁判在解决纠纷的功能上有所弱化，因而需要对第一审程序做出某些改进，通过充实一审法院的审理活动，来提升法院裁判的品质。

强化民事第一审程序的法理依据

（一）第一审程序是整个审判程序的基础

民事诉讼有的国家实行三审终审，有的国家实行两审终审，但无论实行的是哪一种审级制度，第一审程序总是存在的。

诉讼是一个逐步发展的具有连续性的过程，各程序之间既具有相对的独立性，又具有整体性。在整个诉讼程序中，第一审处在基础地位，第二审、第三审程序（如果有的话）、审判监督程序都是在第一审的基础上发生的。第一审程序的适用具有以下两个特点：

1. 适用第一审程序的案件数量最多

由于任何民事纠纷只要进入诉讼总是首先进行第一审程序，并且通过第一审只要是解决了纠纷，无论是当事人在第一审中达成了和解或调解协议，还是原告撤回了诉讼或被告承认了诉讼请求，或者是当事人服从法院的第一审裁判，第二审程序及其他诉讼程序就不再发生，所以在各国的诉讼案件中，适用第一审程序审理的民事案件数量最多。我国的情况也是如此，近七年来，我国法院适用第一审程序和适用第二审程序审理的民事案件数见表2。

表2　2002—2008年全国法院审结第一审、第二审民事案件数①

年份	一审案件数（件）	二审案件数（件）	一审案件数与二审案件数之比（倍）
2002	4393306	357821	12.28
2003	4416168	370770	11.91
2004	4303744	377052	11.41
2005	4360184	392191	11.11
2006	4382407	406381	10.78
2007	4682737	422041	11.10
2008	5381185	517873	10.39

2. 第一审为事实认定奠定了基础

现代诉讼需“以事实为根据、以法律为准绳”。在事实与法律的关系上，虽然法官的目光要在事实与法律之间往返流转，虽然事实的准确认定和法律的正确适用同样重要，但法官在诉讼中第一位的工作仍然是确定案件的基本事实。只有在初步确定事实的基础上，才有可能开始找法的工作。另外，在民事诉讼中，尽管从理论上说当事人的争议既可能发生在事实方面，又可能

① 数据来自2003年至2009年《最高人民法院公报》刊载的《全国法院司法统计公报》。

存在于法律方面，但从审判实务看，大量的争议存在于事实方面。当事人对案件事实全无争议，仅对事实的法律性质、对事实应当适用什么样的法律、对如何理解法律条文的规定存在意见分歧而到法院诉讼的，虽然不能说没有，但毕竟只是少数甚至个别现象。

由于以上原因，法官在第一审中，大量的时间会用在对案件事实的调查上，真正用于解决法律上争点的时间并不多。陈荣宗先生在谈到台湾审判实务时曾说："我们办过实务的有个经验，花在调查、整理事实上的真实之问题上的时间，占着几乎是所有诉讼时间的百分之九十以上，真正为了一个法律上的争点来拖延、占用诉讼时间，终究还是少数。"①

第二审则不同，一般而言，第二审的审理范围要比第一审小，因为法官不必对案件进行全面审理，而只需在当事人不服一审裁判的范围内进行审理，只需对当事人的上诉请求和上诉理由进行审理。我国的第二审程序，虽然也要对不服一审事实认定的上诉进行审理②，但二审中对事实的判断大多建立在一审中已有的证据资料的基础上③。即便是二审中当事人提出了新的证据资料，或者法院在二审中调查收集了新的证据资料，与一审中当事人提交和法院收集的证据资料相比，也只是占少数。

（二）强化第一审有利于从实质上保障当事人的诉讼权利

诉讼程序是关于各诉讼主体实施诉讼行为的方式、步骤和顺序的规则，现实的诉讼程序是由当事人及其他诉讼参与人、法官实施的各个诉讼行为累加而成的；诉讼中的裁判结果来源于程序，来源于诉讼过程中诉讼主体的行

---

① 邱联恭：《民事诉讼审理方式之检讨》，载台湾民事诉讼法研究会编《民事诉讼法之研讨》（一），第363页。

② 我国的第二审，既审查一审事实认定问题，又审查一审法律适用问题，所以第二审也是事实审。

③ 我国民事诉讼法对第二审程序规定了开庭审理和径行裁判两种审理方式，后一种审理方式主要适用于原判决认定事实清楚的案件。我国法院原来审理二审案件，一般均采用径行裁判这种方式，很少开庭审理。现在开庭审理的虽然多起来，但仍有一些法院大部分二审案件仍然采用不开庭的径行裁判的方式。这从一个侧面反映二审法院认为一审已经对事实做了调查，二审不必再通过开庭进行事实调查了。

为，尤其是当事人和法官的行为。法官诉讼行为中最重要的可以说是裁判行为，正是通过法院的裁判，当事人之间的民事纠纷得以解决。不过，裁判尽管是由法官做出的，但法官赖以作出裁判的事实依据却来自当事人，正是当事人在诉讼中的主张、抗辩、举证、质证、辩论使得法官得以做出事实方面的认定。既然法官是根据当事人提供的材料、根据当事人在诉讼过程中实施的一系列行为做出裁判的，当事人能否被赋予充分的诉讼权利、其诉讼权利能否充分行使就至关重要了。当事人在诉讼中能否充分地行使其诉讼权利，既是判断程序是否公正的一个重要指标，也是确定裁判结果是否具有正当性、可接受性的标准。

当事人行使诉讼权利的问题，固然在第一审程序和第二审程序中都存在，但相比之下，在第一审程序中这一问题显得更为显著和突出。在第一审程序中，无论法院是适用普通程序还是简易程序，都要开庭进行审理，从而使当事人有机会出庭参加诉讼，通过主张、申请、陈述、辩驳、异议、举证、质证、辩论等方式行使其诉讼权利。第二审则不同，由于法律为第二审程序规定了开庭审理和询问当事人后径行判决的两种审理形式，而法院对一部分案件会选择径行判决的做法，所以在那些径行裁判的上诉案件中，当事人其实是没有多少机会来行使他们的诉讼权利的。

所以，保障当事人诉讼权利的问题，在第一审程序中显得更为重要，更具有现实性。强化第一审，就是要在第一审中为当事人实现诉讼权利提供充分的机会，创造必要的条件，因而强化程序保障要从第一审做起，强化第一审有利于加强对当事人的程序保障。

（三）强化第一审有利于从整体上提高审判的质量

审判是法院的基本职能和主要工作，无论是构建公正、高效、权威的社会主义司法制度，还是践行司法为民，都离不开审判活动。案件的审判质量愈高，法院的裁判就愈公正、愈有权威，司法为民众提供服务的品质就愈高。所以，提高审判工作的质量，始终是法院改革的第一位目标，而强化第一审，则是实现这一目标的重要方法和途径。审判质量的提高当然是指整个审判程序质量的提高，包括第一审、第二审和审判监督程序质量的提高，但由于第一审程序在整个诉讼程序中的基础性地位，第一审程序品质的提高无疑会对整个诉讼程序质量的提高起到至关重要的作用。

（四）强化第一审有利于提高诉讼的效率

效率不仅是经济学家需要考虑的问题，也是法学家需要考虑的问题，如何提高诉讼程序的效率，是设计和运作诉讼程序必须考虑的问题之一。法律程序的设计和运作应当遵循“经济成本原则：我们应当使法律程序的经济成本最小化”①。诉讼程序是一个整体，诉讼程序的效率是否高，既取决于每一个程序自身的效率，又有赖于各程序之间的协调与配合。尽管如此，第一审程序的基础地位，决定了它在整个诉讼程序中的特殊重要性，提高第一审程序的效率，会对整个诉讼效率的提高，起到非常关键的作用。

提高第一审程序的品质，大量的民事纠纷就会通过第一审程序得到有效的解决，且不说相当一部分纠纷能够通过第一审中的调解得到解决，即便是那些不得不以判决方式解决的纠纷，败诉的一方也会因为服判而放弃上诉。当事人不提起上诉的案件，一般而言，申请再审的可能性也比较小。②

总之，第一审的质量越高，因其后续程序发生的可能性就越小。诚如邱联恭先生所言：“事实审功能的极致，就是使上诉审成为不必要，甚至废除上诉审。……三审制的设立，并非绝对必然的要求，更不是永远不变的真理。假使下级审（事实审）越近发挥其功能，则上级审的需要程度也将相对降低，而越想要限制上级审的上诉的话，则越必须先充实好下级审的制度内容，以充分发挥其功能。”③

---

① 贝勒斯：《法律的原则——一个规范的分析》，张文显等译，中国大百科全书出版社1996年版，第26页。

② 我国民事诉讼法对再审未实行补充性原则，对未提起上诉的案件，仍然允许当事人申请再审，所以当事人不上诉而直接申请再审的可能性是存在的。但由于再审程序启动的条件要比上诉严格得多，所以当事人不服一审判决一般不会选择等到判决生效后再来申请再审。

③ 邱联恭：《民事诉讼审理方式之检讨》，载台湾民事诉讼法研究会编《民事诉讼法之研讨》（一），第354页。

强化民事第一审程序的基本路径

法院和当事人是民事诉讼活动最基本的主体，没有其他人的参与，往往并不影响诉讼的进行，但我们既无法想象没有法官参与的诉讼，也无法想象没有原告或被告参与的诉讼。所以，强化第一审程序，就需要从这两个诉讼主体入手进行分析，通过改进与法官和当事人的诉讼行为相关的程序，使他们的诉讼行为进一步合理化来实施。

纠纷一旦纳入诉讼，就进入了一个相对封闭的程序空间，法官和当事人的行为，都需要遵循相应的程序规则，都要在程序规则的指引和约束下实施诉讼行为。因此，程序规则在诉讼中极其重要，无论是提高审判的质量，还是提高审判的效率，都离不开对程序规则的检讨与改进。强化第一审程序也一样，需要按照最大限度地发挥第一审程序的功能的思路来检视我国现行民事第一审程序的设置，需要找出那些不利于发挥第一审程序作用的程序规则，对这样的程序规则进行改造甚至重新设计。

法官在诉讼中不仅是案件的裁判者，而且也是程序的管理者，因而第一审程序能否富有效率地进行，能否把纠纷解决在第一审，与法官有相当大的关系。法官能否促使当事人在第一审中将应当提出的请求与抗辩、支持其请求与抗辩的证据资料尽数提出，能否切实保障当事人在第一审程序中充分行使诉讼权利，能否对案件进行充分的审理，可以说在相当程度上决定了第一审程序的品质。

强化第一审程序，还需要当事人积极、合理地实施诉讼行为。在民事诉讼中，法院是针对当事人的请求做出裁判的，法院作出裁判所依据的资料又主要来自当事人，所以，从当事人的角度看，强化第一审程序的关键，一方面在于法院为当事人行使诉讼权利提供更为充分的程序保障；另一方面在于通过进行阐明、指定期间等方式，督促当事人适时提出请求、抗辩及证据资料。

强化民事第一审程序的具体措施

（一）将提供证据资料的截止期改为法庭辩论终结前

我国实行两审终审制，法院在第一审和第二审中都要审查事实问题，但尽管如此，就对事实的审理而言，第一审显然发挥着更为重要的作用。一方面，第一审是对案件的初次审理，离案件发生的时间最近，这使得一审法院有可能获得更为准确的诉讼资料和证据资料；另一方面，第一审若是对有争议的案件事实进行了全面而细致的审理，当事人不服事实认定的可能性就会减少，即便当事人不服事实认定提起上诉，也会为二审法院对事实的审查打下良好的基础。

民事诉讼中的审判对象是由当事人决定的，法官只是针对当事人提出的请求与抗辩、当事人主张的事实进行审理。因此，一审法院能否对事实做出全面而准确的认定，主要取决于当事人在诉讼中能否对事实做出完整的陈述，能否向法院主张那些对解决争议有重要意义的事实，能否将具有证明价值的证据资料提交给法院。

由于诉讼证明的复杂性和动态性，当事人的证据资料往往不是在诉讼开始时就能够一次全部提出并且在此后的诉讼进程中固定不变，随着诉讼的向前推进，会出现需要增补证据的种种情形。例如，在对方当事人提供相反证据之后，负有证明责任的一方当事人可能会发现原来提交的本证的证明力被削弱，需要追加证据；质证后也可能发生同样的情形，提交证据之初，当事人认为证据的证明力很强，经过质证后，才知道原来的判断有误，才发现需要补充证据来增强证据的证明力。

依据民事诉讼法的规定，当事人在第一审的法庭辩论终结前都可以向法院提出新的证据资料。2001 年 12 月颁布的《关于民事诉讼证据的若干规定》（以下称《证据规定》）设立了举证时限制度，当事人提交证据资料的时间从原来的第一审的法庭辩论终结前提前到第一审开庭审理前。这就在相当程度上缩短了当事人提交证据资料的时间，不利于充分发挥第一审的作用。

《证据规定》虽然规定了“新的证据”，试图通过“新的证据”这一装置为那些虽然是在举证期限届满后提出但对证明案件事实有重要作用的证据开辟一条进入诉讼的通道，但由于原先将当事人因过失未能在举证期限内提交的证据通通排除出新的证据的范围，所以实行举证期限和证据失权的结果仍然导致了实体公正与诉讼效率之间的严重冲突。为了缓和这一冲突，最高法院已通过新的司法解释拓展了新证据的范围，把因一般过失未能在举证期限内提交的具有重要证明作用的证据也归入了新证据。[①] 放宽新证据的标准、拓展新证据的范围，已在相当程度上挪动了当事人提交证据资料的截止期，使之回到原先的第一审法庭辩论终结前。

（二）允许在法庭辩论终结前变更诉讼请求和提起反诉

变更诉讼请求和提起反诉是民事诉讼法赋予当事人的诉讼权利。

对当事人变更诉讼请求和提起反诉的时间，民事诉讼法并未做出具体规定，但根据最高人民法院于1992年7月颁发的《关于适用〈中华人民共和国民事诉讼法〉若干问题的意见》（以下称《民诉法意见》）第156条的规定，直至法庭辩论终结前，原告可以增加诉讼请求，被告可以提出反诉，第三人也可以提出与本案有关的诉讼请求，对当事人提出的请求和反请求，法院只要能够合并审理，就应当合并审理。不仅如此，即使进入了第二审程序，《民诉法意见》还允许原告增加诉讼请求和被告提出反诉。[②]

在2002年4月实施《证据规定》后，上述状况发生了变化，《证据规定》设置了举证期限制度，当事人提出诉讼资料和证据资料的时间被大大地压缩

---

① 2008年12月11日，最高人民法院发布了《关于适用〈关于民事诉讼证据的若干规定〉有关举证时限规定的通知》，该《通知》第10条对“关于新的证据的认定问题”做出了规定，按照新的规定，当事人超过举证期限提交的证据，只要不属于故意或者重大过失，就可以认定为新的证据，就允许当事人提出。

② 《民诉法意见》第184条规定：“在第二审程序中，原审原告增加独立的诉讼请求或原审被告提出反诉的，第二审人民法院可以根据当事人自愿的原则就新增加的诉讼请求或反诉进行调解，调解不成的，告知当事人另行起诉。”

了。确定举证期限的方式有法院指定和当事人商定后由法院认可两种，但无论采用哪一种方式，举证期限的截止期均在开庭审理之前。举证期限虽然是针对证据的提出所做的规定，但由于证据同请求与抗辩存在难以分割的联系，对提供证据期限的限制，势必会影响到提出新的请求、变更原先的请求、提出新的抗辩事由、提起反诉。《证据规定》将当事人实施上述诉讼行为的时间向前挪动，要求当事人在举证期限届满前增加、变更诉讼请求或者提起反诉（第 34 条第 3 款）。从该规定的反面解释看，一旦举证期限届满，当事人就不能再实施上述行为，并且既然当事人在第一审程序的举证期限届满后就不能再增加、变更诉讼请求等，到了第二审程序，当然也就更加不能再实施上述行为了。

设立举证期限制度的主要目的在于提高诉讼的效率。虽然就单个案件而言，通过在开庭前固定请求和冻结证据资料确实有利于纠纷的快速解决，但就纠纷解决的整体而言，这样处理的结果未必能够提高诉讼的效率。因为限制当事人增加、变更诉讼请求和提出反诉，并不能使原本需要提出的这些请求消失，在本次诉讼终结后，当事人还会通过提起新的诉讼的方法，启动一个新的诉讼程序来追求他们的利益。因此，过早固定诉讼请求的做法，不仅不利于纠纷的一次性解决，反而会增加当事人的诉累，增加法院的工作负担。

相反，如果把允许增加、变更诉讼请求和提起反诉的时间定在法庭辩论终结前，当事人和法院就能够充分利用本次诉讼程序，解决当事人之间的纠纷。

（三）允许当事人提起预备之诉

关于诉的合并，审判实务中虽然也允许，但一般针对的都是单纯的合并①，而很少会允许当事人提起预备之诉。

“预备合并”又称“顺序性合并”，是指原告同时提出两个诉，其中一个

① 单纯合并，是指原告合并提出的数个诉彼此间无任何联系或者虽然有联系，也只是一种并存的关系。前者如原告合并提起请求被告支付买卖合同价金和返还借用的汽车的诉，后者如原告合并提起支付租金和返还租赁物的诉。

是主诉（先位之诉），另一个是预备之诉（后位之诉）。主诉比预备之诉对原告更为有利，故原告将其放在先，但原告又担心主诉的理由不充分，得不到法院的支持，所以同时提出预备之诉，一旦主诉被驳回，便以预备之诉替代之。

对预备合并之诉，法院在审理时有先后的顺序，须先审理主诉，如果主诉有理由，就不需要再审理预备之诉，但在主诉无理由时，就需要对预备之诉进行审理。

预备合并中主诉与预备之诉之间存在着牵连关系。如最常见的预备之诉是原被告因买卖合同发生了纠纷，原告的主诉是要求被告支付价金，但原告担心法院会认定买卖合同无效，所以又同时提出返还已交付的货物的预备之诉。①

由于在预备合并中，“两个请求在诉讼进行及审理过程中具有极为密切的联系，以此为前提，在同一个诉讼程序内对两个请求进行审理，无论是对当事人，还是对法院，都属于合理的做法，也可以实现判断的统一”②，所以德国、日本以及我国的台湾地区，无论是学说还是判例都承认预备的合并。

对预备合并，有必要进行深入研究和积极探索。例如，对侵权责任与合同责任竞合的案件，就可以考虑允许当事人把侵权责任作为第一位的请求，把合同责任作为第二位的请求。当第一位请求因原告主张权利超过诉讼时效期间、不能证明被告存在过错等原因得不到承认时，法院再审理原告提出的要求被告承担违约责任的第二位请求。

处理这类诉讼是否需要实行预备合并，与诉讼标的的理论有密切关系。在侵权责任与合同责任竞合时，究竟存在一个诉还是两个诉，取决于采用何种诉讼标的学说，如果采用“旧实体法说”，就有两个诉讼标的，而采用“新

① 对此类问题，目前是采用法官阐明的方法来解决的。《证据规定》第35条规定：“诉讼过程中，当事人主张的法律关系的性质或者民事行为的效力与人民法院根据案件事实作出的认定不一致的，不受本规定第三十四条规定的限制，人民法院应当告知当事人可以变更诉讼请求。”

② 新堂幸司：《新民事诉讼法》，林剑锋译，法律出版社2008年版，第521页。

实体法说”或“诉讼法说”，就只有一个诉讼标的，当然也就不会发生预备合并的问题。[①] 尽管新诉讼标的理论因具有一次性解决纠纷的优点而受到不少学者的提倡，但从我国《合同法》第122条的规定和最高法院对该条文的司法解释看[②]，在诉讼标的问题上，采用的仍然是传统的诉讼标的理论，即“旧实体法说”。“旧实体法说”把原告主张的实体法上的请求权作为诉讼标的，原告主张的实体法上的请求权不同，诉讼标的也就不同。既然是根据旧诉讼标的理论来确定诉讼标的，采用预备合并就是一种合理的选择。

（四）法官在诉讼中切实履行阐明义务

我国过去实行的是职权主义甚至是超职权主义的诉讼模式，在这一诉讼模式下，法官会主动地去调查对解决本案争议有重要作用的事实，主动地就这些事实询问当事人，主动地调查与之相关的证据。在这一倚重法官的积极性、主动性，把法官的作用发挥到极致的诉讼模式中，当事人是否在诉讼的适当时间提出主张和抗辩，是否对事实做出完整的陈述，是否及时地向法院提供证据并不十分重要，当事人一时的疏忽也不会马上带来灾难性的后果。[③] 经过历时多年的审判方式改革后，我国民事诉讼模式中职权主义的成分大大减少，当事人主义的因素则相应增加。

在新的诉讼模式下，当事人在诉讼中的地位和作用得到了重视和强调，当事人在其诉讼主体的地位受到尊重的同时，诉讼上的责任也明显加重了。当事人在诉讼中被赋予主张责任、举证责任，被要求适时地向法院作出陈述

---

① 如果采用“新实体法说”，原告向被告提出的请求权本身才是诉讼标的，至于合同法与侵权行为法的相关规定，只是同一请求权的不同的法律基础而已。按照“诉讼法说”中的“一分肢说”，当事人向法院提出的诉的声明，才是诉讼标的，而依据“二分肢说”，诉的声明和案件事实才是诉讼标的，违约关系和侵权关系不过是当事人的攻击和防御的方法，都不会发生诉的预备合并问题。

② 《合同法》第122条规定：“因当事人一方的违约行为，侵害对方人身、财产权益的，受损害方有权选择依照本法要求其承担违约责任或者依照其他法律要求其承担侵权责任。”该条文显然是把原告依据违约责任与依据侵权责任提出的请求作为不同的诉讼标的来对待。《合同法解释（一）》第30条对“请求权竞合”做出了规定：债权人依照合同法第122条的规定向人民法院起诉时作出选择后，在一审开庭以前又变更诉讼请求的，人民法院应当准许。这一规定更是明白无误地把它们作为不同的诉讼标的来对待。

③ 超职权主义的诉讼模式实质上是法官的责任重而当事人的责任轻的诉讼模式，该模式要求法官对案件的事实和法律负责，为了能够胜任其职责，法官在诉讼中被赋予相当大的权力。

和提供证据，如果当事人未能履行他们在诉讼中的责任，未能及时地行使在诉讼中的权利，不利的诉讼后果就会随之而来。

也正是在新的诉讼模式下，法官阐明的必要性和重要性凸现出来了。因为对那些初次涉讼的当事人来说，他们可能并不了解本案所涉及的法律问题，不清楚哪些事实对正确解决本案的纠纷是重要的，不清楚进行诉讼需遵循的程序规则，如果法官仅仅是根据当事人的主张、陈述、举证来进行审理和作出裁判，那就有可能使得法官的裁判建立在事实和证据不完整的基础之上，可能会使原本应当胜诉的当事人得到败诉的结果。为了防止出现这种令人沮丧的后果，为了使当事人诉讼主体的地位实质性地得到保障，法官的阐明作用就非常重要了。

法官在诉讼中，要始终注意当事人行使诉讼权利的情况，要通过切实履行阐明义务来协助当事人行使诉讼权利。通过阐明，消除陈述中的矛盾，澄清当事人意思不明确之处；通过阐明，让当事人补充那些被遗漏的重要事实，促使当事人提供证据或补充证据；通过阐明，告知当事人法官对事实的初步认定及建立在这一认定之上的法律评价，提醒当事人注意法官对案件事实的法律观点。

（五）继续坚持“适时提出主义”

如上所述，要想充分地发挥第一审程序的作用，就应当促使和引导当事人在第一审程序中将与本案纠纷有关的请求、抗辩、证据资料适时提出，而不是等到第二审时再提出新的请求与抗辩、提出新的证据资料。

我国的民事第二审程序采用的是“续审主义”，在“续审主义下”，第二审是第一审的接续，因此第二审不仅要审查被提起上诉的第一审裁判是否正确，而且要允许当事人提供新的证据资料，要求法官结合一、二审的证据资料及质证、辩论的情况对案件事实做出认定。

“续审主义”加“随时提出主义”带来的问题是：“第二审之言辞辩论，就具体民事诉讼事件而言，具有关键性的意义，从而容易使当事人及诉讼代理人不重视第一审程序，导致滥行提起第二审上诉及诉讼程序长期化之趋势。”① 为了防止当事人故意或过失迟延提出攻击与防御的方法，防止当事人等到第二审再提出重要的证据资料，德国、日本均将原先的“随时提出主义”改为“适时提出主义”，要求法官根据诉讼的进程为当事人指定提出攻击和防御方法的期间、提出证据资料的期间，并对因故意或重大过失逾期提出规定了失权措施。②

我国民事诉讼原来也采取“随时提出主义”，允许当事人在二审中乃至再审中提供新的证据，实行《证据规定》后，最高法院要求当事人在举证期限届满前向法院提交证据，并对“新的证据”做了限制性解释。《证据规定》的实施使我国民事诉讼从原先的“随时提出主义”转变为“适时提出主义”。应当说，设定举证期限，促使当事人在合理的期限内向法院提供证据，有利于诉讼的顺利进行，也有利于强化民事第一审程序，因此，我们今后仍然有必要坚持举证期限制度。但为了调和这项制度中实体公正与诉讼效率之间的冲突，对当事人因过错逾期提交的证据，可考虑不再适用证据失权，而是一方面让证据进入诉讼，另一方面对存在过错的当事人实行费用制裁，让有过错的一方当事人负担由此产生的诉讼费用。③

笔者深知，作为现实的民事诉讼制度，既不可能取消上诉，也不可能取消再审，但是，“无须上诉、再审的审判”作为一种理想状态，还是有其存在的价值和追求的必要的，还是值得大力倡导的。强化第一审程序便是追求这一理想的方法。

（原载《江海学刊》2009 年第 5 期）

① 王甲乙等：《自由顺序主义之检讨》，载台湾民事诉讼法研究会编《民事诉讼法之研讨》（三），第 335 页。

② 由于失权会造成实体上的不公正，与诉讼制度所追求的保护合法民事权益的目标发生严重的冲突，所以德国、日本的法官在审判实务中并未严格适用失权规定。

③ 参见李浩《民事诉讼法典修改后的“新证据”——〈审监解释〉对“新证据”界定的可能意义》，《中国法学》2009 年第 3 期。

论政务诚信的法治化构建

周佑勇

引　言

当下，中国社会正面临着日益严重的信用危机，政务诚信的缺失更是成为人们普遍关注的焦点。培根曾说过："一次政务失信比多次社会失信后果严重得多，因为这些社会失信不过弄脏了水流，而政务失信则把水源污染了。"中国自古也是"民以吏为师"，讲求"信为政基"，政府的一举一动不仅影响到其自身形象，还会成为普通公众的道德标杆。只有政府带头讲诚信、说实话、办实事，重诺守信，认真负责，才会带动整个社会诚信之风的养成。如果政府失信，必将导致整个社会诚信体系的崩塌。因此，政务诚信是社会诚信之本，必须将其摆在整个诚信体系建设的首要位置，强调政务诚信在整个社会信用体系中的示范、引领作用。针对当前道德领域普遍存在的诚信缺失问题，党的十八大报告明确指出，"深入开展道德领域突出问题专项教育和治理，加强政务诚信、商务诚信、社会诚信和司法公信建设"，由此将政务诚信列于道德领域的四大诚信建设之首。

诚然，诚信从本质上来讲属于道德范畴，主要应当靠道德教化的方式来解决，即"通过从政伦理教育和职业道德教育，在公职人员中不断灌输和强化诚信观念”[1]。但是，政务诚信问题涉及对政府公权力的规范和约束，直接影响到政府的公信力，不是单纯靠道德就能解决的，还应当将其上升为一种法律范畴，纳入法治化的轨道，使得诚信不仅仅是一种道德层面的告诫和规劝，还具有法律上的约束力与强制力。因此笔者认为，从法治的视野来讲，重建政务诚信，必须充分发挥法治在政务诚信构建中的作用，深入推进政务诚信的法治化构建。事实上，2004 年 3 月国务院发布的《全面推进依法行政实施纲要》即已明确将“诚实守信”作为依法行政的基本要求。2004 年 7 月 1 日起施行的《行政许可法》则首次将“信赖保护原则”写入我国法律之中，使其成为政府公正文明执法的一项基本法律准则。本文拟从法治化构建的视域，对作为法律范畴的政务诚信及其基本要求与法治保障机制做些初步探讨。

作为法律范畴的政务诚信及其基本要求

在中华传统文化中，“诚信”首先作为一种伦理道德范畴，要求人们为人处世应当诚实无欺，恪守信用。自春秋末年，国人就开始系统地接受了“诚信”的教化与熏陶。至汉代，信与仁、义、礼、智合称“五常”，构成我国古代最基本的道德规范。今天，诚信已不仅仅是一种道德范畴，随着社会发展和时代变迁，它又被注入了丰富的法律内涵，从而实现了由道德规范向法律规则的泛化与转变，最终使“诚信”这一道德准则法律化。作为一种法律范畴，“诚信”是指主体以善意、真诚、守信的心理状态行使权利和履行义务。所谓“善意”即动机善良，不损人利己，不以自己不良行为损害他人利益。“真诚”即以诚相待，忠于事实真相，不说谎、不作假，不为欺诈行为。“守信”，即讲信用、守承诺，言出必行，严格履行自己的义务，不得出尔反尔、自食其言。

当今世界各国都普遍规定和接受了作为法律范畴的诚信原则，使其成为规范各种社会主体行为的基本法律准则。尤其在私法领域，诚信原则被视为

---

① 郝建臻：《政务诚信是社会诚信之本》，《检察日报》2012 年 6 月 19 日。

“君临法域”之“帝王条款”，贯穿了整个私法的实体法和程序法的全部，成为规范私人之间民事交往活动的“最高行为准则”①。其宗旨在于实现当事人之间及当事人与社会之间利益关系的平衡，目的在于保持社会稳定与和谐的发展。② 如果人们在民事活动尤其是在市场交易活动中不讲诚信、相互欺诈，假冒伪劣商品盛行，那么整个社会生活、经济活动将处于一种无序的状态。可以说，没有诚信就没有良好的社会经济秩序。市场经济的发展，正是以信用关系的日益透明和不断扩大为基础的，发达的市场经济必然是信用经济。所以，诚信通常又被称为是市场经济的灵魂。

诚信不仅是私法的要求，也是公法的精神。“苟无诚信原则，则民主宪政将无法实行，故诚信为一切行政权之准则，亦为其限界。”③ 政府要取信于民，同样也要讲诚信。从法治的视域看，政务诚信正是作为法律范畴的诚信原则所要求的“善意”“真诚”和“守信”在行政管理活动中的体现，可以具体化为“行政目的正当”“信息真实可靠”和“信赖保护”三个方面的基本要求。

（一）行政目的正当

法律授权行政机关从事行政管理活动，目的只有一个，就是维护和促进公共利益。诚信原则所要求的“善意”对于行政机关而言，就是要求行政机关在行政管理过程中，必须出以公心、不徇私情、不谋私利，处处以追求公共利益为目的。既不得假借公共利益之名，谋取个人或单位私利，也不得出于“恶意”或“敌意”而假借公共利益之名任意侵犯公民的合法权益。否则就是目的不适当，构成违反诚信原则的滥用职权行为，引发公众对政府信誉的怀疑。

“目的不适当”的行政行为，在执法实践中多数表现为假借公共利益之名，实则出于牟利、徇私、报复陷害等目的或动机。如，抓赌不是为了维护公序良俗，而是为了创收。再如，某地方政府征收有关土地，表面上是为了

① 傅静坤：《二十世纪契约法》，法律出版社 1997 年版，第 38 页。

② 参见徐国栋《民法基本原则解释——成文法局限性之克服》，中国政法大学出版社 1997 年版，第 79 页。

③ 罗传贤：《行政程序法基础理论》，台湾五南图书出版公司 1993 年版，第 65 页。

扩建街道或重新规划市政建设，但事实上是以取得土地增值为目的，或为了转售牟利等。需要注意的是，在实践中可能会出现一个行政行为有多重目的或者双重目的的情况，其中有的是合法、适当的，有的却是不适当的、违法的。这时通常就要根据“真正目的”或“主要目的”来决定该行为是否有效。比如，在发放许可时，名义上是收证照工本费，但所收的费用实际上却远远超出了合理的工本费，其真正的目的显然是创收，这样的收费就不合法。[①] 再如，某派出所所长与某娱乐场所经理关系不和，正好接到群众举报，该娱乐场所有卖淫活动，遂派出警力将其现场抓获，并对该娱乐场所做出治安处罚。在该案中，尽管该派出所所长有趁机泄愤的目的，但如果撇开这个次要目的，出于打击卖淫活动的目的仍然需要做出处罚，而且该处罚行为又是适当的，就不能因其中夹杂有泄愤目的而认为该处罚决定违法。但是，如果出于泄愤的目的而趁机予以加重处罚，则是不合法的。

（二）信息真实可靠

这是诚信原则所要求的“真诚”在行政管理活动中的体现。它要求行政机关在行政管理过程中，必须开诚布公、不说谎、不作假，确保所提供的信息全面、准确、真实。如果提供虚假信息，使对方陷入一种错误的状态，进而损害公众或相对人的合法权益，将构成违反诚信原则的欺诈行为，引发公众对政府信誉的信任危机。

对此，国务院发布的《全面推进依法行政实施纲要》关于“诚实守信”的规定中，特别要求“行政机关公布的信息应当全面、准确、真实”。《行政许可法》第30条明确规定：“行政机关应当将法律、法规、规章规定的有关行政许可的事项、依据、条件、数量、程序、期限以及需要提交的全部材料的目录和申请书示范文本等在办公场所公示。”“申请人要求行政机关对公示内容予以说明、解释的，行政机关应当说明、解释，提供准确、可靠的信息。”根据该条规定，行政机关除负有信息公开的义务之外，还负有对公示内

① 参见余凌云《行政自由裁量论》，中国人民公安大学出版社2009年版，第96页。

容予以说明、解释的义务，以保证申请人能够获得准确、可靠的信息，避免发生误解而导致当事人的损失。2007 年 4 月国务院发布的《政府信息公开条例》第 6 条还明确规定："行政机关应当及时、准确地公开政府信息。行政机关发现影响或者可能影响社会稳定、扰乱社会管理秩序的虚假或者不完整信息的，应当在其职责范围内发布准确的政府信息予以澄清。"这里所强调的"及时、准确地公开政府信息"，对于及时澄清因政府信息披露不足引发的一些社会流言，让权力在阳光下运行，确保政府的公信力至关重要。古人云："流言止于智者。"但在当今网络信息时代，"公开"才是制止流言的唯一选择。流言止于公开，只要使公众了解真相，给公民以充分的知情权，流言就会不攻自破。因此，只有政府开诚布公，才能确保政府的公信力和诚信。

（三）对信赖之保护

这是诚信原则所要求的"守信"在行政管理活动中的体现。它要求行政机关在行政管理过程中，必须恪守信用、言行一致，不反言、不随意改变决定，注重保护相对人的正当信赖。这里的信赖，是相对人因为行政机关的行为而产生的一种预期的信赖，即相对人对政府的一种善良期待，认为政府是诚实守信的，其所做的承诺或决定是值得信任和依赖的。如果政府辜负了这种信赖，违反先前的承诺，随意改变已经生效的决定，必然会导致相对人预期利益的丧失或受损，从而破坏公众对政府的信赖，影响政府的公信力。对此，《行政许可法》第 8 条明确规定："公民、法人或者其他组织依法取得的行政许可受法律保护，行政机关不得擅自改变已经生效的行政许可。""行政许可所依据的法律、法规、规章修改或者废止，或者准予行政许可所依据的客观情况发生重大变化的，为了公共利益的需要，行政机关可以依法变更或者撤回已经生效的行政许可。由此给公民、法人或者其他组织造成财产损失的，行政机关应当依法给予补偿。"由此确立了行政许可领域的"信赖保护原则"，其实质是为了保护被许可人对行政许可行为的一种预期的信赖利益，必须对该行为的变更或撤销做出限制，目的在于防止行政机关不信守承诺，随意改变已经生效的许可决定，确保政府的公信力。这对于促进我国政府及其工作人员转变执政观念，更加谨慎、更加理性地行使行政许可权，更加注意保护相对人的合法权益，具有极其重要而深远的影响。①

实际上，除了行政许可之外，在诸如发布政策、签订契约、做出承诺、提供指导或信息咨询等广泛众多的行政管理领域，政府都应当遵循“信赖保护原则”。如果行政机关随意改变政策，或者在个案中偏离政策、不兑现承诺、提供错误的指导或者信息咨询意见等，都可能引发相对人预期的正当信赖丧失或受损的问题。譬如，当地政府为了吸引企业前来投资建设高新技术产业，向企业许下美好的承诺，明确保证将给予税收、土地使用权等方面的便利或优惠。某企业投资建厂后，政府却没有兑现这些承诺，使得企业先前的计划落空，预期的收益受到损失。再比如，某企业经过向税务机关咨询，该企业的一笔收入不属于应税所得，但事后被上级税务机关在税务检查中认定为属于应税所得，并受到追加税款和罚款的处罚。这里就是由于税务机关提供了错误的咨询信息而导致该企业的信赖利益受损，税务机关应当对此承担责任。

当然，个人对行政机关行为引发的预期信赖并不是都受到法律保护。首先，信赖必须正当，只有正当的信赖才值得法律保护。所谓“正当”是指相对人对行政机关的行为深信不疑，且自己没有恶意或过错。如果行政机关的行为是因当事人的恶意欺诈、胁迫或贿赂等不正当手段而做出的，则并不引发对当事人的信赖保护。对此，根据《行政许可法》第 69 条第 2 款的规定，被许可人以欺骗、贿赂等不正当手段取得的行政许可，不受法律保护，应当予以撤销。此外，如果个人不是基于生产、生活等正常的需要而是试图利用政策的漏洞搞投机或怀有其他不良企图，也不予保护。譬如在房屋拆迁政策出台前突击盖房子的行为，往往不予保护。其次，相对人基于对行政机关行为的信赖而有所行动，或对自己的行为已经做出了安排和筹划，但因行政机关改变初衷而预期落空，利益受损。譬如，某企业在拿到建设项目的批文后

---

① 参见周佑勇《行政许可法中的信赖保护原则》，《江海学刊》2005 年第 1 期。

已经投资建设，但后因政府出台有关城市规划与城市布局调整的计划，需要拆毁该建设项目，行政机关应当对拆毁行为造成该企业的损失予以补偿或赔偿。

政务诚信构建的法治化保障机制

从法治的视域看，政务诚信的构建应当是一种法治化的构建，必须充分发挥法治在政务诚信构建中的作用，将前述政务诚信作为法律范畴的基本要求贯彻于行政管理活动的全过程并加以法治化的制度支持和保障。为此，必须建立和完善民意沟通机制、诚信责任追究机制和多元化的纠纷解决机制等法治化保障机制。

（一）建立有效的民意沟通机制，不断增进政府与公众间的相互信任与合作

以往，政府与公众间的关系通常被解释为一种命令与服从的对抗关系。但是，在现代社会，随着政府职能由管理型政府向服务型政府的转变，行政已不再是一种单纯的管理行政而应当是一种服务行政，政府与公众间关系已不再是一种纯粹的命令与服从的对抗关系，而应当是一种服务与合作的相互信任关系。只有政府信任公众，才能发展民主，为公众提供优良服务；也只有政府取得公众信任，才能获得公众的长久支持和积极合作。而合作是一个过程，信任有赖于沟通。政府与公众间必须通过各种形式的民意沟通机制，才能取得协调一致、彼此信任，从而增进相互间的尊重与合作，避免相互间的误会和摩擦。譬如，政务公开、公众参与就是这样一种沟通机制，它通过政府的开诚布公与行政的持久开放、公众对政府信息的了解与对行政活动的参与以及双方积极的协商、交流与对话，在政府与公众或相对人之间架起了一座相互沟通的桥梁，从而有利于实现相互间的信任，并增进相互间的合作。这既是民主的象征，也是法治的途径。

目前在我国，政府与公众之间沟通与合作的形式多样，也起到了明显的效果，但仍然有待进一步加强。特别是在政府依法科学民主决策的过程中，

需要进一步大力推进和完善政府信息公开、公众参与、专家论证等各种民主沟通机制。2010 年《国务院关于加强法治政府建设的意见》提出要把公众参与、专家论证作为政府重大决策的必经程序，《行政许可法》也明确规定对涉及群众重大公共利益的许可事项必须要举行听证。但是，公众参与在现实中往往容易“走过场”，搞“形式主义”，专家论证也容易被行政机关选择性采用。显然，这既不利于政府依法科学民主决策，也容易遭遇公众的质疑和抵制，从而引发社会矛盾和公众对政府信誉的信任危机。考虑到当前我国还处在经济转轨和社会急剧转型时期，应当允许政府根据变化了的实践对以前发布的政策做出调整，也应当允许行政机关在个案中因地适宜而不是机械地执行当前的政策，这也是合法性原则的要求。但是政府在调整和执行政策的过程中应当本着“信赖保护原则”，通过建立有效的沟通机制，尽量减少因为政策改变或偏离政策执行而导致个人的正当信赖受损。

（二）建立完善的诚信监督机制，严格对政务失信行为的责任追究

“有权力必有制约”，权力如果没有监督和制约，就容易出现偏差甚至滥用。一个诚实守信的政府应当是一个受监督、负责任的政府。政府必须忠于职守，敢于接受监督，勇于承担责任，方能获得人民的信任，以较小的成本实现对社会有效的治理。为了防止政府滥用权力、随意执法、不守承诺而使相对人的正当信赖受损，必须加强对行政机关职权行使的监督制约，严格对政务失信行为的责任追究。

首先，要形成规范易行的自我防范机制和行之有效的政府内部绩效评估机制。行政机关在日常行政活动中经常会提供一些非正式的承诺、指导建议或信息咨询，数量极多，形式各样且灵活不拘，在日程运作中实际上也发挥着重要的作用。但是这些行政承诺和指导，由于较少受到正式程序规则的严格约束，一旦政府背弃承诺或提供错误的信息指导，就很容易使相对人的信赖受损，因此，对于这些非正式的承诺和指导，要特别加强自我规范，形成有效的自我约束和监督机制。譬如，在行政机关工作人员需要做出这些承诺和指导时，应当要求其尽量采取书面的形式，做出书面承诺或提供书面信息，

让他们认识到其行为的严肃性，督促其强化责任观念。对于根据行政机关书面承诺和书面信息从事有关活动的个人，如果该书面承诺违法或书面信息错误，应当免除对相对人的负担义务和处罚。[①] 就政府内部绩效评估机制而言，这是近年来政府行政管理理念和模式的重大创新，也是增强政府服务意识和能力、提高政府执行力和公信力的重要举措。深入推进政务诚信的法治化构建，应当把诚信纳入各级政府部门绩效评价指标体系，把服务对象和社会公众的满意度作为重要的评价指标，并将其与评估后的奖惩机制相衔接，与公务员的选用机制相结合。在条件成熟的情况下，还应当建立政府部门信用数据库，以各级政府政务信息网络为平台，向社会公众提供政府部门信用数据，接受社会公众的公开评级，自觉接受社会公众的监督。

其次，要进一步完善和发展现行的行政问责机制。问责制，即追究责任的制度。按照以往惯例，一般都是官员本人直接犯有重大错误才会被问责，真正因为工作不力或者职权范围内出现重大问题而被问责的很少。但根据权责对等原则，官员在接受权力的同时，也就接过了责任。尤其是对于造成严重后果的政府失信行为，必须建立健全以行政首长为重点的行政问责制，以提高政府执行力和公信力。在我国，问责始于2003年“非典”，直到2009年《关于实行党政领导干部问责的暂行规定》的出台，问责制度从过去的一种特殊情形下的极端措施逐步变成了一个常态。但是，目前对公务员的责任追究较多的属于同体问责，而异体问责较少，司法机关、人大等较少成为问责的主体。同体问责固然效率较高，但其公正性容易受到质疑。因此应当积极健全异体问责制度，重点发挥人大和司法机关的作用。人大是权力机关与民意表达机关，应充分运用其法定的质询权、调查权、罢免权，对公务员尤其是处于领导岗位的公务员进行责任追究。司法问责是异体问责中不可缺少的一项，司法问责机制的完善有利于防止以行政处分代替司法处理的现象发生，同时也为司法权介入行政过程进而制约行政权力滥用提供了制度平台。

---

① 参见张兴祥《行政法合法预期保护原则研究》，北京大学出版社2006年版，第154页。

此外，根据信赖保护原则的要求，政府必须信守承诺，不能随意变更或者撤销已经生效的行政行为，如果变更或者撤销行政行为而给相对人造成损失的，政府应当承担补偿或赔偿的责任。其中，因违反诚信原则的违法行政行为被变更或者撤销而需要给受到损失的相对人予以赔偿的，适用我国国家赔偿制度。而由于公共利益的需要，依法对合法的行政行为予以改变而给相对人造成损失的，则不能依法申请国家赔偿，但是根据《行政许可法》的规定，行政机关应当依法给予补偿。《国有土地上房屋征收与补偿条例》第 2 条明确规定，为了公共利益的需要，征收国有土地上单位、个人的房屋，应当对被征收房屋所有权人给予公平补偿，并专章规定了补偿的标准和程序。这在一定程度上对诚信原则在相关领域的适用提供了有力的保障，为相对人行使补偿请求权提供了法律依据。然而，诚信原则在行政管理领域的适用十分广泛，有很多情况都涉及行政补偿问题。比如对集体土地上房屋征收的补偿，对不能履行行政契约而涉及的补偿，对因政策变更而不能兑现承诺的补偿等情况，现有的行政补偿机制并不能完全予以满足。因此从长远来看，我们仍然有必要制定统一的行政补偿立法，对各个不同管理领域的补偿原则、范围、标准和程序等问题做出统一规定。

（三）建立多元化的纠纷解决机制，进一步畅通公民诉求渠道

当前在我国，随着社会的急剧转型，各种社会矛盾日益增多且日益激烈，呈现过激化、暴力化、群体化倾向。特别是在征地拆迁、社会环境污染事件中，屡屡发生重特大的群体性事件和极端事件，成为影响基层社会稳定的热点、难点问题。究其原因，一方面，随着社会经济的快速发展，加之信息时代、网络技术越来越发达，为人们的信息传递提供了巨大的空间，使得公民权利意识不断增强，而相应的诉求渠道不畅、权利保障机制不完善，造成违法侵权行为屡屡发生，从而引发矛盾和纠纷，甚至引发群体事件等严重后果。尤其是在网络时代，一些地方政府部门由于对社会热点事件而产生的网络舆情处理不当，致使网民对政府诚信的质疑轮番上演，使得地方政府的公信力受到前所未有的考验。另一方面，一些地方和领域的政府机关为了片面追求

发展速度，不依法行政，随意执法，滥用权力，违法违规征用土地，违规引进不符合法律法规规定的建设项目，不仅严重损害了群众利益，而且极大伤害了公众对政府信誉的信任，从而引发社会矛盾，成为当下涉访涉诉案件频发、“官民”冲突激化、群体性事件增多的重要根源。

社会矛盾说到底大多是利益之争，治本的方法是把握群众利益诉求点，协调、平衡利益关系。要有效预防和化解这些社会矛盾，从根本上必须建立健全多元化的纠纷解决机制，畅通公民诉求表达、利益协调、权益保障渠道。在这方面，目前我们已经有申诉、调解、和解、复议、仲裁和诉讼等多元化的法治化纠纷解决机制。但是现实中，信访、上访等非法治化的方式却成为解决纠纷的主要渠道，这显然是不正常的。尽管信访作为纠纷解决的辅助方式可以存在，但也需要与法治机制相协调，通过法治机制来实现。对此，需要进一步完善调解、复议、诉讼等法律机制，发挥其解决纠纷的主导功能和地位。其中尤其是要完善行政调解制度，把行政调解作为地方各级人民政府和有关部门的重要职责，对于涉及人数较多、影响较大、可能影响社会稳定的纠纷，要主动进行调解；对于资源开发、环境污染、医疗卫生、交通事故、安全生产、食品药品安全等领域的矛盾纠纷，政策性、专业性和技术性都很强，传统调解方式化解起来很困难，必须加强专业性调解组织建设，同时要健全大调解体系，推动建立行政调解与人民调解、司法调解相衔接的大调解联动机制，实现各类调解主体的有效互动，形成调解工作合力。在完善行政复议制度方面，一是需要创新行政复议体制，探索开展相对集中行政复议审理工作，进行行政复议委员会试点，以增强复议机构的独立性和权威性；二是要不断完善复议程序，改进审理方式，探索建立复议听证制度、复议证据规则等，以推进程序的正当化；三是建立行政复议与信访、行政诉讼的有效衔接机制，尤其是建立信访复议联动机制，信访接待中心设立行政复议服务窗口，现场接受咨询、受理案件，引导群众通过复议渠道反映诉求，依法维权。

（原载《江海学刊》2014 年第 1 期）

海峡两岸罪犯移管制度探索

何勤华　李守进

罪犯移管的概念与国际主要协议

罪犯移管或被判刑人移管（Transfer of Sentenced Person）是国际或区际司法协助的一种形式，一般是指某一外国人触犯他国刑法并经该国审判并判处刑罚后，被移送回其国籍国执行的一种司法互助活动。① 罪犯之移管，是文明社会人道主义刑罚所生之当然理念。20 世纪 80 年代以来，因各国或地区之间经济、文化交流和人员往来日益频繁，一国公民在他国犯罪并被判刑的刑事案件越来越多。然而语言、文化、宗教信仰、生活习惯、社会环境等各个方面的差异，实际上给外籍罪犯的监管工作以及罪犯、判刑国、执行国三方都带来了诸多不便。因此，为减轻判刑国的负担，确保执行国实现对其国民切身利益的维护，以及更加有效地改造和教育罪犯，许多国家相继与其他国家或地区缔结了罪犯移管条约，并据此开展了移管合作实践。

有关国际罪犯移管的公约或协议，主要有两个。第一个是由欧洲议会于 1983 年制定的《移交被判刑人公约》（Convention on the Transfer of Sentenced Persons）。“截至 2008 年 9 月，有 63 个国家或地区签署或批准了该公约（但

① 孙颖：《海峡两岸罪犯移管制度之研究》，硕士学位论文，中国政法大学，2011 年。

不包括我国)。"[①] 第二个文件是由联合国于1985年制定的《移交外籍囚犯协定范本》(Model Agreement on the Transfer of Foreign Prisoners)。这个文件只是个范本，内容基本与公约相同。

国际罪犯移管制度的基本原则与条件

1. 罪犯移管制度的基本原则

为了实现罪犯移管制度的宗旨，并使这一形式的国际司法合作能够有效地进行，在被判刑人移管实践中逐渐形成了一些基本原则，并在国际条约和相关立法中得到了确认。

(1) 有利于被判刑人原则。国际被判刑人移管制度产生的宗旨是为了更好地对被判刑人执行刑罚，有利于被判刑人改造和回归社会。因此，有利于被判刑人原则成为国际被判刑人移管制度的首要原则。该原则以被判刑人利益为出发点和落脚点，是被判刑人移管制度独有的特点，并因此区别于引渡、刑事诉讼移管等其他国际刑事司法合作形式，应将其体现在国际被判刑人移管的各个环节。这首先体现在，移管必须获得被判刑人同意；其次，不得加重原判刑罚；最后，对罪犯的同一犯罪行为不得重复定罪判刑。

(2) 相互尊重国家主权和管辖权原则。相互尊重国家主权和管辖权原则是国际刑事司法合作的基本原则。由于国际被判刑人的移管与其他司法合作形式相比，是以承认外国的刑事判决为前提，所以与国家主权和刑事管辖权的联系更为密切。只有尊重对方的国家主权和管辖权，司法合作才能顺利进行。这一原则的拘束力体现在：对于执行国来说，接受移管意味着承认判刑国的判决，因此，它不得因同一罪行对被判刑人重新进行审判，而只能继续执行判刑国所判的刑罚，或者将该刑罚转换为本国相应的刑罚予以执行；对于判刑国来说，如果执行国对被判刑人执行了由判刑国判处的刑罚，就应当

① 蔡迪云：《中港两地囚犯移交问题初探》，载赵秉志主编《中国区际刑事司法协助新探》，中国人民公安大学出版社2010年版，第347页。

视为该刑罚已经执行完毕，而不得对其重新执行刑罚。

2. 罪犯移管制度的条件

除了遵循上述基本原则外，被判刑人移管还必须满足一些条件。通常，被判刑人移管的条件包括以下几个：一是被判刑人是执行国的国民；二是被判刑人所犯之罪在执行国也构成犯罪，即符合“双重犯罪”原则；三是被判刑人仍须服一定期限的刑罚；四是判决应当是终审的；五是必须获得判刑国、执行国和被判刑人的同意。

我国参与国际罪犯移管的条约和实践

在罪犯移管问题上，我国在立法和实践方面一直很重视，目前主要采取双边条约和个案合作的方式加强国际司法互助。截止到 2013 年 8 月，我国先后与乌克兰、俄罗斯、西班牙、葡萄牙、澳大利亚、韩国和哈萨克斯坦等 11 个国家签订了专门的罪犯移管条约。①

实务中，我国与乌克兰、喀麦隆、马里、也门、俄罗斯、阿塞拜疆、伊朗、蒙古、韩国、瑞典、老挝、法国、泰国等 15 个国家已经成功开展过罪犯移管的实践。② 1997 年 8 月，司法部发布决定将两名乌克兰籍抢劫犯移交给乌克兰监狱主管机关③；2004 年 2 月 22 日，司法部又将 1 名喀麦隆籍罪犯移管给喀麦隆主管机关④。中喀之间的此次合作是我国同外国在无条约或协定关系的情况下，以个案合作的方式在罪犯移管领域展开合作的一成功案例，这说明我国积极参与国际罪犯移管实践，并积累了丰硕的经验和取得积极的成果，为我国开展区际罪犯移管工作奠定了基础。

① 郭建安：《大陆地区被判刑人移管制度与海峡两岸被判刑人移管问题研究》，《中国司法》2014 年第 1 期。

② 同上。

③ 孙颖：《海峡两岸罪犯移管制度之研究》，硕士学位论文，中国政法大学，2011 年。

④ 《中国向喀麦隆移管一名喀籍被判刑人》，《法制日报》2004 年 2 月 24 日。

两岸间实现罪犯移管之必要性与可行性

（一）罪犯移管之必要

1. 罪犯移管是惩治犯罪的应有之义

目前，海峡两岸经贸往来、人员交流活动日益密切，各种民刑事纠纷、诉讼不可避免，尤其是刑事犯罪，跨境刑事案件的数量逐渐增加并且犯罪形式呈多样化态势。因此两岸原有的犯罪预防和惩罚机制已不能适应当前跨区犯罪多发的状况。又因当前两岸处于分治状态，两岸法域不同，会出现管辖权冲突以及法制的不协调问题，一些不法分子利用两岸间的这种阻隔以及司法合作的不完善、不对等乘虚而入，导致偷渡、诈骗、贩毒、走私、劫机等时有发生。从当前两岸联合追缉惩治犯罪之实务经验来看，因大陆与台湾双方法律均特别强调刑事管辖权，原则上互不承认对方的判决，为某些犯罪分子规避法律制裁提供了可乘之机。在这里我们不探讨哪些具体的犯罪行为是因为两岸疏忽管理所致，但如果两岸在惩治犯罪时，以共同打击犯罪为主旨，尽量回避管辖权之争议，有条件并适度地避让刑事管辖权争议，让对方得以处理本应由本法域管辖的刑事案件，实属当前两岸共同打击跨法域犯罪的必要共识和应有之义。

2. 罪犯移管是预防跨法域犯罪的迫切需要

当前两岸刑事诉讼移管以及罪犯移管方面的司法合作互助机制还不健全，不仅会使一些犯罪分子得以逍遥法外，也使刑事法律难以发挥预防犯罪的教育警示功能，还有可能诱使心存侥幸之徒走上电信诈骗、走私、偷渡等跨境犯罪的道路，破坏两岸的经济秩序、社会稳定。另外，对于已经被台湾地区法院定罪服刑的罪犯，在其回到大陆仍然对其审判并加以惩罚，似乎有违公正，不利于罪犯回归社会，此举亦违反刑法“一事不二罚”和罪刑相适应原则，同时也将难以达到刑罚理论中之一般与特殊预防之目的。总之，罪犯移管制度的建立，对于跨区域犯罪，能起到一定的犯罪预防与遏止之作用。

3. 实现实质上的平等

目前两岸彼此之间互不承认对方刑事判决和裁定，因此，当一方法院判决某人有罪并判处刑罚，若该罪犯刑满释放进入对方地域，如果另一方法院对该相同罪行也拥有管辖权，则仍可进行再次追诉。在这种情形下，尽管在先判决已经执行的刑罚在第二次审判中会予以适当从轻考虑，但这实际上还是两次独立的审判，与只在一地接受审判与执行相比，前一种情形对罪犯身心造成的伤害毫无疑问要大得多。这两种情形下，犯罪分子所实施的犯罪行为及其主观罪过并无本质区别，只是因为两方管辖权的重叠就导致犯罪分子受到完全不同的对待，客观上有违实质平等的理念。

4. 罪犯合法权益最大化原则的要求

我国《刑法》规定："主刑种类包括管制、拘役、有期徒刑、无期徒刑和死刑，附加刑包括罚金、没收财产、剥夺政治权利。"台湾地区"刑法"则规定："主刑种类包括罚金、拘役、有期徒刑、无期徒刑和死刑，从刑包括褫夺公权、没收和追征、追缴或抵偿。"比较两岸刑法规定可发现，两者间刑罚种类与刑罚制度有极大相似之处。如果两岸能够彼此承认对方刑事判决的效力，则两者之间即可以各确定刑事判决为基础，代为执行已确定刑罚，并可由罪犯自行决定是否在其较为熟悉的环境服刑，由此看来，显然是以罪犯之利益为最大考虑，并符合人道主义精神。

（二）两岸实现罪犯移管的可行性

相比国际罪犯移管，两岸罪犯移管要容易得多。我国内地与香港、澳门都已经展开罪犯移管协助的互动。两岸之间开展罪犯移管的互助不仅容易获得两岸人民的接受，更重要的是应对当前跨境犯罪高发态势的必然之举。当然两岸之间的司法互助会面临很多困难，例如彼此间的法域不同、对刑事管辖权双方互不让步以及个案的审慎程度与民众的反应等，都可能影响两岸罪犯移管工作的开展。但是，到目前为止，最大的障碍是无具体可实施的协定或者法律依据，即无法可依。大陆与台湾之间，虽经过多年的共同努力，于

2009年4月26日第三次“陈江会谈”中签订了《海峡两岸共同打击犯罪及司法互助协议》（以下简称《两岸司法互助协议》）并于当年生效，但其仅是框架性的，对如何具体操作并没有做出规定，且该协议与台湾地区高位阶的“台湾地区与大陆地区两岸人民关系条例”（以下简称“两岸关系条例”）相冲突，其效力实在难以把握。依照法治原则，在法律制度不完全相同的不同法域间，如果没有相互之间的协定作为相互提供协助的依据，彼此的司法协助就如同在无法状态下进行的行为，无论理由多么正当都不可能是师出有名、理直气壮的。

在当前大陆和台湾的大好形势下，两岸之间直接会面协商、签订法律文件的可能性很大。大陆方可行做法为全国人大常委会立法或者在已有的法律文件中吸收并细化《两岸司法互助协议》的内容，以便使两岸司法协助有法可依。台湾方面可行做法则是启动立法程序，依协议内容独立制定“两岸司法互助条例”，或者为使协议内容具有法律之意义而修改“两岸关系条例”，将《两岸司法互助协议》议定的内容细化在条例中。当然，在两岸司法互助形成法律之前，海协会和海基会也可以进一步磋商、细化协议的内容，使其具有可操作性。

海峡两岸罪犯移管所取得成果

被判刑人移管这一国际司法合作制度原则上是在主权国家之间实施。但是，随着中国“一国两制”四司法管辖区这种特殊国家架构的出现，在一个国家之内不同司法管辖区之间签订了移管协议。大陆与台湾之间，经过双方多年的共同努力，终于在2009年4月26日签订了《两岸司法互助协议》，并于当年生效。《两岸司法互助协议》共5章24条，其中第3章第11条规定了“罪犯移管（接返）”[①]，明确了两岸罪犯移管制度。据此，截至目前，两岸已

---

① 《海峡两岸共同打击犯罪及司法互助协议》第11条规定：“双方同意基于人道、互惠原则，在请求方、受请求方及受刑事裁判确定人（被判刑人）均同意移交之情形下，接返（移管）受刑事裁判人（被判刑人）。”

经开展了4次罪犯移管，共涉及16名罪犯。

第一次移管于2010年4月实施。2009年3月，台湾居民冯立信在大陆触犯走私、运输毒品罪，被大陆法院判处无期徒刑。在大陆服刑的冯立信，因罹患咽喉癌，病况严重，家属在2010年1月向台湾地区“法务部”提出罪犯接返请求。台“法务部”启动两岸司法互助机制，向大陆提出移管请求。大陆方面基于人道主义考虑，同意台方将冯立信接返，让冯立信在台接受医疗与家属照护，相当于保外就医。4月20日，台方从厦门将冯立信接返，标志着两岸移管被判刑人制度开始实施。台湾方面称，后续将由板桥“地检署”依法分案，依照台湾地区法律程序重新进行侦查、审判。检方考虑冯的病情严重，无法入狱服刑，对他限制出境，责付给家属，规定冯立信每天向警方报到。

第二次移管于2011年实施。根据台方提出的请求，大陆方面仍然基于人道主义考虑，决定将在大陆福建省监狱服刑的5名被判刑人和1名在广东省保外就医的被判刑人移管回台湾服刑，其中1名在办理的过程中死亡，其余5名均在当年移管完毕。

第三次移管于2012年实施。经台湾方面请求，大陆方面从人道主义考虑，决定将在福建省监狱服刑的6名台籍被判刑人移管回台湾服刑，并于当年12月完成移管。

第四次于2014年3月28日实施，两岸实现首次换囚工作。据台湾《中国时报》报道，因走私毒品被大陆判处死缓的陈杭、胡清石及被判无期徒刑的黄木树，受两岸签订的“跨国移交受刑人法”之惠，由台湾地区“法务部”将3人由大陆接返回台服刑。①

前三次移管的12名被判刑人均年龄较大，量刑较重，患有重病，移管的原因都是基于人道主义考虑，回台湾后都没有到监狱继续服刑。第四次换囚的3名罪犯，将继续在台执行剩余刑期。在罪犯接返上至今完成15个案例，

---

① 参见《两岸首例换囚　台湾3名受刑人哽咽：回来真好》，《中国时报》2014年3月29日。

台湾地区“法务部”检察司长宋国业解释，主要是大陆方仅同意基于人道立场送返人犯，其间原因在于大陆方坚持需以承认其刑事判决为接返罪犯的条件，但是台湾地区“两岸关系条例”第75条有关于不承认大陆方司法裁判的规定。①

台湾地区于2013年通过了“跨国移交受刑人法”，并于2013年7月生效，该法针对所有在境外服刑的台湾地区人民接返国内服刑，也准用大陆、港、澳等地。从此开展被判刑人移管在台湾方面有了专门的法律依据。此法实施之后，大量台湾居民向“法务部”提出了从大陆移管被判刑亲属的请求，“法务部”向大陆司法部一次性提出了多人移管名单，并向大陆提交了几名陆籍服刑人员希望移管回大陆服刑的名单。截至2013年3月31日，台籍在大陆监狱服刑的被判刑人共计1506人，主要分布在福建、广东、上海、浙江等省市。截至2013年6月30日，陆籍在台服刑被判刑人39人。对于上述请求，两岸相关部门正在办理之中。②

两岸移管合作中遇到的问题

两岸开展的移管合作，总的来看是比较成功的。2014年是《两岸司法互助协议》生效5周年，最高人民法院研究室副主任郃中林6月19日在北京表示，两岸民众高度认可司法互助工作，在两岸所签各项协议中，两岸司法互助协议始终获得台湾民众最高的支持率，最高时超过80%。郃中林称，这确实是一个很有意思和意义的问题和现象。他表示，台湾是相对比较多元的社会，有这么高的支持率，恰恰说明这个协议是实实在在的，就是让每一个老百姓平等受惠。郃中林也指出，目前台湾法院请求案件数量大于大陆请求台湾法院，主要是大陆的法院还不善于利用协议，请求量较低。他预测，在不

① 参见《千名罪犯仅完成6例接返》《中国时报》2011年10月20日。

② 郭建安：《大陆地区被判刑人移管制度与海峡两岸被判刑人移管问题研究》，《中国司法》2014年第1期。

远的将来，大陆法院的请求量会上升。[①] 但是，从已经和即将开展的合作来看，还存在一些特别值得注意的问题，需要两岸尝试探讨解决办法。

一是某些罪犯在移回台湾后并没有收监服刑，这可能会给双方司法互助方面的互信造成不利影响。在台湾“跨国移交受刑人法”实施之前移管的12名罪犯一直未进入监狱服刑，其中大部分人是因为患有严重或慢性疾病处于保外就医的状态，但也有极个别人已经病愈或者当初诊断不够确切，表现得较为健康，仍然在社会上而未到监狱服刑，引起台湾公众的不满和抱怨。如果这种状况得不到有效的遏制，势必影响到未来双方的罪犯移管合作。

二是台湾地区2013年公布并施行“跨国移交受刑人法”，根据该法第23条，“台湾地区与大陆地区、香港及澳门间之受刑人移交，准用本法规定，不受台湾地区与大陆地区人民关系条例第75条及香港澳门关系条例第44条规定之限制”。两岸被判刑人移管准用该法，从而在规范层面为台湾地区办理两岸罪犯移管案件提供了直接依据。但大陆方面，至今还没有做出明确的安排，应加快出台《中华人民共和国刑事司法协助法》。[②] 此外，依照“跨国移交受刑人法”，台湾罪犯返台服刑后依照台湾地区相关规定执行余刑，但其第14条、第16条、第17条也对罪犯移交返台服刑后移交方的审判权、行刑权予以部分保留。该规定之所以做出上述表述，是因为两岸罪犯移管形式上主要体现为罪犯的移交，但实质上是两岸司法部门行刑权的让渡，本质上是司法权的让渡。基于此，两岸罪犯移管后的执行问题不只是纯粹的接收方内部事项，两岸司法部门在罪犯移管上的职责并不仅限于罪犯的移交，应当延伸至后续的执行环节。在这一前提下，两岸司法部门在罪犯移管后的执行环节应当履行哪些职责值得探究。

三是大陆“移进式”移管制度和实践尚未健全和成熟。由于多方面的原

---

① 参见《两岸司法互助协议生效5周年获台湾高民意支持》，《中国时报》2014年6月19日。

② 据相关报道，司法部于2008年已经完成《中华人民共和国刑事司法协助法（草案）》起草工作，但至今仍未通过。参见《外逃贪官转移大额资产新渠道 以签订貌似合法国际商贸合同为掩护》，《法制日报》2011年6月23日。

因，大陆地区至今仍没有从台湾地区移管罪犯和其他国家移回罪犯的实践，再加上相关立法一直没有通过，因而相关制度和实践不够健全和成熟，尤其是大陆检察机关、审判机关、司法行政机关在罪犯移管运作流程中分工不明、互相谦让、监督缺位等状况，可能会对两岸进一步深化罪犯移管合作产生障碍。

四是两岸法律文化的差异以及司法制度的不同，可能对两岸相互移管被判刑人产生影响。比较明显的是双方对一些犯罪的量刑差距较大，诸如毒品犯罪，大陆对毒品犯罪的处罚比台湾地区对这类犯罪的处罚要重得多。

五是台方通过并实施“跨国移交受刑人法”，把与大陆的罪犯移管工作看成国与国之间的司法互助，这将触碰到大陆对台政策的底线，对两岸移管被判刑人实践产生不利影响。台湾“跨国移交受刑人法”中的一些规定，超出了大陆对外缔结的条约中相关条款的规定，如在接收受刑人的条件中，要求受刑人在移交方接受公正审判之权利已受保障；法务部门应派员或委托机关指派人员确认受刑人自愿移管意愿，即使作为请求方时也是如此等，可能对两岸移管被判刑人造成干扰。①

关于解决两岸罪犯移管实践中所存在问题的考虑

对于上述两岸罪犯移管中存在的问题，如不及时有效解决，会对两岸多年来努力达成的移管被判刑人的协议和实践造成消极影响，基于促进罪犯的改造和回归以及进一步预防和打击跨境犯罪的考虑，两岸应当继续加强合作，对所存在的问题及时研究解决。

（一）从司法实践层面完善罪犯移管制度之探讨

一是在总结陈航等三人返台服刑个案程序运作流程的有益经验的基础上，大陆应当进一步明确检察机关、审判机关以及刑罚执行机关在两岸罪犯移管

① 郭建安：《大陆地区被判刑人移管制度与海峡两岸被判刑人移管问题研究》，《中国司法》2014年第1期。

中各自的角色及相应的职责，确立三机关在两岸罪犯移管运作流程中分工负责、相互配合、相互监督的关系定位，注重发挥检察机关在罪犯移管程序中的法律监督作用，审判机关在审查决定罪犯移管申请以及转换刑期方面的实质作用，刑罚执行机关在罪犯移管流程中对外针对台湾地区有关部门的沟通作用以及对内针对检察机关、审判机关和被判刑人或者其法定代理人的联系协调作用，通过会议纪要等形式固化三机关在两岸罪犯移管中的职责权限，确保两岸罪犯移管有效进行。

二是鉴于大陆司法管辖区多元化的特色、大陆台囚多集中在东南沿海的犯罪分布格局以及福建省司法部门多次参与罪犯移管的实务运作等因素，可以短期内先行在福建省试点两岸罪犯移管工作，及时总结罪犯移管在司法机构设置方面的有益经验并推广至其他沿海省份。

三是注重开展两岸罪犯移管实证的积累、分析与总结工作。两岸可以分别设立罪犯移管官方协调机构或从现行的刑事司法机构中指定一个机构（类似于福建省之前设立的涉台案件专门审判庭），负责掌管两岸罪犯移管的协调、统计、分析、研究等事务，为今后完善两岸罪犯移管制度提供实证材料和方案。如从现行刑事司法机构中指定一个机构掌管该等事项，则以司法行政部门为宜。由此，逐渐由个案依政策协商和人道主义原则解决，走向更加规范化、法制化的罪犯移管工作新局面。

四是在立法中增设罪犯移管拒绝和优先规则，在大陆与俄罗斯、乌克兰之间的移管罪犯条约中明确规定了可以拒绝移管的情形，主要包括有损移交国主权、安全、公共秩序等严重犯罪，在移交国境内有尚未清偿的债务或者尚未终结的诉讼等情况。设立罪犯移管拒绝和优先规定，一方面可以将罪犯移管实体性要件进一步具体化，避免囚犯在不符合申请条件的情况下进行无谓的申请，并能够发挥激励囚犯认真接受改造、争取早日移管的导向；另一方面，能对那些犯有危害国家安全、恐怖主义等严重暴力犯罪分子，起到警示震慑作用。

（二）从法学理论视角完善罪犯移管之构想

一是应当确立两岸相互承认与执行刑事判决制度的观念。[①] 2010 年 3 月，在全国政协十一届三次会议上，台湾民主自治同盟中央向全国政协提出《关于加强海峡两岸司法互助》的提案，希望两岸间进一步扩大司法互助范围，例如刑事诉讼移管和刑事裁判的承认与执行。[②] 对于两岸间刑事裁判之认可问题，两地均有学者提倡采积极认可的观点，以化解“一事不再理”原则贯彻方面的质疑，并相应解决累犯等法律问题。高铭暄、赵秉志、黄京平即主张：“在承认对方曾对犯罪人所犯前罪的判决效力的基础上，对于在己方再次犯罪构成累犯或再犯者依法予以从严处罚。”[③] 台湾学者谢立功教授认为：“不妨将大陆地区法院之刑事裁判，视为一个非外国但又与外国类似之‘特别区域’法院之刑事裁判。进而承认大陆法院刑事裁判的效力，使‘一事不再理’、‘一罪不两罚’的原则得以贯彻，对累犯得以从重或加重处罚，使一案数罪得以合并侦查、审理。”[④] 两岸间相互承认刑事裁判，也是《两岸司法互助协议》中有关“罪犯移管”“罪赃移交”等司法互助得以顺利开展的有力保障。

在不同司法管辖区之间，相互承认与执行判决是开展移管被判刑人合作的前提和基础。尽管大陆与台湾地区不是两个国家，但是属于两个不同的司法管辖区，也应当参照不同国家之间相互尊重管辖权的惯例，相互承认和执行对方的判决。台方应按照这样的原则处理好台湾地区“跨国移交受刑人法”实施之前移管到台湾的被判刑人，而不宜再对其同一犯罪行为进行侦查、起诉和审判。其实，两岸刑法在管辖权问题上都采取了针锋相对和互不相让的

① 参见时延安《论海峡两岸间刑事裁判的承认——基于被判刑人个人权益的考量》，《中国刑事法杂志》2010 年第 11 期。

② 徐日丹：《台盟中央建议加强两岸司法互助》，《检察日报》2010 年 3 月 10 日。

③ 高铭暄、赵秉志、黄京平：《现阶段大陆涉台刑事法律问题研究》，载海峡两岸关系协会编《涉台法律问题研究》（1），1994 年版。

④ 谢立功：《两岸刑事司法互助之规划——试拟两岸刑事司法互助协议草案》，载何超明、赵秉志主编《区际刑事司法协助研究》，澳门特别行政区检察院、澳门检查律政学会 2002 年版，第 216 页。

立场。① 大陆迟迟没有“移进式”移管成功案例，在一定程度上是困于此。如果这样的僵硬观念不改变，从台湾地区向大陆移管被判刑人的进程将会受到影响。

二是两岸之间在广泛交流、充分协商的基础上努力细化“罪犯移管（接返）”规定。该条规定简洁明了，但是可操作性不够强，对于刑罚种类、原则、条件、刑罚转换、程序、适用的法律、费用的承担等移管涉及的许多基本问题都没有规定。台湾地区通过了相关立法，而且明确了适用于大陆，相当于有法可依。大陆尚没有通过相关立法，与外国的移管一般是根据双边条约或个案协商进行解决。但是，大陆与台湾地区之间的移管和中国与外国之间的移管不尽相同，考虑到移管是最为重要和复杂的司法互助形式，两岸司法合作水平不断提高，未来两岸应细化《两岸司法互助协议》第 11 条的规定，制定实施细则不仅是必要的，而且是可行的。

三是适当参考国际罪犯移管方面成熟完善的国际惯例。区际罪犯移管来源于国际罪犯移管，国际罪犯移管合作经过半个多世纪的实践，对移管所涉及的刑罚种类、原则、条件、刑罚转换、程序、适用的法律、费用的承担等许多基本问题，国际社会已经形成了惯例。虽然两岸不是两个国家，但作为两个不同的司法管辖区，可以参考国际社会已经形成的这些惯例。在当前仅有框架性协议的情况下，两岸在移管实践中的具体环节、运作流程、刑期转换可以借鉴这些惯例。

当然解决当前问题，并不意味着原来签订《两岸司法互助协议》的海峡两岸关系协会与海峡交流基金会要重新签署一份同类性质的协议。其实，海峡两岸的“业务主管部门”完全可以在工作会晤、人员互访、业务培训中讨论包括上述问题在内的各种新情况和新问题，以合作备忘录或者共同商定的

① 大陆《刑法》第 10 条规定“凡在中华人民共和国领域外犯罪，依照本法应当负刑事责任的，虽然经过外国审判，仍然可以依照本法追究，但是在外国已经受过刑事处罚的，可以免除或者减轻处罚。”台湾“刑法”第 9 条规定：“同一行为虽经外国确定裁判，仍得依本法处断。但在外国已受刑之全部或一部执行者，得免其刑之全部或一部之执行。”

工作操作规程等方式来弥补《两岸司法互助协议》的不足之处，从而逐步形成全面落实和贯彻《两岸司法互助协议》的法律机制，为将来时机成熟签订专门的两岸刑事司法互助协议不断地创造条件。①

四是继续加强和深化罪犯移管领域合作，完善合作机制，提高合作效率。自两岸签署《两岸司法互助协议》以来，两岸刑事司法互助已经进入一个新的时代。如此大好形势之下，两岸间应继续加强合作，拓宽合作领域。鉴于两岸政治分立之事实，应努力突破既有理论和观念的束缚，在扩大共识、相互信任的基础上，从有利于两岸人民福祉出发考虑问题、解决问题。

（原载《江海学刊》2015 年第 1 期）

① 赵秉志：《海峡两岸共同打击犯罪问题新探讨》，《江海学刊》2014 年第 1 期。

当代中国法治发展道路的内在逻辑

公丕祥

引 言

孟德斯鸠曾经表达过这样一个意味深长的论断："为某一国人民而制定的法律，应该是非常适合于该国的人民的；所以如果一个国家的法律竟能适合于另外一个国家的话，那只是非常凑巧的事。"① 这一论述实际上揭明了一个深刻的法理：一个国家的法律是在这个国家的社会生活土壤中生长起来的，必须同这个国家的社会条件和人民需要相适应。纵观文明社会法治发展的历史进程，我们可以看到，由于不同国家的经济、政治、社会和文化发展水平的差异性，以及历史发展、风俗习惯和民族特点的不尽相同，乃至这些国家所处的地理环境、自然状况和人口规模诸方面条件的迥然相异，必然会导致不同的法治发展道路。正因为如此，全球法治发展才显得这般丰富多样。

中国法律深深地植根于中国社会的土壤之中，有着源远流长、根深蒂固的民族品格，形成了具有独特表现形式和运动方向的发展道路。在当代中国，法治发展道路就是中国特色社会主义法治道路。这是中国共产党人在领导人民进行法治建设的艰辛探索过程中逐渐形成和发展起来的、符合中国国情实际的现代化的法治发展之路。它具有鲜明的时代特征，蕴含着深刻的理论逻

① 孟德斯鸠：《论法的精神》（上册），张雁深译，商务印书馆 1961 年版，第 6 页。

辑。因此，党的十八届四中全会决定在确立全面推进依法治国指导思想时，明确提出要“坚定不移走中国特色社会主义法治道路”①。习近平强调：“在坚持和拓展中国特色社会主义法治道路这个根本问题上，我们要树立自信、保持定力。走中国特色社会主义法治道路是一个重大课题，有许多东西需要深入探索，但基本的东西必须长期坚持。”② 本文拟对当代中国法治发展道路的内在逻辑作一初步的探讨，努力揭示中国特色社会主义法治道路的基本取向，借以加深对全面推进依法治国、加快建设法治中国的根本遵循的理解和把握。

党的领导与依法治国的有机统一

中国共产党的领导是中国特色社会主义法治道路的根本政治保证，也是中国法治道路与西方法治道路的根本区别所在。③ 在当代中国的法治发展进程中，作为掌握国家政权的最强大、最权威的政治组织，中国共产党的执政方式及其取向，对于建设中国特色社会主义法治体系，推动中国特色社会主义法治发展，产生着极其深刻而重要的影响。随着1949年新民主主义革命的胜利，中国共产党从领导人民为夺取全国政权而奋斗的党，成为领导人民掌握国家政权并且长期执政的党。由此，中国共产党的执政方式面临着新的重大的课题。在这里，一个重要的问题就是要正确认识和处理好坚持党的领导与推进依法治国的关系。新中国成立以来，在这个重大问题上经历了一个复杂的变化发展过程。

新中国成立之初，在新民主主义革命刚刚胜利的历史条件下，必须要强化党对国家和社会生活的各方面的直接有力的领导，对法治建设也是如此。当时从中央到地方对这个问题的认识是完全一致的。不过，中央也注意到党的领导与国家政权机关的活动方式还是有所区别的，不能加以混淆。比如，1951年9月，董必武在华北第一次县长会议的讲话中就曾经对党与政权机关

① 《中共中央关于全面推进依法治国若干重大问题的决定》，人民出版社2014年版，第4页。

② 习近平：《加快建设社会主义法治国家》，《求是》2015年第1期。

③ 参见汪习根《坚定不移走中国特色社会主义法治道路》，《人民日报》2014年11月6日。

的关系作过精辟的分析，强调党领导着国家政权，但这绝不是说党直接管理国家事务，也绝不是说党可以直接把党和国家政权看成是一个东西。在任何情况下，都不应当把党的机关的职能与国家机关的职能混同起来。他指出："党对国家政权机关的正确关系应当为：一是对政权机关工作的性质和方向给予确定的指示；二是通过政权机关及其工作部门实施政策，并对它们的活动实施监督；三是挑选和提拔忠诚而有能力的干部（党与非党的）到政权机关中去工作。"① 总的来看，在新中国成立之初的特殊的历史条件下，强化党对国家与社会生活的全面领导包括对法治工作的直接领导，是完全必要的。比如说新中国成立之初的司法改革运动，是新中国司法发展进程中的一个意义重大、影响深远的法治事件。通过司法改革运动，中国共产党对司法工作的领导地位得以巩固和强化。针对"三反"运动中所暴露出来的司法机关存在的政治不纯、组织不纯和思想不纯的问题，在研究部署司法改革运动时，时任政务院副总理兼政治法律委员会主任的董必武就特别强调，"我们应该认识到司法工作是国家政权的重要组成部分，是镇压反动派、保护人民的直接工具，是组织与教育人民群众作阶级斗争的有力武器。人民民主革命的胜利果实是经过艰苦斗争而得来的，我们必须珍惜它，爱惜它，必须在三反运动胜利的基础上，彻底改造与整顿各级司法机关，使各级司法机关从政治上、组织上、思想作风上保持与提高纯洁性"②。因此，加强党对司法机关工作的领导，就成为司法改革运动的重要任务。在1952年6月24日的全国政法干部训练会议上，彭真在说及对法院进行组织整顿的具体措施时，强调进行司法改革，对法院进行彻底的改造与整顿，一个重要任务就是要加强党对司法工作的领导，并给各级人民法院调配一定数量的领导骨干。③ 1953年3月14日，由彭真起草的政务院政治法律委员会党组向毛泽东并中共中央的报告，专门论及党的领导与司法工作的关系问题，强调要加强党对司法各部门的领导，

① 《董必武法学文集》，法律出版社2001年版，第110页。

② 同上书，第121—122页。

③ 参见彭真《论新中国的政法工作》，中央文献出版社1992年版，第73—74页。

从根本上健全司法制度，指出："县以上各级党委，应加强对司法工作的领导和检查，并指定一个常委管理司法工作。司法机关负责同志应主动地及时地向党委反映情况，严格遵守请示报告制度，以取得党委的密切领导。党委讨论有关司法工作的问题时，应尽可能吸收司法部门的党员负责同志参加。"① 同年4月7日，中共中央做出批示，原则批准政务院政治法律委员会党组的这个报告，并下发全党参照执行。② 正是在这场司法改革运动之后，从中央到地方的各级党委反复强调党委要掌握司法工作的主动权，加强对司法工作的全面领导。

所以，在新中国成立之初的特殊的历史条件下，我们党作为一个刚刚执政的最强大的政治组织，切实加强对政权机关和法治建设的直接领导，不仅是必要的，也是可行的。随着国家政权的巩固和国家法治建设的进展，党委逐渐地从具体的事务中摆脱出来，而由专门的法治机关负责具体的法律与司法事务。比如，中共八大关于政治报告的决议特别提出死刑核准权问题。新中国成立之初，死刑的核准权是掌握在地委市委一级党委手上的。③ 随着整个国家政权的巩固，中共八大强调，"需要处死刑的案件，应当一律归最高人民法院判决或者核准"④。1957年7月15日，一届全国人大四次会议通过专门的决议，指出："今后一切死刑案件，都由最高人民法院判决或核准。"⑤ 这就把体现中共八大关于政治报告的决议精神的党的意志上升为国家意志，使之成为具有国家法律效力的法律规范。这表明党充分认识到，不仅要加强党对司法工作的领导，同时也要注意改善党对司法工作的领导。这是非常宝贵的历史经验。当然到了后来，从1957年开始，随着反右派斗争的全面展开，法律虚无主义思潮广泛蔓延，把坚持党的领导与加强法治建设截然对立起来，

---

① 参见彭真《论新中国的政法工作》，中央文献出版社1992年版，第77页。

② 同上书，第75页。

③ 参见毛泽东《严格限制镇压范围，控制捕杀批准权》（1951年4月2日），载中共中央文献研究室等编《共和国走过的路——建国以来重要文献专题选集》（1949—1952），中央文献出版社1991年版，第243页。

④ 《中华人民共和国法规汇编》（1956年7月—12月），法律出版社1957年版，第14页。

⑤ 《中华人民共和国法规汇编》（1957年7月—12月），法律出版社1958年版，第296页。

认为加强法治建设是旧法观念的残余，是否定党对法治建设的领导。因此，在具体的法治实践中，强调全部的法治活动都必须坚决服从党委的领导和监督，党委有权过问一切案件。所以，党委审批案件的制度是在1957年反右斗争之后开始建立起来的，并且一直延续到粉碎“四人帮”之后。

以1978年12月党的十一届三中全会召开为标志，当代中国的法治建设进入了一个重建和迅速发展的历史新时代。1979年9月，中共中央发出了《关于坚决保证刑法、刑事诉讼法切实实施的指示》（以下简称《九月指示》）。以中共中央名义专门就刑法、刑事诉讼法这两部法律实施问题颁布文件，是非常罕见的，这充分反映了党对“十年动乱”结束后尽快恢复与重建国家法治秩序、加快法治建设进程的高度重视。《九月指示》第一次全面科学地确立了党对司法工作领导的基本原则和工作体制。[①] 此后，中央多次发出文件进一步重申和强调《九月指示》的基本精神。因之，党的十八届四中全会在回顾总结新中国成立以来六十多年中国法治建设成功经验和深刻教训的基础上，科学揭示了党的领导与依法治国之间的内在关联，强调“党的领导和社会主义法治是一致的，社会主义法治必须坚持党的领导，党的领导必须依靠社会主义法治”[②]。这对于我们准确把握坚持党的领导与推进依法治国之间的关系具有重要的指导作用。

首先，必须切实加强党对全面推进依法治国的领导。回眸中国特色社会主义法治发展的进程，我们可以看到，新中国成立以来特别是党的十一届三中全会以来，作为执政党的中国共产党始终总揽法治建设的全局，并且主导着这场伟大的法治革命的发展方向。从1978年12月十一届三中全会提出社会主义民主制度化、法律化的重大法治方针，到1997年9月十五大提出坚持依法治国、建设社会主义法治国家的基本方略，从2002年11月十六大正式确立党的领导、人民当家做主、依法治国有机统一的重大法治原则，并且提出坚持依法执政的重大法治思想，到2007年10月十七大强调全面落实依法

---

① 参见《三中全会以来重要文献选编》（上），人民出版社1982年版，第259页。
② 《中共中央关于全面推进依法治国若干重大问题的决定》，人民出版社2014年版，第5页。

治国基本方略、加快建设社会主义法治国家，从 2012 年 11 月十八大将“依法治国基本方略全面落实”作为全面建成小康社会和全面深化改革开放的重要目标之一，到 2013 年 11 月十八届三中全会做出推进法治中国建设的重大战略抉择，再到 2014 年 10 月十八届四中全会在我们党的历史上第一次以中央全会的形式专门研究部署全面推进依法治国若干重大问题并作出相应的决定，中国特色社会主义法治发展所走过的不平凡的历程，鲜明地反映了作为执政党的中国共产党对当代中国法治发展的坚持不懈的高度关注和执着努力，进而历史性地确证了中国共产党的领导是中国特色社会主义法治建设的根本政治保证。因此，习近平指出：“坚持中国特色社会主义法治道路，最根本的是坚持中国共产党的领导。……依法治国是我们党提出来的，把依法治国上升为党领导人民治理国家的基本方略也是我们党提出来的，而且党一直带领人民在实践中推进依法治国。”①

其次，必须切实改进党对全面推进依法治国的领导。在当代中国，作为执政党的中国共产党是国家生活和社会生活的领导核心力量。坚持党的领导，是中国特色社会主义法治建设的根本要求。这是确定无疑的。同时应当看到，中国共产党领导人民依据宪法和法律有效治理国家与社会、实施依法治国基本方略，必然要求党要改革和完善自身的领导方式和执政方式，坚持依法执政，在法治化的轨道上实现对国家和社会的领导。这既是依法治国的内在要求，也是依法治国的根本保证，从而标志着中国共产党的领导方式和执政方式的重大创新。依法执政与依法治国的内在一致性，要求把党的意志上升为国家意志，使之成为国家法律；要求通过法定程序实现对国家与社会生活的领导；要求运用法律机制设定国家权力运行结构，配置社会资源，调控社会利益关系，推进社会变革。很显然，这一重大的创新与转变对党自身提出了新的更高的要求。从执政意志来看，党要有自觉的法治意识与法权要求，形成执着的法治意志，矢志不渝地为建设法治中国而奋斗；从执政行为来看，

① 习近平：《加快建设社会主义法治国家》，《求是》2015 年第 1 期。

党必须在宪法和法律的范围内活动，尤其要抓住领导干部这个“关键少数”，着力增强党员干部的法治思维和依法办事能力①；从执政能力来看，党要善于运用法治思维和法治方式来实现自己的意志要求，努力以法治凝聚改革共识、规范发展行为、促进矛盾化解、保障社会和谐②；从执政机制来看，党要正确处理好法律与政策的关系，既充分发挥政策调整与治理的功能作用，又注意促进从政策向国家制定法的转变，并且把依法治国与依规治党有机衔接起来，努力形成国家法律法规和党内法规制度相辅相成、相互促进、相互保障的格局③。只有这样，才能使党的领导核心力量建立在坚实的法治基础之上，也才能更加卓有成效地加强和改进党对依法治国的领导。因此，习近平强调，“要改善党对依法治国的领导，不断提高党领导依法治国的能力和水平”④。

总之，在中国特色社会主义法治发展的进程中，党的领导与依法治国是内在结合、高度统一的，绝不能将二者割裂开来、对立起来。习近平深刻指出：“党和法的关系是一个根本问题，处理得好，则法治兴、党兴、国家兴；处理得不好，则法治衰、党衰、国家衰。”⑤ 中国共产党是中国特色社会主义事业的领导核心，处在总揽全局、协调各方的地位。社会主义法治必须坚持党的领导，党的领导必须依靠社会主义法治。法是党的主张和人民意愿的统一的体现，党领导人民制定宪法法律，党领导人民实施宪法法律，党自身必须在宪法法律范围内活动，这就是党的领导力量的体现。党和法、党的领导和依法治国是高度统一的。

强化政府推动与保持社会活力的有机统一

一定社会、地区或国度的法治发展，总有其自身特定的价值系统。这些

① 参见《习近平关于全面依法治国论述摘编》，中央文献出版社 2015 年版，第 118 页。

② 同上书，第 110 页。

③ 参见习近平《关于〈中共中央关于全面推进依法治国若干重大问题的决定〉的说明》，载《中国共产党第十八届中央委员会第四次全体会议文件汇编》，人民出版社 2014 年版，第 85 页。

④ 习近平：《加快建设社会主义法治国家》，《求是》2015 年第 1 期。

⑤ 参见《习近平关于全面依法治国论述摘编》，中央文献出版社 2015 年版，第 33 页。

特定的价值系统，随着文化的传播与相互影响，又会形成反映某些国度共同生活条件的法治发展类型。在急剧变化的法治发展进程中，这些不同的法治发展类型逐渐演化成为具有不同历史特点和不同变革道路的法治发展模式。

在法制现代化理论研究中，以政府在法制现代化进程中的功能状况为尺度，通常把法治发展类型划分为社会演进型、政府推动型和政府推进与社会演进互动型三种样式。社会演进式法治发展类型，主要是指由社会自身力量产生内部创新、经历漫长过程的法治变革道路，是因社会内部条件的成熟而从传统法制走向现代法治的转型发展过程。这种法治发展类型一般以英国、美国、法国等欧美国家为代表。一般来说，它是因社会内部条件的逐步成熟而渐进式地发展起来的。在英国、美国、法国等最早走上资本主义现代化道路的国家，在其创设和形成现代法治的过程中，尽管充满着许多激荡风云的重大社会变革事件，但从总体上看，却是一个自然演进的自下而上的渐进变革的社会过程。诚然政府对法治发展进程的影响不可忽视，但就总体而言，政府所起到的作用相对有限。政府推动式法治发展类型，是指因域外法律文化的冲击而在政府的强力推动下所导致的自上而下的法治成长与进步过程。这一类型通常以日本、俄国、新加坡等国家为代表。在这种类型法治发展的国度，政治变革往往成为法治发展运动的历史先导，政府发挥着主要的推动作用。由于这种法治发展类型的国家和社会内部，原先的商品经济因素较为薄弱，无法自发形成变革社会的主体力量，政府及现代政党作为有组织的社会力量便在法治发展进程中起到主导作用。政府推动与社会演进互动式法治发展类型，是指在各种内外因素的相互作用下，政府与社会形成自上而下和自下而上彼此互动的格局，进而推动传统法制向现代法治的转型与变革过程。这种类型以中国为典型代表。政府推动与社会演进互动式法治发展模式既具有社会演进型法治发展模式的某些特征，又兼具政府推动型法治发展模式的相关属性，二者内在融合，形成独特的混合式的法治发展类型。在这里，一方面，从法治发展的启动机制来看，政府的能动的有效推动，往往构成启动法治改革运动的重要因素，因而成为推动法治发展的强大力量；另一方面，从法治发展的生成机理来看，国家与社会内部已经逐渐生成了法治变革的因素和基础，从而为法治变革运动的形成与发展提供了重要条件。所以，这种类型的法治发展进程，乃是政府推动与社会演进相互作用的历史产物。

在中国特色社会主义法治发展的进程中，必须正确认识和处理好强化政府推动与保持社会活力之间的关系。应当看到，充分发挥社会主体的自主性、创造性及自治功能，保持社会进步的生机与活力，形成法治变革与发展的内在力量，建设一个有机的法治社会，是当代中国法治发展的重要目标之一。法制现代化与法治社会是内在地结合在一起的。一个已经实现了法制现代化的国家，整体来说必然是一个法治社会。中国法制现代化的历史性任务，就是要实现向法治社会的历史性转变。因此，推动当代中国法治发展的一项基础性工程，就是要加快建设和形成一个信仰法治、依法治理的社会。而这一目标任务的实现，离不开社会主体的能动作用的有效发挥。人类文明演进史不断地揭示着、证明着一个深刻而伟大的真理：一种新型法律文明的诞生，必然伴随着社会主体自身的革命。作为社会主体的人，是一定的法的价值系统的载体。在法治发展进程中，社会主体的自主性程度如何，往往是衡量法治发展的社会人类学指示器。在新中国成立后的相当长一段时间内，脱离客观存在的一定的社会经济发展水平，构筑了一个高度集权化的计划经济体制和一元化的社会统制模式，压抑了社会主体的积极性、主动性和创造性。这一情形反映到法治发展进程中，就是片面强调政府的主导作用，忽视社会主体的积极能动作用，滞阻了社会与法治发展的内生活力。社会主义市场经济的广泛发展和社会主义民主政治的深入推进，空前激发了社会生活的蓬勃生机，有力地推动着从事这一变革的社会主体自身的飞跃，社会主体的自主性逐步得到了确立，社会成员的首创精神和聪明才智有了充分施展的广阔天地。这一时代特点反映到法治发展进程中，表现为社会主体因素在法治发展中的比重不断增长，社会主体愈益成为推动法治变革与发展的重要力量，因而法治发展的社会内生动力系统得以逐步强化，法治社会建设日益释放出强大的潜能。所以，进入改革开放的历史新时期以来，邓小平多次强调，要把经济搞活，发挥地方、企业和职工的积极性。① 他把尊重人民群众的自主首创精神，调动人民群众的积极性，看作政治体制改革的重要目标之一，并且把它视为改革的一条基本经验，指出："这些年来搞改革的一条经验，就是首先调动农民的积极性，把生产经营的自主权力下放给农民。……农村改革是权力下放，城市经济体制改革也要权力下放，……让他们参与管理，实现管理民主化……各方面都要解决这个问题。"② 邓小平还把人民相信不相信、人民答应不答应、人民满意不满意，看作判断制度、路线和政策成功与否的基本尺度。

因此，在当代中国，法治发展的最深厚的动因基础，来自社会主体的积极性、能动性和首创精神。全面推进依法治国、加快建设社会主义法治国家的一个基本要求，就是运用授权性规范确认社会主体的广泛社会自由，赋予他们广泛的社会权利，激发社会主体投身法治事业、推动法治发展的巨大热忱，使之成为当代中国法治发展进程的源源不竭的动力源泉。我们党始终把坚持人民主体地位、公民有序参与民主政治与法治建设作为促进当代中国民主与法治建设的一项重要原则，通过多种途径、机制与方式，在立法、执法、司法、基层社会自治等各个领域依法保障人民群众参与国家与社会治理的权利，积极鼓励和充分尊重基层群众在法治改革中的实践探索，加强重大法治改革举措的区域和基层试点，人民群众在法治改革与发展中拥有知情权、参与权、决策权和监督权。这是当代中国法治发展类型的制度优势所在，是中国特色社会主义法治不同于资本主义法治的根本区别所在③，也集中体现了当代中国法治发展进程的自下而上的基本理路。因之，党的十八大报告把"必须坚持人民主体地位"作为夺取中国特色社会主义新胜利必须牢牢把握的八个方面的基本要求之一，提出要"最广泛地动员和组织人民群众依法管理国

① 参见《邓小平文选》第2卷，人民出版社1994年版，第362页。

② 《邓小平文选》第3卷，人民出版社1993年版，第180页。

③ 参见徐显明、张文显、李林《中国特色社会主义法治道路如何走？——三位法学家的对话》，《求是》2015年第5期。

家事务和社会事务、管理经济和文化事业”①。十八届三中全会决定把“解放和增强社会活力”作为全面深化改革指导思想的重要内容，强调要“让一切劳动、知识、技术、管理、资本的活力竞相迸发，让一切创造社会财富的源泉充分涌流，让发展成果更多更公平惠及全体人民”②。十八届四中全会决定把坚持人民主体地位确立为全面推进依法治国必须遵循的原则之一，提出“人民是依法治国的主体和力量源泉”的重大命题，强调“必须坚持法治建设为了人民、依靠人民、造福人民、保护人民”③。习近平进一步指出：“我国社会主义制度保证了人民当家做主的主体地位，也保证了人民在全面推进依法治国中的主体地位。这是我们的制度优势，也是中国特色社会主义法治区别于资本主义法治的根本所在。”“要充分调动人民群众投身依法治国实践的积极性和主动性，使全体人民都成为社会主义法治的忠实崇尚者、自觉遵守者、坚定捍卫者，使尊法、信法、守法、用法、护法成为全体人民的共同追求。”④ 这些重要论述，清晰地揭示了当代中国法治发展类型的主体力量、动力源泉和基本取向，为中国特色社会主义法治发展指明了方向。

应当看到，在中国特色社会主义法治发展的进程中，摒弃以往高度集权化的政府行为模式，扩展社会主体的自主性与自治权能，丝毫不意味着国家及政府功能的弱化，也绝不表明现代化的政府机制是相对无为的。一般来说，法制现代化的过程离不开一定的政治机构的启动，而这一情形在东方国家表现得尤为明显。事实上，近现代中国的每一次法制改革运动，都有赖于适当类型的政治架构的推动。所不同的是，每一种类型的政治架构的价值取向是不一样的。20 世纪最初十年内所展开的晚清法制改革运动，表明当皇朝面临深重的政治危机时政府所能起的作用是有限的。在近现代中国法制转型发展的历史过程中，国家与政府的行动方式是多种多样的。就其总体来说，主要

---

① 胡锦涛：《坚定不移沿着中国特色社会主义道路前进　为全面建成小康社会而奋斗——在中国共产党第十八次全国代表大会上的报告》（2012 年 11 月 8 日），人民出版社 2012 年版，第 14 页。

② 《中共中央关于全面深化改革若干重大问题的决定》，人民出版社 2013 年版，第 3 页。

③ 《中共中央关于全面推进依法治国若干重大问题的决定》，人民出版社 2014 年版，第 6 页。

④ 习近平：《加快建设社会主义法治国家》，《求是》2015 年第 1 期。

有三种方式：一是建立强有力的官僚体制和国家机器。“只有运用国家机器的强大力量才能将那些极为有限的现代化基础条件动员和集中起来，以用于现代化的最关键的环节。同时，也只有通过国家机器的力量，才有可能有效地解决现代化初期后由社会解体与混乱所造成的种种社会问题。”① 因此，能否建立一个相对独立于社会的强有力的政府体制和有能力的国家机器，直接影响着社会变革及法制转型的启动和进程。1949 年中华人民共和国成立，强有力的有权威的人民的中央政府得以确立，从而加快了中国社会变革和法制现代化的进程。二是根据变革目标的需要，建立法律机构，编纂成文法典，加强法治改革方案的顶层设计和组织推动。在近现代中国，每一次大的社会变革都伴随着相应的较大规模的政府创制法制的过程。三是动员和组织社会资源参与法律变革过程。如果说政府及其领导集团对于现代化的态度在很大程度上制约着近代以来中国法制现代化的历史过程，那么这种进程在相当大的意义上则取决于政府及其领导集团能否有效地动员和组织社会的各个阶级或阶层来参与这一变革过程，取决于法制现代化的社会支持系统的取向。

中国是一个发展中的东方大国，社会经济发展很不平衡，这就需要有一个在中国共产党的坚强领导下充分行使公共管理职能的强大国家的存在，需要依靠政府的强有力的正确有效的调控干预，需要政府自觉地担负起正确地引导和推动经济、社会与法治发展的时代重任。三十多年的改革开放把当代中国社会推进到了一个新的历史阶段，极大地解放了社会生产力。但是，在向新体制转轨的过程中，社会运行过程亦出了一些值得关注的“失范”现象，政府权威亟待加以强化，法治实施过程中的公正与效率问题较为突出，社会公正问题远未得到切实有效的解决。这种状况倘若再继续发展下去，势必将严重地妨碍国家治理现代化的顺利推进，妨碍良好有效的社会结构的重塑进程，妨碍当代中国法治发展进程的有效展开，从而使这场深刻的社会与法治变革过程付出沉重的代价。因此，当我们向国家现代化的目标奋力迈进，选

① 孙立平：《后生外发型现代化模式剖析》，《中国社会科学》1991 年第 2 期。

择和建构新的国家功能模式时，一定要从自己国家的实际出发，充分考虑到自己国家的经济、政治、社会和法治发展的特点以及自己民族的文化背景和历史传统。只有植根于自己国家的国情和能够应对各种挑战的国家功能模式，才是有生命力的。因此，当中国改革开放面临严峻的形势之际，邓小平谆谆告诫说："中央要有权威。……改革要成功，就必须有领导有秩序地进行。……没有这一条，就是乱哄哄，各行其是，怎么行呢？""我们要定一个方针，就是要在中央统一领导下深化改革。"① 党的十八届三中全会决定强调，经济体制改革的核心问题是处理好政府和市场的关系，不仅要使市场在资源配置中起决定性作用，而且要更好发挥政府作用，建设法治政府和服务型政府；全面深化改革必须充分发挥党总揽全局、协调各方的领导核心作用，坚决维护中央权威，保证政令畅通。② 面对全面推进依法治国的历史性艰巨任务，党的十八届四中全会决定强调，"党的领导是全面推进依法治国、加快建设社会主义法治国家最根本的保证。必须加强和改进党对法治工作的领导，把党领导贯彻到全面推进依法治国全过程"，要"健全党领导依法治国的制度和工作机制，完善保证党确定依法治国方针政策和决策部署的工作机制和程序。加强对全面推进依法治国统一领导、统一部署、统筹协调"。③ 习近平进一步强调，各级领导干部的信念、决心、行动，对全面推进依法治国具有十分重要的意义。党政主要负责人要履行推进法治建设第一责任人的职责，统筹推进科学立法、严格执法、公正司法、全民守法。要抓紧对领导干部推进法治建设实绩的考核制度进行设计，对考核结果运用作出规定。要落实党的十八届四中全会就此提出的一系列制度安排，使其早日形成，早日发挥作用。所以，在当代中国，不断成长、日益壮大的现代社会机制和社会主体力量能够为现代法治的形成与发展提供可靠的社会基础，但是仅仅依靠社会的自发

① 《邓小平文选》第3卷，人民出版社1993年版，第277—278页。

② 参见《中共中央关于全面深化改革若干重大问题的决定》，人民出版社2013年版，第5、16、57—58页。

③ 《中共中央关于全面推进依法治国若干重大问题的决定》，人民出版社2014年版，第33—34页。

演进机制还远远不能满足现代法治发展的现实需要。拥有强有力的国家能力和现代政府系统，则是中国实现法制现代化的必要条件。中国特色社会主义法治道路鲜明地体现了强化政府推动与保持社会活力之有机统一的时代品格。对此，我们需要有足够的自觉意识。

法治发展的变革性与连续性的有机统一

在现代社会，法治发展意味着从传统型法制向现代化法治的历史变革过程。这是一个变革的概念，它表明法治发展的本质性意义，就在于伴随着社会由传统到现代的转变，法律也同样面临着从传统型向现代型的历史更替。这种历史性的跃进，导致整个法律文明价值体系的巨大创新。

马克思指出："社会不是以法律为基础的。那是法学家们的幻想。相反地，法律应该以社会为基础。"① 法治发展的进程，深刻反映了社会发展的法权要求；而法治革命的生成与发展，则在很大程度上体现了社会革命的支配性作用。新中国成立六十多年来，发生了两次深刻的社会革命以及与之相伴而生的两次法治革命。从 1949 年到 1956 年的当代中国第一次社会革命，在古老的中国大地上创建了社会主义国家制度及其国家治理体系。与此相适应，历史性地生成了当代中国第一次法律革命，旨在实现由半殖民地半封建社会的法律秩序向新型的社会主义法治秩序的革命性转变。1978 年 12 月党的十一届三中全会开启了当代中国改革开放的历史新时代，而改革开放实际上是 1949 年之后中国的又一次社会革命，"改革是中国的第二次革命。这是一件很重要的必须做的事，尽管是有风险的事"②。由此，当代中国第二次法律革命应运而生，展开了从传统的计划经济体制下的法律架构向社会主义市场经济体制下的法治架构的转型发展。十八大以来，以习近平同志为总书记的党中央，从坚持和发展中国特色社会主义的战略高度，形成并提出了全面建成小

① 《马克思恩格斯全集》第 6 卷，人民出版社 1961 年版，第291—292 页。

② 《邓小平文选》第 3 卷，人民出版社 1993 年版，第 113 页。

康社会、全面深化改革、全面依法治国、全面从严治党的重大战略布局，这标志着当代中国第二次社会革命的深化发展。因此，全面推进依法治国、加快建设法治中国，构成了新的历史起点上的当代中国第二次法律革命的时代主旋律。从法律形式上讲，中国特色社会主义法治发展进程中的两次法律革命，实际上都是一场宪法革命。宪法既是社会革命的产物，又是法律革命的根本法基础。当代中国的第一次法律革命以“五四宪法”这一根本法的形式，确立了人民民主和社会主义这两大原则，明确规定了社会主义中国的国体与政体，第一次把社会主义民主政治制度上升为法律；第二次法律革命通过“八二宪法”及其修正案，在中国社会变迁过程中第一次确立了社会主义市场经济体制以及与之相适应的中国特色社会主义民主政治制度。因之，在一定意义上可以说，中国特色社会主义法治发展进程中的两次法律革命都是一场法律观念的革命。法律理念的变革是法治革命的灵魂。当代中国的第一次法律革命寄托了人民共和国的创立者们关于社会主义的自由、正义、平等和共同体的价值理想。而第二次法律革命则充分体现和确证了建设中国特色社会主义法治体系、建设社会主义法治国家的价值目标和社会理想，它要在中国大地上完成从传统的人治社会向现代的法治社会的真正的历史性转变，向着法治中国的宏伟愿景奋力前行。

不仅如此，法治发展还是一个连续的概念。法治发展不是渐进过程的中断，而是一条川流不息的法治长河。这就是说，认识法治发展现象，不能忘记基本的历史联系。在从传统法制向现代法治的历史跃进的过程中，无疑存在着对传统的突破和否定，但是这种否定在一定意义上是一种历史性的“扬弃”。实际上，现代法治的成长过程，包含着对传统法制的形式和内容的诸要素的肯定和保留。在法治发展的进程中，往往会出现这样的情形，传统社会与法制本身蕴含着现代社会与法治赖以生长的某些现代性因素，而在现代社会与法治中常常可以发现许多传统性的成分。所以，传统法制与现代法治之界分，便具有相对的意义。正因为如此，法治发展又是一个具有浓郁民族风格的现象。法治发展的普遍性、世界性的特征，绝不意味着沿袭久远的民族法律传统精神与形式的历史性消逝。实际上，法治发展的历史延续性特征，恰恰赋予各个民族在法治发展进程中自觉选择法治发展道路或模式的深刻必然性。对于非西方社会来说，在外部世界提供的法治模式中，是找不到现成答案的，只能凭借自身基于本民族需要和条件的创造性行动，进而实现民主法制的现代化改造。因之，法治发展是一个连续性的历史过程。作为一种历史文化力量，一定民族或国度的本土资源对法治发展进程产生着深刻的影响，因而铸就着法治发展的特定的民族或国度的印记。① 对于正在走向现代法治社会的中国来说，必须高度重视法治发展中的本土资源，协调好法制转型中的传统性因素与现代性因素，努力实现传统法律文化的创造性转换，保持法治发展深厚的民族风格。所以，习近平指出："优秀传统文化是一个国家、一个民族传承和发展的根本，如果丢掉了，就割断了精神命脉。……我们要善于把弘扬优秀传统文化和发展现实文化有机统一起来，紧密结合起来，在继承中发展，在发展中继承。""努力实现传统文化的创造性转化、创新性发展，使之与现实文化相融相通，共同服务以文化人的时代任务。"② 习近平还强调在建设法治中国的历史进程中要充分汲取中华法律文化精华，指出："我们的先人们早就开始探索如何驾驭人类自身这个重大课题，春秋战国时期就有了自成体系的成文法典，汉唐时期形成了比较完备的法典。……我国古代法制蕴含着十分丰富的智慧和资源，中华法系在世界几大法系中独树一帜。……要注意研究我国法制传统和成败得失，挖掘和传承中华法律文化精华，汲取营养，择善而用"③。

在当代中国，法治发展的本土资源植根于深厚的法律传统之中。传统与现代性作为一对难解的纽结，贯穿于中国法治发展的整个过程。在中国法治发展的历史长河中，传统法律文化与现代法治的相互排拒性，是显而易见的。

① 参见朱苏力《法治及其本土资源》，中国政法大学出版社 2004 年版，第 6 页。

② 习近平：《在纪念孔子诞辰 2565 周年国际学术讨论会暨国际儒学联合会第五届会员大会开幕式上的讲话》（2014 年 9 月 24 日），《人民日报》2014 年 9 月 25 日。

③ 习近平：《加快建设社会主义法治国家》，《求是》2015 年第 1 期。

这是因为，中国传统法律文化作为一种独特的把握世界的方式，有着自己固有的制度规范和价值取向，体现着独特的民族法律心理和经验。以人身依附为条件的自给自足的自然经济，以父家长为中心的宗法社会结构，以皇帝的独尊为特征的专制皇权主义和以儒家为正宗的意识形态体系，构成了传统法律文化机制的固有格局。而现代化的法治则是建立在市场经济及其契约关系的社会架构之上的。它以规范的严格化、体系的完整和谐化、司法过程的程序化和法律实现的效益化为自己的模式特征；它以确证法律的权威性，确信法律能够提供可靠的手段来保障每个公民的自由和权利作为自己的价值取向。因此，传统法制与现代法治是判然有别的。这种历史差异性本身，便构成了传统法律文化因素对当代中国法治变革与法治发展过程影响的时代限度。但是，一种法律传统之所以有其历史存在的合理性，重要原因就在于它是该社会诸方面条件和因素的法权要求之体现。在这种传统中，凝结了该社会人们调整行为以及制度安排的丰富历史经验，因而具有历史定在性。因之，它本身为后来的人们提供了各种历史选择的可能性。甚至在情感意义上，它也可以成为后来的人们依恋乃至崇敬的对象。传统中国的法律类型是一种信念伦理意义上的法律伦理主义。[①] 这种信念伦理在法律生活中的落实，便是伦理规范的法典化或法律的伦理性。它不是形式主义的法律，而是实质的伦理法——追求道德上正义性而非规范的法律。在传统中国，体现儒家信念伦理的法律伦理主义，乃是一个建构于“天人合一”的深厚道德基础之上的以王道精神相标榜的法律价值系统。正是这些若干个层面，构成了传统中国法律伦理主义的深厚底蕴，确立了中国法律文明遗产的基本面貌，进而成为中国法治发展的连续性过程的内在机理。尽管传统中国的法律伦理主义系统中确实存在着与现代法治精神相悖的因素，但它的价值意义依然是很明显的。[②] 党的

① 有些学者将中国传统法律的特征界定为“法律儒家化”或“儒家伦理法”。参见瞿同祖《中国法律与中国社会》，中华书局 1981 年版，第 328—346 页；耕耘《儒家伦理法批判》，《中国法学》1990 年第 5 期。

② 有的学者指出，中国的现代化运动，不是否定传统，而是批判传统；不是死守传统，而是再造传统。参见金耀基《从传统到现代》，中国人民大学出版社 1999 年版，第 162 页。

十八届四中全会决定把“坚持依法治国和以德治国相结合”作为全面推进依法治国必须坚持的一个重要原则。① 这充分体现了对中国传统法律文化的批判性继承。作为两种不同的治国理政的方式，法治与德治尽管有着明显的区别，但是在国家治理的过程中，二者的联系还是相当密切的，可以起到相辅相成的社会功用。“法律是成文的道德，道德是内心的法律。”② 从历史的角度来看，在传统中国社会意识形态中，儒家主张“德治”，强调“德主刑辅”，而法家则崇尚“法治”，力主“事皆决于法”，因之形成了所谓儒法互补关系格局，对传统中国的法律系统影响深远。诚然，传统的儒家“德治”思想体现了儒家伦理的精神，对古代法律世界产生了深刻的影响。这种伦理精神在法律生活中的落实，便是伦理规范的法典化或法律的伦理性。在传统中国伦理法律中，道德律几乎成为法律的化身。传统法制的泛道德主义必然导致对法律的不信任，进而动摇法律在国家治理中的重要地位，与传统法律的泛道德主义相左，现代社会则高度重视法律的作用，确证法律的权威性，进而走向法治社会。因此，儒家的“德治”思想与现代法治精神是判然有别的。但是，随着社会的不断衍化，儒家的“德治”思想及其伦理法律精神作为一种观念的与法律的传统，逐渐成为一种历史文化力量，积淀在普通民众的法律意识、心理、习惯、行为方式及生活过程之中，因而与当下的社会有机体密不可分。在某种程度上，传统的儒家的“德治”思想及其伦理法律精神，作为一种行为评价尺度，深深融入社会主流价值观念体系之中，成为指导和规范人们行为的一种范型。这种评价尺度带有道德经验性的色彩。亦即是说，它是人们在长期交往过程中积累起来的生活经验和交往惯例的聚合体，因而它通常具有伦理规范的性质。它借助于某些流传下来的共同道德准则，对人们行为的合理性进行道德判断，进而与当下社会法律生活交融在一起，发挥着治理国家与社会的重要价值作用，有力地影响着当代社会法治发展的各个领域和法

① 《中共中央关于全面推进依法治国若干重大问题的决定》，人民出版社 2014 年版，第 7 页。

② 习近平：《在首都各界纪念现行宪法公布施行 30 周年大会上的讲话》（2012 年 11 月 4 日），人民出版社 2012 年版，第 8 页。

治文化的长期发展进程，有形或无形地左右着当代社会法治的未来走向。因之，“对一个国家的治理来说，法治和德治，从来都是相辅相成、相互促进的。二者缺一不可，也不可偏废”①。在推进国家治理体系和治理能力现代化的现时代，抛却传统中国“法治”与“德治”学说中的封建性糟粕，汲取这两个概念中的合理性精神，赋予其全新的时代内涵，深刻把握依法治国与以德治国之间相辅相成、相互促进的互动机理，把依法治国与以德治国有机结合起来，这无疑是一种治国方式的内在整合和时代选择。这亦告诉我们，面对着建设中国特色社会主义法治体系、建设社会主义法治国家的艰巨任务，我们应当深刻把握法治发展进程的基本的历史联系，在新的时代条件下，努力促进传统法律文化的创造性转换，推动优秀传统法律文化与现实法律文化的相融相通，进而实现中国特色社会主义法治发展的变革性与连续性的有机融合。

借鉴国际法治经验与立足本国法治国情的有机统一

党的十八届四中全会决定指出，全面推进依法治国，“必须从我国基本国情出发，同改革开放不断深化相适应”，“汲取中华法律文化精华，借鉴国外法治有益经验，但决不照搬外国法治理念和模式”。② 这一论述明确告诉我们，在建设中国特色社会主义法治的伟大事业中，必须正确处理好借鉴国际法治经验与立足本国法治国情之间的关系，把二者有机结合起来，从而深刻揭示了坚持和拓展中国特色社会主义法治道路的内在要求。

从广泛的意义上讲，法制现代化所反映的是从前现代社会向现代社会转变这一特定过程中法律文明创新的激动人心的画面。它体现了一种不同于传统法制的新型法律精神，蕴含着世界文明进步大道上的基本法律准则。所以，在当代中国法治发展的进程中，对于人类法治文明的优秀成果，对于那些反

① 《江泽民论有中国特色社会主义》（专题摘编），中央文献出版社 2002 年版，第 337 页。

② 《中共中央关于全面推进依法治国若干重大问题的决定》，人民出版社 2014 年版，第 7—8 页。

映国家治理、市场经济运行和社会管理一般规律的域外法治发展的有益经验，无疑应当加以吸收和采纳，以便使当代中国法治发展与世界法治文明的一般准则和通行规则接轨沟通。“对外开放具有重要意义，任何一个国家要发展，孤立起来，闭关自守是不可能的，不加强国际交往，不引进发达国家的先进经验、先进科学技术和资金，是不可能的。”① 特别是在当今的全球化时代，当代中国经济生活日益融入国际市场经济体制的主流，法治领域也同样面临着开放性与国际化的全新挑战。闭关自守、盲目排外，只能导致法治文明进步张力的消失。所以，习近平强调：“法治是人类文明的重要成果之一，法治的精髓和要旨对于各国国家治理和社会治理具有普遍意义，我们要学习借鉴世界上优秀的法治文明成果。”②

然而，一个国家的国情状况与特点，对于这个国家的政治、经济、社会、文化生活领域产生着重要影响。同样，一个国家的法治国情条件，在很大程度上决定这个国家的法治发展进程及其取向。习近平强调，“各国国情不同，每个国家的政治制度都是独特的”，因而“世界上不存在完全相同的政治制度，也不存在适用于一切国家的政治制度模式”。③ “我们有符合国情的一套理论、一套制度，同时我们也抱着开放的态度，无论是传统的还是外来的，都要取其精华、去其糟粕，但基本的东西必须是我们自己的，我们只能走自己的道路。”④ 在当代中国，坚持走中国特色社会主义法治发展道路有着深厚的国情基础。从政治方面看，法治国情的政治要素集中地表现为，工人阶级领导的、以工农联盟为基础的社会主义国家的国体和人民代表大会制度的政体，为中国特色社会主义法治发展提供了坚实的政治基础和根本准则，这就决定了中国特色社会主义法治发展在国家政治生活和国家政权体制中的基本地位；中国共产党的领导是中国特色社会主义的根本政治保证，必须始终坚

---

① 《邓小平文选》第3卷，人民出版社1993年版，第117页。

② 习近平：《加快建设社会主义法治国家》，《求是》2015年第1期。

③ 习近平：《在庆祝全国代表大会成立60周年大会上的讲话》（2014年9月5日），人民出版社2014年版，第16页。

④ 参见《习近平关于全面依法治国论述摘编》，中央文献出版社2015年版，第35页。

持党对法治建设与发展的领导，依法服务党和国家的工作大局，则是中国特色社会主义法治的政治使命。从经济方面看，法治国情的经济要素主要在于把握国家经济制度性质及其类型。在当代中国，1978 年开始的改革开放，致力于建立社会主义市场经济体制。经过三十多年的广泛而深刻的社会经济革命，一个具有社会主义特点的能够充分发挥市场经济作用的经济体制已经形成。在社会主义市场经济条件下，公平与效率的关系，构成了社会价值系统中的一对矛盾。分析法治国情，推进法治发展，必须认识和处理好公平与效率这一对价值矛盾。从社会方面来看，当代中国仍然处于社会主义初级阶段，法治领域也带有初级阶段的明显特征，法治领域的基本矛盾表现为人民群众日益增长的法治需求与法治机构和法治队伍法治能力相对不足之间的矛盾。进入新世纪，当代中国社会发展显现出一系列阶段性特征，这必然对法治发展进程产生重要影响，进而对法治建设与发展提出相应的要求。因此，在新的形势下，深化法治改革，推动法治发展，就必须从社会主义初级阶段这个最大的实际出发。从文化方面来看，研究中国法治国情的文化要素，应当着力探求法律文化传统对当代中国法治发展进程的内在影响。法律文化传统有大传统与小传统之分。在传统中国，作为法律文化的大传统，在形式意义上表现为法律分化程度较低的诸法合体的法律结构体系，在实体意义上则表现为以宗法为本位的熔法律与道德于一炉的伦理法律价值体系，因而，“德主刑辅”成为国家治理与法制运作的模式选择。作为法律文化的小传统，民俗习惯反映了礼治社会的客观要求，成为维系社会共同体秩序的重要工具，也成为解决纠纷的有力手段。在当代中国，把握法治国情，推动法治发展，必须高度关注本国的法律文化传统问题。因此，中国特色社会主义法治发展是基于中国法治国情条件而展开的一场深刻的法治变革运动，有其特殊的历史运动轨迹，具有独特的路径选择。“走什么样的法治道路、建设什么样的法治体系，是由一个国家的基本国情决定的。”“全面推进依法治国，必须从我国实际出发，同推进国家治理体系和治理能力现代化相适应，既不能罔顾国情、超越阶段，也不能因循守旧、墨守成规。”① 在当代中国，全面推进依法治国，加快建设法治中国，固然要吸收借鉴人类法治文明的有益经验和成果，但更重要的是要从中国的实际情况出发。“学习借鉴不等于是简单的拿来主义，必须坚持以我为主、为我所用，认真鉴别、合理吸收，不能搞‘全盘西化’，不能搞‘全面移植’，不能照抄照搬。”② “照抄照搬他国的政治制度行不通，会水土不服，会画虎不成反类犬，甚至会把国家前途命运葬送掉。……只有扎根本国土壤、汲取充沛养分的制度，才最可靠、也最管用。”③ 所以，我们必须自觉立足社会主义初级阶段的基本国情条件，努力构建具有鲜明特色的中国法制现代化模式，绝不能无视中国的法治国情特点而盲目照抄照搬，从而科学把握中国法治发展的运动方向，坚定地走出一条符合中国国情条件的中国特色社会主义法治道路。

（原载《江海学刊》2015 年第 5 期）

① 习近平：《加快建设社会主义法治国家》，《求是》2015 年第 1 期。

② 同上。

③ 习近平：《在庆祝全国代表大会成立 60 周年大会上的讲话》（2014 年 9 月 5 日），人民出版社 2014 年版，第 16 页。

论跨界污染治理中政府合作的法律规制模式

石佑启　黄　喆

长期以来，我国奉行的“高消耗、高污染”的粗放型经济发展模式，在促进国内经济增长的同时，也造成了严重的环境污染问题。且受人为与自然因素的双重影响，现有的环境污染往往还会超越特定行政区划之边界而演化成“跨界污染”。对此，单个地方政府或部门在本行政区划范围内所采取的环境规制措施已难以实现有效的防控。“传统行政区行政”的功能局限，催生了跨界污染中政府合作治理。为防止政府合作出现失范与无序现象，保障合作行为稳定有效地进行下去，应将其纳入法制轨道，使其受到法律的规制。在此背景下，研究跨界污染治理中政府合作的法律规制模式，回应政府合作的法治化问题，具有重要的理论价值和现实意义。考察我国跨界污染治理中政府合作法律规制的现状，主要有硬法规制模式和软法规制模式，推动这两种规制模式的有机融合，构建一种混合规制模式，是增强规制效果的客观必然选择。

跨界污染治理中政府合作的硬法规制模式

所谓“硬法”，是指“那些体现国家意志、由国家制定或认可、依靠国家强制力保障实施的法律规范”[①]，它是“我国传统法概念的继承者，是对历史

① Shi Youqi, “On Rule of Law in Governmental Cooperation for Regional Economic Integration”, *Canadian Social Science*, Vol. 11, No. 1, 2015, p. 39.

的保留"①。从历史发展进程来看，硬法是"国家管理"施行过程中的产物。

（一）跨界污染治理中政府合作硬法规范的表现形式

1. 环境保护基本法与单行法

作为我国环境保护的基本法，2014 年修订后的《环境保护法》第 20 条规定："国家建立跨行政区域的重点区域、流域环境污染和生态破坏联合防治协调机制，实行统一规划、统一标准、统一监测、统一的防治措施。前款规定以外的跨行政区域的环境污染和生态破坏的防治，由上级人民政府协调解决，或者由有关地方人民政府协商解决。"从各环境保护的单行法来看，涉及跨界污染治理中政府合作的法律主要是《水法》与《海洋环境保护法》。其中，《水法》第 12 条第 1 款规定："国家对水资源实行流域管理与行政区域管理相结合的管理体制。"《海洋环境保护法》第 8 条规定："跨区域的海洋环境保护工作，由有关沿海地方人民政府协商解决，或者由上级人民政府协调解决。跨部门的重大海洋环境保护工作，由国务院环境保护行政主管部门协调；协调未能解决的，由国务院做出决定。"

2. 行政法规

从现行的行政法规来看，对跨界污染治理中政府合作作出规定的主要是三部关于水污染治理的行政法规：一是《水污染防治法实施细则》。根据该细则第 6 条第 2 款的规定，跨省、自治区、直辖市的水体的总量控制计划，由有关省、自治区、直辖市人民政府协商确定。二是《淮河流域水污染防治暂行条例》。根据该暂行条例的规定，有关淮河流域水资源保护和水污染防治的重大问题，由"淮河流域水资源保护领导小组"负责协调、解决；当淮河流域发生水污染事故时，地方环境保护行政主管部门应当向本级人民政府、上级环境保护行政主管部门和领导小组办公室报告，并向相邻上游和下游的环境保护行政主管部门、水行政主管部门通报；当淮河流域发生省级水污染纠

---

① 程迈：《软法概念的构造与功能》，载罗豪才主编《软法的理论与实践》，北京大学出版社 2010 年版，第 19 页。

纷时，则由领导小组办公室进行调查、监测，提出解决方案，并报领导小组协调处理。三是《太湖流域管理条例》。该条例依据《水法》第12条第1款，规定“太湖流域实行流域管理与行政区域管理相结合的管理体制。国家建立健全太湖流域管理协调机制，统筹协调太湖流域管理中的重大事项”。

3. 地方性法规与地方政府规章

除国家立法以外，部分地方立法也对本区域内跨界污染治理中的政府合作进行了规范。以广东省为例，在地方性法规方面，2015年1月13日修订的《广东省环境保护条例》第7条规定：“省、地级市以上人民政府可以划定环境污染防治重点区域、流域和海域，建立联合防治协调机制，实行统一规划、统一标准、统一监测、统一防治措施，组织相关人民政府实施联合防治。实施联合防治的人民政府应当协商建立环境信息共享机制，制定共同实施的环境保护计划，共同处理重大环境问题，开展联合执法、预警应急工作；协商不成的，由共同的上一级人民政府协调解决。”《广东省珠江三角洲水质保护条例》第23条第1款规定：“发生跨行政区水污染事故时，当地人民政府必须及时采取措施，处理污染，并通报相关地区人民政府和报告上级人民政府。”在地方政府规章方面，《广东省珠江三角洲大气污染防治办法》规定“省人民政府建立区域大气污染防治联防联控监督协作机制”，并“协调解决跨地市行政区域大气污染纠纷”以及“协调各地、各部门建立区域统一的环境保护政策”。《广东省实施〈中华人民共和国海洋环境保护法〉办法》第15条规定：“相邻海域的市、县人民政府应当加强海洋环境保护的合作，建立相邻海域污染防治、生态保护和环境整治协调机制。对可能影响相邻市、县海洋环境的入海排污口设置和重大工程项目建设，有关环境保护、海洋行政主管部门应当征求相邻市、县人民政府的意见，相邻市、县人民政府有不同意见的，可提请其共同的上级人民政府协调解决。”

（二）跨界污染治理中政府合作硬法规制模式的优点与缺陷

对于跨界污染治理中政府合作而言，硬法规制模式具有两个主要优点：

第一，硬法作为传统法类型的延续，有助于跨界污染治理中政府合作法律规制的现实落实。在我国，人们的法观念主要是对于国家制定法的一种直接反映。因此，无论是政府官员，还是社会公众，一般都认为“法”应当是由国家制定并由国家强制力保障实施的行为规则，否则将难以称为“法”。尽管随着软法的出现，这种观点已值得商榷，但不可否认的是，硬法与人们对法概念认知的一致性无疑有助于促使法律规制的落实。对于跨界污染治理中政府合作的法律规则而言，亦是如此。

第二，硬法规制有利于提高跨界污染治理中政府合作的确定性。作为国家制定法，硬法规范具有严密的逻辑结构。一般认为，硬法规范包括行为模式和法律后果两部分。[①] 通过这种相对固定的规范结构，不仅能够推动政府合作行为的模式化，而且还能够使这些被模式化的行为分别与特定的法律后果相对应，从而提高政府合作行为及其效力的确定性。

与此同时，硬法规制模式也存在两个明显的缺陷：

一是硬法规制相对原则。从现行立法的总体情况来看，与跨界污染治理中政府合作相关的硬法规范绝大多数都属于一种原则性规定，因而往往只是泛泛地指出政府及其部门可针对跨界污染采取相应的合作措施，如规定相关地方政府或部门可针对跨界污染共同制定环保规划、实施联防联治等；或是对政府或部门间的协调做出笼统规范，如规定当发生跨界环境纠纷时，可由相关地方政府共同协商解决，或由各地方政府提请共同上级政府协调解决等。尽管相较于以往该领域所表现出的“立法空白”而言，这种原则性规定的出现已是不小的进步，但它仍难以对跨界污染治理中政府合作的具体实施做出周延的规制。

二是硬法规制明显滞后。作为国家制定法，硬法需要具备较高的稳定性而不能“朝令夕改”。为此，无论是新法的制定，还是旧法的修订，都必须经由提案、审议、表决、公布等程序才得以完成。这种严格的立法及修法程序

① 参见张文显《法理学》，高等教育出版社、北京大学出版社 1999 年版，第 71 页。

不仅要付出较大的人力、物力与财力成本，而且还要付出较高的时间成本，从而造成硬法的制定与修改均会经历一个较长的时间跨度，进而导致硬法规制往往表现出明显的滞后性。如自 2013 年 1 月起，我国开始出现大面积的雾霾天气，并由此引发了严重的跨界大气污染问题。在此情况下，京津冀、长三角、珠三角等多个区域内的地方政府都不同程度地展开了跨界合作。但《大气污染防治法》直至 2015 年 8 月底才修订通过，从而造成了法律修改的进程远落后于实践的发展，也使得《大气污染防治法》难以对现实做出及时、有效的反应与调整。

跨界污染治理中政府合作的软法规制模式

随着“国家管理”向“公共治理”的转型，国家垄断公权力的格局逐渐被打破，非政府公共组织也依法获得了实施社会治理的主体资格，从而改变了以往仅由政府实施“一元管理”的模式，推动了“多元治理”模式的形成。在此前提下，各种政府与非政府的公共组织逐步形成了各种实施社会治理的“共同体”。各共同体为调整内部成员间及其与外部共同体间的关系，协商制定了大量“共同体规则”。这些规则非经严格的国家立法程序而形成，且不以国家强制力保障其施行，从而表现出与国家制定法不相一致的属性，催生了一个与传统“硬法”相对应的法的范畴——“软法”。软法与硬法一道构成了统一法概念之下两种并列的法的类型。软法形式灵活多样，常见的有“建议、意见、决议、行动纲领、行为守则、指南、通讯、标准、备忘录、宣言、框架、礼仪和倡议书等”①，是不依靠国家强制力保障实施但能够产生实际社会效果的法规范。

（一）跨界污染治理中政府合作软法规范的表现形式

现阶段，跨界污染治理中政府合作的软法规范主要表现为区域性环境规

① 翟小波：《“软法”及其概念之证成——以公共治理为背景》，《法律科学》2007 年第 2 期。

划、区域性环境标准、区域性行政协议等。①

1. 区域性环境规划

所谓环境规划，是指政府及其有关部门为使环境与社会经济协调发展而做出的时间与空间上的具体安排，是一种具有指导性的环境保护方案。区域性环境规划，则是指针对跨行政区划之特定区域而制定与实施的环境规划，如流域规划。实践中，区域性环境规划既可以由区域内各地方政府的共同上级政府、部门统一制定，如由广东省人民政府制定的《珠江三角洲环境保护一体化规划》；也可以由区域内各地方政府、部门共同制定，或由它们会同上级有关部门联合制定，如由广州市环境保护局、佛山市环境保护局、肇庆市环境保护局联合制定的《广佛肇经济圈生态环境保护和建设规划》。区域性环境规划主要针对跨界污染治理及其政府合作的宏观问题做出规范，从而对跨界污染治理中的政府合作起到一定的指导作用。从区域性环境规划的行为性质来看，它是一种抽象行政行为，因而由该行为产生的规范文本应属于软法之范畴。

2. 区域性环境标准

环境标准是国家为控制污染，维护环境质量，从而依法制定的各种保护人群健康、保障社会财富和维持生态平衡的技术规范。随着跨界污染的日益严重，部分地方政府在国家有关环境标准的要求之下，开始联合制定供区域统一适用的区域性环境标准。区域性环境标准不仅对区域内公民、企业等社会主体、市场主体具有效力，实际上也对参与制定标准的各地方政府、工作部门等行政主体形成了约束，如区域内各地方政府或部门都必须按照统一的区域性环境标准开展执法等。从这一角度来看，区域性环境标准也属于一种与跨界污染治理中政府合作相关的软法规范。

① 黄喆：《论跨界环境治理中政府合作的软法规制及其完善》，《湖北警官学院学报》2015 年第 1 期。

3. 区域性行政协议

区域性行政协议，是指在跨界污染治理中，由各地方政府在平等协商基础上共同签订的用以确立合作关系的一种公法契约。目前，区域性行政协议在跨界污染治理的实践中得到了广泛的运用，其内容广泛涉及跨界污染治理中政府合作的原则、事项、职责等，并成为跨界污染治理中政府合作的核心软法规范。从某种意义上讲，制定区域性行政协议之行为本身也是一种政府合作行为，且此种行为最终促成了具有软法性质的协议文本。这些协议文本在本质上属于政府合作所催生的共同体规则，它对于参与政府合作的各方主体具有直接的拘束力。

（二）跨界污染治理中政府合作软法规制模式的优势与不足

总体而言，软法规制模式在跨界污染治理的政府合作中表现出如下优势：

一方面，软法规制模式具备较强的现实回应性。首先，软法对于制定主体并没有明确的限制，凡是以一定形式组成的共同体，都享有制定软法的资格与能力，从而为软法的产生及软法规制的形成提供了较为宽松的环境。其次，软法不仅以共同体作为制定主体，同时也以共同体为适用的对象。由软法来对共同体及其行为进行规制不仅具有针对性，也能够更为细致、全面。最后，软法可以依据规制对象的具体情况采取适合的程序，从而能够尽可能缩短新法自起草至出台所需的时间，进而为公共治理及由此引发的新问题提供及时的规制。具体到跨界污染治理中的政府合作，软法规制的出现亦早于硬法规制，从而表现出较强的现实回应性。

另一方面，软法规制模式具备相当的灵活性。由于软法并不存在一种固定的规范结构，它能够以更丰富的规范形式对跨界污染治理中的政府合作进行调整。尤其是当前跨界污染治理中的政府合作正处于由非模式化向模式化过渡阶段，其行为并非都具备传统硬法规范所要求的“结构完整性”而表现出一种“行为模式—法律后果”的对应关系，因而并不都能纳入到硬法规制模式之中。但与此同时，跨境污染治理实践对于政府合作行为合法性的拷问又使政府合作亟须来自法治的支持。在这种两难的境地之中，软法不拘一格的规范形式为此提供了一个有效的解决途径。除此以外，作为一种以自愿为前提的行为，地方政府或部门对于是否实施政府合作、如何实施政府合作等问题享有较大的自由裁量权，而自由裁量权的行使，不仅存在一定的“弹性”空间，也会涉及较多的技术性与操作性问题。这些问题往往十分具体，因而难以通过硬法规制模式予以解决，而有必要诉诸灵活性更强的软法规制模式。

然而，从跨界污染治理中政府合作的实践来看，软法规制模式也表现出以下不足：

首先，软法权威尚未确立。软法作为一个新近引入的法概念，在理论界尚且存在争议。如有观点认为，“不存在两个层次或两种法律——某一文件要么是法律要么是非法律”①。据此，“软法非法”，应分别被纳入惯例、政策等范畴。在这种思想的影响下，实践中软法的权威仍难以确立。在跨界污染治理的政府合作中，一些政府官员对于软法的认识仍未上升至“法”的层面，甚至将其视为可有可无的行政文件，从而影响了软法的实施，也限制了软法规制模式的功能发挥。

其次，软法规制效力不明。这是软法规制模式最为人所诟病之处。尽管在理论上，软法规制模式的灵活性是其突出的优势之一，但在实践中对于灵活性的拿捏却并非易事。而对于软法规制模式灵活性的把控一旦失准，将会导致软法规制效力不明，甚至在某些情况下，遵守或违反软法规范的后果并无二致，从而造成了软法规制的效力缺失。比如，在区域性行政协议具体实施的过程中，可以依据跨界污染治理的实际需要赋予合作各方一定的行为选择空间，这无疑是软法规制模式灵活性的一种体现。然而，如果合作各方基于此种灵活性的把控失准而使政府合作偏离了基本的行为模式与既定目标，则区域性行政协议制定之初所预设的效力也将随之改变甚至趋于无效。

---

① 转引自韩永红《论食品安全国际法律规制中的软法》，《河北法学》2010 年第 8 期。

跨界污染治理中政府合作硬软法混合规制模式的构建

基于单一的硬法、软法规制模式存在的缺陷及不足，我们认为，应当构建起一种硬、软法优势互补、有机融合的混合规制模式，从而改变跨界污染治理的政府合作中硬法、软法“各自为战”的分割状态。

（一）硬、软法混合规制模式的可行性分析

首先，从现实的情况来看，硬法与软法已同时对跨界污染治理中政府合作的行为及关系进行调整。尽管目前硬法与软法对于跨界污染治理中政府合作的规制仍没有形成一种有机的衔接与配合关系，但不可否认的是，无论是硬法还是软法，其立法进程在不断加快，立法规模在不断壮大，从而为硬软法混合规制模式的构建提供了较为坚实的规范基础。

其次，从相互关系来看，硬法与软法实际上是两个相互开放的体系，并存在一定的交叉领域。目前，对于如何界分硬法与软法，学界存在多种不同的观点，其中较具有代表性的是美国学者 Kenneth W. Abbott 与 Duncan Snidal 提出的“三维度说”。他们共同撰文指出，在国际治理中，法的硬度取决于义务维度（obligation）、精确维度（precision）与授权维度（delegation），并以这三个单词的首字母｛O，P，D｝做出以下标记：以大写字母代表维度的高水平、以小写字母代表维度的中等水平且以“－”代表维度的低水平。据此，当法规范的三个维度呈现出｛O，P，D｝的组合时，其硬度最高；当法规范的三个维度呈现出｛o，p，d｝的组合时，其处于一种中等的硬度；当法规范的三个维度呈现出｛－，－，－｝的组合时，其硬度最低。而且，三个维度并不总处于同等水平，而是在三种水平中自由选择，并有可能形成｛O，p，－｝、｛o，－，D｝、｛o，P，d｝等不同的组合。[①] 尚且不论两位学者提出的三个维度是否能概括影响法规范硬度的所有因素，但它却表明了硬法与软法

① Kenneth W. Abbott and Duncan Snidal, “Hard and Soft Law in International Governance”, *International Organization*, Vol. 54, No. 3, 2000, p. 423.

并非是两个完全分割的封闭体系，且具备相互融合的可能性。

最后，在优势与劣势的比对方面，硬法规制与软法规制之间存在着一种反向的嵌合性。比如，硬法规制因其“滞后性”所导致的缺陷正是软法规制之“回应性”可以进行弥补的；又如，软法规制所存在的“效力不明”之不足则正是硬法规制之“明确性”可以进行弥补的。此种反向的嵌合关系表明了硬法规制与软法规制能够在本质上形成互补，进而达到一种相辅相成之状态。这既表明了硬软法混合规制模式的构建具有切实的可行性，也表明了硬软法混合规制模式的构建具有重要的现实意义。

（二）硬、软法混合规制模式的形式与内容

在跨界污染治理的政府合作中，硬法规制与软法规制的同时存在，并不意味着硬、软法混合规制模式即已生成。本文所言之“硬、软法混合规制模式”，是要从跨界污染治理中政府合作所面临的实际问题出发，构建起一种硬法与软法有机衔接、相互配合的规制体系，以充分发挥硬法规制与软法规制的比较优势，从而对跨界污染治理中的政府合作进行全面、合理、有效的调整。而且，在这种硬、软法混合规制模式中，硬法与软法的关系往往不是“旗鼓相当”的，而表现出一定的主从之分。大致说来，它包括“硬法为主，软法为辅”以及“软法为主，硬法为辅”两种具体类型。“硬法为主，软法为辅”要求以硬法规制为主导并辅以适当的软法规制；“软法为主，硬法为辅”则要求以软法规制为主导并辅以适当的硬法规制。对于两者的适用，则需要根据实际的问题作出判断与选择。就跨界污染治理中政府合作所涉及的具体问题而言，大致可分为适法性问题与操作性问题两种情形。我们认为，对于前一种情形，应当适用“硬法为主，软法为辅”的混合规制模式；对于后一种情形，则应当适用“软法为主，硬法为辅”的混合规制模式。

1. 适法性问题之硬、软法混合规制

所谓“适法性问题”，是指与跨界污染治理中政府合作相关的合法性基础之问题。现阶段，跨界污染治理中政府合作的实施更多地依赖软法规制，但从实践来看，软法规制的效果却仍未能得到保障。比如，借助于区域性行政协议所实施的政府合作既有可能因参与各方的自觉履行而得到落实，也有可能由于某方的违约而流于形式。究其原因，主要包括两个方面：其一，跨界污染治理中政府合作的适法性未能获得充分的硬法支持。对于政府合作，《国务院组织法》和《地方各级人大和地方人民政府组织法》没有明确规定，这直接导致政府合作在顶层法律规制上的缺失。而对于跨界污染治理中的政府合作，尽管修订后的《环境保护法》已有提及，但却主要集中于政府协商与协调的问题上。诚然，协商与协调是政府合作的重要基础，甚至贯穿于政府合作的全过程，但它却不等同于政府合作。而且，从相关单行法的内容来看，也没有与新修订的《环境保护法》形成配套，如现行《固体废物污染环境防治法》并没有设定与政府跨界合作相关的条款。这造成了跨界污染治理中政府合作的适法性更多地处于一种不置可否的状态。其二，相关软法的适法性未能获得直接的硬法依据。尽管软法作为一种与硬法相对应的法类型已逐渐得到理论界的肯定，但在实践中，软法的法律地位却没有最终确立，因而亟待硬法的认可。然而，现实中硬法对于软法的规制缺失却使得软法往往处于效力不明之状态，从而削弱了软法对于跨界污染治理中政府合作的规制功能。在此情况下，通过“硬法为主，软法为辅”的混合规制模式来解决跨界污染治理中政府合作的适法性问题已势在必行。

首先，硬法应当对跨界污染治理中政府合作的适法性予以规定。这要求硬法对跨界污染治理中的政府合作做出明确规定，从而使它的实施具备明确的国家制定法依据。一方面，政府合作作为政府及其部门所实施的一种内部行政行为，应当在组织法关于地方政府的职权条款予以列举，并就其主体、权限等基本问题作出规定。另一方面，具体到跨界污染治理中的政府合作，则应当在《环境保护法》及各项环境保护的单行法中得到明确的规定，从而形成一个关于跨界污染治理中政府合作的规范体系。

其次，硬法应当对政府合作中软法的适法性予以规定。软法的范围较为广泛，它既包含了部分得到硬法认可的文件，如政府所制定的行政规范性文件，这些文件的制定主体、实施程序及规范效力等都具备了较为明确的硬法依据，但同时也包括一些新型的、仍没有得到硬法明确认可的文件，如区域性行政协议。在跨界污染治理的政府合作中，之所以强调硬法对于软法的规制，理由在于：第一，从立法授权的角度来看，软法的制定应当得到硬法的授权，才能够具备立法的合法性。否则，软法的创制权将会被滥用，容易导致软法偏离法治的轨道。为此，硬法应在对软法创制予以授权的基础上，规定软法的创制同样要在硬法的框架体系下进行，不能与宪法、法律等相抵触。第二，从软法效力的角度看，硬法对于软法的规定有利于改变当前软法效力不明的状况。在缺乏硬法规定的前提下，部分软法类型显然缺少了法所应当具备的严肃性与规范性，从而沦为一种可有可无的空头文件，其效力也无从谈起。借助硬法规制树立起“软法亦法”的观念，无疑能够对软法的实际效力起到一定的增强作用。第三，从政府合作的角度来看，硬法对于软法的规制实际上也是对政府合作行为的调整。如区域性行政协议不仅是一种关于政府合作的软法规范，其本身也是一种重要的政府合作行为。因此，硬法对于区域性行政协议的规制，实际上也形成了对政府合作行为的调整。

最后，“硬法为主，软法为辅”的混合规制模式不同于单一的硬法规制模式，因此对于跨界污染治理中政府合作的适法性问题，软法也可以在硬法的框架之下做出规定。这种规定常见于一些具有纲领性意义的文件之中，它能够对政府合作的适法性提供一种辅助性的证明。如由中央政府及其部门所发布的关于特定区域的政府合作发展规划纲要等文件，即是对特定区域范围内政府合作适法性的一种肯定与阐述。

2. 操作性问题之硬、软法混合规制

与适法性问题不同，对于跨界污染治理中政府合作的操作性问题，则应采取“软法为主，硬法为辅”的混合规制模式。理由如下：

第一，尽管随着我国跨界污染的凸显，政府合作已日益重要，但对于地方政府及其部门而言，处理本行政区划内部的环境污染问题仍是它们的首要职责，且政府合作的基本出发点也是试图通过区域整体效应更好地解决本行政区划内部的污染问题。据此，在跨界污染治理中，不同领域、不同地方政府或不同部门所实施的政府合作在合作目标、合作方式、紧密程度等各个方面都不尽相同，且各项合作因素还会随着实际问题及合作进程的发展而发生变化。借助于软法对这些问题予以规制，有助于增强法律规制对于跨界污染治理中政府合作的回应性，从而使法律规制能够与跨界污染治理中的政府合作实践相适应，以促使其取得良好的效果。

第二，从性质上看，跨界污染治理中的政府合作与其他政府职权存在一定的区别，它实际上是硬法对政府职权做出初次分配后所进行的再分配，且这种再分配主要以跨界污染治理中复杂多变的现实问题为导向，从而使得在跨界污染治理的政府合作中，具体的权力配置较难借助严格的职权法定主义予以实现。为此，硬法只能对此做出原则性的规制，否则容易导致政府合作陷入“一管就死”的困境。在此情况下，将跨界污染治理中政府合作的操作性问题交由灵活性更强的软法进行规制，显然更为适宜。

就目前的状况而言，实施“软法为主，硬法为辅”的混合规制模式应遵循以下两点要求：

第一，软法的制定应符合基本的法治原则以及宪法、法律的规定。一方面，作为一种法规范，尽管软法的制定不如硬法的制定在主体、程序等方面存在严格的限制，但也应当遵守正当程序原则，如公平、公正、公开等，而且这也是软法民主性与协商性的一种体现。另一方面，软法必须在宪法与法律的框架下制定，既不能与宪法发生抵触，也不能与法律中的强制性规范相冲突。作为国家的根本大法，宪法的精神及其规范无疑是一切立法之基础，软法的制定也不例外。同时，法律中的强制性规范也会对软法形成一定的约束，如在跨界污染治理的政府合作中，有关环境标准的设定，各地方政府可以依据区域的实际情况，通过软法的制定设置高于国家制定法所规定的环境标准，但却不能借此降低这一标准。

第二，软法的制定需重点考虑权责条款的设置问题。尽管软法在形式上不拘一格，且不同软法类型的具体内容也不尽相同，但都表现出缺乏有效权责条款的通病。在跨界污染治理的政府合作中，硬软法混合规制模式的构建，必然要求硬法与软法存在一定的侧重与分工。硬法对于政府合作及其软法适法性的规定，表明硬法重在确立两者的合法地位。与此合法化的宏观框架相配套，软法则需侧重对政府合作中的具体权责问题进行规范，从而在微观条款层面为政府合作提供合法性保障。

此外，在“软法为主，硬法为辅”的混合规制模式中，硬法也应对部分操作性层面的问题做出规制。比如，《国务院组织法》《地方各级人大和地方人民政府组织法》与各项环境保护的单行法可对跨界污染治理中政府合作的组织构建问题做出规定，从而使这些区域环境保护组织与现有政府组织的关系得以厘清，并推动政府合作向组织化、紧密化的方向发展。

（原载《江海学刊》2015 年第 6 期）

法治政府建设中的软法治理

罗豪才　周　强

2015年底，中共中央、国务院印发了《法治政府建设实施纲要（2015—2020年）》，重申到2020年基本建成法治政府，并对法治政府建设的指导思想、总体目标、基本原则、衡量标准、主要任务和具体措施以及组织保障和落实机制作了全面规划。今后五年将是我国基本建成法治政府的关键时期。本文拟从软法视角来对此做出思考，以期深化法学研究、推进法治政府建设。

依法行政、建设法治政府是依法治国、建设社会主义法治国家的重要组成部分

贯彻依法治国基本方略，推进依法行政，建设法治政府，是我们党治国理政从理念到方式的革命性变化，是中国特色社会主义法治建设的重要内容，是落实四个全面的重要组成部分。

1997年，党的十五大报告明确指出，依法治国是党领导人民治理国家的基本方略。1999年，九届全国人大二次会议通过宪法修正案规定，“中华人民共和国实行依法治国，建设社会主义法治国家”，依法治国的基本方略得到国家根本大法的保障。

依法行政是依法治国的重要组成部分。1997年党的十五大报告指出，“一切政府机关都必须依法行政，切实保障公民权利”。1999年国务院发布《关于全面推进依法行政的决定》（国发〔1999〕23号，以下简称《依法行政决

定》），确立了依法行政的指导思想和要求，并从加强政府立法工作、加大行政执法力度、强化行政执法监督等方面对依法行政作了规定，要求各级政府和政府部门提高对依法行政重要性的认识，带头依法行政。

2004年国务院发布《全面推进依法行政实施纲要》（国发〔2004〕10号，以下简称《依法行政纲要》）确立了建设法治政府的目标，提出要全面推进依法行政，建设法治政府。《依法行政纲要》明确规定了今后十年全面推进依法行政的指导思想和具体目标、基本原则和要求、主要任务和措施，是进一步推进法治政府建设的重要纲领性文件。

2007年党的十七大报告要求，“依法治国基本方略深入落实，全社会法制观念进一步增强，法治政府建设取得新成效”。

2008年国务院通过《关于加强市县政府依法行政的决定》（国发〔2008〕17号，以下简称《市县依法行政决定》），要求充分认识加强市县政府依法行政的重要性和紧迫性，大力提高市县行政机关工作人员依法行政的意识和能力，并从决策机制完善、规范性文件监督管理制度健全、严格行政执法、强化行政行为监督、增强社会自治、加强领导等几个方面提出了具体举措。

2010年为在新形势下深入贯彻落实依法治国基本方略，全面推进依法行政，进一步加强法治政府建设，国务院发布《关于加强法治政府建设的意见》（国发〔2010〕33号，以下简称《法治政府意见》）。

2014年10月，党的十八届四中全会通过《中共中央关于全面推进依法治国若干重大问题的决定》（以下简称《依法治国决定》）指出，全面推进依法治国，建设中国特色社会主义法治体系，建设社会主义法治国家，要坚持依法治国、依法执政、依法行政共同推进，坚持法治国家、法治政府、法治社会一体建设。确立了法治政府建设的标准和具体措施。

2015年10月，党的十八届五中全会通过了《中共中央关于制定国民经济和社会发展第十三个五年规划的建议》其中提出，今后五年，要努力实现全面建成小康社会的目标要求，其中重要内容之一就是要推动国家治理体系和治理能力现代化取得重大进展，各领域基础性制度体系基本形成，人民民主更加健全，法治政府基本建成，各方面制度更加成熟更加定型。

总的来看，我国的法治政府建设，以邓小平理论和“三个代表”重要思想为指导；以合法行政、合理行政、程序正当、高效便民、诚实守信、权责统一为基本要求[①]；以职能科学、权责法定、执法严明、公开公正、廉洁高效、守法诚信为标准；包括依法全面履行政府职能、健全依法决策机制、深化行政执法体制改革、坚持严格规范公正文明执法、强化对行政权力的制约和监督、全面推进政务公开等六大举措[②]；预计到2020年基本建成[③]。

至此，我国法治政府建设从提出到规划设计，从目标设定到方案落实，各项制度和规定日趋成熟完善，并且确立了时间表和路线图，已经成为全面推进依法治国的排头兵和全面建成小康社会的推进剂。

建设中国特色社会主义法治体系、建设社会主义法治国家离不开软法之治

软法的兴起与欧盟治理分不开。软法在欧盟治理中发挥了不可替代的作用，可以说如果不承认软法则无法解释欧盟治理。在欧盟治理中，软法具有多种表现形式，如基本条约明文规定的建议与意见，实践中逐步形成的通报、结论、宣言、行动计划、纲领、公报、机构间协议等。这些软法文件一般不具有约束力，但对于欧盟或成员国的各种措施具有解释力和说服力，对欧盟机构和成员国的行为会产生重要影响。[④] 有学者通过对欧盟宪法性条约的研究指出，“在文本意义上，与其说欧盟是一个严格依循硬法所存在的共同体，不

① 国务院《全面推进依法行政实施纲要》。
② 中共中央《关于全面推进依法治国若干重大问题的决定》。
③ 中共中央《关于制定国民经济和社会发展第十三个五年规划的建议》。
④ 曾令良：《欧洲联盟法总论》，武汉大学出版社2007年版，第155—156页。

如说是硬法与软法并存并且软法发挥更大作用的治理体系”①。

当前我国进入转型关键时期，面临着由传统国家统治、国家管理向现代公共治理的转型。这一转型带来治理工具、治理模式乃至观念、体制、机制等全方位的转变。国内学者敏锐注意到了软法在公共治理中的重要作用，推动软法理论研究。② 全面推进依法治国，建设中国特色社会主义法治体系，建设社会主义法治国家离不开软法之治。

（一）完备的法律规范体系既要包含硬法也要包含软法

从规制视角来看，有效的规制机制包括自律、互律和他律。自律主要是自我约束，互律是建立在相互沟通协商基础上的互相监督及约束，都属于软法。他律借助来自外在的强制力，主要属于硬法。完整的、平衡的法律体系必然是既包括他律也包括自律和互律，既包括硬法也包括软法的。软法理论把大量存在的、在现实生活中发挥巨大作用的软法规范纳入法律理论体系，向我们展现了一幅硬法软法共存、硬法软法协调共治的法治前景，完善了法律体系，丰富了法律理论，推动了法治发展。

（二）高效法治实施体系的建立要求硬法软法协调共治

现代社会正经历由统治向治理的转变，与传统国家统治、国家管理紧密相连的硬法，在日益强调协商、民主、参与等特性的治理语境下正遭遇着一定的困境。而新的治理工具和治理模式不断涌现，这些新的治理规则，在制定主体上更具有多元性，不限于国家的立法机关；在制定程序上更为灵活，更为注重各方的参与和意志的充分表达；在表现形式上也更为灵活多样；在效力上不借助国家强制力而是广泛利用社会舆论、媒体、道德等多种形式以非强制的方式来实现其效果，弱化了对抗性，提高了有效性。

大量的软法规范广泛存在于社会的各个领域，并且持续发挥巨大作用。

① 韩秀义：《文本·结构·功能——软法之于欧盟宪政的地位描述与作用分析》，《时代法学》2008 年第 3 期。

② 关于软法的定义和范围等理论问题的解说，可参见罗豪才、宋功德《软法亦法》，法律出版社 2009 年版。

我们生活中每天都要接触软法。普通公民参与制定硬法的机会不是很多，但是参与软法制定的机会还是很多的，参与程度也可能很深，如参与社会基层治理，讨论、表决制定治理规则，参与社会组织中介组织，参与章程规则讨论制定等。硬法的实施依靠其国家强制力往往忽略了个案中的个体意志，而在软法的实施中，由于其依赖的是自律互律机制，因而个人的意志、观念等在软法实施中往往非常重要，很多软法的实施其实就是个人主动配合甚至是促成其实现的。

这些规则，范围涵盖从政治领域到经济、社会生活方方面面，在治理语境下正发挥越来越大的作用。建立高效的法律实施体系，不能单纯依靠硬法的国家强制力，而应是硬法软法协调共治。

（三）形成完善的党内法规体系要求发展软法理论

中国共产党在我国政治、经济、社会生活方面有着非常特殊的地位和作用，中国共产党制定的党章以及其制定的党内法规、党内规范性文件等对国家社会发展起着非常重要的作用。但这些党内法规和规范性文件与传统上的由国家制定的硬法有较大区别，不属于硬法。如果固守原有的硬法理念来理解和推动法治建设，则这些规范难以被纳入法治范畴。但是这些规范同样体现公共意志，得到国家的认可，虽然没有国家强制力，但是借助多种自律、互律机制在现实生活中发挥巨大作用，理应属于法治建设范畴。中国特色社会主义法治体系建设对于我们的法治建设和法治、法学理论提出了新的要求和挑战。对此我们不能视而不见，在理论上要予以正视，并作出科学、合理的回应。软法理论适应了中国特色社会主义法治体系建设的发展，回应了现实需求。

我国除了执政党之外还存在八个参政党，存在政协这样一个多党合作和政治协商的重要机构，政协和这些政党组织以政治协商、民主监督、参政议政为基本政治职能，先后制定了一批以章程为代表的规范性文件，对其自身组织运作和发挥政治职能加以规范。这些政治组织形成的规范同样是法治建设的重要组成部分，是法学研究的不可缺少的内容。此外，随着政府职能转变，大量权力由政府向社会转移，社会组织的自组织规范、基层组织的治理规范等蓬勃发展，这些都属于软法，都应适用软法理论。

（四）以“互联网+”为代表的新兴业态对法治的挑战和对软法的需求

互联网以其崭新的特性改变着世界，同时也对我们的治理理念和治理模式带来了新的挑战、提出了新的要求。互联网思维强调“民主、开放、参与、共享”，互联网时代的到来对于传统上的以国家强制力为后盾、以硬法为主要手段、以“命令—服从”和“违法—制裁”为主要模式的国家管理提出了挑战。传统国家管理模式在管理上面临着一些矛盾：如集中式立法与多样化现实的矛盾；传统层级式管理与扁平化现实的矛盾；传统立法的相对滞后性与互联网飞速创新发展带来的矛盾等。由此带来一些不利后果，如管理滞后，在很多领域出现法律空白和监管真空；如规制不适，硬法相对固化的管理方式难以适应互联网的变动性、开放性、包容性，从而导致规制效果不佳等。

互联网的发展要求一种政府与市场、社会沟通互动、协作共建的秩序，要求实现政府、市场、社会的建设性合作。而软法在创制、形成、实施上都带来一系列新的变化。软法由社会多元主体共同制定，内容广泛，形式多样，制定程序灵活，能迅速出台，弥补硬法空白。更重要的是软法不依靠国家强制力，借助舆论、媒体、道德等社会影响力，以及自律、互律机制的运用来实现其效果，试错成本更小、适应性更强、执行效率更高，更能适应互联网时代的法治发展。而互联网业界也在以一种积极的态势主动介入自我治理与法治建设，追求一种与政府的双赢定位和更好的合作关系，这一领域目前尚未完全定型，相关规制发展前景也还不甚明确，但是可以肯定，软法必将在其中发挥非常重要的作用，前景广阔、潜力无限，需要我们深入探索研究。

软法为法治政府建设提供了重要规范依据

（一）软法为法治政府建设提供了顶层设计方案

当前，全面推进依法行政、建设法治政府在整体规划布局方面的规范依据主要是软法。

2013 年党的十八届三中全会通过《中共中央关于全面深化改革若干重大问题的决定》（以下简称《全面深改决定》）指出，建设法治中国，必须坚持依法治国、依法执政、依法行政共同推进，坚持法治国家、法治政府、法治社会一体建设。事实上，法治政府建设早已先行。目前我国法治政府建设的整体规划布局主要来自中共中央、国务院的几份重要文件，包括国务院《依法行政决定》（1999 年）、《依法行政纲要》（2004 年）、《法治政府意见》（2010 年），十八届三中全会《全面深改决定》（2013 年）、四中全会《依法治国决定》（2014 年）、五中全会《“十三五”规划建议》（2015 年）等。中共中央、国务院的这几份文件从大处着眼，进行宏观顶层设计，分别对法治政府建设作了总体安排，设立了时间表和具体任务，为法治政府建设作了整体布局规划，成为法治政府建设的重要依据文件和指导纲领。

从内容上来看，这几份文件分别在不同时期出台，针对我国行政法治和法治政府建设中的关键性问题做了规划和说明，对于不同时期的重点问题做了针对性规定，提出了明确要求和建议。其中，2004 年《依法行政纲要》确立了全面推进依法行政的指导思想，设定了目标，明确了依法行政的基本原则，归纳了六项基本要求，并从转变政府职能、科学民主决策、加强制度建设、行政执法体制建设、化解社会矛盾机制建设、强化监督机制建设、提高观念和能力、加强领导等方面对建设法治政府作了全面规定，全方位为“推进依法行政、建设法治政府”立规，成为法治政府建设的纲领性、指导性、“宪法性”文件。而 2010 年的《法治政府意见》又对提高领导干部依法行政的意识和能力、严格规范公正文明执法、全面推进政务公开等方面作了进一步规定。从形式上来看，并没有采取《立法法》所确立的立法程序，没有采用法律、法规、规章的形式，而是以中共中央决议、国务院文件等形式发布。从效力上来看，不具有国家强制力，不属于国家硬法，而属于软法范畴。

（二）软法为法治政府建设提供了具体执法裁量依据

在硬法的刚性约束之下，行政权运用存在大量的自由裁量领域，以应对纷繁复杂的社会管理事务。但与此同时，行政裁量权的不规范使用问题也很突出。针对这一突出问题，2004 年《依法行政纲要》提出，要建立行政裁量权基准制度，科学合理细化、量化行政裁量权，完善适用规则，严格规范裁量权行使，避免执法的随意性。2008 年《市县依法行政决定》指出，要抓紧组织行政执法机关对法律、法规、规章规定的有裁量幅度的行政处罚、行政许可条款进行梳理，根据当地经济社会发展实际，对行政裁量权予以细化，能够量化的予以量化，并将细化、量化的行政裁量标准予以公布、执行。2014 年《依法治国决定》进一步提出，要建立健全行政裁量权基准制度，细化、量化行政裁量标准，规范裁量范围、种类、幅度。对规范行政裁量权的认识逐步深入，要求日益明确，推进行政执法领域行政裁量基准制度的建立完善。

行政裁量权基准制度是行政执法主体内部规范行政执法行为的一种实践，是行政执法主体内部自我控制的方式和手段，[①] 因而主要采取行政机关制定内部规范的方式来实现。2004 年，浙江金华公安局率先制定《关于推行行政处罚自由裁量基准制度的意见》，以软法规范的形式来有效控制行政裁量权、防止行政裁量权滥用。各地纷纷探索建立类似制度。有些以综合性规范的形式出现，如《河北省人民政府关于建立行政裁量权基准制度的指导意见》（冀政［2010］152 号）；[②] 更多的是针对行政处罚中的自由裁量权做出相应规定，如《北京市关于规范行政处罚自由裁量权的若干规定》（京政发［2007］17 号）、《四川省规范行政处罚自由裁量权的规定》（川府函［2008］217 号）、《上海市人民政府关于本市建立行政处罚裁量基准制度的指导意见》（沪府发［2013］32 号）；也有针对其他单行行政行为的相关规定，如《漳州市国土资源局规范行政许可项目自由裁量意见》（漳国土资［2008］140 号）；环境保护部则在中央部委层面率先出台了《规范环境行政处罚自由裁量权若干意见》

① 钟宪章、禹政敏：《以行政裁量权基准制度规范行政权力》，《学习时报》2014 年 12 月 1 日。

② 有些行政裁量规范以地方政府规章的形式出现，属于硬法范畴，不在本文的讨论范围内，如《湖南省规范行政裁量权办法》（2009 年）、《广州市规范行政执法自由裁量权规定》（2009 年）即属于地方政府规章。

（环发［2009］24号）。[①]

行政裁量权基准制度的确立对于行政权力行使构成了重要依据，对于权力制约和监督非常有效。在硬法的框架范围内，上述具体的行政执法裁量基准往往由各行政机关以内部规范文件等形式加以固定下来。该如何看待这些裁量基准制度规范性文件，从理论上论证裁量基准的对内对外效力、建立基准内外效力发生的法律保障机制具有很大的迫切性和重要性。[②] 有学者从“行政规则外部化现象”的角度作了分析。[③] 而以软法理论来看，这些裁量基准制度规范性文件虽不属于国家硬法，但属于软法范畴。软法亦法，行政裁量基准制度的建设同样在法治建设范围之内，属于以软法规范为法治政府建设提供了执法裁量方面的规范依据。[④]

（三）软法为法治政府建设提供了行政程序规范依据

程序是法治大厦的重要基石，行政程序是法治政府建设的重要一环。法治的精髓在于良法得到普遍的遵行，而守法首先是要遵循程序、遵守程序法。对于政府、行政机关来说尤其如此。依法行政的基本要求之一就是要程序正当，[⑤] 要严格遵循依法公开、听取意见、回避等规定，保障相对方知情权、参与权和救济权。

目前我国还没有统一的《行政程序法》。现有的行政程序法律规范主要包括几部分：一是单行行政行为法中的程序性规定，如行政处罚法、许可法、强制法中的规定；二是地方制定的单行行政程序规定，有省级政府制定的也

---

① 更多相关规定列举及其内容、特征分析可参见章志远《行政裁量基准的兴起与现实课题》，《当代法学》2010年第1期。

② 章志远：《行政裁量基准的理论悖论及其消解》，《法制与社会发展》2011年第2期。

③ “行政规则外部化现象”指许多原本基于领导权只拘束下级行政机关、不产生外部效果的行政规则，因其在实质意义上对公民权利义务直接或间接发挥重要影响，从而探讨其是否具有相应的外部效力，从而应接受司法审查的问题。如在日本，包括裁量基准在内的行政机关的行政基准等数种规则都存在“外部化”的可能，参见［日］盐野宏《行政法》，杨建顺译，法律出版社1999年版，第73页；在德国，也普遍承认行政规则事实上的外部效果具有法律意义，参见［德］哈特穆特·毛雷尔《行政法学总论》，高家伟译，法律出版社2000年版，第599—600页。

④ 对这些规则性质的软法解说参见王贵松《行政裁量的软法之治——软法在行政裁量中的功能及其司法保障》，载罗豪才等《软法与公共治理》，北京大学出版社2006年版，第287—289页。

⑤ 国务院《全面推进依法行政实施纲要》。

有地市级政府制定的。这些规范性文件有些采取了规章形式，如第一个制定行政程序规定的湖南，以及山东、江苏、宁夏等省区，以及西安、兰州、海口等省会市和汕头等有地方规章制定权的较大市。有些则采取了政府规范性文件的形式，如《酒泉市人民政府关于印发〈酒泉市行政程序规定（试行）〉的通知》（酒政发［2012］182号）、《嘉峪关市人民政府关于印发〈嘉峪关市行政程序规定〉的通知》（嘉政发［2014］103号），这些就属于我们所说的软法；三是纲要、建议等规范性文件中的程序性规定和要求，如在国务院《依法行政纲要》和《法治政府意见》中，对于依法行政提出了六大基本要求，其中就包含了“程序正当”的要求，要求各级行政机关都要强化程序意识，加快行政程序建设，严格按照法定程序行使权力、履行职责，规范行政执法行为。上述两份文件并对健全和完善规范性文件制定程序、行政决策程序等做了专门规定，对于重大行政决策合法性论证制度和听取意见制度、告知制度、听证制度、说明理由制度等程序规定提出了具体要求。这些也都属于软法范畴。在我国行政程序法典出台之前，这些以软法形态表现出来的行政程序规范将长期存在并持续发挥重要作用。

除上述三个方面外，大大小小政府部门发布的各类行政规则、规范性文件等软法规范涉及法治政府建设的方方面面，都对法治政府建设起着重要作用。

软法为法治政府建设提供了重要工作机制

（一）行政执法中的软法机制

转变政府职能，深化行政执法体制改革，要求改进和创新执法方式，坚持民主协商、广泛参与的精神，坚持管理与服务并重、处置与疏导结合，充分运用间接管理、动态管理和事后监督管理等手段对经济和社会事务实施管理，创新管理方式，方便人民群众，实现法律效果和社会效果的统一。

在这个过程中，各部门也创造了很多好的制度。如环保部2014年5月发布了《环境保护部约谈暂行办法》，建立了一个约谈体系来监督政府和企业，创造了“环保约谈”模式。所谓约谈是指环保部约见不履行环境保护职责或履行职责不到位的地方政府及其相关部门负责人，依法进行告诫谈话、指出相关问题、提出整改要求并督促整改到位的一种行政措施。这种措施采用的形式是约谈会面，以谈话为其主要工作方式，在谈话过程中指出被约谈方的相关问题，提出要求和告诫，并加以督促整改。应该说，这种措施本身并不具有国家强制力，并不包含强制性处罚，而是更多以商谈的方式进行交流沟通，指出对方所存在的问题、所可能引发的严重后果，提出建设性改进意见等。从行为后果来看，一般地方领导都会在约谈最后表态，约谈后将会形成约谈纪要，约谈双方都要在约谈纪要上“签字画押”并予以发布。[①] 除涉及国家秘密、商业秘密和个人隐私外，约谈应对外公布相关信息。约谈时并可视情况邀请媒体及相关公众代表列席，受邀请参加方也可提出整改要求并纳入会谈纪要加以印发。

根据环保部官网、各环境保护督查中心网站及中国环境报官网数据显示，截至2015年10月7日，已有25个城市或单位因为环境问题被环保部约谈，其中2014年约谈了5个，2015年约谈了20个。[②] 这种约谈本身并不设定任何明确的强制性义务和后果，其效果的实现更多依靠的是“约谈”这一形式本身带来的一种压力，包括公布约谈对象和事项、第三方参与约谈、媒体广泛参与和关注等带来的压力，在实践中往往发挥着非常大的作用，甚至有的时候超越了硬法的力量。

（二）政府区域合作中的软法机制

当前，区域合作是社会发展和政府转型的新的领域。区域合作同样必须遵循法治化的路径，这给法治政府建设带来了新的课题和要求。区域一体化中的合作很多是发生在没有上下级隶属关系的政府主体之间，不能采用传统的命令式的管理方式。区域一体化的法律治理，主要采取区域行政协议、区

---

① 《环境保护部约谈暂行办法》（环发［2014］67号）第9条。

② 《因环境问题被环保部约谈20个城市中地级市占六成》，《京华时报》2015年10月7日。

域性组织、区域协作立法、区域行政规划和区域行政指导等机制。[①] 有关合作意向的达成通常需要各政府主体在平等的前提下，通过协商的方式，采取合作宣言、框架协议、议定书、纲要等软法形式来达成，以此来划定合作范围、确定合作项目、建立合作组织、选择合作模式，构建合作框架。而具体机制的完善，如组织机制、协商机制、激励机制、责任机制、纠纷解决机制等，也都有赖于软法规范的运用和功能的发挥。

当然，本文只是对法治政府建设中的软法规范和软法治理做一个简单的梳理，并不是也不可能否认硬法在其中发挥的巨大作用。在重视软法研究和软法效用的同时，要更好地完善硬法规范体系，充分发挥其规制国家权力的功能，为软法效力的实现打造一个更好的基础。归根结底，硬法软法的协调共治才是我们法治建设的理想图景。

（原载《江海学刊》2016 年第 1 期）

① 叶必丰：《区域经济一体化的法律治理》，《中国社会科学》2012 年第 8 期。

中国环境犯罪的立法演进及其思考

赵秉志

前　言

随着社会发展水平的提升，人们对环境的要求和重视程度也越来越高。但工业社会对环境的破坏招致了环境对人类的报复。气温变暖、物种加速灭绝、酸雨、雾霾、淡水资源危机、能源短缺、森林资源锐减、水土流失、土地荒漠化、土地盐碱化、沙尘暴、生活垃圾成灾、有毒化学品污染等，正日益加剧着我们生活的危机。有学者指出："大自然正以百倍的疯狂，惩罚着为所欲为的人类，将人类推到了死亡的境地。"① 有学者认为，环境犯罪是违反环境资源保护法规，污染或破坏环境资源，引起或者足以引起环境资源、他人生命健康或公私财产重大损害的行为。② 当代中国环境违法犯罪是破坏环境的主要因素。加强对环境犯罪的治理，是国家保护环境的必然法律行动。中国政府早就提出要重视环境问题，但我国环境犯罪的立法经历了一个曲折的过程。当今中国环境犯罪的立法，无论是立法模式、罪名设置还是刑罚处罚的范围和力度，都正在走向成熟和科学，但也还存在值得进一步完善之处。

---

① 陈泉生：《可持续发展与法律变革》，法律出版社 2000 年版，第 1 页。

② 参见王秀梅《破坏环境资源保护罪的定罪与量刑》，人民法院出版社 1999 年版，第 62 页。

中国环境犯罪的立法演进

中国有关环境犯罪的立法可谓源远流长。有资料显示，中国早在两千年多前的商朝就有了以刑罚手段惩治破坏环境行为的立法。[①]《韩非子·内储说上》记载："殷之法，弃灰于道者断其手。"对于"弃灰于道"这种现代看来十分轻微的污染环境行为，商朝的法律规定竟然是可"断其手"，不可谓不严厉。之后，中国历朝历代的刑法立法中都有关于惩治环境犯罪的一些规定，其中以唐律的规定最具代表性。《唐律疏议》记载了多种环境犯罪。其中有一项规定："其穿垣出秽污者，杖六十；出水者，勿论。主司不禁，与同罪。"对于随意倾倒垃圾以及主管人员不加以禁止的行为，唐律明确规定要以刑罚手段处置。中国现代意义上的环境犯罪立法始于1949年中华人民共和国成立以后，并大体上可分为环境犯罪立法的探索、确立和发展三个时期。

（一）中国环境犯罪立法的探索时期

1949年中华人民共和国成立至1979年刑法典颁行，是中国环境犯罪立法的探索时期。这一时期，中国尚未制定统一的刑法典，也没有环境犯罪的单行刑法，有关环境犯罪的立法只是零星散见于《森林保护条例》《防止沿海水域污染暂行规定》等少量非刑事法律之中。这一阶段的环境犯罪立法具有以下两个特点。

第一，缺乏正式的立法渊源。这有两方面的体现：一是非刑事法律中的附属刑法规范不甚明确。中国刑法理论上一般认为，在1979年刑法典颁行之前，中国只有三部单行刑法[②]，而没有刑法典和附属刑法的立法形式。不过，通过考察一些相关的非刑事法律规范可知，这一时期不太规范的个别环境立

① 参见郭建安、张桂荣《环境犯罪与环境刑法》，群众出版社2006年版，第136页。

② 即《中华人民共和国惩治反革命条例》（1951）、《妨害国家货币治罪暂行条例》（1951）、《中华人民共和国惩治贪污条例》（1952）。参见高铭暄、马克昌主编《刑法学》，北京大学出版社、高等教育出版社2016年版，第9页；高铭暄《中华人民共和国刑法的孕育诞生和发展完善》，北京大学出版社2012年版，第1页。

法中也包含了一些不太明确的相关附属刑法规范。例如，1963 年 5 月 27 日国务院颁布的《森林保护条例》第 38 条规定："违反本条例，有下列情形之一的，给予行政处分、治安管理处罚。但是，情节轻微的，经过批评教育以后，可以免予处分。（一）国家工作人员，工作失职，使森林遭受损失的；（二）不遵守林区野外用火规定，引起火灾的；（三）滥伐、盗伐以及其他破坏林木的行为，使森林遭受损失的；（四）不按照国家规定进行采伐和更新的。盗伐林木，应当追回赃物，并且责令赔偿损失。"其第 39 条规定："有前条第一款各项行为之一，情节严重，使森林遭受重大损失或者造成人身伤亡重大事故的，送交司法机关处理。"这里所称的"送交司法机关处理"，实际上是指送交司法机关作为犯罪处理。这相当于是一个附属的环境刑法规范。二是刑法草案实际作为了环境犯罪的非正式法律渊源。尽管新中国直至 1979 年才通过了第一部刑法典，但早在 1950 年我国已开始准备起草刑法典草案，1954 年国家立法机关开始正式起草刑法典草案至 1979 年 7 月 1 日第一部刑法典通过，前后近 30 年间，我国先后出台了 38 个刑法典草案稿本。[①] 期间，一些当时较为成熟的刑法典草案对指导司法发挥了一定的作用。例如，曾自始至终参与 1979 年刑法典草案拟定的高铭暄教授就曾称，刑法典草案第 22 稿出来后，"虽然后来没有公布成为正式的法律，但我们了解到，在实际的判案中，第 22 稿成了法院主要参考的裁判依据，发挥了一定的作用"[②]。实事求是而言，当时一些刑法典草案作为一种非正式渊源的确在司法实践中发挥了一定的立法作用。这些刑法典草案中就有多个条文明确将放火（或失火）烧毁森林、牧

---

① 参见赵秉志《中国刑法的百年变革——纪念辛亥革命一百周年》，《政法论坛》2012 年第 1 期。

② 高铭暄、黄薇：《25 年曲折立法路　见证新中国第一部刑法诞生的艰辛》，《文史参考》2011 年第 7 期。

场和决溃堤防等危害环境的行为规定为犯罪。①

第二，环境犯罪规范数量极少且相当分散。在新中国成立后至1979年刑法典颁行前，我国出台了一系列环保法规，如1950年的《关于治理淮河的决定》和《政务院规定古迹、珍贵文物、图书及稀有生物保护办法》，1952年的《关于荆江分洪工程的决定》，1953年的《政务院关于发动群众开展造林、育林、护林工作的指示》，1956年的《矿产资源保护试行条例》，1963年的《森林保护条例》，1974年的《防止沿海水域污染暂行规定》《工业三废排放标准》《放射防护规定》等。② 这其中只有少量的环保法规中规定有环境犯罪问题。除前述1963年的《森林保护条例》外，如1974年1月30日国务院通过的《防止沿海水域污染暂行规定》第5条第1款第1项规定："凡对海水造成污染的肇事者，视情节之轻重，给予警告，或处以人民币二万元以下的罚款，或并处以六个月以内的监禁。"虽然该项中所称的"监禁"是否属于刑种不甚明确，但考虑到1950年7月25日《中华人民共和国刑法大纲草案》第17条明确将"监禁"作为刑罚的种类之一（期限为"一年以上，十五年以下，加重时，得加至二十五年，但以有明文规定者为限"），《防止沿海水域污染暂行规定》这一条的规定也可以认为部分地包含了附属刑法规范。此外，如前所述，这期间拟定的多个刑法典草案中都有关于环境犯罪的规定。但总体而言，我国当时环境犯罪的立法规范数量极少，且十分分散，只能算是一种摸索性立法。

---

① 如1957年6月28日的《中华人民共和国刑法草案》（第22次稿）分则第二章"危害公共安全罪"中第122条第1款规定："放火烧毁……森林、牧场……的，处三年以上十年以下有期徒刑。"第2款规定："犯前款罪……使公私财产遭受重大损失的，处十年以上有期徒刑、无期徒刑或者死刑。"第124条规定："失火烧毁……森林、牧场……的，处五年以下有期徒刑。"第128条第1款规定："决溃堤防、损坏水闸足以危害公共安全的，处五年以下有期徒刑。"第2款规定："犯前款罪……使公私财产遭受重大损失的，处十年以上有期徒刑、无期徒刑或者死刑。"第3款规定："过失犯第一款罪的，处一年以下有期徒刑或者拘役。"1963年10月9日的《中华人民共和国刑法草案》（第33次稿）分则第二章"危害公共安全罪"中第111条规定："放火烧毁……森林、农场、谷场、牧场……的，处三年以上十年以下有期徒刑。"参见高铭暄、赵秉志编《中国刑法规范与立法资料精选》，法律出版社2013年版，第312—313、330—331页。

② 参见付立忠《环境刑法学》，中国方正出版社2001年版，第154—155页。

（二）中国环境犯罪立法的确立时期

1979 年刑法典颁行至 1997 年全面修订刑法典，是我国环境犯罪立法的确立时期。这一时期，我国不仅颁行了 1979 年刑法典，而且出台了大量单行刑法和附属刑法规范。据统计，自 1981 年至 1997 年刑法典全面修订前，全国人大常委会先后通过了 25 部单行刑法，并在 107 部非刑事法律中设置了附属刑法规范。[①] 这一时期的环境犯罪立法具有以下三个特点：

第一，立法形式多元。这一时期中国环境犯罪的立法形式有刑法典、单行刑法和附属刑法。（1）刑法典。1979 年刑法典分则条文虽然总共只有 103 条，但与环境犯罪相关的条文就有近 10 条，涉及放火、决水、爆炸、以危险方法危害公共安全（刑法典第 105—106 条）、盗伐林木、非法捕捞水产品、非法狩猎（刑法典第 128—130 条）等犯罪。（2）单行刑法。1988 年 8 月 29 日全国人大常委会通过的《关于惩治捕杀国家重点保护的珍贵、濒危野生动物犯罪的补充规定》，规定了非法捕杀珍贵、濒危野生动物罪。（3）附属刑法规范。这散见于 1982 年 8 月 23 日的《海洋环境保护法》、1984 年 5 月 11 日的《水污染防治法》、1984 年 9 月 20 日的《森林法》、1986 年 1 月 20 日的《渔业法》、1988 年 11 月 8 日的《野生动物保护法》、1989 年 12 月 26 日的《环境保护法》、1995 年 8 月 29 日的《大气污染防治法》、1995 年 10 月 30 日的《固体废物污染环境防治法》、1996 年 8 月 29 日的《矿产资源法》和 1996 年 10 月 29 日的《环境噪声污染防治法》等十余个非刑事法律之中。其中关于环境犯罪的立法方式主要有两种：一是采取“依法追究刑事责任”的笼统、概括性规定。例如，1982 年的《海洋环境保护法》第 44 条规定：“凡违反本法，污染损害海洋环境，造成公私财产重大损失或者致人伤亡的，对直接责任人员可以由司法机关依法追究刑事责任。”[②] 二是采取“依照”或者“比照”刑法有关条款处罚的规定。例如，1984 年的《水污染防治法》第 43 条

---

① 参见高铭暄、赵秉志《中国刑法立法之演进》，法律出版社 2007 年版，第 42 页。

② 参见高铭暄、赵秉志编《新中国刑法立法文献资料总览》，中国人民公安大学出版社 2015 年版，第 289 页。

规定："违反本法规定，造成重大水污染事故，导致公私财产重大损失或者人身伤亡的严重后果的，对有关人员可以比照刑法第一百一十五条或者第一百八十七条的规定，追究刑事责任。"1984 年的《森林法》第 34 条第 2 款规定："盗伐、滥伐森林或者其他林木，情节严重的，依照《刑法》第一百二十八条的规定追究刑事责任。"① 上述方式都没有在非刑事法律中直接规定相关环境犯罪的法定刑。

第二，立法规范数量较多但较为分散。与前一时期相比，这一时期的环境犯罪立法数量有了明显增多。据统计，其条文数量多达 50 余条，包括刑法典中的 9 条、单行刑法 1 条和附属刑法规范 40 余条。但立法规范的分布比较分散，这体现在：一是刑法典分则中没有设置环境犯罪的专章或者专节。其中关于环境犯罪的立法规范散见于刑法典分则第二章的"危害公共安全罪"、第三章的"破坏社会主义经济秩序罪"、第六章的"妨害社会管理秩序罪"和第八章的"渎职罪"等章，较为分散。二是环境犯罪的立法规范以附属刑法规范为主，散见于多部非刑事法律之中。这些规范，除了刑法典和 1 部单行刑法中的共 10 个条文，其他 40 余个条文分散在 18 部非刑事法律之中，其中少的只有 1 个条文，多的也只有 4—5 条。环境犯罪立法的分散在一定程度上影响了人们对环境犯罪法律后果的认识，进而影响了其法律实施效果。

第三，立法调控的行为范围明显扩大。刑法规范数量的增多除了立法的细化，更多的是立法调控范围的扩张。这一时期的环境犯罪立法亦然。与前一时期只有个别附属刑法规范相比，中国这一时期对环境犯罪的立法扩张是全面的：一是刑法典、单行刑法设置了多种专门的环境犯罪，惩治的范围涵盖了盗伐、滥伐林木，非法捕捞水产品，非法狩猎，非法捕杀国家重点保护的珍贵、濒危野生动物等一系列危害环境的犯罪行为；二是附属刑法规范中的"依照""比照"等规定，扩大了环境刑法的治理范围，较为全面地涵盖了对森林、海洋、水资源、野生动物、矿产、土地、大气、环境噪声等涉及

① 参见高铭暄、赵秉志编《新中国刑法立法文献资料总览》，中国人民公安大学出版社 2015 年版，第 325、291 页。

环境的多个领域的危害行为的治理。

（三）中国环境犯罪立法的发展时期

1997 年全面修订刑法典以来，是我国环境犯罪立法的发展时期。这一时期，我国通过了 1 部经全面修订的刑法典和 9 个刑法修正案，同时出台了 1 部单行刑法和 1 个法律修改的决定。这期间中国环境犯罪的刑法立法具有以下三个特点。

第一，立法形式由多元走向统一。尽管在 1997 年刑法典颁行后，中国于 1998 年 12 月 29 日通过了 1 部单行刑法（即《关于惩治骗购外汇、逃汇和非法买卖外汇犯罪的决定》），但之后中国立法机关开始注意坚持刑法法典化的做法，主要采取刑法修正案的形式修改刑法典。由于刑法修正案属于刑法典的一部分，因此中国刑法的立法形式实际上由多元逐渐走向了统一。其中，关于环境犯罪的立法，中国 1997 年刑法典作了专门规定，之后又有第二、第四和第八共计三个刑法修正案对环境犯罪有所修正。①

第二，立法规范由分散走向集中。这除了中国针对环境犯罪摒弃了单行刑法和附属刑法的立法形式，还在于中国 1997 年刑法典分则中设置了环境犯罪专节，即刑法典分则第六章妨害社会管理秩序罪中设立了第六节“破坏环境资源保护罪”。虽然该节并没有涵盖所有与环境相关的犯罪（如刑法典分则第九章渎职罪中第 408 条的环境监管失职罪），但该节用 9 个条文较为集中地规定了以环境资源保护为主要客体的 15 种环境犯罪。其他一些犯罪，如动植物检疫徇私舞弊罪（刑法典分则第六章渎职罪第 413 条第 1 款）和动植物检疫失职罪（第 413 条第 2 款）等，虽然也与环境相关，但我国立法者显然认为它们所侵害的主要客体不是生态环境因而没有被纳入“破坏环境资源保护罪”专节。因此，1997 年刑法典虽然没有实现对环境犯罪完全集中的规定，

---

① 2001 年的《刑法修正案（二）》将“非法占用耕地罪”修改为“非法占用农用地罪”；2002 年的《刑法修正案（四）》将“非法采伐、毁坏珍贵树木罪”修改为“非法采伐、毁坏国家重点保护植物罪”和“非法收购、运输、加工、出售国家重点保护植物、国家重点保护植物制品罪”，将“非法收购盗伐、滥伐林木罪”修改为“非法收购、运输盗伐、滥伐林木罪”；2011 年的《刑法修正案（八）》将“重大环境污染事故罪”修改为“污染环境罪”，同时调整了非法采矿罪的定罪量刑标准。

但较之于1997年全面修订刑法典之前，其立法的集中性明显得到了加强。

第三，立法内容更加科学合理。这主要体现在：一是增加了单位犯罪主体，扩大了环境犯罪的主体范围。① 1997年刑法典第346条规定："单位犯本节第三百三十八条至第三百四十五条规定之罪的，对单位判处罚金，并对直接负责的主管人员和其他直接责任人员，依照本节各该条的规定处罚。"二是扩大了环境犯罪的处罚范围。例如，《刑法修正案（二）》将原刑法典第342条的"非法占用耕地罪"修改为"非法占用农用地罪"，该罪的行为对象也由"耕地"扩大至"耕地、林地等农用地"，进而扩大了该罪调整的行为范围。《刑法修正案（八）》第47条将非法采矿罪的入罪标准由"经责令停止开采后拒不停止开采，造成矿产资源破坏"修改为"情节严重"，扩大了该罪的入罪情节标准。三是加大了对环境犯罪的处罚力度。例如，1979年刑法典第128条盗伐、滥伐林木罪的法定最高刑是3年有期徒刑，第129条非法捕捞水产品罪和第130条非法狩猎罪的法定最高刑是2年有期徒刑；1997年刑法典将非法捕捞水产品罪、非法狩猎罪的法定最高刑提高至3年有期徒刑，将滥伐林木罪的法定最高刑提高至7年有期徒刑，将盗伐林木罪的法定最高刑提高至15年有期徒刑。刑罚处罚的力度明显提高，也体现了中国对环境之刑法保护力度的加强。

中国环境犯罪的立法模式问题

环境犯罪的立法模式主要涉及两个方面：一是环境犯罪的立法体例，即是采取刑法典、单行刑法还是采取附属刑法规范的立法方式；二是刑法典关于环境犯罪的立法方式，即是否设置专门的环境犯罪章节。

（一）关于中国环境犯罪的立法体例

当今世界各国的环境犯罪立法体例大致有三种类型：一是刑法典模式，即在刑法典中设立环境犯罪的专门章节，如德国刑法典分则第29章的危害环

① 参见赵红艳《环境犯罪定罪分析与思考》，人民出版社2013年版，第32页。

境罪[①]，俄罗斯联邦刑事法典分则第26章的生态犯罪[②]。二是单行刑法模式，即在普通刑法典之外制定专门的单行环境刑法来规定环境犯罪，如日本的《公害罪法》。三是附属刑法模式，即通过行政法中的附属刑法条款来惩治环境犯罪，如英国、美国等大多数英美法系国家。[③] 附属刑法模式又可以分为三种：一是在环境行政法规中直接规定刑事罚则，这种方式多见于英美法系国家，大陆法系的德国、日本的环境行政法规中对此也有规定。二是在环境行政法规中规定比照刑法典的具体条款对环境犯罪予以处罚，如罗马尼亚环境行政法规中即有此类规定。三是在环境行政法规中规定原则上要依照刑法典定罪处罚，但并不指明具体条款，如苏联的环境行政法中就有这类规定。[④]

中国环境犯罪的立法体例经历了一个由分散走向综合再走向统一的过程。目前中国环境犯罪的立法体例采取的是统一的刑法典模式，即所有环境犯罪的规范都被规定在刑法典中。不过，在刑法理论上，论者们对环境犯罪的应然立法模式也存在不同的主张。例如，有观点认为，根据国情，中国的环境刑事立法应当从战略高度走向特别环境刑法集中立法与环保法律分散立法相结合的道路。所谓集中立法，是指把大部分具有稳定形态的环境犯罪和环境刑事诉讼规则规定到特别环境刑法当中去；所谓分散立法，是指把在相当长时间内还不具有稳定性但又须惩罚的犯罪规定到单行环境行政法之中。[⑤] 也有观点认为，集中性、统一性的刑事立法模式并不现实，中国应由刑法典、单行刑法、附属刑法、轻犯罪法分别规定不同性质的犯罪。[⑥] 还有学者主张中国应建立刑法典、特别刑法和刑法修正案相结合的刑法立法模式。[⑦] 也有学者认为，刑法典、单行刑法、附属刑法相互配合的模式既在某种程度上保证了法

① 参见徐久生、庄敬华译《德国刑法典》(2002年修订)，中国方正出版社2004年版，第160—166页。

② 参见赵路译《俄罗斯联邦刑事法典》，中国人民公安大学出版社2009年版，第179—191页。

③ 参见王勇《环境犯罪立法：理念转换与趋势前瞻》，《当代法学》2014年第3期。

④ 参见李希慧、董文辉、李冠煜《环境犯罪研究》，知识产权出版社2013年版，第45—46页。

⑤ 参见董文勇《相对独立立法：我国环境刑事立法的模式选择》，《人民法院报》2004年7月21日。

⑥ 参见张明楷《刑事立法的发展方向》，《中国法学》2006年第4期。

⑦ 参见柳忠卫《刑法立法模式的刑事政策考察》，《现代法学》2010年第3期。

律的稳定性，又可以很好地应对多样性的环境犯罪，及时扩大刑法惩治的范围，准确定位各类环境犯罪行为以防止出现漏网之鱼。① 如此等等，见仁见智。不过，笔者认为，中国环境犯罪的理想立法体例仍然是中国目前采取的刑法典模式。这是因为：

第一，环境犯罪立法的单一刑法典模式是中国法典化立法传统的要求和具体体现。中国立法传统中存在鲜明的注重法典化的倾向，特别是一些基本法律部门，在可能的情况下都制定了法典。中国刑法立法采取的也是这种立法传统，并经历了由分散立法（单行刑法或附属刑法）到综合立法（刑法典、单行刑法和附属刑法）再到统一立法（刑法典）的演变过程。当然，当代中国现代刑法的法典化程度与中国社会形势的变迁、法治的整体发展水平和立法技术的提升密切相关。中国刑法法典化是中国历史与现实的必然选择，有其重要的法律文化价值、比较法价值、社会价值、法治价值和规范价值。② 中国刑法立法的这一特点，要求将所有犯罪都囊括于刑法典之中，这也决定了环境犯罪必须由刑法典进行规定。单行刑法、附属刑法都是在刑法典之外规定相关犯罪问题，是对刑法法典化的破坏。中国刑法法典化的特点决定了中国不宜在刑法典之外再采取单行刑法或者附属刑法模式对环境犯罪进行规定。

第二，环境犯罪法益日益增强的独立性削弱了环境犯罪立法的附属刑法模式价值。长期以来，环境犯罪都被认为是一种行政犯罪，其“首先侵犯的是国家环境资源保护管理制度，其次，环境犯罪侵犯的是人们的生命健康和重大公私财产的安全”③。它依存于相关的环境行政法，大多数环境犯罪的有关构成要件要参照环境行政法才能得到解释和说明，环境刑法因而被认为具有附属性。不过，随着环境重要性的凸显，人们逐渐对环境犯罪侵害的法益有了新的认识。有观点认为，环境法益既不能简单归于公共安全，也不能轻

① 参见邓琳君、吴大华《风险社会语境下环境犯罪的立法思考》，《中国社会科学院研究生院学报》2013 年第 6 期。

② 参见赵秉志《当代中国刑法法典化研究》，《法学研究》2014 年第 6 期。

③ 曹子丹、颜九红：《环境犯罪若干理论问题探讨》，载丁慕英等主编《刑法实施中的重点难点问题研究》，法律出版社 1998 年版，第 807—808 页。

率认定为管理秩序或环境权，而是一类独立的新兴法益，即环境安全法益。[①]也有观点认为，环境犯罪侵害的客体是环境权，“环境刑法所保护之法益，并不只是生命法益、身体法益或财产法益，而且亦包括所谓之‘环境法益’，由于生态环境之破坏，将足以导致生命、身体或财产之危险，故以刑法保护环境法益，亦属间接地保护个人之生命、身体或财产法益”[②]。环境犯罪法益认识的变化赋予了环境刑法更强的独立性，即环境犯罪不再以环境行政法的规定为必要前提。“环境刑法不是只为了保障环境行政法，不是只关系着管理、分配与秩序问题，而是将人类自然生活空间里的种种生态形态，如水、空气、风景区以及动植物世界等，视为应予保护的法益。”[③] 环境犯罪的性质正逐渐由法定犯走向自然犯。这削弱了环境犯罪立法的附属刑法模式的存在价值。

第三，中国既往附属刑法的立法特点决定了环境犯罪立法不宜采取附属刑法模式。如前所述，过去中国附属刑法的立法主要采取的是“依法追究刑事责任”和“依照”“比照”刑法有关条款处罚的规定方式。它具有两个显著特点：一是均不单独规定法定刑。中国1997年全面修订刑法典之前设置有附属刑法规范的107部非刑事法律对相关犯罪的规定都只有罪状的描述，而没有法定刑的规定。其处罚均采取“依照”“比照”刑法典相关条文的处罚进行，这也是中国立法机关一贯坚持的一项立法原则。二是依附于刑法典。严格地说，非刑事法律中的“依法追究刑事责任”规定并不创制新的罪刑规范，只是提示性的规定，不属于独立的附属刑法规范。同样，“依照”规定的内容本身也可以纳入刑法典相关条文之中。例如，1996年8月29日全国人大常委会通过的《煤炭法》第78条规定：“煤矿企业的管理人员违章指挥、强令职工冒险作业，发生重大伤亡事故的，依照刑法第一百一十四条的规定追究刑事责任。”而1979年刑法典第114条规定的重大责任事故罪本身是可以

---

① 参见钱小平《环境刑法立法的西方经验与中国借鉴》，《政治与法律》2014年第3期。

② 刘红：《环境权应为环境犯罪客体之提倡》，《中国刑事法杂志》2004年第5期。

③ 叶瑟：《环境保护——一个对刑法的挑战》，载台湾地区《环境刑法国际学术研讨会文辑》(1992年)，第27页。

包含这一内容的。因此，只有“比照”的规定才是独立的犯罪规范，但它也依附于刑法典的已有规定：一方面，其在法理上依赖于1979年刑法典第79条的类推制度（即“本法分则没有明文规定的犯罪，可以比照本法分则最相类似的条文定罪判刑，但是应当报请最高人民法院核准”）；另一方面，其在法律上依赖于1979年刑法典关于相关犯罪已有的法定刑规定。在我国1997年刑法典已取消类推制度的情况下，这种“比照”的附属刑法模式显得缺乏充分的法理根据，而在非刑事法律中单独规定专门的法定刑又不符合中国附属刑法立法的一贯传统。从这个角度看，中国环境犯罪立法不宜再走回头路采取附属刑法的立法模式。

第四，中国刑事法的独立性和完整性决定了中国不宜对环境犯罪采取特别刑法立法模式。提倡创制环境犯罪的特别立法的主张实际上是要制定一部环境犯罪综合法，如《危害环境罪法》，它要同时涵盖环境犯罪的实体规范和程序规范。这一立法模式不仅要打破刑法典的统一立法模式，还要在立法内容上协调其与刑法、刑事诉讼法相关规定之间的关系，需要解决的问题众多，其可行性甚低。中国目前的刑法、刑事诉讼法与其他法律之间的关系相互独立，自成一体，设立特别环境刑法势必造成其与刑法、刑事诉讼法之间内容交叉，打破刑法、刑事诉讼法已有的独立性和完整性，立法阻力很大。事实上，在中国2015年《反恐怖主义法》的制定过程中，也曾有不少观点主张将其制定成一部同时涵盖反恐怖主义行政法、刑法和刑事诉讼法内容的综合法，但最终这一主张并没有被中国立法机关所采纳。《反恐怖主义法》最终被制定成为一部以行政法为主的专门的反恐法，并未涵括刑法、刑事诉讼法的实质内容。与恐怖主义犯罪相比，对环境犯罪采取特别刑法立法模式的必要性更低。考虑到中国刑法立法的观念与传统，中国未来也不太可能对环境犯罪采取特别刑法的立法模式。

（二）关于中国环境犯罪的章节设置

关于环境犯罪的章节设置，在对1979年刑法典进行修订并曾考虑分则实行小章制的过程中，国家立法工作机关曾有将环境犯罪设置专章的设想和安排①，后来又决定刑法典分则仍采用大章制，这样，对环境犯罪，目前中国采取的是在刑法典分则第六章“妨害社会管理秩序罪”中设专节即第六节“破坏环境资源保护罪”作了较为集中的规定，该节用9个条文规定了15种具体的环境犯罪；同时，在刑法典分则第二章、第三章、第六章第六节之外的其他节以及第九章中，也分别规定有一些环境犯罪。对于中国刑法典的这种立法设置，中国刑法理论界多数论者都认为不够彻底，主张应当在刑法典中设置环境犯罪专章。例如，有论者认为，考虑到目前中国的环境状况、环境犯罪的特殊性、中国刑法体系的设置以及刑法立法的特点，应将刑法典分则第六章妨害社会管理秩序罪中的第六节破坏环境资源保护罪从该章中独立出来，并将分散在刑法典分则各章节中有关环境犯罪的规定纳入其中，单独成立一章，章名可为“侵害环境罪”，排列在刑法典分则第五章“侵犯财产罪”之后、第六章“妨害社会管理秩序罪”之前。② 笔者对此一直深以为然。③ 这其中有两个方面最值得关注：一是环境犯罪独立成章有助于强化刑法对环境犯罪的治理。刑法立法体例的排列不仅表明相关犯罪所侵害的社会关系类型，更为重要的是表明立法者对某种社会关系的重视程度。将环境犯罪独立成章，可以进一步增强刑法在环境保护上的威慑力，也有助于进一步表明国家重视环境保护的精神和态度，增强人们保护环境的自觉性。二是环境犯罪独立成章有助于环境犯罪的类型化。目前中国刑法典分则第六章第六节“破坏环境资源保护罪”只规定了15种环境犯罪，此外大量的环境犯罪被置于其他章节之中，原因在于其他环境犯罪不适合置于刑法典分则第六章的“妨害社会管理秩序罪”中，其客体特征决定了将其置于其他章节中更合适。例如，刑法典分则第三章第二节走私罪中的“走私珍贵动物、珍贵动物制品罪罪”走私

---

① 参见高铭暄、赵秉志编《新中国刑法立法文献资料总览》（中册），中国人民大学出版社1998年版，第950、985—986、1036—1038页。

② 参见李恒远、常纪文主编《中国环境法治》（2008年卷），法律出版社2009年版，第219页。

③ 参见赵秉志、陈璐《当代中国环境犯罪刑法立法及其完善研究》，《现代法学》2011年第6期。

国家禁止进出口的货物、物品罪中的“走私珍稀植物、珍稀植物制品罪”“走私废物罪”，第九章渎职罪中的“违法发放林木采伐许可证罪”“环境监管失职罪”“非法批准征用、占用土地罪”“动植物检疫徇私舞弊罪”“动植物检疫失职罪”等，均是如此。但如果刑法典分则设立环境犯罪专章，并将这些犯罪归入环境犯罪专章，则显然更为合适。

中国环境犯罪的立法调控范围问题

环境犯罪的立法调控范围主要解决的是环境犯罪的立法保护范围，主要涉及两个方面：一是环境犯罪的种类设置，即设置哪些环境犯罪的罪名；二是具体环境犯罪的入罪标准，即具体环境犯罪的惩治范围。

（一）关于中国环境犯罪的种类设置

关于环境犯罪的分类，刑法理论上有不同的观点。有观点主张根据环境犯罪侵害法益的不同，将环境犯罪分为污染环境类犯罪、损害资源类犯罪和侵害动物类犯罪三大类。① 也有观点主张将环境犯罪划分为“污染环境的犯罪”“破坏自然资源的犯罪”和“与环境犯罪相关的犯罪”三类。② 还有观点主张将环境犯罪划分为“污染环境的犯罪”“危害生态资源的犯罪”“其他可能危害环境的犯罪”三类。③ 比较而言，笔者赞同将中国刑法典中的环境犯罪分为“污染环境类犯罪”“损害资源类犯罪”“与环境犯罪相关的犯罪”三类，因为这一分类不仅能较好地涵盖中国刑法典分则第六章第六节规定的环境犯罪，还能较好地涵括中国刑法典分则其他章节中的环境犯罪。

根据上述分类，在中国刑法典中，第一类“污染环境类犯罪”包括3种罪名，分别是污染环境罪（第338条）、非法处置进口的固体废物罪和擅自进口固体废物罪（第339条第1、2款）。第二类“损害资源类犯罪”包括12种罪名，分别是非法捕捞水产品罪（第340条），非法猎捕、杀害珍贵、濒危野

① 参见焦艳鹏《刑法生态法益论》，中国政法大学出版社2012年版，第147页。
② 参见刘仁文《环境资源保护与环境资源犯罪》，中信出版社2004年版，第289—470页。
③ 参见杨春洗等《危害环境罪的理论与实务》，高等教育出版社1999年版，第169—244页。

生动物罪（第341条第1款），非法收购、运输、出口珍贵、濒危野生动物、珍贵、濒危野生动物制品罪（第341条第1款），非法狩猎罪（第341条第2款），非法占用农用地罪（第342条），非法采矿罪（第343条第1款），破坏性采矿罪（第343条第2款），非法采伐、毁坏国家重点保护植物罪（第344条），非法收购、运输、加工、出售国家重点保护植物、国家重点保护植物制品罪（第344条），盗伐林木罪（第345条第1款），滥伐林木罪（第345条第2款），非法收购、运输盗伐、滥伐林木罪（第345条第3款）。第三类"与环境犯罪相关的犯罪"包括刑法典分则第二、三、六、九章中相关的20余种罪名，其中比较典型的是走私珍贵动物、珍贵动物制品罪（第151条第2款），走私国家禁止进出口的货物、物品罪（含走私珍稀植物、珍稀植物制品行为，第151条第3款），走私废物罪（第152条第2款），违法发放林木采伐许可证罪（第407条），环境监管失职罪（第408条），非法批准征用、占用土地罪（第410条），动植物检疫徇私舞弊罪（第413条），动植物检疫失职罪（第413条）等。

探究上述环境犯罪的分类可见，我国现行刑法典关于环境犯罪的立法无论在污染环境类犯罪、损害资源类犯罪还是在与环境犯罪相关的犯罪方面都存在一定的不足，需要进一步完善。这具体体现在以下三个方面。

第一，在污染环境类犯罪方面，我国刑法典规定的污染环境类犯罪还不够全面。这体现在：（1）没有将噪声污染入刑，因为噪声不属于有害物质，噪声污染行为不能被纳入刑法典第338条的污染环境罪。我国刑法典有必要考虑增设噪声污染罪，将"在生产、作业过程中，违反有关噪声污染防治法规，长期超标排放、发射噪声，拒不采取防污治理措施，造成严重噪声污染的"行为入罪。[①]（2）擅自进口固体废物罪的对象仅限于固体废物，没有包括液态废物和气态废物，也有进一步扩大该罪对象范围的必要。

第二，在损害资源类犯罪方面，我国刑法典涵盖的损害资源行为类型还

① 参见牛忠志《环境犯罪的立法完善——基于刑法理论的革新》，博士学位论文，西南政法大学，2013年，第191页。

不够全面。我国《环境保护法》第2条规定："本法所称环境，是指影响人类生存和发展的各种天然的和经过人工改造的自然因素总体，包括大气、水、海洋、土地、矿藏、森林、草原、野生动物、自然古迹、人文遗迹、自然保护区、风景名胜区、城市和乡村等。"与此对比，我国刑法典关于损害资源类犯罪的立法仍然存在一定的不足，这包括：（1）非法占用农用地罪的行为方式仅限于"占用"，没有涵盖其他破坏农用地的行为，如单纯破坏耕地、林地、草原等的行为。（2）损害资源类犯罪的对象没有涵盖湿地、自然保护区、风景名胜区等重要资源，不利于刑法对湿地、自然保护区、风景名胜区等的保护。（3）对动物的保护仅限于珍贵、濒危野生动物，且行为方式仅限于猎捕、杀害、非法收购、运输和出售行为，没有包含对普通野生动物、一般动物实施的一些残忍行为，如虐待动物行为。我国刑法典有必要将这些损害环境资源的行为规定为犯罪。

第三，在与环境犯罪相关类的犯罪方面，我国刑法典没有将抗拒环境保护部门的环境监督管理的行为入罪。对于以暴力、威胁方法阻碍环境保护部门执法行为的，可依照我国刑法典第277条追究其妨害公务罪的刑事责任；而对于以暴力、威胁方法之外的行为抗拒环境保护部门的环境监督管理的，我国刑法尚不能追究其刑事责任。这显然不利于环境监管的开展。我国有必要将这类妨害环境管理的行为规定为犯罪。

（二）关于中国环境犯罪的入罪标准

环境犯罪的入罪标准主要涉及环境犯罪的形态问题。我国1997年刑法典规定的环境犯罪入罪标准主要有四种类型：一是行为标准，即以行为入罪，只要实施了危害行为即构成犯罪，如刑法典第341条非法猎捕、杀害珍贵、濒危野生动物罪和非法收购、运输、出售珍贵、濒危动物、珍贵、濒危动物制品罪，只要行为人实施了非法猎捕、杀害或者非法收购、运输、出售行为即构成犯罪。二是情节标准，即以危害行为达到一定严重程度的情节入罪，行为人不仅要实施危害环境的行为，而且要求危害行为达到情节严重的程度才构成犯罪，如刑法典第340条的非法捕捞水产品罪、第343条第1款的非法采矿罪，不仅要求行为人实施了非法捕捞水产品、非法采矿的行为，而且要求行为“情节严重”才能入罪。三是危险标准，即要求行为具有足以造成一定危害结果的危险才入罪，如刑法典第 114 条的放火罪、决水罪等，要求行为足以导致严重危害公共安全后果的发生。四是结果标准，即以特定的危害结果入罪，只有行为造成了一定的危害结果才构成犯罪，如刑法典第 339 条第 2 款的擅自进口固体废物罪、第 342 条的非法占用农用地罪即如此，前者要求“造成重大环境污染事故，致使公私财产遭受重大损失或者严重危害人体健康”，后者要求“数量较大，造成耕地、林地等农用地大量毁坏”才构成犯罪。

上述四种入罪标准中，以结果作为入罪标准的立法要求最为严格，不利于刑法对危害环境行为的及时惩治。为了加强对环境犯罪的惩治，我国 2011 年通过的《刑法修正案（八）》对环境犯罪的入罪标准作了两方面的重要修改：一是将部分犯罪由结果犯降为行为犯。《刑法修正案（八）》第 46 条将刑法典第 338 条污染环境罪的入罪门槛由原来的“造成重大环境污染事故，致使公私财产遭受重大损失或者人身伤亡的严重后果”，修改为“严重污染环境”。据此，只要行为严重污染了环境，即便没有造成重大环境污染事故，也构成犯罪。二是将部分犯罪由结果犯降为情节犯。《刑法修正案（八）》第 47 条将刑法典第 343 条非法采矿罪的入罪门槛由原来的“经责令停止开采后拒不停止开采，造成矿产资源破坏”，修改为“情节严重”。由于“情节严重”所包含的范围更广，不仅包括“经责令停止开采后拒不停止开采，造成矿产资源破坏”，还包括非法采矿的次数、数量等情节，其入罪门槛明显降低。

《刑法修正案（八）》对环境犯罪所做的上述两方面修改，扩大了环境犯罪的处罚范围，受到刑法理论界与实务界的肯定。但仍有不少论者主张进一步扩大环境犯罪的处罚范围。例如，有观点主张通过增设环境犯罪的危险犯、无过错责任原则和责任推定规定，降低环境犯罪的入罪标准，以更好地扩大环境犯罪的立法范围。[①] 笔者认为，在环境问题日益突出并广受社会关注的情况下，我国环境犯罪的立法确有必要进一步调整环境犯罪的入罪标准，但也不是一味地将环境犯罪的结果犯均降为危险犯或者行为犯才妥当，而应当结合环境犯罪的类型分别设定。这主要有两方面的考虑：一是对污染环境类的环境犯罪，可考虑将已有的结果犯下降为危险犯。这主要涉及刑法典第339条第2款的擅自进口固体废物罪，因为其他两种污染环境类的犯罪（污染环境罪和非法处置进口的固体废物罪）已经是行为犯。对此，可考虑将擅自进口固体废物罪的入罪标准调整为“足以造成重大环境污染事故”，作为一个过渡。二是对于损害资源类的环境犯罪，可考虑将已有的结果犯下降为情节犯。这主要涉及刑法典第342条的非法占用农用地罪、第343条的非法采矿罪和破坏性采矿罪，可从强化环境保护的角度，将其调整为情节犯，只要非法占用农用地、非法采矿、破坏性采矿的行为达到“情节严重”程度即可构成犯罪。对这两类犯罪作这种调整，可在解决其入罪标准问题的同时，解决环境犯罪的无过错责任问题和责任推定问题，因为当这两类环境犯罪不再属于结果犯时，就可直接解决过去长期困扰中国环境犯罪实务的因果关系问题（即污染环境的行为与公私财产损失、人身健康危害之间的因果关系），只要行为人实施了污染环境并达到一定程度的行为即可入罪，至于行为人对污染环境后所造成的人身、财产损害是否有过错或者责任，则无须证明，也就无须再运用刑法理论上存在极大争议的无过错责任和责任推定理论。当然，对于“与环境相关的犯罪”的入罪标准，因需综合考虑其行为侵害的其他法益而不宜作统一规定。但个别犯罪，如刑法典第407条违法发放林木采伐许可证罪、环境监管失职罪，也可以考虑将入罪标准由结果犯调整为情节犯。事实上，同为渎职罪，刑法典第410条的非法批准征收、征用、占用土地罪和非法低价出让国有土地使用权罪就是以“情节严重”作为其行为的入罪标准的，可资借鉴。

① 参见邓琳君、吴大华《风险社会语境下环境犯罪的立法思考》，《中国社会科学院研究生院学报》2013年第6期。

中国环境犯罪处罚的合理化问题

环境犯罪的处罚种类和处罚力度也是环境犯罪立法的重要内容。中国环境犯罪的刑法立法也十分重视其处罚的种类和力度问题。

（一）关于中国环境犯罪的处罚种类

环境犯罪的处罚种类，主要涉及环境犯罪的刑罚措施的设置。中国现行刑法典对环境犯罪配置的刑罚种类很多，涵盖管制、拘役、有期徒刑、无期徒刑、死刑五种主刑和罚金、剥夺政治权利、没收财产、对外国人适用的驱逐出境四种附加刑。其中，死刑、无期徒刑的适用主要涉及危害公共安全的环境犯罪，如以污染环境的方法危害公共安全犯罪（即以危险方法危害公共安全罪），剥夺政治权利则主要存在于死刑、无期徒刑附加适用剥夺政治权利的场合。值得注意的是，中国刑法典十分重视对环境犯罪适用财产刑。中国刑法典对分则第六章第六节“破坏环境资源保护罪”中的15种环境犯罪全都规定了财产刑（包括罚金和没收财产）；同时，中国刑法典对分则第三章第二节“走私罪”中的走私珍贵动物、珍贵动物制品罪走私国家禁止进出口的货物、物品罪，走私废物罪等与环境资源相关的犯罪也都规定了财产刑。

在中国刑法理论上，争议较大的是环境犯罪资格刑的增设问题。例如，有论者认为，单位环境犯罪的刑罚种类可增设刑事破产和禁止犯罪单位从事特定业务活动这两种资格刑，认为这两种资格刑在刑罚体系中的地位类似于针对自然人犯罪的生命刑和自由刑，可以弥补单位刑事责任实现方式体系上的不足，从而达到有效预防和控制单位犯罪的目的①。笔者即持此种观点，并认为在立法方式上可有三种选择：一是在刑法典总则增设剥夺政治权利刑之外新的资格刑类型，包括可适用于环境犯罪的刑事破产和禁止从事特定业务活动。二是扩大《刑法修正案（九）》增设的职业禁止的适用范围，使其不

① 参见赵秉志、陈璐《当代中国环境犯罪刑法立法及其完善研究》，《现代法学》2011年第6期；邓琳君、吴大华《风险社会语境下环境犯罪的立法思考》，《中国社会科学院研究生院学报》2013年第6期。

仅可适用于犯罪的自然人，也可适用于实施环境犯罪的单位。三是借鉴《刑法修正案（九）》针对贪污罪、受贿罪单设终身监禁制度的做法，在环境犯罪独立成章的基础上，专门针对单位环境犯罪增设刑事破产和禁止从事特定业务活动的刑罚措施。

（二）关于中国环境犯罪的处罚力度

环境犯罪的处罚力度主要体现在环境犯罪的主刑方面。中国环境犯罪的法定刑幅度主要有三种：一是基本量刑幅度，包括“三年有期徒刑以下”和“五年有期徒刑以下”两种；二是加重量刑幅度，包括“三年以上七年以下有期徒刑”和“五年以上十年以下有期徒刑”两种，是与起始量刑幅度相对应的加重幅度；三是最高量刑幅度，包括“七年有期徒刑以上”和“十年有期徒刑以上”两种。从总体上看，中国刑法典对环境犯罪规定的主刑幅度较大且普遍较高。特别是在法定最高刑方面，刑法典分则第六章第六节“破坏环境资源保护罪”规定的15种环境犯罪，其中，法定最高刑最低的是3年有期徒刑（即非法捕捞水产品罪和非法狩猎罪），最高的是15年有期徒刑（即非法处置进口的固体废物罪，非法猎捕、杀害珍贵、濒危野生动物罪，非法收购、运输、出售珍贵、濒危野生动物、珍贵、濒危野生动物制品罪和盗伐林木罪）。不仅如此，中国刑法典分则中与环境犯罪相关的多种犯罪，如放火罪、爆炸罪、决水罪、投放危险物质罪、以危险方法危害公共安全罪和非法制造、买卖、运输、储存危险物质罪等危险物品类犯罪，其法定最高刑还要明显高于刑法典分则第六章第六节的规定，多种犯罪都设置了死刑。

对于中国环境犯罪的刑罚处罚力度，刑法理论上也有观点主张要进一步提高环境犯罪的法定刑，这主要涉及环境犯罪中几个法定最高刑相对较低的犯罪。例如，有观点主张对非法捕捞水产品罪、非法狩猎罪增设一个加重的法定刑档次（“三年以上七年以下有期徒刑”）；将非法猎捕、杀害珍贵、濒危野生动物罪和非法收购、运输、出售珍贵濒危野生动物、珍贵、濒危野生动物制品罪的法定最高刑提高到无期徒刑；将非法采伐、毁坏国家重点保护植物罪的法定最高刑提高到10年有期徒刑；将盗伐林木罪的法定最高刑提高到无期徒刑等。[①] 不过，笔者认为，中国对环境犯罪的刑罚处罚力度已属总体较高，不宜再普遍提高。这是因为：一是与其他犯罪治理一样，环境犯罪治理的重点在于法网的严密性，而非处罚的严厉性。过于严厉的刑罚处罚不仅不能收到好的犯罪治理效果，而且还容易导致刑罚的过剩。二是中国环境犯罪的刑罚处罚总体上明显高于国外境外的立法。例如，有论者统计了国外境外环境犯罪的法定刑，其中有期徒刑 2 年以下的有芬兰、爱沙尼亚、瑞典的《环境保护法》，有期徒刑 3 年以下的有俄罗斯、奥地利、塔吉克斯坦、日本的《公害犯罪法》、美国的《水污染控制法》，有期徒刑 4 年以下的有丹麦、西班牙（6 个月以上 4 年以下）、巴西的《环境犯罪法》（1 年至 4 年），有期徒刑 5 年以下的有德国、挪威，有期徒刑 8 年以下的有中国澳门特区（1 年至 8 年）。[②] 这都要明显低于中国（大陆）环境犯罪的立法。三是与中国刑罚改革的趋势不相符合。中国目前正在大力推进死刑制度改革并力图以此促进刑罚结构的合理平衡。中国《刑法修正案（八）》一次性取消了 13 种经济性、非暴力犯罪的死刑，其中的走私珍贵动物、珍贵动物制品罪就属于环境犯罪。在此背景下，中国目前没有再提高环境犯罪法定刑的必要。

结　语

中国环境犯罪立法历经数十年的改革，无论是在立法形式还是在立法内容上都取得了巨大的进步。中国环境犯罪的刑事法网日益严密，对环境犯罪的刑事处罚也日益多元和科学。不过，与国外环境保护发达国家相比，中国社会的环境意识与观念尚显落后，对经济发展与环境保护之间关系的认识还有待进一步加强。好在中国政府已经充分认识到了环境保护的重要性，近年来先后制定了多个国家环境保护规划，提出要全面推进环境保护的历史性转变，积极探索代价小、效益好、排放低、可持续的环境保护新道路，加快建

① 参见牛忠志《环境犯罪的立法完善——基于刑法理论的革新》，博士学位论文，西南政法大学，2013 年，第 188 页。

② 参见杜澎《环境刑法的基本原理》，博士学位论文，西南政法大学，2006 年，第 151 页。

设资源节约型、环境友好型社会。环境犯罪立法即环境刑法作为环境保护的最后一道防线，需要在新的环境保护理念指导下不断加强和完善，以积极推动和深化环境犯罪治理和环境刑事法治。

（原载《江海学刊》2017 年第 1 期）

《唐律疏议》前言“疏议”透视

王立民

《唐律疏议》共有12篇，每篇的开头都有一个前言。① 这个前言都以“疏议”形式出现，即共有了12个前言“疏议”。《唐律疏议》的其他“疏议”均在律条之后，为了区别于前言“疏议”，其就被称为律条“疏议”了。前言“疏议”是“疏议”的一种，也是《唐律疏议》的内容之一，而且还很重要，但目前对其研究非常不足，还无专门的研究成果问世。② 本文对这一“疏议”作此探析，透视其中的一些问题。

前言“疏议”的篇幅很小

《唐律疏议》的前言“疏议”的篇幅很小，字数不多。12个前言“疏议”的总字数为1919字，《唐律疏议》的总字数约为62077字，前言“疏议”约占《唐律疏议》总字数的3%。其中，字数最多的为1006个字，是《名例》的前言“疏议”；字数最少的为52个字，是《职制》的前言“疏议”。平均每篇前言“疏议”的字数约为160个字。如果不把《名例》前言“疏议”的字数计算在内，其他11篇前言“疏议”的平均字数仅为83个字。

---

① 本文依据的版本是（唐）长孙无忌等：《唐律疏议》，刘俊文点校，中华书局1983年版。

② 中国公开发表专门研究《唐律疏议》中“疏议”的成果主要是霍存福的《论〈唐律〉“义疏”的法律功能》（《吉林大学社会科学学报》1987年第4期）和王立民的《略论〈唐律疏议〉中“疏议”的作用》（《西北政法学院学报》1987年第3期）等，但它们都只对《唐律疏议》中的“疏议”做整体研究，没有对前言“疏议”做专门研究。目前，还没有专门研究《唐律疏议》前言“疏议”的成果面世，这是唐律研究中的一个盲点。

《唐律疏议》前言“疏议”的字数统计及其占前言“疏议”总数的比例

序号	篇名	字数	占前言“疏议”总数比例
1	名例	1006	52. 42%
2	卫禁	104	5. 42%
3	职制	52	2. 71%
4	户婚	75	3. 91%
5	厩库	121	6. 31%
6	擅兴	93	4. 85%
7	贼盗	86	4. 48%
8	斗讼	84	4. 38%
9	诈伪	55	2. 87%
10	杂律	65	3. 39%
11	捕亡	65	3. 39%
12	断狱	113	5. 89%
13	总计	1919	

《唐律疏议》前言“疏议”的篇幅虽然小却也合理，因为其毕竟是每一篇的开场白，字数过多会有喧宾夺主之嫌疑。另外，尽管这一前言“疏议”篇幅小，可内容不少，作用不小，可使阅读《唐律疏议》者一目了然律中的大概情况。否则，前言“疏议”就会失去其应有的价值。《唐律疏议》的一个成功之处就在于，利用较小篇幅，使前言“疏议”起到提纲挈领的作用，产生纲举目张的效应。

《唐律疏议·名例》前言“疏议”的五大内容

《唐律疏议》的前言“疏议”可以分为《名例》的前言“疏议”和其他11篇的前言“疏议”。《名例》的前言“疏议”实际上是整个《唐律疏议》

的前言“疏议”，内容特别丰富，主要是以下这些。

1. 明示《唐律疏议》的指导思想

《唐律疏议》的指导思想即是全律的指导思想，渗透到律中的各个方面。这一思想很重要，起到统领全律的功用。《名例》的前言“疏议”明示了这一思想，即“德礼为政教之本，刑罚为政教之用，犹昏晓阳秋相须而成者也”①。这一思想既主张治国需要使用礼、法两种相辅相成的手段，不可缺少任何一种，即“犹昏晓阳秋相须而成者也”，又强调在礼、法这两种手段中，应以礼为主，以法为辅，即“德礼为政教之本，刑罚为政教之用”。这一思想正是对西周时明德慎罚和西汉时德主刑辅思想的继承和发展，也是对中国成熟的传统治国思想的经典表述。事实也证明，《唐律疏议》确是贯彻了这一思想，其中的内容处处以礼为指导，礼法紧密结合，“五刑”“十恶”“八议”“官当”等制度和内容无一不是如此。后人对此也作了评说。《四库全书总目·唐律疏议提要》说：“论者谓唐律一准乎礼，以为出入得古今之平。”②这正是对《唐律疏议》指导思想的一个客观评价，也说明这一指导思想确实发挥了应有的作用。

2. 揭示制定刑法的重要意义

《唐律疏议》是唐朝的一部刑法典，刑法是其规定的内容。《名例》的前言“疏议”揭示了制定刑法的重要意义，并从理论与历史两个方面展开阐述。在理论方面，它从刑法作用的角度来说明制定刑法的重要意义，认为刑法具有“以刑止刑，以杀止杀”和“惩其未犯而防其未然”的意义，③即对于打击、预防犯罪都十分重要。在此基础上，《名例》前言“疏议”进一步提出，治国不能没有刑法，“譬权衡之知轻重，若规矩之得方圆。”④尤其是其中的

① （唐）长孙无忌等：《唐律疏议》，刘俊文点校，中华书局1983年版，第3页。
② 同上书，附录第677页。
③ 同上书，第1页。
④ 同上书，第3页。

刑罚如同治家不能没有笞捶一样。“刑罚不可弛于国，笞捶不得废于家。”[①]在历史方面，它从中国历史上制定刑法的历程来说明，在中国的治国史上没有不用刑法的，刑法是治国中不可或缺的一种手段。“古者大刑用甲兵，其次用斧钺；中刑用刀锯，其次用钻笮；薄刑用鞭扑。其所由是，亦已尚矣！”以后，还进一步“设刑以定其罪”[②]。可见，《名例》前言“疏议”从理论与历史两个视角来论述刑法在治国中的重要意义，从而证明制定《唐律疏议》具有必要性。

3. 梳理律典的制订与发展过程

《名例》前言“疏议”对唐前的律典制定与发展作了梳理，清楚地反映出其沿革过程。这个过程溯源至原始社会末期的肉刑，即“昔者，三王始用肉刑”。战国时期，《法经》的制定是一个里程碑，其总结了以往立法的经验，形成6个篇目。“周衰刑重，战国异制，魏文侯师于里悝，集诸国刑典，造《法经》六篇：一、盗法；二、贼法；三、囚法；四、捕法；五、杂法；六、具法。”秦国的商鞅传承了《法经》并改法为律。“商鞅传授，改法为律。”往后各朝的律典都在此基础上沿革而来。其中，它还重点阐述了各律典篇目结构的变化。汉的《九章律》又在《法经》6篇的基础上增加了“户、兴、厩三篇”。经过魏晋南北时期的撰律，北齐时确定了名例律并沿用至唐律。“隋因北齐，更为名例。唐因于隋，相承不改。”[③] 经过这样的梳理，唐朝以前中国律典的制定与发展过程便一清二楚，人们对《唐律疏议》的源流也一目了然了。

4. 说明“疏”的内涵

《唐律疏议》实是《律疏》，后人改称为《唐律疏议》。其中的“疏”是关键，只有明确其内涵，人们才能正确认识《唐律疏议》。《名例》前言“疏议”专门对“疏”的内涵作了阐述。它首先揭示了“义疏”的来源，即是借

---

① （唐）长孙无忌等：《唐律疏议》，刘俊文点校，中华书局1983年版，第1页。
② 同上。
③ 同上书，第2页。

鉴了经学的研究方法，把其运用到唐律中来。“近代以来，兼经注而明之则谓之为义疏。”从而，进一步明确了“疏”的内涵，即是有解释的含义。“疏之为字，本以疏阔、疏远立名。”汉朝时，把疏与律联系起来，形成了一种律、令关系。“前主所是著为律，后主所是疏为令。”[①] 通过这样的说明，“疏”的内涵就得到了明确，人们对《唐律疏议》的内容主要由律文与律文的解释两部分构成也就心知肚明了。

5. 解释《名例》列为首篇的原因

《唐律疏议》共有12篇。这12篇的前后排列有其内在的逻辑。依据这一逻辑，《名例》列在首篇。《名例》前言“疏议”解释了《名例》列入首篇的逻辑原因。首先，它解释了“名”与“例”的含义。“名者，五刑之罪名；例者，五刑之体例。”即它们都是与五刑有关的重要内容。其次，《名例》前言“疏议”进一步解释“名”与“例”的作用。“名训为命，例训比此，命诸篇之刑名，比诸篇之法例。”即它们是各篇的一般原则。最后，它指出了《名例》设在第一篇的原因。“但名因罪立，事由犯生，命名即刑应，比例即事表，故以名例为首篇。”[②] 即《名例》的内容对律中的罪、刑等都要进行调整，具有凡例的意义，所以就要设置在首篇。经过这样的表述，《名例》的含义、作用和意义都十分清晰，其在12篇中的总则地位便凸显出来，列入首篇就顺理成章了。

《唐律疏议》其他11篇前言“疏议”的三大内容

《唐律疏议》的其他11篇也都设有前言“疏议”，并根据各篇的具体情况，安排了相关内容。综合这11篇前言“疏议”的内容，主要是以下一些。

1. 叙述每篇的由来

《唐律疏议》的各篇都有其历史，由来都不一样，这11篇也是如此。这

---

① （唐）长孙无忌等：《唐律疏议》，刘俊文点校，中华书局1983年版，第2页。
② 同上。

11篇的前言“疏议”首先都显示了本篇的由来。这种由来不尽相同。《法经》是中国历史上第一部内容较为系统、完整的封建法典，第一次设立了篇目，成为中国古代法典的篇目之源。以《法经》的篇目为参照，《唐律疏议》的篇目大致可分为这样五类情况。

第一类情况是沿用《法经》的篇目。《法经》的6个篇目对后世立法产生过很大影响，其中有的篇目被沿用至《唐律疏议》，《杂律》就是如此。《唐律疏议》的《杂律》前言“疏议”表述了这一沿用过程。“里悝首制法经，而有杂法之目。递相祖习，多历年所。然至后周，更名杂犯律。隋又去犯，还为杂律。”① 这一表述告诉人们，《唐律疏议》的《杂律》袭用了《隋律》的《杂律》，追根到底就是源于《法经》的“杂”篇。从中亦可见，《法经》篇目的影响之深远。

第二类情况是归并了《法经》的篇目。《法经》中有的篇目被《唐律疏议》归并后使用，其中的盗、贼两篇就归并为《贼盗》一篇并被《唐律疏议》加以使用。《贼盗》前言“疏议”把这一归并过程作了介绍。“贼盗律者，魏文侯时，里悝首制法经，有盗法、贼法，以为法之篇目。自秦汉逮至后魏，皆名贼律、盗律。北齐合为贼盗律。后周为劫盗律，复有贼叛律。隋开皇合为贼盗律，至今不改。”② 从中也可见，《唐律疏议》的篇目没有拘泥于《法经》的篇目，而是做了一定的调整。

第三类情况是袭用了《法经》中的篇目并新增内容而形成了新的篇目。《唐律疏议》还把《法经》中有的篇目袭用过来，附以新的内容，并形成新的篇目，《捕亡》篇就是如此。其中的“捕”为《法经》所具有，而“亡”则是新增。因此，《捕亡》既来源于《法经》的“捕”又发展了“捕”。《捕亡》的前言“疏议”揭示了从《捕》发展到《捕亡》的历程。“捕亡律者，魏文侯之时，里悝制法经六篇，捕法第四。至后魏，名捕亡律。北齐名捕断

① （唐）长孙无忌等：《唐律疏议》，刘俊文点校，中华书局1983年版，第479页。

② 同上书，第321页。

律。后周名逃捕律。隋复名捕亡律。”[①]《唐律疏议》沿用了隋《开皇律》的这一篇目。这也是一种《唐律疏议》对篇目的发展。

第四类情况是继承了《法经》某些篇目中的部分内容而新立了一个篇目。《唐律疏议》篇目中也有一类是把《法经》中某些篇目的内容继承下来，并赋予新的名称。《断狱》就是如此。它源于《法经》的“囚”，把其中关于审判的内容继承下来，改名为“断狱”。《唐律疏议》的《断狱》是《法经》中“囚”的内容发展而来。《断狱》前言“疏议”对这一过程作了阐明。“断狱律之名，起自于魏，魏分里悝囚法而出此篇。至北齐，与捕律相合，更名捕断律。至后周，复为断狱律。”[②]《唐律疏议》因袭不改，继续设置《断狱律》。这是另一种《法经》对《唐律疏议》的影响。

第五类情况是新设了一些《法经》所没有的篇目。《唐律疏议》中多数篇目均为《法经》所不具备，都属新增。相关篇的前言“疏议”对这些新设篇目也都一一做了说明，其来龙去脉清清楚楚。这些篇目都在《法经》以后产生，到《唐律疏议》时成熟、定型。《卫禁》即是这样。《卫禁》前言“疏议”把此篇的产生、变化情况告诉了大家。“卫禁律者，秦汉及魏未有此篇。晋太宰贾充等，酌汉魏之律，随事增损，创制此篇，名为卫宫律。自宋洎于后周，此名并无所改。至于北齐，将关禁附之，更为禁卫律。随开皇改为卫禁律。”[③]《唐律疏议》沿用不变。这类情况比较多，《职制》《户婚》《厩库》《擅兴》《斗讼》《诈伪》等篇也都是这样。

从中可见，中国古代的律典一直在演进，没有停滞不前，其中有的篇目为新增，有的篇目虽源于《法经》，但以后一直处于沿革状态，到了唐朝才比较成熟。《唐律疏议》对此做出了很大贡献。

2. 表达每篇所含主要内容

《唐律疏议》这11篇每篇所含内容都不相同，其前言“疏议”作了概括，

---

① （唐）长孙无忌等：《唐律疏议》，刘俊文点校，中华书局1983年版，第525页。
② 同上书，第545页。
③ 同上书，第149页。

言简意赅地表达了本篇所含的主要内容。其中，有的前言“疏议”通过解释篇目名的内涵来反映每篇所含内容。除了《杂律》以外，其他10篇的篇目名均由两个相关的字组成。有的前言“疏议”便从解释这两个字着手，重点反映每篇所含内容。《厩库》前言“疏议”就是这样。它专门解释“厩”与“库”两字，以便人们明了篇中的内容。“厩者，鸠聚也，马牛之所聚；库者，舍也，兵甲财帛之所藏，故齐鲁谓库为舍。”① 经过这样的解释，人们便可从篇目名中就知晓《厩库》的内容是打击关于牲畜与财物管理方面的犯罪。《卫禁》的前言“疏议”也是如此。

《唐律疏议》这11篇中的多数前言“疏议”没有像《厩库》前言“疏议”那样，对本篇的篇目名作解释，而是把本篇沿革的历史作了介绍，在介绍中概括出其内容。以《户婚》为例。“户婚律者，汉相萧何承秦六篇律后，以廐、兴、户三篇，为九章之律。迄至后周，皆名户律。北齐以婚事附之，名为婚户律。隋开皇以户在婚前，改为户婚律。”② 整个前言“疏议”并没有像《厩库》前言“疏议”那样对“户”与“婚”的含义专门作解释，而是在其沿革历史中已有所提及。“户”是九章律的篇目，使用已久，人们已有所了解；“婚”是指“婚事”。这样，人们也会知道“户”“婚”的含义及篇内所含内容，如果再解释，就会显得累赘。还有，《职制》《擅兴》《贼盗》《斗讼》《诈伪》《杂律》《捕亡》等的前言“疏议”也基本如此。

《唐律疏议》的11篇中，还有个别前言“疏议”专门引用史料来说明篇目名及其内容。《断狱》的前言“疏议”即是如此。它通过引用《释名》一书中记载的史料，来说明“狱”字的来源，进而反映《断狱》中的内容。“释名云：‘狱者，确也，以实囚情。皋陶造狱，夏曰夏台，殷名羑里，周曰圜土，秦曰囹圄，汉以来名狱。’”经过这样的解释，人们便可从中了解到《断狱》的内容是关于打击审判方面的犯罪了。不过，在前言“疏议”中运用了史料，会使整个“疏议”的篇幅增加，内容就会多一些了。

---

① （唐）长孙无忌等：《唐律疏议》，刘俊文点校，中华书局1983年版，第275页。

② 同上书，第231页。

3. 表明篇目排列的逻辑联系

《唐律疏议》的这 11 篇类似于现代刑法典中的分则，规定的主要内容是罪状与法定刑。然而，这 11 篇的排列有其自己的逻辑，存在一种逻辑关系。《唐律疏议》的这一前言“疏议”明指了这种逻辑关系，使人们看了前言“疏议”就心领神会，利于对整个法典内容、体系的把握。总观这一逻辑关系，突出表现在以下方面。

第一，按照犯罪的危害程度进行排列。《唐律疏议》要打击各种犯罪，但不同犯罪其危害程度也不同。它按照犯罪的危害程度进行排列，即从大到小。《唐律疏议》把危害最大的犯罪作为重点打击对象，列入最前的位置，起警示作用。《唐律疏议》认为，对皇权的危害是最大的犯罪，有必要重点打击，故将其列入 11 篇的第 1 篇，仅次于《名例》。《卫禁》要打击的正是对皇权危害最大的犯罪，便排列在了第 1 篇。《卫禁》前言“疏议”道出了这一逻辑关系。“卫者，言警卫之法；禁者，以关禁为名。但敬上防非，于事尤重，故次名例之下，居诸篇之首。”[①] 此前言“疏议”中的“敬上防非，于事尤重”说明了《卫禁》的重要性，把其设在 11 篇的首篇也就理所当然了。往后 7 篇的排列仍以危害程度为序。[②]《职制》打击官吏的各种犯罪，体现明主治吏不治民的精神，其重要性仅次于《卫禁》。《职制》前言“疏议”说：“宫卫事了，设官为次，故在卫禁之下。”[③] 其后 6 篇的排列也是如此。

第二，按照先实体后程序进行排列。《唐律疏议》把实体方面的犯罪与程序方面的犯罪分开，顺序为先实体后程序。在这 11 篇中，前 9 篇的内容为打击实体方面的犯罪，最后 2 篇即《捕亡》和《断狱》的内容则是打击程序方面的犯罪。对此，这两篇的前言“疏议”都做了简要说明。《捕亡》前言“疏议”道出了排列在规定实体方面犯罪的《杂律》之后的原因。“然此篇（指《杂律》）以上，质定刑名。若有逃亡，恐其滋蔓，故须捕系，以置疏

① （唐）长孙无忌等：《唐律疏议》，刘俊文点校，中华书局 1983 年版，第 149 页。

② 这 7 篇分别是：《职制》《户婚》《厩库》《擅兴》《贼盗》《斗讼》《诈伪》。

③ （唐）长孙无忌等：《唐律疏议》，刘俊文点校，中华书局 1983 年版，第 182 页。

纲，故次杂律之下。”[①]《断狱》前言“疏议”进一步阐释了《断狱》设在最后一篇的道理。“然诸篇罪名，各有类例，讯舍出入，各立章程。此篇错综一部条流，以为决断之法，故承众篇之下。”[②] 经过这样的阐明，先实体后程序的逻辑关系就昭然若揭了。

第三，设《杂律》为打击实体犯罪兜底篇而进行的排列。《唐律疏议》规定的犯罪种类很多，凡是在《卫禁》至《诈伪》中无法列入者，均归入《杂律》，以免遗漏。这样，《杂律》就成了前面8篇关于打击实体方面犯罪的兜底篇目了。此篇前言“疏议”和盘托出了这一逻辑关系。“诸篇罪名，各有条例。此篇拾遗补阙，错综成文，班杂不同，故次诈伪之下。”[③]《杂律》的兜底排列也是这11篇篇目排列的一个逻辑。这一逻辑沿袭了《法经》的做法，是《法经》中《杂》篇的延续。

以上这三种排列综合起来，形成了《唐律疏议》除《名例》以外的11篇的排列逻辑，其内容就可对号入座了。再加上《名例》作为总则而列为首篇，体现先总则后分则的逻辑，整个《唐律疏议》篇目与内容就很有逻辑地排列起来，有条不紊了。《唐律疏议》的这一逻辑与现代刑法典的有些排列十分相似，先总则后分则的逻辑就是如此。

与《唐律疏议》前言“疏议”关联的一些问题

与《唐律疏议》的前言“疏议”相关联，还有一些问题值得关注，以便全面理解和把握这一“疏议”。

1.《唐律疏议》的前言“疏议”与律条“疏议”有很大差异

《唐律疏议》的“疏议”主要由前言“疏议”与律条“疏议”两大部分组成。虽然，它们都是律中的“疏议”，但差异却很大，突出表现在以下两个方面。

---

① （唐）长孙无忌等：《唐律疏议》，刘俊文点校，中华书局1983年版，第525页。
② 同上书，第545页。
③ 同上书，第479页。

第一，形式上的差异。《唐律疏议》的前言“疏议”与律条“疏议”在形式上存在差异。首先，前言“疏议”与律条“疏议”所处位置有差异。前言“疏议”处于每篇的篇首位置，即在每篇的第1条律条之前，不在其他位置。《名例》前言“疏议”就处在此篇第1条律条“笞刑五”之前;[①]《卫禁》前言“疏议”处于此篇第1条律条“阑入庙社及山陵兆域门”之前。[②]其他前言“疏议”也都处于相似位置。律条“疏议”的位置则紧跟在每条律条之后，解释律条中的相关内容。《杂律》“违令”条后的“疏议”就紧跟律条并重点解释律文中“令有禁制”等内容。[③] 其次，前言“疏议”与律条“疏议”在数量上也存在差异。《唐律疏议》有12篇，每篇1个前言“疏议”，共计12个这样的“疏议”。《唐律疏议》有502条律条，每条律条后均有“疏议”，律条“疏议”在数量上要比前言“疏议”多很多。最后，前言“疏议”与律条“疏议”在叙述形式上同样存有差异。前言“疏议”的叙述形式比较单一，以阐述为其特征，没有其他形式。律文“疏议”的叙述形式则更复杂一些，不仅有阐述，还有问、答等形式。《名例》“除名”条“疏议”中就有5个问、答形式。[④] 通过问、答形式来进一步明确、解释律条中死去的人是否要除名、“不道”罪中的杀奴婢与部曲是否算在3人之中、共受枉法赃物是否并赃科罪、制敕的规定是否可对抗赦与减罪的规定、会赦以后是否还要除名等一些规定。可见，前言“疏议”与律条“疏议”在形式上的差异非常明显。

第二，内容上的差异。《唐律疏议》的前言“疏议”与律条“疏议”不仅在形式上存在差异，而且在内容上也存在差异。前言“疏议”的内容集中于《名例》前言“疏议”中的5大内容和其他11篇前言“疏议”中的三大内容，均属于《唐律疏议》中较为重要的一般问题，基本不涉及一些具体规

---

① （唐）长孙无忌等:《唐律疏议》，刘俊文点校，中华书局1983年版，第3页。

② 同上书，第149页。

③ 同上书，第520—521页。

④ 同上书，第48—51页。

定。律条“疏议”的内容则要具体一些，既有对律条中字、词、句子的解释①，又有对律条中的罪名、罪状、刑罚、犯罪主体与客体、犯罪主观与客观方面等等的解释。② 这样，律条“疏议”的内容要比前言“疏议”的内容多了很多。它们之间也很不一样。

《唐律疏议》前言“疏议”与律条“疏议”的差异折射出它们各自的特点。前言“疏议”的特点是：它所处的位置在每篇的篇首、数量比较少、叙述形式比较简单、内容为一般较为重要的问题等。与其相比较，律条“疏议”的特点则是：它所处位置在律条之后、数量比较多、叙述形式比较复杂、内容是一些具体规定等。这些特点告诉人们，《唐律疏议》中的“疏议”虽都以“疏议”一种面貌出现，但也不是一模一样，其中有许多不同之处，具有明显的复杂性，只有经过仔细分析、考察，方能取得真知灼见。

2. 前言“疏议”的功能

《唐律疏议》前言“疏议”有其自己的功能，突出体现在以下一些方面。

第一，阐发刑事律典的重要理念。在中国古代，刑事律典是一个朝代的主要法典之一，在法律体系中占有重要地位。《唐律疏议》是唐朝的一部刑事律典，类似现代的刑法典。其中，蕴含着一些重要理念。这些理念是整个律典的灵魂，也有助于深刻理解律典内容、实施律典规定。《名例》的前言“疏议”把这一理念公开阐发出来，包括了《唐律疏议》的指导思想、制定刑法的重要意义、确定“疏”的内涵等等。《名例律》的前言“疏议”处在《唐律疏议》的开头位置，开宗明义告知民众这些重要理念，十分有利于在刚开始查阅《唐律疏议》时就知晓这些理念，掌握律典的灵魂，便于阅读整部律典内容，领会其中要义，依律守法、司法。从这种意义讲，《唐律疏议》前言“疏议”的功能很重要，为民众守法、司法官司法奠定了思想理论基础。

第二，展示唐前中国法制发展的历史。中国法制的发展历史源远流长，

---

① 王立民：《唐律新探》，北京大学出版社 2016 年版，第84—86 页。

② 同上书，第 37—41 页。

到唐朝已历经了一千多年。其中的刑法是那时的主要部门法之一，其律典也有一个沿革过程，《唐律疏议》正是在以前刑法、律典基础上发展而来。为了深刻、全面理解《唐律疏议》的内容，有必要了解唐前中国法制发展的历史，从中知晓它的历史由来，反映《唐律疏议》内容的合理性与权威性，有利于其在社会生活中得到实施。《唐律疏议》的前言“疏议”中都有关于中国法制发展历史的内容，而且有分工与侧重。《名例》前言“疏议”专门展示唐前中国律典整体的演进过程，侧重反映中国法制发展历史的整体面貌，即从原始社会末期的肉刑开始，一直到隋律。其他11篇的前言“疏议”则专门展示各篇的演进，侧重反映中国法制发展历史中的局部情况。这两者结合起来，正好可以把中国法制发展历史的宏观与微观状况都得到较为全面地展示。从这一角度来审观，《唐律疏议》不仅是一部唐朝的律典，还是一部唐前中国法制史，其法文化的价值也同样存在。

第三，集中反映《唐律疏议》的整体状况。《唐律疏议》的内容很多，仅律条就有502条。每个律条中又往往包含有一个以上罪名。《卫禁》“宫殿门无籍冒名人”条规定的内容至少含有两个罪名。一个是一般犯罪主体故意冒名进入宫殿门所构成的犯罪，即“诸于宫殿门无籍及冒承人名而入者，以阑入论”。另一个是特殊主体因过失而构成的犯罪，即“守卫不知冒名情，宫门杖八十，殿门以内递加一等”①。许多律条都有相似情况。《唐律疏议》前言“疏议”把组合律条所遵循的逻辑反映出来，使碎片化的内容得到有序整合，形成一个有机的整体。《名例》前言“疏议”与其他11篇前言“疏议”都发挥了这一功能。《名例》前言“疏议”重点反映总则与分则的关系，即《名例》的内容为总则，其他11篇的内容则是分则。它们的逻辑关系是一种总则与分则的关系。其他11篇前言“疏议”重点反映这11篇分则之间的逻辑关系，其中包括了按照犯罪的危害程度进行的排列、先实体后程序进行的排列、设《杂律》为兜底篇进行的排列等。经过这样的排列，《唐律疏议》

① （唐）长孙无忌等：《唐律疏议》，刘俊文点校，中华书局1983年版，第152—153页。

的整体状况便真实地表现出来了。

《唐律疏议》前言“疏议”的这些功能具有不可替代性，其他部分都无法实现这一功能。从中亦可体现出它的重要性，前言“疏议”是《唐律疏议》中的一个非常重要组成部分。

3. 前言“疏议”在中国法制史上的地位

《唐律疏议》的前言“疏议”在中国法制史上具有独一无二的地位。在唐前的律典中无这一“疏议”，唐朝也只有《永徽律疏》与《开元律疏》有这一“疏议”，唐后也无这种“疏议”。这又可以分为两种情况。一种情况是有的律典有“疏议”但无前言“疏议”，《宋刑统》即是如此。这部律典继承了许多《唐律疏议》的体例与内容，也设有“疏议”，可就是没设前言“疏议”。前言“疏议”也因此而失落了。另一种情况是根本不设“疏议”，前言“疏议”也就不存了。《唐律疏议》以前的律典与以后的律典都是如此。《唐律疏议》首创“疏议”，才有了前言“疏议”。此前的所有律典，包括唐朝的《武德律》《贞观律》等都无“疏议”，不可能有前言“疏议”。以后的律典，如《大元通制》《大明律》《大清律例》等等，都不设“疏议”，前言“疏议”也就无存在的基础了。这从一个侧面说明，《唐律疏议》的“疏议”代表了中国古代律典中“疏议”的最高水平，也开创了中国古代法律解释的一种新模式，即用律中“疏议”对律中涉及的各种内容来进行法律解释的模式。中国古代法律解释的模式就此而走过这样一个发展过程，即从秦的“法律答问”、晋律的“注”到《唐律疏议》的“疏议”的过程。这一“疏议”总结、发展了以往法律解释的经验，把其提高到一个新的高度。[1] 其中，《唐律疏议》的前言“疏议”功不可没，其价值应得到充分肯定。

唐朝的《永徽律疏》与《开元律疏》虽为不同时期的两部律典，但其内容几乎一致。它们都有“疏议”，也都有前言“疏议”。它们之间的关系是一种开创与继承关系。《永徽律疏》开创了前言“疏议”，《开元律疏》则继承

① 王立民：《唐律新探》，北京大学出版社 2016 年版，第 77—89 页。

了前言“疏议”。在前言“疏议”问题上，它们具有一致性，形式与内容都保持了一致。《唐律疏议》中的前言“疏议”又是它们的共性，也是它们前言“疏议”的共同之处。现存《唐律疏议》前言“疏议”是研究前言“疏议”的主要依据，也是其独一无二的客观显现。

《唐律疏议》的前言“疏议”没有被唐后律典所沿袭是一个遗憾。唐后的律典因此而失去了充分表达律典中重要理念、展示中国法制发展历史、集中反映《唐律疏议》整体状态等一些律典中重要问题的窗口。人们查阅律典而取获的只是律条的内容，无法知晓它们背后十分重要的文化内涵，失去了进一步了解法文化的机会。究其主要原因，是因为唐朝以后的私家律学著述大量涌现，律学发展到一个新的水平，律学成果发挥了《唐律疏议》前言“疏议”的有些功能。唐朝以后的宋、元、明、清朝的私家律学著述大量涌现，宋朝有 60 余种，元朝有 20 余种，明朝有 100 余部，清朝达到 160 余部。[①] 这些律学著述均以律为主要研究对象，有些内容与《唐律疏议》中前言“疏议”的内容有些相似。《法律佩觿》对明、清律做了研究，其阐发的有些内容与《唐律疏议》中前言“疏议”内容十分相似，对《名例》的阐述就是如此。“名例一篇，更为吃紧纲维，乃所以运用全律之枢纽，轻重诸法之权衡，愈为要中至要。”[②] 这一阐述与《唐律疏议·名例》前言“疏议”中讲到《名例》为“名训为命，倒训为比，命诸篇之刑名，比诸篇之法例”中的含义有相似之处。那时的私家律学著述大量涌现，律学研究成果丰硕，大有替代《唐律疏议》前言“疏议”有些功能之势。不过，即是如此，私家律学的著述属于学理解释，与《唐律疏议》前言“疏议”的法定解释还是不完全相同，不能简单互相替代。这种学理解释没有法律效力，只能在理论研究、思想传播等一些方面发力。从这种意义讲，《唐律疏议》前言“疏议”的失落不能不说是一种缺憾，对法制建设也是一种损失。

---

① 何勤华：《中国法学史》（第 2 卷），法律出版社 2006 年版，第 34、37、235、241 页。

② （清）王明德：《读律佩觿》，何勤华等点校，法律出版社 2001 年版，第 2 页。

4. 前言“疏议”对当今法治建设的启示

中国正在全面推进法治中国建设。其中，包括还要制定一些法典，如民法典等。在制定过程中，《唐律疏议》前言“疏议”可以发挥一些借鉴作用。中国自清末法制改革以后，大量移植西方法制，制定的法典与中国古代制定的法典有一些区别。那些现代法典主要由法条构成，没有像《唐律疏议》中那样的前言“疏议”。但是，前言“疏议”中的那些功能不要被忽视，对现在的法治建设仍有可借鉴之处，特别是要让广大民众知晓法典中的重要理念、中国法制发展的历史、法典的内部结构及其逻辑联系等等。这首先是为了让民众了解法典的重要性、结构与内容，其次是为了法典的规定在现行生活的实现，包括守法、司法等等。尽管现行的法典没有了前言“疏议”，但还是可以运用其他途径，起到类似于这种“疏议”的作用，让广大民众从中受益。比如，立法主体对法典制订的权威说明、普法教育、法制宣传、法学教育与研究等等，都可在其中有用武之地。当一部新制订法典颁行以后，这些途径就应形成合力，从各自角度发挥自己的独特作用，为法典中理念、结构与内容的传播，也为法典的施行贡献力量。当然，这不是一朝一夕之事，而是一项长期工作，甚至是一种常态。《唐律疏议》前言“疏议”诞生于中国古代的鼎盛时期，这一文化遗产可以在当代盛世的今天，发挥余热，尽其所用。

结　语

《唐律疏议》的前言“疏议”篇幅很小，又淹没在大量的“疏议”之中，往往不被重视。经过透视，就可发现，这一“疏议”十分重要，其功能为律条与其他“疏议”所不可替代，而且对理解整个《唐律疏议》都不可多得。它随着“疏议”的产生而在唐朝创制。这既是唐朝成熟法制理念的体现，也是先进立法技术的表露，更是《唐律疏议》对唐朝法制建设乃至中国古代立法的一大贡献。这也可以从一个侧面来佐证《唐律疏议》的高明之处，其无愧于中国古代立法的高峰。今天，中国正在全面推进法治中国建设，还要制定像民法典那样的法典。《唐律疏议》的前言“疏议”可为中国今后法典的制订提供一些借鉴，包括要通过各种途径，宣传法典的重要理念、阐明法典各部分之间的逻辑联系、展示法典的发展历史等等。这些不仅为了更好地解读、认识法典的内容，更是为了使法典的规定能够深入人心，得到有效实施。这正是中国法治建设中所期待与需要的。

（原载《江海学刊》2017 年第 3 期）

文集总序

韩璞庚

1957 年 11 月 18 日，中共江苏省委批准创办哲学社会科学月刊，1958 年 3 月，沐浴着年轻共和国的骀荡春风，《江海学刊》在古城南京出版发行。六十年风雨兼程，一甲子上下求索，《江海学刊》紧紧追随人民共和国前进的步伐，关注学术前沿，倡导优良学风，树立精品意识，实施品牌战略，终于成就梦想与辉煌。

创办之初的《江海学刊》，群星璀璨，大师云集。第一届编委会成员大多是当时省内乃至全国第一流的学者，首任主编为著名哲学家孙叔平先生。创刊之时，将刊物命名为《江海学刊》，固然有江苏濒江临海的地域考量，但更多地展现出办刊人容大广有、兼收并蓄的超迈抱负和博大胸襟。创刊号的《征稿简约》上，办刊方针被明确界定为“进行创造性的学术研究”，更凸显出先贤们但求新声的学术旨趣和志存高远的理论诉求。依托江苏人文荟萃、名家辈出、学风鼎盛的优势，草创初期的《江海学刊》发表了大量熔文史哲于一炉、思想性与原创性俱佳的学术精品。汪辟疆、胡小石、吕澂、蒯伯赞、周谷城、罗尔纲、唐圭璋、韩儒林、钱仲联、孙叔平、吴贻芳、陈鹤琴、陈瘦竹……一个个我们耳熟能详的学术大师的名字被永久地镌刻在当时还印制得略显粗糙的杂志上。高品位、高质量的办刊理念使《江海学刊》很快在当时为数不多的学术期刊中独树一帜，受到国内学术界、思想界的广泛关注与热烈欢迎。这也为日后《江海学刊》事业的成功与辉煌奠定了坚实的基础。

20世纪60年代中期，因众所周知的政治原因，《江海学刊》曾停刊多年。1979年，以《群众论丛》之名复刊。20世纪80年代初，应学术界的共同吁求，于1982年恢复《江海学刊》名称。1985年分为文史哲版和经济社会版，1988年两版合并。自此，《江海学刊》迎来了事业发展繁荣的新的历史时期。

文脉赓续，弦歌不辍。在国内外学术界的鼎力襄助下，在各级党委、政府的关心和扶持下，凭着对学术的虔敬与热忱，一代又一代的办刊人立定"办传世名刊，载精品力作"的宗旨，将繁荣学术和服务实践作为自己的座右铭，坚持"高品位、高质量"的办刊理念，努力实现"新颖、深邃、凝重、厚实"的办刊风格，既致力于对传统文化遗产的研究与整理，又着眼于对当代经济社会发展问题的关注与探求。正如当初创办者所期望的那样，《江海学刊》始终站在时代的前沿，立足江苏，面向全国，放眼世界，以容江纳海的气度和眼光，推出了一系列见解深刻、思想独到的学术精品，培养和造就了一大批成就卓著的神州学人，为繁荣我国人文社会科学事业和现代化建设做出了重要贡献，赢得了社会各界的广泛赞誉。

作为我国社会科学院系统中办刊历史最久、影响最大的综合性人文社会科学理论期刊之一，《江海学刊》第一批被确定为全国中文核心期刊、中国人文社会科学核心期刊、中国人文社会科学引文索引（CSSCI）来源期刊，获得了首届国家期刊奖、中国出版政府奖提名奖、全国百种重点社科期刊、全国百强报刊、华东地区最佳期刊、江苏期刊政府奖、江苏十强期刊、江苏十佳社科期刊等一系列荣誉。六十年磨砺宝剑，六十载播扬文明。《江海学刊》已成长为江苏省哲学社会科学界对外学术交流的重要窗口，国内人文社会科学对话与交流的高端平台，在全国学术界、期刊界具有举足轻重的独特地位。

总结六十年来走过的办刊历程，《江海学刊》的几代编辑人默默耕耘、执著坚守自己的办刊宗旨与学术理想，走出了一条具有自己独特个性的办刊之路，积累了丰富的办刊经验，形成了《江海学刊》独具的办刊风格和办刊特色。

第一，坚定立场，明确定位。《江海学刊》作为综合性学术理论刊物，是社会主义理论事业的重要组成部分，它始终坚持正确的理论导向。六十年来，我们形成了自己明确的政治定位与学术定位，始终坚持正确的办刊方向，努力宣传党的路线、方针、政策，为改革开放和社会主义现代化建设服务，把理论宣传、理论阐释与理论研究有机结合起来，发表了大量的理论研究文章。《江海学刊》守土有责，守土尽责，始终严把政治关，关注国内外重大的政治理论和社会实践问题，使刊物始终沿着正确的方向稳步前进；严把学术质量关，坚持以质选文、以质评文的学术导向，关注学术前沿，注重学理探究，使刊物始终保持高质量、高品位的学术水准。

第二，标新立异，倡导原创。针对目前国内学术思想领域原创因素缺失的状况，《江海学刊》得风气之先，开辟“原创学术空间”专栏，倡导原创，鼓励标新，推动中国原创学术思想的生长发育，促进中国学术话语体系的建构和中国特色哲学社会科学话语体系的形成。当然，开辟“原创学术空间”专栏，并不意味着我们天然具有裁定原创与否的权力，我们的学术理想是，提供一块阵地，创建一个空间，鼓吹一种氛围，倡导标新立异、勇于创造的思维倾向，激励学人原创思绪，激发民族思想活力，培育我们自己的思想巨人和学术大师。

第三，捕捉问题，注重策划。波普尔说过：“科学和知识的增长永远始于问题，终于问题——愈来愈深化的问题，愈来愈能启发新问题的问题。”《江海学刊》在组织策划稿件的过程中，始终坚持问题导向，强调问题意识，把问题意识作为编辑素质的必备要件。以问题为突破口，对研究进行深度开拓是本刊的特色之一。我们的编辑主体根据理论动态、学术资讯，结合期刊特点提出问题，通过精心策划，精心组织，经过与作者的广泛交流与沟通，找到解决问题的路径，这是编辑主体性的充分体现，也是办好学术期刊的重要保证之一。《江海学刊》的办刊特色，就是抓选题、重策划。《江海学刊》的编辑人员敢于担起历史的重任，广交天下学术朋友，共言天下学术大势，以前瞻的思维、敏锐的目光发现学术热点，捕捉学术信息，预测理论趋向，策

划学术选题，组织专题稿件，推出富于创意的理论文章，从而影响社会，服务实践，推动中国学术的繁荣与发展。

第四，刊载精品，成就品牌。《江海学刊》作为学术理论期刊，要在激烈竞争的学术场域中突出重围，创出品牌，打出名气，做出影响，必须确立精品意识，实施品牌战略。学术理论期刊要创出自己的品牌，必须抓精品、重策划。《江海学刊》的做法是，确保每期有精品，每个专栏有重点文章。但对于一本期刊来说，单个精品还不成气候，只能起到点缀作用，不能产生规模效应，要在单个精品的基础上，精心组织，精心策划，形成系列，形成规模，才能成就品牌选题、品牌栏目，创造出轰动效应，产生广泛社会影响。因此，从20世纪80年代末以来，我们策划了包括主体性、实践哲学、本体论、人学、发展哲学、公共哲学、文学史学、中国经济学的创新、涉外法学、转型期的社会问题、突发事件与社会应急管理、公众史学、数字史学、地域文化与商业历史、世纪之交的文艺理论等上百个名牌选题和品牌专栏，产生了轰动效应，推动了国内学术的发展，也为刊物赢得了很好的社会声望。

第五，提携后学，培养新人。清代学者赵翼有云：“江山代有才人出，各领风骚数百年。”学术事业是代代相继的事业，学术研究需要积累，更需要传承。培育厚实庞大的学术人才队伍是我们一直以来追求的目标，也是我们办刊的优良传统。创刊之初，本刊就扶持与鼓励青年才俊投稿，不少现在的名家、大家就是当年的青年学子。比如，据著名经济学家何炼成教授讲，在他研究处于迷惘、彷徨之际，《江海学刊》1963年刊发他的《也谈生产劳动与非生产劳动》一文，坚定了他做学问的决心，改变了他的人生道路。80年代中后期《江海学刊》又推出了“青年论坛”专栏，为青年学子提供特定学术园地，可谓用心良苦，许多青年才俊从这个栏目开始了自己的学术之路。新世纪以来，我们又与江苏省规划办一起开辟“江苏青年学人”栏目，集中展示青年人的学术成果与学术风采，栏目推出后，深得青年学者的欢迎，产生了非常好的社会影响与示范效应。

第六，编研同备，专家办刊。数十年来，《江海学刊》秉持学者办刊的传统，着力打造一支编研结合、双轮驱动的编辑队伍。培育学者型的编辑，是本刊的一贯宗旨，如此才能使我们的编辑有学术话语权，在学术交流与对话中，能够真正参与讨论，形成学术对话与交锋。我们认为，只有在平等自由的学术环境中才能更好地组织专栏讨论，只有与学术共同体及学者进行深度融合，才能高水准地组织专栏稿件，组织学术讨论与争鸣。我们的历代编辑大都是本学科领域的专家，有些编辑更是自己学科领域的知名专家，受到学术界的充分尊重与信任。本刊目前在岗的10位编辑，7位拥有正高级专业技术职称，这在国内同行中是极为罕见的，也充分体现了《江海学刊》学者办刊的优良传统与专业定位。

朝耕夕耘，寒来暑往，六十年矢志不渝，六十年硕果连枝。为全面回顾本刊六十年所走过的非凡历程，发掘与整理濒临佚失的历史文献，弘扬优良传统，积累办刊资源，我们编选制作了六卷本文集，作为对《江海学刊》创刊六十周年的纪念。

（一）《江海学刊》创刊六十周年文集之大师卷。从本刊六十年所发表的大量文章中精选出各个年代有代表性的名家名篇，汇编成册。这些论文，为后人解读中国历史与文化、政治与社会，了解当代中国学术发展脉络提供了宝贵的第一手资料。虽尘封已久，墨香渐远，然今天读之，仍觉字字珠玑，识见深邃。重温名家大师的名篇佳作，让我们思深虑远，感佩不已。

（二）《江海学刊》创刊六十周年文集之原创学术卷。收录本刊自2002年创办“原创学术空间”栏目以来所刊发的部分论文，集中展现本刊近二十年来所发表的具有原创学术话语与原创学术思想的重要成果。我们开办“原创学术空间”栏目，就是想给国内尚且稚嫩的原创研究提供一个可以试错的实验空间与公共平台。进而言之，我们希望在这样一个“能指泛滥”而“所指衰微”的时代，能够开风气之先，激励原创思绪，激发思想活力，力挺学术自信，催生中华民族自己的学术大家和思想巨擘。

（三）《江海学刊》创刊六十周年文集之哲学卷。哲学是思想中的时代。《江海学刊》的哲学栏目，数十年来，一直秉承开风气之先、标新立异的办刊传统，牢固贯彻问题导向，关注时代热点，捕捉学术前沿，刊发了大量思想敏锐、见解超卓的学术论文，推动了国内哲学学科许多重大问题的讨论，国内哲学领域的很多重大理论争鸣是由本刊肇始的，以致著名马克思主义哲学家黄楠森先生在中国人学学会成立大会上说："中国的人学研究绕不过《江海学刊》。"这掷地有声的话语，是对办刊人的极大褒奖，让我们备感欣慰。20世纪80年代末以来，《江海学刊》率先开创集群式专题讨论模式，先后开辟认识论、历史唯物主义、实践唯物主义、实践哲学、实践本体论、主体性、认识主体性、历史主体性、人学、公共哲学、发展哲学、价值哲学、价值冲突与价值定位、面向21世纪的中国哲学、中西文化比较、空间哲学、身体哲学等一系列专题讨论，成为国内哲学界开展思想争鸣、展示学术成果的高端平台，博得海内外广泛好评。

（四）《江海学刊》创刊六十周年文集之文史卷。江苏物华天宝，人杰地灵，历史上文人辈出，名家荟萃。创刊以来，《江海学刊》依托江苏文星云集之优势，精心策划，精心组织，一代代文史编辑奋力拼搏，组织刊发了大量引领学术讨论，推动学术争鸣，促进学科建设的论文。作者中既有当时的名家大家，也有学坛新锐（后来也成为名家名流），他们的学术成果完整地再现了文史争鸣和学科发展的历史脉络。

（五）《江海学刊》创刊六十周年文集之社会科学卷。本卷内容涵盖经济学、管理学、社会学、法学、政治学等诸多社会科学领域，真实记录了六十年来特别是改革开放以来，国内社会科学领域研究的思想轨迹，关注当代中国发展现实，研究中国社会发展中的重大理论与实践问题，为现实问题的研究提供观点与答案。本卷撷精萃华，汇集精品，成为把握当代中国社会科学研究脉络的"测绘仪"。

（六）《江海学刊》创刊六十周年文集之辑目总览。此卷汇集自创刊号到2018年第5期共317期八千多篇文章的完整目录，纵横六十年，洋洋数千篇，

它既是对六十年中国社会发展历程的摹画，也是对六十年中国哲学社会科学研究成果的一次巡礼。辑目总览可以使我们对《江海学刊》六十年的成长历程和学科发展状况有一个全景式的了解与把握。

需要郑重说明的是：第一，从本刊六十年所发表的八千多篇文章中挑选出有代表性的论文，殊非易事。囿于篇幅，许多具有分量和学术价值的文章未能入选，遗珠之憾，在所难免。第二，为突出历史原貌，所选论文的编排一律按照当时发表之年代先后为序。第三，在编选过程中，除改善体例、纠谬补缺外，其余部分尽可能留存原貌。第四，由于历史原因，个别文章的某些提法、观点在今天看来或许已不合时宜，但为尊重历史，我们未作删改，尚请读者明鉴。

2018 年，是中华民族发展历程上一个特殊的值得记忆的年份，是新时代的开局之年，中华民族伟大复兴的梦想从未像今天这样清晰。新时代的中国吹响了哲学社会科学前进的号角，学术期刊的未来前景无限光明。

日出照东隅，扬帆正待航。在新世纪的学术征途上，我们满怀期待，同时充满信心。《江海学刊》作为全国知名的综合性人文社会科学学术理论期刊，要进一步提高质量，塑造形象，在全国学术理论期刊中保持并提升自己的位置，就必须发扬优良传统，倡导严谨学风，恪守学术规范，狠抓选题策划，创出自己更多的名牌专题、名牌栏目，要在一些重大的理论与实践问题上发出自己独特的声音，发表自己独到的见解，为学术研究中国风格与中国气派的确立、为中国特色的哲学社会科学话语体系的建构贡献智慧。

新时代的国内期刊界风起云涌，新时代的中国充满希望。《江海学刊》将乘中华民族复兴的东风，把握机遇，迎接挑战，奋勇开拓，敢于创新，在新的时代，使《江海学刊》立足江苏，影响全国，参与国际学术交流。海纳百川，有容乃大，江竞千帆，弄潮为先，我们将自加压力，负重前进，埋头苦干，无私奉献，为繁荣中国的哲学社会科学学术理论事业，为社会主义现代化建设做出自己突出的贡献。

有一位哲人说过：柏拉图理念的鸽子幻想在真空中自由地向天空飞去，但没有空气的支持，没有大地的支持，飞翔终成泡影，鸽子会坠入柏拉图的“洞穴”，在影子中爬行。真正哲人的鸽子应该既不安于作洞穴中的爬虫，也不要为真空中虚幻的自由所诱惑。那就让我们听从哲学家的召唤，做一只现实的鸽子吧！让我们脚踏中华大地，仰望祖国蓝天，在理想与现实之间、在大地与蓝天之间，乘着五彩的生活气流飞翔。

二〇一八年十月十八日

目　录

论科学怀疑在认识中的作用

袁贵仁

科学的发展证明，不怀疑不能见真理。提倡认识中的科学怀疑是把辩证法运用于认识论的一个重要方面。列宁明确地指出，辩证法就是认识论，辩证法是包含着怀疑因素的，只是不归结为怀疑论罢了。因此，研究人类的辩证认识和认识的辩证法，就不能不研究怀疑及其在认识中的作用，给它在认识论中以一定的地位。

怀疑的涵义

怀疑这个概念，指的是人们对一定的事物、现象及其认识怀有疑问，持有疑义，表示不相信或不信任；是与肯定相对立的否定的方面。但这种理解作为定义，过于宽泛。因为怀疑有各种各样的，如神经过敏的疑神疑鬼，忧心忡忡的半信半疑，患得患失的犹豫不决，等等。这些都不是认识论所要研究的。我们所说的怀疑，是批判的怀疑，科学的怀疑。

哲学史上从认识论角度系统提出“普遍怀疑”原则的是笛卡儿。在笛卡尔那里，怀疑不是一种主观随意的做法，而是从他的哲学原理中必须产生出来的方法。也即如他所认识的那样，是一种理性思维的方法，是探索真理、扫除偏见的手段。黑格尔也认为怀疑的“意思是寻求，研究”。是对传统的认识理论重新进行审查、探讨，以便从确定的有限的东西中指出它的不稳定性来。有时，在哲学中，怀疑不仅是指一种思维方法，而且还同运用这种方法的认识阶段连在一起。黑格尔作为辩证法的大师认真研究了古代的怀疑论，

明确地肯定了它的一定的积极意义。他认为，只有把认识看作是片面的、固定的、孤立的东西，才会把怀疑看作是认识的仇敌。反之，把认识视为可变的，可以走向反面的，即辩证的，就应该把怀疑当作一个达到真理的必然环节、阶段，一个人在思维过程中未作出判断之前的反复、游移的阶段。他说："怀疑……是一种反复游移于二者或多者之间的状态。""乃是一种与确认相对立的思想——一种举棋不定，一种悬而未决。"①

科学怀疑这个术语在哲学中主要是在两个意义上使用。一是指一种理性思维的方法；二是指运用这种方法的一个认识阶段。

作为认识的一个阶段，怀疑已经不是那种稍纵即逝的闪想，而是一个极其复杂的思索、探究的过程。一般说来，它包括三个小阶段。第一，提出问题。当人们在实践活动中面临着理论与事实之间以及它们各自之间发生矛盾的时候，会自然地产生种种疑问，提出新的问题，新的可能性，从新的角度去看旧问题。这对于科学的真正进步是非常重要的。人们说，真理往往在一百个问号之后，道理就在这里。第二，对于认识中矛盾的怀疑，开始总是多方面的，包含着多种发展的可能。但这些疑问之中必有主次之分，甚至有正确和错误的区别，因此必须从中找出问题的关键所在，确定一个主要的、正确性比较大的疑问。只有选择一个正确的突破口，才能有所作为。否则，就可能走上歧路。第三，提出假说，也就是试图着手解决问题。利用已有的理论和材料进行广泛的论证，提出对矛盾的可能解决、对事实的假定的解释。这种推测或可能的解释也就是假说。这是怀疑阶段的成果所在，新的理论已蕴含于其中。认识的进一步发展，就是诉诸实践，验证假说，形成科学的理论。

怀疑，无论是作为思维方法还是认识的阶段，都有一个共同的特点，这就是否认一切关于最终的绝对真理和与之相适应的人类绝对状态的观点，否认任何对教条的迷信和对权威的盲目崇拜，而依据实践的新经验怀疑某些旧

① 黑格尔：《哲学史讲演录》第3卷，贺麟、王太庆译，商务印书馆1959年版，第120、110页。

结论，从而揭示它的不完全性或错误，把认识推向前进。列宁正是在这个意义上指出辩证法是包含怀疑论因素的。因为“辩证法不崇拜任何东西，按其本质来说，它是批判的和革命的”。具体地说，怀疑还有如下特点：（1）同理论相比较，它和旧理论相联系，但又不满足于旧理论，它是旧理论的丧钟：它又和新理论相联系，但本身又不构成系统理论，它是新理论的先声。（2）同其他思维方法相比较，它具有反面性、否定性。从相反的方向、从否定方面提出问题，或“反过来”思考，这是怀疑的特点。在前人、他人认为已有答案的地方，它却认为只是问题所在。总之，它“是安宁的反面”，“是与确认相对立的思想”。这也正是它区别于辩证法，辩证法不能归结为怀疑的根据。我们知道，辩证法讲否定，但同时讲肯定，是肯定与否定的统一。（3）科学的怀疑同哲学史上唯心主义的怀疑相比较：它具有实践性。我们所说的怀疑是社会的人在实践活动中对主观是否正确地反映了客观对象的怀疑。它来自实践提供的新的事实、信息与旧观念的不一致，最后还要到实践中去检验自己的怀疑是否正确。实践是科学怀疑的基础。（4）同怀疑论相比较：它具有手段性。怀疑是达到正确认识的必需的条件，只是不安于某个肯定的结论。它不是世界观，不是主体对于世界的总的看法。而怀疑论以怀疑为目的，始终停留在怀疑上，并且不分青红皂白地怀疑一切。正如同经验不等于经验主义，承认知识的相对性不等于相对主义的道理一样，怀疑不等于怀疑论。

根据这种理解，我认为，科学怀疑的真实涵义应该是：怀疑是具有革命性和批判性本质的辩证法的一个因素，它是人们在实践的基础上对主客观矛盾所进行的一种从反面入手的理性思维方法和与之相适应的一个认识环节和阶段。

怀疑的产生和成立的条件

人类的认识活动，是在实践的基础上主体反映客体的过程。随着实践的深入，就会从不同侧面，不同程度地暴露出已有认识的破绽，使主观和客观之间发生矛盾。主客观矛盾是人的认识中经常发生的，这就决定了人们犯错

误的可能性和怀疑的必然性。也就是说，主客观矛盾是怀疑产生的客观基础，怀疑的出现是人类认识发展中的必然现象。费尔巴哈曾经说过："真正的怀疑是一种必然性……其次，在哲学家看来，真正的哲学怀疑以那种从这种怀疑开始的哲学精神和一般观点为前提，哲学家持有这种观点不是随心所欲的……而是由世界历史和自己哲学的精神决定的，因此它是一种必然的观点。"①

人们认识真理、认识客观实在的辩证的途径，就是从生动的直观到抽象的思维，并从抽象的思维到实践。因此，在认识过程中，为怀疑提供基础的主客观矛盾的产生，或人容易犯错误的地方也就主要表现在这样几个地方。

其一，生动直观阶段。感性认识是抽象思维的材料。毛泽东同志说过，只有感觉材料十分丰富（不是零碎不全）和合乎实际（不是错误），才能根据这样的材料造成正确的概念和理论来。但在实际过程中，由于事物的纷繁复杂、发展变化，再加上认识主体的肉体、精神状况以及他所使用的认识手段的限制，因而，主体对于同一对象所获得的感性材料往往不尽相同，有时甚至截然相反。这说明人的主观反映中的有些方面是不符合事物本来面目的，它的客观性值得怀疑。否则，把认识简单化，把感性认识绝对化，而不作些认真的思索和深入的调查，要避免失实，是很难做到的。过去，我们有一些统计数字，就是下边的干部根据上级的意图、首长的脸色拍脑袋拍出来的，然后一级一级往上报，又一级一级笃信不疑。由于这些材料本身就不可靠、不确实，凭着这些材料当然也就不可能做出正确的判断。因而，一些错误理论的形成也就难以避免了。

其二，抽象思维阶段。我们知道，认识的真正任务在于从感性认识到达理性认识。其中要经过"抽象加工点"。这是一个"复杂的，二重化的、曲折的、有可能使幻想脱离生活的活动"②。如果抽象是正确的话，它不是离开，而是更加接近于真理。但同时，在最初的、最简单的抽象中就已经蕴含着产

① 《费尔巴哈哲学史著作选集》第1卷，商务印书馆1978年版，第163—164页。
② 列宁：《哲学笔记》，《列宁全集》第38卷，人民出版社1959年版，第420页。

生唯心主义的可能性。因此理论的东西是否具有真理性的问题在由感性到理性的运动中是没有完全解决的，也不可能完全解决。抽象的二重性，决定了怀疑理性认识的必要性。爱因斯坦相对论的提出曾使多少著名的科学家瞠目结舌，怀疑它的科学性，直到六年之后，爱丁顿在普林西比岛用摄影仪器拍下日全食时的太阳图影，证实了爱因斯坦根据相对论预言星光于太阳边缘将有一点七秒角度的偏转时，才得到举世公认。哥白尼的“太阳中心”说甚至被怀疑三百年之久。所以，毛泽东同志指出：“许多自然科学理论之所以被称为真理，不但在于自然科学家们创立这些学说的时候，而且在于为尔后的科学实践所证实的时候。马克思列宁主义之所以被称为真理，也不但在于马、恩、列、斯等人科学地构成这些学说的时候，而且在于为尔后革命的阶级斗争和民族斗争的实践所证实的时候。”（《实践论》）

其三，认识到实践阶段。辩证唯物主义认为，真理总是具体的。每一真理都是在一定的时间、地点和条件下对于具体对象的符合，都有明确的界限。而客观事物、人类的实践却不停顿地向前发展。人们在新的实践经验面前就会发现原有的理论（包括那些已为过去的实践所证明的真理）显得无能为力，也就是遇到了危机，于是人们便怀疑这个理论的普遍性和科学性。爱因斯坦、英费尔德在《物理学的进化》中就说过，差不多科学上的重大进步都是由于旧理论遇到危机，“在实在跟我们的理解之间产生剧烈冲突时诞生的”。这种冲突迫使我们怀疑自己根深蒂固的偏见，在“与旧概念的坚决斗争中”，创造出新的观念和理论。他的相对论的出现就是在物理学的万里晴空中出现了“黑体辐射实验”和“以太漂流实验”这“两朵乌云”，在牛顿力学无法解释的情况下，促使他从理论上为此寻找一个新的认识而实现的。哥白尼在《天体运行论》序言中叙述了自己怀疑“地心说”的缘由，“不过是由于我知道数学家在这方面研究中矛盾百出”。毛泽东同志在《论人民民主专政》一文中谈到近代中国人开始学西方为什么后来产生怀疑时，也指出：“很奇怪，为什么先生老是侵略学生呢”，于是“怀疑产生了，增长了，发展了”。

由此可见，怀疑在认识中是经常发生的，怀疑是人人都有的。但是这绝

不等于说人人都是科学家，每一个疑问都具有科学价值。为了使人们在怀疑过程中尽量排除那些虚假的疑问，以便集中精力去分析、解决有前途的问题，在科学认识的方法论中，就应该提出一些科学怀疑都需要满足的基本条件。这些条件，要点如下：（1）与事实相符。怀疑是为解释事实而提出来的，它的科学价值就在于它在多大程度上解释所有已知事实。因此它必须符合实践中出现的准确的新事实和已经很好地被检验过的旧有事实，而绝不能与它们相矛盾。否则就可能导致虚假的甚至错误的理论。（2）和该领域其他科学规律相符。对旧理论的怀疑，只是对某一理论个别提法的修正和发展，并不意味对所有理论的一概否认。相反，它必须依靠该领域中那些已被实践所证实并至今还在证实着的理论作根据。德国卓越的理论物理学家普朗克在谈到相对论时说过："虽然相对论是那样新奇和富有革命性，但有一个事实始终没有变，即它所提出的论断和批驳都不是为了反对显著的、公认的和业已证实的物理学定律，而只是反对某些观点。"① （3）符合辩证唯物主义世界观。科学的怀疑必须在辩证唯物主义指导之下，它的结论应该符合辩证唯物主义的基本思想。（4）符合逻辑。不难明白，如果一个理论的提出及论证前后自相矛盾，不能保证自治性，那么它的科学性就是大可怀疑的。

毫无疑问，怀疑的科学性最终要靠实践来鉴定，符合上述条件的怀疑，并不能保证它一定是真理。但我们完全有理由认为违反这些条件的怀疑绝不具有真理性。注意这些条件，对我们淘汰不科学的怀疑，从而有效地进行科学的怀疑是有一定作用的。

怀疑在认识中的作用

真理是个过程。真理的发现和发展是人类世世代代进行探索的结果。怀疑就是人类追求真理过程中的积极因素和必经阶段，它在认识中起着极重要的作用。

---

① M. 普朗克：《从近代物理学来看宇宙》，何青译，商务印书馆 1959 年版，第 40 页。

首先，它是科学发现的重要的前提条件。科学就意味着探索求知，科学研究的灵魂是真正的创造性，能够在前人已有的成果中发现罅隙，从习以为常的现象中寻求奥秘。这就要求研究者具有怀疑精神和能力，而反对奴仆般的学习和研究。一个好的科学工作者需要有一个“怀疑地批判的大脑”，按照列宁的说法，就是应该在肩膀上长着自己的脑袋，能够分析和观察各种不同的情况。

其次，怀疑是通向真理的起点。疑是思之始，学之端。“在一个真理之足下又生一个疑问：真理和疑问互为滋养，自然一步一步把我们推进到绝顶。”（但丁语）世界著名的科学哲学家波普尔也认为科学研究应该从问题（P_1）开始，他的科学发展的图式是：$P_1 \rightarrow TT \rightarrow EE \rightarrow P_2$。在他看来，科学研究就是为了解决问题，而问题就是观察与理论之间的矛盾或理论与理论之间的矛盾。比如观察到金属燃烧后重量增加这一事实与燃素说的矛盾，给热瓦锡提出了一个问题，这个问题的解决导致了化学史上起革命作用的氧化说的诞生。

最后，怀疑是推动认识发展的内在动力，是新理论产生的助产婆。历史说明，科学“死”于一言堂。因为“真理与疑问互为滋养”①，“真理是由争论确定的”②。一个国家，一个时代，提倡科学的怀疑，科学就发展，思想就繁荣，文化就昌盛；而在专制主义的禁锢之下，科学是不得不悄然“死”去的，至少是思想荒芜，科学停滞，文化凋零。历史上由于不同时代的统治者对怀疑的态度不同，因而哲学、科学的发展也很不平衡。中世纪的欧洲，信仰代替了理性，怀疑成为天大的罪名，于是哲学处于长期“冬眠”状态，自然科学和哲学的分化也大大地延缓了。而在欧洲文艺复兴时期，“理性”成了革命的旗帜，敢于怀疑成了这一代哲学家的共同特点，于是哲学出现了百家林立、各有千秋的局面；自然科学也相应有了巨大发展。

对于每一个科学工作者来讲，也正是怀疑促使他去作进一步的探讨，从而推动认识的发展。当外国洋权威说我国是贫油国时，李四光就很不以为然

① 但丁：《神曲·天堂》。

② 《马克思恩格斯通信集》第一卷，生活·读书·新知三联书店1957年版，第567页。

地想：为什么石油都出在外国，有着丰富资源的祖国的大地上偏偏没有石油呢？这个怀疑促使他去作深入的研究，提出新的地质学理论，终于在中国的大地上发现了大面积的油田。可见，认识由怀疑来推动，没有怀疑，认识就会裹足不前。

我们肯定怀疑在认识中的作用，但是，第一，我们并不否认马克思主义认识论关于实践是认识的动力的思想。在我们看来，二者是并行不悖的。认识的发展要符合实践的需要，以实践为基础；但实践活动对认识的推动不是自然而然形成的，它需要人们发现这个问题，明确并解决这个问题，使实践对认识的推动从客观可能性变为认识的现实发展。第二，怀疑在认识发展中尽管很重要，然而其作用也是有限的。只有在旧观点遇到危机时才构成使用怀疑方法的客观条件；而且科学发现的方法是多种多样的，怀疑只不过是思维的一种方法，它不可能也绝不能代替其他的方法。

怀疑在认识过程中的位置

提倡科学的怀疑，确保怀疑的科学性及其在认识中的作用，还有一个重要的问题需要解决，即怎样以确定的形式把它在认识过程中的位置反映出来。

我在上面已经说过，认识中主客观矛盾的产生，也就是人容易犯错误的地方主要表现在生动的直观、抽象思维和实践三个环节上。归纳起来，三个环节构成了认识过程的两个阶段，从生动的直观到抽象思维，又从抽象思维到实践，或者叫作实践—认识—实践。认识中的错误就分别发生在两个阶段中的认识和实践之前。为保证“两个飞跃”的正确进行，就应该在抽象思维之前怀疑感性材料的正确性；在理论（理性认识和过去证明的正确理论）指导大规模的实践活动之前怀疑理论的正确性。

第一，认识的真正任务在于经过感觉而到达思维，到达理性的认识。人们只有根据十分丰富（不是零碎不全）和合于实际（不是错觉）的感觉材料才能形成正确的概念和理论来。但是在实际过程中，由于主客观方面的原因，感觉材料的不全面或不正确是很可能发生的。因此，当我们在实际中占有了

一定的感性材料之后，应该有一个“怀疑感性材料”的环节。通过对感性材料中正反面的和程度不同的例子整理、分析、比较，“去粗取精，去伪存真”。也就是人的意识将大量感性材料中的糟粕、假象的东西去掉，撷取或保留其中的精华和真实有用的东西。这是人的思维对感性材料整理的第一个层次。这样，经过这个环节，我们就有可能初步判断感性材料的正确性及其正确程度，为形成科学的理性认识提供比较确凿可靠的材料，减少和避免认识过程中的反复和失误。这样，从实践到认识的过程就成了实践（获得感性材料）—怀疑（判断感性材料）—认识（抽象感性材料形成理性认识）。这种判断整理感性材料的必要性，哲学史上早就有人揭示过，培根的“三表法”就是著名的代表。培根认为，作为实验归纳法的具体步骤，要求人们在作一般概括之前，要制定存在表、缺乏表、程度表进行归纳，也就是运用理性方法整理材料，从而把那些非本质的、无关的东西排除掉。

判断感性材料和抽象思维的理性认识阶段是有联系的。判断的结果是抽象思维的原始材料，是为抽象思维提供必要数量的正确事实，而且判断也就是运用理性方法对感性材料的整理。但判断感性材料的怀疑环节，总的来说属于感性认识阶段，它同抽象思维的理性认识有质的不同，我们知道，“去粗取精，去伪存真”，只是对材料的比较、归纳，其结果仍然是人们可以直接感知到的事物和现象。而抽象思维是在已有正确的感性材料基础上，“由此及彼，由表及里”，也就是由事物外部联系深入探索内部联系，由一事物的本质联系到他事物的本质，从而脱离事物的具体形态，把握到人们所看不见、摸不着的事物的本质和规律。这是对感性材料整理加工的第二个层次，是对事物的间接的、更深刻的反映。人们在理解毛泽东同志关于整理感性材料的“十六字诀”时，往往不加分析地把它们混在一起，统统归之于理性认识阶段，这是不科学的。其实，感性和理性作为认识的形式是互相渗透的，在感性认识阶段和理性认识阶段，都既有感性形式，又有理性形式，其区别只有层次、程度和侧重的不同，而没有有无之分。因为认识总是作为社会的认识而出现的，人的感觉是含有理性的感觉，是由理性指导大大加强了的感觉。

这就意味着人以直接的感性形式了解现实的事实时，他就有了一定的综合，对感性材料作了一定的判断。

第二，人类认识世界的目的，只是为了以此来指导人们改造世界。只有正确的思想才能变成改造社会、推动社会前进的物质力量。然而，由于抽象思维的二重性和真理的具体性都包含使认识违背事实的可能，因此，在我们获得了理性认识（包括前人和他人在另外条件下获得的真理）去指导大规模的实践活动之前，应该有一个“怀疑理性认识”环节。经过这个环节，我们就可以验证理论是否具有真理性，使理论上的偏差和实践中容易发生的失误及早发现并纠正，甚至果断地停止使用某些错误的提法和理论，以免错误的认识在全面的实践中造成难以挽回的损失。于是，从认识到实践过程就成了：认识（理性认识）—怀疑（检验理性认识）—实践（科学理论指导下的改造世界的客观活动）。这种划分，一般说来，在自然科学中，历来就是如此的。电话的发明到大规模生产、使用，相隔五十六年；电视机经过二十二年；这个试验期随着科学的发展虽然越来越短，但这个环节还是客观存在的。

判断理性认识和理论指导实践阶段也是有联系的。判断理性认识必然要在这个理性认识的指导下进行，理论指导实践，客观上也必然同时对它进行着检验。但这绝不等于说通过试验判断理性认识这个环节就完全失去了独立性，可以归并到理论指导实践中去。相反，这两个环节的区分是十分明显的。这不仅表现在两个环节检验和指导主次不同，规模不可同日而语。而且，理论指导实践的理论已经不是尚待判定真理性的假说，而是已经检验过的科学真理。这个阶段的主要目的也不是检验理论，而是武装群众，改造世界，创造巨大的物质财富。

辩证唯物主义认为，认识错误，对于整个人类的认识过程，和每个人的全部认识过程来说，都是不可避免的。但对于某一具体认识过程的具体阶段来说，则是可以避免的。只要我们坚持认识过程中的怀疑环节，遇事问个为什么，我们就能使错误犯得小些、少些，把有些错误消灭在萌芽之中。“文化大革命”的历史说明，发动这场“革命”的主要论点之所以错误，就在于它

所依据的感性材料是不合乎实际的，错误地看待了当时我国的阶级形势以及党和国家的政治状况。这个错误的理论一旦形成，又不许别人说半个不字，就雷厉风行地在全国范围内实施，使得我们党、国家和人民遭受到中华人民共和国成立以来最严重的挫折和损失。这个沉痛的教训说明，坚持认识中的怀疑环节，自觉判断感性材料和理性认识的正确性，是何等重要！

怎样做到科学怀疑

科学怀疑是一切从事科学研究的人必须具备的一种素质和能力。但这种能力不是与生俱来的，只有通过后天的学习和锻炼才能获得。怎样才能培养提高自己的科学怀疑精神和能力呢？我认为必须具备以下的一些条件：

第一，实事求是的态度。怀疑作为一种思维方法，它必须以一定的观察、实验事实为根据；并从事物的本来面目出发，而不附加任何主观的成分。只有这样才能从中发现事物的客观规律。在科学的发现中，尽管有许多是思维高度创造性的产物，然而它们也绝不是毫无事实根据的。爱因斯坦本人确实没有经历过他的相对论所描绘的时空，但他强调指出："我急于要请大家注意到这样的事实；这理论并不是起源于思辨；它的创造完全是由于想要使物理理论尽可能适应可观察到的事实。"① 正因为这种理论扎根于事实之中，它才经得起实践的检验，发展成为划时代的科学发现。

第二，必要的科学知识修养。科学的怀疑和是否具有广博的知识有密切的联系。因为怀疑的提出常常在于发现两个或两个以上的对象之间的联系和差异。要做到这一点，就必须了解前人和他人已经创造的有关知识，虚心学习、消化、吸收，成为自己领域的内行，并熟悉它与其他科学领域的关系。这样，我们才可能站到巨人的肩膀上，比巨人看得更远！事实说明，具有广博知识和丰富经验的人，比那些孤陋寡闻，甚至比只有一种知识和经验的人更容易产生新联想和独到的见解。

---

① 《爱因斯坦文集》第一卷，商务印书馆 1976 年版，第 164 页。

第三，大胆、谦逊的作风。怀疑是需要勇气的。世界上第一个发现血液循环的西班牙科学家塞尔维特因纠正盖仑关于血液循环的错误观点，被教会活活地烤死。他面对宗教裁判厅的死刑威胁慷慨陈词："我知道我将为自己的学说、为真理而死，但这并不会减少我的勇气。"这种为推翻偏见和捍卫真理而勇于献身的例子，古今中外历史上是屡见不鲜的。但科学上的大胆怀疑又是和细心的研究、谦逊的作风分不开的。否则，那就会成为目空一切的虚无主义者和自高自大的狂妄分子。事实上，一切有作为的科学家对于已有的理论总是既疑之，又信之；虽师勿师，不取亦取。

第四，逻辑思维的娴熟技巧。任何一门科学都是应用逻辑。任何科学的怀疑都离不开最基本的形式逻辑和辩证逻辑的思维方法。科学家的目的就是要得到关于自然界的一个逻辑上前后一贯的摹写。逻辑之于他们，有如比例和透视规律之于画家一样。许多事实说明，如果我们在科学的探索中，善于发现一种理论或几种理论之间的逻辑矛盾，就可以启迪和引导我们进行科学的怀疑。遵循形式逻辑、辩证逻辑的规律，我们不仅可以探寻新的结果，而且对于分析检查我们自己提出的怀疑是否科学也具有同等重要的意义。违反逻辑思维规律的怀疑就不可能具有科学性。

恩格斯在论及文艺复兴时代时曾说过样一段话："这是一次人类从来没有经历过的最伟大的进步的变革，是一个需要巨人，而且产生巨人——在思维能力、热情和性格方面，在多才多艺和学识渊博方面的巨人时代。"① 恩格斯的这段话对于我们怎样才能富有怀疑精神和能力、怎样进行科学怀疑，无疑是一个科学的回答。

（原载《江海学刊》1983 年第 5 期）

① 《马克思恩格斯选集》第三卷，人民出版社 1972 年版，第 445 页。

略论管理哲学的建设

崔绪治

一

管理对于经济发展和社会进步的重大意义，已为政治家、实业家、管理学家所公认，且被视为关系到本国兴衰盛弱的重要因素。当代世界各国愈演愈烈的竞争，不仅是科学技术的竞争，而且是科学管理的竞争。管理作为一项重要的社会活动形式，人们通过管理，并且在管理中处理人与人的各种社会关系，处理人与物的关系、人与自然的关系。这都是些具有哲学意义的课题。管理者不仅要思考它们，而且要作为实务处理它们。正因为这样，管理的指导性观念不仅具有越来越浓的哲学色彩，甚至直接进入了哲学领域，成为一种特殊的哲学观念。诸如，为了处理好人际关系而对人际关系的实质进行的思考，为了发挥人的作用而对人性、人的本质所做的考察，为了实行和实现科学决策而对认识和实践的规律所做的探索，等等。这一切都突破了实证科学的范围，进入了社会历史现象更深层次的本质，做出了抽象程度更高的概括。这是一种向哲学的生长和进军。建立一门马克思主义的管理哲学，就是反映这种历史趋势的自觉意识。

中华人民共和国成立 30 多年来，我们获得了巨大的进步和惊人的成绩。但是，如果我们放眼世界，而又以大无畏的唯物主义态度面对现实的话，我们不能不承认，我们所取得的进步和成绩，与我国社会主义制度的优越性是很不相称的。造成这种情形的原因很多，例如，我们缺乏从事社会主义建设

的经验，没有处理好社会主义社会的基本矛盾，极“左”思潮的干扰，等等。尽管原因很多，但毫无疑问的是，不善于管理，不重视科学管理，不重视管理科学，不认真研究管理理论，是十分重要的一个原因。而且，这个原因又与上述诸多因素交互作用、互为因果。甚至可以这样说，很多原因都直接或间接地通过管理表现出来并发挥作用。

第一，缺乏从事社会主义建设的经验，很重要的也是一个基本的方面就是缺乏管理社会主义经济的经验。这种经验的缺乏，集中地表现为管理经验和管理知识的缺乏，从宏观的国民经济管理到微观的企业管理都是如此。这种情况对于世界各国取得政权并开始从事建设的无产阶级带有普遍性。正因为如此，列宁在十月革命胜利后告诫俄国的布尔什维克“必须多多学习管理的本领”，毛泽东同志也号召中国共产党人“必须用极大的努力去学习生产的技术和管理生产的方法”。事实已雄辩地证明，当我们真正这样做、尊重管理的客观规律、进行科学管理时，我们的事业就发展、就兴旺、就前进；当我们无视管理的重要性、否认科学管理时，我们的事业就受挫折，社会主义建设的经验也就无从积累并丰富起来。我们可以这样说，社会主义建设的经验要通过社会主义的科学管理——从管理思想到管理组织、体制、手段、方法等贮存起来，相对地凝定下来，从而发挥其作用、显示其力量。否则，社会主义建设的经验便只能停留在零散的、无系统的、未定形的水准上，这样也就很难摆脱主观任意性。

第二，正确处理并不断解决社会主义社会的基本矛盾，是领导社会主义事业的无产阶级及其先锋队的一个经常的、基本的课题。社会主义社会的基本矛盾内涵深、范围广、表现丰富、关系复杂。但不管它如何纷繁复杂、关系错综，其所包含的诸多因素及其相互作用，几乎无不与管理发生关联。社会生产力、特别是社会化的大生产，没有科学管理便不能发展，甚至难以正常运转；社会主义的生产关系，无论是生产资料的占有和使用，还是社会主义的分配，以及人和人之间的其他相互关系，都渗透到管理当中，以管理的形式表现出来，社会主义的上层建筑中人民民主专政的国家机器、社会主义

的民主制度、民主集中制的原则，还有党的组织及其正常的生活、社会主义的法制及其实施，等等，都要通过管理，并以管理的形式表现这些内容；至于社会主义社会的生产力与生产关系，经济基础与上层建筑之间的矛盾的解决，或者说良性运转，更要通过管理这个关键或者枢纽。发展经济要运用经济杠杆，需要以科学管理来实施。无视经济杠杆的作用、片面强调行政手段，也往往表现为对科学管理的否定。即使国家行政及其实施，也离不开科学管理。当然，我们不是唯管理论者，绝不认为管理可以解决一切问题；但是可以肯定地说，没有科学管理什么问题也解决不好。

第三，极“左”思潮的干扰从根本上来说是无视或否定社会主义社会的客观规律，其直接的集中的表现便是无视或否定科学管理。这种情况在“文化大革命”期间达到了登峰造极的程度，造成了空前的浩劫和破坏。粉碎“四人帮”以后的拨乱反正、端正党的思想路线和政治路线，很重要的内容就是重新正确认识社会主义社会的规律，在此基础上尊重并加强科学管理。半个多世纪以前列宁就指出：“社会主义政党在世界历史上第一次基本上完成了夺取政权和镇压剥削者的事业，紧接着就要解决管理这个任务。”工作着重点的战略转移是一个系统工程，其中的一个重要内容或环节，便是从夺权、镇压转向管理。

上述一切深刻地表明，社会主义实践是千百万劳动者充分发挥自觉能动性、主动地从事历史创造活动的事业。在这样的历史时期，管理不仅与微观的历史活动联系在一起，而且与宏观的历史活动联系在一起。管理在社会主义历史阶段显示了迄今为止的无比的重要性。这种情况不仅要求科学的历史观的自觉指导，而且要求建立科学的、以马克思主义为指导的、以社会主义管理为基础的现代管理哲学。在这种理论观念的指导下，人们将通过管理进一步实现向共产主义的过渡、向自由王国的飞跃。

二

管理哲学是关于管理的哲学，是对管理实践和管理科学的理论概括，是

管理理论的世界观的升华。在人类知识体系中，它既与管理科学、哲学有密切的关系，同时又有自己的相对独立性，有自己的研究对象和方法，在人类知识体系中有着特定的地位。

管理哲学对于哲学而言，属于哲学的应用分支，或质言之，就是马克思主义的应用哲学。对于管理学而言，是管理学的最高层次。可以把整个管理学划分为三个层次：最基础的、最基层的是管理科学——其中包括科学的管理方法、组织、功能之研究；较高的，处于中间层次的是管理理论，它直接指导着管理方法及对组织、功能等的认识和处理，各种所谓的管理模式正是各种管理理论的具体化；处于最高层次的就是管理哲学，它制约和指导着管理理论，各种流派的管理理论家自觉或不自觉地、有意或无意地流露出一定的管理哲学的观点和倾向，接受一定哲学观点的指导和影响。

应该指出，“管理哲学”作为一种提法并不是崭新的。人们曾在不同的意义上使用过管理哲学这一概念，赋予它各种含义，而且有的还试图弄成一个“管理哲学”的体系。欧美很早就提出过“工厂哲学”“企业哲学”的概念，英国学者谢尔登 1923 年有《管理哲学》一书问世。这些东西，虽然名曰哲学，实际上讲的是工厂管理、企业管理，讲的是管理的实证科学。即使后来随着哲学对管理、对管理科学的渗透的加强，人们日益重视管理中的哲学问题，而称之“管理哲学”的东西仍然是色调十分杂驳，见仁见智，大相径庭。有来自社会学角度的对“管理哲学”的理解和规定。如美国社会心理学家道格拉斯·麦格雷戈的管理学著作《企业的人性方面》中的两个人性假设——“X 理论—Y 理论”所做的分析，就是对“管理哲学”的社会学理解方式的代表。人性问题是哲学问题，但管理哲学的理论体系并不限于人性问题，更不能仅仅归结为 X 理论的人性模式和 Y 理论的人性模式。有来自心理学角度的对“管理哲学”的理解和规定。如美国心理学家马斯洛在《人类动机的理论》一书中对人类“需要层次论”所做的分析和概括，就是对“管理哲学”的心理学理解方式的代表。诚然，人类心理研究及需要对管理行为的影响是具有哲学色彩的课题，但管理哲学所要研究的问题比它们处于更深的层次，

要做出抽象程度更高的概括。有来自价值观角度的对“管理哲学”的理解和规定。例如台湾学者在他们编著的《企业管理百科全书》中指出：所谓“管理哲学”系指事业最高主管为人处世之基本信仰、观念及价值偏好。不同的“管理哲学”表现在时间观上是“向后看”和“向前看”的对立、“抗拒变化”和“欢迎变化”的对立；表现在系统观上便是从大系统出发和从小系统出发、个人主观的“价值判断”和客观的“事实情报”的对立，急功近利和远大目标的对立，以及“目标导向”和“手续导向”的对立；表现在权威观上便是“官大学问大”的观念与“专家知识”高于官位的观念的对立。管理价值观是管理哲学的重要内容，但不是唯一的内容，管理哲学研究管理价值并不是对某些价值偏好的罗列，而是阐明管理价值体系，揭示决定管理价值观和价值体系的更深刻的本质。除去上述种种理解方式外，还有从行为方式、文化背景、历史传统、系统观点、技术工艺等角度对“管理哲学”的理解。

无疑，上述种种理解方式对于我们建立管理哲学的理论体系具有启发意义。但我们正在致力于建设的管理哲学绝不能归结为其中的任何一种，也不是它们的总和或综合。从这种意义上来说，管理哲学的建立和建设又是一个前无古人的历史性任务，管理哲学又是一个崭新的学科。造成这个学科的崭新性质的原因很多，如实践基础、理论指导、新的历史背景、管理学说的发展，等等。我们在这里不能、也不拟一一论列，而仅就管理哲学的研究对象和方法作一些探索。

矛盾的特殊性决定了不同学科在研究对象上的差异，不同的研究对象又造成了不同学科的划分。管理哲学与管理学在研究方式上存在着这样一个十分明显的区别：管理学是立足于管理研究管理，而管理哲学是立足于全部社会活动研究管理，是从宏伟的历史观的高度揭示管理的本质和规律。因此，管理哲学的研究对象也就是管理的本质和规律与社会的一般本质和普遍规律之间的关系，管理学的研究对象则是管理的本质和规律。管理哲学由于它的特定的对象，使得它所提供的是立足于全部社会活动和历史观的管理观。

管理哲学的对象和内容，以扬弃的形式包含了管理学的对象和内容。它

舍弃了管理学与管理的直接性关系的方面和实证的知识，从更深的层次上研究管理，实证知识则在理论的升华中退居幕后。它揭示管理活动及其规律要以社会历史的更根本的规律为基础，阐述社会历史的更深层次的规律、社会基本矛盾运动，如何通过管理活动表现出来，管理活动又怎样受其制约，并表现出积极的、能动的创造性来。

管理哲学的研究对象决定管理哲学的研究方法。管理哲学的方法有两个含义：一是指研究管理哲学的方法，二是指运用管理哲学研究管理学和管理的方法。

管理哲学方法的基本要求是：坚持一般与特殊相结合的原则，坚持与马克思主义哲学特别是与它的唯物史观相结合的原则。这些原则的内涵是，管理哲学的方法，既不能仅仅停留在马克思主义哲学的辩证法这个最一般的方法论上，也不能囿于管理科学的特殊方法。它要求的是哲学与实证科学相结合的方法，在这里便是唯物史观和管理科学相结合、相渗透的方法。历史与逻辑相统一的方法，在这里具体表现为，在管理活动的历史中，在管理思想的发展史中，发现管理哲学的逻辑，再用这种逻辑去理解、分析管理活动史和管理思想史，以及现实的管理活动和管理思想。

人们认识世界和改造世界的方法，实际上是由不同层次的方法所组成的方法论体系。这种体系是与客观世界的体系相一致的，其层次划分也反映了客观世界大系统的不同层次。方法论体系的最高层次是唯物辩证法；第二层次是自然辩证法、历史辩证法、思维辩证法；第三层次是介于实证科学与上述方法之间的阶梯，如属于历史哲学范畴的管理哲学、军事哲学、道德哲学、艺术哲学等；第四个层次是实证科学及其方法；第五个层次是带有技术性质的、与操作有关的、具有直接应用性质的方法。管理哲学的方法体现了该学科的地位特征。它处于唯物辩证法、历史辩证法与管理科学及其应用的中间层次上。其方法论原则也便要求马克思主义哲学与管理科学的相互渗透。它一方面要求管理实践和管理理论向哲学的升华，另一方面又要求哲学向管理科学和管理活动的“下嫁”。

三

应该把管理哲学建设成什么样子呢？我们可以为它设想三种样式。

第一种是管理中的哲学问题。这种研究方式具有不少优点。它与管理科学，特别是与管理实践有着直接的、生动的联系；这种研究方式比较灵活，不拘一格，兴之所至，信手拈来，生发开去，给人以启迪，等等。这也是我国学者和实际工作者已经和正在考虑的问题和考虑问题的思维方式。在这方面，已经出现了一些好文章、好思想，闪耀着哲学思维的火花。我们丝毫不想贬低这种研究方式。但要建设管理哲学的学科体系，更应该有另外的样式。

第二种样式是，把“管理”塞进某种哲学体系的框架，如同已经出现的某些哲学分支著作所做的那样。我们可以仿造这类著作，列出诸如辩证法及其在管理理论和实践中的创造性运用；管理中的若干矛盾及其解决的途径；管理中的量变和质变；管理中的辩证否定等专题。这种体系、结构和研究方式，有它的可取之处。与第一种比较，它有较多的规范性，较少的随意性，给人以体系感。我们也不妨以这种方式做出些努力。这种努力必将推进管理哲学的学科建设，促进更加理想的管理哲学体系的出现。但这种方式存在着一定的缺点：它把管理纳入了某种哲学模式的框架，管理似乎被肢解了、宰割了，它往往被打上某种哲学教科书的僵硬模式的印记。至于管理的客观逻辑、管理理论的固有特点，则消失了，被哲学淹没了。

第三种样式，我们暂且用比喻的说法名之曰“美学式”。黑格尔把自己的《美学》称为“艺术哲学”，我们今天的各种美学著作及其体系，也是被作者和读者视之为“艺术哲学”的。美学是应用哲学，可以视为哲学的一个分支学科，但它又不是泛泛的哲学之论。它有自己的基本范畴，如“形象思维”——又是形象又是思维，贯穿了感性与理性的辩证关系——美的本质、规律，艺术的创造、审美活动，等等，无不渗透着哲学的基本问题和辩证法的普遍规律。它们不是零敲碎打、不着边际，而是蔚为大观、自成体系。它们总是受特定哲学体系的指导，但又自立门户，独树一帜，没有刀劈斧斫的

痕迹，不给人以削足适履的感受。管理哲学的理论体系也应该取这种样式。它应该从管理现象的特点和客观逻辑出发，形成自己的基本范畴；它应该从特殊的研究角度出发，揭示管理的本质和规律与社会的一般本质和普遍规律的联系；它应该以基本范畴为纽结、以上述联系为经纬，形成自己的理论网络或逻辑框架。只有这样的体系，才能反映它的学科特点，具有相对独立的地位，才能完成从哲学高度对管理理论和管理实践进行概括的任务。

按照这种样式，管理哲学要求我们从历史观和认识论的高度确立管理这一现象在社会历史领域的地位：管理是人类的一种社会基本实践形式，同时又具有一定的特殊性。管理是一种与人类历史共存亡的现象。它与生产活动同样悠久，同样贯穿人类社会历史的始终；它比阶级斗争、科学实验出现得更早，阶级斗争消灭以后，它还要存在下去。没有管理活动，便没有人类社会的物质生活和精神生活，人类的任何活动都无法进行。

这种样式的管理哲学要求我们揭示管理的二重性的辩证本质。管理既有自己的自然、技术属性，又有自己的社会、历史属性。对于资本主义管理来说，这种二重性就表现为：它一方面是制造产品的社会劳动过程，另一方面是资本的价值增值过程。仅靠实证的管理科学解决不了揭示管理二重性本质的任务，而要靠哲学的帮助，需要管理哲学来解决。把握管理的二重性本质，对我们来说具有理论意义和实际意义。它可以帮助我们理解和认清管理中的复杂现象，可以帮助我们正确解决加强和改善管理实践中所遇到的实际问题。纵观历史、放眼世界，在不同的时代和国度，某些管理有共同之点、相通之处，这是由其相同或相近的技术性质决定的。片面强调其社会形式的区别而无视共同的技术性质，是形而上学的，甚至会导致极“左”的、虚无主义的做法。同时我们又看到，具有同样技术性质的部门，在不同的社会制度中，其管理又有着明显的区别。单纯的技术决定论也是片面的。

这种样式的管理哲学要求我们揭示管理与社会基本矛盾的内在联系。阐明生产力如何通过管理变成现实的生产力和生产活动，生产关系如何通过管理变成现实的社会关系，它们又如何通过管理而造成良性的矛盾运动，从而

推动了整个人类社会历史的进步，要求我们从理论思维的高度对管理主体和管理客体进行哲学概括，阐明它们的辩证关系，描述它们的矛盾运动，以指导管理实践和管理理论、管理观念的发展，要求我们研究管理中的价值关系，管理中的认识活动及其规律，管理中的意识现象及其作用，等等。

这样建立起来的管理哲学体系，不仅有相对独立的地位，而且可以发挥出哲学和管理科学所不具备，或难以发挥的世界观、认识论、方法论的独特功能。

[原载《江海学刊》(文史哲版) 1986 年第 4 期]

论意义的评价活动机制

陈新汉

在价值的研究中，关于意义的专门研究并不多。有人认为，“‘意义’有时只是‘价值’的另一种说法”①。这种含糊的见解，正说明了需要从价值论的角度对意义进行研究。

意义是评价活动中价值的观念反映

马克思认为，“凡是有某种关系存在的地方，这种关系都是为我而存在的”②。评价活动就是要揭示事物“为我而存在的”关系，即揭示客体属性与主体需要之间的关系，在观念形态上形成事物对于“我”所具有的意义。意义作为客体属性与主体需要之间关系的观念反映，是评价活动的成果。

人满足自身需要的方式与动物满足自身需要的方式不同。人不能单纯地依靠大自然的恩赐，而必须靠自己的实践活动去创造。能满足人自身需要的客体正是人的本质力量对象化的产物。因此，从动态看，价值作为关系范畴，是客体属性对于主体需要的满足；从静态看，价值作为实体范畴，是人的本质力量对象化的凝结。评价活动是主体对于价值的认识活动，意义作为评价的成果，揭示了主体的本质力量。对此，马克思说，“对象如何对他说来成为他的对象，这取决于对象的性质以及与其相适应的本质力量”，主体赋予客体

---

① 李德顺：《价值论》，中国人民大学出版社 1987 年版，第 104 页。

② 《马克思恩格斯选集》第 1 卷，人民出版社 1972 年版，第 35 页。

的意义，“只能是我的本质力量的确证”[①]。这正是意义的本质。

由于价值不是客观的物体，不能通过感性形式直接呈现出来，而必须通过评价活动，在主体的意义中表达出来。有人由此在《苏联百科辞典》中认为，价值不是产生意义的基础，而是主体通过评价活动在意义中把价值赋予客体[②]；李凯尔特则指出，“关于价值，我们不能说它们实际上存在或不存在，而只能说它们是有意义的，还是无意义的”[③]。前一种观点把价值与意义之间的关系颠倒了，后一种观点把价值与意义等同了起来。这两种观点都是不正确的。价值无论是作为凝结了的对象化主体本质力量，还是作为客体属性对于主体需要的满足，都是客观的。价值虽然不是感性物体，却具有不以人的意识为转移的客观性；价值确实不能通过认知的感性形式呈现出来，然而这正说明了价值不能作为认知活动的对象，说明了认识活动还必须包括以价值为对象的评价活动。苏联的许多哲学家也不同意《苏联百科辞典》派的观点，认为“价值与评价之间的区别在于，价值是客观的，因为它在社会历史实践的过程中形成，而评价是对价值的主观关系的表现，因而既可能是真的（如果它与价值相符合），也可能是假的（如果它不与价值符合）”[④]，价值通过评价来表现[⑤]；价值总是在评价中被表述出来。[⑥] 这里所谓的评价，不是指评价过程，而是指评价活动的成果，就是我们所说的意义。

作为评价活动成果的意义与符号学里的意义不一样。符号学认为，“任何物理现象（声音、物体、运动等）如果被赋予一定的意义，就可以变成符号”，“这样，物理现象就变成符号的工具，变成意义的承担者”[⑦]，这里的意义是关于客体的信息，符号是意义存在的感性物质形式；通过意义，符号与客体联系起来，成为客体的指称和标志。评价活动中的意义，作为意识到了

① 《马克思恩格斯全集》第42卷，人民出版社1979年版，第121页。
② 《苏联百科辞典》，中国大百科全书出版社1980年版，第55页。
③ 李凯尔特：《文化科学和自然科学》，商务印书馆1986年版，第21页。
④ ［德］乔治：《回忆图尔加林诺夫》，载《苏联思想研究》（英文版）1984年第20期。
⑤ 哈尔契夫：《哲学中的价值问题》，科学出版社1966年版，第79页。
⑥ 巴库拉泽：《真理和价值》，载《哲学问题》（俄文版）1960年第7期。
⑦ ［捷］弗·布罗日克：《价值与评价》，知识出版社1990年版，第944页。

的价值，与符号学里的意义显然不同。但作为评价活动成果的意义，最后要通过具有意义的符号体系表达出来。从这点上说，评价活动的意义与符号学里的意义又联系了起来。

意义中的价值信息、意向和意味

意义作为评价活动的产物，是价值信息和意向、意味的统一。

价值信息是意义中最基本的要素。避苦就乐是人满足自身需要的基本方式。这种主体活动的基本方式决定了主体总是从自身需要出发评价客体属性的，主体需要是主体对于客体进行评价的出发点。主体对客体进行评价的实质，就是把客体属性满足主体需要的情况，如实地反映到主体意识中来。这种关于主客体之间的价值信息就成为构成意义的基础和基本内容需要不同于对需要的意识，主体的需要并非都能被主体意识到，不能被主体意识到的需要不能作为主体进行评价活动的出发点。利益是主体需要在意识中的反映，主体在进行评价活动时，总是自觉地用主体自身的利益来衡量客体属性对于满足主体需要所具有的意义。因此，利益是主体进行评价活动的标准。需要转化为利益，主体需要的丰富性就转化为主体利益的丰富性。各种利益相互依赖、相互从属，形成完整的主体利益体系。主体在评价活动中，必然会根据自己所处的具体情况，对各种利益进行比较，权衡得失，由自己来决定选择何种利益作为评价标准。主体在权衡比较的基础上选择评价标准，是评价活动的重要环节。“人的意志表现了人在活动中所特有的自觉目的性与选择性，表现了人的价值定向判断。”① 用一定的利益作为评价标准，体现了主体的意志之所向，即意向。意向是指向客体的，它把客体属性与主体需要在观念上联系起来；没有意向，就不会产生主体赋予客体的意义，因此，意向是评价活动的内在动力，它以静态形式积淀在意义中，是意义的核心。离开了意向，意义就没有方向或灵魂，意义也就不可能存在。

---

① 《哲学大辞典·马克思主义哲学卷》，上海辞书出版社1990年版，第136页。

评价活动从主体的需要出发，以主体的利益作为标准，必然具有主体的情感色彩。当客体属性符合主体利益，满足主体需要时，主体就会感到高兴，就会觉得它可爱；当客体属性与主体利益相背，不能满足甚至危害主体需要时，主体就会感到痛苦，就会觉得它可憎。这种情感积淀在意义中就成为意味。意味就是“情调”和“趣味”①。主体赋予客体的“好”“坏”“善”“恶”等意义中必然包含着主体的情感或意味。

有些西方学者看到意义的这个特点，就认为意义“所传达的是谈话人的情感状态，而不是关于某种‘客观事实’的信息”②。这个观点是不对的。这是因为，意义体现着意味，但不归结为意味，意义的内容归根到底来源于主客体之间的价值关系。意味是主观的，但不是随意的，它随着主客体之间价值关系的变化而变化。

意义中包含着价值信息、意向和意味，是知意情的统一体。在意义的要素中，价值信息（知）是基础，意向（意）是核心，意味（情）是必然伴随着的表现。三者融为一体，形成了主体赋予客体的意义。

意义的内在形式和外在形式

意义作为价值的观念反映，是主体对进入主体范围内的价值信息进行规范的结果，即主体把反映到意识中的关于客体属性和主体需要之间关系的信息纳入到一定的规范体系之中，以形成具有相对稳定形态的主体赋予客体的意义人们往往从道德的或法律的角度来研究规范。在这种情况下，规范就是行为规则或准则。其实，规则或准则只是规范内涵的展开，而不是规范本身。因此，“规范不是‘不要杀人’这样一类的命令”，而是“‘杀人是罪恶的’这样一类的观念”，“这样我们就赋予规范概念以更广泛的内容”③。规范是对价值进行观念反映的社会历史积淀，它是关于“好”“坏”“善”“恶”等的

① 《现代汉语词典》，商务印书馆 1983 年版，第 1367 页。

② 瓦托夫斯基：《科学思想的概念基础——科学哲学导论》，求实出版社 1982 年版，第 576 页。

③ ［捷］弗·布罗日克：《价值与评价》，知识出版社 1990 年版，第 167 页。

价值观念；规范由此就可以作为评价活动的思维形式，使价值在主体意识中呈现出来。

在评价活动中，主体从自身的需要出发，用规范体系来规范价值信息，形成价值的判断，来表达主体赋予客体的意义。

规范属于理性范畴，主体赋予客体的意义常常用规范形式来规范之。由于主体需要和客体属性之间关系的复杂性，主体也常常用一些非理性的情感形式，如爱、恨、亲、疏、恐惧、悲哀、羞愧、愤怒等来规范之。这些非理性的情感形式作为对于一定价值进行反映的社会历史积淀，同样具有规范价值信息的功能，同样能形成主体赋予客体的价值。

如果说，与价值信息相结合的规范形式、情感形式是意义的内在形式，那么，意义表达的物质载体就是意义的外在形式。规范形式往往可以用语言来表达，情感形式则往往用喜、怒、哀、乐的表现和兴奋、颓废、激动、平静等的状态来表达。无论是语言还是非语言的面部表现或身体状态，都可以看作是具有感性物质形态的符号体系。

意义的形成是反映在观念中的价值信息与观念形式以及物质符号体系相统一的过程。在这个统一的过程中同时融进了主体的意向和意味。意义是作为内容的价值信息、意向、意味与内在形式以及外在形式的有机统一体。

实践活动把主体对于客体的评价活动表现为一种现实的物质过程。它创造价值，把客体对于主体可能具有的意义变为现实的意义。因此，实践活动本身是意义的内容与内在形式和外在形式的统一，是主体表达客体意义的一种特有方式。

真义和正义

意义作为评价活动的产物，有一个对价值是否正确反映的问题，意义存在着真假。与正确的认知成果被称为真知相对应，我们把正确的评价成果称为真义。真义就是意义所反映的内容与主客体之间的价值关系相符合，即意义中具有不依赖主观的客观内容。

有一种较为流行的观点认为："对价值认识进行评判和检验，其标准不在于'真'或'假'（那是事实认识的检验问题），而在于是否有合理性。"①这种观点是值得商榷的。"是否有合理性"属于伦理学问题，"真假"属于认识论问题。认识论研究的评价活动往往可以从伦理学上进行分析。但这两个不同角度研究之界限不容混淆。从认识论研究的角度来说，作为评价活动成果的意义有真假之分。真的意义不一定合理，假的意义不一定不合理。从伦理学研究的角度来说，作为评价活动成果的意义有合理与否之别。合理的意义不一定为真，不合理的意义不一定为假。把评价成果的真假问题与合理与否问题混为一谈并用后者来代替前者，就使评价活动及其成果失去了认识论意义。虽然客体的规定性及其规律是自在的，但是主体总是从自己的需要出发，以自己的利益为标准来评价客体，使客体在观念形态上带有主体所赋予的特征。当客体属性能满足主体需要时，主体就赋予客体以肯定性的意义。当客体属性不能满足甚至危害主体需要时，主体就赋予客体以否定性的意义。主体还常常在观念形态上改造那些不符合主体需要的客体，使之具有"应如此"的形象，评价活动就是客体在观念形态上向主体的转化。意义不等于真义，人们获得意义的目的在于获得真义。真义作为评价成果意义的核心和实质，集中地体现了在观念形态上客体向主体转化的内容。

由于意义具有主体性特征，因此对于同一客体，不同的主体可以有几种不同的评价，并且由此所产生的意义可以都是真的。这是因为，不同主体需要可以与同一客体属性构成不同的价值关系，只要作为评价成果的意义所反映的内容与这些价值关系相符合，那么这些意义就是正确的，都是真义。这就是真义的多元性，或我们常常说的评价活动及其成果的多元性。

对于评价活动及其成果的多元性，人们已经进行了许多的讨论。不过，这一概念仍有进一步加以明确规定的必要。有人认为，评价活动及其成果的多元性首先是由客体产生的。因为客体不是只有单纯一方面或几个方面的属

① 王雰：《认识系统运行论》，中国人民大学出版社1990年版，第294页。

性，由此产生了“多元”的价值和价值认识。例如，主体甲发现了羊毛的保暖价值（可以制成毛衣御寒），主体乙发现了羊毛的装饰价值（可以用羊毛制成工艺美术品等）。[①] 这样来理解评价及其成果的多元性是不恰当的。同一客体的不同属性对于主体来说，实际上就是不同客体。如果说，对于同一客体的不同属性能产生“多元”评价或价值认识，那么对于同一客体的不同属性同样能产生“多元”认知或事实认识。这样说来，真义是“多元”的，真知也应该是“多元”的了。我们讲的真知的一元性，是指不同主体对于同一客体的正确认知只能是一个。我们可以把客体的某一属性看成一客体，因此不同主体对于同一客体的正确认知只能是一个，也包括不同客体对于同一客体同一属性的正确认知只能是一个。与认知及其成果的一元性相对应，评价及其成果的多元性，不是指不同主体对于同一客体的不同属性进行正确评价所产生的真义的多元性，而是指不同主体对于同一客体的同一属性进行正确评价所产生的真义的多元性。不同的主体需要与同一客体的同一属性之间仍能形成不同的价值关系。只要正确地反映了这些不同的价值关系，那么作为评价成果的意义就都是真的。我们认为，这样来理解评价及其成果的多元性或真义的多元性，才是正确的。

评价活动中真义的多元性与认识活动中真知的一元性是相通的。如果我们把主客体之间的价值关系看作一个与主体相对立的新客体，那么主体对于客体的评价活动就转化为主体对于新客体的认知活动。主体对于新客体的正确认知成果只有并且只能是一个。这样，评价活动中不同主体对于同一客体进行评价所产生的真义多元性，就转化为不同主体对于不同新客体进行认知所产生的真知一元性。这种评价活动向认知活动的转化，实际上是两种不同的价值认识，即评价的价值认识（认识主体与价值主体同一）向认知的价值认识（认识主体可以与价值主体不同一）的转化。真义的多元性内在地包含着真知的一元性，真知的一元性必然体现在真义的多元性上。这也说明了真

① 王雩：《认识系统运行论》，中国人民大学出版社1990年版，第292页。

知与真义是相通的，二者相通的根据就在于真知和真义都是观念对于事实（客体和价值都是事实）的正确反映。

相对于不同的主体来说，对于同一客体的评价确实存在着“公说公有理，婆说婆有理”的情况。这种情况在日常生活中是经常遇到的。但是，对于一些重大问题的评价，我们不能满足于不同主体进行评价活动所产生的真义的多元性上。我们应该努力从社会历史主体出发来进行评价。这就对主体的评价活动提出了更高的要求，即作为个体的评价主体不仅要正确地选择自身的需要作为评价标准，而且要摆正个体的正确评价标准与社会历史主体的正确评价标准之间的关系。

人在本质上是社会关系的总和。主体没有单纯的生理需要，即使是因维持生命和延续种族而形成的需要，也必然带上社会的属性。主体需要与他所处的社会存在密切相关。在阶级社会里，每一个人都在一定的阶级地位中生活，站在先进阶级的立场上，主体需要就能在本质上符合社会发展的要求。因此，自觉地站在先进阶级的立场上，是主体摆正个体的正确评价标准与社会历史主体的正确评价标准之间关系的根本条件。

为了与从个体或某个集团出发进行正确评价所获得的真义有所区别，我们把从社会历史主体出发进行正确评价所获得的真义称为正义。正义原本是伦理学里的一个基本范畴，用于对社会道德进行评价。马克思主义伦理学认为，“只有从无产阶级及其争取全人类解放的观点出发，才能科学地确定道德行为的正义性的涵义”①。从无产阶级及其争取全人类解放的观点出发，与从社会历史主体需要出发，在本质上是一致的。正是基于这种一致性，我们把马克思主义伦理学里的正义的内涵加以扩大，使它成为马克思主义价值论里的一个基本范畴，用它来表征从社会历史主体需要出发，进行正确评价所获得的意义。

有人认为，把从社会历史主体出发进行正确评价所获得的正确评价成果

① 《哲学大辞典·马克思主义哲学卷》，上海辞书出版社1990年版，第167页。

称为正当的或合理的就可以了。也就是说，用正当或合理范畴即可表征这类价值判断，不需要引进正义范畴。我们不同意这个观点。这是因为：第一，正当性或合理性本身并不具有真的含义，而正义性本身包含着真或真理的含义。虽然不同阶级对正义的理解不一样，但他们认为正义必须具有真理性是一致的。他们认为他们的行为是正义的，就包含着真理在他们一边的含义。从社会历史主体出发，进行正确评价所获得的意义必须具有真的特征，决定了不能用合理或正当来代替正义。第二，评价成果具有正当性或合理性，其评价主体不包含非要从社会历史主体出发的含义。而马克思主义伦理学里的正义已经包含了从无产阶级及其争取全人类解放出发的观点，这个观点与从社会历史主体需要出发的观点，在本质上是一致的。其实，历史上各阶级对正义的理解都有代表社会历史方向的含义，虽然对代表社会历史方向的理解各有不同。从社会历史主体需要出发，进行正确评价所获得的意义必须具有符合社会历史主体需要的特征，决定了不能用正当或合理来代替正义。

我们在价值论领域里引进了正义范畴，这样就有了真义和正义两个涵义的关于正确意义的范畴。正义必定是真义，但真义不一定都是正义。历史的发展是不可抗拒的，正义作为社会历史发展的观念反映，具有强大的生命力。

理想形态的意义及其实现

与主体对于客体的超前认知活动相对应，也有主体对于客体的超前评价活动。理想是主体对于客体超前评价活动的产物，是一种特殊的意义。当客体属性不能满足主体需要时，主体赋予客体的否定性意义往往会以“客体应如此”的肯定性形式表现出来。这种“客体应如此”的观念经过思维的加工就成为理想。理想赋予客体以理想形态的意义。

理想不同于空想和幻想，它是主体在对现实发展规律正确反映的基础上，根据主体自我发展需要，所形成的关于客体未来功能或形态的设想。理想的形成是意义结构中诸要素展开的结果。理想是真善美的统一。

转化为理想的意义以观念上真善美的完满展开来对待现实，它的完满性

仅仅是对不完满现实的一种完满。它主要以否定现实的价值存在方式来确定自己的界限。因而，用理想来评价现实，必然会使现实黯然失色。理想赋予现实以理想的意义，它具有“要把自身实在化冲动”①。这就是创造价值的实践活动。

实践活动的发动和进行需要动力和方法。黑格尔认为，“目的的活动”“是为了设定自己本身的规定，并通过扬弃外部世界的各个规定来使自己获得具有外部现实性的实在性”②。于是，理想中的目的就成为实践得以发动的动力和进行的方向，它“作为规律决定着”实践活动。③ 实践活动的方法不是外在于被改造客体的。根据“以其人之道还治其人之身”，方法就是“以客观现实之道还治客观现实之身”。于是，理想中关于客观世界的规律性的真知，就转化为指导实践的方法。方法和目的相结合，实践就能够“按照任何一个种尺度来进行生产”，并且“处处都把内在的尺度运用到对象上去，因此，人也按照美的规律来建造”④，即理想转化为现实，成为主体欣赏和审美的对象。实现了理想的现实，体现了理想的真善美，是主体赋予客体的理想形态意义的实现。

（原载《江海学刊》1992 年第 3 期）

---

① 黑格尔：《逻辑学》（下卷），商务印书馆 1982 年版，第 522 页。
② 列宁：《哲学笔记》，人民出版社 1974 年版，第 230 页。
③ 《马克思恩格斯全集》第 23 卷，人民出版社 1972 年版，第 202 页。
④ 《马克思恩格斯全集》第 42 卷，人民出版社 1979 年版，第 53—54 页。

论中西辩证法的生存论差异

邓晓芒

人对客观世界的一切看法最初都来自人对自身活动的看法，而人自身的活动作为一种主体生存活动，一开始就只能是能动的、辩证的。恩格斯说："人的思维最本质和最切近的基础，正是人所引起的自然界的变化，而不单独是自然界本身。"① 因此毫不奇怪，中国古代与古希腊的哲学在关于世界和人生的观点上自始就有许多惊人的一致，都洋溢着某种朴素辩证法的氛围。然而，由于各自文化背景的不同，中、西古代辩证法在相同之中又有着相当深刻的差异，这些差异直到今天还在影响着我们对西方思维方式和西方辩证法的理解。

一

我曾指出，古代希腊哲学从泰勒斯的"水"、阿那克西曼德的"无定形之物"、阿那克西米尼的"气"直到赫拉克利特的"火"，都体现为一种"生存突围"的努力，而"火"作为突围出来的生命能动性原则被看作世界本体，这成了纵贯西方古代、中世纪和近现代思想的一个基本的哲学隐喻，其地位与"气"在中国哲学中的地位相当②。"火"与"水""气"一样都包含"无定形"原则，不同的是，"火"除此之外还包含"自己给自己定形"的能动

---

① 《自然辩证法》，人民出版社1971年版，第209页。

② 参见拙著《思辨的张力——黑格尔辩证法新探》，湖南教育出版社1992年版，第37—42页。

原则（“活火”），“气”则只能由他物来定形，是被动的——这正是赫拉克利特超出阿那克西米尼的“气”的地方。至此，古希腊辩证法才完成了它的“生存论突围”。

与古希腊辩证法相比，中国古代辩证法的一个明显特点在于反对个体生存的倾向，使之消融于群体生存的整体氛围而无法突破出来。在这里，极少看到对个体生命冲动和内在能动性的积极表达，到处可见的是对个体生命的化解和放弃。当然，这种辩证法本身也是由生命体验才得以形成，但这种生命体验一开始就采取了血缘共同体“同心同德”的形式，它是群体的而非个体的，是自然的而非自由的，是伦理的而非道德的。古希腊（如柏拉图）对整体宇宙的生命观点只是个体生命观点的一种异化，中国古代辩证法则尚未从整体生命观中分化出个体生命观点，而是自始就让后者同化于前者之中，体现为天、地、万物和人的血缘关系，以及在无穷时间长河中生生不息、淹没个体的生命流。

正如古希腊一样。中国古代哲学一开始就注意到了宇宙万物生灭、变化和“无定形”的特点。周代卜筮之书《易经》中就包含有丰富的“变易”思想，并且不自觉地在运用对立统一规律来推衍万物、预测未来。《易经》曰：“生生之谓易”，“神无方而易无体”，“易简而天下之理得矣”，则已将变化无形、单纯简易看成了“天下之理”的根据。但希腊人是先从探讨万物的本原（始基）开始，后来才意识到这始基的本质特征应是无定形和变，中国古代则是从确认变（易）是世界的本质特征出发，然后才去寻找这变的本体的。因此，当中国古代哲人一旦有了本体意识，想要确定一个天地万物的本原时，他们几乎是毫不犹豫地就选定了一个最无定形、最变化不居的东西——气，以及在气之上或之中的、作为气的变化规律（即无定形、无为）的“道”。换言之，中国古代的生存本体论从某种意义上可说是跳过了希腊的泰勒斯和阿那克西曼德阶段，而直接从阿那克西米尼的“气”起步的。然而，西方哲学传统的主流却并不是“气”的哲学，而是自赫拉克利特之后的“火”的哲学，中国古代哲学则始终是“气”的哲学占据了统治地位。

周末的伯阳甫曾用天地之气及其阴、阳有序来解释地震和社会变乱，这时对“气”的本体意识还处于萌芽之中。明确的本体意识是在老子那里才出现的。老子提出了一个宇宙万物的生成模式：“道生一，一生二，二生三，三生万物。万物负阴而抱阳，冲气以为和”（《道德经》第四十二章）。又说：“天下万物生于有，有生于无。”（《道德经》第四十章）老子的“道”作为万物之所生所由的本体，其首要之义当推“无定形”，而“唯一”无定形的东西（道生一）则是气。气是作为物的道（道之为物），作为有的无，是无中之有，它有自己的变化规律和“道纪”，这就是“反者道之动”的辩证规律，即一切事物（有无、高下、生死、正反、美恶、强弱、损益、祸福等）都向对立方面转化、“物极必反”。老子辩证法吸收和发展了他以前的史官、政治家在政治实践中提出的阴阳、和同、一两、倍贰等思想，但赋予了它们本体论和生存论的含义，使之提升为哲学范畴。其最高范畴“道”，近年有人考证本是“产道”，即生殖之意[①]。无论此说当否，老子《道德经》处处以人类生养来说明道的产生万物，则是明显的事实。正是在这一生存本体论基础上，老子在中国哲学史上第一个系统创立了古代辩证法的基本原则。

老子这种生存本体论与古希腊哲学的差别在于：古希腊哲学到阿那克西米尼为止，世界本体（气）为无定形的东西总是面临着“谁来给它定形”的困境，亚里士多德曾批评他们“遗弃了动因”[②]，直到赫拉克利特提出自己给自己定形的“火”，这一矛盾才算解决，才使本体具有了造化万物的能动性，成了万物的质料因兼致动因，但上述矛盾在老子这里似乎并不存在。“道”本身不仅无形无象，而且是“无为”的，一切有为皆归于无为，所以才“无为而无不为”；道之造化万物，不是靠它具有什么能动性（有为）或定形的能力，而是靠它本身存在的自然性（道法自然）、永恒性（道乃久），靠它生殖系列上“先天地生”的古老性、原始性。在老子那里，这种血缘的理由便足可解释万物的起源，而不必去探究其物理学上的“致动因”。这体现出中、西

---

① 参见石鹏飞《道》，载《读书》1989年第3期。

② 《形而上学》，商务印书馆1981年版，第20页。

思维方式的某种根本区别：老子的生存论并不具备古希腊生存论那种自由的能动性和生命冲动的特点，而是表现出自然的静观和无知无欲倾向。的确，老子的这种生存论只需要“气”作它的载体或象征就足够了。在这里，本体是给定的（而非创造出来的）：有一个气；气有阴阳两种；阴阳两气相参（谁将它们参合起来？不必问）成为“和”；阴阳之和则形成了万物。至于道、气流行的动因，则只要说是“自然的”，就被认为解决了。其实这个问题一直未解决。气在其自然形态中（水气、云气等）并没有自己使自己定形的能力，因而作为哲学隐喻，它也只能是被动的。

老子这种生存本体论给中国古代辩证法留下了深远的影响。后来的思想家虽从中演化出种种不同的解释，但大体上并没有超出老子的基本模式。张岱年先生指出，“中国哲学讲本根，却以无形之物说之，二千年中更无以有形之物说本根的”①，极是。中国哲学始终未能突破“气”论或“道”论的无定形阶段而上升到明确的规定性和语言的“逻各斯”②，正反映了对个体生存动力的追求，即对自我定形的欲望之软弱无力。

庄子特别高扬了道的“无为无形”思想。在他那里，无形之气（道）将一切有形之物或有规定性的东西都化解了。遭到化解的又特别是人的生命个体：“人之生，气之聚也，聚则为生，散则为死……故曰通天下一气耳”（《知北游》）。古希腊如柏拉图在化解人的肉体生命之后，却并未化解人的灵魂，而是通过灵魂把个体生存的能动性转移到了宇宙整体上，这个整体作为神本身并不是“自然”，而是创造自然的普遍灵魂和精神；庄子的化解则是对个体生存的能动性本身的化解，即主张以无为或听其自然作为生活的原则，因为“夫虚静恬淡，寂寞无为者，天地之本而道德之至”（《天道》）。

当时对宇宙的变化还有“或使”与“莫为”两派的争执。“或使”说认为，宇宙生成有外在的力量在起作用。董仲舒将这一学说发挥成天意主宰的

① 张岱年：《中国哲学大纲》，中国社会科学出版社1985年版，第12页。

② 参见拙文《论中国哲学中的反语言学倾向》及由此引起的讨论，载《中州学刊》1992年第2期，1993年第3期、第6期。

神学目的论。但与柏拉图和亚里士多德的目的论不同，董子的天、神最终并不是以自身为目的，而是以“爱利人”为目的，因而人不须去追求天，而只有畏惧天和享受天的恩惠。所以这种外在力量并不是个体生存的动力，个体则完全是上天的被动的承受者。

“莫为”说则以另一种方式表达了个体消极被动的本性，即认为宇宙生成没有什么外在动力，但也不是出自事物内在的特殊冲动或追求，万物自生，天道自然。当王充、王弼、柳宗元等人主张天、气、万物“自生”“自动”“自为”时，常常被今人误认为是强调事物自己的“内在能动性”，但其实这里讲的只不过是自然而生、自然而动、无为而为，并没有将一个事物的运动归于它自身内在能动的生存冲动的意思。“天动不欲以生物，而物自生，此则自然也。施气不欲为物，而物自为，此则无为也”（《论衡·自然》）。可见，“莫为说”的理论根据其实仍是道家的“自然说”。当然，这种“自然说”也不排除某种意义的“内因论”，事实上，它引导一些人用事物本身的内部对立关系来解释万物的生灭变化，如郭象提出：“天地阴阳，对生也”（《则阳》注）；柳宗元认为“吁炎吹冷，交错而功”（《天对》），王安石主张：“盖五行之为物……皆各有耦，推而散之，无所不通。一柔一刚，一晦一明……耦之中又有耦焉，而万物之变遂至于无穷”（《洪范传》）；又如张载说的：“凡寰转之物，动必有机，既谓之机，则动非自外也”（《正蒙·参两》）。由事物无限可分、矛盾或对立（耦、机）无处不在而得出事物的变化无穷，这实际上是中国古代辩证法的核心。直到今天，国内理论界一般还认为，只要将运动的原因归之于事物的“内在矛盾性”，即归之于事物内部两个对立面的时而对立、时而统一的关系，就算找到了运动的最终根源，达到了辩证的观点。

细究起来，这种看来颇为言之成理的“矛盾”学说其实是大有可商榷之处的。因为按照这种理解，一事物之所以运动，表面上似乎被归之于该事物的“内因”，实际上则是被归之于该事物内部两个对立因素（耦）之间的相互排斥，因而对每一方来说都是外因；“耦之中又有耦”或“无限可分”，只不过是将这种“外因论”无限延伸下去，而永远无法获得运动的真正内因和

能动的本原。我们为什么老是在“辩证法”的口号之下干着形而上学的蠢事，其奥秘就在于此。因为这种不断分析的方法实际上立足于一个形而上学的前提（它早已遭到过黑格尔的批判）①，即任何事物都并非一个单一而不可分的“个体”，而总是由两个事物或两个方面所“组成”的；矛盾双方（两个对立面）不是由同一个事物自己和自己相矛盾而发展出来的，而是一开始就给定了的，只是还未看出来而已。这就注定了对立面冲突的外在性和人为的设定性。反之，真正彻底的辩证法应当从同一个事物的自我否定性及其所导致的“差别的内在发生”出发，来考察事物的自我分裂又自我回复的运动过程。中国古代辩证法从未认真研究过这种使一事物的自身差别内在发生的力量，即自我否定的力量，国内至今对“否定的辩证法”仍不够重视。相反，古希腊辩证法在柏拉图那里就已深入到了这一层次。在《巴门尼德篇》中，柏拉图并不是简单地提出一对对立范畴（一和多、有和无等），然后说它们是相对的、不可分的、相互转化的等，而是研究了同一个范畴自己与自身的关系（如一与一自身的关系，多与多自身的关系），揭示出该范畴的自我否定的本性，并通过这种自我否定而推演出它的对立范畴（从一推出多，从多推出一）②。这样，辩证法就不是两个相互外在的东西被置于一个相互对立而又“统一”的关系之中，也不是从一个东西中去找出（分析出）两个组成部分，而是研究同一个东西与自身的真正矛盾关系。对比之下，中国古代讲两个对立面相互依存、斗争、转化，讲“物极必反”，讲“反者道之动”，唯独不讲一个事物能动的自我否定性。以“有、无”范畴为例，从老子讲有无相生，到后来崇有、贵无之争，从僧肇的“不有不无”的“不真”之“空”，到张载的气有而无，罗顺钦、王廷相的气聚而有、气散而无，直到王夫之的气显谓有、气隐谓无，都没有看出有既是有、同时又不是有，而是有的自我否定即无。又如阴阳关系。朱熹说，“阴阳只是一气，阳之退，便是阴之生，不是阳退了，又别有个阴生”（《朱子语类·卷六五》），的确很“辩证”。但谁使

① 黑格尔：《小逻辑》，商务印书馆1980年版，第227页。

② 详见黑格尔《哲学史讲演录》第2卷，商务印书馆1981年版，第217—218页。

“阳退”？如果不说明阳之为阳本身就是一个“自退”（自我否定），即使自己成为“阴”的过程，就像生命之为生命即是一个走向死亡的过程一样，这种辩证法就仍不彻底。然而阳作为一种“气”所固有的被动性，使朱熹和别的人不可能将自我否定或“自退”的能动性赋予阳本身。

中国古代惠施、公孙龙一派“辩者”提出的一些命题，虽本身属诡辩范畴，但已包含着发展为辩证命题的可能性。然而，他们的学说并未像希腊诡辩学派那样被当作一个环节吸收进辩证思维中去，而是被众口一词地批倒批臭。凡此种种都可以看出，中国古代辩证法未能深入到个别事物真正内在的自我否定力量，未从这种自我否定出发把运动看作同一事物自我综合的能动过程，这与中国古代辩证法中缺乏个体生存动力有最本质的联系。

二

在中国哲学中，儒家似乎从道德实践的角度提出了某种具有生存论倾向的学说。但正如中国哲学对个体事物的动因倾向于将个体事物化解为两个事物的关系（耦）来解释一样，儒家人生哲理的生存论倾向也总是通过将单一的、统一的个体人格分解为人与人的关系（仁）来表达。与中国古代没有产生德谟克利特那种不可入的“原子”概念相应，中国古代也没有自我封闭的个体人格概念，只有“二人关系”，即“仁”的观念，这就是儒家的“人”的观念。所以“仁者人也，亲亲为大”（《中庸》第二十章）。当孔子说“为仁由己，而由人乎哉”（《论语·颜渊》），“我欲仁，斯仁至矣”（《述而》）时，他指的是人有一种将自己化入二人关系的自然倾向。这种“化入”并不是对自己的自我否定，而正是人自己的自然本性的恢复和肯定，因此这不费什么力气，也没有什么痛苦，但它可导致“克己复礼”，甚至“杀身成仁”。显然，这不是一种个体生存动力，而是群体的生存动力。孟子同样把人看作这样一种单纯的、无矛盾的道德关系。他认为人皆有恻隐之心、羞恶之心，没有这种善心则“非人也”（《公孙丑上》），因而人只要出乎本心并好好保养

它，都可以自然为善，即尽心知性以“事天”。这种本心不是一己之私心，而是充塞于天地之间的一股至大至刚的“浩然之气”。正因为“气”（与原子相反）是无限可入的，因此并无内外之分，人心之气即为天地之气。所以问题不在于到心外去追求什么，而在于保存、保养什么（“直养而无害”）。这样一种生存动力，从内容到形式都不是进取性的，而是保守性的，不是冲动型的，而是“岿然不动”型的（“富贵不能淫，贫贱不能移，威武不能屈，此之谓大丈夫”，《滕文公》）。这是一种使个体归于平静的动力，其力量不在于致动，而在于保持不动。

中国古代被认为最强调人的“主观能动性”的思想家是荀子。但荀子的“人定胜天”仍然是立足于儒家对“人”的群体性理解上的。单个的人是不能胜天的，人能宰制万物，唯在于人“能群”，而能群的体现就是义之辨、礼之分。与孟子相反，荀子认为礼义不是天生的，而是人为制定的，“人之性恶，其善者伪也”（《性恶》），顺从人的本性必导致争夺淫乱，“圣人”为了治理社会，才制定了礼仪法度，用来限制人的恶欲，调节人的需求，使社会摆脱悖乱，把人性导向人道。尽管荀、孟在性恶、性善的表述上不同，但在人的群体性导致善、人的个体性导致恶这点上是一致的。所以荀子所强调的“主观能动性”与孔、孟一样，也不是出于人的个体，而是群体共生的一种伦理意向，它在自然面前是能动的，对于个人却恰好是一种被动的限制（“以道制欲”）。毫不奇怪，尽管荀子最强调人的能动性，他对个体人心的看法却是被动的：“心未尝不两也，然而有所谓一；心未尝不动也，然而有所谓静……虚壹而静，谓之大清明。”（《解蔽》）《礼记·乐记》中也说，“人生而静，天之性也，感于物而动，性之欲也”。人对自己的动、欲不加限制则会导致“灭天理而穷人欲”。一切运动都是外来的（“感于物”），个人的本性则是取消一切原动力，这种观点对后来宋儒产生了很大影响。

被奉为儒家经典的《易传》中也有人的能动性思想，如“天行健，君子以自强不息”。张岱年先生提出：“老子的柔静学说对于中国文化有深远的影响，但是在中国文化的发展中发挥主要作用的还是《易传》的刚健

学说”①，这主要是从儒道对立的角度来立论的。但儒学本身中不仅有刚健的一面，还有柔静温顺的一面。《易传》中就有与上述命题相对的另一命题，“地势坤（顺），君子以厚德载物”。《易传》重中道、中行，绝不偏重于一方（这也为儒家后学所继承），实际上主张当健则健，当柔则柔，并不主张不看形势一味地“行健”。当然，一般说《易经》主张“天尊地卑”，以阳刚为正，阴柔为辅。但有时又说：“昔者圣人之作易也，将以顺性命之理。是以立天之道，曰阴与阳，立地之道，曰柔与刚，立人之道，曰仁与义。”（《说卦》）此处将阴、柔、仁置于阳、刚、义之前，且以“顺”为易之本旨，似乎更重视儒家温柔敦厚和服从顺命的一面了。更何况《易传》认为天地阴阳（两仪）之上还有“太极”，即“道”，也就是“易”（变易）之道。变易之道是不变易的，所以“易无思也，无为也，寂然不动”（《系辞上》），“夫乾，其静也专，其动也直，是以大生焉。夫坤，其静也翕，其动也辟，是以广生焉”，朱子注云：“乾坤各有动静……静体而动用，静别而动交也。”《易传》非一人所作，出现思想或表述上的分歧原不足怪。但在谈及最高本体和人生最终归宿时归于静止不动，这是符合儒学各派乃至道家诸脉的一个根本思想。由此来看“天行健，君子以自强不息”一语，朱子的注释还是反映了其中精义的：“但言天行，则见其一日一周，而明日又一周，若重复之象，非至健不能也。君子法之，不以人欲害其天德之刚，则自强而不息矣。”自强不息不是要去创造什么、欲求什么，而是要保持和巩固某种“重复之象”，这与受西方进化论影响后今人所理解的“文化是需要不断前进不断发展的，不前进就会陷于停滞、陷于偏枯”②，是大相径庭的。

三

从秦汉到宋明，中经印度（佛教）文化的冲击，中国哲学在阐发人和物

---

① 张岱年：《〈易经〉与中国文化的优良传统》，载《周易纵横录》，湖北人民出版社1986年版，第21页。

② 同上。

的个体生存能动性方面基本上没有突破先秦儒、道奠定的传统。以道学的“立人极”（周敦颐）、心学的“心外无物”或“一念发动之处便是行”（王守仁）来说，实质上都未脱儒家“我欲仁”和“我善养吾浩然之气”的旧模式。所以理学导致“存天理而灭人欲”的对个性的压抑，心学导致“心无体，以天地万物感应之是非为体”的个性失落或存在遗忘。只有明清之际的一批叛逆传统的思想家，才第一次产生了对传统有威胁性的冲击力。明末李贽破天荒在肯定的意义上把人的本心看作一种“私心”，从而提出了崭新的个性解放要求。不过这种要求还是朦胧、幼稚的，它只能以“童心”的方式出现，而未能建立一套堪与强大传统相抗衡的成熟的伦理规范，甚至也常常未能真正与传统划清界限。因为他的“童心说”正如儒、道对婴儿、赤子之心的崇拜一样，仍是以人心的“清静本原”作为理论根据的。李贽不赞成道学对私情私欲的一味压制，而主张任其宣泄，但其最终目的仍在于恢复人的童心、真心、自然之心，消除人与人之间的个体性屏障。在这点上他并未超出传统，与道学所推举的“率性之谓道”（《中庸章句一》）还有某种暗合。

清初方以智受西方哲学、自然科学影响，把中国两千余年一贯的“气的哲学”向“火的哲学”推进了一步，提出了“火—气一元论”。当然，传统的气论在这里仍是理解的基础，但方以智终于看出，要解释万物运动的实际动因，就不能停留在太虚之气的无定形原则上，而必须引入“火”的能动性。火的作用在他这里主要就是解释万物的“自己运动”。“上律天时，凡运动，皆火之为也”（《物理小识·卷一》），火的特性是“内阴外阳而主动”，是弥漫于天地之间、永恒运动的元素。古希腊从阿那克西米尼到赫拉克利特的过渡，中国哲学竟走了两千余年。与赫拉克利特一样，方以智也试图通过对立面的斗争，即所谓“悖”“害”之“几”来解释“变之端”。但由于他对“火”的理解仍然未能摆脱“气”（火气、阳气）的古老传统，火仍只是气的一种形态，因而他最终并未真正贯彻“火”的自我定形的能动原则，而仍局限于对“气”的微妙动机（几）的无穷分析。方以智对运动变化的理解又落入了传统外因论的旧模式。

与方以智同时代的王夫之，虽然是中国古代辩证法的集大成者，但在对传统的突破方面还不及方以智。他主张“太虚即气”的气一元论，反对道家以无为本的虚无主义，但并没有否认太虚之气的本性是无定形即“弥沦无涯而希微不形”。但这样一来，他以“太虚本动、气化日新”来反对道家虚静思想就失去了立足点。因为正如前面讨论“莫为说”时指出的，光是一般地说气“本来”就在运动（自动、自为），而不具体说明其动因，这只是回避问题，要么就陷入无穷追溯。王夫之也试图求助于“几”来解释“太虚本动”，但这种“几”或“机”究竟是什么？它怎样起作用？王夫之始终无法说明。他只是说：“机者，发动之由，只是动于此而至于彼意。”（《读四书大全说》卷一）这实际上是一个循环定义。“机”作为一个“动于此而至于彼”的机制或机关，总是仍然需要另一个居间的发动者或操纵者来开动它，而这个居间者又是一个更微妙的几或机，仍需要一个发动者，如此以至于无穷。但每次都不是诉之于一个自我定形的个体，而是诉之于一种机制、关系。可见，只要承认宇宙本体的无定形性，最终动因的问题就无着落，这是中国传统“气本根论”的必然归宿。

除宇宙观外，王夫之在伦理观上也仍然未给中国哲学带来个体生存动力。他虽对理学压抑人欲、扼杀人性极为反感，强调“人欲之各得，即天理之大同”（《读四书大全说》卷四），但他所谓的“人欲”，乃人人所同具之共欲：“饮食男女之欲，人之大共也。”（《诗广传》卷二）王夫之由这种生理需求的平均性得出平均主义的社会政治主张是不奇怪的。平均主义本身既有满足每个人起码的物质需求的一面，同时又有限制和剥夺个人超出平均线之上的物质的、特别是精神的追求的一面。王夫之的这种理欲观并没有给人的个性发展留下什么余地，也并没有与理学真正划清界限。古希腊伦理学的基本原则之一也是“勿过度”，但它是指个人欲望的放纵对自己有害（如饮酒太多则头痛），其标准（度）是个人幸福，而理学和王夫之对人的私欲的限制却是为了社会平均和“太平”，其标准是社会安定。

不需更多说明，我们已可以看出，中国古代辩证法由于缺乏个体生存论

的动力，而不具有古希腊辩证法那种彻底性。比较之下，中国古代辩证法粗而不精、泛而不深，它从一开始就达到了相当的高度，但积两千余年尚未能摆脱其朴素性。因此总的看来，虽然中国古代有辩证思维因素的思想家比西方多得多，而更少形而上学的机械性、片面性和极端性，但每个思想家的辩证思维中又随时埋藏着形而上学的种子，总是导致人放弃和抹杀自己的个体生存，而听任于自然和社会早已给自己规定好了的命运。将这种形态的辩证法深化和彻底化，是当代中国人的使命。

（原载《江海学刊》1994 年第 3 期）

论社会规律的发生机制

何怀远

近十年来关于社会规律和人的活动关系问题的讨论，并未能从发生学的角度系统揭示社会规律产生的机制。本文作些初步探索，以求赐教。

社会规律发生机制问题上的分歧

在社会规律发生机制问题上，有两种具有代表性，而且影响较大的观点。这些观点虽然富有启发性，却有不少值得商榷之处。

一是“转化说”。姚毅军同志在《哲学研究》1990 年第 4 期上撰文认为，“以人们活动的相互合作和相互冲突为枢机，人们自己活动的目的、手段、结果之间的内在必然联系转化为其活动的产物——社会生活现象——之间的本质联系，并决定着社会生活现象变化的趋势状况”。这种观点是值得商榷的。第一，它割裂了人们社会活动的必然联系和社会生活现象的本质联系的关系。事实上，“社会活动”本身就是“社会生活现象”，丰富多彩的社会生活，纷繁复杂的社会现象，其实都是人们社会实践的存在样式。即使在过程和结果的意义上，也不存在人的社会活动的必然联系向社会生活现象的本质联系的“转化”过程。活动的必然联系是活动目的、手段、过程、结果等全部活动要素的系统联系，最终通过结果的必然性体现出来。这就是作为活动开始时的目的对活动本身的规约和作为活动结果对活动目的的体现。如果把结果与活动本身分割开来，活动就成了抽象的活动，结果也势必成为纯自在的结果。第二，由于社会结构的复杂性和社会群体的相对独立性，社会规律具有自相

缠绕、自我强化的特点，但它并不像毅军同志文中所认为的那样，只有当人们活动的内在必然联系转化为社会生活现象的本质联系后，才能成为迫使人们必须遵守的客观必然性，而是一个社会群体行动的必然性只是对其他群体才成为必须遵守的客观必然性，对这个群体自身而言，则是一种“自由的必然”。第三，“转化”“根源于人们利益不同而导致活动相互冲突”的说法一旦彻底，就有否定社会规律的可能。按其逻辑，社会个体的活动是不可能有规律的，因为没有利益冲突；社会的利益冲突越尖锐，社会规律表现得就越鲜明；在一个高度和谐的社会群体中，不可能存在社会规律，到了共产主义社会，社会规律不就逐渐弱化甚至消失了吗？这是毅军同志自己也不会接受的必然结论。

第二种观点是“积累说”。郇正同志在《社会科学战线》1993 年第 3 期上发表的文章提出：社会规律“最初都是一种趋势”，“随着趋势中可能性逐渐增加到必然的、无可选择的程度，趋势就演变为规律”。这一观点的不当之处也是明显的。第一，它割裂了“规律”和“趋势”的关系。规律和趋势都是“必然联系”，只不过“趋势”是现在与未来的必然联系，“规律”是过去与现在，即已然过程的必然联系。趋势是规律作用的结果，是已然过程中的必然联系的持续和延伸，不含规律的趋势是不存在的。因此，根本不存在一个由趋势向规律的转化过程。第二，它误把人们对规律的认识过程当作规律的形成过程。人们认识规律，观察的过程越长，看得越清楚，但是，规律自身却不是在这样的长过程中才形成的。具体过程、过程的任何一个阶段，不可能有像郇文所认为的趋势不一定或还没有积累为规律的时段，而是自始至终都存在着规律，无规律的过程是不存在的。

如果我们的上述理解正确，社会实践作为社会的本体，也必然是社会规律产生的基础，那么，社会规律就是人们的社会实践规律，是人们社会实践过程中的必然性，是不同类型的社会实践之间、当前实践与未来实践之间的必然联系和必然趋势，也就是恩格斯说的“人们自己的社会行动的规律”。它表现为确定社会实践目标、界定实践路径、形成实践意志过程中的必然性。

社会实践要素与社会规律的产生机制

既然社会规律是人们的社会实践规律，它就一定是在人们社会实践的基本要素的相互作用中产生的。我们从宏观层次上对社会实践进行解剖，可以将它区分为功能上相互独立又相互关联而实现整体契合的六大要素，这就是社会实践主体系统、社会实践客体系统、社会实践工具系统、社会实践规范系统、社会实践目标系统和社会实践环境系统。这些要素在它们的三级整体性关联机制中，都以其特有的功能特性成为产生社会规律的内容和环节。

他律性机制。所谓他律性机制，是不依赖于社会实践主体意志的客观性因素对产生社会规律的作用机理。它有三个客观性要素，即社会实践客体系统、社会实践工具系统和社会实践环境系统。

社会实践客体系统包括与人类形成了改造与被改造关系的自然界、社会和人类自身，核心内容是自然界。为了避免问题的自相缠绕，我们这里姑且只谈自然界。自然界对社会规律的形成所起的作用，根源于它固有的规律性。人们难免有违背自然规律的实践，却没有违背自然规律而又一贯取得成功的社会实践。人类对自然规律的认识越深刻、越全面，越能自觉地遵守和利用它，社会规律就越能获得存在的客观基础。

社会实践工具系统对社会实践的选择范围和方向起着重要的制约作用。人们从事社会实践，不仅考虑应该做什么，而且还必须论证能够做到什么，后者主要是由工具的水平决定的。工具从正面诱导着人们想做什么、能做什么，从反面限定着人们只能做什么、不能做什么。比如，在生产领域，生产什么、生产多少、怎样生产要受制于生产工具；在军事领域，战争的规模、战略、战术与武器的状况紧密相连；科学研究课题的确定、研究的水平也越来越取决科研设备。唯物史观关于生产力对社会历史的决定性作用，说到底是生产工具对社会生产的规模、效率、方式，以及整个社会制度的主导作用。通过了解某一社会实践群体所拥有的工具的功能、水平和数量，就可以从一个方面判断它某些方面的活动规律。

社会实践环境系统指的是存在于一个相对独立的社会实践群体之外，并对这一群体构成影响的边界条件，包括经济、政治、宗教、价值观念、群体关系，甚至风俗时尚等，它是社会实践主体进行选择的情景压力。比如，对一个国家而言，国与国之间的关系，本国的国际地位，其他国家的社会制度、价值取向，世界的大趋势，都对这个国家的基本决策产生重大的制约作用；对某一国家的社会团体而言，该国的政策、法律等都是它不可超越的社会轨道。环境系统对社会实践的影响有二：一是主体对安全的考虑；二是主体对外在条件的必然性进行价值定位。这两个方面的影响使得任何一个社会团体的决策都不可能“一意孤行”，而要审时度势。所以，社会实践的环境系统也是社会规律得以发生的因素之一。认识一个社会群体从事社会实践的环境系统，是我们预测具体实践的基本走向和社会发展趋势的又一依据。

客体系统的规律性、工具系统的功能既定性和环境系统的相干性，都对主体产生着强制性，让任何社会群体都无法随心所欲。正是这种强制性使它们成了社会规律得以产生的重要因素。由于人和自然的密切关系，自然规律成了社会规律的最坚实基础，对社会规律的形成起着决定性的作用，以至恩格斯说，“外部自然界的规律”“支配人本身的肉体存在和精神存在的规律”，“最多只能在观念中而不能在现实中把它们相互分开”①。由此可见，那种认为只有人类价值才是社会规律的实在内容的观点是错误的；借口人类的自由意志，否定社会规律存在的“波普尔主义”也是错误的。

自律性机制。他律性机制是不可能单独起作用的，它总是在和自律性机制的联动中产生影响。这是社会运动机制不同于自然运动机制的根本所在。所谓自律性机制，就是基于主体内在的观念的主观性因素在社会规律产生过程中的作用及其机理。自律性机制是在他律性机制的基础上产生的，是对他律性机制的反映和价值权衡后的遵从与超越。形成自律性机制的是三个主观性要素：社会实践主体系统、社会实践目标系统和社会实践的规范系统。

① 《马克思恩格斯选集》第3卷，人民出版社1972年版，第153—154页。

首先，让我们看看社会实践主体系统在产生社会规律过程中的地位和作用。在社会实践主体的内在结构中，知识结构和价值观念起着支柱性的作用，一切实践目标的确立及其实现过程的运作，都必须经过知识的论证和价值的认可。主体的知识结构具有三个重要特性。一是客观性。在历史的长河中人类的知识大致先后经历了经验、常识和科学等形态。它本质上都是人类长期对自然、社会和人自身及其相互关系运动规律的真理性认识，它的客观性根源于客体的客观性，是社会规律产生的最深厚源泉。二是相对稳定性。就是突飞猛进的当代科学，“常规科学时期”总是漫长的，而“科学的革命时期”则是十分短暂的。主体知识结构的相对稳定性，使得以知识为基本依据的人类实践受到约束，从而在时间上出现相对的循环性，即过去、现在和未来有着共同的知识依据。三是普遍性。即便是巫术和宗教也有一定的普遍性，因为它们凝结着人类大致相同的思维模式和解释世界的基本内容，并不断走向融合与统一。当代科学的语言、逻辑和思维方式以科学“范式”的形式，同化着人们的认知结构。知识结构的相对普遍性，使实践在空间上具有贯通性。不同区域的社会实践群体有了大致相同的知识基础，从而产生了相对普适的实践准则。不同地区、国家和民族的生产方式、生活方式的大体相似性，就是这种贯通性的外在表现。主体的知识结构在社会规律产生过程中的作用，本质上是客体规律尤其是自然规律对主体行为的制约性。了解某一实践主体的知识结构的内容，我们就可以研究和预测它的活动规律和趋势，使社会规律理论具有可操作性。

价值观念在主体中的地位和作用是巨大的。价值观念是以知识结构为基础，对实践客体系统和知识结构自身的价值判断和利益权衡，它是包括价值标准、价值信念、价值目标和价值理想等要素的观念体系和评价框架。人类的一切社会实践都是追求价值、实现价值的实践，价值目标是社会实践的核心和动力，它决定着社会实践的内容和发展方向。丰富多彩的历史无非是人们价值观念的变更引起的优化选择的结果。如同知识结构一样，价值观念作为社会实践主体的内在结构虽然是不断变化的，但是，它仍具有相对稳定的

共同内容，这是人类应付环境的共同经验和共同需要的结果。价值观念的共同内容及其相对稳定性，是社会实践具有规律性的保证。社会越发展，人类的命运就越加紧密地联结在一起，人类的社会实践就越在更广泛的领域具有共同的价值观念，本来是社会的局部规律也变得越来越普遍起来。

社会实践规范系统是社会实践的主体和客体联系的制度性、规则性中介，风俗、道德、法律和科学是社会实践的四种最基本规范，除此之外，还有各种条例、惯例、规章、制度等，它们本质上是人类理性、价值观念和认识水平的社会历史凝结形式。风俗具有相当大的强制力，有人甚至称其为“无形的法律”，“自然法”或“习惯法”。它仍是人们日常行为的重要规则和实践活动的社会轨道，界限着人们的交往形式，调节着人们日常实践的广大层面。道德和法律相互补充，以不同的形式和手段调节着社会生活的不同层面，随着社会的发展，法规性的社会实践规范不断取代风俗习惯而占据主导地位。科学的规范性特征是无须赘言的。社会实践的规范系统与主体的知识结构和价值观念相比具有较强的强制性，它多以“绝对命令”的形式出现，对人们的日常生活和社会群体实践产生隐性威压和显性的硬性调节，因而成为人们的社会生活和社会实践的轨道。这是社会出现规律性的显性基础。

社会实践目标系统是人们社会行为的直接价值取向，从短时段上看，它是具体实践的任务，从长时段上看，它可以是社会的理想，在现实形态上，它是社会实践的结果，在观念形态上，它是社会的目的，在实践过程开始时，它作为实践过程结束时得到的结果的“观念的形式”在实践主体存在着，在实践过程结束时，它以现实的形态反映着、体现着主体的先定的观念，作为人们的奋斗目的，它始终是社会实践的强大诱因，影响和规定着人们的具体选择，横向上规定着不同领域实践目标的趋同与互补，纵向上决定了现实与未来实践之间的必然联系，作为实践的结果，又是人们对照、检查社会实践目标系统是否科学、适当的参照尺度。所以，社会实践的目标系统是社会规律得以发生的重要因素。马克思在谈到生产目的时说：“这个目的是他所知道的，是作为规律决定着他的活动的方式和方法的，他必须使他的意志服从这

个目的。”①

就人类的整体而言，实践主体的价值观念、实践的规范系统和目标系统都是人类的自律，它以自我强制的形式而成了社会规律得以产生的重要因素。

他律性决定机制和自律性决定机制的契合，使社会实践目标、路径、意志的确定产生必然性，人们能够选择的“可能性空间”的边界确定下来。这种由社会实践要素的相互作用所造成的社会实践全过程的确定联系和必然趋势，就是社会规律。

反馈性机制。他律性决定机制和自律性决定机制是在社会实践的运动过程中实现的，这一过程自始至终都伴随着反馈性机制的作用。所谓反馈性机制，是指人们根据实践的经验教训以及主客观条件的变化中不断反思既定的目标和规范，在不同的实践群体之间进行适应性调整。实践主体的价值观念、实践的规范系统和实践的目标系统虽然是人类的自律，但是，它不是人类自身可以随心所欲发布的“绝对律令”，当社会实践客体系统、工具系统、背景系统发生了变化，主体就要以此为新的基础而反观自身，反思并调整实践目标、规范价值观念。这种反馈性机制的存在，保证了他律性决定机制和自律性决定机制的合理契合。这是社会规律的产生机制不同于自然规律产生机制的根本所在，也是社会规律不同于自然规律的根本之点。

反馈性机制的存在，使社会规律不断强化，也不断变异。

随着主体对自然规律和其他社会群体实践规律认识的深入，以及生产力水平的提高，人们将在日益提高的水平上，“有意识地自己创造自己的历史，不能预见的作用，不能控制的力量对这一历史的影响就愈小，历史的结果和预定的目的就愈加符合”②。同时，伴随人类共命运趋势的发展，人类的价值观念在日益多样化的同时，统一性也在强化。人类交往的日益密切与频繁，“过去那种地方和民族的自给自足和闭关自守状态，被各民族的各方面相互往

① 《资本论》第1卷，人民出版社1975年版，第202页。

② 《马克思恩格斯选集》第3卷，人民出版社1972年版，第153—154页。

来和各方面的相互依赖所代替了。……民族的片面性和局限性日益成为不可能”[①]。适应对方的交往形式和活动规律，活动就会越来越理性，越自觉，于是，社会规律就不断扬弃着“自然必然性”的表现形式，而成为“自由的必然”，以比较鲜明的形式表现出来，本来是社会的局部规律也变得越来越普遍起来。

另一方面，任何一个实践要素的内容都是变化着的，正是这种变化，使原有规律存在的条件不断丧失，规律就会逐渐发生变异，因而永恒不变的社会规律是没有的。在社会认识领域，永远也不会出现一旦认识了规律，就可以一劳永逸的现实。但是，实践要素的变化，改变的只是规律的具体内容，却不能使社会实践失去规律性。变化产生社会历史运动的偶然性，正是偶然性中潜藏着社会历史的必然性，为历史必然性开辟着道路。变化本身也是有规律可循的。人们认识社会规律，绝不是为了描绘出社会历史现象的全部发生点——如果这样就没有偶然性的立足之地了——而是把握社会历史运动的稳定联系和基本趋势，不是为了认识个别人的个别行为，而是为了认识社会群体和大规模的历史事件，不是为了认识而认识，而是为了预测社会运动趋势和群体实践走向，指导实践而认识。基于此目的，我们完全可以坚信，尽管社会实践各要素不断发生着变化，但它们“不是随意分布的，而是排列在某个模式中”[②]。对此，贝塔朗菲认为“可以加以理性分析，甚至可以用数学公式表示”[③]。我们同样可以运用研究规律生成的模式，对变化本身的规律性进行有效的研究。

社会规律的特征

如果我们对社会规律发生机制的说明言之有理的话，社会实践的特性无疑是社会规律性的基础，社会规律就具有以下三个特点。

---

① 《马克思恩格斯选集》第1卷，人民出版社1972年版，第255页。

② ［法］巴勒克拉夫：《当代史学主要趋势》，上海译文出版社1987年版，第82页。

③ 同上书，第83页。

首先，从人类社会的整体上说，社会规律是社会客体的因果必然性和社会主体的价值应然性的统一。社会客体的必然性为人们的社会实践决定了一个“可能性空间”，社会主体的主体性表现为对这种可能性进行选择，这种可能性和主体性的交叠，就是社会规律的实现。过去把社会规律等同于自然规律，把社会历史过程等同于自然历史过程（马克思只是以此比喻社会历史的客观性）的观点是片面的，近来有的学者把社会规律的特点概括为“自为性”也是片面的。社会源于自然，依赖自然，却高于自然，社会规律导源于自然规律，却超越了自然规律，但它不是走向自然规律的反面，而是扬弃了自然规律的必然性而又将其包容于自身，从而形成了更高、更全面的特征。如果借助黑格尔的术语，把自然规律看作“正”，将人类的戒律、规范视为“反”，那么，社会规律就是“合”，它是自在性和自为性、自然因果必然性和社会价值应然性、他律和自律的统一。显然，学术界近年来流行的“社会规律的主体性”“社会规律的自为性”的提法是欠妥的，规律只是一种关系，一种只有通过思维抽象才能把握和描述的关系，作为主体活动中的关系，它不可能不是“自在”的。

其次，从社会的某一局部来看，社会规律是内在意向性和外在必然性的统一。意向性实质上就是自由。可是，一个主体的意向性对别的群体而言，就是必然性，它必须顺应而不能悖逆，否则就会出现社会冲突。当规律没有被认识时，人们的社会行为就表现出盲目性，社会活动、社会过程所固有的内在规律就以自然的必然性在偶然性中为自己开辟道路。群体之间相互遵守对方的活动规律，就是社会规律存在着的自相纠绕现象，正是它才使社会规律得以自我强化。

最后，社会规律是过去—现在—未来因果必然性的统一。在自然界中，总是过去的原因决定现在的结果，而在社会发展的链条上，由于社会实践目标、社会理想和“预测效应”的存在，就有过去、现在和未来三种力量作用着，使社会和自然遵循着不同的发展原则。社会规律与自然规律由此区别开来。

最后，笔者想说的是，不管本文是否如愿，这种研究思路是值得继续的，它可以一反社会规律问题上经院哲学的研究方式，使社会规律理论成为具有实在价值和可操作性的实践科学。按照这种理论思路，预测社会运动趋势和预测自然运动趋势一样具有可资依据的具体参数——显性的和隐性的，客观的和主观的，历史的和现实的，实然的和应然的。它既可以研究和揭示社会历史运动的宏观规律，也可以研究和揭示某一社会领域运动的微观规律和某一社会群体（民族、国家、社团等）的行动规律。这样，我们就可以根据实践的不同需要，研究具体实践对象的运动规律，用这种研究成果有效地指导实践。

（原载《江海学刊》1994 年第 6 期）

论儒家理想人格及其现代价值

郭广银

儒家理想人格的剖视

在我国道德理论与实践中，理想人格问题一直是古人从事道德修养所普遍关心的问题。所谓人格，它是人之所以为人之所在。在古代，格的原始意义指方形的框子，引申意为法式和标准。因而合乎做人的标准就称有人格，不合做人的标准就叫无人格。理想人格问题就是要求做人达到、合乎什么样的标准、范式的问题，它是人们在立人立德的修养生活中所追寻的做人的终极范式。

作为传统思想的主流，儒家伦理学说的理论兴奋点一直在理想人格上。翻开世界文明史，欧、亚、印三大古老文明系统，就对理想人格论述的力度和跨度而言，无有出其右者。从理想人格的具体模式来看，总览历代儒家伦理学说，有两类理想人格是一直得到公认的，这便是圣王人格和君子人格。前者是该学说所设定的做人的最高典范，后者则是做人的一般范型。

儒家的圣王人格即内圣外王人格，是全德、全智、全功的体现，它是在儒家伦理学说的发展过程中逐步形成的，起源于孔子和孟子，发展于荀子及《大学·礼记》，最终完备于宋明理学。《论语》里并没有“圣王”一词，但事实上，内圣外王的观念奠基于孔子。《论语》中记载了孔子与子贡的这样一段对话：“子贡曰：如有博施于民而能济众，何如？可谓仁乎？”子曰：“何事

于仁，必也圣乎！尧舜其犹病诸！夫仁者，己欲立而立人，己欲达而达人。”① 可见，在孔子看来，圣人高于仁者，圣人是至高、至大、至神的理想人格。这样的境界，就连尧、舜也难完全达到，更何况一般的凡夫俗子。然而，孔子并未因此放弃对理想人格的倡导与追求。孔子的时代，礼崩乐坏的社会问题相当严重，曾长期作为约束人们行为和维系社会稳定的力量的周代文制，日趋动摇和失效。这种现象促使孔子深思：是什么原因使周代的文制动摇和失效了？他思考的结果是：社会礼崩乐坏根源在于人心的麻痹和堕落，所以解决社会问题的方式，不在于修改文制去适应人，而是要从人心上着手，重建自我控制的能力，以适应客观的规范。于是，孔子的学说就必然落脚于“克己”的修养上，这正是内圣的核心之所在。不过，内圣只是孔子所提倡的手段，而重建周代文制的权威才是目的，显然归宿又落到了外王上。由此可见，内圣外王的观念，在孔子那里已初具规模。

孟子继承发展了孔子的圣人观，认为圣人代表了人们道德的极致，严格意义上的圣人不是每个时代都能出现的。《孟子·离娄上》中说：“规矩，方圆之至也；圣人，人伦之至也。”把圣人规定为人伦之至后，孟子又把圣的含义阐释为“仁且智”。他把孔子推崇为既仁又智的圣人，他说：“昔者子贡问于孔子曰：夫子圣矣乎？孔子曰：圣则吾不能，我学不厌而教不倦也。子贡曰：学不厌，智也；教不倦，仁也。仁且智，夫子既圣矣。”② 这样，孟子把崇高的圣人理想人格用仁与智等具体的道德修养内容联系起来，鼓励人们在修养过程中不断见贤思齐，向圣人境界努力。他一再强调：“仁者无敌于天下”“修其身而天下平”，使内圣与外王之间的关系更为明晰密切。应当指出的是，孔孟作为圣王人格的开辟者，对于内圣与外王的差别以及由内圣走向外王的具体途径并没有清醒的认识，在他们看来，内圣一面如完成，外王一面也就自然跟着完成。

如果说孟子强调在仁且智的内在道德修养方面铸造“圣人”理想人格的

① 《论语·雍也》。
② 《孟子·公孙丑上》。

话，那么荀子则是强调“圣人”理想人格的外在的社会事功；如果说孟子强调“内圣”的话，那么荀子更多地强调“外王”。荀子明确提出内圣外王是有区别的，内圣是主观的，外王是客观的，圣王人格应该是主客观统一的结果。所以在他的论著中，大量出现了“圣王”一词，来代表其理想人格。在荀子看来，“圣人”的外王功夫，并非轻视内在的道德素养。相反，他认为修身是治国的前提，个人的心性道德修养比治国的事功更为重要。《荀子·修身》中首先说：“见善修然必以自存也，见不善锹然必以自省也；善在身介然必以自好也，不善在身，然必以自恶也。”荀子还首倡“慎独”的修养论以鼓励人们努力达到“至德”的理想人格。他说：“君子至德，嘿然至喻，未施而亲，不怒而威：夫此顺命，以慎其独也。”① 这种在个人独处而无人觉察时仍需谨慎地遵循道德标准、严格自律的修养要求，开启了儒家“慎独”修养说的先河。由此可以看出，荀子树立的“圣王”人格，继承发展了孔子的“圣人”观。他所谓的“圣王”是集内在修养和外在事功于一体，是“尽伦”与“尽制”的结合体，为学者的努力目标就是要塑造“尽伦”“尽制”的圣王人格。荀子的这一思想，在后来的儒学经典著作《礼记·大学》中得以阐释和发挥，形成了系统的由格物、致知、诚意、正心、修身、齐家、治国、平天下八条目组成的圣王人格理论。宋明理学的圣王人格正是对这八条目的继承、发展和完善。

儒家的君子人格作为做人的一般范型，是对圣王人格的有效补充，这是因为，一方面，在理论上圣王是一般人很难达到的最高典范，另一方面，在现实上自秦汉大一统以后，圣王已成为专制帝王拥有的“代号”，一般人是绝不允许以此作为自己的理想的。因此，“圣王”作为一种最高的理想人格，常常给修养者一种可望而不可即的感觉。相对而言，儒家树立的“君子”人格，是一种对修养者来说切实可行、贴近实际的道德偶像和学习楷模。正因为如此，君子人格遂成为历代儒家一以贯之的话题。儒家经典依据人们的不同地

---

① 《荀子·不苟》。

位和角色，对君子人格作了颇为详尽的论述，从总体上说，君子人格有以下几方面的特质。

第一，君子有重义轻利的素质。道义问题是君子与小人的区别所在。“志于仁”还是“志于利”成为君子小人的分界线。孔子说：“君子而不仁者有矣夫，未有小人而仁者也”①，“君子喻于义，小人喻于利”②。孔子提出了“君子义以为上”“君子义以为质”的原则，对君子人格提出了较高的修养要求，要求人们在现实生活中超脱功利，追求道德仁义，做担当道义的志士仁人。真正的君子，在必要的时候不惜个人生命去坚持道义，追求道义。孔子说：“志士仁人，无求生以害仁，有杀身以成仁。”③ 孔子关于君子“以义为质”的思想，到孟子那里，发展成为“舍生取义”的修养原则。

第二，君子有安贫乐道的风范。君子的安贫乐道是与其“重义轻利”相连的。早在两千多年前，儒家的创始人孔子就清醒地意识到，君子要有志于担当道义，就必然要两袖清风，一身正气，也就必然要远离物欲的追求和世俗的功利，甚至处于生活窘迫、穷困的境地。由于内心世界的丰富和充实，所以君子常常因追求道义而拥有人生的愉悦、快乐，处于“乐以忘忧”的境界。除了安贫乐道之外，君子同时也忧道，这丝毫也不矛盾，因为君子之忧，不是个人利害得失之忧，而是天下利害得失之忧、天下无道之忧。孔子说过：“君子忧道不忧贫。”④ 孔子还说：“德之不修，学之不讲，闻义不能徙，不善不能改，是吾忧也。”⑤ 所以，君子忧道与安贫乐道是一致的。

第三，君子有自强不息的精神。自强不息，是指一种自我努力向上、永不懈怠的精神。《易·乾》中最早提出“天行健，君子以自强不息”的命题，从此历代思想家都倡导以自强不息的精神加强道德修养，成就君子之道。有着强烈的入世精神的儒家更是大力提倡自强不息。《论语》中阐述的“发愤忘

---

① 《论语·宪问》。
② 《论语·里仁》。
③ 《论语·卫灵公》。
④ 《论语·卫灵公》。
⑤ 《论语·述而》。

食，乐以忘忧，不知老之将至”与“为之不厌、诲人不倦”的人生态度，正是自强不息精神的写照。《论语·泰伯》中曾子所说的“士不可不弘毅”，“仁以为己任”，“死而后已”等也是自强不息精神的阐发。《荀子·劝学》中所说的“锲而不舍，金石可镂”亦是君子自强不息精神的最好表达。

第四，君子有坦荡宽容的品性。《论语》中一句“君子坦荡荡，小人长戚戚”成为君子人格胸襟的最好写照。中华传统道德修养论中的君子人格，能够孝顺恭敬，襟怀坦白，不患得患失。孟子认为，君子穷不失义，达不离道；宽而不隘，恭而不慢。荀子认为，发寒知松柏，患难见君子。君子宽而不怠慢，有原则而不伤人，善辩而不争论，明察而不偏激，正直而不凌人，坚强而不粗暴，柔和而不随流，恭敬谨慎而又宽容。儒家眼中的君子，还善于处理与他人的关系，善于人己之道：“君子和而不同，小人同而不和”①，“君子矜而不争，群而不党”②，“君子成人之美，不成人之恶，小人反是”③。儒家眼中的君子，总是与人为善，严于律己，宽以待人：“君子与人为善，取诸人以为恶，是与人为善者也。故君子莫大乎与人为善”④，“君子之度己则用绳，接人则用泄。度己以绳，故足以为天下法则矣。接人用泄，故能宽容，因众以成天下之大事矣”⑤，如此等等，都是君子坦荡宽容品性的表现。

圣王人格和君子人格经过历代儒家不断地深入探求和广泛宣传，在中国传统社会产生了相当广泛的影响，从而造就了中华民族在追求理想人格方面所展示出的独特的历史风貌。其中最大的特点就是对理想人格最高境界——天人合一的设定。儒家的“天人合一”是指“天道”与“人道”的结合，其最终目的在于从形而上的高度确证人的伦理原则或道德生活的必然性和绝对性。人道、人性上达天道，与天道为一，一句话，人性源之于天道，乃是儒家“天人合一”的性命说的本旨大要。《中庸》指出：“天命之谓性，率性之

① 《论语·子路》。
② 《论语·卫灵公》。
③ 《论语·颜渊》。
④ 《孟子·公孙丑上》。
⑤ 《荀子·非相》。

谓道”，“诚者天之道也，诚之者，人之道也”。《易传》认为，人只要体认、扩充“天”之德行，便“可以赞天地之化育”“与天地参矣”。孟子更直倡“尽心，知性，知天”。由此，与天地合其德，与日月合其明，与四时合其序，与鬼神合其吉凶就构成了中国古代圣王、君子的理想境界和理想人格。

儒家理想人格的现代价值

儒家孜孜以求的人与人、人与社会、人与自然之和谐的独特精神及其所设定的理想人格，正以它的超越性而深深影响着中国乃至世界的文化走向。蕴含在儒家理想人格中的精神价值是巨大的。有的可以直接继承和光扬，有的则需要自觉地立足于当代社会实践，以科学的理性眼光开展创造性的工作，在正视儒家理想人格及精神的独特旨意的前提下，努力发掘它们在解决当代诸多环境危机方面的文化依据和导向功能。我们有理由相信，儒家理想人格对于当代社会克服危机、健康发展有着十分重要的精神价值。具体言之：

第一，儒家理想人格中的“仁”“爱”思想有助于加强当代不同群体的合作关系。当代社会，一方面，世界整体上是一派和平发展的气象；另一方面，由种族、民族、政治矛盾所引发的地区冲突则是此起彼伏，世界局势在平静中裹藏着不安宁的因素。国际社会公认，矛盾是客观存在而且是必须逐步加以解决的，但是解决必须采取和平的手段。那么，如何才能赢得和平呢？这种和平手段的思想前提又如何确立呢？我们认为，儒家的理想人格中所规定的“仁”“爱”精神恰恰可以充当这种前提条件。儒家的仁，就是爱人，它要求克己，要做到“恭、宽、信、敏、惠”，它在某种程度上高扬的是一种超然的人间平等、互利、互助、互惠、谦恭、宽容、信义的博爱精神。是一种“人类之爱”。遵循这种精神，不仅对于当代处理和协调人与社会、人与人之间的关系有重大指导意义，而且对于圆融国际关系，建立国际经济和政治新秩序，维护世界和平也有重要的借鉴作用。

第二，儒家理想人格中自强不息的乐观进取精神能使现代人得到更加健康全面的发展。人格价值观念、自强不息的思想是儒家思想中颇有价值的两

种观念。孔子所说的“三军可夺帅也，匹夫不可夺志也”①，“志士仁人，无求生以害仁，有杀身以成仁”，孟子所说的“自暴者，不可与有言也；自弃者，不可与有为也”②，《易传》所说的“天行健，君子以自强不息”等，都是强调人的价值在于他是否有独立的意志，独立的人格，是否具有奋发向上、永不休止的大无畏开拓胸怀和对国家、对民族、对真理的奉献精神。应该承认，所有这些思想无愧地可以称为有普遍意义的人生哲理。在马克思主义基本原理指导下加以批判继承和弘扬发展，对于培养在社会主义建设事业中起决定作用的具有中国风格的人来说，它是一份珍贵的遗产。奋斗拼搏的精神，乐观豁达的气度，它是一种生命力的表现，大到国家、民族，小到个人，都不能缺少它，倒是要大大培养它，惟其如此，社会和个人才能得到健康和全面的发展。

第三，儒家理想人格中天人合一观可以成为人解决环境危机的指导性的哲学依据。认为儒家的“天人合一”观可以作为解决当前环境危机的文化依据是学术界十分流行的观点。但有必要指出的是，只有在弄清儒家天人合一观的思想本旨、特征，以及在这一思维模式下而推及出的有关思想的前提下，才能得出令人信服的结论，从而才能发掘出天人合一观的现代价值。换言之，这里不能简单地直接继承，而是要进行符合儒家天人合一观基本意蕴的新的一轮解释。如前所述，儒家的“天人合一”是指“天道”与“人道”的结合，其最终目的在于从形而上的高度确证人的伦理原则或道德生活的必然性和绝对性，它要论证的是人性源之于天道这样一个性命说问题。按照儒家所说，天道不是外于人而存在的，它与人道是一而二、二而一的关系。因此，儒家的“天”并不是一个与主体自我相对立的客观存在，而是一个内在于主体自我的价值性范畴。据此，儒家天人合一观当然不能直接引出所谓“人与自然的和谐”的观念。然而，也应看到，儒家的“天人合一”论具有强烈的泛道德论色彩，它将人的仁爱的本心本性推至宇宙万物，孟子的“仁民而爱

① 《论语·子罕》。
② 《孟子·告子上》。

物”，张载的“民胞物与”，二程的“仁者浑然与物同体”正是这种推及的具体说明。这一视物如我的观念也恰恰是天人合一论折射和拓展出的人与自然谐和的观念。因此，儒家就提出了耕作不失农时，捕鱼不用过细网，砍伐树木要按时节，春天动物孕育期不要打猎的“天地以生物为心”的思想。

由于科学技术和工业实践的迅速发展，已使得人类生存的自然环境充满了危机。因乱伐山林、破坏植被而造成的水土流失，因乱占土地而造成的耕地面积急剧缩减，因乱采矿藏而造成的资源破坏和浪费，因工业发展而引起的环境污染和生态失调等，所有这些都给人类带来了灾难。从文化观念上反省当今环境危机产生的原因，那就是疏忽了具有协调感、整体感特性的哲学、伦理和信仰。现代社会已强烈呼唤着这种观念的恢复。而儒家理想人格中天人合一观对德行的重视，对物我整体感和协调感的推论等诸多特性，无疑是当今社会需要恢复和强化的，它对解决当今环境危机具有重大的理论和实践意义。

综上所述，儒家伦理是东方宝贵的历史文化遗产，其理想人格学说可以为我们确立当代理想人格提供有现实价值的养分，其历史功绩不可埋没，现实之效用更不容忽视。

（原载《江海学刊》1996 年第 4 期）

当代人学研究的人文视野

邹广文

人学研究在20世纪的中国几经风雨，历尽坎坷，终于在即将步入21世纪的历史时刻成为哲学关注的重要主题，并为越来越多的人所认同。从一定意义上说，这是当代中国哲学真正回归自身的标志。然而进一步的问题是，在人学研究取得了“合法性”存在地位之后，应该如何确立人学研究的学科属性？人学研究在关注当代中国人的生存与发展中应该展示一种什么样的理论思维品格？与其他学科对人的研究相比较，人学研究应追求一种怎样的价值和意义？不容否认，上述问题的解决直接关涉人学研究的进一步深化，因此也是人学研究获得实际性研究成果的前提性问题。

一

围绕人学的研究对象问题，国内外学界一直有不同的观点。比较通行的观点认为，人学是“关于作为整体的人及其本质的科学”①，这种理解突出强调人学研究应面对“整体的人”，然而究竟应该怎样理解“整体的人”，又是一个有待说明的问题。如“整体的人”究竟是“人类”的整体、特定群体（民族）整体还是“完整的个人”？还是人的文化价值层面的“全部本质之和”？不同的理解则会引申出不同的人学观念。另一种有代表性的意见是强调“人学就是哲学”，对人的理解是什么样的，对世界及其哲学的理解也就是什

① 参见黄楠森主编《人学词典》，中国国际广播出版社1990年版，第1页。

么样的。① 这种观点的深刻性在于从人文价值层面确定了人学的应有视角，即人学只能是哲学的一个分支，人学研究不能游离于哲学研究的视野之外，但是，如何在这种基本价值主导下，去揭示人学在何种价值层面深化、发展了哲学，这是需要做的进一步工作。还有的学者强调：人学是“哲学的当代形态”，“哲学是时代精神的精华……当今时代精神体现为对人的强烈呼唤和关切”，因此“当代哲学应转到人的研究上来”②。这种观点在自觉的意义上注意到了人学与时代精神的关系，强调应结合时代的发展主题去研究人学，然而把人学视为“哲学的当代形态”，不符合哲学发展的现实。须知，在人类文化多元化发展的今天，当代哲学也呈现出了多元发展的态势，如生命哲学、文化哲学、环境哲学、政治哲学、价值哲学，等等，不容否认，这些哲学都从不同的层面表达着“时代精神的精华”，自然也具有不可替代的哲学意义。

应该说，上述诸种对人学研究对象的理解都具有合理性，然而都需要在一种时代视野观照下予以进一步的综合和提炼，从而对人学的研究对象进行准确的时代与价值定位。笔者认为，对人学研究对象的准确把握，在方法论层面应该实现两方面的自觉：哲学自身发展逻辑的自觉和现实时代精神的自觉。在这双重自觉观照下的人学研究，其指向应该是当代人类的生存状态及其精神建构，是对当代人类文化实践精神的自觉反省。兹作一展开论述。

哲学作为人类的自我意识理论，从古至今，有一个不断向人自身回归的发展逻辑。这诚如德国哲学家恩斯特·卡西尔所说：“从人类意识最初萌芽之时起，我们就发现一种对生活的内向观察伴随着并补充着那种外向观察。人类的文化越往后发展，这种内向观察就变得越加显著。”③ 以西方哲学的发展演化为例，古希腊哲学是素朴的宇宙论哲学，哲学的兴趣是对现实事物之存在本原和根据的把握。自苏格拉底之后，古希腊哲学发生了一种转折，人们发现对事物本原问题的合理说明，有赖于对作为认识主体的人自身的认识。

---

① 高清海：《人学研究与哲学》，《江海学刊》1996 年第 1 期。

② 韩庆祥：《我的人学观》，《江海学刊》1996 年第 1 期。

③ 恩斯特·卡西尔：《人论》，上海译文出版社 1985 年版，第 5 页。

近代西方哲学一开始就把认识客体与认识主体的矛盾关系展示出来，并且在以后的逻辑发展中，认识论一直是主旋律，康德十分深刻地提出，对客体对象的认识有赖于主体的认识能力，“先天综合判断”是人们认识事物的有效形式；20 世纪是主体论哲学的时代，与近代哲学从理性认识视角对人的主体地位的强调不同，20 世纪哲学以其鲜明的检讨反思理性的态势，试图肯定人作为主体的全面性本质，如人的情感、意志、审美、信仰等。正是在这种对人的主体地位的全面性肯定中，人学研究的价值被凸显出来。因此，人学研究说到底是20 世纪主体论哲学时代的一种哲学思考形式，它是以关注当代人的生存状态，揭示当代人的合理精神建构为自己的哲学使命的。也正是在这种人学反思中，人类的自我意识水平达到了一个崭新的发展阶段。从另一层面看，任何哲学都是时代精神的精华，当代哲学对人的热切关注，还归因于 20 世纪人类文化实践的特殊历史境遇。如前所述，检讨反思理性是 20 世纪哲学的中心议题，自 17 世纪西方第一次科技革命以来，科学理性精神为人类创造了巨大的物质财富，改变了人类物质生活的各个方面。因而理性在对宗教蒙昧取得了决定性胜利的同时，又进而成为主导人们日常文化实践的基本价值尺度，人们坚信，理性不但是认识物质自然、判定事物真假的标准，而且也是社会进步和人类进步的希望之所在。然而历史发展到 20 世纪，随着科学理性和工业文明规模的不断扩大，理性所带来的一系列负面文化效应也日趋明显，使人最为难忘的莫过于两次世界大战，人们看到，正是人类科技理性的卓越成就，酿造出了人间的悲剧。严酷的现实告诫人们，科技理性对社会文化的影响是双重的：一方面，科学理性精神可以“敦风化俗”，它的批判创造精神激发了人的创造性；另一方面，理性也在“伤风败俗”，科学打破了宗教迷信，却又代之以自己的科学迷信。

检讨反思理性，是为了还给人类以丰富生动的全面人性，20 世纪西方许多思想家都从不同的角度反思着“如何重建现代人的精神世界”“如何找回人类与自然的和谐”“如何呼唤一种当代人文关怀以利于人的全面发展”等一系列深刻的哲学主题，并通过自觉对传统哲学的清理去找回通往人文基础的道

路。如科学哲学家库恩在对科学革命的研究中得出了历史主义的结论，并由此动摇了价值中立主义立场；乔治·萨顿主张建立一种“科学的人文主义”，认为哲学应该“赞美科学所含有的人性意义，并使它重新和人生联系在一起”①，以至于在海德格尔、梅洛·庞蒂、伽达默尔、德里达、马尔库塞等人文主义思想家那里，他们的哲学思考更是在一种自觉的人文学视野下展开的。正是由于20世纪思想家们的这种哲学努力，“人学”才逐渐从幕后走到人类生活的前台，肩负起了重建当代人文精神的历史重任。

二

上面我们通过从逻辑演进和现实关注两个视角的考察可以看出，关注现实人的生存状态及精神建构，通过反思现实人类的文化实践以致力于人的全面发展，这便构成了当代人学研究的对象和主题。显然，在这样一种人学研究思路中，确立和弘扬当代人文精神是其基本的价值取向和核心，质言之，人文视角应成为当代人学研究的主导视角。从价值层面认同这样一种人学研究思路，其意义是显而易见的，这种思路是充分显示人学研究的独特品格，防止人学研究感性化和泛化的有效措施。诚然，随着人类实践生活的广度和深度的不断拓展，今天在一定意义上可以说，我们所面对的世界已是“人的世界”，从自然层面到社会层面，无一不打上人的“印记”，我们如果在这种现实时空层面来建构和思考人学的研究对象，去研究和把握“总体的人”，则可能是无所不包，不一而足——人的政治生活、人的经济生活，乃至于宗教信仰、文学创作、科学实验等。如果我们把人学研究的视角指向人的这种全面的现实活动，则势必淡化和模糊人学研究的主导视角。因为其他一些社会科学和人文学科，如政治学、经济学、社会学、文学等，都在其各自的研究领域展示着它们对人的存在与发展的独到意义。问题在于我们的人学研究应时刻保持这样一个清醒认识：人学研究作为当代哲学发展的一个分支学科，

---

① 乔治·萨顿：《科学史和新人文主义》，华夏出版社1989年版，第124页。

它只能在人的主体自我意识以及人文精神建构层面来确立自己的研究视界，只能是通过对人的现实文化活动之内在人文价值的自觉认识来建构自己的价值评判系统，从而对当代人的文化实践行为予以价值范导，以此展示人学研究的独特魅力。

这里有一个问题需要说明。也许有人会说，当代哲学的主体论思考，一个重要趋势就是由抽象的主体性到具体的主体性，人学研究不正是这种具体主体性的哲学努力吗？“具体性”不就意味着要关注人的“整体生活世界”吗？对于这种诘难，笔者认为，人学研究的确体现了“具体主体性”的哲学追求，然而“具体性”却不能等同于现实时空或现象层面的“整体生活世界”，它应是指人的人文精神世界的丰富性和全面性，是指向人的全面发展的“具体性”。人学研究只有努力向人的主体精神层面开掘，揭示当代人类文化活动的精神理想，使人的素质和人格情操有一种现代化的历史生成，才是真正为今天的“主体论”哲学时代做出了突出的贡献。否则，我们如果不注意分析把握人学研究的这种人文性特点，一味地试图把一切与人相关联的文化现实都纳入人学研究的视野中来，这势必造成人学研究的泛化。其实这种情形在目前的人学研究中已经出现了，我们看到今天的人学研究中，尽管大家都开始注意到了开展这种研究的重要性，但由于人们在关于人学研究对象问题上难以达成一种共识，便形成“你念你的经，我布我的道”的局面，这势必影响和妨碍人学研究进一步走向深化，从而导致我们很难获得有创造性的人学研究成果。

那么人学研究所确立的这种人文视角，在其具体展开过程中应体现一种什么样的价值追求呢？

首先，自觉关注当代人的生存状态，从而为人的现实存在寻找一个精神家园。

如何拯救20世纪人类的精神危机，这是当代人学研究兴起的最深刻的动因，这一点无论是在西方还是中国，都引起了人们的严重关注。传统哲学为了实现对存在的理解，或者将作为人类活动和精神方面的成就，如理性、概

念当作“最高存在”加以实体化，或者将人类活动的感性条件如自然、物质等视为“终极存在”，这种以“物的尺度”来诠释、类比“存在本性”的倾向，使哲学远离了人，成了“世界之外”的遐想，相应地，“人的存在”则为片面的理性僭妄所吞噬。这样我们看到在西方，与科学技术的进步相伴随的，是人生价值的贬值、思想观念的混乱和信仰的危机，两次世界大战的爆发加速暴露了西方文明的弊端。面对这种普遍的怀疑主义思潮在人生“荒原”上的蔓延，面对着这种科学知识与人生价值的尖锐冲突，人学思想家们在深思：道德或人类共同价值的基本规定性是什么？现代人是否还要像近代人那样，再一次忍受精神失落的痛苦去换取客观历史的进步？

由研讨科学理性与方法的特质，进而在真理层面去认同智慧与价值问题的重要，最后把关注的视角转向现代人的生存境遇和精神危机的拯救，这也许是当代人在思想领域中必须经历的心灵历程。当代人学研究的努力就在于确信这样一种价值原则：无论人类现代畸形文明的溃疡引起的痛苦与失落还要持续多久，我们仍然乐观地相信，一个重建人类理想世界和精神家园的时代已经来临，人们将在新的健康文明的基地上找回与自然和社会的和谐，找回人类心灵的内在和谐。总之，人作为自由自觉的存在，内在精神的充实圆满是其重要标志，现代人精神家园的重建就在于让每个人树立起自我的尊严、对社会的责任感和实现人生价值的使命感。

其次，自觉反思检讨当代人的文化实践方式，从而在弘扬人的超越创造意识的基础上培育一种全新的人类实践精神。

永恒的超越意识是人区别于其他动物的根本标志，人类的未完成性决定了人类永远不能满足现状而把超越的目标指向未来，人类只有追求超越、不断创造才能获得自我的发展与解放。当代人学研究应该正视人类的这种实践本性，在反思检讨现实人类的文化实践成果中，努力弘扬人的创造意识与超越精神。具体说来：第一，弘扬人的创造意识意味着要使人们自觉地摆脱对物、对人的片面依赖的不成熟状态，而积极地运用自己的主体力量，去回应环境提出的种种挑战，克服种种违反人性、违背人的目的和愿望，不利于人

的生存发展的限制和困境，以实现人类生活质量的提高和生存环境的改善。第二，在超越精神的观照下，应对当代人类文化创造的二重性本质有一种自觉认识。在人类文化实践飞速发展的今天，人们深切感到，文化作为人的对象化的活动成果，存在着与人既同一又分离、既协调又冲突的二重关系：作为手段和活动成果，文化与人是同一的、协调的，是人实现了的目的和能力；但作为独立于人之外的客观事实，文化与人又是分离的、与人的主观愿望相矛盾的。自觉意识到文化的这种二重性，我们才能在实践中注意对文化发展实施一种人文价值导向。第三，一种全新的人类实践精神，其指向应是个体与社会、人与自然的协调发展。人的自由自觉状态是人的超越精神与创造意识的集中体现，作为一个自由自觉的人，应该注意在个体的完善与价值实现的同时，努力去弘扬社会整体的文化价值，注意在利用自然和改造自然的同时去培养自然、优化自然，视自然为生命存在的家园。

最后，面向未来，应自觉把人的全面发展作为最高的人文价值追求。

人的全面发展，是马克思学说的中心问题，也是当代人学研究的核心价值取向。面对当代人类文化的现代化转折，人的全面发展问题也越来越引起人们的重视。从一般的哲学层面来看，人的全面发展是指每个个体充分自由的发展，丰富多彩的发展。通过这些发展，人的主体性得到充分的发挥，个人发展与人类社会的发展达到和谐一致，每个人通过主体自我意识而去普遍地、现实地认识到自我的价值，并在实践中充分展开自己的各种潜能。

从人学研究的人文视角关注人的全面发展问题，则应看到，人的全面发展是一个综合性概念，是作为人的基本价值追求的类特性、社会文化特性和个性在个体身上的具体统一和历史发展。全面发展的人，标示着人在自然体能、智力、道德情感、审美感觉诸方面发展的全面性与个体自由发展的内在联系。在现实实践层面，人的全面发展是对各种人的异化现象的彻底否定，亦是对实践主体特性的全面性肯定，因此，我们在人学研究中，应特别注意从一种系统的、发展的观点去理解人的全面发展。具体说，第一，人的全面发展作为主体自由的表征，在其现实实践过程中，重心在于个体的自我追求

和自我实现。每个人应该把全面发展的目的指向自身的不懈追求和创造中，以实现一种真正满足自己生命本质需要的生活，以充分展示人生的意义。第二，人的全面发展作为一个历史的生成过程，在不同的文化发展阶段上，会有不同的内容和要求。每个人应该立足时代精神，去参与和投身现实的文化实践，用深沉宏大的历史眼光和主体意识，来深刻反思现实社会的人道目标和人文精神，使个体的文化实践社会化。第三，人的全面发展也是真、善、美统一的哲学理想的现实表述。人对理想的追求，本质上就是对真、善、美的追求，即追求和创造体现着真、善、美相统一的现实生活世界。为此人们必须在生活实践领域和文化观念领域把现实世界的事物变为人的物质和精神的生活与活动的一部分，进而超越现实，用全部的理想、信念和热情投入到美好生活的追求和建设之中。

三

人学研究在当代中国具有怎样的价值和意义，这是每个思考人学问题的人都不应回避的问题。

我国自改革开放和社会转型以来，人的问题一直若隐若现地贯穿于我们的社会生活。无论是改革初期的人道主义和异化问题的研究，社会主义生产目的的讨论，还是改革深化过程中所展开的人的现代化研究和人的主体性问题的争论，都表明了人的问题是我国社会文化转型历史时期不可回避的精神关怀。而近年来兴起的“如何重建人文精神”的大讨论，更是从一个侧面把人们对人的问题的关注推向了新的高度。而这一切都表明，从哲学层面系统展开人学研究，进而建构当代形态的马克思主义人学，其条件已经成熟。但是，人学研究的人文视角要求我们在思考这一课题时，首先应有一种清醒的价值定位，以准确把握当代中国人学研究的整体路径。这具体包括以下内容：

第一，对当代人文精神的发展内涵有一明确共识，并将其贯彻到人学问题的思考中。人文精神问题作为中国20世纪90年代文化研究的热点，它是在中国社会转型的背景下展开的。随着讨论的展开，人们感到，人文精神作

为特定时代社会文化生活的内在精神，它体现了该时代社会文化主体的精神品格，表达了该时代文化生活的价值理想，因而它是指向人的主体生命层面的终极关怀，是支撑一个民族走向现代化的核心动力。正因为如此，当代中国改革的深化，必然要求在文化价值层面重建人文精神。我们的人学研究必须深刻认识社会变革与人文精神的这种内在联系，从而以一种开放的心态，以人文精神作为人学研究的主导性价值选择。这包括要站在时代的高度，重新发现和审视中国的人文精神传统；要热切关注当代中国的社会生活情势和历史命运，通过对现实人类实践生活的反思与检讨，为中国的未来发展提供一种价值参照和理想目标。

第二，努力推进当代中国社会生活的人文教化，全面增强人的现代素质。中国的现代化呼唤着现代人格的生成，因为人的现代化才是社会发展的中心目标。因此在现代化进程中，我们必须加强现代化人文教育，以促进人的全面发展。人学研究应该适应这种历史要求，努力把人文教育的实施纳入人学研究的内容之中。人文教育的目标是社会的每个人成为整体素质全面发展的现代文明人，使每个人既具有鲜明的个性意识，又具有开拓进取的人生态度，同时又拥有庄严的道德感、使命感和社会责任感。这里尤其须注意的是，在目前的社会转型中，人们的价值观念出现混乱。这无形中可能会淡化人们的理想价值追求，因此必须着力加强社会人文环境的优化，使当代中国人能真正拥有一个道德、情感和智慧融合一致的生活世界。

第三，面向当代中国的市场经济发展，通过人文精神培育为经济增长提供优秀的人力资源。任何经济实践都不是无主体的自发性行为，在某种经济活动和经济模式的背后，总存在着某种人文观念和文化意识的支配。在改革开放的今天，随着我国现代经济生活的不断拓展，人们的文化意识也在不断更新，并越来越明显地渗透于经济领域中，为现代经济的发展提供着精神动因。这从一个侧面也说明，现代市场经济作为一种高文化经济，它的运作需要具有现代意识的人力资源，因为毕竟人是生产力中最活跃的因素。而从经济与社会协调发展的角度要求，这种人类资源不但要有一流的科学知识，更

应有一流的人文意识。人学研究应该发挥自身的人文优势，通过积极的文化参与去造就和开发符合现代市场经济要求的人力资源，以保证中国的市场经济朝着健康、文明、有序的方向发展。

总之，自觉确立人学研究的人文价值视角，这既是面向21世纪人的发展与进步的必然要求，同时也是当代人学研究进一步走向深化的可能之路。

（原载《江海学刊》1997年第1期）

人学与哲学：一个再思考

何中华

1. 何谓“人学”？这是一个难以回答的问题。人学若被了解为关于人的学问，显然它并不是一种处在人文学科和哲学之外，与其相并列的独立学科。其实，在一定意义上，人学应当是一切人文学科的泛称。凡是探索人及其存在的学科，均属于人学范畴。就此而言，人学与人文学科是等价的。有人提出：“哲学即人学”。这一判断过于宽泛。哲学只是人学中的反思层面。作为人学的内核，哲学仅仅是以反思的方式为人的存在立法。

2. 人学研究现已成为一个世界性和世纪性的论题，近年来也构成我国学术界的一个热点领域。这一趋势的出现并非偶然，而是有其深刻的历史文化背景。

首先，从历史的逻辑线索看，人的自我发现经历了三次重大转折：（1）人类的诞生，标志着人的自我意识的觉醒。康德说：“人能够具有‘自我’的观念，这使人无限地提升到地球上一切其他有生命的存在物之上，因此，他是一个人”①。这种对“自我”的自觉意识，使人类在反思层面上第一次开始了对“自我”的追问。古希腊哲学家苏格拉底极力推崇镌刻在阿波罗神殿大门上的箴言：“认识你自己！”从此以后，“人”这一古老的斯芬克斯之谜就一直伴随并困扰着人类自己。（2）近代人文主义思潮的兴起，标志着人的重新发现。中世纪宗教神学的极端发展，造成了人的自我异化，使得人性被神

---

① 康德：《实用人类学》，重庆出版社 1987 年版，第 1 页。

性遮蔽起来。卢梭发出了如此感叹，“我觉得人类的各种知识中最有用而又最不完备的，就是关于‘人’的知识”[①]。值得注意的是，“人文学”“人文学者”“人文主义”这些词恰恰是在文艺复兴时代出现的。这并非历史的巧合，而是在西方社会经历中世纪之后人的自我发现的必然前奏。近代人文主义的兴起，极大地促进了人对自身的研究，但西方文化的理性主义传统，使得这种研究所采取的视角受到理性立场的限制，从一开始就蕴含着内在危机。(3）法国哲学家福柯提出“人死了”，则标志着当代人陷入了自我解构的境地。这才是人文学科真正危机的显露。因为“人之死”使人学本身的合法性成了一个悬而未决的问题。于是，人学的自我辩护被提上日程。这大概是当代人学热的一个最深刻的学理上的原因。

其次，从人类的当代境况看，全球性的市场化和技术化浪潮，正在实际地消解着人作为“人”的现实存在，它导致了人的自我遮蔽和自性迷失。作为人在肉体层面上的自我肯定方式，市场经济的泛化使人不断地向物的层面沉沦，从而游离超越的形而上学规定，遗忘人之为人的本性。市场化所塑造的交往模式把人抛入了生物学意义上的竞争和选择的情境之中，使人类所固有的动物性以最赤裸裸的方式被诱发并释放出来。技术化则使人同自然的关系越来越带有敌对的性质。全球性问题的出现，不啻是理性（科学和技术是其文化形态）走向危机的征兆。所有这一切，都造成了人之本性的遮蔽。这一事实使人的自我追问成为必要。这大概是当代人学热的又一原因。

3. 人学研究的永恒主题是什么？不同的人文学科都有其不可替代的视角，但它们在互补整合中共同指向了这样一些最基本的问题：（1）人的自我设问：人是什么？（2）人的存在的二重化：人类学本体论悖论。（3）人的自我定位：时空坐标及其意义。

严格地说，“人是什么”这一提问方式是一种本体论的设问。它不可能有某种终极答案，对它的回答也不是唯一的。按照逻辑实证主义的标准，这纯

① 卢梭：《论人类不平等的起源和基础》，商务印书馆1962年版，第62页。

粹是一个假问题。然而，逻辑实证主义所标榜的证实原则，仅仅适用于科学论域。一旦超出这一范围，一切都将另当别论。没有答案的问题并不就是无意义的。因此，人学问题必须处在科学的论域之外。只有确立起不同于科学及其表达的意义标准，人学对人的追问才会获得合法性从而成为可能。在此意义上，人学研究所面临的最根本问题并不在于给出关于“人是什么”的某种答案，而在于为自己的独特提问方式做出恰当的辩护。

人类的诞生乃是一种独特的宇宙事件。它之所以不同于任何一种其他的宇宙事件，就在于人类这种存在者一旦存在就本然地陷入二重化的分裂之中。这是人的一种宿命，也是人的悲剧性之所在。但也正因此人类才获得了超越物的层面的规定，从而具有尊严。人的肉体层面和精神层面的分裂，造成了人的存在的二元化，它们一个无法被归结和还原为另一个。这就使得人的一元存在成为不可能。这种分裂和冲突把人抛入了一种永恒的轮回之中。在一定意义上，人的存在本身就是这一悖论所固有的内在张力的展现；整个人类史则是为消解这一悖论所做的尝试和努力。就这一点来说，人学研究不过是对人的存在的二重化所造成的人类学本体论悖论的反思。

人的存在表现为特定的时空坐标。在空间维度上，人在宇宙中的位置就成为人类首先面对的问题。古希腊哲学家普罗泰戈拉提出“人是万物的尺度”，标志着人的自我中心化在哲学观念上的确立。这一定位普遍体现在不同民族的族类意识之中。几乎每个民族在其早期观念中，都把自己看作是比一切异族更优秀的民族。在西方，随着近代人文主义的崛起，人的自我中心化观念得到了进一步强化。西方文化所特有的勘天役物的征服性格，借助近代实证科学、工业技术和殖民政策，表现得空前突出。然而，以理性自我为中心的存在格局已经日益遇到深刻的挑战，受到某种矫正。

首先，理性本身的进展使人的自我中心化结构面临着内在危机。以哥白尼“日心说”为标志的天文学革命，改变了“地心说”所代表的那种把人类家园当作宇宙中心的传统观念。以达尔文进化论为标志的生物学革命，进而弥合了人与自然之间的鸿沟，打破了人类的自我优越感，消解了人的至上性。

以弗洛伊德精神分析学说为标志的心理学革命，则凸显了人类行为的无意识和潜意识层面，从而使理性自我的独断地位发生动摇。经过这三次冲击，人的自我中心化结构开始走向消解。

其次，人的自我中心化的危机更深刻地则是来自理性本身自足性的破缺。哥德尔不完备性定理逻辑地证明了理性符号系统无法自明地给出其逻辑前提。这一特点使K. 波普尔坦率地承认，“我的理性主义不是自足的，而是依赖于对理性态度的非理性信仰，我认为我们无法超越这一点”①，因此，“现代科学的局限是：每个臆说必然是一个假设，也就必然失去了它的绝对性”②。同时，理性并不能解决价值问题。对于理性来说，价值属于它的盲区。理性既无法提供人类的终极关怀，也无法给出“应当如何”的当下选择。因此，“科学知识不能给人生提供目的”；而且，“科学不能回答关于它本身意义的问题”③。此外，科学认知领域所蕴含的悖论（如量子力学中“测不准原理”所显示的认知悖论），以内在的方式凸显了理性能力的有限性。悖论乃是理性极限的表征。因为在理性视野内它是荒诞的、应当被消除的，但在理性范围内它又是无法被超越和克服的。理性自足性的破缺，瓦解了唯科学主义的基石，为打破理性自我的独断地位提供了契机。

在时间维度上，人的存在面临着生死问题。“死”具有浓厚的形而上学意味。对于人来说，“死”的意义远远大于肉体生命的终结这一生物学事实本身。因为只有死亡之镜才能映衬出生存的意义，从而使人向死而生。在这一绝对可能性同时又是绝对不可能性所决定的境况中，人们对自我存在的探究才成为必要和可能。就此而言，人的存在意义的赋予，恰恰源于对死之虚无的巨大恐惧和深切领悟。“死”之形而上学意味还在于，死亡事实上构成人摆脱生存悲剧性的唯一可能的途径。人的本体论悖论及其所引发的冲突，只有在死亡那里才能够被消解（不是解决）。一旦超越肉体层面而把死亡的意味升

① K. 波普尔：《猜想与反驳》，上海译文出版社1986年版，第509页。

② K. 雅斯贝尔斯：《真理与科学》，《哲学译丛》1964年版，第5期。

③ 同上。

华为一种哲学洞见，那么它就成为人们走向超验性的契机。因为对死亡的领悟，使人们能够实现由“参与者”向“旁观者”的角色转换，从而进入“以道观之”的本体澄明之境。古希腊哲学家毕达哥拉斯极力推崇“旁观者”，苏格拉底则主张追求智慧的人所做的应是“像死了那样看待一切”（《斐多篇》），其目的无非是达到“神目观”（God's eye），即像上帝洞察一切那样超然物外、审视大全。用中国哲学语言说就是“去执”“无待”“独化”，即超越一切相互对待关系以达到消解一切对象性的绝对本体。人始终无法逃避对本体境界的追寻，这是人的宿命。正因如此，它也成为人学的一个永恒主题。

4. 人学本身所蕴含的悖论在于：人的自我设定同人的不可定义性之间的二律背反。一方面，人必须自我追问、自我设定，以便使自己成其为“人”，同时这也是人学成为可能的前提。另一方面，人及其存在本身所特有的生成性，又决定了人是无法被先验地预设和把握的，从而人的自我追问和定位又永远不会有结果。

诚如赫舍尔所说：“自我认识是我们存在的一部分”①。自我意识本身参与了人的自我生成，因此，人的自我追问对于人的存在来说，就成为一种本然的前提。正是这种通过自我追问表现出来的自我意识，成为人不同于一切非人存在的一个内在标志。无论是对于个体来说还是对于一个民族来说都是如此。荣格通过心理学研究认为，人的自我意识同其个性化是同一过程的两个方面。在他看来，“一个人的意识逐渐变得富有个性，变得不同于他人，这一过程也就是所谓的个性化（individuation）”。而“个性化的目的在于尽可能充分地认识自己或达到一种自我意识”②。同样地，一个民族的自我意识类型也深刻地制约着该民族文化传统的历史生成和塑造。例如，中国文化自古以来就把有无德行作为人与动物的分野，而西方文化却把有无理性作为人同动物相区别的标志。这种自我意识类型的不同，极大地影响了中西文化的各自建构。把德行作为人的本质的预设，衍生出了道德本位主义传统，所以中国

---

① A. J. 赫舍尔：《我是谁》，贵州人民出版社 1994 年版，第 6 页。

② 参见 C. S. 霍尔等《荣格心理学入门》，生活·读书·新知三联书店 1987 年版，第 31—32 页。

文化具有浓厚的伦理特征。西方文化把理性作为人的特质，则孕育了它的悠久的科学主义传统。这在一定意义上可以解释近代科学为什么未能在中国产生这一“李约瑟难题”。在对人性的预设上，中西文化也存在着很大差别。中国文化在总体上更倾向于性善论的假定，西方文化则更倾向于性恶论的假定。这两种截然不同的假定演绎出来的政治结构和体制，也呈现出深刻的差异。以儒学为代表的中国传统文化，主张德治仁政，追求政治与伦理的一体化，从而缺乏权力制衡机制的设计，所以很难避免由人性恶所造成的专制主义后果。西方文化基于性恶论而建立起来的民主与法治的政治模式，强调外在约束，最后形成三权分立的权力制衡体系，但相对地忽视了道德在政治上不可替代的作用。中西文化之间这种利弊互现、长短互补的关系，恰恰说明一个民族的自我解释对于这个民族的文化塑造是至关重要的。

但是，人又是宇宙中唯一没有先验本质的存在物。就此而言，人又是不可定义的。因为人一旦存在，就开始处在不断制作中，因而是不定型的、向未来敞开着的可能性。正如萨特所说的：对人来说，“不存在 a priori 的本性；所以，人是什么还没有确定”①。值得注意的是，存在主义哲学家大都指出了人的生成性特征。这大概同存在主义的根本预设有关。“存在先于本质”的命题，意味着一种生成论的理解方式。它同黑格尔的“本质先于存在”形成鲜明对照。黑格尔的理解体现着一种预成论的、封闭的、完成了的视野。

人的不可定义性与人的自我设定之间悖论的存在，其意义并不是消极的。相反，人学恰恰是在这一悖论所显示的二律背反的张力结构中获得了展开自身的动力和意义空间。另外，经验与超验、生成与预成之间悖论的消解，在观念层面上只能诉诸哲学。这也正是人学最终必须从哲学那里援引自己的逻辑悬设和精神资源的根本理由所在。

5. 哲学与人的存在之间具有一种内在的始源性的本然联系。因为人是宇宙中唯一能够追问在者之在的在者。他因此才成其为“人”。而这种追问本身

① 萨特：《存在主义是一种人道主义》，上海译文出版社 1988 年版，第 47—48 页。

就显示为人的形而上学本性。在此意义上，人乃是形而上学动物。因此，哲学就是人的广义的存在方式。马克思的哲学观昭示我们，那种“被抽象地孤立地理解的、被固定为与人分离的自然界，对人说来也是无”①。显然，马克思在这里并不是否认物质自然界的实际存在，他所谓的“无”不是说外部世界变得“空无一物”（nothing），而只是说这种与人的存在无关的抽象的物质自然界的设定，对于哲学视野来说没有意义。

也许，上述阐释会立即引起某些人的质疑，他们可能指出马克思在《德意志意识形态》中提到的“外部自然界的优先地位”问题。其实，细读马克思的那段论述就不难发现，马克思只是在自明前提的意义上肯定这种“先于人类历史而存在的自然界”的，而且他明确区分了这种作为前提的自在自然同那种通过人的实践活动生成的自然②。事实上，自然界的优先性，不过是一个经验的事实，它的意义仅仅在于表明“没有自然界，没有感性的外部世界，工人就什么也不能创造”③。当然，在实证视野内和人的经验存在的层面上，确认这一点就带有根本预设的意义。正如爱因斯坦作为一位科学家所坦率确认的那样，“相信有一个离开知觉主体而独立的外在世界，是一切自然科学的基础”④。然而，马克思的旨趣并不在于此。马克思所选择的哲学视野，决定了他并不是用一种经验态度和知识论立场来确认自然界的存在，而是通过回到人的现实存在（即实践）来消解人与自然界之间的对象性关系。确如国外学者所指出的：“马克思对自然问题不是从自然科学的角度，而是从概念、批判意识的角度加以探讨的。⑤”所谓“从概念和批判意识的角度”，也就是从逻辑的视野而不是从发生学的视野，从实践批判的立场而不是从对象性直观的立场去看待这个问题。这种观点更接近马克思的原意。

6. 反观我国哲学研究现状，不难发现存在的误区。其中最大的缺陷在于

① 《马克思恩格斯全集》第42卷，人民出版社1979年版，第178页。
② 《马克思恩格斯全集》第3卷，人民出版社1956年版，第50页。
③ 《马克思恩格斯全集》第42卷，人民出版社1979年版，第92页。
④ 《爱因斯坦文集》第1卷，商务印书馆1976年版，第292页。
⑤ N. 莱思：《马克思的科学哲学和科学辩证法》，《国外社会科学动态》1987年第3期。

哲学对人的存在的疏离。它妨碍了我们对马克思哲学精神的领悟和把握。结果要么拘泥于马克思“文本”的个别词句及其表层语义，而遮蔽或遗忘了它所负载的丰富意蕴；要么就是用一种前马克思的立场（旧唯物主义）来解读马克思，使我们陷入一种尴尬境地：一方面抽象地肯定马克思在思想史上实现的伟大变革，另一方面却又实际地否定马克思对前人思想的真正突破。于是，马克思所宣布的“新唯物主义”之“新”便荡然无存。其后果是：在理论上，我们总是以一种经验的方式去谈论超验问题，亦即用非哲学方式去看待并解决哲学问题；在实践上，“人”的“缺席”和“退场”，使得哲学日益敌视人，从而现实的人变成哲学所宣布的抽象必然逻辑赖以展开自身的抽象符码。人一旦脱离本体地位和目的性规定，就不可避免地沦为手段性存在。因此，人的工具化恰恰是哲学疏远人的存在的必然后果。

7. 离开人的存在，哲学就不可能再追问在者之在，而只能局限于对在者的关注。而把握在者的唯一可能的方式就是经验的实证视野，科学理性足以满足这种把握的需要。因此，目前国内哲学研究领域存在着明显的实证化倾向。其主要表现是：在研究框架上选择发生学和还原论模式；在论证手段上选择经验事实的证明；在表征方式上选择形式化的表达。

8. 从宇宙演化史和生物学描述角度来追溯人类精神的经验前提和历史起源，这是一切旧唯物主义的做法。问题在于，我们在阐释马克思哲学这一新唯物主义思想时，沿用的仍然是这种发生学视野。这不仅误解了马克思，而且陷入了一种经验的谈论方式。用这种方式去处理哲学问题，就不能不导致这类混淆，即把前提和理由混为一谈。于是，“某物如何生成和怎样存在”同“某物如何可能”就变成两个完全等价的问题了。其实，这两种提问方式显示的乃是完全不同的境界和视野。前者只是描述性的，后者才是反思性的。这种基本的混淆使哲学研究者在很大程度上把反思降低为反映，把形而上学追问还原为科学式描述。例如，在对精神本质的阐释上，似乎揭示了它赖以发生的前提，描述了它的起源，就等于给出了精神的本质规定和它所以可能的理由。实际上，精神现象的复杂性不在于它的存在取决于什么，而在于它所

包含的无法被还原和归结为物质的规定。这正是旧唯物主义难以驳倒唯心主义的地方。一切人造物在物质层面上无疑是自然界的一部分，但它所凝结的人的意志规定，却是为自然物质本身所无法充分解释的。这一特点造成了它的不可逆性和不可还原性。由于未能摆脱经验视野对哲学的桎梏，直到今天仍然有人宣称："'人是什么'是个只能由科学而不能由形而上学来回答的问题。……现代科学已经向我们昭示，人的一切属性和特征都能够从科学上找到答案。①"这种科学式的自负与佞妄，使得固守于它的人难以真正领悟形而上学问题，因而任何在这个意义上展开的争论对于真正的哲学来说总是缺乏建设性。所以，不解除经验视野的"洞穴假象"，就无法赋予哲学以合法地位，从而也不可能真正拯救哲学，恢复其本应具有的睿智和洞见。

9. 在论证手段上，人们在哲学研究中往往选择经验事实的证明。从根本上说，问题的提问方式已经预先规定了问题的回答和证明方式。经验式的提问，必然要求实证的证明。其实，"举例"具有"说明"和"证明"两种功能。前者属于修辞，它取例子的象征义，即让人通过喻指来获得某种暗示，以便领悟文本的底蕴，其作用就像维特根斯坦所说的"梯子"。后者则属于逻辑，它取例子的指称义，其作用在于使命题获得充足的理由，以证明一种陈述为真。但是，经验事实的这种证明功能是极为有限的。因为它只是在单称判断的情况下才有效。正如K·波普尔的证伪主义科学观所指出的，"凡天鹅皆白"这样一种全称判断就无法由经验归纳来证明。因为有限的经验事实永远无法排除出现非白天鹅的可能性。迄今为止，"归纳跳越"所造成的证明困境在逻辑上并未出现被克服的征兆。因此，以把握无限、永恒、绝对为旨归的哲学，根本不可能借助经验事实来获得证明。诚然，哲学在其表征中也需要举例，但问题在于它的作用只是说明而非证明。在这方面，黑格尔的做法就具有启发性。在《逻辑学》中，黑格尔也运用一些生动有趣的例子，但他并不以此作为理论的证明，而只是用它们来启迪人们洞见辩证法的深邃意蕴。

---

① 杨友成：《科学世界观与形而上学世界观的较量》，《哲学研究》1996年第8期。

例如，他就曾使用数学上的事实来说明“坏的无限”（知性的）和“真正的无限”（辩证逻辑的）之间的区别。黑格尔以2/7为例，认为这个分数式在形式上是有限的，在其展开中又表现为一个无限开放的小数值0.28571……正是这种有限与无限的统一，才构成他所谓的“真无限”。显然，黑格尔只是利用实例来暗示和诱导人们真正领悟辩证法范畴而已。他所援引的实例带有象征和隐喻的意味，其功能乃是说明而非证明。在哲学讨论中，如此运用例子才是恰当的。

10. 哲学固然离不开表达，但有其独特的表征方式。尽管哲学所追寻的本体澄明之境，乃是无法用指称性的描述语言来表征的，但哲学仍然需要说“不可说”。这正是哲学存在的理由。因此，选择一种怎样的表征方式，是哲学的自我建构所无法回避的问题。大概是受到西方分析哲学的影响，加上科学技术革命浪潮的冲击，以及消极地总结以往哲学在表达上的教训，早在20世纪80年代初，就有人主张“哲学也可以定量研究和实验研究”①。其目的就是追求哲学研究和哲学表达的形式化、定量化。值得指出的是，这种观点在今天已不仅仅是一种主观意向，而且已成为某种实际的尝试。例如，有人特别欣赏对哲学术语的词源学追溯，试图以此来寻求本义的凸显。殊不知，哲学范畴更多的乃是在引申的意义上被使用的。转义与本义之间的解释学距离，恰恰为意义空间的开放性提供了适宜的语义学根据。因此，意义的还原反而有可能脱离哲学的特定语境，从而遗忘或遮蔽对于哲学来说具有真实意义的东西。分析哲学为整个哲学设计的“诊疗学”方案，其作用是十分有限的，而且也仅对科学的陈述才是有效的。有人认为维特根斯坦主张哲学只是一种澄清语义的技巧，从而拒绝形而上学。这是一种误解。诚如马尔康姆所说：“维特根斯坦没有排除形而上学的东西；毋宁说他排除的是陈述形而上学东西的可能性。②”而任何指称意义上的陈述，都不过是一种科学的话语方式，它总是包含着形式化表达的可能性。还有人提出“哲学操作”问题，并把操作

---

① 童天湘：《哲学也可以定量研究与实验研究》，《读书》1981年第11期。

② N. 马尔康姆：《回忆维特根斯坦》，商务印书馆1984年版，第103页。

模式概括为：

存在着思想需求 X，

有思想方法 a，b，c，…n，

为满足 X，a 是唯一的和最好的。①

耐人寻味的是，“操作”的结果却是所谓“无立场的思想”，实际上是完全拒绝了形而上学的可能性。由此可见，哲学的形式化努力，从根本上解构着哲学的形而上学本性和意味，从而使哲学不成其为哲学。

11. 哲学的上述实证化倾向，归根到底乃是由于把超验性混同于经验性所致。这一倾向给哲学研究本身带来的直接后果主要有两个：一是在目前的哲学讨论中存在一种回到现象、回到事实、回到具体的做法。应当承认，它对于打破过去曾经盛行的教条主义偏执，具有某种积极意义。但是，如果将其绝对化，就有可能走向另一个极端。这种做法往往为论证某种策略上的选择之合理性，而不惜牺牲哲学原则。这就无法避免在现存事物面前丧失判断能力和批判精神，甚至陷入实用主义的泥淖。有人就曾援引黑格尔“凡是现实的就是合理的”命题来为现状作辩护，但他是在误解的意义上使用的，即把黑格尔所谓的现实当作现存事物来加以肯定。二是种种所谓“应用哲学”的泛滥，降低了哲学的品位。这无论是对于哲学本身的建构来说，还是对于人们的实践操作来说，都是一种不幸。过分强调哲学的实际应用，就有可能取消哲学与时代、哲学与经验事实之间必要的距离感，从而妨碍哲学思想本身的目的性追求。目前社会文化生活领域之所以出现理想主义的式微和英雄主义的没落，一个学理上的原因，就在于这种哲学态度的经验化取向。它使得人们放弃了对绝对性的捍卫和对超验性的肯定，从而跌入了经验的陷阱。

12. 那么，走出上述哲学误区的出路何在呢？一条可能的途径就是使哲学重新回到人的存在本身。而这种向人的复归，有赖于哲学对人学的借鉴。人

① 赵汀阳：《哲学操作》，《社会科学战线》1996 年第 1 期。

学对人的此在本身的关注，无疑能够为哲学亲近人的存在提供一种恰当的契机。它构成哲学与人学之间展开积极的建设性对话关系的一个重要方面。只有回到人的此在性，才能恢复哲学视野的超验性。首先，对人的独特存在方式的领悟，有可能塑造和培养一种真正的哲学致思取向，因为人的存在的非预成性特征，使得经验的描述成为不可能。其次，人的此在的有限性，使人能够设想也必须设想人的“缺席”之情形，从而改变自己的存在角色，由“参与者”转变为“旁观者”，以摆脱一切相对规定的羁绊，达到对绝对境界的体验和领悟。于是，“在者”之隐退也就意味着“在”的澄明。最后，人的存在对于人本身来说所具有的本根性，消解了一切对象性的规定和知性逻辑架构，使实践成为不可还原的始源性和本然性规定。这就从“元”（meta）层面上消解了经验的因果还原和追溯，从而使超验的把握方式的确立成为可能，同时也成为必要。可见，哲学复归于自身，就必须返回到人的存在。这是哲学实现自我拯救的唯一出路。正是在这个问题上，人学及其特定视野对于哲学完成这一使命，具有不可忽略的启示价值。

（原载《江海学刊》1997 年第 3 期）

论人学模式的“创新”构架

——哲学与经济学人性模式的比较分析

杨俊一

关于人的研究，从文化史的角度可以简要地划分为“人道”和“非人道”（非人道并非反人道）两种类型。“人道”的类型属于人文学科研究的范畴；“非人道”的类型属于自然科学。在“人道”的研究层面，有的侧重于规范研究，如哲学、伦理学；有的侧重于实证研究，如经济学、管理学等。如今，中国学者所提出的“人学”更多指向“人道”研究的层面。总的倾向是试图把“规范”研究和“实证”研究结合起来。在具体的操作中，经济学、管理学借助于哲学的概念比较“自然”；哲学、伦理学诉诸经济的“模型”则较为鲜见。它表明二者对人的研究方式还存在着很多差异。通过二者研究方式类型差异的比较分析，提出人学研究模式的“创新”构架是本文的主旨所在。

问题的提出：何谓“现实人”

1. 中国学术界对“现实人”的“通行”看法。哲学对人的研究是一个说来话长的题目，但自从马克思主义哲学“本土化”以后，学术界几乎都认同“现实人”这一解释构架。对于怎样才算“现实人”，虽然没有实证性的“细化”说明，但有两点却非常明确：其一，吃、喝等行为不是“现实人”的行为，因为这是17世纪、18世纪乃至费尔巴哈的“自然主义”以及“自然人本主义”的“人性模式”，即“自然人”。其二，理性选择等行为也不是“现实人”的行为。因为它是“唯理论”直至黑格尔“理性主义”的“精神人模

式”，即“理性人”。这两种“人”都可以用一个笼而统之的词加以概括——抽象。任何关于人的研究，只要被冠以“抽象”一词，都被视为“片面”的同义语。唯一可以被视为“现实人”的定义是“经典”教科书中“生产关系总和”的概念。这一定义实际上把“现实人”理解为“经济关系”的存在。但“现实人”在经济关系（生产关系）中是如何“发生”的，怎样在生产、交换、分配、消费诸环节中“生成”，并没有得到系统的说明。只是以经济关系为背景，把人的本质规定为“阶级性”。在此基础上，探讨“阶级人”与“所有制”的政治关系，提出了人性发展的政治目标。这一目标有两层含义：其一是现实目标——“革命人”；其二是理想目标——“全面人”。

2. 具体学科对人研究的几种有代表性的观点，随着具体学科的发展，“人”日益被具体学科“分解”出来。虽然具体学科对人的研究不一定是哲学界所认同的“现实人”或有“片面性”之嫌，但具体学科对人研究的成果及其对世俗生活的应用，给人的感觉似乎越来越“现实”，反而哲学界关于人的“经典”定义似乎显得越来越“抽象”。至于这种“感觉”是否正确，暂且不谈，仅就目前“哲学文章”中使用具体学科“……人”等词汇的日益增加而言，至少证明，具体学科关于“人”的研究成果，对哲学的影响越来越大。它表明，哲学与具体学科关于人的研究存在着“互补”的可能性。但“互补”的前提是首先确认“差异”的合理存在，而不能简单地把“差异”视为“片面”。实际上，正因为具体学科对“人”的研究存着这种“差异”，才使每个具体学科对“人”的研究获得了存在的权力。

A. 心理学对人的研究。心理学对人的研究以行为科学的成果对经济社会的影响最大。行为科学的理论假设非常简单，不过是一个日常生活中的心理经验：“刺激—反应”。到后来发展出一个“刺激—选择—反应”的三元理性模式。但其意义除了知识论的层面之外，更重要的是把这一简单的行为模型应用于行为控制的研究。“刺激”被拓展为各种“激励—约束”的信号，“选择”被拓展为理性的或非理性的“决策”机制。“反应”被拓展为以人性目标为根据的不同层次的实现方式。行为科学的这一研究成果，被广泛地应用

于社会生活的各个领域。以至于今天改革开放对企业经营“转轨”机制的探讨，“信息—决策”机制、“激励—约束”机制成了最时髦的提法，应用起来也颇见成效。没有理由说，心理学对人的研究不“现实”。但把心理学所设定的“人”说成是“自然人”（生物人）、“理性人”，还是“社会人”呢？不太好归类。

B. 社会学对人的研究。社会学对人的研究似乎与大陆“正统哲学”的提法颇为接近，至少在“社会人”这一概念上有一致的地方，即人是社会的产物。但细究起来，出入也比较大。社会学虽然研究的是社会行为，但其出发点却是个人。群体行为被看作个人行为的“放大”。沿着“个人—社会化”（家庭、学校、群体、组织、社区）行为的思路研究人，其目的是对社会冲突的控制和协调。社会学通过统计调查的方法对行为选择的概率趋势进行研究，日益引起人们的重视。社会学虽然研究的是“社会人”，但其对“社会人”研究的模型更多是从“个人”行为的微观模型中“类比”衍化而来。抛开其概率的研究方法不谈，仅就其对“社会人”的定性研究来看，与“正统哲学”逻辑设定也有很大的差异。分歧的焦点在于：个人在社会关系中到底应如何“定位”。

C. 经济学对人的研究。如果说分歧，恐怕今天的市场经济学对人性的假设与“正统哲学”最不相容了。市场经济学为了论证其“看不见手”的原理，“明目张胆”地假设“经济人”，即以利己为动机的“理性人”，即以最小代价换取最大利益。市场经济学从研究人的需求和满足入手，但对需求和满足都做了一定条件的限制，即把需求和满足纳入到价格机制的运作中加以理解。需求不是一种逻辑演绎的可能性，而是有“支付”能力的需求；满足不是概念推演的“合题”，而是一定“价格”下的供给。生产者在一定的价格机制下追求盈利最大化；消费者在一定价格机制下追求效用最大化。在“看不见手”的作用下，生产者与消费者在价格竞争中获得平衡。按照“正统哲学”的观点，“经济人”“理性人”的观点无疑具有“自然主义”和“理性主义”的色彩。但市场经济的经验却表明，“经济人”的研究假设，具有很强

的“现实性”。

3. 提问的答案：所谓“现实人”实质是“时代人”，即时代精神所凝聚成的人性特质。这一论点以如下思路为根据：“现实人”首先是个人，用莱布尼茨的话说，“单子就是世界”。人性无限丰富的特点都凝结在个人身上。其次，不同学科研究个人的某一方面的关系，就构成不同学科某一特定“人性模型”下的“现实人”。例如，研究个人的心理行为结构形成行为科学的“现实人”；研究个人的社会关系结构形成社会学中的“现实人”、研究个人经济关系结构形成经济学中的“现实人”。但不管何种学科，从何种角度对人进行研究，都以个人行为结构的简单模型为根据，区别只在于研究个人行为表现方式的层次，复杂程度的不同而已。最后，个人的哪一方面的特质被“孤立”出来作为特定学科的分析对象取决于时代精神的要求。因为科学的发展起源于不同时代的“需要”，而对“人”的研究也必然带有时代“需要”的特点。例如，把人看作“机器”和把人看作“自我实现”，显然具有不同时代精神“需要”的背景。

人性模式差异的比较分析

人性模式的差异有许多种，从时代精神的“需要”来看，哲学与经济学人性模式的差异最有代表性。如果把二者“差异合理性”互补起来，会给人性的综合研究带来“新思维”。另一个理由是因为哲学是今天“坚持”最多的学科；经济学是今天“发展”最快的学科。二者的比较或许会带来“时差”效应。

1. 哲学的人性研究模式。哲学对人的研究，其总体构架，基本是两个对立的形而上学的逻辑“质点”。其一是人性善；其二是人性恶。从哲学“逻辑”的角度看，无论是“人性善”，还是“人性恶”，其本身很难构成逻辑的“演绎”实体，只有使之与人的存在模式结合起来，才有意义。“人性善”作为逻辑“质点”，形成“义务论”的人性存在模式。“人性恶”作为逻辑“质点”，形成“目的论”的人性存在模式。但无论是“义务论”，

还是“目的论”，在其伦理实践中，其原则都无法贯彻到底。“义务论”最终不能解释“道德人不幸福，幸福人不道德”的矛盾，不得不引进“灵魂不朽”的形而上学设定。“目的论”无法解释“人对人是狼与社会平衡发展”的矛盾，不得不引入“克己原则”作为约束条件。尽管在哲学的思想发展中，提出过各种人性模型，如“机器人”“自然人”“理念人”“社会人”等，但其本身都没有构成独立的“人学”研究对象，都是一种解释人的“伦理存在”，“社会存在”，“政治存在”，“经济存在”乃至“阶级存在”的“研究理念”。从“元哲学”的角度看，这些人的存在模式，基本都是关于人的存在“形式方面”的研究，而不是“内容”方面或“实体—属性”的研究。因此，哲学对人的研究方法，更多的是理论勾玄的思辨，而不是实证经验的概括。在本质上没有超出“正、反、合”的三段论模式，即“人—非人—人”的模式。哲学的研究方法虽然是思辨的，但不是无意义的。其意义就在于对不同时代人的存在状态进行“批判”地反思，提出超越于人的现实存在的理想标准和揭示其他具体学科人性假设模式的非完备性。总之，哲学研究方法的作用在于提出时代精神对“人”，“此在”的一种“后理解构架”。其目的是为“人的现实”和“人的理想”的时空“间距”，寻找一种可接受的“解释”。

2. 经济学的人性研究模式。经济学对人的研究与哲学的区别首先是文化的，其次才是方法的。所谓文化的是说，经济学在某种意义上是“文明学”。而现代文明开端于西方。现代经济学的标准“教本”是西方经济学。因此，经济学对人的研究不能不受西方文化的影响。西方文化不论从其发端的地域还是受希伯来文化的渗透来看，对人的总体观照至今仍受“原罪观”的影响。“人性恶”是其变化的总体“惯性”。但是与哲学不同的是，其对人的研究虽受“文化—哲学”的模式影响，但把哲学的“命题”“转译”成了“经验研究”的对象。如“人是机器”作为哲学命题具有反宗教的意义，但作为经济学的假设却引发出对人的“动作研究”。其目的是如何合理地配置“人—机”系统，提高工作效率。“人是机器”的哲学命题在动作研究中把人看作一种

“会说话的工具”。影片《摩登时代》中的“卓别林”就是这种“工具”的形象化的表现。到了20世纪30年代，“霍桑实验”纠正了“人是经济动物”的看法，提出人是“人际关系存在”的观点，即所谓的“社会人”。在“社会人”的行为结构中，经济收入只是其追求的一个层次，人的积极性还取决于人际关系的社会状态。由此引发了一场“经济组织”的“创新”运动。人的归属感和认同感的沟通成为“组织设计”的重要参量。人成为组织动作中的主体。但在“社会人”中，人的主体“自由度”只是在人际关系中得到量度。西蒙的“决策人”和马斯洛的“自我实现人”，才使这种“自由度”得到了极致的阐释。在其中，“创造性”和“成就感”成为对人“激励”的内生变量。人的主体性经过“收入”“人际关系”的“外在激励”直到“自我创造”才真正回归于个体主体的内部动力机制上来。与此相应的“组织”的激励与约束机制也发展为以“人”为中心的“结构设计”。这种以“人”为中心的“组织设计”从经济组织、社会组织直至文化组织的“外延”建构，形成了整个社区的“核心人”的模式。微观组织有效率，宏观组织协调，整个社区的发展既“合乎人性”，又“合乎规范”。二者的结合，促进经济社会的发展协调有序。

3. 人性模式的差异性比较。

（1）哲学与经济学人性模式差异特征可以直观地概括为以下几个方面：

哲学与经济学人性模式的类型差异

类型差异凸显特征	人性模式的差异类型	
	哲学模式	经济学模式
人性设定	性善、性恶人是“大全”	谋利人（x、y、超 y）人性模型
研究方法	思辨演绎 特征分类 本质分析	经验考察 现象描述 功能分析

续 表

类型差异凸显特征	人性模式的差异类型	
	哲学模式	经济学模式
调控方式	价值标准 形式规范 理念引导	因果关系 属性规范 行为机制
研究目的	社会伦理水平 社会变革	社会经济效益 人力资源配置
意　义	理想社会	公平社会

（2）类型差异比较的几点结论：

A. 哲学与经济学人性模式的差异比较表明，哲学主要探讨“人应该怎样”及其特征；经济学主要探讨“人如此行为”及其机制。“人应该怎样”有脱离现实时空“人如此行为”约束条件的可能，容易导致某种“空想”；“人如此行为”有可能缺乏“未来”的选择，限制其“理念”的想象力，使“人”成为一种“异化”的存在。二者“互补”的“综合”可以“创造”出“应该”与“如此”行为结合的存在模式。

B. 对“人”的“大全”式研究，无疑是哲学的职能。但这种研究要想面对社会，除了阐释其理念的“公设”之外，还必须和时代精神对“人”的要求结合起来，侧重于某一时代下人的“特质”研究。否则只能解释“为什么”，却不能解决“怎么样”的问题。当年马克思提出“自觉自由人”的“公设”后，并未浅尝辄止，而是进一步凸显人的“社会关系”特质的分析，把人的自由和“自然力解放”“社会关系解放”“思想观念解放”的历史进程结合起来，才有了现实意义。

C. “人”是一种多向度的存在。因此，人学的研究，必须是经济的、社会的、伦理文化的综合考察才能超越于具体学科之上，获得其“存在”的意

义。这就需要从人“学”的角度进行带有“体系”性质的研究，才能使“人”作为“综合”的存在，有合理的根据。否则，只是某种“意见”——或在“形而上”中求“下”，或在“形而下”中求“上”，而不是“科学理论”的探讨。

人学模式的“创新”构架

所谓“创新”，是从人“学”的角度建立“人学”的操作“构架”，不只是一般地在哲学层面上研究人与自然、人与人、人与思想文化的关系。主要在这种“形式关系”的探讨之下，进一步研究人作为“实体”所表现出来的具体职能和功能。它既包括“人性”发展的“理念指导”——“应然”；也包括“行为互动的调控措施”——“实然”这两个方面的环节于其中。以此为根据，笔者认为，人学研究主要包括三个方面的基本问题：（1）为什么：主要是对人的本质研究的“理念”探讨和人性假设的“模型”分析。（2）怎么样：主要是对人的实证行为或经验行为的功能分析，这些功能所以可能的条件，功能调控的方式及其运作机制。（3）应如何：主要是在“为什么”和“怎么样”的反差中对人性行为的价值与规范进行研究，探讨价值行为如何强化的可能性。人学研究构架可以图示如下：

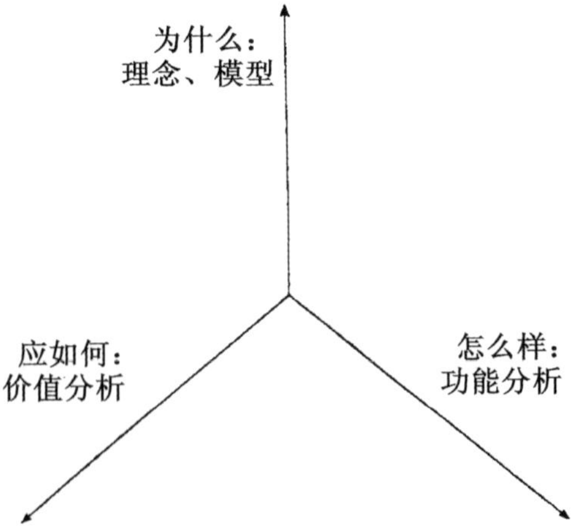

首先，为什么：理念、模式。人学研究的“为什么”侧重于人的存在和发展内在之理的层面，提供人的存在和发展所以可能的内在根据。它包括以下两个方面的内容：

第一，理念建构。研究人在宇宙中的地位和作用。以时间维度为根据，可以划分为三个方面。过去：人为什么成为万物之灵长。它涉及人与自然的关系、人与“上帝”（信仰）的关系。现在：认识人本身，研究人的存在方式各种要素的结构与功能；探讨人存在的现实形式。包括其一，人的意志—伦理结构；能力、智力—行为结构；情感—审美结构。其二，个体—群体的交往结构；组织—制度的协调结构；契约—律法的规范结构。其三，效率—公平的动力结构；平等—自由的权力结构；权利—义务的规则结构，等等。

第二，模式假设。对人研究的“科学性”或“准科学”的有效方式是建立“假设模型”，这种模型可以是一元的，也可以是多元的。之所以强调多元性是因为“现实人”的测度是多方面的。如果说，现实的世界是“人的世界”这一抽象假设成立，那么，任何人的存在领域都是“特殊”的。如果一个人的“假设模型”得到经验的证实，就具有“领域”的真理性，或具有学科的“真理意义”。

其次，怎么样。功能分析。从不同层面研究人的“特质”，其行为的规则是不同的，功能也不尽一致。与此相应，促使其行为强化或弱化的机制也有所区别。它包括以下几个基本层面的功能分析。

第一，人经济行为的功能分析。经济行为的功能分析包括：其一，效用最大化的分析；其二，盈利最大化的分析；其三，等价行为的分析；其四，公平行为的分析；其五，人力投资的功能分析；等等。

第二，人的社会行为的功能分析。社会行为的功能分析包括：其一，社会化与个性化行为的分析；其二，群体与组织行为的分析；其三，交往与制度化行为的分析；其四，冲突与控制行为的功能分析；其五，阶层与社会流动行为的功能分析。

第三，人的政治行为的功能分析。政治行为的功能分析包括：其一，政

治利益和阶级行为的功能分析；其二，政党与国家行为的功能分析；其三，革命与剥夺行为的功能分析；其四，立法与调节行为的功能分析；其五，“越轨”与管制行为的功能分析。

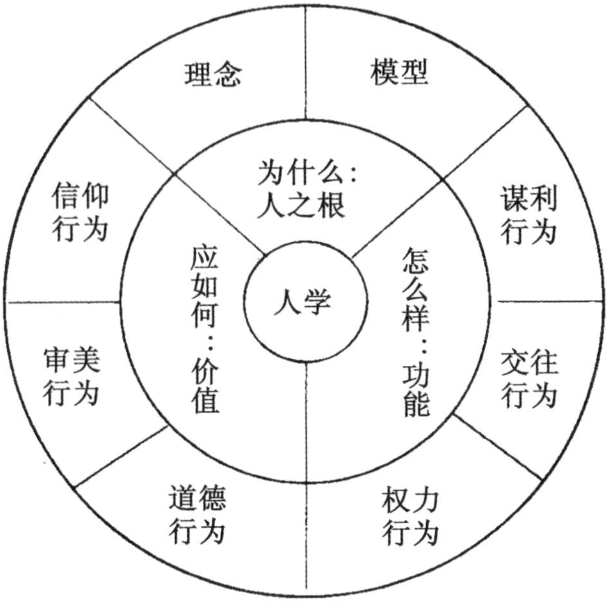

最后，应如何。价值分析。人不仅生活在“实在”中，也生活在“理想”中。正因为有了“理想化”的生活，“人”的生活才更有“价值”和“意义”。价值分析实质是分析人生应如何行为的“普遍合理”的标准。它包括以下几个层面的价值分析：

第一，人的伦理行为的价值分析。伦理行为的价值分析包括：其一，幸福与善德要求的价值分析；其二，目的与义务行为规范的价值分析；其三，伦理生活方式的价值分析；其四，荣辱行为的价值分析；其五，舆论、信念与传统习惯行为的价值分析；其六，道德力的价值分析；等等。

第二，人的审美行为的价值分析。审美行为的价值分析包括：其一，审美情感需求与审美形式的价值分析；其二，审美创造与审美形态的价值分析；其三，审美欣赏与审美批评的价值分析；其四，审美文化与审美体验的价值分析；其五，审美机制的价值分析；等等。

第三，人的宗教行为的价值分析。信仰行为无疑是人性行为的形式之一。从宗教人类学的角度看，宗教行为是人类行为较为普遍的方式。人学不研究宗教显然是不全面的。研究宗教行为的价值意义与提倡“信教”是两个不同的概念。宗教行为的价值分析包括：其一，信仰行为的价值分析；其二，宗教人格的价值分析；其三，宗教态度与体验的价值分析；其四，宗教隐喻与宗教箴言的价值分析；其五，宗教规范与宗教生活方式的价值分析。

（原载《江海学刊》1997 年第 5 期）

中国社会信仰的危机与重建

陈晏清　荆学民

信仰及其文化内涵

信仰虽然是一种精神现象和精神活动，但信仰本身却并不是精神冥想的产物。信仰说到底是纷繁复杂的社会生活在人的精神世界的内化，它具有丰厚的社会文化内涵。

第一，信仰蕴含并展示着个人与社会的关系。

信仰是隶属于人类的精神世界的。人类精神世界的产生是以人的自我意识的生成为基础的。人的自我意识虽然以个体人的存在为载体，但它的本质是类的，是群体的。这种类性和群体性表征着人的本体生成中其精神世界的社会性本质，意味着人的精神世界中个人和社会的关系性。马克思曾指出："凡是有某种关系存在的地方，这种关系都是为我而存在的；动物不对什么东西发生'关系'，而且根本没有'关系'；对于动物说来，它对他物的关系不是作为关系存在的。因而，意识一开始就是社会的产物。"① 这说明，蕴含个人与社会关系的类意识和群体意识是人类自我社会文化生命的肯定和维系。而且，在人的整个的生命历程中，这种肯定和维系成为一种最根本的精神渴求。这种渴求超越着人类的个体存在形式，在人类的活动中逐渐积淀为一种富有生命底色意识的内在精神模式，它为人类的全部行为实践确定动机和目

① 《马克思恩格斯全集》第3卷，人民出版社1956年版，第34页。

的，并制约着同类之中个体的思想方式和行为方式。也就是说，这种模式在人类的全部行为实践中已成为一种根基性的信念，我们看到这种信念作为一种超越每个个体的统摄性的精神共有，正是人的信仰。是人的信仰承载着人的本质中的最重要的个人与社会的对立统一性，而个人与社会关系也据此成为信仰最根本的内蕴。富有人类精神生命本色的个人与社会的关系造就着人类的最根本的信仰，反过来，人类的各种形式的信仰，又从最根本上表征和表示着人的本质中的个人与社会关系的运行与发展。

在马克思主义看来，个人与社会的关系又是一个不断地运作发展、不断地走向科学形态的历史过程。这就意味着由此而获得本体根据的信仰也是生生不息、不断地升华发展的。因此，对信仰蕴含着个人与社会关系的深刻理解，还必须具有历史的辩证的眼光。人类自身生成至今，人类社会发展至今，个人与社会关系演化至今，其纷繁复杂的历史过程，既展现了这种文化历史变迁对信仰内容的丰富和拓展，又展示了丰富和拓展后的信仰对这种文化历史变迁的内在制导作用。

第二，信仰蕴含并展示着理想与现实的关系。

信仰并不是一种纯然性的精神冥思，信仰说到底是实实在在的现实生活的内化。现实性是它首先具备的本质品格。但是，信仰区别于其他许多同样具有现实品格的精神现象的特质又在于，信仰是从终极价值取向即终极关切上制导人类精神世界和行为实践的精神机制。也就是说，它又是一种理想感召机制。由此可见，在信仰中，蕴含着现实与理想关系是其另一个基本的文化内涵。这一点我们可以从信仰的运作机制上稍加分析。

从运作机理上看，信仰是以动机的形式外化并支配着人类的行为实践的。而动机则是在一定的现实根据的基础上特定行为的理想目标的实现动力。也就是说，动机潜在地受着现实与理想两大方面的制导。一方面，动机受着现实关系的制约。这种现实关系是人们之间的政治、经济、文化等社会关系。人和自然的关系则隐藏在人与人的关系后面，通过人与人的关系表现出来。任何一个身处于特定现实关系中的个体，他的任何行为的现实性，取决于他

对现实关系的肯定和理解的程度。这些外部的现实制约因素虽然是一种人类自身活动的创造结果，但对一个行为个体说来，却是一种既定的现实关系。这种现实关系对人的行为制约，其实质是要求个体肯定和服从人类自己创造的现实关系，要求人们按一定的思维方式和原则规范自身的行为实践，就是说，在一定的信仰支配下从事自己的实践。这种信仰便不是一种先天的神的规诺，而是人所处的现实关系和现实环境的升华和外化。在人的行为实践中，这种信仰的现实性的实现表现出信仰行为对现实存在的肯定和适应。这是信仰的实际支配功能的最基本的一面。另一方面，人不同于动物。人不同于动物在于人的任何行为实践并不是一种简单的生存活动的复制，而是一种创造新的价值的活动。这种新的价值的创造也不是一种随机性的自然本能，而是伴随着特定的精神生活的社会实践活动。它的鲜明的特点在于，在活动的源头就受着特定的理想目的和自觉的世界观的支配和导引。这典型地说明着作为支配人类行为实践之动机的信仰在现实性基础上的理想超越性。从某种意义上讲，是信仰赋予着人类行为实践超越既有现实的理想品格。更为深刻的是，信仰作为一种在终极价值取向上牵导着价值创造源头的精神机制，它意味着信仰的超越现实的理想性，不但是对人类价值创造物的肯定和自觉，而且直指创造源头，是一种对人类整个价值创造过程的肯定和自觉。这种肯定和自觉实质上是对人的创造能力、人类尊严和责任的肯定和自觉。个体创造活动是这样，整个人类的创造活动更是如此。这说明“人类信仰的本质就是自由自觉的主体力图自觉地对现实关系的积极的创造性克服，它不仅是适应世界而且是改造世界，不仅趋利避害有效有用，而且是合法合理尽善尽美”①。信仰据此才是人所之特有，人据此才和动物分道扬镳。

正像信仰中所蕴含的个人与社会的关系有一个不断地升华过程而走向科学形态一样，信仰中所蕴含的现实与理想的关系，也同样有一个不断地走向科学形态的历史过程。从人类文明的历程上看，小到一个个人，大到一个民

---

① 顾伟康：《信仰探幽》，上海教育出版社1993年版，第27页。

族或国家，乃至整个人类，并不是任何历史时期都正确地处理好了现实与理想关系，也就是说，信仰对人类行为的牵导，既使人类把一些美好的理想转化成了现实，也使人类的一些美好的理想化作泡影；既使人类一些现实朝着特定的美好理想转化，也使人类一些现实扭曲朝着违背人类意愿的方向背离。打开人类信仰历史，正是一部现实与理想冲突与统一的历史。从特定的角度看，这也正是人类文明的历史。总之，在信仰中，信仰的理想超越性与现实性的统一，表现为人类理性与现实关系对动机的制约的一致，信仰的现实性决定了人们必须理解和肯定自身的现实关系，信仰的理想超越性则要求人们必须在肯定现实关系的同时否定现实。这就要求我们从社会发展的高度重视信仰问题。

转型期中国社会的信仰危机

伟大的诗人歌德曾对信仰有过一段精辟的论述，他说：“世界历史的唯一真正的主题是信仰与不信仰的冲突。所有信仰占统治地位的时代，对当代人和后代人都是光辉灿烂、意气风发和硕果累累的，不管这信仰采取什么形式，另一方面，所有不信仰在其中占统治地位的时代（也不管这不信仰是什么形式），都只得到一点微弱的成就，即使它也暂时地夸耀一种虚假的光荣，这种光荣也会飞快地逝去，因为没有人操心去取得一种对不信仰的东西的知识。”①歌德的话深刻地表明，信仰在社会发展和历史变迁中的重要的地位。如前所述，信仰并不是一种僵死的精神现象，信仰要运作、发展和展示它巨大的社会功能，信仰危机也就是一种历史的必然现象。审视人类历史的发展和变迁都必然地伴随着性质不同、程度不同的信仰危机。对于危机有多种多样的理解，有人理解危机为潜伏的祸机，有人理解危机为生死存亡的紧要关头，也有人理解危机为濒临绝境。我们理解危机为某一特定的事物（小至一个信念，大至一个国家、民族）即将失去自己的规定性。就信仰危机而言，是指原有

① 歌德：《东西集·注释》，转引自《伦理学体系》，中国社会科学出版社1990年版，第363页。

信仰的全面失落和崩溃。信仰危机素常被冠之以一些天真无知，缺乏知识修养，缺乏理性洞察力的小青年或肤浅的人，其实这是对信仰危机的表面和肤浅的理解。这些人固然缺乏信仰，但并不是经过一定的困惑和忧患动摇了自己原有的不合理的信仰，而是始初就没有明确固定的信仰。真正的信仰危机是指原有的良好而固定的信仰，经过一定的困惑和忧患，对自己原有的信仰发生进一步的怀疑的动摇，直至全面的抛弃但还没有确立和无法确定新的信仰的精神意识状态。① 我们需要的是正视信仰危机而不是害怕信仰危机。在不同的历史时代和历史条件下具体分析信仰危机，采取科学的相应的态度和措施，必然有利于社会的发展和进步。在这里，我们直接地就中国社会的信仰状况作一些分析。

（一）近代中国的信仰选择

无论怎样评价中国几千年封建社会的信仰，从总体上说，中国古代社会的信仰是和它的相应的社会境况相辅相成的。中国封建社会的信仰对它的社会发展起到了良好的凝聚和牵导作用。然而，随着近代中国社会危机的出现，中国社会信仰出现了深刻危机，这时，五四运动爆发了，五四运动是一场由政治、经济层面拓深到思想文化层面的信仰革命。五四运动是以民主和科学为其主旨的。“民主”包含着政治革命的要求，其内容是建立民主共和国。这一政体上的要求，实质在于确保已经取得的反封建成果，建立起能真正代表人民意志和人民利益的国家政权，让中国走向强盛之路。“科学”包含着经济革命的要求，其内容是引进西方先进的科学技术，改变封建的农耕经济，让中国走上富裕之路。但作为政治革命和经济革命的先导和基础，“五四”所提倡的“民主与科学”，实质上是提出了新的思维原则、行为准则和行为规范。推而进之，“五四”提出了新的信仰。这新的信仰意味着，中国人似乎再也不能以儒家思想为思维和行为的唯一指归了，再也不能事事以君主的利益为转移而屈从于一个高高在上的“天理”了。这就是说，“五四”精神意味着从

① 关于信仰危机的学理性分析，参阅拙作《试论信仰危机》，《求是学刊》1995 年第 4 期。

灵魂思想的深处，从信仰观的高度上改造我们的国民性。

准确地说，五四运动还是着力于对旧的信仰的破除，因此，当中华民族陷入全面的信仰危机的历史时刻，重建或选择什么样的信仰来牵导和凝聚中国人民便必然地成为更为重大的时代课题。也正是在此时产生了各种各样的文化思潮，它们各自带着自己的信仰选择登上历史舞台，造就了直至今日还在某个侧度延续的近百年的文化大论争。在这场信仰选择的大论争中，以胡适为代表的“全盘西化派”，以和传统文化直接抗拒的姿态风行一时。与中国传统信仰之绝对唯一的群体原则针锋相对，他们要求援引西方信仰的个体人格至上和推崇个性自由的原则，甚至要求照搬西方整套的意识形态。这种形而上学性的文化传承的极端主张，遭到了以梁漱溟为代表的“现代新儒家”的同样坚决的抗拒。这一被称为“文化保守主义”的理论，当它们一一区分了中国古代文化的精华与糟粕时，是很有见地的，当他们历数西方文化的缺陷和危机痛斥“全盘西化派”时，是极为清醒的，当他们提出兼取中西文化之长，兼弃中西方文化之短的主张时，其动机是良好的，但是事实上，当他们以中国文化之长比之西方文化之短，其掌握的是机械僵死的思维方法。他们所设计的西方的政治、经济加中国的意识形态和社会信仰，是一种抽象的非历史的空想而已。历史的潮流大浪淘沙，近百年的文化砥砺与冲撞，终于使共产党人为中国人民选择了马克思主义和共产主义的信仰。“共产主义是私有财产即人的自我异化的积极的扬弃，因而也是通过人并且为了人而对人的本质的真正占有；因此，它是人向作为社会的人即合乎人的本性的人的自身的复归，这种复归是彻底的、自觉的，保存了以往发展的全部丰富成果的。这种共产主义，作为完成了的自然主义，等于人道主义。而作为完成了的人道主义，等于自然主义；它是人和自然界之间，人和人之间矛盾的真正解决。是存在和本质、对象化和自我确定、自由和必然、个体和类之间的抗争的真正解决。”① 我们看到，共产主义既是一种在对西方资本主义社会的政治、经

① 《马克思恩格斯全集》第42卷，人民出版社1979年版，第120页。

济、文化的现实批判的基础上的新的信仰的选择，即批判地继承了西方文化的精华；又是一种在展示个性自由的基础上，注重集体、注重社会、注重人之类的新的信仰的选择，即它在整体的方面又和中国传统信仰的精华存在着本质上的一致。共产主义乃中西文化之精华的真正的有机的整合与统一。从信仰的角度，我们看到，共产主义是个人与社会、现实与理想关系呈现最科学形态的社会。因此，我们完全可以断言，共产党人领导中国人民选择了马克思主义和共产主义的信仰是被历史证明并将继续证明的科学的选择。

（二）转型期中国社会的信仰危机

历史的变迁，社会的转型总是必然性地伴随着程度不同的信仰危机。众所周知，目前的中国正处于历史的转型时期。这种转型时期，随着政治、经济和文化的变更和转换，带来了各种各样新的社会景象，也带来了各种各样新的危机。在这各种危机中，信仰危机是一种带有总体性从而具有深刻历史影响的思想文化危机。对于这种信仰危机，首先应进行清醒的理性省察，正确地把握住它的特点，唯有如此，才能进一步采取相应措施，重建我们的信仰。

第一，这种信仰危机是当年中国共产党领导中国人民选择马克思主义和共产主义新信仰时，旧的信仰失落或危机的一种历史延伸。前面我们已经讲过，近代中国到五四运动前，中国民众已经陷入全面的信仰危机。封建主义的文化根基面对近代世界迅猛发展的现代化潮流，根本无法再有效地为中国民众提供和复制任何信仰，蜂拥而起的各种新的文化思潮又为中国民众提供着各不相同甚至激烈冲突的信仰选择，中国民众真正陷入了“旧的神祀纷纷离去，而新的上帝尚未露面的时代”（马斯洛语）。虽然新旧交杂呈现出多重的性质（十月革命的炮声，我们最后选择了马克思主义和共产主义），但是，作用了几千年的封建主义信仰毕竟在中国民众的思想深处根深蒂固。也就是说，在新的信仰建立以后，由于旧的信仰的阻滞和抗拒作用，人们还是一时难以走出信仰危机的困境。中华人民共和国成立后，由于经济建设的诸多的原因，我们似乎并没有花费应有的力气去继续清算人们思想中旧的信仰的影

响，因此，这种我们文化母体中的旧的信仰观，其作用一直迁延到了我们现在所面临的转型时期，使我们现在所面临的信仰危机新旧交杂呈现出多重的性质。

第二，当我们选择了马克思主义和共产主义新的信仰以后，在并不漫长的几十年中，虽然取得了伟大的成就，但也着实出现了一些重大的失误。从信仰的高度或侧面审视这些失误，究其深层的根源，似乎又都最后落点到信仰失误上来。如果说，前面提到的那种旧信仰不再有效新信仰尚未确立的信仰危机的主导原因，是对旧的信仰的某种眷恋，那么，这些失误所造成的信仰危机则是对新的信仰的怀疑。当选择了新的信仰以后，由于诸多的历史原因，我们似乎并没有真正把握住新的信仰的内涵，在不长的几十年中曾有几度的信仰上的大起大落，使人们的精神世界震荡不安、飘摇不定。我们并不是要否定这几十年革命和建设的辉煌成就，恰恰相反，只是想从信仰的侧度作一些冷峻的反思，以使我们能保持高度清醒的头脑而面对进入崭新历史时期的中国社会。现在，我们所面临的转型时期的信仰危机又多了一层历史含义，即对马克思主义和共产主义这种伟大信仰的怀疑。这种对新信仰的怀疑一旦和对旧信仰的眷恋发生奇异的结合，则很可能使我们几十年的现代化出现文化上的剧烈反弹，使我们在文化的建设上出现倒退式的历史复归。所以万万不可掉以轻心。

第三，转型期我们所面临的信仰危机的主导方面当然还是在全面确立市场经济以后所产生的思想上全面的不适应性。应该清醒地意识到，这种不适应性绝不能仅仅理解为像人们所热衷议论的诸如道德失范、价值多元、秩序紊乱等经验现象的无所适从。它的一个显著的特点是，不再像过去的信仰危机只是停留在政治制度或经济制度的层面上，而是透过社会发展的政治制度和经济制度层面，甚至透过思想文化选择的层面深入到了“为人之本”的深度。一旦达到这种深度，信仰危机便必然地和人生的最高价值取向，和人类生存的终极意义，和社会发展的终极目标等重大而玄远的思想理论问题联系起来。历史出现了惊人的相似，伴随着中国在世界历史现代化进程中市场经

济的全面确立，当年五四运动文化主题在新的条件下延续。当年文化大论战的景象又在新的历史条件下和现代氛围中重现。惊奇的人们看到了奇特的景观：一方面是市场经济中物质功利的急流奔涌，另一方面是“新儒家”“国学派”的粉墨登场；一方面是人的功名利禄的贪欲，另一方面是人的“天人合一”或“神人合一”的信仰祈盼。文化的雅与俗，人的功利与信仰出现了奇妙的结合。这种现象提示我们，现在所面临的信仰危机虽然不是旧的信仰危机的单线演进，但毕竟和中国近代以来的文化信仰危机有着某种历史逻辑的连续性和一致性，正是这种连续性和一致性造成了我们现在所面临的信仰危机的历史深度。从广度上，中国转型期所面临的信仰危机毕竟是和世界历史的现代化进程相联系的，它毕竟发生在现代文化的背景之上。因此，它不可避免地和现代世界的各种危机有着共同性。弗洛姆曾对中世纪和近代资本主义文明作过一个耐人寻味的比较。他指出，相对于近代文明，中世纪的“主要特点就是缺乏个人自由”。但缺乏自由的个人并不感到孤独。这不仅因为宗教信仰给人们提供了维系情感、实现精神聚合的超验纽带，而且也因为，自然经济结构和种族、民族、家族、社团等社会关系与社会组织，给人们提供了确定身份、实现个人归属的有机而稳固的社会母体。这种给人以安全感和归属感的社会母体当然也对人构成了束缚。唯其如此，资本主义瓦解僵死的封建结构，造成个人的自主独立的积极的社会流动，才被看成一场巨大的历史进步。但问题在于，“个人解脱了经济和政治纽带的束缚，他通过新的制度中积极和独立地发挥作用，获得了积极的自由。但同时，他所摆脱的这些纽带正是过去给予他安全感和归属感的那些纽带，人不再生活在一个以人为中心的封闭世界里”①。因此，自由意味着孤独，独立意味着疏离，市场竞争给每一个人以成功的希望，也给每一个人强加了被淹死的威胁。生活不再有一个稳定的根基，个人孤独地面对苍茫的世界，无依无靠。我们现在所面临的信仰危机不正是这种感受和体验吗？这说明它是人类文明进程中一种世界性

---

① 弗洛姆：《逃避自由》，中国工人出版社1987年版，第87页。

的现象。不仅如此，我们还看到，由于中国的现代化和世界一些发达国家的后现代化的同一时空性，一些后现代或后工业的文化信仰危机也同时渗透进来，使得中国转型期的信仰危机更加复杂，重建信仰也更为艰巨，它需要我们保持高度的清醒。

转型期中国社会的信仰重建

（一）信仰重建的文化坐标

通过以上对转型期信仰危机的分析说明，这种危机是一种综合型的三重危机。其一是封建社会几千年传统信仰的危机；其二是马克思主义和共产主义信仰的危机；其三是现代资本主义文化信仰的危机。现在，我们提出重建信仰，那么，在什么样的基础上重建信仰？重建什么样的信仰？这是必须进一步做出回答的。

首先必须确立重建信仰的正确的立场和方法。我们承认，信仰在社会发展中确实具有重要的相对独立的作用，尤其在社会发展的转型期这一点更为明显。但是，社会存在决定社会意识，这是一条不可更改的历史唯物主义原理。信仰是隶属于文化范畴的，而在现代经济社会中，就经济和文化作用的关系而言，经济因素本质上是一种自变性因素，是社会发展的原始动因，它在社会生活中这一地位始终是不能改变的。而文化因素本质上是一种它变性的因素，它提供一种价值观直接影响人们的意识，其功能主要是为经济生活和政治生活提供某种约定俗成的行为规范。它并不直接地更不单独地对经济发挥作用，它在这方面的作用始终限定在一定的经济和政治条件与国际环境中。忽略了这一点，就会像黑格尔那样，把历史颠倒过来，陷入唯心史观的泥潭。因此，要确立重建信仰的文化坐标，首先需要认清的是中国社会整体经济发展的历史水平，认准中国目前社会发展的历史方位。

纳入到世界历史进程中的中国，目前究竟处于怎样的历史发展阶段，理论界的认识并不是十分一致的。我们认为，从总体上说，中国社会目前正处

于由传统农业文明向现代工业文明的社会转型时期。但是，这一转型时期的人类文化和历史背景却十分地复杂，复杂的原因在于中国在世界历史的现代化进程中属于后发展国家这一事实。这一事实意味着，中国的现代化与发达国家的现代化之间有一个很大的时代落差，即我们不是在西方工业文明方兴未艾之际实现由传统农业文明向现代工业文明转型的现代化，而是在西方工业文明业已高度发达甚至出现某种弊端和危机并开始向后工业文明过渡之时才开始向工业文明过渡，才开始实现以市场经济为基础的现代化。这种历史错位给中国的现代化造成了极其特殊的历史定位，它使原本以历史的形态依次更替的农业文明、工业文明和后工业文明在置身开放的世界体系之中的中国社会那里，转化为共时的存在形态。

在这种特殊历史时空中，文化也必然性地出现了前所未有的困惑甚至混乱的局面。那种以人与自然的自在的和原始的合二为一为内涵的传统农业文明的文化精神，那种以人本精神和科学技术为内涵的现代工业文明的文化精神，以及以消解自我和压平价值重建人与自然的人为合一为内涵的后工业文明的文化精神，同时冲撞和挤压着中国民众的精神信仰世界。信仰危机所蕴含的个人与社会、现实与理想关系的断裂以它的现代形式展示在中国民众的面前。

在这时代文化和信仰的困惑面前，一股强大的文化思潮侵袭和影响着中国民众的精神世界。由于西方发达的现代工业文明业已带来的明显弊端，由于在几十年的实践历程中我们在解释马克思主义和共产主义信仰上的失误，一些敏感的心灵企图回归历史，重新以农业文明的精神来重构中国社会，即重建传统文化中的“天人合一”的儒家信仰以有助于调整工业文明条件下人与自然的关系，期望传统的集体主义或整体主义的个人与社会关系的人际原则能有助于克服工业文明条件下的极端个人主义价值取向，以及诸如拜金主义、急功近利等异化现象。这就是一度炒得火热的“新儒家”或“国学”热。应该说，这种理论的热兴也不是一种凭空的想象，它的经济根据便是东亚几国的所谓的“靠儒家文化的腾飞”。关于儒家文化与东亚经济起飞，笔者

在此限于篇幅，不多赘述。但我们认为，即使某些儒家文化因素在今天的经济增长中能发挥正面影响，也不能否定儒家文化作为整体在中国现代化进程中所起的严重阻碍作用。在这一点上，韦伯的基本论点是不能否定的。因此，不需要重建传统的儒家信仰并不是一种情感式的宣言，而是合乎历史潮流的慎重的理论结论。其实，前面已经指出，从总体上而言，中国目前的转型期还是由传统农业文明向现代工业文明的转化和跃迁。那么，我们应该毫不犹豫地承认，在这个历史的转折期，中国社会的主导文化精神还应是现代工业文明的文化精神。对于这种精神大家较为一致的概括是人本主义和技术理性。

其实在我们看来，所谓的人本主义和技术理性说到底是五四运动所提出的科学与民主精神的现代形式而已。既然如此，这就深刻地意味着，当年我们选择马克思主义和共产主义的信仰，虽然在几十年的实践中颇多曲折，但仍是一种正确的历史选择。本来马克思主义就正是在对资本主义社会科学地批判的基础上产生的，资本主义是对封建主义的扬弃，而共产主义又是对资本主义的扬弃。共产主义的内涵正是既扬弃了传统农业文明又扬弃资本主义现代工业文明的世界历史的未来理想社会形态。因此，这里的信仰重建，绝不是要放弃对马克思主义和共产主义的信仰，而是要在更为科学的意义上和更为科学的形态上信仰马克思主义和共产主义。

（二）信仰重建的基本理论点

对于转型期中国社会而言，重建信仰不是重新确立一种新的信仰，而是重建我们过去对马克思主义和共产主义信仰的立场、方法和态度，但毕竟中国社会的政治、经济和文化已发生了巨大的变革，中国民众的精神世界较之当年选择马克思主义和共产主义时已发生了根本性的变化，因此，新的社会环境，新的社会面貌，需要我们有新的理论思维方式。就重建信仰而言，有许多新的理论问题需要我们解决，在此我们仅先论述几个重要的基本理论点，更为详尽的设想和论述只能放在以后慢慢研究了。

第一，在处理信仰所蕴含的个人与社会关系的人际原则上，我们还是要坚定不移地确立个体主体性、个性自由的原则。

反思多年来的信仰失误，应该说，我们并没有真正走出中国封建主义传统信仰用集体主义消融个性的误区。这主要表现在，在我们作为共产主义思想原则所理解的集体主义中，并未把个人的自主和独立看作它的基本前提，因而常常把集体和个人、集体主义和发展个人利益对立起来。在许多人的观念里，讲求集体主义就意味着必须抛弃个人利益、个人发展，只能一切听从组织安排，服从集体需要。共产主义是要坚持集体主义的，但这种集体主义是“人和人之间矛盾”“个体和类之间的抗争的真正解决”。它首先需要的是真正独立的个人和自由发展的个性。在这一点上，我们搞了几十年所创造的社会环境和精神氛围，无法生成这样的人。现在，中国已从集中统一的计划经济体制转变为社会主义市场经济体制，而市场经济是以个人为主体的社会交往形式，它不仅需要发挥每个人的主动性和创造性，而且需要条件去发展人们的个性，促进个人的自我形成和实现。因此，当人们从那种无法容忍个人发展的历史环境中走出来的时候，必然对过去那种旧有的信仰表示怀疑，进而对共产主义信仰也产生动摇。现在我们必须清醒地认识到，今天这种促使个人走向自主的发展的道路，不但不是背离共产主义方向，而是日益靠近共产主义社会的必经步骤。

第二，在处理信仰所蕴含的现实与理想的关系上，要确认信仰和理想的级态性理论。

从信仰作用的机理上看，它虽然是在终极价值目标上给人们提供一种动力和支柱，但这种终极关切绝不是宗教式的对一种悬空彼岸的关怀。信仰是有生活信仰、道德信仰和终极信仰之分的，特殊的是信仰的这三种级态既相互区别又相互关联，是一个不断地跃迁的有机整体。信仰一般是对理想的一种把握和持有，而理想也是有生活理想、道德理想和人生最高理想之分的。二者之间是有一定的对应性的。应该说，这是我们过去严重忽视的一个把握信仰和理想的方法论问题，因而也是我们重建信仰要把握的一个基本理论点。

如前所论，共产主义作为一种人类社会发展的理想状态无疑是具有一定的终极理想这一本质特性的，正因如此，它才能成为无产阶级乃至全人类奋

斗的目标。但是，这种社会理想又是建立在现实生活的基础之上的，应该说，在人类社会发展意义上，它不但具有终极理想的感召性，还具有现实层面的可操作性。共产主义不是一个历史发展的静态时空点，而是一个理想不断地转化为现实的历史运动过程。因此，对共产主义的信仰不但是一种对最高社会理想的终极关怀，而更重要的应是一种现实把握。而且即便是从人类社会理想角度对共产主义终极意义的把握也要把它置放于人的总体解放和自由的最高级态意义中去把握和理解。

确认信仰和理想的层极性，就是要把共产主义这种终极社会理想具体地渗透在现实生活中的道德信仰和生活信仰之中，使之具体地转化为人们全部行为的具体动机。当然，这种确认绝不是把信仰功利化和世俗化。功利化和世俗化严格的意义上是一种无信仰的状态。这恰恰是市场经济确立后比较明显的负面效应，而重建信仰正是要克服这种负面效应。

我们认为，“中国特色的社会主义”的理论已为我们确立了一个比较科学的现实信仰目标。因为，它上可跃迁到共产主义信仰的最高级态，下可渗透到现实生活的具体信念之中；它既不是一种关于中国社会发展终极目标的理论体系因而可以避免把信仰悬空化，它也不是一种具体的道德规范或经济政策因而可以避免把信仰功利化和世俗化。当然，中国特色社会主义理论还有一个不断完善的过程，鲜明地把它作为转型期中国社会的信仰，还有许多有待于更进一步展开和更深入研究的问题。

第三，对信仰在社会发展和社会运作机制中的地位问题，要确立“文化中介”的原则。

总结中国社会信仰危机的经验和教训，使我们看到，信仰在社会发展和社会运作机制中的地位总是不正常的。总体说来，在市场经济确立之前，主要的问题是信仰的政治化。在那种政治是统帅是灵魂的社会运作机制中，政治和信仰之间的必要张力完全消失，信仰失去了它对政治的应有的牵导和矫正功能，因而当政治导向出现偏斜的时候信仰不但失去它应有的效力而且会对这种偏斜起一种强大无比的加力作用。在这种情况下，社会转型导致的政

治变革必然带来严重而显性的信仰危机。在市场经济确立之后，有可能出现和已经出现的问题，是信仰的经济化。信仰的经济化也就是信仰的功利化。信仰失去了它对社会发展和人生导向的神圣性。信仰消失在功名利禄之中，功名利禄成为人们行为中唯一的本能的信仰。信仰在这种情况下同样失去了它对社会经济运作状况的理想检视功能，从而使市场经济的负面效应在人性层次上（尽管政府可以采取行政措施适当控制）缺乏约束而放纵自流。

信仰重建恰恰需要的是恢复它的“文化中介”地位。从社会结构系统看，信仰乃属于社会文化系统的价值观念层面，在这个由人们的功利观、道德观、理想观、人生观等而构成的复杂系统中，信仰由于它的超越性和理想性居于最高地位。它的作用的发挥，通过人与自然的关系作用于人们的功利观，通过人与人的关系作用于人的道德观，通过当下与终极的关系作用于人的社会理想观，通过对以上诸种关系的内化融合形成一种民族精神。就是说，它的作用的发挥必须经过文化的中介而实现，正因文化中介的缓冲作用，信仰才有可能对社会的经济和政治的运作实现一种理想性的检视和文化性的矫正，以保证社会的良性运转和朝着理想目标前进。应该说，这种信仰的功能在我们的实践中并没有很好地实现过。在此，我们虽然无法详尽地展现这种机制，但对于信仰重建来说，这是一个最基本的理论点。

（原载《江海学刊》1998 年第 4 期）

恢复“爱智”本性的新世纪哲学

——塑造和引导新的时代精神

孙正聿

任何真正的哲学，它作为“自己时代精神的精华”，并非仅仅是“反映和表达”时代精神，而且尤为重要的是“塑造和引导”新的时代精神。这集中地体现了哲学的批判性和理想性。我们应当从哲学的特性与新世纪的时代特征的统一中展望21世纪的哲学。

“消解”之后的反思：探索新世纪的哲学主题

20世纪哲学，以“拒斥形而上学”为口号和旗帜，在对“哲学”自身的“终结”“治疗”和“消解”中，走过了它的百年历程。这个不容回避的事实提示我们，无论是对20世纪哲学的回顾与总结，还是对21世纪哲学的预测和展望，都需要以反思这个“消解”哲学的历程为最重要的理论前提。

现代哲学对“哲学”的“消解”，是以讨伐和批判黑格尔哲学为共同的出发点。早在19世纪80年代，恩格斯就明确地提出“哲学在黑格尔那里终结了”①。进入20世纪，美国哲学家莫尔顿·怀特以分析黑格尔的“绝对理念之衰微与没落”而展开其对“20世纪哲学家”的论述，德国哲学家赖欣巴哈以嘲弄黑格尔“绝对理念”的“狂妄”而论证“科学哲学的兴起”，英国哲学家艾耶尔则干脆以“叛离黑格尔”这个更为刺激性的口号为开端来阐述整个“20世纪哲学”。这表明，反思20世纪哲学的“消解”运动，应当首先诉

① 《马克思恩格斯选集》第4卷，人民出版社1995年版，第216页。

诸对黑格尔哲学的前提性批判。

恩格斯曾经指出，黑格尔“以最宏伟的形式概括了哲学的全部发展”①。这意味着，讨伐黑格尔哲学，是对整个传统哲学的清算；“哲学”在黑格尔那里的“终结”，则是以“黑格尔主义”为标志的整个传统哲学的“终结”。对于传统哲学的本质，恩格斯提出，就是试图为人类提供一种永恒的终极真理，而这“无非就是要求一个哲学家完成那只有全人类在其前进的发展中才能完成的事情，那么全部以往所理解的哲学也就终结了”②。传统哲学向自己提出的问题是：什么是绝对的真？什么是至上的善？什么是最高的美？在认知取向上，就是固执于对绝对之真的追求；在价值取向上，就是执着于对至上之善的向往；在审美取向上，就是沉湎于对最高之美的幻想。而从根本的思维方式上看，则是一种非此即彼、抽象对立、超越历史的思维方式。它把人类以哲学的方式所实现的理想性追求，异化为“哲学”以“绝对真理”的化身而遏制人类的创造性追求。现代哲学对传统哲学的“消解”源于传统哲学自身的异化。

传统哲学的自我异化，是同它所表征的时代精神密不可分的。以自然经济为基础的传统社会，其基本特点是经济生活的禁欲主义、精神生活的蒙昧主义和政治生活的专制主义的“三位一体”。在传统社会中，人类存在方式的根本特征就是马克思所概括的“人对人的依附性”。哲学作为理论形态的人类自我意识，传统哲学以自我异化的方式，表征了自然经济中的人对人的“依附性”的存在方式，即以“绝对真理”的化身而表征着人对神化了的权威的“依附性”。近代哲学作为传统哲学的高级形态，它的深厚的生活根基，在于它所表征的是人类社会由自然经济向市场经济的转换、人的存在方式由“人对人的依附性”到“以物的依赖性为基础的人的独立性”的转换。相对自然经济，市场经济所要求的、并且形成的是新的“三位一体”：经济生活的反对禁欲主义要求现实幸福，精神生活的反对蒙昧主义要

① 《马克思恩格斯选集》第4卷，人民出版社1995年版，第216页。

② 同上书，第15页。

求理性自由，政治生活的反对专制主义要求民主法制。“市场经济”的这种基本要求和基本原则的理论表达，构成了近代哲学的重要的基本命题，这就是：“我欲故我在”（要求现实幸福），“我思故我在”（要求理性自由），“我生而为人”（要求天赋人权）。

市场经济按照自己的规律去塑造全部社会生活，从而也就更新了人的存在方式（人在市场经济中的存在方式）。对于人的这种存在方式的本质与特征，马克思做出了简洁、精辟的理论概括：“以物的依赖性为基础的人的独立性。”① 人的这种存在方式具有显著的二重性：与自然经济相比，市场经济使人的存在方式由“人对人的依附性”转变为“人的独立性”，这是人类存在方式的历史进步；然而，市场经济中的“人的独立性”，只能是“以物的依赖性为基础”，因而这又只是由“人的依赖关系”转变为“物的依赖关系”，并没有真正实现“人的独立性”。近代哲学以理论的方式表征这种“以物的依赖性为基础的人的独立性”的存在方式，就不能不具有显著的理论的二重性：既以“自由”的原则表征“人的独立性”，又以“绝对”的理念表征“对物的依赖关系”。这正如马克思所说，黑格尔以“抽象”统治哲学，根源于当时的人类正在受“抽象”的统治。

近代以前的哲学，是以理论的方式表征人在自然经济中的“依附性”的存在方式，因而它需要塑造某种“神圣形象”来表征自己的时代精神；近代哲学在批判这种“神圣形象”的过程中，则以塑造“非神圣形象”的方式，理论地表征人在市场经济中的“物的依赖关系”。在这个意义上，包括近代哲学在内的整个传统哲学，都是以理论的方式表征着人对人或人对物的“依赖关系”，因而总是把“哲学”异化为某种“神圣的”或“非神圣的”绝对的“理念”。现代哲学，它以理论的方式表征人类对市场经济中的“人的独立性”与“物的依赖关系”的矛盾的自我意识，因而它合乎逻辑地走上了“消解哲学”之路。

① 《马克思恩格斯全集》第46卷（上），人民出版社1979年版，第104页。

关于现代哲学，马克思曾经明确地提出，“彼岸世界的真理消逝以后，历史的任务就是确立此岸世界的真理。人的自我异化的神圣形象被揭穿以后，揭露非神圣形象中的自我异化，就成了为历史服务的哲学的迫切任务。于是对天国的批判就变成对尘世的批判，对宗教的批判就变成对法的批判，对神学的批判就变成对政治的批判”①。马克思在这里所说的“彼岸世界”，就是“以宗教为精神慰藉的那个世界”，也就是以“神圣形象”的塑造来实现“人对人的依附性”；这里所说的“此岸世界”，则是指人的现实生活世界，它在市场经济的条件下，表现为以“非神圣形象”的塑造来实现“对物的依赖性”。因此，马克思提出，“为历史服务的哲学的迫切任务”，是在揭穿“人的自我异化的神圣形象”之后，“揭露非神圣形象中的自我异化”。

从哲学史上看，作为“后神学文化”的近代以来的哲学，其根本的时代内涵就是“消解”人在超历史的“神圣形象”中的自我异化，把异化给“上帝”（或“君主”）的人的本质归还给人本身，也就是把人从“人对人的依附性”中解放出来。这就是近代哲学的“人的发现”。它以市场经济的反对禁欲主义、蒙昧主义和专制主义为根基，以哲学理念的“先自我而后上帝、先理解而后信仰”的理性主义精神为内容，实现了对表征“神圣形象”的近代以前的哲学的“消解”。

近代哲学的现实根基是市场经济。市场经济所实现的“以物的依赖性为基础的人的独立性”，并没有解决“人的自我异化”问题，而是把人在“神圣形象”中的自我异化，变成人在“非神圣形象”中的自我异化。而这种表征人在市场经济中的自我异化的“非神圣形象”，首先就是以黑格尔哲学为标志的“本质主义”哲学。它的突出特征是以普遍（共相）规范特殊（个别）、以本体（本质）凌驾变体（现象）、以统一（理念）排斥选择（事件）、以必然（规律）支配偶然（可能）、以根源（本原）解释现实（存在）、以崇高（终极价值）取代平凡（相对价值），并把这种“规范”“凌驾”“排斥”“支

---

① 《马克思恩格斯选集》第1卷，人民出版社1995年版，第2页。

配”“解释”和“取代”推向极端，从而造成了现代的存在主义哲学所说的“泛逻辑主义的泛滥”和“本质主义的肆虐”。现代哲学是以“消解”这种“泛逻辑主义的泛滥”和“本质主义的肆虐”为己任的，其实质也就是以“消解”马克思所说的“非神圣形象”为己任的。就此而言，现代哲学的“消解哲学”是承担起了自己的历史任务。所谓的“后现代主义哲学”，就其所承担的历史任务而言，只能说是现代哲学的“消解哲学”的合乎逻辑的延伸。“后现代主义”的“反表象主义”，就是以“消解”认识论的主—客二元对立为前提，“消解”哲学所追求的“思想客观性”，也就是“消解”真理观的绝对主义；“反本质主义”就是“消解”本体论的“在”与“在者”的逻辑二元对立，“消解”哲学对“终极存在”的寻求，也就是“消解”哲学理念的绝对主义；“反基础主义”就是“消解”知识分类表上的“深层”与“表层”的文化二元对立，“消解”哲学的“思想王国的王后”地位，把哲学变成“思想共和国的公民”。

包括“后现代主义”在内的整个“现代哲学”的长达百年的“消解”运动，它的自我期待是“消解”一切造成人的自我异化的“超历史”的或“非人”的存在，“消解”一切已有的或可能的束缚“人的独立性”的“神圣形象”或“非神圣形象”；然而，现代哲学在“消解”传统哲学的“本质主义的肆虐”的同时，却又造成了它自己的“存在主义的焦虑”。这就是：现代哲学以其对“哲学”的“消解”而造成了真理观的多元主义、价值观的相对主义和历史观的非决定主义，并使得一切的“根据”“标准”和“尺度”都失去了绝对的意义；因此，人们在多元主义或相对主义的“选择”中，却难以确认选择的“标准”，从而造成了“没有标准的选择的生命中不能承受之轻的存在主义的焦虑”，也就是当代哲学所面对的“信仰的危机”“形上的迷失”和“意义的失落”，因而当代哲学向自己提出了“重建哲学”的使命——为新世纪的人类重建精神的“家园”。这就是“消解哲学”之后的新世纪哲学的主题。

“躲避”之后的寻求：超越存在主义的焦虑

在人类文明的精神坐标上，哲学一向是以充任人类思想和行为的根据、标准和尺度而自期自许的，也就是以“崇高”的理论表征而自期自许的；因此，在人类文明的发展史上，哲学总是把自己定位为对终极存在、终极解释和终极价值的寻求，也就是定位为对“崇高”的寻求。然而，20 世纪哲学却在“消解哲学”的进程中，把哲学对崇高的寻求指斥为“理性的狂妄”，把哲学对“本体”的探寻判定为“语言的误用”。“躲避崇高”，这大概是对现代哲学基本取向的颇为贴切的概括。

“躲避崇高”是对市场经济中的人的自我意识的理论表征。它表征的是一种人对自己的生存境况的二律背反的自我意识：个人的独立性、文化的多样性和选择的可能性与对物的依赖、意义的失落和标准的弱化的自相矛盾的自我意识。这种二律背反的自我意识，具体地表现为两极对立模式的消解，英雄主义时代的隐退，高层精英文化的失落，理性主义权威的弱化和人类精神家园的困惑。一言以蔽之，就是“没有标准的选择的存在主义的焦虑”。

两极对立模式的消解，这是当代人的最为强烈的自我意识。在以自然经济为基础的传统社会中，人们的经济生活、政治生活、文化生活和精神生活都处于两极对立的状态之中，人们总是以两极对立的思维方式去思考一切问题。传统哲学作为传统社会的“思想中的现实”，它集中地体现了这种两极对立的生存方式及其思维方式，它总是试图在真与假、善与恶、美与丑的绝对对立中去寻求某种绝对的确定性。由于传统哲学总是把这种绝对的确定性对象化为某种确定的存在并使之神圣化，从而造成了马克思所说的“人在神圣形象中的自我异化”。现代市场经济日益深刻地消解掉了这些“神圣形象”的灵光，使得人们的生存方式发生了“从两极到中介”的变革，把真善美理解为时代水平的人类自我意识，把人类已经达到的认识成果理解为时代水平的“合法的偏见”，把人类的存在视为“超越其所是”的开放性、未完成的存在，已逐步成为当代人类的共识。这种“中介化”的自我意识，使得“历史

性”“过程性”“层次性”“过渡性”“融合性”“超越性”的哲学观念，成为人们思考问题和理解问题的哲学基础。然而，由于“两极对立模式的消解”消解掉了传统社会所悬设和承诺的绝对确定的种种思想的根据、价值的尺度和行为的标准，因此，面对这种“两极对立模式消解”的社会思潮，需要当代哲学重新寻求人的思想与行为的根据、尺度和标准，也就是必须以理论的方式重新确定崇高的位置。

两极对立模式的消解，它的直接后果之一是所谓“英雄主义时代的隐退”。在以自然经济为基础的传统社会中，“上帝”是神秘化了的“神圣形象”，“英雄”则是“神圣形象”的世俗化存在。“人在神圣形象中的自我异化”，不仅仅是在“彼岸世界”的“神圣形象”中的自我异化，而且也是在“此岸世界”的“神圣形象”中的自我异化。历代的帝王将相、圣人先哲都涂抹着“神圣形象”的灵光，以超世或救世的“英雄”的方式而凌驾于人民之上，并被描绘成创造历史的主人。现代的市场经济则不仅消解了“彼岸世界”的“神圣形象”，而且也消解了“此岸世界”的“神圣形象”。在现代社会中，每个人都是普通的个人，又都可以是显示个人能力的“英雄”。人们越来越强烈地感受到：现代民主社会的“政治领袖”已不再是超然于历史之上的救世主式的“英雄”，而是承担重要责任的“公务员”；现代科学共同体中的任何一个“科学家”，已不再是凭借个人才智而给予人类以划时代发现（或发明）的“英雄”，而只能是依据某种“科学范式”进行科学研究的科学家集团中的“优秀分子”；现代文学艺术的丰富多彩和日新月异，以及“接受主体”的“解读”方式的多样化和多元化，使得当代的“文学家”和“艺术家”已不再是“鹤立鸡群”的“文学大师”和“艺术巨匠”，而是不断地否定和超越自我的“探索者”；同样，现代思想的日新月异和丰富多彩，也使得当代的“思想家”和“理论家”不再是某种不容置疑的“思想伟人”，而只能是不断地向人们展现新的可能世界的“思想者”；随着现代人的“公民意识”的增强和“社会公德”的普及，各种各样的“行为楷模”也失去了往昔的难以企及的神圣性，而逐渐成为现代社会中的“好男好女”。

这种“英雄主义时代的隐退”，从整个社会的层面上改变了传统社会的“英雄”与“奴隶”“君子”与“小人”的对立，把人们从“英雄创造历史”的误区中解放出来，使得每个人都成为追求实现自我和在社会中做“优秀分子”的社会成员，使得“公民意识”成为每个人的最基本的也是最重要的自我意识，这无疑是社会历史的巨大进步，它标志着人从“传统人”变成了“现代人”。然而，这种市场经济所造成的“英雄主义时代的隐退”，是“以物的依赖性为基础的”。这正如马克思所说，资本主义市场经济“抹去了一切向来受人尊崇和令人敬畏的职业的灵光”，“撕下了罩在家庭关系上的温情脉脉的面纱，把这种关系变成了纯粹的金钱关系”，“一切固定的古老的关系以及与之相适应的素被尊崇的观念和见解都被消除了，一切新形成的关系等不到固定下来就陈旧了。一切固定的东西都烟消云散了，一切神圣的东西都被亵渎了”①。因此，只有超越“以物的依赖性为基础的人的独立性”，人才能获得真正的个性，才能真正实现每个人的全面发展。

两极对立模式的消解，它的又一直接后果是所谓“高层精英文化的失落”。在禁欲主义、蒙昧主义和专制主义“三位一体”的自然经济的生存方式中，“文化”是在教育不发达的状态下，将“文化”分为“化”者（教人者）与“被化”者（被教者）对立的两极，从而把“文化”视为向“被化”者灌输至高无上、千真万确、不容置疑、天经地义的“真理”。因此，这种“文化”只能是属于特定阶级（和阶层）的作为“经典”的“高层精英文化”。以功利主义的价值取向、工具理性的思维方式和民主法制的社会体制的“三位一体”为标志的市场经济，则从根本上改变了自然经济条件下的“文化”状况。市场经济的发展，科学技术的进步，教育程度的普及，生活水平的提高，闲暇时间的增多等众多因素，使“文化”变成了“大众文化”，即不再是属于某些特定阶级（或阶层）的文化。在这个意义上，“大众文化的兴起”和“精英文化的失落”，不能不说是一种历史的巨大进步。

---

① 《马克思恩格斯选集》第1卷，人民出版社1995年版，第253—254页。

然而，市场经济中的“文化”，同样体现的是一种“以物的依赖性为基础的人的独立性”。市场经济文化的突出特征，在于它是一种以文化商品化为基础的泛审美形象的全面增殖。广告形象、时装模特、明星效应、通俗作品日益成为文化的主体。这种商品化的文化又以工业化的方式而得以最广泛地生产与推售，并通过电视等现代媒体得以极为迅速和广泛地传播。“接受主体”已经变成这种商业化的文化的“被动客体”。市场经济文化已经成为“平面化”的大众化、“媚俗”的商业化、“控制”的工业化和“宣泄”的世俗化的统一。而市场经济文化中的知识分子则分化为“技术官僚”“文化明星”和“孤寂的学人”。在这种文化中，哲学作为“时代精神”之“精华”的地位与作用受到了前所未有的蔑视，“消解哲学”由此而表现了它的负面意义。

两极对立模式的消解，还表现为“理性主义权威的弱化”。在以“哲学文化”取代“神学文化”的近代“后神学文化”中，哲学和科学取代了神学，从而使“理性”成为人类普遍的自觉意识。这种“理性”的观念发展到作为德国古典哲学顶峰的黑格尔哲学，则成为一种取代“上帝”的“绝对精神”。对此，恩格斯曾经深刻地指出：“要知道，当这个黑格尔发现，他借理性不能得到另一个凌驾于人之上的真正的上帝时，他是多么为理性而感到自豪，以致他干脆宣布理性为上帝。”① 这样，作为“非神圣形象”的“理性”就变成了“神圣形象”的“上帝”。因此，以“理性”为标志的哲学（首先是黑格尔哲学）遭到了现代哲学的激烈批判。这种批判，包括马克思主义的以“现实的理性”（实践）对黑格尔的“抽象的理性”的批判，科学主义的以“谦虚的理性”（科学）对黑格尔的“狂妄的理性”的批判，以及人本主义的以“丰富的人性”对黑格尔的“冷酷的理性”的批判。被近代哲学奉为圭臬的“理性”的权威在现代社会及其哲学中被不断地“弱化”了。

近代哲学的“理性主义”在现代社会中的“弱化”，首先是意味着现代社会中的人的主体意识和个性的觉醒。然而，这种以“两极对立模式的消解”

---

① 《马克思恩格斯选集》第4卷，人民出版社1995年版，第211—212页。

“英雄主义时代的隐退”和“高层精英文化的失落”为前提的“理性主义权威的弱化”，却使当代人类陷入了“没有标准的选择的生命中不能承受之轻的存在主义的焦虑”之中。这就是“现代人的困惑”。

“现代人的困惑”，是寻求人类“精神家园”的困惑。市场经济把它的等价交换原则渗透到全部社会生活当中，并成为现代人的生存方式，由此便造成了人与自然的异化（无休止的攫取造成的“全球问题”）；人与社会的异化（社会对人的全面发展的扭曲）；人与他人的异化（金钱关系所形成的人际关系的冷漠与紧张）；人与自我的异化（人异化为金钱的奴隶而造成的自我的失落）。现代人的这种“物化”或“异化”，使人愈益深切地感受到“精神家园”的失落——世界的符号化和自然的隐退所形成的“无根”的意识；价值尺度的多元化和不确定性所形成的“没有标准的选择”；终极关怀的感性化所形成的“信仰缺失”“形上迷失”和“意义失落”。

现代哲学作为人对自己的“以物的依赖性为基础的人的独立性”的自我意识的理论表征，它在跨世纪的转向中，痛切地感受了“躲避崇高”之后的“焦虑”与“失落”。超越这种“存在主义的焦虑”，对时代性的“意义危机”作出全面的反应、批判的反思、规范性的矫正和理想性的引导，构成了21世纪哲学的历史任务。

“涅”之后的再生：恢复“爱智”本性的新世纪哲学

哲学的自我“消解”，从根本上说，是为哲学的自我超越创造理论的前提；就此而言，哲学自我“消解”得越深刻，新的哲学便越是具有强大的生命力。经过20世纪的长达百年的“消解哲学”的历程，跨入新世纪的哲学已经获得了“涅”后的再生的坚实基础。这就是以“思想”为对象、以“批判”为使命、以“爱智”为本性的新时代的哲学定位。

20世纪的哲学曾经是以某种惶惑的耻辱感而进行自我“消解”的。它面对着蓬勃发展的科学技术及其给人类带来的新世界，不能不对自己存在的“合法性”提出诘难：如果人类有效地解释世界的方式只能是科学，如果人类

的现代世界图景只能是科学的世界图景，如果人类的实践只能用科学来指导，那么，人们对世界的种种哲学解释不都是“理性的狂妄”吗？人们所描绘的种种哲学图景不都是“语言的误用”吗？这样的“哲学”不是应当（而且必须）予以“治疗”“拒斥”“终结”和“消解”吗？正是对自身存在的“合法性”的诘难，促使现代哲学进入了空前的哲学自我批判。

现代哲学对自身存在“合法性”的诘难，首先是对哲学的研究对象的追问：自然科学的兴起把哲学“驱逐”出了自然领域，社会科学的兴起又把哲学“驱逐”出了社会历史领域，而思维科学的兴起则把哲学“驱逐”出了它的最后一个“世袭领地”——思维的领域；在被“驱逐”出“整个世界”的“三大领域”——自然、社会和思维——之后，哲学将“何以为家”？这是整个现代哲学殚精竭虑思考的首要问题。

现代科学把哲学从它的全部“世袭领地”——自然、社会和思维——中“驱逐”出来，从而以科学的方式构成了关于自然、社会和思维的思想。然而，科学自身却把构成思想的前提——思维与存在的同一性——当作“理论思维的不自觉的和无条件的前提”，仅仅致力于具体地实现思维与存在在思想中的统一。不仅如此，哲学之外的人类把握世界的各种方式，诸如宗教、艺术、伦理等，也是以各自的方式去构建自己的“宗教的世界”“艺术的世界”和“伦理的世界”，同样是把“思维和存在的同一性”当作“理论思维的不自觉的和无条件的前提”。被“驱逐”出了自己的全部“世袭领地”的哲学，则自觉地把这个“理论思维的不自觉的和无条件的前提”作为自己的对象，反思包括科学在内的人类把握世界的各种方式所构成的关于世界的思想。“思想”，人类文明所达到的关于世界的“思想”，日益明确地成为现代哲学的研究对象。以“思想”为对象的现代哲学，为新世纪的哲学展现了“四海为家”的前所未有的广阔前景。

思想，不仅仅是关于思想对象的思想内容，而且包括构成思想的各种思想前提。思想前提，首先是表现为思想构成自己的根据，诸如经验的或科学的世界图景、思维方式和价值规范等；其次是表现为思想过程所要遵循的思

维的规则和方法；最后是表现为构成各种思想的各种特殊的方式，也就是人类把握世界的常识的、神话的、宗教的、伦理的、艺术的、科学的方式，它们为人类构成“常识思想”“神话思想”“宗教思想”“伦理思想”“艺术思想”和“科学思想”；最深层的思想前提则是人类的“理论思维的前提”，也就是在人们构成思想的活动中所隐含的最为普遍的、“不自觉的”和“无条件的”前提，即“思维与存在的同一性”。这四大类的思想前提，制约着、规范着、决定着人们想什么和不想什么、怎么想和不怎么想、做什么和不做什么、怎么做和不怎么做，也就是规范着人们的思想内容、思维方式、行为内容和行为方式，即规范着人们全部的所思所想和所作所为。以“思想”为对象的哲学，就是通过对“思想前提”的揭示和审讯，追究人们生活信念的前提，探寻构成思想的根据，反思评价真善美的标准，从而变革人们的思维方式、价值观念和审美情趣，进而改变人们的存在方式，塑造和引导新的时代精神。这既是新时代的哲学所自觉到的自己的研究对象，也是新时代的哲学所自觉到的自己的理论使命。

以“思想”为对象的哲学，在本质上是批判的。它不是以某种特殊的方式去构成关于世界的思想，而是把人类把握世界的各种方式所构成的关于世界的思想作为自己的对象，并且去揭示构成思想的各种隐匿的“前提”。对“思想前提”的揭示与审讯，决定了哲学的批判本性。

批判地反思“思想前提”的哲学，是以重构思想的前提为使命的。人们用以构建思想的诸种“前提”，总是自己时代的产物；哲学对“思想前提”的批判与重建，则是以新的时代精神去变革旧时代的思想前提和塑造新时代的思想前提。当代解释学大师伽达默尔曾经提出，“理论就是实践的反义词”，“对理论的赞美构成了对实践的反驳”，“一切实践的最终含义，就是超越实践本身”①。哲学的历史使命，就在于它揭示人类的存在方式——实践活动及其历史发展——的内在矛盾，“反驳”实践，促成实践的自我超越，从而把人的

① 伽达默尔：《赞美理论》，上海三联书店1998年版，第21、46页。

世界变成对人来说是更加理想的世界。这是新时代的哲学所自觉到的批判性与理想性的统一，也是新时代的哲学所承担起的“反映和表达”时代精神与“塑造和引导”时代精神的统一。而这种批判性与理想性相统一的新哲学，恰恰是哲学在新的世纪所展现的对“智慧”，即人类“思想”的强烈、真挚、忘我之爱，也就是哲学的“爱智”本性在新世纪的自觉实现。

（原载《江海学刊》2000 年第 1 期）

感觉经验能否给予客观实在

——从洛克到金岳霖和冯契

童世骏

感觉论是认识论的基础部分，在这个领域，哲学论著可以说已是汗牛充栋。但已故中国当代哲学家冯契在20世纪80年代讲授他的“广义认识论”的时候，却仍然说感觉论是他花力最多的部分。这个问题对于认识论乃至整个哲学的重要，这个问题之确切解决的不容易，由此可见一斑。

感觉论的核心是“感觉能否给予客观实在”这样一个问题。这个问题在常识看来是不成问题的。但稍作思考，便能发现对感觉的无条件信赖是不明智的。在古代，哲学家们就开始怀疑感觉的绝对可靠性。庄子、荀子、德谟克利特等都从不同角度对感觉的可靠性提出质疑。

在这种情况下，实在论的哲学家在论证认识的客观性的时候既不能摆脱常识，也不能回避常识的局限性。不能摆脱常识，是因为常识和日常生活联系在一起，而日常生活是人们所有最根本信念的贮藏场所，哲学论辩的最终目标可以说就在于将哲学观点与这个信念库联系起来，或者以直接的方式，或者以间接的方式，也就是说对这个信念库本身进行改造。实在论的一大优点就是同常识一致，也就是同人们的日常生活一致。不能回避常识的局限性，就是说要克服常识对于感觉的盲目信赖，对常识的信念即使不能提供合理的辩护，也要提供合理的解释。从洛克开始的实在论传统的所有工作，说到底就是在常识和实在论理论之间建立这种类似约翰·罗尔斯所说的“反思的平衡”。

从洛克的实在论到贝克莱和休谟传统的实证主义

洛克认为观念的来源有两种，要么来自感觉，要么来自反省。因为对外部事物的感觉是大部分观念的来源，而且只有获得了这样的观念，才可能有心理作用，从而有反省观念，所以，在洛克的两种经验中，感觉要比反省更重要。他的两种物性理论正是在阐述感觉的内容与感觉的对象之间的关系时提出的。不论是第一性质的观念，还是第二性质的观念，都是外部事物作用于感官的结果。也就是说，感觉的内容与感觉的对象是结果和原因之间的关系。但是原因和结果是否相像呢？换言之，我们能否通过感觉而把握对象的本来面目呢？对此洛克这样回答："第一性质底观念是肖像，第二性质底观念便不是。"① 因为，"物体给我们的第一性质底观念是同它们形似的，而且这些性质底原型切实存在于那些物体中。至于由这些第二性质在我们心中所产生的观念，则完全同它们不相似；在这方面，外物本身中并没有与观念相似的东西。它们只是物体中能产生感觉的一种能力（不过我们在形容物体时，亦以它们为标准）。在观念中所谓甜、蓝或暖，只是所谓甜、蓝或暖的物体中微妙分子底一种体积、形象和运动"②。

洛克主张唯物主义感觉论，但他的两种性质学说及其所预设的感觉与其对象的因果关系说和代表说，为贝克莱发展其唯心主义的感觉论提供了依据。为了论证他的"物是感觉的复合"和"存在就是被感知"的唯心主义观点，贝克莱指责常识，指责力求与常识一致的洛克哲学的唯物主义立场，而在这种指责时，他确实是抓住了洛克的观点的一些漏洞的。首先，贝克莱反对把对象与感觉分析为二，认为只是由于人们错误地运用了抽象，所以才使得对象和感觉由于互相抽象而彼此分离。实际上，任何可感知的事物都不可以离开我们对它所产生的感觉或感知。其次，唯物主义认为，各种观念自身离了

① 洛克：《人类理解论》（上册），商务印书馆1981年版，第104页。
② 同上书，第102—103页。

心灵虽然不能存在，但是也许有与它们相类似的东西，为它们所模拟，所肖似，而那些东西是可以在心灵之外，存在于一种不能思想的实体之中的。对此贝克莱反驳道：既然感觉和对象是两个不同的项，而对象是在感觉之外的，怎么能比较它们是否相似呢？最后，也是最重要的一点，贝克莱针对洛克的两种性质理论，强调不仅第二性质（如颜色、声音、滋味等），而且第一性质（广延、大小等）也不是对象的摹本。他认为第一性质与第二性质是密切联系的，既然第二性质在心灵中存在，那么第一性质也应该在心灵中存在。同时，贝克莱还认为，第一性质，如大、小、快、慢等也是随着感觉器官的组织或位置的变化而变化的，例如物体在晴朗的天气中看起来要比在雾中大些，远处的运动的物体看起来比近处慢些。这就说明，大、小、快、慢不是客观事物本身的性质，它们只存在于人的心灵中。此外，贝克莱还认为，表示广延的单位是由人任意确定的，同一广延可以由人以不同的单位去表示，这就说明广延不在心外存在，而只存在于人的心灵之中。

但是，贝克莱一方面认定人们只能同感觉打交道，另一方面却对感觉之外的领域作出明确的断言。他不仅断言感觉之外物质不存在，而且断言上帝的存在和心灵的存在。这显然是一种独断论。

贝克莱的独断论受到了休谟的怀疑论的批评。与贝克莱的“观念”相当的是休谟的“知觉”。休谟把知觉分为两类，其区别标准是知觉的强力和活力的不同。较不强烈、较不活跃的知觉，叫作观念；较活跃的则是“印象”。观念来自印象。常识认为，印象是人们对于外部对象的感觉。但休谟认为这种对感官的“信托”只是一种“盲目而有力的自然本能”①。对这种自然本能，可用怀疑主义来加以反驳：“我们既然假设，心和物是两种十分相反、甚至于相矛盾的实体，所以物体究竟在什么方式下来把它的影像传达到心里，那真是最难解释的一件事。”②

如此彻底的经验主义势必不仅取消感觉之外的物质的存在问题，而且取

① 休谟：《人类理解研究》，商务印书馆 1981 年版，第 134 页。
② 同上书，第 135 页。

消在贝克莱那里仍然设定的上帝与心灵的存在问题。

休谟的经验主义被现代实证主义者所继承。实证主义者像休谟一样取消了外物、上帝和心灵的存在问题；他们把这些存在论的问题作为“形而上学”问题加以抛弃。与休谟不同的是，实证主义者认为既然心灵的存在问题被取消了，那么就应当改变原来因为心灵的存在而形成的说话方式，不是只承认感觉或知觉，而是把原来叫作感觉或知觉的东西叫作“要素”“所与”或“与料”。人们在日常生活和科学研究中所承认的一切东西仍然可以保留，但必须是从这些“要素”“所与”或“与料”出发演绎出来或构造出来。

金岳霖：从“有效原则”出发综合实证论和实在论

在金岳霖看来，感觉的地位问题或客观性问题和整个知识论的出发方式有关。金岳霖认为决定知识论出发方式的选择原则有两种，一是无可怀疑原则，二是有效原则。所谓“无可怀疑原则”，是以无可怀疑的命题作为知识论的出发点。金岳霖指出，无可怀疑的命题只有两类：逻辑上不能不承认的命题和“自明”的命题。可是，逻辑上不能不承认的命题无积极性（无实证性），考察知识论问题不能从这样的命题出发，而单纯的自明只是主观的、心理的自明。更重要的是，根据“无可怀疑原则”无法对实际存在的知识作出恰当的分析和说明。要能够对实际存在的知识作出恰当的哲学分析，必须以“有效原则”作为选择知识论出发方式的原则。所谓“有效原则”，就是作为知识论出发前提的一套命题必须能供给知识这一对象的各方面所需要的理论。贝克莱和休谟的知识论的出发原则实际上是“无可怀疑原则”，他们认为惟有感觉才是无可怀疑的知识来源，超出感觉的东西则是可怀疑的、不存在的。但是由这种原则决定的出发方式（金岳霖称为“唯主方式”）不能对知识作出理论上全面的说明。知识论作为一种理论必须具有两个特点，一是保证对象（被知）的实在感，一是保证其理论本身的真正感。但在金岳霖看来，贝克莱、休谟以及后来的罗素，所采取的唯主方式无法使我们得到对象的实在感，而“对象上的实在感得不到，理论底真正感也得不到。得不到理论的真

正感的方式就是无效的方式”①。这并不是说他们对感觉经验的重视错了。金岳霖事实上也认为感觉是知识论的一个出发点：“知识论底对象既然是知识，知识既复杂而又以官觉为基本，我们底出发题目当然是官觉。”② 但问题是，感觉并不是知识之可能的唯一条件。知识的另外一个基本条件是外物的独立存在（金岳霖认为理论的真正感也是以对象的实在感为基础的）。外物的存在是知识论所必须预设的，这一点甚至连主观唯心主义和实证主义的哲学家也无法完全否认——正因为这样，他们的认识论的一个任务是想方设法从感觉中推论出人们通常所设定的外物的存在。贝克莱把“物”定义为“观念的复合”，马赫把物定义为“要素的复合”，罗素先是认为可以从感觉材料中推论出作为原因的客观物质事物（在《哲学问题》中），后来又发现这种推论碰到同归纳推论同样的困难（没有必然性），便改变了手段：设法通过构造论从感觉材料演绎出事物来。但正如金岳霖在《罗素哲学》一书中指出的：“构造出来的客观物质事物是有某种组织或某种结构的感觉材料，它不是独立于我们的感觉而存在的。”③

既然感觉与外物的存在同为知识论的出发点，而且后者不能从前者推论出来（当然前者也不能从后者推论出来，因为世界上曾经有过存在不被感知的时候），那么就应当把这两者同时包括在知识论的出发方式之中；只有这样，才能对知识作出有效的说明。金岳霖明确指出他的知识论的出发方式的原则是“有效的原则”：“知识论有一套在前提上我们所承认的命题，这些命题要供给知识这一对象底各方面所需要的理论。如果它们能够供给如上述的所需要的理论，它们有效；如果它们不能够供给如上述所需要的理论，它们无效。”④ 但问题是，这两者的关系如何？

正是对这个问题，金岳霖提出“所与是客观的呈现”的观点作为回答。

---

① 休谟：《人类理解研究》，商务印书馆1981年版，第115页。

② 金岳霖：《知识论》，商务印书馆1983年版，第27页。

③ 金岳霖：《罗素哲学》，上海人民出版社1988年版，第203页。

④ 金岳霖：《知识论》，商务印书馆1983年版，第113页。

所谓“所与”（the given），即知识的材料——感觉中所提供的东西。所与有一个双重地位：既是感觉的内容，又是感觉的对象。就内容而言，它是呈现；就对象来说，它是具有对象性的外物或外物的一部分。所与的这种双重地位表明，感觉的内容和感觉的对象并非如因果说和代表说所认为的那样，是两个个体，是两项，而是同一个东西：“呈现就是所与，所与就是外物或外物底一部分。”① 当然，呈现与所与，感觉内容与感觉对象，是在金岳霖所谓“正觉”上统一起来的。金岳霖对“正觉”下了这样一个定义：“正常的官能者在官能活动中正常地官能到外物或外物底一部分即为正觉。”② 正觉当然是感官的活动，但不仅仅是感官的活动；它是正常的官能活动，而这“正常”起码有两个含义。其一，它是对外物的官觉。有些官能活动不是与外物有直接接触的活动，假如眼睛有毛病把一张桌子看成两张，官能活动虽有，而两张桌子之中有一张不是外物。这样的官能活动就不是正觉。第二，它是某一类官能者所普遍具有的官能活动。“正常是对于个体所说的，可是，一正常个体底正常是相对于它直接所属的类而说的。”③ 由于感觉内容与感觉对象是在正觉上统一起来的，这种统一既预设了对象的独立存在，又预设了不同主体之间的可共享性、可交往性——即所谓“主体间性”。实际上，用当代哲学的术语来说，知识从一开始就预设了两种关系：主体和客体的关系，以及主体与主体的关系。

由于感觉内容与感觉对象是在正觉上统一起来的，它们虽是同一个东西，但从不同的角度来看，仍有不同的特点：“就所与是内容说，它是随官能活动而来，随官能活动而去的，就所与是外物说，它是独立于官能活动而存在的。”④ 我们可以用“外在关系”这个概念来解释这两个方面。所与作为感觉内容，也就是外物处于同感官的关系之中；显然，外物处于这种关系，是外

① 金岳霖：《知识论》，商务印书馆1983年版，第135页。
② 同上书，第125页。
③ 同上书，第129页。
④ 同上书，第131页。

物成为感觉内容的条件，所以金岳霖说，“就所与是内容说，它是随官能活动而来，随官能活动而去的”。但外物与感官（及其活动）的关系是一种外在关系，即这种活动并不改变外物的性质，所以他又说，“就所与是外物说，它是独立于官能活动而存在的”。

冯契：用实在论和智慧说对实证主义作双重超越

冯契对金岳霖的感觉论给予了高度评价，认为它为解决“感觉能否给予客观实在”的问题作出了创造性的贡献。对金岳霖的感觉论，冯契作了三个方面的发挥和发展，一是用中国古代哲学的一对范畴“体”和“用”发挥和发展金岳霖的观点，二是把金岳霖的理论放在马克思主义哲学的实践概念基础上，三是从“智慧说”（广义认识论）而不仅仅是“知识论”（狭义认识论）的角度来考察感觉的问题。

金岳霖在论述感觉呈现（内容）与对象的关系的时候，用了这些范畴：部分和整体，关系和性质，但他没有用原因和结果这对范畴。所谓呈现就是处于同官能个体 Smn（N 类中的 M 官能者 S）的正觉关系中的外物。冯契的观点与此略有不同：“感觉是外界对象引起的，既是‘引起’，那就有作用。问题在于对因果性作如何的解释，不能形而上学地把因和果割裂开来。”①

关键的问题就在这里：一方面承认感觉内容与外物对象不是彼此分立的两项，另一方面又承认它们之间有因果关系，这两种观点如何协调一致呢？冯契正是为此而求助于“体”“用”这对范畴的。

“体”和“用”这对范畴是我国古代哲学家很早就提出并一直加以运用和探讨的范畴。魏晋时期的哲学家王弼第一个明确提出这对范畴，并第一个明确提出以后为多数中国哲学家从不同角度所接受的“体用不二”的思想。这里的“体”的范畴大致相当于西方哲学的“实体”范畴。从马克思主义哲学的角度来看，人们在认识过程中，首先面对的是一个感性直观的对象或事

① 冯契：《逻辑思维的辩证法》，华东师范大学出版社 1997 年版，第 46 页。

物，随着认识的深入，我们逐步把握了这个事物的各种属性、与其他事物之间和其自身内部各个要素之间的关系、各种功能和样态，包括种种变化状态。这些属性、关系、功能和样态就相当于“用”的范畴，而所谓“体”或实体，指的就是对象全部多样性的内在统一的根据和源泉。从认识论上讲，正是这种根据和源泉构成了把对象的各种理论规定综合为完整体系的根据。也就是说，当我们达到对于“实体”的把握的时候，就是建立一个完整的科学理论体系的时候。正是在这个意义上，列宁说实体是“人类对自然界和物质认识发展过程中的重要环节”①。与西方哲学中的“实体—属性”范畴相比，中国哲学的“体—用”范畴的特点，一是更突出实体的“自己运动”的一面——“用”，这个词本来就含有动态的含义；二是中国哲学历来有强调“体用不二”的传统，认为作用是实体的自己运动，离体别无用，离用别无体。更进一步，哲学家们认识到实体的自己的运动就在于它本身包含着矛盾，矛盾是一切实体自己运动的内在原则。

冯契所做的工作，是用辩证唯物主义观点重新解释（阐发）中国传统哲学的“体”“用”范畴，在此基础上利用中国哲学的传统对金岳霖的感觉论作进一步的发展。在他看来，对感觉与感觉对象之间的关系可以从两方面运用“体—用”范畴。首先，从感觉与感觉器官的关系的角度来看，感觉活动（神）是感觉器官（形）的作用。这就是说，感觉是以感觉器官为实体的，是感觉器官这种物质实体在一定条件下表现的作用，而这种作用并不能离开感觉器官而独立存在。反过来说，感觉器官之所以为感觉器官，正因为它有感觉活动。这方面，我国南北朝时期哲学家范缜的“形质神用”论是一个重要的理论来源。由于感觉与感觉器官之间有用之于体的关系，所以，在其他条件相同的情况下，同样的感官对同样的对象就有同样的感觉。作为感觉之标准的是正觉，即正常人的正常的感觉；而与正觉相异的错觉、幻觉，也可以用客观的条件，包括主体感官方面的因素，加以解释。如荀子说：“压目而

① 《列宁全集》第38卷，第167页。

视者，一以为两；掩耳而听者，听漠漠而以为汹汹，执乱其官也。”①

还可以在另一方面运用“体—用”范畴：感觉与感觉对象之间的关系也是用之于体的关系。感觉确实是感觉对象造成的结果，但这种结果并不是原因之外的另一个实体，而是实体自身运动的表现，或就是对象的一个方面，并不外在于对象。感觉对象对于感觉来说是“自因”而不是外部原因。从体用不二的观点来看，感觉与感觉对象正是在正觉上直接同一的。外物在同官觉的关系之外仅仅作为外物而存在；在这种关系之中，它表现为感觉（的内容）。用王夫之的话来说：“其所谓能者即用也，所谓所者即体也。”②

一方面，感觉是感觉器官的“用”，另一方面，感觉是感觉对象的“用”，这两者之统一的基础就在于感官对于外物的官觉活动。由于感觉器官的关系，感觉具有主观形式，所以是“能”的方面；由于同客观对象的关系，感觉具有客观内容（此内容就是处于同感官的关系中的对象），属于“所”的范畴。在这个意义上，感觉是一个主观形式和客观内容的矛盾统一体。

用“体—用”范畴刻画的能所关系、感觉与对象的关系，既适用于洛克所谓的“第一性质”，也适用于他所说的“第二性质”。同“第二性质”的感觉一样，第一性质的感觉也具有主观形式。荀子所说的“从山上望牛者若羊”，与“从山下望木者十仞之木若箸”，与贝克莱举的例子，即远处运动的物体看起来比近处的慢些，都能说明这个问题。但这并不能证明贝克莱的第一性质观念像第二性质观念一样仅仅存在于人的心中，而没有外部对应物。因为感官仅仅是感觉的一个条件，另一个条件是独立存在的外部事物，在正觉中，这种对象与感觉内容是直接同一的。因此，我们可以说，同“第一性质”的感觉一样，“第二性质”的感觉的内容与感觉的对象也是直接同一的。冯契写道：“感觉的内容，无非是呈现在感官之前的客观事物，红颜色就是760μω 的光波，紫颜色就是390μω 的光波，人尝到咸味就是盐本身的特性，

---

① 《荀子·解蔽》。

② 王夫之：《尚书引义·召诰无逸》。

感觉的内容和对象是一回事。"① 可以用科学的手段来确定760μω的光波呈现为红色光的条件，在这些条件下，760μω的光波一定要呈现为红色光。因此，红颜色本身就是有客观内容的、亦即是客观对象的呈现，而不是由外在于它的实体所造成的与它没有任何相似性的结果。

冯契在金岳霖的感觉论的基础上做的第二方面的工作是把金岳霖的理论放在实践的基础上。能所之间、主体和客体之间既有认识关系，又有实践关系，而实践是认识的基础。作为认识之起源的感觉，与实践有着比其他形式的认识更为密切的关系。人们的感官接触外部事物，总是在人们的生活实践和改造外物的实践中发生的："对象的实在感是实践或者感性活动中主体最基本的体验。"② 作为一个整体或系统的实践的成功将是包含在其中的感觉的可靠性的一个标志或标准。由于人的实践是在社会、集体中进行的，所以，感觉之能够给予客观实在，不仅得到感觉层次上的主体间性（"正觉"或"类观"）的担保，而且得到实践中的主体间性的担保："在集体劳动中，不会产生唯我论，不会有主观唯心主义。"③

除此而外，我们还可以从另一个方面、一个冯契没有明确提到的方面，来讨论感觉论上的唯物主义出发点与实践的关系。金岳霖在论他选择知识论之出发方式（也是其感觉论的出发方式）时说他所采纳的是有效原则，而"有效"的含义是有助于对知识作出全面的即合乎常识和科学实践的说明。然后他又说他的有效原则不同于詹姆士等实用主义讲的"有效原则"，因为后者所引用的不是知识论，而是知识，认为知识的唯一功能是服务于生活，真理的唯一标准是有效。金岳霖的这些观点对我们理解唯物主义哲学与实践的关系很有启发。为唯物主义哲学作论证历来是一项重要但困难的工作。问题在于，仅仅用逻辑论证是解决不了问题的。逻辑论证只能在以下两方面起作用。第一，表明一系统（如唯物主义哲学）在逻辑上是前后一致的、自洽的、无

---

① 冯契：《逻辑思维的辩证法》，华东师范大学出版社1997年版，第48页。

② 同上书，第118页。

③ 同上书，第119页。

矛盾的。但无矛盾只是一理论之为真的必要条件（从知识发展的眼光来看，连这也不一定），而非它的充分条件。第二，表明一理论确实是建立在已经被证明为真的命题或理论上的，但唯物主义作为知识论的出发方式，本身是它的最高前提。在这种情况下，不能指望对唯物主义前提作充分的不仅消极（证明其对立观点的矛盾），而且积极的逻辑论证。金岳霖关于出发方式之选择原则的观点给我们以启发，我们可以把“有效”当作唯物主义前提之选择的原则，但对“有效”的含义作进一步的理解——不仅理解为有助于对知识作全面的说明，而且理解为有助于人们的日常生活实践和人们的科学研究。日常生活实践不加反思地预设了唯物主义前提，因为这个前提有助于人们在环境中的生存，有助于进行人际交往（假定外物存在的同时假定他人的存在）。科学家们在研究时也必须认定对象为实在的，而非虚构的；科学理论的真正感是以对象的实在感为基础的。如实地把握客观真理，也是科学工作最重要的规范性要求。在这双重意义上，唯物主义前提对于实践都是“有效”的。而正是这种有效，胜过无数种别的理论论证，是我们选择唯物主义前提的最重要论据。

同金岳霖一样，在根据实践有效原则选择了唯物主义前提（它承认感觉为外部对象的呈现）之后，要批判实用主义的实践有效原则，因为后者不仅引用于哲学的出发方式，而且引用于知识本身。事实上，正因为把实践有效原则引用于知识，否定知识与实在的关系，实用主义哲学是有害于日常生活实践和科学研究活动的——不尊重客观现实，无论在生活中还是在研究中，都是要碰壁的。因此，我们在依照实践有效原则选择了唯物主义的原则之后，又要进一步从唯物主义立场出发批判把实践有效原则引用于知识（而非知识论）的实用主义。

在冯契那里，感觉的客观性的问题不仅是一个知识论的问题，而且是一个智慧说的问题。智慧说（或广义认识论）区别于知识论（或狭义认识论）之处，在于智慧说不仅要考察主体和客体的认识论关系，而且要考察“性”与“天道”的存在论关系，把认识过程看作是达到对世界最高原理或“道”

的全面把握（也就是达到“以道观之”的境界）的必经之途。在冯契看来，“一切的科学知识，哲学的智慧以及人的才能、德性的培养都离不开感性经验的基础”①。感觉之所以是智慧的基础，不仅因为智慧以知识为基础，而知识以感觉为基础，而且也是因为智慧本身在很大程度上是向感觉的回复。首先，智慧的具体性是向感觉的具体性的回复。冯契在讲到智慧时所提到的辩证思维、理性直觉、人的德性、才能、艺术的意境、想象力和形象思维等，这些显然都是具体的东西，因此都是“离不开感性具体或者类似感性具体的”②。出于对智慧的具体性的强调，冯契认为“始终保持感觉的灵敏是一件很重要的事情”③。其次，同智慧的具体性相联系的是智慧的非语言性，这也是感觉论在冯契的智慧说中具有重要地位的一个原因，因为人们在感觉的层次所把握的，也是种种无法用名言来表达的东西。在冯契看来，恰恰是这种具体的、不可名状的感觉，同实在具有最直接的联系。“我们肯定感性直观给予客观实在感，真正要把握道，不能够离开这种实在感。所以最高的智慧确实需要向这种直观复归。”④

对于感性经验的这种超越和复归，冯契借用“博学”和“心斋”这两个中国古代哲学术语来说明。知识的基础是“博学”，但仅有“博学”还到达不了“性与天道合一”的境界。达到这个境界，要求超越在知识的层次所执着的那些区别和范畴。冯契借用庄子的“心斋”概念来表达这个超越，但并不认为这种“心斋”是冯友兰所理解的那种詹姆斯式的没有知识的纯粹经验，而认为它是一种可以更恰当地用庄子的“庖丁解牛”“轮扁斫轮”等寓言来表达的状态：“轮扁斫轮得心应手，庖丁解牛依乎天理、因其固然，这些活动合乎自然的节奏，道就在这样的活动中形象化了，取得了感性形态。”⑤ 这种境界并不是冯友兰所说的经历了“正的方法”之后运用“负的方法”的结

① 冯契：《认识世界认识自己》，华东师范大学出版社 1997 年版，第 145 页。
② 同上书，第 146 页。
③ 同上。
④ 同上书，第 149 页。
⑤ 同上书，第 151 页。

果。对于冯友兰来说，重要的是从“说话”向“沉默”的过渡：“人必须先说很多话然后保持沉默”①；对于冯契来说，重要的是理论和实践的统一：“……哲理境界可以通过不同途径而到达，但要求化理论为德性，在理论与实践统一中自证其德性之智，则是共同的。”②

金岳霖的知识论虽然以其实在论立场而超越了贝克莱、休谟传统的实证主义，但仍然是一种狭义认识论，就此而言仍然属于实证主义的范畴。与金岳霖相比，冯契在双重意义上超越了实证主义：他不仅捍卫了实在论的立场，而且突破了狭义认识论的眼界。

（原载《江海学刊》2000 年第 4 期）

① 冯友兰：《中国哲学简史》，北京大学出版社 1985 年版，第 395 页。
② 冯契：《认识世界认识自己》，华东师范大学出版社 1997 年版，第 454 页。

论多元社会的价值整合

高兆明

合理多元与一元法治

以市场经济为基础的现代性社会是一个多元社会。多元社会并不是简单地指有多个利益集团的社会，而是指利益集团间相互平等包容、社会结构开放、价值评价体系非单一的社会。严格地讲，任何一个社会都有多元利益集团，但并非所有社会均是多元社会。一个社会只有在经过充分分化基础之上，不同社会群体彼此间获得平等身份、相互包容，才有可能是多元社会。正是在这个意义上，多元社会是一个现代性概念。多元社会是一个非排他性生活世界，在这个生活世界中，所有存在者身份都是平等的，并以一种理性的态度在经验生活中彼此商谈、交流，构建起主体间关系。① 在这个非排他性的生活世界中，不同社会集团之间的价值评价体系可能是不同的，然而，一般说来，除了那些违反法律或为法律所特殊规定的情况外，这些不同的价值评价体系之间亦不是绝对排他性的，在这里存在着价值宽容。当然，这种价值宽容并不意味着相互间没有批评、交锋，相反，彼此间会存在着批评、交锋，只不过都以一种平等的身份，在法律的范围内，通过说理的方式或/和借助法

① 说现代多元社会是一个非排他性社会，并不是指这个生活世界中事实上不再存在着利益对立与斗争，事实上，这种利益对立与斗争有时还十分尖锐激烈乃至残酷，而是指作为一种生活范型，现代社会不同于以往社会的基本区别之一就在于，这是一个民主的社会，这是一个以平等身份为前提的社会，因而，在普遍意义上应当是以一种平等的精神协商共处的关系。

律的手段进行。这样，多元社会价值评价体系的非单一性事实上又隐含着一个前提：多元社会存在着一种为多元价值体系所共同接纳的一元价值标准，这就是法治精神，以及法律面前人人平等精神。

多元社会确实以利益间的差别为基础，因为每一个主体都有其特有的利益，然而，这种差别不仅仅是经济的，还是政治、文化、信仰、习俗的；多元社会确实是一个竞争的社会，然而，这种竞争不是一种格斗，而是一种合作性竞争、冲突性共谋；多元社会确实以个体独立自由权利、独特界域为基础，然而，每一个个体又都是首先以对他人权利与界域的承认、尊重为前提。麦金太尔曾对现代社会公正之主体性失落表现出深切担忧，其实，现代社会公正之主体及其价值合理性根据并不会失落，只是要以一种不同于以往社会的眼光与方式去认识。公正及其价值合理性根据并不外在于现实活动着的人，它存在于我们的生活世界中，存在于大家通过对话、商谈而达成的一致中。生活世界是我们的，生活世界的公正与价值合理性根据也就存在于我们——主体中。

霍布斯与卢梭曾对人类自然状况作了两种截然不同的规定：兽性的与神性的。其实，他们均以自己的方式表达了对社会多元性的一种认识：排他性的多元无异于绝对一元。所以，他们试图从契约的立场将这种排他性多元引向兼容性多元。他们以先验人性论作为理论出发点，并分别从经验主义与理想主义两个方向寻求对问题的解决，他们的具体做法尽管存在诸多缺憾，然而，他们寻求主体间性的做法这一思维方向却是合理的，并给后人留下诸多启示。严格地说，无论是霍布斯还是卢梭的自然状态都不是多元社会。多元社会中的人既不是兽也不是神，而是人——以人的方式相互承认与尊重，并在经验世界中，通过理性学习寻求共同生活的方式。人是理性的存在，这个理性人不仅是指人具有如经济学所规定的追求自身利益最大化的经济人之理性，更是指人具有在人类世代发展过程中形成的某种永恒性人文精神之理性。每一种理论形态都带有时代的印记。霍布斯、卢梭所采用的理论方法所反映的是他们所处的资本原始积累时期的历史状

况，而当代罗尔斯所采用的无知之幕理论方法，则反映了与古典时代大不相同的当代社会政治经济生活。如果我们以一种更彻底的理性反思态度对待罗尔斯的理论方法，那么，与其说无知之幕这一理论方法是理性主义的，毋宁说是经验主义的——罗尔斯以一种理性的方式表达了自己所感受到的主体间应当平等这一经验事实，表达了在一个民主的社会生活机制中，只有通过协商，达成共识，才能实现各自的真实利益这一经验事实。多元社会是一个理性——经验主义的社会。每一个体都具有理性能力，并直面大家都是平等的自由主体这一事实，在经验世界中，通过经验提高自实践理性的智慧能力，实现存在的价值。

多元不是杂多。排他性多元是以多面貌出现的杂多，一切均处于偶然性支配之下，漂泊孤离，因而是形式的多元而不是真实的多元。真实的多元以自由为其内在规定，在非排他性的独立自主活动中，整个社会表现出一种生动有序性。真实多元即为合理多元。在合理多元社会中，每一种存在都有其存在的理由，每一种存在都将其他存在真诚地视作与自己一样拥有平等的自由权利的存在，因而，都承认、尊重乃至维护其他存在的正当权利。然而，那些伤害其他主体基本权益的存在（如法西斯主义、黑社会势力集团、邪教等），则由于其反社会、反他在性质，而规定了其不具备存在的合理性，故不在合理多元社会之列。所以，合理多元社会是一个有限规定的无限样式社会。任何一种社会都以一种结构方式存在，因而也总是要以一定的秩序状态存在。纯粹杂多的社会由于缺少内在的统一性、凝聚力与秩序，因而难免毁灭的厄运。排他性的多元社会或者通过纯粹的生物竞争走向强权霸道，或者通过无政府主义走向独裁专制。这两种中的无论哪一种在根本上完全是同质的，那是一个人性被充分扭曲，或者说人性中恶的成分被充分激发出的社会，是一个没有自由的社会。如果说霍布斯、卢梭以自己方式所理解的多元是一种形式的多元，并且这种形式的多元在亚当·斯密那只看不见的手的主宰下，表现为无自由的命定秩序的话，那么，合理多元社会的秩序则是现实自由活动着的人的自觉产物。合理多元

表明各存在具有存在的合理性理由，表明彼此在经验生活世界中，能通过学习提高生活的智慧与能力，形成一个平等的基本自由基础之上的社会秩序。这样，多元社会事实上就是法治社会。这正是在哈贝马斯、哈耶克等人思想中所隐含的真实内容。

多元社会贯穿着一种一元神，这就是法治精神。在这个多元社会中，既然法是大家在共同生活的经验世界中通过理性累积学习而成的基本生活规则与要求，法规是一个社会的最基本规范，不仅是应当的，而且是必需的，那么，法就是自由的另一种存在样式，就是统摄多元社会的一元内在规定。多元社会与一元法治，互为依赖，互为规定。在社会主义民主的现代社会中，社会的整合首先是法治的一元价值整合。社会活动的内容、样式可以无限，用以调节社会活动的基本规则则是一元公共的，规则面前人人平等。以法治国，依法治社会。

制度认同优先于道德认同

制度整合与道德整合是社会规范整合的两个基本渠道。所谓制度整合，就是通过社会的制度体制将社会统一协调为一整体，它又可以称之为法律整合、权力整合、社会结构整合；道德整合则是通过具有伦理性的风俗习惯、道德规范、个体良知将社会统一为一整体。然而，无论是制度整合还是道德整合都可以不同方式进行。依靠专制强权亦可实现社会的制度整合与道德整合。不过，由于现代社会是一个多元民主社会，这就内在规定了现代社会的制度整合以民主的方式进行。

正由于我们所生活的社会是现代民主社会，日常交往活动中的制度规则是公民在经验世界中通过理性商谈达成共识的结果，所以，制度整合本身又隐含着对制度认同这一前提。所谓制度认同就是指公民对一制度体系在价值上的承认与肯定，认为它是基本公正的，自己愿意遵守与维护这一制度体系。制度认同内在包含着两个方面的内容：一是价值上的肯定，二是有转化为行为的现实趋势与取向。在这个制度体系中，每一个成员（无论是作为单独的

公民，还是作为集合体的法人）都以一种拥有平等基本自由权利的身份存在，并通过相互协作活动，共同合理互利。合理互利不同于简单互惠。① 制度认同是一种出于理性对制度体系质的规定与肯定，它有两个方面的含义：一方面是对其发生学的原则肯定，它是公民自由实践活动过程中的自由产物；另一方面是对其过程与结果的肯定，它是公民平等协作的过程，并能有效预期行为，共同合理互利。不仅如此，正由于制度体系的这种合理性，它又同时获得公民情感上的认同。如是，这种制度体系，又反过来从公民的理性、情感中得到滋养与巩固。

不过，一种制度体系自身亦是复杂规定的集合，其中有基本制度与非基本制度之分，基本制度是稳定的，非基本制度则是相对变化调整着的。基本制度是一种制度体系中的核心部分，是其质的规定性所在，并规定了非基本制度的具体内容、发展方向及其相互关系。基本制度既是非基本制度的合理性根据之所在，又决定了一个社会的结构范型与公民间的基本交往方式。这样，对社会整合首先是制度的整合就应当作进一步限制：社会的基本制度整合社会，并保持社会行为方式的一贯性与社会秩序的稳定性。这样，对制度的认同首先是对基本制度的认同。

那么，这是否意味着公民对非基本制度是非认同的？公民对非基本制度是接受而非认同。认同不同于接受，认同建立在对其内在价值肯定基础之上，而接受则是一种消极的接纳。接受可以是不认同的，但在行为中出于尊重法律、遵守法律的态度而执行之。这是其一。其二，这是否意味着社会的非基本制度在社会整合中不起作用？非基本制度在社会整合中仍然发生作用，一方面它作为基本制度的具象化存在，使基本制度可实证化、可操作化，另一方面它作为一种事实的行为规范在行为层面普遍规范、整合社会。

非基本制度的这种特殊社会地位与功能性质，公民对非基本制度的这种

① 有关简单互惠的局限性详见拙作《互惠补论》，载《道德与文明》1997 年第 3 期。

特殊态度，在逻辑与实践两个层面上均与公民在经验世界中理性学习累积进步相一致。它表明了社会的规范性、开放性、进步性之可能。基本制度与非基本制度统一，构成了社会系统整合的现实性，并使得社会在法治规范性中表现出生动性与生长性。需要注意的是，单独地看，公民对非基本制度是接纳而非认同，但是，由于非基本制度是基于基本制度之上发挥作用的，且公民事实上对它们作出了属于正当的价值判断，由于现实存在的制度是由基本制度与非基本制度所构成的制度统一体，因而，在现实生活中，只要公民对基本制度是认同的，那么，他们也会对这个由基本制度所规定了的制度统一体采取认同的态度。

在形式上，多元民主社会中的制度整合并不要求公民对制度的认同，但事实上却以公民对制度的认同为基础，并事实上会获得公民情感上的认同。这种情感上的认同源于公民对基本制度与公民间平等基本自由权利的直接一致性感受，这种基本制度既是公民交往合作、合理互利的产物，又是公民的现实生活世界。公民可能平时并未能完全自觉意识到自己的这种情感，然而，假若公民一旦面临有人想从根本上改变这种基本制度，或者假若公民换了一个生活世界，那么他就会对这种基本制度及其生活世界表现出深深的眷恋与依赖，并会为捍卫这种基本制度而不惜一切。

在一个多元民主社会中的基本制度整合，表明一个基本公正的制度对于一个社会秩序的优先性。或者说，一个基本公正的社会制度及其法律化，是社会整合的最基本方式。这样一个基本制度并不是先在的，但是它一经形成之后却先在于每一个具体公民，每一个公民均享受到它的阳光雨露，亦承受到它的阴霾风霜，它是每一个公民的现实生活世界，在这个生活世界中，每一个公民理解自己的角色及其要求，养成自己的生活习惯，提高自己的实践能力。在这个生活世界中，并不是没有矛盾与冲突，不过，这个生活世界中有一套大家认同的解决矛盾冲突的基本原则与规则，这样，矛盾冲突的存在就不再如同过去历史形态中那样成为一种社会的毁灭性力量。

社会的规范整合离不开道德整合。道德整合是社会的内凝剂。问题的关键是究竟如何理解社会的道德整合。如果简单地直接将道德规范要求作为社会国家生活的规范要求，就会陷入伦理政治之泥坑。如果说在社会规范整合中的制度整合首先是基本制度整合，那么，在道德整合中同样首先是基本道德整合，这个基本道德就是本文将要讨论的基准道德。道德整合与制度整合有明显不同之处。在制度整合中，非基本制度可以在事实上作为社会行为层面的普遍规范要求整合社会，一方面，人们虽然并不一定认同它，但却接纳它，这是出于对法治、法律尊重的自觉理性行为；另一方面，它受到社会国家强制力量的保证，而非基本道德则未必具有此种有效力。① 这也即意味着一般说来，制度整合具有使社会在行为活动层面表现出秩序一元规范性的必然性，而道德整合却未必具有这种必然性。二者的这种差异就在于一是强约束力，一是弱约束力。当然，对道德整合不具有一元规范性的必然性这一说法必须有严格限制：它仅限于社会行为活动层面且相对于非基本道德而言，若在基准道德的角度看问题，则人们在共同生活世界中形成的基准道德，同样使社会具有一种一元规范性的必然性。

道德整合同样有以道德认同为前提的问题。道德认同是指公民对社会道德价值体系、规范要求善的肯定，及其自觉践履的现实取向。道德认同不仅仅是认知，更是实践的现实冲动性。由于道德认同涉及公民信仰与存在价值目的性理解，由于在宪法、法律范围内公民信仰的多样可能性②，由于存在的价值目的性问题有层次性之分，因而，道德认同较之制度认同要更为复杂。道德认同只能在下节所述基准道德的范围内才能成立。

从纯粹抽象逻辑上看，似乎纯粹的制度整合是冷冰冰的外在整合，然而，无论是在逻辑上还是在现实生活世界中，基本制度整合以对基本制度的认同

---

① 诸如完全不计任何报酬且始终如一为公共利益服务；如典型意义上的舍己为人：自己的孩子与他人的孩子同患重病，舍自己孩子不顾，将有限的财力与物力捐赠，将生的希望让给他人孩子。这些在道义上都是崇高的，但在社会大众行为层面上却未必具有普遍的规范整合意义。

② 宪法规定宗教信仰自由，那么，这里就存在着一个不同宗教信仰体系之间的关系问题。

为前提，这就意味着以公民对社会基本制度善的价值判断与道德认同为前提，即使是对事实上作为人们普遍行为规范要求的非基本制度，公民在未必认同但却接纳这一外在形式之下，也包含了它们是正当的这一道义判断前提。这样，制度认同并不能完全超脱于道德认同，制度整合虽然在实践上优先于道德整合，但它必须以某种道德认同、道德整合为前提，这种道德认同、道德整合是对社会基本制度善的认同，是在对非基本制度正当判断基础之上的整合。

在现代性社会整合过程中，制度整合优先于道德整合，制度认同优先于道德认同。

基准道德优先于价值信仰

基准道德对于社会而言是维系社会正常交往的最基本且必不可少的道德规范，对于个人而言则是做人的最基本且必不可少的道德品质。个人的这种道德品质与社会的这种道德规范是一体两面之存在，社会的这种道德规范化为个人的自觉，即是做人的最基本品质，个人做人的这种最基本且必不可少的道德品质表现于社会宏观层面，则是社会的这种道德规范及其秩序。价值信仰则是对价值观念、价值体系中核心成分的一种虔诚笃信之信念，价值信仰表达的是一种根本价值取向。不同价值体系之间的区别，核心的就是价值信仰之间的区分。①

基准道德不是一种道德规范体系，更不是一种道德价值信仰，而是一些特殊的道德规范及与其相应的道德品质。作为规范体系的道德，有层次之分，既有最基本的规范要求，也有比较崇高的规范要求，这些道德规范要求的层次不同，其社会约束力强度就有所区别。作为社会正常交往活动中必不可少、最起码的规范要求，其约束力最强，乃至于往往以国家意志的形式存在，与法律规范相重合，而那些更高层次的道德要求则相对约束力较小，它们更多

① 参见保罗·库尔茨《保卫世俗人道主义》，东方出版社1996年版，第110—113页。

地是以被倡导的形式存在。这是其一。其二，道德规范体系是一完整价值体系，它服从于一种价值理想与价值信仰，不同的价值体系表现为不同的意识形态体系。在一个价值体系中，最基本的道德规范要求相对远离作为意识形态的价值中心，而具有更多的价值中立性，这种价值中立性并不意味着这些道德规范本身不再作为价值要求、价值规范存在，而是说它们较少地具有意识形态特征，更多地具有作为人之为人或社会公共理性的一般内在规定性特征，具有更多的一般做人的价值意蕴、社会一般公共秩序与公共价值之特点，因而，它们可以为不同的道德价值体系所共有。在一定意义上可以说，它们是超越意识形态的，具有非意识形态性特征，它们是全人类的共同语言与财富。道德的全人类性、道德的继承性，正是这样一些道德规范要求所显示出来的生命力。罗尔斯在《政治自由主义》中所说的重叠共识之规范，事实上也正是指这样一些道德规范。这些最基本的道德规范要求能够在人类发展过程中世代传承，具有价值中立性，并不是指这些道德规范要求在所有的道德价值体系中的社会作用都是一样的，相反，它们总是服从于、服务于它们所从属的价值体系中的价值核心部分，并事实上是为那样一种价值体系所代表的利益集团服务，从而表现出强烈的价值属性。正是由于这个原因，我们才能够真实把握为什么封建宗法道德的礼教具有“吃人”的性质。[①] 其三，特定的道德规范体系总是具体的、暂时的，总是要从历史上消失的，然而，作为基准的道德规范虽然总是作为这些特殊价值体系的组成要素存在于这些价值体系之中，并且其具体内容、社会作用性质事实上受这些价值体系所规定，但是，它们却具有永在性，并不因为所“寄生的”价值体系宿主的消失而消失。

基准道德与道德理想、道德崇高的关系如何？是否基准道德否定道德理想与道德崇高？如果将道德理想、道德崇高理解为至善、完满，那么，基准道德由于其最起码、最基本性，而决定了其优先于道德理想与道德崇高。基

① 关于这些具有全人类性因素的道德要求的历史意义及其批判性继承问题，详见拙作《中国传统道德扬弃方法论》，载《现代教育论丛》1996 年第 1 期。

准道德是道德理想与道德崇高的生长点。如果将道德理想理解为一种高尚人格，那么，甚至在基准道德中就存在着道德理想与道德崇高。伟大人格并不在于其一时一事的惊天动地，而在于其平凡中的始终如一。正是在这个意义上，基准道德与道德理想、道德崇高是一致的。

道德理想、道德崇高与终极价值目的性直接相关。任何个体或集合体无论自觉与否事实上都有自己的某种终极价值关切或终极价值目标，道德理想就是这种终极价值关切的现实存在形式之一。笔者曾撰文认为国家生活中亦有道德理想与终极关切，这种道德理想与终极关切就是社会公正理想，但是，道德理想与终极关切只是对国家制度体制合理性的诘问，而并不直接作为社会国家生活的规范存在，直接作为社会国家生活规范的是国家制度体制、法律法规。[①] 罗尔斯认为民主社会既不是联合体也不是共同体，其本意之一就是要强调在社会国家生活中除了社会正义这一公共理念之外，不再有任何作为意识形态的终极价值目的，且社会正义唯一被规定为公民平等的基本自由权利，公民间没有任何特权、身份、价值上的优先性。[②] 如不过于苛求，中肯地说，他的这个思想基本是合理的。虽然社会正义在不同的时代、不同的社会利益集团那里会有不同的具体规定，但是如果居于一个特定的时代、在人民的立场，那么，社会正义总是有一个大致稳定的内容，总有它的可通约性，这正是它的人民性、现实性之所在，否则，就会由于过于夸大社会正义内容的相对性，而陷入否定社会正义的客观性、历史性之虚无主义境地。即使是在进行现代化建设的社会主义国家的国家生活中，社会正义也应当是国家生活中的最高公共理念。科学社会主义具有它的不可战胜性，其依据就在于它拥有正义，因而深得民众的拥护。社会主义的优越性通过社会正义获得价值论的证明。如果在一个公正的社会国家生活中，在社会正义这一公共价值理性之上，还有任何其他终极价值关切，那么，这种终极价值目的的社会普遍性则是值得怀疑的。

---

① 参见拙作《论道德理想与市俗国家》，载《学术论坛》1997 年第 1 期。
② 参见罗尔斯《政治自由主义》第 1 讲。

在一个民主社会中，会有多个社会集团，多种价值信仰，信仰自由又赋予各种信仰之间的平等关系①，这些不同价值信仰、意识形态之间的最高价值目的均不相同，且各自的最高价值目的在它那个特有的意识形态中均具有存在的充足逻辑理由，这种最高价值目的的差别会反映到道德理想的具体内容上。这样，社会生活中的道德整合，就只能是为所有公民、集团都能接受、且能有效践行的基准道德。

在社会价值整合中，以法治为基础，强化基准道德，似乎使整个社会生活秩序在缺少激昂高尚的同时显得平俗。当我们在考虑建立一个基本公正的社会制度，在这个制度中德行有用、德福一致时，可能会面对一个无法回避的问题：社会制度在总体上是基本公正的，社会秩序是生动和谐的，社会风尚是清明的，然而，公民个体的道德情操却未必像过去那样十分高尚圣洁。这里包含着两个问题：其一，如何看待这种“高尚圣洁”，以及如何看待这种道德风尚的改善？其二，如果真的那样，公民个体的道德操守是否真的不高尚了？当年托克维尔在论及美利坚民族以“正确理解的利益原则”反对个人主义时，曾认为正确理解的利益原则切合人的弱点，是以“个人利益来对抗个人本身”，因而能对人产生巨大影响。他看到“只靠这个原则还不足以养成有德的人，但它可使大批公民循规蹈矩、自我克制、温和稳健、深谋远虑和严于律己。它虽然不是直接让人依靠意志去修德，但能让人比较容易地依靠习惯走上修德的道路”。它“一旦完全支配道德世界，无疑不会出现太多的惊天动地的德行。但……怙恶不悛的歹行也将极其稀少。……就某几个人来说，这个原则使他们下降了；但就整体来看，它却使整体向上了”②。从托克维尔的字里行间我们体悟到一种思想：伴随着人类文明秩序进步过程，个体德行的提高与社会风尚的改进未必是同步的，但社会风尚改善与社会成员整体道德水准提高却是一致的，即只要社会风尚改善了，公民个体的道德水准在总体上必定是提高了。在抽象的意义上，我们可以设想在任一特定社会中其社

① 诸如有神论与无神论，信仰基督教与信仰佛教、伊斯兰教等，这些信仰之间均是平等的。

② 托克维尔：《论美国的民主》（下），商务印书馆1988年版，第653—654页。

会成员的道德水准状况存在着一个道德水平平均值 G。依据 G 这一平均值，将这一社会中的人群分为三类：高于平均值 O 类，平均值 G 类，低于平均值 S 类，且设定三类人群呈正态分布，G 类占大多数。一个社会的风尚状况在总体上是由 G 类决定的。如果一个社会风尚改善了，那么，这就意味着社会中的大部分成员的道德水准提高了。基准道德以及德行有用的社会制度体制，似乎给人留下了不再那么彻底无私忘我、似乎是道德境界下降的印象，但是事实上却是社会整体道德水准的提高。这里存在着人们认识问题的方法、立场转变问题。如果以既有的那种圣人道德标准来观察社会成员，那么，社会成员中的绝大部分确实是凡人，凡人的道德境界较之圣人的道德境界无疑要逊色得多。不过，公民本就是凡人，不再以一种非现实的圣人道德而是以一种现实的凡人道德来要求公民，那么，就会发现公民那种文明礼貌、克制自律、遵章守法、维护公益、正直善良等德行精神的养成，就是一种道德进步，就是凡人中的贤者，甚至在一个人的如此始终如一中，我们也会感受到一种做人的高尚与神圣。

市世道德优先于神圣道德

此处神圣道德并不是指宗教道德，而是指一种近乎完满至善至圣的道德要求，故此处世俗道德就不是指与宗教道德相对应的俗世道德，而是指一种并不那么完满至善至圣的普通百姓日常生活基本道德要求。不能简单地将世俗道德与神圣道德理解为道德的两个不同境界，以为神圣道德在品质上要高于世俗道德，世俗道德在品质上要逊色于神圣道德。与其说世俗道德与神圣道德是两种境界的道德，毋宁说它们是两种道德范型，世俗道德是立足于现实俗世生活的道德范型，神圣道德是立足于至善理想的道德范型。这样，世俗道德作为一种道德范型虽具有“俗”性，却并不内在地拒斥高尚与神圣，相反，它内蕴着高尚与神圣，并以其特殊的方式引导公民在俗世中走向高尚与神圣。

神圣道德确实以自己的方式揭示了人之为人的神圣内在规定性，揭示了

人的至善发展方向，揭示了人的理想性存在，它确实具有一种使人超尘脱俗、顶天立地的精神力量。千百年来，正是在神圣道德理想的鼓舞激励之下，一大批圣人贤哲、仁人志士拔地而起，既成为社会、时代之良心与精英，又成为民众学习仰慕之楷模。神圣道德代表了社会的理想与完美，给人战胜现实黑暗卑劣的力量与勇气。在一个物欲横流的社会，在一个充满迷惘的社会，神圣道德确实有其存在的现实理由。如是，反观中国古代心学理学，反观中国古代圣人贤哲，甚至可以透过重重雾障看到其内在所包孕的瑰宝：以一种特殊的方式要求与感召着人们战胜诸多堕落与诱惑，做一个真正的人。反观康德的绝对命令神圣道德，亦可发现康德之所以要提出这样一种道德理念与道德要求，其实他是在以一种哲人的思想方式抗争着资本原始积累时期那种物欲横流尽显兽性本色之社会，揭露那种由于狭隘的功利主义与经验主义所导致的社会视盲症，抨击那种为所欲为、没有自由的自由时代。正是在这个意义上，神圣道德甚至也并不是完全脱离世俗的，只不过它是立足神圣通过至善来反观世俗。

然而，现实的问题是，一方面，人总是首先立足于现实世俗，立足于感性经验生活，总是他所在的那个生活世界的产物。现实的生活世界是世俗的，人不可能完全逃脱世俗生活。另一方面，最后能成为神圣、至善的，无论古今中外，总是极少数，虽然这极少数对社会有极大的影响作用，但是，这种影响作用必须通过占人口绝大多数的普通人才能变为现实。此外，在一个多元民主社会中，道德事实上也是多元存在。与此相应，就提出了三个问题：其一，生活在世俗世界中的人能否变得神圣崇高？如何变得神圣崇高？其二，如何才能将少数圣人贤哲之品质变为社会中绝大多数人的自觉实践或品质？其三，在一个民主社会中，多元道德存在如何整合？或者说在一种民主的精神之下，社会基于何种立场形成一个道德世界？

历史表明，除非在宗教信仰的意义上推行神圣道德，除非普通民众在一种宗教虔诚之心下拥有一种宗教意义上的神圣道德，否则即使是准宗教式的神圣道德也会在剧变的生活世界中失却其有效性。中国古代社会的传统道德

似乎是推行的一种神圣道德，其实，却是完全市俗化、实在化、具体化了的世俗道德。家国社会、日常生活的举止应对、日用伦常，细致入微，所以，古代中国社会的道德才有那样一种强大的社会渗透力与影响力，才能成为一种无所不在、无时不能的道德规范。如果要总结中国历史上道德的巨大社会作用之原因，那么，除了其缜密细致的道德规范体系与社会构架原理的一致性外，更应当首推道德的世俗范式。当然，这不是说中国古代没有神圣道德，神圣道德是社会精英道德，是作为普通民众的楷模、理想而存在的道德，这两种道德范式并行不悖。

历史亦表明，如果以一种强力在全社会推行神圣道德，虽然或许会收暂时之效，但一旦离开了强力约束或准宗教式的顶礼膜拜，情况会发生根本的变化。更为重要的是，现代化建设是以市场经济为基础的，市场经济以一种无可抵挡的客观物质力量将人们的视野引向世俗生活。尽管市场经济建设必须注重物质与精神两个方面的平衡协调，尽管生活在市场经济中的人应当避免成为“单面人”，应当注意人性的全面发展，然而，思考问题的基本出发点却不得不面对市场经济及其所带来的这个现实。从市场经济的经验世界出发，并不意味着要停留于经验世界，恰恰相反，是为了超越经验世界。这样，世俗道德就应当是现代化中的基本道德范型。

现代化社会需要道德，现代化的人需要道德精神，但是现代社会的道德应当基于个体的现实存在方式，应当关注人的需要及其满足方式，应当使道德更加合乎人性，应当防止现代化社会中的道德堕入神秘主义或幻想主义。① 现代化社会中的人是能够变为神圣的，只不过他是从世俗生活现实出发，在经验世界中反思、提升自己，一步步走向神圣高尚，且这种神圣高尚就存在于世俗平凡之中。这就是如同柏拉图、亚里士多德所说的各司其职、做好社会角色所要求做的就是高尚，就是如同基督所要求的爱邻人，如同孔子所倡导的推己及人。神圣一旦消除了其神秘性，就会变为公民的

① 参见保罗·库尔茨《保卫世俗人道主义》，东方出版社1996年版，第36页。

现实精神。

世俗道德并不否定一个人的现实利益，也并不拒斥一个人通过正当途径为个人的正当利益而努力。世俗道德只是在同时提醒与强调“我”不是一个单面人，也不是一个游离于社会之外的鲁滨孙式的个别存在，“我”应当是一个完整的存在，有自己的长远根本之价值。市俗道德所要求的是“我”要做好“我”的现实每一项工作，做好一个人，“我”有一种可能的完美之存在，“我”应当不懈为之努力。这样，世俗道德亦不否定一个人应有理想，只是世俗道德并不是如同杜威曾尖锐批评的那样，离开人们存在的物质条件空洞地谈论理想，而是立足于“实际条件和操作”去构成人们关于善的价值观念与价值理想，在现实基础之上引导人们达于理想目的与现实手段的统一。“一个忽视经济条件的道德体系只能是一个遥远空洞的道德体系。”①

世俗道德并不排除与削弱人的道德责任与社会义务。只要一个人作为社会中的成员存在，就有无法推卸的责任与义务，这是一个复杂的责任义务集合：既有目的性的，也有工具性的；既有功利的，也有非功利的；既有家庭的，也有社区、集团、社会的；既有对他人的，也有对自己的；既有当下的，也有长远的；等等。既然我们已经假设现代社会的人是一个生活在公正制度中且具有理性能力的人，那么，作为一个理性的人面对与处理这样一种道德责任与义务集合时，他总是根据自己的价值理念，依据对当下事实情景的判断，做出一种合理的选择。这种选择，只要是出于良知且是明智的，那么，在道义上至少就不应当是被否定的。

在一个社会中，我们不能立足于公民做出道义上最佳的，而只能立足于公民做其最基本应当做的；我们并不能奢望公民能够获得最高限度的道德品行，而只能希望公民在获得最基本日用伦常道德品行基础之上去进一步发展完善自己；我们也不能奢望公民一点儿不违反任何道德要求，我们只能希望

① 参见杜威《确定性的寻求》，见周辅成编《西方伦理学原著选读》（下），商务印书馆1987年版，第722—724页。

公民尽可能少地违反道德要求，且能够明白遵守道德要求对自己的重要意义。[①] 这样做丝毫也不与争取公民做出道义上最佳的相矛盾。这与社会规范整合中基准道德优先恰恰是一致的。

一个制度正义的现代社会，并不是从外界强加给公民一系列神圣完美的道德要求，而是通过基本公正的社会结构制度供给，在向公民提供最基本道德要求的同时，使公民自己在日常经验生活中学习提高自己的内在精神境界，使公民自己在世俗生活中生长出神圣之品质，且这种神圣之品质并不与公民的世俗生活之间有不可逾越之鸿沟，它只不过是世俗道德自身的结晶。而公正的社会制度结构自身亦在公民这种经验生活中的自我学习提高过程中得到巩固与完善。

康德曾以发起一场哥白尼式的革命而著称，康德的道德深刻隽永圣洁，令人仰止。然而，康德的义务论道德观却又使人对道德敬而远之，它是那么崇高伟岸，但又是那么可望而不可即。严格地说，康德的道德思想是一种圣人道德，主要是少数人的道德，而不是世俗民众道德。摆在康德面前一个无法回避的问题是：占社会绝大多数的普通民众如何才能达到义务论的这种境界？对于社会绝大多数人来说，世界不存在这样一个支点，可以将他们撬离尘世世俗。他们只能通过自己的活动，在尘世的基地上建立起一座通天塔，一步步攀向神圣境地。不过，冷静仔细思索，在康德思想中似亦存在着使道德可市俗化的一个契点，这就是他那源于先验综合判断的普遍律令。先验综合判断既是先天的又是后天的，它既是人类世代生活道德规范要求的积淀与传承，又是现实活动着的人对于现实生活的理性把握，而可普遍性则是从个体自身向外推出的一种演绎方法。人类世代积淀传承而至的道德中自然不乏完善高大之要求，但更多的则是对日常普通生活调节的道德要求。我们的思维方法应当转换，应当由从既有高大全的理想出发观照现实、要求现实，转变为从现实出发确立应有的道德规范要求、并

① 参见哈耶克《自由秩序原理》，生活·读书·新知三联书店1997年版，第116、181—182页。

进一步引导人们逐步完善自身的思维模式。这种思维模式的转换，丝毫也不减弱道德的神圣性，只是使道德更具现实生命力。生活原本是世俗的，世俗又不等于庸俗，世俗的生活要求世俗道德范式，从世俗出发的人同样可以通向神圣高尚。

（原载《江海学刊》2001 年第 5 期）

隐喻的语境分析

郭贵春　安　军

在当代，隐喻从多个向度和层面进入哲学研究的视域之内。除在诗学、修辞学、美学中发挥不言而喻的重要作用外，隐喻也频频出现在心智哲学（如一般精神概念的隐喻形态问题）、科学哲学（如隐喻与解释模型之比较）、认识论（如类比推理），以及认知研究（如概念的形成理论）之中。但是无可否认，隐喻首先是作为一种语言现象而存在的。因此，对之作出一种细致的语言哲学分析，是澄清隐喻在上述这些领域的存在、本质及意义的一项基础性工作。

从词源学的角度考察，英文词“metaphor”（隐喻）源于希腊语“metapherein”，“meta”的意思是“超越”（beyond），“pherein”则有“提供”“带来”（to bring）等含义。《牛津哲学词典》认为，隐喻是最重要的一种修辞格式，其中有关话题（意旨）被一种用于非字面意义描述的语词或句子来指称；在一种典型的隐喻用法中，“相关特征的结合成为不合逻辑和荒谬的，但是理解并不因此而失效”①。伴随着当代哲学运动中的语言学、解释学和修辞学的“三大转向”，特别是在语言哲学和科学哲学的研究中，隐喻得到了越来越密集和热切的关注。20 世纪 70 年代以来，西方隐喻研究蔚为显学——一种以隐喻研究为核心并广泛扩展渗透至多学科领域的“隐喻学”（metaphorology）逐渐成形，学术界甚至掀起了一股“隐喻热”（metaphorma-

---

① Simon Blackburn, *Oxford Dictionary of Philosophy*, Oxford: Oxford University Press, 1996, p. 240.

nia)，“隐喻转向”（the metaphorical turn）的提法也随之出现。这些现象和动态都不能不引起我们的关注与思考。客观论之，隐喻无论在哲学中还是在科学中，都发挥着不可替代的重要作用，因而具有重大的研究价值和意义。

隐喻研究的当代“语境”

传统隐喻研究在当代发生了巨大变化，在某种意义上可以将之称为一种转折或转向。因之，当代的隐喻研究体现出了全新的时代特色。或者可以说，当代隐喻研究是在一种全新的历史语境中进行的。在本体论上，隐喻的地位被大大地提高，人们已经从一种语言修辞现象上升到认知和思维的一种内在的、本质性的结构层面上来重新发现和认识隐喻；在认识论上，隐喻不再被看作仅仅具有文学意义上的审美功能，它所特有的科学认知功能也逐渐被揭示出来；在方法论上，隐喻研究被置于更广阔的研究视域内，跨学科的研究方法被广泛采用。至此，人类理智前所未有地清晰洞察到了隐喻这一特殊现象所具有的重大意义。总之，隐喻研究的当代“语境”特征主要体现在以下几个方面：

首先，隐喻不再仅仅被看作是一种广泛存在的语言修辞现象，而且被认为是人类的一种重要的认知和思维方式。从结构主义的角度来看，人们在日常生活中所使用的语言，是由其文化的深层结构（deep structure），通过隐喻原则所展现出来的浅层结构（surface structure）。换言之，隐喻不能仅被当作一种语言工具，更重要的是要认识到它作为一种基本的思维工具的本质、意义和价值。隐喻思维蕴涵着某种超越外在现实世界的意向，体现了人类意识与精神活动的原始结构和方向。正如莱考夫（Lakoff）指出的，“隐喻无处不在，在我们的语言中、思想中。其实，我们人类的概念系统就是建立在隐喻之上的。”① 传统隐喻研究是局限于语言学和修辞学领域的，而当代研究则彻底打破此局限，将之置于心理学、哲学、符号学、文艺学、认知科学、人工

---

① Lakoff & Johnson, *Metaphors We Live By*, Chicago: University of Chicago Press, 1980, p. 1.

智能等多学科综合研究的视域内，并着重揭示其作为人类“心智的修辞方式”（figure of mind）在人类认知、思维及科学理论陈述与交流等领域潜在的巨大作用。

其次，隐喻与哲学和科学的内在关联被逐步揭示出来。自柏拉图至黑格尔，隐喻长期被理性主义传统，尤其是科学理性主义视为理性对立物，从而被排斥在哲学和科学的研究领域之外。在当代条件下，隐喻研究所应有的合法地位得以恢复。哲学方面，从古希腊柏拉图著名的洞穴隐喻，到海德格尔的“语言是存在之家”及其听觉隐喻，隐喻被承认直接参与了哲学的发展，以至于德里达认为整部形而上学的历史事实上无非是一部隐喻史；科学方面，隐喻同样是一种“合理的工具”。甚至可以说，近代科学即起源于对隐喻的论争，其结果是哥白尼的地球绕日运行的圆周运动隐喻（circle – motion metaphor）脱颖而出，成为一种最强有力的宇宙图景解释模式，对近代科学产生了重大而深远的影响。在当代宇宙学中，则有所谓宇宙起源的“大爆炸隐喻”（Big Bang metaphor）。随着研究的深入和交流的增强，科学家们正在逐渐取得共识，即认为隐喻对科学概念的形成和发展、对科学理论的构造和陈述，均有无法替代的重要作用。

再次，20 世纪人类哲学运动中的语言学、解释学及修辞学“三大转向”，更加将隐喻研究的地位凸显出来：隐喻首先作为一种特殊的语言现象受到当代语言分析方法论家的关注。戴维森于 1978 年发表了著名论文《隐喻的含意》，塞尔也于 1979 年发表了长文《隐喻》。此后关于隐喻的语言分析继续升温，一大批有关专著和论文不断面世；隐喻与解释学核心问题的内在关联的研究也已被提上日程：“隐喻理解可作为对较长文本理解的指导”①；著名的哲学解释学家保罗·利科为此发表了专著《隐喻的规则》，将隐喻研究从语词级提升到话语语义级的地位；尤其是在“修辞学转向”背景下的科学修辞学研究中，作为一种最重要修辞手段的隐喻，更成为研究的焦点。在科学修辞

① 保罗·利科：《解释学与人文科学》，陶远华、冯俊等译，河北人民出版社 1987 年版，第 176 页。

学中，隐喻成为“整个非文字设计集合的提喻法”，“构成了从技术语言到日常语言、从形式语言到自然语言之间的桥梁和理解的中介”，“在不同语境中，以不同形态表现出来的隐喻说明，深化了修辞学劝导及其战略构设的灵活性和生动性”①。

最后，不仅几乎全部顶尖的英美语言哲学家和科学哲学家都对隐喻问题作了深入的专门论述（如马克斯·布莱克、戴维森、塞尔、罗蒂以及库恩、奎因等），而且其他堪称大师级的欧陆哲学家（如卡西尔、伽达默尔、利科、德里达、巴特等）也都对隐喻有精湛的专题研究。可见，隐喻研究既是当代英美分析哲学传统下语言哲学和科学哲学共同关注的重要议题，也是欧陆人文主义传统下解释学理论及后结构主义理论的关注热点。在这一共同的研究课题中，两大传统之间交流对话、互相借鉴及渗透的趋势正在得到自觉地和不断地加强。这充分体现了当代哲学运动中科学主义与人文主义融汇发展的整体趋向性。

隐喻的语境透视：语形、语义、语用的统一

如果说语词的字面意义表述对语境有某种程度的相对独立性，那么隐喻语言对语境的依赖性要强得多。这种依赖性在于，为说出一个隐喻，说者必须对相关语境条件有深入把握并获致某种“洞察”；而为理解一个隐喻，听者也必须了解自己与隐喻陈述者所共享的特殊语境特征。在语词的字面意义表述中，语词所指的基本特征由语词意义所引起的标准分类法所提供，而在隐喻表达中，听者必须通过语词的再概念化建构意义等级，并运用语境特征决定谈论所指的哪些方面或维度应被考虑为相关的，即语境提示使听者决定隐喻陈述的哪一些意义特征应当接受，哪一些特征应当被放弃。可以说，离开特定的语境，就无法理解一个隐喻。从而，作为语形、语义和语用的集合和统一体的语境，构成了隐喻分析的切实可靠的基底。

① 郭贵春：《科学修辞学的本质特征》，《哲学研究》2000 年第 2 期。

1. 语形是特定语境中隐喻的载体

索绪尔给出了语言符号系统的两组二元对立模式：除能指与所指外，另一项重要的语言差别体系就是句段和语群的对立。句段（即邻接或组合）指句子里各语言元素之间的线性连缀关系，即一个词同其前后可能出现的词的关系，也称结构段关系；语群（即选择或代换）指句子的元素跟其他在句法上可与之互换的元素之间的关系，即句子中的一个词可以用另一个词置换而不会引起这个结构段不能接受，也称聚合体关系。语群代换包含了对近似性的察觉，这是隐喻产生的重要途径之一，即产生一种相对于原来的句子来说其字面意义并不真实的描述。这是对隐喻语形本质的一种深入揭示。布拉格学派著名语言学家雅可布森（Roman Jacobson）将索绪尔的句段与语群二元模式应用于失语症的研究中，发现仅只具有语群代换能力而丧失了句段组合能力的失语症者，其所使用的语言几乎全部都是隐喻性的。这为索绪尔的理论提供了有力的证明。

隐喻最简单、最一般的句法形式是主谓结构的“S 是 P”，例如“世界是一团永恒的活火”“人是机器”等标准形式的隐喻陈述句，通过“是”构成 S 与 P 的同一关系，从而创造出隐喻的张力结构。一个完整的隐喻往往由“本体”S 和“喻体”P 两部分构成。有时，隐喻本体不在场，只有喻体出现在句子中，即 S 常常在语形上缺席。如果作更进一步的考察，我们会发现：事实上，一个隐喻句子中用作隐喻使用的往往只是其中的某些词，这些词可以称为隐喻的“焦点”；而其余的词是非隐喻地使用的，它们起某种“外架”的作用。例如，“主席犁除（plough）众议使讨论继续”中，“犁除众议”是该隐喻句子的“焦点”，该句剩余部分则构成为一种“外架”结构。① 很显然，“外架”类似于隐喻句的某种“内部语境”。另外需要注意的是，所谓“S 是 P”的隐喻结构，不同于那种分析的主谓结构，即一个名词主词跟随意

① M. 布莱克：《隐喻》，《当代美国哲学论著选译》（第三集），涂纪亮编，商务印书馆 1991 年版，第 84—85 页。

义相同的形容词或修饰词的结构。分析的主谓结构可以说是一种没有任何意义差别的同语反复（“S是S”），其中谓词包含在主词的涵义范围内，两者是同一的。这种结构在某种程度上排除了对主词概念的任何其他解释，从而切断了其意义的联系和发展。隐喻结构则与此相反，它通过自身特殊的语形构架为意义提供了一种极大开放的可能性。当然，隐喻也可能由其他较为“隐蔽”的句法形式构成。例如，“某某在啃书”中的动词、“华盛顿是美国之父”中的述谓短语也构成隐喻。

我们认为，语形是隐喻赖以存在和体现的物质载体，任何隐喻陈述必然首先落在一定的语形基础上。但同时不能不强调的是，仅只运用语形分析还无力揭示出隐喻的本质特征。正如利科所指出的，隐喻研究并不是可以“通过将话语语义学还原为词汇实体的符号学来完成的”①。尽管语句可以通过语群关系的自由代换构成一种结构性的隐喻关系，但这种关系必须通过语义和语用两个层面获得进一步的说明。

2. 语义是特定语境中隐喻的本质。

既然语形只是特定语境中隐喻的载体，它本身并不能反映隐喻的本质，那么隐喻的本质究竟何在呢？我们认为，由语义互动引起的语义映射是特定语境中隐喻的本质所在。正是两个不同语境中的语义场在同一个句子内部的意义冲突、映射和协调创生出了隐喻意义。正如布莱克所指出的：“我们把一个句子称为隐喻的例句，是指有关它的意义的某种东西，而不是它的正字法、语言形式或语法形式”，“用众所周知的方法来区分的话，就应该把隐喻归入语义学的一个专有名词，而不属于造句法，或任何有关语言的形体方面的研究”②。这样，隐喻的语境分析就不能不奠定在语义学的基础之上。首先，根据语义学的理论对隐喻的本体和喻体概念进行细致的语义分析并作出精确界定，这是隐喻语义分析的一个前提和基本出发点。而一个完整的语义分析过

---

① 李幼蒸：《理论符号学导论》，中国社会科学出版社1993年版，第343页。

② M·布莱克：《隐喻》，《当代美国哲学论著选译（第三集）》，涂纪亮编，商务印书馆1991年版，第85页。

程除这一初始步骤外，还应包括以下两个方面：识别由喻体到本体的语义映射传递，以及最后确定该映射引起的语义变化。

（1）语义比较、语义替换及语义偏离。比较论是隐喻语义学最为古老的一种传统理论，首先由亚里士多德在其《修辞学》和《诗学》中提出。比较论认为，隐喻实际上是简写的、缩略的明喻，一个隐喻陈述即是将两个不同事物之间基础性的“类比”或“相似性”展示出来。大致来说，隐喻类型可分为四种，分别通过类与种概念、种与类概念、种与种概念的比较以及类比比较构成。隐喻的本质特征就在于发现两个不同事物间的相似性并将其进行比较，一个隐喻陈述“S是P”应被分析为“有某种性质F和某种性质G，使得S之为F相似于P之为G”。语义替换论由公元1世纪罗马修辞学家昆提良（Quintilianus）提出。该理论的本质特征在于：认为隐喻实质上是用隐喻词去替代表达同一意义的字面语词的一种修辞现象。如“约翰是只老狐狸”中，就是用“狐狸”代替了直接表达法“狡猾的人”从而造成隐喻。在这里，隐喻作者用隐喻词代替表达同一意义的另一个用作字面意义的语词，而读者则需要还原这种替换，以隐喻词的字面意义为线索去寻求作者原想表达的潜在意义。这个过程类似于破译密码或猜谜语。“作者所提供的，并不是他想说的那个意思m，而是由此产生的某种函数f（m）；读者的任务是应用反函数f^{-1}，并由此得出f^{-1}［f（m）］，即其本来的意义m。”①

比较论和替换论都仅仅把隐喻视为一种语词层次上的修辞手段，尽管它们在后世曾被广泛接受并产生了重大影响，在当代却受到了严厉批评和反对。如布莱克即认为这两种理论“模糊”并且“内容空白”，其缺陷在于过于粗糙和表面化，不能对隐喻语义的内在机制做出深层阐释。此外，语义比较论与替换论事实上具有相同的理论实质，二者可用语义偏离论统一解释。例如，在“萨丽是一块冰”（塞尔的例句）这个隐喻句子中，比较论将其看作是“萨丽”与“冰”进行对比而构成隐喻，替换论将其看作是用“冰”替换了

① M. 布莱克：《隐喻》，《当代美国哲学论著选译》（第三集），涂纪亮编，商务印书馆1991年版，第92页。

“一个严肃冷酷的人”。无论是比较还是替换，都必须首先承认“冰”对“萨丽”的明显的语义偏离。语义偏离论认为，隐喻就其结构和形式而言，都是对正常语言规则的一种偏离，语义偏离是隐喻语义的一个基本特征。这种偏离有意或无意地违反了正常的语义规则，具体说就是隐喻对语言的字面或普通用法的背离，这一背离引起语义变化，从而造成隐喻。著名解释学家利科进一步认为，偏离本身不造成隐喻，偏离的还原才引起隐喻。这样，一个隐喻就可视为说话者通过改变一词义以便偏离减弱的过程。此过程又包含两个相反而互补的方面：①隐喻语词的使用与其字面意义相偏离，从而造成某种“不适当性”。②在具体语境中对语义加以还原，从而使偏离减弱，“不适当性”消失，隐喻由此完成。这样，“隐喻意义就不再是字谜或语义冲突，而是字谜的解决，是新语义适当性的提出”①。很明显，利科的这种观点强调并突出了替换论“反函数还原”的思想。

（2）语义互动与语义映射。语义互动论是一种更为精致和有效的隐喻语义理论，其主要内容包括以下几个方面：①一个隐喻命题包含两个基础性成分，即作为“主要主体”或“基本主体”的隐喻本体和作为“从属主体”的喻体。②这两大主体往往是复杂的“事物的体系”，而不是单纯的“事物”。③隐喻之所以形成，是由于对基本主体（即本体）应用了从属主体（即喻体）所特有的“联合蕴涵”的语义体系。④这些蕴涵通常由有关从属主体的“常用语”组成，但在适当情况下，也可以由作者所特别造成的“背离习惯”的蕴涵组成。⑤隐喻通过其所蕴涵的有关基本主体的命题（这些命题在正常情况下是应用于从属主体的）对基本主体的特征进行选择、强调、隐匿和再组织。⑥由此引起与这隐喻词同一家族或同一系统中各个词的意义变化。② 如果说“比较论”或“替换论”观照下的隐喻语义本质包含了四个基本元素，即“隐喻词”（E），“隐喻命题”［F（E）］，“隐喻意义”（m^1）和“字面意

① 李幼蒸：《理论符号学导论》，中国社会科学出版社1993年版，第356—357页。

② M. 布莱克：《隐喻》，《当代美国哲学论著选译》（第三集），涂纪亮编，商务印书馆1991年版，第102—103页。

义”（m），一个隐喻句可以解释为：某些焦点隐喻词 E 出现在语言框架 F 中，由此，F（E）形成一个隐喻命题，其中，E 所具有的含义 m^1（E）是与某些同义词 x 的字面意义 m（x）相同的；那么，“互动论”则认为隐喻语义的构成情况更加复杂一些，它还需要涉及 F（E）的“主要主体”S（即该命题所“实际地”论及的那个事物），以及附属主体 P［即当字面地阅读 F（E）时所可能涉及的那个事物］，还有同 P 相联系的有关蕴涵体系 I，包括由 I 所得出的属性体系 A 对 S 所断定的。在 F 语境中的 E 的意义取决于使用语言过程中 I 向 A 的转化，即在正常情况下用于喻体 P 的语言被用于本体 S。①

我们认为，互动论的本质特征在于它假设了隐喻是由两个不同概念系统之间的互动作用造成的，隐喻意义的基本单元不是语词或句子，而是一种“联合的蕴含”的体系，即所谓的语义场（semantic field）。语义场是一个有一定语义蕴涵的语义系统，它是一个双维结构，包括语义蕴涵的横向句法组合方面与纵向语义等级方面。如将“狗”这一概念视为一个语义场，在横向的句法层面上它只能与“白色的”“温顺的”等表达相结合，而不能与诸如“液体的”“第一的”等修饰语结合；其纵向的语义等级则蕴含不同种类的狗的概念。语义的互动作用必须通过两个不同语义场之间的特征映射（feature projection）而被理解。其中一个语义场（可称为源语义场，即“从属主体”的喻体语义场，the donor field）的语义特征映射到了另一语义场（可称为目标语义场，即“主要主体”的本体语义场，the target field）中。隐喻就是一种概念的两个语义场之间的互动。互动引起两个语义场的破碎和重组，隐喻就此生成。

语义场概念有助于我们确定隐喻与非隐喻的区别，其关节点就在于确定两个语义场是互相排斥的还是横断交叉的。若两语义场互相排斥，则其互动即引起隐喻意义。例如，在“血管是身体的灌溉渠”这个句子中，喻体“灌溉渠”与本体“血管”在语义上是互不相容的，即它们分属彼此相斥的语义

① M. 布莱克：《隐喻》，《当代美国哲学论著选译》（第三集），涂纪亮编，商务印书馆 1991 年版，第 105 页。

场，这两个语义场的并列产生一种互动的“必要的张力”，相互影响和作用，从而创生了一个隐喻。“灌溉渠”语义场的蕴涵体系隐匿了与“血管”语义场不相关的语义特点，而强调了“滋润”和“营养”等相关语义方面，从而调整了我们对于血管的知识，即“灌溉渠”的语义蕴涵选择、过滤和改造了“血管”的语义蕴涵。同时，在此隐喻句中，“灌溉渠”自身的语义蕴涵也不能不在“血管”的语义影响下发生某种细微的变化。在这里，我们可以发现，语义场概念类似于某种微观的意义语境，正是句子的这种“内部语境”的意义冲突构成了隐喻的本质。

在隐喻互动论中，描述和揭示两个语义场（本体和喻体语义场）之间的语义映射机制，具有特殊重要的意义。上文已经指出，隐喻效果的达成最终可以归结为从喻体语义场到本体语义场的一种语义映射过程。但这一过程相当复杂，要对之进行深入分析，有必要引入语义常项（semantic constant）和语义变项（semantic variable）这两个概念：对一给定的语言共同体中任一有意义的词，至少有一个一级属性（first - order property），此属性又至少包含一个次级范畴（second - order category）。如“冰”这个词，“固体”是其一级属性，此属性又内含次级范畴“气体/液体/固体”。语义常项指此一级属性，即事物概念的本质语义特征；变项指次级范畴，即事物概念本质语义特征内含的下属范畴变项。语义常变项概念的引入使由喻体语义场向本体语义场的语义映射过程及其机制清晰化了。一个隐喻语义映射过程大致包括四个子过程：①本体语义场 S^1 引入了喻体语义场 S^2 的一个语义常项 C^2；②本体语义场 S^1 的一个语义常项 C^1 被喻体语义场 S^2 的一个语义常项 C^2 替换掉；③本体语义场 S^1 引入了喻体语义场 S^2 的一个语义变项 V^2；④本体语义场 S^1 的一个语义变项 V^1 被喻体语义场 S^2 的一个语义变项 V^2 替换掉。如果用 P 表示一次映射的子过程，用“→”表示语义映射的方向，则可形式化表示为：①语义常项结合（引入）映射：$P(S^2 \to S^1: S^1 \cap C^2)$；②语义常项替换映射：$P[S^2 \to S^1: (S^1 \cap C^2) \& (S^1 > C^1)]$；③语义变项结合（引入）映射：$P(S^2 \to S^1: S^1 \cap V^2)$；④语义变项替换映射：$P[S^2 \to S^1: (S^1 \cap V^2) \& (S^1 > V^1)]$。一次

隐喻映射过程可能是包含了所有这四种映射类型的一个系统过程。这样，语义常变项的结合或替换映射不仅勾画出了隐喻语义变化的具体层次和类型，还对揭示隐喻语义特征映射机制的复杂性和系统性起到了重要作用。①

3. 语用是特定语境中隐喻的生成方式

当代隐喻理论在隐喻语义学研究的基础上，聚焦于语境中隐喻的使用和交流，更加关注于句子的语用语境。这可以说是当代隐喻理论研究的一个基本走向。"隐喻语言不能单纯语义地来进行分析，它必须在特定的语境中，语用地来加以参照。"② 这是因为，隐喻是出于对特定语境条件的洞察而被建构起来的，这种建构的过程也就是一个实际使用的过程。因此，任何隐喻只有通过在具体的语用语境中的创造性建构使用才可生成，其意义的实现实际上是一种语用的创造性的显现；所以，只有在特定的语境中进行成功的语言交流，才可以说一个隐喻是"活的" 隐喻（live metaphor）。当代多数语言哲学家已经越来越深刻地认识到，仅仅依靠一种关于隐喻意义或隐喻真理的语义理论是无法全面揭示和展现隐喻的内在机制的。隐喻的语义映射本质必须而且只能在特定的语用语境中获得体现。

隐喻语用论由隐喻语义的静态分析转向隐喻生成的动态分析，是对语义论的超越。其理论出发点在于，认为以隐喻方式使用的语句具有一种"隐喻意义"的传统说法应予抛弃，坚持并强调隐喻语句保有其严格的字面意义，为理解一个隐喻，必须充分理解其字面意义。"隐喻的含意无非就是其所涉及的语词的含意（按对此类语词的最严格的字面解释）。"③ 隐喻之不同于通常话语之处是可以为后者增色，但这并不等于它使用了超乎后者所依赖的手段之外的语义手段。无论隐喻是否依赖于一种新的或可能的扩展意义，它首先必须以某种方式依赖于语词原有的字面意义。因此，对一个隐喻的适当解释

① Daniel Rothbart, *Explaining the Growth of Scientific Knowledge*: *Metaphors*, *Models and Meanings*, Lewiston/Queenston/Lampeter: The Edwin Mellen Press, 1997, pp. 29—36.

② 郭贵春：《科学修辞学的本质特征》，《哲学研究》2000 年第 2 期。

③ Donald Davison, What Metaphors Mean, *The Philosophy of Language*, edited by A. P. Martinich, Oxford: Oxford University Press, 1985, p. 438.

必须使语词的最初或原有的字面意义依然在其隐喻语境中发挥积极作用。这样，超越于语词字面意义之上的、似乎带有某种神秘色彩的“隐喻意义”被拒斥掉了，问题自然而然地转向了如何现实地、具体地理解所谓的“字面意义”。这样，我们就自然地把目光投向了语用。正如戴维森所指出的，隐喻“仅仅属于使用领域。它利用对语词、句子的想象性使用来达成”，“能够区分隐喻的不是意义，而是使用”①。

在语用论的观照下，传统的隐喻语义理论出现了自身无法克服的问题。比较论试图把隐喻解释为指称之间的关系，但是隐喻表述的产生和理解并不需要两个供比较的对象。当一个人说“萨丽是一块冰”时，他无须对冰进行量化，也不在字面上蕴涵（∃x）（x 是一块冰），使其可以把萨丽与之进行比较。具有零外延（a null extension）的隐喻表达式也是如此，如“萨丽是一条龙”并不在字面上蕴涵（∃x）（x 是一条龙）；同样，否定式隐喻句更是对比较论的一种尖锐反驳，如“萨丽不是一块冰”。因此，比较理论首先在隐喻表达式的指称特征上发生了混乱，即隐喻不一定必须是一个对于相似性的断言。首先，对一个隐喻断言来说，没有可用喻体 P 词项所特指的对象，因此不可能预设一个比较对象的存在。其次，即使导向隐喻意义的推导所根据的关于相似性的陈述为假，隐喻断言仍可保持为真。因为真值条件不同，所以隐喻陈述与相应的相似性陈述在意义上不能等值。相似性只能作为创生和理解隐喻的策略，而不能作为隐喻意义的组成部分，喻体词项 P 无须在字面上包括在对隐喻真值条件的陈述中。而语义互动论的致命缺陷则在于，它试图把隐喻解释为涵义与指称相关的信念之间的关系，但其基本假定（即认为所有表达式的隐喻使用都必须出现在包含表达式的字面使用的语句）就是错误的，因为并非任何隐喻使用的表达式都被其他字面使用的表达式所“环绕”。一个最典型的例子是所谓混合隐喻（a mixed metaphor）的表达式，如“坏消息冻成一块冰”（这里的“坏消息”“冻”“冰”均可作隐喻使用）。这个句子已

① Donald Davison, What Metaphors Mean, *The Philosophy of Language*, edited by A. P. Martinich, Oxford: Oxford University Press, 1985, p. 446.

完全超出了其字面使用的语境。尽管我们理解一个混合隐喻是相当复杂和困难的，但混合隐喻本身并不存在逻辑上的问题，它不仅是可能的，而且也是正当的。其次，隐喻意义也并非相关语句要素之间相互作用的结果。继续考察“萨丽是一块冰”这个例子：主要主词（本体）“萨丽”与辅助主词（喻体）“冰”的意义之间并不存在相互作用的问题，因为“萨丽”仅仅是一个专名，它并不像“冰”那样具有一个意义。这样，互动论者所宣称的字面框架与隐喻焦点之间的互动关系显然是无中生有的。[①] 由此出发，可以得出结论：作为隐喻语义理论的两种主要形态的比较论和互动论的解释力都不能令人满意；隐喻分析必须超越语义分析的层次，使用一种新的、更有效的方法，即深入语用语境，采用语用分析的方法。

在某种程度上，我们可以将隐喻视为一种类似间接言语行为的东西。这是因为二者都是由于没有履行会话准则而在会话中被蕴涵着的。其次，隐喻也如同在一定语境中进行的语言游戏，游戏参加者必须了解和遵循有关的游戏规则。而这些游戏规则是由特定的相关语境制定的。从说者的角度来看，解释隐喻是如何工作的，就是解释说者如何在“分离”的意义上使用语词或句子。谈论一个语词、一个句子或一种表达的隐喻意义时，实际上谈论的是说者说出这种表达时实际上所含的意义，而这种意义与语词或句子的字面意义是相分离的。“隐喻意义总是说话者的表述意义”，即“说者通过说出语词、语句以及表达式所意谓的东西”[②]。语义内容仅仅决定与说者所设定的一系列假设相关的真值条件；如果一个语言交流事件实际上是成功的，则说者的假设必须同时被听者所理解。一个说者说了一个形式为“S 是 P”的句子，但他却隐喻地意指“S 是 R”。因为词项 P 的字面意义往往仅只代表说话者意义的一部分，它并不穷尽说者实际上表达出的全部意义。从听者的角度来看，要理解一个隐喻陈述，他必须意识到说者的言说可能是一种间接的言语行为，

---

① John Searle, Metaphor, *The Philosophy of Language*, edited by A. P. Martinich, Oxford: Oxford University Press, 1985, pp. 421—424.

② Ibid. , p. 417.

并因此根据某种相关的“策略或原则”（主要是语境原则）去寻求一种可选择的意义。即当说者的表述在字面上理解有缺陷时，听者就会对说者的言论去寻求一种非字面的隐喻的解释。当决定这样做的时候，他仍须根据上述策略或原则以估算出 R 的可能的值（可能涵义）；接下来还必须再次应用语境条件对 R 的可能涵义序列进行再限制，以决定最符合于说话者所说 S 的是 R 的哪些涵义层次。这实质上是一个指称确定的过程，其中语境原则发挥着决定性的作用。也就是说，听话者必须使用他对于 S、P 和 R 的有关知识并根据具体的语境条件，具体地发现和把握说话者是如何说话的及其意欲达到何种效果，即必须掌握说话者是如何在一个特殊语境中使用其语言的。

那么，听者和说者可交流一个隐喻的充分必要条件是什么呢？首先，必须有某种确定的语形及语义前提，在此基础上听者可以辨认出说者的表述不是在字面上被意指的。通常听者是根据以下事实：如果在字面上理解，表述有明显的缺陷；其次，必须有共同地把 P 词项（包括其意义、真值条件和可能的指谓）与一组可能的 R 的值联想起来的原理。阐明这些原理是解决隐喻问题的关键所在。这组“共同原理”大致包括以下内容：①P 事物根据定义是 R，R 是 P 的一个突出的限定性特征；②P 事物偶然地是 R，R 是 P 的一个突出或为人熟知的性质；③对 P 事物来说 R 是假的，但 P 却常常被习惯地说成或被相信是 R；④P 事物不是 R，它既不像 R 也不被相信是 R，但是由于“文化与自然的决定作用”或“关于我们情感的事实”，使 P 的说出在我们心中与 R 的性质相联系；⑤P 事物不像 R 事物，也不被相信为象 R 事物，然而 P 的状态与 R 的状态相像；⑥P 和 R 在意义上相同或相似，但 P 在其运用中因受某种限制而在字面上不适用于 S；⑦上述原理也适用于关系隐喻和其他句法形式的隐喻（如涉及动词和谓词形容词的隐喻）；⑧转喻和换喻的有关原理可作为某种补充。① 最后，根据“确定 S 的可能性质的 R 的可能值才可能是其实际值”这一原理，在了解了 S 词项（表达式意义及其指称对象性质）的

---

① John Searle, Metaphor, *The Philosophy of Language*, edited by A. P. Martinich, Oxford: Oxford University Press, 1985, pp. 431—433.

基础上把 R 的可能值范围限定到其实际范围。

可见，无论是隐喻的说者还是听者，他们对所谓“共同策略和原则”的应用与选取都必须依赖于特定的语境条件。换言之，正是语用语境构成了隐喻创造、理解和交流的“触媒”与“规范”。舍此，说者不可能创造出一个有深刻洞察力的隐喻（而且这种洞察往往是对相关语境条件的洞察），听者也会无法理解此隐喻的含义。

结束语：朝向语境论的隐喻研究走势

本质地讲，隐喻是以一定语形为载体、在特殊的语用语境中生成的一种语义映射。正是特定语境中语形、语义、语用的统一，决定了相关隐喻的生成及其本质意义。一个隐喻的有意义的实现是通过相关语境的选择性和规定性所保证的，包含了“隐喻术语的指称对象、谓词外延和函项的功能选择”，并且生动地展示出了“语词的浅层语境与深层语境、形式语境与意义语境之间的跳跃与变换”[①]。一种有效的隐喻分析不能脱离特定语境的基底而进行。这样，朝向一种隐喻的语境论就成为当代隐喻研究有前途的趋向。一方面，一个新隐喻的创造不仅是特定语境的产物，也使原来的语境获得了某种新的涵义，从而体现出一种“再语境化”的功能；另一方面，随着语境的发展和变化，原来的新隐喻也会逐渐失去其新义，而转化为语词的字面意义和普通意义被收入词典，成为一个“死的”隐喻（dead metaphor）。因此，对于隐喻的语形、语义、语用的分析考察，也使我们能够更准确地认识相关语境的特征、更清晰地描画语境的流变发展轨迹，从而更科学地把握隐喻的本质。

（原载《江海学刊》2002 年第 5 期）

① 郭贵春：《科学实在论教程》，高等教育出版社 2001 年版，第 246 页。

“德治”的两种维度：事功之德与人道之德

周可真

儒家“德治”思想的基本内涵

提倡“德治”，是儒家政治伦理思想的本质特征之一。儒家之“儒”，原是指从事“相礼”职业的人。对“礼”的崇尚，是原始（先秦）儒家最显著的特点，以致可以说儒家即是“礼家”。首倡“为政以德”（《论语・为政》）的孔子，一开始就把“道之以德”同“齐之以礼”相提并论，合在一块来讲，这表明，在孔子的政治观念中，德治应当和礼治相结合，二者是互相依赖，相辅相成，不可以割裂的。就其内在的一致性来说，所谓“为政以德”，也就是“为政以礼”。

孔子所讲的“礼”，本质上属于“周礼”，这是“原始巫术礼仪基础上的晚期氏族统治体系的规范化和系统化”①。孔子主张“复礼”，旨在维护当时处于崩毁瓦解之中的以血缘为基础、等级为特征的传统氏族统治体系。关于当时氏族统治体系趋于瓦解的情况，《论语・子张》有云：“上失其道，民散久矣。”据李泽厚先生解释，此处“‘民’即公社自由民，‘民散久矣’即自由民离开了世代相沿的公社共同体”②。依孔子之见，要改变当时“民散”的情况，使其能安心待在公社共同体中或重新集聚到公社共同体中来，统治者

---

① 李泽厚：《中国古代思想史论》，人民出版社1985年版，第8页。

② 同上书，第12页。

就该“为政以德”，实行德治，因为“道之以政，齐之以刑，民免而无耻；道之以德，齐之以礼，有耻且格”（《论语·为政》）。

显然，孔子关于“道之以德，齐之以礼”的治国方略，是承袭周公“敬德保民”的政治思路而来，主旨在于“保民”，只是其中加入了新的政治内容，具有了避免“民散”或扭转“民散”之危局以挽救濒临崩溃的公社共同体的意义。

“礼”的观念是出于“尊敬和祭祀祖先”① 的原始习俗。由此看来，孔子提倡“复礼”，乃是从其本部族的根本利益出发，对同族人提出的要求。也就是说，其“礼”的社会功能在于约束当时处于统治地位的周族和与之有血缘联系的氏族、部落或部落联盟的自由民，亦即上述孔子所谓的“民”。故孔子主张“道之以德，齐之以礼”，反对“道之以政，齐之以刑”，这就不只具有“保民”的意图，更有纠正当时社会上出现的“刑上大夫”“礼下庶人”这种“反常”现象的企图。儒家经典《礼记》所谓“礼不下庶人，刑不上大夫”（《曲礼上》）的观念，当是来源于孔子。《左传》有云：“德以柔中国，刑以威四夷。”（《左传》僖公二十五年）此乃《春秋》之义，亦是孔子之意，它表明儒家所讲的“德”和“礼”的合理适用范围，是仅限于“中国”（在西周及孔子所处的时代就是作为公社自由民聚居之地的都城）而不包括“四夷”的。

要之，孔子主张“为政以德”，强调德治，除了“保民”的政治内涵以外，还具有“夷夏之防”的文化内涵。

“礼”作为制约“中国”之“民”的“为政”之“器”，按其社会内容来说，就是以“亲亲”和“尊尊”为主要特征的宗法等级制度和与之相适应的一整套行为规范。倡导“为政以德”的儒家，依据“礼”的要求来规定“德”，理所当然要以“亲亲为大”的“仁”和“尊尊为上”的“义”作为“德”的主要内容。不过，先秦儒家，从孔子到孟子再到荀子，由于社会的变

① 李泽厚：《中国古代思想史论》，人民出版社1985年版，第10页。

革，时代的变迁，其“德”的具体内涵是有所变化的。

孔子最重视的“德”莫过于“仁”，尽管其对“智”“勇”“中庸”等道德亦颇重视。孟子提倡“仁”“义”“礼”“智”四德，称“智且仁，夫子既圣矣”（《孟子·公孙丑上》），这表明他特别重视“仁”“智”二德，他尤其重视“仁”，态度颇似孔子。然而，为孔、孟所极端重视的“仁”，其核心内容则有区别：为孔子所特别着意的，是作为“仁之本”的“孝悌”，即“仁”之“大”者“亲亲”方面的内容，这意味着，孔子企图通过强化血缘关系来维系、巩固现存的政治关系，即以“亲亲”来维护“尊尊”。孟子则有所不同，他固然也讲“亲亲”之道，然其着眼点却在于“仁民”，其提倡“亲亲而仁民”（《孟子·尽心上》），意味着他是要把“亲亲”的血缘情感推而广之用于一般民众。

与之相应，孔、孟之“仁”的具体内涵亦有所不同：孔子强调“孝悌”为“仁之本”，且以“孝”的本质特征为对父母之“敬”；而孟子出于“仁民”方面的考虑，以“恻隐之心”为“仁之端”。“恻隐之心”与孔子所讲的“敬”有质的区别：“敬”是宗法社会等级关系体系中下对上的精神关系；“恻隐之心”（即“同情心”）则是上对下的精神关系。由此可见，孔子提倡“仁”，原是针对“民”的，旨在实现“天下归仁”，使“天下”之“民”皆具“仁”德，皆能“事上也敬”（《论语·公冶长》）；而孟子提倡“仁”，是针对“君”的，是欲使“君”推行“仁政”，以求“得民心”，从而“得天下”。

由于孔、孟之“仁”在具体内涵上有区别，其德治的具体途径和具体内容亦存在着差别。

孔子讲“为政以德”，是以“道之以德，齐之以礼”为途径的。他提倡这样做的根本理由在于：“君”“民”之间于道德行为方面存在着一种上行下效的关系，所谓“上好礼，则民莫敢不敬；上好义，则民莫敢不服；上好信，则民莫敢不用情”（《论语·子路》）也。所谓“道之以德”，即蕴含“子帅以正，孰敢不正？”（《论语·颜渊》）或“不能正其身，如正人何？”（《论语·子路》）的意思，就是要求“为政以德”的“君”，应该在道德行为上为“天

下”之“民”做出表率，由“正己”达成“正人”之目的。

孟子讲“仁政”，乃主张“以不忍人之心，行不忍人之政”（《孟子·公孙丑上》）。所谓“不忍人之心”，即“恻隐之心”。“以不忍人之心，行不忍人之政”，就是将人生而具有的“恻隐之心”，“扩而充之”，做到“先立乎其大者，则其小者不能夺也”（《孟子·告子上》），从而为“君”者自己不“曰利”，专门为“民”兴利。孟子认为，“圣人治天下，使有菽粟如水火……而民焉有不仁者乎？”（《孟子·尽心上》）反之，“若民，则无恒产，因无恒心。苟无恒心，放辟邪侈，无不为已”（《孟子·梁惠王上》）。因此，他主张使民拥有“恒产”，以确保其“仰足以事父母，俯足以畜妻子，乐岁终身饱，凶年免于死亡”（《孟子·梁惠王上》）；同时，实行“省刑罚，薄税敛，深耕易耨”的经济政策。

较诸孔、孟之重“仁”，荀子则以贵“义”为特点。荀子说：“水火有气而无生，草木有生而无知，禽兽有知而无义，人有气、有生、有知，亦且有义，故最为天下贵也。”（《荀子·王制》）诚然，孔、孟也都把“义”当作人的本质属性来看待，但荀子的思想更有不同于孔孟者：孔孟是单从修身治国平天下角度来讲“义”的，在他们看来，人而无“义”，就会像禽兽一样弱肉强食，天下便会因此大乱；荀子则不仅仅如此，他更从“胜物”“利天下”的角度来讲“义”：

> 力不若牛，走不若马，而牛马为用，何也？曰：人能群，彼不能群也。人何以能群？曰：分。分何以能行？曰：义。故义以分则和，和则一，一则多力，多力则强，强则胜物，故宫室可得而居也。故序四时，裁万物，兼利天下，无它故焉，得之分义也。（《荀子·王制》）

荀子讲“义”，是着眼于“义”之“分”的功能，正因如此，荀子乃恒言“礼义”，他把“义”和“礼”合在一块来讲，其缘由就在于“礼”的功能亦在于“分”，只不过“礼”是外在的“分”，即宗法等级制度所规定的等级名分，所谓“礼者，贵贱有等，长幼有差，贫富轻重皆有称者也”（《荀子

·富国》），而“义”是内在的“分”，即对宗法等级制度及其所定等级名分的自觉的意识和服从，所谓“少事长，贱事贵，不肖事贤，是天下之通义也”（《荀子·仲尼》）。荀子之贵“义”表明，儒家德治思想由最初重视“亲亲”发展为重视“尊尊”，由孟子的重视君对民的仁政转变为重视君对民的礼教，这反映了战国末期强化封建君主专制统治和重构宗法等级制度的时代要求。

荀子之贵“义”与孔子之重“仁”有其内在的一致性，即都强调了仁义道德对于维护和加强宗法等级制度的重大作用，只是孔子比较偏重于“亲亲”，其旨乃在恢复摇摇欲坠的奴隶制宗法等级秩序；荀子则较偏重于“尊尊”，是为了巩固封建制等级秩序。换言之，他们都把制度建设作为其根本的政治任务，在其德治思想中，道德建设是从属于制度建设，为制度建设服务的。比较起来，孟子则不太重视制度建设，倒是十分重视道德建设的，他所提倡的“省刑罚，薄税敛，深耕易耨”，以及推行“井田制”等一系列涉及制度建设方面的政策措施，归根到底都是作为达到“人皆为尧舜”的社会条件提出来的。也就是说，在孟子德治思想中，制度建设是从属于道德建设，为道德建设服务的。

要之，儒家德治理论的一个基本问题，在于道德建设与制度建设孰重孰轻抑或何者为根本的问题。以制度建设为本者，必重视“名”的作用，故孔、荀皆主“正名”之说；反之，以道德建设为本者，则必重视“心”的作用，故孟子乃有“性善”之论。孔子曰“名不正则言不顺，言不顺则事不成”（《论语·子路》）；荀子亦谓“贵贱不明，同异不别，如是，则志必有不喻之患，事必有困废之祸。故知者为之分别制名以指实，上以明贵贱，下以辨同异。贵贱明，同异别，如是，则志无不喻之患，事无困废之祸，此所为有名也”（《荀子·正名》）。可见，重“名”之实质在于重事功。相比之下，重“心”的孟子认为“大人者，言不必信，行不必果，唯义所在”（《孟子·离娄下》），则是明显的轻事功而重道义的。

由此，我们可以领悟到，所谓德治，在原始儒家实有两种不同含义：一是以德治事。治事者，开物成务，博施于民，成济天下也；与之相应的德是

事功之德，所谓“德义，利之本也”（《左传》僖公二十七年），德治不过是获取功利的一种手段。二是以德治心。治心者，修身养性，明道淑人，化成天下也；与之相应的德是人道之德，所谓“义，人路也”（《孟子·告子上》），德治不过是体现人道或张扬人性的一种手段。

儒家“德治”思想的历史演变

孔子德治理论的基本范畴是“仁”和“礼”。其曰：“人而不仁，如礼何?”（《论语·八佾》）表明“仁”是“礼”的道德根基。但“仁”从何而来呢?按“子帅以正，孰敢不正”的逻辑，民之仁德当是来源于君，是君“道之以德”的结果。为君而仁，则天下之民莫不归仁。然则，君之仁德又从何而来呢?子曰：“天生德与予”（《论语·述而》）。君之仁德似乎是天赋的。然而，从其“不学礼，无以立”（《论语·季氏》）和“克己复礼为仁”（《论语·颜渊》）的话来判断，君之仁德当是通过后天的“学礼”且“学而时习之”（《论语·学而》）逐渐培养而成的。依此，“仁”“礼”之间，“礼”是第一性的，“仁”是第二性的，“仁”从属于“礼”，是由“礼”派生出来的。这样，问题便归结到：“礼”的合理性何在?按照道家老子的观点，“夫礼者，忠信之薄而乱之首”（《老子》三十八章）。因此，对儒家来说，“礼”的合理性还是一个有待论证的问题。对此，孔子并没有从理论上予以说明。

孟子则断言：“君子所性，仁义礼智根于心。”（《孟子·尽心上》）此“心”，即“人皆有之”的、分别作为仁、义、礼、智之端的“恻隐之心”“羞恶之心”“恭敬之心”“是非之心”等“良知良能”，亦即人之所以区别于禽兽的“性”。但是，合乎人性，是否就是合理呢?按照荀子的“性恶”论，合于“性”者，恰恰是悖于理的。可见，合乎人性，也未必就是合理。孟子主“性善”说，以为属于“性”的“四端”是仁义礼智的根源所在，无性则无仁义礼智，也就无善可言。故否定“性”，必否定善。而“知其性，则知天矣”（《孟子·尽心上》），“性”与“天”是相通的、一致的，故归根到底“天”是善之本源。可是问题在于：“天”果真是善的根源吗?“仁者人也，

亲亲为大。”（《中庸》二十章引孔子语）若“天”为善之本源，“天道”当有情矣。而道家老子则认为，“天地不仁”（《老子》五章），“天道无亲”（《老子》七十九章）。可见，“天道”究竟是否有情，也绝非是毫无疑问的。果真“天道”无情，基于“天人合一”观念的“性善”之论就不能成立，从而仁义礼智的合理性便了无着落，“德治”之论也就缺乏依据了。

“天道”到底是有情的还是无情的呢？抑或：“天道”究竟有没有意志情感呢？

荀子受稷下道家思想的影响，认为“天行有常，不为尧存，不为桀亡”（《荀子·天论》），也就是说，“天道”并无好恶等意志情感。这样，荀子就否定了“天”为善之本源，从而为“天之就”的“性”，就断不能被视作仁义礼智的根源了。荀子说：“礼义法度者，是生于圣人之伪，非故生于人之性也。”（《荀子·性恶》）他推倒了“天”的道德权威，树立了“圣人”的道德权威，以“圣人”取代“天”而成为善的根源。可是，这样一来，新的问题又出现了：照孟子的说法，“圣人与我同类”（《孟子·告子上》），“尧舜与人同耳”（《孟子·离娄下》），既然如此，为什么作为善之标准的“礼义法度”是“生于圣人之伪”呢？“圣人”与“人”（凡人）到底是怎样一种关系呢？

对于这个问题，荀子曾说明道：“故圣人之所以同于众其不异于众者，性也；所以异而过众者，伪也。”（《荀子·性恶》）“伪”者，何也？曰：“可学而能、可事而成之在人者，谓之伪。”（《荀子·性恶》）据此，“圣人之所以异而过众者”，是在“学”与“事”的能力方面。“学”属“知”而“事”属“行”。荀子论“知”有云：“有圣人之知者，有士君子之知者，有小人之知者，有役夫之知者。”（《荀子·性恶》）这是说明“圣人”有“异而过众”之“知”。他并说明“圣人之知”的特点在于：“多言则文而类，终日议其所以，言之千举万变，其统类一也。”（《荀子·性恶》）然则，“圣人”何以能“议其所以”且具有“统类”的本领呢？以其“知道”之故也。“人何以知道？曰：心。心何以知？曰：虚壹而静。”（《荀子·解蔽》）“圣人”不仅能

以心“知道”，更能以身“体道”，所谓“知道——察、知道，行、体道者也”（《荀子·解蔽》）。“体道”，即“知道”与“行道”的统一。能达成此统一，即是“圣人”的“过众”之处。然而，为何“圣人”能达成此统一，“众人”却不能呢？对此，荀子未有明确的交代。

汉儒董仲舒的“性三品”论表明，圣凡之间的区别，归根结底在于其“性”的不同。他指出，“性”有“圣人之性”“中民之性”和“斗筲之性”的分别，但“圣人之性，不可以名性。斗筲之性，又不可以名性。名性者，中民之性”（《春秋繁露·实性》）。为什么唯有“中民之性”才可以名性？董仲舒道：“性之名，非生与？如其生之自然之资谓之性。性者，质也。”（《春秋繁露·深察名号》）故“性如茧如卵，卵待覆而为雏，茧待缫而为丝，性待教而为善，此之谓真天。天生民性，有善质，而未能善，于是为之立王以善之，此天意也。民受未能善之性于天，而退受成性之教于王，王承天意以成民之性为任者也”（《春秋繁露·深察名号》）。原来，“圣人之性，不可以名性。斗筲之性，又不可以名性”的缘由在于：“圣人之性”是能善而不待教，“斗筲之性”则不能善、不可教。在董仲舒看来，可以名性者，是介于能善而无待于教者和不能善、不可教者之间的。要之，“性”乃意味着未能善而有待教。董仲舒论“性”的目的，就在于论证和说明“王任”之施行德治教化的必要性。按照他的观点，具有“圣人之性”的所谓“王”，实系“天”在人间的代表，其“承天意以成民之性为任”，表明其是善的化身，而“天”则是善的本源。

显然，在以“天”为善之本源这一点上，董仲舒的思想是与孟子相同的，只是董仲舒不复言“性善”，而是直指“天”为善之根源了，所谓“道之大原出于天”（《举贤良对策》），“仁义制度之数，尽取之天”（《春秋繁露·基义》）也。但是，如果像荀子所表明的那样，“天道”并无好恶等意志情感，那么，以“天”为仁义之道的本源便无道理了。所以，董仲舒必须推翻荀子的以“明于天人之分”为特征的唯物主义“天论”，并从理论上论证和说明“天道”有意志情感及其所以然之故，其以“人副天数”“同类相动”为主要

内容的唯心主义天人感应理论，从根本上说，正是为意志之“天”作论证的。

然而，董仲舒的天人感应理论，尽管在当时有较高的思辨水平，且迎合了封建统治者的根本利益和要求，又与当时社会上普遍崇尚仙道迷信的世风习俗相一致，故能很快就成为占统治地位的意识形态，但是，就是在当时尚远不发达的科学技术水平上，它也绝非是无懈可击的，人们仅仅凭日常生活经验，就能觉察到其所言多有虚妄失实之处。例如，东汉唯物主义无神论者王充，就主要是凭借人们直接或间接的生活经验，以所谓“效验”来批判以董仲舒的天人感应理论为代表的神学迷信的。王充所进行的批判，虽不足以从根本上动摇神学思想的理论基础，且对于当时整个社会意识形态，也并没有产生多大的实际影响，但至少，其无神论思想是反映和代表了当时社会中下层中包括一些学者在内的相当一部分群众的思想和心理的，它表明，“天”的道德权威已大为下降，也表明，儒家名教正在走向衰落，王充所谓“世之治乱，在时不在政”（《论衡·治期》），即从根本上否定了名教的作用。

汉魏之际，道家思想流行，“天道”自然无为的观念广为世人所接受，自孟子、董仲舒以来传统儒家德治理论的社会思想基础发生了根本性动摇。既然“天道”无情感意志，“天”便无善恶可言，则仁义道德又从何而来呢？为魏晋玄学家们所着力探讨和论争的所谓名教问题之实质即在于此。

在儒学意义上，名教之“名”是以礼为实质的，名教之“教”不过是教人守礼而已。按照孔子“人而不仁，如礼何”的德治逻辑，是否守礼的关键，在于是否为仁，故教人守礼，必先教人为仁。可问题是，正如王弼所看到的那样，“为仁则伪成也”（《老子指略》）。汉代特别是东汉以来，统治者孜孜于教人为仁，其结果却是事与愿违，培养了一大批假仁假义者。那么，为什么“为仁则伪成”呢？这就牵涉到仁义与人的本性的关系问题。为仁之伪的实质是，为仁并不是出于人的本性，而是背离其本性的做作。在王弼看来，人的本性是源于自然之道，故其性自然。既然人性自然，就不当用非自然的方法来保持其真性，故“我之教人，非强使从之也，而用夫自然”（《老子注》四十二章）。以自然的方法来教人，即是所谓“行不言之教”或“以不

言为教”。王弼的“行不言之教”与老子的“行不言之教”有本质区别：老子主张“行不言之教”，是以否定“礼”为前提的；而王弼主张“行不言之教”，却是以肯定“礼”为前提的，其曰“始制官长，不可不立名分以定尊卑，故始制有名”（《老子注》第五十七章），便是明证。故王弼所谓的“行不言之教”，其实是名教的一种特殊形式，即以儒道兼综为特征的名教形式，它是作为维护和保持人的自然本性的社会形式而存在的。这里“名教”与“自然”之间，是一种“名教守自然”的关系。①

王弼“名教守自然”的理论，一方面宣称“不可不立名分以定尊卑”，肯定儒家名教之“名”的必要性，另一方面又主张“用夫自然”以教人，否定儒家名教之“教”的传统形式，这是试图将礼义法度与人的自然之性统一起来，把原本在荀子那里属于“伪”范畴的礼义法度纳入到“性”范畴之中，从而消除“性”“伪”之分。这样一来，尽管王弼仍然肯定“圣人”在“起伪”（荀子语）即“立官长”以及“立名分以定尊卑”方面所起的作用，却否定了“圣人”在“化性”（荀子语）即改造民性方面的作用，由是，“圣人”便仅仅是作为制度的立法者而非同时作为道德的教化者存在了。这意味着，在王弼德治理论中，不再存在如孔子所说那样的“人而不仁，如礼何”的问题，从而也不存在“不学礼，无以立”的问题了，相反，在王弼看来，人们根本无须学礼，只消凭其自然德行，就足以立于礼了。

由此可见，王弼的德治理论在道德与制度的关系问题上，是只讲现存制度的合理性和必要性，而否定道德建设的必要性的。在他看来，现存制度之遭到破坏，不仅不是由于道德建设之不足所致，恰恰相反，倒是由于人为地提倡和宣扬道德所造成的；只有常使民处于无知无欲的自然状态，人们才会循规蹈矩，现存的社会制度才会牢不可破。

与王弼极力维护现存制度的保守态度相反，嵇康之辈则主张“越名教而任自然”，根本否定现存制度的合理性和必要性；同时，像王弼一样，嵇康

① 参见拙作《试论王弼“名教守自然”的思想》，《哲学研究》1990年增刊。

“任自然”的目的，亦在于否定道德建设的必要性。如此，嵇氏之流彻底否定了儒家的德治名教主张。

儒家的名教主张，是以肯定人与人之间有尊卑贵贱的差别为前提的，故嵇康之“越名教”，乃意味着其欲齐万物而抹杀其差异。与嵇康的思路正相反，郭象则是顺着肯定名教的思路来思考万物的统一性和差异性问题的。郭象的观点是，“物各自造而无所待焉”（《庄子注·齐物论》），“外不资于道，内不由于己，掘然自得而独化也”（《庄子注·大宗师》）。在郭象看来，万物并无统一的原因可言，它们之间只有差异而无同一，看起来这似乎是肯定了名教的绝对合理性，而其实是架空了名教，因为名教总是指向一定的价值目标的，以一个统一的价值目标为归宿，若万物本无统一性可言，名教便无以定向，而不免陷入盲目（即郭象所谓“芒”）。可见，郭象的“独化论”在本质上也是否定名教的。

要之，在魏晋玄学中，实际上只有王弼的“贵无论”还或多或少地继承了儒家的德治思想，其他各主要派别则均抛弃了儒家的德治主张。

隋唐时期，佛教不讨论世俗的名教问题，只讨论成佛问题，特别是佛性问题。佛教佛性论所探讨的问题的实质在于佛与众生的关系问题，这颇类似于儒教人性论中圣人与人的关系问题。隋唐佛教天台、华严、禅宗等皆主张“一切众生悉有佛性”，肯定佛与众生有其共同的本性。但是，它们之间的差异何在呢？“特由迷悟不同，遂有众生与佛”①。迷与悟，归根到底只是贪与不贪。贪属于情欲范畴。故佛与众生的关系，也可以说是性（佛性）与情（情欲）的关系。天台宗智顗主张“贪欲即道”，认为不可以离贪欲而求菩提，这是肯定性与情的统一性，所谓“心性是一”② 也。然则，它们统一于什么？是统一于“念”，所谓“善恶业芽一念竞起”③ 也。这样，要消除众生与佛的差别，即众生要能成佛，就必须而且只要消除“念”就行了，所谓

① 《大华严经略策》，转引自赖永海《中国佛性论》，上海人民出版社1988年版，第159页。
② 《摩诃止观》，转引自赖永海《中国佛性论》，上海人民出版社1988年版，第127页。
③ 同上。

“止观”者，其旨正在于断念而入空，所谓“还源反本法界俱寂”而“本来皆空”①也。华严宗关于众生即佛、佛即众生的思想与天台宗贪欲即道的思想本质上是一致的，所谓“染净诸法，无不是心”②，也是把性情统一的基础归之于“心”。至于禅宗惠能，更是主张“心生种种法生，心灭种种法灭”（《坛经》），但是，他不是简单的断“念”，而是强调“于一切法不取不舍，即见性成佛道”（《坛经》），即达到连断“念”之念也没有的所谓“于念无念”之境界。

佛教关于性情统一于“念”或“心”的观点，对儒家学者是有一定启发作用的。宋明理学中关于“心统情性”的观点，就与佛教佛性论的思想相通，当是来源于后者。但是，在性情问题上，佛教的思想与儒家的思想毕竟是旨趣相悖的，若按佛性论的理路来思考和解决俗界治国平天下的问题，则国家天下的治平与否，乃完全取决于人心，取决于天下之人心的自觉与否，如此，一切社会制度，一切社会规范，就都是不必要的了，由此当然不可避免会导致对名教的彻底否定。以此，佛教受到来自儒教学者的批判，是必然的。自称续传儒家“道统”“非我其谁哉”的韩愈，提出性三品说，就是为了反对佛教的佛性论，维护儒家所宣扬的封建伦理和等级制度。

和董仲舒的性三品论一样，韩愈的性三品说亦在于论证、说明施行德治教化的必要性。照韩愈的看法，人性之上品与下品固然不可改变，但通过教育，可以收到“上之性就学而愈明，下之性畏威而寡罪”（《原性》）的效果。问题是，谁来担任教育者？韩愈认为，能够推行仁义教化的，惟有“圣人”，一般人只能按照“圣人”所定之礼乐制度行事。这样，圣人与凡人的异同问题，又被重新提出来了。从一定意义上说，韩愈的同道李翱著《复性书》，就是试图解决这个问题的。

按李翱之说，“性者，天之命也，圣人得之而不惑者也；情者，性之动也，百姓溺之而不能知其本者也”（《复性书上》）。这个观点仿佛是回复到了

① 转引自赖永海《中国佛性论》，上海人民出版社1988年版，第142页。

② 《禅源诸诠集都序》，转引自赖永海《中国佛性论》，上海人民出版社1988年版，第172页。

王弼的人性论观点上，王弼“以为圣人茂于人者神明也，同于人者五情也。神明茂，故能体冲和以通无；五情同，故不能无哀乐以应物。然则，圣人之情，应物而无累于物者也”①。李翱也承认圣人不能无情，因为“情由性而生，情不自情，因性而情；性不自性，由情以明”（《复性书上》），若圣人无情，则其性无以明；但是，圣人不同于百姓之处在于，圣人能知其本而不惑，所谓“觉则明”也，故而能不溺情，犹王弼所谓“应物而无累于物”也——只是，在王弼看来，“今以其无累，便谓不复应物，失之多矣”（何劭《王弼传》引）；李翱则恰好相反，认为“不应于物者，是致知也，是知之至也”（《复性书中》），所以他声称，圣人是“虽有情也，未尝有情”，即“有情而无情”（《复性书上》）。为了达到“不应于物”的“无情”境界，李翱要求“弗虑弗思”：“弗虑弗思，情则不生，情既不生，乃为正思。正思者，无虑无思也。”（《复性书下》）这种“无虑无思”的思想，显然是受到了佛教佛性论思想的影响的。如果说王弼“应物而无累于物”的人性论思想是儒道兼综的话，那么，李翱“有情而无情”的人性论思想则是儒佛兼综！儒道兼综的王弼的人性论所强调的是“应物”“有情”，而儒佛兼综的李翱的人性论所强调的则是“不应物”“无情”。由此不难看出，李翱的“复性”论实有从制度层面上否定儒家名教的内在倾向，他所谓“善理人者莫大于既富之，又教之”（《平赋书》），所谓“非文德不能以致太平”（《论事疏表》），是在于强调名教之“教”的方面，即重视道德建设的作用，这与王弼重视制度建设而否定道德建设是不同的。

李翱的“复性论”开了宋明理学之先河。宋明理学以“存天理，灭人欲”为主旨，所强调的是道德建设，它以达到“内圣”为最高目标，故而是以治心为其实质的。

宋明理学作为一种德治理论，本质上同原始儒家中孟子一派的德治理论一脉相承，其德治亦不过是体现人道或张扬人性的一种手段而已。

---

① 何劭《王弼传》引，转引自楼宇烈《王弼集校释·附录》。

与宋明理学以“内圣”为最高目标相对，明清之际实学思潮的代表人物顾炎武，提出“内而圣，外而王，无异道矣”[①] 的“内圣外王”观；与之相应，顾氏强调“心者吾身之主宰，所以治事，而非治于事”[②]。照他的看法，《周易》的全部内容都是在于“告人行事”[③] 的。故顾炎武的德治思想，是以注重事功之德为特征的。这突出地表现在，他强调“夫子之教人，文行忠信，而性与天道在其中矣”[④]，就是说，“性命”（“性与天道”）是寓于人事并且通过人事（“文行忠信”）表现出来的；若离开人事，“性命”既无所寓，亦无从体现。这表明，在顾炎武看来，天道与人道是在人的“文行忠信”的道德实践的基础上统一起来的；“道”不在人事之外，就在人事之中，所谓“非器则道无所寓”[⑤] 也。以其重“器”，重人事，故顾炎武于德治方面，乃强调制度建设。在他看来，道德建设是从属于制度建设，以制度建设为根本的，离开制度建设，道德建设就会变成“虚空以治之”，而不免“至于斋心服形之老庄，一变而为坐脱立忘之禅学”，以致“始瞑目静坐，日夜仇视其心，而禁治之，及治之愈急，而心愈乱，则曰易伏猛兽，难降寸心”[⑥]。所以顾炎武主张，从制度建设入手来进行道德建设：“治乱之关必在人心风俗，而所以转移人心，整顿风俗，则教化纪纲为不可阙矣”[⑦]；“周公之所以为治、孔子之所以为教，舍礼其何以焉？”[⑧] 由此，他把德治归结于礼治，认为“礼”乃“自治治人之具”[⑨]。

正是沿着顾炎武重“礼”，重制度建设的思路，清代学术遂由“理义之学”（宋明理学）演变成“六书、九数及典章制度之学”[⑩]（清代考据学）。

---

① 《日知录》卷六《师也者所以学为君》。
② 《日知录》卷一《艮其限》。
③ 《亭林文集》卷四《与人书二》：“六十四卦三百八十四爻，皆所以告人行事。”
④ 《日知录》卷七《夫子之言性与天道》。
⑤ 《日知录》卷一《形而下者谓之器》。
⑥ 《日知录》卷一《艮其限》。
⑦ 《亭林文集》卷四《与人书九》。
⑧ 《亭林文集》卷二《仪礼郑注句读序》。
⑨ 同上。
⑩ 语出凌廷堪《校礼堂文集》卷三十五《戴东原先生事略状》。

清代考据学发展到17世纪晚期，“自我认同趋明确、具体，人们不再把道德修养视为求知问学的首要途径，而是看作理性质疑的对象。崇尚道德修养之风式微了”①。传统儒家德治理论于是乎告终矣。

结 语

基于上述考察，反思、总结儒家关于“德治”的学说，笔者有如下几点看法：

1. 在“德治”问题上，应当区分两种不同意义的“德”——事功之德与人道之德

事功之德与人道之德是两个不同的道德范畴。事功之德所涉及的本质上是社会经济问题。与经济事业的客观性和普遍性相一致，事功之德也具有客观性和普遍性，它在本质上是属于真理范畴。作为真理范畴的事功之德，是一定社会中人人都应当且必须遵守的，否则，整个社会秩序就会陷于混乱，而导致天下之事困废。追求事功之德，就是为了成就天下之事，兴天下之利，用今天流行的话来说，亦即是创造或提高社会经济效益。

与事功之德不同，人道之德则属于价值范畴，它所涉及的是个人心性修养问题。一个人的心性修养程度或境界高低，不但取决于社会事功之德的水平，取决于社会经济发展的水平，更取决于人们对人道、人性的理解，故人道之德总带有主观性，所以，很难也不应当要求社会成员具有同一心性修养水平。在一定社会中，除了占统治地位的价值观以外，必然同时还存在着其他种种不同的价值观，并且也正是由此构成既有统一性又有多样性的现实的价值世界，在此世界中，因其有统一性，人们彼此间才有意志情感上的互相理解和相互沟通；以其有多样性，人们的生活意义才会丰富多彩，各得其宜。因此之故，在一定社会中人们的人道之德之参差不齐，显示出不平衡性，实乃是合情合理的事。

① 狄伯瑞：《从理学到朴学》，江苏人民出版社1997年版，第39页。

2. 在现实的道德建设中，对属于不同范畴的道德问题，应该采取不同的研究方法和解决办法

区分两种不同意义的“德”，就是要明确作为价值范畴的道德与作为真理范畴的道德之间的严格界限，进而采取不同的方法来研究和解决相应的道德问题。

就研究方法而言，事功之德属于真理范畴，自然是科学的对象，理所应当以科学方法来加以研究。笔者认为，时下方兴未艾的经济伦理学或伦理经济学之区别于哲学伦理学或伦理哲学的本质特点，正在于它的研究对象是事功之德，而哲学伦理学的研究对象则是人道之德。不可简单地将经济伦理学纳入哲学伦理学范畴，抑或将经济伦理学和哲学伦理学都纳入伦理学范畴，从而套用哲学伦理学或一般伦理学的概念和方法去研究经济伦理问题。应当看到，经济伦理学和哲学伦理学是两种不同性质的社会意识形态：经济伦理学属于科学，属于经济学；哲学伦理学则属于意识形态，属于哲学。它们之间的关联，是属于科学与意识形态之间的关联，属于经济学与哲学的关联。

从解决办法来说，对事功之德方面的问题，应求助于科技和经济手段来加以解决。例如，近年来我国经济生活中司空见惯的“坑”“蒙”“拐”“骗”现象，就属于事功之德方面的问题，对待这类现象，必须依靠科技手段来进行监督，运用经济杠杆来加以控制，反之，简单地依靠舆论宣传和舆论监督的力量，就断不能奏效。相对而言，人道之德方面的问题，则不能简单地利用科技和经济手段来对付它们，而是必须依靠教化的力量，方能得到妥善的解决。

3. 在现实的道德建设中，尤其应当重视对事功之德的建设

从上述考察可知，孔子提倡“为政以德”，原本是要追求事功，追求社会功利的。其后，荀子、顾炎武等儒家学者，正是沿着孔子这个思路来讨论德治教化问题的，因而，他们也都是在以德治事的意义上来讨论道德建设与制度建设的关系问题的。而荀、顾都是朴素唯物主义者，这至少可以说明这样

两点：其一，在道德问题上，唯物主义世界观易于关注和重视事功之德；其二，追求事功，追求社会功利，易于导致唯物主义。鉴于此，作为辩证唯物主义者，我们理应首先关注事功之德，从追求社会功利出发，以最大限度地实现人民群众的根本利益为宗旨，来从事道德建设，努力搞好道德建设，在今天，也就是要围绕着经济建设这个中心来进行道德建设。这就要求我们必须重视对经济伦理问题的研究，从理论上弄清经济与道德之间本质的和必然的联系，以求经济建设与道德建设之间的协调发展。

4. 在现实的道德建设中，应当坚持道德建设和制度建设并重的原则，并注意在两种不同意义上开展道德建设和制度建设

在道德建设过程中，无论是事功之德的建设，还是人道之德的建设，都存在着一个道德建设与制度建设的关系问题。我们从顾炎武的德治思想中，可以受到这样的启发：道德建设与制度建设的关系问题，可以归结为“道”与“器”的关系问题。在道器问题上，顾氏实学与程朱理学的根本分歧在于：程朱主张“道”是“器”之本，“器”不离“道”；顾炎武则主张“器”为“道”之本，“非器则道无所寓”。作为辩证唯物主义者，我们倾向于朴素唯物主义者顾炎武的道器观，进而主张以制度建设作为道德建设的基础，从制度建设入手来开展道德建设；同时，我们也反对像玄学家王弼那样完全否定道德建设的作用或像清代朴学家们那样忽视道德修养的倾向，我们充分重视道德建设对制度建设的重要作用。

在坚持道德建设和制度建设并重原则的同时，还应当注意和考虑到两种不同意义的道德建设和制度建设。

就与事功之德建设相应的道德建设和制度建设而言，应当看到事功之德在人类社会中的客观性和普遍性，进而看到与其相应的社会制度的客观性和普遍性——这种制度即是在一定历史时代普适于各种社会的、不依任何个人意志或阶级意志为转移的制度，例如，在经济全球化背景下，市场经济体制就具有这样一种客观性和普遍性，凡是背离了这种制度的国家，其社会总体经济效益就必然相对低下。由此，在这方面的制度建设过程中，我们应当认

真地研究和充分地吸取其他国家的社会制度，特别是在我国的市场经济体制建设过程中，应当认真地研究西方发达国家的市场经济体制以及与此相应的伦理道德。迄今为止，我国学术界在这方面的研究，特别是对与西方发达国家市场经济体制相适应的伦理道德的研究，尚未受到足够的重视，在吸取其伦理道德的实践方面，更是做得很差。在这方面，要切忌重器轻道的态度和道器分离做法，若取其器而弃其道，那是断断行不通的。

就与人道之德建设相应的道德建设和制度建设而言，由于世界各国的历史文化传统、现实社会的根本制度以及主流意识形态等方面存在着千差万别的缘故，不同国度的人们对人道、对人性的理解各不相同，即使同一国度的人们，对此问题的看法亦不尽一致，甚至是大相径庭的，我们在坚持以当代中国马克思主义为主流意识形态的前提下，应该容许并尊重其他各种与此不同但却并不与此对抗的价值观，并相应地积极开展政治文明建设，以便使我国的政治制度建设更加适合于具有各不相同但却并行不悖的价值观和心性修养水平的人们过有意义的生活和自由发展、自我实现。

（原载《江海学刊》2003 年第 2 期）

马克思主义经济伦理与当代市场经济实践

侯惠勤　肖　玲

长期以来，我国的经济伦理研究的处境颇为尴尬：这一主要是由伦理学家所推动的课题，其立脚点是规范经济活动、促使经济活动健康发展，而经济界对此却反应冷淡，以至于为自己的存在价值作辩护竟始终是经济伦理研究的关注重点之一。当然，今天的情况有所改变。以“诚信”为突破口，伦理道德问题终于引起包括经济界在内的社会各界的广泛重视，人们终于认同了市场经济必须有相应的道德支撑，经济伦理终于开始向经济活动全面渗透。它宣告了祛除价值的西方传统主流经济学及其经营理念的破产，宣告了“自发市场秩序”崇拜的破产。它表明，我们在致力于建设服务于市场经济的法律体系的同时，必须建立与社会主义市场经济相适应的道德体系。如何充分发挥伦理道德的强大作用以促进社会主义市场经济的良性发展，如何建构社会主义经济伦理规范，成为经济学界和伦理学界研究的共同课题。

市场失灵：经济与道德关系的再认识

我们知道，尽管经济和伦理的对立古已有之，然而经济学的出现却比伦理学要晚得多，因此，在伦理学上表现为利己（个人主义传统）与利他（基督教传统）、道德功利论与道德义务论的长期争辩，在经济学中却没有再现。西方经济学是从为市场经济的辩护开始的，其价值前提从一开始就是确定的（功利主义、个人主义和私有制）。它反复论证，市场经济是通过市场供给和需求配置资源的经济，在完全竞争的情况下，能够做到资源配置的最优化，

即所谓的帕累托效率，并在达到个人利益最大化的同时达到社会整体利益的和谐。由此产生出对于自由放任的市场经济的盲目崇拜。但是，后来的事实表明，此种状态是一系列十分严格的假设条件的推导结果，设若任一条件得不到满足或不能成立时，就会出现某种市场失灵。例如，当进入市场的卖者和买者不是非常之多，而是存在垄断时，当进入市场的产品存在差别时，当进入或退出市场存在障碍时，当经济活动产生外部影响时，当存在公共产品时，当市场参与者存在不完全信息时，都会导致市场失灵，出现资源配置缺乏效率的状态，从而导致微观经济无效率，宏观经济不稳定，以及社会的不公平。把这一切可能都加以排除在现实中几乎是不可能的，资本主义市场经济发展过程中出现的周期性经济危机就证明了这点。因此，当西方经济学家从理想世界回到现实世界时，都普遍承认从来就不存在完全竞争的市场经济。如何解决市场失灵问题也就成了当代学者所面临的一个严峻挑战。

但是，正如艾伦·布坎南指出的，尽管一些最著名的市场辩护者（从亚当·斯密到米尔顿·弗里德曼）都承认现实市场达不到理想市场的效率，他们却都作过一些体系间的效率比较，即（非理想的）市场体系的总效率和现实的或可行的非市场体系的总效率的比较，并自信地断言，这是惟一有效的经济体系。因此，他们从不反思自己所为之辩护的市场体系的价值预设，不能想象有另外价值取向的市场体系。① 可见，问题并不在于是否承认市场失灵，而在于对此种症候的诊断。我们认为，这种严峻挑战折射出的不仅仅是调控手段的或缺问题，更代表着市场经济价值预设的更新要求。传统市场经济观念的一个致命弱点，就是在祛除价值形式下的价值悬设，把参与市场竞争的主体需求及其价值取向单质化、绝对化。例如，追求自身利益的最大化，能够无障碍地获取和利用信息，个体利益与社会整体利益、财富与美德天然统一等。反映在经济伦理的研究中则表现为强调伦理价值对经济价值的绝对依从，把财富以至金钱作为衡量价值的根本尺度，把市场经济的道德取向视

---

① ［美］艾伦·布坎南：《伦理学、效率与市场》，中国社会科学出版社1991年版，第51—52页。

为财富增长的自然结果。这种观念虽然一反千百年来对财富的鄙视，公然为“发财致富”鸣锣开道，具有一定的历史合理性，但它对人类道德进步和社会发展的负面影响是巨大的。我们今天搞市场经济，绝不能听凭利益的自发驱动扭曲人们的心灵，污染我们的生存环境。因此，我们必须认真地面对以下问题：经济增长和财富积累是否一定意味着道德进步？在追求利益的观念和行为无孔不入的市场经济时代，伦理价值观的选择到底有多大的空间？伦理道德对于解决市场失灵问题到底有什么意义？经济与伦理如何实现真实的统一？正确地认识和科学解决这些问题，对于中国特色社会主义市场经济的健康发展，意义重大。

不可否认，在资本主义市场经济的历史过程中，伦理学并没有完全臣服于市场经济。它往往通过强调市场经济与伦理道德的天然对立，通过严格界划市场行为和道德行为，来维护伦理道德的独立性和超越性。在它看来，市场经济以资源最优配置为核心，以经济利益的最大化为目的，表现为商品生产、货币流通和资本运行过程中的等价交换，反映了功利性的因果关系。而伦理道德则以如何正确规范、引导人与人、人与社会之间的关系为中心，以人性的完善和真善美的追求为目的，表现为以责任意识和牺牲精神去化解个人（利益）与社会（利益）、利己与利他、自律与他律、公平与效率等的冲突，展示了人的超越自我和全面发展的自由本性。因此，伦理道德是人的更真实的存在和更高的价值体现。

应当承认，上述两种倾向尽管极端，却从不同角度揭示了经济与伦理的特点，为实现经济与伦理的辩证统一提供了思想资料，是我们研究的重要前提。只有充分思考这些观点，剖析其内在矛盾，才不至于重复探讨前人已经解决的问题而自以为是创新。这两种观点分别以康德的义务论道德哲学和边沁、密尔的功利主义为代表。两者表面上看大相径庭，但本质上却都是近代形而上学思维方式的产物。其特点是还原论，即把经济与伦理的关系问题归结为某一抽象的理性原则或单纯的苦乐经验；其基石是抽象的个人，即具有某种单一而共同本质的个人。这样，在它们面对多样化的人类实践活动和异

质性的现实的个人时，总有其难以包容的遗漏，不仅造成了两派的长期争论不休，而且根本无法做到对现实的真正超越。说到底，它们的分歧仅在对于事实的外在的价值评判上，而不在事实及其内在价值的认定及相应的方法论上。因此，二者在对市场经济和市场行为的价值判断上虽然褒贬分明，然而在市场经济的事实和价值基础的认定上却表现出了惊人的一致。实际上，在它们的视野中，只有一种市场经济及相应的价值观，即与私有制和利己主义相联系的市场伦理，因而它们对于市场经济至多只能做到外在的否定，而不可能实现内在的超越。

必须指出，以抽象的个人为本体的形而上学思维方式，与资本主义的物化现象密不可分。正如马克思所指出的，资本主义的经济过程导致了所谓的“物的依赖关系”现象，造成了人的经验本质和普遍本质、人的个性化和社会化的分裂，就是说，它在把人日益物化的过程中也日益抽空了道德理想的现实基础。人们只能在同样毫无出路的两极徘徊——或屈从于现实的经济规律，把现存的社会关系视为永恒的自然秩序，或超脱现实，只是在自己的想象中批判和改造现存的一切。这是经济与伦理、理想与现实相背离的深层社会根源。但是，这并不能说明经济与伦理就天然对立，或者说明市场经济能自然造就道德秩序和伦理精神。它只能证明，游离于经济之外的道德批判软弱无力，而依附于经济的道德粉饰则令人憎恶。马克思主义方法论的根本特征，就在于从事物的内部寻找其发生、发展和转化的根据。既然资本主义存在着自我毁灭的趋势、不断地制造出自己的对立面，那么这种矛盾性也必然表现在其经济伦理中；既然政治经济学的任务在于揭示生产关系变革的规律，那么经济伦理研究则理所当然地要揭示经济发展的道德指向及其趋势。总之，依据事物自身的规律，改变而不是维持现状、改造而不是解释世界、超越而不是保护资本主义，是马克思主义根本区别于其他思想的特征。

经济伦理的活动空间：市场经济价值取向的多样性及其选择的可能性

历史的发展已经证明了马克思批判眼界的前瞻性。我们且不说在资本主义社会中如何积累着社会主义的因素，也且不论当代世界社会主义与资本主义并存的事实，单就资本主义市场经济的发展看，甚至在后来的西方著名学者的眼中，也推倒了所谓“经济人”的价值预设。如大家所熟悉的马克斯·韦伯，他在其名著《新教伦理与资本主义精神》中，本意是论证资本主义赖以产生和发展的独特的理性精神，然而其无意中却向我们最好地证明，作为市场经济主要动力的利润动机，其实内含着完全不同的价值观和行为准则。请看他对新教地区与天主教地区的比较：（1）赚钱的方式不同：天主教地区主要靠海盗、欺诈、掠夺等方式，而新教地区靠信用、成本核算和合理的经济组织；（2）赚钱的用途不同：天主教地区利润的主要流向是消费，大都用于满足个人挥霍需要，而新教地区则用于扩大再生产，从而形成了“不断再生的利润”；（3）赚钱的理念不同：天主教地区将赚钱视为与信仰迥异的世俗活动，体现了人性的自私自利和自甘堕落，而新教则将合法的赚钱视为美德和才能，并赋予信仰的含义而形成天职观念。自然，我们不能同意韦伯的结论，似乎只有新教地区才代表了资本主义的发展，而天主教地区则与资本主义格格不入。然而，我们至少可以从中发现，资本主义市场经济下也有不同价值观和伦理动机的存活空间。同时，我们也看到了一种努力，即在信仰世俗化和世俗活动神圣化的双向转化中，实现经济与伦理的有机结合，并开辟经济伦理的独特空间。

此外，大家都同意，当代资本主义与古典资本主义相比，已发生了很大的变化，尽管在如何把握这种变化上还存在着分歧。一个引人注目的现象是，古典资本主义奉行“物本主义”（以“机器—技术”为核心的管理理念和以利润为中心的经营理念）正在被“以人为本”的理念所取代。有学者认为，旧资本主义经济的三大基石（经济增长、官僚科层制、利润动机）正在瓦解，

旧式“经济人”的理念正在过时，一个更加注重生活质量、民主管理和人民福利的新市场经济体系正在显现。[①] 当然，资本主义在这方面能走多远还是个未知数，而且这一变化绝不是其自觉选择的结果。像资本主义所有自我调整一样，它具有很剧烈的盲目性和强制性，但是，部分质变正在发生则是无疑的。既然如此，我们为什么就不能把资本主义这一自发过程变成自觉过程呢？而断言市场经济与社会主义价值观格格不入则显然是武断的。

但是，正如马克思批评以往的哲学家只是在解释而不是改造世界一样，以往的经济伦理研究（包括马克斯·韦伯）的最大缺陷还是在只限于总结历史、解释现实，是对既成事实的承认，而不是对经济活动的有效引导、对未成事实的科学把握以及对客观趋势的准确预测。它只能作为个人的一种学养，而不能作为人民大众的思想武器。其前提还是对西方历史、现状和价值观的无条件肯定。因此，我国的经济伦理研究，必须首先从马克思主义的思想宝库中汲取营养。

在马克思主义看来，经济活动是基于利益基础上的社会活动，不同的利益冲突必然形成不同的伦理价值观。人民利益的至上性和人的自由全面发展的历史必然性（即其社会历史条件性），是马克思主义价值观的核心，也是其经济伦理思想的基石。就前一点而言，一部人类的历史，可以说是人民的利益逐渐得到承认并实现的历史，一切与人民利益对立的既得利益（包括为之辩护的伦理价值观）总是不能持久的，由此观之，历史有着明确的方向性和进步性，它是公正的；就后一点而言，人民利益和社会解放的程度，不是取决于良好的愿望，而是取决于各种主客观条件的运作，由此观之，尽管人同此心，历史的进步方式却千差万别，它是无情的。充分调动一切积极因素、努力化解各种不利因素、争取经济和社会的良性跨越式发展，是马克思主义当代价值的集中体现，也是我国经济伦理研究的根本目的。

马克思的经济理论研究是把科学与价值结合起来的典范。伦理价值问题

---

① ［美］W. E. 哈拉尔：《新资本主义》，社会科学文献出版社 1999 年版，第 492—493 页；此外，还可参看大卫·施沃伦《财富准则》，社会科学文献出版社 2001 年版。

是马克思经济学研究的重要内容，离开了伦理价值探讨，经济研究就成了他所批判的那种见物不见人的“发财致富”学说。同样，伦理价值研究也不能脱离人们的经济实践过程，否则也会陷入他所批判的空洞的道德说教之中。从马克思的经济学研究中可以看出，不论是商品、货币还是资本，都不是纯粹的自然物，而是凝聚了一定社会关系，具有特殊社会属性的客观存在；不论是资本家还是工人，都不是纯粹的经济人，而是具有不同的社会和历史规定性的异质主体；人们的任何经济活动都有其鲜明的利益追求（区别仅在于眼前的或长远的、特殊的或普遍的），纯粹无价值或单一价值取向的经济实践都是不存在的。这就是说，经济活动主体的不同价值取向，构筑了经济伦理的选择性空间。所以，不管是资本主义市场经济实践，还是社会主义市场经济实践，经济与伦理的统一问题都体现了人们创造历史的选择性，体现了其利益和价值取向。

在对资本主义总生产进行科学批判的过程中，马克思揭示了商品和劳动的二重性，指出这种二重性蕴含了经济与伦理的差异。具体来讲，商品是价值与使用价值的对立统一体，人与人之间的社会关系（经济关系）通过商品交换表现出来，产品被赋予了历史和社会属性，从而具有了伦理意义。经济与伦理在商品交换中有原始统一的一方面，商品就是要卖出去以实现其价值，在满足他人使用需要的同时实现商品所有者自己的劳动能力、创造力，这是商品中经济与伦理统一的基础。但是，经济与伦理在商品中又有根本冲突的一方面，因为并不是所有的商品都能够卖出去，商品的价值并不一定能够得到实现，此时会出现社会劳动力和财富的浪费；卖与买在越发达的商品体系中越不能够同时实现，买卖脱节的状况因而可能被掩蔽、积存并酿成经济危机；对于“交换”的过度重视（这是商品价值实现的惟一途径）使得使用价值可能被忽略、被扭曲，因而即使一些商品能够卖出去，也可能对人的健康发展不是有利而是有害；凡此种种，都是商品生产中经济价值同伦理价值相悖的客观基础。如果没有自觉的协调，处在自发状态下的市场经济，其冲突绝不会少于和谐。

马克思正是从对商品这一经济细胞的科学批判入手，揭示了经济与伦理是现实的历史的对立统一矛盾体，证明了商品中蕴含着经济发展高级形式（如货币、资本等）中存在的矛盾萌芽。也正是这种批判方法（由抽象上升到具体的科学方法），体现了马克思经济伦理的基本精神，即从批判旧世界中发现新世界。在这一方法论指导下，马克思进一步分析了货币与商品的对立统一使经济与伦理的矛盾更加明显，在资本主义总生产过程中，矛盾双方都得到了充分的发展，经济与伦理的矛盾表现得最为尖锐，同时也为解决矛盾提供了基本途径。通过这些批判，马克思阐明了人与人（社会）的关系在资本生产过程中以物的形式（人与物的对立）表现出来，这是经济与伦理分裂的社会根源。然而物化也是社会化的历史形态，马克思在这种批判基础上，寻求到了对于资本主义经济基本矛盾超越的科学途径，即通过自觉的社会化大生产方式，达到由现实向未来（事实与伦理、现实与理想）的飞跃，确立人类未来发展前景和基本目标，充分揭示这一历史过程才是解决经济与伦理分裂的正确方法。因此，对资本主义的科学批判过程也是马克思经济伦理思想得以展开、丰富和完善的过程。

经济伦理对市场经济发展的作用方式有两种：一种是自发经验式，即在经济运行过程中，自发产生出经济发展所需要的行为规范和伦理原则，如等价交换基础上的形式平等和互利原则，效率原则，诚信原则等，这些原则在人们的市场行为中自发地起着作用，并给人们带来实际利益。但是，这些伦理规范的实施仅限于进行交易各方的实际需要，并没有成为全社会的通则，更没有为当事人提供超越金钱的信仰力量。另一种是自觉理性式，当自发经验式的伦理在实践中遭遇各种挑战（如违规经营者一时得逞、市场交易的社会成本问题、经营理念和发展定位问题等）而陷入困境时，一种自觉理性式的经济伦理指导的需要就摆到了面前。但是，就其性质而言，自觉理性式的伦理也扮演着两种角色：现实经济秩序的辩护者或变革者。扮演前一角色者必然舍弃经济伦理的社会内容和超越性质，而将其限制在直观的规范上，夸大眼前利益和自发秩序的价值，实际上是用一种理性的

方式维护现状；后一角色则要直面利益和价值冲突的现实，以最大多数人的最大利益为价值基础，形成社会整体的规范系统，并为经营活动者提供超越直接功利的伦理价值。

可见，那种认为经济活动能自发地形成与之相适应的道德秩序和伦理精神，并因而崇拜自发性，排斥道德在经济活动中的定向和规范作用，倡导由市场交换行为自动平衡经济和伦理的冲突的观点（从亚当·斯密的“看不见的手”理论到哈耶克的“自组织秩序”学说，都是这一观点的理论化），其实是市场经济中既得利益集团的幻想现实，无非是使现行秩序永恒化的自我辩解，是一种典型的意识形态辩护。历史证明，相互冲突的利益和观念，如果没有自觉的协调，必将以外部冲突的方式（经济危机、社会危机以至革命危机）爆发，迫使主流社会正视被它所忽视的利益和价值观，并作相应的调整。一部资本主义的变革史，其实就是在外部冲突逼迫下被动调整的消极应对史。

总之，我们开展经济伦理研究，其前提是坚持经济与伦理的辩证统一。就是说，这种统一不是以经济运行自发产生的规范来定义伦理，也不是以牺牲伦理原则为经济行为唱赞歌，更不是从悬设的抽象伦理原则出发演绎出经济行为，而是在对经济运行过程的科学批判基础上，形成植根于经济而又超越经济的伦理精神，以促使经济的健康发展。由此而形成了马克思主义经济伦理学说的两大特征：批判性与建构性相统一、劳动的解放和个性的解放相结合。下面让我们对此再作更为深入的探讨。

马克思主义经济伦理的方法论原则：批判性与建构性的统一

我们知道，马克思主义从本质上说是革命的、批判的，马克思主义的经济伦理思想当然也离不开批判。所谓批判，并非单纯的破坏和否定，而是一种科学精神和辩证眼光。比如，从变化、发展中把握和认识一切事物；从批判旧世界中发现新世界；从流行的、统治的观念中揭示其历史根源和历史界

限；从生活和实践的变化中修正、丰富和发展自己，等等。因此，马克思主义的批判精神，必定是批判与建构的统一，批判世界和自我批判的统一。

但是，批判与建构的分裂，不但由来已久，而且今天更甚，它似乎已成为浪漫派和务实派的分野。显然，在以建设、发展为中心的今天，在实证主义、功利主义一统天下的经济领域，批判的观念容易遭到冷落。对马克思主义的态度也不例外，人们在谈论马克思主义的当代性的时候，最容易产生的一个偏向是，否定其革命性、理想性内容，力主其实现从“理想主义到经验主义”的转化。理由很简单，革命要批判财富，而建设则要积聚财富；革命要靠理想支撑，而建设则靠利益驱动；革命要突出阶级界限和斗争精神，而建设则要突出举国一致和知识技能等。

不能说这种分析毫无道理，但它在一个根本问题上，即马克思主义如何看待财富上，存在着根本的曲解。例如，把马克思主义对私有制的否定，曲解为反对个人拥有财富、甚至是反对富裕本身；把马克思主义对金钱的批判，曲解为否定金钱的历史作用和价值。这就必然严重地割裂了马克思主义。即便从最好的方面去看，它也把马克思主义推到了两难境地：要么放弃对马克思主义的传统理解，从根本上修正它；要么在市场经济面前保持沉默，从根本上架空它。无论取何种态度，对于具有中国特色社会主义市场经济实践都将是灾难性的。

其实，只要读过马克思主义创始人著作的都知道，马克思否定私有制，绝不是因为它造就了个人财产、使人富裕，而是它造就了两极分化、使大多数人贫困；马克思批判金钱，绝不是因为它作为一般等价物的历史作用、甚至不是其作为社会财富标志的历史地位，而是它在资本主义条件下的神秘化（拜物教）及其后果（异化）。并且，这种批判绝不是单纯的人道主义呐喊，而是对现实矛盾深入研究得出的科学预见。

马克思对资本主义条件下金钱异化的指责主要是其所导致的双重“颠倒”：其一，由商品使用价值和价值的颠倒所造成的物化现象（人的价值和物的价值的颠倒、人的工具化、物役化、物欲化等）和商品拜物教，这是人的

异化和社会畸形发展的根源；其二，由活劳动和死劳动（亦即劳动和资本）关系的根本颠倒所造成的统治假象（资本主义雇佣劳动制这一历史形式以“永恒的自然形式”表现出来），由于“劳动被假设是在工资雇佣劳动的形式上，生产资料被假设是在资本的形式上”，因而不仅资本被当作会自行增值、会生产剩余价值的价值在运行，而且工资雇佣劳动也被最终归结为社会总资本的一部分而完全丧失了作为剩余价值源泉的存在。这样，在资本主义经济运行过程中，“劳动社会生产力的增长只表现为资本生产力的不断增长”①，生产力增长规律变成资本增值规律的结果，是资本统治不可超越的幻觉对社会的强力支配。

但是，如何说明马克思对资本主义商品生产双重颠倒的分析是科学的，或者说，如何证明这种颠倒是客观存在的呢？从历史现象看，资本所展示的与历史趋势正好相反。例如，社会化大生产日益暴露出劳动是商品价值的源泉，而资本运行却呈现出相反的景象，即资本创造了价值，从而掩盖了其对于剩余价值的攫取。一部《资本论》可以说就是对这一问题的科学解答。概括地说，它以学界公认的现代社会的“细胞”——商品为起点，通过揭示其生长发育的机理（价值和使用价值的矛盾），及其向货币（及其矛盾）、资本（及其矛盾）转化的必然性和条件性，再现了资本主义的历史过程，从而形成了其独创的剩余价值学说。这一学说，不仅为工人阶级解放运动提供了理论依据，而且预见了现代市场经济的发展趋势，即劳动（人）的不断解放。那种认为《资本论》只是革命的、而不是建设的理论的观点，经不起历史的检验。

需要说明的是，从学理上看，人们对于金钱（经济学上称货币或交换价值）的崇拜，或许在于它提供了一个客观的尺度，借以衡量个人努力在多大程度上得到了社会的承认、甚至于衡量个人在多大程度上超越了自我。正因为如此，马克斯·韦伯就可以理直气壮地将挣钱能力同信仰实践结合起来，

---

①《资本论》第3卷，人民出版社1966年版，第103页。

而尽管对金钱的责难众多，“拼命地挣钱”“以效益论成败”的观念却难以撼动。这或许也是人们把批判和建设对立起来的现实根据。所以，必须对马克思关于金钱异化的思想作进一步的阐发。

马克思对金钱的批判实际上涉及三个层面：物物交换（商品生产）、所有权与支配权（私有制）、物的增值和人的发展（需要的生产和再生产）。过去人们往往把这三个方面完全扭在一起加以否定，我们解读马克思著作形成的一个最大误解或许就在于此。实际上，马克思主义的批判精神就是善于把批判对象所包含的某些积极因素进行“剥离”，从而把否定的根据奠立在批判对象自身，即所谓“内在的否定”。正是由于马克思对“实践”进行了批判性剥离，才发现了其中“实践批判的”因素，从而奠定了实践的基础地位；同样，正是由于他对“工业”进行了批判性剥离，才发现了生产关系同生产力的辩证关系，从而奠定了唯物史观的科学依据。此后，毛泽东把民主革命同资产阶级加以剥离，邓小平把市场经济同资本主义加以剥离等，都可视为对马克思主义这一精神实质的创造性运用。

以上述精神解读马克思对金钱的批判，不难发现这一批判的核心是对工人（及劳动群众）主人地位的维护，其根据则是被金钱所遮蔽了的社会化大生产（以工业和市场经济的方式表现）的趋势和要求。马克思主义对拜物教批判的最重大价值，就在于它揭示了商品经济的社会化、人性化趋势，从而揭示了超越金钱统治的社会主义制度和价值观的生命力。既然财富的价值源泉是劳动，那么体现劳动的自由创造本性及相应的劳动者的解放就是历史的必然；既然物物交换背后的是等量劳动之间的交换，那么商品的世界就是人的交往普遍化的社会的征兆；既然商品价值的实现要通过交换、通过“为别人的使用价值，社会的使用价值”的生产①，那么满足人的全面发展需要的问题就终将会提到历史的日程上。

当代市场经济的现实趋势表明，人性化经济是历史的大趋势。只有坚持

① 《资本论》第1卷，人民出版社1966年版，第11—12页。

“以人为本”的理念才能在市场经济中立足，而“以人为本”的实质是以人为目的、以满足人的个性化和全面发展为最高价值，既然如此，就谈不上把金钱奉为终极价值，超越它也就在情理之中。就企业而言，对内以增强员工的主人翁意识为核心，对外则以充分满足顾客的需要为宗旨，是当今市场竞争的制胜之道。而那种奉行急功近利、见物不见人、金钱至上的经营者已经或正在被市场经济淘汰。质言之，“自利的最大化”正让位于整体效益的最大化，自发的利益平衡正让位于自觉的利益协调，这就是现代市场经济的大趋势。

我们今天的处境是，一方面，在现有的基准平台上，生产力绝对过剩而市场已经饱和；另一方面，在新产品的开发和高质量的服务上，又存在着无限的“可能空间”。能够开发利用这一空间的，当然属于高素质的人。毫无疑问，没有良好的道德素养，绝对设计不出作为当代潮流的人性化、个性化的新产品，更不用说提供无微不至、沁人心脾的优质服务了。尽管如此，并不等于说在今天，厚德载物已不成问题了。实际上，那种只注重硬件设施、工艺技巧、物流增值，忽视软件环境、人文关切和人格塑造的状况仍普遍存在。可见，马克思的批判眼光所早已预示的经济人性化的趋势，在今天仍以盲目的或自觉的两种不同方式发生作用，而只有自觉地顺应这一潮流，才能真正驾驭当代市场经济。

总之，马克思主义的批判之所以没有陷入道德浪漫主义，就在于它的批判对象是活生生的实践矛盾、生活矛盾，而不是观念的、虚构的矛盾，它揭示的是事物自身的矛盾运动；同样，马克思主义的建构之所以没有陷入实证保守主义，就在于它的建构内容是历史的运动、矛盾的转化，而不是永恒的观念、僵死的现状。

马克思主义经济伦理的精髓：劳动的解放和人的自由全面发展

马克思在其著名的《关于费尔巴哈的提纲》中，对费尔巴哈的批判可以归结为一点，就是指出“他不了解‘革命的’‘实践批判的’活动的意义”，

这是发人深省的。人们往往不假思索地责备费尔巴哈不了解实践，可是，能说他不了解“饮食男女”“商贾货殖”一类实践吗？那种认为他甚至不承认人的主体性或创造性的指控，则更属无稽之谈。[①] 说到底，费尔巴哈对实践的排斥，是其面对市场经济的自发性和拜物教的无奈之举。他实在无法想象，以追逐利润为中心的市场行为，怎么可以成为检验真理的标准？怎么可以成为历史活动的出发点和归宿？在这个问题上，人们往往在误解了费尔巴哈的同时也误解了马克思。

无条件地肯定并倚重个人自发的实践活动，是“务实”的经济学家们所为；把个人的利己主义实践活动置于自己的理论视野之外，则是“批判”的哲学家们所为。马克思绝不是把被费尔巴哈否定了的东西（如犹太人的经商活动）简单地倒过来了事，而是对生活、实践本身进行了科学的透视，努力“发现”其中的革命的、批判的因素。因此，马克思的实践标准观，绝不是单纯直观的结果，而是同他对社会历史规律性的认识紧密联系的，是同生产力标准紧密联系的。简言之，马克思的实践观（以及相应的劳动观、生活观、生命观等）并非单纯的客观描述性概念，而是集主客体关系于自身的矛盾体，它因此具有了革命转化的内在根据。就是说，它们是关系性概念而不是实体性概念，是包含着内在差别（异质性）的辩证逻辑而不是单质化的抽象概念。因此，当马克思创立了自己的实践观并着手阐发唯物史观时，并没有取消人的异化问题，没有根本取消人的本质及其存在的对立问题，没有根本否认超越人的现实存在的社会理想和目标的客观现实性，而是力图用唯物史观进行新的阐释。

还是让我们先来看看马克思对费尔巴哈关于存在和本质关系的观点的批判吧。可以说，费尔巴哈在这个问题上确实存在着实证主义的倾向，他虽然不否认本质和存在可能分离，但他认为这是一种反常的、不幸的状态。因此，他并没有把存在和本质的分离或对立视为矛盾，而是把二者视为直接同一的

① 关于这点，可参看侯惠勤论文《试论唯物主义和理想主义的内在统一》“费尔巴哈的困惑并非多余”部分，《江海学刊》1994 年第 6 期。

实体。他写道："存在是本质的肯定。我的本质是怎样的，我们存在也就是怎样的。鱼在水中，但是你不能把鱼的本质同水的存在分离开来。语言已经把存在和本质等同起来。只有在人的生活中，而且只有在反常的、不幸的情况下，存在才会同本质分离……"①

马克思对此十分愤慨地指出："对现存事物的绝妙的赞扬。除了违反自然的情况，除了个别反常的情况，你乐意在七岁时成为矿井的守门人，每天单独一人在黑暗之中度过十四个小时，既然你的存在是这样，你的本质也就是这样。……你的'本质'就在于，你应当服从某一个劳动部门。"② 马克思同时还指出："这也是费尔巴哈和我们的对手的共同之点。……这样说来，如果千百万无产者根本不满意他们的生活条件，如果他们的存在同他们的本质完全符合，那么，根据上述论点，这是不可避免的不幸，应当平心静气地忍受这种不幸。"③ 马克思的意思是很清楚的。存在与本质的对立是客观存在的，人不能把生存的异化问题以屈从现实的方式加以消解，当千百万人对其生存条件都强烈不满时，社会的革命变革时代也就到来了。

换句话说，人的存在和本质并非直接等同，而是在历史发展和变化中有条件地相统一。人的存在即人的生存条件、活动方式等，而人的本质则是人的需要以及对这种需要的自觉意识。人的需要通过人的活动来满足，而需要的更新又推动人们不断地去改变现有的生存条件。这就是实践的革命本性，而社会生活在本质上是实践的。但是，存在和本质真正形成矛盾，却是近代以来的历史产物。其前提是，一方面，社会化大生产使人的需要第一次具有了普遍的社会尺度（劳动力价格的形成是其表现方式），另一方面，资本主义市场经济下人的物化状态又使人的需要具有严重的非人化倾向（物欲恶性膨胀是其表现形式之一）。这使得人的生存条件同人的需要的对立，内化为人的需要自身的冲突，即人的和非人的需要的冲突，并集中到无产阶级的个性要

① 《费尔巴哈哲学著作选集》（上卷），生活·读书·新知三联书店1962年版，第157页。
② 《马克思恩格斯全集》第42卷，人民出版社1979年版，第362页。
③ 《马克思恩格斯选集》第1卷，人民出版社1995年版，第97页。

求同其生存条件的对抗上。因此，解决这一矛盾，仅靠物的生产以满足需要无济于事，而必须改变生存方式，即通过人的解放（其基础是劳动的解放）和个性的全面发展去加以克服。

由此可见，马克思在创立唯物史观后，并没有根本否定存在和本质的对立，而是把它纳入现实的人及其历史发展的矛盾中，用生产力和交往方式的冲突加以说明。但同时，存在和本质的对立也仍保留着其独特的意义。如果说，生产力和交往方式的冲突是从根源上、从客观趋势上分析社会运动的机制的话，那么存在与本质的对立则主要从个体发展上、从主体感受上揭示社会变革的机制。也就是说，生产力和交往方式严重冲突的状况，必然要通过群众的情绪、社会不满信号等表现出来，必然要表现为“异化”成为大多数人“不堪忍受”的力量这样一种情况。这就为共产党人制定自己的政策提供了直接的根据。因此，在革命年代，要善于辨别经济危机、社会危机和革命危机是三种有联系但又有区别的形势。任何经济危机和社会危机，如果没有转化为“群众不愿照老样子生活下去”，“统治阶级也不能照旧统治下去”这样一种情况，革命时机就还没有到来。而在建设时期，必须特别关注异化感强烈的社会群体、特别是弱势群体，这对于社会的稳定至关重要。而且，按照马克思主义的观点，解决异化感问题固然离不开生存温饱，但并不限于此，从根本上说，这是个做人的尊严和社会地位问题，而对于劳动群众来说，则是确保其国家主人翁地位问题。从这种意义上说，把群众情绪作为决策的第一信号同承认生产力是党制定政策的最终依据并不矛盾，善于把两者统一起来才能有战略眼光和科学的决策。

由此而不难理解，为什么马克思把那种将实践单质化、实体化的观点，视为与共产主义相对立的观点。它看似脚踏实地，其实是消解实践的批判性因素，以维护现存的既得利益，因而具有明显的保守性和反人民性。与此相反，在马克思主义的视野中，实践标准、生产力标准、人民利益标准有着内在的一致性，因此，尽管实践、生产力等概念都不是马克思首创，然而把它们和人民利益有机统一起来的，却非马克思主义莫属。正因为如

此，马克思主义的实践概念、生产力概念等都内含着批判的、亦即理想超越的因素。

比如在马克思那里，生产力始终是价值尺度和历史尺度的统一，它不仅有“被人类所支配的客观物质力量”之意义，而且含有“以不断创造新的生产效率的劳动者为主体”之意义。因此，我们不能将生产力标准简单地归结为“金钱”或“财富”标准，坚持生产力标准，就必须坚持经济效益和社会效益、财富的增长和人的生活质量的提高、社会的进步和人的全面发展相统一。其中最为关键的是要实现最广大人民群众的根本利益，通过发展生产力不断提高人民群众的生活水平。毫无疑问，任何借解放和发展生产力之名，公然损害广大人民群众的主体地位而片面追求“经济效益”的做法，都与马克思主义格格不入。

以马克思经济伦理思想为核心建构当代中国市场经济伦理

当前，我国在建设社会主义市场经济、解放和发展生产力方面取得了丰硕的成果，同时也面临着改革与发展的巨大压力。如何规范经济活动，使其保持持续、稳定、健康发展的良性态势，日益成为一个突出问题。伦理规范、法律约束和政策保障共同担当着这一重任。经济伦理内化在经济活动的全过程，通过经济动机、企业文化、职业道德等形式发挥作用，有着其他约束方式所不可替代的价值。

在创建中国特色社会主义市场经济伦理的过程中，必须坚持发挥马克思经济伦理学说的理论指导作用：必须认识到，最好的经济伦理就是能够最有效地促进中国经济持续健康发展的伦理精神，离开这一根本立脚点谈论善恶是非没有意义；同时必须认识到，当代中国经济伦理的建构如同整个先进文化的建设一样，必定是用马克思主义的科学眼光，充分吸收中国文化传统和世界文化潮流的优秀精华的集成，如何正确地对待中外文化是关键。

中国有着历史悠久的优良道德伦理传统，伦理规范在经济运行和社会发展中发挥着举足轻重的作用，因此，中国传统伦理思想是社会主义经济伦理生长的本土性资源。一般认为，历史上中国是一个伦理本位的社会。传统伦理思想以天道为本体，以血统关系为基础，以家族利益为标准，以宗法制度为特点，以天人合一为思维模式的社会现实决定了中国伦理规范的基本特点，以人情（情感、仁爱）为纽带，以家庭秩序为中心，以类推演绎为逻辑，达到修齐治平的统一，以此为基础形成了儒家为主导的传统伦理学体系。毫无疑问，这种伦理学体系中既有极富生命力的优秀文化，又有封建主义的糟粕。现在有争议的是，其伦理思想能否同市场经济接轨？我们当然可以轻而易举地罗列出许多儒家伦理缺乏当代性的根据，但也可以用同样的方式论证完全相反的观点，这将是一场没有结果的争论。伦理本位的核心是人的本体论问题，儒家伦理的家族本位设定与社会化、个性化的历史趋势相悖，因而它在今天只能为“用”而不能为“体”；然而任何新文化的建构，都不能脱离传统和国情，否则就难以在本土扎根，因而我们必须努力发掘传统伦理思想的精华以为今用。

西方的功利主义学说是在资本主义市场经济建设过程中系统化为其独特的经济伦理原则，它以趋乐避苦为理论基础，以经验主义人性论为特征，与义务论道德哲学相比更加贴近生活，容易为民众接受；它以功利、利益为核心，寻求实现由个人功利达到社会共同利益即最大幸福的理想，体现了资本经济运行的鲜明特色，成为资本主义市场经济需要的经济伦理学说，并在社会发展中发挥了重大作用。功利主义的发展历程和特点，为我国的经济伦理建设提供了重要参考。但是，正如我们前面已反复论证的，资本主义市场经济伦理的价值预设是个人主义，而历史已经证明，在没有宗教信仰传统的我国，单是出于建构信仰以形成民族凝聚力的需要，还不可能接受这一价值预设。因此，以马克思主义经济伦理思想为核心，建构与我国社会主义市场经济实践相适应的经济伦理规范，是我国经济伦理研究的根本任务。正因为如此，要完成这一任务，除了充分吸收古今中外一切优

秀伦理思想成果外，最为根本的是要从我国二十多年的社会主义市场经济建设实践中吸取养分，面向活生生的实际，关注层出不穷的新鲜经验，学习人民群众的创造智慧。这正是马克思主义理论精神给予我们的最为重要的启示。

综上所述，社会主义经济伦理学应该是这样的：它从中国民族精神和传统伦理的优秀成果出发，在新的时代中充分发挥传统文化独有的作用，因而具有鲜明的民族特色；它吸取经验主义和功利主义的精髓，反映了市场经济和人民群众的内在要求，因而具有现实利益和社会情感的广泛基础；它继承理性主义和义务论道德哲学的精神，始终保持对于现实的批判功能和理想导向，因而具有“改造世界”的特征；它通过对现实社会关系特别是生产关系的科学分析，在坚持以劳动者为生产力主体的前提下，寻求达到经济与伦理辩证统一的现实途径，因而具有历史主义的动态特征；它立足于社会主义建设实践，获得了丰富的实践经验支持，体现了时代发展的客观趋势，因而具有强烈的现实感。总之，它以马克思主义的基本观点、立场和方法特别是马克思经济伦理思想为指导，达到了现实性与超越性的统一。

如此建构的社会主义经济伦理学，不仅适应以公有制为主体、多种经济成分共同发展的现行经济制度，而且体现了当代中国先进文化的发展方向，因而具有强大的生命力。它能为各种所有制的企业的企业文化建设和市场的良性竞争提供精神动力，成为创新活动的不竭源泉，形成经济全球化背景下的强大综合竞争力；它能成为当代中国先进文化向大众文化渗透的桥梁和通道，以促进经典文化、时尚文化、通俗文化等的良性互动，营造中国特色社会主义文化的氛围；它能有效地巩固工人阶级和人民群众的主体地位，不断协调好人民内部不同阶层和社会集团的利益关系，促进效率的提高与公平的实现，形成造福世界、振兴中华的伟大合力。这种经济伦理学必将会真正掌握群众，成为我国人民进行社会主义市场经济伟大实践的理论武器。在这种自觉理性式的经济伦理学说指导下，我们有信心和

能力解决市场经济建设中存在的市场失灵问题，在促进经济效率稳步提高的同时，实现社会公平，保持社会稳定。二十多年来，中国一直保持着健康有力的发展态势，特别是世纪之交，在世界经济呈现出低迷态势的情况下，中国经济仍然能够一枝独秀，这充分证明了我们以马克思主义为指导的社会主义现代化建设的强大生命力，预示了以马克思经济伦理思想为指导的社会主义市场经济的美好前景。

（原载《江海学刊》2003 年第 6 期）

本体论视域中的语言

杨国荣

语言既是广义的存在形态，又是把握存在的形式，这种双重品格，使语言一开始便与存在形成了本源性的联系。历史地看，语言与存在的关系很早已进入哲学的论域，古希腊哲学家对逻各斯（logos）的讨论①，先秦哲学的名实之辨，都以不同的方式涉及了语言与存在的关系。语言能否把握实在？对世界的描述与规范是否彼此分离？语言与人自身之“在”是否相关以及如何相关？作为语言与存在关系的具体展开，上述问题既涉及认识论、逻辑学，也指向本体论或形而上的领域。然而，20世纪初以来，随着分析哲学的兴起，逻辑分析浸浸然占据了语言哲学的主导地位，语言的形上之维则渐渐被置于视域之外，这一背景，使语言与存在关系的再考察成为难以回避的问题。

一

从哲学史上看，语言与存在的关系已较早地受到各种形式的关注，20世纪初以来，语言的意义进一步被强化，它在某种意义上甚而成为哲学论辩的中心。随着语言问题的中心化，语言本身往往被赋予本体的性质，后者内含着多重理论意蕴。

在其前期著作《逻辑哲学论》中，维特根斯坦曾指出：“我的语言的界限

---

① Logos一词源自希腊文动词legein，后者表示言、说，这种词源关系，一开始便决定了逻各斯（logos）与语言具有无法分离的关系。

意味着我的世界的界限。"① 此处的"我"，同时被理解为"形而上学的主体"，我的语言则不同于私人语言，而是指一般意义上的名言之域，因此上述观点同时又表述为："语言（我所理解的惟一的语言）的界限，意味着我的世界的界限。"这里值得注意的是将语言与世界的界限联系起来。从逻辑上说，把语言规定为世界的界限，表明人所达到的世界总是囿于名言之域，在此，语言已被赋予某种本体论的意义。

以语言为世界的界限，意味着存在的考察无法超越语言。维特根斯坦之后的分析哲学家，往往在不同程度上沿袭了上述思路。斯特劳森曾区分了修正的形而上学（revisionary metaphysics）与描述的形而上学（descriptive metaphysics），并将描述的形而上学视为形而上学的合理形态，而描述的形而上学的目标，又被理解为"揭示概念结构的最一般的特征"②。形而上学在宽泛意义上属存在的理论，"概念的结构"与语言的逻辑形式则往往被归入同一序列③，以揭示概念的结构为目标，意味着将作为存在理论的形而上学限定于语言的分析。奎因提出了本体论承诺，其中无疑亦蕴含着对存在问题的关注。然而，奎因同时又将"实际上什么东西存在"的问题从本体论的承诺中剔除出去，而将其仅仅圈定于对"说什么存在"问题的讨论，并认为后者"差不多完全是与语言相关的问题，而什么存在则属另一个问题"④。质言之，奎因的本体论承诺，主要涉及对存在的言说和表述，由此，奎因认为，关于什么存在的争论可以在语义学的层面展开。在这里，对存在的把握同样不越语言之界。

与肯定语言是世界的界限相联系的，是存在与语言的某种重合。戴维森在谈到语言与存在的关系时曾指出："我们共有一种语言（在这里是为交流所必需的任何一种涵义上）时，也就共有一幅关于世界的图景，这幅图景就其

---

① 维特根斯坦：《逻辑哲学论》，商务印书馆1995年版，第79、80、79页。

② P. E. Strawson：Individuals，Methuen & Co Ltd.，1959，p. 9.

③ 戴维森便明确地肯定了这一点："我们可以把概念图式认同为语言。"戴维森：《真理、意义、行动与事件》，商务印书馆1993年版，第112页。

④ 参见 *From A Logical Point of View*，Harvard University Press，1980，pp. 15—16。

大部分特征而论必须是真的。因此，我们在显示我们的语言的大部分特征时，也就显示了实在的大部分特征。”① 语言与存在的图景在这里被理解为一种合而为一的关系：拥有共同的语言，同时也就拥有共同的存在图景；正是二者的合一，决定了语言的特征可以折射实在的特征。这种观点不仅为分析哲学所反复申述，而且也存在于20世纪的其他哲学系统。以解释学而言，在谈到语言与存在的关系时，伽达默尔便一再强调：“谁拥有语言，谁就‘拥有’世界。”② 拥有语言与拥有世界之间的一致性，是以语言与存在本身的同一为前提的，当伽达默尔宣称“能被理解的存在就是语言”时，便已确认了这一点：语言在此被视为存在的一种形态（“被理解”的形态）。

就其外在形式而言，化存在为语言似乎同时确认了存在对人的敞开，然而，在语言被规定为存在界限的背景下，问题显然并没有如此简单。当语言与存在图景彼此合一或被视为存在形态时，主体实质上始终没有超出语言：他所达到的，只是语言，而不是存在本身；换言之，语言作为界限，同时表现为走向真实存在的屏障。事实上，戴维森在肯定共有一种语言也就是共有一幅世界的图景的同时，便强调“研究形而上学的一种方式便是研究我们语言的一般结构”③，而在斯特劳森将形而上学的主旨理解为“揭示概念结构的最一般的特征”、奎因把存在的问题归结为语义学的问题等立场中，我们已可以看到同样的倾向。

语言本来是把握存在的形式和手段，然而，当存在被限定于语言或语言被规定为存在的界限时，则语言之外的真实存在便成为某种“自在之物”。确实，在语言成为界限的前提下，主体显然难以达到“界限”之外的真实存在。按其本来形态，语言似乎具有二重性：作为一种有意义的符号系统，它本身既是特定形态的存在，又是达到存在的方式。如果过分强化语言所体现的存在规定，便可能将这种特定的存在形态不适当地夸大为终极乃至惟一的存在；

① 戴维森：《真理、意义、行动与事件》，商务印书馆1993年版，第130页。
② 伽达默尔：《真理与方法》（下卷），上海译文出版社1999年版，第579页。
③ 戴维森：《真理、意义、行动与事件》，商务印书馆1993年版，第130页。

另一方面，语言的后一功能（即作为达到存在的方式这一功能），则隐含着如下可能：手段或方式本身被赋予本源的性质，或者说，达到对象的方式，被等同于对象本身。不管处于以上的哪种情形，都可能导致对真实存在的遮蔽。

赋予语言以终极性质，往往又以强调语言的解释功能为其前提。在这一视域下，以名指实，通常便被理解为以经验的方式说明世界；以名喻道，则被视为以思辨的方式解释存在。当语言的终极性与语言的解释性重合时，人与世界的关系便相应地仅仅停留在对世界加以理解、说明的层面。这里似乎存在着某种悖论：一方面，语言的本体化及终极化，最终将导致真实存在的遮蔽；另一方面，这种本体化和终极化，又以解释和说明世界为其指向。如果说，前者从把握世界的方面表现了语言本体化的实质后果，那么，后者则从人与世界更广意义的关系上，彰显了语言本体化、终极化的内在意蕴。

单纯地从解释、说明的层面理解人与世界的关系，这一倾向不仅仅存在于分析哲学的系统中，在20世纪的其他哲学家中，我们也每每可以看到类似的思维趋向。首先值得一提的是海德格尔。后期海德格尔对语言予以了相当的关注，在谈到语言与存在的关系时，海德格尔曾作过如下的著名论述："语言是存在的家。人居住在语言的寓所中。思想者和作诗者乃是这个寓所的看护者。只要这些看护者通过他们的道说把存在之敞开状态（Offenheit des Seins）带向语言并且保持在语言中，则他们的看护就是对存在之敞开状态的完成。"① "把语言从语法中解放出来，并使之进入一个更为源始的本质构造中，这是思想和作诗的事情。"② 所谓"把存在之敞开状态带向语言并且保持在语言中"，也就是通过言说以彰显存在并使之凝结于语言的形态，"进入一个更为源始的本质构造"，则是在更内在、更深刻的层面阐释存在。这里所说的存在，既是指世界之"在"，也指人自身之"在"，与此相应，以语言为存在的家，既肯定了语言是把握存在的方式，也意味着将说明世界（以语言为手段说明世界）规定为人的"在"世方式。事实上，在海德格尔那里，以名

① 《关于人道主义的书信》，《路标》，商务印书馆2000年版，第366页。

② 同上书，第367页。

喻道意义上的“澄明”，其涵义往往也主要呈现为对存在的敞开或解释。

在语言本体化的前提下，将解释世界视为人的存在方式，意味着略去人与世界关系中的实践之维。事实上，在斯特劳斯疏离“修正的形而上学”而推崇“描述的形而上学”、海德格尔强调语言即存在之家等立场之后，我们都可以看到注重对存在的解释而忽视对现实世界的变革等趋向：“描述的形而上学”以表示存在的语言作为解释的对象，这种对解释的再解释不仅拒斥了在观念层面对存在的修正，而且更在实践的层面远离了对存在的变革；同样，以语言为存在之家，也趋向于将理解视为人的本真存在形态，后者往往使如何变革世界的问题难以落实。

语言作为“表达观念的符号系统”①，首先与意义相联系。这里所说的意义，不仅仅限于认知或描述，而且也涉及评价与规范。中国传统哲学已注意到这一点。早在先秦，《吕氏春秋》便曾对名言的特点作了如下概述：“言尽理，而得失利害定矣。”（《吕氏春秋·开春》）在此，“尽理”属认知之域，“得失利害”则具有价值意义，在《吕氏春秋》看来，名言在认知意义上的“尽理”，同时蕴含着对“得失利害”等价值规定的确认。《易传》对此作了更明确的肯定：“辨吉凶者存乎辞。”（《易传·系辞上》）与定“得失利害”相近，辨“吉凶”也属于评价之域，以“辞”为辨吉凶的方式，相应地意味着确认其价值意义。类似的看法亦见于荀子。在谈到“制名以指实”的意义时，荀子便着重从“上以明贵贱，下以辨同异”的角度作了解释（参见《荀子·正名》），这里的“贵贱”同样具有价值的内涵：如果说，“辨同异”具有事实描述的意义，那么，“明贵贱”则涉及价值的评价；把“制名以指实”与“明贵贱”联系起来，同时也肯定了名具有评价性和规范性。

当我们将语言与其实际运用过程联系起来时，它所蕴含的评价、规范意义便表现得更为明显。就名称而言，“名”对事物的标识，固然包含着描述的意义，但其中往往又渗入了某种价值的内涵。例如，“狗”作为名称，一般用

① 索绪尔：《普通语言学教程》，商务印书馆1985年版，第37页。

以指称“狗”这类动物，但是，当人们用“狗”来称呼自己的爱犬或以“狗”来隐喻某一类人时，这一词语便内含了不同的价值意蕴。进而言之，从其实际作用来看，名言在指称事物的同时，又具有识别、区分事物的功能（荀子所谓“别同异”即涉及此），后者无疑表现了某种规范的意义。

奥斯汀曾提出了“言语行为”（speech act）的理论，在他看来，当我们用语言作出某种表述时，我们往往并不是在记述或报道某种行为，而是同时在完成这一行为，例如，“当我说‘我把这条船命名为伊丽沙白女王号’时，我不是在描述这个命名仪式，我实际上是在完成这次命名”①。类似情况也存在于有关允许、道歉、指责、赞成、请求等表述之中，这种言语行为常常又被称为“以言行事”（illocutionary acts or to do things with words）。相对于逻辑实证论以是否具有真值来判断语句有无意义，奥斯汀无疑更多地注意到了语言与行为的关系：真值（语句的真假）基于语句的描述性，“以言行事”则具有行为的指向性。此处所涉及的，是语言在社会交往过程中的具体表现形式（言说形式），宽泛而言，言说本身也是一种行为——虽然它不同于身体力行意义上的“行”，但作为主体间的交往方式，它也具有行为的特点。当我在踩了别人的脚之后说“对不起”时，我便完成了一种道歉的行为，在作这一表述时，我同时承认了踩别人的脚是一种过失——亦即肯定了其负面的价值意义。这里，“对不起”的表达形式便既表现为行为，又以评价为其内容。言说不仅本身展现为行为，而且可以引发相关的行为，这一意义上的言说不仅仅以指令、要求等形式出现，而且可以取得其他形态。例如，在窗子开着、而我希望它关上的场合，我既可直截了当提出“关窗”的要求，也可以用“我感到有些冷”来含蓄地表达同一意思；无论在哪一种情况下，言说行为都包含着规范的意义，其作用在于引起或促发某种行为（例如关窗）。

对以言行事的肯定，无疑有别于仅仅强调语言的描述功能，在这方面，奥斯汀以及其他接受言语行动理论的哲学家确乎多少逸出了分析哲学满足

① 奥斯汀：《完成行为式表述》，载 A. P. 马蒂尼奇编《语言哲学》，商务印书馆 1998 年版，第 211 页。

于“阐释之阐释”的视域。不过，在注重以言行事的同时，奥斯汀又存在自身的偏向，后者首先表现在过分地强调语言的行动指向。在奥斯汀那里，话语曾被区分为完成行为式或操作式（the performative utterance）和记叙式（the constative utterance），前者与以言行事相联系，后者则具有描述的性质，对他而言，记述式话语似乎归根到底也是一种行为，即记述行为：“‘我陈述……’这个习惯用语十分类似于‘我警告……’这个习惯用语；正如我们所说的，这个习惯用语是用于说明我们正在完成一种什么样的言语行为；而且，我们不能说出任何话语而不完成某种有关的言语行为。”① 这里多少表现出以完成行为式话语涵盖记叙式话语的倾向，后者的逻辑内涵，则是以语言的行动指向消解其描述或记叙意义。② 这种看法似乎并没有超越描述与规范之间的对峙。

从另一方面看，以言行事所侧重的，主要是主体间的关系。在许诺、请求、评论、指责、道歉等言语行为中，涉及的范围大致限于主体间的交往，言语行为的规范意义，也首先在于协调主体间的关系。当我因某一过失而向人“道歉”时，我的这一言语行为往往旨在得到他人的谅解或其他形式的正面反应，如果他人确实作出了这一类的反应，则我的内疚感也许可能得到某种缓解。在这里，言语行为是通过影响人的态度、观念，以规范调节主体间的关系。不难看到，上述意义上的以言行事主要基于人与人之间的相互理解，其作用的领域基本上不超出主体间的交往过程。

语言在现实生活中的规范意义，当然并不仅仅表现为影响或协调主体间的关系，它同时在更广意义上涉及对世界的变革。孔子曾提出了正名之说：“名不正则言不顺，言不顺则事不成，事不成则礼乐不兴。”（《论语·子路》）

---

① 奥斯汀：《记叙式与完成行为式》，载《语言哲学名著选辑》，生活·读书·新知三联书店1988年版，第211页。

② 奥斯汀后来对以言行事（illocutionary acts）与以言表意（locutionary acts）及以言取效（prelocutionary acts）作了区分，其中以言表意（locutionary acts）与记叙式有相通之处。在奥斯汀看来，“我们也许可以说，一般而言，完成以言表意也就是或本来就是完成以言行事。”（J. L. Austin：How To Do Things With Words，Harvard University Press，1999，p. 98.）与此相应，奥斯汀往往将语言的理论与关于“一般行为的理论”联系起来，这里同样可以看到上述倾向。

这里的“名”，是指与某种体制或规范系统相联系的名称，正名，则要求行为方式合乎“名”所表示的体制及规范系统。同一意义上的所谓“君君、臣臣、父父、子子”（《论语·颜渊》），便是指君、臣、父、子都应遵循相关名称所体现的规范。值得注意的是，孔子将这一正名的过程与“成事”及“兴礼乐”联系起来。“事”泛指人的实践活动，“礼乐”则包括政治、文化的制度，通过正名而达到“成事”“兴礼乐”，相应地意味着肯定“名”在政治文化体制建构中的作用。

孔子的上述思想在后起的其他哲学系统中也得到了肯定。《管子》便认为：“有名则治，无名则乱，治之以其名。”（《管子·心术上》）类似的看法亦见于《吕氏春秋》：“名正则治，名丧则乱。”（《吕氏春秋·正名》）“治”既可以在宽泛意义上表示对事物的标识、辨析，也涉及政治领域的实践，这里更多地指后者。以“名”之有无、“正”“丧”为达到“治”的前提，无疑也注意到了名言与政治实践的联系。荀子对此作了进一步的分析：“故王者之治名，名定而实辨，道行而志通，则慎率民而一焉。……如是，则其迹长矣。迹长，功成，治之极也。”（《荀子·正名》）王者之“治名”，首先与政治实践领域相关，而“治之极”则是治国过程所达到的完善之境，后者同时被理解为“名”的规范作用在政治实践领域中的体现。正是以此为前提，荀子对名家（惠施、邓析）提出了批评：“甚察而不惠，辨而无用，多事而寡功，不可以为治国纲纪。”（《荀子·非十二子》）注重名言的辨析是名家的特点，然而，在名家那里，这种辨析并没有导向对现实生活积极的或正面的引导，从而，名言在实践过程中的规范意义也未能获得定位。对名家的以上批评，从另一个方面强调了名言在社会运行过程中的作用。

名言的规范意义当然不仅仅体现于社会政治领域，广而言之，在变革对象的不同实践过程中，都可以看到其现实作用。《易传》已指出：“言、行，君子之所以动天地也。”（《易传·系辞上》）“动天地”，隐喻着对外部世界的影响，而“言”则与“行”相联系，被视为产生上述影响的现实力量。在相近的意义上，《易传》强调：“鼓天下之动者存乎辞。”“辞”以名言为其形

式，认为“辞”可以“鼓天下之动”，同时也蕴含着对名言作用的肯定。王夫之对此作了进一步的解释和发挥：“辞所以显器而鼓天下之动，使勉于治器也。”① “显器”，侧重于对外部世界的描述和说明，“治器”，则以变革外部世界为内容；以辞“显器”与以辞“治器”的统一，在不同层面上涉及了名言与现实的关系。

中国哲学对名言作用的如上考察，较之描述的形而上学及“以言行事”说无疑展示了更广的视野。语言作为“表达观念的符号系统”，与概念、命题以及展开于概念、命题的理论难以分离；语言的基本单位——语词、语句便分别以概念、命题为其内涵。当概念、命题、理论所构成的思想以不同的方式影响、变革现实时，语言也相应地展示了其规范的作用。事实上，中国哲学中的“名”，便往往同时包含了思想内容（概念）与语言形式（语词）二重涵义，“正名”或以“名”（辞）治器，也总是同时涉及以上两个方面。从另一视域看，名言既通过“说”而与人“在”世的过程相联系并制约着后者，又通过“行”而影响现实。就前者而言，言说本身也是一种存在的方式，就后者而言，名言又展现为改变世界的力量；换言之，语言不仅仅涉及主体间的理解、沟通，而且作为一个内在环节而参与了现实的变革。不难看到，“说”与“在”、解释世界与变革世界本质上具有内在的统一性。

二

“说”与“在”的统一，不仅在一般意义上展示了语言与现实的关联，而且从一个方面体现了语言与人的相关性。广而言之，以敞开与变革世界为指向，语言与人的联系呈现于多重方面。

历史地看，语言并不仅仅是一种形式化的体系，它的形成与人的知、行过程的历史展开难以分离。逻辑经验主义单纯地关注语言的逻辑之维，并试图将其化约为一种形式的系统，显然未能把握语言的社会、历史品格。从实

① 《周易外传》卷五，《船山全书》第一册，岳麓书社1996年版，第1029页。

质的而不仅仅是形式的层面考察，显然不能略去语言与人之“在”的关系。以社会性为内在的品格，人一开始便不是以孤立的个体形态存在，离开了荀子所说的“群”，人便失去了生存的基本前提。正是在化自在之物为我之物的社会交往及知、行过程中，语言的形成获得了其历史的根据。语言与人存在的历史需要之间的联系，从社会或类的维度，较为具体地表明了语言无法疏离人之“在”。当索绪尔强调“语言是一种社会制度”① 时，他无疑也注意到了这一点。

当然，语言的社会之维，往往也会使之取得某种超乎“个体”的形态，从“语言”与“言语”之分中，便多少可以看到这一点。在作上述区分时，“语言”通常被理解为普遍的、公共的、同质的系统，其中的语法、词汇等，都独立于语言的具体运用者之外，“言语”则与个人相涉，带有偶然的、异质的特点。② 然而，就其现实形态而言，语言的社会功能及意义的实现，离不开其实际的运用过程；在交往过程之外，语言本身往往呈现可能或潜在的性质，而并不具有现实的生命力。维特根斯坦曾指出：“每一个记号就其本身而言都是死的。是什么赋予了它以生命呢？——它的生命就在于使用。”③ 这里的记号虽不限于语言符号，但无疑包含后者。按其实质，语言确乎是在具体的运用过程中获得其内在生命并展示现实的力量。在这里，我们同时可以看到“语言”与“言语”的互动：如果说，“语言”为“言语”提供了普遍的规范和准则，那么，“言语”则构成了“语言”的现实确证。相对于普遍的、公共的语言，“言语”与人的存在无疑有更切近的联系：较之“语言”的某种超乎个体的性质，“言语”更多地体现为个体在具体情景中的运用过程。作为语言意义的实现方式，言语的以上特点，同时也进一步从现实及个体的维度展示了语言与人的相关性。④

---

① 参见索绪尔《普通语言学教程》，商务印书馆 1985 年版，第 37 页。

② 同上书，第 36 页。

③ 维特根斯坦：《哲学研究》，商务印书馆 1996 年版，第 193 页。

④ 海德格尔以“语言说”肯定了语言包含超越于人的一面，这无疑注意到了语言非单纯地与人相关，而是具有沟通人与世界的意义，但若仅仅强调这一点，似乎也容易忽视语言与人的相关性。

以“言语”为视域，同时也涉及“意味”的问题。“意味”（significance）与“意义”（meaning）有所不同，“意义”更多地与语言的公共性相联系，它可以取得“指称”或“涵义”等形式，“意味”则往往包含着个体的情感、意向，等等。以“牛”这一词而言，其最宽泛的意义是可以用来耕田、运输的家畜，但在以耕种为生的农民那里，“牛”却具有特定的意味：它往往被视为生产单位（如家庭）中的独特“成员”、劳动的伙伴、家产的构成等。正是这种特定的意味，使“牛”一词每每能在农民那里唤起或引发一种特殊的亲切感。语言的这种“意味”负载，不同于所谓语言的私人化，语言的私人化或私人语言主要涉及“意义”的层面（以为存在着惟有个体自身才能理解的语言系统），“意味”则与语言在交往及实践过程中的运用相联系，是具体的存在背景在语言之上打上的印记。作为语言在实际运用中的呈现形态，“意味”从另一个方面彰显了语言与人的存在之间的联系。

弗雷格曾区分了所指（或指称）与涵义：“与某个指号相对应的是特定的涵义，与特定的涵义相对应的是特定的指称，而与一个指称（对象）相对应的可能不是只有一个指号。”[①] 弗雷格以暮星与晨星为例，对此作了说明：“暮星和晨星的所指虽然是同一个星辰，但这两个名称具有不同的涵义。”[②] 暮星与晨星所指称的对象都是金星，但二者的涵义却并不相同，在具体使用时，往往不能相互替代。涵义与指称或所指的如上区分，无疑体现了语言的相对独立性，它表明，语言的涵义并非仅仅为指称的对象所限定。然而，从另一方面看，语言符号在涵义上的差异，又与人的存在难以分离。以暮星与晨星而言，二者涵义的不同，惟有对作为“类”的人才有意义：同一对象（金星）之获得晨星和暮星的不同涵义，在相当程度上乃是基于人的生活实践（包括作息方式）。与此类似，对某一国家的国旗，该国的人民以“国旗”来指称，而该国之外的人则也许仅仅称之为“彩旗”，二者所指为同一对象，但

① 弗雷格：《论涵义和所指》，载A. P. 马蒂尼奇编《语言哲学》，商务印书馆1998年版，第377页。

② 同上书，第367—377页。

涵义却不同，这种涵义的差异，同样以人（个体或群体）的不同存在背景为根据。

涵义与指称的分别，首先在“名”或语词的层面，体现了语言与人的相关性，类似的联系也存在于语句与命题之分中①。一般认为，语句的意义是命题，而命题则可以由不同的语句来表达。例如，“今天继续在下雨”与“又是一个雨天”如果是在同一天说的，则二者表达的是相同的命题（“今天是雨天”），但二者的语句却有所不同。按弗雷格的看法，语句往往可以有各种附加的成分：“‘可惜’、‘谢天谢地！’这样的词属于这种成分。在诗歌中这种句子成分表现得更为突出，在散文中也不乏这样的东西。”② 广而言之，即使表达科学观念的语句，也难以完全撇开外在的附加。相形之下，命题所表达的思想，则通常略去了上述成分。语句的附加，往往渗入了人的情感、态度、立场，等等，后者不仅可以通过某些词的增减来表达，而且可以借助说话的语气、音量等来传递，如：“载人飞船成功发射了！”这是一个感叹句，与之相对应的是：“载人飞船成功发射了。”它具有陈述句的形式。尽管二者包含相同的命题（意义），但前者通过特定的语气表达了某种激动、兴奋之情，从而较之后者具有更多的情感负载。语句的附加既使语句变得更为复杂，也使之较命题显得更为丰富。就其略去了各种外在的附加而言，命题似乎可以视为语句的逻辑抽象，与之相对，语句则表现为命题的现实存在形态：离开了语句，命题便无法表达。作为思想及意义实际而非逻辑的存在方式，语句的情感、态度等附加同时也表明，在现实形态上，语言与人的存在难以分离。

语言与人的如上关系，无疑表现了人的存在对语言的本体论意义。以人自身发展的历史需要为根据，语言同时又多方面地制约着人的存在，后者从另一意义上展示了语言与人的相关性。在个体的层面，语言对人的影响首先

---

① 事实上，弗雷格对涵义与指称的区分，同时也着眼于句子，其中蕴含着如下观念：句子的意义与思想相联系，句子的指称或意谓指涉及真值。（参见王路《走进分析哲学》，生活·读书·新知三联书店 1999 年版，第 101 页。）

② 《弗雷格语言哲学论著选辑》，商务印书馆 1994 年版，第 119 页。

在于它以特定的方式参与了个体精神世界的建构。社会的形成、积累的文化成果，往往以语言为其载体；进而言之，科学知识、价值系统、审美经验等，常常既通过语言而得到凝结，也借助语言而在历史过程中延续和传承；从而，在掌握语言的过程中，个体也同时接受、承继了社会的积累起来的知识、价值系统。凝之于语言中的这种知识、价值系统不仅随着语言的掌握而化为个体的存在背景，而且在社会历史等层面影响与制约着个体精神世界的形成；从个体认知能力的发展、道德意识的培养，到审美趣味的提升等，都不难看到这一点。

语言在参与个体精神世界构成中的作用，并不仅仅表现为对个体或自我的外在塑造。个体的“在”世过程，往往伴随着某种“独语”，认识论意义上的默而识之、德行涵养层面的反身而诚、审美领域中自我精神的净化和提升等等，都包含着不同形式的“独语”。在宽泛的意义上，“独语”以自我为对象，可以视为无声的言说。以“思”或反省为形式，“独语”既意味着化外在的社会文化成果为个体的内在精神世界，又以自我人格理想的实现和潜能的完成为指向。面向自我的“言说”或反思，每每使个体逐渐扬弃自在的形态，由存在的自觉而走向自为的存在。王夫之曾从成德的角度，肯定了“默”的意义：“圣人见道之大，非可以言说为功；而抑见道之切，诚有其德，斯诚有其道，知而言之以著其道，不如默成者之厚其德以敦化也。”① 这里的“默”，并非完全隔绝于“言”，而是主要区别于外在或外向的言说，它可以视为“独语”的一种特定形态。② 对于“道”，固然要以理性的方式加以把握和表述，但如果仅仅停留在“知”与“言”的层面，则依然是外在的，惟有以反思和反省的方式把见道的过程与自身的涵养结合起来，才能真正成其德。

---

① 《读四书大全说》卷六，《船山全书》第六册，岳麓书社1996年版，第870页。

② 这里也许可以将独语与王夫之所说的“自言”作一区分，王夫之认为“言”指自言，“语”则意谓语人。但他同时将“有所论辩而著之于简编”也列为“言”的形式（参见《读四书大全说》卷六，《船山全书》第六册，岳麓书社1996年版，第870页），在此意义上，言或自言也具有外在的指向性。相形之下，“独语”则更多地与个体自身的完成、实现相联系，从而与王夫之所说的“默”相通。

这一意义上的“默”所着重突出的，不是绝对的无言，而是成就自我这一指向；而所谓“德”，也并不仅仅是狭义上的道德品格：它同时是本体论意义上的精神世界。

作为人的存在形态，广义的言说与内在的精神世界之间呈现为互动的关系。《易传》曾指出：“君子进德修业，忠信所以进德也。修辞立其诚，所以居业也。”（《易传·乾·文言》）“修辞”涉及言说的方式，“立其诚”则既指向表达的真诚性，也涉及德行的真诚性。在此，如何言说与德行培养之间的相关性无疑得到了确认。从另一方面看，内在的精神世界往往又制约着人的言说方式。《易传》曾对此作了如下论述：“中心疑者，其辞枝。吉人之辞寡。躁人之辞多。诬善之人，其辞游。失其守者，其辞屈。”（《易传·系辞下》）认为一定的精神形态与一定的表述方式之间具有直接的对应性，这当然未必确当，事实上，二者的关系远非如此简单。但是，肯定心与言并不是互不相关，则显然不无所见。以人格、境界等形式表现出来的精神世界，总是有其形之于外的一面，后者既展开于“行”，也体现于“言”。从形式的层面看，个体的不同修养程度，常常使言说呈现“文”“野”之别；就实质的维度而言，个体在精神境界上的差异，则每每使言说形成“诚”“伪”等区分。

与人的社会性品格相应，语言本质上并不限于主体之域，而总是指向主体间的关系。从广义上看，以文献或文字为中介的交流，也涉及主体间的关系：即使对历史文本的解读，也往往以特定的方式渗入了作者与解读者之间的发问、回应；而在言说的过程中，这种交往进一步取得了“在场”的性质。在以文献解读、阐释为形式的文化交往中，不仅文化成果的公共性得到体现，而且其内含的普遍价值也得到了确认和实现；通过这一过程，一方面，新的价值创造获得了历史前提和出发点（前人所创造的成果构成了文化进一步发展的基础）；另一方面，在与前人的精神对话中，主体自身的精神世界也得到了充实和提升。

就言说过程而言，其在场的性质使主体间能够展开更直接的交往和对话。言说涉及“说”与“听”的互动，在交谈及对话中，“说”者意欲表达的东

西与他实际给予“听”者的内容，往往并不一致，“所说”的较之“欲说”的，常常更为丰富。这里既涉及语义学层面上说者是否真实地表达了某种观念，也关联着在语用学层面上说者究竟拟传递何种意义。通过表达与回应的往复交替，所说的内容总是不断地得到澄清，说者与听者也总是由此而加深了彼此之间的理解。不难看到，在“说”与“听”之后，是主体之间的关系；与之相联系，听言与知言的实际涵义之一，是知人。孔子已将知言与知人联系起来，并把知言视为知人的前提：“不知言，无以知人。”（《论语·尧曰》）扬雄对此作了更具体的阐释：“故言，心声也；书，心画也。声画形，君子、小人见矣。”（《法言·问神》）“知人”意味着把握作为社会存在的人，其中既蕴含着本体论内涵，又涉及价值的定位（分别君子与小人）。言说表现为面对面的交流，文字则超越了特定的时空；通过直接的对话及文献的解读，可以从一个方面了解人。在这里，言说与理解同时呈现了本体论与价值论的向度。

广而言之，言说及对话不同于纯粹形式化的、逻辑的推演，它以生活世界中有生命的、呈现多样人格特征的人为现实主体。作为人的实际交往方式，言说与对话使参与者彼此走近，形成并建立某种现实的社会联系，从而为主体间的沟通提供了前提。在以语言为中介的交往过程中，交往的参与者既共同面对外部世界的对象，并借助能够彼此理解的同一语言系统而对这些对象获得共识，又通过言说和对话而达到相互理解。这种共识与理解一方面构成了主体间关系形成的条件，另一方面又为生活世界中的“共在”及广义实践过程的展开提供了某种担保：实践过程中目标的理解与落实、具体规划的贯彻、主体间行动的协调与合作、对实践结果的评价，等等，都离不开语言的作用。不难看到，语言及言语不仅制约着个体的精神世界，而且也从一个方面建构着主体间关系及生活世界。①

言说与对话过程中形成的交往关系，本身也是社会领域的存在形态，并

---

① 哈贝马斯曾对此作了考察，参见 J. Habermas, The Theory of Communicative Action, Vol. One, Beacon Press, 1984。

相应地具有本体论意义；而从价值观的角度看，通过对话而展开的交往过程，则涉及合理性的问题。荀子曾对此作了多方面的考察。在《正名》中，荀子首先将“仁心”“公心”等提到了重要的地位：“以仁心说，以学心听，以公心辨。不动乎众人之非与誉，不治观者耳目，不赂贵者之权执，不利传辟者之辞，故能处道而不贰，吐而不夺，利而不流，贵公正而贱鄙争，是士君子之辩说也。”（《荀子·正名》）“仁心”涉及动机的端正，“学心”内含谦逊之意，①“公心”则既意味着以平等之心参与讨论，也要求公正地对待不同意见。这里特别值得注意的是对“公心”“公正”等态度的强调，荀子将这种态度与外在的毁誉、鄙争及权贵之势加以对照，其中蕴含着对两种不同论辩或对话方式的区分：前者出于平等之心、持以公正态度，后者则为外在的舆论、权势等所左右。在荀子看来，惟有后一种论辩，才是君子之辨。按其实质，不同的论辩方式之后，蕴含着主体间的不同对话、交往形式，在权势等外在力量支配之下的对话，往往导致主体间关系的扭曲，而合理的论辩方式则以合理的主体间关系为指向。

与公心、公正相联系的是兼听、兼覆：“有兼听之明，而无奋矜之容；有兼覆之厚，而无伐德之色。说行则天下正，说不行则白道而冥穷，是圣人之辩说也。”（《荀子·正名》）辩说过程中的兼听、兼覆，既作为全面性的要求而与偏听、偏信相对，又表现为一种宽容的立场。② 言说与对话的过程不能仅仅执着于一偏之见而强词夺理（奋矜），也不应当自以为是、以势压人（伐德），合理的对话不仅要求拒斥片面性，而且应以宽容为原则，后者具体表现为肯定对话参与者的言说权利、容许他们表达不同的意见等。不难看到，这种宽容的原则和实质，是主体之间的相互尊重，后者同时从另一方面为建立合理的主体间关系提供了前提。

---

① 王先谦：“以学心听，谓悚敬而听他人之说。”（《荀子集解·正名》）。

② 在《非相》中，荀子曾指出：“故君子之度己则以绳，接人则用窞。度己以绳，故足以为天下法则矣；接人用窞，故能宽容，因求以成天下之大事矣。故君子贤而能容罢，知而能容愚，博而能容浅，粹而能容襍，夫是之谓兼术。”（《荀子·非相》）这里在更广的意义上涉及任何处理“己”与“人”的关系，“兼听”“兼覆”与此处所表达的“容”或“宽容”的观念，无疑具有一致性。

在对话过程中，公正、宽容等主要关涉如何对待其他的参与者，就主体自身而言，则往往面临真诚与否的问题。在对言说与对话作进一步考察时，荀子提出了如下看法："君子之言，涉然而精，俛然而类，差差然而齐。彼正其名，当其辞，以务白其志义者也。"（《荀子·正名》）所谓"白其志义"，是指真诚地表达自己的观点和意见，从表述方式看，"务白"以强化的语气突出了在言说过程中真诚具有不可忽视的意义。就社会交往而言，真诚是主体之间相互信任的前提，如果在言说与对话中言不由衷、曲意掩饰自己的真实想法，则对话的参与者之间便容易彼此隔阂、疏离。在这里，言说的真诚性既从一个方面担保了对话、交往主体的相互理解与沟通，又为主体间关系走向健全形态提供了可能。①

在沟通人与世界的意义上，语言固然并非仅仅归属于人，但作为人把握世界及"在"世的方式，语言则既以人自身的存在为根据，又内在于人的存在过程。以独语、对话为形式，语言不仅在个体之维影响着自我的存在过程及精神世界的形成，而且在类的层面上构成了主体间交往和共在、实践过程及生活世界的建构所以可能的前提。如果说，人的存在对语言的本源性，主要从语言的现实形态上展示了语言的本体论维度，那么，语言对人的存在方式的制约则表明：语言之后所蕴含的更内在的本体论意义，在于人自身存在的完善。语言与人的如上关系，既是语言与存在之辨的展开，也是后者更深沉的体现。

（原载《江海学刊》2004 年第 2 期）

---

① 在当代哲学中，哈贝马斯曾对主体间的交往关系作了较为系统的考察。按哈贝马斯之见，交往行动的合理性离不开有效的言说，这种有效性需满足多重条件，其中不仅包括真实性或真理性［涉及言说与客观世界（objective world）或事实的关系］、正当性［涉及言说与社会世界（social world）或社会规范系统的关系］，而且也兼及真诚性，后者所关涉的是言说与主观世界（subjective world）的关系（参见 J. Habermas：The Theory of Communicative Action，Vol. One，Beacon Press，1984，pp. 38—39，99—100）。荀子关于辩说及辩说对建构主体间关系之意义的理解，在某些方面与之似有相通之处。

论“形而上学”的当代视界

陆杰荣

从今人的眼光看，“形而上学”好像已是被尘封的一段“精神”历史了。“形而上学”似乎没有什么“当代性”，因为“当代性”本质上是拒斥“形而上学”的，虽然“当代性”也体现为将“世界转变成为图像”，将“人转成为主体”。但是，要真切地理解“形而上学”的要旨与精义所在，就必须从根基上与实质上彻底把握“形而上学”的本性规定，就要从当代视界中去把握“形而上学”的进路与取向。在我看来，作为人类理智发展的一个阶段，具有存在必然性的“形而上学”，其价值不仅与某一阶段的历史“精神”所展开的层级具有对应性的意义，同时它也有着某种超越其产生的特定历史阶段，在进一步挖掘之中所显现的永恒意义。“形而上学”与哲学的同一性质与旨归将不断地证明，“形而上学”不仅仅是在“物理学”层次上、在实证意义上的“科学”，而且还是在人文意义上的“学问”。这就是说，“形而上学”在历史发展中曾经具有过双重身份，或成为“理念”，或成为“存在者整体”，二者结合成为“科学之科学”。用海德格尔的话说，具有本真意义上的“形而上学”同哲学一样，总是在其展开的较高层级上又不断地返归到始源性的问题起点。正是在这个意义上，我认为，“形而上学”既固存着体现自身规定的“一般性”因素，同时又体现出依其发展阶段不同而形成的差异性特征。只有从当代的视界角度理解“形而上学”，才能显现出“形而上学”自身的历史过程及其内在逻辑，才能勾画出“形而上学”在内在的异质性因素影响和外在的条件制约下是如何变换自身的理论形态，而又日益显现自身本真规定的

历程，才能从新的时代精神的表征方面理解“形而上学”的当代价值。

一

从时间性的历史角度观察，最初产生的“形而上学”是一个“对象”，它既是一个“世界”，又是一个“理想”。“形而上学”就其产生过程而言，可以说是借助于人类的理智能力联结各种异质性与非统一性的因素，通过不断地提升其概念规定的普遍性，确认无所不包的“先验性”普遍原理，构建一个“对象”的过程。它具有存在—逻辑学—神的三位一体结构，海德格尔把它称为构成“存在者整体的真理”，利奥塔把它称为建构一个“宏大叙事”。因此，“形而上学”从其主导路向与倾向来说，在最初的发展阶段中体现为一个“对象”的形而上学。

之所以最初创建的“形而上学”具有“对象”的性质，这与人的本性的展开，与人与世界相互关系的特征，同时与人自身所处的历史发展阶段有着一体性的关系。“哲学的性质始终是由人的特质来规定的。人们把人自己理解为什么性质的存在，相应地也就把哲学理解为什么性质的理论。”① 正是在这个意义上，康德曾说过，形而上学乃是人类理智能力发展中的一个“不可逾越”的阶段。②“形而上学”的“对象”性质与人的本性展开是一体的过程。从人的本性的本质看，人的本性既有对象化的特点，又是对象化的体现。人的本性对象化的特点表明，人总是要从“把握”“确认”的方面使自身的认识能力在“对象”身上表达出来，总是要通过将“对象”联结为一个“整体”的方式实现人的“对象化”意图。特别是在人的最初发展阶段中，从人认识能力的发展程度来看，人要力求更多地从对象的肯定性方面表达自身的认识水平，只有借助于对“对象”的整体性与普遍性的“确认”才能印证自身的主体能力。这样，海德格尔所概括的“希腊哲学的提问方式”显然具有

---

① 高清海：《哲学的憧憬》，吉林大学出版社1993年版，第92页。

② 参见康德《未来形而上学导论》导言部分，商务印书馆1982年版。

了深厚的历史根据。对希腊哲学而言，最初的也是最重要的问题是提出“这是什么 what”，而同时又要指认“什么 whatness”（本质）的内涵。只有这样，人才能将“什么”给予 logos 规定加以对象化，才能使外在于人的“对象”成为人构建的“对象”。“形而上学”的“对象性”特征也同哲学所内蕴表达的主题相关，这就是哲学总是要从自身特有的方式来揭示人与世界相互关系的普遍本质。人与世界相互关系的规定是多维性的、多层次的，也是多样态的。哲学不仅要通过理论的“概念”将对人与世界关系的表达推及到普遍性的层面（如柏拉图所说的“相”），而且要将对这种关系表达的不同层面的内容结合为一个“整体”（如亚里士多德所说的“物理学之后”）。作为业已成为表达“整体”的“形而上学”，不仅要包含着体现人与世界相互关系的“内容”，而且它也构成了“评判”到“考量”，甚至“引导”人与世界相互关系深化的“尺度”。更进一步探讨的话，“对象”的“形而上学”乃是人在其发展历程中所确认的“理想”，这是因为人在现象世界中，不满足于停留于现存的“暂时”，总是借助于理性能力寻找一个在现象世界背后的“超现存”的世界，并以这种超现存的“世界”作为“理想范本”以规定人的活动，导引人的追求，实现人的超越。在这个意义上可以说，“对象”的“形而上学”是人在其最初阶段性发展过程中，用自身的努力所构建的“对象”。人将这个“对象”视为是完善的、绝对的、至上的、超验的。“对象”的“形而上学”决定着人眼前的变化的“世界”，它是一个经过“跳跃”而形成的具有决定性意义的“范本”世界。很明显，对于人来说，“形而上学”是一个被构建的“对象”。我们将这种具有构建性规定的“形而上学”称为“对象”的“形而上学”。

“对象”的“形而上学”就其形成的过程而言，有下述诸种因素在相互关联之中起着决定性的作用。从词的形成与内涵的确定角度考察，“对象”的“形而上学”首先是一个“词句”、一个“理念”。“形而上学”从原初的内涵而言，是对物理学“Physics”的某种超越，即在“Physics”之后，也就是在“物理学之后”。“物理学”就当时的科学发展状况看，是科学的某种普遍知

识类型，而在“物理学之后”，实质上是指高于“物理学”的知识范型。“物理学”把握的是“物理”的世界，构造了“物理”对象之规定，而“物理学之后”则要把握“非物理”的世界，即构建成“非物理”对象之本质。而且，“物理学之后”不是放弃或否定“物理学”，而是按照“物理学”的特质以设计“物理学之后”的“形而上学”。因此，“形而上学”仍旧是“物理学”。① 按照“物理学”的特质来设计“形而上学”的话，那么“to be”的词语表现方式就不能看作是“是”，而只能而且必须看作是“存在”。“To be”如果是“是”，就不能成为被“构建”的“对象”，而“to be”是“存在”，就确认了其“对象”的实质。如果具有历史感地分析“形而上学”产生过程的话，“to be”的确定性特征即存在者特征是“形而上学”得以成为“对象”的关键性步骤。从今天的理论视野反溯考察的话，“to be”只能在“是”的境遇中才能彰显出“形而上学”“非对象性”的张力结构。“物理学”从一开始就规定了形而上学的历史和本质。② 这一本质就是超出“物理”对象去追问、确认“非物理对象”，“问出在者之外去，就是形而上学”。③

如何问出超出“物理”对象之外的“非物理对象”呢？这就必须从人把握“对象”的独特方式分析开始。人把握“对象”是将“话语”提升为“概念”，只有做到这一点，才能通过概念的一般性规定构造出“对象性”的世界。“话语”的词句已是“综合”“聚集”，但又必须通过概念的“一般性”“综合”或“聚集”，才能进入到“对象性”规定的先验性特征。真正的“综合”是前进到无条件的综合统一性的理论预设前提，从外观上看，似乎经验的“对象”才能称得上“对象”；而从实质上看，只有“先验”的“对象”才是真正的“对象”，因为它不仅决定着经验的“对象”，而且还在综合着经验的“对象”。“就哲学说来不仅没有什么现成对象，哲学根本没有对象。”④

① 海德格尔：《形而上学导论》，商务印书馆1996年版，第19页。
② 同上。
③ 同上书，第18页。
④ 同上书，第85页。

哲学是以“概念”的“聚集”方式构造出概念式的“对象”的“形而上学”。以“概念”的方式“把握”与“构造”“对象”必须将世界“双重化”，也就是说，必须将“对象”分为“形而下”与“形而上”的不同部分组合，才有可能在“物理学”的范围之外去构建“物理学之后”的领域。“对象”的双重化性质恰是由“概念”的综合功能所赋予的。从苏格拉底的对话就可以看到，由经验的“个别”事实到抽象的“美”的概念，在普遍归纳与定义的基础上必然会在柏拉图哲学引发出对“对象”世界的理论辨识与构建，必然将“世界”两重化同时而形成“非对象性”的“对象”世界，并把这一“对象性”世界作为感性“对象性”世界的基础。至于在亚里士多德那里，由对概念“综合”而导致的知识与学科的分野，即将知识类型分为理论性知识、技艺性知识、实践性知识的论述，进一步加固了“形而上学”对“对象性”世界的概念式的整体把握。“这种一般理论就是以——存在于有关这种过程的理性体系之中的——各种成分的相互关系为研究对象”，“这种理论是在这种超越了个体的认识发展体系之中寻求必然性、一致性和法则的”。① 因此，“把它当作一种关于超越自然界的东西的科学来加以解释了”②。

作为“对象”的“形而上学”所容纳的内容似乎是极其宽泛的。它在“物理学”之后，理应逻辑上包括除“物理学”之外的所有内容。“形而上学”成了“科学之科学”，构成了所有知识的基础，而且这类知识主要包括关于心灵的知识、智慧的知识等。最初构成的“对象”的“形而上学”可以说是一个宏大的“概念”体系，构建出“宏大叙事”的主旨。“对象”的“形而上学”首要地体现为其内容植根于知识发展的逻辑秩序的相关性联系之中，它作为“第一智慧”乃是对一般说来构成“对象”实在整体基础的把握，它把有关“对象”存在性质加以统一，同时将这些性质不可能在认识过程中加以进一步确认的原理作为自身的存在根据，而且它还表达了人对具有教养意义的理想生活的追求与信念。总之，“对象”的“形而上学”是一个无所不

① 狄尔泰：《精神科学引论》，中国城市出版社2002年版，第209页。

② 同上书，第210页。

包的“理论体系”，既有概念所能表征的功能，也有概念无法触及的性质。“对象”是“概念”，也是“逻辑”（logos）；“对象”是“知识”，也是“信念”。贯穿于“对象”的“形而上学”实质上是其“物理学”本身衍生而具有的基本态度。这样，“形而上学”将其所有的“对象”加以归纳与构成的过程，也就是使所谓“真实”存在的东西接受知识、法则、概念规定的过程。“形而上学就变成了无所不在的科学态度”①。

“对象”的“形而上学”其理论设计的致思取向是指向超出经验“对象”之外的“非对象”，是超出经验“对象”之所问，因而体现了“形而上学”的独特性质。这一致思取向的理论样式表达了在特定阶段中人的理智能力的发展水平，印证了人的本性展开的特定层级。“对象”的“形而上学”作为以“概念”的方式“综合”的结果，表明最初的“形而上学”的“对象”，只能是理念式的“概念”。“概念”构成的“形而上学”世界表达的只是“对象”的“本质”，它以寻求一般性的“本质”来确认“形而上学”的“对象”。所谓“对象”就是“本质”的“概念”，“概念”既是“形上”的“对象”，又是“形上”的“世界”，这些成为“对象”的“形而上学”不可或缺的联结环节。“概念”的“形而上学”必然用“物理学”的知识态度以灌注“形而上学”的“对象”。因此，“形而上学”就确认了“无所不包”“无所不在”的知识性理论态度，确认了其具有“范本”式的理论地位。

“对象”的“形而上学”这种“自高自大”与“无所不包”的至上特征昭显其理论的“权威”地位，同时又蕴含着其“消解”的可能。“对象”的“形而上学”的“舍我其谁也”的地位，使之成为“科学之科学”，同时也会使之受到来自不同的知识类型在不断地分化之中所必然产生的批评与质疑。而且，“自高自大”的“先验性”特征必将不断地面对着不同知识类型的“经验性”原则的冲击，而日渐表现出其弱势。“对象”的“形而上学”的“无所不包”的地位也必然促使其在综合各种异质性因素以构成统一性时，会

① 狄尔泰：《精神科学引论》，中国城市出版社2002年版，第204—205页。

出现越来越多的、不可逾越的理论困难。这一情形的进一步发展趋势表现为，具有“无所不包”特点的“形而上学”，会日益出现“分化”，它导致的结果则是消解其“无所不包”的特点。更重要的是，“对象”的“形而上学”构建了一个“永恒”的“理想”世界，但人在其发展中是不容许有一个“永恒”的、“至上”的“理想”始终约束着、压抑着人自身特点。这样，“对象”的“形而上学”其“转型”理论逻辑所蕴含的内在矛盾在其形成初期就已经存在于它自身了。

二

“对象”的“形而上学”实质在于“对象”是被概念所构建的。接下来的问题就是，倘若构建“对象”的主体能力是恒定的、不变的，构建“对象”的认识条件也是确定的、不变的，那么“对象性”的“形而上学”就是恒定的、不变的。而问题的逻辑推论同历史进程并非是亦步亦趋的。这样，“对象”的“形而上学”就会因其内在的矛盾与外在条件转换而产生某种理论样式的“迁移”，就会成为具有某种新的性质与特点的“形而上学”。

从“形而上学”的内在逻辑角度考察，“形而上学”所内蕴的根本性矛盾在于“经验”性与“先验”性的冲突。这种冲突最初是以没有体现为外在化冲突形式的“形而上学”自身的内部对立，而这一内在的对立一旦面对“形而上学”的“对象”世界，在论证两个世界的相互关系时，其对立的性质就变得异常尖锐起来。“经验性”的对象不断地要用“经验”证实自身，这就导致了“对象”形而上学自身内容的“分化”与“组合”，被“分化”出去的“经验性”对象进而又作为与“形而上学”对立的异质性因素，对“形而上学”本身进行反思、怀疑与批判，这就使“对象”的“形而上学”转变为“方法”的“形而上学”。①

---

① 海德格尔称这种类型的“形而上学”为主体性的形而上学。这种形而上学同“人成为主体”是同一过程，主体性形而上学至尼采而完成，尼采是“最后一个形而上学家”。我对这一推断将另文讨论。

“方法”的“形而上学”的产生意味着“形而上学”由“对象”退至于“方法”。由追问 what 转向对“对象”隐而不论，而将到达“对象”的手段与途径看作是最为重要的。这种转向有着深厚的历史基础和认识上的根据。众所周知，近代理性主义者笛卡尔提出了怀疑论的方法。他的怀疑方法实质是以理性的怀疑原则否定或弱化“对象性”的“形而上学”的独断特征。在他看来，通至“形而上学”最重要的不是提出的“对象性”目标，而必须确认通至的途径。“我思故我在”的原则将“思”提到了首要的位置，从而奠定了建构“形而上学”的意识优先性原则的基础，“形而上学”只有经过“思”之后，才能得出清晰、明白的“对象性”观念。笛卡尔转向主体性哲学的理论昭示不是发现了“思维的自我”，而是揭示了只有经过“思维的自我”，才能真实地进入到“哲学”。这是因为“形而上学”所构建的“对象”需要通过自我或主体进行“反思”，需要加以批判，也需要给予梳理，它对“对象”的确认实质上是一个从主体角度提出对“对象”的判断。“任何一种有着某个外部对象的存在和构成的判断，都归根结底是由某种思想体系制约的——正是在这种思想体系之中，这种存在和构成被当作具有必然性的东西而确立起来了。”① 对“对象”判断加以审慎地思考就容纳了通达“对象”的不同思路与方法，而这一实质的对立早已存留于“对象”的“形而上学”内容之中，这就是构建“形而上学”的“对象”是依据“先验”的方法抑或是凭借“经验”的方法。于是，关于“对象”的“形而上学的统一性理想”就开始消解了。“当我们试图以一种科学统一性的角度去看西方哲学时，与以往的那些时代相比，衰落已是明确无误的了。在其提出的目标、问题和方法上，这种统一性都已不复存在。”② “对象”的“形而上学”所拥有的“无所不包”的“科学统一性理想”在经验的方法或先验方法的批判中，自然就化解为不同的理论结果。

“方法”的“形而上学”的出现一方面是其本身所蕴含的理论内在矛盾

---

① 狄尔泰：《精神科学引论》，中国城市出版社 2002 年版，第 287 页。

② 同上书，第 216 页。

使然，另一方面又是这一理论内在矛盾在历史发展的特定条件下使之成为现实的矛盾。狄尔泰曾深刻地指出，人类理智能力对于形而上学的态度有一个不断促使其解体的过程。促使“形而上学”不断解体的一个因素是“实证科学”的兴起。当科学抛弃了中世纪的宗教思想图式对它支配的时候，存在于具有建构性的宗教观念和实在之间的联系纽带就被打破了，客观公正的探讨得到了发展，而且，在以前的形而上学思想认为各种现象都来源于精神的集体生活和深度的地方，客观的观察和实证科学都有可能崛起了。“实证科学”所依据的“因果规则”作为沟通“经验性”与“先验性”的认识方法论原则，必然会凸显出来，成为“方法”的“形而上学”所涉猎的中心问题。对“因果规则”深入探讨的逻辑学意义已经让位于这一探讨所内蕴的方法论原则的意义。促使“形而上学”不断解体的另一个因素就是人逐渐变成了具有精神自由性质的个体，个体的生活具有了自主性的特征。“对象”的“形而上学”是人类总体建构的“精神”对象，它是无差别的“同一”，即使就理想来说，它也仅对人类总体产生着作用。个体的精神性生成表明人的超越特性规定不断丰富起来，表明人的本性有其展开的过程。“对象”的“形而上学”已经在新的历史条件下不能够表现人的本性的新的特点，它就必须退出人的精神生活，以某种新的方式来建立适应人的本性的“形而上学”。个体的独立性增强使之对“形而上学”的选择有了不同的路径。从个体角度看，“形而上学”绝非是统一的、不变的，而是依据个人理解所确定的。“形而上学”的原初规定在内容上得以保留，这就是“形而上学”对人的本性表达的固有功能。“形而上学”在形式上与方法上受到了否定，因为原有的“形而上学”不能给人类提供普遍的精神性基础。

“方法”的“形而上学”是以进一步丰富理解“形而上学”内容的方式表现了对“对象”的“形而上学”的退却。所谓“丰富”地理解“形而上学”，是将“对象”的“形而上学”的内蕴矛盾充分地加以展开，以探究“经验”方法与“先验”方法相互关系的方式，去寻求“形而上学”的“对象”与现实“对象”的沟通，以人的变化式的理解途径重新确认“形而上

学”的固有功能和“形而上”性质。所谓对“形而上学”的退却，则体现在“形而上学”的“对象”开始分裂，其永恒的统一性特征已不复存在，随着方法的推进；“分界”的标准逐渐形成，原有的“形而上学”的领域也已大大地缩小。康德哲学正是在这个意义上，提出了理解“方法”的“形而上学”的理论路径，在他看来“形而上学”问题是由人类理性本身提出来的，但它又不能回答，因为这些问题超越了人类理性的一切能力范围之外。①

康德哲学的“批判”性从其提出的本意看，是划定人类理性适应的范围与限度。从更宽泛地角度分析，康德哲学的“批判”目的则是论证“形而上学”之所以可能的条件。康德将“方法”的“形而上学”内容给予了批判式的展现，尽管他力求在展现之中给予先天的“综合”。但是，与其说康德在通过新的论证方式去阐明“形而上学”的理论基础，还不如说康德所做的“综合”工作从根本上看，是以“综合”的方式进一步宣告了传统“对象”的“形而上学”的破产。康德的工作是从对认识能力的“批判”起步的，在这里隐含着一个不言而喻的前提，这就是康德力求从他的批判哲学出发，根据“对象”的“形而上学”所具有的认识论方面的根源来重新论证“形而上学”。从先验的根源入手，从对人的理性能力适应的范围入手，也就是从“方法论”角度入手。联系到康德哲学所说的“转向”意义，这个问题就更清楚了，康德不是从“对象”的“形而上学”的“对象”出发，而是从自我的先验主体出发，这就必然地将通过人的认识诸种阶段的划分来审慎地确定“形而上学”的限度。康德要将“形而上学”的独断式表达转化为认知式表达，正是通过这一点，康德在论证的结果上，将自己的“形而上学”看作是“批判”的“形而上学”，而将原来古老的“形而上学”看作是“独断”的“形而上学”。从另一个划分角度看，康德认为以往的形而上学是一般意义上的形而上学，而他所建立的形而上学则是“科学的形而上学”。

康德对“形而上学”的“批判性”诠释有两个不可缺少的理论前提。其

① 杨祖陶、邓晓芒编译：《康德三大批判精粹》，人民出版社2001年版，第38页。

一是严格遵守着形式逻辑的法则。其二是将问题严格限制在理性批判的立场上。从前者看，康德在近代哲学关于演绎判断和归纳判断的基础上形成“先天综合判断”。通过这一论证以便强化原有“形而上学”业已产生松动的科学基础。从后者看，康德在理性批判立场上必然得出“形而上学”所必然面对的“二律背反”。可以说，原有的“对象”的“形而上学”在其开端上“先验”的东西是“未经审视”地，与经验自然地结为一体，而“形而上学”在康德那里，经过“人为”地整理则形成了“二律背反”的对立。从“对象”的“形而上学”的“自然一体”到康德对“形而上学”的“人为确立”，恰恰表明了“形而上学”在“方法”问题上达到的可能性理论空间。康德哲学在某种意义上显露了原来被遮蔽的“方法”的“形而上学”意义，而“二律背反”困境则表明在完全依赖于“方法”上不可能构成绝对意义上的“形而上学”。从这一角度分析，黑格尔的“辩证法”恰好是对康德在“形而上学”的论证中必然陷入的“二律背反”的困境后，指出一条可以超越并进而构建新的“形而上学”的路径。

“方法”的“形而上学”是基于主体性前提下所展开的，因此其消解性强于其建树性。它在实质上消解了“形而上学”的本质性“对象”，在外观上推动了否定“形而上学”思想运动的进展，特别是原有容纳于“对象”的“形而上学”内部的“经验性”内容的“反叛”，使得在对“形而上学”问题上的相对主义倾向得以加强。“方法”的“形而上学”在实证主义哲学中演变成纯然的“实证”方法，似乎原有“形而上学”的根基已经失去。事实上，“方法”的“形而上学”从主体角度对“形而上学”的思考，客观上孕育着“形而上学”进一步发展的契机，使得“形而上学”所固有的功能同人的本性联系起来加以理解有了新的可能。这样“形而上学”原有存在的“深度”因素就有可能显现出来，我们就能在当代的视界内重新理解“形而上学”。

三

从当代的时代精神境遇与旨趣来看“形而上学”的话，就会看到“形而

上学”有其逻辑自身的展开过程，在这一过程中，必然地会体现出自身的特点与性质。从历史的发展过程考察，“形而上学”最初体现为“对象”，所谓“对象”就是体现为一个“世界”，尽管这一“世界”是“概念”的世界，而且这一“概念”世界还制约着、决定着现存的“感性”世界。这一“对象”是人所创造的，体现着人的追求，人的价值注入与人的意义构建。人所创造的这一“对象”既然是外在于人的，它就会或多或少成为人的“异在”，成为制约人，限制人甚至压抑人的某种“对象”。正因为如此，人要通过将这一“对象”置放于主体性批判的审视之中，对“形而上学”给予新的诠释。这就是说，人要将“形而上学”用新的检验方式加以重新“整理”，以便使“形而上学”转变某种形式，进而适应于人本身的精神发展的需要。与这一特定时期精神发展的客观逻辑相对应，对“形而上学”是什么的“What”这一本质主义的理论追问必然演变成为对“形而上学”是“如何”（可能）的“How”的探讨。而这一探讨既然在近代哲学的主客二元模式内展开，“形而上学”的“事实”与“价值”的对立就仍然处在不可摆脱的理论矛盾之中，二者的冲突蕴含着对“形而上学”问题给予解决的不同进路。科学的反形而上学潮流从经验的有限性思维出发，必然将“形而上学”的内容消除，而保留其表象思维所固有的形式诉求，非科学的反形而上学潮流则力求从“形而上学”所被“遮蔽”的因素着手，将人与“形而上学”看作是一体的规定。用海德格尔的观点表述，“形而上学就是人的本性”①。“形而上学”在其“终结”的反对声中并没有烟消云散，而是变换了“位置”，使其同人的本性的内在关联开始澄明起来。

深入地说，“对象”的“形而上学”是“笼而统之”的“形而上学”，它包括了繁杂的内容，从实质上看是将“事实”与“价值”的东西混杂在一起，没有“分化”，没有“差异”，只是一种“混合”。“方法”的“形而上学”力求实现某种“划界”，这就是将“事实”的东西归入“事实”，将“价

---

① 海德格尔：《路标》，商务印书馆2000年版，第140页。

值”的东西隶属于“价值”，“形而上学”经过“批判”的“辨别”被分割为不同的，甚至互不相通的领域。“事实”与“价值”形成了“对立”，二者变得“格格不入”甚至对立起来。而“形而上学”从品位上而言乃是强调价值、意义因素的重要性，虽然它在某种程度上可以容纳“事实”的东西，这样新的“形而上学”不是抹杀“对象”，排斥“方法”，而是在批判性地保留之中，将“形而上学”定位于一定的“视界”之内。换言之，“形而上学”不是永恒的“对象”，也不是绝对的“方法”，而是在特定的“视界”之中所观察与提升的“形而上学”。我把这种类型或样式的“形而上学”叫作“视界”的“形而上学”。

“视界”的“形而上学”从其特有的性质而言，强调了“形而上学”不是某种“知识”，不是某种“对象”，而是看问题的一个层面、一个维度。“形而上学”的“对象”是一个“世界”，虽然与人相关，但这一“对象”与人的相互关系不是一个互动的关系，而是从“世界”至上的单向维度看待人，所以它对人来说，是一个外在的不可摆脱的“限制”；“形而上学”的“知识”是板结的、固定的、没有变化的“知识”，具有“永恒”“绝对”的性质，而没有“时间”因素的渗透，这种“知识”有逻辑，但没有“快乐”（尼采语），有权力，但没有“释放”（福柯语）。“视界”的“形而上学”从时间的“地平线”（海德格尔语）起步，不是用“时间”解构或“磨平”形而上学，而是在时间之中去审视“形而上学”，将“历史的绝对性”与“时代的相对性”二者结合在一起，构成特定视界内的“形而上学”。在这个意义上说，它反对“对象”的“形而上学”的绝对主义立场，又不落入相对主义的困境。它诉诸“事实”，但决不停留于对“事实”的实证分析，而是在“超越”事实的基础上，侧重对“事实”考察价值尺度的优先性理解。

“视界”的“形而上学”从其理论的指向而言，提供了研究人的本性的新角度。“形而上学”从本真意义上来说，是对人本性的研究与反思，人乃是形而上的存在，哲学乃至“形而上学”从要义上是对人的本性的询问与解答。

人总是在特定的境遇之中去面对“形而上学”问题，又总是在特定的维度内回答“形而上学”问题。这表明，人对“形而上学”的寻求与解答都是在“视界”内完成的。“形而上学的追寻——即人的最终的命运——本身就包含着极大满足的可能性，确定在某些欢悦的瞬间，也包含着完满。这种完满性绝不依存于任何可公式化的知识，教义和信条，而是依存于人的本质的一种历史性的实现。……哲学所力求的目的在于领悟人的现实境况中的那个实在（reality）。”① 现实的境况与历史性的因素既然被纳入到对“形而上学”理解的要素之中，那么自然就构成了“形而上学”理解的“视界”。从“视界”的角度可以理解人的本性在历史的不断展开过程，进而也可以理解与人的本性展开相适应，“形而上学”的表达内容也是在历史的“视界”中所实现的。

“视界”的“形而上学”从问题的实质而言，表达了与人的精神品位相对应的哲学境界。事实上，“形而上学”作为人的精神表达的自我意识方式，其运思指向与根本目的是构建表达人的本性的哲学境界。柏拉图认为，人的天性就具有哲学的成分，其意蕴在于表达人总是通过“超越”“自为”的本性来表达其精神境界。“形而上学”通过哲学的境界以表达人的本性要求，而反之哲学境界是以“凝练”的方式体现了“形而上学”与人的本性的内在一体性的关系。“哲学就是这样一种适应于人的特有本性，以反思意识的独特方式表现人对自身的存在性质、生存意义、生活价值的理解和对人的未来前景、更高发展、理想境界的追求的特有意识形式。”② 人的本性的升华主要是通过“形而上学”意义上的价值世界的构建，更进一步说，借助于哲学境界提供的世界图景，借助于人对生活意义的终极关怀，借助于对人活动的整体性意义的把握来完成的。从这个意义上说，“视界”的“形而上学”从时代精神的角度显现了其内在具有的本真意蕴，昭示了哲学与人的内在关联性质。

综上，当代意义上的“形而上学”提供了理解人的本性的“视界”，在这一“视界”内，“形而上学”不是外在于人的“世界”，而是人生存的“世

---

① 雅斯贝斯：《智慧之路》，中国国际广播出版社 1980 年版，第 53 页。
② 高清海：《高清海哲学文存》第 2 卷，吉林人民出版社 1997 年版，第 16 页。

界”（视界）；“形而上学”不是从知性的认识方式出发所形成的“知识”，而是人得以对自我反思的一个“维度”；“形而上学”不是从“事实”经验层面所构成的“当下”在场，而是人将“事实”置于否定性关系之中的肯定因素的确认（理想）。与以往的“形而上学”相比，“视界”的“形而上学”是相对的，因为它在“时间”之中，在“历史”之中；与同时代的知识表达方式的特点相比，它又是“绝对”的，因为它是相对于同时代而言的在“历史中的绝对”。

（原载《江海学刊》2004 年第 3 期）

论社会实践的它批判和自批判

陆剑杰

马克思主义哲学极其重视社会实践的意义，指明它是现实世界的“基础”，人类生活的“本质”，人的精神的“源泉”。实践的观点是全部马克思主义哲学的首要的和基本的观点。1978 年前后，在中国实现战略性转变的时期，“实践法庭”裁判着历史的是非，扭转了中国的乾坤，进而推动中国哲学界重新解读马克思，促成中国特色社会主义道路的形成，社会实践以其至高的价值获得了无上的地位。

面对这种局面，中国一部分哲学工作者提出了对社会实践进行批判性研究的课题。有的学者更尖锐地指出：“当前‘实践’被赋予‘理性’在黑格尔哲学中的地位，被认为是肯定的，无负面影响的，反思完全被忽略了。实践话语被当成独断的话语。所以必须由实践的自崇拜转向实践的自批判。”①

如何认识社会实践的至上意义和它自身的不至上性，怎样用批判（即辩证分析）的态度对待社会实践，本文就来讨论哲学上的这一重大问题。

马克思从“劳动异化论”经过“感性实践论”达到“实践自由论”的批判轨迹

对社会实践取批判的、分析的态度和方法始于马克思，只是现在的人们

① 参阅《“马克思主义哲学的当代价值”研讨会纪要》，《哲学动态》2001 年第 10 期。

不大注意对这个问题的研究。本文在讨论社会实践的它批判和自批判问题之前，先求教一下马克思是必要的。

1. “劳动异化论”的批判性

马克思在《1844年经济学哲学手稿》中提出并分析了劳动异化现象，把批判的矛头指向资本主义市场经济中的劳动实践。马克思指出，劳动异化有多重表现。第一重是劳动产品的异化。就是说，“劳动所生产的对象，即劳动的产品，作为一种异己的存在物，作为不依赖于生产者的力量，同劳动对立”。第二重是劳动本身的异化。“劳动对工人说来是外在的东西，也就是说，不属于他的本质的东西；因此，他在自己的劳动中不是肯定自己，而是否定自己，不是感到幸福，而是感到不幸，不是自由地发挥自己的体力和智力，而使自己的肉体受折磨、精神遭摧残。”第三重和第四重规定则分别是人的类本质对于人的异化与人和人相互关系的异化，劳动不仅生产出异己的产品，而且生产出“其他人同他的生产和他的产品的关系，以及他同这些人的关系”，即劳动对资本的关系。① 在马克思看来，第一重异化只是现象，第二重异化才是原因和实质，而第三、第四重异化则是它的展现。马克思最重视的是对“劳动本身的异化”的进一步研究，亦即对劳动实践的批判。他认为，说私有财产是异化劳动的原因，这是不正确的，实际上，异化劳动是私有财产的根源。那么异化劳动的原因是什么呢？回答了这个问题，才能真正揭示人类生活的本质。遗憾的是，这部分手稿已经遗失，从现存手稿的内容看，当时马克思没有回答他自己提出的问题。真正作出回答的是马克思后来创立的历史唯物论和剩余价值学说。

“劳动异化论”无疑是批判的，但它赖以展开的是一种类哲学的观念，它把人与动物区分开来，认定人有“类生活”。“而人的类特性恰恰就是自由的自觉的活动”。② 由此可见，“劳动异化论”的批判性是以抽象价值设定为前

① 马克思：《1844年经济学哲学手稿》，《马克思恩格斯全集》第42卷，人民出版社1979年版，第91—99页。

② 同上书，第96页。

提的批判性，是没有超越人本主义范围的批判性，是指向异化劳动而不是指向劳动本身的批判性。

2. “感性实践论”的批判性

“劳动异化论”是中介性的学说。一方面，它的立足点仍然是抽象的人；另一方面，它毕竟开始超越费尔巴哈，抓住了劳动这一人的根本活动并批判地研究它。劳动异化论的中介性也就是它的过渡性。它是马克思超越人本主义达到以实践论为核心的新唯物主义的前夜。这里的转变是从抽象劳动到感性实践的转变。马克思、恩格斯1844年下半年合写了《神圣家族》，从“手稿”向新唯物主义前进了一大步，提出了历史的“人创说”，“实践论”在这里已经从“人论”中呼之欲出了。“实践”概念也已出现在文中。不但如此，马克思又开始把“实践”同“物质生产”联系起来，明确地指出：“历史的发源地不在天上的云雾中，而在尘世的粗糙的物质生产中”。[①] 这是极为重要的思想萌芽。1845年，马克思在《评李斯特》等著作中，认识到人类物质生产有其“生产力”方面和与之相适应的“社会组织”方面[②]，并写作了作为其新世界观的纲要的《关于费尔巴哈的提纲》，后来又演绎成为系统阐述历史唯物主义的《德意志意识形态》，形成了以生产劳动实践为基础的实践论。马克思特别强调人的实践活动是“现实的、感性的活动”。他的实践论是“感性实践论”。[③]

对于我的论题来说，重要的是要把握“劳动异化论”与“感性实践论”的区别：“劳动”范畴只说明人的向它的活动，它还未反映主客体的区分性和关联性；“实践”范畴则引入了人创造历史的主体能动性，并揭示了人作为主体、物作为客体的相互作用、相互超越的关系。实践是人的能动性和外部世

① 马克思、恩格斯：《神圣家族》，《马克思恩格斯全集》第2卷，人民出版社1958年版，第191页。

② 马克思：《评弗里德里希·李斯特的著作〈政治经济学的国民体系〉》，《马克思恩格斯全集》第42卷，人民出版社1979年版，第263、251页。

③ 马克思：《关于费尔巴哈的提纲》，《马克思恩格斯选集》第1卷，人民出版社1995年版，第54页。

界物质性的统一，改造物质世界同时又改造人自身的统一。这是人的感性实践活动的实质。“劳动异化论”里的“劳动”是抽象的人本主义范畴，“感性实践论”里的“实践”是具体的唯物主义范畴，它的根本规定是感性的活动，感性即可感知性、时空具体性、历史制约性。在马克思的实践论中，“实践”有对社会生活、社会意识、社会结构、社会运动的基础性，但没有超然的、抽象的神圣性。实践是可以而且应当被批判地对待的。一切具体的感性的实践都无完美性，因而，必须对之加以反思的批判；实践的总过程是不断扬弃自身的局限性的过程，因而，实践又作自我的批判。实践是在这种自批判中走向未来、走向完美的。

3. “实践自由论”的批判性

“感性实践论”揭示了社会实践的具体性和前进向上性；其终极指向是“人的自由”的真正实现。社会实践在其高级阶段上所具有的自由性的发现，导致“实践自由论”的建立和发展。所谓“实践自由论”是以社会实践为基础来说明“自由”的本质、过程和历史指归的哲学理论，它是根本区别于马克思之前的人本主义自由论和绝对唯心主义自由论的。

全面阐明“实践自由论”的文献当属《资本论》第3卷中的篇章。马克思在这里指出：第一，生产劳动实践属于“必然王国”，人类自由的实现必须超越这个王国。因为，“自由王国只是在由必需和外在目的规定要做的劳动终止的地方才开始”；这就是说，“物质生产”总是有着维持人的生存和物质享受的外在性；而以精神自由感受为意旨的人类活动的自由性，必须超越这种外在性。第二，生产劳动实践领域内也存在实现自由的问题。“这个领域内的自由只能是：社会化的人，联合起来的生产者，将合理调节他们和自然之间的物质变换，把它置于他们的共同控制之下，而不让它作为盲目力量来统治自己。”这里，提出了两种“自由”的问题：生产领域的“自由”是生产关系中排斥盲目性因素的自觉控制的“自由”；人类生活总体上的“自由”则是在具备条件之后，使人的活动具有精神享受之本质的“自由”。第三，生产实践的发展是人类自由活动的基础。“这个自由王国只有建立在必然王国的基础上，才能繁荣起来。工作日

缩短是根本条件。”虽然在上述两种“自由 ”中，后一种“自由”更高，但它只能在生产劳动实践高度发展之后才能获得。[①] 这三点合起来，我们可以说：马克思是对“生产劳动实践”持批判态度的。所谓“批判”，即是辩证分析，既肯定生产劳动实践的基础性，又指明它的非神圣性。

综合马克思的“劳动异化论”“感性实践论”“实践自由论”的批判，我们可以看到，马克思在实践论上的全面批判，有着否定之否定的轨迹。“劳动异化论”是以人的自由自觉活动的价值设定为出发点而批判市场经济中的劳动的；“感性实践论”扬弃了劳动异化论的人本主义局限，把劳动实践当作总体性感性实践的一部分和基础加以肯定；“实践自由论”则重新回到自由自觉的活动，但它不再是人本主义的，而是社会实践论的，同时它又扬弃了“感性实践论”中对生产实践的基础性的论定，使自由自觉活动超出生产劳动范围而成为人类整体生活的本质。应当说，“实践自由论”的批判，是马克思在社会实践问题上的最高批判。

对社会实践的它批判
——反思的批判

马克思关于社会实践的批判，是哲学思维对实践活动的批判。这种批判是反思的批判。由此使我认识到，对社会实践的反思的批判其实有两种：第一种是作为实践活动的中介的意识对于实践的批判。作为中介的意识，一要“前思”已有的实践，二要“后思”将有的实践，否则它就不是“中介”。中国古人就懂“心之官则思，思则得也，不思则不得也”。这“思”是对于现实、感性的思，也是面向未来的思。其“前思”就是批判的，这是一种批判的反思。作为反思之批判的中介性“思维”，黑格尔称之为“一般思维”或“活动于人类一切行为里的思维”。第二种是超越具体实践过程的哲学的反思。各门科学是反思的，因为它是实践经验、体验的升华；宗教和哲学更是反思

① 马克思：《资本论》第3卷，人民出版社1975年版，第927—928页。

的，它们不是反思某一方面的实践，而是在总体上反思实践，反思实践的人的自身，反思作为实践之折光的各种意识——情绪、态度直至具体的思维。黑格尔说："哲学思维"和"一般思维"都是"思维"，但它超越"一般思维"的"情感、直觉或表象等形式"，成为一种"以思想的本身为内容"的"反思"。① 马克思对于社会实践的批判不是"活动于人类一切行为里的思维"对于实践的批判，而是哲学思维对于社会实践的批判。

进一步的研究告诉我们，马克思的哲学批判又分成两种：一种是过程性批判。他把人类生活史看作一个总过程，从而分析社会实践从起始到高度发展、指归"自由"的扬弃性历史。另一种是阶段性批判。他把人类生活史的总过程区分为从低级到高级过渡的若干阶段，每一阶段的社会实践带着该阶段的具体性和特殊性，对此必须进行批判性分析。应当指出，对社会实践的阶段性批判，既可以是综合的，也可以是分析的。所谓"分析的批判"，是对社会实践的各种特性及其产生的实际影响作出反思。本文认为，这种反思和批判，包括以下诸方面：

1. 社会实践的能动性和彻底唯物论的"它批判"

"社会实践"的能动性和客观性问题始终是一个关涉机械唯物论、历史唯物论、历史唯心论之界限的根本问题。马克思主义是在确认实践是意志活动的前提下，考察和回答社会实践运动的客观性问题的。其一，作为人类生活的本质和社会历史的基础，社会实践是社会历史的"本来面目"和历史观的对象，它是客观的。马克思和恩格斯在建立他们的历史观时是那么质朴，他们说："只要这样按照事物的真实面目及其产生情况来理解事物，任何深奥的哲学问题……都可以十分简单地归结为某种经验的事实。"② 其二，人是从自然界的长期演化中产生的，人的实践永远不能摆脱客观自然界的制约，人只能在协调人与自然的关系中有限地向自然界索取并培育自然环境。其三，人

① 黑格尔：《小逻辑》，商务印书馆1982年版，第38—39页。

② 马克思、恩格斯：《德意志意识形态》，《马克思恩格斯选集》第1卷，人民出版社1995年版，第76页。

的实践意志归根到底是客观条件的产物和反映，如列宁所论："人的目的是客观世界所产生的，是以它为前提的"①；并且人的意志也要在外化过程中同刚性的客观条件"碰撞"，从而或坚持，或修正，或扬弃。其四，实践在不断扬弃主观性的过程中展开为一个客观过程。承认社会实践的客观性是承认它在总体上没有任意性；然而，在实现此种客观性的过程中，意识的任意性仍会在一个阶段上使实践脱离前进方向而陷入迂回曲折。这种迂回曲折发生的负面效果，同人的价值方向是二致的。

从对实践客观性与意志主观性关系的分析中，我们会提出对社会实践特性的"它批判"的第一个基本形式，就是对作为意志外化活动的实践的反思。这是对能动的社会实践或社会实践的能动性的科学的和唯物主义的批判。这种批判，不是机械唯物论对能动性的批判，机械唯物论是否定人的巨大能动性的。实践永恒地包含着能动性，因而机械唯物论永远也不能战胜片面地肯定能动性的唯心主义。这种批判，是在充分肯定实践的能动性的前提下，批判地审视能动性，使之在不断的审视中保持在客观条件所允许的可能性空间之中。这种批判要求分清两种实践，成功的实践和失败的实践；分清实践展开的两个阶段，带有盲目性的探索的实践和积累必要经验之后的具有自觉性的实践；分清两种能动性，在客观条件许可、具有充分实现的可能性、努力创设条件把这种可能性变成现实性的正确的能动性和与之相反的错误的能动性（包括过分的能动性和主体不作为的负方向的能动性）。人的能动性与实践条件客观性的具体的、历史的统一，是对社会实践能动性进行科学的、唯物主义批判的原则和落脚点。但是，这种统一，只能由不统一转化而来，因此，对能动性的批判应当是不断地进行的。要求人的能动性在任何一个时点上都同实践条件统一，等于要求社会实践只能毫无波动地直线式地展开，这在实际上是做不到的；能做到的是确立上述具体的历史的统一的原则，尽力贯彻科学决策、民主决策的程序和方法，并在实践过程中不断纠错，熨平那波动

① 列宁：《黑格尔〈逻辑学〉一书摘要》，《列宁全集》第55卷，人民出版社1995年版，第159页。

过大的曲线。

2. 社会实践的功利性和人文价值论的“它批判”

马克思在创立其实践论时就指出：人的实践，特别是生产实践是为了满足人的物质需要而展开的。人总是以需要为出发点来实施实践的。这就产生出实践的功利性，形成功利性实践。“功”为“事功”，是实践所获得的客观效果；“利”为“利益”，是实践效果在主体间的分配。事功在社会发展中逐渐形成了两个层次：第一，满足人的肉体需要（包括衣、食、住的需要）和精神愉悦需要的事功；第二，发展生产力的事功。事功涉及生产力，利益则是生产关系的表现——生产关系说到底是利益关系即利益的分配和再分配，争夺利益的对抗和再对抗。“利益”范畴是在生产资料私有制和商品经济形成后才出现的。就像卢梭所说，当人们说“这块地是我的”时，才有利益，同样，当人们在市场上交换自己的产品时，交换价格的高低才是利益的标度。利益关系是各个社会集团、社会群体、社会阶级的分配关系，也是各自内部的分配关系。利益关系导致一个新的实践形式的出现，这就是改造社会关系首先是生产关系的实践。这种实践带着更尖锐的利益性。而当有了“利益”范畴时，“事功”就同“利益”结合在一起，构成一种矛盾统一体，共同制约着实践的发展。

实践的功利性有其历史形态。马克思对资本主义生产实践功利的特殊性质作了缜密的批判性分析。他指出：整个“资本主义生产过程的动机和决定目的，是资本尽可能多地自行增殖”①，这种独特功利性，是被商品这一天生平等派所掩盖的，其实质则是功利分割的极大不平等。对于资本主义生产的负面影响，西方经济学用“外部性”范畴来描述。萨缪尔森把“外部性”定义为“一个经济结构对他人福利施加的一种未在市场交易中反映出来的影响”②。经济学中的“外部性”，在哲学看来，就是一种具体实践即市场条件

① 马克思：《资本论》第1卷，《马克思恩格斯全集》第23卷，人民出版社1972年版，第368页。

② 萨缪尔森、诺德豪斯：《经济学》（第16版），华夏出版社、麦格劳·希尔出版公司1999年版，第267页。

下的生产实践的“外部性”，可以把它定义为：“一个实践主体在其实践过程中为谋取直接功利而施加给社会的影响”。

对社会实践的功利性必须进行人文价值论的批判，这是自然科学、人文科学、哲学共同担负的任务。面对具体实践的负面外部性，人们首先在思维中引起反应。科学、伦理、文学、宗教、哲学中的积极内容都是对具体实践负面外部性的批判和在思维中加以超越的精神产物。它们的存在与发展深刻地表明：人类对社会实践是坚持不渝地做着“它批判”即“反思的批判”的，人类的精神成就均由此而产生。看到在市场经济条件下社会实践受物役性制约而发生弊病时，人们才会发生超越市场经济“自由”而达到“人的自由而全面发展”的新社会形态的理想；看到人在改造自然环境中由于功利驱使而破坏生态平衡时，环境和生态科学在全球迅速发展，“可持续发展”的战略也从而出台并被强调；看到功利追求的利己性的日趋发展而导致社会道德问题时，伦理学在当代备受关注，“一手抓物质文明建设、一手抓精神文明建设”的方针被提出并广泛贯彻；法的规范是在一定阶段的社会实践中人们行为的失序和人际关系的混乱不能自发调节时而制定的准则；对于具体实践中取得成就的同时又发生种种矛盾，文学给了艺术的表现，“文学是人学”的口号响遍大地；宗教的神，是在社会实践处于低级阶段，人们无法理解和抗拒自然力、也无法理解和抗拒社会关系的压迫性而试图在思想中加以超越的幻象；现在，哲学作为最高的精神成果也提出了克服对社会实践的盲目崇拜、以社会实践的“它批判”和“自批判”取而代之的研究任务。

3. 社会实践的主体间性和社会辩证法的“它批判”

马克思的实践论和他的人论是直接同一的。实践对于人来说，是人的生活的本质，是人的存在方式，人在实践中不断地超越自身，变成一种历史的存在。因而，如尼采所说，人始终是“尚未定型的动物”，“创造一个比我们

自己更高的本质即是我们的本质”。① 人对于实践来说，是实践的主体，人与人之间的关系是实践赖以进行的中介。我们研究实践，不仅要注重人与物的主客间关系，而且要研究人与人的“主体间关系”。实践的主体间性使我们对人类活动有了丰富多彩的理解。主体间性具有多样性。横向地说，从事同一实践的个人之间、群体之间、阶层之间、阶级之间、民族之间、民族群之间都发生特定的关系；纵向地说，国家的领导层，地区的领导层，基层的领导层，一国的、一地的、一单元的群众，他们之间也发生着特定的关系。不论横向、纵向，其关系的实质，由活动来说，归结为竞争和合作这两重关系，由功利来说，归结为对立和共享这两重关系。

对实践中主体间关系或实践的交往性必须作辩证法的审视和批判。在具有强烈竞争性的实践中，必须肯定一定程度竞争的历史合理性，指明那种否定竞争的和谐要求的反历史性质；但同时，社会也会批判地对待竞争，扼制过分竞争，减弱其负面外部性。进行了这样两方面的批判，力求建构竞争与合作二者保持张力的社会状态，成为经过批判而校正了的实践方向。在具有强烈对抗性的实践中，必须指明这种对抗发生的根源，肯定它的进步作用，指明“阶级和平”在许多场合下的空想性质；但同时，社会也应批判地对待“阶级战争”，缩小其发生的范围，用人道主义态度处理敌对力量之间斗争的许多结果。

在需要社会合作的实践中，必须强调合作的意义，经过对于各种性质矛盾的正确处理，实现对立面之间的统一。马克思在讨论商品生产的辩证法本质时曾经说过：“商品的交换过程包含着矛盾的和互相排斥的关系。商品的发展并没有扬弃这些矛盾，而是创造这些矛盾能在其中运动的形式。一般说来，这就是解决实际矛盾的方法。例如，一个物体不断落向另一个物体而又不断离开这一物体，这是一个矛盾。椭圆便是这个矛盾借以实现和解决的运动形式之一。”② 在社会需要稳定、稳定有利于改革和发展的时期内，寻找这种椭

① 《尼采全集》第13卷，莱比锡版，1894—1926年，第276页；第14卷，第261页。

② 马克思：《资本论》第1卷，《马克思恩格斯全集》第23卷，人民出版社1972年版，第122页。

圆形轨道就是实践批判的任务。由此看来，人类发现和运用辩证法，正是从非辩证的具体实践的恶果中悟到的。而人类一旦有了辩证法就获得了正确处理实践中主体间关系的武器。

社会实践的自批判——物质的批判

上面，我们讨论了社会实践的“它批判”问题。这种批判是由人的意识对着现实的实践进行的，既有日常生活中作为实践之中介的意识对实践的批判，又有作为意识的高级形态的科学的、哲学的批判，二者均为反思的批判。下面，我们要进一步讨论的是社会实践的“自批判”问题。这是社会实践的“自我批判”。显然，“自批判”是在实践的承续和发展过程中进行的，是实践的自我扬弃，通过这种扬弃，实践从盲目走向自觉，从挫折走向成功，从低级走向高级，从必然走向自由。

1. 在意识中介性意义上的社会实践的“自批判”

前文所讨论的社会实践的“它批判”，是指人的意识——日常意识和哲学意识——对社会实践活动的反思性批判。这可能给人以这样的印象，人的意识是高于人的实践活动的。历史上的唯心主义正是孤立和夸张了精神批判的意义而产生的，以致断言人类历史进步的动力是“批判”，而不是人的实践。人的意识本身是社会实践过程中的中介，它既来源于人的社会实践，又要回归到社会实践中去接受实践的检验，被决定自己的命运。在这个意义上意识的批判只是社会实践总过程中的一环。承认意识活动只是社会实践活动的中介环节，那么就应当承认，意识对社会实践的批判，归根到底是社会实践的自我批判。

马克思创立其实践论时指出：现实的人的意识没有神圣性和永恒性，因为它们是一定现实条件的产物。在社会实践中现实条件被不断改变着，从而也就使某种意识失去其现实性，而被反映新条件的意识所战胜、所取代。意识批判着现实，又被改变着的现实所批判。“历史的动力以及宗教、哲学和其

他理论的动力是革命而不是批判”，“只有通过实际地推翻这一切唯心主义谬论所由产生的现实的社会关系，才能把它们消灭”。①

2. 在实践自律性意义上的社会实践的“自批判”

社会实践的“自批判”是社会实践的自我肯定和自我否定的辩证结合，它是通过人们熟知的“实践检验”来实现的。在本意上，“实践检验”是实践对指导实践的思维的检验，它给思想与决策的是非以根本性的判决。但引申地说，“实践检验”是实践的自我检验，以实践的效果来显示已有实践的过程是否合目的、合规律地展开；它所要检验的，不仅是指导着实践的思维，而且尤其是实践本身是否能够满足主体的不断增长的物质的和文化的要求。由此可见，实践检验机制乃是实践的自律机制。

实践检验体现“自批判”作用，一是在同一个实践的发展过程中。一项实践的展开，其开始阶段总是充满主观的期待，其客观效果只是刚刚显现，主体对其是否具有充分的价值性还无从觉察；其中间阶段则是效果的逐渐聚累，主体还难以作出得失的判断；只有当这种效果的聚累到了一定的厚度，显现出鲜明的面貌，实践检验的机能才充分展开并起到使实践定向地继续下去的作用。二是在两个实践的转换关头。当实践已经从旧阶段转向新阶段，而人们的思想仍停止在旧阶段并按照陈旧的思想从事保守的实践时，只有依靠实践检验的力量，才能克服一切阻力，实现由旧到新的转换。

实践检验作为社会实践“自批判”的力量，不但使主体纠正错误，走向正确——这是认识论意义上的自律；而且在主体间关系上支持历史进步力量，推倒阻碍历史进步的势力——这是历史观意义上的自律。通常地说，主体间博弈主要地发生在改造一定社会关系的实践中。作为主体的某一种社会力量要维护或进一步强化既有的社会关系，作为主体的另一种社会力量则要改革以致根本转变现有的社会关系而建构新的社会关系；于是，斗争就发生了。

---

① 马克思、恩格斯：《德意志意识形态》，《马克思恩格斯选集》第1卷，人民出版社1995年版，第92页。

那么，究竟哪一种社会力量能够在斗争中达到成功，这就不是思维的探讨所能解决的，而完全取决于各方对实践检验的态度。人类历史反复证明：当实践的结果完全证明了作为主体间关系的各方的社会命运时，抗拒这种命运，只能导致某种社会力量的失败以至于退出历史舞台。由此证明，社会实践的“自批判”是朝着社会进步的方向前进的，“自批判”的结果总是革新代替保守，进步克服反动，自由代替专制。

3. 在实践创新性意义上的社会实践的自批判

社会实践在本质上或总体上是创造性的。一方面，实践使环境超越自身，转变成人工的事物，人在日益广大和深刻的程度上，使自然人化；另一方面，实践又使人超越自身，人的科学知识日趋扩大和加深，人的实践能力日趋强大和高超。这两方面的“超越”，也就是两方面的“创造”。实践的本质就在于创造。

社会实践基于创新性而作的自批判，在分析的意义上，表现为社会实践特性的扬弃性进步。社会实践具有能动性。这种能动性在人类实践的较低阶段，只能是凭借感觉经验来发挥作用，这就不能不使实践具有极大的盲目性。在人类实践的较高阶段，人的实践能动性则逐步凭借科学理性来发挥作用，这就使社会实践逐步成为“自觉的实践”。在人类实践更高阶段上，能动性的冲力不再受狭隘利益的驱使，从而逐步地提升为“自由的实践”。从“盲目”到“自觉”，再从“自觉”到“自由”，是人类思想和精神提升的结果，但最根本的是实践创新的结果。在这个意义上，盲目性被克服，自觉性被升华，均是实践自批判的产物。社会实践具有功利性。在人类原始状态，功与利是相对统一的，那只是低级实践阶段上的统一；在文明状态，功与利则常常是对立的，少数人所追求的“利”，导致社会生产力发展和进步之“功”的破坏；只有当社会实践进入高度发展状态，功的社会性与利的大众性才再度统一起来。社会实践将超越狭隘功利性而进入人类功利性的境界。社会实践具有交往性。主体间对抗的交往，纵横捭阖的交往，异民族入侵、占领、剥夺他民族自由的交往，文明冲突的交往，都将在社会实践创新的不断发展中淡

化以至于最后被扬弃。

社会实践基于创新性而作的自批判，在综合的意义上，表现为社会实践总体形态的扬弃。社会实践的总体形态也就是人类历史上更替着的社会形态。社会形态的更替和扬弃，既是人类实践的结果，又是实践自身的变革。生产实践的进步，造就了生产力的发展，而生产力的发展又促成了变革生产关系的实践的展开。在这里，生产实践是“火凤凰”，它在自己造成的烈火中再生，再再生。

社会实践基于创新性而作的自批判，其最高表现是，生产劳动实践的“必然王国”由于生产实践自身的越来越高度的发展和由此造成的越来越充分的条件而被超越，从而进入每个人全面而自由发展的真正的“自由王国”。

（原载《江海学刊》2005 年第 2 期）

马克思开辟的人学道路

韩庆祥

研究马克思主义人学的一项基础工作，就是首先必须回到马克思，揭示马克思人学的基本价值。为了弄清这一问题，就必须揭示马克思开辟的人学道路，也就是真正厘清马克思的人学观。

马克思的哲学不仅开创了整个当代哲学，而且也实际地影响和参与了整个当代哲学的发展进程，而马克思哲学的主题与核心就是人学。总体来讲，马克思主要是在论战中，在辩证理解和对待自己所遇到的各种矛盾关系中，开辟人学道路的。

一　人学的视域：在抽象思辨世界与人的生活世界中，马克思更关注人的生活世界

马克思的人学不完全排斥抽象思辨，但它更关注人的生活世界。

在《德意志意识形态》中，马克思恩格斯批判了青年黑格尔派远离现实生活而醉心于抽象的哲学批判之思辨倾向，鲜明指出：青年黑格尔派的“哲学家没有一个想到要提出关于德国哲学和德国现实之间的联系问题，关于他们所作的批判和他们自身的物质环境之间的联系问题。”也就是说，青年黑格尔派哲学家脱离实际，不关心德国现实，仅仅在书斋里搞形而上学的抽象思辨。与这种倾向相对立，马克思认为，这样的哲学需要终结了：“在思辨终止的地方，在现实生活面前，正是描述人们实践活动和实际发展过程的真正的实证科学开始的地方。……对现实的描述会使独立的哲学失去生存环境，能

够取而代之的充其量不过是从对人类历史发展的考察中抽象出来的最一般的结果的概括。这些抽象本身离开了现实的历史就没有任何价值。”① 因此，“德国哲学从天国降到人间；和它完全相反，这里我们是从人间升到天国。这就是说……我们的出发点是从事实际活动的人。”我们的历史观的前提“是一些现实的个人，是他们的活动和他们的物质生活条件……这些前提可以用纯粹经验的方法来确认”。这就是说，马克思人学的视界，是面向人的生活世界，并注重对现实的个人、现实个人的活动和他的物质生活条件进行经验性研究。正如马克思指出的：德国哲学在太空飞翔，而他只求深入全面领悟在现实生活中遇到的日常事物。②

研究人的生活世界，是马克思开辟的第一条人学道路。

二　人学的主题及其品格：在抽象的“类”与现实的人中，马克思关注现实人的生存境遇与发展命运

马克思关注人的生活世界，主要是关注现实人的生存境遇与发展命运。关注现实人的生存境遇与发展命运，是马克思人学的主题。这一主题可分解为两个论题：批判资本主义社会中现实人的异化并追求人的解放和发展、进而使异化世界成为人道世界的价值主题；诊断造成人的种种存在状况的根源，制定医治人和社会病态方案的科学主题。

近代西方哲学，尤其是德国古典哲学没有真正达到对人的科学理解。这主要表现在多从“类”的意义上理解人：第一，许多哲学家只是抽象地设定人，这种抽象的设定虽然包含了对人的某种理想性理解，但这种理解与现实人的活生生的生存活动却是相异在的；第二，一些自然主义哲学家虽然看到了人的生命存在，但却只是在一般生物学的意义上理解人，没有看到现实的人与一般生命存在的本质差别。由此，他们所建立起来的，要么就是关于人

---

① 《马克思恩格斯选集》第1卷，人民出版社1995年版，第73—74、66—67页。
② 《马克思恩格斯全集》第40卷，人民出版社1982年版，第651—652页。

的形而上学，要么就是关于人的生物学。

马克思明确表达出对这种哲学的尖锐批判，表达出对“一个时代的迫切问题”的关切。他指出：以往德国的一些哲学家往往置现实的人于不顾，把人理解为抽象的“一般人”或“类”，把整个历史发展过程看作是“人”的发展过程。① 这就是说，马克思人学研究的主题和出发点不是抽象的人或“类”（虽然马克思并不完全排斥“类”思维），而是现实人的实践活动和历史发展过程，“是处在现实的、可以通过经验观察到的、在一定条件下进行的发展过程中的人”。马克思人学视野中的从事实际活动的现实的人，主要是无产阶级。所以，马克思的人学十分关注无产阶级的生存境遇和发展命运，关注工人与资本家之间的关系，并注重使工人阶级的异化世界成为人道世界，认为那种不关注人的现实和现实的人及其历史发展过程的哲学，不关注无产阶级生存境遇和发展命运的哲学，将失去生存环境。由此马克思指出：“哲学把无产阶级当作自己的物质武器，同样，无产阶级也把哲学当作自己的精神武器。……德国人的解放就是人的解放。这个解放的头脑是哲学，它的心脏是无产阶级。”② 这意味着，马克思的人学是为无产阶级解放服务的，是无产阶级解放的精神武器。基于这些思考，马克思指出：“真理的彼岸世界消逝以后，历史的任务就是确立此岸世界的真理。人的自我异化的神圣形象被揭穿以后，揭露具有非神圣形象的自我异化，就成了为历史服务的哲学的迫切任务。”这里，马克思把自己哲学或人学的迫切任务确定为研究现实人的生活世界的真理和异化。

实际上，只有马克思才真正实现了对现实人的科学理解，从而使现实的人真正成为哲学或人学的主题、前提和出发点。我和邹诗鹏教授曾认为，把现实的人看成哲学的主题、前提和出发点，实际上就是力图肯定感性的、现实的人对于哲学的首要意义。但要真正把感性的现实的人确立为哲学的主题、前提和出发点，那就必须将感性本身本体论化，但这是传统西方哲学难以解

① 《马克思恩格斯选集》第1卷，人民出版社1995年版，第131、73页。
② 同上书，第15—16、2页。

决的问题。在传统西方哲学中，本体论的本性即超验性，凡是成为本体的都是超验的实体性存在，故感性是根本不可能成为本体的，更不可能建立什么感性本体论。由此看出，传统哲学的本体论注定是与感性的、现实的人相异在的。而要真正赋予感性以本体论的意义，不仅要赋予感性以新的理解，同时还必须对传统西方哲学的本体论进行一番根本改造。在马克思那里，这两项工作是连在一起完成的。在马克思看来，感性作为人的最真实的存在状态，对人来说必然具有一种本体论性的意义："人的感觉、情欲等等不仅是（狭）义的人类学的规定，而且是对本质（自然界）的真正本体论的肯定。""任何人类历史的第一个前提无疑是有生命的个人的存在。因此第一个需要确定的具体事实就是这些个人的肉体组织，以及受肉体组织制约的他们与自然界的关系。"换句话说，"有生命的个人的存在"之所以成为"历史"的首要前提，就在于人通过具体的生产实践活动，也即通过"生产他们所必需的生活资料"的生产性活动，从而将自身与动物区分开来，但要真正达到这一点，还不能仅限于"人自身的肉体组织活动"，而必须同时取得这种生产活动的生活意义，使得这样一种物性的生产活动不至于与人的生活相异化。因此，作为历史规定性的生产方式，"不应当只从它是个人肉体存在的再生产这方面加以考察。它在更大程度上是这些个人的一定的活动方式，是他们表现自己生活的一定方式、他们的一定的生活方式。"① 显然，马克思不仅在自然人类学的意义上肯定感性本体论，而且这种自然人类学意义上的规定性同时就是人的生存的历史规定性，而自然人类学的规定性与历史规定性的统一绝不是抽象的同一，而是通过具体的生活样式所实现的生存论层面上的统一。这本身就是对本体论的内在规定。

值得注意的是，马克思虽然使用了情欲本体论这一话语，但他对情欲本体论的理解却不同于费尔巴哈"仅限于感情范围内"的"现实的、单纯的、肉体的人"，同时也不同于后来存在主义哲学中非理性的情欲本体论。恰恰相

---

① 《马克思恩格斯选集》第1卷，人民出版社1995年版，第67、77—78页。

反，费尔巴哈与存在主义哲学那里的情欲本体论正是马克思哲学所要超越的。因为马克思所说的“感性”是一个关系范畴，也就是人的历史实践活动本身。正是在这个意义上，马克思批判费尔巴哈“把人只看做是‘感性的对象’，而不是‘感性的活动’”，费尔巴哈对人的理解“仍然停留在理论的领域内，没有从人们现有的社会联系，从那些使人们成为现在这种样子的周围生活条件来观察人们——这一点且不说，他还从来没有看到现实存在着的、活动着的人，而是停留在抽象的‘人’上，并且仅仅限于在感情范围内承认‘现实的、单个的、肉体的人’”。

正是通过彻底批判传统西方哲学对人的抽象理解，把感性活动的、同时也是社会的、历史的和现实的人确定为哲学的主题、前提和出发点，才开创了马克思人学的全新景观。马克思的人学具有一种开放性品格，这给当代哲学形态的建构提供了广阔的空间。当代西方哲学对人与主体性问题（包括主体间性）的高度关注，对晚期资本主义人的异化现实的思索，对工业化、技术化社会工具理性状况的揭露，对生活世界或生活形式的不约而同的兴趣，对现代性问题的深入思考，以及后现代主义哲学的崛起，文化哲学的兴起，人类学范式的转换，现象学向解释学的转向，等等，都与马克思的现实的人的思想有直接的承继关系。

由此，马克思人学绝不是空洞抽象的理论建构，而是要求具体化为个体、群体、无产阶级、被剥削被压迫阶级、民族与国家，以及整个人类争取解放、争取独立、争取自由的思想武器，并通过具体的共产主义运动真正实现世界的属人化，实现“每个人的自由发展是一切人的自由发展的条件”的人类发展最高目标。① 人类关怀是马克思人学的根本关怀，马克思也常常强调真正的哲学就应该是“世界哲学”。但是，当具体面对人的问题时，这一人类关怀又直接生成对弱势主体强烈而现实的关怀。

关注现实人的生存境遇和发展命运，是马克思开辟的第二条人学道路。

---

① 《马克思恩格斯全集》第39卷，人民出版社1974年版，第189页。

三　人学的本质：在体系与方法中，马克思关注的是考察人的生活世界的科学原则与价值原则相统一的方法

要真正关注现实人的生存境遇和发展命运，必须确立一种考察世界的合理方法。

德国古典哲学家比较注重构造抽象思辨的哲学体系，黑格尔更是如此。针对这种情形，马克思鲜明地指出："哲学，尤其是德国哲学，爱好宁静孤寂，追求体系的完整，喜欢宁静的自我审视。"① 在《路德维希·费尔巴哈与德国古典哲学的终结》一书中，恩格斯也明确指出，在黑格尔哲学那里，存在着体系与方法的矛盾，他的体系往往是保守的，而他的方法却是革命的，因为它彻底否定了关于人的思维和行动的一切结果具有最终性质的看法；但黑格尔更看中的是建立体系，由于他的体系往往是保守的，所以革命的方面往往被过分茂密的保守的方面所窒息，革命的思维方法也往往产生为普鲁士政府辩护的极其温和的政治结论。②

对待德国哲学，尤其是黑格尔哲学，马克思采取的态度是：一方面力求深入到它的体系的大厦里面去，发现具有价值的珍宝，把它的辩证方法接过来；另一方面努力走出这些体系的迷宫，找到真正地切实地认识世界的道路，并且运用这种辩证方法来揭示和发现人类社会发展的规律。③ 由此看来，马克思哲学或人学在本质上注重的是考察人的生活世界的辩证方法，而不是建构什么哲学体系；马克思哲学或人学变革的实质与核心，是走出抽象思辨的体系哲学而使哲学成为研究现实的人及其历史发展过程的科学方法论。

马克思的人学作为一种研究问题和考察人的生活世界的方法，主要包括价值原则与科学原则的统一、整体分析与层次分析相结合、逻辑分析与历史

① 《马克思恩格斯选集》第1卷，人民出版社1995年版，第219页。
② 《马克思恩格斯选集》第4卷，人民出版社1995年版，第216—220页。
③ 《马克思恩格斯选集》第1卷，人民出版社1995年版，第242页。

考察的一致、抽象思维与具体思维的融合和批判原则与建构原则并用等方法，但最基本、最核心的，是科学原则与价值原则相统一的方法。他在分析和研究问题时，既是力图按照事物的本来面目及其产生的根源来理解事物，其科学精神非常鲜明，又倡导对这一事物作出价值上的判断和导向，其人文精神十分突出。马克思所坚持的科学原则与价值原则相统一的方法，主要包括以下内容：

（1）注重“应有”与“现有”的辩证关系。这涉及理想人性、人性的异化存在及其扬弃这一人道主义问题，涉及对人的异化存在的批判和对理想人性的追求。

人的应有与现有，是贯穿整个马克思人学思想中的一个带有根本性的问题，马克思的人学思想和实践活动，就其基本方面来讲，就是围绕应有与现有的关系进行的：第一，人的应有与现有的关系贯穿在马克思的全部著作中。马克思对资本主义社会现实的基本评价是：现存制度的唯一原则是“轻视人，蔑视人，使人不成其为人”①。因此，必须对现存的一切进行无情的批判。马克思渴望和追求着人道理想，因而竭力批判现存的制度以及这一制度所产生的非人性现象。他在《评普鲁士最近的书报检查令》的政论文章中，反对书报检查制度对人的自由的践踏；在《黑格尔法哲学批判导言》中，既诉诸理论的批判，也诉诸武器的批判，既批判政治，又提出批判尘世中的自我异化，“推翻那些使人成为受屈辱、被奴役、被遗弃和被蔑视的东西的一切关系”；在《1844年经济学哲学手稿》中，他完成了批判尘世中的自我异化的任务，力图追求幸福、自由、每个人的全面发展这些人类的伟大理想。在《德意志意识形态》《共产党宣言》和《资本论》等著作中，马克思还提出人类解放、每个人的全面发展和自由人的联合体的理想原则。从这些著作中的人学思想可以看出，马克思一生所关心的首先是人应是什么，人如何从人的现有走向人的应有。第二，只有在批判现实世界中，才能提出切合实际的理想。马克

① 《马克思恩格斯选集》第1卷，人民出版社1995年版，第411、461、416页。

思指出，他面临的一个根本问题是，当时许多人对“往何处去”这个问题很糊涂，他们对未来理想并没有明确的观念。空想主义以理论推测和空想方案为依据，从头脑中提出关于理想社会制度的概念；教条主义教条地“推断未来和宣布一些适合将来任何时候的一劳永逸的决定”；主观主义把人看作就是自己的理想的绝对自由的创造者，否定社会理想的客观意义；客观主义反对把理想的实质看作是绝对依赖于人的本质和价值的观点。马克思则主张“在批判旧世界中发现新世界”，即在批判现存的一切中来探讨“向何处去”的问题，来发现未来世界。这里的“旧世界”有两个本质方面：一是旧的政治制度；二是这种旧的政治制度所带来的人的本质和价值的丧失。这实际上是说：要把未来社会的理想建立在对现有旧的政治制度和现实人的本质丧失之剖析的基础上。其实，马克思提出的人类理想，是以对人和社会现实及其规律的科学分析为依据的，是以对资本主义社会的现实矛盾和它的客观发展趋势的分析为基础的，是以对现有的社会条件的认识为前提的。第三，要实现“应当”的理想，必须把它置于现实的基础之上。马克思以前的思想家提出并探讨了人的应有与现有的问题。但他们却认为，只要具有善良意志，就能克服现有社会的弊病，从而使人和社会趋向理想。这里，他们把注意力集中于内部世界，试图让社会现实保持质上的原封不动。在马克思看来，从个人的理想出发必然陷入纯粹的理想主义，进而必然带来虚无主义。要使理想具有客观内容，使理想变成现实，就必须把它置于现实的基础上。由此，马克思改变了自己思考问题的出发点：一是从个人出发改变为从社会、阶级、人类、集体和“联合体”出发；二是从人的本质出发改变为从社会关系出发；三是从理想出发改变为从现实出发。

（2）注重人的历史活动的合规律性与合目的性的辩证关系。这集中体现在马克思对待经济活动与经济问题，既主张按照经济自身运行的客观规律来理解，又表现出对经济活动与经济问题的人文关怀，强调要从人（在马克思那里主要是工人阶级）的角度来考察。马克思在《1844 年经济学哲学手稿》中，对劳动、商品、所有制、资本、工资、货币、分配、商业、竞争、分工、

交换和利润等问题的考察，就是如此。

（3）注重“物”与“人”、发展与代价的辩证关系。从物质财富增长的角度，马克思对资本主义社会给予很高的评价，认为资本主义社会创造了巨大的社会生产力，推动了社会发展，为人的发展提供了物质基础；但从人的发展的角度，马克思则强调资本主义社会的发展以牺牲人的自由而全面的发展为代价，物的世界的增值以人的世界的贬值为代价。马克思站在革命人道主义的立场上，认为这样的社会必然产生非人性的后果，所以马克思试图改变这一社会的现状，使现存世界人道化。

（4）注重主体能动性与客观制约性的统一。在马克思看来，人的问题，实质上就是人的主体性和客观制约性的关系问题。因为，人总是以主体的方式对待一切事物和世界，来审视与他有关的一切问题，所以在研究人的问题时，必须坚持人的尺度。另一方面，人又是处在一定现实社会中的人，他总是受周围的客观条件制约，所以在研究人的问题时，又必须坚持历史尺度。人的主体性和客观制约性的关系，是马克思人学关注的一个重要问题。马克思《青年选择职业时的考虑》的核心思想之一，就是个人的自主选择和社会关系的客观制约的关系。他说，我们并不总是能够选择我们自认为适合的职业，我们在社会上的关系，还在我们有能力对它们起决定性影响之前就已经在某种程度上开始确立了。《博士论文》对人的自由的论述，着眼的是人同周围世界的相互作用。在《莱茵报》时期，马克思着重谈论的是人的自由的实现同社会经济关系的制约关系。在《1844年经济学哲学手稿》和《关于费尔巴哈的提纲》中，马克思着重论述了人的本质的思想。他一方面从人的主体性方面谈论人的类本质，认为这种主体性的本质就是人的自由自觉的活动；另一方面又从人的社会客观制约性方面谈论人的社会现实的本质，认为这种本质是一切社会关系的总和。在《德意志意识形态》和《哲学的贫困》中，马克思又强调人既是剧作者又是剧中人、人既创造环境又被环境创造。在《共产党宣言》和《资本论》中，马克思在谈论人的自由、人的个性、个人和社会的关系、人和物的关系问题时，都贯穿着人的主体性和客观制约性的

关系这一核心线索。

注重考察人的生活世界的科学原则与价值原则相统一的辩证方法，是马克思开辟的第三条人学道路。

四　人学的功能：在“注解—论证”与“批判—前导”中，马克思的人学更关注在批判旧世界中建构新世界，并为新世界提供前导性理念

运用科学的方法认识现实人的生存境遇和发展命运，运用哲学的反思精神对旧世界加以批判，可以为建立新世界提供前导性理念。

马克思的哲学或人学是面向时代、实践和现实的。那么，它的哲学或人学与时代、实践和现实究竟是什么关系？归纳起来，马克思对此作出如下阐述：（1）哲学既是“晚上起飞的猫头鹰”，同时更应成为“高卢的雄鸡”①。所谓高卢的雄鸡，就是哲学或人学要在批判旧世界中发展新世界，并为建立新世界提供前导性理念；（2）理论在一个国家实现的程度，总是决定于理论满足这个国家的需要的程度。这显然是说，哲学或人学理论要对国家的发展发挥引导作用；（3）批判哲学是对当代的斗争和愿望作出当代的自我阐明。

从马克思的阐述来看，它的哲学或人学既具有鲜明的批判性与建构性：它既注重“对现存的一切进行无情的批判”（他的许多著作都是以“批判”命名的，他比较注重批判性地反思与论战），这表现在他注重对时代性的“问题”进行相对独立的、本质性和前提性的批判性思考，注重对“既定的对象”进行本质性、前提性的追问；同时又具有建构性与前导性，注重为时代、实践和现实提供前导性理念及其实现这一理念的总体构想，并为实现这一理念与构想而积极努力。如果说在黑格尔那里，它既强调凡是现实的都是合理的，凡是合理的都是现实的话，那么，马克思则更关注的是凡是合理的都是现实的。

① 《马克思恩格斯选集》第1卷，人民出版社1995年版，第16、11、417—418页。

注重在批判旧世界中建构新世界，并为新世界提供前导性理念，是马克思开辟的第四条人学道路。

五 人学的思维方式：在既定论与生成论中，马克思注重实践生成论思维方式

前导性理念是用以引导改变旧世界和建立新世界的实践活动的。由此，马克思人学非常关注实践活动。针对青年黑格尔派只讲“震撼世界”的词句而不反对现实的现存世界，针对以往的哲学家如费尔巴哈只是用不同的方式解释世界，针对传统西方哲学中用本质规定存在、以存在实现本质的哲学倾向，马克思强调要理解“革命的”“实践批判的”活动的意义。他指出：“哲学家们只是用不同的方式解释世界，问题在于改变世界。”① 这就是说，马克思人学在本质上是一种感性实践活动的人学，这种人学的使命与作用是改变世界。

马克思人学的实践活动观念注重事物自身的自我生成、自我诞生、自我实现和自我确证，认为事物是在自己的发展过程中确定其本质，而且成为自己的，这种实践，本质上就是一种建构活动；实践活动观念注重“做或成为”什么，注重追问世界、事物“如何存在”“如何使世界发生改变”，因而往往用存在的发展过程实现和确证本质，用活动理解存在及其变化；实践活动观念注重现实的人的创造个性和主体性，因而也注重人的自我生成。这其中蕴涵的精神实质，就是要由过去注重先定因素走向注重后定因素。要言之，就是在思维方式上，要求由“既定论”走向“生成论”。他所主张的实践的唯物主义，强调的是实践的生成性。马克思明确指出：“对实践的唯物主义者即共产主义者来说，全部问题都在于使现存世界革命化，实际地反对并改变现存的事物。”这就是说，马克思哲学或人学的使命，就是改变现存世界和现存事物；他所创立的历史唯物主义，强调的是历史的生成性；他所注重的处在

---

①《马克思恩格斯选集》第1卷，人民出版社1995年版，第57、75页。

历史发展过程的人，强调的是人的自我创造的生成性，强调的是现实的人及其历史发展。

注重实践生成论思维方式，是马克思开辟的第五条人学道路。

六　人学的目标与手段：目的方面，马克思从社会发展的动力上注重每个人能力的充分发挥，从社会发展的和谐上注重无产阶级解放、个人自由全面发展与社会发展的和谐一致；手段方面，马克思注重研究社会历史发展的规律和现实物质条件，注重无产阶级革命实践

马克思的人学从现实的人出发，用科学与价值统一的方法，研究无产阶级的生存境遇和发展命运，从中揭示了他人学追求的目标与手段，即通过研究社会历史发展的规律和现实物质条件，通过无产阶级革命实践的改造活动，使无产阶级获得解放，使个人自由全面发展与社会发展达到和谐一致，使每个人的能力得到充分发挥。这里充分表明马克思人学注重的是“阶级性”与“人类性”的统一，是社会发展的动力因素与和谐因素的统一，是目的与手段的统一。

在18世纪到19世纪期间，近代资本主义社会获得了前所未有的发展。正如马克思恩格斯所指出的：“资产阶级在它的不到一百年的阶级统治中所创造的生产力，比过去一切时代创造的全部生产力还要多、还要大。”① 但是，近代资本主义社会发展的一个重要特征，就是经济或社会物质财富的增长以牺牲个人的全面发展为代价。具体来讲就是：物对人的统治，人仅仅成为创造物质财富的手段，使人不能真正发展；资本占有劳动，人成为资本的奴隶，使人不能平等发展；机器支配人，人成为机器的一个零件，使人不能自由发展；分工限制人，使人不能完整发展。

针对这些状况，马克思恩格斯运用自己确立的科学方法，强烈地批判了

① 《马克思恩格斯选集》第1卷，人民出版社1995年版，第277页。

资本主义社会中的个人生存、发展的悲惨处境以及非人道境遇，期望建立一个以每个人的自由、平等和全面发展为目标的新社会。马克思在描述未来理想社会的一般特征时指出，共产主义是“以每个人的全面而自由的发展为基本原则的社会形式”①。可见，在马克思的人学视野里，未来的新社会不是物对人的统治，而是物为人的全面发展这一最高目的服务，人能获得真正的发展；不是资本占有劳动，而是劳动占有资本，劳动者能获得平等的发展；不是机器支配人，而是全面发展的人驾驭机器，人能获得自由的发展；消灭了旧式分工，人能获得完整的发展。总之，不是物的原则占主导地位，而是人的自由、平等和全面发展的原则占主导地位，后者才是共产主义社会的基本原则和本质特征。实际上，马克思的人学所追求的就是：通过对社会历史发展一般规律的分析与揭示，通过对资本主义生产方式及其发展规律的研究，通过无产阶级革命，为无产阶级以及每个人的解放和全面发展指明方向和道路，把人类能力的全面发展作为共产主义社会和自由王国的目的本身。所以，无产阶级解放，每个人自由全面发展与社会发展的和谐一致，每个人能力的充分发挥，在马克思人学中占据目的地位，是马克思人学追求的根本价值目标。这里，马克思既注重无产阶级从“异化”和“物化”的境遇中获得解放，具有鲜明的阶级性，同时又显示了马克思的解放全人类和促进人类能力发展的人学旨趣，具有开放的人类性；既从社会发展的动力因素方面注重每个人能力的充分发挥，又从社会发展的和谐因素方面注重无产阶级的解放，注重个人发展与社会发展的和谐一致；既注重追求理想的目标，更关注实现这些目标的手段。如马克思指出：共产主义并不是人类发展的目标，也不是人类社会的形式（这里，马克思是从人的解放理念、而不是从社会发展阶段来理解共产主义的，对于这一点，我们似乎注意不够——笔者注），而是“人的解放和复原的一个现实的、对下一段历史发展说来是必然的环节”②，这一环节的核心旨趣，就是实现人的自主活动，而“自主活动就是对生产力总和

① 《马克思恩格斯全集》第23卷，人民出版社1972年版，第649页。
② 《马克思恩格斯全集》第42卷，人民出版社1979年版，第131页。

的占有以及由此而来的才能总和的发挥”①；“个人的全面发展，只有到了外部世界对个人才能的实际发展所起的推动作用为个人本身所驾驭的时候，才不再是理想、职责等，这也正是共产主义者所向往的”②；马克思又进一步明确强调：“自由王国是在由必需和外在目的规定要做的劳动终止的地方才开始；因而按照事物的本性来说，它存在于真正物质生产领域的彼岸。……在这个必然王国的彼岸，作为目的本身的人类能力的发展，真正的自由王国，就开始了。”③ 恩格斯坚持与马克思同样的旨趣，他指出：“共产主义者的目的是把社会组织成这样：使社会的每一个成员都能完全自由地发展和发挥他的全部才能和力量，并且不会因此而危及这个社会的基本条件。”④

注重无产阶级解放，使个人自由全面发展与社会发展达到和谐一致，使每个人能力得到充分发挥，是马克思开辟的第六条人学道路。

（原载《江海学刊》2005 年第 5 期）

---

① 《马克思恩格斯选集》第 1 卷，人民出版社 1995 年版，第 129 页。
② 《马克思恩格斯全集》第 3 卷，人民出版社 1960 年版，第 330 页。
③ 《马克思恩格斯全集》第 25 卷，人民出版社 1974 年版，第 926—927 页。
④ 《马克思恩格斯全集》第 42 卷，人民出版社 1979 年版，第 373 页。

全球化、现代消费和人的认同

韩　震

在本文，我力图证明，在现代性的全球化时代，认同的最直接、最强有力的源泉已经从生产方式转变到消费方式。生产方式往往是碾平差异，把空间和时间压缩，但这却为消费方式的差异制造了相遇的场域，在这个场域中，消费在不断制造新的差异和不同的认同。

全球化构成认同形成的差异场域

所谓认同就是某个群体或个体达到自身的同一性的过程：群体成员言行的相似性，共同体在文化上的一致性以及个人意识的连贯性。可是，在生成的意义上，认同是与能够形成区分的差异性相关的，没有区别就没有必要进行认同。如果认同“这个特性”而不是另外的特性，这就划定了一个界限，使“我”（me）、“我们”（us）与“他者”（other）区分开来。因此，社会认同是在差异的场域中被界定的。

由于生产方式的变革和现代性的发展，资本和市场的逻辑使全球生活发生了深刻变革。按照原来的预测，资本主义的生产逻辑本来应该把经过的地方都变成抽象同一的工厂和市场，把不同的人群都变成工人，在这个基础上人们的精神世界也会出现“单向度”的一致性。有的学者把马克思的话作为佐证，认为资本主义的全球化进程必然消除民族特性。马克思的确曾经指出：资本主义生产方式在其所到之处都消除着民族特性，破坏着传统的生活方式。民族文化也受这一进程的影响，“民族的片面性和局限性日益成为不可能，于

是由许多民族的和地方的文学形成了一种世界的文学。”① 我们应该如何理解民族的片面性和局限性之不可能，我们应该怎样理解世界文学的图景呢？我认为，消除了民族片面性和局限性的民族，并不是变成了没有民族特点的或没有民族性的民族，而是吸收了现代性之后的某种新的民族文化，这种文化消除了落后于时代的片面性和局限性，获得了民族性与现代性的统一。与此同时，一种世界文学的可能性与其说是被现代性的棱镜折射成为单色调的文化（单一形式的形态），倒不如说是由丰富多彩、五颜六色的民族文化构成的相互映照的彩虹。

现代性和全球化进程，似乎不是压制而是激发了各民族的存在自觉和文化自觉。实际上，东亚社会的崛起证明的不是民族文化的消失，而是证明了这些民族发现了使民族文化与现代性进程相互配合的契合点。无论是儒教文化圈还是佛教文化圈，东亚价值观显然已经转换成为现代性的动力，而不是像韦伯所说的那样是现代性的阻力。东亚价值观也出现进一步创新的迹象。

西方中心主义者曾经幻想世界的现代化就是西方化，而许多非西方学者也担忧全球化的结果必然是欧美化。可是，始料不及的是，现代性一方面把全球化变成用一种颜色涂抹其影响过的地方的过程，另一方面这种涂抹却与原来就有的不同底色创造出许多新的色彩来。在某些方面，不同地方的人似乎有了共同点，如钟表所规定的标准时间、流水线、超市、肥皂剧等；可是，在另外的方面，如全球经济体系从中心辐射的光，照射到不同的地方就有了亮度的差异。不仅原有的民族差异没有抹平，往往原来内部相对一致的民族或群体也被市场经济所割裂。因此，现代性的结果把人类带进了一个充满差异、“风险”和不确定的时代。在这样的时代，就如阿格尼丝·赫勒所说的，“不再有什么是稳定的，不再有什么被一致接受；在任何地方，对一切事物，都存在不同的意见。这就是现代生活。”② 可见，现代性不仅创造一致和同一，而且也凸显差异和矛盾。不断有差异出现，才是现代性富有生命力的表征。

---

① 《马克思恩格斯选集》第1卷，人民出版社1995年版，第276页。

② 阿格尼丝·赫勒：《现代性理论》，李瑞华译，商务印书馆2005年版，第67页。

为什么世界文化没有在现代化进程中走向同质化，人类没有在技术化进程中走向“单向度”，反而越来越走向推崇多样性差异？按照历史唯物主义的观点，就时代的差异而言，重要的不是人们吃什么、穿什么、用什么，而在于怎样生产吃、穿、用这些东西。正如马克思指出的，“各种经济时代的区别，不在于生产什么，而在于怎样生产，用什么劳动资料生产。”① 不同的生产方式划分了历史的发展阶段，划分了发达国家和发展中国家，划分了现代和前现代社会。然而，就人们的自我认同而言，似乎生产还不如消费来得直接。因为在生产方式高度一致的地方，消费反而成为人们相互区别、获得认同或特性的领域。大机器生产和流水线就像压路机，所到之处似乎碾平了所有的差异、皱褶和起伏，使世界各地的工厂都变得毫无二致。可是，在消费领域，人们却并不受这种一致化趋势的左右。如果生产技术的逻辑是越来越同一化，那么消费的逻辑似乎越来越走向多样化。既然认同形成于差异，那么认同的动力当然就转向了消费的场域。

当然，生产方式仍然是人的本性生成或认同形成的最奠基性的根源。但是，在现代化和全球化进程日益深入的情况下，似乎消费方式在形成自我认同的作用方面越来越明显。尽管中国工人在同美国工人一样上班挣工资，但是，不同的消费水平和消费习惯塑造着不同的人。中国工人造的物品很多销往欧美，甚至连美国国旗都是中国生产的，但是打着美国国旗在那里激动的却是美国公民。中国人在制造美国国旗时，其心情与制造毛巾之类的纺织品没有什么差别，可是中国人和美国人在购买美国国旗时的消费心情就大不一样了。为美国人制造物品的中国人仍然认同中国文化，而消费中国人制造的物品的美国人却认同美国文化。

市场经济和全球化进程在碾平生产方式的差异性的同时，也形成了一个差异相遇的空间或场域。人们在全球化进程中相遇了：在这里，人们发现与自己不同的种族、族群以及不同的文化传统；在这里，人们发现不同的语言、

① 《马克思恩格斯全集》第23卷，人民出版社1972年版，第204页。

理论、歌曲、音乐、艺术风格；在这里，人们也发现不同的服饰、食物、日常用品。赫勒自认为是主张“反思的现代性”理论。这种反思的现代性伦理与朴素的现代性伦理的不同就在于：朴素的现代性伦理认为世界因理性的力量而变得越来越合理，因而也就越来越一致。不仅在韦伯眼里社会的合理性成为一种趋势，世界由此而“祛魅”，而且连富有诗意的海德格尔也屈从于技术“座架”（Ge－stell）的力量。阿格尼丝·赫勒说：“与海德格尔的思想相反，我怀疑下面的观点：我们现代世界的随意行为都是受到同样的形而上学思想、主体/客体关系和技术想象所‘框范’的。与哈贝马斯学派相反，我怀疑是否存在一种支配性的世界解释，在我看来，现代世界确实在所有层面和所有方面都是零散的、冲突的，有时甚至是混乱的。”① 她在《历史哲学片断》中就表达了这种观点。现代人被日益变化的生活所困，而不同地方的生活都是一个独特的不可复制的历史境遇，这增加了海德格尔 Dasein 概念的说服力。不同历史情景下生存的人，不可能有相同的世界观。因此，与信仰神圣存在的古代人相比，现代人的世界观已经碎裂成为碎片。

消费构成自我认同的最明显的动力

在现实生活中，自我认同与消费有着更加明确而直接的联系。在一定的意义上，你的消费就界定你存在的边界及其构成。在消费中，食物具有基础性的重要性。古人曾经说，“你是你吃的东西”，因此，以吃肉为主的人不同于以吃粮为主的人。前些年，在出国留学或进修学习的人们之间有句流行的话，即“肚子最爱国”，因为到国外最不适应的就是饮食。即使吃得很好，可以天天啃炸鸡，仍然特别想吃国内的咸菜。现在想来这实际是消费习惯所形成的稳固的认同。姜戎的《狼图腾》一书也告诉人们这样一个道理：吃不同的食物生成不同的人。这是有一定根据的，“因为吃与所有的消费一样是自我

---

① 阿格尼丝·赫勒：《现代性理论》，李瑞华译，商务印书馆 2005 年版，第 101 页。

识别的行动”[1]。然而，按照历史唯物主义的观点，与其说是吃什么造就了人性，不如说获取不同种类食物的不同生产方式塑造了不同的人。如果说种地的农民有自己区别于放牧的牧民的特性，那是因为耕种土地的实践在生产方式上不同于放牧牛羊。而且即使都吃肉，用手撕和用刀叉也造就不同的人，而进餐的礼仪就更加塑造不同文明的人格了。

由于消费水平、习惯、内容和风格等的差异，现代性不仅没有像马尔库塞所说的那样把现代人变成为“单向度的人”，反而造就了许多新的亚文化。现代性借助消费的分化成为使人们认同分化的动力。鲍德里亚指出：“消费并没有使整个社会更加趋于一致，就像学校并没有使大家获得一致的教育机会一样。它甚至加剧了其分化。”[2] 而美国剧作家亨利·米勒曾经描写说：“所有的人都在汽车、房屋的消费中寻找自己的灵魂。”[3] 现代化把一切有特色的生产都产业化、商品化，生产先是机械化，现在又进入自动化、信息化、数字化，有特色的仅仅剩下消费了。尽管电视机的原理是一样的，可是不同民族的人所喜欢的节目仍然是有差异的。网络技术是一致的，但是网上的内容越来越个性化。手机的制式越来越一致，但是外观却越来越个性化，而且更加重要的是短信的内容越来越五花八门。可以这么说，至少现代人要比他们的祖辈、父辈更注重个性，因为他们的祖辈、父辈的消费是比较单一的和较少差异的。

有人认为现代青年人是虚无主义的，没有信仰和价值观。这种说法值得商榷。我觉得现代年轻人不是没有价值观，只是其价值观与前辈有所不同，他们的价值观甚至是有意识地相互区别的。德国学者乌尔里希·贝克指出：“有政治自由置于核心，现代性不是一个价值衰落的时代，而是一个价值时代。在这个时代里，本体论差异的等级制度的确定性，被自由的有创造力的

---

① 乔纳森·弗里德曼：《文化认同与全球性过程》，郭建如译，商务印书馆2003年版，第156页。
② 鲍德里亚：《消费社会》，刘成富、全志钢译，南京大学出版社2004年版，第45页。
③ 参见钟和晏《在物质和审美之间》，《三联生活周刊》2005年第27期。

不确定性所取代。”① 许多人习惯于过去的生活方式，因此适应这种不确定性的方法就是节俭、存钱，可是在这种生活方式下长大的人却把不确定性变成一种生活态度。所谓“月光族”就是典型的代表，尽管他们是每月有较高工资的白领，但每月的工资却花个精光，甚至到月底还经常成为“负翁”。可以说，他们是以自己不确定的态度来对待这个不确定性的时代。这些人仍然有他们的价值观，那就是对永恒现在的绝对投入，对目前生活的极端执着。

与依赖自然的时代、信仰的时代和相信绝对理性的大工业革命的初期时代不同，现在是一个不确定和差异涌现的时代。在这个根基不确定的时代，消费就是人们自己本性需要的表达，因而它必然体现和表征着人的本性，奠基并且塑造着人的认同。因此，有人说：“你就是你穿的东西！不是‘衣服造人’，而是因为衣服是个人拥有的生命力的直接表达，生命力是无处不在的，且总是外在的。对衣服的消费包含在与提供财富、健康和政治权力的力量相连的全球策略中。”②《北京青年报》曾经发表的一则调查表明：在服饰背后，实际上还隐藏着一定的价值观念。如遵从群体服饰规范、自我表现、美学价值、声望价值和经济价值等。而且调查表明，家庭收入低的人更注重服饰的声望价值和用服饰来表现自我。家庭收入越高，越倾向于遵从大众的服饰规范。这种现象正好说明消费活动是自我认同的实践性表达，有了自信的人就弱化了这种表达，还没有确立认同目标的人必须时时注重这种符号表达。这就是说，越是还没有建立起自信的人，越是有意识地用消费来证明自己。调查还表明，服饰价值具有明显的年龄差异。19 岁以下和 20—29 岁的年轻人最注重用服饰来表现自我，分别为 52% 和 44%，远远高于其他人群。30—39 岁和 40—49 岁的人更注重遵从群体的规范，分别为 56% 和 40%。50 岁以上的人着装时更注重服饰的声望价值（45%）。③ 这些都表明，消费表达并且塑造着人们的自我想象，从而构成自我认同的重要内容。

① 乌尔里希·贝克：《世界风险社会》，吴英姿、孙淑敏译，南京大学出版社 2000 年版，第 16 页。
② 乔纳森·弗里德曼：《文化认同与全球性过程》，郭建如译，商务印书馆 2003 年版，第 158 页。
③ 《收入越低越注重服饰声望价值》，《北京青年报》2002 年 2 月 16 日。

消费成为现代性自我认同的表征

消费已经成为全球化时代自我认同的主要的指示器和标尺。人们用消费界定自我认同的边界和内容。人高兴了消费，郁闷了也消费；相聚时消费，孤独时仍然消费。消费就成为生活本身。

（1）消费界定人的现代性程度。在现代化进程的不同阶段，人们通过消费现代性物品，如自行车、收音机、汽车、电脑、网络等，强化自己的现代性表征。“如果说消费对于我们是构造自身的生活空间”，那么人们在选择服装时，时尚就不仅表达我们的欲望，它还“在创造声望”，形成人的生存方式。譬如，对于白领阶层而言，倾其收入而消费“获得的满足肯定不在于生活风格的体验，而在于为他人建构自我、形成重要人物即强有力的精英的表象”①。实际上，人们常嘲笑别人：怎么还穿那种衣服，他们是以此认定别人生活在过去的时间里。消费成为人们生活在现代进程的时间历程中的里程碑。你怎样消费，就标志你进入了现代性的什么阶段。

（2）消费界定人的个性存在。消费活动体现人们实现自己欲望或需要的方式，在人性就是其需要的意义上，一个人消费风格就体现着他的人格。乔纳森·弗里德曼指出：“在最一般的意义上，消费是创造认同的特定方式，一种在时空的物质重组中的实现方式。就此而言，它是自我建构的一种工具……”②“我消费，故我在。”当现代性使自我意识增强，个人隐私成为敏感的问题时，人们必须在某些公开的消费空间展示自己的个性存在，而且他们也借助认同性消费的商品呈现自恋性的自我个性构造。如果过去大家都是某个家族或村落的人，那么现在你出入的消费空间就成为你的生存符号：音乐厅、咖啡馆、茶室、健身房、酒吧、小餐馆，等等。

（3）消费界定人的社会存在。鲍德里亚指出：“富裕、‘富有’其实只是

① 乔纳森·弗里德曼：《文化认同与全球性过程》，郭建如译，商务印书馆2003年版，第160页。
② 同上书，第227页。

幸福的符号的积累。”① 消费成为界定地位、身份、权力、心境和身体状况的实践性表达。在某种意义上，消费甚至不单纯是表达，作为自我识别的符号，它还是自我的社会文化认同的构成。这些物品构成了“我是什么”或“我们是什么”的某种组合符号表征。事实上，这些符号表征不仅是表达，而且是对力量——身份、权力、声誉、生命力、创造力——的界定，力量的表现形式是财富、健康、优雅体形甚至白色的皮肤。可见，人的身体呈现不仅是审美的需要，它还在表达某种“社会面具”。

（4）消费界定人的政治存在。在超出自然需要的界限上，现代性的消费以作为权力象征的声望符号界定你的政治立场和社会地位。为什么官员对自己的配车那么在意，因为他怕别人小看他。为什么“9·11”之后美国人都买国旗？这是其政治立场的表达。为什么布什在竞选的时候跑到农业州买玉米啃？这是为了表达他对农场主和农场工人的态度。为什么有段时间许多美国人不喝法国葡萄酒，不吃法式面包？那是为了表示对法国不支持美国对伊拉克诉诸武力的不满。消费联系着政治，也表达着政治。政治家必须关心人民的消费，政治家甚至普通人也通过消费塑造自己的政治形象，并且通过消费行为表达自己的政治立场。

（5）消费界定人的文化存在。在温饱之后，消费本质上已经成为文化现象，因为超越生理需要之上的消费品和消费行为均是表达意义的象征和表征的符号体系。现在不仅是通过消费体现你的文化身份，许多年轻人更是在消费中获得或形成自己的文化身份认同。消费行为成为青少年社会化，形成自己的世界观、人生观和价值观的重要途径。按照鲍德里亚的理解，消费资本主义的活力在于它将物质消费转化为一种意识形态意义的美学消费。人们消费的不再是物，而是物所代表的符号意义，物品与人类的关系发生了巨大的转变，消费成为认识世界的方式。消费可以代表个体获得某种文化公民的资格。因此，在物的消费中得到的是精神满足，甚至是人生的幸福感。消费已

① 鲍德里亚：《消费社会》，刘成富、全志钢译，南京大学出版社2004年版，第9页。

经成为一种文化，不同的消费文化就构成不同的文化认同。

总之，在现代性发展到后期的反思阶段，在全球化进程日益深入的阶段，消费已经成为“自我认同”的外在标志，而自我认同是消费的内部依据。

全球消费的价值定位

到此，我们已经分析了消费在全球化时代的重要性，它构成文化认同的直接动力和自我认同的主要表征。我们必须重视消费问题的研究。我们应该提倡合理的消费、发展性消费和文化愉悦性消费。我在《关于消费的价值分析》① 一文中已经谈了我对不同消费的价值区分，在此就不再赘述。我只谈一下怎样重视消费而避免消费主义的问题。我们应该把人们的消费转向发展性消费，特别是精神发展的消费，只有这样我们才能借助现代性力量构筑人们的现代认同而避免消费主义的负面影响。

消费主义（consumerism）是把消费作为人生至上目标，从而过度占有和挥霍财富的价值取向和生活方式。就人性而言，发展是本性，这是不可阻挡的。然而，要发展就需要消费，而且消费的欲望是越来越大。面对这种现代性逻辑，仅仅靠道德教化是不够的。对于中国这个资源并不丰富而人口却众多的大国，不能走消费主义的道路。我们必须建立节约型社会：要绿色消费，不要挥霍性消费；要节约型消费，不要炫耀性消费。一句话，要消费，不要消费主义。中国社会在改革开放之后已经得到长足发展，如何对待发展和消费的问题是影响国家战略甚至全球命运的大问题。我们应该向什么方向发展呢？当我们满足温饱之后，消费是向骄奢淫逸的方向发展，还是向更具深刻意义的审美和精神愉悦的方向发展。我认为，应该提倡向文化消费和精神愉悦的消费方向发展。

文化消费需要培养，培养人们审美趣味的现存可以依赖的途径就是大众文化。通过文化消费，可以把人们的无限消费的冲动转向精神层面。但是，

---

① 参见韩震《关于消费的价值分析》，《光明日报》2003 年 7 月 29 日第 4 版。

高雅文化不是一下子就能够打动普通大众的心灵的，我们应该借助大众文化的阶梯。

就大众文化与所谓高雅文化的关系，我更多地对大众文化持同情的态度。我认为，文化批判的主要对象应该是精英文化或“高雅文化”，因为高雅文化往往确立文化的意义和标准。大众文化往往普及并且跟随高雅文化。另外，实际上，大众文化也是高雅文化滋生和发展的最直接的基础，高雅文化往往在提供精致的形式和意义的同时，通过改造，把大众文化富有生命力和创造力的内容提升为高雅文化的内容。大众文化是高雅文化的试验田。文化精英们要做的不是批判大众文化，而是研究和提升大众文化，丰富和醇化大众文化的内容。我们在精神性方面也不能持极端主义态度。查尔斯·泰勒曾经说过，“最高的精神理想和渴望也有给人类加上最沉重负担的危险。人类历史的伟大精神视野也是有毒的圣杯，是无数悲惨甚至暴行的原因。”①

就大众文化与消费及其认同的关系，我也对其功能持基本肯定态度。“大众文化（和艺术）确实是被消费的。消费在这里意味着快速吸收。”② 大众文化为所有阶层和文化水平的人生产消费品，因此大众消费品的好坏标准不是高深优雅，而是喜闻乐见。大众文化与其说是降低了文化水准，不如说是普及了文化，因为在没有大众文化的地方往往普通群众根本没有机会享受文化，因而就不能消费文化。通俗文化也比没有文化强，正如有能够消费的低廉食品要比没有任何食品可以消费强一样。有了大众文化就可以把高雅文化确立的文化意义以普通群众可以理解的方式加以传播，从而形成一个共同体连续而又有差异的有机认同。共同的文化消费形成了或塑造了具有相同思想或精神语境的人群。尽管大众文化的消费使许多人与那些所谓精英们有形式上的差异，但是都有文化消费这一点就使他们与精英阶层在精神上保持着相互之间的可理解性。否则，这个群体的精英和普通群众之间就不再是高雅文化和

---

① 查尔斯·泰勒：《自我的根源：现代性认同的形成》，韩震等译，译林出版社 2001 年版，第 815 页。

② 阿格尼丝·赫勒：《现代性理论》，李瑞华译，商务印书馆 2005 年版，第 177 页。

大众文化的差异，而是有没有文化的差异了。如果这样，在他们之间建立认同就更加困难了。

更值得注意的是，大众文化阵地是国际争夺的战略重点之一。如果我们不去占领，就会由别人去占领。美国人早就发现："美国电影业具有对外输出宣传美国消费品和美国'生活方式'的潜能。"而且，"如果说自由贸易是强大经济国家借以渗透、统治经济弱小国家的机制的话，那么信息自由流通是借以将美国的生活方式和价值观念强加给贫穷、羸弱的社会的渠道。"① 我们的青年人不会因为美国生产物品而发生认同危机，但是会因为消费美国的文化产品而产生认同危机。我们必须生产出大量人们喜欢消费的大众文化产品，占领这个精神消费阵地，巩固我们文化的认同资源。我们可以逐步提高大众的文化消费趣味，但是我们不能把自己的趣味强加给大众。在这里唱高调是没有用的。也许我们自以为高雅的东西，反而是真正的贫瘠的不毛之地。

（原载《江海学刊》2005 年第 5 期）

---

① 戴维·莫利、凯文·罗宾斯：《认同的空间：全球媒介、电子世界景观与文化边界》，司艳译，南京大学出版社 2001 年版，第 301、302—303 页。

景观拜物教：商品完全成功的殖民化

——德波《景观社会》的文本学解读

张一兵

《景观社会》① 中一个十分重要的内容，是德波重新说明了马克思在其历史现象学中对资本主义经济物化现象展开的批判。在该书的第二、三章节，德波提出，在当代资本主义生产方式中，景观的出现强化了原来由商品、货币和资本构成的霸权逻辑。换句话说，景观的出现非但没有消除作为布尔乔亚意识形态的三大拜物教，反而通过影像轰炸，将这种经济拜物教拓殖为人们内心无意识的欲望。我以为，这是德波全部理论观念中极重要的一个创见。这个思想，直接影响了鲍德里亚、波斯特和凯尔纳等人的后现代媒介批判，值得我们认真加以关注。

从商品拜物教到景观拜物教

在该书第一章的结尾，有一句画龙点睛的论断："资本变成为一个影像，当积累达到如此程度时，景观也就是资本。"② 依我的理解，这句话提供了一个重要的逻辑定位，准确地说，它应该是第二章逻辑分析的结论。为什么？不妨详细来看德波的分析。

这一章的开篇，德波的引语用的就是青年卢卡奇《历史与阶级意识》中

---

① 居伊·恩斯特·德波（Guy Ernest Dobord，1931—1994），当代法国著名思想家、实验主义电影艺术大师、激进左派思潮情境主义国际的创始人。其最著名的学术论著是他发表于1967年的《景观社会》一书。此书的中译本已由南京大学出版社2005年出版。

② 德波：《景观社会》，南京大学出版社2005年版，第49、53页。

的话，大意是说，只有当商品成为一个社会的普遍性范畴时，商品关系，特别是资本主义生产方式所形成的经济的物化力量才能对社会发生决定性的影响。我已经说过，青年卢卡奇的这个表述是有问题的，在历史现象学批判中，马克思的阐述是说只有在资本主义充分发达的商品—市场经济中，当资本关系成为“普照的光”时，才会出现根本性的居支配地位的物化颠倒逻辑。而青年卢卡奇的如下一句话成了德波关注的焦点：“正像劳动已日益理性化和机械化，这一屈从正被这一事实所强化：人们的活动变得越来越少主动性和越来越多玄想。”该表述正好与德波上一章最后认证的问题两相吻合，其关键词是屈从和主动性的缺席。当然，德波的理论意图显然是要从青年卢卡奇40年前的断言中引出他自己的新说明。德波说：

> 景观的基本运动是：它妄称自己是人类活动中以流动状态（fluid state）存在的一切方面，以便以一种将活生生的价值颠倒为纯粹的抽象价值的凝结状态的东西来加以占有，在这些迹象中，我们认出了宿敌——商品，乍看起来它是如此微不足道和显而易见，而实则相反，它是如此复杂并充满了形而上学的精妙。①

言下之意，景观的存在原则实际上是商品法则的一种延伸，即将生活中活生生的存在以颠倒的方式表现出来。万变不离其宗，看穿了这仍然还是马克思所批判的那个商品拜物教的基本原则：“社会以‘可见而不可见之物’的统治。”这也是那个头足倒置的跳舞的木头桌子所引出的故事：一个商品正是凭其可见的质料背后无法直接把捉到的神秘价值在市场上的实现而成就自身的，故而，这个看不见的价值关系一旦从价值等价物的实体化过渡为以符号面目出现的金钱，它就以一种空无的形式颠倒性地取代了实存的财富。德波认为，景观贯彻和发展了商品拜物教的法则，因为“在景观中真实的世界被优于这一世界的影像的精选品所取代，然而同时这些影像又成功地使自己被

---

① 德波：《景观社会》，南京大学出版社2005年版，第53页。

认为是卓越超群的现实之缩影”①。篡位式的取代再度发生了。不同的是，在马克思的眼里，资本主义市场经济中真实物品的使用价值是屈从于它的价值而实现的，于是，作为价值象征性替身的金钱和能生钱的金钱（资本关系）理直气壮地篡位为王；而在当今的资本主义世界中，真实的存在被其影像所替代，人们始终无知无觉地将这些影像作为存在的本真性来居有。好一种景观拜物教！其间已经内含了后来鲍德里亚最重要的观念逻辑，鲍氏显然只是将德波的景观凸显为更为抽象的象征性符号，从而写就《符号政治经济学批判》。景观拜物教的内部发生机制是通过消灭事物的真实存在而使之影像化，尔后再进一步将其蒸发为虚幻的图景。关于这一机制，德波做过具体分析。

在原先的商品交换关系中，“商品形式将一切事物都简化为数量的等同性。数量正是商品形式所发展的，并且它只能在数量上发展”。马克思、韦伯、席美尔、舍勒以及后来的阿多诺和霍克海默都讨论过这个问题。那时，不同品质的人和物品只能经由同一的货币量来呈现，由此，事物的质被消除或“夷平化”（席美尔语）了。其实，德波并不关心这种量化背后更深的背景，比如作为价值数量关系前提的抽象劳动和生产一般。

依德波的分析，传统社会中“人类族群生存环境（条件）”是一种“真实的无意识的历史（real unconscious history）”。此处“无意识”的意思是说，在前资本主义社会中，人与自然的关系是以人作为外部自然世界的“奴隶”（恩格斯语）为中轴的，人不能自觉为历史的主人，然而，资本主义工业生产力的发展则从根本上改变了这种状况。

> 当商品生产达到大规模商业和资本积累的社会条件时，它就会夺取对经济的全部控制权。那时，整个经济就变成商品向它自身所展示的那样，即处于这样一种征服的进程之中：数量发展的过程。以商品形式不断扩张的经济力量把人类劳动变为商品劳动，变为雇佣劳动，并最终导致一种充裕状态。在这种充裕状态中，生存的主要问题无疑已经解决，

---

① 德波：《景观社会》，南京大学出版社2005年版，第53页。

> 但是通过这一方式，同样的问题又在更高的水平不断地被重新再生。经济增长已将社会从强迫他们为了生存同其进行直接斗争的自然压力中解放出来；但至今他们并未从他们的解放者手中解放出来。商品的独立性扩展到由商品所统治的整个经济领域中。经济改造世界，但它仅仅把世界改造为一个经济的世界。在人类劳动中异化的伪自然（pseudo－nature），需要这种异化劳动永远处于服役状态；因为这一需要已被设计并只对自己负责，它要得到全社会的成就和事业的总体作为它的仆人。①

德波的基本意思如下：在充分发展的资本主义商品—市场经济中，先前那种因人与自然抗争而形成的压力，在大规模的商业和资本积累之下逐步缓减，达及某种所谓的“充裕状态”，人们生存的主要问题从而宣告解决。可是，社会的发展并不能改变人的异化状态，如果说人原先是臣服于自然，那么现在就是臣服于人的经济力量所创造出来的“伪自然”了。黑格尔管这叫“第二自然”。在此，“经济改造世界，但它仅仅把世界改造为一个经济的世界”。资本主义经济力量是引领人们挣脱自然的“解放者”，但实际上它并没有真正解放人，而是建构出另一个同样不以人的意志为转移的物化经济力量对社会生活的新统治权。这个观点与马克思的判断显然相仿。德波认为，特别是“伴随工业革命时期制造业的分工和满足世界市场的大规模生产时代的到来，商品作为一种拓殖进（occuper）全部社会生活的力量，最终变得成为完全浮现（emerge）的”。这一次，可以算是德波自己的新见解了。浮现，是德波用来框定景观的特设概念。与马克思对资本主义社会关系物化颠倒的思考不同，德波关注的是已经颠倒了的物化现实本身再一次浮现为骗人的表象。“完全浮现”，指的是整个存在的表象化和景观化。与经济拜物教不同的另外一点是，商品、货币和资本拜物教的发生始终是自发和无意识的，而景观布展却是人为故意的。齐泽克后来也深刻地说明过这一点，他将后者指认为“犬儒意识形态”。

---

① 德波：《景观社会》，南京大学出版社2005年版，第54页。

德波声称，“景观就是商品完全成功地殖民化（l'occupation）社会生活的时刻”。景观是商品拓殖的一个新阶段，因为“商品化不仅仅是可见的，而且那就是所见到的全部：所见到的世界就是商品的世界”①。或者说，商品经济已经成功地遮蔽了人与人之间真正的直接社会关系，而景观则将这种颠倒的物化关系再进一步虚化为遮蔽存在的景象。世界就是景观，景观，是我们生活中的神，它来势汹汹地支配和统治了一切。于是，全新的景观拜物教隆重登场了。

被观看中的伪效用和伪休闲

依德波所言，新型的景观拜物教较之先前发生了两个关键性的质变：

首先，在景观拜物教中，“交换价值最终成功地控制了使用价值。根据交换价值的有效性，使用价值变得纯粹是被观看的，并且现在它已完全被交换价值所摆布。”② 商品的使用价值成了纯粹“被观看的”，这是一个重要的理论定位。当然，这么说似乎也有些过了。德波发现：

> 景观是货币的另一面，也是全部商品的一般抽象等价物。货币作为一般等价物的代表，作为其使用价值无法比较的不同商品的可交换性的代表，统治着社会。当商品世界的总体表现为一个整体的时候，景观作为整个社会所能成为和所能做的东西的一般等价物，便成为货币的发展了的现代补充物。景观是仅供注视的（for contemplation only）货币，因为在景观中，使用价值总体已经被替换为抽象表征的总体。景观不仅仅是伪效用（pseudo－use）的仆人，它本身就已经是生活的伪效用。③

以上是德波将景观与货币的作用放在一起进行比较的结果，其大意应该是，作为一般等价物的代表，货币原本起着交换中介的工具性作用，可是如

---

① 德波：《景观社会》，南京大学出版社 2005 年版，第 54 页。

② 同上书，第 56 页。

③ 同上。

今它却颠倒为目的（财富），进而摇身一变成为“统治社会”的异己力量。价值关系先前具有的工具性作用，悄然异化为被追逐的存在本质。进入景观社会，景观成了“作为整个社会所能成为和所能做的东西的一般等价物”，其地位甚至高过了用于交换的货币，因为，“景观是仅供注视的（for contemplation only）货币”，在“注视”的睽睽目光之下，物品的真实功用不由分说地就被景观制造出来的“伪效用”篡位了，或者说存在被抽象表征所篡位。我们知道，最早意识到这一变化的是本雅明，在《拱廊街》中，他明确指认当今的商品世界已经是一种被观看的“幻象”，其中，“价值被表现和展览所蒙蔽”。后来，阿多诺在大众文化批判的论述中对此也有涉及。

不过，我以为，德波此处的分析还是颇有一些值得商榷之处的。景观的确是供“注视的”，但它并未真正和完全地取代原来意义上的使用价值，顶多只是让人忽视物品的真实效用而已。在广告和其他媒介的控制之下，人们只能知道景观所指认的东西，这种强制性的暴力已经内化为人的无意识需求，使人无知无觉地在景观操纵下购买自己其实并不需要的东西，消费并不需要消费的商品。这个过程，与所谓的将直接消费中的使用价值转变为看的功能并不是一码事，个中的微妙关联，德波并未说清楚。

根据德波的判断，在景观控制之下，

> 这只能意味着人类原初需要的满足（现在已很难遇到）就会被接连不断的伪需要（pseudo - needs）的伪造物所取代，所有这些伪需要最终都被归结为维持自治经济统治的单一的伪需求。但是在它从不知不觉所依赖的社会无意识中显现出来的限度内，自治经济失去了与真实需要的全部联系。“无论意识的东西怎样折腾，无意识的东西保持不变，但一旦无意识获得自由，它也将迅速走向毁灭。”（弗洛伊德）①

事情越来越复杂了，连弗洛伊德也出场来指证景观的罪行了。实际上，

① 德波：《景观社会》，南京大学出版社2005年版，第56页。

我认为德波对弗洛伊德的理论把握得并不准确。

德波的分析大体不差。他指认景观控制的目标是制造人的伪需要（而不是物品或商品的使用价值），并且这种非本真的需要在景观的布展中恰恰是无意识构成的。景观不是外在强制，而是表面不干预中的隐性控制。所以，当人们生活在景观制造出来的种种幻象之中时，“现代商品消费的幻想已被普遍接受。真正的消费者变成了幻想的消费者。”①

进一步看，如果说“商品是这一物质化的幻想”，那么景观就是它的“普遍表达”；如果说原来的物化颠倒只是一个人们不太想去弄清楚的神秘事件，那么现在景观中的商品逻辑则是被无意识灌输的自居性真理，即已经你自己认同的景观歪理。德波一针见血地指出，景观的使命在于“说服人们去购买日益增长的他们非必需的商品”!② 贝斯特和凯尔纳评论道：景观将人们“直接的体验移入到令人眩目的影像世界和符号之中，代替他们建立自己的生活，个体凝视商品世界光鲜的表面，接受商品通过来自景观消费量；影像、外观和款式来定义自役的心理学”③。这个评点十分到位。

将目光拉回眼前的实在：人们往往并不是被迫，而恰恰是发疯般地涌向景观指认的那些被观看到的光亮商品，甚至一往情深地将景观的促销阴谋误认为自己本真的欲望，于是，“异化的消费（alienated consumption）作为大众的一种不可避免的义务”！真正的现实，往往让人哭笑不得，德波刻画的这一幕并不是发生在他处的遥远传说，现今它已是我们周遭几乎日日可见的寻常事了。

景观拜物教的第二个重要方面是景观对劳动者生产之外的时间的直接控制和幻想性伪造，前者通过制造完全变味了的伪休闲时空来谋取更大的商业利益。这个真相无疑令人更加沮丧。即使是马克思也还为我们留了一扇希望之门，他将未来人的个性解放与必然王国中的奴役性劳动的消解两相联系，

---

① 德波：《景观社会》，南京大学出版社 2005 年版，第 56 页。

② 同上书，第 55、54、55 页。

③ 贝斯特、凯尔纳：《后现代转折》，南京大学出版社 2002 年版，第 114 页。

从而使劳动之外的时间成为人的自主创造性和个性得以释放和舒展的领域。而今，这最后一垄希望之田也被资本家用景观彻底殖民了。德波说：

> 当商品生产达到丰富的水平，需要从工人那里获得协作的剩余时才会转变。突然间，工人从各种生产组织和管理所清晰展示出来的、对他的完全的轻蔑中被挽救出来，发现他每天游离于生产之外，全然一副消费者的姿态，表面上看，也被作为一个成年人而以礼相待。在这一点上，商品的人性（humanity of the commodity）掌管着工人的“休闲和人性”。

这个问题与上文的讨论不无联系。既然资本不断在制造人们的伪需要和虚假消费，那就必须使得人们有大量的非生产性时间来消费，因而这又显然是景观必须拓殖的一个空间。与传统资本主义社会的情况已经完全不同了，而今资本家对绝对剩余价值的掠夺必须以工人能买得起东西，以老百姓拥有生产之外的时间来消费为直接前提，这是一种新型的殖民式掠夺，也是西方福特主义的本质所在。德波所说的“商品的人性”恰恰是资本布展的以人为本。最人性化的设计、最人性化的服务，正是今天景观控制的成功把戏。

德波认为，在这一点上，景观同样起到了举足轻重的作用。除去商品消费本身，景观的控制目标还包括建构休闲时间和空间。原先可以自由呼吸的最后一线天，现今也被严严实实地掩住了。资本家“宽厚”地使工人成为有时间“游离于生产”的消费者，有能力买东西之外，还要有能力娱乐休闲，从而在闲暇时间，也堕入景观的掌控。对此，凯尔纳曾经评论道：“景观社会以广告为中心，遵循媒体文化被高度商业化的原则，通过休闲、消费、服务和娱乐的机制来不断扩展其影响力。向景观社会的结构性转变实质上既是社会生活原有的未被侵蚀的领域被迫接受商业化的过程，又是对休闲、欲望和日常生活领域进行官僚主义式的控制逐渐扩展的过程。”① 德波所说的“景观”操控现象在我们身边早已俯拾皆是：节日消费优惠、黄金周旅游以及名

① 凯尔纳：《媒体奇观》，清华大学出版社2004年版，第3页。

目繁多的消遣娱乐活动，在各类媒体广告中铺天盖地地汹涌而来。人们的休闲时间早已被景观意向不由分说地填满了。景观建构起一片服务于商业利润的伪休闲时空——这就是眼前已经发生并且正在继续发生的严重事件。

> 景观是一场永久性的鸦片战争，是一场根据自己的法则不断扩张的、精心设计的、强迫人们把货物等同于商品，把满足等同于生存的鸦片战争。可消费的生存必须始终增加，因为它继续内含剥夺（deprivation）。如果提高了的生存状态从未得到过解决，如果根本就不存在提高了的生存状态终止其提高这样的地方，这只是因为它自身已陷入被剥夺的王国之中，提高了的生存状态是一种镀金的贫穷，但它不可能超越它。①

这是德波很著名的一段话。景观犹如一场永久的鸦片战争，人们沉迷其中，乐不思蜀地失却了对真实生活的要求。在今天的景观社会中，“提高了的生存状态是一种镀金的贫穷”，多么有分量的断言！

景观：在商品天堂中伪造生活

德波认为，景观的本质就是分离，其同一性图景恰恰建立在自身的内在分离之上。而方才我们所看到的情景作为统一的异化消费，正好就是建立在人之真实需要与伪欲望的内在分离之上。也所以，德波会说：“景观，像现代社会自身一样，是即刻分离和统一的。每次统一都以剧烈的分离为基础。但当这一矛盾显现在景观中时，通过其意义的倒转它自身也是自相矛盾的：展现分离的是统一，同时，展现统一的是分离。”② 滑稽的是，在第二章的引语中，德波竟然反讽式地引用了1964年9月21日的中国《红旗》杂志上一段讨论“一分为二”与“合二为一”问题的批判文章。

在德波看来，景观的出现总是与商品的“丰裕”相关联的。但如前所述，

---

① 德波：《景观社会》，南京大学出版社2005年版，第55、61页。
② 同上书，第61页。

在商品丰裕的情境下，消费者的需要“不再来自于商品使用价值的满足”，而是通过对商品的那个被看得见的景观价值的认识来寻求的。在这里，

> 每个特定的商品都为自己而战斗。它不承认其他商品，并努力到处施加自己的影响，好像它是世界的唯一存在。这时，景观就是这一战斗的史诗，一首无论任何特洛伊城被攻陷都永不结束的史诗。景观不歌唱人类及其武器的荣耀，它颂扬商品及其激情。每个商品都追随着自身的激情进行盲目的斗争，却不知不觉实现了某些超越他自身的东西：商品的全球化同时也是全球的商品化。因此，作为商品的狡计的结果，当商品的每一个特殊表现形式都最终阵亡时，一般商品形式却持续向前发展达到完全的自我实现。①

景观，是一段放大了的赞歌，附带着商品的狡计。景观社会中的一切商品，在面世之时总会被景观光亮地指认出其“产品庄严伟大之权威”，仿佛这商品就是“世界上的唯一存在”。可是，这种打造出来的伟大性，恰好也就是其短暂生存的表象，换句话说，从一开始，景观商品就是为了不久之后的“阵亡”而仓促登场的。细细玩味，这不正是反讽意义上的“向死而生”吗？

> 每一个新的产品都被隆重地宣称为独一无二的创造物，都能提供一条通往总体消费希望大地的光明捷径。正像上流社会总是采用尊贵的贵族的第一个名字这事，最终结果是导致整个一代人都具有这一名字一样，那些提供给大众的、自称独一无二的物品其实正是因为他们是被大量生产的。这类普普通通的商品之所以有这样高的威望只是由于这一事实：尽管非常短暂，但在社会生活的中心它们已经名列前茅，它们已被拥戴为对生产深不可测目的和秘密的一种揭示。但在景观中这种赢得地位与声望的物品，一旦被消费者或全部其他消费者带回家中消费，它就变得

① 德波：《景观社会》，南京大学出版社2005年版，第64—65、65—66页。

> 十分平庸。这暴露了它自身本质上的贫乏，这种贫乏反映的正是它生产的贫乏，但这一揭露来得太迟了。与此同时，另外一些物品正作为这一体系的代表取代它，并要求它自己的喝彩瞬间。

德波太深刻了！隐藏在景观商品之伪独一无二性背后的正是规模生产的机制，在今天的广告上被吹得天花乱坠的东西，注定将是明日仓库里过时的破铜烂铁；越是在广告中光彩夺目、令人垂涎欲滴的东西，生命力就越短暂，一旦被我们所持有，它将立即失却原先笼罩周身的光彩和魅力。卢瑞称此现象为理想幻灭："实际消费或使用商品会变成一种理想幻灭的经历。消费现实与梦境或幻觉不一致。这个持续不断的从令人高兴的期望到失望的循环说明了现代消费永无止境、无法满足的特点，说明为什么人们会不断购物直至精疲力竭。"① 透过这一切，德波一眼望见了景观资本主义的动力："物的统治和永远年轻"②。所谓的"永远年轻"，恰恰深含着景观事物一定具有的瞬间性特性，亦即景观事物的真正本质。

到这一步，德波仍然意犹未尽：景观事物，正是那些被景观一手炮制的人之伪需要苦苦追逐的对象：

> 被现代消费主义所强加的虚假需要，不能与不是由社会及其自身历史所创造的不再是他们自身的真实需要和欲望相对立。但商品的丰裕代表了社会需要有机发展的总体断裂。它的机械积聚解放出了一种压倒一切生活欲望的无限的人造物（limitless artificiality）。这一自主人造物的不断堆积的力量又以伪造全部社会生活为终结。

生活在绚烂的景观社会中，人的本真需要和欲望荡然无存，生活中的一切都被景观炮制的光亮物品所代替，人之生存反倒成为本体论上的伪造。一眼看过去，景观社会里其实什么都没有，唯余一群被异化消费支配的疯狂购

---

① 卢瑞：《消费文化》，南京大学出版社2003年版，第69页。
② 德波：《景观社会》，南京大学出版社2005年版，第63、65页。

物者。德赛托认为，这是一种“消费的斯芬克斯之谜”，人们对景观如痴如醉，却从不知道自己因何而痴、因何而醉。景观的布展虽然嚣张但是动静却不大，它“诡计多端，零敲碎打，潜踪偷袭”，常常是已在影像之美中淋漓尽致地散发了魅力，却并未真实现身，因而无从察觉。① 相反，着迷于景观的“消费者充满着宗教般的激情”，由此，“物化的人正式宣布了他与商品的亲密关系。像古老宗教拜物教一样，与它不能自已的狂喜和不可思议的奇迹相一致，商品拜物教也创造出了它自己空前炽热兴奋的时刻”。在景观式的消费布道中，资本家的宣言十足冠冕堂皇：“消费者是上帝。”他们所做的，只不过是为消费者创造一片购物的天堂。可是实质上，景观支配下的人有如一群可怜的商品之奴，他们的称帝只不过是一种他性的指认。为了说明这种畸形的关系，德波举了一个十分生动的例子：

> 对特定产品的热爱通过全部大众传播媒体的宣传，迅速以闪电般的速度播撒开来。电影激发了时尚狂热；杂志宣扬了夜市的发达，在那里依次排列着各式各样的新鲜商品。各种流行小玩意的扩散增生反映了这样一个事实：作为商品的大众已变得日益荒谬，而它自己的荒谬竟又成为了一种商品。像钥匙链这类与购买奢侈商品一起被免费赠送的精美小饰品，在这一领域来来回回被交换，已远离了其原初使用价值，它已担当起商品超验精神神秘自我放纵的证人。那些收集精美小饰品的人（这些小饰品被加工出来只是为了被收集）正积聚起商品的放任（indulgences）——在忠信之中商品真实在场的显赫象征。②

一点不错，资本家一手炮制景观，而景观又牢牢牵引大众疯狂的心，在这种空前荒谬的景观消费背后，始作俑者资本家是最大的获益人。从一定意义上说，时尚杂志和电影电视中上演的生活方式似乎比现实生活来得更真实，

---

① 德赛托：《“权宜利用”：使用和战术》，《视觉文化读本》，广西师范大学出版社 2003 年版，第 89 页。

② 德波：《景观社会》，南京大学出版社 2005 年版，第 65 页。

昨天电影里的一句台词一夜之间就可能风靡大街小巷，迅速成为人们奉作金科玉律的信条；而今天某位影视明星不经意的一套衣饰也可能马上成为明天大街上最引人注目的流行风暴。可见，景观不仅制造伪消费，甚至直接伸手制造生活。也是由此，鲍德里亚后来发明了超越现实的内爆的“类像”。

绝不仅仅如此，德波接着为我们指出，景观不单制造分离之中的异化消费，也制造分离之中虚假的景观伪主体，俯拾皆是的明证就是当下时刻晃动在我们眼前的明星与大众。“媒体明星，作为一个活生生的现实人类的景观代表，通过一种可能角色形象的对象化体现了一种普遍的陈腐和平庸。”① 明星之所以光亮耀眼，恰恰是因为平庸大众的反衬，这也是一种他者认同的辩证法。“在景观娱乐的灿烂光环背后，一种平庸化的趋势支配着世界现代社会，即便在这里商品消费更加发达的形式仿佛又增加了多种多样可供选择的角色和对象。”② 明星是谁？是一群为不得不安于陈腐日常生活的我们造梦的人。不过，此处的平庸指的其实倒不是事业上的庸碌无为，而仅仅是日常生活中受制于景观所形成的非主动性。

> 作为一个表面生活（vécu apparent）的专家，明星是那些补偿他们自己真实生活的碎片化和生产专门化的人们所认同的表面化生活的证明物。名人的功能就是以一种全面的完全自由的风格，实践多种多样的生活方式和社会政治观点。他们通过戏剧化表现的社会劳动成果的副产品，体现了常人难以达及的社会劳动的成果。③

明星的生活在其总体性上往往被想象成是一种丰满的人生和个人价值的充分实现，“判定一个名人必须看他是否拥有公认的人类品质的全部声誉。”作为明星，他们必须始终在公众面前维持一副光彩夺目的正面形象。用凯尔

---

① 德波：《景观社会》，南京大学出版社 2005 年版，第 62 页。
② 同上。
③ 同上。

纳的话说，这叫“偶像式的符码和日常生活中的众神”①。明星的在场，恰是景观意图遮蔽存在本身的“碎片化和生产专门化”而制造的伪主体幻象。故而，明星成为景观在主体位置上的景观代理人，而这个代理人之所以在场，恰恰是由于普通人的不在场。另一方面，德波又说，明星的本质还在于他们在舞台上呈现的光鲜外表与其自身的真实存在两相矛盾，“像明星一样在舞台表演的景观代理人与个人是矛盾的；非常明显，他是自己个性的敌人与是其他人个性的敌人这是一样的。为了作为一个典型进入景观而被认同，为了将自己认同为顺从物的过程的一般法则，景观代理人拒绝了所有自主的品质。”②明星的光芒是被制造出来的，正是在不是他自己的意义上，他才是明星。

德波说，景观社会中作为伪主体出现的明星可区分为两种：一是政治明星，这是一群每天都会在电视和报纸上露面的熟脸政客。“政府的权力可以将自身人格化为一个伪明星。”从某种程度上说，政治就是一场十足虚伪的作秀，而“他们成为伟人是因为他们都事功于最渺小的个人生活的现实，并且他们每个人都清楚这一点”。二是消费明星，他们涂着厚厚的脂粉、不停变换披在身上的商业外衣，一刻也不会停歇地跳跃在各种媒体的广告画面上，“消费明星可以认可自己为超越生活之上的伪权力。但这些明星的活动并不是真正自由的，他们也不可能提供任何真实的选择。”③

尤其可悲的是，明星的景观生活竟成了普通大众在平庸的日常生活中向往的虚幻世界。首先，作为景观的观众，常人们虚假地迷入了明星们的虚幻生活和伪事件中，以此排遣无聊的平日生活。其次，通过明星的代理和推销，人们被迫更深地堕入无法挣脱的时尚景观伪消费之中。

（原载《江海学刊》2005年第6期）

① 凯尔纳：《媒体奇观》，清华大学出版社2004年版，第5页。
② 德波：《景观社会》，南京大学出版社2005年版，第62页。
③ 同上。

“求同尊异”：构建和谐世界的一个可能的原则

阎孟伟

在当今世界，文化的多元化发展以及不同文明之间的矛盾和冲突在冷战后已逐渐成为一种特别值得重视的政治倾向。尤其是在美国政治学家塞缪尔·亨廷顿的《文明的冲突与世界秩序的重建》一书问世后，文化多元化与文明冲突问题更是引起国际社会的广泛关注。在这本书中，亨廷顿试图把“文明的冲突”这个概念确立为一种理解后冷战时期世界政治和世界秩序的思维框架或思维范式。在他看来，冷战之后，按政治意识形态（社会主义和资本主义）来划分世界政治格局的历史也随之结束了。其他一些政治思维范式，如从经济上按贫富状况划分世界格局（所谓南北问题）的范式、政治上的国家主义范式和文化上的东方西方模式等也都不足以理解冷战后世界秩序和国际政治冲突的特征和实质。为此，人们需要一个新的框架来理解世界政治，而“‘文明的冲突’模式似乎满足了这一需要”①。因为，“在后冷战的世界中，人民之间最重要的区别不是意识形态的、政治的或经济的，而是文化的区别。人民和民族正试图回答人类可能面对的最基本的问题：我们是谁？他们用人类曾经用来回答这个问题的传统方式来回答它，即提到对于他们来说最有意义的事物。人们用祖先、宗教、语言、历史、价值、习俗和体制来界定自己。他们认同于部落、种族集团、宗教社团、民族，以及在最广泛的层面上认同文明。人们不仅使用政治来促进他们的利益，而且还用它来界定自

---

① ［美］塞缪尔·亨廷顿：《文明的冲突与世界秩序的重建》，周琪、刘绯、张立平、王圆译，新华出版社2002年版，第1—2、6页。

己的认同。”在这种情况下，世界范围内最普遍、最重要和最危险的冲突不是社会阶级之间、富人和穷人之间，或其他以经济来划分的集团之间的冲突，而是属于不同文化实体的人民之间的冲突。

对于亨廷顿的上述论断，国内外学界褒贬不一。有人说他忽视了文化冲突背后的利益冲突，有人说他过于简单或武断等。然而，不管亨廷顿的这种分析和论断存在着什么问题，他对文化多元和文明冲突的政治敏感还是提醒了我们必须重新思考并确立多元文化或多种文明形态和谐共存的基本思路、原则，以建构谋求和谐世界的思维框架或思维范式。就此而论，本文认为，以往我们有关追求世界和平或和谐的政治思维框架或思维范式也同样应当被重新考察。

是“宽容”还是“友好”

在欧洲，自启蒙运动以来，“宽容”这个概念就一直是体现政治民主与宗教开放精神的重要概念，并且历来被看作是协调和解决政治冲突、宗教冲突乃至文化冲突的普适原则和基本精神。直到今天，“宽容”也依然是一种值得称颂的政治品质。但是，面对当今世界多种文化或多种文明形态之间的矛盾和冲突，“宽容”是否能够成为缓和、化解矛盾冲突以谋求和谐共存的普遍原则和文化精神？对于这个问题，德里达和哈贝马斯表述了不同的看法。德里达认为“宽容”这个概念有很大的局限性，不能将其用于世俗政治，更不能用作建立和维护世界秩序的精神原则，因而主张对宽容进行“解构”；哈贝马斯承认宽容概念的传统含义具有局限性，但他不同意放弃这个概念，而是主张在立宪民主的基础上对宽容进行“重构”。

1. 德里达对“宽容”（tolerance）概念的解构（deconstruction）

德里达强调“宽容”概念有其独特的基督教根源，这个根源使这个概念自身成为缺乏中立性的政治概念和伦理概念。因为，尽管在基督教精神中“宽容是博爱的首要形式”，因而即便是犹太人和穆斯林人似乎也能欣赏基督

教的博爱，但宽容概念的深层宗教根源却表明，这个概念不过是家长式统治姿态的残余。在这种家长式统治姿态中，不是把宽容的对象，即他人，作为平等的合作者加以接受，而是把他人当作从属的、可以被同化的并且肯定是在其差异方面被曲解了的人。此外，德里达还注意到，“宽容”这个概念具有生物学、遗传学或器官学的涵义，主要是指器官移植和疾病治疗中结合与排异之间的恰当界限，或指有机体在萎缩之前的挣扎以维持自身平衡的极限。这意味着，在语义上“宽容”这个概念所表达的“接受”是有限度的，就如同有机体接受移植器官是有限度的一样。德里达认为，这件事不是偶然的巧合。在法国，就有“宽容的阈限”（threshold of tolerance）这个短语，这个短语被用于描述一个界限，超出这个界限，它就不再体面地要求一个民族共同体欢迎任何外国人、移民工人及诸如此类的人。总之，“宽容”是“自我”或“我们”非中立地、非平等地对待“他人”或“他们”的概念，是有限度地善待他人的概念，甚至可以说是“伪中立”的和潜在的霸权观念，因此这个概念在基督教博爱精神中的深刻根源本身并不具有对普遍主义的诉求。因为，“宽容首先是一种仁慈的形式。一种基督教的仁慈，即便犹太人和穆斯林人也使用这种语言。宽容总是在‘最强大的理性’一方，在那里‘强权即公理’；它是主权的附属标记，主权冠冕堂皇的面子，它经常居高临下地对他人说话，我让你生存，但却让你痛苦不堪，我在我家给你留一块地方，但你别忘了这是我的家……”①

针对“宽容”概念的局限性，德里达主张用康德意义上的“友好”来代替宽容。在他看来，“宽容”与“友好”之间的差别并不是一个语义学的微妙之处，而是伦理和政治的研究中最为重要的东西。“友好”是我们每个人对于他人所具有的唯一义务。他说：

纯粹的或无条件的友好并不是由一种邀请（“在你适合我的地区的法

① Giovanna Borradori, *Philosophy in a Time of Terror-Dialogues with Jurgen Habermas and Jacques Derrida*, The University of Chicago Press, 2003, p. 127, pp. 128—129.

律和规范、依据我的语言、传统、记忆等等的条件下，我邀请您，我欢迎您到我家来”）构成的。纯粹的和无条件的友好，友好自身，是向那些你既没有期望也没有邀请的人，对那些作为绝对的外国旅行者而到来的人，对那些最初到来的、不曾认识、不曾谋面的人，简言之，对全部他人开放或者促进这种开放。①

从这个意义上说，宽容与友好实际上是相对立的。如果说我的友好是因为我的宽容，这就等于给我的友好规定了一个界限，而不是把友好理解为纯粹的、无条件的友好自身。

德里达主张用“友好”（hospitality or friendship）取代宽容，其思想根源显然是著名的启蒙运动哲学家康德。由此可见，德里达对“宽容”概念的解构，并不是背弃启蒙运动的政治精神，而是给那些在启蒙运动的传统中看上去似乎中立的概念，如宽容，画定历史的和文化的界线，从而扩展和升华启蒙运动的精神内涵。为了应对我们这个时代特定的全球性挑战，社会批判和道德责任要求解构那些伪中立的和潜在的霸权观念，就此而论，解构非但不是要削弱对普遍正义和自由的要求，而且是要无限地更新它。

2. 哈贝马斯对“宽容”概念的重构（reconstruction）

与德里达不同，哈贝马斯在道德和法律方面支持宽容概念。他承认宽容这个概念的确有一个宗教的根源并且它只是在后来被世俗的政治所占用，他也承认宽容的确具有内在的片面性，并指出：“宽容已经在家长式的精神中被实行了几个世纪之久。一个至高无上的统治者或多数人的文化愿意按照自己的决定‘宽容’少数人离经叛道的行为习惯，这一单方面性质的宣称是家长式的。在这个背景中，宽容的行为保留了一种仁慈行为或‘恩惠’的因素。被宽容的少数人不得踏过‘宽容的阈限’，在这个条件下，一个政党允许其他政党的一定数量的偏离正轨的行为。这种独裁主义的‘宽容概念’已经成为

① Giovanna Borradori, *Philosophy in a Time of Terror-Dialogues with Jurgen Habermas and Jacques Derrida*, The University of Chicago Press, 2003, pp. 128—129.

批判的目标，实际情况也正是这样，因为，很明显，宽容的极限，即把‘可以接受’的东西从不可以接受的东西分离出来，这是由现存的权威任意地建立起来的。带着这种观念而产生的宽容，由于它仅仅在一个界限内实行，超出这个界限就将被终止，就具有了自身的不宽容的内核。”①

但是，哈贝马斯并不认为在当代的政治思维中可以放弃“宽容”概念。在他看来，“对宽容概念的直接解构会落入了一个陷阱，因为立宪国家正好与那个使传统的宽容概念的家长式感受得以产生的前提相矛盾”。如果把“宽容”应用于由议会民主提供的参与政治体系的过程中，就可以使这个片面的概念中立化。为此，哈贝马斯用对“宽容”概念的“重构”直接回应德里达对这个概念的“解构”。这个重构是基于他的民主理想，这种民主是提供合乎宪法的自由、无强制性的沟通并形成理性的共识的唯一的政治状态。他说：

> 在其公民彼此相互承认平等权利的民主共同体中，没有给允许一个权威单方面地决定什么东西可以被宽容的界线留下余地。在公民的平等权利和彼此相互尊重的基础上，没有人拥有按照自己的偏好和价值取向来设定宽容的界线的特权。②

在这种民主共同体中，宽容他人的信仰而不接受他们的真理，宽容其他的生活方式而不喜爱其固有的价值，这就需要一个公共的标准或一种公共的价值，而在自由的民主政治中，宽容所需要的唯一的公共标准首先就是对宪法的忠诚。对哈贝马斯来说，宪法是一个道德共同体理想的政治化身，这个道德共同体的规范和实践完全被其成员所接受。因而对于宪法的忠诚意味着对于一个社会的忠诚，在这个社会中，所有自由平等的合作者的协约是独立地而非强迫地或操纵地达成的。更为重要的是，“在一个宽容‘公民不服从’

---

① Giovanna Borradori, *Philosophy in a Time of Terror-Dialogues with Jurgen Habermas and Jacques Derrida*, The University of Chicago Press, 2003, pp. 40—41.

② Ibid., p. 41.

的共同体中，宪法保护的延伸甚至超出建构起来的秩序，超出了所有行动和机构”。在其对“公民不服从”的宽容中，宪法自我反思地延伸，甚至涵盖了那些越出自身界线的条件。以这种方式，实现平等公民权利的这个民主方案，在今天实际上满足多数人的民主，而在明天能够实际地产生出他们可信的朋友。

3. 理解康德意义上的“友好”

比较德里达和哈贝马斯对“宽容”概念的“解构”和“重构”，笔者更倾向于德里达用“友好”取代“宽容”的观念。“宽容”一词无论是在西语中还是在汉语中的确在语义上都具有不承认平等权利的意味，是一种居高临下的“仁慈”和“施与”。因此，尽管在很多政治场合中，“宽容”一词的使用可以具有相当积极的意义，但作为解决文明冲突的原则必然具有挥之不去的局限性、不彻底性。语词的语义本身是文化长期积累的结果，是以往历史经验在语词中的凝结，因而也很难通过对语词的重新界定，而消除其固有的局限性。

哈贝马斯对“宽容”一词的重构，可以说是一个良好的设想。但是，很明显，这个重构需要一个非常强有力的前提，即一个功能性的参与民主制，一个公民彼此承认平等权利的民主共同体。在这种民主制中，宽容的确没有可能成为当权者或最强者的特权。然而，如果说这样一种民主共同体在一个民族国家内部尚可设想但也困难重重的话，那么在全球范围内，建立这种民主共同体几乎就是海客谈瀛洲。表面上看，全球化的进程似乎已经建立了经济参与和政治参与的条件，但至少从目前来看，由于全球范围内经济、政治乃至军事发展的不平衡性，参与民主制仅仅是一种理论上的可能性。特别是由于少数发达国家总是凭借自身的经济、技术、政治、军事优势在全球范围内建立经济霸权、政治霸权、军事霸权乃至话语霸权，宽容的界限在很大程度上是以这些发达国家的意志为转移。其结果是，一方面全球化在不断地扩大政治参与的途径和领域，另一方面却是“宽容的阈限”不断退缩，以致人们有理由认为全球化撒播的更多的是普遍参与的

幻觉而不是现实。不能说这些西方发达国家在展示和促进自身的宽容方面全然没有真诚性，问题在于，它们想到的只是宽容，而宽容本身毕竟是对他人的有限度的接受。

尽管“宽容”和“友好”都是源自启蒙运动的政治精神和宗教精神，但从这两个概念的比较来看，至少在世界秩序的建构方面，康德明确推崇“友好”精神，而对“宽容”虽抱有肯定态度，但多少有一些保留。如他在《答复这个问题：“什么是启蒙运动?”》一文中谈到了与他同时代的普鲁士腓德烈大王这位容许公民“言论自由”的宽容君主时，不无讽刺地说：

> 但是只有那位其本身是启蒙了的、不怕幽灵的而同时手中又掌握着训练精良的大量军队可以保障公共安宁的君主，才能够说出一个自由国家所不敢说的这种话：可以争辩，随便争多少，随便争什么；但是必须听话。这就标志着人间事务的一种可惊异的、不能意料的进程；正犹如当我们对它从整体上加以观察时，其中就几乎一切都是悖论那样。程度更大的公民自由仿佛是有利于人民精神的自由似的，然而它却设下了不可逾越的限度；反之，程度较小的公民自由却为每个人发挥自己的才能开辟了余地。①

在理解世界秩序和永久和平问题上，康德追求的是一种没有界限的、没有限度的权利，他称之为“友好的权利”。为此，他在论述“永久和平”的条款时明确指出：

> 这里正如前面的条款一样，并不是一个仁爱问题，而是一个权利问题。而友好（好客）就是指一个陌生者并不会由于自己来到另一个土地上而受到敌视的那种权利。……这种权利是属于人人都有的，即由于共同占有地球表面的权利而可以参加社会，地球表面作为一个球面是不可

---

① 康德：《历史理性批判文集》，何兆武译，商务出版社1990年版，第30页。

能无限地驱散他们的，而是终于必须使他们彼此互相容忍；而且本来就没有任何人比别人有更多的权利可以在地球上的一块地方生存。

……

然而这种友好权利，亦即陌生的外来者的权限，所延伸的程度，也不外是尝试一下与老居民相交往的可能性的条件而已。相距遥远的世界各部分就可以以这种方式彼此进入和平的关系，最后这将成为公开合法的，于是就终于可能把人类引向不断地接近于一种世界公民体制。①

可见，康德意义上的“友好”较之一般宗教和政治意义上的“宽容”更能充分地体现不同的人、不同的宗教、不同的民族或国家对生存和发展权利的平等追求。在康德看来，“永久和平”只有建立在这种政治价值观基础上，才是有可能的。这也应当被看作是启蒙理性面向未来世界所提出的最高价值追求。

是“体”还是“用”

在当代有关国际秩序的政治思维中，另一个引起广泛关注的问题是如何看待和解决不同信仰之间的关系问题。亨廷顿认为：“在所有界定文明的客观因素中，最重要的通常是宗教。人类历史上的主要文明在很大程度上被基本等同于世界上的伟大宗教。”② 当然，最好把这里所讲的宗教放到更为宽泛的意义上加以理解，因为在不同的文化体系或文明形态中，对宗教的理解不尽相同。我们可以将一种文化体系或文明形态的核心内容更为准确地表述为一种“信仰体系”，或以信仰为核心的文化模式。如哈贝马斯所强调的，每一种宗教都需要一个教条的信仰核心，这个核心是为什么每一种宗教都需要一个权威的理由，这个权威有资格解释教条并区分什么是正统的、正当的，什么是非正统或非正当的。这个信仰核心，或者表现为某种偶像崇拜或者表现为

---

① 康德：《历史理性批判文集》，何兆武译，商务出版社 1990 年版，第 116—117 页。

② ［美］塞缪尔·亨廷顿：《文明的冲突与世界秩序的重建》，周琪、刘绯、张立平、王圆译，新华出版社 2002 年版，第 25 页。

对某种形上根据的理解，总而言之，都是对某种超验性、终极性价值的信奉、体验和追求。因此，一个信仰体系就是一种理解人的生存价值和意义的范式。也就是说，人自身生存的终极价值或意义只有在这种信仰体系中才能自我确定并产生价值认同。我们可以借用“体”“用”概念，将文化体系或文明形态的这个信仰核心称之为这种文化或文明的“体”或“本体”，而所谓的“用”则是指一种文化体系或文明形态所包含的生活方式、习俗、习惯、道德、制度、法律等具体的内容，这些内容体现出这一文化体系的各种功用。

首先应当指出的是，不同的文化体系或文明形态在“体”上是不可能互相融通的，这是造成文化多元和文明冲突的主要原因。因为，第一，作为信仰核心的“体”是超验的价值和根据，不可能在经验世界中得到证实或否认，而至多只能在逻辑上确保自身所有信条的无矛盾性。正如康德的二律背反一样，在超验的层面上相互反对的命题都可以在逻辑上成立，这就意味着，不同的文化在“体”上谁也不可能说服谁，并且由于不同的文化系统的“本体”都具有最高的普遍性，因而也没有可能在更高的普遍性上将不同文化体系统摄为一。第二，不同的文化体系或文明形态都有其漫长的形成过程，它们来自不同的地域，有着各自的历史经历。可以说，信仰体系中的每一个信条都包含着一个民族在悠久的历史中沉淀下来的集体意识和心理感受，因而不同的文化体系之间必然包含着相互不可理解的东西，因而具有不可通约性。第三，就具体的文化领域——如科学文化、经济文化和政治文化——而言，我们可以找到客观的、经验的标准来衡量其先进与否，并相信不同的民族在这些文化领域终究会形成共同的追求，如追求先进的科学、追求经济的发达、追求政治上的民主和人格上的独立自由等，但是在“体”上建立起来的信仰却不会因为这些文化追求的共同性而成为共同的、单一的。因为“体”是超验的，经过适当的调整，它原则上可以把任何意义上的文化进步纳入到自身信仰体系的诠释之中，而不必同文化的进步发生矛盾。根据这些理由，本文认为，不同的文化体系或文明形态在“体”上，任何一方都不可能说服、征服或同化另一方。仅在这一点上，黑格尔的那种企图把世界范围内的不同的

文化纳入到一个统一的文化过程的历史主义是不能成立的。

“体”上的相异性是导致文化冲突或文明冲突的主要文化原因。但这不是说，体上相异就一定会发生冲突，如果是这样的话，我们就没有谋求和谐相处的任何可能性。真正导致文化冲突的不是体的相异性，而是对体的相异性的态度。冷战以后，人们普遍感到原教旨主义（fundamentalism）势头日渐凶猛，由此造成非常极端的文化对立情绪。这种原教旨主义其实就是对信仰体系的一种态度。原教旨主义，按《现代社会学大字典》（Modern Dictionary of Sociology）的解释，就是指一种“宗教运动，强调圣经内文的真确无误，及圣经拥有最高权威”。原教旨主义维护圣经的真理性、权威性，这属于信仰范围内的事情，原本无可厚非，但它具有十分强烈的排他性，它们不仅认为自己所信奉的教义句句是真理，而且力图排斥、挫败或征服世界上所有其他的信仰。

原教旨主义这种排他性一旦同政治统治结合在一起，那就不仅在民族国家内部有可能导致种族歧视、宗教冲突乃至种族灭绝这样的政治事件，而且对于国际秩序也会构成极大的威胁。目前，一些仍然实行政教合一的国家都有这种倾向，比较典型的如前伊拉克萨达姆政权，科索沃地区种族冲突等。实际上，即便像美国这样的号称最为民主、自由、开放的社会，也依然能够看到原教旨主义的影子。在第一次世界大战前，基督教原教旨主义曾一度在美国发展至顶峰。原教旨主义者声称《圣经》字字真言，都是由上主而来，以此反对新派人士从学术、历史和科学的角度来分析圣经，并曾激烈地反对在学校中开设进化论课程。这种原教旨主义情绪至今与美国的政治过程形影不离。如美国的外交一直具有强烈的意识形态倾向，而其意识形态的思想资源就主要来自基督新教。这种外交看上去打着人权以及民主自由主义的旗号，骨子里却是力图在全世界建立起基督教文明秩序。人权、民主和自由的主张不过是一种救世主义和干涉主义的翻版，具有明显的原教旨主义的排他性。这一原教旨主义倾向在小布什时代更是发展到了新的高度。德国前总理施罗德在他新近出版的《决定：我的政治生涯》一书中，回忆起2002年他与布什

的一次谈话，他说：“虽然谈话气氛轻松，但让我担心、甚至让我产生怀疑的是，总统布什如此虔诚，并把上帝看作最高权威。”他还说：“我非常理解有些人的虔诚，但问题是这会给人留下印象，政治决定来自于和上帝的对话。”施罗德本人坚持认为，治理国家应该实行政教分离原则。由此可见，原教旨主义的这种排他性、侵犯性一旦得到政治统治的响应，就难以避免地会诱发文化之间或文明之间的对抗或冲突。

原教旨主义的这种排他性至少从反面也说明了一个重要的文化问题，即我们不能谋求不同的文化系统或文明形态之间在“体”上的相互融合，或使他们在“体”上达到一致。而应当把构建和谐世界的关注点由“体”转移到“用”上，也就是在彻底地实施信仰自由的基础上，从文化体系或文明形态的“功用”中寻求不同文化之间和谐相处的机制和依据。所谓“用”，作为一个文化体系所包含的有关人的生活方式、行为方式的种种界说，具有十分丰富的内容。在这些内容中，有相当一部分内容体现了一个民族或种族特有的生活习惯和生活情趣，也表现出一种文化系统或文明形态的独特性或个性特征，但其中那些最基本的习俗、道德、制度、法律等文化规范则在不同的文化或文明中是相同的或可以相通的。因为，任何文化体系，总是一整套将社会成员整合起来、凝聚起来并使他们和谐相处的文化策略或文化机制。这些文化策略或文化机制通常是在人们漫长的生活实践中逐渐地、自发地形成的，是在长期的试错过程中产生的，是与社会生活的客观机制和客观要求相吻合的，因而这一整套使社会成员和谐相处的文化策略必然具有普遍价值。可以说，能够在一个民族文化系统中建立起内部秩序的那些最基本的文化规则也必然是能够在全球多元文化或多种文明形态之间建立起世界秩序的最基本的文化规则，而不论这些文化规则在不同的文化体系中获得何种形上的根据。

以往我们在理论上和政治实践中特别看重的是“体”，视“体”为第一要义，甚至把在“体”上辨析出是非善恶看成头等重要的大事，而把“用”看成次要的或第二位的因素。这种思想倾向令我们无法找到使不同的文化系统或文明形态和谐相处的机制，甚至把体现在“用”上的一致性遮蔽起来。

现在我们应当把谋求和谐的着眼点放在“用”上，使那些体现在“用”上的本来就一致的东西成为我们共同生活、和谐相处的文化准则。这样，我们就可以在“体”上变相互争论为相互尊重，而在“用”上谋求一致。这也就是本文所强调的“求同尊异”。这意味着，我们既无必要，也无可能把世界上的不同的文化或文明统一到某一种文化或文明中，更没有必要人为地构建一个统摄所有文化或文明的“普世伦理”或“全球法典”。所需要的仅仅是不同文化或文明之间本着“友好”的精神，相互尊重各自生存与发展的权利，而不是把自身的信仰强加于他人，更不是蓄意侵犯他人而谋求一己私利，从而使世界上各个民族、各个国家都可以平等地分享地球表面带给我们的共同利益。本文认为，这应当是和谐世界所能达到的最高境界。

（原载《江海学刊》2007 年第 4 期）

“精神超越”“实践批判”与“话语沟通”：对哲学三种范式及其意义的批判性考察

张曙光

哲学是人的存在方式的自我理解与批判。哲学范式则以思想坐标的形式集中表达并反思着人的特定的存在方式。随着人的具体的生存方式的改变，哲学范式也要发生相应的变化；但哲学范式也能产生于人们特定生活实践的前面并给予引导，因为它把握的是人的生活实践的矛盾运动及其内在逻辑。着眼于现代哲学的转向和发展，不难发现，从精神的超越，到实践的批判，再到交往话语的沟通，哲学范式经历了三次大的变化。但就中国现当代哲学而言，笔者认为，这三种范式固然在主导地位上呈现出替代性关系，但并不意味着一种范式可以完全排斥另一种范式，从学理上说，只有这三种范式相互依存、彼此渗透而又经历内在的转换，才能从最高的哲学思想层面体现并把握住当代中国和世界的“事情本身”；而在笔者看来，这三种哲学范式的沟通与转换，将凸显出“生命—文化”范式的重要意义。

一

哲学的精神超越、实践批判与话语沟通这三大范式，分别维系于人的生命活动的三个基本要素或方面——“意识”“语言”“实践”。意识、语言与实践既相互区分又互为中介。

如果外在地直观地看，人在形体上与动物并无根本的差异，其明显区别在于活动方式，这就是人们常说的人制造并使用工具的活动，由此人在“衣

食住行”生活各方面都有了自己“生产”出的文化形式。然而，许多动物都能利用自然物以求生，有些还能将自然物稍事加工，使之成为简单的工具。这样，把制造和使用工具作为人区别于动物的根本标志就有了问题。更为重要的，如果人之所以为人只是在于他能够利用自然条件改造自然，那么，人不过是一种超级动物，其生活方式也就无以表明其区别乃至超越自在自然的人文价值属性和向度，因而也无以表明人类内部的情感和伦理关系。事实上，即使人制造和使用工具的活动，也不仅仅关乎人的“智商”，还关乎人的“情商”，因为这是一种群体性的并为了群体的行为，这种行为让他们意识到工具可以利人也可以伤人甚至害人，因而至少在自己所属的群体中，工具和使用工具的行为都得到了某种“应然”的规定，——这本身就意味着人类从自然状态向社会文化状态的过渡，这里不仅涉及人对外部自然的认知和利用，还有一个人对他们自身的行为和内部关系的“理解”和“范导”；这当然也要借助认知，如认识他们赖以生存的自然条件和自己的能力，认识他们自己活动的各种可能的后果。但一种更为根本的认识是人的“自我认识”，而这是不同于人的对象性认识的，因为自我认识不仅使人进入自我呈现和作用的状态，还意味着人的自成目的和自觉自由，这样，人才有了超越本能的应然的生活，有了可以无限扩展的心理和精神世界。而人无论与外部自然界的关系，还是他们内部的关系，都必须通过这个内在的世界才能建立起来，并因而具有“属人”的方向性。

因此，如果内在地看，即人就自己的生命感受和自觉性而言，将人与动物区别开来的其实是人的“意识”尤其是“自我意识”，自我意识是人与一切非人的内在区别。事实上，“人”本身就意味着“人”的自我意识，因为这是人的自我命名或自我称谓。换言之，具有自我意识、能够自我命名的存在物就是人。所以，人之所以为人其实不在于其形体，而在于他是否有关于自己的意识。打个比方，倘若一条狗开口说话，说“我是一条狗”，我们就可以认定它是一个人了。就像童话中所描述的那些和我们一样有意识、语言、情感和意志的动物，都是人的“另类”一样。于是，便有了笛卡尔的“我思

故我在”。然而，事实上，童话毕竟是童话，在地球上只有一个物种即类人猿后来发展成为人；至于外星球的智慧生命也还是猜测。这样，我们就不能简单地把“自我意识”看作天赋观念，仿佛人从来就有一个现成的自我意识，有一个自觉的目的性一样，而必须考虑人的诞生或生成的过程，即那些使人成为人的具体条件与原因了。虽然这些条件与原因数不胜数，但我们今天至少知道，类人猿的相当发达的大脑、高度的灵活性、合群性，以及在特定自然环境压力下从树上下到地面，逐渐有了前后肢分工和使用天然工具的原始劳动，并且在有血亲关系的异性之间逐渐有了乱伦禁忌等，是从猿到人转变、因而也是特定的自然存在向文化存在过渡的关键环节。工具的制造也好，意识和自我意识的出现也好，都既是这一转变过程的产物，而又反转来成为加入并促进这一过程的条件。如果说“劳动工具”主要体现了人与自然对象的关系的话，那么，人的“自我意识”则必须在人们的相互关系即交往中产生，因为“自我”总是相对于“你”（你们）或“他”（他们）而言的，这里必须有“我”（我们）与“你”（你们）或“他”（他们）的关联与区分；并且，它还要借助于名词和概念即语言符号的产生。语言符号之不同于动物那里也有的记号，在于它作为人们既具个体性又具社会性的活动的产物，是他们生活的对象、规则与意义的表征和阐释方式，兼有形象与抽象、特殊与普遍两方面特性，不仅联系着人的内在意识与感性的身体活动，还像货币一样在人们的个体生命经验与群体公共生活之间进行着流通和置换，直接作用并影响着每个社会成员的思想，发挥着以言行事的作用。马克思曾指出：思想、观念、意识的生产最初是直接与人们的物质生活，与人们的物质交往，与现实生活的语言交织在一起的。人们的想象、思维、精神交往在这里还是人们物质行动的直接产物。语言和意识具有同样长久的历史；语言是一种实践的、既为别人存在也为我自身而存在的、现实的意识。语言也和意识一样，只是由于需要，由于和他人交往的迫切需要才产生的。①

---

① 参见《马克思恩格斯选集》第1卷，人民出版社1995年版，第72、81页。

这样，当我们从人的生命活动与动物生存的异质性上发现人有“意识”“语言”并探讨它们的形成时，我们就不能不从人的整个生命活动中特别注意到“生产”与“交往”这两大形式。马克思将这两大形式概括在“实践”之中。在与思想理论相对的意义上，实践指的是实现某一目的的手段性行动，但将其理解为人的基本的存在方式或活动方式，实践就内在地包含了意识与语言，并自成目的。这一本质上属于现代的认识，突破了西方思想史上主要从道德与政治活动方面理解实践的局限，不仅拓宽了而且深化了实践的含义。而哲学作为人的生命活动的自我反思和理解活动，正是以思想意识为内容、以语言符号为形式，并具有一定的实践效能的。由于意识、语言和实践各自的相对独立性，于是哲学便有了直接生成于人的自我意识活动的“精神超越”、以实践活动为出发点的“实践批判”、基于语言交往的“话语沟通”这三种哲学范式或形态。在中国学术界，由于文化传统和社会现实的作用与需要，这三种哲学都发挥着重要作用；并且，它们之间既有一种历史性的发生和替代关系，又共时地存在着，值得我们给予深入的思考和解析。通过这种思考和解析，我们也许能够对现代人的生存方式及其命运做出更为深入和准确的理解，在哲学上做出更具涵盖性和解释力的范式建构。

二

我们先来看直接生成于人的自我意识活动的“精神超越”。

纵观中国古代和西方古希腊的哲学思想，我们很容易发现，古代哲学虽然萌生于人们对于万物本原的探究，但进入到雅斯贝斯所说的标志着人类精神突破的“轴心时代”时，“精神超越”几乎成为东西方共同的思想追求与主题。众所周知，西方自苏格拉底、柏拉图直到黑格尔的哲学主流，其特点即在于对观念、精神的推崇，而其目的则在于通过意识和精神的超越取向，促使人们摆脱肉体的限制并走出人们直接感觉着的自然现象世界。笔者将这种哲学名之为“精神超越”的哲学范式。这种哲学的出现首先意味着人类重

大的历史性觉悟，即人们意识到要把自己从自然万物中分离出来，为自己的行为立法，从而过一种自为的社会文化生活，就要区分出并超越人自身及其感性世界的暂时性、偶然性和特殊性，发展自己的自我意识并借以强化、提高自己的主观能动性，使人获得自我认同并实现自我决定。而人的生物性肉体直接属于自然万物，其感觉具有明显的相对性和流变性，肉体欲望则天然具有自利性和排他性，人的物质生产劳动也是“由必须和外在目的规定要做”的。所以，西方许多思想家都把自我意识或精神确定为人的本质，重视直接维系于人的价值意识和生活信念、张扬真善美圣而贬斥假恶丑俗的道德、宗教和政治活动。在他们看来，只有这种活动才体现着人的高贵优越，才能提升人的道德和精神境界，并建立起“天经地义”的社会价值秩序。因而，他们在思想理论上所做的工作就是力求让精神摆脱肉身的局限乃至反转来支配肉身，从而达到最高的超越性和最大的普遍性。在西方传统的哲学形而上学和宗教神学那里，这种逻辑上在先和价值上优越的“精神”更是把自己确立为超验之域的绝对实体。值得注意的是，这种精神超越的哲学，在历史上不仅与人们的文化价值观直接联系，也往往通向其社会政治观。例如柏拉图的理念论就同时是一种社会政治哲学。柏拉图的理念论首先设定灵与肉、理念与现象的二元对立和灵对肉、理念对现象的绝对的一元主宰，随之他就以人的理性、情感与欲望三者自上而下的主导关系，得出国王、武士和工匠农夫之间“支配与被支配的天然联系”①。文德尔班认为，在柏拉图的理念的王国中，其他理念从属于善的最高理念不是在逻辑上特殊从属于一般，而是在目的论上手段从属于目的。② 这正是柏拉图关于社会政治秩序合理性的价值依据。可以说，柏拉图理念论一类关于精神超越的哲学，并非要所有的人都从肉体欲望中摆脱出来（但劳动者要懂得“节制”），进入到超凡脱俗的精神世界，而是要建立他心目中理想的社会等级关系。这也许才是“柏拉图主义”在西方经久不衰的最重要原因。

---

① 参见《柏拉图全集》第2卷，王晓朝译，人民出版社2003年版，第383—426页。

② 参见文德尔班《哲学史教程》（上卷），罗达仁译，商务印书馆1987年版，第167页。

中国哲学并不像西方的柏拉图主义那样二元化和极端化。但在先秦儒家和后世的士人们那里，精神的超越不仅同样构成其思想的主流，而且也直接或间接地为他们区分上下尊卑的社会等级关系辩护。儒家固然看重人的整个生命，主张积极入世，但人的生命整体的价值完全在于它异于禽兽的“几希”即善端，而“庶民去之，君子存之”（孟子），因而人们“入世”的前提就在于把自己修养为君子；“君子忧道不忧贫，谋道不谋食”（孔子）；做到“内圣”就会自然成为“外王”。后世的儒家看重的也是人的存心养性即道德意识的确立，用董仲舒的话说就是“正其谊不谋其利，明其道不计其功”。——这虽然不是只看重人的精神境界的提升或内在超越，但这种提升或超越却是人们成就王道事功的根本所在。老子主张道法自然，绝圣弃智，对人的主观意识的努力不以为然，是因为他发现这种努力恰恰服务于人的争权夺利，人越是“有为”，竞争越激烈，世道越混乱。庄子也主张“心斋”“坐忘”，同样因为他厌恶人们在社会中一切追名逐利的行为，认为这些行为到头来都只能“伤性殉身”。他最为欣赏和憧憬的是精神的逍遥与自由，这也是他对“物”的立场的超越和“道”的视域的获得。

然而，其一，精神活动毕竟不是人的感性对象性活动，一旦与人的感性活动分开，精神的超越就有流于虚妄的可能。而在一些观念主义者那里，这种可能果然成为现实。精神的至上论导致了精神的抽象化。其二，精神的超越固然有益于理想的文化价值秩序的形成，但如果理想的文化价值秩序维护的却是现实的社会等级秩序，那么，精神的超越就势必成为精神贵族轻视劳动者的特权和强化社会支配性关系的条件，这样，人们追求精神超越的旨趣也就完全异化了。这不能不让人们重新思考和看待人的生命活动的性质和功能，特别是在人们发现彼岸的信仰其实是此岸生活世界的问题的投射之后。于是有了对人的现实实践的新的重视，有了“实践批判”。

我们知道，当西方形而上学哲学在黑格尔那里达到了它的极限状态时，它也在孕育着生活实践的取向。意识和理性既受制于而又超越着人的肉身及感性实践，也不能不对人的肉身及感性实践有所眷顾和回归，尤其是在它充

分展开自身可能性的情况下。因而黑格尔自己就多次申说“行动”和“实践”的重要；费尔巴哈在激烈地批判了黑格尔的“理性”“精神”哲学之后，更是提出建立“感性哲学”“实践哲学”这样的新哲学，如他所说“从理想到实在的过渡，只有在实践哲学中才有它的地位”；说“新哲学”“本质上具有一种实践的倾向”；而“理论所不能解决的疑难，实践会给你解决”①。随着哈贝马斯所说的“实践优位”取代“意识优位”，原来一直处于主导地位的意识哲学终于让位于实践哲学。

马克思的实践的唯物主义是现代实践哲学的典范形式，它在终结传统哲学的同时，将理论引向实践的历史的批判，因而笔者将其称之为“实践批判”范式。在对实践的理解上，马克思不仅大大地突破了前人的眼界，并且给予了重构：不是“高明”的道德与政治，也不是“超越”的精神活动，而是“世俗”性的生产劳动才是人类最重要的实践形式，劳动者才是历史的真正创造者。在马克思看来，在创造对象世界的同时确证着人是有意识的类存在物的意义上，生产劳动本然地具有自由自觉的性质；只不过人的活动的这种优点，也能够在一定条件下成为人的缺点，即把自己的生命活动当作维持自己生存手段的情况下。这样，马克思从人的物质生产出发，顺理成章地将人的需要的变化、人自身生命和他人生命的生产、生产中的自然关系和社会关系，再到一开始就被物质所纠缠着的意识和语言，以及精神生产与物质生产的分化，作为构成人类历史的矛盾运动的基本要素和环节一一地展现在世人面前。所以，“实践”作为打开人们社会生活和历史进程的钥匙，绝不是一个单一的同质的光秃秃的概念，不是可以离开自然和社会条件的支持与约束的“纯粹的活动”，而是对人类实际的、充斥着内在矛盾的生产生活的批判性指认和革命性抉发。哲学上的“实践批判”范式以实践为思想坐标，旨在让人们确立这样一个根本性的原则和态度：不要从观念和书本出发，而要从自己具体的生活实践活动出发去揭示现实世界的矛盾，并根据这个矛盾来推动现存的社

① 《费尔巴哈哲学著作选集》（上卷），商务印书馆1984年版，第108、186、248页。

会条件和环境的变革。实践批判是以工业生产、市场经济为其主要形式的现代实践的内在性质与功能，是作为推动原则和创造原则的否定的辩证法的体现，因而既包括否定性、变革性，也包括肯定性和建设性。其“革命”和“批判”首先是广义的而非狭义的“革命”“批判”概念——后者旨在打倒或推翻反动的、异化的社会制度及其人格代表。但是，在阶级分裂和对抗严重的时期，人们很容易把这两种概念的革命与批判混为一谈，由此也会带来许多问题，如认为“破字当头，立在其中”，从而不断激进地实施革命大批判，其实是以革命替代建设；不讲程序的合法性，忽视新的社会秩序的建构；并且，由于对革命所做的主观片面的理解，导致一些“革命者”一味地单向度地反对、征服外部世界，而完全无视自身的文化修养和自我改造的必要性，由此导致这些“革命者”内心世界的贫乏和虚妄，使得“革命”陷入盲目性并具有破坏性。在我们国内，由于历史的和现实的原因，这种情况以及对马克思实践观点和“实践批判”的狭隘的功利性的解读，成为一个长期存在、至今也未能很好解决的问题，而这是与现代文明的要求和人的全面发展的要求很不合拍的。因而，将前述“精神超越”扬弃于“实践批判”的范式之内，并将形式的程序的公正作为现代文明的成果给予接受，通过交往伦理即符合一定规范的话语沟通，为解决人类社会的各种矛盾和对立提供可行的思路与途径，就成为十分必要甚至极其重要的哲学思维形式。

在笔者看来，马克思的“实践批判”固然强调的是对于资本主义社会的“暴力革命”，但这是有条件的；马克思特别是恩格斯后来都提出了资本主义“和平”地转向社会主义的可能性。并且，马克思的实践观点中本来就包含着“自由的精神生产”和利用资产阶级“议会民主”进行话语论辩的思想。在今天我们越来越充分地认识到现代文明秩序的合理性的情况下，我们更应当重视“话语沟通”的民主协商功能，而不是以天生的革命派自居，动辄就“推翻”“打倒”。

话语沟通旨在发现、揭示并敞开现代人的生活的道理与秩序。传统哲学的语言是由高度抽象的概念和形式逻辑的推理构成的，哲学本体论的语言更

是自我指涉的。因而，传统哲学形而上学所讲的道理和所开显的秩序，其实是一个超时空超历史的“自我”或“绝对观念”在自身范围内的游戏，这里贯彻的无非是海德格尔所说的形而上学的“存在—神—逻辑”机制。而现代哲学的语言学转向突出的是语言在特定语境中的具体用法，即现代话语理论所说的话语。话语（discourse）也译为言谈、交谈、陈述；对话、讲述和论证也都被视为话语的形式。话语涉及交谈或对话的双方和话语发生的时空条件。在当代欧陆哲学中，话语被看作是维护社会与政治实践合法性的基础，与传统的认为这种合法性基于先天的、普遍的理性或人性理论的观点相对立。话语伦理学旨在建立和维护这样一种共同体，它不是建立在强制之上，而是建立在自由和平等的人们之间的同意之上。① 在福柯那里，话语的研究旨在揭示社会权力的本性和作用方式，一个社会的话语的生产是由某种程序控制、选择、组织和分配的，也可以说是由权力所建构的；真理、知识不是价值中立的，不是对所有人都不偏不倚、一视同仁的，作为话语它们都是权力的形式。② 福柯看到了话语这片天空不是像理性那样纯洁平和，涉及利益，并相互冲突，而冲突才能推动话语和人们的思想不断地走向新的深度和广度。但这种本质上属于知识社会学的分析，把真理、知识的内容以及所体现的主客体关系归结为它得以产生的社会条件和某种社会功能，也有很大的片面性。话语作为以言行事的社会文化活动，直接或间接地反映人们一定的价值立场和利益，能够对别人产生影响甚至支配作用，因而具有某种权力的属性或功能，这是不言而喻的。但这并不表明话语直接就是权力，更不等于强制性的政治、经济权力，在民主社会能够支配、影响别人行动的言谈，必须言之成理，让人从内心认同，这就要讲道理、给说法，或至少让别人感觉你说的有道理。话语的目的不只是要公平地实现每个人的利益，它在发挥思想和感情交流作用的同时，还承担着约定共同的游戏规则、组织社会生活和营建社会秩序的

---

① 参见尼古拉斯·布宁、余纪元编《西方哲学英汉对照辞典》，人民出版社 2001 年版，第 265 页。

② 参见米歇尔·福柯《规训与惩罚》，刘北城等译，生活·读书·新知三联书店 1999 年版，第 29—30 页；《知识考古学》，谢强等译，生活·读书·新知三联书店 2003 年版，第 1—14、47—53 页。

重任，其宽泛的文化作用大于单纯的政治作用。话语沟通范式原则上可以归属于哈贝马斯做出重要贡献的“交往行动理论”，也部分地属于文化符号哲学。国内学者如任平教授在这方面做了大量研究，值得我们学习并进一步推进。但是需要注意，社会的实际差别特别是足以在政治、经济、文化上形成社会等级式的差别，造成了社会的阶层区分、利益区分与文化区分（而在国际范围内，还有民族和文化的区分），将社会成员置于不同的社会地位和社会环境中，事实上将他们分割开来甚至对立起来，使得他们的生活方式、情感方式都有了不小的差距。因而，处于不同社会地位和社会环境中的人们很难形成共同的价值立场和情感，即使通过对话能够使之相互理解，也不能直接地实际地消除由于等级差别导致的情感隔阂与利益对立。这无疑需要包括制度在内的社会条件的实际变革，同时也需要社会意识依据社会共同体的整体利益营造出具有最大的普遍性的价值观念，而这又牵涉到前述的“实践批判”与“精神超越”。

三

现在我们就来论述一下这三种范式的会通以及新的哲学范式的建构问题。

如果从西方哲学运动的轨迹来看，其思想有一个从地上升到天上，然后在19世纪又开始向地上回归的路线。用马克思的话说就是从有血有肉的人，到想象的、抽象的人，再回到现实的有血有肉的人。尤其是在20世纪，许多思想家都是以发现人的心灵和文明深处的本能和欲望为能事并名世的。这在表面上看来，似乎只是顺遂了人的肉身的欲望和弱点，但考虑到西方自柏拉图以来善恶优劣二元论所带来的问题，那么，应当承认，哲学思想从天上回到地上的取向，不仅是这种哲学的命运所在，也有利于人们重新认识包括理性和道德在内的人类文明的问题，有利于人的天性在文明压抑下的复苏和感性肉身的解放。然而，人类总是生活在天地之间，其“上天”也好，“入地”也罢，都不可能是单向的或终结性的。对于人来说，舍勒所说的人的精神与生命的双向转化应当更有道理。值得注意的是，直到今天，许多人文学者特

别是老一代学者普遍地重视哲学在人的精神超越、人格修养和境界提升中的作用，仍然认为哲学就是关于人的“精神境界之学”①。值得我们认真思考与借鉴，且不可简单地视为重复儒家“极高明而道中庸”的信条，是疏阔、陈腐之论，或类似笛卡尔那样“只求改变自己”而不去变革世界的消极退避思想。——如果这样看，倒是需要反思我们自己以及我们所推崇的“实践观”在多大程度上成了现代社会的世俗化甚至庸俗化的俘虏，“实践观”在多大程度上被给予了狭隘的功利化理解。笔者认为，现代人对于人的“精神追求”和“精神家园”的重视，是“精神超越”哲学的积极性与合理性的现代发展，它至少可以从以下两个方面认识，其一，这里既有对传统人文价值思想尤其是人的自我提升思想的继承，又有希望通过人们对现代化运动，对人的主体性活动及其后果的反省，批判人类中心主义的价值取向，消除人与自然和人与人的对立，实现“万物一体”“天人和谐”的理想。这种理想或许永远难以完全实现，但却能够最大限度地让我们调整自己的行为，营建生态文明。其二，现代人对精神的重视还包含着“知其不可而不为”和“知其不可而为之”的双重意识和人生态度。世界上有许多“事情”我们可以想象，但却“不可”即做不到，如几十年内让全世界都进入共产主义我们做不到，让人类内部没有竞争和亲疏远近我们做不到，完全消除世界上不公平不合理的现象我们也做不到。那么，是否不可的事情我们都“不为”“不必为”？非也。首先，我们有必要区分两类“不可”，一类不可的事情我们既没有能力做，也不应当做，因为它不符合人生在世的基本性状或历史发展的内在逻辑。如希望任何竞争都没有，要求人们感情上没有亲疏远近，这既不可能，也未必有益于人。人生充满矛盾，文明内含悖论，我们不能看到矛盾的负面问题和文明的悖论就想取消这矛盾，无视这悖论。但我们的确可以想象一个没有矛盾和悖论的世界，在精神上给自己构筑一个完全自由和谐的“天国”。这是“知其不可而不为”，知其不可而“安之若素”。另一类不可的事情也往往超

① 参见张世英《哲学导论》，北京大学出版社2002年版，导言，第7、8、9章。

出我们现实的能力，但却是我们应当努力的方向，如人类社会中永远会产生并存在丑恶的现象，要彻底消除这些现象几乎是不可能的，但是，我们却应当在精神上给予鄙视，在行动上给予抵御和反对，绝不与之同流合污。即使这样做于事无补，也会为社会挺立起做人的原则。而这既是“知其不可而为之”，又是“知其可而为之”，因为人人都可在道德上为自己做主。此即孟子所言“大丈夫”的主体性以及“达则兼济天下，穷则独善其身”的旨趣。康德的“实践理性”和近人所言“独立之人格，自由之思想”与之同调。

显然，人的精神在这里并不等于人的主观意识，而是人的主体性的体现和人的社会文化生命的根本所在。因而，它非但不排斥倒是紧密地引导着人的实践活动。所以说古代的哲学家们都只是“解释”世界而不去“改造”世界是不恰当的。苏格拉底、柏拉图一类的哲学都有强烈的实践向度和功能，只是这种实践向度和功能并不总是积极的、正面的。基于历史上的唯意志论、独断论和乌托邦的实践旨趣及其严重后果，我们在今天的确应当警惕和防范将个人的信念强加于人，或者忽悠煽情式地以言行事。历史也表明，社会不能没有公开公平的竞争，人也不能不追求超越和卓越，否则，人类非但不能走向理想的目标，还会消沉堕落下去。但是，由此也将导致人类内部差距的拉开和不平等的产生，这是人类的命运，不可不理性地承认和对待。但理性地承认和对待并不等于认可现实，而只是上面所说的防止其倒向狂热和虚妄的举动。而理性如果不与道德和情感相互贯通，它表面上的价值中立恰恰意味着一种坏的价值取向，即对不公正的丑恶的现象漠然置之。社会上那些“智商”高而“情商”低的人的自私和对他人疾苦的冷漠，是一个有力的佐证。因而，人类的命运也正是他自己的使命：人类永远要在一个产生差别和不平等的世界中寻求公正平等。在个人的独立性和个体性越来越突出的现代社会，一方面，利用越来越普及的话语权，将关乎公共利益的事情放在公共空间，让公民公开地充分地讨论、沟通，从而取得某种共识，才能从程序上保障现代社会生活的健康开展；另一方面，重新反思何谓人的“优秀”与“卓越”，从过去流俗价值观所推崇的能力大、地位高与声名显赫，转向能力

强且富善心、境界高远而又具谦卑意识，扶持弱者、贡献社会、友爱自然，则是当代文化建设的题中应有之义。在笔者看来，对于众多自幼就被教育“出人头地”、成为“人上人”的中国人来说，更应当正视并解决这个最为实际的“人生观”“价值观”问题。

着眼于当今世界，不难发现，中国人面临的诸多问题正是世界性问题的缩影。中国社会中所谓“前现代”“现代”与“后现代”现象的共存，反射出的正是世界上不同民族极不平衡的生存状态。而所不同者，在于我们以中国特色社会主义市场经济的道路，逐步地缩小这个差距。中国特色固然有其地域性规定，但中国以和谐主导分化的思维方式和价值取向，尤其是和而不同的智慧，却完全适合于当代全球性问题的解决。由此，笔者认为，在哲学上，上述三大哲学范式理应重建为“生命—文化”范式。限于篇幅，本文只能简略地指出，“生命—文化”范式既立足于人的肉体生命，而又主张通过生命的对象性活动而不断地自我分化与整合，不断地实现人文化成；即认为人类只有离开自然、改造自然，自然生命才能变为文化生命并形成解决自然生态问题的意识和能力，正如只有在彼此的竞争中，人们才能增长才干、脱颖而出，并意识到社会分化的正负两面性，从而主张反哺、回报社会与自然；并进而认定社会的金字塔结构必将向着椭圆式秩序转变，因为这是生命真正自由的形态；珍视人类的生命，又珍视所有的生命及其共属的地球家园；以“生命—文化”在其相互转换中分化开来并彼此关联的“个体”“共同体”“人类社会”和“大自然”的“四重”形态和维度，思考并对待所有的问题，这样，我们就一定能够走出“现代性的困境”，赢得一个美好的未来。

（原载《江海学刊》2008 年第 1 期）

世界历史与时代

——列宁“世界历史”理论探析

丰子义

在马克思主义发展史上，继马克思和恩格斯之后，对全球化研究最为广泛深入且有重大理论建树的，应当首推列宁。列宁一方面继承了马克思的研究方法，始终注意用唯物史观来观照世界历史，并紧紧围绕资本逻辑来解析世界历史；另一方面又结合新的时代特点，根据新的情况、新的变化来研究问题，从而使马克思的世界历史理论发展到一个新的阶段。如果说，马克思的世界历史理论是关于自由资本主义时期的全球化理论，那么，列宁的世界历史理论则是关于垄断资本主义即帝国主义时期的全球化理论。

同马克思一样，列宁不是一般地研究世界历史，或者纯粹从史学意义上研究世界历史，而是结合时代特点、世界形势和斗争需要对世界历史予以具体分析的，因而其世界历史理论就体现在有关重大问题的论述之中。有关时代论特别是与此相关的帝国主义论，就构成为列宁世界历史理论的主要内容和显明特色。正确理解和把握这些理论，对于深刻认识今天的全球化和时代问题，也是非常有益的。

世界历史与时代划分

在列宁的世界历史研究中，时代问题之所以成为一个突出问题，原因就在于它不仅是研究世界经济、政治和国际关系等各种问题的基础和前提，而

且是领导无产阶级政党制定各种战略和策略的依据。正如列宁所讲："首先考虑到各个'时代'的不同的基本特征（而不是个别国家的个别历史事件），我们才能够正确地判定自己的策略；只有了解了某一时代的基本特征，才能在这一基础之上去考虑这个国家或那个国家的更具体的特点。"① 这就是说，列宁研究时代的目的，主要是为了制定正确的策略，并根据时代的走向确定具体的发展道路。或者说，"国情"的了解与对待必须以对"世情"的判断为前提。

时代的概念在学术界有不同的理解，而列宁所讲的"时代"，则是"大的历史时代，并非某些短暂的个别的过程"②。尽管"每个时代都有而且总会有个别的、局部的、有时前进、有时后退的运动，都有而且总会有各种偏离运动的一般形式和一般速度的情形"③，但其总的方向、趋势和总的运动过程是基本确定的，大的历史阶段是可以划分的。

"大的历史时代"的确定，必须借助全球的或世界历史的视野。列宁所讲的时代就是这样。它不是指某个国家或某个地区的情形，也不是个别国家的个别历史事件和个别历史时期，而是就全球范围的整体发展、总体格局而言的。"时代之所以称为时代，就是因为它包括所有的各种各样的现象和战争，这些现象和战争既有典型的也有不典型的，既有大的也有小的，既有先进国家所特有的也有落后国家所特有的。"④ 用全球的视野来把握时代，并不是要对世界所有历史现象和历史事件都作详尽研究才能对时代加以概括、说明，而是指必须从整体出发才能对时代及其基本特征有一个总体的认识和判断。因为时代就体现在世界的总体联系之中，时代的基本特征也不过是这种总体联系的反映和表现。实际上，全球化或世界历史的形成，本身就划了一个时代，它是人类历史长期发展的产物，是人类活动和交往不断扩大的结果。在

① 《列宁全集》第26卷，人民出版社1988年版，第143页。
② 同上。
③ 同上。
④ 《列宁全集》第28卷，人民出版社1990年版，第127页。

远古时期，人类诞生于世界上的不同地区，人们过着相互隔绝的生活。不同的民族和社会不仅没有联系，甚至彼此不知道对方的存在，因而人类长期处于孤立时代。随着农业文明的出现，人们生产和交往的能力与范围开始逐渐扩大，因而人类开始步出孤立状态走向相互接触、往来，这就形成了世界上同时存在的几大文明中心。像古埃及文明、两河流域文明、东亚文明、古希腊罗马文明、玛雅文明等的同时出现，就标志着多中心时代的到来。从近代以来，特别是西方工业革命以来，由于生产力的快速发展以及交往的普遍发展，人类历史逐渐从民族历史走向世界历史，从而形成全球化时代。全球化的出现，不仅深刻地改变着人类的经济发展进程，而且对社会形态的演进也产生着重大影响。如果说，在以往社会，某种社会形态在各个国家的实现程度和对各个国家的影响程度还是有限的、差异较大的，其基本特征和演进规律只能在少数国家得以典型地表现；那么，在全球化条件下，社会形态的内在逻辑便在各个国家得到了比较透彻的贯彻，其影响对每个国家、民族的发展都是巨大的。随着全球化进程的快速推进，世界性的经济、政治、文化联系日益紧密，以致影响到各个国家生产力与生产关系的联系与组合，使生产力和生产关系相互联系的民族性和国际性日益交织在一起。这样一来，必然会深刻影响社会形态的内部联系以及生成、演化的机制，进而影响到社会形态在各个国家的具体实现形式。正因如此，列宁在考察时代及各个国家、民族的具体发展时，始终没有离开全球的视野。

列宁曾在不同场合、针对不同问题而谈及时代问题，因而对时代的划分有不同的看法。但总体来看，列宁主要是从世界历史视野出发，依据以下标准来划分时代的：

一是依据生产力和技术发展水平。时代的划分或新旧时代的区别，归根到底是由生产力和技术发展水平决定的。恩格斯曾经指出："一切社会变迁和政治变革的终极原因，不应当到人们的头脑中，到人们对永恒的真理和正义的日益增进的认识中去寻找，而应当到生产方式和交换方式的变更中去寻找；不应当到有关时代的哲学中去寻找，而应当到有关时代的经济

中去寻找。”① 所谓到生产方式和经济中去寻找，最根本的是到生产力和技术发展水平以及由此决定的劳动方式中去寻找。列宁明显继承了这一基本观点，坚持用这样的方法来看待和划分时代。他十分赞同克尔日扎诺夫斯基的小册子《俄国电气化的基本任务》中所用的题词：“蒸汽时代是资产阶级的时代，电气时代是社会主义的时代。”② 按照这样的划分，列宁认为，构成俄国社会主义物质基础的只能是“适应最新技术水平并能改造农业的大工业”③，即全国电气化。

二是依据社会形态。在一定时期里，哪种社会形态居于世界历史的主导地位，代表世界历史发展的方向，是区分历史时代的主要标志。在世界历史的总体发展中，各个国家、民族的发展是不平衡的，一些国家、民族走在历史发展的前面，另一些国家、民族则落在历史发展的后面；在同一历史时期中，几种社会形态往往在世界范围内同时并存。但是，其中必有一种社会形态走在历史的前面，居于世界历史的主导地位，代表世界历史的发展方向。这种社会形态就是区分历史时代的主要标志。列宁实际上就是这样看待时代的。在《什么是“人民之友”》一书中，列宁主要依据社会经济形态来划分时代，他重申了马克思在1859年《〈政治经济学批判〉序言》中关于社会经济形态演进的思想，并且把占主导地位的生产关系（社会形态的骨骼）作为划分国家间不同之处与共同之处的主要标准。列宁还用这样的方法来考察俄国资本主义的发展，认为19世纪末20世纪初的俄国社会尽管有多种经济成分并存，但资本主义经济成分已居于主导地位，因而俄国社会不能简单地归于“村社”社会，而实际上已进入资本主义社会，不能因“村社”特色而否定了资本主义社会的性质。④

三是依据阶级地位。时代性质的确定与阶级关系密切相关。在阶级社会

① 《马克思恩格斯选集》第3卷，人民出版社1995年版，第741页。

② 《列宁全集》第38卷，人民出版社1986年版，第117页。

③ 《列宁选集》第4卷，人民出版社1995年版，第542页。

④ 参见列宁《俄国资本主义的发展》，《列宁选集》第1卷，人民出版社1995年版。

中，哪个阶级居于中心地位，代表历史发展的方向，也是区分时代的一个重要标志。列宁指出：“我们无法知道，一个时代的各个历史运动的发展会有多快，有多少成就。但是我们能够知道，而且确实知道，哪一个阶级是这个或那个时代的中心，决定着时代的主要内容、时代发展的主要方向、时代的历史背景的主要特点等。”① 实际上，时代的性质、特征、主要内容和发展方向就是受该时代历史活动的主体所左右的。如在资产阶级革命时期和资本主义制度确立以后的一段时期内，资产阶级属于时代的中心，代表着历史发展的方向，决定着时代的主要特征。在19世纪三四十年代之后，资产阶级开始走向保守，无产阶级则以独立的政治力量登上了历史舞台，开始了新制度的创立活动，因而成了时代的中心，代表了历史发展的方向，决定了时代的主要特征。到20世纪初期，无产阶级的历史作用尤为突出，因而列宁又常常将此时期称为“无产阶级革命”的时代。

四是依据历史事件。将具有重大的或转折性意义的历史事件作为划分时代的标志也是列宁的一大理论特色。如列宁对于资产阶级开辟的历史时代的三个阶段的划分，就分别以18世纪末的法国大革命、19世纪中叶的普法战争、第一次世界大战爆发和结束等历史事件作为基本标志。列宁认为，资本主义可以划分为三个时代。从时间上，“通常把历史时代划分为：（1）1789—1871年；（2）1871—1914年；（3）1914—?”。从内容上看，“第一个时代是从法国大革命到普法战争，这是资产阶级崛起的时代，是它获得完全胜利的时代……是已经过时的封建专制制度迅速崩溃的时代。第二个时代是资产阶级取得完全统治而走向完全衰落的时代，是从进步的资产阶级转变为反动的甚至最反动的金融资本的时代。这是新的阶级即现代民主派准备和慢慢聚集力量的时代。第三个时代才刚刚开始；这个时代使资产阶级处于相当于封建主在第一个时代所处的‘地位’。这是帝国主义时代，是帝国主义发生动荡和由帝国主义引起动荡的时代。”② 具体到帝国主义时代，列宁也依据重大历史

① 《列宁全集》第26卷，人民出版社1988年版，第143页。
② 同上书，第144页。

事件，将其划分为不同阶段。“帝国主义，作为美洲和欧洲然后是亚洲的资本主义的最高阶段，截至1898—1914年这一时期已完全形成。美西战争（1898年），英布战争（1899—1902年），日俄战争（1904—1905年）以及欧洲1900年的经济危机——这就是世界历史新时代的主要历史里程碑。”① 列宁还认为，十月革命的胜利具有划时代的意义，因为它开辟了“两个具有世界历史意义的时代，即资产阶级时代和社会主义时代，资本家议会制度时代和无产阶级苏维埃国家制度时代的世界性交替的开始”②。

可以看出，尽管列宁划分时代有不同标准，但不管这些标准有什么不同，最终都是从世界历史的宏观视野来考虑问题的，每一种标准都是置于世界历史的背景之下来加以阐发和运用的。

确定历史时代这一概念，对于研究世界历史及其发展规律又有着重要的理论意义和现实意义。恰当地确定历史时代，有助于正确地把握世界历史的性质和基本特征，可以有针对性地制定和调整自己的发展策略和政策；明确历史时代的方位和走向，有助于认清世界历史发展的基本潮流和基本趋势，从而因势利导，趋利避害，加快发展进程；准确地理解和把握历史时代，有助于正确认识当代世界发生的新变化、新特点，从而正确地确定自己的发展道路。也正因如此，列宁在考察世界历史及其发展时，始终关注时代问题的研究。

垄断资本与帝国主义时代

列宁不仅对时代作过一般概括和描述，而且对帝国主义新时代有着非常深入细致的考察和分析。这正是列宁时代观和世界历史观的重点和核心所在。可以说，不了解列宁的帝国主义论，就很难理解列宁的时代理论和世界历史理论。

---

① 《列宁选集》第2卷，人民出版社1995年版，第705页。
② 《列宁全集》第36卷，人民出版社1985年版，第208页。

在列宁之前，有关帝国主义的研究就已经开始出现。由于现代帝国主义首先在英国形成，因而对帝国主义的研究也首先是在英国进行的，而后扩展到欧洲其他国家。在对帝国主义的研究中，代表性的观点主要有如下几种。

一是以霍布森为代表的从分配与流通出发的帝国主义论。在1902年出版的《帝国主义》一书中，霍布森提出这样一种观点，认为帝国主义并不是由垄断产生的，而是由生产与消费的矛盾引起的，其经济根源是资本主义国家的收入分配不均衡，资产阶级占有的份额太多，从而向外投资，导致帝国主义。只要改进收入的分配，消除分配上的不均，消费不足就可以避免，就不会有资本和生产过剩，就可以消除经济危机，争夺海外投资市场也就没有必要，帝国主义也就不可能产生。

二是以考茨基为代表的从社会资本生产实现条件出发的帝国主义论。在1914年出版的《帝国主义》一书中，考茨基认为，任何社会生产都要求各部门比例协调，这种协调不仅存在于两大生产部类之间，而且存在于工、农业之间。在资本主义制度下，农业生产落后于工业，先进的资本主义国家为解决农产品供应不足的问题，开始是用自由贸易的方法，但由于竞争逐渐激烈，便转而实行帝国主义。因此，在考茨基看来，帝国主义是取代自由贸易的另一种政策，是工业资本主义民族对农业区域民族的一种征服。当帝国主义发展到只有一个卡特尔统治的世界时，就进到了超帝国主义阶段。

三是以库诺夫为代表的从资本主义发展阶段来考察的帝国主义论。与把帝国主义仅仅看成是一种政策相反，德国社会民主党领袖库诺夫把帝国主义看成资本主义的一个发展阶段。在其1915年出版的《党破产了吗?》一书中，他认为新的帝国主义的发展阶段同过去那些发展阶段如大机器工业的形成一样，也是一个从资本主义新的、内部的、金融的生存条件中生长出来的发展时期，一个通向社会主义的必然的过渡阶段。在这个阶段中，真正起作用的不再像以前那样是原有的工业资本，而是已经占统治地位的金融资本。不过，库诺夫又对金融资本的统治作了不合理的解释，认为作为金融资本统治表现的帝国主义既然是资本主义发展的一个阶段，有其历史必然性，那就不能推

翻它。工人阶级可以夺取政权，但要使这个政权用于这样的目的：使经济发展的好处不仅对资本寡头政治有利，而且也由国家和工人分享越来越大的份额。

除了上述观点外，比较相近的、较有影响的还有希法亭、卢森堡、布哈林等的帝国主义论。① 列宁在其研究中，一方面吸收、借鉴了这些思想家的有益研究成果，另一方面又在研究方法上进行了重大变革，形成了特有的方法论。

首先，不是从分配或流通领域，而是从生产领域来探寻帝国主义的产生。与霍布森的看法相反，列宁认为帝国主义作为垄断的资本主义，其垄断的产生不是由于流通和分配引起的，而是由生产中的竞争所导致的集中引起的。当生产发展到一定程度，便产生垄断；生产中的工业垄断，引起流通中的银行垄断，工业和银行垄断资本相结合而又形成金融资本，金融资本的统治最后导致帝国主义。"生产的集中；由集中成长起来的垄断；银行和工业日益融合或者说长合在一起——这就是金融资本产生的历史和这一概念的内容。"② 帝国主义就是伴随金融资本的发展而形成的。所以，金融资本既不是单纯的工业资本，也不是单纯的银行资本，它既支配工业资本，又支配银行资本，是一种新的资本形态。把帝国主义产生的原因从分配、流通领域转到生产领域，显然是抓到了根本。

其次，不是单纯从生产的外部条件或内部条件来研究帝国主义，而是从生产内、外条件的结合上来考察帝国主义的兴起。考茨基等人在研究帝国主义时，虽然不是从分配和流通领域，而是从生产领域出发去探究帝国主义产生的原因，但他们又坚持认为，资本主义生产条件本身不能为它的扩大再生产提供条件，因而就要向非资本主义国家扩张；当几个资本主义国家都这样扩张时，就产生了剧烈的竞争，从而产生帝国主义政策。显然，这是从生产的外部条件来解释帝国主义的起源。列宁不否认外部条件的分析，但更主要

---

① 限于篇幅，这里不再作具体介绍。

② 《列宁选集》第2卷，人民出版社1995年版，第613页。

的是从内部条件入手并从内、外条件的结合上来对帝国主义进行研究。之所以如此，原因就在于，帝国主义的产生和发展是资本逻辑运作的产物，而资本逻辑既有它内在的运作机制和内在动力，又离不开适宜的条件和市场，如世界市场、自由贸易。因而帝国主义本身就是内、外条件综合作用的结果。正因如此，列宁首先从生产的内部竞争讲起，一直讲到国际性垄断及其争夺，从而阐明了帝国主义兴起的原因。列宁认为，商品生产的自由竞争必然造成生产的集中，生产的集中又必然形成垄断，由于垄断企业的目的是攫取垄断利润，而国内投资市场过于狭小，因而垄断企业要达到上述目的，就必须将过剩资本输出到利润率通常较高的落后国家去。这样，垄断资本家也就逐渐组成国际性垄断同盟，在经济上瓜分世界，最后导致按照新的经济实力不断地重新瓜分世界。

正是按照这样的方法，列宁通过对资本主义世界发展的认真观察和潜心研究，批判地继承和改造了已有的理论成果，于1916年完成了《帝国主义是资本主义的最高阶段》一书的创作，全面阐释了帝国主义理论。

从对资本逻辑的分析入手，列宁提出一个明确的判断：帝国主义是垄断的资本主义。这是列宁对帝国主义的一个总的观点。列宁同时认为，帝国主义是资本主义的垄断阶段这个简短的定义，虽然很方便，但要从这一定义中推导出对象的那些最重要的特点，那还是不够的。因此，“应当给帝国主义下这样一个定义，其中要包括帝国主义的如下五个基本特征：（1）生产和资本的集中发展到这样高的程度，以致造成了在经济生活中起决定作用的垄断组织；（2）银行资本和工业资本已经融合起来，在这个‘金融资本的’基础上形成了金融寡头；（3）和商品输出不同的资本输出具有特别重要的意义；（4）瓜分世界的资本家国际垄断同盟已经形成；（5）最大资本主义大国已把世界上的领土瓜分完毕。”① 按照列宁的看法，这一定义揭示的就是帝国主义“基本的、纯粹经济的概念”，也就是帝国主义的基本经济特征。

① 《列宁选集》第2卷，人民出版社1995年版，第651页。

上述帝国主义五个基本经济特征并不是彼此孤立的，而是有其内在联系的。在这些特征中，垄断统治是最根本的特征，它是帝国主义经济的实质和基础，其他特征都是从这个根本特征衍生出来的，并形成一个相互作用的链条：正是由于生产集中和垄断的形成，才使银行具有新作用，工业垄断和银行垄断结合起来，形成了金融资本和金融寡头的统治；正是金融资本的统治和发展，造成了大量剩余资本，使资本输出成为必要；正是资本输出的日益加强和国际垄断的逐渐形成，必然会产生国际垄断同盟从经济上对世界的瓜分，进而导致各资本主义列强对世界领土的瓜分。因此，"垄断代替自由竞争，是帝国主义的根本经济特征，是帝国主义的实质。"① 当然，垄断并不意味着消除了竞争。帝国主义也是资本主义，只要是资本主义，就不可能完全消除竞争。"从自由竞争中生长起来的垄断并不消除自由竞争，而是凌驾于这种竞争之上，与之并存，因而产生许多特别尖锐特别剧烈的矛盾、摩擦和冲突。"②

垄断资本主义的实质决定了帝国主义在世界历史中的作用和影响。这就是帝国主义在世界范围内进行掠夺、侵略和争夺世界霸权。在帝国主义时代，"资本主义已成为极少数'先进'国对世界上绝大多数居民实行殖民压迫和金融扼杀的世界体系"③。帝国主义通过资本输出、商品输出等手段进行的对外剥削，特别是对殖民地的瓜分和占领，突出地表现了帝国主义掠夺和侵略的本性。"极少数富国……把垄断扩展到无比广阔的范围，攫取着数亿以至数十亿超额利润，让别国数亿人民'驮着走'，为瓜分极丰富、极肥美、极稳当的赃物而互相搏斗着。"④ 由于掠夺和侵略的份额只能以实力为基础，而实力又是不断变化的，因而帝国主义各国不可避免地要为夺取世界霸权而不断斗争，以致发动侵略战争。"帝国主义的重要特点，是几个大国争夺世界霸权，即争

---

① 《列宁选集》第2卷，人民出版社1995年版，第704页。
② 同上书，第650页。
③ 同上书，第578—579页。
④ 同上书，第714页。

夺领土，其目的与其说是直接为了自己，不如说是为了削弱对方，破坏对方的霸权。”① 因而“‘世界霸权’是帝国主义政治的内容，而帝国主义政治的继续便是帝国主义战争”②。帝国主义的掠夺、侵略和争夺霸权的斗争，必然驱使帝国主义国家走上军国主义的道路。正如列宁所讲，帝国主义由于它的根本的经济属性，其特征是最不爱和平，最不爱自由，最大限度地到处发展军阀机构。“现代军国主义是资本主义的结果。”③

列宁的帝国主义论，实际上把帝国主义时代的世界历史作了深刻的揭示，特别对当时世界历史的性质和基本特征作了深刻的揭露。正是有了这样一种基本判断，才能更准确、更深刻地认识世界历史的各种具体现象和问题，从而作出合理性的评价。当然，也应当看到，列宁对帝国主义的分析也有一定的时代局限性。如果说，列宁对帝国主义本质的分析是完全符合实际，是被实践所证实的话，那么，他对帝国主义历史地位的概括则表现出他对资本主义经济的成熟程度估计有些过高，或者说，对资本主义的生存和发展能力估计不足。尽管列宁也讲资本主义的腐朽趋势，“绝不排除资本主义在某些工业部门，在某些国家和某些时期内惊人迅速的发展”④，但基本倾向还是认为资本主义行将灭亡。面对当今世界资本主义的发展，需要予以具体分析。不过，列宁分析的基本方法、基本观点直到今天仍具有重要价值，仍为世界经济政治研究所关注。

世界历史格局与具体发展道路

在帝国主义时代，世界历史发展出现的重大变化必然深刻影响世界各国之间的关系以及各个国家的发展进程。如何看待世界历史的发展状况及其未来走向，便成为列宁高度关注的重要问题。作为考察和研究的成果，主要是

---

① 《列宁选集》第2卷，人民出版社1995年版，第653页。
② 《列宁全集》第28卷，人民出版社1990年版，第125页。
③ 《列宁全集》第17卷，人民出版社1988年版，第167页。
④ 《列宁选集》第2卷，人民出版社1995年版，第705页。

资本主义经济政治发展不平衡规律的理论和社会主义可能在一国胜利的理论。

对于世界历史发展总体格局的判断，列宁是在分析当时资本主义各国情况的基础上形成的。在19世纪中后期，马克思和恩格斯曾经根据当时的情况，阐明了在自由竞争的资本主义时代由于生产资料私有制和生产无政府状态，使各个资本主义国家、各个工业部门的发展不平衡。但是，相对说来，这时的不平衡发展还不是十分显著的，而是比较平稳的。一些国家要经过很长一个时期才能逐渐赶上并超过另一些国家。到19世纪末，由于全球化的扩展、垄断资本主义在各国的兴起以及技术上的巨大进步，加剧了资本主义各国发展的不平衡状态。垄断高额利润的驱使，使发展较晚的资本主义国家的垄断资本能够借助全球化利用当时技术发展的先进成果，促进许多工业部门的快速发展。这样一来，原来落在后面的国家便能很快超过先前的先进国家，使资本主义国家的发展形成跳跃式的不平衡发展。如英国走在各国之先曾花费了一百年左右的时间，而在垄断资本主义时期，德国只用20年就开始超过英国，而美国则用更短的时间超过了欧洲各国。经济政治发展不平衡的态势明显增强。

为此，列宁在1915年发表的《论欧洲联邦口号》一文中就开始提出："经济和政治发展的不平衡是资本主义的绝对规律。"[①] 在1916年发表的《帝国主义论》中，列宁又根据广泛的材料对资本主义经济政治发展不平衡规律作了进一步的阐述，认为"在资本主义制度下，各个企业、各个托拉斯、各个工业部门、各个国家的发展不可能是平衡的"[②]。这种不平衡性随着世界领土被瓜分完毕而达到极其尖锐的程度。在这种情况下，帝国主义列强之间为重新分割世界领土而斗争，便成为不可避免的趋势。

资本主义经济政治发展不平衡的规律，是列宁关于社会主义可能在一国或数国首先取得胜利的理论的重要依据。列宁认为，资本主义经济政治发展的不平衡必然造成帝国主义体系的薄弱环节，而这种薄弱环节则提供了冲破

① 《列宁选集》第2卷，人民出版社1995年版，第554页。

② 同上书，第689页。

帝国主义战线、夺取无产阶级革命胜利的机会。所谓帝国主义体系薄弱环节，一般说来，不一定是发达资本主义国家，因为这里统治阶级的统治能力较强，也不会是经济文化非常落后的国家，因为这样的国家连大工业和现代无产阶级都没有，不具备搞社会主义的起码条件，而往往是那些经济文化比较落后，有一定的大工业和现代无产阶级，阶级矛盾特别尖锐、激烈的国家。正是从这样的薄弱环节出发，列宁开创性地发展了马克思和恩格斯原有的设想，在《论欧洲联邦口号》中明确提出社会主义革命可能首先在一国或数国取得胜利的论断，而后在次年发表的《无产阶级革命的军事纲领》一文中，进一步肯定了这一结论。

列宁关于社会主义革命首先在一国或数国取得胜利的理论具有极为重要的意义。它不仅以新的理论创新了马克思主义的社会主义革命学说，而且为各国无产阶级指明了革命的前途。正是在这一理论指引下，俄国成功地爆发了十月革命。这一革命在占世界六分之一的俄国土地上推翻了资本主义制度，建立了社会主义制度，对以后世界各国的无产阶级革命和民族解放运动产生了深远的影响。十月革命确实开辟了世界历史的新时代。对于革命的意义，列宁也作过高度评价："这个伟大的日子离开我们愈远，俄国无产阶级革命的意义就愈明显。"① 他还指出："我们已经开始了这一事业。至于哪一个国家的无产阶级在什么时候、在什么期间把这一事业进行到底，这个问题并不重要。重要的是，坚冰已经打破，船路已经开通，道路已经指明。"②

列宁的"一国胜利论"同时是对马克思世界历史理论的丰富和发展。这一理论不仅揭示了帝国主义时代世界历史的发展规律，而且指明了在新的世界历史条件下各个国家的具体发展道路。从世界历史和时代的总体联系中来把握一个国家的发展出路，制定相关发展战略，这正是该理论给我们的有益启示。

（原载《江海学刊》2008 年第 2 期）

① 《列宁选集》第 4 卷，人民出版社 1995 年版，第 563 页。
② 同上书，第 568—569 页。

弹性生产与资本的全球空间规划

——从马克思到哈维

仰海峰

对于全球化，哈维从历史唯物主义空间理论的视角这样来描述：“全球化可以被视作一个过程、一项条件或者一个特定的政治规划。”“它创建了独特的地理景观，一个由交通和通讯、基础设施和领土组织构成的人造空间，这促进了它在一个历史阶段期间的资本积累，但结果仅仅是必须被摧毁并被重塑，从而为下一个阶段更进一步的积累让路。所以，如果说‘全球化’这个词表示任何有关近期历史地理的东西，那它则最有可能是资本主义空间生产这一完全相同的基本过程的一个新的阶段。”① 从这个意义上，对全球化的反思，就离不开对资本在全球时代的积累方式及其空间政治的思考，这构成了哈维学术的核心主题。

从福特制到弹性生产

对于现代资本主义，历史唯物主义是从生产范式来揭示资本展开过程所导致的世界历史进程的，哈维的讨论继承了历史唯物主义的这一思想，以分析现代资本主义生产方式的变化为理论入口。在20世纪70年代，福特主义的危机酝酿着资本主义生产方式的转变。一方面，福特主义所激发的生产力的增长，引起了世界范围的资源危机和资本危机；另一方面，当年的石油危

① 哈维：《希望的空间》，胡大平译，南京大学出版社2006年版，第53页。

机导致了所有经济部门必须通过技术和体制变革来寻找能源节约的出路，这就导致了资本空间布局的改变，即由福特主义的大规模集中生产向世界各地的分布。应对这种危机就必须探索新的生产方式，弹性生产方式就是在这种情境中产生的。西方由此进入到后福特社会。①

按照哈维的论述，弹性生产主要体现在以下几个方面：第一，劳动力市场的变化。福特主义时代的全日制劳动人员，转向了以非全日的、不定期的、固定条件的合同工作人员以及临时的、转包合同的和公共津贴资助的受训人员，劳动力市场的这一转变是同技术的发展分不开的，特别是微电子技术的发展，使这种弹性工作方式越来越具有发展的空间。第二，劳动力市场的结构性转变。伴随着工业结构的变化，最根本的是已经增加了的转包的转变，这个转变使传统的家庭劳动、手工业劳动得以生长起来，这也导致了第三世界国家的发展与发达资本主义社会的发展相趋同的倾向。这种变化直接侵入到阶级意识的形成中，“阶级意识再也不是起源于劳资之间直接的阶级关系，并朝着更加混乱得多的家族间冲突的范围、在家族中或在有等级秩序之社会关系的类似帮派的体制中争夺权力的方向发展。”② 而家庭劳动体制的恢复使妇女劳动力代替其他劳动力的机会更多。第三，上述转变导致了经济空间的变化，即区域经济已经开始压倒规模经济，这是小批量生产的结果。与大公司相比，专业化和灵活的设备削弱了规模经济的冲击力，但更善于掌握微观市场的细节变化，并迅速做出反应。“小批量生产和转包肯定具有绕过福特主

---

① 对于这个新的阶段，法国的调节学派称之为后福特主义，有的学者称之为新福特主义。在学术讨论中，后福特主义与新福特主义有着不同的含义。按照李佩兹的讨论，走出福特主义的危机有两条道路：一是降低工资，提高雇主的利润，这是一条“柔性化”道路，消灭了社会妥协，坚持泰勒主义劳动组织原则，并得到了计算机技术的帮助，但工人不再享有福特主义带来的好处；另一条道路建立在人力资源动员或者提高工人劳动生产率和质量水平的运动基础之上的新型劳资关系，主动提高劳动生产率，而不必然地依赖日益复杂和昂贵的机器化，如日本的精细生产方式就是如此（参阅李佩兹《后福特主义的运气不幸》，载《资本主义发展阶段——繁荣、危机和全球化》，阿尔布里坦等编，张余文等译，经济科学出版社2003年版，第26—28页）。沿着这一讨论，前一条走出危机之路是一种新福特主义的方式，这也是新自由主义者所采取的方式；后一种是后福特主义方式（参阅谢富胜、黄蕾《福特主义、新福特主义和后福特主义》，载《教学与研究》2005年第8期）。但不管怎样界定，新的生产方式更加注意于弹性生产，所以从生产方式的角度以“弹性生产”来界定。

② 哈维：《后现代的状况》，阎嘉译，商务印书馆2003年版，第198页。

义体制的刻板、满足更大范围的市场需求、包括快速变化的需求的优点。”① 第四，在文化上，灵活积累在消费方面更加密切地关注快速变化的时尚，调动一切引诱需求的技巧和它们所包含的文化转变，追求时尚成为现代文化的重要规定。“福特主义的现代主义相对稳定的美学，已经让位于后现代主义美学的一切骚动、不稳定和短暂的特质，这种美学赞美差异、短暂、表演、时尚和各种文化形式的商品化。”②

弹性生产方式的产生，使资本主义积累方式发生了变化。在福特制资本主义社会，建构一个工厂帝国，是解决生产无政府状态的重要条件。但帝国化的工厂会导致固定资本越来越大，利润率也就随之下降，而在弹性生产方式中，资本主义通过分散劳动力市场、劳动过程和消费者市场，形成了地理上流动且回应灵活的更加紧密的组织，与这种劳动组织相应的，就是大量机构上的、产品方面的和技术上的创新。更加紧密的组织和正在剧减的集中化事实上是通过两方面最重要的平行发展取得的。正是在这个转变过程中，“首先，准确的和最新的信息现在成了一种具有很高价值的商品。接近和控制信息，加以及时分析数据的强大能力，已经成了集中协调广泛的企业利益的根本。对汇率、时尚、趣味和竞争者动向的变化作出及时回应的能力，对于企业的生存来说比在福特主义之下更加具有实质性。”③ 其次是全球金融体系的彻底重组和金融调整极大强化了全球势力的出现。“又一次有了一场双重的运动，一方面是朝着金融集团的形成和惊人的全球势力的经纪人的形成发展；另一方面是金融活动的迅速激增和分散以及通过创造全新的金融工具和市场而进行的流动。”④ 这种金融体制给了银行等更多的自主权，而且意味着向与国家相对的金融资本的授权转变，加上集装箱化、大型喷气式飞机货物运输和卫星通信，它们使生产和设计指令能及时地发送到全世界的任何地方。也

---

① 哈维：《后现代的状况》，阎嘉译，商务印书馆 2003 年版，第 201 页。
② 同上书，第 202 页。
③ 同上书，第 205 页。
④ 同上书，第 207 页。

正是在这一资本重组过程中，产生了资本的全球化。

资本的空间规划

在马克思的政治经济学批判，特别是在《资本论》及相应的手稿中，对资本的时间与空间问题进行过较为丰富的讨论，这些讨论不仅涉及生产与流通过程，而且涉及资本在地理空间上的规划，应该说，马克思的讨论构成了哈维讨论的基础。

在我看来，马克思关于资本逻辑与时空规划问题可以综合为以下几个方面：第一，剩余价值的获得离不开对时间—空间的规划，特别是必要劳动时间的缩短与剩余劳动时间的延长。在关于剩余价值的讨论中，马克思首先讨论的是绝对剩余价值的获得问题，在绝对剩余价值的获得中，延长剩余劳动时间是唯一的方法。将时间作为价值来规划，这表明了时间本身并非就是与人无关的容器，特别是在社会活动过程中，时间本身都打上了人类实践的特征，而在资本逻辑的作用下，时间本身就是资本规划的重要内容。剩余价值的另一种形式就是相对剩余价值，而在相对剩余价值的取得中，时间与空间同时被置于资本逻辑的规划之中。马克思在关于相对剩余价值的分析中，集中讨论了从协作、分工、工场手工业到机器大工业的过程，这些都是生产结合方式与技术模式的改变，而在这些改变中，除了时间的维度规划之外，一个重要的方面就是时间与空间之间的转换关系，当空间规划较为合理时，也就同时缩短了必要劳动时间。比如在讨论到协作时，马克思这样说："较多的工人在同一时间、同一空间（或者说同一劳动场所），为了生产同种商品，在同一资本家的指挥下工作，这在历史上和逻辑上都是资本主义生产的起点。"①协作本身就是一种空间规划，当这种规划与分工的发展相结合并形成工场手工业时，空间结合本身的优势就直接体现出来。这种优势在于，工人不仅可以减少工作过程中由于距离而消耗的时间，而且可以降低不变资本的价值组

① 马克思：《资本论》第一卷，人民出版社1975年版，第358页。

成部分。正是这种空间的结合，才能更好地形成资本在生产过程所需要的时间的连续性。比如马克思在讨论到机器时说：“结合工作机所完成的整个过程越是连续不断，即原料从整个过程的最初阶段转变到最后阶段的中断越少，从而，原料越是不靠人手而靠机器本身从一个生产阶段传送到另一个生产阶段，结合工作机就越完善。如果说，在工场手工业中，各特殊过程的分离是一个由分工本身得出的原则，那么相反，在发达的工厂中，起支配作用的是各特殊过程的连续性。”① 在我看来，这里还有一个重要的问题，通过这种空间规划建构出来的不仅是体现为有形资本的空间结合，而且还建构出另一种空间，即社会空间，或者说，当资本逻辑展开时，原初意义上的自然空间与社会空间已经结合在一起了。

第二，资本流通过程中的时间—空间规划。马克思曾指出，资本的生产与流通实际上是同一个过程，资本在生产中增殖，但只有在流通中才能实现，马克思称这个过程为“惊险的一跳”。资本的流通时间直接决定了资本的周转过程，而资本的周转又直接同资本的增值相一致。这时，为了保证资本增值的实现，必须要解决两个问题：一是使资本的流通时间趋向于“0”。“流通时间本身不是生产力，而是对资本生产力的限制……由于加速或减少流通时间——流通过程——而可能发生的一切，都归结为由资本本性所造成的限制的减少。”② 因此，资本“要力求用时间去消灭空间，就是说，把商品从一个地方转移到另一个地方所花费的时间减少到最低程度”③。这是资本流通的必然要求，这个要求实际上是在电脑时代才真正得以实现。在工业时代，信息只是为了更快更好地生产，主要只起到引导的作用，而在信息时代，信息本身就成为产业，成为利润的来源，而且信息的生产与流通在一定意义上同一化了，信息一生产出来就可以直接流通，“这种传输将以光速来进行。在新的

---

① 马克思：《资本论》第一卷，人民出版社 1975 年版，第 418 页。
② 《马克思恩格斯全集》第 46 卷（下），人民出版社 1972 年版，第 39 页。
③ 同上书，第 33 页。

形式中，信息将成为举世共享的资源”①。流通时间的“0”度化，使经济模式发生了转变：“工业时代可以说是原子的时代，它给我们带来了机器大生产的观念以及在任何一个特定的时间和地点以统一的标准化方式重复生产的经济形态。信息时代，也就是电脑时代，显现了相同的经济规模，但时间和空间与经济的相关性减弱了。”② 数字化的生活将越来越不需要依赖特定的时间和地点，这才是全球化时代的理想时空结构。资本流通时间的消失，使资本的活动空间才真正具有了全球化的意义，实现了自由资本主义时期世界历史的理想。只有在这个时代，才有知识经济，而知识经济在这个意义上是资本主义当代拓殖的最高表现。

第三，资本在社会建构中的空间规划，在我看来，这是马克思在《资本论》第一卷中关于“资本主义积累的一般规律”中提出来的。马克思在讨论资本积累的规律时分析了工人住宅区的建构以及这种建构与资本的空间布局的关系。“生产资料越是大量集中，工人也就越要相应地聚集在同一个空间，因此，资本主义的积累越迅速，工人的居住状况就越悲惨。随着财富的增长而实行的城市‘改良’是通过下列方法进行的：拆除建筑低劣地区的房屋，建造供银行和百货商店等等用的高楼大厦，为交易往来和豪华马车而加宽街道，修建铁轨马路等等；这种改良明目张胆地把贫农赶到越来越坏、越来越挤的角落里去。”③

哈维的讨论从一般理论形态上继承了马克思的问题，只是在马克思的分析中，更为关注的是时间，而哈维在当下的历史情境中关注的主要是资本的空间布展。在他看来，“时间和空间的客观性在各种情况下都是由社会再生产的物质实践活动所赋予的，由于后两个方面在地理上和历史上变化着，因而我们发现社会时间和空间的建构有着很大的差别。简言之，各种独特的生产方式或者社会构成方式，都将体现出一系列独特的时间与空间的实践活动和

① 尼葛洛庞蒂：《数字化生存》，海南出版社1996年版，第12页。

② 同上书，第191页。

③ 马克思：《资本论》第一卷，人民出版社1975年版，第722页。

概念。”① 哈维认为，在以进步自居的现代性的进程中，历史时间成了它的主要的尺度，这也合乎现代性的内在规定。以进步为尺度的现代性，必须征服空间，拆毁一切空间障碍，最终通过时间消灭空间来实现自己，把空间变成一个附带的范畴，隐含在进步概念的本身之中。这是历史进程中的时间问题。在艺术中，则是相反的过程，以一种永恒的空间来取消时间，构成了现代艺术的重要主题之一。不管是对空间的消灭还是对空间的美学留恋，一个事实就是在现代资本的建构以及人的生活意识建构中，空间发生着重要的作用，但这个空间并不是一个先验的容器，而是与人的活动以及资本的逻辑展开结合在一起。“我将探究的总的论点是：在一般的金钱经济中，尤其是在资本主义社会里，金钱、时间和空间的相互控制形成了我们无法忽视的社会力量的一种实质性的联结系列。”② 而在这种联结中，权力关系随同资本逻辑的展开一同包容在空间关系之中。其实，上面关于马克思思想的讨论实际上已经讲到这一问题，即现代意义上的空间规划与资本是联系在一起的，资本通过控制空间而控制着有利于自己发展要求的政治权力。哈维通过分析资本主义的发展指出：“那些支配着空间的人可能始终控制着地方的政治，即使对某个地方的控制要首先控制空间，这是一条至关重要的定理。”③ 在这个意义上，任何资本主义生产方式的转变，也是一次空间的重组，并使资产阶级所控制的权力置于各种空间之中。正如上面所说的，空间的规划在不同的实践活动中体现为不同的样式，哈维关注的是弹性生产时代的空间规划问题。

自文艺复兴以来，随着资本的发展，空间的障碍开始崩溃，在前资本主义社会具有权威与神秘性的外部空间变成了人们所征服的对象，地球日益在变小，通过时间征服空间过程的展开，形成了资本主义社会的“时空压缩”。特别是在1850年之后，随着资本主义稳定发展，对外贸易和资本投资的扩张，资本主义把主要力量放到了全球性扩张的道路上，这在第一次世界大战

① 哈维：《后现代的状况》，阎嘉译，商务印书馆2003年版，第255页。

② 同上书，第282页。

③ 同上书，第292页。

左右达到了顶点。实际上，正是在一战之后，特别是随着电子媒介的产生，才使时空压缩得以彻底的完成。但当这种时空被资本同一化的同时，“空间越是统一，分裂的特质对于社会身份和行动来说，就越重要。例如，资本跨越地球表面的自由流动，极大地突出了可能吸引资本的那些空间的独特品质。把各种社群跨越地球带入相互竞争的空间的收缩意味着地方化的竞争策略，以及意识到了使一个场所变得特殊并赋予它一种竞争优势的特质的增强了的感受。”① 进入到弹性生产时代，空间障碍的消除，使得空间中的任何一个地方都被纳入到资本的全球规划之中，而弹性生产方式中的垂直转包方式以及信息在生产与管理中的作用，使得这种规划成为可能。当每一地区都被纳入到资本的空间规划时，场所的特质由此在日益增强的空间抽象中处于越来越重要的地位，积极地创造具有空间特质的各种场所，成了地方、城市、地区和国家之间的空间竞争方面的重要标志。这就形成了场所规划之中既有同一性，又存在着差别，但这种差别并不是根本本质的不同，而只是处于空间系列中的差异。“强化了的场所内部的竞争，将导致在日益增加的国际交流的同质性之内造成更加多样化的空间。”所以，“空间障碍越不重要，资本对空间内部场所的多样性就越敏感，对各个场所以不同的方式吸引资本的刺激就越大。”② 这也是地方性的反全球化斗争得以兴起的原因，但在人们强调地方性的差异时，是否在更深的层面上陷入了资本的全球空间规划之中了呢？哈维强调历史唯物主义的规划在今天受到了挑战，必须在历史—地理的基础上，重新规划历史唯物主义，同时建构一种新的替代性方案。

辩证乌托邦与新替代方案的可能性建构

在哈维看来，在西方现代性历史上，乌托邦主要体现为一种理想空间的规划，这种空间的规划带有一种永恒性，在这个意义上乌托邦是对历史过程

---

① 哈维：《后现代的状况》，阎嘉译，商务印书馆2003年版，第339页。

② 同上书，第370页。

的排斥。“‘乌托邦’通常与某个地方相联系，这是一个既快乐又不存在的地方。地点的特性（可以被称为‘地点性’）是重要的，这意味着再现并密切关注作为社会过程容器的空间形式和作为精神秩序表达的空间形式。相反，社会过程的理想化样式通常以纯时间术语来表达，它们在字面上束缚于任何不存在的地点，并且典型地被指定为一个在空间性约束之外的地方。”① 实际上这里存在着两种乌托邦：一是作为永恒空间的乌托邦，这种乌托邦带有极权主义的特征；一是作为过程的乌托邦，这是由自由市场的支持者所看重的。“任何过程的乌托邦理想的纯度不可避免地会被它的空间化方式所破坏。完全同样地，空间乌托邦的具体实现与被动员起来制造它们的时间过程的特性相冲突，所以过程乌托邦理想与具体实现它所必须要的空间框架和地区特性是相互冲突的。”② 在现代性的进程中，这两种乌托邦的实现是以一种相互妥协的方式结合在一起的，这主要体现为两个方面：第一，国家权力与自由市场之间的矛盾结合；第二，人工环境的建设是商业活动所依赖的资源复合体。也正是在这样的结合中，哈维认为，乌托邦的理想退化了，强迫性的协作模式加深了政治与经济活动中不平衡地理的发展。因此，如何重新思考乌托邦，这构成了哈维重构空间规划的理论想象力基础，也是建构替代性方案的前提。“没有乌托邦的理想，就没有办法来确定我们可能想要驶向哪个港口。”③

过去的乌托邦，有着各自不同的规划。针对同质性空间乌托邦的不足，福柯强调一种空间异质性的“异托邦”，强调空间游戏的共时性观念，突出选择、多样性和异质性，在这种多样性的空间中，“‘他性’、变易性和替代方案可以不被当作纯粹虚构事物来研究，而是通过与已经存在的社会过程的联系来研究”④。但哈维认为，福柯所谓的“异托邦”，他所强调的各种混乱的、异质性的空间，或者是平庸的，或者是排他而封闭的，无法真正地为替代方

---

① 哈维：《希望的空间》，胡大平译，南京大学出版社 2006 年版，第 168 页。
② 同上书，第 173 页。
③ 同上书，第 183 页。
④ 同上书，第 179 页。

案提供线索。相比较而言，哈维认为，在今天，空间的重建面临的问题是："如何推翻由自由市场本身制造从而成为社会相对永久性特征的这些结构。"① 因此，乌托邦的规划不再是自由主义式的"非此即彼"问题，而是"既又"的问题，实际上也就是对上述两种乌托邦的辩证超越，这正是辩证乌托邦一词的含义，也是重建替代方案的基础，两者是结合在一起的。

辩证的乌托邦强调一种总体性的替代观念，这种观念是从社会结构与人类行为技术的关系或者说是在两者的协调配置中才得以产生的。马克思曾指出，人是历史的创造者，但这种创造是在特定的自然条件与社会条件下完成的，这是人类得以解放的内在循环关系。哈维也认为，人类在其生物进化过程中，由于与社会建构过程相一致，形成了一些基本的技能，他把这些技能概括为六个方面：第一，生存竞争和斗争（经由自然选择，或者在人类历史中经由经济、政治和文化的选择，产生等级制和同质性）。第二，适应生态环境（经由经济、政治和文化方面的增殖和创新而产生差异性）。第三，协作、合作和互助（依赖交流和转化的能力，形成社会组织、制度安排和一致同意的政治—话语形式）。第四，改造环境（将"自然"改造成与人类的需要广泛一致的人性化的自然——虽然常常会有一些无意识的后果）。第五，安排空间秩序（与空间的生产相伴的出于特殊目的的流动和迁移，诸如逃跑、防卫、组织合并、交通和通讯以及对个人、集体和物种生命的物质支持系统在空间上接合起来的组织）。第六，安排时间秩序（设置有助于生存的生物、社会和文化的"时钟"，再配上为生物和社会目的而使用的各种不同的时间秩序安排——在人类社会中，时间秩序安排多种多样，从几乎即时传递的计算机秩序到通过文化而发展成为精神规则、传统和法律的长期约定等）。② 社会构型的特征就是这些技术要素如何根据特定的力量得以组合起来，也就是说，在这种构型中，并不是哪一个要素是完全重要的，而其他处于被支配的地位，这里是一种总体性的结合，替代是否可能取决于我们如何重组全部技术的

① 哈维：《希望的空间》，胡大平译，南京大学出版社2006年版，第180页。
② 同上书，第205页。

要素。

在这种总体性的替代方案中，哈维将之区分为两个层面的责任：即人对自然的责任以及人对人的责任。就人与自然的关系而言，要将自然看作是一张生命之网，要将自己的行动置于全球问题的微观领域之中。而在人与人的责任问题上，关注的是这个社会本身的问题，并将这些问题与资本的现代积累模式联系起来。在这双重维度上，我们才能建构广泛的运动。而要在这些方面做到一种总体性的替代规划，一种知识的统一性就非常重要。哈维的这一论述实际反对的正是后现代的话语，因为正是后现代对统一性知识话语的拒绝，使得一种整体性的规划显得可笑。“从20世纪70年代中期开始，对所有形式的‘元叙事’所进行的正面攻击与马克思主义传统深层次的内在质疑结合在一起，导致马克思主义抱负的厄运。”① 知识的统一性并不是直接强调知识的固定的一致，而是在进化之中的统一性，“辩证研究必然会把伦理、道德和政治选择（价值）纳入自己的过程中，并且把因此产生的推定知识作为追求这样或那样目标的权力游戏中的话语。价值和目标（我们可能会把它们称为反思性思想的‘目的论’和‘乌托邦’要素）不是作为从外面提取的一般抽象概念而强加的，而是通过生存过程（包括知识研究）来达到，这个生存过程被嵌入在不同的权力游戏和实践形式中，伴随着这样或那样的潜能探索（在我们自身中和我们所栖息的世界中）。”② 正如哈维所说的，在中国的马克思主义哲学研究中，这种整体性的知识理念，也没有真正地确立起来。但缺少这样一种整体性的思考，我们就无法真正地透视这个社会，更无法建构一种替代性的方案。

作为整体性的替代方案，在空间规划上，一方面体现为对从事批判的政治个人的建构，在这一过程中，实际上是对个人的活动空间进行另一种想象，想象与当下的政治结构中完全不同的生活与工作关系、财产制度以及政治安排。在这个意义上，辩证研究又是一种“非此即彼”的选择。但作为一种替

① 哈维：《希望的空间》，胡大平译，南京大学出版社2006年版，第221页。

② 同上书，第225页。

代性的活动，它又从来都不是个人的活动，因此另一方面要建构一种集体政治学，哈维将这种集体政治学落实到“社区”的规划，将社区变成对全球资本规划的激进抵抗区域，这是从日常生活层面将个人的能动实践与集体身份、归属意识的建构结合起来的特定场所。但这种区域的规划，必须与前面所说的资本在空间规划中所追求的地方特色意义上的规划区别开来，否则，哈维就会陷入自己所批判过的理论陷阱中。

其实哈维并没有给我们一个替代的方案，他只是提出了建构替代方案的一些理念。他所论述的主题是：面对资本的全球空间规划，我们如何才能真正地达到一种激进的批判意识。对于他来说，这种批判意识才是建构规划的基础。也正是在这一维度中，乌托邦的理想与空间的规划必须重新结合起来加以思考，以实现对资本全球化的替代性批判。没有这种替代性的批判，我们就只能永远处于资本逻辑的规划之中。这也是历史唯物主义在面对全球化时代必须深思的问题。

（原载《江海学刊》2008 年第 2 期）

在追问自然中拷问精神

张　强

18 世纪末到 19 世纪初，“在一个思想大振奋时期”①，一代哲人黑格尔在海德堡大学写下了经典著作《哲学全书》。《哲学全书》于 1817 年夏天出版，这部著作通过不停地追问自然与精神，建构了以逻辑学、自然哲学和精神哲学为内容的哲学体系。在交代《自然哲学》的写作构想时黑格尔指出：“自然界是什么？我们想用自然知识和自然哲学来回答这个一般的问题。我们觉得自然界在我们面前是一个谜和问题，一方面我们感到自己需要解决这个谜和问题，另一方面我们又为它所排斥。之所以说我们为自然界所吸引，是因为其中预示着精神，之所以说我们为这一异己的东西所排斥，是因为精神在其中不能找到自己。”② 这一问题作为黑格尔的毕生思考贯穿于《哲学全书》（即《逻辑学》《自然哲学》《精神哲学》）之中。

黑格尔写《哲学全书》时，正是自然科学迅猛发展的时期。这一时期，物理学为克服旧电学理论，提出了新电学即电磁学、电动力学和电化学等理论；化学为克服模糊采用精确定量的方法，确立了化学原子论理论；生物学为克服人工分类体系建立了自然分类体系，为提出进化论思想奠定了基础。自然科学的进步对于以认识论为本位的哲学研究无疑是注入了兴奋剂，长期以来，受视域的限制，认识论研究一直处于停滞不前的状态。特别是当一些自然科学淡出哲学领域成为独立的学科时，从而使以认识论为内核的哲学研

① ［德］黑格尔：《自然哲学》，梁志学等译，商务印书馆 1980 年版，第 1 页。
② 同上书，第 4 页。

究陷入了危机。正是在这一关口，黑格尔敏锐地看到了哲学危机中的转机，在充分展示其才华时提出了关注精神与自然的问题。

追问自然中的精神活动

认知的过程实际上是一个实践自然和拷问精神的过程。所谓实践自然，是指以实践的态度对待自然，通过实践认知自然；所谓拷问精神，是指实践提高认知能力后，自然成为精神追问的对象。在这中间，精神即意志、理念参与到以自然为实践对象的活动过程中，使追问自然存在的方式、运动规律成为可能。与自然界的历史相比，人的历史是微不足道的。与人的活动相比，精神的历史更是短暂的。从生物进化的角度看，人是自然的产物，服从于自然法则，因此，实践自然与拷问精神是在解构精神与自然的关系中进行的。

起初，人类的实践能力有限，主要是从自然中学习对付自然的方法。随着实践范围的扩大，人对付自然的能力开始增强，在这一过程中，思维参与到实践活动当中，为自然打上了精神印记。黑格尔指出："人以实践态度对待自然，这时自然是作为一种直接的和外在的东西，他自己是作为一种直接外在的、因而是感性的个体，不过这种个体也有理由把自己规定成为同自然对象对立的目的。按这种关系考察自然，就产生有限目的论的观点。"① 在黑格尔"以实践态度对待大自然"的命题中，包含了三个相互关联的内容：一是在主客二分的世界中，实践是联结人与自然的纽带，人认识自然是从实践开始的；二是实践自然的目的是有限的，是从感性的个体开始的；三是有目的的精神活动是在实践中形成的。在这三个内容中，目的是主要的。这里所说的目的首先是指人的意志和理念。如果不能把意志与理念贯穿到人对自然的实践活动中，那么，人就无法脱离自然属性使自然成为实践的对象，也无法超越自然通过有目的的活动表达精神上的追求。

实践存在于人与自然的关系之中，实践将意志、理念等贯穿到追究自然

---

① ［德］黑格尔：《自然哲学》，梁志学等译，商务印书馆 1980 年版，第 7 页。

的活动中为提高人类认识自然的能力铺平了道路。从历时的角度看，人类的认知能力始终是有限的，因为这样的缘故，有目的的活动在特定的时空中也是有限的。问题是，怎样才能突破有限向无限延展？从人类自身的历史看，按照目的制造工具是推动从追求有限目的到追求无限目的的有力武器。旧石器时期，工具制造简单而粗糙，这种简单的工具在加长人的手臂和力量的同时，也融入了人的智慧和精神创造能力。伴随着人类对自然的实践活动更有针对性和目的性，新工具通过利用自然物将人类的创造力展现在工具的运用中。从旧石器到新石器，从新石器到青铜器，从青铜器到铁器，从近代工业革命到工业化进程，从工业化进程到信息化社会，在这一历史进程中，新工具的出现不但提升了人类实践活动的质量，而且使有目的的活动不断地突破原有的认识水平向更高层次发展。进而言之，思维能力参与到利用自然的活动中不但使人类享有了改造自然的物质成果，而且还使目的性的实践活动给日益增长的文化要求提出新的精神诉求。

认识是以实践为开端的，精神参与到改造自然的进程中给自然界印上了人的意志、理念。在实践活动中，要真正地认识自然存在的意义，揭示人与自然的关系，就必须在精神参与的前提下学会用联系和区别的眼光看待自然。只有这样，才能真正地了解自然，才能将主观意志贯彻到利用自然和改造自然的活动中，才能在不断地追问自然中使实践具有目的性。这样说基于两个原因，一是人以功利的态度利用自然和改造自然。如从简单地利用木头架独木桥到利用木头和葫芦漂浮在水上的原理制造独木舟，这一发现既是利用和改造自然的过程，也是按照主观意志利用和改造自然的过程，这一利用和改造的结果是使自然成为人的运载工具，以符合人的理想和要求；一是人以欣赏的态度与自然进行精神上的交流。如人们以欣赏的眼光看待自然山水，从山水中获得美的享受和领悟人的精神。与这种超出功利的态度相比，人类对自然的实践活动，一是将主观情感注入自然，一是以功利的态度来对待自然。我们很难设想，在自然界危及人的生命时，人类能用欣赏的眼光去享受自然山水的壮丽和秀美。这就告诉我们，人区

别于自然界是因为有精神的存在，是因为可以用精神关照自然，用意志改造自然。人对自然实践的历史是一个有目的的活动历史。人为了走向自由始终以自然为实践的对象，在这一过程中，有限目的不断地向外延展，从而为以自然为镜的精神活动铺平了道路。

利用和改造自然活动是一种具有实践理性的活动。这一理性的突出标志就是目的性。在关注自然的过程中，黑格尔从目的论入手，对精神与自然的关系进行了解构。在他看来，以认识自然界里的普遍东西为目标，考察普遍东西固有的内在必然性，给感性形态以理性的性质，才是真正的目的论。他指出："真正的目的论考察在于把自然看作在其特有的生命活动内是自由的，这种考察是最高的。"① 视自然生命为自由的观点，实际上是说人的精神活动是以自然变化或运动为参照物的。换言之，要在更高的层次上实现真正意义上的目的，就必须以理性超越直观，在存在中追求精神与自然的统一。所以，以自然为实践和追问对象，首先要从自然存在的方式中关注自然界的变化，注意存在的时间和空间，注意精神与自然的同一性，只有在这样的基础上，才能发现理性存在于自然的方式，从自然内在的本质中得到启示，从精神上完成自我创造。具体地讲，这一精神创造是指依托于自然、以自然为依据的自由，是指在思维活动之上的精神活动。

在追问自然这一命题的背后，隐藏着一个由"谁来追问自然"的潜命题。自主客二分式的世界建立以后，尽管人是施事者，自然界为受事者是人所共知的道理，但如果进一步追问的话，施事者应该是自由的精神，是思维引起的精神活动使追问自然成为可能。精神拷问的对象是自然界。起初，人以实践的态度接纳自然，在劳动中提高思维能力，这时进入大脑的自然经过分析，遂打上了精神活动的烙印。从这样的角度看，追求与自然的同一，将精神寓于追问自然的过程便成了追问自然时必不可少的元素。

---

① ［德］黑格尔：《自然哲学》，梁志学等译，商务印书馆1980年版，第8页。

精神与感知及经验

精神活动来源于感知，感知主要是通过感官系统对外部世界或事物获得感觉和印象。自然的变化或运动刺激了人的感官，由此引起人的好奇心和求知欲。起初，感官系统在接受外部世界或事物时，不具备辨别能力，这时，外界进入感官系统的只是具体的自然物，但随着认知能力的增强，认识个别遂成为可能。如发现植物的某些特性，发现植物与植物之间的区别和联系，发现动物与动物之间的区别和联系，都是在感知活动的参与下取得的。

感知的第一步是观察，从无意识地接触到有意识地观察，感知的结果是取得认识，发现隐藏在经验背后的规律。例如，发现植物从春生到冬枯的过程，感知是将观察得来的瞬间印象作为经验贮存起来，进而在时间的基础上，将植物变化的全部过程摄入感官系统。在感知活动中，感官系统建立了人与外部世界（本质是自然）的联系。从时间上讲，感知作为认识包含了两个阶段，一是通过感官接受自然，二是在经验的基础上认识自然。从这一意义上讲，感知是从感性认识上升到归纳、演绎、分析的理性认识的必由之路。

感知将印象摄入大脑，通过发现存在来关心物与物之间的联系和区别。从感觉到认识，从接触现象到积累经验，感知通过经验为精神超越直觉、发现存在、提出理想铺平了道路。从感性世界进入理性世界，认知需要经过多次的反复才能完成。作为认识的有机组成部分，感知有联系和区别两个环节。所谓联系，是认识存在与存在之间的联系，打破孤立和静止的状态，把个别纳入整体，以个别揭示一般。所谓区别，是指区分存在的差别，在经验的基础上建立认识系统，用联系的眼光发现个别，将个别锁定在某一特定的时间上和空间上，发现其不同的运动方式，在差异中捕捉运动的规律。感知存在于发现之中，发现存在于观察之中。发现时间推移和空间位移带来的变化，是感知能力提高的表现。感知过程中的时间和空间主要是指在存在的时间中

积累知识，借助于知识发现自然在时间上具有的空间形式，增强认知能力，这两者拧结在一起不但使发现客体在不同的时间和空间中的静止和运动的形式成为可能，而且把关心的对象集中到追问自然的方面。

人类获取知识的重要途径是感官。感官不但使印象或感觉进入大脑成为可能，而且使人类具备了识别能力。外部世界通过感官刺激大脑，思维能力的增强使人类有能力在经验的基础上进行分析、演绎、归纳，这种知识能力极大地增强了人的自信力，使人类在认识自然的进程中特别注意主观世界对自然的改造能力，从而把创造性的精神成果打印在改造和征服自然的活动中。

从静态的角度看，存在可分为有形和无形。从动态的角度看，任何存在都有自己的时间和空间。与静止相比，运动是绝对的。当存在摄入大脑并引起心理活动时，辨别不同的存在方式，发现存在之间的联系与区别遂成为精神活动的对象。联系与区别的前提是经验。起初，经验带有“集体表象”的特征。法国学者列维—布留尔所说的“集体表象”虽然是就原始思维而言，但由于这种表象是“世代相传”的结果、是“在集体中的每个成员身上留下深刻的烙印”①，因此，完全可以移来表述经验取得的过程。起初，存在进入感官系统处于无序状态，然而，经过集体的选择，当个别一次又一次地进入大脑引起注意时，由关切引发求索的渴望，发现个别、留意个别遂成为一种有意识的活动，进而积累为经验。

思维的必然结果是获得经验。精神作为思维活动的积极成果，是以经验为前提的。所谓经验，是指认识中一再被重复的并被证明的知识。在发现个别和一般、个性和共性的过程中，因直观的作用，经验起初是从表象那里取得的，因为这样的缘故，如果仅仅用经验叙述知识和关心存在的话，很容易被假象迷惑，很容易陷入虚假的泥潭。从历时的角度看，经验除了具有虚假的一面外，还有先验的特点。德国哲学家康德认为：“吾人所有一切知识始于经验，此不容疑者也。盖若无对象激动吾人之感官，一方由感官自身产生表

① ［法］列维—布留尔：《原始思维》，丁由译，商务印书馆1981年版，第5页。

象，一方则促使吾人悟性之活动，以比较此类表象，联结之或离析之，使感性印象之质料成为‘关于对象之知识’，即名为经验者，则吾人之知识能力，何能觉醒而活动？是以在时间次序中，吾人并无先于经验之知识，凡吾人之一切知识，皆以经验始。”① 康德所说的知识有两种形式，一种是“先天”的知识，是“离一切感官印象而独立自存之知识”；一种是“经验的知识”，是“来自后天的即来自经验之经验之知识”②。撇开前一种具有唯心倾向的知识观不论，后一种“经验的知识”无疑是有先验性。“经验的知识”是不属于直接的知识。在人类发展史上，知识是层累的，并不是所有的知识都需要亲身体验。这就告诉我们，掌握知识可以有不同的途径，可以从间接的渠道取得，因此，知识是具有先验性的。尽管知识有直接和间接之分，但不论是哪一种知识，归根结底，是通过感知得到的。

经验是获得新知识的重要阶梯。有了这一阶梯，思维才有可能为精神活动和追求展示更广阔的空间。经验是在历史中获得的，在知识积累的过程中，经验完成了从无意识接触到有意识地发现的过程。经验来源于过去，知识始于经验。然而，仅仅从经验中获取知识是不够的，因为当人们以经验为真理时，有时容易忽略经验可能包含的错误。因为“经验的知识”在某一历史时间段上也许是正确的，但随着认识的加深，隐藏在经验知识背后的错误便显露出来。特别是仅仅以经验为知识，容易陷入先验的误区。古人迷信，有神化先人的作为，在他们看来，老祖宗的话都是对的，常常把他们关于知识的言论捧为圣旨或加以神化，以先验代替可能出现的知识。然而，老祖宗的经验只能代表某一时间段上的认知能力和水平，知识视野上的限制和思维能力上的限制，使他们的知识无法经得起时间的检验，因此，仅仅以先验来验证新知识就会有偏颇之处。进而言之，经验实际上是一柄双刃剑，一方面它把感知得来的知识积淀为经验，以经验的形式将结果告诉给后人；另一方面神化先人已有的知识，将其视为真理，容易给认知活动带来偏差或失误。

---

① ［德］康德：《纯粹理性批判》，蓝公武译，商务印书馆 1960 年版，第 27 页。
② 同上。

精神是一种理念，如何将理念贯穿到改造自然之中？如何根据主观需要建构人生理想的世界？除了要把意志、理念、理想等精神层面的追求贯彻到认识活动中去，还要在主观追求中与客观保持一致，只有这样，才能在更高的层次上认识存在的本质，才能走进理想中的自由王国。精神与思维活动息息相关，思维活动的最初对象是生生不息的大自然，当大自然为人类提供生活资料和生活保障时，人类一直以感恩的心情对待大自然。然而，生存能力有限，人类常常受到大自然的威胁。怎样才能摆脱大自然的威胁，建立理想的社会生活方式呢？在这一背景下，按照人的主观意志去改造和征服自然遂提上了议事日程。

精神为书写人类的理想和追求添上了精彩的一笔，自然一直是人类实践和精神关照的对象。一方面以精神的态度关照自然、以欣赏的态度接纳自然、以和谐的态度建立与自然的关系是人类追求的最高境界；另一方面以理性接纳自然，不断地获取个别与一般、普遍与特殊、时间与空间、运动与静止等知识，又为丰富理性知识注入了活力。在认识中，创造性地发挥主观能动性是精神追求的内驱力。有了这一内驱力，精神才有可能超越时空，提出理想的生存方式，描绘美好的蓝图。

追问自然的过程是展示精神风貌的过程。为了争取自由，人类试图根据已有的知识，通过发挥主观能动性超越有限、追求无限，摆脱束缚、争取自由。那么，如何才能超越有限、追求无限呢？如何才能摆脱自然的束缚、争取身心自由呢？这就需要在知识领域中不断地提出利用和改造自然的方案，通过超越有限的知识视域，以提升驾驭自然的能力。追求身心自由首先要有相对安定的生存环境和相对稳定的物质基础，有了这一前提，人类才有可能在更高的层次上表达精神诉求。精神诉求是人类超越物质需求提出的人生理想，精神是一种理念，这一理念作为思维活动的结果似乎有不可捉摸的一面，但作为客体存在的对象，又有机地传达了人的主观意志和信念。从表面上看，精神可以脱离客观世界而独立存在；从本质上讲，它的存在是以客观世界为依据的。也就是说，拷问精神是在追问自然中完成的，即人类要想真正地获

得身心自由，一是要提高利用自然和驾驭自然的能力；二是要以精神追求为内核充分发挥人的主观能动性。只有这样，才有可能真正地走进自由王国。这就告诉我们，仅从进化的时间长度来建构精神世界是不够的，还必须以自然为实践对象，在关注自然的基础上发挥人的主观能动性，只有这样，才有可能在广袤的时空中提出精神追求。精神是人类特有的思维现象，理念、意志、意识等是精神活动的内容。拷问精神的终极目标是通过追求理想，建立人与自然的和谐世界。在这中间，发现规律，纠正认识上的偏差，以精神的态度关照自然，可以为构建人与自然的和谐关系提供基本的保障。

精神追求是高层次的追求。按照马斯洛的原理，人有五种需求。最低级的是生存需求，最高级的是精神需求。精神需求是以物质满足需要为保障的，有了这一保障，人才可能完成思想上的飞跃，才有可能从精神层面提出理想的生存方式。从人类自身发展的历史看，要获得驾驭自然的能力，以精神的态度接纳自然，除了要具备认知客观世界的能力外，还要有思维活动和精神活动的参与，需要把已有的联想、想象能力与理念拧结在一起，在已有的认识基础上展示新的创造力。这一生存方式强调了在时间中争取空间的精神诉求。只有当时间为人类提供必要的物质保障时，人才可能进入理性世界，去追求精神层面的寄托和情思，才有可能创造属于自己的理想世界，才有可能到美好的精神世界中寻找寄托。从这一意义上讲，精神活动依托于自然，是自然带来的物质成果给人以理想、意志，给人描绘出更为美好的境界。

精神与知识及其虚假性

人类自我提升的过程是一个不停地追问自然和拷问精神的过程。如何追问自然和拷问精神？这就需要知识。知识一方面形成于利用自然和改造自然的关系之中，同时也存在于追究自然进行有目的的活动之中。在以自然为实践对象的过程中，是知识提高了人类认识自然的能力。经验是获取知识的重要来源，通过经验关怀知识，不断积累的知识为人类探究自然提供了强有力的思想武器，使人类的认知能力从感性上升到理性阶段。

在知识积累的过程中，从个别到探究一般，再从一般回到个别，演绎与归纳成为人类在更高的水平上获取知识的重要方法。知识是提高认识能力的智慧，是获取真理的必要前提，只有在这一条件下，人类才能不断地按照目的利用自然和改造自然，才能将主观意志与思维能力结合在一起表达精神上的追求。

作为认识客观世界的载体，知识担负了提高精神追求水准的责任。当知识赋予人类追问自然的能力时，同时也提升了人类的思维能力，思维能力的发达为人类寄托情思、以精神的态度关照自然世界提供了基本保障。从人类的历史看，获取知识既是一个从简单到复杂的过程，同时也是一个发现规律、按照主观世界利用和改造自然的过程。在这一过程中，知识不但提高了人类驾驭自然的能力，而且为精神需求展示了更为广阔的空间。人的精神需求是无止境的，这种无止境的追求与人类不断地获取新知识、用新知识重新描绘和表达精神上的需求息息相关。也就是说，从自然界中觉醒的人，当他们按照自然法则走上进化的道路时，以知识驾驭自然便成了人类争取自由、争取心灵飞翔的必然选择。

长期以来，人们对知识有不同的解释。如罗伯特·奥迪（Robert Audi）认为，知识是“被证明为合理的真信念”①（justified true belief）。如何才能被证明是合理的呢？知识必须要满足三个条件。

（1）P为真；

（2）S相信P；

（3）S有充分的理由相信P。

这一三段论有两个前提，一是大前提“P为真”（knowledge that P），一是小前提“S相信P”。这两个前提是推导和判断知识的依据。从演绎推理的

① Robert Audi, *Epistemology: A contemporary introduction to the theory of knowledge*, Routledge, London, 1998, p. 214.

角度看，罗伯特·奥迪对知识的阐释自然是无可厚非的。然而，罗伯特·奥迪的大前提是以“被证明为合理的真信念”为逻辑起点的，在这一起点中，明显地包含了虚假的内容。

为了说明“被证明为合理的真信念”具有虚假的一面，我们有必要以“天知道”为例作一些分析，即通过解构“天知道”的内涵来说明人类认识史上存在着虚假的现象，进而以这种虚假来证明人们公认的某些知识既不是真实的，也不是真理（包括相对真理和绝对真理）。“天知道”是人们经常说的一句口头禅或俗语，从表面上看，这句话似乎与“晒太阳”“看医生”的语义结构相似，是以逻辑倒置或错位的关系去陈述人所共知的事情。然而，“天知道”是陈述句，与否定毫无关系，那为什么人们会没有例外地得到“不知道”的语义呢？究其源，在于人们在承认“天知道”的前提时，还将“人不知道”内容隐藏在其中。即人们在使用这句俗语时，在以“天知道”为真实知识的同时，又以“人不知道”为真实的知识。在古人看来，天（上帝）是无所不知的，人不知道的东西，天肯定知道。这就告诉我们，古人是以自己创造的上帝为知识，是在运用虚假的知识来陈述“人不知道”的内容。

中国古代哲学的基本范畴是天和道，天和道成为哲学术语萌芽于殷商末年和西周初年，定型于老子生活的春秋时代。① 天字最早见于甲骨文，后见于金文。许慎《说文解字》云：“天，颠也。”王国维云：“古文天字，本像人形……是天本谓人颠顶，故象人形。”② 从字源的角度看，天字属于象形字，起初没有特殊的含义，后来，天与天帝联系在一起遂产生了新的含义。《诗经·商颂·玄鸟》云：“天命玄鸟，降而生商。”这里所说的“天”已与上帝

① 在研究中国古代哲学史的过程中，哲学家张世英先生提出了“中国哲学史萌芽于商周之际，成形于春秋末期”（张世英：《天人之际》，人民出版社 1995 年版，第 14 页）的观点，这一观点大体上道出了中国古代哲学的发展历程，但笔者认为，中国古代哲学的发生与宗教改革有着直接的联系，为夺取殷商政权，周人发明了“皇天无亲，惟德是辅”（《左传·僖公五年》引《周书》）的宗教改革口号，赋予“天”以特殊的含义。此可视为中国古代哲学萌芽的重要标志。春秋时期，老子以“道”探究宇宙的本原，此可视为中国古代哲学的成型期。

② 王国维：《观堂集林·释天》，河北教育出版社 2001 年版，第 171 页。

（天帝）画上了等号。① 不过，殷商人更习惯于将“天”称之为上帝。殷商是拜日的民族，在他们的意识中，天就是上帝，上帝就是日神。王国维先生指出：“商之先人王亥始以辰名，上甲以降皆以日名，是商人数先公当自上甲始，且田之为上甲，又有可征证者。殷之祭先，率以其所名之日祭之。祭名甲者用甲日，祭名乙者用乙日，此卜辞之通例也。”② 丁山先生在考证的基础上得出了上甲就是“日神上帝”③ 的结论，这种情况到殷商末年发生了重大变化。三分天下，周有其二，很奇怪，在很长的时间里，周一直没有采取推翻殷商的行动，这是为什么呢？道理很简单。在神学信仰的时代，上帝拥有绝对的权力。当殷商把上帝垄断在自己的手中时，周人如何敢做出冒犯上帝的事情呢？这种格局直到周人发明了“皇天无亲，惟德是辅”④ 的宗教改革口号后才发生根本性的改变，才从理论上破除了殷商设下的政治樊篱。⑤ 周人认为，上帝是公正无私的，只保佑有德的人。从表面上看，这一宗教神学理论没有什么新的发现，只是把上帝替换成天，其实不然，周人通过发掘上帝的德行，建立了上帝（天）与人之间的新型关系。

从语言逻辑的视角看，在“天知道”的背后包含了两个截然对立的命题：其一，天是知道的；其二，人是不知道的。问题是，为什么天会知道？人不能知道呢？在中国古代哲学中，天与人是一对范畴。在宗教神学盛行的年代，天与神是同义语，天由普通神上升为支配神，又上升为一元至上神（上帝），在造神运动中，上帝（天）具有无所不知、无所不能的智慧和力量。道是中国古代最高的哲学范畴，因认识能力有限，人们无法接近道的本原。这样一来，能够掌握道的就只有天（上帝）了。

---

① 郑玄《诗谱》认为《商颂》五首均为商代诗歌，又认为《玄鸟》是商代武丁时期的作品。清代魏源列举十三证驳斥《商颂》为商诗（魏源《诗古微》），皮锡瑞提出《商颂》与《鲁颂》文体相似的观点（《诗经通论》）。此后，王国维举出两个内证，力证《商颂》非商代之诗（《乐诗考略》）。尽管如此，从《尚书·盘庚》中可见殷商有将上帝称之为“天”的做法。

② 王国维：《观堂集林·殷卜辞中所见先公先王考》，河北教育出版社 2001 年版，第 268—269 页。

③ 丁山：《商周史料考证》，中华书局 1988 年版，第 41 页。

④ 《古文尚书·蔡仲之命》，又见《左传·僖公五年》引《周书》。

⑤ 张强：《道德伦理的政治化与秦汉统治术》，《北京大学学报》2003 年第 2 期。

哲学发生的母体是宗教神学，问题是“天知道”这一深微的哲学命题是如何走入日常生活之中的？在使用的过程中，人们又是如何遗忘其本意的？这一问题还要从“皇天无亲，惟德是辅”这一宗教改革口号说起。自周人发动了宗教改革以后，周代政治开始以文胜质的历程，为了全面地清算殷商政治留下的痼疾，周人开始了道德伦理政治化的历程。周王朝的政治概念主要有两个：一个是天，一个是德。天主要探究天人之间的关系，德主要是指天具有德行。到了老子生活的时代，探讨宇宙本原的问题开始提上议事日程，老子将道从周人所讲的道德中分离出来，以道探究宇宙的基本构成和本原，使道成了中国哲学最高的范畴。哲学的母体是宗教神学，天与道成为中国哲学的基本范畴与宗教神学崇天的观念息息相关。在这一背景下，天与道这两个最为经典的哲学术语竟然被我们经常使用的“天知道”概括了。从表面上看，“天知道”指涉的对象不止一个，但通过排他性选择了唯一存在的可能。它表明，语义唯一性的选择是受思维定式制约和支配的，这里面既有对误读、误解习惯的确认，同时也有认识过程中的遗忘。可以说，正是因为有了这种误读、误解，一些原本能显示哲学发生与发展历程的语义被人们遗忘了。然而，语言是人类认识世界、认识历史的活化石，有了这样的原型，我们才有可能把被人遗忘的哲学精髓发掘出来，才有可能从这一虚假性中认识到人类取得的某些知识虽然有虚假的一面，但它同样是人类认识客观世界的阶梯。

随着时间的推移，人们虽然认识到“天知道”是一虚假的知识，但仍然愿意用虚假的知识去表达思想或陈述一种事实，这是为什么呢？出现这种情况并不奇怪。因为虚假的知识虽然阻挠我们发现科学或真理，但它却是原始思维的成果，并作为特殊的知识贮存在种族记忆之中。从这一意义上讲，“天知道”虽然是虚假的，但人们更愿意用“天知道”的虚假性来表达“人不知道”的知识。此外，在宗教信仰依然存在和有市场的今天，“天知道”依旧是有生命力的。对于宗教徒来讲，在使用“天知道”这一俗语时是把它视为可信的知识的。从“天知道”的表述中可以看到，虚假的知识虽然阻碍人们获取正确的认识，但在历史上却是有认识作用的，甚至还在一定的程度上反映

了人类求知的历程和心路，承担了精神追求的内容。进而言之，尽管虚假知识与真实知识（真理）有着本质性的区别，但在特定的条件下，虚假知识像真实知识一样也表达了人类的精神追求，代表了一个时代的知识，反映了人类精神追求的心路。

再回到罗伯特·奥迪的论断中，在“格梯尔反例”出现之前，人们似乎没有对罗伯特·奥迪的三段论发生兴趣。1963 年，格梯尔（Edmund L. Gettier）在《合理的真信念就是知识吗?》一文中提出了著名的“格梯尔反例”。格梯尔认为，S 中有一个被证明是合理的，但又是虚假的信念。根据这个信念进行推论，有理由相信某种巧合的东西是真的，并在此基础上获得一个合理的真信念，但是，这一信念却又不是知识，并是虚假的。① 罗伯特·奥迪的论断引起了英美哲学界的广泛关注，为此，掀起了一场“知识是什么”和“可能的知识是什么”的争论。在争论中，有人赞扬格梯尔的论断，称赞它“从根本上改变了当代知识论的特征”②。这种观点是否准确先且不论，如果依照三段论的原理进一步追究小前提 S 中虚假信念的来源，不难发现虚假的信念源于大前提 P。演绎推理的小前提是 S 相信 P，P 是大项，是“被证明为合理的真信念”。按照这一逻辑进行推理，在“万物有灵”时期，神灵存在于一切物体之中是得到普遍证实的“合理的真信念”，今天看来，这一“真信念”经证实是虚假的，但这一虚假知识在神灵信仰时代却被视为最正确的知识。从这里也可以证明，知识是有虚假性的。尽管如此，虚假知识依旧有它的生命力，而且至今还潜存在我们的知识结构中，尽管我们早已认识到这一知识是虚假的。

此外，在罗伯特·奥迪的大前提中，还包含了知识来源于经验或者说知识未必是亲身经历的内容。在这一表述中，罗伯特·奥迪显然是认为知识作为经验是有间接性的。间接经验虽然是人们获得知识的重要途径，但需要说

---

① Edmund L. Gettier, *Is True Justified Belief Knowledge*? Analysis, 23, 1963, pp. 121—123.

② J. Pollock and J. Cruz, *Contemporary Theories of Knowledge*, second edition, Rowman & Littlefield Publisher Inc., 1999, pp. 13—14.

的是无论是直接的还是间接的知识，其本身就有虚假的内容。因经验存在于知识之中，但经验永远不能等于真理。经验作为知识虽然代表了某一时期的认识成果，但包含了错误。还有，人类的认识永远不可能一次完成，发现真理的过程亦是不断纠正错误，由相对真理向绝对真理靠拢的过程。广而推之，无论是经验知识还是演绎、归纳得来的知识都有虚假性。如牛顿发现三大定律后，运用这一经典物理学理论，科学家们解决了许多科学中的难题。作为知识，牛顿的三大定律在过去时间中是正确的，但随着认知能力的提高，当爱因斯坦的相对论开始形成批判三大定律的力量时，人们开始发现包含在三大定律中的错误，认识到在这一知识中有一定的虚假性。此外，在人与自然结成关系的初期，本身就有一些错误的认识，这些认识虽然得到社会群体的认同，但不等于说这些知识都是正确的。如人类历史上曾经历了宗教神学信仰的时期，这一时期，在原始思维的支配下，人们得到了神灵存在的知识，认为除人类社会以外还有一个以上帝为中心的神祇世界，这一世界对人类行使绝对的权力。耐人寻味的是，当否定神和上帝的声音已占主导地位时，人类的造神活动依旧没有停止，这是为什么呢？从认识的角度看，这里面情况既复杂也简单。复杂的原因是因为人们无法理解科学为什么在宗教面前如此脆弱。简单的原因是因为虚假的知识有根深蒂固的传统，直接干预了种族记忆。在这中间，人们虽然认识到神和上帝的存在是虚假的，但由于在很长的时间里人们是把他当作知识来看待的，乃至于不愿意轻易地抛弃自己亲手创造的神和上帝。如果再深究一步的话，则是因为在物质相对丰富和精神相对贫困的背景下，善良的人们希望摆脱思想上的贫困，寻找精神上的避难所。所以，上帝虽然是虚假的，但心存上帝可以释放内心的郁结和苦闷；上帝及众神虽然虚假，但是他或他们可以成为追求绝对精神的支柱，可以帮助人们从此岸走向彼岸。从这一意义上讲，上帝在人们的心目中实际上是精神导师和绝对真理的化身。更何况，上帝及神祇世界作为曾经拥有的知识向世人描绘了一个虽是虚幻的但又是可以寄托精神的世界。也就是说，上帝及众神虽然是虚假的，但在人类的历史上却是普遍认同的知识。由于这一虚假的知识

作为原型甚至还积淀在我们的深层意识中，乃至于人们会在言语的表述中，时常会在自觉或不自觉地用这一虚假的知识去表达思想。具体地讲，这是以集体表象为特征的原始思维在起作用，是人们在遵循传统中下意识地使用了曾经有过的虚假知识，并把这一虚假知识当作真实的知识。

综上所述，知识的虚假性往往阻碍人们获取新知识，新知识对相对真理的接近是批判旧知识虚假性的武器。在这中间，新知识作为精神活动不可或缺的组成部分，以新理念的面目出现，从而为精神追求规划更美好的前景。进而言之，因虚假性存在于知识之中，知识除了要经得起共时时间的证明外，还要经得起历时时间的检验。只有这样，才能在消除知识虚假性的过程中获得真理，才能在认知的过程中以新知识纠正旧知识的偏差和错误。

（原载《江海学刊》2008 年第 6 期）

论坚持与发展马克思主义的实践向度

双传学

真正坚持马克思主义和坚持真正的马克思主义，这是邓小平在改革开放以后提出的重要命题和对我们党的要求。在建设中国特色社会主义的新的历史条件下，如何做到真正坚持马克思主义和坚持真正的马克思主义，是中国共产党人需要郑重回答的问题。本文着力总结毛泽东、邓小平的理论和实践，期望从中得到重要启示。

一

坚持马克思主义基本原理同中国具体实践相结合，是中国共产党提出并始终坚持的科学命题。提出这个命题，目的有三：一是要坚持马克思主义，不能抛弃和背离马克思主义；二是反对教条主义，反对盲目照搬马克思主义经典；三是要坚持马克思主义基本原理与中国具体情况的结合，在“结合”中坚持。其中主要是为了反对教条主义。我们党的几代领导人在不同的历史条件下，都反复强调必须始终坚持马克思主义基本原理，坚持马克思主义基本原理与中国具体情况相结合。应该说，这个问题在理论上我们党已经解决了，并且在实践中取得了伟大的成果。毛泽东思想、邓小平理论、“三个代表”重要思想和科学发展观，就是坚持和发展马克思主义的成果，是马克思主义普遍原理与中国具体情况相结合的结晶。我们需要进一步追问的不是马克思主义的基本原理要不要坚持，而是我们要坚持的马克思主义基本原理是什么，搞清楚这个问题至关重要。搞清楚了什么是马克思主义基本原理，什

么不是基本原理，坚持什么，不坚持什么就很自觉了。如果分不清基本原理与非基本原理，应该坚持的不坚持，就会违背马克思主义的基本原理，犯大错误；反之，不该坚持的去盲目坚持，就会犯教条主义错误，给实践带来危害。对于马克思、恩格斯、列宁的著作、指示，我们要采取科学的态度。他们的著作中，阐述和体现马克思主义的世界观和方法论的，对革命和建设都有普遍的指导意义，但只能起世界观和方法论的指导作用，不能代替我们对具体情况的具体分析和对具体问题的具体结论。马克思主义经典著作中，有许多结论是经过实践检验和证明了的，是科学的结论，这是我们必须遵循的，但这些结论，只是指出了总的发展趋势，规定了一般的原则，并没有也不可能对一切具体问题都作出具体科学的回答。应该看到，由于历史条件的限制，所要解决的历史任务又不同，有些结论在当时是正确的，而在今天的历史条件下就不适用了，过时了。同时，在马克思主义著作中，包含了一些根据当时历史条件提出的、至今尚未被实践证明的设想、假设，这是不能当作普遍原理和科学结论来加以坚持和运用的。另外，在他们的著作中还不可避免地包含了一些错误的东西。

对马克思主义理论体系进行具体考察，我们认为马克思主义的理论内容可以分为三个层次：

第一个层次为马克思主义基本的原理，主要是指它的世界观和方法论。其中世界观包括历史观和价值观，方法论主要是指唯物辩证法和历史辩证法。关于这一点，革命导师曾经反复予以论述。恩格斯特别指出："马克思的整个世界观不是教义，而是方法。它提供的不是现成的教条，而是进一步研究的出发点和供这种研究使用的方法。"① 列宁把马克思主义称为伟大的认识工具，这主要也是指马克思主义哲学的认识功能。他明确指出："马克思主义的精髓，马克思主义活的灵魂：对具体情况作具体分析。"② 在中国共产党的历史上，毛泽东最早提出学习和坚持马克思主义的立场、观点和方法，邓小平则

① 《马克思恩格斯选集》第4卷，人民出版社1995年版，第742—743页。

② 《列宁选集》第4卷，人民出版社1995年版，第213页。

明确指出马克思主义的精髓是实事求是。实事求是是马克思主义的根本观点和根本方法。

第二个层次是经典作家提出的一些重要观点、重要结论（或者说基本观点、基本结论）。这些观点是他们运用马克思主义基本原理分析不同历史时期的历史任务而得出的结论。比如，马、恩运用唯物史观分析自由资本主义社会基本矛盾得出：资本主义必然灭亡，社会主义必然胜利的重要结论；劳动价值论和剩余价值论；关于社会主义革命同时胜利的结论；在未来的社会主义社会建立公有制，实行计划经济、按劳分配；阶级斗争、暴力革命、无产阶级专政等。这些重要结论、观点、思想构成了马克思主义经济学和科学社会主义理论的基本观点、基本原理。

第三个层次为马克思主义的个别结论、个别观点。这些个别的观点和结论，是革命导师在特定的条件下，对于当时当地的历史事件作出的判断、预测，随着条件的变化，它们有可能变得不正确了。

国际共产主义运动150多年的发展史和中国共产党80多年的奋斗史一再表明，我们对待马克思主义必须采取科学的态度：对于第一层次的基本原理必须无条件地运用和坚持，马克思主义世界观和方法论永远不会过时，我们要从这个意义上来理解它是“放之四海而皆准”的普遍真理。对于第二个层次的一些重要观点，要坚持但不能盲目地坚持，要以发展的眼光来看待这些观点。凡是被实践证明是正确的原理、原则，这是马克思主义基本原理的组成部分，应该结合实践加以理解并坚持，在实践中加以发展；凡是未被实践证明的假设、设想，不能当作马克思主义基本原理对待，但可以在实践中加以研讨、验证，其中实践中行不通的思想论断，毫无疑问我们应该修正、抛弃。对于马克思主义的个别结论、个别观点，凡是经过实践证明是正确的结论，我们就可以借鉴、参考，它是马克思主义的科学体系的组成部分，但一般不具普遍指导意义，因此不能作为马克思主义基本原理来坚持；凡是被实践证实是错误的结论，我们就要勇敢地否定。

这里要特别说明一下马列著作中的基本（重要）观点、基本结论。

对于这一层次的马克思主义理论，我们过去都是当作马克思主义基本原理来坚持的，是坚信不疑，坚决执行。细细推究这一层次的理论、观点，有许多是正确的，是我们必须坚持的，当然必须在理论与实践的结合中来坚持。也有的只是一种预见、设想，未被实践所证明，有的则已被实践证明是行不通的。这些情况说明，对马列著作中的重要观点和重要结论，要区别情况，不能盲目搬用。比如，马克思的劳动价值论是他研究资本主义经济运行规律所得出的重要（基本）结论，其基本精神是科学的，今天我们搞社会主义建设仍然要坚持其科学精神。但历史条件不同了，社会主义经济发展有不同于资本主义的特点，因此，要结合社会主义建设的实践，丰富、发展劳动价值论的内涵，在坚持中发展，在发展中坚持。再如，社会主义只能搞计划经济是马、恩的一个基本观点，长时间被当作马克思主义基本原理坚持，但实践证明，这一论断只是假设，并不符合社会主义经济发展的实际。这说明，马、恩基本观点中有些并没有为实践所证明，后人不能盲目地视之为基本原理而加以恪守。马、恩关于社会主义消灭剥削，共同富裕，公有制和按劳分配的思想，是科学的，是马克思主义基本原理的组成部分，我们应该坚持但不能盲目行事，应该根据社会主义发展的不同阶段有区别地、辩证地坚持。正确理解、贯彻马列著作中第二层次的理论观点极为重要。中国革命和建设中的教条主义错误主要是因为对这一层次的马克思主义理论作了片面的、错误的理解，认为这一层次的理论观点都是马克思主义基本原理，都必须无条件地搬用。创造性地发展马克思主义也主要就这一层次的马克思主义而言，列宁的社会主义革命理论、毛泽东的新民主主义论、邓小平的建设有中国特色社会主义理论均是如此。对于这一层次的马克思主义理论，我们既要慎重对待，又要敢于解放思想。

邓小平指出：“我们坚持的和当作行动指南的是马列主义、毛泽东思想的基本原理，或者说是由这些基本原理构成的科学体系。至于个别的论断，那么，无论马克思、列宁和毛泽东同志，都不免有这样那样的失误。但是这些

都不属于马列主义、毛泽东思想的基本原理所构成的科学体系。”① 这为我们正确认识和把握问题提供了科学的依据。

二

所谓马克思主义中国化，就是从中国的国情出发来把握和运用马克思主义，其关键是把马克思主义的一般原理与中国的具体情况结合起来，形成符合中国实际的具体指导思想、理论、路线、方针、政策。“结合”是实现马克思主义中国化的关键。马克思主义的普遍原理与具体实践相结合，是坚持马克思主义的一个最重要、最基本的原则。在中国，最先明确提出这个原则的是毛泽东。毛泽东之所以提出这个原则，恰恰是对中国革命实践经验的科学总结和客观反映。在20世纪30年代，党内以王明为代表的教条主义离开中国的具体实际，对马克思主义进行机械的搬运、移植，这种做法从形式上看好像很尊重马克思主义，坚持了马克思主义的指导，但由于其离开中国革命的实际情况，盲目照搬马克思主义，造成理论与实际的背离，从而差点断送了中国革命的前途。1930年5月，毛泽东在《反对本本主义》一文中，在深刻总结历史教训的基础上明确提出了“结合”这一命题：“马克思主义的‘本本’是要学习的，但是必须同我国的实际情况相结合。”1937年7月至8月间，毛泽东发表了著名的《实践论》和《矛盾论》，科学地阐述了理论与实践、矛盾的普遍性与特殊性的辩证关系，从哲学的高度解决了“结合”的世界观和方法论问题。他在1938年党的六届六中全会上提出并阐明了“马克思主义中国化”的重要思想。1939年，毛泽东在《〈共产党人〉发刊词》中把“马克思列宁主义的理论和中国革命的实践相结合”作为公式提了出来，并把是否善于“结合”看作我党成熟程度的一个主要标志和尺度。在延安整风运动中，毛泽东全面阐述了坚持和运用马克思主义的立场、观点和方法问题，马克思主义基本原理与中国革命具体实际相结合逐渐成为中国共产党人

① 《邓小平文选》第2卷，人民出版社1994年版，第171页。

坚持和发展马克思主义的根本准则。毛泽东在中国的革命实践中坚持马克思主义与中国具体情况相结合，实现马克思主义普遍真理与中国实践的统一，做的是马克思主义中国化的大文章。

马克思主义的中国化就是使抽象的马克思主义具体化。列宁对发展马克思主义起到了巨大的作用，他对实现马克思主义普遍原理具体化的理解也最为深刻。他指出："我们不否认一般的原则，但是我们要求对具体运用这些一般原则的条件进行具体的分析。抽象的真理是没有的，真理总是具体的。"① 我们认为，列宁主义的精髓实质上就是他所揭示的马克思主义的精髓，就是具体问题具体分析。正如邓小平所指出的那样："列宁之所以是一个真正的伟大的马克思主义者，就在于他不是从书本里，而是从实际、逻辑、哲学思想、共产主义理想上找到革命道路，在一个落后的国家干成了十月社会主义革命。"② 将马克思主义基本原理具体化是列宁获得伟大成功的关键所在。毛泽东思想是马克思主义普遍原理同中国革命和建设的具体实践相结合的理论结晶，用毛泽东自己的话说就是"使马克思主义在中国具体化"。他指出："马克思主义在中国具体化，使之在每一表现中带着必须有的中国的特性，即是说，按照中国的特点去应用它，成为全党亟待了解并亟须解决的问题。"③ 马克思主义在中国具体化的过程，实际上是一个普遍原理指导下理论创新的问题。毛泽东明确提出："中国共产党人只有在他们善于应用马克思列宁主义的立场、观点和方法，善于应用列宁斯大林关于中国革命的学说，进一步地从中国的历史实际和革命实际的认真研究中，在各方面作出合乎中国需要的理论性的创造，才叫作理论和实际相联系。"④ 邓小平理论的主题是解决毛泽东晚年没有解决好的马克思主义基本原理如何同中国社会主义建设的实践相结合的问题，换言之，如何解决在经济文化落后的国家建设社会主义的重大问

① 《列宁全集》第12卷，人民出版社1987年版，第273页。
② 《邓小平文选》第3卷，人民出版社1993年版，第292页。
③ 《毛泽东选集》第2卷，人民出版社1991年版，第534页。
④ 《毛泽东选集》第3卷，人民出版社1991年版，第820页。

题。这就是马克思主义具体化的当代性问题。

实现马克思主义的民族化，使普遍性的原理和各民族的特点结合起来，是马克思主义中国化的要求，是马克思主义具体化的一个体现。在马克思主义传播的过程中，对马克思主义能否民族化是有争论的，有人认为，具有“国际主义形式”的马克思主义与中国共产党所主张的马克思主义中国化是一对悖论，两者在根本上是无法统一起来的。但是马克思主义中国化过程中产生了两大理论飞跃——毛泽东思想和邓小平理论，这一事实本身就说明了上述论点是不能成立的。马克思主义当然有它的国际性和世界性，它产生在资本主义第一次全球化的历史进程中，它在批判旧世界的过程中揭示了人类发展的美好未来。与此同时，马克思主义的普遍原理又必须与各个民族国家的历史与现实相结合，使之带有鲜明的民族特性。关于马克思主义的民族化问题，列宁表达了明确的、科学的观点，他指出，“这些原理的应用具体说来，在英国不同于法国，在法国不同于德国，在德国又不同于俄国。”① 关于社会主义的历史走向问题，他指出：一切国家都将走向社会主义，但在具体的走法上由于各国的情况不同而有不同的特点。

以毛泽东、邓小平等为代表的中国共产党人，创造性地实现了马克思主义国际化和民族化的统一，使马克思主义带有中国特色和中国气派。毛泽东指出：“共产党员是国际主义的马克思主义者，但马克思主义必须通过民族形式才能实现。”1941 年他总结党的历史经验时，揭示了主观主义特别是教条主义的假马克思主义实质：“这些主观主义者自称为‘国际路线’，穿上马克思主义的外衣，是假马克思主义。”② 在党的十一届三中全会以后，邓小平强调指出，我们历来主张世界各国共产党根据自己的特点去继承和发展马克思主义，离开自己国家的实际谈马克思主义，没有意思。在当代中国，在马克思主义指导下建设社会主义，准确地说，就是建设中国特色社会主义，这样才

---

① 《列宁选集》第 4 卷，人民出版社 1995 年版，第 274 页。
② 《毛泽东选集》第 2 卷，人民出版社 1991 年版，第 372 页。

是真正坚持了马克思主义。①

三

理论指导实践并不是说抽象理论可以直接指导实践活动，可以说，任何抽象理论都不能直接作用于实践，理论与实践之间是有距离的，马克思主义的普遍原理与具体实践之间也是有距离的，这是由理论的抽象性和实践的具体性、理论的相对稳定性和实践的经常变动性所决定的。因此，从马克思主义基本原理到具体实践之间必须有一个过渡和转化的中间环节，这就是实践观念。

马克思主义基本原理与实践的结合过程，就是理论理性通过实践观念转变为具体实践的过程。所谓实践观念是指人们在基本理论、基本路线指导下建立作为直接指导实践的观念模型，它是通往具体实践活动的必要环节。实践观念具有中介性，它既不是理论理念，又不等同于具体的实践，它是理论理念的具体化，是具体实践的方案、蓝图或模型。这种实践观念直接指导人的实践活动。列宁曾经指出，没有理论指导的实践是盲目的实践，而理论本身如果没有经过实践观念这样一个中介环节，那么它也不能发挥对实践的指导作用。因此，笼统地、抽象地坚持马克思主义的基本原理是不能获得实践的成功的，要想获得实践的成功还必须通过理论与实际的结合，制定出符合各种具体情况的战略、策略、方针、政策，采取正确的手段和方法。

就马克思主义基本原理与具体实践的关系而言，其逻辑思路为：马克思主义基本原理—实践观念（路线、方针、政策、方法）—具体实践。当然，这个过程是动态的而非静止的，实践是发展的，理论是发展的，实践观念也是发展的。一般说来，人们在实践中调整的是实践观念而不是基本原理、基本理论。人们往往是根据实践的变化来调整路线、方针、政策、战略和策略。我国革命和建设的各个历史时期的教条主义和有教条主义倾向的错误，错在

① 《邓小平文选》第3卷，人民出版社1993年版，第191页。

哪里呢？教条主义者的错误在于他们不懂得抽象理论必须通过正确的实践观念才能对实践产生积极的指导作用，而正确的实践观念的形成单从书本出发是万万不行的，只有深入实际，调查研究，实事求是，才能从实际出发，形成正确而有效的实践观念来。当然，如果在错误的理论指导下形成错误的实践观念，从而导致了实践的失败，那么，总结教训就应该从纠正错误理论开始。无产阶级政党在形成指导革命和建设的实践观念时，第一，要对马克思主义理论的精髓和实质有正确的把握，掌握它的深刻内涵及其适用的范围，如用马克思主义阶级斗争理论来指导社会主义现代化建设，那就要犯大错误；第二，要对具体情况作客观、全面的分析研究，分析所要解决矛盾的特殊性、复杂性；第三，客观分析客观条件中哪些有利于矛盾的解决，哪些不利于矛盾的解决，并恰当估计主观能动性发挥作用的限度；第四，一定要考虑到群众从实践成功中所获得的利益，从而充分估计到群众的意愿和参与程度。

直接指导革命和建设的实践观念是在运用马克思主义基本原理与具体实际结合的过程中形成的。马克思主义不是凝固不变的，马克思主义普遍原理的内涵是在实践基础上不断丰富和发展的，各国的具体情况、实践主题也是变化发展的，因此，马克思主义与具体实践相结合是一个生生不息的发展过程，而不是一次完成的，不是一劳永逸的。毛泽东的成功和他晚年的失误就充分证明了这一点。

毛泽东提出的新民主主义理论是在结合的过程中发展马克思主义的光辉典范。以王明为代表的教条主义者看不到中国革命的特殊性，把俄国革命发展的道路机械地搬运到半殖民地半封建的中国，结果导致了革命的失败。毛泽东指出："马克思列宁主义并没有结束真理，而是在实践中不断地开辟认识真理的道路。我们的结论是主观和客观、理论和实践、知和行的具体的历史的统一，反对一切离开具体历史的'左'的或右的错误思想。"① 新中国成立后，毛泽东以经典作家关于对资产阶级和平赎买的思想为依据，结合中国的

① 《毛泽东选集》第1卷，人民出版社1991年版，第296页。

实际，创造了有中国特色的资本主义改造道路。但是，毛泽东在 1957 年反右斗争以后，在马克思主义与我国实践的结合中出了问题，比如他对“资产阶级法权的批判”，对无产阶级专政下继续革命的理解，离开了马克思主义经典作家提出问题、分析问题和解决问题的特殊历史背景，没有理解马克思、恩格斯一再强调他们的学说不是教条、教义，“而是科学方法和行动指南”的根本观点，结果导致了实践的失败。薄一波对毛泽东在“人民公社”问题上失误的认识论根源的分析可以看作一种比较中肯的个案说明。他指出了四个方面的原因：一是照搬马克思主义的概念并扩大了它的适用范围；二是有不适当地沿用革命战争年代的经验的问题；三是毛泽东青少年时期曾经受过某些政治思想包括空想社会主义以及“新村主义”的影响；四是有可能受到中国传统文化某些特殊材料的影响，包括“五斗米道”的平均主义的影响等。应当说，这里提到的四个原因中前两个原因都与没有很好地处理“结合”的过程性有重要关联，这个教训是深刻的。毛泽东在我们党首先倡导并反复强调要坚持马克思主义普遍真理与中国具体实践相结合，他领导的新民主主义革命和中国社会主义革命，堪称“结合”的典范，但是在社会主义建设中却没有很好地实现这个“结合”，在理论和实践中都犯了严重的错误。这说明，即使像毛泽东这样伟大的马克思主义者，一旦离开马克思主义基本原理与具体实践相结合的轨道，也会犯大错误，过去的“结合”不能保持永远，马克思主义与中国具体情况相结合，不是一次性的，不是一劳永逸的，它贯穿于中国革命和建设的全过程。这里的关键是对马克思主义理论要与时俱进，要在实践中加以发展，用发展的马克思主义指导新的实践；同时要准确、及时把握实践的发展，把马克思主义普遍原理与变化了的实践情况结合起来，从实际出发形成指导实践的实践观念。在毛泽东之后，邓小平在改革开放建设中国特色社会主义的实践中出色地完成了这项任务。

四

在坚持中发展马克思主义，用发展着的马克思主义指导新的实践，实现

理论与实践的共同发展。首先，要树立科学的真理观，反对把马克思主义基本原理当作绝对真理体系，不断推动马克思主义基本原理走向丰富和完善。

马克思主义真理观深刻地揭示了真理发展的过程性，阐明了人类对于真理的认识永远处于由相对到绝对的转化和发展之中。应当说，这一学说本质上是反对教条主义和形而上学的，它充分显示了马克思主义真理观辩证的、批判的和革命的品质。这一观点告诉我们，马克思主义基本原理并不是最终完成的绝对真理，它是在实践的推动下不断发展和完善的。但是长期以来的舆论宣传，往往把马克思主义基本原理看作一个绝对的真理体系，它严重制约了马克思主义的生命力。

什么叫绝对真理？按照列宁的定义，那种无条件、无过程（立即）的绝对正确的认识或理论，叫绝对真理。当然，世界上绝没有这样一种认识，也绝没有绝对真理，马克思主义的科学体系也是相对真理，不是绝对真理。因为它的真理性是相对的，不是绝对的，它的存在和发展是有条件的而不是无条件的，它存在于时间和过程中，绝不会“立即”可以达到。

十月革命胜利后，在如何建设社会主义的问题上，没有现成的经验可以借鉴，列宁也只有到马克思和恩格斯的书本里去寻找答案。马、恩曾经设想，未来的社会主义革命是在生产力比较高的资本主义国家首先实现的，未来社会主义社会是一个消灭了商品、货币和私有制的“三无”社会。当时列宁坚持马克思的上述观点，明确提出：“社会主义要求消灭货币的权力、资本的权力，消灭一切生产资料私有制，消灭商品经济。”① 列宁把这种思想付诸实践，集中表现在“战时共产主义政策”的实施上。战时共产主义政策，实质上是取消了市场和货币，否定商品经济和价值规律，实行共产主义的分配方式。应该说，战时共产主义政策对于保卫年轻的苏维埃政权起到了重要的历史作用，但是把它当作向社会主义直接过渡的道路，显然超越了生产力发展水平的历史要求。所以，当战争过去以后，这种政策招致了农民的强烈不满。在

① 《列宁全集》第12卷，人民出版社1987年版，第75页。

这种情况下，列宁对战时共产主义政策及时作了反思。他说："我们原打算（或许更确切些说，我们是没有充分根据地假定）直接用无产阶级国家的法令，在一个小农国家里按共产主义原则来调整国家的生产和产品分配。现实生活说明我们犯了错误。"① 1921 年 3 月，俄共举行第十次代表大会，一致通过了《关于以实物税代替余粮收集制的决议》，决定实行"新经济政策"。在严峻的实践面前，列宁坦率地承认："我们不得不承认我们对社会主义的整个看法根本改变了。"② 列宁认识到"我们犯了错误"，犯了固守马、恩关于社会主义是"三无"社会的绝对真理的错误。列宁说，"对社会主义的整个看法根本改变了"，改变了对"三无"观点的看法。继列宁之后，邓小平也对社会主义的整个看法改变了。邓小平没有囿于马、恩关于建设社会主义的理论观点，而是从中国的实际出发，回答了什么是社会主义和怎样建设社会主义的问题，形成了建设有中国特色社会主义的理论路线——邓小平理论。邓小平理论中的社会主义市场经济理论，是对马克思主义经济理论的重大发展，它突破了传统社会主义僵化的计划经济体制，突破了社会主义与资本主义绝对对立的观念，挽救了社会主义的前途命运。

其次，要旗帜鲜明地反对教条主义，实现马克思主义基本原理与实践具体的、历史的统一。教条主义是实现马克思主义基本原理与具体实践相结合的最大敌人，它强调理论的一般性，否认实践的特殊性，导致理论和实践的脱离。列宁把马克思主义的基本原理同俄国革命的实践相结合，把马克思主义发展到列宁主义阶段。他向后人昭示了这样一个不容置疑的真理："马克思主义者必须考虑生动的实际生活，必须考虑现实的确切事实，而不应当抱住昨天的理论不放，因为这种理论和任何理论一样，至多只能指出基本的、一般的东西，只能大体上概括实际生活中的复杂情况。"③ 在中国共产党内，毛泽东最先喊出反对教条主义、把马克思主义的基本原理同中国革命实际情况

① 《列宁全集》第 33 卷，人民出版社 1992 年版，第 39 页。
② 《列宁全集》第 43 卷，人民出版社 1987 年版，第 367 页。
③ 《列宁选集》第 3 卷，人民出版社 1995 年版，第 26—27 页。

相结合的口号，提出了马克思主义中国化的主张。在民主革命的早期，由于我们党理论上的不成熟，教条主义成为马克思主义在中国发展的最大敌人。教条主义者照抄照搬的是经典作家的具体结论，看不到中国革命的独特国情，把俄国革命的道路和革命战争的规律生硬地搬到中国，结果导致苏区的丧失，党和红军的力量受到空前打击。与教条主义者对待马克思主义的态度完全不同，毛泽东不断探索马克思主义同中国革命的结合问题，寻找一条不同于俄国革命的发展道路。他指出，对待马列理论，不应当把他们的理论当作教条看待，而应当看作行动的指南；不应当只是学习马克思列宁主义的词句，而应当把它当作革命的科学来学习；不但应当了解他们研究广泛的真实生活和革命经验所得出的关于一般规律的结论，而且应当学习他们观察问题和解决问题的立场和方法。①

邓小平是坚持马克思主义基本原理和发展马克思主义的光辉典范。他在复出之后立即提出：实事求是，一切从实际出发，理论联系实际是马克思主义的根本观点、根本原则和根本方法，我们任何时候都不能违背，但马克思主义的具体理论观点是可以在实践中发展的。他提出“真正地坚持马克思主义”和“坚持真正的马克思主义”，就是他主张在实践中坚持和发展马克思主义的思想的集中体现。他认为“真正地坚持马克思主义”，就是把马克思主义的一般原理同中国的具体情况结合起来，用马克思主义指导中国实践，在实践中才能真正坚持。他说：“现在我们还是坚持马克思主义、毛泽东思想。这里有继承的部分，有发展的部分。我们建设社会主义，准确地说是建设有中国特色的社会主义，这样才是真正地坚持了马克思主义。”② 而“坚持真正的马克思主义”就是坚持中国化的马克思主义，就是坚持发展着的马克思主义。“只有结合中国实际的马克思主义，才是我们所需要的真正的马克思主义。”③“真正的马克思列宁主义者必须根据现在的情况，认识、继承和发展马克思列

---

① 《毛泽东选集》第2卷，人民出版社1991年版，第533页。

② 《邓小平文选》第3卷，人民出版社1993年版，第191页。

③ 同上书，第213页。

宁主义……不以新的思想、观点去继承、发展马克思主义，不是真正的马克思主义者。”①“真正地坚持马克思主义”和“坚持真正的马克思主义”，归根到底是同一个问题：坚持马克思主义普遍原理同中国实际情况相结合，在实践中坚持和发展马克思主义。

邓小平之后，我们党深刻理解并努力实践了邓小平的命题和要求。江泽民提出，在建设中国特色社会主义的实践中，要与时俱进，用发展着的马克思主义指导实践。胡锦涛在党的十七大报告中提出并阐明了中国特色社会主义理论体系，强调指出，在当代中国，坚持中国特色社会主义理论体系，就是真正坚持马克思主义。这与邓小平的思想是一脉相承的。

（原载《江海学刊》2009年第2期）

① 《邓小平文选》第3卷，人民出版社1993年版，第291页。

中国古代关于物的哲学

林德宏

哲学应以人为本，关注人类的生存与发展。人类生存所需要的不是抽象的“物质”，而是具体的“物”。同人们发生实际关系的、人们在生活中所关注的也是“物”。所以哲学不仅要研究本体论的“物质”，也要研究生存论的“物”，否则就脱离了最基本的实际。对具体的物不仅要抽象出最一般的“物质”概念，还应抽象出比较一般的“物”的概念。这是两个不同层次的概念，不可相互取代。哲学很少有人研究“物”，在中国古代哲学史上也无人专门作此研究。但不少哲人与科学家都有关于物的论述，虽较分散，但内容丰富。这对我们今天坚持以人为本，克服物本主义有重要启迪，故本文对此作初步梳理与评论。

天地万物

在中国古代哲学与科学著作中，“万物”一词出现的频率很高。《庄子》“物”字出现约310次，其中“万物”出现的次数约占1/3。在许多情况下，“物”是“万物”的简称。

物的数量无穷。庄子说：“夫物，量无穷。”（《庄子·秋水》）“万”是形容数量之多。“今计物之数，不止于万，而期曰万物者，以数之多者号而读之也。”（《庄子·则阳》）“计中国之在海内，不似稊米之在大仓乎？号物之数谓之万，人处一焉……此其比万物也，不似豪末之在于马体乎？”（《庄子·秋水》）中国在海内如沧海一粟，人在万物中如马身上的一根毫毛。相对于人而

言，物可谓无数。荀子说：“故万物虽众有时而欲遍举之，故谓之物。物也者，大共名也。”（《荀子·正名》）

“万物”又常同“天地”相连，称“天地万物”。天地是万物的父母，万物在天地之中。庄子说：“天地者，万物之父母也。”（《庄子·达生》）荀子说：“天之所覆，地之所载。”（《荀子·王制》）

张衡说：“有物成体。”（《灵宪》）气无体，物有体。朱熹说：“天地之气刚，故不论甚物事皆透过。”（《朱子语类》卷八）气可穿透物，可见物有体。

“物”有时同“事”相连。朱熹说：“无一事一物不然。”（《朱子语类》卷六二）王阳明说：“所谓致知格物者，致吾之良知于事事物物也。”（《传习录》中）“物事”或“事物”泛指自然与社会中的物体与现象。

王廷相提到“日用之物”（《雅述》上）。人关注物，最基本的目的是利用物。荀子说：“万物同宇而异体，无宜而有用为人，数也。”（《荀子·富国》）君子“其于天地万物也，不务说其所以然而致善用其材”（《荀子·王霸》）。善用物，不必知其所以然，君子如此，百姓更是这样。

总之，“物”指天地万物，是派生物，为人所用，是人们生存所需要的各种实体的总称。可见它不是作为世界本原的“物质”。它不是本体论的概念，而是人类生存论、价值论的概念。要用物就要认识物，所以它又是认识论的概念。只有少数学者把物与心对应起来论述。如方以智说：“舍物无心，舍心无物”，“天地一物也，心一物也。”（《物理小识》）这里的“物”，就有点世界本原的味道了。

气化万物

董仲舒说：“天者，万物之祖，万物非天不生。”（《顺命》）物有“祖”，那物是如何产生出来的？

在中国古代神话中，万物是变来的。有一则神话，说盘古化生万物，四肢五体化为四极五岳，血液化为江河，皮毛化为草木，等等。在哲学上，广为流传的则是气化万物论。

道家认为道生万物。老子说："道生一，一生二，二生三，三生万物。万物负阴而抱阳，冲气以为和。"（《道德经》四十二章）其中提到了"气"。"道常无为而无不为，侯王若能守之，万物将自化。"（《道德经》三十七章）这又提到了"化"。

王夫之说："物之所造者，气也。……物者，气之凝滞者。"（《庄子解》）张载说："太虚不能无气，气不能不聚而为万物，万物不能不散而为太虚。"（《正蒙·太和》）气是物的本原，气聚为物，物散为气。

从气到物的过程，常被表述为"化"，庄子有时把"造物"说成"造化"。《黄帝内经》首次提出"气化"的概念。"在天为气，在地成形，形气相感而化万物矣。"《黄帝内经·素问》："气始而生化，气散而有形。"（《素问》）"物生谓之化，物极谓之变。""各从其气化也。"（《素问》）周敦颐说："二气交感化生万物。"（《太极图之说》）张载说："变言其著，化言其渐。"（《易说·乾卦》）"气有阴阳，推行有渐为化。"（《正蒙·神话》）气化为物是缓慢的过程，神造物则是瞬间的事。

老庄强调物的产生过程是"和"。老子说"冲气以为和"。庄子说："至阴肃肃，至阳赫赫；肃肃出于天，赫赫发乎地，两者交通成和而物生焉。"（《庄子·田子方》）至阴至阳则不能生物，物生需要"和"的作用与环境。《国语·郑语》说："夫和实生物。"《管子》说："和乃生，不和不生。"（《内业》）荀子也说："万物各得其和以生。"（《荀子·天论》）荀子等还谈到了"合"。荀子说："天地以合，日月以明，四时以序，星辰以行，江河以流，万物以昌。"（《荀子·礼论》）日月之明，万物之昌，皆源于天地之合。王充说："天地合气，万物自生。"（《论衡·自然》）。

庄子强调"物固自生""物自化。"（《庄子·在宥》）阮籍说："天地生于自然，万物生于天地。"（《达庄论》）万物在自然中通过自身的演化形成，这是唯物主义的物源论。

在中国古代，神创论的影响很小，玉皇大帝是不管造物的。古希腊哲学中却流行神创论。柏拉图用手工劳动者的造物过程来描述神造物的过程。亚

里士多德的四因说实际上是对人制造物基本要素的概括，他实际上也是用人制造物来想象神的造物。庄子说："伟哉夫造物者。"他又说："今一以天地为大炉，以造化为大冶，恶乎往而不可哉。"（《庄子·大宗师》）他把天地比作大火炉，把造化比作大铁匠。贾谊也说："天地为炉兮，造化为工；阴阳为炭兮，万物为铜。"（《鹏鸟赋》）都是用类比，结论则相反。

圣人创物

万物气化而成，这主要指自然物。那人造物或技术物又是从何而来？在中国古代的造物观念中，占主导地位的是圣人创物论与百工开物论。

在中国古代的文化中，圣人的地位超过神。所谓圣人，起初专指帝王，后又包括学识渊博、品德高尚者。周太史史伯说："先王以土与金、木、水、火杂以成万物。"（《国语·郑语》）《系辞》说："备物致用，立成器以为天下利，莫大乎圣人。"成书于战国时期的《考工记》，是一部专门讲如何造物的书，写道："智者创物，巧者述之，守之世，谓之工，百工之事，此皆圣人所作也。"（《序官》）方以智说："圣人制器利用以安其身。""上古圣人，备物置用。炼金揉木，取火耕土，建宫室，造衣服，分干支，明岁月，立书契，纪制度，使物各得其宜，而至化行矣。"（《物理小识·总论》）他还引用潜草之说："圣人官天地，府万物，推历律，定制度，兴礼乐，以前民用，化至咸若，皆物理也。"（《物理小识·总论》）按这些说法，圣人是最早的技术发明家，是创新的始祖。

在这种观念的影响下，不少典籍冠以圣人之名，意指圣人所传。《黄帝内经》借黄帝的大名。清代崔述指出："世所传《素问》一书，载黄帝与岐伯问答之言，而《灵枢》《阴符经》，或亦称为黄帝所作。至战国诸子书述黄帝者尤众，若《庄子》书称黄帝问道于广成子之类。余按黄帝之时，尚无史册，安得有书传于后世？"（《补上古考信录·黄帝说》）

中国古代神话中有许多圣人创物的内容，显然不同于古希腊神话。伏羲、神农均被说成是大发明家。伏羲发明了取火、织网。神农发明了农业技术与

采药。“神农以赭鞭鞭百草，尽知其平毒寒温之性，臭味为主，以播百谷，故天下号神农也。”（《搜神记》卷一）《山海经》也有丰富的技术发明的记述。农业方面，“后稷是始播百谷”，“叔均是始作牛耕”；（《大荒海内经》）“叔均乃为田祖。”（《大荒北经》）手工业方面，“义均是始为巧倕，是好作下民百巧。”（《大荒海内经》）交通方面，“淫梁生番禺，是始为舟”，“吉光是始以木为车”。（《大荒海内经》）兵器方面，“般是始为弓矢。”（《大荒海内经》）巧倕是义均的称呼，相传他发明了规、矩、准、绳、耒耜、铫、耨等工具。《系辞下》说黄帝、尧、舜刳木为舟，剡木为楫，断木为杵，掘地为臼，垂衣裳而天下治。

圣人是神还是人？也许是被神化了的人，但毕竟不是神。圣人创物常以生物为师。“太昊师蜘蛛而结网。”（《抱朴子·对俗》）燧人取火以鸮为师。“遂明国不识四时昼夜，有火树名遂木，屈盘万顷。后世有圣人，游日月之外，至于其国，息此树下。有鸟若鸮，啄树则灿然火出。圣人感焉，因用小枝钻火，号燧人。”（《路史》注引《拾遗记》，并以《太平御览》卷七八、卷八六九引补改）他们模仿动物，可见他们不是神。“神农尝百草之滋味，一日而遇七十毒。”（《淮南子·修务》）只有人才会因尝草而中毒。

圣人创物论表明，在中国古代，人们敬畏帝王甚于敬畏神，世俗政权的影响远远超过宗教。

百工开物

圣人创物，但大量造物就要靠百工了。沈括说：“技巧、器械、大小尺寸、黑黄苍赤、岂能尽出于圣人？百工、群有司、市井、田野之人，莫不预焉。”（《长兴集》卷一九）《庄子》提到“百工”：“百工有器械之巧则壮。”（《徐无鬼》）《考工记》实际上指出了智者首创、巧者扩散、百工大规模制造的造物模式或创新模式。

宋应星在《天工开物》一书中，提出了开物论。他认为物有两个来源：自然形成与人工制造，即“或假人工或由天造”（《天工开物·作咸》）。所谓

开物指对物的改造与利用，接近于今日所说的“开发”。物所蕴含的功用往往不能自动满足人的需要，这就要求对物进行加工。宋应星说：“草木之实，其中蕴藏膏液，而不能自流。（必）假借水火，凭借木石，而后倾注而出焉。”（《天工开物·膏液》）“夫财者，天生地宜，而人功运施而出者也。”（《天工开物·野议》）物的价值靠人工才能实现。人工可以制造“异物”即天然条件下不可能出现的物。他在叙述工匠把黄金做成金箔的过程时说：“盖人工造成异物也。”（《天工开物·乃粒》）把《考工记》和《天工开物》的有关论述结合起来，便是百工开物论。

值得注意的是，“开物”也注重“和”。《吕氏春秋·别类篇》写道：“金（即铜）柔锡柔，合两柔则为刚。”《天工开物》写道：“生钢（即铁）先化，渗淋熟铁之中，两情投合。”“生熟相和，炼成则钢。”（《五金》）想象物也会像人一样“情投意合”。而百工在开物时也讲究相互配合。铸造大钟时“四面筑炉”，“甲炉既倾，乙炉疾继之，丙炉又疾继之。”（《冶铸》）人与物都追求和合。宋应星的同乡帅念祖说：“盖以人力尽地利，补天工。”（《区田编·舟车》）人工与天工也互相配合。

物阜民安

物阜民安，物不丰，则民不安，国无宁日，天下大乱。民安的前提是物阜。“民以食为天”，讲的也是这个道理。

关于物的多少与社会安危的关系，荀子作了深刻的论述。他分析的出发点是人天生有物欲，而且物欲无度，不易满足，这是社会不安定的根源。他说：“欲多而物寡，寡则必争也。”（《荀子·富国》）社会所拥有的物不能满足人的无度的物欲。自然中的物无数，人所掌握的物则十分有限，于是就会互相争夺。“物不能澹则必争，争则必乱，乱则穷也。”（《荀子·王制》）“人生而有欲，欲而不得，则不能无求，求而无度量分界，则不能不争。争则乱，乱而穷。先王恶其乱也，故制礼义以分之，以养人之欲，给人以求。使欲不穷乎物，物必不屈于欲，两者相持而长，是礼之所起也。”（《荀子·礼论》）

物欲的强弱与物的多少，应保持某种平衡，这便是“礼”。

《管子》写道：“粟多，则天下之物尽至矣！”（《管子·治国》）食物在日用之物中占首位。食物充足，人就可以大力开物、造物。以农为本，盖源于此。

荀子又说：“王者之［法］，等赋、政事、财万物，所以养民也。”（《荀子·王制》）“贤者通乎财万物，养百姓之经济。”（《荀子·儒效》）百姓之经济，靠的是物阜。

君子爱物

物既是自然的演化又是人的创造，物阜又如此重要，所以爱物乃君子的美德。

齐物论是庄子主张爱物的一个理论根据。庄子认为万物平等，人也是一种物。“天地与我并生，而万物与我为一。”（《庄子·齐物论》）“万物一齐。”（《庄子·秋水》）他说：“圣人处物不伤物。不伤物者，物亦不能伤也。”（《庄子·知北游》）“唯无所伤者，为能与人相将迎。”（《庄子·知北游》）“故圣人……其于物也，与之为娱矣！”（《庄子·则阳》）圣人爱物，所以与物和睦相处。庄子在《天下》中引述了惠施的“氾爱万物”，指出墨翟主张“不靡于万物”，彭蒙、田骈、慎到“齐万物以为首”。

许多哲人强调人也是一种物，所以人与物平等，人爱己也应爱物。庄子说：“且也若与予也皆物也。”（《庄子·人间世》）王充说：“人，物也。虽贵为主侯，性不异于物。”（《论衡·道虚》）虽是达官贵人，其本性同物没有什么区别。张载说：“民吾同胞，物吾与也。”（《西铭》）罗钦顺说：“盈天地之间唯万物，人固万物中一物尔。”（《困知记》）《中庸》说：“能尽人之性，则能尽物之性；能尽物之性，则可以赞天地之化育；可以赞天地之化育，则可以与天地参也。”这是说人与万物有共同性。

儒家也为爱物作理论论述。孟子说：“君子之于物也，爱之而弗仁；于民也，仁之而弗亲。亲亲而仁民，仁民而爱物。”（《孟子·尽心上》）孟子把

“仁民”与“爱物”联系在一起，爱物之情不可谓不深。“君子之于禽兽也，见其生，不忍见其死；闻其声，不忍食其肉。是以君子远庖厨也。”（《孟子·梁惠王上》）

王阳明说：“大人者，以天地万物为一体者也，其视天下犹一家，中国犹一人焉……是故见孺子之入井而必有怵惕恻隐之心焉，是其仁之与孺子而为一体也；孺子犹同类者也，见鸟兽之哀鸣觳觫而必有不忍之心焉，是其仁之与鸟兽而为一体也；鸟兽犹有知觉者也，见草木之摧折而必有悯恤之心焉，是其仁之与草木而为一体也；草木犹有生意者也，见瓦石之毁坏而必有顾惜之心焉，是其仁之与瓦石而为一体也。”（《大学问》）孺子是同类，见其落井有恻隐之心；鸟兽有知觉，见其哀鸣有不忍之心；草木有生命，见其摧折有悯恤之心；瓦石也是物，见其毁坏有顾惜之心。这是古代的大地伦理学。

商汤被儒家誉为“圣王”，《史记·殷本纪》载有他爱物的故事。“汤出，见野张网四面，祝曰：‘自天下四方皆入吾网。’汤曰：‘嘻，尽之矣。’乃去三面，祝曰：‘欲左，左。欲右，右。不用命，乃入吾网。’诸侯闻之，曰：‘汤德至焉，及禽兽。’”《淮南子·主术》把先王制定的法禁概括为“十三不”，其中有不涸泽而渔，不焚林而猎，草木未落斤斧不得入山林，昆虫未蛰不得以火烧田，孕育不得杀，鱼不长尺不得取等。爱物之心，令人感叹！

在这种圣人、君子爱物观念的影响下，节俭成为中华民族的传统。荀子说：“故无万物之美而可以养乐。”（《荀子·正名》）没有那么多美物的享受，也可以很快乐。朱柏庐《治家格言》说：“一粥一饭，当思来之不易；半丝半缕，恒念物力维艰。”

格物致知

人依靠物生存，物当然是人们认识的主要对象。

荀子说：“凡以知，人之性也。可以知，物之理也。以可以知人之性，求可以知物之理，而无所疑止之，则没世穷年不能遍也。”（《荀子·解蔽》）人

能认识物，是人的本性；物能被认识，是物的性质。“万物可兼知也。”（《荀子·解蔽》）万物均可认识。物有体有形，有“具体性”，所以能被我们观察。“万物莫形而不见，疏观万物而知其情，经纬天地而材官万物。”（《荀子·解蔽》）万物的形体没有不被认识的，通观万物了解其性，便可治理天下、掌管万物。人同物接触，感性认识便发生了。张载说：“见闻之知，乃物交而知。”（《正蒙·大心》）王夫之说：“形也，神也，物也，三相遇而知觉乃发。”（《张子正蒙注·太和》）

人如何从物那儿获得知识？“格物致知”。《礼记·大学》说：“致知在格物。物格而后知至。”后来哲人对格物致知各有不同的解释。颜元把“格”理解为“手格猛兽之格，手格杀之格，乃犯手捶打搓弄之义”（《习斋记余》卷六），“手格其物而后知至”（《四书正误》卷一）。他的学生李塨评论他的看法说：“以力行为格物。”（《大学辨业》卷二）以“手”格物，以“力行”格物，就有了开物之意。

方以智提出的“物则”，源于《诗经》：“有物有则”（《大雅·蒸民》）。“物则”即物理。认识的任务是“辨物则”。“农书、医学、算测、工器，乃为实务，各有专家，九流各食其力……总为物理，当作格致全书。”（《物理小识》）朱熹的学生朱震亨把自己的医学著作名为《格致余论》。王世贞在《本草纲目》的序中，称该书为“格物之通典”，李时珍也称自己的书“实吾儒格物之学”。19 世纪中叶邹伯奇出版光学著作《格术补》。清末学者把从西方传来的物理、化学、生物学知识称为“格致学”。

重己役物

在人与物的关系问题上，中国古代哲人提出了一个十分重要的观点：人应当役物，而不应当被物役。既开物、用物、爱物，又不被物支配。

庄子说：“物物而不物于物。”（《庄子·山木》）人应当主宰物而不应当被物主宰。他把“物物”理解为“胜物”，至人能达到这种状态。“至人之用心若镜，不将不迎，应而不藏，故能胜物而不伤。”（《庄子·应帝

王》）至人能有效地支配物，而不被物所损伤。“有大物者，不可以物；物而不物，故能物物。明乎物物者之非物也。”（《庄子·在宥》）支配物而不被物役使，才能主宰万物。应当明白能主宰物的并不是物。“以本为精，以物为粗。”（《庄子·天下》）“本”为精细的道，可见物不是“本”。现今还相当流行的以物为本的物本主义，与中国古代关于物的哲学相悖。庄子还提出“不以物挫志”（《庄子·天地》），“无物累”（《庄子·天道》），“明于权者不以物害之”（《庄子·秋水》）。他又说“乘物以游心”（《庄子·人间世》），这是何等美好的境界！《庄子》还引述了宋钘、尹文所说的“君子不为苛察，不以身假物”（《庄子·天下》）。意思是说君子不求苛刻计较，不使自己被物所役。

荀子也认为“君子役物，小人役于物”（《荀子·修身》）。他强调物对人有用，这同庄子有所区别。“故天地之所覆，地之所载，莫不尽其美致其用。”（《荀子·王制》）“礼者，以财物为用。”（《荀子·礼论》）正因为物对人有用，“君子不以须臾离物”（《叶适集》），才会出现是“物物”，还是“物于物”的问题。

荀子还认为“君子非生异也，善假于物也”（《荀子·劝学》），“教万物以利天下”（《荀子·王制》）。君子并无什么特别之处，只是善于利用物。“假于物”是人类生存、发展之道，但“假于物”也可能转化为“役于物”。

力强则能胜物，这是人与物关系的又一基本观点。“多力则强，强则胜物。”（《荀子·王制》）胜物的条件是力强，弱者则不能胜物。“故人生不能无群，群而无分则争。争则乱，乱则离，离则弱，弱者不能胜物……君者，善群也。群当道，则万物皆得其宜。”（《荀子·王制》）君子善于团结人，争、乱、离只会使人们衰弱。人不能胜物，物就可能胜人。人，“力不若牛，走不若马，而牛马为用，何也？曰：人能群，彼不能群也。人何以为群？曰：分。分何以能行？曰：义。故义以分则和，和则一，一则多力，多力则强。”（《荀子·王霸》）人之所以胜于牛马，就在于人能群，和则强。荀子还提出要“重己役物”（《荀子·正名》）。关注人，利用与支配物，这是对人与物关

系的高度概括。

荀子强调人对物的能动性。“大天而思之，孰与物畜而制之！从天而颂之，孰与制天命而用之！望时而待之，孰与应时而使之！因物而多之，孰与聘能而化之！思物而物之，孰与理物而勿失之也！愿于物之所以生，孰与有物之所以成！故错天而思天，则失万物之情。”（《荀子·天论》）敬仰天而且思考它，不如收藏与治理物！顺从与歌颂天，不如掌握天的运行而使用它！盼望和等待时节，不如适应天时并使用它！任凭物的增多，不如发挥才能去变革它！思考物并用物，不如治理万物不让它消失！在荀子看来，重要的是掌握万物生长的规律，而不应当为了思念天道而放弃自己对物的能动作用。

荀子还说：不要“以己为物役”，应“重己役物”（《荀子·正名》）。要重视自己，役使万物，而不要做物的奴隶。

《管子》也指出：君子“能养万物”，“君子使物，不为物使”。（《内业》）。慎到主张“泠汰于物”“与物宛转”（《庄子·天下》），这是人与物的和谐状态。

王充还提出一个观点：我们在用物时必然会对物进行变革。“故天用五行之气生万物，人用万物作万事。不能相制，不能相使，不相贼害，不成为用。金不贼木，木不能用，火不烁金，金不能器。故诸物相贼相利。”（《论衡·物势》）贼木、烁金都是人的开物，开物就是一种役物，对所开之物又自然要爱惜。开物、役物与爱物是辩证的关系。其实创物、开物、格物、爱物、役物、物阜民安讲的都是人与物的关系，这是中国古代物的哲学的主线，其精华则是重己役物论。

（原载《江海学刊》2009 年第 2 期）

新生态哲学论纲

刘福森

一种新形态的哲学

不同的文明不仅包含着不同的生产方式和经济形式，而且包含着不同的世界观、价值观和伦理观，包含着不同的实践态度和生活态度。因此，从一种文明到另一种文明的演变，也必然引起一场哲学观念的变革。

马克思曾说过，“任何真正的哲学都是自己时代精神的精华”，“是文明的活的灵魂”。[①] 黑格尔也明确地肯定了哲学的时代性：“哲学是思想中所把握到的时代”[②]，哲学不过是它所在的时代的思想表达而已。因此任何哲学都不可能超越它所在的时代，“妄想一种哲学可以超出它那个时代，这与妄想个人可以跳出他的时代跳出罗陀斯岛，是同样愚蠢的。”[③] 也就是说，任何哲学，都是在特定时代产生并只属于自己时代的“特殊哲学”，而不是能够适用于、服务于任何时代的“一般哲学”。这样，就把哲学的本质紧紧地同具体时代联系在一起了。任何哲学都是仅仅属于它所在的时代的哲学，超越任何时代的“一般哲学”是不存在的。同样也不存在超越任何特殊哲学的“一般哲学原理”，任何哲学观念、哲学思维都仅仅属于它所在的时代而已。

这正是哲学同科学不同的基本特征之一。我们可以说“哲学是时代精神

① 《马克思恩格斯全集》第1卷，人民出版社1956年版，第121页。
② ［德］黑格尔：《法哲学原理》，商务印书馆1961年版，第12页。
③ 同上。

的精华”，却不能说“科学是时代精神的精华”。这是因为，以往时代发现的科学真理，在后来的时代中仍然是真理，因而科学是超越特定时代的；但是，以往时代的哲学家所倡导的哲学观念却几乎都被后来的哲学家所否定，并以新的哲学观念取而代之。在历史上出现的任何一种哲学观点都几乎不是没有争议的，整个哲学史就是一场“哲学家的战争史”。

既然“哲学是思想中所把握到的时代”“是文明的活的灵魂”，那么，由不同文明构成的不同的时代就必然要求与之相适应的不同的哲学。西方近代主体形而上学仅仅是“在思想中被把握到的工业文明”的哲学，仅仅是工业文明的“活的灵魂”。很显然，这种哲学提供的不仅不是生态文明所需要的哲学观念，而且是反生态的哲学观念。生态文明时代需要一种不同于西方近代主体形而上学的新哲学，这种新哲学就是生态哲学。随着文明形态的转变，必然（也必须）发生一场哲学观念的革命，即用生态哲学取代西方近代传统哲学。

什么是“生态哲学”？根据哲学的时代性特征，可以得出这样的结论：生态哲学就是“被把握在思想中的”生态文明，是按照生态文明的价值与逻辑所构思起来的哲学。它是生态文明的“活的灵魂”，是一种不同于西方近代传统哲学的新的哲学形态。

在对生态哲学的研究中，我国学术界存在着一个误区，就是把生态哲学仅仅理解为“一般哲学原理”在生态问题研究中的具体运用，是作为“一般哲学”下属的“部门哲学”，是哲学的“应用学科”。这种观点从根本上否定了随着时代和文明的演变必然引起哲学变革的必然性和必要性。这种观点的理论前提，就是必须假定一个超越具体时代的、超时间的、作为永恒在场的“一般哲学”和“一般哲学原理”的存在，然后才能够运用这个“一般哲学”的“一般原理”去研究生态问题，从而形成一个作为“一般哲学”下属的“部门哲学”——生态哲学。这里我们不禁要问：这种先于生态哲学的一般哲学原理是从哪里来的呢？它只能来源于“前生态文明”的西方传统哲学。这样，这种观点就背离了哲学的时代本性，承诺了一种能够适用于所有时代的“一般哲学”和“一般哲学原理”的存在，企图用旧时代哲学来处理我们时

代出现的新问题，也就是用西方近代传统哲学的基本观念来解释生态文明时代的新问题。按照这种理解，西方近代主体性哲学、人本主义哲学提供的哲学观念，也就是适合于我们时代的“一般哲学”的观念（原理）；而所谓生态哲学，就是用这个“一般哲学”提供的“一般原理”去解释具体的生态问题而产生的哲学。这种作为“部门哲学”的生态哲学，很显然不是新哲学，而是仍然从属于旧哲学的下属分支。这种企图用旧时代的旧哲学去解释新时代的新文明的做法，就从根本上否定了哲学的时代本性，取消了进行“哲学革命”的必然性和必要性，人们只要在旧哲学中不断地增加下属的“部门哲学”就万事大吉了。

这种按照“上下级关系”的模式理解哲学学科分类是不合理的。我们以西方近代哲学为例对这个问题进行一个简略的分析：我们不能把西方近代哲学的本体论、认识论以及人本主义学说看成超越具体时代的“一般哲学”，而把西方近代的“科学哲学”看成它的分支或“下属部门”。英国哲学家沃尔什曾经指出：“近代西方哲学起源于对16世纪晚期和17世纪初期由数学和物理学所做出的非凡进步的反思；而它与自然科学的联系从那时起就始终没有间断。”① 柯林武德也认为，“科学的哲学已经不再是由其他哲学探讨中分化出来的一个特殊的分支：它已渗透到一切哲学研究，并且产生了一套完全是以科学精神来构思的完整的哲学。”② 由于整个西方近代哲学就是建立在科学（物理学和数学）基础上的，因而在近代，“科学哲学”就不是一般哲学下属的“部门哲学”或分支，整个西方近代哲学就是对科学精神的哲学表达，或者说，它就是以科学精神来构思的哲学，因而西方近代哲学也就是科学哲学；科学哲学也就是西方近代哲学的世界观，而不是一般世界观下属的自然观。我们也可以以马克思哲学为例来说明这个问题。通常人们认为历史唯物主义仅仅是马克思哲学的历史观，即马克思的一般哲学世界观下属

① ［英］沃尔什：《历史哲学导论》，何兆武、张文杰译，广西师范大学出版社2001年版，第1—2页。

② ［英］柯林武德：《历史的观念》，何兆武、张文杰译，商务印书馆1997年版，第20、34页。

的部门哲学。这种理解也是错误的。马克思实现的哲学变革，是通过哲学的“历史转向”实现的。如果说西方近代哲学是以自然科学为基础的“科学哲学”的话，那么，马克思哲学则是以历史的研究为基础创立的“历史哲学”。这个“历史哲学”也不是如西方近代作为哲学分支的那个“历史哲学”，它就是马克思哲学的新世界观。马克思通过历史唯物主义的创立，不仅实现了历史观的革命性变革，而且在哲学世界观上也实现了革命性变革：它实现了哲学从（近代哲学的）科学逻辑向（马克思哲学的）历史逻辑的转变，实现了哲学从科学精神向历史精神的转变。因此，历史唯物主义不是马克思哲学下属的“部门哲学”，而是马克思哲学的新世界观。生态哲学也是一样，它不是当代哲学的一个分支或下属的部门哲学，它就是生态文明时代的哲学世界观。

实际上，如果不从根本上改变西方近代传统哲学的存在论、价值观念、思维方式、发展观和人生态度，要想建立一种作为“部门哲学”的“生态哲学”是根本不可能的。这样做的最好结果也只能是把“生态学”的科学法则简单地“移植”到哲学中来，变成一个“一般哲学”的下属学科，而一旦进入真正的哲学思考时，就会立刻退回到近代传统哲学的窠臼。

以自然存在论为基础的生态世界观

生态哲学是以自然存在论为基础的生态世界观、生态价值观、生态伦理观、生态发展观（包括进步观、幸福观、人生观等）构成的全新的哲学形态。这种新哲学的形成，是以从根本上对西方近代主体形而上学的颠覆为前提的。

自文艺复兴以来，当西方近代哲学摆脱了上帝的阴影而“发现了人”之后，统一的自然世界就被划分为两个具有不同性质的部分：人被看作主体，他是宇宙中的最高的、永恒在场的具有“唯一性”“至上性”的实体性存在。作为“万物的尺度”，对自然的完全占有是主体的基本出发点，以自我为中心是主体与自然交往的基本原则。这样，在自然界面前，人成为一个无所不欲

的贪婪主体、无所不能的狂妄主体、无所不做的野蛮主体。笛卡尔的“我思故我在”为世界的存在找到一个思想的基础，康德哲学要“人的知性为自然界立法”，黑格尔把自然看成绝对理念的外化、对象和产物。相反，外部自然世界则被看作是人的客体、满足主体需要和欲望的对象、人的“为我之物”，即“属人的自然”。这种“属人的自然”只有依赖于主体的理性才获得规定，只有依赖于主体的实践才获得存在的理由和价值。这种作为理念产物和人的本质力量对象化的自然，已经不再是本来意义上的自然，而是按照人的文化、实践目的重新安排和梳理过的自然，是作为人的“影子”的“自然”。因此，主体形而上学实际上是只把人的存在看成真实的存在。它所说的物，是进入到主体意识中的物；物只有从主体方面才能得到其规定和评价。离开了主体，外部世界就是一个没有任何意义的、不可规定的、不可认识的“自在之物”。因此，在近代主体形而上学的观念中，自然世界不是“自在存在”的，而是从主体的存在推论出来的，是根据主体的本性“构造”出来的，因而是依赖主体（人）才能存在的。这样理解的自然就是已经从存在论上被消解了的自然，即丧失了存在论根基的自然。这种自然观，是一种“属人的自然观”。这就是西方近代主体形而上学的基本观念，也正是人本主义哲学的基本观念。正是这种哲学，一方面把人变成了无所不能的上帝；另一方面，则完全消解了世界的自然存在论根基，为工业文明对自然世界无限度的掠夺和破坏提供了哲学基础。

这种哲学正是工业文明时代的“时代精神的精华”，是工业文明的“活的灵魂”。在工业文明的实践中，人类消解自然的基本路数，就是通过他们的实践活动把他们的欲望和目的嵌入自然物之中。在这一过程中，通过实践对自然物的改造，发生了一个“文化秩序”取代“自然秩序”“文明选择”取代“自然选择”的物质变革。当自然的秩序和逻辑被文化的秩序和逻辑取代之后，自然物就只剩下一个物质的空壳，它虽然继续保留着自然物的外貌，然而骨子里却生长着文化的基因，血管中流淌的是“人造血液”，成为背离自然的“属人之物”。这就是西方主体形而上学、人本主义

哲学消解自然的实践逻辑。

生态哲学得以确立的基本前提，就是颠覆和超越西方近代主体形而上学，重塑自然存在论的基础。从存在论上说，生态哲学同主体形而上学的根本对立，表现为“自在的自然观”同“属人的自然观”的对立。

无论是古希腊哲学还是中国哲学，“自然”概念都是同“人工”“人为”“属人”“人化”概念正相反对的。所谓“自然的”，即“自生、自成、自在的”。既然它不是由什么外在的原因产生的结果，因而“自然的”就是“本源的”。与此相反，那种依赖于主体（人）才能存在的所谓“属人自然”“为我的自然”则是自然的“非存在”，即自然的“无”；不过是人的“影子”而已。“自在”的自然概念的含义，正是自然的“存在论”的含义：我们说世界是“存在”的，正是说世界是自然的，即“自生、自成、自在”的，而不是由其他外在原因（上帝或人的行为）创造的，不是依赖人或上帝而“在”的，它“本来”就是这样子的（本然的）。当我们这样理解自然时，我们才重新确立起自然界的存在论的基础，超越了主体形而上学的“人化自然观”，重新确立起“自在的自然观”。这正是生态哲学首先应该确立起来的基本观念。

要重新确立自然存在论的基础，还必须颠覆近代主体形而上学主客二分的思维框架。人与自然之间实际上存在着两种关系：一是“存在论的关系”，二是“实践论（人本学）的关系”。在实践论（人本学）的关系中，人以外的自然物是人认识和改造的对象、客体，它只有依赖于人的意识才能被规定，只有依赖于人的实践目的才能获得存在的价值和意义；而在人与自然的存在论的关系中则相反：自然界整体是人和一切自然物存在的基础，人和其他自然物都只是这一整体中的普通一员，都依赖于这一整体才能存在。因此，在存在论关系中不存在主客体关系。只有在实践论（人本学）关系中才谈得上人与自然之间的主客体关系。由于人与自然之间的实践论关系仅仅存在于人与外部个别自然物之间，因而人只能把人以外的个别自然物作为客体进行改造，使之成为“属人的自然物”。相反，人始终不能把包括自身在内的“自然

界整体”（生态科学把它叫做“生态系统”）作为他改造的客体或对象。因此，所谓人与自然之间的主客体关系，不适用于人与“自然界整体”之间的关系。人与自然界整体之间的关系只能是“存在论关系”而不能是“实践论（人本学）的关系”。在人与自然界整体之间的存在论关系中，没有什么主客体的区分，人与其他自然物一样，都是作为自然界整体之中的一个普通的“存在者”；这些存在者都是在自然界整体的统摄和决定之下产生、变化和灭亡的；自然界整体的稳定平衡，对于一切生物和人的生存来说具有最高的价值。西方近代主体形而上学的缺陷，不在于它在实践论（人本学）的关系中承认人与个别自然物之间的主客体关系，而在于它为了夸大这种关系，把主客体关系变成了唯一的关系，把人与外部个别自然物之间的主客体关系推广到人与自然界整体的关系，结果就把人与自然界整体的关系也看成了主客体关系，从而否定了人与自然之间的存在论关系。这就导致了“对人的神化”和“对自然的否定”。生态哲学，正是要重新找回被西方近代主体形而上学所遗忘了的人与自然之间的存在论关系，把人的改造和征服自然的实践关系放到自然存在论的统摄、决定之下，把人从神化的梦想中拉回现实的世界，重塑自然的权威。

生态哲学的自然存在论不同于17世纪的英国唯物论和18世纪的法国唯物论的自然存在论。由于这种唯物主义的自然存在论用孤立、静止、片面的观点解释世界，看不到自然物之间的相互依存关系，因而这种自然存在论是原子论的，而非整体论的。生态哲学的自然存在论则是整体论的；自然界作为一个相互联系的整体，其系统的稳定平衡是这一整体指向的最高价值目标。在这个意义上说，生态哲学的自然存在论同西方近代哲学的自然存在论属于两种不同的哲学形态。

在这里应该特别指出的是，在工业文明高度发展的今天，人类已经不能退回到人与自然原始统一的古代文明中去了。生态哲学要确立的人与自然的统一，不是古代社会的那种人与自然未分化、“天人合一”式的原始的统一。因此，生态哲学不应该简单地通过彻底否定人与自然之间的实践论（人类学）

关系的途径来确立人与自然之间的存在论关系。实践是人类生存不可避免的“天命”。没有实践，人类是不能存在的。生态哲学所能做的，只能是把“实践论关系”放到“存在论关系”的绝对统治之下，把自然界整体的稳定平衡作为评价实践合理性的最高的、终极的尺度，把被西方近代主体形而上学颠倒了的关系重新颠倒过来。

以环境价值为核心的生态价值观

西方近代哲学的传统价值观，是建立在人与自然之间的“实践论关系”基础上的主体价值观。既然这种哲学否定了人与自然之间的“存在论关系”，那么，建立在人与自然之间的存在论关系之上的“生态价值观”也就在其否定之列。既然自然对于人来说只是客体，那么它就只具有“工具性价值”。这种工具性价值是一种广义的“消费性价值”。在这种哲学看来，野生动物的价值就是：它能够为人类提供肉食、皮毛、蛋类或药材，除此之外就再没有其他价值了。这实质上是把自然界仅仅作为一种供养人类的“消费性价值”来看待。在这种价值观的支配下，工业社会中的人们对自然界采取了征服、掠夺、占有和挥霍的野蛮态度。这种哲学是应当对当代人类面临的生态和环境危机负“思想上的责任”的。

上世纪六七十年代兴盛起来的生态哲学的价值观正是对主体形而上学价值观反叛的结果。在这种价值观看来，自然界不仅对人类具有消费性价值，而且具有“生态价值”。生态价值的提出具有重大的理论意义和实践意义，它为保护生态自然的人类行为提供了价值论的根据。“生态价值”的含义主要包括以下三个方面：第一，地球上任何生物个体，在生存竞争中都不仅实现着自身的生存利益，而且也创造着其他物种和生命个体的生存条件，在这个意义上说，任何一个生物物种和个体，对其他物种和个体都具有“价值”。第二，地球上的任何一个物种及其个体的存在，对于地球整个生态系统的稳定和平衡都具有积极的意义，这种意义也是“生态价值”。第三，既然人也是自然界整体中的一员，那么，其他自然物和自然界整体系统的稳定平衡的存在

也就成了人的存在的必要条件，因而具有价值。从这个意义上说，其他自然物和相对稳定平衡的自然界整体对于人的存在来说，就具有一种“非消费性价值”。我们可以把它叫做“环境价值”。“环境价值”是西方近代哲学没有看到、也不可能看到的自然价值。

人也是一个生命体，他从自然界来，他也要在自然界中生活。人的生活需要有适合于人这一哺乳动物的自然条件：他得以立足的大地，清洁的水，由各种不同气体按一定比例构成的空气、适当的温度、一定的必要的动植物伙伴、适量的紫外线的照射和温度，等等。由这些自然条件构成的稳定的动态的自然体系就构成了人类生活的环境。这个环境作为人类生存须臾不可离开的必要条件，是人类的“家园”，是人类的“生活基地”。所谓“环境价值”，就是指自然界作为支撑人类生存的、非消费性的价值。人实际上有两个家：一个是“自然之家”。这是大自然提供给我们的“家”，是人的“老家”；另一个家则是人自己亲手创造的“新家”，一种以文化的、文明形式存在的家。工业文明和西方近代主体形而上学鄙视我们的这个“老家”，并以自己的创造力走上了越来越远离这个“老家”的“不归路”。他们忘记了：人不仅曾经是一个动物，而且只要人存在，他就仍然是一个动物，因而任何时候都是离不开这个自然“老家”的。我们以建起高楼大厦而自豪，然而由于这个自然老家遭到了鄙弃和破坏，我们在环境的意义上已经无家可归了。因此，我们时代的哲学，应该尊重这个已经破坏得千疮百孔的“老家”。要知道，虽然我们已经不可能完全回到原始的自然老家了，但是，老家的乡情和传统仍然是我们拯救自己可以借鉴的唯一的参照。自然老家的价值，永远都是支撑着人类生存的不可缺少的价值——环境价值。

“消费性价值”和“环境价值”都是人类生存所必需的自然的价值。但是，它们却具有相反的性质：自然物作为人类的生产活动原料的价值是一种“消费性价值”。我们之所以把它叫做“消费性价值”，不仅是因为它们是作为人类生产和生活的资料被消费的，而且还因为它的价值只有在被人类消费时才能实现出来。而环境价值则是一种“非消费性价值”，即“存在

性价值”。我们之所以把它叫做“存在性价值”，是因为它只有在保持其自身存在时才具有和能够实现其价值。如河边的树木同时具有两种价值：当它保持其自身的存在（没有被砍伐）时，它具有调节空气成分的比例、保持土壤水分、保护堤岸等价值。这是一种“非消费性价值”，即“存在性价值”，即环境价值。而当这些树作为消费资料被砍伐时，它就具有制作家具、造纸等价值，这是一种“消费性价值”。我们不能同时使自然物实现这两种价值：要使树木具有环境价值，就不能把它砍掉（消费），就必须保持它的存在，因而他就不能成为“消费性价值”；而要实现它的消费性价值时，就必须砍掉它，这时，它就不再具有环境价值。在这里我们看到了人类生存的一个“悖论”：其中一种自然价值的实现，都是以另一种自然价值的丧失为前提和代价的，而无论我们失去哪一种价值，都会导致同一个后果——人类的灭亡。在这一生存困境面前，我们既不能仅仅追求自然的消费性价值，忘掉其环境价值，也不能因追求其环境价值而完全否定获取消费性价值的必要性。我们所能够做的，只能是约束我们的贪婪欲望，规范我们的实践行为，反思和批判陈旧的哲学观念，尽量减少对自然界的掠夺和挥霍性消费，把我们对自然的消费限制在保持自然生态系统稳定平衡的限度以内，以此来保护岌岌可危的自然环境，以此来维持人类的可持续生存。

以“生命同根”为前提的生态伦理观

在汉语中，“伦”字包含者“同类”“同等”的含义。因此，伦理关系是一种人与他的同类——“其他人”的关系。西方近代主体形而上学把世界分为主体和客体，即人与物，而伦理关系也是指人类内部的关系，而不是人与（自然）物的关系。因此，无论是在中国还是在西方的传统伦理学中，“伦理”关系都是指人类内部人与人之间的关系。在这个意义上说，所谓伦理就是指人的社会行为所必须遵从的“人理”，它区别于物与物之间关系所遵从的“物理”。人依据“人理”对待人，依据“物理”对待物。因此，人只能以实

践的方式对待物，而不能以伦理的方式对待物。西方近代主体形而上学仅仅从实践论（人本学）的关系去理解人与自然之间的关系，就阻断了通往自然的伦理之路。这是因为，主客体关系是人与物之间的“异类关系”，不是人与人之间的“同类关系”，因此，在主客二分的哲学框架下，伦理关系是不能从人与人的关系扩展到人与自然的关系的。

要把伦理关系从人类内部的关系扩展到人与自然界的关系，就必须超越近代理性主义的主体形而上学和主客二分的对象性思维方式。当我们从存在论看人与自然的关系时，人与自然的主客体区分不见了，它们都是自然世界整体中的一员。在这个意义上，人与自然之间的关系是“同类”之间的关系。当我们为了把人与自然归于同类，以确立它们之间的伦理关系时，我们便找到了人与自然之间共有的“生命价值”：人与自然都是具有生命的存在，都具有“生命价值”，这就是人与自然之间具有的“价值同根性”。在此基础上，我们就可以确立起这样一个伦理原则：“我同自然物都是有生命的存在，因而我应该像对待我自己的生命那样对待其他一切自然生命”。这样，自然就不再是满足人类欲望的工具，而是人类的有生命的伦理伙伴、“同宗兄弟”或养育人类的“母亲”。“生命价值”应该是确立人与自然之间伦理关系的价值论基础。以“生命同根”为价值基础的人与自然之间的伦理，是建立在人对自己的生命同胞的亲近、热爱、同情、尊崇、感激等情感基础上的，是非理性的，非功利的。

为了突破传统伦理学的界限，把伦理对象从人扩展到自然界，西方的生态学者们提出了自然的“内在价值”说，企图通过确立自然界本身的内在价值来确立人对自然的伦理责任和义务。其主要观点是：自然之物的价值就在于它们存在本身；这种价值不是由人类赋予的，而是它们的存在所固有的；自然之物的存在本身即代表了它们的价值。人类不能去规定它，而只能去认识它、利用它。在人类认识它、利用它之前，它们的价值已经存在。

这种“内在价值论”否定了根据人的欲望和需要来确定自然价值的主体性哲学的价值观，这是确立人对自然的伦理关系必须走的第一步。如果人类

只是依据自然界的“有用性”来确立保护自然的伦理，那么，人类对待自然的行为就不是“真善”，而是“伪善”。因为人的保护自然的行为不是出自内心对自然的关爱，而是出自“功利的目的”。这种建立在功利主义价值观基础上的保护自然的伦理不可能是彻底的：一旦保护自然的行为同人的欲望相冲突时，这种伦理马上就会土崩瓦解。

为了避开功利主义价值观，生态伦理学者们采取了另外一条与功利主义伦理观完全不同的道路。这条道路的实质，是在人与自然之间确立一种“价值无关性”，即把自然价值规定为与人无关的“内在价值”。“内在价值”的实质，是强调自然价值的独立性。这样做的结果，虽然排除了功利主义价值观在确立人与自然之间伦理关系问题上的可能性，但是，这种内在价值论马上就又遇到了一个理论难题，即如何从自然之“是”中推导出人的伦理行为的“应当”的理论难题：既然自然的内在价值与人类无关，那么我们为什么就应当保护它呢？这个问题是无法说得清楚的。

这个思路存在的问题，就是它所假定的自然的“内在价值”与人的价值不具有“同根性”或“等值性”，即自然的内在价值同人自身的价值没有内在的同一性，二者毫不相干。虽然“自然”已经不再被看成受制于人的客体，因而消除了人与自然之间的不平等关系，但建立在“内在价值”基础上的自然已经彻底摆脱了与人的一切关系，成为康德的“自在之物”。这种典型的“人—物”价值的二元论，不可能成为人与自然之间伦理关系的价值基础。

要确立人与自然之间的伦理关系，简单地把西方传统伦理观、近代理性主义哲学的自然观搬来用于处理人与自然之间的关系的道路是行不通的。当我们彻底抛开近代理性主义哲学、科学主义、功利主义和西方现代伦理学的思维框架时，一种崭新的“关爱自然的伦理学”就呈现在我们面前。新伦理学不去回答在主客二分思维框架下形成的那些伦理问题，例如，权利与义务的关系问题，利益问题，等等。呈现在新伦理学面前的，是平等的人与动物、人与河流、人与森林、人与荒野的关系，就像兄弟、母子等亲情关系一样，我们爱自然，不是出于自然界的权利，也不是出于我对自然权利所有者的义

务，更不是出于功利主义价值的导引，而是出于一种厚重的人文教养：一种追求崇高的精神境界，一种朴实的信念，一种善良的愿望，一种热烈的情感，一种良心的自律，一种对美的渴望、一种关爱自然的热忱……这种伦理学没有理性的关照或逻辑的推演，她是从我们的心中流出来的；她也不是靠强制和压力灌输的，而是在人文精神的教化中形成和不断提升的！①

以“生态约束”为基本特征的可持续发展观

现代发展观的“发展”概念在本质上是一个建立在西方工业文明和主体形而上学基础上的现代性概念。这个概念是以下面两个哲学命题为前提的。

第一，“发展（实践）是天然合理的”。主体形而上学把人看作是宇宙的“最高存在”，看作是世界的“价值的原点”和评价“万物的尺度”，也就顺理成章地预设了人的实践行为的“天然合理性”：发展天然就是好的，没有不好的发展；只要是发展就比不发展好，发展得快就比发展得慢好。“发展天然合理论”否定了对发展进行评价、约束和规范的必要性，即否定了发展具有伦理意义。

第二，现代发展观的另一个价值预设就是：“人有能力做的，就是应该做的。”人的能力被看成天然就是好的：在人与自然的关系中，只要你有能力去做，你所做的一切就一定都是合理的。即使我们的实践行为出现了不良后果，我们也把这个后果看作是为了实现我们的价值目标附带出现的合理的“代价”；由于这一代价的出现是不可避免的，因而我们是没有道德责任的。人们完全相信：人的潜在能力是无限度的，没有依靠人的能力（主要表现为科学技术）不能解决的问题；人们也相信：完全不必为我们的行为后果担心，即使我们现在毁灭了整个世界，我们依靠科学技术也完全能够再造一个更加美好的新世界。这样，就把发展问题仅仅归结为纯粹的能力的提高——科学技术的进步，而完全否定了对人的能力——科学技术进行反思、评价和规范的

① 参见拙作《生态伦理学的困境与出路》，《北京师范大学学报》2008 年第 3 期。

必要性，否定了技术的伦理意义。

当生态哲学从存在论上把人看作是自然界整体系统内部的一个“普通的存在者”时，人们才发现：我们的实践和发展行为并非是“天然合理”的；我们有能力做的也“不一定是应该做的”。

第一，我们在确立实践目的和发展目标时，不能仅仅以人的“欲求”（人想要的）为尺度。由于人的生存必然要依赖于自然界整体的存在，因而我们的实践目的和发展目标也必须以能够维持自然整体系统的稳定平衡为价值前提。这个前提就是自然对人的实践行为的“容忍度”。西方现代发展观之所以把发展看成天然合理的，就是因为它仅仅把人看作尺度，而没有看到自然界整体系统对人的实践和发展的制约性，没有把“人的尺度”放到“自然容忍度”对人的实践行为的约束之下。

第二，同自然界的个别存在者（如动物）相比较，我们也许可以为人的能力而自豪。然而，即使如此，也不能把人的能力置于自然界整体之上。无论人的能力（科学技术）获得如何高度的发展，人作为自然界整体中的一个存在者，都不可能超越自然界整体的力量，成为自然整体秩序的决定者。在这个意义上说，人不是宇宙的最高存在，只有“自然界整体”才有资格被称为宇宙的最高存在。

“自然的才是最好的”。这是生态哲学的基本价值原则。这一价值判断包含着以下两个方面的含义：

第一，这一价值判断是以自然整体系统的稳定平衡为尺度的。只有“自然的”才是有利于自然界整体（生态系统）的稳定和平衡的。大自然通过亿万年的自然选择创造出的生态系统，其物质循环与能量流动是最“经济”的，即没有能量浪费的。在自然系统中，由一种有机物所排泄出来的被当作废物的东西，都会被另一种有机物当作食物吸收。对于自然界整体来说，它所产生的一切都是有用的，是都有合理的“去处”的，因而是不产生垃圾的。因此，自然产生的，才是最有利于自然界整体的稳定和平衡的。相反，“任何在自然系统中主要是因人为引起的变化，对那个系统都有

可能是有害的。”① 把生态哲学的这一价值判断运用到对发展和进步的评价上，我们就会得出与传统发展观的进步观相反的价值判断：能够维护和保持自然界整体系统的稳定平衡的发展，才是合理的发展；这样的发展所实现的社会进步，才是真正的社会进步。生态哲学的这一价值原则不仅不与人类的生存相冲突，而且还是人类生存的必要前提和条件。因此，生态价值原则同人的“类生存”的价值要求是不冲突的。人类作为自然界整体内部的一个物种（存在者），其价值追求必须始终与自然整体的价值原则保持一致。否则就是自取灭亡。

第二，“接近自然的生活方式是最好的生活方式”。建立在西方近代主体形而上学基础上的现代发展观，之所以是一种不可持续的发展观，就是因为这种发展观在本性上是“反自然”的。之所以这样说，是因为这种发展观暗含着一个价值预设：自然的存在是低级的存在，是应该被蔑视的存在。因此，“接近自然的生活方式”被这种发展观看作是野蛮、落后的生活方式，只有远离自然（不自然）的生活方式才是文明的、先进的生活方式，才是好的、进步的生活方式。

在生态哲学的发展观看来，“贴近自然的生活方式就是最好的生活方式”。有人认为这一价值判断是“要使人类文明的生活方式退回到动物式的野蛮的生活方式”。这是对生态价值观的肤浅的理解。这个价值判断不是要使人回到动物式的纯自然的生活方式，而是要求人的生活方式必须适合于“人自身的自然”——人身体的自然结构和功能，把适合于“人自身的自然”的生活方式看成“最好的生活方式”：

第一，人的自然的身体也是一个动物，而动物的自然器官是依赖于一定的运动来保持其功能的。因此，“适度的运动”就构成了人身体的自然本性。根据“用进废退”的生物学原理，如果人的运动大量减少，必然使身体器官的功能衰退，威胁人的健康。而我们的文明的发展目标之一，就是不断地用

---

① ［美］巴里·康芒纳：《封闭的循环》，吉林人民出版社 1997 年版，第 32 页。

外部自然力代替人的自然器官的功能：用车代替腿走路的功能，用机器代替手的劳动功能，用空调代替身体抗冷热的功能，用药物代替身体抗疾病的功能等等。这种发展的终极目标就是实现生产和生活的“自动化”。所谓“自动化”，就是用外部自然力代替人的身体的全部功能，其结果就是使人这个动物的自然器官全部“停止运动”。这种代替是每个个人都“想要的”，因为它使我们再也不用从事艰苦的劳动了。但是，这种生活方式是“反自然”的生活方式，即反“身体自然”的生活方式。它必然造成身体器官功能的衰退，使人有肩不能担担，有手不能提篮，有腿不能走路，使本来的健康人变成文明社会的“准残疾人”。长久下去，人类这个物种的出路只有一个，即由衰败走向灭亡。

第二，现代发展观还把“消费多少”作为评价进步与否和生活水平高低的标志，作为评价是否幸福的标志。这也是对“人自身的自然”的背离。人的身体的自然结构是相对确定的，因而人的身体所需要的营养物质也是相对不变的。因此，现代社会的“消费过多”和古代社会的“消费不足”都不适应于人的身体的自然需要，都不利于人的健康。这就要求人必须“适度消费”。这里的“度”，就是人的自然身体的需要。而现代发展观却把消费的无限度增长看成社会进步和评价生活水平高低的标志，消费也因而发生了异化：消费由满足需要的活动变成了满足欲求（想要）的活动。“想要”已经祛除了消费的客观基础，是永远不能满足的心理追求。

生态哲学的发展观并不一般地反对人类实践和社会发展，而是反对不合理的实践和不合理的发展，即反对以牺牲自然整体的稳定平衡为代价的发展，反对以牺牲人的健康生存为代价的发展。这种发展是有规范的、有约束的发展。合理的发展必须以保持自然生态系统的稳定平衡为不可逾越的底线，必须以保持人类的健康生存为不可逾越的底线。生态原则是规范和约束社会发展的终极原则。这样，生态哲学的发展观，实际上就是以“生态约束”为特征的人类可持续生存的发展观。

当工业文明在地球上降临以后，作为工业文明的“活的灵魂”的西方近

代主体性哲学实现了“人的第一次发现”，把人变成了宇宙的最高存在和统治世界的主体。经过几百年的发展，人类既创造了高度发展的文明，取得了辉煌的成就，同时也对自然界生态系统的稳定和平衡造成了严重的破坏。人类的无规范、无约束的发展实践已经严重地危及了人类的可持续生存。因此，工业文明以及作为工业文明的“思想表达”的西方近代主体形而上学已经陷入了空前的危机。我们现在不仅需要一场文明的变革，即以生态文明取代工业文明，而且需要一场哲学观念的根本性变革，重塑以自然存在论为基础的生态世界观、以环境价值为核心的生态价值观、以“生命同根”为前提的生态伦理观和以生态约束为基本特征的可持续发展观。

（原载《江海学刊》2009 年第 6 期）

面向中国文化的实情：当代中国哲学创新的必由之路

王南湜

一

简单地回顾一下中西哲学史就会发现，并不是每个时期都有耀眼的创造性哲学出现，而是只有少数几个时期才发生了足以影响千百年的思想创造。之所以如此，盖因为哲学并不是人们茶余饭后闲情逸致的消遣品，而是人类对自身生活中重大根本问题的反思，是对于生活中问题的一种象征性的表达和象征性的解决。一种哲学，无论看起来多么超凡绝俗，多么晦涩抽象，都是深深地植根于人类现实生活的。但现实生活并非时时需要哲学创造，而是只有在特定时期才有这种需要。人类生活历史可以分为两种情况：一种是基本生活方式稳定的常规时期；一种是基本生活方式发生断裂或跃迁的巨变时期。在前一种情况下，既然基本生活方式大致上是稳定的，那么，人们对于生活中所遇到问题的解决也就可以沿用已经被生活证明是成功的既有模式，至多只需要作一些小的修改，而无须创立新的尚不知其效果的方式。在这种情况下，哲学作为对于人类生活中重大根本问题的反思，也就一般地处于某种常规状态，即在某种既有的范式下对问题进行细化或对既有范式作非根本性改良。而在后一种情况下，人们的基本生活方式发生了根本性的变化，面对这种变化，既往生活中有效地解决问题的模式已变得不再有效，对之作非根本性的修补也无济于事，而是迫切需

要创造一种适应变化了的生活方式的新的解决问题的模式。在这种情况下，哲学作为对于人类生活中重大根本问题的反思，也就不可避免地要面对这种巨变，表达这种巨变，并创造出新的象征性的解决问题的方式。这时候，哲学革命的时期就到来了。

一般认为，在现代之前的西方历史和哲学史上，革命性的哲学创新有两次高峰或高潮：一次是古希腊哲学，特别是柏拉图哲学和亚里士多德哲学；另一次是近代哲学，特别是以康德哲学为典范的德国古典哲学。这两次哲学创新高峰所处的时代都是人类生活发生巨变的时期。古希腊哲学所处的时代是西方文明奠基的所谓“轴心时代”。在这一历史时期，希腊人特别是雅典人的生活方式发生了巨大的变化，即由基于农业经济的部落共同体生活方式转变为一种以工商业为主导的城邦生活方式。这种生活方式的巨变必然要求哲学上的创新以帮助人们适应这种变化，建立起新的生活方式和思想方式。希腊哲学从自然哲学家到苏格拉底、柏拉图、亚里士多德等的发展，正是适应于这种变化而进行的持续的思想创新。近代资本主义生产方式的兴起，亦对哲学提出了类似的要求，因而才有一次持续数个世纪的哲学创新运动。从笛卡尔、洛克到康德、黑格尔的哲学进展，正是适应为这种生活方式的巨变而进行的哲学变革。

类似地，20 世纪之前的中国哲学也经历了两次创造高峰，一次是先秦诸子百家，特别是儒道两家的哲学创造，另一次是宋明新儒学的理论创新。前者是适应于春秋战国时期中国社会生活的巨大变化，后者则是适应于中国社会生活在宋代的重大变化。当然，中国宋代社会生活的变化无论在程度上还是性质上都不能与春秋战国时期的变化相比，因而相应地，后一次创新要逊色一些。但与其他时期相比，宋明新儒学也称得上是一次高峰。

如果如上所述，哲学上的重大创新都与其所处的时代相匹配，或者说，社会生活的重大变化为哲学上的重大变化提供了可能性和必要性，那么，自鸦片战争以来中国社会生活所发生的重大变化对于哲学的变化所提供的可能

性与所要求的必要性便是毋庸置疑的。与宋代所发生的变化不同，开始于鸦片战争的变化，是一次“三千年未有之大变局”。这一历史性的变化至今仍在持续着。如果说在变化之初，中国并非是自愿的，而是被世界列强拖入现代化进程之中的，那么，随着时间的推移，这一现代化进程日益成为中华民族的自觉选择，并且这一进程也越来越展现出一种绚丽的远景。这样一种巨变，它对于哲学的变化所提供的可能性和所提出的必要性，毫无疑问，必然要远远大于宋明新儒学所实现的变革。

二

社会生活的重大变化只是为哲学上的变化提供了可能性和必要性，但创新的可能性和必要性并不等于现实性。事实上，在人类历史上有许多国家和民族都经历了社会生活的巨大变迁，但却并不是每一个国家和民族都创造出了与之相应的哲学。显然，哲学上的巨大创新还需要其他条件，才能从可能性变成现实性。

其他条件是什么呢？任何人类创造要获得成功的条件，一般而言，无非就是主客观两个方面。如果客观条件已经具备，则具有决定意义的便是主观方面的条件。对于哲学创造而言，社会生活的巨变无疑是其客观条件。既然中国社会生活从鸦片战争以来的巨变是无可置疑的，那么，这其他具有决定意义的条件便是主观方面的。而所谓主观条件从根本上说无非就是哲学家们的创造能力和创造活动。但这样的说法太过笼统，没有包含多少有价值的信息。事实上，自鸦片战争以来，已经有无数饱学之士投身到思想创造之中，并且已经创造出一系列哲学成果，只是这些创造成果还远不能与社会生活所发生的巨变相匹配。因而，我们还需进一步追问，具体而言，到底是什么主观因素制约着中国哲学家们的成功创造。

为了使问题变得更清楚，我们试以近代西方为例来看哲学家们是如何实现与其现实生活相匹配的哲学创造的。众所周知，西方社会生活在近代发生了根本性的变化。社会生活的变化首先无疑是经济生活方式的变化，即从自

然经济转变为市场经济，从直接的产品生产转变为商品生产。与这一转变相匹配，社会的政治生活发生了根本性变化，从一种基于等级制的封建专制制度转变为民主政治。相应地，精神文化也发生了根本性的变化，表现在哲学上就是近代哲学从笛卡尔以来发生的革命性转变。卢卡奇在《历史与阶级意识》中对商品生产与近代哲学的内在关联作出了颇具创造性的阐发。在他看来，“近代批判哲学是从意识的物化结构中产生出来的。”① 正是近代资产阶级社会的商品生产表现出一种与古代不同的物化现象，这种物化现象表现于人们的意识之中便是物化意识，而近代哲学，特别是德国古典哲学，不过就是这种物化意识的集中体现而已。

但哲学并非就是对于现实生活的直接表现。任何真正的哲学，必定要以某种方式表达现实生活，但这种表达一般而言，又往往要通过种种中介环节。在西方，由于其理性主义传统，这一中介便主要的是作为理性之集中体现的科学。商品生产的物化现象所造成的物化意识，无疑遍及一切意识领域，只是在科学领域，有特别清楚的体现，这对于近代哲学的发展有着最为直接的形塑作用。近代科学意识所发生的根本性变化，首先就是对于世界的机械必然性的意识，即用机械因果观念取代了目的论因果观念。与亚里士多德及中世纪的目的论截然相反，“在笛卡尔看来，物质世界的一切，其周围都被传递冲击的微粒所包围，一切都服从机械的因果性”，“笛卡尔排斥亚里士多德的目的因，结果就把因果关系普泛化了”②。这一对目的因的拒斥，对机械因果关系普泛化的结果，便是任何对于世界的解释只能依据能够数学化的机械决定论原理来进行。因果观念的这一转变，其意义非同小可，它意味着一种与古代截然不同的世界观念的形成。据此，凡是能用数学这种理性的典型形式处理的事物，便是真实而客观的，是第一性质；而凡是不能以之处理的，便只能被打发到主观的、缺乏真实性的第二性质的领域中去。于是，在这一新的世界观念中，便最终达到了“笛卡尔那著名的二元论：一方面是由一部在

---

① ［匈］卢卡奇：《历史与阶级意识》，商务印书馆1992年版，第177页。
② ［英］威尔逊：《简说哲学》，上海人民出版社2005年版，第44页。

空间延展的巨大机器构成的世界；另一方面是由没有广延的思想灵魂构成的世界”①。

但这样一来，近代科学意识便导致了一个巨大的矛盾：一方面是有广延的客观的物质世界，它犹如一架数学机器，服从机械因果关系的支配；另一方面则是无广延的主观的精神世界，拥有意识、目的、情感等。在古代和中世纪那里尚还模糊的人的能动作用与超越于人的力量作用之间的紧张关系，便被明明白白地揭示了出来。现在，如果物质与精神“这两个实体中的每一个都绝对独立于另一个而存在，那么具有广延的事物的运动是如何产生没有广延的感觉的呢？没有广延的心灵的思想或范畴怎么可能对物体实体有效呢？没有广延的东西怎么能够知道一个具有广延的宇宙，又怎么在这个宇宙中达到其目的呢？”②“第一性质”与“第二性质”的截然区分，导致了客观世界与主观世界的截然区分与对立，人与自然的连续性被彻底割断，同时也体现着现代意识与传统意识的断裂，尤其是近代科学思想与传统基督教思想的对立。在近代科学意识的冲击下，一方面，传统意识不可避免地要发生改变，但另一方面，这种改变从可能性上说并不是无限制的。人是一种历史的存在，他不可能完全割断历史，在一种全新的基础上生存，在精神文化领域尤其不可能。同时，人也是一种统一性的存在，他不可能在一种处于巨大分裂的意识中生存。人为了能够正常的生存，他必须在某种程度上克服这种对立，并建立起新的统一。近代哲学的任务，从根本上来说，就是把握住这种对立，并进而探讨克服、调和或者至少弱化这一对立的方式。

笛卡尔以来的近代哲学家都意识到了这种对立，并试图以某种方式在其哲学中予以表达，进而加以解决。但在起初，哲学家们并未能充分表达出这种对立，而是往往以某种方式模糊了这种对立，也就谈不到解决了。近代哲学家中，康德是第一个清楚地意识到了近代科学所带来的这一对立的关键性人物。他的现象与物自身的区分、自然与自由的区分、理论理性与实践理性

① ［美］伯特：《近代物理科学的形而上学基础》，北京大学出版社2003年版，第95页。

② 同上书，第96页。

的区分，都是试图把握住近代科学所造成的这一对立，并以某种方式将其在理论上予以解决。显然，要重建统一性，只有首先把握住近代精神中的这一巨大对立才有可能。而这，便是近代西方精神文化的实情。就此而言，只有康德最为深切地抓住了近代精神文化的实情。只有在康德哲学所揭示的近代精神深刻对立的基础上，才可能进一步趋以某种方式克服这一对立。康德之后的费希特、席勒、谢林，特别是黑格尔，都是在康德所奠定的基础上建构自己的解决方案的。无论黑格尔如何批判康德，但他对康德的奠基性贡献始终是肯定的。没有康德的奠基性工作，从费希特到黑格尔的后续工作便没有可能进行。

比照近代西方社会生活与哲学所发生的变化，我们不难看到，自鸦片战争以来国人所遇到的问题与西方社会在近代所遇到的问题大致上是相同的。唯一不同的是社会生活的巨变在西方是内在地发生的，而在中国则是从外部引发的。这导致在西方只是古今之争的问题，在中国则变成了古今中西之争的纠缠。但无论如何，中国思想所要面对和解决的问题是与之类似的，那就是把握住和揭示出这一对立，并建立起新的统一性来。哲学是一种对于现实生活中重大问题的象征性解决。因此，这种象征性解决是否有效，是否成功，首要的关键便在于对于现实生活中问题的把握。如果哲学思想如其所是地把握住了现实问题，那就为解决问题奠定了一个前提；而如果哲学思维未能把握住真实问题，那就根本谈不上真实地解决问题。如果由于某种原因而未能把握住这一对立，其结果就不可避免地要错失创造性地解决问题的机会，从而错失复兴中国哲学之机遇。

那么，何谓把握住现实问题呢？难道鸦片战争时期的人们就没有意识到他们所面临的是“三千年未有之大变局”吗？难道百多年来中国的哲学家们不都是围绕着社会生活的巨变在思考问题吗？不错，这些都是真实的。但是，问题不在于是否思考社会生活的巨变，而在于是否真正认识到这一巨变的根本意蕴，并将之表达于哲学思想之中。

面对“三千年未有之大变局”，人们的认识不可避免地要经过一个由表及

里、由浅到深的过程。人们曾经把对于西方的认识总结为从对器物文明的“船坚炮利”到政治文明，再到精神文明的发展过程。但这样的认识是否就已经达到了对于现实问题的真实把握，还值得再思考。仔细反思这一思想总结，一个隐含的前提仍然是如何建成如西方那样的现代化国家社会。这里所隐含的思路仍然是，无论政治文明也罢，精神文明也罢，都是服务于现代化的。现代化无疑是极其重要的。一位学者说过，只要世界上有一个国家实现了现代化，其他国家就别无选择，哪怕是为了自保，也必须实现现代化。但问题是现代化并非人类生活的全部。人类生活是一个整体，包含着诸多方面，除了经济的和政治的部分内容之外，还有精神文化的生活。精神文化常常被人们视为经济政治生活的副现象或手段。从一个方面看，这种理解有其依据，但从另一个方面看，人之为人，人之区别于动物之处又在于他把生活的意义放在最基本的层面，一切生活以是否有意义为判别依据。而生活的意义正是精神文化之所维系者。这样看，如果我们忽略了精神文化层面的非手段意义，那就不可能真正把握住现实问题。

这里的关键问题是要看到，在经济、政治发生变化的同时，精神文化可能发生哪些变化，已经发生了哪些变化，这些变化在何种意义和程度上是必然的、不可避免的。换言之，适应于社会生活的变化、精神文化的变化在何种程度上是必要的，其限度何在，即传统文化还能在何种程度上以何种方式保留下来。这些问题往往被人们简单化了，把巨变看成了简单的断裂。其结果是，我们在将西方的现代与传统简单地对置起来的时候，也就简单地把现代化的西方与传统的中国对置了起来。这就既将中国问题简单化了，也将西方问题简单化了，更将中西关系问题简单化了，而没有考虑现代化的西方与传统西方的复杂关系，从而也就更不可能考虑到现代化的中国与传统中国以及与西方的复杂关系。无疑，若不考虑到这些复杂关系，就不能认为是达到了对于现实问题的真实把握。很清楚，这里的关键问题是对于精神文化问题的确当认识，即直面精神文化所发生变化的实际情况，面向文化的实情，首先揭示出我们所面临的种种古今中外的冲突对

立关系，并将之表达于哲学思想之中。只有在把握住了这些对立的前提下才可能提出有效的解决方式。若是在还未把握住这些对立的前提下便奢谈解决，其结果只能是无效的虚构。

毫无疑问，自鸦片战争以来，许多有识之士的确已经意识到了上述对立，并提出了一系列解决方案。但若将这些议论与近代西方哲学相比，便不难见出其缺陷之所在。其中最根本的缺陷便是只感受到了这些对立，只满足于泛泛而谈，而未能如康德那样，将之概念化，将之把握在一种理论之中。既然对这些对立的描述是空泛的，那么，提出的解决方式也就只能是空泛的公式，诸如“中体西用”“中国文化本位”“西体中用”“中西互为体用”“创造性转化”“综合创新”等，不一而足。若与康德哲学相比，不难看出，所有这些公式的根本问题，都在于仅满足泛泛而谈，而从根本上说未能首先将中国文化所遇到的困境以概念化的方式揭示出来。既然连问题都尚未把握，还如何谈得上进一步解决问题？这里之所以要如此尖锐地提出问题，并非是要非难前贤，而意在自我激励。前人能够提出这些方案，已属不易。但过了半个多世纪之后，我们不能仍停留于对这类公式的花样翻新之上，在前人的贡献上原地踏步。而是应该在此基础上奋进，超越前人的眼界，力求在创造能匹配于中国现实生活之变迁的哲学理论这一事业中，做出一代人自己独特的贡献。

三

如果我们稍微具体地考察一下当代中国哲学在解决上述问题时所体现出来的基本精神，当能更进一步明了面向文化实情之意义。

当代中国哲学中，除了一些极端的文化保守主义和全盘西化派之外，大多数哲学流派或明确或隐晦地、自觉或不自觉地把古今中西的对立作为前提，并进而提出了自己的解决方案。所谓解决，就是在以某种方式把这种对立把握并表达出来的基础上，进而消除或减弱这一对立。诸多解决方案中，最为重要且最有影响的两种当属马克思主义和现代新儒学。

中国马克思主义哲学明确承认自身是一种来自西方的普遍性理论，从

而同时又强调自身的中国化。关于马克思主义或马克思主义哲学中国化，人们一般是从两个方面理解的：一是将马克思主义的普遍原理与中国的实际相结合；另一则是将这一结合所形成的思想用民族化的因而是中国老百姓所喜闻乐见的语言加以表述。对于马克思主义哲学中国化的这样一种通行的理解，不能说有什么不正确之处。但如果我们从古今中西的对立来看，便不难看出这样一种理解是很不充分的，它在很大程度上忽略了中国马克思主义是在古今中西冲突对立这一背景下发展起来的历史事实。换言之，中国马克思主义不仅是中国化的，而且是深度中国化的。这种深度中国化当中就不可避免地包含着对于古今中西冲突对立的理解和解决。这种深度中国化在毛泽东哲学中，特别是在其哲学代表作《实践论》《矛盾论》中，有着最为突出的体现。对于认识活动从属于实践活动的强调，对于矛盾特殊性的关注，特别是关于主要矛盾和次要矛盾、主要矛盾方面和次要矛盾方面地位转化的论述，在很大程度上是从中国传统哲学思维方式出发去对马克思主义哲学的阐释和发挥。如果我们将毛泽东的矛盾学说与马克思《资本论》中的辩证法相比，便可清楚地看出二者之间的明显差异。但这一点在中国影响最大的马克思主义哲学教科书以及诸多研究者的论述中却未能充分表达出来。人们一般地将毛泽东哲学思想看成只是将马克思主义哲学在中国的实际运用，即便有所创新，也只是运用中的创新，以及用民族化语言表述中的创新。人们对差异的忽略或许是为了维护某种学说传承谱系上的正统性。而且如此做法的确也在实际斗争中有着非常重要的意义，例如为了反击王明等关于山沟里出不了马克思主义的非难，以及苏联人的怀疑和轻视等。当然，如果考虑到中国马克思主义哲学教科书作为苏联哲学教科书的一个翻版，实际上也很难在这方面有所建树，人们也不应该对此予以过多的责难。这里指出这一点也不是为了责难前人，而是为了提请人们注意到这样一个事实，那就是人们尽管在实际上已经感受到了古今中西之冲突对立，而且在实际上已经对之有所把握和阐发，但在更多的人那里却往往倾向于对之加以忽视，以换取某种理论上的统一性。显然，这种

简单的统一性的获得是以一种极高的代价为前提的。这个代价就是由于忽视了古今中西的冲突对立，而失去了将之把握和揭示出来，即将之概念化的时机，从而也就错失了真正从理论上解决这种冲突对立的时机。

现代新儒学以传统文化的维护者自居，从而表现出一种截然不同的理论姿态。中国马克思主义哲学明确承认自己为源于西方的一种具有普遍性意义的理论，而现代新儒学则明确要复兴民族文化传统。但如果我们仔细考察现代新儒学大师们的思想就会发现，除去第一代领袖人物如梁漱溟、熊十力、马一浮等试图借助某种佛学理论重振传统哲学之外，从冯友兰、牟宗三、唐君毅等第二代新儒家到成中英等第三代新儒家，都借助某种西方哲学来重新阐释中国传统哲学。这种阐释若从表面看，往往将中国传统哲学视为比西方更为优越之理论体系。如所谓中国传统哲学的“内在超越”说，便是与所谓西方的“外在超越”相对比而言的，“内在超越”当然比“外在超越”要高明。但若从深层来看这种解释模式，则显示出一种完全相反的意蕴，那就是不自觉地将中国传统哲学镶嵌到西方哲学的模具中去了，而这就在不知不觉中将中国传统哲学从根基上西方化了。其结果是，从表面上看是在鼓吹中国传统哲学，但在实际上所说的则是西方的东西。这样，即便在现代新儒学这种以维护传统文化自居的学说中，中国传统哲学也被置换为用西方哲学概念重新加工过的东西。从而在这种似乎最应该揭示出中西方文化之冲突的学说中，这一冲突也以一种特别的方式被模糊了。既然冲突已被模糊，也就不能被概念化，更谈不上进一步真实地克服或缓解这一冲突了。

四

这种近代以来的文化建设中屡见不鲜的自觉或不自觉地模糊中西冲突对立的心态，从根本上说是一种缺乏文化自信心的表现。但这种缺乏自信心不是表层的，而是深层的。西化派的缺乏文化自信心，可以说在深层与表层是一致的。但文化保守主义的缺乏文化自信心却是深层的。这种深层缺乏的一

个表现，是处处或明或暗地以西方为参照而比较中西文化。如前面提到的以“内在超越”胜“外在超越”之类。从表面看，这一比较似乎提升了中国传统文化，但所借以比较的问题却是从西方引进的“超越”概念。这种比较从一开始就注定是虚妄的。中国历史上任何一个强盛的时代都从未有过这种比较，真正的自信者从来不会老想着与别人一比短长。汉唐时代的思想家们何曾想过此类比较，骨子里的文化自信心使得他们能够心平气和地对待任何外来文化，随心所欲地加以取用。只有不自信者才会借助比较寻求某种心理平衡。不言而喻，这种文化不自信是与现实生活密切相关的，因而是可以理解的。当中华民族尚未能在现实生活中获得他应有地位的时候，文化上的自信便显得自欺欺人。但中华民族在现实生活中重新雄起，迫切需要重建与之相匹配的民族文化之际，如果文化人还生活在自己造成的不自信心态之中，就不再是可理解的了。

这里所说的文化自信心，绝非那种动辄就表现为“可以说‘不’”“不高兴”之类的浮躁暴发心态，而是一种时代使命感。这种自信心不是面向过去，炫耀祖宗的文化财富，而是立足现实，面向未来，创造与中华民族未来现实生活相匹配的新的民族文化。比照近代西方哲学数百年之发展才完成其转变便可知道，这种文化创造绝非易事，绝非仅凭一点激情呼喊便可成功，而是需要几代人持续的努力。因而，这里需要的便是一种正视文化冲突之现状的诚实心态，一种对待外来文化不亢不卑的健康心态，一种坚韧持久的刚毅心态。一言以蔽之，文化自信心绝非对于历史的自信，而是对于通过自己的辛劳工作，克服重重困难，创造中华民族未来文化的自信。

因此，中国的哲学家们必须从正视文化冲突的现实开始，必须重新考量这种中西文化的胶着状态，特别是分析前贤们的哲学文本，发现其中对于中西文化冲撞的反映，客观地把握这种形势，不强求一种不成熟的统一，而宁可坦承这种分离。就此而言，当今中国最迫切需要的是能够直面并把握和揭示出精神文化中深刻对立的康德精神的追随者，而不是动辄构造体系的黑格尔的肤浅的模仿者。在此意义上，李泽厚二十多年前提出的口号

“宁要康德，不要黑格尔”，虽然在言辞上失之于偏颇，且屡屡有人借国际学术时尚之变迁加以非难甚至嘲弄，但对国人而言至今并未失去其意义。因而，笔者愿在此不避炒冷饭之嫌加以修改而重新提倡之：“先要康德，再要黑格尔！”

（原载《江海学刊》2010 年第 1 期）

晚霞，还是晨曦？

——对“早期启蒙说”三种质疑的回应

许苏民

“早期启蒙说”滥觞于梁启超、胡适之的“中国文艺复兴说”，奠定于侯外庐而光大于萧萐父。其历史跨度为晚明、清初、清中期三个时段；与此相应，对这三个时段的学术思潮是否具有启蒙性质的质疑也产生了三种强有力的学说，即：“中古异端说”“正统儒家说”和“遵奉圣意说”。

以上三种与“早期启蒙说”相对立的观点，集中反映了关于明清之际主流思潮性质问题的判性之争。其实质和核心是：如何区分皇权官僚专制社会的正统思想和中世纪异端以及带有近代性质的早期启蒙思潮。但更重要的问题乃是在史料的把握上。先师萧萐父先生和我都一致认为，判定明清之际思潮是否具有启蒙性质，不仅是一个理论思辨的问题，更主要的是要拿证据来。只有把严格的学理辨析与严谨的文献解读紧密结合起来，才能对明清之际主流思潮的性质作出比较准确的判断。

有学者用美文学的语言来形容明清之际的思潮，认为它只是中世纪黑暗时期一抹殷红的晚霞，并不是预示近代即将来临的晨曦。明清之际的思潮究竟是晚霞还是晨曦呢？本文试图在对正统、异端与近代启蒙思想作严格学理辨析的基础上，遵循“拿证据来”的史学原则，对上述颇有影响的质疑提出不同的看法，以就教于持上述见解的时贤和学界同仁。

晚明思潮的性质是中世纪异端吗?

——对“中古异端说”的回应

有学者认为，晚明思想解放的社会思潮，确实是我们民族在中世纪黑暗时期的一度觉醒，但这一思潮充其量只是属于中世纪异端的范畴，而不是具有近代性的早期启蒙思想。理由有三：

其一，晚明的“狂人”（如李贽）并不是鲁迅笔下的狂人，鲁迅笔下的狂人并不自认为狂，而晚明的狂人自己也承认是“狂”，是“异端”，自认为是“狂”说明他们和说他们是“狂”的人，对什么是“狂”的判断根据还是一样的，并没有跳出传统的是非标准和价值观念。

其二，“异端”思想总要对正统思想以及它为之辩护的社会现实有所批判，但他们对现存制度的维护甚而比那些当权的统治者及御用思想家更为执著、坚定。李贽那样大声疾呼、不遗余力地抨击“假道学”，正说明他追慕向往的还是“真道学”。

其三，晚明学者把一切社会祸患归结为传统道德规范和道德实践的矛盾，说明他们不是与专制政权根本对立的“拆天派”，而是“补天派”。从王艮到李贽，整个泰州学派都是这样的“补天派”。这是当时的异端思想家对社会问题所能达到的认识水平线。

以上质疑是颇为雄辩的。但在对以上质疑提出否证之前，还是要先对什么是皇权官僚专制社会的正统思想、什么是中世纪异端、什么是近代启蒙思想从学理上辨析清楚。对此，先师萧萐父先生和我具有以下共识：

第一，以正统儒家为代表的专制统治思想大体具有下列特征：（1）以抽象的类精神来否定个人自由及扼杀个人权利的反个性主义；（2）以纲常价值观念来统摄一切真伪、是非、顺逆、美丑之判断的泛道德主义或政治伦理至上主义；（3）以道统论为代表的“罢黜百家”“裁判异端”的文化专制主义。其实质是以纲常名教的绝对权威来压抑、扭曲人性而使人成为非人的伦理异化。

第二，所谓中世纪异端，是指在一些非本质的问题上偏离正统思想或游离于正统思想之外的某些学说。历史上的异端思想家，或者在个人言行方面表现出某种“不遵礼法”的个性特征，或者对正统思想以及它为之辩护的社会现实有所批判，但没有也不可能在社会价值理想方面突破反个性主义、政治伦理至上主义和强调一道同风的思想方式，没有也不可能提出一种新的社会理想和价值理念。历史上农民战争的指导思想也是一种“异端”，但农民的反抗无论多么激烈，都没有也不可能把专制制度作为一种“制度”来反对。更有一种“异端”，即本身就是正统意识形态之补充而被统治者赋予其存在合法性的“异端”，例如佛、道二教，虽被儒家学者视为“异端”，但明太祖却称其“阴扶圣教，暗助皇纲”。

第三，近代启蒙思想与皇权官僚专制社会的正统思想、中世纪异端的本质区别在于：它立足于普遍的人性，反对以抽象的群体精神来否定个人自由及扼杀个人权利的反个性主义，反对以纲常名教的绝对权威来压抑、扭曲人性而使人成为非人的伦理异化，反对以道统论为代表的“罢黜百家”“裁判异端”的文化专制主义，强调尊重个人权利和个人自由，倡导人的自由发展，特别是确认每一个人都有公开地和自由地运用其理性的权利。

我们发现，在如何区分皇权官僚专制社会的正统思想、中世纪异端与近代启蒙思想的问题上，先师萧萐父先生和我与认为晚明思潮属于中世纪异端的学者其实是一致的。然而，基于同样的理性立场，为什么却引发了对晚明思潮性质的不同论断呢？其原因，恐怕主要还在对于史料的把握和文本的理解上。质疑者所揭示的中世纪异端的特点，用之于像嵇康、阮籍那样的“狂人”或“异端”则可，用之于泰州学派的王艮、罗汝芳等人亦可，但用之于李贽则不可。从王艮到李贽，是不能胡子眉毛一把抓的。

近代启蒙思想不是突然从天上掉下来的，犹如西方近代启蒙思想的发生有其从正宗的经院哲学蜕变出异端思想的前史一样，中国早期启蒙思想的发生也是如此。从王阳明到王艮再到李贽，正是一个从正宗蜕分出异端，进而发展出早期启蒙思想的过程。以往的论著大都只讲李贽对泰州学派的赞美，

而看不到他对泰州学派的批评，不能不说是一大缺憾。晚明学者沈德符说：“姚江身后，其高足王龙溪辈，传罗近溪、李见罗，是为江西一派；传唐一庵、许敬庵，是为浙江一派；……最后李卓吾出，又创特解，一扫而空之。”① 这是颇具特识的议论。李贽尊重其前辈，但也是他们的批评者，说他们没有超出传统儒学的局限性：王艮“意见太多，窠臼遂定……以见儒者之学全无头脑”；罗汝芳“擔着《论语》《中庸》，亦谓伴口过日耳”；从王艮到罗近溪的泰州学派，都可以用一句话来论定，即：“儒者终无透彻之日，况鄙儒无识，俗儒无实……者乎！最高之儒，狗名已矣，心斋（王艮）老先生是也。一为名累，自入名网，决难得脱，以是知学儒之可畏也。”② 李贽确实冲决了儒家君子小人之辨的“名网”，他以一个独立的自由思想者的姿态，突破传统思想的藩篱，建立了一个以“童心说”为核心的新思想体系，由此而取得了在思想史上“又创特解”、卓然独步的历史地位。而他的后继者之所以赋予他“手辟鸿濛辟混茫”的文化象征意义，正在于他是一位走在时代最前列的有着最为孤绝的理性自觉的先觉者。其“特解”主要表现在以下方面：

首先是为“童心”正名。

“童心”与“赤子之心”和“真心”的概念不同：赤子之心与真心的概念由于被赋予了先验的道德属性而成为褒义词，而童心原本是一个贬义词。“赤子之心说”是孟子性善论的立论根底。宋明道学家又凸显了“真心”的概念，如黄宗羲所说：“真心者，即虞廷之所谓道心也。”③ 王阳明及其后学的“真心”概念亦是此义，如王畿讲的“当下自然”的真心、罗汝芳讲的包含孝、悌、慈“三德”的真心等。传统观念是排斥童心的。王畿云：“客气、童心，任情作恶……所当速改，不待终日者也。”④ 就连李贽最好的朋友焦竑

① 沈德符：《万历野获编》卷二七《紫柏评晦庵》，中华书局1959年版，第689—690页。

② 李贽：《李贽文集》第1卷《续焚书·与焦漪园太史》，社会科学文献出版社2000年版，第26页。

③ 黄宗羲：《明儒学案》卷四〇《甘泉学案四·主政唐一菴先生枢》，《黄宗羲全集》第八册，浙江古籍出版社1985年版，第226页。

④ 王畿：《王畿集·与林介山》，凤凰出版社2007年版，第309页。

也在《刻重校北西厢记序》中声明："知者勿谓我尚有童心可也。"童心被看做是赤子之心和真心的对立面。

与上述观点相反，李贽指出只有"童心"才是"绝假纯真"的"真心"，也只有"童心"才是人的最初一念之本心；失去了童心也就失去了真心，而只有童心未失的人才堪称"绝假纯真"的真人。所谓"童心"，就是真实的人性，就是作为活生生的生命存在的人的认知、意志、情感；"童心"与专制主义的道德教化相对立，也与逼人说假话、做假人的伪善的社会道德氛围相对立，童心的本质在于自由。这就使"童心说"在传统的所谓"人学"与近代人学之间划出了一道明显的界线：传统的人，是说皇帝的新衣如何美丽的人；而李贽所讲的人，则是说皇帝没有新衣的人。这就是"童心说"在思想史上所具有的划时代意义。

童心作为真心，包含了人的认知之真、意志之真和情感之真，蕴含了深刻的认识论意义、深沉的道德理性和对"情感—审美"之自由本质的洞见。任何启蒙，最重要的就是说出皇帝新衣的秘密，用马克思的话来说就是："人类要洗清自己的罪过，就只有说出这些罪过的真相。"① 这一点只有具有童心的人才能做到；也只有具有童心的人，才能洞察道学说教的"结构性伪善"（借用邓晓芒先生语），重建一种合乎人性的新道德理性。"童心说"更深刻揭示了艺术之"情感—审美"的自由本质，蕴含了人的本质在于自由的近代学理。这是中国哲学理性精神的发展进入一个新阶段的显著标志，是反映时代前进方向的新理性主义。

其次是为"私"正名。

"人必有私"在传统社会中是一个犯忌的话题。孟子讲性善论，宋明理学区分了天地之性与气质之性、天理与人欲，在学理上比孟子有所扩展和深化。但它仍要人们相信，天地之性是无私的，圣人是无私的，作为圣者的帝王是无私的；"私"并不具有合理性和合法性，而是要加以破除的对象。正如有的

① 马克思：《摘自"德法年鉴"的书信》，《马克思恩格斯全集》第 1 卷，人民出版社 1976 年版，第 418 页。

研究者所指出，程朱理学的“理欲之辨”的实质是公私之辨：“天理”是公，“人欲”是私；所谓“存天理灭人欲”，就是破私立公。

王阳明学说在主张破私立公方面与程朱理学并无本质区别。即使是“时时不满其师说”的王艮、罗汝芳、王畿等人，也同样以“私”为恶。王艮的《乐学歌》说：“人心本自乐，自将私欲缚。私欲一萌时，良知还自觉。一觉便消除，人心依旧乐。”他认为人的生机流畅之乐与“私欲”是不相容的：“才著意，便是私心。”王畿大讲“万物一体之仁”的生机流畅，排斥“私心”“私欲”；即使是佛教宣扬的为普度众生而不惜身家性命，也被王畿看做是与“吾儒正经一路”不相容的自私自利。

在传统的公私之辨的问题上，同样是李贽“又创特解”，将不承认人性有私的传统观念“一扫而空之”。他公然宣称“私”是人的天性，“人必有私而后其心乃见，若无私则无心矣”①。只有确认人必有私，才能认识真实的社会关系，使专制特权者不能再以“公义”“道德”的美名来掩盖其私欲；只有确认人必有私，才能肯定每一个人对自己的权利的维护乃是天经地义，使专制特权者不能在“公义”“天理”的名义下做侵犯个人权利的伤天害理之事。

最后是“至人之治”的社会理想。

李贽有没有自己的社会理想呢？当然是有的。其社会理想的特点可以概述如下：

第一，这是一个“普天之下更无一人不是本”的自由的社会。在这一社会中，没有“以必死劝人”的道学道德说教，人的生命权得到充分的尊重；在这一社会中，人不是由先验的天理所规定的角色，而是肯认“人人各具大圆智镜，人人各具首出庶物之资”，可以“各从所好，各骋所长”，充分尊重人的尊严和人的自由发展的权利。所谓“普天之下更无一人不是本”，正是对数千年来以抽象的群体精神扼杀个人权利的专制正统原则的颠覆。

第二，这是一个男女平等、婚姻恋爱自由的社会。在这一社会中，“大道

---

① 《李贽文集》第三卷《藏书·德业儒臣后论》，社会科学文献出版社2006年版，第626页。

不分男女”，没有“女子小人论”“女人祸水论”以及“女子无才便是德”的传统偏见，没有“男恕风流，女戒淫邪”的双重两性道德，没有“饿死事极小，失节事极大”的贞操节烈观，女子可以学道，私奔乃“善择佳偶”而非“失身”，人人都有追求个人幸福的权利。

第三，这是一个以竞争为机制的充满生机和活力的社会。这一社会鼓励人们“就其力之所能为，与心之所欲为，势之所必为者以听之”，使“天下之民，各遂其生，各获其所愿”，在自由竞争中“各遂千万人之欲”。① 人的能力有差异，在自由竞争的经济秩序中，势必产生“强者弱之归”的新的不平等；但这种不平等是自由竞争的结果，比起专制制度的身份等级的不平等来说，是一种历史的进步。

第四，这是一个思想文化多元化的社会。在这一社会中，没有道统论的文化专制主义的压迫，“人即道，道即人”，“人无不载道”，且“道非一途，性非一种”，每一个人都可以按自己的方式去寻求真理和发表自己的独特见解；在这一社会中，没有以思想言论治罪的文字狱，此是彼非“并育而不相害”“并行而不相悖”。

第五，这是一个“因乎人”“恒顺乎民”的“至人之治”的社会。在这一社会中，没有“诱人作他奴才”的专制制度，没有由不受制约的权力导致的“今之从政者，只是一个无耻”的制度性腐败，没有纲常名教的“条教禁约”来规范人的活动，没有儒者那种把一己之意志强加于天下之人的所谓“君子之治”，人只是在他的自主活动中自我塑造、自我实现。

为了实现这一社会理想，他呼吁人们要自尊自信，不要像儿童服从父母一样地服从于专制官僚政治及其意识形态，要祛除“庇于父母”“庇于官长”“庇于孔孟”的奴性，摆脱没有人在前面引导就不能独立行走的儿童状态，成为有见识力量的大人，敢于在一切事情上公开运用自己的理智，走自己的路。

李贽确有夸奖“真道学”的言论，但李贽之所谓真道学，绝不是“存天

① 《李贽文集》第七卷《道古录》卷上，社会科学文献出版社 2006 年版，第 365 页。

理，灭人欲”的真道学，而是建立在“自然之性”基础上的真道学。他说：“自然之性，乃是自然真道学也。岂讲学家（指讲周程张朱道学的人——引者注）所能学乎？”[①] 如果说“人必有私说”乃是“童心说”的发挥的话，那么，“自然之性乃是自然真道学”这一命题正是“童心说”的进一步展开：“夫以率性之真，推而扩之，与天下为公，乃谓之道。”[②] 所谓“公”，是由每一个人的“私”集合、调和而成的“公”，这就是近代社会的自然法。

李贽之所以自认为是“狂人”“异端”，正是因为他跳出了传统的是非标准和价值观念，“颠倒千万世之是非”而“决于一己之是非”。这使他处于“与千百万人为敌”的历史情境之中，世人皆以异端目之，所以他自己遂以异端自居。但是否自认为是狂人、异端，并不能作为判定其是否跳出了传统的价值观念的标准。不仅是李贽，整个明清之际，从李贽到龚自珍，这些从中世纪异端发展出早期启蒙思想的先觉者们几乎无不带有狂者的气质。“空山徙倚倦游身，亦狂亦侠亦温文。土厚水深词气重，歌哭无端字字真。”（录时贤所集龚自珍《已亥杂诗》诗句）诗中表达的这种精神气质，在“满场是假、无所不假”的“结构性伪善”的社会氛围中，被世人目为“狂”，本不足怪。而以他们自认为“狂”来反证其与“结构性伪善”的价值观念一致，也是不通。近代章太炎被人目为“章疯子”，而他自己也说，“伟人们大抵是有几分神经病的”，我们能说他认同了庸人们的价值标准吗？

不错，李贽是“补天派”，但这一“补天”的立场却根源于他对社会危机之症结的清醒认识和对历史进程的深刻洞察。两千年来“倡优蓄之”的文化政策，使多数读书人只知像戏子一样逢场作戏地向权势者抛媚眼、舞长袖，临亡国唱一曲“眼见他起朱楼，眼见他宴宾客，眼见他楼塌了”，“天崩地解不与吾事”。在这样的社会氛围中，启蒙者也只有从“学主不欺，志在救时”的“补天派”中产生。历史也证明，无论中西，启蒙者几乎都不是“拆天派”，而领导农民战争的“拆天派”又几乎都不是思想领域的启蒙者，充其量

① 《李贽文集》第一卷《续焚书·孔融有自然之性》，社会科学文献出版社2006年版，第87页。
② 《李贽文集》第一卷《焚书·答耿中丞》，社会科学文献出版社2006年版，第15页。

只是中世纪异端。中世纪异端式的历史还证明，“补天派”所揭示的新学理终将迎来新时代的春天，而“拆天派”的作为却只能导致历史的轮回。这是历史的事实，也是历史的吊诡。

顾、黄、王是正统儒家吗？

——对“正统儒家说”的回应

海外新儒家们从儒家道统之延续立论，认为清代顾炎武、黄宗羲、王夫之都是正统儒家，其学说都是宋明理学的继承和完善。其理由大致有以下三点：

其一，顾、黄、王是接着宋明理学的问题意识往下讲的，理学的天人理气道器体用之辨、理欲情理义利公私之辨，也都是顾、黄、王致力于探讨的问题。

其二，顾炎武等人所开出的经史考据的新路，是宋明理学发展的内在理路所导致，走向经史考据只是为了解决理学提出的问题。

其三，王夫之讲“希张横渠之正学”，顾炎武有推崇朱熹的言论，黄宗羲是阳明心学的传人，可见他们都是继承和发展宋明理学的正统儒家，是儒家道统的承续者。

应该肯定，这三条理由都是持之有故而言之成理的，但持之有故不等于这“故”就经得起推敲，言之成理也不等于这“理”就经得起辩驳。

首先，从第一条理由来看。宋明理学作为中国哲学发展的特定历史形态，有其发生、发展和终结的历史，不能因顾、黄、王发展了中国哲学，就论定他们的思想只是理学的延续。哲学的问题意识既有反映人类心灵之内在矛盾的永恒性的方面，又具有为时代的问题意识所规定的鲜明时代特色。理学的天人理气道器体用之辨、理欲情理义利公私之辨，既反映了人类心灵的永恒矛盾，因而是哲学的永恒问题，也是顾、黄、王等人所无法回避的哲学问题。但除了要看到哲学的永恒问题以外，还要看到时代的问题意识，而正是后者决定了不同时代的学者对前者的不同解决方式。宋明道学家的问题意识是要

重建儒家道德理想主义的世界，在使君主成为“圣王”的同时，进一步强化“虑民之意甚精、治民之具甚备、防民之术甚周、诱民之道甚笃”的意识形态；而顾、黄、王则反映了一种对于近代社会转型之必然要求的朦胧的历史自觉和文化自觉意识，认为人类不可能建立一个道德理想主义的世界，而只能根据人性发展的必然要求，把人从宋明理学伦理异化的枷锁下解放出来。只有把哲学的问题意识与时代的问题意识结合起来，才能理解顾、黄、王的思想与宋明理学的本质区别。

其次，从第二条理由来看。“内在理路说”对于解释从理学到朴学的学术范式转换具有重要意义，但走向经史考据并不只是为了解决理学提出的问题，相反，清初学者对古文《尚书》和《易》图的辨伪、《大学》古本的考证，却导致了建立在“虞廷十六字诀”“太极图”和《大学》“新民”说基础上的宋明理学学术范式的终结。而从王夫之到戴震，更从义理上驳倒了宋明理学，他们的理论创造，是中古意识形态的终结和近代新义理的诞生，而不是为宋明理学补苴弥缝，重建和完善宋明理学。

当然，最有力量的还是第三条理由，即王夫之推崇张载，顾炎武推崇朱熹，黄宗羲传蕺山之学，以此论定他们都是正统儒家和儒家道统的承续者。但这一理由同样根基不牢。

毫无疑问，顾、黄、王皆自称为儒家，晚清学者亦称之为“清初三大儒”，说他们是儒家亦未尝不可，但若要说他们是承续儒家道统、继承宋明理学衣钵的正统儒家，却万万不可。儒学是多元的，多元的儒学又有不同的历史形态，一概以“儒”称之说明不了不同历史形态的儒学的本质特征。以王夫之与张载的关系言，张载在宋明理学中本来就是一个异数，他是讲元气本体论而不是讲天理本体论和心本论的，故王夫之称之为“正学”。究其实，王夫之与张载之间也是一种“推故而别致其新”的关系。王夫之更公然以“申韩之儒”来论定朱熹理学思想的性质，批评其“言则圣人而行则申韩，抑以圣人之言文申韩而为言”，慨叹“圣人之道且以文邪慝而有余”，悲凉地发出

了“后世天下死于申韩之儒者积焉”① 的声音，这是对宋明理学伦理异化之本质的深刻揭示。以顾炎武与朱熹、黄宗羲与阳明学派的关系而言，人们确实可以举出一些他们尊朱或尊王的言论，但我们更应看到他们对宋明理学的关键或要害之处的批评。

说顾、黄、王是正统儒家，于理于事至少有三不通：世界上有反对“道统论”的正统儒家吗？有公然批评作为传统圣人人格样板的上古三代圣王、反对崇拜三代圣贤偶像的正统儒家吗？有公然对孔子、孟子提出批评的正统儒家吗？没有。直到如今号称拥护科学与民主的现代新儒家，也没有这样的胆识。而正是这三个方面的事实，足以证明顾炎武、黄宗羲、王夫之等清初哲人不是正统儒家，而是突破了正统儒家思想局限性的早期启蒙者。

第一，反对正统儒家的道统论。道统论的雏形创自孟子，完备于韩愈，精致化于程朱。所谓“虞廷十六字诀”或“孔门传授心法”，就是道学家脖子上的通灵宝玉，摘去了这块通灵宝玉，道学也就不成其为道学。顾、黄、王就是专摘这块通灵宝玉的人。顾炎武主张“举尧舜相传所谓危微精一之言一切不道”，认为“心不待传”；黄宗羲认为宋儒道学“亦是一家之货”，元儒修《宋史》而确立道统论，足见其“陋”。② 王夫之说道统论的本质乃是专制统治者“奉尧、舜以为镇压人心之标的”，“与缁黄之流推高其祖以树宗风者无以异”。③ 清初人说得好：“如无《大禹谟》（即道学心传的出处——引者），则道学绝矣。”④

朱熹从道统与治统合一的儒家理想出发，十分重视辨析正统与非正统，以及某一儒者能否纳入道统。可是顾炎武却对这种做法十分反感，认为以正统观念来论历史，只能导致“论世之学疏”的结果；而以道统观念来取舍历

① 黄宗羲：《明文海评语汇辑》，《黄宗羲全集》第11册，浙江古籍出版社1985年版，第119页。

② 王夫之：《姜斋文集》卷一《老庄申韩论》，《船山全书》第15册，岳麓书社1995年版，第87页。

③ 王夫之：《读通鉴论》卷一六，《船山全书》第10册，岳麓书社1988年版，第610页。

④ 黄宗羲：《尚书古文疏证序》引朱朝瑛（康流）语，《黄宗羲全集》第10册，浙江古籍出版社1985年版，第61页。

史上的儒者谁配进孔庙吃冷猪头肉，那结果就更为荒唐，就连“孔门十哲”也多数不配。黄宗羲也是因为反感宋儒的这种做法，才大讲“圣贤之血路，散殊为百家”，主张“殊途百虑之学”。顾、黄、王都认为，人不可能认识终极的绝对真理，所以对道学家以绝对真理的化身自居十分反感。今日新儒家把顾、黄、王十分反感的道统和正统的观念强加给他们，顾、黄、王若天上有知，也是断不会接受的。与顾、黄、王相比，新儒家的某些学者就像庄子笔下的河伯，“以为天下之美尽在于己”，缺少了一点顾、黄、王式胸怀的“大气”和学问的“大气”。

当然，顾、黄、王著作中也有自相矛盾的观点，王夫之尤为明显。他先是在《读四书大全说》卷九中对宋儒的道统论作了严厉批判，但在《读通鉴论》卷十五论及“儒者之统”时却仍不免带有道统论的意味，可是在他的最后一部著作《宋论》中，却明确论定宋儒鼓吹的一线单传的“道统心传”乃是无中生有的杜撰，是专制统治者及其文化仆从“镇压人心”的工具。可见《宋论》对“道统论”的批判才是其晚年定论。

第二，反对正统儒家对于上古三代圣王的崇拜。正统儒家认为，周文王和周武王是不可企及的道德楷模，在道统中具有极其重要的地位。王夫之和顾炎武却认为，此二人乃是开中国专制制度之最恶劣先例的人物。王夫之批评文王立制“恃一人之耳目以弱天下”，在“取天下之经提携于一人”方面开了恶劣先例。① 顾炎武说，“自古用蛮夷以攻中国者，始自周武王”②，认为周武王在借助外族军队争夺天下、屠杀华夏族人民方面开了恶劣先例。子曰“郁郁乎文哉，吾从周”，是说国王的新衣如何美丽；而顾炎武、王夫之却竟敢说国王什么都没穿。

朱熹认为，“三代以上是天理流行，三代以下是人欲流行”。但在王夫之看来，这完全是无稽之谈。他认为所谓“三代盛世”亦只是处于中华文明发

① 王夫之：《尚书引义》卷五，《船山全书》第2册，岳麓书社1988年版，第398页。
② 顾炎武：《日知录》卷二九《楼烦》，《日知录集释》，岳麓书社1994年版，第1043页。

展的低级阶段，其时“国小而君多”，“暴君横取，无异于今川、广之土司”[①]。朱熹主张恢复“五帝用之、三王因之”的肉刑，特别是要采用剕（剁脚）、宫（男阉割、女幽闭）两种酷刑，认为这合乎“先王之意”，适应“当世之宜”。王夫之责问道：天下有如此残忍的“君子之道”吗？[②]

当然，也应看到，顾、黄、王没有完全抛弃“三代圣王”的观念。黄宗羲的《明夷待访录》就采取了托古的方式；而顾炎武在赞扬《明夷待访录》时也有“三代之盛可以徐还”的说法。需要请出亡灵来帮助，这是早期启蒙时期不可避免的现象。

第三，是反对以孔子之是非为是非。顾、黄、王都是不以孔子之是非为是非的人。顾炎武揭露儒家“等差之爱”观念的危害性，斥之为“戎狄之道”。[③] 有人劝他招门徒，立名誉，以光显于世，他明确表示拒绝。他说虽然“夫子之门人且学干禄”，但我就是与孔子不同。[④] 孟子讲“达则兼济天下，穷则独善其身”，又说“位卑而言高，罪也”；顾炎武则认为，读书人的社会责任感是不能以个人的“穷”与“达”为转移的，纵然地位再低，也要仗义执言、为民请命。[⑤] 孔子是尊君论者，而黄宗羲则大声疾呼“为天下之大害者，君而已矣”；孔子说“天下有道，礼乐征伐自天子出”，而黄宗羲则主张“必使治天下之具皆出于学校”；孔子“三月无君则惶惶如也”，黄宗羲则怒斥“小儒规规焉以君臣大义无所逃于天地之间”。王夫之批评孔子所谓“宽以济猛，猛以济宽”之说，认为这是把统治者的个人意志置于法律之上；又驳斥“礼不下庶人，刑不上大夫”之说，认为其“不足以语王道”，并针锋相对地提出了“刑尤详于贵，礼必逮于下”的主张。[⑥]

从顾、黄、王对待儒家道统论的态度、对待三代圣王崇拜的态度、对待

---

① 王夫之：《读通鉴论》卷二〇，《船山全书》第10册，岳麓书社1988年版，第746页。
② 王夫之：《尚书引义》卷一，《船山全书》第2册，岳麓书社1988年版，第256页。
③ 顾炎武：《日知录》卷四《母弟称弟》，《日知录集释》，岳麓书社1994年版，第159页。
④ 顾炎武：《与友人论门人书》，《顾亭林诗文集》，中华书局1959年版，第47页。
⑤ 顾炎武：《日知录》卷一九《直言》，《日知录集释》，岳麓书社1994年版，第678页。
⑥ 王夫之：《春秋家说》卷下，《船山全书》第5册，岳麓书社1993年版，第347页。

孔子和孟子学说的态度可以看出，他们绝不是正统儒家。尤为重要的是，顾、黄、王在社会理想方面与宋儒划清了界限。其社会理想具有以下特点：

第一，自由经济。顾、黄、王都继承了李贽的“人必有私论”，以此为出发点来探索经济发展的规律。顾炎武以“有私为人之常情”的观点来考察社会经济运作，认识到“民享其利，将自为之，而不烦程督”的规律，鲜明地提出了“为天子为百姓之心，必不如其自为”① 的命题。黄宗羲从肯定人们追求合理的经济利益的观点出发，主张“工商皆本”；王夫之说：“人未有不自谋其生者也，上之谋之，不如其自谋。”② 批评朱熹的农业合作化主张只会导致“共船漏，共马瘦”，导致共同贫穷和普遍贫穷。顾、黄、王一致认为，只有保障天下人“自谋其生”的自然权利的制度才是“公”，只有“合天下之私”才能“成天下之公”；而专制统治者之所谓“公”，其实乃是彻底的“自私自利”。

第二，分权制衡。专制制度在本质上是非道德性的，在维护非道德的制度的前提下讲道德，本身就是“结构性伪善”。对此，顾、黄、王有很深刻的认识，把着眼点集中于制度的改革。与建立在性善论基础上的“修、齐、治、平”的政治哲学不同，顾、黄、王皆从皇帝和官员们的“私”和“欲”的现实存在出发，来探讨有效防止政治腐败的理性化制度建设之路。顾炎武主张“以天下之权寄天下之人”；黄宗羲主张使“学校”成为决定国是、对皇权和各级政府具有制约作用的民意机关和权力机构；王夫之主张以“司宪者”的权力制约行政权力。为了弥补体制内权力制衡之不足，就必须诉诸舆论。顾炎武提出了“清议亡而干戈至”的命题，揭示了扼杀言论自由与社会动乱的因果关系。黄宗羲主张要造成一个从“朝廷之上”到“闾阎之细”都不以天子之是非为是非的民主氛围。王夫之反对“利病定于一言”的思想专制，主张从制度上来保障人们不因提出与君主不同的意见而遭到迫害。

第三，法治。顾、黄、王都主张以法治取代特权人治，确立重在防止政

---

① 顾炎武：《郡县论五》，《顾亭林诗文集》，中华书局1959年版，第14页。

② 王夫之：《读通鉴论》卷一九，《船山全书》第10册，岳麓书社1988年版，第710页。

府官员犯罪的立法原则。顾炎武反对特权人治的“因例立法”和“用例破法”。他说：“法行则人从法，法败则法从人。”① “法者，公天下而为之者也。例者，因人而立以坏天下之公者也。”② 黄宗羲痛斥全部专制法制为“非法之法”，根本否定传统的特权人治和使好人变坏人的政治体制，坚决主张“有治法而后有治人”。王夫之认为皇帝和官员都必须受法律约束，“自天子始而天下咸受其裁焉”③，认为专制政治之腐败之所以成为不治之症，是“法之不均”造成的，要反贪，就必须实行法律面前人人平等。

尽管顾、黄、王对政治改革方案的设计还很不成熟，但十分可贵的是，他们都坚定地认为在制度与人们的思想意识二者之间，制度是更为根本的、起决定作用的因素。既然人们的奴性和素质低下乃是专制制度所造成，所以只有改革专制制度，才是民族复兴的希望所在。顾炎武和王夫之都痛骂李贽，甚至把明朝的灭亡归罪于李贽，这反映了他们思想的局限性，但无论他们愿不愿承认，他们还是从李贽学说中吸取了大量的合理因素。顾、黄、王的著作卷帙浩繁，新旧杂陈，矛盾重重，这是时代矛盾的反映，但衡量一个思想家的标准，主要是看他提供了哪些前人所没有提供过的新的东西，这才是评价他们历史地位的主要依据。

戴震的反理学是遵奉圣意吗？

——对“遵奉圣意说”的回应

“遵奉圣意说”来自鲁迅。他在1934年撰写的《买〈小学大全〉记》一文中写道：“特别攻击道学先生，所以是那时的一种潮流，也就是‘圣意’。我们所常见的，是纪昀总纂的《四库全书总目提要》和自著的《阅微草堂笔记》里的时时的排击。这就是迎合着这种潮流的，倘以为他秉性平易近人，

① 顾炎武：《日知录》卷八《法制》，《日知录集释》，岳麓书社1994年版，第294页。
② 顾炎武：《日知录》卷八《铨选之害》，《日知录集释》，岳麓书社1994年版，第311页。
③ 王夫之：《读通鉴论》卷二九，《船山全书》第10册，岳麓书社1988年版，第1116页。

所以憎恶了道学先生的谿刻，那是一种误解。”[①] 后来钱穆在《国史大纲》中亦说：“四库馆臣做《四库全书提要》，对程朱宋学，均滥肆漫骂。此非敢显背朝廷功令，实是逆探朝廷意志，而为奉迎。”[②] 近年来，有学者通过引证鲁迅的以上论述来证明乾嘉学者的反理学是“遵奉圣意”，以此否定其启蒙意义；也有的海外学者通过研究乾隆皇帝与《四库全书总目提要》的关系来论证这一观点，以为上述观点之奥援。

对此，首先要弄清楚什么是乾隆皇帝的“圣意”，以及清朝统治者的意识形态政策和统治术是怎么样的。如果不把这个问题搞清楚，反理学思潮的性质就不可能得到准确的论定。应该承认，鲁迅对乾隆皇帝“圣意”的论述还是比较准确的。他说：“清朝虽然尊崇朱子，但止于尊崇，却不许学样，因为一学样，就要讲学，于是而有学说，于是而有门徒，于是而有门户，于是而有门户之争，这就足为‘太平盛世’之累。况且以这样的‘名儒’而做官，便不免以‘名臣’自居，‘妄自尊大’。乾隆是不承认清朝会有‘名臣’的，他自己是‘英主’，是‘明君’，所以在他的统治之下，不能有奸臣，既没有特别坏的奸臣，也就没有特别好的名臣，一律都是不好不坏，无所谓好坏的奴子。”[③] 乾隆四十六年（1781），道学家尹嘉铨上疏请将“我朝”的一批“名儒”“名臣”从祀孔庙，引得弘历大怒，下令把他“处绞立决”，使道学家们再也不敢以名儒、名臣自居。其实，什么名儒、名臣，说穿了都是奴才。

乾隆皇帝的这一统治术，是从他的祖父康熙那里学来的。康熙既尊崇程朱理学，又经常羞辱那些讲道学的御用文人，斥之为“假道学”。康熙三十三年（1694）闰五月，召翰林官至丰泽园，以《理学真伪论》为题作文，随后借题发挥，对包括他的老师熊赐履在内的这批道学家发泄其淫威，狠狠加以羞辱，连已故的魏象枢、汤斌也不放过。康熙五十四年（1715）十一月，又再次警告道学家：“若以理学自任，则必至于执滞已见，所累者多，反之于

① 鲁迅：《买〈小学大全〉记》，《鲁迅全集》第6卷，人民文学出版社1981年版，第55页。
② 钱穆：《国史大纲》（下册），商务印书馆1996年版，第862页。
③ 鲁迅：《买〈小学大全〉记》，《鲁迅全集》第6卷，人民文学出版社1981年版，第55页。

心，能实无愧于屋漏乎？”又说：“若熊赐履在时，自谓得道统之传，其没未久，即有人从而议其后矣。今又有自谓得道统之传者，彼此纷争，与市井之人何异？凡人读书，宜身体力行，空言无益也。”连对他有教诲之恩的老师也要屡次加以羞辱，其他道学家谁还敢以道统自任？

清朝皇帝反对道学家以道统自任，但绝不是反对或不讲道统论，而是要遵循正统儒家关于治统与道统合一的圣王理想，以帝王而为道统之承载者。康熙在《〈四书解义〉序》中说：“朕惟天生圣贤，作君作师，万世道统之传，即万世治统之所系也。”其所谓“道统在是，治统亦在是”，就是以政治领袖和精神领袖一身而二任的圣王自居。乾隆皇帝更明确指出“治统原于道统”，认为治统就是道统的实现。康熙选择程朱理学作为统治思想，是经过长期的审慎权衡的。朱熹讲“正君心之非”，皇帝固然不喜欢；但朱熹又说“臣子无说君父不是底道理，此便见得是君臣之义处”，皇帝又怎能不喜欢？皇帝自任道统，既作君，又作师，从正统儒家的圣王理想来说，其实正是朱熹所谓“正君心之非”所要达到的目的。

清朝皇帝反对道学家以道统自任，也绝不是反对或不讲道学，而是为了更得手应心地利用道学，用道学来治天下人的身心。康熙屡次警告道学家不要当言行不一的假道学家，而要当“以忠诚为本”的真道学家，就是如此。雍正、乾隆年间，更把强化程朱理学的统治地位与文字狱结合在一起。乾隆皇帝一上台，立即将《性理精义》《朱子全书》再次颁示诸生，并命令召募书商，让他们到处去贩卖这些书籍。乾隆四年（1739），又颁布以程朱理学取士的八股文集《钦定四书文》，强化意识形态统治。乾隆六年（1741）九月，有谢济世注解《大学》案。当年雍正皇帝仅认为此书有批评皇帝的“狂悖”之论，而乾隆则进一步看到了此书“肆诋程朱”，“是为人心学术之害”，故命湖广总督孙嘉淦将谢济世所注经书及刊板悉行焚毁。类似的案件此后也曾发生过。

明白了清朝的这种意识形态政策和统治术，就会明白，为什么纪昀总纂的《四库全书总目提要》既要对道学先生加以攻击，又要以程朱理学为标准

对一切离经叛道的思想言论大张挞伐的秘密所在。

然而，纪昀总纂的《四库全书总目提要》对道学先生的排击是“遵奉圣意”，是否就意味着其自著的《阅微草堂笔记》也是“遵奉圣意”呢？是否就意味着乾嘉年间的反理学思潮、特别是戴震的反理学思想也是“遵奉圣意”呢？如果这样，那可就真是差以毫厘、谬以千里了。当然，这一失误也与鲁迅的论述过于粗疏笼统有关，鲁迅自己就没有看到乾嘉时期也有与乾隆站在完全不同立场上的反理学思潮。所以他的这一见解就足以使人产生对梁启超和胡适的戴东原研究的怀疑，导致对此二人所主张的“中国文艺复兴说”的否定。

必须看到，乾隆皇帝的所谓“反理学”与戴震及其弟子们的反理学完全不是一回事。乾隆皇帝之所以羞辱和攻击道学先生，只有从专制皇权的统治术去加以理解，而戴震的反理学，则是站在与清朝统治者完全对立的立场上的。对此，章太炎是别具只眼的。他说：“清宪帝亦利洛闽，刑爵无常，益以恣睢……官困于诘责，惴惴莫能必其性命，冤狱滋烦，莫敢缓纵。戴震生雍正末，见其诏令谪人不以法律，顾摭取洛闽儒言以相稽，乩司隐微，罪及燕语……令士民摇手触禁。……震自幼为贾贩，转运千里，具知民生隐曲，而上无一言之惠，故发愤著《原善》《孟子字义疏证》，专务平恕，为臣民诉上天，明死于法可救，死于理即不可救。又谓衽席之间，米盐之事，古先王以是相民，而后人视之猥鄙。其中坚之言尽是也。”① 又说：“戴君生雍正乱世，亲见贼渠（指雍正皇帝——引者注）之遇士民，不循法律，而以洛闽之言相稽，哀矜庶戮之不辜，方告无辜于上，其言痛绝。……寿不中身，愤时以陨，岂无故邪？”②

章太炎认为，戴震的立言宗旨有两条：首先，他目睹了满清帝王借助于程朱理学益以恣睢、大兴文字狱的惨状，所以，其批判矛头是指向惟借程朱之言以罗织士民罪名的满清政府的，是为受迫害的人们鸣不平的，这是戴震发愤作《原善》《孟子字义疏证》的宗旨之一；其次，他有过自幼为贾贩、

① 章太炎：《太炎文录初编》卷一《释戴》，上海书店据古书流通处1924年版影印，第83—84页。
② 章太炎：《太炎文录初编》卷一《说林》，上海书店据古书流通处1924年版影印，第80页。

转运千里的人生经历，因而具知民生隐曲，深切同情人民的痛苦，而满清政府却对人民的痛苦无动于衷，视人民的生活欲求为“猥鄙”的“人欲”，所以他要为人民的生活欲求大声疾呼，这是戴震发愤作《原善》《孟子字义疏证》的宗旨之二。太炎先生的这一论述，实在非常深刻，完全切合思想史的实际。戴震是把批判程朱理学与批判清朝统治者结合在一起的，而且首先是针对清朝统治者的。在《原善》中，他揭露了“在位者多凉德而善欺背”“行暴虐”而“以为民害”“肆其贪而不异寇取”等罪行，把社会风气的败坏归结为统治者“贪暴以贼其民所致”。① 如果我们对戴震的著作稍微读得仔细一点，谁还能说他的思想言论是“遵奉圣意”呢？

不错，当纪昀受命总纂《四库全书总目提要》时，他是御用文人，不能不“遵奉圣意”；当戴震因为写《孟子字义疏证》在四库馆受到批判时，纪昀拿起该书，“攘臂扔之”，怒道：“以诽清静洁身之士，而长流污之行”，这种在批判会上常见的情形不能不说也是“遵奉圣意”。然而，纪昀与戴震毕竟有着“披肝露胆两无疑”的真挚友情，并深受戴震思想影响，因而鲁迅说《阅微草堂笔记》也是“遵奉圣意”，而不是“憎恶了道学先生的谿刻”，就完全不合乎事实了。我们看《阅微草堂笔记》中有那么多反映下层民众在程朱理学统治下横遭迫害和摧残的故事，有那么多揭露道学先生借礼教以杀人、为下层民众的苦难鸣不平的文字，真可以说是字字血、声声泪，令人痛断肝肠，而不能不激起对旧礼教的愤恨，这就不是“遵奉圣意”所能够解释的了。其实，鲁迅在1924年7月所作的《中国小说的历史变迁》的演讲中就曾替纪昀讲过几句公道话，说他“很有可以佩服的地方”：“他生在乾隆间法纪最严的时代，竟敢借文章攻击社会上不通的礼法，荒谬的习俗，以当时的眼光看去，真算得很有魄力的一个人。”② 然而此时的鲁迅又说《阅微草堂笔记》对宋儒的批判“与见于《四库总目提要》中者正等”③，将完全不同性质的两回

① 戴震：《原善》（下），《戴震集》，上海古籍出版社1980年版，第350页。
② 鲁迅：《中国小说的历史变迁》，《鲁迅全集》第9卷，人民文学出版社1981年版，第334页。
③ 鲁迅：《中国小说史略》，《鲁迅全集》第9卷，人民文学出版社1981年版，第214—215页。

事混为一谈。这一认识的误区，也就为他在十年后提出《阅微草堂笔记》的反理学是“遵奉圣意”埋下了伏笔。鲁迅看透了中国的读书人向来有“遵奉圣意”的传统，看透了那些不知是“愚不可及”还是“精明过人”的大学教授们跟在党国要人们后面乱起哄的闹剧，这是他的独具眼光之处，但就是缺少了那么一点作具体分析的史学功夫。

戴震宣称“解蔽所以尽吾生，尽吾生所以尽乎义命之不可已”。作为一位自觉地以启蒙为毕生使命的哲人，他对 18 世纪中国启蒙思想的发展作出了多方面的重要贡献：

第一，他继承了李贽和明末清初学者对正统儒家道统论和宋明道学的天理本体论的批判，“发狂打破宋儒家中太极图”，从“一阴一阳”的“道之实体”引申出“血气心知”的“性之实体”，建立了基于自然物质演化的宇宙观和自然人性论的人学本体论学说。“宋儒家中太极图”与“虞廷十六字诀”或“孔门传授心法”一样，都是道学的命根子，李贽和顾、黄、王都曾由此入手来批判道学，解构宋儒的天理本体论，但他们理论建树却有不同：李贽直接从“一阴一阳之谓道”引申出“厥初生人，唯是阴阳之气、男女二命”“人即道，道即人”的人学本体论；顾、黄、王的理论建树则大致遵循着回归气本论，从自然史观引申出人类史观的路径；而戴震的思路正似可看作是以上二者的综合而更接近于李贽。

第二，他批评宋儒“详于论敬而略于论学”，确立了“我”作为求真的知性主体的地位。他提出的“不以人蔽己，不以己自蔽”的命题，与西方近代哲学家培根提出的“破除四种假象”说具有内在精神实质的一致性。他提出要区分真理与“意见”，强调人们在认识中很容易犯错误的可能性，这种“理性的幽暗意识”有助于形成宽容不同意见的多元文化心态。他推倒了宋儒关于“理”的谬说，恢复了“理”作为具体事物之“分理”的本来意义，又把依据公理而作严密推导的方法引入中国哲学研究，为进一步论证人的自由提供了知识论基础。没有证据表明他读过王夫之的著作，但他“察分理”的学说却与王夫之的“理一分殊新解”，具有惊人的相似之处。

第三，在人的感性生活和道德伦理方面，戴震建立了他的情感哲学。他破除了作为专制主义愚民政策之理论依据的知识有害于道德的观念，认为知识乃是道德的必要条件，提倡建立在科学认知基础上的道德自律而反对伦理异化的他律，与近代西方伦理学的观点完全一致。他揭露了程朱理学的三大社会危害：苛责君子而纵容小人，“以理杀人”而“适成忍而残杀之具”，“适以穷天下之人尽转移为欺伪之人”。他讲“后儒冥心求理，其绳以理，严于商、韩之法”，比起王夫之以“申韩之儒”来论定程朱理学的性质来，又前进了一步。他反对程朱理学舍情而言理，而他则处处联系着情来讲理，提出了“理也者，情之不爽失也”“未有情不得而理得者也”“情之至于纤微无憾是谓理”的命题，具有鲜明的近代人文主义特色。在理欲关系上，他认为“欲”乃是根于人之血气的“以生以养之事”，认为“欲”是人类活动的原动力，揭露宋儒理欲之辨的反人道性质，提出了使天下人人皆能遂其欲的近代社会理想。

戴震的思想不是孤鹤独唳，而是一种新的时代思潮。在乾嘉时期的思想界，与戴震并世而立的有大声疾呼“废道统之说”的袁枚，有呼唤“学者当自树其帜”、自称“青春在眼童心热，直摅血性为文章”的郑燮，有明确反对把政治伦理原则凌驾于实事求是原则之上的王鸣盛、赵翼、钱大昕；更有继承戴震学脉及其思想的一批学者，如洪榜、汪中、焦循、俞正燮、李汝珍等。与黄宗羲一样，戴震和俞正燮的思想也被蔡元培称为“伦理学界自由思想之先声”①；而李汝珍在《镜花缘》一书中对旧礼教的批判，特别是其关于女儿国的描写，更被胡适誉为“世界女权史上的一篇永远不朽的大文”②。龚自珍作为戴震的嫡传弟子段玉裁的外孙，其思想则兼有李贽、顾炎武和戴震之长，对晚清梁启超那一代人起到了“若受电然”的思想解放作用。

通过深入研究明清之际的思想文化变迁，笔者更加深切地感觉到，滥觞于梁启超、胡适之而奠定于侯外庐、光大于萧萐父的“早期启蒙说”，并不是

---

① 蔡元培：《中国伦理学史》，商务印书馆1937年版，第151页。

② 胡适：《〈镜花缘〉的引论》，《胡适文集》第3册，北京大学出版社1998年版，第561页。

可以轻易否定的。现代新儒家从维护单一凝固的道统为出发点，认为宋明道学直接孔孟，以宋明道学为民族文化的源头活水。而事实上，中国文化绝非正统儒家思想所能涵盖。先师萧萐父先生主张从变化了的社会存在和历史向中国人民提出的现代化的现实任务出发来审视传统，把传统看做是寓于中国人民的历史实践和“殊途百虑之学”中的不断发展和更新的历史文化之流，把明清之际的早期启蒙思潮看做是传统与现代化的历史接合点，才是适乎时代潮流、合乎历史前进方向的至当不易之论。

（原载《江海学刊》2010年第3期）

一种程序正义?

——罗尔斯正义原则献疑

姚大志

近年来，程序正义的观念在国内学界得到了广泛接受和高度重视，而这种接受和重视同罗尔斯（John Rawls）的正义理论有密切的关联。罗尔斯在《正义论》中多次强调他提出的正义是一种程序正义，他一再重申自己的正义是程序正义是出于两个重要目的：第一，表明自己正义观的性质，以区别于其他正义观，如目的论和功利主义；第二，表明他的正义原则是应用于社会制度的，而无须关注存在于具体环境中的无数个人，以反驳诸如诺奇克（Robert Nozick）这样的潜在批评者。

这样就产生两个问题：第一，什么是（纯粹的）程序正义？第二，罗尔斯的正义到底是不是一种（纯粹的）程序正义？我们首先考察罗尔斯本人的相关观点，然后再依次回答这两个问题。

形式正义、实质正义和程序正义

一般来说，程序正义的观念是相对于实质正义的观念而使用的。把正义称为“程序的”，这是在强调正义过程的重要性；把正义称为“实质的”，则是强调正义结果的重要性。但是在《正义论》中，罗尔斯并不是把实质正义和程序正义作为相对的观念加以使用，而是把形式正义和实质正义作为相对的观念加以使用。也就是说，罗尔斯的正义理论包含三种正义概念，这样就需要我们弄清，在罗尔斯的使用中，形式正义、实质正义和程序正

义是什么意思。

社会需要一种普遍的公共规范体系来调节人们之间的关系，来调节权利、义务和利益的分配。这种公共的规范体系就是法律和制度。法律和制度的实行应该是公正的和一致的，也就是说，类似的情况就应类似处理，而不应该因人而异。罗尔斯认为："这种对于法律和制度的公正的、一致的实行，无论它们的实质性原则是什么，我们可以把它们称为形式正义"，"形式正义就是对原则的坚持……是对制度的服从"。①

虽然罗尔斯是把形式正义和实质正义作为相对的观念加以使用的，并且对形式正义的涵义做了明确的解释，但是他却没有对"什么是实质正义"提供直接的说明。不过我们可以从罗尔斯在相关场合的论述中进行一些推测。罗尔斯在与形式正义相对的意义上说，"正义总是意味着平等"②，正义是"承认他人的权利和自由的愿望"③。由此我们可以推论，罗尔斯所说的实质正义是指自由和平等的价值，其具体表现就是罗尔斯的两个正义原则。在这种意义上，罗尔斯两个正义原则的内容是实质正义，而对这两个原则的公正的、一致的实行就是形式正义。

但是我们应该看到，形式正义与实质正义之间的关系是复杂的，两者在某些情况下并非一致。对法律和制度的实行可能是公正的和一致的，但这并不足以保证它们是实质正义。例如，我们可以设想，一种制度是奴隶制的或等级制的，也就是说它的实质是不正义的，但是这种制度的实行却可以是公正的和一致的。这种形式正义和实质正义的不一致有两种情况。一种是，即使在法律和制度是不正义的情况下，公正地、一致地实行这种制度（形式正义）也比反复无常更好一些。也就是说，一种（实质正义）不正义总比两种（形式正义和实质正义）不正义要好，人们受害的程度也更轻一些。另外一种

---

① John Rawls, *A Theory of Justice*, Cambridge, Massachusetts: The Belknap Press of Harvard University Press, 1971, p. 58.

② Ibid.

③ Ibid., p. 60.

情况是，在某些特殊场合，为了减轻不公正的受害者的苦难，违反形式正义（不按规范行事）也许是上策。但是罗尔斯也承认，在很多情况下，形式正义与实质正义是一致的，“在我们发现形式正义的地方，在我们发现存在法治和尊重合法期望的地方，我们通常也能发现实质正义”①。

现在我们来看程序正义。罗尔斯在《正义论》中把程序正义分为三种，即“完善的程序正义”“不完善的程序正义”和“纯粹的程序正义”。罗尔斯反复重申，他的正义原则是一种“纯粹的程序正义”。

现在需要我们对这三种程序正义给予解释。罗尔斯曾举过一个“完善的程序正义”的例子。假如一小群人要分一块蛋糕，公平的划分是每个人都得到平等的一份。这样一种程序将保证分配的公平：让任何一个人来划分蛋糕，并且他拿最后的一份。“不完善的程序正义”的例证是刑事审判。任何一个审判的目的都在于，只要被告犯有被控告的罪行，这名被告就应当被宣判为有罪。为了达到这一目的，法律规定了合理的审判程序。但是任何审判程序都不能确保每次审判都能达到正确的结果：一个无罪的人可能被判有罪，而有罪的人则可能逍遥法外。② 这两个例子有一个共同的特征，即它们都具有一种判断其结果是否正确的独立标准。它们之间的区别在于：“完善的程序正义”有一个确保能够达到正确结果的程序，而“不完善的程序正义”则没有这种可以达到正确结果的程序。

与完善的或不完善的程序正义相比，“纯粹的程序正义”没有这种判断其结果是否正确的独立标准。罗尔斯认为博彩是纯粹程序正义的典型例证：如果博彩的程序是公平的，而且人们是自愿参加博彩的，其中没有任何欺骗，那么赌金的任何一种分配都是公平的。如果说“不完善的程序正义”只有一种判断其结果是否正确的独立标准，但没有能够达到正确结果的程序，那么与其完全相反，“纯粹的程序正义”则只有一个达到正确结果的程序，但没有

---

① John Rawls, *A Theory of Justice*, Cambridge, Massachusetts: The Belknap Press of Harvard University Press, 1971, p. 60.

② Ibid., pp. 85 – 86.

判断这个正确结果的独立标准。所以，对于“纯粹的程序正义”来说，其程序一旦被实际执行，它所达到的任何结果都是正义的。[①]

什么是纯粹程序正义?

罗尔斯一再重申，他的正义理论使用了纯粹的程序正义观念，他所说的正义是一种纯粹的程序正义。现在的问题是，在罗尔斯的正义理论中，他所说的纯粹程序正义是指什么?

在一些地方，罗尔斯的纯粹程序正义是指“原初状态”。所谓的“原初状态”是这样一种处境：在这种处境中所一致同意的任何原则都是正义的。[②]“原初状态”是一种公平的程序，它通过各种限制性条件（其中包括“无知之幕”），排除了各种偶然因素（如权力、利害关系和形而上的信念）的不利影响，以使人们达成的任何结果都是公平的。按照这种纯粹程序正义的观念，正义原则是正义程序之结果。只有程序是确定的，而结果则是不确定的。也就是说，如果产生正义原则的程序本身是正义的，那么这一程序所产生的任何原则都是正义的，无论它们是什么。

在另外一些地方，罗尔斯的纯粹程序正义又是指两个正义原则。在《正义论》第2章第14节中，罗尔斯将公平的机会平等原则（第二个正义原则的第二个部分）和纯粹程序正义相提并论，并且指出，公平的机会平等原则作为纯粹程序正义在其应用中具有一个重大优点，即当社会制度满足了机会平等原则的时候，它就不再需要追溯无数的复杂环境和不断变化中的个人特殊地位。[③] 在第5章第47节中，罗尔斯讨论分配正义问题时指出，当社会的基本结构满足了正义原则特别是差别原则（第二个正义的第一个部分）的时候，所导致的任何分配都是正义的，无论每个人的收入是多少。[④]

---

① John Rawls, *A Theory of Justice*, Cambridge, Massachusetts: The Belknap Press of Harvard University Press, 1971, p. 86.

② Ibid., p. 120.

③ Ibid., p. 87.

④ Ibid., p. 304.

这就是说，在罗尔斯那里，“纯粹程序正义”既是指“原初状态”，也是指两个正义原则。这种不同的所指给“纯粹程序正义”观念本身带来严重的问题，尽管其问题需要细致地分析才能够清楚地显现出来。

我们已经解释过罗尔斯的形式正义、实质正义和程序正义的观念，其中形式正义和实质正义是相对于对方的概念，而实质正义无论是相对于形式正义还是相对于程序正义都是指正义观所包含的内容。现在我们提出一个问题：纯粹程序正义是不是形式正义？

我们知道，罗尔斯的纯粹程序正义观念在各种各样的使用中有两种具体所指，有时指正义原则，有时又指“原初状态”。现在让我们对这两种涵义分别加以考察。

所谓形式正义，在罗尔斯看来，就是公正地、一致地按照社会规范行事。罗尔斯的两个正义原则就是这样的社会规范，它们通过法律和制度来调节权利、义务和利益的分配。罗尔斯在把他的正义原则解释为纯粹程序正义的时候，也包含这样的意思：“如果这种纯粹程序正义的观念要想成功……就必须公正地建立和实行正义制度”①，即公正地和一致地按照正义原则行事。在这种意义上，程序正义和形式正义是一回事。这样我们就得到了第一个结论：如果“纯粹程序正义”是指正义原则，那么它就是形式正义。

但是，罗尔斯的“纯粹程序正义”也被用来指“原初状态”。所谓“原初状态”是一种纯粹的程序，一种产生出正义原则的程序，而无论这种原则是什么。那么为什么“无论这种原则是什么”都可以是正义原则呢？按照罗尔斯的说法，正义原则是评价一切事物的标准，在正义原则之上，不存在任何其他的标准。因为不存在评价正义原则的标准，所以，如果能够产生出原则的程序本身是正义的，那么所得到的任何原则就都是正义的。形式正义是相对于正义的实质内容而言的，没有实质正义也就没有形式正义。由于“原初状态”本身不包含任何实质性的内容，所以在这种意义上，“原初状态”与

① John Rawls, *A Theory of Justice*, Cambridge, Massachusetts: The Belknap Press of Harvard University Press, 1971, p. 304.

形式正义不是一回事。这样我们就得到了第二个结论：如果“纯粹程序正义”是指“原初状态”，那么它就不是形式正义。

我们把上述推论合并，就得出第三个结论：“纯粹程序正义”是形式正义，又不是形式正义。这个结论是荒谬的。它怎么可能呢？显然某个地方出了问题。

问题在于“纯粹程序正义”在罗尔斯正义理论中有两种不同的所指。在这两种所指中，有一种肯定是不正确的。那么哪一种所指是不正确的？

罗尔斯在引入程序正义观念的时候，提出了三种程序正义，即“完善的程序正义”“不完善的程序正义”和“纯粹的程序正义”，并且指出，与其正义理论相关的是“纯粹的程序正义”。我们也知道这些程序正义之间的区别：与完善的或不完善的程序正义相比，“纯粹的程序正义”没有判断其结果是否正确的独立标准。分配蛋糕的正义标准（完善的程序正义）是平均分配，司法审判的正义标准（不完善的程序正义）是有罪者被判有罪，无罪者加以释放。“纯粹的程序正义”则没有这样的标准：它是一种纯粹的程序，这种程序一旦启动，所达到的任何结果都是正义的，无论它们是什么。

“原初状态”符合这种纯粹程序正义的观念。“原初状态”是按照康德式契约论建立起来的一种原始处境，一种产生出正义原则的公平程序。一方面，这种程序是在各种不同的原则（如功利主义、直觉主义、至善主义和罗尔斯的两个正义原则等）中选择出指导社会合作的正义原则，而对任何原则都没有预先的承诺；另一方面，由于“原初状态”的条件设置（如无知之幕）是理想的和公平的，同时又不存在判断原则是否正义的任何独立标准，所以在这种原始处境中选择出的任何原则都是正义的。我们可以得出结论：“原初状态”是一种“纯粹的程序正义”。

罗尔斯的两个正义原则却不符合这种“纯粹的程序正义”观念。“纯粹的程序正义”的关键在于它没有独立的标准。在正义原则产生之前，在“原初状态”中，确实没有这样的标准，但是两个正义原则产生之后，正义原则本身就变成了这样的标准；在“原初状态”中，对任何政治价值都没有承诺，

两个正义原则产生之后，对自由和平等的价值则有了承诺；在“原初状态”中，所达成的任何结果都是正义的，两个正义原则产生之后，只有符合正义原则的结果才是正义的。尽管罗尔斯把其正义原则称为“纯粹的程序正义”，但由于他的正义原则对自由和平等具有坚定的承诺，所以它不是一种“纯粹的程序正义”。

迄今为止，我们的推理所得出的结论是：罗尔斯的“原初状态”观念是“纯粹的程序正义”，但他的正义原则却不是“纯粹的程序正义”。如果罗尔斯的正义原则不是一种“纯粹的程序正义”，那么我们需要继续追问：它是不是一种程序正义？这种追问把我们引向罗尔斯和哈贝马斯关于程序正义的争论。

是不是程序正义？

在发表于1992年的《在事实与规范之间》中，虽然哈贝马斯只在第2章第2节专门讨论了罗尔斯的正义理论，但实际上这本著作从始至终都以罗尔斯为主要靶子。罗尔斯发表《政治自由主义》之后，哈贝马斯又特别写了一篇文章来评论该书，题目叫做“通过理性之公共应用达成的和解：评罗尔斯的政治自由主义”。罗尔斯通常很少对别人的批评做出回应，但应《哲学杂志》编辑的请求，也写了一篇文章“政治自由主义：答哈贝马斯”。这两篇文章同时发表在1995年三月号的《哲学杂志》，使我们有机会了解两位思想家的直接交锋。

自近代以来，西方政治哲学一直受两种思想的支配，即自由主义和共和主义，而且它们之间的张力对西方各国的政治法律制度产生了深刻的影响。罗尔斯是当代最著名的自由主义思想家，而哈贝马斯则被看做当代共和主义的主要代表。罗尔斯与哈贝马斯在如下几个主要问题上存在明显的差别。

第一个差别是思想的性质。用罗尔斯的术语说，他自己的思想是政治的，而哈贝马斯的思想是统合性的（comprehensive）。罗尔斯用“统合性的”来意指“形而上学的”。罗尔斯的思想是政治的，这是指：他的正义观念适用于社

会基本结构，即基本的政治制度、经济制度和社会制度；这种正义观念独立于任何形而上学的学说（如宗教、哲学或道德），既不以它们为前提，也不是从它们推导出来的；当政治的正义观念同形而上学的学说发生冲突的时候，前者压倒后者。哈贝马斯的思想不仅仅是政治的，还包含了许多其他的东西，特别是形而上学。在罗尔斯看来，“哈贝马斯自己的学说是一种广义上的黑格尔式逻辑学：一种（关于理论理性和实践理性）合理商谈之前提的哲学分析，这种哲学分析将宗教学说和形而上学的所有实质性因素都包含于自身之内”①。

第二个差别是理论产生于其中的语境。对于哈贝马斯，这种语境是理想的商谈处境。对于罗尔斯，这种语境是原初状态。哈贝马斯的目的是在人们之间实现完美的对话、交流和协商，而要想在正义或任何事情上达成共识，关键的东西是要有一种理想的商谈处境。对于哈贝马斯的商谈伦理学，这种理想处境就是公平的对话程序或对话规则；对于他的社会交往理论，这种理想处境就是形式语用学或普遍语用学；对于他的政治哲学或法哲学，这种理想处境就是程序主义。罗尔斯的目的是提出人们合作的正义原则，而这种正义原则只能产生于理想的原初状态。哈贝马斯对原初状态提出了三项指责：第一，人们只有认识到他们的高阶利益（highest - order interests），才能接受罗尔斯的正义原则，但是在原初状态中，人们无法理解其高阶利益；第二，权利与善是不同的，但在原初状态中，权利被等同于“基本善”；第三，无知之幕无法保证人们判断的公正性，从而无法从中推出正义原则。② 而在罗尔斯看来，哈贝马斯的理想商谈处境存在着两个主要问题。首先，理想商谈处境要求任何言语行为都应该具有“真实性”，这意味着正义问题也应该满足“真理”的有效性要求。罗尔斯则主张，在讨论正义问题时，不需要使用真理的观念，合理性的观念就足够了。其次，理想商谈处境的要求是形式的，这样

---

① John Rawls, “Political Liberalism: Reply to Habermas”, *The Journal of Philosophy*, Vol. 92, No. 3 (March, 1995), pp. 136 – 137.

② Jürgen Habermas, “Reconciliation Through the Public use of Reason: Remarks on John Rawls's Political Liberalism”, *The Journal of Philosophy*, Vol. 92, No. 3 (March, 1995), pp. 112 – 118.

哈贝马斯的程序主义就过于宽泛，很难从中推导出什么明确的结论。用罗尔斯的话说："它（理想的商谈程序）能否导出任何非常具体的结论，似乎还不清楚。"①

第三个差别是主题。罗尔斯的主题是正义，正义关注的问题是社会基本结构，或者更准确地说，是社会主要制度分配基本权利和义务，决定由社会合作所产生的利益之划分的方式。哈贝马斯的主题是合法性，其关注的问题是合法性从何而来，根据他的观点，合法性来自所有当事人的同意，来自所有公民的共识，而这种同意和共识则产生于民主的过程。合法性与正义不是一回事。按照哈贝马斯的说法，由于在重大政治问题上很难取得意见一致，所以得到大多数人同意的法律就是合法的。罗尔斯承认这种法律是合法的，但是认为它仍然可能是不正义的；因此，一方面，罗尔斯主张法律仅仅合法是不够的，它还必须是正义的。另一方面，罗尔斯认为，与正义相比，合法性是一种较弱的观念，对行为所施加的约束也更弱。② 反过来，哈贝马斯一方面批评罗尔斯的正义理论是一种关于正义原则的哲学辩护，这种正义的哲学以自然法理论为基础；另一方面他认为罗尔斯的正义论表达了一种理想的政治状态，但现实政治生活则是不理想的，而罗尔斯并没有提供沟通两者的桥梁。③

现在回到我们所关切的程序正义问题。罗尔斯认为他自己的正义观念是纯粹程序性的。按照"纯粹的程序正义"观念，正义是正义程序之结果。只有程序是确定的，而结果则是不确定的。也就是说，如果程序本身是正义的，那么它所达成的任何结果都是正义的，无论它们是什么。哈贝马斯认为，罗尔斯的正义观念看起来是程序的，但实际上依赖于一些实质性的规范。因此

---

① John Rawls, "Political Liberalism: Reply to Habermas", *The Journal of Philosophy*, Vol. 92, No. 3 (March, 1995), p. 169.

② Ibid., p. 175.

③ Jürgen Habermas, *Between Facts and Norms*, Cambridge, Massachusetts: The MIT Press, 1996, pp. 64–65.

哈贝马斯批评罗尔斯的正义是实质的，而不是程序的。① 哈贝马斯主张，正义原则是不能（像罗尔斯那样）通过道德推理得来的，而是由所有相关者在对话、协商、交流、谈判过程中达成的。为了达成共识，道德对话需要某种公平的对话程序。在哈贝马斯看来，只有他的商谈伦理学才是程序的。

针对哈贝马斯的批评，罗尔斯为自己进行了辩护。概括起来，他的辩护和反驳主要有三条。第一，罗尔斯说明了什么是程序正义和实质正义。他提出，"我把程序正义与实质正义的区别看作是一种程序的正义（或公平）与该程序之结果的正义（或公平）的区别"②。罗尔斯的这种说法意在强调程序正义同实质正义不是对立的，而是相互关联的。第二，罗尔斯进一步解释了程序正义与实质正义的关系。他认为，一种程序的正义总是依赖于该程序之相应结果的正义，或者说依赖于实质正义。③ 我们应该指出，罗尔斯的这种观点同较早的《正义论》相反。在《正义论》中，罗尔斯主张一种纯粹程序正义观念，在这种观念中，实质正义原则上依赖于程序正义。第三，罗尔斯指出，没有纯粹的程序正义。他认为，就政治正义而言，不存在任何纯粹的程序，并且也没有任何程序能够决定其实质性内容，从而，我们永远依赖于我们关于正义的实质性判断。罗尔斯反驳说，哈贝马斯自己的正义观念也不是纯粹程序的，而是实质的。④

我们在讨论程序正义问题中插入罗尔斯与哈贝马斯的争论是为了证明这一点：即使我们承认罗尔斯对自己的辩护是合理的，那么他的正义原则也不是纯粹程序的。我们说罗尔斯的正义原则不是"纯粹的程序正义"，基于两个理由。第一，罗尔斯的正义原则包含了一种先在的承诺，即对自由和平等的承诺。没有这种承诺，也就没有他的正义原则。第二，罗尔斯的正义原则具

---

① Jürgen Habermas, "Reconciliation Through the Public use of Reason: Remarks on John Rawls' s Political Liberalism", *The Journal of Philosophy*, Vol. 92, No. 3 (March, 1995), p. 126.

② John Rawls, "Political Liberalism: Reply to Habermas", *The Journal of Philosophy*, Vol. 92, No. 3 (March, 1995), p. 170.

③ Ibid..

④ Ibid., pp. 176 – 177.

有实质性的内容，而正义原则能够发挥罗尔斯所设想的对法律政治制度和社会经济政策的指导作用，正是在于这些实质性的内容。就此而言，哈贝马斯对罗尔斯的批评是正确的。

但是，由于罗尔斯正义原则的应用对象是社会制度，而无须关注存在于具体环境中的无数个人，所以在这种意义上，罗尔斯的正义原则确实是一种程序正义。同时，罗尔斯的正义原则表达了一种关于正义社会的理想，而任何现实社会都是有局限性的，都无法把这种正义理想完全实现出来，在这种意义上，他的正义原则是不完善的。此外，由于罗尔斯的正义只是一些抽象的原则，在其应用于社会制度的时候需要适应不同的具体条件，而且也难免与实际情况发生冲突，在这种意义上，他的正义原则也是不完善的。因此我们认为，罗尔斯的正义原则是一种“不完善的程序正义”。就此而言，哈贝马斯的批评又是不正确的。

通过上述论证，我们可以得出这样的结论：罗尔斯的正义原则是一种程序正义，但它是一种“不完善的程序正义”，而不是他所说的“纯粹的程序正义”。

（原载《江海学刊》2010 年第 3 期）

道德转型的足迹

——对我国近30年若干伦理事件的评述

李德顺

自20世纪70年代末起，中国进入了以实现现代化为目标的改革开放时期，社会的伦理环境和道德面貌发生了历史性的变化。现实的变化反映为观念的冲突，曾经引发了一场又一场社会性的道德思考和争论。这些思考和争论经过报刊、广播电视、网络等大众媒体传播开来，参与者之众，远远超出了专业学者的范围，其影响之大，有的甚至构成了具有一定历史意义的事件。本文就此做一大致回顾，力图从中提炼出几个问题，谈一点自己的看法。

“蛇口风波”与义利之困：理想与现实的博弈

“义利之辨”是中国传统道德观的重要命题。它主要涉及两个方面：一是伦理政治价值（“义”）与经济功利价值（“利”）的关系；二是公共利益（“公”即“义”）与私人利益（“私”即“利”）的关系。① 可以说，覆盖了上述两重含义的义利统一与和谐，一直是人们追求的理想，但历史却从来没有给这种理想提供相应的现实。现实是，在儒家思想体系的影响下，“重义轻利”原则长期占据了道德观的统治地位，从而困扰了中国经济社会的发展。当我们认识到国家要“以经济建设为中心”，追求“共同富裕”，并“允许一

① 墨子和孟子都认为：“义，利也”（《墨经上》），即“义”乃“国家百姓之利”“人民之大利”（《墨子·天志下》）。由此，“义利”也就具有了“公私”利益的性质。

部分人先富起来”的时候，破除传统义利观的束缚，就必然成为解放思想的一个重要步骤。

1980年由“潘晓来信”① 引起的人生观讨论，可称是“文革”后走向道德反思的第一个信号。如果说，囿于当时的氛围，加上议题过于宽泛，这场讨论的挑战性还未充分表现出来的话，那么几年后发生的“蛇口风波”②，则一方面亮明了争论的焦点，另一方面也冲击了说教式的传统道德，从而为价值观转变发出了更有力的信号。“蛇口风波”之后，公民的个人权益逐渐得到肯定，社会上放手抓经济、“不耻言利”而敢于追求富裕的理念，更是对改革开放政策的落实起到了巨大推动作用。可以说，这是理想与现实的一次成功结合。

但是，任何进步都会付出代价，现实总是向理想发出新的挑战。“蛇口风波”之后逐渐蔓延起一种急功近利的风气：市场上的投机倒把、假冒伪劣、官商勾结加深；官场上的以权谋私、腐败与作秀盛行；媒体追逐“钱势”、媚俗崇富上瘾；学界分化，学风日趋浮躁颓败；在贫富差距拉大情况下，一部分人“炫富”而另一部分人“仇富”，一部分人世故化、犬儒化，另一部分人则“愤青”式地情绪化……种种心态冲突，使我们的义利观重新陷入了困境。③

事实或许证明，每个时期所能解决的问题总是具体而有限的。显然，无论在哪个层面上，“义”和“利”的关系都不只是一个道德和思想问题。关

---

① 《中国青年》杂志1980年第5期发表了署名潘晓的读者来信，题为《人生的路啊，怎么越走越窄》。信中对人生理想和社会现实的关系表示了质疑：“为什么眼睛看到的事实总和头脑里接受的教育形成尖锐的矛盾？是相信师长还是相信自己？”这封信在媒体上引起了一场有数万人参加的热烈讨论。

② 1988年1月13日，在由共青团蛇口区委组织的“青年教育专家与蛇口青年座谈会”上，来自北京的青年教育家把蛇口青年分为“创业者”和“淘金者”，并指责青年不应只考虑个人利益，要把国家命运放到第一位。这一指责受到在场青年的反驳。争论在社会上产生了很大反响，青年的观点占了上风。

③ 据东南大学樊和平教授主持的《中国伦理道德报告》提供的调查数据，关于当今中国社会实际奉行的道德价值，认为是“义利合一、以理导欲”的占49.17%；选择“见利忘义”或“个人主义”的分别是20.97%和21.93%，二者合计也近43%。（以上参见《社会科学报》2010年4月22日第5版）

于"义利统一"的理想追求，必须走出纯粹道德推理的层面，结合历史的条件和进程，并进入社会经济制度和政治体制实践的领域，才能找到它的切实根基。目前国内伦理学界似乎已经注意到，在各种伦理道德关系中，"社会公平正义的道德要求逐渐占据显著位置"①。这就意味着伦理学将与经济学和政治学等一道，把实现社会体制中的公平正义问题放在重要位置，而不是使义利之争局限于个人的道德立场和动机层面。显然，这将使义利观的思考上升到一个新的高度。

个人与集体：道德主体的纠结

集体主义与个人主义之争，似乎没有形成一个集中的事件，但它贯穿于各种道德思考之中。在教科书里，集体主义一直被看做是社会主义道德的基本原则，但却缺少足够的科学论证，包括来自马克思主义经典的立论根据。② 因此它往往只被当做一个政治口号，不仅一直从外部受到西方流行的个人主义的攻击，在内部也遭到一些马克思主义者的质疑。

道德上的集体主义与个人主义之争，实质是社会道德或公民道德的主体之争，即谁是道德（规范）权利的主体，谁是道德（行为）责任的主体？应该说，确切意义上的道德主体，是道德权利与道德责任统一的承担者；而二者的分离，恰恰是历来道德困境的根源。例如，个人主义充分主张个人的权力和自由，这一点使它很有说服力和感召力。但也因为如此，它必须对各种各样的个人自我膨胀、自私自利、损人利己行为和自由主义的不良后果负责，从而被集体主义宣布为"万恶之源"。而与之对立的传统集体主义观念本身，则因其仅仅强调"群体本位""集体至上"和个人对集体的责任，显得有些简单和贫乏。由于它不仅不足以确立马克思早已提出的"真实集体"与"虚

---

① 高兆明：《伦理学理论发展30年》，《光明日报》2009年1月13日。

② 据专家考证，"集体主义"这一提法在马克思主义经典作家那里未见有正面的论述，"第一次把集体主义和社会主义联系起来进行论述并建立起社会主义集体主义理论的是斯大林"（葛晨虹主编：《新中国60年学界回眸·伦理学与道德建设卷》，北京出版社2009年版，第163页）。

幻集体”之间的界限；更无法为现实中业已成为社会发展障碍的地方割据主义、区域保护主义、部门利己主义及其他宗派主义、小团体主义等群体行为界定有效的是非标准；特别是，这种集体主义一直局限于强调个人对集体的服从和奉献的义务，却从未由此而明确、合理地论证公民当家做主的权利，进而引申出民主和法治的政治诉求，等等。正是这些问题，使集体主义的科学界定和解释问题，成为构建社会主义价值观念体系的一个难点和弱点。

如何突破这一点，看来需要跳出个人和群体之间的两极对立、“二律背反”的圈子。在思想方法上，首先不宜再像过去那样，抽象化地理解个人和集体（单位、群体、社群），把它们当做是相互外在、彼此排斥的；而要看到它们多样、多层、多元化存在的现实，特别需要对群体和个人都加以具体的历史的分析，看到个人与不同性质群体之间的不同关系；在此基础上，才能进一步说明现实的个人与他所在的群体之间，道德行为主体与道德规范主体、即责任主体和权利主体、道德评价者与评价对象之间，何以达到一致和统一的内在根据、历史条件、有效范围和合理形式。没有这种以现实的人及其多样化存在形态为根据的分析，显然难以产生应有的突破和共识。在现实中，我们能够得到提示从而可以预见的一个出路是：共同体原则的共识和突破，势必走向与民主和法治的深度结合。

从张华、赖宁到“大兵”：美德的前提

任何一种道德体系所倡导的美德，都内在地含有“是谁的美德”“为了谁的美德”和“由谁来倡导的美德”等前提。这些前提在理论上涉及道德的主体性和层次性，实际上也决定着所谓美德的现实命运。但以往却少有它的明确界定和自觉贯彻。而理论上含混不清的问题，在现实中却是无法回避的，它们迟早会被尖锐地提出来。

例如，相信“榜样的力量是无穷的”，因此大力宣扬英雄人物和道德楷模，是我们常用的一种倡导美德的方式。而“舍己为公”和“舍己为人”是一向崇尚的美德。那么，我们道德体系是依据怎样的伦理结构和次序来评价

“公、己、人”之间的关系呢？1982 年由张华事迹①引发的关于“大学生救老农值不值得”的争论，应该说还是澄清了一个根本问题：在人的生命权利面前，个人和个人之间是没有高低贵贱之分的；对人的生命的维护，是我们共同的道德准则。据此可以说，张华为践行这一准则做出了榜样，他是值得的。

而 1988 年以后关于赖宁宣传②的争论，则将思考引入到了另一个层面。争论中让人警醒的是：小英雄赖宁本人的道德固然是高尚的，值得景仰；但是对于主导国家社会的成年人来说，如果一味地欣赏并鼓励未成年人去牺牲，那么这样的价值体系本身意味着什么？它是道德的吗？我们看到，这种具有了主体反思意识的争论，开始产生了一定的实际效果，就是官方和媒体不再进行类似的宣传鼓动，转而更多地关注于未成年人保护。遗憾的是，这一实践的成果验证了某种具有普遍意义的道德理念，却还没有明确体现在道德理论体系之中。

上述两场争论的未明之处，几年后在“大兵瑞恩与梁晓声”③ 讨论中再一次暴露出来。如果仔细地解读《拯救大兵瑞恩》这部电影，那么不难看到，它所勾画的美德形象，实际上包含了多重的内容：其中，通过瑞恩母亲的请求得到将军的承诺，提示出国家尊重公民权益、使公民权利成为国家责任的原则，这应该是一种制度美德；通过小分队（在这里，小分队十几个人不是作为个人，而是作为执行国家职能的一个机构部件）士兵们奋不顾身地执行任务，颂扬了军人的牺牲精神，这应该是一种职业美德；通过瑞恩本人选择“打完这一仗再离开”，又体现出他的军人角色和公民（“顾全大局”）觉悟的

---

① 1982 年 7 月 11 日，第四军医大学品学兼优的学员张华为抢救落入粪池中的 69 岁老农而牺牲。

② 14 岁的赖宁是四川省石棉县初中学生。1988 年 3 月 13 日，他在山林大火中为抢救国家财产而牺牲。事后有关部门做出决定，授予他“英雄少年”称号，并号召全国各族少年向赖宁学习。

③ 2004 年 11 月 10 日，《中国青年报》刊发了题为《作家梁晓声说：那场“冰冷”的讨论是可耻的》文章。内容是：梁看了美国电影《拯救大兵瑞恩》后认为，十几个人不怕牺牲去救一个人，这样的行为在美国尚被推崇，而国内却曾为张华救老农“值不值得”进行讨论，这是可耻的。该文立刻引发了争论。2005 年 1 月《中国青年报》又发表了《生命的原则——访在“大兵瑞恩与梁晓声”讨论结束之际》作为结论性的叙述。

统一，这应该是一种个人美德；等等。可惜的是，这些内涵并未得到充分的理解和思考。相反，这场讨论最后由专家所作的结论，却停留于十年前张华那场讨论的水平，不过是重申了“生命价值的普遍性和优先权”而已。然而，当时由梁晓声强调并引起争论的，却是这样一个问题：珍惜生命是否就意味着，应该普遍地、无条件地认同“为救一个人可以牺牲其他个人，不惜任何代价”，否则就是“道德冷漠”呢？这个在现实中越来越频繁出现的问题，当时并没有得到透彻的思考和回答。

解读的粗疏与结论的苍白，似乎暴露出我们传统道德思维的一个实质性盲点和误区，就是目中只有简单化的、抽象的人和个人，没有多层次的、作为现实主体的人。

王海打假：市场上的道德较量

在步入市场经济的初期，与“假、冒、伪、劣”行为作斗争，是建立和完善市场经济秩序的必经之路，同时也有道德转型的重大意义。“王海式打假”① 的出现，是当时一个标志性事件。在这一事件中，我们的传统道德显示了强势，也暴露出缺陷。

商品打假这件事，本身有它的经济方面、法律方面、道德方面，乃至科技生产和经营知识等许多方面的因素。但王海事件一出，尽管也在经济和法律等领域得到了专家的重视，但在以媒体为代表的公众舆论中，被突出的却仅仅是道德问题。更加偏颇的是，当时形成热议焦点的，并不是制造和销售假货的厂家商家的道德，更不是市场管理者和执法者的道德，而是集中于王海本人的道德：王海怎样做才是道德的？其中有一种观点认为，王海把打假的收益缴公才是道德的，归己就是“损公肥私”，是不道德……这种观念的表现，可谓把传统集体主义对公私观和义利观的偏颇理解，发挥到了极致！

---

① 1995 年，22 岁的王海看到了《消费者权益保护法》第 49 条有关“双倍索赔”的规定，从此开始有意地识假—购买—索赔。此举引发了广泛的争议。王海于 1996 年底成立了自己的公司，开始经营打假业务。

在以道德主义为主旋律的意见纷争中，这场实质上属于市场经济需要的新道德与旧道德之间的冲突，在讨论中又一次不了了之。伦理学很快忘记了它，而实践则以如下的方式完结了它：不仅问题的真正核心和实质，即如何落实和保护普通消费者打假的权利被忽视和掩盖了；而且市场经济发达国家通过建立小额法庭来支持消费者，从而顺利完成打假的具体经验，也因此没有被理解借鉴；结果是，在种种压力下，作为普通消费者打假的王海最终变质，转而变成了与打假对象处于相同利益链上的经营者。①

可以说，王海打假的职业化，实际上宣布了普通公民和消费者打假的一次彻底失败。面对这一事件所表现出来的道德、经济、法律一体化问题，我们依然错过了时机，并没有给予理论上的理解和制度化的体现。市场经济中的许多道德博弈问题，并未因此促成公开、公正、普遍有效的章法，而是继续在实践中自发地面对和摸索着。

“滑坡”还是“爬坡”：道德视角的反思

伴随着生活中层出不穷的事件，学界当然不是毫无觉察和无动于衷的。从理论上思考道德状况及其发展趋势的一场比较典型的争论，是发生于1996年前后的道德“滑坡论”与“爬坡论”之争。② 在一种非常表面化的理解中，“滑坡”还是“爬坡”，似乎只是关于当前社会道德的状况是“进步了”还是“退步了”的结果描述和事实判断之争，同时也被看做是肯定或否定近年思想道德工作绩效的评价之争。正因为如此，这场争论一度牵动了从学界到社会、

---

① 关于这一事件的详细分析，可参看李德顺《道德引导与利益驱动—兼谈打假》，原载1998年1月26日的《广州日报》（收入《立言录—李德顺哲学文选》，黑龙江教育出版社1998年5月出版）。诚然，此后多年里，通过诸如“毒奶粉”等事件可以看到，国家政府在不断地加强“官方打假”的力度，但这显然不能完全代替普通公民和消费者打假的意义。

② 当时不少人根据社会上一些风气堕落、贪污腐败盛行、黑暗势力上升、犯罪现象增多等情况，较多地看到社会转型期在道德上的失落，惊呼“道德滑坡”。也有一些人认为：当前的道德失控是一种暂时的现象，与这些表面的“滑坡”相伴随的还有一些深层的进步因素，如人们的道德心理和行为由“假”向“真”、由“虚”向“实”、由“懒”向“勤”、由“依赖顺从型”向“独立进取型”、由封闭向开放、由单一向多元等变化。从长远看来，这是新的、现代道德文明振兴的开始，因此从本质和趋势上看是在“爬坡”。

从中央到地方各界人士的关注，人们纷纷表态，场面十分热闹。

然而，“热闹”常常是理论思考的坟墓。实际上，“滑坡”与“爬坡”之争中真正重要的，是关于道德判断的权力与标准的反思，即道德评价是评价谁？由谁来评价？以什么为评价的标准或参照系？等等。例如，争论中涉及两个重要的判断和推理，具有十分重要的代表性：一个涉及美德的标准，有人提出“人们都为自己就是不好的，不为自己才是高尚的”；另一个涉及“何为人类历史上道德最美好的时期和样态？”答之曰：“原始社会”。可以说，这两个判断实际上是得出“滑坡论”的潜在逻辑前提和要素。围绕这两个判断的争论，进一步反映出人们对道德的本质和基础、道德评价的根据和尺度、道德思维的方式和取向等更深层理念的尖锐分歧，并涉及对我们的传统道德体系是无条件地继续确认，还是自觉地反思批判并加以重新建构，关系到今后道德建设大政方针的定位和定向。

遗憾的是，在当时过于世俗化、功利化、肤浅化的权衡中，或者由于并未真正理解和把握这场争论的理论实质，或者是害怕引发更大的思想风暴，人们选择了以调和折中的方式回避问题，使这场争论未能深入下去。结果是，不仅那些深刻的道德理论问题未能进一步展开研究和讨论，甚至（如我们在其他事件中看到的）连一些急需的道德共识也未能形成。某些深层的误区和混乱也因此得以继续下来，如：难以摆脱的道德与经济社会发展之间二元对立的“怪圈”，无视多元主体权益、主体层次不明的泛道德理想主义，以自上而下的灌输和说教为特征的道德教化主义，等等。直到21世纪，还有以“德治”为旗帜，以道德教化主义为核心的儒教思潮等，如轻车熟路一般在社会上大张旗鼓。那些反映现代社会的伦理结构，并与市场经济和法治目标相一致的新的道德理论和实践，则若隐若现，一波三折，步履维艰。

德治还是法治：国家政治的抉择

伦理道德问题本身的重大普遍意义，使它绝不会仅仅停留在学者和公众的思考之中，而是必然进入国家政治的抉择。20 世纪 90 年代以来，中国社会

的发展使“法治”这一主题成为响亮的时代声音。社会实践的发展告诉人们：市场经济需要法治，民主政治需要法治，全球化的世界格局也需要法治……基于这种现实，1997 年中共十五大修改的党章和 1999 年全国人大通过的宪法修正案，正式写入了“依法治国，建设社会主义法治国家”这一关系国家政治性质和政治目标的结论，表明实现法治成为我国势在必行的理性选择。

国家的政治抉择需要理论支撑，包括道德理念的支撑。那么，将“以法治国”变为“依法治国”和将“法制”改成“法治”，都只有一字之差，其间的实质性差异何在？进一步说，法律与道德是什么关系？实行法治在道德上意味着什么？等等，这类重大问题，在一种道德主义思维根深蒂固的文化氛围里，似乎一开始就难以得到充分理解和切实把握。以至于刚刚确定“法治”不久，社会上就出现了“以德治国”的口号，其声势甚至一度超过了法治。其内容是将“德治”看做可以与“法治”并提，并与之构成“车之两轮、鸟之两翼”的治国方略。这一口号显然是沿袭了人治主义的传统，将“法”和“德”都当做了治理的手段，否则不可能合理地得出它们应该并列互补的结论。然而，这一思路恰恰与“依法治国”所表达的意思相冲突：在“依法治国”中，法不是简单的手段，更是国家政体的性质和目标，是治理国家的根据和原则。因而“德法结合论”所代表的，实际是一种以人治方式理解和消解法治的倾向。人们没有看到，在国家政治层面上，法治与人治并不是同层并立、可以互补结合的（软硬）“两手”，而是“南辕北辙”的两种政治体系，我们只能选择其一。

正因为如此，在经过激烈的争辩和郑重思考以后，“德治”的提法终于淡出了官方的正式话语。但无须讳言的是，在社会上，甚至包括当下法律界一些人士在内，认同“德治与法治相结合”的说法依然有一定的市场。从学理角度看，这里也如同其他争论一样，个中的理论是非和政治得失究竟是什么，如何给予透彻的说明，从而使法治社会应有的道德理念成为我们新的理论共识和精神财富，仍然是一个富有挑战性的问题。

“跑跑”与“跳跳”：被弱化的角色意识

2008 年，面对汶川发生的特大地震，中华民族的精神潜质和现代化建设的精神成果，从多方面显现出感天动地的力量，受到了举世称颂。但其间也发生了一个小的插曲——“范跑跑事件”[①]。“跑跑”的言行理所当然地受到了谴责。出人意料的是，在“跑跑”直言不讳的自我辩解面前，特别是在“跳跳”式道义专横的衬托之下，范本人却一度赢得了较多的舆论同情。有评论说：“人们之所以同情范跑跑更多一些，关键在于范跑跑敢于讲真话、说实话，即便这样的真话与实话与社会道德相违背，也无碍人们对其坦诚的理解与尊重……或许，正是人们的公共道德和生命价值理念逐步成熟，才使人们对范跑跑身上所表现的本能和自救意识多了一份理解；而对郭跳跳的过激言辞和道德大棒少了一份认同！”[②]

在这个几乎发生评价逆转的案例中，多少表现出一个具有普遍性的问题，值得注意。这就是所谓“人性”与“角色”的关系。社会角色的道德，如职业道德，是一种由责、权、利关系所决定的社会公共性道德，它与个人的私德有着不同的性质和要求。但是对这种角色道德的理解和把握，却历来是我们道德理论和实践中的一个薄弱环节。

“跑跑”丢下学生自己逃生，如果说这是出于可以理解的“本能和自救”，那么他在声称自己只是“追求自由和公正”，而不奉行“先人后己勇于牺牲”的时候，却是偷换概念，转移了论题。在这里，他完全忘记或不如说回避了一个教师的应有的道义和职责，把教师对学生的责任，混同于一般意义上的“先人后己”，进而把可以理解为一时软弱所导致的失职，提升为某种

---

① 一位姓范的青年教师，在地震袭来时丢下学生自己逃生，并在网上发帖表白说：“我是一个追求自由和公正的人，却不是先人后己勇于牺牲自我的人！”他因此受到公众谴责，并得名“范跑跑”。后在凤凰卫视的一个专栏节目中，“范跑跑”应邀与嘉宾展开辩论，其中一位身为时评作者的郭姓嘉宾，因一再斥骂对方，并一度愤怒离场，被网民冠以“郭跳跳”绰号。事后有人发帖调查“跑跑”和“跳跳”谁得到支持更多，结果多数网友选择了范（参见《新快报》2008 年 6 月 10 日）。

② 孙广勋：《支持“范跑跑”的为何比支持“郭跳跳”的多?》，《燕赵晚报》2008 年6 月 11 日。

自觉一贯的追求。要知道，“讲真话、说实话”也是有不同层次和境界的。应该说这样的辩解并不能代表“讲真话、说实话”的完整境界，同时它还含有对自由和公正的某种曲解；与之相反，“跳跳”从另一个极端混淆了“角色”与“人性”。他把对方职业道德的缺失，扩张到对其人身和人格的蔑视，显然是越出了应有的伦理界限，无意中把自己变成了一个有无限权力的道德化身，因此不仅引起了--部分公众的反感，也转移了反思“范跑跑事件”的目标。如果说，“跑跑”的言行是对传统道德模式的某种挑战和利用，那么“跳跳”的形象则代表了传统道德模式的某种偏执。二者的共同点，都在于对“角色”和“人性”的界限不明，并由此导致了对现实职业道德的淡化和漠视。

由于缺少足够的角色意识，不注意区分复杂情况下不同主体的道德权利和责任，这一点使得我们的公共道德标准一直显得不够成熟和稳定。长期以来人们谈及道德时，总是热衷于从抽象的人性和个人出发，将“三德”（“社会公德、职业道德和家庭美德”）“四德”（加上“个人品德”）一体化对待，既不加以分析，也没有重点；实际上则是将各种问题都归结于对一般个人的道德诉求，而当代（职业）角色道德建设的特殊意义，则一直不能提升到它应有的地位。如此造成的思维习惯就是，在该看到“个人”的地方，却缺少对人的普遍理解和尊重；而在该看到角色的地方，却总是强调没有差别的“人性”。正如“贪官也是人”这类模糊了是非界限的观念，使得对腐败的法制化治理始终无法在思想感情上到位一样，这样的道德模式显然已经落后于时代。角色道德的弱化业已成为我们伦理道德现代化建设的一个障碍。它所造成的困惑甚至混乱，正在日益显露出来。

“全球伦理”与“普世价值”：道德话语权之争

在走向全球化的进程中，伦理价值的普遍性与特殊性问题日益凸显。这一问题的核心和实质，是多元道德的主体权利和责任问题。它的集中表现，首先是话语权的归属问题。

20世纪90年代后期，国际上曾兴起一股研制“全球伦理”规则和制

定“全人类普遍价值”体系的热潮。各国人士以一个共识——存在着地球上全体人类共同的普遍价值和伦理准则——为不言而喻的前提，主要致力于寻找和制定相应的规范体系。但是，由于对“认定并宣示普遍价值以何为标准，是谁的权力”等前提缺少必要的共识，特别是由于无法克服多元主体之间话语权利的难题，这种努力只能半途而废，并未达到预想的目的。①

国际性的学术对话是对我国伦理价值研究水平的一个检验。但在国内的有关讨论中，却往往体现不出这种研究水平，例如2008年下半年开始的“普世价值”之争。争论起源于《南方周末》5月22日发表的编辑部文章《汶川震痛，痛出一个新中国》。文章称：“国家正以这样切实的行动，向自己的人民，向全世界兑现自己对于普世价值的承诺。显而易见，这是一个拐点，执政理念全面刷新的拐点，中国全面融入现代文明的拐点。”这个带有一定政治指向的判断，点燃了另一些人的政治怒火，引发了大批判式的辩论。表面看来，争论是围绕“究竟有没有普世价值”“哪些是普世价值”和“能否以西方价值为普世标准”展开的，实际的焦点却是：谁有权认定和解释普世价值？但可惜的是，思考问题的理论基础过于薄弱。表现在争论中，双方都混淆了“普世价值”与“普遍真理”的涵义，实际是在以真理的普遍效力来理解价值的普遍性，似乎若承认普世价值，就等于承认某种“普遍真理”的绝对权威。因此双方始终在“普世”两个字上做文章，实际争夺的是对唯一真理的解释权。这导致争论中弥漫着浓厚的话语迷信和精神强迫气氛，火药味十足而科学含量很低。

从学理上看，人们未能首先就“价值”的本义和特征进行切磋是问题的

---

① 1998年6月，联合国教科文组织为起草“全人类普遍价值宣言”，曾在北京召开亚洲地区专家会议。在会上，我和万俊人、刘奔等中国学者都指出，不宜以“推己及人”和“自上而下”的方式提供普遍规范。其中我以“世界语”产生一百年来并未被普遍接受、也不可能被普遍接受为例，说明如果忽视多元文化主体的权利和责任，任何“普遍规则”都不可能普遍地生效。（参见李德顺《论普遍价值的客观基础》，《中国社会科学》1998年第6期；万俊人《普世伦理及其方法问题》，《哲学研究》1998年第10期）事后，联合国教科文组织中止了起草《普遍价值宣言》行动，转而于2000年发表了《人类文化多样性宣言》。

关键所在。其实若是理解了“价值”，则会发现“普世价值”其实并不神秘，也无须如此严重对峙。如同“真、善、美、自由、平等、正义、幸福、和谐”等作为公认的普世价值观念，虽然早已为人们所熟悉，并没有人表示反对，却也并未使人感到重大压力和话语威胁一样。现实中真正的分歧，并不在于这些一般概念和原则本身，而在于它们的下一个层次：“真、善、美”等究竟在哪里？有无一成不变的标准样式？谁是它的代表？等等。在这个层面上，历来都是见仁见智，众说纷纭的。这是因为，就价值来说，无论是它的普遍性还是特殊性，都联系着主体的层次和与之相联系的主体权利；对它的表述，首先是一种话语权的归属。一旦脱离了主体多样化的根据，那么所作出的任何判断和推论，都必然会陷入价值专制主义或价值虚无主义误区。可以为这种情况打个比喻：有人自己认为“吃饭”就是指吃西餐，因此就把“人人都要吃饭”变成了“人人都要吃西餐”；而有人则因为反对这个结论，就走向了从根本上反对“人人要吃饭！”——在这场争论中，由于人们有意或无意地把“普世价值”与“西方价值”混同在一起，所以他们对“普世价值”无论是无限推崇，还是全力拒斥，实际上都是无视并滥用了主体的权力，他们用的是同一种思维方式，处在同一理论误区之中。

当然，这种“两极相通”的偏执，终究只是一种字眼和意气之争，并不能改变人类价值实践的历史进程。其中真正需要改变的，是我们的价值思维方式。

简单的思考

以上所列举的，仅仅是我们近30年来遇到的无数事件中的几起。此外还有一些更大更具普遍性的问题，如经济领域中结构性的分配不公，政治领域中民主法治建设的阻力，行政领域令人惊心的特权和腐败，文化领域日益膨胀的浅薄和浮躁，甚至学术领域也出现了防不胜防的不端行为，等等。从我们在日常生活中不时见到一些见义勇为举动遭遇的尴尬处境，到国家道德建设的大思路，包括传统道德现代化问题、社会道德教育方式的反思、核心价

值体系中的道德定位等问题，更多问题尚不及在这里探讨。

不无遗憾的是，仅在以上列举的事件中，我们看到的是，社会上的道德思考和争论往往浮于表面，多半满足于就事论事，或迁就概念，只注重概念的自我平衡而回避现实。结果是问题从哪里来还回到哪里去，不了了之。其中不仅鲜见有理论上的深刻总结，因此无法借以使思想达到普遍性的澄明和提升，甚至也很少达到对问题本身应有的共识，因此无法借以认同当下道德建设的形势和目标。在此情况下，尽管我国的社会发展呈现出快速上升面貌，实践已经走在了理论的前面，而人们内心的道德迷惘和焦虑却愈来愈严重。其中，道德理念与经济社会现实脱节而造成的人格二重化压力，与价值观多元化伴生的无所适从与肆无忌惮之间的心理失衡，由于道义安全感失落而带来的信心和信任危机，等等，无不在一定程度上加剧着思想混乱和行为失范，使构建和谐社会的难度增大。

诚然，决定一个社会道德面貌的，绝非是某种道德理论本身；当前中国人的道德意念，也绝非是中国现实诸多问题的主要根源。因此我一向不赞成孤立地就道德说道德。但目前的种种情况表明，即便在道德领域，我们也还有许多思想理论和观念问题以及道德思维方式问题，处于自我封闭或若明若暗的状态，需要给予理论上的梳理和回答。

例如，我感到一直存在着一个很大、很普遍、影响很深的思想误区，主要是道德“应然”与“实然”之间的脱节。道德常常只被理解成是人类生活中某种发自内心的“应然”，而与历史本身一定意义上的“实然”进程毫无联系。说起道德时，道德家们总是一味地强调它的超功利、超现实的理想性，似乎道德是一个只能外在于人的现实生活、并高悬于它之上的可望而不可即的东西，却从不认真地说明这种神圣的超越性是以什么为基础的，是从哪里来的，不注重从人的生存发展本身的社会历史进程来说明道德的实然和应然。因而在强有力的现实历史进程（如经济、政治、科学技术和人们日常生活的变革与发展）面前，“道德”常常感到被冲击和亵渎，被说成是在社会进步中受到了轻视甚至背叛的牺牲品，似乎世俗的经济、

科技和人们的日常生活，天生要与道德背道而驰；随着物质生产生活的进步，人类在精神上的境界就只有失大于得，道德上的退步多于进步。这种道德与社会进步之间的“二律背反”，往往不是导致道德虚无主义，就是走向伦理专制主义。

诚然，作为一种价值和价值观念体系，道德总是要反映一种应有的伦理结构和秩序，总是要阐明一定的行为准则和规范，总是要体现一定的追求和理想。也就是说，道德总是要具有某种“应然”的理想性。这一点毋庸置疑。但是，如果一种“应然”只是出于某些人的愿望，却没有自己的“实然”根据，它既不能从社会历史进程中找到自己的基础和依据，也不能从现实生活中获得对自己的足够支持，那么，这种“应然”就注定带有单纯理想主义的软弱性，甚至只是一套虚幻的理念。例如在传统的思路中，应该说康德是最伟大的。其伟大之处，在于把道德从人以外的神圣与崇高，正确地还原为人本身的神圣与崇高。但康德只把道德归结为人的理性和自由意志，而没有以人的生存发展实践来说明人的理性和意志。在他那里，道德律令始终如“星空”一样悬浮于人类心灵的高处。所以他也主要是在如何“要求于”人的方面，高扬了道德的权威，而未能从道德如何“来自于”人的实践方面，阐明这种权威性的基础、来源和保证。结果一旦面对现实，康德也难免陷入种种“二律背反”，找不到更好的出路。这说明，仅仅依据对“个体善的本性”的理解和推广（或相反，凭借对“恶的本性”的超越）而设想出来的美德及规范，充其量只具有理想的性质和力量，却往往缺少现实的根据和力量。在理论上，我觉得需要立足于马克思的实践唯物主义和唯物史观，重新思考和把握道德的本质，才能为超越这种实然与应然的“二律背反”提供新的思路。

有鉴于此，我觉得我们的伦理思考和道德建设，首先不能停留于概念的自我复制和自我咀嚼，而是需要一种面对现实、深入生活、尊重实践的态度和方法。对于西方伦理学从“规范”走向“德性”或美德的变化，我们当然需要从西方社会本身的实践中加以解读；而这一变化之于中国伦理道德的意

义，我们也应该从自己实践的解读中得到启示。只有认真地面对现实中自己经历的道德实践，抓住其中的真问题，进行尽可能切实、深入、透彻的思考和争论，并且不回避对传统的道德理念及其思维和实践方式进行必要的反思和超越，才可能对问题做出符合时代精神的回答，重新构建起具有基础理论意义和长久实践效力的理念。

（原载《江海学刊》2010 年第 4 期）

差异与图象

尚　杰

重复与差异

由亚里士多德完善起来的形式逻辑三段论，不仅是哲学，甚至是全部西方文明传统的奠基石，我们来看它的标准表述：

人都是要死的（大前提）

苏格拉底是人（小前提）

苏格拉底必死（结论）

这个三段论的表述，似乎无论从理论上还是实际生活中，都没有任何值得怀疑之处。这个推论最基本的特点，就是从普遍性出发过渡概念。

现在，德勒兹的问题是，虽然一切概念或者普遍性是思维须臾不能离开的工具，但这个工具却是十足空洞的形式、一个精神乌托邦。就像毛泽东说的，谁看见过“人”，我们看见的只是具体的张三和李四。可是，问题绝对不会这样简单，在认为概念是真正具有实在内容的哲学家中，很多是伟大的智者。一般与个别的关系，在哲学史上争论了两千多年——虽然始终没有正确的结论，但它却不是一个假问题或没有意义的问题。

三段论的前提是同一律或者同一性、相等性，它也是全部数学—几何学的奠基石，对它最通俗的解释，可以是这样：有两个图形 A 和 B，B 图形放在 A 图形的位置上，面积丝毫不差，一模一样。就这样，比如，有了直角三

角形和等边三角形的概念，一切直角三角形和等边三角形都是同一的。可问题在于，即使严格的同一性，也不是 A = A 或者张三就是张三，因为这样就谈不上任何认识，而应该是 A + B = B + A，类似数学上的交换律。任何一种有意义的说话方式，总得说出点别的。还是以上述三段论为例，就像黑格尔总结的，当我们说“苏格拉底是人”，其实表明了“个别就是一般”的道理。但是这个表述，却不符合严格的 A = A，因为它认定两个不一样的东西是相等的，也就是承认了矛盾。可是细究起来，凡矛盾都有荒谬性——它其实是说，两样东西有某些相似，就说它们全等。什么是人或者人性？我们总是在不知不觉中扩展着它们的内涵。也就是说，无数个别人在不知不觉地增加了“人”的含义——这个过程是以“非人”的方式展开的。

“无数个别人在不知不觉地增加”是什么意思呢？是在重复！就像同一性的本来含义（两个图形相互重叠）是重复一样。德勒兹的《重复与差异》一书，就是从这里开始的，他书中第一句话就说：“重复不是一般性（généralité），重复应该以几种方式区别于一般性。”① 大海里的两滴水之间，是同一还是相似呢？在显微镜下，我们会得出结论，我们把相似的东西误认为是同一的。所谓“普遍性”或者“一般性”，其实就是重复性。研究事物的“重复性”，并不仅是在研究哲学和认识论，而且是在研究科学。如果说重复就是在重复相似性，那么，许多相似性之间关系的要害，则不在于它们之间的同一性，而在于它们之间的差异性。进一步说，研究科学，也就是研究重复与差异。

我们往往把“数量”方面的相似性，错误地理解为质量上的相等（苏格拉底是人、张三也是人，等等）。普遍性或者一般性，蕴含了某种标准。根据这个统一的标准，张三和苏格拉底之间，可以相互交换。一个替换另一个的情形究竟是怎样发生的呢？伟大的卢梭早就指出，替换同时就是增加与减少，是异化或疏远的过程，认为这个过程没有任何损失，只是不可能的空想。替

① Gilles Deleuze, *Différence et répétition*, Epiméthée, PUF, Paris, 1997, p. 7.

换，就一定会产生剩余物。在这个意义上，任何一般性的东西都是个别性的东西。所谓重复，就是被替换。双胞胎只是外表相像，两个灵魂不可能相像。

重复中，出现的是不一样的东西。我们认为，没有普遍性或者概念而能带给我们愉悦的，就具有艺术情趣。重复，就是矛盾或者悖谬的过程，就像个别就是一般的情形。

这样，一切“规律”都处于风雨飘摇之中。“如果可以发现重复，即使在自然界中，也是以这样权力的名义进行的，即在规律下起作用并对抗规律，也许高于规律。哪里有重复，哪里就同时表达了一种对抗普遍性的个别性、一种反抗个别性的普遍性、一种对惯常的重新标记、一种对抗变化的瞬时性、一种对抗连续不变性的持久性。在一切情况下，重复，就是反抗。”① 于是，所谓普遍性，只是一种作为第二天性的习惯，是人为的产物，而非天生如此。所谓道德，是一种风俗习惯，而不像康德所说的永恒不朽的、普遍的“绝对命令”。凡习惯，都不可能是不朽的。与其使用“好”与“坏”形容习惯，不如用“差异”描述习惯。“本质性的道德即善的形式，就像柏格森所说的，是选择习惯（全部责任义务）的习惯。或者说，在这全部习惯的普遍性中，我们重新发现两大序列：一种是相像性（ressemblance）序列，它通过与某种选中的模式相关联，存在于很多行为要素可以改变的相似性之中，尽量不形成习惯；另一种，是等值性序列。一旦有了习惯，在不同的境遇下，伴随有行为诸要素的相等性。”② 也就是说，表面上是习惯在起作用，其实并没有什么习惯，存在着的只是那些改变着的重复。

德勒兹和德里达一起，向康德挑战，因为在他们观察的显微镜下，历史上严肃的道德问题，不过是当代“严肃的”可重复性问题——这里的区别，其实是时空观念的区别。康德继承的是牛顿的“绝对时空”传统，而德勒兹和德里达则坚持一种类似福柯“异托邦”与“异托时”的见解。

使“重复”变味儿，使之成为一种新的尝试，也就是再选择，这是自由

---

① Gilles Deleuze, *Différence et répétition*, Epiméthée, PUF, Paris, 1997, p. 9.

② Ibid., pp. 11 – 12.

意志。一种元图象的态度，即心思不接受任何其他的前提条件，除非是对自己精神活动的意识——这是最大的精神特权——重复—元图象或元语言与对自己精神活动的意识或者自由意志，就这样联系起来。重复是元重复，这种倾向是横向的结构主义，而不像索绪尔所谓“能指”与“所指”像一片树叶的两面。所谓“重复”，是一种来自外部的思考，也就是超越界限的思考，选择就是超越——德勒兹声称这样的精神境界也是克尔凯郭尔的。至于尼采，则换了另外一个说法：要解放被束缚于“重复”的意志，其中有生有死，有健康有疾病，这就是他所谓“永恒复归”的真实情形，而这才是真实的“存在”，它把形而上学暴露在显微镜之下。

以上采取的态度，也是胡塞尔现象学还原态度的“考古学”，即把事物得以存在的前提暂时搁置起来。就近代哲学而论，从笛卡尔的“我思故我在”，到克尔凯郭尔和尼采的哲学（比如在尼采那里是把“道德”加上括号），都体现了“现象学的渴望”。尼采超越善与恶对立的态度。“正是在重复中并且通过重复，遗忘成为一种积极的力量、一种无意识的、至高无上的无意识的积极力量（例如，遗忘作为一种力，使永恒的复归的实际体验，成为不可分割的一部分）。一切都聚集在力量之中，当克尔凯郭尔谈到重复是意识的第二种能量时，所谓‘第二’并不意味着第二次，而是唯一一次的无限推进。所谓瞬间的永恒、所谓意识的无意识、n 力量。当尼采把永恒的复归视为力量之意志的直接表达时，力的意志丝毫不意味着‘力的愿望’，而是相反，意志承载着 n 次的能量。也就是说，由于在永恒复归的思想中有选择的操作，由于永恒复归本身重复的独特性，每次都抽取更高的形式。一切存在的更高形式，就是永恒复归与超人的直接同一。”① 克尔凯郭尔与尼采的差异是微小的却也是巨大的，不可跨越的差异横在我们面前。两人都丰富了哲学的表达形式，他们都责备黑格尔用抽象的逻辑运动这种虚假的运动代替真正的运动。真正的运动是——直接的，要活跃在间接性之外的。

① Gilles Deleuze, *Différence et répétition*, Epiméthée, PUF, Paris, 1997, pp. 15 – 16.

德勒兹说，尼采《悲剧的诞生》并不是对古代戏剧的反思，而是为未来戏剧奠定基础，敞开一条与瓦格纳决裂的道路——文本、历史、噪音、音乐、光线、歌曲、舞蹈——统统可以戛然不同。“尼采责备瓦格纳的地方，就在于瓦格纳推翻了运动，并使运动变得不自然。……查拉图斯特拉的一切理解都是哲学性的，但也是景观中的：一切都要被赋予音色、可视性，而且是处于运动中、行进中、舞蹈中……戏剧，就是真正的运动。在戏剧所使用的所有艺术门类中，都可以获取真正的运动。这就是人们常常对我们说的：运动，它的本质与内在性，就是重复，不是对立，也不需要中介。黑格尔被搁置一边，因为他所提出的，是抽象的概念运动，而不是物理与心理的运动……黑格尔还局限在关于‘表象’的反思因素之中、一种简单的普遍性之中，他表象众多概念，而不是将理念戏剧化：应该有两种戏剧，一种是虚假的戏剧，另一种是虚假的运动。应该可以看到，黑格尔为了把自己的辩证法建立在这种无知的基础上，是如何背叛了直接性，使直接性变得不自然，并如何在不过是作为他自己思想运动的运动中、在作为这种思想的普遍性的运动的运动中，引入了中介因素的（这样的引入，使我想到萨特在《自我的超越性》中批评先验哲学把作为间接性的‘自我’概念引入思想过程——引者注）。思辨的连续性取代了共存，面临的对立掩盖了重复。其实，当人们说运动时，意味着重复。我们真正的戏剧，就在于重复……我们通过象征符号和模拟的方式，思考景色的空间，它不是空的，因为有象征符号和模拟填充它、确定它。透过这样的方式，演员就扮演了一种别样的角色，就像通过另一个把自身理解为差异的点，差异能组织起某一能重新标志的点。”①

因此，按照德勒兹取自尼采的上述观点，不是说历史或者人生就像一场戏剧，而要说，历史或者人生本身，就是一场戏剧或者图画，它的本质就是重复。人同时是它的角色与旁观者。注意，应该是重复的戏剧，而不是表象的戏剧，它们之间的差别在于：在差异的戏剧中，有一种直接的纯粹的力量，

① Gilles Deleuze, *Différence et répétition*, Epiméthée, PUF, Paris, 1997, pp. 18 – 19.

它划过一条冲动的痕迹，这样积聚起的精神能量，不需要任何中介的力量——就这样与自然和历史建立起直接的联系，操一种“在词语之前就已经说话的语言、在组织协调的身体之前就已经具形的姿态、在面孔之前就已经有的模拟、在个性之前就已经有的幽灵——重复性的所有机制，都如同‘恐怖的力量’”①。

德勒兹说，克尔凯郭尔与尼采都反对思辨哲学，两人之间的区别，在于如何理解“使运动”的含义，也就是如何理解“重复”。克尔凯郭尔把运动理解为“跳跃”，尼采则把运动理解为舞蹈，而不能把舞蹈与跳跃混为一谈；前者推崇信仰的舞台，并认为其与逻辑的运动相冲突。精神的运动不是逻辑的运动。“精神跳跃”的运动，也是一场超越的运动、信仰的运动。而在尼采那里，却是否认信仰的运动（20世纪克尔凯郭尔与尼采思想传入中国后，国人自发地选择了尼采，选择了对信仰的反叛思潮），尼采有身体的戏剧、残忍的戏剧、物质的戏剧，把摧毁当诞生。“尼采的伟大理想，就是把重复建立在永恒复归基础之上，同时也建立在上帝之死的基础上，建立在信仰的消解基础上……克尔凯郭尔的梦在上帝和重新发现的我之间，各种各样的差异是连接在一起的。运动是在精神领域里吗？或者运动是在大地的深处的一种既不能认识上帝也不能认识我的运动……就其高于自然规律之上而言，重复是超自然的吗？或者说，重复是最自然的，是自然本身的意志，这意志使自身成为物理的，因为通过自身，自然高于它的固有部分，高于它固有的规律？”②

“重复”的活动场所，是空间与时间，是不断“重复”或者返回自己的空间与时间。重复不但意味着差异，而且意味着无概念的差异，或者是概念的最小化，在不确定的持续活动中，各个概念之间的界限悄然消解了。“重复”也是一种“存在”，但却是拒绝用概念加以说明的存在。宁可说“重复”中的存在，迷恋于直觉。摆脱概念，象征着摆脱对象性思维、名词性思维、命名式的思维、整体性思维、无限性思维、对“一”的思维，如此等等。

---

① Gilles Deleuze, *Différence et répétition*, Epiméthée, PUF, Paris, 1997, p. 19.

② Ibid., p. 20.

在“显微镜”般的细致观察下，会发现名词式思维的实际内容，是离散、异化、疏远、压抑等——这些因素，比任何概念都活跃（即使“自由”，也是一个概念）。可是，人们不顾这些差异性因素，只想从表象中抽取同一性。但真正的重复，是无概念的差异。所谓“无概念”，就是否定这个过程中的同一性。无概念与无记忆之间有密切关系，因为概念是一种停顿，就像时间在瞬间凝固，而没有这样的凝固，我们就不可能记住任何东西。记忆，还是带给我们幸福与痛苦的能力。“重复”对记忆的“破坏”并非一个主动选择的结果，而是一种被以往的哲学所忽视了的实际效果。记忆的破坏还意味着理解力的破坏，因为离开记忆力就谈不上理解力、知识、意识。但所有这些，都可以从积极而非消极的意义上去理解。记忆、理解力、知识、意识、存在、概念，它们的大本营在于“我”的表象，一种自恋的效果。

按照弗洛伊德的无意识理论，重复过程中遭遇了压抑。也就是说，重复也是一个遗忘的过程。这是一个具有革命性的见解，在于他视压抑、健忘等为“积极的力量”——是“令人快乐的原则”。弗洛伊德写了《超越快乐原则》，他发现，与“死亡本能”连接的，并不是人的自我毁灭倾向，而是一种“重复”现象。就是说，为了生，必须有死。在这个意义上说，死是积极的。

重复又在伪装中重新构造自己，它不是它自己而是别的什么，这个道理，又是结构主义的，与德里达的“延异”不谋而合。它又像“瞬间”所具有的特权，因为它不但抓住了当下，而且与已经过去了的和将要到来的瞬间比较，它是别的东西。“重复”与“瞬间”是家族相似的词语，它们都赤裸裸地暴露自己并同时掩盖了“已经发生”的内容。“我无法重复因为我压抑（压抑与健忘在这里是近似词，为更容易理解，以下把‘压抑’翻译为‘健忘’），我健忘因为我重复，我因为重复而忘。我健忘，首先是因为我只能以重复的方式体验事物。”① 为了描述“重复”，需要另外一套哲学史所不熟悉的术语、需要超越思考的界限或者是福柯所谓来自“外部的思想”、需要在概念中发现

① Gilles Deleuze, *Différence et répétition*, Epiméthée, PUF, Paris, 1997, p. 29.

词语而在词语中发现图画、需要在思想中引入不对称性，一个拉康发明的“对象 a”。不对称性和“对象 a”一起构成了新的时间与空间景观，并且消解或者解构了形而上学的“存在”概念。为什么不对称或不稳定呢？因为就像列维—斯特劳斯在《忧郁的热带》中说的，“通过脱钩的方式，这些因素一个嵌入另外一个，只有到了最后，才会发现某种稳定的形状……”① 就这样，一个嵌入另一个的因素，取代了原来所谓普遍性的因果关系，它们之间的区别是，不稳定取代了稳定，事物的到来，好像是没有原因的。

重复与时间

“重复并没有改变自我重复的对象中的任何东西，但是，重复改变了思考重复的精神中的某种东西。”② 如果这样的阐述显得太抽象，我们可以列举德里达说过的例子，即过生日的感觉，就是“不是今天的今天”——休谟最早注意到类似现象。N 类现象都是相似的，但是我们凭什么说第二次、第三次的依次出现不是中断而是连续呢？喂鸡的人每次都端着食物喂母鸡，以致使母鸡形成了吃食的条件反射，但有一次，在同样的条件下，喂鸡的人非常方便地抓住母鸡并且把这只鸡变成了盘中餐。“不是今天的今天”变化了思考“重复”的精神状态中的某样东西。重复，就是改变。每年的生日固然还是生日，但生日这天的状态，每年不同。这时，“差异”在精神中而不在生日中。B 现象总伴随着 A 现象一起出现，它的实质，是一种以感染力为特征的想象力，但哲学家把它解释为“必然性”。当 A 出现时，我们就等着 B 出现——这是记忆，更是时间的顺序，还是因果链条。时间是怎么构成的呢？一个瞬间，加上另一个瞬间，或者叫做瞬间的重复，构成了时间。可是，以上喂母鸡的例子已经证明，B 现象与 A 现象的连接不是必然的，或者说瞬间之间的连接，是不能事先确定方向的，实际就要出场的现象是无法事先确定的。这

① Gilles Deleuze, *Différence et répétition*, Epiméthée, PUF, Paris, 1997, p. 31.

② Ibid. , p. 96.

种不确定性，才是时间真正的展开过程。

时间的上述“感染性”，既不是思考也不是自主的记忆，而有些像普鲁斯特的“非自主记忆”，是无意识的“时间流淌”——这种“消极性”也是对以上“非对称性”的重要补充（当我们从 A 现象等不来 B 现象时，“非对称性”就开始发生作用），这里也出现了真正的“时间箭头”。

“从想象中的大量印象出发，记忆构成了众多差异的特例，把它们保留在特有的‘时间的空间’中，过去就不再是保留中直接的过去，而是重现的自反的过去、再生产的自反的特例。相应地，未来也不再是直接期待的未来，而是修订的自反未来……”① 德勒兹还指出，柏格森的“时间绵延”，类似于消极的“非自主记忆”。过去发生的一切，都以隐蔽的形式储藏在我们身上，可是如何“拯救”它们呢？通过以非自主回忆为特征的回想。不再是有意怎么样，也淡化了动机，记忆的性质也变了，那些依靠自主记忆或者遵循固定方向的知识、人生、道德、幸福的评价，从此受到严重挑战。具有讽刺意义的是，“意志自由”就这样在无形中变成了无意志的自由。曾经经历的一切既不像曾经的样子呈现出来，也不像它可能的样子呈现出来，而是以未曾有过的样子呈现出来，它连篡改都不是，它是创造。这种不可还原性，也是对休谟式“习惯性心理联想”的挑战。这样的“非自主回忆”与其说是记忆，不如说是一种积极的遗忘。这种感觉使从前熟悉的变得陌生，成了康德说过的“物自体”。从此我们不是沉醉而是爱上自己的“沉醉”，这里的双引号，表示我们以没有体验过的方式“体验”了事物本身。也就是说，符号不再代表事物而代表了别的什么，“别的什么”呢？我们自己也不知道，我们是在不知道的情况下“沉醉”的。

是的，无论文学还是哲学，从此都成为明目张胆地“脱离实际”的语言，文学去写自己一无所知的、绝对不曾体验过的事物——在这个过程中，文学家唯一知道的，就是词语的含义。

---

① Gilles Deleuze, *Différence et répétition*, Epiméthée, PUF, Paris, 1997, p. 98.

是的，可以一会儿在这个层次“说话”（包含活生生的体验），一会儿又在另个层次“说话”，它们之间是不连续的，但是却可以连接得滴水不漏，也许我此刻举一个不恰当的例子，是享受“妓女的爱情”，或者最世俗生活的神圣化。同样，性爱中的重复，无论是发生在同一个人还是不同人的身上，每次都可以有处女般的感觉。每次重复，都是“第一次”，这来自人与人之间极其细微的差别，不是好与坏的差别，只是差别。

在“我思”问题上，德勒兹对比了笛卡尔与康德的区别。在笛卡尔那里发生的“我思”具有双重的逻辑价值，确定性与不确定性。或者说一个确定的东西中包含着不确定的东西。“我思”是确定的，但这种“确定性”包含着“某种不确定的存在”（我思，故我在，因为为了思，就应该在）。更准确地说，“确定性”就是某个正在思想的存在之“存在性”：我思，所以我在。我是某个正在思想的存在。但是康德说，不可以从“我思”中推断出“我在”，因为不可以直接把确定性建立在不确定性基础之上（康德的意思包含“存在”不是我思所能达到的，“存在”的抽象性是划分不同层次的，如果一定要说“我思”中有“存在”，那它绝不可能是康德意义上的“物自体”的存在）。换句话说，有不确定的东西，这就是抽象世界中大家都在说，却在现实世界中没有对应物的抽象概念，即我们实际上并不知道自己在说什么，但这样的“说”是有意义的，它成为最本真意义上的哲学问题。

为什么“我们永远不知道自己在说什么却还要继续说”的情形是有意义的呢？因为这是人类的形而上学本性，也是数学的本性，否则就没有哲学与数学。它也是一种“替换”或“代表”，但却是不能“替换”或不能“代表”。

德勒兹指出，笛卡尔式推论之最薄弱环节，就在于他通过“我思”，把“确定性”的品质赋予“不确定性”，“但是没有任何东西能告诉我们，这种不确定性是如何通过我思而成为确定性的”。一种品质的确定性不能移植到另一种不同品质的东西之上，因为它们虽然近在咫尺却远在天涯，因为我们不知道它。“不知道”不但不令人沮丧反倒令人兴奋。如果考虑到笛卡尔这个推

论的经典性与严格的逻辑性，考虑到它在哲学史上的重大影响，那么或许可以这样说，哲学不可能不这样推论，而凡推论都要以“being”方式出现，大凡这样的推论，我们都要万分小心，因为作为意思过渡的桥梁，“being”两边内容的相互移植极有可能是一厢情愿。简单说，思想是思想，存在是存在，所以不可以说思想有存在的含义，这是一种乱联系。思想与存在的联系，是一种具有先验性质的假说，而思维与存在的同一性之所以不成立，在于两者之间有根本的、鸿沟性质的差异。

德勒兹引用了康德对“我思故我在”的著名改造形式：使不确定的因素具有确定性，要通过一种形式，这个形式不是“我思”，而是时间。所以“我的不确定的存在只有在时间中才可能是确定的”①。为什么呢？因为没有什么现象不存在于时间之中。我们也可以把“我思故我在”理解为一种习惯性的联想、一种习惯的思维感染，但问题就在于，我思中我所意识到的自发性也可以不连接具有基质性的存在之性质，并不一定非得有“存在”作为所谓“我思”的承担者。我思中我所意识到的自发性也可以只是我的一种消极感受力，就像普鲁斯特所谓“非自主回忆”中的情形——除了自己的思或感受之外，它什么都不是，就像笛卡尔借助自己的智力说“我”。那么就可以说“我”是任何一个别的东西（除了“我”不是“存在”之外）。

德勒兹还这样理解“我思故我在”：“笛卡尔是借助于凝固于瞬间的我思得出我在的结论的，他借助于排除时间。”② 换句话说，瞬间不等于时间，瞬间意味着凝固了的时间，但时间是流动与变化的。“先天性（的判断）是一种神话……但它是一种瞬间的神话。”③ 这很像是一种瞬间的信念转变凝固化或者化为永恒，它也说明了宗教与哲学立场的心理起源——但是，德勒兹和德里达都坚持“一次代替所有次”的情形是不合理的。

在《物质与记忆》中，柏格森曾经提出虚拟世界的概念，这个世界发出

---

① Gilles Deleuze, *Différence et répétition*, Epiméthée, PUF, Paris, 1997, p. 116.

② Ibid., p. 117.

③ Ibid., p. 118.

一系列的图象，并且与真实的世界混杂起来。对这些不真的因素，德勒兹总结道："它所在的地方，以它不在它应该在的地方为条件，人们发现它所在的地方，以被发现它不在那里为条件。"（这又有些像拉康的"对象a"——一个缺失的对象）本来自己没有却说自己有，因为它是一个"曾经是"而现在不是的因素，这显然与时间效果有关，是一个已经被遗忘因而需要被重新发现的"对象"。它绝不完整，断续且片面地持续着。但是这些"曾经"在当下时刻起着巨大作用，在这个意义上"曾经"也是当下，是当下的一部分，虚幻或者艺术性生活是我们当下的一部分，它填补着我们真实的时间与空间，就像重复加剧了幻象的产生，导致距离感和陌生感。有层次而没层次，因为真实与虚幻是混杂在一起的；没层次而有层次，因为在这里一切词语至少被使用两次乃至n次，它们都是在不同层次或意义上使用的。每次新的使用都应该打上引号，比如"知道""任意性""自然的""真的"等。"对象"成了一个x——在不断被替换的过程中。在这个过程中，所谓"哲学的基本问题"，即较真哪一时刻、地点、位置是原始的或派生的，已经失去了意义，因为它们同时是原始的与派生的——它们总不在自己应该在的位置上，它们是别的什么，它们身份不明。总之，没有最后的词语，词语总处于不断的增补过程中，因为要想真正理解一个词语，必须说点与这个词语不一样的词语。

以上，也是关于界限的思想，布朗肖曾经讨论过发生在人身上关于"死"的两种不同方面，应该也属于界限的思想："一方面，是个人的，它涉及我（le Je）和我（le moi），我能面对困难，面对一切现实；但另一方面，还有一种奇怪的非个人性，与'我'、现在、过去都没有关系，但总是要来的，是在一系列问题中持续地多样性冒险的源泉：'这正是赴死的事实所包含的彻底颠覆作用，由此死是我的能力最极端的形式，死不应该只是把我排除于我的开始和结束能力之外的过程中吞噬我的东西，它还成为与我没有关系的东西、无力强加于我的东西、丧失了一切可能性的东西、不

确定的非真的东西'。"① 人生前和死后"都没有时间"，或者有的是不在场的时间，与我一点关系都没有的时间。谁也不知道自己的死，一切死都是某个不是自己的人死。在这个意义上，"死"总是"有人死了"，它比我自己的死更令我震惊。

德勒兹多次摘引了阿根廷著名小说家博尔赫斯，特别是《虚构集》中的小说，以下摘自其中《小径分岔的花园》："时间没有同一性和绝对性，时间有无数系列，背离的、汇合的和平行的时间织成一张不断增长、错综复杂的网。由互相靠拢、分歧、交错或者永远互不干扰的时间织成的网络包含了所有的可能性。在大部分时间里，我们并不存在；在某些时间，有你而没有我；在另一些时间，有我而没有你；再有一些时间，你我都存在。目前这个时刻，偶然的机会使您光临舍间；在另一个时刻，您穿过花园，发现我已死去；再另一个时刻，我说的目前所说的话，不过我是个错误，是个幽灵。"②

博尔赫斯想到，从前的所有小说中的人物，在面临选择时，总是只能选择一种可能性，排除其他可能性。但是，可以有这样一种不可能的小说吗？选择尽可能多的可能性，这就产生了一种比从前所有小说更复杂的小说，因为这样的选择使人物的命运变化莫测，在一个线索中是幸福的，另一个线索中是不幸的；在一种境况中可能悲惨地死去，另种环境下却老有所终。总之，会有很多不一样的后世，也就是说，有不同的时间——这里的时间，意味着在你的一生中，在某些情况下有你还是无你、你和谁在一起、你到过什么地方等等。这些不同的线索还会继续衍生新的线索，以至于越来越新奇、陌生，每一个结局都是新的分岔的起点。当然，经过若干个线索交换之后，分岔后越走越远的道路还会汇合在一起，如此等等。

博尔赫斯还想到，时间是分岔的，通向无数的将来，在将来的某个时刻，人与人的身份相互变化，就像福柯在《异托邦》中对公墓的描写，邻接的周围是出生于不同时代、国家、身份的人，虽然我们看不见它们，但

① Gilles Deleuze, *Différence et répétition*, Epiméthée, PUF, Paris, 1997, p. 135.

② Ibid., p. 148.

这个事实是实实在在的。在每个时间维度中都有人，在同一瞬间人们做着数不清的不同事情。同样的道理，我们也可以把将来即刻变成现在，也可以无限期地永远推迟，这全在于我们的选择。还有博尔赫斯在《巴比伦彩票》中由彩票获得的灵感，它被比喻为我们心思、行为、命运的琢磨不定。彩票又有点像人的无意识，因为人的聪明才智在彩票中几乎没有作用。偶然性或者抽签现象中酝酿着重大哲学、宗教、文学问题。比如，选择的次数并不受限制，决定还可以更改，变化了的决定或选择呈现出分叉的情形，或者构成了网络，就像时间也可以类似划分下去，在中途改道。每次都出现不同的问题，就像人偶遇另一个人。偶然的选择还意味着，人可以同时创造不同的未来，而不同的未来有不同的时间，它们各自繁衍、各自分叉，可以按照这样的方式写一本与真实生活相似的小说，让中途的线索层出不穷——在不同的结果中会出现另外的分叉点。总之，这样的情形，有点像与时间有密切关系的“蝴蝶效应”。

思想的图象

激动近代以来哲学家的想法，是诉诸纯粹的思想。为了达到这个目的，从笛卡尔到胡塞尔，都想抓住这样的思考瞬间作为继续思考的出发点——在这个瞬间的思想，是没有前提的思想。① 换句话说，不接受现成的东西，无论你说的是否真有道理，我首先不接受。这已经包含了一种关于层次的思想，或者叫“元思维”“元图象”——不利用已经有的思维成果，不做你图画中的元素。笛卡尔当年就是这样拒绝亚里士多德的：我们不能事先就认为人是理性的动物，因为这样一种态度好像我们事先已经知道了什么是理性和动物，我们接受了现成概念的含义，也就同时束缚了我们的思想。

同样，为了给“我思”下定义，笛卡尔也不接受前人说过的内容。但是，德勒兹敏锐地看出来，有各种各样的前提，有明显的有隐含的，逃离了 A 前

① 《博尔赫斯全集（小说卷）》，浙江文艺出版社 1999 年版，第 132 页。

提，并非意味着能脱离 B 前提。有的前提隐含在感情中，而非概念中。笛卡尔那里有什么隐含的前提呢？他预设了无须概念的帮助，每个人都知道（即没有不同意见）什么是“我”（moi）、思（penser）、存在（être）。从笛卡尔到黑格尔，都致力于从纯粹的思出发。“纯粹的思”是如何获得的呢？它是一种抽象的结果，它把一切经验的、感性的，或者具有图象特征的因素，都给了经验的我——但是，哲学只从“纯粹的思”出发。德勒兹评论说，笛卡尔和黑格尔这样的态度掏空了“客观的”前提，却陷入了“主观的”前提。继胡塞尔之后，海德格尔尝试现象学还原的彻底性，在他看来，这就必须脱离“存在的本体论”，即脱离语言中的“是”（être）。但即使如此，胡塞尔和海德格尔还是要寻找哲学出发点的——“这是老的一套”，我们似乎听到德勒兹和德里达这样说，“哲学中并没有什么真正的出发点，或者不如这样说，差异就是哲学真正的出发点，差异本身已经在重复了”①。

从哲学上说，“众所周知”的意思，是一种普遍的表象被大家普遍接受。知道涉及的“真”与道德上的善良意志密不可分，甚至还是自然人权（“思想的自然权利”我们可以说，众所周知，人是生而自由平等的）。总之，人在思考时，总是隐含着某种思考的前提，否则，就会陷入逻辑混乱。最常见的“思考前提”，就是常识（法语 un sens commun 即“常识”字面的意思，是“共同的感觉”）。人们总是认为哲学远离常识，但实际上，常识往往是哲学（即使是最具有怀疑精神的哲学）隐含的出发点。谁越是能相对做到“更”没有前提的思考，谁就能更具有创造性，因为那些声称没有思考前提的哲学家，他们找到的所谓绝对靠得住的哲学“出发点”，却往往已经蕴含了思考的前提。德勒兹断言，作为思考的前提，哲学的概念性思想已经蕴含着“思想的图象”——我们要特别注意在这里德勒兹把概念的含义比喻为“思想的图象”。严格说，是一幅抽象画。这与索绪尔关于词语的能指与所指的假设，并

---

① 这样的思路，不仅是胡塞尔，也是萨特、德勒兹、德里达这样的哲学家们的写作思路。简言之，想怎么想就怎么想与比想还多的想；想怎么写就怎么写，或者说，比写还多的写——如此高产的就不仅是文字，还有思想。

不相同，索绪尔式的“所指”是一个观念，而德勒兹的“所指”是图象或思想的图象（维特根斯坦有类似说法，他说人生活在图象中，不是这样的图象，就是那样的图象），这就把“再现”理解为一幅画。

注意，以上德勒兹用“图象”而不是词语说明思想，这是一个革命性的说法，它与用词语的指称代表思想有根本性的区别。语言表达式有真假，它尤其反映在逻辑上。但是，并没有什么假的画面，只是画面，所谓“真假”之认识论问题，或者叫“善的价值观念”之道德问题，只属于语言，是语言的being结构所决定的。只有语言才最尖锐地询问“意味着什么”，而当我们说画面也有“意味着什么”的问题时，却没有击中画面最主要的特征。画面是不说话的，画面只是显露。“显露”并非“说话”，因为“显露”属于“非理性主义”（特指模糊性、不确定性、说不出来的情形，比如无限大或无限小、无理数或者无限不循环小数），而“说话”，属于理性主义（特指符合规范的语法、逻辑规则、科学命题等）——因为说话有真假。至于所谓善或者道德，在本质上与“真”连接在一起。

哲学与图象是冲突的，如果说图象也有“抽象的”，那么，“抽象的图象”（例如象形文字）与抽象的概念不是一回事，它们是不同的抽象，因为抽象的概念是“在没有图象的思想中的一种真正的重复”①。这个说法岂不是暗示还有一种有图象的“思想”中的“不真实”的重复吗？黑格尔在写《小逻辑》时，根本就不用想着什么图象，书中也根本不用图示，他从“无”这个概念过渡到“有”这个概念（或者肯定—否定—肯定）靠的是“讲道理”，是逻辑、推理，是不同的一般性词语之间含义的过渡——需要特别注意的是，这并不是用符号代替事物，而是用观念代替事物，也就是说哲学家和数学家一样，处于一个危险的潜在的虚构世界。如果说这个过程中有“真正的重复”的话，这里“真”还意味着我们其实是处于语言领域，而所谓“重复”或者由这些重复活动所产生的差异，与我们面前的实在世界之间，可以没有任何

① Gilles Deleuze, *Différence et répétition*, Epiméthée, PUF, Paris, 1997, pp. 169—170.

关系。但是，“有图象”的“思想”中的“不真实”的“重复”是不成立的，因为如上所述，图象就是图象，无所谓真图象和假图象。容易被我们忽略的，是图象并不是在表达思想，而是在吐露思想，因为“表达”意味着含义的强制性，“吐露”则意味着任意性和任意性中的差异性。思想的图象或者图象怎么吐露思想呢？靠图象之间的各种关系，比如，如果硬是用剧本语言叙述电影中蒙太奇镜头的衔接，就有些乱，而电影本身却是清晰生动的，这有点像你最好要跟着教练学习如何打太极拳，而如果你足够愚昧，一味跟着《训练手册》练习一招一式，一定是搞得既复杂又摸不着头脑。

图象有能力吐露的，肯定是不成系统的印象，这里的关键词是“注意”“直接性”“刺激”等——这些，就是图象所吐露的“思想”，我们无须硬说它也可以是哲学思想，否则，就像把猫说成人一样，哲学这个词就被说滥了。

德勒兹说，笛卡尔努力用自己的“思想力”拓展一幅“思想图象”。德勒兹与笛卡尔的分歧，在于是否坚持同一性，笛卡尔以蜡块为例，他说无论我们看见、触摸，还是头脑中唤醒的，都是同样的蜡块——这是一种综合能力、共同的感知，它形成了常识（与常识相违背的，是割裂综合、共同感知、常识，比如“白马非马”）。笛卡尔对“我思”意义的总结，也意味着把人的所有感官能力归纳在主体或思想之内，所以只能说“我思故我在”，而不能说我消化故我在，或者我做爱故我在。触摸、嗅觉、爱、记忆、想象等，要集中在“思想”中，它把“我的思想”赋予或者强加给客体或者对象。换句话说，作为思想前提的常识，披上了哲学概念的外衣，顿时就显得高大起来。凡从共同性来思考的，总与常识关系密切，而“身份”和“同一性”，却是同一个词。

于是，我们无形中把不一样的东西说成一样的，比如，把白马说成是马，“白”就“没有了”，形状和图象没有了，就不生动或者变得抽象了。含义或意义的抽象，与形象或图画具有的抽象性之间，有微妙的差异，比如拼音文字的单词与作为象形文字的繁体汉字尤其是与汉语书法的差别。以磨平图象为代价的纯粹思想，就这样产生了，它是思想的神话，似乎没有生殖力——

因为它声称“我”不过就是“思想”（真正的哲学家是没有自传的，他的著作，就是他的自传）。这里有以大脑为中心的协调全部感官能力的和谐关系，它的主基调是同，而不是异。

坚持“白马非马”，强调特殊的元素不可以被还原、不存在能统率全局的同一性、一个领袖、一种身份。强调个别性的另一种说法，就是德勒兹的差异理论，如同“白马非马”，它插入并且打破常识。或者说，破坏标准。

思想的图象，重点在图象而不在于思想，就像白马的重点，在于“白”而不在于“马”——由此可见，图象或者形状，也是一种溜号走神的能力（很像是存在人身上的一种自寻烦恼的能力）。“思想”究竟是什么意思呢？在这里就是不要“白”而要“马”，选择以逻辑同一性作为基础的再现性。思想不仅意味着判断白马就是马，还意味着以常识为基础的表达式和问候语：“这是一张桌子”“先生你好”。我们凭什么说“这是一张桌子”呢？因为我们事先已经知道了什么是桌子。在这个意义上，凡以“是”作为基本语法结构的句子，都隐含着某种以“自证性”作为前提的再现性，它自身是不生育的。

思想的图象中的“图象”，不仅有形状和吐露的意思，还意味着“反映”，也就是“再一次”，比如我曾经看见了什么东西、经历了什么场面，还可以再一次在脑海里呈现它们。正是在这里，我们可以任意挥霍思想，智慧者如康德就找到了多余而丰富的先验内容。这些东西并不在另外一个世界，却也在我们的世界转瞬即逝，它像是精神的图象，画面中的蒙太奇。在任何一种平淡无奇的世俗生活中，都可以找到这些“思想的图象”。“事情很清楚，康德声称所谓先验的结构是以心理意识的经验活动为基础的。”① 以某某为基础，一个跟随另一个产生。

哲学一向视之为命根子的“表象”（représentation）——无论是个别的表象还是一般性的表象——都暗含着某个概念（以 being 表达）作为判断的前

① Gilles Deleuze, *Différence et répétition*, Epiméthée, PUF, Paris, 1997, p. 173.

提。每个概念都像一个“中央处理器”、一个大脑中心，执行“同一性”的职能。“我思是表象的最普遍原则，是表象中各种因素的源泉，是我理解、判断、想象、记忆、感受等一切感官能力的统一，它们就像我思的四肢一样……这就是为什么表象的世界是以无力思考差异本身为特征的。”① 为什么呢？因为传统认识论管不到差异。在传统中，一个概念的对象连接另一个概念的对象，它连续不断地传送一种感觉上的相似性，这种以再现为特征的表象严重忽略了再现是一种差异活动。德勒兹认为，“思想”不同于“思想力”，思想力，不是四平八稳的思想，属于思想中的暴力，比如非自主的想法。还有精神的嫁接，凡出乎意料的震惊，大都连接某些不可能的关系。是遭遇而不是认识，遭遇之所以特别有利于创造性，就在于遭遇的事情是“乱七八糟”的，不管各种事物之间的界限。

感觉却没有感觉什么的情形令我们坐立不安，但我们为什么总是习惯于用“观念”想问题呢？也许是别的某种我们说不出来的东西使我们激动，我们说不出来但是心里明白的事情简直数不胜数，语言带给人的幸福只占生命中的微小部分，因为我们有能力感受却没有被感受的对象，也就是说，being式的思想，面临解体、失业，它是一些从“认识论”角度不可认识的东西。就像盲人靠耳朵“看”，神秘却“很准确”，这才是“超越性”。哲学问题，到处都是，提出这些问题的能力，则来自上述“遭遇”的能力。

（原载《江海学刊》2010年第5期）

① Gilles Deleuze, *Différence et répétition*, Epiméthée, PUF, Paris, 1997, pp. 176—177.

论精髓

——兼论认识论基本问题

孙慕天

马克思主义是人类思想的宝库，这笔伟大思想资源中的许多方面，仍然需要我们不断进行开掘。关于辩证法精髓的思想就是一个长期被忽略的哲学主题。由于这一问题涉及马克思列宁主义哲学的本性，所以特别值得关注。应该指出，虽然马克思主义哲学诞生已经一百八十多年了，围绕马克思主义哲学本质特点的研究、思考和争论却始终没有停止，而且，时至今日，这一问题仍然有巨大的思想空间有待开拓。马克思主义哲学的本性问题是极端重要的，因为它关系到以什么态度、站在什么立场、沿着什么方向去掌握马克思主义哲学。马克思提出要研究辩证法本身，亦即正确认识辩证法的性质。马克思曾批评拉萨尔“没有想到要说出关于辩证法本身的某种批判的思想”①；恩格斯更是特别批判杜林“对辩证法的本性根本不了解”②。可见，对马克思主义哲学的这种“本性研究”是马克思和恩格斯特别强调的。

回到马克思主义哲学的起点上，一个明显的事实是，马克思自己认为，他所实现的哲学变革核心在于实践论和辩证法，而这两者恰恰集中显示了马克思主义哲学的革命性质。马克思说，从前的一切唯物主义的主要缺点是“对事物、现实、感性，只是从客体的或直观的形式去理解，而不是把它们当

---

① 马克思：《致约·巴·施韦泽（1865年1月24日）》，《马克思恩格斯书信选集》，人民出版社1962年版，第99页。

② 恩格斯：《反杜林论》，《马克思恩格斯选集》第3卷，人民出版社1972年版，第174页。

作人的感性活动，当作实践去理解”；所以，他称自己所创立的“新唯物主义”是“实践活动的唯物主义”。① 他指出，“正是在改造对象世界中，人才真正地证明自己是类存在物”②，因此主张把“解释”世界的哲学变成“改造”世界的哲学，认为对“实践的唯物主义者”来说，“问题在于使现存世界革命化，实际地反对和改变事物的现状”③。这从认识论上显示了马克思主义哲学的革命本性。同时，马克思肯定了黑格尔“作为推动原则和创造原则的否定性的辩证法”④ 的合理性，同时批判了它的神秘性质，从而“拯救了自觉的辩证法”，“把它转为唯物主义的自然观和历史观”。⑤ 马克思称自己的辩证法为“真正科学的辩证法”⑥，并明确指出了辩证法的本性：“辩证法对每一种既成的形式都是从不断的运动中，因而也是从它的暂时性去理解；辩证法不崇拜任何东西，就其本质说，它是批判的和革命的。”⑦ 这从辩证法上显示了马克思主义哲学的革命本性。

值得注意的是，马克思主义哲学认识论的革命性和辩证法的革命性是统一的，恰恰是在这种统一中，蕴含着关于马克思主义哲学本性的真正秘密。关键在于马克思和恩格斯从一开始就把辩证法当作认识世界和改造世界的指导原则，而不是把它当作教条，也就是说，特别强调了马克思主义哲学的实践本性。不错，恩格斯确实说过：“辩证法不过是关于自然、社会和思维的运动和发展的普遍规律的科学”，但这并不是说辩证法规律是某种本体论的先验

① 马克思：《关于费尔巴哈的提纲》，《马克思恩格斯全集》第 3 卷，人民出版社 1960 年版，第 3—5 页。

② 马克思：《1844 年经济学哲学手稿》，《马克思恩格斯全集》第 42 卷，人民出版社 1979 年版，第 97 页。

③ 马克思、恩格斯：《德意志意识形态》，《马克思恩格斯全集》第 3 卷，人民出版社 1960 年版，第 48 页。

④ 马克思：《1844 年经济学哲学手稿》，《马克思恩格斯全集》第 42 卷，人民出版社 1979 年版，第 163 页。

⑤ 恩格斯：《反杜林论》，《马克思恩格斯选集》第 3 卷，人民出版社 1972 年版，第 51 页。

⑥ 马克思：《致约·巴·施韦泽（1865 年 1 月 24 日）》，《马克思恩格斯书信选集》，人民出版社 1962 年版，第 165 页。

⑦ 马克思：《资本论》，《马克思恩格斯全集》第 23 卷，人民出版社 1972 年版，第 24 页。

原则，用恩格斯自己的话说，“这已经根本不再是哲学，而是世界观”①，也就是说，它与实证科学的规律性质不同，而仅仅是认识的出发点和指导原则。西方学者中有人批评恩格斯关于辩证法是自然、社会和思维普遍规律的说法是“一种期待着从外面输入必然性和发展的哲学”②，是“非批判实证主义的本体论”，是“先验形而上学”③。这是对恩格斯的曲解。正是在谈到辩证法作为普遍规律的同一个地方④，恩格斯专门批判杜林的先验主义，指出“原则不是研究的出发点”，特别声明：“正如人们可以把形式逻辑或初等数学狭隘地理解为单纯的证明工具一样，杜林先生把辩证法也看成这样的工具，这是对辩证法的本性根本不了解。”⑤ 那么，辩证法的本性究竟是什么呢？恩格斯给出了一个明确的界定，说：“甚至形式逻辑也首先是探寻新结果的方法，由已知进到未知的方法；辩证法也是这样，只不过是更高超得多罢了；而且，辩证法突破了形式逻辑的狭隘眼界，所以包含着更广的世界观的萌芽。”⑥ 这是马克思主义哲学史上值得大书特书的重要论述，可惜迄今一直未受到应有的重视。辩证法就其本性说是认识的工具，是一种指导人们正确认识世界和改造世界的、最富启示性的观点和方法。恩格斯所说的“世界观的萌芽”中的萌芽一词，原文是德文 der Keim，英文版译作 germ，俄文版译作 зародыш，均兼有胚胎、胚种、萌芽等多种含义。我认为，Keim 本义应当是胚种，意思是说辩证法是认识的生长点，是蕴含着丰富可能性的发端。萌芽则是植株的幼体，是成体的雏形，是多少确定了的东西，以此形容辩证法就无法传达作为启发手段的本性了。恩格斯后来还说过，“我们发现了这个多年来已成为我

---

① 马克思：《关于费尔巴哈的提纲》，《马克思恩格斯全集》第 3 卷，人民出版社 1960 年版，第 178 页。

② J. Mepham（ed.），*Issues in Marxist Philosophy*. New Jersey：Humanities Press，Vol. I，1979，p. 51.

③ Ibid. .

④ 恩格斯：《马克思恩格斯选集》第 3 卷，人民出版社 1972 年版，《反杜林论》第一篇第 13 节。

⑤ 恩格斯：《反杜林论》，《马克思恩格斯选集》第 3 卷，人民出版社 1972 年版，第 174 页。

⑥ 同上。

们最好的劳动工具和最锐利的武器的唯物辩证法”①，辩证法是世界观和方法论的统一体，不能把辩证法本体论化，而是要从认识论上把握它。美国学者法尔（James Farr）说：“我们也可以看到关于马克思的新唯物主义、他的辩证法和他的科学哲学的一个更普遍的真理。本体论支持科学方法，而科学方法概括本体论。”② 如果把其中的“本体论”一词改为世界观，这段话可说是在一定意义上把握了马克思主义哲学的本性。

在马克思主义哲学史上，首先特别注意到并且深入进行了“本性研究”的人是列宁。列宁对这一问题的认识过程本身就颇富教益。如果以 1914 年为界标，可以把列宁对马克思主义哲学本性的认识分为前后两个阶段。前一阶段，列宁特别关注的是马克思主义哲学作为唯物主义反映论的特点，他认为：“马克思和恩格斯的全部天才正是在于：他们在很长的差不多有半个世纪的时期内，发展了唯物主义，向前推进了哲学上的一个基本派别。”并且断言，划清唯物主义和唯心主义的界线，是马克思主义哲学的根本任务：“马克思全部哲学言论，都是以说明这两条路线的根本对立为中心的”；把坚持唯物主义看做是马克思主义哲学的基本论点：“如果把马克思在《资本论》和其他著作中的一些哲学言论考察一下，那末你们就会看到一个始终不变的基本论点：坚持唯物主义”，肯定这是“马克思的最伟大的功绩”。③ 列宁的这些思想，集中反映在 1908 年写作的《唯物主义和经验批判主义》一书中，而促使列宁思想向这一方向聚焦的语境是，随着最新自然科学革命对经典自然观的颠覆，否认客观实在的相对主义认识论大行其时，并被俄国工人政党内部的机会主义派别所利用，成为俄国社会主义革命的现实威胁。

1914 年第一次世界大战爆发前后，世界各种矛盾错综复杂，如何在扑朔迷离变幻莫测的形势下，认识历史的发展规律，把握革命运动的趋势，成为

---

① 恩格斯：《费尔巴哈和德国古典哲学的终结》，《马克思恩格斯选集》第 4 卷，人民出版社 1972 年版，第 239 页。

② James Farr, Science: *Realism*, *Criticism*, *History*. Terrell Carver (ed.), The Cambridge Companion to Marx, Cambridge University Press, 1991, p. 113.

③ 列宁：《唯物主义和经验批判主义》，《列宁选集》第 2 卷，人民出版社 1972 年版，第 344 页。

列宁最关心的问题，而辩证法明显地成为列宁哲学研究的新主题。列宁夫人克鲁普斯卡娅说："辩证地对待一切事变问题，在这一时期特别引起了伊里奇的注意。"① 正是在这一时期，列宁细心阅读了大量辩证法著作，写作了以《黑格尔〈逻辑学〉一书摘要》为代表的哲学笔记。很多列宁研究者（包括西方的研究者）都注意到了列宁哲学思想的这一转变，例如美国研究苏联哲学的专家格雷厄姆（Loren R. Graham）就曾指出，这一时期列宁"主要关心的是在彻底的唯物主义基础上重构黑格尔的辩证法"；他认为："列宁完全了解自己早期思想的不足；他在《哲学笔记》中努力克服这些缺陷，而且令人印象深刻地提出了他后来的一些观点。"② 但是，列宁哲学研究的主题转向的本质是什么，这一转向的深刻哲学意义是什么，研究者们却语焉不详。我认为，列宁这一研究的主旨是如何运用辩证法认识事物，理论主题是作为认识论的辩证法亦即辩证法和认识论的统一性，而其结论是"马克思辩证法要求对每一特殊的历史情况进行具体分析"③。

列宁原创性地提出了一个新的马克思主义哲学命题——"辩证法也就是马克思主义的认识论"，而这一命题深刻揭示了辩证法的本性。从而也进一步阐发了马克思主义哲学的本性。他从黑格尔、马克思对辩证法本性的正确阐释和普列汉诺夫的反面误读的对比中，通过辩证法、认识论和逻辑学三者一致的论述，把马克思主义哲学的精髓首次明确凸显出来。

辩证法是认识史的总结。列宁指出，黑格尔关于概念辩证法的逻辑体系是"思想史的精华，或者简单些说，是思想史的结果和总结"④。他认为"应当构成认识论和辩证法的知识领域"的恰恰是全部认识的历史：包括各门科学的历史、儿童智力发展的历史、动物智力发展的历史、语言的历史，等

---

① 娜·康·克鲁普斯卡娅：《列宁回忆录》，人民出版社1972年版，第294页。

② Loren R. Graham：*Science*，*Philosophy and Human Behavior in the Soviet Union*，New York：Columbia University Press，1987，p. 34.

③ 列宁：《论尤尼乌斯的小册子》，《列宁选集》第2卷，人民出版社1972年版，第857页。

④ 列宁：《哲学笔记》，《列宁全集》第38卷，人民出版社1959年版，第186页。

等[①]。同时，逻辑的范畴就是人对自然认识的各个环节，“逻辑学是关于认识的学说，是认识的理论”[②]。在列宁看来，最成功地运用辩证法的逻辑去实际解决科学认识问题的大师是马克思：“虽说马克思没有遗留下‘逻辑’（大写字母的），但他遗留下‘资本论’的逻辑，应当充分利用这种逻辑来解决当前的问题。在‘资本论’中，逻辑、辩证法和唯物主义认识论（不必要三个词：它们是同一个东西）都应用于同一门科学。”[③] 可见，所谓辩证法、逻辑学和认识论三者一致，就是把辩证法当作解决实际问题的认识工具。

普列汉诺夫是曾经亲炙恩格斯的马克思主义思想先驱，列宁称赞过他的哲学作品是“整个国际马克思主义文献中的优秀著作”[④]；而且，也不能说普列汉诺夫不知道应当把辩证法应用于认识论，他明确说过：“没有辩证法，唯物主义认识论是不充实的，甚至是不可能存在的。”[⑤] 但是，问题的深刻性正在于，作为马克思主义理论家的普列汉诺夫恰恰没有真正弄懂辩证法的本性。列宁在《哲学笔记》中对普列汉诺夫的三处批评，都是针对辩证法本性这一重大问题。列宁说：“普列汉诺夫关于哲学（辩证法）大约写了近一千页的东西（别尔托夫＋反对波格丹诺夫反对康德主义者＋基本问题等）。其中关于大逻辑、关于它、它的思想（即作为哲学科学的辩证法本身）却一字不提!”[⑥] 这就是说，无论就辩证法的条文有过多少言说，但只要对“作为哲学科学的辩证法本身”缺乏正确的认识，就等于抛弃了辩证法。普列汉诺夫的悲剧就在于此。在《谈谈辩证法问题》中，列宁一针见血地揭示了普列汉诺夫错误的本质，指出普列汉诺夫把辩证法规律当作“实例的总和”，而不是当作“认识的规律”，这恰恰是因为他不懂得辩证法的本性：“辩证法也就是（黑格尔

---

① 同上书，第399页。

② 列宁：《哲学笔记》，《列宁全集》第38卷，人民出版社1959年版，第194页。

③ 同上书，第357页。

④ 列宁：《再论工会、目前局势及托洛茨基和布哈林的错误》，《列宁选集》第4卷，人民出版社1972年版，第453页。

⑤ 伏·福米娜：《普列汉诺夫及其在保卫和论证马克思主义哲学中的作用》，《普列汉诺夫哲学著作选集》第1卷，生活·读书·新知三联书店1959年版，第793页。

⑥ 列宁：《哲学笔记》，《列宁全集》第38卷，人民出版社1959年版，第307页。

和）马克思主义的认识论：正是问题的这一‘方面’（这不是问题的一个‘方面’，而是问题的本质）普列汉诺夫没有注意到，至于其他马克思主义者就更不用说了。”[1] 正因如此，在理论上普列汉诺夫就不能用辩证法这一犀利武器，去剖析一些哲学流派理论失误的认识论根源。列宁对普列汉诺夫的第三处批评是：“普列汉诺夫批判康德主义（以及一般不可知论）多半是从庸俗唯物主义的观点出发，而很少从辩证唯物主义的观点出发，因为他只是不痛不痒地驳斥他们的议论，而没有纠正（像黑格尔纠正康德那样）这些议论，没有加深、概括、扩大它们，没有指出一切的任何的概念的联系和转化。”[2] 例如，在批判康拉德·施米特的康德主义时，普列汉诺夫就仅限于从各个角度反复重申存在决定意识这一唯物主义的ABC，本质上并未超出18世纪法国唯物主义的理论水准。在实践上，普列汉诺夫1903年后变成了孟什维克，迷信第二国际的社会改良主义和社会沙文主义，站在机会主义立场上反对十月革命。究其原因，正是因为普列汉诺夫长期脱离革命运动的实践，把马克思主义理论当作教条。研究普列汉诺夫的专家福米娜指出：“由于长期流亡国外，普列汉诺夫脱离了俄国革命运动。”“他未能阐明新的历史时代的性质，未能揭示它的规律性和特点，未能总结工人运动的新经验并用新的理论上的结论和原理来武装工人阶级。”[3] 可见，普列汉诺夫之所以始终没有弄懂辩证法就是马克思主义的认识论这个“问题的本质”，是与他的社会立场和生活实践密切相关的。

翻开十月革命前后五六年间列宁的一系列著作，我们可以看到，像一条红线贯穿于其中的基本思想就是，反复强调用马克思主义理论分析解决实际问题，告诫革命政党牢记马克思主义是认识世界和改造世界的武器和工具。在《马克思主义的三个来源和三个组成部分》中，他指出：“马克思主义的哲

---

① 列宁：《哲学笔记》，《列宁全集》第38卷，人民出版社1959年版，第410—411页。

② 同上书，第190—191页。

③ 列宁：《马克思主义的三个来源和三个组成部分》，《列宁选集》第2卷，人民出版社1972年版，第9—10页。

学是完备的哲学唯物主义，它把伟大的认识工具给了人类，给了工人阶级。”①在《论共产主义运动中的“左派”幼稚病》中，他提出了一个著名的论断：“我们的理论不是教条，而是行动的指南。”而这一攸关革命成败的指导思想，集中凝聚在辩证法就是马克思主义认识论这一哲学命题中。就在1914年，列宁在《卡尔·马克思》一文中，公开宣示了他的这一哲学主张：“而辩证法，按照马克思的理解，同样也根据黑格尔的看法，其本身包括现时所谓的认识论，这种认识论同样应当历史地观察自己的对象，研究并概括认识的起源和发展即从不知到知的转化。”②

问题在于，怎样才能真正把辩证法和认识论统一起来？换句话说，怎样才能在认识世界和改造世界的实践中，实际运用辩证法这个认识工具？这个问题正是列宁着力思考的问题，也是列宁哲学思想的一个重大突破，他认为关键在于“分析和综合的结合”。乍一看来，这个命题和马克思主义哲学本性问题毫不相干，把这个命题提到这样高度，似乎十分突兀。的确，列宁的这一思想几乎被研究者们完全忽略了。本文的主旨就是要从历史的尘封中，把这一命题发掘出来，重新确立它在马克思主义哲学中应有的理论地位。

在马克思主义传播史上，人们都知道列宁提出的辩证法十六要素是唯物辩证法的纲要，但是，不知出于什么原因，人们却没有注意到在十六要素之前，列宁先是概括地提出了更为基本的三个要素，并且明确指出：“大概这些就是辩证法的要素”，接下去才说，“或者可以较详细地把这些要素表述如下”。可见，列宁是把这三个要素作为唯物辩证法的总纲，从根本上规定了唯物辩证法的理论要点。这三个要素是：

（1）从概念自身而来的概念的规定（应当从事物的关系和它的发展去观察事物本身）；

（2）事物本身中的矛盾性（自己的他者），一切现象中的力量和

① 同上书，第441页。

② 列宁：《卡尔·马克思》，《列宁选集》第2卷，人民出版社1972年版，第584页。

倾向；

（3）分析和综合的结合。①

深入研究可以得出结论，其中每一个要素都是辩证法的一项本质规定：第一要素规定辩证法的基础是唯物论，辩证法植根于客观实在，这就是下面十六要素第一条所说的“观察的客观性”即“自在之物本身”。第二要素规定唯物辩证法的核心是对立统一规律，列宁在下面进一步指出：“可以把辩证法简要地规定为关于对立面的统一的学说。这样就会抓住辩证法的核心。”②

费解的是第三要素。既然头两个要素所揭示的是辩证法的基础与核心，那么第三要素“分析与综合的结合”，所表示的也绝不会是辩证法无关紧要的特点，而一定是与“基础”“核心”同等重要的本质规定。那么，这是什么样的本质规定呢？我们且来看看列宁是怎样引出分析与综合的命题的。

列宁是在研究了黑格尔关于分析和综合的论述后，概括出这一命题的。黑格尔认为：“分析的认识就是从一个事先建立的，从而是个别的、具体的对象开始”③，它是“概念对客体直接的关系”，“只是去把握有”④，因而是认识的第一个前提；而综合的认识，“它的目标就是一般必然性”，它“从事于有什么之概念理解 Begreifen，即是说以规定的统一性去把握规定的多样性”，⑤可见，黑格尔认为分析是把握个别，是直接的、所与的、现象的；而综合则是把握普遍，是反思的、建构的、本质的。列宁认为辩证法作为认识论，本质上就是正确理解和运用个别和一般统一的辩证法。在《谈谈辩证法问题》中，列宁详尽地阐明了“一般辩证法的阐述（以及研究）方法”，就是“揭明个别向一般的转变，偶然向必然的转变”。正是在这一论述之后，列宁接着提出了“辩证法也就是（黑格尔和）马克思主义的认识论”这一重大命题。⑥

---

① 列宁：《哲学笔记》，《列宁全集》第 38 卷，人民出版社 1959 年版，第 238 页。
② 同上书，第 240 页。
③ 黑格尔：《逻辑学》（下卷），商务印书馆 1976 年版，第 488 页。
④ 同上书，第 495 页。
⑤ 同上。
⑥ 列宁：《哲学笔记》，《列宁全集》第 38 卷，人民出版社 1959 年版，第 410 页。

列宁多次指出，马克思的《资本论》正是从个别的细胞——商品中分析资本主义社会的矛盾，并通过综合揭示了资本主义社会的一般规律，是运用分析与综合方法的典范。列宁《黑格尔〈逻辑学〉一书摘要》这部手稿，恰恰是以黑格尔关于分析与综合的论述结束的："哲学的方法是综合的同时又是分析的……哲学思维起分析的作用，因为它既仅仅感受自己的对象——观念，让它无阻碍地活动，并且似乎只注视着它的运动和发展。但同时哲学思维也是综合的，并表现自己是概念本身的活动。哲学要想达到这点，就需要放弃那些偶然的个别的假设，并放弃那些经常企图表现出来的特殊意见。"① 这里黑格尔进一步阐发了分析是指向个别性，是对对象的直接的感性的认识；而综合则是指向普遍性，是与偶然的个别的认识对立的概念性的认识。列宁对此的批注是"好极了!""非常好（而且非常形象）。"

既然如此，"分析与综合的结合"在唯物辩证法体系中究竟处于什么地位呢？对此，列宁没有提供明确的答案，倒是毛泽东做出了精辟的概括。毛泽东认为，运用个别和一般统一的辩证法去认识世界，最重要的是将其用到辩证法的核心上去，即用它来认识事物的矛盾，也就是认识矛盾的个性（特殊性）和矛盾的共性（普遍性）。他在《中国革命战争的战略问题》一文中首次引用列宁批判库恩·贝拉的话："他忽略了马克思主义的精髓，马克思主义活的灵魂：对具体问题作具体分析。"② 而在《矛盾论》中，他再次引用这一著名论断，并且引申开来，进一步指出，所谓具体问题具体分析，就是"不但要在各个矛盾的总体上，即矛盾的相互连接上，了解其特殊性，而且只有从矛盾的各个方面着手研究，才有可能了解其总体"③。换言之，就是解决矛盾的共性和个性的关系问题，而这个问题正是唯物辩证法的精髓。所以，毛泽东总结说："这一共性个性、绝对相对的道理，是关于事物矛盾法则的精

---

① 列宁：《哲学笔记》，《列宁全集》第38卷，人民出版社1959年版，第257页。
② 列宁：《共产主义》，《列宁全集》第39卷，人民出版社1986年版，第128页。
③ 毛泽东：《矛盾论》，《毛泽东选集》，人民出版社1991年版，第312页。

髓，不懂得它，就等于抛弃了辩证法。”①

通过分析认识事物的个性，通过综合认识事物的共性，这是运用辩证法认识世界的关键所在，体现唯物辩证法作为认识论的本性，因而是唯物辩证法的精髓。这样，我们就确定了列宁之所以把分析和综合的结合当作辩证法的第三要素的深刻含义，从而也就得到了一个完整的辩证法纲要：

第一要素：辩证法的基础——唯物主义；

第二要素：辩证法的核心——对立统一规律；

第三要素：辩证法的精髓——分析与综合的结合。

必须指出，辩证法的精髓论是马克思主义哲学的重大理论问题，不可不辨。

1. 个性和共性的连接是人类认识的根本秩序和基本规律

个性是认识的基础：个性是各种现象的集合，是世界的直接呈现；个性是经验的所与（given），是生动的感性直观经验，是认识的源泉和出发点。共性是认识的指导：是现象背后的本质，是必然性和规律性；共性是理性的抽象，是对事物总体的概括和对过程趋势的把握，指出了认识发展的道路和方向。毛泽东总结说：“就人类认识运动的秩序说，总是由认识个别的和特殊的事物，逐步地扩大到认识一般的事物。人们总是首先认识了许多不同事物的特殊本质，然后才有可能更进一步地进行概括工作，认识诸种事物的共同本质。当着人们已经认识了这种共同的本质以后，就以这种共同的认识为指导，继续地向着尚未研究过的或者尚未深入地研究过的各种具体事物进行研究。”②这是两个认识过程：一个是由特殊到一般，一个是由一般到特殊。

2. 个性和共性的关系是区分认识论不同派别的基本标准

从哲学研究领域划分，个性和共性（个别和一般、殊相和共相）是逻辑

---

① 同上书，第320页。

② 毛泽东：《矛盾论》，《毛泽东选集》，人民出版社1991年版，第309—310页。

学问题，现象和本质是本体论问题，感性和理性（经验和理论）是认识论问题，三者是统一的。从古至今，围绕这一问题，不同的认识论主张明显划分为两大派别，或是主张个性是认识的基础，或是主张共性是认识的基础，反复出现个性第一或共性第一的争论。柏拉图主义是共相主义，按陈康的研究，共相既是存在的原则，又是认识的原则，而“柏拉图的‘相’原来则是从苏格拉底所寻求的‘普遍’发展来的”①。柏拉图的认识论，走的是理性主义的路线，认为真正的知识是以理性为基础的，感官知觉不能揭示事物的真相。相反，亚里士多德主义是个体主义，“亚里士多德着重的是个体性。他将个体性作为衡量本体性的尺度，用来决定本体论范畴的等级。这里认为个别事物是第一本体，甚至还先于 ειδοζ（‘属’‘相’‘形式’），这就表明这种学说是一种个体主义（individualism）学说。”② 相应地，亚里士多德认为，“较接近感觉的东西，对于人说乃是占先的和更清楚地被认识的”③，只有通过可感的个别事物，才能通过归纳获得一般的知识。迨至中世纪，唯实论和唯名论对立的焦点仍是个性和共性的关系问题。唯实论认为共相、一般先于个别事物，并派生出单个实体，从而否认个别事物的客观实在性；唯名论则认为殊相、个别先于一般、共相，后期的唯名论尤其重视感觉经验在认识中的作用，概念或共相是从个别中抽绎出来的。近代以来，西欧哲学认识论分化为大陆理性主义和英国经验主义两大导向，两者的分野本质上仍然是如何看待个性和共性的关系。笛卡尔主义倡导的认识路线是，从简单自明而绝对确实的原则开始，通过严格的逻辑推导，得出同样确实的新真理，因为特殊加上特殊仍是特殊，不能成为普遍，因此真理性的认识只能来自理性直觉和逻辑演绎。培根主义倡导的认识路线与此相反，认为知识来源于经验，从个别的完备的经验事实出发，通过科学归纳，寻求事物的因果关系，找出其共同形式，就能得到普遍的结论。自此以后，如何解决现象和本质、感性和理性、经验和

---

① 陈康：《论希腊哲学》，商务印书馆 1990 年版，第 188 页。

② 同上书，第 288 页。

③ 亚里士多德：《分析后篇》第 1 卷第 2 章，第 72b。

理论的关系问题，一直是不同认识论流派分化和争论的根本问题。例如，当代科学哲学中实证论和实在论的争论就是如此。

3. 分析和综合的结合体现了马克思主义哲学的本性

马克思主义哲学作为实践唯物主义，其根本特征就是认识世界和改造世界的统一。我们的理论不是教条，而是行动的指南。要变革世界，最锐利的武器和劳动工具就是作为推动原则和创造原则的辩证法，为此，就不能把辩证法当作“万古不变的教条”，仅仅放在手中“搓来搓去”①，而是要真正把辩证法当作行动的指南，做到理论联系实际，用哲学的语言说，就是把辩证法当作认识论。但是，问题在于，辩证法成为马克思主义认识论的途径在哪里？如果找不到把辩证法作为认识世界的指南的有效方式，辩证法的应用仍是一句空话。而分析和综合的结合恰恰解决了这一关键问题。通过分析把握矛盾的特殊本质，发现事物运动发展的特殊原因；再通过综合把握矛盾的普遍性，认识诸种事物的共同本质；然后以这种共同的认识为指导，继续研究那些尚未研究过或新出现的具体事物，这就是“人类认识两个过程的互相联结——由特殊到一般，又由一般到特殊”，而这就是马克思主义活的灵魂——具体问题具体分析，所以称之为马克思主义认识论或辩证法的精髓。因为只有懂得了它，才能在实际上而不是口头上把辩证法运用于实践，马克思主义理论才成为指导人们认识世界和改造世界的武器，变成精神力量和物质力量。

列宁是在总结俄国革命经验，在汲取普列汉诺夫的沉痛教训中，深刻领悟到马克思主义哲学的本性，从而提出辩证法就是认识论的命题，并把分析和综合的结合概括为辩证法的基本要素，从哲学上阐明了马克思主义理论和革命实践相结合的关键问题。和列宁一样，毛泽东所领导的中国革命实践在这方面有着更为深刻的经验教训。经历了 1927 年和 1934 年两次惨痛的失败，“左” 和右的机会主义路线几乎把党引向毁灭的边缘，其中尤

① 毛泽东：《整顿党的作风》，《毛泽东选集》，人民出版社 1991 年版，第 820 页。

以王明为代表的“左”倾教条主义危害最大。毛泽东深刻认识到，教条主义的认识论根源正是在于不懂马克思主义哲学的本性，即它的实践性。要克服教条主义，解决用马克思列宁主义理论指导实践的问题，就必须贯彻辩证法和认识论一致的原则。于是，他在《实践论》中讲认识论的辩证法，突出阐明了在实践基础上感性认识和理性认识的关系问题，而感性认识是个别，理性认识是一般；在《矛盾论》中讲辩证法的认识论，突出阐明了如何在共性和个性的统一中认识矛盾的问题。正是在这样的理论创造中，毛泽东在马克思主义哲学史上破天荒第一次提出了共性个性关系是唯物辩证法的精髓这一伟大哲学原理。

今天的中国，正在致力于建设有中国特色的社会主义，正确理解马克思主义活的灵魂，把握马克思主义哲学的精髓，与时俱进，探索马克思主义理论和中国改革开放的实践相互结合的道路，关系到中华民族的伟大复兴，是摆在我们面前的基本理论任务。

恩格斯在《费尔巴哈与德国古典哲学的终结》中提出全部哲学的基本问题或最高问题，是思维和存在的关系问题。这一问题之所以成为哲学的基本问题，是因为它是哲学研究不可避免要做出回答的问题，而对它的不同回答是解决其他哲学问题的基础和前提，并规定了不同哲学理论的性质和发展方向。通过本文的讨论，我想提出的问题是，有哲学的基本问题，那么有没有认识论的基本问题呢？我认为个性和共性的关系问题正是认识论的基本问题，马克思主义辩证法通过分析与综合的辩证连接正确地解决了这一问题，从而体现了马克思主义哲学的实践本性，因而成为唯物辩证法的精髓。

（原载《江海学刊》2010 年第 6 期）

中国马克思主义的发生机制与发展逻辑

刘林元

中国共产党坚持马克思主义普遍原理与中国实践相结合，在取得中国革命和建设的伟大成就的同时，也取得了中国马克思主义的丰硕理论成果。中国马克思主义包括毛泽东思想和邓小平理论、“三个代表”重要思想、以人为本的科学发展观。中国马克思主义是马克思主义中国化的理论结晶，是马克思主义普遍真理与中国实践相结合的产物，是中国共产党人的思想路线和指导理论。中国马克思主义不是中国人对马克思主义理论的翻译、介绍、移植，也不是中国的理论工作者离开中国实践对马克思主义进行单纯的理论研究的成果（包括马克思主义教科书）。这些对马克思主义的介绍和研究，如果是客观的科学的，那是有价值的，但不属于中国马克思主义的范畴。因为它离开了中国的国情和实践，不是马克思主义与中国具体实践相结合的成果。有人可能会提出这样的问题：中国马克思主义只能是中国共产党领导人的马克思主义理论。笔者认为，确定是否是中国马克思主义的理论，不是看提出者是否是中央领导，而是看其理论是否符合马克思主义普遍真理与中国国情和实践的结合，是否对中国革命和建设具有指导意义。如果做到了这些，即使是一个普通的理论工作者，他提出的思想理论也是中国马克思主义理论的组成部分。从这个意义上说，中国马克思主义也是集体智慧的结晶。

中国马克思主义产生和发展的动力机制

中国马克思主义是以马克思主义基本原理为指导，以中国革命和建设为

实践基础，以中国传统文化为背景的三大因素互相结合共同作用产生和发展的。中国马克思主义犹如一棵参天大树，这棵树是中国共产党人培育的，树的种子、根苗来自马克思主义，赖以发芽、生根、生长的土壤是有中国特色的革命和建设实践，树的生长环境就是中国的国情，包括传统文化在当代的影响。中国马克思主义与马克思主义是一脉相承的，因为马克思主义基本原理是中国马克思主义的理论之源，两者有共同的“DNA”。中国革命和建设实践是中国马克思主义扎根的土壤，它是中国马克思主义生存发展的基础。优秀的中国传统文化也为中国马克思主义提供了营养，促进着它的发展。

推动中国马克思主义产生和发展的是马克思主义普遍原理、中国革命和建设实践、中国传统文化三个要素。这里提出两个问题：一是什么是马克思主义基本原理，二是什么是中国国情。

关于什么是马克思主义基本原理，目前我国学术理论界认识并不一致。有的认为马克思主义基本原理就是马克思主义的世界观和方法论，有的具体列出几十条属于马克思主义基本原理的内容。我以为，把马克思主义基本原理限于马克思主义的世界观和方法论，似乎狭窄了些，应该还有其他内容。具体规定若干“基本原理”，又似乎太武断了。因为是不是基本原理并不是哪一个人、哪一家、哪一派就能断定的，必须要由实践来证明。实践证明具有普遍意义才能得到群众公认。本文的基本观点是：在马克思主义理论体系中，凡是阐明马克思主义的世界观（包括历史观、价值观）和方法论的，这是具有普遍意义的，属于马克思主义基本原理。除此以外，在马克思主义著作中，有许多关于资本主义的分析论断，关于无产阶级革命、无产阶级政党和无产阶级专政的主要观点，关于建设社会主义的重要理论观点，等等。这些重要观点、结论有许多经过实践证明是正确的，应该是马克思主义基本原理，但也有一些设想和论断并没有得到实践证明，就不能称作马克思主义基本原理。如马克思、恩格斯的无产阶级革命“同时胜利论”并没有为实践证明，就不能称之为“基本原理”。又如“十月革命”由城市推向农村的“城市中心论”，这条原理在中国就行不通，这就不具有普遍意义。还有马克思、恩格斯

提出未来社会主义不能搞市场经济，只能搞计划经济，中国社会主义初级阶段实践证明，这一条并不正确，不能作为马克思主义基本原理。笔者提出了鉴定马克思主义基本原理的方法论原则，强调的是实践标准。这里，我们还提出一个建议：关于坚持马克思主义的立场、观点、方法的提法，需要斟酌。从延安时代以来，我们提坚持马克思主义立场、观点、方法，这是在坚持马克思主义基本原理的意义上提出来的。坚持马克思主义立场、方法是清楚明白的，不会发生歧义的理解，但坚持马克思主义的“观点”就可能产生不同的认识。马克思主义著作中的观点很多，有重大的基本观点，有个别的具体观点；有经过实践证明的科学观点，还有未被实践证明的设想。显然，我们不可能也不应该对马克思主义著作中的所有观点都坚持。如马克思恩格斯关于社会主义的“三无”观点（无市场、无商品、无货币）就不能坚持。笔者建议，放弃这个提法，以免对提坚持马克思主义的“观点”产生不同的认识。

关于什么是“中国国情”。广义的国情包括国家和民族的主要矛盾和问题，需要解决的实践主题；国家的阶级性质和国家的政治、经济、文化状况；国家的国际地位和国际社会对本国的影响；传统文化在当代的影响。讲国情一定要讲世情。因为中国是世界的一部分，国情受世情的影响。传统文化也会影响当前的政治、经济、文化和道德建设，所以讲国情应该讲传统文化的影响。传统文化中的糟粕会对现实产生消极影响，其优秀精华则对现实产生积极意义。对传统文化进行批判性改造，可以对中国马克思主义建设发挥积极作用。如毛泽东改造古代的“实事求是”，使之成为马克思主义思想路线命题。胡锦涛提出的“八荣八耻”吸收传统思想的优秀成果，使之成为社会主义核心价值体系的重要内容。

对中国马克思主义来说，马克思主义普遍原理的指导、中国实践的土壤、中国优秀传统文化的影响三大因素相结合是中国马克思主义产生和发展的动力机制。

中国马克思主义是马克思主义普遍原理与中国实践双向互动互相结合的理论结晶

中国马克思主义是马克思主义普遍原理与中国具体实践相结合的产物，“结合”是关键词。这种理论和实践的结合是双向互动的。一方面理论要联系实践，追求与实践的结合，以证明自己的真理与价值，发挥自己的功能，并在与实践的结合中丰富和发展理论自身。另一方面实践也要与理论结合，在科学理论的指导下，不断提高实践水平，使实践取得成功；同时也需要在理论的指导下，对实践经验加以科学总结，上升到规律的理性认识。理论与实践互相结合，不仅是实践成功的保证，也是坚持和发展理论的根本途径。马克思主义普遍原理与中国实践相结合，使中国革命和建设获得成功，产生了实践的物质成果，同时也产生了中国马克思主义的精神成果——毛泽东思想、邓小平理论等中国马克思主义的理论成果。下面，让我们分别从理论与实践两个方面来说明马克思主义理论与中国实践互相结合的科学性、必要性。

从理论方面看，理论的存在与发展，理论真理性的检验与确立，理论的价值与功能，只有在与实践的结合中才能得到真正体现。

第一，任何一种理论，归根到底都是在实践的基础上产生的，只有以实践为背景才能把握理论的深刻内涵，只有通过实践，才能为人们所接受。离开实践，抽象地去认识理论，当然也能就字面作望文生义的理解，但是不能把握理论的深刻内涵和真实旨趣。黑格尔讲过一个比喻：老年人和小孩子都能背诵某一句格言，但两者对这句格言的深刻性理解并不一样，小孩子只是就格言的字面意思加以理解，而老年人则以自己丰富的生活阅历加以深刻理解。列宁评论道：这是绝妙的比喻。因此，学习理论一定要坚持理论和实践相结合的方法，以实践为背景和基础才能把握理论的深刻内涵。我们党一贯强调，学习马克思主义一定要坚持理论和实践相结合的学风，这既是为了学能所用，也是为了学有所得。

第二，理论与实践相结合形成实践观念，才能直接指导实践。理论要转

化为现实，观念的东西要转变为物质的东西，必须通过对实践的指导来实现。理论指导实践，这是一个总的说法。从操作层面看，抽象的理论并不能直接付诸实践。理论作用于实践，必须通过中介，这个中介就是指导实践活动的“实践观念”。从根本上说，实践离不开理论的指导与规范，但抽象的理论只有化成具体的路线、方针、计划、措施、方案，才有直接实践的意义。实践观念正确与否，直接决定了实践的成败。那么，直接指导实践的实践观念是怎样制定出来的呢？它不是从抽象的理论逻辑推演出来的，而是在理论指导下分析具体情况形成的。对于马克思主义指导实践也是如此。我们不能用马克思主义关于无产阶级革命的一般原理具体指导某项政治斗争或军事斗争，不能用《共产党宣言》或《资本论》直接组织和发动革命斗争、组织推翻资产阶级政权，不能离开对具体情况的正确分析，从经典著作中直接推演出指导革命实践的具体路线、方针政策、计划和办法。马克思主义理论要真正发挥其指导实践的功能，必须紧密联系实践，结合实际情况，产生正确的实践观念，用以指导实践，才可能使实践获得成功。教条主义者并非不重视理论对实践的指导作用，但他们不懂得理论要与实践相结合，才能产生科学有效的实践观念。他们往往从马克思主义原理中、从本本中直接推出指导中国革命实践的路线和方针政策，或者不顾中国的实际情况盲目照搬国际指示和别国经验，必然导致实践的失败。任何理论离开实践就不可能有任何作为。

第三，理论的发展必须由实践来推动。概括地说，理论的发展有两种途径：一是量上、外延上的扩大，比如通过理论工作者的研究，把某些概念搞清楚，把某些疑点澄清，这也可以推动理论的进展。理论的这种发展途径，可以写成公式：理论Ⅰ→理论Ⅱ→理论Ⅲ。二是通过与实践结合，在指导实践中对原有的理论精神有所突破，并总结新的实践经验获得新的理论质。理论研究和实践都是理论发展的途径，而实践对于推动理论发展具有根本意义。马克思主义发展史表明，马克思主义每一次飞跃性发展，都是在马克思主义指导的重大实践过程中实现的。重大实践是推动理论发展的根本动力。理论的这种发展途径可以写成公式：理论→实践→新的理论。理论的发展途径，

第一种是从理论到理论，在一定程度上使理论完善、深化，但不可能实现理论的重大创新。第二种是通过理论与实践的结合，在实践中发展理论，实现理论的创新和突破。

从实践方面看，只有与理论相结合，在科学理论指导下，实践才能成功，才能对实践经验进行科学总结，达到对实践过程的规律性认识。在实际生活中，提高实践能力有两种方法可以采用。第一种是实践→实践→再实践，不断地重复，经验多了，水平也就提高了。不能否认，这也是提高实践水平的一个渠道。但是用这种方法提高实践水平终究是有限的，在经验层面上的重复，只能使实践更加熟练，不可能在实践中有所创新，而且只限于简单的实践，对于复杂的实践，没有科学理论的指导就不会成功，也不会提高实践水平。第二种是实践同新的理论观念相结合，在新的思想理论指导下，把实践提高到一个新水平，写成公式就是：实践→理论→新的实践。实践水平的提高，主要是靠科学理论的指导，而不是机械地重复实践，新思想新理论的指导能使实践面貌焕然一新。在马克思列宁主义传入到中国之前，中国的民主革命一直在旧的方式中徘徊，不断遭受挫折、失败。而十月革命给我们送来了马列主义之后，全新的科学的革命理论一同中国革命的实际相结合，中国革命就发生了翻天覆地的变化。从此，中国革命一步一步走向胜利。结论是：没有正确理论的指导，就不会有实践的成功；没有理论的创新，就不会有实践的创新。

实践追求理论，目的是取得理论的指导，使实践获得成功。实践成功产生两大成果：一是物质成果，比如革命和建设的成就；二是精神成果，即实践成功的经验。实践的成功证明理论指导的正确。对实践经验加以科学总结，把从感性经验上升到对规律的理性认识，就有可能丰富和发展原有理论。只要实践经验是新鲜的，总结又是客观科学的，就一定会有理论创新。中国马克思主义就是在马克思主义世界观和方法论的指导下，对具有中国特色的革命和建设经验的科学总结。这里的关键是：一、中国实践的成功是在马克思主义的指导下取得的；二、中国的实践经验是具有中国特色的新鲜经验；三、

是在马克思主义世界观和方法论的指导下对实践经验的全面深刻总结。这样，从中国实践经验中提炼出来的理论结晶——中国马克思主义就不仅是对马克思主义的坚持，而且是对马克思主义的丰富和发展。这就清楚地说明，理论和实践的双向结合，既是实践成功的重要保证，也是理论创新的根本途径。

实事求是是统摄中国马克思主义的灵魂

“实事求是”四个字是中国古人说的，“实事求是”作为中国共产党人的认识原则和行为原则是毛泽东规定的。毛泽东在《改造我们的学习》中提出：“‘事实’就是客观存在的一切事物，‘是’就是客观事物的内部联系，即规律性，‘求’就是我们去研究。我们要从国内外、省内外、县内外、区内外的实际情况出发，从中引出其固有的而不是臆造的规律性，即找出周围事物的内部联系，作为我们行动的向导。而要这样做，就须不凭主观想象，不凭一时的热情，不凭死的书本，而凭客观存在的事实，详细地占有材料，在马克思列宁主义一般原理的指导下，从这些材料中引出正确的结论。”① 经过这一番改造，实事求是成为中国共产党思想路线的命题。坚持实事求是，第一要承认事实，面对现实。第二要按客观规律办事。第三，规律不是停留在事物的表面，而是存在于事物内部的本质联系，因此必须深入群众、深入实践、调查研究。第四，要反对不从实际出发而从书本出发的本本主义和凭主观想象的主观主义。

经过毛泽东改造的“实事求是”命题，具有丰富的哲学内涵。“实事求是”要求从客观存在和变化发展的实际出发，显然这是一个辩证唯物主义的命题。“实事求是”认为，可以从“实事”中求到“是”，人们不仅可以认识“实事”的现象，而且可以认识现象背后的规律，说明它是一个马克思主义认识论的可知论命题。因为本质隐藏在事物的背后，不是一望可知的，必须要“求”，即经过调查研究才可知，可见它又是能动反映论的命题。因为从“实

① 《毛泽东选集》第3卷，人民出版社1991年版，第801页。

事”到“求”出“是”是一个从现象到本质，从初级本质到二级本质、三级本质不断深化的复杂过程，这说明人的认识是一个由浅入深，由片面到全面的发展过程，这就包含有犯错误的可能性。因此，坚持实事求是就是不断地修正错误、接近真理的过程。可见，经过毛泽东改造的“实事求是”是体现了马克思主义哲学的唯物论、辩证法和认识论三者统一的总体性的命题。实事求是深刻而丰富的马克思主义哲学内涵，奠定了作为马克思主义思想路线的科学理论基础。

毛泽东不仅是党的实事求是思想路线的创立者，而且在其革命征程的大部分时间里，在为中国革命奋斗的过程中，他是坚持实事求是的典范。他坚持马克思主义普遍原理与中国实践的结合，坚持不懈地反对脱离实际的本本主义；他注重对中国国情的分析，坚持一切从实际出发；他坚持深入的调查研究，强调没有调查就没有发言权；他坚持从变化发展的实际出发制订革命的战略策略；他强调充分发挥符合客观规律的自觉能动性；他提出必须坚持和发扬理论联系实际、密切联系群众、批评和自我批评的党的三大优良作风，等等。在毛泽东看来，实事求是既是党的思想路线，又是党的优良作风，还是党最基本的工作方法。坚持实事求是是党性的表现，是“一个共产党员起码应该具备的态度”。他不仅自己身体力行，而且倡导全党，使之蔚然成风。但遗憾的是，到了晚年，由于主客观方面的种种原因，他背离了自己倡导的实事求是思想路线，犯下了错误。但从总体上看，毛泽东对坚持和发扬实事求是思想路线和优良作风做出了巨大的贡献。毛泽东思想就是实事求是思想的理论结晶，邓小平多次强调指出，实事求是是毛泽东思想的精髓。1981 年通过的《关于建国以来党的若干历史问题的决议》，党中央把实事求是作为毛泽东思想的灵魂之一，为全党在改革开放新的历史时期坚持毛泽东思想指明了方向。

十一届三中全会以后，以邓小平为代表的中国马克思主义者坚持并发展了毛泽东实事求是思想，不仅取得了重大的理论成果，丰富了中国马克思主义的理论内涵，而且取得了改革开放建设中国特色社会主义的伟大实践成果。

邓小平在马克思主义发展史上第一次提出实事求是是马克思主义的精髓，这是对马克思主义精神实质的新的科学概括。马克思主义是认识世界和改造世界的科学思想武器。实事求是既是马克思主义的世界观，也是马克思主义的方法论，又是马克思主义的作风。因此，它理所当然地是马克思主义的精神实质的凝聚和结晶。邓小平对马克思主义的精髓的这一科学概括，反映了他对马克思主义理论本质的精辟独到的见解，为全党学习、掌握马克思主义理论指明了一条新的思路。他在1992年视察南方的谈话中指出："实事求是是马克思主义的精髓。要提倡这个，不要提倡本本。我们改革开放的成功，不是靠本本，而是靠实践，靠实事求是。"① 他多次强调实事求是也是毛泽东思想的精髓，在新的历史条件下高举毛泽东思想的旗帜，就要坚持和发扬实事求是。为此，邓小平明确规定我们党的思想路线是实事求是，并对这条路线思想的内容做了规定，指出：一切从实际出发，理论联系实际，实事求是，实践是检验真理的唯一标准，这就是实事求是思想路线的基本内容和基本要求。这一明确规定，起到了党内立法的作用，对于共产党员特别是对于党的领导干部来说，能否自觉遵循实事求是的原则，这是一个党性的考验。

邓小平把实事求是与解放思想统一起来，实事求是是解放思想的前提，解放思想是实事求是的必然结果。"解放思想，就是使思想和实际相符合，使主观和客观相符合，就是实事求是。"② 这就准确地揭示了解放思想的含义，阐明了解放思想与实事求是的内在统一性。实事求是是解放思想必须遵循的原则，解放思想又是实事求是的必然要求和重要环节。解放思想必须坚持实事求是，即解放思想必须从实际出发，坚持按客观规律办事，尊重客观条件。实事求是不是一个保守、僵化的口号，解放思想也不是一个自由化的口号，两者互相联系互相统一。坚持实事求是与解放思想的统一，这是"破"的要求，也是"立"的需要。邓小平在十一届三中全会以后，坚持和发展了实事求是的思想路线，坚持了辩证法的全面性，总结了我们党几十年反倾向斗争

① 《邓小平选集》第3卷，人民出版社1993年版，第382页。
② 《邓小平选集》第4卷，人民出版社1994年版，第364页。

的历史经验，特别是“文革”十年及以前十年党内反倾向斗争的深刻教训，从我国社会的实际情况出发，提出了“左”的危害最大，主要是反“左”，防“左”，这就抓住了反倾向斗争的关键，找准了坚持实事求是解放思想的针对性。邓小平针对“左”的危害尖锐地指出：“一个党，一个国家，一个民族，如果一切从本本出发，思想僵化，迷信盛行，那它就不能前进，它的生机就停止了，就要亡党亡国。”① 由于以邓小平为代表的中国马克思主义者力挽狂澜，刹住了“左”倾路线前进的车轮，使改革开放得以顺利健康地进行。

邓小平坚持实事求是解放思想，立足于中国国情的特点的分析，同时放眼世界，从国际社会的新的变化及其对中国发展的影响的全局出发，制订了建设中国特色社会主义发展的战略目标以及实现目标的方针政策，使改革开放建设中国特色社会主义实践一路顺利发展。

在邓小平之后的两代中央领导集体，从改革开放深入发展的实际出发，把马克思主义的普遍原理与新的实际结合起来，提出“三个代表”重要思想和以人为本的科学发展观，这是坚持实事求是解放思想的新成果，既是中国马克思主义的传承，又是中国特色社会主义理论体系的创新。

中国共产党的两大实践主题
与中国马克思主义的两种发展逻辑

中国共产党的九十年面临着两大实践主题，实现了两次历史性飞跃，形成了中国发展的两种逻辑，产生了中国马克思主义的两大成果。马克思主义普遍原理与中国实践相结合的两大理论成果——毛泽东思想和中国特色社会主义理论体系，是矗立在马克思主义中国化前进过程中的两座丰碑，是中国马克思主义对两个不同时代、两大实践主题的实践过程的记录和理论总结。毛泽东思想是中国革命时代进行革命实践的过程记录和理论总结；作为当代

① 《邓小平选集》第4卷，人民出版社1994年版，第143页。

中国马克思主义的中国特色社会主义理论体系是中国进行现代化建设实践的过程记录和理论总结。可以说，前者完成了中国革命的逻辑，后者进行的是中国现代化建设的逻辑。从革命逻辑到建设逻辑，反映了中国共产党领导下的中国社会发展理论与实践相统一的历史进程和逻辑发展。

毛泽东思想是指导中国革命实践的中国化的马克思主义。我们之所以说毛泽东思想是中国共产党的革命逻辑，就是从它的历史任务和解决当代中国第一个重大实践主题说的。它要指导中国共产党和人民群众通过革命斗争推翻帝国主义的侵略和反对统治阶级的压迫剥削，求得国家独立、民族解放、人民翻身做主。它的中心概念是阶级斗争——军事的、政治的、思想的，还包括经济的。毛泽东关于中国革命逻辑，包括关于中国国情和中国社会各阶级的分析，关于新民主主义的性质、对象、领导和动力，关于农村包围城市的革命道路，关于党的建设、武装斗争和统一战线的理论和实践，关于民族资产阶级的两面性以及和平改造资本主义的思想和政策，关于只有社会主义才能救中国的坚定信念和坚决走社会主义道路的决心，关于坚持实事求是群众路线和独立自主自力更生的路线和方针，关于正确认识和处理社会主义的基本矛盾和两类矛盾的指导思想和方针政策，等等。毛泽东的革命逻辑是中国马克思主义的基本内容，是中国共产党对马克思主义革命理论的杰出贡献。毛泽东完成的这个革命逻辑，意义极其伟大，它从根本上改变了中国人民的命运、改变了国家的命运、改变了近代中国在世界历史发展中的走向，中国从此走向独立富强。中华人民共和国政权的建立与巩固、中国社会主义制度的确立为中国的繁荣发展打下基础，提供前提。正如胡锦涛所说：“新民主主义革命的胜利、社会主义制度的建立，为当代中国特色社会主义的发展奠定了根本政治前提和制度保证。”我们任何时候都不会忘记毛泽东为中国革命事业所作出的伟大贡献，任何时候都不能贬低作为中国革命逻辑的毛泽东思想的伟大意义。

应该承认，毛泽东晚年也对社会主义建设进行了探索，积累了宝贵的经验，但主要是教训，留下了历史的遗憾。毛泽东没有领导党完成的建设逻辑

的使命，由邓小平及其继承者领导党和人民来完成了。

十一届三中全会，标志着毛泽东晚年时代的结束，同时也标志着中国特色社会主义新时代的开始。历史决定了毛泽东的历史遗产对后毛泽东时代必然会产生影响。十一届三中全会以后，中国共产党接受了毛泽东的双份遗产。一份是伟大的毛泽东思想，这是马克思主义普遍原理与中国实践相结合的产物，是对马克思主义的坚持和发展，从党的七大以来，一直是中国共产党的指导思想。这是毛泽东留给中国共产党和中国人民最宝贵的精神财富。另一份遗产就是毛泽东晚年的错误的理论和实践，晚年教训。消化和吸收这两份历史遗产，这是当代中国马克思主义的核心理论——邓小平理论产生的历史起点。

邓小平高举毛泽东思想的伟大旗帜，坚持和发展了毛泽东思想的科学思想体系。在 1981 年党的十一届六中全会通过的《关于建国以来党的若干历史问题的决议》中，对毛泽东思想的灵魂即实事求是、群众路线、独立自主作了深刻的阐明，对毛泽东的历史功绩和历史地位作了具体的总结，明确毛泽东思想依然是我们党的指导思想。邓小平及其后的几代中央领导都是旗帜鲜明地高举毛泽东思想，在实践中继承和发展毛泽东思想，强调毛泽东思想不能丢，丢了就失去根本。

毛泽东晚年错误，从 20 世纪 50 年代后期开始，持续将近 20 年时间。在毛泽东逝世后，摆在中国共产党面前的一个重大历史任务就是纠正毛泽东晚年错误，结束毛泽东晚年时代，开创社会主义建设的新时代。顺应历史潮流，邓小平坚定地领导全党和全国人民，纠正了毛泽东的错误，进入改革开放建设中国特色社会主义的历史新时期。毛泽东这份遗产对中国共产党极为宝贵，是中国特色社会主义建设的一面镜子。恩格斯说："伟大的阶级，正如伟大的民族一样，无论从哪方面学习都不如从自己所犯错误的后果中学习来得快。"① 邓小平说过，我们做对了一些事，是因为我们记住了"文革"中的教训。

① 《马克思恩格斯选集》第 4 卷，人民出版社 1995 版，第 432 页。

十一届三中全会开始了改革开放，建设中国特色社会主义的建设逻辑。它的主体思想是以经济建设为中心，坚持四项基本原则，坚持改革开放，艰苦努力建设富强、民主、文明和谐的社会主义强国。从邓小平开始的三代中央领导集体，领导党和人民经过了艰苦的奋斗，取得了伟大的成就，积累了宝贵的经验。在党的十七大的政治报告中，胡锦涛强调指出，改革开放以来，我们取得一切成绩和进步的根本原因，归结起来就是：开辟了中国特色社会主义道路，形成了中国特色社会主义理论体系。高举中国特色社会主义的伟大旗帜，最根本的就是要坚持这条道路和这个理论体系。中国特色社会主义理论体系，就是包括邓小平理论、“三个代表”重要思想以及科学发展观等战略思想在内的科学理论体系。中国特色社会主义理论体系是建设中国特色社会主义实践的思想结晶和理论指导，它提出并回答了什么是社会主义和怎样建设社会主义的问题，提出并回答了在新时期要建设一个什么样的党和怎样建设党的问题，提出并回答了社会主义现代化建设中什么是科学发展和怎样进行科学发展的问题。中国特色社会主义理论体系是马克思主义原理与中国国情和具体实践相结合的产物。解放思想、实事求是思想路线像一根红线贯穿其中。它既是重大的理论创新，极大地丰富和发展了科学社会主义理论，又对中国特色社会主义实践提出了战略思考和方针指导，内涵丰富而深刻，是党最可宝贵的政治和精神财富。作为“建设逻辑”的中国特色社会主义理论体系，其“建设”内涵是广义的，包括经济建设、政治建设、文化建设、社会建设、党的建设和人的发展建设。中国特色社会主义理论体系是不断发展的开放的理论体系，随着中国特色社会主义实践的深入发展，经验不断丰富，认识不断全面深刻，一定会继续丰富和发展这个体系。

由毛泽东领导的“革命逻辑”完成了夺取政权、巩固政权、建立社会主义制度的历史任务，这是毛泽东之后中国共产党进行“建设逻辑”的前提和基础。“建设逻辑”的历史使命是在“革命逻辑”基础上实现社会主义现代化。从“革命逻辑”到“建设逻辑”的转变，反映了中国共产党实践主题的重大转变。这上下两种“逻辑”前后相连，构成了中国共产党领导中国人民

多年艰苦奋斗的历史，完整反映了中国共产党领导下的中国社会的发展规律和历史前进的要求。

坚持以人为本，把中国马克思主义提高到一个新台阶

社会主义以人为本，这是当代中国马克思主义的最新理论境界。我们党在建设社会主义的过程中，经历了以政治（阶级斗争）为本到以经济（生产力）为本，这是一个巨大的转折和进步。今天我们党又提出以人为本，这是认识的大飞跃，是对科学社会主义的巨大贡献。多年来，“人”是研究禁区，有人公开批评马克思主义不关心人，这是对马克思主义的曲解。邓小平说，马克思主义就是共产主义。人是马克思主义的出发点，也是马克思主义的目的。坚持以人为本的科学发展观，这是中国马克思主义理论的新内涵。以人为本，这里的“人”是人民，是以工农劳动群众为主体的广大人民群众；“本”就是本源、根本，就是我们党的路线政策的根据和立足点。社会主义以人为本应有四层含义：一是人民群众是历史的主人，是社会前进的根本动力，也是社会主义发展的根本动力，因此必须依靠人民群众。二是人民群众是社会主义的实践主体，人民群众实践是检验真理的唯一标准，因此我们要相信人民群众，尊重人民群众的实践。三是人民群众是社会主义社会的价值主体，人民利益高于一切，因此要执政为民，全心全意为人民服务。四是社会主义的发展是多方面的，人的全面发展是最高要求，生产力的发展要促进人的发展。

在改革开放建设中国特色社会主义的实践中，我们党把坚持马克思主义与发展马克思主义统一起来，强调理论创新和与时俱进，一切从实际出发，提倡理论结合实际发现问题，解决问题。十一届三中全会以来，我们党坚持了彻底唯物主义的态度，而彻底唯物主义是无所畏惧的。那么中国共产党的彻底唯物主义的立场和坚持与发展马克思主义的动力、理论勇气和理论境界来自何方？来自人民，来自人民利益至高无上的世界观。我们党坚持人民群

众是历史主人的唯物史观，始终依靠人民，全心全意为人民服务，执政为民是党的唯一宗旨。在改革开放建设中国特色社会主义过程中坚持和发展马克思主义问题上，我们党坚持以人为本的宗旨，在认识上解决了有关联的四个问题。

第一，坚持党对人民的领导和人民对党的监督的统一。中国共产党是中国人民的领导核心，这是全国各族人民的共同要求，是有宪法保证的。党是人民的领导，但每个党员干部又是人民中的一员。党的执政是人民的选择，执政的权力是人民赋予的，因此理所当然地要接受人民的监督。权是人民所赋予的，因此权要为人民谋利，人民的意愿和要求，人民的批评和批准，人民的支持和反对，就应该成为衡量党的执政业绩、党的路线方针正确与否的根据。把党的领导和执政自觉置于人民群众的有效监督之下，这是坚持以人为本的重要内容。

第二，坚持马克思主义的指导与坚持从人民根本利益出发的原则的统一。有人提出，是从马列书本出发，还是从人民根本利益出发，究竟是向人民负责，还是向马列书本、经典负责。这个问题，作为矛盾提出来是不对的，马克思主义经典理论应该是和人民利益一致的。坚持用马克思主义指导实践，就是为人民服务，就是对人民负责。但是确确实实，马克思经典理论中间有的是过时的，如果以过时的无效的经典指导实践，就会导致实践失败，就是损害人民群众的根本利益。无疑，要对人民负责，就要从实践出发，而不是从某种经典和固有规定出发。我们的实践并不是首先看马克思的经典结论，而是先看人民的要求。人民利益是最根本出发点。比如我们在改革开放初期，实行包产到户，就是根据广大农民的强烈愿望而采取的政策措施，并不是根据什么经典指示，得到经典认可而作出的。

第三，坚持人民利益高于一切的价值标准和人民群众的实践是检验真理的实践标准的统一。马克思主义对待理论坚持两个标准：一是坚持实践检验真理的实践标准，二是坚持人民利益的价值标准。确认某种理论是否是真理，只有经过实践检验，验明理论的“真”“假”。这还不是目的，还

要运用真理指导实践，改造世界，满足人民群众的利益需求，实现真理的价值。马克思主义认为，坚持实践是检验真理的标准和坚持人民群众利益是真理的价值标准，这是辩证统一的过程，前者是前提，后者是目的。对马克思主义来说，只有真理才有价值，掌握真理是为了获得价值。作为真理，马克思主义的价值就在于它是真正符合广大人民群众的根本利益的。在社会主义条件下，人民群众既是实践的主体，又是价值的主体，人民群众会通过自己的实践，实现真理的价值，满足自身利益的要求。从人民根本利益出发，尊重人民的意愿，把人民满意、人民批准作为决策的最大依据和检验实践成效的标准。这是十一届三中全会以来的党中央进行理论创新和实践探索的根本理念。

第四，坚持生产力的发展和人的全面发展的要求的统一。任何一个社会，生产力发展都是最重要的，因为只有生产力的发展才能提高社会生活的物质基础。但生产力发展不是唯一的，生产力的发展不是最终目的，发展生产最终是为了人民利益，因此还要和人的全面发展的要求统一起来。生产力发展是人的发展的前提物质条件，但生产力发展不等于就是人的发展，生产力发展可以促进，也可以阻碍人的全面发展。马克思主义要求以生产力发展推动人的全面发展，前者是手段，后者才是目的，生产力发展是为了实现人的全面发展的目的。科学发展观坚持以人为本、坚持经济发展和人的全面协调的发展，就很好地体现了这一辩证统一的观点。以人为本，这是社会主义的本质要求，是我们考虑问题的出发点。中国共产党人，经过改革开放三十年的探索，经过几代中央领导的实践传承和认识深化，对社会主义的认识进到了更深的层次，使当代中国马克思主义达到了更高的理论境界。

（原载《江海学刊》2011 年第 5 期）

当代哲学的功能定位与价值取向

欧阳康

随着中国的和平崛起，当前中国的哲学研究尤其是马克思主义哲学研究面临着史无前例的挑战，这无疑也是促进马克思主义哲学发展的难得机遇。在不断深入中国社会实践和不断反思自我的双向运动中透析研究对象，优化研究思路，拓展研究视野，更新研究方法，对于马克思主义哲学的当代发展具有极为重要的意义。为此，我们有必要不断地回到一些源初性的前提性问题。本文就当代哲学的功能定位和价值取向谈些基本的看法，向识者讨教。

马克思哲学的定位问题

当我们立足于马克思哲学来谈马克思主义哲学及其当代发展的时候，难免遇到一个问题，即马克思哲学到底是一种普遍性的哲学还是一种特殊性的哲学？很明显，世界上从来就没有一种哲学可以被称为彻底的普遍性的哲学。我们讲的哲学都是中国哲学、西方哲学，甚至每一个哲学家的哲学。马克思作为一个伟大的哲学家为我们留下了丰厚的思想资源和探索文本，他的哲学具有相当的普遍性，因此可以成为马克思主义哲学的思想之源，并超越国界成为具有世界意义的哲学。但是马克思哲学仍然具有特殊性，是一种特殊性的哲学，因为他是作为个体人以他自己的方式来关注世界。当我们把马克思哲学定位为一种特殊性的哲学的时候，就需要研究马克思主义哲学的特殊性到底是由什么决定的？这里有很多问题需要讨论。

第一，马克思哲学在研究对象上的特殊性。过去我们给马克思主义哲学

的研究对象一个非常广泛的定义，说它是自然、思维、社会最一般的规律，涵盖了世界上的几乎一切，后来我们逐渐发现其实很多东西不是马克思哲学所研究的，而是科学研究的，甚或是各种神学研究的。马克思主义哲学是从人出发来关注人与世界的关系，探讨其存在本质及其运动规律，等等。由哲学研究在对象上的特殊性就会产生一个疑问，为什么我们会有一种特殊的对象，这对于哲学研究到底是必要的、积极的，还是约束的和消极的？比如说，马克思和恩格斯创立马克思主义哲学时他们所关注的是全部世界，还是局部世界？中国的马克思主义哲学研究中国，是否仅仅应当研究中国？中国的马克思主义哲学应不应当研究世界，应不应当在世界的发展中找到自己应有的对象性视域和回答世界性的问题？我们都讲当代哲学应当面对当今世界的问题，而这些问题很明显不仅具有中国的意义而且具有世界的意义，同时也不仅仅具有世界的意义，它们同时也应当具有中国的意义。

第二，马克思哲学在研究思路和视角上的特殊性。如果我们回溯马克思的哲学研究历程，我们当然可以也应当回溯到《共产党宣言》，回到《1844年经济学哲学手稿》，甚至回到马克思的博士论文，看看马克思当年怎样走进了哲学，怎样从黑格尔的视域走进了费尔巴哈的视域，最终走向了自己的实践论视域。但是当我们这样来定位时就会面临另外一种追问，那就是为什么这样一种视角具有合法性或者具有合理性？他们是否是最好的或者比较好的？为什么？因为每个人的视域、视角都是有限的，我们也不能排除马克思的有限性，我们不能把马克思作为神，而应当看做人。那么马克思的有限性今天对我们起什么样的作用？我们应当如何学习、研究、发掘他们的思想并在此基础上去寻求超越？

第三，马克思哲学在研究价值取向方面的特殊性。正如马克思的墓志铭所指出的，“哲学家们只是以不同的方式解释世界，而问题在于改变世界”。我们一直认为，马克思哲学的突出特点在于改变世界，要以改造世界来引领对于世界的认识和解释。但是当我们这样来界定马克思哲学时我们也会有一个问题，那就是只有马克思哲学才讲改变世界，才讲创造新世界吗？其他哲

学都不讲吗？为什么？世界上那么多的哲学家都不知道哲学应该走向实践，要帮助人类自由进步发展吗？为什么？

第四，马克思哲学在社会功能方面的特殊性。如果马克思哲学的研究对象、视角、思路、价值取向都是特殊的，那还能不能指望它具有普世性的功能？过去我们对马克思主义哲学有一个非常广泛的功能界定，甚至希望它能“放之四海而皆准”，现在看来这是不太可能的。但我们很多人仍然至少希望它能够回答人类或者中国几乎所有的问题。我们有了问题就去找马克思，甚至希望能够找到现成的结论，找不到直接合用的结论时就有人说马克思主义哲学没用了。在这种背景下如何理解马克思？我们如何在马克思那里寻找智慧？有哪些东西可以借鉴？对此我们研究马克思哲学的人应当有个清醒的认识。承认马克思哲学的有限性并不是低估了它，而是要在此基础上探索马克思主义哲学所具有的发展余地和空间，明确我们应当努力的方向。

当代哲学的主题和功能

人类为什么需要哲学？当代人类为什么还需要哲学？当代人类需要什么样的哲学？在我们看来，从根本上说，这是因为哲学具有提升人类理性能力和思维方式的功能。当年古希腊那个“水是万物的本原”的命题为什么标志着哲学的发端？就在于它意味着人类理性在哲学层面得到第一次表达，标志着人类理性思维从原始形态向哲理形态的提升与超拔。从那时到现在，两千多年过去了，中国哲学、西方哲学、印度哲学、埃及哲学等有的中断了，有的还在不断发展。那么今天的人类哲学应该探讨什么问题？回答此类问题我们有一个比较简单的办法就是看当今世界的哲学家们在想什么，国外的哲学家们在想什么。当然国外的哲学家们也各有各的说法，各有各的观点。我觉得有一条捷径就是看看世界哲学大会在研究什么。国际哲学界联合会是世界最高的哲学学术机构，世界哲学大会每五年召开一次，每届世界哲学大会的主题基本上标示着一定时代或者一定时期最为紧迫重要的哲学问题。这里从我 1998 年开始参加的第 20 届世界哲学大会开始作一个简略的回顾，大家从

中也许可以得到一定的启发。

第20届世界哲学大会于1998年8月在美国波士顿召开，大会的主题叫做Paideia，Philosophy Educating Humanities（哲学教化人性）。这是讲什么，讲哲学的功能，哲学的功能就是要教化人性。这种功能无疑是哲学最重要的功能。哲学产生以来，尽管一直有人在宣称哲学的终结，但是哲学却没有终结，因为哲学始终与人性的自我反省相关。从古希腊开始强调“认识你自己”，人类一直在从事自我认识。但直到今天，人类最不清晰的恰恰也在这个方面。人类当前进入到一个新的“摸着石头过河”的阶段，全球都处于困惑之中，需要自我教育和提升。中国特色社会主义道路也处于新的探索与创造时期。

第21届世界哲学大会于2003年8月在土耳其首都伊斯坦布尔召开，它更明确地提出了一个问题叫做Philosophy Facing World Problems，即“面对世界问题的哲学”。当哲学以教化人性作为自己的根本目的的时候，它直接的功能就是要求和帮助人类更好地去面对世界问题。德国著名哲学家哈贝马斯在大会上做了第一场演讲，就是讨论当代人类所面临的突出问题。当时大家都同意哲学应当面对世界问题，但是当代世界面临的问题很多，那么哲学应当关注哪些问题？哲学应当怎么关注和回答这些问题？这样的探讨有利于人类文明的进步与发展。

第22届世界哲学大会于2008年8月在韩国首尔召开，本次会议的主题是Reflecting Philosophy Today，即“反思当今的哲学”。当哲学要有效教化人性、面对世界问题的时候，一个重要的前提是对自我的追问。会议提出了多方位和多层次的反思，例如，反思道德哲学、社会哲学和政治哲学：民主、正义和全球责任；反思形而上学和美学：实在、美和生命的意义；反思认识论、科技哲学：知识和文化；反思哲学史和比较哲学：传统、批判和对话等。在本次世界哲学大会上，各种领域各种流派各种地域的哲学家都在追问一个问题，在世界快速发展并趋向多元的背景下，哲学自身的状态如何？哲学满足人类需要的状态如何？哲学应当如何更好地发展自身？

第23届世界哲学大会将于2013年8月回到雅典，这次会议给哲学一个非

常好的定位，其主题是 Philosophy as Inquiry and Way of Life，即“哲学作为一种追问和生活方式”。哲学在哪里？在书本里？在课堂上？在论坛中？更重要的是在人们的日常生活中。哲学要更好地发挥作用，要教化人性，回答世界问题，就要走进日常生活，尤其是走入每个人的心灵世界和生活世界，帮助人们去怀疑，去探索，去生活，通过对哲学的学习、研究和思考变得更加聪颖和智慧，能够更加自觉地享受生活，以一种哲学生活方式来度过自己有价值有意义的人生。

在世界哲学大会休会期间还有两次较大规模的会议同样值得关注。一次是2006 年 11 月在印度召开的世界哲学中期大会，这次会议的主题叫做 Philosophy in the Emergence Age of Global Society，即“全球社会形成时代的哲学”，集中研究当代哲学生成发展的时代背景，2000 多人参加。我在会上做了一个大会发言。大会集中探讨全球化社会是怎么形成的？全球化社会需要什么样的哲学？哲学如何才能更好地进入全球化的社会，全球化时代的哲学应当是一个什么样的形态？全球化对哲学提出了什么问题？印度哲学协会在会议同期召开了当年的印度哲学大会，他们联系印度问题来探讨印度哲学，给我留下了深刻印象。

2010 年 10 月有一个世界性哲学论坛在希腊雅典召开，主题是 Best Philosophical Idea to Improve Humanity，即“最好的哲学以改进人性”。我 1996 年去过希腊，16 年再去希腊，与多国的哲学家一道讨论哲学，有很多感受。这个话题最为重要的在于，什么是最好的哲学？哲学怎么改进人性？改进人性方面的功能是否就是衡量哲学价值的标准？我去讲中国哲学、中华文化对人类进步和文明发展的价值和意义，引起了大家的广泛兴趣。

当今哲学面临的挑战

当今哲学面临什么挑战？对此我想从世界哲学日谈起。联合国教科文组织从 2002 年开始把每年 11 月的第三个星期四定为世界哲学日。世界上很多国家的哲学界都在这一天开展各种形式的活动。我国哲学界对此重视不够。

2010年世界哲学日，吉林大学哲学社会学院搞过庆祝活动，2011年的世界哲学日是11月17日，厦门大学哲学系搞过相应的庆祝活动。但是很遗憾这件事情在中国哲学界没有引起足够的重视。最近教育部召开了全国高校哲学社会科学工作会议，在这个会上大家有很多议论，谈到了哲学社会科学在当今中国不受重视的很多典型案例，比如说没有全国的哲学社会科学界联合会，没有国家级的哲学社会科学优秀成果奖励，没有评审哲学一级教授的资格等。大家都觉得中国哲学社会科学没有得到足够的重视。但问题的另一方面是，我们作为哲学社会科学工作者生存于中国社会，我们在研究、深化、提升和普及中国的哲学方面又做了多少非常自觉和有效的努力，我们曾经利用世界哲学日让中国各界来走近和了解哲学吗？在这方面我们很惭愧。

2011年的世界哲学日前我收到好几封海外来的电子邮件，都在讨论世界哲学日及哲学的意义。其中有一位秘鲁的著名学者，他的想法很有代表性，我愿意和大家分享。他认为世界哲学日无疑应当关注哲学，问题是应当关注哲学的什么？他认为应当关注哲学的危机和世界的危机。他认为世界的危机就是哲学危机的结果。他的思路非常独特，认为应从哲学危机方面来分析世界危机，甚至把哲学的危机看成世界危机的原因。我们的哲学是否有这样的地位，哲学家是否担当得起这样的责任？哲学应当干什么？他认为哲学应当能够支持人类生活，应当能够保护人类的需要和利益，应当通过建构一种整体性的知识来反映人与自然、社会之间的互动。他认为我们社会中存在着太多的矛盾，用中国的话说叫做二律背反：我们既需要时代的知识，但是时代的知识往往遭遇到非理性的破坏；人类社会和个人都需要保护，但是人类恰恰面临着一个个物种的毁灭；人类需要和平共处，但是恰恰没有一种机制来促进跨文化间的交流；人类需要整合，但是我们所有的教育都不教育人类去整合，而是教育矛盾、冲突、斗争，包括国度之间、民族之间、文化之间的斗争；人类需要建构一种普遍性的社会组织，但是我们恰恰缺少这样一种组织建设的教育，等等。他的结论是，人类的危机反映了哲学的危机，而人类的自我毁灭是引导这种趋势的哲学的失败。在他看来这种危

机很严重、很紧迫。

从这样的意义来看，今天我们要更好地发挥哲学的功能，可能首先要看看世界面临什么问题。去年世界哲学日，联合国秘书长潘基文做了一个致辞，谈他对哲学的期盼。他希望通过理性的对话、通过哲学的辩证的活力源泉来巩固我们的社会。那么哲学应当干什么呢？他说哲学帮助我们确定我们是谁，我们如何相互关联，我们如何与我们所生活的世界相关联。世界哲学日要达到一个目的，要帮助作为个体和世界的大家庭搞清楚我们是谁，而且要追问一个问题，为什么我们人类今天会忽略思考，我们会习惯于哪些不能容忍的现实？哲学应当不断地进行批判和自我批判。

当我们今天来反思哲学的时候，可以从世界哲学的最高论坛所反映的问题和世界哲学日寄托于我们的希望中获得启示。

中国和平崛起的哲学需求与当代哲学工作者的使命

一个大国的崛起一定需要与之相适应的哲学思想的支撑与引领。记得1998年我曾就“当代美国哲学走向”采访了美国著名的哲学家Peter Hare。他是美国纽约州立大学布法罗分校的哲学系主任，全美哲学会常务理事，皮尔士哲学杂志主编。当时他就毫不客气地说：“美国在世界哲学中的统领地位比美国在世界经济、政治和军事领域的统领地位要高得多。”他还认为，“在许多方面可以说，20世纪是美国的世纪，21世纪注定将是中国的世纪。”这篇采访在1998年就发表了。他认为一个国家、一个民族如果没有与自己的内容和地位相应的哲学就是不可想象的。我当时邀请了36位世界顶级哲学家为中国撰写《当代英美哲学地图》和《当代英美著名哲学家学术自述》，其中的绝大部分学者都在美国，即便是当时在英国、澳大利亚的学者，不少人后来也到美国去了。这是哲学与社会协调发展的一个大趋势。当代中国也面临类似的情况。中国作为一个经济政治大国的崛起，也一定会要求哲学的相应发展，甚至是超前发展。今天中国实际上存在着哲学发展严重滞后的状况，

甚至我们连社会主义核心价值观都还没有能够明确地概括出来。这里需要反思的是，马克思主义哲学在干什么？哲学理论工作者在干什么？我们都讲哲学是时代精神的精华，那么中国马克思主义哲学应当成为当代中国的时代精神的精华，我们还希望它是当今世界的时代精神的精华，否则它就很难具有必要的普适性。这如何才能实现呢？为此我想追问以下几个问题。

第一个问题，中国的发展道路与人类文明发展大道到底有多远？我们是不是走在人类文明发展大道上？有没有一条世界人类文明发展大道？这条大道包含什么内涵？这条大道中的哪些要素进入到中国，是否促进了中国社会的发展？我 2010 年在《马克思主义与现实》上发表了一篇文章，叫《中国道路及其价值意蕴》，其中专门分析了当代中国的社会进步，尤其是当前面临的价值矛盾与冲突。改革开放以来促进我国发展的最大优势就是把世界上各种积极价值引进到中国，但是现在我们发现了一个问题：这些要素原来都是在各自的体系里面，公有的、私有的、国营的、股份的、个体的、社会主义的、资本主义的，等等，现在都进入到了中国。在过去各种力量都不够强大而社会发展空间较大的时候这些要素尚可共生共存，现在随着它们各自的快速和巨量发展，彼此之间开始产生了矛盾与冲突，使得社会的整体体系出现了内部裂痕，甚至威胁着有机整体的存在。这里比较重要的是要去发现构建社会的根本性的基础。

例如，我们研究美国，美国社会的基础来自哪里？我们过去比较关注他们的《独立宣言》《人权宣言》，其实更为根本的是《“五月花号”公约》。17 世纪初，一大批欧洲人移民到北美，开创美国殖民地，其中 1620 年载有 102 人的“五月花号”在美国发展史上留下了浓墨重彩的一笔，他们中的 41 个男人在下船之前签订了一个协议：“我们全体组成公民政体，以使我们能更好地生存下来并在我们之间创造良好的秩序。为了殖民地的公众利益，我们将根据这项契约颁布我们应当忠实遵守的公正平等的法律、法令和命令，并视需要而任命我们应当服从的行政官员。”这个公约凸显的几个核心价值值得我们关注。第一，我们自己组建一个公民社会，而不是君权神授；第二，我们的

价值目标是更好地生存和创造良好的秩序；第三，我们根据这种需要来颁布法律；第四，法律一旦颁布所有人都要忠实遵守；第五，为了管理的需要我们选举官员；第六，所有的官员选出来了我们就要服从他们。这个公约非常简洁，但却奠定了整个美利坚民族的全部价值的基础和核心，影响着迄今为止美国的经济、政治和社会发展。借助于它我们也可以重新理解西方的个人主义。个人主义并不全是我们过去想象的那样唯利是图，只讲个人，西方个人主义的前提是公共利益，因此每个个人的自由都不能妨碍他人的自由。而这一点对于今天的中国人来讲也是一个很大的问题。在这样的背景下，人类文明的大道是什么？这个问题决定了中国道路的必然性、合法性，它发展的可能性空间，它应该沿着什么样的途径去走。

第二个问题，中国的哲学与中国社会发展大道有多远？我个人感到中国的哲学似乎是越来越远离中国社会，在中国的社会发展和社会生活中越来越边缘化。对此可以提出和追问几个问题。第一，中国的哲学工作者对于当前中国社会经济、政治、文化发展的了解程度如何？尤其是对其中的问题有足够的关注和发言权吗？总的感觉是不甚了解，缺少关注，缺少话语权。如果哲学工作者不走近社会照样可以做学问上讲台，仍然可以活得不错，而没有觉得有什么缺失，那就意味着哲学不需要或不那么需要社会。第二，社会对哲学的关注如何，是否仍然有哲学的热情与需求？为什么会如此？如果社会发展没有哲学的参与，也可以照常进行，而没有什么不便和缺失？那就意味着社会不需要或不那么需要哲学。如果是这样，那么哲学还有什么功用？第三，当哲学有意于走近社会的时候，我们能够给社会提供什么独到的思想和有价值意义的方法？是否有足够的能力去满足社会的哲学需求？尤其是哲学如何走进当代中国人的精神家园？

第三个问题，中国的马克思主义哲学研究与中华民族哲学思维发展大道有多远？我相信中华民族应该是有自己的哲学思维发展大道的。中华文明繁衍到现在，一直没有中断，还在继续发展，这里面一定有很多奥秘，值得我们去学习和总结。与此同时，我们也应该看到，近代以来中华民族的发展经

历了很多艰难与曲折，这里有很多的经验和教训需要总结和反思。只有在总结传承和反思批判的统一中才能促使我们的国家与民族进一步快速发展。我们要善于从中华历史文化中吸取养分，要善于向人类先进文明和科学思维方式学习。

第四个问题，我们作为哲学工作者与马克思主义哲学的发展大道有多远？多年来我们一直在实践一种愿望，那就是回到马克思。但是我们能否真正回到马克思？在什么意义上回到马克思？这还存在一些争议。其实即便我们能够在一定程度上回到马克思，那也是不够的，我们不应该指望马克思能够回答他们当时没有遇到的问题，更不应该指望能够从马克思和恩格斯当年的作品中找到解决当代中国和世界问题的现成答案。我们要深刻认识当前中华民族面临的极为复杂的世界格局以及与其需求相比所面临的智慧短缺状态，积极开展前提性批判和自我批判，在东西方文化的思想碰撞和实践激荡中促进马克思主义与中华文化的内在结合，促进中华民族智慧的当代发展。

（原载《江海学刊》2012年第2期）

李达的马克思主义哲学研究范式及其深刻启示

汪信砚

李达是中国早期马克思主义者的杰出代表，他在马克思主义哲学的传播和研究方面的成就被公认为是中国早期马克思主义者中最为突出的。考察李达的马克思主义哲学研究范式，能够使我们从总体上把握早期中国马克思主义者致力于马克思主义哲学研究的根本特点，对于推进当代中国马克思主义哲学研究也具有极其重要的意义。尤其是在今天，在中国马克思主义哲学研究面临重重迷局的情况下，李达的马克思主义哲学研究范式能够给予我们深刻的启示。

一

孙正聿教授曾把建国以来的当代中国马克思主义哲学研究的历程划分为三个阶段，即20世纪80年代以前（即建国以后的前30年）的教科书哲学、20世纪80年代的教科书改革哲学和20世纪90年代以来的后教科书哲学。[①]他认为，与这三个阶段相适应，当代中国马克思主义哲学研究经历了三种不同的范式，即教科书范式、教科书改革范式和后教科书范式。[②] 孙正聿教授的这一概括，为我们考察当代中国马克思主义哲学研究范式提供了一个有启发

---

① 参见孙正聿《思想中的时代——当代哲学的理论自觉》，北京师范大学出版社2004年版，第314—322页；孙正聿《当代中国的马克思主义哲学研究》，《河南大学学报》（社会科学版）2005年第4期。

② 参见孙正聿《我国人文社会科学研究的范式转换及其他——关于文科研究的几点体会》，《学术界》2005年第2期。

意义的分析框架。但是，如果我们进一步拓展视域，对整个中国马克思主义哲学的发展历史作一全面考察就会发现，李达等早期中国马克思主义者实际上是中国马克思主义哲学研究范式的最早开创者，他们的马克思主义哲学研究体现出一种与新中国成立以后各个时期的中国马克思主义哲学研究都截然不同的范式，这就是马克思主义哲学中国化范式。可以说，正是这种研究范式的不同，造成了当代中国马克思主义哲学研究与李达等早期中国马克思主义者的马克思主义哲学研究的重大差异。

李达等早期中国马克思主义者是在近代中华民族危机深重、大批先进的知识分子向西方苦苦寻求救国救民的真理而未果的情况下，受俄国十月革命胜利的鼓励而自觉选择马克思主义及其哲学的。五四运动以后，他们在极其艰难的条件下传播和探索马克思主义哲学，不仅不具备一些人在攻击和诋毁当代中国马克思主义哲学研究时所说的那种与主流意识形态“共谋”的社会政治环境，而且还面临着反动势力的重重阻挠，甚至在白色恐怖下随时都有生命的危险。例如，1927 年，李达就曾遭到国民党当局的通缉，其罪名是：“著名共首，曾充大学教授，著有《现代社会学》，宣传赤化甚力。”就是在这样的困难情况下，他们凭借马克思主义哲学中国化的研究范式，使马克思主义哲学在中国焕发出蓬勃的生机和巨大的理论生命力，使马克思主义哲学从最初只是西方传入的诸多哲学中的一种变成了现代中国哲学的主潮，使其成为人们在人文社会科学和其他各个领域中观察和研究问题时自觉运用的方法论，由此重塑了中国人的精神世界并深刻地影响了中国社会的发展。

新中国成立后，中国马克思主义哲学研究有了根本不同的社会政治条件。作为中国共产党的指导思想，马克思主义哲学上升为社会主义中国的主流意识形态。与此相适应，马克思主义哲学研究受到积极鼓励并获得了多方面的条件保障。然而，中国马克思主义哲学研究在获得有利的外部社会政治环境支持的同时却逐渐淡忘了李达等早期中国马克思主义者所开创的那种马克思主义哲学中国化范式。孙正聿教授所说的当代中国马克思主义哲学研究先后经历的教科书范式、教科书改革范式和后教科书范式，实际上都这样那样地

偏离了马克思主义哲学中国化范式①，其结果是中国的马克思主义哲学研究越来越疏离中国的现实，并因此而越来越受到现实生活的漠视。今天，尽管马克思主义哲学仍然属于主流的意识形态，尽管我们对马克思主义哲学的理解水平和研究成果远远超越了早期中国马克思主义者，但马克思主义哲学在中国社会和中国思想界实际上却越来越边缘化。上世纪90年代以来，按照孙正聿教授的说法，中国马克思主义哲学研究进入了“后教科书范式”时期。在我看来，所谓“后教科书范式”实际上也就是不再有任何统一的研究范式。在这一时期的中国马克思主义哲学研究中，人们的理论兴趣日益泛化，缺乏共同的理论目标、“问题意识”和共同关注的“热点”问题，人们的研究路径和方法也出现了严重分化，整体上日益陷入对各种不同的具体理论问题的无原则的议论和各说各话、自娱自爽的状态。因此，虽然一些人自认为上世纪90年代以来是中国马克思主义哲学研究最繁荣、成就最突出的时期，但除了中国马克思主义哲学界这个学术圈子以外实际上鲜有人关注这些所谓的成就。即使是在中国哲学界，虽然马克思主义哲学事实上是现代中国哲学的主潮，但在今天，甚至连马克思主义哲学作为中国哲学或现代中国哲学的合法性也受到了质疑。例如，一些中国哲学学科和西方哲学学科的研究者都经常提出马克思主义哲学应该归属于西方哲学的看法，按照这种看法，中国的马克思主义哲学只是“在中国”的马克思主义哲学而并不属于中国哲学或中国现代哲学。时下中国哲学界仍有几分时髦色彩的“中、西、马对话”或“打通中、西、马”的话语方式，就其把马克思主义哲学与中国哲学视作互为他者而言，实际上也否定了马克思主义哲学作为中国哲学或现代中国哲学的合法性。

今天中国马克思主义哲学研究面临的重重迷局，包括马克思主义哲学在中国社会和中国思想界日益边缘化、中国马克思主义哲学作为现代中国哲学的合法性危机的出现等，主要是由当代中国马克思主义哲学研究偏离马克思

① 参见汪信砚《当代中国马克思主义哲学的研究范式》，《中国社会科学》2008年第2期。

主义哲学中国化范式而招致的。例如，一些人之所以断言中国的马克思主义哲学只是“在中国”的马克思主义哲学、它应该归属于西方哲学的范畴，其重要原因之一就在于当代中国的马克思主义哲学研究确实越来越像一般意义上的西方哲学研究。而要走出中国马克思主义哲学研究目前面临的这些迷局，我们应当回到马克思主义哲学中国化范式的开创者即李达等早期中国马克思主义者那里去，特别是具体地考察李达在马克思主义哲学研究中对于这一范式的实践，从中获取推进当代中国马克思主义哲学研究的重要思想资源。

二

“范式”作为一个标示学术研究的方法论的概念是由科学哲学家库恩最先使用并加以明确界定的。库恩认为，范式是共同体成员们借以指导其研究活动的“一种公认的模型或模式”，它“决定了什么样的问题有待解决”，“规定了一个研究领域的合理问题和方法”，并由此必然形成一种连贯的学术传统。① 不过，当我们把库恩的范式概念应用于人文社会科学的各个领域时，对这一概念的理解和解释则存在着很大的空间，我们也不必完全按照库恩对这一概念的规定来使用它。事实上，在近年来的中国马克思主义哲学研究中，有人将其视为包含着某种基本范畴和核心理念的概念框架，也有人把它理解为一套信念、规则和标准。在我看来，作为一个哲学方法论概念，范式主要是指哲学研究的目标、路径和方法，其中，研究目标体现了研究者的信念和核心理念并决定着研究者对有关范畴和评价标准的选择；哲学研究范式就是哲学研究的目标、路径和方法的统一。与此相应，李达的马克思主义哲学研究范式主要由以下三个方面构成：

一是李达马克思主义哲学研究的目标。李达不是为了研究马克思主义哲学而研究马克思主义哲学，他研究马克思主义哲学的目的是改造中国，即探索“中国的出路”、回答“中国向何处去”这一时代大问题。可以说，探索

① 托马斯·库恩：《科学革命的结构》，北京大学出版社2003年版，第21、24—25、9页。

“中国的出路”、回答“中国向何处去”这一时代大问题构成了李达哲学探索一以贯之的目标和主题。

“五四”新文化运动以后，李达积极向国内传播马克思主义及其哲学，并对当时中国思想界的各种非马克思主义思潮作出了深刻批判。1923 年，他在《马克思学说与中国》一文中明确指出，“马克思学说之在中国，已是由介绍的时期而进到实行的时期了”，中国共产党应该而且完全可以应用马克思学说改造中国社会。① 正是基于这一理论自觉，李达把对马克思主义哲学的研究与对中国社会的改造紧密结合起来。即使在一些纯哲学著作中，李达也总是把对马克思主义哲学的理论探索落实到对中国问题的理解和解答上来。例如，他于 1926 年出版的《现代社会学》被学界视为唯物史观中国化的标志性成果，而作者在该书序言中自述其写作目的时说，“马克思固未尝著述社会学，亦未尝以社会学者自称，然其所创之唯物史观学说，其在社会学上之价值，实可谓空前绝后。彼不仅发现社会组织之核心，且能明示社会进化之方向，提供社会改造之方针，其贡献之功实有不可磨灭者”②。故此，“特采唯物史观学说为根据，编著此书，虽取材不宏、择焉不精之弊殆所不免，然对于斯学之体系，自信已略具规模，学者苟循此以求之，必了然于国计民生之根本，洞悉其症结之所在，更进而改造之不难也”③。该书对唯物史观的阐释，最后落脚到帝国主义时代的世界革命与中国革命问题，对中国社会的性质和中国革命的任务、动力、对象、领导者和归趋等问题作了深入思考和探索。他于 1929 年出版的《社会之基础知识》是一部阐述历史唯物主义原理的专著，而其最后一章专门探讨了“中国的出路”问题，其最终结论则是：“只有民众起来打倒帝国主义，铲除封建遗物，树立民众政权，建设国家资本，解决土地问题，以求实现真正自由平等的新社会。”④ 他于 1935 年首次印行的《社会学

① 参见《李达文集》第 1 卷，人民出版社 1980 年版，第 202—215 页。
② 同上书，第 237 页。
③ 同上。
④ 同上书，第 558—559 页。

大纲》，被毛泽东称为“中国人写的第一部马克思主义哲学教科书”，但他写作这部著作的初衷是以马克思主义哲学的世界观和方法论揭示中国社会的特殊发展规律，帮助中国人民科学地分析中国社会的实际问题，认清中国革命的道路，而不只是系统地阐述马克思主义哲学理论本身。

二是李达马克思主义哲学研究的路径。为了探索“中国的出路”、回答“中国向何处去”这一时代大问题，李达立足于马克思主义理论的整体性联系研究马克思主义哲学，把马克思主义哲学研究广泛地拓展于人文社会科学的各个学科中，并由此实现了马克思主义的综合理论创新，成为中国马克思主义史和整个中国近现代思想史上一位少有的百科全书式的学者。

李达认为，“马克思主义哲学是讲世界观、方法论的，应当是各门科学中的首席科学，对一切科学和各项工作都有指导作用。”① 为此，他把马克思主义哲学的理论和方法运用于人文社会科学各个学科中，在经济学、政治学、史学、法学、社会学、教育学、文化思想史等各个领域都取得了开创性的成就。例如，他以唯物史观为指导研究经济学，撰写了中国第一部马克思主义经济学教科书《经济学大纲》和中国第一部研究马克思主义货币理论的著作《货币学概论》，并独树一帜地提出了“广义经济学”的主张。他说：“历史唯物论指导经济学去研究各种社会经济构造的各种历史的特殊发展法则（广义经济学），研究资本主义的社会经济构造的特殊发展法则，克服资产阶级经济学的唯心论的见解。”② “我主张广义经济学，除了研究历史上各种顺序发展的经济形态以外，还必须研究中国经济。只有这样的研究，才能理解经济进化的一般原理在具体的中国经济状况中所显现的特殊的姿态，特殊的特征，才能得到具体的经济理论，才能知道中国经济的来踪和去迹。”③ 不仅如此，他对唯物史观的传播和研究，直接促成了20世纪三四十年代中国马克思主义史学观的形成；他撰写了中国第一部用唯物史观系统研究中国近现代经济史

① 转引自《陶德麟文集》，武汉大学出版社2007年版，第717页。
② 李达：《社会学大纲》，武汉大学出版社2007年版，第245页。
③ 同上书，第18页。

的著作《中国产业革命概观》，并在史学界最早提出了按经济形态划分中国历史发展阶段的主张，对现代中国史学的发展产生了重大的影响；而他1935年首次印行的《社会进化史》是中国第一部在唯物史观的指导下写作的世界通史；他写作了中国第一部阐述马克思主义民族理论的著作《民族问题》，该书提出的关于民族团结和建立广泛的国际联合战线的思想为后来抗日民族统一战线的建立奠定了重要理论基础；他写作了中国第一部马克思主义法学著作即《法理学大纲》，以唯物辩证法和唯物史观为思想方法对历史上各种有代表性的法学流派和观点进行了系统的分析批判，对各种法学理论问题进行了深入考察，成为“我国最早运用马克思主义研究法学的一位拓荒者和带路人”①。他还从众多方面对妇女解放问题进行了探讨，成为中国妇女解放运动的先驱。

三是李达马克思主义哲学研究的方法。李达马克思主义哲学研究的根本方法是普遍与特殊相结合的方法。在这里，“普遍”就是马克思主义哲学，“特殊”则是中国社会的“特殊姿态”。因此，李达所坚持和运用的马克思主义哲学研究的方法，也就是把马克思主义哲学与中国的具体实际相结合的方法。

李达把马克思主义哲学研究的目标定位于探索“中国的出路”、回答“中国向何处去”这一时代大问题，并不意味着他不重视马克思主义哲学的理论建设，但他强调要“建立普遍与特殊之统一的理论”。为此，一方面，他对马克思主义哲学作了精深的研究，甚至在上世纪30年代中期就明确地主张和论证了马克思主义哲学是“实践的唯物论”。另一方面，他也在马克思主义哲学的指导下对中国社会的“特殊姿态”作了深刻的分析。例如，他系统地研究了中国近现代经济发展的历史，通过这种研究，他在中国思想界最先明确把中国近现代社会性质概括为“半殖民地的半封建的社会”，并由此精辟地阐明了中国革命的首要任务是反帝反封建主义；也是基于这一研究，他在建国后

① 韩德培：《一位少有的马克思主义法学家》，《武汉大学学报》（哲学社会科学版）1981年第1期。

多方面地论述了中国社会主义建设的特殊规律，成为中国特色社会主义道路的最早探索者之一。正因为有了上述两方面的基础，所以李达能够高超地运用普遍与特殊相结合的方法，对马克思主义哲学开展创造性的研究。他的《现代社会学》《社会学大纲》《唯物辩证法大纲》等重要哲学著作都既达到了极高的理论成就，又具有鲜明的中国风格。例如，《现代社会学》是“中国人自己写的最早的一部联系中国革命实际系统论述唯物史观的专著”①，代表着当时中国唯物史观研究的最高水平，被人们誉为唯物史观中国化的标志性成果；《社会学大纲》是中国学者自己撰著的系统论述马克思主义哲学基础理论的首部著作，它针对中国革命的实际需要对马克思主义哲学作了独到而深刻的理解和创造性的阐释；《唯物辩证法大纲》则不仅进一步强化了《社会学大纲》原有的诸多理论特色，而且深刻地总结了中国革命和社会主义建设实践的经验，精辟地阐述了毛泽东哲学思想对马克思主义哲学的重要贡献。其中，《社会学大纲》和《唯物辩证法大纲》即使被当做马克思主义哲学教科书来看，也都属于中国马克思主义哲学史上的名著，并且不存在苏联模式的哲学教科书普遍具有的那种片面性。

总之，探索“中国的出路”、回答“中国向何处去”这一时代大问题是李达马克思主义哲学研究的目标，立足于马克思主义理论的整体性联系研究马克思主义哲学是李达马克思主义哲学研究的路径，坚持普遍与特殊相结合是李达马克思主义哲学研究的根本方法，而由这三者构成的李达的马克思主义哲学研究范式就是一种马克思主义哲学中国化范式。值得特别指出的是，李达的马克思主义哲学研究所遵循的马克思主义哲学中国化范式，其实是早期中国马克思主义者致力于马克思主义哲学研究的共有范式，只不过这一范式在李达的马克思主义哲学研究中展现得最为充分而已。因此，作为马克思主义哲学研究的范式，马克思主义哲学中国化范式实际上是以李达为代表的早期中国马克思主义者共同开创的范式。

---

① 参见江明《展读遗篇泪满襟——记李达和吕振羽的交往》，《文献》1981 年第 4 期。

三

李达的马克思主义哲学研究范式，是当代中国马克思主义哲学研究的极其宝贵的思想资源，对于我们破解当代中国马克思主义哲学研究在目前面临的迷局、推进当代中国马克思主义哲学研究的发展具有多方面的深刻启示。

首先，要破解当代中国马克思主义哲学研究面临的迷局，我们就应该像李达那样确定当代中国马克思主义哲学研究的目标。

李达把马克思主义哲学研究的目标定位于改造中国，即探索“中国的出路”、回答“中国向何处去”这一时代大问题，体现了李达对于马克思主义哲学的精神实质的深刻理解。与以往只是这样那样地“解释世界”的哲学不同，马克思主义哲学是具有鲜明的实践性的哲学，是“改造世界”的哲学。也就是说，马克思、恩格斯原本也不是为了研究哲学而研究哲学，他们研究哲学问题并由此创立了马克思主义哲学，是为了“改造世界”，即探索人类解放道路、回答“人类向何处去”这一时代大问题。诚然，马克思主义哲学是无产阶级的世界观，是为无产阶级革命和无产阶级解放事业提供精神武器的。正如马克思所说：“哲学把无产阶级当做自己的物质武器，同样，无产阶级也把哲学当做自己的精神武器。”① 但是，无产阶级是人类历史上最先进、最具有彻底革命性的阶级，并且是一个“民族独特性已经消灭”“在所有的民族中都具有同样的利益”“真正同整个旧世界脱离而同时又与之对立”的阶级；② 无产阶级只有彻底砸碎资产阶级的旧世界，实现共产主义，解放全人类，才能最后解放自己。因此，无产阶级的解放实际上就是整个人类的解放，无产阶级革命就是无产阶级和整个人类解放的必由之路；而这条人类解放道路所通达的方向，则是《共产党宣言》所指明的：“代替那存在着阶级和阶级对立的资产阶级旧社会的，将是这样一个联合体，在那里，每个人的自由发展是一

---

① 参见《马克思恩格斯选集》第1卷，人民出版社1995年版，第15页。

② 同上书，第115页。

切人的自由发展的条件。”① 这就是马克思主义哲学对于人类解放道路的探索和对于“人类向何处去”这一时代大问题的回答。显然，李达对于马克思主义哲学研究目标的定位与马克思、恩格斯创立马克思主义哲学的理论追求是完全一致的，李达所设定的探索“中国的出路”、回答“中国向何处去”这一时代大问题的马克思主义哲学研究目标，不过是马克思、恩格斯创立马克思主义哲学所追求的探索人类解放道路、回答“人类向何处去”这一时代大问题的理论目标在中国的具体化。

李达把马克思主义哲学研究的目标定位于探索“中国的出路”、回答“中国向何处去”这一时代大问题，用我们今天的话来说，也就是定位于探索中国道路。既然李达对于马克思主义哲学研究目标的定位体现了马克思主义哲学的基本精神，是马克思、恩格斯创立马克思主义哲学的理论目标在中国的具体化，那么，探索“中国的出路”、回答“中国向何处去”这一时代大问题亦即探索中国道路就应该是中国马克思主义哲学研究的不懈追求和永恒主题。当然，探索中国道路这一中国马克思主义哲学研究的目标在不同的历史时期有不同的具体内涵，李达的马克思主义哲学研究主要是探索中国革命的道路，而当代中国马克思主义哲学研究所要探索的则是中国现代化发展的道路。马克思曾经指出：“理论在一个国家实现的程度，总是决定于理论满足这个国家的需要的程度。”② 李达和其他早期中国马克思主义者正是因为准确地抓住了“中国向何处去”这个时代大问题，致力于探索中国革命的道路，充分地适应了半殖民地半封建条件下中国社会的迫切需要，所以才使马克思主义哲学在中国焕发出蓬勃的生机和巨大的理论生命力，并使马克思主义哲学最终成为现代中国哲学的主潮。今天，要使马克思主义哲学真正成为我们这个时代的中国哲学，使其继续成为中国哲学的主潮，要消解目前马克思主义哲学日益边缘化的状况，就应该像李达那样，自觉把马克思主义哲学研究的目标定位于探索中国道路，努力回答我们这个时代“中国向何处去”的问题。

---

① 参见《马克思恩格斯选集》第1卷，人民出版社1995年版，第294页。

② 同上书，第11页。

其次，要破解当代中国马克思主义哲学研究面临的迷局，我们也应该高度重视李达马克思主义哲学研究的路径。

正如前述，立足于马克思主义理论的整体性联系研究马克思主义哲学，把马克思主义哲学研究广泛拓展于人文社会科学的各个学科中，是李达马克思主义哲学研究的路径。这一马克思主义哲学研究路径的根本特点，是注重对马克思主义理论进行整体性研究，它既强调了马克思主义各个组成部分、各个理论领域之间不可分割的有机联系，又凸显了马克思主义哲学在马克思主义理论整体中的核心和基础地位。李达的这一马克思主义哲学研究路径与马克思、恩格斯创立马克思主义哲学时的研究路径也是一致的。众所周知，马克思主义主要包括马克思主义哲学、政治经济学和科学社会主义三个组成部分，而作为马克思主义的创始人，马克思、恩格斯的探索足迹遍及人文社会科学的各个领域，甚至还包括自然科学的一些领域。在评价马克思的理论贡献时，恩格斯说，马克思创立了唯物史观和剩余价值学说，“一生中能有这样两个发现，该是很够了。即使只能作出一个这样的发现，也已经是幸福的了。但是马克思在他所研究的每一个领域，甚至在数学领域，都有独到的发现，这样的领域是很多的，而且其中任何一个领域他都不是浅尝辄止”①。其实，不独马克思是这样，恩格斯也是如此。问题的关键在于，所有这些研究领域在马克思、恩格斯那里并不是分裂的和彼此隔离的，而是内在地关联在一起的。他们的一些重要哲学思想和哲学观点往往是在研究各种经济的、政治的、历史的、文化的甚至自然科学的问题时阐发的。例如，《资本论》既是马克思最重要的经济学著作，也是马克思最重要的哲学著作之一。因此，马克思主义原本就是一个内在地融会着马克思、恩格斯在各门学科中的研究成果的有机整体，马克思主义哲学原本就是建立在马克思主义理论的整体性联系基础上的，或者说，马克思、恩格斯早已把马克思主义哲学研究广泛拓展于人文社会科学的各个学科中。可以说，正是通过在人文

① 《马克思恩格斯选集》第3卷，人民出版社1995年版，第776—777页。

社会科学各个学科中对人类社会、特别是资本主义社会的各个方面的深入的研究，马克思、恩格斯才能够指明人类解放的道路，回答“人类向何处去”这一时代大问题。同样，也正是由于把马克思主义哲学研究广泛拓展于人文社会科学的各个学科中，所以李达才能正确地指明“中国的出路”、回答“中国向何处去”这一时代大问题。例如，如果没有在唯物史观的指导下对中国近现代经济史的深刻研究，李达要认清中国近现代社会的半殖民地半封建社会的性质并由此得出中国革命的首要任务是反帝反封建的正确结论是根本不可能的。

今天看来，李达马克思主义哲学研究的路径显然不是马克思主义哲学研究的唯一路径。但是，要探索中国道路，回答我们这个时代“中国向何处去”的问题，仅靠抽象的哲学思辨肯定是无济于事的，关键还在于像李达那样把马克思主义哲学研究与各门人类社会科学的研究结合起来，亦即把马克思主义哲学研究广泛拓展于人文社会科学的各个学科中，对当代中国社会生活的各个方面进行深入的考察。因此我认为，对于迫切需要走出目前所面临的重重迷局的当代中国的马克思主义哲学研究来说，与人们通常所谓的“打通中、西、马”相比较，打破马克思主义理论各个领域之间的壁垒、像李达那样注重开展对马克思主义理论的整体性研究，可能是更为重要的事情。值得注意的是，在当代中国马克思主义哲学研究中，经常有人以哲学研究只能“以哲学的方式”来回应其所面对的问题为由替那种丢弃马克思主义哲学研究的传统、割裂马克思主义哲学研究与各门人文社会科学研究应有关系的做法作辩护，仍然醉心于从概念到概念、从范畴到范畴的纯逻辑推演，甚而希求用现代西方哲学的概念和范畴体系彻底重释或重构马克思主义哲学。这样一种马克思主义哲学研究的路径，绝不可能把人们导向探索中国道路、回答我们这个时代“中国向何处去”的问题，它只会进一步加剧马克思主义哲学的边缘化。

最后，要破解当代中国马克思主义哲学研究面临的迷局，我们还应该像李达那样坚持普遍与特殊相结合的马克思主义哲学研究方法。

如前所述，李达所坚持和运用的马克思主义哲学研究方法是普遍与特殊相结合，亦即把马克思主义哲学与中国的具体实际相结合，而这正是人们通常所说的马克思主义哲学中国化的具体内涵。因此，在李达那里，马克思主义哲学中国化既是马克思主义哲学研究的总体范式，也是马克思主义哲学研究的根本方法。这样一种研究方法，深刻地体现了马克思主义哲学的本质要求。马克思主义哲学正确地指明了人类解放的道路和人类社会发展的总的方向，但它并没有也不可能具体地解决各个民族和国家应该走什么道路的问题。作为马克思主义哲学的创立者，马克思、恩格斯一贯都反对把他们的理论当成教义、教条或现成的公式并“按照它来剪裁各种历史事实”①，要求人们把他们的理论与各国的具体实际结合起来，强调各个国家和民族都应该根据自己的特殊历史环境来探寻自己的发展道路。马克思在谈到东方国家社会发展道路问题时，明确反对把他“关于西欧资本主义起源的历史概述彻底变成一般发展道路的历史哲学理论”，反对那种认为“一切民族，不管它们所处的历史环境如何，都注定要走这条道路”的看法②，强调“一切都取决于它所处的历史环境”③。恩格斯也曾明确指出：“马克思的整个世界观不是教义，而是方法。它提供的不是现成的教条，而是进一步研究的出发点和供这种研究使用的方法。”④ 可见，李达所坚持和运用的普遍与特殊相结合的马克思主义哲学研究方法本身就是马克思、恩格斯所一贯倡导的方法。也正是因为坚持和运用了这一方法，所以李达为中国马克思主义哲学研究和中国革命道路的探索作出了卓越的贡献。

在马克思主义哲学研究中坚持普遍与特殊相结合亦即把马克思主义哲学与中国的具体实际相结合，绝不只是单纯地应用马克思主义哲学。按照毛泽东的界定，把马克思主义与中国的具体实际相结合即马克思主义中国化包括

---

① 《马克思恩格斯全集》第22卷，人民出版社1965年版，第94页。

② 《马克思恩格斯选集》第3卷，人民出版社1995年版，第341—342页。

③ 《马克思恩格斯全集》第19卷，人民出版社1963年版，第451页。

④ 《马克思恩格斯选集》第4卷，人民出版社1995年版，第669页。

两个基本的维度：一是“使马克思主义在中国具体化”，即“按照中国的特点去应用它”“使之在其每一表现中带着必须有的中国的特性”①；二是“使中国革命丰富的实际马克思主义化”，即通过研究中国的具体实际而丰富马克思主义理论②。与此相应，把马克思主义哲学与中国的具体实际相结合即马克思主义哲学中国化，既包括使马克思主义哲学从内容到形式都具有“中国的特性”，也包括通过对中国的具体实际的研究而丰富马克思主义哲学、实现马克思主义哲学的理论创新。由此建构的中国化的马克思主义哲学，作为对于中国道路的探索和对于“中国向何处去”这一时代大问题的回答，作为李达所说的“普遍与特殊之统一的理论”，必然既“是中国的东西，又是完全马克思主义的东西”③。

在当代中国马克思主义哲学研究中，大力加强马克思主义哲学理论建设，包括加强对马克思主义哲学经典文本的研究、对马克思主义哲学基础理论的研究以及对国外马克思主义哲学最新成果的研究等，是非常必要的。但是，要使马克思主义哲学真正成为我们这个时代的中国哲学，要避免使马克思主义哲学研究沦为一般意义上的西方哲学研究，特别是要探索中国道路、回答我们这个时代“中国向何处去”的问题，我们仍然应该像李达那样坚持普遍与特殊相结合的方法，始终立足于中国的具体实际来开展马克思主义哲学研究，包括对于马克思主义哲学基础理论的研究。近年来，中国学界经常有人提出要探索马克思主义哲学的当代形态的问题。在我看来，如果这种马克思主义哲学的当代形态是可能的话，那么，它就只能是李达所说的那种“普遍与特殊之统一的理论”，只不过它应该是当代中国条件下的“普遍与特殊之统一的理论”。

综上所述，要破解当代中国马克思主义哲学研究面临的迷局，使马克思

① 《毛泽东选集》第2卷，人民出版社1991年版，第534页。

② 关于毛泽东对马克思主义中国化的这一界定，参见汪信砚《马克思主义中国化思想的源流》，《武汉大学学报》（人文科学版）2008年第6期。

③ 《刘少奇选集》（上），人民出版社1981年版，第333—337页。

主义哲学继续成为中国哲学的主潮，我们就应该像李达那样确定当代中国马克思主义哲学研究的目标并高度重视李达马克思主义哲学研究的路径和方法，就应该使当代中国马克思主义哲学研究复归于以李达为代表的早期中国马克思主义者共同开创并在李达马克思主义哲学研究中得到充分展现的马克思主义哲学中国化范式。

（原载《江海学刊》2012 年第 2 期）

论中国学术的理论自觉

吴晓明

在任何一种较为发展、较为成熟的学术活动中，理论总是构成其本质的核心，构成其一切展开形式围绕着旋转的枢轴。因此，对于当今中国的人文学术和社会科学来说，只要其学术的自主性被揭示和表达为一个真正的问题，那么关于其理论自觉的深入讨论就是不可避免的——正像它不可避免地要成为一项思想任务一样，这种理论自觉本身将不可避免地成为对当代中国学术的一项重要考验。

一

对于任何一种形式的学术而言，“理论自觉”究竟意味着什么呢？最为简要并且也最关根本地说来，理论自觉首先意味着某种学术在理论上达到了它的“自我意识”，换言之，意味着这种学术在理论上由“自在”的环节进展到“自为”的阶段。正如黑格尔在谈到自我意识的最初出现时所说的那样：由之而来的是一种知识的新形态，它区别于“对于一个他物的知识”，而是“对于自己本身的知识”。① 换句话说，“自我意识在这里被表明为一种运动，在这个运动中它和它的对象的对立被扬弃了，而它和它自身的等同性或统一性建立起来了”②。只有在这样的等同性或同一性被建立起来的地方，才开始

① 参见黑格尔《精神现象学》（上卷），商务印书馆1979年版，第116页。

② 同上书，第117页。

有真正的自主性，才开始进展到所谓“自为”的阶段——自我意识总是“首先成为自为的”，更加确切些说，“它是本身自为的”。[①] 我们知道，任何一种形式的自觉，都是与特定发展过程中的自为阶段相联系的；或者毋宁说，所谓自觉，不过是这一发展阶段之自为性质的直接映现罢了。就像黑格尔把个体的自我意识看做是以个体的绝对自主性为根据的一样，马克思把自觉的、达到了自我意识的阶级称作自为的阶级。

如果由此而论到学术上的理论自觉，那么它总以这种学术能够达成其自我意识并进展到自为的发展阶段为前提。更加浅近地说来，除非某种学术在其展开过程中能够获得坚定的自主性或自我主张，否则的话，其理论自觉（或其他什么自觉）就是不可能的。反过来说，由于理论总是构成任何一种学术形式的核心领域，所以其理论上的自觉程度就会最关本质地揭示这一学术之整体的发育程度，就会成为衡量其自主性或自我主张的确切标志。在这个意义上，学术本身之进展到自为阶段与它实际取得理论上的自觉就是同一件事情，易言之，是同一个过程的两个方面。

例如，当我们谈论近代西方哲学的发端时，我们可以说，笛卡儿的“我思”意味着这一哲学之具有决定意义的理论自觉。因为整个近代西方哲学在理论上的基本建制是由此来构成的，是围绕着这个阿基米德点开展出来的。并且也正因为这种理论自觉，近代哲学摆脱了它对哲理神学的依傍而获得了自主性。新时代哲学的理论原则是内在性本身，即“从自身出发的思维”，它取代了中世纪哲理神学的原则，即外在性和权威。“从笛卡儿起，我们踏进了一种独立的哲学。这种哲学明白：它自己是独立地从理性而来的，自我意识是真理的主要环节。”[②] 同样，当我们一般地来阐述古典政治经济学的历史时，我们会把货币主义和重商主义称作这部历史的“前史”。之所以如此，是因为在这一阶段，虽然经济问题可以被“自在”地来加以谈论，但学术本身还完全没有取得它的自我主张，因而还算不得正统的学术史。决定性地改变这种

① 参见黑格尔《精神现象学》（上卷），商务印书馆1979年版，第113页。
② 黑格尔：《哲学史讲演录》第4卷，商务印书馆1978年版，第59页。

状况的代表人物是配第和魁奈：前者第一次严格地提出了经济学科学的问题，系统地制订了研究方法，并为其方法加上了数学的形态；而后者则阐明并廓定了近代经济学科学的真正领域，即生产的领域。正是从这里开始，古典政治经济学在取得其理论自觉的同时，开展出其学术之自主的或自为的发展进程。

中国自近代以来，其学术和理论的境遇是颇为独特的。就总体说来，“西学东渐”所意味着的东西一方面是中国传统的学术—理论遭遇史无前例的袭击并进入到倾颓瓦解的境地，另一方面则是近代西方思想的强势传入并渐次占据了学术—理论的几乎每一个领域的制高点。虽说局部的抗衡和零星的反叛始终存在着，但以西学为主导的学术—理论的总体格局和趋势已然蔚成风气。另一方面，由于中国的社会革命对于其现代化进程的绝对必要性，又由于这一革命之采取社会主义定向的客观必然性，马克思主义在成为党的指导思想和国家意识形态的同时，也全面地进入到并调整着中国学术—理论的总体格局。这样一种情形，既与世界历史的近代进程本质相关，又植根于中国历史性实践的内在需要，尽管其学术—理论的基本状况是进入到外部性占支配地位的境遇中去了。

应当怎样来理解这种学术和理论上的外部性支配状况呢？第一，这种外部性支配状况在特定的历史阶段是必然的，它根源于现代文明——即西方资本主义文明——所具有的世界历史意义（尽管这种意义本身不能不是历史的），或用黑格尔的说法，根源于它“在特定阶段上所具有的绝对权利”。只要中国自近代以来的历史性实践本质地包含着一个真实的现代化任务，那么这种实践本身就必然在一定的意义上、亦即就其可能的范围而言从属于现代文明。正是这种必然的从属性决定了中国自近代以来在学术—理论上的外部性支配状况。

第二，这种外部性支配的境遇使中国的学术—理论全面地进入了一种“学徒状态”，而这种学徒状态从总体上来说是重要的和有意义的。一方面，正是这个经历百年的进程开展出一种史无前例的和内容丰富的对外学习；在

学术上，特别是在学术所采信的理论上，这一学习进程是如此的波澜壮阔和成效丰硕，以至于我们对它的积极意义无论怎样估计都不会过高。另一方面，正是这种学徒状态使中国的学术—理论经历了所谓“文化结合”的锻炼。如黑格尔在谈到希腊世界时所说的那样，希腊人既有自己的原有文化，又面对东方世界的外来文化；唯通过这两重文化之结合的锻炼，才产生其“现实的和正当的活力”，并开辟出它的“胜利和繁荣的时期”。① 对于中国的学术和理论而言，其学徒状态不能不伴随着文化结合的艰苦锻炼。最能表征这一点的是：中国学术—理论的对外学习始终伴随着一种以“古—今”“中—西”为核心的紧张思虑，它深刻地出现在中国近代以来人文学术和社会科学的各个领域。

第三，中国学术及其理论的外部支配性状况本身是历史的，它在文化结合的锻炼中必将开启出一项决定性的任务，即对于外来学术和理论之真正的——批判性的——消化与吸收；也就是说，去除其外在性，使之在展开过程中成为自为发展的一个环节。做到这一点的根本前提是：中国的学术和理论能够真正承受文化结合的锻炼，能够在这种锻炼的艰难困苦中赢得它的自我意识，即学术上的自主和理论上的自觉。卡西尔说得对，世界史上真正伟大的复兴运动都必然是一个自我主张的原创性的胜利，而不是单纯的容受性；因此，文化精神史上最引人入胜的主题之一，便是去探究自主性和容受性这两个方面如何彼此交织并相互决定。② 很明显，我们关于中国学术之理论自觉的探讨，就是在这样的语境中被课题化的。

二

任何一种真正的和伟大的学术都在自身的发展过程中经历一个决定性的转折——逐渐摆脱它对于外部学术的学徒状态，并进而提出它的自我主张。

① 参见黑格尔《历史哲学》，上海书店出版社 2006 年版，第209—210 页。
② 参见卡西尔《人文科学的逻辑》，上海译文出版社 2004 年版，第 177 页。

这要被理解为是一个过程，就像在黑格尔那里，“自在”和“自为”并不是截然对立的，相反，两者作为过程之环节乃是必然相关的。就此我们可以举出无数例证，而希腊文化的经历无疑是十分典型的。在很长的时间里，希腊人的宗教仿佛是东方诸神的一场混战，而他们的文化则是一大堆外来形式和观念的混杂，包括闪族的、巴比伦的、埃及的、吕底亚的等。尼采就此评论说，希腊人在那时似乎要被外来的东西压倒了，但他们听从了德尔菲神庙的箴言——“认识你自己”，坚定而诚实地反省了自己的真正需要。“由此他们逐渐学会了整理好这堆混杂物，这样，他们又重新把握了自己，而没有长久地背负着自己的遗产做整个东方的追随者。”① 因此之故，希腊文化并没有成为一种“机械的混合物”或一种“装饰性文化”，而是终于在其历史进程中取得了文化上的自我主张。

正像学术乃是文化的决定性表征一样，理论构成诸学术形式的坚实内核。因此，学术上的自主性总是最关本质地联系着理论上的自觉，就像理论自觉的高度反过来能够准确地衡量和标志学术自主性的程度一样。如果说，当今中国的人文学术和社会科学正在经历一个重要的转折，并通过这个转折来积极地谋求其学术上的自我主张，那么，这一转折就从根本上取决于中国学术在多大程度上取得了理论自觉，取决于其理论的构建和运用在多大程度上由于获得了自我意识而成为批判的和能思的。

就当今中国的学术而言，为了使真正的理论自觉成为可能，就必须首先克服达成这种自觉的严重障碍。大体说来，这样的障碍主要有以下三种形式。第一种形式是实证主义。在这种形式中活动的学术以为自己最坚实的立脚点乃是“事实”（即经验事实），并以此为理由而坚决反对一切理论。因为，在这种观点看来，任何一种理论按其本性而言都是武断的，因而是使“事实”被歪曲或陷于解体的因素。这种实证主义确实在中国的人文学术和社会科学中广为流行，其基本特征就是拒斥理论，尤其是拒斥哲学。然而正因为如此，

① 尼采：《历史的用途与滥用》，上海人民出版社2005年版，第98页。

这种实证主义的纲领不得不陷入自相矛盾的境地：拒斥一切理论或哲学的立场不能不是一种理论、一种哲学。只不过它所采信的是一种较为天真、幼稚的理论或哲学罢了。因为自康德以来我们就已经知道，经验对象并不是现成地给予我们的，而是以某种方式被构成的。不仅如此，由于这种实证主义的学术在拒斥理论的同时不自知地偷运了一种理论，因而这种理论对它来说是完全盲目地被接受的——在这里出现的不是理论自觉，而是这种自觉的反面，即对于理论的全然无知。

第二种形式是理论上的折衷主义。这种折衷主义在学术活动中似乎对理论是感兴趣的，但却对各种理论采取一种完全无批判的杂采与拼凑策略，甚至只是在术语学的表面将自身伪装成一种色彩斑斓的理论化的学术。在当今中国的学术界，这种折衷主义或者采取“因素论”的立场，用现象世界之无限复杂和多样的因素来为其理论上的调和折衷辩护，或者完全以一种机会主义和实用主义的态度来剖分和攫取理论，以至于最终不得不——依其逻辑本身而言——在理论上达于胡搅蛮缠的境地。对于中国的人文学术和社会科学来说，这样的折衷主义在多大的范围内恣肆蔓延，其理论自觉就在多大的程度上面临根本障碍。因为显而易见的是：这种折衷主义虽说并不拒斥理论，甚至在某种意义上还是热衷于理论的，但其对待理论本身的方式却是“非理论”的，确切些说，是缺失理论立场的，并因而是完全非批判的和无头脑的。在这里出现的同样不可能是理论自觉，而是在理论上的盲目与无知。

构成中国学术在理论自觉上之严重障碍的第三种形式，事实上也是其最主要和最普遍的形式是：以“外部反思”为基本特征的主观主义。这种主观主义，按照黑格尔的说法，就是完全沉溺于主观思想（或主观意识）之中，而完全不知道思想的真正客观性。这种主观主义并不是无理论或反理论的，毋宁说它倒是十分强硬地坚执于抽象理论及其一般原则，并因而在理论上突出地表现为外部反思：作为一种忽此忽彼的推理能力，外部反思不知道如何深入于特定的内容之中；但它知道一般原则，并且知道把一般的抽象原则运用到任何内容之上。这种以外部反思为特征的主观主义并不是难得一见的稀

有现象，它无非就是我们通常称之为教条主义或形式主义的东西（外部反思构成其思想实质）。我们在先前的教条主义的马克思主义那里就曾见到过这种“仅仅知道把一般原则运用到任何内容之上”的外部反思，而在今天中国的人文学术和社会科学中，同样非常普遍地流行着各种形式的外部反思。只是我们先前的外部反思特别地借重于来自苏联的一般原则，而今天的学术界则更多地从西方世界取得其抽象原则，并把它们运用到（实际上是先验地强加到）中国社会的任何内容之上。正是由于这种外部反思的主观主义性质，所以黑格尔——其哲学将“客观思想”确定为真理的领域——对之进行了持续不断的批判：他很正确地把仅仅知道外部反思的学者叫做“门外汉”，并指证从属于主观思想的外部反思乃是诡辩论的现代形式，是浪漫主义及其虚弱本质的病态表现。

不难看出，对于中国的人文学术和社会科学来说，外部反思所坚执的乃是理论的抽象原则和这种原则的抽象运用，而完全疏离于实体性的内容本身。就此而言，外部反思绝不意味着理论自觉，亦即在理论上获得真正的自我意识：它不是能思的，而是不思的——只是把现成的抽象原则强加于任何内容之上；它不是批判的，而是非批判的——对于理论自身及其原则的前提和界限全然无知，并使理论原则的运用屈从于幻想、任意和武断。这样的情形可以在下述比拟性的例证中被观察到：拿破仑想要先验地把自由制度强加给西班牙，结果他不可避免地失败了①；某些教条主义的马克思主义者想要把“中心城市武装起义”的原则先验地强加给中国革命，结果也不会取得成功。在这里得到反映的乃是外部反思在性质上的主观主义以及这种主观主义在理论上的不自觉状态。

由此可见，上述三种对于理论所采取的倾向性态度，不仅就其本身来说是盲目的和缺乏反省的，而且从根本上阻碍了中国学术在其发展进程中获得真正的理论自觉。因此，对于当今中国的人文学术和社会科学来说，只有在

① 参见黑格尔《法哲学原理》，商务印书馆1961年版，第291—292页。

这样的实证主义、折衷主义和外部反思的主观主义被克服的地方，理论自觉的可能性才会被开启出来，其学术活动在理论上的自我意识才会积极地生成。不仅如此，从前面的讨论（特别是关于外部反思的讨论）中还可以清晰地看到，理论自觉这一重要议题，不仅关乎学术对理论的态度以及理论本身，而且从根本上关乎理论与现实的关系问题，关乎思想在多大程度上能够真正理解和把握二者的本质关联。这样一来，理论自觉的探讨就不会局限于学术和理论的“内部自身”，相反，它必然会扩展到所谓“现实”的整个领域。这一点对于中国学术的理论自觉来说，显得尤为重要和必要。

之所以这么说，是因为当今中国的理论自觉不能不包含这样一种对于自身的意识，即我们所掌握的理论（或我们对理论的采信、建构和运用）能否把握现实，它在多大的程度上能够揭示并切中现实——首先是并且尤其是揭示和切中当今中国的社会现实。毫无疑问，对于这一问题的应答构成当今中国学术之理论自觉的真正核心。只要这个核心未被触及，关于理论自觉的任何一种议论都会是表面的和不及根本的。就此而言，如果说前述的实证主义和折衷主义倾向连理论在抽象形式上的自知都尚未达到的话，那么，外部反思的主观主义则只是坚执于理论的抽象形式，其要害正在于以此遮蔽了作为实体性内容本身的社会现实。因此，对中国学术之理论自觉的深入探讨，除开指证构成其严重障碍的否定的一面，还必须就形成这种自觉的肯定的一面予以积极的阐述——而这样的阐述，必然是围绕着“现实”这个主题来展开的。

三

中国学术的理论自觉，只有在以“现实”来定向的尺度中才能获得其决定性的标准。在这个意义上可以说，中国人文学术和社会科学的理论自觉，最终取决于其理论上的建构与运用能否（以及在多大程度上）真正揭示和把握当今中国的社会现实。然而，“现实”本身并不像抽象的经验主义或无头脑的实证主义所想象的那样，是能够在知觉中被直接给予我们的东西；恰好相

反，作为“实存与本质的统一”，作为“在展开过程中表现为必然性”的东西，现实（wirklicheit）只有在主观思想及其外部反思被终止的地方，才开始积极地显现出来。因此，为了能够把握和揭示现实，不仅一般地需要理论，而且特殊地需要那超越了主观思想（外部反思、形式的知性和形式的推理等）的理论。正是在这里，黑格尔和马克思在理论上的重要性和优越性便充分表现出来。关于前者，伽达默尔写道：黑格尔哲学是通过对主观意识观点所进行的持续不断的批判，才终于开辟出一条理解人类社会现实的道路。[①] 关于后者，海德格尔说，现今的“哲学”完全不理解我们时代的两重独特现实，即经济发展以及这种发展所需要的架构，而马克思主义懂得这双重的现实。[②]

在这里，必须坚决驱除那种关于“理论”与“现实”的肤浅而幼稚的观念。按照这种观念，理论与现实是被一条鸿沟截然地分割开来了，并因而处在紧张的外部对立中：真正的理论（思想或学术）是无须乎现实的，正像真正的现实是无关乎理论（思想或学术）的一样。于是我们便时常会看到，倨傲高雅的学者避之唯恐不及地躲开“现实”，而斤斤热衷于“现实”的务实者则以种种的不屑来鄙薄理论。只要中国的学术依然滞留于这种无思想的粗陋对立中，它就不可能获得决定性的理论自觉，即以切中社会现实为旨归的理论自觉。黑格尔很早就批判了上述那种外部对立的天真性与悖谬，通过《逻辑学》严格地区分了“现实”与“定在”“现实”与“实存”等；并声言哲学的内容就是现实，哲学研究的对象就是现实性，而“哲学的最高目的就在于确认思想与经验的一致，并达到自觉的理性与存在于事物中的理性的和解，亦即达到理性与现实的和解”[③]。在黑格尔看来，主观思想的要害就在于它疏离于——甚至绝缘于——现实，一如它在外部反思中自外于实体性的内容一样，并且最终是把对于现实的无知当成了良知。[④]

---

① 参见伽达默尔《哲学解释学》，上海译文出版社 1994 年版，第 111 页。
② 参见《晚期海德格尔的三天讨论班纪要》，《哲学译丛》2001 年第 3 期。
③ 黑格尔：《小逻辑》，商务印书馆 1980 年版，第 43 页。
④ 同上书，第 34 页。

在反对主观思想并要求达于社会现实这一点上，马克思与黑格尔是完全一致的。二者的根本差别体现在如何理解和规定真正的“现实”及其本质性领域；正如洛维特所说，马克思和黑格尔是在“现实本身”这一点上分道扬镳的。当黑格尔把所谓“现实”的内容最终转变为理性思辨的形而上学本质时，他是把现实本身神秘化了；与此相反，马克思坚决拒绝这种在绝对精神中得到体现的神秘本质，而将“现实”的本质性导回到理性前的物质生活过程。“意识［das Bewußtsein］在任何时候都只能是被意识到了的存在［das bewußte Sein］，而人们的存在就是他们的现实生活过程。”① 正是在这一存在论变革的基础上，社会现实及其本质性领域从思辨的精神全面地转向具体的社会关系和经济关系，转向人们在历史性实践中不断生成的社会变动结构。历史唯物主义的全部深刻洞见都是从这一变革起源的，并通过这一变革而重新开启出通达于真正社会现实的道路。因此，对于马克思来说，理论的根本任务乃是揭示并深入地参与社会现实，正像理论本身实际上不过是这一现实在观念形态上的表现（理论表现）一样。只有当这一点被自觉地意识到时，理论对于自身的理解才能从各种意识形态的幻觉中解放出来，才会将理论自身的本质性不是置放于“无人身的理性的怀抱”中，而是将之导回到真正的社会现实中。

我们之所以在这里要颇费笔墨地来谈论“社会现实”，是因为这一点对于学术的理论自觉而言具有根本的重要性和决定意义。我们固然可以在学术—理论的内部自身来寻找某种尺度，而这样的尺度固然也能在某种程度上反映理论成熟的某种状况，但这种尺度无论如何只能是纯形式的——就其与实体性的内容无关而言是完全抽象的；因而它们只能用来衡量学术—理论在形式上的完善程度，而不能用来衡量真正的理论自觉。例如，外部反思在理论的建构和运用方面主要借重于形式的知性和形式的推理，它们在理论内部的尺度上完全可以做得非常完善，但这绝不意味着这种主观的外部反思因此具有

① 《马克思恩格斯选集》第1卷，人民出版社1995年版，第72页。

切近的理论自觉。只要思想、理论、学说的真正本质性是在“现实”中展开的，那么，本质地说来，它们的自觉与否和自觉程度就只能根据它们与“现实”的关系这一尺度来取得定向。因此，就学术的总体而言，中国的人文学术和社会科学的理论自觉，从根本上取决于：它们在多大程度上意识到自己的本质性植根于中国的社会现实，并且在多大程度上意识到由这种本质性来规定自己的理论目标，来开展自己的理论任务。约言之，这样的理论自觉意味着：自知其来历，自知其本质，自知其任务——而所有这一切，又皆归结为能够自知中国的社会现实。在这个意义上可以说，唯当中国的学术在总体上将揭示和切中当今中国的社会现实作为自己的“绝对命令”时，其真正的理论自觉才会被决定性地开启出来。

当我们把揭示和切中“当今中国的社会现实”作为中国学术之理论自觉的根本尺度时，必须避免对这一现实的狭隘理解。一方面，当今中国的社会现实是与整个当代世界相联系的，并因而是在这种联系中获得其基本规定的。换言之，它是与当代世界的整个发展过程（包括它的基本状况，它所面临的各种问题、矛盾和挑战）息息相关的，是与现代文明所开辟的“世界历史”进程不可避免地共属一体的。另一方面，当今中国的社会现实又绝不意味着它是其自身历史的简单中断，仿佛它作为“当今的现实”就可以一笔抹杀其数千年文明的积累和整个文化传统似的。恰好相反，这样的现实是与其历史和传统本质相关的，并且唯因这种相关它才可以被把握为真正的现实。总之，“现实”并不是单纯的“实存”，而是实存与本质的统一，是在展开过程中表现为必然性的东西。明白了这一点，就不至于误解我们就总体而言的这一主张：揭示和切中当今中国的社会现实，乃是中国学术之理论自觉的根本尺度。

我们在前面说过，中国的学术自近代以来，必然经历一个长久的学习阶段，并使自身处于某种“学徒状态”。这样的学徒状态并不是无谓的，由之而来的一切都可能成为一种积极的酝酿，一种成果丰硕的积累；但其根本的前提是，中国学术必须在其发展过程中由“自在”进入到“自为”，也就是说，在这一更高阶段上获得它的自我主张。由于理论总是构成任何一种学术形式

的本质核心，所以，学术上的自我主张不仅必然要求着理论上的自我意识，而且从根本上说来是以这种理论自觉为基础、为标志的。我们完全不能想象，一种较高形式的学术是没有理论或无须理论的；我们同样不能想象，一种没有理论自觉的学术是能够具有自我主张的。因此，我们的基本结论是：中国学术的自我主张必以其理论上的自觉为根据，而这种理论自觉从根本上和总体上来说，必以切中当今中国的社会现实为标准、为尺度。

最后还应提一下的是：中国学术的自我主张及其理论自觉的要求，事实上本身也起源于并植根于当今中国的社会现实。正是在这样的社会现实中，亦即在当今中国的历史性实践所开辟出来的现实道路中，中国学术的理论自觉才会实际地展开为一个重要的思想任务。因为，只有在现实本身发展的特定阶段上，历史才会将理论自觉的任务真正托付给思想。

（原载《江海学刊》2012 年第 5 期）

语调哲学导论

陈　刚

语言、语调、语调哲学

语言是什么？语言是人类特有的相互交往与传递信息的工具，也是运用这种工具的能力。这种工具与能力是人类在千百万年漫长进化过程中形成的，是无数次极其宝贵的社会交往实践之成果和结晶。

从功能、作用及人与世界关系的角度看，我们可以把语言视作人类对现实的一种认知和把握；从技术的角度看则可以把这种认知与把握视作是对现实的一种编码与解码。

从前一视角看，语言作为音、义、形结合的认识和识别系统不仅是人类交流信息和社会交往的工具，还是人类对世界及与自己相关的一切进行思考和认识的思维方式。能够进行这种思考与认识是人之为人的本质特征，也是人类精神与文化不断创造与发展的不竭源泉。从此角度看，语言来自人类的本根处，是人类存在的精神家园。

正如洪堡特所言，语言产生自人类本性的深底，可以说直接就是精神的流溢，而不仅仅是维持共同交往的外部需要之工具。海德格尔认为语言是最切近于人的本质的，凡触处可见语言。他多次引用格奥尔格的诗“词语破碎处，无物存在”。他说我们应留心倾听这首诗的声音，甚至走得更远些，把这行诗的内容理解为这样一个命题：“语言是存在之家。”① 恩斯特·卡西尔则指出：

① 孙周兴选编：《海德格尔选集》，上海三联书店 1996 年版，第 1068 页。

> 事物的界限必须首先借助于语言媒介才能得以设定，事物的轮廓必须首先借助于语言媒介才能得以规划；而人类活动之从内部组织起来，他关于存在的概念之获得相应的明了而确定的结构则是随着所有这一切的完成而完成的。①

语言的优先地位得到进一步确认，至少在知识界，语言是存在之家，也是人类的精神家园。

从技术的维度看，人类说话或言语交流是对现实进行编码与解码的过程。语言是用来编码与解码的一种代码，说话者将其编，而听话者将其解。编码与解码是借用电报和计算机语言。既然是代码就不是事物本身，甚至与事物本身没有什么关系，或有关系也是外在的和偶然的，而非内在的、必然如此的。但一经约定则为社会认同，约定俗成，大家接受，社会通用。后来的个人只能接受，同时也从中得到用代码作为指称交流思想和信息的好处。这种约定，颇类似于契约，是多少代人社会交往实践所产生和形成的契约。用J. L. 奥斯汀的话说："我们的言语就是我们的签约。"② 我国哲学家荀子早在两千多年前曾说："名无固宜，约之以命，约定俗成谓之宜，异于约则谓之不宜。名无固实，约之以命实，约定俗成，谓之实名。"（《荀子·正名》）表达了同一意思。

人类对外在事物和内在思想含义进行编码和解码的能力是在漫长社会实践和交往过程中形成发展出来的，这个过程大约经历了千百万年，但它一经形成即成为人类最可宝贵的精神财富和文化，通过获得性遗传代代相承并不断丰富和发展。

不过，编码与解码的说法过于机械，客观世界无限复杂和瞬息万变，永远处于动态发展之中的语言现象绝非编码解码那样简单。如果要找一个更好的概括那么非"符号"莫属。符号同所指称和代表的事物或现象之间的关系

---

① ［德］海德格尔：《在通向语言之途》，孙周兴译，商务印书馆1999年版，第144页。

② ［美］A. P. 马蒂尼奇编：《语言哲学》，牟博等译，商务印书馆2004年版，第212页。

也是任意的和约定俗成的，但含义却更为丰富和开放，用来指称语言也许更为合适和贴切。

什么是符号？符号是人类对现实现象（客体、对象、客观世界和相关物）的一种表达形式，也是关于现实的认知、联络和编码系统，其基本作用在于对对象的指称和对思想的表达。表达形式与被表达物的关系并非出自必然，而是出自任意或约定俗成。皮尔士曾谈到，符号是某种对某人说来在某一方面或以某种能力代表某一事物的东西，是“确立某一事物（它的解释者）去特指一个它所特指的对象（它的对象）的任何事物”①。索绪尔指出语言符号“联结的不是事物和名称，而是概念和音响形象。后者不是物质的声音，纯粹物理的东西，而是这声音的心理印记，我们的感觉给我们证明的声音表象”②。

从此角度看，语言是音、义、形结合的符号系统。音是声音，义是意义，形主要指文字。其中，音和义是语言最基本的构成要素。音是义的存在形式，而义是思想，是概念，是语言声音所具有的实际内容。内容当然得通过形式来表现，而离开内容的形式空洞无物，不可能存在。因此声音与意义，语言的这两个要素密切联系，不可分割，共同构成语言这一符号系统。索绪尔说它们就像同一张纸的两面。文字不过是声音的记录，是符号的符号，也可以说是声音的延伸，虽然其后来的发展非常辉煌，但追根寻源还要追溯到声音。

人类对语言的研究因音、义、形等侧重点的不同产生基本的分野。有的着重研究语言形式，如一般的规则、语法、结构和意义，这些研究构成了今天所谓语义学、语法学，还有分析哲学等。对语言具体使用及其含义的研究则构成了今天所谓语用学，还有韩礼德创立的系统功能学。另外还有对语言声音的研究，如音韵学、外语教学等。韩礼德最早注意到语言研究的两个不同视角，一重形式，一重内容或功能；一重逻辑和哲学，一重描述与文化。前者属于语言学和语言哲学，后者更近于人类学。在当代学界，结构主义语言学、转换生成学派语言学属于前一传统；布拉格学派、伦敦学派和系统功

① 参见［英］特伦斯·霍克斯《结构主义和符号学》，上海译文出版社1987年版，第130页。
② ［瑞士］索绪尔：《普通语言学教程》，高名凯译，商务印书馆1995年版，第101页。

能学派则深受后一传统的影响。

那么，本文所说的语调和语调哲学与之有何联系与区别呢？

本文所说的语言是广义的。广义的语言是人类存在的精神家园。海德格尔说，语言破碎处，万物不复存。离开了语言，对人类来说，万事万物就无从认识和把握，没有意义，也就无所谓存在了。离开语言，人类同动物差不多，人之为人的人就不存在了，作为人类理智认识和实践对象的世界万物也可以说不复存在。

具体地说，本文所说的广义语言不仅包括通常所谓声音语言、文字语言，还包括人的行为语言，行为不单单是可直接感知的肢体动作，而且包括所有人的交往行动和社会实践，乃至纷纭复杂的社会生活、周遭万象，只要与人有关，与人的认识、交往、实践和对象化活动有关，均可纳入广义语言的框架作一理解。

本文考察的语调也是广义的，它包括言语之音调，话语之腔调，更包括文字之论调，行为之基调。因此它超出普通音韵学和语音学的狭隘视域，而同一种广义的语言语调观联系在一起。

概言之，本文对广义语言强调的含义有三层：一是强调我们认识世界万物必须通过语言为工具和途径。二是与我们相联系的世界万物包括人的行为和社会现象均可以从语言和语调的角度作一理解与把握。某种意义上甚至也可以说，万物皆语言，皆语调，只要加以特殊限定和解释。三是，从语言语调角度把握世界的关键是世界的语言化、符号化和语调化，并把它们相互打通，即贯通起来理解。

显然，这是一个全新的视角。从声音语言到文字语言再到行为语言之语调有惊险的跳跃，这种跳跃在传统语言学特别是语音学语义学和分析哲学看来难以成立，因为音和形属于不同的物理实在，不能混同。但在我看来，音和形作为语言内容的能指和感性形式均是语言符号的表现形式，相互之间有可比性。从声音到文字有从具体到抽象、从直接到间接的变化。但我要特别指出这种变化在声音语言或话语中就已存在，如人们对较长和较复杂的话语

语言之语调的概括实际上已经有从具体到抽象、从直接到间接的变化。也就是说，该话语语调之主旨、基调已经不是直接以语音音调的形式存在了，而经过了听者的概括和抽象。但人们一般对其语调意义仍持认可和接受态度，可能因为其距声音与音调并不很远。但文字和行为就不同了，已经没有直接的联系，虽然间接的联系还是有的。我们每个人在写或读文字之时心中仍会把之读起，这就是本文所谓文字语言之语调的主要缘由。但把握行为不是念文字，行为有具体的动作和过程，而且总是有意图和目的的，形成意图和实施目的需要用语言来组织概括和思考。在此过程中，从具体到抽象、从直接到间接的过程仍在继续，虽然更为隐蔽，但我们仍可在此特定意义上把行为同语调联系起来。更重要的是，我们可以从符号的角度以及从行为语言之语调的角度来对之作一理解。即把声音、文字、行为和语言符号联系起来考察，把握潜含于其中的语言语调，这种语调是语句之音调，言语之论调；另一方面，也是文本和行为的基调、主旨和基本精神。此乃理解和把握本文所说的语调哲学之要旨，也是关键。

作为文字语言的语调

文字的出现是人类文明的伟大进步，其重要意义几可与声音语言相媲美，因为人类的文明史自文字始。文字使人类的知识、文化和经验得以积累和传播，对人类社会生活的丰富和进步可以说功莫大焉！当然，在人类文明之初，文字可能掌握在有闲阶级手中，劳力者阶层整日为面包忙碌，无暇也无条件学习掌握之。但体脑分工的出现毕竟促进了人类社会的发展。对个人说来，从会讲话到会识字，从声音语言到文字语言，属于伟大的转变和跳跃。前者具有外在的物理声波形式，后者则具有图形符码的形式，虽然仍可被视觉直接感知，但如何识别和阅读，要靠头脑对声音和意义的记忆。这样一种记忆非同小可，因为它完成了从外在到内在，从直接到抽象的转变。

文字作为有声的言语或话语的纪录和延伸是人类语言非常重要的一部分。当然在学界仍有争议。索绪尔就不太重视文字语言。他有他的道理，人类语

言最初和最基本的形式无疑是有声语言，最活跃的也是它。但有了文字以后最重要的语言必诉诸文字，社会生活中最重要的内容也离不开文字的参与。正是在此意义上文字才被公认为文明史的标志。不过我们这里感兴趣的是语调，文字语言的语调，这样的语调存在吗？如果存在，应当如何把握？

我以为是存在的，把握和理解它的关键是六个“化”，即：抽象化，间接化，内在化，对象化，符号化，意向化，以及通过这六化把语言、符号、文字、声音和语调完全打通，即贯通起来理解。这里着重谈谈抽象化与内在化，其他也会有所涉及，它们其实是内在相通的，我们应把之联系起来理解。

（1）抽象化　如前所言，在比较复杂的言语活动中，对语言语义的理解及对语调的深入把握必然有从抽象到具体，从直接到间接，或从比较具体到比较抽象，从相对直接到相对间接的变化过程。也就是说，把握任何稍微复杂一些的语言之语调就会有概括和抽象，在此情况下语调如何常常不是直接被听出来的，而是听者结合自己的知识与经验加以总结概括归纳，领悟和把握这段话的要旨、主调和基本精神，该话语所实际蕴含的语调，即与之联系在一起。人们的回应即以此为前提。

对文字语言之语调需要从更为抽象更为间接的角度来把握。这种把握需要结合一定的背景材料和知识积累，即对特有情境和相关习惯、传统、经验的了解。无论何种情况，肯定有概括、判断和推理，也有跳跃。前面谈到在声音语言交流过程中始终有声调与我们做伴，但其基调或基本的语调如何人们仍常常于无形中运用抽象和概括来作总体把握，对之仍觉得相对直观和感性。文字就不同了，文字虽然仍是能指，是形式，但存在的样式却从物理声波变换成平面图形，字母、汉语方块字或其他图形文字符号。平面图形只有线条在默默变动，听不到声音，在此情况下有无语调，或者说语调的法则是否起作用？

我以为这样一种语调在文字语言中是存在的，而且不难理解，因为无论是写还是读我们都在心中默默地使用语调。当然，是间接的，不那么直观且经过我们抽象概括的语调。但心中有语调响起和起作用是确定无疑的。因此，

举凡语言和语调的法则都在并起作用。我们完全可以从语调的角度对几乎所有的文字作出理解和把握。即如巴赫金所言，在文学艺术作品中：

> 作者把主人公的每一个细节、每一个特征，把主人公生活中的每一个事件、主人公的每一个行为和他的思想感情都语调化了，正如在生活中，我们对周围人们的每一个表现都会作出价值反应一样。
>
> 语调在作品中一般是无标记的，它是被猜到的，在阅读时也不以语音方式表现出来……如果说我们单独提出了语调，则这仅仅是因为它只专门表现情绪和意志立场、对象的音调特性，语调没有其他功能。一般说来，所有这些从语言和艺术整体中单独提出的因素：对象、形象、节奏和语调等等，仅仅在抽象的意义上才可能区分，实际上它们是融合为具体的、完整的统一整体的，是相互渗透相互制约的。①

巴赫金是在狭义上使用“语调”一词的，但天才思想的流溢也常常超出原有框架而具有更广泛意义。这就同我所说的广义语调很相近了。作者把主人公的每一个行为和思想感情都语调化，这就是我所说的作为行为语言的语调，而论述的文字音调也属于作为文字语言的语调。他还说，语调是无标记的，阅读时也不以语音方式直接表现出来。它表现人的情绪意志和思想感情，并与形象、节奏密切联系着，仅仅在抽象的意义上才可能区分，说的就是抽象化。

（2）内在化　理解了抽象化与间接化也就理解了内在化，因为它们指称的是同一个过程。也就是说，有了抽象化和间接化也必然有内在化在发生。这个过程在言语活动中有，但还不太明显。在文字语言活动中则变得彰著起来。所谓文字语言活动无非是写和读。无论是写和读，内心都发生着活生生的言语过程，写字的人实际上是在倾诉和讲话，只要他写的是有意义的文字。而读的人实际上是在倾听和理解。只不过这个过程没有物理声波，没有人耳

① ［俄］巴赫金：《巴赫金文论选》，佟景韩译，中国社会科学出版社1996年版，第345、335页。

能够听得见的声音，只有看得见的文字。声音能指消失了，但它没有走开，而是摇身一变，隐藏在文字中，让阅读者通过图像和字形及其排列来倾听。这个过程也就是内在化的过程，阅读者要靠自己的心来理解和领悟。

我国古代哲人庄子早就说过："视乎冥冥，听乎无声。冥冥之中，独见晓焉。无声之中，独闻和焉。故深之又深，而能物焉；神之又神，而能精焉。"（《庄子·天地》）刘勰在《文心雕龙》中也说过："声萌我心"，"良由内听"（《文心雕龙·声律》）。欧阳修则在《赠无为军李道士二首》中说："弹虽在指声在意，听不以耳而以心。心意既得形骸忘，不觉天地白日愁云阴。"都有内在声音之义。

奥古斯丁也很早指出：我们要对别人说话吗？因为"话"是内在的，我们就运用言语或可感知的符号，通过感性联想，在我们对话者的心灵上诱发出同我们说话时心灵里所有的"话"相似的一种"话"。[①] 洪堡特谈到"语言的内在形式"，认为"它总是在指称源发自心灵的自发活动的概念"。卢梭和德里达都谈到语调进入我们的灵魂深处[②]；托马斯比他们更早就谈到"内在的话语的存在"。我同意他们关于内在性的看法，但也有所不同。我认为内在化的语言不仅同概念和思想相联系，而且也具有形式和能指，这才是完整的语言和语调，只不过隐而不彰，在当事人的心中响起。这样一种内在化的过程同所有的思维和思想相联系，才能在此意义上说"一切思维都是一种自我说话"；也同所有撰写文字过程相联系，作者写什么不可能不经过思考，不可能不伴随着思维的过程，既然一切思维都是一种自我说话，那么写作也一样。作者写作不仅同自己说话，也同想象中的读者说话。对作者而言阅读是未来进行时；但对读者而言，写作成了历史，至少是过去发生的事。过去可能不久，也可能很久，作者已驾鹤西去，但语言没有死，语调也是，它只是在默默等待，等待一个读者来把自己唤醒和复活。一次新的阅读过程中，它可能在读者的心中窃窃私语，即仍以内在化的形式存在，也可能被读出声来，这

---

① ［法］茨维坦·托多罗夫：《象征理论》，王国卿译，商务印书馆2004年版，第38—39页。

② ［法］雅克·德里达：《论文字学》，汪堂家译，上海译文出版社1999年版，第349页。

样，内在和外在，能指和所指，思想和形式就获得了完美的统一。

把握人类广义语言和语调的过程是一个聆听和领悟人的语言意义的过程。在此过程中，有主体际和主客体之间的互动，或相互作用相互转化相互聆听相互交流，同时也是一个对象化和符号化的过程。对语调的把握和理解也在这个过程中实现。

作为行为语言的语调

何谓行为语言之语调？顾名思义，乃人的行为动作作为语言符号所蕴含的基本调子，也可以说主旨、基调和基本精神。如前所言，人的语言从来就有广狭之别。狭义的语言就是我们平时日常生活和相互交往过程中所说的言语或话语，这种语言以声音和音调作为自己的存在形式，以语义和思想作为自己的内容。广义的语言则包括文字、动作乃至所有人类活动。

对肢体语言不难理解，因为它自始被视为语言形式之一种。它不是靠物理声波，也不是靠图形文字，而是靠人自己的行为和动作直接表达自己的意图。在此情况下，动作成为表达主体意图的符号。如《行为语言学》一书所言："行为语言是除有声语言之外表达人们心意的又一种方式，所以它也是感觉和思维的工具……从理论上讲，行为语言就是有示意目的的动作。"① 有示意目的的动作古已有之，并时时发生，不可一日或缺。如肢体语言与生俱来，像人类历史本身一样古老。

如果我们的视野越出肉眼可见的肢体动作范围而指向所有人类行为，问题就可能出现了。人的行为实践每天都在大量发生着，我们已经司空见惯。但把所有人类行为和社会实践都说成行为语言肯定大有异议。人的行为实践显然不同于人的说话。中国民谚云：听其言，观其行；言必信，行必果；言行一致抑或言行不一，还有知易行难、知行合一等，都在说言和行有区别，不能混同为一。但这里说的言都是狭义的，从狭义角度看行当然不同于言，

① 宁基编：《行为语言学》，北京师范大学出版社2003年版，第16页。

不能简单地把它们混为一谈。从广义看就不同了，广义的语言把一切人类活动及其物化、外化、对象化作为领悟的对象，认为其对人类主体说来具有符号、对象和指称的意义，因此可以从语言角度作一理解和把握，如解读叙事、文本、符号、审美、对象化活动等。从此角度看人的行为实践当然包括在内。

进一步说，我们可以把周遭事象与人有关的一切从语言角度作一理解和把握，这种理解把握从某种意义上也可以说是还原为语言进行考察和探讨。譬如说，把之能指化、符号化、对象化、内在化，或从认识主体与客体关系的角度作一认识和理解。如面对一段话语，其从诉者方面说是在言说和倾诉，通过此表达一定的意义。从听者方面说是在倾听和理解，希望把握其中的含义。对一件事情乃至某个具体人的行为实践，也可以此角度作一把握。也就是说，可以把之理解为向我们在诉说什么。实践者在行动，同时也在表述、倾诉和言说。其行动可能是讲话，也可能是在写作，在艺术创作乃至从事其他社会实践。这些实践同时也是在言说，借此表达一定的意义。至于行为语言的语调则是把能指化、符号化、对象化的过程进一步推进，即再把之语调化，亦即从行为语言之中听出一定的语调。这样的听是对世界的一种新的理解，世界在倾听中也会变得更为丰富多彩。

概言之，行为语言之语调所以能够成立，其可能的依据有三：一是借喻式修辞；二是意指性实践；三是世界的符号化、对象化、语言化和话语化。本文的思路是通过表达与理解把这三个方面与语调全部打通，行为与述体合而为一。

（1）借喻式修辞。这很容易理解，人类能够并经常运用修辞手法以一种东西形容或比喻另一种东西。这样一种能力产生于人类信息交流的需要和语言符号能力的发展，也是因为对世界万物相似性和象征性的感悟，同时也由于人类艺术创造和审美实践的推动。杜马塞曾谈到相似性引起的附加和转义之作用，说在人类生活过的所有时代和地方，总会有想象、有激情、有附加概念，因此也会有转义；并说“这些附加概念往往比主要概念更能强烈地激发起我们的想象，更为突出；它们或者更为欢乐愉快，或者对我们的心灵更

为亲切，更符合我们的兴趣与习惯，或者能勾起我们心里更强烈、更深刻或更有趣的回忆”。从此角度看我们说某个复杂的社会行为是在言说因而包含某种语调，至少可以从文学修辞如比喻借喻的角度看可以成立，或得到理解。这是多数人都会同意的。当然把握本文所说的行为语言之语调需要进一步拓宽视野，有更为新颖的理解。

（2）意指性实践。意指性实践指有目的指向性的实践活动。人的实践活动本质上是由一定目的指导的能动活动，能动在于主体性，在于主体的自我意识以及在此指导下从事的活动。也就是说，人作为主体不仅意识到自己的存在，而且能够有意识地制定和设计自己行动的规划，以此作为目的，指导自己的行动，并能根据外界情况的变化调整之。人的自由和自为正以此为基础。

人类的这种主观能动性必然与语言密切相关。任何离开语言的能动性和意指实践都无法想象。马克思在《资本论》中说作为规律决定着人的活动方式方法乃至使人的意志也服从之的活动目的也必然由语言构造而成。当然目的中也不全是语言，人的欲望、需要、感情和理性等均渗入其间，但若没有语言组合和通过语言进行的连贯想象、构思或思考，所有这些难以融合到一起，成为一个有意义的整体指导人的行为，一切均难以想象。语言也不完全是语调，语调只是其中一个不可缺少的构成要素。在人们进行劳动活动或更广义的实践活动之时，目的先在地出现于活动主体的头脑之中，进而对主体的行为起指导和统领作用，即马克思所说的作为规律统摄着整个活动过程，决定着方式方法，最后物化在活动的结果之中。这样一种有目的的过程的确可称为意指性实践。语言是目的的构成要素，语调则是语言的一个构成要素，虽然不那么引人注目，而是悄悄地与语言一起存身于实践目的之中，并通过实践目的外化在实践活动与结果之中。从隐到显需要一个推动，推动力就是符号或符号化，世界的符号化，实践行为的符号化，乃至从符号到话语再到语调的打通。

（3）世界的符号化与话语化。现在讨论世界的符号化。如前所言，所谓

符号是人类对与己相关的现实世界客观万象的一种表达形式，也可以说是关于现实的认知、联络和编码系统。表达形式与被表达物关系并非出自必然或天生而是人为。从历史或发生学的角度看，人类早期为表达不在场的对象物，常常以某种肢体动作、图形或其他物来表示。于是出现人类创造的替代所指物的替代物。替代物仅标示替代对象。替代物可称为符号，但符号不等同于语言，符号更宽泛。人类以替代物为标志，把对象按人类需要重新排列组合，即按自己需要重新划分世界。替代物成为人类构造世界的一种工具。起初可能有相似性，后来越来越抽象化，出现一个完全不同于可感知世界的另一个替代物世界，如各种符号，数学几何、神话艺术语言等。语言只是符号工具的一种，但却是最为重要的一种。

语言当然不仅仅是工具。事实上语言参与人类对世界的认识与逻辑构造，离开这种构造，世界就混沌一片，无从把握，就像康德所说的物自体，离开人类的先天统觉和先验的时空形式等，就成为不可知的自在之物。海德格尔说“词语破碎处，世界不复存”，意思也在于此。物质世界离开人类当然会存在，但这样的世界与人类无涉，对人类没有意义，也没有什么关系。有关系和有意义的世界必然和必须通过语言来把握，于是对人类来说语言成为世界的构造者，其实只是参与对世界的理解和把握。但人类关于世界的认识如何却与之密切相关。在此前提下和意义上，似乎可以说世界被语言化和符号化了。卡西尔指出：

> 人的世界不是作为某种现成的东西而存在的。它需要建构，需要通过人的心灵的不断努力才能建立起来。语言、神话、宗教、艺术和科学都不过是朝着这个方向迈出的一些单个步骤而已。事实上，它们都只是通往客观性道路上的一些各不相同的中途站或驻足所。我们所说的人类文化可以界定为我们人类经验的渐次性的客观化，可以界定为我们的感觉、我们的情感、我们的愿望、我们的印象、我们的直觉体知和我们的

思想观念的客观化。①

其实世界不仅被语言化和符号化，而且可以说被话语化。也就是说，世界的符号化和语言化不是符号学家和语言学家或更准确些说语义学家所研究的那种抽象语言与符号，而是活生生的语言，具有实际的意义，也就是话语。符号化和语言化的世界在向我们说话。这个世界包括与我们密切相关的周遭一切，包括与我们发生联系的自然界，当然也包括我们自己，包括人类社会和我们个人的行为。从此角度看，世界在向我们说话，人的举动和行为也是在向我们说话，只要放到世界语言化和符号化的框架内。人的行动或行动中的人本来就是世界的一个组成部分，如果说世界都向我们说话，那么说人通过行为向我们说话就完全可以理解，而且是逻辑应有之义。更何况人的行为本来就是意指性实践，它由一定的目的指导，实际上也是通过这些行为向其所属的世界说话，只不过能指用的是行动而不是声波语言或文字图形。其实就表达人的意向和意义而言，这样的能指与所指关系要直接得多和密切得多，正所谓身教重于言教，一个有效的行动胜过一打空头的理论。

人之所以能够通过自己的身体和行动讲话，一方面因为人说到底是从事意指性实践的能动主体，另一方面因为人通过语言把世界符号化。既然人作为万物之灵长把与己相联系的周遭世界全都符号化了，自己的身体和行为当然也包括在内。对人说来，整个世界都开口说话，作为人认识和表述对象的人的行为举止当然也如是。也就是说，每个举动每个行为都是人通过身体在开口说话。其所说话语也许伴随声音，但也可能没有声音和文字，但肯定有意义。在此情况下，人的身体就是述体，人的行动就是文字，语言、语调乃至所包含的意义均蕴藏其中，等待人们用智慧之眼去发现，用心灵之耳去倾听。

的确，这是一种广义的语言，既然没有或主要不是声音语言和肢体语言

① 恩斯特·卡西尔：《语言与神话》，于晓等译，生活·读书·新知三联书店1988年版，第147页。

那种直接的示意，其语言的功能和特点就表现为间接的示意、指意和符号化。既然我们对周遭属人的世界包括自然界均可从符号、话语的角度作一理解，既然马克思说应把客观事物和现实理解为人的感性活动；海德格尔说语言是人存在的家；既然福柯能听到世界在向我们说话；既然巴特能够从反映现实生活的美文中听出大音，把构成现实世界网络的每一个编织物或线头都看做符码，把每一个符码又看做声音或从中听出声音，那么我们把人的每一个寓意的意指性行为看做行动者在向我们说话，并从中听出语音、语意和语调，是理所当然的。

必须指出，用语言来把握世界和建构世界与把世界话语化乃至语调化是三层相互联系但又有所不同的含义。第一层在狭义语言观的范围就可以解决，即通常所说的认识世界，只不过要加上康德主义的因素，即在康德认识论的范式内来理解和把握。第二层是许多哲学大家如海德格尔等人所说，世界语言化话语化，马克思所说的对象化，在此情况下世界向我们说话实际上对认识主体说来是揭示世界向我们展示或蕴含的意义。也可以用巴特的话说，把世界或对象符号化符码化。第三层就是本文所说广义语言和语调，其实就是对语言化和符号化的世界再进一步从语调角度作一理解。巴特从构成现实世界之网的每一个线头看到符码和听到声音同我所说的语调已非常接近了，只不过语调相对于声音范围更窄一些而已。

如前所言，语调只是话语的一个构成要素，不是全部。因此语调化也只是话语化的一个方面，一个视角，不是全部。就此而言，语调不是万能的，但离开语调把握语言却万万不能，因为这样语言就没有生气了。语调总是或隐或显地存在于话语之中，不论你是否明确意识到它。

行为语言像语言行为一样必须遵循相关性原则，不相关或关系不大的不需要去认识。但行为话语不同于言语行为停留在声波语言状态，即属于主观的状态，还没有获得现实性，行为语言则是现实社会生活中实实在在的事情，即已经发生或正在发生，已经具有现实性。这一点不以任何人的意志为转移，我们只能去把握它认识它解读它但无法取消它。既然是认识把握解读那么已

经发生或正在发生的行为就是认识和解读的对象，也是我们用语言符号将之话语化符号化乃至语调化的对象。这样一种对象化活动必须遵循客观性原则和认识论原则，因为行动的目的已物化在客观过程及其结果中，必须按照一定认识论原则如主观客观感性理性等去加以把握。

把握行为语言必须遵循抽象化总体化原则。尽管行为过程及其结果是具象的和物质的，但正因为此与符号和语言相距甚远，必须在我们头脑中对之加以符号化和概括化。这是一个抽象化和内在化的过程，也是一个大致如此的总体化过程。外在的行动被抽象概括为一个相互联系的符号系统，或直接就是一个大的符码。这样就为语调化的把握提供了可能。如我们常把不事张扬的行为概括为低调，这是把整个行为理解为向我们说话和表达意义。低调是用语调的语言对该行为话语的抽象概括。它舍弃了很多东西，许多枝枝节节的东西，但抓住了主要的要旨。这对我们从总体上把握行为及其结果是必要的。

综上所述，本文探讨的是广义的语言，它不仅包括声音、文字，而且包括人的行为语言乃至与人有关的一切。本文所说的语调也是广义的，它不仅同声音，而且同文字、行为语言之语调密切结合在一起，是其不可分割的构成要素和组成部分。把握广义语言和语调的关键是世界的对象化、符号化和话语化，即把世界作为自己的认识对象和交往对象，运用语言符号作为自己的认识工具，于是世界与人的关系成了说话与倾听的关系，世界在对象中、话语中存在。我们不仅通过语言认识和把握对象，而且可以通过抽象概括把对象和世界理解为一个大的话语符号和语调符号。这样，世界不仅被话语化，而且被语调化了。于是，思想、观念、文化和话语、语调、符号全部打通。这正是语调哲学的精髓，也是把握语言、符号和文化的关键。符号本来就是互相无内在联系的物之间的指代和象征。语言则充满了指代、象征、借喻和符号。这些符号是在亿万人交往实践过程中所自然形成的，即所谓约定俗成或社会契约。这是一个漫长的过程，对后代人说来已经成为确定的传统，而视之为理所当然。当很多年以后我们运用同样的方法分析和阐释语调哲学时

可能很多人感到突兀，其实我们阐释语调哲学所运用的抽象、概括、借喻及内在化、间接化、符号化本是语言内在的构成要素和特点，论述语调哲学，不过是将这些特点从语调角度作进一步的推演。因此，从本文观点看来，人类所有历史文化和话语完全可以从语调角度作一理解。也就是说，文化是话语，话语有语调。于是，语言、文化、思想、符号和语调之间障碍全部打通而圆融无二，语调哲学存在的理由及其与语言哲学、符号学之间的关系也就可以得到理解了。

（原载《江海学刊》2012 年第 6 期）

身体认知的符号化机制

张之沧

现实中，由于人类认知作为一个逐渐学会抽象的过程，也就是逐渐学会制造、创造和使用符号，使符号逐渐变成认知对象、审美对象和实践对象的替代品，从而使得世间万物日益对象化和符号化的过程，使原有的直接反映对象的语言变成间接的语言，使原有的反映对象、情感、欲望和心绪的有声的语言变成沉默的声音，结果，也就促使符号的意义逐渐脱离原物和指谓对象，演变成由语法结构和具体的使用语境所决定的纯粹的“文本或符码”。基于这些符码的意义几乎完全决定于认知主体的主观性的解释、说明及至随心所欲的想象和创造，以至连现象学家梅洛—庞蒂都感叹：我们只是在确定知识之时间的符号背景中，才沉思我们有充分理由称之为真理的东西。然而即便此时，我们也仅仅在与符号的结构打交道，而符号的意义仍不能被单独确定，因为符号总是以相互包容、相互区分的方式存在。因此，我们只能从符号到符号，完全无关决定符号意义的现实根基。那么，究竟应该怎样来解决符号的抽象性以及由此可能产生的空洞性和荒谬性呢？这当然也涉及符号的本性及产生根源问题，对此，哲学家、心理学家、语言学家和符号学家都进行了诸多探索。但绝大多数学者在解答上述问题的时候，或是把符号产生的根源只追踪到感觉层面，即感觉、知觉、记忆和形象的层面，或是把全部“符号”的产生直接归为人的本质和本性，比如德国哲学家卡西尔在把“所有的文化形式都看做是符号形式”的基础上，就指出，“我们应当把人定义为符号的动物（animal symbolicum）来取

代把人定义为理性的动物。只有这样，我们才能指明人的独特之处，也才能理解对人开放的新路——通向文化之路。”① 而能够将符号的本性和产生根源追溯到人的身体层面的做法，迄今还只见于极少数学者。为此，本文将主要围绕那日益被抽象思维和符号系统所疏离了的人的身体认知与符号化之间的关系问题展开陈述和论证。

身体感觉与符号的形成

今天统治全部人类文明、人类文化的符号，包括人类创造的全部物质文明和精神文明留下的印迹、图像、言语、文字、音律、记号、数字、线条、符码、代码等主要由思维、概念、声音和颜色所把握和表达的各种具体的音符、字符或某种抽象物的替代物等，究竟是怎样产生的，或者说其产生的根源究竟在哪里？对此问题的回答，当然是各有所论，因为符号作为人类实践及思维创造的一种最抽象和最丰富多彩的特殊实体，其形成不仅经历了一个复杂的发生过程，且拥有相当复杂的作用机理。不过，事物“万变不离其宗”的普遍规律却告知我们：一切被赋予人的认知和实践意义的符号无疑都是源自人本身。而人就是人的身体。人的身体就是人的全部，没有人的身体就没有人，因此一切符号也都无疑是形成和产生于人的身体；是人的身体之所为、所识；是人类以自己的身体作为认知的出发点和认知原则的结果。这是因为一切认知，包括抽象符号的形成和全部符号化过程总是源自人的身体的行为、感觉、知觉和经验；总是人的身体的直观和认知。比如声音符号，也即语言的产生，就主要是由于那些正在生成的人在相互紧密结合和相互协作的劳动过程中，达到彼此间不得不说些什么的时候，“需要也就造成了自己的器官：猿类的不发达的喉头，由于音调的抑扬顿挫的不断加多，缓慢地然而肯定无疑地得到改造，而口部的器官也逐渐学会发出一个接一个的清晰的音节。”此

① 恩斯特・卡西尔：《人论》，甘阳译，上海译文出版社 1985 年版，第 34 页。

时，“语言是从劳动中并和劳动一起产生出来的”。①

与之相似和相应，也正是源自身体的各种不同的感觉决定了以身体为基准、标尺和核心的认识及相关概念和符号的形成。比如正是人的身体的“直立、平衡、疏远、接近、紧密、踏实和正常生存”的感觉，决定了上述以及与之相关的概念、观念、意识、形象和符号。也正是人的身体获得的“美感、舒适感、快乐感、幸福感、惊艳感、奇妙感，或是源自身体经历和产生的痛苦、惊吓、恐惧、疑虑、郁闷等”心理情绪和体验，才形成上述相关的词语以及在人类语言中占据重要地位的“感叹词、语气词、形容词”等语词和符号。如果就人的认识和符号化过程与五种最主要的身体感觉之间的紧密关系而言，是人的视觉决定了和人的身体相关的距离、形状、体积和各种颜色的认知符号；是人的听觉决定了和人的各种声音相关的音调、频率、优美抑或刺耳的觉识和符号；是人的嗅觉决定了以人的体味为基准的各种气味的好坏优劣。而所有的感官及感觉活动，包括一切音乐、舞蹈、绘画艺术、游戏等，以及全部心理活动不仅都源自身体，而且正是人的身体在权衡和考量全部感官和感觉的正常与变异。

进一步说，正是身体的存在及各种感官的经验性和直接性作用，才使得人之认识和相关符号的创造与使用总是以身体为圆心来进行对周围事物的认识和表明。比如正是从身体的整体性感觉出发，人们认为自己头顶蓝天，脚踏大地。身体的前后左右是地理方位，而它本身则被所认识的空间紧紧包围。也正是这种位置感决定人类心目中的符号形象是：人类栖居的地方就是宇宙之中心。由此古希腊的托勒密创立了“地心说”；而亚里士多德则建构了一种由九重天包围地球形成的透明的天球层模型；中国古代人则形成了“天圆地方”的观念。近代以来，由于生物进化论的胜利，在科学领域又牢固地确立了人类在宇宙中拥有至高无上的位置这一观念，从此在人类的脑海里又确立了人类乃自然界之首的形象。

---

① 《马克思恩格斯选集》第4卷，人民出版社1995年版，第376页。

这种基于感觉的符号化认知，连福柯在《知识考古学》中都承认：“确定主体的陈述制度不应借助于超验主体，也不应该借助于心理主观性。”① 比如人类对事物的质、量、度、空间、时间以及类似动静、软硬、大小、宽窄、高低、疏密、轻重、美丑、光暗等物质属性和特质的认识，几乎全都是以人的身体和感受作参照物进行表达、描述与解释的。所以人之身体既是感知不可或缺的源头，也是人类拥有知识却又无知其具体机制的缩影。因为身体无需反思，便可用一种直接和实际的方式把控它们。为此，威廉·詹姆斯把身体作为经验哲学的核心，认为身体是情感风暴的中心，心理坐标的起源，是经验压力的所在地，是视觉、行动和利益的中心。一切都围绕身体运转，都从身体的角度感知。反过来，感知到的世界也都把身体作为中心，作为一个实验性和意向性的中心，一个“神秘晦涩的、生成性的、界定方位的不存在之地”②。但只要我们需要它，停止对它的概念分析和理性概括，它就会奇妙地引导我们。就像一个婴儿，不仅能够用自己的身体感知事物，引领自身的行为，而且在他的非概念化“心目”中同样存在一个可以带来“愉悦、微笑或痛苦”的世界。

在这个被感知的世界里，由于“身体能使我保持与世界的关系，不需要我在主体方面回想起我现在把握的物体或在我的身体和世界对我的接近之间的大小关系。只要我不是特意地思考世界，我对我的身体的意识就能直接说明在我周围的某种景象，我对我的手指的意识就能直接说明物体的某种纤维状的或粒状的特征”③。总之，时时处处，我或主体都是以身体感觉作为认知和实践宇宙万物的基础和前提；都是通过身体去感知、比较、参照和反思认知对象。为此，在这种主客关系中，是人的身体决定周围世界，也是根据人的身体去辨认周围世界。我们通常所谓的“高瞻远瞩”“耳听八方”以及“会当凌绝顶，一览众山小”等著名诗句，实质上都反映了身体在认识世界中

① 福柯：《知识考古学》，谢强等译，生活·读书·新知三联书店2003年版，第59页。
② 吉尔·德勒兹：《德勒兹论福柯》译序，杨凯麟译，江苏教育出版社2006年版，第24页。
③ 梅洛·庞蒂：《符号》，姜志辉译，商务印书馆2003年版，第109页。

的价值、功能和作用。

也正基于此，在一切语言符号中，对许多事物的表达都是用人体及各种感官、感觉和情欲的隐喻来进行的。例如“有顶‘头’，有开‘头’，山有山‘脊’或山‘肩’，针有针‘眼’，土豆有芽‘眼’，缝有缝‘口’，洞有洞‘口’，杯有杯‘嘴’，壶有壶‘嘴’，耙有耙‘齿’，锯有锯‘齿’，梳有梳‘齿’，麦穗有‘须’，鞋有鞋‘舌’，河流有‘咽喉’，有‘须’状的狭地，有‘臂’状的海湾，钟有‘指’针，‘心’代表中央（古罗马人用来指中心的词是‘umbilicus’，就是肚脐），风正帆满‘腹’，‘脚’代表终点或底部，果实有果‘肉’，岩石有岩‘脉’，矿有矿‘脉’，葡萄的‘汁’可酿酒，地有‘腹’地。碧海蓝天会‘微笑’，疾风‘呼啸’，波浪‘呜咽’，物体在重压下‘呻吟’。拉丁姆地区（Latium）的农民常说田地‘干渴’，‘生产’果实，五谷‘丰实’。我们的乡下人说植物‘交配’，葡萄‘疯’长，流脂的树在‘流泪’。从任何语种里都可举出无数的其他事例。这一切事例都是我们那条公理的后果。人在无知中就把他自己当做权衡世间一切事物的标尺。在上述事例中人把自己变成整个世界。”① 反过来，世界也就变成一个巨大的身体缩影。正是身体作为一种沟通态和参照系从而成为破解世界的一把秘钥。

这种通过身体之感觉、体验、测量，进行比较、类比、模拟、模仿和想象，以及由内向外，由此及彼，由己外推的认知过程，就叫做认知上的身体化和符号化。这个认知过程恰如克尔凯郭尔所言“真理无非是‘他自己的显现’，此外还有‘他自己的发现’。”② 只是在这个过程中，作为身体的灵魂，人的精神和思维，由于常常无约无束地远离身体及感觉，尽情地发挥其主观能动性，及至超越身体而自作主张地去拓展和发挥，以致经常制造诸多非现实的神话、传说、虚假意识、流言蜚语和无稽之谈，背离了身体认识的真实

---

① 约翰·奥尼尔：《身体五态》，李康译，北京大学出版社2010年版，第16页。

② 卡尔·洛维特：《从黑格尔到尼采》，李秋零译，生活·读书·新知三联书店2006年版，第402页。

和真谛。

也正是基于这种身体认知论和感觉符号论，当代后现代主义者德勒兹通过对绘画艺术，也即符号化艺术的解读揭示：人类从事的符号艺术的创造活动并非只来自精神的凝思或理性的逻辑，而主要是决定于人的内在情感和身体感觉。正是身体感觉的具体性、生动性、变化性和多样性表现、体现和实践了艺术形式的多样性和内容的丰富性。正是身体感受和身体经验以及身体整体的生成运动和存在状态构成各类绘画艺术的对象和形象；也正是发生在身体感觉层次上的具体的活生生的体验与行动变成人的艺术创造的潜能，构成各种艺术发现、技艺发明和理论创新的力量。特别是发生在身体感觉层次上的各类经历与行动，作为各种感觉间的联系和综合总是贲张着一股永恒的生机和创造力。因此要想培养或发挥人的绘画创造潜能，并不非得有超凡的理性思维和渊博的学识不可，关键是要学会感受、感悟、捕捉、接受或诱发身体感觉的火花和心灵迸发的激情，并能够凭借创造天赋和高超的表现手法使其得以凝聚、整合与升华。那么，身体感觉和符号化艺术创作究竟有何关系呢？

德勒兹以“现代绘画之父”尚塞的艺术作品作为研究对象开辟了绘画创作中的身体感觉的探索之路。在塞尚的绘画实践中，德勒兹看到绘画所采用的是一种以新眼光看世界的现代方式，也即一种在转瞬即逝的身体感觉中“捕捉对象叩击我们的眼睛和撞击我们的感官的方式”。而撞击我们的感官者就是宇宙中普遍存在的不可见的力。这种力与感觉紧密相关，因为“必须有一种力量对身体起作用，也就是说对波的一个部位起作用，才会有感觉”①。换句话说，在某一层面上的波与外在的力量相遇时，一种感觉就出现了。在这个意义上，也可以说“一切感知性只是力的生成”②。因此艺术创造或绘画

---

① 吉尔·德勒兹：《弗兰西斯·培根：感觉的逻辑》，董强译，广西师范大学出版社2007年版，第68页。

② Gilles Deleuze, *Nietzsche and Philosophy*. translated by Hugh Tomlinson, London: The Athlone Press, 1983, p. 63.

创作实质上就是一种身体感觉的暴力运动，而非精神的“内省”观照。其创作状态往往表现为一种由力制造的“瞬间的紧张和激动”。此时，一种构成身体的力与力的现有关系和结构通过相互间的作用引发的“突变”，使得“整个身体都被一种强烈的运动穿过”，其结果产生的身体感觉便构成符号艺术或绘画创作的源泉。艺术家创作的宗旨就是把涌现出的身体感觉诉诸艺术的感性表现形式。

在这一创作过程中，正是基于人的身体、感觉、意志和心灵的极端灵活性，才从中发展出一种高度的表现和传达能力；激发出某种能给出符号的事物或画作的愿望。似乎只有通过符号和表情姿势才能摆脱自我的需要，并用成百种语言方式来谈论自己的能力，即一种爆发状态。对于这种状态，我们“必须把其设想为通过各种肌肉劳作和活动而从极度的内在紧张中摆脱出来的驱迫和冲动……设想为整个肌肉组织在从内部发挥作用的强烈刺激推动下的一种自动作用；……每一种内部运动（感觉、思想、情绪）都伴随着血管的变化，随之而来的是肤色、体温和体液分泌的变化。”① 因此一个伟大的艺术家之所以伟大并不在于他对色彩或声音的敏感性，而在于他能够从身体感觉中爆发出有生命形式的力量。正是借助这种力量，人类创造出无数的语言、符号、文化样式、精神财富、科学技术和物质财富。

身体思维与符号的创生

人的身体作为认知和实践的主体不仅是反应和感知的器官，也是创造、建构和传播的力量。它作为一种活生生的身体，绝不是一种被动的物质或生理客体。相反，它既能够创造自身，生育子孙后代，也能够超越自身达及宇宙万物，将整个宇宙都融入自身，化为它的身体，创造一个“世界态的身体”。也正因为如此，“往昔的先辈们可以通过自己的身体来思考宇宙，并通

① 尼采：《悲剧的诞生——尼采美学文选》，周国平译，生活·读书·新知三联书店1986年版，第359页。

过宇宙来思考自己的身体，彼此构成一种浑然一体、比例得当的宇宙模型”。遗憾的是，今天的许多人却完全沉溺于一些抽象的系统和结构中，全不见身体化的主体。“就像机器人在科幻小说里的系统中执行工作，文学系统也在做着艺术家们的事情”一样。这种情况固然显示了抽象的理论、观念和思维在人类认识和实践中的重要性，但却忘记了人类心灵是自然而然地倾向于凭借各种感官，由身体自外向内来看心灵本身的事实，而且只有在此基础上，通过艰巨的努力，心灵才会凭反思来理解它自己。所以，人类认知的这种从感官的感觉经由反思来认识事物的过程，“向我们提供了一切语种中的词源学所遵循的一条普遍原则：语词都是从身体和身体的属性转运过来，意指心灵或精神方面的各种创设（institutions）”①。

对此，康德曾经十分感叹地说：“人体这种物质，不仅在他内在的无形的精神对外部事物造成最初概念时是不可缺少的，而且对于重复这些概念，把概念联系起来的内部活动，也是不可缺少的。人的思维能力，按照他身体发育的程度，得到相应的完善。要是他的器官的纤维获得了完全长成的强度和耐力，他的思维能力就达到了一个成熟的人所有的程度。”换句话说，人的思维也是按照自身的生命规律去发育、生长和运行的；“是通过自己的努力从自身中发挥出来的”②。因此人类对宇宙万物的认识，不仅取决于个人身体的成熟——以致古希腊的全部有关“宇宙论”的创立者无一例外都是身体和思维相当成熟的哲学家，而且伴随整体人类的成熟和文明的进步，人类才愈来愈多地创立了各种有关天文地理的新学说、新理论。就像今天爱因斯坦的“广义相对论”“统一场论”、勒梅特的“宇宙爆炸论”和霍金的“黑洞理论”等都证明人类的认知能力正在伴随人类身体的日臻成熟，而越发变得聪明和智慧，并在其身体化的认知过程中，逐渐疏远和去除人的形貌，“取而代之的是齐整的测度——数目、线条、记号、编码、索引。在此基础上，现代经验正趋于抽象。拟人论也日渐成为人类的公共塑形过程中的一种最主要的创造性

① 约翰·奥尼尔：《身体五态》，李康译，北京大学出版社2010年版，第14页。
② 康德：《论教育学》，赵鹏等译，上海世纪出版集团2005年版，第3页。

力量。”但即便如此，身体也永远是认知和符号的发源地。

这也就是说，人类的“认知系统并不仅仅是一个封闭的大脑，由于神经系统、身体和环境是不断变化和相互作用的，真正的认知系统是包含三者的一个统一系统”①。这个“统一系统”就是整合了自然、精神和世界的整体性身体。在这里，思维只是活生生的身体在与世界永无止境的互动与创生过程中发展起来的一种能力。在这一创生过程中，“所有的深思熟虑，所有有意识的意图，都在曾通过自然能量相互作用而有机的活动的事物中生长出来。”②因此思维绝不是外在于身体的心灵的神秘能力，而是身体的求知欲在其触及和解决问题的探索过程中，由身体的创造激情激发出的一种想象和焕发新的理想、境界和开拓新的问题域的能力。

首先，从神经科学的角度看，所有的思维都是以身体为基础的。现行的“无身思维”的根源是西方哲学传统中的官能心理学。这种思想认为，我们有一个理性官能，它与知觉和身体运动无关，是独立于身体所做的事而存在的。把人与动物区分开来的就是理性思维的这种独立自主的能力。其实，“理性并非如传统大多数理论所认为的那样是无关身体的，而是一种立足于我们的大脑、身体和身体经验之上的特质。我们需要身体进行推理；需要通过身体知觉和四处移动的神经进行认知，并创造我们的概念系统与理性模式。因此，要理解理性，就必须理解我们的视觉系统、运动系统以及一般的神经组合机制。总之，理性无论如何都不是这个宇宙或非具身心灵的先验特征。相反，它完全是由我们身体的特性、大脑神经结构的非凡细节以及人体在世界中的日常活动的特有方式等决定的”。③ 这种“通过大脑而无意识地起作用的身体思维（body thinking）较作为身体的一个特殊部分而存在的大脑思维具有更大优势。它往往是作为整个身体的控制中心而从事活动的。它拥有一种我们迄

---

① Gelder T., What Might Cognition Be, If Not Computation, *Journal of Philosophy*, 1992 (7), pp. 345—346.

② 杜威：《艺术即经验》，高建平译，商务印书馆2005年版，第25页。

③ Lakoff G., Johnson M., *Philosophy in the Flesh: the Embodied Mind and its Challenge to Western Thought*, New York: Basic Books, 1999, p. 4.

今还不能理解的、超越于身体的神秘力量。比如，能够慰抚人的心理的催眠术就证明：如果我们的大脑能够接受来自 mind 的有关胃将如何运动的建议，我们的胃就会恭顺遵命”①。

其次，人类非特定化的身体结构是人类思维产生和演进的最基本的生命契机。与其他动物相比，人的器官没有专门为了某种行为模式而被“特定化（specialization）”。这就是说，自然没有规定人应该做或不应该做什么。譬如，人类没有固定的食物需求，是杂食动物；人类没有固定的繁殖季节，一年四季都能恋爱、结婚、生子。而动物则不同，动物的器官因要适应于特殊的生活条件，更多的已经被特定化。这种特定化的效果规定了动物在各种形势下的行为，使动物的智能处于原始的本能状态，即单向性、固定性以及特定的环境性。而人类，虽然其非特定化（un－specialization）的身体不具备其他动物那样的适合于在特定环境中生存的“优良装备”，但经过漫长的发展，这种“非特定化”却培养起人类十分积极的生存能力，即人类身体不断地冒险、尝试、调整的能力以及创造性的反应。于是人的身体就潜藏着适合于多种多样用途的思维能力。正是这种因人类非特定化的身体结构衍生的身体思维使人类不再像动物那样匍匐于束缚自身的生活环境之下，而是自己决定自己和保护自己。所以，人是唯一能够在全世界繁衍的动物，也“只有在人类身上，智慧才完全得到体现。这种成功也表明人类拥有的抵御敌人、寒冷和饥饿的‘天然手段’的匮乏”②。然而正是这种匮乏激发了人类的求生本能，通过抽象思维和符号的创生弥补了肉身和本能的不足。

再次，身体场拥有的“生命冲动”是推动思维发展的原动力。正是一种内在于身体场的原始的强大的创造冲动，使得身体成为一架欲望机器、一架活跃的、升腾的和永不停息的机器。它永远在生产和创造着；永远是冲创性的和外溢扩张的。当身体场内的这种创造欲逐渐膨胀时，我们就会感到由机械性、常规性或惯性带来的厌倦，从而产生打破简单结构、僵化模式的新

① Stewart W Holmes，The inner game of life，*Et Cetera*，Spring 2002，59，1，p. 11.

② 柏格森：《创造进化论》，姜志辉译，商务印书馆2004年版，第120—121页。

“思”。这也是柏格森所谓的“生命的本质中，有一种在物理力量的必然性中加入最大程度的不确定的努力”。可以说，所有伟大的科学家与艺术家都对身体拥有的“不确定性的努力”有种特殊情结。它常常表现为强烈的好奇心、无尽的想象力、对新鲜感的渴望、对矛盾的敏感性，以及叛逆、冒险精神和自由意志等各种样态，而思维要保持活力就永远需要这种样态。正是这种可贵的身体样态使人类能够打破一切旧的思维模式，使思维呈现出开放的不断前进的状态。人类也正是在这种不断突破旧思维的创造活动中，获得不断更新的快感和满足创造欲的愉悦。因此，要理解“思”就不能无视身体，不能回避身体构成的特性及身体场内蕴藏着的创造欲望。可以说，人类历史上出现的大量的音乐绘画、诗词歌赋等方面的神童和天才，都主要是得益于他们的身体智能，而不是他们的理性思维或逻辑；要归功于他们的内在的极为丰富的情感、意志和不断升腾高扬的生命力、不可言状和深不可测的身体思维与身体意识。可以说，真正使人高于其他动物者正是身体思维具有的无限建构与超越功能。

最后，只要追溯一下现代各类符号的发生发展过程，就会发现处处都凸显着身体思维的力量和作用。在这里，不只是身体的各种行为、动作、姿势、形态、表情、发出的声音等，传达、显现和表示的都是某种信息、信号、样式和形象，并由此为抽象的符号形成提供了事实和根据。也正是身体的诸多智能和实践，激发了人的认识兴趣和爱好。特别是那些与科学、文化、艺术相关的游戏活动以及各种科学实验、技术发明、摄影、绘画、音乐、舞蹈等对于促进整个人类的智力进化和符号创生尤为重要。它们不仅有利于培养人们的勇敢、果断、机智、敏感、灵巧、冷静、坚毅、活泼、友谊、责任心、荣誉感等意志品质，也有利于培养和增强人的理解力、判断力、想象力，以及推理和发明创造能力。特别是一个人的儿童时期，如果缺少由身体所承担的游戏活动，就不能想象他会发育成为一个体格和智力健全的人；更不能想象他会成长为一名卓越的科学家。因为儿童时期不仅在生理、心理、认知图式、认知结构和基本功能上为成年人获得成功的行为、活动奠定了基础，而

且一个人的特殊爱好、兴趣等精神、情感因素也基本上在儿童时期就初见分晓。

正因为如此，不要说成年人身体力行从事的一些高级游戏，诸如象棋、围棋、桥牌、魔术、气功、杂技、艺术体操、模型比赛，以及各种数学游戏、力学、机械游戏等本身是一门学问，就连儿童从事的一些简单游戏也都包含着符号创生和科学发现活动。一个幼儿可以用积木构造出各种形态、结构的物体，这与一个建筑师、设计师建造、设计他感兴趣的楼房、机械等人造物几乎没有本质差别。至于少年儿童游戏中带有的想象性、创造性和虚构性就更加丰富多彩。他们的身体中隐含的好奇心、求知欲使他们的动作、知觉在本能地进行着探索活动。而这些非自觉的探索活动到了成年期一旦有机会表现出来，就会有助于相关知识的理解和把握；有助于带目的性的认知活动或科学发现。为此，心理学家经常把儿童从事的各种游戏和认知活动都看做一种发明、创造和想象。比如美国心理学家克雷奇在描绘婴儿的认知活动的特点时说，“婴儿最初是受环境刺激的支配，然后逐渐地向前发展，开始引进他自己的行为。他开始做那些有趣结果的反应，如打一个能发声的玩具，踢自己的被子。当最初是分开的物体的外貌、感触、声音和味道融合成一个单一的组织时，一个统一的物体或东西的概念就开始出现了”。以后随着年龄的增大，“婴儿用物体进行的主动的实验有所增加。婴儿喜欢拨弄新事物，并且使某些事物在他的世界中发生。父母第十七次地把玩具熊拾起来，还回小床中去，紧接着它又被扔了出来，这样做可以证明这么一种活动的精力和持久性。在一岁半左右时，幼儿已经表现出获得想象不在眼前的东西的能力和创造物体的新用途的能力。总之，在某些微小的意义上，他好像变得能发明、创造和想象。”① 而且正是这些从小就培养起来的品格与素质，一起为人类的思维、认识以及全部概念与符号的形成打下了坚实的基础。

① 克莱奇：《心理学纲要》（上册），周先庚译，文化教育出版社1981年版，第120页。

身体对符号化的整体作用

虽然人的身体思维使符号变得愈来愈抽象，愈来愈远离现实，愈来愈成为人类进入自然、接触现实的屏障，使得愈来愈多的人生活在由符号编织的世界中，但是若从认识和实践上寻找其产生和作用的机制，人们很快就会发现：构成符号的主体，也即通常被正统哲学看作思想的物质外壳的语言，其本质并不仅仅意指声音和符号的统一，而是通过人的身体行为“把一个存在者同另一个存在者相调谐的最基本形式”①。正是出自人之身体的这种“沉默不语”和“潜移默化”，才使得人类最终能够本真地言语和书写。因为在开放的宇宙中，只有人的身体不仅能够自闭于世界，成为能视、能听、能嗅、能触摸的身体，而且是能够感受到自身的存在和用语言表示自身与他物相区别的身体。比如数字语言显然就是从儿童的手指和足趾开始的；情感语言是从身体的抚摸、爱恋、关心、给予、暴怒，或心理的愤恨、害怕、担心和妒忌开始的；而抽象的语言则是从普遍的表象、共识、想象、心理活动和集体的意志、决心和目的开始的。即便是哲学，“也是一种充满激情的生活方式。”②因为哲学不能离开语言，离开语言我们的思想就是混沌一片。而语言在本质上，既是身体发出的声音，包括情感声音、经验声音、象征性声音以及反映真相的声音，也是在外部世界中呈现为客观形式的身体的能量，以及通过“发话行为”和“调控节奏”超越肉体感受、知觉形象和事件过程形成的带有秩序和结构性质的词语、符码和语素。为此，在胡塞尔看来，语言作为人类进行交流的手段和非独立的事实，“是针对某些对象的一种独特的方式，是思想的身体。”③

既然如此，那些由语言编织的客观知识或类似虚拟世界这样的符号系统作为语言、文字和符号的集中形式，也必然是人类思想的骨架、情感或想象

---

① 威廉·巴特：《非理性的人》，杨照明等译，商务印书馆2004年版，第219—220页。

② 同上书，第5页。

③ 梅洛·庞蒂：《符号》，姜志辉译，商务印书馆2003年版，第104页。

力的身体，只是它比由话语组织的演讲，由文字编织的书信，由颜色绘制的图画，由音符演绎的旋律，由编码汇聚的信息体或知识库，更具多样性、复杂性、综合性、知识性、技术性、可感性、可操作性与实践性。特别是虚拟世界因集言语、文字、编码、符号、颜色、形状、光线、电信于一体，在这当中，符号具有最丰富的内涵和内容，它是对信号、信息、思想、情感、数字和逻辑的融合与统一。它既不同于物质实体，也不同于无形体的精神。它是物理世界的延伸和演变，是精神世界的物化和演绎。在那里，偶然性、随机性、游戏性和自由意志常常与规律和逻辑一起发挥作用。因此尽管虚拟世界是纯符号的组合，而它却拥有与主体的思维和实践相互作用的瞬息万变性。在虚拟世界中，一切都变得更灵活、更相对、更多样，更具流动性和变化性。

当然，一旦语言和符号被人们当做思维的一种工具或代码，就会破坏语言和代码的能指意义和所指对象，因为“人们不知道词语到达我们身上何种深度；不知道有一种需要，一种说话的激情，一种当人们思维时对自己说话的需要；不知道词语有唤起思想——建立从此以后不可剥夺的思想领域——的能力；不知道词语能把我们自己意识不到的可能反应放在我们的嘴唇上；不知道萨特所说的词语是把我们自己的思想告诉我们”①。因而这种工具主义地理解和利用的语言，依照弗洛伊德的说法，“就不可能是我们的生活的完全再投入；也不可能是适合我们的环境，就像水是适合鱼儿的环境那样”。原因就是我们的思想在言语中放入了一定数量的意义：首先是词汇和语法的意义，其次是语言作为一个符号系统，本身具有各种可想象的结构。这些都是改造、改变、歪曲和决定言语意义的重要因素。

然而在日常生活中，当人们在进行交往和对话时，却很少有人会像语言学家那样在严密地思考过句法结构和语言系统之后，再去十分严谨地表达自己的想法、目的与含义。相反，在我们说话之前，“甚至没有想到它的结构，只想到我们想要说的东西”。就像在我们的日常行为和实践中那样，知道自己

① 梅洛·庞蒂：《符号》，姜志辉译，商务印书馆2003年版，第20页。

有胳膊，有腿，不需要思考或想到它们就能够支配它们；也不需要想到我们的腿和胳膊在哪里，就能找到它们。所以人天生就是一种能说话的“词语动物”或“符号动物”。它不需要语法修辞，直接就能够通过身体、大脑和嘴巴把自己的目的、意图表达出来，体现出来，和说出写出。

当然语言和符号本身是在不断变化、扩大和日显丰富多彩的。因为人们在试图进行身体间的接触和交流时，语言具有和身体间交流同样的力量和方式。比如当一个人对另一个漂亮的姑娘说“我不想说你是漂亮的”时候，这不仅在他想到之前话已说出，而且“不是一个人对另一个人说的，而是一个有身体和语言的人对另一个有身体和语言的人说的”①。因为这句话是从身体的感觉中、从欣赏或爱的心底里发出的由衷的赞美。因此在人们的日常交往中，往往是“物质形成作用的力量，是思想的作用形成符号，是物质和思想的结合构成事件”。在这些事件中，不论语言、符号和观念会起到怎样巨大的作用，都不能动摇这样一种信念和事实：是人，是人的身体在说话，在思维，在视听、触摸、感觉和感知。而且正是源自人的身体的冲动、热情和激情构成人类全部社会文明和社会实践最基础的动力。没有那种源自生命自身的激情，人类社会将一事无成。比如没有对真理的执著探索，对知识顽强追求的热忱，人们就不可能揭示大自然的美和奥秘。古希腊在人类历史上之所以创造了最辉煌的文化，关键就在于古希腊人对智力游戏、发明创造、思辨和想象有近乎狂热的激情。近代以来，从日心说、进化论到相对论、量子论和网络技术的相继问世，也要归功于科学家拥有一种坚不可摧的对真理的追求的激情和冲动。没有激情就没有人的身体化行为和符号化认识，当然也就没有由人的身体延伸和身体激发的想象力所做出的发明创造与理论创新。

以往抛开身体，从身体的概念化、抽象化及心物的二元化出发的做法，固然可谓之为认识的深化，但也的确使得此后的人类开始把“我”无限放大，并逐渐确信：是无所不能的“我”在指挥千军万马。好像在人的身体之外，

① 梅洛·庞蒂：《符号》，姜志辉译，商务印书馆2003年版，第22页。

真的存在一个“我”或“自我”。没有认识到不是“我吃，我穿，我行，我住，我思，我说”，而是“我的身体”在吃穿住行和思虑说话。而“我”或“自我意识”只不过是我的身体或身体行为的外化或符号化的结果。正是“人的身体所具备的能力与受到的约束规定着个体，生成了规定着国家和国际生活模式的那些社会、政治与经济关系”①；决定着人类的行为、认识和符号的形成；构筑了社会关系的基础；决定着社会的日常与实践；使人之“肉身、性与丰富的情感等都被看成具有不可控制的潜在力量，是蕴涵巨大焦虑的源泉”②。认为人的思维和智慧不只是身体的功能，也是身体的构成。思维和智慧就像血管和神经细胞、神经系统一样，遍布于人的身体，须臾不可分离。诚如康德所言：“人体这种物质，不仅在它内在的无形的精神对外部事物造成最初概念时是不可缺少的，而且对于重复这些概念，把概念联系起来的内部活动，即思维活动，也是不可缺少的。”③

拿身体的奔跑竞技来说，在当代的体育运动中之所以成为一门高深的学问，就是因为人的身体奔跑活动与一定的物理学、生物学、生理学、心理学、营养学、医学等方面的知识紧密相关，而且极大地推动了这些学科的进步与拓展。至于许多野外活动或野外游戏，表面上看似乎很简单，其实丰富多彩的游戏涉及大量的有关动物学、植物学、气象学、地质学、地理学、数学、几何学等方面的知识。比如在野外进行的“判断距离游戏”“寻找宝藏游戏”“采集动植物标本游戏”等，都内含许多方面的科学知识。也正基于此，有人说，一个斗狗的行家里手甚至常常比一些动物心理学家懂得更多的关于狗的生理与心理方面的知识。也正是由于身体承担的各类游戏中常常包含着许多方面的科学知识，以至它常常是推动和产生一些新理论、新学科的源泉和动力。

总之，人的认知和全部符号都是源自人的身体行为；是产生于身体活动

---

① 克里斯·希林：《身体与社会理论》，李康译，北京大学出版社2010年版，第39页。
② 同上书，第53页。
③ 康德：《宇宙发展史概论》，上海人民出版社1972年版，第207页。

中获得的感觉、知觉和悟性；是作为认知和实践主体的身体对认知对象、作用对象、审美对象所发出的认知意向以及由此获得的总体上的知觉、顿悟、灵感和想象力的结果；是人之身体所拥有的兴趣、志向、目的、动机、体能和智能共同作用于认知活动的结果，绝不是单纯的大脑活动。尤其是技艺一类的认识、技巧、技能以及其中包含的智慧及其符号化、形式化、公式化和数学化过程，都主要是通过身体行为、身体实践和身体思维而获得的。要想认识和把握其内在的规律和技能，只有通过身体的行为与实践，方能变成现实并获得成功。

（原载《江海学刊》2013 年第 3 期）

汉传佛教的思想特质及其当代走向

赖永海

汉传佛教是当今世界佛教最重要的一个分支，它究竟具有什么样的思想特质？在现当代社会历史条件下，它又会朝着什么方向发展？本文试图对这两个问题进行一些力所能及的探讨，并借此就正于方家。

一

要探讨汉传佛教的未来走向，中国佛教史上有两个重要现象很值得人们思考：第一，佛教之东渐，原是大小二乘兼传的，但是，小乘佛教在传入中国之后，始终成不了气候，且自魏晋以降，更是日趋式微；与此相反，大乘佛教自传入中土后，先依傍魏晋玄学，后融会儒家的人性、心性学说而蔚为大宗，成为与儒道二教鼎足而三、对中国社会各个方面都产生巨大影响的一股重要社会思潮。第二，自唐、五代之后，中国佛教的各个宗派相继式微，而禅宗却一枝独秀，至宋元更发展成为中国佛教的代表。应该如何去看待中国佛教史上的这种现象？

通观人类历史上的各种宗教、文化，其传播和发展都有一个带规律性的东西，即不论是哪种宗教或文化，其普及与发展程度，从归根结底的意义上说，决定于社会对这种思想的需求程度。就这一点上说，中国历史上的汉地佛教，之所以会不以人的主观意志为转移地普遍选择大乘佛教，此中之缘由无它，盖因大乘佛教注重利他济世、强调慈悲普度的精神，较诸小乘佛教注重自利、强调自我解脱更能适合当时中国社会发展的需要。

其次，中国汉地佛教自唐、五代之后所以会出现禅宗一枝独秀的现象，也牵涉到人类历史上的宗教（文化）传播、发展中一个带规律性的问题，亦即外来宗教（文化）与本土宗教（文化）的相互关系问题。中国佛教史上之所以会出现禅宗一枝独秀的情况，究其原因，最重要的是禅宗非常成功地融会了儒家注重人生、强调心性的思想，把印度佛教与中国本土文化巧妙地结合在一起，借助于儒学化，印度佛教实现了其在中国的华丽转身。

二

如果说注重利生济世的大乘菩萨道精神和强调心性、注重现实人生的禅宗思想，确实是汉传佛教的思想特质之所在，那么，人们就需要进一步去探讨，第一，汉传佛教何以会形成这样的思想特质？第二，具有这样思想特质的汉传佛教千百年来何以会经久不衰？

如同一切宗教文化的传播和发展一样，佛教传播和发展的一个基本条件和重要特点，就是必须契理契机。所谓契理，即与佛陀的基本精神相符契；所谓契机，则是必须与当时当地的社会历史条件和思想文化背景相因应。以上所说的中国汉地之所以无一例外地选择大乘佛教，禅宗之所以会一枝独秀，其中一个最重要的原因，是它们能够较好地处理外来的佛教与当时当地的社会历史条件和思想文化背景的关系。在这一点上，汉传佛教（特别是禅宗）受中土主流意识形态之儒家思想影响之大，在融会、吸收儒家思想方面之成功，甚至在整个人类文化发展史上都堪称典范。

毫无疑问，无论人们想去较深入地了解汉传佛教的思想特质，还是想去探讨汉传佛教的未来走向，儒家思想都是一个绕不过去的话题。

众所周知，儒家思想虽然浩瀚广博，但有两个最基本的特点，一是强调人本，二是注重入世。自孔子、孟子而明清之际的儒者，概莫能外。

从思想内容上看，儒家自孔子开始就十分注重人。孔学的核心是“仁学”。所谓“仁”，从语源学的角度说，是二人的组合。《说文》曰：“仁，亲也，从人二。”孔子就是用“仁”来论述人与人的相互关系。在《论语》中，

孔子对“仁”的说法很多，或曰“爱人”，或曰“己欲立而立人，己欲达而达人”，或曰“己所不欲，勿施于人”，等等。但不论哪一种说法，都是指己与人、人与人的一种关系。可见，“人”一直是孔学的立足点。对于孔学在中国思想史上的地位，也许至今还没有一个统一的看法，但孔子注重“人”，抬高“人”的地位，则是无可置疑的。

在儒门中，孟子是仅次于孔子的“亚圣”。孟子之学，重心在人性理论和仁政学说。仁政学说的核心是提倡“有不忍人之心，斯有不忍人之政”；人性理论则致力于对人的本性的探讨。二者都以人为对象和归宿。后来的儒家，多循着孔孟的思路走，凡所立论，多不离人，把人作为“天地之德”“天地之心”“五行之秀气”（《礼运》）；至汉代之董仲舒，思想路线有所偏移，倡“天人感应”。但所讲仍不离于人，仍把人作为超然于万物之上而最为天下贵者。

儒学至宋又兴起一高潮。宋儒一改前儒罕言“天道”的思想传统，大讲“道之大原出于天”，大讲“宇宙便是吾心，吾心便是宇宙”。但是，理学家“推明天地万物之原”的目的，是为了说明“人”，说明“人性”，说明人伦道德之常规。理学家千言万语，无非教人如何修心养性，如何“存天理，灭人欲”，如何成贤作圣，其出发点和落脚点仍然是“人”。

总之，儒家学说在相当程度上是一种关于人的学问，是关于人与人相互关系的学说，是一种以人为本的人生哲学。这一点对于今日的学术界，也许几成共识。

儒家学说的另一个重要特点是强调入世，这从其创始人孔子起就表现得十分突出。孔子为了“用世”，曾大声疾呼：“苟有用我者，期月而可，三年有成。”（《论语·子路》）为了“济世”，老夫子更亲率弟子“斥于齐、逐于宋、困于陈蔡之间”（《史记·孔子世家》），“累累然若丧家之犬”（同上）。他虽然对管仲的越礼行为颇有微词，但却推崇其“相桓公、一匡天下，民至今受其赐”；子贡问：“如有博施于民而能济众，可谓之仁乎？”子曰：“何事于仁，必也圣乎。”（《论语·雍也》）用世之心，济世之情，溢于言表。

孟子继承孔子的传统，主张“用世”，提倡“济天下”。他曾对齐王说：“王如用予，则岂徒齐民安，天下之民举安。”（《孟子・公孙丑下》）并把自己视为“名世之士”，称：“如欲平治天下，当今之世，舍我其谁也。”（同上）孟子的一句名言——“穷则独善其身，达则兼济天下”，后来更成为中国士大夫的座右铭和行为准则。

孔孟之后，历代儒家均提倡“入世”“用世”，就连董仲舒那样的儒者，虽然一再声称，“正其谊不谋其利，明其道不计其功”，但仍强调，“圣人之为天下者，兴利也”。（《春秋繁露・考功名》）降至宋明，理学家们更把提倡“正心、诚意、修身、齐家、治国、平天下”思想的《大学》抬到“四书”的地位。

宋明新儒学的学术重心，在于心性义理，讲修心养性、成贤作圣。但是，修养到什么样的境界，才成其为圣贤？朱子认为：“士而怀居，不足以为士，不是块然守定这事物，在一室独坐便了，便可以为圣贤。自古无不晓事的圣贤，亦无不通变之圣贤，亦无闭门独坐之圣贤。”（《宋元学案・朱子学案》）二程也主张圣贤应该是管事的圣贤，“入世”的圣贤，反对学佛者多要忘是非，认为“是非安可忘，自有许多道理，何事可忘”；又说：“人恶多事，世事虽多，尽是人事。人事不叫人去做，更叫谁做。”陆九渊更以“同体大心”来说明“宇宙内事乃是己分内事，己分内事乃宇宙分内事”（《宋元学案・象山学案》）。南宋永嘉学派的代表人物叶适更把“忧世”看得比“仁”更重要，他说：“读者不知接统绪，虽多无益也；为文不能关教事，虽工无益也；笃行而不合于大义，虽高无益也；立志而不存于忧世，虽仁无益也。”（《叶适集・赠薛子长》）。

两宋之后，有感于宋之灭亡，儒门学者对于“凭空蹈虚、高谈性命”更是深恶痛绝。明之宋濂便宣扬“真儒在用世”，主张“生有补于世，死有闻于世”（《送方生还宁海》）；黄绾、方孝孺等更直接提倡“经世之学”，主张“以经纶天下为己任”，明言“儒者之道……无有不达乎世务而可以为儒者”（方孝孺：《庞统》）。明清之际及清代的一大批儒门思想家更大讲“经世致

用”，明确提出“天下兴亡，匹夫有责”的响亮口号。顾炎武主张：“君子之为学，以明道也，以救世也。”（《文集》卷四《与人书二十五》）“愚所为圣人之道如之何？曰：博学于文，行己有耻，自一身以至于天下国家，皆学之事也。”（《文集》卷三《与友人论学书》）把“为学”与“天下国家”“明道”与“救世”紧密联系在一起；并且认为：“文不关于经术政事者，不足为也。”（《国朝汉学私承记》）；朱舜水则提倡“经邦弘化，康济时艰”（《朱顺水集》，中华书局 1984 年版，第 383 页）；清之汪中，承傅山、王夫之传统，“有志于用世，而耻于无用之学”（《述学》别录《与朱武曹书》）；龚自珍、魏源更大声疾呼：读书是为了经世致用，探世变者，圣之至也。

纵览儒学的历史发展，自先秦至明清凡两千余年，始终有一条主线贯串其中，即志存天下，积极用世。中国儒家的这种入世精神，现代有些学者亦称之为“忧患意识”。而最能体现这种“忧患意识”的，当是宋代范仲淹在《岳阳楼记》中的一段话。

> 不以物喜，不以己悲。居庙堂之高，则忧其民；处江湖之远，则忧其君。是进亦忧，退亦忧。然则何时而乐耶？其必曰“先天下之忧而忧，后天下之乐而乐”。

中国士大夫的这种“忧患意识”，还有一副对联对它作了一个十分生动简练的概括，曰：“风声雨声读书声，声声入耳；家事国事天下事，事事关心。”

儒家学说的这种人本意识和入世精神，对中国古代各种文化形态都产生了深刻影响。唐、五代以后的禅宗乃至近现代出现的“人间佛教”，在相当程度上可以说是在这种文化氛围中形成的。

三

禅宗对于传统佛教的一个重要改革，即是调整了佛教对于人生的态度。它一改传统佛教之厌离和否弃现实的人生，而易之以对人生价值、人生意义取积极肯定的态度。在禅宗看来，人之与佛，并不是一成不变的，之间不存

在不可逾越的鸿沟，区别仅仅在于“迷”还是“悟”，“迷即凡夫、悟即佛”，因此，重要的并不是一味地厌离、否弃现实人生，而是应该致力于破迷开悟，一旦开悟了，众生即是佛。这种对人生现实价值和意义之积极肯定，使得人们不是从遥远的来世和彼岸获得精神的寄托和安慰，而是在当下之现实生活中“给人欢喜，给人信心，给人希望，给人力量”。

近现代发展起来的“人间佛教”，继承和发展了禅宗注重现实人生的传统，从提倡佛教“三大革命”的太虚大师开始，就把脱离、遗弃人生视为“致佛法不扬，为世诟病之一大原因”。太虚大师对于佛教的改革，一个重要的方面就是把传统佛教的注重“佛本”变成注重“人本”。他在《佛陀学纲》中说：“现在讲佛法，应当观察民族心理特点在何处，世界人类的心理如何，把这两种看清，才能够把人心所流行的活的佛教显扬出来。现在世界人心注重人生问题……应当在这个基础上昌明佛学，建设佛学，引人到佛学光明之路，由人生发达到佛。小乘佛法，离开世间，否定人生，是不相宜的。”他有一个著名的偈句，叫“仰止唯佛陀，完成在人格；人圆佛即成，是名真现实”（《即人成佛的真现实论》），可以说是对近现代以来以人为本的人间佛教的一个生动概括。

当代人间佛教最具代表性和影响力的星云大师，也曾经用一段话来概括他所弘扬的人间佛教的特质。他认为，所谓“人间佛教”，就是“佛说的、人要的、净化的、善美的；凡是有助于幸福人生之增进的教法，都是人间佛教”。大师一再强调：“佛法是人生的学问。”（《星云大师讲演集》第一集，第618页）“佛法的主要精神是提高我们的人格”（同上书，第723页），教我们怎么样做人，怎么样做一个“有人格”的人。同时，星云大师还十分注重把佛教与生活紧密结合起来，认为“今日佛教的最大毛病，是把佛教与生活分开”（同上）。他指出：“在我们的日常生活中，在在处处有佛法，吃饭、穿衣、睡觉，处处有佛法。”（同上书，第725页）

禅宗和现当代人间佛教还有一个重要的思想特点，即非常重视把入世与出世统一起来，《永嘉证道歌》对于慧能南宗在这方面思想有一个很好的概

括，曰：“游江海，涉山川，寻师问道为参禅；自从认得曹溪路，了知生死不相关。”也就是说，在慧能之后，禅宗真正地把生死与涅槃，出世与入世融为一体了，也正因如此，禅宗才得到了长足的发展。

近现代兴起的人间佛教，也主张把出世法与世间法融为一体，反对把出家变成一种纯粹为追求自我解脱的隐遁潜修。太虚大师就说：所谓菩萨，虽是出凡入圣的超人，但绝不是远离尘俗、不食人间烟火的，“入世度生不离人间……若离人间而谈大乘佛教者，直魔事耳，或仍不出外道、二乘也”（法舫：《人间佛教史观》）。“世法皆是佛法，佛法不是佛法，善识此意，任何经论皆可读也。”（胡朴安：《太虚大师不可及》）这种“人间佛教”思想，也是大陆佛教界几十年来一直在提倡的基本理念和思想，所谓“庄严国土，利乐有情”，就是把实现四化、建设祖国作为佛教徒们的一个重要任务；中国台湾佛教界近几十年来所大力倡扬的“人间佛教”，也坚持出世与入世的统一，主张在入世中出世，在出世中入世。例如，星云大师关于“在家容易出家难，出家容易出世难，出世容易入世难”，“用出世的精神，做入世的事业”等诸多说法，非常能代表现当代“人间佛教”在这个问题上的基本立场和看法。

从思想渊源和思想特质的角度说，禅宗和现当代人间佛教的这种注重入世和重视现实人生的思想特点，无疑是受儒家思想影响的结果，准确点说，是融会儒佛两家思想的结果。对于这一点，现当代许多佛教界的领袖，不但毫不隐讳，而且反复强调。例如，作为近现代人间佛教倡导者之一的太虚大师就十分重视儒家思想的历史作用。据有关资料记载，太虚其人，对于《四书》《五经》《老》《庄》《荀》《墨》乃至康（有为）、梁（启超）、严（复）、章（太炎）之书无所不读，深谙中国传统文化之底蕴。他对于儒家的伦理学说，尤为精通并深表赞赏，认为，中国两千多年来文化之主流在儒，“屡言中国文化之特点，在于本人情为调剂之人伦道德”（《附书仇张二君谈话后》）。且一再指出，儒家这种伦理学说与佛教的思想不但毫无“间隙诋排之端”，而且是遥相契合、甚至是“水乳交融”的，因此，“孔学与佛学，宜相嘉尚，不宜相排毁”（《整理僧伽制度论》）。在太虚的许多著述中，反复强

调这样一个基本思想，即孔子是人乘之至圣，儒学可以作为佛学特别是“人间佛教”的基础，并且认为，儒学是中国两千年文化的主流所在，所以在中国“不得不行此人间佛教”。同时，这种以儒家伦理学说为基础的“人间佛教”，“亦最适宜为各国倡”，谆谆告诫西行学人，应该把中国文化之人伦道德“披四海”“垂天下”。可见太虚对于儒家道德之学的赞赏和推崇。

如果说近现代人间佛教之深受儒家思想的影响是佛教儒学化的结果，在某种意义上说已是不争的事实，那么，现在更重要的问题也许还在于，为什么这种儒学化了的佛教能够成为唐宋以来中国佛教的主流？

要回答这个问题，也许得首先回答儒学何以在中国古代几千年能久盛不衰？何以能成为中国古代学术思想的主流？考诸中国古代诸子百家，儒家只是其中之一支，其历代之代表人物并不见得比各家高明多少，其思想也不是特别博大精深，体系亦非特别严谨，但是，其有一个最大的长处，即适应时势，符合国情，所提出的主张，能够适合时代的社会历史条件，这也是儒学成功的根本原因所在。唐宋以来禅宗所倡导的人间佛教和近现代以来的人间佛教亦然，其思想虽然不像天台、唯识、华严等宗派那样博大精深，也没有非常严谨的思想体系，但它却能为广大民众乃至士大夫所接受，能为当时的社会所接受。此中之根本原因之一，是因为那种儒学化了的佛教思想能符合当时的社会需求，从而为其流行和传播奠定了基础。这种现象从理论上说，亦即“理论在一个国家的实现程度，取决于理论满足这个国家的需要程度”（马克思：《〈黑格尔法哲学批判〉导言》）。

当然，禅宗和现当代的人间佛教深受儒家思想的影响，丝毫不排斥人间佛教的思想源头在佛陀，是远承佛陀本怀的。释迦牟尼之所以创立佛教，其出发点就在人生，其所说之法，也是针对居住在这个世间的人生，不论是四圣谛，还是十二因缘，出发点和落脚点都是在人生。就大乘佛教而言，人间佛教之注重人生，强调人间性，更与大乘佛教之关注世间，强调利他济世的思想遥相符契，正因为这样，尽管人间佛教与印度原始佛教在表现形式上也许会有这样那样的差异，但其本质并没有变，都属佛法。所谓“归元无二路，

方便有多门”，此之谓也。

另外，就其基本点说，人间佛教与世界宗教及思想文化的发展潮流也是相一致的。考诸西方宗教，近几个世纪以来，也一直在沿着注重人生和关注世间的方向发展。例如，基督教的新教改革，其出发点，也是为了缩短人与神的距离，省却人与神之间的一些不必要的中间环节，使基督教更能着眼于现世，而非高高在上的天国。基于此，近几百年来，基督教也逐渐朝着人间化、伦理化的方向发展。从这一点说，太虚大师所谓人间佛教“亦最适宜为各国倡”，诚为至论。

（原载《江海学刊》2013 年第 4 期）

论马克思主义出场学研究的当代使命

任　平

从“问题反思”转向“出场学视域”

十余年来，我提出并在许多论著中阐释了有关马克思主义出场学视域的基本原则。作为贯穿研究的灵魂，本文旨在系统阐释“出场学视域”，进而深入探索马克思主义当代出场问题。之所以如此，主要考虑以下几个方面。

第一，为了深化对马克思主义当代出场问题的研究，需要从“问题反思”向“范式研究”转换。10 年前，由江苏人民出版社 2003 年 1 月出版的《当代视野中的马克思》，是我第一部较为系统地探索马克思主义出场路径的著作。此前，为配合该书的出版，我于 2001 年秋在昆山阳澄湖畔召开的“长江三角洲第二届马克思哲学论坛”上首次做了有关“马克思主义当代出场路径探索”的大会发言，引起与会代表的关注。此后，我在首届中国哲学大会上发表了题为“论马克思主义的当代出场路径”的演讲，《哲学研究》2004 年第 10 期刊登了该演讲的内容，得到了国内学者、特别是中青年学者的高度评价。近年来，人们对出场学的兴趣与日俱增，有关术语（如“出场”“在场”及“出场路径”等）与研究范式也逐渐流行起来。但是，我应当承认，在这样一部原初开辟出场学的著作中，对马克思主义出场路径的探索还囿于应答时代挑战的“问题视域”，而没有深度地打开解答问题的“出场学视域”或研究范式，并加以更清晰完整的哲学阐释。其原因正如我一再指出的：提出马克思主义当代出场路径问题首先基于一个时代的挑战。“这是一个脱节的时

代!”——《哈姆雷特》中的一句戏词，被法国后现代怪杰德里达用来指认一个并非完全没有戏剧性效果的事实：160 年前《共产党宣言》宣告出场的“共产主义幽灵”，在新全球化时代的今天遭遇东欧剧变，使马克思主义当代性和在场性受到全球的严重挑战，马克思主义的话语权在被边缘化，甚至遭遇当代退场的危险。正因为如此，一种对“脱节时代”马克思主义命运的关注情怀，一种对马克思主义如何可能重新出场的“德里达之问”的解答完全占有了我的研究兴趣，因而使我对出场学视域和方法论本身的理解却产生了真正的“自我遗忘”。

马克思主义绝不是无根性封闭地自我仿真。追根溯源，马克思主义原初就是一种对资本批判的时代理论。马克思主义出场史，直接地说，是对新旧全球化时代变化史批判地反思的出场形态；在更本质层次上，是对资本全球化造就的历史场域的批判性精神再现。我们今天面临的所有问题本质上都依然是关于资本批判的科学性问题。马克思在《资本论》中宣告“炸毁”的资本外壳不仅依然在场，而且仍然在引领世界前行。相反，资本批判的话语及其后资本实践却在制度上遭受重大挫折。在西方新自由主义思想家福山狂热的话语中，似乎“马克思已经死了，共产主义已经灭亡，确确实实已经灭亡了，所以它的希望、它的话语、它的理论以及它的实践，也随之一同灰飞烟灭”。如何在一个“脱节的时代”重新回答“马克思主义向何处去”的问题，准确指认马克思主义言说新的时代语境，深刻反思当代问题谱系和理论前沿，“马克思主义向何处去”“马克思主义能否重新出场”、探索马克思主义出场路径和出场形态，就成为全球左派学者深切关注的时代聚焦点。究竟资本在当代是否改变了它的宿命而重新焕发为一种新的世界历史存在？从当年到当代，资本究竟经历了怎样的改变？我们应当如何看待这一改变？这就是造就马克思主义所谓危局的根本原因。基于问题的严重性与紧迫性，解答方案也层出不穷：在批判苏联僵化教条的马克思主义的理解模式、深度反思东欧剧变经验教训的基础上，出现了一大批新的林林总总的思想设计，从德里达对马克思遗产“幽灵复活”路径的“幽灵学设计”，到詹姆逊以“意识形态批

判”和“后殖民文化批评”理论为中心的新马克思主义；从哈贝马斯以“交往行动”为核心重建“历史唯物主义”的构想到德里克“弹性生产时代的资本主义批判”；从鲍德里亚对马克思《资本论》的“符号学解读”到吉登斯的“第三条道路与新历史唯物主义”；大卫·格里芬对“美帝国”的重新批判到拉克劳和墨菲等人的形形色色的“没有马克思的马克思主义”或“后马克思主义”等。随着2008年以来美国金融危机和欧债危机的爆发，西方世界又惊呼“马克思的回归”，英国马克思主义文化批评学家特里·伊格尔顿（Terry Eagleton）在《马克思为什么是对的》（*Why Marx Was Right*）一书中重新阐释马克思对资本批判的真理价值。“作为有史以来对资本主义制度最彻底、最严厉、最全面的批判，马克思主义大大改变了我们的世界。由此可以断定，只要资本主义制度还存在一天，马克思主义就不会消亡。只有在资本主义结束之后，马克思主义才会退出历史的舞台。”①

无论如何，尽管“反思”而出场的理论方案有内在自觉的思维范式，但是如波兰尼所说的：人们对问题的强烈关注所形成的“焦点意识”（问题反思）遮蔽了“支援意识”（研究范式或解答方式），“问题中的哲学”遮蔽了“哲学中的问题”。《当代视野中的马克思》也是如此。尽管该著作高度聚焦于马克思主义当代出场的各个重大问题域，但在研究范式上仅仅以新全球化时代“反思的问题学”出场，强烈关注出场问题的“焦点意识”显然被锁定在“反思的问题学”层面，因而对作为一个研究范式和解答方式的“出场学视域”有所遮蔽，问题导向掩盖了前提批判。事实上，如果缺乏深度的前提批判和方法论自觉，没有对一种反思范式赖以出场的历史根基的先在把握，对问题的反思就很可能是“外在的”而不是“本质性”的，还没有达到海德格尔评价马克思历史观那样，真正的现实问题在本质性那一向度上被打开，场域之在被“照亮”。马克思打开的资本批判之门，也只有在资本创新逻辑的场域被重新打开之时才能够被真正理解。场域打开的关键在于对资本创新的

① ［英］特里·伊格尔顿：《马克思为什么是对的》，李扬、任文科、郑义译，新星出版社2011年版，第6—7页。

当代批判。没有资本批判就没有马克思。然而从当年马克思“资本批判”到今天的“资本创新逻辑”的当代阐释，这一跨越“历史间距”的全面阐释是非常重要的。当年马克思所宣告的“被剥夺”“被炸毁”“被敲响丧钟”的资本依然“持续在场”，其根本原因在于“资本创新”。逐利本性推动着资本可以将一切能够赢利的要素和形式都资本化，因而具有不断创新、转换资本形态的变革功能。资本创新具有产业内部创新、创新产业、拓展区域等形式，从当年马克思面对的占主导地位的工业资本到金融资本，再到知识资本和文化资本，人力资本和社会资本，以及消费品资本，等等。资本创新造就了新的历史场景。这是历史场域的表象化结构，也是资本拜物教的景观社会或仿真社会。虽然资本一般本性和历史二重性作用并没有发生根本改变，资本创新和历史场景转换毕竟造就了资本时代的形态和特征，有着种种不同于工业资本主导时代的特质和功能。无论鲍德里亚等人如何用“仿象”来描述工业资本生产过程及其社会关系，但是当代历史场景依然是资本创新的产物。我们既不能用低于历史水平的教条主义对待当代，否认资本创新所造就的历史场景变化；也更不能跟着后马克思主义抛弃马克思的历史观的精髓。问题的解答归结为一点：就是需要有从当年马克思资本批判到当代资本创新之间的历史逻辑的深度阐释，进而呼唤当代的资本批判理论，即新的时代唯物主义历史观的出场。在马克思之后，从前的理论都只有断断续续的资本批判，如卢森堡、布哈林、列宁对帝国主义阶段资本逻辑的批判，拉美新马克思主义用“依附论”来描述的空间资本的批判，大卫·哈维对空间资本全球化的进一步批判，后马克思主义对于后工业社会中消费社会资本批判（鲍德里亚）、景观社会资本批判（德波）、文化资本批判（阿多诺、马尔库塞）、微观日常生活资本化批判（福柯、列斐伏尔）以及“弹性生产的资本主义批判”（德里克）。因此，全书的出场学视域观照，就是对资本创新逻辑批判的出场学阐释。资本创新逻辑及其批判，成为我们理解一切时代问题的核心。只有通过它，才能深度理解新旧全球化时代场域变化的本质；才能建立起一个出场学理解的坐标，从而去划分当年马克思和当代马克思主义并理解之间的出场差

异；才能去界分当代创新的马克思主义和教条保守的马克思主义、新自由主义、新保守主义和“后马克思主义”各自的坐标定位。而当代马克思主义的主要理论任务就是批判地阐释资本创新逻辑，这本质上就是《资本论》的当代重写。正像《资本论》需要有一种“大写的逻辑”来打开资本形而上学的秘密一样，今天人们需要用出场学视域才能真正理解资本创新逻辑。没有一个正确的阐释范式与理解视域，就难以真正把握出场问题。随着问题研究的深入，人们越是频繁地使用专门术语和研究方法，越是可能在一系列涉及出场问题的理论、语词等基本指义上发生混淆。例如，学界对“出场”与“在场”“缺场”与“空场”的所指不加区别，或者对“出场语境”“出场路径”“出场方式”“出场形态”等基本概念缺乏一个起码的体认。问题研究召唤着研究视域的完整出场。问题反思的进一步深入需要一个准确而完整的研究视域。因此，如果说今天我们呼唤与《当代视野中的马克思》有重大区别的话，那么就是在深化“问题反思”的同时向“研究范式”的全面转向，从一个聚焦于出场问题的“反思的问题学”转向全面自我理解、反省的“出场学视域”。近年来，我在《中国社会科学》《马克思主义研究》等学术刊物上发表了一系列论文，着力探索作为一个“出场学视域”的马克思主义研究范式的本真意义。但是限于篇幅，还难以全面系统地阐释。因此，今天出场学研究的宗旨就在于，以“资本创新逻辑批判”为中心，全面阐释“出场学视域”的本真意义与基本框架。

第二，出场学研究宗旨也是更加准确而哲学地阐释马克思主义出场问题、创新马克思主义研究范式的需要。一般来说，并不是所有“问题中的哲学”反思都能够直接达到对整个哲学研究范式的变革程度。只有那些反映一个时代的、整体性的问题群，才能成为研究范式“格式塔转换”的触发点。外在的反思没有触及事物本质性环节本身。内在的反思需要真正用本质性向度的打开来照亮事物的在场。“问题反思”只有到了没有库恩所说的“范式革命”思维进程就不再能前行的时候，才可能发生范式创新。出场学视域之所以出场，正是具备了这一时代性条件。资本创新逻辑、新旧全球化时代的转换逻

辑、马克思主义从当年到当代转换的逻辑只有在出场学视域中才能被真正打开。正如我一再指出的：出场学视域也是对马克思主义中国化当代出场方式的深刻反思和“研究的方法论自觉”的产物。30年来，解放思想、改革开放与建设中国特色社会主义伟大实践表明：马克思主义中国化的进程，本质上就是马克思主义在中国语境中不断重新出场、与时俱进的过程。随着革命、建设、改革、发展等“改变世界”实践主题的不断转换，马克思主义在当代中国化进程中的出场不仅“与时俱进”地形成了中国特色社会主义理论体系，同时也唤醒了学界的“方法论自觉”，推动了马克思主义研究范式的创新与转换。中国学界达成的一个基本共识是：对苏联与中国教条式的马克思主义，我们需要加以批判地否定的不仅是其见解与结论，而且包括其解答问题的僵化范式，因为教条的理论见解是其僵化的研究范式的结果形态。思想的解放、理论的创新不仅包括要破除一系列教条观点和结论，而且要转换研究方法、研究范式与研究视域。“与时俱进”不仅是马克思主义的理论品质，也是马克思主义哲学研究的基本范式。按照库恩的见解，“范式”就是一种视野、规范、规则和方法论，它是一种见解、观点和理论的根基与灵魂。相对于理论结论或见解的变革而言，范式的变革是更为深刻与根本的变革。研究范式的创新与转换，可以带动整个理论视域、理论形态的变革与创新。因此，当代中国学界提出的教科书改革、文本学—文献学研究、与中西方思想的对话，问题的反思等，都成为创新发展马克思主义哲学的研究范式。毫无疑问，这些范式在多方面深刻破除苏联教科书对马克思主义哲学僵化的理解方式，极大地推动了马克思主义哲学理解的深化与发展。但是，客观地评价这些研究范式，我们不能不看到，它们在很大程度上是通过对马克思主义哲学研究的某些领域、方面、路径的创新而达到对马克思主义哲学本真意义的重新理解，它们之间还存在着矛盾，带有一个时期的历史痕迹，还没有达到“与时俱进”研究范式应有的总体高度。

“教科书改革”应当说是20世纪80年代以来起步最早、成效显著的研究范式。这一范式在系统地传播马克思主义哲学的新观点、新理解、新运用方

面起到了无可替代的历史作用。但是，这一范式的最大缺陷就是容易“非历史”地对待各个不同历史时期产生的马克思主义经典文本和思想，容易造成对“原理”的僵化理解。此外，“原理体系+事例”的叙述方式也不断遭人诟病。

因此，为了从历史发生的角度看待马克思主义经典文本思想的发展，主张“回到马克思”的学者批判以往教科书“非法（非历史）”引用文本的方法，主张从历史发生的角度，从文本学与文献学范式去重新解读马克思的文本，进而重新理解马克思哲学的本真意义。正如这一范式的提出者所说的：为了今天的理论创新必须“首先廓清理论的地平”，以时代的视野去重新理解马克思哲学思想的原初语境。① 这一阐释范式借助于当代解释学的许多成果和方法，无疑是具有重要价值的基础性方法。但是，“回到马克思”的原初语境不可能仅仅通过回到马克思的文本考订与解读、仅仅通过文本学—文献学研究来达到。马克思的文本思想形态对出场语境与出场路径具有深度的依赖性，因而是历史的出场形态。要科学深刻地理解马克思文本思想，必须要穿越文本，深入背后去把握历史语境、出场路径与文本形态的关联。

此外，“重新上手”解读马克思的文本意义，需要获得一种时代的视野，而时代视野来源于当代实践与当代对话。与当代西方思想积极展开深入的对话，于是成为一种新的、探索马克思主义当代性与在场性的研究范式。本着“马克思是我们的同时代人”和“让马克思走入当代”的基本判断，这一范式的倡导者认为：通过与当代西方一系列思想的对话，马克思主义的时代性与在场性才能够彰显。② 的确，马克思主义从来没有离开人类文明大道。不仅马克思的新世界观的诞生，而且马克思主义与时俱进的每一个重要发展阶段都需要借助于与自然科学、社会科学等各个相关领域展开积极思想对话来汲取一切优秀思想成果，实现自己的与时俱进。对话是打磨马克思主义思想之

---

① 张一兵：《马克思哲学的当代阐释——“回到马克思”的原初理论语境》，《中国社会科学》2001 年第 3 期。

② 俞吾金：《马克思仍然是我们的同时代人》，《当代国外马克思主义评论》2000 年卷。

锋的砺石。但是，对话需要历史的底板、时代的基础和实践的尺度。否则，对话就失去了时代真理的标准。从历史实践这一语境出发去理解对话和评判对话，建立与时俱进的理解范式，这就重新呼唤出场学研究。

以“问题反思”为中心的研究范式同样需要出场学视域。这一范式涉及两个基本层面的相互关系：一是“问题中的哲学”，就是将时代实践问题转换为哲学问题；二是“哲学中的问题”，就是考察哲学的问题意识，看哲学如何反映、把握时代问题，并在哲学中加以解答。两者的结合，就是时代实践与哲学的与时俱进的关系，本质上就是如何从历史语境出发去看待问题与哲学的关系。这一研究，不能不使我们面对出场学。因此，出场学视域就是在总体上与时俱进地把握马克思主义的研究范式，也应当成为其他的研究范式的进一步深化与拓展的必然产物。显然，这一重要学术创新的工作是对马克思主义出场问题研究的深化，难度也因此加深。如果说，在专门探索马克思主义出场问题的领域尽管需要创新的勇气，至少还有德里达等人“幽灵学逻辑”作为学术参考，那么，阐释“出场学视域”则需要做全盘的哲学思维方式和话语创新工作。我们需要的不是在原有阐释体系上的一点一滴的改良，而是整体视域、整体范式、整体思维和整体话语的转换，从而，这一阐释就是一种马克思主义哲学范式的重新出场。

第四，出场学研究包括两个核心范畴，也因此成为贯穿于研究始终的一对基本矛盾。“出场”与“差异”基于一个伟大而基本的“过程思维”：“与时俱进”是马克思主义的理论品质，内在地召唤出场学视域。把在一个时代语境中形成的理论形态僵化为“永恒在场”的“终结真理”，这是一切旧形而上学的根本幻想。马克思主义哲学革命的意义就在于“推翻了一切关于最终的绝对真理和与之相应的绝对的人类状态的观念”，要求理论必须随着时代发展而不断重新选择出场路径与方式，与时俱进地创造新的在场形态。因此，笔者提出马克思主义出场学视域，旨在探索在差异化的时代和空间语境中马克思主义如何不断选择自己恰当的出场路径、出场方式和出场形态，进而与时俱进地把握马克思主义中国化的当代形态。

“出场与差异”成为出场学逻辑的内在理论张力。它意味着一种理论指向的转变。历史唯物主义曾经仅仅被当作唯一的“历史的科学”而在场。然而，狭义的马克思的历史观主要作为资本批判的世界观，对资本存在的本性、结构和全球在场方式做全面的批判，在批判旧世界中发现新世界，成为马克思历史观出场的主要理论旨趣。然而，资本全球化不仅是一种历史的在场，而且在统治世界和转嫁自己危机过程中更延展为一种空间的存在。资本通过空间的全球扩张来力图摆脱自己的危机逻辑，从而使批判资本的历史唯物主义发生着空间转向：必须变成一种如大卫·哈维所说的“历史（地理）唯物主义”。空间转向是资本创新的主要向度之一，从而使历史唯物主义变成“出场的”或者“场域的”唯物主义。历史在场域中，空间亦在场域中。所有社会关系和事件构成场域的内容。场域成为马克思主义出场语境。场域既是一种社会存在的结构，更是我们在场的立场、位置和方式。两重性的关系互动使我们出场，使马克思主义出场。而探索“出场与差异”就成为我们考量“场域”唯物主义变化的主题。

因此，在20世纪“场域”研究作为马克思主义在当代应否出场、能否出场、怎样出场问题的主题，与来自三个方面的思想资源对接。

首先，历史唯物主义解释图式空间转向的当代对接。穿越文本和话语层次，今日的马克思主义更需要寻找场域作为自己的安身立命之所，自己理论创新之根基。理论创新不仅需要思想的自由飞翔，更需要脚踏实地。作为历史和空间语境的统一，“场域”成为今日马克思主义出场的主要基础，直接与历史唯物主义的传统相衔接，同时又向前呈现出空间维度的理论时代的差异。“出场”与“差异”既是反复出现在马克思主义出场过程中的主题，也是一种必然出现的基本矛盾和内在张力，推动着马克思主义与时俱进地出场。一方面，以“改变世界”为己任的马克思主义哲学，按照时代实践语境要求而不断地坚定地出场，成为时代精神的精华、文明活的灵魂，成为马克思主义的一种历史使命；另一方面，出场绝不是一劳永逸的行动，因为历史时代的不断变化总是不断挑战甚至摧毁过去的在场方式和在场形态，因时因地而不

断出场，就是马克思主义改变世界的实践根本原则。每一出场又不可避免地具有差异性，差异性原则是马克思主义出场的基本原则。自我同一性是在历史的和空间的差异语境中的本性复制。不断出场本身就是一种创新行动，是对过去历史地在场方式的否定与超越，同时又是在场要求的继承和延续。因此，德里达的“延异”就变成了一种马克思主义出场的差异性模式：不是幽灵学，而是出场学模式。每一个变化的历史时代和空间差异在造就马克思主义重新出场的必要性的同时就必然地造就其差异性条件。因此，探索“出场”与“差异”，就是探索马克思主义在时空差异语境中出场的逻辑。

其次，场域的展开直接超越现象学和哲学解释学，成为一种历史场域的构建。胡塞尔的现象学总是强调纯粹意识对周围世界的意向性生成、打开作用。海德格尔用 Dasein 强调在世之在对周围世界说来的生成。伽达默尔特别强调历史（效果史）对于理解的先在作用。然而，在他那里，历史是既成的而不是构境的。布尔迪厄以一个当代社会学家的敏锐强调“场域”在造就人们的社会分层和社会关系时的重要决定性作用，然而，布尔迪厄绝没有将场域视为一个总体在场的哲学范畴。在强调交往和“关系主义”前提下，“场域”常作为一种资本权力支配下制约着行动者的实践前结构或客观“惯习”网络。“从分析的角度来看，一个场域可以被定义为在各种位置之间存在的客观关系的一个网络，或一个构型。是在这些位置的存在和它们强加于占据特定位置的行动者或机构之上的决定性因素之中，这些位置得到了客观的界定，其根据是这些位置在不同类型的权力（或资本）——占有这些权力就意味着把持了在这一场域中利害攸关的专门利润的得益权——的分配结构中实际的和潜在的处境，以及它们与其他位置之间的客观关系（支配关系、屈从关系、结构上的同源关系，等等）。”① 资本支配下的知识场域可能就构成思想文化的决定性社会结构。但是，场域绝不仅仅是一种外在于实践主体的客观场，也不等于一种出场者的“场景”（幻象或仿真）。场景是场域的现象界，而不

① ［法］布尔迪厄等：《实践与反思》，中央编译出版社 1998 年版，第 133—134 页。

是场域的本真存在。在出场学看来，场域表现为一种历史主体或者思想出场的“场位”。“场”指总体的历史语境，“位”指出场者在这一历史语境中的具体方位，也同时包括出场者选择的立场。场位指一种思想得以出场的客观空间和主体位置（立场）。每一个出场者都是在一定的历史条件构成的宏观语境中出场的；而每一个出场者都是在一定的历史空间中创造和选择一定微观位置（立场）。前者构成了出场者的历史制约性；后者表征了在历史制约条件下的可能的主体选择性。“场”与“位”是不可分离的两个方面。没有“场”就没有“位”，而没有“位”也不能显现“场”的存在。“在场之在”的辩证法曾经因为历史指向的变化而变化，从作为抽象思辨对象的在场、“感性直观”对象的在场走向“感性活动”创造的在场，进而走向改变世界的历史深处。在当思辨终止的地方，历史才真正开始。然而，当我们唯物地打开历史大门、阐释历史、揭示思想赖以出场的历史语境之秘密时，“历史”本真意义并不必然地自明。正是在这一关键点上，马克思追问：历史究竟是一种现成在场、还是由人们的世世代代的感性活动构成的，因而是不断的出场过程？历史存在之“物”究竟是既成固化的在场，还是不断被实践构境的结构体？

马克思强调：历史场位不是一种外在于人和人的活动的在场，而就是由出场者的行动造就的历史语境或历史场域。这是出场者参与创造的对象化的历史境遇；而“置身”，就是出场者的出场在变革历史、创造场位的过程中进场，创造并进入场位之中的行动。“场位”与“置身”的相互作用恰好就是构境历史的实践。马克思将社会生活本质上看作是实践的，将人理解为“历史中行动的人”，从主体方面、从感性活动、从改变世界的实践方面去理解在场，历史场位因而就是人们世世代代实践活动的产物，也因此构成历史活动新的基础。从构境的场域观出发，我们才能真正进入实践的解释。

历史场位不是现存在场而是场位与置身之间辩证张力的构造体。没有感性活动、实践，就没有历史场位。因此，从来的在场都是一个独特的历史创造，它必须要从主体方面、从感性活动出发去理解。在场本质上不过是出场的结果形态。从实践出发去理解历史场位引出一个命题：人们怎样理解实践

本性和结构，也就如何理解由实践、生产造就的历史场位。实践观与历史观之间具有高度等价性和对应性。长期以来，一个基本事实是：人们对马克思实践结构观具有截然不同的理解，因而，对在场、对历史场位的理解也就大相径庭，存在着客体向度、主体向度、主体际向度等不同的理解，最终指向交往实践观。

交往实践的唯物主义超越客体论、主体论、交往关系论的在场视域，这就真正触及到出场者置身历史语境和历史场位的本真意义。在《德意志意识形态》中，马克思系统地提出了交往实践的思想，并进而在《资本论》中系统地提出了劳动二重性的经济学原理，对历史场位做了深度的经济学—哲学批判分析。马克思从物质生产、工业和交往出发，探索历史的基础是“以一定的方式进行生产活动的一定的个人，发生一定的社会关系和政治关系”。历史场位原初起步于物质实践、物质生产和物质交往，根源于人们的“能动的生活过程”的历史创造。历史场位本质上是交往实践，即多元主体间为了改造共同客体而结成交往关系的物质活动。

如果说，在场是一种交往实践构成的关系体系，那么，交往实践观甚至反对将交往关系、社会结构先在地固化为历史的本源，因而与哈贝马斯基于某种先验交往规则的“交往理论”、与广松涉等人将社会关系结构当作历史本源的“事的世界观”截然不同。历史场位固然是各种交往关系的总和，但是构成历史场位原点的不是交往关系，而是交往实践活动。出场活动就是交往实践活动。人们的交往实践活动构成了人们的历史联系，构境了他们的存在场位。交往实践活动不断采取新的形式，因而就表现为“历史”。交往实践双向建构和双重整合，形成交往关系、交往场域和交往形态。

再次，场域研究也是当代社会哲学的共同聚焦点。吉登斯在《社会的构成》《现代性与自我认同》等著作中，与经典马克思的历史观展开对话，甚至批判（所谓历史唯物主义批判三部曲），其反复探讨的主要问题就是现代性社会的结构化和再结构化与个人的主体性之间的关系问题。现代性是一种多元因素的社会结构化，其中包括了国家因素。从绝对主义国家发展为民族—国

家，历史过程从裂变型、阶级分化型国家向高度统一型、主权型、全民型国家的转型。在现代化不同阶段上，国家形态各不相同。与此同时，现代性也绝不是以淹没个人的主体地位和历史作用为代价的。个人也从原有的生活场域中“脱域”出来，“再嵌入”一种以国家为本位的现代性场域之中。场域成为伴随个人现代性的不同阶段的社会空间。其实，社会结构与个人的相互作用方式就是场域、场位的存在。场域对于个人而言，既是限定性生活实践的空间结构，又可能是自己营造、能够体现自己价值向度的存在条件。场域对于社会结构而言，则是一种相互作用的结构化状态，它使所有的相互作用形成的社会关系通过这一结构而得以凝固，并成为下一轮相互作用的前在的舞台。布尔迪厄则在《实践理论大纲》（1977）、《教育、社会和文化的再生产》（1990）、《语言与符号权利》（1991）、《实践与反思：反思社会学导引》（1992）等一系列著作中反复关注场域，认为场域既是一种社会关系，特别是一种多元主体间的交往关系，更是资本角逐下的力的关系，当然也是个人或群体在场的社会空间。出场学高度评价这些研究，认为场域作为历史场位和社会空间的统一绝不是单向度的在场。交往实践不仅存在着规范向度，同时也存在着否定向度和辩证向度，三重地构建历史语境和历史场位。或者说，场位空间内在地显现为三维向度。首先，交往实践具有规范向度，造就历史的规范结构和规范场位。在一个社会占统治地位的生产方式和交往方式，总是表现为这一规范的历史场位。然而，历史场位仍然存在着否定向度。它表现为生产方式多元差异的甚至是对立的意义结构，即多元之“位”意义的对立。马克思在《资本论》中分析工业资本生产的现象学时指出：同一生产过程对于相关多元的主体具有对立的意义：对资本家说来是财富积累的过程，对于雇佣劳动者说来正是贫困积累的过程。同一历史内部呈现多元立场和对立意义，表现为一种根本的异化，这正是历史的否定向度。资本全球化到处产生二元对立：资产阶级和无产阶级；富人和穷人；城市和乡村；东方和西方。对立意义、价值和否定向度呼唤双重的思想：为历史规范结构辩护的思想价值形成占统治地位的意识形态；而否定向度呼唤革命的阶级意识和价值

灵魂。因此，实践和思想的双重向度正好构成交往实践的辩证向度，也因此是历史场位内在的辩证法。在这三重结构中展开的历史辩证法和空间辩证法，随着否定向度转化为新的肯定向度，历史场位就显现为一种时代性间距和差异性，出场者就具有了新的历史地平线；肯定—否定双重向度的空间分裂，马克思主义的出场，正是在这一系列历史和空间差异中实现的。

最后，场域也与后马克思主义的理论脱域相关。马克思绝不是第一个资本批判者，也不可能是最后一位。资本存在历史有多久，资本批判也就会持续多久；资本创新变化形态有多少，资本批判的种类也就有多少。正如伊格尔顿所说："一个出色的'反资本主义'的左派未必就从马克思主义那里接受过给养。虽然我认为左翼中'反资本主义'的主要声音来自马克思主义，但我不愿过多地拿马克思主义的正确性来说话。"① 虽然后马克思主义仍然秉持对资本批判的立场，但是，他们认为由于历史图景和社会结构的根本变化，马克思几乎所有理论批判武器——从阶级分析方法到社会基本矛盾，再到整个宏观的历史唯物主义方法，都已经过时，所以必须要创造一套新的资本批判武器。当然，这一新批判武器是与场域相契合的，而"过时"的马克思主义原有批判理论则是不能满足时代场域的理论需要。时代场域成为判定后马克思主义和马克思思想之间关系的一个参照系，而如何理解场域就成为评价后马克思主义的主要关键。德里达的幽灵学、鲍德里亚的象征交换和消费社会，拉克劳和墨菲的新社会运动，都是借口时代场域——历史图景发生了根本变化，因而与马克思主义渐行渐远，最终走向后马克思主义。虽然"过时论"一直是许多企图修正马克思根本世界观的各种学说的共同借口，但是，后马克思主义却有时空场域的"新证据"。因此，当代马克思主义需要创新，但是创新决不能离开马克思思想的根本，而如何建立恰当的场域坐标，准确把握创新发展的马克思主义与后马克思主义的关系，将场域阐释清楚，就至关重要。

---

① ［英］特里·伊格尔顿：《马克思为什么是对的》，李扬、任文科、郑义译，新星出版社2011年版，第6页。

深描当代中国马克思主义哲学创新学术史的“方法论自觉”

用出场学视域聚焦和深描当代中国马克思主义哲学创新学术史具有重大意义。当代中国三十多年改革开放的伟大实践不仅形成了中国道路，也创造了马克思主义哲学中国化理论前所未有的大繁荣、大发展。深度描述当代中国马克思主义哲学创新学术史图景，寻找其学术地理中的主要脉络和创新趋向，从中可以总结马克思主义哲学与时俱进的创新逻辑，可以向海内外全面展示和系统传播创新成果。中国马克思主义学术史研究的宗旨在于用历史表明马克思主义在包括各门学术在内的意识形态领域指导地位的科学性与合理性，在于证明马克思主义是一个不断开放的创新体系，在于总结探索在中国学术语境中马克思主义理论创新的深刻经验和创新机制。正因为如此，中国马克思主义学术史研究需要着眼于“思想出场的逻辑”，着眼于中国历史语境变化与中国马克思主义出场之间与时俱进的逻辑关系。这就需要一种出场学视域，即把所有思想史、学术史与真实时代之间本质性关系按照出场逻辑来阐释的方式。

系统梳理研究方式和发展脉络的多样性是必要的，但是各种方式的重要性程度绝不是等价的。历史描述性研究是相对初始和基础的方式。由于中国马克思主义学术史研究以往主要散见于专题、人物、事件、活动、关系、文本解读等的分门别类研究中，历史描述性方法首要的任务就是要收集整理所有的学术史料，然后按照时间顺序和学术编年方式将其转化为一种首尾一贯的通史描述。其间的基本特点，就是列数所谓相对重要的人物和著作的思想介绍，将学术史仅仅当作当年列宁所批评的“人名和书名”的历史，或者如柯林武德所批评的“剪刀+糨糊”的历史。这一历史只能达到马克思所说的“完整的表象”或“感性的具体”，而根本无法到达“理性具体”。分列的学术史描述（如哲学史、经济史等）之间根本不见思想的流动逻辑。这一方式为历史学或中共党史出身的学者所偏爱，他们的研究方式即所谓黑格尔曾经

指出的“外史”，其根本缺陷就是对中国马克思主义学术史的人物、著作、学术活动、学术事件、学术关系等的描述是外在于思想的逻辑的。他们忘记了：学术史不同于存在史之处，首先在于它是思想史，本质上就是思想创新的逻辑在时间中的出场。这一研究需要按照思想的逻辑（“内史”）而不单纯是时间的逻辑（“外史”）来理解和阐释，需要穿透“完整的表象”和“感性具体”而达到“本质性结构”，然后才能从“抽象上升到具体”，即将中国马克思主义学说史当作一个由若干本质性规定综合而成的“理性具体”来把握。正如马克思在《资本论》中运用的方法是辩证方法一样，如果不是马克思主义哲学专家，很难真正理解中国马克思主义创新发展的内在逻辑。单纯的历史学研究如果不深度理解马克思主义哲学，其综合学术通史要么只能是“人名和书名”的历史，即成为一个盲目的“外在的路标”，要么就误解重重，成为一部误导读者的“史书”。由于学科背景的差距，除非通晓中国马克思主义各专门学术领域的大家，难以去贸然治综合通史。“外史”研究还有一个重大缺陷是：它将所有学科并列和分门别类地描述，而根本看不清中国马克思主义哲学相对于其他学科的龙头地位和前提性质，看不清只有深度理解中国马克思主义哲学的出场史，才能真正理解互动关系和其他学术领域的“马克思主义转向”。更由于中国马克思主义的发展呈现历史的放射状态，越久远的发生点和早期阶段资料越简约，而越近当代越繁荣，知识创新呈现爆炸性增长，学术创新关系纷繁复杂，即便是马克思主义哲学或经济学本领域的学者都很难将本领域内各种见解一一厘清，对于这一状况的描述，要想充当“百科全书”式的马克思主义学者，对一个单纯的历史学者来说，几乎是难以做到的。如果强迫自己写自己根本不懂的东西，拼凑所谓“学术通史”，那么这就不单纯是“不合适”，而且几近“学风不正”。

对人物、著作、事件、活动等的专题性研究始终是深化综合思想史和学术史的最重要基础。但是思想史需要有一个总体的和综合的框架去理解和把握，否则永远会在这一领域“只见树木、不见森林”。传播史和理解史是各自从传播主体和理解主体两端去阐释思想的发展逻辑，在方法论层次上比单纯

的“外史”描述要高明。但是两者都遭遇所谓解释学难题。施莱尔马赫和狄尔泰的客观解释学、海德格尔的主观解释学、伽达默尔的哲学解释学、哈贝马斯的批判解释学、利科的结构解释学等，可以呈现多元视域，选择视域不同，最终的阐释就不同。而针对这一切，能够给予解答的，又只能是马克思主义哲学解释学。结论就是，只能回到马克思的辩证方法。

直接通过中国马克思主义学术史本质性环节——哲学史反思及其对于其他学术领域影响和互动关系的研究，去深度把握中国马克思主义学术史内在思想灵魂的出场逻辑。而超越外史的一种重新书写方式，就是用中国马克思主义哲学研究的“方法论自觉”——首先穿透“完整的表象”而达到抽象的规定——创新学术史所依赖的研究范式，把握学术史的范式图谱的构变，去深度理解和把握中国马克思主义的创新学术史。“方法与对象”之间的解释学循环，最终需要范式图谱去解决。哲学范式总是时代思维方式的集中体现，是哲学见解、观点和理论创新的根基和灵魂，也是学术史坐标和图谱的轴心。由范式轴心而形成理论创新的坐标，坐标扩展而成为理论创新的学术史图景。各种范式视域差异，因而推动理论创新的功能各不相同。多元创新范式之间既竞争又互补，共同构成范式图谱，因而总体展现理论创新的学术图景。科学辨识各研究范式的基本特征、创新功能、历史成因、存在问题和学术地位以及与国内各个马克思主义哲学博士点的学科风格甚至学派的关联，是深描当代中国马克思主义哲学研究范式多元创新的整体学术图景的主要基础，也是认真总结其各自的理论创新经验，进一步推动理论创新、扩大创新的国际影响力的关键。只有认真考察各个范式以差异方式推动理论创新与马克思主义整体性发展图景之间的关系，才能把握这一时代创新的学术史，并根据马克思关于“人体解剖是猴体解剖锁钥”的“从后思索”方法，基于当代范式图谱构变的高度，可以追溯、透视和总结近百年马克思主义中国化学术史。

出场学研究的当代使命，就是要深度把握当代中国马克思主义哲学创新逻辑。为此，我们应当从方法论自觉的研究路径上加以开拓，把握以下三个任务。

第一，全面梳理和科学分析当代中国马克思主义哲学研究范式。全面辨识八个研究范式各自的成因和演变史；范式的基本特征和构成要素；范式的存在结构，范式的创新功能和基本缺陷。其学术价值和应用价值在于：对各个范式的理论创新功能作出实事求是的评价，对其范式发展的前景作出相对可靠的预测。

第二，全面分析各个学术图景和范式图谱构变相关变化。每一个时期都存在着起主导地位和支配地位的范式，构成了那一时期的理论学术发展图景的轴心；而轴心又生长出纵横两轴，构成那一时期理论学术图景的坐标；而围绕坐标形成的总体学术面貌，就构成了那一时期的学术图景。一旦轴心发生变化，则坐标相应变化，进而使学术图景发生相应改变。改革开放以来，马克思主义哲学研究曾经形成四大轴心范式，它们共同对应生成四个坐标和四个理论学术图景。轴心—坐标—图景转换称为构变，变化整体构成范式图谱，这就是当代中国马克思主义哲学创新学术史谱系。因此，学术史就变成一种范式图谱的格式塔转换。这一谱系进而极大地影响了整个当代中国马克思主义学术史的发展。虽然其他中国马克思主义学术领域的变化不完全是马克思主义哲学范式图谱变化的同构、同态、同步的复制，但是大致对应关系是不难找到的。作为灵魂和本质，中国马克思主义哲学范式图谱与其他马克思主义学术领域创新史之间存在着高度的映射关系。在这一意义上，范式图谱研究是打开当代中国马克思主义学术史本质规律、创新发展逻辑的锁钥。在“从后思索”的意义上，也是理解近百年中国马克思主义学术创新发展史的锁钥。

第三，以马克思主义出场学基本视域科学揭示当代中国马克思主义与时俱进的创新学术史。“出场学”，是指研究马克思主义与时俱进逻辑的哲学范式。她以新旧全球化时代大转换为坐标，科学分析从马克思思想出场的“原初语境”到马克思主义当代语境的深刻变化，深度阐释马克思主义形态的出场对于历史语境、出场路径的依赖性，深描马克思主义中国化、时代化的出场路径、方式和形态。对“出场语境”“出场路径”“出场方式”“出场形态”

等一系列基本概念作出十分准确的理论界定，这一范式坚决拒斥对马克思主义原理研究、文本学解读的教条倾向，从而将其看作是“随时随地以当时的历史条件为转移”不断创新的理论。

当代中国马克思主义各种研究范式的出场，乃至马克思主义中国化的各个理论创新，都是在一定的时代语境中、按照一定的出场路径、以一定的出场方式而出场的形态。相关学术的范式图谱构变史，就是与时俱进的出场史，它用两线（历史时代实践的线索和中国马克思主义哲学研究范式图谱线索）、四个模块（原初时代语境、当下时代语境，原初范式图谱、当下范式图谱）来深度解释中国马克思主义哲学范式演化构变的创新学术史逻辑，从而把学术史研究转化为一种对当代中国马克思主义学术与时俱进的创新逻辑分析，使研究转变为一种科学。

（原载《江海学刊》2014 年第 2 期）

民国时期的文化论战与“国学”复兴

赵 林

文化论战与“西风”日盛

早在鸦片战争失利之后，主张“师夷长技”以图自强的洋务派领袖恭亲王奕䜣与主张“以忠信为甲胄，礼义为干橹”的保守派代表大学士倭仁就引进西学问题展开了一场激烈的争论。自此以后，随着国门在西方列强的挤压下越开越大，中学（或国学）与西学之间的抵牾也愈演愈烈。西化派渐渐由办洋务而转向求维新，对于西方文化的学习也由器物层面深入到制度层面；守旧派却严守“夏夷之防”，一些极端顽固派（如徐桐等）甚至声称：“宁可亡国，不可变法。”面对二者之间越来越大的思想分歧，张之洞于 1898 年发表《劝学篇》，试图以一种“中体西用”的折衷观点来克服守旧派“因噎而废食”和维新派“多歧而亡羊”的弊端。然而，所谓“体”“用”之说，本身就已经包含了明显的价值取向，张之洞的基本态度由下文可见：

> 今欲强中国，存中学，则不得不讲西学。然不先以中学固其根柢，端其识趣，则强者为乱首，弱者为人奴，其祸更烈于不通西学者矣。……如中士而不通中学，此犹不知其姓之人，无辔之骑、无舵之舟，其西学愈深，其疾视中国亦愈甚，虽有博学多能之士，国家亦安得而用之哉。①

① 张之洞：《劝学篇·循序第七》，上海书店出版社 2002 年版，第 22—23 页。

《劝学篇》发表后，受到朝廷的大力推崇，“不胫而遍于海内”，在朝野人士中产生了极大的影响。“中体西用”说也因此成为介于保守派和西化派之间的一条中庸之道，并在后世演变出多种形式。显而易见，张之洞所欲保全的“体”就是“孔门之政”和“孔门之学”，然而这些东西很快就在辛亥革命和新文化运动中被砸烂了。辛亥革命首先推翻了“孔门之政”，即奠立在封建等级秩序之上的君主制度，建立了民国。新文化运动又把批判的矛头从“孔门之政”转向了“孔门之学”，对儒家的伦常纲纪进行了猛烈抨击。在新文化运动中，陈独秀、胡适等西化派人士以西方的民主、自由和科学精神为武器，对康有为、辜鸿铭等保守派的尊孔复古和维护“国粹”的主张进行了猛烈抨击。但是这种激烈反传统的做法也引起了保守派人士的反击，酿成了名噪一时的东西方文化论战、科玄论战和中国文化出路论战。

早在1915年12月，陈独秀在《青年杂志》上发表《东西民族根本思想之差异》一文，强调东西洋民族在思想文化方面“若南北之不相并，水火之不相容也”。他认为，与以战争、个人、法治、实利为本位的西洋民族相比，以安息、家族、感情、虚文为本位的东洋民族（中国、印度等）养成了“卑劣无耻之根性”，其社会中充溢着“种种卑劣不法惨酷衰微之象”，人与人之间“黑幕潜张，而生机日促耳”①。此文发表后不久，一位精通西学的著名学者杜亚泉即以“伧父”为笔名，在其主编的《东方杂志》上连续发表了《静的文明与动的文明》《战后东西文明之调和》《迷乱的现代人心》等文章，认为东西方文明之间的差异“乃性质之异，而非程度之差”。与陈独秀欲以西洋文明取代东洋文明的偏激观点不同，杜亚泉主张东西方文明应该相互融通调和，“以彼之长，补我之短”。他对第一次世界大战期间西方国家暴露出来的强权主义、物欲主义等社会弊病进行了揭露，强调中国传统文化中的和平、中庸、仁义、均平等思想资源恰恰可以用来救治西方文明之弊。当今世界的救治之道，就在于用中国文明固有之“国是”来贯通、融合西方文明的各种

① 陈独秀：《东西民族根本思想之差异》，任建树主编：《陈独秀著作选编》第一卷，上海人民出版社2010年版，第193—195页。

思想主张。针对杜亚泉的“调和论”，陈独秀又于1918年7月15日在《新青年》上发表了《今日中国之政治问题》一文，明确地表示：“无论政治学术道德文章，西洋的法子和中国的法子，绝对是两样，断断不可调和牵就的。……若是决计守旧，一切都应该采用中国的老法子，不必白费金钱派什么留学生，办什么学校，来研究西洋学问。若是决计革新，一切都应该采取西洋的新法子，不必拿什么国粹，什么国情的鬼话来捣乱。”①

陈独秀的“取代论”与杜亚泉的“调和论”之争开启了东西方文化大论战的序幕，一时间，《新青年》和《东方杂志》形成了两个阵线分明的营垒。在《东方杂志》上发文主张调和东西文化、糅杂新旧事物的人士有章士钊、钱智修等，而站在新陈代谢的进化论立场上反对“调和论”的人士则有李大钊、蒋梦麟、常乃悳等人。在这些人中间，李大钊更是站在马克思主义的立场上，把新旧文化的更替与社会经济的发展联系起来。他高屋建瓴地指出，造成中国静的文明的“古代闭关自守的生活”已经被“现代的世界经济关系完全打破”，而欧洲的“动的文明”正是顺应这种“新经济势力”的必然结果。②

1920年，就在双方论战正酣之时，梁启超从欧洲考察归国，旋即发表了《欧游心影录》。他在该书中对第一次世界大战之后满目疮痍的欧洲社会状况感慨良多，并由此对中西文化的优劣利弊进行了重新反思。梁启超认为，东方文化的优势在于伦理道德，西方文化的优势在于科学技术，双方应该通过互补而更新。“拿西洋的文明，来扩充我的文明，又拿我的文明去补助西洋的文明，叫他化合起来成一种新文明。”③ 他根据欧战的教训认定，西方近代的科学进步和物质文明最终造成了弱肉强食、道德沦丧的恶劣后果，它们并不

---

① 陈独秀：《今日中国之政治问题》，任建树主编《陈独秀著作选编》第一卷，上海人民出版社2010年版，第418—419页。

② 参见李大钊《由经济上解释中国近代思想变动的原因》，袁谦等编《李大钊文集》（下册），人民出版社1984年版，第184页。

③ 梁启超：《欧游心影录》，张品兴主编《梁启超全集》第五册，北京出版社1999年版，第2986页。

能给人类带来真正的幸福。当偏重于科学和物质的西方文明已经走入死胡同时，唯有中国的儒家学说才能解西方文明于倒悬。这位曾经大力推崇和引进西方文化的启蒙先驱，此时却认为“西洋文明已经破产”，正眼巴巴地乞望东方文明伸出拯救之手。无独有偶，学坛新秀梁漱溟不久也发表了《东西文化及其哲学》一书，对西方文化、中国文化和印度文化进行了系统性的比较，认为三者的根本精神分别是“意欲向前要求”“意欲自为调和持中”和“意欲反身向后要求”。梁漱溟承认，西方文化在征服自然、科学方法和社会民主等方面要优于中国文化，这是中国人必须向其学习的。但是西方人一味风驰电掣地向前追求，沉溺于外在的繁华却缺乏内在的底蕴，这一点恰恰是他们应该向中国文化学习的。梁漱溟在置于全书之后的自序中写道：“我又看着西洋人可怜，他们当此物质的疲敝，要想得精神的恢复，而他们所谓精神又不过是希伯来那点东西，左冲右突，不出此圈，真是所谓未闻大道，我不应当导他们于孔子这一条路来吗？”①

梁启超、梁漱溟的观点赢得了传统文化维护者的热烈响应，同时也遭到西化派的猛烈反击。胡适、李石岑等人指责梁漱溟关于“三种不同路向”的观点是不顾历史事实的“闭眼瞎说”，强调西方、中国和印度实际上都在走同一条道路，只不过是速度之差和先后之别而已。西方文化在今天并不只是西方的路向，而且已经成为世界的共同路向。“现在全世界大通了，当初鞭策欧洲人的环境和问题现在又来鞭策我们了。将来中国和印度的科学化与民治化，是无可疑的。”②

东西方文化论战烽火未熄，科学与玄学论战硝烟又起。1923 年 2 月 14 日，北京大学教授张君劢在清华发表题为《人生观》的讲演，认为时下人们推崇西方文化，不外乎学习西方先进的科学，然而“专注于向外”、体现为物质文明的科学再发达，也不能解决内在的精神文明问题，后者还必须仰赖于

---

① 梁漱溟：《东西文化及其哲学》，商务印书馆 2010 年版，第 240—241 页。

② 胡适：《读梁漱溟先生的〈东西文化及其哲学〉》，欧阳哲生编《胡适文集》第 3 册，北京大学出版社 1998 年版，第 196 页。

人生观。他宣称：“人生观问题之解决，决非科学所能为力……自孔孟以至宋元明之理学家，侧重内心生活之修养，其结果为精神文明；三百年来之欧洲，侧重以人力支配自然界，故其结果为物质文明。”① 针对张君劢将科学与人生观相分离甚至相对立的观点，地质学家丁文江发表了《玄学与科学》一文，讥讽张君劢是“西洋的玄学鬼”与中国陆王心学阴魂的混杂产儿，指出科学的目的就在于要摒除个人的主观成见，追求人生共认的真理。因此，科学不仅是向外征服自然的有力武器，而且也是向内实现人生修养的最好工具。面对丁文江的反驳，张君劢又发表了《再论人生观与科学并答丁在君》一文，从玄学角度对中西文化的不同背景以及论战双方的理论渊源进行了论述，将双方的分歧归结为“汉宋之争”和“唯物唯心之争”，并且旗帜鲜明地表达了自己的宋明理学和唯心论立场。②

“科玄之争”一石激起千层浪，一批社会名流如梁启超、张东荪、林宰平、范寿康、胡适、王星拱、朱经农、吴稚晖、唐钺等纷纷撰文参与，或支持张君劢，或赞同丁文江，也有骑墙调和者。一番论辩下来，科学派明显占据上风，其对玄学派的批判犀利激烈、锋芒毕露。例如胡适就不无偏激地认为，中国人现时的人生观都是“做官发财的人生观”“靠天吃饭的人生观”“求神问卜的人生观”，这样的人生观还未曾与科学行见面礼，哪里配得上来排斥科学?③ 这些激进的批判言论赢得了广大知识分子和青年学生的热烈拥护。但是科学派的优势主要在于他们借助了新文化运动反传统的时尚风潮，而非由于其思想的深邃和理据的充分。后来陈独秀在总结这场论战的性质时，不仅深刻地批判了张君劢的玄学观和梁启超、范寿康等人的调和论，而且也

---

① 张君劢、丁文江等：《科学与人生观》，山东人民出版社 1997 年版，第 38 页。

② 同上书，第 120 页。后来（1928 年）胡适在《几个反理学的思想家》一文中也把这场“科玄之争”解释为清代注重理据的汉学与空谈心性的宋学之间的思想抵牾的继续，是历史上理学与反理学的立场对垒的再现。他写道：“当日所谓‘科学与玄学’的争论其实只是理学与反理学的争论的再起。丁先生是科学家，走的是那条纯理智的格物致知的路。张先生推崇‘内心生活’，走的仍是那半宗教半玄学的理学的路。”欧阳哲生编：《胡适文集》第 4 册，北京大学出版社 1998 年版，第 87 页。

③ 胡适：《〈科学与人生观〉序》，参见葛懋春、李兴芝编《胡适哲学思想资料选》（上），华东师范大学出版社 1981 年版，第 285 页。

指出丁文江等科学派的观点未免流于浅薄，未能说明“科学何以能支配人生观”。他站在马克思主义的唯物史观立场上，认为人生观问题说到底是由社会经济的发展状况决定的，而不是由个人的主观直觉或自由意志所决定。“我们相信只有客观的物质原因可以变动社会，可以解释历史，可以支配人生观，这便是‘唯物的历史观’。”①

东西方文化论战和“科玄论战”之后不久，中国思想界又爆发了关于中国文化出路的论战。1934 年，陈序经出版了《中国文化的出路》一书。在书中，陈序经把关于中国文化出路的主张分为三派，即“复古派”“折衷派”和“西洋派”，并明确表示“兄弟是特别主张第三派的，就是要中国文化彻底的西化”。他列举的理由有二：“（1）欧洲近代文化的确比我们进步得多。(2）西洋的现代文化，无论我们喜欢不喜欢，它是现世的趋势。”因此，“我们的结论，是救治目前中国的危亡，我们不得不要全盘西洋化。”② 针对复古派和折衷派的文化主张，陈序经一一进行了驳斥。复古主义完全是逆历史潮流而动，只能是死路一条；至于折衷派的“中体西用”观点，在学理上本来就是说不通的：

> 中西学术，各有其体，而且各有其用。其用之所依，在于其体。体之所表，在于其用。而且有其体必有其用，有其用必赖其体。今欲以二种不同之体，及其不同之用，颠倒配置，是无异欲用目以觉嗅味，而用鼻以视物。③

陈序经的“全盘西化”主张很快就引起了不同观点者的反击，从而激发

---

① 陈独秀：《〈科学与人生观〉序》，任建树主编《陈独秀著作选编》第三卷，上海人民出版社 2010 年版，第 146 页。

② 陈序经：《中国文化的出路》，中国人民大学出版社 2004 年版，第 102—103、129 页。

③ 同上书，第 40 页。其实早在陈序经之前，严复就揭露了“中体西用”说在学理上的荒谬之处：“体用者，即一物而言之也。有牛之体则有负重之用；有马之体则有致远之用。未闻以牛为体以马为用者也。……故中学有中学之体用，西学有西学之体用。分之则两立，合之则两亡。议者必欲合之而以为一物，且一体而一用之，斯其文义违舛，固已名之不可言矣。乌望言之而可行乎？”参见周振甫《严复思想述评》，中华书局 1940 年版，第 82—83 页。

了轰动一时的“中国文化出路论战”。1935 年 1 月 10 日，王新命、陶希圣、何炳松等十名教授联名发表了《中国本位的文化建设宣言》，明确表达了一种“不守旧，不盲从”的文化态度，反对“全盘西化”主张，提出了“坚持中国本位的文化建设”的基本宗旨和原则。该《宣言》强调，中国的文化建设既不应一味复古，也不应盲目西化，而应该立足于中国的具体国情和历史传统来建设本位文化。“中国是既要有自我的认识，也要有世界的眼光，既要有不闭关自守的度量，也要有不盲目模仿的决心”，只有这样，才“使中国在文化的领域中能恢复过去的光荣，重新占着重要的位置，成为促进世界大同的一支最劲最强的生力军”。①

该《宣言》发表之后，很快就遭到了西化派的猛烈回击，双方又进行了你来我往的几轮论战。除了针锋相对的“全盘西化”论者陈序经、胡适和主张“中国本位文化建设”的十教授之外，大多数论战参与者都持一种温和的折衷观点。赞同或偏向于“中国本位文化”观点的有吴景超、陈石泉、常燕生、释太虚、张申府等人，主张温和西化论观点的有梁实秋、严既澄、张佛泉、张奚若、熊梦飞等人。事实上，与鸦片战争以来的那些死抱着名教伦常和“国粹”传统不放的遗老遗少相比，主张“中国本位文化”的十教授绝非泥古不化的保守主义者，而是主张“不守旧，不盲从”的开放态度的新派知识分子。他们的愿望是要在“砸烂孔家店”和“死心向西走”的激进氛围中拯救和捍卫遍体鳞伤的中国文化，使之不至于沦落殆尽。但是尽管如此，他们仍然被时人看作是守旧派。另一方面，陈序经、胡适等人的“全盘西化”道路也并未得到太多人的认同，较为普遍的观点倒是一种温和的西化姿态，即主张有选择地借鉴、学习西方文化中的精华和先进成分，同时也不离弃中国文化的深厚根基。这种情形表明，虽然在知识分子中间西化倾向仍然占据主流，但是对待中国文化的态度已不再像新文化运动时期那样偏激了。

在新文化运动以来的这几场中西文化大论战中，西化派的观点都占据了

① 《中国本位的文化建设宣言》，原载《文化建设》月刊第 1 卷第 4 期，收录于《中国文化的生路：1935 中西文化论战文萃》（电子书），中国国际广播出版社 2012 年版，第 18 页。

上风，这主要是因为对于当时受到启蒙思想影响的社会精英和知识分子来说，以民主、科学为标志的“西学”象征着进步与开化，而以孔孟之道为主干的“国学”则难脱落后与蒙昧之嫌。但是到了30年代中期关于中国文化出路的论战中，情况却发生了微妙的变化，本位文化派的主张开始得到越来越多人的理解和同情。由此可见，中西文化之争不仅是一个学理问题，而且也与当时中国人的生存处境直接相关。当处于贫穷落后状态中的国人急于想借鉴西方先进的器物、制度乃至文化以实现自我更新时，启蒙的要求就不断地强化着“西化”的主张；然而随着中国社会的殖民化程度日益加深，救亡的要求又开始重新激荡起国人心中根深蒂固的传统文化精神。正是在这种特定的文化背景之下，近世以来的中西文化之争呈现出云诡波谲的繁复景象。

“整理国故”与“国学”复兴

九一八事变以后，随着中国殖民化程度的加深，保国保种的迫切性变得越来越突出，在此情形下，敝帚自珍的文化保守心态自然会日益高涨。那些先前极力主张西化的知识分子，也开始感受到一种“灵魂分裂”的痛苦折磨，他们一方面仍然向往西方的民主制度和科学精神，另一方面却在国事陵夷的屈辱心态下，对那些欺凌奴役中国人民的东洋、西洋列强产生了强烈的仇恨情绪，并转而对中国传统文化格外地珍惜和热衷起来。因此在抗日战争期间，“全盘西化”主张越来越受到爱国情绪的有力抵制，而“国学”复兴也一度成为民族图存自强的重要内涵，这种文化趋势推动了现代新儒家的崛起。

早在新文化运动中，当激进派人士大声疾呼要彻底颠覆孔孟之道时，他们不仅受到了守旧派的极力抵制，而且也随着运动本身的逐渐深化而发生了内部的思想分歧。像胡适、钱玄同这样的知识分子，原本是研究中国文化出身，出于对西方科学方法的推崇以及对袁世凯、张勋尊孔复辟活动的反感，才不无偏颇地主张与传统文化相决裂。但是在他们的骨子里，仍然对于中国文化有着难以斩断的依恋之情，因此在经历了一阵偏激的思想狂潮之后，又开始对中国文化进行冷静的重新审视。1919年11月，胡适发表《新思潮的意

义》一文，提出了“研究问题，输入学理，整理国故，再造文明”的文化建设新纲领。① 他指出，“反传统”与“整理国故”是新文化人对待中国传统文化的两种相互补充的态度，人们不仅应该批判旧文化中的各种“胡说谬解”和“武断迷信”，而且也要从旧文化中寻出一个“真意义”和“真价值”，以此作为嫁接西方科学思想的根基。

胡适对待“国故”态度的这次温和转向，也是为了应对北京大学旧派学者刘师培、黄侃在1919年初成立国故社、创办《国故》月刊之举，旨在以一种全新的科学态度来整理国故，以回击旧派人士借“研究国故”“保存国粹”之名来推行复古主义。他明确地表示：“若要知道什么是国粹，什么是国渣，先须要用评判的态度，科学的精神，去做一番整理国故的工夫。”② 在稍后发表的一系列演讲和文章中，胡适还提出了“历史的观念”“疑古的态度”“系统的研究”等一套整理国故的科学方法。与胡适的主张相呼应，先前以激烈反传统而著称的钱玄同也承认，“前几年那种排斥孔教，排斥旧文学的态度狠应改变”，主张“用科学的精神”和“容纳的态度”来讲孔教及伦常，以“说明它们的真相”。③

胡适“整理国故”的主张很快就在新文化运动阵营中引起了不同反响，遭到了一些激进人士的质疑。周作人担忧整理国故的运动将会导致“国粹主义勃兴”的局面和“复古与排外”的倾向。④ 陈独秀嘲笑胡适的做法是“要在粪秽里寻找香水”，不仅白费气力，还会沾染上一身臭气，“自寻烦恼”；况且胡适要去研究的所谓“国学”（或“国故学”），本来就是“含混糊涂不成一个名词”的伪观念⑤；吴稚晖更是不无偏激地认为，“这国故的臭东西”从

① 胡适：《新思潮的意义》，欧阳哲生编《胡适文集》第2册，北京大学出版社1998年版，第551页。

② 同上书，第558页。

③ 钱玄同：《致周作人》（1922年4月8日），转引自洪峻峰《思想启蒙与文化复兴——五四思想史论》，人民出版社2006年版，第395页。

④ 周作人：《谈虎集》，上海书店1987年影印版，第137页。

⑤ 陈独秀：《寸铁·国学》，任建树主编《陈独秀著作选编》第三卷，上海人民出版社2010年版，第101—102页。

来都是与“小老婆、吸鸦片”“升官、发财”相依为命的，“国学大盛，政治无不腐败，因为孔、孟、老、墨便是春秋、战国乱世的产物。非再把他丢在毛厕里三十年。”①

周作人的“杞忧”果然一语成谶。虽然胡适等人提倡“整理国故”的目的只是为了运用科学方法来对所谓“国学”进行去伪存真的研究，以便更加深刻地批判传统文化，但是这场运动一旦发轫，就不可遏制地向着复古的方向发展，最终酿成了“国粹主义勃兴”的后果。与胡适提倡的国学研究貌合而神离，旧派学者代表章太炎从1922年4月开始，在上海连续举行了十场国学讲座，对白话文运动进行猛烈抨击。在这些讲座中，章太炎也检讨了自己早年的反孔立场，立意重振旧学。他在1923年创刊的《华国月刊》中指责新文化派人士“稗贩泰西，忘其所自”，并宣称自己“志在甄明学术，发扬国光”。② 由于章太炎的国学泰斗地位，他对新文化运动的批判极大地助长了复古主义的风气。与此相应，梁启超自从旅欧归国之后，也由推崇西学转向弘扬国学，应聘任清华国学研究院导师，潜心于中国学术研究，主张用中国祖宗圣贤的道德精神来超拔那些沉沦于物质文明破产状态中的西方人。此外，梅光迪、吴宓等海外归国学者也于1922年在南京创办了《学衡》杂志，旨在捍卫儒家思想，批判新文化运动，并且提出了“论究学术，阐求真理，昌明国粹，融化新知”的新十六字方针。吴宓后来对梅光迪在美国留学时立志重振中国传统文化的拳拳之心以及自己的感动之情回忆道：

梅君慷慨流涕，极言我中国文化之可宝贵，历代圣贤、儒者思想之高深，中国旧礼俗、旧制度之优点，今彼胡适等所言所行之可痛恨。昔伍员自诩“我能覆楚”，申包胥曰：“我必复之”。我辈今者但当勉为中国文化之申包胥而已，云云。宓十分感动，即表示：宓当勉力追随，愿

---

① 吴稚晖：《箴洋八股化之理学（附注）》，转引自殷海光《中国文化的展望》，上海三联书店2002年版，第322页。

② 章太炎：《〈华国月刊〉发刊辞》，姜玢选编《革故鼎新的哲理——章太炎文选》，上海远东出版社1996年版，第534—535页。

效驰驱。①

与胡适“整理国故”以贬抑孔孟之道的用意相反②，《学衡》派力图通过“整理旧学”来弘扬孔孟之道。吴宓、胡先骕等人把孔子、孟子与西方的柏拉图、亚里士多德相提并论，认为他们分别奠定了中西文明的道德学术根基。《学衡》派人士指责胡适的“科学方法”支离破碎、虚张声势，新派学者不学无术、信口雌黄，新文化运动“堕弃纲常、铲灭轨物”，致使世风日下，国将不国。《学衡》派虽然在文化上提倡复古，但是在政治上却反对君主制度，拥护共和政体，与康有为、严复等人的复古主义不可同日而语。他们力图把“孔门之学”与君主体制剥离开来，认为“孔教非君主专制之主因”，“中国最大之病根，非奉行孔子之教，实在不行孔子之教”③。他们对待西方文化的态度也不同于那些满清遗流，并不盲目排斥西学，只是反对“全盘西化”和自贱家珍，主张将国粹与西学相融会，以构建新文明。吴宓宣称：“今欲造成中国之新文化，自当兼取中西文明之精华，而熔铸之、贯通之。……如是，则国粹不失，欧化亦成，所谓造成新文化，融合东西两大文明之奇功，或可企致。”④这种弘扬国粹而又兼容西学的立场，为新时代背景下的文化保守主义确定了基调，与新文化运动之前的复古主义已经是迥然而异了。

面对复古派人士的猛烈攻击，胡适本人也不得不反省“整理国故”主张的失策，将“整理国故”的基本宗旨从“再造文明”改变为在“烂纸堆”里

---

① 吴学昭编：《吴宓自编年谱》，生活·读书·新知三联书店1995年版，第177页。

② 胡适在阐述研究国学的方法时，特别提倡“平等的眼光”和“疑古的态度”，即主张打破独尊儒家、专注经学的研究传统，平等地对待诸子百家和经史子集。因此他“整理国故”的用意实在于通过学术研究来贬抑孔孟之道。

③ 柳诒徵：《论中国近世之病源》，《学衡》1922年第三期。柳治徵认为，中国近世的病根“在满清之旗人，在鸦片之病夫，在污秽之官吏，在无赖之军人，在托名革命之盗贼，在附会民治之名流政客，以迨地痞流氓”，而这些人“皆不奉孔子之教”。

④ 吴宓：《论新文化运动》，《学衡》1922年第四期。

“捉妖”和“打鬼”。[①] 在1928年所写的《治学的方法与材料》一文中，胡适承认以前引导青年人去钻故纸堆是一条“死路”，惟有学习自然科学知识和技术才是“活路”。胡适对待中国文化的态度，也因此而再度转向偏激，甚至公然宣称自己是主张“全盘西化”的。[②]

然而，因“整理国故”倡导而兴起的“国学”研究热潮并没有由于胡适态度的转变而衰减，反倒随着中国现实处境的日益恶化而不断加温，由此催生了颇具声势的现代新儒家思潮。现代新儒家不仅在三四十年代形成了一种与逐渐低落的“全盘西化”主张分庭抗礼的新思潮，而且其思想余绪在20世纪末叶的中国思想界再度兴盛，至今仍然发挥着不可低估的文化影响。

促使现代新儒家兴起的主要因素，除了整理“国故”、研究“国学”所导致的复古倾向之外，还有一点就是对西方文化的失望和“科学万能”观念的破产。在后一方面，梁启超的《欧游心影录》和梁漱溟的《东西文化及其哲学》发挥了重要作用。既然偏重于物质和科学的西方文明已经破产，那么执著于精神和道德的中国文明就愈显出独特的价值，正是这种幡然回首的文化心态促进了现代新儒家的产生。

如果说章太炎、梁启超等国学大师是现代新儒家的思想先驱，那么梁漱溟则堪称现代新儒家的文化旗手，他的《东西文化及其哲学》在对西方文明进行批判的同时，大力弘扬中国传统文化的价值，率先表达了现代新儒家的文化主张。与陈独秀、胡适等人建立在进化论基础上的文化一元演化观针锋相对，梁漱溟提出了“世界文化三期重现”的理论。他认为，希腊（西方）、中国、印度这三大文化的分野是由三种根本不同的人生态度或文化路向决定的。这三者之间并不存在孰好孰坏的问题，只有一个合宜不合宜的问题。以该理论为依据，梁漱溟立足于中国的现实状况，表明了他的文化主张：第一，

---

① 胡适：《整理国故与“打鬼”（给浩徐先生信）》，欧阳哲生编《胡适文集》第4册，北京大学出版社1998年版，第117页。

② 胡适1929年在英文版的《中国基督教年鉴》上发表了《中国的文化冲突》（*The Culture Conflict in China*）一文，文中首次使用了“wholesale westernization”（“全盘西化”）这个概念。后来他又在1935年3月发表于《独立评论》第142号上的《编辑后记》中明确宣称：“我是主张全盘西化的。”

“要排斥印度的态度，丝毫不能容留”，因为印度文化太过于超脱虚幻，不适合中国当时的国情；第二，“对于西方文化是全盘承受，而根本改过，就是对其态度要改一改”，绝不能走“全盘西化”道路，而是将其拿过来置于中国文化的基底之上；第三，“批评的把中国原来态度重新拿出来”，在传统文化自我更新的基础上成功地融会西方文化成果。① 在梁漱溟看来，中国文化的真正复兴就在于重新发掘和弘扬儒家的人生哲学：“明白的说，照我意思是要如宋明人那样再创讲学之风，以孔颜的人生为现在的青年解决他烦闷的人生问题……有人以五四而来的新文化运动为中国的文艺复兴，其实这新运动只是西洋化在中国的兴起，怎能算得中国的文艺复兴？若真中国的文艺复兴，应当是中国自己人生态度的复兴。”②

这种弘扬儒学、融会西学的思想主张，构成了现代新儒家的基本立场。在国学复兴风气的影响下，从30年代开始，一些主张重振儒家文化传统的学者形成了一个松散的思想派别，即现代新儒家。在这个阵营中，先后集结了一批大名鼎鼎的学界人物，如梁漱溟、熊十力、冯友兰、贺麟、马一浮、张君劢、钱穆、方东美、唐君毅、牟宗三、徐复观等。他们一方面受新文化运动的影响，赞同由西方传入的科学、民主精神；另一方面则极力维护传统文化的砥柱地位，主张以自我更新的儒家文化为根基来嫁接西方文化的优秀成果。从精神实质上来看，现代新儒家仍然未能跳出“中体西用”之窠臼，只不过他们不同于张之洞等人那样把“中体”与“西用”机械地拼凑在一起，而是坚持体用一元、体用不二论，主张首先要重建中国文化之“体”，用中国文化的基本精神来统摄、涵容、改造和同化西方文化（包括西方文化的“体”和“用”）。他们对中国文化的重建工作主要表现在对宋明儒学，尤其是陆王心学的继承和弘扬之上。梁漱溟坦陈：“前贤所谓‘为往圣继绝学，为万世开

① 梁漱溟：《东西文化及其哲学》，商务印书馆2010年版，第221—223页。
② 同上书，第234—235页。

太平’，此为我一生使命。”① 他大力倡导复兴儒家文明，甚至身体力行，将儒家价值落实到乡村改革的实践活动中。熊十力致力于建立以“仁”为核心的心本体论，专注于儒家的君子之道、内圣之学，强调“仁者本心也，即吾人与天地万物所同具之本体也”②。他以儒家天人合一、体用一源的思想为根据，立足于宋明心学，融会佛理，兼采西学，主张在调和中国、印度、西方三种思想的基础上，“为未来世界新文化植其根”。冯友兰虽然不同于梁、熊等人的陆王心学传统，而是更多地站在程朱理学立场上，并且深受西方维也纳学派的逻辑分析方法的熏陶，但是他的“新理学”仍然旨在从儒家思想资源中“重新建立形上学”和开掘出一套新的政治意识形态。他大力弘扬儒家的“杀身成仁”“舍生取义”的大丈夫气节和“尽伦尽职”“公而忘私”的崇高情怀，提倡超越“自然境界”和“功利境界”的“道德境界”和“天地境界”，试图从儒家的内圣之学中开出外王之道。贺麟努力将德国古典哲学与宋明理学融会贯通，主张以“化西”来取代“西化”，即“儒化西洋文化”“华化西洋文化”，具体表现为“以西洋之哲学发挥儒家之理学”，“吸收基督教之精华以充实儒家之礼教”，“领略西洋之艺术以发扬儒家之诗教”。在《儒家思想的新开展》一文中（该文被看作是第一代现代新儒家的文化宣言），贺麟写道：

> 民族的复兴本质上应该是民族文化的复兴。民族文化的复兴，其主要的潮流、根本的成分就是儒家思想的复兴，儒家文化的复兴。假如儒家思想没有新的前途、新的开展，则中华民族以及民族文化也就会没有新的前途、新的开展。换言之，儒家思想的命运，是与民族的前途命运、盛衰消长同一而不可分的。③

---

① 梁漱溟：《香港脱身寄宽恕两儿》，转引自姜义华等编《港台及海外学者论近代中国文化》，重庆出版社1987年版，第543页。

② 熊十力：《新唯识论》，中华书局1985年版，第567页。

③ 贺麟：《儒家思想的新开展》，载贺麟《文化与人生》，商务印书馆1988年版，第4—5页。

现代新儒家的发轫虽然可以追溯到20年代初期的整理国故运动，但是它的真正发展却是在国家危亡、民族自强精神高涨的抗战环境中。“现代新儒家的一条基本共识，就是认定近代中华民族的危机，实质上是文化的危机”；而他们的“根本鹄的”，就是要“为民族文化寻找一个‘安心立命’之处。即以‘极高明而道中庸’的传统方式，完成终极关怀的玄学重建，在此基地上建立一套价值体系，给民族生活提供一套精神准则；同时以‘内圣外王’之道，将道德践履扩充为政治操作，开出理想的政制与正义的社会结构，完成向现代民族的历史转变。”① 正是怀着这种忧国忧民的士大夫情怀，冯友兰将1939—1946年间出版的六本著作（《新理学》《新事论》《新世训》《新原人》《新原道》《新知言》）合称为“贞元六书”，取周易“贞下起元”之意，旨在寄托对中华民族文化复兴的期望。现代新儒家的其他思想家也纷纷表达了同样的忧患意识和自强不息精神。然而，在当时亟待行动的危殆境况中，这种诉诸个人的良知觉悟、由“内圣”开出“外王”的圣贤理想毕竟过于空泛高洁，尤其是对现实政治和大众文化的影响更为有限。因此，与主张走大众路线的马克思主义思潮相比，现代新儒家的历史命运就显得困顿蹇滞。在日后的社会变化中，两派同源于西方文化的政治主张马克思主义和自由主义分别在中国大陆和港台地区成为主流意识形态，而现代新儒家则两头不讨好，在中国大陆被视为封建主义的残渣余孽，几近销声匿迹；在港台地区也只能寄人篱下，举步维艰地传承儒家的精神血脉。

1958年初，现代新儒家的老将张君劢与后起之秀唐君毅、牟宗三、徐复观联名，在香港的保守派杂志《民主评论》上发表了《为中国文化敬告世界人士宣言》。该宣言指出，自近代以来，中国文化虽然屡遭劫难，并且因病而生出“许多奇形怪状之赘疣”，但是它并没有如许多西方人和中国人所妄断的那样已然死去，而是仍然具有鲜活的生命力，且将在未来时代发扬光大。中国文化的精神生命就在于一脉相承的儒家道统之中，而自孔孟至宋明儒家的

① 许纪霖、陈达凯主编：《中国现代化史（1800—1949）》第一卷，上海三联书店1995年版，第557页。

心性之学，“乃中国文化之神髓所在”。四位先生认为，虽然在科学与民主方面，现代中国不免在西方面前相形见绌，但是在中国传统文化中，早已孕育着“利用厚生”和“天下为公”的思想根基，从中同样可以开出现代科学与民主之花。西方文化虽然在当今时代领导着世界潮流，但是其片面推崇理知、对外扩张和妄自尊大的做法，导致了诸多弊病，因此应该虚心向中国文化学习“当下即是”之精神、“圆而神”之智慧、“温润恻怛”之情操、“有余不尽”之价值、“天下一家”之胸怀等。而当今中国文化乃至世界文化发展的当务之急，乃是“立人极之学问”，并由此而“超化升进”，终至于成己成物、世界大同。①

四先生的《宣言》虽然充满了“为往圣继绝学”的道义精神，但是在自由主义风头正盛的台湾和深受西方文化影响的香港，却和者寥寥；至于在“清除一切封建流毒”的中国大陆，更是毫无反响。究其原因，除了其保守主义的价值取向在当时两大政治阵营对垒的时代背景下显得不合时宜之外，现代新儒家们对于如何由内圣之学开出外王之道，往往也是大而化之、语焉不详②，并不能真正应对中国文化转型和重建的现实问题。肩负着兴灭继绝和弘扬大道的崇高理想，胸怀深沉的忧患之情和愤世之慨，却找不到一条可以实践的除弊解厄之道，这就是现代新儒家在一个迅猛变化的现实社会中所面临的尴尬处境。现代新儒家的这一弊端，尤其是与同时代的两个竞争对手自由主义和马克思主义相比，显得更加突出。

但是到了20世纪末叶，随着政治意识形态对立的消解和“冷战”时代的结束，全球范围内又出现了一股传统文化复兴的保守主义潮流。在此形势下，现代新儒家思想枯木逢春、生机迸发，在20世纪末、21世纪初再次拨动了国

---

① 参见张君劢、唐君毅、牟宗三、徐复观《为中国文化敬告世界人士宣言》，载汤一介、杜维明主编《百年中国哲学经典：五十年代后卷（1949—1978）》，海天出版社1998年版。

② 在这方面，牟宗三先生关于“良知坎陷”的观点即是一个典型例证。该观点主张通过良知的自我“坎陷”而“开出”科学和民主，但是至于如何“开出”，牟先生虽然使用了“曲通”“逆成”之类的玄奥概念，却始终未能指出一条从道德主体中“转出”科学与民主的具体道路。诚如景海峰教授所指出的：“他的保内圣、开外王，作为理想，堪可奋斗，然其实现，就实在是太渺茫了。”景海峰：《新儒家与二十世纪中国思想》，中州古籍出版社2005年版，第268页。

人的心弦，在中国文化领域激起了一场方兴未艾的“国学”热潮。① 特别是随着中国经济的迅猛腾飞和综合国力的显著提升，中国文化建设的问题也日益显示出紧迫性。至此，梁漱溟先生所谓“第二路转向”（即从西方物质科学之路转向中国精神道德之路）似乎也变得越来越具有现实意义。用当今时髦的术语来说，这就是如何构建一种既符合世界潮流、又具有中国特色的当代文化的时代课题。

鸦片战争以后，国人对待西方文化的态度日益开放，从“以夏变夷”到“中体西用”，再到“中西会通”，最后竟至“全盘西化”。而另一方面，中国现实社会的剧烈变动则使传统文化或所谓“国学”经历了起落沉浮的诡谲命运，在文化启蒙的新潮中被弃若敝屣，在民族救亡的紧迫关头又被视为至宝。汤因比曾经说道：“每当一个民族，对自己的宗教失去信仰时，他们的文明就会屈从于来自内部的社会崩溃和来自外部的军事进攻。”② 同理，在两种迥异的现实处境中，传统的宗教信仰和文化价值又会强劲地复兴：其一是在民族的生死存亡之际，其二则是在民族的迅猛崛起之时。近百年来中西文化之间的思想抵牾，与中国社会兴衰泰否的现实际遇紧密相关；而西学与“国学”的相互消长和彼此会通，则深刻地反映了中国在全球化潮流中的坎坷历程。

（原载《江海学刊》2014 年第 4 期）

---

① 可参见关志坤、徐宏力《中国文化的自负、自卑与自觉》一文，载《齐鲁学刊》2011 年第 4 期。

② 汤因比、池田大作：《展望二十一世纪——汤因比与池田大作对话录》，荀春生等译，国际文化出版公司 1985 年版，第 364 页。汤因比所说的“宗教”，指的是“对人生的态度”，即传统形成的文化价值系统，因此他把儒学称为“儒教”。

科学哲学史研究的若干突出问题

刘大椿

科学哲学史研究的基本问题，当然包括科学哲学发展各阶段典型代表人物和学派的科学哲学思想及其特点和主题转变，也包括各分支科学哲学的发展及其历史演变和重要特征。但是，在常规研究中，一些当代科学哲学反思中容易引起争议的突出问题却往往被忽略，它们有的是非典型的科学哲学史问题，有的是比较难以定位和把握的实践问题，随着科学哲学史研究的展开，它们应当引起我们的重视。本文将围绕另类科学哲学发展的定位问题、科学哲学基本问题史的拿捏问题、中国科学哲学演化的研究维度问题、科学哲学史研究目标的选择问题予以讨论。

关于另类科学哲学发展的定位问题

长期以来，中国科技哲学界主要把科学哲学限定于英美分析哲学尤其是逻辑实证主义及其修正批评的范围之内，主要涉及维也纳学派、新旧证伪主义、新旧历史主义、实在论与反实在论等哲学派别。20 世纪 70 年代，科学知识社会学（SSK）在西方兴起，90 年代，经典科学哲学传统之外的科学技术论（如海德格尔、哈贝马斯、福柯等人的科学技术论）在西方受到广泛的关注。这些新科学哲学思想一反传统科学哲学对科学一味辩护的态度，以对科学极端的批评而著称，社会影响很大，引起了科学家和正统科学哲学家的严重不满，导致了两派之间在 90 年代的大论战。然而论战并没有削弱这些新科学哲学的力量，90 年代后半期，SSK 等基本占据了欧美主要大学科学哲学、

科学史讲坛，到了21世纪，其核心思想已经成为某种“常识”融入科学哲学的学科背景知识中。此时，中国科技哲学界才注意到学科发展的上述动向，开始对新科学哲学某些点进行零散的研究。

另类科学哲学及其相关学术思想研究的主要内容，可概括为下述三个方面：

（1）欧陆现象学传统的科学哲学和后现代主义的科学思想研究。20世纪70年代以来诸多欧陆反科学主义理论渗透到科学哲学领域，对科学哲学当代发展产生了重大影响。研究内容包括：胡塞尔的现象学科学论；海德格尔的存在主义科学论；马尔库塞、哈贝马斯等法兰克福学派社会批判理论研究；福柯、利奥塔、德里达等后现代主义科学哲学思想研究。这些研究，多属另类科学哲学。

（2）建构主义背景的反科学主义哲学研究。20世纪90年代科学大战中，各种流派的建构主义科学哲学受到广泛关注，社会建构的观点更是成为科学哲学研究的背景性基础观点。在科学知识社会学（SSK）及其后的发展中，出现了一批为激进新兴政治运动辩护的反科学主义思想潮流，其中突出的有激进女性主义、后殖民主义和生态主义科学哲学研究。这些激进的反科学主义思想，也可归入另类科学哲学。

（3）背离正统科学哲学传统的人文主义科学哲学研究。长期以来，哲学界将英美哲学定位为分析传统，将欧陆哲学定位为人文传统。实际上，当代英美思想界人文主义潮流不可小觑，其中就包含人文主义科学哲学思想。这方面的研究，包括费耶阿本德、罗蒂等分析哲学叛逆者的科学哲学思想研究，也包括麦克卢汉、波兹曼、芒福德等的媒介生态学，哈耶克的反科学主义科学论，玛丽·海西的科学隐喻理论，贝克的科学风险理论，鲍曼的后现代科学论，等等。这些与正统科学哲学分道扬镳的思想，也常常算作另类科学哲学。

对于另类科学哲学的发展，首先要给它以恰当定位，即从总体上把握好后现代科学哲学和另类科学哲学。提出“另类科学哲学”的概念，必须同时关注20世纪70年代以来主流的与非主流的科学哲学，对所谓另类科学哲学

要进行认真的梳理，弄清它们的产生背景、基本格局和相互关系，把它们的思想、地位、问题清晰地、洗练地表达出来。还要注意另类科学哲学与后现代科学哲学之间的共性和区别，在研究清楚后现代科学哲学基本格局和未来走向时，特别关注另类科学哲学的主旨和特点。

在另类科学哲学研究中还需特别审视一些方法论问题：

（1）区别科学哲学家的理论与后现代思想家的科学论之间所存在的不同研究进路。有些人物本身已经公认为科学哲学家，如费耶阿本德、芬伯格、劳斯、苏珊·哈克等，有些人物并非科学哲学家，但其理论包含丰富的科学论思想，如福柯、凡勃伦、波兹曼等。研究这两类学者的进路、方法和目标等不尽相同，对此应该有清醒的认识。

（2）注意社会历史背景的研究。后现代科学哲学的视角不再局限于科学理论本身，而更多地将科学视为活动、建制和实践类学者等，由此视角出发，关注点将更多地扩展到科学与外部社会的关系，甚至透过科学追问哲学、人性的一般问题。因此，后现代科学哲学流派的兴起和流变与外界社会实践的关系极为密切，比如欧陆激进的反科学思潮，故而研究需要加强对社会历史背景的注意力。

关于科学哲学基本问题史的拿捏问题

科学哲学史研究，通常是以时间为维度将人物、思想、流派顺次展开，这可看作是纵向研究；但是，不可忽视，还可以就科学哲学的基本问题，探讨它们的演化和流变，即所谓横向研究。此类研究主要涵盖以下五个方面的问题史：

（1）科学划界问题与科学哲学的基本立场，主要探讨科学哲学的科学观、基本哲学立场和实在观。重点研究科学哲学对于科学的本质与内涵的界定、科学的基本认识方式及其演变、科学与哲学的关系、科学与非科学及伪科学的划界、科学的统一与非统一等科学观，评述逻辑经验主义、批判理性主义、历史主义、社会建构论、新经验主义、工具主义、实用主义、实验主义、自

然主义、物理主义、贝叶斯主义、本质主义、基础主义、多元主义、新经验主义、透视主义等哲学立场，阐释科学实在论、建构实在论、结构实在论、多重实在论等基本哲学主张及其异同。

（2）一般科学哲学的主题与研究进路，主要研究一般科学哲学的基本研究纲领及其理路转换，重点论述并比较分析一般科学哲学中科学理论、模型与实验三大主题的基本问题域、演变及其关系，同时深入剖析逻辑分析（包括概率与计算）、社会建构、自然主义、女性主义、科史哲会通等研究进路的内涵、异同与发展趋势。

（3）科学元概念的历史分析，主要研究科学元概念的缘起和发展，重点评介科学哲学对因果性、还原、自然律、发现、表征、预言、概率、自然种类、理想化、虚构、决定论、证据、测量、类比与隐喻、对称、简单性与复杂性的探讨与辨析，反思其成果、局限性，以探寻其未来路向。

（4）分支性科学哲学的发展与问题，主要研究分支科学中的基本哲学问题，一方面重点探讨物理学、生物学、计算与信息、认知科学、地球科学等领域中的哲学问题，追问其问题发生发展的脉络，进而反思具体科学与哲学之关系及其演变；另一方面以社会科学的本质、合法性与历史文化语境为切入点，透视科学哲学在社会科学哲学领域的拓展，厘清其意义、局限性以及未来态势。

（5）科学精神与科学的价值反思，主要立足科学活动论，透视科学精神；从反思科学事实建构中的客观性与价值的内在纠缠出发，剖析当代科学哲学对科学真理的意义和科学事实可能的价值负载的一系列追问，在认识其超越独断论的价值的同时，撇清其中的相对主义倾向，使其以科学的自我反思的姿态成为当代科学哲学理论架构的有机环节。

关于科学哲学基本问题史的研究思路，重要的是：一方面，以问题为导向，抓住主要观点的背景与争论，从论述的深度和影响力两个方面综合分析相关问题与讨论的重要性和学术价值；另一方面重点研究关键人物、重点文献和主要学圈，把握其相关问题与观点的学术传播和传承脉络。通过对相关

的问题、观点和人物思想进行比较分析，把握有关科学哲学问题的内在学术旨趣和理论张力，廓清共识性问题、观点与方法的生成及发展进路，窥测其未来走向。

至于科学哲学基本问题史的研究方法，首先要基于核心问题、主要观点与争论、关键人物、重点文献、重要学圈等要素采用多维文献分析方法，多角度地透视相关问题的理论脉络、基本立场、内在困难、学术价值、历史地位和可能走向，并且，要结合社会历史语境和学术旨趣背景，探讨科学哲学问题的发生与发展机制，进而尝试性地发现科学哲学问题与社会历史政治背景的复杂关联性，揭示其在人类智识体系中的可能与应有之价值。

关于中国科学哲学演化的研究维度问题

虽然在现当代中国，科学哲学研究的主干还是西方科学哲学思想的引进与吸收、批判和再造，但是，如果离开中国的实践和特点来谈科学哲学和科学哲学史问题，那肯定是难以深入且应者寥寥的。因此，中国科学哲学史是一般科学哲学史研究中无法回避的重要方面。

然而，中国科学哲学的演化，不仅在于学理的梳理比较困难，而且大量牵涉到社会、政治和文化领域，难以把握。为操作方便，需要设定几个基本的研究维度，即中国科学哲学演化过程中涉及的主要方面及中国科学哲学演化的若干阶段。根据国内科学哲学研究和发展状况，拟具体探讨中国科学哲学的基础理论史、分支科学哲学史、科学方法论史以及科学哲学社会史四个方面。其中包括国内外相关人物思想、流派思潮的著作和论文译介以及自身的独立研究。参阅已有的相关文献，中国科学哲学演化可分为四个阶段：20世纪初至1949年新中国成立前，为肇始时期；1949年后至1978年改革开放前，为奠基时期；改革开放后至1999年，为发展时期；2000年至今，为转型时期。

在研究中拟解决的主要问题有：

（1）在中国科学哲学演化各阶段，从事科学哲学研究和传播的代表人物

有哪些？代表性的成果怎样？其学术价值和社会影响如何？

（2）在中国科学哲学演化各阶段，科学哲学研究关注的人物、流派以及问题有哪些？为什么会关注这些人物、流派和问题？对这些人物、流派和问题的译介和研究状况如何？有何变化趋势？

（3）中国科学哲学总体演化趋势如何？与社会发展整体状况有何关联以及对社会的影响怎样？与“自然辩证法”有何关系？新世纪中国科学哲学的特点及其发展趋势如何？

对于各个方面的重点研究内容，可按四个阶段作如下具体分析。

（1）中国科学哲学的基础理论史

肇始时期：研究内容主要涉及中国学者对恩格斯《自然辩证法》的翻译及其相关研究；罗素、怀特海、汤姆孙、皮尔逊、彭加勒、卡尔纳普、普朗克、爱因斯坦、爱丁顿、秦斯、赫胥黎、丁格尔、石原纯、果林斯坦等一批哲学家或科学家论述科学哲学和科学概论著作的出版和传播；以及洪谦、金岳霖等代表人物的“逻辑实证主义”和“知识论”研究思想等。

奠基时期：这一时期中国科学哲学基本上是在自然辩证法传统的限定下进行的，忽略了以一般科学理论为对象层面上的相关研究，如科学的分界、确证、结构、说明、评价、进化、发现和实在论等基本问题。[①] 关于这一时期的科学哲学基础理论史研究主要是收集整理相关译介和著作。

发展时期：这一时期总的特点是追踪西方科学哲学研究，翻译和介绍大量西方科学哲学研究成果，确立中国科学哲学传统。研究内容主要涉及中国学者对著名西方科学哲学学者和流派的著作、思想的翻译介绍以及研究梳理。科学哲学学者包括波普尔、拉卡托斯、库恩、费耶阿本德、劳丹、夏皮尔、范弗拉森及其后的诸多科学哲学名家；流派包括逻辑实证主义、证伪主义、历史主义、建构经验论、实在论与反实在论等；基本问题包括观察渗透理论、贝耶斯主义、因果性、合理性、科学推理、科学说明、科学检验、归纳难

① 参见胡新和《科学哲学在中国——历史、现状与未来》，《湛江师范学院学报》2002年第5期。

题等。

转型时期：研究内容包括两部分，一是中国学者对“后现代科学哲学”——西方新实验主义、SSK 的科学哲学研究、女性主义科学哲学、后现代人文学者科学哲学（另类科学哲学）——的翻译介绍，二是中国学者所进行的具有自身特色的科学哲学研究，如另类科学哲学、科学实践哲学、语境论科学哲学、中国传统科学哲学（含地方性知识）、现象学科学哲学、科学文化哲学等。

（2）中国分支科学哲学史

肇始时期：主要研究恩格斯《自然辩证法》与自然科学研究之关联。

奠基时期：研究内容主要涉及中国学者在自然辩证法导向下的具体科学门类中的哲学问题，如物理学中的时空观和因果性，生物学中的还原论和目的论等问题。

发展时期：研究主要涉及中国学者对西方分支科学哲学译介及研究情况，内容包括系统科学哲学、物理学哲学、化学哲学、生物学哲学、医学哲学、社会科学哲学等。

转型时期：在推进上述分支科学哲学研究的同时，中国学者将分支科学哲学研究推进到复杂性科学哲学、认知科学哲学、计算机科学哲学、社会科学哲学、生态学哲学等领域。

中国分支科学哲学史主要涉及上述中国学者的译介和研究情况。

（3）中国科学方法论史

科学方法论是中国科学哲学研究的重要组成部分，自王星拱 1920 年撰写出版《科学方法论》以来，中国学者在这方面做了大量译介和研究工作，成为中国科学哲学自身特色的一个重要方面。本部分主要研究 20 世纪以来中国学者译介和研究科学方法论的情况、学科及时间分布、演化趋势，包括一般科学方法论、专门的方法、分科的方法、当代科学方法、中国传统科学与科学方法、科学方法的历史等。为保持各部分研究的一致，本部分研究仍然按照上述分期进行。

（4）中国科学哲学社会史

这部分主要研究中国科学哲学与中国社会发展之间的关联。

肇始时期：主要涉及“科玄论战”中的科学哲学等内容、恩格斯的《自然辩证法》出版、延安时期的科学与哲学研究等。

奠基时期：主要涉及“物质可分的无限有限问题”“宇宙的无限有限问题”“物理学中的唯心主义批判”“相对论批判”“现代宇宙学批判”“李森科遗传学的追随以及摩尔根遗传学的批判”等方面的内容。

发展时期：重点涉及20世纪80年代科学哲学翻译研究运动与思想解放，80年代中后期科学与哲学关系及有关范式转换的争论以及经典著作《自然辩证法》《唯物主义与经验批判主义》的认识突破与思想解放等；同时，关注“科学化的哲学运动”、中国科学哲学与“反伪科学运动”之间的关联，以及90年代现代科学哲学的争论如何深化科学与哲学关系的反思。

转型时期：重点研究科学哲学与为国服务、科学哲学与反科学主义、科学哲学与“人类是否应该敬畏自然”以及“中医是不是伪科学”等。

中国科学哲学发展演化与其建制化不可分离。中国科学哲学社会史还要研究科学哲学的学科确立、研究队伍、期刊建设及其学术交流等方面的情况。此外，还要研究中国学者有关本国传统科学中的哲学思想以及传统文化中的科学思想等。

关于科学哲学史研究的目标选择问题

任何研究课题都不可能穷尽一切问题，更不能解决所有问题，因此，目标选择是重要而必不可少的。

对于科学哲学的历史研究而言，其中最重要的任务之一，就是对科学哲学的流派和分支做出梳理和分析。就现代科学哲学发展而言，英美的逻辑实证主义、批判理性主义以及历史主义是其主要的发展流派，后期的科学哲学则出现多个发展脉络和走向。也有试图把欧陆科学哲学与英美科学哲学结合起来的努力，以及借鉴SSK的工作，对科学哲学做出历史的、社会学的修正

的努力，人们把这些发展归入后实证主义的流派和后现代科学哲学流派（科学实在论、新实验主义、新经验主义、科学实践哲学，以及其他建构主义的科学哲学，如女性主义科学哲学）。在研究中，要特别关注历史演化背后的内在动力问题。尽管上述历史发展演化似乎比较清晰，但是这种外在清晰表象的内在动力是什么却并不了然。为什么科学哲学会经历逻辑实证主义（卡尔纳普等）、理性批判主义（波普尔、拉卡托斯等）、历史主义（库恩）到后现代的科学哲学这样的历程？科学到底是一种概念知识体系，还是实践活动过程？科学哲学在发展中与科学家的历史关系如何？分支性科学哲学发展——物理科学哲学、生命科学哲学、系统科学哲学、社会科学哲学、认知科学哲学中有哪些重大问题和重大变化？

在科学哲学史研究中应着重探讨下述问题：（1）历史与转向：现代科学哲学发展的历程。在现代科学哲学的演化历程基础上，揭示其为什么出现从逻辑到语言学转向，进而到历史和语义学转向，再到实践的历程。（2）内部与外部：讨论现代科学哲学内部贡献与不足及其受到的外部影响。研究现代科学哲学每个流派和分支在自己的研究问题框架内所做出的贡献与存在的不足，同时，讨论外部发展对于科学哲学本身的影响，如更大范围的其他相近学科的发展变化（如科学史和科学社会学）对于科学哲学发展的影响。（3）分离与结合（或英美与欧陆）：讨论当代英美科学哲学与欧陆科学哲学的分离与结合的历史与问题。（4）问题与历史：讨论科学哲学提出的问题是否具有历史线索与逻辑。（5）表征与介入：科学哲学中科学观的研究有两种路径，其中一种是以表象为主的科学观路径，即理论优位，现代科学哲学的传统研究如说明及其模型都属于此类问题；另一种是以实践为主的科学观路径，即实践优位。这两种路径是何关系？（6）整体与分支：研究一般科学哲学与各个分支科学哲学的发展问题，重点关注物理科学哲学、生命科学哲学和认知科学哲学发展中研究主题、争论和方法变迁的历史。

当下科学哲学史研究可能遇到的难点包括：

（1）科学哲学基本发展脉络。传统科学哲学史研究，横亘英美分析和欧

陆人文两大传统，内容庞杂，各家各派出发点、范式和主旨差异极大，有些甚至极端对立、互不认可。如果不对科学哲学的基本发展脉络予以创造性的梳理和厘定，科学哲学史很可能沦为某种零散、孤立的观点汇编，相互之间的关系得不到澄清，学科的进展得不到体现，未来的发展方向也难以预计。必须要在科学哲学史总体把握的基础上去推进人物、学派和问题研究，使之成为一块“整钢”。

（2）前科学哲学研究。目前，该领域的研究相对缺乏、零散，未见完整、系统的研究成果。如何从亚里士多德、笛卡尔、培根、康德和圣西门等人的思想宝库中撷取科学哲学思想，其操作攸关对科学哲学的总体理解是否得当。

（3）另类科学哲学研究。应该说，属于另类科学哲学的一些思潮并不直接属于科学哲学。但是，近30年来，另类科学哲学思想对传统的科学哲学影响颇巨，甚至在很大程度上改变了科学哲学的基本立场和叙述方式。但是，除了都致力于对科学的批判性反思，这些另类科学哲学思潮其实相互之间观点差异很大，如何划定另类科学哲学的范围，寻找相互之间的联系，客观评价其意义和缺陷，实为颇有难度又工作量甚大的任务。

（4）自然辩证法史研究。中国自然辩证法研究有其特色，但是，欲取得自然辩证法在中国发展历史上的系统、深入和有影响的研究成果，需要在文本、会议资料、当事人回忆录、口述史等异质材料的基础上，结合专家座谈、元老恳谈等多种研究形式才可能得到，其中特别需要处理好中国自然辩证法事业与西方科学哲学研究之间的关系。

全面、深入的科学哲学史研究从世界范围看都具有很大的开拓性，且对中国科学哲学的总体研究更具首创意义。前科学哲学概念的提出、科学哲学史的分期、后现代科学哲学阶段与另类科学哲学概念的提出、科学哲学史上基本问题的厘清，均为对科学哲学史总体理解上的全局性进展。但既有的科学哲学史研究不太注意甚至会忽略一些问题，比如，后现代科学哲学中的另类流派问题，中国科学哲学史涵盖的跨界问题，科学哲学史上横向分析的基本问题，等等，这些问题的研究将大大丰富科学哲学史的内容。

总之，当下科学哲学史研究需要应对重大的挑战，期望科学哲学史研究能有一些新意，能够有助于解决下面这些久已提出却仍不甚了了的重要问题：

（1）融贯问题学与学派史。科学哲学总论有问题学的叙述传统，但学派史的叙述方式比较缺乏。问题学直面核心问题的提出、应答、流变、增生和转换，而学派史以代表人物先后出场顺序自然呈现观点的继承、更新、进步和断裂。两者结合，一纵一横，视角更为完整，叙述更为丰满。

（2）整合分析传统与人文传统。科学技术哲学长期以来被局限于分析传统中，以逻辑实证主义及其发展、回应和批判为主流。由于分析传统被看作英美哲学传统，大陆哲学则多被贴上人文哲学的标签，往往非分析的科学技术论被排除在科学哲学的学科视域之外。20 世纪后期，科学技术哲学开始把目光投向分析哲学传统之外的欧陆哲学资源，海德格尔、福柯、马尔库塞、哈贝马斯、利奥塔和德勒兹等思想资源日渐受到关注，学界开始回顾性地把科学技术论分成分析—英美和人文—欧陆两大阵营。典型的比如劳斯认为，英美科学哲学家继承了分析传统，热衷于为科学制定明确的认识目标、方法及其推论形式，担负起对科学作批判性反思的任务，这种反思基本都局限在科学事业的内部；欧陆科学哲学家则继承了人文传统，往往否定自然科学的完美性，主要思索科学与其他社会实践形式的关系，关注自然科学的社会、心理和政治等非传统认识论的方面。① 科学哲学史的研究要打破科学哲学界长期形成的英美分析传统和欧陆人文传统之间的隔阂。

（3）走向审度科学的基本立场。应当以怎样的立场对科学进行哲学反思？恰当的态度是审度。不是折中主义，而是整合对立观点。实际上，辩护者与批判者的激烈辩驳，催生了一种比较宽容的、平和的，但不失基本坚持的科学哲学倾向。从历史发展来看，科学论也是大致经历了一个对科学从辩护到审度的转变。科学论产生之初，主要宗旨是为科学辩护，即证明自然科学的合理性，并试图用科学方法改造人文社会科学，甚至把非科学问题划归为无

---

① 参见［美］约瑟夫·劳斯《知识与权力——走向科学的政治哲学》，盛晓明等译，北京大学出版社 2004 年版，第 2—3 页。

意义命题。辩护科学的思路在逻辑实证主义那里发展到了顶峰。但到了20世纪下半叶，对科学的质疑愈演愈烈，甚至走向全盘否定科学的极端，出现了形形色色的“反科学论”。但是，对科学的全盘否定显然是与常识和现实需要不一致的，很快又引起了反弹，20世纪末的“科学大战”就是佐证。[①] 对待科学，科学哲学不能一味地辩护，也不能一味地批判，而是要走向谨慎的、历史的和具体的审度。所谓“谨慎”，就是摒弃先入为主的情绪；所谓“历史”，就是随着时代变迁不断审视科学，不能对科学下一劳永逸的断语；所谓“具体”，就是要对不同领域、不同地区、不同民族、不同对象的科学问题区别对待。

（原载《江海学刊》2014年第5期）

① 参见刘大椿、张林先《科学的哲学反思：从辩护到审度的转换》，《教学与研究》2010年第2期。

从中西哲学比较中发现中国传统哲学的特色与精义

——以张岱年《中国哲学大纲》为中心

李维武

张岱年自青年时代起，就把自己的哲学史研究与哲学追求结合起来，力图通过发掘、阐释、吸取中国传统哲学的特色与精义，“融会中国先哲思想之精粹与西洋哲学之优长以为一大系统”①，来建立一种“现在中国所需要的哲学”②。他在20世纪30年代完成的《中国哲学大纲》一书，即是一部以“中国哲学问题史”的形式来阐发中国传统哲学的特色与精义的代表作。尽管他在撰写这部著作时只是一位20多岁的青年学者，但却在书中表现出对中国哲学历史的深刻理解和对中国哲学智慧的精到把握，以及对中国新哲学建设的独特思考，并由此鲜明地显示了自己的学问性格：既不像有的深受西方哲学影响者那样以西方哲学来贬抑中国传统哲学，也不像有的主张保守中国文化传统者那样仅站在中国传统哲学的视域来高扬中国传统哲学，而是立足于中西哲学比较的维度来发现中国传统哲学的特色与精义，并进而于其中发现在中国思想世界引入马克思主义辩证唯物论的生长点。以《中国哲学大纲》为中心来考察他的这一工作，就会发现主要是围绕四个相关联的问题而展开的：（一）中西哲学比较何以可能？（二）在中西哲学比较中如何呈现中国传统哲

---

① 张岱年：《论现在中国所需要的哲学》，《张岱年文集》第1卷，清华大学出版社1989年版，第205页。

② 同上书，第204页。关于张岱年对“现在中国所需要的哲学”的思考与探讨，参见笔者论文《张岱年论“现在中国所需要的哲学”及其启示》，《中山大学学报》（社会科学版）2010年第1期。

学的特色？（三）在中西哲学比较中如何昭显中国传统哲学的精义？（四）在中西哲学比较中如何揭示中国新哲学的生长点？

中西哲学比较何以可能

当张岱年在《中国哲学大纲》中开展中西哲学比较时，首先面临的问题是这种比较何以可能？换言之，就是中国哲学与西方哲学之间是否具有可比性？这个问题在中西哲学比较研究已经深入开展的今天似乎不是一个问题，但在20世纪30年代却是中国哲学研究面临的一个大问题。一方面，一些深受西方哲学影响者，主张只有西方才有哲学，中国并没有哲学。张岱年晚年回忆说："当时确有一种看法，中国只有伦理学、政治学而没有哲学，哲学就等于西方哲学，或把西方哲学看作是哲学的唯一范型，与西方哲学的旨趣、方法有所不同的，就只能算是另一种学问而非哲学。"① 另一方面，一些主张保守中国文化传统者，则认定中国当然有哲学，但中国哲学却与西方哲学截然不同，绝不能借助西方哲学的问题和方法来对中国哲学加以简单整理和阐释。张岱年对此也有记述："中国哲学家对于其所讲的学问，未尝分门别类，中国哲学既然本无形式上的条理系统，我们是不是应该以条理系统的形式来表述之呢？有许多人反对给中国哲学加上系统的形式，认为这样有损于中国哲学的本来面目，或者以为至多应以天、道、理、气、性、命、仁、义等题目顺次论述，而不必勉强组织成系统。"② 这两个方面的看法，一方面以西方哲学否认中国哲学的存在，另一方面则在中国哲学的研究中拒斥西方哲学的引入，看起来是针锋相对，但实际上又殊途同归，即都强调中国哲学与西方哲学之间不具有可比性，否认了中西哲学进行比较的可能。这样一来，就使得中西哲学比较何以可能，在当时的中国哲学研究中成为一个大问题。

张岱年十分重视这个问题，把这个问题作为《中国哲学大纲》所要解决

---

① 张岱年：《张岱年学述》，浙江人民出版社1999年版，第47页。

② 同上书，第49页。

的前提性问题。在全书的《序论》中，他首先和着重回答的就是这个问题。他的思路主要是从两个层面来展开的：一是从对“哲学”概念的厘定来说明中西哲学比较何以可能，这是最基本的层面；二是从对哲学问题的厘定来说明中西哲学比较何以可能，这是进一步的层面。

在对“哲学”概念的厘定上，张岱年提出了一个基本思想：尽管中文的“哲学”概念，只是西语“philosophy”一词的中文译名，不是中国自古就有的，但作为“一般哲学之界说”的学问，即“哲学是研讨宇宙人生之究竟原理及认识此种原理的方法之学问”①，则不论是在西方还是在中国都是自古就有的。中国既然有着“研讨宇宙人生之究竟原理及认识此种原理的方法之学问”，那么就可以说有着属于“一般哲学之界说”的学问。因此，中国古代尽管没有“哲学”这个概念，但却仍然有着“哲学”这门学问。他说：“我们也可以将哲学看作一个类称，而非专指西洋哲学。可以说，有一类学问，其一特例是西洋哲学，这一类学问之总名是哲学。如此，凡与西洋哲学有相似点，而可归入此类者，都可叫作哲学。以此意义看哲学，则中国旧日关于宇宙人生的那些思想理论，便非不可名为哲学。”② 他进而对中国古代学术发展的几个大的时段进行考察，印证中国自古以来就有着属于“一般哲学之界说”的学问。他指出：形成于先秦的“诸子之学”，“成为与今所谓哲学意谓大致相当的名词”；出现于魏晋时期的“玄学”，“意谓约略相当于今之哲学”；宋代产生的“道学”“理学”或“义理之学”，“其内容与今所谓哲学甚相近”；至清代，“义理之学”的名称尤其流行，清人将学问分为“义理”“考据”“辞章”三类，其中“所谓义理，即是哲学”。③ 这些考察清楚地表明，中国与西方一样，自古以来同样存在着可以称之为“哲学”的学问。

在对哲学问题的厘定上，张岱年强调了一个基本观念：“中国哲学与西洋哲学在根本态度上未必相同；然而在问题及对象上及其在诸学术中的位置上，

---

① 张岱年：《中国哲学大纲》，中国社会科学出版社 1982 年版，“序论”第 1 页。
② 同上书，“序论”第 2 页。
③ 同上书，第 1—2 页。

则与西洋哲学颇为相当。”① 这是因为，中国人与西方人都要关注和思考宇宙人生的重大问题，都由此而研讨宇宙人生究竟原理及认识此种原理的方法，因此就必然会面对相似的甚至相同的哲学问题。他由此对中国哲学所探讨的主要问题进行了分析，指出中国哲学作为“一般哲学”，主要探讨了宇宙论、人生论、致知论三方面的哲学问题；而西方哲学作为“一般哲学”，主要探讨的也是这三方面的哲学问题，因此中国哲学与西方哲学之间，实有着相似的甚至相同的问题。他说：“中国哲学家对于其所讲的学问，未尝分别部门。现在从其内容来看，可以约略分为宇宙论或天道论，人生论或人道论，致知论或方法论，修养论，政治论，五部分。其中宇宙论，人生论，致知论三部分为其主干；总此三部分，正相当于西洋所谓哲学。”② 这就进一步清楚地表明，中国与西方一样，自古以来也同样存在着相似的甚至相同的哲学问题。《中国哲学大纲》对“中国哲学问题史”的探讨，其主要内容由宇宙论、人生论、致知论三部分构成，就反映了对哲学问题的这种理解。

通过对“哲学”概念和哲学问题的厘定，张岱年指出了中国传统哲学与西方哲学相比较，既有其异，也有其同。他强调：“哲学不是凭空臆撰的私见，乃是对于自然及人事的观察，东方西方的自然人事有所同异，故其哲学亦有所同异。”③ 他在这里所说的中西哲学“有所同异”，也就是他所要开展的中西哲学比较的基础。没有“有所同”，或者没有“有所异”，都是不能进行比较的。这样一来，他就对中西哲学比较何以可能的问题给予了合理的解决，从而使得通过中西哲学比较来发现中国传统哲学的特色与精义成为可能。

在中西哲学比较中如何呈现中国传统哲学的特色

张岱年认为，中国哲学之所以为中国哲学，不仅在于中国哲学在面对自

① 张岱年：《中国哲学大纲》，中国社会科学出版社 1982 年版，第 2 页。
② 同上书，第 3 页。
③ 张岱年：《斯辟诺萨与庄子》，《张岱年文集》第 1 卷，清华大学出版社 1989 年版，第 249 页。

然人生进行思考时，有着与西方哲学、印度哲学相似的甚至相同的问题，而且还在于中国哲学在思考和回答这些问题时，有着与西方哲学、印度哲学不相似的甚至根本不相同的态度。换言之，中国哲学与西方哲学、印度哲学相比，有着自己的特色。中国哲学的个性，正是通过这些特色呈现出来的。只有深入地了解和把握这些特色，才能真正深刻地了解和把握中国哲学。他说："中国哲学，在根本态度上很不同于西洋哲学或印度哲学；我们必须了解中国哲学的特色，然后方不至于以西洋或印度的观点来误会中国哲学。"① 因此，在《中国哲学大纲》的《序论》中，张岱年对中国传统哲学的特色作了着重的阐发。他认为，中国传统哲学的特色，概括起来可以从六点来了解和把握。这六点特色都是他在中国哲学史研究中，通过中西哲学比较、体悟、分析、总结而得出来的。其中的每一点，都离不开中国传统哲学与西方哲学及印度哲学的比较。

第一点特色是"合知行"。所谓"合知行"，其意思是指："中国哲学在本质上是知行合一的。思想学说与生活实践，融成一片。中国哲人研究宇宙人生的大问题，常从生活实践出发，以反省自己的身心实践为入手处；最后又归于实践，将理论在实践上加以验证。即是，先在身心经验上切己体察，而得到一种了悟；了悟所至，又验之以实践。要之，学说乃以生活行动为依归。"② 通过中国传统哲学与西方哲学及印度哲学的比较，可以清楚地看出这一点："印度哲学主脱离现实而别求究竟，西洋哲学不免分知识与生活为二，中国哲学则主于现实生活之中体现真理。"③

第二点特色是"一天人"。所谓"一天人"，其意思是指："中国大部分哲学家认为天是人的根本，又是人的理想；自然的规律，亦即当然的准衡。而天人之间的联系者，多数哲学家认为即是性，人受性于天，而人的理想即

---

① 张岱年：《中国哲学大纲》，中国社会科学出版社1982年版，"序论"第5页。
② 同上。
③ 同上书，第588页。

在于尽性；性即本根，亦即道德原则，而道德原则乃出于本根。”① 通过中国传统哲学与西方哲学的比较，同样可以清楚地看出这一点：“西洋人研究宇宙，是将宇宙视为外在的而研究之；中国人则不认宇宙为外在的，而认为宇宙本根与心性相通，研究宇宙亦即是研究自己。中国哲人的宇宙论实乃以不分内外物我天人为其根本见地。”②

第三点特色是“同真善”。所谓“同真善”，其意思是指：“中国哲人认为真理即是至善，求真乃即求善。真善非二，至真的道理即是至善的准则。即真即善，即善即真。从不离开善而求真，并认为离开求善而专求真，结果只能得妄，不能得真。……中国思想家总认为致知与修养乃不可分；宇宙真际的探求，与人生至善之达到，是一事之两面。穷理即是尽性，崇德亦即致知。”③ 通过中国传统哲学与西方哲学的比较，也可以清楚地看出这一点：“西洋哲学本旨是爱智，以求真为目的；如谓中国哲学也是爱智，虽不为谬误，却不算十分切当，因中国哲学家未尝专以求知为务。”④

第四点特色是“重人生而不重知论”。这一特色实际上是基于前三点特色而呈现的：“中国哲人，因思想理论以生活实践为依归，所以特别注重人生实相之探求，生活准则之论究。未尝将我与非我分开，因而我如何能知非我，根本不成问题，亦不怀疑外界的实在，故根本不感觉知论之必要。”⑤ 这就与西方哲学形成鲜明对比：“西洋以分别我与非我为‘我之自觉’，中国哲人则以融合我与非我为‘我之自觉’。分别我与非我，故知论特别发达；融合我与非我，则知外物即等于自觉，而实无问题。因而中国哲人虽亦言及知识与致知之方，但未尝专门研究之。”⑥

第五点特色是“重了悟而不重论证”。这一特色实际上是基于前四点特色

① 张岱年：《中国哲学大纲》，中国社会科学出版社 1982 年版，“序论”第 6—7 页。
② 同上书，第 7 页。
③ 同上书，“序论”第 7 页。
④ 同上。
⑤ 同上书，第 8 页。
⑥ 同上。

而呈现的："中国思想家认为经验上的贯通与实践上的契合，就是真的证明。能解释生活经验，并在实践上使人得到一种受用，便已足够；而不必更作文字上细微的推敲。可以说中国哲学只重生活上的实证，或内心之神秘的冥证，而不注重逻辑的论证。体验久久，忽有所悟，以前许多疑难涣然消释，日常的经验乃得到贯通，如此即是有所得。中国思想家的习惯，即直截将此所悟所得写出，而不更仔细证明之。所以中国哲学家的文章常是断片的。但中国哲学家并不认为系统的长篇较断片的缀集更为可贵。中国思想家并不认为细密论证是必要的；反之，乃以为是赘疣。"① 但这并不是说，中国哲学家的思想就没有系统，而是如冯友兰所说，虽无形式上的系统，却有实质上的系统。这是中国传统哲学与西方哲学的一个不相同的地方。因此，"求中国哲学系统，又最忌以西洋哲学的模式来套，而应常细心考察中国哲学之固有脉络"②。

第六点特色是"既非依附科学亦不依附宗教"。这一特色实际上是与前五点特色相联系而呈现的。由于重生活实践、重天人合一，因而中国古代宗教不发达；由于不重知论、不重论证，因而中国古代科学也不发达。因此，中国古代哲学既非依附于科学，亦不依附于宗教。特别是在与宗教的关系上，中国传统哲学与印度哲学、西方哲学形成了鲜明对比："印度哲学是与宗教不分的，西洋中世哲学是宗教的奴婢，即在近世哲学中，亦多有以证明上帝存在为一重要课题的。在中国，似彼以证明上帝存在为一重要职任之情形，实完全没有。……要之，中国哲学中从无以证明神的存在为务者。"③

张岱年认为，正是这六点特色，显示了中国哲学家对回答哲学问题时的基本态度，显示了中国哲学与西方哲学、印度哲学的根本区别；而了解和把握这些基本态度和根本区别，对于中国哲学的学习者和研究者来说是至关重要的。他说："以上六点，可以说是中国哲学之一般的特色，即中国哲学之一般的根本倾向，与西洋或印度的哲学不同的。……想了解中国哲学，必先对

① 张岱年：《中国哲学大纲》，中国社会科学出版社 1982 年版，目序第 19 页。
② 同上书，"序论" 第 9 页。
③ 同上书，第 8—9 页。

于中国哲学之根本性征有所了解，不然必会对于中国哲学中许多思想感觉莫明其妙，至多懂得其皮毛，而不会深悟其精义。”① 正是基于这一考虑，所以在《中国哲学大纲》的《序论》中，他即对中国传统哲学的特色作了着重的阐发。他的这种论述方法，借用中国传统哲学的语言说，即是“先立乎其大者”。

在《中国哲学大纲》中，张岱年对中国传统哲学中的宇宙论、人生论、致知论三部分关系的理解，以及对其中的精义的发掘与昭显，就是以这些特色为基础而展开的。在他看来，这些特色清楚地表明，中国传统哲学最为关注、最为精彩、最有贡献、最有价值的部分，当为人生论。他对中国传统哲学中的人生观给予了高度评价，指出：“人生论是中国哲学之中心部分，其发生也较早。中国哲学的创始者孔子，及继起者墨子，都是谈论人生问题，而未尝成立宇宙论系统。孔子所以是中国哲学的开端，乃因为他是第一个提出一个人生论系统的。以后的思想家如孟子荀子，也都不注意宇宙的研究，他们所讨论的问题，主要是关于人生的。北宋以后的哲学家，大都比较注重宇宙论，然其学说的核心部分，仍在人生论。所以人生论实是中国哲学所特重的。可以说中国哲学家所思所议，三分之二都是关于人生问题的。世界上关于人生哲学的思想，实以中国为最富，其所触及的问题既多，其所达到的境界亦深。”② 当时有的学者以西方哲学重知识论来否认中国哲学重人生论，他对于这种观点提出了尖锐的批评，认为：“中国哲学以人生论为中心，人多认为畸形；西洋近世哲学以知识论为中心，乃多不认为畸形，此皆由有所偏蔽。”③ 因而，《中国哲学大纲》尽管对中国传统哲学中的宇宙论、人生论、致知论三部分都有多方面论述，但重点所论则是在人生论，其中详细地展开了天人关系论、人性论、人生理想论、人生问题论诸内容。可以说，对中国传统哲学中的人生论进行细致梳理与深入阐发，使其中的丰富内涵与重要意

---

① 张岱年：《中国哲学大纲》，中国社会科学出版社 1982 年版，第 9 页。

② 同上书，第 165 页。

③ 张岱年：《哲学上一个可能的综合》，《张岱年文集》第 1 卷，清华大学出版社 1989 年版，第 218—219 页。

义由此得以凸显，是《中国哲学大纲》阐发中国传统哲学的特色与精义的一大特点和优点。

在中西哲学比较中如何昭显中国传统哲学的精义

从揭示中国传统哲学的特色出发，张岱年在《中国哲学大纲》中进一步通过中国哲学与西方哲学的比较，来发掘和昭显中国传统哲学的精义，以阐发中国传统哲学在过去的贡献和在今天的意义。这一工作成为这部著作的重点和着力点，在书中表现为多方面的梳理与探讨，其中有三个方面尤其值得重视：一是重视昭显中国传统哲学所具有的而西方哲学所缺乏或所不足的内容，二是重视昭显中国传统哲学所具有的而与西方哲学精华相一致或相近似的内容，三是重视昭显中国传统哲学所具的在现时代仍然富有生命力的内容。

昭显中国传统哲学所具有的而西方哲学所缺乏或所不足的内容，当然是张岱年在发掘和昭显中国传统哲学的精义时首先关注的。他认为，中国传统哲学既然有着自己的特色，那么在对哲学问题的思考与解决上，就会呈现出与西方哲学不相同的态度与思路，产生出与西方哲学不相同的学理与智慧，从而作出西方哲学所不曾作出的贡献。在这些态度、思路、学理、智慧、贡献中，往往蕴含着中国传统哲学与西方哲学不相同的精辟思想。例如，他考察了中国哲学家围绕宇宙论中的本根论所展开的探讨，揭示出这一探讨可以从恩格斯所说的思维与存在的关系入手，分解为唯理论、唯气论、主观唯心论三种类型，但这些不同类型的本根论，又与西方哲学的相关理论不尽相同："在西洋，唯理论（唯理主义）与一切唯心之说常相混合，在中国则唯理论与一切唯心之说常相对立。唯理论在根本上是以客观的'理'为宇宙本根，而非以人的精神解说宇宙，实与主观的唯心论不同。唯气论则可以说是一种唯物论。"① 这样来看，中国哲学家围绕宇宙论中的本根论所展开的探讨，有着

① 张岱年：《中国哲学大纲》，中国社会科学出版社1982年版，第89页。

比西方哲学更多的客观的或唯物的因素。又如，他对中国传统哲学中的人生论给予特别重视，作出了细致梳理和深入阐释；对于其中的理想境界论评价甚高，尤其推崇，认为这是西方哲学所没有的哲理精义。他指出："人生理想论，实是中国哲学之核心部分。中国哲学在此方面的贡献，亦较大。中国哲人，关于人生之最高准则，实可谓有比较丰富渊闳、博大精深的理论。"① 又指出："中国哲学的最大贡献，在于生活准则论即人生理想论，而人生理想论之最大贡献是人我和谐之道之宣示。孔子的仁，墨子的兼，都是讲人我和谐之道。……孔子的仁，墨子的兼，其本来的表现形态确实有时代性，而人我之和谐，是永远应注重的。"② 这些都表明，张岱年不赞成以西方哲学来贬抑中国传统哲学，显示出他与迷信西方哲学者的鲜明不同。

昭显中国传统哲学所具有的而与西方哲学精华相一致或相近似的内容，同样也是张岱年所关注的。在他看来，中国传统哲学所具有的而西方哲学所缺乏或所不足的内容，固然显示出中国哲学家的智慧，值得重视和昭显；中国传统哲学所具有的而与西方哲学精华相一致或相近似的内容，同样也显示出中国哲学家的智慧，值得重视和昭显。通过这些内容，可以显示中国哲学家也能达到与西方哲学家相同或相近的思维水平，甚或超过他们。因此，他在《中国哲学大纲》中对这方面的内容相当重视，多有阐发。在考察中国哲学家围绕宇宙论中的大化论所展开的探讨时，他十分重视总结中国哲学家所提出和阐发的"两一"观念，梳理了从《周易》到王夫之有关"两一"观念的展开，指出："中国哲学中两一的观念，可以说与西洋哲学之辩证法中所谓对立统一原则，极相类似。对立统一原则，是辩证法核心，中国哲人所发阐的已精而详。虽仍有不清楚不完备之点，但大体亦甚丰富而深澈。这实在是中国过去哲学中之可贵的贡献。"③ 在考察中国哲学家围绕致知论中的方法论所展开的探讨时，他引入了西方哲学中的"直觉"概念，以此来揭示儒道两

---

① 张岱年：《中国哲学大纲》，中国社会科学出版社 1982 年版，第 89 页。
② 同上书，第 588 页。
③ 同上书，第 126 页。

家以“体认”方式出现的直觉方法，阐明其中的学理特点与思想价值，指出：“中国哲学中，讲直觉的最多。而老庄的直觉法，与孟子的直觉法不同。后来陆王的直觉法，与孟子为近。程朱虽注重直觉，而实非专以直觉为方法，其所用之直觉法，又与老庄及陆王都不同。直觉乃一译名，中国本亦有与直觉同义的名词，即是‘体认’。现在用直觉一词，乃以其较易了解。以中国哲学中的一些方法为直觉，因为中国哲学家的这些方法与西洋哲学中所谓直觉法有类似处，并非谓中国哲学中此类方法与西洋哲学中所谓直觉法完全相同。”① 这些表明，张岱年又不赞成仅站在中国传统哲学的视域来高扬中国传统哲学，显示出他与文化保守主义者的明显不同。

昭显中国传统哲学所具的在现时代仍然富有生命力的内容，是张岱年在发掘和昭显中国传统哲学的精义时的显著特点。在他看来，中国传统哲学在历史上的种种精义，不是在现时代都已成为了过时的古董，但也不是在现时代都仍然富有生命力。其中有些内容在现时代继续活着，应当加以继承和发扬；其中有些内容在现时代则已死去，应当加以批判和扬弃。这种对中国传统哲学的精义进行历史主义的考察、评价和筛选的做法，可以说是《中国哲学大纲》的最后归结点，全书即以《中国哲学中之活的与死的》作为《结论》。在这个《结论》中，他提出了“中国哲学中之活的”与“中国哲学中之死的”两个概念，指出从中国新哲学的创造看，在中国过去哲学中存在着两种值得重视的倾向：“有一些倾向，在现在看来，仍是可贵的，适当的。这可以说是中国哲学中之活的。而也有一些倾向，是有害的，该排弃的，便可以说是中国哲学中之死的。”② 所谓“中国哲学中之活的”，指的是中国传统哲学中对现代哲学发展和现代中国人生活仍有积极意义的内容；所谓“中国哲学中之死的”，指的是中国传统哲学中对现代哲学发展和现代中国人生活没有积极意义的内容。因此，发掘和昭显中国传统哲学的精义，应当特别重视前者。他进而把“中国哲学中之活的”概括为六个方面：（一）中国传统哲

---

① 张岱年：《中国哲学大纲》，中国社会科学出版社 1982 年版，第 558 页。

② 同上书，第 587 页。

学中一向没有西方传统哲学强调的“自然之两分”，从来不把本根与事物的关系看作是真实与虚幻的关系；（二）中国传统哲学认为整个宇宙是一个生生不已、无穷无尽的变易历程，这种变易有其条理、有伦有序、不妄不乱；（三）中国传统哲学重视对变易条理的研究，提出了“反复”“两一”的辩证法学说，认为变化的公式是极则必反，变化的所以在于“两一”的对立统一；（四）中国传统哲学重视阐发人生理想论，特别是重视宣示人我和谐之道；（五）中国传统哲学最为注重学说与行为的一致，主张将思想与生活打成一片，认为理想的实现不在现实生活之外，强调求真理于日常生活之中；（六）中国传统哲学在致知论上具有笃实精神，直截了当地承认物之外在与物之可知。在他看来，这六个方面的内容，“可以说是中国哲学中之活的基本倾向，是旧哲学中之历久常新的”①。这种对“中国哲学中之活的”与“中国哲学中之死的”的区分，以及由此而对“中国哲学中之活的”的凸显，集中反映了张岱年在阐发中国传统哲学的精义时所表达的哲学追求。《中国哲学中之活的与死的》曾作为论文，发表于1936年出刊的《世界动态》第1期上，张岱年将此文作为《中国哲学大纲》的《结论》，可见他对于这个问题是作过相当认真的思考的。

上述三个方面的内容，在《中国哲学大纲》中本是相互关联的，从总体上体现了张岱年对中国传统哲学的精义的理解，以及基于这种理解对中国传统哲学的精义所作的发掘和昭显。在这些理解、发掘和昭显中，可以清楚地看出他所运用的辩证方法和所坚持的历史主义原则。面对在中西哲学比较中如何昭显中国传统哲学的精义这一问题，张岱年所作出的思考与回应，实是以这种辩证方法和历史主义原则为其学理根据。不了解这一点，是难以真正了解其学术思想的。

① 张岱年：《中国哲学大纲》，中国社会科学出版社1982年版，第589页。

在中西哲学比较中如何揭示中国新哲学的生长点

张岱年在《中国哲学大纲》中通过中西哲学比较来阐发中国传统哲学的特色与精义，其落脚点并不在于向以往的中国哲学回复，而在于揭示中国新哲学的生长点。他在晚年回忆说："我写《中国哲学大纲》一书，在主观愿望上力图做到深、准、全、新。"① 对于这里的"新"，他进一步解释说："所谓新，即我始终以贡献于中国将来的新哲学为意，着重阐扬中国旧哲学中含有辩证唯物论的朴素倾向，大力表彰张王颜戴哲学的意义。"② 可以说，这个"新"正是《中国哲学大纲》的落脚点，是张岱年撰写《中国哲学大纲》的真实目的。只有了解和把握了这个"新"，了解和把握了这个落脚点，了解和把握了这个真实目的，才能准确而深刻地了解和把握全书对中国传统哲学的特色与精义所作的阐发。

张岱年在20世纪30年代前期即已接受并认同马克思主义辩证唯物论。但与当时一般主张辩证唯物论者不同的是，他更重视对中国传统哲学的深入研究，力图从中发现接引辩证唯物论进入中国思想世界的生长点。他从梁启超的中国近三百年学术史研究中得到启发，力主以明清之际王夫之、颜元、戴震等早期启蒙思想家的哲学传统作为中国新哲学的生长点。1936年，他发表《哲学上一个可能的综合》一文，明确地提出了重视和继承王夫之、颜元、戴震一派的哲学传统问题。该文第四节"中国哲学思想之趋向"开头即指出："今日中国的新哲学，必与过去中国哲学有相当的继承关系。我们所需要的新哲学，不只是从西洋的最新潮流发出的，更须是从中国本来的传统中生出的。本来的传统中，假如有好的倾向，则发展这好的倾向，乃是应当。"③ 这里所

---

① 张岱年：《张岱年学述》，浙江人民出版社1999年版，第65页。

② 同上。

③ 张岱年：《哲学上一个可能的综合》，《张岱年文集》第1卷，清华大学出版社1989年版，第219页。

说的“更须是从中国本来的传统中生出的”，就是强调从中国传统哲学中发现接引辩证唯物论进入中国思想世界的生长点；这里所说的中国哲学传统中的“好的倾向”，就是指王夫之、颜元、戴震一派的哲学传统。他指出：“中国近三百年来的哲学思想之趋向，更有很多可注意的，即是，这三百年中有创造贡献的哲学家，都是倾向于唯物的。这三百年中最伟大卓越的思想家，是王船山、颜习斋、戴东原。在宇宙论都讲唯气或唯器；在知识论及方法论，都重经验及知识之物的基础；在人生论，都讲践形，有为。所谓践形，即充分发展人的形体，这种观念是注重动、生、人本的。我们可以说，这三百年来的哲学思想，实以唯物为主潮。我觉得，现代中国治哲学者，应继续王、颜、戴未竟之绪而更加扩展。王、颜、戴的哲学，都不甚成熟，但他们所走的道路是很对的。新的中国哲学，应顺着这三百年来的趋向而前进。”① 在当时的中国马克思主义者和赞成马克思主义的学者中，这是第一次明确提出以明清之际早期启蒙哲学作为马克思主义哲学在中国思想世界的生长点。

在《中国哲学大纲》的《结论》中，张岱年进一步从中国哲学史的全过程出发，对王夫之、颜元、戴震一派的哲学传统的现时代意义作出阐发。他指出，先秦哲学的主要学派有儒、墨、道、名四家，而在以后中国哲学开展中真正具有持久影响力的唯有儒家，这使得儒家哲学成为中国两千年来的正统哲学，北宋以来中国哲学的主潮就是新儒家哲学的开展。在新儒家哲学开展中，最主要的派别是程朱派、陆王派和清初以来的王夫之、颜元、戴震一派。程朱派主理学，陆王派主心学，王、颜、戴一派可称为气学或事学，这三派哲学在过去的价值与在现时代的意义并不一样。对于这三派哲学的长处与局限，他以中国社会历史的古今之变为背景，进行了一一衡论。对于程朱派，他分析说：“程朱理学的长处，在于宣扬即物穷理，由以达到人生最高境界。对于知识与人生之关系，实是有所见。但理学的理气二元的宇宙论，恐是必需改造的；而天理人欲之辩，就更不能照旧维持了。理学是宋代以来的

---

① 张岱年：《哲学上一个可能的综合》，《张岱年文集》第1卷，清华大学出版社1989年版，第221页。

正统哲学，现在时代转易，决没有再居正统的希望了。”① 对于陆王派，他分析说：“陆王心学的特点，在于提出一个简易直截的内心修养法。但在今日复杂的社会生活，此法已不适切了。心学的其它唯心的理论，在今日看来，更多是陈腐的。自西洋的唯心论哲学传入后，很多人为陆王张目。主观唯心论之存在与否，决定于其社会根据之存在与否；如社会基础能整个改造了，主观唯心论系统是难以继续的。”② 对于王、颜、戴一派，他分析说：“王颜戴的事学，是最接近现代思想的。大体说来，事学的宇宙论与人生论，比较上最为正确。王颜戴的学说虽然都是未十分成熟的，且都不曾有巨大影响于当时，但在今日看来，他们所走的方向是不误的。这确实可说是中国旧哲学中之活的潮流。”③ 又说：“王颜戴之学在圆融精密上都不及朱王，但确实走了一个新的方向，较合于现代思潮。”④ 他的结论是：“要而论之，反理学与心学的事学，是足为将来新哲学之先驱的。”⑤ 这样一来，就更明确地指出了王夫之、颜元、戴震一派的哲学传统对于中国新哲学的意义。

在《中国哲学大纲》中，张岱年通过对中国传统哲学中的宇宙论、人生论、致知论三部分的阐发，更为具体地阐明了王夫之、颜元、戴震一派的贡献与意义。在宇宙论中的本根论中，他对王夫之、颜元、戴震的气论分别进行衡论，在结论中指出：“在清代哲学，有创见的思想家皆讲气论，气论遂成了时代的主潮。”⑥ 在宇宙论中的大化论中，他对王夫之、戴震的辩证法思想都有相当高的评价，在谈到“变易”与“常则”关系时称，“此种有变而后有常之观念，后来清代的戴东原言之最晰”⑦；在谈到“两一”观念时称，“清初王船山最注重对待之交参，认为一切对立，都非绝然的对立，而是互相

① 张岱年：《中国哲学大纲》，中国社会科学出版社 1982 年版，第 591 页。
② 同上书，第 591—592 页。
③ 同上。
④ 同上书，“序论”第 26 页。
⑤ 同上书，第 592 页。
⑥ 同上书，第 90 页。
⑦ 同上书，第 100 页。

含储，互相参透，实际上未可截然判析”①。在人生论中的人生理想论中，他以《践形》一章专论王夫之、颜元、戴震的人生理想论，指出：“在先秦时代，因有道家之消极的无为哲学，遂引起荀子的有为思想；在近古时代，因有专重‘内心’的心学，也引起了一种反响，而发生一种注重‘向外的发展’之新的有为哲学。理学与心学皆不重视人为；此新的哲学，则特重人为。理学看重理不看重事，心学看重心不看重形；此新的哲学，则特别看重事物与形体。此种新人生论，成立于王夫之及颜元，发挥于戴震。……为此三家的人生思想，立一总名称，实甚不易，今勉强名之为践形论。此三思想家的人生论之中心观念，亦实可以说是注重形体之发展，与理学家注重致知穷理，心学家注重发明本心，正是鼎立的三说。”② 在致知论中，他指出在中国古代哲学的三种知行关系说中，王夫之和颜元代表了其中的一种，认为：“关于知行关系，亦有三说之殊异。一，认为行是知的基础，离行则无知，有行则有知，此墨家及王船山颜习斋之说。二，认为知是行的基础，有知则能行，无知则不能行，此程朱之说。三，认为知行无别，此王阳明之说。”③ 他又指出在方法论上，王夫之、颜元、戴震亦自成一派，认为：“宋代以后的哲学方法，可大别为三。一，邵子张子程叔子及朱子，以对物的直觉为方法。……二，程伯子陆象山王阳明，宗述孟子，专以反观内省为方法。三，王船山颜习斋戴东原反对直觉。船山重观察与辨析，而亦重实践。习斋最重实践，而亦尚观察。东原则专重辨析。”④ 这些有关王夫之、颜元、戴震哲学思想及其贡献的具体说明，深入而全面地揭示了早期启蒙思潮在哲学上的价值、意义与贡献，在20世纪30年代中国哲学史研究中可谓独树一帜。只是在《中国哲学大纲》中，这些论述由于分散在各部分之中，因而并不显得突出，不易引人注意。

---

① 张岱年：《中国哲学大纲》，中国社会科学出版社1982年版，第125页。
② 同上书，第367页。
③ 同上书，第527页。
④ 同上书，第585页。

张岱年以王、颜、戴的气学或事学作为中国新哲学的生长点，进而启发了中国马克思主义者对明清之际早期启蒙思潮的探索，从而构成了早期启蒙说发展中承上启下的一个重要环节。[①] 尽管早期启蒙说在当下已经不再引人注目，但张岱年当年的这些工作仍然有着不可磨灭的意义，仍然有着值得我们在今天继承和发扬的地方。在对张岱年所阐发的中国传统哲学的特色与精义进行总结时，切不可因时过境迁，而忽视或遮蔽了这一方面的内容。

结语：从张岱年的中国哲学史研究看其哲学性格

围绕上述四个相关联的问题，张岱年对中国传统哲学的特色与精义进行了发掘、阐释与吸取，并由此鲜明地呈现出他的学问性格：既与深受西方哲学影响者不同，不是以西方哲学来贬抑中国传统哲学；也与主张保守中国文化传统者有别，不是仅站在中国传统哲学的视域来高扬中国传统哲学；而是立足于中西哲学比较的视域来发现中国传统哲学的特色与精义，并进而于其中发现在中国思想世界引入马克思主义辩证唯物论的生长点。正是这种学问性格，深刻影响了他对中国传统哲学的特色与精义所作的发掘、阐释与吸取，形成了他独树一帜的理解思路、价值取向和落脚点。

张岱年的这种学问性格，是与他的哲学追求相一致的。从青年时代起，他就接受并认同马克思主义辩证唯物论，希望“融会中国先哲思想之精粹与西洋哲学之优长以为一大系统”，以建立一种“现在中国所需要的哲学”，这正是以马克思主义辩证唯物论作为基础的。他的这种哲学追求一以贯之，直到晚年也没有改变。在1999年出版的《张岱年学述》中，他对自己一生的哲学追求做了总结，明确宣称：“我一生信持辩证唯物主义。”[②] 他对中国传统哲学的特色与精义所进行的发掘、阐释与吸取，都是与这种哲学追求结合在

---

① 关于张岱年对早期启蒙说历史开展所作出的思想贡献，参见笔者论文《早期启蒙说的历史演变与萧萐父先生的思想贡献》，《武汉大学学报》（人文科学版）2010年第1期。

② 张岱年：《张岱年学述》，浙江人民出版社1999年版，第138页。

一起的。可以说，他的这一哲学追求，正是理解他对中国传统哲学的特色与精义所作发掘和昭显的一把钥匙。

张岱年的这种学问性格，又是与他当时的中西文化观相一致的。晚年的张岱年对此有过回忆，他说："当时我对文化问题很感兴趣，有自己的主张：一方面我反对'全盘西化'，另一方面我也反对所谓'发扬国粹'、'读经复古'，认为应当运用唯物辩证法来分析文化问题。"① 正是基于这种中西文化观，他才不同于当时的深受西方哲学影响者和主张保守中国文化传统者，从而对中国传统哲学的特色与精义作出了自己的选择和阐发。

在文化保守主义再度兴起的今天，有的研究者以"传统文化的守望者"来对张岱年作出学术定位，以为只有这样才能显示张岱年的思想本色及其合理性。其实，这种学术定位恰是对张岱年学术性格的误读，也恰是对他的思想本色及其合理性的遮蔽。

（原载《江海学刊》2014 年第 6 期）

① 张岱年：《世界文化与中国文化》附识，《张岱年文集》第 1 卷，清华大学出版社 1989 年版，第 255 页。

宋明儒学的“天地之心”论及其意义

陈　来

“天地之心”是中国古代文献中常见的术语。天地之心即是宇宙之心，指宇宙所具有的主导的性质、内在的倾向、指向，是它决定了宇宙万象的发展，又是宇宙万象及其运动的根源和依据，它也是宇宙动能和生命力的中心，被称为宇宙的心灵、天地之心。所以，天地之心是一个宇宙论的问题。那么，宇宙的心灵和宇宙流行是什么关系呢？

其实，在中国哲学中，天地之心的概念并不意味着这个天地之心有意识、能知觉、能思维，或是一种精神。“天地之心”可以只是指天地、宇宙、世界运行的一种内在的主导方向，一种深微的主宰趋势，类似人心对身体的主导作用那样成为宇宙运行的内在主导，同时天地之心也是宇宙生生不已的生机和动源。冯友兰在《新理学》一书中讨论过“宇宙底心”，他提出，程朱讲天地生物之心，表示他们认为有宇宙底心，但这个宇宙的心不是知觉，而是生。这种宇宙的心的特性，与人心知觉不同。① 他又认为，心学是把个体的知觉灵明的心作为宇宙的心。依其新理学，宇宙的心是一个逻辑概念，把所有实际的心，总而观之、统而观之，以作一个概念，即是宇宙的心，此外宇宙没有他自己的心。② 但是古代的宇宙观并不是逻辑概念，而有其自己的作为实在的观念。

“天地之心”的说法最早见于《周易》彖传：

---

① 《冯友兰文集》第四卷《新理学》，长春出版社2008年版，第75页。

② 同上书，第77页。

复，其见天地之心乎?[①]

这是“天地之心”在中国哲学中最经典的说法。复卦的卦象是冬至一阳来复，彖传的作者认为冬至一阳生，从这一点便可见天地之心。此以生生不息之动力之源说仁，仁乃生生不可遏止之内在倾向和根源，亦是创造之真几。

另一个古代的说法是《礼记》中的说法：

故人者，天地之心也，五行之端也。[②]

以人为天地之心，认为人是五行之气的精华，是万物之灵，是掌握善恶的主体，是实践仁德、引导世界向善的主体。

汉代儒学的特色之一，是把仁说建立为天道论，其中董仲舒把仁定位在“天心”的说法，最具意义：

春秋之道，大得之则以王，小得之则以霸。故曾子、子石盛美齐侯，安诸侯，尊天子，霸王之道，皆本于仁。仁，天心，故次之以天心。[③]

天心与天地之心的概念虽然略有分别，但基本一致，我们在这里不做根本区分。天心和天地之心都是指宇宙的心。董仲舒以仁为天心，这是汉代儒学宇宙论的重大发展。值得注意的是，汉代以前已有了两种天地之心的讲法，一种是复见天地之心，另外一种就是以人为天地之心的讲法。这应该是自然主义与人文主义两种不同的哲学意识在天地之心问题上的反映。人者天地之心更多地是从价值的角度突出人在宇宙中的意义，而复见天地之心是从于天地自然运行的生机和规律。“仁天心”的提法超越了先秦哲学的这两种思想，把仁规定为天的意志，虽然这个天心并不是思维的精神，但天心主导着天运

---

① 《周易·复卦·彖传》。

② 《礼记·礼运篇》。

③ 《春秋繁露·俞序第十七》，陈蒲清校注，岳麓书社 1997 年版，第 96 页。

生成的基本趋势，而天地人间都体现着仁的作用和指引。仁被视为寓藏于天地万物内的深微的价值的原理，这实际上就是一种古代仁体论。古代仁体论更多归属于宇宙论，与近世实体的仁体论形态结构有所不同。但仁的宇宙论与仁的本体论是一致的，都是把仁上升为形而上学的实在。

二

北宋前期对《周易》的思想诠释是儒学的共同关注，也因此，天地之心的思想对宋儒影响甚大，宋儒对天地之心的运用也最为广泛。首先看欧阳修：

> 童子问曰："'《复》，其见天地之心乎'者，何谓也？"曰："天地之心见乎动。《复》也，一阳初动于下矣，天地所以生育万物者本于此，故曰'天地之心'也。天地以生物为心者也。其《彖》曰'刚反，动而以顺行'是矣。"童子曰："然则《象》曰'先王以至日闭关，商旅不行，后不省方'，岂非静乎？"曰："至日者，阴阳初复之际也，其来甚微。圣人安静以顺其微，至其盛，然后有所为也，不亦宜哉！"①

欧阳修这一思想对宋代仁学有重大影响。他认为，所谓复见天地之心，是强调要通过对复卦及其初九的卦象认识天地运动变化的生机和动因。因为，从一阳来复所见到的天地之心，必然或只能和万物生长的本性有关，此天地之心必然和天地的生生本性有关，这是天地生育万物的根本。如果说天地有心，那么天地之心就是宇宙的繁盛生育万物的内在导向，是所有生命生长的根源。

我们知道，程颐对复卦的解释特色在于主张由"动"见天地之心：

> 既有知觉，却是动也，怎生言静？人说《复》以静见天地心，非也。《复》之卦下面一画便是动也，安得谓之静！自古儒者皆言静见天地之

① 《宋元学案》第一册卷四《庐陵学案》，中华书局1986年版，第187页。

心，惟某言动而见天地之心。①

讨论动是天地之心还是静是天地之心，或者动见天地之心还是静见天地之心，这个意义上的天地之心都是指宇宙运动的根本法则，而与人没有关联。

邵雍之子邵伯温说：

道生一，一为太极。一生二，二为两仪。二生四，四为四象。四生八，八为八卦。八生六十四，六十四具而后天地万物之道备矣。天地万物莫不以一为本，原于一而衍之以为万，穷天下之数而复归于一。一者何也？天地之心也，造化之原也。②

这里不仅以《周易》为主要资源，也借助老子的生成论“道生一、一生二”来扩展天地之心的思想，主张一就是天地之心，一也是造化之源，即宇宙的根源。由于一又是太极，于是太极便是天地之心，在这个意义上，天地的主宰和天地的根源合二为一了。而天地的主宰和天地的根源也便是本体的角色。

邵伯温又说：

一动一静者，天地之妙用也；一动一静之间者，天地人之妙用也。阳辟而为动，阴合而为静，所谓一动一静者也；不役乎动，不滞乎静，非动非静，而主乎动静者，一动一静之间者也。自静而观动，自动而观静，则有所谓动静；方静而动，方动而静，不拘于动静，则非动非静者也。《易》曰：“《复》，其见天地之心乎！”天地之心，盖于动静之间有以见之。夫天地之心于此而见之；圣人之心即天地之心也，亦于此而见之。虽颠沛造次，未尝离乎此也。《中庸》曰：“道，不可须臾离也。可离，非道也。”“退藏于密”，则以此洗心也；“吉凶与民同患”，则以此

---

① 《宋元学案》第一册卷一五，《伊川学案》上，中华书局1986年版，第593页。

② 《宋元学案》第一册卷一〇，《百源学案》下，中华书局1986年版，第474页。

> 斋戒也。夫所谓密，所谓斋戒者，其在动静之间乎！此天地之至妙者也。圣人作《易》，盖本乎此。世儒昧于《易》本，不见天地之心，见其一阳初复，遂以动为天地之心，乃谓天地以生物为心。噫，天地之心何止于动而生物哉！见其五阴在上，遂以静为天地之心，乃谓动复则静，行复则止。噫，天地之心何止于静而止哉！为虚无之论者，则曰天地以无心为心。噫，天地之心一归于无，则造化息矣。盖天地之心，不可以有无言，而未尝有无，亦未尝离乎有无者也；不可以动静言，而未尝动静，亦未尝离乎动静者也。故于动静之间，有以见之。然动静之间，间不容发，岂有间乎！惟其无间，所以为动静之间也。①

此说的意义是不赞成欧阳修主张的“天地以生物为心”，也不赞成程颐主张的“动而见天地之心”，并认为如果主张天地以生物为心，就是注重以“动”为天地之心。但他也不赞成以静为天地之心，他认为天地之心应在动静之间见之，即在动和静转换、交接的时候见之，在由静变为动的瞬间见之。动静之间便是几，便是神，所以这种看法主张天地之心不可以有无动静言。这样的看法，不从价值和道德着眼，仅仅从动静着眼，过于虚玄，应受道家影响较大。

《宋元学案》在濂溪学案有一按语可以参考：“百家谨案：《明儒学案蒋道林传》：‘周子所谓动者，从无为中指其不泯灭者而言。此生生不已，天地之心也。诚、神、几，名异而实同。以其无为，谓之诚；以其无而实有，谓之几；以其不落于有无，谓之神。’”② 明代的蒋道林认为天地之心与神、几，名异而实同，这个说法用来理解上述邵雍一派的思想较为适合。以上这些论述，都是把天地之心作为宇宙动静问题来讨论，没有和仁联系起来。

当然，即使在邵雍一系的思想里面，也关注仁人，如：

---

① 《宋元学案》第一册卷一〇，《百源学案》下，中华书局1986年版，第475页。

② 《宋元学案》第一册卷一一，《濂溪学案》上，中华书局1986年版，第485页。

> 夫人者，天地万物之秀气也。然而亦有不中者，各求其类也。若全得人类，则谓之曰全人之人。夫全类者，天地万物之中气也，谓之曰全德之人也。全德之人者，人之人者也。夫人之人者，仁人之谓也，惟全人然后能当之。①

人是天地万物的秀气，这就是古代人者天地之心的观念。《礼运》篇在谈到人者天地之心的前面一段即说“故人者，其天地之德，阴阳之交，鬼神之会，五行之秀气也”②。所以这样的说法也可以说和天地之心的思想有一定的关系。

南宋张九成论《西铭》，其中谈到天地之心时提及天地之仁：

> 张横浦曰：乾吾父，坤吾母。吾乃乾坤之子，与人物浑然处于中间者也。吾之体不止吾形骸，塞天地间如人、如物、如山川、如草木、如禽兽昆虫，皆吾体也。吾之性不止于视听言貌，凡天地之间若动作、若流峙、若生植飞翔潜泳，必有造之者，皆吾之性也。既为天地生成，则凡与我同生于天地者，皆同胞也。既同处于天地间，则凡林林而生，蠢蠢而植者，皆吾党与也。……吾能乐天地之命，虽患难而不忧，此天地纯孝之子也。达天地之心，是不爱其亲者，故谓之悖德。害天地之仁，是父母之贼也。世济其恶，是天地不才之子。践履天地之形，以貌言视听思之形，为恭从聪明睿之用，是克肖天地之德也。天地之事不过乎化，天地之志不过乎神，知化穷神，则善述善继天地之事志者也。天地之心无幽明之间，不愧屋漏之隐者，乃无忝于天地。心性即天地，夙夜存心养性，是夙夜匪懈以事天地也。③

此段先论天地之事实，然后论当然之价值，连续一贯，有融通气象。他

---

① 《宋元学案》第一册卷一一，《濂溪学案》上，中华书局1986年版，第385页。

② 《礼记·礼运篇》。

③ 《宋元学案》第一册卷一七，《横渠学案》上，中华书局1986年版，第666页。

认为，万物山川草木都是吾之体，万物流行动作都出自吾之性，在这样的理解下，吾之体、吾之性都不再是个体的身体或本性，而是通于万物的共生之体、之性，天地的一切生成物都是共生同体的同胞。他继承了张载，用同胞来加强了这种共生的密切关联。因此，天地之心是体现这种共生、吾与的心，天地之仁是体现这种共生、互爱的仁。这样的思想明显发展了张载《西铭》的伦理观。

《宋元学案》引尹和靖语，把《西铭》和二程的同体思想结合在一起：

> 又曰：人本与天地一般大，只为人自小了。若能自处以天地之心为心，便是与天地同体。《西铭》备载此意。颜子克己，便是能尽此道。①

这个说法，认为与天地同体，就是要以天地之心为心，这不是宇宙论的说法，而是功夫论的说法了。与天地同体的说法，当来自二程仁者与物同体之说，如果是这样，以天地之心为心，便是“仁”的实现功夫。“同体”就是共生，而比共生更突出了一体之中各个部分的密切关系，因为，个体与个体之间不仅是时空意义上的共时性共生，而且表示个体与个体之间是由一种统一性联结而成的一体，互相密切关联。

二

南宋继续了天地之心的讨论，但与伦理学、功夫论的联系更多。

> 《复卦》下面有一画，乃是乾体。其动以天，且动乎至静之中，为动而能静之义，所以为天地之心乎！②

胡五峰从弟胡广仲以复卦初九一阳爻为乾体，不为无见，其实复卦一阳生即是仁体起用，值得注意的是，北宋至南宋初的诸儒多从静而能动、动而

---

① 《宋元学案》第一册卷一八，《横渠学案》下，中华书局1986年版，第773页。

② 《宋元学案》第二册卷四二，《五峰学案》，中华书局1986年版，第1385页。

能静，即从运动变化之端论天地之心，可见天地之心在这一时期主要扮演了运动根源的角色。

五峰《知言》又云：“凡人之生，粹然天地之心，道义全具，无适无莫。”① 这也是把人心与天地之心联系起来，认为人生之初，满腔子天地之心，充满道义。但从北宋到南宋，这一时期的儒学并没有把天地之心和“仁”明确联系起来。

朱子的《仁说》是南宋仁论的代表，他所说的人心与天地之心的联系，比胡五峰更多了哲学宇宙论的一层转折，最重要的是朱子以“仁”定义天地之心，把天地之心作为仁说的基础。其开首一段最为明确：

> 天地以生物为心者也。而人物之生，又各得夫天地之心以为心者也。故语心之德，虽其总摄贯通，无所不备，然一言以蔽之，则曰仁而已矣。请试详之。盖天地之心，其德有四，曰元亨利贞，而元无不统；其运行焉，则为春夏秋冬之序，而春生之气无所不通。故人之为心，其德亦有四，曰仁义礼智，而仁无不包；其发用焉，则为爱恭宜别之情，而恻隐之心无所不贯。故论天地之心者，则曰“乾元”“坤元”，则四德之体用不待悉数而足；论人心之妙者，则曰“仁，人心也”，则四德之体用亦不待遍举而该。盖仁之为道，乃天地生物之心，即物而在。情之未发而此体已具，情之既发而其用不穷。诚能体而存之，则众善之源，百行之本，莫不在是。此孔门之教所以必使学者汲汲于求仁也。②

朱子继承并强调了北宋儒者“天地以生物为心”的思想，加以发展，而提出了“人物之生，又各得夫天地之心以为心”的思想，即人之心来自天地之心，二者有着直接的继受关系；天地之心是生物，人之心是仁爱，而从生生到仁爱的转接，自北宋以来，就被看作天人合一、不证自明的了。其次，

---

① 《胡宏集》，中华书局1987年版，第332页。

② 《朱子全书》第二十三册《朱子文集》卷六七，《仁说》，上海古籍出版社2010年版，第3280页。

朱子定义了天地之心之德为元亨利贞，以元为统，于是人心之德对应而为仁义礼智，以仁为统。元亨利贞的发用为春夏秋冬，生气贯通四者；仁义礼智的发用为爱恭宜别之情，恻隐亦贯通四者。最后朱子强调，仁之道即是天地生物之心，体现于每一个事物而无所不在。换言之，此亦可谓仁体现于每一个事物而无所不在，贯通一切。朱子的仁体思想在这里得到了相当的表达。在朱子，并不是简单回到董仲舒的仁天心的思想，而是把北宋儒学对周易的讨论中的天地以生物为心，以生物为天地之心的思想和“仁”联系起来，用“仁”去规定易学讨论中的天地之心的意义。

朱子曾答张栻书云：

盖其复者，气也，其所以复者，则有自来矣。向非天地之心生生不息，则阳之极也，一绝而不复续矣，尚何以复生于内而为之阖辟之无穷乎！①

可见天地之心是指天地运动的内在动力因，是宇宙生生不息的内在根据和根源，这与作为法则、规律的理的含义是不同的。

《仁说》是朱子中年所著，《语类》记载了其晚年讲学的思想：

道夫言：“向者，先生教思量天地有心无心。近思之，窃谓天地无心，仁便是天地生物之心。若使其有心，必有思虑，有营为。天地曷尝有思虑来！然其所以四时行，百物生者，盖以其合当如此便如此，不待思维。此所以为天地之道。”曰：“如此，则《易》所谓‘《复》其见天地之心’，‘正大而天地之情可见’，又如何？如所说，只说得他无心处尔。若果无心，则须牛生出马，桃树上发李花，他又却自定。程子曰：‘以主宰谓之帝，以性情谓之乾。’他这名义自定。心便是他个主宰处，所谓天地以生物为心。中间钦夫以为某不合如此说，某谓天地别无勾当，

① 《朱子全书》第二十一册《朱子文集》卷三二，《答张敬夫》，上海古籍出版社2010年版，第1393页。

只是以生物为心。一元之气，运转流通，略无停间，只是生出许多万物而已。”问：“程子谓：‘天地无心而成化，圣人有心而无为。’”曰：“这是说天地无心处。且如四时行，百物生，天地何所容心。至于圣人，则顺理而已，复何为哉。所以明道云：‘天地之常，以其心普万物而无心；圣人之常，以其情顺万事而无情。’说得最好。”问：“‘普万物’，莫是以心周遍而无私否？”曰：“天地以此心普及万物，人得之遂为人之心，物得之遂为物之心，草木禽兽接着遂为草木禽兽之心，只是一个天地之心尔。今须要知得他有心处，又要见得他无心处，只恁定说不得。”①

朱子认为，既可以说天是有心的，也可以说天是无心的，这两个说法并不是不相容的。若使天有心，则必有思虑、有营为，天地曷尝有思虑来？这是说天地没有思维、没有思虑，这是无心的一面。另一方面，若果无心，则须牛生出马，桃树上发李花，他又却自定，这是说万物的生成是有主宰的，主宰就是有方向，不是混乱的，这说明天地有心。天地有心表现在天地之心既促进生物，生气流通，永不停息；同时在天地生物过程中又有其法则，有其常理，人须要顺理而为。

《语类》又载：

问“仁者天地生物之心”。曰：“天地之心，只是个生。凡物皆是生，方有此物。如草木之萌芽，枝叶条干，皆是生方有之。人物所以生生不穷者，以其生也。才不生，便干枯杀了。这个是统论一个仁之体。其中又自有节目界限，如义礼智，又自有细分处也。”问“偏言则一事，专言则包四者”。曰：“以专言言之，则一者包四者；以偏言言之，则四者不离乎一者。”②

统论仁体，即是人物生生不穷，此便是天地之心，便是仁。生成是宇宙

① 《朱子语类》第一册卷一，中华书局1986年版，第4页。

② 《朱子语类》第七册卷一〇五，中华书局1986年版，第2634页。

的根本，而生成就是在仁的作用下实现的，仁是天地之心，而天地之心惟主生成，此外更无其他。朱子强调，这样的立场是统论仁体的整体性立场。

因说此章，问曰："今不知吾之心与天地之化是两个物事，是一个物事？公且思量。"良久，乃曰："今诸公读书，只是去理会得文义，更不去理会得意。圣人言语，只是发明这个道理。这个道理，吾身也在里面，万物亦在里面，天地亦在里面。通同只是一个物事，无障蔽，无遮碍。吾之心，即天地之心。圣人即川之流，便见得也是此理，无往而非极致。但天命至正，人心便邪；天命至公，人心便私；天命至大，人心便小，所以与天地不相似。而今讲学，便要去得与天地不相似处，要与天地相似。"①

宋儒既讲复见天地之心，又讲人者天地之心，还讲人心即天地之心，朱子发挥张载及尹和靖的思想，提出吾之心即天地之心，这是就仁之本体而言，从本体上看，"这个道理，吾身也在里面，万物亦在里面，天地亦在里面。通同只是一个物事，无障蔽，无遮碍"。在本体上吾之心与天地之心是一致的，吾心之理与事物之理与天地之理是一致的，万物是通同一体的，因此在理上看是天人合一的。但就现实而言，人心便与天地之心不相似，天命正公大，人心私邪小，这就是气质障蔽遮碍导致的现实心灵状态，人必须努力使自己的心与天地之心相似。朱子在这里也提到，子在川上曰，就是见得此理无所不在，无所不圆满而在。这就是本体论的说法。

"'心，生道也。人有是心，斯具是形以生。恻隐之心，生道也。'如何？"曰："天地生物之心是仁；人之禀赋，接得此天地之心，方能有生。故恻隐之心在人，亦为生道也。"②

这里，朱子不再用元亨利贞说，而直接指出天地生物之心就是仁，"接

---

① 《朱子语类》第三册卷三六，中华书局1986年版，第977页。

② 《朱子语类》第六册卷九五，中华书局1986年版，第2440页。

着”“接得”都是指禀受，禀受天地之心而成为自己的心，故仁爱恻隐之心就是天地生生之道。在朱子，更重视把“天地之心”作为仁性的来源，为心性论谋求宇宙论的根源。

问：“程子说性一条云：‘学者须要识得仁体。若知见得，便须立诚敬以存之。’是如何？”曰：“公看此段要紧是那句？”曰：“是‘诚敬’二字上。”曰：“便是公不会看文字。它说要识仁，要知见得，方说到诚敬。末云：‘吾之心，即天地之心；吾之理，即万物之理；一日之运，即一岁之运。’这几句说得甚好。人也会解得，只是未必实见得。向编《近思录》，欲收此段，伯恭以为怕人晓不得，错认了。程先生又说‘性即理也’，更说得亲切。”①

二程曾说，一人之心即天地之心，一物之理即万物之理，一日之运即一岁之运（《遗书》十五）。又说，所谓人者天地之心，只谓只是一理（《遗书》十五）。朱子认为这几句说得好，只是朱子记忆有差，故把一人之心即天地之心说成吾之心即天地之心。但这里的思想与上面解说子罕篇的内容是一致的。

又问：“‘以己及物，仁也；推己及物，恕也。’上句是圣人之恕，下句是贤者之恕否？”曰：“上个是圣人之恕，下个贤者之仁。圣人之恕，便是众人之仁；众人之仁，便是圣人之恕。”②

关于仁与恕的分别，暂不在这里讨论。

湖湘学派自五峰起即多言天地之心，张南轩也继承了这一点：

问：“人者，天地之心，经以礼论，而五峰以论仁者，自其体言之为礼，曰其用言之为仁。”曰：“仁其体也，以其有节而不可过，故谓之礼，

① 《朱子语类》第七册卷九七，中华书局1986年版，第2483—2484页。
② 《朱子语类》第二册卷二七，中华书局1986年版，第690页。

礼运人者天地之心之言，其论礼，本仁而言之也。”①

这是说，《礼记》礼运篇的“人者天地之心”是从礼的方面来说的，五峰则用天地之心论仁。这里所指的应当是五峰所说：

仁者天地之心也，心不尽用，君子而不仁者，有矣。②

其实五峰并没有作进一步讨论。南轩在这里指出，仁是体，礼是仁的发用中的节次，因而，礼记也是以仁为本的。南轩又说：

曰：“人具天地之心，所谓元者也。由是而发见，莫非可欲之善也。其不由是而发，则为血气所动，而非其可矣。圣人者，是心纯全，浑然天理，‘乾知大始’之体也，故曰‘乾，圣人之分也，可欲之善属焉’。在贤者，则由积习以复其初，‘坤作成物’之用也，故曰‘坤，学者之事也，有诸己之信属焉’。今欲用功，宜莫若养其源。先于敬用功之久，人欲寖除，则所谓可者，益可得而存矣。若不养其源，徒欲于发见之际辨择其可不可，则恐纷扰而无日新之功也。”③

这是讨论伊川对《孟子》中“可欲之谓善”的解释，南轩主张，易所说的“元”即是天地之心，人具有此心而为人之本心，从本心而发，莫非可欲之善；如果不由此本心而发，从血气之心而发，便不皆是善。

朱子后学也讨论及此，金仁山复卦讲义云：

春敷夏长，万物生成，皆天地之迹，不难见也，惟《复》乃见天地之心。夫所谓天地之心者，何也？仁也，生生之道也，语其象则复卦一爻是也。夫当穷冬之时，五阴在上，天地闭塞，寒气用事，风霜严凝，雨雪交作，万物肃杀之极，天地之间，若已绝无生息，而一阳之仁，乃

① 《宋元学案》第二册卷五〇，《南轩学案》，中华书局1986年版，第1622页。

② 《胡宏集》，中华书局1987年版，第4页。

③ 《宋元学案》第二册卷五〇，《南轩学案》，中华书局1986年版，第1614页。

已潜回于地中。吁，此天地生生之所以为化生万物之初乎！异时生气磅礴，品物流行，皆从此中出，故程子谓一阳复于下，乃天地生物之心也。盖其仁意浑然，而万化之全美已具，生气闇然，而一毫之形迹未呈，此其所以为天地之心，而造化之端，生物之始也与！①

他认为易经三百八十四爻，都是天地之心所寓；万物形形色色，皆是天地之心所为；而这些都是天地之心的用和迹，只有复卦才最能显现天地之心。这里说得很清楚，天地之心就是仁，亦即宇宙间的生生之道，也就是宇宙间生生不已的生机。宇宙间一切生息之机都来自仁意，这个仁意并不是有人格的天意或主观的情意，而是宇宙之中的浑然生机和暗然生气。

南宋学者发挥“人者天地之心”，莫详于方逢辰的《石峡书院讲义》：

先儒论仁，最善名状者，无如谢上蔡，指草木之核，种之即生，道以为仁，其中一包，皆生理也。虽然，此物借草木之核而言耳。人之核安在？曰心。天地之核安在？曰人。夫生生不息者，天地之心也，然其心不能直遂，必以托诸人。人得天地之气以为形，得天地之理以为性，故万物皆备于我。而天地之所以生生者，实寄吾性分之内，天高地下，一日无人，则天地特块然者耳，故《孟子》曰：“仁也者，人也。”二物相配之为合，仁以性言，人以形言，仁固所以为人之理，人则所以载是理而行之者，故曰：“合而言之，道也。”然则，天地以此心寄诸人，岂徒然哉！许多道理，皆要从人心上抽迸出来，如草木句萌，自有勃然不可遏者，羞恶辞让是非之心，迸裂而出。上蔡曰：“活者为仁，死者为不仁。”人心不仁，则天地之心亦死矣，故《孟子》又曰：“仁，人心也。”七篇之书，自首至尾，切切焉以陷溺人心为忧，凡教人曰存，曰养，曰尽，曰求，曰心之端，曰心之官，曰根心，曰生心，曰物之长短轻重心为甚，直指人之识痛痒有知觉处示之，非便以知觉痛痒为仁，特欲其切

① 《宋元学案》第三册卷八二，《北山四先生学案》，中华书局1986年版，第2739页。

己省察而救活其本心也。不然，死灰而已，槁木而已，顽石而已，此之谓不仁。庄、列之徒，正坐此病。①

正如草木之核所包之仁，乃是此物生生不已的生机，由此仁而有此物之生长不已，由此可知仁即是万物生生不已的生机，内在于万物之中而为之主宰。他在这里提出一个重要的观点，天地之生机在人，人之生机在心，天地之心不能直接作用于天地万物，必须依托于人心。人得天地之气为形，得天地之理为性，得天地之心为心；人具有天地之所以生生者作为性理，此理从人心上发出，乃是仁心，心仁则天地之心活，心不仁则天地之心死，心不仁天地便不能发育流行。

王应麟说：

人者，天地之心也。仁，人心也。人而不仁，则天地之心不立矣。为天地立心，仁也。②

人者，天地之心也。天有四时，风雨霜露，地载神气，风霆流形，无一物而非仁。仁则清明虚静，与天地同流。③

他主张，人是天地之心，人靠什么作为天地之心？人是以人心作为天地之心。人心若不仁，则天地之心不立，所谓为天地立心，就是立以仁心。这里的天地之心不是从客观的天地立论，而完全从主观的吾心立论，吾心为仁，则天地之心立，吾心不仁，则天地之心不立。总之，完全以人之仁心为天地之心。另一方面，他又认为风雨霜露、风霆流形，无一物而非仁，这就是认为万物流形都是仁体大用，这已经近于仁体论了。

三

明代王学也没有放弃天地之心的观念。如王阳明：

---

① 《宋元学案》第三册卷八二，《北山四先生学案》，中华书局 1986 年版，第 2739 页。
② 《宋元学案》第四册卷八五，《深宁学案》，中华书局 1986 年版，第 2861 页。
③ 《宋元学案》第四册卷八五，《慈湖书院记》，中华书局 1986 年版，第 2861 页。

夫人者，天地之心。天地万物，本吾一体者也。生民之困苦荼毒，孰非疾痛之切于吾身者乎？不知吾身之疾痛，无是非之心者也。是非之心，不虑而知，不学而能，所谓良知也。良知之在人心，无间于圣愚，天下古今之所同也。世之君子惟务致其良知，则自能公是非，同好恶，视人犹己，视国犹家，而以天地万物为一体，求天下无治，不可得矣。古之人所以能见善不啻若己出，见恶不啻若己入，视民之饥溺犹己之饥溺，而一夫不获，若己推而纳诸沟中者，非故为是而以蕲天下之信己也，务致其良知，求自慊而已矣。尧、舜、三王之圣，言而民莫不信者，致其良知而言之也；行而民莫不说者，致其良知而行之也。是以其民熙熙皞皞，杀之不怨，利之不庸，施及蛮貊，而凡有血气者莫不尊亲，为其良知之同也。呜呼！圣人之治天下，何其简且易哉！①

王阳明把“人者天地之心”当作万物一体思想的一种说法，心是身体的一部分，与身体的其他部分共成一体。既然人是天地之心，则天地万物与其心共为一整体，正如人的心和其他器官、肢体共同构成完整的身体一样。王阳明从这种一体说诉诸身体的感受性，而感受又是心的功能，由此引出天下一家的伦理要求。

阳明早年也说：

大人于天，默契其未然者，奉行其已然者。夫大人与天，一而已矣；然则默契而奉行之者，岂有先后之间哉？……是则先天不违，大人即天也；后天奉天，天即大人也；大人与天，其可以二视之哉？此九五所以为天下之利见也欤？大抵道无天人之别，在天则为天道，在人则为人道，其分虽殊，其理则一也。众人牿于形体，知有其分，而不知有其理，始与天地不相似耳。惟圣人纯于义理，而无人欲之私。其礼即天地之体，

① 《传习录》卷中，《答聂文蔚》，参见邓艾民《传习录注疏》，上海古籍出版社2012年版，第159页。

> 其心即天地之心，而其所以为之者，莫非天地之所为也，故曰："循理则与天为一。"①

这是以理一分殊论天人合一，认为本来天人合一，人心即天地之心，但众人由于受到形体身体的限制，只了解分殊，而不了解理一，于是人与天不相似，不能合一。而众人之不了解理一是由于受到人欲之私所阻碍，只有圣人才能自然地天人合一，所以圣人之心自然地就是天地之心，常人则必须达到圣人的境界才能与天地之心相似。

《传习录》载王阳明晚年语：

> 先生曰："你看这个天地中间，什么是天地的心？"对曰："尝闻人是天地的心。"曰："人又什么教做心？"对曰："只是一个灵明。""可知充天塞地中间，只有这个灵明，人只为形体自间隔了。我的灵明，便是天地鬼神的主宰。天没有我的灵明，谁去仰他高？地没有我的灵明，谁去俯他深？鬼神没有我的灵明，谁去辨他吉凶灾祥？天地鬼神万物离去我的灵明，便没有天地鬼神万物了。我的灵明离却天地鬼神万物，亦没有我的灵明。如此，便是一气流通的，如何与他间隔得！"又问："天地鬼神万物，千古见在，何没了我的灵明，便俱无了？"曰："今看死的人，他这些精灵游散了，他的天地万物尚在何处？"②

这里再次指出形体对心之灵明的隔蔽，如果没有形体身躯的隔蔽，心之灵明可以通万物为一体，为天地之心，如心之灵明被私欲隔蔽，就不能成为天地之心了，也就不能以万物为一体了。

这个思想又见于王阳明的另一段语录：

> 要其极致，乃见天地无心，而人为之心。心失其正，则吾亦万象而

① 《王阳明全集》上，上海古籍出版社1992年版，第844页。

② 《传习录》卷下，参见邓艾民《传习录注疏》，上海古籍出版社2012年版，第277页。

已。心得其正，乃谓之人。此所以为天地立心，为生民立命，惟在吾心。……此大人所以与天地万物一体也。①

阳明过于关注心，相对忽视了仁，所以他的对天地之心的阐发，只是着重于心之灵明，强调心之灵明被隔蔽，人与人之间，人与万物之间，便成间隔，间隔就是不能成为一体，没有一体感了。

张阳和从王龙溪学，他说：

仁之为物，未易名状，故孔门罕言仁，凡所言者，皆求仁之功而已。其曰“仁者，人也。仁人，心也”。此则直指仁体矣。生生不已者，天地之心也。人之生，以天地之心为心，虚而灵，寂而照，常应而常静，谓其有物也，而一物不容，谓其无物也，而万物皆备。无物，无我，无古今，无内外，无始终，谓之无生而实生，谓之有生而实未尝生，浑然廓然，凝然，智然，仁之体倘若是乎！②

“生生不已者，天地之心也。人之生，以天地之心为心”，这与朱子仁说相近，但他未指明生生不已即是仁体，他对仁体的知解只是无物我、无古今，可知其体会乃偏在无的一边，还未亲切。

罗近溪言天心最为有见，如：

问：“复之时义大矣，寻常言复者，多自天地万物为言，今堂额谓复心者，则自吾身而言也。”罗子曰：“宇宙之间，总是乾阳统运。吾之此身，无异于天地万物，而天地万物亦无异于吾之此身。其为心也，只一个心，而其为复也，亦只一个复。经云：‘复见天地之心。’则此个心，即天心也。此心认得零碎，故言复亦不免分张。殊不知天地无心，以生物为心。今若独言心字，则我有心而汝亦有心，人有心而物亦有心，何

① 《王阳明全集》第五册，《稽山承语》第十条，浙江古籍出版社2010年版，第1608—1609页。

② 《明儒学案》上册卷一五，《浙中王门学案》五，中华书局2008年版，第326页。

啻千殊万异。善言心者，不如把个生字来替了他，则在天之日月星辰，在地之山川民物，在吾身之视听言动，浑然是此生生为机，则同然是此天心为复。故言下喻一生字，便心与复实时混合，而天与地，我与物，亦实时贯通联属，而更不容二也已。”①

他主张天地无心，以生物为心，又认为此心便是天心，那么复卦所谓见天地之心何所指而言？他认为，在这个问题上“善言心者，不如把个生字来替了他”，用生来替换心字，即复见天地之“生”，宇宙的一切，浑然是此生生为机，这就是在复卦所见的天心。这一生机论的表达甚好，可惜他也没有点出“此生生为机”便是仁体的大用。

北方王门孟化鲤与孟我疆并称二孟，他有论学书：

人者天地之心，而人之心即浩然之气，浩然者感而遂通，不学不虑，真心之所溢而流也。吾之心正，则天地之心正，吾之气顺，则天地之气顺，是故爱亲敬长达之天下，怵惕恻隐保乎四海。愚不肖夫妇之与知与能，察乎天地者以此，君子居室，言行之加民见远，动乎天地者以此。其功在于必有事，其几在于集义。集义者，即乎心之所安，不学不虑，感而遂通者也。时时即心所安，是谓时时集义，时时集义，是谓时时有事，时时有事，是谓时时浩然，时时浩然，是谓时时为天地立心，是谓时时塞天地。缘天地间本如是，其广大亦本如是。其易简或者知气塞天地，而不求诸心，而不本之集义，心非真心，气非浩然，欲希天地我塞难矣。②

他以气说心，认为人是天地之心，而人心即浩然之气，浩然之气感而遂通，心便是正，天地之心于是乎正。吾心浩然之气顺，则天地之气顺，天下之伦理秩序顺。这种思想是宋明理学中常见的思想，也是阳明学中的思想。

甘泉门下亦讲天地之心，如：

---

① 《明儒学案》下册卷三四，《泰州学案》三，中华书局2008年版，第801页。

② 《明儒学案》上册卷二九，《北方王门学案》，中华书局2008年版，第648页。

> 又曰：“‘复其见天地之心。’体认是反躬而复也，天地之心即我之心。生生不已，便无一毫私意参杂其间，此便是无我，便见与天地万物共是一体，何等广大高明！认得这个意思常见在，而乾乾不息以存之，这才是把柄在手，所谓其几在我也。到那时，恰所谓开阖从方便，乾坤在此间也。宇宙内事，千变万化，总根源于此，其妙殆有不可言者，然只是一个熟，如何？”先生曰：“此节所问所答皆是，然要用功实见得方有益。中间云‘纔体认便心存，心存便见天理’，不若心存得其中正时，便见天理也。如此体认工夫，尤更直截。其后云云，待见天理后，便见得亲切也。”①

这是以功夫论的角度看复卦的天地之心说，认为天地之心即我的心，复其见应当理解为体仁反躬，能反躬便与天地万物共是一体。

李谷平日录云：

> 复其见天地之心乎？人得是心以为心，人之心天地之心也，但私则与天地不相似，一去其私，则我之心即天地之心，圣人之为圣人，全此心而已。②

这些说法都是主张对于复见天地之心，不必从宇宙论上去理解，而可以从人心论上去理解，把关注点从天地之心转移到人之心，重要的是人得天地之心以为心，人之心必须去除私意以和天地之心相似，人若能使自家心与天地之心一般，达到这样的境界便是圣人。他又说：

> 人得天地之心为心，仁也，其用，则义也。孔子于《易》曰：“立人之道，曰仁与义。”孟子曰：“仁，人心也。义，仁路也。”终之以“学问之道无他，求其放心而已。”此求仁之说也。体用一原，显微无间，立其体，则寂然不动，浑然天理；及其感而遂通天下之故，则致用各异，

---

① 《明儒学案》下册卷三七，《甘泉学案》一，中华书局2008年版，第895—896页。

② 《明儒学案》下册卷五三，《诸儒学案下》一，中华书局2008年版，第1262页。

所谓义也。圣贤之正脉，其在是乎?①

这是说，人得天地之心以为心，指的是仁心，仁心是从天地之心得来的。仁心发为实践，便是用，义是用的层面。这个说法回到孟子人心人路的说法，其实义不能说只是用，在孟子也有四心之说，义也是本心的一面。

宋明时代，儒学的仁体论和道体论、实体论都已经相当发达，天地之心的思想与这些讨论往往交叉，读者若能兼通于这些思想论述，则可对本文所叙述的思想更得一深入的理解。

（原载《江海学刊》2015 年第 3 期）

① 《明儒学案》下册卷五三，《诸儒学案下》一，中华书局 2008 年版，第 1269 页。

论民族文化的创新

林　剑

一

人作为人存在，是以一种实践方式的存在，也是以一种文化方式的存在。虽然，从发生学与因果关系的维度上看，是人类的实践与劳动活动创造了人类的文化，人类任何意义上的文化在本质上都是实践的，应该说，人类的实践、劳动活动构成人类文化生成与发展的终极性的前提与基础，这样的认定在历史发展的逻辑上是无可置疑的。然而，在人类历史的现实中，人类的实践、劳动与人类的文化之间的关系又是一种双向作用、双向互动的关系，人的实践、劳动创造出自己的文化，而文化一旦生成，又以不同的方式作用于前者。一切具有完全意义上的属人的，具有历史性质的人的实践、劳动无不具有文化的底色和属性，因此，在这个意义上，我们强调文化在本质上是实践的同时，也有理由认为，人的实践、劳动在本质上也是文化的。在现实的历史发展过程中，人的实践、劳动与人类所创造的文化之间的关系，是一种相互作用、彼此规定的关系。

人的实践、劳动与文化之间的关系，也普遍性地存在和显现于每一个民族的具体历史发展过程中。文化是生成的，因而文化的存在是一种有根的存在。一个民族的实践发展史、劳动发展史是构成一个民族的文化发展史的最深刻的物质性基础，任何民族的文化，它的生成，它的演进，它的表现形式，它的精神特征，它与其他民族文化的相似点与不同点，从归根到底的意义上

看，都可以从该民族的生产方式与交换方式及其演进的历史进程中获得正确性的理解与科学性的阐释。正如一个民族的劳动发展史是理解一个民族的全部历史奥秘的钥匙一样，民族的劳动发展史也是理解民族文化生成与发展史奥秘的一把钥匙。对于马克思的历史观与文化观来说，上述观点应是一条不可动摇的基本性原理。但任何民族一旦形成自己的文化，反过来又会对该民族的物质生活与精神生活产生制约与规范的作用，这同样是不可否认与忽视的。任何民族的生成与存在，不仅与特定的生活条件、特定的地域空间与地理环境密切相关，同时也与特定的语言、特定的文化精神有着不可分割的联系。对于任一民族来说，它的文化是其自身民族性存在的存在方式，也是维系其存在的守护神，民族的兴盛与衰落通常与民族文化的兴盛与衰落保持着大致相同的方向。在人类社会发展的历史上，人们难以寻找到有哪一个民族在没有形成自己的文化，或丧失了自己文化的情况下能够维持自己的民族特性的证据。

民族文化对于一个民族的生存与发展所具有的重要意义与价值是无容有疑且无须申述的。无论在思想史上，还是在人们的现实生活中，几乎没有人会对此持反对或否定性的意见。马克思主义的历史与文化观虽然在文化的生成与发展的问题上诉诸实践、劳动的决定论解释，反对任何形式的文化决定论的文化史观，但它并不否定文化在人类历史与民族历史发展中的影响与作用。一个民族的文化是一个民族维系自己生存与延续的精神支撑，是一个民族国家的硬实力与软实力，尤其是软实力的重要表现。正因为如此，在人类社会历史的发展过程中，没有哪一个民族会忽视对自己民族的文化的守护与发展。然而，无论是从人类历史发展的方面看，还是从民族历史发展的方面看，文化对人类历史与民族历史的作用与影响都具有两面性。任何民族的文化通常表现为多种文化因素的集合体，当中存在着先进的文化与落后的文化之分，积极的、健康的文化与落后的、腐朽的文化之别，并不是所有的民族文化对民族历史的发展都具有无条件的积极与肯定的意义。关于历史与文化间的这种双重向度的关系，马克思主义的经典作家们曾有过明确的阐述，一

方面曾明确地断定“文化上的每一个进步，都是迈向自由的一步”①；另一方面也曾明确地指出，“在一切意识形态领域内传统都是一种巨大的保守力量”②。“在一切意识形态内”传统何以会成为一种巨大的“保守力量”？诚然，文化是生成的，一切文化及文化现象的生成无不具有某种直接或间接的客观原因与根据，其根据或是来自自然的方面，或是来自社会历史的方面，一般来说更多的或主要的来自后者。无根无据的文化是不存在的。然而，影响文化生成的因素是复杂的、多方面的，其中，有客观的因素，也有主观的因素，由于受到人们认识能力与历史局限性的制约，并不是所有的文化都具有优秀的品质。一个有说服力的事实是，文化发展的轨迹越是朝着它的起始点追索，相应地越显粗俗。即使是在人类历史与民族历史发展过程中，曾经对社会历史发展起过推动作用的文化，也并不具有永恒不变的合理与优秀的属性，曾经的合理与优秀只是相对于当时的历史条件与社会发展状况而言的，而社会历史条件与社会发展状况不是永恒不变的，而是发展变化的，因而，曾经的合理与优秀也可能变成不合理与非优秀的，甚至变成一种阻碍民族历史发展与进步的巨大的保守性力量。从理论的逻辑推论上看，由于文化是生成的，它理应随着人类实践活动以及在人的实践活动基础上生成的社会历史条件的变化而变化。从世界文化史演进的实际情况看，没有哪一种文化是绝对固化不变的，一切民族的文化都存在着一个变动的历史轨迹，不同的只是有的民族文化的发展如同奔流的江河，有的民族文化的发展有如平缓流淌的小溪。文化的发展存在着自发性与自觉性两种不同的状态，一般来说，在自发状态下，文化虽然在社会实践的推动下也能实现一定的发展，但发展通常是相对缓慢的，只有那些具有文化自觉意识与创新精神的民族，才能使自己民族文化的发展如同奔流的江河，一浪高过一浪。文化的发展并不是一个简单的累积与堆叠的过程，而是一个需要不断创新的过程。在文化发展的问题上，人们既需要对自己民族的文化表示出应有的珍爱与尊重，反对一切形式

① 《马克思恩格斯选集》第三卷，人民出版社1995年版，第456页。
② 《马克思恩格斯选集》第四卷，人民出版社1995年版，第257页。

的历史的与文化的虚无主义，但相对于文化的继承而言，更需强调的是文化的创新，文化创新是民族文化香火不断的条件，是文化江河奔流不息的源头活水。在对待民族文化的问题上，文化虚无主义是错误的，文化上的恋旧主义与保守主义同样是错误的。民族文化的生命力在于文化的创新力，文化之命，命在惟新，尤其是对于那些在人类历史上曾经出现过文化高峰，形成了伟大文化传统，作出过值得骄傲与自豪的文化成就的国家和民族来说，历史地、辩证地看待自己的文化，强调文化创新的作用，提高创新意识的自觉，树立创新的精神具有更为重要的意义。其深刻原因在于，文化一旦形成便会在人们的心理上积淀成一种相对稳定的文化心理结构，越是曾经创造过伟大文化的民族，越是对自己的民族文化具有强烈的认同感、自豪感，其文化心理结构亦越稳固，越易产生文化拜物教与文化上的原教旨主义。当一个民族对自己的文化生成一种类似于拜物教与原教旨主义式的认同情感时，要实现自我超越就会变得极为困难，这或是世界历史上那些曾产生过文化高峰的民族，在往后的历史发展中，很少见到第二座乃至更多的文化高峰，文化繁荣很难持续的缘故吧。

二

民族文化的存续与发展是需要不断创新的，如上所述，没有文化上的创新与纳新，文化的发展就会像自然界中没有活水流入的河流，干涸与消失是迟早会发生的事情，这样的道理似乎是无须多说的，因为人们很少会听到有反对文化创新的声音。然而，什么是民族文化的创新？对民族文化的创新应如何进行辨识与判别？无论是从理论的方面看，还是从实践的方面看，仍是一个需要进一步思考与澄清的问题。

什么是民族文化的创新？民族文化创新与民族文化振兴、民族文化复兴之间是一种什么样的关系？是一种相互等同与契合的关系？还是一种彼此包涵的关系？抑或是一种既相互联系又相互区别的关系？在思考与确认民族文化创新的意蕴时，这也许是一个首先需加澄清与分辨的问题。时下的中国学

界，建设社会主义文化强国，提高中华民族文化软实力，正成为人们热议的话题。在人们热议的文化话题中，经常看到的是民族文化振兴、民族文化复兴等话语的反复出现，而对于民族文化创新的呼吁不能说没有，但从使用的频率上看，前者较之于后者显然要高出许多。诚然，要建设社会主义文化强国，提高中华民族文化的软实力，振兴与复兴中华民族文化的提法具有无可争辩的正面与积极意义。但需要澄清与分辨的是，民族文化的振兴也好，民族文化的复兴也好，它们都不能与民族文化创新的话语画等号。振兴与复兴都是相对于丧失、丢失、衰落、式微一类的话语而言的，其价值依归的底蕴与基本指向是对传统文化的继承与传统文化的历史辉煌的再造与重塑。文化的创新则不同，虽然，任何意义上的文化创新都不是无中生有与另起炉灶，都需以一定的文化传统与既有的文化成果作为基础与前提，但民族文化创新的价值取向的底蕴，重点强调与主要指向的不是对传统文化的继承与复兴，而是对传统文化的改造与新文化的创造。文化创新是一种创造性活动，这种创造性活动所追求的不仅仅是传统文化的香火越燃越旺，更追求文化延续的与时俱进。

民族文化的创新也不同于民族文化的改良。文化改良与文化创新之间有形似之处，因为任何意义上的文化改良，无论是文化形式上的改良，还是文化内容上的改良，都不免使文化的原有形态发生某些新的改变或改进，从而给人们带来某种程度的新鲜感。并且文化改良在民族文化的生成与发展的过程中具有不可忽视的作用与意义，任何一种文化形态的形成都有一个从粗糙到精致，从幼稚到成熟的过程，在这当中，文化的不断改良工作是必需的。从一定的意义上讲，文化的改良是一种文化形态达到成熟的必不可少的条件。然而，文化的改良与文化的创新在性质上是存在着重大区别的。首先，文化改良与文化创新二者之间在出发点或活动目的上是不同的。一般来说，任何文化改良的活动都是以对现有或现存的文化系统，尤其是它的文化价值取向持基本认同与肯定态度为基础与前提的，因而其活动的出发点是以坚守现存文化系统的价值观念，完善现有文化形态为目的。而文化创新虽然也要以一

定的传统文化作为前提与基础，但其活动的出发点并不是对传统文化的固守与坚持，而是为了推动传统文化不断变革与进步。其二，文化改良与文化创新在民族文化发展中的作用是不同的。文化改良可以促进现有文化形态的充分发展，但很难甚至不会导致文化形态的革命性变化与质变，不仅如此，文化改良在某种程度上会导致传统文化的固化，阻碍传统文化的转型与进步。文化的创新则不同，新是较之于旧而言的，创新的目的与作用不在于对已有文化的坚守与完善，而在于对既有文化的改造与超越，创新所导致的是文化上的革命与质变。因此，文化改良与文化创新在性质上是形似而神非，二者不仅在出发点与归宿点上大相异趣，其作用也大有不同。

民族文化的创新也不同于一般文化上的标新立异。不可否认，创新的特质在于一个新字，创新本身含有标新立异的要求，也带有标新立异的表征。提倡与鼓励文化创新，首先应提倡与鼓励文化上的标新立异，从另一种维度上说，没有文化上的标新立异，也就没有所谓的文化创新。但我们并不能据此认为一切形式与意义上的标新立异都具有无可争辩的创新属性，更不意味着对具有标新立异属性的文化现象、文化思潮、文化成果都可以诉诸积极性的辩护与肯定性的评价。一般来说，在谈到标新立异的概念时，在价值评价上具有价值中立的意蕴，肯定性或否定性评价的关键不在于形式上是否具有标新立异的属性，而在于内容上与性质上是否符合先进与进步的要求。并不是文化上的任何标新立异都具有进步的意义，那些纯粹以追求形式上的标新立异为目的的奇思异想，那些反映腐朽落后生活方式与低级趣味追求的标新立异现象，不仅不应给予肯定性的评价，反而应诉诸否定性评价。文化的创新虽然在形式上表现为一种标新立异，但只有促进文化进步的标新立异才能称之为文化创新。

综上所述，本人以为，文化的创新既不同于传统民族文化的振兴与复兴，也不同于传统民族文化的改良，民族文化的振兴、复兴、改良等概念中所表达的主基调是对民族传统文化或民族文化传统的一种继承、光复、弘扬与辉煌的再造与再现，因而它或多或少地寄托着人们的某种文化上的寻根、怀古、

恋旧情结，蕴含有或多或少的文化恋旧主义与文化保守主义色彩。而文化创新则是一种创造性活动，其价值诉求要达致的是文化发展的与时俱进，以文化的创新与创造推动文化的发展与进步。文化创新虽然对民族的传统文化与文化传统不应采取历史虚无主义态度，但它的价值诉求的向度，主要关注的不是历史的过去，更多关注的是文化发展的当下与未来。民族文化的创新，大致可区分为文化表现形式的创新与文化内容和文化精神的创新，虽然文化表现形式的创新对于文化的演进具有不可忽视的意义，但相对而言，文化内容与文化精神的创新具有更为重要的意义，其深刻的原因在于，一种文化的性质主要通过它的内容以及它所蕴含的文化精神获得表达与表现。如果将文化的表现形式比作一个酒碗，那么文化的内容就如同是由各种原料酿成的酒，而文化精神就类似于不同酒的味道。正如一种酒的品质是由酒的原料与味道决定的一样，一种文化的性质与特质也是由它的文化内容与文化精神决定的。文化创新既是对传统文化或文化传统的一种扬弃，更是对传统文化或文化传统的一种超越，这种扬弃与超越具有革命性的特征。文化创新的价值诉求与目标应是构建一个符合时代要求，促进社会发展与历史进步的，具有优秀、先进、科学、进步等诸多品质的新质态文化。这种新质态文化不仅要反映社会历史发展必然性的要求，同时也是推动社会发展与历史进步的动力与杠杆。

三

文化创新对民族文化的繁荣与进步的意义是不言而喻的，但要真正推进文化创新并非易事，要取得文化创新的实效则更是难上加难。文化创新也与其他领域的创新一样，说起来明白，做起来难，它不仅要受到各种各样的主客观条件的制约，而且还会受到各种保守势力的阻挠与反抗。

推动社会文化创新的根本性动力来自社会发展的需要。如前所述，文化在本质上是实践的，文化的发展既受社会实践需要的驱动，也表现为实践活动的产物，一切文化元素，无论是文化形式方面的，还是文化内容方面的，或是文化精神方面的，都可以在人们的社会实践中找到其生成的某种根据，

并能从人们的社会实践中寻找到生成性的解释。作用并影响民族与社会文化生成及发展的因素是多种多样的，在推论的逻辑上，一切作用与影响人类社会实践的因素，也会对文化的生成构成直接或间接的影响。然而，在所有作用与影响社会文化的因素中，社会的生产方式与交换方式起着归根到底的作用。农耕的生产方式与交换方式是农耕文化与农业文明生成的基础，工业的生产方式与交换方式是工业文化与工业文明生成的基础，这是世界各民族历史发展中所普遍显现出来的毋庸置疑的经验性事实。正因为社会的生产方式与交换方式是民族文化生成与民族文化演进的基础与决定性力量，因此，民族文化创新的动力在根本上还是要依赖于社会的生产方式与交换方式的发展状况。一般来说，当一个民族的社会生产方式与交换方式处于进步与上升状态，或生产方式与交换方式处于新旧交替和形态转型时期，社会文化的创新也会相应地表现出生气与活力；而当一个民族的生产方式与交换方式的存在状况处于停滞与衰落状况时，民族文化在总体上也会处于沉闷与固化状态。在世界历史上，那些处于发展领先的民族，其民族文化的发展状况大多呈现出较多的创新性特征，而生产方式与交换方式处于落后、停滞、固化状态的民族的民族文化则呈现出显著的保守性。当然，在世界历史上也存在着这样一种特殊现象，某些经济、政治处于相对落后的民族和国家，在某个特定的历史时期，在其个别文化领域中有过文化创新与文化繁荣的突出表现。春秋战国时期的百家争鸣，18 世纪末到 19 世纪初崛起的德国古典哲学，19 世纪六七十年代兴起的俄国文学，都应是上述历史现象的经典例证。但需强调与申述的是，这类现象的产生存在着一个相似的特点，即几乎都出现在社会历史急剧变革时期或其前夜。社会实践的发展与社会文化的发展之间是一种双向互动的关系，实践的发展会推动文化的创新，文化的创新也会推动社会实践的发展，文化的发展状况与社会经济、政治结构之间虽然并不总能保持着一致与平衡，不平衡的状况也会不时地显现在各民族的历史中，但这并不改变文化的发展归根底是由人们的实践方式即社会的生产方式与交换方式推动的，一切文化现象最根本地应从生产方式与交换方式的性质及其变动中去获

得合理性解释的基本原理。

强调文化创新的实践推动，并不意味着否定与弱化人们的主观努力在推动民族文化创新中的作用。没有绝对固化的文化，从总趋势上看，一切民族的文化都会随着历史实践的改变发生或快或慢的变化。我们不否认文化的发展与演进有其自发性的可能，但不同民族文化的发展与演进的速度之所以有快慢之分，性质上有先进与落后之别，显然不是自然性演进的必然结果，也不能仅仅从纯粹的历史必然性中得到合理解释。诚然，文化的发展与演进是有自身规律的，任何民族文化的发展都不能无视并超越历史必然性要求，但问题在于历史必然性需要通过在历史活动中的人去实现。不是所有的民族都能创造出领先于其他民族的先进文化，伟大的民族之所以能创造出伟大的文化，并不是神意的眷顾与命运的安排，而应归因于该民族的文化创新能力与创新精神。文化的创新既要有创新能力，更需要创新精神，缺乏创新精神的民族是不可能有创新能力的。一个民族的创新精神需要培养，要使一个民族具有创新精神，首先，无疑需要有正确的历史观与文化观的指导，没有正确的历史观与文化观的指导，文化创新就会缺乏正确的方向。其次，要树立科学的文化创新精神，还依赖于对自己民族传统文化的科学认识与理性自觉，即是说要对民族的传统文化有一个正确的态度。对民族的传统文化与文化传统既要历史地看，也应辩证地看。所谓历史地看，即是将民族的传统文化放在历史的时空条件下进行审视与评价，防止用今天的评价尺度去贬损与否定传统文化的合理性，避免一切形式的历史虚无主义与文化虚无主义的片面性。所谓辩证地看，即是要一分为二地对待民族的传统文化，既不应否定一切，也不应肯定一切，传统文化中存在着闪亮的珍珠，也存在着历史性的糟粕；有些文化形式与内容，在历史上可能是进步的，但随着历史条件的变化也可能变成落后的了。在对待自己民族的传统文化的问题上，我们既要讲文化自信，更要强调文化自觉，相对于文化自信而言，文化自觉更具有积极的意义，缺乏文化自觉的自信，通常会导致文化上的自发性盲从。在对待民族传统的问题上，历史虚无主义与文化虚无主义是错误的，文化的保守主义、复古主

义更是错误的，要推动民族文化的创新与进步，必须旗帜鲜明地批判与反对形形色色的文化恋旧主义、文化保守主义与文化复古主义。尤其需要指出的是，越是那些在人类历史上曾创造过文化辉煌的民族，越应自觉地克服文化的自恋与怀旧情结，越应对文化保守主义与文化复古主义保持警惕，因为文化一旦固化为一种文化传统，就会转变成一种保守性的力量，要克服这种保守性力量的束缚，通常是极为困难的事情。

民族文化的创新除了需要有创新理念与创新精神，还需要有宽松的文化环境与良好的社会氛围。在推动民族文化的创新过程中，科学与正确的历史观与文化观的指导无疑是必需的，但良好的文化环境与自由宽容的氛围同样重要。要促进文化的创新，应坚定不移地贯彻百花齐放、百家争鸣的方针，鼓励各种不同的文化形式与文化流派之间的对话、碰撞与竞争。尽管在文化创新的过程中也可能出现泥沙俱下的现象，甚至出现一些人打着文化创新的旗号，贩卖一些传统文化中的过时旧物，或舶来一些域外的含毒的洋货的状况，但我们应坚信，文化的发展有如大浪淘沙，泥沙尽处可见金，历史是可靠的清道夫，时间是有效的清毒剂，究竟是真创新还是假创新，是文化的鲜花还是文化的毒草，历史的时间延续最终会给出有效的判别与公正的裁决，真正优秀与先进的文化是不怕碰撞与竞争的，也是有顽强生命力的。

文化创新也离不开文化开放。虽然开放本身不是创新，但它是文化创新的条件。文化创新，离不开文化的原料，巧妇难为无米之炊，文化的原料越丰富，文化创新的潜力愈大，至少从可能性上说应是如此。民族文化的创新，首先无疑要从本民族当下的社会发展需要出发，要充分地挖掘利用自己所拥有的文化矿山，这是无须争辩的；但也不应忽视其他民族的优秀文化成果与成功的文化创新经验，用毛泽东同志的一句名言来说，叫作既要“古为今用”，也要“洋为中用”。其他民族的优秀文化成果可以通过改造加工，变成我们进行文化创新的原料，其他民族文化创新的成功经验与教训，可以成为我们进行文化创新时的有益借鉴。无论是世界历史发展的经验事实，还是当代中国改革开放以来的经验事实，无不证明，没有哪一个民族的文化在完全

封闭的情况下能够攀登上具有世界历史意义的文化高峰。在文化开放的问题上，应坚决地反对文化上短视的保守主义。每一个民族的文化中，都蕴含有一些值得其他民族借鉴与学习的优秀成分。当然，我们在文化开放的过程中，也会受到挑战，这是不应被忽视与否认的，但问题的关键还在于我们自己在开放与借鉴中有一个正确的态度与做法。对其他民族的文化既不能拒之门外，也不能简单地采取拿来主义的做法，拿来主义不是创新，外来文化一定要适合中国国情，否则就会出现南为橘、北为枳的现象，洋为中用需以改造、加工、创新为前提。

总之，要建设社会主义文化强国，就必须走文化创新的道路，因为社会主义文化强国的文化不仅要为建设有中国特色的社会主义现代化强国服务，而且在性质上要姓“社”。社会主义文化既不可能奠基于中国传统儒家文化，也不可能奠基于西方自由主义，而只能奠基于建设有中国特色的社会主义现代化强国的理论与实践。在马克思主义科学的历史观与文化观的指导下，利用人类的一切优秀成果，加强有中国特色的社会主义的理论与实践的探索，通过文化创新，构建符合社会主义本质要求，满足建设现代化强国需要的社会主义新文化体系，是实现建设社会主义文化强国目标的唯一之路。舍此，要么是走复古倒退的老路与死路，要么是走改旗易帜的自由主义文化的歪路与邪路，二者皆不是建设有中国特色的社会主义文化强国的正路。

（原载《江海学刊》2015 年第 6 期）

伦理道德，因何期待“精神哲学”

樊 浩

当今中国伦理道德发展，需要三次连续推进的学术进程：“精神”的认同；“哲学”的期待；“形态”的建构。“精神”的认同，是使伦理道德回归“精神”的家园，在人的精神发展和人的精神世界中考察伦理道德；“哲学”的期待，是在伦理道德的精神哲学体系中破解伦理道德发展的尖端性的理论难题和现实难题；“形态”的建构，是在伦理道德发展的民族传统和人的现实精神世界中具体地而不是抽象地把握伦理道德发展的规律。三个进程的总体性命题和总体性话语是：“伦理道德的精神哲学形态。”

“伦理道德的精神哲学形态”，无论作为命题还是话语，都包含太多学术诱惑，作为其语词构造的四个话语元素已经足以激起对于学术前沿的强烈冲动：伦理道德，精神，精神哲学，形态。然而最具诱惑力和挑战性的还不是这四个话语，而是四者之间关系所聚焦的学术指向和问题意识。“伦理道德的精神哲学形态”的要旨在于：以“伦理道德”为聚焦点，将伦理道德回归于“精神”，在“精神哲学”体系和人的精神世界的辩证发展中，探讨伦理道德的发展规律及其所建构的“精神哲学形态”。这一命题的演绎必须经历三次理论推进：“伦理道德”的“精神”推进；由“精神”到“精神哲学”的推进；由“精神哲学”到“精神哲学形态”的推进。第一个是理念推进，是伦理道德文明本性的回归；第二个是理论推进，是伦理道德发展的精神哲学体系；第三个是现实推进，是伦理道德的辩证运动所构成的人的精神世界的历史形态。三次推进也是三次回归：“伦理道德”向“精神”的回归，向“精神哲

学”的回归，向“精神哲学形态”的回归。简言之，“精神”的推进与回归，“哲学”的推进与回归，“形态”的推进与回归。推进与回归演绎的是伦理道德发展的精神哲学规律及其历史合理性和文明现实性，展开为逻辑与历史统一的具体—抽象—具体的辩证进程，借此，伦理道德及其发展便回到自己的“精神”家园。“伦理道德的精神哲学形态”以“伦理道德”为主题，以“精神哲学”为伦理道德发展的理论合理性，以“形态”为伦理道德发展的现实合理性，展开为伦理道德发展的“精神哲学”及其“形态”的研究范式。三次推进的中枢及其必须道德完成的核心课题是：伦理道德，因何期待“精神哲学”？

“伦理道德”的“精神”家园

在人类文明中，有太多迄今尚未解开但却是人的世界最基本的文化密码，解开这些密码的文明意义其实并不比当今最为前沿的为人类寻找“类地球”的现代宇宙学的科学壮举逊色丝毫，因为这些基本密码如果不解开，人类将面临在文化上丧失家园并因找不到任何“类文化星球”而无家可归的结局。伦理与道德的关系，就是有待破解的最重要的文化密码之一。

人类世界的基本文化密码为何难以解开？根本原因之一是人类一往无前的匆匆行进忘却了自己的本真，于尘土飞扬中将原本清澈的世界搞得樊然淆乱。由于人类告别自己的原始文明或本根已经太久因而对它全无记忆，也由于人类总是在足够成长和成熟之后才开始自己的文化反思，因而对于那些附着生命分娩的淋漓、表征生命基因的文化反映和文化信息，要么在人生制高点上的一瞥回眸中觉得过于幼稚而大度地潇洒一笑，要么把它当做全无价值的本能反应而弃若敝屣。无论对待神话的“文学”态度①，还是对待像“上帝为什么怒”“人为什么以一声啼哭向世界报到”这样元问题的故意冷落，无

① 在中国的图书分类中，古神话往往被归属于“文学”。其实，古神话并不是人类初年的文学创作，而是他们对世界、对宇宙、对生命的真实看法，是不折不扣的意识形态。

不在“成熟的潇洒”中给人类文明留下太多的具有本然意义的空白点，也给思想和文化留下太多的断裂带。然而，无论作为具有普世意义的原始文明遗存的家庭，还是作为人类生物进化潜意识的那些诸如从高处坠下、被动物追赶等具有普遍意义梦境的挥之不去呈现①，无不一次又一次地提醒我们必须严肃地思考“我们从哪里来?”“我们应当也必然到哪里去?”可悲的是，由于人们早已忘却了生命和生活，进而忘却了文明的本真，对这些不断重复和强化的催醒不是置若罔闻，就是觉得它们如垂垂老人的嗫嗫私语那样令人无可奈何。更令人可悲而可叹的，是思想，确切地说是个人私见对生命和生活，因而也是对文明的强暴，那些自认为掌握着上帝般创世纪权力的思想“超人”，对那些附着文明基因，也附着生命体味的基本问题，往往于不屑一顾中向世界宣布他们的真知灼见，关于伦理与道德关系的研究便是如此。

不能不承认，近期以来，道德哲学领域关于伦理与道德关系的研究取得重要进步，由以往虚妄无知的“不分”，进展到关于“分”的思考与研究，虽然通常情况下还不知到底因何“分”以及如何“分”，但当强调二者区分的同时，似乎又猛然意识到伦理与道德应当是不分或本来就是不分的，于是问题似乎又螺旋式而又戏剧般地回到原点。由此，伦理与道德，似乎陷入分与不分的哲学上的“囚徒困境”。由于它不仅是道德哲学而且是人类社会生活尤其是精神世界的基本问题，这一囚徒困境所囚禁的便不只是彼岸的那个伦理与道德概念，而是人的精神，是人的精神世界和精神生活，最后是人本身。其实，在伦理与道德的关系方面，无论是原初的“不分”，还是后来作为学术进步的“分”，多多少少都带有思想或学术暴力的痕迹，至少具有暴力的影子，原因不仅在于没有经过充分的学术论证，更因为它是对人的生命和生活，对人的精神世界的隔空喊话或居高临下的宣断，因而是“武断”而不是“文

---

① 有人类学家研究，人类有些梦具有普世性，如总是从高处坠下，或被动物、人等追赶，这些梦表达了人们原始社会中的某些集体记忆，它们已经成为人类的潜意识，因为在野蛮时代，人类祖先生活于树林中，晚上栖树而眠；与动物竞争，被追逐已是日常生活；因而在现代人中，这两个梦总是不断以各种形式再现。其实它们就是人类的原初记忆而形成的潜意识。

断”，而任何“武”都是具有思想暴力性质的“断”。

如何走出“囚徒困境”？必须将概念现实化为理念，到文明本身寻找智慧。伦理道德的“理念”，不仅指向作为其本质的概念，更指向它所诠释和演绎的那种文明以及于其中奔腾不息的生命与生活。当伦理道德的概念云遮雾罩之际，回到文明本身，回归生命与生活，也许灯火阑珊。到目前为止，在关于伦理道德的关系方面，“伦理‘ = ’道德”，即伦理与道德不分的观点虽没有销声匿迹，但在严谨的学术研究中很难有学术市场，纠结的是另外两种话语方式和思维范式：“伦理‘与’道德”，“伦理‘VS’道德”。一个“与”字已经棒打鸳鸯般将伦理与道德分开，只是其间加了一层思想黏合剂；而“VS”凸显的则是二者之间的互竞甚至对立，西方伦理认同与道德自由的矛盾，就是一种“VS”思维的表达方式。然而，仔细考察便会发现，伦理与道德关系的真理，既不是“伦理‘ = ’道德”，也不是“伦理‘与’道德”，更不是“伦理‘VS’道德”，而是“伦理道德”。回归“伦理道德”才是走出“囚徒困境”的智慧之路。

从“伦理‘ = ’道德”“伦理‘与’道德”“伦理‘VS’道德”，到“伦理道德”，本质上是一次精神回归，是伦理道德回归家园的“精神”之旅。

在人类精神世界和文明进展中，伦理与道德似乎更像一对双胞胎，只是有时像同卵双胞胎，相似得难以分辨；有时像异卵双胞胎，虽外貌不同，但却一胎孕生。但更多时候像一对连体儿，共生互动，不但形影不离，而且息息相通。然而，无论如何，它们又是两个生命，是两种具有独特风情的文化构造。这种状况，在轴心时代的文明演绎及其经典理论中已经基因性地存在和表达。文明初年伦理与道德关系的本真状态表现为两大哲学纠结，在古希腊是亚里士多德“伦理的德性”与“理智的德性”的纠结，在中国是《论语》与《道德经》的纠结。

学界共知的事实是，在《尼各马科伦理学》中，亚里士多德将德性归结为两类：伦理的德性与理智的德性。学界已经明了亚里士多德的要义：（1）

伦理的德性来自风俗习惯，理智的德性由教导而成，因而需要经验和时间；（2）因此，理智的德性高于伦理的德性。但是，在关于亚里士多德两种德性的解读中，我们往往忽略了一个重要的问题，即（3）无论伦理还是理智，都指向并诠释同一个对象：“德性”，因而其中隐含的更深刻的文化意向是，伦理、理智与德性的关系，聚焦于我们的论题，伦理与道德的关系，是一种相互诠释的交融关系，否则便没有“伦理的德性”之说。① 伦理的德性来自原生的经验，理智的德性来自次生的经验，二者都指向并造就德性。然而，不得不承认，日后西方道德哲学的两大重要走向或哲学上的分道扬镳在作为其传统根源的亚里士多德的胚胎中已经基因性地存在：以理智诠释德性的康德“实践理性”走向；以伦理诠释德性的黑格尔“精神”哲学走向。然而最重要的是，在亚里士多德的思想胚胎中，伦理道德原本是一体的。

中华民族初年的两大经典，即《论语》与《道德经》的关系及其文化命运，似乎隐喻了中国文化基因中伦理道德的某种精神本能。如果扼要概括二者的内核，那么《论语》的精髓是“‘伦’语”，《道德经》的精髓是“德—道经”，其内隐含的文明密码有二：第一，《论语》与《道德经》同时诞生，相当程度上隐喻民族生命源头中伦理与道德的文化共生；其二，虽然《论语》的取向更似亚里士多德所说的“伦理的德性”，《道德经》更似“理智的德性”，但在伦理与道德的关系方面，二者深藏关于同一性的共同哲学指向。《论语》以“仁”的道德诠释“礼”的伦理，其著名命题是“克己复礼为仁”，仁的道德的完成是礼的伦理实体的实现，因而是“伦理的德性”。《道德经》的著名命题是“大道废，有仁义，智慧出，有大伪”②。“失道而后德，失德而后仁，失仁而后义，失义而后礼。夫礼者，忠信之薄而乱之首也。”③ 大道失落，便催生仁义之德；仁义失落，便需要礼的伦理秩序。显然，在《论语》与《道德经》中，“仁”的道德与“礼”的伦理具有正相反对的因果

① 参见亚里士多德《尼各马科伦理学》，苗力田译，中国社会科学出版社1999年版，第27页。
② 《道德经》第十八章。
③ 《道德经》第三十八章。

关联。在《论语》中，“礼”的伦理是“仁”的道德建构的结果和标志；在《道德经》中，“礼”的伦理恰恰是“道”之自然与仁义之德性失落的结果。然而只要稍许进行哲学思辨就会发现，二者之间潜在更为深刻的形上层面的同一性：伦理和道德是一体共生、密不可分的，只是在《论语》中是肯定性相关，在《道德经》中是否定性相关。更具意味的是，无论在智慧形态还是哲学境界方面，《道德经》都高于《论语》，虽然两部经典共同缔造了中国人的精神基因，形成中国文化构造中伦理与道德共生互动的两大结构，然而，在大浪淘沙的历史选择中，如果二者择一，那么不是《道德经》，而是《论语》，成为中国人的第一“圣经”。中国文化对于《论语》和《道德经》的态度，相当程度上表征着对于伦理与道德关系的选择，隐喻着伦理与道德共生互动中伦理优先的价值取向。因为，《论语》所奠定的就是伦理道德一体，伦理优先的精神哲学形态。① 两千多年历史演进中的儒道互补似乎传递一种生命信息：中国人的精神世界，是“伦理道德”，而不是“伦理与道德”，更不是“伦理 VS 道德”。

可见，在人类生命的童年，在原初的精神世界及其智慧形态中，伦理与道德像未被启蒙的亚当与夏娃，都是上帝这个终极实体的创造物，“你是我的骨中之骨，肉中之肉”；亦似个体生命中“青梅竹马，两小无猜”的童稚状态。启蒙了，也就异化了。于是，关于伦理与道德的关系，必须进行一次告别和一种回归。告别三种话语范式：告别二元等同的“伦理‘=’道德”，告别二元链接的“伦理‘与’道德”，告别二元断裂的“伦理‘VS’道德”，开辟和回归第四话语：即一体共生的“伦理道德”。然而，无论如何，伦理与道德的分离，是一次“走出伊甸园”，告别“两小无猜”的童真状态的精神异化，于是，回归“伦理道德”便是一次漫长而艰难的精神救赎和文化长征，中西方民族，都经过了一个艰苦而痛苦的历程。

---

① 关于《论语》伦理道德一体、伦理优先的精神哲学形态，参见樊浩《〈论语〉伦理道德思想的精神哲学诠释》，《中国社会科学》2013 年第 3 期。

走向“精神哲学”

如何回归“伦理道德”？伦理道德如何回归“精神”的家园？走向“精神哲学”。

“伦理道德”的回归，首先期待一种问题意识和思维方式的哲学革命：由对伦理与道德关系的思考，到对人的精神世界，准确地说，对伦理道德辩证运动所缔造的人的精神世界的追问。于是，问题式便悄悄发生位移：由伦理道德关系转到伦理道德发展规律的研究。仔细反思就会发现，伦理与道德关系的纠结，不在关系本身，而在对待伦理与道德关系的文化态度和价值取向。伦理与道德关系的真义，不是鸡生蛋还是蛋生鸡的因果循环，回到轴心时代的原初智慧，其实是庄子《大宗师》中的那个著名寓言所提出的两难选择：泉涸之际，“两鱼相遇于辙”，到底“相濡以沫”还是“相忘江湖”？切换到当下的论题，其问题式便是：在人的生命与生活中，在文明进程中，伦理与道德，到底是“相濡以沫”，还是“相忘江湖”？显然，“相濡以沫”是以伦理认同为主题的“伦理的德性”，“相忘江湖”是以道德自由为追求的“理智的德性”。两种德性、两种智慧，“相濡以沫”足够“伦理”，“相忘江湖”足够“理智”，然而值得玩味而又特别具有启发意义的是：中国文化一如既往选择的不是庄子所指引的那种“相忘江湖”的道德自由之路，而是被其反讽的“相濡以沫”的伦理认同之途，也许，这正是伦理型文化的密码所在。不过，庄子的寓言及其历史境遇的哲学意义并不止于此，将它移植于关于伦理道德关系的诠释，“相濡以沫”，既是伦理道德关系的现象学图景，也是中国文化一如既往的价值和态度。伦理道德的真理与真谛，就是“相濡以沫”。在何处相濡以沫？在人精神世界和文明进程中相濡以沫。于是，一种精神哲学诉求便逻辑和历史地一朝分娩。

在伦理与道德关系的话语方式方面，“伦理‘与’道德”与“伦理道德”的表述最易混淆，混淆之处在一“与”字。借用王阳明对“心即理，性即理”的话语对“知行合一”进行辩证，如果在“知”与“行”之间“下一

‘与’字，恐未免为二”①。“知行合一”不能表述为“知与行合一”。因为，“知行”只是良知发用时的两种状态，“合”即“同”，“一”是什么？就是“良知”。“知是行之始，行是知之成。对学只有一个功夫，知行不可分作两事。”② 知与行即所谓思维与意志，黑格尔曾说，思维与意志只是精神的两种形态，意志只是“冲动形态的思维”。同样，在伦理与道德之间，也不能用一个“与”字。不过，伦理道德也不能依王阳明的话语方式简单诠释为“伦理即道德”，或“伦理道德合一”，“伦理道德”作为理念，更凸显它们作为人的精神的两大染色体和人的精神世界的两大基因，在人的精神发展和精神世界建构中的辩证运动。不幸的是，逻辑把潜在于伦理道德之间的“与”和“VS”，在轴心时代之后的文明进展中顽强地显露峥嵘。在走向现代性的文明进程中，伦理道德遭遇文化生命的决绝性断裂，并在与自己的文明家园的渐行渐远中逐步陷入囚徒困境。断裂的意向和主题，是道德对于伦理的远离甚至凌辱。

西方文明中伦理与道德的分离与断裂，潜隐于康德在《实践理性批判》的那个著名感叹和结论中：“有两样东西，我们愈经常持久地加以思索，它们就愈使心灵充满始终新鲜不断增长的景仰和敬畏：在我之上的星空和居我心中的道德法则。”③ 人们在向康德的道德虔诚献上一掬心灵鞠躬的时候，往往忘记一个反问：康德为什么对内心的道德法则满怀“景仰和敬畏”？景仰表征距离，敬畏意味紧张，康德并未与“内心的道德法则”达成后现代哲学所谓的“和解”，为什么？康德自己解释，因为它“肇始于我的不可见的自我，我的人格，将我呈现在一个具有真正无穷性但仅能为知性所觉察的世界里”，“内心的道德法则”赋予人的生命以某种合目的性而趋于无限。④ 其实，康德对道德法则的敬畏与中国传统道德哲学中“主敬”并不完全是一回事，康德

① 王阳明：《传习录·上》。
② 《王文成公全书》卷一《语录一》。
③ 康德：《实践理性批判》，韩水法译，商务印书馆1999年版，第177页。
④ 同上书，第177—178页。

的“敬畏”相当程度上源于实践理性中伦理与道德的分离。正如黑格尔所说：“康德多半使用道德一词。其实在他的哲学中，各项实践原则完全限于道德这一概念，致使伦理的观点完全不能成立，并且甚至把它公然取消，加以凌辱。”① 一旦取消和凌辱了伦理，道德便失去合法性根据和神圣性根源，于是，康德在借助“上帝存在”与“灵魂不朽”的终极预设的同时，尘世间就只能对内心的道德法则表示“景仰和敬畏”。问题在于，康德为什么取消和凌辱伦理？这是西方精神哲学蜕变的结果。在西方文明进程中，亚里士多德以具体历史境遇为指向的伦理，到古罗马蜕变为寻求普遍法则的道德，康德的努力和贡献，是将古罗马脱离伦理家园的以自由为追求的道德法则进一步抽象和体系化为道德哲学，于是，这个离开伦理总体性与伦理具体性的“纯粹实践理性”，便成为“真空中飞翔的鸽子”，康德也只能对它“景仰和敬畏”。

中华文明进程也经历了这样的分离和分裂，魏晋玄学就是其历史表达。《论语》伦理与道德统一的基因，在日后的文明演进中展开为“内圣外王之道”，然而，“内圣”的道德与“外王”的伦理的统一必须具备一定的现实条件，两汉经学将这一传统功利化，无论道德还是伦理，都蜕化为谋取功名利禄的工具。遭遇后汉以后的长期社会混乱，魏晋玄学中便出现伦理与道德之间深刻而巨大的分裂，这种分裂以哲学方式表达，就是所谓“名教”与“自然”之辨。这一命题表面上是名教的应然与自然的本然之辨，实际表征了名教的道德与自然的伦理的分裂，分裂的精神形态，是竹林玄学家嵇康在《卜疑》中所表白的“文明在中，见素表璞。内不愧心，外不负俗”的那种人格与生命的大裂变；分裂的哲学轨迹是玄学三期发展的命题演绎：从正始玄学的“名教本于自然”，到竹林玄学的“越名教而任自然”，最后到元康玄学的“名教即是自然”。其实，这种因伦理与道德矛盾而导致的文化精神与文化生命的分裂，在《道德经》的继承者庄子那里已经被咒语般地描述：“乘物以游心，托不得已以养中。”② “乘物”“不得已”，都是一种伦理态度和伦理境遇，

① 黑格尔：《法哲学原理》，范扬、张企泰译，商务印书馆1996年版，第42页。

② 《庄子·人间世》。

“游心”“养中”是一种道德自由和道德取向。其实，无论“越名教而任自然”，还是“乘物以游心”，说到底哲学本质都是一个：脱离伦理认同的道德自由，或脱离现实伦理的真空中飞翔的道德。

其实，无论康德的“实践理性”，还是玄学的“名教与自然之辨”，精神本质都是伦理与道德的分立与对立，是伦理与道德的一次精神断裂，其核心是试图以“道德”取代伦理道德的整体性与有机性，直至像黑格尔所批评的康德那样，“完全没有伦理”。其根源是“无哲学”，准确地说，无“精神哲学”，即不能在人的精神辩证发展和人的精神世界的辩证结构中把握伦理道德的有机性与整体性。在中西文明史上，虽然康德和魏晋玄学都将哲学推进到一个新阶段，然而，康德“实践理性”的哲学，只是“道德哲学”，而不是“精神哲学”，因为它“全无伦理”；玄学之“玄”已经道出一种难以企及的哲学意境，然而，“玄”的根源在于它对伦理的逃避，因为逃避了现实的伦理，因而必须“玄”，也只能“玄”。所以，康德和玄学，都是“伦理‘与’道德”，甚至“伦理‘VS’道德”精神世界的分立与对立模式。他们有哲学，有很高的哲学成就，但却无真正意义上的“精神哲学”，更缺乏精神哲学的“体系”。应该说，历史传统与民族精神中的这种分离与对立，在文明的源头已经埋下种子。亚里士多德以后之所以出现道德的“单向度”，根源在于他的“伦理的德性”“理智的德性”本质上是“伦理”与“德性”即伦理与道德二分的“与”的言说方式和精神范型，而对于“理智的德性”的偏好，则直接内蕴了日后两次转化的可能性：古罗马由原生的经验向次生经验，即由具体的伦理向抽象的道德转化的可能；德国古典哲学由康德“理智的德性”的极端化，发展为“实践理性”的可能。中国文明经历了相似的过程。《论语》与《道德经》两种智慧分别同时诞生，似乎隐喻伦理与道德在日后精神史尤其是民族精神史上“相濡以沫”与“相忘江湖”的两种可能与两种路向。《论语》伦理道德一体、伦理优先的传统，在“罢黜百家、独尊儒术”中被“体制性”但却非“体系性”地肯定，这种哲学上的未完成为两汉以后伦理与道德的二元分裂埋下伏笔。伦理道德的历史回归与文明回归，历史地期待

一种精神哲学的完成，或一种精神哲学的体系性建构。

只需稍许回顾一下现代中国社会中“道德”之于“伦理”的强势话语，就会发现这种断裂依然在延伸。伦理与道德关系的真正解决，必须也只有回到生命，回到人的精神世界，回到人类文明本身。于是，对于精神哲学的诉求就不仅应然，而且必然。走出分裂，逻辑和历史地必须也只有诉诸精神哲学地自觉建构。精神哲学不仅研究精神本身，而且研究人的现实精神世界，研究人的精神和精神世界由低级到高级的辩证运动过程。精神哲学将伦理与道德当做精神世界的两个辩证构造，当做人的精神发展的两个特殊环节，从而使伦理道德在人的精神世界和精神发展中得到哲学辩证，也使人的精神世界和精神生活得到现实建构。“精神哲学”对于伦理道德的意义有二。第一，将伦理道德还原于精神，当做精神现象，在人的精神由低级到高级的辩证发展中考察和把握伦理道德发展的规律，尤其是精神哲学规律；其二，将伦理与道德当做人的精神世界的两个基本结构，在精神和精神世界的辩证运动中考察和把握伦理道德关系，探讨伦理道德如何在辩证互动中推动精神与精神世界的发展，进而摆脱关于伦理道德关系研究中“合”与“分”的机械二元主义。在这个意义上，精神哲学建构的是伦理道德与人的精神世界、精神发展的相互诠释的关系，它既探讨伦理道德发展的精神哲学规律，即伦理道德在人的精神世界中发展的规律；也通过伦理道德探讨人的精神世界建构和人的精神发展的规律，由此形成伦理道德与人的精神世界在客观世界中共生互动的关系。精神哲学是对伦理道德的精神现象学，它将伦理道德还原于人，还原于人的精神和精神世界，在精神哲学的体系和精神世界的现实性中考察伦理道德的发展规律和人的精神世界发展的规律。

回归“精神哲学形态”

伦理道德如何历史与现实地造就人的精神世界，推动精神世界的辩证发展？理论形态的“精神哲学”便推进为历史和现实的“精神哲学形态”。

精神哲学形态是人的精神世界和人的精神发展的哲学形态或哲学自觉，是“精神的”“哲学形态”。“伦理道德的精神哲学形态”，在理论上是伦理道德的“精神形态”的哲学表达，在现实性上是伦理道德所缔造的人的现实的精神世界，因而也是人的精神世界的现实形态和现实发展。

“伦理道德的精神哲学形态”包含两个相反相成的结构。一是伦理道德的“精神”形态，即精神或精神哲学意义上的伦理道德；一是伦理道德所造就的精神世界的哲学形态。前者是作为精神现象的伦理道德，后者是作为伦理道德辩证发展的现实成果的伦理道德。第一结构的要义是：伦理道德是“精神”；第二结构的要义是：伦理道德的辩证运动造就了一个现实的“精神世界”。一句话，“伦理道德的精神哲学形态”，理论上是伦理道德所呈现的“精神”的哲学形态；现实性上是伦理道德的辩证发展所造就的“精神世界”的哲学形态。伦理是民族的实体，民族是伦理的精神，于是，“伦理道德的精神哲学形态”便历史和具体地是伦理道德所造就的民族精神的哲学形态，是伦理道德的辩证发展所建构的民族的精神世界。由此，伦理道德便从哲学抽象走向历史具体。

问题的关键是，伦理道德的辩证发展呈现为何种“精神哲学形态”？“精神哲学形态”应当在三个维度上获得诠释。第一，伦理道德作为人的精神发展的特殊阶段的哲学形态；第二，伦理道德的诸精神形态；第三，伦理道德辩证运动的哲学形态。诚然，伦理道德不是人的精神世界的全部，而是精神发展到一定阶段所呈现的历史形态和辩证构造，在黑格尔哲学中，伦理道德是客观精神形态，或者说，是精神客观化自身的形态，具体地说，伦理道德是人在现实世界或现实社会中超越自己的个别性，追求普遍和无限，达到“单一物和普遍物”统一的精神发展阶段和特殊精神形态。伦理道德的精神形态的诞生，标志着人的精神发展已经摆脱主观性，具有客观性或社会性。在这个意义上，伦理道德的精神形态，只是精神在特殊发展阶段的形态，并不是精神的全部形态，换言之，是精神的社会形态或客观形态。“精神”如何获得自己的社会形态？黑格尔认为，伦理道德都是特殊的精神，伦理是“直接

的和自然的精神”，道德是“对其自身具有确定性的精神”①；道德是主观的自由，伦理是现实的自由；家庭、社会、国家都是伦理的实体，家庭是自然的伦理实体，社会是异化的伦理实体，国家是真实或现实的伦理实体，责任、良心、善等都是道德的形态。② 需要特别指出的是，它们之成为“精神现象”或“精神形态”，并不是哲学思辨“点石成金”的结果，而是说它们本身具有也应当具有精神的本性，家庭、社会、国家，只有具有伦理的精神本质，才具有合法性，才从“现存的”成为“合理的”。伦理道德的辩证关系及其历史发展，造就民族精神的历史具体性。具体地说，“伦理‘＝’道德”“伦理‘与’道德”“伦理‘VS’道德”“伦理道德”的不同关系范式和价值态度造成了民族精神、民族的精神世界以及作为其自觉表现的精神哲学的历史性和现实性，成为“这一个”民族的精神和精神世界。“精神哲学形态”就是民族精神形态，就是人的精神世界形态，这便是“精神哲学形态”的秘密和学术诱惑所在。质言之，“精神哲学形态”的要义在于，伦理道德是作为精神发展的一个阶段和精神哲学的一个环节的形态；是作为民族精神传统和人的精神世界的形态。

精神史、哲学史与人类文明史具有同一性，“精神哲学形态”的理论呈现，在西方是黑格尔精神哲学体系，在中国是宋明理学。黑格尔精神哲学体系从三个方面对伦理道德做出原创性和革命性贡献。第一，将伦理道德回归精神，实现了伦理道德的“精神”复归，在道德哲学上实现对古罗马的“道德”传统、康德的“道德哲学”传统的哲学革命，将伦理道德从“理性”还原为“精神”，在相当意义上也是对人类精神的哲学革命。第二，建立了以伦理道德为基本构造的精神哲学体系，形成伦理世界—教化世界—道德世界辩证互动的精神世界，准确地说是“客观精神”的世界，第一次哲学地也是体系性地探讨和解决了伦理道德关系，以及伦理道德所造就的精神世界与生活世界的辩证互动，并在此过程中坚持人的“精神守

① 参见黑格尔《精神现象学》，贺麟、王玖兴译，商务印书馆1996年版。
② 参见黑格尔《法哲学原理》，范扬、张企泰译，商务印书馆1996年版。

望”，将“现存”提升为“合理”的问题。第三，形成伦理道德的“西方精神哲学形态”。所谓“西方精神哲学形态”意指黑格尔精神哲学的西方基因和西方哲学矛盾。在黑格尔的全部著作中，四部书集中呈现其精神哲学体系和精神哲学形态，即亲自完成的第一部书《精神现象学》，亲自完成的第二部书《哲学全书纲要》，亲自完成的最后一部书《法哲学原理》以及《精神哲学》。然而，人们很容易发现，他的精神哲学体系存在甚至陷入“现象学—法哲学纠结”。在作为整个体系或学说导言的《精神现象学》中，他呈现的精神“现象”或精神世界是“伦理世界—教化世界（生活世界）—道德世界”的图景，其中伦理世界是家园，道德世界是完成，教化世界是伦理世界与道德世界的中介，也是二者辩证互动的舞台。但在《法哲学原理》中呈现的精神世界发展规律是：“抽象法—道德—伦理”，道德先于伦理，伦理是意志自由的现实性和完成。而在他亲自完成的《哲学全书纲要》，以及体系性呈现的《精神哲学》中，他所描绘的“客观精神”体系与《法哲学原理》完全一致。亲自完成的最后一部因而也应当说是最成熟的一部书，它与其他著作的体系又完全一致，在这些意义上，似乎有足够的理由说，《法哲学原理》才能准确表达他的精神哲学。然而，这一结论似乎过于简单，其实，“现象学—法哲学纠结”，才是解开黑格尔精神哲学体系和精神哲学形态秘密的一把钥匙。《精神现象学》的研究对象是意识，正像它的副标题所申言的那样，探讨“意识的经验科学”，是人的意识发展的体系；《法哲学原理》研究的对象是意志，准确地说是意志自由的体系。在《法哲学原理》的导言中，黑格尔明确说，思维和意志是精神的一体两面，就是说，精神有两种表现形态，即认知形态的思维和“冲动形态”的意志，它们不是精神的两种官能，而只是精神的两个呈现方式。在相当意义上，思维就是意识，意识和思维的关系类似于体与用的关系。于是，《精神现象学》与《法哲学原理》可以被理解为是黑格尔建构和呈现的两种不同形态精神哲学体系，即意识的体系和意志的体系。“现象学—法哲学纠结”以哲学体系的自觉形式潜在和表征西方民族精神传统中的“亚里士多

德基因”，两种理论形态在一定程度上可以被当做是亚里士多德“伦理的德性—理智的德性”的黑格尔演绎。黑格尔对于亚里士多德的回归在于，伦理与道德一体，将亚里士多德以后脱离伦理的“道德”“道德哲学”推进为“伦理道德”。黑格尔对亚里士多德传统的超越和新贡献在于：（1）找到了伦理与道德的统一体，这就是“精神”；（2）在一体中坚持伦理优先的原则，无论在现象学还是法哲学体系中，伦理都处于优先的地位。在《精神现象学》中，伦理是精神的家园；在《法哲学原理》中，伦理是意志自由的现实性和完成，无论何种体系，伦理优先一以贯之。而在亚里士多德的“伦理的德性—理智的德性”中，核心概念或诠释的对象都是“德性”，虽然《尼各马科伦理学》着力论证的是伦理的德性，其实已经隐藏了日后由伦理走向道德的趋向。黑格尔则不同，在将伦理道德统摄于精神并哲学地完成这一尖端性的学术工程的过程中，他始终坚持伦理优先的地位。不过，缜密的研究切不可跳过或无视黑格尔体系中的“现象学—法哲学纠结”，因为从中不仅可以发现黑格尔精神哲学，也可以发现西方民族精神传统乃至西方人精神世界中某种始终如一的文化基因。“现象学—法哲学纠结”是对黑格尔体系写意的结果，也是对整个西方精神哲学传统鸟瞰的结果，从中可以窥视西方民族精神传统、西方人的精神世界、西方精神哲学的“形态”。黑格尔精神哲学体系，既是西方精神哲学的完成，也是西方精神哲学的终结，因为它使西方精神哲学，也使伦理道德完成并成为“形态”，准确地说，使伦理道德成为一种西方精神哲学“形态”。当然，“现象学—法哲学纠结”只是黑格尔精神哲学体系或他所建构的精神世界的哲学形态的玉璧中的一道潜隐的裂隙，它不是真正的断裂，而只是纹路不对接而留下的视觉效果。由于四部书中三部观点相同，由于《精神现象学》作为第一部也是整个体系导言的地位，也由于他的精神哲学理论中一以贯之的对伦理道德一体、伦理优先的坚守，黑格尔体系本身是自洽的。但是，这道不易发现的裂隙在西方精神哲学史、道德哲学史，近现代西方精神史上的命运并没有如“白驹过隙”般地被跳过。黑格尔所建构的精神哲学伴随它的主

人，要么被故意冷落，要么被当做死狗打，原因很简明也很深刻，这种形态虽然符合人类文明和人类精神的“真际”，却在相当程度上不符合西方传统的“实际”，是“真谛”但不是“实谛”，然而这正是它的革命性意义所在。对待黑格尔哲学的肤浅态度和可悲固执，最后导致现代西方道德哲学、精神哲学以及现代西方精神的分裂，黑格尔开辟的“伦理道德”传统，到现代流变为“伦理‘VS’道德”传统，出现伦理认同与道德自由之间不可调和的矛盾，进而使西方精神面临“丧失家园”的危机。

在中国，伦理道德成为一种精神哲学“形态”到宋明理学得以完成，完成的标志是儒道佛三位一体，以儒家为核心的精神哲学体系的建构。在中国文明史上，《论语》与《道德经》同时诞生，隐喻伦理与道德在民族精神和中国人的精神世界中的一体共生，而“罢黜百家、独尊儒术”也标示伦理在精神哲学体系中的优先地位的体制性确立。魏晋玄学“名教与自然之辨”标志着伦理道德在精神体系中的哲学分裂，玄学家以外在生活方式与内在价值坚守的激烈冲突演绎了这种精神分裂及其由此导致的极具悲剧美感和表达力的人格分裂。此后，中国哲学开始了漫长的精神探索和再建构，至宋明理学才得以完成。在宋明理学中，儒家与道家在哲学上的和解不仅使伦理与道德最终完成它的哲学同一，而且由于佛家的参与，也强化了本来就内在于儒家伦理与道家道德中那种终极实体与彼岸取向，其哲学意义犹如康德的“灵魂不死”与“上帝存在”两大公设，由此无论是精神哲学的理论体系还是人的精神世界的现实构造中潜在的矛盾和危机便得到化解。宋明理学儒道的哲学互补，不仅是由玄学危机所演绎的精神分裂而达到的伦理与道德的和解，而且从根本上是轴心时代所生成的《论语》与《道德经》共生的文化基因的复归和成长，佛家的精神构造毋宁被认为是在哲学上也在人的精神世界中为伦理道德的和解提供某种终极关怀和彼岸机制。宋明理学被称为“新儒学”，明白无误地表明了儒道佛三位一体的哲学融合以及由此所达到的伦理道德和解的高度原则性，就是说，在这个三位一体的哲学形态和精神世界中，儒家是主流和主轴，甚至就是新的精神形

态哲学标签，它以学派的话语表明，这是一种伦理道德一体、伦理优先的精神哲学形态。在宋明理学中，伦理道德一体、伦理优先的精神哲学形态的标志性话语是什么？就是“天理”！宋明理学的最高任务是“立人极”，哲学思路是由“太极”而“人极”，但不能简单地将“立人极”诠释为培养圣人。圣人只是“人极”的人格化，或者说是“人极”的一种。“立人极”毋宁应当被理解为“立人之极”或“为人立极”，即为人，为伦理道德，为人的精神世界建立终极性，包括终极实体、终极关怀、终极追求。程颐曾申言：“吾学虽有所受，‘天理’二字却是自家体贴出来。”[①]“天理”是二程的原创造，也是宋明理学最具标识性的概念，是它作为“新儒学”的“新”的集中表现。人们不会否认，如果宋明理学的理念和理论用一个命题表达，就是“存天理，灭人欲”。在相当意义上，“天理”成为礼与仁、伦理与道德、此岸与彼岸同一的话语，它的诞生是儒道佛三位一体完成的标志，由此便可以理解，宋明理学为什么将礼与理、礼与仁、仁与五常的关系作为重要内容，“夫礼也者，天理也。”[②] 宋明理学作为一种精神哲学形态的另一个重要标志，是对天理与人欲关系的诠释。宋明理学诸流派的天理人欲论有一个相通的路径，这就是：天理人欲—义利—公私。在哲学体系中以本体世界的天理人欲关系为重心，在形上层面将之归结为意义世界的义利关系，“天下之事，惟义利而已。”[③] 天理是义，人欲是利。然而义利依然是一种形上抽象，于是又进一步落实为生活世界的公私关系，公是义，是天理；私是利，是人欲。于是便在哲学层面得到一种澄明：人欲不是欲，而是私欲与过欲，总之是不当之欲。由此，本体世界—意义世界—生活世界在哲学上便融通为一个精神体系和精神哲学形态。有待辩证的是，为何天理人欲落实为公私关系，是伦理道德同一、伦理优先的精神哲学形态的完成？因为在形而上的意义上，“伦”是人的实体性，“德”是人的主体性，伦理道德的文化使命和精神过

① 《二程外书》卷二一。
② 同上。
③ 《王文成公全书》卷七《博约说》。

程，是个体性的“人”如何回归于实体性的“伦”，“德”的主体性就是人的个别性与实体性的统一。所以，公私关系在生活世界中是个人和共同体的关系，在精神哲学意义上是个别性的人与实体性的伦的关系。于是，天理人欲一旦落实为公私关系，就达到了本体世界、意义世界与生活世界的和解。正因为如此，宋明理学所建构的不只是一个儒道佛三位一体的哲学体系，也不只是伦理道德一体、伦理优先的精神哲学，而且也是人的精神世界。儒道佛三位一体，建构了一个自给自足的精神体系和精神世界，作为一种化解人的精神冲突、化解伦理与道德冲突、使人的精神达到自我和解的自给自足的精神哲学体系，它将儒家“知其不可为而为之”的伦理道德的进取，道家“知其不可奈何而安之若命”的“明哲保身”的退让智慧，佛家“四大皆空”的终极诠释，融炼于人的精神构造和精神世界中，进退互补、刚柔相济，使中国人在任何境遇下都不会丧失安身立命的基地，建立了一个自给自足的精神哲学体系和自给自足的精神世界，形成一种与自给自足的自然经济相匹配的精神哲学形态。不过，与西方精神哲学相同的是，完成了，也就终结了。

“精神哲学形态”是“精神哲学”的形态化，具体地说，是伦理道德辩证运动的形态化，因为伦理道德是人的精神和精神哲学发展的特殊阶段。如何走出伦理道德的精神断裂？历史在提出任务的同时已经为任务的完成准备了条件，中西文明史已经在断裂中诞生了新的哲学智慧，这就是黑格尔的精神哲学和中国的宋明理学，在黑格尔哲学和宋明理学中，“精神哲学”才成为“形态”，以伦理道德为基本构造的“精神”才成为“形态”。“精神哲学”一旦具有“形态”，推进为“精神哲学形态”，便使伦理道德的辩证运动获得哲学体系的具体性、生活世界的现实性和民族精神的历史性。在哲学上，“形态”不仅赋予伦理道德辩证发展以体系性，而且赋予其成熟的理论形态，这种理论形态是以往精神哲学发展的结果，就像黑格尔精神哲学是自亚里士多德以来西方精神哲学的否定之否定，宋明理学是中国传统哲学的辩证综合。因其成熟和体系化，也因其综合，“形态”往往产生西方式“终结”的幻觉，其实，“终结”相当程度上是因为体系的博大和理论的“综罗百代”，因而难

以超越，它最多只是一种体系、一个时代的“终结”。“形态”是伦理道德所缔造的人的精神世界的现实性，不难发现，无论在黑格尔精神哲学体系还是宋明理学中，生活世界都是伦理与道德之间的中介。在黑格尔那里，作为伦理世界和道德世界中介的是“教化世界”，在宋明理学中，构成黑格尔教化世界的那些精神元素，如财富与国家权力等，以中国话语表达，就是“理欲—义利—公私”的“本体世界—意义世界—生活世界”的价值序列与精神过程。因此，不是伦理道德，而是伦理道德与生活世界的辩证互动，构成现实的人的精神世界。这个精神世界，用宋明理学的话语与命题表述，就是由二程的“正其谊而不谋其利，明其道而不计其功”的伦理道德与生活世界的紧张，到朱熹“正其谊而利自在，明其道而功自在”的精神世界的和解；用黑格尔的话语表述，就是由“道德世界观”的紧张、以道德与主观自然的和谐、道德与客观自然的和谐为两大内容的“道德世界被预设的和谐”，到“使道德规律成为自然规律”“使道德成为多余”的精神世界的自由。现实的精神世界是伦理道德与生活世界辩证互动的世界，是生活世界中的精神世界即“地上的”或尘世的精神世界，“形态”标志着伦理道德缔造的精神世界具有某种稳定的结构和样态。“形态”的历史性是民族精神和民族精神传统。“精神哲学”成为形态，不仅因为它表达了那个时代的精神，更因为它设计和指引着创造它的那个民族的精神，并可能成为这个民族的精神传统。精神哲学体系、人的精神世界、民族精神传统，是“精神哲学”成为“形态”的三个元素，也是由这个三元素构成的“形态”结构。由此，伦理道德辩证运动的规律、人的精神世界建构的规律、民族精神发展的规律便三位一体，达到“伦理道德—精神世界—民族精神”的互释互动。这就是“形态”的魅力所在，也是“精神哲学”推进为“精神哲学形态”的必然性所在。

（原载《江海学刊》2016 年第 1 期）

从继承到建构：马克思以解放为轴心的哲学革命

刘同舫

伟大哲学思想的产生需要继承、发展前人的智慧，经过思想的沉淀和积累，铺设好自己的理论地基，从而在这一地基之上构建起宏伟的哲学大厦。马克思哲学思想的演进，同样不能摆脱这一规律和逻辑进程，也必然面临和经历从理论继承到突破创新再到革命建构的学术发展过程。关于马克思理论继承的判定，已是无可争议的事实。需要进一步追问的是，马克思的理论继承与前人的关联度如何区分？其理论继承的内容主要包含哪些？作为一位伟大的思想家，马克思如何从所继承理论的框架之中实现超越，构建起自身的体系？

理论继承的多元性及其本质性扬弃

马克思生前酷爱读书，涉猎广泛，对政治、经济、文化等诸领域都有深入研究，其研究成果大部分都存留在读书笔记中。马克思的精深研究和广博知识积累为其理论发掘与思想探索奠定了坚实的基础，也为其宏大愿景的哲学构设埋下了种子。

从理论继承的角度看，马克思思想的理论源泉是多元化的。我们既可以在马克思的思想中找到古希腊罗马哲学的身影，也可以领略到马克思对中世纪哲学的延续与独到见解，而近代哲学更是马克思哲学理论的主要来源，即便近代哲学常常以被批判的姿态显现，但也足见其对马克思影响之至深。若将马克思比作一个思想“汇聚池”，那么他所继承的各种理论便是通往这一

“汇聚池”的各条支流，而近代哲学中的德国古典哲学，在如此众多的支流当中则是最主要的一条。马克思早期思想中的意识哲学、人本主义、辩证法思想都主要源于德国古典哲学，而成熟时期的唯物史观则是其批判德国古典哲学思想体系的结晶。回到德国古典哲学解析马克思的思想，是“走进马克思”的必经之路。

德国古典哲学是西方哲学史上的关键环节，主要是指包括康德、费希特、谢林、黑格尔和费尔巴哈①等哲学家在内的哲学流派。该流派对古希腊哲学、中世纪哲学、17 世纪的形而上学和启蒙哲学等开展了扬弃性的概括归纳，撷取其中的思想精华，并在此基础上创造性地构筑了内容充实、逻辑严密且哲学运思深刻的思想体系。时至今日，学界依然对德国古典哲学的研究保持着相当的热情，这一方面是由于德国古典哲学本身具有的理论深度值得学人予以重视和深入研究，尤其是结合时代发展将其应用于现实指导，更是大势所趋；另一方面还缘于马克思在很大程度上批判性地继承了德国古典哲学的思想，要精确地研究马克思哲学需要借助德国古典哲学的力量。从哲学史发展的角度看，马克思与在哲学史中处于关键位置的德国古典哲学无疑是一种既批判又继承的关系。

首先，从哲学本质精神上看，马克思扬弃了德国古典哲学的批判精神和革命精神。

哲学是时代发展的产物，始终带有时代遗留的痕迹。德国古典哲学作为资产阶级的哲学思想，自然也带有批判现实、针砭时弊的精神内蕴，直接冲击封建专制以及宗教统治。这里的“批判”并非对现实社会的直接批判，而是厘定、反思的意思，主要运用于划清界限、勘定领域。康德的批判哲学正

① 学界对费尔巴哈是否属于德国古典哲学代表之一存在一定争议，有学者认为青年时期的费尔巴哈，作为青年黑格尔主义者，在哲学史上可以作为黑格尔哲学的附庸而归入德国古典哲学的范围之内，而成熟时期的费尔巴哈哲学，由于其已经形成了自己的独立思想，因此不属于德国古典哲学的范畴。（参见俞吾金等《德国古典哲学》，人民出版社 2009 年版，第 5 页）但笔者认为，从费尔巴哈思想对德国古典哲学的延续性来看，还是应该将其纳入德国古典哲学的行列，作为德国古典哲学的组成部分来整体考察马克思和德国古典哲学思想渊源的关系。

是通过厘定“理性”的“界限”、勘定“理性”的领域，奠定了“理性”的合法权力，并以此令哲学摆脱神学的统治，甚至解构宗教，从而实现人自身的启蒙。这种“厘定、反思”自康德哲学问世以来便得到不断蔓延和散布，拓展深入到更多的领域，浓缩、沉淀为深潜于哲学内核之中的批判精神。德国古典哲学的这种批判精神，对马克思思想的形成影响巨大。在德国古典哲学那里，运用批判精神主要是将“理性—精神”的运动过程恰当地呈现出来，而马克思重点则是将物质现实的运动以批判的精神适当地叙述出来，如马克思所说：“研究必须充分地占有材料，分析它的各种发展形式，探寻这些形式的内在联系。只有这项工作完成以后，现实的运动才能适当地叙述出来。这点一旦做到，材料的生命一旦在观念上反映出来，呈现在我们面前的就好像是一个先验的结构了。”① 马克思对物质现实世界和人类社会发展的研究，延续和拓展了源自德国古典哲学开创的“厘定、反思”的批判精神。

德国古典哲学的革命精神并不体现为一种现实革命运动，而显现为一种哲学革命，这与德国资产阶级的发展状况相一致，它不可能像法国一样进行政治革命。德国古典哲学革命主要针对的对象是旧形而上学体系，并希望通过革命将哲学研究的重心转向人与科学。这种敢于对权威发出质疑、善于改变旧体系的革命精神在马克思的思想中得到延续，且作为其思想的重要内容之一被批判性地继承。马克思直至撰写《资本论》时期还公开承认自己是黑格尔这位大思想家的学生，并指出黑格尔的辩证法在其合理性形态上，“引起资产阶级及其空论主义的代言人的恼怒和恐怖，因为辩证法在对现存事物的肯定的理解中同时包含对现存事物的否定的理解，即对现存事物的必然灭亡的理解”，并且“辩证法不崇拜任何东西，按其本质来说，它是批判的和革命的”。② 在马克思看来，革命不仅是一种哲学革命——对旧形而上学思想的反思，而且更是一种无产阶级主导的现实运动，即无产阶级革命。马克思将革命视为人类通往共产主义的唯一方式，认为共产主义唯有以革命的方式才能

---

① 马克思：《资本论》第1卷，人民出版社2004年版，第21—22页。

② 同上书，第22页。

最终抵达。

其次，从哲学思想内容上看，马克思哲学与德国古典哲学有着广泛的连接点和难以割断的“网结”。

马克思对德国古典哲学思想的继承体现在其整个哲学的发展历程中。早在大学时期，马克思已对德国古典哲学的众多学者有过深入研究。麦克莱伦指出：“马克思经历了从康德、费希特、谢林到黑格尔这一与德国古典哲学本身同样的发展历程。”① 在投入“青年黑格尔派”时期，马克思着重强调自由、理性与革命，与赫斯、鲍威尔等人一起批判黑格尔体系，认为当时德国所需要的是康德和费希特的理想主义。而在研习了国民经济学，并经历对黑格尔法哲学的批判之后，即从《1844年经济学哲学手稿》开始，马克思逐渐摒弃青年黑格尔派的“德意志意识形态”，转而注重从市民社会中现实的人及其形成的社会关系出发研究问题。通过这一历史过程，马克思转向黑格尔的法权思想。虽然马克思一直批判黑格尔的神秘主义倾向，但不容忽视的是，正是从对黑格尔法权体系的学习与批判中，马克思重构了市民社会与政治国家的关系，厘清了“物质生活关系”的本源性意义。而之后马克思的思想历程更是体现出其对德国古典哲学思想的批判与继承，康德的实践理性思想、黑格尔的辩证法思想、费尔巴哈的人本主义、唯物主义思想等都是马克思哲学与德国古典哲学的连接点。马克思哲学思想的演进，反映了其对德国古典哲学思想内容批判继承的深度与广度，透视出德国古典哲学在马克思哲学思想的理论来源中所占据的重要位置，马克思的哲学思想与德国古典哲学有着难以割断的“网结”。

马克思对德国古典哲学的理论继承，绝非全盘照搬式的“拿来主义”，而是融入了马克思自身的思辨加工以及对社会现实的深入勘探，是一种批判性继承和本质性扬弃。马克思与德国古典哲学的关联是绝对的，而德国古典哲学多元的思想在哪些方面对马克思具有相对更强的理论引导力和影响力，这

---

① ［英］戴维·麦克莱伦：《卡尔·马克思传》，王珍译，中国人民大学出版社2005年版，第23页。

一问题值得我们深究。

“以康解马”与“以黑解马”的追问①

从历史顺承层面看，探究康德、黑格尔再到马克思的思想进路，是一个合乎思想发展规律的纵向脉络分析思路，它有利于呈现哲学史的顺利衔接与完整构建。从“回到康德”还是“回到黑格尔”来解读马克思，其意义已不是停留于哲学史层面的构建问题，而在于理清马克思与前两者的关系。基于思想的关联性，以“回到马克思”来考察马克思哲学思想，能够使我们回归到马克思思维的本真意图，有利于破除人们原先的思维定势和固定教条，为现实困境的开解指明出路。

学术界长期存在着一种倾向，即认为黑格尔思想是马克思哲学思想的主要来源之一，而康德作为德国古典哲学的创始人，对马克思的影响相对薄弱，诸多学者为这一观点立论。导致这种倾向流行的缘由，笔者认为主要包含以下两个方面：第一，黑格尔作为德国古典哲学的集大成者，其哲学体系广博而深邃，受此影响，马克思曾多次拜读，吸纳、借鉴了黑格尔的诸多观点和哲学概念，这在马克思的文本中可以找到大量证据。在马克思整个人生和思想中，黑格尔哲学几乎都伴随左右，时隐时现，虽然在不同阶段他对黑格尔思想也会有褒贬不一的评判，但无论如何黑格尔对马克思确实影响至深。第二，在中国的话语体系中，我们往往将德国古典哲学视为一个连贯的、必然的、合乎逻辑的历史进程，从康德，经费希特、谢林到黑格尔，存在一个在思想上前后相继、步步推进、具有内在发展规律的独立思想逻辑，其中前者被后者扬弃并包含于后者之中，使之呈现出一个从低向高、螺旋式上升的“合乎目的”的进程。按照这一思路，黑格尔自然就成为比康德等人更为重要

① 本部分内容虽然主要从康德、黑格尔与马克思之间的“对话”来阐述马克思对前两者的思想扬弃，或者说主要通过考察“回到康德”还是“回到黑格尔”来解读马克思，但笔者并不否认德国古典哲学中其他几位代表人物，尤其是费尔巴哈对马克思哲学思想的影响。近年来，学界对“以康解马”还是“以黑解马”的相关问题进行了讨论，甚至有刊物以笔谈的形式开辟专栏做了系统探讨，如《哲学动态》在2013年第1期和2013年第6期等分别就此问题刊登了相关文章。

的学术大家。①

然而，“以黑解马”的思维惯性同样会面临追问甚至遭到质疑。“以黑解马”思维惯性的形成可能使我们相对忽视对这一路径本身的前提性反思，即忽视对“以黑解马”解释的限度及其有效性的追问。“以黑解马”理论自信的确立，必须建立在与“他者”的比较优势中。对中国学界而言，“以康解马”的研究路径就是与“以黑解马”相异质的“他者”。

究竟是“回到康德”还是“回到黑格尔”来解读马克思，成为马克思哲学演进史研究的重要争论点。

笔者认为，既要“回到康德”，也要“回到黑格尔”来解读马克思，否则会失之偏颇。马克思的哲学思想与康德、黑格尔在本体论、认识论、方法论等多方面“相遇”，并展开了深度“对话”。

首先，在本体论方面的对话。从本体论上看，马克思哲学与康德哲学的关系主要集中在其与中心概念——实践的关联上。在实践的运用上，马克思受惠于康德。关于马克思本体论的性质问题，学界有不同的争论，主要有三种观点：马克思哲学本体论就是物质本体论，“世界的真正的统一性在于它的物质性”②；马克思哲学本体论是实践本体论，其依据是马克思在《德意志意识形态》中的论述：“这种历史观和唯心主义历史观不同，它不是在每个时代中寻找某种范畴，而是始终站在现实历史的基础上，不是从观念出发来解释实践，而是从物质实践出发来解释各种观念形态”③，实践作为马克思思想的核心概念，是其考察社会、人、自然等所有观念形态的出发点，具有本体性意蕴；马克思哲学本体论是社会存在本体论，他将人作为社会的存在物，当其考察人的本体性问题时，就是考察社会存在。笔者倾向于马克思哲学本体论是实践本体论的观点。实践概念不仅适用于马克思的认识论范畴，

---

① 关于“德国古典哲学是一个合乎逻辑的必然进程”的观点，参见贺来《重思马克思哲学与德国古典哲学关系的真实意义》，《哲学动态》2013年第6期。

② 《马克思恩格斯文集》第9卷，人民出版社2009年版，第47页。

③ 《马克思恩格斯文集》第1卷，人民出版社2009年版，第544页。

同样适用于其本体论范畴。马克思思想的核心部分即是实践哲学，它是与解释世界相对应的改造世界的哲学体系，缺乏实践的哲学不能称其为马克思哲学。在马克思看来，人的所有认知和对世界的改造都建立在实践基础之上，实践作为所有事物的始发性来源，融合了初创性、人的理性思维等本体论特质。

而在追溯马克思实践本体论的由来时，康德的实践理性自然进入了我们的考察视野。康德将理性区分为两种：理论理性与实践理性。理论理性将研究对象确认为现象界的感觉经验，主要涉及自然必然性；实践理性则以自由为主要聚焦点，将研究对象确认为本体界的道德行为。康德的实践理性将本来归属于非理性的意志演变为理性，使意志遵从于善良意志而活动，并从始至终服从理性的绝对命令。在康德那里，“理论理性”需要受制于感性的物质材料，“实践理性”则不由感性材料来支配，而是对感性世界的一种“摆脱”，成为一种否定的力量，一种对“世界本不该如此”的声明，从而将“行动”“改变”的意蕴植根于自身。只是在康德的体系中，实践的主体是理性，而马克思从康德的实践理性中剥离出“实践”概念，并赋予了实践唯物主义思想新内涵，将实践的主体变成现实的人，由此使实践在马克思解放哲学中成为始源性的本体论存在。

其次，在认识论方面的对话。认识论问题是康德所表述的“我能够知道什么”的问题。康德和黑格尔在各自的哲学领地进行了迥异的阐述，康德的认识论归结为先天综合判断，它强调认识的拓展性、普遍性和必然性特征；黑格尔的认识论可以称之为精神认识论，它通过“实体就是主体”的原则，希望主客体达成和解与同一。马克思在既承继了康德认识论的特征，又肯定了黑格尔对于主客体同一性的论述的基础上，同时超越了康德与黑格尔，提出通过实践活动的方式获得认识，主张实践才是人类认识的来源和获取方式。

康德提出“先天综合判断何以可能”的意义超越了唯理论和经验论。当然，在康德看来，“先天综合判断何以可能”本身并不构成“问题”，因为先

天综合判断自身的存在“无可争辩”和“无可置疑”，逻辑和数学的成功本身就证明了这种存在。康德借用了“哥白尼式的革命”的思想，将“人为自然立法”引渡到认识论的范畴之中，认为对客观事物的认识其实就是使其适合于人们的理性，即将认识的主体确定为人自身，而非客观事物。当然，从康德物自体概念来看，康德的认识论具有其限制性，物自体作为认识的彼岸是无法企及的。

黑格尔反对康德在认识问题上的二元论，即认识主体与认识对象（物自体）两者之间无法达成真正的和解，主张主客体相同一的一元论。而作为客观唯心主义的哲学家，黑格尔将这种一元论的认识论诉诸精神领域，亦即绝对精神。在康德的理念中，“理论理性”只能把握“现象”，一旦超出现象，就会出现“二律背反”，受制于感性世界的“理论理性”不断有矛盾出现。黑格尔则通过将“理论理性”转换为一种运动与过程以解决矛盾。理性作为能动的主体，其克服内在矛盾、深入认识自己的过程就是作为绝对精神实体的实现过程。绝对精神在黑格尔那里是一个无限的、完全自由的、神圣的存在，它是主观精神与客观精神的统一体。主观精神代表着自在，客观精神代表着自为，而作为主客观精神统一体的绝对精神是自为的最高形式，它代表自由的精神实体，“精神是自为存在着的、以自己本身为对象的实现了的概念”①。黑格尔对认识论的探讨并没有脱离德国古典哲学的轴心问题——自由。

与康德和黑格尔从理性层面阐述各自的认识论不同，马克思秉持的是实践认识论。在马克思看来，实践活动是人认识感性存在，获得对事物规律、本质、方法等认识的前提和基础，是检验认识真理性的标准；唯物史观是以实践为起点对社会发展进行诠释，并非从纯粹的思辨出发来阐发社会历史；实践不仅是人的各种观念形态的起始点和来源，还是解决认识矛盾等问题的关键，“理论的对立本身的解决，只有通过实践方式，只有借助于人的实践力

---

① ［德］黑格尔：《精神哲学》，杨祖陶译，人民出版社2006年版，第20页。

量，才是可能的”[①]。在马克思哲学中，实践概念不仅被赋予了本体论的意蕴，同时也兼具认识论的内涵。作为认识论的实践，不仅是认识对象形成的基础，也是作为对象进行认识活动的基础。康德、黑格尔的认识论始终难以摆脱形而上学的怪圈，其根本局限在于从理性角度阐述其“认识”。马克思跳出这一局限，将认识的来源、方法以及检验标准等都归于实践，确立了实践认识论。马克思实践认识论所认可的是可知论观点，即认为主客体之间具有统一性。马克思的实践认识论采纳了黑格尔对康德不可知论批判的策略，认为客体的客观存在本质决定了其对主体认识的决定性作用，而主体通过实践不仅可以达到对客体的认识，而且还能够对客体产生能动作用，能够检验认识的正确与否、指导认识活动的开展。

最后，在方法论方面的对话。马克思哲学中的唯物辩证法与黑格尔的辩证法思想具有密切的关系。与黑格尔的辩证法方法论相比，康德的方法论对于马克思哲学的影响相对较小。

康德的方法论以先验性为基础，他十分注重方法的构建，并将方法论与其哲学中的先验概念相融合。对康德而言，先验的知识并非是有关对象的认识与知识，而是关乎对对象的认识方式的知识。对象的认识方式即方法论与先验的结合，构筑成康德的先验方法论。从康德先验方法论的演绎过程看，康德的先验方法论是在传统形而上学还未走上正确途径，仍处于盲目摸索之中而亟须变革的前提下诞生的，经过“哥白尼式的革命”，康德彻底转变了传统形而上学的思维方式，认为对于对象物的认识不过是我们早就已经放进去的东西而已[②]，这既是康德的“先验逻辑”，也是康德的方法论逻辑。[③] 康德的先验方法论，由于强调方法的先验性，其本质难以超然于唯心主义，与马克思哲学倡导的唯物辩证法在方向上存在偏差。

---

① 《马克思恩格斯文集》第1卷，人民出版社2009年版，第192页。

② 参见［德］康德《纯粹理性批判》，邓晓芒译，人民出版社2004年版，第二版序第16页。

③ 关于“康德先验方法论的发展和构建历程”的观点，参见陈嘉明《建构与范导——康德哲学的方法论》，社会科学文献出版社1992年版，第6—13页。

黑格尔的方法论即辩证法，也就是素来被称为黑格尔哲学思想“合理的内核”的部分。黑格尔在阐述概念的逻辑体系时，特意将其与传统的形式逻辑相区别，他鄙夷只讲形式、不顾及内容的逻辑范式，主张囊括思想内容本身的逻辑，即辩证法。然而，不论黑格尔如何界定和运用辩证法，其辩证法仍只是极富神秘性和抽象性，主张思维把握存在的逻辑方式，这显然与马克思的立场相背离。“我的辩证方法，从根本上来说，不仅和黑格尔的辩证方法不同，而且和它截然相反。在黑格尔看来，思维过程，即甚至被他在观念这一名称下转化为独立主体的思维过程，是现实事物的创造主，而现实事物只是思维过程的外部表现。我的看法则相反，观念的东西不外是移入人的头脑并在人的头脑中改造过的物质的东西而已。”① 马克思批判黑格尔辩证法的神秘形式，强调辩证法在合理形态上所发挥的方法论作用，凸显出辩证法在对现存事物进行肯定的同时又对其给予否定理解。马克思的辩证法是对黑格尔辩证法的完美颠倒，但又保留了其“神秘外壳中的合理内核”。马克思在方法论的承继上更偏向于黑格尔，他主要是对黑格尔辩证法的批判性继承和发展，而并非是对康德先验方法论的扬弃。

马克思哲学的本体论、认识论和方法论遗传有德国古典哲学的“基因”。回到德国古典哲学来解析马克思哲学是通往马克思本真思想的重要捷径。虽然对于“以康解马”还是“以黑解马”，学界始终存有争议，但不可否认，马克思在对人类命运进行深度探索、阐述其人类解放理论的过程中，始终保留着康德、黑格尔等德国古典哲学家所内蕴的“自由”精神，并希望以“解放”为轴心构建起充满自由的共产主义社会，这可谓是对德国古典哲学的核心继承。

以“解放”为轴心的理论建构

德国古典哲学不论在哲学精神还是思想内容上都给予马克思绝对的影响，

① 《马克思恩格斯文集》第5卷，人民出版社2009年版，第22页。

尤其是康德、黑格尔、费尔巴哈等人更是赋予了马克思无限灵感。缺少德国古典哲学影响的马克思，不可能成为完整的马克思。但是，马克思对德国古典哲学的继承绝非是思想的照搬，而是一种批判式的继承。马克思之所以是马克思，就在于他在思想继承的同时又进行着消化吸收，创造出属于自己的思想体系。这种创造不是部分的创造，而是由其轴心始发并拓展至整个哲学体系的创造，这一轴心就是“解放”。“如果说德国古典哲学的轴心问题是‘自由’的话，那么马克思哲学的轴心问题则是‘解放’，实现全人类的解放是马克思进行哲学思考的根本旨趣。”① 在围绕“解放”轴心问题的探索中，普罗米修斯精神的灵光一直都在马克思的思想深处闪烁。马克思首先是一个革命家，他围绕“解放”轴心问题建构的绝非是抽象的、与无产阶级革命相分割的哲学体系，而是能够实现的、具有现实性的革命体系。思辨性的哲学之于马克思，不过是一个解释世界的工具，马克思力图摒弃哲学单一、纯粹的价值。他真正关注和重视的是改造世界，改变无产阶级的贫困命运，建构共产主义美好社会。

在建构人的自由而全面发展的共产主义社会时，马克思始终围绕“解放”这一轴心问题与主题而展开：他的整个思想体系是在“解放”轴心问题的牵引和关联上建立起来的，并扩展为政治解放、经济解放和文化解放三个维度，马克思哲学实质就是解放哲学。

首先，从政治层面看，对宗教的摒弃与分化、对国家的批判与审视，从而构建消灭宗教、消灭国家、消灭阶级的理想社会与共同体，是马克思对共产主义社会的精准设计，其目的是在政治上为人类解放的实现提供基本性前提。为了实现人类解放的伟大使命，政治解放是其必须首先解决的问题。马克思认为政治解放的任务就在于使国家摆脱宗教的捆缚，实现宗教与政治的分离。但只有政治解放是不彻底的，这种不彻底性表现在：第一，宗教没有消失，即马克思认为的，在政治解放结束后，宗教只不过是

① 《哲学动态》记者：《交融与交锋：关于马克思与德国古典哲学的对话》，《哲学动态》2013年第1期。

不再与政治相互捆绑，但这并不代表宗教的消亡，它依旧存在，并且充满生机，饱含活力。因此，政治解放就是使国家摆脱基督教等一切宗教而实现解放，国家不再维护任何宗教，而是去维护国家本身，达到消解宗教异化的目的。但是政治解放只是将国家从宗教中解放出来，并没有将市民社会中的人从宗教中解放出来，还“必须彻底地批判宗教，消除上帝对人的奴役，以恢复和确证人的本质力量和主体地位”①。第二，国家作为阶级统治工具的性质始终没有改变，国家依然与阶级紧密相连，成为统治阶级利益的维护者和守护者。政治解放之后，国家不再是神权政治的统治场所，但这并不意味着国家不再是统治的机器，市民社会的不平等与阶级对立仍然要通过政治国家表现出来。虽然政治解放并非彻底的解放，但却完整地体现着马克思围绕“解放”这一轴心问题所展开的理论探讨和摸索，为其后期构设真正的共同体奠定了基础。

其次，从经济层面看，马克思围绕生产力与生产关系这一社会形态变迁和发展的主线，探究使两者互相配合、共同发展的理想境界。经济层面的解放是保证人类解放的必然要求与必要准备。马克思深刻剖析资本主义私有制对生产力发展的阻碍作用，揭露资本主义内在矛盾与丑陋本质，力图消除资本主义生产关系的障碍，实现社会生产力的巨大增长，在经济上为人类解放的实现准备物质基础。在马克思看来，资本主义体制下生产资料被资本家集团的“私人资本”组织起来，而作为劳动者的无产阶级却处于分散的状态，与生产资料处于隔离的境遇，从而出现“资本”支配“劳动”、资本家集团支配无产阶级的剥削现象，在这一阶段中，私有制的生产关系完全不能满足生产力的社会化发展要求，因此，为了实现人类的经济解放，马克思将批判的视野放大到对整个资本主义体制的批判与诘问，并提出“全世界无产者联合起来”，以求通过社会革命颠覆资本主义经济体制，实现“联合起来的劳动”支配被资本组织起来的生产资料，从而实现社会化大生产的进步，以此

① 郭艳君：《青年马克思批判哲学的双重逻辑及其理论意义》，《哲学研究》2011年第8期。

为人类解放的完成奠定物质基础。

最后，从文化层面看，马克思痛恨资本主义社会商品拜物教等种种异化现象对人们文化、思想的束缚，他渴求破除旧观念、旧思想的捆绑，将话语权归还给无产阶级，主张建立属于无产阶级自身的主体意识，并充分发挥和施展主体意识的能动性与创造性，实现文化层面的解放，使人类解放展现其具有的智识策略。在资本主义社会，文化服从于资本逻辑。资本在整个人的世界和自然世界中占据着主动和控制地位，精神文化的发展出现单一化、畸形化的趋势，文化不再遵循自身的发展规律，而是受到异化世界的掌控和操纵，自由的、独立的文化氛围已经被破坏。无产阶级作为被统治、被剥削的阶级，经济上的劣势地位，决定了其在文化话语权上的缺失。而构筑共产主义社会，不可能仅仅是物质意义上的充裕，也体现为文化上的自由与解放。因此，马克思主张建立属于无产阶级自身的主体意识和自主观念，让它们获得张扬的足够空间，使文化迸发出其应有的活力与生命力，展现共产主义社会、人类解放的丰富、多样的文化繁荣景象。文化层面的追求和解放，无不渗透着马克思的“解放”情结。

梳理马克思一生的著作文本和思想理路可知，“解放”是其从始至终都不曾懈怠的轴心问题，其所有思想的展开都是以“解放”为原点进行的，不论是探讨劳动的异化，还是深究资本主义社会的内在矛盾，抑或是挖掘无产阶级遭受剥削的实质以及积极参与无产阶级的革命实践活动，“解放”问题始终没有从马克思的思想中隐退和剥离。马克思的整个思想体系，正是在“解放”轴心问题的牵引和关联上构建起来的，马克思的人类解放思想可系统化上升为一种革命的哲学——解放哲学。

（原载《江海学刊》2016 年第 3 期）

深化马克思主义哲学中国化研究的基本问题

尚庆飞

关于马克思主义哲学中国化的讨论是本世纪初中国马克思主义理论研究领域的一个热点问题，这一问题在当前建构具有中国风格与中国气派学术话语体系的大背景下，再次成为学界进一步关注与聚焦的理论热点。在当前全面推进中国特色社会主义建设事业的宏大历史背景下，马克思主义哲学话语的理论创新与发展显得尤为重要。如何从马克思主义哲学层面凝练改革开放以来中国实践的经验并形成中国特色的理论话语，如何将发展的优势转化成为理论话语的优势，是当前马克思主义哲学研究直面现实所必须要解决的重大理论问题。① 诚然，学界对马克思主义哲学中国化的问题展开了较为集中的讨论与研究，也形成了一些共识性理论判断。但在其中仍然存在着诸多学术讨论上的争议，一些基础性的理论问题仍存在不同的意见与争论。诸如，究竟应当如何为马克思主义哲学中国化这一概念或范式作出基本的理论界划，马克思主义哲学中国化与马克思主义中国化之间的逻辑关系又究竟何谓，如何理解马克思主义哲学中国化的历史与逻辑等。本文立足于当前马克思主义哲学中国化研究的基本状况，对马克思主义哲学中国化双重内涵进行区分，引入对早期马克思主义哲学中国化发展的理论观照，以期为深化对此问题的研究提供有益思考。

① 双传学：《把发展优势转化为理论优势和话语优势》，《红旗文稿》2015 年第 4 期。

当前国内学界关于马克思主义哲学中国化研究的基本状况

当前国内马克思主义哲学中国化研究呈现“兴趣高涨、共识形成与争议不断”的复杂局面。从20世纪初马克思主义哲学中国化的讨论零星出现在国内马克思主义中国化研究领域之中开始，已历十余年之久。诸多研究从不同方面对马克思主义哲学中国化的理论面貌进行了尝试性概括，也取得了一些学界共识。但正如前所言，在一些重要的理论问题上，目前国内学界仍然呈现出各自为营、争诉不断的“热景”。缘何会出现不同意见的争论？笔者以为，主要是由如下三个方面的原因催生的。

一是作为一项学术研究领域的马克思主义哲学中国化研究，确立时间相对较短、逻辑边界相对较模糊，使得相关讨论仍处于起步阶段。就中国马克思主义理论研究而言，从改革开放至本世纪初，主要集中在对马克思主义中国化历史进程的相关聚焦与讨论之中，围绕马克思主义中国化这一研究主题产生了丰硕的研究成果。尽管在关于马克思主义中国化的相关研究中，也涉及哲学层面的解读与探讨，但此时马克思主义哲学中国化尚未被作为独立的主题而提出，这一概念被集中置于理论的聚光灯下是在本世纪初。据笔者不完全的初步统计，较早提出这一问题的是北京大学郭建宁教授，他在2002年发表的《关于马克思主义哲学中国化的几个问题》一文中，明确提出了马克思主义哲学中国化的历史分期、经验教训、前沿问题、发展前景等方面的问题。其中，他将马克思主义哲学中国化界定为马克思主义哲学在中国传播与应用、与传统文化和中国实际相结合、在中国发展与创新的过程。很明显，这一定义界划出了马克思主义中国化的基本历史进程、理论内涵等问题。就历史进程而言，包括传播与应用两个阶段；就理论内涵而言，主要是指实现马克思主义哲学的“两个结合”问题——与中国传统文化、与中国具体实际的结合。① 在此之后，学界同仁开始

① 郭建宁：《关于马克思主义哲学中国化的几个问题》，《北京大学学报》2002年第6期。

逐渐聚焦马克思主义哲学中国化的研究工作，并且在2010年前后达到了讨论的高峰。尽管如此，相比较马克思主义中国化研究展开的时间跨度而言，学界关于马克思主义哲学中国化的研究工作仍处于起步与发展阶段。对尚处于初始阶段的学术研究而言，在相关理论背景、概念逻辑等内容尚未理清的情况下，产生不同意见的学术争论是推动学术研究深入发展的正常现象。因此，关于马克思主义哲学中国化的认知性测绘，仍然处于“进行时”而非“完成时”的理论状态之中。

二是研究者基于自身不同的理论偏好与学术背景，不可避免存在将相关研究导向自身所关注的理论兴趣点之内的“路径依赖”。在关于马克思主义哲学中国化的起点以及发展阶段等问题上，目前学界存在的争议比较大，不同学者提出了不同的认识与判断。有学者将马克思主义哲学中国化的历史前提追溯到清末的“西学东渐”运动①，还有学者将马克思主义哲学中国化的历史进程追溯到早期党内理论家的理论探索活动——其中存在着“陈独秀、李大钊说”“瞿秋白说”“艾思奇说”以及“李达说”等不同理论判断，还有学者明确将马克思主义哲学中国化的代表人物归结为毛泽东②。之所以产生上述纷繁不一的理论判断，其中的一个重要原因就在于不同学者基于自身的研究兴趣与研究偏好，将马克思主义哲学中国化的历史起点导向各自研究的领域。因为任何研究都是在研究者先在具有的特定“理论前见”的指引下展开的，这种理论“支援背景”的潜在作用是不以研究主体是否自觉意识到这一问题为转移的。关于马克思主义哲学中国化的研究亦是如此，研究者在展开对此问题的研究之前，都潜在具有了大量丰富的理论积累，也具备各自不同的话语结构，上述因素在很大程度上会直接影响研究进路的展开与推进。诸如，从事马克思主义中国化早期历史进程研究的学者，自然倾向于认为马克思主义哲学中国化的历史起点与马克思主义

① 汪信砚：《西学东渐与马克思主义哲学中国化》，《中国社会科学》2012年第7期。

② 许全兴：《〈实践论〉和〈矛盾论〉对马克思主义哲学中国化的启示》，《中国社会科学》2013年第12期。

中国化的历史起点是同步的。而在其中从事马克思主义中国化早期历史进程中不同代表人物（陈独秀、李大钊、瞿秋白、艾思奇等）研究的学者，都倾向于从自己所研究的范围出发将马克思主义哲学中国化的起点导向自己所认为的重要代表人物那里。

三是因毛泽东在马克思主义哲学中国化进程中的不可替代性影响，大部分研究都侧重于关注毛泽东与马克思主义哲学中国化的关系。尽管有学者提出从马克思主义中国化早期进程中的代表性人物入手透视马克思主义哲学中国化，因为早期马克思主义中国化的进程必然涉及马克思主义哲学问题。但较之于毛泽东在马克思主义哲学中国化进程中的显著影响——不仅表现在创作马克思主义哲学中国化的理论著作，而且更重要的是实现马克思主义哲学与中国革命建设实践的紧密结合维度，其他早期党内理论家的贡献不可避免地被相对弱化。这就导致了国内相关研究在谈及马克思主义哲学中国化问题时，主要将研究的聚焦点定位于毛泽东本人的历史性贡献之上。这种研究倾向催生了一个难以回避的问题，即较之于毛泽东，其他党内理论家对马克思主义哲学中国化的贡献几乎微乎其微，也因此会产生只有毛泽东才真正推动了马克思主义哲学中国化历史进程的理论判断。这里所存在的一个逻辑隐喻便是：其他党内理论家关于马克思主义哲学中国化的思考与探索都是索然无味的“白开水”，而只有毛泽东关于马克思主义哲学中国化的思索才是充满味道的“浓汤”。这种观点最大的问题便是消解了毛泽东哲学思想发展的历史生成性，过分化约了毛泽东推进马克思主义哲学中国化的影响因子。因为必须要承认的是，毛泽东并非是天生的哲学家，也并非不通过任何外在理论学习就可以推动马克思主义哲学中国化历史进程的天才。这种认为毛泽东推进马克思主义哲学中国化可以离开早期党内理论家对于马克思主义哲学宣传、阐释而孤立存在的观点，至少与毛泽东在延安时期大量阅读马克思主义哲学著作、与党内理论家密切交往的现实是不相符合的。国外毛泽东研究领域已经有学者从当时党内理论互动的视角出发，阐释毛泽东在延安时期对于马克思主义哲学理解与认识的

历史生成性线索。①

正确区分马克思主义哲学中国化的双重维度

对于深化马克思主义哲学中国化的研究而言，相关研究工作仍然存在进一步深化与拓展的空间，上述提及的研究中存在的分歧与争论可以在更为深刻的学术研究之中逐步得到求解。那么，当前究竟应当如何深化马克思主义哲学中国化研究工作？笔者以为，必须正确区分马克思主义哲学中国化的双重维度，这是解决目前研究中意见分歧不断的首要问题。因为目前学界之所以在马克思主义哲学中国化的起源问题上存在诸多分歧，其中的基础性原因就是未能正确区分马克思主义哲学中国化的不同维度。

一方面，从广义层面上而言，马克思主义哲学中国化可以界定为马克思主义哲学在中国传播与发展。依此定义，马克思主义哲学中国化必然经历早期的宣传、阐释阶段，包含最初马克思主义哲学在中国的翻译、传播与阐释，其中的代表性人物可以追溯到党内最初的一批理论家，诸如陈独秀、李大钊、瞿秋白、艾思奇、李达等。这里必然涉及一个理论上不可回避的问题便是，生发于西欧文化语境以及发达资本主义工业化情境中的马克思主义哲学，如何能够在东方文化语境以及经济社会发展仍处于前现代状况的中国为国人所接受？因为在西方一些批评家那里，二者文化基因与思维方式上的差异就决定了马克思主义哲学不可能在中国落地生根。但中国早期的共产主义知识分子坚决拒斥了中国人不可能理解马克思主义哲学的庸俗观点，他们在向中国介绍马克思主义哲学的过程中，高度重视二者文化思维上的差异问题，努力赋予马克思主义哲学以通俗易懂的民族形式，这构成了早期马克思主义（哲学）大众化的一个核心议题与鲜明特色。正如许全兴先生所言："用本国的思想文化去比附、解释外来文化，这是两种不同文化交往之初带有规律性的现

① 参见［美］雷蒙德·F. 怀利《毛主义的崛起：毛泽东、陈伯达及其对中国理论的探索（1935—1945）》，杨悦译，萧延中校，中国人民大学出版社2013年版。

象。”① 尽管马克思主义哲学中国化早期进程中的一些理论家也曾提出要将马克思主义哲学与中国的具体实际相结合，但他们更多的还是停留在对马克思主义哲学的宣传与阐释层面。诸如瞿秋白实现了马克思主义哲学在中国由唯物史观转向辩证唯物主义的传播，艾思奇更多的是对马克思主义哲学的大众化，李达更多的是将马克思主义哲学系统化。很明显，上述理论家的理论努力更多地仍然停留于“书房”之中的逻辑思辨，与后来毛泽东从中国革命具体实践的经验教训出发展开的马克思主义哲学理论思索之间存在着不可忽视的差异与间距。

另一方面，从狭义层面而言，马克思主义哲学中国化就是对中国革命实践经验的马克思主义哲学理论层面的总结。学界现有研究普遍认为，马克思主义哲学中国化就是将马克思主义哲学与中国革命实践相结合的过程。这一判断超越了单纯对马克思主义哲学的解释与宣传层面，而拓展到了现实革命斗争的实践层面。但上述定义仍然存在值得进一步商榷之处，这就是马克思主义哲学中国化的历史进程从来不是从书本到书本的逻辑演绎，也不仅仅是直接运用马克思主义哲学指导中国实践的线性过程。因为马克思主义哲学的抽象概念、理论无论如何都不可能直接用于指导中国丰富的革命实践，它必须要与现实实践相结合并在此基础上形成具体的路线、方针与政策，然后方能指导实践活动的开展。但仅仅完成上述步骤并非是对马克思主义哲学中国化完整进程的彰显，其中更为重要的阶段是运用马克思主义哲学理论及时、科学地总结革命实践经验，并上升到系统化理论化高度。② 很明显，将马克思主义哲学与中国革命建设的具体实践相结合，在指导实践的过程中发展马克思主义哲学的最重要代表人物就是毛泽东。从狭义层面上而言，马克思主义哲学中国化指的是后一阶段，即运用马克思主义哲学指导中国实践运动，并通过总结实践经验并上升到哲学维度以发展马克思主义哲学。从这个意义上来说，马克思主义哲学中国化绝不是停留于书斋的概念文字游戏，而是马克

① 许全兴：《毛泽东与孔夫子》，人民出版社 2003 年版，第207—208 页。

② 刘林元：《关于马克思主义哲学中国化的一些想法》，《中共南京市委党校学报》2015 年第 1 期。

思主义哲学的中国现实化运用以及中国实践经验的马克思主义哲学化双重过程的辩证统一。

重视对马克思主义哲学中国化早期历史进程的关注与研究

诚然，毛泽东在推动马克思主义哲学中国化历史进程中发挥了无可替代的重要作用，但马克思主义哲学中国化并非无源之水、无本之木，它具有内在的基本历史连续性。毛泽东对于马克思主义哲学中国化的理解与认识，无论如何都不可能脱离前期党内理论家的思想探索而孤立自存，二者之间其实有着紧密的理论互动关系。关注马克思主义哲学中国化的早期历史进程，一方面可以理清这一理论研究对象的历史背景、发展逻辑等问题，另一方面也可以为进一步深化毛泽东哲学思想的研究工作提供重要的支援性背景，可以进一步理清毛泽东哲学思想是如何形成发展，同时又是如何超越党内一般理论家关于马克思主义哲学的相关思考。关注马克思主义哲学中国化早期历史进程，必须要坚决摒弃两种错误的观点。一种是“过度鄙夷论”，即认为马克思主义哲学中国化早期历史进程大都是不成熟的肤浅思考，因而不存在值得关注与研究的价值；另一种是“过度拔高论”，即认为马克思主义哲学中国化早期历史进程至关重要，之后所有的发展都是源自早期理论家的奠基性贡献，不存在任何质性飞跃问题。实事求是而言，依据上述关于马克思主义哲学中国化的广义与狭义区分，可以肯定的是，早期共产主义知识分子与党内理论家关于马克思主义哲学中国化的宣传与阐释，虽具有不容忽视的重要意义，但从归根结底的意义上而言，马克思主义哲学指导中国具体实践以及中国实践经验的马克思主义哲学化则具有更为重要的理论与现实意义，这是前者所不可比肩的。正如有学者所言，尽管在马克思主义哲学中国化问题上，艾思奇较毛泽东早五个月提出“马克思主义哲学中国化”，但毛泽东的“中国化”

内涵与意义无疑比艾思奇更为深刻。① 尽管如此，我们仍不能忽视对早期马克思主义哲学中国化历史进程的研究工作，因为从学术研究层面来说，这是关于学术研究对象理论地平的廓清，是一种思想史的前提性梳理工作。

在早期马克思主义哲学中国化的历史进程中，艾思奇是非常重要的代表性人物，他的贡献不能仅仅局限于对马克思主义哲学的大众化宣传层面，应当从更加宽广的范围里加以阐释与研究。为此，本栏目特意组织了两篇关于艾思奇与马克思主义哲学中国化的论文。其中一篇是国外毛泽东研究专家、澳大利亚格里菲斯大学荣修教授尼克・奈特（Nick Knight）的《艾思奇论新哲学：辩证唯物论的规律与逻辑》。奈特长期致力于中国马克思主义哲学研究工作，对马克思主义哲学中国化的历史进程保持了长期的关注与研究。在他看来，马克思主义哲学中国化的历史进程内在保持了基本的历史与逻辑连续性，是一个不断提升与发展的动态运动过程。在这篇文章中，奈特以艾思奇关于新哲学的理解为切入点，详细阐释了艾思奇对马克思主义哲学中国化的解释、宣传与发展，并且指涉了其对于毛泽东哲学思想发展的显著影响。另一篇是张明博士的《重估艾思奇"马克思主义哲学中国化"的理论贡献》，该文详细阐释了艾思奇首提马克思主义哲学中国化的历史背景、理论规定与深远意义，认为艾思奇之所以提出马克思主义哲学中国化是其早先关于马克思主义大众化思想合乎逻辑发展的必然归宿，是从"应用""指导"到"发展"的节奏演变，不仅对于当时马克思主义哲学中国化与毛泽东哲学思想的发展产生了重要推动，而且对于当下进一步深化拓展马克思主义哲学中国化研究工作仍有积极启示意义。

这里的两篇论文从各自不同的角度与视域展开了对艾思奇与马克思主义哲学中国化关系的研究，其中既有集中聚焦艾思奇新哲学的个案研究，也有从更宽阔的思想发展史背景中定位艾思奇首提马克思主义哲学中国化的历史贡献。笔者由衷地希望通过本专题能够激发国内学界对于马克思主义哲学中

① 许全兴：《毛泽东与孔夫子》，人民出版社2003年版，第232页。

国化早期历史进程的关注，也由衷地希望相关学者在研究过程中能够自觉地区分马克思主义哲学中国化从广义层面到狭义层面的不同理论区分，以避免在研究过程中因界划标准不一而导致分歧不断。当然，关注马克思主义哲学中国化的早期历史进程，绝非我们研究的最终目标。我们只不过是希望通过对马克思主义哲学中国化早期历史进程的深入细致研究，总结马克思主义哲学中国化的基本规律、历史经验，以期推动在当前历史背景下马克思主义哲学中国化的发展工作，推动在当下如何总结改革开放、建设中国特色社会主义伟大历史实践过程中的经验教训并上升到马克思主义哲学高度，以期为马克思主义哲学中国化的当代“出场”搭建坚实的理论平台。

（原载《江海学刊》2016 年第 6 期）

精神生活的“自我治理”逻辑及其公共性追求

——思想“正当化”自身的知识论前提

袁祖社

本论题的思考，基于一个古老而常新的问题。这个问题从开始就一直严肃地挑战、拷问着所有人文知识分子的敏感神经：属人的（人类的理智所发明的）和人属的（人必须遵从自己所创制的各种）观念合理化、正当化自己的真实逻辑是什么？进而，普遍性的精神生活的自主性是可能的吗？所以提出这样一个问题，理由在于，严格意义上讲，我们从来未曾有过以及真正体验过以自由、自主、自性、超越等为特质的真正的精神生活的本真性意蕴。

中国社会当下正在进入全面“治理”而后深度“善治”的时代，“治理”正在或者已经成为“后改革时代”① 社会公共生活的新话语。这一新话语的出现，不只是因为十八大以官方文件的方式，首次提出了作为现代民主国家公序良俗之实现目标上的“治理能力和治理体系现代化”问题，其更深刻的根由在于，治理不只是中国国家“政治生活”的专有话语，其语义和涵盖力所指，完全可以扩及经济生活、民众日常生活等更为广泛的领域。如此，提出精神生活的治理问题，探寻社会精神生活的应然性逻辑，就因其带有某种程度的必然性而成为情理之中的了。

---

① 所谓“后改革时代”并不是前改革时代的简单延续，它更是前改革时代的深化。后改革时代的重点，一是实现改革重点从经济体制改革到政治行政体制改革的转变；二是从现代化到现代性的转变；三是从工业社会到城市社会或者从生产型社会到消费型社会的转变；四是从权力社会向公民社会的转变。后改革时代是“共富的时代”“和谐的时代”“民生本位的时代”“关注质量”的时代。具体论述参见竹立家《后改革时代中国面临的问题》，《人民论坛》2010 年第 4 期；郭俊华、卫玲等《后改革时代的特征分析》，《西北大学学报》2010 年第 2 期。

与此相关的问题是，我们有与我们这个时代的内在特质相匹配的“精神生活”样态吗？我们有属于我们自己的独立的价值判断吗？我们的所思、所想是完全听从于自己内在性“良知的召唤”吗？面对诸多明显的不公、不当，我们敢于发出自己的声音吗？这样的追问，完全出于一个基本的“假设”：人已经成为一种具有超越性品质的“精神性”存在。但现实是，人不会、不愿也不可能完全成为一种这样的存在。

精神生活自我治理的根由：“碎片化”生存现实境遇对我们内心宁静的侵扰

思想、理论是精神生活的基本元素。以思想的方式存在，表征的是人之为人的本质性特征。人身上的“神性”决定了，任何时候，人都不愿意被某种“物性”的东西与物役化逻辑完全主宰，人总是希望保持或追求一种属于人的那种“纯粹”。人正是有了并通过思想、理论的方式，获得其自身的完整性。但历史上和现实中，精神生活以及其赖以存在的现实向我们所昭示的情境，却并非如此。

社会和民众所期望的，是健康的精神生活主体理当具有一种内在的自我整理与自我治理的使命。当下的精神生活，必须直面愈来愈严重的“碎片化”，为迷乱的“心”找到回家的路。所谓“碎片化”，英文为 Fragmentation，原意为完整的东西破裂成诸多零块。某种意义上，“碎片化”通常被理解和界定为一种“多元化”。碎片化并非中国社会转型期的特有现象，而是有着普遍而深刻的时代性背景。“碎片化”之于精神生活的基本后果，是其所导致的基本传统的社会关系、市场结构及社会观念的整一性——从精神家园到信用体系，从话语方式到消费模式的迅速瓦解，代之以一个一个利益族群和“文化部落”的差异化诉求以及社会成分的碎片化分割。①

社会碎片化生存反映在现实个体的生命价值体验与精神社会的感受性方

① 董峰：《碎片化时代的意义表达》，《当代传播》2010 年第 4 期。

面，其突出的表征就是：超越了众声喧哗，到处所见的只是众声同义反复，“真实的自我”隐匿了。生活中每个人都是“讲述者”，但无人顾及、也无人关心到底有无忠实的“倾听者”。人人热衷于自我展示，却根本不在乎有无人喝彩。那么，无序和碎片化一定是社会生活的本真情境吗？面对碎片化，我们理智的直接关切是：精神对纷乱社会世相的治理是如何可能的？精神的自我治理是如何可能的？有些情况下，各种各样形式上貌似俨然“在场”之所谓“思想”“理论”，表现得那样洋洋得意、自以为是。一个显见的情形是，在思想、理论为人类“立法”的进程中，一种“主义”“思潮”“学说”“学派”之主张一旦形成，无疑是一种莫大的理智荣耀，可以说是大多数学者心目中最高的学术修炼境界，通常意味着因会进入思想史、构成特定思想理论的逻辑链环而“名垂青史”。但是事情往往会有相反的方面存在。这是指思想理论一旦被主义或者意识形态化，就意味着自我封闭，甚至画地为牢。更有甚者，它会逐渐丧失思想、理论原本具有的对于现实或者思想理论自身的反思、批判秉性，变成某一种政治权力借以实现自己统治目的的工具，此乃思想、理论自我伤害和自我异化的悲剧性开端。

费耶阿本德注意到了文化与价值相对主义时代，以康德意义上的“先验幻相式”思想、理论的方式解决纷争的无效与无力。在他看来：“……理论的方法是无知的。例如，它没有注意到因为生态上合理的和精神上满意的生活方式遭到破坏并被西方文明的虚伪行为取而代之而引发的许多第三世界国家普遍面临的问题。”① “……理论方式的肤浅达到令人惊异的程度，它以贫乏和抽象的概念取代了观念、洞察力、行为、态度和姿态的丰富的复杂性……理论的方式是不完整的。它对于强制的问题保持沉默。”② 大道至简，治心为要。试问，身处话语乱象丛生、思想迷失方向的时代，究竟哪一种理论可以成为当代人整理自己的纷乱、无着、无助的心灵的选择？文明史的演进历程中，我们曾经被各种看似精深的“理论”所武装和折服，也曾深切地感受

---

① ［美］保罗·费耶阿本德：《告别理论》，陈健等译，江苏人民出版社 2002 年版，第 25 页。
② 同上书，第 26 页。

到它们所具有的那种直指内心，让人感奋、超拔、向上的力量。与此同时，我们同时也被各种以“思想”“理论”的名目所出现的精神现象所轻慢。因为在活生生的纷纭、具象的现实中，我们分明感受到了那些无论就形式还是内容而言都精美绝伦的思想、理论，在具体解释力上的苍白和短绌的尴尬情境。既是如此，我们能因此而抱怨思想理论的提出者和创立者吗？我们经常因生存的不如意而不断自问：我是一个有灵魂的人吗？我和我以前的、同时代的人相比，有什么不一样？甚至于怀疑我还是我自己吗？什么东西改变了我？我是在什么情况下被不知不觉改变的？设身处地想一想，如果有幸或者不幸我们自己本身就是从事思想和理论研究者中的一员，而自己又经常地不满意于自己的工作方式，下述追问肯定会成为常态：我的文字是我心的流露吗？有多少思考是寄托了我灵魂的东西？如果不能，我为什么要写那些文字？我能收回我的那些文字吗？我多么慌乱，当我回忆我不堪的过往，为什么我不能像别人那样活得心安理得？我的内心有许多不想被别人看见的伤，文字能帮我疗伤吗？生存之艰难常常令我们无比感慨：我们似乎没有太拼命，比起这个时代的其他行业，我们太偷懒了，我们还没有将自己推到难堪的绝境。

但当下的问题是，我们都是“被理论化”的存在，我们已经“理论化了”，我们成了柏拉图的产物。思想、理论的确有优良与否的问题，不会有人否认，理论的多重维度和复杂无比的样态其实所表征、所演绎的，正是同样复杂、艰深无比的人性自身。自然科学理论诸学科之“真”的诉求，对真理的标榜；人文与社会科学诸领域，如文学艺术之审美化理想，法律、伦理、宗教、政治、社会、经济学等，均是如此。人是一种在终极意义上趋向全面的、完整性的存在，但谁也无法准确而客观地认知和判定，一种特定的思想、理论之于人，究竟意味着什么，究竟要将人引向何处？自有各种思想、理论样式以后，人性就遭到了思想、理论的无情拆解，人性被搞得七零八落、面目全非，再高明的技术也无法回复人性的整全性了，人的生存的全部悲剧性根源正在于此。人曾经是一种无比简单的灵性存在，曾经天真无邪，淳朴如

赤子。思想、理论的出现影响、破坏了人的这些美好的内在品质。

人性演进到目前这个阶段，其扭曲、变形、失度之甚，几乎已经变得让人无法、甚或不堪辨认了。欺诈、冲突、暴力、恐怖、战争、压迫、奴役、不平等、贪婪、欲望的无穷升级以及永远无法满足……迄今为止，没有一个数学家、经济学家，没有一个物理学家、化学家，没有一个人类学家，没有一个文化学者，没有一个宗教学者，没有一个艺术家可以对下述问题提供富有智识性的新见解：健全的精神生活领域内，真实的、真正的“自我”究竟应该是一种什么样的存在状态？人应该按照何种具有“普世性的人文真理”观生存与生活？按照一种什么样的恰当逻辑获得、展现和确证理想化的自我？对此，我们的真知其实并不多。历史和现实经常会有意无意地塑造出这样一些大写的“自我”的典范：帝王将相、政治家、各种流芳百世或者遗臭万年的“名人”等。但是，这样的成功（或失败）机会太少了，成本太大了，一般人难以遇到同样的时代与历史机遇，也根本没有这样的决绝与勇气。

自主是思想的应然逻辑：以严肃的“精神方式”使自己变得/成为高尚究竟有什么错

思想有好坏之分，学者有良莠之别。这其中最重要的评判尺度，是人格自主性的理性自觉问题。自主性关乎学者的优良心性和学术品性。很难想象，一个缺乏自主性人格的学者能够做出什么具有独到学术创见的真学问。从根源上讲，或许可以说，当特定社会的精神生活主体在智识论层面，的确无法为精神生活提供一种相对合理的、符合一代中国民众精神生活发育水平的理想图景时，当理想的精神生活的载体和样本，总是出于某种意识形态宣传和教化的目的，完全漠视、无视普通民众的接受与认同心理意愿的情况下，精神生活之诸种不如意情境的出现，有可能就是其心灵无所归依的精神生活主体自己甘愿选择的结果。有学者指出：“现代人今天对生活的感受越来越多地受制于媒体的信息。生活是什么并没有用心去体会，所谓的‘社会’其实是

被媒体剪裁过的。所以，生活不能过度依赖于媒体的信息提供，而要从自己对道德的实践、自己与身边人的互动，从立足社区的公益事情开始，那才是我们的生活，才是每个人应有的生活自主性。”①

不管我们愿意不愿意，不管我们是否自觉或者不自觉地去观察、经验甚或自觉地去体验，我们都业已身处一种“非充分化现代性”时代之日益荒芜、日益被挖空的非正常化的“精神生活”情境，无奈地经受节操尽失、人格萎缩时代精神生活所带来的种种必须承受的恶果。至少自20世纪90年代以来，当日益强势的现代性的实践逐渐成为中国社会全部生活的主体性景致的时候，时代的精神生活，就开始被置于一种令生活于其中的个体难以满意的艰难情境。现实个体为了追逐自己的利益而表现出的种种不堪，总是令我们匪夷所思，令我们对人性能否达到其美好境界深度怀疑。怀特海被公认为20世纪最杰出的哲学家之一，在其所著《观念的冒险》之第二章“人的灵魂”中，他指出：“在任何人类社会，都有一个基本观念在或多或少地影响着人类活动的每一个细节。这个基本观念便是：在不考虑其成员的任何优势的前提下，首先考虑该社会个体成员的地位。……我们朦胧而不动脑筋地生活着，并相信其他人也是以类似的方式生活着。”② 普通人面对种种精神生活之乱象和怪象，总会带着某种不满与希望，无奈却又情不自禁地发出“为什么是这样”“为什么要这样”以及“为什么能这样”等的质疑和不满。当他们期望人文知识分子对此做出合理解释之时，竟然没有多少人有充分的自信做出回应。并非知识分子缺少解释的能力，主要的原因在于他们惧怕面对“反身性追问”时，一已陷入所能预料得到的结果。

中国正行进在充满冲突和矛盾的“现代性”的途中，现代性刚刚展开其冰山一角。尽管中国许多看似前卫其实自己都还没有来得及弄清楚何谓现代性的大批学者，貌似有理地大肆反驳、批判自己所了解的“现代性”。“现代性”文化与实践对中国人人格最大的考验和打击在于，现代性提供了一种尺

---

① 李萍等：《幸福是每个人在生活中践行的结果》，《南方日报》2012年8月26日。

② ［英］A. N. 怀特海：《观念的冒险》，周邦宪译，贵州人民出版社2000年版，第11页。

度：通过尽可能多地占有财富获得并享受幸福。谁漠视这一现实，谁在这一现实面前保持“清高”，谁就面临着被这个时代淘汰甚或陷入与时代格格不入的窘境。这是一代中国人根本无法逃脱，并在根本意义上构成中国人经由“传统人格变异”，而后新的人格特质生成过程中的所谓“现代性宿命”。经历了贫穷和落后，中国人太想“发财致富”了；经历了险些被整个人类文明遗忘和边缘化的“噩梦”，中国人太想进入文明世界的“中心地带”了。中国人太想过得像真正的人一样的幸福、美好生活了。所有这一切，借助现代性逻辑和现代化实践，正在真切地变为现实。中国人在这样的“现代性实验”（不惜冒丧失“民族性”的危险）面前欢欣鼓舞，生怕再一次失去这一重要的历史机遇。于是中国人拼命地证明自己的能力，向整个世界表明，我们是勤劳、勇敢的优秀民族。于是，在话语逻辑问题上，我们经常陷入：（1）能指与所指的错位——话语方式的紊乱。其主要的表现就是“自我持存性”的疏离，即独立的精神生活权益的非保障性。（2）精神生活之应有的德性品位的丧失——即现代精神生活信念之非伦理性表征的大面积扩散。现代人精神生活最大的危险在于精神生活本有的人文境界追求的隐匿化，以及由此所导致的德性品位的丧失。

由上可见，我们的精神生活的不如意状况，是由我们自己造成的。我们每日都在“精神着”，现实地精神着，成为精神的人与精神性存在，是我们无法逃避的宿命。由于我们根本无力阻止某一种有关我们应该如此这般生存的设计，因此，作为芸芸众生的我们，终其一生都被某种、某几种我们知道的、不知道的精神生活的逻辑建构着，我们接受着其表面上的“似合理性”，忍受着、承受着其诸多明显的不合理性。当整个社会在某一个历史时期将文化与价值的坐标定位于经济与财富的坐标以后，纯粹的、高尚的精神生活形式和体验就成了一种非常稀缺、非常奢侈的珍稀品。

这里，一个历久弥新的思想史难题出现了：精神生活的价值究竟是什么？究竟因何目的、由谁决定一种类型的精神生活？我们所一直吁求的真正“独立”而“自由”的精神生活在何种意义上是可能的？这样三重追问

本身，用时兴的网络语言来讲，真可谓“弱爆了”，是一种没有多少学理冲击性的、因学术个性匮乏所导致的无由性的必然体现。历史进程中，我们有太多的时候，都沉浸在一种“英雄和英雄崇拜”的非知识论态度的场景中。我们希望历史、制度、社会、文化能够按照我们希望的方式，将我们自己塑造成为那个具有特立独行之人格特质的“自我”。但遗憾的是，这样的理念，至今还是一个可望而不即的乌托邦。精神按照自己的方式成为自己的历程异常之艰难。这期间伴随着伟大的劳作和智慧，也充满着迷失和种种人为蓄意的“罪恶”。历史上，精神由于无知，迫于自我无法超越的多重压力，曾经非常不情愿地匍匐于对“自然”的膜拜，曾经痴迷于欲望的满足，曾经委身于“政治权力”，曾经在对“宗教教义”的诠释中寻找自己的庇护所，更曾经为不断膨胀的感性、人欲的合理性、合法性和正当性进行有失身份的苍白、无力的论证。

思想、理论之华美，其根本在于，思想的逻辑，是因坚守自主性、学术理性，勇于、敢于对“学”与“术”客观甄别所产生的一种拟“正义”的情节。与自主性内在契通的“正义”，无疑是一切健全的、健康的思想的一贯性的一致的品质，一如德性是人的美德一样。以往关于思想和理论，有正确与错误之评判，实际上，由于任何思想理论都是人心智的产物，而且更为重要的，是因为思想理论一旦产生，就必然会有一个传播的过程，其影响所及，有些时候是完全超乎思想理论的创立者之初衷的。这表明，必须关注思想的伦理本质，因为思想本身就有载道之使命。思想理论是人的自我驯服术。迄今为止，还没有一种理论能够具有一种使人性持续向善的功效。古今中外，思想家们热衷于追求理论的客观性和思想的公度性，追求一种能够解释现实、规约现实的真确性，其目的是求得理论自身的自洽，进而幻想着以此种理论应对一种根本无法与之完全匹配的错综复杂的现实。

思想、理论何以“正当化”自身：精神生活自我治理的可能性

正当性及其自我证成一直是思想史中的一个难题。精神生活的正当性更是不易，因为这曾经被认为是一个永远无解的“伪问题”。古今中外，有多少思想家在为精神生活之这一目标的达成而鼓与呼。一部人类精神生活史，实际上就是人类以自己的方式（按照意愿、情感、理性、信念、规范等）进行自我治理和调适的历史，同时也是精神生活证明自己的正当性从而获得合法性存在以及自主性的历史，是“规范”的自我反思与完善史，从而也是个体自主性与人格同一性的证成与获得史。沃勒斯坦指出：“学者之任务不是构建现实，而是说明它是如何构建起来的，而且将现实之多种社会结构相互对比考查。在某种意义上，这是永无止境的反射镜游戏。”① 人类的思想、理论实现此一目标的方式是多种多样的。一是发明体系化的观念、概念、规律等（自然科学的、社会科学的、人文科学的一切学科，都属于这方面的努力）；二是诉诸具体的共同体、组织、制度的建构（部落、家庭、以所有制形式存在的民族、国家）；三是对上述方面进行能动性、革命性变革的各种实践、行动等。就方式而言，有适应、反抗（改良和革命）等。就理论形态的建树而言，应当说，人类精神生活进步史上，有关典范意义上的精神生活图式，的确可以找到许多成功的范例。就理论形态而言，19世纪德国古典哲学家黑格尔堪称典范，他注意到了人类精神的非自主性状态，欲在“绝对理念”的框架下，为精神生活确定一种永恒意义的逻辑范式。② 至少在他那个时代，是一种绝对成功的范例；另一方面，就实践形态而言，人类精神形态的自我治理的范围和内容甚至更为广泛，更为影响深远：法国

---

① ［美］伊曼纽尔·沃勒斯坦：《所知世界的终结——二十一世纪的社会科学》，冯炳坤译，社会科学文献出版社2002年版，第236页。

② 参见邓晓芒《黑格尔的三种精神标本：浮士德、哈姆雷特和堂·吉诃德——读〈精神现象学〉札记之二》，《云南大学学报》（社会科学版）2013年第5期。

革命、人权宣言等，作为后现代所反思的另类“宏大叙事”，都是值得关注的。

对精神生活进行自我治理的方式，在很长一个时期内曾经是自上而下的单方面教化、灌输式的，贯彻、体现的是某个被选定的单一主体的“自由意志”。20世纪四五十年代以来，后现代哲学思维的出场表明，真实的精神生活的本质，理应是多样化、多元化主体之同时在场，是多话语、多立场、多中心的自主与良性的博弈。其结果，则是自由、异质、差异、参与、多样性、协同治理原则的自然确立和胜出。没有人否认，思想、理论是人性合法化、合理化、正当化自己的尚无替代性选择的唯一方式。人类文明进化过程中，人类选择以思想理论的方式为自己立法，绝对是情理中事。人正因此举动，既造就了自身，也给自己带来了很多麻烦，人的存在因此成了一个问题。一方面，相较于自然或者与“自然的方式”相对照、相对立的“人的方式”一开始在地球上出现，其实是完全“非法的”，无所谓、也无多少合理和正当而言。这个时候，这种情况下，就有各种各样的思想理论出来辩护。所谓思想诞生的真实逻辑，不过如此。另一方面，古今中外，思想理论多得数不胜数，人类已经不堪理论之重负。就思想理论创立的初衷而言，一定是禀赋着纯粹化人性的美好理想的。可实际的情形常常是，一种看似非常正派的理论却起到了令人意想不到的坏作用。

我们需要发现和创制属于当代人类之优良的精神生活所必需的新的话语实践方式（不只是为了尊严、优雅和体面），努力践行精神生活之基本的“治理”与“善治”逻辑。精神生活的有效治理，一定是基于某种新的话语实践方式的发现与创制。近代以来，一直由“技术理性”引导的人类的现实生活，一刻也没有安分过。而作为对于技术的方式“伪”反抗与被动的“回应”与“应对”，思想也一直寻找着自我辩护和超越的新的话语方式。人类的精神生活并非没有自己的自我治理逻辑。客观的情形是，自有精神生活之日起，这种自我治理、自我矫正的历史就随之展开了。那么，精神生活的“自我治理”何以可能？所以如此，是因为精神生活是一个无限广大的领域，是一个最不

容易被强制性力量约制的“自由”的领域。近代历史上，人类对于“言论自由权”等的不懈争取和捍卫，就从一个方面表明了这一点。人类健康的精神生活不愿意受外力强制约束这一特点，导致了在现实生活中，来自政治、宗教和意识形态的力量不断地采取各种方式对其加以限制。于是出现了旨在为精神生活划界的精神生活的“政治－意识形态”的治理方式、宗教的治理方式等。对于这些来自外在规制与规范性方式，精神本身其实并不完全买账，而是采取各种各样的方式和策略，不断地与之抗争。其目的，就是要捍卫精神生活的“自我治理”权利。因为，其一，人文学者其实一直被某种自己所批判和反思的“社会的”“政治的”“思想文化的”坚硬逻辑左右和掣肘着。人文学者的所谓与现实保持距离的想法，通常都并非发自内心。有这种遗世独立之高逸风范的学者不是没有，而是太少了。其二，人文学者一定不愿意改变自己对于现实的方式。现代商业社会的资本与逐利逻辑是赤裸裸的，大胆妄为，无所顾忌的。人文学者总是坚定地捍卫着属于这一群体的生存信念：君子固穷。看看我们周围的市井真实：广告中出现最多的，是所谓体育、演艺界的名人。这些人中一些人才不管什么责任、担当，想尽千方百计成名之后，接下来就是用名逐利，让自己的生存价值最大化，获取自己想要的、同时也是令别人羡慕不已的生活。不仅名人自己，而且名人的子女，包括成年的和未成年的，都可以在市场化社会中充当利益最大化的工具。

人文知识分子在这样一种社会，其处境是十分尴尬的。他们被社会公众寄予了过多的希望，尽管公众可能根本不知道他们寄希望的这群人文学者每天到底在思考着什么，能不能理解这群人的“深刻思想”究竟是什么。人文知识分子总是希望自己的理论、学说和主张，能帮助和启发普罗大众摆脱世俗社会的物欲，净化心灵，学会做自己。可讽刺的是，几乎百分之九十的学者终其一生，都没有找到那种“成为自己”“做回自己”的“自我生活”的方式。在思想和道德观念伪“公器化”的理论与现实境遇中，他们失去了作为知识分子的独立人格。他们说的，都是别人曾经所说的；他们所做的，也都是对其他人的心灵没有多少震撼作用的剧场化的表演性行为。

从严肃、正经、庄严、神圣的精神生活之应然性理想塑型的意义上，身处多元现代性规制的我们时代的个体，在无边无界的财富追逐和享乐的歧路行程中，正在见证、经历和体验现代世界历史上前所未有的心灵世界的“内在混乱”状态。如同所共同看到的那样，这个时代的个体，总是处在“半梦半醒”之间，有意识地在是与非、合理与非合理、应该与不应该等基本的思想语式问题上，主动地、自觉地放弃了本属于自己的判断。这个民族处在一种不容易被扭转的偏执心态时代，在一种被过分具体地理解了的“平等主义”观念的影响下，不相信学术的精英制造，不相信学术的天赋异禀，天真地以为人人都可以为学术。就历史性图式的渐进呈示讲，人类精神生活秩序的形成过程，是一个经由单一秩序、单一逻辑、单一话语、单一传统和单一表达，而后呈现为复杂、多样、多元、差异的过程。这是一个因地理大发现，因技术进步而使整个世界趋近一体化的过程。经历了几个世纪的文化、文明的冲突，交流与有限性交相渗融，人们在各自的文化与文明之外，发现了另一处、另一个完全不同的文化与文明景观。不同的精神生活，展示的是不同的文化与境界。正当而充分地享受某种优雅、尊贵的精神生活，更是每一个体不可剥夺的神圣权利。

治理范式的引进表明，现在到了按照某种普遍性的标准，展开理智的、积极意义上的全球性精神生活自我“治理”的时候了。精神生活之所以面临着被整治以及“自我治理”的命运，是因为精神生活实践、精神生活主体以及现有的精神生活样式本身，无法较好洞见和解释一个民族的生存情状，无法为其在价值和信仰的提升方面贡献新的有启发性的理念选择。按照“治理”的逻辑范式，精神生活的治理意味着“多中心”“多主体”“协同性”“过程性”“回应性”等新观念的引入，意味着——首先，当代精神生活的应然性图景，不再是对于现代主体而言的外在“嵌入”式的。健康的、正常的、合理的精神生活方式，本质上是服从某种“自然、自发的秩序”自主地协同建构的；其次，健康的精神生活的过程，是面对多样化、多元化的思想理论场景，类似于市场社会的“思想共同体”的创制，需要多主体共同参与，代表了不

同经济社会利益的主体之间依照共同认可的规范与约定而正当博弈的结果。这个社会在思想领域不再只是一种声音、一种思想方式，一种既定的思考、对待世界的统一的方式。最后，精神生活的自我治理，意味着精神意欲不断冲破不尽合理的秩序框架，不断寻求思想、理论对于现实的自我创新的过程。无法否认的事实是，一种表面上看似有自身建树且繁华无比的人文学术研究，如果无法融入其所处的时代，不愿意或者无法为这个时代所理解和认同而自诩清高，至少在立场和情怀上是大可质疑的。

（原载《江海学刊》2017 年第 1 期）

作为学派的出场学

孙利天

改革开放至今已近40年，中国马克思主义哲学研究在这段“黄金时间”里，涌现出诸多重大的理论成果，包括高清海先生对马克思主义哲学原理教科书的改革、哲学观念的变革；张异宾教授回到马克思的呼唤；任平教授的出场学……坦率地说，对于中国学派和任平教授的出场学，我还是有所了解的，但是了解得并不是很多。

在2007年，高清海先生去世3周年时，笔者写过一篇文章，叫《中国曾经有过高清海哲学学派吗?》①，文题末用的是一个问号，这是由于我对这个话题还是缺少把握。其实那时我对这个话题有过一些思考，也有一些心得体会，其中一个就是20世纪国外的一些成功的学术研究机构和学派，它可以为我们马克思主义哲学研究的中国学派的形成或建立提供一些经验或启示。笔者在那篇文章里还特别强调像法兰克福学派、维也纳小组、芝加哥学派、法国年鉴学派等，他们都具有一个突出的特点，即有一个鲜明的研究纲领，而这个研究纲领是建构一个学派的灵魂与核心。从一个稳定的研究纲领方面来说，高清海先生并不能形成学派，因为他自己一直在不断地变化着，从以认识论的性质去重新理解马克思主义哲学并改革传统哲学原理教科书体系出发，到后来用实践观的思维方式去理解马克思哲学革命的实质，最后到对马克思哲

---

① 孙利天：《中国曾经有过高清海哲学学派吗？——纪念高清海先生逝世三周年》，《吉林大学社会科学学报》2007年第6期。

学类思想、类哲学的理解。[1] 笔者认为，高清海先生在不断地自我否定。他在不断地自我批评和自我否定中展现出对马克思主义哲学的不同理解。所以，按照学界对哲学学派的规定，只有不同时期的高清海的哲学思想，而并未有过高清海哲学学派。但是从高清海先生给我们学术界留下的九卷本《高清海哲学文存》，到在先生的辛勤培养下，现今活跃在马克思主义哲学研究领域的一大批学生群体，似乎又可以说中国马克思主义哲学研究有一个高清海学派。从另一个方面看，一个学派所显示出的研究风格和个性，也可以是形成学派的一个标识。在这一点上，高清海先生又有他稳定的研究风格和研究个性，比如说他不断地自我否定、不断地自我超越。高清海先生常常要求他的研究生，要用自己的头脑去“笨想”，脱离哲学文本，用自己的语言去陈述、去思考、去创新。因此，要进行哲学理论创新，就要先否定自己已有的思想，超越自己，这样才能超越前人。另外，国内的有些学者重视某些学派的师承性、地域性、问题性等等，这些都是形成学派的一个特点。因此高清海先生这个学术团队的师承关系，也可以理解成是一种学派性特点。从高清海先生到我们这一代，再到我们的博士生，一般的就已经有两三代人的连续。一个学派的真正形成需要几代人连续从事这种工作，将这样的工作当成一个传统传承下去，才有可能形成一些有标志性的、有重大影响的，甚至能具有一定国际影响的研究成果。

形成一个学派，最难捕捉和确立的就是研究纲领，即一个学派的思想和灵魂。吴晓明教授的那篇文章——《“中国学派”如何真正成为现实》，其中提到了三个前提，第一，要彻底摆脱“外部反思”式的主观思想，第二，依循由中国社会现实而来的客观需要和基础定向，实际地形成外来学术大规模的中国化，第三，必须经历“文化结合”的艰苦的锻炼[2]。这三个前提对我们中国学派的形成，特别是对任平教授出场学的研究纲领的提取与凝练是非

① 孙利天：《中国曾经有过高清海哲学学派吗？——纪念高清海先生逝世三周年》，《吉林大学社会科学学报》2007年第6期。

② 吴晓明：《“中国学派”如何真正成为现实?》，《中国社会科学报》2016年3月17日。

常重要的。因此，要形成今天的马克思主义哲学研究的中国学派，就必须要面对中国问题、中国道路、中国经验，这在当今中国是无可回避的。而怎样把中国问题、中国道路、中国经验以一种理论范畴的形式加以预见？简言之，这样的学术工作就类似于我们写论文时所提炼出的关键词。那么怎样才能有我们自己的关键词？怎样才能提取、凝练出最为精确的关键词呢？据此而言，关键词不是可以随意想象、建构、创造的，它必须是黑格尔意义上主客体统一的概念，是一个有生命的概念，是一个能够客观表达事情本身具有自身逻辑的自我否定、自我扬弃、自我发展的概念。它也是一个概念的体系，它也必然表示一个概念的体系。

任平教授提出的这个出场学，让我回忆起高清海先生哲学研究的根本方向和目标——创造中华民族自己的哲学理论。海德格尔曾有过这样的宣言，一切伟大的事物都只能以伟大作为开端。高清海先生当时受到吉林大学前身东北人民大学哲学教研室主任刘丹岩教授的影响，较早地摆脱了教条主义学风的影响，并且于1957年发表了《论辩证唯物主义与历史唯物主义的关系》，从此开始了长达四十多年对传统哲学教科书的批判和改造。高清海先生在多年的马克思主义哲学教科书体系改革中逐渐认识到，当时我国使用的苏联模式的教科书体系是适用于计划经济的哲学，而我国改革开放就是要破除苏联模式的计划经济体制的樊笼。因此，在哲学层面上，必须加紧改革苏联模式的传统哲学教科书体系的步伐，以保证改革开放更好地进行下去。高清海先生摆脱苏联学者的教条主义学风的影响，进行符合哲学本性的独立思考，用了五年时间，编写了《马克思主义哲学基础》一书，重新阐述了马克思主义哲学原理，对我国马克思主义哲学研究具有非常重要的意义。① 任平教授提出的这个出场学可以说是我国马克思主义哲学研究发展到一定阶段的产物，是我国哲学研究工作者实力自信的象征。

2012年，笔者在《中国社会科学报》发表了一篇题为《寻求和凝练当代

---

① 孙利天：《创造中华民族自己的哲学理论——高清海先生的哲学遗嘱》，《社会科学战线》2004年第6期。

哲学的中国元素》的小文章。在那篇文章中提到，当代我国哲学界对西方哲学的了解和研究，已经远远超出西方对中国的了解。现代西方哲学的主要流派、作家，像尼采的超人哲学、胡塞尔的现象学、海德格尔的存在主义、萨特的存在主义等，中国几乎都有人研究，少数专家可能已经不逊于西方专家的水平。我国的哲学研究已经积累了许多本土化、原创性的理论成果，已经为世界哲学贡献出中国特有的思想资源。① 所以当时大家都热议让中国哲学社会科学走向世界，让世界了解、研究中国特色、中国风格、中国气派的当代中国哲学。为此，就需要我们耐心地寻求和凝练当代哲学的中国元素，需要我们更加深入、精确地去把握现今国人的生活状态、文化心理和欲望诉求，需要我们去寻求那些在大众生活中能够体现出来的思想精华、活着的哲学传统理念，对这些进行更好的理解、研究、传承与发扬，构筑出属于中华民族自己的具有世界水平的哲学理论。

改革开放三十多年来，随着我国经济社会的快速发展，中国实际上已经是哲学人力资源大国，并正向哲学强国迈进。其中，中国马克思主义哲学有着在全世界其他各国都无法比拟的、人数众多的学术团队。中国马克思主义哲学工作者的总量也是其他各国无法想象的。尽管在形成能够把握住我们这个伟大时代、伟大实践的哲学理论方面做得还不够，但是笔者认为，我们国内的一些哲学工作者所做的研究成果，已经形成了中国特色，并已经开始产生了一些世界性的影响。同时，有一些哲学工作者也做了总结这三十年来的理论成果的工作，有可能初步描绘出中国学派的基本构架。从这个意义上来说，我们的这次题为“马克思主义哲学研究的中国学派暨出场学理论学术研讨会”恰逢其时，在中国马克思主义哲学研究史上将会成为一个标志性的事件。

对任平教授的出场学理论进行深入考察后，笔者得到以下几点心得与大家探讨：

① 孙利天：《寻求和凝练当代哲学的中国元素》，《中国社会科学报》2012年7月2日。

第一，就“出场”这个概念来说，应该有着多方面的学术资源的支撑。首先，伽达默尔曾经这样评价海德格尔，他说海德格尔要把名词动词化，把很多名词变成动词，然后造成一种生动的在场的印象。他也用了修辞式，曾经解释希腊文和拉丁文的“自然”，通过名词的动词化，把自然解释为绽放、持存，把存在解释为庄园，带有农村田园意义的庄园等等。他的一些修辞式实际上也可能是现象学的一种方法，使这样一种动词化的表达向我们显示一种直观的意向或直观的意向性构造。当然，我们也和德里达一样，批评海德格尔的在场的形而上学，认为他仍然保留着一种形而上学的倾向，并不是说一个思想一旦“在场”就会永远“在场”。其次，将社会学的一些概念、说法用到马克思主义哲学的出场学，我觉得可能会有一些独特的解释视角。比如任平教授强调的，出场学是前提批判，是反思批判，也可以理解为一种元哲学的工作，这是有意义的。通俗说来，要“出场”首先得“砸场”，那么“砸场”就是一个前提性的清理批判工作，扫除之前不合理的成分，从而为出场做好前提准备。特别是捕捉到我们这个时代最根本的动力性因素就是任平教授强调的“资本创新”，以之为枢纽去理解当代世界的一个场域、场景、构境，能够为马克思主义哲学的出场打开一个敞亮的空间。这是我理解的出场学研究范式可能具有的第一点意义。

第二，从出场学的研究路径上看，它可以同发生学的路径进行比较。众所周知，始于自然科学领域，现今在人文社会科学研究领域广泛使用的发生学也是一种普遍使用的科学方法。但发生学重视对历史过程中的本质、必然因素的分析，它更关注的是时间性、历史性，相比之下，出场学是以现象学所追求的一种直观的、在场的、原始的艺术涌现的表达方式，它可以为我们构建一个空间化的学术模型。换言之，马克思主义哲学研究，特别是当代马克思主义哲学研究，能够在其学术图谱中确定它的学术场位。尤其是任平教授的出场学，坚持以中国与世界问题为中心，关注中国理论与中国话语，聚焦中国立场与中国的价值理念。这就和发生学的研究方法有了很大区别，这个区别也使得出场学有其独特意义。

第三，由于我们力求在一个澄明的、在场的学术谱系中去表明当代中国马克思主义哲学研究的场位，这也就鲜明地表达了中国化的马克思主义或者说马克思主义的中国学派在当代世界学术中的相互并置，像一个谱系中的并置与差异，也就表明当代中国马克思主义哲学研究作为一个中国学派在世界的学术场域中，或者说在对立和冲突中表达着自己的价值。任平教授做了很多这方面的工作，比如，怎样区分传统和教条的马克思主义哲学，怎样区分当代西方的马克思主义哲学，或者说广义的马克思主义，可能也包括欧洲左翼等不同的学术群体。所以说，用出场学的学术表达能够使中国化马克思主义哲学的研究在当代世界的学术图谱中显示出其独特价值，或者说显示出它在差异和区分中的独特意义。

（原载《江海学刊》2017 年第 2 期）

图书在版编目（CIP）数据

启智弘理 文脉赓续：《江海学刊》创刊60周年文集：6卷/夏锦文，韩璞庚主编．—北京：中国社会科学出版社，2018.11

ISBN 978-7-5203-3584-3

Ⅰ.①启… Ⅱ.①夏… ②韩… Ⅲ.①社会科学—文集 Ⅳ.①C53

中国版本图书馆CIP数据核字（2018）第254752号

出 版 人 赵剑英
责任编辑 熊 瑞 陈肖静
责任校对 韩天炜
责任印制 戴 宽

出 版 中国社会科学出版社
社 址 北京鼓楼西大街甲158号
邮 编 100720
网 址 http://www.csspw.cn
发 行 部 010-84083685
门 市 部 010-84029450
经 销 新华书店及其他书店

印 刷 北京明恒达印务有限公司
装 订 廊坊市广阳区广增装订厂
版 次 2018年11月第1版
印 次 2018年11月第1次印刷

开 本 710×1000 1/16
印 张 288.25
字 数 4161千字
定 价 1288.00元（全六卷）

启智弘理
文脉赓续

江海學刊
创刊六十周年文集

哲学卷

主　编　夏锦文　韩璞庚
副主编　李　芸　赵　涛

中国社会科学出版社

启智弘理
文脉赓续

江海學刊
创刊六十周年文集

文史卷

主　编　夏锦文　韩璞庚
副主编　李　芸　赵　涛

中国社会科学出版社

图书在版编目（CIP）数据

启智弘理　文脉赓续：《江海学刊》创刊60周年文集：6卷/夏锦文，韩璞庚主编．—北京：中国社会科学出版社，2018.11

ISBN 978－7－5203－3584－3

Ⅰ.①启…　Ⅱ.①夏…②韩…　Ⅲ.①社会科学—文集
Ⅳ.①C53

中国版本图书馆CIP数据核字(2018)第254752号

出 版 人　赵剑英
责任编辑　曲弘梅　慈明亮　顾世宝
责任校对　韩天炜
责任印制　戴　宽

出　　版　中国社会科学出版社
社　　址　北京鼓楼西大街甲158号
邮　　编　100720
网　　址　http://www.csspw.cn
发 行 部　010－84083685
门 市 部　010－84029450
经　　销　新华书店及其他书店

印　　刷　北京明恒达印务有限公司
装　　订　廊坊市广阳区广增装订厂
版　　次　2018年11月第1版
印　　次　2018年11月第1次印刷

开　　本　710×1000　1/16
印　　张　288.25
字　　数　4161千字
定　　价　1288.00元(全六卷)

编辑委员会

文集总序

韩璞庚

1957 年 11 月 18 日，中共江苏省委批准创办哲学社会科学月刊，1958 年 3 月，沐浴着年轻共和国的骀荡春风，《江海学刊》在古城南京出版发行。六十年风雨兼程，一甲子上下求索，《江海学刊》紧紧追随人民共和国前进的步伐，关注学术前沿，倡导优良学风，树立精品意识，实施品牌战略，终于成就梦想与辉煌。

创办之初的《江海学刊》，群星璀璨，大师云集。第一届编委会成员大多是当时省内乃至全国第一流的学者，首任主编为著名哲学家孙叔平先生。创刊之时，将刊物命名为《江海学刊》，固然有江苏濒江临海的地域考量，但更多地展现出办刊人容大广有、兼收并蓄的超迈抱负和博大胸襟。创刊号的《征稿简约》上，办刊方针被明确界定为“进行创造性的学术研究”，更凸显出先贤们但求新声的学术旨趣和志存高远的理论诉求。依托江苏人文荟萃、名家辈出、学风鼎盛的优势，草创初期的《江海学刊》发表了大量熔文史哲于一炉、思想性与原创性俱佳的学术精品。汪辟疆、胡小石、吕澂、蒯伯赞、周谷城、罗尔纲、唐圭璋、韩儒林、钱仲联、孙叔平、吴贻芳、陈鹤琴、陈瘦竹……一个个我们耳熟能详的学术大师的名字被永久地镌刻在当时还印制得略显粗糙的杂志上。高品位、高质量的办刊理念使《江海学刊》很快在当时为数不多的学术期刊中独树一帜，受到国内学术界、思想界的广泛关注与热烈欢迎。这也为日后《江海学刊》事业的成功与辉煌奠定了坚实的基础。

20世纪60年代中期，因众所周知的政治原因，《江海学刊》曾停刊多年。1979年，以《群众论丛》之名复刊。20世纪80年代初，应学术界的共同吁求，于1982年恢复《江海学刊》名称。1985年分为文史哲版和经济社会版，1988年两版合并。自此，《江海学刊》迎来了事业发展繁荣的新的历史时期。

文脉赓续，弦歌不辍。在国内外学术界的鼎力襄助下，在各级党委、政府的关心和扶持下，凭着对学术的虔敬与热忱，一代又一代的办刊人立定"办传世名刊，载精品力作"的宗旨，将繁荣学术和服务实践作为自己的座右铭，坚持"高品位、高质量"的办刊理念，努力实现"新颖、深邃、凝重、厚实"的办刊风格，既致力于对传统文化遗产的研究与整理，又着眼于对当代经济社会发展问题的关注与探求。正如当初创办者所期望的那样，《江海学刊》始终站在时代的前沿，立足江苏，面向全国，放眼世界，以容江纳海的气度和眼光，推出了一系列见解深刻、思想独到的学术精品，培养和造就了一大批成就卓著的神州学人，为繁荣我国人文社会科学事业和现代化建设做出了重要贡献，赢得了社会各界的广泛赞誉。

作为我国社会科学院系统中办刊历史最久、影响最大的综合性人文社会科学理论期刊之一，《江海学刊》第一批被确定为全国中文核心期刊、中国人文社会科学核心期刊、中国人文社会科学引文索引（CSSCI）来源期刊，获得了首届国家期刊奖、中国出版政府奖提名奖、全国百种重点社科期刊、全国百强报刊、华东地区最佳期刊、江苏期刊政府奖、江苏十强期刊、江苏十佳社科期刊等一系列荣誉。六十年磨砺宝剑，六十载播扬文明。《江海学刊》已成长为江苏省哲学社会科学界对外学术交流的重要窗口，国内人文社会科学对话与交流的高端平台，在全国学术界、期刊界具有举足轻重的独特地位。

总结六十年来走过的办刊历程，《江海学刊》的几代编辑人默默耕耘、执著坚守自己的办刊宗旨与学术理想，走出了一条具有自己独特个性的办刊之路，积累了丰富的办刊经验，形成了《江海学刊》独具的办刊风格和办刊特色。

第一，坚定立场，明确定位。《江海学刊》作为综合性学术理论刊物，是社会主义理论事业的重要组成部分，它始终坚持正确的理论导向。六十年来，我们形成了自己明确的政治定位与学术定位，始终坚持正确的办刊方向，努力宣传党的路线、方针、政策，为改革开放和社会主义现代化建设服务，把理论宣传、理论阐释与理论研究有机结合起来，发表了大量的理论研究文章。《江海学刊》守土有责，守土尽责，始终严把政治关，关注国内外重大的政治理论和社会实践问题，使刊物始终沿着正确的方向稳步前进；严把学术质量关，坚持以质选文、以质评文的学术导向，关注学术前沿，注重学理探究，使刊物始终保持高质量、高品位的学术水准。

第二，标新立异，倡导原创。针对目前国内学术思想领域原创因素缺失的状况，《江海学刊》得风气之先，开辟“原创学术空间”专栏，倡导原创，鼓励标新，推动中国原创学术思想的生长发育，促进中国学术话语体系的建构和中国特色哲学社会科学话语体系的形成。当然，开辟“原创学术空间”专栏，并不意味着我们天然具有裁定原创与否的权力，我们的学术理想是，提供一块阵地，创建一个空间，鼓吹一种氛围，倡导标新立异、勇于创造的思维倾向，激励学人原创思绪，激发民族思想活力，培育我们自己的思想巨人和学术大师。

第三，捕捉问题，注重策划。波普尔说过：“科学和知识的增长永远始于问题，终于问题——愈来愈深化的问题，愈来愈能启发新问题的问题。”《江海学刊》在组织策划稿件的过程中，始终坚持问题导向，强调问题意识，把问题意识作为编辑素质的必备要件。以问题为突破口，对研究进行深度开拓是本刊的特色之一。我们的编辑主体根据理论动态、学术资讯，结合期刊特点提出问题，通过精心策划，精心组织，经过与作者的广泛交流与沟通，找到解决问题的路径，这是编辑主体性的充分体现，也是办好学术期刊的重要保证之一。《江海学刊》的办刊特色，就是抓选题、重策划。《江海学刊》的编辑人员敢于担起历史的重任，广交天下学术朋友，共言天下学术大势，以前瞻的思维、敏锐的目光发现学术热点，捕捉学术信息，预测理论趋向，策

划学术选题，组织专题稿件，推出富于创意的理论文章，从而影响社会，服务实践，推动中国学术的繁荣与发展。

第四，刊载精品，成就品牌。《江海学刊》作为学术理论期刊，要在激烈竞争的学术场域中突出重围，创出品牌，打出名气，做出影响，必须确立精品意识，实施品牌战略。学术理论期刊要创出自己的品牌，必须抓精品、重策划。《江海学刊》的做法是，确保每期有精品，每个专栏有重点文章。但对于一本期刊来说，单个精品还不成气候，只能起到点缀作用，不能产生规模效应，要在单个精品的基础上，精心组织，精心策划，形成系列，形成规模，才能成就品牌选题、品牌栏目，创造出轰动效应，产生广泛社会影响。因此，从20世纪80年代末以来，我们策划了包括主体性、实践哲学、本体论、人学、发展哲学、公共哲学、文学史学、中国经济学的创新、涉外法学、转型期的社会问题、突发事件与社会应急管理、公众史学、数字史学、地域文化与商业历史、世纪之交的文艺理论等上百个名牌选题和品牌专栏，产生了轰动效应，推动了国内学术的发展，也为刊物赢得了很好的社会声望。

第五，提携后学，培养新人。清代学者赵翼有云："江山代有才人出，各领风骚数百年。"学术事业是代代相继的事业，学术研究需要积累，更需要传承。培育厚实庞大的学术人才队伍是我们一直以来追求的目标，也是我们办刊的优良传统。创刊之初，本刊就扶持与鼓励青年才俊投稿，不少现在的名家、大家就是当年的青年学子。比如，据著名经济学家何炼成教授讲，在他研究处于迷惘、彷徨之际，《江海学刊》1963年刊发他的《也谈生产劳动与非生产劳动》一文，坚定了他做学问的决心，改变了他的人生道路。80年代中后期《江海学刊》又推出了"青年论坛"专栏，为青年学子提供特定学术园地，可谓用心良苦，许多青年才俊从这个栏目开始了自己的学术之路。新世纪以来，我们又与江苏省规划办一起开辟"江苏青年学人"栏目，集中展示青年人的学术成果与学术风采，栏目推出后，深得青年学者的欢迎，产生了非常好的社会影响与示范效应。

第六，编研同备，专家办刊。数十年来，《江海学刊》秉持学者办刊的传统，着力打造一支编研结合、双轮驱动的编辑队伍。培育学者型的编辑，是本刊的一贯宗旨，如此才能使我们的编辑有学术话语权，在学术交流与对话中，能够真正参与讨论，形成学术对话与交锋。我们认为，只有在平等自由的学术环境中才能更好地组织专栏讨论，只有与学术共同体及学者进行深度融合，才能高水准地组织专栏稿件，组织学术讨论与争鸣。我们的历代编辑大都是本学科领域的专家，有些编辑更是自己学科领域的知名专家，受到学术界的充分尊重与信任。本刊目前在岗的10位编辑，7位拥有正高级专业技术职称，这在国内同行中是极为罕见的，也充分体现了《江海学刊》学者办刊的优良传统与专业定位。

朝耕夕耘，寒来暑往，六十年矢志不渝，六十年硕果连枝。为全面回顾本刊六十年所走过的非凡历程，发掘与整理濒临佚失的历史文献，弘扬优良传统，积累办刊资源，我们编选制作了六卷本文集，作为对《江海学刊》创刊六十周年的纪念。

（一）《江海学刊》创刊六十周年文集之大师卷。从本刊六十年所发表的大量文章中精选出各个年代有代表性的名家名篇，汇编成册。这些论文，为后人解读中国历史与文化、政治与社会，了解当代中国学术发展脉络提供了宝贵的第一手资料。虽尘封已久，墨香渐远，然今天读之，仍觉字字珠玑，识见深邃。重温名家大师的名篇佳作，让我们思深虑远，感佩不已。

（二）《江海学刊》创刊六十周年文集之原创学术卷。收录本刊自2002年创办“原创学术空间”栏目以来所刊发的部分论文，集中展现本刊近二十年来所发表的具有原创学术话语与原创学术思想的重要成果。我们开办“原创学术空间”栏目，就是想给国内尚且稚嫩的原创研究提供一个可以试错的实验空间与公共平台。进而言之，我们希望在这样一个“能指泛滥”而“所指衰微”的时代，能够开风气之先，激励原创思绪，激发思想活力，力挺学术自信，催生中华民族自己的学术大家和思想巨擘。

（三）《江海学刊》创刊六十周年文集之哲学卷。哲学是思想中的时代。《江海学刊》的哲学栏目，数十年来，一直秉承开风气之先、标新立异的办刊传统，牢固贯彻问题导向，关注时代热点，捕捉学术前沿，刊发了大量思想敏锐、见解超卓的学术论文，推动了国内哲学学科许多重大问题的讨论，国内哲学领域的很多重大理论争鸣是由本刊肇始的，以致著名马克思主义哲学家黄楠森先生在中国人学学会成立大会上说："中国的人学研究绕不过《江海学刊》。"这掷地有声的话语，是对办刊人的极大褒奖，让我们备感欣慰。20世纪80年代末以来，《江海学刊》率先开创集群式专题讨论模式，先后开辟认识论、历史唯物主义、实践唯物主义、实践哲学、实践本体论、主体性、认识主体性、历史主体性、人学、公共哲学、发展哲学、价值哲学、价值冲突与价值定位、面向21世纪的中国哲学、中西文化比较、空间哲学、身体哲学等一系列专题讨论，成为国内哲学界开展思想争鸣、展示学术成果的高端平台，博得海内外广泛好评。

（四）《江海学刊》创刊六十周年文集之文史卷。江苏物华天宝，人杰地灵，历史上文人辈出，名家荟萃。创刊以来，《江海学刊》依托江苏文星云集之优势，精心策划，精心组织，一代代文史编辑奋力拼搏，组织刊发了大量引领学术讨论，推动学术争鸣，促进学科建设的论文。作者中既有当时的名家大家，也有学坛新锐（后来也成为名家名流），他们的学术成果完整地再现了文史争鸣和学科发展的历史脉络。

（五）《江海学刊》创刊六十周年文集之社会科学卷。本卷内容涵盖经济学、管理学、社会学、法学、政治学等诸多社会科学领域，真实记录了六十年来特别是改革开放以来，国内社会科学领域研究的思想轨迹，关注当代中国发展现实，研究中国社会发展中的重大理论与实践问题，为现实问题的研究提供观点与答案。本卷撷精萃华，汇集精品，成为把握当代中国社会科学研究脉络的"测绘仪"。

（六）《江海学刊》创刊六十周年文集之辑目总览。此卷汇集自创刊号到2018年第5期共317期八千多篇文章的完整目录，纵横六十年，洋洋数千篇，

它既是对六十年中国社会发展历程的摹画，也是对六十年中国哲学社会科学研究成果的一次巡礼。辑目总览可以使我们对《江海学刊》六十年的成长历程和学科发展状况有一个全景式的了解与把握。

需要郑重说明的是：第一，从本刊六十年所发表的八千多篇文章中挑选出有代表性的论文，殊非易事。囿于篇幅，许多具有分量和学术价值的文章未能入选，遗珠之憾，在所难免。第二，为突出历史原貌，所选论文的编排一律按照当时发表之年代先后为序。第三，在编选过程中，除改善体例、纠谬补缺外，其余部分尽可能留存原貌。第四，由于历史原因，个别文章的某些提法、观点在今天看来或许已不合时宜，但为尊重历史，我们未作删改，尚请读者明鉴。

2018 年，是中华民族发展历程上一个特殊的值得记忆的年份，是新时代的开局之年，中华民族伟大复兴的梦想从未像今天这样清晰。新时代的中国吹响了哲学社会科学前进的号角，学术期刊的未来前景无限光明。

日出照东隅，扬帆正待航。在新世纪的学术征途上，我们满怀期待，同时充满信心。《江海学刊》作为全国知名的综合性人文社会科学学术理论期刊，要进一步提高质量，塑造形象，在全国学术理论期刊中保持并提升自己的位置，就必须发扬优良传统，倡导严谨学风，恪守学术规范，狠抓选题策划，创出自己更多的名牌专题、名牌栏目，要在一些重大的理论与实践问题上发出自己独特的声音，发表自己独到的见解，为学术研究中国风格与中国气派的确立、为中国特色的哲学社会科学话语体系的建构贡献智慧。

新时代的国内期刊界风起云涌，新时代的中国充满希望。《江海学刊》将乘中华民族复兴的东风，把握机遇，迎接挑战，奋勇开拓，敢于创新，在新的时代，使《江海学刊》立足江苏，影响全国，参与国际学术交流。海纳百川，有容乃大，江竞千帆，弄潮为先，我们将自加压力，负重前进，埋头苦干，无私奉献，为繁荣中国的哲学社会科学学术理论事业，为社会主义现代化建设做出自己突出的贡献。

有一位哲人说过：柏拉图理念的鸽子幻想在真空中自由地向天空飞去，但没有空气的支持，没有大地的支持，飞翔终成泡影，鸽子会坠入柏拉图的“洞穴”，在影子中爬行。真正哲人的鸽子应该既不安于作洞穴中的爬虫，也不要为真空中虚幻的自由所诱惑。那就让我们听从哲学家的召唤，做一只现实的鸽子吧！让我们脚踏中华大地，仰望祖国蓝天，在理想与现实之间、在大地与蓝天之间，乘着五彩的生活气流飞翔。

二〇一八年十月十八日

目　　录

文学篇

史学篇

文学篇

论“二重证据法”在唐代文学研究中的运用

郁贤皓

一

随着自然科学的兴起和发展，影响所及，研究社会科学亦多注重实证。清代乾嘉学派提倡朴学，已显示出这种特点。近代学者更倾向于无征不信。当代做学问的人，无不在搜集实证材料上下功夫。任何理论的发明，也都建立在充分的实证资料的基础上。那么，实证从何而来？以往的学者们往往从文献典籍中找材料。可是，经历了千余年的研究以后，当今的学者如果要取得突破性成就，仅注意文献典籍是不够的。20 年代，著名学者王国维先生曾在《科学》杂志上发表《最近二三十年中中国新发现之学问》一文，指出："古来新学问起，大都由于新发见。""自汉以来，中国学问上之最大发现有三：一为孔子壁中书；二为汲冢书；三则今之殷虚甲骨文字，敦煌塞上及西域各处之汉晋木简，敦煌千佛洞之六朝及唐人写本书卷，内阁大库之元明以来书籍档册。"这些发现，对学术研究取得突破性成就起了很大的作用，对学术史发生了重大影响。

王国维先生基于上述认识，他不仅注意纸上的材料（文献典籍），而且更注意地下发掘出来的材料，两者结合起来研究，使他的先秦史研究取得辉煌成就。他的划时代著作《殷卜辞中所见先公先王考》，通过一片片甲骨文的研究，对照《史记·殷本纪》《楚辞·天问》《世本》《竹书纪年》及《山海经》等典籍中有关殷代历史的材料，终于彻底搞清了殷代王室世系。对于这个重大成果，王国维先生曾经有过总结，那就是提出了著名的“二重证据法”。

王国维先生在《古史新证》讲义中说：“吾辈生于今日，幸于纸上之材料外，更得地下之新材料，由此种材料，我辈因得据以补正纸上之材料，亦得证明古书之某部分全为实录，即百家不雅驯之言，亦不无表示面之事实，此二重证据法惟在今日始得为之，虽古书之未得证明者，不能加以否定，而其已得证明者，不能不加以肯定，可断言也。”王国维先生提出的“二重证据法”，要求研究者必须将纸上的材料（文献典籍）与地下发掘出来的新材料结合起来研究，才能获得正确的认识，这个重要论点，在方法论上是一次革命，对各种领域的研究工作都有重大意义，对我们今天研究唐代文学同样具有指导意义和启示作用。

二

“二重证据法”是王国维先生提出来的，但将这种方法运用到唐代文史研究领域，并取得重大成就的则是陈寅恪先生和岑仲勉先生。他们虽未说过“二重证据法”，但他们将地下发掘出来的唐人墓志与纸上的材料结合研究唐代文史，正是“二重证据法”在唐代文史研究领域中的实践。只是王国维先生当时利用的地下材料是甲骨文，而陈、岑二先生运用的地下材料则是贞石资料——新发掘出来的唐人墓志。

众所周知，近百年来，洛阳、西安等地出土了许多墓志，其中以唐人墓志为最多。可以说，现代唐代文史研究中许多成果的取得，都与运用唐人墓志有关。例如陈寅恪先生在1935年3月写的《李德裕贬死年月及归葬传说辨证》一文，运用新出土的李濬撰《故郴县尉赵郡李君墓志》及李烨撰《大唐赵郡李烨亡妻荥阳郑氏墓志》，结合《通鉴考异·懿宗咸通元年》刘邺请赠李德裕官条、《唐会要》卷五九延资库使条、《新唐书·刘子蒙传》《通鉴》会昌五至六年、大中三至五年有关记载，以及李商隐《无题》（万里风波一叶舟）、《荆门西下》《汉南书事》等诗，进行综合研究，终于考出李德裕归葬是在大中六年的结论。应该指出，当时他尚未见到《唐茅山燕洞宫大洞炼师彭城刘氏墓志铭并序》，《刘氏志》末附“第四男烨记”云：“壬申岁春二月，扶护帷裳，陪先公旌旐发崖州。”壬申岁即大中六年。这证明陈氏所考完全正确。这正是“二重证据法”——运用贞石资料与典籍记载相结合的研究方法取得成功的范例。

陈氏在考证过程中，利用上述李烨夫妇的墓志，还考出李商隐的《无题》（万里风波一叶舟）诗乃大中六年（852）奉幕主柳仲郢之命赴江陵路祭李德裕归柩而赠李烨之作，解开了千年之谜。同时还考出李商隐的《荆门西下》及《汉南书事》都是此行的作品，这些成果使李商隐研究向前推进了一大步，对唐代文学研究作出了很大贡献。

在《元白诗笺证稿》第一章中，陈氏还从唐人墓志的公式化，联系韩愈所写墓志多为杰作，从而推论韩愈领导古文运动成功的原因，则已将地下发掘的材料运用到为理论研究服务，将王国维提出的“二重证据法”在实践中又向前大大推进。

在现代学者中，运用“二重证据法”研究唐代文史取得成果最多的当推岑仲勉先生。他的《金石证史》《贞石证史》《续贞石证史》三篇文章，以及《唐史馀瀋》中的部分条目，都是运用贞石资料和史籍记载相结合的研究方法，解决了历史上许多疑难问题。尤其是他的巨著《元和姓纂四校记》，利用大量贞石资料，主要是唐人墓志拓片，结合史籍记载，对唐代许多历史人物的民族、郡望、籍贯、世系、仕历、生卒年等进行了大量的考证订补工作，解决了许多前人未曾注意的重大问题，为唐代史学研究和文学研究作出了重要贡献。

陈、岑两位先生导夫先路，给后辈学人的治学以更多启发。

三

如果说，前辈学者王国维、陈寅恪、岑仲勉等先生的主要成就是运用地下资料结合史籍记载进行考史，那么，近年来我国学术界已有更多的人注意利用石刻治学，而且将“二重证据法”主要运用到唐代文学研究领域，所取得的成果也更多。

近几十年来，唐人墓志出土更多，使今天的学人利用贞石资料来研究唐代文史具备了更为优越的条件。如岑仲勉先生在《金石证史》《贞石证史》中先后有两条考证金仙公主的卒年，当时《金仙公主墓志》尚未出土，而《金仙公主碑》中卒年已泐灭，故他只得以《碑》和史籍的记载来推测卒年。如今《金仙公主基志》已出土，今藏陕西蒲城博物馆，墓志由其妹玉真公主手书，从墓志中不但可以确切得知金仙公主卒于开元二十年五月十日，而且还可知道金仙公主生平的一些重要事迹。又如岑仲勉在《元和姓纂四校记》卷四云：“贞元六年《桂州刺史孙成志》，拓本未检得。”卷五又云：“天宝四载有《太子右庶子任城县男刘升墓志》，拓本未见。”现在我们从《千唐志斋藏志》中就可看到《孙成志》，从上海和北京图书馆藏拓片中可看到《刘升志》。孙成是玄宗时著名文学家孙逖之子，刘升是与张说同时的诗人，他们的墓志可以帮助我们了解孙逖和刘升的许多事迹。如今，海峡两岸都很重视贞石资料的收集汇编和出版，台湾新文丰出版公司已将《金石萃编》以来一直到《芒洛冢墓遗文》、各地金石志以及石刻题跋等所有已刊行的石刻资料影印汇编成《石刻史料新编》，分别于1977年12月、1979年6月、1986年7月分三辑出版，共90册；毛汉光又撰《唐代墓志铭汇编附考》，从1984年起，作为《历史语言研究所专刊》陆续出版。最近河南中州古籍出版社出版了《北京图书馆藏历代石刻拓片汇编》，天津古籍出版社将分散在各地收藏的拓片汇编成《隋唐五代墓志总汇》出版，这无疑为我们利用贞石资料创造了良好的条件。

近年来，唐代文学研究运用“二重证据法”取得的成果，主要在以下三个方面：

一是搞清作家的生平事迹。

王之涣是唐代著名诗人，他的《凉州词》《登鹳鹊楼》诗千余年来脍炙人口。他与王昌龄、高适“旗亭画壁”的故事也长期流传。但历来对他的生平事迹不清楚。因为两《唐书》未为他立传，《唐诗纪事》卷二六记王之涣事仅三句：“并州人，与兄之成、之责皆有文名，天宝间人。”后来证明其中两句话不正确。《唐才子传》卷三虽为之立传，但也很简略，而且将“涣”写成“奂”，还错误地说他是“蓟门人”。直到清末出土靳能所作《唐故文安郡文安县尉太原王府君墓志铭并序》，岑仲勉于1945年在《续贞石证史》中全文摹刊了此《志》。并比勘典籍，从考史的角度指出了《唐诗纪事》和《唐才子传》之误，这才使人们对王之涣有了全面的认识。不但知道了他的籍贯和家世，而且还知道他天赋很好，又能奋发读书：“幼而聪明，秀发颖悟。不盈弱冠，则究文章之精；未及壮年，已穷经籍之奥。”知道他淡泊名利，品格高尚：“会有诬人交构，公因拂衣去官，遂优游青山，灭裂黄绶。夹河数千里，籍其高风；在家十五年，食其旧德。雅淡珪爵，酷嗜闲放。”证知他离衡水主簿任后，隐居十五年，才又出仕为文安县尉。“在职以清白著，理人以公平称”，既有廉洁美德，又有治理才能。他才华出众；“慷慨有大略，倜傥有异才。尝或歌从军，吟出塞，皦兮极关山明月之思，萧兮得易水寒风之声，传乎乐章，布在人口。”说明他的诗歌当时就在民间流传。所有这些，都是研究王之涣极有价值的第一手材料。傅璇琮《唐才子传校笺·王之奂》录载了墓志全文，作为笺证，说明这个墓志对王之涣研究发挥了重要作用。

除王之涣本人的墓志外，其夫人李氏墓志也已出土，北京图书馆藏有拓片，全称为《唐故文安郡文安县尉太原王府君夫人勃海李氏墓志铭并序》，天宝七载十一月二十四日葬。如果我们把这两《志》结合起来研究，就会对王之涣的事迹有更多更深的了解。此《志》云：“夫人其先勃海人也。祖彦，皇青州司马。父涤，皇冀州衡水县令。夫人即衡水公第三女。载十八适于王氏。时王公衡水主簿，因而结婚也。夫人凡生一子。王公天宝二载（按《王之涣志》称卒于天宝元年二月）终于文安。夫人以天宝七载十一月四日遘疾于河南县孝水里私第，□春秋四十有四……嗣子羽，哀哀在疚。”这里向我们提供了一个重要的细节，即王之涣任衡水主簿时，得到县令的赏识，所以把女儿嫁给他。时当开元十年（722），由此证知王之涣开元十年在衡水主簿任。之涣卒天宝元年（742），享年55岁，由此上推，知之涣生于垂拱四年（688），开元十年（722）任衡水主簿，结婚时为35岁。这样，使我们对王之涣的了解又进了一步。

王泠然也是开元时期著名的作家，今《全唐诗》《全唐文》均录有他的诗文传世。他的一篇《论荐书》，至今读来仍激动人心。但两《唐书》不为他立传，《旧唐书·经籍志》和《新唐书·艺文志》亦未见著录。《唐才子传》卷一只简略记其科第和仕历。现在《王泠然墓志》已出土，北京图书馆藏有拓片，全称为《唐故右威卫兵曹参军王府君墓志铭并序》，从《志》中可得知，王泠然卒于开元十二年十一月十八日，享年33岁，天宝元年正月三十日葬。《志》还详细记载了王泠然的籍贯、家世、科第、仕历及夫人、后嗣等情况。傅璇琮《唐才子传校笺·王泠然》即利用了这一墓志的全部材料，作为笺证，比《唐才子传》的原文增加了数倍。很明显，如果没有《王泠然墓志》出土，就没有多少材料可作《王泠然传》的笺证，可见这个墓志也发挥了重要作用。

这两个例子可以说明。唐代诗人本人的墓志，是我们研究诗人最直接的材料。弥足珍贵。

二是搞清诗人家世。

唐代诗人如杜甫、岑参等的家世一般典籍都有记载，唯高适家世。仅见《旧唐书》本传："父从文，位终韶州长史。"其它典籍并无所记叙。近30年来研究高适的学者甚多，成果不少，单叙生平事迹的年谱就发表、出版九种之多，但是诸谱对高适的家世并无所发明，只有周勋初《高适年谱》（上海古籍出版社1980年版）在这个问题上有突破。原因就是作者从《千唐志斋藏石》拓片中发现了《大唐前益州成都县尉朱守臣故夫人高氏墓志文》，充分利用了其中的材料。《高氏志》云："夫人讳嫃，渤海蓨县人也……父崇文，韶州长史。"由此证知《旧唐书·高适传》中的"父从文"，应正作"父崇文"，并由此探知这位高氏就是高适的亲姊。同时作者还稽考了《千唐志斋藏石》中的《高琛墓志》《高琛夫人杜兰墓志》以及《芒洛冢墓遗文四编》卷六的

《高岑墓志》等贞石资料中有关高氏家族的材料，终于将高适的族人系统地勾稽了出来，并搞清了曾祖佑，祖侃，父崇文，伯父崇德、崇礼，姊嫧，从兄弟琛、元琮。从侄荣、岑，从侄孙幼成、岳、固等人的有关仕历。必须说明的是，岑仲勉曾写有《补高侃传》一文（见《唐史馀瀋》），也曾引用过《高琛墓志》和《高岑墓志》，却未发现《高嫧墓志》，因此就没有考虑到高侃与高适的关系。周勋初第一次发现了《高嫧墓志》，并把它与高氏家族的其它墓志以及岑仲勉的《补高侃传》联系起来考察，比较全面地解决了高适的家世问题，填补了前人研究的一个空白。

三是搞清诗人的交游。

李白是唐代大诗人，他的诗文中提到的交游有四百多人，大多数交游不见于史籍记载，其中少数人也仅在其它典籍偶有只言片语。这就成为研究李白的难题。而唐人墓志却可帮助我们解决不少难题。如李白酬赠崔侍御的诗文有十篇，说明崔侍御是李白的重要交游。但这“崔侍御”是怎样的人？过去的研究者都不清楚。郭沫若在《李白与杜甫》中说：“崔侍御是崔宗之，名成辅，以字行，崔日用之子。韩朝宗荐之于朝，开元中官至右司郎中侍御史，故被称为崔郎中或崔侍御……崔宗之后被谪贬于湘阴，有《泽畔吟》之作，李白曾为之序。继又移官金陵与李白相遇，诗酒唱和。”又说：“成辅或作成甫，李白集中有‘监察御史崔成甫《赠李十二》’诗一首，即是崔宗之所赠。”这个说法笔者不敢苟同。因为《泽畔吟序》明明说：“崔公”“从宦二十有八载，而官未登于郎署”，而崔宗之却为礼部员外、右司郎中，长期历职郎署。何况，李白有酬赠崔宗之的诗四首，均称“员外”或“郎中”，从未称侍御史，有的酬赠崔宗之的诗题上标明排行称“崔五郎中”，而李白酬赠崔侍御的诗有的题上标明为“崔四侍御”，排行的不同说明这是两个人。但当时没有第一手材料作根据。后来在《千唐志斋藏石》中看到《大唐义丰县开国男崔四郎墓志》云：“君讳宜之……父日用，吏部尚书，常州刺史，齐国公。”由此可知此人乃崔宗之四兄。既然四兄名宜之，那么宗之也应当是五弟的名而不是字。可见郭沫若所谓崔宗之“名成甫，以字行”的说法不正确。既然崔宜之排行第四，也证实了崔宗之排行不可能是第四，因而，可以肯定崔四侍御决非崔宗之，即可订正郭沫若的错误。

那么，崔成甫是否就是崔四侍御？笔者又查稽北京图书馆所藏的崔成甫家族的墓志拓片，其中包括崔成甫祖父暟、父沔、母王夫人、伯母卢夫人、同祖堂兄众甫、夷甫，以及同父妹严爱、弟祐甫等人的墓志，并对照《文苑英华》卷六二七崔祐甫《上宰相笺》一文，终于弄清了崔成甫的家世和经历。据《崔沔志》后祐甫附记，知崔成甫同祖兄弟共五人，即其伯父崔浑三子：孟孙、众甫、夷甫，其父崔沔二子：成甫与其弟祐甫。成甫虽为崔沔长子，但不是嫡子而是庶出，其弟祐甫才是崔沔嫡子。其伯父崔浑嫡子众甫是大宗，故袭祖爵安平县男。对照崔祐甫《上宰相笺》所说“祐甫天伦十人，身处其季”，知祐甫同祖兄弟姊妹共有十人，其中五男四女都有墓志可考。在同祖兄弟五人中，崔成甫排行确是第四，即次于孟孙、众甫、夷甫，长于其弟祐甫。由此可以断定，李白诗中的“崔四侍御”即“摄监察御史崔成甫”。从祐甫附记中还得知，成甫卒于乾元元年，由此可知，李白《泽畔吟序》当是写于乾元二年流放夜郎中途遇赦回到江夏重游潇湘之时，其时成甫已卒，所以《序》中能说“从宦二十有八载，而官未登于郎署”的断言。祐甫附记说：成甫为冯翊陕县尉，以事贬黜，与《泽畔吟序》所谓“再尉关辅，因贬湘阴”完全一致。《旧唐书・韦坚传》记载的“陕县尉崔成甫”为韦坚开广运潭唱赞歌的事，与李林甫陷害韦坚的事联系起来考察，终于搞清了崔成甫就是受韦坚案牵连而“因贬湘阴”的。这样，关于崔成甫的家世和事迹完全清楚了。对李白酬赠崔侍御诸诗和《泽畔吟序》也就有了全面而正确的理解。

四

以上强调说明了“二重证据法”中地下材料极为重要，作为唐代文学研究工作者，都应重视贞石资料，充分发挥其作用，亦即王国维先生所说的“纸上的学问赖于地下之学问”。但是，“二重证据法”不能偏废另一方，地下发掘出来的贞石资料，还需结合文献典籍进行综合研究。因为贞石资料也是非常复杂的。在运用贞石资料时至少有两点必须注意：

一是其中有“谀墓之辞”，不可尽信。杜甫为其姑作《唐故万年县君京兆杜氏墓志》云：“甫以世之录行迹、示将来者多矣，大抵家人贿赂，词客阿谀，真伪百端，波澜一揆。”《封氏闻见记》卷六：“近代碑稍众，有力之家，多辇金帛以祈作者，虽人子罔极之心，顺情虚饰，遂成风俗。”唐代李邕擅长写碑志，人们多奉金帛请其撰写，前后收受巨万计，这是人所共知的。既受人金帛，自然就要阿谀说好话、掩盖劣迹了。家族为其亲人请人写墓志，也无非要为亲者讳，希望不要把缺点坏事写入墓志，这是完全可以理解的。这点宋代欧阳修就已发觉，《集古录跋》卷九《白敏中碑》云：“其为毁誉难信盖如此，故余于碑志，惟取其世次、官寿、乡里为正，至于功过、善恶，未尝为据者，以此也。”可见欧阳修见识高远明达。今天我们运用碑志，对于其中叙述的功过毁誉确实应该十分谨慎对待，最好的办法就是对照史籍记载。唐代史馆当时藏有许多第一手资料，史官所叙一般比较公允、客观，如果我们采用“二重证据法”，将史籍记载与贞石资料结合研究，可以避免偏信。

二是贞石资料有时用词隐晦，只提供一个线索，有时误接，有时有衍文或夺误。我们必须以严肃的态度，将贞石资料与典籍记载相互参证，细心稽考，综合研究，才能获得成果。否则不但得不到成果，反而会导致错误。

《千唐志斋藏志》有《唐故河南府洛阳县尉孙府君墓志铭并序》，张钫编的目录上标为“会昌元年”，今文物出版社影印拓本及天津古籍出版社《隋唐五代墓志总汇》亦署会昌元年。查稽内容，却并无会昌元年的文字和事迹，只说到墓主卒于“天子受英武至仁号之年五月”。检两《唐书·武宗纪》，会昌元年武宗并无“受英武至仁号”。考《旧唐书·懿宗纪》：“（咸通）十二年春正月戊申，宰相路岩率文武百僚上徽号曰睿文英武明德至仁大圣广孝皇帝，御含元殿，册礼毕，大赦。”由此可知所谓“天子受英武至仁号”乃指咸通十二年。再按志文内容云：“烈考故天平军节度使检校礼部尚书赠兵部尚书康公讳景商，君其嫡长子也。”按大中五年四月孙景商以左谏议大夫为左庶子，充邠宁行军司马，见《通鉴》。则景商为天平节度约在大中十二年前后。其子显然不可能会昌元年卒官。墓志又云：“今赵华州主宗伯，揖君而喜曰：我得俊矣！”这“赵华州”名谁？考《旧唐书·赵骘传》：“（咸通）六年，权知贡举。七年选士，多得名流，拜礼部侍郎、御史中丞，累迁华州刺史、潼关防御、镇国军等使，卒。”《新唐书·宰相世系表三下》赵氏亦云：“骘，字玄锡，华州刺史。”《唐摭言》卷十三“赵骘试《被衮以象天赋》，更放韩衮为状元。或谓中贵语之曰：‘侍郎既试《王者被衮以象天赋》，更放韩衮为状元，得无意乎？’骘由是求出华州。”据《登科记考》，韩衮咸通七年为状元，则赵骘出刺华州当在咸通七年或稍后。《孙备志》中的“赵华州”当即赵骘。而《孙备志》又可证知咸通十二年赵骘在华州任。吴廷燮《唐方镇年表》华州镇国军下未列赵骘，当为失考。如果《千唐志斋藏志》的编者能注意查稽两《唐书》《唐摭言》《登科记考》等有关文献资料互相参证，就不会出现将“天子受英武至仁之号”说成是会昌元年的错误，相反，还能提供赵骘咸通十二年在华州刺史任的重要发明，补《唐方镇年表》之阙。

岑仲勉以贞石证史，有许多精辟的发明，但千虑一失，也偶有失误。《八琼室金石补正》卷六七有《路恕李吉甫题名》：“朝议大夫前守郴州刺史李吉甫，贞元十九年岁次癸未拾月戊寅朔二十四日辛丑，蒙恩除替，归赴京阙。”岑氏《贞石证史·清河路恕及所官》条引此资料后云：“曰除替，替之者必有其人，替人非他，路恕也。”今按接替李吉甫为郴州刺史的并非路恕，而是李伯康。考《全唐文》卷五〇三权德舆《使持节郴州诸军事权知郴州刺史赐绯鱼袋李公墓志铭并序》：“（贞元）十九年秋七月，拜郴州刺史……奄忽雕落，时永贞元年十月某日甲子，春秋六十三。”《全唐诗》卷三四三韩愈《李员外寄纸笔》诗注：“李伯康也，郴州刺史。”韩愈又有《祭郴州李使君文》当即李伯康。李伯康于贞元十九年七月拜郴刺史，李吉甫于是年十月题名称“前郴州刺史”，足以证明李伯康乃李吉甫后任。路恕未曾为郴州刺史，其题名可能是后来为道州刺史时曾到过此处。岑氏谓路恕为李吉甫后任，乃未曾参稽有关文献而作出的错误判断。由此可见，运用贞石资料时必须与典籍记载结合起来综合研究，否则，就会犯武断的错误。

《宝刻丛编》卷三引《集古录目》有《唐襄阳牧独孤册遗爱颂》，称“江夏太守李邕撰”，又卷十引《集古录目》有《唐赠太常卿王仁忠碑》亦称“江夏太守李邕撰”。按唐开元时有两个李邕，一是虢王李邕凤嫡孙嗣虢王李邕，据《册府元龟》卷八六二记载，嗣虢王李邕曾为鄂州刺史，丁母忧，起复为卫尉卿。然撰碑之李邕显然不是嗣虢王李邕，因为独孤册约开元十五、六年为襄州刺史，时嗣虢王早已亡故。所以撰碑之李邕只能是当时的书法家、文学家、后来任北海太守的李邕，此李邕是江夏人，但未曾为江夏太守。因此，可以断定《集古录目》的“太守”二字衍。由此可见，金石书中的资料也有错误，必须对照典籍记载，综合研究，才能鉴别是非真伪。

总而言之，“二重证据法”是一种科学的治学方法，纸上的材料和地下发掘出来的材料结合起来研究，不但使材料大大丰富，证据更为充足，而且能相互补充，相互订正讹伪，从而使证据更为可靠。关于地下发掘的材料，除了甲骨文、唐人墓志以外，将来也可能有其它的发现。不管是其它什么发现，都可以作为“二重证据法”的一个方面加以利用。就目前的唐代文学研究而言，除了纸上的材料之外，地下发掘出来的主要是贞石资料，主要是唐人墓志。充分利用唐人墓志，可以使唐代文学研究取得重要进展。但这是项艰苦的工作，每一个成果的取得，都要付出大量的劳动，经过与典籍记载结合起来综合研究才能取得。稍有不慎，就可能出现差错。但这是一项有意义的工作，殷切希望学术界有更多的同人不辞辛劳地运用“二重证据法”来从事唐代文学研究，使唐代文学研究获得更多的成果。

（原载《江海学刊》1993 年第 5 期）

郭璞诗为晋“中兴第一”说辨析

周勋初

郭璞的诗，钟嵘誉之为晋“中兴第一”。这一命题，可从文学发展、政治影响、文化背景等方面展开论证，挖掘其义蕴。

一

晋室“中兴”之说，实际上是一种自我安慰的不实之词。西晋乱起，怀、愍二帝先后为囚俘，司马睿渡江后，在南下诸大族的支持下，于建康称帝，维持晋室一脉。其时政局危殆，广大人民饱受战乱之苦，但刚到江南立足不久的士大夫却故态复萌，不以世务萦心而以清谈为尚了。与此相应，其时文风也与时局颇相扞格，所以《文心雕龙·时序》篇上说：“自中朝贵玄，江左称盛，因谈余气，流成文体。是以世极迍邅，而辞意夷泰；诗必柱下之旨归，赋乃漆园之义疏。”由此可以看到后世所谓玄言诗在当时风行的盛况。

《世说新语·文学》篇载：“简文称许掾云：‘玄度五言诗，可谓妙绝时人。’”简文帝是谈玄的名家，也是玄言诗的倡导者和爱好者。这里他把许询的作品誉为并世无双，则是以为许询诗为“中兴第一”了。刘孝标为之作注，引檀道鸾《续晋阳秋》曰：

> 询有才藻，善属文。自司马相如、王褒、扬雄诸贤，世尚赋颂，皆体则《诗》《骚》。傍综百家之言，及至建安，而诗章大盛。逮乎西朝之末，潘、陆之徒，虽时有质文，而宗归不异也。正始中，王弼、何晏好

> 《庄》《老》玄胜之谈，而世遂贵焉。至过江佛理尤盛，故郭璞五言始会合道家之言而韵之。询及太原孙绰转为祖尚，又加以三世之辞，而《诗》《骚》之体尽矣。询、绰并为一时文宗，自此作者悉体之。至义熙中，谢混始改。

这一段文字叙述诗歌的流变颇详，对玄言诗的兴衰更有扼要的介绍，影响后世甚巨。

但在檀道鸾的这一段文字中，有些地方颇难理解，例如他说“至过江佛理尤盛，故郭璞五言始会合道家之言而韵之”，似乎郭璞原先以宣扬佛理为特点，后来才会合道家之言而成了玄言诗。郭璞的诗固因遗佚过多，难窥全豹，但不论从他传世的诗文来看，还是从记叙他的为人的史籍来看，均与佛理无涉。对此，余嘉锡评论曰：“《宋书·谢灵运传论》曰：‘在晋中兴，玄风独扇。’《文心雕龙·明诗》篇曰：‘江左篇制，溺乎玄风。’《诗品序》曰：‘永嘉贵黄老，尚虚谈，爰及江左，微波尚传。’三家之言皆源于檀氏。重规叠矩，并为一谈，不闻有佛理之说。”① 这一驳难甚为有力，然而在他的论证文字中，却也有辨析不清的地方，其中论及《诗品》的一段文字，实则与檀氏之说不合。下面不妨把《诗品序》中叙及玄言诗的一段全文征引于下：

> 永嘉时，贵黄老，稍尚虚谈。于时篇什，理过其辞，淡乎寡味。爰及江表，微波尚传。孙绰、许询、桓、庾诸公诗，皆平典似《道德论》，建安风力尽矣。先是郭景纯用俊上之才，变创其体；刘越石仗清刚之气，赞成厥美，然彼众我寡未能动俗。逮义熙中，谢益寿斐然继作。元嘉中，有谢灵运，才高词盛，富艳难踪，固已含跨刘、郭，凌轹潘、左。

钟嵘的意思很清楚，玄言诗在渡江之前即已达到兴盛阶段，渡江之后

---

① 余嘉锡：《世说新语笺疏》，中华书局 1983 年版，第 265 页。

仍有作之者，郭璞、刘琨的诗歌，对此起过冲击作用，但未能扭转局面。显然，钟嵘对玄言诗评价甚低，而对郭璞、刘琨改变诗风的作用则评价颇高。

《诗品》将晋骠骑将军王济、晋征南将军杜预、晋廷尉孙绰、晋徵士许询都列入下品，评云：

> 永嘉以来，清虚在俗。王武子辈诗，贵道家之言。爰洎江表，玄风尚备，真长、仲祖、桓、庾诸公犹相袭。世称孙、许。弥善恬淡之词。

可见钟氏是把这一组人作为玄言诗的代表人物而评论的。钟嵘考察历史，以为早在晋初王济、杜预等人已有玄言诗的写作，东晋之时，此风仍盛。他在评语中云“爰洎江表，玄风尚备”，《序》中云“爰及江表，微波尚传”，二处都用上了一个“尚”字，则寓有比较之意，以为东晋之时的玄言诗，其盛况已比不上南渡之前。由于晋代文献散佚极为严重，学者之间根据现存文献争辩玄言诗到底起于何时，以及何时为盛等，彼此都难找到足够的证据说服对方。在钟嵘的时代，能够看到的文献很多，而他又是研究诗的专家，他的论述，应当可信。

钟嵘把晋弘农太守郭璞的诗列入中品，评曰：

> 宪章潘岳，文体相辉，彪炳可玩，始变永嘉平淡之体，故称中兴第一。《翰林》以为诗首。但《游仙》之作，词多慷慨，乖远玄宗，其云“奈何虎豹姿”，又云“戢翼栖榛梗”，乃是坎壈咏怀，非列仙之趣也。

郭璞受当时文坛的影响，自有其玄言的一面，但在他的创作中，跳动着时代的脉搏，倾注着深沉的情思，抒发了慷慨的怀抱，而又出之以绚烂的文彩，这就在竞尚平淡的文坛上迸发出异彩。刘勰《文心雕龙·才略》篇说：“景纯艳逸，足冠中兴。”可见其时有识之士，都与钟嵘持同样的观点。

谢混继之而起，重视诗歌的美学特点，写作形式华美的诗篇，也起到了端正发展方向的作用。《诗品》卷下评东阳太守殷仲文曰：“义熙中，以谢益寿、殷仲文为华绮之冠，殷不竞矣。”由于谢混之诗残佚特甚，今日已难看清他在创作上所取得的成就，但如《诗品序》中说到他的《离宴》诗，乃“五言之警策者也，所以谓篇章之珠泽，文采之邓林”，达到了“华绮”的极致。《宋书·谢灵运传论》说：“有晋中兴，玄风独振，为学穷于柱下，博物止乎七篇，驰骋文辞，义殚乎此。自建武暨乎义熙，历载将百，虽缀响联辞，波属云委，莫不寄言上德，托意玄珠，遒丽之辞，无闻焉尔。仲文始革孙、许之风，叔源大变太元之气。”同样说明了谢混在改变玄言诗的创作风气上，曾到起重要的作用。

谢灵运继起，玄言与文彩的结合问题才得到了较为合适的解决。他状物抒情，文辞之美，达到了“富艳难踪”的高度；而他由此触发的玄思，因与塑造的形象融合在一起，成了诗歌中完美意境的一个部分，因而克服了玄言诗那种空谈玄理忽视文学特点的错误倾向，使诗歌重新走上了正常发展的道路，因此博得了钟嵘等人的一致赞誉。《南齐书·文学传论》上说：“江左风味，盛道家之言，郭璞举其灵变，许询极其名理。仲文玄气，犹不尽除；谢混情新，得名未盛。颜、谢并起，乃各擅奇；休、鲍后出，咸亦摽世。朱蓝共妍，不相祖述。”从萧子显所介绍的这一段历史中，也可看出郭璞“灵变”所起到的巨大作用。尽管后起诗人各有其成就与贡献，但郭璞的首开风气之功，却是不容低估的。

钟嵘评郭诗“中兴第一”之后，又称“《翰林》以为诗首”，言下之意，当然也是推崇之词了。但此语涵义不太清楚，可以作些分析。

按前引余嘉锡驳檀道鸾《续晋阳秋》之文，以为“至过江佛理尤盛”一语与事实不合，故又引《文选集注》卷六二公孙罗引檀氏《论文章》中“至过江李充尤盛”一语，以为“佛理”二字原作“李充”，这样始可与上下文义衔接。然而这样改动文字，仍然未能解决问题，因为此一名词之纳入过嫌突兀，史籍上也无任何记载可以用来说明李充是玄言诗的重要作家。

李充生卒虽不详，按其行年而论，应当晚于郭璞。他所著的《翰林论》

虽然残佚特甚，但从存世的文字中仍然可以看出他的评诗宗旨。李书以“翰林”为名，表示他论文之时，重视形式华美。《初学记》卷二一引李充《翰林论》曰“潘安仁之为文也，犹翔禽之羽毛，衣被之绡縠”，又钟嵘《诗品》上评潘岳诗曰“《翰林》叹其翩翩然如翔禽之有羽毛，衣服之有绡縠，犹浅于陆机……《翰林》笃论，故叹陆为深”，可见《初学记》的引文有删节。李充认为陆诗的深度优于潘诗，但二人之作都富于形式美。陆机《文赋》描绘创作之情状曰：“粲，风飞而猋竖，郁，云起乎翰林。”李书之名当取义于此。又《文选》卷二一录应璩《百一诗》，李善注引《翰林论》：“应休琏五言诗百数十篇，以风规治道，盖有诗人之旨焉。”说明李氏论诗亦重内容，对儒家宗旨甚为推重，凡此均与玄言诗的旨趣有异。由此可知，李充推郭璞之作为“诗首”，当是以为郭璞之诗可以为诗歌之首，或郭璞可为诗人之首的意思。这与刘勰、钟嵘的看法是完全一致的。

檀道鸾是檀超的叔父，事迹附见《南史·檀超传》。同书《恩倖·徐爰传》记载，他在宋孝武帝孝建之时即已官至尚书金部郎，其生活年代与郭璞前后相接，不应记事隔膜如此。按古书校勘有上下两句误倒例，程千帆《文论十笺》（修订本）以为《续晋阳秋》中“至江左佛理尤盛”一句当与“故郭璞五言始会合道家之言而韵之”一句互倒，此处应作：“正始中，王弼、何晏好《庄》《老》玄胜之谈，而世遂贵焉，故郭璞五言始会合道家之言而韵之。至过江佛理尤盛，询及太原孙绰转相祖尚，又加以三世之辞，而《诗》《骚》之体尽矣。”这样，前后文义也就豁然贯通了。檀氏以为郭璞诗中融入玄理，成绩可观，可视作这类诗的早期杰出代表。这一评价，是以《诗》《骚》为主体而展开评价的，故与钟嵘的评论视角不同，而实质上差异不大。

二

钟嵘著《诗品》，成了我国有史以来研究诗歌的第一部专著。他曾提出许多有价值的观点，作为裁夺作品的标准。这些观点和刘勰在《文心雕龙》中所持的理论是一致的。用此衡诗，则优劣立现，很有说服力。

《诗品序》曰：“气之动物，物之感人，故摇荡性情，形诸舞咏。”钟嵘以为诗人之所以会产生创作的要求，是因为受到了外物的激发，这种学说，继承了《乐记》的理论遗产。《礼记·乐记》中说：“凡音之起，由人心生也。人心之动，物使之然也。感于物而动，故形于声。”刘勰在《文心雕龙·明诗》和《物色》等篇中阐发的理论，也都源于《乐记》。但从汉末起，社会经历了长时期的战乱，一些文学理论家认识到，人们感情上的波动，固然受到外界自然景物变化的影响，但人们感触最深的，则是政治形势和政治事件的强烈刺激，所以《诗品序》上又说：“若乃春风春鸟，秋月秋蝉，夏云暑雨，冬月祁寒，斯四候之感诸诗者也。嘉会寄诗以亲，离群托诗以怨。至于楚臣去境，汉妾辞宫，或骨横朔野，魂逐飞蓬；或负戈外戍，杀气雄边；塞客衣单，孀闺泪尽；或士有解佩出朝，一去忘返，女有扬蛾入宠，再盼倾国。凡斯种种，感荡心灵，非陈诗无以展其义，非长歌何以骋其情？故曰：‘诗可以群，可以怨。’”上述事例，江淹《恨赋》也曾加以咏叹，可见时人以为社会人事更足以激动人心。

玄言诗的弊病就在缺乏真情。所谓“世极迍邅，而辞意夷泰”，是说这类作品与时代完全脱轨，其中既无社会动乱带给人民苦难而产生的哀怨，甚至看不到个人在日常生活中观察自然变化而产生的真实感受。《文心雕龙·情采》篇中说：“故有志深轩冕，而泛咏皋壤，心缠几务，而虚述人外。真宰弗存，翩其反矣。”以此作为对孙绰等人的评语，也是适当的。

就在永嘉之乱前后的这段日子里，文坛还为玄言诗所笼罩，但在时代的孕育下产生了刘琨、郭璞二人。他们早先也曾沉溺于玄风，但在时局的冲击下，终于程度不同地有了觉醒，从而逐渐脱离了玄学的羁绊。刘琨曾经厕身二十四友之中，参与八王之乱，前半生的经历无甚光彩可言。但当匈奴入侵，天下分崩之时，他受命转战于北地，力图挽狂澜于既倒。这时他寄身锋镝，备历艰难，目睹广大国土沦为异域，广大人民辗转沟壑，他的心情自然与前此阶段有了根本的不同。他的诗歌，转为慷慨激烈，这完全是壮士心声的自然倾吐。而他在答卢谌的信中说:“昔在少壮,未尝检括,远慕老庄之齐物,近嘉阮生之放旷,怪厚薄何从而生,哀乐何由而至?自顷赖张,困于逆乱,国破家亡,亲友凋残,负仗行吟,则百忧俱至;块然独坐,则哀愤两集…然后知聃、周之为虚诞,嗣宗之为妄作也。”这是一篇用血泪写下的文字,对前此的生活做了深刻的反省,刘琨在惨烈的现实的教育下,终于明白了玄学的无补时用,因而彻底与之决裂了。

经历了这么一场天翻地覆的变动,很多人都有了不同程度的觉醒,即使是以清言享大名的宰相王衍,在他被杀之前,也沉痛地忏悔道:“呜呼!吾曹虽不如古人,向若不祖尚浮虚,戮力以匡天下,犹可不至今日。”[①] 同样对玄风的消极作用作了否定。

郭璞的情况与此有相似处。但他毕竟与刘琨有别,他还未做到明确宣布“聃、周之为虚诞”而彻底与之决裂。我们所应注意的,就是他在时行的文风中增加进了新的因素,那就是个人的至情所寄,这里有他的感受与怀抱。郭璞在几首四言诗中,表达了慷慨的胸怀,《答贾九州愁诗》其二:

顾瞻中宇,一朝分崩。天纲既紊,浮鲵横腾。运首北眷,邈哉华恒。虽欲凌翥,矫翮靡登。俯惧潜机,仰虑飞罾。惟其崄哀,艰辛备曾。庶晞河清,混焉未澄。

《与王使君诗》之一:

道有亏盈,运亦凌替,茫茫百六,孰知其弊。蠢蠢中华,遘此虐戾。遗黎其咨,天未忘惠。云谁之眷,在我命代。

可以说,这些诗的风格与刘琨的四言诗极为相近,借用《文心雕龙・时序》篇中的话来说,正是“世积乱离,风衰俗怨,并志深而笔长,故梗概而多气也”。

---

① 见《晋书・王衍传》。

郭璞与刘琨的经历也有相似之处。郭璞家居河东，西晋乱起，他见机先觉，《晋书》本传上说：“璞筮之，投策而叹曰：‘嗟乎！黔黎将湮于异类，桑梓其翦为龙荒乎！’”于是联合亲戚交游数十家，避地东南。在这奔波万里的过程中，目睹广大人民的苦难，使他感触至深。《流寓赋》中说：“戎鸡晨而星发，至猗氏而方晓，观屋落之隳残，顾徂见乎丘棘。嗟城池之不固，何人物之希少。越南山之高岭，修焦丘之微路，骇斯径之峻绝，感王阳而增惧。”《登百尺楼赋》中说：“嗟王室之蠢蠢，方构怨而极武。哀神器之迁浪，指缀旒以譬主。雄戟列于廊技，戎马鸣乎讲柱。”郭璞诗风的形成，中多“坎壈咏怀”之语，应当与他的这番经历有关。

《文选》卷二一录郭璞《游仙诗》七首，李善注曰：“凡游仙之篇，皆所以滓秽尘网，锱铢缨绂，飧霞倒景，饵玉玄都，而璞之制，文多自叙。虽志狭中区，而辞兼俗累，见非前识，良有以哉。”这也就是说，郭璞的游仙诗不合这一体制的规范，因为他在仙景的描写中夹入了很多自抒世情之词，这与道家的宗旨不合从而招致他人“辞兼俗累”的指责。现在看来，郭璞游仙诗之所以取得巨大成就就得力于这一“俗”字，因为他没有忘怀现实，他抒写的是人人都能领会的感慨。郭璞《游仙诗》其五曰：

> 逸翮思拂霄，迅足羡远游。清源无增澜，安得运吞舟？珪璋虽特达，明月难暗投。潜颖怨春阳，陵苕哀素秋。悲来恻丹心，零泪缘缨流。

作者在诗中抒发了生不逢时的悲哀。这里有他的自信，然而没有施展才能的余地。时代要求他有所作为，而他只能坐看时光流驰。最后两句表达出的感情，惨烈沉痛，慷慨激越，在玄言诗中从未出现过。

他在《游仙诗》第四首中表达的是同样的感情：

> 六龙安可顿，运流有代谢。时变感人思，已秋复愿夏。淮海变微禽，吾生独不化。虽欲腾丹溪，云螭非吾驾。愧无鲁阳德，回日向三舍。临川哀年迈，抚心独悲咤。

《论语·子罕》："子在川上曰：'逝者如斯夫，不舍昼夜。'"孔子短短的这几句话，激起过后人的多少感慨。有人以为其中深寓哲理，有抱负而感到岁月虚度的人则每产生寂寞的共鸣。郭璞此诗虽以"游仙"为名，但却深感时光流驰，成仙虚幻，只是增加了悲哀与惆怅。

何焯《义门读书记》卷四六评郭景纯《游仙诗》曰："景纯之《游仙》，即屈子之《远游》也。"这话有其合理之处，但尚未中肯綮。《远游》非屈原之作，考其内容，中多神仙家说，许多文句乃杂凑《离骚》中的文句与《九歌》《天问》《九章》《大人赋》《七谏》《哀时命》《山海经》及《老》《庄》《淮南》诸书文句而成，缺乏眷恋故国的情思和耿介不群的胸怀。郭璞的《游仙诗》则"坎壈咏怀，非列仙之趣"，应当说是接近屈原在《离骚》中抒发的感情，故与《离骚》为近，而与《远游》为远。屈原身处楚国危亡之时，虽欲舍身许国，然而壮志难酬，故有岁月虚度、时不我与之叹。《离骚》中说："纷吾既有此内美兮，又重之以修能，扈江离与辟芷兮，纫秋兰以为佩。汩余若将不及兮，恐年岁之不我与。忽驰骛以追逐兮，非余心之所急。老冉冉其将至兮，恐修名之不立。"若将郭璞上述二诗与之比较，则《游仙》远承《离骚》之说，应当说是信而有征的了[①]。

郭璞《游仙诗》第九首曰：

> 采药游名山，将以救年颓。呼吸玉滋液，妙气盈胸怀。登仙抚龙驷，迅驾乘奔雷。鳞裳逐电曜，云盖随风回。手顿羲和辔，足蹈阊阖开。东海犹蹄涔，昆仑蝼蚁堆。遐邈冥寂中，俯视令人哀。

阅读此诗，就会使人想起《离骚》中类似的语句。屈原在天上到处奔波，"驾八龙之蜿蜿兮，载云旗之委蛇。抑志而弭节兮，神高驰之邈邈。奏《九歌》而舞《韶》兮，聊假日以愉乐，陟升皇之赫戏兮，忽临睨夫旧乡，仆夫悲余马怀兮，蜷局顾而不行"。郭璞诗与此可谓一系相承，在写作手法上也有

---

① 参见黄侃《文选平点》卷三《游仙诗》，上海古籍出版社1985年版。

相通之处。二人都目睹了国运的衰败，力图振作而又不能，意欲超脱而又不可，因为他们都对人民的苦难抱有同情，《离骚》中说“长太息以掩涕兮，哀民生之多艰”，这应当是屈、郭二人千古同心的根本原因。

大家知道，曹操的乐府诗中也有许多游仙的内容，并有继承楚辞的脉络可循。他一方面意欲超脱这个尘俗世界，另一方面又感到时局扰攘，生民困苦，意欲建功立业，而有“烈士暮年，壮心不已”的感慨。曹操的这类作品，构成了后世所谓“建安风骨”的内涵。其后晋代文人日益背离这一传统，诗歌由浮靡趋于平淡，玄言诗兴起后，“建安风力尽矣”。郭璞的《游仙诗》中则还可以看到建安文学的踪迹，因此从钟嵘的论述来看，他是把刘琨、郭璞看作建安风力的继承者的。

三

郭璞思想的主流承袭了儒家的传统，这样说或许好多人会不同意，因为在文献记载和后世传说中，郭璞实为一方术之士，他的为人，与一般人印象中的儒生形象相距太远了。

但儒家之中流派甚多，儒家学术代有变化。随着时代的发展，儒生形象也呈现出不同的面貌。综观郭璞的立身行事与诗文创作，可说他是一位综合了其时各种学术成分而呈现出明显的时代风貌的文士。

《晋书》本传称其“好古文奇字，妙于阴阳算历。有郭公者，客居河东，精于卜筮，璞从之受业，公以《青囊中书》九卷与之，由是遂洞五行、天文、卜筮之术，攘灾转祸，通致无方，虽京房、管辂不能过也”，这是本诸时人记载而著录的。《世说新语·术解》篇刘孝标注引王隐《晋书》曰：“璞消灾转祸扶厄择胜，时人咸言京、管不及。”可见他所继承的是京房、管辂的《易》学传统。京房是西汉时期今文《易》学“京氏《易》”的首创者，这一学派体现了汉代儒家重视天人关系的特点，也承袭了阴阳家说，好以灾异推论时政得失，曾在后代产生巨大的影响。

《晋书》本传上说“璞好经术”，《世说新语·术解》篇引《郭璞别传》

也说“璞少好经术，明解卜筮”。《晋书》本传上就提到：“于时阴阳错谬，而刑狱繁兴，璞上疏曰：‘臣闻《春秋》之义，贵元慎始，故分至启闭，以观方物，所以显天人之统，存休咎之征。’”他象京房一样，依据天人感应的理论而进行谏诤。疏中还说“《坎》为法象，刑狱所丽”，吴士鉴《晋书斠注》卷七二引邵晋涵《尔雅正义》曰：“《坎》卦主法，《易》家之旧说也。”可知郭璞在《因天变上疏》等文中阐发的理论，所承袭的，正是汉儒《易》学主灾异一系的传统。

曹魏之时，管辂也以占筮著称，《三国志·魏书·管辂传》引《管辂别传》曰：“明《周易》，仰观风角、占相之道，无不精微。”史书上记下了好几则有关他占筮灵验的事，与郭璞的一些有关记载相同。

汉代本多喜言灾异的经师，董仲舒是《公羊》学的大师，《史记·儒林传》上说他“以《春秋》灾异之变，推阴阳所以错行，故求雨，闭诸阳，纵诸阴，其止雨反是”。《春秋繁露》记求雨、止雨之法，用的就是巫术。刘向为著名的儒家学者，亦以风水之论抨击王氏。东汉之时，此风更烈，可见儒生兼综方术，乃是时代潮流之所向。夏曾佑考察儒家与方士之分合与道教之起曰：“故一切神怪之谈，西汉由方士并入儒林，东汉再由儒林分为方术，于是天文风角、河洛五星之说，乃特立于六艺之外，而自成一家，后世所相传之奇事灵迹，全由东汉人开之……及张道陵起，众说乃悉集于张氏，遂为今张天师之鼻祖，然而与儒术无与矣。”① 郭璞晋人，可以归为由汉儒发展而来的儒术、方术混而不分的一派，尤与京房、管格等人以占筮为主的一派为近。如《晋书》本传上说他“裸身被发衔刀设醊”，又如本传与《搜神记》卷三中所记以巫术取孟原之婢、治赵固之马等书，则已近于原始道教中的作为了。

道教是植根在华夏本土的一种宗教，不但在宗教仪规等方面吸收各种原始信仰的内容，而且把儒、道、墨、法等学派中的许多理论，兼收并蓄，也

① 《中国古代史》第六十节《儒家与方士之糅合》、第六十二节《儒家与方士之分离即道教之原始》叙此颇详，参见，生活·读书·新知三联书店1955年版。

融合了进去。郭璞的《游仙诗》中也反映出了这一色彩斑驳的特点。他在《游仙诗》中列举了许多仙人的名字，如赤松、浮丘、洪崖、安期生、子乔等，有趣的是《游仙诗》第二首中还叙及鬼谷子其人：

> 青溪千余仞，中有一道士，云生梁栋间，风出窗户里。借问此何谁，云是鬼谷子。翘迹企颍阳，临河思洗耳。阊阖西南来，潜波涣鳞起。灵妃顾我笑，粲然启玉齿。蹇修时不存，要之将谁使？

鬼谷子的最初形象，只是一位纵横家的理论家，但他隐居在景色幽绝之处，而自汉末神仙之说大盛之后，人们以为神仙多隐居于岩壑之中，所以鬼谷子又由隐士而升为神仙了。郭璞之所以推崇鬼谷子，正因魏晋时期所塑造的鬼谷子其宗旨和术数与他情况相近，郭璞也是一位行为与智术极为奇特的人物，他因综合了前人的各种学说而呈现出极为复杂的面貌。

正像魏晋时的许多人物一样，郭璞身上集中了似乎截然相反的一些品格，在历史上，也有关于他行为放浪的记载。《晋书》本传上说他：“嗜酒好色，时或过度，著作郎干宝常戒之曰：‘此非适性之道也。’璞曰：‘吾所受有本限，用之恒恐不得尽，卿乃忧酒色之为患乎！’”而郭璞的这一特点，在反对王敦作逆的其他一些人物中，也有类同的表现。

周顗是因为激烈反对王敦谋夺晋室而被杀的，古时史家对他评价一直很高，但在《世说新语·任诞》中却有另一种记载，文曰：

> 有人讥周仆射：“与亲友言戏，秽杂无检节。”周曰：“吾若万里长江，何能不千里一曲。”刘孝标注引邓粲《晋纪》曰：“王导与周顗及朝士诣尚书纪瞻观伎。瞻有爱妾，能为新声。顗于众中欲通其妾，露其丑秽，颜无怍色。有司奏免顗官，诏特原之。”

又王敦密谋反叛时，谢鲲任大将军史，屡次婉言劝阻，《晋书》本传上说“是时朝望被害，皆为其忧，而鲲推理安常，时进正言。敦既不能用，内亦不悦”。可见他持正不阿，处境是很危险的。

谢鲲是著名的“八达”之一。《世说新语·德行》篇曰：“王平子、胡毋彦国诸人皆以任放为达，或有裸体者。”刘孝标引王隐《晋书》曰：“魏末阮籍嗜酒荒放，露头散发，裸袒箕裾。其后贵游子弟阮瞻、王澄、谢鲲、胡毋辅之之徒皆祖述于籍，谓得大道之本。故去巾帻，脱衣服，露丑恶，同禽兽。甚者名之为通，次者名之为达也。”谢鲲作达，《晋书》本传上还记载一事曰：“邻家高氏女有美色，鲲尝挑之，女投梭，折其两齿。时人为之语曰：‘任达不已，幼舆折齿。’鲲闻之，傲然长啸曰：‘犹不废我啸歌。’”这与周顗众中欲通人之妾，郭璞以术数取人之婢，其作风颇有相通之处。自永嘉之乱以后，这些人中颇有觉醒者，《世说新语·言语》篇载：“过江诸人，每至美日，辄相邀新亭，藉卉饮宴。周侯中坐而叹曰：‘风景不殊，正自有山河之异。’皆相视流泪。”也正是这一周侯，竟因反抗王敦作乱而被害。就在这次动乱中，素称行为放浪的几位名士，却都表现出了过人的气节。可见郭璞的嗜酒好色，也是时代风气的表现。这类人喜纵“性”而行，“性”中就包容着过人的节操。

四

《晋书》本传上说：“璞既好卜筮，缙绅多笑之。”随着社会的进步，必然会出现上述情况。《汉书·王贡两龚鲍传》曰：“蜀有严君平……以为筮者贱业，而可以惠众人。有邪恶非正之问，则依蓍龟为言利害。与人子言依于孝，与人弟言依于顺，与人臣言依于忠，各因势导之以善。”可见西汉之时社会舆论已对卜筮表示轻视。但卜筮之事，上可以推论时政得失，下可以推断个人命运之否泰。京房生于西汉之时，位为大臣，故每藉之议政；管辂则常以之判定个人吉凶。郭璞则兼而有之，表示他既继承了西汉经师的传统，又有以此贱业见长而被时人轻视的一面。

京房虽行类方士，然禀性坚贞，终因弹劾中书令石显与尚书令五鹿充宗而被谗害致死，这与郭璞因阻挡王敦作逆而以身殉国，其立身处世，颇为相似。

如果有人把郭璞的博学列为晋“中兴第一”，那就很少有人会持异议吧。《晋书》本传上列举他种种占验方面的异闻，充满着神秘色彩，但看他屡上奏章，详陈天变而请求省刑赦罪，则是在用占验为手段而达到儒家仁民的目的。又看他反对王敦谋叛晋室，又以占验为手段而鼓动温峤、庾亮劝帝讨伐，可见他既不象纵横家那样随机应变以谋取富贵，也不象道家那样不分逆顺以全身避害，而是恪守儒家的道德规范，从容就义。张溥为《汉魏六朝百三家集》中的《郭弘农集》题辞曰：“余谓其抗节王敦，赞成大事，匡国之志，峤可庶几，亮安敢班哉!”所以张溥再三痛惜地说：“烈士殉义，虽死可生，乱臣贼子，不能杀也……南岗断头，遣文弥烈，今读其集，直臣谏诤，神灵博物，无不有也。如斯人而不谓之仙乎？不可得已。”

总结上言，可知郭璞一身既体现了自汉儒演化而来的方术之士的很多特点，也体现了早期道教学说中兼综各家而显示出来的斑斓色彩。郭璞的行事与思想虽极奇诡，但从他的奏议与政治归宿来看，则以儒家思想为主导，这与他在《游仙诗》中表现出来的及时努力和仁民爱物的思想是一致的。

（原载《江海学刊》1993 年第 6 期）

陆游诗中的生命意识

莫砺锋

“万事已随流水去，一尊将奈夕阳何！”这是陆游在八十五岁那年所写的诗句（《偶思蜀道有赋》，《剑南诗稿校注》卷八二）①。已臻高寿的诗人明显地感受到生命尽头的迫近，对于时光迁逝的感慨就格外的深沉。然而陆游诗中的生命意识并不是到了暮年才开始有所流露的，而且他的生命意识自身具有十分丰富的内容，从而构成了陆诗中相当重要的一类主题，本文对此试作初探。

一

陆游是一位胸怀大志的奇士，他的生命意识是与建功立业的人生目标密切相关的。从表面上看，陆游与其他宋人一样，较早就开始在诗中叹老，他在三十岁时就写出了慨叹时光迅速的诗：“匆匆过三十，梦境日已蹙。谁知叹亡羊，但有喜得鹿。”（《和陈鲁山十诗以孟夏草木长绕屋树扶疏为韵》之七，卷一）在四十一岁时就咏及白发：“白发无情侵老境，青灯有味似儿时。”（《秋夜读书每以二鼓尽为节》，卷一）但是陆游的这种感叹决不是无病呻吟式的叹老嗟卑，而是基于功业难成、时不我待的紧迫感，所以其基调仍是乐观向上、积极奋发的，例如作于三十一岁的《夜读兵书》一诗：“孤灯耿霜

① 本文所引陆诗皆据钱仲联《剑南诗稿校注》（上海古籍出版社 1985 年版），下文引此书不再标明书名。

夕，穷山读兵书。平生万里心，执戈王前驱。战死士所有，耻复守妻孥。成功亦邂逅，逆料政自疏。陂泽号饥鸿，岁月欺贫儒。叹息镜中面，安得长肤腴?”（卷一）诗中虽然也有岁月流逝、青春难驻之叹，但是全诗的主旨非常显豁，诗人一心报国，热切地盼望着为国御侮，甚至不惜牺牲生命。他的生命观既以“战死士所有”为终极价值，那么在这个价值标尺之下，“安得长肤腴”的叹息也就被赋予了全新的意义：这是诗人对自身生命价值的崇高期待。

陆游的生命意识源于儒家以立德、立功、立言来实现生命的不朽的传统价值观，这在前代诗人的作品中已得到反复的吟咏，然而陆游诗中的表现自有其不容忽视的特点，主要有下面两点。

首先，陆游对这种生命意识终生服膺、始终不渝，其执着、持久的程度在前代诗人中罕见其俦。陆游身处南宋小朝廷苟安于半壁江山，南北分治已成定局的时代，抗金复国的事业已没有实现的可能性。可是陆游始终不肯屈服、认命，他以“知其不可而为之”的态度坚持着自己的报国理想，并在其诗作中千百次地重复这个主题，试看两例：

醉　歌

读书三万卷，仕宦皆束阁。学剑四十年，虏血未染锷。不得为长虹，万丈扫寥廓。又不为疾风，六月送飞雹。战马死槽枥，公卿守和约。穷边指淮淝，异域视京雒。於乎此何心，有酒吾忍酌。平生为衣食，敛版靴两脚。心虽了是非，口不给唯诺。如今老且病，鬓秃牙齿落。仰天少吐气，饿死实差乐。壮心埋不朽，千载犹可作。

异　梦

山中有异梦，重铠奋雕戈。敷水西通渭，潼关北控河。凄凉鸣赵瑟，慷慨和燕歌。此事终当在，无如老死何！

这两首诗分别作于他六十六岁和八十四岁时。前者明言当时的形势是“战马死槽枥，公卿守和约”，这与陆诗中的名句“朱门沉沉按歌舞，厩马肥死弓断弦”（《关山月》，卷八）的含义完全一致，是对当时的苟安局面的无情讽刺。可是即使在如此沉闷的时代里，诗人又已经进入老境，却仍然执着地追求着自己的人生理想，甚至把这种追求延伸到身后，从而弘扬了千载不朽的浩然正气。后者作于垂暮之年，诗人已经非常衰老，而且已经意识到死亡的迫近。然而他依然在梦境中披甲扬戈，并亲临久已沦陷的失土。陆游诗中对报国壮志的歌颂，真是诗歌史上前所未有的黄钟大吕！

其次，陆游对建功立业的人生理想的强调达到了非常激烈的程度，他明确表示自己所追求的人生目标就是杀身成仁，以完成盖世功业：

松骥行

骥行千里亦何得，垂首伏枥终自伤。松阅千年弃涧壑，不如杀身扶明堂。士生抱材愿少试，誓取燕赵归君王。闭门高卧身欲老，闻鸡相蹴涕数行。正令咿嘤死床箦，岂若横身当战场。半酣浩歌声激烈，车轮百转盘愁肠。

此诗作于淳熙三年（1176），诗人正在成都任一闲职。曾经使他激动万分的南郑从军的经历已成为昙花一现般的记忆，杀敌报国的理想实已成为梦想。然而正是在如此无可奈何的情境下，诗人写出了这首情感强烈、激昂慷慨的诗作。诗人不但以“不如杀身扶明堂”的千年古松来自喻其志，而且直言不讳希望牺牲在报国的战场上。“正令”两句，不正是对汉人马援的名言“男儿要当死于边野，以马革裹尸还葬耳，何能卧床上在儿女子手中邪”（《后汉书》卷二四）的诗语表达吗？正因如此，陆游对历史上那些杀身成仁的侠客、烈士亟表敬意，他再三说希望死后葬近要离之坟：“愿乞一棺地，葬近要离坟。”（《言怀》，卷四）① “生拟入山随李广，死当穿冢近要离。”（《月下醉题》，卷七）“生无鲍叔能知己，死有要离与卜邻。”（《书叹》，卷二七）“未斫要离冢畔云，侩牛得食寄乡枌。”（《纪怀》，卷四二）他还曾梦见荆轲之

① 钱仲联注引《后汉书·梁鸿传》：“及卒，伯通等为求葬地于要离冢傍，咸曰：‘要离烈士，而伯鸾清高，可令相近。’”（《剑南诗稿校注》，第362页）甚确。但是我认为陆诗虽在字面上是用梁鸿之典，而其本意更侧重于仰慕要离那样的烈士。

墓，并为之扼腕感愤：“悲歌易水寒，千古见精爽。国仇久不复，惊觉泚吾颡。何时真过兹，薄酹神所飨。”（《丙午十月十三夜梦过一大冢傍人为余言此荆轲墓也按地志荆轲墓盖在关中感叹赋诗》，卷一八）他又希望在项羽庙傍结茅而居：“小人平生仰遗烈，近庙欲结茅三间。”（《项王庙》，卷五五）如此强烈地希冀着杀身成仁，正是把儒家的生命价值观念推向极致的结果，这是陆游的生死观中最为引人注目的特点。

当然，在陆诗中也有许多似乎与上述诗作立意相反的例子，他曾反复诉说功名无益：“少年妄意慕功名，老眼看来一发轻。”（《功名》，卷四十）“东篱偪仄才寻丈，已敌征西万户侯。”（《戏遣老怀》，卷六五）他还说：“死时是处堪藏骨，不用要离更作邻。”（《或问余近况示以长句》，卷二一）“葬近要离非素意，富春滩畔有苔矶。”（《遣怀》，卷二三）然而这些诗或是愤激的反语，或是诗人在无可奈何的情境中的自我安慰，我们千万不能以辞害意。下面这首诗就是上述心态的清晰表露：

悲歌行

读书不能遂吾志，属文不能尽吾才。远游方乐归太早，大药未就老已催。结庐城南十里近，柴门正对湖山开。有时野行桑下宿，亦或恸哭中途回。檀公画计三十六，不如一篇归去来。紫驼之峰玄熊掌，不如饭豆羹芋魁。腰间累累六相印，不如高卧鼻息轰春雷。安得宝瑟五十弦，为我写尽无穷哀。

诗中一连三组“不如”的比较，似乎确凿无疑地否定了其对功业的追求。然而他一开头就明言其前提是有志不遂，中间写自己的途穷之哭，结尾又倾诉胸中的“无穷哀”，那么此诗的主旨不是自抒愤懑的牢骚之语又是什么！诗人写此诗时年已八十二岁，一个垂暮之人尚以如此愤激的反语诉说着他对功业的希冀，可见他的人生理想是多么强烈了。

二

一般来说，人们在少壮的时候是较少思考生死问题的，只有当死亡逐渐迫近时，才会感觉到生死的重要性。出于同样的道理，年岁较大的人对时光迅速的感受更为深切，所以陆游八十二岁时有诗曰："老来愈觉岁时速！"(《龟堂一隅开窗设榻为小憩之地》，卷六八）到八十四岁时更叹息说："惜日每惊新历换！"(《书感》，卷七九）由于陆游享年甚永，他在桑榆岁月所写的诗中充满了对光阴迅速的咏叹，也对生死问题进行了反复的思考。

大约从年过半百开始，陆游诗中越来越多地说到自己的年龄。他在五十五岁时说："君去六十有几时，更望七十何其痴！"(《前有尊酒行》，卷一一）仿佛已经感觉到生命终点的迫近。及至六十三岁，又作诗云："浮生过六十，百念已颓然。"(《浮生》，卷一八）言下之意是年过六十，对人生已不再抱什么奢望了。然而后来诗人发现自己年虽老而体尚未衰，对生命的信心反而逐渐增强起来。他在六十六岁时说："放翁七十饮千钟，耳目未废头未童。"(《醉书秦望山石壁》，卷二一）到六十八岁时又说："老翁垂七十，其实似童儿。……更挟残书读，浑如上学时。"(《书适》，卷二六）到七十二岁那年，更对自己的健康充满了信心："七十人言自古稀，我今过二未全衰。读书似走名场日，许国如骑战马时。"(《七十二岁吟》，卷三五）到了七十四岁，诗人开始展望寿至八十："字字细读逍遥篇，此去八十有几年？"(《三山杜门作歌》，卷三八）当然，他有时也会追忆过去，只恨不能恢复到从前的年龄："镜中日日鬓毛衰，八十还思七十时。"(《风月》，卷四八）此句若与前文所引的"更望七十何其痴"相对读，极为有趣。等到真的过了八十岁，诗人又感到茫茫然起来："吾年过八十，久已弃朝簪。……欲讲平生学，茫然不可寻。"(《吾年过八十》，卷六五）他在八十三岁那年自叹其老："八十九十老可惊，白发森然憎镜明。"(《寄五郎兼示十五郎》，卷七四）但此时的诗人毕竟已经参透了生死的意义，他对生命采取了知命不忧的态度："八十仍逾四，迟留未告行。筮言灾退散，医贺脉和平。耕牧犹能力，痴顽每自惊。所嗟经学废，心愧济南生。”（《八十四吟》，卷七五）他认定年过八十体力变衰是正常状态：“七十八十古来稀，行年九十固应衰。”（《杂赋》，卷七九）自己年享耄耋已为大幸，无须再奢望寿登期颐：“人生长短无百岁，八十五年行九分。堪笑痴翁作黠计，欲将绳子系浮云。”（《病中遣怀》，卷八四）他还作诗对自己的长寿之道进行总结：“灰深火可惜，炷小灯耐久。长流故不腐，易成必速朽。我昔游青城，闻道巢居叟。躬行虽不力，年少过九九。固知适天幸，自养亦差厚。传家六儿子，其四今皓首。宁闻涧底松，郁郁慕蒲柳。”（《戊辰岁除前五日作新岁八十有五矣》，卷八十）由此可见，陆游在其后半生中对自己的生命一直都是很关注的，这种关注与前文所说的功业之念没有必然的联系，这体现了陆游作为一个普通人对生命的眷恋。

与此同时，陆游作为享寿较永之人，经历了许多亲友的死亡，这也加深了他对生死问题的感受。“多闻只解为身累，后死空令见事多!”（《对酒作》，卷七六）这两句写于八十四岁的诗意谓：因为自己享寿较永，所以经历了更多的悲欢离合。淳熙十四年（1187），陆游的好友韩元吉逝世。六十三岁的陆游作诗悼韩说：“故友去为山下土，衰翁何恨鬓边丝!”（《闻韩无咎下世》，卷一九）十五年后，诗人梦见韩元吉，作诗说：“尊前美人亦黄土，吾辈鬼录将安逃？死生一诀信已矣，所恨膏火常煎熬。”（《梦韩无咎如在京口时既觉枕上作短歌》，卷五二）好友的逝世使诗人更清晰地感觉到了生死问题的严重性和紧迫性，从而增加了对聚散无端和死生无常的感叹。随着时光的流逝，越来越多的故人离开了人世，诗人的这种感受也越来越深切，开禧元年（1205），八十一岁的陆游作《忆昔》一诗，此诗小序中说：“偶见张安国、周子充、刘韶美、王景文、陈德召、任元受遗集，为之感怆，作长句抒悲，不知涕泗之集也。”诗云：“忆昔高皇绌柄臣，招徕贤隽聚朝绅。宁知遗恨忽千载，追数同时无一人。埋骨九原应已朽，残书数帙尚如新。此身露电那堪说，也复灯前默怆神。”如果说前半首中对往事的追忆中尚蕴含着较浓重的政治意味，那么后半首则纯然是对个体生命的生死问题的哲理性思考了。友人的纷纷去世使诗人领悟到人生的短促，所以他独对青灯，陷入了深深的悲伤。陆游与前妻唐氏的悲欢离合也使他深深地体会到生死的重要性①，诗人与唐氏先是生离，紧接着又是死别，他对唐氏的思念伴随了他的一生，这种刻骨相思常常与对生命无常的感受交织在一起。例如他六十三岁那年所作一诗："少日曾题菊枕诗，蠹编残稿锁蛛丝。人间万事消磨尽，只有清香似旧时。"（《余年二十时尝作菊枕诗颇传于人今秋偶复采菊缝枕囊凄然有感》，卷一九）又如他七十五岁那年所作一诗："梦断香消四十年，沈园柳老不吹绵。此身行作稽山土，犹吊遗踪一泫然。"（《沈园》，卷三九）这些诗作都因思念死者而起兴，然后念及人生之短促，追悼亡者的悲痛与自伤人生的哀怨浑然一体，故感人至深。

那么，进入老境的陆游是如何看待自身的生死问题的呢？或者说，诗人是如何克服对死亡的恐惧和忧虑的呢？从表面上看，陆游也曾寄希望于炼丹、求仙等传说中的长生手段，他有诗云："久读仙经学养形，未容便应少微星。一枝新锻金雅嘴，更向名山斫茯苓。"（《出游归卧得杂诗》，卷七十）仿佛要想通过学仙求药来获得长生，但事实上他对这些手段并不真的信从，因为他清楚地知道死亡是人生的必然归宿："迟速皆当死，时来莫预愁。"（《秋晚寓叹》，卷四八）所以他嘲笑秦始皇之追求长生："常笑祖龙痴到底，一生辛苦觅安期。"（《书室独处欣然有咏》，卷五五）他明确表示不想通过炼丹、求仙来获得长生："却嗤勾漏令，辛苦学丹砂。"（《梦中作》，卷七二）"时时笑顾儿曹说，纵有烟霄莫问津。"（《幽居遣怀》，卷六九）他认为对死生应该采取顺其自然的态度："人厌尘嚣欲学仙，上天官府更纷然。不如啸傲东篱下，且作人间过数年。"（《村居闲甚戏作》，卷六九）所以，虽然陆游年至耄耋，但是他的诗中并未出现对死亡的恐惧感，他对自己充实的一生感到踏实，对即将到来的死亡坦然迎之："粗知道义死无憾，已迫耄期生有涯。"（《啜茶示儿辈》，卷六九）嘉定元年（1208），八十四岁的陆游作诗说："余生垂九十，

① 陆、唐婚变之事在宋人笔记中记载甚多，今人黄世中著有《钗头凤与沈园本事考略》（广西师范大学出版社 1998 年版），考论其事甚详，可参看。

一病理一衰。旬月不自保，敢作期岁期。粲粲女郎花，忽满庭前枝。……持杯酹花前，事亦未可知。明年倘未死，一笑当解颐。”（《病中观辛夷花》，卷七六）此时距离诗人去世之时已不足两年，诗人已清楚地感觉到死亡的迫近。可是他仍然兴致勃勃地持酒酹花，以顺随自然的态度享受着最后的一段人生。死亡本来是一种自然现象，既然诗人以自然的态度看待它们，当然就没有必要产生恐惧或忧虑。陆游作于老年时期的数千首诗中没有出现与死亡有关的焦虑、忧惧，正是出于这个原因。

三

在上述两个方面，陆游对生死的态度都是与他自身的具体人生经历有关的，很少有抽象的哲理性思考。那么，如果剥离了其具体的人生经历，陆游持有何种生命意识呢？换句话说，在形而上的层面上，陆游对生死问题持有什么样的观念呢？

我们知道，儒家在本质上是一个关注现世的学派，它对生死问题持有非常鲜明的态度，那就是极度重视生命，而对死亡则采取不予深究的搁置态度。孔子说：“未知生，焉知死？”① 就是对生死问题最为言简意赅的阐述。当然，为了慎终追远，维护家族、宗族、邦国的群体利益，儒家极为重视人死之后的葬丧仪礼，但是他们并不相信那对死者有什么真实的意义。“祭如在，祭神如神在。”（《论语·八佾》）孔子此语中两个“如”字便清楚地表明了他对祭礼的真实看法：他并不相信鬼神真的能来歆享祭品，祭礼的深层意义不在死者而在于生者，它的真实目的是以之保持人们内心的诚敬肃穆，从而提高人们遵从礼义道德的自觉性。正因如此，儒家对生死的态度是顺其自然，他们重视生命而不畏惧死亡，并主张以生前功业的建树来求得死后的不朽。也正因如此，儒家提出了“杀身成仁”和“舍生取义”的口号，为生死问题树立

---

① 《论语·先进》，《论语正义》，《诸子集成》本，上海书店 1986 年版，第 243 页。按：孔子此语是回答季路“敢问死”的问题，这一方面表明了孔子不语怪力乱神的理性精神，另一方面也表明他对死亡采取了搁置而不予深究的态度。

了最高的价值标准。[①] 陆游出生于一个有着深厚的儒学传统的家庭，他自幼就承父训刻苦读经，并注重从儒家经典中汲取进德修身的养料。陆游诗中常及此意："遗经在椟传家学，大字书墙作座铭。"（《自述》，卷四七）他还作诗指示儿辈努力读经："六经如日月，万世固长悬。学不趋卑近，人谁非圣贤。马能龙作友，蚋乃瓮为天。我老空追悔，儿无弃壮年。"（《六经示儿子》，卷三八）他对儒家经典的这种态度当然会将他的人生观导向孔、孟的遗教，这在他的诗歌中有着鲜明的体现。

首先，陆游重视生命，但他重视的是充实的、有所作为的生命，而不是虚度光阴的徒延时日。他认为人生的最高意义在于建功立业，而在国土沦丧、强敌压境的现实形势下，他心目中的功业就是杀敌御侮、收复失土。他热情洋溢地呼唤建功立业的机会："丈夫五十功未立，提刀独立顾八荒。京华结交尽奇士，意气相期共生死。千年史册耻无名，一片丹心报天子。"（《金错刀行》，卷四）他为报国无路而感到悲愤难抑："今日我复悲，坚卧脚踏壁。古来共一死，何至尔寂寂。秋风两京道，上有胡马迹。和戎壮士废，忧国清泪滴。关河入指顾，忠义勇推激。常恐埋山丘，不得委锋镝。"（《书悲》，卷一三）当他明知自己已无可能实现此志的时候，就把希望寄托在他人身上："功名在子何殊我，惟恨无人快著鞭！"（《书事》，卷五八）"功名不遣斯人了，无奈和戎白面郎！"（《题海首座侠客像》，卷一七）由此可见陆游对生命价值的认识并未局限于自身遭际，而是具有普适意义的。

其次，陆游对死亡持有知命任运的自然主义态度，他对死亡的言说大多着眼于生前，事实上则对死亡采取了不可知的搁置态度，这与孔子"未知生，焉知死"的论断是一脉相承的。陆诗中常常说到死亡的自然属性："达士共知生是赘，古人尝谓死为归。"（《寓叹》，卷七七）"去去生方远，

① "杀身成仁"见于《论语·卫灵公》（《论语正义》，《诸子集成》本，上海书店 1986 年版，第 337 页）。"舍生取义"见于《孟子·告子上》（《孟子正义》，《诸子集成》本，第 461 页）。按：儒家的这种精神在陆游诗中有非常频繁的体现，详见本文第一节。

冥冥死即休。”（《病中示儿辈》，卷八五）他甚至把正常的寿终正寝视为人生的一件乐事：“年衰固应死，延促未可度。人之生实难，寿终固为乐。”（《衰甚书感》，卷八二）陆诗中虽然也不时流露出对死亡的悲哀，但那多半是源于对生前事业未遂的缺憾，其着眼点仍在于生而不是死，例如：“我发日益白，病骸宁久存。常恐先狗马，不见清中原。”（《感兴》，卷九）“北望中原泪满巾，黄旗空想渡河津。丈夫穷死由来事，要是江南有此人！”（《北望》，卷二十）这分明是对抗金复国大业的实现无望才引起的对死亡将临的恐惧或遗憾，这在其绝笔诗《示儿》中表现得最为明显：“死去元知万事空，但悲不见九州同！”（卷八五）言下之意当然是，如果得见南北统一，那就死而无憾了。同样，陆诗中也有因学术事业未及完成而对死亡的拒绝：“著书殊未成，即死目不瞑。”（《七月下旬得疾不能出户者十有八日病起有赋》，卷三三）“身当游岱尚少驻，书欲藏山殊未成。”（《寄五郎兼示十五郎》，卷七四）① 陆游有时也会思及身后之事，但那不是对死亡本身的思考，而是表示对生前所从事的活动的依恋，并希望把生前的价值追求延伸到身后去。例如：“此身死去诗犹在，未必无人粗见知。”（《记梦》，卷六九）“死去虽无勋业事，九原犹可见先贤。”（《一编》，卷六八）“死去真无憾，曾孙似我长。”（《秋兴》，卷七七）这三首诗分别写自己对诗歌写作、修身进德和抚育后代三件事情的喜爱和满足，言下之意是生前已经粗有建树，故死而无憾。

除了儒家的影响，陆游的生命观也受到道家的一些影响。在陆游的诗歌中，出现过这样的诗句：“愚智极知均腐骨，利名何啻一秋毫。”（《暑夜泛舟》，卷六七）“尧舜桀纣皆腐骨，王侯蝼蚁同丘墟。”（《杂兴》，卷七三）“百年等是一枯冢！”（《初夏杂兴》，卷七六）这种取消一切价值判断的绝对

① “游岱”句，钱注云：“刘桢《赠五官中郎将》：‘常恐游岱宗，不复见故人。’李善注：‘《援神契》曰：太山，天帝孙也，主召人魂。《尚书》曰：至于岱宗。太山为四岳宗也。’”（《剑南诗稿校注》，第4059页）

虚无主义的生死观，显然是源于道家。[①] 这种生死观与儒家最大的区别在于：儒家重视生前活动的价值差异，故而主张以生前的建树来获取生命的最大意义；而道家却只看到死后肉体生命同归于消灭的结局，故而取消对生前活动的价值判断。所以道家生命观的最大缺陷在于其对人生意义的消解，因为它的逻辑归宿一定是取消生前的一切努力。上引三首陆诗分别写于他八十二岁、八十三岁、八十四岁时，此时的诗人已至垂暮之年，他眼看自己已绝无可能实现建功立业的理想，故出此貌似旷达而实为悲愤之语。值得注意的是，这种消极的观念在陆游年登耄耋之前从未出现过，可见这并不是他一以贯之的人生信念。

当然，道家对陆游的影响也有其他的方面，那主要是庄子泯灭生死界限的思想。陆诗有句云："仕困风波归可乐，生如疣赘死何悲?"（《杂咏》，卷七一）钱注引《庄子·大宗师》："彼以生为附赘县疣，以死为决疣溃痈。"甚确。庄子这种观点的实质是泯灭生与死的差别从而消解对于死亡的恐惧，这与儒家从重视生前建树的立场出发而对死亡采取顺其自然的态度有本质的区别，但是两者对死亡的不可知主义的搁置方式却是殊途同归的。在陆游的生命观中，儒家的影响是占主导地位的，道家的影响则起着补充、辅助的作用。试看下列诗句："养气勿动心，生死良细故。"（《访医》，卷一六）"从来本不择死生，况复区区论祸福。"（《雪夜小酌》，卷二一）"死生虽天命，人事常相参。"（《暑中北窗昼卧有作》，卷七六）"经未尽亡君更考，古无不死我何悲。"（《即事》，卷七七）"朝闻夕死固当勉，幼学壮行嗟已迟。"（《九月十日夜独坐》，卷五九）诗人对生死的态度中不能说没有道家泯灭死生祸福的相对主义思想的影响，但是其主旨仍出于儒家积极的人生观念：他认定人的因素可以参与死生的天命，他主张修身养志来增强自己对生死的认识，并

① 从字面上看，陆诗的直接源头是伪《列子·杨朱》："十年亦死，百年亦死。仁圣亦死，凶愚亦死。生则尧舜，死则腐骨。生则桀纣，死则腐骨。腐骨一矣，孰知其异?"（《列子注》，《诸子集成》本，第78页）但这种意识与老子的"绝圣弃智"（《老子本义》，《诸子集成》本，第13页）及庄子的"彼亦一是非，此亦一是非""莫寿于殇子，而彭祖为夭"（《庄子集解》，《诸子集成》本，第10页）等思想是一脉相承的。

以“朝闻夕死”的态度表示了对死亡的蔑视和超越。下面这首作于八十二岁时的诗更清楚地体现了诗人对生死的观念：

雨欲作步至浦口

雨作千山暗，风来万木号。放怀忘世事，徐步出亭皋。野处惟知遁，心期不复豪。宋清捐善药，须贾遗绨袍。宁乞陶翁食，难餔楚客糟。精心穷易老，馀力及庄骚。杖屦时行乐，锄耰惯作劳。正令朝夕死，犹足遂吾高。

从表面上看，此诗中浸透了老庄的思想：诗人已忘怀世事，已放弃壮志，且明言读老读庄。然而他并未采取无所事事、虚与委蛇的态度来对待人生，他依然认真从事耕、读等活动，依然对生活充满了兴趣，仍然保持着内心的操守。正因如此，诗人才能自豪地宣称：“正令朝夕死，犹足遂吾高!”这种精神分明来自于儒家，是孔子所谓“朝闻道，夕死可也”（《论语·里仁》）、孟子所谓“夭寿不贰，修身以俟之，所以立命也”（《孟子·尽心上》）的个性化表述。在死生这种人生重大问题上，陆游旗帜鲜明地表明了自己的儒者本质，儒学是指导他积极有为地度过八十五年生涯的人生指南。

“汝生汝死问者谁，人虽不问心自悲!”（《大雨中作》，卷二十）这是陆游六十四岁时写的诗句。生与死是诗人一生中经常思考的问题，陆诗中留下了大量对于生命主题的歌吟，诗人以敏锐的心灵捕捉了许多有关生与死的感受，写出了许多兼具诗意与哲理的人生格言。陆游诗歌中所体现的生命意识具有十分深刻的启迪意义，值得我们深思。

（原载《江海学刊》2003 年第 5 期）

清代文学研究的回顾与展望

蒋　寅

清代文学研究的历史回顾

用万余字的篇幅来回顾和展望清代文学研究，也许要比以前各个朝代的文学研究更为困难。困难不只在于清代产生的文学家和作品太多，更在于清代文学研究的积累总体上还很薄弱，对清代文学研究的学术史也刚起步，可以参考的成果相对较少。本文只能说是一个简略的回顾，并就个人管见所及，对清代文学研究的拓展谈一点看法。

与历史研究相比，文学研究由于对象本身具有强烈的价值属性，研究者对研究对象的选择常基于一定的审美价值判断，不同时代的文学，进入文学史家的视野、受研究者关注的程度有着很大的差异，这些差异的产生甚至可能是很偶然的。清代因其社会现象复杂、传世文献丰富，20 世纪以来一直是历史学的宠儿，研究成果的数量和深度都相当可观。而清代文学却因文学史价值判断的偏颇，一直被学界所冷落。除了显学《红楼梦》外，迄今对清代文学各部门的研究远远落后于对历史上其他时代文学的研究。

这一结果，当代学术显然应负更大的责任。20 世纪以来，受“一代有一代之文学”的传统观念及近代“文学进化论”的影响[①]，又接受西洋文学观念和理论体系的熏陶，当代学者大都视戏曲小说为清代文学的主流，学术投

---

① 梁启超在 1903 年《新小说》第七号的《小说丛话》中说：“文学之进化有一大关键，即由古语之文学变为俗语之文学是也。……自宋以后，实为祖国文学之大进化。何以故？俗语文学大发达故。”

入明显向此类通俗文学倾斜，而诗文辞赋等传统文学样式则受到不同程度的冷落。这导致清代文学研究各领域之间严重失衡，有关《红楼梦》《儒林外史》《聊斋志异》《长生殿》《桃花扇》等作品的论著层出不穷，而诗文辞赋的研究寥寥可数。这只是就一般情形而言，若具体分析现有成果，则20世纪以来的清代文学研究又呈现盛衰不一的波浪式轨迹。

对清代文学的研究，可以追溯到当朝人的总集编纂、别集注释和诗文批评。清代是个重视学术史的时代，清人对本朝文学的关注和批评超过任何时代，其搜集作品之热情，编纂总集之勤奋，撰著诗话之专门化，无不显示出文学批评和研究的自觉意识。由于明清易代所包含的民族关系的特殊性，出于保存文化记忆和心灵历史的动机，清初文人曾编纂了大量的诗文总集，尤以邓汉仪《天下名家诗观》三集为翘楚。此后，以沈德潜《国朝诗别裁集》、王昶《湖海诗传》、符葆森《国朝正雅集》为代表的大型选集，都发挥了淘汰、遴选和批评一个时期诗歌的功能，至徐世昌《晚晴簃诗汇》而集其成，从而使距离我们时代很近的清诗也部分地被经典化。骈散文、填词创作同样由若干种有影响的选本勾画出历史线索和创作规模，而戏曲、小说则在排演和说唱中得到传播和整理。黄文旸《曲海总目提要》和姚燮《今乐考证》虽系通论古今的著作，但清代戏曲作品占有一定比例，后者甚至著录了部分道、咸间流行的地方戏。吴伟业、王士禛、朱彝尊诗集以及王昙骈文集，清代已有注释研究，赵执信、查慎行、“乾隆三大家”、郭麐及姚莹等人诗都有人做专门的批评。数量众多的地域文学总集和地方志中的艺文志，则覆盖了整个清代文学的主要作品、作家，与数量众多的诗话、文论、剧说、选本的评点相配合，交织成密集的批评之网，给后人留下了当代评论的丰富资料。

进入民国以后，战乱频仍，学术难得安宁的环境。学界对前清文学虽无太高的评价，但出于保存文献的动机，也出现了孙雄《道咸同光四朝诗史》、陈乃乾《清名家词》、叶恭绰《全清词钞》、陈衍《近代诗钞》、柳亚子《南社纪略》、阿英《鸦片战争文钞》、丁福保《清诗话》等清代文学和批评的总集、丛书，还编出了黄人《小说小话》、王国维《曲录》、郑振铎《中国小说提要》、刘复和李家瑞等《中国俗曲总目稿》、李家瑞《北平俗曲略》、阿英《晚清戏曲小说目》、傅惜华《子弟书总目》、孙楷第《日本东京所见小说书目》《中国通俗小说书目》等工具书，此外杨守敬、董康、鲁迅、王古鲁、吴梅、向达、刘修业、周越然、伯英等学者的著作都对戏曲小说文献的搜集和著录做出了贡献。

“五四”新文学运动的兴起，对清代文学研究产生很大的冲击。一方面，一些作家只承认新文学与晚明文学有血缘关系，对清代诗文则予以批判，对影响直达晚清的桐城文派，钱玄同直斥为“桐城谬种”；另一方面，受西洋文学观念影响，戏曲、小说等通俗文学由附庸蔚为大国，“中国新世纪第一个文艺批评家”王国维发表《红楼梦评论》，对当时的《红楼梦》和清代小说研究产生极大影响。学界“神圣施（耐庵）、曹（雪芹）、归（有光）方（苞）”的结果，是诗文辞赋等传统文学样式受到冷落。当时鲁迅倡言“好诗被唐人做尽”，闻一多也说“诗的发展到北宋实际上也就完了”，影响所被，乃至陆侃如、冯沅君《中国诗史》将狭义诗歌的历史截止于唐末，并断言“词盛行以后的诗及散曲盛行以后的词则概在劣作之列而删去”，这无疑是很偏激和狭隘的见解。幸而不是所有人都持这种立场，一些著名学者仍用传统的批评形式，包括陈衍《石遗室诗话》、汪辟疆《光宣诗坛点将录》《光宣以来诗坛旁记》、刘声木《桐城文学渊源考》《桐城文学撰述考》、蒋箸超《天演阁清诗话》、郭则沄《十朝诗乘》、杨钟羲《雪桥诗话》、施淑仪《清代闺阁诗人征略》、钱仲联《梦苕庵诗话》、秦佩珩《秋窗呓语》等，对清代诗词做了各有特色的研究，甚至还出现了徐珂《清代词学概论》、梁乙真《清代妇女诗歌史》、杨鸿烈《袁枚评传》、顾远芗《随园诗说的研究》等专著和刘师培《论近世文学之变迁》、顾敦鍒《明清戏曲的特色》、汪辟疆《论高密诗派》《近代诗派与地域》、曾克耑《论同光体》这样很专门的论文。钱基博《现代中国文学史》、周作人《中国新文学的源流》二书名为当代文学，内容却多回溯前代，实际是在新文学语境下反思明清文学；陈子展《中国近代文学之变迁》也着眼于古代文学向现代文学的过渡和发展，对晚清文学史有一定的总结性质。1928 年，日本学者铃木虎雄的《支那诗论史》被孙俍工以《中国古代文艺论史》之名译成中文，对国内的批评史研究产生一定影响①，这从郭绍虞《中国文学批评史》对明清诗论的论述可以约略看出。1947 年出版的钱锺书《谈艺录》，虽然成就绝不限于清诗一端，但仍应说是民国年间最深入的清诗研究著作，他对众多清代诗人的批评鞭辟入里，至今仍代表着清代诗人论的最高成就。

建国以后，在狭隘的文艺观念的主导下，清代文学研究呈现很不平衡的状态。戏曲、小说受到学界重视，成果较多，《红楼梦》更因特殊的政治背景，成为学者趋之若鹜的显学。但迄今仍不减其学术价值的成果，却是傅惜华于 1961 年编成的《清代杂剧全目》，该书直到 1981 年才由人民文学出版社印行。相比之下，诗文研究则只集中于顾炎武、王夫之等少数“进步诗人”，成果寥寥。20 世纪 60 年代出版的邓之诚遗著《清诗纪事初编》，是这个时期最有价值的成果，它启发了后来钱仲联主编的《清诗纪事》。张舜徽的《清代文集别录》虽偏重于学术，却有相当的文献价值，它直接启发了袁行云的《清集叙录》。那个时代留下来的论著，带有鲜明的政治印迹，时过境迁，到今天已很少有参考价值，只有这些侧重于文献学研究的著作毫不褪色。类似的成果，还有钱仲联《人境庐诗草笺注》，这是今人纂辑的第一部清代诗集注本。这一时期出版了一些资料选编或旧籍点校，如 1959 年人民文学出版社的《中国近代文论选》及刘大櫆《论文偶记》、吴德旋《初月楼古文绪论》、林纾《春觉斋论文》等，便于使用。

清代文学研究的高涨，尤其是诗文研究的全面展开，是在 20 世纪 80 年代以后。1980 年《文学遗产》刚复刊，郭绍虞先生就建议赶快组织力量编辑全清诗、全清文、全清词、全清曲等以保存一代的文献。苏州大学中文系随即成立明清诗文研究室，并编辑出版“明清诗文研究丛刊”。1982 年，程千

① 近代以来，中国的古典文学研究多受日本学者的启发，自王国维的甲骨文、敦煌曲子研究到鲁迅的中国小说史研究都是典型的例子。铃木书出版于 1922 年，也许中译之前就已对国内学界产生影响。

帆先生主持的《全清词》编纂工程在南京大学启动。1983 年底，《文学遗产》编辑部与苏州大学合办的全国首次清诗讨论会在苏州举行，学者们基本形成共识，对作为中国古典诗歌终结阶段的清诗应给予较高的评价。翌年《文学遗产》在第 2 期辟“清诗讨论专辑”，发表苏州会议的论文，对清代文学研究产生一定的推动作用。1985 年举办的桐城派学术研讨会，则对“五四”以来评价桐城派的偏颇具有拨乱反正的意义。随着对过去研究中一些被回避、扭曲的问题的重新认识，清代文学逐渐走上正常的轨道，清代文学史开始得到认真的研究。

在新时期的清代文学研究中，苏州大学的学者做出了最引人瞩目的成绩。钱仲联先生以耆年宿德大力倡导清代诗文研究，不仅出版了《梦苕庵清代文学论集》《梦苕庵专著二种》《近百年诗坛点将录》等著作，还培养了一支清代文学研究的专业队伍，拿出王英志《清人诗论研究》、陈少松《评梁启超的艺术论》、裴世俊《钱谦益诗歌研究》、赵永纪《清初诗歌》等最初一批清诗研究成果。他此后指导的马亚中《中国古典诗歌的最后历程》、沈金浩《性灵诗与明清文化》、魏中林《清代爱国主义诗歌研究》、严明《清代广东诗歌研究》、罗时进《虞山诗派研究》、马卫中《光宣诗坛流派发展史》、赵杏根《乾嘉代表诗人研究》等一批博士论文，都成为清诗研究中很扎实的成果。另一位清代文学专家严迪昌先生，以《清词史》《清诗史》两部专史，奠定了他在清代文学研究史上的重要地位。这两部在多年搜集研读清代文籍的基础上写成的力作，将清代诗词研究的整体水平提升到一个新的高度。他的《阳羡词派研究》也是高水平的地域文学流派专论，给后人多方面的启示。苏州大学之外，中国社会科学院文学研究所继承郑振铎、孙楷第先生开创的小说研究传统，以吴世昌、蒋荷森、陈毓罴、刘世德、邓绍基、石昌渝等先生为代表，在《红楼梦》研究方面取得丰富的成果。其中刘世德先生的小说版本研究，石昌渝先生的小说史研究以扎实的文献功力将当代明清小说研究提升到一个新的水平。近年石昌渝先生主持完成了收书约 4000 种共计 300 万字的《中国古代小说总目提要》，为清代小说的深入研究奠定了坚实的文献基础。

山东大学以袁世硕先生为代表的学者群体，在清代戏曲小说和清初诗文研究方面独树一帜，成绩突出。南京师范大学除有陈美林先生成绩卓著的吴敬梓研究外，李灵年、江庆柏、陆林等学者在清代文献的搜集和整理方面已有《清人别集总目》《清代人物生卒年表》等基础性成果，后劲十足，相信在不久的将来能做出引人瞩目的成绩。

20 世纪 90 年代以后，清代文学研究走向广阔和深入，其突出标志是涌现一批有分量的文体史研究专著，包括陆萼庭《昆剧演出史稿》、周妙中《清代戏曲史》、胡忌、刘致中《昆剧发展史》、李昌集《中国古代散曲史》、朱则杰《清诗史》、黄霖《近代文学批评史》、邬国平、王镇远《清代文学批评史》、刘世南《清诗流派史》、张俊《清代小说史》、欧阳健《晚清小说史》、郭英德《明清传奇史》等。综合性的研究著作则有张永芳《晚清诗界革命论》、方正耀《明清人情小说研究》、康保成《中国近代戏剧形式论》《苏州剧派研究》、郭英德《明清文人传奇研究》、吴孟复《桐城文派述论》、张仲谋《清代文化与浙派诗》、曹虹《阳湖派研究》、张宏生《清代词学的建构》、谢正光、佘汝丰《清初人选清诗汇考》、许建忠《明清传奇结构研究》、张健《清代诗学研究》、孙立《明末清初诗论研究》、李玫《明清之际苏州作家群研究》、李世英、陈水云《清代诗学》、程亚林《近代诗学》、王小舒《神韵诗学论稿》、谭帆《中国小说评点研究》等著作，多方面地拓宽了清代文学研究的视野。作家研究，主要集中在一些大作家，如钱谦益、吴伟业、顾炎武、王夫之、黄宗羲、王士禛、袁枚、蒋士铨、赵翼、黄景仁、龚自珍、魏源、黄遵宪，而通俗文学作家如李渔、金圣叹、蒲松龄、吴敬梓、曾朴、刘鹗等又受到更多的关注，涌现许多造诣精深的专家。曹雪芹和《红楼梦》就更不用说了，仅列举著名专家也将是一个很长的名单。就整个清代文学研究而言，后期的研究一向比较薄弱。20 世纪 90 年代以来，在对“现代性”的反思和梳理中，近代文学受到了特别的关注，作家、作品和文学史研究都有长足的进展，尤其是清末同光体和改良派作家梁启超以及新旧时代过渡性人物王国维等，引起越来越多的关注。

港、台地区的清代文学研究，虽不如中国内地成果多，但内容似更广泛而专门。不仅钱谦益、吴伟业、袁枚、赵翼、翁方纲等著名作家有研究专著出版，重要的文学流派，如桐城派文学，20世纪70年代中期就出版了尤信雄《桐城文派学述》、叶龙《桐城派文学史》、唐传基《桐城文派新论》三种专著。而学界较少注意的女性文学，近年有钟慧玲《清代女诗人研究》和胡晓真《才女彻夜不眠——清代女性弹词小说论集》两种新著作了广泛而深入的探索，最具开拓意义。对清代诗学的研究，台湾学者也走在了前面，吴宏一《清代诗学初探》作为清代诗学研究发凡之作，大体勾勒了清代诗学的概貌和流变，附录“清代诗话知见录”收书346种，是对清代诗学文献的最初考察。张健《明清文学批评》以教案的形式整理了明清文学批评问题，不无见地。专题研究则有黄景进《王渔洋诗论之研究》、胡幼峰《清初虞山派诗论》等，与香港学者吴淑钿《近代宋诗派诗论研究》，同为很专门而深入的探索。台湾中山大学每年举办清代学术研讨会，并出版会议论文集。他们还编辑《清代学术研究通讯》，对了解台湾地区清代学术研究很有帮助。尤其是此书中《台湾地区清代文学研究博硕士论文提要》部分，更有参考价值。台湾以清代作家为题的博士、硕士学位论文相当多，除已出版的赵翼、翁方纲等评传外，如谈海珠《顾亭林诗研究》、单文惠《笠翁十种曲研究》、廖淑慧《金圣叹诗学研究》、江仰婉《冯班文学批评研究》、陈惠丰《叶燮诗论研究》、丘慧莹《唐英戏曲研究》、王熙铨《贺裳〈载酒园诗话〉研究》、陈茹琪《查慎行诗歌研究》、林秀蓉《沈德潜及其弟子诗论之研究》、吴晓佩《薛雪诗学研究》、赵太顺《翁方纲研究》、张春荣《姚惜抱及其文学研究》、刘韵蘋《龚自珍诗歌研究》、吴明德《王闿运及其诗研究》、柯梦田《刘熙载〈艺概〉诗歌理论研究》等，也是选题很值得重视的成果。

相比之下，海外有关清代文学的研究，涉及面较国内为窄。西方学者多用力于戏曲小说，无论在版本研究方面还是叙事研究都有丰富的成果。日本学者则不仅在小说文献研究上贡献突出，在诗文和俗文学的研究上也多有开拓之功。日本老辈学者都在清代文学上下过很大功夫。狩野直喜清末在中国留学归国后，任京都大学教授，1918 年到 1923 年讲授清朝文学课，1984 年东京みすず书房出版了他的讲义录《清朝的制度与文学》。铃木虎雄 1922 年出版《支那诗论史》，其中有关明清诗论的研究对中国学者影响极大。青木正儿的《清代文学评论史》是第一部清代文学批评史，书中不少论述至今仍不失参考价值。筑摩书房 1995 年出版的《吉川幸次郎遗稿集》第三卷“清初诗说”，系作者 1961—1963 年为京都大学中国文学专业研究生讲清诗的讲义，由清初讲到乾隆三大家，极有心得。近年研究清代文学的学者似比过去减少，但有深度的研究成果仍不断涌现。清水茂、竹村则行、松村昂、大平桂一等学者的清诗论文，都注意到一些中国学者忽略的问题，如明亡后一度遁入空门的方以智、金堡、钱澄之等人的创作，康熙十八年博学鸿词试对文坛的影响等。其他如松下忠、船津富彦的清代诗学研究，田仲一成的清代地方戏研究，樽本照雄的清末小说研究，都可以说成绩斐然，可惜除清水茂的论著外，其他学者的研究成果国内还没有翻译介绍。今后有必要加强沟通和交流，相信日本学者的成果会不同程度地拓展国内学术界的视野。英语世界的学者译介和研究诗文的兴趣远不如小说那么强烈，但他们的一些研究从论题到思路都很给人启发。如 L. C. Goodrich《乾隆对文学的查究》（1935 年）、D. S. Nivison《章学诚的生平与思想》（1966 年）、A. R. Zito《作为文本和实践的献祭：18 世纪中国的仪式与写作》（1989 年）在角度和方法上颇具特色。其他如桐城派古文、仪征派骈文、袁枚、郑板桥、龚自珍等人的诗歌，都有研究专著出版。华裔学者叶嘉莹对清词和王国维词作、词学的阐释，在 20 世纪词学研究中具有里程碑的意义。王靖宇于 1972 年出版《金圣叹》一书，以对金圣叹文学批评的深入剖析，引起西方汉学界对金批小说的热烈关注。有关英语世界的清代文学研究，黄鸣奋《英语世界中国古典文学之传播》一书有较详细的评述，可以参看。新加坡学者杨松年著有《王夫之诗论研究》《中国文学评论史编写问题论析：晚明至盛清诗论之考察》《姚莹〈论诗绝句六十首〉论析》等著作，对明清之际诗论的历史特征做了不同程度的探索，其中揭示的文学批评史编写中的问题，至今仍有参考价值。早年以《中国诗歌美学》著闻，现执教于新加坡大学的萧驰，最近将历年所撰的六篇论文结集为《抒情传统与中国思想——王夫之诗学发微》一书，将王夫之诗学的阐释推进到一个新的深度。目前我们对海外清代文学研究的成果了解得很不够，今后有必要加强这方面的学术交流和沟通。

清代文学研究的开拓和展望

总体看来，清代文学研究在过去的一个世纪里已取得一定成绩，张燕瑾、吕薇芬主编的《20世纪中国文学研究》中的清代卷和近代卷已充分表明这一点。[①] 但也正如此书的综述所显示的，迄今为止的研究，所涉及的内容和问题还很有限；相比其他各段文学的研究，成果积累更显得很薄弱。无论从研究力量的投入还是从成果出版的角度说，清代文学都是一个期待关注的领域。[②]

清代文学研究相比前代的滞后，显然与厚古薄今的价值观有关，由于时代接近，清代文学整体上尚未经过仔细的筛选和淘汰，大量的平庸之作不仅淹没了杰作，而且给人造成一种庸滥的印象，影响了人们的阅读兴趣，进一步阻碍了研究的深入。其实，从文学史研究的角度说，清代文学是有着特殊价值的，研究清代文学不仅具有一般文学史研究的意义，还有发现文学史运动的深层结构，认识文学发展的一般规律乃至激活前代文学研究的作用。

自从艾斯卡皮的文学社会学研究方法和接受美学的读者理论行世以来，人们看待文学的眼光已不仅仅局限于作家和作品，“文学”被视为一个包括写作、传播、接受并产生影响的过程，这一过程不只涉及作品的写作、传播与批评，还包含文学观念的演变、作家的活动与交往、社会的文学教养和时尚。文学史研究的任务就是对曾经发生和存在的文学过程进行历时性的描述，从而加深我们对文学现象和规律的理解。这种工作在宋元以前乃是可望而不可即的目标，只有到明清时代，我们才能凭藉大量的作品和史籍，深入文学活

---

① 清代卷为汪龙麟撰，近代卷为裴效维撰，前者详于戏曲小说和大家、名著而略于诗文及中小作家，后者有点有面，梳理问题极为细密，均足资治清代文学者参考。

② 参看吴承学、曹虹、蒋寅《一个期待关注的领域》，《文学遗产》1999年第4期。

动的具体过程，迫近地观察各种复杂的文学事件和文学现象，真正实现文学史研究的目的和任务。① 随着文学史、文学理论研究的积累和相对饱和，文学史研究趋于缓慢，重复劳动多，独创性研究少；文学理论则因稗贩西学，鲜有发明而为越来越多的人所不满。在这样的情况下，大力开展清代文学研究，或许是走出学术困境的一条有效途径。清代文学无比丰富的作品和作家传记资料，不仅为深入研究文学现象和创作活动，发掘中国文学的独特经验提供了优越的条件，它同时还呈现出文学传统延伸和变异的各种态势，激活我们的文学史知识。很显然，作家和作品的文学史价值是通过后人的模仿和文本的互涉而显现出来的。没有自李商隐以来那么多诗人对杜诗的模仿，没有那么多杜诗学著作，我们不能如此深刻地体会到杜诗的集大成意义。清代王渔洋指示弟子作诗门径，七律嘱熟参李颀、刘长卿、赵执信《声调谱》以降各家诗律学著作，多举杜甫、韩愈和苏轼之作为七古典范，提示了这些作家在七律、七古写作上的典范意义，促使我们重新审视其艺术特征及文学史地位。

无论从哪方面说，清代文学研究对整个古典文学都是极为重要的，尤其是在当前，不少领域的常规研究已渐趋饱和，而清代文学还满目是处女地有待开垦，更应该多些人投入或参与清代文学研究。从现有的成果来看，清代文学研究在许多方面都很薄弱，而最缺乏研究、亟待开拓的领域首先是说唱文学和文学批评。与前代相比，清代俗文学堪称发达，《中国大百科全书·戏曲曲艺卷》所载曲艺 345 种，形成于清代和清代以前的曲种多达 180 余种，② 目前这方面的研究除基础性的版本目录学工作及李家瑞、傅惜华、赵景深、关德栋、陈锦钊、车锡伦等前辈学者的一些论文外，专门性的研究成果还较少。过去的文学史研究过于关注士大夫阶层的文学生活，并集中于传统文学样式，致使通俗文学在他们日常生活中的意义完全被忽略，至于基础远为庞大的平民阶层的文学生活，更被排除在文学史的视野

---

① 参看蒋寅《进入“过程”的文学史研究》，《王渔洋与康熙诗坛》，中国社会科学出版社 2001 年版。

② 中国大百科全书出版社 1983 年版，第 306—321 页。

之外。这部分史实被文学史叙述所遮蔽的结果，是精英文学与通俗文学的互动过程如题材的因袭与改造，故事的传播与接受等变得模糊不清，最终影响到整个文学史研究的全面深化。清代文论研讨的薄弱对批评史研究的影响更大。正如明代学者许学夷说的："古今诗赋文章，代日益降，而识见议论，则代日益精。……盖风气日衰，故代日益降，研究日深，故代日益精，亦理势之自然耳。"[①] 清代文学理论、批评著作之多，涉及面之广，方法之多样，成就之高，都达到古代文论的顶峰。由于文献浩繁，搜集不易，迄今的研究即便是邬国平、王镇远《清代文学批评史》、黄霖《近代文学批评史》这样的优秀著作，也只涉及一些著名的人物、思潮和流派，文献的研究和历史线索的清理还有待进一步展开。最近出版的吴宏一主编《清代诗话知见录》、张寅彭著《新订清人诗学书目》以及即将出版的蒋寅《清诗话考》，为考察清代诗学提供了基本线索，而张寅彭主编《民国诗话丛编》则为晚清诗学研究打下良好的文献基础。在未来的时间里，清代文学批评尤其是晚清诗学的研究相信会有长足的发展。

相对前代而言，清代文学研究的优势是材料丰富，但在目前的情况下，这种优势在很大程度上也是很大的困难。因为清代图书本朝人不重视，直到清末才有刘声木、刘承干等人悉心搜罗，但历经战乱亡损很多，传世之本多分藏于海内外众多的图书馆，部分存于私人手中，阅读和搜集资料相当艰难，这使得清代文学的全面研究在短时期内很难实现。现实的选择是首先做些小规模的专题研究，这对存在大量空白点的清代文学史来说也是基础性的工作，只有积累一定数量的专题研究，清代文学史的全面深化才有可能。

说到专题研究，我们就有了许多选择的可能，作家、时段、群体、文体、性别、家族、流派、地域都可以成为专题研究的单位。作家和时段是传统的文学史研究最关注的部分，成果积累也最多，今后的工作是要拓展作家的覆盖面，尤其是嘉、道、咸、同之际和清末民初的作家。这是清代文学发生转

① 许学夷：《诗源辩体》卷三五，人民文学出版社1987年版，第348页。

折和新文学萌发的时期，涉及对晚近文学史的基本理解，而过去的研究所涉及的作者很少，以至我们谈到古代文学向近代文学的过渡或文学形态的转变时，只有笼统的概述和对重点人物的剖析，缺乏量的综合和分析，这种状况只能靠加强作家研究来改变。时段研究也存在两头强、中间弱的不平衡状况，解决方法同样是加强作家研究，由点到面，以家族、社团、群体为中心开展流派、地域的研究。其中地域是个核心问题，清代文学发达的突出现象，如家族、性别、社团、流派都与地域概念胶着在一起，抓住地域因素能收纲举目张之效。

首先，清代三百年间，最有影响的流派和作家群体都是在地域的基础上形成的，像古文的桐城派和阳湖派，词的浙派、阳羡派和常州派，骈文的常州派，戏曲的苏州派。诗派尤其多，如虞山派、河朔派、畿辅七名公、江左三布衣、岭南三大家、西泠十子、关中三李、浙西六家、岭南四家、娄江十子、江左十五子、吴会英才十六人、辽东三老、江西四才子、吴门七子、嘉定后四先生、后南园五先生、毗陵四子、越中七子、高密派、湘中五子等，都是人们耳熟能详的。由诗社形成的群体更是不胜枚举。在这些地域性的群体或流派中，文学家族往往是中坚力量，如山东的新城王氏、益都赵氏、德州田氏、高密李氏、单氏，江苏的虞山冯氏、吴江叶氏、宝应乔氏、如皋冒氏、仪征刘氏、阮氏，安徽的合肥李氏、桐城方氏、钱氏、姚氏、全椒吴氏，浙江的海宁查氏、德清俞氏、山阴祁氏，河南的商丘宋氏，福建的长乐梁氏、侯官林氏、丁氏，湖南的宁乡陈氏、程氏，这些文学世家著姓不仅代有闻人，涌现了一批作家，还形成浓厚的文学氛围，培养出一门闺秀诗人。当我们追究清代女性诗歌繁荣的原因，考察叶天寥、沈用济、黄任、袁枚、毕沅、阮元、陈文述、梁章钜等名士的一门闺阁风雅，就会发现那正是在家族文学的背景下产生的，无论从家族文学的角度或女性文学的角度都是特别值得研究的课题。可以说，清代文学史上的性别、家族、流派、地域是互相纠结在一起、密不可分的，无论研究哪一个环节，都会牵涉相关的问题，将研究引向更广更复杂的社会背景中去。这就要求我们在考察具体问题时必须具备全局的眼光，将具体问题放到更广阔的背景下去思考和分析。我相信，只要能在若干年内做出一批扎实的专题研究成果，不管是什么层次的什么范围的，清代文学史就会全面改观，我们对清代文学史的认识也会全面深化。

最后还有文体的问题。前面说到说唱文学和文学批评的研究亟待加强，并不意味着其他文体的研究已很充分或不重要，实际上清代文学在各种文体的创作上都有相当的成就，值得全面深入地加以研究。比如骈文就名家辈出，作品丰富，技巧达到很高的水准，除了张仁青、姜书阁、莫道才、于景祥等学者的通论著作外，尚无专门研究著作。赋也是同样的遭遇，没有研究专著出现，虽然马积高《赋史》和郭维森、许结合著的《中国辞赋史》对清代辞赋都有清晰的梳理，恰当地肯定了清代辞赋的成就，但断代的深入研究还有待来哲，赋话和辞赋理论也亟须整理和研究。其他如散曲、短篇小说、翻译乃至八股文、试帖诗，无不或多或少地留有未开垦的处女地，等待我们去拓殖。而学界研究较多的诗词古文则需要在专人专书的研究上狠下功夫，力争以个案研究推动整个文体史研究的进步。

总的来说，清代文学有待开拓的研究领域是很多的，除上举专题研究外，综合性的研究也有许多工作要做。随着研究的深入，学术重心将由文献转向文学，由文学推广到文化，诸如文学与思想史、学术史的关系，与其他艺术类型的关系，与文化传统、文学传统的关系，中外文学的交流，都是大有可为的天地。在当今现代性的语境中，文学的现代化进程日益为学界所关注，近代文学史所承载的文学的现代转型和现代性问题，正成为热烈讨论的话题。这是可喜的现象，但同时我们应该警惕一种将现代性作为普世话题，脱离文学本身的意义和价值，唯现代性是论的倾向。文学毕竟有自己的问题和自己的历史，文学研究需要解决的首先应该是文学本身的问题。

现代意义上的中国文学研究已经历一个世纪的漫长过程。审视既有成果和近年的学术态势，让人感到，古典文学的许多领域和课题都趋于相对饱和。

在没有特别好的题目可做，或没有材料、理论突破的情况下，学人与其炒冷饭，还不如做些清代文学研究，尤其是乡邦文学研究，起码占个地利，在风土人情的理解和地方文献的使用上独具优势。我相信，清代会是古典文学研究未来若干年的热点，当前代文学研究渐趋饱和，越来越难以确定学位论文的选题时，选择清代文学研究的学人会越来越多。这正是清代文学研究的希望所在。

（原载《江海学刊》2004 年第 3 期）

中国古代歌诗艺术生产与消费的基本方式

赵敏俐

歌诗是指可以歌唱的诗，可歌可唱甚至可入乐入舞是中国古代诗歌的一个重要特征，从《诗经》到汉乐府再到唐诗宋词元曲以至明清以来的各种民间歌曲，大都是可歌可唱甚至可入乐入舞的。艺术生产论是研究中国古代歌诗艺术的一种重要理论，其要义是把艺术当成一种生产，一种精神产品的生产。同时，有生产就要有消费，艺术的生产与消费就会形成一个完整的社会运作体系，并随着时代的发展而发展。因此，研究中国古代歌诗艺术生产与消费的基本方式，就成为一个重要的问题。我认为，在中国古代社会里，当阶级和分工没有出现之前，歌诗艺术的生产和消费方式，只能是自娱式的。阶级、分工出现和艺术的生产与消费产生分离之后，歌诗艺术生产的寄食式（或统治阶级的豢养式、官养式）和消费的特权式，则逐渐成为主要方式。与此同时，卖艺式的艺术生产方式和平民式的艺术消费形式也开始有了萌芽。总之，自娱式、寄食式和卖艺式，是中国古代歌诗艺术生产的三种基本方式；相应地，自娱式、特权式和平民式也是中国古代歌诗艺术消费的三种基本方式。下面就对这三种生产和消费方式分别进行一些初步考察和讨论。

自娱式的歌诗生产与自娱式消费

在这三种方式中，自娱式显然是最古老的艺术生产与消费方式。我们这里所说的“自娱”包括两种情况，其中一种情况是自作歌诗来表达自己的喜怒哀乐之情，满足自己的精神需求。另一种情况是吟唱别人的歌诗或者是吟唱在社会上已经广泛流行的一些歌诗来表达自己的感情，满足自己的精神需求。在人类没有出现分工、没有产生专职的歌诗艺术家之时，这种方式也是最基本的歌诗艺术生产方式。在那个时代里，每一个人都是歌诗艺术家，都是歌诗艺术生产者，同时都是歌诗艺术生产的消费者。在中国早期的历史和传说中，有关这方面的记载不少。如《吕氏春秋·音初》篇所记："禹行功，见涂山之女，禹未之遇而巡省南土。涂山氏之女乃令其妾待禹于涂山之阳，女乃作歌，歌曰'候人兮猗'，实始作为南音。""有娀氏有二佚女，为之九成之台，饮食必以鼓。帝令燕往视之，鸣若谥隘。二女爱而争搏之，覆以玉筐，少选，发而视之，燕遗二卵，北飞，遂不返，二女作歌一终，曰：'燕燕往飞'，实始作为北音。"① 人类最初的歌唱首先是自娱式的歌唱，人类最初的歌诗艺术消费也首先是自娱式的消费，这是不争的事实。

分工的出现和专职艺术家产生之后，自娱式仍然是歌诗生产与消费的一种重要方式。之所以如此，是因为最初的分工还远远不能满足广大群众的歌诗消费需求，同时，要享受专业艺术家的歌诗艺术，广大群众也远没有那么充足的经济和政治条件。从另一方面讲，自娱式的歌诗艺术生产与消费也有比专业的艺术生产更为灵活的机制，它可以随时随地生产，满足每一个人的自娱消费需要，充分地发挥每一个人的艺术天性，并且为专业化的歌诗艺术生产提供了坚实的群众艺术基础。

自娱式歌诗生产与消费在中国古代的社会生活中起着重要的作用。只要是有人的地方，就可以听到歌声，就有自娱式的歌诗艺术生产与消费存在。中国古代历史上一些著名的人物都善于吟诗歌唱，历史上留下了许多记载。郑庄公与他的母亲"黄泉"相见，吟的是"大隧之中，其乐也融融""大隧之外，其乐也洩洩"（《左传·隐公元年》）；百里奚的妻子见到丈夫的时候，一面弹琴，一面唱道"百里奚，五羊皮，忆别时，烹伏雌，炊扊扅，今日富

① 陈奇猷：《吕氏春秋校释》，学林出版社 1984 年版，第 334—335 页。

贵忘我为"[1]；荆轲在易水送别，唱的是"风萧萧兮易水寒，壮士一去兮不复还"[2]；项羽兵败时有《垓下歌》[3]，刘邦回乡时有《大风歌》[4]。此外，我们知道庄子在妻子死时有鼓盆而歌之事（《庄子·至乐》），楚狂接舆在孔子面前也唱过"凤兮"之歌（《论语·微子》）。由上述记载可见，自娱式的歌诗不仅满足了个人的娱乐消费需要，同时也可以表达每个人不同的思想情感以及喜怒哀乐等各种情绪。当然，对于普通百姓来说，娱乐在其中占有更为重要的地位。随着封建社会经济的发展和大众对于娱乐需求的提高，在战国时代的一些大都市里已经非常流行自娱式的歌舞娱乐活动。如齐国都城"临淄甚富而实，其民无不吹竽、鼓瑟、击筑、弹琴"[5]。而且越是通俗性的大众歌诗，越会得到更多人的喜欢。如宋玉对楚王所言："客有歌于郢中者，其始曰《下里》《巴人》，国中属而和者数千人；其为《阳阿》《薤露》，国中属而和者数百人；其为《阳春》《白雪》，国中属而和者，不过数十人；引商刻羽，杂以流徵，国中属而和者，不过数人而已。是其曲弥高，其和弥寡。"[6]

自娱式歌诗生产与消费具有明显的群众性和普遍性。所谓群众性和普遍性，不仅仅指参与自娱式的歌诗生产与消费的人数之多、范围之广，而且指这种自娱性歌诗产品与消费品所表现出来的群体性特征。几乎所有产生于群众中的自娱式歌诗，我们都没有办法找到它的原初作者。它也许最初出自某一个人之口，但是它之所以能够流传，却因为它满足了千百万群众的自娱的需要。特别是那些经典性的产品，它通常不是一个人的产品，而是千百万群众的共同产品。在流传的过程中，它会得到不断的加工、修改、润色，甚至不只是一代人，而是数代人的加工、修改和润色。其典型形态，就是《诗经》

---

① 原出东汉应劭《风俗通》，该书已佚，此见郭茂倩《乐府诗集》卷六〇，中华书局 1979 年版，第 880 页。

② 《战国策·燕策三》，上海古籍出版社 1985 年版，第 1137 页。

③ 《史记·项羽本纪》，中华书局 1997 年版标点缩印本，第 333 页（页码为原标点本页码，以下所引二十四史版本同此）。

④ 《史记·高祖本纪》，中华书局 1997 年版，第 389 页。

⑤ 《战国策·齐策一》，上海古籍出版社 1985 年版，第 337 页。

⑥ 宋玉：《对楚王问》，李善注《文选》卷四五，中华书局 1977 年版，第 628 页。

十五《国风》中的大部分作品。像《豳风·七月》那样的诗篇，它最初可能是流行于豳地的农歌，它生动地表现了当时农人一年的劳动过程、风俗习惯、吃穿住行等各种活动，是最为直接地来自民众中的自娱式歌诗，语言的质朴和生活的真实，是这些歌诗的突出特点。

由于没有分工、没有专业化的艺术培养，一般来讲，早期的自娱式歌诗的艺术生产和消费水平都是不高的。这其中，只有那些长久地传播人口的部分作品，或者是经过民间艺术家不断演唱和磨炼的作品，才会达到较高的艺术境界。① 然后经过专业艺术家的整理，上升成为经典，如《诗经》中的十五《国风》。以后，受分工的出现、阶级的出现以及受教育机会的不平等等因素的影响，自娱式歌诗的队伍开始出现分化，那些传播于社会底层的自娱式歌诗，在艺术生产上受到了更大的限制，广大群众的艺术天才被逐渐泯灭。②而那些受过教育的贵族、文人以及达官显宦，成为自娱式歌诗的主要生产与消费者。并且，是他们使中国古代的自娱式歌诗生产与消费朝着两个方面分化——一个方向是继续坚持俗文学的传统，诗乐合一，以满足大众的艺术消费为主要目的；另一个方向是朝着雅文学的方面发展，并逐渐开始与乐相分离，使其中的一大部分变成了文人士大夫们抒情言志的徒诗，走上了一条独立发展之路。③

① 关于自娱式歌诗的生产机制，是一个非常复杂的问题。另外，如何认识民间歌手以及其艺术技巧的问题，也比较复杂，对此本人将另作探讨，这里不详述。

② 从中国古代的历史上讲，这是一般的情况。但是，一个民族的歌诗生产，有时候也与这个民族的文化风俗习惯有相当大的关系，如有些少数民族，能歌善舞，一直到今天，群众性的自娱式的歌诗生产仍然非常活跃。中华民族古代社会的历史是否也是这样，我们没有充分的材料证明。这其中一个重要的原因，也可能是这些可贵的歌诗没有得到很好的保存与记录。因为在整个封建社会，掌握文化的上层阶级，对于这些出于下层民众中的歌诗生产是不重视的。明代冯梦龙编写了《山歌》《桂枝儿》，是极为难得的例外。不过总的来说，在以汉民族为主体的中国古代各历史阶段，由于科学文化水平和文明的程度已经达到了相当的高度，下层社会的自娱式歌诗生产的艺术水平是远不及专业艺术家的艺术生产的，同时也远不及那些受过教育的贵族、文人以及达官显宦们的歌诗生产水平的。

③ 自娱式歌诗的这种分化，是一个十分复杂的问题，我们不可能在这里展开全面的讨论。一般来讲，这种分离形成了中国文学中的雅俗两种不同的传统。所谓雅传统，也就是我们通常所说的文人文学传统，从《诗经》以后形成的以儒家诗教为主的正统文学；所谓俗传统，也就是继续坚持面向广大社会艺术消费需求的歌诗传统，即我们在这里的主要研究对象。

寄食式的歌诗生产与特权式消费

在中国古代歌诗生产的三种方式中，寄食式是特别值得重视的。所谓寄食式，也可以称为寄食制，据我们所知，是由法国学者埃斯卡皮提出来的。他说：

> 寄食制，就是由某一个人或某一个机构来养活一个作家，他们保荐他，反过来又要求他满足他们的文化需要。这种门客—君主的关系和顾客—老板的关系不能说没有共同之处。作为封建组织形式的寄食制，与建立在实体基础上的社会结构相适应。没有一个共同的文化阶层（中等阶级缺乏教养，或者根本不存在中等阶级），缺乏有效的传播手段，财富集中在几个豪门之手，一小撮杰出人物具有极高的文学造诣，等等，所有这一切必然形成几个封闭式的体系。在这种体系里，作家被认为是提供奢侈品的工匠；于是，他也根据物物交换的原则，用自己的产品换取他人对自己的供养。
>
> 那位罗马帝国的大富豪、奥古斯都大帝的密友、贺拉斯的保护人、名震四海的梅赛纳，他的门庭无疑是最适宜于产生寄食制的社会结构。寄食制（mécénat）这个词的词源，就来自这位古罗马人的名字。而这种制度在王侯的宫廷、皇家的宫廷、甚至教廷中广为发展。后来，财产出现了平均化，越来越多的阶层有了精神生活，有效的传播手段如印刷术也问世了，这种制度的发展势头才受到挫折。[①]

埃斯卡皮在这里所说的寄食制（式）是古罗马时的情况，其实也大体适用于中国古代。在中国古代歌诗艺术发展的过程中，寄食式的主体主要是指那些寄食于宫廷、皇室或达官显宦、富商大贾之家的歌舞艺人。同时，由于这种寄食式的生产方式主要是为封建社会各种特权阶层服务的，所以，我在

---

① ［法］罗贝尔·埃斯卡皮：《文学社会学》，于沛译，浙江人民出版社1987年版，第32—33页。

这里把与之相对应的消费方式称为特权式。

我们知道，在中国古代社会，当社会生产得到初步发展，分工开始出现，有了专业的歌舞艺人的时候，这最初的歌舞艺人只能由国家来供养，他们的最初职能也只是为了国家的宗教祭祀、宴会朝见等的实用与娱乐。以后随着经济的发展和统治者享乐意识的增强，才逐渐有了由统治者豢养的家庭艺人，但他们也大都供职于皇亲国戚和达官显宦的家中。而且，受奴隶制和早期封建领主等级制的限制，一般的中等阶层以下的家庭是不允许有专业歌舞艺人的。这一点，我们可以在先秦的历史文献材料中得到印证。

由国家供养的歌舞艺人，最初由乐官来管理。中国古代的乐官建制很早，传说中的夔就是帝舜的乐官。这种乐官制度到了周代得到了极大的发展。按《周礼·春官宗伯》所记，其总人数为1463，尚不包括旄人中的“舞者众寡无数”。[①] 除了周王朝之外，各诸侯国也都有自己的音乐机关，公卿士大夫的家中也有歌舞艺人（《国语·晋语七》）。春秋前期，秦穆公曾经把十六名女乐送给戎王。到了春秋中期，晋侯竟然把女乐八人赐给了魏国的大夫魏绛（《左传·襄公十一年》）。而到了春秋后期，鲁国的大夫季氏竟然公开在自己的家里演出天子的八佾之乐，以至于孔子见了之后气愤地说出“是可忍，孰不可忍也”（《论语·八佾》）的话。战国时期，统治者所供养的歌舞艺人越来越多。据《韩非子·内储说上》，齐宣王因为喜欢听吹竽，每次一定要三百人一齐来吹。这虽然是寓言之说，但并非没有根据。《楚辞·招魂》中所描写的楚宫廷歌舞的人数之多和场面之大，就是最好的说明。

我们说寄食式是中国古代的歌诗生产的主要方式之一，是因为作为艺术的生产，尤其是分工出现之后的艺术生产，一定要有强大的物质财富作为支持。如上文所言，在周代有一个1463人的音乐机关，可以想象，要养活这些

---

① 关于《周礼》一书的成书问题，争论颇多，最早的说法是周公所作，有人认为它是刘歆伪作。本人同意刘起釪的观点：“《周礼》一书，最初作为官职之汇编，至迟必成于春秋前期。它录集自西周后期以来逐渐完整的姬周系统之六官官制资料，再加以条理系统以成书。”详见刘起釪《〈周礼〉真伪之争及其书写成的真实依据》，载《古史续辨》，中国社会科学出版社1991年版，第619—653页。《周礼》中所记周人官制，可能有理想化色彩，未必那样完善，但大体应该可信。

人，国家需要多大的支出。这1463人当中，有中大夫2人，下大夫6人，上士12人，中士24人，下士68人，府34人，史40人，胥51人，舞者16人，上瞽40人，中瞽100人，下瞽160人，眡瞭300人，徒610人。按《礼记·王制》："王者之制禄爵：公侯伯子男，凡五等。诸侯之上大夫卿、下大夫、上士、中士、下士凡五等。""制，农田百亩。百亩之分，上农夫食九人，其次食八人，其次食七人，其次食六人，下农夫食五人。庶人在官者，其禄以是为差也。诸侯之下士视上农夫，禄足以代其耕也。中士倍下士，上士倍中士，下大夫倍上士。"郑玄注："庶人在官，谓府史之属，官长所除，不命于天子国君者。"又按《周礼·天官冢宰》："治官之属……府六人，史十有二人"，郑玄注："府，治藏；史，掌书者。凡府史皆其官长所自辟除。""胥十有二人，徒百有二十人。"郑注："此民给徭役者，若今卫士也。"贾公彦疏："案《礼记·王制》云：'下士视上农夫食九人，禄足以代耕'，则府食八人，史食七人，胥食六人，徒食五人，禄其官并亚士，故号'庶人在官者也'。郑云'若今卫士'者，卫士亦给徭役，故举汉法况之。"由此我们可以知道，在周代的音乐机关里，大体可以分为两种人员，一种是有爵禄的中下层贵族，从中大夫到下士均是，他们可以直接享受国家规定的俸禄。一种是由音乐机关直接征用的歌舞艺术人才和相关的服务人员，他们可以统称"庶人在官者"，也就是庶人被征用而为官府服务的人员，也要享受国家所给的一定的俸禄。如果我们相信贾公彦的推论，那么，即便是在周王朝音乐机关中服务的"徒"这一类人员，每个人也要享受下农夫的收入待遇。这对于他们来讲，其待遇虽然已经很少，但是国家要支持如此庞大的音乐机构的正常运转，每年的开支还是巨大的。

寄食式在中国封建社会有着极为强大的传统，这是由中国的封建社会性质决定的。由于在漫长的中国封建社会里，商品经济一直不发达，艺术享乐的权利一直掌握在以皇帝为首的统治者手里，所以寄食式也就在这一传统里一直延续下去。战国时期的楚国的歌舞娱乐之盛，在屈原和宋玉的作品中有生动的记载。汉哀帝时，仅乐府中的各种艺术人才就有829人之多。魏明帝曹叡，好声色之欲，青龙三年（235）大治洛阳宫，“自贵人以下至尚保，及给掖庭洒扫，习伎歌者，各有千数”[①]。《南齐书》卷二八《崔祖思传》称，宋（后）废帝元徽年间（473—476），不算“后堂杂伎”，太乐雅、郑乐工，还多达一千余人。[②]《北齐书》卷八《后主纪》也说后主：“盛为无愁之曲，帝自弹胡琵琶而唱之，侍和之者以百数，人间谓之无愁天子。……诸宫奴婢、阉人、商人、胡户、杂户、歌舞人、见鬼人滥得富贵者将万数。”[③] 隋炀帝时，“异技淫声咸萃乐府，置皆博士弟子，递相教传，增益乐人至三万余”[④]。在唐代，为了适应饮宴之乐的需要，大规模的专业歌舞演唱团体应运而生。当时的音乐机构，除了原有的太常寺掌管的太常乐以外，又出现了教坊与梨园，甚至连府县都设有教坊。[⑤] 玄宗时期，是唐代教坊规模最大的时期，曾经容纳11409人。由上述这些记载可知，中国古代寄食式的艺术生产方式是多么发达。在寄食式的艺术生产方式下，培养了一大批著名的歌舞艺术人才，他们为中国古代歌诗艺术生产的发展做出了重要贡献。

应该看到，中国古代的寄食式往往以一种变形的方式出现，那就是卖身，即把自己卖给达官显宦，成为他们的奴隶。早自先秦两汉，这种现象就一直存在。曹魏以后，畜养家妓成了盛行于士人中的风习。南朝宋杜骥之子幼文“家累千金，女伎数十人，丝竹昼夜不绝”[⑥]。北朝夏侯道迁“大起园池，植列蔬果，延致秀彦，时往游适，妓妾十余，常自娱乐”[⑦]。而那时的歌舞艺术人才的社会地位也是非常低下的。在北魏时，乐户就是奴隶。隋大业初，裴蕴“奏括天下周、齐、梁、陈乐家子弟，皆为乐户”[⑧]。这里所谓的前代诸朝的“乐家子弟”，即由罪犯妻子组成的官家乐人，由此可见他们地位的低下。

① 裴松之：《三国志·明帝纪》引《魏书》，中华书局1959年版，第105页。

② 《南齐书·崔祖思传》，中华书局1972年版，第519页。

③ 《北齐书·后主纪》，中华书局1974年版，第112页。

④ 《隋书·裴蕴传》，中华书局1973年版，第1574—1575页。

⑤ 《明皇杂录》：“每赐宴设酺会……府县教坊，大陈山车旱船，寻撞走索，丸剑角抵，戏马斗鸡。”《明皇杂录》卷下，中华书局1994年版，第26页。

⑥ 《宋书·杜骥传》，中华书局1974年版，第1722页。

⑦ 《北史·夏侯道迁传》，中华书局1974年版，第1655页。

⑧ 《隋书·裴蕴传》，中华书局1973年版，第1574—1575页。

其实到了后代，一旦入了专门的乐籍，要变成平民的身份也是相当难的。

在中国古代寄食式的歌诗生产中，还有一种很独特的现象，即文人士大夫的准寄食式。所谓准寄食式，是说这些文人士大夫并不是专职的歌诗生产者，但是在一些特殊的场合，为了国家和帝王的某种需要，他们也会临时加入到这种歌诗艺术生产中来。举例来讲，如汉武帝为了制定新的郊祀乐章，就曾经“多举司马相如等数十人造为诗赋，略论律吕，以合八音之调，作十九章之歌”①。还有些文人是为了应和帝王的雅好而作诗，如《唐诗纪事》卷三“上官昭容”条所记：“中宗正月晦日幸昆明池赋诗，群臣应制百余篇。帐殿前结彩楼，命昭容选一首为新翻御制曲。从臣悉集其下，须臾纸落如飞，各认其名而怀之。既进，唯沈、宋二诗不下。又移时，一纸飞坠，竞取而观，乃沈诗也。”这些文人虽不是专职的歌舞艺人，但是他们享受的是国家的俸禄，在某种特殊的场合，制作歌诗就是他们的职责，所以我们称这种现象为准寄食式。而且，在整个中国封建社会里，这种现象是比较普遍的，它对中国古代歌诗艺术生产的发展也有相当大的影响，这是值得我们注意的现象。

另一种准寄食式是一些出入于达官显宦之家的著名才子艺人。他们既不同于出身下层而身在隶籍的歌舞艺人，也不同于那些具有准寄食式性质的文人。这些人有一技之长，又有一定的社会地位，但是却没有一官半职，全靠出入于上流社会之家表演才艺而谋生，如《唐才子传》云：“（康）洽，酒泉人，黄须美丈夫也。盛时携琴剑来长安，谒当道，气度豪爽。工乐府诗篇，宫女梨园，皆写于声律。玄宗亦知名，尝叹美之。所出入皆王侯贵主之宅；从游与宴，虽骏马苍头，如其已有；观服玩之光，令人归欲烧物，怜才乃能如是也。”②

寄食式与准寄食式是封建社会艺术生产的主要方式。它有许多值得我们研究的地方。认识这种生产方式，是我们研究中国古代歌诗艺术的重要环节。

① 《汉书·礼乐志》，中华书局1983年版，1045页。

② 舒宝璋校注：《唐才子传》第4卷，中州古籍出版社1987年版，第175页。

卖艺式的歌诗生产与平民式消费

在中国古代歌诗艺术生产方式中，第三种是卖艺式。所谓卖艺，也就是通过表演艺术来挣取一定的酬劳，并以此为谋生的手段。当然，如果仅仅从谋生的角度讲，寄食式也有一定的卖艺性质。所不同的是，在寄食式制度下，歌舞艺人被国家宫廷以及贵族富豪长期供养，有相对固定的服务对象以及相对稳定的经济收入。其中一部分人甚至成为国家官员，一些下层艺人也可以成为“庶人在官者”。而卖艺式则没有这种固定的关系，他们自发地生长于民间，有的以个人的形式，有的以家庭为单位，还有的组成一个演出的班子，出入于城市、农村，靠卖艺为生，或者也会被宫廷贵族或富商大贾们请去做临时性演出。他们有相当强的流动性，也有相当灵活的组织方式。从消费者的角度考虑，我们最能看出二者的不同，寄食式歌诗生产的主要消费对象是封建社会的各种特权阶层，而卖艺式歌诗生产的主要消费对象则是下层平民。因此，我们把与卖艺式相对应的这种消费方式称为平民式消费。

考察历史，以卖艺为生作为一种社会现象，在先秦就已经出现。《史记·范雎蔡泽列传》曾记载：“伍子胥橐载而出昭关，夜行昼伏，至于陵水，无以糊其口，膝行蒲伏，稽首肉袒，鼓腹吹篪，乞食于吴市。”① 又据《列子·汤问》：“昔韩娥东之齐，匮粮，过雍门，鬻歌假食。既去而余音绕梁欐，三日不绝，左右以其人弗去。过逆旅，逆旅人辱之。韩娥因曼声哀哭，一里老幼悲愁，垂涕相对，三日不食。遽而追之。娥还，复为曼声长歌。一里老幼喜跃抃舞，弗能自禁，忘向之悲也。乃厚赂发之。”② 伍子胥、韩娥并不是以卖艺为生的歌舞艺人，他们只不过是在生存危机的情况下将自己的艺术技能临时充当谋生的手段。但是由此两例我们可以推知，早在先秦，应该存在着以卖艺为生的街头艺人，也可能存在着以卖艺为生的民间歌舞团体。这种民间

---

① 《史记·范雎蔡泽列传》，中华书局1982年版，第2407页。

② 杨伯峻：《列子集释》，中华书局1979年版，第177—178页。

歌舞团体，在当时被称为“散乐”。《周礼·春官·旄人》：“旄人掌教舞散乐。”郑玄注：“散乐，野人为乐善者，若今黄门倡矣。”贾公彦疏：“以其不在官之员内，谓之为‘散’，故以为野人为乐之善者也。……汉倡优之人，亦非官乐之内，故举以为说也。”《乐府诗集》卷五六：“《唐书·乐志》曰：‘散乐者，非部伍之声，俳优歌舞杂奏。’秦汉以来，又有杂伎，其变非一，名为百戏，亦总谓之散乐。自是历代相承有之。”① 由此而言，散乐是个比较宽泛的名称，它有与宫廷的雅乐相对而言的意义，又因为从事散乐的人不隶属于官府，所以被郑玄称为“野人为乐之善者”。这些野人为乐之善者，也可以被宫廷贵族等豢养，为其宴私享乐之用，但同时这些人的身份也很复杂，他们所从事的技艺也多种多样，故在唐以前又统称为百戏，他们当中很多人的身份都比较自由，以在城市街头卖艺为生。正因为这些人以在街头卖艺为生，游走于路上，所以宋以后又称这些人为“路歧乐人”。宋赵彦卫《云麓漫钞》卷一二：“今人呼路岐乐人为散乐。”② 宋无名氏《宦门子弟错立身》戏文第一出：“因迷散乐王金榜，致使爹爹赶离门。”又第四出：“老身幼习伶伦，生居散乐。”③ 由宋以后明确认定散乐就是民间的歌舞团体的情况推知，唐以前所说的散乐情况也当如此。这些民间团体，或者以表演歌舞为生，或者以表演百戏为业。这种散乐百戏在先秦虽已出现，但是因为那时的城市经济不发达，散乐的服务对象仍然主要是宫廷贵族之家，只不过他们不隶属于官府而已。可是到了汉代，这种情况就有了很大改变。《汉书·周勃传》中说，周勃先时“常以吹箫给丧事”。颜师古注：“吹箫以乐丧宾，若乐人也。”④ 显然，像周勃这样的乐人，就应该属于当时专为丧事而服务的民间音乐团体。又《三国志·魏书·后妃传·文昭甄皇后》裴松之注，说甄皇后八岁时，“外有立骑马戏者，家人诸子皆上阁观之，后独不行。”⑤ 这也是汉末

---

① 郭茂倩：《乐府诗集》卷五六，中华书局1979年版，第819页。
② 赵彦卫：《云麓漫钞》卷一二，傅根清点校，中华书局1996年版，第222页。
③ 王季思主编：《全元戏曲》第九卷，人民文学出版社1999年版，第182、186页。
④ 《汉书·周勃传》，中华书局1983年版，第2050页。
⑤ 《三国志·魏书·后妃传·文昭甄皇后》，中华书局1959年版，第159页。

已有卖艺团体存在的明证。据杨衒之《洛阳伽蓝记》所记，在北魏都城洛阳：“出西阳门外四里，御道南有洛阳大市，周回八里。……市南有调音、乐律二里。里内之人，丝竹讴歌，天下妙伎出焉。有田僧超者，善吹笳，能为《壮士歌》《项羽吟》，征西将军崔延伯甚爱之。”① 由这一记载可知，至晚在北魏时期，卖艺式的艺术生产方式已经在城市市民生活中占有一定的地位，这是值得注意的大事。

这种商业性的卖艺式生产方式到了唐代更为普遍。有时著名文人的诗歌可以被乐工以一定的价格买去，这可以说是一种带有准商业性质的行为。《新唐书·李益传》：“李益，故宰相揆族子，于诗尤所长。贞元末，名与宗人贺相埒。每一篇成，乐工争以赂求取之，被声歌，供奉天子。”② 北宋的柳永半生在脂粉堆里讨生活，将词作出售给青楼歌妓，更带有现代社会把文学创作“商业化”的“先驱”意味，而柳永也当之无愧地可以称为“职业作家”。宋罗烨《醉翁谈录》载：“耆卿游京华，暇日遍游妓馆。所至，妓者爱其有词名，能移宫换羽，一经品题，声价十倍，妓者多以金物资给之。”柳永在《西江月》词中也自夸道：“腹内胎生异锦，笔端舌喷长江。纵教疋绡字难偿，不屑与人称量。我不求人富贵，人须求我文章。风流才子占词场，真是白衣卿相。”③ 用今天的话来说，由于柳永有特殊的艺术才华，演唱他的作品可以给歌舞艺人带来更大的利益，他的作品就成了“卖方市场”，定然价格不菲。到了元代，由于特殊历史条件的配合，就有完全的“职业作家”——书会才人大量涌现了。

这种卖艺式的歌诗生产方式的主要表现形态是自唐代以来具有职业化、商业化的各艺术表演团体的出现。这里面有的隶属于某家，是从事商业活动的私家文艺团体，如“某家歌”“某家琵琶”“某家柘枝”等。张祜诗集中就有《听崔莒侍御叶家歌》《听刘瑞公田家歌》《题宋州田大夫家乐丘家筝》《耿家歌》《王家琵琶》《董家笛》《王家五弦》等诗。还有一批充斥于秦楼楚

① 范祥雍：《洛阳伽蓝记校注》，上海古籍出版社 1978 年版，第 202—205 页。
② 《新唐书·李益传》，中华书局 1975 年版，第 5784 页。
③ 薛瑞生：《乐章集校注》，中华书局 1994 年版，第 261 页。

馆的市井妓，据孙棨作于僖宗中和四年（884）的《北里志》可知，唐代长安城中的市井妓院具有相当的规模，既有歌妓，又有乐工，也有品流等级，形成了一套管理制度，除了由年长色衰的“假母”总管外，又设有“都知”等职务，由“曲妓之头角者”，即歌舞伎艺、文学修养、口才俱佳的妓女充当，有“分管诸妓，俾追逐匀齐”之权力。

这些歌舞团体在唐代大都以出入于达官显贵之家演出为主要方式。到了宋代以后，由于城市平民阶层也有了比较强的艺术消费需求，则出现了更具“商业”性质的娱乐场所——“瓦舍”。[①] 所谓“瓦舍”，就是城市中提供曲艺杂技演出的专门场所，其初起时简陋且多具临时性质，因而名之以“瓦”。“瓦舍”中提供的文艺演出，内容丰富繁杂，包含了多种门类。《都城纪胜》将其划分为散乐、杂剧、诸宫调、小唱、嘌唱、叫声、唱赚、杂扮、角抵、踢弄、杂手艺、影戏、说话、商迷等十余种，而每一大类之下又可加以细分。[②] 如此大的规模、数量以及如此细致的分工，可见当时卖艺式的艺术生产和平民式消费的繁盛程度。

应该看到，在整个中国的封建社会里，卖艺式和平民式还不是歌诗艺术生产与消费的主要方式，即便是到了宋元以后，也仍是如此，但是它的出现却有重要意义。我们知道，人类社会自从出现阶级和分工以来，对艺术的欣赏就渐渐地变成了少数人享有的特权，特别是对那些专业艺术家所创作的高水平的艺术享受更是如此。专业艺人成了专为上层统治者提供艺术生产服务的寄食奴隶，而广大的中下层群众却没有资格也没有条件来欣赏这样的艺术，实现这样的文化消费。但是，随着社会经济发展，随着一部分中下层市民群众经济条件的改善和政治地位的相对提高，他们也逐渐有了追求这种艺术消费的迫切需要并使这种需要成为可能。卖艺式与寄食式的艺术生产方式最大的不同之处，就在于它的生产服务对象不再是以达官显宦为主而是以平民为

---

① 耐得翁：《都城纪胜》，载《东京梦华录、梦粱录、都城纪胜、西湖老人繁胜录、武林旧事》合刊本，中国商业出版社 1982 年版，第 8 页。

② 同上书，第 12 页。

主，这在一定程度上标志着广大人民群众的艺术消费权利的重新获得，也是历史的巨大进步。同时，它也进一步说明，只有当广大人民群众重新获得了艺术消费的权利之后，艺术的发展才会有更加广阔的前景，才会显出艺术的旺盛生命力。封建社会里的这种艺术生产与消费方式虽然仅仅是个开始，但是它所代表的艺术发展方向却不可改变。

三种歌诗艺术生产与消费方式的历史发展及辩证关系

以上我们对中国古代歌诗艺术的三种生产与消费的方式作了初步的区分，并指出了它们的各自特征以及发展过程。这三种艺术生产与消费的方式基本上概括了中国古代歌诗艺术生产与消费的实际情况。不过我们应该看到，在漫长的中国古代社会里，这三种艺术生产与消费方式产生的条件是不同的，在不同场合与不同阶段所起的作用也是不同的，自然它们在整个封建社会艺术发展史上的地位也是不同的。大体来讲，自娱式的歌诗艺术生产与消费方式产生最早，也最为原始，同时也是最为基本的歌诗艺术生产与消费方式。艺术本来就是为了满足人类自身的精神生活需要才产生的，所以从广义上讲，人类从古至今所有的艺术生产消费方式都是自娱式的。而且，随着人类物质生活水平的提高和精神文明水平的提高，自娱式的艺术生产与消费水平自然也会越来越高。举例来讲，如果说远古时代大众自娱式的歌诗艺术生产与消费的最高水平不过是“三人操牛尾，投足以歌八阕”，封建社会大众自娱式的歌诗艺术生产与消费的最高水平不过是哼唱着千百年来流传不已的民间小调和已经传播于民间的高雅歌诗，那么在今天，随着大众文化水平的普遍提高以及各种娱乐设施的普及，卡拉 OK 式的演唱可以让更多的普通大众在自娱式的歌诗生产与消费中去模仿和体验专业艺术家的舞台表演艺术。同时，也正是这种自娱式的歌诗艺术生产与消费，不断地培育出一个广大的艺术生产与消费的市场，并且推动着另外两种歌诗艺术生产与消费方式的不断完善和发展。寄食式的歌诗艺术生产与特权式的消费方式主要存在于漫长的中国封建社会之中并一直起着主导作用，但是仔细分析，它也有着时代的发展与巨大的变化。大体来讲，越是在封建社会的早期，这种寄食式的歌诗艺术生产与特权式消费方式表现得越明显。在殷周时代，能够养得起这种专业歌舞艺术人才并享有这种特权式消费的只能是上层奴隶主阶级和封建领主阶级；到了战国秦汉以后，一些大官僚地主和富商大贾们也逐渐地有了这样的经济条件和相应的消费特权。而这也就构成了中国漫长的封建社会里歌诗艺术生产关系的主导形态。从生产者来讲，主要是由宫廷和达官显宦以及富商大贾所豢养的专业歌舞艺术人才；从消费者来讲，则主要是这个社会的上层阶级和有钱人；从地点来讲，则主要集中在那些中心城市；从时间来讲，则以汉唐时代为这种歌诗艺术生产方式的最繁荣时期。它把古典的歌诗艺术发展推向了极致，使那个时代的歌诗艺术生产成为后世津津乐道的历史回味。到了宋元以后，这种寄食式的生产方式和特权式消费虽仍然在社会的上层阶级中起主导作用，但是由于封建社会关系的转化，一个更大数量的平民阶层正在崛起，适应这一新的社会阶层的卖艺式的生产方式和平民式消费则逐渐壮大。这不仅预示着艺术生产和消费的主体发生了变化，而且也预示着艺术产品的内容、形式以及风格等各个方面都有了质的不同。宋元以后，作为社会各阶层文艺消费的主要形式由歌诗逐渐转向戏剧和小说，而歌诗则仅仅保留在宗庙祭祀、朝会典礼等场合，用于上层社会歌舞娱乐消费的场合已经逐渐少于戏剧。

以上三种艺术生产与消费的方式虽然各有其特点并在各个不同时期占有不同的地位，但三者之间并不是截然分开的，而是互相包容、互相影响的。从现存最早的诗歌总集《诗经》开始，就已经显示出它们之间互相影响的趋势。《诗经》中的十五《国风》本是各地的风俗乐歌，其中相当大的一部分本是来自社会各阶层自娱式的歌唱，最初本属于自娱式的生产与消费，但是经过朝廷专业艺人的加工与整理，应用于贵族社会的祭礼典礼等各种场合，在一定程度上又成了寄食式的生产方式下的产物，成了满足贵族特权消费的艺术。从另一方面说，那些原本是民间艺术家生产和民间消费的艺术，如果达到了一定的水平，也会被上层贵族所喜爱。周代社会贵族在一定的场合所表演的“散乐”，按《周礼》郑玄注所说本是“散乐，野人为乐之善者”，可是也会出现在贵族的日常娱乐当中，成为供特权阶层消费的艺术。周代社会是这样，汉代以后以至明清都是这样。以汉魏时代的相和歌为例。据《晋书·乐志》所言：“凡乐章古辞存者，并汉世街陌讴谣，《江南可采莲》《乌生十五子》《白头吟》之属。”《宋书·乐志》也说：“相和，汉旧曲也，丝竹更相和，执节者歌。本为一部，魏明帝分为二，更递夜宿。本十七曲，朱生、宋识、列和等复合之为十三曲。”由上述记载可知，汉魏相和歌最初本起源于下层中自娱式的生产与消费方式之中，以后则成为从事卖艺式的歌诗生产与平民式消费方式中的艺术形式，再以后则成为寄食式下的艺术生产和特权式消费的主要艺术形式。这种演变的过程也就是相和歌艺术发展成熟的过程。再一个典型的例子是清代徽班的进京与京剧的形成。在清代各地曾有许多地方戏种，也有很多戏剧团体，这些戏剧团体大抵都属于以卖艺为生的艺术生产组织，是为了满足广大平民阶层艺术消费需求的。这其中又以徽班最有特色，因而被召至宫廷为祝寿而演出，成为宫廷特权式消费艺术的部分。反过来讲，本来专属于寄食式的生产方式和特权式消费的艺术，也会随着社会的不断传播而下移于民间，再对民间社会的歌诗艺术产生新的影响。《论语·微子篇》记载，春秋时代礼崩乐坏之后，周代的乐官们就流失到了民间：“大师挚适齐，亚饭干适楚，三饭缭适蔡，四饭缺适秦，鼓方叔入于河，播鼗武入于汉，少师阳、击磬襄入于海。”这些原本属于寄食式下生活的艺术家流落到民间，自然也把宫廷特权式消费的艺术传播到民间，对于民间自娱式的生产与消费也是一个相当大的促进。同样的例子发生在中晚唐，安史之乱对教坊力量的瓦解和中晚唐时期裁减教坊人员，都使相当多的教坊乐工歌妓流落到民间，成为卖艺式下的歌诗生产者，以满足平民式的艺术消费，自然也会为这种生产与消费方式注入勃勃生机，也使这些艺术人才成为宫廷音乐文化的传播者和推广者，从而推动国家音乐中心从宫廷转移到民间。

仔细分析以上三种艺术生产与消费方式，还可以发现其中的一个重要特点。由于歌诗重点是歌与诗的结合，也就是诗与乐的结合，所以这种艺术生产和消费主要体现在两个方面，一是诗的生产与消费，二是乐的生产与消费。相比较而言，诗的生产与消费以自娱式为主，而乐的生产与消费则以寄食式为主。在中国古代，由于社会的分工和受教育机会的不同，诗的生产与消费又可以分为下层民众的自娱式的歌谣传唱和文人士大夫们的自我情感表达与个体的精神追求上的满足。在这两者当中，又以文人士大夫们的歌诗生产与消费占主导地位。他们虽然大都不是专职的歌诗生产者，可是他们有良好的教育，有对诗与乐的特殊的钟爱，诗的生产一直是他们最主要的情感表达方式和精神消费方式，他们的歌诗生产与消费是中国古代歌诗生产与消费的主要方面，而民间的自娱式的歌谣传唱从艺术水平上讲则与之有较大的差距，往往以质朴与生动见长，成为文人歌诗生产与消费的丰富资源，也成为寄食式下的专业艺术家搜集和改造的对象。相比较而言，乐的生产，尤其是在诗的配乐演唱方面，歌舞表演以及戏剧的形成方面，前期以寄食式下的歌舞艺人为主要的生产者。他们从小受到良好的专业教育，长大后以歌舞戏剧表演为自己的终身职业，他们为文人的歌诗配乐配舞，搜集改编来自社会下层群众中的优秀歌诗，承担着为国家的宗教、祭祀、礼仪交往中表演歌诗的任务。与之相对应，乐的消费群体在前期也以封建统治者们的特权式消费为主。正是在这种生产与消费的互动中，不断提高着中国古代歌诗的艺术水平并影响着整个社会的歌诗艺术向着更高水平的方向发展。而卖艺式的艺术生产与平民式的艺术消费，作为一种在商品经济社会下才会完善起来的方式，在中国古代的前期始终处于比较幼稚的状态，没有得到充分的发展。宋元以后，这种歌诗生产与消费的艺术方式才有了较大的发展，在宋词的传唱、元曲的生产以及明清以后的说唱艺术中占有更为重要的地位。而正是他们的兴起，标志着中国封建后期艺术生产门类的变化——传统的供大众消费的歌诗表演的主导地位逐渐被戏曲、小说以及各种民间曲艺形式所取代，诗主要成为文人案头的东西，与歌已经游离得越来越远。

（原载《江海学刊》2005 年第 3 期）

政治文化语境与20世纪30年代特殊文学文体的盛行

朱晓进

20世纪30年代特殊的政治文化语境曾导致了那个年代独特的文学风尚的形成，这不仅体现在30年代文学整体上所形成的独特的审美取向和独特的创作倾向上，而且还具体地体现在许多特殊的文学叙事方式、文学表达形式以及文学体裁、文学文体的盛行方面。

一

在20世纪30年代文学创作中，对固有的文学体裁和文体形式的突破以及对固有的文体常规的冒犯成为一个非常突出的创作现象。对自己的政治理念、政治情绪的迫不及待的抒发，对社会政治事件的仓促叙述，以及这一切背后所隐藏着的作家的过量的政治焦虑，迫使作家们打破文学体裁和文体的常规，而不断创造出前所未有的杂糅性的文体。这有可能导致对一些已相对成熟的文学体裁和文体亦已形成的审美规范的破坏，甚至会在某种程度上导致艺术美感的丧失，但由于这些新创的文学体裁和文体形式能在较大程度上释放政治焦虑，因而往往能获得同样有此需求的当时特定背景下的读者的欢迎。艺术上的失范，往往是由文化压力造成的。当基本的政治价值体系发生变异或失范，必然会促使人们在其他方面寻求化解的力量。当这种文化压力在艺术符号中寻求审美置换时，就必然是对固有审美习惯的破坏和更新。特殊的时代常常会产生特殊的文体，30年代盛行的诸如杂文、报告文学、速写等文学体裁和文体形式，其实都是为适应特殊的社会需要的杂糅性文体。

就杂文这一文体言之，其作为20世纪30年代非常盛行的文体是毋庸多论的。杂文文体虽然在20年代就因为鲁迅的创作而成为比较引人瞩目、影响很大的文体形式，但与30年代相比，情况还是有很大的不同。茅盾曾指出："自然，鲁迅从20年代起就能纯熟地运用这种文体进行战斗，然而1933—1934年他在《自由谈》上写的杂文，却是数量最多最集中，影响最广的。而且，在鲁迅的带动下，当时写杂文蔚然成风，许多从来不写杂文的作家，也在《自由谈》上或者其他报刊上写起了杂文，一些左翼青年作者更竞相学习或模仿鲁迅杂文的笔调。"① 与20年代相比，30年代杂文创作数量的激增是一个显著的特点。就以鲁迅为例，诚如他在1935年底的《且介亭杂文二集·后记》中所说："我从在《新青年》上写《随感录》起，到写这个集子里的最末一篇止，共历十八年，单是杂感，约有八十万字。后九年中的所写，比前九年多两倍；而这后九年中，近三年所写的字数，等于前六年。"② 30年代杂文的盛行还不仅体现在数量上，更体现在文体的自觉上。20年代很少有人就杂文这一文体做理论上的探讨，而30年代，这类探讨杂文文体特点、性质及文体盛行成因的文章却非常多，许多著名作家、批评家都撰文发表对杂文的看法。瞿秋白在著名的《〈鲁迅杂感选集〉序言》中指出："这种文体发生的原因"是在于"急遽的剧烈的社会斗争，使作家不能够从容地把他的思想和情感熔铸到创作里去，表现在具体的形象和典型里；同时，残酷的强暴的压力，又不容许作家的言论采取通常的形式。作家的幽默才能，就帮助他用艺术的形式表现他的政治立场，他的深刻的对于社会的观察，他的热烈的对于民众斗争的同情。"③ 茅盾也曾指出："每一时代产生了它的特性的文学"，"杂文和速写都是变动得很快的社会中文化斗争的利器。刻刻在变化的现实要

① 茅盾：《我走过的道路》(中)，人民文学出版社1984年版，第189页。

② 鲁迅：《且介亭杂文二集·后记》，《鲁迅全集》第6卷，人民文学出版社1981年版，第451页。

③ 瞿秋白：《〈鲁迅杂感选集〉序言》，《鲁迅杂感选集》，上海青光书店1933年版。

求着斗争意识强烈的作家们采取最快的手法和最直接的方式来加以反映和批判。”① 胡风在分析杂文“为什么在新文学里面形成了一个重要的存在”时，也指出是“剧激的社会变动所掀起的瞬息万变的波纹，使作家除了在较大的规模上创造综合的典型外，还不能不时时用特殊的形式来表现他对于社会现象的解剖和态度，运用他的敏锐的锋芒和一切的麻木混浊相抗。这不是社会科学的大论而是一种文艺性的论文，但它的特征是能够更生动地更迅速地反映并批判社会上变动不息的日常事故”②。鲁迅自己大量的关于杂文文体的论述也产生于30年代。他在30年代更加明确地认识到杂文的特殊功能是可以“任意而谈，无所顾忌”，用于“催促新的产生，对于有害于新的旧物，则竭力加以排击”③。他认为，因为杂文“和现在切贴，而且生动，泼剌，有益，而且也能移人情”，所以杂文必然“日见其斑斓”④。30年代的杂文与20年代相比，无论在主要表现内容还是在写作形式上都有变化。仍以鲁迅为例，鲁迅20年代杂文主要内容是关于文化批判，其写作形式多为思想性随笔；但30年代杂文的主要内容则更多地将文化批判与政治批判密切结合起来，而在写作形式上，政治对文体的渗透也更加明显。总之，30年代急切地需要一种特殊的文体来释放过量的政治焦虑和宣泄郁积的政治激情。当传统的小说、诗歌、散文等各类文体无法完全满足这种表达需要时，政论与其他文体杂糅形成的杂文文体的形式便受到了最大限度的重视，也因此而非常兴盛起来。

“文学体裁的演变与社会的演变休戚相关”，“作家选用的文学体裁及形式也由他所隶属的那个集团决定。文学体裁不能凭空创造：人们对一种文学体裁加以改造，使之适应社会集团的新要求”⑤。30年代“左联”在一系列主要文件中，就曾多次对作家创作所采用的体裁进行过明确的规定：“作品的体裁

① 茅盾：《关于“报告文学”》，《中流》1937年第1卷第11期。

② 胡风：《论速写》，《胡风评论集》（上），人民文学出版社1984年版，第67页。

③ 鲁迅：《三闲集·我和〈语丝〉的始终》，《鲁迅全集》第4卷，人民文学出版社1981年版，第167页。

④ 鲁迅：《且介亭杂文二集·徐懋庸作〈打杂集〉序》，《鲁迅全集》第6卷，人民文学出版社1981年版，第292—293页。

⑤ ［法］罗贝尔·埃斯卡皮：《文学社会学》，安徽文艺出版社1987年版，第129页。

也以简单明瞭，容易为工农大众所接受为原则。现在我们必须研究并且批判地采用中国本有的大众文学，西欧的报告文学，宣传艺术，小说，大众朗读诗等等体裁。”① 即使是“以智识分子和青年学生为主要读者对象的非大众化的文艺作品，也应当在文学体裁及描写等方面实行大众化。”② 在相关决议性文件中提出的有关文学体裁和文学形式采用的要求，对30年代左翼文学在体裁的选择上起到了一定的规范作用，也在一定程度上促成了30年代某些体裁的盛行。

“报告文学”在30年代的兴盛，是一个非常显著的例子。报告文学应该说也是一种杂糅性的体裁，它杂糅了通讯、纪事散文等多种文体的特征。报告文学这种体式虽然并非30年代所独有，它伴随着近代报刊业的发达而产生，属于一种具有一定时代性、时效性、真实性和文学性的通讯报道。但将之作为文学体裁加以自觉运用和大力提倡是在30年代。1930年8月4日左联执委会通过的《无产阶级文学运动新的情势及我们的任务》，号召开展“工农兵通信运动”，“创造我们的报告文学（Reportage）”。③ 此后，《文艺新闻》《文学》《中流》《读书生活》《文艺》等刊物相继发表了有关报告文学的理论文章，探讨报告文学的功能和文体特征以及相关的写作问题。报告文学这种体裁之所以在30年代受到特别的重视，是因为提倡者们看到了它是“一个战斗的文艺形式。”④“每一时代产生了它的特性的文学。‘报告’是我们这匆忙而多变的时代所产生的特性的文学式样。读者大众急不可耐地要求知道生活在昨天所起的变化，作家迫切地要将社会上最新发生的现象（而这差不多天天有的）解剖给读者大众看，刊物要有敏锐的时代感——这都是‘报告’所由产生而且风靡的根因。”⑤ 在30年代风行的报告文学创作中，也确实产生了

① 《中国无产阶级革命文学的新任务一九三一年十一月中国左翼作家联盟执行委员会的决议》，《文学导报》1931年第1卷第8期。

② 《关于左联目前具体工作的决议》，《秘书处消息》第1期，1932年3月15日左联秘书处出版。

③ 《文化斗争》1930年第1卷第1期。

④ 胡风：《论战争时期的一个战斗的文艺形式》，《胡风评论集》（中），人民文学出版社1984年版，第16页。

⑤ 茅盾：《关于“报告文学”》，《中流》1937年第1卷第11期。

许多有影响的作品，如柔石的《一个伟大的印象》、夏衍的《包身工》、宋之的的《一九三六年春在太原》、丁玲的《多事之秋》、陈荒煤的《记十二月二十四日南京路》、阿英选编的《上海事变与报告文学》、茅盾主编的《中国的一日》等。报告文学创作之盛，在30年代一度大有压倒小说之势。当时就有人指出："观于近来小说的渐趋黯淡"，"报告文学的起而代兴"，这是因为报告文学有"适宜于现代社会之点"，"以社会的情势，来定文学的性态，其原因与现象，似非偶然"①。

二

20世纪30年代文学创作中，叙事方式上有一种向实录和新闻皈依的倾向，报告文学的兴盛自然是其重要的表现形式之一。除了报告文学作为"新流行品"在30年代中期以后的"文坛"上大为盛行外，在此之前，小说创作中便已经大量出现了所谓"速写"的体式。这种"速写"，"从它的性质和任务看来，大多数实在就是'报告'"。"甚至可说"30年代中期"大多数的短篇小说也和'报告'一点点接近"②。"速写"这种体式的盛行，在当时曾是一个热门的话题。1934年底，茅盾曾明确指出，这一年文坛最重要的现象之一是"新文体的飞快地发展"，而这种新文体主要"就是一年来特盛的所谓'速写'"，并且指明"所谓'速写'这一体"是"应了时代的要求很快地成长起来"的。③ 胡风也曾在1935年撰《论速写》一文，指出："近两年来……'速写'之类的文章一天天地多了起来，现在已成了广大的流行，连以这种作品为中心的刊物也出现了。"他认为，"'杂文'和'速写'是有同样的社会基础和同样的社会意义的。不同的是，'杂文'是由理论的侧面来反映那些活生生的社会现象，甚至能够使人得到形象的认识，而'速写'是由形

① 陈醉云：《我的写作态度》，《我与文学》，生活书店1934年版，第225页。
② 茅盾：《关于"报告文学"》，《中流》1937年第1卷第11期。
③ 茅盾：《一年的回顾》，《文学》1934年第3卷第6期。

象的侧面来传达或暗示对于社会现象的批判。”① “速写” 文体在30年代的兴盛，其根本原因仍在当时特定的政治文化语境以及文学对其的适应。“速写”是“应了时代的要求产生并发展了，这是一种能把现实生活的各个侧面很快地反映出来的文体，犹如主力军进入阵地，来不及架大炮，就用白刃和手榴弹来交战!”② 在这种状况下，许多作家“顺应了潮流”，写起“速写”来。茅盾说自己当年就是“把写‘速写’作为我创作的主要方面。一九三四年我只写了三个短篇小说，却写了十七篇速写……我写的速写，有八篇是农村题材，如《大旱》《桑树》《阿四的故事》等”③。“速写”与杂文、报告文学一样，也是一种杂糅文体，因此，当时就有人称“速写”是“杂文的姊妹”。“剧激变化的社会生活使作家除了创作以外还不能不随时用素描或速写来批判地记录各个角落里发生的社会现象，把具体的实在样相（认识）传达给读者。这不是经过综合或想象作用的文艺作品，而是一种文艺性的纪事（sketch），但它的特征是能够把变动的日常事故更迅速地更直接地反映，批判。说它是轻妙的‘世态画’是很确切的。”④

30年代“速写”体式的盛行，对短篇小说的发展有着重要的影响作用。许多作家都创作了“速写”性质的小说，甚至有不少作家在小说作品的标题上就标明“速写”“纪事”之类的字样。著名的就有吴组缃的《一千八百担——七月十五日宋氏大宗祠速写》、沙汀的《某镇纪事》、艾芜的《端阳节——某乡风俗记》、叶圣陶的《某城纪事》和《某镇纪事》等。虽然不标明“速写”“纪事”，但许多作家创作短篇小说时明显在采用“速写”的体式。张天翼的《一个题材》，写一个作家向描写对象调查和询问秘不告人的真相的过程，被人称为“采访体”小说；他的《成恒业》以新闻报道、友朋信札、小说人物日记相互拼接而成，被称为“卷宗体”小说。这些作品其实都

---

① 胡风:《论速写》,《胡风评论集》（上），人民文学出版社1984年版，第67—68页。
② 茅盾:《我走过的道路》（中），人民文学出版社1984年版，第266页。
③ 同上。
④ 胡风:《论速写》,《胡风评论集》（上），人民文学出版社1984年版，第68页。

带有当时所谓“速写”或“纪事”体小说的特点。吴组缃的《一千八百担》“记录”了“宋氏大宗祠”里一场争夺义庄财产的角逐，是典型的“速写”，而他的《樊家铺》《黄昏》等小说其实也都是采用了“速写”体式。沙汀除《某镇纪事》外，《代理县长》《在祠堂里》等著名小说，也都是采用“速写”的体式。而叶圣陶除《某城纪事》《某镇纪事》等作品外，许多作品都采用了“速写”的笔法，如《赤着的脚》，就是以速写笔法，生动逼真地描摹了1925年5月1日广东全省第一次农民大会激动人心的壮观场面。

对于杂糅文体，在评判其艺术价值时应注意从形成杂糅的各种文体的规范去加以综合考量。若以单一文体标准去考察，就有可能因其不符合某单一文体标准而予以否定。“速写”是顺应形势需要而产生的，它为顺应剧激变化的社会环境而存在，其可能带来的幼稚、粗糙或仓促、生硬的现象是会发生的，尤其是仅以“小说”的文体要求来看“速写”，势必会指陈其缺少艺术想象，缺少深入的典型化过程，表现技巧不够丰富，等等。只有从这种杂糅文体产生的时代需求和其所产生的社会效果来看，才能对其价值做出较为完整的评价。不仅如此，“速写”体式的产生，其实就是从艺术方面来看，对中国短篇小说艺术的发展也是有着积极意义的。30年代初期，许多作家写小说擅长的是以“压缩了的中篇”的写法。包括茅盾的《林家铺子》《春蚕》《秋收》《残冬》等作品，也多是叙述有头有尾的故事，追求的是事件的完整过程，对“截取横断面”这一短篇小说艺术的要素有所忽略。“速写”体式的盛行，使作家们增强了“截取生活横断面”的意识。茅盾在创作了一批“速写”之后，他创作的短篇小说《水藻行》《报施》《委屈》等，就比较注重“截取横断面”的写作方式，而且因注重“纪事”性、客观性，也多少限制了此前作品的主观情绪化的表达，使之成为艺术上更为成熟的小说作品。

“速写”体式的出现，从艺术发展的角度看，与30年代中期文学创作中普遍出现的“客观化”追求是有关系的。茅盾在写于1933年的《力的表现》一文中，曾对“力的文学”做出过这样的解释：“文艺作品以感动人为使命。然而感动人的力量并不在文字表面上的‘剑拔弩张’”，“真正有力的文艺作品应该……题材只是平易的故事，然而蕴含充实的内容；是从不知不觉中去感动了人，去教训了人。”① 这里，茅盾并不反对文学作品去“教训人”，但对文学上的“剑拔弩张”则已开始有所警觉。那么避免“剑拔弩张”的途径是什么呢？这就是客观化地表述——“不知不觉”；实实在在的生活——“充实的内容”。茅盾写于30年代中后期的小说作品如《水藻行》等，确实是在一种“客观化”的追求中消解了文字上的剑拔弩张。“客观化”追求导致的冷静旁观式的叙事方法和直录式文体，可以在一定程度上有效地制约观念化倾向。可以说“速写”“记事”等体式被运用到小说创作中，正是与这种“客观化”的追求有关联。“速写”的重要特点之一就在于它的“客观化”，用前述胡风的话来说，“批判地记录各个角落里发生的社会现象，把具体实在的样相（认识）传达给读者。这不是经过综合或想像作用的文艺作品，而是一种文艺性的纪事”②。很明确，“速写”的体式特点是“记录”“传达”“记事”，而不是“综合”“想象”，这样就把作者对表现对象可能施行的主观化和观念化的干预限制到了较低程度。

这种“客观化”追求之于30年代文学文体，不仅与“速写”体式的产生有着密切的关系，而且还对30年代小说其他有关特点的形成起到了一定的影响作用。例如，30年代小说中“对话体”的盛行。这与20年代“独白体”的流行恰好形成对比，20年代风行一时的日记体、书信体在30年代已不再流行。这与30年代的“客观化”追求是有关系的，要追求“客观化”的表述，避免作家来做作品人物的代言人，那么直接由作品人物自己来说话，就必然会受到重视。与20年代小说相比，30年代小说显然更重视作品中运用人物对话。不仅是一般运用，而且常常是让人物对话占据作品的相当大的篇幅。吴组缃的《一千八百担》、叶圣陶的《小妹妹》等通篇几乎全是由人物对话构成的。这种“对话体”的出现，可以视为是戏剧形式对小说文体的渗透。30年代小说中的确存在一种戏剧化的倾向，所谓戏剧化即指重视对话，因为戏

① 茅盾：《力的表现》，载1933年12月1日《申报》副刊《自由谈》。

② 胡风：《论速写》，《胡风评论集》（上），人民文学出版社1984年版，第68页。

剧表现主要靠人物对话来完成。政治化的年代，戏剧演出活动往往比较兴盛，因为戏剧是“一种极端政治性（因其突出的社会性）的艺术形式”①。30年代特殊的政治文化语境下，受普遍政治文化心理驱动而十分活跃的演剧活动，带来小说文体的戏剧化倾向就是顺理成章的事了。

“客观化”对30年代小说的文体确曾产生过重要影响，难怪许多作家在当时或其后曾被批评为“客观主义”。其实，30年代小说作家追求的“客观化”，是文体意义上的，即主要是表述方式上的，而不是作家对现实生活的态度。相反，这些作家对现实生活的态度恰恰是带有强烈的主观化色彩的，即有着类似于社会科学家的热情和表达自己对社会人生见解的欲望。而这种对文体表述上的“客观化”的自觉追求，则在一定程度上制约或避免了观念化和概念化的创作倾向。由此可见，30年代各类杂糅文体的出现、传统文体的内部变异，文体的相互渗透，是由特殊的政治文化语境与文学自身发展需求合力作用下的结果。

三

30年代整体上对“力的文学”的审美追求，为宣泄政治激情和抒发理想主义情愫而形成的对粗疏之美的崇尚，曾导致了30年代文学叙事中“简化”生活的整体特点的形成。刘西渭曾以欣赏的口吻评价叶紫的小说：“始终仿佛一棵烧焦了的幼树，不见丰盈的姿态，然而挺立在大野，露出棱棱的骨干，给人茁壮的感觉，那不幸而遭电击的春暮的幼树。它有所象征。这里什么也不见，只见苦难，和苦难之余的向上的意志，我们不妨借用悲壮两个字来形容。……这是力，赤裸裸的力，一种坚韧的生命之力。”② 所谓“挺立在大野，露出棱棱的骨干，那给人茁壮的感觉”云云，其实就是在推崇一种删减了生活的枝叶，凸显其“骨干”，从而产生出粗疏的“力之美”效果的叙事

① ［英］马丁·艾思林：《戏剧剖析》，中国戏剧出版社1981年版，第22页。

② 刘西渭：《叶紫的小说》，《咀华二集》，文化生活出版社1942年版。

艺术。在30年代多数文学叙事尤其是左翼小说作品中，都不同程度地存在着“简化”生活的倾向：作家为了使自己所要表达的思想观念具有明示性、直捷性，因而在作品中对所写生活进行“简化”，通过删减，使作者想强调的方面得到凸显和强化。具体地说，“简化”生活有下述表现：

简化了人与人的关系的复杂性。在左翼作家的许多小说作品中，社会基本上只是由两个尖锐对立的阶级、两个水火不容的敌对阵营构成的。人与人之间的关系，所凸显的也主要是阶级关系（有产者与无产者）、政治关系（觉悟与不觉悟）、思想关系（进步与保守）等方面，而其他复杂的关系或多或少都被省略了。例如，在当时就有人这样明确评价过一些青年左翼乡土小说作家的作品：“他的内容，无论详略，永远是斗争的，有产与无产相为对峙，假如无产这方面失败了，也给无产留下象征的希望。在真实的叙写中，我们常常感到勉强与夸张。决定他观察角度的，不是一个艺术家的心情，而是态度和理论。”① 不仅是左翼作家的小说，在非左翼作家小说中，“简化”人与人关系复杂性的情况也较突出。例如沈从文的小说作品，就大幅度地删除了恰恰是左翼小说所强化的阶级对立和人际冲突，这也是一种“简化”。在这里，人们看不到人与人之间的不和谐，而只有那种礼让、温顺、善良、淳朴等美好的一面。《边城》是一个典型的例子，将一切人类之中的丑的一面都掩饰起来，人与人之间的交往中绝无邪恶、贪欲、嫉妒；礼尚往来、和睦相处成了人际关系的全部内容，和善、诚挚、自足、豪侠、重义成了所有人的自觉遵守的行为准则。这里显示出的是一种不分职业、不分阶级、不分等级的无差别的人类之爱。

简化了人物性格的复杂性。被固定在一种被简化了的人际关系中，被局限在单一的生存活动中，这样的人物形象自然是难以呈现出丰富复杂的性格的。左翼作家小说中所塑造的人物形象，其性格展示面多数侧重于政治、经济活动中的表现，其他方面则常常有所减删。例如左翼小说努力塑

① 刘西渭：《叶紫的小说》，《咀华二集》，文化生活出版社1942年版。

造的“新人”——觉醒的青年一代农民形象，多数显得性格单一，缺少丰满的血肉，即如当时有人在评价茅盾等左翼小说中人物时所指出的那样，“积极的人物，有力然而简单”①。人物性格的单一化在沈从文等非左翼作家笔下也不例外。例如沈从文小说中的人物，多数是经过纯化处理的，因此无论是少女还是成人，无论是兵士还是船夫，甚至是土匪、妓女等人物身上，都无一例外地被略去了性格中“丑”和“恶”的一面，一个个犹如天使般地纯正、美善。

简化了价值评判的尺度。看问题角度的单一，进行价值评判时的执于一端，是会将问题的复杂性人为地简单化的。这里，起重要作用的是作家所持的价值评判的尺度。30年代小说中，对人和事的评判，显示出所持尺度的偏颇，有一种非此即彼的简化倾向。无论是左翼还是非左翼作家，都特别坚执地以自己的态度和理论为出发点去看待事物，常常省略了问题的复杂性，以自己认可的价值尺度为唯一的尺度。因此，在30年代小说中对人和事的评价都显得特别的简单而干脆。例如叶紫，“只有一类人为叶紫活着，他活着也就是为了他们，那被压迫者，那哀哀无告的农夫，那苦苦在人间挣扎的工作者”②。因此在叶紫等左翼小说作者的笔下，有产、无产常常成为确定褒贬人和事的尺度。这种尺度的单一性和狭窄性的特点在京派小说作家那里同样存在，只不过角度不同而已。沈从文曾说过：“我是个乡下人，走到任何一处照例都带了一把尺，一把秤，和普通社会总是不合。”③ 这把尺，就是对于乡间的一切都充满了“难以言说的温爱”，而对都市文明却带着反感乃至憎恶，因而乡村美好、都市丑恶就成了沈从文小说价值评判的必然结论。芦焚也是如此，“他把情感给了景色，却把憎恨给了人物”，因而他笔下“一切只是一种不谐和的拼凑：自然美好，人事丑陋”④。

① 刘西渭：《叶紫的小说》，《咀华二集》，文化生活出版社1942年版。
② 同上。
③ 沈从文：《水云》，《沈从文文集》第10卷，花城出版社1982年版。
④ 刘西谓：《读〈里门拾记〉》，《咀华二集》，文化生活出版社1942年版。

上述种种“简化”生活的表现，与30年代小说作家们的追求是有关的。在某种意义上可以说，30年代小说作家都带有一点社会学家气质，或者具有对社会学问题的浓厚兴趣。他们写小说，本是探索社会的政治的文化的问题。这在左翼作家那儿非常明显，有人将他们中的一些作家称为“社会剖析派”进行专门研究，不是没有理由的。由于“社会剖析”面对的是重要的社会现实问题，因而对社会生活的“总体性”再现成了一种追求。这样，势必要简化掉许多细部的、枝节的那部分生活。这在京派小说作家那儿也有某种类似处，他们也许不是为直接提出或解释眼前的重大社会政治问题而去“解剖”现实社会，但他们却也同样是在关心或关注着中国社会的走向，他们所探讨的问题与他们对中国社会走向的观察、思考、忧虑等密切相关。当时曾有人这样精到地评价过沈从文与叶紫这两位湖南作家的异同：“他们全爱故乡的男女，沈从文先生爱的是本位的人，叶紫却是某类人。”① 如果说，左翼作家所关心的是政治、经济变动中的都市或农村无产者的命运，那么京派作家在某种程度上却可以说关心的是社会转型期人的道德命运。可见，30年代小说作家，虽出发点和看问题的角度不同，但他们都无非是借小说探讨社会问题。又由于都是探讨社会的大问题，因而势必要追求某种“概括性”，而“概括”就意味着简化生活中的丰富细节和过程，凸显其与“问题”相关的主干，从而更为明晰地表达出作者本人的见解。因此，从积极的意义来说，这种“简化”生活的方式，有利于更明确、更概括地表达作者对于生活的“态度和理论”。但从消极的方面看，这种“简化”生活的叙事方式，隐含了一种机械的思维方式在内，简单的二元对峙的结构，忽略了生活的丰富性和复杂性，使生活的内蕴变得肤浅。这与“集团化”的“态度和理论”是相关的。30年代思想理论界的“非此即彼”“二元对立”的思维方式占了主导地位。郭沫若在《留声机的回音》中宣称：“我们现在处的是阶级单纯化，尖锐化了的时候，不是此就是彼，左右的中间没有中道存在。”② 成仿吾在《从文学革命到

① 刘西渭：《叶紫的小说》，《咀华二集》，文化生活出版社1942年版。
② 郭沫若：《留声机的回音》，《文化批判》第3号，1928年3月15日出版。

革命文学》中也直接喊出："谁也不许站在中间。你到这边来，或者到那边去！"[①] 这种机械的非此即彼的思维方式，就导致30年代小说叙事中的简单化。茅盾就曾在30年代指出过这种叙事"也太机械了些"，"作品结构大都是用了'反革命者与革命者的对比'构成。'对比'自然是要得的，但太单纯的对比却容易陷入单调而不能引起深刻的感动"[②]。但是这种"简化"生活的文学叙事，受制于30年代整体性的审美追求与思维方式，始终是30年代文学创作中的一个突出的文学现象。

与"简化"生活伴生的是"直语"的倾向。从"简化"生活这一特征中，我们可以明显看出，30年代许多小说作家，其实是主观性较强的。这种主观性除上述论及的出于"态度和理论"简化生活外，还表现为在作品中常出现的舍暗示而求"直语"的现象。如茅盾，当时就有人指出，在他作品中"剑拔弩张的指示随篇可见"，多"热烈的词句"，甚至"就欠跳下讲坛参加'决战'的行列"。这种现象具有普遍性，"茅盾先生不过偶而酩酊。然而这种措辞，不知不觉，成为若干青年作家的表现方式。一种明显的案语，一种指导的引线，我们往往在一篇或者一章的煞尾遇到"[③]。这种直语的特点较多出现在左翼小说作品中，但在非左翼小说中也多少存在着。例如沈从文，他就非常喜欢在作品中插入自己的议论。在《连长》这篇小说中，作者在写到作品主人公与年青寡妇离别时难分难舍的场面时，竟一口气发了一通长达一百四十多字的有关恋情的哲理性议论。"简化"与"直语"，是30年代文学叙事中的一个重要的艺术现象。在其现象背后，其实隐藏着作家对于表达自己思想的明示性、直接性的追求。而这样的叙事方式得以盛行，显然与那个特定时代的政治文化语境及其普遍的对于文学表达的要求密切相关。

---

① 成仿吾：《从文学革命到革命文学》，《创造月刊》1928年第1卷第9期。
② 茅盾：《关于"创作"》，《北斗》创刊号，1931年9月20日出版。
③ 刘西渭：《叶紫的小说》，《咀华二集》，文化生活出版社1942年版。

四

在30年代，同样值得注意的文体现象还有抒情对文体的渗透。政治郁积的宣泄，政治激情的抒发，理想主义的表达，借用文学作为载体时，毫无疑问都会增加文学作品的抒情性。抒情之于文学，原本就是一个主要的表达方式，在任何时代的文学中都并不缺乏抒情的元素。但在30年代文学创作中，抒情对文体的渗透以及独特的渗透方式，却是比较突出的文学现象。政治抒情诗在30年代的兴盛就是一个引人注目的例子。虽然在20年代中后期已经出现了早期共产党人瞿秋白和蒋光赤的一些歌颂十月革命、表达革命情绪的政治抒情诗作品，但这些作品无论是在数量上还是在艺术质量上以及在对读者的影响上，都难以与30年代相比。郭沫若后来收入《恢复》集子中的诗歌、殷夫的诗歌以及中国诗歌会的诗人群体创作的大量政治抒情诗，都曾在30年代诗坛上占据过显要的位置，产生过重要的影响。抒情之于诗歌体式，二者之间的亲和力，促成了政治抒情诗在30年代的发达，这是比较好理解的。更能说明问题的是，抒情对于小说这类以叙事为主的文体的渗透，造成了所谓中国现代“抒情小说”在30年代小说中得到了长足的发展。在公认的中国现代“抒情小说”作家的名单中，30年代占了一大半，如艾芜、萧红、沈从文、废名、芦焚，等等。除了这些著名的“抒情小说”作家外，在其他30年代小说作家的作品中，也常能见出“抒情”对其小说创作文体的影响。如吴组缃的《箓竹山房》《金小姐和雪姑娘》，叶紫的《偷莲》，茅盾的《水藻行》等，都带有抒情的意味。在不同的作家那里，形成小说作品中诗意抒情特点的原因是各不相同的，但30年代小说中抒情对小说文体的渗透成为一个突出现象，这与激情宣泄的30年代整体的审美追求有着密不可分的关系。

30年代是一个激情宣泄的时代，也是一个政治批判的时代，因此，同样对30年代小说文体产生过重要影响的还有“讽刺”。中国现代“讽刺”小说在30年代进入了一个繁盛期，小说创作中具有讽刺品格的作品占了很大比重。而且就讽刺的特点而言，也较20年代有了较大的变化。如果说，20年代的讽刺主要针对的是上流社会的“伪”和下层社会的“愚”，其批判的性质是一种伦理的、文化的批判，尤其是从思想启蒙角度出发对下层社会愚弱国民性的批判，充满了“哀其不幸，怒其不争”的情感态度，表现出的是“含泪的微笑”的审美特征。30年代的讽刺则在总体上更体现出时代的和历史的特征，虽有京派作家的讽刺对20年代讽刺特征多有继承和延续，但多数左翼作家的讽刺角度，其以阶级观点为基准的政治批判的性质更为突出，其讽刺对象更多地集中在统治者、压迫者身上。在讽刺的情感态度上，一般来说，作家们对讽刺对象所抱的是纯粹批判的态度，所怀的是明确、强烈、彻底的否定性情感。由于其特定的讽刺对象、讽刺角度和讽刺态度，决定了这些作品的讽刺更多地带有尖厉、阴郁的色彩而较少幽默。讽刺艺术在30年代的发达，与政治文化氛围的关系非常密切。对政治的不满难以直抒时，往往会化为曲笔（也是为了躲避和对付当时统治者当局的书报检查制度的重要手段），讽刺于是便成为一种写作策略。讽刺艺术的兴盛总是与政治文化形势相关的。中国现代讽刺文学特别兴盛的两个时期，一是30年代，一是抗战后期和解放战争时期。这两个时期都是国内政治斗争、政治观念尖锐对峙的时期。这样的时期，不仅作家以讽刺为武器，事实上在普遍的政治文化心理的驱使下，广大的读者也往往需要以阅读“讽刺”文学作品作为宣泄政治情绪的一种渠道。

无论是“抒情”还是“讽刺”，对30年代小说文体的渗透都是极具文学史意义的。且不说中国现代抒情小说的发展和中国现代讽刺小说的发展，30年代小说都是一个不可忽略的重要历史阶段中的重要方面；仅就小说艺术的角度看，30年代小说对“抒情”和“讽刺”因素的汲取也是具有重要的文学史意义的。“抒情”“讽刺”对30年代小说文体的渗透，使30年代小说在较大程度上为矫正30年代文坛上的公式主义、观念主义做出了重要的贡献。通过抒情手段可以将观念性的东西诗化，化观念为情感，变直接议论为直抒胸臆的抒情，可以使非艺术化因素成功地转化为艺术因素。因为“讽刺”强调“真实”（诚如鲁迅所谓的讽刺的生命是真实），要成功地运用“讽刺”，就必须舍弃那些缺少生活依据的胡编乱造，而且讽刺语汇的运用，常常能将作者的观念性的议论化为谐趣，通过讽刺的曲语，可以化解剑拔弩张的“直语”对艺术的冒犯。

总之，30 年代特殊的政治文化语境导致了 30 年代独特的文学风尚的形成，这种文学风尚不仅体现在作家的审美选择、文学创作的整体性美学倾向方面，同时也必然会具体地体现在文学的文体形式甚至表达方式上。文学的文体形式和文学表达的方式是属于艺术性的问题，有艺术自身的发展规律，但这些艺术性的方面，哪些得以张扬，哪些受到抑制，哪些得以发展，哪些会被忽略，却往往受制于整体文学风尚以及这种风尚赖以形成的政治文化语境。30 年代文学文体方面的特异现象，充分说明了这一点。

（原载《江海学刊》2007 年第 1 期）

倚声之源流与体制考论

彭玉平

在古代韵文体式中，词的名称可能是最为繁复的一种。即就主流名称而言，从早期的曲子、乐章、乐府，到后来的长短句、诗馀、倚声、填词等，不一而足，这还不包括那些偶尔被使用的琴趣、樵歌、寓声乐府、乐府遗音、馀音、依声、渔笛谱、渔唱、渔谱、渔歌、棹歌、歌曲、浩歌、痴语、绮语、筝语、语业、晤歌、雅调、鼓吹等。这些名称或据音乐而起，或由文学以定，各取一端以彰显词体体性。其中“倚声”之称，不仅彰显了词体的“乐歌”、“声学”① 特性，而且将词的文学特性也隐含在其中了，值得我们细致勘察和考量。

倚声之源流

古代诗歌的体式虽然千变万化，但大体可分为声诗与非声诗两类。先秦之《诗》与《九歌》、汉魏乐府、唐代歌诗、宋代长短句、元明的戏曲与传奇等，都曾以“声”的方式传播众口，以声为本的文体观念和文体历史一直引领着韵文发展的方向。

词作为声诗的一体，其“倚声”的别称即比较充分地体现了词体的音乐特性。“倚声”概念的形成应与古代乐府诗的创作模式有关。按照元稹《乐府

① 刘熙载：《艺概》卷四《词曲概》，载《刘熙载集》，华东师范大学出版社 1993 年版，第 133 页。

古题序》中的说法，古题乐府的创作，起初都是“由乐以定词，审调以节唱”的，而且“句度长短之数，声韵平上之差，莫不由之准度”，后来的“选词以配乐”已非乐府之旧规。但元稹的这个看法受到了王灼的质疑，王灼《碧鸡漫志》卷一在引述元稹之言后说：“微之分诗与乐府作两科，固不知事始……今乐府古题具在，当时或由乐定词，或选词配乐，初无常法。习俗之变，安能齐一?”选词以配乐在乐府诗歌创作中确有其例，如《碧鸡漫志》卷二云：“陈后主游宴，使女学士狎客赋诗相赠答，采其尤艳丽者，被以新声。”在王灼看来，从由乐定词到选词配乐体现了古题乐府创作模式的发展轨迹，这是一个自然的过程。虽然在“乐”和“词”的关系上，前后发生了倒置，但这并不影响到乐和词的结合，“声”（乐）是始终渗透在乐府诗的创作之中的，只是在本体上有倚“声”与倚“词”的不同而已。宋代张侃在《拙轩词话》中追溯倚声起源说：“乐府之坏，始于《玉台》杂体，而《后庭花》等曲流入淫侈，极而变为倚声。”这是从内容的“淫侈”来考察乐府与倚声的关系，但创作方式上的关联也许更值得重视。

乐府诗的这种创作方式在唐代新题乐府中也得到了延续。宋代郭茂倩《乐府诗集》将温庭筠的《兰塘词》《晚归曲》《东峰歌》《夜宴谣》《猎骑辞》等新题乐府歌词均冠以“乐府倚曲”四字，以表明其入乐歌唱的特点。“倚曲”与倚声的意思是可以相通的，《新唐书·曹确本传》记载唐代同昌公主去世后，李可及造《叹百年》曲，并“倚曲作辞”；《明皇杂录补遗》记某梨园子弟歌贵妃所制《凉州词》，“上（玄宗）亲御玉笛为之倚曲”；李濬《松窗录》也记李龟年歌李白《清平调》三首，“上（玄宗）因调玉笛以倚曲，每曲遍将换，则迟其声以媚之”。这些文献中提到的“倚曲”其实同样包含了“由乐以定词”和“选词以配乐”两种情形。

古代倚瑟、倚歌的传统与“倚声”也存在着某种渊源关系。《汉书·张释之传》提到汉文帝“使慎夫人鼓瑟，上自倚瑟而歌”。颜师古注曰：“倚瑟，即今之以歌合曲也。”司马贞《索隐》则解释为“谓歌声合于瑟声，相依倚也”，即汉文帝根据瑟演奏的旋律来演唱歌词，描写的正是倚乐而歌的情形。

倚歌与倚瑟的意思相近，意为“以歌合曲”。倚歌在表明一种创作方式之外，似乎兼具文体的意味。倚歌的产生和流行大约在齐梁时代，《南齐书》虽无“倚歌”之称，但其中《东昏侯纪》提到“帝在含德殿吹笙歌作《女儿子》”，就是一种事实上的倚歌。梁代风气渐盛，《隋书·音乐志上》记梁武帝因为笃敬佛法而制“童子倚歌”，上行下效，想来是会积成规模的。只是《玉台新咏》等文献未加记载，以致我们现在无法详加考量而已。郭茂倩《乐府诗集》依照《古今乐录》的体例，收录了不少“倚歌”的乐府诗，《乐府诗集》卷四七引《古今乐录》论列西曲歌《青阳度》《女儿子》《来罗》等为“倚歌”，而《孟珠》《翳乐》二首为舞曲倚歌，按照《古今乐录》的说法：“凡倚歌，悉用铃鼓，无弦有吹。”与当时清商曲多用丝竹不同，倚歌所倚的乐器主要为铃鼓和竹，有一定的特殊性。一般舞曲与倚歌的区别可能也正在这里。① 后来“倚声”一词所包括的歌唱之意当与倚瑟、倚歌有着一定的承传关系。

“倚声”一词大概在中唐时期就已出现，但其时与后来词体关系不大，只是表明一种创作方式而已。《新唐书·刘禹锡本传》云：“禹锡谓，屈原居沅、湘间，作《九歌》，使楚人以迎送神，乃倚其声，作《竹枝辞》十馀篇。”刘禹锡倚《九歌》之声作《竹枝辞》，非关诗词两种文体，而重在表明依据音乐来创作的方式上的相似性。唐代盛行的“歌诗”，其倚声填词的情况，任半塘《唐声诗》曾有详尽的分析。作为在唐代与歌诗并兴的词，其创作情形与歌诗也是极为相似的。刘禹锡《忆江南》词下小序即云：“和乐天春词，依《忆江南》曲拍为句。”依曲拍也就是倚声的意思。唐代苏鹗《杜阳杂编》记载唐宣宗大中初年，“当时倡优遂制《菩萨蛮》曲，文士亦往往声其词”。“声其词”也就是倚声填词之意。北宋初年，“倚声”与“倚歌”的用法还是交叉使用的。陈世修《阳春录序》提到冯延巳“或当燕集，多运藻思，为乐府新词，俾歌者倚丝竹而歌之”。北宋中后期，“倚

① 本节参考了王运熙师《吴声西曲的产生时代》一文部分内容，载《当代学者自选文库·王运熙卷》，安徽教育出版社 1998 年版，第 154—159 页。

声”一词运用渐广，如张耒《东山词序》云：“余友贺方回博学业文，而乐府之词，高绝一世，携一编示余，大抵倚声而为之，词皆可歌也。”陈世修的“倚歌”是作词后“倚”歌者“歌”之，张耒说的“倚声”就是根据词调的音律特点来填写歌词。南宋时倚声一作“依声”①，用语略异，但两者意思是相近的。总的来说，在元代之前，基本上是从创作方式的角度来使用“倚声”这一概念。而明清词话著作中，除了有“倚之于声”② 等用法与宋代相似外，更多的是以“善倚声”③ 或“倚声家”来相称，作为文体的意味要更为充足。

倚声强调音乐的本体地位，“倚声”之名也许与音乐比文辞更容易感人有关。④ 但从音乐到制谱再到倚声填词，其实是有分别的。苏轼在其《醉翁操》词前小序中说：

> 琅琊幽谷，山川奇丽，泉鸣空涧，若中音会，醉翁喜之，把酒临听，辄欣然忘归。既去十余年，而好奇之士沈遵闻之往游，以琴写其声，曰《醉翁操》，节奏疏荡，而音指华畅，知琴者以为绝伦。然有其声而无其辞。翁虽为作歌，而与琴声不合。又依《楚辞》作《醉翁引》，好事者亦倚其声以制曲。虽粗合韵度，而琴声为词所绳约，非天成也。后三十余年，翁既捐馆舍，遵亦殁久矣。有庐山玉涧道人崔闲，特妙于琴，恨此曲之无词，乃谱其声，而请东坡居士以补之云。

“好事者”的倚声制曲与苏轼的倚声填词，构成了“倚声”的主要内涵。

---

① 南宋张枢曾将其自度曲百阕合为《依声集》，不知是否即在张炎《词源》中提到的《寄闲集》，然两集今皆已不传，无从考略。现存以“倚声”为书名的，可能以清初邹祗谟、王士禛编选的《倚声初集》为最早。诸家别集，暂未见以“倚声”为名者。

② 郭麐《灵芬馆词话》卷一引朱彝尊语云：“词之为体，盖有诗所难言者，委曲倚之于声。”《词话丛编》第二册，第1504页。

③ 如郭麐《灵芬馆词话》卷二云：“吾友兰村，少善倚声……”《词话丛编》第二册，第1532页。

④ 孙麟趾《词迳》引包慎伯语云：“感人之速莫如声，故词别名倚声。”姑备一说。《词话丛编》第三册，第2555页。

刘熙载《艺概》卷四云："词有创调、倚声，本诸唱和。"大概正是针对这种情况而言的。值得注意的是，根据文献记载，唐宋燕乐调的应律乐器主要是觱栗、箫、笛等管类乐器，但实际上倚声制曲的渠道还是多方面的。苏轼小序中描述的即是由琴声制琴曲，由琴曲定词调，再按词谱而填词；苏易简的《越江吟》词调来自同调琴曲，姜夔的《醉吟商小品》也是来源于同调琵琶曲，《文淑子》词调更是由僧人俗讲的声音采编而成。① 倚声之"声"，其具体情形还是比较复杂的。

倚声与拍眼

作为音乐文学，演唱在唐宋时期一直是作为词体的一种主要表现形态而存在的。但词乐的失传和词谱的零落，使恢复宋词旧唱的希望变得相当渺茫。清代中期发现元末陶宗仪的手抄本《白石道人歌曲》，曾使这种情况有了转机，因为其中17首词记有俗字旁谱。其后经方成培、张文虎、任二北、唐兰、夏承焘、杨荫浏、阴法鲁、丘琼荪等人的持续研究，译谱的工作取得了很大进展。但拍眼的缺如，使译谱仍无法付诸准确的演唱，拍眼在词腔中的重要意义也因此凸显出来。

宋代歌词大多付诸歌喉，而"歌时最要叶韵应拍"②，"唱曲苟不按拍，取气决是不匀，必无节奏"③，节拍在演唱中的重要性自然是不言而喻。在词腔基本确立之后，词人填词与歌者讴曲都以节拍为首务，倚声与节拍之关联由此而彰显出来。陈匪石《声执》卷上言之甚明："词以韵定拍。一韵之中，字数既可因和声伸缩，歌者为曼为促又各字不同。讴曲者只须节拍不误，而一拍以内未必依文词之语气为句读；作词者只求节拍不误，而行气遣词自有挥洒自如之地，未必拘拘于句读。"南宋如周密、张炎等词人，

---

① 王灼《碧鸡漫志》卷五引《卢氏杂说》云："文宗善吹小管，僧文淑为入内大德，得罪流之。弟子收拾院中籍入家具，犹作师讲声，上采其声制曲，曰《文淑子》。"

② 沈义父：《乐府指迷》，《词话丛编》第一册，第283页。

③ 张炎：《词源》卷下，《词话丛编》第一册，第257页。

填词完毕，常请杨守斋以正拍，亦是担心词句与节拍不合，因落腔而令歌者拗折嗓子。特别是群妓合唱歌词时，节拍就更显重要。俞彦《爰园词话》甚至认为："五代至宋，诗又不胜方板而诗馀出。"词正是因为其丰富复杂的节拍性而逐渐取代了诗歌。张炎《词源》卷下专列"拍眼"一节，论列法曲、大曲、慢曲等拍眼。[①] 与清乐系统偏重管弦乐器不同，鼓类乐器在燕乐中也占有比较重要的地位。在唐代十部伎使用的近三十种乐器中，超过一半是鼓类，其中如腰鼓、羯鼓、和鼓、答腊鼓等都是来自胡夷的乐器，这种以鼓类乐器为主的燕乐带来的是丰富复杂的节奏感，其"铿锵镗鞳，洪心骇耳"（《通典》卷一四二）的听觉震撼，与此前以琴瑟为主的中原音乐形成了明显的对比。拍板是唐代新增的俗乐乐器，在燕乐中也有广泛的使用。根据敦煌壁画的描绘，唐代的乐队都有专职的拍板乐师。如敦煌莫高窟172窟的《观无量寿经变》就是盛唐乐舞的典型代表，中间是两个舞者相对而舞，一个击打腰鼓，一个反弹琵琶，两边是乐队，其中即有专司拍板者。名画中如《周文矩宫乐图》和《韩熙载夜宴图》中，司职拍板的乐师还处于相当中心的位置，其重要性可见一斑。以拍板为乐句还是一种时尚的演唱方式，如宋代祝穆《事文类聚》续集卷二三"乐器部"收"拍板"条："牛僧孺携所业谒韩愈、皇甫湜，湜以拍板为乐句，二公大称赞。"有些词牌就直接以"拍"为名，如《十拍子》《八拍蛮》《快活年近拍》《隔浦莲近拍》等。刘禹锡之所以特地强调"依《忆江南》曲拍"，就是因为"由节奏乐器而带来的'拍'的因素，是唐代人创作曲子辞时首先要考虑的"[②]。节拍不仅是唱词的需要，也是伴舞的需要。黄庭坚守当涂，也有"大梅催拍小梅歌""舞余细点梨花雨"之句，即以大梅来专司节拍，并由"腰支柳一涡"的欧倩来表演舞蹈以助兴[③]。则节拍之与唱词和舞蹈，其重

① 本文乃言倚声而涉及拍眼，重在分析两者关系。关于拍眼的具体情况，可以参见任半塘《南宋词之音谱拍眼考》一文，任文原刊《东方杂志》第24卷第12号，后被收录于华东师范大学中文系古典文学研究室编《词学研究论文集》（1911—1949年），上海古籍出版社1988年版。

② 王昆吾：《唐代酒令艺术》，东方出版中心1995年版，第88页。

③ 参见吴曾《能改斋词话》卷二，《词话丛编》第一册，第153页。

要性当然是不言而喻的。张炎《词源》卷下云：

> 法曲大曲慢曲之次，引近辅之，皆定拍眼。盖一曲有一曲之谱，一均有一均之拍。若停声待拍，方合乐曲之节。所以众部乐中用拍板，名曰齐乐，又曰乐句，即此论也。……声与乐声相应，拍与乐拍相合……舞法曲者大曲者，必须以指尖应节，俟拍后转步，欲合均数故也。法曲之拍，与大曲相类，每片不同，其声字疾徐，拍以应之。如大曲《降黄龙》《花十六》，当用十六拍。前衮、中衮，六字一拍。要停声待拍，取气轻巧。煞衮则三字一拍，盖其曲将终也……惟法曲散序无拍，至歌头始拍。若唱法曲、大曲、慢曲，当以手拍，缠令则用拍板。

何时用拍、何时用手拍、何时用拍板？张炎此节已言之甚明了。

拍板是由柷、敔演变而来，多以木制成。王禹偁《拍板谣》所谓“麻姑亲采扶桑木，镂脆排焦其数六”，即是描写拍板的制作，多以六片组成，需双手持拍拍打。后世为求简便，多减六为三，以单手拍之。拍板也有用象牙、牛角或铁板等制作的，多视演唱环境而定。或讲究以象牙，或简陋以牛角，甚至以手掌击拍。板材虽有不同，而节拍之不可或缺也可见一斑。词中如六一词“檀板未终人又去”、子野词“缓板香檀，唱彻伊家新制”以及海野词“丝管暗随檀板”等句，也多有描述，“曰缓，曰随，曰未终，其节奏犹可想见”①。

节拍是指音乐的节度，一般来说，歌词的一句为一拍，如苏轼的《十拍子》（又名《破阵乐》），上下片各五句，故合称“十拍子”。再如《三台》，现存万俟雅言的同调词，分三片，每片十句，合三十拍，李匡义（济翁）《资暇录》称《三台》为“三十拍促曲”，可见以一句为一拍还是比较常见的现象，但是否可以据此依为定例，则还须慎重，任半塘《唐声诗》即认为节拍

① 丁绍仪：《听秋声馆词话》卷一，《词话丛编》第三册，第2586页。

即是唐人所称的乐句，是乐与舞的骨干，不一定与歌词的“句”直接对应①。如《八拍蛮》就是只有四句，却有八拍的。王灼《碧鸡漫志》卷三至卷五考订诸多词牌，便注重说明词牌的节拍，如说：“今越调《兰陵王》，凡三段二十四拍，或曰遗声也。”（卷四）再如：“欧阳永叔云：‘贪看六么花十八。’此曲内一叠，名《花十八》，前后十八拍，又四花拍，共二十二拍。乐家者流所谓花拍，盖非其正也。曲节抑扬可喜，舞亦随之。而舞筑球六么，至花十八益奇。”（卷三）可见节拍尚有正拍与花拍之分，“正拍”亦名官拍，是指乐节的基本曲拍，而所谓“花拍”即主要是指在弦吹曲中加花点的曲拍，苏轼《南歌子》有“叠鼓忽催花拍”之句，则属于鼓乐中的曲拍了。因为花拍不属于正拍，所以如《花十八》词调，虽加上四个花拍有二十二拍之多，但调名仍名《花十八》。正拍之外，与花拍相类似的，还有所谓艳拍、促拍、待拍等，限于篇幅，此不赘论。

节拍的缓急当然也与乐器的变化有关系，晚唐伴奏乐器以羯鼓等鼓类乐器为主，所以其时歌词的节拍大多便以促急为特征，北宋慢词盛行，乐器增加了笛子等管弦乐器，陈简斋《临江仙》有“杏花疏影里，吹笛到天明”之句，苏轼倚懿卿笛声作《水龙吟》（楚山修竹如云）②，都是其证。箫、笛等乐器的节拍自然缓慢一些。所以当王世贞评论《花间集》中的词犹嫌“促碎”时，沈曾植便不以为然，认为“促碎”正是“唐余本色”所在，他在《菌阁琐谈》中说：“《卮言》谓《花间》犹伤促碎，至南唐李主父子而妙。殊不知促碎正是唐馀本色，所谓词之境界有非诗之所能至者，此亦一端也。五代之词促碎，北宋盛时啴缓，皆缘燕乐音节蜕变而然。即其词可悬想其缠拍。《花间》之促碎，羯鼓之白雨点也；《乐章》之啴缓，玉笛之迟其声以媚之也。庆历以前词情，可以追想。唐时乐句，美成、不伐以后，则大晟功令，日趋平整矣。”③ 燕乐和歌词节拍从晚唐五代的

---

① 任半塘：《唐声诗》（上编），上海古籍出版社1982年版，第281页。

② 参见杨慎《词品》卷三，《词话丛编》第一册，第469页。

③ 《词话丛编》第四册，第3606—3607页。

“促碎”到北宋初年的“啴缓”[①]，再到北宋后期的“平整”，经历了一个从急到缓再到折中的过程，这个过程的背景正大致是歌词从小令到慢词的发展。

配乐制腔与声党融字

与乐府诗的“选词以配乐”相似，倚声也应有配乐制腔的含义。“善歌者以曲为主，歌出而谱随以成。”[②] 倚词配乐，依曲制腔，都涉及词与音乐之关系，不过从现存文献记录来看，倚词配乐要更为常见一些。所谓“新词觅个美底腔儿”[③]。有些是夫子自道，苏轼词序提及的将韩愈的《听颖师弹琴》和陶渊明的《归去来兮辞》分别“稍加檃括，使就声律”，成《水调歌头》（昵昵儿女语）和《哨遍》（为米折腰）两词，“就声律”其实是“倚声”的另外一种表述。又如姜夔在其《暗香》《疏影》二词前的小序中即说自己先因范成大“授简索句”，然后是“且徵新声，作仙吕宫二曲”，最后“使工妓隶习之”，为词制谱配乐的程序十分清晰。有些是文献中的间接记载，如杨湜《古今词话》云：“东都防河卒于汴河上掘得石刻，有词一阕，不题其目。臣僚进上，上喜其藻思绚丽，欲命其名，遂摭词中四字，名曰鱼游春水，令教坊倚声歌之。”类似的例子又见于吴曾《能改斋漫录》卷一：“‘仙女侍……袅袅香风生珮环。’李太白词也。有得于石刻，而无其腔。刘无言自倚其声歌之，音极清雅。”既无其腔，又说“自倚其声”，则倚声等同于制腔了。至于唐明皇为李白的《清平调》三首“亲调玉笛以倚曲”，更是传为雅谈[④]。撰腔与填腔和倚声的意思也相近，表达的也是为词配腔的含义。吴曾《能改斋漫录》卷一六记载王诜有《忆故人》词，“徽宗喜其词意，犹以不丰容宛转为恨，遂令大晟府别撰腔。周美成增损其词，而以首句为名，谓之《烛影摇红》”。不过这里的“别撰腔”主要是指在腔调与腔调之间的调整与转换，类

---

① 柳永的词即被陈振孙评为“音律谐缓”，与沈曾植之说彼此呼应。参见王奕清《历代词话》卷四引，《词话丛编》第二册，第 1163 页。

② 毛奇龄：《西河词话》，《词话丛编》第一册，第 583 页。

③ 赵长卿《眼儿媚》词，转引自李调元《雨村词话》卷二，《词话丛编》第二册，第 1408 页。

④ 王奕清等撰：《历代词话》卷一引《松窗摭异录》，《词话丛编》第二册，第 1089 页。

似于借腔或过腔，意指以原调腔为基础而度入他腔，改变原腔的音律。王诜《忆故人》原为小令，而经大晟府另撰新腔、周邦彦增损其词后，则改变为新调《烛影摇红》，总体上确实比原词“丰容宛转”了。这是倚旧声作新声的显例，值得关注。中唐时期在白居易、刘禹锡诗中出现的“新翻《杨柳枝》”“新歌踏《柳枝》”① 等，都大致可以归入借腔或过腔的范围。② 宋词中的过腔就更为普遍，如苏轼用《小秦王》调以歌《阳关曲》，晁无咎将越调《永遇乐》过腔为《消息》，姜夔的《湘月》亦即《念奴娇》之鬲指声，贺铸用《踏莎行》调作《江南曲》，有“紫箫闲捻度新声”之句，显然也是“倚”《踏莎行》的旧声来作《江南曲》的新声。过腔与原腔相比，句法句格相同，但音律已变化，所以宋人也视过腔为自度曲，这其实也可以理解为一种特殊的倚声——倚原声作新声。可能宋代词腔与词腔之间的转换为常态，故宋代词话较少言及，那种按调的原声本意倚声者，反为宋代词话所瞩目，王灼《碧鸡漫志》卷四考订《虞美人》源流，就特别注重此调“就曲志事”的特色。

盖词人所作，乃在按谱寄意，而意思的断句和节拍与音乐的节拍未必同步，宋末的杨守斋即已感叹：“自古作词，能依句者已少，依谱用字者，百无一二。”③ 从而寄希望通过“善歌者融化其字”来弥补句和字的参差离谱。宋人一般以四声定宫调，所以宋代歌妓乐工的融字法，主要是针对平上去入四声而言的，或融平为仄，或融仄为平，有时声中无字，有时字中有声④，要在合理犯曲⑤，以增美听。以此将句法与音节配合起来，所以声党的巧妙演绎就

---

① 白居易：《杨柳枝二十韵》：“小妓携桃叶，新歌踏柳枝。”刘禹锡《杨柳枝词》：“请君莫奏前朝曲，听唱新翻《杨柳枝》。”

② 王昆吾认为，所谓“翻”相当于歌曲与器乐曲或器乐谱彼此之间的转换，着眼的也是腔调与腔调之间的转换变化。参见其《唐传古乐谱和与之相关的音乐文学问题》，原刊《中国社会科学》2000 年第 5 期，后收入其《从敦煌学到域外汉文学》一书，商务印书馆 2003 年版，第 225—226 页。

③ 张炎：《词源》卷下附录“杨守斋作词五要”，《词话丛编》第一册，第 268 页。

④ 不过杨守斋并非鼓励填词者随意为长短句，而是说明融字往往要凌犯他宫，非复本调了，故宜慎重。参见饶宗颐《杨守斋在词学及音乐上之贡献》，载《文辙——文学史论集》（下），台湾学生书局 1991 年版，第 674—676 页。

⑤ 融字与犯声的概念有彼此交叉之处。沈括《梦溪笔谈》提到的“融字”主要就是指宫声与商声的相犯，即宫声字用商声调歌之。据《词源》记载，宫调相犯主要有四例：宫犯商，商犯羽，羽犯角，角归本宫。

显得十分关键了①。姜夔的平韵《满江红》就是很突出的例子，他在小序中说："《满江红》旧调用仄韵，多不协律；如末句云'无心扑'三字，歌者将'心'字融入去声，方谐音律。予欲以平韵为之，久不能成。"姜夔所举"无心扑"是周邦彦同调词的歇拍之句，姜夔的平韵词则以"闻珮环"为歇拍。张尔田原则上赞同姜夔的说法，他说："'扑'字须唱平声，则'心'字不能不融入去声；若作上声，便与平混。"② 张尔田同时也认为这种情况仅是《满江红》一调而已，并非所有词调皆可融字。但事实并非如此，李清照《词论》即提到当时《声声慢》《雨中花》《喜迁莺》就是兼押平声韵和入声韵的，《玉楼春》更是平声、上去声、入声通押，但仄声押上声则协，押入声就不可歌了。夏承焘在笺释姜夔《满江红》（仙姥来时）时曾考订宋元人娴习音律者，往往融字改腔，如陈允平改《绛都春》《永遇乐》上声为平，改《三犯渡江云》平声为入，贺铸、叶梦得、张元幹等改《忆秦娥》《念奴娇》入韵为平韵等，都是其例。这也符合张炎《词源》所谓"平声字可为上入"的说法。所以四声相融是有一个基本的原则的。万树《词律》极辨上去，周济《宋四家词选目录序论》复辨上入，亦由"平去是两端，上由平而之去，入由去而之平"，词调之谐美，确实要遵循这种规律。

所谓融字，在四声平仄相融之外，还有词调拍眼的调整之意。唐宋时期的乐曲与歌词句读之间并非存在着不可移易的对应规则。赵元任就明确指出："音乐中之句读与诗文之句读不同。在歌调中大抵乐读长于字读，乐句长于字句。""在吾国音乐每节之板眼，虽大抵清楚，而于句读之结构，则除数种小调外，概系缺如。""在乐调每节总拍虽有定数，而其拍之分法则，以参差而

---

① 林玫仪考订令、引、近、慢四者之区别乃在音乐之结构不同，而非关乎字数，其中关键在于词乐具有一定的弹性。她在《令引近慢考》一文中说："盖乐腔具有弹性，歌者可自行运腔，从容其间，故令、引、近、慢四者之间，并无必然之长短差别。"载《词学考诠》，（台北）联经出版事业公司 1987 年版，第 138 页。

② 此为张尔田致夏承焘信函中所言，转引自夏承焘《姜白石词编年笺校》卷三，《夏承焘集》第三卷，浙江古籍出版社、浙江教育出版社 1997 年版，第 60 页。

不拘束为贵。”① 盖文人作词考虑的是意思和韵脚，而乐工制谱、歌妓唱词着眼的则是乐句、乐节等问题。张炎《词源》提到歌者运腔即有六字一拍和三字一拍的变化，此往往取决于乐曲的不同阶段。乐腔既有弹性，歌者运腔自然也可变化其间，所以有时歌者“停声待拍”，其目的正是“合乐曲之节”，而非为了迎合词句的句读。如词调中有一种属于“句中韵”或称“短韵”的情况，若付诸歌喉，句法和节拍也呈分离状态。陈匪石说：“词有句中韵，或名之曰短韵，在全句为不可分，而节拍实成一韵。”如温庭筠《荷叶杯》“波影满池塘”之“影”字与首句“一点露珠凝冷”之“冷”字相协等，《花间集》中颇为常见。有些词牌如《满庭芳》《琐窗寒》《忆旧游》《玉蝴蝶》等，换头第二字都属于短韵，所以有些词人不明所以，在无韵之处，填字相协，则迹近多一节拍，所谓“犯韵”“撞韵”，就是指的这种情况，这是被声家悬为厉禁的。②

文自为文，歌自为歌，所以词人与歌者之间其实是离而合的关系。杨慎《词品》卷一言之颇详：“填词平仄及断句借定数，而词人语意所到，时有参差。如秦少游《水龙吟》前端歇拍云：‘红成阵、飞鸳甃。’换头落句云：‘念多情但有，当时皓月，照人依旧。’以词意言，‘当时皓月’作一句，‘照人依旧’作一句。以词调拍眼，‘但有当时’作一拍，‘皓月照’作一拍，‘人依旧’作一拍，为是也……然句法虽不同，而字数不少。妙在歌者上下纵横取协尔。”苏轼的《念奴娇》词，调与意的情形也略同于此。王又华《古今词论》引毛稚黄分析苏轼《念奴娇》《水龙吟》词调与意的矛盾及其带来的断句分歧后说：“文自为文，歌自为歌，然歌不碍文，文不碍歌，是坡公雄才自放处。他家兼亦有之，亦词家一法。”苏轼的词之所以被认为是“曲中缚不住者”，其原因亦正在于此。杨慎与王又华所论乃先按词调拍眼吟诵，倚声之乐律虽已忘，而词调仍在。词人的按意下字与歌者的“上下纵横取协”是

① 赵元任：《说时》，原刊《科学》1916 年 10 月第二卷第十期，后节录于张静蔚编《中国近代音乐史料汇编》，人民音乐出版社 1998 年版，第 264—265 页。

② 参见陈匪石《声执》（卷上），《词话丛编》第五册，第 4936—4937 页。

一个整体，从某种程度来说，歌者的融字不但见其腔调娴熟，而且在不捐其意的前提下调整字句，自然也是创作的一部分了。当然这只是在词可以歌唱的年代，当词乐失传，无法付诸歌喉之时，倚声的“融字”这一层含义也就随之消失了。

倚声与制曲缀词

在唐宋时期，词调是在实践中逐渐形成定律定腔的。“添声”“减字”“摊破”“犯调”等作曲技法，也是以对原调进行修订而形成新的词调为目的的。词调稳定以后，倚声的潜在意思就要部分地落实到“填词”上来。陆游《长短句序》说：“倚声制辞，起于唐之末世。”黄庭坚《渔家傲》（踏破草鞋参到了）词前小序云：“余尝戏作诗云……或请以此意倚声律作词，使人歌之，为作《渔家傲》。”陆游的“倚声制辞”和黄庭坚的“倚声律作词”，即将倚声以填词的创作方式说得很清楚了。不过这种倚声有时是文士书案上的创作，有时则是歌席上的配乐之作，当然“随声随写，歌竟篇就”[①] 的情形要更为常见一些。宋末杨守斋“作词五要”之三就是“填词按谱”，也是从协歌韵的角度，要求填词者依照音谱填字填句，不能一味依赖歌者去融字。

“填词”二字最初是一个动宾结构的词组，而非关词体。今本杨绘《时贤本事曲子集》第二则记载，孟蜀后主（一说此诗乃花蕊夫人作）有诗云：“冰肌玉骨清无汗……（中略）只恐流年暗中换。”此诗全阕久不为人悉知，杨绘《时贤本事曲子集》云：“钱塘有一老尼，能诵后主诗首章两句，后人为足其意以填此词。”这个“后人”其实就是苏轼，“填此词”指的就是苏轼的《洞仙歌》（冰肌玉骨）。这一记载表明，最初意义上的填词，并非专指按照某种音乐和格律来填写语句，而是包括用长短句为诗歌续足其意在内，相当

① 此为吴曾《能改斋词话》卷二描述苏轼《戚氏》（玉龟山）的具体创作情形，《词话丛编》第一册，第154页。

于将歌诗中的和声、虚声、泛声、散声等用实字填写而已，强调的是一种创作方式。当然，从总体上说，宋初的“填词”也是具备基本的文体意义的，北宋初年盛传的宋仁宗称柳永为“填词柳三变”，柳永自称“奉旨填词柳三变”①，虽语近说部，但确实是专门针对词体而言的。至宋末沈义父《乐府指迷》说自己“暇日相与唱酬，率多填词”，就更是在词体意义上来使用“填词”这一概念了。而最早以“填词”为书名的，可能要算是明代杨慎的《填词选格》了。

宋初的“填词”一词也往往被“制词”“缀词”“制曲”等代替。如《时贤本事曲子集》《碧鸡漫志》《古今词话》等，皆错综而用。制词、制曲往往比较注重词与音乐和词调的一致性，而“缀词”则多强调自我发挥，不一定与词调相合，杨湜《古今词话》云：“凡缀辞多借腔叙他事，此名《江神子》，却举江神，可谓咏景著题也。”杨湜提到的《江神子》词是虞策赠其子弟的作品，其词下阕云：“终须买个小船儿，任风吹，侭东西。假使天涯海角也相随。纵使江神收领了，离不得，我和伊。”《江神子》即《江城子》，五代韦庄已填此调，但韦庄的两首《江城子》均以描写情事为主，并没有涉及“江城”或“江神”之意，显系后来填制。这是缀词的一般情形。而虞策此词将情事与江神结合来写，所以杨湜认为与一般缀词借腔不同，视之为特例。或许是有鉴于“填词”的名称有可能导致理解的偏颇，所以有学者认为：“俗谓作词为填词，此语便谬。填之云者，只视其句之长短，字之多寡，如数填足耳。”② 其实这是望文生义的理解，填词与词谱的关系并未因为“填词”的说法而受损。张炎《词源》卷下附录杨守斋“作词五要”所包括的择腔、择律、填词按谱前三“要”，都是昌明倚声的重要。所以填词虽然强调的似乎只是“词”，但“填”的前提是有乐谱，与“倚声”相比，只是在名称上弱化了应歌的特点而已。

词在北宋时期，并非都是播之管弦或声口的，有不少词人好在旅途孤

① 参见胡仔《苕溪渔隐词话》卷二，《词话丛编》第一册，第171页。

② 李佳：《左庵词话》（卷下），《词话丛编》第四册，第3165页。

馆或在寺庙亭台题壁写词，就纯粹是文学的笔墨了，秦观在维扬山寺题壁待苏，还成就了一段师徒佳话①。《魏庆之词话》记载“山谷尝手写（贺铸）所作《青玉案》者，置之几研间，时自玩味”，就是出于一种文学的欣赏。周邦彦《西平乐》（稚柳苏晴）序云“感叹岁月，偶成此词”，与宴集演唱无关，只是案头创作而已。张炎《词源》卷下提到填写慢词，已完全是书面文学的创作方式，与应歌即景之作已判然有别。其云：“作慢词，看是甚题目，先择曲名，然后命意。命意既了，思量头如何起，尾如何结，方始选韵，而后述曲。最是过片，不要断了曲意，须要承上接下……词既成，试思前后之意不相应，或有重叠句意，又恐字面粗疏，即为修改。改毕，净写一本，展之几案间，或贴之壁。少顷再改，必有未稳处，又须修改。至来日再改，恐又有未尽善者，如此改之又改，方成无瑕之玉。倘急于脱稿，倦事修择，岂能无病，不惟不能全美，抑且未协音律。作诗者且犹旬锻月炼，况于词乎！”填词的过程既是斟酌词意，又须求协音律，所以最讲格调。② 若是应歌而作，如此反复润色，盖词未就，而宴集已散矣。至于宋代大量的次韵、和韵词等，更属风雅相会，逞其文才而已，并非出于应歌的需要和目的。在词体的形式结构愈趋规范之后，特别是在“句度长短之数，声韵平上之差，莫不由之准度”（元稹《乐府古题序》）之后，以及“词则全为吟诵而设”③ 之后，填词的文学意义也就更为充足，只是由当初的倚声制词改变为按谱填词而已。

结　语

从某种程度来说，“倚声”的名称实较“词”为“浑成”④。内涵充足的

---

① 参见《魏庆之词话》，《词话丛编》第一册，第206页。

② 丁绍仪《听秋声馆词话》卷一云：“自来诗家，或主性灵，或矜才学，或讲格调，往往是丹非素。词则三者缺一不可。盖不曰赋、曰吟，而曰填，则格调最宜讲究。”《词话丛编》第三册，第2575页。

③ 李渔：《窥词管见》，《词话丛编》第一册，第559页。

④ 岑仲勉：《隋唐史》（上册），中华书局1984年版，第240—241页。

“倚声”，也许可以从宋代自度曲中窥见大概。兼擅音乐与歌词，在宋代就是一件比较困难的事情，张炎《词源》卷下所谓“今词人才说音律，便以为难”。所以徽宗朝设立大晟府，就分设协律郎与制撰等不同的职类，有的倚曲制词，有的依词配乐，各司其职，分工明确。大概只有既会吹奏乐器，又能制词，复能协律的，才可以担当自度曲的雅名。杨慎《词品》卷四云：“……（姜夔）善吹箫，自制曲，初率意为长短句，然后协以音律云。”善吹箫是基本功，倚箫声制曲是第一层倚声，倚曲谱为长短句是第二层倚声（包括此后的“协以音律”），倚歌者来演绎声情是第三层倚声。倚声的内涵应该包括这些。宋以后词乐失传，后人所谓“自度曲”便也改变了内涵，毛奇龄《西河词话》卷二云：“近人不解声律，动造新曲，曰自度曲。试问其所自度者，曲隶何律，律隶何声，声隶何宫何调？而乃犆然妄作，有如是耶！”以宋代自度曲的惯例来衡量后世的自度曲，则后世的自度曲难免有“妄作”的嫌疑。万树《词律》不收明以后自度曲，也应该是出于这一考虑。不过文体也是在发展中变化的，如果能依照平仄清浊制作词谱，以供后人填写，则也未尝不是一种创造了。先著、程洪在《词洁发凡》中说：“盖宋人之词，可以言音律，而今人之词，只可以言辞章。宋之词兼尚耳，而今之词惟寓目。”梳理词史发展，确实需要这种与时俱进的理念，只是先著、程洪言之略过，“今之词”其实也不无“兼尚耳”的特点，只是尚耳有了从“倚声”之乐律与“填词”之格律的不同而已。

（原载《江海学刊》2007 年第 1 期）

文学与神明：饶宗颐教授论文艺观

施议对

施议对：以往对于宇宙，通常有两种不同的见解。这么一来，也就出现唯心主义和唯物主义两大对立观念。中国推行唯物论，不信鬼神。有关文学与神明问题，讨论得也就并不太多。而文学问题，却很难离开神的话题。文学的发生、发展，与神这一最高主宰，其相互间的关系，仍然需要花费一番功夫进行探研。

饶宗颐：中国人不信神，好像没有神。文学与神明这一话题，到现在为止，似乎还没有人这么说过。我们的论题，就今天情况看，其对于现实社会，也许有一定抵触。但是，我相信，还是有许多证据可以支持我们的说法的。

大致而言，西方国家有神，那就是上帝。西方人讲文学，没有一个不讲神的。在他们看来，圣经是出于神的默感和启示（revelation），是天主的圣言。因而，最好的文学是圣经。英国文学都是从圣经里出来的，圣经是文学之母。英国如此，美国亦如此。中国没有神，但中国人看宇宙，却很强调神明。神和明可分开讲，也可合起来讲。《庄子·天下》篇所云："神何以降，明何由出。"是分开的例证。而刚出土的楚简，有一篇《太一生水》，其中"神明"二字，则为合的例证。中国早期经书，如诗、书、易，亦离不开神。可见，中国人还是有自己神的观念的。

讲文学，必须讲神明。完全否定神并不容易。这已是无法回避的事实。不过，这一问题，亦不能一概而论。严格地说，文学与神明这一命题，似应加上“古代”二字。因为古今有别，从古到今，有个演变过程；而古对于今，亦具参考价值。当然，探研文学与神明这一命题，并不意味着将文学当神学看待。这也是不可忽视的问题。

神明的位置

施议对：先生以为，神明具天、人二义。一指神灵，一指人的精神。这是神明的自然义和精神义。既在天上，又在心中；既在心中，又在天上。例如太一，既生于水，又藏于水；形上、形下，各归其位，各司其职。宇宙间因为有了神明这回事，一切也就那么有条不紊，秩序井然。

饶宗颐：“神明”二字，可分、可合。分开讲两个意思，合起来也是两个意思。一个是天上的神明，一个是心中的神明。天上的神明，这是人以外的一个主宰；心中的神明，即为一种至上神，或者说“精神我”。

文学中的神明，亦两个意思。既讲神，又讲人。如将天地人合在一起看，实际上，则应当有三种神。

1. 上下与内外

施议对：先生论道，谓可以训始、训大、训虚、训理，或者无，因为“虚无无形之谓道”（《管子·心术》）。而论神，谓天地四方，冥冥中之所有，既无所不在，又无可见其踪迹。其“道”与“神”，二者皆难以捉摸。但是，《诗经·大雅·崧高》有云：“崧高维岳，骏极于天。维岳降神，生甫及申。”先生说，此所谓神者，明显在天上。因此之故，才有甫侯及申伯的降生。而《庄子·齐物论》所云“劳神明为一，而不知其同也”，谓弄不清“朝三暮四”与“朝四暮三”的同与不同，乃“自炫其明，为物驱使”（成玄英语），其所“劳”之“神”，就是我们所说的精神。因而，此所谓神者，又明显在心中。两种神，或上、或下，或内、或外，大都可以清楚得到辨别。亦即，天上的神与心中的神，只是一种层次上的区别。其形上，或者形下，行迹，或者精神，乃至现实世界与玄虚世界，二者虽有个远与近的区别，但其位置，应当都测定得到。

饶宗颐：《庄子·列御寇》（一二）有云：“明者唯为之使，神者征之。夫明之不胜神也久矣，而愚者恃其所见入于人，其功外也，不亦悲乎。”此时，神之与明，已分作二界。可知，难以捉摸的神明，其上与下、内与外的位置，皆有一定。

近时湖北郭店出土楚简有《太一生水》一佚篇。郦道元《水经注》序云：“易称天以一生水，故气微于北方，而为物之先也。”在九宫图中，一为北方之水，故为万物之先。谓太一藏于水，行于四时，历沧热（即寒暑）二气而成岁，为一极为新鲜的宇宙论。这就是说，万物之生成，以水为先。而藏于水的这个太一，自然亦为万物之先。亦即，充塞天地之阴阳二气，必在神明之下。阴阳有形，表示光暗。天地亦有形。而神明则无形、无迹，它就在天地、阴阳之间。以前不知道神明的位置，只是以为，生阴阳的这个神，乃阴阳上面的神明，一定不是人的力量之所能达至。

因此，就其运转方式看，神明的位置，似可以下列公式加以展现：

太一（水）{ 天（上）/ 地（下）} 神明 〈 阳 / 阴 〉 四时 〈 燥—然（热）/ 湿—沧（寒）〉 岁

施议对：神明的两个意思，既上又下，既内又外，但最终似乎都落实到人的头上来。就个别事例看，其体现方式，应当也有一定。《庄子·天下》篇所云：“神何以降，明何由出。圣有所生，王有所成，皆原于一。”其神与明之降与出，以及圣与王之生与成，二者之间，似有个前后因果，其关系应如何辨析？

饶宗颐：这里所说就是神明。神与明是不能分割的，内圣外王也是不能分割的。最根本的，就在于神明。二者相合，是一个整体，才能得以帮助。因为“皆原于一”，原来的神明就是天。如将庄子的话合起来看，圣就是神，王就是明。前后不可割裂开来。许多人读《庄子》，往往不读清楚，忘记上面有神同明，而只是捡了个尾巴，没有头，非常好笑。大家都讲内圣外王，都强调内圣，看不起外王。而且，后面的“皆原于一”，也被丢掉了。只注意“圣有所生，王有所成”二句，而忽视上面的神同明。因此大讲特讲内圣外王，并将其扩大至哲学范畴。这都是新儒学的标榜。这段话，庄子本来说得很清楚，后之读书人，也得看清楚。

东汉刘陶上书说：“人非天地，无以为生；天地非人，无以为灵。是故帝非人不立，人非帝不宁。夫天之与帝，帝之与人，犹头之与足，相须而行也。”他指出地与天、人三者的关系就像人的身体。帝是神，而人亦有灵（性），天是上皇，在人的头上，所以可解头顶为天。从殷代卜辞，证知晚期文武丁时，已称作文武帝。《中庸》说：“郊、社之礼，所以事上帝也。”郊指祭天，社指祭地。卜辞每言燎土是祭地，与蒿之祭天，都是事上帝之礼。上帝是最高级的宇宙神，实际包有天地而统摄之。

2. 公信与私意

施议对：先生说，人天之间，最大的共信，应当还在于自然活动。太阳出来是白天；太阳下山，就是黑夜。谁也不得质疑。但有关人事活动，其是非、黑白，则需要有个仲裁，比起自然界来，似乎复杂得多。

饶宗颐：先秦时代，在龟卜支配下精神活动，用一个“贞”字来控制整个思想界。在知来的预期作用，从贞的原则，建立神、人之间共同遵守的规范。“贞”的抽象观念遂成为殷、周人的指导思想。

殷代龟和骨的占卜刻辞，最新统计近六万片，几乎每片都出现“贞”(𡆥)字。如某日卜某贞。“贞”，亦读作鼎，乃“问事之正”，指通过占卜手续，由神的指示取得“正”的答案。这个“贞”字，有“正”的意思。《老子》第三十九章说“侯王得一以为天下正”，第十八章说“国家混乱，有忠臣”。帛书乙本作“贞臣”。“贞”“正”二字通用。而《诗经》大雅“文王有生”云：“考卜维王，宅是镐京。维龟正之，武王成之。”谓“维龟正之”，为什么用“正”？朱熹《诗集传》曰：“正，决也。”因为殷、周圣人通过灵龟来建立至正无偏的决定，从神明取得“正”的行为。这是无偏无私的一种占卜决定，代表神的意志。

因此，不仅几万片占卜刻辞都有个“贞”字，甚至现在保存于大英博物院唯一一片殷代甲骨（殷代家谱记录《儿家谱》），开头一个字也是“贞”。

施议对：正直、公道，或者“贞”，是一种公信，亦人事活动的仲裁标准。所以，先生曾指出：这个“贞”字，不应该全作“问”解。过去，大家都用《说文解字》的解释，以为“卜问也”。因将其当“问”讲，而忽视了“正”这一终极意义。为“贞”正名，对于认识古时候的贞问制度，相信可得认同。

饶宗颐：贞问为国之大典。贞人为主祭而问事者。殷代以贞作为人神沟通的共理。《易经·系辞·下传》曰：“吉凶者，贞胜者也。天地之道，贞观者也。日月之道，贞明者也。天下之动，贞夫一者也。”贞胜、贞观、贞明、贞一，已衍引出一系列哲学架构，哲理丰富，精彩至极。所以，朱子引述四德，解“利贞”之义云：“利贞，谓利于正也。”这是很中肯的。

卜筮为神明的代言手续，是本着上帝的意旨来决定的。上帝高高在上，卜筮绝对不敢用其私意而有亵渎神明之举。《尚书·洪范》所说的大同，即指神与人共同的决定。这一通过占卜的决定，是神与人，上与下，大公无私的共同的公意，所以称为大同。亦即，每决定一件事，都须有人同神的共同许可。不但人许可，神也得许可。一件大事，经过人与神的沟通，人同意，神同意。墨子所说天志、尚同，其精神亦即在此。

所谓仲裁，即须共信。这种共信，中国叫作“贞”，外国是“法”。在西方看来，人的宗教理想（ideál religceux）是“法”Loi（希伯来称forah）——神的秩序（ordre divin）的认识与奉行。神的意旨（volonte divine），其本质就是正直、公道（justice 希伯来称 sedhek）。

早岁，我撰《周代贞卜人物通考》，曾指出，“贞”字中，有一些可当“问”讲，有一些则未可。这事情，曾经引起过争论。美国某学者，就曾撰文讨论这一问题。到底这个“贞”字，应当怎么解释呢？比如《易经》四德，元、亨、利、贞，也有一个“贞”字。这个“贞”字，就不能当“问”讲。但是，自从甲骨文出现，比较新派的学者，就用“问”来解《易经》，把过去未当“问”解者，都以为错误。其实不错。古人不错，是现代人不弄清楚，自己搞错了。

1993年12月，在巴黎接受荣誉博士学位，我的演讲词——《中国文化史上宗教与文学的特殊关系》，一开头，就提到这个“贞”字。指出，这个“贞”字，有“正”的意思，并将其与西方宗教理念中的正直与公道相提并论，以为，中西两方，一样追求。

因为这个“贞”字，我还写了篇《贞的哲学》，在北京大学一百周年校庆汉学论文集发表。相信我的见解已逐渐得到认同。

3. 造神与灭神

施议对：天上的神与心中的神，既理想化，亦世俗化。而神化了的人，既具最高形上疑惑的“精神我”，又成为每个人心中的至上神。天上、人间，合二而一。其间，人造因素，看来也十分明显。尤其在中国，古往今来，各种造神现象，时有所闻。对此，先生有何看法？

饶宗颐：《淮南子》精神训有云：“夫静漠者，神明之宅也。虚无者，道之所居也。”这是讲心里头的神。《易经》讲了很多神，比如：“阴阳不测之谓神”、“神也者，妙万物而为言者也”（《说卦传》）。所说有时是神物。占卜时，蓍草就是神物。又如“是以明于天之道，而察于民之故，是兴神物，以前民用。圣人以此齐戒，以神明其德夫”（《系辞·上传》）以及“幽赞于神明而生蓍”（《说卦传》）。幽，看不见，赞于神明而出于蓍。说神物、神用。把几样东西连起来，人与神也就连在一起了。所以，《易经·系辞·上传》又云：“神而明之，存乎其人。默而成之，不言而信，存乎德行。”古人讲神很有深度。你的行动，建立你的可信性。因为神是外面的，我们所作所为，神都看得见；神又在心中，亦即心中有神，神将其行动寄托在你的身上，自己也就等于神了。这就是神的认可。神支持你，你代表神。你这个人就进入神的天地里头去了。所谓“精义入神”，就是这么个意思。因此，你的行动，既得到神的支持，你不用说话，大家都相信你。

神与明二者，神，聪明、正直，乃明之主，任何时候，都必须以神为主，以神来导明。宗炳言画，以畅神为先；彦和言文，以神思为结虑。宗炳颇非儒学，病其仅得粗迹，未究玄极；惟抱守阙文，莫闻穷神致化。因谓："中国君子，明于礼义，而开于知人心，宁知佛心乎？今世业近事，谋之不臧，犹兴丧及之，况精神我也。得焉则清升无穷，失矣则永坠无极。可不临深而求，履薄而虑乎？"（《明佛论》）其以为明神之妙用，即治乱之本，亦心神之为。推之，为文作画，何莫不然。故非练神，无以臻其极致。

中国人没有特别讲造神这句话，但相信，一切都是神决定的，一切受神管制。老百姓，统治者，都这么认为。现代中国的造神运动，与政治有关。最高峰的时候，我在法国。有一次看电视，那么多人拿着红小书。法国人说，那就是上帝。不可能的，怎么能达到这么一种程度呢？所有的都表示得那么崇拜，实在伟大极了，因为已经是神了。假如到此为止，那就高到不得了。人可以代表神，但不可能等于神。神是有一定神秘性的，拉开了就不行。这是个层次问题。佛教思想对中国人很有启发。中国人很聪明。不一定明白原来的名义及所谓真意义，但借过来，就可以用，为我所用。

施议对：先生所做学问，一言以蔽之，乃精神史研究。而文学与神明，亦打正旗号，向神的领域行进。研究精神史问题，就目前状况看，相信也是文明建设之所需。但是，在某些人眼中，先生好像很唯心。说明，提倡一种学说，需要一定胆量。眼下，窗口已为打开，大门虽然仍关闭，但一步一步往前走，一定可达至预期的目标。

饶宗颐：宗教思想之与文学，就好像一物的内蕴与外廓互相依存着表里的关系。宗教必待文学而后有高度的表达，文学作品因时代而转移，必借重宗教思想来充实内容。文学心灵的培养，取资于宗教为常见之事。文学家不一定具有某种坚定的宗教信仰，儒、释、道三教著述，既多所涉猎，自然对他们的思想起了渗透的作用。以唐宋诗人来说，王维山水诗中充满禅悦意味。李贺诗中用许多"生""死"字眼，有人以为是受到《楞伽经》的影响。苏轼的浸淫道书，黄山谷对禅宗的深入，都是重要的例子。他如文学手段在宗教家手上多方运用，王梵志之于偈颂式五言诗，全真教徒之采取词牌，甚至改易词调的原名，自创新格，各极其胜，互相采获。宗教家如何利用文学作为宣传工具，中国人对宗教采取宽容态度，各教彼此间的互相渗透，更是常见的现象。

我反对神灭论。刘勰没讲这问题，他将形与神对立起来，对神明了解不够。我不反对唯物论，神就在宇宙之间。当然，我不会把人的东西拿来装点神，不会把人的世界搬到神上面去。讲神，研究神，似乎是很大的反叛，不得了。但是，跑的地方越多，越研究、越思考，越加相信有个主宰在那里。“神而明之，存乎其人”，这是宇宙定律，不可否定。古代中国人讲神，是这么了不起。神与人不分开，人人都了解得到，人人都可以成为神。这就是中国人的神学观。

中国反对神，讲唯物论。外国朋友大都信神，日本就不一定，但他们有神社。我以宗教为题，在外国高等院校演讲，曾获得人文科学荣誉博士学位。我读《楚辞》的时候，就相信有一个主宰。二十余岁就有这思想，不敢太特别研究。本来，顾颉刚希望我做他的队伍，他是疑古的，但我信古，而且，冥冥之中，与神有一种关联。要不然，许多事情无法说明，宇宙没办法讲。这是我个人的信仰。

贞卜以断志

施议对：司马迁《史记·龟策列传》载：“自古圣王，将建国受命，兴动事业，何尝不宝卜筮以助善。……王者决定诸疑，参以卜筮，断以蓍龟，不易之道也。蛮夷氐羌，虽无君臣之序，亦有决疑之卜。或以金石，或以草木。国不同俗，然皆可以战伐攻击，推兵求胜。各信其神，以知来事。”每事决疑，包括有关人事活动的判断与决定以及对于自然界的预测。在两个互相对立而又互相依赖的二元单位，神的作用，大致两个方面：对于凶和吉的分解与化合。这是一种辅助决策手段，就社会发展看，这种判断与决定，有何意义？

饶宗颐：中国古代没有史诗，无法与近东各地作详细的比较。通过殷代甲骨文的记录，得知殷代有“神帝”掌握自然界的一切活动，可以命令风雨雷霆，福祸于人。杀牲祭祀，正如西亚的 tērētnigi（sacrifies），又有贞卜的人物，如西亚的 bārū（seer）与 maʃmaʃu（diviner）。西亚人用羊肝占卜，殷人用龟，亦兼用筮卦。

殷人占卜是商王室一项重要活动。占卜内容，包括社会生活的各个方面。楚国观射父对子期说：“祀所以昭孝息民，抚国家定百姓也，不可以已。”具有宗教、政治、经济三重意义。

1. 天道与人事

施议对：天道与人事，或者天道与人道，天，包括大自然中的一切。五行始终，金声玉振，什么都讲究互相呼应。贞卜以断志，古时候事神的实践。将天地人三者调和在一起，或者说，由天上返回人间。古时候，天地人三者的关系究竟是怎么协调的呢？天人合一，是否为最高理想？

饶宗颐：中国人讲究天地人合一，很早就有那么一套。《九章》之作，有向神彰明的意思。而《离骚》之作，乃一种自我剖白，旨在表明“耿吾既得此中正”，掬肝沥诚，以邀天地四方神明之共鉴。至于贞卜，那更是人和神的一种沟通。

所谓至高无上谓之天，举目所见，莫大于天，而人既有智识，也就发生敬天思想。对于天的敬畏，乃出于自然。东西各地之上世宗教，莫不拜天为共同信仰。

天如明鉴，时时在察看人的善恶。善的则予福，恶的即降祸。人的行为受到天的监视。天所反应的好坏是和人的行为之善恶相感应的。于是，有吉凶妖祥之说的兴起。殷代卜辞所见帝字极多，皆指天帝而言。帝赋有全能，日月星辰、风云雷雨，都出于帝的命令；至于水旱丰歉，亦由于帝所控制。

人与自然的协调，这是很晚的观念。自古至今，人根本就是受大自然控制的。大风大雨，无法解释，只懂得恐惧，用中文来讲，就是一个“畏”字，叫“畏天威”。即使是今日，科学发达，有能力登上月球，也没有能力对付龙卷风这玩意儿。人对于自然，只是害怕，所以讲畏天。因为害怕，所以就歌颂这个天，歌颂天的各种各样东西。人定胜天，算是一种“老三篇”。强调一下，增加信心，实际上，明明知道不可能。不过，人对天的了解、协调，应是人类进步的表现。

施议对：马王堆帛书《经法》云：“黄宗受命于天，定立于地。”先生以为，溯源至黄帝。说明，有德然后有位，失德必失其位。西周文诰处处发挥这个道理。天的地位和天对人的影响力量，至此得到绝对的确定。德对于天人关系，能否产生一种互补互救的作用？

饶宗颐：“天示象，现吉凶”。天地间灾异现象的产生，由于人主有过失，故天显示凶的预兆，王者如果能够修行德政，即可补过。周礼所谓“以诏救政”，“救”即是“补救”的意思。这样叫作“救政”，当时人们相信天人之间有绝对的因果关系。

龟与筮的从违所引起征兆问题，有休征和咎征，即吉和凶的两面，说明自然气象与人事行动的相互影响。休征以“时”为宜，咎征则以“恒”为过。《洪范》云：“一极备凶，一极无凶。”孔“传”曰：“一者备极过甚则凶，一者极无不至亦凶，谓不时失序。”过和不及都是不好的现象。因此，人主的动作失常，天象即给以不同的反应。在天人交感理论的支持下，这种说法，足以令在位者警惕与反省，是一种神力的教训。

施议对：银雀山竹简《孙膑·月战》云：“天时地利人和三者不得，虽胜有央（殃）。”说明天人之间，必相应和，才不致遭受灾殃。人事活动经常可用天文现象加以说明。从天文学角度看，天上、人间，于空间位置，是否亦有互相应合之处？

饶宗颐：古时候开展军事活动，政治、外交须以行先。比如今天常用的名词——革命，如溯源至汤、武时代，那就是殷革夏命及周革殷命，一个成汤，一个周武，其所采取行动，已成为历史上的重大事件。而周之克殷，取得胜利，当时就以为，能上应天命。周景王时将铸钟，伶州鸠提出一套理论，说武王伐殷的时辰，正合于五位、三所，所以能够取得胜利。

伶州鸠对周景王述武王伐纣时的天象，以日、月、岁、星、辰五位，推算历数。近时经过许多人的讨论，用天文方法回推计算，证明当时记录大部分是真实可靠的。如“月在天驷”，即指天蝎座 π 星（Scoπ），正是二十八宿中房宿的距星。曾侯乙墓所出漆器文字称：“民祀惟房，日辰于维。兴岁之四。”四即天驷，所言若合符节。这是“五位”的天文现象，用于历数。而三所，乃以天文上的星次来论人事。

后人引用“革命”两个字来讨论历史上的事情。比如，从三国到晋，古人也认为是一个革命。三国到晋，武帝统一了，古人将其解释为顺乎天而应乎人。

这是个时空问题。时间是历法，空间是方位。以乐律配合天时，主要在掌握时空定点。

乐官的神瞽即是节候预告的负责人。从虞舜时代已有幕其人在这一方面工作，取得很大的成就，故被人们尊为大圣。风生于四方，殷代的卜辞有很明确的四方风的记录。风必与时相应，方不应时则乱；方与时必须相应，实时空的定点必取得一致。所谓天时地利人和，亦于此求得依据。

2. 人谋与鬼谋

施议对：汉文化发展到了殷代，在社会活动方面，以占卜为主。每事决疑，使人与神之际，询谋佥同，天人的意志与行动取得一致。占卜活动，人神互动，二者之间，如何打通？

饶宗颐：古文《尚书·大禹谟》云：“帝曰：禹，官占。惟先蔽（断）志，昆（后）命于元龟。朕志先定，询谋佥同。鬼神其依，龟、筮协从。卜不习吉。”这里有个志的问题。新出土楚简（《语丛一》），“诗所以会古今之㞢（志）也者”与“春秋所以会古今之事也”并举；“志”与“事”对言。以为：《诗》（经）是一部会集古今人之“志”的诗篇，《春秋》是一部会集古今之事的著作。诗者，持也。“志”可以读作“持”。诗人情性，古代曰“持”（持人情性，使不失坠），现在是“志”。《诗》与《春秋》，都在于言志。所以，孟子说“诗亡然后春秋作”。《春秋》讲历史，描写古今事，以事表现志。《诗》亡，《春秋》替代其功用。一直以来，地位才那么崇高。志，从心从寺。言、事、志三者，古代似已分开。古人很重视这个志。“志”可说是一种中心思维，思想上具有核心作用。志变为事，事变为持，持变为恃。其实，都是持。这是训诂上对于文义的一种梳理。此所谓“志”，与占卜之定志，意思基本相通。“蔽”字训“断”，卜者必先蔽志，即事先决断。于占卜之前先定志，打定主意，然后命龟，进行卜事，故云“朕志先定”。这是人的行为，叫“人谋”。而“鬼谋”，即告诉你是凶是吉，这是鬼神的决定。神同人完全协从，界限就打通了。卜辞所见，皆公式化之例行公事。其过程大致可以下列图片加以展示：

卜者	先定志		人的决定
	然后命龟		鬼神的决定，告以吉凶
			神、人协从——是谓大同
	卜不习（袭）	方是“吉”	神、人意见一致，然后执行

经过详细思考后的决定，动必于“一”，贞于“一”。贞有决定的意义。如何避凶就吉，仍由人自取。人谋比鬼谋更加重要。谋事在人，仍是操之于己的决定。

施议对：一种决定，形上或者形下，两个层面意义的不同体现。实践过程中，对于“志”的说明及理论升华，于中西比较，有无可借镜之处？

饶宗颐：志，是作某种决定，孟子谓志是气之帅。诗言志，亦指意向。志的重要性西方哲人讲论最精彩的无如康德。德文有 willkür 与 wille 二字，都训意志，却有分别。康德论道德形上学，对此二字作严格的区别：

（纯粹的）意志　wille 是实践原则的订定——定然律令，即道德法规。

（混杂的）决定　willkür 是行动标准的采用——机能上理性存有。

从文义上看，wille 训意志（决定），willkür 由 will + kür，kürzen 有短距离之意，willkür 有任性、任意的意思；前者紧而后者宽。一个较严密，一个较随便。所以，康德说：“willkür 能够服从 wille 的法则，而不失去它自己的自由。”

吾人试以孟子之说解说之，wille 是通过集义的，而 willkür 则否，“行而宜之之谓义”，故 wille 是被确认的道德行为。我以下图加以表示：

行（动）　　　　willkür

｜

宜之　　　　　wille

↓

义

而康德分 willkür 为二类，则为：

tierisch willkür　兽性的决定

freie willkür　自由的决定

人禽之辨，即在于此，儒家所谓“人之所以异于禽兽者几希”。前者未经过道德的处理，后者的 wille 才算是“集义所生的决定”。

施议对：《礼记·祭义》云：

> 昔者，圣人建阴阳天地之情，立以为易。易抱龟南面，天子卷冕北面，虽有明知之心，必进断其志焉。示不敢专，以尊天也。善则称人，过则称己。教不伐，以尊贤也。

既为着求同，又不能够达至同的愿望，在这一情况下，应当怎么办？鬼谋可否定人谋，如不相信鬼神，人谋可否替代鬼谋？而平时所说若有神助，又是怎么一回事？

饶宗颐：这是很隆重的一种仪式，用的是神龟，诸侯才可以供奉。国家朝廷这般讲究，一般老百姓不这么做。这是统治者的一种占卜。这个事情很复杂，也很微妙。主要看协调，即所谓“询谋佥同”。人的决定，当然，古时候一些大事情，都是帝王自己决定的。其正确不正确，《春秋》把它记录下来，进行褒贬。

在以神道设教的时代，不能不倚靠神，做任何事情，要燃烧起宗教情绪，洁净心灵，加强意志，方能有高度辉煌的成就。打仗靠上帝，希望士兵不要二心。做每一件事情，都不能马马虎虎。天助与人助。因为上帝看着，所以灭殷才能成功。“神而明之，存乎其人”，等于有神帮助你。

所以，你就能够提高自己的精神。用神治病，用神写文章。文章有神，倒是杜甫说的。那个时候有神助，能够写出好诗来。其他时候，不一定。神不来，就写不出好诗。神不来，叫神不守舍，就很平庸。但并不是说，每次都有神来。这种机会，并不太多，一辈子只几次。能写出七八首好诗，也就很了不起。

3. 制度与手续

施议对：《礼记·表记》引孔子话说："夏道尊命，殷道尊神，周人尊礼。"所谓礼，就是一种制度。这种制度的承袭与实施，有着各种各样的形式体现。而方法，一般则以为有如下二项：卜与筮。如从认识论的角度看，这种事神尊礼的活动，其过程及步骤，能否看作是一种通过意念及数字所进行的游戏。

饶宗颐：殷代龟卜之外，还有筮卦，用数字来表示阴阳。殷代已有六十四卦，镌刻于各种骨、石、陶、铜器之上。马王堆帛书的《周易》，卦名与卦序与今本不同。例如《乾》卦作《键》，键是锁之牡者（阳性之 key），因为乾坤是易的门户，辟户为乾，故借键为之。卦的命名包括抽象与具体相生相反的对比意念，充分运用文学上的比兴之类推思维方式。"比"是譬喻（analogical mode of thinking），"兴"是借具体事物以引起他人的警悟、理解。比与兴二者大量引用间接的隐喻，而非直接的换喻，以义类推。一卦可代表许多事物，引起占卜者高度的联想作用，易卦的推理几乎是一种文学手段。古代中国占卦而外又有占梦，与巴比伦相同。周礼太卜所掌又有"三兆、三梦以觇国家之凶吉，以诏救政"。三兆等原亦有颂，皆千有二百，应该算是文学作品，可惜都已久佚不传了。

殷代繁琐的祭祀及占卜手续，到了周人手上，加以重大改革。周代人占卜，三种易一齐占，做每件事，并不像今天那么马虎。三种易，连山、归藏、周易，六十四卦安排，各不一样。连山以艮为首，归藏以坤，周以乾。殷代重视地，以为万物所归藏。殷代的最高神明是帝；帝是自然的宇宙主宰，承认自己是神，"率民以事神"。周人尊礼，强调天。周的易卦改坤乾为乾坤。

郊天在冬至举行，以冬至为一阳之始。殷、周异制，但周人更加制度化。

中国原始宗教的规律与生活，儒家之说，以一个“礼”字概括之。礼本是一种事神致福的社会性行为。礼制为祭祀、会盟、宴饮、朝聘等系列划分等级的仪节。周人采用尧的礼教，大大揭橥礼的重要性，一切人事活动的秩序以礼为核心。这是相对于虞、夏之“质”的“文”。

施议对：古时候，占卜手续繁琐，而占卜之种类、位次、礼节，皆有一定。实际上，有无不一定的另一面？亦即，不守规则的另一面？

饶宗颐：卜与筮本来分为二事，古代中国的数学理论，以龟为生数，筮为成数。春秋时人的说法非常清楚。生与成代表事物发展的两个不同阶段。生数到五为止，一切数从之而生，故称生数。七、八、九、六，从从生数发展而来，故称为成数。从甲骨了解到，龟卜一般止于五卜，可看出殷人已有龟属生数的观念。殷代分明有卜，又有筮，则成数的意思未必无之，观契数为卦，通常以“六”数表示爻，可以见之。

《礼记·表记》：“子言之，昔三代明王，皆事天地之神明，无非卜筮之用，不敢以其私，亵事上帝。是故不犯日月，不违卜筮。卜筮不相袭也。”卜与筮是两件使用不同工具和占卜手续的事情。《尚书·洪范》说：“龟从筮从。”龟是通过辨体（体察龟甲所表现的色泽）和审兆（经钻凿后显示的裂纹）来断定凶吉，筮则揲蓍布爻而成卦，由卦象来作判断。

殷代卜筮二者兼用。殷、周卜、筮不相袭。三代所用的卜与筮，各有一套。今从河南贾湖墓葬出土的蘊龟用八之制。可知远古占卜流行已有七八千年之久。三代各有它的易卦编排，形成连山、归藏、周易三易，互不相袭，自是可信。

卜龟、卜筮、卜梦，三者都有贞卜之事。手续不一样，但“惟吉”是从，则是同一目的。亦即在于实现人同神的沟通。一般讲，经过一卜、再卜，直至五卜，最多六卜。大都做到同为止。占卜次数，龟甲上所记，自第一卜起，至第五卜为止，通例大抵如此。龟卜何故以“五”为极限，这是有它的道理的。

天子五年一巡游，每次都须问卜。但当日之如何由先蔽志而后命龟的情形，其占卜手续如何，还有待于以后的发现。

神明的见证

施议对：在某种意义上讲，文学好像就是人与神沟通的产物。当然，这个神，也可以理解为最高主宰，不一定是特定的某某神，如上帝。而所谓产物，也可说是踪迹，人神沟通所留下踪迹，或者说一种见证。探讨文学起源以及精神史问题，都可从中得到启示。

饶宗颐：上文说过，我这个说法，就今日情况看，可能有一定抵触。但是，在古代，大祝负责六辞，由其执笔拟撰赞词以取得福祉。所谓“求，恒贞”，就是这一意思。而所有祭祀活动的记录，一言以蔽之，无非占卜文字。六祝之辞共有六种文体，包括祠、命、诰、会、祷、诔，都与祭事有关。此外，占亦是文体之一，刘勰已言之。这是中国文化上文学与宗教特殊关系最深的一例。谓之为产物，亦未尝不可。

六种文体，孙诒让《周礼正义》已作详细考证，而不少出土文书，仍有助解说。

祠。《说文》：“春祭曰祠。品物少，多文辞也。”秦简“马禖祭祝辞”可参。

命。铜器铭文有“出厥命”一类字句，如“永盂（西周恭王器）叠见之”。

诰。如何尊（成王时器）前言“王弇宗小子”，下言“廷告于天曰……”结云“王咸弇”。弇，即诰的异文。此铭可说是诰辞的具体例证。

会。指会盟、誓戒之文，如《侯马盟书》《诅楚文》之类。

祷。铜器铭文之末，多系祝嘏祈求永命之语。如《㝬簋》。

诔。对死者之纪念文字。《左传》（哀十六年）鲁哀公之诔孔子，即为范例。

大祝的六辞可说是祭祀文学。祀与戎是国之大事。曹丕说过“文章，经国之大业”，这一类配合国家典礼的文学作品，在古代，大多出于太祝之手，是“经国”性质的文章，可惜文献资料保存不多。现在出土文书中的长篇文告，像《墙盘》的历述先德，《中山王譽壶铭》的告诫嗣王，都是语重心长、义正词严的作品，与尚书典谟训告之文可相媲美。

1. 卜辞与繇辞

施议对： 占卜文字，从卜辞到甲骨文，当时都是巫觋通天的工具。是一种文书、档案，也是一种文学文本。

清末有一位翰林——王懿荣，无意中于药用龙骨上发现文字，以为远在篆籀之前，早于周代吉金铭文，因将其确认为商人占卜的卜甲和卜骨。先生早岁专治殷契，已有多种著述问世。对于古老的占卜文字，必有自己的心得。

饶宗颐： 甲骨文有两种，一种刻在乌龟甲壳上面，一种刻在兽骨（牛肩胛骨）上面。本来是卜辞，后来叫甲骨文。这是古代用以沟通人神的一种占卜文字。

小屯甲骨文是商代专门官吏为王室占卜或举行祭典或记载入贡所留下的记录。卜辞为殷王室档案。这就成为研究殷人典册的第一手材料。而且，甲骨文中有许多关于商代先公先王的记载，在时间上应该属于夏的范畴，可看作是商人对于夏代情况的实录。有关记录，比起一般传世之文献来要可靠和重要得多。

龟甲文无疑是我国最古老的文字，中国早期语言、文字最切实的记录。中国历来自认为有五千年文化，但周朝以前的历史、文物，孔子在他的时代已觉得太久远，有文献不足征之叹。自从有甲骨文的发现与研究，证实传世殷史是相当可靠的，同时也为我们提供大量殷社会、殷文化的素材。

最近河南舞阳县贾湖新石器时代遗址出土了完整的一块龟甲和二件残片，上面各刻有三个符号，一个已辨认出来是“目”字。据碳十四方法测定，这些龟甲距今已有七八千年之久了。甲骨学已经确立为专门学问，中国文化正式向前古拓展。

施议对： 这种占卜记录，有的较简单，只记凶和吉；有的较详细，时间、地点、人物、事件以及结果，样样齐备。据郭沫若考，“卜辞有长达六十四字的长文，把验证记在一百七十九日以后”（《卜辞通纂》）。如未包括结果（验辞），应较短窄。

饶宗颐：完整的卜辞，大抵包括四个组成部分：（1）前辞——即记卜日及贞卜者名字；（2）命辞——命龟之辞，为贞卜之事项；（3）占辞——因兆以定吉凶，系有“某固曰”及“㞢杀”、“㞢来艰”等语；（4）断辞——即书贞卜之结果，每记“允”、“允不”等字，为判断语气（论者或目此为应验事实，称为验辞，然衡以甲骨本文，多贞问结果之判断，不尽为日后事实之征验，今改称断辞）。有时简化，省去命辞，仅存前辞与占辞者，亦有但书命辞于龟腹甲，而别补识前辞于龟背者。

最长记事刻辞，有小臣墙之长辞。曰：

> 小臣墙比伐，禽危、美人二十四，车二两，……千五七十，奚百……用美于祖丁，僼甘京，易（赐）……

原物藏于中国历史博物馆，收入《书法大观》首册二零八号。危、美，皆地名。古时危方版图甚大，危方之外，又有上危、下危，合称三危。其地望，古说有陇西与敦煌二者。美者，美阳。甘者，即属地要隘之甘亭。甘即《尚书·甘誓》“大战于甘”之甘，其地即后来之石牛道。此为一重要战役。辞云“僼甘京”者，收其众于甘，以为京观。以美为人牲，乃所收之战利品。

施议对：占卜与筮卦，两种方法，兼而用之。因而形成两种不同文体。《文心雕龙·书记》云：“占者，觇也。星辰飞伏，伺候乃见。登观书云，故曰占也。”先生以为，固，即是占。卜辞中固辞的记录，往往是很美丽的文字。大都具有文艺性，属于很好的文学作品。这类卜辞，后来发展为文学的一种类型。而繇辞，刘勰《文心雕龙·原道》篇亦曾说及。就艺术创造的角度看，卜辞与繇辞，应当都是最早的文学作品。

饶宗颐：卜辞除特具对贞形式为俪句的滥觞表示“赋形必双”的道理以外，遣词方面，琢句炼字，尤见修辞上造诣之高。殷人文学修养，有如刘勰所云：“缀字属篇，必经练择。”虽寥寥数字，亦费斟酌选择之功。而且，喜欢用奇字，务使参伍为胜，不同凡近。此种修辞技巧，沾溉及于诗、雅。不能说殷代没有文学。

周原齐家村出土三号甲骨文云：

> 又言飤曰：既丧，疑乃螗（融）。毋又言曰：弗食乎䙓，征（诞）佳乎術。

共二十字，小字一长行书写，字极佳，文亦畅顺可颂。

至于繇辞，相当于现在的签诗，当然也不能等同。现在的签诗七言，繇辞多三四言，长短不齐。现传周易保存不少繇辞及类似繇辞的句子。当时三易都有繇辞。湖北出土的归藏，就有繇辞及类似繇辞的句子。现在大家都承认归藏。过去以为不可靠，实际不然。湖北出土竹简上面所刻同后来归藏之零碎遗文可以对得上。所以，相信殷代有归藏。有归藏就有繇辞。这是最早的诗，是诗经之前的一种韵文。

《诗经》中的雅、颂与神明有关，但并非最早。《文心雕龙·祝盟》篇，提及伊耆氏，谓："昔伊耆始蜡，以祭八神。"其辞云：

> 土返其宅，水归其壑。昆虫无作，草木归其泽。

伊耆氏，在新石器时代，是很早的文学家。此祝辞，比《诗经》要早。诗经中"田祖有神，秉炎火"（大田），也是对于神的赞颂，而句法很简单。此等事例，假如不从宗教的角度、神明的立场加以理解，就很难解释。

施议对：这是很有说服力的。可惜几十年来，大都不太重视雅、颂，只是研究风。正如先生所说，注重风，注重民间，而且忘记民间上面还有一个神。

饶宗颐：《左传》所载晋献公卜骊姬事之辞云：

> 专之渝。
>
> 攘公之羭。

一薰一莸。

十年尚有其臭。

骊姬，骊戎君之女。莸，不香的臭。薰，香的臭，过了十年，臭味仍在。说明不应当让她来当夫人。晋献公不相信，照做了。这就种下祸根。后来，连太子申生都给弄死了。

繇辞句式长短不一，并且押韵。与一般乐歌无有不同。《左传》中，此类繇辞资料，仍甚不少。

施议对：《诗经·大雅·大明》云：

维此文王，小心翼翼。昭事上帝，聿怀多福。

《诗经·鲁颂·閟宫》云：

赫赫姜嫄，其德不回。上帝是依，无灾无害。

二章皆为祭祀乐歌，其中说及上帝，有无确指？

饶宗颐：上帝一词，殷已有之。周人袭用，以警惕自己。《诗经》中所提到的上帝，都是说打仗的事。《大明》讲牧野之役，有关周的历史。谓上帝临女，无有二心。因谆谆警告，壹志抗敌。《閟宫》讲姜嫄灭殷，也是周的历史。除此以外，《尚书》当然也出现过上帝，但甲骨文所见，则仅有三次。这是较早的记载。

《大明》这首诗，屡屡被后人所引用，亦见于郭店及马王堆的《五行》篇，后来成为祭祀的乐歌。其所谓上帝，依旧无法确指。

2. 神思与神理

施议对：先生以为，神理这句话，在六朝人的诗作里出现不少。这两个字的来源，是曹植为其父武帝所作的一篇诔。其曰："人世既关，聪镜神理。"谓聪明看出神理，主要用在人事上面。看来，由人事到文学，仍然有个过程。

饶宗颐：神理这句话，六朝人以之入诗。只就谢灵运讲，已不仅仅是一次、二次。其所作《述祖德诗》，表彰谢安功业。曾曰：

拯溺由道情，龛暴资神理。

谓拯救于水深火热之中，抵抗强暴，依靠道情，利用神理，都是人世间事。这句话，李善注引曹植语。讲神理，依然是人事，而非文学。因为神理是从神明引申出来的一种逻辑思维。谓利用这神理，抗恶除暴，拯救苍生。

另有《从游京口北固应诏》诗曰：

玉玺戒诚信，黄屋示崇高。事为名教用，道以神理超。

其于北固楼应诏，有点不太乐意。因为谢氏与皇帝刘裕不对路，并不想做刘裕的官，又因为是康乐公，没办法，只好应诏。但也借此机会，自我表白一番。

我曾将后二句写成对联，送给欧洲一位朋友。这位朋友是科学家，讲中国的科学。他很高兴，将其挂在研究室。但他不懂得这两句话应当怎么解释，写信问戴密尔，结果如何，我也不知道。那是20世纪七八十年代的事。

这两句话，按照李善的注解，意即：以上二事——玉玺与黄屋，乃为名教之所用。他把后面的“事”承接前面二事。以为，皇帝的印章（玉玺），表示诚信，皇帝住的房子，着黄颜色，显示崇高。这种诚信与崇高，都是名教的事，为名教所用。他这么解释，是从上面两句来的。这是李善的讲法。这讲法是不是谢氏意思，未可获知。但是，我断章取义，将上两句切掉，以为只后面两句，已经很了不起。

施议对：李善的注解，给定死了。不注，就超越时空。切掉上面两句，所涵盖范围，当更加宽广。因而，用以赠送朋友，才较合适。

饶宗颐：切掉上面两句，不即不离，不限定于某件事。要不，除了皇帝，谁也不能用。即谓高明的道，要符合神理，要超过神理。李善注云：此志道，是神理而超之也。还是切掉为好。这样，神理就可以用在许多方面。文学上面可以用，任何事情都可以用。这个道，就不是一般的道，是高层次的道。

因为它符合神理。这么一来，神理就更加重要了。

道是神理的神。像不像，能不能传神，就看有没有精神。传神不是画圈圈，有时候，只几笔，就行了。道是很高级的神，有神明在里头的神。

施议对：看起来，大谢的诗，在这方面是很高明的。

饶宗颐：大谢是否有这一用意，我不敢断定。不过，大谢的诗，几乎每一首，都有那么二三句，比较形而上，非常精彩。这是神的感召。没有神，就不可能有那样的成就。

施议对：这样，才可圈可点。天天有，就不稀奇。但有一些文学史家，将神来之笔，当作玄学尾巴，以为是作者硬硬给挂上去的，实在有点可惜。

饶宗颐：因为不懂大谢思想，不了解“道与神理超”的意思。

施议对：先生对于大谢，下了很大功夫。做学问，与大谢似乎也有共通之处。

饶宗颐：我下过功夫，对他很了解，也很受他的影响。我也很捧他。诗人中懂梵文的，只有他一个。这是我最早提出来的，现在已有人说及了。他参加过佛经翻译工作，他所说神理，与佛教很有关系。

我也喜欢佛典，曾几次到印度，将佛理带到文学研究中来。

施议对：所以，李善的注解，未必符合大谢意思。

饶宗颐：我不敢贬他，他也是老实人。他不敢再拉开一点，提高一点。没有这胆，这精神。他是个训诂学家，不是历史学家，不是思想家。这一点，跟我不一样。历史学家看前后，思想家看脉络。不能就事论事。这一点不大一样。

施议对：先生曾指出，大谢以前诗多言理，但呆板而乏变化。比如汉代班固的说理诗，就为后人所诟病。问题究竟出在哪里？

饶宗颐：说理诗的失败，是因为正面说理成为障碍。诗障有两种：一是理障，二是事障。玄言诗是理障；与大谢同时的颜延年诗，獭祭事类太多，属于事障。欲救此病，可将理融入情、景之中；或写理于景（物色），或以物色拟理，或独言物而勿言理，将理消融于物色当中。几种手法，最后一种最为高明。这就是一种理趣。

3. 情文与理文

施议对：祭祀文学，或卜辞文学，用以言志与述德，皆属于巫官文化。就中国情况看，文字之初，具神圣意义，铜器铭文与饕餮纹一样，都甚严肃庄重。以贞卜问凶吉，用数字来表示阴阳。相生相反的对比意念和比兴的思维方式，在表述上，往往有所倾斜，因导致情文与理文的区分。亦即文理和情用，各有各的表述倾向。

文理与情用，渊源有自。先生以为：理的来历，远出于礼家。理文由宗教所导致，又不完全因为宗教。情文与理文的区分，对于文学发展，有何影响？

饶宗颐：古代以神道设教，文学作品，颂占最重要之地位。近东、印度远古之文学，以颂赞（hymms）为多。西亚巨神曰 marduk，即由 Mar（accadian 语为儿子）十 utu（日），义即太阳之子（J. Bottero 说）。埃及对太阳之崇拜亦极隆重，Aton（圆形之太阳）为宇宙唯一之神。其颂诗见“有关旧约之近东古代文献”。希伯来文学颇受其影响，于旧约第 104 号赞诗可以见之。

中国文学的主要观念，最早提出的要算“志”与“德”二者。“诗言志”之为中国文学思想的最早观念，一般文学批评言之已详，已为大家所熟悉；太祝六辞中的诔，亦是“道志”的文字。《墨子》说：“诔者，道死人之志也。”（《鲁问》篇）“诗言志”指生人借诗来表达自己的意向，是作者的感受通过韵文的诗来表现；“诔道志”则是代死人来称述，剖明死者的内心之所寄托。

中国文学，言志之外，还有述德一端。《春秋》传云：“诸侯相见，号辞必称先君。”彝铭多数称述先德。子孙对先人的德行必须永远不忘，作为榜样。两种文学，言志文学与述德文学并行。陆机有《述祖德赋》、谢灵运有《述祖德诗》行世。讲中国文学，只言志而没有述德，这是很遗憾的。

《荀子·理论》篇：“贵本之谓文，亲用之谓理。两者合而成文，以归太一，夫是之谓大隆。”文理繁，情用省，是礼之隆也。文理省，情用繁，是礼之杀也。文理、情用，相为内外表里。其中一大环节，归宿于太一。《礼记·

礼运》亦说："夫礼必本于太一。"战国秦汉人讲太一，宋人讲太极。这说明"人理"必本于"天理"。"天理"自有它的本原，和禅家无涉。

施议对：六朝时期，玄学兴起，儒家有关"理"的命题，成为士大夫阶层的一种热门话题。文学中说"理"，已习以为常。但是，一般人看六朝文学，都以为只是讲辞藻，形式主义，而忽略其"理"。

饶宗颐：以为讲辞藻，这是不对头的。那个时候，因为有佛社，推波助澜，再加上道教抬头，制造出许多新理论。属于双玄。大家不看这个时候的文学。其实，层次太高了。

《世说新语·文学》篇提出很多重要的文学观念。当时那些"文学"者，一半是和尚，一半是玄学家。因此，我有一个奇怪的想法，魏晋时代是个"先理学时代"。今天称宋学为理学，并不很对，应该添一个"先理学时代"的魏晋。大家都把魏晋学术说成"玄学"，而漏掉"理"。我以为，只是说"玄"而不说"理"，这是不正确的。理有宇宙之理、天地之理、人生之理、文学之理。这一时代，理是常常说到的，不是宋代的人才懂得说理学。所以，与其说魏晋是"玄学时代"，不如说是"先理学时代"。

一直以来，对魏晋时代的谈理，都不太重视，因为谈理的大多数是和尚。总的来说，魏晋文章清远敻绝，齐梁后变为繁缛典丽。文章之所以清远，原因是用以谈玄。《世说新语·文学》篇提到"荀粲谈尚玄远"，又谓"支遁（道林）初作，改辙远之：数四交，不觉入其玄中玄学"。由于入其玄中，就不觉风致高远。魏晋以来，无论是辩论的文章，还是论才性的文章，大抵形成清远的风格，开后来散文一路。魏晋时代文章，最好的是郭象《庄子注》。郭注的文章好极了，允为清远文风的典型。

施议对：六朝时期，是中国思想史上理论创造的一个重要时期。形上、形下，自觉抉择。谈玄说理，蔚然成风。这一时期，也是《文心雕龙》产生的时期。对于社会上的思潮，刘勰应当了解得到。但是，不愿意走向上一路。其思维，由神理到神思，降了一级，变成形象思维。这应是刘勰思想的一种偏向。

饶宗颐：刘勰理论，来自宗炳。“神理”二字，刘勰《文心雕龙》出现过八次，我统计过。《原道》篇也曾出现过。但他并不突出个理字，他讲神思。因此，他也根本不讲理文，不重视神理。他不愿意提倡，有思凡之心。他想逃出来做官。所以，拼命捧孔夫子，讲儒家。其实，他也并不真懂儒家。他思凡。想做官，做不到，再回去做和尚。并非很高明。对于神理，也不是不懂，只是停留在形象思维，就形而下了。所以，不能够极高明。今天讲艺术的人，他们说，有视觉艺术、听觉艺术、感觉艺术，等等。但是，要达到心灵，达到心灵之主宰，神上面还有神明。光是形象思维，就太肤浅了。

施议对：先生以为：古人说神理，十分高明。以为：这是比较高级的一种思维形式。乃神在里头的一种逻辑思维形式。非常了不起。

刘勰重情文，不重理文；讲究辞藻，注重修辞层面。其思维活动，停留在一般形象思维层面。这应是其不高明之处。但是，他的思路好像不敢背叛儒家，也不敢背叛道家。

饶宗颐：刘勰在和尚庙里读书。念儒家的书，用儒家的思想著书立说。论文主神理。《文心雕龙》第一篇就是《原道》篇。曰：“言之文也，天地之心哉。……谁其尸之，亦神理而已。”并曰：“玄圣创典，素王述训。莫不原道心以敷章，研神理而设教。”他很清楚神的重要性。另有一篇说神思，亦与此相关。他提出“神理”这一名词，未道及神明，亦未道及神。以为写文章，出于自己的思想，所以从神思入手。我们与他不同。应当是一种折中，因为他的思想都是调和得来的。

施议对：现在有人把他拉到儒家一边，把他当唯物论者，有人以为道家。

饶宗颐：这种做法，也对，也不对。因其中有儒，亦有佛。所以说，“道以神理超”。道，须要神理，依靠神理。有神理，才谈得上“超”。谢灵运诗云：“寻涂涂既睽，即理理至对。”对于理很重视。善于在大自然里头，寻找一种超神越形的理。山水诗里头亦有神理。

施议对：这一点，苏东坡知道，他懂得在山水当中找神理，好多作品都能体现这一精神，指出向上一路。

饶宗颐：最懂得神理，并将其结合在文学里头的，六朝人最为高超。除安排辞藻以外，一篇当中，偶然有一二神来之笔。这里，我举一例加以说明。《文选》中讲山水的，有木华的《海赋》。我觉得，没有什么特别。但另一篇《海赋》，《文选》不收。这篇赋十分精彩，如云：

> 道湛天初，机茂形外。亡有所以而有，非胶有以生蓝；亡无所以而无，信吾心以入太乙。不动之，是使山岳相崩。不声之，故能天地交泰。

“亡有所以而有”“亡无所以而无”，“亡”，就是忘记，没有。即，没有有，也没有无。连有和无都没有了，乃有无双玄。这是佛教的语言。不动者，山岳相崩。不声者，没有出声，连声音都没有。因此，天地交泰。这几句，是非常精彩的神来之笔。木华做不到。怪不得《南史》讲，宋明帝很喜欢玄理。这大概是那时候的一种风气。而这种风气，应与大谢有关。那时候，大家都讲神理。所以，我觉得，文学的高峰，还是南北朝时期。

施议对：从神明到神理，体现一种创作过程。自先秦一路看下来，至大谢，已经是一个高峰，讲到六朝也就够了。先生指出，刘勰《文心雕龙》讲神思，不讲神理。这是个缺点。又指出，刘勰也并非不讲究逻辑。他的思维，亦学了点印度逻辑，以为逻辑思维很重要。这就是达至高层次、高境界的过程。只可惜，刘勰的思维，在凡间，未能达至天人之际。先生学印度逻辑，印度思想，以为不单是一种感召而已。对于神理在艺术创造过程中的作用，应有自己的体验。

饶宗颐：刘勰做法，等于只是讲动作，不讲动作的内在动力。这是抽象的，但也是具象的。刘勰以为，文章之道有三，我以为应当是四。形文、声文、情文，还应当加上理文。其实，这是六朝人的一个补充。由是，文章也就提高了。这是个讲理的时代。刘彦和是六朝人，生活在理文的时代，贯通道与佛，但他标榜情文。光讲情文，太世俗化了。这是个最大的缺点。

（原载《江海学刊》2008 年第 5 期）

《文心雕龙》“质文代变”说及其启示录

童庆炳

《文心雕龙·时序》篇是讨论文学变化发展的时代原因的文章。在这里作者叙述了“十代九变”的文学发展状况，得出了“时运交移，质文代变”“歌谣文理，与世推移，风动于上，而波震于下者”以及“文变染乎世情，兴废系乎时序”的结论。[①] 其中以“质文代变”“质文沿时”观点贯穿全篇，以“上下”“前后”“浸染”三种阐释方法，也给我们提供了启示，反映了刘勰文学发展观，很值得我们研究。

“质文”作为文学发展分期的规定

“质文”问题早于先秦时代就被儒道等学派提了出来，旨趣不同，是一个有着丰富内涵的观念。可以这样说，先秦儒家的“质文”观是人的道德伦理观，先秦道家的“质文”观是自然观，都还没有转化到文学问题上面。这里我们似乎可以把墨家、荀子等学派和学者的“质文”观放一放，专就道家与儒家的“质文”观作一个比较，看看它们有什么不同，再评述董仲舒和司马迁的质文历史观，然后探讨一下刘勰的文学发展历史“质文”观是如何承继他们的传统的。

根据已有的资料记载，《论语·雍也》篇直接提出了“质文”观：“子

① 范文澜注：《文心雕龙注》，人民文学出版社 1958 年版。本文所引《文心雕龙》文字，均是上书，下不再一一注明。

曰：‘质胜文则野，文胜质则史。文质彬彬，然后君子。’”① 又《论语·颜渊》：“棘子成曰：‘君子质而已矣，何以文为?’子贡曰：‘……文犹质也，质犹文也，虎豹之鞟，犹犬羊之鞟。” “质”，是质地、实质、质朴之意。“文”，是文饰、文采、文华之意。整句话的意思是，一个人如果实质胜过文采，他就显得朴野。如果文采胜过实质，那么他就显得浮夸。一个人如果能够将实质与文采配合起来，便成为一个君子了。这里的“文”，更多是指人的才华，这里的“质”更多是指人的质朴的德性。可见孔子最初使用“质文”来论人的才华与德性的，他的理想是一个君子既要有才华也要有德性。孔子时代“礼崩乐坏”，周代初期的“礼”已经无法完全维护社会人心，孔子倡导“仁”的思想，来补充单纯“礼”的不足。这“仁”是什么呢?就是人的质地和根本，就是作为人内在规定的“仁”；但是孔子也没有否定“礼”，仍然要“克己复礼”。“仁”是人之“里”，“礼”是人之“表”，表里相配，就是“文质彬彬”的君子了。孔子的“质文”都不是自然本身，是依靠人自己的“修身”而获得的。总之，人人都是君子，那么社会人心安定，社会秩序井然，整个社会就得到治理了。所以说到底，孔子的“文质”观，是人的伦理道德观，也是他治理社会的方法之一。

道家的“文质”观与儒家不同。老子提出“道法自然”，就是把“自然”作为一切。自然就是人生的最高境界。人不需要“文质彬彬”，因为这违反自然，是人为的雕饰。因此，他们的理想是一切顺其自然，对人是这样，对社会也是这样，所谓“无为而治”就是讲社会的治理要顺应自然。他们反对一切文学与艺术，老子认为“五色令人目盲，五音令人耳聋，五味令人口爽(败的意思)”②。在文辞的表达上面，也认为“信言不美，美言不信；善者不辩，辩者不善”③。庄子说得更极端：“擢乱六律，铄绝竽瑟，塞瞽旷之耳，

---

① 程树德撰：《论语集释》，中华书局1990年版。本文所引《论语》文字，均是上书，下不再一一注明。

② 朱谦之撰：《老子校释》，中华书局1984年版，第45页。

③ 同上书，第310页。

而天下人始含其聪矣；灭文章，散五采，胶离朱之目，而天下人始含其明。”①一切人为的文化艺术都不要，那么他们的“文质”观是怎样的呢？当然就是“弃文留质”。《庄子·缮性》篇说：“……及唐、虞始为天下，兴治化之流，澆淳散朴，离道以善，险德以行，然后去性而从于心。心与心识知而不足以定天下，然后附之以文，益之以博。文灭质，博溺心，然后民始惑乱，无以返其性情而复其初。”② 这意思是说，到了唐虞时代，大兴教化，失去了朴素，离开了自然之道去治理社会，离开了德行去行事，然后舍弃本性而顺从心机。心与心相互观察便不足以安顿天下，然后又附加以“文”饰，增加了博学，结果就是“文灭质”“博溺心”，然后人民迷乱，无法再返回到恬淡的性情而回复自然的本初状态。由此我们不难看出，老庄是坚决反对“文”的，他们只要自然本初的“质”。那么，这样说来道家就不需要美了吗？当然不是。道家也是要求美，但他们反对人为雕琢的美，而主张自然本身的美。庄子说：“天地有大美而不言”，又说：“原天地之美而达万物之理。”③ 这种“大美”是什么呢？就是他们所主张的“道”，也就是本初的自然。由此可见，道家反对“文”，就是反对人为的装饰、造作，而要回归到自然真美的境界。这就形成了他们的尚质弃文的文质观。儒家、道家的不同的文质观是否对刘勰都产生了影响呢？应该说，都产生了影响。这一点我们留待下面去讲，我们这里还必须说到董仲舒和司马迁的作为社会历史观的“文质”观。董仲舒在《春秋繁露》中有《三代改制质文》，其中说：“王者之制，一商一夏，一质一文。商质者主天，夏文者主地，春秋者主人。”这就是说历史似乎在文质之间循环，前一代如果尚质，过于朴野，下一代的夏代就以尚文相救；前一代如果过于讲究文，那么下一代就救之以质，历史就在这“文质”循环中发展的。司马迁《史记·平准书》说：“是以物盛则衰，时极而转，一质一文，始终之变也。”这里所讲的也是历史发展规律，物质发展到极盛之时，盛世到极点，

① 郭庆藩撰：《庄子集释》（二），中华书局1961年版，第353页。
② 郭庆藩撰：《庄子集释》（三），中华书局1961年版，第735页。
③ 同上书，第551—552页。

就要转向衰弱，这就如质文交替，变化不止。这种质文交替的历史发展观，肯定也对刘勰的文学历史发展论产生了影响。

在刘勰之前谈到“文质”观的学者很有不少，不过我认为对刘勰的思想产生影响最大的就是儒、道两家论人或论自然的质文观和董仲舒、司马迁的论历史演变的质文观。虽然，第一个把“质文”观转而论述文章的人是扬雄，他在《玄经》篇中说：“文以见乎质，辞以睹乎情。观其施辞，则其心之欲者见矣。”这里所论是文为表、质为里、辞为表、心为里的由表及里的关系，这对刘勰也有启示作用，但真正始终如一贯穿到底地把“质文”观转化为文学观的是刘勰。

刘勰首先在《文心雕龙·原道》篇把道家、儒家的文质观转化为文原论。刘勰的“原道”，显然是认为文学原于自然之道，他认为自然本身就是美的，就有文，他在《原道》篇说：“夫玄黄色杂，方圆体分，日月叠璧，以垂丽天之象；山川焕绮，以铺理地之形：此盖道之文。”又说：“旁及万品，动植皆文：龙凤以藻绘呈瑞，虎豹以炳蔚凝姿；云霞雕色，有逾画工之妙；草木贲华，无待锦匠之奇。夫岂外饰，盖自然耳。”在这两段话中，说到日月山川之“文”，龙凤虎豹之“文”，说到云霞草木之“文”，他认为这些“文”都是自然本身的作品，非人力所为。这明显是道家的尚质弃文的“质文”观。但刘勰的论述没有到此为止，他进一步提到人“文”的问题，虽然人文也开始于自然，但又不仅仅在于自然。刘勰说：“心生而言立，言立而文明，自然之道也。”所谓“文明”，这经过了人的心、言的加工，经过人的情志的加工，那么这种人“文”就是人工之文，这又明显是接受了儒家的“质文”观的影响。刘勰的思想力量就表现在他把道家和儒家的“质文”观结合在一起而不露焊接的痕迹。他肯定日月山川、龙凤虎豹、云霞草木有文，但这都“无待锦匠之奇”，是自然呈现的。同时又肯定通过人的心与言的加工改造的“文”，也认为这是“自然之道”。自然是“质”，自然之美是“文”，无论外部的自然还是人的自然，无论是未经人的改造，还是经过人的改造，都有质有文，自然相配。这样刘勰就从文原的角度，确立了他的儒道互补的“质文”观。

刘勰完全把“质文”的概念转化为文学理论的概念是在《文心雕龙·情采》篇。在刘勰看来，文章是由“情志”与“辞采”构成的。文章的“情志”就是“质”，文章的“辞采”就是“文”。他说：“夫水性虚而沦漪结，木体实而华萼振，文附质也。虎豹无文，则鞟同犬羊；犀兕有皮，而色资丹漆；质待文也。”刘勰通过比喻说明了他的“文”与“质”相济、相生、相补、相构的“文质”观。当然出于他对于他所生活时代文坛上的“采滥忽真”的忧虑，他更要求“质”，他说：“昔诗人什篇，为情而造文；辞人赋颂，为文而造情。何以明其然？盖风雅之兴，志思蓄愤，而吟咏情性，以讽其上，此为情而造文也；诸子之徒，心非郁陶，苟驰夸饰，鬻声钓世，此为文而造情也。故为情者要约而写真，为文者淫丽而烦滥。而后之作者，采滥忽真，远弃风雅，近师辞赋；故体情之制日疏，逐文之篇愈盛。故有志深轩冕，而泛咏皋壤；心缠几务，而虚述人外。真宰弗存，翩其反矣。夫桃李不言而成蹊，有实存也；男子树兰而不芳，无其情也。夫以草木之微，依情待实；况乎文章，述志为本，言与志反，文岂足征！”“为情而造文”这是“文质”并重的要求，而“为文而造情”则是弃质尚文的状态了。刘勰要求的是“文质彬彬”，是“文质”并举。

也正是基于他在《情采》篇中这样的“文质”观，所以在《时序》里，他开宗明义就提出了“质文”作为文学发展分期的规定。为什么刘勰把以前的文学史分为十代，就是考虑到这“质文”在这十代之间有更替，有变化，有循环，所以以“质文代变”的观念来梳理“十代九变”的文学史，最后的总结中又以“质文沿时”作为文学发展变化的轨迹加以强调。这一点，刘勰可能更多的是受董仲舒和司马迁的作为历史哲学的“质文”循环观念的影响。

“十代九变”与“质文代变”

在《时序》篇中，刘勰用了主要的篇幅叙述了“十代九变”的历史，更重要的是他用“质文代变”的观念加以评论，揭示了中国文学发展“质文”交替的重要轨迹：

1. 从唐尧时代的歌谣的质朴，到虞舜时代文学转为“尽其美”，出现所谓的“心乐而心泰”的情况。这是由质而文，是一变也。

2. 夏、商、周三代之文，是刘勰所喜欢的。他认为夏代“九序咏功”，商代则是“猗欤作颂”，周代则是“勤而不怨”“乐而不淫”，由歌功颂德到哀怨有节，总的趋势是“虞夏质而辩，商周丽而雅”（《通变》），是“文质彬彬”，这是二变也。这似乎是刘勰最为满意的时期之一。

3. 战国时代，诸子兴起。“齐楚两国，颇有文学”，齐尚雄辩，楚富丽辞，“屈平联藻于日月”“宋玉交彩于风云”，“故知炜烨之奇意，出乎纵横之诡俗”；到了西汉，文变虽多，但赋体兴起，文辞绮靡，不外乎“祖述楚辞，灵均余影”。总起来看，这个时期，文超越质，这是三变也。

4. 东汉中兴之后，“群才稍改前辙”，“渐靡儒风”，于是由丽词而为儒文，即“由文到质”，此四变也。

5. 东汉灵帝之后，“时好辞制”，“开鸿都之赋”，同时学界墨守成规，其时作者多“浅陋”之徒，犹如小丑表演，文章由盛而衰。大体上是文胜于质，此五变也。

6. 汉末大乱，诸侯争雄，战争频仍，“世积乱离，风衰俗怨”，曹操父子，“雅好慷慨”，出现了“志深而笔长”“梗概而多气”的建安文学，可以说是“文质彬彬”，这是六变也。这也是刘勰最为满意的时期之一。

7. 魏明帝曹睿之后，由“制诗度曲”，到玄言渐盛，慷慨之气，至此稍衰，出现了“篇体轻淡”的作品，文采不足，华艳消退，文质都缺，这是七变也。

8. 西晋时期，文家承袭前代文风，但苦其“轻淡”，出现了“结藻清英，流韵绮丽”之文，又出现了华艳之文，又一次文胜其质，这是八变也。

9. 自东晋元帝南渡后，君臣苟安，士气颓废，加上谈玄之风愈演愈烈，“因谈余起，流成文体”，于是“世极迍邅，而辞意夷泰”，文采不足，这是九变也。

宋、齐世近，刘勰尚生活其间，作家也多在世，又皆显贵，刘勰只好歌功颂德或存而不论了。

刘勰对于长达一千多年的文学史，既作了简要的描述，准确地指出其特点，又分析其形成这些特点的原因，更重要的是强调了“质文代变”“质文沿时”的发展轨迹，并且要言不烦，是不容易的。例如，对建安文学的特点，用“志深而笔长”“梗概而多气”来概括，是很得体的，对形成原因的分析也有自己的见解，这对我们今天写文学史，仍有借鉴意义。

对文学发展“质文代变”的三种解释方式

《时序》篇的理论价值不但在“质文代变”的观念上面，而且还在于作者对文学发展外部原因和内部原因的分析和概括，从今天的观点看，刘勰的理论概括不但是正确的或基本正确的，而且形成了一个有联系的系统，即政治教化、文学继承、社会心理、学术风气、君主提倡和个人天才等五因素，促成了文学的变化。但作者在阐释文学变化五大原因时，用了“上—下”“前—后”和“染—系”三种解释方法。

1.“上—下”方式：风动于上，波震于下

在刘勰看来，政治是否清明，是文学发展是否健康的一个重要原因。他以唐、虞到夏、商、周三代为例，讲治世之音和乱世之音的不同。治世之音，“心乐而声泰”，“勤而不怨”，“乐而不淫”；但乱世之音则“怒”且“哀”。所以刘勰总结说，“歌谣文理，与世推移，风动于上，波震于下”。所谓“风动于上”，指政治的变化，而“波震于下”则指文学随政治的变化而变化。这种“上”作用于“下”的关系，的确揭示了文学与政治的关系。这“上—下”的关系不但是对于上古文学发展状况的总结，而且也可以用“上—下”的关系解释许多时代的文学的发展状况。有些学者对于刘勰在《时序》篇中过多地提到帝王表示不满，实际上，他们没有看到大部分提到帝王的地方都因为刘勰考虑到“上—下”关系。特别是两汉、魏晋时代，当时的帝王对政治教化有什么样的举措，往往能影响下面文学的发展。如汉高祖“尚武”，“戏儒简学”，常常把儒生的帽子脱下来撒尿，所以不要说不可能提倡文学创作，甚至连《诗》《书》也没有人去整理，这就是刘勰所说的“《诗》《书》未遑”。本来汉高祖执政的时期，离秦始皇焚书不远，民间存留的古籍不少，当时要是能及时组织士人去搜寻、整理古籍，那么肯定会给后人留下更多的春秋战国时期的文化遗产，可是汉高祖没有这样去做，这不能不是历史的遗憾。这也是“上—下”关系。但是到了汉武帝的时候，情况就不同了，刘勰说：“逮孝武崇儒，润色鸿业，礼乐争辉，辞藻竞骛：柏梁展朝燕之诗，金堤制恤民之咏，征枚乘以蒲轮，申主父以鼎食，擢公孙之对策，叹儿宽之拟奏，买臣负薪而衣锦，相如涤器而被绣；于是史迁寿王之徒，严终枚皋之属，应对固无方，篇章亦不匮，遗风余采，莫与比盛。”汉武帝在柏梁台上和朝臣开宴联句，在黄河堤上作了忧民的诗，优待许多儒生文人，于是文学兴盛起来。帝王出于政治的需要，大力提倡儒学，下面各种文学活动自然就活跃起来。这更是属于“风动于上，波震于下”的关系了。所以“上—下”的解释方法，具有很大的解释力。这是因为人处在社会关系中，而这种社会关系又以政治关系为最重要，刘勰在他生活的那个时代就看到了并总结出文学作为人的创造与政治的这种密切关系，是难能可贵的。

刘勰为什么这样重视政治教化对文学发展的影响？这与他的儒家思想有密切关系。儒家一直看重文学的政治教化作用。最典型的说法是《毛诗序》：“情发于声，声成文谓之音。治世之音安以乐，其政和；乱世之音怨以怒，其政乖；亡国之音哀以怨，其民困。故正得失，动天地，感鬼神，莫近于诗。先王以是经夫妇，成孝敬，厚人伦，美教化，移风俗。”① 就是说“下面”的文学发展的面貌如何折射出一个时代的政治状况，但一个时

① 张少康等编选：《先秦两汉文论选》，人民文学出版社1999年版，第343页。

代的政治状况又往往决定于文学艺术的状况。这种“上—下”关系的解释能不能解释一切时代的文学发展呢？刘勰认为，这是不能的，于是他又提出了第二种解释方法。

2. “前—后”方式：笼罩雅颂，祖述楚辞

刘勰在《时序》篇感到用“上—下”关系，不能解释所有的文学发展状况，于是在说明屈原、宋玉的“艳说”时，提出“笼罩雅颂”的问题。雅颂，这里代表《诗经》，“艳说”是指楚辞，《诗经》在前，楚辞在后，楚辞篇什继承了《诗经》的精神。这一点，刘勰在《辨骚》篇就有所论说，认为楚辞有四点与《诗经》相同，四点不相同。无论怎样说，楚辞虽然“酌奇不失其真，玩华不坠其实”，有新的创造，但还是继承了《诗经》的精神。刘勰的《时序》篇又提出西汉的辞赋与楚辞的关系：“爰自汉室，迄至成哀，虽世渐百龄，辞人九变，而大抵所归，祖述楚辞，灵均余影，于是乎在。”这意思是说，从汉代兴起，到汉成帝、汉哀帝，虽然经过了百年之久，作家也有很多的变化，但是就创作的总趋势看，无不继承楚辞的传统，屈原留下的影子始终是存在的。的确，汉代的赋，无论是大赋还是小赋，虽然主题、风格在百年中有很多变化，可大体说来，其写法承继了楚辞的传统是一个事实。就是说，前代的文学影响后代的文学，或者说后代的文学继承前代的文学，是文学发展的一个重要原因。文学发展的这种状况难于完全用“上—下”的方式来解释，要用“前—后”的模式来解释。

“笼罩雅颂”“祖述楚辞”，所指的对象不同，但其意思大体相同，这里所说的“笼罩”和“祖述”都是指后代文学对前代文学继承的意思。这段文学发展的质文交替的历史的前后继承关系，刘勰在《通变》篇里讲得更清楚，其中说：“是以九代咏歌，志合文则，黄歌《断竹》，质之至也；唐歌在昔，则广于黄世；虞歌《卿云》，则文于唐时；夏歌雕墙，缛于虞代；商周篇什，丽于夏年。至于序志述时，其揆一也。暨楚之《骚》文，矩式周人；汉之赋颂，影写楚世；魏之篇制，顾慕汉风；晋之辞章，瞻望魏采。榷而论之：则黄唐淳而质，虞夏质而辨，商周丽而雅，楚汉侈而艳，魏晋浅而绮，宋初讹

而新。从质及讹，弥近弥澹。”一方面是文学发展中“质文”不断替代，另一方面，是前代影响后代，后代继承前代。“矩式”“影写”“顾慕”“瞻望”等词语都是说后代对于前代的继承关系。

3.“染—系”方式：文变染乎世情，兴废系乎时序

刘勰感到文学发展的另一种状况，既不能用“上—下”模式加以解释，也不能用“前—后”模式加以解释。刘勰认为这是“世情”与“时序”对于同时的文学发展状况“染”（浸染）和“系”（关涉）关系。刘勰是在谈到西晋以后的文学发展时说这些话的：“自中朝（西晋）贵玄，江左（东晋）称盛，因谈余气，流成文体。是以世极迍邅而辞意夷泰，诗必柱下之旨归，赋乃漆园之义疏。故知文变染乎世情，兴废系乎时序，原始以要终，虽百世可知也。”这里所说的“世情”和“时序”是什么，可以有不同的理解，可以理解得宽一些，那就是上面所说的政治状况、社会状况、学术风气、君主的提倡等，但也可以理解得窄一些。“世情”就是“世态人情”，“时序”即时间的次第、先后，因此用现代术语说，也可以把“世情”和“时序”理解为一种在一定时间内人们的社会心理，社会心理对文学变化的作用最为直接，经济、政治对文学的作用都要通过社会心理这个中介环节。如屈原、宋玉等的辞赋，文思瑰异，辞采华丽（“故知炜烨之奇异”），其直接原因是“出乎纵横之诡俗”。这里所说的“纵横之诡俗”，说的是战国时期纵横家的“合纵连横”成为一时的时尚，而作为一种社会心理在各诸侯国流行，可以说当时各地街谈巷议，人心思变。连楚国的诗人屈原本人也可以说是一个纵横家，他主张连齐抗秦。他的主张未被采纳，内心不平，这样他写出丽辞诡诞《离骚》等篇章也就可以理解了。像《离骚》那种上天下地，上下求索，是政治上合纵连横的艺术表征。章学诚在《文史通义》中说：“纵横者流，推而衍之，是以能委屈而入情，微婉而善讽也。”①

① 章学诚：《文史通义·诗话》（上），载叶王英校注《文史通义校注》（下），中华书局1994年版，第61页。

又如，东汉时期，崇尚经学，明帝推崇礼仪，章帝则到白虎观讲论经义，这就影响到社会心理，崇儒成为一时之风气，所以“中兴之后，群才稍改前辙，华实所附，斟酌经辞，盖历政讲聚，故渐靡儒风者也”。这里的“渐靡”也是浸染、关涉的意思。

再如，建安风格的形成，也是社会心理的作用。东汉末年，社会动乱，群雄割据，战争频仍，百姓哀怨，文人武士，想建功立业，统一中国，这样就出现了一些为百姓代言，又急切地想收拾残局的人物。这时候的社会心理是“世积乱离，风衰俗怨”，反映到文学上则是“志深而笔长”，“梗概而多气”。世乱、风衰与志深、笔长、梗概、多气，看起来是矛盾的，实际上是不矛盾的，因为社会心理常常是一个对立因素的结合体，所以它对文学发展的作用也是辩证的。再如东晋时代，“中朝贵玄，江左称盛，因谈余气，流成文体，是以世极迍邅，而辞意夷泰，诗必柱下之旨归，赋乃漆缘之义疏”。这也是社会心理的作用所形成的反差，时世—艰难，文学—平和。这如鲁迅所说：“到了东晋，风气变了。社会思想平静得多，各处都夹入了佛教的思想。再至东晋，乱也看惯了，篡也看惯了，文章便更平和，代表平和文章的有陶潜。”①

启示录

用今天的观点看，什么是社会心理？俄国马克思主义学者普列汉诺夫提出了这个问题，但缺少完整的界说。他有时把社会心理说成是没有经过思想家加工改造过的普通社会意识，表现为“一切习惯、道德、感觉、观点、意图和理想”以及人们的“情绪”“情感”和“趣味”，有时又说社会心理是“一定时间、一定国家的一定阶级的主要情感和思想状况”，“流行的情趣”，“社会舆论”，“风尚潮流”等。我们认为，完整的社会心理概念是指在特定的历史情境中自发形成的人们的社会性知觉、情绪、愿望、需

① 鲁迅：《魏晋风度及文章与药及酒之关系》，《鲁迅论文学》，人民文学出版社 1959 年版，第 49 页。

要、兴趣、时尚等的总和，它的基本特征是原始性、群体性、易变性和无意识性。它对于文学发展的作用就是潜移默化的浸染。

其一，社会心理与意识形态是社会意识的两个不同层次的形态，意识形态是特定的阶级的职业思想家从低级的认识素材中，经过研究、加工和提炼，而提出或表现出来的系统的形态，它有明确的对象分工，如哲学、经济学、宗教学、法学、文学、艺术等。社会心理是未经思想家加工过的带有原始性、混沌性特征，基本上是一种社会性的知觉或流行的情绪，未上升到理论的层面。而且它以整个社会的境况为对象，没有分工，是混沌一体的。由于上述特点，它常常表现出非系统化、非逻辑化、非理性化的亚特征。也正因此，它更贴近人们的生活经验，它显得比意识形态更具体、更生动、更丰富、更多样。虽然如此，一定社会语境中的社会心理也仍然具有一定的倾向性。例如，在当前社会转型期，人们中流行的一句俗语：金钱不是万能的，可没有钱也是万万不能的。这句话不是什么理论，写不到正式的文件或社论中，它不是意识形态，但它很生动，反映了当前人们某种社会心理，即从过去那种认为讲钱是庸俗的心理中摆脱出来，正视金钱对人的重要性，讲金钱的重要，已不是什么可耻的事，甚至在某些人那里有金钱越多越好的意思在内，因此它是有倾向的。同时这种社会心理完全是经验化的，每个人对此都能说出许多体会来。社会心理的这种原始性、经验性和具体、生动、丰富、多样的特点，使它与文学艺术产生更直接的浸染与关涉关系，更能为文学艺术所把握。许多作家、艺术家对生活的把握，一般不是从抽象的意识形态的层面出发，而是从社会心理的层面出发，所以有时就出现这种情况：作家的意识形态是一种，可他笔下流露出来的思想感情又是另一种。巴尔扎克就是一个突出的例子。本来他在政治上是一个正统派，就他的意识形态而言，应该是属于被推翻的、代表世袭大地主利益的波旁王朝的，照理他的同情注定在要灭亡的那个阶级方面，但是由于巴尔扎克强烈地感受到当时流行的社会心理，即大地主阶级的灭亡是理所当然的，所以一旦他拿起笔，“当他让他所深切同情的那些贵族男女行动的时候，他的嘲笑是空前尖刻的，他的讽刺是空前辛辣的。而他经常毫不掩饰地加以赞赏的人物，却正是他政治上的死对头，圣玛丽修道院的英雄们，这些人在那时（1830—1836）的确是代表人们群众的。”① 巴尔扎克对当时社会心理的正面接受，使他的作品成了对上流社会必然崩溃的无尽的挽歌。这一例子说明了社会心理不同于意识形态，也说明了社会心理比意识形态更具有潜移默化的浸染作用。

其二，相对于个人心理而言，社会心理具有群体性的特征，即它不是个别人的心理，而是群体的心理，某种社会心理一旦出现并形成，它就带有传染性，相互影响，甚至盲目遵从。它往往不属于一个阶级、阶层，它成为各阶级各阶层的普遍心理。例如在鸦片战争之后，帝国主义列强用大炮轰开了中国的大门，中国人似乎在一夜之间，发现自己的国家已从世界的强国、富国，变成了弱国、贫国，但又总觉得中国有古老的文化，历史悠久，地大物博，瘦死的骆驼比马大，内心总是不服输，于是就产生了一种“精神胜利法”的社会心理，这就是鲁迅在《阿Q正传》中所深刻描写的“阿Q精神”，明明是自己穷得要死，却不服气，心里想，我祖上比你阔多呢！这种“精神胜利法”，不但存在于阿Q这个别人身上，而且下至贫苦百姓，上至王公贵族，在所有的中国人心里，都以这种“精神胜利法”来获得暂时的心理平衡。社会心理的确是具有群体的特征，相互影响，甚至成为一种社会氛围，人人生活浸染于这种社会氛围中，所有的人都要受它的影响。当然，社会心理的普遍性，从社会学的角度看，还与压力下的从众心理有关，人们普遍认为群体是一个可靠的信息来源，对群体越信任，对个人的一己之见就越怀疑，于是认为遵从群体是值得的。而且几乎在所有的社会情境中，人们一般都怀着偏离的恐惧，人们不想突出自己而与众不同。一个面临与群体的看法不相同的人，总是想自己在什么地方发生了错误，他害怕群体不接纳他，甚至讨厌他，虐待他，驱逐他，为了避免遭到这样的结果，他总是趋于遵从。尽管他内心

① 恩格斯：《致玛·哈克奈斯》（1888年4月初），载《马克思恩格斯论文学与艺术》（一），人民文学出版社1982年版，第190页。

未必完全同意群体的意见。例如，在“文革”中，对领袖的无限热爱，成为普遍的社会心理，以致发展到搞“早请示”、“晚汇报”、跳“忠字舞”等极端形式，尽管你个人可能不愿意这样做，但当大家都把小红书举起来时，你怕受到孤立，你只有遵从。所以，从某种角度来看，一种社会心理一旦形成，它就具有无形的压力，使大家不约而同去遵守它，传播它，而不管与你个人的心理是一致还是相反。社会心理的群体性特征，反映到文学创作上，就往往表现为创作思潮的阶段性。在一个时段里流行一种社会心理，这种社会心理内化为创作思想，就表现为一群作家创作思想的相似性、相同性，你写这个题材，我也写这个题材，许多作家、艺术家都写这个题材，因为他们都受同一种社会心理的驱使与推动。新时期以来，中国的文学创作大体上沿着“伤痕文学”——“改革文学”——“反思文学”——“寻根文学”——“先锋文学”——“商潮文学”——目前的各种各样的“后”“新”为标志的文学的发展阶段，都不是偶然的。正如有的作家所说的那样，文坛上出现的所谓思潮，每一次之所以发生，必是有其外在、内在的原因。这外在和内在的原因是什么呢？应该说，就是社会心理的更替及其在作家身上的浸染式的内化。不能把作家都斥之为“趋时”和赶浪潮，社会心理的变化内化为作家的大体相同的审美意识，其结果就创做出在文学思潮上相似的作品。由此可见，研究文学发展的成因，必然要首先研究社会心理的演变历程。可以说，社会心理由于它的群体性特征，对文学艺术活动是一种无形的统治力，不但文学思潮的变更要受它的制约，而且对作品的内容与形式、艺术的接受和文学艺术的发展等诸多方面都要产生深刻的影响。

其三，相对于文化传统的稳定而言，社会心理又具有易变性的特征。文化传统当然也在发展变化，但这种变化总是根据省力的原则进行的，甚至社会制度变了，传统文化也还保留它的力量，它基本上是历史的惰性力，文化传统的变化要在一个较长的时段才能表现出来。社会心理则不同，它往往是流行于一个较短的时间，社会的某些情境一变，社会心理也跟着为之一变，一项政策的变化，一篇社论的发表，一个领袖的去世，一个会议的召开，一个口号的提出，一场学术讨论的结果，一个法律的公布，一项协议的达成，一次异乎寻常的天灾，甚至一个偶然事件的发生，都可能使社会心理发生变化。总之，社会情境转换有多快，社会心理也就转换有多快。从这个意义上说，社会心理是社会的神经，社会变化的晴雨表，这就为文学艺术提供了无尽的重要的素材。作家艺术家以其敏感也往往比哲学家、经济学家、法学家、宗教家更迅速地捕捉到它。

其四，相对于社会舆论的自觉性而言，有时社会心理往往沉潜为一种无意识。无意识可以分为两种，一种是弗洛伊德所说的先天的“本我”的能量，这是大家都熟悉的；还有一种无意识是通过后天训练而形成的。例如，对一个刚学骑自行车的人来说，他的每一步都是在清醒的意识操纵下进行的。但假定此人骑自行车已经有十年或更长时期，他在上班的路上一边骑着车，一边想心事，他完全没有意识到他自己是如何骑车到了单位的，骑车已成为他的自动化的行为，已成为他的无意识动作。某些社会心理也有相似的情况。就是说，当某种社会心理在一个较长的时间里，反复出现。当这种反复达到一种极限时，那么这社会心理就成为人们的一种“情结”，不自觉地作出反应。例如契诃夫的小说《一个小公务员之死》，那个小公务员为什么要一再给将军去道歉呢？他并没有做了什么对不起将军的事情，仅仅是在剧院中看戏时不小心打了个喷嚏，坐在他前面的将军回过头来看了他一眼，他已经道过歉了，为什么还要一而再，再而三登将军的门去道歉呢？我们只能作出这样的解释：在俄国沙皇的专制统治下，人们对社会的森严的等级制度的后果，怀着一种恐惧心理，这种心理已成为一种无意识，深入人们的骨髓，所以那个小公务员的恐惧心理所浸染下的行为已成为一种无意识行为，连他自己也无法意识到这种行为的可笑。社会心理的这种无意识的特征，对于经常以无意识来工作的作家和艺术家，有着特殊的意义。因为正是这种无意识的社会心理，大家习而不察，但它却寓含了特别深刻的社会意义和美学意义，作家艺术家若是抓住了它，就能写出特别深刻隽永的作品来。

以上所述，说明了社会心理不完全是意识形态，但它比意识形态更经验化，更能为人们所感受；社会心理不是个人的心理，但它比个人的心理更具有普遍性，更具有传播力；社会心理不同于文化，但它比文化更易变，对现实的反映更敏锐；社会心理往往不是自觉的意识，甚至是无意识，但有时比自觉的意识更深刻地揭示现实的底蕴。由于社会心理有如上的特征，所以，它能够在社会的经济状况与文学艺术活动的联系中成为中介环节。

在刘勰生活的年代，他不可能有这样现代的系统理论，但他以“文变染乎世情，兴废系乎时序”的深刻表述，不自觉地触到了这个问题，并把它作为揭示文学发展的一种模式，这不能不说是难能可贵的。对此，我从社会心理的角度作了一些发挥，使刘勰的“染—系”解释模式更容易为我们所理解。

上述“上—下”“前—后”“染—系”三种解释文学发展的模式，相互联系、相互补充，构成了解释文学变化发展的外部和内部原因的完整方式。这些解释文学变化发展的方式，在刘勰之前，早有人提出过，但都比较零碎，缺乏系统性。刘勰第一次把三种解释方式清楚地提出来，解释了以前时代文学发展的原因、要素，这就有他的贡献。刘勰解释文学变化发展的三种方式，至今仍有意义，这是我们必须加以充分肯定的。

（原载《江海学刊》2008 年第 5 期）

关于文学家族学建构的思考

罗时进

今天，文学研究正在从传统学科走向新兴学科，从单一学科走向交叉学科，从学科方向细化走向学科综贯融合。在这个趋势中，文学家族学研究正在逐步形成学术气候。文学家族学旨在将家族学、地域学、文学贯通起来，在历史学、社会学、文学的多边互镜中重现文学知识生产的社会历史语境，力求揭示文学创作的基层活动状况，用家族写作的具体事实乃至细节，形成文学创作的动态过程，从而显示文学演变的真实轨迹，并寻求某种发展规律。这里结合本人近几年从事这方面研究的认识，对文学家族学的建构提出一些看法。

“文学家族学”的孕育与形成

“文学家族学”，是一个研究方向，一种研究范畴，也是一种研究观念和方法。作为一个具有方法论意义的文学研究观念，它有着较长时期的孕育过程。如果说今天它已经初步形成实践模式或已经具备了提出概念的条件的话，这是中国古代文学研究实践向度使然，也是在学科交叉渗透的背景中不同学科之间影响和借鉴的结果。

在中国古代文学研究中，“文学家族学”大致经历了从不自觉研究到半自觉研究，再到自觉研究三个阶段。不自觉研究从“三班”“三曹”“二陆”就开始了，这是一种注意到作家之间客观存在家族关系的并立、比较、综合式的研究。对唐代文学发展中大量的祖孙、父子、兄弟的研究，在相当长的时间内大体也只停留在这一阶段的程度上。半自觉的研究以早期唐代“五窦”、宋代“三苏”、明代“文氏五家”“二王”等为代表。其突出的家族文学现象自然引起学者们的注意，人们不仅从家族视野加以考察和比较，而且开始关注地域文化、家学传统与人才培育、艺术修养、文学个性之间的关系，历史学、社会学的触角在研究中开始显露。但明显的不足是：家族主体意识在研究中未能贯穿，家族知识体系未能会通，家族与文学的关系缺少学理支撑，文学家族研究个案也远未丰富。

自觉的文学家族学研究是近二十多年来文学研究格局变化的征候之一。这种征候的出现，从根本上说，是研究者在传统的文学研究范围内对陈旧的研究方法操练得过于烂熟，企图突围、力求创新的探索。相比较而言，“文学地域学”的出现，似乎较早显示出这种突围的努力。“文艺地域学”与“文学家族学”具有密切的学术关联，前者对后者的影响不容忽视，因此我们不妨对“文艺地域学”的形成略加说明。

早在1800年法国著名文艺批评家斯达尔夫人发表《论文学》一书时，就试图从分析社会文化与自然环境入手，揭示欧洲南方与北方文学的差异，具有开文艺地域学先河的意义。1924年梁启超在《清华学报》一卷一期上发表了《近代学风之地理的分布》一文，是对魏晋以来地域文化差异研究的最好总结，可视为对斯达尔夫人文艺地域学刍议的“中国式回应”。其后几代学者对南北文化、不同地域文风差异研究投入了一定的力量，发表了许多论述，但“文艺地域学”概念一直未见正式提出。1986年金克木先生在《文艺的地域学研究设想》一文中发出了学界期待已久的声音：

> 我觉得我们的文艺研究习惯于历史的线性探索，作家作品的点的研究；讲背景也是着重点和线的衬托面；长于编年表而不重视画地图，排等高线，标走向、流向等交互关系。是不是可以扩展一下，作以面为主的研究，立体研究，以至于时空合一内外兼顾的多“维”研究呢？假如可以，不妨首先扩大到地域方面，姑且说是地域学（Topology）研究吧。①

① 金克木：《文艺的地域学研究设想》，《读书》1986年第4期。

值得注意的是，在文学研究者将“文艺地域学”的建构付诸实施的时候，一些对文学研究具有深厚造诣的历史学者进一步提出了“中国历史文学地理学”的概念，如胡阿祥先生在《魏晋本土文学地理研究》中说：

> 中国历史文学地理，研究中国历史文化中的文学因子之空间组合与地域分异规律，可以视作为中国历史文化地理学的组成部分；同时，中国历史文学地理以其研究对象为文学，所以也是中国古代文学的一个重要分支。①

这种历史学者与文学研究者的呼应，在很大程度上反映了“文学—地理”之间胶合的关系，也反映出研究取向上的高度共识。此际和稍后一系列相关研究论文和著作纷纷出现了。除了胡阿祥对魏晋本土文学地理的研究外，陈建华对14至17世纪中国江浙地区社会意识形态与文学的研究，李浩对唐代三大地域文学士族的研究，戴伟华对地域文化与唐代诗歌发展关系的研究，徐永明对元代至明初婺州作家群的研究，朱万曙、韩结根等对明清徽州文学的研究，都有丰富扎实的内容，而梅新林出版的对中国古代文学地理形态与演变的研究专著，更具有一定的理论提升力。至此可以表明“历史文学地理学”已经为文学研究者所接受借鉴，并直接将“文学地理学”提炼出来，作为新科利器而有效运用了。

在研究“文学地理学”时，人文地理的环境因素是其重要内涵，它的展开往往涉及文化家族问题。但究其实际，“家族与文学的关系”题量大，涵盖广，它与“文学地理学”虽有部分交叉，又有独自包含的内容和独立的学科指向，因此在“文学地理学”逐步形成并展开研究的过程中，“文学家族学”也同时得到证明并随之催生，走出了“实验室”，进入了文学研究的寥廓天地。在这方面刘跃进的门阀士族与永明文学研究，程章灿的世族与六朝文学研究，吴正岚的六朝江东士族的家学门风研究，张剑的宋代家族与文学研究，

① 胡阿祥：《魏晋本土文学地理研究》，南京大学出版社2001年版，第174页。

严迪昌的文化世族与吴中文苑研究，曹虹的阳湖文派研究，江庆柏的明清江南望族文化研究，朱丽霞的清代松江文化望族与文学研究等，都标志着文学家族学研究已经走向自觉，包容多元，成为文学研究的重要路径和方法。尤其值得注意的是，一批具有典型意义的文学家族作为个案进入了研究者的视野。除了明代吴江的沈、叶二家外，宋代文学家族的个案研究比较集中，已经出版的马斗全的《宋代眉山苏氏家族研究》、汤江浩的《北宋临川王氏家族及文学考论》、何新所的《昭德晁氏家族研究》等，都是具有一定学术敏感且学理允洽的专著。这似乎可以看作一个界标，说明魏晋至唐代前期，旧的门阀世族势力消解，经唐末五代动乱再遭打击而彻底退出历史舞台之后，随着“文治彬彬”时代的到来，宋代新文人阶层逐渐进入主流社会，新文化家族成为历史前进的主要推进力量，也自然成为“文学家族学”研究的主要对象了。

“文学家族学”的基本内涵

“文学家族学”之成立，是基于文学与家族之间存在的特定的、几乎与生俱来的联系。它主要通过研究社会、历史、地域及文化风会对家族的影响，探讨各种环境因素对家族成员文学创作、对一时一地乃至更广阔时空文学发展的作用与规律。它是文学与社会学、历史学、地理学等学科相交叉而派生的研究方向，是文学研究力求吸纳不同知识体系的思想资源以深化本体研究的路径和方法。

根据以上认识，文学家族学大体属于文学本体与他体的关系性研究，主要应当包括以下六个方面的基本内涵。

（一）家族文学的血缘性研究。这是对文学家族追源、溯流、知本的基础性研究。其最基本的表现形态是家族谱系，或者相关的家族世系流变的较为详细的文字性叙述。其中家族的播迁是较为复杂而又相当具有学术意义的问题，是研究血缘家族衍化以及人文意识转变的重要环节。而家教、家学、家风是家族重要的文化特征，是家族的文化根脉和灵魂所在。这三者是相互关联的，前两者较为具体，而后者较为形上，但恰恰家风，是家族声望最重要的维系，是家族传统最根本的体现。家族成员之道德取向、学问兴趣、人文意识，无不根植于此。近代著名的东至（安徽建德）周氏家族在百余年间血脉昌盛，枝繁叶茂，从晚清洋务运动主要参与策划者周馥，到第二代1901年山东大学堂首任管理总办周学熙，1906年山东大学第六任校长周学渊，著名医学家周学海，继而到第三代著名佛教学家周叔弢，著名文物家、藏书家、训诂学家周叔弢，再到第四代著名学者周一良、周绍良，可谓人才代出，绵延胜绝。而周学熙作《绝命诗》云："祖宗积德远功名，我被功名误一生。但愿子孙还积德，闭门耕读继家声。"① 所谓"继家声"，即是对家风的弘扬，对家族传统的继承，这是文化家族视为最高荣誉的不朽生命。只有在"家风"的统驭下，家族成员科举的成就、宗教信仰、后代对家法守护，以及母教的懿德、女性的文华等，才将成为具有内在关联的、富有意义的内容。

（二）家族文学的地缘性研究。法国著名学者布岱尔认为，地理环境是最核心的历史知识，也是最深入的内层历史。② 梁启超《近代学风之地理的分布》中论地域特征对学术文化风气的影响也说："气候山川之特征，影响于住民之性质，性质累代之蓄积发挥，衍为遗传。此特征又影响于对外交通及其他一切物质上生活；物质上生活，还直接间接影响于习惯及思想。故同在一国同在一时而文化之度相去悬绝；或其度不甚相远，其质及其类不相蒙，则环境之分限使然也。环境对于'当时此地'之支配力，其伟大乃不可思议。"每一个家族，总是具体地域环境中的家族，因此必然受到其"最核心历史知识"的陶育和"最伟大支配力"的影响。这也是学者们在研究文化家族时，往往在家族前冠以地域名称，如眉山苏氏家族、昭德晁氏家族、苏州文氏家族、太仓王氏家族、云间宋氏家族、常州恽氏家族、嘉兴沈氏家族、海宁王氏家族、义宁陈氏家族、德清俞氏家族云云。这里的每一个地名实际上都是

① 参见汪谦干《东至周家：富而好学》，《中华读书报》2008年6月4日。

② 转引自熊月之、熊秉真《明清以来江南社会与文化论集》，上海社会科学出版社2004年版，第11页。

一个文化符号，标志或隐含着某种地域性文化特征。家族文学的地缘性研究正是要从自然（气候与山川风物）和人文（文化精神、学术传统与风俗习尚）角度揭示这种特征。然而区别于历史学研究的是：这种揭示所指向的是家族性文学修养、创作灵感的形成与激发，不同地域家族学风、艺术风格的相异与趋同，不同地域家族文体与题材选择倾向的保持与变化，而并非执着于“历史—地理”的立场进行家族文化特点的讨论。

（三）家族文学的社会性关联研究。文学家族具有天然的社会属性，而特定的时代总是给文学家族打上历史的烙印。因此对家族文学的研究必然涉及对其社会性关联的分析。这里的社会性关联包含社会历史、社会阶层和社会群体三个方面。首先，要寻绎文学家族在历史变动中的起落，度量文学家族与政治中心的距离，了解文化家族在历史大潮中的姿态，尤其是时代的巨变和重大历史事件对文化家族的影响，他们的出仕与隐退、自持与苟且、经世与放逸、抗争与屈从、孤傲与愧责……与家族兴衰相关，与家族声誉有关，也与家族成员文学创作的内容、题材、风格的嬗变密切相关。其次，要寻绎文学家族在社会坐标和文化坐标体系中的位置。钱谦益枚卜失败，退居虞山林下长达五十年，然本人仍居宗伯地位不改，其家族在江南亦有相当之地位，不减同时江南著姓；而苏州贵潘与富潘，后者虽富甲吴中，而文化地位却不可与前者同日而语。家族在文化坐标体系中的位置与在社会坐标中的位置可能相应，也可能相异，而其文化史、文学史地位与一般社会地位则不可等量齐观。最后，要寻绎文学家族的交际群体。文化家族间的通婚是一种社会结盟的手段，其姻娅网络在一定意义上既是社会关系网络，也是文学交游的平台和文学群体形成的基础，而不同家族成员复杂的师友、社友、文友关系，恰恰可能是文学流派产生的前提，大量的群体性创作（如同题材文学作品集体唱和）也正借此而产生。

（四）家族文学的文化性关联研究。家族文学创作从一般意义上说是一种文化生产。就其过程来看，是一个将“文”化入生活，而最终通过日常的审美活动，以达到精神的“文”化、“诗”化的过程。因此研究家族文学应当着眼于它的各种文化关联，主要包括：（1）各种文化思潮的影响。此种大文化的背景通常对家族文学的发展具有导向的作用，是一种看不见的擎引力和制约力。（2）地方文化环境的影响。如先贤的导引、教育的发达、典籍的丰富、书坊的繁兴、文化市场的流通，对家族文学生产的“质”与“量”具有一定作用。（3）家族成员的艺术好尚。其戏曲的兴趣，书画的擅场，古玩的雅好，金石的精鉴等，往往不仅是家族作家“潜于学”之外“游于艺”的遣情，也是艺术素养的蕴涵和胚育，甚至是创作活动的有机组成部分。比较普遍的现象是，生活于政治中心的家族，受制于政治体系和社会风潮较多；而越是远离政治中心，尤其是江南都市，传统的知识体系和文化环境的自我维系力越强，故前者家族文学创作的经世色彩较为浓厚，而后者“文”化、“雅”化程度较高。

（五）家族文学与文人生活姿态及经济关联研究。在美学的功用性上，王国维向持“无用之用”论[①]，狄葆贤在《平等阁诗话》中也说：文士当用心于文学，“夫不作有益之事，固未免负有用之身；不作无益之事，又何以遣有涯之生？而况其未必为无益之事耶！”[②] 同样把文学看作无益之益，无用之用。“遣有涯之生”是一种生活姿态，也是一种文学创作的姿态。在家族性的文学创作研究上，对这种“姿态”以及“姿态”形成的各种因素的考察是相当必要的。其实，在中国传统文化的语境中，文人学士大致有“紧张”和“闲适”两种姿态。“紧张”，或出于拯救世道之心，或出于经济窘迫之境。古今经世致用之巨制，往往为“紧张”状态之产物，不可谓“无用”；“闲适”，则属于无生活之负重且摆脱经邦济世之念后的萧逸状态。陶冶性情之什，禅悦法喜之文，通常为“闲适”状态的产物。“闲适”即可用之“遣有涯之生”了，包括名目众多的隐逸、放荡纵怀的漫游、游艺遣兴的娱乐、建园筑室的盘憩，以及频繁的雅集和大量无功利的结社活动等，皆属此类。这种姿态放情以狂，闲逸以雅，沉静以思，默察以辨，在文化家族生活中可谓常态，故

① 王国维：《王国维遗书》（第三册），上海书店1983年版，第535页。
② 狄葆贤：《平等阁诗话》卷一，光绪三十四年刻本。

对家族文学创作而言也特具研究价值。

（六）家族文学创作现场和成就研究。长期以来中国文学史研究的一般现象是，首先确定每一个历史时期最有代表性的文体，以之为典范；再确定每个时期代表性文体写作的最有成就的作家，以之做示范。这样整个文学史基本成为各个朝代文学核心知识的展示，而这些核心知识的判断和获得，主要依据于前人的接受和传播。这是一条研究文学史的快捷通道，且不失稳妥允当。然而，这种简单的线、点结合的思路和方法，在使得历代“大家”永远享有文学史著作和阅读选本中的绝对优先地位和典范意义的同时，大量生动的基层写作的现场被遮蔽了，其丰富的创作成果也被湮没。其实这种研究模式是不符合“东汉以后学术文化，其重心不在政治中心之首都，而分散于各地之名都大邑。是以地方之大族盛门乃为学术文化之所寄托”的历史事实的。与“汉族之学术文化变为地方化及家门化”① 的趋势相一致，中古以后文学创作重心也逐渐下移，出现了地域化、家族化倾向。家族环境中的文学创作往往比京师、台阁、幕府中的文人集团创作更活跃、更丰富，地方家族成为不可忽视的创作基地。在家族文学研究中，并没有特别作家享有特别的优先权，甚至可以认为不同层次家族中的作家，也只是具有不同的创作特点而已。家族文学研究目的显然并不在于追求其典范意义，而在于发掘家族文化的天地，在家族天地中拓展文学解释空间。因此创作现场的描述、创作过程的再现与创作成就的评价同等重要。从一定意义上说，这是一种过程、形式、内容、价值相统一的研究。

“文学家族学”的适用及目前研究需要解决的主要问题

如上所论，“文学家族学”建构是与“文学地理学”的形成相关的。如果我们将社会、地域、家族作为某些特定研究对象的完整的研究参照系统的

① 陈寅恪：《崔浩与寇谦之》，《金明馆丛稿初编》，上海古籍出版社1980年版，第131页。

话，那么“地域”和“家族”的维度都统摄在“社会”的范畴之中。从根本上说，“文学地理学”和“文学家族学”在很大程度上都具有“文学社会学”的属性，只不过“文学地理学”侧重于自然地理和人文地理与文学创作的关系，而“文学家族学”在地缘性因素之外，更侧重于血缘性关系，更具有文学的主体性色彩。也就是说，它不仅关注文学发生的地理空间，同时也关注活跃于这一地理空间内的有主导影响的人物，以及他们的家族传统和文化特质与文学发展的关系。如此说来，“文学家族学”研究与“文学地理学”研究的适用自然有所不同。地理的天然性的一面决定了“文学地理学”研究时空上的广泛性，文学古今演变的各个地理截面都具有研究的意义，而“文学家族学”研究则不同，一般来说它只适用于：（1）中古以后之家族。东汉以来“地方之大族盛门乃为学术文化之所寄托”，文学创作方逐渐表现为“家门化”特点，并形成一个特定的文化社区和创作层面。（2）家族性质应为文化家族。文化家族是学术文化创造的重要承担者，往往形成一定的家学传统和文脉，具有丰富的文学积淀，体现一时一地文化和文学的走向，因此更具有人文探讨和文学阐释的空间。（3）文献较为完整之家族。家族先辈的文化或文学经历与成就，以一定的形态固化下来，就成为追溯的象征，情感的寄托，研究的对象，发展的源泉，也是评价其后裔文化传承、文学地位和影响的依据，故文献之家对家族文学来说，其意义是相当重要的。缺少家族文献，文学家族学研究则成无源之水。

鉴于“文献”对于开展原创性研究的重要性，“文献之家”对于确立研究对象的特殊意义，当前要充分注意家族文献资料的收集和整理工作。家族文献，主要包括家谱、家训、相关地志、碑版、传记，以及诗谱、画谱、文集等家族性文艺别集、总集等。尽管因为自然和人为的原因，家族文献损毁、散佚相当严重，但总体来说遗存资源还是相当可观的，在一些“自古盛文史”地区，尤其丰富。但目前这些文献星布珠散，现湮存佚，一任自然。除国家图书馆和上海图书馆等为数不多的几家外，各地图书机构对家族文献的收集，尚缺少应有的重视。许多家族文献具备出版传播的价值，但迄今正式出版梓行的数量极少。部分明清和近代家族文献资料至今还散于民间，在文化家族后裔之处，未能广为人知。一些已经收藏于图书馆、博物馆的文献，利用率也极低，鲜见问津，乏人专门加以整理，长期处于束之高阁的状态。这种种问题亟待解决。家族文献，尤其是经过数代族人编辑过的家集，作为文化遗产实属珍贵。这些家族文献，所凝聚的不仅是家族智慧，也是我们民族的文化成果。因此这些文献不仅属于某个家族，某个区域，从根本上说它是全民族的文化遗产，是先人留给我们的共同的精神财富。不采取一定的措施整理和保护，将是极大的文化损失、精神损失。

家族有根，宗族有根，民族有根。无论历史怎样千秋百代延续，人们都有权利、也应该知道所来之径，所系之根。文化传统要弘扬光大，更需要建立起坚实的基础。因此全面地、有计划地调查、收集、著录、整理、保护各类家族文献，是今天人文科学、社会科学的任务之一。在开展家族文学研究时，应作为最基本的学术建设任务，理所当然地列为首要工作。

（原载《江海学刊》2009 年第 3 期）

文学和图像关系研究中的若干问题

赵宪章

文学和图像关系研究之可能

文学遭遇“图像时代”的问题是当下学界十分关切的问题，也是学术热点之一，特别是在文化研究的语境中，早已被翻炒得炙手可热。但是，统观有关论述，无非是“狼来了”之类的老调，情绪性的表达多于学理探讨；即使持肯定意见或不以为然者，大多也停留在表态式的价值判断，鲜有学理层面的深度阐发。究其原因，没有对研究这一问题的可能性展开先验反思是其重要方面。这是长期以来我们提出和探讨学术问题的习惯——尽管康德关于“认识之可能”的追问已为学界所熟知，但是一旦进入自己的语境仍然我行我素，学术提问的自我质疑规则并未普遍践行。

文学遭遇“图像时代”的问题说到底是文学和图像的关系问题。文学和图像的关系问题是否属于一个“真问题”，是否可能进入我们的学术话语，并非全由这一问题的现实紧迫性所决定，也不是因为前人多有涉及便不言自明，而是学理逻辑使然。对于这一问题的历史反省将有助于明确我们在当下的言说立场和可靠的逻辑起点。而对于文学和图像关系研究之可能明确表示否定意见的当属美籍学者雷纳·韦勒克。

韦勒克最著名的理论之一是将文学研究划分为“外部研究”和“内部研究”。自从他和沃伦合著的《文学理论》于1984年被译为中文之后，这种划分曾在我国文学理论界激起不少批评。批评意见认为，文学的所谓“内部”

和“外部”是统一的、不可分割的，机械地划分为“内”“外”两部分割裂了文学和文学研究的有机整体性。这种批评意见不能说没有道理，但在批评的背后却可能另有隐情，那就是韦氏的划分带有明显的褒贬倾向，对于被他划为“外部研究”的“思想史”和“社会学”等方法，显然是一种“学术歧视”；而追寻文学的“思想主题”和“社会性”又是我国文学研究的传统和兴奋点，于是戳到了自己的痛处，贬抑了我们的主流话语，引起中国学界的愤怒也就在所难免。可惜，这种批评意见并未反思自己长期坚持的“主题学”方法恰恰是建立在“内”“外”二分的基础之上的，黑格尔的“内容与形式”长期以来就是我们文学研究的基本范畴。

如果将目光回溯到此前的俄国形式主义，我们就会发现，韦氏的划分确实是文学观念的退步。在前者那里，黑格尔关于“内容与形式”的划分已被否定，文学本身就被定义为“形式”，是一种蕴含着“内容”的“语言形式”。可能是“矫枉过正”使然，“俄国形式主义”之后的“新批评”为了进一步凸现“形式”的意义，将文本之外的文学研究，包括思想史的、社会学和心理学的等研究方法一概斥之为“外部”，甚至将文学和其他艺术关系的研究也排除在“内部”之外，其中包括文学和美术的关系研究，着实令人难以接受和匪夷所思。

韦勒克认为，文学与美术的关系研究“是一种毫无价值的平行对照”，所谓“诗如画”、“雕刻似的”之类术语只是一个“朦胧的暗喻”，意谓诗歌可以在某种程度上传达类似绘画或雕刻的效果，“但我们必须认识到诗中的清冷和接触大理石的感觉，或者和从白色联想到的感觉是完全不同的；诗中的宁静与雕刻中的宁静也是完全不同的”①。这一观点显然源自英美“新批评”的“语言本体论”，即把作家意图和读者反应等统统贬斥为文学的“外部”，只有文学的语言文本才是文学本身（“内部”）。另一方面，韦氏又没有全盘否定文学和其他艺术之间的联系，因为这种联系显而易见和人所共知。既然这

① 韦勒克、沃伦：《文学理论》，刘象愚等译，生活·读书·新知三联书店1984年版，第132—134页。

样，他为什么断定研究二者的关系“毫无价值”呢？韦氏解释说只是因为找不到“各种艺术可以进行比较的共同的因素”，“没有进行各种艺术间比较的任何工具”①，所以它们之间的比较研究才是不可能的。这就使韦勒克不得不陷入自己所设置的矛盾：文学和其他艺术的联系是存在的，但是研究二者的关系又是“毫无价值”的，也是不可能的；而“不可能”的原因，只是由于找不到它们之间的“共同因素”，因而也就不存在比较二者的“任何工具”。

韦勒克的自相矛盾不是偶然的，说到底是他将“语言本体论”推向了极端，从而陷进了“语言唯一论”的泥沼。文学的语言本体论可以追溯到亚里士多德，他用“媒介”的标尺划分不同的艺术类型，并由此展开了他的全部诗学研究，从而最早确立了“文学是语言的艺术”这一观念。但是，如果将这一论断再向前推进一步，像韦勒克等“新批评”那样认为语言文本就是文学的全部，那就大错特错了。“语言唯一论”必然导致韦勒克不可能在不同艺术类型之间找到共同的媒介，因为正是“媒介”的不同才使各种艺术之间有了区别，构成了艺术的“种差”。② 就此而言，韦勒克找不到文学和美术之间的“共同点”和比较的“工具”也就在所难免，他将文学和其他艺术的比较研究贬抑为“外部研究”也就自然而然了。

从历史上看，关于“文学是语言的艺术”的界定毫无疑问是一个共识，无论后人或国人如何变换文学的定义或将其意识形态化，都没能彻底颠覆这一朴素的表达，即使那些坚持文学意识形态本质论的学者也很难丢弃这张金字招牌；更重要的是，大凡将语言作为文学之本体存在的文学研究，都在文论史上留下了货真价实的遗产；反之，仅仅将文学作为非文学的言说工具，大多随着时代语境的变迁而远离文学而去。但是，将语言作为文学的本体存在不等于将其作为文学的全部，作家、读者、社会、心理等都有可能对文学产生这样或那样的影响，进而浸入文学文本并改变着文学的本体存在，恰如

① 韦勒克、沃伦：《文学理论》，刘象愚等译，生活·读书·新知三联书店 1984 年版，第 137 页。

② 亚里士多德：《诗学·第一章》，载《诗学/诗艺》（合订本），罗念生译，人民文学出版社 1982 年版，第 6 页。

阿布拉姆斯所精心勾画的“艺术批评坐标系”①，就比较客观地展示了文学的语言文本（作品）和其外部因素的多维联系。如果说被“新批评”绝对化了的语言本体论在20世纪上半叶还有一定的合理性的话（相对浪漫主义批评而言），那么，从20世纪下半叶开始，随着思想观念和科学技术等众多“外部”因素对文学媒介所产生的重大影响，韦勒克的文学观已经远远不能解释当下的文学现实。丹托的“艺术界”和迪基的“体制”理论就是对阿布拉姆斯“坐标系”的进一步扩展，“艺术”成了那些足以代表艺术世界的权威赋予待认定对象的一套“观念”，所谓“作品”已经延展到它的全部外在语境及其“相关性”，包括文学的“观念”在内。尽管这类“先锋”理论主要是针对“先锋艺术”的，但却有着广泛的普适性，说明“文学”已经不仅仅被作为“作品”，同时也被作为“观念”、“体制”、“活动”等复杂外因而被认定，新批评的“语言文本唯一论”也就失去了当年的现实性及其存在的理由。②

如果走出韦勒克和新批评的怪圈，我们就会发现，将文学和其他艺术进行比较的“共同点”和“工具”并非不存在，这当然不是韦氏所要寻找的用以划分艺术类型的“媒介”，而是存在于作家、读者和文本三者之间的“统觉”。③“统觉”存在于作家和读者的头脑中，属于“观念”，但其存在本身又是“媒介”的映射物，是审美主体面对“白纸黑字”并由它唤起的统觉联想，也是一种“虚拟的空间”。不同的媒介决定了不同的艺术种类，它们在物理世界的置换几无可能；但是，却能通过联想和“统觉”实现互文共享，从而使不同艺术之间的比较研究成为可能。

---

① 阿布拉姆斯：《镜与灯》，北京大学出版社1989年版，第1—40页。需要说明的是，他的这一“坐标系”也忽略了文学和其他艺术之间的关系，缺憾是明显的。

② 包括新批评在内的活跃在20世纪上半叶的文学“本体论”毫无疑问有着不可抹杀的进步意义，无论是相对此前的浪漫主义而言，还是相对社会批评和心理批评而言，他们在文本细读和语言形式方面的精雕细刻至今令人惊叹不已。此略。

③ “统觉”和“通感”相近，但又有所不同：后者来自心理学，指视、听、触、嗅等各种感觉的相通性，钱锺书等学者已有专题论述。本文所使用的“统觉”取自康德所赋予的意义，特指将知觉、想象和概念进行综合统一的主体意识，从而使杂乱的感性经验得以认识成为可能。笔者将另有专论阐发审美活动中的“统觉”问题，此略。

廓清了这一问题，就可以谈论我们所面对的现实问题，即被文化研究所反复论及的文学遭遇“图像时代”的问题。文化研究较早、较集中提出这一问题是其学术敏感的表现，但是仅仅停留在大而化之的层面难免空泛，更难在语言和图像关系的技术层面提出任何建设性的理论并解决具体问题。于是，如何将这一问题从文化研究的“宏大理论”落实到具体的“文学理论”，应当是将这一研究继续向纵深推进的关键。这并不是说我们的文学理论尚未涉及这一问题，而是说关于这一问题的阐发远未触及文学和图像关系的根本，宏观的、情绪性的和表态性的论述仍然是这一话题的主流，学理层面的深度阐发仍然显得相当薄弱，甚至缺乏最基本的学术调查。

文学遭遇“图像时代”尽管是一个非常现实而紧迫的问题，但是，关于这一问题的学术调查还应该首先从历史出发，即在语言和图像的关系史中发现其中的蛛丝马迹。只有这样，我们所提出的问题才有可能是一个真问题，才有探讨的价值并具备充分的学术资源。

“语—图”关系史及其诸问题

既然我们坚守“文学是语言的艺术”这一观念，那么，关于文学和图像的关系研究，就应当定位在语言和图像的关系，即“语 - 图”关系问题。关于它的学术调查，也应始终将“语言”作为基本参照。因此，我们有必要回溯语言的历史发展，通过语言史（主要是汉语史）的视角考察语言和图像的关系史。

相传黄帝史官仓颉始创汉字，造字时出现了“天雨粟，鬼夜哭”的奇观，足见文字的出现是人类历史上惊天动地的大事件，此前只能“结绳记事”的局限得以改变。因此，我国历有“敬天惜字”的传统，焚烧字纸居然成了一种礼仪，说明文字早已被人赋予了非常神圣的意义，对于人类文明的发展具有里程碑的性质。因此，文字的出现也应当是“语 - 图”关系史的里程碑。

文字出现的里程碑意义就在于以此为界语言有了“口语”和“书面语”

的区分，即“口传语言”和“文本语言”的区分①；文学也因此有了“口传文学”和“文本文学”的不同。那么，口语时代的口传文学是怎样的呢？鲁迅曾有这样的描述：

> 在昔原始之民，其居群中，盖惟以姿态声音，自达其情意而已。声音繁变，浸成言辞，言辞谐美，乃兆歌咏。……踊跃吟叹，时越侪辈，为众所赏，默识不忘，口耳相传，或逮后世。②

应当说，包括鲁迅在内的其他先贤，关于这一问题的描绘多为推测，很难完全真实地再现当时的面貌，因为口语时代并没有语言的文字记载，“结绳记事”只能应付最简单的记忆。相对而言，我们却可以通过当时的图像略窥一二。

口语时代的图像即原始社会留存下来的原始图像。就现有的考古学成果来看，原始图像包括人体装饰、陶器纹饰、史前雕塑和原始岩画等，题材涉及自然和社会、天文和地理、狩猎和农事、祭祀和礼仪、生殖和战争。它们和语言的关系明显地表现为“以图言说”的特点，即用图像表达人类的所见所闻、所知所行、所想所信。也就是说，图像应当是原始先民的最主要的语言符号（并非所谓“结绳记事”）。这就是“语－图”关系在口语时代的基本体态——“语图一体”。例如原始岩画，就是一种典型的原始语言，是原始先人以图像表达他们的认知和信仰的语言符号。

1979年发现的连云港将军崖岩画被认为是3000—5000年前活动在沿海一带的东夷部族的作品，刻画其上的人面像、天象图和动植物（农作物），以及它们的空间布局和联结线条等，就可以使我们轻易地从中解读出东夷部族关于“天·地·人”及其三者关系的观念。由于包括原始岩画在内的

① “文本”（text）的词源学意义是“编织物”，一般意义是指显性的、书面的语言文本，但在具体使用中已被泛化为任何释义或分析的对象，诸如“社会文本”“文化文本”“意识形态文本”等。本研究仍然使用其一般意义，仅指相对“口语”而言的“书面语言”，即所谓“白纸黑字”。

② 鲁迅：《汉文学史纲要》，载《鲁迅全集》第9卷，人民文学出版社1982年版，第343页。

原始图像不讲究透视和比例，是原始人内心意念的直观的线条书写，其中有些符号很可能就演化为后来的象形文字，因此，将其作为汉字的来源之一也是合乎逻辑的猜测。如果这一猜测是可信的话，那么，这当是对于“以图言说”的最好说明——在文字发明之前的口语时代，原始人主要是以图像符号表达他们对于世界的指认和自己的宗教信仰，描述他们的社会生活和内心世界。换言之，原始图像实则是一种原始语言，它是迄今为止我们所能发现的关于原始社会最真切的记录。

文字的出现使人类从“口语时代”进入“文本时代”，“以字言说”取代了此前的“以图言说”。文字符号的抽象性为语言表达展开了无限自由的空间，它的能指和所指的准确对应更使图像符号望尘莫及。于是，文字书写自然成了语言记忆和非口语言说的基本形式。这时，图像作为语言符号的记忆和叙述功能尽管没有消逝，但是，它只能降格为文本语言的“副本”而存在。于是，“语图分体”也就成了“文本时代”语图关系的基本体态，并必然表现为图像对于语言的模仿。例如目前我们仍然可以看到的许多汉画像石，就其内容而言，绝大部分都是对既往文献（经史子集）的模仿或演绎；也就是说，其中涉及神话传说、寓言故事、史传记述、民间信仰和文学作品等，大多已有文本语言的现成品，鲜有图像本身的独创和新语。①至于六朝和隋唐时代的佛教美术，更是严格的佛经文本的图像化，恕不赘述。

另一方面，我们也不能忽视此间也有语言对于图像的模仿，例如东汉王延寿的《鲁灵光殿赋》，就是因为它对殿内壁画的摹写而闻名于世，生动再现了宫观艺术的奢靡和华美。当然，单就这些被摹写的壁画题材而言，其中很多内容也已经被不同的语言文本记载过了，仍然属于图像对于语言的模仿。如果暂且不论究竟谁是最早的原本和后来的仿本，那么，将这一

① 张道一著《汉画故事》（重庆大学出版社 2006 年初版），将汉画分为“人事故事”“神话故事”和“祥瑞故事”，涉及中国的历史、神话和民间信仰三个方面，基本上全是可以溯源到既往典籍中的文字记载，是汉画模仿语言的很好例证。

时期的“语—图”关系定义为二者的互相模仿比较恰当。这就是文本时代“语—图”关系的基本特点——以“图像模仿语言”为主导的“语图互仿”。

“文本时代”的“语—图”关系并不是一成不变的。这就需要我们将这一问题放在整个汉语言文学史和美术史关系的视域中继续考察，那么就可以看到另一个惊人的变化，那就是宋元之后，以纸张的普及和印刷术的发明为标志的“后文本时代”的到来。[①]“后文本时代”是“近代汉语”的肇端，也是文人画繁盛的时代，语言和图像的关系又发生了重大变化，这就是“语图合体”和“语图互文”的开始。[②]

如果说从文字发明到中古汉语之前的语图关系是“语图分体”的话，那么，近代汉语以来的语图关系则呈现“合体”的趋势，主要表现为文人画兴盛之后的“题画诗”和“诗意画”，以及小说戏曲插图和连环画的大量涌现。“题画诗”和“诗意画”属于“诗画合体”，小说戏曲插图和连环画则是“文画合体”，都是将语言和图像书写在同一个文本上，即“语图互文”体，二者在同一个界面上共时呈现，相互映衬，语图交错。

“语图合体”是中国画从写实走向写意的必然选择。这是因为，由于写意画的叙事功能大大弱化，虚拟和玄想成为它的审美倾向，也就必然求助于语

① 为了与文字出现之前的“前文本”、文字出现之后的“文本”相对而言，我们在此姑且使用“后文本”这一概念，并同以当今的电子文本为代表的“超文本”相区别。“前文本”“文本”“后文本”和“超文本”的主要区别是语言的交流媒介不同，即声音交流、文本交流、纸印文本交流和电子文本交流。

② 纸张的普及和印刷术的发明是公认的史实，这是我们从语言的交流媒介出发为语言划分历史形态的主要依据。至于“近代汉语”以及汉语史的分期，却是一个难以断定的问题，多有争论。其中，将晚唐作为“中古汉语”的下限、宋代作为“近代汉语”的上限，无疑是其中最有代表性的观点之一。汉语史的分期当然有许多理由，主要是指语法和词汇的变化，也就是汉语文本内部的变化；另一方面，交流媒介的变化也应是影响这一变化的重要因素，但是汉语史界从不涉及这一问题。就此而言，将宋代之后的“近代汉语”称为“后文本时代”也是可以的。这就涉及文本内部的变化在哪些方面以及在何种程度上决定了它和图像的不同关系，诸如“一体”“分体”与“合体”，“以图言说”“图语互仿”和“语图互文”等。特别是宋代之后汉语的“近代转型”，是否引发了它和图像关系的变化，即由“分体”过渡到“合体”，由“互仿”演化为“互文”？按说应在情理之中，但是，无论语言学界还是文学理论界同样也未涉及过这一问题，所以我们不敢轻易妄言，在此只能假定汉语文本在宋代之后的转型是存在的，从而影响到它和图像的关系。这只是一个朦胧而大胆的猜想，容待日后细究。

言表达[①]；另一方面，文本文学历经图像艺术的长期熏染，也受其色彩、笔法、构图和意象等审美元素的启发和影响，在语言文本中展现绘画的效果也成了中国诗文的审美需要，即追求所谓“诗中有画”的文学时尚。于是，语言艺术和图像艺术彼此需要、相互吸吮，“语图合体”的历史体态自然生成。相对“文本时代”的“语图分体”及其“语图互仿”而言，宋元之后的“语图合体”及其“语图互文”，由于是在同一个文本界面上相互映衬，也就收紧了语言和图像的空间距离，从而使二者的联系更加密切，甚或密不可分，直至融为一体。

尽管上述学术调查是非常粗略的，但是，语言和图像关系的大体轮廓已经基本显现，这就是我们以语言交流的媒介为参照所做出的区分：（1）文字出现之前的口传时代，“语—图”关系的体态表现为“语图一体”，“以图言说”是其主要特点；（2）文字出现之后的文本时代，“语—图”关系的体态表现为“语图分体”，“语图互仿”是其主要特点；（3）宋元之后的纸印文本时代，“语－图”关系的体态表现为“语图合体”，“语图互文”是其主要特点。现以下表总括这一关系史的大致轮廓[②]：

“语—图”关系史

历史时段	语言交流的媒介	语图关系的体态	语图关系的特点
文字出现之前	口传交流	语图一体	以图言说
文字出现之后	文本交流	语图分体	语图互仿
宋元之后	纸印文本交流	语图合体	语图互文

① “以图言说”说明绘画本身就具有叙事功能，但在写意画兴盛之后，中国绘画的叙述功能被大大弱化。“弱化”不等于“消失”，而是从“庙堂”转向了“民间”，民间美术担当起了图像叙事的主要功能。这是中国民间美术的重要特点，但是并不代表中国美术史和绘画史的主流。

② 关于语言和图像的关系问题，我和我的研究生李彦锋同学有过多次讨论。其中，关于语图关系史的分期，就是我们共同讨论过程中形成的观点。现在，他已决定以此为题撰写博士论文，将对这一问题展开非常详细的阐发，恕本文从略。

需要说明的是，无论是“语图一体”、“语图分体”还是“语图合体”，都是关于语图关系的静态分析；如果将它们纳入“表演”等动态场景，二者的关系恐怕应当另论，例如莱辛的“顷间”理论就很难适用，此文暂不涉及。另外，就“语图分体”和“语图合体”而言，我们同样只是将其作为两种静态类型，尚未涉及语言和图像在“超文本时代”的体态怎样，同样不能在此论及。① 总之，尽管我们不能在此描述语图关系的全部和细部，但是，仅从以上最简单的历史回溯，已足以引发我们很多思考，至少涉及以下几个问题。

1. 文学和图像的关系，主要表现为语言和图像的关系，自有其分分合合的客观规律，不以我们的主观意志为转移。因此，鉴于当下文学遭遇“图像时代”的一切简单的价值判断和情绪性表达都是徒劳的，个人的、主观的好恶不会改变任何历史和现实。因此，探讨这一问题的关键在于深入的学理分析，包括作品层面的细读和技术分析，止于空泛的“宏论”和轻率的“表态”无济于事。

2. 语言和图像是人类符号的两翼，同源共存，对立统一，缺一不可。从历史上看，文字出现之后，二者关系表现为越来越紧密的趋向；而所谓“表演”，更是二者“紧密接触”的高级形态。因此，它们之间的相互模仿及其“互文关系”当是这一研究的重心，而所谓“语图高低”论则是一个伪命题。因为语言和图像对于人类而言，无所谓谁“高”谁“低”，因此也是一个不可能讨论清楚的问题；即使言之凿凿，貌似说出什么名堂，也没有什么学理意义；就像当年“逻辑思维和形象思维”问题的讨论一样，关于它们谁高谁低的论争只能白费口舌，浪费精力。

3. 单就文本文学之后的历史来看，图像对于文学的重要意义之一是它的传播作用。② 例如明代，特别是万历、崇祯年间，被郑振铎称为版画艺术“光

---

① 所谓“超文本”，就是以互联网为代表的电子文本，例如“网络文学”。关于这一问题，可参见赵宪章《论网络写作及其对传统写作的挑战》，《东南大学学报》2002 年第 1 期。

② 佛教图像对于佛经义理在中国的广泛传播意义重大，已经人所共知，但不是严格意义上的“文学”，所以在此不论。

芒万丈”的时代[①]，图像艺术的繁荣就极大地推动了小说戏曲等文学的民间传播。晚清以来的近现代文学也是如此，图像艺术在文学的“大众化”进程中毫无疑问是一股强大的助推力量，从而也应当是所谓“中国文学现代转型”中的重要因素，可惜我们还没有从这一角度讨论过这一话题。[②] 如果从这一角度思考这一问题，那么我们就可以说：不仅是社会、历史、语言和西学东渐等方面，包括图像文化在内，也是中国现代文学及其启蒙意识生成的重要因素。我们这样说不仅指“鸳鸯蝴蝶”派之类的“俗文学”，恰恰相反，主要是指以鲁迅为代表的伟大作家，他们的“现代转型”同样深受图像文化的助推和影响。

4. 在语言和图像的关系史上，大凡被二者反复书写或描绘的题材，多为人类精神的“原型”。无论是神话传说还是历史故事，无论是《圣经》叙事还是中国的经史子集，无论是西方的莎乐美还是中国的王昭君、蔡文姬等，之所以在文学史和艺术史上反复出现，被文学和图像艺术反复书写或描绘，就在于其本身蕴涵着深厚的历史积淀，萦绕着某种足以使整个民族难以忘情的心结。因此，研究这些原型在语言和图像之间被长期复写、互仿和演绎的规律，探讨其中可变和不变的东西，当是“语－图”关系研究的典型个案。

5. 如前所述，文学和图像关系的核心是语言和图像的关系，而语言和图像关系的核心就应当是“语象”和“图像”的关系。因为，语象和图像是文学和图像关系的“细胞”，是二者可能实现“统觉共享”的主要基因；因此，只有在这样的层面，而不是在其他层面，更不是在“大而化之”的层面，才能最终发现语言艺术和图像艺术得以“共享”的内在规律。换言之，所谓文学和图像的“统觉共享”，实则是语言文本和图像艺术之间“语象”和“物

---

① 郑振铎：《〈中国版画史图录〉自序》，载中国社会科学院科研局编选《郑振铎集》，中国社会科学出版社 2004 年版，第 433 页。

② 陈平原教授近年来编撰了两本关于图像文化的著作：一是《看图说书》（生活·读书·新知三联书店 2003 年版），一是《图像晚清》（与夏晓虹合编，百花文艺出版社 2006 年版），说明我国近现代文学研究已经开始关注图像问题，可惜其中较少涉及文学和图像的关系，更没有涉及图像文化在所谓“中国文学现代转型”过程中的意义和作用问题。

像”的相互唤起、相互联想和相互模仿。它们既是文学和其他艺术之间的“共同点”，也是我们对文学和图像的关系进行比较研究的平台和“工具”。离开这一关键，所有关于“文学遭遇图像时代”的表述都很难解决具体而实在的学理问题。

现在，我们就以鲁迅为例，对语象和图像的关系问题做一简要阐发。

语象和图像的统觉共享

鲁迅小说非常注重语言的色彩描绘，这一特点已被学界所认识。我们不妨摘录一段他在《补天》里的场景描写略作分析：

> 天边的血红的云彩里有一个光芒四射的太阳，如流动的金球包在荒古的熔岩中；那一边，却是一个生铁一般的冷而且白的月亮。

这段场景描写一共52个字，和色彩相关或者可能使人联想到色彩的句段有“血红的云彩”“光芒四射的太阳”“金球包在荒古的熔岩中”“生铁一般的冷而且白的月亮”，合计34个字，超过总字数的65%。也就是说，鲁迅的这一场景描写，主要不是描写场景的空间，而是描写场景的色彩；与其说这是用“语言”去表述，不如说是用“画笔”去涂抹，可谓浓墨重彩，酣畅淋漓，光艳刺目！说明鲁迅对于色彩的敏感和倚重。

但是，语言描绘的色彩并非物理世界的色彩，而是通过语言描述唤起了色彩的联想，是诉诸想象的色彩，即文学的“语象”色彩。这段语言书写之所以能够引发“光艳刺目”的视觉效果，关键在于色彩语词的强烈对比，诸如“血红”和“金黄”“铁黑”和“月白”等。为了能使对比的效果更加强烈，鲁迅尽可能地制造语词的陌生化，例如将云彩说成“血红”，将太阳喻为“金球”，并被“荒古的熔岩”所包裹，等等。不仅如此，为了达到这样的效果，鲁迅甚至不惜违背常识，将（铁）“黑”和（月）“白”两个相反的意象叠加在一起，还将（热的）太阳和（冷的）月亮同时并置在一个画面，显然是有意为之。那么，这种强烈的对比是一种怎样的隐喻，或者说它的象征意味是什么呢？

细读《补天》全文可知，完全相同的这一场景描写先后出现过两次。最先出现在小说的开篇，即女娲惊梦之后和造人之前；第二次出现在女娲造人和补天成功但却疲惫致死之后。如果将前者看作女娲在“开幕前”的“闪亮登场”，那么，第二次复现则是她“谢幕后”的灿烂辉煌。无论是初现还是复现，这一场景全是大自然的造化，并非女娲的自我张扬。与这一自然造化两次复现相对应的是被置放其间的女娲故事，即其“捏泥造人”和“炼石补天”的剧情，同样是出自女娲的天性和本能——不是她有意为之，她也没有去想这样做的后果，更谈不上要实现什么“远大理想”或者完成“丰功伟业”，以便“后世留名”，等等，一切都是无意识的行为。[①] 相反，她在无意识中所创造的众生和尘世，却是一个嘈杂、龌龊、伪饰和争权夺利的世界。这就是《补天》所设置的两组对比：自然和人事、本能和伪饰。可见，《补天》的场景描写就是要刻意制造“对比”效果，不仅通过所叙之事，而且还通过语象的色彩对比——“血红”和“金黄”“铁黑”和“月白”的强烈对比，直接映衬并隐喻女娲和众生的对比：纯粹和“庸俗”、伟大和“油滑”[②]，从而使叙事和描写相得益彰、故事和环境协调一致。

如果我们进一步分析就会发现：在“血红”和“金黄”、“铁黑”和“月白”这两组对比中，“黑白对比”当是其中的主色调，“红黄对比”服从于“黑白对比”。因为，那个“血红的云彩里”的“太阳”好像“金球”“包在荒古的熔岩中”所造成的语象色彩和心理效果，仍然是“白光”（光芒的太阳）被“黑洞”（荒古的熔岩）所包裹，从而融入“铁黑”和“月白”的直接对比。这样，我们不仅可能从“血红”和“金黄”的组合中联想到西方的油画，更可能从“黑”和“白”的色调中联想到中国画——但不是以写意著

---

① 鲁迅自谓《补天》（原名《不周山》）这篇小“不过取了弗罗特说，来解释创造——人和文学的——的缘起”（《故事新编·序言》，载《鲁迅全集》第 2 卷，人民文学出版社 1982 年版，第 341 页）。“弗罗特”即弗洛伊德。

② “庸俗”和“油滑”是鲁迅在谈到《补天》创作时的自嘲，以此表示对当时批评界的不满。见《故事新编·序言》，载《鲁迅全集》第 2 卷，人民文学出版社 1982 年版，第 341—342 页。

称的中国水墨画，而是在中国有着悠久历史的以写实见长的版画，强烈的黑白对比恰恰是版画的基本色调。

如果我们将视野进一步展开，通观鲁迅的全部小说，那么就可以明显地感觉到，黑白对比其实是整个鲁迅小说语象的基本色调。《狂人日记》中“黑漆漆的，不知是日是夜”，以及“很好的月光”和“全没月光”。《药》中“秋天的后半夜，月亮下去了，太阳还没有出来，只剩下一片乌蓝的天……街上黑沉沉的一无所有，只有一条灰白的路，看得分明”。《故乡》中的“深冬”，天气“阴晦”，“苍黄的天底下，远近横着几个萧索的荒村，没有一些活气”。《社戏》中的“白篷船”行使在月色朦胧的水汽里，“漆黑的起伏的连山，仿佛是踊跃的铁的兽脊似的”。《祝福》中鲁镇的“新年气象”则是“灰白色的沉重的晚云中间时时发出闪光……爆竹声连绵不断，似乎合成一天音响的浓云，夹着团团飞舞的雪花，拥抱了全镇”。《在酒楼上》的“深冬雪后……几株老梅竟斗雪开着满树的繁花，仿佛毫不以深冬为意；倒塌的亭子边还有一株山茶花，从暗绿的密叶里显出十几朵红花来，赫赫的在雪中明得如火”。

不仅仅场景描写，还包括人物肖像、故事细节和主题意象，在鲁迅的小说中始终贯穿着黑白对比的主色调。阿Q、祥林嫂和《示众》里的“白背心”；秦益堂（《兄弟》）和万瑶圃（《告老夫子》）的“花白胡子”；魏连殳（《孤独者》）和吕纬甫（《在酒楼上》）蓬松的须发、浓黑的眉毛和苍白的长方脸。还有《药》中的“黑乌鸦”，《明天》中“黑沉沉的灯光”，《奔月》中的黑色火。《狂人日记》共13则，其中7则注明了“晚上”、“全没月光”、“黑漆漆，不知是日是夜”、“黑沉沉”、“太阳也不出”等。阿Q向吴妈求爱、被抓，丁举人向赵家转移财物、赵家被抢都是在晚上。《长明灯》里的“疯子”在暮色中被关进黑暗、寂静的社庙。祥林嫂死在除夕夜。涓生在“昏暗的灯光”下写下了自己的悔恨和悲哀，发现那生路像一条“灰白的长蛇”游弋不定，最终“消失在黑暗里”。……诸如此类，以及萦绕鲁迅小说始终的主题意象“铁屋子”等，毫无疑问是鲁迅所精心书写的黑白语象，和黑白交错的版画图像何其相似乃尔！

据统计，在鲁迅的三部小说集（《呐喊》《彷徨》《故事新编》）中，使用描述性色彩词的地方有526处，使用频率由高到低依次是：白色系29.7%，黑色系21.5%，红色系15.9%，黄色系9.9%，青色系8.2%，绿色系5.5%，蓝色系4.4%，紫色系2.5%，拼色系1.5%，透明系1.1%。[①] 这一数据进一步证明鲁迅小说语象的色彩偏好主要是黑白交错，和版画艺术的色调完全吻合。也就是说，小说语象和版画图像的统觉，在鲁迅这里实现了二者的“共享”。就此而言，将鲁迅小说的总体特点定义为“版画风格”也是恰当的。

当然，鲁迅的小说语象和版画图像之间的相似性，不仅表现在黑白色调方面，还可能表现在其他诸多方面，例如笔法的钢硬挺直，对于“力之美”的共同追求；构图的简练抽象，在结构布局方面的相似性；意象的诡异老辣，在陌生化效果方面的异质同构，等等，有待于我们日后进一步深入细究。我们在此只是为了说明：在鲁迅的小说中，文学语象和艺术图像之间确实存在着必然的联系，这种联系毫无疑问和鲁迅的美术情结有关，特别是和他对于版画艺术的偏好密切相关。

我们知道，鲁迅首先是一个文学家，但对绘画艺术却情有独钟。他自幼嗜画，不是一般地“喜欢”，而是“痴迷”。这方面的材料在知堂、许寿裳等人的回忆著述中多有涉及，他人和后学的评述也已很多。特别是他“弃医从文”之后，这方面的兴趣有增无减。尽管他几乎没有创作过绘画作品（只有很少几幅），但是对于美术史论、美术教育和美术创作的评论、译介、组织和推广，毫无疑问做出了重大贡献。可以这样说，在中国现代文学史上，没有一个文学家能像鲁迅那样同时赢得美术界的巨大声誉，甚至被誉为中国现代版画运动的精神领袖。这就是鲁迅的文学语象深受图像艺术浸染的重要旁证。

纵观鲁迅的全部美术活动，尽管涉及的范围非常广泛，但是有一点应当

---

① 金玲：《鲁迅小说色彩与知识分子形象》，《鲁迅研究月刊》2005年第9期。

是公认的，那就是在所有的美术和绘画品类中，版画是他的最爱。从《八戒招赘》和《老鼠成亲》的童年记忆[①]，到晚年在病榻上弥留之际对苏联木刻的反复品赏[②]；从对陈老莲等中国古代版画的好感，到对陶元庆、孙福熙等现代版画家的褒扬；从对比亚兹莱、柯勒惠支、蕗谷虹儿和新俄版画的译介，到身体力行组织版画展览和讲习班；从对中外文学插图资料的搜集整理，到为自己的文集和期刊设计封面和插图……毫无疑问，版画是鲁迅最为倾情的艺术。个中真委是显而易见的，那就是版画的黑白逻辑所隐喻的是非分明和批判精神，和鲁迅的语言叙事和文学理想一脉相承。只有这样一种解释，只能有这样的解释。

鲁迅的小说语象和艺术图像之间的统觉共享还可以从另一角度得以证实，那就是鲁迅特别注重自己的文集、译著、编著与刊物等书刊的插图和封面设计，有时还亲自为之，这在当时可谓引领风气之先。早在浙江两级师范学堂任教时，他就曾为自己编写的讲义亲手绘图。《坟》的扉页装饰图就出自鲁迅之手，还有《朝花夕拾》后记中的“活无常”插图（题名《哪怕你，铜墙铁壁!》），以及《中国小说史略》《热风》《华盖集》《呐喊》《华盖集续编》《而已集》《三闲集》《二心集》《两地书》《鲁迅杂感选集》《南腔北调集》《准风月谈》《花边文学》等文集的封面，都是鲁迅亲自设计。鲁迅注重对自己的文集、译著和期刊的图像装饰，说明在他的心目中，已将语言表达和图像展示看作相辅相成的统一体，二者的相互映衬可以起到事半功倍的效果。当然，鲁迅的文学语象和图像的密切关联，更可以从旁人和后人对其作品的大量改编、摹写和图绘中得到更多的证实。这种热情之所以一直延续到今天，更能说明鲁迅的文学语象和艺术图像的密切关联，其间必有许多我们尚未认

---

① 鲁迅：《狗·猫·鼠》，载《鲁迅全集》第2卷，人民文学出版社1982年版，第237页。

② 据萧红回忆，鲁迅先生在病中不看报、不看书，只是安静地躺着，“但有一张小画是鲁迅先生放在床边上不断看着的”（《萧红文集》第3卷，安徽文艺出版社1997年版，第291页）。这张“小画”就是在鲁迅逝世后，许广平在其背面用铅笔写上以下文字的那幅画，是“鲁迅病中收到苏联木刻家寄来，非常喜爱，为病中浏览珍品”。许广平还将这幅小画装入封套保存，又在封套上写明“鲁迅寄中国宣纸给苏木刻家，木刻家以之印成木刻，寄给鲁迅留念，鲁迅在病中常浏览的”。

识的语图规律的存在。

需要说明的是，无论是对于语图关系的历史回溯，还是以鲁迅为例探讨文学语象和艺术图像的统觉共享，本文的论述都是十分粗略和相当简要的，并未详细展开。包括鲁迅的小说语象及其版画风格问题，也只是在色调方面的一致性略作分析，没能就笔法、构图、意象等其他方面的统觉共享进一步展开，更没能就统觉共享本身的规律做些探讨，仅仅是“举例说明”而已，说明在文学和图像关系的研究中尚有许多未知应当去关注。也就是说，本文只是提出问题，并没有、也不可能穷尽所有问题并详尽探讨。但是有一点是肯定的，那就是我们坚信本文所涉及的这些问题，对于研究文学和图像的关系具有重要意义，当是文学和图像关系研究中具有普遍性的重要命题。例如语象和图像的统觉共享，是否主要表现为色调、笔法、构图和意象这四个方面？或者说表现在鲁迅身上的统觉共享是否具有普遍性？等等，就有待于我们做出进一步的论证和探讨。

但愿本文所提出的这些问题能够引起学界的注意和兴趣，但愿这些问题能被越来越多的学者所阐发、所探讨，但愿由此引发学界提出更多和更有意义的“语－图”关系命题，但愿那些情绪性的诉说和表态式的判断远离我们的学术话语。

（原载《江海学刊》2010 年第 1 期）

符号学的一个世纪：四种模式与三个阶段

赵毅衡

高度符号化时代到来

最近二十多年，我们目睹了人类历史上从未有过的一场剧变：当代文化迅速冲进一个“高度符号化时代”，符号生产与消费已经远远超过物质消费，相应地，符号生产也不得不超过物质生产。在当代，个人不是作为生产者实现人生价值，而是作为消费者，尤其是作为一个符号消费者存在。社会必须照应生产者，失业率是全世界任何政府都在头痛的问题；消费者却照应政府，符号消费者更是为当代社会做出积极贡献。“中国成为全球奢侈品消费大国”，这样的消息让全世界对中国刮目相看。而我们对这局面及其重大历史后果，至今没有充分的理解；我们对当代社会符号生产和消费的规律，至今没有认真的研究和争辩。

从另一个方向看：在社会各阶层的对抗中，在国际范围的文化冲突中，对“符号权”的争夺，越来越超过其他实力宰制权的争夺。可以说，不仅是各民族国家，而且整个人类文明，所面临的问题，大半是符号问题。无论我们是关心人类的过去、现状、未来，还是只想弄懂我们在各自的生活中的幸福、苦恼、愤怒，不理解符号，就无法弄清问题的实质，更谈不上采取对策。

为什么符号学值得中国学界认真研究？值得在每个大学开设课程？值得让每个思索者动一番脑子？这是第一个理由。

第二个理由，是这门学科产生一百年后终于成熟：现代符号学经过一个世纪的学派的竞争更替，经过各国学者的努力，已经发展成一门比较完整系统的学科。它提供了一个极为犀利的工具，能相当有效地对付当代文化纷乱杂陈的课题。

第三个理由，符号学理论并不封闭，这个学科尚大有可为：它至今有大量未解决的问题：符号学“原理”，不是公式，而是有发展可能；符号学“现有看法”不断受到挑战，无法定于一尊。在应用过程中，符号学不断有新的问题暴露出来，新的疆界不断被拓展。

为什么符号学能用来分析人类或个人面临的难题？因为符号是人作为人存在于世的基本方式。符号学就是研究意义活动的学说，是人类历史上有关意义的思索之综合提升。符号是意义活动（表达与解释意义）的独一无二的方式：不用符号无法表达任何意义，任何意义必须用符号才能表达。既没有不用符号的意义，也没有缺乏意义的符号。

笔者把文化定义为一个社会所有意义活动的总集合。[①]“文明”往往包括其物质生产，而“文化”则全部由意义活动组成。钱锺书的分辨断然而清晰：“‘衣服食用之具’，皆形而下，所谓‘文明事物’；‘文学言论’则形而上，所谓‘文化事物’。”[②] 正因为文化是意义活动集合，符号学是人文社会科学所有学科共同的方法论，称为“文科的数学”，是有道理的。

符号学在当代批评理论中的地位

对当代文化、社会及其政治经济问题的研究和论辩，现在已经有个伞形称呼：批评理论（Critical Theory）。这个西文词原先指法兰克福学派的马克思主义理论，中文译为“批判理论”；现在此词开始一般化，把文学、艺术、文化、文化政治、社会批判、全球化问题等都结合进来，中文可以译为“批评理论”。

---

① 赵毅衡：《文学符号学》，中国文联出版公司 1990 年版，第 89 页。

② 钱锺书：《管锥编》第 1 卷，生活・读书・新知三联书店 2004 年版，第 533 页。

批评理论从20世纪初发展到现在，已经极为丰富，以至20世纪被称为“批评世纪”。不管发展到何种形态，批评理论始终依赖于这四个支柱体系：马克思主义文化批评、心理分析、现象学/存在主义/解释学、形式论。在20世纪初，这四种理论不约而同出现，互相之间并不存在影响关系，但是它们共同的取向是试图透过现象看底蕴，看本质，看深层的规律。批评理论各学派首先出现于20世纪初的欧洲，这并不奇怪：欧洲思想者普遍感到了现代性的压力。那时在世界其他地方，尚未出现这种历史对思想的压力。

20世纪批评理论的最重要思想体系，是马克思主义的文化批判。从葛兰西（Antonio Gramsci）、卢卡契（Georg Lukacs）开始，到法兰克福学派，基本完成了马克思主义的文化转向（Cultural Turn），马克思主义使当代批评理论保持批判锋芒。当代著名批评理论家，很多是马克思主义者；而20世纪大多数马克思主义者，也主要从文化批判角度进入政治经济批判。

当代批评理论的第二个思想体系，是现象学/存在主义/解释学（phenomenology/ existentialism/hermeneutics）。这个体系，是典型欧洲传统的哲学之延续。从胡塞尔（Edmond Husserl）开始的现象学与从狄尔泰（Wilhelm Dilthey）开始的现代解释学，本来是两支，却在海德格尔（Martin Heidegger）、利科（Paul Rocoeur）等人手中结合了起来。伽达默尔（Hans - Georg Gadamer）与德里达（Jacques Derrida）在80年代的著名“德法论争”中，显示了较严谨的哲学思辨与解放理论姿态之间的差别。

当代批评理论的另一个支柱思想，是精神分析（psychoanalysis）。这一支的发展，一直存在争议，但是其发展势头一直不减。只是这一派的“性力”（libido）出发点，与中国人传统观念过于对立。拉康（Jacques Lacan）的理论对西方当代批评理论影响巨大，其陈意多变，表达方式复杂，在中国的影响也一直不够充分。

当代文论的形式论（formalism）体系，是批评理论中重要的方法论。这一潮流似乎是“语言转向”（Linguistic Turn）的产物，至今已深深楔入当代批评理论。符号学原本是形式论的一个派别，由于其理论视野开阔，60 年代之后成为形式论的集大成者。符号学从结构主义推进到后结构主义，从文本研究推进到文化研究，如今已与形式论几乎同义（叙述学、认知语义学等，是符号学普遍原则在特殊领域中的扩展）。当代全球文化的迅速蜕变，使形式研究超越了自身：一方面形式论保持其分析立场，另一方面它超越了形式，批判锋芒越来越锐利，被称为整个批评理论的方法论基础。

在当代，流派结合成为开拓理论新阵地的主要方式：对当代批评理论做出重大贡献者，无不得益于这四个体系中几种的结合，此时符号学作为人文社科的总方法论，作用就相当清楚。70 年代前，两个体系结合已经常见，例如巴赫金（Mikhail Bakhtin）的理论被称为“马克思主义符号学”；拉康的心理分析应用了大量符号学概念。80 年代后，越来越多的人用结合体系方式推进到新的领域：克里斯蒂娃用符号学研究精神分析，展开了性别研究的新局面；博德利亚则以符号学与马克思主义结合，对当代资本主义做出尖锐的剖析；利科等人的工作重点是把解释学与形式论结合起来，符号学与解释学，成为一个学说的两种称呼。福柯说：“我们可以把使符号‘说话’，发展其意义的全部知识，称为解释学；把鉴别符号，确定为什么符号成为符号，了解连接规律的全部知识，称为符号学。”① 的确，一旦理论涉及意义问题，就必然用符号学作为基本的方法论。

近四十年批评理论的新发展，往往都以“后”的形态出现。但是后结构主义者原来都是结构主义者，这证明结构主义有自行突破的潜质；后现代主义研究当代社会文化正在发生的重大转折；后殖民主义研究则反映当代世界各民族之间——尤其是西方与东方国家之间——文化政治关系的巨大变化以及西方殖民主义侵略的新形式；如果我们把女性主义与性别研究看作“后男性宰制”的学说，可以说，60 年代之后的批评理论，都是上述四个支柱理论的延伸产物。

---

① Michel Foucault, *The Order of Things: An Archeology of Human Sciences*, London: Routledge, 2002, p. 33.

把现代批评理论分成“四个支柱，若干延伸”，自然是过于整齐的切割。本文只是想指出：现代批评理论，已经覆盖了整个人类社会文化触及的所有课题。只要我们能时时回顾四个基础理论，我们就完全不必跟着西方“最时髦理论”奔跑，我们就能走出“不是跟着说，就是自言语”的两难之境。

“关门自言语”并不是出路。认为靠整理19世纪之前的本土思想语汇，学界的民族自豪感能得到满足，就能解决当前文化面临的种种难题，任务就太简单了。既然19世纪之前西方也没有批评理论，那么19世纪前的古典中国没有产生系统的批评理论，又有什么可奇怪的呢？整个批评理论是现代性压力的产物，今天批评理论在中国的兴起，正是这种压力的体现。只要我们掌握了四个支柱理论，我们就能与各国学界站在同一起跑线上，对世界批评理论做出中国独特的贡献。

符号学的四种模式

符号学自身发展过程中经历过几种模式，今日符号学不可能完全抹除这几种模式留下的印痕。尤其是，符号学的各种“历史原典文献”，更是一定模式的产物，既有开拓之功，又带上模式本有的局限性，不可不察。

第一种模式是语言学模式。索绪尔认为：语言虽然只是人类使用的符号体系之一，却是不成比例的超大符号体系，语言学研究应当为符号学提供模式，因此符号表意的根本原则是任意性。20世纪前期，“索绪尔式语言学”迅速成熟，因此，当结构主义符号学在60年代潮涌成一个声势浩大的运动，语言学为之提供了一个系统清晰、根基牢固的理论框架。

30年代的布拉格学派、60年代的巴黎学派提出的符号学体系，大都构筑在索绪尔原理之上，他们的符号学实际上是“语言学式的”符号学。例如巴尔特研究时装，集中于时装的语言描述；格雷马斯对符号方阵的理解，实际上是概念语项的对峙。但是语言学模式，使符号学难免落入结构主义的共时封闭格局。有论者甚至认为符号学发展到当代，索绪尔对符号学理论的贡献只能说“相当微小”[①]（only minor），“符号学之父”竟然已经被符号学近年的迅速发展边缘化了。

符号学的另一种模式，是皮尔斯提出的逻辑—修辞学模式。这种模式考量所有的符号类型，而不以语言学为模式。由此发现符号表意的理据性不同，这个出发点促使符号学向非语言式甚至非人类符号扩展；更重要的是，皮尔斯模式提出了符号意指的一系列三分式，符号的解释成为进一步表意的起点，向无限衍义开放。

20 世纪大部分时期，虽然有莫里斯、米德等人的坚持，皮尔斯模式还是受到冷落。到 70 年代，符号学界“重新发现”皮尔斯：西比奥克、艾科等人，把符号学推进到后结构主义阶段。皮尔斯理论成为当代符号学的基础理论，成为符号学最重要的模式。

皮尔斯模式的缺点是他本人兴趣过于广泛，对符号学讨论过于零散，真知灼见散落在各种笔记信件之中，而且皮尔斯热衷于分类，对复杂的符号现象作整齐分类，难免有失诸勉强之处。

符号学的第三种模式，是德国新康德主义者卡西尔（Ernst Cassirer）的“文化符号论”[②]。他的符号学从哲学出发，建立一种象征哲学，作为普遍的“文化语法”。卡西尔的象征思想在其弟子朗格（Susan Langer）的文艺美学中得到充分发展。他们论点精彩，却难以进一步在其他文化领域中推演，与这一模式相近的还有美国文论家伯克（Kenneth Burke）的“符号行动”理论。[③]伯克接近新批评，50 年代初曾推动新批评拓宽视野。[④] 这个学派对于方法论和可操作性缺少关注，他们的模式成为一种历史遗迹。但他们对文化运行规

---

① Winfried Noth, *Handbook of Semiotics*, Bloomington & Indianapolis: Indiana Univ. Press, 1990, p. 64.

② Ernst Cassirer, *The Philosophy of Symbolic Forms.* 在卡西尔 1945 年去世时其第四卷只留下零星手书草稿，近年整理出版：*The Metaphysics of Symbolic Forms*, Vol. 4, New Haven: Yale Univ. Press, 1998。注意 symbol 一词，与 sign 意义相当部分重叠。西语用法十分混乱，本书为求统一在应当译成“符号”的地方，就不拘泥于原文。

③ Kenneth Burke, *Language as Symbolic Action: Essays on Life Literature and Method*, Berkeley & Los Angeles: Univ. of California Press, 1966.

④ 参见赵毅衡《重访新批评》，百花文艺出版社 2009 年版，第 137—139 页。

律的重视，今日依然是值得珍视的学术财富。

符号学的第四种模式，开拓者是苏俄符号学家巴赫金，他开创了从形式研究文化的传统，很多人称之为“语言中心马克思主义”（Languge – Centred Marxism），但他的成就长期默默无闻；六七十年代洛特曼、伊凡诺夫等人为首创立莫斯科—塔尔图学派，将其学说发扬光大。这一派坚持用符号学研究社会和文化，提出许多精辟之论。尤其是他们的“符号场”理论，从大处着眼研究文化，摆脱了形式论常有的琐碎。这一派的理论模式主要借鉴自信息论与控制论，尤其是普利高津的耗散理论，技术色彩较浓。如何处置技术模式与人文思索之间的张力，至今是一个有待探讨的问题。

以上四种模式都为现代符号学理论发展做出了贡献，也各有符号学进一步发展必须摆脱的弱点。当今符号学从先前模式中一次次脱茧而出，它的成熟是符号学界自我学习自我改进的结果。

符号学发展的三个阶段

20 世纪初至今，符号学的四种模式都有过展开机会，符号学的发展前后经历了三个阶段。

第一阶段出现于20 世纪上半期，主要是模式的奠定和解释。除了上述四个模式的奠基者，还出现一批最早的推进者：莫里斯把皮尔斯理论发展成系统；朗格在美学和文艺学中推进卡西尔理论，伯克与卡西尔理论遥相呼应；巴赫金理论由于政治原因被搁置。早期推进远远突前的是索绪尔理论。由于得到布拉格学派（穆卡洛夫斯基、特鲁别茨柯伊等）、符号语言学派（叶尔慕斯列夫、马丁奈、班维尼斯特等）的热情推进，索绪尔符号学在60 年代前率先成熟为一个完整的体系。

第二阶段出现于20 世纪六七十年代，符号学作为一个理论正式起飞。索绪尔符号学直接发展成60 年代结构主义大潮：雅克布森、列维 – 斯特劳斯、巴尔特、格雷马斯、布勒蒙、托多洛夫、索勒斯等人，把结构主义发展成为60 年代最显赫的学派；符号学开始卷入其他思潮：马克思主义（戈德曼、阿尔都塞)，心理分析（拉康、克里斯苔娃），现象学/解释学（梅洛－庞蒂、利科）等。这些人大都不承认自己属于一个名叫“结构主义”的运动，但是他们却毫不讳言对符号学的热情。在稍晚时候，莫斯科—塔尔图学派开始在苏联形成；而艾柯、西比奥克等人开始发展皮尔斯这一支的符号学。第二阶段的特点是符号学成为人文—社科规模宏大的总方法论。这个阶段的特点是符号学的几种模式，尚未能汇合：索绪尔模式一家独大。

第三阶段出现于70年代中期，到今天仍然在展开。这个阶段的特点是皮尔斯的开放模式取代了索绪尔模式，由此结构主义自我突破成为后结构主义。除了皮尔斯模式，巴赫金与塔尔图模式也开始扩大影响，卡西尔与伯克的贡献也被后人重新发现，一些被忘却的奠基者，如维尔比夫人（Lady Victoria Welby）的贡献，也被大规模整理出来。① 自20世纪八九十年代以来，理论符号学没有提出更新颖的模式，而是整合各种模式成为一个新的运动。多元发展方式显然是正确的，拘守模式对符号学不利：当代文化研究的迅猛发展，会使任何模式迅速陈旧。模式意识淡漠，可能会使这个学科缺乏权威或明星，没有权威却能使这个学科四面出击，向任何需要符号学一显身手的方向推进。因此，第三阶段符号学的特点，一是与其他学派结合；二是广泛应用于各种门类。

符号学与其他学派的结合

莫里斯和托多洛夫都认为（西方）符号学有四个源头：语言学（包括语言哲学）、逻辑学、修辞学、解释学。② 这个说法其实是追溯西方学术传统，即使在西方传统中，对符号学发展产生重大影响的学科还有很多：诗学、艺术学、美学、传播学、认知理论、心理学（尤其是格式塔心理学）、人工智能甚至生理学（例如巴甫洛夫的条件反射理论，例如遗传学与近年的基因理

① Susan Petrilli (ed), *Signifying and Understanding*: *Reading the Works of Victoria Welby and the Signific Movement*, New York & Berlin: Mouton de Gryuer, 2009.

② 茨维坦·托多洛夫：《象征理论》，王国卿译，商务印书馆2004年版，第12页。

论），都为20世纪符号学的兴起提供了思想资源。① 符号学本来就是许多学科汇合的产物，当代符号学的发展，更是向学派融合的方向推进。

与符号学结合最顺理成章的是马克思主义：符号学本质上是批判性的，它把文化的意义行为，看成话语权力网的运作，与马克思主义的意识形态批判，精神上至为契合。两者结合首先推动了符号学的社会学研究：沃尔佩（Galvano Della Volpe）的符号美学，詹姆逊（Fredrick Jameson）的政治无意识理论，列斐伏尔（Henry Lefebre）的符号文化社会学，霍尔（Stuart Hall）的文化解码理论，伯明翰学派如费斯克（John Fiske）等人的亚文化“符号抵抗”研究，博迪厄（Pierre Bourdieu）的符号资本理论，博德里亚（Jean Baudrillard）的商品符号学，霍基（David Hodge）等人的符号社会学，更早的时候，还有东德克劳斯（Georg Klaus）等人的“唯物主义符号学”。这种结合俨然汇成大潮：“马克思主义符号学”（Marxian Semiotics）或称社会符号学，已经成为当代学界的一个重要学派。这个学派的论辩展开的基本动力，是马克思主义的社会批判，其方法是符号学式的分析，其批评对象也从资本主义的经济霸权、文化霸权，转入符号霸权。这个角度击中当代资本主义消费经济的命脉，当代符号学的最重要分支就是符号学社会批判。

符号学与心理分析，也是互相吸引，相得益彰。弗洛伊德解析梦的“修辞”，与符号的分析策略非常相似；拉康从“能指链”入手讨论潜意识的符号构成，他的精神分析符号理论奥秘难测；在克里斯苔娃的“符号心理分析”理论中，符号学成为心理分析与女性主义结合的桥梁；当代性别研究，例如巴特勒的“展演性”理论，大量吸收符号学的成果，在“身体政治”、“性别政治”、“娱乐文化中的女性”等关键课题上，符号学为当今性别研究送上了犀利的解剖刀，性别符号学（Semiotics of Gender）在近年开始形成。②

现象学/存在主义/解释学这一理论系列，关注意义的生成与理解，与符

① Winfried Noth（ed），*Handbook of Semiotics*，Bloomington：Indiana Univ. Press，1990，p. 11.

② Darlene M. Juschka，*Political Bodies/Body Politic*：*The Semiotics of Gender*，London：Equinox，2010.

号学有相当多重叠部分。现象学创始人胡塞尔仔细讨论了符号问题（后来德里达就是在符号问题上找出胡塞尔理论的盲点，为解构主义打下基础），无独有偶，符号学奠基者皮尔斯，也提出一个独特的现象学理论。30 年代舒茨（Alfred Schuetz）已经开始现象学式的社会符号学研究；梅洛－庞蒂则是将符号学与存在主义结合的第一人；此后格雷马斯、库尔泰、高盖等人发展“主体符号学”理论；塔拉斯蒂近年的著作系统地提出了存在主义符号学①，卡勒与艾科等人融合接受美学，对符号学的解释理论作出了全新的阐发，而希尼（Carlo Sini）等人发展出较系统的现象符号学，利科（Paul Ricoeur）深入总结现象学与叙述的关系，更是引人注目。

第三阶段符号学在理论上的重大发展，都是与其他学派融合的产物。符号学与这几个文化批评支柱理论的结合，已经产生了极其丰富的成果。符号学今后的发展，必须依靠学派融合，扩大符号学的视野。

应用符号学

第三阶段符号学发展的另一个重要战场，就是在文化的所有领域中应用符号学——“门类符号学”，实际上是近年符号学最突出的表现：所有与意义研究相关的课题，都转向符号学，以获得更深一步探索的进路。

自 20 世纪 80 年代以来，符号学本身的主要推进方向，是诸多“门类符号学”，各种门类的应用更形成大潮。人类文化的各个部门都涉及意义活动，因此都是符号学的用武之地。至今可以说，没有一个文化部门没有受惠于符号学，在西文与东方文字中，广告、商品、商标、时尚、明星、旅游、游戏、体育、竞赛、教育、赛博空间等领域，都出现了符号学论著；在社会符号学方面，城市、考古、宗教、亚文化、民俗、庆典、生态等领域，也都有符号学的专门研究；在艺术符号学方面，电影、音乐、图像、建筑、设计等领域，符号学都找到用武之地。以上单子还不包括超出一般社科与人文领域的“准

① Eero Tarasti, *Existential Semiotics*, Bloomington: Univ. of Indiana Press, 2000.

科学”，如法律、刑侦、人工智能甚至风水等。

几乎所有这些门类符号学研究，都是近20年来的成果，其范围之广，雄辩地证明符号学可以成为社会与人文研究的总方法论。某些杰出的“门类研究”（例如伯明翰学派的大众传媒研究，麦茨的电影符号学，纳梯艾兹的音乐符号学[①]），证明门类应用也能对符号学理论做出相当贡献。当然，符号学理论永远无法代替门类研究（因为学科门类需要专门知识），但是既然这些专著命名为某种符号学研究，符号学理论不断地受到挑战，适用性本身是对理论的考验。

在目前这个第三阶段，符号学版图地域在扩大：符号学近年在日本、中国、印度以及拉美各国发展势头迅猛，符号学进入全世界的大学，成为大学文科教学一门不可或缺的课程。符号学与非欧美民族哲学传统的结合，已经产生相当的成绩。中国学者在整理中国哲学中的符号学上，做出了卓有成效的贡献。

如果东方的学术传统至今尚未能充分融入符号学，只能说明符号学的发展还有很大余地。目前，符号学研究中明显的缺项，就是未能充分吸收中国的先秦名学、禅宗美学、唯识宗和因明学的成果。东方资源的进入，将把符号学理论推进到一个全新的境地。

应当坦诚地说明：单靠东方现代之前思想史的理论成果，不太可能为符号学建立一个独立的新体系，正如西方19世纪之前关于符号的讨论（例如欧洲中世纪修辞学）一样，只能有借鉴意义，任何人不可能仅仅依靠自己民族古代讨论意义文本的文献，构筑一个足够当代应用的全面的符号学理论。此种努力，只是一种“虚构的谱系学”，或“黄金时代传说”（Golden Legend）。[②] 换句话说，构筑一个“东方符号学”，与构筑一个独立“西方古典符

---

① Jean - Jacques Nattiez, “The Contribution of Musical Semiotics to the Semiotic Discussion in General”, in Thomas A Sebeok (ed), *A Profusion of Signs*, Bloomington: Indiana Univ. Press, 1977, pp. 121 - 142.

② Paul Bouissac, “TheG’olden Legend´of Semiotics”, *Semiotica*, 17, pp. 371 - 384.

号学”一样，都是有用的，但不可能代替现代符号学体系。现代符号学，只有在现代性充分成熟后，在对意义问题的深层底蕴的寻求成为气候时，才可能产生。当代符号学是在20世纪初多个形式论源头（索绪尔、皮尔斯、俄国形式主义、布拉格学派、英美新批评等）上同时萌发的，这种条件在20世纪之前，无论在东方或西方都不存在。这不是对西方或东方的偏见，任何学科不可能完全靠回到过去向未来推进。

符号学的工作范围

以上讨论，使我们面临一个无法避免的结论：人类淹没在符号中，我们接触到的世界由符号组成，至少我们能够认识的世界也只是符号。这种看法称为“符号普遍论”（pansemiotism）。

“符号普遍论”实际上有两个不同的意思。一是认为“人的世界”与“物理世界”的区分，在于“人的世界”由符号组成。索绪尔认为整个非符号世界，“在语言出现之前一切都是不清晰的……只是混沌不分的星云”[①]。并认为“人不再生活在一个单纯的物理宇宙中，而是生活在一个符号宇宙中”[②]，并由此提出著名的论断“人是使用符号的动物”。

另一种则进一步认为人之外的世界也由符号组成。皮尔斯认为：“整个宇宙……哪怕不完全是由符号构成，也是充满了符号。”[③] 皮尔斯这段文字得到许多人的赞同，例如霍夫迈尔，把从大爆炸开始的整个宇宙史，描写成充满符号意义的历史。[④] 他指的是大爆炸的遗迹（例如“红移”，例如“辐射背景”），成为宇宙历史的符号。

符号只是当人在世界中寻求意义时才出现，而真实世界（不管是“物理世界”或“经验世界”）成为人化的世界后，才具有存在的本体性质。应当

---

① Ferdinand de Saussure, *Course in General Linguistics*, New York: McGraw - Hill, 1969, pp. 111 - 112.

② 卡西尔：《人论》，上海译文出版社1985年版，第43页。

③ The Essential Peirce, *Bloomington: Univ. of Indiana Press*, 1992—1998, vol. 2, p. 394.

④ Jesper Hoffmeyer, *Signs of Meaning in the Universe*, Bloomington: Univ. of Indiana Press, 1996.

说，超出人的经验范围之外，这个世界哪怕如皮尔斯所说充满了符号，哪怕宇宙的历史如霍夫迈尔所说全是符号的历史，它们绝大部分也只是潜在符号。上述第二种看法，未免太夸大。

由此出现“泛符号学论”（pan－semiotics）。洛克是第一个使用“符号学”这个词的人，他认为全部人类知识可以分成三个部分，“物理学”（Physica）、“技能学”（Practica）、“符号学”（他拼写为 Semiotike）。“符号学”涵盖了全部今天称为人文与社会科学的全部领域。[①] 无独有偶，利奥塔在他那本影响深远的《后现代知识状况》中，把人类知识分成“科学知识”与“叙述知识”两个部分。洛克与利奥塔的说法不能说错，甚至可以说不够。

说普天下学问都是符号学的范围，不是没有道理，因为都卷入意义。王夫之的界定更宽：“乃盈天下而皆象矣。诗之比兴，书之政事，春秋之名分，礼之仪，乐之律，莫非象也，而《易》统会其理。”[②] 中国古人已经看到《易经》符号学“统会天下之理”。

对这个局面，艾柯有一段理解，应当说非常合理：“一种看法是一切必须从符号学角度进行研究，另一种看法是一切可以从符号学角度来探索，只是成功程度不一。”[③] 第一种看法是“符号学帝国主义”，第二种看法切合实际，而且是否有用的确要具体看：运用符号学知识，不一定能有效地推进这些学科。专业特征过强后，符号学规律就只有一般的参照意义。

李幼蒸对符号学的研究领域边界提出一个看法：“符号学只研究那些意指关系欠明确的现象，一旦某种意指关系问题充分明确之后，该研究即进入了科学学科阶段。”[④] 这个观察原则上非常正确，但是实际工作时却不得不受限制。科学学科，无论意指关系是否已经明确，都不是符号学能扮演积极角色的领域，科学技术的符号意指关系，即使暂时编码还不够强（例如气功治疗、

---

① John Locke，“An Essay Concerning Human Understanding”，Chapter XXI，*The Division of the Science*，London：BiblioBazaar，2006，p. 189.

② 王夫之：《周易外传》卷六，《船山全书》第一册，岳麓书社 1996 年版，第 1039 页。

③ Umberto Eco，*A Theory of Semiotics*，Bloomington：Indiana Univ. Press，1976，p. 27.

④ Ibid.，p. 64.

基因研究、破解密码、地震预测），也不会请符号学家提供指导意见。符号学要处理的对象，是从本质上“意义歧出丰富”的社会与人文学科，它不可能处理“期盼为强编码”的任何学科。

由于这种边际流动状态，符号学理论面对的问题在增多，有些老问题至今未能解决，又有新的问题出现：当代文化的发展，在不断挑战符号学，迫使符号学理论不断发展，边缘模糊不清成了符号学的常态。

当今时代面临一个大变局，文化转型加速，社会的符号活动空前活跃，人类生活的各个方面都出现了“符号满溢”，几乎任何活动都浸泡在符号之中。这是几千年世界历史上从未出现过的现象：建立一个能对付当今文化巨大变化的符号学理论，社会要求已经很迫切。

21 世纪的世界急盼人类对它取得一个符号学的理解，因为 21 世纪的世界，不仅是符号泛滥，而且已经整个浸泡在符号之中，不可能脱离符号过饱和状态。人类文化很可能快步走向一场难以阻挡的符号危机：人们至今还没有仔细查看符号，至今没有认识我们放出魔瓶的这个怪物，怎么谈得上制服它？

说“21 世纪是符号世纪”，不是符号学者的自夸，相反，是对人类社会前景的一种深深的忧虑。

（原载《江海学刊》2011 年第 5 期）

肉体话语、身体美学、身体的审美化

——晚近对于经典美学的三次挑战及其学术意义

姚文放

在晚近的美学研究中，世称“美学之父”的鲍姆加通①似乎成了焦点人物，他所提出的“美学”（aesthetica）似乎成了焦点话题，对于鲍姆加通创建的“美学”概念究属何指、美学的对象和范围何在、意义和功效如何等问题的重新考量、重作估价似乎成了美学研究的一种普遍冲动。国外美学界如此，国内美学界亦然。其中牵头人当推英国学者特里·伊格尔顿、美国学者理查德·舒斯特曼和德国学者沃尔夫冈·韦尔施，他们三人不谋而合对同一个问题叫板：鲍姆加通创立的经典美学尽管大张“感性学”之旗，但却悬搁了一个重要的感性存在——肉体、身体的作用和意义，从而导致了种种偏差和失误。有鉴于此，他们力倡“肉体话语”、“身体美学”、“身体的审美化”等理念，而这些新见的发表高密度地集中在20世纪90年代前、中期，在大约五年间对于经典美学先后提出了三次挑战。

鲍姆加通创立的作为学科形态的“美学”自1750年诞生以来，至今已二百六十余年，基本形成了自己的问题界域和学科规范，而这一切又都以理论体系稳定下来，虽然期间质疑不断、歧见互出，但其大体路数已几成定式。而晚近美学研究的这三次挑战，使得经典美学遭遇了前所未有的激烈震荡，甚至出现了动摇和崩塌。

---

① 关于鲍姆加通的中译名，目前国内有多种译法，如鲍姆嘉滕、鲍姆加登、鲍姆加通等，本文统一称鲍姆加通。

有理由相信，对于鲍姆加通创立的经典美学进行突破和重建势在必行。

伊格尔顿：美学作为肉体话语

英国学者特里·伊格尔顿在1991年出版的《审美意识形态》一书开篇便发表了一个惊天之论："美学是作为有关肉体的话语而诞生的。"[①] 在他看来，鲍姆加通当初创立"美学"的宗旨就出了问题。

在伊格尔顿看来，鲍姆加通延续了西方哲学重认识论的传统取向，将"美学"限于感性认识范畴，只是在认识论之中兜圈子。不争之论是，认识论只是哲学的一部分，尽管是比较重要的部分，但不能代表哲学的全部。伊格尔顿指出，鲍姆加通最初提出"美学"（aesthetica）这一概念，只是沿用了古希腊的感性（aisthesis）一词，指的是与形而上的概念思想领域相对立的感觉和知觉等感性认识领域。从而它所关心的"不是'艺术'和'生活'之间的区别，而是物质与非物质之间，即事物和思想、感觉和观念之间的区别"[②]。这分明就是认识论的问题，并不能囊括美学的全部要义。

众所周知，鲍姆加通最初创立"美学"这门"感性学"，旨在从逻辑学中划出一块地盘，为研究人类的感性认识开辟一个相对独立的领域。所谓"感性认识"，用鲍姆加通的话来说，就是"在严格的逻辑分辨界限以下的表象的总和"，包括"感官的感受、想象、虚构、一切混乱的感觉和情感"[③]。相关的思想早在鲍姆加通1735年发表的《诗的哲学默想录》中就已有清楚的表述："'可理解的事物'是通过高级认知能力作为逻辑学的对象去把握的；'可感知的事物'是通过低级的认知能力作为知觉的科学或'感性学'（美学）的对象来感知的。"[④] 不难看出，在鲍姆加通这一谋求感性认识之独立性的开创性工作中沿袭了大陆理性派的精神旨趣：他关于"美"的表述更多强

① 特里·伊格尔顿：《审美意识形态》，王杰等译，广西师范大学出版社1997年版，第1页。
② 同上。
③ 鲍姆加通：《美学》，简明、王旭晓译，文化艺术出版社1987年版，第15—18页。
④ 同上书，第169页。

调的是对于感性认识的“完善”，如他给美学下的一个重要定义就是：“美学的目的是感性认识本身的完善（完善感性认识）。而这完善也就是美。据此，感性认识的不完善就是丑，这是应当避免的。”① 这些论述正与莱布尼茨和沃尔夫的说法十分相近，莱布尼茨认为，上帝创造的世界是最美的，“因为它最完满地体现了和谐是寓杂多于整一的原则”，沃尔夫给美下的定义是：“美在于一件事物的完善，只要那件事物易于凭它的完善来引起我们的快感。”②

因此，伊格尔顿认为，鲍姆加通创建“美学”，虽然革命性地开拓了人的感觉领域，但它所推行的实际上是“理性的殖民化”。对于鲍姆加通来说，“审美认识介于理性的普遍性和感性的特殊性之间：审美是如此一种存在领域，这个领域既带有几分理性的完美，又显出‘混乱’的状态。此处‘混乱’（confusion）的意思不是‘杂乱’（muddle）而是‘融合’（fusion）”。“理性必须找到直接深入感觉世界的方式，但理性这样做时又必须不危及自身的绝对力量。”伊格尔顿还拿鲍姆加通的一个比喻说事，后者在《美学》一书中曾将美学比作逻辑学的“姐妹”，伊格尔顿认为，这种“次级推理”（ratio inferior）是将美学变成了“理性在感性生活的低层次上的女性类似物”。总之一句话，“美学的任务就是要以类似于恰当的理性的运作方式（即使是相对自律地），把这个领域整理成明晰的或完全确定的表象”③。可见在鲍姆加通那里，虽然美学从逻辑学中被划分出来，成为一个相对独立的领域，但仍未摆脱理性的宰制，美学仍是逻辑学谦恭的婢女。

伊格尔顿进而指出，鲍姆加通还存在着一个重大失误，那就是忽视了人的肉体和官能等生物性、生理性的领域。伊格尔顿的以下论述并非故作惊人之语：“哲学似乎突然意识到，在它的精神飞地之外存在着一个极端拥挤的、随时可能完全摆脱其控制的领域。那个领域就是我们全部的感性生活——诸如下列之类：爱慕和厌恶，外部世界如何刺激肉体的感官表层，令人过目不

① 鲍姆加通：《美学》，简明、王旭晓译，文化艺术出版社1987年版，第18页。
② 参见朱光潜《西方美学史》上卷，人民文学出版社1979年版，第295—296页。
③ 特里·伊格尔顿：《审美意识形态》，王杰等译，广西师范大学出版社1997年版，第3—4页。

忘、刻骨铭心的现象，源于人类最平常的生物性活动对世界影响的各种情况。”按说人类的感性包括两个方面，一是以感知、表象、想象、联想为要素的感性认识，这是与认识活动相关的；二是以生理欲望、原始冲动、感官快适、自然本能等为表现形式的感性生活，这是与肉体和官能直接相关的。如果说前者是十分重要的，那么后者也并不是可有可无的，伊格尔顿甚至认为：“审美关注的是人类最粗俗的，最可触知的方面”，然而“后笛卡尔哲学却莫名其妙地在某种关注失误的过程中，不知怎的忽视了这一点”①。这就明白无误地批评了深得大陆理性派真传的鲍姆加通，在他创立的“美学”中恰恰将人类的肉体方面给丢掉了。

伊格尔顿的观点受到胡塞尔的启发。② 晚期胡塞尔倾向于这样的见解：真正的理性应是与感性肉体天然地结合在一起的，但是流行的理性主义哲学却将二者割裂开来，致使本真的理性受到遮蔽，处于浑浑噩噩的昏暗状态，因此这种理性主义哲学不足以成为一门对生活产生普遍指导作用的科学。胡塞尔的研究旨在将理性从这种被遮蔽的暗昧状况中拯救出来，还其与感性生活天然结合的本真状态，恢复其固有的地位和功能。胡塞尔认为：“人性一般本质上就是在生殖方面和社会方面联系着的文明中的人的存在。人是理性的动物，只当它的整个人性是理性的人性时它才是这样的东西……因此哲学和科学应该是揭示人类本身‘与生俱来的’普遍理性的历史运动。”③ 与此相关，胡塞尔将世界分为两个部分，一是“科学世界”，与之相对应的是“生活世界”。生活世界是指日常生活中可以直觉到、经验到的世界，科学世界则是在理论中逻辑化、抽象化的世界。不过科学世界终究要以生活世界为根源和前提，因为生活世界早在科学世界之前就存在了，只是由于近代科学的长足发展，科学世界才逐渐成为主导的世界。胡塞尔指出，近代科学的危机就在于

---

① 特里·伊格尔顿：《审美意识形态》，王杰等译，广西师范大学出版社 1997 年版，第 1 页。

② 伊格尔顿在《审美意识形态》一书中对于胡塞尔的晚期著作《欧洲科学的危机与超越论的现象学》作了较为详细的转述和阐释。参见伊格尔顿《审美意识形态》，王杰等译，广西师范大学出版社 1997 年版，第 5—6 页。

③ 胡塞尔：《欧洲科学的危机与超越论的现象学》，王炳文译，商务印书馆 2001 年版，第 26 页。

它忘却了生活世界作为根源和前提的意义，一味讲求实证，崇尚客观，致使实证主义和客观主义的产生，日渐远离了生活世界，导致了对于生活世界的忽视和对于人性的冷漠。胡塞尔认为，要彻底克服科学的危机，就必须搁置实证主义和客观主义的科学态度，回归生活世界，对世界的本质进行现象学还原。而生活世界的通常模式就是将客体与主体意识在一种先验的关联中构成起来，在这里客体的意义是由主体意识所赋予、所建构的，而主体则是凭借个人的切身感受、感性经验和直观感觉来赋予和建构客体意义的。胡塞尔这样说："在生活世界中，作为具体事物而呈现的一切东西，显然都具有物体性……如果我们现在仅仅注意事物的物体的方面，那么它显然就只是在看、触、听等等活动中在知觉上的呈现。因此就是在视觉、触觉、听觉等等方面的呈现。在这里当然地而且是不可避免地会有我们的在知觉领域中决不会不在的身体参与进来，而且是借助它的相应的'感觉器官'（眼、手、耳等等）参与进来的。"① 总之，胡塞尔的以上论述一是论及本真的理性是理性与感性的天然合一；二是论及客体的意义是主体参与的结果。而二者都肯定了身体、肉体和感官在其中的作用。

伊格尔顿看重的正是这一点，它有力地佐证了他对于肉体之意义的重要发现。伊格尔顿有一个理论建构的宏愿，那就是在生物性、生理性的肉体的基础上，将美学与解决重大的社会、政治、伦理问题，与人类谋求自由解放的愿景结合起来。他在《审美意识形态》一书的《导言》中开宗明义：本书"试图在美学范畴内找到一条通向现代欧洲思想某些中心问题的道路，以便从那个特定的角度出发，弄清更大范围内的社会、政治、伦理问题"②。这个途径或角度就是"肉体"（body）。伊格尔顿认为："对肉体的重要性的重新发现已经成为新近的激进思想所取得的最可宝贵的成就之一"，他愿意为这一"时髦的主题"进行辩护，希望从这一新的取向来扩展探索问题的路径，即

① 胡塞尔：《欧洲科学的危机与超越论的现象学》，王炳文译，商务印书馆2001年版，第129页。
② 特里·伊格尔顿：《审美意识形态》，王杰等译，广西师范大学出版社1997年版，"导言"第1页。

“通过美学这一中介范畴把肉体的观念与国家、阶级矛盾和生产方式这样一些更为传统的政治主题重新联系起来”。[①] 从而美学小而言之成为一种“肉体政治”，大而言之成为一种“文化政治”。伊格尔顿说过：“我在范畴的使用上是松散和宽泛的，几近令人无法接受的程度，当范畴与有关肉体经验的观念本身结合起来之时，更其如此。”[②] 因此他所谓“肉体”，并非仅仅指人自然的、原始的动物性方面，而且是指那些经过文化陶铸的生理性、遗传性因素，包括性别、性、身体、种族、民族、族裔、年龄等，它们之间的差别与龃龉事关文化，又无不带有浓厚的政治意味，从而成为一种“文化政治”。伊格尔顿在“肉体政治”的意义上讨论“文化政治”的问题，提出了考量现实政治的又一标准，不是将种种文化矛盾仅仅放在阶级斗争、党派斗争的刻度上进行计量，而是将其置于性别、性、身体、种族、民族、族裔、年龄等生理差异、遗传特点的天平上进行衡称，从而肯定性别政治、性政治、身体政治、种族政治、地域政治、生态政治等“后阶级政治”的重要意义。对此伊格尔顿后来有过明确的论述：“对于过去几十年间支配全球议事日程的激进政治的三种形式——革命的民族主义、女权主义和种族斗争，作为符号、形象、意义、价值、身份、团结和自我表达的文化，正好是政治斗争的通货。”[③]

综上所述，伊格尔顿关于“美学是一种肉体话语”的论断起码在三个方面突破了鲍姆加通创立的经典美学：一是改变了经典美学囿于认识论的状态，将美学与社会改良、政治实践结合起来，大大拓展了美学对于实际生活的效用空间，甚至这样评价都是不过分的：“肉体的感情不是纯粹的主观幻想，而是秩序良好的国家的关键。”[④] 二是从肉体、官能等感性方面出发对美学提出了新的标准，从美学对于实际生活的效用着眼，美学的标准既可以在社会性、阶级性层面上操作，也可以在生理性、遗传性层面上施行，不过伊格尔顿更

① 特里·伊格尔顿：《审美意识形态》，王杰等译，广西师范大学出版社 1997 年版，“导言”第 7—8 页。

② 同上书，“导言”第 3 页。

③ 特里·伊格尔顿：《文化的观念》，方杰译，南京大学出版社 2003 年版，第 44 页。

④ 特里·伊格尔顿：《审美意识形态》，王杰等译，广西师范大学出版社 1997 年版，第 23 页。

加强调，感性不是理性的婢女，而是有其独立的、自足的、更为本真的意义。三是肯定美学具有实际效用并不意味着这种实际效用就是以现实的、直观的模样出现，更多的情况可能是先潜入意识的底层，凝结为一种集体无意识，成为一种“政治无意识”，再以隐秘的、抽象的形式表现出来，在这里对象的形式规律、主体的形式感以及二者的呼应仍是要义，美学仍不失其本位。因此伊格尔顿说：“审美只不过是政治之无意识的代名词：它只不过是社会和谐在我们的感觉上记录自己、在我们的情感里留下印记的方式而已。美只是凭借肉体实施的政治秩序，只是政治秩序刺激眼睛、激荡心灵的方式。”① 唯其有“政治无意识”之底蕴的涌动，所以审美活动对于感官的刺激、对于心灵的激荡才在形式而不止于形式，在感性而超越了感性。

伊格尔顿关于“美学是一种肉体话语”的感悟并非突发异想，而是基于对当代美学的新动向的洞察，例如马尔库塞的“美学之维”建基于“精神—心理解放论”和“快乐原则”，阿多诺则将精神乌托邦安放在人的生命本体之上，还有当代学者拉康、福柯、德勒兹等人的理论，都给了他的这一发现以有力的启示和驱动。伊格尔顿开列了一份长长的名单，其中包括卢卡契、本雅明、葛兰西、赖希、霍克海默、马尔库塞、阿多诺、布洛克、戈德曼、萨特、杰姆逊等激进的思想家，认为“这些人忽略了色情和象征、艺术和无意识、生活经验和意识转换，就难以成为思想家了”。伊格尔顿还特地提醒，马克思主义绝没有忽略性别、欲望和无意识等议题，也未将种族、民族、殖民主义等排除在其研究之外。② 如此丰富的思想资源，赋予了伊格尔顿的上述美学感悟以鲜明的现实感和历史感。

舒斯特曼：倡导身体美学新学科

美国学者理查德·舒斯特曼的美学研究有一个明确的理论追求，即倡导

① 特里·伊格尔顿：《审美意识形态》，王杰等译，广西师范大学出版社 1997 年版，第 26—27 页。

② 特里·伊格尔顿：《理论之后》，商正译，商务印书馆 2009 年版，第 31—32 页。

“身体美学”这一新兴学科，从而在学科水平上确认身体在美学中的中心地位。他在1992年出版的《实用主义美学》一书的最后一章标题就是“身体美学：一个学科的提议”，并在该章中对之下了一个完整的定义：“身体美学可以先暂时定义为：对一个人的身体——作为感觉审美欣赏（aesthesis）及创造性的自我塑造场所——经验和作用的批判的、改善的研究。因此，它也致力于构成身体关怀或对身体的改善的知识、谈论、实践以及身体上的训练。”①

舒斯特曼倡导“身体美学”的强烈冲动也是出于对鲍姆加通创立的经典美学的不满，在他看来，后者存在一个明显的缺陷，那就是将美学归属于认识论，确认美学旨在研究感性认识：“鲍姆加通从希腊语aesthesis（感性认识）得出它的名字，打算用他的新哲学科学去构成感性认识的一般理论。这种感性认识被当作逻辑的补充，二者一起被构想为提供全面的知识理论，他称之为Gnoseology（知识论）。”② 在这从属于认识论的美学中，并没有给身体留下立足之地。另外，鲍姆加通“对身体的不幸忽视”③，还有一个重要原因，他认为身体是一种低级的官能，不足以获致科学的认识，在鲍姆加通作为“美学”开山之作的同名著作中，充斥着对于身体的贬抑之词。舒斯特曼对此表示震惊和不解：“（鲍姆加通）似乎更热心于劝阻强健的身体训练，明确地抨击它为所谓的‘凶猛运动’，将它等同于其他臆想的肉体邪恶，如‘性欲’、‘淫荡’和‘放纵’。”④ 鲍姆加通对于身体的拒斥态度有其宗教背景，也有其思想渊源，他出生于一个虔信派教徒的家庭，肯定身体与他所奉行的教规格格不入；而他所继承的从笛卡尔到莱布尼茨和沃尔夫的理性主义哲学也不允许将感性认识领域作为任凭身体纵横驰骋的跑马场。

舒斯特曼认为，关于身体美学的思想其实古已有之且中西皆然。他指出：“无论如何，在鲍姆加通的美学之前的很长时间，不仅在希腊和罗马而且在亚

① 理查德·舒斯特曼：《实用主义美学》，彭锋译，商务印书馆2002年版，第354页。
② 同上书，第349页。
③ 同上。
④ 同上书，第352页。

洲的哲学传统中，对身体之美的和感觉敏锐的欣赏，都可以是我们今天称做审美的关注的中心。”① 他列数古希腊哲学家苏格拉底以及昔勒底学派、斯多葛学派、犬儒学派关于为追求智慧和美德而进行身体训练的主张，也对亚洲传统的瑜伽、禅定和太极拳等身体修炼方式大加推崇，以此说明身体美学的策略无论中西均拥有很深的根基。

不过舒斯特曼对于身体美学的信心还有其近因，那就是杜威和福柯的引导。杜威创立的美国实用主义哲学，在20世纪上、中叶与分析哲学的博弈中经历了一波三折的沉浮，在20世纪下叶竟东山再起、重出江湖，其标志就是以罗蒂和舒斯特曼为代表的新实用主义哲学、美学的再度辉煌。舒斯特曼起初是以分析美学家的身份出现的，但后来转向了实用主义，发生这一重大转向，乃是他置身于分析哲学与解构主义这两大主流派别之间而采取“执两端而持其中”策略的结果，这一策略既保证了传统分析哲学深厚的形而上学根底，又从解构主义获取了有机统一的观念，也使得本体论不致流于无用和空洞，而通往了现实和当下。舒斯特曼坦承：“依照我的想法，实用主义是分析和解构之间最好的调解和选择，也能将事物看作某种意义上的解释，但解释又是如此无法逃避地深植于我们的实际思想，以至于它们获得了事实或现实的身份。”② 因此不妨说舒斯特曼的身体美学是杜威实用主义美学的山重水复、柳暗花明，也正因为如此，所以舒斯特曼将身体美学归入“实用主义美学”。

杜威实用主义美学有一个重要的命题：“恢复审美经验同生活的正常过程之间的连续性。”③ 这是就艺术与日常生活的天然联系而言的。舒斯特曼进而认为，杜威的连续性美学，联结的不只是艺术与生活，还包括以往被人为二分的诸多方面：“这些二分的观念有：美的艺术对应用的或实践的艺术、高级的艺术对通俗的艺术、时间艺术对空间艺术、审美的对认识的和实践的，艺术家对组成其受众的‘普通人’。实际上，为了确保美学中的连续性，杜威将

---

① 理查德·舒斯特曼：《实用主义美学》，彭锋译，商务印书馆2002年版，第367页。

② 同上书，第116页。

③ 杜威：《艺术即经验》，高建平译，商务印书馆2005年版，第9页。

他对二分思想的攻击扩展到去破坏那种支持和巩固我们艺术经验的隔离和碎裂的更基本的二元论。这些二元论中最重要的有：身体与心灵、物质与观念、思想与情感、形式与质料、人与自然、自我与世界、主体与客体和手段与目的之间的二分。”① 值得注意的是其中对于身体与心灵之间连续性的肯定。

杜威颇多对于身体、官能和欲望的论述，在其代表作《艺术即经验》开头的章节，就立即切入正题，从“活的生物”出发而启动实用主义美学的探讨。具有代表性的是他在《经验与自然》中提出的“身—心”理论和“突创”理论。杜威对于那种将身体与心灵截然分隔开来的现代学说表示反感，肯定身与心原本就是一体性、交互性的。他说：“所谓‘身心’仅仅是指一个有机体跟语言、互相沟通和共同参与的情境有连带关系时实际所发生的情况而言。在‘身心’这个复合词中，所谓‘身’系指跟自然其余部分，其中既包括有生物，也包括有无生物，连接一气的各种因素所具有的这种被继承下来的、被保持下来的、被遗留下来的和积累起来的效果而言；而所谓‘心’系指当‘身体’被涉及一个比较广泛、比较复杂而又相互依赖的情境时所突创和一些独特的特征和后果而言。”② 所谓“突创”（emergent），用杜威的话说，就是指有机体、感触、生命、感觉和感知等“结合在一起，彼此交相作用，而产生一种具有关键性的变动。形成了一个新的较大的场地，因而放射出新的能量，具有新的性质”③。杜威进一步将这些“场地”分为物理的、生命的，属于结合、沟通和共同参与的三个层次。总之，在杜威看来，审美和艺术活动不能将身体、官能和欲望截然排除在外，恰恰相反，这些生物性、生理性的东西往往作为一种基本的、基础的因素参与其中并发挥作用。

另一位对舒斯特曼的“身体美学”产生影响的是福柯。福柯的理论吸引舒斯特曼的是相互关联的两点：一是福柯认为身体并非自然的，也非私人的，毋宁说它是训练的结果、是社会的产物，同时它又是权力关系的体现。福柯

① 理查德·舒斯特曼：《实用主义美学》，彭锋译，商务印书馆 2002 年版，第 29—30 页。
② 杜威：《经验与自然》，傅统先译，江苏教育出版社 2005 年版，第 182 页。
③ 同上书，第 173—174 页。

说过："在任何一个社会里，人体都受到极其严厉的权力的控制。那些权力强加给它各种压力、限制或义务。"① 舒斯特曼认同这一观点，认为"整个统治的意识形态，能够由根据身体标准对它们的编译而隐蔽地物化和维护，这种身体标准，像身体习惯一样，典型地变得信以为真"②。例如体面的、有教养的妇女说话轻柔，亭亭玉立，吃食挑剔，坐着两腿并拢等形体表现，都是为压制性的权力关系所改造和形塑。二是福柯为了验证其理论及方法，不惜用自己和别人的血肉之躯作为试验品，这一点恰恰与舒斯特曼重实践性、训练性的身体美学理念一拍即合。

远绍中西方的美学传统，近接杜威、福柯的美学创见，舒斯特曼对于美学学科形成了与众不同的全新理解："美学研究只有从身体出发才能实至名归地回归真正意义上的'感性学'，因此我主张通过发展一个名为'身体美学'的学科使身体成为美学研究的中心。"③

对于舒斯特曼的"身体美学"来说，有一个绕不过去的问题，即必须证明"美学"与"身体"这两者具有一致性，否则"身体美学"作为一个学科便难以成立。美学能否将身体纳入其理论框架之中？这是历来哲学家、美学家一直十分纠结的问题。从鲍姆加通、康德起，美学的主流学说往往将身体断然排斥在美学之外，舒斯特曼对此不予认同，他指出，鲍姆加通将美学建立在感性认识之上，但他恰恰忘记了，感性认识总是有赖于身体、以身体为条件的。他说："鲍姆加通将美学定义为感性认识的科学且旨在感性认识的完善。而感觉当然属于身体并深深地受身体条件的影响。因此，我们的感性认识依赖于身体怎样感觉和运行，依赖于身体的所欲、所为和所受。"④ 舒斯特曼所说的"身体"是指人的生命有机体，包括感官、肢体、肌肉、内脏器官、生理系统等，它们的结构、活动和变化无不对感性认识产生影响，而且人的

① 福柯：《规训与惩罚》，刘北成、杨远婴译，生活·读书·新知三联书店2003年版，第155页。

② 理查德·舒斯特曼：《实用主义美学》，彭锋译，商务印书馆2002年版，第358页。

③ 理查德·舒斯特曼：《东西美学的邂逅——中美学者对话身体美学》，《光明日报》2010年9月28日。

④ 理查德·舒斯特曼：《实用主义美学》，彭锋译，商务印书馆2002年版，第352页。

身体状况往往先于即时的感性认识而存在，因此身体与感性认识二者原本就是一致的。

舒斯特曼对于身体美学的倡扬势必导致对于经典美学的颠覆。因此不仅鲍姆加通，而且康德自然成为其挑战的对象、批判的靶子。康德“美的分析”首要的工作就是将审美判断（鉴赏判断）与官能快感（快适）区分开来，他认为官能快感与利害关系相连而审美判断与利害关系无涉，因为利害感总是与官能、欲望有关。审美的观照是一种纯粹的观照，是一种静观，它将官能、欲望排除在外，对利害关系是淡漠的。康德的这样一些说法是耳熟能详的：“在感觉里面使诸官能满意，这就是快适”，“对于美的欣赏的愉快……没有官能方面的利害感”。① 舒斯特曼尖锐地批评康德美学“表达了一种非常空虚和干枯的人性观念”，因为它将审美判断狭隘地集中在理智化的心理特征上，认为只有从认识能力产生的快感才是审美的，而那些源于情感和感官愉快的自然满足，总是因其涉及利害和欲望而遭到拒斥。在康德看来，有官能、欲望参与的审美判断总是夹杂着污点，倡导这种满足的趣味还未从野蛮状态中开化出来。舒斯特曼指出，由于这种“无利害性”的限定，康德之后的艺术陷入了对世界的真实存在漠不关心的审美的围城之中，其后果是令人担忧的：“艺术历史上与生活的分隔，因拒斥审美经验与身体活力和欲望的联系，因在与生活的感觉愉快相对立的意义上来定义审美经验的愉快，已经导致审美经验精华尽失而枯萎不堪。”② 这一不良状况必须得到理论的救正，舒斯特曼提出了“审美经验的终结”的命题，对于该命题他作如是说：“我所说的审美经验的终结，只是西方现代美学中所界定的那种作为无利害的静观的经验的终结，这种审美经验通常被认为是由高级艺术引发的。我认为这是一种伪审美经验。终结这种审美经验的目的，是为了唤起真正的审美经验，这就是在今天由通俗艺术所唤起的审美经验……与某些高雅艺术不同，通俗艺术从来就

① 康德：《判断力批判》（上卷），宗白华译，商务印书馆1964年版，第42、46页。
② 理查德·舒斯特曼：《实用主义美学》，彭锋译，商务印书馆2002年版，第80页。

不害怕承认美、愉快和强烈的情感是值得去追求的目标。”① 因此舒斯特曼强烈呼吁走出经典美学的围城，放美学到自由宽松的开阔空间中去，舒展肢体，畅快呼吸：“任何具有人类价值的东西，必须以某种方式满足人在应付她的环境世界中的机体需要，增进机体的生命和发展。”②

舒斯特曼身体美学的一大特点是注重实践性、操作性，重视对于身体的训练、磨砺和塑造，将美学理论与身体实践结合起来。而这一点乃是基于他对身体与感觉的一体性、交互性的体认，他说：“身体美学提供的补充路径是：通过给某人身体的改善指导，去改正我们感觉功能的实际执行，因为感觉是属于身体并且以身体为条件的。”③ 如今炙手可热的健身美体热潮给了这一见解以充足的理由，每天有无数人在运动场、游泳馆、健身房以及街心花园、市民广场、度假胜地生龙活虎地锻炼身体，各种用以改良和完善身体状况的竞技与非竞技训练项目花样繁多、层出不穷，训练场地的建造和运动器材的添置由于日益加大投入而越来越上档次，不断增长的消费需求使得健身行业成为经济效益节节攀升、市场前景一片光明的朝阳产业，这种与衣食住行同等重要甚至更加重要的需求拉动了保健品、营养品、膳食、健身器械、养身信息、护理服务等的广阔市场，也使得美容、美发、美体、美瞳、化妆、吸脂等辅助行业像雨后春笋一般涌现，整容行业也悄悄地迅速膨胀起来，扩眼、垫鼻、削腮、隆胸、塑腿、美臀，借助高科技含量的先进整容手术完全能够打造出一个个光鲜水活的新人。总之，今天身体训练和形体塑造的美学理念已经深入人心，深刻改变着人们的生存状态，促使人们的各种能力趋于完善，生命质量和人生境界得到提升。在这一点上舒斯特曼绝非言过其实：“这种身体美学训练的价值远远超出‘美的艺术’的领域，它扩充了我们的认识和我们整个的生活艺术。改善了的对身体感

---

① 参见彭峰《新实用主义美学的视野：舒斯特曼访谈》，《哲学动态》2008 年第 1 期。按：舒斯特曼《生活即审美》的第一章的标题就是“审美经验的终结”。

② 理查德·舒斯特曼：《实用主义美学》，彭锋译，商务印书馆 2002 年版，第 22—24 页。

③ 同上书，第 354 页。

受的感知，不仅给予我们更多的对于自身的知识，而且能令我们有更大的身体技巧、功能和活动范围，它们都可以为我们的感觉器官提供更大的空间以获得关于世界的知识。除了增加我们自己快乐的可能性之外，这种改善了的身体功能和意识还可以在成就利他的德行方面给予我们更强的能力，因为所有的行动都依靠我们身体器官的效能。”[①] 为此舒斯特曼提出了“身体转向”“身体主义”的概念，主张将这种新的身体实践“整合到一种获得新生的、肉身化的哲学之中”[②]。

舒斯特曼进一步指出，身体美学的理论形态主要有分析的、实用主义的、实践的三个基本维度。分析的身体美学以福柯、布尔迪厄为代表，福柯运用谱系学的方法对身体问题进行历时性描述，布尔迪厄则采用社会学的细节化的方法对身体问题作出共时性分析，他们所作的历史—社会分析都带有普遍主义的倾向。实用主义的身体美学以杜威为代表，它也包含分析的方法，但在此基础上对于如何改善身体予以评价、提出建议，从而超出了单纯的分析。舒斯特曼倾向于第三种：实践的身体美学。他在分析的和实用主义的两种身体美学之间选择了中庸之道、中间路线，从而兼收前者的形而上学追求与后者的现实关怀，打通美学理论与身体实践，形成重实践性、重训练性的美学特色。实践的身体美学并不谋求有关身体的文本，而是身体力行地介入这种身体关怀，它不是动口而是动手，不是说理而是行动，即“以冥想的、严格训练的和近于苛求的肉体实践指向对身体的自我改善”[③]。这一选择也与舒斯特曼本人的职业特点有关，对于舒斯特曼的身份人们知道更多的是教授，但他也是身体训练师，长年指导许多学员进行身体训练。这一职业专长也使其奉行实践的身体美学成为必然。舒斯特曼将身体美学称为“扩展的美学学科”[④]，其突出特点便在于谋求三重意义上的扩展：从认识向身体扩展，从理

① 理查德·舒斯特曼：《生活即审美——审美经验和生活艺术》，彭锋等译，北京大学出版社 2007 年版，第 174 页。

② 同上书，第 208—209、220 页。

③ 同上书，第 192 页。

④ 理查德·舒斯特曼：《实用主义美学》，彭锋译，商务印书馆 2002 年版，中译本序，第 3—5 页。

论向实践扩展，从教育向训练扩展。

舒斯特曼曾多次表达一种感觉，即他的身体美学在美国国内一直备受非议和冷落，目前情况虽有好转，但仍未得到根本改观。与之构成鲜明对照的是，他提出的这一新兴学科恰恰在中国遇上了知音，这让他喜出望外、信心倍增。

舒斯特曼发现在实用主义的一般取向与中国哲学之间，存在着大量交叉重叠从而可以共享互补的思想，他概括出以下五个方面：（1）二者都主张哲学在根本上要指向人生的保存、培育和完善；（2）二者都认为艺术是可以改善个人和社会的伦理教育的重要手段；（3）二者都关注人的改善，但实用主义是将人置于他参与其中的自然的大舞台上来进行这种改善，而中国哲学则是通过理解和利用更大的自然力量来完善我们人性的整个事业，因此可以相互启发；（4）中国哲学的包容性思想与实用主义的多元主义一致；（5）主张身体对作为一种生活艺术的哲学具有至关重要的作用，从而将身体美学确立为一种包括理论和实践的学科。① 舒斯特曼以上的概括颇有见地，为他创立的新兴学科“身体美学”寻得了一个有力的支撑点，而且是跨文化的理论支撑点。回顾舒斯特曼“身体美学”的形成过程，可以发现它历经了多次转换，汇聚了多种哲学派别的源头活水：先是从分析哲学掌握了理智性的逻辑，后是从实用主义哲学吸收了经验性的情怀，现在又从中国哲学收取了“知行合一”“体用合一”的实践性、功能性的实效，可谓兼容并包、左右逢源。这有利于他走出鲍姆加通和康德建立的经典美学重区分、重分化的迷障，重建那种“更多地把事物联系起来”“力图抓住整个人”② 的新兴学科身体美学，同时也赋予中国古代身体美学思想以新的概念、新的意义，从而激活了这一极其丰富的理论资源的现代生命力。

---

① 理查德·舒斯特曼：《实用主义美学》，彭锋译，商务印书馆 2002 年版，第 374 页。

② 舒斯特曼、曾繁仁等：《身体美学：研究进展及其问题——美国学者与中国学者的对话与论辩》，《学术月刊》2007 年第 8 期。

韦尔施：感知的重构与美学的重构

1996年，德国学者沃尔夫冈·韦尔施出版了一本富于挑战性的著作*Grenzgange der Asthetik*（《美学的越界》），次年收入英国塞奇出版公司出版的“理论、文化、社会”丛书，英译书名为*Undoing Aesthetics*。2002年从该英译本翻译为中文，取名《重构美学》，据中译者称，采用这一译法是考虑到英语undoing有拆解、取消之意，又有消解之后予以重构之意。[①] 这一译名大致符合该书的宗旨。该书旨在建立“超越美学的美学”，在这一命题中，前一个“美学”是指传统美学，后一个“美学”则是指“美学”学科的新形式。在韦尔施看来，传统美学囿于艺术论，旨在建立普遍永恒的艺术概念，此事由康德首开风气，在谢林、黑格尔等人那里汇成潮流。但这一主张是站不住脚的，因为艺术实践永远是开路先锋，它的追求不在于确立那种普遍永恒的概念，而在于对艺术新模式、新观念的创造。这些新东西也许会在某些方面符合主导的艺术概念，但在更多方面恰恰圆凿方枘，因此是否有那种普遍永恒的艺术概念，值得打一个大大的问号。特别是在今天，“审美”这一概念已经变得非常泛化了，已大大超出了艺术的范畴，平常人们在艺术之外使用“审美”概念甚至比在艺术之内还要多得多，日常生活的方方面面都可能变成审美的，于是有了“日常生活审美化”一说。有鉴于此，韦尔施倡导“超越美学的美学”，呼吁“必须超越艺术论，超越这一限于艺术的美学理解”。[②]

事情仍须追溯到鲍姆加通。韦尔施指出：“美学之父鲍姆加通将美学界定为‘感性认知的科学’。美学首先要处理的并非是艺术，而是认识论的一个分支。”[③] 也就是说，鲍姆加通创立的“美学”是一门有关认识的学科，具体说是一门有关感性认识的学科，而不是艺术哲学。韦尔施肯定鲍姆加通对于艺

---

① 沃尔夫冈·韦尔施：《重构美学·译者前言》，陆扬、张岩冰译，上海译文出版社2002年版，第2页。

② 沃尔夫冈·韦尔施：《重构美学》，陆阳、张岩冰译，上海译文出版社2002年版，第104页。

③ 同上书，第15页。

术存而不论的做法，但对其在认识论问题上所持的理性主义立场却有异议，认为鲍姆加通从理性主义出发对感性问题所持的贬抑态度，恰恰导致了后来对于“审美”概念理解的偏差，这一偏差由鲍姆加通发其端而席勒、阿多诺承其后，也形成了势头。在韦尔施看来，鲍姆加通虽然确立了美学这门“感性学”，但始终追求感性的完善，主张美学应从这一理性意愿出发达到对于感官的把握，而不是为感性推波助澜。他的学生梅尔的观点可以看作对其师主张的变本加厉的公开宣言，梅尔说：“人们必须留意……所有那些低级的欲望力量……在它们还未变得过分强烈时，就要予以重视。否则，我们将滑向动物的状态，以道德为苦役。”他甚至将感性视为“心灵的渣滓”，断言“感官应该成为理智的奴隶”①。席勒虽然力求在美学中均衡和调和感性与理性的关系，但这是在双方相安无事的情况下，一旦二者之间出现龃龉，他坚持理性的原则绝不让步。在其《美育书简》中对于感性的拒斥有时甚至显得声色俱厉，声称感觉能力是一个应该与之“斗争”的“可怕的敌人”，人们必须“在物质的境界里与物质作战”②。韦尔施将席勒的这一倾向概括为反感性、排斥客观性、排斥科学和道德等“三种独断主义”，认为它们“没有发展认识和解放感觉的策略，而是发展了控制感觉、消灭感觉和严格管理感觉的策略”。③ 阿多诺则将克服粗鄙的感觉的任务交给艺术，艺术通过形式化的工作，使粗鄙的感觉上升为智性的自我肯定，因为“粗鄙的、主观的邪恶内核，是艺术最先要否定的东西，而完全形式化的理念与艺术是不可分割的”④。对于鲍姆加通及其后继者的上述观点，韦尔施认为与创建美学这门“感性学”的初衷恰恰是南辕北辙、背道而驰的，他说：“美学最初旨在恢复感觉的地位，这种移位多多少少是对这一学科的颠覆。”⑤

这种偏差对于人们美学观念的误导也是严重的，人们在考量审美现象时

---

① 沃尔夫冈·韦尔施：《重构美学》，陆阳、张岩冰译，上海译文出版社2002年版，第86页。

② 同上书，第86—87页。

③ 同上书，第90页。

④ 同上书，第91页。

⑤ 同上书，第90页。

从感性向理性的移位由来已久而于今为盛，韦尔施的以下描述不无讥讽意味：“严格地说，我们并不将一切感性的东西都称为‘审美的’，我们更经常地将之同粗俗的感性区分开来，只把目光盯住经过培育的感性。比如，我们并不认为饕餮之徒口腹之欲的快感是‘审美的’，而只把这个词来指美食品尝家的快感。感性的精神化，它的提炼和高尚化才属于审美。它可以一直延伸到意指过于讲究的高雅、崇高，甚至缥渺的仙境。”① 他将感性的第一层面称为“感知因素”，而将其第二层面称为“升华因素”，后者保持一种超脱的立场，与粗俗的感性形成一定距离，升华为感性的更高形式。按照常规，唯有上述感知的与升华的两种因素并举，方能构成“审美”一词的完整语义，但是历来人为的二分使得“审美”概念既指感性，又与感性保持一定距离，其最终目标并不指向普通的感性，而是指向那种更高的、经过分化的、特殊培育的感性态度。然而正是这种对于感性的强制二分，为后来“审美”概念的种种位移和变异敞开了大门。

韦尔施进而指出，上述对于“审美”概念的偏见出于对感性问题认识的模糊。如何走出这种模糊认识的迷障？韦尔施采取的办法就是对“感知”这个心理学的常用概念做出新的阐释。他认为，感知分感觉与知觉两个层面，感觉属情感性质，与快感、享乐相连，是一种主观的估量；知觉属认知性质，与理论、观察相近，是一种客观的确证。现在人们已经习惯这样来看问题：“我们并不称一切感性的东西，一切感觉或快感为‘审美的’。不，它不是低层次的、为生命利益驱动的本能快感；而是一种高层次的快感，或者适用于自然而然给人愉悦的物体中那些非关本能的方面，或者适用于从生命本能的角度，乍一看既无快感也无不快感的事物。”② 他将那种低层次的本能快感比作楼房的底层，而将那种高层次的、非关本能的快感比作楼房的上层，后者就像一支“雅曲”，它所引起的快感并非出于需要和有用，而是出于美、和谐、崇高和优雅，它是判断的审美机能，亦即趣味的至善之境。不过韦尔施

① 沃尔夫冈·韦尔施：《重构美学》，陆阳、张岩冰译，上海译文出版社2002年版，第17—18页。
② 同上书，第18—19页。

又说："这一高层次的快感，不用说，确实也是具有享乐主义倾向的。快感是它的中心动因。趣味的快感亦是归结于'直接联系于快感和不快感的一种感觉'。"也就是说，那种高层次的、非关本能的快感归根结底立足于低层次的本能快感。需要指出的是，韦尔施这里引用的是康德对于低层次本能快感的表述。韦尔施将这一观点追溯到康德，这真有点反弹琵琶的意思。姑且不论这是否真正符合康德的原意，但它倒是十分真切地表达了韦尔施从当今审美风尚所获得的感悟，日常生活审美化的趋势使得对于快感的那种传统二分正在被全面消解和祛除。韦尔施这样说："当今两层之间的距离在一定程度上的接近，已是相当明显。从前，人们说到'审美'，必有高远的需求需要满足；在今天，低层次的要求亦足以敷衍。故而取悦感官的某种安排，亦被称之为'审美的'。升华因素如此降尊纡贵，审美需求已经接近了本能领域，甚至是在此一领域中孕育而出。同理，高雅与平俗这个二元对立依然很大程度上联系着'审美'一词。审美永远具有一种距离感。"① 可见审美的不同意义和用法都出自感知因素，它们一方面连接着感觉，另一方面又连接着知觉，但无论是感觉还是知觉，都不乏享乐主义的因素，也都包含升华的成分，它们往往借助这些共通的部分从一种意义过渡到另一种意义，从一种用法转移到另一种用法。从而审美的各种意义、各种用法往往相互盘根错节、勾搭连环，就像纺线一样，纤维与纤维拧在一起，剪不断，理还乱。用维特根斯坦的话来说，形成了一种"家族相似性"。从而韦尔施得出结论："'审美'一词的不同用法可通过家族相似性集中起来。不同的意义之间存在巨大的差异，也存在重叠和交互联系。"②

总之，在韦尔施"重构美学"的理论框架中，感知是一个核心概念。这是有明确针对性的，在韦尔施看来，传统美学有一个明显失误就在于对于感知和感受的漠不关心："传统上，美学这一'学科'，却并不十分关注感觉与知觉，而是主要关注艺术，并且给予了艺术的概念性部分、而不是感受性部

① 沃尔夫冈·韦尔施：《重构美学》，陆阳、张岩冰译，上海译文出版社2002年版，第19页。
② 同上书，第29页。

分以更多的关注。当代美学的主流依然如此。”① 为此他提倡，美学关注的焦点应从艺术转向感知，从艺术的概念性转向感受性，从而达成美学学科的重构。质言之，韦尔施重构美学的宗旨有三大要义：一是对感觉的推崇，二是对感知的重构，三是身体的审美化。而贯穿其中的则是对于感官、肉体、身体的崇尚，这恰与伊格尔顿的“肉体话语”、舒斯特曼的“身体美学”互为呼应。

韦尔施在《重构美学》一书中不止一次对感觉表示推崇。通常认为在认识过程中感觉是最低层次的感性，不仅概念、判断等理性因素高于它，而且感性因素中较高层次的知觉也高于它。但是韦尔施却认为感觉更加重要，韦尔施这样看，并非只在感觉作为认识的起点、本源的意义上考量，而是认为感觉具有一些其他心理因素所不及的优质特点。这一点在他的另一论著《感官性：亚里士多德的感觉论的基本特点和前景》中有进一步的表述。他赞同亚里士多德关于“人的感觉始终是真实的”这一观点，认为亚里士多德的相关分析显示了非凡的洞察力，例如一个黄疸病人品尝蜂蜜后告知“蜂蜜是苦的”，这位病人的感觉是真实的，但如果据此判断“蜂蜜是苦的”，那就是错误的，因为它把对事物的感觉与事物本身的性质混为一谈了。可见人的理性判断往往是错误的开端，而感觉却不会犯这样的错误。同时，感觉也要比一般所想象的敏锐得多、复杂得多，例如人们感觉到某件物品很“凉”，那么不仅这种“凉”的感觉是真实的，而且也表明这种感觉既不同于“热”的感觉，又不同于对色彩的感觉。于是，单是为产生这种“凉”的感觉便要求具备好几种辨别能力。可见存在的真实性来源于人的感觉，理性能够发挥多大的效用，乃是以对外界的感觉为前提和基础的。韦尔施借此表达自己的一贯想法：“无论过去还是现在，我一直坚信，意义根本上是感性的意义。在与世界进行体验的过程中，通过感官获取的东西，根本而言，是我们从事一切活动的基础。即使在解决较为重大的问题时也需要感性活动的介入……如果我

① 沃尔夫冈·韦尔施：《重构美学》，陆阳、张岩冰译，上海译文出版社2002年版，第104页。

们想获得准确的知识，那么它的基础必须建立在自下而上的方式上，而这与那些具有代表性的传统哲学观点是有区别的。”① 总之，韦尔施力主将感官把握世界的本真意义和普遍意义从以往的误解中超拔出来，还其应有的地位和作用，从而确认高层次的理性并不能脱离低层次的感性而存在，不能缺少对于颜色、声音、味道、气味等物质属性的把握，它始终是以低层次的感性为基础并与之紧密结合在一起的。上述见解也适用于美学，韦尔施说：“我始终认为，把握世界的方式必须是自下而上的，于是，美学也应当通过自下而上的途径建立起来。”② 因此，在美学中感觉也是理性活动不可脱离的依存。在韦尔施看来，感觉服从于人生存的兴趣，它是以愉快和不快的情感形式表达事物是否能够满足人的生存需要③，既然如此，那么审美就与人基本的生存需要息息相关了。

其次，韦尔施主张美学的重构应建立在感知的重构之上。他认为，从古希腊开始人们就奉行视觉优先的原则，视觉中心主义一直成为美学的主流，在这一旧习背后，存在着一个理解与认识的主导模式，总是认为视觉以其决断能力和接近认识而成为最优秀、最高贵的感觉。但这种视觉中心主义的观点一直受到质疑，尤其是20世纪以来遭到学术界异口同声的批评。韦尔施对于这种质疑和批评持认同态度，他说：“近来我们更是体会到，视觉事实上不再是接触真实世界的可靠感官。”而感知重构的要义是，视觉不再唯我独尊，其他的感官引起了新的重视，譬如听觉和嗅觉。触觉也得以提倡，它的肉体特征得到强调。“感觉的牌被重新洗过。根深蒂固的等级制不再流行，人们倾向于要么一切感官一视同仁，要么建立以效果分类的不同层级。”④ 他还特地强调，自己倾向于后者。也就是说，如果以功用、效果为衡量标准来进行排序的话，那些肉体特征更加突出的感觉像听觉、嗅觉、味觉和触觉等其重要

---

① 王卓斐：《拓展美学疆域，关注日常生活——沃尔夫冈·韦尔施教授访谈录》，《文艺研究》2009年第10期。

② 同上。

③ 沃尔夫冈·韦尔施：《重构美学》，陆阳、张岩冰译，上海译文出版社2002年版，第81页。

④ 同上书，第118页。

性恰恰反超历来备受抬举的视觉，这就颠覆了以往一味崇奉视觉中心主义的美学传统。

最后，韦尔施认为，对于审美活动中高低雅俗这一传统二分的消解和人为距离的祛除导致对于身体审美化的普遍重视，而这一点在以往的美学中常常是视若无睹、避而不谈的，而今天蔚为大观的日常生活审美化，其中一大要义就是身体、肉体和自然本能的审美化。在韦尔施看来，今天我们生活在一个前所未闻的被美化的真实世界里，审美化从个人的外表延伸到城市和公共场所，从经济延伸到生态学："个人经历着对身体、心灵和行为的全方位时尚化，在美容院和健身中心，他们追求着身体上的完美；在沉思默想中和新时代的研讨会上，他们美化着自己的心灵；礼仪课程培养着他们一心向往的优美举止。人格美学已经成为一种新的角色模型。……与个体及生态设计相联系的遗传工程……使我们能够按照我们的审美期望，生产出我们希望得到的产品和孩子。遗传工程是一种遗传化妆手术。"① 上述诸端，均事关人的形塑、人的造就。常言道，人是第一位的，对于美学来说，无疑唯此为大。当今审美化虽然体现在身体、肉体和自然本能之上，但却不能用传统的标准来衡量，毋宁说它更是一种在浅表之下达成的深层的审美化。因此如今的日常生活审美化，可以说在个体身上达到了它的至境，势将造就一个充满时尚模特儿的世界。这种置身于新世界的"时尚模特儿"也就是韦尔施大力推崇的身心和谐、灵肉合一的"美学人"。韦尔施认为，当代生活的楷模不再是圣徒，也不再是研究人员和知识分子，而是"美学人"，而他重构美学的理想诉求，也就是"走向美学人"。

对于经典美学三次挑战的学术意义

由伊格尔顿、舒斯特曼和韦尔施通过确立"肉体话语""身体美学""身

① 沃尔夫冈·韦尔施：《重构美学》，陆阳、张岩冰译，上海译文出版社 2002 年版，第 109—110 页。

体的审美化”等理念而对于经典美学所发起的三次挑战，无疑是当代美学的重大事件和重要转折，相信它对于当今乃至日后美学的发展将产生深刻影响。发人深省的是，在20世纪90年代前、中期不长的时段内，这三位不同国度、不同学术背景、不同理论追求的学者的美学研究发生了交集，焦点则在对于肉体、身体的美学意义予以关注，其中必有道理在，必有规律在，必有其留驻当代美学史的学术意义在。

第一，伊格尔顿、舒斯特曼和韦尔施对于肉体、身体的美学意义的肯定，都表现出一种学科建设的冲动，伊格尔顿将肉体与政治问题联系起来，以充实和深化“文化政治学”①，舒斯特曼提倡“身体美学”这一新兴学科，韦尔施尝试建立一门“超越美学的美学”，都表达了一种学科建设的理想和追求。这是一场在学科层面上提出的挑战，从一开始就站在了一个较高的起点上。鲍姆加通最初以创建“美学”这一新学科而享有盛誉，如今谋求美学的超越和重构也须在学科层面上有所标举，有所建树。有论者指出：“称一个研究范围为一门‘学科’，即是说它并非只是依赖教条而立，其权威性并非源自一人或一派，而是基于普遍接受的方法和真理。”② 从学科水平的高度来认识问题，通过概念、范式和法则的提炼，形成一套规训制度，较之在个别、局部方面的突破有质的区别，更具普遍性和权威性，有利于推进知识的增长和学术的拓展。

第二，伊格尔顿等人发动的挑战触及了经典美学近三百年来将错就错而习焉不察的一个根本性误区，鲍姆加通起初将美学这门“感性学”归诸认识论，用以解决感性认识的问题，这就将美学的性质、范围和功能大大缩小了。这一失误源自西方人长期对于哲学的狭隘理解，那就是将哲学局限于认识论，将哲学史当成了认识论史。舒斯特曼对此颇有感慨：“在笛卡尔之后，绝大多

① 特里·伊格尔顿在这方面的进一步论述参见其《文化的观念》，方杰译，南京大学出版社2003年版，第142页；《理论之后》，商正译，商务印书馆2009年版，第46页。

② 华勒斯坦等：《学科·知识·权力》，刘健芝等编译，生活·读书·新知三联书店1999年版，第13页。

数欧洲哲学都将认识论当作哲学的中心，甚至现象学也是如此。”[①] 其实哲学的内涵要丰富得多、复杂得多，不仅包括认识论，而且包括本体论、自然论、人性论、实践论、价值论、功能论、方法论等，而身体哲学、生命哲学无疑也是哲学的题中应有之义，中国哲学中与之对应的是天人论、知行论、体用论以及身心论等。具体到感性问题亦复如此，杜威曾指出其中存在的失误：“近代以来，心理学家与哲学家沉湎于知识问题，将‘感觉’当成仅仅是知识的因素”，其实“感觉与情感、冲动与口味是联系在一起的”。[②] 由此可见，哲学原本就是多元素、多向度、多学科的，并不仅仅囿于认识论。目前西方哲学中尼采、怀特海、梅洛－庞蒂、福柯等的身体哲学受到重视，中国哲学中传统的“贵身”“保身”之说得到倡扬，都昭示了还原哲学的本来状态和本真面貌的必要性。伊格尔顿等人的挑战打破了长期以来相沿成习的唯认识论的哲学迷障，确认对于感性生活包括感性生命、感性身体、感性肉体的研究也是美学的本义，与感性认识研究并行不悖且相互补益，开了美学研究的新生面。

第二，与此相关，美学中的身心关系问题便凸显出来。所谓“身”是指机体的物质存在、感官反应、生理变化等；所谓“心”则是指心灵、理智、思维等。这两者的区分并不以认识过程为标准，因而身/心与感性/理性并不对应，并不能将“身”简单归属于感性而将“心”一味归属于理性，二者颇多交叉之处。人的心理活动分知、意、情亦即认识、意志、情感三大块，其中更多依存于机体、感官、生理等物质基础的近于“身”，而更多倾向于心灵、理智、思维等精神层面的则属于“心”。当然这种划分是弹性的、包容性的，而非一刀两断、非此即彼，其中不无过渡性、两栖性的情况。一般来说，认识、意志、情感这三块的构成因素都可以说有的归属于“身”，有的归属于“心”，譬如在认识活动中，感觉、知觉更多依靠机体结构和身体状况而近于“身”，判断、推理更多体现理智和思维的作用而属

① 高建平：《实用与桥梁——访理查德·舒斯特曼》，《哲学动态》2003 年第 9 期。
② 杜威：《艺术即经验》，高建平译，商务印书馆 2005 年版，第 22 页。

于“心”；在意志活动中，低层次的欲望、冲动、兴趣、态度近于“身”，而高层次的信念、信仰、理想则属于“心”；在情感活动中，本能性、生理性的情欲、情绪近于“身”，而“高峰体验”中的创造感、成功感、成就感、超越感则属于“心”。

中西方对于身心问题的认识有明显差异，但都不乏割裂身心、支离灵肉，崇灵魂而黜肉身，褒心灵而贬官能的思想，不过这种偏见并不能博得普遍认同，谋求身心的一体化仍是大势所趋。如王阳明称身心原本就是“一件”，他认为心是身的主宰，但无身则心也就无所依凭，因此二者不可截然分开。他说：“耳、目、口、鼻、四肢，身也，非心安能视听言动；心欲视、听、言、动，无耳、目、口、鼻、四肢亦不能。故无心则无身，无身则无心。”① 在现代思想中上述偏见更是屡屡遭到批判，杜威主张打破心灵与身体、灵魂与物质，精神与肉体的对立，恢复它们之间在原始时代曾经拥有的连续性，进而将“感觉与冲动之间，脑、眼、耳之间的结合推进到新的、前所未有的高度”。② 已如前述，杜威提出“突创”一说，肯定身与心之间的一体性、交互性，与之一脉相承。而伊格尔顿、舒斯特曼和韦尔施提倡“肉体话语”“身体美学”“身体的审美化”，核心也在于身与心之间的一体性、交互性问题。

不过事情还得深追一步。在身心问题上，不仅有个是否一体化的问题，还有个如何一体化的问题。舒斯特曼有一很好说法：“我认为，问题不是心灵与身体怎样才能在逻辑上相互适应。对于实用主义者来说，它们本身就是在一起的，这不是问题。问题在于，你怎样使它们适应于、服务于更好的和谐，怎样才能改进这种整体。”③ 从伊格尔顿等人发起的挑战来看，在身心一体化的问题上还有以下要义：其一是必须做到内外兼修、身心俱炼而不加偏废、无所厚薄，杜威、舒斯特曼从种种身体锻炼和身体治疗获得的审美经验说明，

① 王阳明：《传习录下》，《王文成公全书》卷三。
② 杜威：《艺术即经验》，高建平译，商务印书馆2005年版，第23页。
③ 高建平：《实用与桥梁——访理查德·舒斯特曼》，《哲学动态》2003年第9期。

身心的一体化乃是自我修炼的结果。其二是必须使身心两个方面都丰盈起来、活跃起来、精彩起来，走向健全、饱满、绚烂。美学并非止步于对美的形式的研究，而是有着更为重大的担当，它以对于人生真谛的思索、追踪和破解为使命，表现出对于人类命运的终极关怀，对于存在价值的不断追问，对于生命意义的最高阐释，对于生命极限的顽强挑战，而这一切既是对心之强大的彰明，又是对身之完满的讴歌。舒斯特曼对于这种追求身心欢愉、形神洒脱的美学满怀憧憬之情："哲学需要给身体实践的多样性以更重要的关注，通过这种实践我们可以从事对自我知识和自我创造的追求，从事对美貌、力量和欢乐的追求，从事将直接经验重构为改善生命的追求。处理这种具体追求的哲学学科可以称为'身体美学'。"① 其三是身心互动，才能使二者都趋于优化。在身心关系问题上，人们往往习惯于认为，身必须受到心的统驭和管辖，听命于心的指令，这是有道理的，但却是不够的，不仅身体感性需要得到精神理性的提升，同时精神理性也需要回归身体感性的故家。时下有一流行语说"精神健康，身体快乐"，道出了现代人对于满足生命最基本需要的企望。如上所述，韦尔施也确认，如今的日常生活审美化，使得身体感性与精神理性的相互接近已是相当的明显。人不能一味追求高雅、超然和精英化，而弃绝七情六欲、不食人间烟火。所谓"高处不胜寒"，"何似在人间"，人还是多一些人间气、人情味为好，多一些健康、快乐为好。从感性向理性上升固然可以获得透彻、深刻和洞明，但理性向感性的回归也能恢复纯净、本真和简单。只有让身与心在互动、互补中各得其所，生命才堪称精彩、完美。其四是既然讨论身心问题，那就势将邂逅一个无可回避的问题：性。性的问题，就像它从未在实际生活中缺场一样，它也从未在美学理论中缺席，特别是在全球化、市场经济、消费社会、电子媒介等构成的当今语境下，这一问题更显突出。伊格尔顿指出，如果说以往有过那种对性欲不屑一顾，对食欲存而不论的"不食人间烟火"的理论的话，那么今天文化理论取得的杰出成

---

① 理查德·舒斯特曼：《哲学实践》，彭锋译，北京大学出版社2002年版，第203页。

就之一就是对于性的发现，如今人们要想拒绝性的问题，目光得相当的短浅。[①] 总的来说，性的问题乃是身心问题的延伸和突出表现，因此上述种种要义如身心兼修、身心丰满和身心互动等均适用于性的问题。也许还得加上一条：身心平和。对性的问题应抱一种平常心，对于整个社会来说如此，对于个人来说亦然。多一些中庸之道，多一些辩证法，避免滑向极端和绝对，对于性不必按之入地，也无须举之上天，禁欲与纵欲、灭情与滥情，都不可取。在性的问题上，做到身心平和才是合适和妥当的。

第四，在学术研究中，身体、肉体问题历来是边缘问题，然而如今却成为具有重要担当、处于焦点位置的大关节目。舒斯特曼推行“身体美学”旨在扭转经典美学的无用和空疏，身体力行地介入现实关怀和当下实践；韦尔施重建“超越美学的美学”，则表达了在当今后现代语境下拓展美学疆域，关注日常生活的古道热肠。

伊格尔顿则将对于现实问题的关怀与文化政治结合起来，他选择“肉体”的角度，由此出发寻找解决更大范围内的社会、政治、伦理问题的途径，从而使得美学成为一种文化政治。“文化政治”是与一般“社会政治”相对应的概念，社会政治关心的主要是阶级、革命、斗争、政权、党派、制度等问题，而文化政治关心的主要是性别、种族、民族、族裔、年龄、地缘等问题。二者相通的是权力问题，不同的是前者涉及阶级、阶层、集团、政党之间的权力关系，属于相对限定的社会权力；后者关乎人类按照生理、身体、生命等自然条件划分的群体之间的权力关系，属于相对宽泛的文化权力。每个人作为男人/女人、白种人/黄种人、富人/穷人、老辈/青年、城里人/乡下人等，很多都是与生俱来且终身不变的，因此每个人一出生就掉进了文化政治之中，他可以脱离社会政治，但不能脱离文化政治。进而言之，文化政治无所不在，它渗透在人类生活的方方面面，只要有文化权力的地方就会有文化政治。文化政治是日常化、世俗化的，人们的吃

---

① 特里·伊格尔顿：《理论之后》，商正译，商务印书馆2009年版，第5—6、30页。

穿住行、饮食男女，但凡与权力相关，便都具有“政治”意味，于是有了“身体政治”“肉体政治”等说法。文化政治是一种宽容的、柔性的政治，它与强制的、刚性的社会政治互异且互补，对于社会政治的合理和完善不乏补偏救弊作用，终究能对社会政治的改良和进步起到平衡和牵制的作用。不过如果仅仅看到文化政治的补偏救弊作用还是不够的，这降低和缩小了它的意义，其实对于整个政治生活来说，也许文化政治更重要、更不可或缺，因为它更切近个体的身体、生理和生命，更关心个体的生活、生存和命运，更多倾听人的悲欢和歌哭，更多对于人本身的体贴和担当。因此伊格尔顿将美学与文化政治结合起来既是对于当下现实的积极回应，又是对于美学内涵的深入开拓。

第五，伊格尔顿、舒斯特曼和韦尔施这三位美学家拥有各异的学术背景，而这一点也在其对于经典美学的挑战中留下了明显的印记。

伊格尔顿曾师从雷蒙·威廉斯，受到西方马克思主义、英国本土的文化研究、精神分析学与结构主义、后结构主义等理论的影响，从而以激进的姿态选择肉体这一视角，将美学与文化政治结合起来，为国家、生产方式和意识形态这样一些重大的主题寻得感性欲望的根底，乃是顺理成章的事。舒斯特曼曾经受过欧洲分析哲学的训练，后与分析哲学分道扬镳而转向美国本土的实用主义，通常将他划为美国实用主义继杜威、罗蒂之后的第三代，而他与罗蒂之间的学术分歧使之更加接近杜威，特别是在身体美学方面注重身体训练和塑造的实践过程，这一点与杜威神似，从而他将身体美学确立为一种理论与实践并举的学科也是势所必至。

在上述三位美学家中韦尔施的著述读起来是最吃力的，这倒并不是其文字上佶屈聱牙、晦涩难通，而是因为其见解颇多自相矛盾之处。例如韦尔施多次对于感觉表示尊崇，主张美学的重构应建立在感知的重构之上，不惜笔墨对于鲍姆加通、席勒、阿多诺等人排斥感性的理性主义观点逐一进行批评，然而在不经意间他又经常表现出对感性的鄙夷和对理性的膜拜。又如他一方面对于“日常生活审美化”进行论证，阐述认识论、伦理学的审美化原本就是渊源有自、天生固有，还肯定“美学人”由于浅表审美化与深层审美化的完美结合而达到了至境；但另一方面又公然赞同对于公共空间的审美化进行抵制，宣称“此类审美化现象大多是出于经济目的而出现的，自然谈不上有多高的美学价值，甚至可以说是庸俗低劣的”。认为一个明智的做法便是：“拒绝关注、拒绝参与、拒绝体验，从这种伪审美潮流的种种纠缠中脱身而出。”① 如此等等，暴露了在理论的一贯性、坚定性上的明显欠缺。韦尔施这种前言不搭后语的情况曾引起种种猜测，也导致了阐释上的种种歧义。笔者对此的看法是，虽然韦尔施也曾游学欧美，具有国际学术背景，但其作为一个德国人，在其血液里流淌着的理性主义传统可谓根深蒂固，会时时不经意地浮现，干扰他对于种种美学现象的判断和理解。② 这一“楚人既鬻矛又鬻盾”的情况尽管有个人原因，但也说明晚近对于鲍姆加通、康德开创的经典美学的挑战虽然一而至再、再而至三，但仍存在曲折和顿挫，仍处于未完成状态。

今后还是否会有第四次、第五次、第N次挑战？在笔者看来，难说。

（原载《江海学刊》2012年第1期）

① 王卓斐：《拓展美学疆域，关注日常生活——沃尔夫冈·韦尔施教授访谈录》，《文艺研究》2009年第10期。

② 为避免对于韦尔施《重构美学》中译本译文的误解，笔者2011年9月下旬曾就如何理解韦氏美学理论的自相矛盾之处向该书的中译者之一陆扬先生当面请教，陆扬先生认为笔者的看法“另辟蹊径”“有道理”。特此向陆扬先生致谢。

为“意象”正名

——古典诗歌意象艺术札记之一

陈伯海

中国古典诗歌艺术本质上是一种意象艺术，不从“意象”入手，实难以进入古典诗歌的艺术天地。为此，长时期来，人们围绕诗歌“意象”开展了多方面探讨，取得不少成绩，但迄今为止，在一些基本概念的把握上仍存在模糊不清甚至比较混乱的状况，不加妥善处理，将严重妨碍研究工作的继续深入。本文尝试就相关问题做一点辨析、厘清的工作，不指望一劳永逸式地解决疑难，至少能使存在或隐伏着的问题凸显出来，以引起关注和讨论，并推动问题趋向解决。

意象即“表意之象”

首先一个问题，是要对谈说中的“意象”作出基本的界定，这才能有共同的话题。在这个问题上，主要有两种对立的意见：一是认意象为“意中之象”，即只有酝酿于作者心目中的图像方称得上“意象”，一旦落实于艺术文本，离开了人的意识活动，便不成“意象”。当然，读者凭借文本的提示，从自己内心重新生发出图像来，也可唤作“意象”，总之必须是“意中之象”。另一种意见则以为文本中用艺术符号构建起来的“象”，亦可称为“意象”，它虽然脱离了艺术家的心理流程，而作为艺术符号的特定建构，其指向仍在于艺术家心意的传达，故当归属“意象”的范畴。通常所谓的“诗歌意象”、“文学意象”乃至“艺术意象”等，指的便是这类文本意象。两种意见各有各的理由，而若要尝试作一整合，我以为，莫若将“意象”界定为“表意之象”更为妥帖。

考“意象”的起源，不能不推本于《易传》里的“言不尽意”、“立象以尽意”之一说[1]。古人看到了“言”、“意”之间存在着一定的矛盾，企图以“象”为中介来沟通双方、协调矛盾，立“象”即为了达“意”，所以，尽管当时还没有将“意象”组合成单独的词语，而这“象”里已然蕴含着“表意之象”的含义，它就是“意象”的前身了。自然，这里的“象”也还不是什么“意中之象”，乃是用卦、爻之类符号所构成的图像；它所要传达的“意”，亦只是占卜时所需叩问的“天意”，尚非诗歌艺术所要表达的诗意。

将“意象”组合成单词使用，首见于东汉王充所著《论衡》一书。其云：“天子射熊，诸侯射麋，卿大夫射虎豹，士射鹿豕，示服猛也。名布为侯，示射无道诸侯也。夫画布为熊麋之象，名布为侯，礼贵意象，示义取名也。”[2] 这段话解说了古代贵族将熊、麋等野兽之像图形于布上用为箭靶子的习俗来由，以“意象”一词指称画布上的图像，因为这图像代表着不遵守礼义王道的乱臣贼子，用为箭靶即含有讨伐无道、伸张礼制的意义。据此，则“意象”一词初出现时，也还是指借助符号之象来表意（在这里是礼俗之意，而非天意），并不同于后世流传的“意中之象”。

“意象”范畴进入文学创作领域，一般皆以齐梁间刘勰《文心雕龙》为标志，而实质上晋挚虞已开其先河。其《文章流别论》开宗明义说道：“文章者，所以宣上下之象，明人伦之叙，穷理尽性，以究万物之宜者也。”看来他很重视“象”的作用，将文章用以“宣象”视作“明人伦”、“穷性理”、“究物宜”的前提，这里的“象”已开始与文学创作挂上了钩。而说得尤为明白的，是该文中论赋的一段表述：“赋者，敷陈之称，古诗之流也。古之作诗者，发乎情，止乎礼义。情之发，因辞以形之，礼义之旨，须事以明之，

---

① 《易·系辞上》，《周易正义》卷上，《十三经注疏》本。

② 《论衡·乱龙篇》，《四部丛刊》本。

故有赋焉，所以假象尽辞，敷陈其志。”[①] 好一个“假象尽辞，敷陈其志”，不就是“立象尽意”说的翻版吗？不过这里所要表达的“意”（志），已不再是那玄妙莫测的“天意”，却是赋家和诗人的文心，而达“意”所须凭借的“象”和“辞”，亦只能是用语言符号构成的文本意象了，这其实便是文学意象说的发端。

下而及于刘勰，则正式将“意象”一词组合起来，应用于作家艺术思维活动的过程。如人们惯常引述的《文心雕龙·神思》篇里的那两句话：“玄解之宰，寻声律而定墨；独照之匠，窥意象而运斤。”[②] 确系从“意匠经营”的角度来解释文学意象生成的原理，不仅大有助于意象艺术研究的推进，也初步确立了“意象”作为“意中之象”的概念，影响后世深远。即便如此，刘勰的“意象”观也并没有脱离“表意之象”的传统理解，因为艺术家心中的构象亦仍是其内在情意体验的表现，所谓“神用象通，情变所孕，物以貌求，心以理应”[③] 的说法，不正揭示了艺术思维活动中由情意孕生出意象，并借助意象以沟通内在神理的奥秘吗？这样的“意中之象”也还属于“表意之象”的范畴。

刘勰之后，“意象”一词的使用在文学艺术领域显得频繁起来，不过用法上仍有差异。唐王昌龄《诗格》所云“久用精思，未契意象”[④]，以及传为司空图所著《二十四诗品》中讲到的“意象欲出，造化已奇”[⑤]，均在“意中之象”的含义上来加以引用，是沿袭刘勰的思路。与此同时，“意象”进入书画界，却常被移用来标示字画的形象，如张怀瓘《文字论》言及“探彼意象，入此规模”[⑥]，杜本议书法主张“倘悟其变，则纵横皆有意象”[⑦]，便都是指书

① 挚虞：《文章流别论》，载严可均编《全上古三代秦汉三国六朝文·全晋文》卷七七，中华书局1965年影印本。

② 刘勰：《文心雕龙·神思》，范文澜《文心雕龙注》卷六，人民文学出版社1960年版。

③ 同上。

④ 王昌龄：《诗格》卷中“诗有三思”条，载张伯伟编《全唐五代诗格校考》，陕西人民教育出版社1996年版，第150页。

⑤ 司空图：《二十四诗品·缜密》，载郭绍虞《诗品集解》，人民文学出版社1963年版，第26页。

⑥ 张怀瓘：《法书要录》卷四，《四库全书》本。

⑦ 陶宗仪：《书史会要》卷九所引，《四库全书》本。

体的艺术形象。后一种用法入宋后似成习见，如唐庚评谢朓诗“平楚正苍然”句，以为“平楚”原作“平野”解，而吕延济注《文选》却将“楚”解作树丛，“便觉意象殊窘”①。又如刘克庄指斥江西诗派的末流“不善其学，往往音节聱牙，意象迫切”②，亦皆针对诗歌文本所呈现之象而立论。至于明清人就诗歌作品来谈论“意象”，则更是不胜枚举。

从上面的论述可以得出结论，即“意象”作为“意中之象”（心象）或艺术文本之象（以诗歌而言，便是语言符号所显示之象），在我们的传统中都找得到根据，不必非执定一种解说来排斥另一种不可。那种将“意象”拘囿于“意中之象”范围内的见解，实际上导源于西方人的“image”理念，并不合乎我们民族的思维习惯（细究之下，“image”和我们的先人对“意中之象”的体认，亦尚有相当差距，兹不具论）。当然，也不必用文本之象的含义来排除“意中之象”的理解。两者应能统一，就统一在“表意之象”的定位上。这种“表意之象”首先在艺术家的心灵中生成，是艺术家的诗性生命体验的对象化显现，而后通过语言文字符号的媒介作用而落实于文本建构，形成文本的意象层面，更由接受者借助文本的提示在自己内心重新予以生发，以实现与艺术家诗性生命体验的相互沟通。可以说，没有这样一种“表意之象”的转化、运作的过程，人们各自的诗性生命体验便得不到传递交流，也绝不会有任何诗歌作品产生。由此看来，“意象”实在是我们切入诗歌艺术并把握其性能的重要枢纽，离开“意象”谈诗，很容易丢失诗的精髓。

意象不能等同于诗中名物

讨论意象问题的另一个误区，是常见有人将诗歌意象混同于诗中名物，甚至拿一个名词来对应一个意象，其实是不妥当的。

名词有抽象与具体之分，用作名物之词的，大多是具体名词，它在形成

① 强幼安：《唐子西文录》，《历代诗话》本，中华书局 1981 年版，第 447 页。

② 刘克庄：《后村诗话》后集卷二，中华书局 1983 年版。

概念的同时，亦常能在人们心目中引发某种表象，如提及河流、道路、树木、花朵以及牛、羊、鸽子、老鹰等词时，我们的脑海中往往会浮现出相应的图像来，虽带有类型化的倾向，亦还有一定的具象性存在。语词的这种具象性，正是它有可能从概念符号转变为意象符号的前提条件。不过这种具象性并不能等同于意象的性能，因为词语的具象性在人们心目中所能引发的只是表象，而非意象。表象和意象有什么区别呢？表象来自直观经验的积累，当我们将感知活动中所获得的印象储存于大脑，而又在某种境遇的刺激下让它重新浮现出来时，这就成了表象。一般来说，表象较之原初的印象，在鲜明、生动的程度上要略低一些，尤其是由概念化的语词所引发的表象，不可避免地要打上类型化的烙印。更为根本的是，表象充当感知印象的留影，通常只涉及事物的外观，未必能揭示其内在的意蕴。意象则不然。作为“表意之象”，它本身便是诗性生命体验的产物，内里包含着诗人对生活的各种活生生的感受。即使转型为诗歌文本，显现为语言文字符号，这些符号所提供的信息也都指向了诗人在诗中所要表达的情意。这正是意象之为意象，而不能等同于诗中名物之象（表象）的重要原因。

举个例子来说，我们都熟悉唐代诗人王维在《使至塞上》诗中的这一名联：“大漠孤烟直，长河落日圆。”试问：这里包含了几个意象？我想，恐怕不少人会回答是“大漠”“孤烟”“长河”“落日”四个意象，这其实就是将名物（表象）混同于意象的结果。不妨推敲一下。诗句中的“漠”指沙漠，可以形成表象，加上“大”字构成“大漠”，其具象性当更见充分。但单独一个“大漠”，传达了什么样的意蕴呢？谁也说不清楚。“孤烟”也是一样，它能产生表象，甚至可以从多方面生发联想，而孤零零的“孤烟”亦是难以把握其内在情意体验的。只有将“大漠”与“孤烟直”连为一体，构成单一的画面——在广阔无垠的漠野上空直直地升起一缕狼烟，始能将诗人行经塞上时所感受到的那种空廓、荒凉、寂静、干燥无风以至带有边防示警意味的若干紧张气氛贴切地传达出来，这才称得上诗的意象。同样道理，“长河”与“落日圆”如果分拆开来，也只能算表象而非意象，必须组合在一起，呈现为远处地平线上一轮滚圆的太阳向着奔腾流去、一眼望不到边际的长河水面徐徐沉落，方足以构成宏伟、壮丽的景观，令人目醉神迷、心驰魄动。所以，依我之见，若是将“意象”理解为表达诗意（诗性生命体验）的基本单元，则这联诗句中虽然用了四个表名物的词语，能产生多重表象（不仅名词能产生表象，动词、形容词所提示的事物的动态与性状，亦能生成表象），而其所建构的诗歌意象至多只有两个。换言之，意象作为“表意之象”，绝不能将其降格为表象。表象所提供的具象性，只能用为构建意象的原材料，而众多具象性之间所形成的张力，也就是将它们组合在一起所生发出来的互补、互衬、互渗、互动的功效，始足以让诗人所要表达的情意体验藉此传送出来，这情意体验（哪怕是片段的）渗透并照亮了各具象性间的组合，于是这组表象便转化成独立的意象。这样看来，单一的表象通常是难以构成意象的，意象须由表象之间的张力而引发，这也是诗中名物之不能等同于意象的缘由。

从这里会引出一个问题，就是我们平时惯常用名物来标示诗歌意象，如谈论马的意象、鹰的意象、杨柳的意象、流水的意象，甚至将各类名物从具体诗作中抽取出来，以形成系列性的考察，如专题研究杨柳意象系列、桃花意象系列等，这究竟是否科学？应该说，按照上面对“表意之象”的解说，意象只能是特定的“这一个”，它在诗歌文本的特定语境中生成，承载着表达诗人特定情意体验的职能，一旦离开了文本的具体语境，孤立的名物便不复成其为意象了。即使排成系列，也只能算作名物的“类象”（同类名物之象），而不当称为“意象”。清人施补华《岘佣说诗》中举了这么个例子：“同一咏蝉，虞世南‘居高声自远，端不藉秋风’，是清华人语；骆宾王‘露重飞难进，风多响易沉’，是患难人语；李商隐‘本以高难饱，徒劳恨费声’，是牢骚人语。比兴不同如此。”① 他所着眼的，是同一个物象（蝉）上面可以寓托不同的比兴含义，而实际上表明了同类名物在不同诗人的不同情思驱策下，生成了意蕴各不相同的意象。《岘佣说诗》里还讲道：“少陵马诗，首首

① 施补华：《岘佣说诗》，《清诗话》下册，中华书局1963年版，第974页。

不同。各有寄托，各出议论，各见精彩；合读之，分观之，可悟作诗变化之法。”① 可见即使是同一位诗人引用同类名物，在不同诗篇的不同语境作用之下，亦仍意象各别。这不正证明了意象必须是特定的“这一个”，不容许有任何假借吗？当然，作为习惯用语，笼统地说某首诗里的某个名物意象，只要不引起误解，自不必斤斤计较。至于将某类名物之象排成系列进行考察，若能不停留于表面的检索，真正触及其如何由类象转化为具体意象的内在机制与外在条件，则必定大有益于诗歌意象艺术研究的深入开展，亟须鼓励并大力提倡。

在给诗歌意象与名物之象作区分时，还会碰到一个疑案，便是怎样看待那些因历史承传而在自身内部积淀着某些特定意蕴的名物，如人们常提及的“南浦”“东篱”之类词语。众所周知，“南浦”本只是一个普通的地名，但由于大诗人屈原在《九歌·河伯》篇里写下“送美人兮南浦”的名句，被后人袭用来表现送别场景与惜别之意，这个词语便有了比较固定的情感色彩，不同于普通的地名了。同样，“东篱”原先也仅泛指屋东的篱笆，而在陶渊明“采菊东篱下，悠然见南山”（《饮酒》）的诗作后，遂亦取得了与清高的人格、翛然的情怀相联系的韵味，不再是普通的篱笆。这类名物就好比文章里常用的典故、成语，一般都有自身的特殊蕴涵，就它们而言，能不能撇开文本，直接归入“意象”的范畴呢？我以为还是不能。诚然，这类词语在其历史承传的过程中，确实积淀了某种意蕴，有其情感生命的痕迹在，但在抽离了具体作品的语境后，其情感色彩必然趋于固态化和定型化，并不能构成特定的“这一个”。只有当它们返回作品，再度与具体语境相结合，直接参与诗人情意体验的艺术创造，才有可能重新被激活而转化为诗歌意象的有机构成。不妨参看一下晚唐人假托贾岛名义编写的题作《二南密旨》的诗格，其中“论总例物象”一栏列举了大量有特殊意蕴的名物，如谓：天地、日月、夫妇，君臣也，明暗以体判用。同志、知己、故人、乡友、友人，皆比贤人，

① 施补华：《岘佣说诗》，《清诗话》下册，中华书局1963年版，第986页。

亦比君臣也。馨香，此喻君子佳誉也。兰蕙，此喻有德才艺之士也。飘风、苦雨、霜雹、波涛，此比国令，又比佞臣也。水深、石磴、石迳、怪石，此喻小人当路也。烟浪、野烧、重雾，此喻兵革也。百草、苔、莎，此喻百姓众多也……[1]诸如此类，不胜枚举。看这些穿凿附会的解说，不免令人哑然失笑，其实也都有出处，在生成原理上与前举“南浦”、“东篱”并无二致。这类含带历史积淀的名物，有点近似于西方文论中所谓的“原型”，但还构不成具体的意象。由固态化的原型向诗歌意象的转变，仍须经过“意匠经营”。前人总结出来的正典反用、死典活用、实典虚用、散典合用乃至“夺胎换骨”“点铁成金”等一整套推陈出新的技法，正是为了将这类典故、成语、原型改造成为活生生的艺术意象，而其要义仍在于切合所要传达的诗性生命体验。

物象、事象、情象、理象

我们说诗歌意象不能等同于诗中名物，除了看到名物之象尚不足以承担意象表意的功能外，还有一层因素，便是不认为意象的构成材料仅限于名物之象。在我看来，名物之外的许多其他成分，也有可能实现诗歌意象构建的职能，故意象更不能与名物之象画等号了。

一首诗，哪怕是抒情诗，通常少不了物象的描绘，尤其是我们民族的古典诗歌，喜欢用寓情于景的手法来表现情怀，于是诗中物象更占据了重要的位置。但诗歌并不能一味摹写物态，写物之余，它还要抒述情怀，情感的直接表白有时是不可少的。情思的引发往往来自具体事件，所谓“感于哀乐，缘事而发”[2]，完全符合艺术的规律，这样一来，在抒情的同时必须适当结合其所引发的事件，诗篇也就有了叙事的成分。更有甚者，诗人的情思里不光有情感活动，亦有思想活动，思想活动若脱离情感而自行表露，又形成了诗

① 张伯伟：《全唐五代诗格校考》，陕西人民教育出版社1996年版，第355页。

② 班固：《汉书·艺文志》，中华书局1962年版。

中的理念（意念）。以此观之，情、理、物、事都应该算作诗歌作品构成的原材料，绝不仅限于物象这一端。然而，在以往习见的观念中，一谈论起诗歌意象，人们的着眼点大多集中在物象上，事语、情语，更不用说理语，都被简单归入诗歌作品里的非意象成分，轻轻地一笔带过。而实际上，这些成分并不能一例看待，有的确实停留于非意象状态，仅作为诗中意象的补充成分发挥作用，但也有直接进入意象组合甚至自身即构成意象的主体，这类事语、情语乃至理语，或可称为与“物象”相对应的“事象”“情象”以及“理象”。

且让我们从古代诗论中找寻一点支撑。大家都知道，唐王昌龄《诗格》曾提及“诗有三境”之说，“三境”包括“物境”“情境”和“意境”，代表诗歌构成的三种形态。按王昌龄的解说，“物境”的创造需要“张泉石云峰之境，极丽绝秀者，神之于心。处身于境，视境于心，莹然掌中，然后用思，了然境象，故得形似”，这显然是指用物象描绘来构造诗歌意象。而“情境”的形成却要求“娱乐愁怨，皆张于意而处于身，然后驰思，深得其情”，乃是指凭借情感心理的抒述来构造意象。至于“意境”，则表现为“亦张之于意，而思之于心，则得其真矣”①，当指由内心的意念活动直接产生意象。“三境”的区分，不正好说明了物、情、意都有独立成“象”以构成诗境的可能吗？王昌龄之后，诗歌意象问题的研讨较多地集中在情景关系的处理上，且多从情语与景语的搭配方式来展开话题（有所谓“四实”、“四虚”、“前虚后实”、“前实后虚”之类说法），不免是一种狭隘化的理解。但也有识见高迈者，如清初王夫之论情景关系，完全摆脱了那种平列对待的思考方式，着力从其互生、互渗的作用上来探讨诗歌意象的成因，就很有启发性。尤其是王夫之所讲的“于景得景易，于事得景难，于情得景尤难”② 这段话，值得我们着意推敲。这里的第一个“景”字，当指景物，就是一般所谓的物象。余下三个

① 张伯伟：《全唐五代诗格校考》，陕西人民教育出版社 1996 年版，第 149、150、185 页。

② 王夫之：《古诗评选》卷一曹植《当来日大难》评语，《船山全书》第十四册，岳麓书社 1996 年版，第 511 页。

“景”字，都是指经诗人“意匠经营”后所构建起来的“象”，亦便是我们正在讨论的诗歌意象了。依王氏之说，则不仅物料可用以结撰意象，事态与情思亦可用以成“象”（只是比物象加工更难），这样构建起来的意象不就是“事象”与“情象”了吗？我们来分别考察一下。

先看“事象”。“事”在不同的诗歌作品里，起的作用是很不相同的。以叙事诗而言，“事”是主干，贯串首尾，人物与场面都在叙事中展开，其所形成的“象”通常称作人物形象或场景之象，较少用“意象”作表记（因其不属于诗人情意的直接写照）。这类纯粹的叙事诗，在我们古典诗歌的传统中并不多见。我们盛行的是抒情诗，情感的抒发需要事由，抒情诗里的叙事往往就是为了交代事由。若只是抽象的交代，那只能算诗中的“事语”，还构不成“事象”；但有时交代得比较具体，叙述中夹杂描绘甚至含带情意，这就有可能构成“事象”。“故人西辞黄鹤楼，烟花三月下扬州”（李白《黄鹤楼送孟浩然之广陵》），本只是叙说送别的情由，而说得有情致，有气氛，于是产生了意象。“李白乘舟将欲行，忽闻岸上踏歌声”（李白《赠汪伦》），首句是单纯的交代，阑入第二句的场景描绘，“事语”便转化成为“事象”。更为特殊的，是那种将抒情与纪事交织起来加以表现的诗歌作品，它惯常以纪事为线索，串合情感的抒述，情与事打成了一片，叙事中的意象成分便大为增加。如杜甫的名作《羌村三首》之一，抒写诗人于安史之乱中经飘零在外而返回家乡时的情景，严格按时间顺序展开，从初入家门时的“柴门鸟雀噪，归客千里至”，始见亲人时的“妻孥怪我在，惊定还拭泪”，反映周围场景的“邻人满墙头，感叹亦歔欷”，直到夜间夫妻对坐时的“夜阑更秉烛，相对如梦寐”，用一系列感人至深的事象来组织诗篇，而情感的抒发便也自然地融合于其间了。这类“感事写意”式的诗作，杜甫以前亦有，经杜甫大力推行后，广为流传，它为抒情传统中“事象”的确立拓开了更大的空间。

再说“情象”。“情”是抒情诗的主宰，但“情”又是深藏于诗人内心、似乎叫人不可捉摸的东西，那么，该怎样来抒情呢？情景关系的创立，便是为了解答这一难题，“景”以显“情”，成为抒情的正道。不过我们过去又常将这个“景”看得太狭隘了，仅限于具体物象甚至自然景物，这样一来，那些直抒胸臆、罕举物象的诗篇，又当如何来解释呢？实质上，情感活动不只限于借自然物象作表达，它自身便能构成意象，并通过这一“情象”的建构来作自我传递。且举两首古诗为证，其一是托名李陵与苏武的送别诗，其云：

> 良时不再至，离别在须臾。屏营衢路侧，执手野踟蹰。仰视浮云驰，奄忽互相逾。风波一失所，各在天一隅。长当从此别，且复立斯须。欲因晨风发，送子以贱躯。①

另一首从《古诗十九首》中摘录，谓为：

> 明月何皎皎，照我罗床帏。忧愁不能寐，揽衣起徘徊。客行虽云乐，不如早旋归。出户独彷徨，愁思当告谁？引领还入房，泪下沾裳衣。②

我们看到，前诗写别离，除中间四句借浮云失散的景观托意外，首尾八句都是直抒离情，而这惜别之情只在首联提了一句，其余均从人的一系列行为、动作如“屏营衢路”、“执手踟蹰”、欲别而“复立斯须”、临风而殷勤相送等传达出来，这就是情感自身的意象了。同样道理，后诗写游子思乡，除首联以月光起兴以及五、六句直言思归点题外，其余各联也都是通过“不寐”起床、“揽衣徘徊”、“出户彷徨”、“引领还归”以至“泪下沾裳”等一系列动作、神情的描绘来加以表达。这些行为、动作、神情、姿态等，归总起来可统称作“情态”，是情感活动的外在显现，人的情感心理必然要流露于其外在情态上（除非其刻意掩饰，而掩饰也是一种姿态），我们平时也正是通过观察一个人的神情、姿态以了解其内在心理活动的。

---

① 逯钦立编：《先秦汉魏晋南北朝诗》，中华书局 1983 年版，第 337 页。

② 同上书，第 334 页。

因此，“情象”的建立便有了根据，它不同于由状物或叙事所构建的“象”，而是自成一类的诗歌意象。

谈论“情象”问题须注意到另一种情况，即人的情感的表露除外现于其动作、神情外，有时也可凭借直接的表白——用言辞以吐露心曲。古典诗歌里不乏这类直诉心曲的好诗，如“海内存知己，天涯若比邻”（王勃《送杜少府之任蜀州》）式的豁达，“亲朋无一字，老病有孤舟”（杜甫《登岳阳楼》）式的感慨，“天生我材必有用，千金散尽还复来”（李白《将进酒》）式的豪迈，“醉卧沙场君莫笑，古来征战几人回”（王翰《凉州词》）式的沉痛，乃至于“换我心，为你心，始知相忆深”（顾夐《诉衷情》）式的儿女痴情，都已成为千古传颂的名句，不当排除在意象艺术之外。这里关系到学界既有的一场争议，就是像陈子昂《登幽州台歌》之类纯说白性的诗篇，究竟有没有意象可言。论者多以为此诗不具备意象，而这一判断又同诗学理论中历来以意象为诗歌（特别是抒情诗）本体（实体）的观念显相违背。该如何来评判这场争议呢？据我看来，这还是涉及怎样界定“意象”的问题。“意象”若仅限于物象及事态的描绘，则这首诗里确实缺少这方面的内容，它只是直接抒述了诗人登台览古时所引发的情怀，但情怀写得具体可感，足以让读者凭借这心声的表白来把握诗人内在的生命律动，进而激起自身的强烈共鸣，不就是意象艺术的功能所在吗？这“意象”自亦是区别于“物象”与“事象”的“情象”，而且主要不是通过动作、神情的描绘（《登幽州台歌》里亦偶有神情描绘，如末句的“独怆然而涕下”），却是从语言表白中构建起来的。我们常说，“言为心声”，可见言说是足以表达情感的。况且语言跟人的行为、动作、容颜、姿态一样是一种物质性的存在，因亦有了成“象”的资格。所以，作为“心声”的言辞，同作为“心画”的神情、动作相类，皆可视为人的情感心理活动的表现形态（情态），在诗歌里就称之为“情象”了，它也应该属于诗歌意象的特定的样式。

有关这类直白式抒情诗的意象问题，还可从另一个角度上来加以探讨。王夫之在其《姜斋诗话》里曾提出“情中景”和“景中情”这一对范畴，并举例说：“景中情者，如‘长安一片月’，自然是孤栖忆远之情；‘影静千官里’，自然是喜达行在之情。情中景尤难曲写，如‘诗成珠玉在挥毫’，写出才人翰墨淋漓、自心欣赏之景。凡此类，知者遇之，非然，亦鹘突看过，作等闲语耳。”① 这里举到的“长安一片月”，联系下文的“万户捣衣声”（见李白《子夜吴歌》），不难理解。“影静千官里”，则取自杜甫《喜达行在所》一诗，写诗人由沦陷中的京城脱身，抵达凤翔肃宗驻跸之地并参与朝拜的景象，可以想见其当时的喜悦之情，故一个“静”字不单摹写出百官列队上朝时的肃穆场景，还贴切地反映了诗人自身的归属感与安宁感，这就是“景中情”了。至于“诗成珠玉在挥毫”一语，亦采自杜甫《和贾至舍人早朝大明宫》诗，这句话是恭维对方诗才高妙，以表达自己的仰慕之情，但能让人见出才士运笔题诗时挥洒自如、欣然自得的状貌，所以称为“情中景”。按后面这个例子，则读陈子昂《登幽州台歌》时，从他那抚今追昔、不获知音、瞻天瞩地、心乱神迷的深沉感喟与激切表白之中，不亦可鲜明地体认出诗人当年孑立于高台之上，苍茫四顾，无所适从，万念交集，涕泪俱下的孤独身影与悲慨神情吗？可见直白式的抒情不光能构建言辞之“象”（心声），也还有可能透过其情意的表白以折射出说话人的形影神态（心画）来，其“意象”的功能自无可置疑了。

末了，还要稍稍提到王夫之未曾涉及的“理象”。诗中理念能不能构成意象，是个更为复杂的问题。在我国传统中，诗含“理趣”，一般是为人赞许的，“理语”入诗，则每每受到诟病，实际上两者的界线不容易划清。一些富于理趣的诗章，时有可能掺杂理语；而若议论行之以情韵，也常显得生动有趣。这类含带情趣的意理表白，在早期诗歌中屡见不鲜。《诗经·伐檀》里再三痛斥那些“不稼不穑，胡取禾三百廛兮；不狩不猎，胡瞻尔庭有县貆兮”的“大人”、“君子”，用的便是直接的议论，但议论出之于事实，且通过一连串反问以强调愤慨不平之情，就有了感染力。后汉桓、灵时民谣“举秀才，

① 戴鸿森：《姜斋诗话笺注》，人民文学出版社1981年版，第72页。

不知书；举孝廉，父别居；寒素清白浊如泥，高第良将怯如鸡”，更是通体由说理构成，而采用强烈对比的手法，以鲜明的反差昭显一针见血的讽刺，不仅让人懂得亦且能感受到诗中所说的意理。这样的诗虽尚不能说形成了理趣，而已然含带意象化的倾向，则可以断言。下而及于两晋之交，以玄言为诗成风。玄言诗确有“平典似《道德论》”① 的缺陷，然亦时有于玄理中寄寓情怀甚或借山水景观表白玄思的佳句，视以为“理象”的生成和“理趣”的发端，洵属允当。迤逦至唐宋以后，诗中理象与理趣便已进入成熟境地。如常被人称引的王之涣《登鹳雀楼》诗：“白日依山尽，黄河入海流。欲穷千里目，更上一层楼。”前联写景，没问题，后联究竟意在抒述个人情怀，还是要表明某种人生理念，难以判别，其实正是“情”与“理”相结合的好例子，更由于前联景句的烘托，其所蕴有的理思与情趣便提升到了相当高度，而为千古读者啧啧叹赏不已。除此之外，像苏轼的《题西林壁》、王安石的《登飞来峰》、朱熹的《读书有感》等，都因其富于理趣而受人推崇。李清照诗“生当为人杰，死亦作鬼雄。至今思项羽，不肯过江东”（《读史》），虽不属于哲理性的思考，而能将政治见解融于激情表白和历史反思，具有感人的气度与活力，亦应承认其意象艺术而归之于“理象”的范畴。至如刘禹锡“沉舟侧畔千帆过，病树前头万木春”（《酬乐天扬州初逢席上见赠》）、黄庭坚“落木千山天远大，澄江一道月分明”（《登快阁》），完全借自然物象展示意理，则又是“理象”的另一种类型。总之，诗可用来直接表达思想，只要这思想确属诗人诗性生命体验的有机组成，在表达上就有可能做到具体可感，而诗中理语也就自然转化为理象和理趣了。② 这亦便是谈论意象艺术不应丢弃“理象”这一环，要将“理象”与“物象”、“事象”、“情象”相提并论、共加研讨的理由。

---

① 钟嵘：《诗品序》评玄言诗语，载曹旭《诗品笺注》，人民文学出版社 2009 年版，第 15 页。

② 西方诗歌创作中素有较发达的哲理诗传统，其抒情诗含带哲理亦很通常，如英国大诗人雪莱的名篇《西风颂》，即以“冬天来了，春天还会远吗”的哲理性预言作结，传颂遐迩。又，法国象征派诗人保尔·瓦雷里也有“像感受玫瑰花香味那样去感受思想”的说法，皆可用为理语成象之佐证。

从意象到意境

讨论诗歌意象艺术，不可回避的一个课题，便是对意象与意境的关系加以梳理，我们这里也只能从概念辨析的角度简略地说几句。

以通常的理解而言，这两个概念所标示的对象，多被处理成局部与整体的关系，即“意象”用以指诗中所呈现的一个个的单“象”，而“意境”则指其相互联结所整合成的全景。这样的理解不能算错，但不够周全。因为意象联结所直接产生的应该是意象链、意象群乃至意象系统，并不就是意境。意象群、意象系统和单个意象是处在同一平面上的事物，它们都属于“象”的范畴；“意境”则超越了“象”的层面，它由“象”所生发，却不能局限于“象”的范围。我们看有的诗里并不缺少意象，亦不缺少意象之间的联结，但始终停留于平面的铺开，未形成层深的建构，其所不足的往往就是意境。可见意境与意象并不能简单归之于整体和局部的关系，还须作深入一步的考察。

按“意境”之说本系由佛学移入诗学，初名曰“境”，后来才合成“意境”一词。“境”在佛学中原指“心之所游履攀援者”[①]，即人们的意识活动所凭附的对象，这跟诗歌意象作为人的诗性生命体验的对象化显现若合符契，故“境”之一词进入诗学，便同“象”有了紧密的联系。前举王昌龄“诗有三境”之说，其“物境”“情境”“意境”其实便是诗歌意象构成的三种形态。《诗格》“取思”一节里讲道“搜求于象，心入于境，神会于物，因心而得”[②]，也是将“象”“境”“物”并列为人的审美意识（心）所把握的对象，说明“境”“象”本不可分离。而因为诗歌意象乃情意与“象”的结晶体，所以谈论诗境时也总是指向情景交融，所谓“意与境会”[③]“思与境偕”[④]，正

① 参见丁福保《佛学大辞典》释“境”条，中国书店出版社2011年版。
② 张伯伟：《全唐五代诗格校考》，陕西人民教育出版社1996年版，第150页。
③ 权德舆：《左武卫胄曹许君集序》，《全唐文》卷四九〇，中华书局影印本。
④ 司空图：《与王驾评诗书》，《司空表圣文集》卷一，《四部丛刊》本。

是意境在这个方面的规定性。今人多从情景交融的角度来解说“意境”，亦自有其历史的依据。

不过“意境”又不能单纯归结为情景交融。“情”（意）与“景”（象）的结合，是意象艺术的普遍原理，“意境”的生成，则还有其特定的条件，那便是对意象的超越，用唐人刘禹锡的话来说，叫作“境生于象外”①。考“象外”之谈导源于三国时荀粲对《易传》“立象尽意”说的质疑，他认为“理之微者，非物象之所举”，还须“通于象外”，去求得“象外之意”。② 这样一种超越物象以探求真意的倾向，被王弼归纳为“得意忘象”③，成为魏晋玄学的重要观念。东晋以后，佛教大盛。佛家以现象界为虚妄，主张破除妄念，返归真如，故有“穷微言之美，极象外之谈”④ 之说，其“象外”即指涅槃之道和般若之论。玄、佛推崇“象外”，对艺术创作产生了影响，刘宋宗炳《画山水序》里便讲到“旨微于言象之外”⑤，南齐谢赫《古画品录》亦主张“若取之象外，方厌膏腴”⑥。唐人开始将这个观念引入诗学领域，皎然《诗议》中有“绎虑于险中，采奇于象外”⑦ 的提法，而戴叔伦所谓“诗家之景，如蓝田日暖，良玉生烟，可望而不可置于眉睫之前也”⑧，其实也是对诗歌象外境界的一种描述。不过诗画家的驰神“象外”，并不同于佛门弟子那样一力破除现象界的虚妄，倒是要立足具象而又穿越具象的描绘，以打开通往象外世界的门户，以引发更丰富也更深刻的人生体验，这跟王弼宣扬的“寻言观象”“寻象观意”而又“得象忘言”“得意忘象”⑨ 的路子相近，值得我们细

---

① 刘禹锡：《董氏武陵集纪》，《刘禹锡集》卷一九，上海人民出版社 1975 年版。

② 《三国志·魏志·荀彧传》裴松之注引《晋阳秋》所载《荀粲传》，中华书局 1959 年版，第 319—320 页。

③ 《周易略例·明象》，楼宇烈《王弼集校释》，中华书局 1980 年版，第 609 页。

④ 僧肇：《肇论·涅槃无名论》，《中国佛教思想资料选编》第一卷，中华书局 1981 年版，第 157 页。

⑤ 沈子丞编：《历代论画名著汇编》，文物出版社 1982 年版，第 14 页。

⑥ 同上书，第 18 页。

⑦ 张伯伟：《全唐五代诗格校考》，陕西人民教育出版社 1996 年版，第 185 页。

⑧ 司空图：《与极浦书》所引，《司空表圣文集》卷三，《四部丛刊》本。

⑨ 《周易略例·明象》，楼宇烈《王弼集校释》，中华书局 1980 年版，第 609 页。

心领会。

为什么诗歌艺术由“立象尽意”发端，最终却要走向“境生象外”的道路呢？这又跟诗歌作品里“意”与“象”的对立统一关系分不开。在诗歌创作过程中，“意”与“象”构成了一对矛盾，“象”用以表达“意”，“意”必须透过“象”来传递，但“意”“象”之间又不尽一致。“象”有限而“意”无穷，“象”凝固而“意”流动，“象”封闭而“意”开放，“象”实在而“意”空灵。所以，“象”对“意”的传达来说，既是一种凭借，亦是一种拘限，“立象”固然为了“尽意”，而“意尽象中”又每常招惹不满。甚至有时候，“意”与“象”的主从关系被颠倒过来，“象”自立为主体，不但不去尽“表意”的职能，反而自我膨胀起来，蜕变成阻挡和遮蔽情意传递的障碍物，这就更违背了“立象尽意”的宗旨。我们看唐以前宋、齐、梁、陈这一段诗歌的演变，从山水、咏物到宫体，物象（宫体诗中的人体描写亦可归入物象范畴）的采择愈来愈受人重视，观察日益细微，刻画日益精工，编列也更加密集，所谓“自近代以来，文贵形似，窥情风景之上，钻貌草木之中。吟咏所发，志惟深远；体物为妙，功在密附”①，确系当时文学风气的写照。这一“体物为妙”的风尚，固然大大拓展了意象艺术的操作技巧，而亦带来诗中情意或多或少被物象所掩埋的负面效应。后人以“性情渐隐，声色大开”② 来形容并批评这个时期的诗风，不能算无的放矢。然则，当如何来解决这一矛盾呢？废弃意象自不可能，只有走向超越意象，即从意象自身开发出一个“象外”世界来，让这个“象外”世界接续并深化意象表意的功能，而诗人的诗性生命体验也藉此得到了升华。这正是唐代诗学所致力的追求，亦便是“意境”之所由来了。

然则，意境作为超越性的“象外”世界，它又包含了哪些方面的具体内容呢？刘禹锡“境生象外”一语不免笼统，到晚唐司空图，便进一步提出

① 刘勰：《文心雕龙·物色》，范文澜《文心雕龙注》卷十，人民文学出版社 1960 年版。

② 沈德潜：《说诗晬语》卷上，《清诗话》，中华书局 1963 年版，第 532 页。

“象外之象，景外之景”① 以及“韵外之致”“味外之旨”② 诸般名目，把问题推向具体化了。司空图本人并没有对这些不同的名目加以解说，但从“象”“景”“致”“旨”的不同提法看来，相互间还是可以作一点区别的。“象”和“景”比较实在，虽处身“象外”，仍须有影像（“相”）可供人把捉，或许可将其界定为由诗歌意象所生发的想象空间；“致”（趣）与“旨”（味）更为虚灵，它不显现为影像，却仍可让人有所感受，那便是“象外”世界的情意空间了。据此，则“意境”说的提出，是要给诗歌意象建立起一套层深的建构，即不光有文本中直接呈现的实象（“象内之象”），亦且有引发想象所形成的虚象（“象外之象”），甚且有凭附于想象和体验以达致的更为虚灵的情感氛围与意蕴积淀（所谓“韵外之致”“味外之旨”）。这一“象外”世界的开发，大大拓展了古典诗歌意象艺术的视野，使意象的自我超越有了方向。而时下关注意境问题中所出现的用联想、想象乃至情感氛围来界说“意境”的尝试，不也可以归结到这一“象外”空间的构建上来吗？

且让我们举个实例来看一看“意境”的运作。上一节里提到李白的两首送别诗，不妨全文录引以资比较：

李白乘舟将欲行，忽闻岸上踏歌声。桃花潭水深千尺，不及汪伦送我情。（《赠汪伦》）

故人西辞黄鹤楼，烟花三月下扬州。孤帆远影碧空尽，惟见长江天际流。（《黄鹤楼送孟浩然之广陵》）

两首都是好诗，但哪一首更好一些？我个人更欣赏第二首。应该说，前首写得也不差，情真意切，话语天然，还用了个巧妙的比喻，以“桃花潭水”的美丽意象烘托友人惜别之意，相当动人。缺点是明说“深情”，却未提供拓

---

① 司空图：《与极浦书》，《司空表圣文集》卷三，《四部丛刊》本。
② 司空图：《与李生论诗书》，《司空表圣文集》卷二，《四部丛刊》本。

展情思的空间，难以引发读者进一步的想象和体验，不免见得“意尽象中”，余味不足。相比之下，后一首的意境显得更深远些。其开首两句交代送别的时、地、人、事，且不论究，重点看下面的抒情。送别一位“故人”，又是远去扬州，自应有千言万语可待抒述，而篇幅尚余两句十四个字，如何抒写得尽呢？于是索性不着一字，转过身来摹写眼前的实景：先是一个慢镜头，写舟船渐渐离去，从一片孤帆，变为一点远影，而远影也逐渐移至碧空尽头，终于淡出了视线；而后是一个空镜头，只剩长江流水滔滔不尽地向着天际流去。这意味着什么？仅仅是为了观景吗？当然不是。写景是为了写那观景的人。透过这渐行渐远的帆影和滔滔不尽的水流，当能想象出送行者久久伫立江边、神情凝滞地眺望船儿远去的孤独身影，亦可仿佛体认到他那难分难舍的惜别心意和潜藏在内、翻腾不已的各种情思。这些都没有写出来，需要我们从字里行间去发掘，去建构，亦便是诗歌意象为我们开拓的“象外”想象空间与情意空间了。

“象外”世界的开拓，不仅足以丰富我们对诗中情意的感受，有时还能即小见大，从具体情事中体悟到某种人生的理念，窥入生命的本真。如杜甫那首脍炙人口的小诗《江南逢李龟年》，短短四句，不过是淡淡叙述当年在京城的交往和眼下流落江南时的相逢，而“落花时节又逢君”这一结，就把巨大的人世沧桑都概括进去了。读者可从这大自然的“落花时节”，联想到诗人自己及其题赠对象的晚年沦落生涯，还可联想到整个王朝历史的盛衰剧变，真可谓感慨万千，惊心动魄！又如王维《辋川集》里的五绝《辛夷坞》，写辛夷花在山谷中自开自落的景象，用了“涧户寂无人”一句旁衬，使得自然生命无须借助人的观赏而得以自由自在运行的意蕴凸现出来，不单显示了诗人自身的情怀，也提供了某种人生哲理的感悟。我们说诗的意境能突破意象的拘限，让人的诗性生命体验得到不断生发与提升的空间，道理就在这里。

当然，意境的重心虽指向“象外”，而其所赖以建立的根基，却仍须立足于“象内”。没有“象”的支撑，绝不会有“境生象外”的现象产生。宗白华先生当年曾倡扬艺术意境的“层深创构”说，并将他所领会的意境的创构区分为三个层面，即“直观感相的模写”“活跃生命的传达”和“最高灵境的启示”①。如果说，第一层面相当于意象的外观，第二层面揭示了其诗性生命的内涵，则最高层面便体现出由“象外”空间的开拓而最终进入生命的本真。从这个意义上说，“象内”与“象外”原本是一体的，故由意象的建构演进为意境的探求，实也是意象艺术的题中应有之义了。

（原载《江海学刊》2012 年第 2 期）

① 宗白华:《中国艺术意境之诞生》，载《美学散步》，上海人民出版社 1981 年版，第 63 页。

重论胡适的新文化运动观

朱德发

对于发生在20世纪初叶的新文化运动的思想实质或精神实质，见仁见智，众说纷纭；但其中有两种所谓权威性的见解影响深远，认同者众：一是政治上的预设，认定“五四”新文化运动实质上是一场彻底的不妥协的反帝反封建运动；二是思想上的预设，认定“五四”新文化运动就其精神实质来说是一场人的解放运动，即思想启蒙运动。前者的预设着眼于政治，由此出发来规范“五四”新文化运动不是不能找到历史的根据，然而由于历史根据的匮乏或混杂因而支撑不起其宏大的理论判断，近30年来遭到不少质疑或驳斥；后者的预设着眼于人的伦理意识，由此切入新文化运动的主体思想，探寻到历史深层的充分根据，足以证实其理论判断的正确性，因此近30年来学术界从思想启蒙的预设来开掘“五四”新文化运动的精神实质已成了热门话题。虽然“我们从来不是没有预设的”，“但是对我们迄今为止所具有的那些预设，我们可以进行调和和重塑”。[1] 如果说政治上的预设和思想上的预设，对新文化运动精神实质的规定和把握，是新的理解、新的概括和新的阐释，在特定的历史区间已成为认知“五四”新文化运动思想实质的权威话语；那么作为新文学倡导者或新文化运动先驱者的胡适曾作过这样的预设：中国新文化运动实质上是中国的文艺复兴运动，并且将此运动追溯至北宋初

① ［挪威］G. 希尔贝克、N. 伊耶：《西方哲学史》，童世骏、郁振华、刘进译，上海译文出版社2004年版，第533页。

期①。虽然这种预设与从思想上预设新文化运动是人的解放运动在精神上有互通性，但是“中国文艺复兴”的预设其思想内涵更丰富，其历史内容更深广；因此若以“文艺复兴”预设为视角对中国新文化运动的思想实质进行重新探索和剖解，既可以同已取得的学术成果进行“调和”，使新文化运动的精神获得更充盈的弘扬，又可以使“预设”与新文化运动的思想实质达到更大程度的契合，也使我们认知主体对新文化精神的理解和把握获得“重塑”。

对于“五四”时期兴起的新文化运动与文学革命，胡适不止一次地说，“比较喜欢用‘中国文艺复兴’这一名词”来表述。就其近因来说，“那时在北大上学的一些很成熟的学生，其中包括很多后来文化界知识界的领袖们如傅斯年、汪敬熙、顾颉刚、罗家伦等人，他们在几位北大教授的影响之下，组织了一个社团，发行了一份叫做《新潮》的学生杂志，这杂志的英文刊名便叫‘*Renaissance*’（‘文艺复兴’）。他们请我做新潮社的指导员。他们把这整个的运动叫做‘文艺复兴’可能也是受我的影响。这一批年轻但是却相当成熟而对传统学术又颇有训练的北大学生，在几位青年教授的指导之下，从不同的角度来加以思考，他们显然是觉得在北京大学所发起的这个新运动，与当年欧洲的文艺复兴有极多的相同之处。”所以“在其后的英文著述中，我总喜欢用‘The Chinese Renaissance’（中国文艺复兴运动）这一题目。虽然Renaissance 这个词那时尚没有适当的中文翻译。我猜想这批北大学生也替他们的刊物找不到一个恰当的中文名字，而姑名之曰《新潮》的；但是他们毫无犹豫地用 Renaissance 来做他们刊物的英文名字。”② 胡适的追忆性的口述，清晰而亲切地表明他同意以“中国文艺复兴”来命名“五四”新文化运动与文学革命的缘由。如果这只能算胡适认同“文艺复兴”这个名词的起因，那么胡适真正认定中国的新文化思想运动与文学革命就是类似于欧洲文艺复兴，他究竟做了哪些比较性的思索并获得了哪些真知灼见，使他终生喜欢用“中国的文艺复兴”这种修辞？

---

① 胡适：《胡适口述自传》，《胡适全集》第 18 卷，安徽教育出版社 2003 年版，第 439 页。
② 同上。

一

通过中西的跨文化比较，发现中国新文化新文学运动与欧洲文艺复兴运动有诸多相同相似之处，这是胡适喜欢用“中国文艺复兴”命名的重要理由。在欧洲的许多国度里于14世纪到16世纪先后发生了“文艺复兴”，经历三百多年，波及人文社会科学和自然科学的诸多领域，文学艺术、哲学思想、科技文化等取得的辉煌成就，推动了整个人类的物质文明与精神文明的发展；尤其是以人为本的思维取代了神本思维所激发的人类思维领域的革命，极大地解放了人的性格和思想，点燃了人的创造激情。

胡适认为欧洲的文艺复兴是从新文学、新文艺、新科学和新宗教之诞生开始的，同时也促使现代欧洲民族国家之形成；而“五四”时期崛起的中国新文化运动虽然“未涉及艺术”，但却是“一项对一千多年来所逐渐发展的白话故事、小说、戏剧、歌曲等活文学之提倡和复兴的有意识的认可”，“这实在是个彻头彻尾的文艺复兴运动”。[①] 中国新文化新文学的诞生确实是对古代白话文学传统的“有意识”的复兴和“有意识”的发展，由白话文学的逐步量变而达到一定的“度”则以历史合力推动其质变，使白话文学在中国文学总体系统中所处的非正宗地位通过“五四”文学革命而变成真正的文学正宗，完成了中国文学由古代向现代的整体性转换。如果说欧洲各国文学由中世纪向近现代的转型用去了几百年时间，那么我国文学的现代转型则用了不足10年的时间；这固然由于欧洲文艺复兴为中国文学转型提供了可资借鉴的经验和参照，更因为中国文学的演变已形成一千多年的白话文学传统，到了“五四”时期有了文化先驱们的“有意识的认可”和自觉的提倡，便应运而生，生而则成。

胡适不只是白话文学的最有力最自觉的倡导者和实验者，也是白话文学发生史的策划者和书写者。读过他的《建设的文学革命论》《五十年来中

① 胡适：《胡适口述自传》，《胡适全集》第18卷，安徽教育出版社2003年版，第335—336页。

国之文学》《国语文学史》《白话文学史》等著述，便可以通晓中国新文化运动和文学革命是如何复兴了白话文学传统、古代白话是怎样向现代白话文学发生整体转变的；并从而使我们对中国的文艺复兴的发生至少获得这样的认知：一是“五四”时期崛起的文艺复兴不同于梁启超所认定的清代二百年的文艺复兴始于学术研究领域所运用的科学方法及其体现出的科学精神①，而是诞生于白话文学的有意识的提倡，特别是以白话为语体创作诗歌则是首当其冲攻下的堡垒。这是由胡适率先尝试运用实验主义的科学方法，紧跟着群贤响应而动笔写白话诗，这既是复兴中国古代白话诗的传统，又是对现代型白话诗的实验。这种实验性的科学精神比起清代朴学的科学考证方法更具有现代性色彩，也许它与欧洲文艺复兴的科学实证主义及科学理性精神有着同质的联系性。二是从白话语言入手驱动文学整体结构变革，这与欧洲文艺复兴所选取的突破口几乎是一致的。因为文学是一种语言艺术，语言既是组成表层结构的优质材料又是传达深层结构信息的媒介；而我国的“活语言”所具有的独特功能更有利于营造“活文学”。正如胡适所说：“中国语实在是世界上各种语言——包含了英语——中最简易的一种”，“因为它没有阻碍地经过二千多年的洗炼和改良，至到现在成了完美的阶段，所以孩子们仆役们说来的时候也丝毫没有文法上的错误”。因为白话具有简明性、通俗性、普适性的特点，胡适“认定了所有的我国的真正伟大的诗歌和文学作品，都是当时的人拿当时的语言写成而不是拿死文字写成的”，并进而推断：“凡是中国的伟大的文学作品，都是由大众们产生出来，并不是由那些学者读书人们产生出来的——他们实在忙着研究那死文字哪！千百年来的销路最好的惊人的民歌，故事，小说，都是出于市井之人街边说书，和其他同类的很熟识语言的人的手。”② 这种看法不无偏颇，但是白话语言对建构新文学的确至关重要，所以胡适反复强调复兴中国文学的白话传统以创造现代国语文学，他甚至把《三国演义》《水浒传》《红楼

① 《梁启超史学论著四种》，岳麓书社1985年版，第17页。

② 胡适：《中国文艺复兴》，《胡适全集》第12卷，安徽教育出版社2003年版，第247—248页。

梦》《儒林外史》等小说视为白话的楷模，作为创造新文学的参照物。三是“五四”新文化运动既然是“中国的文艺复兴”，至少在胡适这位新文学倡导者和实验者的心目中从来没有想与中国传统文化和文学进行“彻底决裂”，更没有想“彻底反传统”，而是“对我国的传统的成见给与重新估价”[①]；特别是对中国古代文学的总体系统以“活文学”与“死文学”这个二元对立的认知框架进行了历时性的系统梳理与重新估价，认定以白话创作的文学皆是“活文学”，而“活文学”都是文学史上最有价值的文学，那种以文言创作的文学皆是“死文学”，也是在文学史上没有价值的文学。因此，中国的文艺复兴“假如把这个运动的范围收缩到为一个文学的运动”，那么“五四”新文学运动就是有意识地自觉地复兴中国传统文学的白话“活文学”，不只是“复兴”且要以现代白话建构国语文学，繁荣现代中国文学，这不仅不是断裂传统、反对传统，而是自觉地弘扬传统、光大传统；同时把我国传统文学纳入学术研究领域，进行系统的研究，进行“重新估价”，胡适既对明清白话小说有选择地做了重点资料求索、辨识考证和理论透析，又书写了《白话文学史》和不少作家论，将中国古代文学的整理与研究导向现代学术轨道。四是中国的文艺复兴如同欧洲文艺复兴一样，虽然首先从文学变革崛起，以白话语体取代了文言语体，以活文学替代了死文学；但是它的影响力和波及力已远远超越文学本身，特别是直接作用于教育领域和政治领域。胡适说：“中国的文艺复兴，不是徒然采用了活的文字来做教育的工具，同时是做一切的文学作品的工具底一种运动。因为白话文普遍化，大众都懂得，所以执政者，以至于其党，都利用它来做宣传的工具了。”于是“五四”时期的北京政府的一些当政者“提议用一种新的中国字母来教民众读书写字；也有些提议用语体文和编印些简易的书报来教导民众。真正的解决办法，并不是出乎熟练的改革家”[②]，而是出自以胡适为首的新文学先驱们。他们明确地提出了建设新文学的“唯一宗旨”——“国语的文学，文学的国语”，将新文学运动与国语运

① 胡适：《中国文艺复兴》，《胡适全集》第12卷，安徽教育出版社2003年版，第247—248页。
② 同上。

动合而为一，在创造国语文学的同时也提供了标准国语，越是优秀的国语文学它的国语即普通话越标准，这样的国语文学就是现代的白话文学，借助国语文学的创作和传播使标准国语得以普及，越来越多的民众受惠于国语文学；这样一来既解决了“言文一致”又获得标准国语，不仅教育领域可以用白话作为工具传授知识、教育学生，播扬信息、阅读图书，而且政治文化领域也可以运用白话作为传达政令、宣传新思想新主义新政策的有力工具，社会上通用的纸媒或电媒都可以运用白话作为介质传播各种信息，从而逐步建立起适应中国现代化需要和广大民众相互沟通以及与世界其他民族国家交流的标准白话语言体系。

二

以白话文学运动为契机崛起的“五四”新文化运动就其思想实质察之，乃是一切人的解放运动即陈独秀所说的“人”的运动，在这一特质上无疑与欧洲文艺复兴是可以联通的；虽然在“人”的解放的广度上和深度上，中国的新文化运动远远不如欧洲文艺复兴，但是中国新文化运动确实唤起一代人特别是知识青年的空前觉醒，从此中国人选择并坚定了走现代化的道路。正如胡适所说：“中西双方（两个文艺复兴运动）还有一项极其相似之点，那便是一种对人类（男人和女人）解放的要求。把个人从传统的旧风俗、旧思想和旧行为的束缚中解放出来。欧洲文艺复兴是个真正的大解放时代。个人开始抬起头来，主宰了他自己的独立自由的人格，维护了他自己的权利和自由。在中国新思想运动的第一年之中，我们已经清楚地看出这一运动对解放妇女和争个人权利的要求。我的同事周作人先生就认为光是主张用语体文来产生文学是不够的。新的文学必须有新的内容，他把这‘内容’叫做‘人的文学’。‘人’——一个生物学上的‘人’，他是有感情、观念和喜怒哀乐的。他既有缺点，也有长处。这些都是新文学的基础，那时我们不但对人类的性生活、爱情、婚姻、贞操等等问题，都有过很多的讨论；同时对个人与国家，个人与家庭与社会的关系也都有过讨论。‘家庭革命’这句话，在那时便是流行一时的名言。”①

既然中西两个文艺复兴运动都体现了“一种对人类解放要求”，而这一种解放要求无疑是精神层面上的个性解放要求，即人的主体性获得自由的独立性与自主性。作为一个堂堂正正的灵肉一致的健全个体，既不是神权来定义，又不是政权来定义，而是自己来定义自己，命运掌握在自己手里，个人有选择权、生存权和决定自我生命的权利，一言以蔽之“我就是我自己的”。但是要“把个人从传统的旧风俗、旧思想和旧行为的束缚中解放出来”，谈何容易，既不能靠神仙皇帝又不能靠英雄豪杰，要全靠自己的力量解放；反倒要反神仙的蛊惑、反皇帝的奴役，从一切精神的腐蚀和控制中救出自己。由于文艺复兴之于人的解放旨在精神领域的思想或个性的解放，所以必须寻求并掌握强大的思想启蒙或个性解放的精神武器，而这种精神武器至少应具有这样的思想功能，即它不仅能破坏窒息人性的铁屋子或桎梏个性的罗网，而且能适宜引导人的个性的自由发展和主体意识的持续增强。在“五四”时期对于人的解放，文化先驱们从汹涌澎湃的新思潮中各自选择了不同的思想或主义作为精神武器，如民主主义、平民主义或民治主义、人道主义、个性主义、自由主义、无政府主义，各种牌号的社会主义、科学主义等，而这诸多主义或思想都不同程度地体现出科学和民主精神；于是便以“德先生”与“赛先生”即民主与科学这两面大旗作为唤醒人、解放人的强大思想启蒙武器而高高举起。因而可以说，中国的文艺复兴时代，是科学精神和民主精神主宰的时代。且不论陈独秀、鲁迅、周作人、茅盾、郭沫若等文化先驱和文学巨人是如何坚持科学和民主创造启蒙文学来解放人以及冲决罗网的，这里重点讨论胡适作为文艺复兴的旗手是怎样运用科学精神武器来唤醒民众、启蒙民众而让他们自己解放自己的。

胡适的名字是源于进化论的科学原理“适者生存”，在本质上是与科学结合为一体，所以有的研究者认为：胡适的“骨子里崇仰科学、坚信科学，导

---

① 胡适：《胡适口述自传》，《胡适全集》第18卷，安徽教育出版社2003年版，第336页。

致了他用科学支配自己的人生选择，支配文化学术领域的启蒙与布道，支配他全部生命价值的完整实现”①。人的解放重在思想的解放，思想不解放个性就得不到张扬，人的主体意识总是处于被压抑状态；但是人的思想能否解放甚至能否达到最大的或理想的解放程度，则与能否树立坚定的科学人生观直接相关。胡适不仅身体力行，终生坚持科学人生观，而且在中国文艺复兴时期为中国人的思想解放提供了科学人生观。胡适早年就从宋明理学和清代的朴学中汲取了科学精神，后来他又全盘地接受了欧洲文艺复兴以来的科学文化，在中西科学文化的交汇与融合中强化了本身的科学意识，并自觉地把科学理性与主体人生观有机地嫁接，从而形成其矢志不渝的科学人生观。

胡适对科学的人生观作了这样的提纲挈领的概说：“科学的人生观即用科学的精神、态度、方法，来对付人生的问题。科学的精神在于他的方法。科学的方法有五点：（1）特殊的，问题的，不儱侗的。（2）疑问的，研究的，不盲从的。（3）假设的，不武断的。（4）试验的，不顽固的。（5）实行的，不是‘戏论’的。”“科学的方法，应用到人生问题上去：（1）打破儱侗的‘根本解决’，认清特别的、个体的问题。人生问题都是个别的，没有儱侗的问题（例如婚姻、家庭……），故没有儱侗的解决。（2）从研究事实下手，不要轻易信仰，须要先疑而后信。（3）一切原理通则，都看作假设的工具；自己的一切主张，都看作待证的假定。（4）用实验的证据来试验那提出的假设；用试验的结果来坚固自己的信心，来消除别人的疑心与反对。（5）科学的思想是为解决个别问题的，已得了解决法，即须实力奉行。科学的人生观的第一个字是‘疑’，第二个字是‘思想’，第三个字是‘干’！”② 由此可见，所谓科学人生观就是实验主义方法论，因为实验主义基于进化论与实验室态度，又是深度注入人的头脑中，故称为科学的人生观。有了科学人生观人就能渐渐明白：“空间之大只增加他对于宇宙的美感；时间之长只使他格外明了祖宗创业之艰难；天行之有常只增加他制裁自然界的能力。甚至于因果

① 胡明：《胡适传论》（上卷），人民文学出版社 1996 年版，第 524 页。

② 胡适：《科学的人生观》，《胡适全集》第 29 卷，安徽教育出版社 2003 年版，第 553—554 页。

律的笼罩一切，也并不见得束缚他的自由，因为因果律的作用一方面使他可以由因求果，由果推因，解释过去，预测未来；一方面又使他可以运用他的智慧，创造新因以求新果。甚至于生存竞争的观念也并不见得就使他成为一个冷酷无情的畜生，也许还可以格外增加他对于同类的同情心，格外使他深信互助的重要，格外使他注重人为的努力以减免天然竞争的惨酷与浪费。”总之，“这个自然主义的人生观里，未尝没有美，未尝没有诗意，未尝没有道德的责任，未尝没有充分运用‘创造的智慧’的机会。”[①] 这就把科学人生观与人本人生观的功能与内涵在某种程度上沟通了，更有助于人性的全面解放；虽然科学的人生观对于情感、意志、直觉等非理性因素关注不够，但经胡适的美、诗意、智慧等词语的运用也增加了科学人生观的人文内涵。

由于中国的文艺复兴将科学精神及科学的人生观作用于人的思想或人性解放，它所生发的能量与作用是难以估量的，在我看来至少产生了如此强大的功效：一是以科学人生观破除一切神权意识。自古以来由于人类对宇宙、自然界各种神秘现象不能给出科学解释以及对人生的不幸的痛苦命运无法予以理性认知，因而产生以神为本位的生存观，即痴迷地相信宗教的神学以及迷信邪说，盲目崇拜神权，拜倒在上帝乃至各种神祇脚下，仿佛人的命运完全由神权来操纵来摆布，于是一切仰仗神权来护佑，求神拜鬼成了人生必做的功课，人魂异化为神魂，天堂地狱之说主宰了人的心理，如同鲁迅笔下的祥林嫂最终成了神权的牺牲品，因神权作祟不仅使她终日活在恐怖中而且还要怀着更大恐怖感走向死亡。确立了科学的人生观不只使中国人破除了迷信观念，也能使中国人逐步消解“只有靠天吃饭的人生观，只有求神问卜的人生观，只有《安士全书》的人生观，只有《太上感应篇》的人生观”，甚至“一笔勾销了上帝，抹煞了灵魂，戳穿了‘人为万物之灵’的玄秘”[②]。特别是中国传统社会的皇权主义统治，尽力把皇帝说成“真龙天子”，皇帝既是龙

① 胡适：《〈科学与人生观〉序》，《胡适全集》第2卷，安徽教育出版社2003年版，第212—214页。

② 同上书，第199页。

的化身又是上帝神授，借以让老百姓像崇拜天神一样来崇拜皇帝，心甘情愿地做皇帝的臣民；这种神权与皇帝巧妙结合的愚民政策和愚民教育，久而久之把中国人变成一个个唯上是从的安分守己的奴隶。因此，唯有科学人生观持续不断地强化才有可能破除中国人心中的皇权崇拜的集体无意识，这也许是极为艰难曲折持久的心理战，更是决定中国人能否树立起“自己解放自己”主体意识的关键之战。在“五四”后期的“科玄之争”中，胡适极为赞成吴稚晖写的《一个新信仰的宇宙观及人生观》，因为他大胆地以科学的人生观扫荡了“漆黑一团”的宇宙观和“人欲横流”的人生观，尖锐地指出：“那种骇得煞人的显赫的名词，上帝呀，神呀，还是取销了好。”“开除了上帝的名额，放逐了精神元素的灵魂。”胡适认为“这才是真正的挑战”，“我们要看那些信仰上帝的人们出来替上帝向吴先生作战。我们要看那些信仰灵魂的人们出来替灵魂向吴先生作战”。① 这说明仅仅有了科学人生观不一定能战胜神权为本位的人生观，还必须具有与神权主义代表人物上帝作战的勇气与必胜信心；并且更要有为中国人的思想或人性从神权主义真正解放出来而营造的良好文化生态，即以科学精神和科学人生观为强大的思想武器“扫除那迷漫全国的乌烟瘴气”，“这遍地的乩坛道院，这遍地的仙方鬼照相”，这样才有可能使中国人从蒙昧主义或神权主义迷雾中走出来，见到由科学精神照耀的生存环境，获得不受任何迷信蒙蔽地做一个独立人的自觉性。所以“信仰科学的人看了这种现状，能不发愁吗？能不大声疾呼出来替科学辩护吗？”②

二是以科学的人生观破除神权主义束缚以解放中国人的思想或人性，这固然重要，但必须看到人的解放是自身解放，是自身能够认识自己定义自己的过程。而要清醒地自觉地“认识自己”并不容易，这个古老的命题到了欧洲文艺复兴受到科学精神和科学方法一次次洗礼，使人们对“认识自己”有了科学的思维、科学的根据和科学的结论；尽管对人的内心世界的奥秘的探求深浅不一说法有异，不过对自己的认识越来越走近科学境界，人的个性意

① 胡适：《〈科学与人生观〉序》，《胡适全集》第2卷，安徽教育出版社2003年版，207—208页。
② 同上书，第199—200。

识或主体意识越来越受到尊重，人的生命强力或生命意识也越来越得到关注，这无疑得力于科学精神和科学人生观对人学领域的渗透与探究。“胡适的科学主义的核心观念确实带有一种准宗教的音调”，体现了其试图构建一种自然主义“宗教”的意图，而这种“宗教”的最经典的“教义”则是：“为适应科学的现代世界的新生活，我们必须建造起一个新的信仰，把西方现代科学的理性内涵作为一种基本精神、基本态度、基本方法，注入到中华民族的观念形态和文化心理中，最终达到使中国人走进‘现代’的目的。”① 既然要把汲取欧洲文艺复兴以来的科学理性作为一种精神注入中国人的观念或塑造中国人的文化心理，那就必须以科学人生观取代非科学的人生观，因而应对何为人或人的生命意识以及有关人的生活的本性需求有个科学的认识，使人过上具有尊严感和本性感的真的人的生活。从生物进化论的角度，周作人认识到人是灵与肉一致的人，人是一元的而不是灵肉分离的二元，因此只有人的灵与肉都得到满足才有可能得到健全的发展，这就要求人的全面解放既是肉体的解放更是灵魂的解放。但是自从人类进入文明社会以来往往以成规戒律或风俗习惯从灵与肉两个维度来限制或约束人的正常健全的发展；如果这种限制或束缚超过灵与肉所能承受的限制，那灵肉一致的人就会变成畸形的人。因此，唯有确立科学的人生观才有可能将人从戒律成规或旧风俗旧习惯中解放出来，认清人的本来面目，恢复人的合情合理的生存权和发展权。胡适的科学人生观曾认同这样的见解：“譬之于人，其质构而为如是之神经系，即其力生如是之反应。所谓情感，思想，意志等等，就种种反应而强为之名，美其名曰心理，神其事曰灵魂，质直言之曰感觉，其实统不过质力之相应。”又言：“人便是外面只剩两只脚，却得到两只手，内面有二斤三两脑髓，五千零四十八根脑筋，比较占有多额神经系质的动物。”“所谓人生，便是用手用脑的一种动物，轮到‘宇宙大剧场’的第亿垓八京六兆五万七千幕，正在那里出台演唱。”这是以科学原理对人、对人的情感灵魂及其人生所给出的科学阐

① 胡明：《胡适传论》（上卷），人民文学出版社1996年版，第551页。

释，这也是吴稚晖以科学人生观向“玄学派”作战，所以胡适发出了这样的挑战：“我们要看那些信仰灵魂的人们出来替灵魂向吴老先生作战。我们要看那些信仰人生的神秘的人们出来向这‘两手动物演戏’的人生观作战。我们要看那些认爱情为玄秘的人出来向‘全是生理作用，并无丝毫微妙’的爱情观作战。”① 吴老先生以科学人生观对何为人及其人的灵魂与人生的解释虽然并不严密准确，但却是对人为何物给出了较为科学的阐述，在很大程度上揭示出人的动物本性及其对性爱的合理要求，这无疑破除了对人在认识上的神秘主义玄妙，为人的自然属性的解放提供了科学根据。鲁迅以生物进化的科学思维对于人的生命及其意义的论述比起吴老先生的见解更准确更深刻，因而亦更有启迪性，同时对于“五四”时期人的思想或人性的解放所产生的效果更大。鲁迅在《我们现在怎样做父亲》一文中说：“依据生物界的现象，一，要保存生命；二，要延续这生命；三，要发展这生命（就是进化）。生物都这样做，父亲也就是这样做。”“生物为保存生命起见，具有种种本能，最显著的是食欲。因有食欲才摄取食品，因有食品才发生温热，保存了生命。但生物的个体，总免不了老衰和死亡，为继续生命起见，又有一种本能，便是性欲。因性欲才有性交，因有性交才发生苗裔，继续了生命。所以食欲是保存自己，保存现在生命的事；性欲是保存后裔，保存永久生命的事。饮食并非罪恶，并非不净；性交也就并非罪恶，并非不净。”试想，当人们听到或见到鲁迅的科学生命观以及对食欲、性欲、人伦、性交、生育乃至婚姻、夫妇所给出的科学解释，并把这种科学人生观或生命意识作用于文化心理的时候；那不仅思想豁然开朗，如同强烈的阳光射进心灵幽暗处，使人性得到张扬，生命意识得到增强，个性解放得到激荡，并从而对人的合情合理的生活有了殷切的期望。正如鲁迅指出的：“此后觉醒的人，应该先洗净了东方固有的不净思想，再纯洁明白一些，了解夫妇是伴侣，是共同劳动者，又是新生

① 胡适：《〈科学与人生观〉序》，《胡适全集》第2卷，安徽教育出版社2003年版，第208—209页。

命创造者的意义。”① 胡适则主张中国人欲过上有意思有目的的“新生活”，最重要的是要坚持科学的怀疑精神和理性批判原则，无论对中国传统的儒学或者西方输入的新颖学理，都不要“盲从”和“遵奉”，必须以科学的生活态度给予质疑和辨析，即：“（一）对于习俗相传下来的制度风俗，要问：‘这种制度现在还有存在的价值吗?’（二）对于古代遗传下来的圣贤教训，要问：‘这句话在今日还是不错吗?’（三）对于社会上糊涂公认的行为与信仰，都要问：‘大家公认的，就不会错了吗？人家这样做，我也该这样做吗？难道没有别样做法比这个更好，更有理，更有益的吗?’”② 这种“新生活”应是具有理性自觉的现代性的生活，要是中国人没有敏锐的科学眼光和强烈的主体意识那是难以有这样的“新生活”。

三

如果上述的“科学”这面大旗是中国人思想或人性解放的强大精神武器，那么与“科学”并举的“民主”这面大旗同样具有解放中国人思想或人性的巨大功能，因此可以说是“德先生”与“赛先生”所结成的思想同盟共同联手导演了中国文艺复兴这场“人”的文化运动。胡适曾回忆说：“新文化运动的一件大事业就是思想的解放。我们当日批评孔孟，弹劾程朱，反对孔教，否认上帝，为的是要打倒一尊的门户，解放中国的思想，提倡怀疑的态度和批评的精神而已。”③ 而对于“五四”新文化运动的中国人的思想解放发挥过强大威力的除了科学精神或科学的人生观外，就是民主主义、民治主义、平民主义、人文主义、个性主义等思潮，尽管这些新思潮各有各的名号，但都可以用“民主”这个范畴涵纳之，也可以用人文主义精神包容之。后者可以直接与欧洲文艺复兴进行比较，因为欧洲文艺复兴运动的人的解放主要借助

① 鲁迅：《我们现在怎样做父亲》，《鲁迅全集》第1卷，人民文学出版社1981年版，第130—131页。

② 胡适：《新思潮的意义》，《新青年》1919年12月1日第7卷第1号。

③ 胡适：《新文化运动与国民党》，《新月》1929年6、7号合刊。

人文主义摧毁了神本主义，把人从神学的禁锢中解放出来；而中国的文艺复兴也是借助民主意识或人文主义把人从封建专制、伦理道德束缚、禁欲主义的桎梏中解放出来，使觉醒的中国人有了民主意识、人权意识、自由意识、平等意识、博爱意识、个性意识和人道意识等现代意识。

所谓“民主”这个范畴，若是作广义理解，它的涵纳力极强。从制度层面考察，民主是人类发展到特定的历史阶段所创造并选择的一种社会制度或政治体制，它与一切专制体制针锋相对；专制体制是个人独裁大权独揽，而剥夺了平民百姓的一切权利，百姓不是社会的主人而是奴隶。中国封建社会就是皇权至高无上的专制社会，广大群众在愚民统治下不是成为奴隶就是成为奴才，形成了主奴双重的分裂人格；因此要真正使中国人从思想上或人性上获得解放就必须彻底颠覆专制政体而建立民主制度。胡适坚定不移地拥护民主政体，而且充分相信中国是会实现民主政治的。他在1915年写的《中国与民主》一文中指出：“少年中国正在为中国建立真正之民主而努力奋斗。它相信民主；而且相信：通向民主之唯一道路即是拥护民主。”并且对古德诺教授等人的观点作了有力的反驳：“古德诺教授和许多其他善意之制宪权威认为，东方人不适于民主政体，因为他们以前从不曾有过。与此相反，少年中国认为，恰恰因为中国不曾有过民主，所以她现在必须拥有民主。少年中国认为，倘若第一个中华共和国之寿命更长一些，那么，此时中国之民主将会有一个相当扎实的根基了。至此，四年民主政体之经验，已能让许许多多中国人明白共和主义到底是什么，不管此经验是多么地不完善。”[①] 可见胡适对孙中山创建的三民主义共和国政体是坚决捍卫和拥护的。1919年孙中山为其创办的《建设》杂志所写的《发刊词》中，提出了“为民所有、为民所治、为民所享”的政治理想，胡适既认同又赞成。就是早期共产党的领袖人物也承认胡适在中国政治舞台上“公认的民治主义者”的特定身份和历史地位。[②] 若是有了民主社会制度，那么觉醒了或解放了的中国民众在思想上获得的人

① 胡适：《论袁世凯将称帝》，《胡适全集》第28卷，安徽教育出版社2003年版，第234—235页。
② 参见瞿秋白的《胡适之与善后会议》一文，载《向导》周刊第106期，1925年3月12日。

权意识、自由意识、平等意识、个性意识等现代意识，既可以成为民主政体的思想基础和精神支柱，又可以得到民主制度的法律保证，这就能为中国人的思想解放提供优质的政治生态。

从思想层面考察，民主作为一种现代意识，作用于人的文化心理或文化人格，它不只是与人权、自由、平等、博爱、个性、人道等意识相通；而且还能引领这诸多现代意识进入健全的思想轨道，塑造坚强的现代文化人格和聚集强大的现代思想力量，来抗拒或抵制灭绝人性的专制主义及其意识形态对现代中国人开放思想和自由个性的腐蚀、压抑和扼杀。至于人文主义精神也能包容上述种种名号的现代意识，其道理不难理解，这是因为人文主义就是以人为本位的人本主义或人道主义思想，尊重人的价值，尊重人的权利，尊重人的个性，关爱人的自由，关爱人的解放；而上述所谈到的现代意识无不流淌着充溢着人文主义的精神，它们都是从不同的维度来关注并体现人的全面发展与人性的多方位解放。这里不想面面俱到地考析中国的文艺复兴是如何解放中国人的思想或人性的，仍然重点探讨胡适如何运用现代人文主义作为精神武器来唤醒并拯救中国人的个性意识和女性主体意识，这也是胡适喜欢把中国新文化运动命名为“中国的文艺复兴”的深刻体悟与重要根据。

其一，以辩证思维对个人主义作出理性解释，启迪并引导中国人正确对待个性解放，既要把自己救出来又不忘拯救众生，这是一种利己又利众的负责任的个性主义，是一种为中国人开创“新生活”的个人主义，它与极端利己主义或唯利是图主义划清了界限。

欧洲文艺复兴实际上是一场“‘人文运动’（Humanism）即是‘人的文学’（litteraehumane）运动，目的在提倡希腊、罗马的语言文学的研究；而这运动的方面很多，但其共同性质只是不满意于中古宗教的束缚人心，并想跳出这束缚，逃向一个较宽大、较自由的世界去，故倾向于希腊、罗马的诗人、哲人、史家、基督教初期的‘教父’，以及《旧约》《新约》的原书”①，力

① 胡适：《人文运动》，《胡适全集》第13卷，安徽教育出版社2003年版，第197页。

图从中发掘人文主义，借以驱动人的思想解放。然而胡适借助的人文主义思想却不是来自中国古代文化而是源于易卜生主义，比起欧洲文艺复兴的人文主义思想更富有现代性，更具有启蒙的思想功能，因而使中国人在思想解放运动中所获得的个人主义意识更具有辩证威力，更符合中国人个性解放的内在诉求。易卜生终生有一种完全积极的主张，“他主张个人须要充分发达自己的天才性，须要充分发展自己的个性”，这就是以个人主义为世间本位的人文主义，这是“一种真益纯粹的为我主义”。他曾做了这样的比喻，“有的时候我觉得全世界都像海上撞沉了船，最要紧的还是救自己”；而绝对不要像那些最可笑的人“明知世界‘陆沉’，却要跟着‘陆沉’，不肯‘救出自己！’却不知道社会是个人组成的，多救出一个便是多备下一个再造新社会的分子”。这是从个人与社会、个体与群体的关系中来强调个人的地位、价值和作用，而不是脱离社会或人群孤单单地来突现个人来强调自我。易卜生所运用的“陆沉”或“船沉”的比喻何等深刻而恰切，充分揭示出“救出自己”的紧要意义；如果世界大陆下沉了或者出海的船沉了，连“救自己”的主动性、自觉性和积极性也没有，消极地慌张地恐惧地无助地沉入大海或者随着“陆沉”，那这种人是最懦弱最缺乏主体意识、自强意识的随波逐流的人。在生死关头或地陷天塌的危急时刻连自己也救不出，既不能救众人更不能救社会；只有先救出自己使自己活下来，方有资格和力量救出他人或建设新社会。由于这种“救自己”的动机与出发点不是出于自私自利之心，而是意识到社会是由人组成的，救自己是为了再造新社会准备力量；所以这种“救自己”的行为表面看是“为我主义”，“其实是最有价值的利他主义”。正如易卜生所说，“你想有益于社会，最妙的法子莫如把你自己这块材料铸造成器”。这就是胡适赞赏的且要提倡的易卜生的以个人主义为世间本位的利己又利人更利社会的人文主义。如果受到这种个性主义的启发和教育，那不仅能自觉地从“罪恶”社会救出自己，使之成为有个性意识的现代人，而且也能使自己成为一个拯救众生再造社会的有用分子。但是必须清醒地认识到，“社会最大的罪恶莫过于摧折个人的个性，不使他自由发展”；而“发展个人的个性，须要有两个条件。第一，须使个人有自由意志。第二，须使个人担干系，负责任”。这是“因为世间只有奴隶的生活是不能自由选择的，是不用担干系的。个人若没有自由权，又不负责任，便和做奴隶一样，所以无论怎样好玩，无论怎样高兴，到底没有真正乐趣，到底不能发展个人的人格”。因此，“自治的社会，共和的国家，只是要个人有自由选择之权，还要对个人对于自己所行所为都负责任。若不如此，决不能造出自己独立的人格。社会国家没有自由独立的人格，如同酒里少了酒曲，面包里少了酵，人身上少了脑筋；那种社会国家决没有改良进步的希望”。这是多么深刻的比喻，多么辩证的话语！这话虽然是在近百年前说的，至今听起来还是如此亲切如此撼人！特别是发展个性必具的两个条件即自由意志与负责任之间辩证关系的分析，不仅为争取个性解放而误入迷途的青年人指明了方向，而且对那些误解了个性主义而讨厌或反对个性解放的愚顽者也是当头棒喝。没有自由就没有个性解放，更没有个性的发展；若是一味地追求自由，既不担干系也不负责任，“我行我素”，完全为我自己，那也不会有真正的个性解放；因此个性自由是与“负责任”紧密联系在一起，即不仅要对自己的言行负责也要对别人负责，乃至对社会、国家、民族、人类负责。因为任何人都不可能出离社会关系或人际关系的总和而去追求那种无法无天的绝对的个性自由或个性解放；虽然“世上最强有力的人就是那个最孤立的人”，但是越是这样个性倔强的人越敢于担干系，越勇于负责任。胡适在中国的文艺复兴时期，不只借助易卜生的个人主义的理论形态从思想上启蒙中国人，使其冲决“一是自私自利；二是倚赖性，奴隶性；三是假道德，装腔作戏；四是怯懦没有胆子”这“四种大恶德”[①]，朝着个性解放的道路迅跑；同时通过分析易卜生的经典戏剧《玩偶之家》和《国民公敌》，为中国人特别是妇女的个性解放树立了娜拉与斯铎曼两个光辉典型，尤其是娜拉简直家喻户晓，妇孺皆知，真正为中国妇女争取个性解放发挥了榜样作用。特别应提及的是，中国文艺复兴为中国人的思想或人性解放

① 以上引文均出自胡适发表于《新青年》1918 年 6 月 15 日第 4 卷第 6 号上的《易卜生主义》。

提供了以个人为本位的人文主义精神武器，胡适对易卜生主义的阐释带有普遍意义，反映了整个“五四”时期大多数新文化先驱所达到的认识高度。不仅鲁迅的立人思想将立人与立国、个性主义与人道主义辩证地统一起来，周作人提倡的以个人主义为世间本位主义也是以“树木”与“森林”为喻说明个人主义是一种“利己而又利他”[①] 的人道主义；而且杜威先生在天津青年会讲演的“真的与假的个人主义”，更与胡适所理解的个人主义有着趋同性。杜威说，个人主义有两种：“一、假的个人主义——就是为我主义（Egoism）。他的性质是自私自利：自顾自己的利益，不管群众的利益。二、真的个人主义——就是个性主义（lndividuality）。他的特性有两种：一是独立思想，不肯把别人的耳朵当耳朵，不肯把别人的眼睛当眼睛，不肯把别人的脑力当自己的脑力；二是个人对自己思想信仰的结果要负完全责任，不怕权威，不怕监禁杀身，只认得真理，不认得个人的利害。”胡适赞成杜威的“真的个人主义”，反对“假的个人主义”，也不认同那种既“很受人崇敬的”又“格外危险”的种种“独善的个人主义”，期待觉醒了的中国人通过“奋斗”去创造一种“变旧社会为新社会，变旧村为新村”的非独善的个人主义的“新生活”[②]。因此，可以说新文化先驱们总想把中国人的思想或个性解放纳入利己又利人、尊己又尊群、救己又救国、塑己又再造社会的个性主义与人道主义相互融合的人生道路。

其二，以真挚的人文主义情怀与现代女性意识格外关注中国妇女的思想或个性解放。因为在中国封建皇权社会，妇女不仅深受专制主义及其森严的伦理纲常的摧残和奴役，也受男权主义的蹂躏；专制主义与男权主义往往结合在一起向妇女示威施虐，在宗法的家族或家庭的特定生存环境里，妇女的灵肉所遭到的折磨凌辱更是令人发指。所以“五四”新文化先驱们大都关注妇女的解放，鲁迅、周作人等对于妇女解放的重视众所周知；至于胡适如何关注妇女的思想或人性解放，由于特殊的历史的原因也许研讨得不够充分不

① 周作人：《人的文学》，《新青年》1918 年 12 月 15 日第 5 卷第 6 号。
② 胡适：《非个人主义的新生活》，《新潮》1920 年 4 月第 2 卷第 3 号。

够深入。胡适在《易卜生主义》一文中已涉及不少妇女解放的命题，尤其对《玩偶之家》中娜拉的性格、命运及其走出家庭的行为的分析，就是为中国妇女的解放指明了道路；虽然鲁迅对娜拉走出家庭的命运持悲观态度，但胡适在话剧《终身大事》中对于田亚梅冲出家庭却抱乐观态度。

封建“贞操论”是毒化妇女灵魂、扼杀其人性、阻遏其解放的精神枷锁，它对于女性来说几乎成了一种“集体无意识”，既是封建伦理道德对妇女的残害又是男权主义的施暴，因此只有彻底批判贞操论并肃清其流毒，妇女才有可能真正获得灵与肉的解放。胡适于1918年与1919年连续写了两篇论贞操问题的长文，从血淋淋的事实与雄辩的理论的结合上对惨无人道的贞操论给予揭露和批判。当时有人在《中华新报》上公开发表《会葬唐烈妇记》，赞烈妇颂烈女，胡适认为这是“贞操迷信的极端代表”的荒谬之论，指斥它是“全无心肝的贞操论”，并从理论上说明贞操问题毫无道理可讲，这是种“替未婚夫守节和殉烈的风俗”。因此我们不仅要“反对这种忍心害理的烈女论”，而且要控诉这种“不合人情，不合天理的罪恶”，谁要是“劝人做烈女，罪等于故意杀人”。在男权主宰的社会，即使建立起“中华民国”，倡导“平等、博爱、自由”，也仍制定了褒扬“节妇烈女”的《褒扬条例》；胡适并没有因为拥护孙中山的共和国政体就容忍了《褒扬条例》，而是从“寡妇再嫁问题”、“烈妇殉夫问题”、“贞女烈女问题”三个方面进行了义正词严的驳斥与批评，说明中国法律对于贞操问题的“三种规定都没有成立的理由”，特别是对于吴趼人小说《恨海》里所描写的“盲从的贞操”，给予“其愚不可及也”的批评。最后对中国人的贞操问题提出三层意见：一是贞操问题不是天经地义，可以彻底研究反复讨论；二是“贞操是男女相待的一种态度，乃是双方交互的道德”；三是“绝对的反对褒扬贞操的法律”，因为以“人道主义的眼光看来，褒扬烈妇烈女杀身殉夫，都是野蛮残忍的法律，这种法律，在今日没有存在的地位”①。如果说《易卜生主义》一文胡适为中国妇女解放指出一

① 以上引文出自胡适写的《贞操问题》，原载《新青年》1918年7月15日第5卷第1号。

条可以选择的“娜拉离家出走”的道路，那么《贞操问题》是胡适试图从思想观念乃至法律上为中国妇女争取解放扫清障碍；不过妇女能否真正获得思想或人性的解放，就其内因来说关键在于是否能取得“超于贤母良妻人生观”即“自主”观念，而“这种观念是我们中国妇女所最缺乏的观念。我们中国的姊妹们若能把这种‘自立’的精神来补助我们的‘倚赖’性质，若能把那种‘超于良妻贤母人生观’来补助我们的‘良妻贤母’观念，定可使中国女界有一点‘新鲜空气’，定可使中国产生一些真能‘自立’的女子”。① 可见，从思想上或从人性上解放中国人很难，而解放其中的女性更是难上加难，中国的文艺复兴运动近一个世纪，胡适对于中国女性解放的良苦用心至今还有多少人记得？

以上从“科学”与“民主”两大维度探察了胡适在中国文艺复兴运动中，竭尽全力为中国人的思想或人性解放提供精神武器和开辟道路，这也代表了一代文化先驱的共同心愿与奋斗结果。虽然当时社会有些人把先驱们坚守的《新青年》思想阵地“看作一种邪说，怪物，离经叛道的异端，非圣无法的叛逆”，但是“本志同人本来无罪，只因为拥护那德莫克拉西（Democracy）和赛因斯（Science）两位先生，才犯了这几条滔天的大罪。要拥护那德先生，便不得不反对孔教，礼法，贞节，旧伦理，旧政治。要拥护那赛先生，便不得不反对旧艺术，旧宗教。要拥护德先生，又要拥护赛先生，便不得不反对国粹和旧文学。”因此，“若因为拥护这两位先生，一切政府的压迫，社会的攻击笑骂，就是断头流血，都不推辞”。② 尽管所运用的二元对立思维在对待孔教等古代传统上流露出偏激情绪，然而《新青年》同人拥护民主与科学而倡导新文化新文学的坚定意志和勇敢胆识至今感人至深；试想若是没有这批断头不要紧只要主义真的文化英雄在中国的文艺复兴运动中冲锋陷阵，中国人的思想或人性将会在黑暗中徘徊或窒息多少年？其实，民主或科学都蕴含着丰富的人文主义精神，并非都源于欧洲文艺复兴或思想启蒙运动，为了中

① 胡适：《美国的妇人》，《新青年》1918 年 9 月 15 日第 5 卷第 3 号。
② 陈独秀：《本志罪案之答辩书》，《新青年》1919 年 1 月 15 日第 6 卷第 1 号。

国人的思想或人性解放和建构以人为本的文学，胡适对此作出了积极的倡导与探索。

上述粗略考察，足以说明胡适喜欢以“中国的文艺复兴”命名“五四”新文化运动和文学革命是有着亲身感受与历史根据的，尽管有的见解或看法我们会产生疑虑，可是又不能不敬佩他提供的根据是有实证价值的，他给出的判断是有创新意义的；因而这种命名既可以把中国新文化运动与欧洲文艺复兴置于同一价值平台进行跨时空的考析，又可以最大化地开发中国文艺复兴的价值。

当然，我们也应该清醒地看到，胡适对中国文艺复兴存在的历史局限或必须吸取的教训，并没有像肯定它的历史功绩那样敏锐清晰地展示出来。在我看来，中国的文艺复兴要是以欧洲文艺复兴为参照，不能回避的问题至少有：一是并非所有的新文化先驱或现代文学巨匠都能以科学的历史评判态度，对待并复兴中国古代文化的优秀传统，常常在“反孔学”或“打孔家店”的口号感召下对儒释道三位一体的文化尤其是对儒学批判或否定得多，或者把传统文化都视为封建意识形态的“吃人”礼教，因此影响了对古代文化的人文主义传统的发掘与汲取，以及对传统优秀文学的科学评价与继承弘扬，人为地将古代文化与现代文化、传统文学与新文学划出一条难以弥合的鸿沟。二是“五四”时期发动的中国文艺复兴运动并没有顺畅地进行下去拓展开来，或深度上总是给人一种虎头蛇尾或半途而废之感，导致这种结局的历史原因并非胡适等少数文化先驱的个人意志能左右或改变的。这主要体现在：中国的文艺复兴重在解放中国人的思想或人性，但是这个历史使命的完成是打了折扣的，真正获得思想个性解放或人性张扬的，主要局限于“五四”时期的开明知识分子或青年学生，即使能从家庭中冲出来的中国娜拉也大多是知识女性，而广大的劳苦大众特别是生存于小农经济汪洋大海的农民终日在饥饿线上挣扎，连温饱还未解决，怎能奢想什么思想解放或个性自由呢？此其一。文艺复兴的精神支柱是以人为本的人道主义或人文主义，科学与民主两面思想大旗所昭示的就是人道主义或人文主义精神；然而当人文主义正在普及并深入人心之际，中国历史出现重大转折，于是文艺复兴的主导精神和新文学的思想灵魂的人道主义或人文主义及其人性论遭到一次又一次的大批判大清算，到了“文革”时期，那些坚持人文主义的学者或主张描写人性的作家遭到灭顶之灾，那些表现人道人性人情的文学作品也成了封资修的大毒草而被铲除。直至20世纪80年代，重新掀起实事求是的思想解放运动，清算了封建法西斯专制，正本清源地复兴了人道主义或人文主义或人性论，文学创作也重回人学轨道，从特定意义上说这是继“五四”时期的文艺复兴的又一次文艺复兴。历史的曲折孕育了发展的种子，因此处于改革开放背景下的这次文艺复兴，将会更加出色地完成“五四”时期文艺复兴尚未完成的历史使命，这是时代使然也是政体使然。因为与“五四”时期的科学与民主精神相通的科学发展观和以人为本的思想已成为建设中国特色社会主义的指导思想与政治纲领，这是当下文学艺术能够健全发展与繁荣昌盛的根本保障，此其二。

中国的文学艺术、学术思想和科学技术只有在一次次的文艺复兴的历史进程中，才能越来越发展，越来越繁荣，越来越辉煌，越来越显示出文化强国的丰姿。

（原载《江海学刊》2012年第6期）

创作主体、行为主体与存在主体

——论鲁迅对汉语新文学的多面体贡献

朱寿桐

作为中国现代历史上最伟大的文学家，鲁迅对于具有近百年发展历程的汉语新文学做出了杰出贡献。有关鲁迅的贡献，研究者已经从许多方面进行了长期的学术论证，成果显著。但这些论证大多从文学创作方面入手，从思想革命的成果和影响入手，还是余留出许多足资思考的空间。鲁迅的文学和文化贡献还可以从许多方面进行总结，而从汉语新文学的角度，则可以看到鲁迅在如下方面的开拓和意义。首先，是鲁迅作为文学创作主体，直接为新文学的成果建设和文体设计、语言策略设计做出了基础性的、决定性的贡献，使得汉语新文学能够从与传统文学的断裂中以及与世界文学的相对关系中自立自强，独树一帜。其次，作为文学行为主体的鲁迅，卓越地开辟了汉语文学家在文学创作以外的文学行为，包括以文学主体进行社会批判和文明批判的功业，为现代汉语世界准确地、全面地理解汉语文学写作提供了范本。最后，鲁迅还是中国现代文化和汉语新文学中非常独特的文学存在主体，他所构成的文学信息场是中国数十年文明的重大文化现象，是新文化重要的精神资源，他的存在使得汉语新文学在汉语世界取得了举足轻重的历史和现实地位。

作为创作主体的鲁迅

鲁迅是中国现代文学史上最杰出的作家，是中国现代文化领域首屈一指的文学创作主体。他创作了美学光辉历久弥新的一系列文学作品，包括小说集《呐喊》《彷徨》《故事新编》，散文集《野草》《朝花夕拾》等。对鲁迅这些作品的文学史评价和相应的研究自然是相当充分的，然而从世界文学框架中的汉语新文学建构的角度来看，仍然有许多亟待开垦的学术空间。

首先，鲁迅十分自觉地将汉语新文学的建设置于世界文学协同发展的广阔视野中进行，从而使得汉语新文学在初创时代就获得了较高的艺术起点以及与世界文学对话的资格。鲁迅在新文学建设上重视走外国人的道路，全面改变了汉语文学在新时代发展和健全的路数，为此后无限发展的汉语新文学在构思、思维和表述方法上的基本模态确定了基础和方向。这其中的意义可以与革命家确定"走俄国人的道路"具有同等的历史价值。鲁迅在《中国新文学大系·小说二集》序中这样反思《新青年》时代的汉语新文学建设成就：他自己的作品当时被认为"表现的深切和格式的特别"，"颇激动了一部分青年读者的心"；"然而这激动，却是向来怠慢了绍介欧洲大陆文学的缘故"。这并非纯然的自谦，他有资料说明，1834 年俄国的果戈理"就已经写了《狂人日记》"，1883 年尼采"也早借了苏鲁支（Zarathustra）的嘴，说过'你们已经走了从虫豸到人的路，在你们里面还有许多份是虫豸。你们做过猴子，到了现在，人还尤其猴子，无论比那一个猴子'的"，这些都启发了《狂人日记》的写作；而"《药》的收束，也分明的留着安特莱夫（L. Andreev）式的阴冷"。同时他也承认，"后起的《狂人日记》意在暴露家族制度和礼教的弊害，却比果戈理的忧愤深广，也不如尼采的超人的渺茫"。[①] 鲁迅在总结新文学初创时期的经验时，世界文学的眼光是如此犀利而宽阔。他既将包括《狂人日记》在内的汉语新文学的最初收获归结为外国文学影响的结果，同时也突出地说明了汉语新文学的创作并不是外国文学的简单模仿，而是体现了中国文化的厚重内涵以及中国人阅读心理的时代特征，这也是汉语新文学对世界文学的一大贡献。接着鲁迅检讨自己的创作："此后虽然脱离了外国作家的影响，技巧

① 鲁迅：《导言》，《鲁迅全集》第 6 卷，人民文学出版社 1981 年版，第 527 页。

稍为圆熟，刻划也稍加深切，如《肥皂》《离婚》等，但一面也减少了热情，不为读者们所注意了。”既在技术层面肯定了后来的创作，也在思想层面注意到力度的削弱，“不为读者们所注意”是一种谦辞，而时过境迁，作品思想的冲击力不再那么引人注目却是实情。关键是，鲁迅亟急地思考着汉语新文学如何走向世界以及如何适应时代的问题。他反思《彷徨》中的作品“不为读者们所注意”，乃是在时代的适应性方面减少了冲击效应，减少了被关注的热忱，但他还是珍惜艺术上的成熟，因为这是使得汉语新文学走出自己的生路，在世界文学格局中争得自己的独立地位的必要条件。

虽然在“五四”新文学建设初期，几乎所有的先驱者都十分关注西方文学和世界文学的影响，在创作和写作新文学作品的同时，致力于翻译和介绍外国文学作品与理论。但没有人能够像鲁迅这样，非常自觉地将自己的创作与整个民族语言文学的命运和前途联系在一起，将整个民族语言文学的命运和前途与整个世界文学的发展状况和走向联系在一起。鲁迅在进入新文学创作之前，热衷于翻译外国文学作品，撰写《摩罗诗力说》等长篇论文介绍世界文学的发展历史与趋势，其实都是在为将来的汉语新文学推进到世界文学的格局之中去做准备。鲁迅提倡文字的拉丁化，支持世界语运动，同样是在世界文学建设的宏阔视野上省思文学发展前途的结果。文字的拉丁化所导致的可能是汉字的湮没，但汉语的表述可以留存下来，而且可以更加有利于汉语文学的普及和在更广泛范围内的传播。鲁迅思考汉语拉丁化的问题时，尽管整个舆论环境是在强调大众语，但他仍然从汉语的时代进步和汉语文学的世界性角度提出问题，认为引进拉丁化意在改良汉语的语法。鲁迅指出：“讲话倘要精密，中国原有的语法是不够的，而中国的大众语文，也决不会永久含胡下去。譬如罢，反对欧化者所说的欧化，就不是中国固有字，有些新字眼、新语法，是会有非用不可的时候的。”因此，左翼文学家都在强调大众语，鲁迅却表示“仍要支持欧化文法，当作一种后备”。[①] 这正是试图在世界

① 鲁迅：《答曹聚仁先生信》，上海《社会月报》第1卷第3期（1934年8月）。

文学的格局中建构汉语新文学语言秩序的一种努力。他一向支持世界语运动，目的恰恰不在于他在《新青年》时期曾提出过的“人类将来总当有一种共通的言语”① 的建设，而在于使自己的母语文学能够得到一个可靠的途径走向世界，而世界语的作用正在于此：“它可以互相绍介文学。”②

这便是鲁迅给予汉语新文学提供的第二方面也同样是极为重要的贡献：在语言表述的策略上确立了新文学发展的健康路数。鲁迅的《狂人日记》一般认为是中国现代文学的第一篇白话小说。但也出现过一些异见，如有人将陈衡哲写于美国的《一日》等以单纯的时间顺序研判为先驱之作。从白话小说的角度看，不但《狂人日记》不能称为开篇之作，便是《一日》也不能算，因为，正如夏志清所说：“事实上，远在胡适先生提倡白话文以前，中国已有不少流行小说是用白话文写成的了。”③ 他指的是《老残游记》《官场现形记》等清末谴责小说，殊不知以白话写小说，推溯到唐宋传奇甚至更远也未为不可。问题是鲁迅开创的白话写作传统即便是从语言意义上说能够混同于传统章回体白话小说么？显然不能。传统章回体白话小说的语言定位是“说话人”的语言系统，故事的组织，作品的结构，语言的造设，都聚焦于说话人的身份。说话人既不置身事件之内，又保持着无所不在的全知视角，有时甚至保持着价值判断和道德判断的代言人角色。而由《狂人日记》为始，现代小说的故事经常由一个置身于事件之中的叙述人进行叙事，进行他自己角度的基本判断。于是，小说的语言再也不具备晚清及之前小说的“说话”气息，而转变成个人的抒写、个人的独白、个人的控诉以及个人的声言。无论是《狂人日记》，还是《孔乙己》，这种叙事角度的变化，叙事方式的变更，完全划出了传统白话小说与现代小说的叙事学鸿沟。即便是《药》，虽然叙事人仍然没有置身于事件之内，但他的语气早已离开了“说话人”，而成了一个标准的叙述者。

---

① 鲁迅：《渡河与引路》，《鲁迅全集》第7卷，人民文学出版社1981年版，第34页。

② 鲁迅：《答世界社信》，《鲁迅全集》第8卷，人民文学出版社1981年版，第402页。

③ 夏志清：《中国现代小说史》，香港中文大学出版社2001年版，第4页。

鲁迅《狂人日记》的标志性价值显然不在于用白话写小说，而是在于为现代汉语的文学表达探讨了有效的路径，为汉语新文学的表现寻找到了可靠的方法，这是即便对鲁迅怀有某种偏见的学者也乐于承认的事实：鲁迅“纯熟地运用了西方小说的技巧，与中国传统说故事的方法完全两样，因此可以称为现代中国短篇小说的始祖”①。这番议论的意思是，如果没有鲁迅，白话小说依然会存在，但是汉语新小说就可能会是另一副样态。如何在汉语白话表述中融入西方小说的技巧，如何借助西方文学的思路说出迥然不同于传统叙事的故事，鲁迅卓有成效的开辟使他当之无愧地成为汉语新文学的“始祖”。

将鲁迅的“始祖”地位只定位在中国现代短篇小说的开拓方面，仍含有贬抑之意。鲁迅在现代文化的框架下，独自闯出了汉语文学表现的思维路径和语言路径，闯出了汉语新文学与传统汉语文学表述相切割的语言策略，为使汉语新文学能够跻身于世界文学的一个重要门类提供了丰实的基础和卓越的前导。他之于汉语新文学的开创，其“始祖”地位是全面的，并非仅仅限于短篇小说的体裁。在同辈文学家中，鲁迅立足于汉语文学而着眼于世界文学建设的视野最为开阔，态度也最为坚定。他通过短篇小说的不同类型和不同叙事方式的设计，亲自规划和天才地实践了汉语新文学的语言策略，包括现代汉语如何与传统白话文的切割，都作了有效的尝试。鲁迅体的语言至今仍在一些重要文体中起着深深的影响。包括标志着汉语新文学文体成熟的作品如巴金的长篇小说《激流》，曹禺的戏剧《雷雨》，其汉语新语体的基本策略都与鲁迅筚路蓝缕的开拓有着无可分割的联系。诚然，鲁迅的汉语新语体的开拓并非一无依傍，西方文学的先导作用一直是鲁迅乐于承认的事实。但问题就在这里：西方文学的语言表达方式毕竟是通过外语承载且表现的，如何使得汉语的现代表述既吻合于现代人的表述习惯同时又与现代生活中的口语、方言保持某种距离，又如何使得汉语

---

① 夏志清：《中国现代小说史》，香港中文大学出版社 2001 年版，第 22 页。

的现代表述既区别于传统语言包括传统白话同时又与之保持某种符合民族习惯的联系，这些问题在以后看来都似乎顺理成章，迎刃而解，然而在新文学刚刚初创的时候，这需要勇气，需要创意，需要承担的精神和坚持的毅力，也需要艺术处理能力及相应的吸引力。鲁迅在这些方面作为汉语新文学的开拓者拥有完全的资格和气度。他带着一定的“历史遗形物”创造了现代书面汉语或者汉语新文学语言的基本范式，并且设计和显示出这种语言饱满的精神和魅力。没有人能像鲁迅这样，在新文学语言立足未稳的时候就尝试出《野草》中充满刺激力、震撼力和感召力的现代汉语，萃现了现代汉语的华美、庄严、精蓄和张力：

> 江南的雪，可是滋润美艳之至了；那是还在隐约着的青春的消息，是极壮健的处子的皮肤。雪野中有血红的宝珠山茶，白中隐青的单瓣梅花，深黄的磬口的蜡梅花；雪下面还有冷绿的杂草。胡蝶确乎没有；蜜蜂是否来采山茶花和梅花的蜜，我可记不真切了。

这是《野草》中《雪》的描写，它不像《题辞》那么激烈，也不如《墓碣文》那么隐曲，可以说是鲁迅散文诗中较为一般的文字。但这样的文字中依然显示着汉语新文学语言从传统白话和现代口语中挣扎出来的强烈信息，体现着汉语新文学的先驱者建构汉语新文学语言规范的巨大努力。这样的语言才是汉语新文学所独立享有并独自使用的专属语言。它包含着外国语法的部分信息，但迥然不同于外国文学语言的文字承载和表述系统；它与传统的文言和白话都拉开了相当的距离，在追求汉语的时代性活力和审美张力方面建立了特殊的功勋。这是鲁迅所独步的境界，也是鲁迅留给后世用之不竭的隐形遗产。

作为文学行为主体的鲁迅

鲁迅给汉语新文学树立的榜样不仅在文学创作方面，更在于文学写作以及以文学者的身份进行广泛的社会批评和文明批评方面。文学家所从事的价值活动未必都是文学创作，其实，文学家的任何写作行为，包括政治、社会、文化批评行为，可能与文学创作相距较远，但都属于文学家的价值行为，也就是说，都是文学行为。

在德国哲学家施勒格尔那里，文学家的职责首先从理论上得到了较大的扩充，他认为文学写作的内涵应当包括文学家的社会文明批评等。“一个真正自由的、有教养的人，似乎要能够自己使自己随心所欲地具有哲学或语文学的、批评或诗的、历史或修辞学的旨趣。”① 其实这对于中国现代文学的研究者来说不算是一个新的问题，因为他们面对鲁迅，面对鲁迅在80年前所做的阐述、努力和抗争，应能理解文学家写作的价值形态其实远远应该超越于文学创作。但德里达给出了一种理论命名，叫作文学行动。② 文学行动的翻译如果做适当的调整和处理，在汉语的表述中似乎称为“文学行为”更容易为人接受。

文学行为当然主要包括创作行为，但还应理所当然地包括文学家的其他写作行为，包括鲁迅特别感兴趣的文明批评和社会批评。除此之外，文学行为还应包括文学家的学术研究。鲁迅对于中国小说史的研究和他对于版画、汉画像以及对《嵇康集》等各种古籍文献的研究，都应该算作他文学行为的当然内容。

非文学家也同样会有社会批评和文明批评，有各种各样的学术研究，但他们的上述行为不能被概括为文学行为。这其中关键的问题便是文学身份的获得与确认的问题。所谓文学身份，“就是文学家的当然身份，不过为了免除过分职业化的考量，而选择从社会功能结构的意义上界定为文学身份”③。包括文学家在内，谁都有资格也有责任对于社会现象和文明现象进行批评，但文学家的批评与政治观察家、时事评论家、经济评论家、社会

① 施勒格尔：《浪漫派风格——施勒格尔批评文集》，华夏出版社2005年版，第51页。

② 参见德里达《文学行动》，中国社会科学出版社1998年版。

③ 朱寿桐：《鲁迅的文学身份、批评本体写作与汉语新文学的发展前景》，《鲁迅研究月刊》2012年第8期。

学者和心理学家的批评显然不会完全一样。除了文章风格的可能区别而外，批评的立意和立场，批评的内容和性质，批评的责任定位和影响，文学家的身份会起决定性的作用。文学身份者批评的立意和立场须最大限度地体现社会的良心，体现时代的理性，体现历史的趋向。文学身份意味着良心与理性。其他身份的批评者会自然而然地、不约而同地从各自的专业背景、利益背景出发，按照本专业、本行业甚至本功利集团的思维方法、理念原则对社会及文明现象作出批评，所有专业性的、行业性的和功利性的思维相对于社会良心与时代理性而言必然是片面的、局限的批评。而文学身份者必然以一个更加自由更加坦荡更加没有负担的身份从事批评工作，这种身份的自由使得他们的批评领域可以更加广阔，视野可以更加开阔，路数可以更加宽阔。

社会批评和文明批评的批评文字，从内容性质方面划分，有工具理性式批评、价值理性式批评和意念理性式批评。工具理性式批评是在分析社会问题和文明问题的同时提出解决问题的思路与途径，为社会文明建设做出具体的方法论的贡献。这样的批评当然须由有专业背景和行业经验的身份者进行。价值理性式批评须针对社会文明问题提出原则性的价值导向意见，并对各种责任主体作具体的价值导引或原则规劝，至少作出旗帜鲜明的号召。这样的批评一般由时事评论者或政治观察家作出，有时还须由公务员身份者甚至政府发言人提出。相应地，文学身份者所从事的批评既不可能对具体的社会问题和文明现象作工具理性的设计与梳理，也不可能在价值理性意义上作出倡导与号召，它更多地停留在意念理性层面，对各种社会文明现象和问题作学术的、理性的甚至常识性的议论，在社会良知和大众良心的比照中提出普适性的意念。这样的意念甚至可能是次原则的、非逻辑的，也有可能是不成熟的或者未定型的，但它具有明显的超功利性，富有非凡的思想启发意义，在社会文明认知和批判方面具有超越于时代的价值。

以文学身份写作非文学的作品，是鲁迅文学行为的重大特征，也是鲁迅给汉语新文学带来的巨大贡献。鲁迅从来没有放弃甚至从来没有怀疑过自己的文学身份，但也从来没有放弃甚至从来没有怀疑作为文学身份者须负有社会批评和文明批评的责任，这就是他一直为杂文辩护，同时更热衷于杂文写作的奥秘。20 世纪 30 年代，针对当时风靡一时的各种“和杂文有切骨之仇”① 似的攻击杂文的言论，鲁迅坚定地表示，写杂文“在劳作者自己，却也是一种‘严肃的工作’，和人生有关，并且也不十分容易做”②。他认为从事杂文写作的文学行为比其他文学行为更为重要，更为现实：“况且现在是多么切迫的时候，作者的任务，是在对于有害的事物，立刻给以反响或抗争，是感应的神经，是攻守的手足。潜心于他的鸿篇巨制，为未来的文化设想，固然是很好的，但为现在抗争，却也正是为现在和未来的战斗的作者，因为失掉了现在，也就没有了未来。”③ 他坦率地承认杂文不同于“作品”，杂文的写作不同于“创作”。鲁迅后来总结自己的“创作”时，不无谦逊地称自己“可以勉强称为创作的”，只有《呐喊》《彷徨》《故事新编》《野草》《朝花夕拾》，“此后就一无所作，空空如也”④。他能够从理论上清楚地区分出自己的杂文写作与文艺性创作之间的分野：“有人劝我不要做这样的短评。那好意，我是很感激的，而且并非不知道创作之可贵。”⑤ 但他没有否认杂文随笔也还是一种文学行为的写作。这实际上就足以表明，鲁迅既承认文学创作与文学行为的写作之间的区别，同时也坚持认为即便是社会批评和文明批评的杂文、随笔，也仍然属于文学之一体，是文学身份者从事文学行为的应有之义。

以文学身份从事社会批评和文明批评这样的批评本体写作以及这种更广泛的文学行为，是鲁迅开创的、之于汉语新文学极为重要的传统。在汉语新文学世界，特别是在海外汉语写作的特定情境中，写作本来是相当自由的事

---

① 鲁迅：《且介亭杂文·序言》，《鲁迅全集》第 6 卷，人民文学出版社 1996 年版，第 3 页。
② 鲁迅：《做“杂文”也不易》，《鲁迅全集》第 8 卷，人民文学出版社 1996 年版，第 376 页。
③ 鲁迅：《且介亭杂文·序言》，《鲁迅全集》第 6 卷，人民文学出版社 1996 年版，第 3 页。
④ 鲁迅：《自选集自序》，《鲁迅全集》第 4 卷，人民文学出版社 1981 年版，第 456 页。
⑤ 鲁迅：《华盖集·题记》，《鲁迅全集》第 3 卷，人民文学出版社 1981 年版，第 4 页。

业，原不必恪守于某种文学概论规定的那种拘谨的创作框架之中。海外写作者和文学身份者必然处身于现实政治文化的边缘地带，同时又处身于汉语边缘化的文化环境和社会环境之中，非常有必要运用汉语进行批评本体的写作，以显示汉语作为一种文化权力的地域和时代特性。

以文学身份进行批评本体写作的文学行为，既是鲁迅伟大文学功业的高度概括，也是鲁迅开辟的汉语新文学优良传统的品质体现。在汉语新文学建设史上，除了鲁迅及围绕着鲁迅系统的徐懋庸、唐弢，尚有陈西滢、梁实秋等主要以从事批评本体写作显示自己文学身份和文学行为的文学家，他们的写作和文学行为都共同壮大了新文学的这一批评本体传统。

有趣的是，处在这种传统链接之上的人们未必意识到这一传统的可贵，他们常常会出于疏离鲁迅、批评鲁迅的动机否定自己赖以安身立命的文学传统。如陈西滢赞誉鲁迅的《呐喊》是新文学最初十年短篇小说的“代表作品”，但马上就责难鲁迅的杂文：“我不能因为我不尊敬鲁迅先生的人格，就不说他的小说好，我也不能因为佩服他的小说，就称赞他其余的文章。我觉得他的杂感，除了《热风》中二三篇外，实在没有一读的价值。”① 殊不知他用以批评鲁迅杂文的文字同样是杂文，梁实秋对鲁迅杂文的冷嘲热讽又何尝不是用的杂文文体与杂文笔法。他们的偏见正好吻合了鲁迅当年批判的现象：“轻蔑‘杂文’的人，不但他所用的也是‘杂文’，而他的‘杂文’，比起他所轻蔑的别的‘杂文’来，还拙劣到不能相提并论。”②

由于处在传统的链接之上，批评本体在汉语新文学的当代写作中就拥有了正统地位，于是，台湾李敖、柏杨等著名文学家的文学行为就有了文学归属。李敖以文风尖锐的散文、随笔写作著称于汉语新文学世界，虽然他常常对鲁迅加以非议，可论者每每将他的文风归入鲁迅风一类。另一位为李敖不屑于与之相提并论的是台湾文学家柏杨。同李敖一样，柏杨以小说乃至旧体诗的成就取得了文学者的身份，然后全心投入社会批评、历史批评和文明批

① 陈西滢：《闲话》，《现代评论》第3卷第71期（1926年4月17日）。
② 鲁迅：《再论“文人相轻”》，《鲁迅全集》第6卷，人民文学出版社1981年版，第335页。

评，最有代表性的社会文明批评作品《丑陋的中国人》深得鲁迅精神，以犀利的文字和辛辣的笔法讽刺国民劣根性。在鲁迅之后，李敖和柏杨的文字代表着汉语新文学界以文学身份进行批评本体写作的最重要成就，他们是这一特殊的文学链接中的极其重要的环节。他们都通过小说创作不断强化其文学者身份，在文学身份得到强化之后，并不以小说创作为业，而是操弄起自己的刀笔对政治、社会、历史、文化、文学等广泛的领域进行犀利的批评，所走的正是一种以文学身份进行批评本体写作的道路。这同样体现着继承鲁迅开创的文学行为传统的标志性成就。

在港澳台和海外的汉语新文学界，这样的文学行为可以被视为一种常态的文学写作。文学家们多以文学身份进行批评本体写作，以此参与到社会的批评乃至社会言论的发布之中，一个重要原因是文学体制的特殊性。港澳台和海外华人世界几乎很少专业性的文学机构，如果不是商业性写作，走专业作家的道路几乎没有可能。于是，港澳台及海外的汉语作家经常超越写作的专业性，可以同时兼作诗人、小说家、散文家，更可能是以文学身份兼行各种批评家之事务，其中既包括社会批评和文明批评，也可能兼及政治评论、社会评论、经济生活评论、文化评论等。这对于他们仍然是文学写作，是文学行为的展露。但他们以文学身份进行自由的、广泛的批评本体写作，体现着汉语新文学的一脉伟大传统，它将通向文学外延的当代性扩展，将成为汉语新文学在更广大的华人社区的一种生存和发展状态。未来的汉语文学就是应该更加紧密地服务于华人的生存和发展，服务于华人心声的表达和批评的阐扬，这样的表达和阐扬可以通过典型的文学作品，也可以直接诉诸非文学作品的批评。既然德里达认为“没有任何文本实质上是属于文学的”，所有这一切都获得了文学行为的性质。

作为文学存在主体的鲁迅

鲁迅在现代中国乃至当代汉语文化世界的存在，是一个值得研究的现象。对于这现象的现实性，从未有人产生过怀疑，但对这种存在现象的意义、价值及文化学术归属等，就存在着很多见仁见智的说法。在这种纷乱的学术判断中，提出鲁迅作为文学存在主体的命题，应该说非常必要，也非常有效。

所谓文学存在，是指对这样一种对象的历史性和现实性的肯定：他属于文学行为的独特主体，经常同时也是文学创作的突出主体，不过这一文学主体的影响早已超越文学作品甚至文学写作，而成为一种无法绕过的社会现象，也就是说，作为一个综合性的社会存在，为文学内外的世界所关注，所讨论，由此甚至延展为一种有价值的文化现象。

鲁迅就是这样的文学存在主体。他不仅是成果和影响同样卓著的文学创作主体，不仅是在批评本体写作以及其他文学行为方面卓有成效的开创者，更是中国现代文化的一个精神资源式的人物①，无论是他的信仰者和追随者，还是他的反对者和责疑者，都不得不围绕着他这个巨大的存在而发言。他的影响深入到中国现当代社会的几乎各个层面，各种话题，各色领域，然而人们在讨论他，谈论他，引用他，评价他的时候，首先将他定位为一个文学行为主体。因此，这个重要而巨大的存在是文学存在。

文学存在主体向其所在的世界展示着文学创作的核心内涵，文学行为的全部内容，还有就是辐射到文学以外的各方面影响的综合效应。这些综合效应也许与文学无关，而是渗入了其他学术领域，如鲁迅的文学存在，便在中国现代政治学、社会学、心理学、文化学、历史文献学甚至医学②等许多方面引起了并且还将继续引起种种话题，这些话题既构成了当代学术文化的重要现象，也通向各自领域研究的进一步深入，通向鲁迅研究的进一步拓展。

每一个文学家甚至每一种文学现象都是文学存在的主体，但是，并非所有重要文学家和文学现象所构成的文学存在都可能成为引人注目的文学存在现象或文学存在主体现象。鲁迅之所以能够在现当代中国甚至在整个汉语文化世界在任何时候任何话题中都成为令人瞩目的文学存在主体，是因为他在

① 参见朱寿桐《孤绝的旗帜——论鲁迅传统及其精神资源意义》，文化艺术出版社2005年版。

② 例如，前些年较为热闹的关于鲁迅病情贻误的学术讨论，就相当有意思。参见周正章《笑谈俱往——鲁迅、胡风、周扬及其他》，（台北）秀威资讯科技股份有限公司2009年版。

许多层面、许多方面、许多领域拥有了现代文化资源的意义。作为一个文学存在主体，有关他的一切都同时构成了与他所在的时代、与他所在的世界以及与他密切相关的未来割舍不断的联系。鲁迅的文学创作贡献从来就不是能够局限于文学领域进行封闭式领悟的对象，他对汉语新文学从思维方式、结构理念和语言策略上所做的设计与卓有成效的实践，其影响所在从来就不局限于文学创作和文学研究。他更是一个重要的文学行为主体，他的文学写作大多超越了文学创作阈限而进入社会批评和文明批评的批评本体，由此开辟了汉语新文学写作的一个重要传统，同时也将以文学身份从事社会批评和文明批评的批评本体写作者带进了文学行为领域。鲁迅的批评本体写作涉及社会、政治、文化等各个领域，涉及历史、现实与未来的各个向度，这是使他成为超越于文学影响的文学行为主体的关键。尤为重要的是，鲁迅直接参与了近现代最重要的历史事件和社会革命，其中包括同盟会的活动、辛亥革命、“五四”新文化运动、“三·一八”惨案、“五卅”运动、“九·一八”事变以及抗日救亡运动，并且在这些重大的历史事件和社会变革之中都发表了影响力巨大的言论，还经常直接充任重要的历史角色，起到某种重要的历史作用，这些因素都无一例外地为他的文学身份所统摄，所涵容，因而成为文学存在的主体内容。

作为历史认知和学术研究的对象，鲁迅这个文学存在主体向人们打开了如下层次的丰富而深刻的内涵。首先，鲁迅的文学创作层次，包括他在这方面所有的收获与所释放的历史影响和时代影响。有关于此的研究组成了横跨两个世纪的鲁迅研究的主线，是鲁迅研究最重要、最有价值的收获。同时，这一层面的研究也为汉语新文学的发展提供了卓越的精神营养和丰满的理论依据。其次，鲁迅研究中相当重要但研究相对较为薄弱的层次，即鲁迅从事批评本体写作的文学行为层次。长期以来，研究者非常重视鲁迅杂文，尽可能从各种文学和美学的角度论证鲁迅杂文的价值，但这样的研究总是在既定的文学理论和美学理论框架中寻求合理解释，很难有重要突破。文学行为原理的引入，文学中批评本体写作的概念的阐述，是打开鲁迅杂文价值之谜的学术通道，需要更多的学术力量进行探索。再次，鲁迅的许多行为和功业，许多建树和影响，许多足迹与遗留，看上去与文学没有直接联系，但因为鲁迅作为文学者身份的关系，都统属于这个特定主体文学存在的范畴。因此，有关鲁迅的非文学的研究，都是文学存在主体意义上的学术挖掘。显然，学术存在可以超出特定对象的文学行为范畴，但它又必然包含文学行为范畴的主体活动。

鲁迅作为文学存在主体的外延意义，其实可以从《红楼梦》这样一个传统例证中获得有效的学术支撑。《红楼梦》是中国文学史上和文化史上一个独特的文学存在，这一文学存在当然包括《红楼梦》的文学描写、文学主题，人物与人物关系，故事与相关情节，结构与技巧，风格与语言等创作层面的内涵，也包括其与特定时代的历史关系，与作者家族兴衰的历史之间的关系等方面，还与后续的各种版本、各种续本、各种改编本之间有着密不可分的联系，与各种作者传言，有关这些作者的史料，家族世系等都建立了一定的学术联系，这就是俗称“红外线”的研究内容。所有这些内容都为《红楼梦》这个文学经典所统摄，所涵括，因而关于历史学、民俗学、官制学、目录学、文献学、校勘学的上述内容，都通向以《红楼梦》为主体的文学存在，都是宽泛意义上的“红学”内容。鲁迅作为现代中国的巨大的文学存在，其学术构架和文化意义也正类似于此。

文学存在主体的最特别的意义，即在于他的影响乃以文学贡献为核心呈立体发散的局面。这对于理解鲁迅的文化意义具有一定的学术启发性。长期以来，人们都意识到，将鲁迅的意义局限在文学领域进行阐发和理解是不妥当的，于是人们从革命、政治、思想等各种并列的方面伸展开去，产生了“伟大的思想家、文学家、革命家”的经典概括，随着人们对鲁迅认识的加深，或者这样的概括还会平行地增加。不应该高估这种头衔不断增加的学术趋势，它其实令人联想到一种非常笨拙的加法。文学存在主体的概念和理论有可能帮助人们走出这种简单相加的误区，而从一个提取公约数的别致思路认知鲁迅的文化意义和历史价值。

在汉语新文学发展过程中，产生鲁迅式的文学存在主体现象是十分重要的传统构架。并非只有像鲁迅这样杰出而伟大的文学家才可以成为文学存在主体，一般而言，只有现当代文学家特定个体其影响力超越自身的文学创作，甚至超越自己的文学功业，在此基础上其文学身份并没有被掩盖或削弱，他就可以作为文学存在主体进入人们的认知视野。在这一意义上可以研究到郭沫若，他的历史研究、考古研究，他的旧体诗词写作，他的政治文化论文，他的人格学特征与风格学特征及其相互关系，都可以纳入他作为文学存在主体的意义进行考察、阐解。在这样的意义上还可以追寻到周扬、何其芳、张爱玲、钱锺书等，他们的文学功业既体现在文学创作和文学写作行为上，也体现在外乎于文学的其他社会人生领域。当我们的学术研究锁定这些对象的时候，一方面，围绕着这些特定对象的核心部分是那样地清晰，那便是文学写作部分；另一方面，他们投射在文化历史锦屏之上的身影又绝对超出文学，所有与他们相关的社会历史文化，作品与文献，事实与传说，身边发生的事件及其后续影响等，都构成了各自文学存在的精神与文化符码。学术研究应该像解析鲁迅、解析《红楼梦》一样面对这些特定的文学存在主体，这是汉语新文学的全方位收获的呈现。

如果没有鲁迅这样一个特定的文学存在主体，充满诗意又充满生趣地活跃在现代文学历史和现代文化历史之中，我们无法找到透视汉语新文学的这样一种别开生面的视角：与文学创作主体考察相并列的文学行为主体和文学存在主体的考察。长期以来，鲁迅研究在鲁迅的文学创作主体考察方面积累了成功的经验和丰硕的成果，然而在鲁迅作为文学行为主体的批评本体写作方面，研究还刚刚开始；至于从这样的特殊对象中找寻文学存在主体的现象及意义，进而展开文学存在主体的理论与研究方法的探讨，更是迫切需要完成的学术任务。这样的研究不仅对于“鲁迅学”来说具有某种开拓意义，对于整个汉语新文学的学术框架建设，也提供了新的视野和新的视角，甚至对于文学一般理论的开掘，都具有相当的启发意义。

（原载《江海学刊》2013 年第 3 期）

宋代城市桥记刍议

钟振振

中国古代的城市，特别是在南方水网地区，多建立在河流边。这是因为：（1）城市人口密集，生活用水的便利是必须首先考虑的问题。（2）一般来说，大中小城市在不同程度上都是所在区域的交通枢纽与商业中心，在没有飞机、火车、汽车及高速公路的古代，性价比最高的交通运输工具，非船莫属。

然而，河流边的城市也有它不方便的地方，那就是河流给两岸民众的交通往来造成了障碍。当然，设置渡口与渡船也可以解决问题。不过，最便捷而且一劳永逸的办法还是造桥。

于是，桥梁的建设及其管理维护便成了各相关城市的一件重要事务。它提供了一扇窗户，透过这扇窗户，可以窥见不同时代的政治、经济、社会、宗教、文化、艺术等方方面面的状况。本文选择宋代散文中专门记录城市桥梁建设及其管理和维护事宜的一个特殊门类——城市桥记，即为特定城市特定桥梁度身定做的碑记，来对其所反映出的宋代政治、经济、社会、宗教、文化、艺术的不同侧面作一些散点透视。

宋前城市桥记存留状况之回顾

在讨论正题之前，有必要先回顾一下宋以前桥记的存留状况。检索历代散文总集，其结果颇令人吃惊——仅得如下10篇：

（1）东汉阙名《蜀郡属国辛通达李仲曾造桥碑》，见清严可均辑《全后汉文》卷一〇〇。

（2）东魏于子建《武德郡建沁水石桥记》，见严可均辑《全后魏文》卷五五。

（3）隋阙名《石里村造桥碑》。

（4）隋阙名《洺州南和县澧水石桥碑》。

（5）隋阙名《邢州南和县澧水石桥累文碑》。以上3篇并见严可均辑《全隋文》卷二九。

（6）唐阙名《割牛沟小石桥碑》，见清董诰等辑《全唐文》卷九九〇。

（7）唐崔祐甫《汾河义桥记》，见《全唐文》卷四〇九。

（8）唐乔潭《中渭桥记》，见《全唐文》卷四五一。

（9）唐刘丹《西郭桥记》，见《全唐文》卷六一九。

（10）南唐徐铉《常州义兴县重建长桥记》，见《全唐文》卷八八二。

其中隋《石里村造桥碑》、唐《割牛沟小石桥碑》等2篇，其桥乃乡野小桥，可摒除不计。如此则与城市相关的桥记，就只有8篇了——东汉1篇，东魏1篇，隋2篇，唐3篇，南唐1篇。无论如何，这与宋以前漫长的历史岁月极不相称。而且，这8篇城市桥记，竟无一出于文学大家、名家之手。

宋代城市桥记存留状况考述

宋代桥记的存留状况，比起前代来，数量上出现了大幅度的上扬。经检索宋人别集、总集、地理志，以及宋以后的相关典籍，与城市无关者9篇摒去不计，初步发现有以下61篇。作者中享有文学盛誉的，也不乏其人。

北宋凡17篇。其中，仁宗朝8篇：

（1）天圣四年丙寅（1026），叶清臣《萧山县昭庆寺梦笔桥记》，见宋孔延之《会稽掇英总集》卷一九。

（2）明道元年壬申（1032），苏舜钦《并州新修永济桥记》，见其《苏学士集》卷一三。

（3）宝元二年己卯（1039），蔡襄《通远桥记》，见其《端明集》卷二八。

（4）康定二年辛巳（1041），石介《宣化军新桥记》，见其《徂徕集》卷一九。

（5）庆历二年壬午（1042），宋祁《寿州重修浮桥记》，见其《景文集》卷四六。

（6）庆历七年丁亥（1047），钱公辅《垂虹桥记》，见清黄之隽等《江南通志》卷二五。

（7）至和元年甲午（1054）至嘉祐六年辛丑（1061）间，陈舜俞《秀州崇德县新三桥记》，见其《都官集》卷八。

（8）嘉祐五年庚子（1060），蔡襄《万安渡石桥记》，见其《端明集》卷二八。

英宗朝3篇：

（9）治平元年甲辰（1064），文同《梓州永泰县重建北桥记》，见其《丹渊集》卷二三。

（10）治平元年甲辰（1064），文同《东桥记》，见其《丹渊集》卷二三。

（11）治平三年丙午（1066），钱勰《睦州新作浮桥记》，见宋董弅《严陵集》卷八。

神宗朝1篇：

（12）熙宁八年乙卯（1075），苏辙《齐州泺源石桥记》，见其《栾城集》卷二三。

哲宗朝1篇：

（13）绍圣元年甲戌（1094），徐许《岁寒桥记》，见宋潜说友《咸淳临安志》卷二一。

徽宗朝4篇：

（14）崇宁二年癸未（1103），黄裳《坦履桥记》，见其《演山集》卷一六。

（15）大观元年丁亥（1107），袁辉《通惠桥记》，见宋扈仲荣等《成都文类》卷二五。

（16）大观二年戊子（1108），程俱《衢州溪桥记》（为王八侍郎作），见其《北山集》卷一八。

（17）政和四年甲午（1114），江公望《睦州政平桥记》，见《严陵集》卷八。

南宋凡44篇。其中，高宗朝5篇：

（18）绍兴十年庚申（1140），王庭珪《凤林桥记》，见其《卢溪文集》卷三五。

（19）绍兴十二年壬戌（1142），张元幹《福州连江县潘渡石桥记》，见其《芦川归来集》卷九。

（20）绍兴二十年庚午（1150），洪适《知政桥记》，见其《盘洲文集》卷三〇。

（21）绍兴二十一年辛未（1151）前后，洪适《庆善桥记》，见其《盘洲文集》卷三一。

（22）绍兴二十八年戊寅（1158），王之望《潼川修城堤三桥记碑阴》，见其《汉滨集》卷一四。

孝宗朝9篇：

（23）隆兴二年甲申（1164），苏简《重修板桥记》，见元吴师道《敬乡录》卷七。

（24）隆兴二年甲申（1164），陈骙《天台临川桥记》，见宋林表民《赤城集》卷一三。

（25）乾道五年己丑（1169），周必大《邹公桥记》，见其《文忠集》卷二八。

（26）乾道六年庚寅（1170），丘密《乾道重修二桥记》，见宋周应合《景定建康志》卷一六。

（27）淳熙元年甲午（1174），汪应辰《平政桥记》，见其《文定集》卷九。

（28）淳熙二年乙未（1175），吕祖谦《抚州新作浮桥记》，见其《东莱集》卷六。

（29）淳熙八年辛丑（1181），吴儆《相公桥记》，见其《竹洲集》卷一一。

（30）淳熙十年癸卯（1183），韩元吉《信州新作二浮桥记》，见其《南涧甲乙稿》卷一五。

（31）淳熙十五年戊申（1188），刘光祖《万里桥记》，见《成都文类》卷二五。

光宗朝5篇：

（32）淳熙十六年己酉（1189）至绍熙二年辛亥（1191）间，陈傅良《袁州分宜县浮桥记》，见其《止斋集》卷三九。

（33）绍熙元年庚戌（1190），杨万里《新喻县新作秀江桥记》，见其《诚斋集》卷七四。

（34）绍熙二年辛亥（1191），京镗《驷马桥记》，见《成都文类》卷二五。

（35）绍熙三年壬子（1192），孙应时《桐庐县重作政惠桥记》，见其《烛湖集》卷九。

（36）绍熙四年癸丑（1193），朱熹《信州贵溪县上清桥记》，见其《晦庵集》卷八〇。

宁宗朝12篇：

（37）庆元元年乙卯（1195），李廷忠《浮溪桥记》，见《咸淳临安志》卷二一。

（38）庆元二年丙辰（1196），周必大《安福县重修凤林桥记》，见其《文忠集》卷五八。

（39）庆元四年戊午（1198），孙应时《客星桥记》，见其《烛湖集》卷九。

（40）嘉泰四年甲子（1204），刘叔向《白下桥记》，见《景定建康志》

卷一六。

（41）开禧元年乙丑（1205），刘叔向《嘉泰重修二桥记》，见《景定建康志》卷一六。

（42）嘉定四年辛未（1211），叶适《利涉桥记》，见其《水心集》卷一〇。

（43）嘉定六年癸酉（1213），叶适《台州重建中津桥记》，见其《水心集》卷一〇。

（44）嘉定八年乙亥（1215），刘爚《上饶县善济桥记》，见其《云庄集》卷四。撰人一作真德秀，见其《西山文集》卷二五。

（45）嘉定十年丁丑（1217），程珌《武宁桥记》，见其《洺水集》卷七。

（46）嘉定十一年戊寅（1218），陈耆卿《处州平政桥记》，见其《篔窗集》卷四。

（47）嘉定十三年庚辰（1220），滕强恕《平政桥记》，见清陶成等《江西通志》卷一二〇。

（48）嘉定十七年甲申（1224），许应龙《漳浦桥记》，见其《东涧集》卷一三。

理宗朝10篇：

（49）宝庆元年乙酉（1225），高文虎《重建中津桥记》，见《赤城集》卷一三。

（50）绍定二年己丑（1229），洪咨夔《浮溪桥记》，见《咸淳临安志》卷二一。

（51）绍定三年庚寅（1230）前后，魏了翁《宝庆府跃龙桥记》，见其《鹤山集》卷四九。

（52）绍定四年辛卯（1231），魏了翁《绵竹县湖桥记》，见其《鹤山集》卷四四。

（53）淳祐七年丁未（1247），刘受祖《海棠桥记》，见清汪森《粤西文载》卷三四。

（54）淳祐七年丁未（1247）前后，高斯得《跃龙桥记》，见其《耻堂存稿》卷四。

（55）宝祐元年癸丑（1253），方岳《徽州重建庆丰桥记》，见其《秋崖集》卷三六。

（56）宝祐四年丙辰（1256），梁椅《镇淮饮虹二桥记》，见《景定建康志》卷一六。

（57）宝祐四年丙辰（1256），方逢辰《严陵浮桥记》，见其《蛟峰文集》卷五。

（58）宝祐六年戊午（1258），桂锡孙《广利桥记》，见宋梅应发、刘锡同《四明续志》卷二。

度宗朝 3 篇：

（59）咸淳五年己巳（1269），黄震《广德军沧河浮桥记》，见其《黄氏日抄》卷八七。

（60）咸淳七年辛未（1271），黄震《抚州崇仁县黄洲桥记》，见其《黄氏日抄》卷八七。

（61）咸淳九年癸酉（1273），黄震《建昌军溢溪桥记》，见其《黄氏日抄》卷八八。

对宋代城市桥记数量较宋前激增之现象的文化思考

综上所录，宋代城市桥记与宋前城市桥记构成了非常鲜明而悬殊的数量对比。固然，由于时代久远，宋以前文献散佚的状况更严重一些。但这不应是宋前城市桥记存留如此稀少的充足理由。“残存态”与“原生态”之间，当有一定的比例关系。换言之，笔者以为，宋以前的城市桥记，数量本来就不容乐观。

这非常鲜明而悬殊的数量对比，主要原因究竟何在？在于宋代与宋前政治、文化精英之不同构成，在于宋代文化与宋前文化之不同属性。

唐以前的历史阶段，由于官吏选拔制度或主世袭，或主察举，官吏选拔权为贵族、豪门所操控，总的来说是人治而非法治，政治、文化基本为贵族、豪门所垄断，故政治、文化精英多出身贵族、世族，甚少起自寒微。其文化亦带有浓厚的贵族、世族色彩。唐承隋制，科举取士，但虽有考试而不唯考试成绩是论，兼取门第、声望。且所取进士每年不过两位数而已，又不尽授官。故其政治、文化精英的成分构成，起自寒微者虽较前代增多，但并无重大改观。其文化也未能从根本上转型。此外，以上历朝，军阀、外戚、宦官等集团擅权之事屡有发生，文官集团管理国家的态势并不恒定。至于宋代，右文抑武，有“祖宗家法”遏制外戚、宦官，且官吏选拔制度也出现了质的飞跃。其特点，大抵重科举而轻门荫。进士三年一试，试卷糊名、誊录，以杜徇私舞弊之门。每科录取数百人，登第者悉数授官，绝大多数分发各县担任簿、尉，视政绩，循资历，渐次晋升。故有宋一代，基本保持了由进士出身的文官集团来管理国家的政治常态。由于基本上能够做到“在文化考试面前人人平等”，许多出身中小地主阶层乃至普通农家的子弟得以凭借自己的真才实学脱颖而出，跻身官场。他们之中的佼佼者，即在进士考试的公平竞争中名列前茅的优胜者，更有可能得到皇帝的加意垂青，重点栽培，经过地方与中央某些特定岗位上上下下的历练，很快便擢升到大臣甚至宰辅的高位。平民子弟，梯天有路，读书做官，鱼跃龙门。这样的政治氛围，刺激起宋代社会一定规模的读书热潮，促成了宋代社会一定程度的文化普及。因此，相对于宋前各历史王朝而言，宋代政治、文化精英的构成具有更多的“平民”成分，宋代文化也具有更多的“平民”色彩。具有较多“平民”成分的政治、文化精英，其做事作文，必然比较能够关注平民百姓的日常生活。桥，特别州县政府所在城市之桥，自是地方官员眼皮底下攸关平民百姓日常生活的重要公共设施。因此，宋代的政治、文化精英，较前代更注重于造桥与撰写桥记，也就无足多怪了。此外，宋代对于各地官员的考课，还有一些好的措施。例如，南宋时规定诸路州府长官、监司（路转运使司、提点刑狱司、提举常平司的长官）在到职半年后，须访查民间利病，向朝廷提交“便民五事”。又例如，凡残民以逞的地方官吏，除黜降外，有时还会加以“永不与亲民差遣”（即永远不让其担任直接管理百姓的地方行政长官）的政治处分。在这种情况下，各级地方官员即便出于谋求晋升的个人考虑，也须用心做一些亲民、利民的事情，并借助于文学，以事宣扬。造桥，自是亲民、利民之事；桥记，自是宣扬其事之文学手段——何乐而不为之？

宋代城市桥记中，记录了不少有意味的政治、经济、社会、宗教、文化、艺术现象。兹就笔者个人以为较重要者缕述如次。

宋代城市桥记中有意味的政治现象

宋代城市桥记中最有意味的政治现象，是颇有些地方长官带头捐款造桥、修桥。陈骙《天台临川桥记》载：

> 临川王公琰，绍兴三十二年春绾一铜章，以荆国文公济天下之绪余济天台。越隆兴元年冬十月甲戌，新作桥于邑西之溪，从民欲也。……会费五百万钱，出俸四十万为邑先，源源而应，数则充矣。①

又，孙应时《桐庐县重作政惠桥记》载：“稽其费，缗钱七十万。侯（按，孙叔豹）出私钱倡之，计度转运使沈公诜，摄郡事郑公益闻而助之，合居其十之一，他皆民财也。”② 刘受祖《海棠桥记》载：“淳祐六年夏，右骁骑将军李公植来守是邦，捐货帛三万，率州之官吏士民共新之。”③ 他们的表率作用，带动了下属官吏与民众。魏了翁《宝庆府跃龙桥记》载：“役广费巨，经始维艰。于是发少府斥币，不足则吏捐俸，民输财以佐之。”④ 有钱者出钱，无钱者出力，于是本来没有资金或资金短缺的城市，也能够建造新桥或修缮旧桥。

其次，则是较多的地方长官克己奉公，削减公款消费，将节省下来的行

① 林表民编：《赤城集》卷一三，文渊阁《四库全书》本。
② 孙应时：《烛湖集》卷九，文渊阁《四库全书》本。
③ 汪森编：《粤西文载》卷三四，文渊阁《四库全书》本。
④ 魏了翁：《鹤山集》卷四九，文渊阁《四库全书》本。

政经费用于桥梁建设。吕祖谦《抚州新作浮桥记》载：

> 抚之溪故无桥，乾道初元，知州事陈侯森始作浮梁，以通往来。淳熙二年秋七月，甚雨淫潦，漂航断笮，无一存者。吾友赵景明适为此州，复新之，以书请曰：蒙试郡未几而桥毁，约己啬用，不敢赋诸民。造端以十月戊寅，告具以十一月丁丑。①

又，韩元吉《信州新作二浮桥记》载：

> 淳熙十年仲夏，信溪大水，浮梁敝，几垫。郡守朝奉郎钱侯象祖议新之。时岁屡歉，众惧费不能给也。侯则曰：吾非取诸经赋也，矧敢敛于民！顾吾承乏民上，愧无以及民者，惟是燕设厨传之常则加节焉。既逾年矣，公费之积，或可用于此乎。后两月，会予还自宣城，郡之士夫逆而诧曰：予家溪南，吾州之桥成矣。……侯，吴越之裔也，家世衮钺，而澹如寒素。进摄郎省，来试是邦。以遵治民考功之制，故能损二千石之得以自娱者，思及于民，移豆觞馈饷之悦于外者，以资往来无穷之利。②

又，陈耆卿《处州平政桥记》载：

> 公（按，应元衮）之治，不轻以锱铢自怡悦也，而独重费于桥；俭于己，不俭于民也。……郡厅创于天禧，屋老岌欲仆，坐于上而麾指吏民，宜不当徐徐也。然桥成然后及厅事，谓之何哉？急于民，不急于己也。夫视民之无桥以渡，甚于己之无宫室以处，若是者，可观政矣。③

又，高斯得《跃龙桥记》载：“宋侯仲锡寔来，慨民病涉，锐意成之。……钱以缗计，二千五百有奇。米以斛计，千二百有奇。皆樽节少府用

① 吕祖谦：《东莱集》卷六，文渊阁《四库全书》本。
② 韩元吉：《南涧甲乙稿》卷一五，《丛书集成初编》本，第4册，第300—301页。
③ 陈耆卿：《篔窗集》卷四，文渊阁《四库全书》本。

度而为之。”①

以上两类现象，都反映出亲民、利民已成为宋代一定数量地方官员的努力追求。这是宋代较良好的政治风气。其原因上文已有所分析，兹不赘述。

宋代城市桥记中有意味的经济现象

宋代城市桥记中有意味的经济现象甚多，笔者认为较重要者，有以下几类。

其一，宋代的桥梁建设，意义不仅仅在城市交通设施，有时甚至关系到救助农业灾荒。王之望《潼川修城堤三桥记碑阴》载：

> 余蒙恩移节宪台，十有一月至治所，且摄府事。有诏发廪以赈旱饥，凡羸瘠之民，靡不沾上之泽，以免于沟壑。而梓俗尚气，其农家之少壮者，虽糟糠不继，犹耻就给于官。于是上府倅李鄩，会用度之出入，裁节冗滥，掇拾遗余，以兴修城之役。高其庸，募民俾食其力，民欢趋之。自南门而西，至于北门。又缮捍水长堤，补隍岸之缺，起石桥于三门之外。②

又，杨万里《新喻县新作秀江桥记》载：

> 是岁江西大祲，氓菜其色。提举常平使者陆公洸以闻，诏行振贷。公奉诏错事，下二尺木书，谂郡若邑，旁招乡里修洁之士，志于畂而肯力于公上者董之。……诸君既至，与县尹言于常平使者曰：饥民不加少，而廪粟不加多，将奚以赒？官有不赒之赒，则畂受不惠之惠。谓宜如范文正公，兴役于饥岁，可乎？使者曰诺。县尹及君及谢君，属耆老而告之工正等六百人，皆曰诺。于是儆畂为工，造舟为梁，遻迩奔辏，运木挽土，月（按：文渊阁《四库全书》本《诚斋集》卷七四作“日”，是）

① 高斯得：《耻堂存稿》卷四，文渊阁《四库全书》本。
② 王之望：《汉滨集》卷一四，文渊阁《四库全书》本。

千其人。……于是畇之枵者果，瘠者泽，流者止。①

又，李廷忠《浮溪桥记》载：

前令邵君文炳始阐其规摹，鸠材木，跨溪而梁之。……甲寅秋，洚水为灾，荡无复存。浚仪赵君（按，赵彦倓）承其后，莅官之明年，政通民和，按辔溪上，履遗迹而太息，顾谓父老曰：桥之废，天变也。废而复兴，人力也。夫物莫坚于石，石之难为功莫如桥。然速成者易坏，劳费者永宁，更以石为之，可乎？欢曰：善。计材揆工，议成而岁不入，或者难之。令曰：兴役于饥年，使民得食其力，亦救荒一画也。乃出帑廪之羡，募工采石。②

饥荒是中国古代农业社会的“经济危机”。宋人已经认识到，消弭这一“危机”，单纯靠官府赈济，只是消极的应对；积极的对策，当是以工代赈，即由官府牵头，调集官方及其他社会资源，启动各种公共设施建设，向灾民提供尽可能多的打工机会，使他们得以凭借自己的劳力，养家糊口，从而不至于外出逃荒，流离失所，饿死道路。只要灾民被稳定在家乡，农业生产便能够正常继续，灾情终究可以缓解，社会生活也会较快恢复到原先的轨道。造桥修桥，正是一项重要的公共设施建设工程。故荒年造桥修桥，甚有助于救荒，诚乃高明之举。现代英国政治经济学家凯恩斯所发明的对付资本主义经济危机的一整套理论与方法，与宋代政治、文化精英们所采取的救荒措施，何其相似乃尔！凯恩斯是否知道中国古代救荒的这一妙招并从中得到过启发，笔者孤陋，不敢妄言。但至少我们可以说，在这同一原理的实际运用上，中国人遥遥领先了八九百年。这也是宋代政治经济学实践的一个亮点。

其二，宋代的城市桥梁建设中，已出现了类似我们今天在发展高速公路时所普遍采用的“贷款修路，收费还贷”的模式。洪适《知政桥记》载：

---

① 《杨万里集笺校》第6册，中华书局2007年版，第3065页。
② 《宋元方志丛刊》第4册，中华书局1990年版，第3572页。

当建炎二年，高阳公以图书邃直怀章作藩，方时用兵，居位者逃乏兴之罪，它不暇给。航败板缺，投步心惕。公患之，呼工师虑材，竹灰钉之属，费直百三十万。郡有船官，遂借木于场，鬻朽赡用。桥成，令过者人输一钱。持以二僧，居半岁，尽偿所贷。①

“过者人输一钱”，收费实在不高（“一钱”即一个铜板，是当时的最小货币单位）。“居半岁，尽偿所贷”，可见效益显著，半年便收回了全部贷款。可惜该桥记没有说明，此后“过桥费”是否不再征收。

其三，公共交通事业与相关经济行业的利益冲突，以及由此而引发的恶性案件，在宋代城市桥梁建设过程中也有发生。石介《宣化军新桥记》载：

康定二年冬十月戊午，宣化军使、虞部员外郎张景云作清河桥成。河初不通，故为之舟，则人利舟也。及其弊也，舟反害人，河不复通，故为之桥，救舟弊也。……舟有十五人，十五人为十五家，家率七口，为百五口。百五口之衣与食，皆取于舟。晨起，十五家磨牙动吻，伸头奋距，以搏以噬，憧憧往来，人罕完肤。吁，上下相容，州县无政，孽苗遂盛，奸府遂成。凡此桥，历二年，更六人，成辄坏者三，卒成于君。……初，天章阁待制、知淄州军州事郭公劝，侍御史、京东转运使张公奎始谋毁舟建桥，授谋于县。而郭以忧去，张徙河东。其后虞部郎中胥君谷继来为州，国子博士霍君某通判州事，虞部员外郎韩君谷为县，虽述二公之志，而桥再坏。逮吾桥卒成，当二公之志。桥坏也，人咸曰桥不可作也。物有数，事有废兴。废兴存诸时，成败系于天，皆不在人。君来代韩，闻其说，独以为不然。……夏六月己酉，明日落成，其夕桥又坏。君曰：天固助予，非有奸，桥何坏？韩君再为桥，桥再坏，坏有故也。吾一为桥，桥一坏，坏于奸也。吾来讨奸者，终成吾桥，然后信吾之志，而夺奸人之心，暴奸人之罪。益勤不懈，日出临河上，工之拙巧，材之良恶，

① 洪适：《盘洲文集》卷三〇，文渊阁《四库全书》本。

斧斤之高下，绳墨之曲直，必亲焉，毋不良。日入归。如此九十有七日，桥乃成。[①]

由于造桥妨害了以渡船为业者的生计与利益，桥梁竟遭到他们一而再、再而三的暗中破坏。若无强有力的地方长官主持其事，此桥差一点就造不成功。“食乎舟者”们的行为固然恶劣，性质近似“黑社会”，但他们毕竟还是“劳动人民”。看来该军（与“州”为平级行政建制）长官在造桥的同时并未采取措施帮助他们另谋生计，而只是简单粗暴地将其视为“奸人”，以刑罚惩处。其做法仍有未当。

以上两条资料，在现存宋代桥记中虽属仅见，却很重要，值得治中国古代经济史的学者留意。

宋代城市桥记中有意味的社会暨宗教现象

宋代城市桥记中最有意味的社会暨宗教现象，是僧人在桥梁建设过程中所发挥的重要作用。举凡资金的筹集，工程的主持，后续的维护管理，每见僧人参与其中。叶清臣《萧山县昭庆寺梦笔桥记》载：“天圣纪号之二年冬十有二月，陇西李君以廷尉评实宰是邑。……且惧乎褰裳厉深，为斯民病；渐帷涉难，贻来者羞。乃谕居僧，俾募信施。”[②] 蔡襄《万安渡石桥记》载：“职其事者，卢锡、王实、许忠、浮屠义波、宗善等十有五人。”[③] 袁辉《通惠桥记》载：“民病涉久，乡僧士贤奋然以缘化从事，即旧址架石磴而广之。……余嘉僧之诚，能游戏成如是功德。”[④] 江公望《睦州政平桥记》载：“各率缗钱，付僧守慧等董其事。木美工善，筹划有度。”[⑤] 张元幹《福州连江县潘渡石桥记》载：

① 石介：《徂徕集》卷一九，文渊阁《四库全书》本。
② 孔延之：《会稽掇英总集》卷一九，文渊阁《四库全书》本。
③ 《蔡襄全集》，福建人民出版社 1999 年版，第 566 页。
④ 扈仲荣等编：《成都文类》卷二五，文渊阁《四库全书》本。
⑤ 董弅编：《严陵集》卷八，文渊阁《四库全书》本。

知县事阮侯朝瑞……思虑精密，善揣摩用钩距略，不畀付胥徒，阴择所治号能住持僧数人者董其役，又得净安之思显，授以程度。思显坚忍通练，出纳惟谨，而畏督责，常蹴踖救过不暇。[①]

洪适《庆善桥记》载："浮图氏法照劝民财治堤。照死，惠才、德满继之。公怂恿以迄其成。"[②] 苏简《重修板桥记》载：

广智寺僧可威独任其事，因旧增新，靡金钱二百万，募缘仅二十万，倾竭衣钵，以足其费。……威俗姓囗，屋甚润，常有以资衣裓者。既买田一顷，山七十亩，以归广智，又雅饰佛殿，创藏经钟楼，斯桥特其余力云。[③]

丘密《乾道重修二桥记》载："属其事于浮图氏致胜、法才。"[④] 朱熹《信州贵溪县上清桥记》载："留钱五十万于明觉浮屠氏，使自为质贷，而岁输其嬴五一，以奉增葺之费。"[⑤] 李廷忠《浮溪桥记》载："得浮屠二人，属以役事。曰了懃，善经度。曰师冲，勤劝相。区置悉有纪叙。"[⑥] 孙应时《客星桥记》载："陈山临大浦，民桥其上，旧坏。淳熙十年，僧清式大改作。甓石如虹，袤百有五十尺，石栏翼之，甚壮。六年乃成。"[⑦] 刘爚《上饶县善济桥记》载："旁为僧庐，以职守视，割田立野，以备缮修。"[⑧] 魏了翁《宝庆府跃龙桥记》载："司理参军汪之干实受役，要浮屠应珂、智莹、德厚参比其力。曾未半载，而板庋石甃，崇丽坚致，横空卧波，秋毫不以病民。"[⑨] 黄震《广德军沧河浮桥记》载：

---

① 张元幹：《芦川归来集》卷九，文渊阁《四库全书》本。
② 洪适：《盘洲文集》卷三一，文渊阁《四库全书》本。
③ 吴师道：《敬乡录》卷七，文渊阁《四库全书》本。
④ 《宋元方志丛刊》第2册，中华书局1990年版，第1541页。
⑤ 朱熹：《晦庵集》卷八〇，文渊阁《四库全书》本。
⑥ 《宋元方志丛刊》第4册，中华书局1990年版，第3572页。
⑦ 孙应时：《烛湖集》卷九，文渊阁《四库全书》本。
⑧ 刘爚：《云庄集》卷四，文渊阁《四库全书》本。
⑨ 魏了翁：《鹤山集》卷四九，文渊阁《四库全书》本。

今陈令君应元时方为进士，悉家赀修葺一新之浮梁。……时有怀远虑者，有忧色曰：孰维持是而继其后也？君又发其帑，得天荒田百六十四亩有奇，山天寺僧司其事，岁收其利，以备营葺。①

由此一端，可以见出佛门弟子较热心于社会公益事业，参与程度颇深；且社会信誉甚好，故能得到官府与民众的普遍信任。适成鲜明对比的是，现存宋代城市桥记中竟无一例道士主动或被动参与桥梁建设事宜的记录。其故何在？发人深省。宋代佛、道两教社会形象之高下，即此可判。这是宋代社会暨宗教方面的一个值得关注的现象与课题，笔者希望自己的这一小小发现，能够引发中国宗教史及宗教文化研究者更为深入的探讨。

宋代城市桥记中有意味的文化艺术现象

宋代城市桥记中最有意味的文化艺术现象，莫过于宋人对桥梁的设计不仅考虑实用，更能兼顾审美，力图使桥梁与周边的山水景观珠联璧合，相得益彰，以构成所在城市的一道亮丽的风景线。叶清臣《萧山县昭庆寺梦笔桥记》载："晴虹倚空而半环，浮鼍跨波而欲渡。雕楹矗而端耸，钩楯缭而横绝。"② 钱公辅《垂虹桥记》载：

即桥之心侈而广之，构亭其上，登以四望，万景在目。……湖光万顷，与天接白。洞庭荐碧，云烟占青。月秋风夏，嚣灭埃断。牛讴渔吟，喑呜间发；榜声棹歌，呕哑互引。后盼前睨，千里一素。是亦足乐焉。③

又，王庭珪《凤林桥记》载：

桥心为亭，其方如桥之广，而益其三分之一。檐牙翚飞，突出江半，名曰"跨江亭"。江之南为屋于堤上，以观浮梁之倒影。丹雘飞动，若欲

① 黄震：《黄氏日抄》卷八七，文渊阁《四库全书》本。
② 孔延之：《会稽掇英总集》卷一九，文渊阁《四库全书》本。
③ 黄之隽等：《江南通志》卷二五，文渊阁《四库全书》本。

> 凌骛大空者，曰“彩虹亭”。韩侯始为是役以济人，又因得以休其余闲，而寓游观于此。烟消日明，百物媚妩。……至于云破月出，万籁寂然。雌霓连蜷，飞出波面。水光天色，动摇而上下。与夫琳宫佛屋，出乎青苍林木之杪，层峦叠巘，迭高争秀。于是溪山自然之观，伟丽殊胜，因人而发，遂为此邦之绝境，非朝夕徙倚者莫能穷其状也。①

又，洪适《知政桥记》载：

> 为亭凡四。桥之心曰“卧虹”，其东岸曰“利涉”，其西岸则“临章”，左而“双清”。……泛泛文鹢，随波高低。戢翼俛啄，虾鱼惊疑。月影在川，长虹对吸。练帨霓裳，水仙夜集。②

又，陈骙《天台临川桥记》载：“复亭其上，乃写乃饬，乃敞乃奕，可以息行迈，可以乐暇闲，可以远眺望。卓哉美乎！疑混物初剖，有此壮观，非人力能为也。”③ 刘光祖《万里桥记》载：“增为石鱼，酾水为五道，梁板悉易以木而屋之。桥成眈眈，屋成绳绳，严严翼翼，都人大和，会观所未有。……风烟渺然，岸木秀而川景丽。”④ 刘叔向《白下桥记》载：“甫五阅月而桥成。长鲸卧波，飞梁驾虚，材良工坚，天造地设。……旁有宾饯之亭，因桥而名，亦就摧剥，并葺治之。更增其前楹三，雄壮窈深，气象夐别。”⑤ 叶适《利涉桥记》载：“井屋之富，廛肆烟火，与桥相望不绝，甚可壮也。”⑥ 陈耆卿《处州平政桥记》载：“偃若龙卧，蜷若虹饮。郭内外人憧憧往来，又若纵步席上，散影涧中。峦麓迎前，而鱼虾出没其左右，一一皆奇观也。”⑦ 高斯得《跃龙桥记》载：“桥旧横亘三十丈，水败之余，视旧加长，命工伐石增甃，驾梁其上，

---

① 王庭珪：《卢溪文集》卷三五，文渊阁《四库全书》本。

② 洪适：《盘洲文集》卷三〇，文渊阁《四库全书》本。

③ 林表民编：《赤城集》卷一三，文渊阁《四库全书》本。

④ 扈仲荣等编：《成都文类》卷二五，文渊阁《四库全书》本。

⑤ 《宋元方志丛刊》第2册，中华书局1990年版，第1541、1545页。

⑥ 叶适：《水心集》卷一〇，文渊阁《四库全书》本。

⑦ 陈耆卿：《篔窗集》卷四，文渊阁《四库全书》本。

为屋凡三十楹，规置雄丽，气象显设。”① 黄震《抚州崇仁县黄洲桥记》载：“为层级以升，崇四十尺。为屋其上四十楹，南北为之门，而中为之祠。气势突兀，凌轹空碧，金朱璀璨，浮动溪山。”② 这些充满诗情画意的文字，真令人神观飞越，不胜向往。当然，艺术夸张是文学家的特权，宋代的桥梁未必真像桥记作者们所描绘的那样美轮美奂。但宋代的文化艺术是中国古代文明的一个高峰，却是不争的事实。因此，我们有理由相信，宋人桥记中对于各城市桥梁建筑艺术及其地理环境的那些优美的形容，更多的是写生而非向壁虚构。

宋代担任“亲民差遣”的地方官员，绝大多数是进士出身的文官。宋代的进士考试，诗赋乃重要的科目之一。诗赋虽是文学，但文学与艺术是相通的，都对想象力、创造力、审美能力有着特别高的要求。因此，诗赋科考试的优胜者，文学才华既然出类拔萃，艺术修养、文化品位也一定不会低。在这样一批有文学才华、艺术修养、文化品位的官员领导下，各城市所建造的公共设施，必不至于忽略了审美。明乎此，我们对于宋代的城市桥梁何以能够达到实用与美观的高度统一，也就不会感到惊奇了。

（原载《江海学刊》2014 年第 1 期）

① 高斯得：《耻堂存稿》卷四，文渊阁《四库全书》本。
② 黄震：《黄氏日抄》卷八七，文渊阁《四库全书》本。

从形象看视觉文化

周　宪

关于视觉文化，学界提出了许许多多看法。有学者采访了几十位视觉文化的领军人物，但关于视觉文化为何物却是各说各话，莫衷一是。[①] 视觉文化研究问题多多，方法和路径亦各不相同。尽管如此，视觉文化研究作为一种重要的知识生产领域，作为一个跨学科的理论研究，有必要对其知识系统的特征加以把握。一个有效的路径就是对这个知识系统中的核心概念或关键词加以清理，进而从关键词及其结构关系上理解这一知识领域。

那么，视觉文化有哪些值得聚焦的关键词呢？显而易见，形象是讨论的最多也是最具争议的一个关键词。

作为视觉文化核心概念的形象

按照威廉斯关于关键词的界说，一个时代会有一些重要的概念成群结队地出现。这些概念一方面反映了特定时代的社会文化的变化，另一方面也体现了知识生产对这一变化的回应和解释。[②] 当我们说当今社会是以视觉文化为主导时，实际上就暗含了一个前提，视觉文化时代有自己的一组关键词。它们建构成一种知识的构架，反映了这个时代思想家和理论家们的思考和阐释。

视觉文化研究的领军人物美国芝加哥大学教授米歇尔，在题为《何谓视

---

① Margaria Dikovitskaya, *The Study of the Visual after Cultural Turn*, Cambnidge, MIT, 2005.

② 威廉斯：《关键词》，生活·读书·新知三联书店2005年版，第4页。

觉文化?》的论文中，特别提出了视觉文化的三个关键词（他称为术语）：符号、身体和世界。他具体描述了这三个关键词所涉及的范围或领域。

> 第一术语：符号：形象与视觉性；符号与形象；可视的与可读的；图像志，图像学，图像性；视觉修养；视觉文化与视觉自然；视觉文化与视觉文明（大众文化对艺术；视觉美学对符号学；视觉文化的层级）；社会与景象；视觉媒介的分类学与历史（视觉文化的“自然史”）；视觉艺术的社会性别；表征与复制。
>
> 第二术语：身体：种族，视觉与身体；漫画与人物；暴力的形象/形象的暴力（偶像破坏论；偶像崇拜；拜物教；神圣；世俗，被禁忌的形象，检查制度，禁忌与俗套）；视觉领域中的性与性别（裸体与裸像；注视与一瞥）；姿态语言；隐身与盲视；春宫画与色情；表演艺术中的身体；死亡的展示；服装倒错与“消失”；形象与动物。
>
> 第三术语：世界：视觉物的体制；形象与权力（视觉与意识形态；视觉体制的概念；透视）；视觉媒介与全球文化；形象与民族；风景，空间（帝国，旅行，位置感）；博物馆，主题公园，购物中心；视觉商品的流通；形象与公共领域；建筑与建筑环境；形象所有制。①

米歇尔所规定的三个术语（或关键词），就像是视觉文化研究的三个圆心，涵括了很大的范围，触及一系列复杂的视觉文化问题。不过我发现，米歇尔三个概念的分类有些问题，符号这个概念可以涵盖很大范围，它甚至可以包括身体或世界。而在身体这个范畴里，许多问题又是符号问题。至于世界，更显得含混不清，既触及各种体制，又涵盖了复杂的意识形态内容。如果我们仔细考量米歇尔的三个概念，会发现形象其实是贯穿其中的一个核心范畴。甚至可以说，假如抽去了形象，符号、身体和世界就被虚空化了。

---

① W. J. T. Mitchell, “What is Visual Culture?” in Irving Lavin, ed., *Meaning in the Visual Arts: Views from the Outside*, Princeton: Institute for Advanced Study, 1995, p. 211.

当然，形象并不是一个孤立的范畴，它与另外一些概念密切相关。用威廉斯的关键词方法来看，与形象密切相关且使用频率极高的另外两个概念是表征与视觉性。这三个概念形成一个视觉文化的概念“家族”，具有内在的逻辑结构。

毋庸置疑，形象是视觉文化的基本单元，它广泛存在于视觉文化的诸多领域，从二维的平面图像到三维深度或空间立体形象，前者如平面广告，后者如建筑和城市景观；从静止的图形到动态的影像，前者如卡通连环画或绘画，后者如电影、电视、视频、电子游戏等。形象这个概念看起来有点老旧，但是比起符号或语言概念，它更加准确地标示了视觉文化研究对象的视觉特性。在中国传统哲学和美学里，这个范畴即所谓“象”，它包含了非常复杂的意思。当然，在今天视觉文化的意义上，我们需要对形象概念做进一步的界说或规定，厘清它的意涵并正确地使用它，特别是注意在视觉文化中，存在着哪些因媒介不同的形象类型及其构成。

如果说形象是视觉文化研究的基本单元，那么，形象绝不是一个僵死的、不变的事物，它必然具有生产性，必须存在于编码—解码的动态过程中，这就涉及形象的表征。表征（representation，又作再现）是晚近哲学、社会学、人类学、文化研究和美学都极为关注的概念。虽然存在着关于表征的不同理解甚至不同译法（再现、表现等），但有一点是共同的，那就是表征乃是形象的动态运作或生成。用当下流行的英国学者霍尔所喜欢使用的术语来说，所谓表征也就是特定语境中的“表意实践”（signifying practice）。就视觉文化而言，表征的研究是聚焦于形象的呈现及其意义的生产，而表征的分析也就合乎逻辑地集中于形象呈现中的意义或意识形态分析与批判。

从形象到表征，也就是从视觉文化的基本单元的构成向表意实践的意义生产的延伸，最终必然归结于视觉经验。不同于语言或话语的文化，视觉文化尤有特殊性，非常鲜明地体现在第三个关键词——视觉性上。形象也好，表征也罢，最终都离不开视觉性上的解析。一般性的符号学研究或是宽泛的文化研究，都未必会将视觉性作为焦点问题。视觉文化之所以为一个特殊的研究领域，之所以能把诸多学科融入其内形成一个跨学科的知识系统，就在于其突出的视觉性。关于视觉性并没有统一一致的认识，从19世纪艺术史研究所提出的视觉形式（费德勒等），中经艺术或美学理论所关注的“有意味的形式”（贝尔），再到当代视觉文化研究对视觉性的新界说（弗斯特），始终贯穿着一个基本意涵，那就是视觉经验的建构。在我看来，视觉性概念远比美学的“趣味”、社会学的“习性”更具有生产性，它把视觉文化研究的焦点定在视觉经验的两个相关方面：“视觉的社会建构”与“社会的视觉建构”（米歇尔）。

图像/影像/景象

离开了形象，视觉文化将不复存在，这就好比离开了语言，文学将不复存在一样。形象一方面是视觉文化的载体，整个视觉文化都是建立在形象的根基之上；另一方面，形象又是一个本体概念，负载了复杂的视觉文化意蕴。

不同的文化语境关于形象有不同的说法。中国古典哲学称之为“象”，从老子关于道和象关系的论述，到《易经》关于“立象以尽意”的命题，到庄子“象罔”的表述，以及后来在中国美学和艺术理论中反复讨论的“言”、“象”、“意”之间的复杂关系等，充满了争议和不同解释。在西方，象的概念也有很多种界说，尤其是在西语中，有 image 和 icon 等是不同概念。一般认为，视觉文化更倾向于使用 image 而不是 icon，因为前者与视觉关系更为密切，而后者则涵盖了视觉和非视觉的象。有学者指出，无法概括出任何单一的形象理论，形象这个概念的当代用法主要体现在三个领域：其一是认知的意义上，比如艺术教学、心理学和认知科学等，都围绕着形象形成了不少研究；其二是艺术理论和艺术史领域，各种理论赋予这个概念极为复杂的内涵；其三是视觉文化研究，形象被视为当代生活和文化的主要特征。①

形象作为视觉文化的基本单元，既是一个研究对象，又是一个分析单位。

① James Elkins and Majia Naef, *What is an Image*? University Park PA: University of Pennsylvania Press, 2011, pp. 1—2.

就形象自身而言，可分析的层面很多，从形象的构成要素到其结构功能，从形象的历史演变到形象的类型学等。我以为，在视觉文化的层面上，形象分析的基本工作是搞清形象如何生产意义，以及这些意义对公众产生何种影响。所以一些有关形象的独特表述流行起来，比如视觉文化的领军人物米歇尔有本书名为“图像要干什么”，而另一位视觉文化学者蒙德扎因则有一本更加刺激的书名——“形象会杀人吗”。“图像要干什么”这一表述清晰地说明了图像自身的社会和文化功能，它干什么都会对现实生活产生种种复杂的影响；“形象会杀人吗”的疑问则更加确定地提出了形象与暴力的关系，这一追问去除了形象本身的价值中立，把形象与政治关联起来。

就像视觉文化本是一个跨学科的研究领域一样，形象作为视觉文化的基本单元，亦有各种各样的分析方法和分析路径。一个比较常见的分析路径是对由于媒介差异所导致的形象的分类研究。在复杂的视觉文化领域中，形象的存在、变化和关联非常复杂，个案性的研究可以是无限多样的。为了把握形象在视觉文化中的整体性，分类学的研究是最为有效的路径。在这方面有不少值得注意的理论，米歇尔对形象的五种类型的分析是比较有代表性的，他认为存在着五种最基本的形象：第一类是图像，诸如画、雕刻和纹样等；第二类是视象，诸如镜像、投影等；第三类是感知形象，诸如感觉材料、外观等；第四类是心象，诸如梦、记忆、幻想等；第五类是语象，诸如隐喻、描写等。① 显然，这一分类系统无论是在分类标准还是系统性上，都不是那么周密或有逻辑性，既有形象本体的分类，如图形的或词语的，又有感官的或精神的，如视觉的或知觉的或内心的等。尽管分类显得比较松散，却也说明形象的确广泛地存在于社会和文化的各个层面上。这里有必要提出一个更为符合逻辑的视觉文化的形象分类的标准，一个可行的思路是从形象构成及其媒介特性的角度来加以区分。视觉文化的形象大致可以区分为三种存在形态：图像、影像和景象。

---

① W. J. T. Michell, *Iconology*: *Image*, *Text*, *Ideology*, Chicago: University of Chicago Press, 1987, pp. 9—10.

所谓图像，意指一切二维平面静态存在的形象，大致相当于米歇尔的第一类形象，不过米歇尔在这一类中提到雕像似乎应排除在外，因为雕像是三维的空间存在。图像的亚类型有许多，如绘画、画报、平面广告、平面设计、卡通书籍、摄影、书法等，其媒介形态也呈现出多样性，从大批量的印刷图像，到独一性的手工艺绘画，从数码摄影到各式图画书。图像的构成特征有两个，一个是其二维平面性，就是说，所有的图像都是由长和宽两个维度构成的。比如绘画，无论中国传统的山水画还是西方的油画，无论是中国传统绘画美学的散点透视，还是西方文艺复兴以来的焦点透视，再阔大、再深远的画面，也始终是二维的平面，所不同的只是造成深度幻觉的手法和效果不同而已。尤其是西方现代主义绘画自马奈和塞尚以降，抛弃了文艺复兴以来的透视方法，重新回到二维的平面性，使得绘画作为二维艺术的平面性问题凸显出来，揭櫫了绘画作为平面图像的本质所在。图像的第二个特征是其静止性，即是说，图像无论呈现什么对象，从自然到河流到动物到人，即使表现了动作或动态，但画面必定是静止的。虽然历史上有很多理论和实践尝试在静止的画面上表现运动，但图像只能暗示运动而不能实际地呈现运动。[①] 二维性和静止性的特征既规定了图像的存在方式，也彰显出图像的生产和接受形态。图像是当代视觉文化的形象产出的主要形态，尤其是在印刷、广告和摄影等领域，它们构成了数量巨大的形象生产、流通和消费的场域，也是视觉消费中最简便最常见的视觉消费物。

不同于图像的静止性，影像的突出特点是其动态性。所谓影像就是指电影、电视等形象类型，也包括晚近随着数字化和影像技术发展而出现的各种网络视频。比较起来，影像与图像有诸多差异，最重要的差异当然是影像的动态呈现。不同于图像单纯地存在于空间里，影像不但存在于空间里，同时也存在于时间过程中。换言之，影像或借助电影放映机投射在屏幕上的影像

① 莱辛在《拉奥孔》中讨论了绘画如何以静止来表现运动，其要旨在于选择最具暗示性的瞬间化美为媚。而现代主义绘画在这方面也作了许多探索，从印象派（如德加和马奈等）表现赛马，到杜尚的立体主义作品《下楼的裸体》表现连续性的下楼动作等。

的延续，或通过电视机屏幕上不断滚动的画面，或是电脑、手机、iPad 或其他电子装置界面上的运动影像，把空间影像时间化了。关于这一转换，最有说服力的就是数码相机拍照和录像两种功能的转换。前者是平面的静止图像，后者则是转化为图像的空间—时间化。一百年前电影的发明曾使人们欢欣鼓舞视觉文化时代的到来，电影作为动的图像的确具有独特的视觉效果和吸引力，但影像的功能还不止于此。当电影从默片进入有声片时代，影像就不再是单纯的图像呈现，它还伴随着各种各样的声音效果。绘画不会说话，照片也没有声音，它们都只能依靠图像本身的力量来吸引观者。影像则具有更加多样的技术手段和综合性的感官效果，再加上快镜头、慢镜头、定格、特写、黑白与彩色画面等，尤其是虚拟数字技术的发展，使得影像成为最具吸引力的视觉对象。《地心引力》这样的科幻大片的出现，把影像的视觉表现力发挥到了无与伦比的至高境界，也把人们观赏形象的期待带入一个新的境界。较之于图像，影像更能代表当代消费社会和信息技术的发展趋向，视觉文化不但要研究视觉形象，同时也要考察声音文化，视—听整合在影像中得到了实现。

图像和影像虽有所不同，但它们都属于平面形象这个家族。如果越出平面性而进入三维立体空间，那么，第三种形象类型就出现在面前：景象。所谓景象包括一切在三维空间中存在的立体形象，从雕塑到园艺到建筑到城市景观，甚至是自然景观。三维深度中的各类形象是景象的存在方式，它与图像的相同之处在于都是静止的，但是不同之处在于图像是平面的，景象是立体的；它与影像的不同之处则在于景象一般情况下是凝固不变的，而影像则每一秒钟都在变动。对视觉文化研究而言，景象小到室内设计或雕塑，大到城市形象和自然风景。景象有别于前两种形象的另一个重要差别是，图像和影像都是观者有距离地观看形象，即使是照片和绘画，景象则不同，观者可以直接进入其内去全方位地浏览和欣赏。在艺术史上，曾有过绘画与雕塑孰优孰劣的争论，其中一个说法就是绘画只能表现一个视角所看到的形象，而雕塑则可以以运动变化的视线来观赏，看到形象的不同侧面。景象的这个特征在建筑、城市景观和自然风景中体现得最为显著。当人们身临其境地进入特定景象时，借用里格尔艺术史的术语来说，前两类形象是“视觉性的”，而景象则是带有“触觉性的”，因为它们可以更近距离地接触。景象与图像和影像还有一个重要的差异，那就是景象是在一个无限延伸的空间里，而不是独立存在的。绘画也好、界面也好、图书也好，它们都是独立存在并被独立观看的，就像画框的功能一样把画面和周围的场景环境隔离开来。景象则有所不同，雕塑也好，建筑也好，甚至一座城市，一片自然风景，它们一方面与周围的环境形成某种“句法关系”，另一方面又置于更大的语境构架之中，成为这一语境背景中的某个前景。于是，景象的分析就不局限于景象本身，而需要延伸至更加广阔的句法关系或语境的考察。

三类形象各有自己的特长和局限，在当代中国视觉文化的格局中，任何人都逃脱不了它们的包围和追踪。如果说在传统社会和文化中，形象是稀缺资源，人们很难接近的话，那么，当代视觉文化已经生产出过量的形象，因此不再是人趋近形象，而形象在逼促人。所以画家克利总结道：不是我在看画，而是画在看我，这已是一个不争的事实。① 20 世纪 60 年代，传播学者麦克卢汉曾经做过一个经典的实验，就是让受众以电视、广播、听演讲和阅读四种不同的方式来接受同一内容的信息，结果测试发现，看电视的效果最好，听广播其次，听演讲再其次，阅读排在最后。② 如果我们依据这一结果来推测三种形象的功能的话，有理由认为视听整合的第二类动态影像更具吸引力和接受效果。原因在于，其一，动态的视听媒介具有感官全覆盖功能，比起单纯的图像和实际的景象更生动；其二，动态的影像可以表征复杂的、变化中的事件和人物，因此更具视觉效果；其三，影像借助新媒体和新视觉技术，可以实现高度的虚拟化，因此为场景和事件的呈现提供了更多可能性，开拓了更为广阔的视觉想象力空间；其四，也是由于越来越多的视觉新技术的出现，动态影像不但可以像电影和电视那样单向传播，而且可

① 参见周宪《视觉文化的转向》，北京大学出版社 2008 年版，第 58—60 页。

② 麦克卢汉：《视像、声音与狂热》，载周宪编译《激进的美学锋芒》，中国人民大学出版社 2003 年版，第 340 页。

以发展出受众参与的不同界面和主体之间的互动；其五，就其传播范围和传播的即时性来看，因特网的各类视频最为便捷，其传播速度和广度远远超过了其他任何形象类型，因而其影响深广度也最为凸显。当下中国网络视频已经日益多元分化，从纯粹娱乐的影视作品，到各种新闻娱乐（infotaiment）的视频，再到各种涉及反腐的视频信息等，其目标定位和功能各有不同，但无一例外都成为当下视觉文化最吸引视觉注意力和最具视觉经济价值的形象。

形象类型学

形象类型学的分析不只限于其构成的媒介形式方面，还可以从形象主题学的内容方面加以分类。今天，在中国当代视觉文化中，形象主题学的分析比较薄弱，但缺少这一分类学的研究，很难把握到当代视觉文化的一些重要面相。形象主题学的分析触及形象内容、意义、价值或意识形态问题，偏重于形象编码—解码的关系性考察。

形象的主题分类研究之所以重要，原因在于透过主题分类，可以瞥见视觉文化复杂的深层内容。其实，分类本身就是特定时期视觉文化结构的体现，特定的分类不但反映了视觉文化研究的视角及其分析，同时更反映了某一时期视觉文化的形象变迁。在这方面，文化研究提供了许多可资借鉴的模式。比如，有学者在分析美国电视剧的女性形象时，从女性主义视角出发，把电视剧中女性的刻板形象归纳为如下几种类型：

> （1）小魔鬼型：反叛，性冷淡，野丫头；（2）贤妻良母型：贤内助，迷人，主内；（3）悍妇型：有攻击性，单身独居；（4）泼妇型：善告密，爱说谎，工于心计；（5）受害型：被动，受到暴力或事故之害；（6）诱骗型：假装无依无靠，实际上却很强势；（7）色诱型：以色性来诱惑男人，以达到罪恶目的；（8）交际花型：交际花，艳舞者，妓女；（9）女巫型：极强势，但又屈从男人；（10）女家长型：家庭中的权威，

长者，性禁忌。①

透过这十类形象的类型学考察，可以清楚地看到，女性形象的电视剧建构实际是依循了某种“看不见的逻辑”，那就是在一个男性支配的社会和文化中，女性总是扮演了某种负面角色，这些角色要么是显而易见地依附男性，要么是表面上具有控制男性假象，但最终仍归于男性支配。电视剧中的女性形象看起来纷繁多样，但万变不离其宗，都处在边缘性、负面性和被支配的地位上。

诸如此类的形象主题分类研究对我们考察当下中国视觉文化是有启发的。中国当代视觉文化纷繁复杂，从广告到电视剧，从动漫到网络游戏，从先锋艺术到城市景观，虽然表面上纷繁复杂，但经过仔细分析可以发现一些主题类型。举个例子来说，电视剧和电影的生产越来越倾向于类型片，而类型片又可以明显地区分为模仿西方的类型片和本土特色的类型片。从本土特色的类型片来看，正在形成或业已形成了一些固定的人物形象类型。晚近一些年收视率很高的帝王戏或宫廷戏，从秦始皇到乾隆，历代君王的故事被搬上屏幕，虽说一代有一代的故事，但历史题材电视剧中业已形成了君王、妃子、大臣、太监等固定化的形象类型。这些人物类型的交错复杂关系，在戏说历史中把历史戏剧化和人物传奇化了，揭橥了后宫里各等角色的宫闱权谋与争斗。再比如，描写国共角力的谍报戏，描写新时期军旅生活的励志戏，或反映改革开放以来都市或乡村市井生活的电视剧，都已经形成一些独特的类型，它们一方面是“类型片”的基本元素，另一方面又是塑造接受者对社会文化现实认知的基本元素，同时也是中国当代电视剧趋向成熟的一个征兆。城市景观在不同规模的都市中也存在一些主题形态，一些巨型城市的国际化大都市形态非常明显，国际化流行风格成为这些巨型城市的风向标，而地方性的传统元素日渐衰落，尽管采取了一些保护性的抢救措施。同质化倾向和西化倾向在这些城市景观中甚为显著。而一些中小城市，限于发展速度和水平，

---

① D. Meehan, *Ladies of the Evening*: *Women Characters of Prime-Time Television*, Metuchen, NJ: Scarecrow, 1981, p. 131.

则较多地保留了城市本身的地方性特征。更多的城市是介于两者之间，国际流行风格和地方性特色的交错混杂，失去了自己的城市景观地域特色。这些情况表明，中国当代城镇化发展需要解决一系列功能性和文化性难题，如何深蕴在城市自身历史发展的文脉中来重塑城市形态，而不是脱离这一文脉跨越式地进入一种无根无本新状态，乃是一个城市景观建构的难题。

当下中国视觉文化的形象主题学方面的类型考察，取决于我们采取何种视角。一般来说，在纷繁复杂的视觉文化中，人们总是看到他们想看的东西，因为对视觉物的观看是一种高度选择性的行为。视觉文化的研究亦复如此，研究者总是想从所考察的视觉文化现象中看到特定的形象主题、观念和意识形态。因此，形象的主题分类研究有赖于形象研究的方法论。这既涉及主题学，也涉及价值立场。在我看来，当代中国视觉文化的形象分类，需要两方面的考量，其一，对当代视觉文化的批判性和反思性的立场，这在文化研究中非常重要，没有这一维度就不能被称为文化研究。视觉文化研究很容易滑向某种现象学的描述，甚至是一种价值中立的分析。其实，当代视觉文化研究最缺的就是具有犀利锋芒的批判性和反思性研究。视觉文化各种机制、方式和形象的普遍日常生活化，往往会遮蔽人们对它们的思考和解析，所谓见惯不惊或习以为常。正像俄国形式主义对文学分析所主张的“陌生化”，或布莱希特史诗剧的“间离效果”那样，对具有遮蔽性和假象化的视觉文化现实，我们需要某种另类方法来审视，需要拉开距离来考量。我以为，形象主题学的分类研究其实给了我们某种路径，有助于我们反思地、批判地进入其内，关注于这些类型的不同主题，进而揭橥中国当代社会转型期的变化了的社会文化以及随之而来的变化了的主体及其意识形态。其二，形象主题学的类型分析是一种偏重于内容分析的方法，这一方法很容易接近形象的本土性特征，唤起视觉文化研究的本土问题意识和地方性经验。虽说中国当代视觉文化多有模仿、拷贝和借鉴西方视觉文化的倾向，比如一些收视率很高的电视节目，多是西方某种电视节目类型的中国版。但是，一个有趣问题就是需要解析西方节目中国版的变化。因此，如何在拷贝中生成一些中国本土元素和经验，则是形象主题学类型研究的一个焦点。当然，更不用说那些纯粹本土性的视觉现象了。因此，形象主题类型学关注的必须是那些本土性的、地方性的类型，正是这种类型方体现出中国当代视觉文化的地方性和中国问题。

形象的视觉性及其表征

其实，形象这个概念的讨论无法离开另外两个关键词——视觉性与表征。

在西语中，形象（image）的视觉性是显而易见的，无论在艺术理论还是美学的意义上，或是在认知科学和心理学的意义上看，形象与视觉性密不可分。自19世纪德国艺术理论关注视觉性以来，尤其是费德勒把视觉形式当作艺术研究的核心范畴，这种理念深刻地影响了希尔布兰德、李格尔、沃尔夫林等一大批艺术史论家，视觉性概念成为一个趋之若鹜的研究课题。[①] 但是，费德勒的视觉性还比较多地集中在视觉的形式和心理层面，偏重于形象的风格分析。自20世纪80年代以来，随着视觉文化及其研究的异军突起，视觉性被重新讨论并加以界定。于是，形象的视觉性的探究转向了更为复杂的观看方式和规则等更具文化政治意义的方面。美国学者弗斯特在这一时期关于视觉性的经典界定最具代表性：

> 为何会有视觉和视觉性这些概念？尽管视觉意味着一个身体动作的视线，而视觉性意味着一种社会现象的视觉，但两者并不是自然对文化那样的对立：视觉也是社会的和历史的，而视觉性也涉及身体和心理。然而，这两个概念又不是同一的：这里可以看出两个概念的差异标明了视觉机制与其历史技术之间在视觉上的差异，视觉资料与其话语决定因素之间的差异，亦即如下方面的某种差异或诸多差异，我们如何看，我们如何能看，如何被允许看，如何去看，即我们如何看见这一看，或是如何看见其中未现之物。借助于其修辞和表征，每一视觉政体都会努力

① Hermann Konnerth, ed., *Konrad Fiedler Scgriften über Kunst*, Munich, 1931.

消除这些差异：将其多种社会视觉性归并为某种不可或缺的视觉，或者在某种视觉的自然层级系统中将它们有序化。因此，重要的是解开焦点叠加，打碎视觉现象既有的序列（这也许是瞥见它们的唯一路径）。①

弗斯特在此强调的一个核心观念是，视觉性说到底就是在特定的视觉政体中，人们是如何看或如何被看，对视觉性的研究是要揭示这种看本身是如何形成的，其方法则是揭露视觉政体如何掩盖复杂多变的视线而归诸某种单一有序的视觉。照我的看法，马克思关于“统治阶级的统治思想”的分析可以作为视觉性研究的一个参照。马克思认为，每个时代都有占统治地位的统治思想。这种统治思想是通过复杂的话语实践而实现的，其关键在于“赋予自己的思想以普遍的形式，把它们描绘成惟一合理的、具有普遍意义的思想”②。换言之，如果说在一个社会中存在着关于视觉文化的“统治思想”的话，那么，它必然会把各种各样的视觉现象和活动秩序化和归一化，区分出什么样的视觉或观看是合理合法的，什么是不合理与不合法的，由此构成了一个时代视觉活动的显性规则，其隐性规则则意味着对某些所不允许的视觉现象的压制和拒斥。所以说，视觉性不是自然的产物，也不是不可改变的，通过视觉性的分析，就可以找到特定社会视觉性的构成规则，解开遮盖在其上的种种面纱和遮羞布，还视觉性以本来的面目。

视觉性说穿了就是人的视觉的社会性，它包括“视觉的社会建构”和“社会的视觉建构”（米歇尔语）。从费德勒早期的视觉形式的探讨，到今天视觉文化对视觉社会建构的分析，重心已日益转向视觉的文化政治，而表征（representation）这个概念更加凸显了这一指向。因为视觉性构成或运作的讨论，相当程度上就是视觉表征的讨论。

从结构主义关于符号表意实践理论出发，到后结构主义关于话语理论的分析，当代思想提供了丰富的理论资源来探究视觉文化中的表征问题。回到

① Hal Foster, ed. , *Vision and Visuality*, Seattle: Bay Press, 1988, p. ix.

② 《费尔巴哈》,《马克思恩格斯选集》第1卷，人民出版社1972年版，第53页。

马克思关于意识形态的看法，即通过某种复杂的修辞转换，把特定的、局部的、地方性的思想转化为普遍的不可改变的思想，视觉的表征活动的考察就是要解释视觉文化运作的这一潜在规则。伊格尔顿把马克思的理论与后结构主义的话语理论相结合，进一步完善了这一分析，他写道："通过设置一套复杂话语手段，意识形态悄悄地把党派的、有争议的和特定历史阶段的价值，呈现为任何时代和地点都确乎如此的东西，因而这些价值也就是自然的、不可避免的和不可改变的。"① 那么，这些复杂的话语手段究竟是如何设置的呢？福柯的话语理论给出了一些解答。每个时代都有自己的"认知型"，它们趋向于某种"求知（真）意志"。这一意志就是把认知话语区分为理性和非理性等两极，一个特定社会必然会允许前者而拒斥后者。但是，被允许的话语最终是以真理、知识或普遍形式的名义出现，由此排挤或压抑了与之对立或不同的其他话语。这个过程在福柯那里被表述为"话语形成"（formation of discourse）。这方面语言最为典型，一切语言活动最终都受到这样的话语形成规则的制约。② 对于视觉文化来说，情况亦复如此，也有同样的视觉话语形成规则。所以，对视觉文化的复杂形象的考察就必然转向形象表意实践的解析。

霍尔关于表征的理论对于我们理解形象与表征的关系很有启发。他认为，表征就是三要素的两个系统之间的运作。所谓三要素即事物—概念—符号，它们构成了两组关系系统。第一个系统是事物与概念的对应系统，特定事物，无论是自然物或社会现象或人，总是与特定的概念相对应；第二个系统是概念与符号的对应，亦即概念最终通过一定的符号来呈现。所谓表征也就是三要素所形成的两个系统之间的复杂关系。③ 通过这个复杂系统的运作，表征最终实现了意义的生产。因此，表征的分析也就集中于形象意义是如何被生产

① Terry Eagleton, "Ideology", in Stephen Regan, ed., *The Eagleton Reader*, Oxford: Blackwell, 1998, p. 236.

② Michel Foucault, "Discourse on Language," in Hazard Adams and Leroy Searle, eds., *Critical Theory Since 1965*, Tallahassee: University of Florida Press, 1986, pp. 148—163.

③ Stuart Hall, ed., *Representation: Cultural Representations and Sign Signifying Practices*, London: Sage, 1997, p. 19.

出来的，进而揭示形象背后的意识形态和文化认同。晚近的表征理论带有明显的建构主义特点，它强调主体认知是通过符号来建构对于世界及自我的认识。由于符号有共享性，所以意义便可以共享，这就形成了意义的生产和消费。在霍尔的文化循环图里，表征占据着重要位置，它与规则、认同、生产和消费构成多向互动关系。这一图式揭示了表征在整个文化建构中的核心地位。① 但是霍尔的图式是泛指一般性的表征活动，并不是特指视觉文化。我们有必要进一步思考视觉文化中表征的特殊性，考量形象话语的形成规律。于是，我用以下更为复杂的图式来揭示视觉文化表征的复杂性。

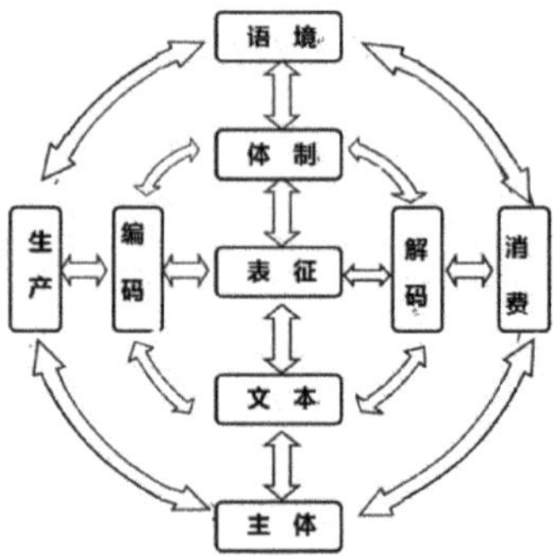

这是一个以表征概念为核心的十字加环形的结构图式。形象具体地化解为表征的载体（视觉符号或形象），而表征作为节点式的中心概念，向四周延伸构成复杂的表意实践。在十字结构关系上，纵向是从物质的社会世界和文化背景，逐步过渡到视觉文化活动的行为主体及其认同建构。表征的种种表意实践有赖于视觉文化体制（教育机制、展示场馆、影视机构、管理机构，甚至家庭场所等），它们又存在于更大的社会—文化语境（经济体制、市场体制到政治体制、社会系统等）之中。当代中国社会转型的大语境直接制约着视觉文化。反之，视觉文化也积极或消极地作用于这一语境。从语境到文本再到主体及其反馈，是视觉表征实践的互动性建构过程，也是价值观的形成过程，同时也是快感和娱乐性的生产的过程。

① 参见霍尔等《表征：文化表象与意指实践》，商务印书馆2003年版，第1页。

横向结构标明了从形象的生产性编码到消费性解码的过程。依据表征是由从事物到概念再到符号的关系，它在微观层面上体现为形象的编码—解码；在宏观层面上，它是主体表意实践的生产经由传播再到消费的过程。编码过程本身有一系列规则和规范，有些显而易见，有些则隐而不现。解码过程与编码过程既有可能相一致，也有可能相抵牾甚至相反。探究编码—解码的规则，就是对视觉文化表征的深度分析。尤其是表征的隐性原则，比如视觉叙述按何种秩序（先后关系）和何种关联（因果关系）来处理？何者居于中心而何者处于边缘？凸显什么和遮蔽什么？代表什么和反对什么？正是这些原则体现出视觉文化的价值取向和主体建构性，它们与中国当代社会的深刻转型有复杂关系。编码涉及视觉文化生产者的生产活动，而解码触及其消费者的接受行为。

结构图中的诸多概念还构成了视觉文化的关联模式，其中有一系列环形互动关系值得探究。图中任两个概念都有彼此互动关系。内环是视觉文化内在结构，呈现为一系列微观层面上表意实践的互动关系。编码与体制间存在着双向互动关系，体制制约编码，编码作用于体制；编码与视觉文本间亦有互动关系，特定编码构成特定视觉文本，而特定视觉文本又强化或弱化特定的编码。解码与体制和文本间亦有相似的互动关系。更重要的是，以表征为中心形成了双向的顺时针和逆时针的表意实践活动。即体制⇒编码⇒文本⇒解码⇒体制的过程，说明一个完整的视觉文化符号表征过程，而体制⇒解码⇒文本⇒编码⇒体制，则说明了视觉文化逆向的反馈过程。这两个方面都是需要特别关注的循环过程。

进一步，外环则是视觉文化外在结构，它呈现为宏观层面的表意实践的符号政治经济学层面。如果从语境出发，可以看到它一方面对生产有所制约，另一方面又对消费有所制约，这些制约是通过种种复杂的社会关系再生产、制度实践或文化政治形成的。同理，如果以主体认同为基点，主体一方面生产出视觉文化产品，同时也生产出特定视觉文化的意义和价值；另一方面，主体认同在消费中形成了对特定视觉文化产品的接受，同时也形成了对特定产品意义和价值的认同或抵制。语境—生产，生产—认同，认同—消费，消费—语境，每个关系项之间存在着一系列复杂的互动关联，没有一个因素可以独立发挥作用。它们构成了一个错综复杂的视觉文化网络，并与社会转型构成复杂的相关性。

通过以上结构图式，我们可以清楚地看到，形象在视觉文化中并不是一个简单的元素，而是一个具有枢纽性的视觉符号。从形象到视觉性再进入表征，视觉及其观看方式才彰显出来；通过表征的意指实践的分析，形象被置于更加复杂的社会文化语境中加以审视，最终将有助于我们解答视觉文化的核心问题：形象如何产生社会的视觉建构与视觉的社会建构。

（原载《江海学刊》2014 年第 4 期）

文化马克思主义的历史和启示

党圣元

一

文化马克思主义大体指的是当代西方批判理论，即西方马克思主义。它主要关注的是西方社会里的性别、种族、文化身份等问题，致力于分析社会中的媒体、艺术、戏剧、电影以及其他文化形式。文化马克思主义兴起于20世纪20年代，其中最著名者是德国的法兰克福学派和英国的伯明翰学派，思想家包括从格奥尔格·卢卡奇、安东尼奥·葛兰西、恩斯特·布洛赫、瓦尔特·本雅明、T. W. 阿多诺、爱德华·汤普森、雷蒙德·威廉斯到特里·伊格尔顿、斯图亚特·霍尔等人，这些理论家用马克思主义分析当代资本主义社会里的文化形式及其对受众和社会生活的作用与影响。在后现代主义阶段，新一代马克思主义理论家致力于分析福特、后福特资本主义条件下的文化变迁、流行音乐和艺术对传统文化的影响以及在公共领域里的政治话语，代表人物是杰姆逊、哈贝马斯等人。

文化马克思主义起源于第一次世界大战之后。马克思曾预言，在一次大的欧洲战争之后，全欧洲的工人阶级将会起来反抗，推翻资本主义，创建共产主义。但当战争在1914年到来时，无产阶级革命并没有发生。当它最终于1917年在俄国发生时，其他欧洲国家的工人并没有支持它。问题何在？葛兰西和卢卡奇都认为，西方文化和基督教已经遮蔽了工人阶级认识他们自己的阶级利益，只有摧毁这两者，共产主义才有可能在西方实现。在《狱中札记》

中，葛兰西认为新的无产阶级应由罪犯、妇女和激进少数派组成，新的战场是文化领域，包括学校、教会、民间组织、文学、媒体、娱乐、科学和历史等，所有这些必须被彻底改造，社会和文化秩序要随着无产阶级政权的建立而颠倒过来。

1923年，受卢卡奇的影响，一群德国马克思主义者在法兰克福大学创建了社会研究所，即日后影响卓著的法兰克福学派。为了把马克思主义从经济转化为文化术语，法兰克福学派在许多要点上反驳马克思。他们认为文化不只是马克思所称的社会上层建筑的一部分，而是一个独立且非常重要的变量。他们还说，工人阶级不能领导马克思主义革命，因为它正在变成中产阶级即资产阶级的一部分。那么谁能领导社会革命呢？在20世纪50年代，马尔库塞对此问题做出了回答：一个由黑人、学生、女权主义妇女和同性恋者组成的联盟。马尔库塞的理论是卢卡奇的文化激进主义同弗洛伊德精神分析的拼接，最终产品就是文化马克思主义，如今在美国以多元文化主义著称。

文化马克思主义的关键是文化决定论。文化马克思主义分析文化形式与文化发展、社会历史的关系以及对大众和社会生活的作用与影响。马克思主义的经济基础—上层建筑模式认为，生产力是社会发展的基本动力，文化、法律等意识形态保障统治阶级的统治地位，在这一历史过程中，文化从属于特定的阶级斗争，服务于特定的阶级利益。但总体来看，马克思和恩格斯主要关注的是资本主义的生产方式和资本主义社会的阶级斗争，并没有出版专门的文化批判著作。自20世纪20年代始，葛兰西、卢卡奇、布洛赫等一批马克思主义者转向文化现象研究。葛兰西认为，意识形态是一个充满活力和挑战的领域，各种力量在此交汇，大众媒介、市民社会、教育机构以及各种团体都是意识形态获得合法性的领地。卢卡奇指出，只有置入历史文化背景才能理解文学、小说以及各种文化文本的文化意义；通过历史环境和文化文本的互动，有效地解释文本和历史，是卢卡奇对文化研究的重要启示。布洛赫则将关注的目光投向文化世界中的乌托邦层面，他在《圣经》《荷马史诗》以及现代广告中发掘出理想生活的世界。简要地说，葛兰西的意识形态理论和霸权概念、卢卡奇的历史唯物主义文化理论、布洛赫对日常生活世界的研究以及早期马克思主义理论家弗洛姆、赖希等人的精神分析理论等，均对后来的法兰克福学派和英国文化研究产生了重要影响。

二

因法兰克福学派在中国学界已广为人知，这里仅谈英国文化马克思主义。英国文化马克思主义产生于当代英国的政治文化语境，是战后时代的产物。20 世纪 30 年代和 40 年代的人民阵线，50 年代末 60 年代初的新左派运动和核裁军运动、1968 年的反传统文化政治活动和学生运动，70 年代的女权主义运动和反种族主义的政治运动等，它们构成了英国马克思主义者思考和文化马克思主义产生的环境。战后的阶级状况逐渐使得传统的马克思主义对工人阶级的解释无能为力，这些变化的环境还质疑了“老左派”对政治和经济领域的理解。英国“新左派”是由前共产主义者、共产党的部分成员和希望复兴社会主义理论和实践的社会主义学生组成的异质性团体。他们走到一起是因为 1956 年的苏伊士运河危机和匈牙利事件，他们在 50 年代末期和 60 年代初期共同致力于核裁军运动。“新左派”试图创造一个根植于英国传统但不停留于过去的民主社会主义政治，他们一直是一个松散的团体，但开创了自己的政治空间，其政治和文化活动对英国马克思主义史学和文化研究产生了重要影响。《新左派评论》的编辑是斯图亚特·霍尔，该杂志的主要内容是新左派新闻、文化和文学的批评和政治分析。“新左派”分析当代资本主义、福利社会、劳工政治、大众传媒、反帝斗争和大众文化，它主要包括马克思主义和文化主义之间的辩论，这个辩论对于文化研究的形成和文化马克思主义史学的发展极为重要。文化马克思主义首先要进行的工作，是重新定义结构和动力之间的关系，因为传统社会主义的动力是工业社会里的工人阶级，这一点遭到了质疑。

英国文化马克思主义的历史大体是从20世纪40年代中期到70年代晚期，这三十多年正是英国从福利国家建立到撒切尔夫人对福利国家进行改革的时期。就思想性质而言，英国文化马克思主义应该属于非正统的和批判的马克思主义思潮，主要成员是一些历史学和文化研究领域里的马克思主义者，他们的共同特点是对底层的发掘和对历史的重新书写。历史学家的著作——包括罗德里·希尔顿关于中世纪农民阶层的著作，克里斯托弗·希尔关于17世纪英国革命的著作，爱德华·汤普森关于18世纪大众文化和早期工人阶级的著作，埃里克·霍布斯鲍姆关于分工的历史和世界资本主义发展的著作，它们的共同点是创造了“自下而上的历史”（history from below）①，恢复了历史中女性的作用，探讨了工作和家庭、男性和女性之间的关系以及阶级统治中的性别力量等。历史学家的研究催生了英国文化马克思主义史学和史学理论的发展，这构成了马克思主义思想史上的一个重要部分。这些历史学家，“当他们谈论漫长的历史过程时，他们坚持历史过程的严格的决定论概念。在历史过程中，人类能动作用起辅助的作用。但是当他们考察阶级斗争的历史形式时，他们强调意识、经验、观念和文化。在这种背景下，马克思主义历史学家认为历史过程既由社会结构塑造，又由人类意志塑造”②。在这些历史学家看来，正是普通人的文化而非统治者的文化，真正代表了英国生活方式。相较而言，文化研究则侧重于发掘被统治的和被边缘化的阶级和团体的潜在颠覆性文化，并敏锐意识到社会的意识形态力量；其主题是媒介、青年亚文化、文学生产、当代工人阶级、种族和性别文化、大众文化、意识形态的性质等。值得注意的是：第一，马克思主义学者与后来文化研究的共同点在于对文化的整体性理解，创造和发掘自下而上的历史，以及为普通的被压迫者发声的学术指向，即重视历史创造中普通人的能动作用。第二，有些马克思主义历史学家本身就推

① E. P. 汤普森在1964年发表的一篇文章中提出了“自下而上的历史”这一概念。E. P. Thompson, “History from Below”, *Times Literary Supplement*, 7 April, 1966, pp. 280—296.

② 丹尼斯·德沃金：《文化马克思主义在战后英国》，人民出版社2008年版，第62页。

动了文化研究的发展，比如，汤普森以马克思主义历史学的观点开创了文化主义。另外，诸如希尔对英国浪漫主义文学的重视，40年代末期历史学家对文学批评家克里斯托弗·考德威尔的争论，基尔南对英国文学传统的兴趣，霍布斯鲍姆的文学创作等，历史学家与文学的联姻，暗示了从历史学到文学再到文化研究的一脉相关性。

英国文化马克思主义致力于对战后英国的社会主义理解，把握当代生活中工人阶级革命意识、消费资本主义以及大众传媒迅速发展的作用等一系列问题。这些变化对传统马克思主义的假设——即工人阶级必然预示了社会主义的到来——造成了威胁。它们也打破了传统左派对政治和经济范畴的完全依赖，因为战后变化了的状况影响了工人阶级的整体生活方式，并用新的和复杂的方式重新构造他们的身份。英国学者丹尼斯把英国文化马克思主义的终结定位于1979年12月初在牛津一个新古典教堂里理查德·约翰逊、霍尔和汤普森的辩论。这一辩论把文化主义、马克思主义历史学和结构主义在英国的影响所导致的分歧公开化，标志了“不同形式的文化马克思主义之间的对话的终结，也标志了左翼学术讨论中马克思主义霸权的终结”①。后者指的是，国际范围内的政治剧变导致了马克思主义的破产。波兰团结工会的发展，东欧和苏联社会主义的终结，伊朗革命等背离了马克思主义对第三世界中激进社会变革的期待，推动社会革命的力量不再是反资本主义，而是宗教势力。

就文化研究本身的历史来看，汤普森对英国工人阶级形成的考察、威廉斯的文化唯物主义、约翰逊的历史观、霍尔对马克思主义的新解读等，都是文化马克思主义的核心理论。汤普森既坚定地信仰马克思主义，又激烈地批判保守的马克思主义，他批判斯大林主义，提倡社会主义的人道主义，他的观点结合了自由传统对个人的尊重和社会主义社会的平等主义，强调社会主义和人道主义的重要性。在汤普森看来，斯大林主义的致命错误在于其经济

① 丹尼斯·德沃金：《文化马克思主义在战后英国》，人民出版社2008年版，第338页。

主义，即从经济和阶级结构的角度观察社会政治、道德和艺术。这是一种简单的决定论。汤普森强调人类动力在历史中的作用。他改造马克思的说法：人创造了他们自己的历史，他们部分是代言人，部分是牺牲品；动力因素是人类本性的一部分，它将人与动物区分开来。人类能动地构造了历史，这是汤普森后期著作的一个核心主题。在否定了经济基础—上层建筑的区分之后，汤普森重申了经济和文化之间的更复杂的相互作用关系。

文化研究起源时期的代表作是理查德·霍加特的《识字的用途》、汤普森的《英国工人阶级的形成》、雷蒙德·威廉斯的《文化与社会》和《漫长的革命》。早期的文化研究被称作“文化主义”范式，其核心概念是文化，重在强调人类动力和主体性。学界后来把英国文化研究的历史分为三个阶段，即文化主义阶段、结构主义阶段和后现代主义阶段。在文化主义阶段，文化研究的三位先驱——霍加特、汤普森、威廉斯——追寻工人阶级的本真生活方式，忧虑来自美国的大众文化对工人阶级淳朴文化的侵蚀。他们对工人阶级文化和真实经验的推崇，意图是在政治上保护工人阶级的力量，以与资本主义进行斗争，建设社会主义的民主社会。在他们的研究中，文化就是文化政治，文化具有政治性。他们对工人阶级文化的态度以及大众文化的研究方法，对后来的文化研究产生了深远的影响。

1964 年，霍加特排除阻力，主持成立了伯明翰当代文化研究中心，1969 年霍尔继任主任，领导中心十年，这是文化研究这一学术思潮成就和影响力最大的时期。自 70 年代始，霍尔主持中心引进欧洲大陆思想——主要是法国后结构主义者如阿尔都塞、拉康和罗兰·巴特等人以及葛兰西的思想，史称伯明翰学派的结构主义阶段。结构主义的核心概念是意识形态，阿尔都塞把主体视为意识形态的结构之物，意识形态的控制性得以呈现，这就破除了文化主义的文化本真性的幻象。但密不透风的意识形态控制没有给予文化斗争一定的空间，转向葛兰西也就成为伯明翰当代文化研究中心的必然选择。霍尔以马克思主义分析当代媒介从生产到文本到消费的过程，发现媒介的生产环节各自相对独立又相互影响；在媒介消费阶段，霍尔提出的三种解码模式，即主导性、协商性和对抗性解读，对葛兰西的意识形态理论进行了应用和证实。葛兰西最重要的地方在于，他认为意识形态是权力斗争的场所，这为文化领域的抵抗留下了空间。葛兰西提供了发达资本主义社会中的权力观点，其意义在于：第一，避免了经典模式的还原主义；第二，将文化和意识形态领域看成是在历史性建构的关系中统治和被统治集团之间的冲突性的竞技场；第三，反对将霸权简单地等同于统治阶级的统治；第四，理解西方民主中“一致意见”产生的复杂性。[①] 关于葛兰西的霸权理论对文化研究的影响，斯道雷认为：“首先，引起对通俗文化政治学的重新思考。现在通俗文化被看作霸权产生和再产生的主要场所。在这种全新公式里，通俗文化被理解为统治集团的利益与被统治集团的利益相互斗争与妥协的场所。其次，文化研究引入霸权概念产生了对通俗文化概念自身的重新思考。……从霸权理论的观点来看，通俗文化既不是‘纯真’的工人阶级文化，也不是资本主义文化工业强加的文化，而是这两者的‘折中平衡’，是来自上层和底层的种种力量的矛盾混合体，既有‘商业’色彩又‘纯真’，其标志是既‘抵抗’又‘妥协’，既是‘结构’又是‘动因’。”[②] 斯道雷这里说的是对前此两种文化研究的观点和方法的扬弃，法兰克福学派、结构主义等把通俗文化看成是资本主义霸权强加的文化，而文化主义则把通俗文化看成是来自底层的自发的文化，是工人阶级的纯真的文化。而葛兰西思想的引入，则把文化领域看作社会各种势力、权力斗争的根据地。菲斯克提出的两种经济的概念即金融经济和文化经济，前者是财富的流通，后者指的是商品和意义的流通过程。法兰克福学派仅着眼于前者而忽视了后者，事实上，要想了解文化商品如何被赋予意义，就必须考虑消费。文化研究反对利维斯主义和法兰克福学派的悲观论，他们把着眼点放置在控制性的意识形态上，把结构视为压倒性的作用，消费不过是被动的过程，这忽略了大众文化的另一面，即大众以“为我所用”

---

① 丹尼斯·德沃金：《文化马克思主义在战后英国》，人民出版社 2008 年版，第 196 页。
② 约翰·斯道雷：《文化理论与通俗文化导论》，南京大学出版社 2001 年版，序言第 1—2 页。

的态度对待资本主义市场提供的文化商品，在消费过程中构造新的意义。

虽然伯明翰学派在研究中闭口不提法兰克福学派，但他们的批判方法、政治视角、阶级理论等仍然承续了法兰克福学派的立场和方法。他们都认为，大众媒介虽然在资本主义国家独立于政党和政府，但基于资本力量的影响，仍然服务于主导性阶级的利益。但与法兰克福学派不同的是，英国文化研究发掘了大众文化的抵抗性力量，霍尔领导的伯明翰学派中心所从事的学术课题在对青年亚文化、流行文化、媒介文化的分析中发现，青年亚文化是对战后国家教育和官僚体制的对抗，除了年龄和代际的差异，这种对抗具有政治性，是左派政治需要整合的资源；在对电视观众的研究中，霍尔指出对抗性阅读与政治变革的关系，莫利以社会学方法实证霍尔的理论设想，菲斯克把消费动力推向了高峰，文化消费的政治性以及资本主义政治变革的主体由此得以出场。

早期英国文化研究采用跨学科方式研究文化的政治经济学、文化的生产和分配过程、文化的文本作品及观众对文化的接受程度，这种视角与法兰克福学派极其相似。伯明翰学派主张文化研究一定要置于创造文化和消费文化的社会关系和社会系统中，文化分析与社会、政治、经济研究紧密相连。20世纪80年代之后，文化研究吸收了福柯、德里达等人以及新马克思主义、女权主义的思想，强调身份的差异性、消费的对抗性和文化意义的自足性，文化研究由此转向后现代主义阶段。在霍尔称为“新时代”的文化研究中，全球化时代的媒介文化、后殖民身份、流散文化、后现代景观等成为研究的焦点。这种研究取向遭到了倾向于马克思主义政治经济学的当代学者诸如葛瑞汉·默多克、彼得·戈尔丁、尼古拉斯·加纳姆等人的批评。默多克和戈尔丁的传播政治经济学研究不同于伯明翰学派对马克思主义的理解，他们的研究建立在对传统的“经济基础—上层建筑模式”的重新确证上。他们反对文化马克思主义将经济决定推到幕后的倾向，认为媒体研究必须开始于创造它们的垄断资本主义的经济利益。他们并不认为文化生产完全由资本主义媒体结构决定，但坚持认为媒介的意识形态生产必须在与大规模的商业企业的需求关系中才能被把握，而伯明翰学派专注于文化消费和文化意义的创造则忽视了经济结构之于文化意义的限制。麦克盖根批评了在通俗文化研究中不加批判地走向民粹主义，研究者对“接合”（articulation）的偏爱没有充分领会和理解文化消费的历史和经济状况，没有把问题置于权力的物质关系的背景之中。他认为，这种民粹主义倾向使得文化研究在政治上毫无作为，反而沦为其所批评的占统治地位的剥削和压迫的权力结构的同谋。他说：“我认为，文化研究从文化的政治经济学中脱离，迄为该研究领域之最自残的特征之一。核心问题在一种经济还原主义的恐怖中被实际设为前提。结果，媒介机构的经济问题和消费者文化的主要经济动力很少去调查，简单地用括号括去了，因而严重削弱了文化研究的解释与（效果上的）批判能力。”① 霸权理论导致了不加批判的民粹主义，重视消费而忽视生产，在文化研究中引入政治经济学视角，是对马克思主义的回归和重新理解，这极为必要。或如保罗·史密斯所说，当文化研究取消了马克思主义时，它就不能填补它在自身内部所造成的那些鸿沟；没有别的可行的理论形式能够做马克思主义所能做的那种工作，也不能做文化研究总是声称它要做的那种工作。②

伯明翰学派的意义，一是纠偏了法兰克福学派的精英主义倾向，赋予了大众文化积极的政治意义；二是推进了美国媒介文化研究的经验主义量化研究方式，反对其维护现成秩序的意图，赋予媒介文化研究批判性和人文性；三是扬弃了他们之前的利维斯的文化观，扩大了文化研究的领域。文化研究以开放的政治和文化视野吸收了新马克思主义、精神分析、女权主义、人种论、结构主义和符号学理论，形成了自己的研究视域和问题范式，其学术目标是研究文化形式、文化实践和文化机构及其与社会和社会变迁的关系，代表人物除霍加特和霍尔外，还有戴维·莫利、安吉拉·麦克罗比、保罗·威利斯、约翰·费克斯等人，经由曾在伯明翰当代文化研究中心学习过的劳伦斯·格罗斯博格、陈光兴、迪克·郝布迪格、托尼·本内特等传播到美国、

---

① 吉姆·麦克盖根：《文化民粹主义》，南京大学出版社 2001 年版，第 45 页。
② 陶东风主编：《文化研究精粹读本》，中国人民大学出版社 2006 年版，第 10 页。

大洋洲、东亚等地，文化研究已经成为当代世界性的学术思潮。文化研究是语境性的、问题性的、地域性的、跨学科的、非方法的和开放式的。文化研究到底包括哪些研究对象和内容？对此，哈特利把文化研究比作“丰裕哲学”，认为它致力于全球化时代的差异扩张；在知识上关切现代社会中的权力、意义、身份和主体性，并把这些关切融合为一体；它极力恢复和推进边缘性的、微不足道的或被鄙视的区域、身份、实践和媒介；它是批判性的事业，致力于对支配性话语予以置换，去中心化和去神秘化以及解构；它是对知识政治（intellectual politics）的激进承诺——要用观念创造奇迹，要对观念创造奇迹，要由观念制造奇迹。① 哈特利指出，文化研究分析不同于文本语境和社会语境下的意义建构实践，它探讨那些不平等的关系，这种不平等关系借以形成的媒介以及改变不平等关系的可能性。文化研究的议题是通俗文化、阶级、亚文化、大众媒介、日常生活、城市与郊区、主体性、意识形态、霸权、话语、权力、可视性以及其他非语言意指、身体、赛博空间、文化与科技、制度与人的关系、文化政治、边缘人与边缘实践得以成长的环境、跨国知识与图像流、非都市文化之间的殖民残余和帝国残余等。②

三

在美国，文化马克思主义的典型表现即“政治正确”（Political Correctness）或“文化多元主义”（Multiculturalism）。对许多美国人来说，“政治正确”是一个模糊的术语，它指的是“自由”“新奇”却又缺乏统一特征的一系列分散、无关联的观点。尽管这些观点有时显得极端、高度敏感甚至糊涂，但若仔细观察“政治正确”的历史，它又会显露出不同的面目，因此，虽然有时以“文化自由主义”（cultural liberalism）意指它较为合适，但更准确的表达应当是“文化马克思主义”。实际上，“政治正确”并非一系列偶然性观

① 约翰·哈特利：《文化研究简史》，金城出版社2008年版，第17页。
② 同上书，第18页。

点的集合，它是精心安排的对西方文明的攻击，其主要目标，一是基督教信仰和道德价值；二是狭隘的白人，特别是白人男性，他们被认为是世界上大多数暴力和剥削的根源。

在“政治正确”的批评家看来，这个贬义性术语描述的是掌控着当代美国教育体制、媒介、流行文化的自由主义文化精英们的观念、词汇、政策和行为，因为“政治正确”支持、标签了一定的思想、言辞和行为。“政治不正确”则是一种有效的删除异见性的观点或禁止他们认为有问题的事情的方法，诸如过时了的或过于传统的；歧视性的观点指向特定的需要特殊保护的少数派，诸如黑人、妇女、同性恋者、非基督徒等；落后的观点，通常是政治上的、社会上的或宗教上的。如威廉斯·林德所说，在我们历史上第一次，美国人必须害怕他们所说的，他们所写的，他们所想的。他们必须害怕使用了错误的词汇，被视为冒犯性的或不敏感的词汇，或种族主义、性别主义、恐同主义等，除非它失败了，“政治正确”将根本性地摧毁西方文化传统。

在历史上，包括共产主义、新左派、少数族群运动，“政治正确”往往意味着对不同意见或社会异端邪说的压制与排斥，“政治正确”这里指的就是文化马克思主义。显然，它是一个贬义词，是激进的、不宽容的、非自由主义的观点和行为等。“政治正确”是一种极权主义哲学，在自由主义者看来，就是无产阶级专政。当代美国的“政治正确”是文化马克思主义的一种形式，它继承了马克思主义的辩证法及其历史观、社会观、专政制度以及财富再分配、性政治等观点。20 世纪 80 年代，很多文化观察家警觉高等教育机构中“政治正确”的出现，认为这是一种左翼的文化帝国主义。不难看出，葛兰西的处方和卢卡奇的思想正是这种理论思潮的前导。

“二战”后，美国的一些保守主义者仍然反对社会主义和社会工程（social engineering）的观点，有些人认为文化马克思主义和法兰克福学派激发了60 年代的反文化社会运动。自 20 世纪 90 年代早期开始，新保守主义者诸如布希南（Patrick Buchanan）和威廉斯·林德等人认为，文化马克思主义是美国左派的主流思想，其哲学思想是摧毁西方文明。布希南认为，法兰克福学派强占了美国大众媒体并以之影响美国人的心灵。林德认为，如果我们比较政治正确的基本信条和经典马克思主义，其类似之处是明显的。保守主义者高特菲尔德（Paul Gottfried）认为，马克思主义的生存和发展在苏联衰落之后采取了文化马克思主义的形式，他说，新马克思主义把自己称为马克思主义者而不接受马克思主义的历史和经济理论，但支持社会主义对抗资本主义。社会主义者将在马克思主义异化论的基础上构造他们的概念，把理论焦点转向宗教、道德和美学。在文化保守主义看来，“政治正确”和“文化多元主义”是用于摧毁西方文化的工具，其目标是通过漫长的文化革命颠覆所有的体制；不仅如此，“政治正确”还是一种心灵控制的形式，它控制了自由言论，消解了公共意见，弱化了对民主的捍卫，它意图制造一个建立在压迫、贫困和战争基础之上的世界政府或马克思主义社会。他们认为，欧盟已经实施了某些观点，即摧毁传统的社会和文化，变成一个联邦制的欧洲，这一政体超越了任何边界、文化和民族主权。

四

应当强调的是，对文化马克思主义进行史的梳理不是我们的根本目的，而是我们借以回应当下文化现实的手段。之所以强调这一点，是由于中国学术界近年来在大量译介西方文化理论的同时，出现了一种对西方理论和方法不加斟酌地随意套用的倾向。当然，不可否认的是，文化马克思主义在今天比过去任何时候对我们都更具有参考价值，因为当代中国也面临着与他们当时相类似的问题。文化马克思主义的理论框架和方法论，对于中国当代文论和美学建设以及当前文化研究与文化产业发展中存在的问题仍然具有重要的启发意义。

第一，在文学研究领域，文化马克思主义把文化视为社会结构整体中的一部分，特别重视环境因素之于文学和文化产品的作用和影响，这对于我们解答当前中国文论和马克思主义文学研究中遇到的一些理论难题具有启发作用。我们知道，中国的文学研究有段时间曾被“机械反映论”和“庸俗社会学”搞得苦不堪言，而西方文化马克思主义的引入以及对文化、社会、环境等因素的强调，让一些人担心“庸俗社会学”会不会卷土重来？当一些学者聚集在文学的外围大谈文化之时，作品中的“文学性”是不是遭到了忽视？在文论视野无限制扩容的同时，其学科边界究竟在哪儿？不得不说，20 世纪 90 年代我国文艺学和文学研究界兴起的“文化研究热”，固然与西方文化马克思主义特别是英国文化研究的大量引入有关，但说到底还是中国本土语境的产物，是对当代中国现实问题的回应。面对我国在社会文化转型中出现的诸多问题，“触角”灵敏的文学转向关注社会现实问题，文学研究采取文化、政治或者说社会视角也就显得理所当然。西方文化马克思主义重视文化的作用，强调环境因素对文学的影响，这启发我们，文学研究不是不能注入社会、文化、环境等因子，在文学研究中强调文化、环境因素也不是一定就会导致“庸俗社会学”，文学研究也可以接过文学作品中触及的许多现实问题，像文学创作那样直接对“社会”说话；文化研究中强调社会、环境等因素，不是要丢掉文学，反而更可能在文化、社会、政治、现实等多重关系网络中精确地定位文学。近几年的文学研究实践也表明，文学界通过吸收借鉴文化研究的一些理论和方法资源，不仅解决了一些过去难以解决的问题，而且拓展了文学研究的空间和视野，过去不被学者重视的文学和社会文化制度（比如出版教育制度等）关系等问题，亦渐渐浮出文学研究的水面。重视文化、社会、制度、环境等因素对于文学的意义，已经成为当前文学研究——无论在古代文学界，还是在现代文学或者外国文学研究界——难以回避的课题。比如，在古代文学研究领域，一些学者运用文化研究的方法、思路和视角，交叉性研究（如城市文学研究、文学地理学研究）得到了拓展；受文化研究中女权主义、民族志研究的影响，原先在古代文学研究中处于边缘地带的女性文学、民间文学等内容被激活，为古代文学研究带来了新的活力和生长点。比较文学研究也是如此，在经受文化研究的冲击之后，比较文学再也不像以前那般仅仅关注形式意义上的文本，社会和意识形态意义上的语境亦成为研究过程中考虑的重要因素。

第二，文化马克思主义研究议题的丰富性和广泛性，对于重新思考当代中国马克思主义文化理论和文化研究的范围、界限和结构问题具有启发意义。纵观西方文化马克思主义的整个发展历程，在经历了德国法兰克福学派的批判理论、英国伯明翰学派的三次范式转型以及美国多元文化主义的整合与嬗变之后，文化马克思主义探讨过的议题极为广泛，涉及流行文化、青年亚文化、阶级、种族、性别、身体、话语、权力、大众传媒、日常生活、城市与郊区、意识形态、主体性、可视性、制度与人的关系、文化政治、跨国知识与图像流等，可谓面面俱到，无所不包。如此广泛的议题，为我们重新审视当下中国的文化研究提供了一个参照系：我们应当如何理解中国当前的“文化研究”？哪些内容可以进入文化研究关注的视野？它是否应当具有一定的范围和界限？国内一些学者长期以来一直在“何谓文化研究”上打转转。我们通过对文化马克思主义发展演变过程的梳理可以发现，“文化研究”是一个在内涵上极为含糊的术语，有着跨学科研究的鲜明特色和反建制的明显倾向，很难进行如其他学科那样的本质化界定。“文化研究”在中国学界之所以见仁见智，很大程度上是因为学者们所理解的“文化研究”，或是处于不同发展阶段的“文化研究”（比如处于伯明翰学派范式转换的不同时期），或是来自不同国家的“文化研究”（比如英国、德国或者美国等），或是理论来源不同的“文化研究”（比如有的受葛兰西的影响，有的受伯明翰学派启发，有的受法兰克福学派启示，有的受后马克思主义影响等）。有鉴于此，对于中国当代的文化研究，我们没有必要继续在“文化研究”的定义和特征上纠缠不清，对于西方文化马克思主义涉及的话题，只要能够接合到当代中国的特殊语境中，就都可以研究。援引文化研究的话来说，意义从来不是明确的，而通常是地方性的、取决于语境的。只要我们不是照抄照搬，而是注重强调当下语境，实实在在地切入到具体的问题中做具体的研究，我们在媒介文化、青年亚文化、当代工人阶级、种族和性别文化、日常生活、网络文化、视觉图像等领域，就都能开辟出一片全新的天地。这是文化马克思主义在多个领域进行扎扎实实的个案分析给我们的启发。

第三，文化马克思主义重视“自下而上的历史”，重视大众群体的社会经验，这对于更加深入全面地理解中国当代的大众文化现象、执政党的群众路线、文学中“底层写作”等具有重要的参考价值。与法兰克福学派相比，在大众文化理论上，英国文化研究有诸多创新之处。他们颠覆了把大众视为无辨识力的、被操控的“文化愚人”的精英主义立场，突出强调普通大众的主动性和创造性。不仅如此，他们还注意到了大众自下而上地对宰制性力量的抵抗和颠覆，重估了大众文化政治的进步性潜能。这启发我们，在讨论当下中国的大众文化现象时，不仅要讨论跨国资本以及混合型资本所代表的宰制性力量出于自身利益自上而下地对大众的整合和操控，也要讨论普通民众自下而上的抵抗、拒绝和颠覆力量，讨论从属者如何有识别力地移用文化工业提供的资源去创造自己的意义、价值、快感和身份认同。文化马克思主义的“自下而上”观念，也使我们更易于理解政治层面以及文学—文化层面的“目光下移”现象。在历史和政治思想层面，文化马克思主义给我们的启示是，历史的进程不是王侯将相主导的政治游戏，也不是受伟大人物的光辉思想所引领的心路历程，历史的主角应当是占人口大多数的、被传统叙述所遗忘的普通民众。英国文化马克思主义的这一观念，对于我们深刻认识和理解中国共产党长期以来坚持的群众路线以及当前开展的实践活动是富有启发性的。另外，在文学—文化层面，受这一观念影响，传统书写和叙述中被遗忘和边缘化的妇女、少数族裔和无数普通的下层小人物，重新回到文学写作者的笔下和文学研究者们关注的视野之中。自20世纪90年代始，中国人文学界出现了一个延续至今的有关“底层写作”的讨论热潮。讨论的问题集中在三个方面：一是应当如何界定“底层”和“底层写作”——哪些群体可以被视为底层？“底层写作”的主体是谁？是“底层人的书写”还是“书写底层人”？二是“底层写作”中是否存在着道德价值与艺术价值之间的不平衡？三是“底层写作”与中国现实主义文学传统是否存在着精神上的关联？这些问题，一些直接来自于受英国文化研究影响颇深的印度“底层研究”，一些在西方文化马克思主义——葛兰西的“底层”概念、汤普森的“英国工人阶级的形成”研究、斯皮瓦克的“底层”理论——那里已经做出了部分解答。他们大量丰富且具体入微的探讨，有助于深化当前我国文学—文化界对于“底层写作”问题的讨论。

第四，文化马克思主义特别重视文化在社会结构中的作用，这启发我们要更加重视“文化”这一“软实力”对于增强民族凝聚力和创造力、提升综合国力竞争、促进经济社会发展方面的重要意义。长期以来，我们一直偏重于强调把“经济建设为中心”作为推动社会发展的唯一要务，一些地方一切向“经济”看齐，其直接后果是“文化”退居更为次要的位置，有时文化只起“点缀”作用，更为恶劣的是导致了“文化为经济发展让路”、“破坏文化去发展经济”的现象的出现，并且导致了一系列恶性后果。这样的例子在过去发展中不胜枚举。事实上，文化才是民族的血脉和人民的精神家园，是不同群体、民族乃至国家的象征行为的空间；文化的力量深深熔铸在民族的生命力、创造力和凝聚力之中。特别是在世界上各主要国家普遍重视文化外交、加大文化出口的大背景下，更需要重视和发挥文化的独特作用。近几年来，随着中央把增强“文化软实力”提升至国家战略层面，“文化”在多个领域受到重视，文化产业也取得了前所未有的发展，这是值得特别肯定的。然而，我们同时也注意到，一些地方和部门对“文化”的理解和把握不够准确，对文化产业发展缺乏细致的调研和理性分析，一些文化产品只是披着文化的外衣，很多所谓的文化产品缺乏“魂”和“根”，趋同化、空洞化、形式化、粗鄙化、反智化现象突出。什么才是“真正的”文化？文化在社会结构中究竟应当处于什么样的位置、扮演何种角色、发挥怎样的作用？这是需要我们进一步深入思考的问题。文化马克思主义过去几十年来在这方面的探讨，为我们的思考提供了一定的理论借鉴，对于我们考察文化问题及文化产业的发展问题具有反思作用和启发意义。

第五，中国马克思主义文化批评和文学研究在借鉴当代西方文化马克思主义的思想、观点、方法和经验的同时，也要注意规避它们在发展过程中遭遇的问题和教训。比如，法兰克福学派仅仅注意到了中心化的、霸权式的一体化力量，却忽视了大众在规避、抵抗资本主义文化工业操控方面的努力；若非英国伯明翰学派对法兰克福学派精英主义倾向的纠正，我们可能至今仍难以注意到大众在接受、消费和使用大众文化产品过程中的主动性以及大众文化积极的政治意义。伯明翰学派的局限性也非常显著：他们过分强调文化的改造而忽视了社会制度的变革；他们对民众的反抗能力过于自信，却忽视了现实中民众的真正素质和资本主义制度威力的强大；他们过于强调跨学科研究，却一定程度上忽视了学科分类的合理性。这是我们今天在马克思主义文化批评和文学研究中需要特别注意的地方。再比如，中国马克思主义文学理论史上曾有过这样的教训：当一种理论发展到不宽容异己，过于激进，成为单一文化主义的时候，特别是这种理论与行政权力相结合的时候，它也就难免会走向压制其他文化形式和社会多元生态的文化霸权。美国的“政治正确”和“文化多元主义”的确可以给我们这方面的启发。然而，我们同时也要清醒地意识到，文化多元主义毕竟是美国历史的产物，它是对美国社会发展的一种反映，它在提倡建立富有民主、平等和多元的民族传统的同时，并没有对造成种族、族裔、阶级和性别在政治和经济资源分配方面绝对不平等的资本主义制度提出直接而严肃的挑战。另外，在近年来西方文化研究的意识形态批评中，存在着一种将全球化等同于政治上的自由化、经济上的市场化和文化上的盎格鲁—新教文化的新殖民主义意识形态倾向，其实质是将某个特殊的命题或范式普遍化、普世化，或将少数集团或国家（比如美国）的利益说成是人类的普遍利益，这在我国当前建构社会主义核心价值体系、培育和践行社会主义核心价值观的过程中，也是需要特别予以警惕的。

经典马克思主义和文化马克思主义都是因应时代要求，致力于解决文学和文化问题以及广大工人阶级和各种边缘群体的解放，这是其政治性值得肯定的地方。任何社会都是多种力量斗争的结构，特别是中国当代现实更是多种力量相互矛盾、相互冲撞地发展着。要实现各个阶层、各种力量和群体的协调发展，必须发展和尊重多元文化生态，致力于中国最广大人民群众的政治权利、思想解放、文化共识和价值共享的实现，这是文化马克思主义的政治性，也是文化马克思主义给予我们的最大启示。

（原载《江海学刊》2014 年第 5 期）

抒情理论新论

[美] 乔纳森·卡勒　李玉平 译

一

诗歌仍然存活在我们的文化中，它营造出自己独有的世界——如此多的诗人、诗选、诗集、诗刊以及诗歌网站，盛况空前。但是，诗歌确实危机四伏：学院里的文学研究更青睐于小说——叙事业已成为文学的圭臬——或者其他文化文本，因为它们可以进行症候式阅读。

叙事不是被看作一种可能的文学形式，而是作为体验的条件。叙事形式通过将体验再现为某种完成的可叙述之物，追踪其因果关系，从而使体验变得能够被人理解。于是乎，学者们研究诗歌时，通常习惯性地将其同化为小说一般的叙事模式。自从小说成为学生们以及一般读者最主要的文学体验形式之后，建立在再现基础上的诗歌模式就占据了统治地位。言说者人物性格的虚构再现、要求读者重建的小说情景、什么使得人物如此言说与感受，等等，成为研究者关心的问题。我们的文学批评与文学教育早已将视抒情（lyric）为强烈个人情感的表现之浪漫主义观念抛到九霄云外，转而采用戏剧独白式的研究模式将诗歌与小说等量齐观：抒情成为言说者动作的虚构模仿，对抒情的阐释变成了探寻何人在何种情景下以何种态度发出的戏剧行为。

伴随着叙事成为文学教育的中心，将诗歌视为人类意识与周围世界相遇之后发生的戏剧事件之观念进一步得以建立与强化：后启蒙主义经验先于反映的假定、现代主义的客观性与人工制品诗歌观念都属于此种见解。新批评更是把阐释聚焦于纸面上的文字，而摒弃作者。如此一来，就形成一个假定：诗歌的言说者不是诗人，而是一个人格面具。正如维姆萨特与布鲁克斯所言："一旦我们将诗歌的言说者与诗人的个性剥离，即使最短小的诗歌也会将自身蜕变为戏剧。"①

叙事模式适合很多竭力追求戏剧独白、深邃思想与人物鲜明个性的诗人，它确实也成功解读过许多诗歌。但是，将诗歌与叙事等量齐观——把抒情提升为主体体验的再现——无疑是致命的错误。在此，叙事具有无可置疑的优先性。如果说叙事着眼于接下来发生什么，抒情则相关于现在——亦即读者与诗行接触的当下——正在发生什么。文学教师与学者应该彰显诗歌相对于叙事的独特性与差异性。让我们总结一下作为戏剧独白式的抒情研究模式究竟错失了什么：强调戏剧情景的重建剥夺了韵律与声音模式的重要建构作用（充其量它们只能强化或冲淡意义）；贬低了互文性联系，除非它们能被戏剧化意识同化为典故；漠视言语行为中抒情独特的语言繁复，此种繁复在现实世界中并无人所共知的对应物。成功复兴抒情研究与教学或许可以依赖于前推（foregrounding）抒情的上述层面。

雷内·韦勒克在其著名的文章《文类理论、抒情与体验》中得出结论：抒情作为主体内在经验的表现之文类观念并不可取。

> 这些术语并不能涵盖历史上与文学中抒情形式的多样性，而且会持续导向没有出路的心理死胡同。一种体验的强度、内在性和直接性并不能表现为特定的艺术特质……问题的解决办法也是明显的。我们必须放弃将抒情与"抒情的"（lyrical）界定为某种普泛性质的企图。否则，除了最陈腐的泛化之外，将一无所得。②

---

① Wimsatt, W. K., and Cleanth Brooks, *Literary Criticism: A Short History*, New York: Knopf, 1957, p. 675.

② Wellek, René, "Genre Theory, the Lyric and Erlebnis", *Discriminations*, New Haven: Yale University Press, 1970, pp. 251—252.

韦勒克宣称，我们应该将精力转向描述各种具体的抒情文类或形式——譬如：颂歌、挽歌、歌谣（song）——的惯例与传统。

二

杰克逊（Virginia Jackson）与普瑞斯（Yopie Prins）的新抒情研究宣言继承了韦勒克对抒情作为超历史文类可能性的怀疑态度，倡导对抒情在不同时代与地域是怎样建构的进行历史研究，确认诗歌发挥功能的其他途径。他们批评了将诗歌界定为主体表现的文类的观点。① 在《迪金森的苦痛》（*Dickinson's Misery*）一书中，杰克逊尝试以现代的“诗歌抒情化”，探索研究迪金森诗歌的另类方法，在各种日常生活的实践中捕捉诗歌的意义。如果我们致力于促进诗歌教学与研究，就应该加入到不同诗歌实践的历史研究。抒情作为一种诗歌活动的实践，从萨福的时代一直坚持到今天，尽管抒情有着不同的社会功能与表征。

如果我们仅仅研究诸如颂歌、挽歌、歌谣等抒情文类（歌谣与抒情一样，很难有精确的定义），那么这些文类的外延会极大地延伸，而其他数量庞大的、在历史与美学方面具有重要意义的抒情文类却被束之高阁。然而，作为文类概念的抒情，最终会把我们的注意力转移到非叙事的诗歌，重回贺拉斯开创的抒情传统。贺拉斯在抒情诗人（*lyrici vates*）之林中求得一席之地，并且追随他的古希腊先驱。虽然我们在历史表征中研究抒情并不能获得关于诗歌的更多东西，但是毕竟比单纯研究特定的文类——颂歌、商赖、挽歌、歌谣、赞美诗、婚礼诗（epithalamion）——更具多样性。

韦勒克所提出的假定——如果保留抒情概念，它必然与体验的强度、内在性和直接性相联系——是有问题的。反之，如果我们把抒情转向短小的非叙事诗歌，那么为界定其独特之处，必须摒弃将抒情视为基础的、戏剧独白

① Jackson, Virginia, and Yopie Prins, "Lyrical Studies", *Victorian Literature and Culture*, 1999, 27, p. 523.

的主导教育范式的观点。让我们深入剖析一首很容易被解读为戏剧独白的诗歌，进而考察这种小说式解读的貌似合理性及其明显的缺陷，探究怎样才能从抒情在夸张的诗歌行为中的独特性转向复兴抒情研究的不同理论框架。以下是罗伯特·弗罗斯特（Robert Frost）的《春潭》：

这些潭水，虽在林间，
却映照出整个几近无瑕的天空，
宛若身边的花，瑟瑟发抖，
又似另一些花，即将枯干，
可它们不会汇进溪水流到外面，
只是缘根而上，使黑暗之叶伸展。

至于把潭水汲入新蕾的树木
葱郁一片，即将撑起繁茂的夏天——
但在它们消融、干枯、飞逝之前
不妨先思考两遍：
这如花的潭，似水的花，
只是皑皑白雪消融在昨天。①

依据叙事模式，阅读这首诗主要着眼于言说者，将整首诗看作一出戏剧。诗的韵律形式对于叙事模式无足轻重。我们甚至不会把诗人的韵律建构与诗中的言说者发生联系。于是乎，在罗伯特·勃朗宁（Robert Browning）的《我的前公爵夫人》（“My Last Duchess”）诗中，公爵的抱怨“即使你有/口才——（我却没有）——”② 并没有被诗人才华横溢的五音步对句反讽般削

① Frost, Robert, “Spring Pools”, *Collected Poems, Prose, and Plays*, New York: Library of America, 1995, p. 224.

② Browning, Robert, “My Last Duchess”, *The Poems*, Ed. John Pettigrew, Vol. 1, New Haven: Yale University Press, 1981, pp. 349—350.

弱。这些跨行的对句如此娴熟、流畅，以至与偶尔的不跨行诗句的韵脚形成震惊效果。当我们聚焦于弗罗斯特诗中的言说者，指示词“这些潭水”给我们创造了一个情景。但是，这一解读模式使我们忽视了森林的复数用法——复数的“森林”把我们从单一、特定的情景转向林间潭水普泛的存在。我们可以通过想象一位男性言说者站在林间潭水前，建构出一个微型叙事：言说者注意到潭水可以映出无瑕的天空，因为空中没有树叶遮蔽。但是，这一无瑕的映照正遭受威胁。一如潭水旁边的花草，在阳光中茂密生长，但是它们会很快枯萎、死亡。言说者将潭水与花草联系起来：它们都瑟瑟发抖并即将消融、干枯。言说者意识到潭水将被树木吸干，水分滋养树木生发新叶，新叶遮蔽了天空。于是，他在愤怒中爆发，大声叱问：是什么力量使这短暂的美景“消融、干枯、飞逝”？“不妨先思考两遍”的夸张口吻预示了潜在的威胁——你最好对你的所作所为思考再三，否则的话……尽管目前并无现实的威胁。

这首诗的独创之处乃是迥异于通常对待自然与春天的态度，诗中的言说者站在相反的立场。诗人不是赞美树木的枝繁叶茂，森林的勃勃生机，而是揭示枝繁叶茂源自树木从大自然的攫取——不仅取自周围的花草，还源于潭水。

这首诗仿佛一通窃窃私语，为我们构造出了人物、情景与叙事。让没有思维的树木“不妨先思考两遍”，在整个自然叙事的现实主义框架内颇具戏剧意味。叙事分析路径无法处理的是在经验框架中不能生成意义的要素：“如花的潭，似水的花”通过词语的重叠交错，融合了同一过程的两种元素；惯例性的重复“宛若身边的花，瑟瑟发抖/又似另一些花，即将枯干”。最后一行的文学典故更是与戏剧独白的分析模式格格不入。“只是皑皑白雪消融在昨天”并非诗中言说者的亲眼所见，而是诗人向读者的告白。诗句回答了法国诗人弗朗索瓦·维庸（François Villon）的著名追问“昨天的雪到哪儿去了？”[1] 诗人道出了昨日之雪的去处：雪消融在潭水，潭水被树木汲取，树木

① Villon, François, “Ballade des dames du temps jadis”, *Œuvres*, Paris: Garnier, 1970, p. 31.

营造出夏日的繁荣。维庸原诗中喟叹人生苦短、岁月易逝的叠句在字面上化为《春潭》中咏叹大自然瞬息万变的基础。自然的多变教人格外珍惜前进过程中的每一瞬间。春之伊始可以看作整个春天万象更新的序曲。“不妨先思考两遍”的谆谆告诫犹如行吟诗人对时间、季节以及大自然张弛有致的呼告。这首诗中的“不妨先思考两遍”一句吁求回应的特性从言说者的实地呼告转向了抒情传统中的诗歌模式，昭示了某些时候语言确实能够使事物得以发生。语言通过命名、凸显、重排以及各种诗学形式不断对读者与听众进行重新分节（articulate），生成新的意义。

三

一个更接受与认可上述要素与层面的抒情模式最早出现在古希腊与古罗马文学中。抒情作为一个文类术语起源于古希腊时代。亚历山大里亚的图书管理员搜集古希腊流传下来的诗歌作品，在此基础上遴选出经典的九大抒情诗人——萨福、品达、阿那克里翁（Anacreon）、阿尔凯里斯（Alcaeus）以及其他几位今天不为人所知的诗人。术语“抒情”保留了用竖琴伴奏歌唱的诗行之意义。这一事实是对当今文学教育中主导的抒情模式的矫正。

古典的抒情概念通常包含向某人诉说的意思。根据拉尔夫·约翰逊（Ralph Johnson）的研究，贺拉斯与卡图卢斯（Catullus）的诗中，分别仅有14%与9%是自我沉思型的，而向他人倾诉型却分别占到70%与87%。相形之下，马拉美的诗中却有70%自我沉思型，向他人倾诉型只占25%。约翰逊宣称，现代诗歌“人称形式的变化必然导致情感内容的分裂”。古希腊的诗歌是直接向真实的听众诉说，而现代诗歌不再向他人倾诉，因此变成唯我主义了。[①] 借助传统二元对立——公共/私人、言说/写作、同化/异化——古典抒情建立起的法则彰显了现代抒情的个人主义及其异化特点。从古典到现代的

① Johnson, Ralph, *The Idea of Lyric: Lyric Modes in Ancient and Modern Poetry*, Berkeley: University of California Press, 1982, p. 3.

运动是如此相似，以至于我们把它看成又一次制造神话的过程。对于古典模式不彻底的解释不应该阻止我们描述古典渊源对现今思维的影响。古希腊模式是有用的，因为它把诗歌看作一个向受众传播的事件，并为受众演述（perform）。古希腊模式把社会仪式情景理想化，其中某些情景即使在古典时代也不能实现。譬如，贺拉斯将自己呈现为一位伴着竖琴吟唱的歌者，但是没有证据表明他会弹奏竖琴或者他的颂歌不仅是书写，而且是唱给听众的。

古希腊抒情模式促使我们思考，抒情言说者并非小说中的角色，而是向受众——仪式上的听者或诗歌的读者——呈现传统元素的演述者，他的动机必须深入探究。在古希腊，诗歌是一种辞藻华丽的话语、修辞手段和伦理教育工具。受众通过诗歌，观察什么是令人景仰的、什么是值得信赖的。沃克（Walker）认为立足于华丽辞藻的修辞（epideictic rhetoric）源出于古典抒情，它不同于实用修辞（pragmatic rhetoric）。它直接作用于受众，但并不直接做出决定，而是形成观点以示对话语的反应，从而“塑造和培养其所在社会基本的价值与信仰符码”[1]。柏拉图的《普罗泰戈拉篇》（*Protagoras*）中，众人在争相讨论希摩尼德（Simonides）的诗篇。正如普罗泰戈拉所说，每个人都理所当然地认为一个人的教育中最重要的部分是“能够关注诗歌”——通过理性判断诗人所说的哪些是对的，当有人提问时，能够说出理由。[2]（苏格拉底却不同意这一观点）

借助这一模式，我们把诗歌看作是一种交流话语、一种修辞实务，于是抒情在传达交流时的夸张形式被凸显出来：从叙述中对鸟、云、瓮等不在场的人或作为拟人的物的呼告到向女主人倾吐衷肠。查理士·波德莱尔（Charles Baudelaire）宣称：关于抒情，“首先我们需认识到，夸张与呼告对它来说不仅是一致的，而且是至关重要的”[3]。抒情以语言的繁复绚丽为其特点，

---

① Walker, Jeffrey, *Rhetoric and Poetics in Antiquity*, Oxford: Oxford University Press, 2000, p. 9.

② Plato, *Protagoras. Collected Dialogues*, Ed. Edith Hamilton and Huntington Cairns, New York: Bollingen, 1961, pp. 308—352.

③ Baudelaire, Charles, “Sur mes contemporains: Théodor de Banville”, *Œuvres complètes*, Vol. 2, Ed. Claude Pichois, Paris: Gallimard, 1976, p. 1964.

并非日常生活言语行为的忠实记录，通过韵律节奏与特殊的时态来显示其诗性。抒情所用的特殊语言生成了其别具一格的时态，譬如：“我边走边问，打从长教室穿过”（叶芝）、“我醒来，感觉到一片漆黑，没有天光”（杰拉德·曼利·霍普金斯。

诺思洛普·弗莱（Northrop Frye）认为，抒情的根源在于 melos 与 opsis。这两者都不能减缩为叙事再现，并且两者都涉及语言形式。[①] melos 指有音乐伴奏的语言（或诗行），即“歌”或“唱段”。opsis 原意为“外观”、“形貌”、“情景”，这里主要指人物的外观，不过，我们有时似乎很难把人物的活动与周围的环境分割开来。melos 与歌曲相联系，引导我们将抒情看作语言事件。抒情重在从物质层面凸显语言，因此它对语言表现出异乎寻常的兴趣。如果我们相信语言是主体生成的媒介，那么抒情就至关重要。在抒情那里，语言不仅在主体立场稳固之前与身份结构及其置换紧密联系，而且与韵律及对时间性的身体体验密切关联。另一方面，抒情还是特定语言的生成空间。叙事结构是可以转换的，但抒情有其特定的结构模式、既定的辞格，是无法转换与翻译的。特定的语言以使用者的独特体验为条件。

抒情还是一种记忆语言——通过韵律节奏和语音模式使其变得上口好记。曾几何时，抒情手法伴着欢快的节拍，以通俗的形式现身于商业广告。“当你用 Pepsodent 牙膏刷牙时，会奇怪黄色哪里去了?”这是牙膏广告；“Brylcreem！你只需涂抹一点点。”这是男士头油广告。今天，五十多岁的人们还在脑海中保留着这些难以抹掉的顺口溜片段，尽管这些抒情语句业已失去了当初的戏拟功能。植根在我们的脑海里的抒情语言碎片侵入、占领着我们的头脑。诗歌孜孜以求铭刻于人们的机械记忆里，并不断被吸收、融合、储存与温习。这些异质的碎片被人们持续地重复、思考、保存与引述。诗歌的力量就体现在它与人们记忆的紧密相连，一如前述的广告片段，它们深深地扎根在我们的脑海里，说不出任何缘由。

---

① Frye, Northrop, *Anatomy of Criticism*: *Four Essays*, Princeton: Princeton University Press, 1957, p. 275.

新的抒情研究不应只局限于探索抒情在不同历史时期的形态，更致力于提出抒情新的规范模式，瞄准可以作为新类型与新原则的抒情之特点。譬如，现在时态的抒情开拓新的时间体验；过去时态的抒情钩沉陈年旧事。抒情的新模式与新类型必将重新聚焦于诗歌领域，为文学研究提供新的生长点。

（原载《江海学刊》2014 年第 6 期）

微信文学的存在方式与功能取向

欧阳友权

微信是一款联网交友软件，它的迅速普及让使用微信成为许多人的一种生活方式，也为自媒体时代的文学增添了一个新的发展平台。自 2011 年 1 月腾讯公司推出微信应用软件以来，短短三年多时间，其用户已经突破 6 亿人。文学与微信的关系日渐密切，微信文学已初露端倪。作为网络文学的一个亚类，微信文学如同博客和微博文学一样，是一种轻灵表达、即时传播、快乐阅读的文学空间。但微信文学又有不同于博客文学、微博文学的特点，这些不同特点源于微信软件的技术构成，也与创作者面对新技术时的主体关系设定有关；并且，正是基于微信的技术构成和主体关系，成就了微信文学的存在形态和特定的功能取向。

文学微信与微信文学

我们讨论“微信文学”，首先需要廓清“微信”与“文学”的关联，区分“微信文学”与“文学微信”的不同。我们知道，微信属社交类自媒体应用程序，并不是为文学研发的，但它强大的承载和交往功能为文学生产和文学作品分享提供了更为便捷的自主性空间。微信操作系统平台通过手机、平板电脑等移动互联网终端，可以快速免费发送语音短信、视频、图片和文字，将感兴趣的信息分享给好友，或将用户收集到的精彩内容传播到微信朋友圈。在这个过程中，文学的元素随处可见、随时上传，文学作品或文学类信息夹杂其间，而“文学微信”和“微信文学”均会在微信空间汇聚和分送，对之作一些必要的区分，将有助于微信中的文学行为从自发走向自觉，为微信文学的成长探询技术的必然与观念的可能。

总体上说，文学微信是微信文学的一部分，指的是在微信的内容中包含有文学的因素，如生活纪实的文学叙事、文字或语音陈述时的文学性表达、“朋友圈”或“订阅号”中零星的文学类信息等，因而，文学微信实即类文学的微信，是具有一定文学色彩的微信。例如：

> 忧伤的时候看夕阳，壮美而凄婉；愉悦的时候看夕阳，温暖而恬静。乡村傍晚，炊烟袅袅升起，鸡鸭进笼了，劳作的人们回家了，整个乡村沉浸在宁静的金色余晖中；海上黄昏，夕阳入海，渔舟唱晚，粼光烁烁，那片海消失在静默和悠远的晚霞中。
>
> ——白石秋水微信《守候夕阳》

> 不要叹息命运的坎坷。因为大地的不平衡，才有了河流；因为温度的不平衡，才有了万物生长的春夏秋冬；因为人生的不平衡，才有了我们绚丽的生命。
>
> ——360doc 个人图书馆《微信精彩语录》

第一段微信是写景的，运用了白描、借景抒情、情在景中、景由情生的艺术手法，以此表达“忧伤”和“愉悦”两种不同心境下乡村夕阳与海上夕阳的不同景致。第二段运用议论性哲理散文的表达方式，揭示出人生的顺境和逆境就如同河流源于大地的失衡、气温的变迁带来四季的自然转换一样，不必叹息“命运的坎坷”，曲折的人生经历正是我们多姿多彩生命的一部分。单独来看，这样的文学性表达只是“文学微信”而不是“微信文学”，它们是构成文学的元素但不是文学本身。只有当它们进入某一微信文学作品、成为作品的一部分，并能够为该作品的达意传情、审美境界或艺术氛围的营造服务的时候，它们才是文学，才是微信文学。当然，这是从严格的文学意义上来说的，是基于传统学理的文学界定。由于新媒体时代文学与非文学、文学与大众文化的界限变得越来越模糊，我们也可以把文学微信看作广义的微信文学。

微信文学是指在微信平台上承载的文学作品，它可以是微信用户通过WeChat（微信软件英文名）创作并发布的原创文学作品，也可以是在添加为微信联系人、朋友圈、公共微信号、私人订阅号中读到的文学作品。其前提是：它们都必须蕴含文学内容，具备“文学”的特质，有着文学的基本品格，如能够以形象化的文学技法塑造艺术形象，以生动的、富于情调的文字（或许会有视频、音频的元素）创造人文审美性的想象空间，给人以情绪的感染或价值观念方面的启迪等。例如：

> 宁静的夏日午后，一座宅院内的长椅上，并肩坐着一对母子，风华正茂的儿子正在看报，垂暮之年的母亲静静地坐在旁边。
>
> 忽然，一只麻雀飞落到近旁的草丛里，母亲喃喃地问了一句：“那是什么？”儿子闻声抬头，望了望，随口答道：“一只麻雀。”说完继续低头看报。母亲点点头，若有所思，看着麻雀在草丛中颤动着枝叶，又问了声：“那是什么？”儿子不情愿地再次抬起头，皱起眉头：“我刚才告诉过您了，妈妈，是只麻雀。”说完一抖手中的报纸，又自顾看下去……
>
> 麻雀飞走了，儿子沮丧地扔掉报纸，独自叹气。过了一会儿，母亲回来了，手中多了一个小本子。她坐下来翻到某页，递给儿子，指着其中一段，说道：“念！”
>
> 儿子照着念起来：
>
> “今天，我和刚满三岁的小儿子坐在公园里，一只麻雀落到我们面前，儿子问了我21遍‘那是什么？’，我就回答了他21遍，‘那是一只麻雀’。他每问一次，我都拥抱他一下，一遍又一遍，一点也不觉得烦，只是深感他的天真可爱……”老人的眼角渐渐露出了笑纹，仿佛又看到往昔的一幕。儿子读完，羞愧地合上本子，强忍泪水张开手臂搂紧母亲……
>
> ——微信啦：《24和4的故事，醒悟多少人》

这篇微信小说讲了一个“母爱与感恩”的动人故事，构思精巧，发人警醒，启人深思。作品有人物，有情节，有生动的对话，有鲜活的神情描写，是一篇寓意深刻的短篇小说，意在揭示“父母与子女之间的爱的差距，是儿女穷尽一生也无法偿还的亏欠”。这样的内容不仅是“文学微信”，更是“微信文学”，因为它不只为我们提供了文学的元素，而是一个完整的文学作品，具备了作为一篇小说的所有要素。

从已经出现的微信文学作品可以看出，所谓微信文学，就是借助自媒体微信平台创作、在交友圈中传播、将文学内容分享给好友，或者将用户看到的文学作品分享到微信朋友圈的一种新的文学形态，是网络文学在微信平台上的延伸。

微信文学的三种形态

与一般网络文学相比，微信作品不是发表在某一网站，而是通过手机等移动网络接收终端展现在自己的微信空间，因而它是出自自媒体的赛博平台；与博客和微博文学相比，它是一种“关系资源”，一种社交圈的“强链接”，只用于好友分享或朋友圈阅读，更具用户黏性和目标读者的精准选择；而与手机文学相比，微信文学不受篇幅字数的限制，并更具全媒体关联方式，使用成本也更为低廉。依托移动自媒体技术程序设置，现有的微信文学有三种基本形态。

一是新媒体创作意义上的微信文学，即基于微信平台创作并发布的原创文学作品，这是最典型也是最“正宗”的微信文学。这类微信文学与原有的网络文学，包括同是自媒体的博客文学在形态和生产方式（用户在网络上创作、利用网络传播、供网友欣赏或参与）上没有太大的区别；如果说有区别，那便是微信原创文学较之于网络类型小说篇幅较为短小，容量一般不大。另外，微信创作更便于多媒介的使用，由于微信的表达工具不单是文字，还有语音短信、视频、音频、图片和文字，以及交往传播设置上的“摇一摇”“扫一扫”“漂流瓶”“朋友圈”“公众平台”“语音记事本”等基于位置的社交插件，这使得微信创作可以超越文字表达的阈限，便捷使用多媒融合的全媒介表意，实现“立体叙事”。在媒介的使用上，微信创作比起其他网络文学如网站作品、博客和微博文学、手机段子写作等，不仅技术手段更为丰富，操作也更为便捷，其菜单式点击呈现方式，让多媒体作品成为微信文学的常见形态，十分简单的技术模式使得任何用户都可以创作视频、音频与文字融合的全媒体作品。例如，2014 年国庆节期间广为传播的作者为“心灵活水”的微信作品《秋·致好友》：

秋，似酒，味醇厚，岁月悠悠，转身又回首。
秋，静候，别无求，红尘看透，夕阳挂枝头。
再无喜乐哀愁，往事如烟，花依旧。
欢声笑语不休，落英满地，云舒袖。
品茶论酒，赏石叙旧，唯友谊绵长如水流。
只缘一路有你陪着走，等到红叶浓时再聚首。

作者将这些诗句配上秋色鲜明的动感图片，并辅之以深情而舒缓的音乐，然后用节奏适宜的播放模式一帧一帧展现出来，不仅图文合一、音画两全，而且声情并茂，诗意隽永，意境优美，极具艺术感染力，较之于单纯的诗句文字欣赏，别有一番审美韵味。

另一类是传播学意义上的微信文学，是指通过微信公共号推送和网络订阅号接收的既有文学资源，即把已有的文学作品（印刷出版的作品或网络原创文学）通过微信平台提供给用户，实现用户的精准传播和目标接纳。这类微信文学不是原创，其价值在于传播市场的拓展，是作品分享、共享抑或文学社交的新型传播形态，实际是一种扩大作品影响力的读者营销。一些纯文学期刊如《人民文学》《诗刊》《收获》《小说月报》等都相继上线微信，开通了微信公众号，吸引更多读者微信浏览或定制阅读。在网络文学领域，著名网络写手南派三叔率先公布自己的微信公众号，开通微信支付，把自己创作的《盗墓笔记》《藏海花》等网络小说转换为微信阅读产品发送给目标消费者，结果发现，通过微信支付直接购买服务的读者人数，比其他渠道的高出一个数量级。现在，微信营销已经从商业领域进入文学传播，众多文学网站争相开通微信公众号，不仅大型文学网站纷纷公布自己的微信二维码，吸引用户扫描，一些中小网站如“文学阁”“青春文学”“阳光文学”“小石子文学”等，也都进军微信阅读市场，开启了自己的公众微信号。如“文学阁”微信号的广告语便是：“走进古今中外的文学大家，品读震撼心灵的文学创作。”传统的纯文学进军微信阅读市场，有利于微信阅读保持精品文学的水准。网络文学进入微信阅读，一方面可以让写手拥有新的发布渠道，而不再被动依赖于网站；另一方面也有利于争夺无线阅读市场，扩大作品的受众群。

第三类是创作选材意义上的微信文学，主要是指以微信为创作题材的网络小说。微信朋友圈“熟人社交”的关系资源，QQ 好友、手机通讯录的添加渠道，“摇一摇”“漂流瓶”、搜索号码、寻找附近的人模式，以及扫描二维码方式添加和设置订阅号的关键词选择等技术手段，都天然地具有偶然、巧合、悬念、期待、寻觅、推进、拓展、延伸、辨识、关注、认同、友善、抛弃（“拉黑”）等文学性元素，为文学创作的矛盾设置、情节描写和人物刻画提供了创意基础和技术支持，因而，微信软件一俟推出，很快便有了以微信为题材的文学作品，借助微信题材创作小说也就有了其必然与可能。代表性作品如网友白衣子命创作的《超级威信》，长达六百多章仍在连载，并免费阅读。还有如《摇的是你，不是寂寞》（NBC 二当家的）、《微信时代》（富山春居图）、《微信有鬼》（莫与艾）、《微信里的玫瑰》（女子当自强）、《我和微信上摇到的女孩》（抹蜜相望）、《超级搜鬼微信》（酱鸡蛋）、《微信泡上女老师》（潇湘秀才）、《我和微信有个约会》（二两小面）以及《史前兵器》《微信故事》《微信泡妞秘典》等，都是以微信为创作题材的，微信的技术方式成为这些作品重要的内容元素。这类文学可以在微信上发布，也可以在网站或博客、微博、手机等自媒体终端上传播。它们不是严格意义上的微信文学，但却能扩大微信的影响力，开掘微信与文学多重关联的可能。

微信文学的功能取向

作为一种传播载体，微信的主要功能是接收和传递信息，实现多路径、全媒介的网络社交，但它特殊的传播功能设计，让它的技术构成和主体关系设定成为文学功能选择和价值取向的有效推手，微信文学借助这一推手，拓展其他网络文学如原创网站文学、社交媒体文学、自媒体文学的功能模式，让自身的功能取向成为这一文学价值的历史确证。

首先，从技术媒介上看，微信文学拓宽了文学创作的审美路径，开启了多媒介审美的功能取向。在全媒体覆盖和三网融合传媒语境下，文学已经走出“文字单媒”时代而进入多媒并陈期，“文学是语言艺术”的传统设定被数字化技术的多媒体使用所打破，将视频、音频与文字兼容并具，不仅能够更直观、更充分地传情达意，对读者也更具吸引力，这是“读图时代”书写文化转型的标志之一。微信上多媒介操作的简单便捷，加速了文学多媒体创作进程，在工具使用上把 WEB2.0 时代的技术门槛变成“所想即所有、所见即所得”的惬意之举。基于智能手机和平板电脑等移动终端，微信程序可以轻而易举将文字、图片、视频和声音根据作品内容的需要整合切换到一起，让“文字去中心化”成为文学多媒体化的契机，多媒介创作、全媒体审美，建构了微信文学新的审美功能。请看一个图文并陈的微信作品：

很多时候，我们的失败只是因为：我们涌出的泪水多于流出的汗水，抱怨太多，付出太少。（配图动漫：一个满身煤灰的背煤男子正大汗淋漓地艰难前行，配注：哥不是黑社会，但绝对比他们黑）

失败的时候，我们常常抱怨这个世界抛弃了自己。别傻了，这个世界，从来没有理过你。（配图动漫：一个泪水喷涌的大头娃娃在放声大哭）

我们也要记住：越是被嘲笑的梦想，越值得坚持。浮云终究会散去，神马都不是问题。（配图：一团浮云之上一个翩翩少年骑在一头大白马上，配注：神马都是浮云）

疯狂吧，骚年们，再不疯狂我们就老了，再不疯狂青春就荒了。（配图漫画：一个黑衣黑帽戴墨镜的老人，在一轮明月之下思考着这个世界）

……

——微信啦：《再不疯狂我们就老了》

这个微信故事以文衬图，又以图释文，形成图文并茂、文图互证的审美功效，其艺术感染力远胜于单纯的文字书写或单一的图像表达，也不是文字与图像的简单相加，这便是多媒介审美的独特魅力，也是微信文学的一大长处。

其次，从文化特性上看，微信文学具有弘扬传统文化、传承文化的功能取向。这有两种常见的方式：一是以微信传播文学经典。把古代诗词歌赋或名人名言制作成图文并茂的多媒体文本，这在微信作品中十分常见，特别是在节假日或出现社会热点、文化事件等特殊日子里传播的微信中，人们常常会从历史经典中寻找佳词妙句、历史典故或名人警语，将其制作成微信作品，或以古喻今，或讽喻比兴，或烘托气氛博得轻松一乐，无论是出于哪种目的，客观上都可以起到文学传播、文化传承的作用。如 2013 年中秋佳节时广泛传播的微信《中秋赏月诵古诗》，分别用李白的《月下独酌》、张九龄《望月怀远》、李白的《关山月》、杜甫的《八月十五夜月》、苏轼的《中秋月》、白居易的《八月十五日夜湓亭望月》、孟浩然的《秋宵月下有怀》、李商隐的《嫦娥》、晏殊的《中秋月》、皮日休的《天竺寺八月十五日夜桂子》、苏轼的《中秋见月和子由》、米芾的《中秋登楼望月》、李商隐的《霜月》、陆龟蒙的《中秋待月》、刘禹锡的《八月十五夜桃源玩月》、苏轼的《水调歌头》等 16 首著名的古代吟月诗词，配上精美的动感画面和美妙的音乐，让圈中的朋友分享到赏月的意境，同时也让分享者在愉悦吟诵中温习传承了这些优美的诗词。二是以微信传播人生哲理或生活经验，以保持文化交友的亲和力与真善美的普适性。如微信作品《当今最牛的一副对联》：

上联：爱妻爱子爱家庭不爱身体等于零

下联：有钱有权有成功没有健康一场空

横批：健康无价

上帝想听新闻联播了，把罗京带走了

上帝想听音乐了，把梅艳芳带走了

上帝想听相声了，把侯耀文带走了

上帝想用手机了，把乔布斯带走了

……

这些人走的时候都跟上帝说：我还不想走，我爱我的亲人，我爱我的事业，请你再多给我一点时间！上帝说：已经晚了，来生要想陪亲人时间长一些，做事业更久一些，先把你的身体照看好!!

该微信引用众多明星英年早逝为证，说明爱惜身体、珍爱生命的重要性，无论对友人、亲人都是一种善意的提醒，很容易引起欣赏者的共鸣。

另外，从商业角度看，微信文学具有促进作品营销的市场驱动功能。微信的传播特性不仅是信息的抵达和分享，更是一种社交关系的选择和目标受众的设定，这就为商业性营销提供了新的可能。微信文学同其他网络文学一样，也需要通过扩大读者群、增加阅读量来实现作品审美价值和商业价值的最大化，但微信文学基于 WeChat 技术设置，在“寻找”与“分享”的关系资源上较之于其他自媒体传播更具传播优势，这也就意味着微信文学在“抵达读者”上有其独特路径。我们知道，微信用户可以零资费、跨平台方式，给微信好友或朋友圈发送文字信息、手机图片或其他影像资料，并显示对方实时打字状态，及时掌握对方的响应情况，由此形成“熟人社交”的两种信息推送方式：一是私密性的“分享”方式，让信息在好友或朋友圈中传播；二是拓展性“寻找”方式，通过“扫一扫”“摇一摇”“漂流瓶”“搜索号码”“附近的人”、扫描二维码等方式添加好友和关注公众平台，以便“找”到更多的受众，开辟更大的交友圈，从而为作品营销获得更为广阔的市场空间。

于是，在产业化市场拓展层面上，微信确有优于其他自媒体的地方。譬如，与博客文学相比，微信文学更具用户黏性，适于持续阅读和精准营销；与微博文学相比，微信文学更具亲和力和目标传播到达率；与手机文学相比，微信文学不受篇幅限制，多媒介运用更为灵活，传播成本也更为低廉。《收获》编辑部主任钟红明在谈到微信与博客、微博的区别时就曾说："有时候我会把我们期刊的目录贴到博客、微博上，但是微信的传播方式跟微博有所区别，微信正好把碎片化的阅读整合起来，比如你用在咖啡馆里等人的时间就读完了一个短篇小说，此外，微信的内容送达率也是博客跟微博所不能比的。"① 《小说月报》编辑部主徐晨亮在谈到《小说月报》上线微信时也曾比较说："微信平台的信息直接推送到手机，针对性更强，到达率更高，相较于微博的140字碎片化阅读，可以推送更长的文章。同时，公众账号每天只能向订阅用户群发一条信息，因此要求内容必须进一步'精致化'、'深度化'，这恰好是我们的优势所在。"② 2013年5月《小说月报》开通微信公众账号后不久，关注人数即突破8000，开通不足40天的《收获》公众账号关注者也有两千多位。2012年12月开始连载的微信小说《摇的是你，不是寂寞》，开通微信公共号后，不到3个月，朋友圈里便聚集了22万朋友。对此，该小说作者"NBC二当家的"说，在网络上连载小说受制于文学网站这个平台，除了QQ群、博客、微博等方式跟读者沟通外，实际上并没有一个属于自己的平台，而微信公众平台恰恰解决了这个问题，因为微信说到底是一个点对点的发送，也就是专家所讲的精准营销，"所以对于一个小说作者来说，所谓精准就是直接找到他们的目标读者，也就是说作者完全可以知道究竟是谁在看自己的小说。"③ 还有人分析说："以微信为载体的小说与以往网络小说最大的不同就是，写手可以知道自己的作品究竟在给谁看，读者也可以把自己的想法及时反馈给作者，甚至可以左右故事的发展方向。"④ 另据报道，在诗歌领

① 范晓毓、刘蓝忆：《文学期刊"微"风渐起》，《人民日报·海外版》（文艺新观察）2014年1月21日。

② 同上。

③ 李敏娜：《微信小说悄然兴起市场前景尚不明确》，《半岛都市报》2013年3月20日。

④ 同上。

域，微信平台带来了有声传播的诗歌接受形式的回归，微信吟诵已成为刺激读者对诗歌产生兴趣的重要形式。微信的技术设定突破了纸媒传播诗歌的单调，可以将文字、音频、图像、视频整合在一个文件里推送，随着“为你读诗”“读首诗再睡觉”等诗歌微信公共号陆续上线，微信平台迅速成为诗歌爱好者的乐园，“为你读诗”已经有50万线上诗歌粉丝。读者通过聆听吟诵和背景音乐去感受诗歌的韵律、情感和意境，感受诗歌语言的精美绝伦，既简单便捷，又充满美感，与现实诗坛的冷寂局面形成鲜明反差。有网友评价说，诗歌的微信公众账号使得远离自己世界许久的诗歌又重新回归了自己的生活。①

可以说，朋友圈的艺术分享，熟人社会的文学交往，审美化生活的个性定制，多媒体的视听并用，让微信作品拥有抵达更多目标读者的广阔路径；而微信文学所有的功能取向，无不是源于这种自媒体的技术推力。

（原载《江海学刊》2015年第1期）

① 张彬：《诗歌：微信传播不可小觑》，《人民日报·海外版》（文艺新观察）2014年6月3日。

“青梅煮酒”事实和语义演变考

程　杰

曹操、刘备青梅煮酒论英雄是《三国演义》最著名的情节之一，数百年来脍炙人口，但种种迹象表明，自明代中叶以来，人们对“青梅煮酒”四字的理解与原书描述的本义有着明显的差异。其中最关键的是“煮酒”二字，原书本义是一种酒名，而后人通常理解成温酒即给酒加热之类的举动。对此已有学者初步讨论过，但思考不够全面，论述不甚充分。我们重拾此题，在较为广阔的历史时空中，将相关酒文化史迹与文学书写综合考察，对“青梅煮酒”这一说法的前世今生就有了不少新的发现。这不仅有助于全面、准确和深入地把握“青梅煮酒”这一生活常识、文学掌故和文化符号的来龙去脉和实际含义，而且对《三国志演义》的成书时代、宋元酿酒业的发展等相关问题的认识也不无启发和帮助。我们的论述按时间顺序展开。

宋代“青梅”与“煮酒”：两种食物

“青梅煮酒”连言始见于宋代。北宋仁宗朝晏殊《诉衷情》：“青梅煮酒斗时新，天气欲残春。”神宗朝王安礼《潇湘逢故人慢》：“况庭有幽花，池有新荷。青梅煮酒，幸随分，赢取高歌。”南宋范成大《春日三首》：“煮酒青梅寒食过，夕阳院落锁秋千。”陆游《初夏闲居》：“煮酒青梅次第尝，啼莺乳燕占年光。”都是典型的例证。

论者已经指出，宋人所说“青梅煮酒”，本义是两种食物，即青梅与煮酒。其中煮酒不是温酒或酿酒的行为，而是一种酒的名称①。笔者就此反复验证，宋人所说的确如此。如苏轼《赠岭上梅》："不趁青梅尝煮酒，要看细雨熟黄梅。"谢逸《望江南》："漫摘青梅尝煮酒，旋煎白雪试新茶。"王炎《临江仙·落梅》："擘泥尝煮酒，拂席卧清阴。"所说煮酒都是"尝"的对象，指享用的食物。又如陆游《初夏幽居偶题》："青梅旋摘宜盐白，煮酒初尝带腊香。"姜夔《鹧鸪天》："呼煮酒，摘青梅，今年官事莫徘徊。"吴泳《八声甘州·和季永弟思归》："况值清和时候，正青梅未熟，煮酒新开。"煮酒与青梅对仗并举，都是名称，合指两种食物。其他单及或与他物并举时，"煮酒"也是一种名称。如张耒《三月十二日作诗董氏欲为筑堂》："老病夹衣犹怯冷，春深煮酒渐闻香。"陆游《新辟小园》："煮酒拆泥初滟滟，生绡裁扇又团团。"张镃《睡起述兴》："煮酒未尝先问日，夹衣初制渐裁纱。"陈文蔚《程子云欲还乡阻雨聊戏之》："榴花照眼新篁翠，卢橘盈盘煮酒香。"郑刚中《重五》："煮酒无寻处，菖蒲在水中。"《寒食杂兴》："试破泥头开煮酒，菖蒲香细蜡花肥。"陈造《留交代韦倅》："已办明朝开煮酒，丝桐小置式微篇。"前四例都是"煮酒"与其他物什对仗，后三例非对偶句，煮酒则都是动作的对象。

上述诗例都明确显示，煮酒是一种物品，一种酒名。经常与青梅搭配食用，因而连言并举，成了一种流行话语。青梅是未成熟的果实，相对于成熟时的黄梅而言。青梅生食酸脆，人们常用以佐酒。南朝诗人鲍照《挽歌》："忆昔好饮酒，素盘进青梅。"唐李郢《春日题山家》："依岗寻紫蕨，挽树得青梅……嫩茶重搅绿，新酒略炊醅。"都是说的以梅佐酒。入宋后诗人言之更多，司马光《看花四绝句呈尧夫》："手摘青梅供按酒，何须一一具杯盘。"郭祥正《次曲江先寄太守刘宜翁五首》："兵厨酒熟青梅小，且置玄谈伴醉吟。"范成大《春日田园杂兴》："郭里人家拜扫回，新开醪酒荐青梅。日长路好城门近，借我茅亭暖一杯。"舒岳祥《春晚还致庵》："翛然山径花吹尽，

① 胥洪泉：《"青梅煮酒"考释》，《西南师范大学学报》（人文社会科学版）2001 年第 2 期；林雁：《论"青梅煮酒"》，《北京林业大学学报》2007 年增刊。

蚕豆青梅荐一杯。”都是说的青梅荐酒，可见其已成为人们基本的饮食习惯。而从上述众多煮酒与青梅连言并举的状况可知，煮酒也正是一种最常与青梅搭配食用的酒类，因此我们必须首先弄清什么是煮酒。

何谓煮酒

在宋代，煮酒有动词和名词两种性质。煮酒作为动词，是酿酒的一道工序，指酒液酿出后进行烧煮加热杀菌的过程。此义在唐时即已出现，初唐孙思邈《千金宝要》提到“煮酒蜡”，所谓煮酒蜡是酒液酿成蒸煮封瓮时添加，而最终溶浮凝结在封口处的蜡油[①]。中唐房千里《投荒杂录》记载岭南酿酒“饮既烧，即实酒满瓮，泥其上，以火烧方熟，不然不中饮”[②]。这是给酒液加热杀菌的过程。晚唐刘恂《岭表录异》记载：“南中酝酒……地暖，春冬七日熟，秋夏五日熟。既熟，贮以瓦瓮，用粪扫火烧之（亦有不烧者为清酒也）。”[③] 所说较房氏更为科学，不是临饮烧煮，而是酒熟后烧煮封贮。北宋朱肱《北山酒经》有更明确的“煮酒”之法，详细介绍其工艺技术。所谓烧煮是指给满盛密封的酒器加热杀菌，防止酸败并促进酒液醇熟的一道工序，这是后来黄酒生产中的经典工艺流程，可能在唐之早期即已出现，宋代酿酒已普遍采用。

煮酒作为名词，则是指经过烧煮封贮这道工序的成品，是煮酒封贮的结果。范成大《冬日田园杂兴》：“煮酒春前腊后蒸，一年长飨瓮头清。”煮酒是酒名，而“春前腊后蒸”，则是生产煮酒的时间和行动，典型地说明了两种词性间的关系。唐人诗文中未见有明确的煮酒名称，前引《岭南录异》有小字注文“不烧者为清酒”，是经过烧煮的酒与清酒相对而言，只是此法当时尚未通行，名称则呼之欲出。煮酒作为酒名通称到宋代才正式出现，宋人提到

---

① 参见北宋朱肱《北山酒经》“酒器”“煮酒”“火迫酒”等条目，有涂蜡与加蜡的内容。明刘基《多能鄙事》卷一“煮酒法”：“用黄蜡一小块放酒中，方泥起，酒冷蜡凝，味重而清也。”

② 李昉：《太平广记》卷二三三，民国景明嘉靖谈恺刻本。

③ 李昉：《太平御览》卷八四五，四部丛刊三编本。

煮酒，最早为“真宗咸平二年（引者按：公元999）九月，诏内酒坊法酒库支暴酒以九月一日，煮酒以四月一日”①。宋仁宗天圣七年（1029）四月有《令法酒库不得积压煮酒诏》②，仁宗至和二年（1055）文彦博《奏永兴军衙前理欠陪备》称永兴军“清酒务年计出卖煮酒，而官不给煮酒柴，或量给而用不足”③。可见宋初即有煮酒、暴酒、清酒等酒类名称。从《北山酒经》可知，所谓暴酒是夏日所酿酒④，宋人言之不多，而清酒、煮酒则比较常见。宋末元初方回《续古今考》卷三〇《五齐三酒恬酒》：“今之煮酒，实（引者按：指注满酒瓮、酒瓶之类贮酒器）则蒸，泥之季冬者佳。曰清酒，则未蒸者。”《宋史》卷一八五《食货志》：“自春至秋酝成即鬻，谓之小酒……腊酿蒸鬻，候夏而出，谓之大酒。”可见清酒又称生酒、小酒，是酿成未煮之酒；煮酒则是经蒸煮封贮数月而成，又称熟酒⑤、大酒。

宋代实行严格的“榷酤之法”，即严禁民间私酿，统一由官署专营，“诸州城内皆置务酿酒，县镇乡闾或许民酿而定其岁课”⑥，而以官酿官榷为主。这就在生产、贮藏和销售中形成了全社会明确、统一的酒品分类体系，而煮酒和清酒就属于其中最主要的两大产品类型。真宗乾兴元年（1022）“置杭州清酒务”⑦，负责酒业征榷，其他地方纷纷效仿，此时所谓清酒是清酒、煮酒兼而言之。《东京梦华录》记载四月八日佛生日“在京七十二户诸正店，初卖煮酒”⑧，联系前引真宗诏书和文彦博奏书，可见煮酒早已成了京师酒坊、外州各地酒务通行的产品之一。而到了南宋，酒类榷酤数量增加，在管理上分

① 徐松：《宋会要辑稿》方域三，稿本。

② 徐松：《宋会要辑稿》食货五二，稿本。

③ 文彦博：《潞公集》卷一八，明嘉靖五年刻本。

④ 朱翼中：《北山酒经》“暴酒法”：“此法夏中可作，稍寒不成。”可见是暑间所酿酒。明曾才汉《（嘉靖）太平县志》卷三“宋经总制钱”：“黄岩县煮酒、暴酒并商税钱一万二千七十七贯六百五十四文。”明嘉靖刻本。

⑤ 南宋杨万里《生酒歌》将“生酒”与“煮酒”并称，宋末谢维新《事类备要》外集卷四四饮膳门“生熟酒”条引此诗，“煮酒”均作“熟酒”。

⑥ 《宋史》卷一八五，中华书局1977年版，第4513页。

⑦ 李焘：《续资治通鉴长编》卷九八，清文渊阁四库全书本。

⑧ 孟元老：《东京梦华录》卷八，清文渊阁四库全书本。

类就更为明确、严密。陈亮《义乌县减酒额记》举义乌酒额之重，“岁之二月至于八月煮酒，以四百石为率，为缗钱八千六百有奇，余为清酒，犹四千八百缗”，是说义乌按煮酒、清酒分项上缴岁利。吴自牧《梦粱录》记载临安点检所酒库分“新、煮两界”①，所谓新界即清界。《咸淳临安志》也载在京酒库分“清库”“煮库”②。杨潜《（绍熙）云间志》记所属“酒务，清、煮两界”③。梅应发《（开庆）四明续志》记所属鄞县、象山县酒坊“生、煮酒”两种榷额④。这些都充分显示，煮酒与清酒构成了宋代榷酤中的两大酒类，人们的沽饮自然也以此为通称，其社会影响可想而知。

按今天的酒类术语，所谓清酒、煮酒即以米、秫等谷物酿制的低度原汁酒。两者的不同，只在于煮酒是经过蒸煮杀菌封藏过的，因而颜色和味道都更醇厚些。南宋杨万里《生酒歌》：“生酒清于雪，煮酒赤如血，煮酒不如生酒烈。煮酒只带烟火气，生酒不离泉石味。”简要地揭示了两者的特点，煮酒因经蒸煮封藏而酒色更为黄褐，无论酿造工艺和成品类型都与后世的黄酒相近。清人陶煦《周庄镇志》：“煮酒，亦名黄酒。冬月以糯米水浸，蒸成饭，和麦曲、橘皮、花椒酿于缸。来春漉去糟粕，煮熟封贮于甏，经两三月者，谓之新酒，经一年外者谓之陈酒，味亦醇。其酿成而未煮者，谓之生泔酒，乡村多饮之。”⑤ 虽然所说是清末苏州一带的酒类，但与宋时的情景完全吻合。今天的黄酒与宋人的煮酒一脉相承，令我们倍感亲近，我们不妨简单地说，宋代的煮酒就是当时的黄酒。

“青梅煮酒斗时新”：时令与风味

大量事实表明，早在宋代，“青梅煮酒”就已是人们生活中的一个热词。青梅佐酒由来已久，宋人这方面的经验更多，宋初本草学家日华子称梅子可

① 吴自牧：《梦粱录》卷一〇，清学津讨原本。
② 潜说友：《（咸淳）临安志》卷五五，清文渊阁四库全书本。
③ 杨潜：《（绍熙）云间志》卷上，清嘉庆十九年古倪园刊本。
④ 梅应发：《（开庆）四明续志》卷四，清刻宋元四明六志本。
⑤ 陶煦：《周庄镇志》卷一，清光绪八年元和刻本。

以“去烦闷”，“消酒毒”，“令人得睡”①，李清照《卷珠帘》说“随意杯盘虽草草，酒美梅酸，恰称人怀抱”，无论物理功能还是心理感觉都十分搭配，因而以梅佐酒成了生活中的常见情景。而这其中何以青梅与煮酒佐食言之最多？关键是煮酒成熟的时节与青梅采食季节的奇妙遇合。

煮酒酿成后，要蒸煮泥封贮存数月，一般以“泥之季冬者佳”，也就是说在腊月酿蒸泥封贮存，至暮春、初夏开坛饮用和发售。宋人有所谓“开煮”之说，是指打开泥封，发售煮酒。前引宋真宗诏内酒坊法酒库支“煮酒以四月一日”，即指内库四月一日开始发放煮酒。吴自牧《梦粱录》卷二：“临安府点检所管城内外诸酒库每岁清明前开煮。”又佚名《都城纪胜》：“天府诸酒库每遇寒食节前开沽煮酒。”宋末周密《武林旧事》卷三“迎新”：“户部点检所十三酒库例于四月初开煮，九月初开清。”所说时间不一，但都在寒食至初夏之间。谢逸《梅》：“底事狂风催结子，要当煮酒趁清明。”苏轼《岐亭五首》：“我行及初夏，煮酒映疏幕。”都是说的这一时节。这与青梅采食的时节正好吻合，两者巧妙相遇，构成了这个时节最当令的食物和家常易行的佐食方式，饱含着丰富而美好的生活情趣，受到了人们的普遍喜爱。

首先是春末初夏的时令风味。青梅是入春以来最早采食的水果，带着未成熟的青涩酸脆风味，煮酒是带着腊香、久醅新发的醇鲜美酒，这是一个最为美妙的组合。在宋人大量诗句中，与青梅、煮酒同时出现而经常佐食的还有新茶、蕨菜、新笋、蚕豆等，都是仲春至初夏的时令食物，洋溢着这个季节生机勃勃、清新鲜嫩的气息。晏殊《诉衷情》“青梅煮酒斗时新”，方夔《春晚杂兴》“青梅如豆正尝新”，李之仪《赏花亭致语口号》“绿阴初合燕归来，煮酒新尝换拨醅”，白玉蟾《青梅》“青梅如豆试尝新，脆核虚中未有仁”，都用一个“新”字称赞，强调的就是时新清鲜之意。

在食材内容和食用方式上，既不是烹肥割鲜，更不是钟鸣鼎食，而是家常易得的果蔬与酒食。正如司马光《看花四绝句呈尧夫》所说，“手摘青梅供

① 唐慎微：《证类本草》卷二三，四部丛刊景金泰和晦明轩本。

按酒，何须一一具杯盘”，草草杯盘，当令蔬果，简单易行，体现着家常生活的简单和朴素，洋溢着鲜明的乡野气息和田园风味。陆游《闰二月二十日游西湖》“岂知吾曹淡相求，酒肴取具非预谋。青梅苦笋助献酬，意象简朴足镇浮”，说的即是这种饮食的简朴、清雅风味。

从分布区域上说，梅以江南盛产，而煮酒、清酒主要以稻米尤其是糯米酿制①，酒户多集中在江南水稻产区，因此江淮以南尤其是江南地区，以青梅佐酒的现象就更为普遍，文人言之最多。同是煮酒新开的季节，北宋尚见煮酒与青杏连言并举的现象，如欧阳修《寄谢晏尚书二绝》“红泥煮酒尝青杏，犹向临流藉落花”，郑獬《昔游》“小旗短棹西池上，青杏煮酒寒食头”，都是作于汴、洛一线的诗歌。北宋中期以来，“青杏煮酒”连言搭配的现象就逐渐消失，“青梅煮酒”后来居上。而到了南宋，宋金对峙，社会重心完全南移，“青梅煮酒”也就完全淹没了“青杏煮酒”的说法。如陆游在故乡绍兴所作《村居初夏》：“煮酒开时日正长，山家随分答年光。梅青巧配吴盐白，笋美偏宜蜀豉香。”《春夏之交风日清美，欣然有赋》：“日铸（引者按：日铸岭，在绍兴城东南）珍芽开小缶，银波煮酒湛华觞。槐阴渐长帘栊暗，梅子初尝齿颊香。”都是典型江南地区的生活场景和饮食风味。青梅煮酒可以说是春夏之交江南风物的完美组合，带着江南社会生活的浓郁氛围。

正是上述时令、方式和风土等元素交会映发，使“青梅煮酒”成了固定的时令风物组合，凝聚了丰富美好的生活情趣，逐渐成了一道饮食风习和生活常识。汪莘《甲寅西归江行春怀》“牡丹未放酴醾小，并入青梅煮酒时”，范成大《春日》“煮酒青梅寒食过，夕阳庭院锁秋千”，吴泳《八声甘州》“况值清和时候，正青梅未熟，煮酒新开”，程公许《黄池度岁赋绝句》“趁取青梅煮酒时”②，言及青梅煮酒都带着明显的时令意识。以至于咏梅诗中，也多自然联想到煮酒，如谢逸《梅》“底事狂风催结子，要当煮酒趁清明”。

---

① 李华瑞：《宋代酒的生产和征榷》，河北大学出版社 1995 年版，第 69—73 页。

② 程公许：《江涨有感》序，《沧洲尘缶编》卷九，清文渊阁四库全书本。

可见两者的固定组合，既是流行的饮食风习，又是生动的时令标志，反映到文学中，则成了一道经典的美妙意象和流行话语①。

元人“煮酒”：从名词到动词

就在宋人“青梅煮酒”日盛其势时，元蒙大军铁蹄纷纷南下，随着南宋王朝的覆灭，这个势头也就戛然而止。元人“青梅煮酒”的说法远不如宋人那么频繁，更不如其一致，重点在“煮酒”二字上，短短几十年中，有着明显的从酒类名称向温酒动作的转化趋势，最终几乎完全抹去了名词说法的印迹。

先看金末元初郝经（1223—1275）《真州沙瘴》：“侵晓烟煤半抹墙，急烧煮酒嚼盐姜。”宋末元初方回（1227—1305）《再赋春寒》：“已近江南煮酒天，单衣时节更重绵。”《三月八日百五节林敬舆携酒约……》：“暮年无不与心违，节物过从事总非。何处青梅尝煮酒，谁家红药试单衣。”陈思济（1232—1301）《寄陈处士》：“杏桃落尽清明后，姚魏开时谷雨中。为问西湖陈处士，青梅煮酒有谁同。”所言“煮酒”明显都仍是酒名。

稍后马致远（1250—1324）《青歌儿》：“东风园林，昨暮被啼莺唤将春去。煮酒青梅尽醉，渠留下西楼美人图闲情赋。”《迎仙客》：“红渐稀，绿成围，串烟碧纱窗外飞。洒蔷薇，香透衣，煮酒青梅正好连宵醉。”都应是沿用宋人成语。而《双调夜行船》“裴公绿野堂，陶令白莲社，爱秋来那些。和露摘黄花，带霜分紫蟹，煮酒烧红叶”，所说煮酒则是温酒的行动，典型体现了过渡的态势。

而元之后期萨都剌（1272—1355）《夜寒独酌》：“欲雪不雪风力强，欲睡不睡寒夜长。玉奴剪烛落燕尾，银瓶煮酒浮鹅黄。”《题江乡秋晚图》：“携家便欲上船去，买鱼煮酒扬子江。”《马翰林寒江钓雪图》：“洗鱼煮酒卷孤

① 程杰：《青梅的文学意义》，《江西师范大学学报》（哲学社会科学版）2016 年第 1 期；《论梅子的社会应用及文化意义》，《阅江学刊》2016 年第 1 期。两文有较详细的论述，请参阅。

篷，江上云山好晴色。”张仲深（约公元1338年前后在世）《次乌继善城南三首》：“杏林煮酒心先醉，草阁看山手自支。”许有壬（1286—1364）《记游》：“发火煮酒，引满数爵，诸生暨从者遍饮之，乃缘南崖微径，迤逦而西而北。”所谓煮酒都是温酒供饮之举。只有元末吴兴（今浙江湖州）郯韶《过吴兴沈十二秀才》“北里缫车如雨响，东家煮酒入林香”，俨然以煮酒作为名词使用，但多少也具动词色彩。透过这些诗例的不同用义，不难感受到“煮酒”名词意义逐步淡出，而动词意义不断增加和流行的趋势。与《全宋诗》所见51处“煮酒”尽为酒类名称相比，这一变化趋势极为明显。

变化的原因

元朝为什么会出现这种变化？需要从两个方面来讨论：

（一）“煮酒”作为酒类名称为何遽然沉寂？

这主要有四个方面的原因：

1. 元朝对酒业的管理由宋朝的国营榷酤为主改为以“散办”课税为主[①]。元蒙自太宗二年（1230）开征酒税[②]，除世祖至元十五年（1278）短暂推行榷酤之法，整个元代都按户口、酿酒耗粮或酒产量征税，“听民自造”[③]。在这样一种酒业税收管理体系下，宋时榷酤管理中统一的煮酒、清酒两大产品（商品）分类名称就失去意义，有关说法也就日益消退。虽然如元人《居家必用事类全集》也仍载有详细的煮酒之法，但属抄录宋人《北山酒经》的内容。实际生活中，人们更是很少使用这一名称。仅就盛产煮酒的江南地区而言，仇远、赵孟頫、吴澄、袁桷、虞集、杨载、张雨、杨维桢、王冕、贡性之、王逢等著名文人传世诗文作品都不少，均未见提到“煮酒”一词。

2. 元朝酒禁频繁且严格。按照一般的生活常理，像煮酒这种在宋朝长期

① 陈高华：《元代的酒醋课》，《中国史研究》1997年第2期。
② 宋濂：《元史》卷二《太宗本纪》。
③ 宋濂：《元史》卷一三《世祖本纪》。

流行的定名，至少在南宋故土应有一定的语言惯性，一定时期内为人们所沿用，而入元后却骤然消失，这不能不说与元朝严格的禁酒政策有关。史学界已经注意到，因一统天下，版图扩大，人口增加，灾荒频仍，粮食供应紧张，元朝不断在灾区局部乃至全国厉行禁酒，压缩生产规模，减少消费数量。“元代酒禁之多在历史上可居各朝之冠”①，自至元四年（1267）至至正二十七年（1367）的一个世纪中，颁布的禁酒诏令达65次之多②。元之酒禁，不仅禁止私酿私酤，严者官私两方面酿造、饮酒活动一应并禁，至有官员以“面有醉容”遭到纠弹的③。虽然酒禁多因灾荒局部权宜施行，南北不同，且多旋禁旋开，但这种极不正常的现象对人们的生活尤其是饮酒活动产生了深刻影响。元初罗志仁《木兰花慢·禁酿》、尹济翁《声声慢·禁酿》直以酒禁为题。方回《屡至红云亭并苦无酒》“欲呼邻友相酬唱，官禁何由致酒杯”，《社前一日用中秋夜未尽韵》“又况禁酒严，罄室覆老瓦”，杨公远《又雪十首》“惜乎官禁瓶无酒，胜赏空辜药玉船”云云，说的都是禁酒带来的生活不便和无趣。最著名的莫过于泰定二年（1324）吉州刘诜所作《万户酒歌》：“城中禁酿五十年，目断炊秫江东烟。官封始运桑落瓮，官隶方载稽山船。务中税增沽愈贵，举盏可尽官缗千。先生嗜饮终无钱，指点青旗但流涎。”由于长期反复禁酒，导致酒业零落，酒价高涨，士人饮酒极不自由，酒业的生产和销售此起彼伏较为混乱，两宋三百年形成的以煮酒、清酒为核心的生产和消费体系急剧衰落，煮酒、清酒等有关说法也就失去了流行的社会基础。

3. 元人饮酒风习趋于多元，品种结构和饮食方式发生了明显变化。元蒙草原民族有尚饮的传统，随着大一统国家的形成，国土辽阔，地域民风差别较大，南北各阶层社会地位悬殊，饮酒的场合氛围和风气都呈现多元

① 吴慧主编：《中国商业通史》第3卷，中国财经出版社2005年版，第491—495页。

② 王敬松：《浅述元朝的酒禁》，王天有、徐凯主编《纪念许大龄教授诞辰八十五周年学术论文集》，北京大学出版社2007年版，第38—55页。

③ 苏天爵：《魏郡马文贞公墓志铭》，《滋溪文稿》卷九，民国适园丛书本。

化倾向。蒙古贵族的富贵豪奢、南方士绅的江湖闲逸、市井才人的纵情放浪和乡村书生的朴野简淡各极其情，自得其乐[①]。两宋时期那种由严密统一的榷酤制度作支撑的，以江南士人为主体的饮酒风习受到了强力冲击，失去了核心和主导地位。即以品种而言，蒙古民族以饮马奶酒为主，西域和山西等北方地区葡萄酒、枣酒等果酒开始盛行，而中原和南方广大农业区仍以煮酒、清酒之类粮食酒为主，其中市酤与村醪、不同酒户的产品又应有质量、风味上的明显差异。元中叶蒸馏技术从海外传来，在全国迅速传播，当时称作烧酒，由于价廉物美、耗粮较少、饮少即餍，发展优势强劲。粮食酒、马奶酒、葡萄酒和蒸馏烧酒多元化生产和消费体系逐步形成，煮酒一支独大的地位开始丧失，反映在日常生活和社会文化中，人们的言谈也就很少提及。

4. 黄酒名称开始出现。今人追溯黄酒历史，多从新石器时代开始，其实所说是整个粮食酒的酿造史。对于黄酒来说，更切实的是弄清黄酒作为普通粮食原汁低度酒通称的由来。上古酒名复杂烦琐，但性质不外清浊之分、“厚薄之差”[②]，说的都是谷物酒的纯度和浓度而已，中古人们常言的“清酒”就是既清且醇之酒。唐人言酒多称黄、红二色，以鹅黄、琥珀、松花等形容[③]，正是今人所说广义黄酒的基本颜色，反映了酿酒技术大幅提高，酒的浓度、纯度有了明显改进。晚唐皇甫松《醉乡日月》评论说：“凡酒以色清味重而饴为圣，色如金而味醇且苦者为贤，色黑而酸醨者为愚。”[④] 分清白、金黄和沉黑三色，代表了晚唐五代酒色的基本种类，所谓沉黑当为有些酸败劣质的酒

---

① 请参阅杨印民《元代的酒俗、酒业和酒政》，硕士学位论文，河北师范大学2003年，第2—17页。

② 窦华：《酒谱》“酒之名”，陶宗仪《说郛》（百二十卷）本。

③ 杜甫《舟前小鹅儿》：“鹅儿黄似酒，对酒爱新鹅。”白居易《江南喜逢萧九彻因话长安旧游戏赠五十韵》：“炉烟凝麝气，酒色注鹅黄。”李白《酬中都小吏携斗酒双鱼于逆旅见赠》：“鲁酒若琥珀，汶鱼紫锦鳞。”《客中行》：“兰陵美酒郁金香，玉碗盛来琥珀光。”权德舆《放歌行》：“春酒盛来琥珀光，暗闻兰麝几般香。”琥珀以黄褐色为主。王建：《设（一作税）酒寄独孤少府》：“自看和酿一依方，缘看松花色较黄。”另王象之《舆地纪胜》卷一三二载张九龄诗：“谢公楼上好醇酒，三百青蚨买一斗。红泥乍擘绿蚁浮，玉碗才倾黄蜜剖。”

④ 曾慥：《类说》卷四三，清文渊阁四库全书本。

色。宋人承此而来，规范的产品分为清酒、煮酒两类，反映在颜色上，则是黄红与淡清为主。杨万里《生酒歌》说“生酒清于雪，煮酒赤如血”，又说“瓮头鸭绿变鹅黄”，正是两种基本颜色，所谓如雪、鸭绿、鹅黄、如血都是因原料、酒曲和酿煮工艺微妙变化而酒色黄褐深浅有差而已。后世通称黄酒，既扎根炎黄子孙农耕社会的文化底蕴，同时也抓住了稻黍等谷物原浆酒以黄褐色为主的特点。

“黄酒”正式作为一种酒类名称始见于元。元早期戏曲家郑光祖（1264？—1324前）《伊尹耕莘》净角陶去南：“我做元帅世罕有，六韬三略不离口。近来口生都忘了，则记烧酒与黄酒。”将黄酒与烧酒并称，视作两种日常用酒，显然类名之义已十分明显。稍后萨都剌《江南春次前韵》：“江南四月春已无，黄酒白酪红樱珠。”元末张昱《送张丞之汤阴》：“瓮头黄酒封春色，叶底红梨染醉颜。”都表明黄酒已成了明确稳定的酒名，明清两朝更是如此，逐步替代了宋代煮酒的地位。

（二）煮酒作为温酒动作之义如何兴起？

作为动作，煮酒有酿酒之义，而日常饮用中所说则指给酒适当加热以适宜饮用。六朝至两宋多称温酒、暖酒、热酒、烫酒（汤酒），一般见于两种情况：一是体质不宜冷饮者，如《世说新语》：“桓为设酒，不能冷饮，频语左右，令温酒来。”另一是寒冷、潮湿天气时。白居易《问刘十九》：“绿蚁新醅酒，红泥小火炉。晚来天欲雪，能饮一杯无。”《初冬早起寄梦得》：“炉温先暖酒，手冷未梳头。”所说就是这种情景。

宋人这种情况也多。苏辙《腊月九日雪三绝句》：“病士拥衾催暖酒，闭门不听扫瑶琼。”张耒《索莫》：“何当听夜雪，暖酒夜炉红。”范成大《冬日田园杂兴》：“榾柮无烟雪夜长，地炉煨酒暖如汤。”朱熹《行林间几三十里，寒甚，道傍有残火温酒……》：“温酒正思敲石火，偶逢寒烬得倾杯。”韩淲《正月二十八日二首》：“春寒不敢出篱门，且拨深炉暖酒尊。”赵汝鐩《刘簿约游廖园》：“春晚花飞少，墙高蝶度迟。注汤童暖酒，拍案客争棋。”说的都是寒冷潮湿环境温酒之事。

值得注意的是，上述例证或温或暖或煨或汤，没有称作煮酒的。揣度原因，温酒只需微火略炙，无须煮沸，上述诗例中有以残灰、寒烬煨酒的，也有以热水冲烫的，加热十分有限。元人贾铭《饮酒须知》即称“凡饮酒宜温不宜热”①，现代科技也证明给酒加热过高则乙醇、甲醇等重要成分会迅速挥发。若用“煮”字，则是大火烹煮之义，未免过重了。而元朝紧承两宋“煮酒”之言盛行之后，虽然相关名称已明显衰落，但语言习惯和书面影响犹在。我们看到元代俗文学作品中，凡温酒加热之义多称“热酒”“烫酒”（汤酒），而正统文人诗文中则多称“煮酒”，与“温酒”“暖酒”等词一同使用，而且使用频率还略胜一筹②，这不能不说是两宋时期“煮酒”一词的潜在影响。从前引马致远“煮酒青梅尽醉”“煮酒青梅正好连宵醉”，“煮酒”是名词而俨然似动词，而萨都剌“银瓶煮酒浮鹅黄”，“煮酒”是动作又俨然似名词，不难感受到名词与动词间顺势演化的微妙关系。可以说，正是两宋时期“煮酒”盛极一时的惯性作用，使“煮酒”一词绝处逢生，成功转型，由流行的酒类名词演变为表示温酒之义的动词，与唐宋时人们常说的“温酒”“暖酒”等词汇平分秋色，甚至凌轹其上，成了表达此类动作的又一常用说法。

曹操“青梅煮酒”的时代

正是在两宋清酒、煮酒向明清黄酒名称演化转变的关键时期，《三国演义》提供了著名的曹操与刘备“青梅煮酒论英雄”的故事。众所周知，一般认为《三国演义》成书于元末明初，也有根据内外不同证据向前向后略作延伸而有作于南宋、元中叶、元晚期、明中叶等不同说法。由于作者资料的缺乏和版本信息的复杂，迄今争论不休。令我们感兴趣的是，这些不同主张涵盖的时间以元中叶至明代初期为主，而这正是“煮酒”一词语义逐步变化的

---

① 贾铭：《饮食须知》卷五，清学海类编本。

② 我们以《中国基本古籍库》网络检索系统进行检索，清顾嗣立《元诗选》（三集）得“煮酒”4 处、明臧懋循《元曲选》得“热酒”23 处，其他“温酒”“暖酒”“烫酒”均未见。另以“元代”“艺文库”为条件检索，得“煮酒”27 处、“温酒”11 处、“暖酒”9 处、“热酒”14 处、“烫酒”0 处。以上均可见“煮酒”一词的出现频率要高于“温酒”“暖酒”等其他同义词。

关键阶段。《三国演义》“青梅煮酒”这一细节描写“煮酒”的定义及其在同期“煮酒”语义演变进程中的位置，就是一个值得关注的问题。

还是回到故事文本。明嘉靖元年刻本《三国志通俗演义》是目前确认传世最早的版本，卷五《青梅煮酒论英雄》的叙述是这样的，曹操约刘备酒叙，先介绍自己昔时领军曾“望梅止渴”，继而说：“今见此梅不可不赏，又值缸头（引者按：叶逢春本系统无缸头二字）煮酒正熟，同邀贤弟小亭一会，以赏其情。”“玄德心神方定，随至小亭，已设尊俎，盘贮青梅，一尊（引者按：叶逢春本系统一尊作壶斟或壶酌）煮酒。二人对坐，开怀畅饮。”所谓“缸头”指酿酒所用瓮坛之类容器，也径指新熟之酒[①]。“煮酒正熟”不是说加热煮酒已沸，而是说酿制的煮酒已经成熟，正可开坛享用。所谓“一尊煮酒”，尊是盛酒器，而不是煮酒器，所说正如今人言一壶煮酒的意思，而不是以尊温酒。叙事末尾又有诗为证：“绿满园林春已终，二人（引者按：叶逢春本系统二人作曹刘）对坐论英雄。玉盘堆积（引者按：叶逢春本系统积作翠）青梅满，金斝（引者按：叶逢春本系统斝作翠）飘香煮酒浓。”斝与尊同属盛酒器，形制稍异，有三足。作者换用此字也只是诗歌的平仄所需，其意与尊完全相同。诗中“煮酒”与“青梅”对仗，同属名词，所说完全是重复前面的叙事。我们这里不惮其烦地一一详细解析，意在提醒读者不要轻易笼统地滑过这些饮食细节，要留心与今人的习惯理解不同之处。这里曹操提供的“青梅煮酒”，正是宋人所说的青梅与煮酒两种食物，而非以青梅去煮酒，煮酒不是烧煮加温之义，与《三国演义》关公温酒斩华雄之温酒并非一事。

这一令人颇感意外的细节，也许包含了《三国演义》作者和写作年代的某些信息。考虑到作为《三国演义》蓝本的《三分事略》和《三国志平话》都无此情节，则此情节很可能是《三国志通俗演义》作者的原创。从前面的论述可知，至迟元中叶以来，“煮酒”作为酒名的说法已经寥若晨星，几乎无

---

① 李昉：《太平广记》卷二〇八引《法书要录》：“江东云缸面，犹河北称瓮头，谓初熟酒也。”宋梅应发《（开庆）四明续志》卷四官营酒库所收酒税中有“缸头钱”一项，清刻宋元四明六志本。

人使用。在这样一个普遍的情势下，《三国志通俗演义》这段“青梅煮酒”的描写，却严格忠实于宋人的生活实际，应该有这样两种可能：（1）这段故事的写作时代与宋朝相去不远，在元朝出现的年代不会太晚，应该不会晚至明朝，更不会晚至明代中叶。（2）故事的叙述者有着深厚的江南地区生活经历。如果元末明初贾仲明（1343—1422 后）《录鬼簿续编》记载的戏曲家罗贯中即《三国志通俗演义》作者罗贯中，则此人号“湖海散人”，与贾仲明为“忘年交”。所谓“湖海”应非泛泛的江湖之义，而是标榜一生中重要的生活空间，一般指湖泊密集、濒临大海的长江下游，即今江苏的南部和浙江省为核心的江南地区。明田汝成《西湖游览志余》、郎瑛《七修类稿》称罗贯中为钱塘人、杭州人，或者不是空穴来风，《三国演义》的作者罗贯中有可能长期居住在杭州一带，至少应年长贾仲明 30 岁以上。我们不可想象，如果不是在时间上贴近南宋或者长期生活在“青梅煮酒”风气十分浓厚的江南苏、杭一线，会有这样贴近宋人生活实际原汁原味的细节描写。当然，我们这里说的只是全书的只鳞片羽，如果就全书所涉名物风俗、方言俚语、地名人名等进行全面的排比验证，或者可望在《三国演义》作者、写作时代等方面获得一些新的认识。

明清以来：从“青梅煮酒”到以青梅煮酒、“煮青梅之酒”

尽管《三国演义》原本说得极为明确，没有丝毫的模糊和分歧，而宋人言谈中的“青梅煮酒”指两种食物更是明白无误，而我们现代的理解却表现出“集体无意识”的共同偏差。我们以大陆版《辞源》《汉语大词典》和台湾版《中文大辞典》对“青梅煮酒”一词的释义为代表。《辞源》说“煮酒”是“古代的一种煮酒法”，然后举晏殊词句、苏轼诗句为书证，但未进一步申说，大意应是理解为以青梅煮酒的一种方法。《汉语大词典》说：“以青梅为佐酒之物的例行节令性饮宴活动。煮酒，暖酒。”将煮酒释为温酒，显然与上述宋人原意和《三国演义》本义有差。《中文大辞典》说是“以青梅之实酿酒”，将煮酒释作酿酒，而直接用青梅作原料酿制果酒，梅酸过甚不利曲菌发酵，各类酒经及生活类著述也未见记载。三种解释虽然都分别引宋人诗词和《三国演义》为证，但显然对宋人和《三国演义》的实际语义并不了解，关键是对煮酒的名词之义一无所知，因而不免望文生义。然而这正是长期以来我们共同的认知，电视剧、各类通俗读物乃至于《三国演义》的学术整理本均作此理解①。何以出现这样的情况，这不能不说与元代以来人们有关活动和说法的长期演化和积淀有关。

在“青梅煮酒”各类说法中，“煮酒”的词性词义无疑是其中的核心。明朝以来，作为酒类名称的“煮酒”仍然见诸记载，尤其是通俗生活百科类、医药本草和一些方志著作中仍多涉及。如明刘基《多能鄙事》、宋诩《宋氏家要部》《竹屿山房杂部》、王鏊《（正德）姑苏志》等都有相关的技术说明和酒类介绍，但内容一如元人《居家必用事类全集》一样，主要仍是宋人有关说法的转述。在明朝诗文中，我们只找到明初刘基《渔父词》“采石矶头煮酒香，长干桥畔柳阴凉”，明中叶杨基《立夏前一日有赋》“蚕熟新丝后，茶香煮酒前”等少数一两条仍属酒名的诗例，一般情况下，人们所说“煮酒”都是温酒的动作之义，有时也径指整个酿酒的活动②，而不是酒类的名称。明中叶以后，尤其是入清后，煮酒与烹茶、烹豚、烹羊、

---

① 中央电视台电视剧《三国演义》第14集《煮酒论英雄》案上陈设一盘青梅、一小坛浸有青梅的酒。农村读物出版社2002年版陈云鹏整理《说唱三国》第35回：“（曹操说）‘今见此梅不可不赏，又置煮酒正热，特请使君园亭小酌’……杯盘已设，一盘青梅，一壶热酒。二人对坐，开怀畅饮。”大中国文化丛书编委会《中国酒文化》第103页解说“青梅煮酒论英雄”：“亭中的桌上摆着热酒和青梅。”煮酒指温过的酒。文汇出版社2008年版沈伯峻校注本《三国志通俗演义》注“斝”：“古代酒器，用以温酒”，显然是以煮酒为温酒。

② 煮酒是酿酒工艺中的一道工序，在宋代风气盛行，也代指整个生产行为。但元代至清康熙、乾隆间，人们言之，如非酒名，即指温酒活动。清道光以来，温酒之外始通称整个酿酒活动。舒钧《（道光）石泉县志》（道光二十九年刻本）田赋志第四：“苞谷之为物，一穗千粒，不堪久贮，经夏则飞为虫。乡间秋成方庆，即煮酒饲猪，醉饱一时。”盛镒源《（同治）城步县志》（民国十九年活字本）：“宜永禁米谷煮酒熬糖也。查本地所造水酒、饴糖，从前均以米谷煮做，虽屡经出示严禁，而无知之徒仍敢以身试法。”张鹏翼《（光绪）洋县志》（清抄本）卷四：“山中多苞谷之家，取苞谷煮酒，其糟喂猪。”《申报》1926年3月11日《泰兴酒业对火酒问题之表示》：“泰兴农田，沙土居多，最易生虫。故农田肥料，独能讲求，十之六七均取给于猪粪，不但肥田，且易杀虫。由是农家无不养猪，而猪食以酒糟为大宗，故养猪之家又无不煮酒，所产烧酒年达二十万担，均农家之副产也。”由晚清至民国至当代，煮酒之酿酒义愈益明确和流行。

烹鱼、杀鸡等连言对举[1]，成为设食宴客、盛情聚友的常见活动或标志方式，“围炉煮酒”“拥炉煮酒”“泥铛煮酒”等会友娱宾的细节频频出现在各类诗文歌吟和描写中，煮酒与温酒、暖酒、热酒、烫酒等同义，同指饮前给酒加热的举动。

在这样的流行语境下，“青梅”与“煮酒”连言和对举的含义也就发生了明显的变化。首先仍指青梅佐酒，这是宋人“青梅煮酒”本有的意思，也是“青梅煮酒”一词最基本的含义。如明虞谦《游顾龙山》“林间煮酒青梅熟，雨后烹茶紫笋香”，杨慎《归田四咏为宪副卞苏溪赋（卞名伟）·春耕》“饷陇青梅煮酒，访邻绿笋烹茶”，清常熟徐涵《雅集》“摘梅倾煮酒，削笋和蒸豚”[2]，都两两一组，是搭配佐食之意。清陈维崧《绿头鸭·清和》“烘朵玫瑰，剪枝芍药，摘梅煮酒且娱宾”，也是明显的摘梅佐酒之意。但这种情况下，更多的则是泛言饮酒或其他酒食而以青梅相佐助兴，而不用“煮酒”一词。如明杨基《虞美人·湘中书所见》“青梅紫笋黄鸡酒，又剪畦边韭”，清文昭《夏日集韵得行字》“纱橱竹簟眠初觉，红杏青梅酒数行”，郑世元《分佩招同俯恭崳表陪家寄亭集吾庐和寄亭韵》“青梅如豆酒初熟，长啸一声山鸟闲”即是。

只要“煮酒”作为动词与“青梅”配合举食，就面临生活常识上的挑战。众所周知，饮前加热温酒一般用于天寒、夜冷、气湿的时节和环境，前引唐宋人的“温酒”“暖酒”“煨酒”之事都属于这种情景。而宋元以下淮岭以北多无梅树，江淮以南青梅可食的时节在春末夏初，而此时的江南气温已高，若非特殊情况，饮酒不必再加温，我们在宋人作品中甚至还看到因春暖而“嫌温酒”的现象[3]。因此我们看到，整个明清时期虽然人们的

① 如明张光孝《招杨子饮》：“煮酒搅竹叶，烹茶点松花。”清焦循《杭州杂诗·得家书口占》：“老母呼唤速归去，煮酒烹豚告祖坟。”刘大绅《暮归自绿豆庄》：“割鸡煮酒尽交情，十里徐徐信马行。”李骥元《泽口》：“楚女不冶容，门中自炊爨。烹鱼复煮酒，殷勤供客案。”

② 单学傅：《海虞诗话》卷九，民国四年铜华馆本。

③ 赵崇森《春暖》：“把杯早自嫌温酒，盥手相将喜冷泉。”《全宋诗》第38册，第23717页。依今人饮酒的经验，黄酒饮前加温至45℃，毒素充分挥发，口感更为香醇。

饮酒活动决不会少于两宋，但以“煮酒”与“青梅”组合出现的概率却大幅减少，有关“青梅煮酒”的说法，大多属于点化古人风雅之语，食青梅而温酒并非生活之必需。更多的情况下所说是另一种青梅佐酒方式，这就是煮青梅下酒、以青梅煮酒或煮青梅之酒。吴绮（康熙时人）《和庞大家香奁琐事杂咏》：“煮得青梅同下酒，合欢花上画眉啼。”顾舜年（乾隆时人）《酷相思》：“手摘青梅将酒煮，更有甚闲情绪。”应宝时（道光时人）《玉抱肚》：“恨青梅酒冷无人煮，恨青萍剑冷无人舞。”樊增祥（咸丰举人）《消夏绝句》：“天靳相如露一杯，酒鎗无意煮青梅。”《笏卿见和前韵再叠一首》：“榨头新熟鹅儿酒，待煮青梅约使君。”《五月三日送西屏暂归青门》：“美田新酿鹅黄酒，烂煮青梅伫尔归。”或以酒煮梅，或径称煮青梅酒，说的都是将青梅入酒煮饮。即便像吴绮所说“煮得青梅同下酒”，以青梅鲜脆，似不必另行水煮，实际表达的可能仍是酒煮青梅或煮酒浸梅。而煮酒绝不会“烂煮”，只是文火暖酒，合理的情景应是将青梅置于酒中适当加温，或温酒后浸入青梅备饮，这是有清一代所谓“青梅煮酒”更为常见的说法和更为切实的方式。

在上述青梅煮酒的语义环境里，《三国》青梅煮酒之事也就受到了与原著不同的理解和转述。如毕木（？—1609）《耍孩儿七调》：“菡萏新红茂叔台，智仙亭上欧阳醉。玉川子烹茶解闷，曹孟德煮酒青梅。”毕木出生于嘉靖初年，这正是《三国志演义》嘉靖本出现的年代，所说“煮酒”已非名词之义，而是与“烹茶”相对应的动作。再看《三国演义》文本的变化，明嘉靖本原为《青梅煮酒论英雄》《关云长袭斩车胄》两节，清初毛宗岗整顿后的回目是《曹操煮酒论英雄，关公赚城斩车胄》，这种对仗的方式使“煮酒”明白无误地定格在温酒的动作上。再看同期诗文作品，明末陈函辉《题唐灵水曳杖寻梅图》：“檐前箸落，青青在手。我所寻梅，曹公煮酒。”清初董以宁《洞庭春色》：“坛坫英雄谁敌手，便添煮，青梅佐曲车。闲评论，问使君与某，是也非耶？”张贵胜《遣愁集》卷六“赏鉴”：“刘备尝依曹操，一日青梅如豆，操煮酒与备共论英雄。”乾隆朝曹学诗《会稽家左仪先生暨德配蒋太君双寿序》：“试煮青梅之酒，谁为借箸之英雄；闲听红豆之歌，愿化凌波之神女。”张九钺《题清容太史雪中人填词》：“吹箫屠狗事何穷，游侠须传太史公。好对江南三尺雪，围炉煮酒话英雄。”晚清樊增祥《满江红》：“纵我生稍晚，犹及光丰。时代如今逢过渡，中流击楫几英雄。约使君，添酒煮青梅，操请从。”所说“煮酒”尽为动作，或以青梅煮酒，或以酒煮青梅，说的都是一义。其中张贵胜是直接抄述《三国》故事，却成了曹操煮酒与刘备共话，与《三国志通俗演义》原义明显不同。青梅作为佐酒之物，或有入酒与不入酒煮的不同调制方式，煮酒作为加热温酒的动作则是明以来有关说法的一致含义，对曹操青梅煮酒故事的各类引用和复述更是如此。前引《辞源》《汉语大词典》等今人通行的理解和说法，正是元以来这一生活常识和文学故事长期误解和转述的产物，包含了元明以来数百年间相关活动和思维的历史积淀，构成了我们今日对“青梅煮酒”这一生活常识、文学掌故和文化符号的基本认知和感受。

总　结

综上可见，“青梅煮酒”早在两宋时就是一个社会热词，实际说的是青梅、煮酒两种食物佐食取趣的活动。煮酒是一种酒类的通称，其生产技术和产品性质都与后世的黄酒相当，是当时政府榷酤的一大商品酒类。它与青梅同是春夏之交的当令食品，人们以青梅佐酒，形成风气，包含了丰富而美好的生活情趣，文学作品乐于描写与赞美，从而凝结为文学的经典意象和饮食活动的流行话语。但这一盛况在元朝并未得到延续，元朝的酒业生产和管理、全社会的饮酒风气都发生了剧烈的变化，颠覆了煮酒盛行的根基，作为酒类通名的煮酒也就逐渐淡出历史舞台，让位给新兴的黄酒。与此同时，“煮酒”作为温酒的动作之义却开始兴起并逐步流行起来。《三国演义》曹操“青梅煮酒论英雄”的故事正是产生于这个词义转折的关键时期，但原文所说“青梅煮酒”保留了宋人两种食物的旧义，这也许包含了这一故事产生时代和作者生活背景的某些信息。明清以来，由于煮酒名词之义的沉寂，对“青梅煮酒”的定义和理解也就发生了明显的转移，更多情况下说的是以青梅煮酒或煮青梅之酒，这正是我们今日对“青梅煮酒”这一文学掌故和生活常识的基本理解。认清这一逶迤复杂的历史过程，不仅可以全面、深入地把握“青梅煮酒”这一文学事迹、生活常识、成语掌故的实际含义、历史积淀，了解其来龙去脉、前世今生，而且对《三国演义》的成书时代、宋元时期酒业的发展状况、黄酒名称的起源等相关问题都有直接的参考和意义。

（原载《江海学刊》2016 年第 2 期）

史学篇

论工业革命造成的英国社会结构变化

钱乘旦

英国工业革命引起深刻的社会变化，这已是举世公认的事实，但这个时期经济上的变化和政治上的变动之间有什么内在的联系？本文试图就这个问题作一初步的探讨。

一

工业革命前，英国社会有这样几个特点：

1. 农业仍然是全国最重要的经济部门。人口的多数以土地为生，居住在农村。交通落后，生活闭塞，充满田园风味。从表面看，仿佛与中世纪别无二致。但在表面之下却发生着深刻的变化。这表现在贵族地主改变了剥削方式，而采用资本主义的经营方法了。贵族中有些自己成为农场主和农业改革家；还有些把领地划成小块，分块出租，造成大量中小农场和租地农业家。新型的贵族们雇工剥削，发展农业技术，从中获取大量利润。由于土地的重要性，大土地贵族是全国最富、最有势力的集团。例如纽卡斯尔公爵的收入一年不下十万英镑，小一点的土地贵族，收入也在一万镑上下。为适应资本主义的经营方式，议会从安妮女王时期起，就通过一项项圈地法令，用暴力剥夺农民，使他们变成工资劳动者，或者离开土地，造成大量自由劳动力。但此时土地尚未圈完，敞田制还大量残存，农民仍可依照旧传统在田地上放牧拾草，弥补家计。

2. 手工业虽已发达，但除了炼铁、采矿，所有的手工业都是分散的，星星点点，散布全国。城市很小，除伦敦之外，在现代人眼光中都只是乡镇。此时的手工业，除了根深蒂固的行会传统外，最大的特点是商人控制生产。手工工匠从商业资本家那里领取原料，进行加工，在定期限内交回一定数量的制成品，并领取工资。商人们还往往出租生产工具，折取租金。在这种形式下，工匠们表面上看来各自独立，与中世纪无甚差别，实际上，产品已归商人所有，而散居各地的工匠只是商人的雇工而已。

3. 因此，商业是当时最活跃的经济部门。成百上千的内地商贩，赶着成群驮马，在崎岖的小道上往返奔波，把原料和百货运进制造业区，又收走各家各户的手工产品，运往伦敦、布里斯托尔、利物浦……再由更大的商人转运出海，把英国资本主义的触角伸向全球。如果没有商人这个活跃的阶层，英国一定还是四分五裂的中世纪社会，绝无统一市场可言的。确实，在社会财富的阶梯上，除了大土地贵族，就数商人最富。一个出身卑微的人要想发财，就必须经商。这几乎是颠扑不破的真理。于是，重商主义理论盛行，商业“使富人的人数加倍增长，使地产比以前大为值钱，并且在地产之上，又加上另笔财产，它也和土地本身一样值钱”；商业还带来“一个附加的帝国”。[①] 当时人们就是这样看待商业的。

以上这些特点使贵族和商人控制了英国，他们互相融合，形成一个寡头集团。有许多贵族从事巨额海外贸易，或参加伦敦的商业活动。他们的幼子则在东印度公司任职；更有许多商人拨出自己的红利，买下土地成为地主，作为政治上进身的阶石。婚姻的沟通更为频繁，经过几代人之后，地主和商人几乎不分彼此。正如著名作家笛福所说：“商业在这里远不是与绅士不相调和的，简而言之，在英国，商业造成绅士。因为，在一代或两代人之后，商人的儿辈、或至少是他们的孙辈，成了和那些出身最高、渊源最古的世家子弟一样卓越的绅士、政治家、议员、枢密员、法官、主教、

① 原载《旁观者报》第69号。转引自康拉德·吉尔著《18世纪的商人和水手》（Conrad Gill: “Merchants and Mariners of the18th Century”），伦敦1961年版，第11页。

和贵族。”①

但这样一个寡头统治的社会，却在蒸汽机的隆隆声中永久地结束了。

二

工业革命的结果，可以归结为三个比例的变化，即工农业比例，手工业和大工业比例，以及城乡比例的变化。其中工业压倒农业、农业国成为工业国是最深最根本的变化。

工农比例的变化首先表现在农业人口越来越少。1696 年格雷戈里·金曾估计全国 550 万人口中，农村人口 410 万，约占总数四分之三。阿瑟·扬 1769 年则说：在英国这种“繁荣的国家里”，“全国的半数是在城里”。他提供的数字是：地主和农民共 360 万，占全部人口的 40% 略多，再加上教区贫民及教士等需要农业赡养的人口，大约正是人口的一半。② 这和金氏的时代已大不相同了。但到十九世纪变化更大。据官方人口普查报告记录：1831 年全国从事农业的共 96.1 万户，包括地主、农场主、自耕农和雇工，还不到全国总户数的 30%；二十岁以上的男子，1831 年有 30% 从事农业，约 40% 从事工商业（包括手工业），到 1841 年，就只有 25% 从事农业，而工商业的比例则增至 43% 了。③《维多利亚地方史·白金汉郡志》记载：由于该郡花边业发达，到 1800 年前后，“在这个郡中已找不到任何妇女为农业生产而劳动了。”④

从工农业在国民经济中的重要性来看，结论也一样。试看下面这张国民收入表：

---

① 转引自阿诺德·汤因比著《18 世纪英国工业革命讲义》(Arnold Toynbee: “Lectures on the Industrial Revolution of the 18th Century in England”),（伦敦）1920 年版，第 41 页。

② 汤因比：《18 世纪英国工业革命讲义》，第 12—13 页。必须说明这些数字都是极不准确的，因为第一次国情普查迟至 1801 年才进行，在此之前无官方数字可循。

③ 《人口普查报告，1811—1921》，载 B. R. 米切尔编辑《英国史统计摘要》（B. R. Mitchell: “Abstract of British Historical Statistics”),（剑桥）1982 年版，第 60 页。

④ 转引自克拉潘著《现代英国经济史》1964 年中文版，第 235 页；当然这种说法是夸张的。

（单位：万英镑）

	农林渔	工矿建筑	商业运输	房租	国民总收入
英格兰和威尔主					
1688	1930	990	560	250	4800
大不列颠					
1801	7550	5430	4050	1220	2320
1811	10750①	6250	5010	1720	30110
1821	7600	9300	4640	1790	29100
1831	7950	11710	5900	2200	34000
1841	9990	15550	8330	3700	45230

再过二十年情况就更加突出了。这时工业部门的收入是农业的两倍还不止，达24360万镑，商业和运输业也超过了农业，达13070万镑，而农业收入只有11880万镑。②

就这样，在工业革命结束时，英国成了世界上第一个工业国，获得了“世界工厂”的称号。

手工业和大工业比例的变化也是非常显著的。大工业首先意味着蒸汽动力和机械化。在这方面棉纺织业步伐最快。1813年英国有动力织布机2400台，1820年就达14000台了，1829年有了55000台，四年之后，竟达十万台；1775—1800年的二十五年间，瓦特和波尔敦在英国共安装289部蒸汽机，其

① 这个数字是因为拿破仑实行大陆封锁造成的。当时欧洲粮食不得进口，英国不得不依靠自己的农业养活全国，因而引起生产扩展和粮价暴涨，使农业产值突然增大；但战争结束后很快就跌落了。

② 菲利斯·迪恩、W. A. 科尔合著的《1688—1955年的英国经济增长》，载《英国史统计摘要》，第366页。

中 84 部是用于棉纺织厂的。[①] 但其他工业也逐渐采用蒸汽机。据统计，1835 年英国和爱尔兰有 1953 部蒸汽机，此外还有 1297 部水轮机。[②] 在纺织业之后，一个个生产部门都实行机械化，连动作最慢困难最大的农业，也在 1790 年前后开始使用打谷机了。到十九世纪五六十年代机械化过程基本完成时，手工织工在全国只剩下几千人。另一方面，机械工业的产生可以看作是机械化的一个重要标志。在瓦特发明蒸汽机的时候，几乎无机械工业可言，因而瓦特不得不亲自奔跑，去修理他售出的蒸汽机。但到了十九世纪，机械工人的力量就不可忽视了。1824 年他们组织了一个“蒸汽机制造工协会”，1826 年又成立了一个“蒸汽机制造者职工会”，1851 年，他们组织了第一个也是最富裕最有名的所谓“新模范”工会——“机械工人混合工会”。机械工业的产量增长也相当快，除满足国内需要外，迅速增加出口。十九世纪二十年代取消机器出口的禁令后仅七年中，出口量就从 1822 年的 11.6 万镑增至 1829 年的 25 万镑，翻了一倍多。[③]

除了机械化，大工业还意味着工厂制产生，这是随阿克莱特的水力纺纱机问世而出现的一种全新的工业组织形式。开始时工厂必须设在河边；随着蒸汽机的使用它们可以不必受河流的限制，而在任何有煤炭供应的地方都能建造起来了。这就引起工厂制的迅速发展。从 1771 年建立第一个工厂算起，到 1835 年全国已有棉纺织厂 1262 家，其中一半以上是在兰开郡。[④] 1820 年时，手织工还几乎是工厂织工的两倍（分别是 24 万和 12.6 万），1840 年工厂织工已经是手织工的两倍还不止了（26 万和 12.3 万）。[⑤] 几千年平和幽静的田园风光，就好像碰见了阿拉丁的神灯；一瞬之间无影无踪。英国突然烟囱林立，汽笛轰鸣。被逐出土地的农民，被夺去饭碗的工匠，从四乡僻野蜂涌

① 见哈孟德夫妇《近代工业的兴起》1959 年中文版，第 170 页和 120 页（注一）。

② L. C. A. 诺尔斯：《19 世纪的工商业革命》（L. C. A Knowles，“The Industrial and Commercial Revolution during the19 th Century”），伦教1922 年版，第 73 页（注二）。

③ 见《英国史统计摘要》，第 295 页。

④ 哈孟德夫妇：《近代工业的兴起》，第 176 页。

⑤ 《皇家统计学会会刊》（1910），载《英国史统计摘要》，第 187 页。

而来，一支庞大的队伍组织在工厂的屋顶之下了。

工厂的出现使城乡比例发生变化。1760年时除伦敦之外，只有布里斯托尔的人口在五万以上。但到1841年，大伦敦人口223.9万，是八十年前的三倍；全国十万人口以上城市九个，五万以上24个；在大小所有城镇中，以工厂为中心的小城镇发展特别快。例如欧德姆从1760年的三四百人增加到1831年的三万八，布雷德福从1801年的一万三增加到1851年的十万四，等等。1801—1831年人口增加一倍以上的城市，大部都是这一类新兴工业城镇，如博尔顿、伊普斯威奇、普雷斯顿、斯托克波特……除这些新兴工业城镇外，人口增长迅速的就是利兹、曼彻斯特等工业大都会了。[①] 就这样，随着工业的发展，随着工厂制的产生，英国成了一个城市国家。中世纪的、乡村的、田园般的英国一去不复返了。

三

经济比例的变化很快就反映到政治结构上，引起了阶级关系的变动。实际上，工业超过农业说明工业资产阶级的经济实力压倒贵族地主阶级；大工业挤垮手工业意味着工厂主排挤商人对生产的控制，因而商业资本让位给工业资本；工厂的兴起和城市的昌隆则表明工业无产阶级的诞生和壮大。但所有这些比例变化都是在很长一段时间，比如说八十年内，相当缓慢地完成的，因而政治上的相应变化也就相当慢。对此切不可估计过高。

工业超过农业的结果，是把工业资本家推上了财产的顶峰。这个阶级的产生、成长和成熟的过程，是和工业革命的步伐完全一致的。

真正的工业资本家可说在十八世纪二十年代就有了。当时托玛斯·隆伯利用他兄弟从意大利偷运出来的捻丝机，在德文特开了一家使用水力的丝厂。1719—1730年的十二年间，他积累了十二万镑财产并封了爵士。在他之后，资本雄厚的工业家也时有出现，如罗巴克和加伯特1759年创办的卡隆铁工厂

① 1851—1951年人口普查的《报告书》，载《英国史统计摘要》。

（第一部蒸汽机就在这里试制），开办时就有资本一万二千镑，雇用工人一千五百名。但工业资本家真正成为一个阶层，却是在阿克莱特建立克朗福德水力棉纺厂之后的事。

理查德·阿克莱特（1732—1792）是理发匠出身。上半生穷困潦倒，几经风霜。后来，他的发明天赋使他成了水力纺纱机的创始人。当时正是棉纺织业疯狂扩展的时期，水力纺纱机的出现真可说应运而生，因此阿克莱特也就成了天之骄子。在别人资助下，他很快取得专利权，并且在克朗福德建立起全世界第一个工厂（1771 年）。他死的时候，留下六个工厂，五十万镑财产，在“十年的一瞬间从一个不值五镑的穷鬼，成为拥有马车仆役的采地主，并买下了价值二万镑的地产；而千百名妇女，当她们能得到工作时，就必须挨过那长长的一天，把那五千零四十码棉线梳啊，纺啊，卷啊，为此她们只得到四五个便士，绝无更多。”① 在他死时，《绅士杂志》说他留下的“制造厂其收入比大多数德国王公都要多得多……”②

英国的工业资产阶级有三个方面来源。首先，是那些工业革命的暴发户。这些人多数未曾经商，更不是贵族，没有光荣的族谱和坚强的后盾。他们的祖父曾种过地，他们的父亲破了产，他们自己则贫困潦倒，漂零半生。在工业革命的风暴中，他们凭自己的创造才能取得发明专利，更凭精明的算计和心狠手辣开办工厂，在社会财富的梯级上越爬越高，成为万人瞩目的首屈大富。保守党首相皮尔的父亲曾经是个自由持有农，在圈地的浪潮中他眼看要遭灭顶之灾，就卖地投资。到 1802 年，他已是雇用一万二千名工人，每年向国家交纳四万镑国产税的大工业家了。著名的空想社会主义者罗伯特·欧文，也是在 1789 年借了一百镑作资本，后来成为拥有一千六百多工人的新拉纳克工厂的厂主的。铁业巨子克罗谢是一个农民的儿子，空着两手逃离家庭，后

---

① 《曼彻斯特信使报》1788 年 5 月 13 日。转引自菲顿、沃兹沃思《斯特拉特一家和阿克莱特一家，1758—1830》（Fitton and Wadsworth：“The Strutts and the Arkwright，1758—1830”），曼彻斯特大学 1958 年版，第 96 页。

② 同上书，第 96—97 页。

来掌握了英国最大的铁工厂西法尔斯法，1810年死时留下的财产值一百五十万镑。这个厂原来的主人安东尼·培根以铁商起家，发了大财，后来成为议员。培根还转卖过另外三家铁厂和一个大炮合同，并在默瑟尔附近向塔波特勋爵租了四十平方英里的土地。在玻璃业，五家最大的玻璃公司1833年共缴国产税二十三万一千镑，其中艾萨克·库克森公司一家就缴六万镑。

但也有些贵族投身到工业革命的洪流中，成为英国工业化的开拓者。比如说最早开凿运河的是布里奇沃特公爵，他也是英国最大的煤矿主之一。弗利勋爵死后留下每年获利七千镑的矿山，获利二万一千镑的不动产，和五十万镑的公债。当然，贵族真正从事制造业的并不多、或者说几乎没有。他们总是凭借手中的地产成为矿主，或是投资于运河、公路、铁路等，坐取红利，很少去费经办工厂的神。另一方面，本来控制手工业生产的商人或工场主就不同了。随着蒸汽机的出现，随着大工厂的产生，他们本来经营的手工生产已经岌岌可危。他们只有两条路可走：要么识得时务，采用机器，转成工厂主；要么被机器工业所排挤，落入完全经商（如果资本充足），或完全破产的境地。总之，商人控制生产的局面是一去不复返了。这就是大工业挤垮手工业造成的社会后果。

马修·波尔敦可说是手工业主转化为工业资本家的典型。波尔敦是个银器商的儿子，年轻时发明了一种供上层社会使用的镶嵌带扣，使他父亲的商店大为兴隆。1762年，他把厂子迁到梭和，成为欧洲著名的铁工厂，生产从仿古的赫丘利与九头蛇象，到附有装饰品的小牙签，大受时髦社会的欢迎。1767年，他的产品毛利从七千镑增加到二万镑，连俄国女皇凯瑟琳也买了他的货。但波尔敦真正的事业却是资助瓦特制成蒸汽机。1769年，瓦特原来的资助人罗巴克破了产，而第一台蒸汽机又试验失败，瓦特陷入深深的失望中，准备另谋生路。就在这时，波尔敦不顾自己的经济困难而与瓦特签订了继续试验蒸汽机的合同，把这项伟大的发明从绝境中拯救出来。1776年，试验成功了，而梭和铁工厂也就成了世界上第一个蒸汽机厂，为机器大工业的诞生提供了强大的动力。

就这样，到工业革命完成的时候，一支工业资产阶级的强大力量终于形成了。他们中有白手起家的冒险家，有商人和工场主中的成功者，也有少数贵族中的有识之士。这些人在国家经济中的作用与日俱增，终究成为民生国计的中流砥柱。这可从国家税收的变化看出来。

“光荣革命”之后及整个十八世纪，国家的税收主要是三项：土地税、关税和国产税。各项税收的多寡在平时常受到政府更替和政策变化的影响。所以要从中看出各阶级经济力量的消长，只有看战时。因为只有战时统治阶级才会迫不得已地基本按照财富的比例分配税务。这样我们看到奥格斯堡同盟战争结束的前一年，1696 年，土地税征收了 252. 8 万镑，比关税和国产税加起来还要多；1712 年，西班牙王位战争的倒数第二年，土地税 215. 2 万镑，仍然是最多的关税 1481 万镑，国产税 180. 5 万镑，土地税和关税加起来有国产税的两倍（莫忘记此时的国产税取自手工的制造品）。此后国产税就越来越重要了，特别是六十年代后，可以说飞速增长。从七年战争开始，这项税收就一直维持在土地税和关税的总和上。另一方面，土地税则越来越无关紧要，比如说，1814 年（拿破仑战争的最后一年）国产税 2750 万镑关税 1440 万镑，而土地税只有 790 万镑，几乎只有关税的一半了。如果我们记住土地税主要是对地主的抽税，关税是进出口商的赋税，而国产税则由制造业主承担的话，上述这种变化就很容易理解。而且从国产税的增长来说，也分为前后两个阶段。1760 年以前的五十年中大约从 200 万镑增至 400 万镑；1760 年以后的五十年则从 40 万增加到 2700 万左右，在这里又可以看到工业革命的影子。国产税后来随着工业资产阶级政治力量的增长，其比例又逐渐减少。这个过程刚好开始在哈斯基森的财政改革时代，并不是偶然的。从这里也可以看出工业资产阶级为什么热衷于议会改革。①

随着工业资产阶级经济力量的增长，他们在政治上的要求也越来越强。1832 年，他们成功地进行了有利于自己的议会改革，爬进了统治阶级的行列。

① 可参看《会期文件》第 35 号，载《英国史统计摘要》。

1846年他们强大的压力迫使政府废除谷物法，使英国从此进入自由贸易的黄金时代。一个工厂主统治的英国真正产生了。

但在工业资产阶级壮大的同时，它孪生的仇敌工业无产阶级也在形成。这就是城乡比例变化的真正含义。

工业无产阶级无疑是这一时期人数增长最快的阶级。这个趋势又得到圈地运动的推波助澜。由于工业革命的刺激，圈地运动在这个时候达到了最后、最疯狂的高潮。1760年以前的五十年中圈地共四十万英亩；以后的五十年则圈围五百万英亩。① 至此，作为世纪时期英国民族骄傲的自耕农阶层即告消亡。这些人大部分都沦为无产阶级，使无产阶级人数大增。1841年时在工交部门就业的男女工人共325.9万，占全国在业人口的46.8%（124.4万的家庭佣工不包括在内）。此外，还有160万的无业男子和500多万的无业女子。即使不把妇女计算在内（考虑到她们的家务）这也是一支很大的劳动后备军了。② 除了人数众多，工人阶级的另一特点是有组织。工厂制的产生使工人高度集中。1835年全国平均每个棉纺厂有工人一百七十多人；有些大棉纺厂规模很大，例如罗伯特·皮尔，1802年《工厂法》的作者，就在伯里镇及其近邻雇用了一万五千多工人（包括手工的散工在内）。集中使工人便于组织。他们组织的友谊会、共济会等互助团体，在1800年共有七千个以上。据官方一项报告统计，1815年拥有成员九十二万五千。1825年的一个审查委员会说，它们“在很多场合下都是由同一行业中的劳动者组成的；组成社团的习惯和机会……无疑为提高工资和其他一切非法目的而进行的结社提供了便利”③。这种集体的力量可从工厂工人比手织工人工资固定这一点上看出来。1840年的《手织工人报告书》曾就此解释说：这是“因为制造商发现，比起那些互相隔绝并且由于人手过剩而随时准备相互出卖的三四十个户外织工来，想降

① 巴滋尔·威廉斯：《辉格党的优势，1714—1760》（Basil Williams: “The Whig Supremacy, 1714—1760”），伦敦1952年版，第104页（注一）。

② 《人口普查报告，1811—1921》，载《英国史统计摘要》，第60页。

③ 《友谊会法审查委员会》，转引自克拉潘《现代英国经济史》，第269、372页。

低同在一个厂房工作而互相联系的三四十人的工资，就要困难得多”①。

但无论如何，这支庞大的队伍当时还不成熟，这首先表现在他们之中有很大一批手工工人。即使在工厂制最为发展的棉纺织业中，也还是如此。1829年，国会改革高潮的前夕，工厂织工还只有手工织工人数的四分之三；直到1840年，“尽管有动力织机的剧烈竞争，纺织工业这一分枝使用的手织机却不仅很多。并且一切证据都说明简直和过去任何时期一样多……”② 此外，仅伦敦一地的裁缝和制鞋匠就比诺森伯兰和达勒姆的所有矿工加在一起还多，而这些矿工采掘的煤是全英格兰和威尔士用煤的四分之一；家庭女佣人的人数也远比棉织厂女工多得多。这种手工工人人数庞大的情况，使无产阶级的政治觉悟和阶级力量都受到很大影响。即使真正的产业工人，他们也刚刚从手工工人或破产农民中脱胎出来，不可能形成一个成熟的阶级。当时遍及全国的友谊会和共济会，只是一种生老病死救济应急的组织，其活动主要限于平时积累会费帮助会员渡过难关。它们排斥没有学徒资格的人，具有很强的行会习气。1812年卢德运动的背后就隐藏着手工工人的深重怨苦，而这恰恰是无产阶级不成熟的表现。1824年议会曾废除禁止工人结社的法案，但1825年又加上新的限制，实际上取消了工会争取提高工资和改进劳动条件的活动权力，使它们失去经济斗争的手段。正是在这种情况下，工人群众才隐约感到参加政治斗争的必要性；也正是在这种情况下，工人阶级才大规模地登上政治舞台的。

1815年以后，工人阶级的政治运动风起云涌。正是借了他们的力量工业资产阶级才能以革命相威胁，而完成1832年的议会改革。但改革结果使工人阶级大失所望，他们要求的东西一样也没有实现，反倒成了把工厂主抬上统治宝座的垫脚石。在这种情况下，他们切断了和工业资产阶级的同盟关系，掀起了轰轰烈烈的宪章运动。但他们队伍的不成熟性在运动中再次得到充分表现，奥康诺提出“回到土地去”的计划吸引了大批破产农民，反映了他们

① 转引自诺尔斯《19世纪的工商业革命》，第86页。

② 《1840年关于手织工的报告书》，转引自诺尔斯《19世纪的工商业革命》，第55页。

向往的旧日良辰，因而扭转了运动的方向。反过来，宪章运动的失败又对日后的英国工人运动发展道路产生了极深刻的影响。这一点是不能不看到的。

至于旧的统治阶级土地贵族，他们为了保住自己垄断国家政权的特殊地位，曾对工业资产阶级的进攻进行了顽强的抵抗。在这些斗争中，他们往往“装模作样，似乎他们已经不关心自身的利益，似乎只是为了被剥削的工人阶级的利益，才声讨资产阶级”。他们“把无产阶级的乞食袋当作旗帜来挥舞”①，宣扬回到中世纪“快乐的英国”去。但每当工人阶级为了自身的利益群起奋斗，威胁到整个有产阶级的共同利益时，贵族乡绅们又总是毫不迟疑地站到工厂主一边。1779 年西兰开郡的手工工人暴乱，横扫十个工厂。军队被招到克朗福德，以保护它免遭被毁的厄运。当时《曼彻斯特信使报》刊登一封来信说：“近邻的所有乡绅都决心支持阿克莱特先生，保卫他的工厂，这些厂对这块地方太有用了……”②

随着工业革命最终完成，土地贵族终于逐渐与工业资产阶级融为一体。到四五十年代，旧的辉格党和托利党分别转为自由党和保守党，各自代表了一批工业资本家的利益，而到七八十年代，再经过两次议会改革，工业资产阶级最终掌握了包括教区在内的一切地方政权，这时两党在政策上就不再有根本的分歧可言了。

（原载《江海学刊》1980 年第 4 期）

---

① 马克思、恩格斯：《共产党宣言》，《马克思恩格斯选集》第 1 卷，人民出版社 1972 年版，第 274 页。

② 菲顿、沃兹沃思：《斯特拉特一家和阿克莱特一家》，第 79 页。

蒙元史研究与中西学术的会通

陈得芝

近年年，许多学者著文回顾20世纪我国史学的发展历程，尽管所谈具体学科各有侧重，但都认为，中西学术的交流和会通，是20世纪我国史学取得长足进展的重要因素之一。就蒙元史学科而言，由于其具有世界性，这一点表现得尤为突出。所谓“世界性”，指的是蒙元史研究涉及的地域、民族、制度文化，以及所利用的历史资料，都超出了中国范围。因此，研究蒙元史更需要面向世界，随时注意了解和借鉴别国学者的研究成果，切忌闭门造车，这是老前辈谆谆教导并用他们的研究实践启示我们的一条重要经验。

19世纪末以前中西蒙元史研究之回顾与比较

中国传统史学最重“正史”，由于洪武初年仓促修成的《元史》纰漏百出，大不餍人望，于是明、清两代的学者围绕此书做了不少拾遗补阙、考异订谬，乃至改编、重修的工作。参加纂修的朱右（卒于洪武九年）就著有《元史补遗》12卷。另据解缙说，洪武二十四年他被罢职，太祖命他回家著述十年，其中一项就是“《元史》舛误，承命改修”，所拟凡例已进呈，且“杜门纂述，渐有次第”①。可惜朱右之书和解缙“改修”之稿皆不存。永乐

① 解缙：《寄具川董伦书》，《文毅集》卷一五；《明史》卷一四七《解缙传》。按：改修早已下诏刊行的《元史》是一件很艰巨的大事，朱元璋何以只交给年仅23岁，被他认为“少涵养”（见杨士奇撰《解缙墓碣铭》，《文毅集》附录）的解缙去做，颇有疑问。或者如顾炎武所说，只是“命解缙修正《元史》舛误”（《目知录》卷二六“元史”）。

初，胡粹中著《元史续编》，起元世祖灭宋迄元亡，全仿《纲目》体裁，实为续陈泾的《通鉴续编》，其资料基本上摘自《元史》，极少增益，且因摘引不当弄出不少新的错误。其他明人的元史著述，仅陈邦瞻的《元史纪事本末》和王光鲁的《元史备忘录》有一定参考价值，其余不是刻意模仿宋儒的“通鉴”或“纲目”体，就是蒙学教材或应试急用式的“节要”“史略”之类，几无史学价值可言。明代前期，所获元朝官方文献尚属完整，私家著述亦易搜集，还有熟悉元朝典故和通晓蒙回译语的人士可备咨访，可惜朱元璋急于求成，将草草交差的《元史》下诏颁行，后世无敢议其缺失，遂铸成定局而无法根本改造。中后期明人学术日益空疏，史学成绩尤其不佳①，更难有所进步了。

清初，顾炎武、黄宗羲等杰出学者力矫明人学术空疏无用之弊，倡导博学求实和经世致用，对学界影响很大。注重文献资料的广泛搜集辨析和名物制度的训诂考据渐成风气，元史研究因而也出现了新面貌。顾炎武首先指摘出《元史》的一系列缺陷，为后人批判和改造旧史开了先河。康熙三十八年邵远平著成的《元史类编》（纪10卷、传32卷）可以算是改造旧史的第一部著作。此书以旧史为基础，“采摭群书，或补其阙，或辨其异同”，所采之书有《元典章》《经世大典》《圣武亲征录》《元文类》及文集、笔记、方志、杂史等；卷帙虽少，增补内容颇多，如诏制、奏疏及收西域、平大理、创海运等关键大事，并补撰了不少列传，尤以艺文类人物为多，据称“自一统志下及稗乘诸书以至家藏抄本，无不罗致，补其阙轶”；其所补阙、辨异皆注出依据，“不敢臆凿一语”；元代的人、地、氏族等名译音问题最多，邵氏考究音训，自谓“少习国语（按：指满文），略知音义”，力图将异译者“概从画一”②。其治学态度、研究方法和所利用资料，较前人确有显著进步。不过，

---

① 顾炎武谓：“自洪武平元，所收多南宋以来旧本，藏之秘府垂三百年，无人得见，而昔时取士，一史、三史之科又皆停废，天下之士于是乎不知古。”（《日知录》卷十八“秘书国史”条）同书卷十六“史学”条引述唐穆宗时殷侑关于“史学废绝”的谏言后说：“今史学废绝，又甚唐时。”

② 上述引文皆出《元史类编》卷首“凡例”。

邵氏搜集史料仍很不全，译语解释屡有不当（如谓“斡耳朵译言厢房，故取以当侧室之义”之类），至于补叙西域史事，更远非其力所能及。《类编》刊行后，来华耶苏会士宋君荣（A. Gaubil）将前10卷本纪译为法文，1739年在巴黎出版，名《成吉思汗及其继承者元朝诸帝史》，为西方学者利用汉文资料研究蒙元史提供了很大方便。乾、嘉时期，考据学派成为学术的主流，经学、史学及相关的文字、音韵、金石、地理、天文、历算、目录、校勘等学科普遍发达，学风朴实严谨，研究方法细密。乾嘉考据学派的史学成就标志着中国传统史学发展的高峰，而其最杰出代表钱大昕正是在元史研究上做出了最多贡献。其成就主要有三个方面：其一是史料的发掘，多种重要史籍长期被忽视或湮没无闻，经他发现或表章，其价值始大显于世，如《元朝秘史》[①]《元典章》[②]《长春真人西游记》等，而广泛搜罗金石资料（所得元碑铭达四百多件）用以证史，更是他特别值得称道的功绩[③]。其二是《元史》的考订，《二十二史考异》中元史占15卷，以多方面的丰富学识和周密的考证方法逐卷审核旧史，或勘同、录异，或纠谬、补阙，近1200条；《金石文跋尾》《十驾斋养新录》和《潜研堂文集》所收序跋答问中，订补旧元史者又达数百处，大多精当。元代多有汉人另取一非汉语名，蒙古、色目人另取一汉名，二名兼用，往往造成错误，此类问题经钱大昕辨明者不少。他说：“［廉］希宪一名忻都，［廉］恂一名米只儿海牙，以予博考二十年始能知之，盖元史之难读视他史为尤甚也。”[④] 道出了考订元史的艰苦。其三是重修元史，自称任职翰

① 清初孙承泽最早注意到此书系元“国人所编记”，可补正史之不载，乃将其续集（12卷本的末两卷）总译收入所著《元朝典故编年考》作为附录。后万光泰据总译改编为《元秘史略》，却将大量重要记载视为“委琐之事”或“荒诞”而删略。钱大昕得到从《永乐大典》中抄出的15卷本，作跋表章，谓论次元太祖、太宗两朝史事，必须于此书折其衷（《跋元秘史》，《潜研堂文集》卷二八）。洪业推测可能就是钱大昕从《永乐大典》中将《元朝秘史》抄出，见所撰《蒙古秘史源流考》[《哈佛亚洲研究杂志》(*Harvard Journalof Asiatic Studies*) 第14卷3～4期合刊，1951年]。

② 钱大昕：《跋元圣政典章》，《潜研堂文集》卷二八。日人岛田翰于1905～1906年到江浙访书，据其所著《访余录》说，曾见到钱大昕作过疏注的《元典章》抄本，疏注以小字写在行间栏上。此本已失传。参见方诗铭等《钱大昕》，上海人民出版社1986年版，第123页。

③ 见《潜研堂金石文字目录》。钱大昕为其中125件作跋，据以考订《元史》及其他史料，见《潜研堂金石文跋尾》。

④ 《潜研堂金石文跋尾》卷一八《松江宝云寺记》。

林时着手“别为编次，更定目录，或删或补，次第属草，未及就绪，归田以后，此事遂废”①，但实际上他仍继续编撰，后将《氏族表》《艺文志》两部分定稿先行抄清付梓，“其余纪、传、表、志多已脱稿，惜未编写”②。这就是清末尚存、其后下落不明的《元史稿》。③ 从传世的氏族表和艺文志两部分看，其资料搜罗之广，考订之精，译名辨识之准确，在当时条件下确已达到最高水平。同时代史家汪辉祖著《元史本证》50 卷，用《元史》本文互相参证，分证误、证遗、证名三部分，歧异者辨其正误，本篇漏略者取他篇补之，同名、异译者一一辑出注明，共得三千多条，就校勘而言比钱大昕《考异》更为完备。另一乾嘉史学名著——赵翼《廿二史札记》中的元史部分，多就元代重要制度、政事及其特点立题，用归纳法将有关史料综合条贯，加以阐明。钱大昕盛赞其“记诵之博，义例之精，论议之和平，识见之宏迈，洵儒者有体有用之学，可坐而言，可起而行者也”。

乾嘉学者在元史史料的搜集特别是考订方面有很高成就，但也存在着相当大局限。其一是他们仍然无法填补旧史中漠北、西域地区记载的空白，徒叹文献之不足征；其二是面对来自多种民族语言的人、地、部族、制度等译名，即使是钱大昕那样精通音学并懂一些民族语言，也往往束手无策。如《考异》补订地理志最多，而《西北地附录》仅一条，全不考地名，竟谓“元时西北塞外皆为诸王封地，不立州县，有牙帐而无城郭”；又，误考钦察酋长八赤蛮为部落名，误以畏兀儿国主称号“亦都护”（idi－qut）为“叶护”（yabghu，突厥官号）之音转，等等④。鸦片战争前，一些学者已注

① 钱大昕：《元史艺文志自记》，《元史艺文志辑本》，北京燕山出版社 1999 年版。

② 参见钱大昕自编《竹汀居士年谱》乾隆五十六年“撰元氏族表四卷，补元艺文志四卷”条下其曾孙庆曾的补记。又，《元史氏族表》卷末其弟子黄锺所作识语中说，先生著此表始于乾隆十八年，成于四十五年，可见归田后仍在继续撰写。

③ 道光间大昕侄孙所作《钱氏艺文志》著录有《元史稿》百卷，谓“在金陵汪氏处”；岛田翰《访余录》称曾见到《元史稿》残本 28 巨册（缺卷首至卷二十五），系“钱竹汀手稿本”。参见方诗铭前揭书，第 127 页。梁启超《中国近三百年学术史》也说：“据郑叔问《国朝未刊遗书目》言，竹汀已成《元史稿》一百卷。”

④ 《二十二史考异》卷八九《地理志考异》，卷八六《太宗本纪考异》，卷九四《巴而术阿而忒的斤传考异》。

意研究西域、蒙古史地。战后，边患日益严重，遂有更多学者致力于边陲史地研究，期收经世致用之效。元史与蒙古、新疆及西北周邻地区关系最大，于是如梁启超所说："道、咸以降，西北地理与元史学相并发展……一时风会所趋，士大夫人人乐谈，如乾嘉间竞言训诂音韵云。"同时，一些外国史地著作被译成中文，也丰富了学人的西域史地知识。以讲求经世之学著称的魏源，本已究心于元史和西北地理，在编撰《海国图志》时又从外国书中获得一些新资料，其后他着手重修元史，除采百余种元代文献以参订旧史外，还利用外国资料补充本纪内容并增立元征服各国传，自谓"西北疆域，颇如指掌"，时人也称赞他的《元史新编》"俾穷荒绝域数百年如堕云雾者，豁然得睹"①。然而他所看到的都是外国普通读物，几无资料价值可言，且其西北史地和语言知识也不足以对付元史上的问题，弄出许多错误②。魏源第一个突破中国史料的局限是值得赞扬的，但却不成功。在他之后，张穆、何秋涛、李文田等对元代北境部族、地理、史事都有专门的研究，当时该地区地理图籍比较丰富，因而他们的考释颇多准确，这方面超过了前人，但因语言知识和资料不足，对西北史地的了解还较肤浅，错误也相当多③。

"蒙古时代"是世界史上的一个重要时期，与欧洲中世纪史关系密切，故早为西方学者所重视。17 世纪末，通晓阿拉伯、波斯、土耳其诸语并熟悉穆

---

① 邹代过：《〈元史新编〉跋》，魏氏慎微堂 1905 年版，第 1 页。

② 如《新编·太祖本纪》谓蒙古名称之旧译"蒙兀""蒙骨"，后来成为氏族名；忙兀氏，或作汪古氏、芒忽氏；又谓乃蛮"屈出律据西契丹，杀使者，帝怒而西征"，误以花剌子模为西辽，复因旧史上有太祖西征回纥的记载，竟说"回纥者本乃蛮之旧名，及屈出律窜据西契丹，仍以回纥称之"；《宪宗本纪》谓叶密立"即今伊犁，一作阿力麻里"，等等。其太祖、太宗诸朝《平服诸国传》所载西域诸地名的定位，更是错乱不堪。其《西域藩封传》称不赛因、笃来帖木儿皆为"驸马"，盖为马礼逊《外国史略》、玛吉思《地理备考》（译本）所误。

③ 如何秋涛谓"察其国名声音之转变，则知俄罗斯实乌孙之遗裔"；又谓"罗刹"（清初俄罗斯的译名）乃"可萨"（哥萨克）之音转；谓"几富"（基辅，元译"乞瓦"）系以元定宗贵由之名名之；谓"素丹"（sultan，伊斯兰国家君主称号）即"斯坦"（stan，意为地区、国家）等。皆见《朔方备乘》诸考。李文田谓巴鲁剌思（Barulas，氏族名）即巴图尔（batur，勇士）之意；"阿剌勒"（aral，意指两水之间地）即"鄂拉"（a'ula，山），将撒阿里川（在克鲁伦河上游西）置于科布多地区等。见其《元朝秘史注》。

斯林文献的法国学者克鲁瓦（Petis de la Croix）据波、阿文和欧洲文字史料著成《古代蒙古和鞑靼人的第一个皇帝伟大成吉思汗史》（4 册，1710 年出版），是西方第一部利用穆斯林史料的蒙元史著作。18 世纪，来华耶苏会士冯秉正（De Mailla）译《纲目》《续纲目》为法文，编成《中国通史》（10 卷，第九卷为元史），宋君荣则译《元史类编》本纪部分为法文（见前）。法国汉学家德基涅（De Guignes）兼通汉、阿文，得以直接利用原文资料，著《匈奴、突厥、蒙古及其他西方鞑靼人通史》（5 卷，第三卷蒙古史）。同时期，帝俄科学院组织大规模的西伯利亚、蒙古考察，收集了不少蒙古历史资料。到 19 世纪，在科学思想进步的推动下，欧洲的语言学、人类学、历史学都形成了科学的研究方法，并用于研究东方民族的语言和历史。同时，欧洲列强的东方扩张政策也促进了西人对东方历史文化的研究，作为汉学、蒙古学、伊斯兰学等东方学分支学科交汇的蒙元史研究因而获得了长足进展。19 世纪前期的杰出汉学家、东方学家雷慕沙（Abel Rémusat，法）和克拉普罗特（M. J. Klaproth，德）发表多篇蒙元史论文，利用汉文史料与波斯、亚美尼亚、拉丁等文字史料一起进行研究，开创了蒙元史的新局面。亚美尼亚人多桑（d’Ohsson）精通欧洲诸语及土、波、阿等东方语，长期居巴黎，得以利用巴黎图书馆丰富的东方写本收藏，相当全面地检查了有关蒙古史的阿拉伯文、波斯文历史文献，并广泛搜集突厥文、亚美尼亚文、叙利亚文、拉丁文以及汉文（用上述宋、冯译本及俄人俾丘林所译《元史》前三卷）史料，用法文著《蒙古史》四卷（1824，1834—1835），以丰富的资料（特别是详细摘引波、阿文史料）系统、完整地叙述了自蒙古兴起至元亡以及蒙古西征和波斯伊利汗国兴亡的历史。同时，奥地利东方学家哈默尔（J. F. Hammer - Purgstall）出版了《金帐汗国史》和《伊利汗国史》两部书（1840，1842），其后又有沃而甫（Otto Wolff）以叙述蒙古西征欧洲为重点的《蒙古人史》（1870），英国历史家霍渥士（H. Howorth）所著分述中、俄、波斯三国境自 13 世纪迄近代的三大卷《蒙古史》（1876，1880，1888）。于是西方学术文献中有了相当完备并能反映全貌的综合性的蒙元史著作。

19 世纪西方学者在蒙元史籍研究方面，成果也很丰富。法国东方学家卡特美尔（E. M. Quatremere）专精波、阿文史籍研究，他对《史集》的序言及旭烈兀纪的波斯原文作了精细校订，译为法文并加详尽注释（其中很多条实际上是长篇的历史学、语言学考证论文），以《波斯的蒙古史》为名合并出版（1836）。俄国东方学家施密德（I. J. Schmidt）对蒙古语和蒙古历史文献有精湛研究，他将蒙文本《蒙古源流》译为德文并详为注释，与原文合并出版，名《东蒙古及其诸王室史》（1829）。上述两书的校勘与注释有很高学术价值。俄国正教会北京传道团出了一批兼通满、蒙的汉学家，雅金甫·俾丘林（Yakinf Bichurin）将《元史》前三卷译成俄文，并采《纲目续编》补充，编为《成吉思汗前四汗史》（1829）；瓦习理（V. I. Vasil′ev）译出《蒙鞑备录》（1859）；巴拉第（Palladii Kafarov）将三部最重要的汉文蒙元史史籍译成俄文（《元朝秘史》，1866；《长春真人西游记》，1868；《圣武亲征录》，1877）。此外，俄驻华使馆医生布莱资奈德（E. V. Bretschneider）专注于东西交通研究，用英文译注《西游录》《西使记》等多种元代西域史料，引用大量东西史籍及其他学术著作，对涉及的史事、地理、物产等进行考释。俄国东方学家在波斯文、阿拉伯文蒙元史籍的翻译与研究上成绩尤著。哀德蛮（F. Erdmann，德）用德文译出《史集》之部族志（1840），又据此书写《成吉思汗纪》并参用俄译汉文史料著《不动摇的铁木真》（1862）；贝勒津（I. N. Berezin）于 1858—1888 年先后发表了《史集》部族志和《成吉思汗纪》的波斯原文校勘本和俄译本；齐申高申（V. T. Tizengauzen）从许多阿拉伯、波斯史籍中辑录有关金帐汗国资料，译为俄文，汇刊成一巨册（1884）。亚美尼亚文史籍《海屯行记》《引弓民族史》也先后（1822 与 1870）被译为俄文。西方学者对蒙元时代东来的欧人卡尔宾尼、鲁勃鲁克、马可波罗、马黎诺里等人的旅行记及其他欧洲蒙元史史料都作了精细研究，出了多种近代欧洲文字的译注书。

概括地说，19 世纪西方学者的成绩主要在于东西方各种文字蒙元史文献的发掘和研究（校勘、翻译、注释），以及综合性著作的编撰，而以穆斯林史料的搜集与利用最为突出。不过，他们多数是波、阿文，与汉、蒙文不能兼通，不甚熟悉汉文蒙元史籍和中国学者的考订成果，其波、阿、拉丁等文字史料因未能充分利用汉蒙文资料对勘，译名屡有差错。与之相比，同时期的我国学者不仅对元代西域史地模糊不清，对各种文字的域外史料以及西方学者的研究更是茫无所知，显然落后了一大步。

域外史料与西人著作的最初引进及其影响与局限

洪钧适逢其时的欧洲之行和他的《元史译文证补》使这种落后局面发生了很大改变。在晚清元史学成为显学的风气下，洪钧出使之前就已熟悉元史及西北地理，及至俄、德，得多桑《蒙古史》、哀德蛮《不动摇的铁木真》及贝勒津所译《史集》等书读之，始知域外元史资料之丰富，“愈读西书而愈有兴味”，遂殚数年心力著成此书。其《太祖本纪译证》系转译贝勒津的《成吉思汗纪》俄译本，并参考汉文史料及多桑等人书作注释考订；20余篇补传以《元史》失载的西域诸藩王为主，主要据多桑书译编；此外还撰写了西域地理诸考。由于有大量新资料（包括俄国、波斯的地图）为依据，洪钧对部族、地理、史事、人物等做出了不少精当的考证，订正了魏、何等人许多讹误，例如，魏源书述蒙古西征和元代西域诸藩错误特甚，至以太祖西征为攻乃蛮，所攻之地多被置于葱岭东（如以玉龙杰赤即玉龙哈什 = 和阗河），又以西域宗藩不赛因、笃来帖木儿皆为驸马等。洪钧书一出，确使数百年来如堕云雾的元代西域史事、地理豁然开朗。更重要的是，西方学者的蒙元史著作经其译介，为我国研究蒙元史的学者打开了丰富的域外史料宝库之门，于是称引“西书”以与汉文史料相参证成为20世纪初我国蒙元史研究的新潮流，在我国学术史上别开生面。大量新资料的输入带来了研究的新进展，其代表性成果就是在以中西史料相互补充参证为标志的新基础上重修元史的两部巨著——屠寄的《蒙兀儿史记》和柯劭忞的《新元史》。

屠、柯二书从体裁到编纂思想和方法虽然仍属于传统史学范畴，但资料搜集甚博，大大超过前人，并能吸收乾嘉以来诸家的考订，更突出的是利用了域外史料和西方学者、日本学者的研究成果，增补内容甚多，考订正确者也有不少，与前人重修元史者相比确是面目一新。如《蒙兀儿史记》之《宗室世系表》于旧元史增补、订正最多，每系均作一详细“考证”，征引汉籍及《史集》、多桑书等域外史料进行考释，是此书最有参考价值的一部分，这正是由于利用了新资料。屠寄书凡所考异、辨误、增补皆说明依据，注出资料来源，梁启超称赞说：“屠著自为史文而自注之，其注纯属《通鉴考异》的性质，而详博特甚，凡驳正一说，必博征群籍，说明所以弃彼取此之由。以著作体例言，可谓极矜慎极磊落者也。”① 其实这也是他借鉴了近代西方的史学方法的结果。《新元史》在这方面就大不如屠书，增益资料虽极宏富，但一律不注出处，其删改旧史或作考释也都不说明理由和依据，令读者无从检核。此外，丁谦也在洪钧书影响下，利用域外史料和参考西方学者著作来研究元代漠北、西域历史地理，写了很多篇考证文章，比何秋涛、李文田等人有很大进步。王国维研究蒙元史时利用域外史料也常参考洪钧书及屠、柯二史。

洪钧书与屠、柯二史既是清末民国初我国蒙古史研究新进展的代表作，也反映了晚清以来我国学术上的落后情况。他们所得到的域外史料都来自并不完善的西文翻译，或是西方学者著作中引述的转手资料，本身就有缺陷，加上他们不但全然不懂波、阿文，也不通西文，要靠无专业知识的译人为之转译始能利用，西书之正误与译人之正误均无法辨别，所谓新资料就大打了折扣。另一方面，他们也不通有关的民族语言，不掌握科学的语言学方法，故虽有新资料可供比勘，仍无法突破名物制度译名的难关，在部族名、人、地名、称号、制度等名的译写和考释中出了大量错误。如洪钧将蒙古祖先传说中的捏古思（Nekus）译为脑忽（Naqu），释阿里不哥（Ariqbuge）意为洁净牛（按蒙语牛为 buqa，元译“不花”，而 buge 意为巫），都是不明蒙古语元音谐和律所致。以西域地名曲儿只（Georgia = 波斯 Kurji，今格鲁吉亚）为

---

① 梁启超：《中国近三百年学术史》之《清代学者整理旧学之总成绩》（三），商务印书馆 1999 年版。

女直（Jurchit）的音讹，以为“斡脱”（ortaq，突厥语，意为合伙，元代指“转运官钱，散本求利”的官商）即犹太教（元时译术忽）之类，除西域史地知识不足外，还由于审音不精。至于部族名、人地名的翻译，因不能勘同而致误者更多，导致依赖其译文做研究的学者产生许多错误。屠寄颇以考证自诩，而错误亦多，如以乃蛮部首领称号“不亦鲁黑”（突厥官号 buiruq，“国相”、“国王侍从”）为女真族称号“孛极烈”（bogile，意为王，变为 beile＝贝勒），以蒙古军后方家属营“奥鲁”（a'uruq）为满语之“牛录”（佐领）等。柯氏考订上更有不少奇怪错误，如解蒙古部名别速（Besut）意为“九”，谓蒙语“九为伊苏，又转为别速”之类。在部族、人、地名的考释上，他们依据不正确的音译，往往用“音转”“音差”“急读”等理由牵强比附，造成许多混乱。丁谦的考证也有同样问题。我国的蒙元史研究胶着在这些前人无法突破的难关上，处于停滞不前的状态。

19 世纪后期至 20 世纪前期，国外的蒙元史研究又有了很大进步，特别表现在掌握多种语言（含汉、蒙、突厥等语）、多学科知识和运用科学的研究方法上，出了一批卓越学者。如法国东方学家伯希和（P. Pelliot），汉学造诣极高，并兼精蒙古学、突厥学、藏学、伊朗学等多门学科，对中亚历史、语言、宗教都有精湛的研究。蒙元史方面，他着重就《元朝秘史》《圣武亲征录》《马可波罗行记》及来元的欧洲诸使臣、教士的报告书旅行记等东西方重要历史文献，进行全面、缜密的校订和考释。德国汉学家、蒙古学家海尼士（Erich Haenisch）也倾注大量精力研究《秘史》。俄国杰出东方学家巴尔托德（V. V. Bartol'd）精通波斯、阿拉伯、突厥文和伊朗学，其《蒙古入侵时代的突厥斯坦》资料（主要是穆斯林文献）极为宏富，考述详审，堪称蒙元史和中亚史的典范著作；蒙古学家符拉基米尔佐夫（B. Ya. Vladimirtsov）对古代蒙古文献和名物制度也作了大量考证。这个时期研究蒙元史的西方学者特别注重对各种文字的蒙元史文献作深入细密的研究，在原文校订和名物制度考释方面成就很大，许多困扰前人的译名问题，经他们运用“审音之功”以各种语言资料相互比对，常能明白解释。由于精通有关的多种语言文字，能直接从原文文献中广泛、深入地挖掘资料，进行比较分析，故多有发明。日本学者自上世纪末以来学习西方科学方法，积极引进欧洲的东方学，也很有成绩，那珂通世和箭内亘在蒙元史方面贡献最多，白鸟库吉、内藤湖南、藤田丰八等也都有论作。相比之下，我国的蒙元史研究仍然落后于世界，主要落后在缺乏必要的多种语言知识，未能真正把握新资料和运用新方法，对国外学术的进展又十分隔膜。

“不中不西之学”与蒙元史研究的新时期

我国的先进学者早已深知中西学术会通的重要性。20世纪初，王国维就针对当时“士夫谈论，动诋异端”（排斥外国学术）的现象著文指出：“在学术上只有是非真伪之别，中国学术界欲改变停滞不前状态，当破除中外之见。”① 又说：“异日发明光大我国之学术者，必在兼通世界学术之人，而不在一孔之陋儒。”“发明光大之道，莫若兼究外国之学说。”② 20世纪前期，我国学术界尽管与西方学术的接触日益增多，能够借鉴其新方法，利用其新材料，但学术上的传统保守思想仍然存在，例如柯劭、屠寄之仍走传统史学老路重修元史就是显例。一些学者对西方人搞中国学问能有大成就颇不以为然，甚至认为中国学者读外国人研究中国的文史著作是可耻的。殊不知外国学者借助着“近代学问最光荣的成就之一”历史比较语言学的完善方法来研究东方历史语言，常有新的发现，尤其是他们的研究范围比我们宽广，例如对中国历史上的边疆各族就格外注意研究，恰好能解决中国学者忽略的或解决不了的问题③。

20年代，王国维以主要精力从事蒙元史研究，两三年内就出了大量的文献研究与专题研究成果；在此前后，陈垣、陈寅恪也在蒙元史研究方面作出

① 王国维：《论近年之学术界》，《静庵文集》，辽宁教育出版社1997年版。

② 王国维：《奏定经学科大学文学科大学章程书后》，《静庵文集续编》，辽宁教育出版社1997年版。

③ 参见《历史语言研究所集刊》第一册上傅斯年所撰《研究所工作旨趣》。

了卓越贡献。这三位史学大师都通晓外文，兼精中西之学，他们将乾嘉考据学优良传统与西方近代史学研究方法结合起来，突破传统史学的修史老路，进行专题的深入研究，为我国蒙元史研究开辟了新路径。如王国维的《萌古考》集汉、蒙文和域外史料，从地理、部族名称和史事等多方面进行考证，阐明了自唐代至蒙古建国前蒙古部族晦暗的变迁史；陈垣的《元西域人华化考》博采群书，以丰实资料和细密方法进行分析、综合，其选题和论证均堪称典范；陈寅恪研究《蒙古源流》的四篇论文，以蒙、满、汉文诸本对校，博引汉、藏、蒙文资料，运用审音勘同方法进行考释，其《元代汉人译名考》还直接利用了波斯原文资料。仅上述数例即可表明，我国的蒙元史研究从他们开始步入一个新时期。

先后分别就读于北京大学、燕京大学、清华大学的韩儒林、翁独健和邵循正三先生，都在陈垣和陈寅恪先生指点下开始研究蒙元史。据韩儒林说，那时老师指导他去读外国东方学家的著作，从而开拓了视野，尤其倾心于外国东方学家用汉语古音与民族语言、外国语言互相比对的方法来解决古代译名的审音勘同问题，反观我国老前辈元史和西北史地著作中这方面的缺陷，深感必须跳出旧史学的框框，学习西方治学的方法，于是“遵照师长们的教导，开始从事当日所谓不中不西之学了”[①]。这大概是三位先生共同的体验。

30年代韩、翁、邵三先生赴欧留学，从伯希和习蒙古史、中亚史，并学习波斯、蒙、藏、突厥、女真等语言文字，研读域外蒙元史籍和西方学者著作。时代条件和在国内外所受的训练，形成了他们学术上的许多共同点：具有坚实的国学基础，通晓多种东西方语言文字，治学注意面向世界，善于借鉴国外学者的研究成果；研究的基本路子都是直接用域外史料（主要是波斯文史料）原文与汉文、蒙文史料比勘，互订互补，历史学与语言学方法相结合，着重名物制度的考证，订正洪钧、柯、屠元史著作中的失误。韩儒林的《成吉思汗十三翼考》和《蒙古氏族札记》等篇就是用这种

① 韩儒林：《穹庐集·自序》，上海人民出版社1982年版。

以波斯、汉、蒙文史料“直接互校”的方法，对史料中的部族名、人名等一一勘同，订正了许多中西学者著作中的错误及中西史料原文中的讹误。其《蒙古答剌罕考》《元代阔端赤考》等篇以完备的资料，缜密的语言学历史学考释，阐明了这些称号的内涵、来源和演变。翁独健充分利用中外文资料研究元代基督教人物爱薛，详考其家世、生平、仕历，订正柯、屠二史《爱薛传》之错误十余处；其《斡脱杂考》对元代史料所见此词的用法作了全面检查，考明其真正意义，纠正了洪钧以来诸家以斡脱为犹太之误。邵循正直接从《史集》波斯原文本译出元宪宗蒙哥、世祖忽必烈、成宗铁木耳三本纪，以汉文及其他文字史料相比勘，订正了原文中许多译名的讹误，并博引群籍考释种种涉及的名物制度。以上仅举三位先生早期的几篇代表论著，从中即可看出他们的研究成果标志着20世纪我国蒙元史研究的一个阶段性进展。

20世纪下半叶，以韩、翁、邵三位先生为带头人的我国蒙元史研究者，仍注意保持与世界学术的联系，了解国外蒙元史研究的进展。50年代前后，国外学者的主要著作和发表在主要东方学期刊上的论文，我国蒙元史研究者也能看到，其中包括伯希和的遗著（由其弟子韩百诗 L. Hambis 整理出版）《圣武亲征录》的译注和《马可波罗行记》的注释，韩百诗的《元史宗室世系表译注》和《元史诸王表译注》；苏联学者以二三十年之功完成的《史集》一、二、三卷（全部蒙古史）波斯原文集校本和俄译本；德国学者、伯希和弟子拉契涅夫斯基（P. Ratchneisky）的《元代法典（元史刑法志译注）》，斯普勒（B. Spuler）的《蒙古人在伊朗—伊利汗朝的政治、行政制度和文化》，汉学家傅海波（Herbert Franke）的一系列蒙元史论文，《世界征服者史》的波斯原文校勘本和英国伊朗学家波义耳（J. A. Boyle）的英译本；美国蒙元史专家柯立夫（F. W. Cleaves）研究蒙文碑刻和圣旨文书的多篇论文；日本学者小林高四郎、爱宕松男、安部健夫、村上正二等人的著作和论文。可以说，50、60年代间我国蒙元史研究者对国际上本学科的基本情况是有一定了解的，这使我们的研究没有和世界完全脱节，因而在60、70年代的一段隔绝后，80

年代中外学术交流很快就得到恢复和发展。近十年来中外蒙元史研究者的学术联系日益密切，彼此的研究成果很快就相互知晓，相互交流，大大促进了世界蒙元史学科的发展。这证明了老一辈学者的一条重要经验：研究学问特别是蒙元史，不面向世界是不容易进步的。

（原载《江海学刊》2000 年第 3 期）

我的史学观

——我与盛宣怀研究

夏东元

一

什么是“史学观”？人们很自然地会说，那就是马克思主义的历史唯物主义，那就是五种生产方式嬗递前进。这话当然是对的，但怎样理解历史唯物主义和具体到历史事件和人物的评述，分歧就来了。例如，有些人说，历史唯物主义就是：一切文明社会历史都是阶级和阶级斗争的历史，阶级斗争是社会发展的动力，劳动人民创造历史，等等。这就是说，文明社会的历史，就是阶级社会，阶级斗争的社会，阶级斗争是历史唯物主义精髓所在。我对此持有不同意见，认为这至少是片面理解历史唯物主义。我曾说过：

> 阶级和阶级斗争，固然是历史唯物主义的重要内容，但阶级和阶级斗争怎样形成，又起什么作用，那就必须将一切事件和人物置于历史长河规律中进行考察。整个历史表明，社会的前进与倒退、进步与落后、发展与停滞、促进与阻碍以及光明与黑暗等等现象，不是用阶级和阶级斗争所能概括和说明得了的。[①]

意思很明显，单讲阶级、阶级斗争说明不了各阶级阶层在社会发展中

---

① 见《史学家自述》，武汉出版社 1994 年版，第 469 页。

的作用。历史表明，前进、进步、发展、促进与光明，并不都是被剥削被统治者的功劳，倒退、落后、停滞、阻碍与黑暗，并不都是剥削统治者所起的作用。劳动人民创造了物质文明，这是谁都承认的，但没有统治者指挥部署，文明的创造是难以成功的。不是么，马克思主义既谴责奴隶主极其残酷地强迫奴隶作高强度的劳动，但也承认这种高强度劳动创造出人们生活必需品之外的剩余产品，从而才有可能推动人类进入文明社会。封建地主阶级压榨得农民走投无路，农民阶级被迫铤而走险发动多次的农民战争，这种农民战争的破坏性是有目共睹的，其积极性则需由封建统治者接受教训，制定“让步政策”，休养生息，促进生产的发展，以达到新的繁荣而曲折地表现出来。资产阶级为追逐剩余价值和尽可能高的利润，驱使工人阶级加强劳动强度和延长劳动时间，并为在市场竞争中取得胜利，探索组建一套科学管理制度和不断改进技术提高劳动生产率，从而创造了前所未有的高度发达的文明。

由此可见，前面所列“前进与倒退……”一系列对称词的表现，是剥削统治者与被剥削被统治者共同活动的结果，并不是将被剥削被统治者都列入“前进……光明”积极的一面，而“倒退……黑暗”消极的一面都戴在剥削统治者头上，而是应以他们在社会发展中的作用大小和好坏论定。法律面前人人平等，历史学面前亦应人人平等。这里遇到一个问题，即人民群众创造历史的命题。我认为，从历史发展规律看，在一定时期一定条件下，统治者也应列于人民群众的范围。因此，历史学研究对历史人物，既要看到他们的阶级地位，但又绝不能以阶级划线论是非，而是应以其在社会发展历史长河规律中的作用论是非。我称我的史学观为“阶级观点与历史主义相结合”。以这个观点看待洋务运动，我认为，清王朝统治阶级分化出来的洋务派学习和引进西方先进科学技术，举办中国近代社会迫切需要的近代工商业，是顺应历史趋势之举，盛宣怀在其中起了重大的促进作用。我从事盛宣怀研究已有几十年，意在“明辨是非，以风后人”。下面就来谈谈“我与盛宣怀研究”的问题。

二

要谈“我与盛宣怀研究”的问题，首先必须说清楚历史学为什么要研究历史人物。我在《史学家自述》中写道：

> 社会发展规律与自然界发展规律，有一个显著的不同，那就是后者没有人的意志和活动参与其中……社会发展规律却是千千万万人的意志和活动而形成的。……社会上一切现象，无一不是人的意志和活动的结果，没有人的意志和活动，就不存在人类社会，当然也就不存在研究社会发展过程和规律的历史学，因而历史学就很自然的要研究人物了。[①]

这几句话，是我于10年前为“史学家自述”写的治学观中所讲。意思是说，人类社会的形成和发展，是千千万万人的意志和活动造成的。这个意志起始于觅衣食，即肚子饿了要吃，身体冷了要穿衣蔽体。于是有了生产活动，有了制造工具进行生产的活动，于是有了改进生产工具获取日益更多更好产品以满足日益增长的生活需求。随着人们生活需求的不断扩大，生产工具不断改进，劳动生产率的不断提高，于是社会出现了贫富，于是有可能有一部分人从事文化活动，于是出现了阶级、阶级斗争，于是进入了文明社会，出现了生产方式的嬗递，这就形成了社会发展规律。这种规律的形成，显然是千千万万人们意志和活动的结果，但这种规律的形成和发展，又不以某些人的意志为转移。社会规律既因人们意志和活动而形成，又不以人的意志为转移，这就是社会客观规律和发展中一对有趣的矛盾。

人类社会既是人们意志和活动的产物，因此，历史学家除研究历史事件之外，就必须研究人物。应该研究哪些人物呢？我的意见，研究人物主要应该研究政治家制定的战略策略、路线方针政策和思想家加过工的思想及他们的社会政治、经济、文化等活动。因为战略策略、路线政策等是客观规律的

① 《史学家自述》，武汉出版社1994年版，第479页。

反映并反过去作用于客观规律，看其对规律起什么作用，是促进还是促退？思想家的一闪念的思想不足为据，一定要加过工的思想，这种思想很可能是千千万万人意志的概括和理性化，最能体现社会规律的方方面面，并可能有一定程度预见性。当然，这不排斥各个领域各种人物，例如间接对社会发生作用的艺术家、科学家们的研究。

三

说清楚历史学为什么要研究人物及研究哪些样的人物，就可以来谈我选盛宣怀作为研究对象的原因了。

我本来长期从事理论教学，其间以教中国革命史和政治经济学为主。前者教授和研究的是战略策略路线政策，是按人们主观对客观规律的反映制定的。后者是教学和研究社会客观规律的，其中尤其是经济规律。因此，我对于社会的主观、客观两方面均有一定素养，有着理解社会问题的深度和广度的优越性，常常能对问题不仅知其然，也能知其所以然。例如，中国共产党在民主革命时期的政治路线是：工人阶级领导的，工农联盟为基础的，联合民族资产阶级和小资产阶级，以共同反对帝国主义封建主义。工人阶级和资产阶级相对于封建社会的农民、地主来说，是新兴的阶级，他们是由于有了资本主义新的经济形态而产生和发展的。要很好理解这个问题，必须研究中国资本主义经济何时产生和怎么发展？有什么特点？再深入问一下，当时产生和发展时中国社会环境如何？正规地说，中国资本主义是从1860年代洋务运动开始的。这就使我不仅萌发了研究中国资本主义的历史，也萌发了研究洋务运动的念头，故从1956年专作中国近代史教学与研究时，即把洋务运动作为研究的侧重点。研究洋务运动这个事件，必须研究几个重要人物，我选择了李鸿章、盛宣怀、郑观应作为研究对象。他们三人各有自己的特点和代表性。李鸿章与洋务运动相始终，因他处于权要顶端，只在运动中发表指导性意见。郑观应是参与办洋务者，当过几个洋务企业的总办、会办，从中汲取“营养”，成为有完整改革维新体系的先进思想家。盛宣怀主要是创办经营洋务资本主义工商业者，轮船、电报、煤铁矿务、铁路、冶金、银行、纺织等这些用先进科学技术装备起来的资本主义大型企业，几乎为盛宣怀一人所独揽，他理所当然的是我研究对象中的重中之重。

四

以下谈一谈我在研究盛宣怀中新论点形成的过程。

盛宣怀，字杏荪（1844—1916），江苏武进人。他的一生基本上与110年中国近代史的前80年旧民主主义革命时期同步。这一时期正是中国社会由封建主义向资本主义转变的转型期，也是资本帝国主义侵略，把独立的中国变为半殖民地中国的时期。盛宣怀对资本主义发展有贡献，对外国侵略是针锋相对的。在其大力经营上述那些大型实业的当时，人们对他就褒贬不一——屡遭顽固派弹劾，但却为主张改革维新者所赞许。在其去世后的几十年间，学术界赞多于贬。建国后的30年，几乎一边倒地被目为大买办，“文革”中“四人帮”及其御用文人更咒骂其为“洋奴买办”。由于我是搞经济理论工作的，对这些贬责之词朦胧地有些怀疑：盛宣怀创办了前人所未做过的、中国社会发展非常需要的近代工商业，赞许之不遑，何来批判！我在1960年前后研究李鸿章时，虽也涉及盛宣怀，但未认真读盛氏书文，发表不出不同意见。1980年前后，在写《郑观应传》并为写《盛宣怀传》和《洋务运动史》作准备时，我除读盛氏的《愚斋存稿》外，还在上海图书馆大量读“盛档”中的未刊盛宣怀函电、条陈等原件稿，“听其言，观其行”。越读越感到一向之评价太失偏颇了。盛宣怀所做的主要是学习和引进西方先进的技术和设备，创办和发展中国社会所迫切需要的资本主义工商企业，及与之相适应的新式教育，培养新经济所需要的新式实用人才；他所讲的，大都是与洋商争利，如何把现代实业办得更好，如何降低消耗，加速流通，提高劳动生产率，以与洋商竞胜，争回被洋人攫取的权利。加上他在1874年甲戌反日本侵略台湾的战争、1884年甲申反对法国侵略越南和中国的战争、1894年甲午反对日本侵略朝鲜和中国的战争中的积极表现，说明盛宣怀明显的是一位爱国者，有什么理由给他横加贬义的大买办头衔！又有什么理由称他为“洋奴买办”呢！倒颠是非一至于此，怎么可以不予以辩正！我于是汇集积累的资料，于 1980 年初写成并发表了基本肯定某些批评的《论盛宣怀》，紧接着又以此为基调发表了几篇专题论文；于 1988 年写成出版了较为全面的基本肯定某些批评的《盛宣怀传》。历史是现实的镜子。我常说，对待历史人物，要“明辨是非，以风后人”。给予盛宣怀恰如其分的历史地位，用意即在于此。

金无足赤，人无完人。我给盛宣怀“某些批评”，主要在于他创办新式的促进经济发展的洋务大事，却要谋求封建专制体制下清王朝的高官。照理，新式资本主义经济发展到一定阶段，必须要有立宪民主政治与之相适应，才能更好地促使经济快速前进。按常理说，盛宣怀到 19 世纪后期，应是变封建专制为立宪民主政治的主张者和实行者，然而他一心一意追求清专制王朝的高官，并逐渐晋升至内阁协理级的邮传部大臣。这就无怪他在辛亥革命一声炮响，清王朝将他作为替罪羊革职，从权力顶端跌到了地上。这表明，盛宣怀终其身未能解决经济上先进与政治上落后的矛盾。但从权力高峰跌下以后，他仍以一般民族性很强的资本家身份经营他的实业。所以我说，盛宣怀以民族性较强的资本家始，仍以民族性较强的资本家终其身。

（原载《江海学刊》2002 年第 6 期）

世界眼光与中国特色

瞿林东

中国史学进一步走向世界，要在两个方面作出新的努力。一个方面是要有新的世界眼光，一个方面是要更加自觉地彰显中国史学的民族特色。这两个方面的结合，将会推进中国史学的发展并使其以更大的步伐迈向世界。

史学工作者的世界眼光和彰显中国史学的民族特色，关键在于史学工作者高度的自觉意识。

关于世界眼光。依我的肤浅认识，这里有三个问题需要加以强调。

首先，中国史学家的世界眼光，有一个从不自觉到自觉的发展过程。司马迁著《史记》，写张骞通西域，到达大夏、康居、乌孙①；又写到张骞见到身毒（天竺）的物品，并打听其所在地等②。范晔著《后汉书》，涉及域外史事甚多，他关于"倭国"的记载，成为今人研究日本古代历史的重要参考文献。欧阳修、宋祁撰写的《新唐书》，在《西域传》中写到天竺、师子、波斯、大食等域外风貌，等等。③ 正史如此，即使是私人撰述，也多有涉及域外史地的。法显的《佛国记》、玄奘的《大唐西域记》、杜佑《通典》中引用杜环的《经行记》④，以及元代徐明善撰写的《安南行记》、周达观撰写的《真腊风土记》、汪大渊撰写的《岛夷志略》（原称《岛夷志》）等，都广泛地涉

① 参见《史记》卷一一一《卫将军骠骑列传》、卷一二三《大宛列传》，中华书局 1959 年版。
② 参见《史记》卷一一六《西南夷列传》，同前引书。
③ 参见《新唐书》卷二二一上《西域传上》、卷二二一下《西域传下》，中华书局 1975 年版。
④ 参见《通典》卷一九一《边防九》，中华书局 1988 年版。

及域外的历史地理面貌。

近代以来，史学家们的世界眼光有了新的发展。魏源的《海国图志》、徐继畬的《瀛环志略》、王韬的《法国志略》和《普法战纪》、黄遵宪的《日本国志》等，都是史学家们在自觉的世界意识下撰写的世界史和国别史著作，成为中国史学走向近代的标志之一。20 世纪的中国史学，可以说是面向世界的史学。西方的欧美史学，东方的日本史学，以及 20 世纪五六十年代的苏联史学，都在很大程度上影响了中国史学的发展。

其次，主体意识的变化。从 20 世纪以前的中国史学来看，史学家们的世界眼光，虽有从不自觉到自觉的发展过程，但总的说来都是在“以我为主”的历史视野下发生和发展的。而 20 世纪的中国史学，尽管面向世界的规模扩大了，但“以我为主”的视野却发生了变化，太多以他人为主，即以我们自己的史学去适应他人史学的模式。在这个过程中，得与失兼而有之。所得者，在历史观、方法论方面，中国史学进入了一个新的发展阶段；所失者，中国史学的历史传统和民族风格未能得到相应的发扬，优秀的史学遗产未能受到应有的重视。这种情况的出现，有其历史的必然性，但也有值得后人反思的问题和空间。

最后，什么是新的世界眼光？当世界历史进入 21 世纪的时候，尤其是中国史学工作者在经历了 20 世纪中国史学的巨大变革的今天，中国史学工作者的世界眼光势必有新的发展、新的取向和新的视野。是否可以认为，这种新的发展、取向和视野主要反映在以下几个方面：

第一，从一般性的引进和模仿，走向合理的引进和理性的借鉴。这是在新的历史条件下，史学家们在更高的层次上“以我为主”的自觉的世界眼光的反映。换言之，中国史学家已经走过了“拿来主义”的阶段，从而走上择善而取之的路向。这是对于“他山之石，可以攻玉”的更深刻的认识。

第二，在对外国史学的借鉴过程中，中国史学家在世纪之交进一步提升了自己的辨析能力，越来越显示出其高水平的学术含量，从对外国史学的一般性介绍走向研究和判断的层面，从而提供了中外史学家真正“对话”的可能和前提。

第三，中国史学家将更加意识到，在考察外国史学的历史和现状时，应当把中国史学的历史和现状作为参照物；反之，在考察中国史学的历史和现状时，应当尽可能地把外国史学的历史和现状作为参照物。这种互为参照物的方法和视野，才是真正的世界眼光。在这方面，中外史学家要研究的问题很多，发展的空间很宽阔。应当强调的是，对于中国史学的历史和现状，外国同行和公众确有进一步了解、认识的必要。这是外国同行所要做的工作，而中国史学家也应为此提供准确的信息和必要的条件。在这里，所谓“世界眼光”，更能表现出一种平常的心态和实事求是的学风。

第四，新的世界眼光，还反映在一个十分重要的方面，即关注世界史学发展的趋势。20 世纪 70 年代，英国历史学家杰弗里·巴勒克拉夫写出了《当代史学主要趋势》一书，就关于变动世界中的历史学、探索新概念和新方法、社会科学对历史学的影响、历史学的新领域，以及国别史、比较史学和“元历史学”等问题作了阐述和分析。20 世纪 80 年代，此书被译成中文在中国传播，产生了很大的学术影响，足以表明中国史学家对世界史学发展趋势的关注。近三十年来，中国史学家对“趋势”的关注与日俱增，其具体表现在对“全球史”问题、环境史问题、后现代思潮对历史学的影响问题等许多前沿问题上，都敏锐地作出反应，提出了中国史学家的独立见解。这种对“趋势”的高度关注和学术热情，必将促进中国史学家以更大的步伐参与到对“趋势”的认识和把握的行列，并发挥应有的学术作用。

关于中国特点。诚然，当中国史学家以新的世界眼光看待当今世界史学的时候，势必也会以同样重视和严谨的态度对待中国史学的民族特色。史学，追求历史的真相和发挥其社会功能方面，是其普遍的本质和品格。但由于各国、各民族历史研究的对象与内容都是具体的或特定的，且又多有自己的传统，故而必定呈现出不同的特点和风格。就中国史学来说，它具有以下几个特点。

历史记载和历史撰述的连续性，是中国史学最突出的特点。就目前考古学成果所确认，甲骨文记事是中国现在所知最早的历史记载，《尚书》中有的篇章大致与此时代相仿佛。西周时期，周王室与各诸侯国出现了“国史”的撰述，虽其名称各异，但从《春秋》《左传》《礼记》等文献来看，“国史”记事与撰述原则当大致相同。“国史”出于官修，而自孔子据鲁史作《春秋》，则首开私人撰史的先河。此后，官修、私撰连绵不断，相得益彰，成为中国古代史学发展的两大脉络。魏晋南北朝时期，私人著史蔚为风气；而唐初设史馆撰写前朝史与本朝史，则把官修史书推向高潮并进而形成制度。这种重视修史的传统，直至明清而不曾中断。史家的层出不穷和史著的丰富积累，为中华文明之连续发展的历史，留下了翔实的记录，成为世界史学史上的宏伟奇观和伟大创造。中华文明的发展不曾中断，记述中华文明发展史的中国史学两千多年来不曾中断，这是世界文明史上所仅见的。

中国史学在两千多年前确立了人本主义传统，这是中国史学之民族特点的又一个突出表现。中国古代史学重视天人关系的探讨，人们在关于“天命”与“人事”、“天道”与“人道”之关系的漫长的思考之后，到了司马迁撰写《太史公书》即《史记》时，奠定了中国古代史学的人本主义传统的基础。《史记》由本纪、表、书、世家、列传五种体例综合而成，史学上称为纪传体。纪传体史书的特点，是以人物为记事的中心。《史记》的本纪、世家、列传都是记述历史人物的言论、行事，表明司马迁不仅认识到而且在历史撰述中充分反映出人在历史中的中心位置。其后，历代“正史”都以纪传体为撰述宗旨，从而贯穿了中国古代史学的人本主义传统。可以认为，在历史撰述中写出了成千上万的各阶层代表人物的历史活动及其作用，中国史学的这一特点在世界各国史学发展上是罕与其匹的。

内容的丰富性和体裁的多样性的结合，也是中国史学民族特点之一。中国有三千多年有文字可考的历史，自秦朝以后形成了一个统一的多民族国家，历史内容非常丰富。对于丰富、复杂的历史内容，中国史学在历史编纂方面有广泛的创造，以反映丰富、复杂的社会历史进程。从历史内容来看，唐初成书的《隋书·经籍志》著录的史部书，按内容分为13类。从史书体裁来看，《春秋》《左传》开编年体史书之先河，司马迁《史记》、班固《汉书》是纪传体史书的前驱，杜佑《通典》创制度史规模，袁枢《通鉴纪事本末》立纪事本末体史书之体例，都是源远流长，传承不断。此外，民族史、学术史、传记、史论、史评、史注、史考、长编、笔记等等，可谓浩如烟海、汗牛充栋，构成了中国史学遗产的宏伟的宝藏。举例来说，如关于纪传体史书，刘知几这样概括它的内容，指出："纪以包举大端，传以委曲细事，表以谱列年爵，志以总括遗漏，逮于天文、地理、国典、朝章，显隐必该，洪纤靡失。"[①] 又如关于不同体裁的通史所记述的历史内容的特点，章学诚作了这样的概括，他写道："总古今之学术而纪传一规乎史迁，郑樵《通志》作焉。统前史之书志而撰述取法乎《官礼》，杜佑《通典》作焉。合纪传之互文而编次总括乎荀、袁，司马光《资治通鉴》作焉。汇公私之述作，而铨录略仿乎孔、萧，裴潾《太和通选》作焉。此四子者，或存正史之规，或正编年之的，或以典故为纪纲，或以词章存文献，史部之通，于斯为极盛也。至于高氏《小史》、姚氏《统史》之属，则撙节繁文，自就隐括者也。罗氏《路氏》、邓氏《函史》之属，则自具别裁成其家言者也。范氏《五代通录》、熊氏《九朝通略》，标通而限以朝代者也。李氏《南北史》，薛、欧《五代史》，断代而仍行通法者也。其余纪传故事之流，补辑纂录之策，纷然杂起，虽不能一律以绳，要皆仿萧梁《通史》之义而取便耳目，史部流别不可不知也。"[②] 由此可见，把丰富的历史内容和多样的史书体裁结合起来，以反映纷繁复杂的历史进程，中国史学家显示出可贵的创造才能。

中国史书的文字表述，不论在语言艺术方面，还是在文风传承方面，更是鲜明地反映出中国史学的民族特点。《春秋》在遣词造句上的用例，《左传》的擅长写辞令，《史记》的写历史场面和种种人物的特征，《资治通鉴》的写战事过程及胜败之机，等等，都是准确而凝练，真实而生动。用晦、尚

---

① 《史通·二体》，上海古籍出版社 1978 年版。

② 《文史通义·释通》，中华书局 1961 年版。

简、两两对照、寓论断于序事之中，是这方面的几条基本经验。①

中国史学还有一个突出的民族特点是应当予以重视的，这就是它的理论成就。在历史理论方面，中国史学重视天人关系、古今关系、时、势、理、道的探讨，同时在国家职能、民族关系、人物评价标准、地理条件与历史进程之关系等方面，都有许多真知灼见。在史学理论方面，唐人刘知几所著《史通》、宋人编纂的《册府元龟·国史部》、清人章学诚撰写的《文史通义》等书，提出了几十个史学方面的范畴或概念，显示出了中国史学发展中对于自身反省和总结的自觉性及理论上创造精神。尤其是中国古代史家不离事而言理和对于重大理论问题的连续不断的探讨，从一个重要方面反映了中国古代史家的思维方式、语言风格和中国史学发展的连续性特点。②

在21世纪的历史条件下，中国史学进一步走向世界，怎样以新的世界眼光看待史学的发展，怎样使中国史学带着自身的民族特点参与21世纪世界史学的建设和创造，是相辅相成的两个方面。就世界眼光来说，是一种开放意识；就民族特点来说，是一种主体意识。应当强调的是，在当今中国史学的发展中，如何在世界眼光的视野下合理地彰显中国史学的固有特点，既使中国史学的特点有其连续性的新发展，又使外国同行对中国史学的特点之本来面貌有基本的了解，这对于中外史学的交流和对话，是非常重要的。

（原载《江海学刊》2007年第1期）

① 参见刘知几《史通·叙事》，同前引书；白寿彝《史记新论》，求实出版社1981年版，第86—91页；顾炎武《日知录》卷二六“史记于序事中寓论断”条，岳麓书社1994年版。

② 参见拙著《中国史学的理论遗产》，北京师范大学出版社2005年版，第29—47页。

作为他者的“洋教”

——关于基督教与晚清社会关系的新阐释

孙　江

引　言

1912年，中华民国的成立结束了中国历史上持续两千多年的帝制统治。亲睹时代巨变的法国汉学家葛兰言（Marcel Granet）在其后撰写的《中国的宗教》一书里，言及他同年在北京一所新建立的监狱里看到的光景：在说教室讲坛上方的墙壁上，悬挂着耶稣、老子、孔子、约翰·霍华德和穆罕默德五位教主的头像。葛兰言认为，中国人对儒释道“三教”信仰的内容“一无关心”，墙壁上五幅肖像所显示的宗教混合主义（syncrétisme）其实并没有实际意义。[①] 葛兰言揭示了中国人信仰的泛神论和实用理性特点，触及不同宗教在中国何以能够共存的问题。然而，回顾19世纪中叶以来基督教在中国的传教历史，可以发现其融入中国社会的过程并不顺利，1842—1911年，围绕基督教的各种纠纷——“教案”，有案可稽者就达1998件[②]。这些教案中既有民事纠纷，也有刑事案件，还有不少由宗教习俗和感情对立而引起的反基督教事件[③]。葛兰言提到的耶稣肖像呈现为何种形象，今日已无从查考。但是，我们知道，在距此20年前的1891年，狂热的反基督教儒教知识人周汉在《谨

---

① Marcel Granet，La Religion des Chinois，Paris：Presses Universitaires de France，1951，p. 157.

② 赵树好：《教案与晚清社会》，中国文联出版社2001年版，第247页。

③ 本文除具体涉及天主教和新教差会的个案外，一律统一使用“基督教”一语。

遵圣谕辟邪全图》里，将耶稣描绘成禽兽形象。周汉的图册曾在长江流域广为流传，影响力自然不会很小[①]。如果确如葛兰言所言中国人对宗教间的差异毫不关心、耶稣成为混合主义宗教中一员也没有什么特殊意义的话，那么，应该如何解释基督教与中国社会之间发生的如此众多的冲突呢？

关于基督教在 19 世纪后半叶与中国社会的冲突，以往已有很多研究出版，概而言之，可以归结为两种叙述模式：第一种是近代化的叙述模式。以费正清（J. Fairbank）为代表的“冲击—反应”说，由于强调西方对中国进入“近代”的意义，反基督教思潮自然就与排外主义和反近代化勾连起来了。柯文（P. Cohen）早年的研究即是这一叙述模式的产物[②]。与此相反，在中国长期占主导地位的“帝国主义侵略”模式则倾向于认为中国社会对基督教的抵制带有反抗帝国主义侵略的特质。两种不同观点看似截然对立，却具有同构的特征，即都将冲突纳入传统—近代/中国—西方的二元对立框架下并强调外部因素所起的作用。20 世纪 80 年代末以来，帝国主义侵略叙述模式在中国逐渐势微，学者们的关心转移到今日方兴未艾的有关传教士传播近代文化的研究上。就此而言，“冲击—反应”说在当今中国的基督教研究上业已取得了无可置疑的话语霸权[③]。

第二种是“中国中心观”的叙述模式。柯文（P. Cohen）《在中国发现历史》[④] 被译介到中国后，产生了迄今还没有一部美国中国学著作可以与之相比的影响力，但是，该书所蕴含的对“东方主义”（orientalism）的中国研究批判的要谛似乎并未为众多的中国读者阅读出来。继该书后，柯文关于义和团运动研究的著作被翻译为中文[⑤]，在历史解释上引起了广泛的反响，中国读者

① “A Hunan Placard in Shanghai”, *The North China Herald*, Aug. 16, 1895.

② Paul A. *Cohen*, *China and Christianity*: *The Missionary Movement and the Growth of Chinese Antiforeignism*, *1860—1870*, Cambridge, Massachusetts: Harvard University Press, 1963.

③ 邢福增：《晚清教案与反教思想述评》，苏位智、刘天路主编：《义和团运动一百周年国际学术讨论会论文集》（下卷），山东大学出版社 2002 年版，第 1244—1263 页。

④ Paul A. Cohen, *Discovering History in China*, New York: Columbia University Press, 1984.

⑤ Paul A. Cohen , *History in three keys*: *the boxers as event*, *experience*, *and myth*, New York: Columbia University Press, 1997.

看到一个事后被建构的民族主义运动，原来乃是由偶然发生的灾异所引起的充满中世纪神巫色彩的闹剧，没有一点儿哪怕是近代原始的民族主义特征。

对于上述第一种模式的研究，笔者在关于近代教案的著作中曾强调，“要摆脱教案研究的二元取向，必须将教案置于中国社会结构演变的过程中进行考察”①。现在看来，当年还很粗浅的研究在方法论上虽然是正确的，但是带有本质主义的烙印。对于第二种叙述模式，在笔者看来，“中国中心观”既然是以批判“东方主义”为前提的，其指向就不应将晚清中国的历史描绘为一个别异于“近代”的另类。基于这样的认识，接续上述葛兰言所提出的问题，本文旨在通过对教案史料的重新阅读，将基督教与中国宗教信仰之间的冲突置于日常的地方性的语境中，“通过形成社会的各种结合和对立关系”②，重新阅读被称为“洋教”的他者的角色置换问题，从而揭示19世纪后半叶基督教与中国社会复杂关系的一个侧面。

“洋教”——作为他者的基督教

如所周知，基督教很早就传入中国。如果以19世纪中叶为分界线的话，此前的基督教是作为一种宗教知识或外域知识，通过依附皇权而得以在中国传播的。与以往不同的是，19世纪中叶的传教自由是列强强加给晚清帝国的不平等条约的产物。两次鸦片战争给传教士带来了前所未有的传教特权，传教士不仅和外交官一样享有“治外法权”，面向中国民众的传教活动也有了制度上的保证。在地理空间上，1842后的一系列条约规定，传教士可以在广州、福州、厦门、宁波和上海等通商口岸自由传教；而1860年《北京条约》不仅为传教士敞开了在内地传教的大门，还使之获得了任意租买田地的特权。后者是法国翻译偷偷塞进《北京条约》第六款中的。这一不光彩的举动为基督教会带来了莫大的利益，同时也招致了清朝地方政权的强烈抵抗。直到1865

① 参阅拙著《十字架与龙》，浙江人民出版社1990年版，第1页。

② Roger Chartier, *Le monde comme representation*, in Annales ESC, No. 6 (1989), p. 1507.

年，清政府和法国公使才达成妥协，在田地房产买卖的契约书上必须注明："卖为本处天主堂公产字样，不必专列教士与奉教人之名。"清方认为"本处"为中国，"则其地仍为中国之地，并为中国人之产可知"[①]。这样，清朝政府和地方官员对于教会的疑虑才得以略微消解。但是，有清一代，围绕土地房产购买的纠纷始终没有停止。

在讨论中国宗教问题时，杨庆堃（Yang）曾经将中国的宗教区分为"制度化宗教"（institutional religion）和"分散化宗教"（diffused religion）。他认为，前者具有独特的神学观、象征物和仪式，宗教活动由专门的宗教人士来主持；而后者则缺乏整严的神学思想，是在与世俗社会的制度结合的基础上和民众实际生活发生了密切联系。[②] 这一看法至今影响着欧美学界关于中国宗教的认识[③]。但是，就被尽皆纳入"分散化宗教"装置里的秘密教门（一般被翻译为教派，即 sect）而言，其中不少有自己独特的创世神话、仪式和传承方法，同制度化宗教并无多大差别；而且，在不同教门之间，许多教门都明确地注意自我和他者之间的区别。比如，与白莲教并称为明清两大秘密教门源流的罗教，其教祖罗梦鸿对白莲教的修行方法多有批判[④]；而自诩佛教禅宗正宗嫡传的罗教，在佛教禅宗憨山大师看来不过是"旁门外道"[⑤]。因此，在讨论中国宗教及其与基督教的关系时，"制度化宗教"和"分散化宗教"的区分虽然不失为把握中国宗教的一个方法，但是这种方法由于忽视了不同宗教、尤其是被纳入"分散化宗教"中的民间教门之间的差异，有可能将基

---

① 《教务教案档》第一辑（一），"中研院"近代史研究所 1974 年编印，第 52 页；《教务教案档》（第一至七辑），1974—1981 年出版。

② Yang, C. K., *Religion in Chinese Society*: *A Study of Contemporary Social Functions of Religion and Some of Their Historical Factors*, Berkeley: University of California Press, 1961, pp. 294—295.

③ Meir Shahar and Robert P. Weller, *Unruly Gods*: *Divinity and Society in China*, Honolulu: University of Hawaii Press, 1996, p. 2.

④ 罗梦鸿批判白莲教道："求拜日月是白莲，哄的男女都遭难。""白莲教、拜日月、永下无间。"（《拜日月邪法品第十八》）罗梦鸿：《正信除疑无修正自在宝卷》，王见川、林万传主编：《明清宗教经卷文献》（一），（台北）新文丰出版公司 1999 年版，第 311、329—330 页。另参阅罗梦鸿《破邪显证钥匙》（开心法要版），王见川、林万传主编《明清宗教经卷文献》（二），第 3—8、345 页。

⑤ 喻松青：《明清白莲教研究》，四川人民出版社 1987 年版，第 26 页。

督教与中国宗教之间的复杂关系看得过于简单。

在清朝的统治下，儒教作为统治意识形态居于核心地位，其他宗教在政治上皆处于从属地位。佛、道是国家公认的宗教，被置于国家的管理之下；和尚、道士需持有度牒才能在特定的空间——庙宇和道观传教，活动受到很大限制，处于“游于方外，不在四民之内”的位置①。另一方面，对于众多的民间教门，律例上称“一切左道异端，煽惑人民”（《大清律例·禁邪类》），否定了其合法性。但是，皇权统治的非均质性决定了其在不断重申弹压各种民间教派的同时，不得不以“不论教不教，只问匪不匪”的策略②，调和意识形态和统治现实之间的矛盾，从而对被视为“邪教”和“异端”的民间宗教的存在采取默认的态度。

19 世纪中叶基督教会的出现打破了清帝国对宗教的控制，在中国与西方的二元对立的认知框架下，不同信仰的中国人被简单地区分为“非教民”和“教民”，由于基督教传教士经常扮演维护教民利益、与地方官府分庭抗礼的角色，基督教会与中国社会的关系常常被泛化为基督教会与清朝统治之间的政治对立关系。“洋教”这一称呼的广泛使用正象征了基督教作为“他者”的政治、文化身份。

“洋教”这一称呼可以追溯到 16 世纪末 17 世纪初的“西洋教”，大概和作为地理概念和文化概念的东洋/西洋名词的流行相关。③ 19 世纪中叶，随着中国和欧美接触的增多，“洋教”取代“西洋教”被广泛使用。其时，从“西洋教”的称呼里曾派生出两个关于基督教的称呼：“西教”和“洋教”。由于基督教内有天主教和新教各差会之别，这两个称呼常常引起认识上的混乱④。如果比较二者在 19 世纪后半叶的使用情况，可知“洋教”含有明显的

---

① 关于清王朝的宗教管理政策和对宗教的迫害，参阅 J. J. M. De Groot，*Sectarianism and Religious Persecution in China*，2vols.，Amsterdam：Johaness Muller，1903—1904。

② 参阅拙文《清末民初期における民间秘密结社と政治との关系》，神奈川大学人文学研究所编《秘密社会と国家》，东京劲草书房 1995 年版，第 91—98 页。

③ 参阅拙文《近代知识的混杂性——关于东西洋概念的知识考古》，“近代中国的知识建构，1600—1949”国际学术研讨会，2004 年 11 月 25—26 日。

④ 参见徐继畬《瀛寰志略》卷七《英吉利国》，上海书店出版社 2001 年版，第 231、234 页。

贬义。比如，晚清知识人薛福成虽然尖锐地批判了中国人对于基督教的错误认识，但同时他称“臣非谓洋教之无损于中国也”①。这里的“洋教”含有对基督教批判的意味。因此，虽然19世纪下半叶的基督教传教士无需如其前辈利玛窦（M. Ricci）一样以皇权为护符进行传教，但是“洋教”这一他者身份成为基督教融入中国社会时必须直面的问题。

与他者的距离——宗教感情的龃龉

比较清末儒教知识人的反教言论，很容易看到一个悖论现象：对基督教教义的蔑视和恐惧宛如一枚硬币的两面，互为表里。在明末（17世纪上半叶）和清末（19世纪后半叶）两个不同时空里，蔑视基督教的儒教知识人的认识逻辑几乎一致无二，认为基督教的说教既有悖儒教伦理，亦与日常经验常识不符。原因何在呢？葛兰言认为，“天主教关于教义内容的丰富表述，在中国人看来没有任何威信。对天祷告、在山上得到神圣的书籍、处女内在的神性、死者复活、天国、地狱、赎罪等，中国人很早就已经知道了”②。也就是说，基督教的教义业已为中国宗教所包摄，基督教对中国人来说没有多少新的意味。

但是，另一方面，儒教知识人对基督教在中国的传播却又表现出极大的忧虑和愤懑。明末儒教知识人黄贞曾惊呼：“奸夷觊中华，乱学脉，出神没鬼，为开辟未有之变。”③ 清末儒教知识人以更高的分贝发出了同样的声音④。原来，在儒教知识人陈述的基督教会的种种问题之中，最为知识人憎恨的便是教会反对中国人“祖先崇拜”。一部较早的反教作品《辟西洋天主教说》劈头第一条便称：“天主教既教人孝父母，何以不叫人祀祖先？”进而推论，基督教不让人拜祖先，就是不让人拜君、亲、师，“其意总在叫人一切不认

① 中国第一历史档案馆、福建师范大学历史系合编：《清末教案》第二册，中华书局1998年版，第491页。

② Marcel Granet, La Religion des Chinois, Paris: Presses Universitaires de France, 1951, p. 171.

③ 黄贞：《破邪集》卷六《十二深慨序》。

④ 参阅吕实强《中国官绅反教的原因》，（台北）“中国学术著作奖助委员会”1973年版。

得，心心念念只有一个西洋人”[①]。葛兰言曾准确地指出：“实际上，在中国如果有哪种可以把握的信仰的话，那就是关于祖先的信仰，如果有谁堪称神职人员的话，那便是一位俗人，一家之长。”[②] 祖先崇拜是清初“礼仪之争”的核心问题。清末，以丁韪良为代表的传教士曾经呼吁各差会容忍中国人“祭祖祀孔”；在1890年上海新教传教士大会上，该问题亦曾被作为议题加以讨论，可是丁韪良等曲高和寡，应者甚少。[③]

如果一味指责儒教知识人对基督教的恐惧为庸人自扰的话，有可能忽视他们所直观感受到的基督教冲击。因为就在传教士刚刚在沿海的广州、福州、厦门、宁波和上海五个城市开始合法传教不久，受基督教的影响，一位在科场上屡试屡败的农民知识人洪秀全在南中国掀起了轰轰烈烈的太平天国运动。祖先的灵牌、民间信仰生活中的神佛，在太平军旋风所过之处尽被打倒。曾国藩在《讨粤匪檄》中惊讶太平天国“窃外夷之绪，崇天主之教”之所为，“此独我大清之变？乃开辟以来名教之变，我孔子孟子所痛哭于九泉。凡读书识字者，又乌可袖手安坐不思一为之也”[④]。事过多年，周汉在《鬼叫该死》文章里称：“长毛贼洪秀全、杨秀清、石达开就是鬼叫大头目，一反就闹乱遍天下，几十年才能斩尽杀绝。你们年轻人不晓得长毛反的情形，你们问问老人看。”[⑤] 历史记忆通过文本的再生产得到了强化，进而影响到一定范围的人群对基督教的认知。美国传教士明恩溥认为，基督教对乡村中国最有益之处乃在于它能改善中国人的家庭关系，帮助解决妇女和儿童问题[⑥]。具有讽刺意味的是，出于由基督教反对祭祀祖先而推演出来的对基督教的种种猜疑，其

---

① 《辟西洋天主教说》，中国第一历史档案馆藏《朱批奏折》咸丰七年五月二十九日。

② Marcel Granet，La Religion des Chinois，Paris：Presses Universitaires de France，1951，pp. 160—161.

③ W. A. P. Martin，The Worship of Ancestors – A Pea for Toleration，Records of the General Conference of Protestant Missionaries in China，1890. Shanghai，1890，pp. 619—631. “The Attitude of Christianity Toward Ancestral Worship”，Ibid.，pp. 631—654.

④ 曾国藩：《曾文正公全集文集》卷三《讨粤匪檄》。

⑤ 《教务教案档》第五辑（三），第1298页。

⑥ Arthur H. Smith，*Village Life in China*：*a Study in Sociology*，New York：Fleming. H. Revell Company，1899，pp. 342—345.

焦点往往反映在妇女和儿童的身体上。反教知识人动员各种关于“邪教”的传统知识，指责传教士“采生折割”——借掠取妇女性器官，以达到淫荡目的；藉盗取儿童身体，使之化为西医药材。[①] 这些谣言往往成为反教冲动的舆论准备。

那么，在晚清统治下另外两大宗教——佛教和道教是如何认识基督教的呢？从太平天国的行为中可以推知，作为太平天国运动的牺牲者，佛、道二教对基督教是不会抱有善意的。如一位天主教传教士写道：“太平军所到之处，庙宇、寺院均遭破坏，寺庙珍宝抢劫一空，佛教、道教受到猛烈冲击，僧侣也无影无踪了。在许多地区，这反而为天主教的宣传福音扫清了障碍。”[②] 然而，在清朝压抑佛道二教的宗教政策下，佛教和道教在社会层面的影响力已经被大大削弱，除了川藏地区的喇嘛教能组织有效的抵制基督教传教的活动外[③]，既看不到如明末佛教高僧与天主教传教士之间具有宗教意义的辩论场面，更看不到佛道人士对基督教进行有组织的抵抗。另外，正如研究中国宗教问题的论者所共知的，儒佛道三教的基本观点在民间信仰和实践层面上，常常混合在一起，很难区分彼此。因此，通过地方性的宗教活动——寺庙的建造、维修和祭祀的费用负担，不失为了解佛、道信仰对基督教的反应的途径。

在中国，民间佛道活动的费用习惯上由地方居民共同负担，但是，一些基督教徒以信仰不同为由拒绝承担费用，这就造成了基督徒和佛、道徒之间的隔阂。更为严重的情况出现在“庙产”分割问题上。天主教获取在内地的传教权后，要求索还清初禁教后被没收的财产，其中包括不少已改为书院、庙宇的设施[④]。许多反教事件由此引发。此外，对于属于地方居民或某一家族

① 参阅拙著《十字架与龙》，浙江人民出版社1990年版，第204—221页。

② 史式徽：《江南伝教史》第2卷，天主教上海教区史料译写组译，上海译文出版社1983年版，第125页。

③ 关于西藏教案，参阅《教务教案档》中《西藏教务》及《清末教案》4。

④ 吕实强《中国官绅反教的原因》，（台北）“中国学术著作奖助委员会”1973年版，第64—82页。

共有的庙产，一些传教士基于传教资金不足而鼓动教徒提出分割庙产的要求①。原本属于儒释道三教象征的书院、寺庙和道观等设施，如今旧貌换新颜，变为基督教会的标志了。如此一来，出于当事人之间的现实利害冲突被还原为宗教情感上的对立。这种对立可能导致两种不同的结果：或慢慢化解，或演化为暴力冲突。

沙百里（J. Charbonnier）在其著作《中国基督教徒史》中提及一起发生在位于北京南郊150公里处的河北省东闾村的事件。在1900年义和团运动期间，据说这个村庄曾经成功地抵抗过义和团前后44次进攻。1863年，天主教神父刚来到这个村庄时，村西杨姓居民拆毁池塘里村东蔡姓居民所立之佛塔，引起蔡姓的不满，蔡姓准备将杨姓告到保定府。但是，杨姓因为加入了基督教会而受到神父的保护。“这下轮到蔡姓担心了。他们知道基督徒可得到洋人保护。他们也找到了刘神父，而且也开始钻研教理书，不过与杨姓人不建立任何联系。”后来，经神父从中调解，两姓都皈依了基督教，于是一场纠纷化解了。② 这件事时隔100年后还为当地基督教徒津津乐道。耐人寻味的是，蔡姓放弃诉讼并且改信天主教的最初动机是“基督徒可得到洋人保护”。这起纠纷提醒人们注意，在理解所谓宗教信仰对立而引起的冲突时，不能忽略地方社会原有的矛盾。

洪秀全的基督教启蒙教师梁发在自述加入基督教后的心理感受时写道：“此真是一种新奇宗教，照彼所云，则元宝、蜡烛、金花、冥镪皆成无用，且是罪过矣。我恐佛祖将因彼等亵渎神明而降罚于其身，我且静观彼等能继续宣传此种宗教否。”③ 梁发的自述揭示了一个中国人接受基督教时的内心矛盾，即使成为一位基督徒，以往作为无可置疑的儒佛道信仰仍然挥之不去。而当个体的基督徒面对非基督徒世界时，他/她所遭遇的便不仅仅是个人信仰的问

---

① 余凯思：《宗教冲突：德国传教士与山东地方社会》，苏位智、刘天路主编，上卷，第613—627页。

② Jean Charbonnier，Histoire Des Chrétiens De Chine，Desclée，Paris，1992. 沙百里：《中国基督徒史》，耿升、郑德弟译，中国社会科学出版社1998年版，第238—240页。

③ 麦沾恩：《中华最早的布道者》，（上海）广学会1939年版，第14页。

题，如何处理信仰与自己所置身的地方社会的关系，便成为一个十分重要的问题。

1874年春，在江西省安仁县，发生了王姓族长王长生被族人、天主教徒王开秀等绑架游街的事件，这件事引发了王姓族人和天主教徒之间的械斗。根据当事人王长生的供词，王开秀等挟持其原因有二①：第一，王开秀的妻子被同族人踢伤致死，王开秀希望对方出钱私了。而身为族长的王长生以“私和人命，有干例禁，出头斥阻”。第二，清明时节，“族人赴祠拜祖，照族规给谱饼，王开秀入教，不拜祖宗，赴祠领饼，小的因他未经拜祖，不背（允）分给，口角走散”。在这起教案中，无论教徒还是非教徒，都是生活在一个非政治化的日常空间里，彼此之间存在各种日常矛盾纠纷。但是，当二者在公共场所——祠堂聚首时，由于信仰不同发生了严重对立。在族长王长生看来，信仰天主教的王开秀已然是王姓中的“他者”：他既然放弃了原有的祭祖仪式，就不配享有作为宗族一员的“谱饼”。

另一起是围绕丧葬发生在福建省福安县坑源乡李姓家族的纠纷。1881年春，农民李光华病故后，其弟天主教教徒李光照延请法国传教士王褒礼带领十几名教徒，准备“在公共主厅，设教念经”，按照天主教的仪式举办丧事，遭到族人的阻止。李光华少弟则以李光华非教徒，“应请僧道超度，彼此不合。族人议将李光华出嫁女接回作主”。可是，李光照执意要在李姓公共祠堂举行丧葬仪式，结果李家内部发生冲突。事后，法国传教士王褒礼“扛帮出头”，欲将该事件上升为外交问题②。从这个事件里我们可以看到，由于信仰之不同，宗族内部围绕丧葬仪式产生了激烈对立。和上述祭祀祖先的教案相似的是，地方宗族（群体）对于族人（个人）是否信仰基督教缺乏约束能力，但是，当信仰基督教的个人试图把基于信仰的行为带入宗族的“集体空间”时，便遭到了阻抗。

由上可见，19世纪后半叶基督教传入中国后，基督教和中国传统的宗教

① 《教务教案档》第三辑（二），第697页。

② 《教务教案档》第四辑（二），第1217、1219页。

信仰之间发生了矛盾冲突。对于这种龃龉关系，应该区分两种不同的情形，一种是基于信仰不同的对立，儒教知识人的反教大多属于此类。有句名言代表了儒教知识人对基督教的态度：“我宁愿跟孔子下地狱，也不愿随耶稣升天堂。”① 中国社会对基督教的认知很大程度上受到这种自/他之别的感情因素的左右，在许多起因于礼俗和文化情感对立的“反基督教”事件中，宗教意识的差异和利益的纠葛往往被一些琐碎的，甚至荒诞不经的谣言所遮掩。但是，正如明恩溥这位对中国社会观察细致的美国传教士所指出的，“中国人对自己国家的命运漠不关心，在这一点上，学者、农民、商人和苦力没有任何区别”②。这一评论对研究教案深具启发意义，即在观察中国社会对基督教的情感时，不能仅仅以儒教知识人写就的文字为依据，从本质主义或整体主义立场上理解中国社会对基督教的反应，而应该将视野从政治的、理念的世界转向非政治的、日常生活的世界。在这个意义上，上述江西和福建的个案具有典型意义，它们说明当基督教信仰通过信徒个人带入宗族/家族社会后，基督教与中国社会围绕祖先崇拜等的冲突已经内化为宗族/家族社会内部的矛盾，从而形成了本文所说的第二种情形的对立关系③。

他者的回转——宗教组织间的交错关系

上述宗教感情上的对立还很难简单地称为“宗教冲突”，因为基督教会直接面对的不是一个实体化的宗教结社的对抗。那么，基督教会在传教过程中有没有和中国的民间教门发生接触呢？基督教徒和民间教门教徒之间存在怎样的关系呢？中国社会存在着众多的民间教门组织，其名目不少于 270 种④。

① Paul A. Cohen, China and Christianity: The Missionary Movement and the Growth of Chinese Antiforeignism, 1860—1870, Cambridge, Massachusetts, 1963, p. 80.

② Arthur H. Smith, Village Life in China: a Study in Sociology, New York: Fleming. H. Revell Company, 1899, p. 348.

③ Alan Richard Sweeten, Christianity in Rural China: Conflic and Accommodation in Jangxi Province, 1860—1900, Ann Arbor: Center for Chinese Studies, University of Michigan, 2001, pp. 71—98.

④ 庄吉发：《民间秘密宗教的社会功能》，《清史随笔》，（台北）博严文化事业有限公司 1886 年版，第 139 页。

因此，当传教士深入民间展开传教活动时，不可避免地会与秘密教门发生关系。对于二者的关系，以往学者曾从两个角度加以研究：一个是从冲突对立的角度研究秘密教门如何反对基督教，另一个是研究秘密教门信徒为何改信基督教。两种不同角度的研究分别展示了基督教与民间教门关系的不同的历史侧面，但其中也有需要进一步讨论的问题，前者过分强调在中西二元对立框架下理解冲突，从而低估了地方性因素的作用，后者因为突出基督教普世主义的话语霸权，忽视了社会政治因素的影响。

在探讨秘密教门的反基督教事件时，三个著名的教案常为论者所关注：1876 年的长江中下游剪辫案、1891 年的热河东部教案和 1895 年的福建古田教案。1876 年发生在长江中下游的剪辫案，其实是一次民间教派的反清排满事件。从姚门教案犯口供"太阳明明珠光佛，四海神明转乾坤"可以知道，这句话出自《太阳经》。原来，发起剪辫的姚门教徒和历史上以反清复明为宗旨的民间教门有着或明或暗的传承关系。在剪辫过程中，由于作为"他者"的基督教与地方社会关系相对紧张，最终教会被扯入了这场社会恐慌之中，成为反教者攻击的对象。[①] 相比之下，另外两个教案则具有反基督教的色彩，可以引为考察的对象。

先看 1891 年的热河东部教案。1891 年，民间教门金丹道发动了反对蒙古王公统治的起事。金丹道是标榜劝善修为的教门。起事发生后，建昌县在理教徒在林玉山的率领下乘机攻打各地的天主教会，烧毁教堂、杀毙教民，从而引发了反天主教的热河东部教案。标榜"禁烟戒酒，意在保身"[②]的在理教为何要攻击天主教会呢？关于这一点，清政府的调查（包括人犯的供词）和天主教神甫的报告出入很大。直隶总督李鸿章认为，二者"素有嫌隙"[③]，事件起因于天主教会方面开枪击毙非教徒三十家子村的庄首徐

① 《续述拿获妖匪》，《申报》光绪二年七月二十四日。

② 《清末教案》第二册，中华书局 1998 年版，第 520 页。

③ 同上书，第 541 页。

荣，此事导致了林玉山等起来打教。[①] 与此相反，天主教神甫则认为，百姓向奸商胡允借粮遭到拒绝后，将看守击毙，抢走粮食后故意将罪责推到教徒身上，金丹道（应为在理教——引者）不加分辨，起而发动大规模的打教运动。[②]

天主教传入热河东部地区是在19世纪中叶后，势头发展很盛，1883年就设立了热河天主教区。石汉璋（R. Shek）和佐藤公彦在关于金丹道、在理教起事的研究中，分别从宗教叛乱和民族斗争的框架里探讨了在理教打教的问题。[③] 在笔者看来，在理教反天主教事件是由日常矛盾积聚造成的，由于教会介入了教徒和在理教徒之间的利益纷争，致使双方的冲突上升为不同宗教之间的对立。因此，这类事件只能在日常生活的不同矛盾中进行解释，而不能简单地硬套在关于晚清历史的近代叙述里。

其次，关于1895年的福建古田教案。1895年8月1日，古田民间教门菜会突然袭击古田县花山村的英国基督教会别墅，杀死了正在这里度假的十一名英国人，致使五人重伤，引起了一场轰动一时的教案。关于发动花山事件的动机，菜会师父刘泳供称：不管发生什么纠纷，传教士总是偏袒教民一方。教民蔑视菜会。因此，菜会常思报复，以雪平日之耻。[④] 这个解释和传教士一方的看法不一致：“他们痛恨外国人，是因为他们是外国人，而非他们是传教士。”[⑤] 的确，菜会的旗帜上书有“龙爷一定战胜洋人的上帝”[⑥]。但是，这些还不足以解释菜会会徒为何要采取如此激烈的暴力行动。兰金和张秋雯认为，

---

① 《清末教案》第二册，中华书局1998年版，第542页。李鸿章还有一个说法是，平泉州获一马贼，是天主教徒，被教士强行保释，引起众怒。于是，借金丹道起事之机，乘机烧毁教堂等（同上书，第547页）。

② 中国第一历史档案馆、福建师范大学历史系合编：《清末教案》第五册，中华书局2000年版，第315—316页。

③ Richard Shek, “The Revolt of the Zaili, Jindan Sects in Rehe (Jehol), 1891,” Modern China, Vol. 6 No. 2, April, 1980. pp. 161—196. 佐藤公彦：《1891年热河金丹道蜂起》，《东洋史研究》第四十三卷、第二号，1984年，第37—71页。

④ 《教务教案档》第五辑（四），第2023页。

⑤ “The Kucheng Massacre”, *The North China Herald*, Aug. 16, 1895.

⑥ 王文杰：《中国近世史上的教案》，福建协和大学1947年版，第129页。

菜会反教动机的背后可能隐藏着挑起中外纠纷、以达到反清的目的[①]，这触及了事件的另一个侧面。

古田菜会是1892年由来自江西的刘泳（详兴）与革职县吏张赤所创。它是一个信奉佛教教义的民间教门，凡是能做到茹素、禁酒、禁烟的人即可加入该教，成为普通会员。要成为核心成员，则需要经过严格的考核——“圆关”。1895年初，菜会在县城五保后河街举行了一次大规模的“经会”，同时也进行了吸收核心成员的“圆关”。知县汪育赐以菜会所为有违禁令，将其首领逮捕入狱。这引起了菜会的激烈抗议，菜会扬言“诛官劫狱”，迫使知县不得不释放了菜会首领。[②] 纠纷虽然平息了，但此后菜会人数激增，达到三千之众。菜会因此吸收了不少对现实不满的会员，地方影响力随之大增，采取激进的暴力路线的意见逐渐左右了菜会的行动方向。在发动花山事件前，菜会领导层中出现了两种不同意见：以跑江湖、善使拳棒的外地人柳阿七为首的一派主张“灭洋”，而本地出身的革职县吏张赤等则主张“诛官”。1895年6月，在古田小东乡召开的一次会议上，菜会决定采用拈阄的方法决定是“灭洋”还是“诛官”。拈阄的结果是“灭洋”，于是有了上述的古田花山事件[③]。

从上述两个涉及民间教派反教的案例可以看到，基督教会在深入中国社会后，已经作为一个地方性的因素和各种地方政治、社会矛盾纠缠在一起，基督教会与民间教门的对立并非单纯起因于宗教感情的对立，只有把这种对抗关系置于特定的地方语境里来观察，才能相对准确地把握事件的真相。热河在理教反天主教事件比较清晰地反映了地方性因素的作用；古田菜会发动的暴力事件，尚有许多未解之谜，但是，采用拈阄方法决定

① Mary B. Rankin, The Ku-t'ien Incident (1895): Christians versus the Ts' ai-hui, Papers on China, vol. 15, pp. 30—61 (East Asian Research Center, Harvard University December, 1961). 张秋雯:《古田菜会的反教事件》,《“中研院”近代史研究所集刊》第16期（1987年6月）。

② 魏墀:《古田斋会与花山农民起义》，福建省政协文史资料委员会编《文史资料选编》第2卷《社会民情编》，福建人民出版社2001年版，第452—460页。

③ 同上。

“灭洋”一事说明，日常矛盾积聚了部分菜会会众对“洋教”“洋人”的仇视。然而，基督教与地方社会的关系绝非这种单一的关系，在基督教会深入乡村社会、并在乡村扎根的过程中，还存在民间教门信徒改信基督教的若干例子。

关于秘密教门信徒改信基督教的问题，裴士丹曾做过开拓性的研究。他发现，山东等地的一些传教士有意识地和民间教门建立联系，并成功地吸收教门成员加入基督教会。裴士丹将其原因归结为两点，一是基督教的千年王国思想和民间教门里的“末劫”观念存在内在联系，二者在宗教思想上具有共同性①。应该指出的是，裴士丹过分相信了传教士的看法。比如和“无为教”（即罗教）信徒接触的传教士艾约瑟坚信，反对偶像崇拜的无为教可以改信基督教②。这个说法其实并不可信，因为具有禅宗色彩的无为教既然宣称要破除偶像，那么，自然也反对基督教的一神崇拜。裴士丹的另一个观点值得重视，他认为，传教士注意用中国的宗教观念或术语（特别是佛教和道教）来解释基督教观念③。这可能有助于中国人放弃既有信仰，转而理解基督教。

在晚清传教士留下的文字里，有不少关于民间教派的信徒改信基督教的报告。那么，民间教门的信徒何以会放弃原有的信仰而加入一神崇拜的基督教呢？传教士们倾向于从基督教的思想魅力上作解释，认为基督教比之中国民间教派里的“禁欲组织”和“实践道德”更具有宗教优越性；而反对基督教的儒家知识人则倾向于把中国信徒的行为贬低为基于物质利益（“吃教”）和非宗教的政治、社会目的，称这些人是背弃祖先的“莠民”。儒家知识人显然有夸张其事之嫌。撇开这一点，民间教门信徒改信基督教，作为晚清一种

---

① Daniel Bays, *Christianity and the Chinese Sectarian Tradition. Ch' ing-shih wen-t' I*, Vol. 4, No. 7 (June 1982), pp. 33—55.

② Joseph Edkins, *Religion in China: A Brief Account of the three Religions of the Chinese*, London, 1878. pp. 184 foll. J. J. M. De Groot, p. 195.

③ Danil Bays, *Christianity and Chinese Sects: Religious Tracts in the Late Nineteenth Century*, in *Suzanne Wilson Barnrtt and John King Fairbank*, *eds*, *Christianity in China*, Cam bridge (Massachusetts) and London: Harvard University Press, 1985.

地方社会现象，笔者更愿意从具体的历史语境中来理解。我们知道，义和团排外运动的兴起涉及山东地区民间教门的活动，在中国排外运动高涨过程中，不同地区的民间教门对基督教采取了截然不同的态度：反洋教或加入洋教。前者如柯文（P. Cohen）所阐释的，反洋教者把自己当下为旱灾所困的苦难解释为基督教所致。① 而后者则基于非常切身的外在理由：躲避官府的捉拿。明恩溥给后世留下了这方面的记录②，结果，大批中央门信徒依言加入了基督教会。明恩溥强调这是基督教义（doctrine）的力量，其实，一群身临危难的民间教门信徒在会首被捕后加入基督教，未必就有多少纯粹的宗教动机。应该是说基督教这一“异端”由于有条约的保护，比之传统的“异端”更具有社会政治优势。在山东巨野县李家庄活动的德国牧师曾报告一群“白莲教”信徒为躲避官府的捉拿而加入了基督教会③。

通过对基督教会与民间教门正反不同关系的考察，可以看到，民间教门信徒与基督教徒的日常纠纷很可能发展为宗教间的对立。在民间教门在理教和菜会的反教话语里，基督教是个可憎的他者；但是，另一方面，作为“他者”的基督教会的“他者像”是相对的，因为基督教会在传播基督教过程中，其自身也在经历着一个“脱他者化”的过程：教会不仅吸收了大量的一般民众加入教会，同时还吸收了大量民间教门的信徒。在基督教会和反教的晚清社会互相敌视的主旋律下，这个过程在义和团运动之前尚未被双方清楚地认知。以往的众多研究（包括笔者的研究）局限在中西二元对立的框架中解释基督教与晚清社会的关系，自然，也就忽视了这种“他者”回转的现象。

---

① Paul A. Cohen，*History in three Keys: the Boxers as Event, Experience, and Myth*, New York: Columbia University Press, 1997, pp. 89—95.

② Arthur H. Smith, “Sketches of A Country Parish”, *Chinese Recorder and Missionary Journal*, Vol. 12, No. 4, July-August, 1881, pp. 248—249.

③ 余凯思：《宗教冲突：德国传教士与山东地方社会》，苏位智、刘天路主编，上卷，第613—627页。

结　语

综上，从19世纪后半叶的教案可以看到，固然有不少源于宗教感情的龃龉，但还不能简单地将教案一概称之为“宗教冲突”，几乎所有的教案背后都存在着一些非宗教的地方性因素，教案是宗教感情的龃龉和日常生活矛盾交织碰撞的产物。当这种碰撞——教案上升为帝国统治和列强的条约体系之间的冲突时，教案便越出了地方性的限制而成为中外关系链上的一个纽结。反过来说，作为“近代秩序”的基督教虽然可以不必像其先驱者那样，通过依附皇权来展开传教运动，但是作为他者的“洋教”身份仿佛符咒一样，左右着基督教在晚清中国的命运，在义和团运动的狂风暴雨过后，基督教会才清楚地认识到有必要推进“洋教”——基督教的“脱他者化”①。

1901年10月，山西省各州县贴出了一份山西巡抚岑春煊发布的《出示晓谕事》。布告明示②：中国内地会（China Inland Mission）传教士何斯德（Mr. Hoste）牧师与太原府洋务局商定，在义和团运动中被焚毁的山西内地会的教堂等“均不议赔”，何牧师的理由是“仰体救世主爱人如己之意，不忍令摊派商民，竭小民脂膏，并非欲求商民见好也”。这份布告批判了义和团的暴力，并对以往中国人对“洋人”“洋教”的褊狭心理进行了反省，认为中国虽然在宗教、种族上与欧美不同，但是本质上并无不同。这份布告表达了山西巡抚要求结束围绕基督教的仇恨和报复的恶性循环的愿望。义和团运动后，围绕《辛丑条约》中的赔款金额，部分传教士演示了一幕贪婪的索赔丑剧③。布告对何牧师的赞词，无形中对山西省其他教会形成了巨大的压力。

内地会传教士放弃赔款的要求，可以说是其后基督教寻求在中国“本土化”的先声。关于基督教在中国本土化的问题，以往的研究基本上集中在分

---

① 关于基督教本土化问题，可参阅张西平、卓新平《本色之探——20世纪中国基督教文化学术论集》，中国广播电视出版社1999年版。

② *Chinese Recorder and Missionary Journal*, Vol. 33, No. 1, January, 1902.

③ 参见张力、刘鉴唐《中国教案史》，四川省社会科学院出版社1987年版，第545—549页。

析教会的作为，其实，在中国基督教“脱他者化”的问题上，还有一个被人们忽略的侧面，即中国民众按照自身的精神需要进行“创造耶稣”的宗教运动，这一潜流脉脉不断，从今日的“邪教”案中也可窥见其端倪①。在20世纪初，中国的新兴宗教不仅把基督教纳入自己“混合主义”的信仰体系里，也仿效基督教在世界范围内展开救赎活动，跨出中国国门。红卍万字的创造性活动在日本列岛也曾激起了巨大的回声②。葛兰言有关中国人的宗教信仰具有混合主义的特征的论断虽然并不为过，但是，回首19世纪后半叶基督教在晚清中国命运多舛的历史，我们不应该忘记，基督教历经了很长的岁月才成为中国宗教混合主义大家庭的一员。

（原载《江海学刊》2008年第1期）

① 拙稿：《创造耶稣——当代中国基督教异端结社素描》，上海“近代中国秘密结社史国际研讨会”，2004年12月19—21日。

② 拙文：《宗教结社、権力と殖民地支配——“满州国”における宗教结社の统合》，《日本研究》（国际日本文化研究中心）第24集，2002年2月，第163—199页。

马克思主义史学思想史研究刍议

于 沛

马克思主义史学思想史研究，是史学理论研究的重要内容，近年来这方面的研究受到我国史学工作者的广泛重视，并有不少有一定影响的研究成果问世，这是一件很有意义的事情。特别是看到一些有才华的青年学者积极致力于马克思主义史学思想研究，更是令人欣喜、欣慰。但是，从整体上看，我们的研究还嫌薄弱，如改革开放已经30年了，新中国成立也近60年了，但至今还没有一部系统研究中外马克思主义史学思想史的学术专著出版。

目前国内对马克思主义历史观的研究多集中于哲学界，历史学界对其研究相对不足；对马克思主义史学观的研究还很薄弱；对中国马克思主义史学的理论基础及其史学实践的研究相对比较充分；而对西方马克思主义史学思想的研究还基本上处于起步阶段。如对马克思恩格斯等经典作家的历史观的研讨，在历史学领域主要体现在由庞卓恒、吴泽等编著的《史学概论》教材和少量的专著论文中，历史学界在涉及相关问题时，主要是援引哲学界的研究成果，自身对该问题的研究相对不足；对马克思主义史学思想史的研究基本处于空白，比如马克思主义经典作家有关历史学的科学性、阶级性和客观性等问题都没有较为深入的探讨。

中国马克思主义史学作为中国近现代史学的重要组成部分，自20世纪80年代以来，取得不少成果：如出版了包括李大钊、郭沫若、翦伯赞、吕振羽、范文澜等中国著名马克思主义史学家的评传；出版了包括《20世纪中国史学评论》在内的重新客观地评价80年代之前中国马克思主义史学发展的历史意义和价值的论著。尽管取得了一定的进展，但目前国内的中国马克思主义史学理论研究，在研究的理念上更新较慢，不能有效地吸收其他相关领域的最新理论和方法，所以其研究基本局限在对马克思主义史家的文本解读上，缺乏把马克思主义史学放到当时的历史情景下作更具体、更深入的分析。

对西方马克思主义史学思想的研究还比较薄弱，其现状及趋势有如下两个特征：其一，所研究的对象大多集中于几个主要史家，如英国的 E. P. 汤普森、霍布斯鲍姆及法国的索布尔、米歇尔·伏维尔等，并多偏重于介绍，没有较为深入的分析研究，更缺乏对西方马克思主义史学的总体研究和概括；其二，所研究的范围时间跨度有限，多偏重于 20 世纪五六十年代到 70 年代的英法马克思主义史学形成与发展问题，对 80 年代以来西方马克思主义史学的新走向了解甚少，研究更显不足；对马克思主义史学产生、发展的追溯，亦关注不够；其三，对除中国以外的亚洲各国以及广大拉美、非洲地区的马克思主义史学的关注非常不够。

国外学者对马克思恩格斯等经典作家的唯物史观研究非常之多。大致可以分为：一类是纯学术史或思想史的研究，如克拉科夫斯基的《马克思主义主要流派》；另一类是思想家的创造性的发展和发挥，代表性著作则是作为西方马克思主义主要流派之一的法兰克福学派的哈贝马斯所著《重建历史唯物主义》；还有一类是原苏东地区的社会主义国家的“改革家”从当时的现实出发写作的论著。总的来说，这些作品的观点和结论大多不能为我们所接受，这是很自然的事情，但是这些论著却有助于我们对国外马克思主义史学思想研究的了解。这些作品的价值，不在于它回答了什么，不在于它的结论，而在于它提出了什么。认真研究这些作品提出了什么，将对我们有重要的启迪意义。国外学者对中国马克思主义史学的研究亦相对较少，而且多分散于各类思想文化类或史学概述类著作中，如巴勒克拉夫主编的《当代史学主要趋势》一书中就有关于 20 世纪 50 至 70 年代中国的马克思主义史学发展状况的介绍和评价。Arif Dirlik 的《革命与历史：中国马克思主义史学的起源

(1919—1937)》则是国外学者所著的相关领域为数不多的成果之一。由于意识形态和文化背景等诸多原因，国外学者对中国马克思主义史学的评价有独特的视角，同时也有其不可避免的局限性。

国外学者马克思主义史学思想的研究成果，自20世纪80年代以来开始多了起来，专题性研究也日益增加，如Harvey J. Kaye的《英国马克思主义史学家》，Dworkin的《战后英国的文化马克思主义》，McLellan的《马克思之后的马克思主义》，Paul Hirst的《马克思主义与历史写作》以及S. H. Rigby的《马克思主义与历史学：一个批判性导论》等。此外，还有一些概论性著作中谈到西方马克思主义史学思想的演变、特点，如巴勒克拉夫、伊格尔斯等人的著作。西方学者的研究固然有许多值得我们借鉴的地方，但由于不同的社会背景、价值观念和文化旨趣，其论见并非不可商榷，这就要求我们以自己的眼光，立足中国史学的传统与现实，来看待西方马克思主义史学思想在过去一百多年来的发展。

正是基于上述认识，中国社会科学院世界历史研究所、历史研究所、近代史研究所和马克思主义研究院的一些研究人员，以及浙江师范大学、浙江大学、复旦大学、黑龙江大学、武汉大学、云南大学、江西师范大学、北京师范大学等高校教师志同道合，大约三年前开始了中外马克思主义史学思想史研究，其主要研究内容，大体在以下四个方面。

其一，唯物史观的创立和发展：社会历史背景；历史过程及重大影响；基本原理（生产力和生产关系，经济基础和上层建筑，社会意识及其形式）；唯物史观和历史科学；人类史和社会史；人类社会经济形态演进；历史发展的辩证法；史学方法；历史人物评价；在坚持唯物史观的同时发展唯物史观；唯物史观的新内容、新范畴、新方法。其二，中国马克思主义史学：马克思主义唯物史观传入中国；马克思主义史学形成和在斗争中发展；民主革命时期中国马克思主义史学的理论成就；“十七年”马克思主义史学的理论探索及曲折发展；“文革”和对马克思主义史学理论的摧残；中国马克思主义史学思想的演变；马克思主义史学的繁荣发展；理论建设和丰硕成果。其三，外国马克思主义史学：原苏联东欧国家马克思主义史学；西欧国家马克思主义史学；日本、印度和拉丁美洲等国家和地区的马克思主义史学；马克思主义史学及其理论方法论在国际历史学界的影响；西方马克思主义史学思想的演变；西方马克思主义史学发展的特点和趋势。其四，在对唯物史观的创立及发展、中国马克思主义史学和外国马克思主义史学进行系统梳理和研究的基础上，就其中涉及的重大理论问题和某些规律性的内容，进行深入的理论探讨，在充分分析、认识其所取得的重大理论成就的同时，以马克思主义史学思想史为切入点，认真总结历史经验，弘扬与时俱进的精神，在新的历史条件下推动马克思主义史学繁荣发展。

开展马克思主义史学思想史研究，首先要全面、系统地对马克思主义史学近160年的发展史做一番梳理，考察马克思主义史学思想的渊源、发展与演变，总结概括它在不同时代不同国家与地区的成就、特点、教训，继而在对马克思主义史学的发展史深刻理解的基础上，坚持理论联系实际，从当代中国历史发展的全局角度对唯物史观的基本原理进行深入探讨，推动当代马克思主义史学的理论创新。为了对上述诸多问题展开研究，要抓住几个关键点，即要对几个问题进行重点研究。对这些重要问题研究所取得的成果，将有助于从整体上提高中外马克思主义史学思想史研究的科学水平。

首先，要科学总结唯物史观创立以来150多年的发展历程，用科学的态度对待唯物史观，结合中外马克思主义史学发展的历史，分清哪些是必须长期坚持的唯物史观基本原理，哪些是需要结合新的实际加以丰富发展的理论判断，哪些是必须破除的对唯物史观的教条式的理解，哪些是必须澄清附加在唯物史观名下的错误观点。通过具体的中外马克思主义史学思想史的史实，分析和论述唯物史观在当代历史研究实践中的扩展和深化。其次，对中外马克思主义史学思想发展史进行全面的、系统的和实事求是的总结；这种总结不仅结合其自身发展的学术背景，而且应将其放在具体的社会历史背景中进行，即给予更多的社会学关注。强调在梳理中外马克思主义史学发展史的基础上，从中外史学思想史的层面上、而不是在一般史学史的层面上进行理论上的概括和总结，从历史与现实、理论与实践的结合上，为当代中国史学的理论建设服务，在新的历史条件下，弘扬与时俱进的精神，在坚持马克思主义理论指导的前提下，进一步丰富和完善当代中国的马克思主义史学理论。最后，应将中国马克思主义史学思想发展史，放在世界各国马克思主义史学史的背景中进行考察，既面向世界，要有“世界眼光”，同时从中国社会历史进程和中国马克思主义史学思想史的实际出发，探求中国马克思主义史学发展的一般规律和特殊规律，继承和发扬其优秀传统，认真总结历史经验，为繁荣当代中国的马克思主义史学理论，发展壮大有中国特色的马克思主义历史学派提供强有力的精神动力和理论支持。

通过近三年的研究实践表明，中外马克思主义史学思想史研究已经迈出了坚实的一步，并取得了一些积极的成果。当前我国兴起的社会主义文化建设新高潮，是党中央站在时代发展前沿、立足我国新世纪新阶段的新特征做出的重大战略部署。在新的历史条件下，加强马克思主义史学思想史研究，自觉为建设社会主义核心价值体系服务，是广大史学工作者义不容辞的责任和使命。让我们共同努力，百尺竿头更进一步，为繁荣发展当代中国历史科学，争取马克思主义史学思想史研究取得更多的成果而努力。

（原载《江海学刊》2008 年第 4 期）

清代宗族族长述论

冯尔康

相当一段时间内，清代宗族族长都被视为宗法专制者，是欺压族人，能够致死族人的穷凶极恶之徒。将族长宗法性质概念化之后，学术界对族长的实际情形，诸如产生、职责、权限及其制约习俗、族长行为实况，均未作深入研讨，仅停留在“封建宗法”概念层面，从而对族长的行为、宗族活动中族人的作用，乃至族长的性质，产生严重的误解、误评。本文将从遴选族长及其条件与实际人选，族长的职责，对其要求和自律，族规祖训、合族会议与族长行事的关系等方面进行粗略的讨论，论及族长的社会属性。

族长的遴选、条件与实际人选

宗族必然设有族长，主持一族事务。直隶宁晋张氏康熙三十二年（1693）族规《睦族十事》，首先言明设立族长的必要：“族之立长者何，盖一国总于君长，一邑总于官长，一宗总于族长，理也势也。不然族人众多，无长者管摄之，人持己见，事无统御，相争相压，吾未见其相睦也。是故，欲睦族者，当先于族中择齿德俱尊立为族长。”① 设置族长，也是各个宗族的惯例。四川铜梁周氏宗族《规训·尊族长》条则云：“尝考之他省，一族之中，设立户长、分长，户长者长一户，分长者长一房，轮立之日，谋族告庙，以表一家之楷模。”该族认为“齐家之道，莫善于此”，模仿实行，族内六房，“一房

① 宁晋《百忍堂张氏增修族谱》，同治十二年本。

各立房长，六房总立族长”。[①] 嘉道间江苏举人张履说“今俗专族长”，而宗子制不能实行[②]。这些事例共同说明宗族由族长进行管理。族长的称谓，各地习惯不一，亦有称作宗长、户长、家长、宅长的。在族长之外，因宗族的结构状况不同，有的还拥有一套管理人员，分管祭祀、财务、教化诸种事务。

族长如何产生？在周代实行大宗法时这个问题相对简单，大宗嫡长子承袭宗子地位，族人无有争议。而清代，大宗法早已消失，虽然仍有人相信小宗法的二重性，拥护小宗中的大宗嫡长子为宗子，成为宗族的名义领袖，然而实际上并不能主理宗族事务，至多只是一种摆设，如，清代有的宗族主张按照小宗法二重性实行大宗法，设立宗子首脑，主理宗族事务。如江西清江龚氏族规：“本宗一应事务，俱要禀白，不许辄擅，违者议罚。”然而在实际生活中宗子制行不通，因为长房宗子可能既贫穷，又无见识，无能辖众，亦不能令族人宾服，纵或勉强立之，他亦难于理事；而其他房可能会出现具有功名、职官身份的子弟，他们既有社会地位，又有财富、能力，可以服众。在实践上，实行宗子制的，也只是让其主持祭祀，其他则无能为，而不论房分的强人出任族长，则为通常的情况。[③] 是以此法不能通行。普遍实行的是族长制。族长既然不能由血缘房分地位来决定，就得有其产生的方法，人选也得具备相应的条件，否则就无法确定。

1. 充当族长的德才年龄条件

关于族长人选，湖南零陵龙氏《家规·慎族长》从正反两方面讲解族长应具备的条件，颇具典型性：

> 慎族长。……而族长之立，必择齿德兼优者以为之，庶足以胜任而无弊。盖优于齿则谙练多端，事无轻举；优于德则端方自处，品自超群。以正己者，正人于礼乐则讲明之，于邪淫则切禁之，纲常之体不失，义

① 周泽霖纂修：铜梁《安居乡周氏宗谱》卷一《训规》，光绪十年刊本。

② 张履：《答陈仲虎杂论祭礼书》，葛士浚辑《皇朝经世文续编》卷六十《礼政十一·祭礼》，光绪十四年上海图书集成局版。

③ 龚克刚纂修清江《龚氏十四修族谱》，《族约》，民国三年刊本。

利之辨必严，使子弟有所效法。而且族中有事不平则鸣，鸣则冀其平也；无理必斥，斥则归于理也。事无大小，一皆秉公直剖；人无论亲疏，绝无徇情庇纵，庶曲直攸分，真伪立判。贤者得以奋兴，行为归于正道；愚者益加畏惧，言语出于本心，家规以振，讼狱不兴。族长之幸即合族之幸，而合族之幸皆族长之力也。……凡我族人必慎简正直明决老成可法者，以树族中坊表，或释疑难于庭内，或讲礼于祠堂，俾子孙久仰仪型，则族长之为益，岂有穷哉？[①]

对设立族长的原因，族长人选的条件，族长的事务以及如何处理好族务，这一规则既概括又细致地作出了说明。龙氏要求合格的族长，集中在年龄和品德两方面。年长，经验丰富，处事明达，不致有误。有德，能正己而后能正人，因以礼律己、律人，乃能服人，令贤者振奋，愚者畏惧，宗族振兴；而贪图私利的族长不能用。龙氏族长的年齿、品德衡量标准，为许多宗族的共识，只是有的宗族另有解释和偏重。宁晋张氏《睦族十事》，谓于“族中择齿德俱尊立为族长，使宗子尊且贤，即立宗子为族长”[②]，即以齿德俱高为原则。甘肃兰州颜氏制定遴选族长规定四条：“德才兼优老成练达，若矜才使气者不与焉”；“德长才短厚重自持，若轻浮佻达者不与焉”；“端严正直内外如一，若口是心非者不与焉”；“清廉宽慈小心谨慎，若刻责疏忽者不与焉”。[③]颜氏的族长，以德才兼优为上，清廉宽厚亦需具备，即使才有所短，而德高亦可考虑，但傲气、浮躁、刻薄、表里不一，即德不佳者，虽有才亦不能用。武进城南张氏于道光间定议：“族长虽序行序齿，以有德为主，若分虽尊而德不足以信于人，即强为武断，众共摈之，弗听命，焉可也！倘信义足重，品行端方，即非尊长，当共推为族贤，凡事必资禀而听命焉。”[④] 表明族长由有德者出任。浙江绍兴柯桥杨氏族长、房长、司事等在光绪十七年（1891）呈

① 零陵纂修：《龙氏六续家谱》卷首下《家规》，民国十年敦厚堂木活字本。
② 宁晋《百忍堂张氏增修族谱》，同治十二年本。
③ 《金城颜氏家谱》，《敬拟遴选家长规则四条》，光绪十二年本。
④ 民国《毗陵城南张氏宗谱》卷二《宗约》民国三年刊本。

请县衙文中说："族长有故，系应分尊者为之，非尽年高有德，是以祠规另举，司事协理。"[①] 强调以分尊者为族长。综观族长的条件，以德劭、公正为主，才能为辅，房分、辈分又次之。虽有主次之别，然为有效办事，才能是绝不可少的选择要素，长房辈分的因素亦不可完全忽视。

选择族长助手的条件，同样要求德才俱佳，然偏重在才能方面，而财力亦在考虑范围之内。山东牟平曲氏建立义庄，于捐建人子孙中"择贤能者一人为总理，于族中择贤能者二人为董事"[②]。武进庄氏公举"有身家、能干办、励廉洁者"为宗族公共经济的"经管"。[③] 湖南宁乡南塘刘氏设立总管一人及分管四人，轮年办理祠中银谷出入，四年一换，如有簿账不对，即系侵蚀，彻底根究赔偿，决不宽贷。[④] 管理经济者要求自身拥有财产，是为防止贪占家族公共资财，如一旦发生，能够责令其赔偿。

2. 族长的遴选方法

族长的产生，通常是实行遴选。前述四川铜梁周氏族规所说的立分长，"轮立之日，谋族告庙"，是说设立新房长，族人参与，决定人选之后，要到祠堂报告祖宗，以昭郑重。族人参与的办法是"遴选"。兰州颜氏宗族定于每年正月初六日，"各房旧家长以及老成并青衿与懂事之子弟，辰刻齐赴祠堂，公同商议。有合上条（指《遴选家长规则四条》）者举之……若遴选时，不言贤否，而背面讽议者罚；不到者罚"。参与遴选族人相当广泛，有各房房长、老年人、读书有功名者以及已经懂事的年轻人，涉及面广，应能反映众多族人对族长人选的意愿。故乾隆二年（1737）颜穆如说他"谬为诸父昆弟委以族长，经纪家政，不敢不尽心勉副众望"。同治十三年（1874），族众以颜勉斋"端严正直，才识练达，公举（为）族长"[⑤]。湖南湘乡匡氏《家规》：

---

① 杨惟春等修：绍兴《山阴柯桥杨氏宗谱》卷二《县案》，光绪二十年敦伦堂木活字本。

② 包世臣：《安吴四种》卷二九《海宁曲氏义庄规约序》，同治十三年注经堂重印本。

③ 民国《毗陵庄氏族谱》卷一五《旧定经理祠产各条》。

④ 《宁乡南塘刘氏四修族谱》卷二《族规》，民国十年存著堂木活字印本。

⑤ 《金城颜氏家谱》，《敬拟遴选家长规则四条》、乾隆《重修家谱序》、光绪《重修祠堂记》，光绪十二年本。

“倘户长有私，通族合议重罚；择房长中贤而有德者更立之，房长有私，通族合议，择本房中之才而有能者更立之。”① 经过通族合议，匡氏从房长中择立族长，从族人中择立房长。安徽绩溪南关许余氏的管理祀产者，“必由公举，不得恋霸”②。江西浮梁郑氏祠堂每年元旦、冬至两次祭祀，“主祭、陪祭、通赞诸司事推斯文老成”。主祭者即族长，由推举产生③。南昌的豫章黄氏公祠，系合省黄姓公建，其首事人员定期轮换，采取签举办法：“公议，签举首事限定二人……每届签举，必须该府公正数人保举方准交接，以端人之取友必端也。”④ 意即保人端方正直，才能举端正之人。

综上，依据各个宗族的规则，族长以及房长由遴选产生。规则中所说的“遴选”“选举”“举”“推”，是同义词，就是由众人协商选拔出合意的宗族首领。这里特别需要注意“选举”一词，不是近代意义的民主选举，而是与遴选同义。

在遴选族长过程中，族尊、房长、官员和有功名的族人起主导作用，但是众多族人的意愿也被容纳进去。

3. 族长的社会身份

族长的出任条件、遴选方法已如前述，而实际产生的族长又是些什么社会身份的人？史籍中明确记载某某身份的人是族长的情形，并不多见，而代表宗族进行活动的一些人，则身份明显，即使他们不是族长，也应当是宗族的实际主事人，从中也可窥视族长的社会地位。

载籍揭示族长身份者，笔者见到的有：江苏徐州人、雍正朝浙江巡抚李卫，“身系大宗嫡长，平素家居族内诸事，例得主之”，在浙江任内，因家乡族弟李怀瑾、信枝“任意放纵，不循礼法”，遂将他们“拿解赴浙，以家法惩治，圈禁在署”⑤。可知他在家乡是以长房而为族长，到浙江仍是族长。直隶

---

① 湘乡《匡氏续修族谱》首卷《家规》，道光八年解颐堂刊本。
② 《绩溪县南关许余氏惇叙堂宗谱》卷十《宗祠规约》，光绪十五年刻本。
③ 郑培先修：浮梁《郑氏宗谱》，咸丰十一年刊本。
④ 黄祖络等纂修：《豫章黄祠四修主谱》，《道光庚戌公议条规》，光绪二十五年刊本。
⑤ 《朱批谕旨·李卫奏折》，雍正六年七月十八日奏折，光绪十三年上海点石斋缩印本。

雄县何氏宗族嘉庆间的族长何珠，系监生，族人与外族人打官司，他到官厅作证。[①] 乾隆五十五年（1790），江苏溧阳史一沅讹诈族人史受六，被告到官厅，族长史其凤出庭作证，事后被史一沅挟仇杀害。[②] 史其凤，本身无功名。进士许一清是族长，故在家族“主宗政，修宗谱，定礼制，别嫌疑，严赏罚，抑强扶弱，置祸福于度外”[③]。宜兴篠里任氏宗族有多种管理人，其先后任宗正者有任烜，直隶通永道道员；任绳隗，举人；任允淳，四川夔州知府。宗相，任惇典，其父朝铨有田五万亩。[④] 浙江萧山田氏宗族田邦俊，务农兼经商，晚年为族长，该族族谱在其传记中谓之为“耕氓”[⑤]。前述兰州颜氏族长颜穆如，自云“穆不敏，粗知章句”[⑥]。可知他知书达理，但没有取得功名。颜氏族谱记录有好几位族长的活动，或者收录他们写的谱序，他们均无功名。

一般来说，兴建祠堂，纂修族谱，代表宗族打官司，多有举贡生监和官员参与；主持制定有关族长遴选方法的族规，也多系有功名者。如四川云阳县是移民区，祠堂多建立在清代中期以后，在民国《云阳县志》登录的二百余个宗族中，刘、王、冉、曾、谭五姓宗族的建祠人有功名，即贡生刘选梅、王师位、冉云鹏、曾锡光，廪生谭兆兰。[⑦] 宁晋张氏康熙三十二年（1693）族规《睦族十事》，由十二世孙庠生国楹抄录，乾隆二十二年（1757）由十四世孙庠生真达编辑。[⑧] 山西平定州《晋氏族谱》雍正九年（1731）的序言，由该族十一世孙、郡庠廪膳生员晋德撰写。[⑨] 嘉庆二十二年（1817），安徽绩溪城西周氏请求知县发布告示保护祖茔，具呈人有生员周荣、周邦镇、周宗夔、周宗柜，监生周广辉、周槐堂、周玉章，廪生周启锦，以及其他族人

---

① 中国第一历史档案馆藏档，《内阁全宗·刑科题本·土地债务类》，嘉庆朝3085包。
② 中国第一历史档案馆藏档，《内阁全宗·刑科题本·土地债务类》，嘉庆朝4588、4603包。
③ 潘天成：《铁庐集》卷二《乡贡先生传》，《四库全书》本。
④ 任承弼编：《宜兴篠里任氏家谱》卷二，民国十六年一本堂刊本。
⑤ 萧山《欢潭田氏家谱》第二本《鼎和公行述》，光绪三十年刻本。
⑥ 《金城颜氏家谱》，乾隆《重修家谱序》，光绪十二年本。
⑦ 民国《云阳县志》卷二三《族姓宗祠表》。
⑧ 宁晋《百忍堂张氏增修族谱》，同治十二年本。
⑨ 晋荣如修：平定《晋氏族谱》，同治八年刻本。

等。[1] 咸丰五年（1855）山东莱州赵氏得到知县屠道彰保护该族祖坟的布告，这是知县回应举人、候选知县赵华琳等人的申请所为。[2] 光绪三十三年（1907）绍兴汤浦吴氏告状，起诉人是族长吴秀墀、族董监生吴羹墙等。[3] 这些宗族申诉人，除一般人员外，重要者是候选官员、举人、生员和监生，他们无疑是宗族的实际主事人。这类人员是不是族长及其助理，虽不明确，然而可能是合一的。云阳的五位贡生、廪生，就是建祠人，疑是族长。

黄爵滋说福建泉州、漳州的族长，“多系生监或行辈居长者为之，力能钳束”[4]。民国《龙岩县志》也记载当地宗族祭祀，“主以宗孙，或以族之官达子姓”[5]。广东佛山冼氏家族于光绪中重修大宗祠，竣工刻石立碑，署名即为“诒燕堂绅耆”[6]。可知官绅和平民耆老均有作为族长主理家政者。

“耕氓”族长田邦俊、史其凤、吴秀墀之类虽然记载中不多见，但是笔者在族谱、刑事档案中查阅到许多族长的名字和活动，均不提他们的身份，乃因有功名、官职、封赠必定有所记录，不注明者，则系平民，由此可知农民族长很多。可以设想，多数宗族没有仕宦之人和进学者，它的族长只能是平民。黄爵滋所云“生监或行辈居长者为之”，道出有功名者和平民共同担当族长的实情。

从上述事例可知，族长及管事者的身份有官员及其致仕者、取得功名的读书人以及热衷于家族建设的有钱的田主、商人和一般的农民。在有身份者中，高官少，中下级官员和有生监小功名者多；不论是什么官，他们对宗族的经营和掌握，多半是在做官前或致仕后，即为绅衿时。族长中平民与有身份者的比例，应当是平分秋色的，毋因记录中多见有身份的人，而忽视大量

---

① 《绩溪城西周氏宗谱》卷十九《禁碑》，同治八年刻本。

② 赵琪等撰：《东莱赵氏家乘》，《坟墓附保护坟墓布告·清咸丰五年二月九日知县屠道彰保护坟墓布告》，民国二十四年永厚堂铅印本。

③ 吴金璠等续修：绍兴《汤浦吴氏宗谱》卷三十六《谕禁友竹公坟山碑 寅大房》，民国五年孝思堂刊本。

④ 《黄爵滋奏疏》卷一四《会议查禁械斗章程》，中华书局1984年版，第120页。

⑤ 民国《龙岩县志》卷二一《礼俗》。

⑥ 宣统《岭南冼氏宗谱》卷三之六《重修大宗祠碑记》，转见《明清佛山碑刻文献经济资料》，第461页。

平民族长的客观事实。总之，绅衿和平民是宗族的主要管理者和建设者。

族长的职责及对其要求

宗族设置族长，有其管理职责，同时亦对其有要求。兰州颜氏宗族要求族长“上体祖宗历世垂训，下教子弟各归善良”[①]。绍兴王氏于乾隆二十八年（1763）议定，“家长为一族之长，上承继述，下殿贻谋”[②]。都是为着让族长实现祖宗遗训，教导族人，谋求福祉。

1. 族长事务

族长所管的合族事务，以执掌祭祖最为重要，而繁杂之处在于管理族人，行施教化。兹分项说明其治理诸事。

甲．祭祀祖先。关于祭祀，此处仅从祭祀行政方面说明族长的管理，而不涉及祭祀礼仪。族长关注的是按时进行祭祖和维持祭仪中的纪律。绍兴中南王氏祀事仪制本来完备，然因太平天国战争，祀田地租难于收交，因而多年不能举行祭礼，族长王绍锡认为虽有客观原因，但也是执事者不肯齐心，同治三年（1864）邀集各房，点定执事，达成恢复祭祀的共识，书写议约，各一书名画押。光绪十四年（1888）族长世贵因六房轮流值年管理祭祀事务和地租，每年赢余，各房执事往往拖欠不归祠堂，恐怕将来祭祀难于正常进行，乃会同各分执事，秉公议规，嗣后如有拖欠之家，不准值年，保证祭祀按时进行。[③] 直隶东光马氏族长检查祭品是否合格，务要粢盛丰洁，如或仍从俭啬，族长同公责罚；四季与忌辰应祭之日，凡十五岁以上者，须整衣冠至家庙瞻拜，不衷之服不得进入，如有不拜庙不谒墓者，享惠之时，族长责罚不恕；祭祀中如有不循礼法，互相喧哗以及恃酒乱嚷者，族长立即责罚。[④] 坚持祭祀的严肃性。

---

① 《金城颜氏家谱》，《敬拟遴选家长规则四条》，光绪十二年本。

② 王大泉修：绍兴《中南王氏宗谱》卷首《宗祠条规》，民国三十一年三槐堂木活字本。

③ 王大泉修：绍兴《中南王氏宗谱》卷首《议约》，民国三十一年三槐堂木活字本。

④ 东光《马氏家乘》，乾隆《马氏建立祠堂约》，1999 年十一修本。

乙．训导之务。族长平时以宗法伦理教导族人，宣讲圣谕和圣贤、祖宗人生格言，予人启迪，不生事端。安徽婺源（今属江西）长溪余氏族规：每岁正旦族人团拜，族长“开读祖训，幼辈拱听于阶下，实有益心身之语也”①。湖南湘乡匡氏每岁正月十五日，各房房长约集子侄，将家规、家训一一告诫。② 四川铜梁周氏清明祭扫后，族长“躬率合族人众，将谱内所载圣谕规训，为之讲解劝导，俾共知守法”③。直隶南皮侯氏在每年祭祖时，族长择族中之贤者讲解家规，以为警惕。④

丙．调解族内外纠纷与送官惩治。族人细小纠纷，族长排解调处。湘乡匡氏《家规》赋予族长、房长调解纠纷的职能：本房族人有争执，房长开释；如不服房长，会集各房房长理断；再不服房长，一齐告禀户长（族长），唤纠纷双方入祠听户长公处。⑤ 宁晋张氏族规，族人争竞，族内调解，不得告官。族人赴官投递状词，就是有理，亦为不守族约，事后族长唤之公所，斥其不奉约束之罪，以为后来之戒。⑥ 绍兴汤浦吴氏族长处断坟山争执，并立禁约。该族祖遗坝头山坟山，历年已久，相安无异。宣统初族人某在山造坟，另有族人某妄认公山为己山，致酿讼端，族长吴瑞经邀族众公理，理屈词穷者挽中情愿服礼。⑦ 对不法族人，族长执送官府。如兰州颜氏宗族倘遇刁顽族人，不遵启迪者，族长呈官惩治。⑧

丁．管理宗族公产。宗族有无公产，或经营善否，关乎宗族的祭祀、兴建大事，所以公产的经营、维护与扩充是族长的重要职责。绍兴柯桥杨氏宗族拥有祀田，出佃收租，上供课赋，下延祭祀，而族中不肖之辈，将田产觊

---

① 余章耀等修：《婺源长溪余氏正谱》卷首《祖训》，道光二十八年宝善堂刊本，民国七年重修石印本。

② 湘乡《匡氏续修族谱》首卷《家规》，道光八年解颐堂刊本。

③ 周泽霖纂修：铜梁《安居乡周氏宗谱》卷一《训规》，光绪十年刊本。

④ 民国南皮《侯氏族谱》，《家规十条》，民国七年重修石印本。

⑤ 湘乡《匡氏续修族谱》首卷《家规》，道光八年解颐堂刊本。

⑥ 宁晋《百忍堂张氏增修族谱》，同治十二年本。

⑦ 吴金璠等续修绍兴《汤浦吴氏宗谱》卷三十六宣统《禁止坝头山造冢议约》，民国五年孝思堂刊本。

⑧ 《金城颜氏家谱》，《敬拟遴选家长规则四条》，光绪十二年本。

覦盗卖，当经族长开明户号，呈报知县，注册禁止。[①]

戊．主持编修族谱。修谱是宗族重大事务之一，族长以此为己任。洪洞刘氏族长殿凤于光绪二十三年（1897）自云，族谱已三十六年未修，“余忝为一族之长，责诚在我”，故而约集族人，筹集经费制钱一千余，在祠堂设立谱局，延用能文的族人修辑，四年后竣工刊刻。[②] 刘殿凤纂谱，是族长修谱的典型。

在族长理事中，一般宗族都有一条原则，即遵守国法，不得残害族人。安徽绩溪南关许余氏的规约就反映此种观念并阐述其中之理：“作奸犯科，国家有例，犯国法者鸣官治之，非家法所当治也。家法祇以祖宗前杖责为止，杖责以上非宗祠所可预。闻乡蛮宗党往往有活埋活葬惨情，妄谓家法尔尔，不思治人家法，自己已罹国法……即家法杖责、跪香、革逐亦必悖伦逆理，盗卖祀产等，有关宗祠乃可。非关宗祠者，宗祠为之排解，不得妄施家法，开宗族以强欺弱之衅。尤有事关宗祠，非家法所能预定，又非家训所能备载，不得不另立一则以定准绳，谓为规约。有背约者，阖族阻止之，阻之不可，再议拟家法以治之可耳。”[③]

2. 宗族对族长权威的维护和约束

宗族对族长，既要维护其权威，又要对其有所约束。族规、祖训就是族长的行为准则，只有遵守准则，族长才能正常地发挥作用。

宗族要求族人尊敬族长，服从其指导，以便有效处理族务。宁晋张氏有一套礼敬族长的仪式：其一，每月十五日族人聚会，向族长致敬，如同对待严君，族辅邀集族人到祠堂迎候族长，“卑幼迎于大门首，照行次成列，族赞先行一鞠躬礼，导引族众同行一鞠躬礼，族长行至堂内，南面立，众皆北面排班，齐向上一揖，族长答礼，众复东西对面一揖，俱用族赞赞之。侍立行礼，俱整齐严肃，不得纷扰笑语。如无事议，族长命回”。其二，要求族人对

① 杨惟春等修：绍兴《山阴柯桥杨氏宗谱》卷二《县案》，光绪二十年敦伦堂木活字本。
② 刘殿凤修：《洪洞刘氏宗谱》卷一《重修宗谱自序》，光绪二十七年刻本。
③ 《绩溪县南关许余氏惇叙堂宗谱》卷十《宗祠规约》，光绪十五年刻本。

族长，必须事事禀命，勿得率意妄行。“凡婚丧等急事不拘朔望，竭诚造族长之侧，请教方行，不准行则罢；如自以所见为是，异日再请教族长。”① 铜梁安居乡周氏也有尊重族长的规训：“合族之人，当谨遵族长约束，不得以分高凌之，以力众排之，以巧诈乱之。不遵者群起而公讯之，庶体统一严、家法肃而争端泯焉。”② 通过礼敬族长的仪式、规则，维护族长的权威。

族长理事有其准则，就是祖训与族规。宗族立有族规、族约，多系出于众人之集议，非一人之规；宗族还有共同遵守的祖训、宗训，开始拟自一人，然非一次形成，往往是多人言论的汇集。族规、族约、祖训、宗训，是宗族的公约，有类于国家的法规制度，得人人遵守。乾隆间兰州颜氏宗族“条约”的制定就反映这种过程：“惟是家有条约，犹国之有令典。令典之设期于无犯，条约之陈岂必相厉。今谱中所载典礼懿训，悉采先辈成规。而条约数事，则自吾远祖以来立为家法，经三百年如一日者，不敢妄有增损而轻重出入。随时小变之处，亦尝会同合族细加商酌，而后载之于谱。惟望我族本尊祖敬宗之心，为持身保家之计，不干条约，则人人能修己，人人能治人。”③ 族规是众人合议而成，而且“人人能修己，人人能治人”，族长亦应遵从。绩溪邵氏原有族规，光绪三十三年（1907）“公议重订祠规”，形成《祠规合议》。其办法是“集族众将祠规公同核定，缮列粉牌，悬挂祠内，俾有遵循，用垂久远”。并立合议一样四纸，三门各存一纸，祠堂存一份，永远存照。④ 有条约、合议、祖训，族长处理宗族事务，既有规可循，又不得任意妄为，不能独断，需要会同房长、家长共治。

明确了族长的行事准则，也就触及对族长的要求。宗族对其族长的职权、为人行事都有规范和严格要求，主要是为人正直，处事公道，不徇私情，不畏强凌弱，如有违背，施行处罚，以至撤换。乾隆间直隶东光马氏、丰润毕

---

① 宁晋《百忍堂张氏增修族谱》，同治十二年本。

② 周泽霖纂修：铜梁《安居乡周氏宗谱》卷一《训规》，光绪十年刊本。

③ 《金城颜氏家谱》，乾隆《重修家谱序》，光绪十二年本。

④ 邵俊培纂：绩溪《华阳邵氏宗谱》卷首《祠规合议》，光绪三十三年叙伦堂刊本。

氏、湘乡匡氏等族规莫不作出同样的规定。如东光马氏祠堂规约："族长并诸办事者务要秉公，如有不公处，无论尊卑长幼皆得指摘，倘有大不公处，从众另立一人。"族长有任期，届时去留由族人决定，故族规又云："凡族长与诸办事者年终即各自请求告退，或去或留，族人自有公议。"① 丰润毕氏家训"举族长"条，要求宅长、族副、族察"各宜秉公持正，明大体，服人心"。为了实现公正，绩溪华阳邵氏祠规特设族长回避条目："祠中公事必须同心协力，秉公办理，不得偏执异议。至私事禀祠，祠中议事者必与两造无嫌疑，方得与议，否则当回避远嫌。"②

宗族作出规定，要求族长行为端正、自律，为人表率。宗族此种规范的目的是在用人得当，令族众佩服、听命，而族长能够将宗族事情办理妥善。直隶交河李氏对族长的要求就谆谆以此为言："族长必须品端心正，性情和平，乃可服人，亦可拿事；族长必须恪遵家训，方可约束族人，训教子弟，如行止有愧，触犯规条，合族齐集公讨其罪，如稍有改悔，聊示薄惩以警其后，不然则削去族长名字，永远不许再立；不许恃族长名色做事不端，处事不公，以至家法紊乱，凡族人有犯训者公议明白，按事定罪，秉公处断，不得妄出己见，致令人心不服。"③ 绍兴吴氏家规，要求族长应循分守职，必谨守礼法，以群御子弟；毋贪财，毋狥情，抑豪纵，惜孤寡，敦风化，谨祭祀，庶几卑幼率服，风纯俗美。④ 前述宁晋张氏族规要求服从族长，同时要求族长以身作则，成为道德的楷模："为族长者，要见得责任宏钜，务以道义礼法持身，务以公平正直存心，务以天地沧海扩量，视一族事如一身之事。"⑤ 康熙六十年（1721），经理上海曹氏祠堂产业的南曹巢说："余自念忝为众举司事，倘外托公平，内怀欺诈，假仁假义，作法于凉，则上蔑祖宗，下辜群望，族

① 东光《马氏家乘》，乾隆《马氏建立祠堂约》，1999 年十一修本。
② 邵俊培纂：绩溪《华阳邵氏宗谱》卷首《祠规合议》，光绪三十三年叙伦堂刊本。
③ 交河马连坦睦族堂《李氏族谱》，《谱例》，民国八年七修本。
④ 吴金璠等续修：绍兴《汤浦吴氏宗谱》卷一《吴氏家规》，民国五年孝思堂刊本。
⑤ 宁晋《百忍堂张氏增修族谱》，同治十二年本。

之人安赖有余，而余亦何面目以对族之人乎！”① 以对天祖负责的精神，严格自律，要为族人谋求福利，令曹氏在上海发扬光大。

族人会议与族长权限

宗族的事务，族长最有发言权和处断权，然而在其行施权力以前，需要有族规、祖训的依凭，另外常常还有族人会议、房长会议的议决，族长不便也不得违碍。族人会议是宗族生活的普遍现象，是一种客观存在，以“合族公议”“集众合议”“族众公约”“祠规合议”之说屡见于清人文献。如零陵龙氏分成瑛、璋、瑄三房，房内事务房长管理，族长不能过问，全族事务共议解决。② 浮梁郑氏祖训，族中所有之事，应认真公议，所谓“宗事于众，无小大俱集庙，从长公议”③。山西离石于氏宗族在康熙间公议以城南祠堂为合族公所，“遇有族中大事商议者，俱群集此祠议行”④。族人会议，族长、房长是当然的参加者，一般的族人亦可出席，与所议事务相关的族人更不可缺少。每房都有发言权，族长不能专断。凡涉及宗族的重大事务，如造祠堂、编族谱、修祖坟、订宗约等事，往往要族人会议同意，才便于族长推行，于此可见族人与族长双方的权利。族人的与议族政，乃因切身利益所致，族长不得不考虑族人的意愿，否则难于实行。族人会议主要管理的事务有：

甲．宗祠的修建、祭祀与管理。常州庄氏于康熙五十三年（1714）“合族公举”，建成始祖祠堂。⑤ 绩溪周氏于乾隆三十四年（1769）重建宗祠，与事的骨干人员，称作“能干”，计四十人之众，可见族人的参加建祠工程之踊跃。⑥ 陕西郃阳马氏于道光三十年（1850）创建衍绪堂宗祠，至同治二年（1863），以丁盛族繁析居五分，并订立规约，“祠事议定轮流典守，每届清明

---

① 曹浩等续修：《上海曹氏族谱》卷四《祠堂祭田记略》，民国十四年崇孝堂排印本。
② 零陵《龙氏六续家谱》卷首《五续谱序》，民国十年敦厚堂木活字本。
③ 郑培先修：浮梁祁门《郑氏宗谱》，《祖庙训》，咸丰十一年刊本。
④ 于准纂修：离石《于氏宗谱》，《垂训·族规》，康熙年间刻本。
⑤ 民国《毗陵庄氏族谱》，《仿鹤公谱序》。
⑥ 周赟等修：《绩溪城西周氏宗谱》卷首《刻祠谱记》，光绪三十一年敬爱堂木活字本。

更番交代，一切器物如或遗失，管者赔补。倘有不遵，五分同究”。恐日久不克守成，特立碣以志之，碑的署名为“五分同立”。①

乙．维护祖坟。为了祖茔的修缮、祭祀以及看坟人工费用，宗族成员要合力进行。直隶丰润董氏宗族的祖坟房屋毁损，树木干枯，乾隆十七年（1752），族人为缅怀先泽，捐资修茔房，而备祭、培树及看坟工费尚无着落，次年“公议一堂，皆有同心，各出资财共襄厥事”②。江苏宜兴篠里任氏九世祖澹菴的墓被人伐木，侵占坟地，任成俞委托其弟景龙出面，联络守桥、惺韦、鸣岐、学鲁诸人，“遍谋于族，而族之欣然和者十之五”，捐地、捐资，终于拓展祖茔地亩，随后“集族之长幼相与要言曰：‘凡我澹菴公子姓，毋伐木，毋坏垣，毋侵地，尤毋得入，以懈越灵气。’”③

丙．编纂族谱。一般宗族修谱，有倡首和热心人，合族会议赞同，推举理事人员，修谱始得蒇事；即使不能立即修谱，为此而做的准备，也要族人会议来决定。修谱因此成为合族行为。嘉庆十年（1805），绩溪周氏编写祠谱，五房分长与阖族斯文，共同厘定章程，分为八卷，颁之同族。参与“斯文”者有畿、荣、廷桢、礼等138人，总理刊刻的有绍成、廷辉等五人，编辑周荣，“同订”为宗杭、启运二人，校对廷璋、镜等六人，核查宗族田产者广煜、广熯等四人。④ 参与之众多达一百数十人。同治间，山东黄县王氏宗族的十五世孙敷传倡议续修族谱，赞助者不乏其人，旋以他故中辍。光绪三十二年（1906）“阖族会议”于始祖茔房，佥以族谱未续为憾，乃公推十六世基鸿、志澄、溦基、基楹、阜基，十七世慕曾、慕韶，十八世常奎、常师，十九世衍陞、衍韶等十一人为首事人，获得捐款二千余缗，编次粗成，但仍有疑难未决之事，“不得已而复开会议”，定出有关事例，要求以后办理合于“阖族之公议”。并于宣统元年（1909）作成谱序，谓为“阖族公序”⑤。

---

① 《郃阳马氏宗谱》，《南渠西马氏宗祠记·衍绪堂规约》，民国二十五年增订本。
② 丰润《董氏家谱》，《石碑十三·文附》，民国十五年刊本。
③ 任承弼编：《宜兴篠里任氏家谱》，任景龙：《祖墓记》，民国十六年一本堂刊本。
④ 周赟等修：《绩溪城西周氏宗谱》卷首《刻祠谱记》，光绪三十一年敬爱堂木活字本。
⑤ 王次山修：《黄县太原王氏族谱》，《重修族谱序》，宣统元年刊本。

由谱序署名透露宗族修谱是全族事务及众人出力的事实。沧县于庄于氏在乾隆四十八年（1783）修谱，谱序署名“合族”①。不凸显族长、总纂，表示修谱是合族之事。该地刘氏光绪九年（1883）修成族谱，作序者十五世孙奉璋、十六世孙毓鑫、十七世孙庆斌等九人联合署名②，亦反映修谱系众人之力而成。同地李氏于乾隆三十九年（1774）修谱事竣，编纂者希莲作序，东支族长生贵、西支族长樹附属，表明族长不能攘夺族人之功③。

合族会议修谱，族人是主动的参与，亦有被动者，然仍系参与。乾隆六年（1741），直隶乐寿陈兰在族曾祖令尹支持下独力修谱，为搜集资料，“博访族姓，远历邱垅，恭阅神主，审察碑文”，对族人一一了解。撰就，请令尹审查，“更质合族共为参酌”④。所以谱虽成于一人之手，族人接受调查，予以核实，是参与其事了。

丁．处理族人纠纷与不肖族人。族人纠纷与不肖族人之事，族长往往会同房长、家长以及有关人员共同商定。第二节所述绍兴吴氏坟山争执，房长吴瑞经“邀族开祠公理”，对无礼一方，“经族众理斥，伊等理屈词穷，挽中情愿服礼”。为避免以后发生类似事情，经派内“公议”，情愿将是山永远禁止，遂定立“公禁坟山议约”，“除联名禀请邑尊，给示勒石谕禁外，特立合同议约一式六纸，每房各执一纸，并存案一纸，永以为据”。立禁约房长吴瑞经，“仝议”者有瑞高、瑞云、瑞珠、金鼎、金安、金檀、金才、金瑭、玉振，“议中”宋芝轩、董子琛、王和德，“代字”吴凤笙。在整个过程中“族众”“公议”，形成的是“公禁”“议约”，族人与族长共同发挥作用。

戊．制定奖励进学规则。铜梁安居乡周氏的族产收入，在祭祀用度之外有盈余，为鼓励子弟进学，于嘉庆七年（1802），经由“合族公议”，定出“奖赏条目，惠子弟以励厥志”⑤。奖学规章系合族公议而定，非族长

① 于兴泉整理：沧州《于氏分谱》，乾隆合族《序》，2002年印本。
② 沧县《刘氏族谱》，光绪《序》，民国二十一年刊本。
③ 交河马连坦《李氏族谱》，乾隆《序》，民国八年七修本。
④ 乐寿《陈氏族谱》，乾隆《序》，光绪十五年本。
⑤ 周泽霖纂修：铜梁《安居乡周氏宗谱》卷一《祠堂碑记》，光绪十年刊本。

一人所决断。

此外，族长与族人共同商订族规，在第二节已有所交代，这里从略。

宗族会议所议的修祠堂、编族谱、营建祖坟、处断纠纷等事，是宗族最主要的事务，是家政之荦荦大者，由族长和族人共同会议来处置，可以认为：

其一，会议，是族长、族人的共同行为。会议由族长出席与主持，所以此种会议，绝不是近代的“议会”，排斥政府首脑，它还是传统社会的家长会议，族长在会议中的重要地位和作用不可忽视。另一方面，更重要的应当看到，族人出席宗族会议，可以发表意见，房分的看法更会得到较为充分的表达，表明族长尊重房分观点及族人意愿。否则，族长就可以独断独行，不必召开族人会议了。是以宗族会议的举行，证明族长与族人相互认可，达成一致的行动。

其二，会议，是族长、族人的共同认识。共同的行为是在共同的认识前提下产生的，共识，则是利益一致所致，就是“尊祖敬宗收族”的统一目标所致。如若族长理事不公，自私自利，违背大目标，族人自然不会听命于他；族人也会因自身的难处，或房分的私利，影响宗族意见的统一。族长、族人，任何一方，或因客观条件所限，或因私心作祟，都会使宗族要办的事办不成功。“合族同心”即族人有共识，而此共识，尤其难得。只有合族同心，即族长与族人达成共识，才能推动宗族事务的开展。

其三，宗族会议是对族长权力的制约。宗族会议，由族长主持，族人因利害攸关，必然会发表意见，并要求意愿的实现。族长对不同的意见需要考虑到族人意见背后的利害所在，不能不有所关照，否则协商破裂。族人不乐意参加宗族活动，效果反而不好。有些宗族出现修祠堂、修家谱经过几代人努力才能实现，这固然有宗族与族人财力不济的原因，而所谓“人心不齐”，也是重要因素。族长要想把事情办妥，就必须经过协调，各自有所妥协，取得共识，让族人与族长的意愿都能有所实现，这就是现代话语的“双赢”。这种协调本身，就是对族长权力的某种制约，同时并不影响族长的权威。

族长不能恣意违背族人的意愿，还因在一定意义上说是族人出钱让族长办事，族长不能不考虑这种因素。有些宗族规约给族长些许酬劳。宜兴任氏宗族规定：宗子每岁给米三石六斗；宗史每人每岁给米一石；宗课每岁总给辛力十六千八百文。① 绩溪南关许余氏的管理祀产者，“若系殷实之家，不取薪资；若平常之家不能不取薪资，给以祠堂出息的十分之二。凡有事，火食人功另支。”② 绍兴王氏给胙，优待族长之外，每节另给胙肉四斤，分长领胙肉一斤，执事亦每人一斤③。豫章黄祠，道光间议定给首事身俸，由原先的每人每年给钱三十千文，外加伙食钱二十千文；首事二人每月各给火夫工资钱六百文。④ 有的宗族给予族长精神奖励，允许其神主进入有限额的祠室。绩溪南关许余氏规定，理财的祠董，如其诚心经理，使公堂丰足，合族受惠，死后于报功祠立神主以祀之；倘或侵公肥己，无功有过，虽终身管理祠堂，没后不许滥入。⑤

族长宗法成分的消弱

宗族，周代宗法制与分封制破坏之后，宗法性沿着消弱的方向在减少，越往后宗法成分越少。清代宗族活动的现实，更加鲜明地显示宗族宗法因素的消弱及其程度。

1. 从族人会议到“族会”，宗法成分严重减弱

宗族时或举行族人会议，是为某种习俗，然而不是固定的，极少形成宗族族规，多因临时临事而召开，因而族人的与会权并没有保障；族长遴选法，表达了族人的意愿，但究竟与选举制不同。清末出现了宗族正式组织形式的“族会”，使选举族长、定期开会“制度”化了。

---

① 任承弼编：《宜兴篠里任氏家谱》卷二，民国十六年一本堂刊本。

② 《绩溪县南关许余氏惇叙堂宗谱》卷十《宗祠规约》，光绪十五年刻本。

③ 王大泉修：绍兴《中南王氏宗谱》卷首《酌议领胙并收租条欵》，民国三十一年三槐堂木活字本。

④ 黄祖络等修纂：《豫章黄祠四修主谱》，《道光庚戌公议条规》，光绪二十五年刊本。

⑤ 《绩溪县南关许余氏惇叙堂宗谱》卷八《惇叙堂家政》，光绪十五年刻本。

光宣之际清廷表示改革政体，宣布预备立宪，议会制、选举法被引入政坛，影响及于民间宗族。个别宗族摒弃推举法，采用选举法。绩溪华阳邵氏光绪三十三年（1907）即率先使用这种方法，规定："本祠首事人等宜仿国家新定选举法，由族众投票公举，以得票多寡为去取准绳。一经选定，不得推诿，一年一次，善则留任，不善则不举。如肯任劳怨而公直者，谓之善；如毫无建白而诡谲者，谓之不善。其被选者只论公正，不论有无功名；选人者，必平日省事正派方准列名投票，以防弊端。至被大众留任至五年之久者，其为正直勤劳可知，应列入纪善籍，以表劳勩，异日修谱当立传以表章之。"[①]有选举人与被选举人，以票数多寡定人选；有任期，可以连选连任；有劳绩者奖励；选举人亦需懂事正派。虽实行选举法，邵氏的宗族组织仍习惯上称为"祠堂"。

而上海则出现"族会"。光绪三十一年（1905）上海地方政府宣布实行"地方自治"，社会上议论纷纷，议会政体已为一些人所知，朱氏、王氏两个家族按照议会、自治会的精神，"集族人为'族会'，从事家族立宪"，分别成立自家的族会。早在康熙年间就建立祠堂的曹氏宗族，鉴于宗族组织形式的发展，意欲模仿朱氏、王氏的建立族会，于宣统元年（1909）十月，由族人曹润甫于宗祠崇孝堂两次邀集族众会议，决意仿行，拟具简章。十一月冬至祠祭，族众通过简章，公举职员，正式成立族会，推润甫为议长。待至民国十三年（1924）由临时大会修改简章，使组织完善。因曹氏一般以谯国为郡望，故其族会定名为"谯国族会"。[②]

族会的宗族组织以及实行选举法的宗族，大不同于传统的具有宗法因素的宗族，成为宗族走向民主管理的近代性社会组织。它基本上实行民主管理原则及方法，由选举的执事人员依照会议的决议处理族务，族人是"会员"，有明确的权利和义务要求。所以族会成为近代社会的宗族组织，与"祠堂"、

---

① 邵俊培纂：绩溪《华阳邵氏宗谱》卷首《新增祠规》，光绪三十三年叙伦堂刊本。

② 曹浩等续修：《上海曹氏族谱》卷四《族会缘起》《续修族谱记》《樵国族会简章》，民国十四年崇孝堂排印本。

“清明会”一样，是宗族的组织名称，与族人有事临时召开的族会不是一回事，它是晚清社会的新生物，是宗族的新型组织。族会及其名称，在清末政治改革的社会背景之下得风气之先的一些地方，如上海首先出现。此事实系凤毛麟角，不能反映清代宗族组织的普遍状况，但是它的出现，表明宗族发展的方向是议会制和选举制。在这种组织原则下，族人权力上扬，宗族负责人类似于职员。选举法、族会组织法虽不完善，然民主选举、民主管理之意业已充分表达出来，大大破坏族长产生和族长管理中的宗法因素，甚至可以说宗族的宗法成分几乎消失殆尽。表明宗法性宗族已走到末路，具有宗法因素的宗族管理人族长也走到尽头。

2. 遴选法、族人会议和轮管法产生的族长权力有限度

以贤能为条件、以遴选为方法产生族长，其方法本身就表明族长权力的有限，与因血缘房分地位自然继承大不相同。族长的出任，是部分甚至较多族人协商产生的，若行事不端，宗族会进行处罚乃至撤掉。与遴选法并存的宗族会议，商定宗族大事。在这种情况下，族长自身地位尚在他人掌握之中，又有宗族会议的议定意向，族长不可能独揽大权、为所欲为，必须留意族人的意愿和宗族会议的意见。

许多宗族对某些事务实行轮管制度，按房出人管理，轮流替换，都有管理权，也都尽责任。前述邵阳马氏五房轮流主管祠堂祭祀，每届清明更番交代，主事人任期只有一年。绩溪黄氏分三大房，负责祭祀的人员司值，是“轮挨”，管祠三年，司值系每房“公举殷实老成者”，“不得推委强霸”。遴选法的族长，尤其是轮值的主事人，都不能久任，无形中限制了他们的权力。

拥有有限权力的族长，是否无恶不作、穷凶极恶？此种人有之，但不普遍。前述绩溪许余氏规约反映，有“乡蛮宗党往往有活埋活葬惨情，妄谓家法尔尔，不思治人家法，自己已罹国法”，反映有的宗族族长活埋族人的罪行，不过也为许余氏等宗族反对。乾隆帝于五十四年（1789）谴责安徽南陵刘姓族长刘魁一“起意将缌麻服弟刘种活埋毙命，并致刘种之母因子碰死”，

因而说“各处族正，鲜有奉公守法之人”①。族长刘魁一案件载入《清高宗实录》，可见事情的重大，不是特例，然而极少见。乾隆帝说这种话，是为取消族正制，其实有很强的倾向性，所说是否客观，不便骤行认可。然而族长杀族人，系犯法行为，要受惩治，一般的族长也不敢以身试法，故而致死族人是罕见现象。族长挟有私心、贪图私利并不乏人，但从前述遴选法和宗族本能要求来看，族长难于恣意妄为和长期作恶。

3. 缺少公共经济的宗族族长权力自然有限

清代宗族有的拥有较多公共产业，族长权威相对较大，如收入除公用之外，尚能赈济贫困族人，族人若违反族规宗约，就不能领取救济，因此不得不秉命于族长。但这类宗族极少，大多在设有义庄的宗族才能实现。多数宗族只有少量的产业，出息有限，仅能维持宗族祭祀，无能帮助族人。至于毫无公共经济的宗族，连清明祭祖都是临时凑份子，仪式草草了事，族人与祭与否，族长难于过问。宗族不能在经济上给族人以实惠，族长就控制不了族人，只有从宗法伦理来约束之，对于穷苦人，这种道义的说教发挥不了多少作用，族长影响力实在有限。

至于宗族的各项活动，都需要经费。如有富裕的族人捐献固然很好，但是多数宗族没有这种条件。缺少共有财产的收入，各项事务的开展，需要向各户敛钱，然而有的族人凑不起份子钱，或不信任主事人，不乐意交钱。众人出资出力的宗族事务，不能像政府那样强行征收，必须族众商议而后定，所定事项，是族人意志的表达，族长遵行乃情理中的事情，自然成为对族长权力的制约。

写到这里，似乎该对清代族长作出总括说明：族长及其助手由遴选法产生，与宗子制的自然继承大不相同，其出任与否以及能否久任，没有自主权，甚至会被免职，因而权威不会太高；族长及其助手的行事，应以族规、祖训

---

① 《清高宗实录》卷一三三五乾隆五十四年七月辛亥条，中华书局1986年版第十七册，第1101/1—1102/2页。

为准则，又受宗族会议（族人会议）的制约，权力有限，他需要与族人会议密切结合，才能够很好地领导族人进行祭祀祖宗、建造祠堂、修葺祖茔、编修族谱、处理族人纠纷等事务，只有双方配合得好，族人作用得到发挥，宗族事务才能开展得好；宗族为光大门庭，提高社会地位，遴选有才德的族人担任族长，要求他振兴族务、遵守国法和自律，当然不乐于恶劣族长的出现，在此种条件下行事的族长，一般地应该能够持正主理族务，而作恶多端，以至致死族人者为不常见现象，试想可以撤换的族长，不是宗族的化身，怎能凌驾在宗族之上，怎能对族人任意施为；作为血缘群体的宗族，有其宗法性，族长有专断的因素；清末，在极少数宗族中出现选举制、议会制的“族会”，实行民主管理原则，是宗族组织的新形式，表明宗族制在演变，宗族及其族长性能在演变，族长的宗法成分消失殆尽，惟是此类宗族极少，只能反映宗族演变的趋势。

（原载《江海学刊》2008 年第 5 期）

土改结束后的乡村社会变动

——兼论从土地改革到集体化的转化机制

李里峰

半个多世纪以前的土地改革运动，结束了中国延续数千年之久的地主土地所有制，真正实现了“耕者有其田”，也为新生的共产党政权赢得了空前强大的统治合法性。然而，土地改革最重要的制度成果——农民土地所有制，仅仅数年之后就退出了历史舞台。新区土改刚刚结束，中共中央就于 1953 年提出“过渡时期总路线”，将农业社会主义改造确定为党的基本任务之一，随即在全国范围内掀起了农业合作化运动。到 1956 年 6 月，全国已有 1. 1 亿农户加入农业合作社，占农户总数的 91. 7% ，其中大多数为土地集体所有的高级社，据此，中共八大宣告“社会主义改造已经取得决定性的胜利”，社会主义制度在中国已基本建立。① 在两年后的人民公社化浪潮中，全国 74 万多个合作社被进一步改组成 2. 6 万个政社高度合一的人民公社，个体农民最终转变为国家农民。②

土地改革旨在实现农民土地所有制，帮助农民翻身做主；集体化则要将土地私有制改造为集体所有制，引领农民迈向社会主义。既然二者代表了乡村社会变迁的两种不同方向，那么从土地改革到集体化的转变是如何发生的呢？笔者认为，土改运动和集体化运动主要都是外部力量嵌入的产物而非乡村社会自然演化的结果，党和国家意志在其中发挥着决定性作用，而党和国

① 林蕴晖等：《凯歌行进的时期》，河南人民出版社 1989 年版，第 604—605 页。
② 廖盖隆等主编：《中华人民共和国编年史》，河南人民出版社 2001 年版，第 180 页。

家意志的形成又是与乡村社会持续互动的结果。土改结束后的乡村社会变动，既坚定了国家向集体化迈进的决心，也在很大程度上赋予社会主义改造以合法性和正当性。本文将以华北地区为例，结合已有研究成果①，简要考察土改结束后的乡村社会变动以及党和国家对此的认知，进而对从土地改革到集体化的转化机制略陈己见。

阶级结构的新变化

由于小农经济的固有特性使然，土改结束后乡村社会很快出现了新的贫富分化现象，这正是党和国家发起农业合作化运动的一个重要依据。毛泽东在1955年的一次讲话中指出，“现在农村中存在的是富农的资本主义所有制和像汪洋大海一样的个体农民的所有制”，照此发展下去，“农村中向两极分化的现象必然一天一天地严重起来”，唯一的解决办法就是实行合作化，“在农村中消灭富农经济制度和个体经济制度”②。

然而近年来，许多研究者已经对此提出了质疑，认为土改结束后乡村阶级结构变动的基本特征是“中农化”而不是“两极分化”。③ 笔者所见到的个案资料和典型调查，完全支持这一判断。兹举数例如下：（1）河北蠡县赵锻庄、褚岗二村，从1948年确定地权到1950年间，富农从25户降为15户，贫

① 相关研究成果主要包括王瑞芳《新中农的崛起：土改后农村社会结构的新变动》，《史学月刊》2003年第7期；苏少之《新中国土改后新富农产生的规模与分布研究》，《当代中国史研究》2007年第1期；王瑞芳《土改后的中国富农：从保存、限制到消灭》，《河南社会科学》2004年第5期；范守信《土改后的中国农村和党的互助合作政策》，《党史研究与教学》1998年第1期；常明明《土改后农村私人借贷形式及利率的历史考察》，《中国经济史研究》2007年第1期；薛文《土改后农村阶级分化情况综述》，《中国农业合作化史资料》1987年第3期等。

② 毛泽东：《关于农业合作化问题》（1955年7月31日），《毛泽东选集》第五卷，人民出版社1977年版，第187页。

③ 参见农业部农村经济研究中心当代农业史研究室编《土地改革后农村阶级结构变化总趋势的分析》，载《中国土地改革研究》，中国农业出版社2000年版，第287—301页；王瑞芳《新中农的崛起：土改后农村社会结构的新变动》，《史学月刊》2003年第7期；范守信《土改后的中国农村和党的互助合作政策》，《党史研究与教学》1998年第1期。

农从451户降为128户，中农则从269户增加到618户。①（2）山东泰安上高乡，从1951年结束土改到1954年间，原353户贫农已有313户上升为中农，原21户地主全部降为中农，变动后共有贫农74户、中农662户、富农29户。②（3）莱西县河东乡，从1949年结束土改到1954年间，贫农由339户降为67户，中农由158户增至474户，地主由10户降为4户，中农占总户数的比例由28.9%增至78.6%。③（4）据山西潞城等3县所属的5村964户调查，土改前中农占总户数的比例为32.3%，贫农为42.4%，而到1949年中农比例已剧增至84%。④（5）据1952年山东9个典型乡44个典型村调查，贫农占总户数的比例约为15%—20%，中农比例达到70%—75%，富农比例约为1%—2%，多者占到4%—5%。⑤

总体来看，土改结束后乡村阶级结构存在两种相反的变化趋势。一种是两头向中间集中的阶级同化趋势，原贫农的经济地位迅速上升，多数成为中农；中农阶层迅速扩大，占据了村中户口和人数的绝大多数，并有部分上升为新富农；原富农普遍受到削弱；原地主几乎全部降为中农或贫农。这主要是土改中强力再分配和土改后社会稳定、生产发展的结果。另一种是从中间向两头转变的阶级分化趋势，土地财产向少数有余粮有余钱的农户集中，有少数家户因为劳力缺乏、疾病、灾荒或者懒惰等原因而重新陷入赤贫境地，这主要是小农经济自然演化的结果。已有研究成果和上述统计数据都表明，从地富和贫农向中农转化的阶级同化趋势，才是土改之后乡村阶级结构变动的主要方面，而阶级分化的各种迹象虽已出现，人数和比例却都很小。

在土改后的乡村阶级结构变动中，新中农和新富农问题尤其值得关注，

---

① 《蠡县县委关于农村土地变化及48年确定地权时与现在各阶层土地的占有情况的调查向地委的报告》（1950年），河北省档案馆藏，档案号842/2/6。

② 《泰安二区上高乡土改后经济情况变化的调查》（1954年7月），山东省档案馆藏，档案号A001/02/0231/002。

③ 《分局莱阳地区检查组关于莱西县六区河东乡阶级变化及基层组织状况的调查》（1954年7月31日），山东省档案馆藏，档案号A001/01/0158/013。

④ 《华北老区农村绝大多数农民摆脱贫困》，载《土改后的农村》，十月出版社1951年版。

⑤ 《分局农村工作部关于向明同志富农路线的错误在山东农村工作中所造成的恶果的检查报告》（1954年8月），山东省档案馆藏，档案号A001/01/0158/001。

新中农是土改后乡村社会中人数最众的群体，新富农问题则直接关系到土改的合法性和乡村社会的发展走向。而贫农阶层的人数和地位都大为降低，在土改后的乡村阶级结构中不再占据重要位置。①

新中农是指原贫雇农在土改后经济地位上升而形成的阶层。土改期间新中农的数量已在迅速上升。1948 年初，中共中央估计中农已占到老区乡村人口的 50%—80%，其中新中农有达一半以上者。② 土改结束后，新中农阶层的扩张趋势更加迅猛。研究者估计，刚崛起的新中农与老中农一起占据了 70%左右的乡村人口和生产资料，使得“农民问题”实际上成为“中农问题”，乡村社会结构也因此从“下边大上边小”的“宝塔式”结构，转为“中间大两头小”的“纺锤形”结构。③ 据前述山东 44 村的典型调查，由老贫农上升而来的新中农已经占到中农总数的一半以上，从其地区分布来看，老区较多，收复区次之，新区较少。④

新中农既具有出身贫农的政治优势，又因为土改中获得的土地财产和土改后的进一步发展而获得经济优势，因而在乡村社会中占据了重要地位。尤其是，新中农并未因经济地位的上升而与贫农和政府过分疏离，其“政治态度基本上是与贫农一致的”⑤。在领导者看来，他们“从社会改革到生产运动一贯是积极分子和核心，现在也都能够在党的领导下执行党的政策”⑥。从其思想心态来看，新中农一方面对“单干”有兴趣，希望发展个体经济、发家致富；另一方面又意识到“冒尖”的人最容易成为群众运动中的斗争对象，

① 经过土改的强力再分配后，绝大多数贫雇农获得了一定的土地和生产工具，通过发展生产而提升了经济地位，崛起为新中农。在土改结束几年之后仍未摆脱贫困状态者，往往是因为疾病、灾荒、缺乏劳力、牲畜、农具等客观原因，或者懒惰、不善经营等主观原因。参见《华北老区农村绝大多数农民摆脱贫困》，载《土改后的农村》，十月出版社 1951 年版。

② 《老区半老区的土地改革与整党工作》（1948 年 2 月 22 日），《河北土地改革档案史料选编》，河北人民出版社 1990 年版，第 9 页。

③ 参见王瑞芳《新中农的崛起：土改后农村社会结构的新变动》，《史学月刊》2003 年第 7 期。

④ 《分局农村工作部关于向明同志富农路线的错误在山东农村工作中所造成的恶果的检查报告》（1954 年 8 月），山东省档案馆藏，档案号 A001/01/0158/001。

⑤ 同上。

⑥ 参见王瑞芳《新中农的崛起：土改后农村社会结构的新变动》，《史学月刊》2003 年第 7 期

因而对进一步发展心怀顾虑，担心背上富农或剥削的名声。山东分局曾指出，中农阶层的基本态度是“站在两条道路之间徘徊不定，看大势，算利害，而作最后的选择”，其发展走向取决于国家发展互助合作、限制富农经济的导向作用是否有效。①

与新中农相比，领导者对新富农问题的关注要强烈得多。虽然在土改结束后富农经济的发展十分有限，未对阶级结构产生实质性影响，但是对于党和国家领导人来说，富农经济增长的趋势本身已足以引起高度警觉。这种看法并非无据，因为在土改后大体相似的起点上新出现的贫富分化，对土改的再分配逻辑和社会主义意识形态构成了巨大冲击，如果不能加以解释和解决，将直接危及共产党乡村变革的合法性，以及乡村社会发展的社会主义方向。

主持山东分局工作的向明在1954年被打为“高饶反党联盟”成员而被撤职，其主要罪状之一就是在农村推行富农路线。② 实际上不难看出，在“富农路线”的推行者和批判者之间，其实存在两种基本共识。一方面，双方都承认中农向富农方向、资本主义方向发展是一种“自发”的趋势，也就是小农经济的自然发展规律，既然是自发的，就必须借助国家的强力干预，才能扭转农村经济发展的方向。另一方面，双方都同意国家的富农政策具有阶段性，最初是鼓励，然后是限制，最终要将其消灭。向明提出“中国对富农的政策分为存在发展、限制、消灭三个阶段，目前是存在发展阶段”，这成为其罪状之一，但受到批判的只是后半句，双方的分歧仅在于当前是不是已经到了对富农和富农经济加以限制和消灭的阶段。

党的新富农政策的确经过了一个从提倡、鼓励到限制、消灭的转变过程。按照党的土改政策，在新起点上生产发家的新富农应该是农村发展的方向。土改后很快上升为新富农的吴满有，成为共产党鼓励新富农之政策的象征，通过勤劳生产而发家致富被称为“吴满有方向”。毛泽东曾就吴满有入党问题

---

① 《分局农村工作部关于向明同志富农路线的错误在山东农村工作中所造成的恶果的检查报告》（1954年8月），山东省档案馆藏，档案号A001/01/0158/001。

② 同上。

专门作出批复，指示对新式富农应加以鼓励。各地领导机构也要求将新富农当作“基本群众”看待，以鼓励农民迅速开展生产，“向成家立业、发财致富的吴满有方向前进”①。但是在土改之后的农业社会主义改造中，富农则成了农村“资本主义势力的代表”，被指责“与农村合作化的道路针锋相对，公开地、隐蔽地进行反抗和破坏，而且积极散布其影响，企图腐蚀和篡夺农村党的组织和基层政权”②。因此，富农经济和“吴满有方向”很快成了抑制和消灭的对象。

“自发资本主义倾向”

土改后在生产关系领域重新出现的土地买卖、雇工、租佃、借贷等现象，被各级领导机构称为“自发资本主义倾向”。在领导者看来，这些做法具有明显的剥削性质，偏离了社会主义方向，必须加以干预和纠正。但是实际情况并非如此简单。

土地买卖。土改结束之后，曾经一度绝迹的土地买卖现象重新出现，但是总体看来，土地买卖的数量并不多，且多发生在中农、贫农阶层内部。据山东8乡41村统计，1951年到1953年三年间，卖出土地与买进土地的农户各占农户总数的1/10左右，买卖土地者绝大多数为中农，富农很少买卖土地。③ 埠上乡从结束土改到1953年上半年，共有80户买入土地，55户卖出土地，占总户数的比例为22%，但土地变动面仅为耕地总数的3.4%。④ 另据国

① 《中共冀中区党委关于具体执行中央五四指示及中央局指示的决定》（1946年7月28日），《河北土地改革档案史料选编》，河北人民出版社1990年版，第69、75页。

② 《分局农村工作部关于向明同志富农路线的错误在山东农村工作中所造成的恶果的检查报告》（1954年8月），山东省档案馆藏，档案号A001/01/0158/001。

③ 《分局农村工作部关于向明同志富农路线的错误在山东农村工作中所造成的恶果的检查报告》（1954年8月），山东省档案馆藏，档案号A001/01/0158/001。《分局农村工作部关于向明同志富农路线的错误在山东农村工作中所造成的恶果的检查报告》（1954年8月），山东省档案馆藏，档案号A001/01/0158/001。

④ 《莒南县一区埠上乡情况调查报告》（1954年7月），山东省档案馆藏，档案号A001/02/0231/007。

家统计局对万余农户的典型调查，1954 年出卖土地数仅占土地总数的 0.33%。[①] 关于卖地原因的统计也颇能说明问题。上高乡 112 户出卖土地者中，因丧事者 14 户，因病灾者 32 户，因劳力缺乏者 11 户，因房屋倒塌者 13 户，为还债者 42 户。[②] 蠡县 3 村卖地的 100 户中，贫农、中农占了 92 户，其中因疾病、灾荒、嫁娶、死亡者 53 户，因懒惰、不事生产者 24 户，因调整生产、转营副业者 23 户；买地的 59 户中，有 55 户是土地较少、依靠生产和勤俭起家的中贫农，而富农"有积余不买地，多是积极准备盖房，将积余投入生产中扩大再生产是很少的"。[③] 这些数据表明，土地买卖在多数情况下只是小农经济的一种自发调节机制，出卖土地主要是为了应付生存危机和突发事件，买入土地也主要是为了家户的生存安全，而并非追求扩大再生产的"资本主义倾向"，土地并未因此向富农集中。

雇工。土改以后已很少有雇佣长工者，多数村庄的情形是"个别的雇长工，部分的雇月工，大批的雇短工"。土改结束后三年间，上高乡雇佣长工者不过 8 户[④]，埠上乡仅有 1 户。[⑤] 但雇工的总体趋势仍在逐渐增长，雇主以中农居多。据山东分局农村工作部的典型调查，如以战前雇工指数为 100，中农雇佣长工 1950 年为 39，1951 年为 79，1952 年为 75；富农雇佣长工 1951 年为 7，1952 年为 10。从雇佣关系和雇工性质来看，这并不能简单地视为封建剥削的重新泛滥。根据国家统计局调查，1954 年农村雇工和出雇的农户分别占到了总户数的 60% 和 54%，但是绝大多数雇佣关系发生在中农以下各阶层之间，富农雇工数仅占农村雇工总数的 12%。就雇工性质而言，绝大多数雇工

---

① 参见《中国土地改革研究》，中国农业出版社 2000 年版，第 296 页。

② 《泰安二区上高乡土改后经济情况变化的调查》（1954 年 7 月），山东省档案馆藏，档案号 A001/02/0231/002。

③ 《蠡县县委关于农村土地变化及 48 年确定地权时与现在各阶层土地的占有情况的调查向地委的报告》（1950 年），河北省档案馆藏，档案号 842/2/6。

④ 《泰安二区上高乡土改后经济情况变化的调查》（1954 年 7 月），山东省档案馆藏，档案号 A001/02/0231/002。

⑤ 《莒南县一区埠上乡情况调查报告》（1954 年 7 月），山东省档案馆藏，档案号 A001/02/0231/007。

属于劳动力调剂和临时“抢火”性质，把雇工作为经常性劳动力者只占极少数。[①]

租佃。租佃关系是划分地主成分的基本依据，在土改期间自然受到了严重削弱，许多地方甚至完全消失，但在土改结束后不久，因种种原因出租土地、租种土地的现象又逐渐发展起来。据曲周6村调查，1948年有20户出租土地，1949年为35户，1952年达到62户，约占总户数的6.7%。据临漳岗陵村调查，全村298户中有14户出租土地，占总户数的4.6%，其中老弱孤寡无劳力的9户，商人及手工业者各1户，单身汉出外做工的1户，有劳力出租土地的2户。据国家统计局调查，1954年整个农村出租土地占全部耕地面积的2.3%，只有富农阶层为净租出，但也仅占自有土地的4.6%、全部耕地的0.3%。从出租原因来看，绝大多数为鳏寡孤独和其他缺乏劳力者，以及兼营或主要从事其他职业者。[②] 邯郸地委将出租土地的情形分为三类，一是因老弱孤寡缺乏劳力或小商人、手工业者等特定条件而出租土地，这是“政策法令所允许的”；二是因增买土地种不过来，又不参加互助，而出租一部分土地，这是“农村新富农”；三是有劳力不参加劳动而出租土地，这是“向封建地主方向发展”。后两者都是“超过特定条件，为政策法令所不允许”的[③]。统计数据显示，其中第一种情形才是土改后土地租佃关系的主流。

借贷。因扩大生产、婚丧嫁娶、生病受灾等方面的影响，农户之间季节性、临时性的借贷在所难免，并成为小农经济自发调节、自我保护的一种重要机制。土地改革期间借贷关系一度受到很大削弱，但在土改结束之后很快重新活跃起来。据统计，从土改结束到1953年，埠上乡东埠、西埠两村共有112户发生借贷关系，其中借出47户，借入65户，涉及粮食3805斤、款80万元，其中多为农户之间互利互助性质的无息或低息借贷，仅个别户系高利

---

① 参见《中国土地改革研究》，中国农业出版社2000年版，第300—301页。

② 同上书，第298—299页。

③ 《中共邯郸地委关于农村资本主义倾向的调查报告》（1952年7月10日），河北省档案馆藏，档案号879/1/219/12。

贷性质。① 上高乡在1953年上半年出现借贷者共52户，占总户数7%，放贷者27户，占总户数3.6%。② 桓台县邢家村1949年有3户放粮，1952年增至16户，放粮总额8000余斤。沂源县崮山乡土改后三年间共有45户放粮，占总户数7%，189户借粮，占总户数26%。从各地情形来看，互利互助性质的普通借贷在乡村借贷中占大多数，借贷的原因一般包括婚丧嫁娶、长期患病、受灾减产、缺乏劳力、经商负债等。少数具有高利贷性质的借贷关系，放贷者也多为土改后经济地位上升的中农和富裕中农，或是有在外务工人员汇款的家户，富农放贷的情形则很少发生。③

以上描述表明，土改结束之后乡村社会中土地买卖、雇工、租佃、借贷等现象的确在逐渐增多，但其总数和比例仍然很低，而且情形相当复杂，大多属于小农经济自我调节机制在起作用，很难笼统称为“资本主义倾向”。

相比之下，人们价值观念的转变或许更值得注意。随着土改结束后经济运行转入常轨，传统乡村社会以贫富之别为基础的价值取向重新抬头，“嫌贫爱富”的思想重新滋长起来。许多干部和群众对富农抱有羡慕之情，认为他们“会生产、会打算、会过日子”，还被视为“村里的生产模范、工作中的积极分子”，在政治上得到表扬、经济上得到扶持。贫穷的农户则受到歧视，被认为“不会打算，不会过日子，劳动不好，懒汉，好吃好喝”，“没有本事，不管什么时候也过不好”，甚至生活困难的乡村干部和党员也被人瞧不起，“党员也不同他肩膀一般高的办事”。④ 在农业贷款方面也是富户占优势，越是贫困户贷款越困难，因为银行怕他们还不起，村干部也不敢为他们介绍和担保。⑤ 有时贫农只能求中农或富农作保才能贷到款，而且通常只能贷到用于

---

① 参见王瑞芳《新中农的崛起：土改后农村社会结构的新变动》，《史学月刊》2003年第7期。

② 《泰安二区上高乡土改后经济情况变化的调查》（1954年7月），山东省档案馆藏，档案号A001/02/0231/002。

③ 《分局农村工作部关于向明同志富农路线的错误在山东农村工作中所造成的恶果的检查报告》（1954年8月），山东省档案馆藏，档案号A001/01/0158/001。

④ 《滨县二区郭集、彭李两乡乡村支部领导问题的调查材料》（1954年7月1日），山东省档案馆藏，档案号A001/02/0231/011。

⑤ 《历城县委关于当前阶级情况和几年来贯彻阶级政策初步检查报告》（1954年7月31日），山东省档案馆藏，档案号A001/01/0158/014。

解决生活困难的小笔款项，而难以通过贷款来扩大生产。① 一份报告对贫农的思想心态作了如下描述："出头露面的日子过去了，现在是上不得场，抬不起头"；"上级发救济粮从心里高兴，可是听说发救济粮就愁的慌，领粮时比偷人家还胆怯，头不敢抬，眼不敢睁，就怕人家笑话俺。"② 穷人受嘲笑，富人受羡慕，而且穷人对于自己的贫穷感到无比羞愧，这和土改期间"穷就是光荣"的价值取向形成了鲜明对照。经过土地改革这样暴风骤雨式的国家话语洗礼之后不过几年时间，党和国家所极力倡导并以强力扶植的阶级价值取向已开始褪去诱人的光泽，乡村社会的传统价值取向重新开始支配人们的心理和行为。

实际上，各级文件对"资本主义倾向"的描述和态度，体现了党的农村政策的变动和矛盾。邯郸地委在一份报告中的说法颇具代表性："土地改革后，为了克服当时障碍农民生产积极性的单纯社会主义思想，我们曾大力宣传新民主主义社会保护劳动所得，保护私有财产，借贷自由，雇佣劳动自由，土地买卖自由，在特定条件下允许出租土地等，这在当时对鼓励农民生产积极性起了很大作用。"但是"在农村生产已经得到发展，资本主义倾向已开始滋长之后"，就成了农村工作的严重障碍，"助长了农民走熟路的自发趋势，不走向互助组而向富农发展"，"逐渐腐蚀着农村党的战斗力"，"促使农村阶级分化"③。这段话道出了借贷、雇工、租佃、土地买卖等行为的双重性质，它们既是小农经济的天然伴生物，只有予以承认和保护才能激发农民的生产积极性；又是国家"有计划社会变迁"的巨大障碍，必须加以抑制和消灭才能成功确保社会主义方向。

---

① 《分局农村工作部关于向明同志富农路线的错误在山东农村工作中所造成的恶果的检查报告》（1954 年 8 月），山东省档案馆藏，档案号 A001/01/0158/001。

② 《分局莱阳地区检查组关于莱西县六区河东乡阶级变化及基层组织状况的调查》（1954 年 7 月 31 日），山东省档案馆藏，档案号 A001/01/0158/013。

③ 《中共邯郸地委关于农村资本主义倾向的调查报告》（1952 年 7 月 10 日），河北省档案馆藏，档案号 879/1/219/12。

基层政治精英的蜕变

在土改运动期间，尤其是在整党整干、“洗脸擦黑”等运动中，党和国家借助群众的力量对基层政治精英实施了有效的控制，使国家意志得以在乡村社会贯彻实施。[①] 但是这种监控极度依赖运动状态而缺乏制度支持，其效果虽然显著却难以持久。在土改结束之后，乡村社会暂时转入常规状态，基层政治精英很快发生了新的蜕变。

在各地文件所描述的“阶级分化”现象和“资本主义倾向”中，基层政治精英扮演着重要角色。1954 年，郭集乡 32 名党员中已有 10 人上升为富裕中农，其中 6 人剥削雇佣劳动 15% 以上；1 人上升为新富农，剥削雇佣劳动 40% 以上。郭集村 34 名村干中，接近富农边沿的富裕中农 3 人，新富农 5 人，二者合计占了干部总数的 1/4。[②] 丁家屋子支部的 27 名党员中有 9 人雇佣长工，其余均雇佣短工，其中 3 人已发展为新富农，丁学武更由以前的贫农发展为占地 84 亩、存粮近万斤的村中首富。岳海乡 43 名党员的成分，原为贫农 29 人、中农 14 人，到 1954 年已变为贫农 3 人、中农 31 人、富裕中农 8 人、新富农 1 人。[③] 除了勤劳和善于生产之外，基层精英地位的上升与雇工、放贷等“资本主义剥削”行为不无关系，其政治特权也发挥了一定作用。例如，莱阳地委约有 5% 的党员雇工，多者达到 9% 。[④] 德州地委 400 名区乡干部雇工的比例，1950 年为 3. 8% ，1952 年已达 17% 。广饶七区许多党员干部圈占国有荒地，优先取得国家贷款，廉价雇佣短工耕作，不少人发展为新富农。莒南县南河乡买地的 14 名党员都是村中的当权干部，其中支书、村长 6

① 关于土改期间基层政治精英的处境和行为，可参见拙稿《土改整党中的精英监控和乡村治理》，《中国研究》第 2 辑，社会科学文献出版社 2006 年版。

② 《滨县二区郭集、彭李两乡乡村支部领导问题的调查材料》（1954 年 7 月 1 日），山东省档案馆藏，档案号 A001/02/0231/011。

③ 《分局农村工作部关于向明同志富农路线的错误在山东农村工作中所造成的恶果的检查报告》（1954 年 8 月），山东省档案馆藏，档案号 A001/01/0158/001。

④ 《分局莱阳地区检查组关于莱西县六区河东乡阶级变化及基层组织状况的调查》（1954 年 7 月 31 日），山东省档案馆藏，档案号 A001/01/0158/013。

人，支委4人，民兵队长4人。①

与此同时，基层政治精英的更替机制也发生了新的变化。一些村庄已开始出现因为生产好、家境富裕而进入政治精英行列的现象，“生产有经验”的老中农或者富农在干部选拔中受到青睐，考察和提拔干部的标准从阶级成分纯洁变成了“生产积极，响应号召，耕作技术高明，能作典型报告”等，许多老中农、富裕中农乃至少数新富农被选为劳动模范并提拔成干部，老实贫穷的贫农党员则开始遭到冷落甚至排斥。例如东平县5个乡政权普选前后，成分发生了明显变化，贫农和新中农所占比例降低，老中农和富农比例则明显上升。② 如一份文件所说：“中农、富裕中农和新富农，无论政治上、经济上在农村中均占优势地位，他们实际上形成了农村的实力派。根据调查，乡村干部、党员在土改中多分得了较好的土地，所得浮财亦较一般农民为多，加之连年得到政府的扶持，因而其经济上升很快，其生活较一般农民为富裕。”③ 一方面是原有政治精英的经济地位迅速提高，另一方面是经济地位上升者进入政治精英行列，共同形成了中农、富裕中农、新富农在支部和基层政权中“当权”的状况，土改期间形成的经济地位与政治地位相分离甚至对立的社会结构开始改变，土改前经济、政治同构的权力格局开始回归。

对于党和国家而言，“资本主义思想”的最大危害就是导致基层政治精英的离心趋势，这主要体现在两个方面，一是基层精英在个人利益和村社利益的驱动之下抗衡国家意志，二是基层精英“埋头生产、不问政治”的去政治化倾向。

在小麦统购统销的过程中，基层精英抗衡国家的趋势表现得甚为明显。

---

① 《分局农村工作部关于向明同志富农路线的错误在山东农村工作中所造成的恶果的检查报告》（1954年8月），山东省档案馆藏，档案号A001/01/0158/001。

② 《滨县二区郭集、彭李两乡乡村支部领导问题的调查材料》（1954年7月1日），山东省档案馆藏，档案号A001/02/0231/011。

③ 《分局莱阳地区检查组关于莱西县六区河东乡阶级变化及基层组织状况的调查》（1954年7月31日），山东省档案馆藏，档案号A001/01/0158/013。

皂山县西庄乡乡长曾发动百余名群众向工作组请愿，反抗粮食统购统销。[①] 前周格庄支书召集支委秘密开会，商议对付统购的办法，号召“开除党籍也不要卖一粒粮!”[②] 彭李乡乡长对群众说“没粮食吃，先吃种子，那时上级还不叫耩地吗?”[③] 常家村合作社社长在评定粮食产量时极力压低产量，希望降低统购数额；区干部要求合作社先卖余粮以“影响群众”，村干则坚持先宣布产量，以激起群众不满，对上级形成压力。郭集村妇女主任非但不积极宣传卖粮，反而向群众泼冷水：“卖了吃什么？咱这块地方的工作挨即过去了”，使其打消卖粮的决定。[④] 天王堂村小麦统购过程中，几名党员积极支持余粮户将小麦私下调剂给缺粮户，被乡政府发现后还前去证明这并非“私商活动”。[⑤] 关于基层政治精英何以能与党的政策相对抗，莱阳地委检查组的解释是，一方面中农、富农在乡村组织中占据优势，在其诱导下形成了以新富农为发展方向的社会风气；另一方面是因为他们“有权有势，对上蒙蔽领导，假装积极，骗取信任；对下压抑民主，统治群众，作福作威，为所欲为”[⑥]。

与此同时，基层精英去政治化的倾向也日益严重，许多村干和党员“埋头生产不问政治，只顾个人发财致富，而不顾国家利益”。如一份文件所说，这些党员干部认为土改结束后“再革命就‘赔本’了，因而只顾埋头生产，‘发家致富’，不用说国家大事，就是村里的大事小情也不闻不问了”。不少党员甚至直接提出退党、脱党的要求。[⑦] 因积极参加土改而被提拔为干部土改后

① 《分局农村工作部关于向明同志富农路线的错误在山东农村工作中所造成的恶果的检查报告》(1954 年 8 月)，山东省档案馆藏，档案号 A001/01/0158/001。

② 《分局莱阳地区检查组关于莱西县六区河东乡阶级变化及基层组织状况的调查》(1954 年 7 月 31 日)，山东省档案馆藏，档案号 A001/01/0158/013。

③ 《分局惠民检查组的综合报告》(1954 年 8 月)，山东省档案馆藏，档案号 A001/01/0158/0121。

④ 《滨县二区郭集、彭李两乡乡村支部领导问题的调查材料》(1954 年 7 月 1 日)，山东省档案馆藏，档案号 A001/02/0231/011。

⑤ 《分局农村工作部关于向明同志富农路线的错误在山东农村工作中所造成的恶果的检查报告》(1954 年 8 月)，山东省档案馆藏，档案号 A001/01/0158/001。

⑥ 《分局莱阳地区检查组关于莱西县六区河东乡阶级变化及基层组织状况的调查》(1954 年 7 月 31 日)，山东省档案馆藏，档案号 A001/01/0158/013。

⑦ 陈北鸥编著:《人民学习辞典》，上海广益书局 1952 年版，第 166 页。

却一心“发家致富”而不愿工作的农民李四喜，成了这种现象的代名词。建国初期编写的一本《人民学习辞典》专门列出“李四喜思想”这一词条，意指“土地改革完成以后，农村干部的一种松气麻痹思想”①。

基层精英的蜕化倾向在土改后日渐显著，撇开工作埋头生产（“李四喜思想”）、利用权力谋求私利（“新权贵”）乃至为了个人和村庄利益而抗衡国家的现象都有所抬头。如果任其发展，将会产生抽空国家权力在乡村社会之根基的危险，所以必须加以批判和遏制。事实上，在“资本主义倾向”问题上，许多地方对基层精英和普通民众是区别对待的。例如一份文件中写道：“党员不允许发展富农是党的路线问题，但决不禁止社会上群众中新富农的存在和发展，在新民主主义阶段，对于富农经济我们还是让它发展的。”② 如此规定当然是为了防止基层精英的蜕化，但结果往往适得其反，进一步加剧了其离心倾向。

从土地改革到集体化的转化机制

在共产党领导的乡村社会变革中，土地改革和集体化是前后相继的两个重要环节，但是二者的性质全然不同：前者是要确立平等基础上的农民土地私有制，后者则要将土地所有权收归国家和集体。共产党何以能够在极短的时间内，用极小的代价，成功地将小农经济转变为集体经济、个体农民转变为国家农民，引起了众多研究者的关注。凌志军着眼于建国初期的国家经济状况，认为国家的工业发展战略和抗美援朝战争的需要，是促使共产党发动农业集体化运动的主要原因。③ 庄孔韶认为毛泽东具有以“平均”“大同”来解决中国农村问题的文化情节，这成为他发动集体化运动的思想基础。④ 张乐天强调农民的心理因素，认为利益诱导、权力制约和文化氛围，导致了农民

---

① 陈北鸥编著：《人民学习辞典》，上海广益书局1952年版，第166页。

② 《关于目前党内外资本主义倾向情况与解决的措施意见报告》（1952年7月8日），河北省档案馆藏，档案号879/1/219/14。

③ 凌志军：《历史不再徘徊——人民公社在中国的兴起和失败》，人民出版社1997年版。

④ 庄孔韶：《银翅——中国的地方社会与文化变迁》，生活·读书·新知三联书店2000年版。

对失去土地的恐惧和对新生活的向往，这是促使他们投身集体化运动的基本动力。① 冯开文从制度经济学的视角出发，认为社会主义意识形态降低了制度安排的交易费用，促成了制度变迁的实现。② 许慧文则将这种转变视为多种因素共同作用的结果，包括国家农村发展计划、对政策的弹性运用、坚定果断的实践主义、地方干部的培养、阶级斗争对乡村经济社会关系的重构、中央与地方的合作关系等。③

笔者认为，土地改革与集体化的基本内容和目标虽截然不同，二者之间却存有内在的转化机制，为农业集体化运动的发动和成功提供了重要前提。对于这种转化机制，可以用三种相互补充的逻辑来加以解释。

首先是阶段论的逻辑。在党的领导人看来，土地改革是为了废除封建土地所有制，使广大农民翻身做主，属于"新民主主义"阶段；集体化是为了推动乡村社会共同富裕，向社会主义、共产主义方向迈进，属于"社会主义"阶段。这样，就在时序逻辑上将二者纳入到统一的革命话语体系中来。历史事件当事人的阐释自然有其建构合法性的考虑，但是应该注意到，阶段论并非事后的追认，而是很早就进入党的革命理论体系，并成为党制定各种政策的基本指导原则之一。④"耕者有其田"从一开始就被当作一种权宜之计，以将土地先从地主手中转移到农民手中，再从农民手中转移到国家手中。因此，这种模式不仅具有合法化功能，也的确是从土地改革向集体化转变的内在机制之一。

其次是条件论的逻辑。土地改革的一系列后果，为集体化创造了必不可少的条件，使集体化的实现成为可能。这主要体现在两个方面。一是土地改革帮助国家实现了（经济、政治、象征诸层面）向乡村社会的全面扩张，重

① 张乐天：《告别理想——人民公社制度研究》，东方出版中心 1998 年版。

② 冯开文：《从土地改革转入农业合作化的制度变迁机理分析》，《中国农史》1999 年第 3 期。

③ Vivienne Shue, *Peasant China in Transition: The Dynamics of Development toward Socialism, 1949—1956*. Berkeley: University of California Press, 1980.

④ 参见毛泽东《新民主主义论》（1940 年 1 月），《毛泽东选集》一卷本，人民出版社 1967 年版。

塑了国家与农民之间的关系，从而为集体化铺平了道路。[①] 已有研究者指出，土地改革虽然在产权制度上确立了土地私人所有，但是这种私有是建立在国家对一部分人私有的否定基础之上的，来自国家的赐予和政治斗争，因此已经融入了国家权力的因素，而与土改前的私有制有了很大差别。[②] 还有人认为，土地改革实现了多元的竞争性地权向单一的替代性地权的转变，事实上为合作化提供了前提。[③] 二是土地改革期间发明的一系列权力技术、治理技术，为集体化运动的开展提供了范例和手段。土地改革和集体化的内容虽然不同，但二者都以群众运动为基本手段，在土改中形成的运动型乡村治理模式在集体化时期得到延续，“诉苦”、划阶级、整党等具体的治理手段也在集体化及以后的群众运动中继续被使用，成为国家意志得以实施的重要保证。[④]

最后是替代论的逻辑。土改结束后的乡村社会变动，凸显了土地改革再分配逻辑的脆弱性和内在困境。就生产关系而言，土地改革的实质是以强行再分配的手段实现土地占有的平等化乃至平均化；就生产力而言，土地改革是为了提高农民的生产积极性，使小农经济形态得以维系和发展。这两者之间存在着显著的张力，因为在小农自然经济状态中，总体的稳定和个体的分化都是难以避免的客观规律。土改结束之后，很快出现了新的贫富分化现象和“自发资本主义倾向”，基层政治精英也在“发家致富”的驱动下发生了新的蜕变。这使党和国家领导人面临着两难：保证土地占有的平等和平均，势必会降低农民的生产积极性，在事实上也无法做到；鼓励农业生产、勤劳致富，却又意味着对平等价值和理想的背离。要在不违背党的意识形态的前提下解决这一困境，集体化是一种行之有效的替代性选择。

从土地改革走向集体化，是国家与乡村社会持续互动的结果。早在土改

---

① 参见拙稿《变动中的国家、精英和民众——土地改革与华北乡村权力变迁》，南开大学历史学院博士后研究报告，2004 年，第九章。

② 参见《中国土地改革研究》，中国农业出版社 2000 年版，第 309 页。

③ 冯开文：《从土地改革转入农业合作化的制度变迁机理分析》，《中国农史》1999 年第 3 期。

④ 参见拙稿《土改中的诉苦：一种民众动员技术的微观分析》，《南京大学学报》2007 年第 5 期；《阶级划分的政治功能——一项关于土改的政治社会学分析》，《南京社会科学》2008 年第 1 期。

运动期间，党和国家就开始大力倡导农业互助合作，其初衷自然是为了引导农业经济均衡发展，进而实现国家主导下的乡村社会变迁。但合作本是不同资源之间的互换互利，中农、富农拥有更多的生产资料和生产技能，自然会在合作关系中占据主导地位，但这又会造成互助合作组织的“成分不纯”，与党的阶级路线背道而驰。土改结束后的乡村社会变动印证了经济学中的“理性人”假设，无论是党员干部还是普通农民，只要他们还有处置个人财产的权利，就会趋利避害，根据利益最大化的原则作出自己的行为选择。当乡村社会成员的理性选择与国家的“有计划社会变迁”之间的矛盾发展到一定程度，而国家力量又足够强大并缺乏有效制约时，最可能出现的制度变迁路径，就是以剥夺农民私有产权的方式压缩其行为选择的空间，将其彻底纳入国家控制的轨道。从这种意义上说，土改结束后的乡村社会变动，既坚定了国家从土地改革向集体化迈进的决心，也赋予了这种转变以合法性和正当性。

（原载《江海学刊》2009 年第 2 期）

南京事件70年后的日本与世界

[日] 笠原十九司　杨　萌 译

介于德国与土耳其之间的日本

2003年3月，作为历史上第一个常设法庭——国际刑事法院在荷兰海牙设立，并开始运作（美国、中国、以色列反对该法院设立条约，日本也未签字）。为在世界范围内预防战争犯罪，该法院对犯有种族屠杀罪、侵略罪、危害人类罪、战争罪等违反国际人道法的个人进行审判。人类在进入21世纪之际，终于将战争本身定为违法，并建立了将战争犯罪作为国际犯罪的审判制度。

正如藤田久一所述，虽然还存在诸多尚未解决的问题及局限性，但从进一步发展人类历史上以国际法、国际人道法为基础而构建的世界和平理念以及机构、制度而言，它向生活在现代的我们提出了如何对待过去的战争以及暴行的问题。① 这意味着它要人们回答，世界各国政府和国民以往是如何对待本国的战争犯罪、残暴行为的，以及现在又将如何对待的问题。具体而言就是是否承认这种战争犯罪的事实以及战争的责任，并进行谢罪和赔偿（对国家和受害者个人），究竟付出多少努力可以与牺牲者、受害者达成“和解”以“克服过去”，并开创面向未来之路？这些都因各国政府和国民的人权、和平、正义的意识存在差异而不同。从这一角度来看，就过去犯

① 参见藤田久一《战争犯罪とは何か》，岩波书店（新书）1995年版。

有战争罪行的纳粹德国和犯下南京大屠杀（南京事件）、日军“慰安妇”制度、三光政策、毒气战、细菌战、强征劳工等战争罪行的日本，以及第一次世界大战时屠杀亚美尼亚人的土耳其三者相比较而言，我认为日本恰巧介于德国与土耳其之间。

正如石田勇治在其《克服过去——后希特勒的德国》（白水社2002年版）一书中对这段历史进行细致梳理的那样，战后德国通过：（1）赔偿纳粹受害者；（2）司法追诉纳粹体制下的犯罪；（3）限制新纳粹主义；（4）重视现代史的历史教育等政策制度层面的实践，推进并强化以此为主导的精神、文化活动。如今德国已基本完成了“克服过去”。与此密不可分的是，德国就此培育出了战后的民主主义。

为了赔偿第二次世界大战期间被纳粹德国从欧洲各地强征到德国及其占领地并强制劳动的受害者，德国政府和德国企业共同出资，在2000年设立了“记忆、责任和未来”基金，于2007年6月正式完成赔付工作，并在首相官邸举行了纪念仪式。根据德国刑法，追究和惩处纳粹犯罪并没有时效性。此外，法律也禁止有关否认屠杀犹太人的书籍和报道。

第一次世界大战期间的1915年，奥斯曼帝国的军队因境内的亚美尼亚人与敌国俄国相勾结，开始从国内清除亚美尼亚人，将他们驱逐至东部诸州的村镇，屠杀男子，逼迫老幼妇孺向美索不达米亚沙漠开始死亡之旅，这就是所谓的亚美尼亚种族屠杀。据说超过一百万人死于屠杀及饥饿，超过五十万人逃离土耳其。[①]

一战的失败导致奥斯曼帝国崩溃，土耳其革命后土耳其共和国成立。作为奥斯曼帝国法律意义上的继承者，现在的土耳其政府采取了否认亚美尼亚种族屠杀的态度。2005年土耳其修改刑法，追加了“侮辱国格罪”，规定公开发表承认亚美尼亚种族屠杀的言论即构成该罪。2005年2月，土耳其文学

---

① 梅棹忠夫主编：《世界民族问题事典》，平凡社1995年版。关于亚美尼亚种族屠杀的全貌，*Crimes Against Humanity and Civilization*: *The Genocide of The Armenians*, Facing History and Ourselves National Foundation Inc., Brookline (Massachusetts), 2004，较为浅显易懂。

家奥尔罕·帕慕克在接受瑞士报纸采访时说："一百万亚美尼亚人被杀害，可除我之外，无人敢谈论这件事。"这一言论立即引起土耳其媒体的反对，认为"仅讨论本身便极大地损害了国家利益"。帕慕克在接连遭受极端民族主义者的暗杀威胁后，不得不隐匿海外。同年5月，正值屠杀事件发生90周年，学者们以此为契机计划召开首届研讨会，客观评论史实，而司法当局以"叛国"为由两度介入。到9月下旬，该研讨会终于在众多民族主义者的游行示威中召开了。此时帕慕克被伊斯坦布尔的检察官以侮辱国格罪起诉，并于12月首次开庭公审。然而，由于帕慕克获得2006年诺贝尔文学奖，而土耳其方面又有加入欧盟的考虑，于是撤销了这次诉讼。2006年6月，作家艾丽芙·沙法克因其小说涉及亚美尼亚人的"种族屠杀"而遭到公诉，罪名是"侮辱土耳其国格"，后因证据不足被判无罪。2007年1月，亚美尼亚文和土耳其文的周刊《阿戈斯》问世，记者赫兰特·丁克由于在该刊连续发表祈愿亚美尼亚人和土耳其人之间和解的言论，被土耳其极端民族主义组织17岁的少年枪杀。此前，丁克曾三次因"侮辱国格罪"被起诉，并两度被判有罪，缓期执行。①

为了干扰、阻止移居美国的约45万亚美尼亚裔美国人对有关亚美尼亚种族屠杀的言论和报道，土耳其政府于1982年在华盛顿特区设立了土耳其研究所，提供丰厚资金，吸引美籍大学教授蓄意传播亚美尼亚种族屠杀否定论。此外，在国际场合，土耳其政府亦花费大量资金开展旨在否定亚美尼亚种族屠杀的院外活动。②

在日本，关于南京事件的言论和表述以及自由报道的情况，与土耳其政府及社会相较有何异同？两者的相似点之一是，战后的自民党政府曾带有强烈否认南京事件史实的政治冲动，即为了不在学校教育中适当地教授南京事件，政府在三次对教科书发起的攻击中，将历史教科书中关于南京事件的

① 《朝日新闻》2001年2月1日，2005年12月15日，2006年10月14日，2007年1月26日。

② 关于有土耳其官方背景的策动否定亚美尼亚种族屠杀，参见 Richard G. Hovannisian（ed.），*Remembrance and Denial*：*The Case of Armenian Genocide*，Wayne State University Press，Detroit，1999。

记述向否认、删除的方向审定。与此同时，通过“文部科学省——教育委员会——学校管理层”的教育统制、管理体制不断强化这一认识，即教授南京事件是“偏向”、“自虐”和“政治化”，如此向一线教师施加无形压力，迫使他们无法教授南京事件的内容，使国民认为“不存在南京事件”，并将之从“国民的记忆”中删除。

两者的另一个相似之处是，威胁民主社会的暴力右翼势力为日本的保守势力所姑息，并被用来压制受宪法保护的言论自由。如果在公立的和平资料馆、原子弹爆炸资料馆等地展出南京事件或者其他加害事件，右翼与否定派就会共同施加压力，迫使主办方撤销展览。2004年9月，本宫宏志在周刊《Young Jump》（集英社出版）上连载的漫画《国家在燃烧》描绘了南京事件的场景，对此，右翼分子多次直接进入集英社进行抗议，右翼地方议员联盟也对集英社强硬地提出“当面抗议”，右翼团体的街头宣传车更在集英社门前进行示威，还有通过邮件、传真、电话等方式进行抗议者。迫于压力，集英社编辑部和本宫宏志共同表示，将于单行本出版之际，大幅删减、修改有关屠杀的描绘内容（单行本尚未发行）。与此形成鲜明对比的是，漫画家小林善纪的《战争论》（幻冬舍1998年版），套用“南京大屠杀是谎言”这一日本否定论者的观点，随心所欲地描绘“谎言”，竟成为销量达65万册的畅销书。这两本漫画的境遇，揭示了日本出版界乃至日本民主主义社会的现实。

1999年10月，时为讲师的我被邀请参加由山形市市民策划的“《南京1937》演讲与电影集会”。当时一直阻挠中国电影《南京1937》上映的右翼和否定派团体向市政当局施加压力，逼迫其不批准会议场所。在千叶县柏市，他们的阻挠得逞了，但在山形市，由于市政当局坚决的态度，作为讲师的我受到了机动队的保护，在市政人员严密警戒的会场中进行了演讲。

再一个相似之处是，向海外传播南京事件否定论。2006年，东京财团购买了约3000册南京事件否定论者东中野修道所著《“南京大屠杀”的彻底验证》（展转社1998年版）的英文版 *The Nanking Massacre: Fact Versus*

Fiction—A Historian's Quest for the Truth，Sekai Shuppan Inc.，向世界主要图书馆、大学、研究者和媒体散发。[①] 在此之前，同为南京事件否定论者田中正明所著《南京事件的总结》的英文概要本 *What Really Happened in Nanking*，Sekai Shuppan Inc.，由东京 Future Political Economy Institution 四处寄赠给美国的亚洲研究者和主要图书馆。此外，“日本会议国际公报委员会”代表竹本忠雄编辑的 The Alleged ‘Nanking Massacre’：Japan's Rebuttal to China's Forged Claims，Meisei - sha Inc. Tokyo，2000（日文版《再审“南京大屠杀”——向世界申诉日本的冤罪》，明成社 2000 年版）一书发行，并被送往各国。2007 年，我在加拿大多伦多与一位日裔交谈，据他说向加拿大日裔社会散发南京事件否定论的小册子和漫画是常有的事。这种事情的整体情况虽难以掌握，不过可以肯定世界出版社发行了日本南京事件否定派的英译书籍。此外更有名的专门组织“向世界传达史实会”则在英文网站发布相关信息。[②]

从上述事例中可以看出，在海外，有资金来源的否定派的著作影响及宣传力度，压倒性地胜过了史实派[③]。如此向世界传递否定南京事件的论调，给国际社会留下了“日本全体国民支持南京事件否定说”的印象，从而以一种负面形象为世界所关注。

2007 年 7 月 30 日，美国众议院全体会议通过了对日军“慰安妇”问题的决议，要求日本政府道歉。在前一年的 9 月，美国众议院国际关系委员会就全体通过了同样的决议案，然而最后未能提交众议院全体表决。其背后的原因是，日本政府雇佣得力的议员作为说客，竭力开展院外活动，阻止该议案通过。据来自美国的报道，日本政府每月支付给说客的金额高达 6 万美元。

① 稻垣大纪：《25 岁が読む“南京事件”——事件の究明と论争史》，东京财团发售，中央公论事业出版 2006 年版，第 2 页。

② 茂木弘道（“向世界传达史实会”秘书长）：《南京“大虐杀”反日映画に反击を!》，《WiLL》2007 年 3 月号。

③ 在日本，像笔者这样主张南京大屠杀历史真实性的人被称为“南京大屠杀派”，这是含有政治意义的特别称呼，并不能作为自称，在美国则被称为“事实认定派”。“南京事件史实派”（简称史实派）是比较贴切的称呼。由于否定派喜好自称为“南京大屠杀否定派”，那就这样称呼他们吧。

自2007年1月众议院国际关系委员会提出同一议案之后，日本政府便花大价钱开展院外活动，以阻止该提案通过，结果这次花出去的钱都打了水漂[①]，然而日本媒体并不追究此事。与土耳其政府一样，日本政府为了隐瞒战争犯罪的历史，投入了大量资金进行院外活动。

而日本和土耳其相比最大的差别在于，日本宪法保障日本社会的学术思想自由和言论报道自由。然而这种自由不容乐观。前面已经说过，暴力右翼的言论恐怖主义所带来的压制隐然存在。此外，安倍晋三政权虽然为时不长，但教育基本法已被“改恶”，成为具有国家主义性质的法律。以修宪为目的的国民投票法业已颁布，强化国家主义性质的修宪外围障碍已经扫除。前首相安倍晋三作为“思考日本前途及历史教育青年议员协会”（1997年成立）的事务局长，批判中学历史教科书是“反日的”“自虐的”，要求删除以“从军慰安妇”问题为代表的关于侵略、加害的记述；他更对NHK教育频道2001年1月30日播放的《质问战时暴力》进行政治干涉，迫使NHK干部篡改关于日军“慰安妇”的内容。[②] 此外，虽然安倍本人对公开言论尚十分谨慎，但旁证说明其为南京事件的否定论者。[③] 虽然安倍以一种不体面的方式放弃了政权，但是修宪势力在自民党自不用说，甚至在民主党中也是占大多数的。《教育基本法》和《国民投票法》的作用如同定时炸弹，日本宪法有被破坏的危险，这样的话难保日本政府不会像土耳其政府那样制定侮辱国格罪。

---

① 西野瑠美子:《マイク・ホンだ议员に闻くアメリカ“慰安妇”决议案が目指すもの》，《世界》2007年6月号，岩波书店出版。

② 参见控诉媒体危机的市民网络编《番组はなぜ改ざんされたか——“NHK・ETV事件”の深层——》，一叶社2006年版。

③ 稻田朋美在《百人斩り裁判から南京へ》（文艺春秋〔文春新书〕2007年版）一书中记载，2005年9月，在被称为“小泉剧场”的解散众议院选举中，时任自民党代理干事长的安倍晋三知道她是南京事件否定派律师，邀请素不相识的她作为“刺客”（自民党安插在反对邮政民营化阵营中的候选人）出马。一般认为，因为安倍是南京事件否定论者才会招募稻田。

图谋忘却“国民记忆”的日本政府

关于民族国家中的“国民记忆”问题，我曾根据美国政治学者本尼迪克特·安德森的《想象的共同体》[①] 加以论述，并提出以下观点：所谓民族国家的国民是“想象的政治共同体”，拥有共同过去的“记忆共同体”的“国民记忆”在其中发挥着重要的功能。统治着民族国家的权力为了培养国民意识，将“身份认同”意识渗透至国民，从而达到统合国民的目的。“国民记忆”作为工具及手段被最大限度地利用着，其中战争记忆很容易被权力及社会势力所操作，从回忆或忘却两个层面来确立、强化民族国家的“身份认同”。尤其是关于本国战争犯罪的记忆总是伴随着权力强制性缄默、压制并试图抹杀、忘却的冲动。被政治利用为国民统合工具的战争记忆，仅被当作“国民记忆”的对立面。这就是为什么我们必须客观、学术地研究战争记忆机制的理由。[②]

从本国的战争记忆形成怎样的“国民记忆”这一点而言，日本也在德国与土耳其之间摇摆不定。德国政府和国民通过教育或媒体，将纳粹的战争犯罪作为“国民记忆”确定下来。土耳其政府和国民则竭力将屠杀亚美尼亚人的历史从“国民记忆”中抹杀、忘却。围绕南京事件的历史认定，日本政府制定了内外双重标准，国民之间围绕历史事实的认定也存在着对立和分歧，既非作为“国民记忆”被抹杀、忘却，也未定为“国民记忆”。国际社会所说的成为日本政治社会、日本文化特征的“暧昧”和“掩饰”，此为典型事例。

战后日本的自民党政府、官僚和财界，在各方面继承了战前政府的权力结构以及人员关系，他们在利用以象征性名义保存下来的天皇制以及不追究天皇战争责任的政治、社会背景的同时，为了自保，又竭力想压制国民追究

---

① 本尼迪克特·安德森：《增补　想象的共同体》，白石彩、白石隆译，NTT1997年。

② 拙作《総论——记忆の比较文化》，都留文科大学比较文化学科编：《记忆の比较文化论——战争·纷争と国民·ジェンダー·エスニシティ——》，柏书房2003年版。

战争责任的诉求，特别是压制1960年以后因反战和平市民运动而蓬勃发展起来的追究侵略战争及加害责任的思想、历史意识以及运动。1955年后，在自民党长期一党执政的“55年体制”下，历届自民党政权一直采取否定侵略战争的政治姿态，三次修改教科书（第一次1955年，第二次1980年上半年，第三次1997年至今）。对此，作为在野党的社会党、共产党承认侵略战争（公明党最初也是这样），批判政府。因此在日本，是否承认战争的侵略性质就成为区分执政党与在野党、保守派与革新派的分水岭。承认南京事件等侵略加害历史的是“左翼、革新”，否定的则是“右翼、保守”。战争认识被当作政治意识形态问题，却忽视了从人道主义立场认识南京事件的前提。

日军在日中战争中犯下的战争罪行，除南京事件之外，还有三光作战、毒气战、细菌战、强征劳工、日军“慰安妇”、轰炸重庆等城市，等等，规模庞大、受害惨重的暴行屡屡发生。但由于南京是当时中国的首都，且南京事件是规模最大的发生在一座城市内的暴行，因此在东京法庭和南京军事法庭都进行了审判，南京事件也被看作日本侵略中国的象征。1982年的教科书事件后，中国方面特别强调此事，将“南京大屠杀死难30万人”定为“国民记忆”。

由于南京事件成为中日战争侵略、加害的象征，自民党政府及保守势力阻挠南京事件成为日本的“国民记忆”，将其作为“虚构”和“幻想”，从国民记忆中抹杀的政治倾向就更加强烈。然而，对于试图将南京事件当作“没有的事”的自民党政府而言，还戴着巨大的国际枷锁。一是远东国际军事法庭（东京法庭）判决南京大屠杀为“反人类罪”，以不作为罪将华中方面军司令松井石根和外相广田弘毅（广田主要是被追究“反和平罪”）处刑。日本在《旧金山和约》第十一条中接受了该判决。二是在1972年9月的《中日联合声明》和1998年11月的《中日联合宣言》中，日本虽然回避了明确表态，但仍然表示痛感过去对中国的侵略给中国人民带来巨大灾难和损害的责任，并对此表示反省。因此，自民党政府不能公然向国际社会表明“南京大屠杀是谎言”，出于对国际社会影响的考虑，政府在表面上不压制承认南京事件的言论。

20 世纪 90 年代前半期，冷战体系在世界范围内崩溃；日本国内又接连遭受昭和天皇去世、泡沫经济破灭的打击，在这种历史背景下，自民党势力走向低潮，非自民党联合的细川护熙内阁于 1993 年 8 月成立，为“55 年体制”画上了句号。同年 8 月 15 日，细川首相在阵亡者追悼会上以战后首相身份首次对“侵略行为及殖民统治”进行“深刻反省和道歉”。在此期间，政府、财界、政界也出现了在一定程度上对日本过去的战争进行反省和谢罪，缓和亚洲的反日情绪，使历史问题告一段落的动向。其原因是日本担心本国的立场在任何时候都会受到国际社会的制约，例如东盟国家明确表示不会支持日本出任联合国安理会常任理事国，除非日本能够保证今后不会成为军事大国，使亚洲周边诸国安心。日本未和战争受害诸国实现和解，明里暗里妨碍了日本企业的自由经济活动。寻求解决对策成为日本政府的首要任务。

1994 年 6 月组成的社会党、自民党联合执政的村山富市（社会党）内阁，在 1995 年战后 50 周年之际，提出了对日本侵略战争、殖民统治进行反省谢罪的国会决议（当时被称为“不战决议”），决心在一定程度上处理战争责任及战后赔偿问题，这是顺应历史潮流的举动。然而执政党自民党内的保守派经过做自民党国会议员多数派的工作，成功地阻止了“不战决议”的通过，此外，还动员自民党地方组织、遗族会、战友会、神社组织、宗教右翼等民间组织，成功组织了“草根保守主义”运动。此时阻挠“不战决议”的势力，利用国民单纯质朴的战争情感，如“祭奠阵亡者是自然感情”“阵亡者是为国捐躯”“阵亡者的牺牲换来了今天日本的繁荣”等，宣传国会决议肯定日本发动的是侵略战争的举动，是“亵渎英灵”“鞭挞阵亡者”，让“阵亡者的死毫无价值”，促使全国各级议会通过决议，“追悼、感谢阵亡者”，并将决议提交至中央。

此时阻挠“不战决议”势力还开展了大规模的题为“南京大屠杀之谎言”的宣传活动。1995 年正值战后 50 周年，很多书店设置了“战后 50 年”专柜，把论述“南京大屠杀之谎言”的书籍在店门口一字摆开。由此可见，对于意图否定日本侵略战争的势力而言，国民对南京事件史实的广泛认识将是致命打击。因为如果南京事件成为“国民记忆”，日中战争是为了“自存自卫”“解放东亚”“东亚和平”的“圣战”等美化、肯定言论将不攻自破。①

当时，推动首相、阁僚参拜靖国神社的自民党靖国关系协商会历史研讨委员会（顾问奥野诚亮，委员长山中贞利，秘书长板垣正）在宣传“南京大屠杀之谎言”的活动中发挥了先导作用，他们从1993年起每月举行研讨会，成功地对自民党国会多数议员开展工作，旨在阻止“不战决议”。这一成果被整理、编入该委员会所编《大东亚战争总结》（展转社1995年版）一书中。他们举行的研讨会只邀请讲师田中正明、富士信夫、上杉千年等南京大屠杀否定论者进行讲演，自民党国会议员也在研讨会上发表否定南京大屠杀的演讲。上述三位讲师在1995年的“南京大屠杀之谎言”活动中发挥了核心作用。在南京事件50周年的1987年发行的《历史学研究》中，我已经批判过这些否定派学者理论的破绽了。②

在自民党靖国关系协商会历史研讨委员会开展国会议员多数派工作、主张南京大屠杀否定论的1994年5月，非自民党的羽田孜联合内阁的法务大臣永野茂门（新生党），因发表“认为南京大屠杀是捏造出来的”言论而被调职。尽管如此，当时日本的在野党自民党国会议员即使公开发表否定言论，也不会受到媒体的批判，这就是当时日本政治的状况。

1995年6月9日，阻挠“不战决议”的势力卷土重来，在众议院通过“以史为鉴，重申和平决心之决议”，回避了对侵略战争真诚的反省谢罪，也回避了追究战争责任及战后赔偿等“对过去的克服”，因此不仅没有得到亚洲诸多受害国国民的信任，反而加深了他们的失望和不信任感。日本政府错失了战后50年来终于能够与亚洲诸国达成“和解”的机会。这笔“账”一直留

---

① 参见拙作《逸らしたアジアとの“和解”——战後50年、国民の选択——》，拙作：《南京事件と三光作战》，大月书店1999年版。

② 拙作：《南京事件研究をめぐる状况と问题》，《历史学研究》第571号，1987年9月，收录于拙著《アジアの中の日本军》，大月书店1994年版。

到21世纪，日本国民仍然肩负着尚未解决的战争责任与“和解”的任务。

1995年，在围绕“不战决议”展开的斗争中，自民党迫使半数以上的县议会通过了“追悼、感谢阵亡者”的决议，并通过收集500万人以上反对“不战决议”的签名，与地方“草根保守主义”组织集结起来，在中央也成功地整合了阻挠“不战决议”的势力，其结果就是自民党从低潮中恢复了过来。与之相对应的是，社会党自从与自民党联合后，其政治基础瓦解、崩溃，并开始彻底衰退。1996年社会党虽然更名为社会民主党，却一直未能从政治劣势中恢复过来。结果，推动阻挠“不战决议”运动的自民党势力，也就是那些持有不承认侵略战争、否定东京审判、否认南京大屠杀及“随军慰安妇问题”等战争认识和历史认识的国会议员们，和包含民主党在内（反对“不战决议”的新进党在2003年与民主党合并）的议员共同形成了多数派。

可以说1997年是战后日本史上政府和社会尤为右倾和保守的一年。是年1月，“新历史教科书编纂会”（简称“编纂会”）成立，以保守右翼势力的国民运动形式，在大肆攻击和批判现行历史教科书是“自虐”“反日”“偏颇”的同时，积极开展活动，意图编写出美化、肯定日本侵略战争的历史教科书。该编纂会的副会长藤冈信胜（东京大学教授）与东中野修道（亚细亚大学教授）组成搭档，忙于为否定南京大屠杀开展出版和演讲等活动。被称为“编纂会”广告牌的漫画家小林善纪也如前述大肆描绘东中野，藤冈等人的南京大屠杀否定论。“编纂会”在南京大屠杀否定派中起着主导作用，不仅在其机关杂志《史》上宣传南京大屠杀否定论，还组织“学者”“评论家”“文人”，在各领域宣传所谓“南京大屠杀之谎言”。

是年2月，以自民党中当选五次以下的议员为中心组建的“思考日本前途及历史教育青年议员协会”（简称“青议会”，其代表为中川昭一，秘书长安倍晋三，有62名众、参议员参加）成立，并开始进行修改教科书（第三次修改教科书）的活动①，意图删除中学历史教科书中关于“随军慰安妇”等

---

① “思考日本前途及历史教育青年议员协会”编：《历史教科书への疑问》，展转社1997年版。

侵略加害的记述。该协会与“编纂会”联合进行第三次修改教科书的结果是，从2005年的中学历史教科书中删除了有关“随军慰安妇”的记述，删减了关于南京事件的记述，记述遇难者为20万人的仅有一家出版社。而在1993年八家出版社出版的中学历史教科书中，除两家写到南京大屠杀遇难者“众多”，其他出版社都记述了具体数字，如10多万人、15万人、20万人，或者与阵亡者合计为30万人等。5月，“保卫日本国民会议”和“保卫日本会”统一成为日本最大的右翼组织“日本会议”（会长塚本幸一，为华歌尔董事长），形成了阻挠“不战决议”势力的大汇合。“保卫日本国民会议”以宣传“南京大屠杀之谎言”为中心开展活动，而后的“日本会议”也是南京大屠杀否定论的巨型传声筒。组建后的“日本会议”还成功地组织起国会议员的多数派（与上述阻挠“不战决议”势力的议员重合），同样在该年5月成立了跨党派的“日本会议国会议员恳谈会”（“日本会议议员联盟”），自民党半数以上的国会议员（2006年7月为235名）参加，2007年的会长是前经济产业大臣平沼赳夫，代理会长是前政务调查会长中川昭一，干事长是前防灾大臣鸿池祥肇，副干事长是安倍晋三、小池百合子，特别顾问是自民党前干事长麻生太郎。2006年9月安倍第一次组阁，阁僚中六员是“日本会议议员联盟”成员，“享有与大臣同等地位”并受到安倍重视的五位首相辅佐官中有四位也是该议员联盟成员，真可谓“日本会议内阁”①。

1997年成立的上述三个组织的背后都有“日本会议”的身影。该会议的机关杂志《日本气息》反复刊载东中野修道等人否定南京大屠杀的文章，因此成为日本传播否定南京大屠杀理论的“指挥棒”。议员中除了“日本会议议员联盟”之外，还有“神道政治联盟国会议员恳谈会”（简称“神道议员联盟”，该会成立于1970年，2007年会长为绵贯民辅，副会长为古贺诚、平沼赳夫、町村信孝、青木干雄，干事长为前文部科学大臣伊吹文明，秘书长为安倍晋三，顾问为前首相森喜朗，至2006年10月众、参两院有223人参

① 俵义文等：《安倍晋三の本性》，《金曜日》2006年。

加）①，该组织与以建成“以天皇为中心的神之国家”为目标的神道政治联盟相互合作，持与“日本会议”同样的战争认识和历史认识。

“日本会议”和“神道政治联盟”在日本财界、媒体都有着巨大势力，他们利用右翼保守派的报纸、电视、杂志等，肆意传播南京大屠杀“谎言说”“虚构说”，使得传播否定派的媒体数和信息量远远凌驾于史实派之上，其影响力之深不容忽视。如果这样的情况持续下去，正如占据自民党政府中枢的否定派所愿，南京事件将被从“国民记忆”中抹杀和忘却。

南京事件70年后——被世界注目的日本

2007年正值南京事件70周年，日本为世界所关注。这是因为70年前南京事件发生之时的日本社会状况与现在极其相似。顺便提一句，现在使用的中学历史教科书中是这样记述的：“该事件被称为南京大屠杀而受到国际谴责，然而却不为国民所知”（东京书籍）、“外国强烈谴责南京大屠杀，然而在当时的日本，事实却鲜为人知”（清水书院）、“外国纷纷谴责‘日军暴行’（南京大屠杀），然而日本国民却鲜有人知”（帝国书院）。

2007年，世界各国纷纷策划以南京事件为题的纪录片或电影、电视节目，其总数超过10部，有些已经制作完成并得以上映。对此，否定派媒体撰写《特集·七部“南京大屠杀”反日电影——“日本的危机!”》（《周刊新潮》2007年2月8日）、《全力特集·中国的黑色情报战》《反击南京“大屠杀”反日电影!》（《WiLL》2007年3月号）、《特集·为了打破反日包围网》（《正论》2007年4月号）等文章，这些作品表现出如同战时的煽动性反应。然而据我所知，这些作品都是忠实于史实的，或是倾心致力于南京事件问题的纪录片。我曾接受数家国外媒体的采访，采访者无一例外地提及这样的问题：“南京大屠杀发生70年后的今天，日本国民仍未将南京大屠杀这一历史事件作为共同认识，蕴涵在其中的历史、社会因素以及国民心理甚至集团心理因

① 俵义文等：《安倍晋三の本性》，《金曜日》2006年。

素究竟是什么?”一位法国记者甚至这样问道:“南京大屠杀这一历史事实没有成为国民的历史认识,甚至被歪曲或被抹杀,作为民主主义国家这样的社会是否是不成熟的?否则的话是不是处在危机之中的呢?”

然而,南京事件作为历史事实已成为历史学界的定论,并写进了历史学辞典、百科全书,更写进了大部分小学、初中、高中的历史教科书,但却为何没有成为国民的共同认识,也没有成为“国民的记忆”?这是为世界所关注的。也就是说,如同中日战争时期那样,为何南京事件鲜为日本国民所知?不仅如此,“南京大屠杀是不存在的”这样的否定言论为何能在日本社会甚嚣尘上,甚至意图向世界宣传?

令世界感到震惊的是,CS电台“日本文化樱花频道”的水岛聪社长策划、导演、监制了一部意图否定南京大屠杀的电影——《南京的真实》,而该策划不仅受到自民党、民主党的国会议员的赞同,还得到了100位大学教授的联名支持。在自民党“思考日本前途及历史教育青年议员协会”(由前述“青议会”更名,会长为前文部科学大臣中山成彬)内设立了南京事件小委员会(会长为户井田彻),2007年6月19日该委员会发表了“调查验证总结”,借用东中野修道等人的否定论调,宣扬“中国认为的‘大屠杀’只不过是政治宣传”,“已证实南京大屠杀是由东京审判虚构出的”[①]。甚至民主党内,由鸢尾英一郎等20名国会议员发起组织的议员联盟“验证民主党慰安妇问题及南京事件真实性会”也反对“东京审判史观”,抵制“以南京事件为首的宣传反日电影”,并邀请东中野修道、藤冈信胜等否定派做“验证南京事件的史实”的演讲(摘自“入会邀请”单)。

像这样由自民党政府、民主党国会议员组织官方委员会,公然对《旧金山和约》提出异议,并对内对外公开表明否定南京大屠杀的立场,这在日本战后历史上还是第一次。现在,外务省的主页上“政府对于‘南京大屠杀’

---

① 水岛聪:《映画〈南京の真実〉制作で見えた情报战の真実》,《正论》,2007年9月号,户井田彻:《〈南京事件〉の资料を“隐した”外务省》,(同前,该报道中还附加了《付录〈南京大虐杀は虚构〉自民党南京问题小委员会检证结果》)。

的见解”一栏中虽然写着“日本政府无法否认日军进入南京城后存在杀害众多非战斗人员以及掠夺行为”，但将来也有可能被否定言论取代。

拙著《南京事件论争史——日本人是如何认识史实的——》（平凡社2007年版），在明确阐述南京事件发生时知情的政府、军部领导者们与国民的信息及认识的差异、东京审判中压倒性证据证明南京事件的罪行等事实的基础上，整理了自20世纪70年代以来展开的所谓“南京大屠杀争论（南京事件争论）”的背景及其内容，论述了20世纪90年代中期有关南京大屠杀“是否存在”这一问题已经在学术层面上得到了解决。20世纪80年代后期至90年代前期，以南京事件调查研究会（1984年成立）成员为中心，在海内外开展的对南京事件史料和证言的发掘与收集有了飞跃性的进展，编辑翻译了9册资料集并出版，论述南京事件的起因、经过、结果及其历史意义等事件全貌的历史书籍也相继发行。从历史学的角度整理和论述南京事件研究成果的论著有藤原彰所著的《南京的日本军》（大月书店1997年版）以及拙著《南京事件》（岩波书店［新书］1997年版），也证明“争论”已经有了“结论”。这两本历史书籍所论述的南京事件的史实应该无法从学术上被否定，当然，在死难者人数、事件相关问题以及具体个案细节等方面，还需要通过今后众多的研究成果加以修正、增补。

因此，20世纪90年代后半期之后并不存在可以被称为“争论”的内容，因为否定论者只不过是歪曲已经得到证实的历史事实而已，所以从一开始就可以得出否定论就是谬论的观点。所谓批判，仅仅是揭穿“把有说成无”的具有蛊惑性的否定论者的诡计而已，并非学术层面上的研究性工作。限于篇幅，本文未拆穿东中野修道及北村稔（立命馆大学教授）等人的否定论诡计，具体内容请参见近期出版的拙作。目前出版的否定派的书籍之多令人眼花缭乱，歪曲、欺骗的手法大多在南京事件调查研究委员会所编的《南京大屠杀否定论的13种谎言》（柏书房1999年版）中得到梳理。近年参加“通向南京之路·史实维护会”的青年网友积极批判东中野修道、北村稔等人的否定论调，抗议大众媒体不负责任地散布否定言论，起到了watch－dog（监督者）

的作用。因此我也得以从批判否定派这种非学术研究层面的工作中脱身。[①] 希望这些网上的年轻人也能获得与否定派同样的媒体“传声筒”。

南京事件、日军“慰安妇”、冲绳战“集体自杀”等问题表明，由于企图歪曲、抹杀、忘却日军战争犯罪史的历史修正主义势力占据了自民党政府（一部分为民主党）的中枢，导致日本的民主主义处于危机之中。如前所述，自民党、民主党国会议员否定南京事件史实的活动，是重蹈随军慰安妇问题的覆辙，日本将与战时一样，遭到国际社会的强烈谴责。日本国民对于战争历史的认识处在危机状态，正如林博史在《历史学研究》2007年9月号上发表的论文[②]所揭示的那样，日本历史学界反应不强烈，在南京事件问题上处于“世界注目，历史学界沉默”的状态，但在国际会议上经常被问及面对日本国内历史修正主义者势力的扩大，“日本的历史学者、历史学界作何反应”这样的问题。

“这场争论（南京大屠杀争论）并非建设性的。由于争论的当事人对自己的判断深信不疑，从根本上不信任对方的判断，因此对自己的偏见置若罔闻而只批驳对方的偏见，用这种方式进行这场争论……相对于产生新的认识来说，只不过是加深了偏见而已。”[③]，在被认为是明智派的历史学者、研究者的书中这样的不屑情绪随处可见。然而，屠杀否定派希望的正是这种对“南京事件争论”的“旁观”态度。可以说历史学界、历史学者或者更广泛的研究者们的“旁观”和“沉默”，是对现在日本民主主义危机的漠视。

占据自民党政府中枢的历史修正主义势力歪曲、抹杀南京事件的史实是日本政治的现状，对这种现状抱有危机意识的律师、学者、教师、市民等成立了“南京事件70周年国际研讨会执行委员会”（代表为尾山宏），2007年在世界各地举办国际研讨会，让日本与世界人民一起行动，将南京事件留在

---

① 通向南京之路·史实维护会网址：http：//www. jijitu. com，电子邮件：fact_ keeper@ yahoo. co. jp。

② 林博史：《冲绳战“集团自决”への教科书检定》，《历史学研究》，2007年9月号。

③ 藤原归一：《铭记战争》，讲谈社［现代新书］2001年版，第32页。

人们的记忆中。因为“即使日本人忘记了南京事件，世界也不会忘记；即使日本认为（南京大屠杀）没有发生，世界也不会承认它没有发生。世界各国既不能忘记南京事件，也不会当作没有发生，因为绝不能让这种不人道的行为重演。只要它留在人们的记忆中，我们就会对它的重演感到恐惧”①。2007年3月30日，在华盛顿美国和平研究所举行了以“面对过去，促进东亚正义与和解”为题的第一次研讨会②；同年6月9日，在加拿大多伦多大学召开了以“日本研究者看南京事件70年”为题的第二次研讨会。③ 此外，还连续在佛罗伦萨（9月24、25日）、巴黎（10月1日）、斯德哥尔摩（10月5日）、德国哈雷（10月8日）、吉隆坡（10月27日）、首尔（11月2、3日）多次召开了研讨会。11月23日至25日，又在南京与南京大学、南京师范大学共同主办了学术研讨会，12月15日至16日在东京进行了国际系列研讨会的总结④，2008年3月18日、19日在马尼拉又举行了一场研讨会。

我认为，一系列国际研讨会的召开，将成为调动内外因素的契机，而打开日本社会对于战争和历史认识的闭塞状态以及民主主义危机的局面。

（原载《江海学刊》2009年第2期）

---

① 尾山宏：《今、なぜ南京事件70周年国际シンポジウムを企画したのか》，《法と民主主义》，2007年4月号。

② 《特集　南京事件70周年国际连续シンポジウム　过去に向き合い、东アジアの正义と和解を进める——アメリカシンポジウムから——》，《法と民主主义》，2007年7月号中汇报了研讨会成果。

③ 《特集　南京事件70周年国际连续シンポジウム③“南京大虐杀”と“从军慰安妇”问题——カナダ・トロントシンポジウムから——》，《法と民主主义》，2007年10月号中汇报了研讨会成果。

④ 2007年12月15日、16日于明治大学骏河台校区自由塔举行以“面对过去，东亚的和解与和平”为题的研讨会，详情请见 http：//www18. ocn. ne. jp/—nanjisy，执委会博客：http：//d. hatena. ne. jp/December2007/，电子邮件：nankin70@ ever. ocn. ne. jp。

论历史批评

陈 新

在汉语中，“历史批评”一词有可能带有两种含义，其一是对我们通常所说的作为过去之事的“历史”进行批评和评论，如西汉贾谊的《过秦论》；其二是对种种“史学”原则的评说和论述，如刘知幾的《史通》、章学诚的《文史通义》。在英语中，historical criticism 一词通常用在论及史学研究方法的文献中，它更多地涉及对史料的批判和对历史编纂法、史学认识、史学观念的批判。显然，在上述两种语境中，“历史批评”一词的使用存在着差异。它在汉语中的含义要更宽些，或者说更不精确，其原因就在于“历史/history”一词的使用在汉语中更为模棱两可。中国人习惯将“史”或者“历史”视为过去所发生的事，而在英语国家，人们使用“history”一词时，它所指的往往是人们对于过去发生的事所作的表述，套用现代汉语中“历史”的那种含义，它就更应译为“被叙述的过去”。

我们处在汉语的语境中，若论述“历史批评/historical criticism”这个主题，却不愿为这个主题加上“中国的”、“西方的”或者“中国古代的”这样的定语，那就是在表明，我们希望在下文对“历史批评”进行一种一般的、普遍的说明。这意味着，我们必须弥平“历史批评”一词在汉语和英语中存在的差异。

这是可以做到的。因为它可以基于当前的这样一种认识，即历史学家具有怎样的历史认识（一些学者所称的构成历史 II 的认识原则），就会构成怎样的“历史”（即过去之事，许多学者称之为历史本体，或者历史 I）。换句话说，“历史/history”的双重含义，即“过去之事”和“历史认识”可以融为一体，在这个意义上，历史认识之中蕴涵了一切与历史相关事物的本质特征。“过去之事”将被确定为某种“历史认识”表现的成果，它根本不可能是某种脱离历史认识的所谓“历史本体”。不过，“历史本体”作为一个理论预设，一个完美历史的理想，它却有必要存在，这不仅是因为它作为一种精神上的存在而实际存在着，而且它的存在还是历史认识的前提，同时为“历史批评”提供了合法依据。当一位历史学家认为自己在历史认识中获得的“历史本体”更为真实时，他和其他历史学家不同的认识原则之间存在的差异，就生成了历史批评的温床。

我们下面讨论的历史批评将围绕四个问题展开，历史批评：批评什么？谁来批评？为什么批评？批评的标准如何确定？在对这些问题进行理论探讨之前，让我们看看现实中学者们讨论的历史批评（包括史学批评、史学评论）是处于一种怎样的认知结构中的。

现有“历史批评”讨论中的认知结构

在当前的历史写作中，人们通常可以归入历史批评、史学评论或者史学批评的文献有如下类型。

1. 对历史作品（及其主题）的批评：如书评、商榷文等；
2. 对史学家的批评：如史学史研究中对某位历史学家的评论或批判；
3. 对史学思潮的批评：如对某个史学流派、某种史学思潮的评论；
4. 对史学理论问题的批评：如对历史客观性等史学理论问题的评论。[①]

---

① 此处的讨论，参考的文献有徐松巍《关于史学评论的几点思考》，《史学理论研究》1992 年第 4 期；游翔《史学批评若干基本问题研究》，《湖北大学学报》1994 年第 6 期；雷戈《史学批评学论纲》，《史学理论研究》1997 年第 3 期；邓鸿光《论史学评论的标准》，《学习与探索》1999 年第 6 期；张晓校《史学评论：史学研究中不应有的薄弱环节》，《北方论丛》1998 年第 2 期；白云《史学批评与史学发展》，《学术论坛》2000 年第 2 期；周祥森《1997 年—1999 年史学评论状况评析》，《史学月刊》2001 年第 2 期；邓鸿光《对史学批评性质与作用的再思考》，《华中师范大学学报》2000 年第 4 期；陈士军《史学评论散议》，《北方论丛》2006 年第 6 期；郭超《史学评论的价值标准》，《河南师范大学学报》2007 年第 4 期；李庆祥等《当代中国史学评论理论的研究述评》，《唐山师范学院学报》2008 年第 1 期；瞿林东《谈中国古代的史论和史评》，《东岳论丛》2008 年第 4 期；张越等《史学批评与史学发展》（笔谈六篇），《河南师范大学学报》2008 年第 6 期。

作品、史家、思潮、理论，这是一个由具体而抽象的序列，它们构成了当前历史批评的对象系统，属于我们习惯上所称的认识客体，而认识主体自然是批评者。因此，我们可以将现有“历史批评”讨论的认知结构图示如下：

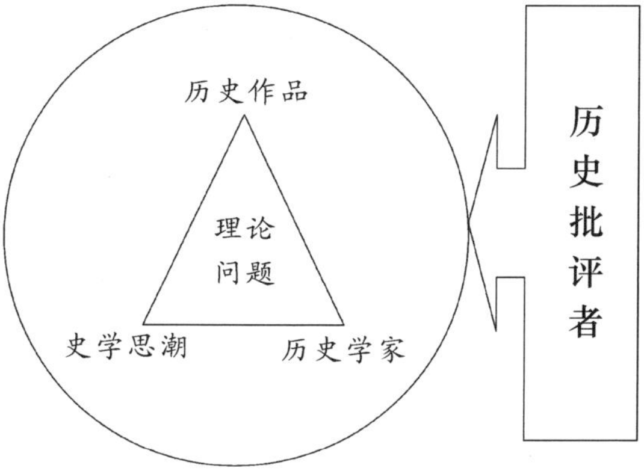

图1　现有“历史批评”讨论的认知结构图

在这个结构中，对象系统的四个要素是彼此关联和贯通的：例如，历史学家是某部历史作品的编纂者、某种史学思潮的体现者和某个理论问题的解释者。在理论问题上采取不同的态度往往是我们分辨历史作品、历史学家和史学思潮之特征的根据，因而，它可以安置在这个对象系统的核心位置。总体而言，这是一个简单的二元结构，尽管在历史批评的对象系统中包含了四个要素，但它不会改变现有历史批评的讨论中体现出的整体认识结构基本的二元框架。

我们太习惯这种二元结构了。认为历史批评包含的是客体和主体的对立关系，这似乎更容易明确主体（历史批评者）的位置，从而令人感受到主体发挥其主观能动性，通过历史批评树立各式新标准的这一过程。因为有了这样一种认识，不少史学家呼吁，历史批评（或史学批评、史学评论）理应成为一门相对独立的历史学分支学科。

在当代的学科制度下，成为一门专业学科意味着可以有一批专业人士从事这一专门领域的研究；历史批评者和他的批评对象在上述认知结构中可以得到清晰认定，这自然为历史批评学科的确立提供了可能。可是，我们下文会证明，这个历史批评的二元结构多少有些简单化，而为历史批评争取一个专门学科的位置，其实矮化了历史批评在历史学实践乃至整个社会实践中的真正地位。让我们回到历史批评最根本的问题。

历史批评的核心问题

对历史批评做理论分析，所关注的问题不外乎以下几个：历史批评要“批评什么?”“谁来批评?”“为什么批评?”“批评的标准如何确定?”这些是历史批评的核心问题。

差异与认同无疑是回答这些历史批评核心问题的关键词。

差异是批评之母；批评为的是表达异见，或者说试图建构新的认同，这种认识不难获得。历史批评所要批评的与其说是作品、史家、思潮、理论，不如说是批评者不可接受的差异。也正是对差异的感知，使得一位普通读者上升为历史批评者。他/她力图将阅读过程中存在的自我与它者之间的冲突化解，并通过批评将这种化解的结果传播出去，期望在新的阅读群体中建构新的认同。

对于“谁来批评?”这个问题，理论上，任何人都有权利充当批评者，因为无论此人是否接受过专业历史学训练，他都会有自己的历史观。我们称之为外行的多数人可能会放弃对于历史的批评，那是因为他们对专业化的尊重和确信使得自己将批评的权利让渡给了他所认同的权威——历史学家和其他知识分子。

让我们在历史学的学科内部来考虑这个问题。对于“谁来批评?”我们可以换一个视角来思考。有没有不包含批评的历史文本？有没有不进行批评的历史学家？我们若是能够说明一切历史文本①之中都包含着历史批评，那就表明所有的历史学家都介入了历史批评。

① 书写文本之外，包括有关历史的谈话、授课等以声音的方式流传的文本。

我们在现有的学术资源中可以获得这种论证。20 世纪 50—70 年代，在西方有关历史叙事的研究中，对于是否存在不包含意义表达的叙事语句进行了深入的探讨，其结论是，类似于沃尔什提出的在叙事中区分平淡叙事与意蕴叙事的观点难以成立；即便是历史学家们进行最客观、最朴素的事实陈述，其中也不可避免地会带入历史学家的主观意识和价值判断；并且，史学理论家有充分的理由证明，那些只认为自己在建构事实的历史学家（如考据学家），实际上在表达历史的哲学意义方面要比他们自认为的做得更多。[①] 历史文本中意义的呈现与其表述者的主观性之间的关联，我们在此无须赘言。我们甚至可以说，意义和主观性某种程度上就是差异的另一种表现形式。那些我们认为是客观的历史事实，根本上就是在历史学家群体之间不再存在差异和争议，不再会产生批评，也不再能够成为意义和主观性之载体的东西。然而，我们最终获得了这样的客观事实吗？如果是的话，那么历史学研究也将随之终止。既然没有人可以确定某个历史学研究的主题是无须叙述便能够确立的，那么，又有哪一个历史文本不是在叙述的同时进行论证，即用批评以往研究或观点的方式来澄清事实或建构事实的呢？

在对于具体问题的史学研究中，存在着大量的批评。例如，布罗代尔的《地中海与菲利浦二世的地中海世界》、雅克·勒高夫的《圣路易》、余英时的《朱熹的历史世界》等等，哪一部历史作品会不包含作者对于相关历史主题研究的态度和立场呢？这种态度和立场的表达，是要证明作者正在为该主题的研究带来新的内涵；标新立异定是在批评的基础上完成的，尽管某些作品中可能并不将所破之“旧”、所弃之“同”呈现在批评的文本中，但我们也不难分析出历史学家的写作是以批评作为其前提的。

---

① 相关论述可参照沃尔什《历史哲学导论》，何兆武、张文杰译，北京大学出版社 2008 年版；W. H. Walsh, “Truth and Fact in History Reconsidered”, *History and Theory*, Vol. 16 (1977), Beiheft, 53—71。对该主题的综述性的分析可参见拙文《叙述主义历史哲学》，载《西方历史叙述学》，社会科学文献出版社 2005 年版。

柯林武德曾经对历史批评做过较为细致的分析，他的一个结论是："史学批评家和历史学家两个词是同义词。"① 历史批评家必定有能力分辨良史和莠史，对于不断提出新的历史解释的历史学家而言，也是如此。他们提出新的历史解释，一定是认为自己正在提出的这种解释比原有的解释更好，这之中蕴涵的批评原则，与史学批评家具有的原则毫无二致。

每一位历史学家在进行研究和写作时都在实践历史批评的职责，由此推论，历史学研究的目的也自然而然成为了历史批评的目的。柯林武德赋予历史学以认识人类自己这样一个宏伟的目的，虽然我们不必将它直接嫁接在"为什么要历史批评?"的回答之中，但历史批评的存在，却是以追求更完美的历史认识作为自己的目标。

留下来的问题是，"什么样的历史认识是更完美的历史认识?"或者将这个问题上升为"什么样的历史批评能够实现人类对自我的认识?"这些问题回答的同时将是"历史批评的标准是什么?"在柯林武德的讨论中，问题乃是"何谓良史？何谓莠史?"

有关历史批评的标准的问题是历史批评过程中的核心问题。因为假定A标准是历史批评的标准，那么历史批评就是把握了A标准的历史学家为了使历史学研究满足A标准而对于未满足A标准的批评对象进行的批评。良史正是具有历史学本质特征的东西，也就是我们在此所说的A标准。这样，历史批评的核心问题与历史学理论的核心问题就合为一体了。

在本文中，我们不需要再回答历史批评的标准到底有哪些，因为过往有关史学理论的所有研究，都可以说是在探讨或阐述历史批评的标准。例如，托波尔斯基在《历史叙述的真实性及条件》中认为，历史叙事中存在一个纵向结构：历史叙事表面的清晰事实层A、与事实层A相关联并能够得到叙事文本之外的证据支持的事实层B、作为深层的理论层。托波尔斯基的结论是：一个历史叙事的真实性总体上取决于其理论层次的真实性。

---

① R. G. Collingwood, *The Idea of History*, Oxford, 1993, p. 342.

虽然事实层陈述的真实性也很重要，但是，如果我们将自己限制在事实层内，我们至多就单独使用的单个陈述的真实性得出一种统计性结论，而不能得出结论说一个作为整体的特定叙事是真实的。[①] 如果历史批评者持有托波尔斯基的观点，他就会以这样一种历史真实的观念去充当历史批评实践中的准则，不满足于历史批评对象表面上的事实陈述，而要更努力去判断它深层的理论建构是否能够支撑起历史叙事整体上的真实，即一种史观的真实。

托波尔斯基指出："并不是每一个历史学家都明确地提出一种确定的普遍理论，但每一个历史学家，即使他声称要简洁地表述而不承担评价的责任，他都涉及一种确定的有关人与世界的看法。"[②] 这种观点也曾经在海登·怀特于1973年发表的《元史学：十九世纪欧洲的历史想像》中得到证明。它与历史批评的标准之间存在的关联就是：既然每一位历史学家都有着自己对于人与世界的看法，由此奠定自己的理论或历史认识原则的根基，那么，个体的自我中心主义就将使得历史批评的标准堕入相对主义的深渊。恰恰是在理论和认识上存在的相对主义，我们不可能对历史批评的标准做出精确的规定，不过，这并不意味着我们面对多重标准会茫然不知所措；每一位历史学家，都会根据自己的主观倾向在其中做出自己确定的选择，从而逃出相对主义的困境。

在实际的历史研究中，历史批评会遇到如下问题：（1）谁有权利进行批评？（2）谁有资格进行批评？

对于一位从未经过专业历史学训练，甚至是目不识丁的人，如果要去批评先秦史研究，我们可能会认为他有权批评，因为谁都有胡说八道的权利，而先秦史家也有忽视他的批评的权利；我们往往不会认为他有资格批评，因为这种资格事实上会是先秦史家们共同约定的"家法"，或者史学研究的基本

① Jerzy Topolski, "Conditions of Truth of Historical Narratives", *History and Theory*, 20 (1981), pp. 47—60.

② Ibid..

规范。“家法”和规范就共同构成了这类批评的起步标准。可是，如果此人的言论是“先秦史研究离现实生活太遥远，毫无用处”，我们可就无法将他视为没有资格进行批评的人了，因为此时，资格的内涵却是：我们进行的实践活动应该有利于现实。或许我们认为此人的认识浅薄，但他正是以自己在生活中的实践效果来充当批评的标准。面对这样的批评，历史学家需要提出反批评，而不是保持高高在上的姿态加以回避，更不能以一种讥讽的口气说一句“历史研究确实无用”，背后再加一句“无用乃为大用”。我们可以否认此人的批评是一种“历史批评”，毕竟什么是“历史的”这个问题，是需要在历史学实践中给予规范的。

事实上，历史批评的标准从来都是我们心中不断生成和变化着的那个有关历史学的理想。作为历史批评对象的那些已经完成的历史作品、已经表述的史家思想、已经流行的史学思潮、已经给出的理论回答，它们都是历史学实践的产物。实践与理想的差异，恰恰是促成历史批评、推动历史研究的根本动力。至于这个理想具体是什么，那与回答何谓良史、何谓历史的本质仍然是同一的。

历史批评等同于历史研究

我们如果仿照托波尔斯基的做法，简单地将历史研究分为事实研究和理论研究，那么，考据学家、历史文献学家，以及针对特定历史现象和事实进行研究的历史学家，他们就在事实的层面实践着历史批评的职责；而对于一切历史文本中涉及的理论问题，则有史学理论与史学史家实践批评的职责。历史批评的核心问题所涉及的批评对象、批评者、批评目的、批评标准，也正对应了历史研究中的研究对象、研究者、研究目的和研究准则。因此，我们认为历史批评完全等同于历史研究。我们不需要再有一个专门学科来完成历史批评的工作，致力于将历史批评或史学批评、史学评论培养成历史学科中的一个分支学科，这完全没有必要，因为历史批评已经融入整个历史研究之中，成为它的灵魂。不过，历史学家们却有必要在历史研究中对历史批评有着充分的自觉，它是作为理性思维支撑的学科所必需的，在此意义上，批评与反思又有着共同的内涵。

面对前文图示的那个历史批评的二元结构，它的重要缺陷就在于以一种静态的方式截取了历史批评过程中的一个断面，这好比飞矢不动的悖论。在实践着的历史学研究中，我们看到，无论是事实层面的批评还是理论层面的批评，历史批评都在实践它的标准。如果这种标准同时是历史认识的原则，那么历史研究的具体实践同时也是历史认识原则进行调整和修正的依据，若非如此，我们就需要证明历史认识的原则乃是取自历史研究之外了。这是一项不可能完成的任务。

不可否认，历史批评的过程同时也是历史认识的过程。历史批评者事实上无力承担历史终结者的任务，这就意味着，历史批评者无法将自己置身于被批评者之外。被批评不仅包括被其他历史学家批评，也包括自我的批评。历史批评者在依据理想的标准进行批评之时，也在建构历史，同时促成新的历史批评对象系统的产生。如果说历史学科中的知识生产是在历史批评中实现的，这并不为过。在整个历史研究或历史批评系统中，对于史学理论或者历史批评标准的任何讨论，都不可能脱离它要批评的对象，而这个对象的存在有其历史性①，所以我们可以认为，在当前学科体制下作为历史学二级学科的史学理论与史学史，乃是历史批评的典范，它更容易将历史批评的内容（事实）与形式（理论）彰显于外。

抛弃前述历史批评的二元认知结构，我们可以用另一个历史研究或历史批评共有的结构来替代它。图示如下：

① 例如在讨论历史真实性的问题时，我们不可能抽象地谈论它。我们唯有论及修昔底德如何表述历史真实、伏尔泰如何看待历史真实、沃尔什如何批评某些具体史家持有的符合论真理观等等，才可能进行言说。

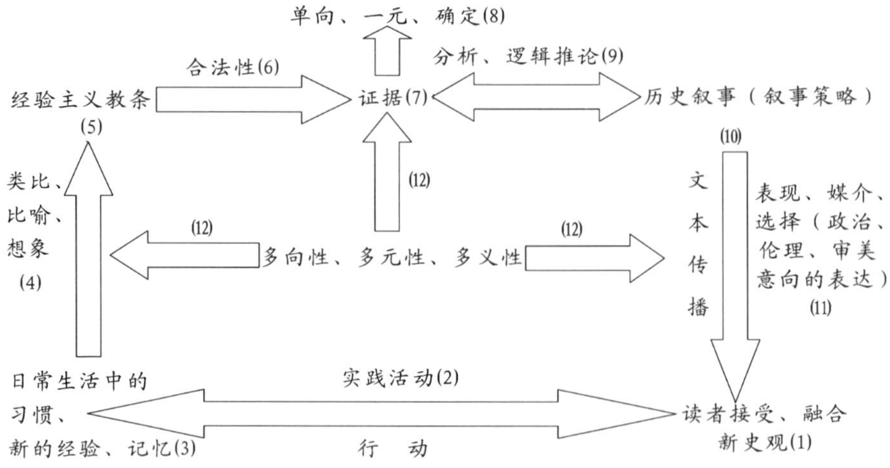

图 2　历史认识形成过程结构图

在这幅历史认识形成过程的结构图中，我们描绘的是整个历史研究的认知结构，它是一个历史认识生成的动态循环。其中的每一个环节、每一个要素都处在历史学家进行的历史认识过程中，因而不会呈现那种认识客体（对象）与认识主体的二元对立。

在这个历史认识过程中，每一个环节都可能激发起历史批评。由于历史学家自身也处在这个历史认识的循环之中，他/她进行的历史批评便不过是促成其历史认识进展的一个事件。

传统的历史认识结构是一个比较粗糙也不够健全的结构。在其中，历史学家的注意力集中在对于从证据到历史叙述这个过程的分析，例如史料搜集与考证的原则、历史分析和解释的方法、历史编纂的规范；至多在论及历史学研究作为整体对于社会的效用时，还会讨论史家的素养与历史学社会功能的实现方式。因此，我们看到许多历史学家在谈论历史批评的标准时，所谓的事实标准、学术标准、价值标准、社会标准，等等，都暗含着历史批评者掌握了这样的标准。可我们无法断定有哪位历史批评者是持有这种标准的，我们知道的只是他持有他个人认可的事实标准、学术标准、价值标准、社会标准，等等。

在历史认识生成和变迁的动态循环中，对于个体认识者而言，循环是从读者开始的。历史学家（或历史批评者）首先曾是一位读者和接受者（1），他/她根据自己接受的史观在社会生活中开始自己的实践（2），形成习惯、获得经验、保留记忆（3）；然后从这些杂多的习惯、经验和记忆中，通过类比、比喻和想象（4），形成自己的经验主义教条（5）；史料之所以能够成为证据，其合法性依据便是这种经验主义教条（6）；一旦史料成了证据，这意味着它就与某个历史研究的主题关联在了一起（7），这种史料原来具有的多样解释的可能性就在这种关联中被确定化了，成为一元的和被确定了的（8）；在证据确定的前提之下，历史学家依据理性和逻辑的原则进行历史分析（9），编纂构成叙事，同时会采取各种叙事策略和表现方式（10），向他/她的理想读者表达自己的政治、伦理和审美的意向（11）；而读者却是以自己原有的史观为理解的前提，来接受新的历史文本，从而构成自己新的历史认识、新的历史观（1）。在这个循环中，有三个环节具有多向性、多元性和多义性（12）的认识可能，认识者经过选择，将多种可能性中的一种现实化来完成这个认识过程，同时也通过这种选择来克服多向性、多元性和多义性带来的相对主义。

这幅结构图只是笔者对历史认识形成过程的理解，它不可能是一个完美形态，需要面对他者和自我的批评。通过这幅结构图，笔者只是希望读者大致可以知晓每一位历史学家在自我的历史认识生成过程中会遇到哪些环节。很明显，其中的每一个环节所涉及的内容及其理解和解释，在不同的读者或历史学家之间，甚至在同一位历史学家的不同阶段，都可能存在差异，这也就为历史批评敞开了无限的可能。

反思与批评从来都是促成历史学研究继续的动力，历史学家们若是在自己的史学实践的每一个步骤和环节中，都时刻怀着反思和批评的意识，那么，历史批评在历史研究之中就不止是历史研究的某个组成部分，而是历史研究的全部了。

（原载《江海学刊》2009 年第 4 期）

改革开放以来中国对外战略思想

——意识形态基础、根本战略纲领和当今所遇挑战

时殷弘

自从30年前邓小平启动富含伟大创新性的改革开放、特别是1992年他所作的锐意改革的南方谈话引发中国经济持续腾飞以来，中国已经发生了种种巨大的社会、经济和政治变迁。在这背景下，可以概览和分析中国对外战略的基本方面，理解与先前相比中国对外战略在基本思想和实践上有什么主要的新特征。

一

这里将侧重于思想，包括对外战略思想的意识形态基础和根本纲领的分析。可以发现，中国当代最高领导（从邓小平经江泽民到胡锦涛三代最高领导）的意识形态有了一种新的和有益的复杂性。他们怀抱的“传统”意识形态作为他们的对外政策方向的基本因素之一，由三大成分构成：第一，传统的中国共产党人意识形态，特别是马克思主义、列宁主义、毛泽东思想的国际关系视野和国际关系信念；第二，中国的爱国主义，或者说中国现代激进民族主义；第三，“现实政治”意识形态，或曰关于国际政治和对外政策的现实主义思想，当然那远不是中国人或共产党人独有的。

现在，一种可称为“新国际主义”的新成分早已添入了他们的意识形态系统，那是在全球化和中国愈益卷入世界体系的大背景下浮现和发展的。这种“新国际主义”的主要特征，表现为较迅速增长着的一些特定的诚信——

通常真诚地相信和致力于那些出自各国合理的共同需要的多边合作、国际组织和国际体制，并且相信有益的跨国非政治交往，既是鉴于它们对促进中国国家利益的助益，也是鉴于它们本身被认为具有内在价值。“新安全观”和“和谐世界理念”等颇大程度上可以被认为是这一“新国际主义”的体现。此外，还有得到中国媒体大量宣传和学者众多讨论的中国外交的“多边主义”。① 显而易见，中国的世界政治观已经部分地（当然只是并只应当是部分地）有如国际关系思想史上的“理性主义”或“自由国际主义”，既承认总的国际无政府状态和国家间常见的利益歧异甚而利益对立，但是同时也理解到甚至强调与之并存的、有规范和双赢或多赢的国际/跨国交往，认识到甚至强调世界政治中各国的那些共同利益、共同价值观念和共同规范起着重要作用，并且应当起更大的作用。

同样，与毛泽东时代相比，邓小平以来的中国最高领导怀抱的中国现代民族主义的总的“烈度”业已逐渐减低，除了在中国对自身边疆领土的主权和疆域完整性问题上。由此而来，“烈度”减缓了的民族主义可被定义为“讲求实际的民族主义”，它的特征和它与中国民族主义其他基本形态的区别已得到了较好的展示和分析。② 不仅如此，伴随着改革开放以来（特别是 1992 年邓小平南方视察以来）中国的综合国力迅速增进、国际影响迅速增大、在世界政治经济中的地位迅速提升，加上中国的主体面貌和主体素质的巨大进步，在中国最高领导连同中国公众怀抱的中国现代民族主义当中，激愤情感、造反精神及其部分思想产物——源于中国先前经受外部凌辱和经历剧烈革命——越来越被雍容的自信、审慎的自豪、大战略式的展望以及信心和耐心兼备的“风物长宜放眼量”的胸怀取代。

① 参见秦亚青、朱立群《新国际主义与中国外交》，《外交评论》2006 年第 2 期；时殷弘《中国的变迁与中国外交战略分析》，《国际政治研究》2006 年第 1 期；郭树勇《从国际主义到新国际主义》，时事出版社 2006 年版。

② Suisheng Zhao, “Chinese Nationalism and Its Foreign Policy Ramifications”, in Christopher Marsh and June Teufel Dreyer, eds., *U. S. – China Relations in the 21st Century*, Lanham, Maryland: Lexington Books, 2003, pp. 63—84.

与此同时，中国最高领导的“现实政治”或现实主义意识形态也增添了某些新内涵，亦即与先前相比，他们的“国家利益”观念在颇大程度上“国际社会化”，即他们心目中的“国家利益”的颇大一部分与国际社会共同利益融合或同化。不仅如此，与中华人民共和国成立以后的毛泽东领导时期相比，中国最高领导的根本战略行为特征尤其反映出他们的现实主义意识形态成分的愈益成熟和内在均衡，连同与此相关的根本实践技能的显著优化。这特别表现在改革开放以来的中国大战略目的方面。他们确实在非常复杂和富有挑战性的内外环境中做到了可谓至为重要的一点，那就是国家根本目标应当具备合理、明确、平衡、有限、集中和充分这几项战略性素质。其中，平衡、有限和集中尤为关键。改革开放以来的实践表明，他们深谙国家的多种利益间常有或大或小的紧张、竞争甚或冲突，要确定合理的国家根本目标，就需要尽可能合适地平衡这些利益，即对它们各自打上合适的“折扣”，使之构成一套内在动态平衡的战略目标体系，并且使根本战略目标既拥有明确的优先地位，又不过度损伤其他重要目的。他们在国内外各种严重干扰中，殊非容易地避免了目标的“过度伸展”和“不足”，做到既恰当地“韬光养晦”，又恰当地“有所作为”，从而在一个特别重要的方面保证了中国的持续崛起。① 未来的历史学家很可能断定，改革开放以来的中国最高领导就根本的“现实政治”而言富有优秀的思想、方略和国策表现，总的来说不亚于中外战略史和“现实政治”史上那些格外杰出的国务领导和政治统帅。

改革开放以来中国对外战略思想的意识形态基础是真正科学的、讲求实际的和富有道德的。这集中表现在其中晚近新添的一个有颇大综合性质的要

① 参见近来英国《金融时报》和路透社就当今形势下中国这一对外战略特征表现所作的几篇切实的评论：Geoff Dyner, “Beijing Hesitates at the Global Threshold”, *Financial Times*, November 21, 2008; David Pilling, “Foreign Policy: Assertiveness Alongside A Message of Peace”, *Financial Times*, November 21, 2008; Chris Buckley, “China Weights Assertion and Caution in U. S. Shadow”, *Reuter*, January 20, 2009.

素——和谐世界理念上。[①] 这个理念首先是基于世界政治的基本性质正在经历的变迁。它们包括：与过去的历史时代相比，战争作为国家利益的有效工具的价值已经并继续在迅速衰减，国际关系的日常首要问题越来越从领土—军事安全转向经济问题和软权势问题，国家在经济、文化、外交和道义影响方面的表现一般来说越来越比它们的军事表现重要，国际经济互相依赖的程度和影响愈益增大，全球范围内国家（特别是大国）内部社会形态、基本价值及主要政策观念在保持异质性的同时，显著增多同质性，同时各种跨国的非传统威胁和全球性共同问题愈益突出。也就是说，“和谐世界”并非纯属空想或理想，而是世界政治的基本性质中正在发生的一类重大动向。这一点在科学意义和历史方向意义上最为重要，尽管在未来并非全无可能发生世界政治性质的某种反向变迁。

和谐世界理念讲求实际，不仅是上述科学实际，而且是中国的国家利益实际。因为它基于当代中国和平发展的行之有效的伟大实践经验，基于中国切实的利益需要和为此而进行的明智的战略选择。自改革开放以来，中国的崛起在绝大部分时候和绝大部分方面压倒性地依靠和平的国际交往，依靠广义的“软权势”，特别是和平贸易、国际协商和“微笑外交”。[②] 这在改革开放以来的中国对外关系记录中极为显著，无可置疑。虽然此类经验的一大动因（同时也是一大结果）在于前面所说的“新国际主义”，但是它至少在同样大的程度上也出于根本的战略权衡，因为积极弘扬它可以获得重大裨益。这首先是因为与和谐世界理念难分难解的中国和平发展战略，该战略如下所述，具有了不起的裨益，包括最少引发强烈阻力、最小化成本和后果方面相对最可接受。与此相关的一项基本的战略常识在于：在国际政治中，经宣告的基本态势、根本祈求和政策宣示方式与具体的政策行动一样重要，甚至往往更加重要。

---

① 这里关于和谐世界理念的论说大致沿用时殷弘《成就与挑战：中国和平发展、和谐世界理念与对外政策形势》，《当代世界与社会主义》2008 年第 2 期。

② “Smile Diplomacy”, *The Economist*, March 29, 2007.

与美国等西方大国的世界秩序观大相径庭，和谐世界理念代表了中国政府和人民关于世界政治的应有面貌的价值观，宣示了中国自己的世界秩序理想。这价值观既有历史传统渊源，更有现当代渊源。在现当代渊源中，最重要的是分别以毛泽东和邓小平为首要代表的两代中国共产党领导人关于国际秩序的现代正义信念，连同他们的重要国际政治经历；主权独立、国家间平等和民族自决成为他们从现当代西方思想中选择出来的最重要原则，弘扬中国以及所有其他弱国的应有权利和正当诉求构成他们最重要的政治作为之一。强国无权干涉弱国内政，各国人民有权自主发展，国际争端的合理解决办法在于平等协商，而非任何形式、任何理由的强权政治，世界政治经济和国际/跨国关系中的种种重大难题尤其需要广泛和平等的国际合作：这就是当今中国政府主张或赞同的国际政治的最根本规范，也是和谐世界理念的核心内涵。

二

经过改革开放，中国对外战略思想的根本纲领有了变更。它可以最简要地概括为和平发展。和平发展在最起码的意义上直接地意味着两件事情：第一，中国要发展成为世界强国；第二，中国要成为世界强国而不经过强国间的全面战争和强国间经久的冷战对抗。与此同时，和平发展还在几乎同样起码的意义上比较间接地意味着第三件事情：中国要争取成为的是可持续的头等强国，而不是先前世界现代史上屡见不鲜的迅速崛起而后迅速跌落者。不经过强国间的全面战争和经久冷战对抗的和平发展，很大意义在于避免这两种代价（直接和间接的、短期和长期的多方面代价）可能非常巨大的事态，这不仅是达到头等强国地位的需要，也是经久维持这一地位的需要。

和平发展有明显的根本大战略裨益。和平发展在绝大部分时候、绝大部分方面压倒性地依靠广义的“软权力”，即和平的、非军事的权势资源和权势行使。所有这些力量的特征在于非暴力伤害性、渐进累积性、广泛弥漫性以及很大程度的互利性，相对而言最不易阻挡、最少引发强烈阻力、成本最小化和后果最可接受，因而兼具有效和合算这双重好处。[①] 不仅如此，在世界政治的很大部分变化着的基本性质中，和平发展有颇为坚实的基础。如前所述，与先前的历史时代相比，世界政治的基本性质正在经历重大变迁。在这变迁中，和平发展符合世界政治的基本潮流，具有获得伟大成功的相当大部分的根本保障。

在和平发展这一中国对外战略思想的根本纲领之下，“经济外交”在中国对外政策中变得越来越显著，其运用的频度和突出程度近年来近乎急剧增长。起初，它的最显著的例子是对美经济外交，尤其是几度反复进行的、政府主持下对美国工业设备和民航客机的巨量特别采购，首先是为了重大的政治和战略目的。不久后，还开始了类似的、以巨量特别采购为主要特点之一的对欧经济外交。对美国和欧洲的经济外交随着中国经济的迅猛发展和它们在金融、贸易、投资等方面急剧增长的对华依赖，已经与其他一些原因一起，导致例如美国新总统奥巴马公开表示对华关系是美国最重要的双边关系；同样相当重要的还有中国与俄罗斯之间结构特殊的经济关系，以俄制先进武器装备的售买和争取俄罗斯对华长期能源供应为其压倒性的主要内容。它们对中国有着重大的战略意义。与此同时，近几年中国对分布于几大洲的一些有大量能源及原料资源、或在地缘政治和外交意义方面重要的若干发展中国家的经济外交也愈益显著和范围大增，并且成为常见的国际政治和国际舆论话题。

一定意义上可以说，在某些格外困难和久经周折的问题上，按其情势具体贯彻中国对外关系中的和平发展战略尤为紧要，也尤其能够表现它内含的坚定不移、富有耐力和因势利导特征。当代中国面对的朝鲜半岛问题就是其中特别突出的一个。无疑，中国近六年来就朝鲜核问题屡遭艰难和挫折，而且这样的经历大概还会持续下去。然而，它们需要被置于更广的视野和更深

---

① 本文作者在四五年以前已经如此指出了和平发展（当时称“和平崛起”）的根本大战略裨益，见时殷弘《中国和平崛起只是可能不是必然——从对外关系角度论中国崛起的条件》，《中国与世界观察》2005 年第 1 期。

的“景深”中，那就是与中国的和平发展及其半岛政策表现密切相连的区域地缘政治经济全局，连同其长久未来。由此呈现出来的图景显得对中国有利得多。最具决定性的大事态是中国近年来崛起为具有巨量国际经济联系的巨型经济大国，并且由此具备了规模和可有效能非先前可比的区域政治影响资源。它将少可怀疑地导致一个前景，即中国迟早将成为对朝鲜半岛影响最大的国家。

尽管未免有某些失误和缺陷，但中国多年来的对朝和对韩政策行为从主要方面看，仍然颇有利于中国的半岛影响力的保存、积累和建设。中国坚持不为朝鲜非核化而全然疏离朝鲜，在对朝关系受损后寻求一切机会争取关系回暖，以格外的毅力长期忍耐出自对方的困难；中国持之以恒地以最大援助国身份援助朝鲜，同时操作对朝贸易和投资，在朝鲜的经济交往国行列中遥遥领先。对于韩国，中国一直积极发展经济关系，以致成为韩国的最大贸易伙伴，此外，还控制和致力于消减中韩间的历史争执以及其他一些争端，并且近一两年来谋求进一步发展两国间的政治关系，特别是2008年5月与韩国一起，宣布将中韩关系提升为“战略合作伙伴关系”。中国对朝韩两国大致可谓“齐头并进”的政策努力提示，中国在以几乎特有的耐心和耐力，“从容”追求自己在半岛与其和平稳定和经济发展密切相连的长远利益，并且保持和拓宽未来的政策选择余地。“路遥知马力”：这句中国成语是对半岛国际政治未来和中国和平发展战略的最好比拟。①

如前所述，和平发展部分地基于世界政治基本性质的变迁。然而，这变迁虽大但仍有限。权势政治依然是当代和未来可预见的世界政治中的一个重大维度，政治经济学意义上的核心—外围关系和世界资本主义体系深刻的内在矛盾也同样如此。战争的价值衰减趋势远远没有发展到使之消除殆尽的地步。领土—军事安全仍有重大意义，先进的武装力量和坚强的国防意志仍是在军事强权等类安全威胁面前捍卫自己的一种必需。不仅如此，在全球化、

① Shi Yinhong, “China and North Korean Nuclear Issue: Competing Interests and Persistent Policy Dilemmas”, *Korean Journal of Defense Analysis* (forthcoming in early 2009).

发达强国和跨国资本面前，发展中国家还有着诸多固有的或新增的易受伤害性。对此，改革开放以来的中国政府和中国人民没有忘记，没有轻视，同时也懂得不应粗糙简单地予以对待。

粗略地说，改革开放的根本精神或首要经验大概就是与时俱进，或曰经过创新性的调整去适应时代变迁和世界变迁。“创新适应”（creative adaptation）是最重要的战略素质，对内和对外两方面俱如此。就当今中国而言，它的一个根本前提，在于发现和辨识改革开放以来与伟大成就并存或交织的重大瓶颈问题，特别是经济内在平衡、社会公正和生态保护，连同当前由美欧金融危机和美欧日经济衰退最突出地表征的世界政治经济文化的变迁或变迁趋势。可以注意到，最近一两年来，在中国的对外政策成就硕果累累、国际影响和国际作用迅速增长的同时，中国在世界上遇到的新麻烦多样化增生，并且分散化表现。其中，金融、贸易、生态、“全球公民社会”等领域的若干重要的晚近事态可能预示某些长远的新动向。假如我们局限于过去造就了伟大成就的基本判断和战略，使它们成为过于固定的，而没有记住世界政治大局和潮流的能动性，没有记住适应这能动性的必要，没有高度具备勇于实验、敏于调整的战略素质，那么我们有可能陷入一两代或两三代人时间里先盛后衰的局面。

在巨著《历史研究》中，大思想家阿诺德·汤因比依据对世界众多文明的漫长历史的统一思考，着重地讲过类似的道理：文明的“成长是个连续的过程。挑战—回应运动成为一个自我持续的系列，如果每次成功的回应都激起一种要求新的创造性调整的不平衡”；“停滞了的社会曾赢得了这第一轮（生成性的创新），但由此保证了它们自己在下一轮的失败”，因为“它们造就了倔强难御和僵硬不灵的体制，后者阻绝了任何进一步的社会发展”；“成长的秘密……就在于：从长远看，最佳的挑战必定是不仅刺激被挑战方实现单独一次成功的回应，而且也刺激他取得一种冲力，那承载他再向前一大步：从现有成就进至新的斗争，从解决一个难题进至面对另一个难题，从短暂的停滞进至重新运动”；要如此经久不息，不断发展，“就必须有一种锐气，它承载被挑战方经平衡进入失衡，那使他面对新挑战，并且由此激励他做出（创造性的）新回应……如此反复不已”。援引埃斯库罗斯的著名古典悲剧，汤因比将这锐气——为有创新性调整以成功回应新挑战而必需的锐气——称作“普罗米修斯锐气”（The Promethean élan）。①

三

最简略地说，历史性成功的根本保障在于“普罗米修斯锐气”。目前和今后一段历史时期里最重要的，就是要在力保中国经济较高增长速度和坚持改革开放的同时，鉴于中国内外瓶颈问题的一大共同来源，以胡锦涛主席倡导的科学发展观为纲，努力转换现有的经济发展模式，使中国的发展成为真正健康和确实可持续的。跨过了这个大门槛，中国就能在世界政治中继续大幅度腾升。这一根本任务或根本挑战也在本质层次上关乎已有诸多谈论的中国“软权势”问题。狭义的或原本意义上的软权势是指生活方式、价值观、体制功效、社会面貌、国策纲领、行事方式等的吸引力或鼓舞力，连同从事吸引、鼓舞和柔性影响的技能。足够强烈和经久的构建以及发展这种软权势的意识至关重要，因为它首先能够使它的持有者更多更久地关注他们自身社会的素质、面貌和形象，从而大有助于使这些变得对他们自己有鼓舞力，并对其他国家人民有吸引力。必须改变中国太多政府官员、“社会精英”和普通民众的产值致富“一手硬”、社会健康“一手软”的状况。社会的健康是最大最根本的软权力，从长远来说对国运有决定性意义。

需要坚决确立一个战略观念乃至相应的战略规划本身，那就是应对眼前紧迫要事固然必须只争朝夕，贯彻科学发展观也一样要只争朝夕。正确的大战略的基本要求之一在于坚决地将最重要、最优先的利益或目标当作关注重心和努力焦点，争取排除或控制一切对不忘根本目标的可能的干扰。用伟大

① Arnold Toynbee, *A Study of History* (a new edition revised and abridged by the author and Jane Caplan), New York: Weathervane Books, 1972, pp. 127—140.

的战争哲学家和战略思想家卡尔·冯·克劳塞维茨的话说，在实践中总是有"成千上万分心之事"，总是有"令人混淆、首尾不一和含糊不清的种种情势"，它们往往使得坚持原本的战略目的变得甚为困难，这就要求作为大战略统帅的政治领导人不被"甩出轨道"，并以其洞察和足够的精力克服无数下属中间必有的相反倾向。①

目前和今后一段时间内，最大最严重的"分心之事"就是不得不在颇大程度上依然按照现存的不健康、不均衡的发展模式去大力刺激经济，防止来势凶猛的全球性金融危机和经济衰退的恶劣影响导致中国经济增长过于严重下滑，从而引起一系列可能是冲击性的经济、社会和政治困难甚或危险。这是中国面前紧迫的经济必需，但它的最大代价是可能加剧以科学发展观引领的国家纲领原本要大力消减的病患，促使中国的贫富差距、城乡差距、地区差距和生态恶化等问题变得更加严重。国务的真正考验就在于处理严峻的两难，而目前非常重要的是发现、认识和坚信极为重要的一点，即严峻的两难仍然留下了余地和机会——尽力而为的余地和机会，以求在困难的条件下尽可能较广泛较深入地落实科学发展观，以便给中国造就真正大有希望的未来。②

在对外战略方面，目前尤其需要认真思考和研究下列重大的新问题：当代世界基本潮流与其变迁；世界政治顶层议程的变化；美国权势显著衰减，

---

① Peter Paret, "The Genesis of On War", in Carl von Clausewitz, *On War*, edited and translated by Michael Howard and Peter Paret, Princeton: Princeton University Press, 1976, pp. 16—17; Clausewitz, *On War*, p. 580; Bernard Brodie, "A Guide to the Reading of On War", in Clausewitz, *On War*, pp. 656—657.

② 许多经济学家认为，政府需要加速一系列已拟出大纲的改革方案，将经济的侧重点从生产转向消费。"多年来，中国领导人一直明白，不能永远依赖出口的巨幅年增长和国内投资的快速增长。他们断定，如果要保持长期高速增长，消费必须在经济中发挥更大的作用。具体而言，为了让中国人减少储蓄、增加消费，中国政府需要完善目前很少有人感到满意的社会保障体系。全球陷入衰退和国内房地产崩盘的前景已使人意识到更有力地贯彻这一议程的需要。" Geoff Dyer, "Standing Time", *Financial Times*, October 22, 2008. 中国政府正在试图像上面说的那样，在困难的条件下尽可能较广泛较深入地落实科学发展观。例如，据中评社 2008 年 12 月 22 日的一篇报道（张沐："形势严峻 中国密集推内需新措施"），国家发改委主任强调，2009 年中央投资将重点投向五个方面：大幅度增加对"三农"的投入；加快实施城乡保障性安居工程；重点解决交通运输"卡脖子"路段和优化能源结构；加大对节能减排、自主创新和产业升级的支持力度；加大对社会事业的投入力度，包括实施中小学校舍改造工程，加快基层医疗卫生服务体系和计划生育服务体系等的建设。

全球性金融危机和经济衰退背景下世界力量分布格局的新动向，还有它们给中国展示的机遇和挑战；强调“变革”的美国新政府的对外战略和对华政策趋向；当今中国在世界经济政治中多方面的易受伤害性；“‘草根’（跨国公民社会集团）包围中国外交”问题和怎样突破“包围”和转化“包围”；中国“政治文化”战略的创设、运作或优化。

最后，作为余言，可以展望一下美国新政府的对外战略和对华政策主要趋向。在严重的金融危机和经济衰退压力下，奥巴马的国策纲领将是经济第一，国内第一，并且因此有对外政策“省钱”和“赚钱”第一。所谓“省钱”，就是在维护美国起码安全的限度内，显著收缩美国的海外战略存在，尤其是那些并非绝对至关紧要同时又耗资巨大的；与此同时，同样首先为省钱而要推进和弘扬成本低并且据信效率高的外交影响、软权势和“灵巧权势”影响，还有气候变化和新型能源研发等“创新性议题”影响。所谓“赚钱”，首先意味着力图鼓励、诱使甚或设法迫使中国和日本继续以巨大甚至更大的规模购买美国国债，并且使各国和国际市场继续接受由于美国剧增发行量而必然愈益疲软的美元，以便为奥巴马振兴美国经济的计划提供资金。

因此，中美关系在经济、金融甚至国际安全等方面，具有在他执政后一段时期内将会更见显著发展的颇大余地或潜能。中国有可能因此成为奥巴马政府事实上最重要的国际伙伴。中国目前对美国的价值首先并主要在于向美国供应几乎比任何时候都更急需的巨量联邦资金，否则奥巴马的经济救治一定程度上将成为无米之炊。此外，中国维持较高的经济增长意味着继续给美国提供一个几乎比任何时候都更急需的市场，否则美国的经济衰退将更为恶化。不仅如此，在奥巴马政府期望大出成果的气候变化问题和它不能不对付的反核扩散、反恐战争和地区安全等问题上，美国都需要并期盼中国的合作。

然而另一方面，中美关系的根本特性即其复杂性仍将持续下去。奥巴马政府并非没有可能在金融方面变得对中国颇为不满，如果中国由于国内经济、对外战略和公众舆论等原因而拒绝让美国过分“赚钱”。美国的经济困难还可能导致较严重的中美贸易争执。考虑到民主党和奥巴马本人较多的保护主义倾向，事情就更可能如此。另外，奥巴马的对外战略方向虽然可能促使中美两国就一些国际安全问题有较多的合作，但也可能促使在这些问题上美国政府加剧对中国的不满，或在其中一两个问题上以某种方式将中国的作用边缘化，因为中国一般不可能也不愿意提供被要求的那么大程度的“配合”。与此同时，可以预料奥巴马主要为防范中国及其与之的竞争而加固美国在亚太地区的军事同盟和次级伙伴关系。还有，奥巴马的意识形态偏好和政策倾向，较可能增加中美两国在涉藏和气候变化等问题上的对立或歧异。不仅如此，在外交影响竞争（看谁多交朋友的竞争）方面，目前人气较旺和强调多行使软权势、“灵巧权势”的奥巴马是中国面对的非常有力的新赛手。

（原载《江海学刊》2009 年第 5 期）

国民政府对南京大屠杀案的社会调查（1945—1947）

张连红

“二战”结束后，同盟国在东京及中国在南京分别组织军事法庭对南京大屠杀案进行审判。远东国际军事法庭判决书认定：“被占领后的第一个月中，南京城里发生了将近2万起强奸案。”“在日军占领后的最初六个星期内，南京城内和附近地区被屠杀的平民和俘虏的总数超过20万人以上。”[①] 南京国防部军事法庭认定：在南京大屠杀中，被害总数共30余万人。[②] 毫无疑问，大量有关南京大屠杀案的人证、物证及其相关线索大都由国民政府提供，也就是说，战后国民政府对南京大屠杀案的调查在两个军事法庭的判决中起到了十分关键的作用。但长期以来，由于受到档案资料的限制，学术界一直未能围绕战后南京大屠杀案的调查进行讨论。最近几年来，江苏人民出版社陆续出版了55册《南京大屠杀史料集》[③]，其中有近20册涉及战后国民政府对南京大屠杀案的调查，本文依据这批最新出版的相关资料，试图对战后国民政府的南京大屠杀案社会调查运作进程作一考察。

---

① 《远东国际军事法庭判决书》，张宪文主编：《南京大屠杀史料集》（7），杨夏鸣编：《东京审判》，江苏人民出版社2005年版，第607—608页。

② 《军事法庭对战犯谷寿夫的判决书及附件》（1947年3月10日），国民政府军令部战史会档案，五九三/870，中国第二历史档案馆藏。张宪文主编：《南京大屠杀史料集》（24），胡菊蓉编：《南京审判》，江苏人民出版社2006年版，第389页。

③ 张宪文主编：《南京大屠杀史料集》（1—55），江苏人民出版社、凤凰出版社2005、2006、2007年版。

南京调查敌人罪行委员会的调查

抗战胜利后，围绕南京大屠杀案，计先后有南京调查敌人罪行委员会、南京市抗战损失委员会和南京大屠杀案调查委员会三个专门机构从不同角度对南京大屠杀案进行了力所能及的社会调查，其中南京调查敌人罪行委员会的调查最早。

早在抗战开始不久，国民政府及民间机构就开始对侵华日军的战争罪行进行调查。1937 年 7 月，日本全面侵华战争爆发后，有关日本战争犯罪的调查主要由外交部负责。1943 年 10 月，各同盟国在英国伦敦筹备成立联合国调查战争罪行委员会，要求各国加快相关战争罪行的调查。1944 年 2 月 23 日，国民政府行政院在重庆正式成立敌人罪行调查委员会。[①] 1945 年 3 月 5 日，敌人罪行调查委员会与抗战损失调查委员会合并，改属内政部。抗战胜利后，审判日本战犯提到了议事日程，也促使对日本战争罪行的调查工作加紧进行。9 月 14 日，行政院公布了《敌人罪行调查办法（修正案）》，使调查工作更加规范。1945 年 11 月 7 日，国民政府内政部发布调字第 102 号电，要求各收复区积极调查各地“历年遭受敌人屠杀案件及因敌人之暴行而致死伤之人口，按重伤、轻伤、死亡三项，每项分男、女、幼童、不明四目分别填列”[②]。

南京光复后，首都地方法院检察处奉令调查敌人在南京的罪行[③]。他们一方面立即印制用表、文告，昭告市民；另一方面，于 11 月 7 日，由首都地方法院首席检察官陈光虞出面召集南京市政府，首都警察厅，国民党南京市党部，宪兵南京市区司令部，军事委员会调查统计局，国民党中央调查统计局，

---

① 胡菊蓉：《中外军事法庭审判日本战犯》，南开大学出版社 1988 年版，第 111 页。又：敌人罪行调查委员会成立后，外交部十分重视南京大屠杀暴行的调查，在 1944 年外交部亚东司的一份总结报告中称该部已“搜集敌寇在南京之暴行资料约四百余件”。其中有采访金陵大学贝德士博士、史迈士博士以及基督教青年会的费奇等人的记录。

② 《日军占领南京期间大屠杀等罪行调查》（1945 年 12 月），南京市档案馆藏，全宗号 1004，目录 1，卷号 22。

③ 本文所指战后南京大屠杀案的社会调查区域基本上局限在南京市 13 个行政区地域，并不包括南京周边地区。

三青团南京支部，南京市工会、农会、商会，红卍字会南京分会，首都地方法院，首都医师公会、律师公会等十四个机关团体的代表会议，即席议决成立南京调查敌人罪行委员会，由各代表将印制之表格转发所属调查，并议决由市政府推动各区、乡、镇、坊、保、甲，由警察厅推动各区、局、所，分别负责。此外，各以其性质，确定其调查对象，以免重复。

经过市政府和警察厅的大力推动，到1946年2月，南京调查敌人罪行委员会共获得500余份资料，其内容涉及日军在南京的屠杀、伤害、奸淫、劫夺、破坏、强制服役等及中岛、长谷川等29支日军部队罪行总数达295882种。[①] 检察官陈光虞在调查报告中称："敌人罪行残暴凶悍毒辣，无所不用其极，综计所获材料，被杀害人之确数达三十余万，烧毁房屋达四千余幢，被奸淫及拒奸而死者二十三人，被逮捕生死不明者共一百八十四人，其他尚待调查，实人类史上空前未有之惨剧。"[②]

在战后各相关机构中，南京调查敌人罪行委员会的调查有两点值得我们注意：一是该委员会对南京大屠杀案的调查起步最早，许多重要的南京大屠杀的资料均为此次调查所获得，如上新河（2873名遇难者）、兵工厂与南门外花神庙（7000余名遇难者）、草鞋峡（57418名遇难者）、汉中门（2000余名遇难者）、灵谷寺（3000余名遇难者），又如崇善堂与红卍字会掩埋155300余具尸体等。与此同时，地方法院还前往实地调查，特别是到相关掩埋地点拍摄照片20余帧，以供佐证。二是该委员会的调查材料最后汇总到司法行政部，成为国防部军事法庭和东京远东国际法庭审判南京大屠杀战犯的重要证据。如1946年10月22日，司法行政部报送国防部审判战犯军事法庭有关南

① 《敌人罪行调查统计表》（1946年2月），张宪文主编：《南京大屠杀史料集》（21），郭必强、姜良芹等编：《日军罪行调查委员会调查统计》（下），江苏人民出版社、凤凰出版社2006年版，第1726—1727页。

② 《首都地方法院检察处调查敌人罪行报告书》（1946年2月），张宪文主编：《南京大屠杀史料集》（21），郭必强、姜良芹等编：《日军罪行调查委员会调查统计》（下），江苏人民出版社、凤凰出版社2006年版，第1724页。

京大屠杀的战罪审查表法字第1118号，共1012件。[①] 1946年4月19日，国民政府军事委员会、行政院训令各地要积极配合远东国际军事法庭检察官来华调查。1946年6月，远东国际军事法庭派遣检查官大卫·纳尔逊·萨顿（David Nelson Sutton）等4人前来南京。南京调查敌人罪行委员会积极协助，提供了证人材料和相关信息。[②]

南京市抗战损失调查委员会的调查

1944年2月，为加强抗战损失的调查，国民政府行政院颁布《行政院抗战损失调查委员会组织规程》，正式成立抗战损失调查委员会。1945年2月，抗战损失调查委员会由行政院改隶内政部（1946年11月改组为赔偿委员会[③]）。1945年9月，因抗战胜利，抗战损失委员会重新修订了“抗战损失调查办法”及“抗战损失查报须知”，各省市在相继收复后陆续成立抗战损失调查机构。1945年12月10日，南京市抗战损失调查委员会第一次会议召开并正式宣布成立，会议讨论通过了南京市抗战损失委员会调查委员会组织规则，委员会由市政府、市党部、首都警察厅、中央调查统计局、军事委员会调查统计局、社会局、工务局、财政局、地政局、卫生局、总工会、商会、农会等负责人组成。委员会下设三组：第一组“掌理人民伤亡暨私有财产与人民团体暨古物书画之损失查报事项”，第二组掌理“公有财产、各级学校、公营或民营事业财产等损失查报事项”，第三组掌理“天然资源暨因敌人在收复区经营工矿交通及其他生产事业所受之损失等查报事项”。其中抗战损失属于军事方面者，由军政部督饬所属机关查报。

---

① 《司法行政部附送战罪审查表快邮代电》（1946年10月22日），张宪文主编：《南京大屠杀史料集》（21），郭必强、姜良芹等编：《日军罪行调查委员会调查统计》（下），江苏人民出版社、凤凰出版社2006年版，第1776—1892页。

② 《萨顿南京之行报告》（1946年6月13日），张宪文主编：《南京大屠杀史料集》（29），杨夏鸣、张生编：《国际检察局文书·美国报刊报道》，江苏人民出版社、凤凰出版社2007年版，第99—100页。

③ 1945年12月成立的南京市抗战损失调查委员会没有进行相应更名。

南京市抗战损失调查委员会成立后，立即印备人口伤亡调查表、财产损失报告单两种表式各六万份，分发各机关暨各区公所警察局，转发填报。为了扩大宣传，1945年12月23日，该会分别在《中央日报》《和平日报》登载公告，呼吁民众踊跃申报。截至1946年4月10日，各部门填报送会者计9378份，其中人口伤亡表1192份，财产损失单8186份；死亡1585人，受伤30人，房屋32509间（未注明间数261幢），其中乡区房屋占40%，城区占60%。① 到1946年9月10日，财产损失方面，共计损失房屋789幢又31343间，器具2406套又309223件，衣服5920箱又5914725件，现款447958元，金银首饰14222两又6345件，书籍1815箱又2859套又148619册，字画6482件，古玩7321件，车辆956辆，牲畜6277头，粮食12087975石。损失价值计国币231785358222元，现值估计约二万亿元。② 南京市抗战损失调查委员会有关抗战损失的调查一直延续到1947年8月，其后相关工作移交南京市政府统计处办理。

从档案资料来看，同南京调查敌人罪行委员会相比，南京市抗战损失调查委员会的调查中，公私机关及市民填报财产损失的申报较为踊跃，而关于人口伤亡的申报则较少。“依实际情况观察，一般人民重视财产损失，忽略人口伤亡报告，是以人口伤亡调查表收到份数较少。”③ 目前我们在档案中没有发现该会最后完整的统计数字。

南京大屠杀案敌人罪行调查委员会的调查

1946年6月11日，蒋介石召见南京市临时参议会的议长陈裕光、副议长

① 《南京市抗战损失调查委员会工作报告稿》（1946年4月），张宪文主编：《南京大屠杀史料集》（16），徐康英、姜良芹、郭必强等编：《抗战损失调查委员会调查统计》（上），江苏人民出版社、凤凰出版社2006年版，第124—126页。

② 《南京市抗战损失调查委员会工作节略》（1946年9月），张宪文主编：《南京大屠杀史料集》（16），徐康英、姜良芹、郭必强等编：《抗战损失调查委员会调查统计》（上），江苏人民出版社、凤凰出版社2006年版，第135—136页。（该报告中关于财产损失调查表的份数有误，笔者注）

③ 《南京市抗战损失调查委员会组织规则委员会名单会议记录公告工作报告等》（1945年），南京市档案馆藏，全宗号1003，目录号17，卷号1。

陈耀东和秘书长萧若虚，“以沦陷时期敌人在京大屠杀案所有罪犯在东京已开始审讯，惟在证据方面仍应加以搜求，以供献于远东法庭，并使所有罪犯无从逃避”① 为由，希望该会协助调查。后来外交部长王世杰也曾特别指示此项调查工作。6 月 23 日，南京市临时参议会主持召开了南京大屠杀案敌人罪行调查委员会第一次会议。南京大屠杀案敌人罪行调查委员会分别由南京市临时参议会议长陈裕光、副议长陈耀东任正副主任委员，南京市临时参议会秘书长肖若虚任总干事。除南京市临时参议会全体参议员为当然委员外，南京市各区区长及相关机关团体、沦陷时期市民代表被加聘为委员，国民政府各相关机关、南京市政府各相关及社会各界负责人被聘请为顾问。在南京市 13 个区设置调查小组委员会，全面负责各项罪行罪证之搜集、调查、统计与汇报，由各区区长负实际指挥之责。南京市临时参议会选派参议员任各区督导委员，赴各区调查小组委员会负指导督促之责。调查委员会对于敌人罪行之调查先由全体委员会分组、分区或分业进行，经审查组审查后，提请本会全体会议审定移送首都地方法院首席检察官转报司法行政部办理。

该委员会工作从 1946 年 6 月起，至 9 月底全部完成，除对过去若干机关已调查的事实进行复查外，重点是对沦陷滞留南京的市民进行个案调查。计有确实人证案件 2784 件，根据调查结果制成被害人伤亡统计表、侵华日军罪行各类统计表、可出庭作证被害人住址姓名表，撰写了南京大屠杀惨案述要，分别供远东法庭和南京国防部军事法庭，作为审讯日本战犯之证据。从调查罪行种类来看，其中枪杀 1159 件，用刺刀刺杀 667 件，集体屠杀 315 件，拉夫 285 件，烧杀 136 件，打死 69 件，先刑后杀 33 件，先奸后杀 19 件，炸死 19 件，强奸 16 件等。从受害者性别来看，男性死伤及生死不明者计 2292 件，

① 《南京市临时参议会检送南京大屠杀案敌人罪行种类统计表等公函》（1946 年 10 月 5 日），张宪文主编：《南京大屠杀史料集》（21），郭必强、姜良芹等编：《日军罪行调查委员会调查统计》（下），江苏人民出版社、凤凰出版社 2006 年版，第 1693 页。

女性死伤及生死不明者计478件，性别不明者计14件。[①] 从调查的内容来看，南京大屠杀案敌人罪行调查委员会的调查全部集中在日军的屠杀和强奸两个罪行方面，基本没有涉及抢劫公私财产和焚烧方面。在个案调查方面，该委员会提供了较为典型的10名受害者的案例，除庄少德案同南京大屠杀没有关联外，其他9人如柏鸿恩、李秀英、殷有余等均为大屠杀受害者。另外，委员会搜集到市民吴旋提供反映日军暴行的16张照片，影响十分巨大。

在调查过程中，南京大屠杀案敌人罪行调查委员会十分关注东京法庭的进展，该会曾致函中国驻日代表团强烈推荐九死一生的证人柏鸿恩前往东京作证，并决议将吴旋提供的照片及调查表格提供给驻日检查官向哲浚以供法庭所用。另外，该会还决议电请国民政府函远东战犯法庭引渡大屠杀案首犯松井石根等来南京审讯。[②]

战后国民政府对南京大屠杀案调查的努力

抗战胜利后，田园荒弃，百废待兴，物价腾飞，民不聊生，而且国共内战一触即发。但是，为了准确调查抗战的损失、日军暴行和审判南京大屠杀战犯，上述三个专门委员会以及相关机关克服了种种困难，为调查南京大屠杀真相作出了巨大的努力，同时也为后人反省战争暴行留下了宝贵的第一手原始资料，贡献巨大。

一是广泛宣传发动。为积极推进南京大屠杀案调查工作，并唤起市民注意与协助，各调查委员会不断通过报纸登载广告或在大街小巷张贴公告进行宣传。如南京市抗战损失调查委员会在《中央日报》等报刊上发布广告，同时市政府不断发布公告号召民众主动填报。南京市临时参议会也广为张贴南京大屠杀案调查委员会的成立公告："二十六年南京沦陷时，敌人对我市民曾

① 同上书，第1707—1713页。

② 《南京大屠杀案调查委员会临时会议》（1946年7月26日）、《日寇南京大屠杀的调查及惩办汉奸》（1946年6—8月），南京市档案馆藏，全宗号6，目录号1，卷号121。

大肆屠杀。现在我们正调查确证，提供远东法庭参考。把那些刽子手引渡到南京来审问，并执行判决。希望全市市民给我们以最大的合作。”[①] 1946 年 7 月 24 日，南京市临时参议会秘书处特制定幻灯片二种计七套，请南京社会局交本市各影院自即日起至 8 月 10 日止，于每场开映前映出以资宣传。1945 年 12 月，蒋介石巡视南京，公告市民尽情陈诉遭受敌伪暴行迫害等事实，据 1946 年 1 月 6 日《中央日报》报道，蒋介石共收到民众陈诉函件 1036 件，其中检举南京大屠杀中之日军暴行为 67 件。[②]

二是制定严格的调查程序，强化调查证据的真实性和法律效力。如南京调查敌人罪行委员会制定的敌人罪行调查表，要求调查者及填表人必须先阅填表须知。该表分罪行人（姓名、官职或职业、所属部队或机关名称、长官姓名等）、被害人（姓名、性别、年龄、籍贯、被害时职业、现在职业、被害时住所、现在住所）、罪行事实（日期、地点、罪行种类、被害详情）、证据（人证、物证）和备考等五栏，在填表须知中，要求：填表以确实为主，事实不明者，不要填写；罪行人姓名需详写，不可只填“松井”或“太田”等字样有姓而无名；如罪行人姓名无法查考时，则填明“不知”二字，但须将罪行发生日期、地点及部队番号等尽量详填，以便另行设法调查。关于人证，包括本国人与外国人，须由被害人或目击者具结，详述罪行事实，签名或盖章或按指印随表附送，附有专门统一的具结格式，要求证人宣誓：“以上所述全系事实，并无虚伪，如上项敌人罪行将来可受法庭审判时，余愿居于告发人或证人之地位。倘有虚伪，愿受诬告或伪证之处罚。”要求调查人在证人陈述前，告以具结之意义及诬告、伪证之处罚，陈述后，还要令具结人阅览并向其朗读，经承认无异。同时要求调查者必须签名盖章，注明调查日期，如

① 《南京市临时参议会关于成立南京大屠杀案调查委员会的公告》，张宪文主编：《南京大屠杀史料集》（21），郭必强、姜良芹等编：《日军罪行调查委员会调查统计》（下），江苏人民出版社、凤凰出版社 2006 年版，第 1702 页。

② 《中央日报》1946 年 1 月 6 日。

系机关，并须加盖印信。① 又如南京市临时参议会组织的调查更加强调证据的可靠性，所以他们调查的2784件，“并非全案之总数字，而是有确实证据，足以提供法庭作证之参考者”②。

三是各级政府和警察机关不断推动，调查人员热心奉献。在南京大屠杀案的调查工作中，尽管有三个调查委员会从不同视角进行调查，但最后都要落实到社会最基层单位乡镇保甲去执行。因此，基层官员要不断完成来自不同部门和委员会要求的各种各样调查，而战后各项调查基本上都没有经费或者只有一点点的经费支撑，调查人员需要克服天气、交通、文化水平不足等困难，深入乡区，耐心宣传，仔细询问受害百姓，并要为不识字者代为认真填报。③ 在调查过程中，有许多调查工作人员因此而病倒，而支撑调查者的信念就是要以此告慰死难之军民，“在神圣法律之前，使诸烈士沉冤八年而终有所昭雪也”④。有一些区公所抓紧时间调查，成效显著，比如位于中华门外一带的南京市第十一区，是南京大屠杀重灾区，区长吴筱卿负责常务工作，南京大屠杀案敌人罪行调查委员会派督导员沈九香前往协助，区调查委员会共有27名委员参加，分组负责实地调查，这些委员大多是第十一区各乡镇的正副乡镇长和区民代表，此外还有区警察局长、区党部主委、区三青团主任、宪兵队队长等，经过一个多月的调查，第十一区雨花、西街、通济、海新、凤台等各乡镇共调查各类受害人名单达885

---

① 《南京市政府抄发敌人罪行调查表式公函》（1945年11月17日），张宪文主编：《南京大屠杀史料集》（21），郭必强、姜良芹等编：《日军罪行调查委员会调查统计》（下），江苏人民出版社、凤凰出版社2006年版，第1515—1519页。

② 《南京市临时参议会检送南京大屠杀案敌人罪行种类统计表等公函》（1946年10月5日），张宪文主编：《南京大屠杀史料集》（21），郭必强、姜良芹等编：《日军罪行调查委员会调查统计》（下），江苏人民出版社、凤凰出版社2006年版，第1714页。

③ 参见徐康英等编《南京市临时参议会调查》（上、下），张宪文主编：《南京大屠杀史料集》（35、36），江苏人民出版社、凤凰出版社2007年版。

④ 《南京市临时参议会检送南京大屠杀案敌人罪行种类统计表等公函》（1946年10月5日），张宪文主编：《南京大屠杀史料集》（21），郭必强、姜良芹等编：《日军罪行调查委员会调查统计》（下），江苏人民出版社、凤凰出版社2006年版，第1720页。

人，成绩显著。①

另外，在调查过程中，各调查委员会不仅重视日军暴行，也十分重视幸存者的救济工作。如南京市临时参议会在调查过程中对其中特别需要救济的155 案给予了救济。1946 年 10 月，南京临时参议会议决通过救济南京大屠杀案灾民陆李秀英、阮锡第、窦晴芳等 28 户计 118 万元，“每户各予四万或三万元之救济金”②。1946 年 7 月 12 日、13 日两天，善后救济总署南京办事处也对南京大屠杀被害遗族 63 户发放了救济物品。

战后南京大屠杀案调查的制约因素

从今人的眼光来看，人们或许会对战后国民政府南京大屠杀案的调查提出许多批评，诸如调查证据不够严谨细致，没有重视遇难者名录，调查未能广泛展开，等等。但是，如果从历史的眼光来看，我们会发现有许多不可避免的主客观因素制约调查的质量。

经日伪八年奴役统治，民众很少主动积极参与调查。当年负责调查的主持者感慨最为直接深刻，在南京大屠杀案敌人罪行调查委员会第二次会议上，南京临时参议会议长陈光裕分析其三点原因：“（1）全家被毁、无从稽查者。（2）有逃亡未归者。（3）有以政府调查手续太繁而不愿提出者，或因事后羞愧不愿报告者种种阻碍。”③ 首都地方法院首席检察官陈光虞在报告中也认为：“惟此间经敌伪摧残最烈，民气消沉不特自动举发者甚少，即派员访问，亦竟有噤若寒蝉，或否认其事者，此外涉及名誉赧然不宣者有之，事过境迁人去

① 《南京市第十一区区公所大屠杀案调查小组委员名册》，张宪文主编：《南京大屠杀史料集》（21），郭必强、姜良芹等编：《日军罪行调查委员会调查统计》（下），江苏人民出版社、凤凰出版社2006 年版，第 1683—1685 页。

② 《临时参议会拨发大屠杀被害难民救济金的通知名册》，南京市档案馆藏，全宗号 1006，目录号 1，卷号 113。

③ 《南京大屠杀案敌人罪行委员会第二次会议记录》（1946 年 7 月 1 日），张宪文主编：《南京大屠杀史料集》（21），郭必强、姜良芹等编：《日军罪行调查委员会调查统计》（下），江苏人民出版社、凤凰出版社 2006 年版，第 1697 页。

楼空者有之，生死不明无从探悉者尤有之。”①

在调查过程中，有许多表格中要求填写罪行人名称，而大多数百姓在八年之后根本无法记住施暴部队的名称，“查敌人施行屠杀，死者固不能为证，即幸而苟全，其身罹灾劫，方避其凶焰之不暇，谁复能叩其姓名、志其番号？”② 因此，在统计施暴部队名称时，很多人都填写当时施暴最厉害的中岛部队，如在南京调查敌人罪行委员会的统计表中，中岛部队所进行的集体屠杀案便达到263843件。

我们在翻阅当年调查表格之时，发现代查代报、错报漏报以及书写不统一等情况较多，其主要原因是留在南京的老百姓大都没有文化，在南京常住人口中，贫民所占比重较大。据1936年的社会调查，在全市常住人口中，文盲达到53.36%③，由于战争的关系，文盲率不可能下降。因此，调查人员只能深入居民家中代为填报，从而大大影响了工作效率。

战后调查工作缺乏人力和财力的支持。南京市抗战损失调查委员会在工作总结中说：“本会本身之最大困难为人员与经费，人员方面现除专任组员一人外，余均兼任，经费方面毫无款项，且欲推展工作实所难能，而在调查工作上之困难为该项工作对被调查者无大实益，故除财产损失查报工作较易推展外，其他各项调查工作虽经多方设法而仍鲜成效。”④ 就笔者所见档案，三个专门调查委员会中，只有南京市临时参议会主持的南京大屠杀案敌人罪行调查委员会有一些调查经费，计800万元，13个区中除了汤山区和第十一区

---

① 《首都地方法院检察处调查敌人罪行报告书》（1946年2月），张宪文主编：《南京大屠杀史料集》（21），郭必强、姜良芹等编：《日军罪行调查委员会调查统计》（下），江苏人民出版社、凤凰出版社2006年版，第1722页。

② 《首都地方法院检察处调查敌人罪行报告书》（1946年2月），张宪文主编：《南京大屠杀史料集》（21），郭必强、姜良芹等编：《日军罪行调查委员会调查统计》（下），江苏人民出版社、凤凰出版社2006年版，第1724页。

③ 南京市户口统计专门委员会办事处编辑：《民国二十五年度南京市户口统计报告》，南京特别市地方自治推进委员会1937年6月，第56、52页。

④ 《南京市抗战损失调查委员会组织规则委员会名单会议记录公告工作报告等》（1945年），南京市档案馆藏，全宗号1003，目录号17，卷号1。

分别获得10万和20万，其他每个区只分得5万元。[①] 但是这点经费在物价飞涨的战后，犹如杯水车薪。大多数调查者则完全是凭着抗战胜利后的激情在支撑。人力和财力从根本上制约了南京大屠杀案调查的深入。

另外，有关日军强奸妇女的暴行在调查中案例较少，其主要原因是传统文化的影响，妇女为了声誉而不愿重提心灵中的创伤。

抗战胜利后，南京国民政府在当时主客观条件都十分艰苦的情况下，对南京大屠杀案进行了力所能及的调查，尽管这一调查仍存在许多不尽如人意之处，极个别统计数字的可信度也不高，但是，国民政府对南京大屠杀案的调查基本上反映了南京大屠杀的真相。

（原载《江海学刊》2010年第1期）

① 《南京市临时参议会三十五年度调查京市大屠杀案敌寇罪行临时费预算分配表》（1946年8月12日），南京市档案馆藏。全宗号6，目录号1，卷号121。

《暎咭唎国译语》的编撰与“西洋馆”问题

黄兴涛

清王朝与英国的正式官方交往，开始于乾隆时期。中国最早直接接触英国人和英国语文的最高统治者，也是乾隆皇帝。目前学界关于英语在华传习史的研究，多从鸦片战争前后开始，较为前沿一点的探讨，不过是在讨论“广东英语”兴起的过程中，对此前的情形略微笼统地追述一下而已。实际上，早在乾隆时代，英语在华传播就已经有了值得关注的内容。比如，那时的清王朝就已编纂出了最早一部中英词汇对译文典——《暎咭唎国译语》，而此“译语”至今仍深藏故宫，少有人关注。本人得阅此“译语”，并两次在清史国际学术会议上就其编撰、特点以及相关的“西洋馆”问题作过报告，引起不少学者的兴趣。现将有关探讨正式发表出来，供同道批评。相信对于深入了解乾隆时代的英国知识和西洋观，从一个角度认知清前期的中英中西关系，当不无些许裨益。

一

乾隆朝编撰《暎咭唎国译语》（以下简称“译语”）一事以及它所牵涉的“西洋馆”设置问题，并不是一个新近才提出的学术课题。但直到现在，它也并未得到足够深入的研究。由于该“译语”最初发现于清故宫，现仍为故宫独家收藏，且它的编撰与明清政府对于外族语言及其地位的认识之固有体制紧密联系在一起，故我们的讨论，可以先从相关制度层面的背景着眼。

明朝曾设立“四夷馆”和“会同馆”，前者隶属于翰林院，是当时教习朝贡国、藩属和周边民族（包括部分边疆少数民族）语言文字，负责翻译有关文书特别是外来文书的官方机构；后者隶属于礼部，是负责接待朝贡国和藩属国使者的食住机关（并非如人们所经常误解的为一独立衙门）。《华夷译语》则是四夷馆所编撰、以供对外交涉等用的国内外各种民族语言与汉语之间对译词典的汇编。清承明制，顺治元年（1644）仍设上述两馆，不过将“四夷馆”改成了“四译馆”；其编辑各种“华夷译语”的任务，也仍得以延续。到了乾隆十三年（1748）五月，清帝又下令将四译馆并入会同馆，改名为“会同四译馆”，隶属礼部，并规定：“新设会同四译馆衙门，即以四译馆充设，毋庸更建。所有四译馆册籍番书，仍于馆内收存。”① 不仅收存而已，清朝的四译馆还新编了一些译语并对原存的部分译语进行了某些校勘和修订。

早在20世纪30年代初，德国学者福克司（Walter Fuchs）就率先发现，在故宫博物院里藏有一批有别于明代遗留下来的各种版本的《华夷译语》抄本，他将其称作为“新《华夷译语》”——后来日本学者则多将其称为“《华夷译语》丁种本”。这一批“华夷译语”抄本最为引人注目的特点之一，是包含了英语、法语、德语、意大利语、葡萄牙语和拉丁语等六种西方语言及其与中文对译的词汇集，而这是之前各种《华夷译语》本子都未曾出现过的现象。此六种词汇对译集分别为《嘆咭唎国译语》《弗喇安西雅语》《额呼马尼雅语》《伊达礼雅语》《播都噶礼雅语》和《拉氏诺语》。同时，福克司还发现，与其他五种西洋译语相比，《嘆咭唎国译语》的内容很多不易理解，错误又多，很有可能是中国人所编，而其他五种则主要由当时在京当差的西方传教士所为。除了《嘆咭唎国译语》之外，其他五种西方译语集的首页开端处，还都题有“西洋馆”三字。这样，关于《嘆咭唎国译语》的编纂者和所谓四译馆中曾否设“西洋馆”的问题，就被明确地提了出来。

福克司还粗略推断，包括《嘆咭唎国译语》在内的这批“新‘华夷译语’”可能是乾隆十三年九月，皇帝为了纠正以往四译馆所编各种“外裔番字

---

① 《钦定大清会典》卷五一四《礼部》，中华书局1991年版影印本。

诸书”的“讹缺”之处，“以昭同文盛治”而下令开始编校的语言对译词典的系列成果。西洋馆则是在会同四译馆改立之后所正式设立的分支机构，它的设立至少与乾隆帝下令编纂这批“新《华夷译语》”的时间相一致。即便其设立和编纂有关西洋译语的时间要早于1748年，也不会早于康熙时代。①

福克司此文发表在中国国内的英文刊物上，它在中国本土的流通范围实相当有限。此后半个世纪，国内学者知道这批《华夷译语》抄本者很少，关注《暎咭唎国译语》编纂及“西洋馆”问题的就更是阙如。20世纪80年代后，研究蒙古、西藏等民族语言的国内学者因与日本学者交游，对这批抄本陆续有所利用，但关于“西洋译语”的研究也依然少见。1985年，当杨玉良先生再次发现并在《故宫博物院院刊》上撰文介绍这一批故宫内珍贵抄本的时候，并不知道福克司先生已经有过介绍。杨文虽提供了一些新的信息，但有关数字的统计和内容的说明依然粗疏。比如，前述五种西方语言与中文的对译集开端处明明都清楚地写着“西洋馆”三字，而他只看到“《伊达礼雅语》的卷端题‘西洋馆’三字”。② 同时，还有一些介绍文章也涉及《暎咭唎国译语》和“西洋馆”问题，大体上都是简单重复福克司的看法。③ 近年来，又有个别学者对“西洋馆”问题发表了新见，也仍然存在着一些疑问有待辨析。对此，我们下文还要专门讨论。

目前，已经基本可以肯定，包括《暎咭唎国译语》在内的这批“新‘华夷译语’”的确是根据乾隆十三年（1748）的谕令陆续编校出来的产物。是年九月，在给礼部的上谕中，乾隆皇帝明确写道：

---

① Walter Fuchs, “Remarks on Hua – I – I – Yu”, *Bulletia of Catholic University*, Peking , No. 8, 1931.（福克司：《论新〈华夷译语〉》，《辅仁英文学报》第8期，1931年12月版。）

② 杨玉良：《一部尚未刊行的翻译词典——清官方敕纂的〈华夷译语〉》，《故宫博物院院刊》1985年第4期。他关于这几种西洋译语集中所收词汇数量的统计也不是很精确，如他指出《暎咭唎国译语》收词730个。笔者一一数来，却有734个。其他几种也都有出入。

③ 如闻宥《国外对于〈华夷译语〉的收藏和研究》（载王元化主编《学术集林》卷七）等。最近，刘红军、孙伯君在《存世“华夷译语”及其研究》（《民族研究》2008年第2期）一文中，不仅认为清朝会同四译馆设立了“西洋馆”，而且认为“西洋馆”里存有包括《暎咭唎国译语》在内的六种西洋译语，但没有提供任何新理由和新证据。

朕阅四译馆所存外裔番字诸书，虽分类译名物，朕所识者，西番一种已不无讹误，因思象胥鞮译，职在周官；輶轩问奇，载于汉史。我朝声教四迄，文轨大同，既有成编，宜广为搜辑，加之核正，悉准重考西番书例，分门别类，汇为全书。所有西天及西洋各书，于咸安宫就近查办，其暹罗、百夷、缅甸、八百、回回、高昌等书，著交与该国附近省分之督抚，令其采集补正。此外，如海外诸夷并苗疆等处，有各成书体者，一并访录，亦照西番体例，将字音与字义用汉文注于本字之下，缮写进呈，交馆勘校，以昭同文盛治。著傅恒、陈大受、那延泰总理其事。①

乾隆十四年（1749）七月，趁暹罗国使臣到京，乾隆又谕令军机大臣等：“暹罗国使臣，不必俟朕到京，即令回国。再，傅恒、陈大受所办西洋等国番书，暹罗国人现既在此，可将伊国之文字，交尚书王安国，向伊等询问明白改正，寄信与来保知之。”② 可见一年后乾隆帝仍在督促完成前一任务，也可见编辑“西洋等国番书”的确属于此次编书任务中不容忽视的重要内容，故皇帝要特别将其点出来以概括代表全体“番书”。

乾隆十五年（1750）七月，四川总督策楞奏称完成松潘、汶川等厅州县“所辖西番、倮儸字语”11 本缮写进呈。③ 乾隆十九年（1754）和二十六年（1761），四译馆又分别编纂苏禄译语和南掌译语。④ 现存故宫博物院的“华夷译语”中，就包括有上述“苏禄译语”和策楞所缮呈的四川周边各藏语方言，但没有 18 世纪 60 年代初完成的“南掌译语”。由此可知，乾隆此次谕令编撰的“华夷译语”的完成应当是一个较为长期的过程，至少部分工作在 1750 年以后才得以陆续完竣，而现存于故宫的这批译语，则可能大体完成于

① 《高宗纯皇帝实录》卷三二四，中华书局 1986 年版，第 352—353 页（版本下同）。

② 《高宗纯皇帝实录》卷三四四，“乾隆十四年秋七月”。另，《清史稿》卷十一《高宗本纪》记载，乾隆十四年秋七月，辛酉，“命傅恒、陈大受译西洋等国番书”，当是误记。

③ 见《高宗纯皇帝实录》卷三六九。杨玉良先生已发现这一点，见其《一部未刊行的翻译词典》，《故宫博物院院刊》1985 年第 4 期。

④ 《大清会典事例》卷五一四，第十五册，（台北）新文丰出版公司 1976 年版，第 11898—11899 页。

1747—1761年。《暎咭唎国译语》的编撰恐也不例外。不过，从其他相关因素来推断，除《暎咭唎国译语》之外的另五种“西洋番书”，其完成的时间应该还要更早一些，大约在1750年前后。这是笔者对于《暎咭唎国译语》的编撰缘起及其时间的大体认识。

二

关于《暎咭唎国译语》的实际编撰者，笔者赞同福克司的大胆假设，认为它不是像其他五部西洋译语那样为在京西方传教士就近统一编定于咸安宫，而很可能是中国人所为。不仅如此，笔者还认定它多半是中国广东十三行英语“通事”的杰作，至少是其主要参与的结果。从表面上看，这一观点与1747年乾隆谕令“所有西天及西洋各书，于咸安宫就近查办”似乎不无矛盾，但当时中国既无英美传教士，在京西洋教士中直到马嘎尔尼使华时仍无人懂英语，那么由管理西洋贸易事物的两广总督来组织通事编撰《暎咭唎国译语》，实在也并不奇怪。何况乾隆在上述谕令中也曾同时补充到，“如海外诸夷……有各成书体者，一并访录，亦照西番体例……缮写进呈，交馆勘校”。对于这一观点，笔者还可以从以下几个方面来进一步陈述理由：

其一，以记录当年西方传教士通信著称的西方刊物《威尔特－博特》（Welt－Bott）曾记载，1749年前后居京西方传教士奉敕编撰拉丁、法、意、葡、德与汉语六种语言对译词典，其中，德国传教士魏继晋（Florian Bahr）分撰德文部分。魏继晋因此留下一部《六种语言大字典》，原稿藏北京遣使会图书馆，法国学者考狄曾赴馆检阅，惜未得见。此书很有可能就是现存故宫的法、德、意、葡、拉丁译语的另一汇抄本。[①] 书中没有包括英语，这与故宫现藏各西洋译语中唯有英语部分未标明“西洋馆”字样一致，似可作为《暎咭唎国译语》不是在京西方传教士一并所编的证据。

---

① 费赖之：《在华耶稣会士列传及书目》（下册），冯承钧译，第777、1138页。乌云高娃女士已先提到此书，并做出类似判断［《清四译馆“西洋馆”》，《文化杂志》（澳门）2004年第53期］。

其二，在名称上，除拉丁语这一欧洲通用的古语直接称《拉氏诺语》之外，其他西洋各国语言都被称作“雅语”，唯有《嘆咭唎国译语》一种称作“译语”。即便这里的“雅”被理解为西洋五国之音译名的共同尾音，那“嘆咭唎”也不当单独例外。这也是该译词与其他几种西洋译语编者不同的证据。

其三，《嘆咭唎国译语》在具体编撰内容上，与其他几种西洋词汇集也存在着一些不同特点，尽管它们同时也具有诸多相似之处。

关于这一点，我们不妨较为详细地作些具体说明。

现存的《嘆咭唎国译语》一共有2册，线装；封底通为蓝色，两册的书名“嘆咭唎国译语”六字，均题写在封底的白色贴页上端。全书按顺序分天文门、地理门、时令门和人物门等20门，一共收录了734个英汉对译词汇。其中，各门收词情况依次如下：天文门38词；地理门52词；时令门36词；人物门60词；身体门36词；宫室门20词；器用门56词；饮食门22词；衣服门24词；声色门14词；经部门20词；文史门14词；方隅门14词；花木门18词；鸟兽门50词；珍宝门18词；香药门32词；数目门22词；人事门110词；通用门78词。在编撰形式上，该词典由英文原词、对译汉词以及用汉字注出的英文发音合构而成。英文词以草体写出，下面的对译汉字词为楷书。这种分类和编写方式，同法、德、意等其他西洋译语基本相同，显然是执行乾隆御令仿照《西番译语》编法的结果。略有不同的是，《嘆咭唎国译语》和《西番译语》中的“宫室门”，在法德葡意拉丁等其他五种西洋词汇集中被统一写为“宫殿门”。这一差别虽小，却很引人注目，它同样能表明其彼此之间编者的差别。

不过，现存本《嘆咭唎国译语》本身却并不完整。其第一册内容为“天文类”，但现缺分类标题。估计该本开首至少缺1—2页。如果缺2页，那么其收词量便与《西番译语》的740个完全一样。因为现存的西洋译语抄本，每页均收录4词，首页则统一留出空白，只收2词。前文我们曾提到，故宫所存的西洋译语唯有《嘆咭唎国译语》一种没有在开端前标明“西洋馆”字样，这是否会是其缺漏首页所造成的错觉呢？答案应该是否定的。从现存几种西洋译语来看，其每一分册的开端都题有“西洋馆”三字，并非只是首页才有。而《嘆咭唎国译语》即便是完整的第2册，其在开端处也没有这三字。

就收词量和内容含量而言，《嘆咭唎国译语》与其他五种西洋译语也有较大不同。后五种的收词量都统一在2070个左右。其中，德语和拉丁语收词2071个，内容与词语的排序也完全相同。法语、意大利语和葡萄牙语收词分别为2070个、2070个与2069个，它们只是在“经部门”、“通用门”和“香药门”的词汇上，与德语和拉丁语的收词略有出入，其他则基本一致，而且它们在形式上也都是统一各成五册。相比之下，《嘆咭唎国译语》则只有两册，其收词量仅为其他五种西洋译语的三分之一多一点，彼此之间实在太不匹配。假若它们为同一批西洋人一并所编，此种差异实难以理解。至于这六种西洋译语何以有着统一的封面和缮写设计，则只能表明它们最终抄写和装订的时间相同而已。

当然，《嘆咭唎国译语》不为在京西洋传教士统一所编，而可能为中国人主持广东“通事”编撰的最为明显的证据，还表现在其自身编写内容尤其是其中词汇发音的一些特点上，它们明显带有早期“广东英语”的一些特征。

比如，短句“It is me”，对应的汉译为“是我”，而下面针对主词“me”的发音却注为“买”，显然是“my”的发音。这种不区分宾格和所有格的做法，正是“广东英语”的典型特征之一；又如，汉字词“神”，上面对应的英文词是“spirit”，下面的汉字注音却是“哕是”。两者明显不对应。在“广东英语”里，神一般不称“god”，也不称“spirit”，而正是叫“joss”，它是17世纪澳门葡语“dios”的中文发音①。而一些词来源于澳门葡语，正是“广东英语”的另一重要特征。再比如，在“广东英语”里，“见过”（seen）说“哈思”（可参见唐廷枢1860年的《英语集全》等），“做过”则说“哈能”，《嘆咭唎国译语》中“done”汉译为“了”，发音也正是“哈能”。此外，在该译语里，“R”在拼读过程中往往发“L”音（如“rice”读作“来是”，

① See Robert A. Hall, *Hand off Pidgin English*, Sydney: Pacific Publications Pty Ltd., 1955, p. 27.

“write”读作“列的”，“rat”读作“喇的”，“red”读作“列”等）；“thing”发音成“叮”；“true”发音为“都鲁”等，也都带有“广东英语”发音的特点。

为了从发音角度更集中地说明这一问题，以见前后“广东英语”的某些联系与变化，我们不妨将《嘆咭唎国译语》和19世纪30—50年代所流行的两本带有“广东英语”特征的词语集《红毛通用番话》《华英通语》加以简单比较，看看其从一至十的数目词究竟如何发音：

书名 / 数目词	嘆咭唎国译语（约1750年代）	红毛通用番话（1830年代）	华英通语（1855）
one	丸	温	温
two	睹	都	都
three	的里	地理	地篱
four	阿	科	科
five	辉	辉	辉乎
six	息士	昔士	昔时
seven	些文	心	些呅
eight	厄	噎	咱咄
nine	乃	坭	乃
ten	点	颠	颠

从上表可以看出，这些数目词的发音大多相同或者相似。尤其是“three”、“five”和“ten”等的发音，其“广东英语”的特点十分鲜明。值得注意的是，《嘆咭唎国译语》中“four”注音为“阿”，似与日后更为流行

的"广东英语"中普遍发"科"音有所区别；但如果我们仔细翻阅《嘆咭唎国译语》，仍可从中发现相同的发音现象，如"flower"（花）发音为"科鲁"，就是明显例证。

在《嘆咭唎国译语》中，还存在不少英文词汇、短语和发音不对应的现象，英文书写的错误也所在多有，这大约是从前德国学者福克司觉得该译语集"不易理解"的原因。比如，与"银"对译的英文是"silver"，乃金属之一种，下面的注音却是"money"，即银子和银两；又如"伞"，其英文对译词写为"amberle"（疑为umbrella之误），但发音却为"咭的梭"，明显不一致；"图报"的英文短语写作"I return thanks"，但注音却为"别额法我"（疑为"pay for"），也是不一致；其他如"受用"的英文词写作"to enjoy"，汉字注音却为"火被委儿"；"便益"的英文写作"It is good for you"，汉字注音却是"米厘贡点的"；"藏"的英文对译词写作"to hide"，汉字发音却为"意吐君列"，等等，均是如此。笔者甚至因此推测，《嘆咭唎国译语》的编撰是先写好了汉字词，然后再请人分别标注英文对译词和汉字发音的，也就是说，其英文书写与汉字注音者很可能并非同一人，而且其英文水平很有限。

关于《嘆咭唎国译语》中的英文拼写错误，我们可以随手再举出几例：如将"monkey"错写成"monk"；"order"错写成"orde"；"cow"错写成"cou"；"merry"错写成"mery"（"乐"被对译为"very mery"）等。至于对"savage"，"foreign"等词的拼写，书中也几乎从未正确过。可以说，类似的英文书写错误在《嘆咭唎国译语》里不胜枚举。或许，这也与"广东英语"主要为口语形态的特征不无关系。通事们往往疏于英文书写，或干脆不会写英文，也不令人奇怪。

另外，《嘆咭唎国译语》中还有一些明显的发音现象值得注意，像"B"往往发"M"的音，就很突出：如body读作"吗叻"；before读作"墨火儿"；behind读作"墨罕"；beast读作"米是"；brother读作"模罗达"；buf-falo读作"亩法辣"，等等。这一特征究竟该如何认识呢？笔者以为这可能与广东某些地方如澳门附近中国人当时的发音习惯有关。在澳门葡语（或称

“广东葡语”）里，不少“b”就是发“m”音的。如乾隆十六年（1751）成书并于当年刻书出版的《澳门纪略》“澳译”部分，其所收395个澳门葡语词汇中，“b”发“m”的词汇就有8个，如barriga（肚），汉语注音为“马哩家”；bambu（竹），汉语注音为“麻无”；batata（番薯），汉语注音为“蔑打打”；baio（苋），汉语注音为“麻养”；bolo（饼），汉语注音为“么芦”等。[①]《澳门纪略》与《嘆咭唎国译语》编撰时期大体相同，其编撰形式和发音特点，对认知后者不无参考价值。

综上所述，笔者认为，《嘆咭唎国译语》的具体编撰，虽不能断言与来华西人完全无关，但显然不是编辑其他几种西洋词语集的在京西方传教士一并所为，而很有可能是两广总督承受任务后，交由十三行行商主持广东通事编辑而成，其汉字注音部分，可以肯定是广东通事和懂一点英语的中国商人之“杰作”无疑。

十几年前，语言史家周振鹤先生在介绍1855年中国人所编的《华英通语》时，曾遗憾地表示，“中国人所编写的，比《华英通语》更早的英语词汇集我们已经一本也看不到了”，他感慨美国人亨特在《广东番鬼录》中所提到的那部取名为《鬼话》的早期英语词汇集，也早已难见踪影。[②] 庆幸的是，仅几年之后，吴义雄教授就发现并撰文介绍了比《华英通语》更早的《红毛通用番话》，并论证指出，这部1830年代出版的词汇集，大体与亨特所提到的《鬼话》属于同一著述的不同版本。此外，他还根据其他相关资料，深入探讨了19世纪以前“广东英语”的特征及其在中西经济文化交往史中特有的功能问题。[③] 如今，当我们面对故宫博物院所藏的这部珍贵的《嘆咭唎国译语》，似乎又能够将他们的有关发现从时间上再向前推进80年左右了。即基本可以认定，早在18世纪中叶，中国人就已在政府的指令之下参与编出了带

---

① 参见汤普森《两份同期澳门葡语方言资料比较研究》和章文钦《广东葡语初探》，《文化杂志》（澳门）2008年秋季刊，中文版第68册。

② 周振鹤：《鬼话、华英通语及其他》，载《随无涯之旅》，生活·读书·新知三联书店1996年版，第198页。

③ 吴义雄：《“广州英语”与十九世纪中叶以前的中西交往》，《近代史研究》2003年第1期。

有初期“广东英语”特征的英语词语集，这就是我们这里谈的《暎咭唎国译语》。它才真正称得上是中国现存最早的中英对照且以汉字标音的“Pidgin 英语”词语集。可惜其长期藏在深宫，在社会上似并未产生直接影响。当然，目前学界从英语传播史的角度对这一文本展开的研究尚未真正开始，有关问题还值得进一步开掘。

三

前文我们曾提到，1748 年前后，乾隆帝声称他谕令编撰包括《暎咭唎国译语》在内的诸多西洋译语，目的在于“以昭同文盛治”。这当然不错。他之所以编辑这类书籍，的确有着昭示他一统天下的文治武功的强烈愿望。因为在他看来，这并不只是徒饰其表的无用虚政，而是与国家统治大有关系的实政。但与此同时，我们还应看到，乾隆帝这样的举措，也是他自身愿意学习和掌握本民族以外的多种语言的浓烈兴趣连带的结果，并与他欲进一步了解西洋国家的“心思”日益增长，特别是与他对西洋园林建筑正发生强烈兴趣可能不无关联。

乾隆皇帝是一个语言兴趣很浓、语言能力很强、文化素养极高的皇帝。世传他通晓多门语言的说法并非空穴来风。他本人就曾多次不无得意地谈到自己努力学习蒙古、回回和藏族等几种少数民族语言的过程、成绩与动机。如他在一首诗中就曾表白道：“癸亥学谈蒙古语，回番唐古递通多。”在诗后的自注中他又详细说明：“余自乾隆八年（1743）习蒙古语；二十五年（1760）平回部，习回语；四十一年（1776）平金川，习番语；四十五年（1780）因班禅来谒并习唐古忒语。皆以学而能也，而不学者，光阴玩愒，吾未如之何矣。”[①] 在《御制满洲、蒙古、汉字三和切音清文鉴序》中，他也曾写道：“朕即位初，以为诸外藩岁来朝，不可不通其语，遂习之。不数年而毕

① 《钦定热河志》卷四七，“钦定四库全书”本。

能之，至今则曲尽其道矣。”[①] 乾隆十九年（1754），在承德避暑山庄接见厄鲁特辉特部首领阿睦尔撒纳时，他甚至还曾直接以蒙古语垂询各种情况[②]，由此可见其蒙语水平。至于乾隆何以觉得必须亲自学习来朝外藩的语言，他在一首诗中也曾有解答，即所谓“对语不须资象译，通情洽会系深思”[③] 是也。或许，乾隆皇帝本人对学习西洋语言本身并无直接兴趣，但他对于本民族以外语言学习的重视，却不妨促使他去感知编辑各种“西洋译语”的意义。

与此同时，我们还发现，乾隆下令编撰“西洋”译语等各种语言词汇集的时候，也恰恰正是他对西洋园林建筑开始发生浓厚兴趣之时。据研究，圆明园里著名的“西洋楼”景区之筹划，就开始于乾隆十二年（1747）。在内务府造办处的清档中，关于西洋楼的建设记录，也起于乾隆十五年（1750）。最先开建的西洋建筑是著名的“谐奇趣”。1751 年初，乾隆御笔的“谐奇趣”匾已完成，1752 年其主体建筑便告完工[④]，以后，工程陆续进行，最后一大建筑“远瀛观”建成于 1783 年。因此，今人欲了解乾隆帝敕修西洋各国“番书”的动机，似不能置圆明园里筹建西洋楼一事于不顾。在这一过程中，乾隆不仅势必要与西方传教士频繁接触，还需了解与西洋园林建筑有关的不少知识。西洋语言文字的意义自然因此凸显。

不过，我们与其单方面地去揣析乾隆皇帝的动机，还不如换一个视角来考虑一下当时中国编撰《𠸄咭唎国译语》的环境与条件。早在明末清初，与泰西天主教传教士来华传教相伴随，西方各国就不断有人来华通商，希图扩大与中国的贸易。继葡萄牙、西班牙和荷兰之后，英、法等国的商人也纷纷来到中国的广州等地从事商业活动。以英国为例，从 1637 年第一艘英国商船来到广州，到 17 世纪中叶英国逐渐取得海上霸权，其对华贸易不断增强。

① 《满洲、蒙古、汉字三和切音清文鉴·乾隆序》，（台北）世界书局 1986 年版。

② 昭梿：《啸亭杂录》卷三，中华书局 1980 年版，第 76 页。

③ 转引自牛海桢《简论清王朝的民族语言文字政策》，《黑龙江民族丛刊》2005 年第 2 期。《清高宗御制诗文全集》第 4 集第 10 卷《上元灯词》的注释中也写明：“蒙古回语皆习熟，弗借通事译语也。”

④ 参见郭黛姮编《乾隆御品圆明园》，浙江古籍出版社 2007 年版，第 237—238 页。

1715 年，英国在华正式设立了商馆（法国在广州设商馆是 1728 年，比英晚 13 年）。[①] 到 18 世纪中叶，其对华贸易总值已超过了欧陆各国对中国贸易值的总和。这一切都使得其扩大对华贸易的欲求更加强化。18 世纪中叶，英国人洪仁辉几次带人到宁波贸易，意图在此建立长期的商业据点，引起朝廷的疑虑与警惕。乾隆帝担心洋人深入内地海疆，必然“滋事”，遂于乾隆二十二年（1757）下令，废除原有的定海关，外国商船以后禁止到宁波等地贸易，只限定在广州一口通商。洪仁辉等英人不服，前往天津申诉，终被清朝圈禁澳门三年，期满驱逐回国。这就是著名的“洪仁辉案”。为防止中国人与西洋外商接触，再次发生类似洪仁辉的事件，1759 年，两广总督李侍尧特制定《防夷五事》，规定外商禁止在广东过冬，且必须住在指定的商馆中并接受行商管束；中国人不得借款或受雇于外商，不得代外商打听商业行情，等等。这就使得此后中国人与英国来华商人之间的民间交往，包括彼此的语言授受，不得不寻求一种隐蔽的形式。

上述这种英国对华贸易的迅速发展和清王朝对中外交往的种种限制，实际上成为在广州通行一种特殊语言形态——“广东英语”形成和发展的社会基础。此种杂交不纯的英语变种，用早期来华的美国人亨特的话来说，“无疑是中国人的一种发明”，是“专指在广州的中国人与‘西洋人’之间用作进行商业交易和往来媒介的独特语言”[②]。其基本特征是词汇较少并夹杂着广东方言和葡萄牙语词汇，大体按照中国语法来组织句子，发音上也带有严重的广东方言烙印。因为在中西尤其是在中英贸易关系中有切实的需要，掌握这种交流工具便有利可图，故它能激发在广东的一代代中国人暗中学习的热情；又因为受到官方严厉的限制，中西双方尚缺乏准确掌握对方语言的充足条件，故它又只能较长期地保持一种低水准的、以口语为

---

① 梁廷枏的《海国四说》中《粤道贡国说》注称：英国人“其以嘆咭唎名来市，自乾隆八年（1743）始”（见该书中华书局 1993 年版，第 263 页）。若如是，则乾隆 18 世纪中叶下令编辑《嘆咭唎国译语》便显得较为及时。

② ［美］亨特：《广东番鬼录》，冯树铁译、章文钦等校，广东人民出版社 1993 年版，第 44—45 页。

基本形式的重复状态。

据记载，此种“广东英语”大约诞生于1715年即英东印度公司正式建商馆那一年前后。[①] 若如是，则该语言到18世纪中叶时至少也发展了30多年，恐怕其实际存在的时间还要更长些。这就是《嘆咭唎国译语》得以编撰的语言基础。不过，作为一种缺乏对话句子的词汇集，后来那种较为成熟时期的“广东英语”特点，仍无法从《嘆咭唎国译语》中更为充分地表现出来。何况此种语言前后还必然要发生某种程度的变化呢？

下面，我们再来讨论一下与上述事情紧密相关的所谓“西洋馆”问题。

从现存的主要官方文书来看，清初的四译馆包括回回、高昌、西番、西天、暹罗、缅甸、百夷、八百共八馆，乾隆改为“会同四译馆”后，也只设有两馆，合前四馆为“西域馆”，合后四馆另加新增的苏禄、南掌为“百夷馆”，其中并无正式设立“西洋馆”的记载。2004年，乌云高娃在澳门《文化杂志》发表《清四译馆“西洋馆”》一文，继福克司之后再次明确提出“西洋馆”问题进行专门讨论。她强调，“从四译馆的设置、演变过程来看，并未发现清政府在四译馆增设过西洋馆的史料记载。但根据现藏于故宫博物院图书馆善本室的清写本《华夷译语》中的‘西洋馆’杂字，可见清四译馆应增设过‘西洋馆’，并在此教习过西洋语言文字，试图培养兼通汉语言文字和西洋语言文字的翻译人员”。乌云高娃从法国学者费赖之所著的《在华耶稣会士列传及书目》中所提供的有关法国耶稣会士巴多明和宋君荣的有关通信里，得知雍正七年（1729）至乾隆九年（1744），北京曾设立一个“翻译馆”，她据此便大胆推断，这一存在了15年的翻译馆“很有可能就是清四译馆‘西洋馆’”[②]。也就是说，她认为清四译馆虽曾设有“西洋馆”，但其存在时间却并不在乾隆十三年即1748年之后，而是在此之前。

实际上，乌云高娃这里所提到的1729—1744年存在过的“翻译馆”，其

① ［美］马士：《东印度公司对华贸易编年史》第1、2卷合订本，区宗华等译校，中山大学出版社1991年版，第66页。

② 乌云高娃：《清四译馆“西洋馆”》，《文化杂志》（澳门）2004年第53期。

准确名称并不是“西洋馆”，而是“西洋学馆”，它也并不是四译馆的分支，而是内务府所辖的清宫内机构。该馆是雍正皇帝为掌握日益频繁的与俄罗斯交涉的主动权而设。因为张诚等懂拉丁文的西方传教士在中俄交涉过程中虽发挥过重要作用，但毕竟还不属于可以完全信赖的华人。早在1996年，故宫博物院的郭福祥先生已经弄清“西洋学馆”问题。郭先生根据自己找到的两份重要档案，证明清宫内的“西洋学馆”具体设立的时间应是雍正七年（1729）十月，奉命裁撤时间为乾隆八年十二月二十二日（1744年2月5日）。该馆所授课程只有一门拉丁语（称“拉的诺字话”），这是当时西洋各国大体通行的古代语言即所谓西洋“通语”，而并不学习法、德、英等其他西方各国语言。学生则为内务府官员子弟中愿学者。学习周期为5—7年，待遇与咸安宫官学生相同。该馆的负责人先为法国传教士巴多明，巴死后又由另一法国传教士宋君荣继任。该馆一共招收了3批学生，共计40名，但只有20名完成学业并补笔贴式等职。1744年，“西洋学馆”之所以被裁汰，乃起于和硕庄亲王的一个奏折。该折要求裁汰该馆的理由是，已完成学业的20名学生“即有委之处，亦属敷用，似无庸再行接续学习”。当天，乾隆帝即采纳了他的意见。①

“西洋学馆”既不属于四译馆，那么在它被乾隆钦定裁汰以后，何以谕令四译馆编纂的那五种有关西洋的译语还要写明“西洋馆”字样？难道当时的“西洋学馆”可以径直简称或泛称为“西洋馆”？其在隶属于内务府的同时，亦为四译馆所兼属并为四译馆服务？难道这些写明“西洋馆”字样的译语是大体完成于“西洋学馆”时期，1748年以后只是加以整理和编校？对于这些可能的困惑，乌云女士都没有作出明确的回答。其实，这里面存在不少疑问和矛盾。比如，分别设立于康熙和雍正时期，乾隆时期仍得以延续的“俄罗斯文馆”和“俄罗斯学馆”，它们在名称上虽仅有一字之差，却是分属于国子监和理藩院，且功能也大有差别的两个不同机构；而同时，乌云女士也并不

① 郭福祥：《巴多明与清宫西洋学馆》，《紫禁城》1997年第4期。

考察那些标明“西洋馆”字样的西洋译语早在乾隆八年“西洋学馆”裁汰之前就已经有了部分的成稿，仍只是笼而统之地认为它们都为1847年以后在京传教士所新编。

实际上，从目前笔者所掌握的史料来看，有关法、德等五种西方国家译语文本前标注“西洋馆”三字，主要存在以下三种可能：

1. 这五种西洋译语的确部分或全部为传教士所新编，但它们并不表明当时四译馆内实存一个名叫“西洋馆”的机构，只不过是负责编校这些译语的西方传教士们既不能将之归为“西域馆”，也无法或不愿将之纳入“百夷馆”，只好故意写上“西洋馆”三字，借以表达他们对此加以区别的愿望。这样也不会招来什么麻烦，因为宫廷过去也存在过“西洋学馆”这种类似的机构，其编者们有的还在那里当过差。

2. “西洋馆”真的属于会同四译馆内实存但无正式名称的分支机构。当时会同四译馆正式的分支机构名称只有“西域馆”和“百夷馆”，以前所包括的“西番馆”、“暹罗馆”等在内的八个分馆之名称此时实际上都已经不再正式存在，仅在内部习惯上仍保留使用而已。因事属称，这个编辑西洋译语的部门既已实存，被称之为“西洋馆”也很自然。再加上传教士们有意以此区别于其他馆，故乐于标明“西洋馆”三字。这从故宫现存的各种译语中，有的标明分馆名称，有的则不标示，可以佐证之。

3. 不妨秉承前述乌云高娃的大体思路，而将其具体说法略加改造，即认为“西洋馆”此时并不存在，但几年前已被裁汰的归内务府管理之“西洋学馆”曾受命编撰过除《嘆咭唎国译语》以外的其他五种西洋译语集。由于新撰部分是在原稿基础上的补充或对原稿的校刊修订，故仍须署上“西洋学馆”字样才符合实际，但考虑到四译馆其他负责编撰译语的原机构名称都只有三字，故简称为“西洋馆”。

以上情形到底哪一种符合事实，抑或还有其他什么新情况，目前还难以得出确切结论，欲弄清这一问题，尚有赖于今后史料的进一步发掘。

在谈及“西洋馆”问题和《嘆咭唎国译语》，或者说在论及乾隆乃至整个清前期中西关系的时候，我们还有必要对当时中国已逐渐流行起来的“西洋”概念之内涵作一简要的考察。这对认知当时中国人的英国观和西方观，理解乾隆皇帝及其祖、父辈此期所采取的有关“西洋”的重要举措，应不无帮助。

从目前的研究来看，“西洋”概念在元代时已有正式使用。当时的主要用法，一指南印度的马八尔国；一表述中国沿海地区所出现的一种“小西洋”观念。其“小西洋”的范围，包括东南亚马来半岛和苏门答腊一带诸国。到元末时，上述“小西洋”观念已罕见载记，“西洋”的地理区域业已西移至印度南部沿海。所谓“西洋国”，也转指印度南部的沿海国度。自明初郑和“奉使西洋”之后，“西洋”概念的内涵又发生了重要变化，它开始指郑和船队所到的印度洋至波斯湾、北非红海一带的地区、海域和国家，同时还出现了泛指海外和外国的引申之义。①

明末清初，西方传教士来华，近代意义的“西洋”概念得以逐渐形成。为了使中国人不至于总把他们与印度等传统意义上的“西洋”国度相混淆，传教士们总爱自称来自于“泰西”“大西”“极西”和“远西”，以“泰西×××”和“远西×××”署名的情形十分普遍，其用意无非借以表示自己所在地区和国度比印度非洲等处所更“西”，那里才算真正的“西洋”和“西国”。与此同时，他们在主动传播新的近代世界地理知识，或绘制天下万国全图的时候，还自觉地将今日所谓的“印度洋”即明初指代“西洋”的地域称之为“小西洋”，将非洲以西的海域及其沿海欧罗巴诸国称为“大西洋”。②随之而来的结果是，“西洋”概念逐渐被“大西洋”所充占，甚至独占。所

① 万明：《释“西洋”：郑和下西洋深远影响的探析》，《南洋问题研究》2004年第4期。此文为佳作，但由于论题所限，它基本未讨论郑和下西洋以后的“西洋”概念问题。

② 如利玛窦就自称大西洋人、“大西洋陪臣”等。其所编《坤舆万国全图》已有此种大西洋、小西洋概念。当时，也有将“大西洋”称为“大西海”“小西洋”称为“小西海”，“西洋”称为“西海”的。如《职方外纪》的“四海总说”就写明：“从小西洋至大西洋为西海。”但当“西洋”概念逐渐为欧西所垄断以后，“西海”便多指欧西。如《职方外纪》署名为“西海艾儒略增译”，其中的“西海”即是这种用法（见谢方校释《职方外纪》，中华书局1996年版，第146、27页）。乾隆皇帝的《千里镜》一诗中，也这样使用“西海”：“巧制传西海，佳名锡上京。欲穷千里胜，先办寸心……”（《清高宗御制诗初集》卷三一）

谓“西洋人”“西洋炮”“西洋画”中的“西洋”，也多泛指包括英国在内的欧西各国了。如1697年时，浙江定海为与英国等西方商人贸易而修的“红毛馆”，又被称为“西洋馆”；1711年，面对不断东来的欧洲强国，康熙皇帝曾不无忧虑地预言道：“海外如西洋等国，千百年后，中国恐受其累。”此康熙“逆料之言”，后来也成为魏源《海国图志》一书“欧罗巴洲各国总叙”中的首引之句；1730年，著名的《海国闻见录》一书的“大西洋记”中，也谈到了英国的位置等。乾隆时期，“西洋”概念的主流使用与康雍时期同。①

不过，在欧洲人东来之后，由于葡萄牙长期盘踞澳门，总以西洋代表自居，而中国人对欧洲了解甚少但相对说来与澳门葡人又接触较多等缘故，以“大西洋国”来指称葡萄牙一国的用法，在清初以至乾嘉时期的中国也并不少见。② 甚至还有专指意大利一国的用法。③ 以至于晚清之初，魏源在《海国图志》里不得不专门强调指出：“其实大西洋者，欧罗巴各国之通称，澳夷（指葡萄牙以及被误解为‘澳夷’的意大利——引者）特其一隅，不得独擅也。以其洲言之，则各国皆曰欧罗巴；以其方隅言之，则皆可曰大西洋；以其人言之，则皆可曰红毛。”④ 不过尽管如此，当时称红毛的，主要还是荷兰人和英国人，而以英国人后来居上。故乾隆朝时有人奏称“红毛国在西洋中为最大，有大船甚多”⑤ 之类的说法。魏源同时还将印度洋等昔日被称为“小西洋”的地区改称为“西南洋”，将非洲即当时所谓“利未亚洲各国”改称为“小西洋”。但他的这一发明在晚清却未能传播开来，更遑论改变特指欧西（以后又添进美国）的“西洋”概念之流行内涵了。

乾隆时，在北京宫廷服务的西方传教士中没有英国人，出于对日益强大的英

---

① 参见中国第一历史档案馆编《清中前期西洋天主教在华活动档案史料》第4册，中华书局2003年版。其中，泛指欧西各国的“西洋”概念的使用已随处可见。

② 直到19世纪前中叶，以西洋国指称葡萄牙的情况仍时常见到。如谢清高1820年口述、杨炳南笔述的《海录》中有“大西洋国”专节，即指葡萄牙。英国领事馆罗伯聃1842年出版的《华英通用杂话》（*Chinese and English Vocabulary*）中，仍以“西洋”指葡萄牙（见该书1842年香港版，第39页）。

③ 如奉旨修撰1751年完成的《皇清职贡图》中的“大西洋国”就指意大利。1820年的《嘉庆重修一统志》依然如此。这恐怕主要是由于西洋人所信天主教之罗马教廷在意大利的缘故。

④ 魏源：《海国图志》“欧罗巴洲各国总序”，中州古籍出版社1999年版，第268页。

⑤ 《英使马嘎尔尼来聘案》，《掌故丛编》，中华书局1990年版，第658页。

国的妒忌和恐惧，也有一些欧陆传教士特别是在华有特殊利益的葡萄牙国传教士，喜欢有意无意地将英国排除在“西洋”之外，而军机大臣中也有误信之者。如马嘎尔尼使华时，军机大臣“传在京西洋人”帮助翻译拉丁文和英文禀书，这些西洋人便声称，“原禀有西洋字一件，伊等俱能认识，谨译出呈览。其暎咭唎字禀一页，伊等不能认识”。又称，“该国即系红毛国，在西洋之北，在天朝之西北。该国与西洋向不同教，亦无往来”[①] 云云。这里，英国被明显排除在西洋之外，而拉丁文被则特称为“西洋字”，以与英文加以区别。由此也可见前述“西洋学馆”只授拉丁文字一事，在“西洋”概念的理解上，原也并非只是出于偶然而已。

了解“西洋”一词内涵的上述演变，无疑有助于我们认知清前中期的中西关系，也可借此透见当时中国人认识外部世界的曲折历程。

（原载《江海学刊》2010 年第 1 期）

① 《英使马嘎尔尼来聘案》，《掌故丛编》，中华书局 1990 年版，第 616 页。

论民族精神的功能

陈其泰

民族精神是一个民族赖以生存和发展的精神支柱，是民族长期形成的优良文化传统的结晶，也是人们为了推进本民族发展而普遍认同、并发挥了主导作用的价值标准和行为准则。进入新时期以来，中国人民在推进现代化建设的事业中，更加深刻地认识到发扬和振奋民族精神的迫切性和重大意义。江泽民同志在党的十六大报告中指出："面对世界范围各种思想文化的互相激荡，必须把弘扬和培育民族精神作为文化建设极为重要的任务。"① 一个领导着全世界人口最多的国家、从事实现民族复兴伟大事业的执政党，如此高度地重视总结和弘扬民族精神，其意义是极其深刻的。今天，揭示伟大的民族精神在中华民族漫长征途中所发挥的重要作用，无疑是当前理论建设的一项重要课题。

民族精神对于中华民族的生存延续、国家的兴旺强盛具有极为重要的功能，概括来说有以下三项：精神支柱；凝聚力量；教育激励。限于篇幅，兹结合若干史实简要论述如下。

精神支柱的功能

党的十六大报告提出："要把弘扬与培育民族精神作为社会主义文化建设的重要任务，纳入到社会主义精神文明建设和国民教育的全过程。""民族精

① 《江泽民文选》第3卷，人民出版社2006年版，第559页。

神是一个民族赖以生存和发展的精神支撑。一个民族，没有振奋的精神和高尚的品格，不可能自立于世界民族之林。”中华民族历经几千年文明绵延不绝，中间虽遭种种劫难而能衰而复振，根本的原因就在于，民族精神起到重要的支柱和维系的作用，尤为关键的是团结统一的精神，自强不息、不畏强暴的精神，厚德载物、海纳百川的精神。

中国多民族不断实现融合和国家走向统一的趋势，早在夏、商、周三代即已形成，《诗经·小雅·北山》所吟诵的“溥天之下，莫非王土；率土之滨，莫非王臣”，正反映出统一局面为古代中国臣民共有的牢固信念。以后历代国家政权都以统一作为当时政治成就的最高目标，而历代有远见的思想家也都以推进统一事业、反映民众的统一要求为己任。共同努力，以求实现国家统一和民族间的和好、融合，便成为中华民族历经几千年岁月，战胜一切劫难和挫折的精神支柱。孔子由于倡导“大一统”说而被尊为封建时代的“圣人”，他所创立的儒家学说也在两千年封建社会意识形态中占据着主导地位。孔子处于春秋时期周天子地位式微的背景下，他愤慨当时各国互相攻伐，倡导统一，力主维护“天下有道，礼乐征伐自天子出”的局面，在其撰修的《春秋》中谴责破坏“统一”目标者为“乱臣贼子”。孟子处在战国时期，各诸侯国因为分立而互相攻伐，赋敛苛重，民众痛苦不堪，孟子对此痛心疾首，要求“解民于倒悬”。全部《孟子》论述的中心问题是，如何做到“天下归之”及阐发孔子所言“国君好仁，天下无敌”的道理，倡导推动中国走向统一。他还明确预言：“不嗜杀者定于一。”① 这些都深刻地反映了民众的愿望，也被战国至西汉历史的发展所证实。西汉司马迁生活于汉武帝实现空前大统一的时代，他撰成《史记》，有力地体现出汉武帝时代统一局面空前发展的时代精神。司马迁摆脱西汉时期俗儒一味讥贬“亡秦”的陋见，在《秦本纪》《秦始皇本纪》中正确评价秦统一中国的贡献，称“秦取天下多暴，然世异变，成功大”，并主张“法后王”②，即继承和推进秦统一中国的大业。尤其

① 《孟子·梁惠王下》。
② 《史记》卷一五《六国年表·序》。

热情歌颂西汉时代“海内一统”的局面，称：“汉兴，海内为一，开关梁，是以富商大贾周流天下，交易之物莫不通，得其所欲。”① 司马迁又整理出自传说中的颛顼、帝喾、尧、舜至夏、商、周，其古帝王都出于一个共同的祖先——黄帝，这恰恰反映出后人对统一的愿望。诚如郭沫若所说：“如五帝三王是一家，都是黄帝的子孙，那便完全是人为。那是在中国统一前后（即嬴秦前后）为消除各种氏族的畛域起见，而生出的大一统的要求。”② 《史记》“世家”记载的诸多诸侯国，鲁、晋、卫等是周王室成员所传下，燕、陈、楚等也都是黄帝之后。记载“中国之虞与荆蛮、句吴，兄弟也”③；“越王勾践，其先，禹之苗裔，而夏后帝少康之庶子也”④，并在《匈奴列传》中记述“其先祖夏后氏之苗裔也”。通过记载中国境内各民族在血缘上和世系上的密切联系，体现出高度的历史文化认同。

《史记》这部成功巨著记载了中国各民族不断走向更高程度统一的历程，因而成为加强民族凝聚力的宝贵典籍，对世世代代促进民族文化认同起到巨大的作用。司马迁所确立的“大一统”历史观深刻地影响了后代少数民族当权者和历史学家，十六国、北朝政权分立时期表现特别显著，因而形成中华民族历史上具有重要意义的特有规律：越是处于分裂时期各民族越是向往统一。“统一”意识在中华民族发展史上发挥了支柱作用，这在延续一两千年持续发展的修史制度及其丰富成果上有生动的体现。《史记》的“大一统”历史观在深刻内涵和本质意义上反映了中国历史发展的趋向和全民族共同的愿望，因而成为后代史家仿效的榜样。东汉初，班固撰成《汉书》，承继并发展了司马迁的“大一统”历史观，成为又一影响巨大的名著。东汉朝廷又先后诏令班固（兰台史令）、刘珍（史官谒者仆射）等“著作东观”，纂修当朝史《东观汉纪》一百四十三卷。中国古代设馆修史制度即由此发端。从曹魏以后

① 《史记》卷一二九《货殖列传》。
② 《郭沫若全集·历史编1》，人民出版社1982年版，第222—223页。
③ 《史记》卷三一《吴太伯世家》。
④ 《史记》卷四一《越王勾践世家》。

至南北朝，各朝都置史官，其名称有著作郎、著作佐郎、修史学士等。尤为值得注意的是，十六国分裂时期，多个少数民族建立的割据政权也几乎都设置史官，如匈奴族刘渊建立的汉，设左国史，羯族石勒建立的后赵设史学祭酒，负责记载本国史。鲜卑拓跋部祖先以游牧为生，未有历史记载，从道武帝建国立号后，即效法中原文化，设置史官，修成编年体国史。随着孝文帝推行汉化政策，又改为纪传体国史，并由史官李彪、崔鸿等修成孝文以下各朝起居注。东、西魏分裂，其史官制度和国史资料为东魏所继承，在此基础上，北齐天保二年（551）置史馆，诏令魏收纂修《魏书》，历四年完成。北齐的史馆，有朝廷按史馆建制任命的堪当修史之任的史官（有著作郎、著作佐郎、修史臣、校书郎等），有专门的修史机构，又命大臣监修，以示朝廷高度重视。中国历史上史馆的正式设立即始于北齐，它一方面由华夏民族重视历史记载的长期传统发展而来，另一方面，其初步形成又是因鲜卑政权实行汉化政策直接导致，因而是北朝时代汉族与鲜卑族共同的文化认同结出的珍贵果实，意义十分深远！

唐朝是比汉朝规模更大、国力更加强盛的朝代，南北民族融合后显示出了更加雄伟的创造力，唐初政治家和史学家共同认识到必须为刚刚过去的五个朝代（南朝的梁、陈，北朝的齐、周，隋）正式修成完整的史册，因而直接推动了设馆修史制度的确立。有唐一代，官方修成《梁书》《陈书》《周书》《北齐书》《隋书》和《晋书》六部前朝史，又纂修了数量巨大的当朝史，并规定了全国范围定期向史馆上报有关多种记载的制度。以后历五代、两宋至清各朝史馆基本上均依照唐制建立，有的朝代（如宋代）机构更加发达。历代都将修史工作视为朝政大事，保证了二十四史的完成，成为几千年连续不断的历史记载，在世界独一无二，堪称人类文化史上的奇迹！入主中原的少数民族政权同样高度重视纂成前朝史，元代修成《宋史》《辽史》《金史》，清代前后历时九十年修成《明史》，充分证明“大一统”历史观在多民族统一进程中发挥了极其重要的精神支柱作用。

凝聚力量的功能

1840 年鸦片战争以后，外国列强一再对我国发动野蛮侵略，国内封建统治昏庸腐败，致使中华民族处于危机四伏之中。在民族生死存亡的关头，正是中华民族发扬了团结统一、勇于抗击侵略、自强不息、不断探索救国道路的精神，凝聚了全民族的力量，最终战胜了列强要把中国变成其直接殖民地的图谋。

在鸦片战争前后，龚自珍、魏源及时地对清代历康、雍、乾三世实现全国多民族统一的局面作了总结。龚自珍在《西域置行省议》等文中明确提出“中外一家，与前史迥异”，并强调边疆民族间要建立“安”和“信”的关系。魏源在《圣武记》中，更从新疆人民在国家统一局面下负担减轻的事实，说明国家统一带来的好处，指出，当准噶尔策动反叛时，对新疆人民是“竭泽而渔”，且不时“索子女，掠牲畜”，回民如遇盗匪，只好把财物粮食窖藏起来，到大小和卓木统治时，“兵饷徭役烦兴”，“民脂殆尽”。自从回部归中央朝廷管理后，则“蠲苛省敛，二十而取一，回户休息更始矣！”[①] 如此鲜明的对比，雄辩地证明统一给新疆人民带来了巨大的好处。他又著成爱国主义先驱名著《海国图志》，跨越中西文化严重隔阂的鸿沟，在民族危机的严重关头，得出两项与民族生存利益攸关的重要结论：一是在英国野蛮侵略面前，中华民族应当同仇敌忾奋起抵抗，并对正义的自卫战争取得最后胜利充满信心。因此他呼吁：“天时人事，倚伏相乘，何患攘剔之无期？何患奋武之无会？此凡有血气者所宜愤悱，凡有耳目心智者所宜讲画也。”全民族奋起抵抗，“寐患去而天日昌，虚患去而风雷行”[②]，就能争取御侮斗争的最后胜利。二是要勇于跨越以往视西方国家为“化外之夷”的认识鸿沟，承认他们武器技术的先进，“师夷长技以制夷”，了解外国情形，知己知彼，因而开创了近

---

① 魏源：《圣武记·乾隆勘定回疆记》，中华书局 1984 年版，第 167—168 页。
② 魏源：《海国图志·序》，中州古籍出版社 1992 年版。

代“向西方学习”的时代风气。

鸦片战争之后，又经过第二次鸦片战争、中法战争，一系列不平等条约的枷锁套在中国身上，中华民族的生存面临更加严重的危机，列强环伺，企图对我蚕食鲸吞。中日甲午战争失败后形势更加险恶，中国被一向所看不起的“蕞尔小国”日本打得惨败，被迫签订了《马关条约》，清朝统治极度腐朽的实质彻底暴露，亡国灭种的危险迫在眉睫。在举国群情激愤、思变思强的情势下，康有为领导的维新派走上政治舞台，发动了戊戌维新运动。这是中华民族处在严重灾难面前的奋起一跃，以前所未有的声势和明确的政治主张，表达出全民族为了挽救危亡而进行共同抗争的决心和意志。康有为领导的“公车上书”，集合了全国十八省有强烈爱国心的知识分子，共同表达救国主张，形成有声势的政治行动，它冲破了清朝统治者两百多年来“不准士人干政”的禁令，是全民族爱国力量对腐朽卖国的专制政府表达的有力抗议。康有为撰写的《上清帝第二书》中，对中国即将遭受瓜分的局势作了怵目惊心的分析，向光绪帝明确提出救亡图强的四项方针，而其变法的核心主张，是要求立即结束沿袭两千年的皇帝高高在上、三五守旧大臣擅权的封建专制政体，改为实行西方国家和日本的“议郎”会议讨论国家大事的制度，革除长期造成国家落后衰弱的等级森严、上下隔绝、民情不通的状态，改变为“公四万万人之心以为心”、“能者竭力，富者纾财，共赞富强，君民同体，情谊交孚，中国一家，休戚与共”①。戊戌维新虽然被顽固派残酷地绞杀了，但其作为挽救民族危亡、要求发展资本主义的爱国主义改革运动却在历史上产生了巨大的回响。以维新派为代表的进步力量向腐朽的封建思想体系发起勇猛的攻击，他们认识到国家利益所在，世界进步潮流之所向。康有为所倡导的在民族生存危急关头，要激起举国民众“同雪国耻”的决心，要结束专制政体，以实现“中国一家，休戚与共”，“合四万万人之心以为心”，也正是中华民族的觉醒至此提升到新的阶段的明证。以往由于戊戌维新遭到失败，

① 康有为：《上清帝第二书》，中国史学会编：《戊戌变法》（二），上海人民出版社 1957 年版，第 133—134 页。

又因康梁等人主张维新反对革命，而一味贬低戊戌维新运动的政治意义和思想意义，是一种违反历史唯物主义原则、片面看问题的不正确态度。

1911 年，孙中山领导的辛亥革命爆发，结束了两千年封建帝制，标志着中国从此进入民主共和的时代，这一具有伟大意义的历史性进步，是革命派前仆后继、浴血战斗而取得的，也是在以孙中山为首的革命党人号召之下，全国民众包括海外爱国华侨和边疆各民族的人心所向，以及为推翻腐朽的封建专制制度而共同奋斗的结果，是在救亡图强、革故鼎新的民族精神鼓舞下，凝聚了全国各族人民力量而取得的胜利。经过镇压戊戌变法运动、出卖义和团、与侵略者签订屈辱卖国的《辛丑条约》之后，以西太后为首的清朝统治集团反动顽固的面目早已彻底暴露，国内有识之士和人民群众进一步认清其对外放手卖国、对内残民以贼的凶恶、腐朽本质。经过以孙中山为首的革命党人不屈不挠举行起义、展开组织活动和舆论宣传，革命之说已经遍倡于国中，必须用革命手段推翻这个溃烂的封建王朝，中国才能不亡，成为人们的普遍意识。因此，当武昌首义成功消息传出，各省纷纷响应。清廷反动统治迅速宣告瓦解。在辛亥革命准备和发动阶段，革命思想家进行的满腔热情的启蒙宣传也起到巨大作用，帮助群众认清中国舍武装推翻封建帝制统治之外别无出路，如《革命军》作者邹容等人义正词严地宣告："革命者，顺乎天而应乎人者也！"广大华侨和全国各民族在全力支持和积极响应辛亥革命的共同行动中显示出巨大的向心力，更是对中华民族觉醒的有力推进。广大爱国华侨同祖国血肉相连，许多侨胞为革命慷慨解囊，又有许多华侨志士归国参加战斗，精神昂扬悲壮，可歌可泣。孙中山曾高度评价华侨对辛亥革命做出的巨大贡献，说："此次推翻帝制，各埠华侨捐巨资以为军费，而回国效命决死，以为党军模范者，复踵相接。"又说："辛亥革命是华侨的产儿！"武昌起义成功后，立即得到各族人民的响应，进一步增强了中华民族的凝聚力。在东北，同盟会员张溶与满族爱国知识分子宝昆等人，于 1911 年 11 月 17 日在沈阳成立"奉天省联合急进会"，组织各族人民开展推翻清朝在东北的统治的斗争。黑龙江各族革命者组织了"新民爱国委员会"，响应武昌起义，策划黑龙江省独立。在新疆，1912 年 1 月，伊犁革命党人杨赞绪（时任伊犁新军步兵署协统）和冯特民策划新军举行起义，当地汉、回、维吾尔、哈萨克、蒙古、锡伯等各族人民，积极支持和参加。其他在陕西、绥远、云南等省，也都有少数民族民众响应辛亥革命而举行斗争。“烈火炼真金”，在勇敢抗击侵略、探索救国道路的伟大民族精神的鼓舞下，近代一次次反帝反封建斗争的开展，使早已形成的全国各民族兄弟般相互依靠、相互支持的关系，反复地经受了考验和锤炼，变得更加牢固。

近代台湾人民和祖国大陆人民患难与共的情怀，同样是在抗击外侮、救亡图强民族精神鼓舞下各民族凝聚力增强的生动写照。民族英雄丘逢甲的奋斗经历可为一例。丘逢甲祖籍广东蕉岭，至曾祖父一代迁到台湾拓殖谋生，丘逢甲本人于 1864 年 12 月出生于台湾淡水厅铜锣湾庄。他从小受到父亲和其他有学问的父辈良好的教育，对于祖国的历史文化有深刻的领悟，又树立了热爱中华民族、忠贞报国、不畏强暴、勤奋进取的精神。逢甲二十岁时，作成《台湾竹枝词》百首（现存四十首），歌咏台湾的历史文化、世情民俗、风光景物。其诗句有反映台湾人与祖国大陆同胞密切的渊源关系的，有叙述台湾地形山势与祖国大陆一脉相连的，有表现台湾与大陆节日风俗、服饰时尚息息相关的，有讴歌民族英雄郑成功驱逐荷兰殖民者、开辟台岛草昧的历史功绩的，特别是有诗句肯定康熙帝统一台湾、巩固海防的伟业。从此，年刚二十岁的丘逢甲誉满全台。《台湾竹枝词》的出色成就有力地证明一百多年前台湾人民对自己祖国和伟大中华民族的高度历史文化认同。

丘逢甲于 1895 年领导台湾义民反对腐败的清政府将台湾割让给日本，成立名为“台湾民主国”的抗日政府，年号“永清”，并致电清朝政府，表示“台湾士民，义不臣倭，愿为岛国，永戴圣清”，声明台湾永远属于中国，推举巡抚唐景崧为总统，丘逢甲任副总统兼抗日义军统领，于六月中旬率义军在新竹附近与日军血战二十余昼夜，终因弹尽饷绝失败，回归大陆故籍。他写有大量诗篇表达炽烈的爱国衷肠。如他所写的表达保卫台湾、收复台湾、实现祖国统一的坚强决心的著名诗句：“春愁难遣强看山，往事惊心泪欲潸；

四百万人同一哭，去年今日割台湾。"（《春愁》）黄遵宪也撰写有长诗《台湾行》，歌云："城头逢逢雷大鼓，苍天苍天泪如雨，倭人竟割台湾去。当初版图入天府，天威远及日出处。我高我曾我祖父，艾杀蓬蒿来此土。……亡秦者谁三户楚，何况闽粤百万户。成败利钝非所睹，人人效死誓死拒，万众一心谁敢侮！"两位杰出爱国诗人的诗句表达了全国人民抗御日寇、收复台湾、统一祖国的共同意志，成为近代诗歌的不朽篇章，永远产生激励人心的力量。

丘逢甲的思想随着时代潮流前进，由原先只赞成走维新变法道路，到逐步倾向革命。1911 年，黄花岗起义失败，丘逢甲适在广州，他尽力营救革命党人。武昌起义成功后，他于十二月作为广东代表之一赴南京出席各省组建临时中央政府会议，并在此前于上海谒见孙中山，号召在沪粤籍商人捐款支持孙中山革命事业。1912 年初，孙中山就任大总统，中华民国成立，丘逢甲在南京欢欣鼓舞，写诗讴歌民主革命的胜利："郁郁钟山紫气腾，中华民族从此兴。江山一统都新定，大纛鸣笳谒孝陵。"（《谒明孝陵》）并被推举为临时参议院参议员。由身在台岛、热爱民族本根文化，到抗议割让台湾，起兵抗击日军，到最后拥护孙中山创建的民主共和国——丘逢甲的经历生动地证明了台湾同胞与大陆民众命运血肉相连，中华民族精神对台湾同胞具有强大感召力、凝聚力。

教育激励的功能

中华民族的伟大精神又具有重要的教育激励的功能，尤其是在民族生死存亡关头，民族精神对于全体华夏儿女具有无可比拟的感召、鼓舞作用，激励千百万民众英勇斗争，在浩劫中新生，在灾难中挺立。

抗日时期，万恶的日本强盗对我国进行人类历史上罕见的最野蛮、最凶残的侵略蹂躏，在这场惨绝人寰的巨大灾难面前，中华民族誓死保卫祖国、万众一心、共赴国难、宁死不屈的伟大精神鼓舞全国军民展开英勇顽强的抵抗，最终获得了抗战的全面胜利。正如毛泽东所说："我们中华民族有同自己的敌人血战到底的气概，有在自力更生的基础上光复旧物的决心，有自立于世界民族之林的能力。”① 抗日战争是近代以来中国人民进行的最艰苦的一次反抗帝国主义侵略的斗争，也是第一次取得彻底胜利的斗争，经过浴血战斗，终于获得了民族的独立，并成为中华民族复兴的起点。胡锦涛总书记对抗战时期民族精神的提升和弘扬作了极其精辟的概括：“在那场空前壮阔的伟大斗争中，中华民族进一步弘扬了以爱国主义为核心的伟大民族精神，并表现出许多鲜明的特点，这就是：坚持国家和民族利益至上、誓死不当亡国奴的民族自尊品格，万众一心、共赴国难的民族团结意识，不畏强暴、敢于同敌人血战到底的民族英雄气概，百折不挠、勇于依靠自己的力量战胜侵略者的民族自强信念，开拓创新、善于在危难中开辟发展新路的民族创造精神，坚持正义、自觉为人类和平进步事业贡献力量的民族奉献精神。”② 在伟大的民族精神的教育激励下，举国上下同仇敌忾，以气壮山河之势，与敌人展开殊死的战斗，中国共产党最鲜明地表达出全国人民英勇抗战的决心，并成为团结抗战的核心力量，国民党军队的爱国将士也为抗战做出重大贡献，国民党政府在全国民众爱国精神感召下，也改变了初期消极退让政策，而转为坚决抵抗，全国各民族以及海外侨胞空前广泛动员，真正实现了全民抗战，使我们祖国浴火重生。

中国共产党率先明确提出抗日救亡的主张。“九·一八”事变发生后，中共满洲省委立即发表宣言，号召工农兵劳苦群众开展英勇的斗争，罢工、罢课、罢市，反对日本帝国主义占领满洲。1935 年 8 月 1 日，中共中央和中华苏维埃中央政府发布了《为抗日救国告全体同胞书》，即《八一宣言》，建议各党各派各军在“抗日则生，不抗日则死”的紧急关头，本着“兄弟阋于墙，外御其侮”的精神，停止内战，一致抗日。不久，中国共产党又明确提出愿意与包括国民党在内的一切政党建立“抗日民族统一战线”。第二次国共合作建立以后，中国共产党将原苏区改称边区，将所属第八路军整编为国民革命军第十八集团军，习惯上仍称为“八路军”，迅速开赴前线。提出八路军的战

---

① 《毛泽东选集》第 1 卷，人民出版社 1967 年版，第 147 页。

② 胡锦涛：《纪念抗日战争胜利 60 周年大会上的讲话》，《人民日报》2005 年 9 月 3 日。

略任务是：配合国民党正面战场作战，从侧翼阻击进犯山西的日军。同时，深入敌占区，广泛开展抗日游击战争。在抗战初期，日军兵锋迅速推进，国民党正面战场连连失利的时候，装备简陋的八路军却分散为若干的小股力量，大踏步地挺进敌后，开辟了广大的抗日根据地，并通过小规模的游击战不断地给日军以痛击。中国共产党的这一战略逐步奏效，大大削弱和延缓了日军继续进兵的能力和进程。在整个抗日战争期间，国民政府顶住了日寇的种种政治诱降和汪精卫叛国所带来的巨大压力，号召全国人民共同抗战，甚至提出了“全民总动员”和“精神总动员”的方针和口号，许多将领和士兵顽强抗敌、血洒山河、为国捐躯，为中华民族抗战的最后胜利做出了重要贡献。国共两党是抗日战争的主力，抗日战争的胜利是与国共两党在危难之际达成合作分不开的，同时两党的将士们也在战争中做出了巨大的牺牲，张自忠和左权是他们的优秀代表，他们身上所体现的勇于牺牲的精神成为抗战军民英勇杀敌、抗战到底的楷模。

在抗战烽火连天的岁月，全国各阶层人民广泛动员，为挽救民族危亡和战胜侵略者争先恐后，“有钱出钱，有力出力”，涌现出无数可歌可泣的动人事例。

“九·一八”事变以后，张学良被迫率领东北军退到关内，东北各爱国阶层和不愿入关的原东北军将士组建了各路义勇军。据统计，“九·一八”事变以后，东北地区参加武装抗日的人数达50余万。以东北义勇军为代表的抗日武装力量的活动遍及东北全境，有力地打击了日本侵略者。全国各地大中城市的青年学生，率先站到抗日救亡运动的最前列。“九·一八”事变后，上海、北平、南京、天津等地的大中学生，纷纷走上街头，举行集会游行，发表通电，进行抗日宣传，建立抗日团体。9月下旬，全国各地学生代表会集南京，前往国民党中央党部和国民政府外交部请愿。10月初，全国各地学生举行反日示威。1935年华北事变后，北平爱国学生发起“一二·九”运动，各大中学校学生六千余人向国民党当局请愿，高喊“打倒汉奸卖国贼！”“立即停止内战！”正如毛泽东后来所说：“一二·九”运动的发生，“轰动了全国。

它配合着红军的北上抗日行动，促进了国内和平和对日抗战，使抗日运动成为全国的运动，所以，‘一二·九’运动是动员全民族抗战的运动”①。

全国各界人士也纷纷组织各种抗日团体。1931 年 9 月 21 日，“北平各界反日救国大会”通电全国，提出“对日实行不合作主义”。上海、汉口、天津、南昌等城市的工商业者发动了抵制日货的运动，严重打击了日本在华市场。上海 80 余个妇女团体 2000 余人召开大会，联合组成妇女救国大同盟。她们举办救护训练班，组织妇女救护队，开赴前方参加救护工作。南京妇女界代表发起组织中华国民救国女子军，抱定舍身救国的决心，3 天内签名参加者达 1300 多人，分救护队、宣传队、决死队三部分，以南京女子法政讲习所为筹备地点进行组织、训练。② 宗教界人士也动员起来，北平法源寺的僧人、中国佛教会等通令全国各省市佛教会动员各寺院僧侣共赴国难，节约用费，犒劳前方将士。伊斯兰教教徒，发起组织伊斯兰教友会，并发表宣言，表示抗日。

八年抗战中，中华民族的生死存亡日夜牵动着千百万侨居海外的同胞的心，他们纷纷通过各种形式支持和参加国内抗战。“九·一八”事变后，在日本的中国留学生抗议日本侵略，相继返回国内。日本陆军士官学校的中国留学生近 300 人，全体退学，并发表宣言，表达了“当此国家濒危之时，正吾辈拼弃生命杀敌救亡之日”的炽烈爱国感情。③ 自 9 月 19 日起两个月内，留学生及其他侨胞先后共约 7000 余人归国。东南亚是华侨最为集中的地区，“九·一八”事变后，该地区的华侨不仅进行声援、捐赠资金和物资，而且组织“华侨义勇军”、“抗日铁血团”和“武装自卫队”等组织直接回国参战。据广东侨委员会 1946 年统计，抗战期间，仅仅粤籍侨胞回国参军参战的即有 4 万余人。④ 1938 年 10 月，东南亚华侨抗日救国的统一领导机关——南洋华侨筹赈祖国难民总会（简称南侨总会）成立，陈嘉庚当选主席。南侨总会下

---

① 《毛泽东文集》第 2 卷，人民出版社 1993 年版，第 253 页。

② 陈觉：《“九一八”后国难痛史资料》第 3 卷，东北问题研究会 1932 年版，第 12 页。

③ 《申报》1931 年 10 月 22 日。

④ 中国抗日战争史学会、中国人民抗日战争纪念馆编：《中国复兴枢纽——抗日战争的八年》，北京出版社 1977 年版，第 86 页。

设近千所分会，涉及东南亚各地区各行业。据陈嘉庚回忆，当时人们对该机构的评价是："不特各属筹款机关，可密切联系，而冶于一炉，即全南洋八百万侨胞，亦可精神团结，而化为一体。"① 在伟大民族精神教育激励下，全国人民和爱国华侨形成了坚强抗击敌人的整体。旅欧、旅美的中国华侨也纷纷成立了各种机构，声援国内抗日。"九·一八"事变后，英国名流和中国旅英人士成立了中国人民之友社；在法国巴黎，组成了中华民众救亡会筹委会；比利时华侨组成了旅比华侨反日救国总会。旅居美国的华侨团体，还集资购买飞机31架，捐赠给国内，用于对日作战。另外，加拿大、巴拿马、秘鲁、委内瑞拉、古巴等国的华侨，也都组织起各种团体，援助国内的抗日救亡运动。

八年抗战中，中华民族承担了最大的民族牺牲，以崇高的奉献精神为世界反法西斯战争的胜利做出了巨大的贡献，并因此而大大提高了中国的国际地位。在全面抗战的前4年，也是日本侵略者气焰最嚣张、攻掠最野蛮的时间里，中华民族独力对日作战。"七·七"事变后，日本将其24个师团中的21个投入到中国战场，超过其陆军总兵力的87%；1938年，更是将其34个师团中的32个投入中国战场，超过了其陆军总数的94%。② 此时，美国虽然与日本在太平洋地区有矛盾，但也曾打算牺牲中国，换取与日本的妥协；苏联担心日本北进，造成两线作战的局面，而与日本签订了为期5年的《苏日中立条约》。太平洋战争爆发后，中国的压力才减轻了一些。但整个抗日战争期间，中国人民凭借其自强不息的精神，在中国战场上始终牵制了日本陆军一半以上的兵力，同时也做出了巨大的牺牲。正如罗斯福所说："假如没有中国，假如中国被打垮了，你想一想有多少师团的日本兵可以因此调到其他方面来作战？他们可以马上打下澳洲，打下印度——他们可以毫不费力地把这

① 陈嘉庚：《南侨回忆录》，新加坡怡和轩1946年刊本，第56—57页，转引自中国抗日战争史学会、中国人民抗日战争纪念馆编《中国复兴枢纽——抗日战争的八年》，北京出版社1977年版，第86页。

② 《人民日报》1991年11月2日。

些地方打下来。他们并且可以一直冲向中东。"① 可以说，美苏的参战，只是加速了中华民族抗日战争胜利的进程；中华民族以坚忍不屈、自强不息的精神进行的长期英勇、顽强的抵抗才是抗日战争取得胜利的根本要素所在。中国人民在抗击日寇和世界反法西斯战争中所做的巨大贡献，使国际社会重新认识了中国的力量和作用。1944 年 8 月，中国代表团参加了首次筹建联合国的四大国会议，并积极参与了联合国章程的制定工作。1945 年 4 月，联合国在旧金山召开制宪会议，中国是四个发起国之一，中国共产党派出自己的代表，与国民政府的代表共同出席会议，特别体现了代表全中国人民的意志。中国被确认为联合国安理会的五大常任理事国之一，这就进一步在国际上确认了中国的大国地位。中国人民浴血奋战而赢得国家和民族的尊严，这也正是近代一百多年来在伟大的民族精神教育激励下，全国人民前赴后继共同奋斗而取得的珍贵果实。

回顾中华民族穿过历史的狂风暴雨，战胜无数艰难险阻，而逐步壮大和强盛的历程，我们心情无比激荡，展望未来的发展道路，我们信心百倍、志坚如钢。我们坚信，只要清醒地估计和应对前进道路上的困难，在新的历史条件下大力弘扬中华民族团结统一、自强不息、不畏强暴、厚德载物的伟大精神，我们就一定能够在今后和平发展的征途中，谱写出新的壮丽篇章。

（原载《江海学刊》2010 年第 5 期）

① ［美］伊利奥·罗斯福：《罗斯福见闻秘录》，新群出版社 1950 年版，第 49 页。

历史语言研究所与“科学的东方学之正统在中国”

谢保成

1927年、1929年，王国维、梁启超先后谢世，标志着20世纪初兴起的“新史学”告一段落。两人所代表的“新史学”两大基本路向，以更新的方式取得长足发展。梁启超所代表的路向，以史学与现实紧密结合，出现以唯物史观为指导研究中国历史的马克思主义历史学群体。王国维所代表的路向，以史学与新史料相结合，出现以保存史料、研究史料为旨归的历史语言研究所团队。当马克思主义历史学群体与历史语言研究所团队成为20世纪前半纪史学两大主干之际，却遭到了某些玩弄“历史哲学”名词者的否定，说“中国学术界到了今天应当设法在五四以来二十年间所承受自欧西的‘经验事实’与‘辩证革命’的两派圈套外，另谋开辟一条新途径”①。“辩证革命”出于政治原因姑且不论，欧西“经验事实”实即针对历史语言研究所办所方针，说什么“竟有人主张‘近代历史学只是史料学（见《历史语言研究所工作之旨趣》一篇，《集刊》第一本第一分页三）”② 云云。

首先，应当客观、完整地审视《历史语言研究所工作之旨趣》。

留学期间，傅斯年看到“欧洲近代的语言学，在梵文的发见影响了两种古典语学以后才降生”，18、19世纪之交“印度日耳曼系的语言学已经成了近代学问最光荣的成就之一个”，“最近一世语言学所达到的地步，已经是生

① 林同济：《形态历史观》，载《文化形态史观》，上海大东书局1946年版，第6页。

② 朱谦之：《考今》，《现代史学》第5卷第1期。

物发生学，环境学，生理学了”，无论综比的系族语学，还是各种的专语学“在现在都成大国”。而这些学问发达甚早的中国，却出现了“自己的原料也让别人制造”的窘境：不仅不能去扩张材料，就连大自然留给的出土物“还由他毁坏了好多，剩下的流传海外”，或“任其搁置”。特别是“西洋的东方学者之拿手好戏，日本近年也有竟敢去干的，中国人目前只好拱手谢之而已”。面对如此状况，决计创建历史语言研究所，以光大“有光荣的历史”的中国历史学、语言学：

> 在中国境内语言学和历史学的材料是最多的，欧洲人求之尚难得，我们却坐看他毁坏亡失。我们着实不满这个状态，着实不服气，就是物质的原料以外，即便学问的原料，也被欧洲人搬了去乃至偷了去。我们很想借几个不陈的工具，处治些新获见的材料，所以才有这历史语言研究所之设置。

这里说得非常明白：历史语言研究所的设置，是要用中国境内丰富的历史学和语言学的材料，借用欧洲的先进研究方法做出新的成就。所以，在最后明确提出：

> 我们要科学的东方学之正统在中国！

同时强调：

> 历史学和语言学之发达，自然于教育上也有相当的关系，但这都不见得即是什么经国之大业不朽之盛事，只要有十几个书院的学究肯把他们的一生消耗到这些不生利的事物上，也就是以点缀国家之崇尚学术了——这一行的学术。这个反正没有一般的用处，自然用不着去引诱别人也好这个。如果一旦引了，不特有时免不了致人于无用，且爱好的主观过于我们的人进来时，带进了些乌烟瘴气，又怎么办？

这段文字有几点很少为人注意或提及：（1）历史学和语言学的发达，“不见得即是什么经国之大业不朽之盛事”，“也就是以点缀国家之崇尚学术”而已。(2)“只要有十几个书院的学究肯把他们的一生消耗到这些不生利的事物上”，“用不着去引诱别人也好这个”，以免“爱好的主观过于我们的人”带进“乌烟瘴气”。(3)“动手动脚得有结果，因而更改了‘读书就是学问’的风气，虽然比不得自然科学上的贡献较为有益于民生国计，也或者可以免于妄自生事之讥诮。”

历史语言研究所的创办，有三方面的情况制约着其制定办所方针，不应当无视或忽略。

其一，在“中央研究院设置之意义，本为发达近代科学”的办院总则下，“不欲新其工具，益其观念，以成与自然科学同列之事业，即不应于中央研究院中设置历史语言研究所”。“今者决意设置”历史语言研究所，“正以自然科学看待历史语言之学。此虽旧域，其命维新。材料与时增加，工具与时扩充，观点与时推进，近代欧洲之历史语言学，其受自然科学之刺激与补助，昭然若揭。以我国此项材料之富，欧洲人为之羡慕无似者，果能改从新路，将来发展，正为有艾。故当确定旨趣，以为祈响”[①]。据此，不能把历史语言研究所要“与各自然科学同列”的所谓“科学史学”简单地归结为傅斯年一人的认识，这是由中央研究院办院总方针决定的，傅斯年只是积极赞成并身体力行者，两者应当区分清楚。

其二，在观念方面，如何炳松所说，“吾国学者正在厌故喜新之时，露有急不暇择之态”，对西洋史学原理“呈饥不择食活剥生吞之现象”，“一时学说纷纭，莫衷一是”，“或偏而不全，或似而非是，几无一足当义例”。[②] 在这种情况下，是把历史语言研究所办成宣传某种思想观念的部门，还是办成学术研究机构？是紧跟形势为当局制造舆论，还是“点缀国家之崇尚学术”？恐怕任何一个学问家或有学问眼光的政治家都不希望是前者！唯此，只有“不

① 《国立中央研究院历史语言研究所十七年度报告》（以下简称《历史语言研究所××年度报告》），《傅斯年全集》第6卷，湖南教育出版社2003年版，第9页。

② 何炳松：《通史新义·自序》，《通史新义》，商务印书馆1933年版，第11页。

以空论为学问，亦不以‘史观’为急图”①，才是最为切实可行的抉择。否则，就会让“乌烟瘴气”充斥进来，遭“妄自生事之讥诮”，不成其为学术研究机构了。

其三，在材料方面，如傅斯年本人感慨，“中国境内语言学和历史学的材料是最多的，欧洲人求之尚难得，我们却坐看他毁坏亡失。我们着实不满这个状态”。面对此情此景，将何以对？只有利用自然科学提供的工具“整理一切可逢着的史料”，证明“科学的东方学之正统在中国”，才能够使历史语言研究所安身立命，实现其“此虽旧域，其命维新”的变革。

客观历史雄辩地证明，历史语言研究所的上述抉择是正确的，在“歧路旁皇，莫知所止”的情况下，“不以空论为学问，乃纯就史料以探史实”，才得以保存下一块学术“净土”，通过“上穷碧落下黄泉，动手动脚找东西”，使得有关新石器时代、甲骨学、简牍学、敦煌学、西夏学、清史的众多史料不再“坐失毁亡”，并取得诸多划时代的重大学术成果，为20世纪的中国史研究作出无可替代的业绩。

在弄清办所宗旨之后，再来仔细检视历史语言研究所的业绩。

最初设想，两年内设立九组。历史五组：文籍考订、史料征集、考古、人类及民物、比较艺术。语言四组：汉语、西南语、中亚西亚语、语言学。1929年迁北平后，正式设历史、语言、考古三组，分别以陈寅恪、赵元任、李济为主任。

1. 最能体现“上穷碧落下黄泉，动手动脚找东西”精神的考古组

1937年12月14日考古组在长沙清溪阁二楼举行离别宴，参加者有李济、董作宾、梁思永、刘燿、李景聃、李光宇、石璋如、王湘、祁延霈、胡福林、高去寻、潘悫、杨延宾以及魏喜臣、胡占奎、王文林、李连青，被视为是考古组“惊天动地的一件大事，国仇组恨终身难忘”②。刘燿，赴延安后改名尹

---

① 《〈史料与史学〉发刊词》，《国立中央研究院历史语言研究所集刊》（以下简称《历史语言研究所集刊》）外编第二种《史料与史学》（1945年11月）。

② 石璋如：《〈照林与侯家庄1001大墓〉附记》，《中国历史博物馆馆刊》1995年第1期。

达。胡福林，即胡厚宣。

《历史语言研究所工作之旨趣》明确写道：“我们最注意的是求新材料，第一步想沿京汉路，安阳至易州，安阳殷墟以前盗出之物并非彻底发掘，易州、邯郸又是燕赵故都，这一带又是卫邺故域。这些地方我们既颇知其富有，又容易达到的，现在已着手调查及布置，河南军事少静止，便结队前去。第二步是洛阳一带，将来一步一步的西去，到中央亚细亚各地，就脱了纯中国材料之范围了。为这一些工作及随时搜集之方便，我们想在洛阳或西安，敦煌或吐鲁蕃、疏勒，设几个工作站，有志者事竟成!”

在设想的“求新材料”的发掘中，以殷墟发掘成就最为瞩目。1928 年秋至 1937 年夏的 15 次发掘，系指殷代王都即小屯村发掘 12 次，殷代王陵侯家庄西北冈发掘 3 次。此外，殷都近郊遗址发掘，后冈 4 次，大司空村、四盘磨各 2 次，侯家庄南地、侯家庄高井台子、武官南霸台、武官四面碑、秋口同乐寨、范家庄、王裕口及霍家小庄各 1 次。

殷墟以外，与河南省联合组成河南古迹研究会，先后在浚县辛村发掘 4 次，在浚县刘庄、大赉店，山彪县，辉县琉璃阁、毡匠屯、固维村，巩县塌坡、赵沟、马峪沟，广武陈沟、青台，永城造律台、黑孤堆、曹桥各发掘 1 次。与山东省联合组成山东古迹研究会，先后在历城城子崖发掘 2 次，在滕县安上村、曹王墓、王坟峪，日照瓦屋村、大孤堆各发掘 1 次。

抗战期间，在极其艰苦的条件下，考古组与其他文化团体合作组织西康古迹考察团、苍洱古迹考察团、川康古迹考察团、西北史地考察团和西北科学考察团等，调查发掘过西南、西北的一些地方。

殷墟发掘，有两大重要成就影响着此后的考古学与历史学。

第一，关于新石器时代的考古发掘与研究。

1921 年、1923—1924 年瑞典人安特生先在河南渑池仰韶发见新石器时代末期遗存，为代表中国远古的一种文化，命名为“仰韶文化”，后将“甘肃远古时代”分为齐家期、仰韶期、马厂期、辛店期、寺洼期、沙井期六期。1943—1947 年，又陆续发表、出版《中国史前史研究》《朱家寨遗址》《河南史前遗址》，其同事比林-阿尔提发表《甘肃齐家坪与罗汉堂遗址》，“基本观点并没有改变；他的旧说在我国的影响尚未清除，其新著却又在我国一部分历史学者中发生了影响”①。就是说，关于中国新石器时代的话语权长达20多年都在以安特生为代表的一部分国外学者手里。

国人关于新石器时代的科学考古，1926年李济在山西夏县发掘西阴村遗址，发见和仰韶相同的文化遗存，梁思永将其部分陶面加以分析，写成《山西西阴村史前遗址之新石器时代的陶器》（New Stone Age Pottery from the Prehistoric Site at Hsi-Yin Tsun，Shansi，China）。1931年北京师范大学在山西万泉发掘荆村附近遗址得有仰韶文化遗存，1934年徐炳昶在陕西宝鸡斗鸡台发掘得仰韶文化遗存。除此之而外，以下均为历史语言研究所考古组发掘。

1928年秋董作宾等开始发掘河南安阳的小屯村北地，至1937年夏共发掘12次。1930年于小屯期（殷代遗存）堆积之下发见龙山文化遗存。

1930年吴金鼎在山东历城县龙山镇发掘城子崖遗址，1931年秋后继续发掘，遗物和仰韶村遗存是两种不同的风格，处在中国新石器时代末期，乃有“龙山文化”这一新问题。梁思永在黑龙江的昂昂溪作发掘，著有《昂昂溪史前遗址》。

1931年梁思永在河南安阳县西高楼庄后冈作考古发掘，得小屯、龙山和仰韶三种文化的堆积关系，著有《后冈发掘小记》及《小屯龙山与仰韶》两文，使“小屯、龙山与仰韶各期之时代的系列问题，得到了固定的具体的观念。以这遗址各期的文化遗存作基石，精密的去考究中国所发见的其他新石器时代的遗址，则它们的先后系列不难找到”②。

1932年吴金鼎在河南安阳侯家庄发掘村北高井台子，发见龙山与仰韶两种文化的堆积关系，著有《摘记小屯迤西之三处小发掘》及《高井台子

① 尹达：《论中国新石器时代的分期问题——关于安特生中国新石器时代分期理论的分析》，《考古学报》1955年第9期。

② 刘燿：《河南浚县大赉店史前遗址》，《田野考古报告》第1册（1936年8月）。

三种陶业概论》。[①] 河南古迹研究会在浚县发掘辛村及大赉店遗址，刘燿在大赉店遗址中复得龙山与仰韶两者的堆积关系，著有《河南浚县大赉店史前遗址》。

1933 年石璋如、王湘在河南浚县刘庄发掘附近遗址，得龙山与仰韶的层位关系。

1934 年和 1935 年梁思永在河南安阳同乐寨附近，亦得龙山与仰韶两者的堆积关系。郭宝钧在河南西部广武的青台发掘，得龙山和仰韶两种文化遗存。

1936 年梁思永、祁延霈、刘燿在山东日照两城镇西作考古发掘，得龙山文化遗存及同期的葬地，陶器收获最多。李景聃在河南永城王楼黑孤堆发掘，得龙山文化遗存。

1937 年 7 月刘燿完成研究论文《龙山文化与仰韶文化之分析》，得出的结论有：“龙山文化与仰韶文化同为中国新石器时代末期的两种不同系统之文化遗存”；“安特生先生所谓‘仰韶文化’实杂有龙山文化遗物，应加以分别，不得混为一谈”；“齐家坪遗址是否早于仰韶期，其间问题正多，不得遽为定论。”[②]

抗战时期，新石器时代考古发掘被迫中断。夏鼐 1941 年回国为考古组副研究员，1945 年完成其成名之作《齐家期墓葬的新发现及其年代的改订》，从地层上的证据证明 8 年前刘燿关于齐家文化不可能早于仰韶文化的论断。至此，安特生关于“仰韶文化”的错误认识，关于中国新石器时代的错误分期体系得到彻底清算。

总归一句话，经考古组梁思永、刘燿、夏鼐实地发掘与科学研究，突破了安特生旧的错误分期体系，开始建立新的科学的分期体系，使中国新石器时代的话语权逐渐回归国人。

第二，推进甲骨学由草创迈向成熟。

殷墟 15 次科学发掘，出土甲骨 24832 片，是自甲骨出土以来空前未有的

① 据历史语言研究所年度报告，吴金鼎 1930—1932 年为考古组助理员。

② 《中国考古学报》第 2 册，第 281 页；《北方杂志》2 卷第 1、2 期，第 70 页。

重大收获。在这一轮科学发掘中断之后不久便有了“卜辞研究，雪堂导夫先路，观堂继以考史，彦堂区其时代，鼎堂发其辞例，固已极盛一时”① 的著名断语，而“彦堂区其时代，鼎堂发其辞例”则与历史语言研究所考古组殷墟发掘有着密切的关系。

“彦堂”董作宾是科学发掘殷墟的主持人和重要成员，1928 年秋往殷墟调查、试掘，1929 年 1 月编成《新获卜辞写本》，并作《新获卜辞写本后记》，“若干考古学的基本问题，已在这试验的发掘中列出”。此间，陆续发表《商代龟卜之推测》《大龟四版考释》《卜辞中所见之殷历》《甲骨文断代例研究》《骨文例》等。所谓“区其时代”，即甲骨文断代研究，提出甲骨文分期的十项标准：世系、称谓、贞人、坑位、方国、人物、事类、文法、字形、书体，将甲骨文分为五期：第一期，盘庚、小辛、小乙、武丁；第二期，祖庚、祖甲；第三期，廪辛、康丁；第四期，武乙、文丁；第五期，帝乙、帝辛。同时，将龟腹甲划分为中甲、首左甲、首右甲、前左甲、前右甲、后左甲、后右甲、尾左甲、尾右甲九个部位②，根据龟甲刻辞研究，得出甲骨刻辞文例：“沿中缝而刻辞向外者，在右右行，在左左行。沿首尾之两边而刻辞者，向内，在右左行，在左右行。”③ 又据兽骨刻辞研究，得出龟版刻辞文例：“凡完全之胛骨，无论左右，缘近边两行之刻辞，在左方皆为下行而左，间有下行及左行者。在右方皆为下行而右，亦间有下行及右行者。左胛骨中部如有刻辞，则下行而右，右胛骨中部反是，但亦有下行而右者。”④

“鼎堂”郭沫若的三部甲骨文著述——《甲骨文字研究》《卜辞通纂》《殷契粹编》，不仅与考古组殷墟 15 次发掘遥相呼应，起讫时间同步，而且起到一个极为重要的作用——将国内殷墟的科学发掘和相关研究“从速推广”到海外。其间，正值社会史论战高潮，郭沫若关注殷墟发掘，喜悦、急切、

---

① 唐兰：《天壤阁甲骨文存·自序》，辅仁大学 1939 年版。
② 《商代龟卜之推测》，《安阳发掘报告》第 1 期。
③ 《大龟四版考释》，《安阳发掘报告》第 3 期。
④ 《骨文例》，《历史语言研究所集刊》第 7 册第 1 分。

渴望之情溢于言表，几乎置社会史论战于不顾。1929 年 10 月 31 日致函容庚：“李济安阳发掘，是否即在小屯，发掘之结果如何？可有简单之报告书汇否？仆闻此消息，恨不能飞返国门也。”11 月 16 日再致函容庚，肯定“小屯实一无上之宝藏”，建议“应集合多方面之学者，多数之资金，作大规模的科学发掘，方有良效”，希望“急欲购置一部”董作宾的《新获卜辞写本》。[①] 1930 年 2 月 1 日，在即将出版的《中国古代社会研究》卷末《追论与补遗》写了《殷墟之发掘》一则短文，称“董君于 1928 年冬从事殷墟之发掘……足为中国考古学上之一新纪元，亦足以杜塞怀疑卜辞者之口”[②]。同日致函容庚，以“安阳第二次发掘复有所获，闻之雀跃，将来如有报告书汇出世，急欲早读。尺二大龟契字是否乃系卜辞，此等古物，弟意急以从速推广”。1930 年 2 月 16 日致函容庚：“董彦堂《新写本》如发表时，望兄代为营谋一份。”9 月 6 日致函容庚，问“《安阳发掘报告》第二期不识已出否？甚为渴望”[③]。“恨不能飞返国门”“急欲购置”“闻之雀跃”“急欲早读”“甚为渴望”等语，表达出的是一种什么样的心情，不言而喻。

容庚时为历史语言研究所历史组特约研究员，自 1929 年 8 月 27 日至 1935 年 11 月 28 日，郭沫若给容庚写过 56 封信，从“未知友”发展成“文字交”：郭沫若提出需要的图书或器铭，容庚全力保证提供，郭沫若又一连推出《殷周青铜器铭文研究》《两周金文辞大系》《金文丛考》《金文余释之余》《古代铭刻汇考》及《续编》《两周金文辞大系图录考释》等七部金文著述。

通过容庚，郭沫若与傅斯年有过两次间接关系，与董作宾有了书信往来。与傅斯年的两次间接关系，使傅斯年知道郭沫若有《甲骨文释》（《甲骨文字研究》初名）、《两周金文辞大系》两部著述。与董作宾的书信来往，成为鼎堂、彦堂“十年神交”的开始。围绕《卜辞通纂》，鼎堂、彦堂的交往最为频繁，这在《卜辞通纂》序、后记、述例、书后有清楚的记录。《序》以纂

① 《郭沫若书简（致容庚）》，广东人民出版社 1981 年版，第 27、29 页。
② 郭沫若：《中国古代社会研究》卷末《追论与补遗》，上海联合书店 1930 年版，第 1—2 页。
③ 《郭沫若书简（致容庚）》，广东人民出版社 1981 年版，第 43—44、51、69 页。

录之初原拟作《卜辞断代表》，“继得董氏来信言有《甲骨文断代研究》之作……故兹亦不复论列”。《后记》有“承董氏彦堂以所作《甲骨文断代例研究》三校稿本相示……既感纫其高谊，复惊佩其卓识”等语。《述例》六“中央研究院历史语言研究所李济之博士及董彦堂氏以新拓之《大龟四版》及《新获卜辞》之拓墨惠假，并蒙特别允许其选录”。“别录一”录入大龟四版拓本同时，录入董作宾《新获卜辞写本》用摹本发表的甲骨精品 22 片，“从速推广”到海外，及时反映殷墟科学发掘的最新成就。《书后》几乎都是与董作宾交往的内容，不再赘述。《卜辞通纂》由日本东京文求堂书店出版后，郭沫若寄赠国内名单中有：“上海曹家渡小万柳堂董作宾氏三部（包括赠中央研究所者）”，即董作宾、考古组或李济、历史语言研究所或傅斯年各一部。一再嘱咐文求堂店主田中庆太郎：“上海曹家渡小万柳堂中央研究院历史语言研究所董作宾先生函云，彼友欲购《通纂》，盼寄三、四部，并谓一切由彼负责，包括邮费。此事当无碍也。”①

《卜辞通纂》通过传世甲骨精品，确立起认识甲骨文的“系统”，将甲骨文按照干支、数字、世系、天象、食货、征伐、畋游、杂纂 8 类编排，先从判读卜辞干支、数字、世系入手，进而探寻其所显示的社会内容。这一“系统”的建立，既得以纠正罗振玉、王国维的错误考释，认识罗振玉、王国维未认识的字句，更洞悉了甲骨卜辞本身的诸多奥秘，主要表现在两个方面：一是当时如何占卜记事（包括占卜、刻写、用辞、行文等），二是后人如何科学利用（包括区分时代、断片缀合、残辞互足以及校对去重等）。

当时如何占卜记事，郭沫若没有亲身发掘甲骨的经历，凭着对传世甲骨的细心观察和认真研究，即获得了与董作宾差不多是殊途同归的巨大成就。关于占卜的次数即“兆序”、占卜用骨和卜后刻写，都提出了带规律性的概括和有预见性的合理探索。特别是甲骨文的刻写部位、行款顺序，即所谓甲骨

① 《郭沫若致文求堂书简》，文物出版社 1997 年版，第 275—276、277 页。

文例，《卜辞通纂》阐发尤多，纠正前人不少错读。书中约有一小半是按甲骨原大小摹画片形，在相应位置作出隶定（即用今天的文字标识），不仅给初学者提供了方便，也有助于研究者减少失误。

在科学利用卜辞方面，郭沫若虽然没有将其断代分期的探索系统化，但断片缀合和残辞互足却是重大创获。断片缀合，是将二片乃至三片、四片残破、分散的甲骨片经过缀合而基本恢复原貌，使片断记事得以完整。由于一事多卜，记录同一事的残损严重的卜辞可以相互补足，成为比较完整的史料，这就是所谓的“残辞互足”。通过缀合和互补，发现著录重复的甲骨片，《卜辞通纂》中校出重片18片。

郭沫若在甲骨文、金文研究方面取得的杰出成就，与《历史语言研究所之旨趣》“能充量的辨别着去用一切材料，如金文、甲骨文等，因而成就的文字学，乃是科学的研究”的宗旨完全吻合，所以才被傅斯年列入考古与美术史领域“提名中不（应）忘了的”名单，并在《院士候选人提名表》“被提名人资格之说明”一栏写着：“郭君研究两周金文以年代与国别为条贯”，“其于殷商卜辞，分别排比，尤能自成体系，其所创获，更不限于一字一词之考订，殆现代治考古学之最能以新资料征史者，合乎第一项之规定。”这样，郭沫若才与考古组李济、梁思永、董作宾一道当选为中央研究院院士。

“彦堂区其时代，鼎堂发其辞例”，使甲骨学的发展由草创迈向成熟，并预示着后来推进的基本趋势。

2. “扩张研究材料、扩张研究工具”的历史组

历史语言研究所十七年（1928）年度报告规定，迁移北平之后，“史学各方面以及文籍校订等属之”第一组，主要工作三项：一是编定藏文籍敦煌卷子金石书等目录，二是整理明清内阁大库档案，三是研究历史上各项问题，以材料定研究对象：

以甲骨文金文为研究上古史的对象；以敦煌材料及其他中央亚细亚

近年出现之材料，为研究中古史的对象；以明清档案为研究近代史的对象。①

这一规定，确定了历史组的基本研究路向，也确定了中国古代史研究的基本路向。

（1）编定藏文籍敦煌卷子金石书等目录，以编定敦煌卷子目录成就为最，以敦煌学研究成就最著。

1929年春邀陈垣“重理旧稿，删其复出，补其漏载，正其误考”，至1930年3月完成《敦煌劫余录》，作为历史语言研究所专刊刊行。“总目”依佛经种次汇编，排成目录，并在每经之下记其所有卷子数目。“正录”13帙，依“总目”著录的卷子数目，按佛经目次，先记每卷起讫、纸数、行数、品第，并在附记内迻录题记，兼及残缺情况。“正录”著录佛经、律、论、杂文396种，道经9种，摩尼教经1种，共计8527卷。“续考诸经”1帙，著录86种，为周叔迦从失名诸经中陆续考出者。又著录“俟考诸经”66种。

陈寅恪为之序，强调《敦煌劫余录》“诚治敦煌学者不可缺之工具”，提出作“敦煌学之预流”的希望：“今后斯录既出，国人获兹凭藉，宜益能取用材料以研求问题，勉作敦煌学之预流。庶几内可以不负此历劫仅存之国宝，外有以襄进世界之学术于将来。”② 此间，陈寅恪所撰专论敦煌经卷者多达12篇。经过各界“预流”和多方努力，至1944年敦煌艺术研究所成立，敦煌学研究的两个基本方面——文书研究和艺术研究齐头并进。尽管当时未能改变“敦煌在中国，敦煌学在国外”的状况，但“敦煌学之正统在中国”的理念却未间断。

（2）收购明清档案，整理明清档案，是历史语言研究所成立之初的一项重要工作。

---

① 《国立中央研究院历史语言研究所十七年度报告》（以下简称《历史语言研究所××年度报告》），《傅斯年全集》第6卷，湖南教育出版社2003年版，第17页。

② 《历史语言研究所集刊》第1册第2分（1930年）。

1928年春马衡致函傅斯年，请设法筹款收购内阁档案。接受陈寅恪建议，傅斯年致函蔡元培，以“其中无尽宝藏。……此后《明史》改修，《清史》编纂，此为第一种有价值之材料”，“昨日适之、寅恪两先生谈，坚谓此事如任其失落，实文化学术上之大损失，明史、清史，恐因而搁笔，且亦国家甚不荣誉之事也。……此实非一浪费不急之事也”①。1929年9月组建明清史料编刊委员会，陈寅恪、朱希祖、陈垣、傅斯年、徐中舒为委员，总其整理编辑之事。自1930年9月至1948年迁台之前，先后编成甲、乙、丙、丁四编，每编10册，共40册。甲编1930年7月至1931年7月出版；乙编1936年6月出版；丙编1936年11月出版；丁编1948年交上海商务印书馆，1951年改由中国科学院出版，题名简称《明清史料》，时限“大致在明清之交”，取材原则从宽，凡“感觉其可供某事某义之参考，即以编入。与其过而废之也，无宁过而存之”②。编有年表，起明隆庆元年（1567），讫清乾隆三十一年（1692）。

（3）整理居延汉简，是一项“不应忘记”的重要成绩。

1930年、1931年，中瑞联合组成西北科学考察团，瑞典团员福克·贝格曼（Folke Bergman）在汉代张掖郡居延和肩水都尉辖区首次发现10000余枚简牍，谓之居延汉简。1931年运抵北平，1934年由北京大学与北平图书馆联合整理，参与其事者马衡、向达、贺昌群、余逊，时为历史组助理员的劳榦也参加到整理队伍行列。抗战事起，联合整理中辍。劳榦一人在四川南溪独力完成《居延汉简考释》释文之部（四卷四册）、《居延汉简考释》考证之部（两卷两册），分别于1943年6月、1944年9月作为历史语言研究所专刊出版；因条件所限，均为手写、石印、线装，各300部。1949年上海商务印书馆将释文之部排印出版（平装两册），附录劳榦《敦煌汉简校文》和《居延汉简考释简号索引》。

---

① 转引自李光涛《记内阁大库残余档案（下）》，《大陆杂志》第11卷第6期（1955年9月30日）。

② 傅斯年、徐中舒：《〈明清史料〉发刊例言》，《明清史料》甲编第1册。

释文之部，改变了罗振玉、王国维《流沙坠简》分小学术数方技书、屯戍丛残、简牍遗文三类的做法，完全按照简牍种类排列，分文书、簿册、信札、经籍、杂类五类。直至1957年出版《居延汉简》（图版之部），1960年出版《居延汉简考释·释文之部》增订本，才改以按图版排次。

完成《居延汉简考释》全书同时，劳榦按照历史组“以敦煌材料及其他中央亚细亚近年出现之材料为研究中古史的对象”的规定，一连发表多篇著论，开拓出以居延汉简研究汉代历史的新局面。

劳榦《居延汉简考释》与罗振玉、王国维《流沙坠简》，亦可谓“简牍学之正统在中国”的两部具有标志性的代表。

3. 西夏研究

西夏研究在语言组，1929年至1933年是语言组西夏研究成绩最为突出的四年。

自王静如《西夏文汉藏译音释略》在《历史语言研究所集刊》第二本第二分发表，西夏研究一直为傅斯年所关注，先看傅斯年所写年度报告。

十九年（1930）年度报告最详尽，几乎逐月报告：三月王静如“成《西夏文汉藏译音释略》一篇，以西北方音，唐末日译汉音，《广韵》至《中原音韵》之分合论证西夏掌中珠汉译音质而较其藏译残文，条理俱合，足明西夏音及宋代西北方音之涯略。盖欲作西夏语与印支语族比较研究，必先明其音质，此其初步也”。四月王静如“研究西夏文《金光明最胜王经》，先考其刊印及组织。已定其为西夏仁宗乾祐年重造，经前有冥报传，序为兰山慧觉集，二者内地久付阙如，惟今日敦煌写经及突厥、吐蕃译经始见之，方译其传”。五月王静如“成《河西字藏精雕版考》一篇。考订北平图书馆西夏文藏经雕印之源流及其与番僧管主人之关系；复较于闽、粤、浙、杭诸版风尚之不同，明其刻本之时代，探芳号之异于宋、元，定其依乎盛教标目”。六月“王静如成《西夏番汉合时掌中珠补》一篇，据俄人 Nicolas Nevsky 所获照片以补罗本缺遗，版本考订除己意外兼采日人所论，并拟举新见之字加以考释，先付油印，以求教正”。十月“王静如拟集近年来本人研究西夏语史诸论文汇为《西夏研究》专刊，其第一号现正计划印刷，约12月初出版，要目为：(1)《河西字藏经雕版考》。(2)《新见西夏官印考释》。(3)《西夏国名考》。(4)《东汉西南夷白狼王慕化诗歌译证》(与西夏西藏语之比较研究)。(5)《西夏民族语言与夏国史料》(改定稿)”①。十九年年度总报告第四章研究之经过，有“王静如于本年内开始作西夏文金光明经全部之考释，约计下年度内可完成；又据中国古音发音部位不同之谐声字，与西藏、暹罗等语比较，以测拟上古复辅音之可能，关于西夏之研究，已编成为《西夏专刊》，第一期于本年内编成”。十九年年度总报告第七章“国立中央研究院历史博物馆筹备处十九年度报告”，增加物品总数一节有西夏官印拓本和王静如考释：“印背所凿文字为：大庆三年，即西夏仁宗之大庆三年也。若其纽上夏字，即是：‘弥’字，亦即元史中之‘于弥’或‘乌弥’，是为夏国自称之族或国名。”“各方研究状况”一节，介绍“国内人士研究文字书籍者”，首先提到王静如“研究西夏文字，鉴定馆藏西夏印二方，并代考释印文。本馆现已根据王君注释另加说明矣”。

二十年(1931)年度报告，“王静如除编辑《西夏研究》四辑，发表研究西夏史地语文之结果外，并作《佛母大孔雀明王经夏梵藏汉合璧校释》，《中台藏缅数目字及人称代名词之语源试探》，及《释定海方氏所藏至元通宝四体钱文》等论文”。其年6月，《西夏研究》(第一辑)，作为历史语言研究所单刊正式出版。其中，收有陈寅恪《斯坦因所获西夏文大般若经残卷跋》，谈经文译汉为夏的问题：金光明最胜王经译汉为夏，“凡中文原本之名词，其义同而字异者，但依字直译为夏文”；而大般若经残本“译者之旨趣与其所用方法，当有异于翻金光明最胜王经之人”。二者优劣得失，实为“翻译事业不易解决之问题”。

二十一年(1932)年度报告，“王静如继续考释西夏文，著有《西夏研究》第二、第三两辑(单刊甲种之十一及十三)。此两辑除对于金光明《最

① 《国立中央研究院院务月报》(1930年4月、5月、6月，7月、10月)第1卷第10、11、12期，第2卷第1、6期。

胜王经》（Suvrna－Prabhūsa）之藏汉夏三种译本加以考释外，并关于四川羌语，及敏尔雅克语在西夏语之比较立场上亦加以讨论。每辑约有三百页”。同年，《历史语言研究所集刊》第二本第四分发表陈寅恪《西夏文佛母大孔雀明王经夏梵藏汉合璧校释序》，称王静如的西夏研究“开风气之先，示国人以治国语之正轨”：

西夏语为支那语同系语言之一，吾国人治其学者绝少，即有之，亦不过以往日读金石刻辞之例，推测其文字而已，尚未有用今日比较语言学之方法，于其同系语言中，考辨其音韵异同，探讨其源流变迁，与吾国语言互相印证发明者。有之，以寅恪所知，吾国人中盖自王静如君始。然则此一卷佛母孔雀明王经之考释，虽其中或仍有俟他日之补订者，要已足开风气之先，而示国人以治国语之正轨，洵可称近日吾国学术界之重要著述矣。

遗憾的是，系统的西夏研究刚刚开启“风气之先”，便在1933年历史语言研究所出版了单刊《西夏研究》第三辑之后戛然而止，致使西夏研究之“正统”长期不在中国。

综上所述，历史语言研究所20年间形成了以追求“科学”、“客观”为目的，以扩充和整理材料为旨趣，以“求真”和“务实”为风格的研究集体，为历史语言研究规范化和科学化做出了重要贡献。20世纪前半期，关于仰韶文化、敦煌研究、简牍研究、西夏研究以及与我国语言同系的他种语言研究，话语权大都掌握在洋人手中。在《历史语言研究所之旨趣》指引下，经过整整20年的努力，证明“科学的东方学”之仰韶文化、甲骨学之“正统”已在中国。敦煌学之“正统”正在回归中国。“以甲骨文金文为研究上古史的对象，以敦煌材料及其他中央亚细亚近年出现之材料为研究中古史的对象，以明清档案为研究近代史（清史）的对象”，迄今依然为研究中国历史的人们所遵循着的方向。

这种“肯把他们的一生消耗到这些不生利的事物上”的为学术而学术的

研究，虽然称不了“什么经国之大业不朽之盛事”，却实现了“科学的东方学之正统在中国”的初衷，比起那些想要“建立一个系统整然的历史哲学”，想让史学成为“阐天地造化，握人生国家社会枢纽的全体之学”而最终一无所成、被证明是在搞“骗人的把戏”的“空论”来，历史语言研究所的历史功绩不可磨灭！

（原载《江海学刊》2011 年第 1 期）

英国执政党与民生问题：从济贫法到建立福利国家

吴必康

财富的生产和分配是人类社会的基本问题，贯穿全部历史，焦聚着社会利益关系的主要矛盾。其中，民生问题最突出，民生的政策和理论也是围绕财富的生产分配问题产生和变化的。“水可载舟，亦可覆舟”，人民的基本生活保障问题是政党执政和国家治理的关键所在，也是社会统治的底线。

英国是最早由政党执掌国家权力的国家和第一个工业化国家。一方面，英国经历了诸多社会矛盾，不乏激烈冲突；另一方面，如我国著名史学家蒋孟引先生所言：“‘光荣革命’以后，英国再没有经过武装革命，但人民群众的斗争，促成了各方面的程度不同的改革。这种和平改良的道路，究竟得失如何，应该详尽深刻地逐一研究。这是历史悬案，英国提供了最好的典型。”①此言思虑深远，凝聚了英国史研究中的一个无形主题，迄今犹然。近代以来，英国执政党及其民生政策和理论有长期的历史实践和经验教训，围绕财富的生产和分配，反映出各党的民生政策及社会利益关系调整的得失。

市场经济条件下，市场是第一次分配，直接影响民众的衣食住行和失业贫困等民生问题。市场经济是竞争经济和效率经济，也是风险经济，存在财富分配矛盾，如贫富悬殊等，有社会风险。因此，社会保障制度是维持社会利益关系相对均衡进行第二次分配和市场经济必备的“安全阀”和“稳定器”，也是现代社会能否稳定发展的主要标志。资本从来不是在纯“经济空

① 蒋孟引主编：《英国史》，社会科学出版社1988年版，序言。

间”中运行的，它同时在社会时空中运行，有政治和民生代价。在资本主义市场经济中，利润最大化是资本的本性和贪婪所致。资本控制财富的生产和分配，存在利润最大化和保障民生底线的严重矛盾。失业和贫困等问题，根源在于资本主义制度，与资本逐利、市场波动和经济危机等因素密切相关。从工业革命起，失业问题逐渐成为最严重的民生问题之一，它使大众贫困和恐惧，丧失安全感，导致社会动荡和政治反抗，成为重大执政问题。贝弗里奇在《自由社会中的充分就业》的扉页上引用著名警言：“苦难产生仇恨”①，高度概括了民生问题所包含的社会苦难和政治危险。这就迫使英国执政党思考对策，实行一定的社会保障。英国社会保障经历了从济贫法到战后建立福利国家的长期发展，是主要的社会调控政策之一。

国家权力的实质是社会利益分配权。英国执政党代表资本利益执掌国家权力，在财富生产和分配中维护统治权益，推进资本的利润追求。但是，仅有维护资本利润的政策，没有维持民生底线的政策，不足以维护资本的存在和权益。在英国政党政治中，从济贫、失业到福利保障等民生问题，有不计其数的政策及理论争执。其无形的实质问题是：国家权力如何保障资本追求利润，同时又化解民生问题的风险？于是，在资本的利润追求与百姓的柴米油盐之间寻求社会利益关系相对平衡，成为政党执掌权力的重大问题。限于篇幅，本文以社会保障和失业贫困为有限主题予以初步探讨。

济贫法及其新利用

16 世纪起，英国进入向资本主义社会的转型时期，大量失地农民难以为生，四处流浪，社会动荡不已。英国政府为此制定严刑峻法（如，1536 年法律禁止有劳力者无业游荡，初犯鞭挞示众，再犯鞭挞加割耳，第三次处死）。但仅靠无情惩治只会“逼上梁山”，需同时采取救济措施即济贫法。1572 年，都铎王朝颁布第一个征收济贫税的条例，设济贫官，1601 年颁布伊丽莎白济

① W. H. Beveridge, *Full Employment in a Free Society*, London, 1944，封面引语。

贫法。随后出现一系列济贫措施，构成济贫政策法制体系，其政治目的是维护社会统治。1888 年，悉尼·韦伯指出："三百年前，由于害怕那连绞刑也消灭不了的'健壮的乞丐群'，明智的塞西尔想出了建立普遍的贫民救济制度的办法，即扣除一部分租金和利息来救济那些不能直接享有它们的人。"① 旧济贫法本质上属封建时代的社会救济范畴，并不意味现代社会保障职能，但留下了一个以后可资利用的政策工具。

工业革命中产生大量新的民生问题，需要对济贫法有新的利用。1795 年，伯克郡治安官在斯皮纳姆兰商定新的济贫办法，认为旧济贫法已"不适宜"，根据面包价格调整济贫费，允许在济贫院外救济贫民。实际上，这是扩大救济范围，对低工资者等贫困人群也实行社会救济，提供最低生活保障，有缓和阶级冲突、稳定社会之用。其奥妙还在于济贫税无论穷富，皆按人头交纳，其结果是主要由穷人和一般人家承担，富人的负担不大。执政的托利党很快在全国推行该济贫制度。此时正是社会冲突激烈时期。法国大革命冲击着英国，英国统治阶级竭力防止英国发生革命，托利党政府于 1794 年终止人身保护法；1795 年颁布镇压法令，如叛逆行为法和叛乱集会法；1799 年颁布禁止结社法，镇压"卢德运动"。可见在此非常时期，长期执政的托利党是一手高压政策，一手借斯皮纳姆兰济贫制度缓和社会矛盾，维持民生底线。这一济贫制度从 1795 年到 1834 年共实行 40 年，对英国相对平稳地渡过工业革命时期的激烈社会冲突阶段很有益处。1827 年，托利党首相坎宁认为："英国对欧美竞争的胜利正是得利于它的济贫法；它们使人民安于他们的负担，并且曾经把英国挽救出革命。"② 这是对济贫法政治作用的最好说明，也体现了托利党执政的精明之处，利用全民负担济贫税的办法，调动全社会资源来稳定社会统治。

随着时间推移，斯皮纳姆兰济贫制度遇到新问题。工业化大量产生雇佣

① 刘克华选译：《1870—1914 年的英国》，商务印书馆 1997 年版，第 19 页。塞西尔于 1550—1598 年多次出任国务大臣和财政大臣。

② 克拉潘：《现代英国经济史》上卷第一分册，商务印书馆 1985 年版，第 280 页。

劳动者，城市化使大量人口流入城市，民生问题出现新情况。一是在迅速膨胀的城市中，下层人民谋生不易，失业贫困问题广泛。二是济贫税迅速增加，引起众多指责：贫穷是个人懒惰所致，应限制济贫；济贫税增加工商业负担，不利经济发展；济贫税无论贫富按人头缴纳不合理，许多人生活困顿，无力缴纳，引起中下层阶级不满，甚至有废除济贫法的主张。马尔萨斯人口论更是论证济贫加快人口增长的“弊病”。三是法国革命冲击波早已过去，反对现存制度的政治激进主义业已消除，工业革命也近完成。济贫制度和日益增加的济贫税还值得吗？

1832 年议会改革后，新兴工商阶级开始掌权，现代政党崛起，代表资本利益的经济自由主义大行其道，自由党随之执政，不过，其举措不是废除济贫法，而是出台 1834 年新济贫法。该法制定劣等处置原则，停止院外救济，强迫穷人集中在臭名昭著的劳动院做工，生活恶劣且离散家庭。新济贫法遭到激烈反对，然而，自由党认为新济贫法是重要的社会改革，使费用得到控制。1834 年后的 30 年，济贫税保持在每年 450 万至 600 万英镑间。① 这意味自由党没有放弃对贫困问题的处理，而是采用降低济贫成本的新利用方式。在这个自由资本主义兴盛时代，“养穷人”的济贫法居然保存下来，似为奇迹；“其实，推行自由市场本身就要求有一种高度积极的，经常是集权的政府体系。或许，政府的最大图谋就是颁布了 1834 年济贫法，迫使人民去依靠劳动力市场以求取自己的福利。该法旨在组织一个全国统一的和严厉的济贫制度”②。

然而，新济贫法无法阻止大量失业人口和贫困的继续产生。1851 年，“在伦敦街道上混生活的人们是一个非常庞大和复杂的阶级”。“劳工中难得有一半人能正常就业，其中 150 多万人能经常和充分就业，有 150 多万人只能半就业，剩下的人完全失业，偶尔打零工，还挤掉了别人的工作机会。”③ 新济

---

① Derek Fraser, *The Evolution of the British Welfare State*, London, 1984, p. 49.

② M. Moran, *Politics and Goverance in the UK*, *Palgrave Macmillan*, New York, 2005, p. 28.

③ R. L. Tames, *Documents of Industrial Revolution*, *1750—1850*; London, 1971, p. 111.

贫法还为工人阶级的宪章运动“提供”了不少支持者。到19世纪末期，英国富甲天下，失业贫困等问题却依然严重。完成工业化的英国出现了新的社会利益关系失衡现象，其实质原因还是财富分配问题。

回顾起来，面对19世纪后期的民生问题，自由党、保守党和新兴的工党都在思考解决的办法，这既是出于维护社会统治，也是出于政党竞争。保守党领袖迪斯累里提出了三大目标：维护国家政治体制，巩固英帝国，改善人民生活。其改善人民生活也是意在改善当时该党的不佳形象，获取民心，与自由党竞争。保守党执政时组织多个委员会调查社会问题，如1876年皇家工厂法委员会、1885年皇家工人阶级住房委员会、1887年国民救济保险委员会和济贫法委员会、1899年老年贫民委员会等。这些委员会进行的调查有助于认识社会问题的严重性和执政党制定社会调控政策。保守党的政治用意明确。索尔兹伯里说：“我自己对任何形式的对工人的施舍深表厌恶，但是，好像没有什么理由去反对利用国家机器来提供它所能做到的任何帮助。”伦道夫·丘吉尔指出：“除非托利党显示出准备解决重要的社会问题，否则，在很长时期内它不可能再次执政。”贝尔福说：“在我看来，社会立法不仅不同于社会主义立法，而且恰恰是其对立物与解毒剂，掌权者如果能表现出解决每一种社会问题的热情，并把社会置于一种更加合理更加坚实的基础上，工人阶级就无法得到公共舆论的支持。”自由党也有类似用意。1885年，约·张伯伦提出社会问题应为自由党政策的首要目标，因为“当穷人对富人不再感到真正的嫉恨与不满时，财产的基础就会更加安全”①。在理论方面，霍布豪斯提出：“国家行为是实现社会和谐的手段，国家应为不能获得市场收入的人提供援助”；格林“背离经典的自由主义传统”，认为公共利益的重要性已超越了个人满足，提出“积极自由”，实行“温和适中的”国家干预，促进社会公益。②

---

① 此段关于保守党人和约·张伯伦的言论引自丁建定《保守党与英国现代社会保障制度建立的关系》，《河南大学学报》2000年第6期。

② Vic George and R. Page, ed., *Modern Thinkers on Welfare*, T. J. Press. Ltd, 1995, p. 3.

在工党和费边社方面，“自由市场没有能力去大幅度减少贫困和不平等。反之，他们深信社会所有制、经济计划，以及由中央和地方政府广泛采取措施，提供体制的和其他的救济，用于防止和治愈由于失业、老年、疾病和其他原因产生的贫困”①。费边社主张通过国家干预实现社会改良，提出了“国民最低生活标准”的重要概念和原则。独立工党还提出公有制和废除济贫法的主张。

三党均认识到处理民生问题的必要性，但政策倾向各异。保守党倾向于少用国家干预，提倡自立自助，坚持有利于资本的自由主义政策。工党倾向于“社会主义”，要求大规模推行国家干预和社会福利保障。自由党“骑墙居中”，主张“温和适中”的国家干预和较多一些的社会福利保障。他们彼此党争激烈，但在维护统治和社会稳定方面却是共同的，都主张缓和社会矛盾，只是手段方式不同。这些分歧预示了20世纪英国政党政治和各党执政实践中的一些基本问题，包括政治哲学的分歧。

济贫法是19世纪英国的主要社会保障体系，虽不可能根本解决失业贫困问题，毕竟使穷人有了一些最低保障。客观上，济贫法也以法律方式确认了政府在解决贫困问题中有一定责任，在政治上也使执政党避开了不顾人民死活的恶名，一定程度上有利于保障资本对利润的追求，缓冲民生矛盾。

危机与民生

20世纪前期是西方和英国的严重危机时期，也是失业等问题最严重的时期。贝弗里奇认为“失业，一直是第一次世界大战以来这个国家最巨大的社会问题，伴随而来的还有贫穷和灾难”②。霍布斯鲍姆引用“二战”中《泰晤士报》社论之语：“失业，仅次于战争，是我们这一代蔓延最广，噬蚀最深，最乘人不防而入的恶疾，是我们这个时代西方特有的社会弊病。”谓此言“比

① Ibid.，pp. 4 – 5.

② *Men without work*：*A report made to Pilgrim Trust*，Cambrige University Press，1938，p. 1.

起任何考据研究，都更能充分解释二战后西方政府种种施政措施的缘由”。[①]

围绕民生问题，工党、保守党和自由党展开了竞选斗争。1900 年，工党第一个竞选宣言开篇宣布的主要政策是：“为老年贫困者提供适当赡养费；为人民提供较好的公共住房；为失业者提供有益工作。”1906 年和 1910 年工党竞选宣言继续提出养老、住房、就业和保障工作权、废除济贫法等民生问题。[②] 三党中，工党最为强调民生问题，其崛起得益于此。同期的保守党竞选宣言很少涉及民生问题。自由党为削弱工党和控制民生问题恶化，执政时采取一些重大民生措施，如 1908 年“矿工八小时工作法”、“养老金法”，特别是 1911 年国民保险法，包括疾病、伤残、妇产保险和失业保险等。自由党因社会保障政策必须依靠征税，于 1909 年提出“人民预算案”，大幅增加遗产税和土地税，提高收入较高者的所得税率。财政大臣劳合－乔治的口号是“让富人付钱”，宣称该预算是反贫困战争。这引起了保守党和富人社会强烈反对，上院否决了“人民预算案”，导致“宪法危机”。但是，自由党通过限制上院权力的议会法，巩固了下院立法权威，也在社会保障的发展道路上去除了一个政治障碍。自由党的国民保险法不仅基本结束了济贫法，开始推行现代社会保险制度，也为执政党提供了缓和社会矛盾的现代调控手段，为建设福利国家奠定了基础。局限性在于社会保险制度尚处于初建时期，覆盖面小，措施零碎，管理不佳，等等，难以应对大规模民生问题。

两战之间，社会经济形势严重恶化，失业更严重。1921—1938 年失业率几乎全在 10% 以上，1927 年最低为 9.7%，1932 年最高为 22.1%。[③] 贝弗里奇指出：“1922—1929 年失业率在 10%—14% 之间波动，平均约为 11.5%。1929 年底失业率突然高升，1930 年超过 16%，而 1922 年前，在经济崩溃的 1921 年，失业率是 17%。……而今天（1931 年），失业率达到创纪录的

---

① 霍布斯鲍姆：《极端的年代》（上），江苏人民出版社 1999 年版，第 134 页。

② Iain Dale, ed., *Labour Party General Election Manifestos, 1900—1997*, London, 2000, pp. 9—12.

③ W. H. Beveridge, *Full Employment in a Free Society*, London, 1944, p. 47.

21%，超过 250 万人失业。"[①] 失业问题成为各届政府要解决的当务之急。1921 年，自由党的联合政府扩大国民保险法适用范围，受保工人达 1000 万以上，同时提高了保险金标准，而且失业者家人也可领取，领取时间延长到 26 周。这是自由党最后的贡献，随后便无缘政权。然而，失业和贫困等问题还在恶化，且失业基金告急。为削减开支，1923 年保守党政府限制领取失业补助，利用"家庭收入调查"削减开支，遭强烈反对。在传统自由主义指导下的各执政党除了削减政府开支和失业补助以外，别无良策。社会矛盾逐步激化，工人运动愈演愈烈，酿成 1926 年全国总罢工。

危机形势和严重的民生问题迫使各大党调整政策。保守党的 1922 年竞选宣言提出："迫在眉睫的失业问题需采取紧急措施。"1923 年竞选宣言提出："失业和就业不足……在我国历史上规模空前"，甚至"破坏我们国家和城市生活的根本基础"；"解决失业问题，是一切必要之社会改良的关键所在"。1924 年竞选宣言提出要采取措施化解经济、失业、粮价、住房、养老金等问题。1929 年竞选宣言提出："保守党认为贸易和工业的繁荣，不是以它们本身为目的，而是改进人民生活条件的手段。"[②] 这一系列政治宣言表明保守党意识到民生政策之落后，不得不改变传统的执政思路。这是 20 世纪保守党执政思想的一次重大变革。

1922 年，工党提出"工党的政策是通过重开对外贸易、国家组织生产、必要的大规模公共工程计划，为失业者提供工作或维持其生活"；1923 年又认为："失业是现有经济制度中的周期性特点……只有工党才有积极对策"，如为学校毕业生找工作排除障碍，提供全面培训，避免他们流向街头遭遇诱惑和危险。1924 年和 1929 年工党竞选宣言都突出强调失业和贫困问题，认为失

① William Henry Beveridge, *Causes and cures of unemployment*, London, Longmans, Green and co., 1931, p. 5.

② Iain Dale, ed., *Conservative Party General Election Manifestos, 1900—1997*, London, 2000, pp. 20—47.

业者的要求应是“政治问题的中心问题”①。工党主张由国家组织生产等对策，是政策思路的创新。这是自由党和保守党难以提出的，这两党的执政思路还没有摆脱传统的自由主义。

总体上，在20世纪20年代，各党都突出对民生问题的重视，采取了一些对策。不过，1929年经济大危机使民生形势严重恶化。1931年和1932年英国失业率高达20%以上。1931年英国人口不过4607万，失业人数最高有272万。② 经济危机导致社会政治危机。英国也出现了法西斯组织，公开号召法西斯统治。失业问题构成了严重社会威胁，也在考验英国的社会保障体系。

年轻的工党在1929年6月第二次执政不久就遭遇这次危机，其全部执政经历不过一年多，且受制于保守党和自由党，无法突破传统的自由主义政策。随之，工党出现分裂危机。1931年8月，工党首相麦克唐纳在传统自由主义思想的影响下，削减失业补助、教师工资和公共经费，受到工会和党内激烈反对，后被开除。同年10月，工党提出：“资本主义制度，甚至在那些其权威被认为是最巩固的国家，也已经崩溃了。它没有能够给数百万愿意工作的工人提供就业。它积聚大量商品却没有办法出售。它为了恢复自己的地位，现在竟然要求失业者和工薪者放弃他们来之不易的生活水平；对于工党认为是民主社会所必需的社会保障服务，它竟然想强迫这个国家的政府限制或废弃它。”“我们必须实行计划，否则就是灭亡。”1935年，工党抨击“保守党政府剥夺失业者的福利……它阻拦建造出租房屋，削减公共工程，妨碍社会保障服务的发展”；工党提出了“一个社会主义重建的大胆政策”，包括国有化，增加就业，推行社会保障等。③ 但是，工党没有执政机会，须等待到1945年。

保守党是20世纪30年代的主要执政党，采取传统的削减开支的做法，如削减失业补助金10%，增加保险税，缩短补助时间，但在社会压力下不得

---

① Iain Dale, ed., *Labour Party General Election Manifestos, 1900—1997*, London, 2000, pp. 20—32.

② Ida C. Merriam, *The Roles of Unemployment Insurance and Unemployment Assistance in Great Britain*, Social Bulletin, 1940, March.

③ Iain Dale, ed., *Labour Party General Election Manifestos, 1900—1997*, London, 2000, pp. 39—40.

不维持社会保障体系，于 1934 年颁布新失业法，采取较灵活的统治手段。“由于缺乏任何有效的就业政策，保守党对待失业问题的唯一积极政策就是失业保险制度……同时，保守党将传统价值观如个人独立性、主动精神和自立自助，提高到英吉利民族的美德和爱国主义的高度，并且展现保守党及其国民政府就是代表了这些美德的全民党。”在工人中间形成广泛的支持基础，不仅是保守党宣传自立自助的一个结果，也是其政治实用主义的结果。政治实用主义使其失业保险政策灵活起来。无论何时，只要工人选民抗议“‘收入调查’和失业救济款，保守党人就乐于发放慷慨的失业救济金，牺牲的却是失业保险中对工人自己很重要的许多原则。结果，保守党不仅平缓了大众愤怒，又借此保存了现有社会秩序，最终还赢得选举，继续执政……这种自助自立宣传与灵活的失业保险政策携手，在工人中笼络了保守党的选民”①。保守党未见得如此成功，不过，实用主义是其执政特色。保守党主要是依靠当年自由党建立的失业保险体系勉强渡过难关。但是，这个失业保险体系已力不从心，非长久之策。

福利国家的建立和分析

经过经济大危机和二战的沉重打击，保守党和工党都不得不重新思考如何调控严重的社会经济问题，在保障资本利润和化解民生风险之间需有新的政策和理论突破，要有新的战略举措。福利国家的理论和政策应运而生。

一般认为是贝弗里奇报告首先提出“福利国家”。不过，贝弗里奇报告和福利国家的政治基础在于工党和保守党的执政新需要。“二战”前，工党抨击资本主义制度已崩溃，提出了“社会主义政策”，包括增加就业和大规模社会福利等。1935 年保守党竞选宣言也表示政府要制订计划，动用国家资源以刺激经济和增加就业；而且提出社会改革计划，包括扩大养老金计划和孤寡福

① Seok Min Hong, *Propogada and Political Reality: the British Conservative Party's unemployment Insurance Policy, 1930—1935*, Department of History, University of New York, Jan. 7, 2003, pp. vii—viii.

利，提高国民健康水平，建设更多住房。[①] 这意味着保守党改变了执政思路，逐渐认识国家干预手段的重要作用，虽然这个转变相当困难，但毕竟开始了。1936年，凯恩斯发表《通论》，提出了“充分就业”和有效需求等理论，甚至主张赤字预算以刺激经济，增加国民收入，实现充分就业。实际上，凯恩斯主义是主张运用强大的国家干预手段来化解失业等民生问题，也为福利国家奠定了经济思想基础。

“二战”中民生问题全面恶化，意味着巨大的执政压力。不论是战时鼓励士气和安定民心，还是战后重建和避免动乱，工党和保守党都必须考虑民生问题解决方案。1942年，在贝弗里奇报告之前，工党代表大会就决定接受詹姆斯·格里菲思的动议，提出实行全面的社会保险计划包括全民医疗保健制度等。11月，贝弗里奇报告正式发布，为战后建立福利国家规划了蓝图，提出以消除匮乏、疾病、贫困、愚昧和失业五大社会弊病为目标，推行全面的社会保障计划：“社会保障就是保障收入达到最低标准”[②]；要求形成系统化的福利体制，即“从摇篮到坟墓”的福利国家。“贝弗里奇所要求的是一种为了全社会利益又不牺牲基本自由的引导、指挥和控制经济职能的全面政策。”[③] 贝弗里奇报告实际上是要在危机条件下求取社会利益关系的新均衡。

1945年大选富有戏剧性。丘吉尔被选民抛弃，工党大胜。保守党败选的主要原因在于忽视民生问题。1945年保守党竞选宣言首先强调外交、帝国和国防战备，然后才是民生和经济，甚至要“准备进行又一场巨大而恐怖的战争”[④]。如此强烈的战争气味，对经历长期失业贫困和战争煎熬的老百姓来说，绝非福音，违背了大灾大难之后需要与民休息的为政之道。该竞选宣言虽提出一些民生许诺如加强社会保障和建设住房等，却反对解决民生问题的主要手段——国家干预。在这一点上，比较1935年保守党竞选宣言，1945年宣言

① Iain Dale, ed., *Conservative Party General Election Manifestos, 1900—1997*, London, 2000, p. 56

② W. Beveridge, *Social Insurance and allied Services*, CMD, 6404, p. 120.

③ 爱·麦·伯恩斯：《当代世界政治理论》，商务印书馆1983年版，第184页。

④ Iain Dale, ed., *Conservative Party General Election Manifestos, 1900—1997*, London, 2000, CONSERVATIVE PARTY: 1945, Mr. Churchill's Declaration of Policy to the Electors.

反而倒退了，语言中散发着贵族气味和官腔官调，显然不如工党宣言的语言生动和平民气息。而且，贝弗里奇报告言犹在耳，保守党有自食其言的印象。因此，该宣言提出的民生许诺虽比以往多，却是保守党历史上最失败的竞选宣言之一。它表明：保守党对民心民生的历史潮流做出了错误判断，即使对维护资本利益而言，这个宣言也非上策。

相比之下，1945 年工党竞选宣言《让我们面向未来》十分突出民生问题，主张和平，严词抨击资本。它开篇就提出："战争胜利之后必须是繁荣的和平……工党视人民福利为自己的神圣信托"；"必须阻止再次发生战争"。经济困难和民生痛苦是因为资本势力太强大，"太多的经济权力集中于太少的人手中"，"追逐利润者的自由难道就是普通男女——无论这些男女是工薪阶层还是小商贩，是专业者还是家庭妇女——的自由吗？回顾两战之间的 20 年，当时几乎没有任何宝贵的公共管理，工商业巨头任意姿为。从来没有如此之少的人，竟能如此之深地伤害如此之多的人。自由不是抽象之物。自由要落实，就必须去赢取，去为之工作"。因此，英国人民要比历史上任何时候更需要"公平分享"权力。"这次大选关系到什么？"英国人需要的是粮食、工作、家园、教育和提高生活水平、防备贫困的全民社会保障。随之是一系列民生政策。首先就是充分就业政策。"保守党说：'充分就业，是的！如果我们能够得到充分就业又不会太多干涉私营产业的话。'我们说：'在任何情况下，都必须推行充分就业，而且，如果需要对产业施加坚强的公共之手，让人人有工作，那就太好了。'不要再为领取救济排长队了，就让大公司的沙皇们留在他们的城堡中继续当国王好了。那个为了极少数人的利益的所谓'经济改革'，如果是以数百万人的无业游荡和苦难为代价，这个代价就太大了。"① 这个宣言的特点在于突出民生政策，提出全面建设福利国家，符合急切的民生需要，而犀利抨击大资本利益，符合民众心理。因此，工党赢得大选，成为议会多数党，足以推行其政策。工党执政后，在 1945—1950 年颁布

① Iain Dale, ed., *Labour Party General Election Manifestos, 1900—1997*, London, 2000, Labour Party: 1945, Let Us Face the Future: A Declaration of Labour Policy for the Consideration of the Nation.

了一系列民生法令。主要有国民保险法、国民医疗保健法、工业伤害法、国民补助法、国民救济法、住房法六项，加上其他有关法令，英国成为当时西方国家社会保障法典最为完备的国家。建立福利国家，是英国民生问题和执政党政策的历史转折点。

英国的福利国家产生于艰难时代。1942 年英国在存亡未卜的危急时刻，敢于首先提出建设福利国家。1945 年，战后英国元气大伤，损失惨重，却在这个连吃饭都有问题的艰难时期，工党敢于推行势必耗资巨大的福利国家政策，有其政治原因，也有其政治胆魄。那种认为发达国家是在人均 GDP 5 千到 1 万美元才建立福利国家的说法，是无视历史事实的。福利国家政策又是长期发展的结果，更是严重危机的产物。从执政党维护统治的大局看，不实行福利国家政策，民生问题难解，资本主义会继续动荡。其首要意义是防止民生问题政治化，调节社会利益关系，控制社会矛盾，维护统治，这符合统治阶级在危机中的最大利益。正是在这一点，保守党失算，工党成功。就政党斗争而言，保守党有领导"二战"胜利的巨大优势，也提出一些民生许诺，如果工党表现平平，难免败选，失去历史机遇。工党实际上也是无路可退。就策略来看，工党主张福利国家政策，敢于在困难条件下创建，不等所谓条件成熟，采取先建立、后落实改进的非常规战略，避免了因顾虑条件不足而延误大局的战略失策，避免了政治被动。工党借此抓住历史机遇，上台执政。在处理民生问题中，有两大基本关系，一是政府与百姓的关系，属政治目的问题，是大局问题；二是实施措施如国家干预与市场机制的关系等，属手段问题。政策务实，手段服从目的。这是 1945 年大选中工党政治决策的特点。

1948 年 7 月 4 日，工党首相艾德礼宣布国民保险法、工业伤害法、国民补助法、国家医疗服务法生效，每个公民都享受社会保障。这标志着福利国家的建立（当时英国还凭票供应一些生活必需品）。同时，济贫法退出历史舞台。经过工党建设，"福利国家"基本实现了"最低原则"和"普遍原则"，即保障全体国民的生活不低于维持生存的最低限度，社会保障惠及全体国民。福利国家政策超越了济贫法的"救穷"，在从摇篮到坟墓的整个人生阶段，生老病死、医疗卫生、失业贫困和教育等均由国家负责。因此，国家超越了传统的有限范畴，包揽了广泛的社会保障服务，也超越了保障民生底线的需要，开始提供较好福利。“福利国家”使工业革命以来长达200年的大规模失业贫困等民生问题，得到有效控制。

工党的福利国家和充分就业两大举措，构成了战后英国化解民生问题的主体政策，有稳定社会统治的重大作用，也有促进消费和发展经济的意义。对于当时陷入严重危机的资本主义，工党有挽救之功。保守党也不得不接受福利国家和凯恩斯主义，形成了“托利社会主义”。1950年保守党指责工党的社会福利政策是“社会主义欺骗”，同时又表示重视民生，宣布“充分就业是保守党的第一目标”①，力图借此上台执政。此后20余年，保守党和工党在充分就业、福利国家、混合经济等政策方面基本一致，形成了“共识政治”。

其中，充分就业政策在化解长期的失业问题方面，有重要作用。概括而言是扩大就业，限制解雇。主要有扩大公共工程和公共事业，推行就业培训以增加就业能力等；控制失业方面则有多个劳动法限制资本家随意解雇工人，坚持最低工资制度和保护劳工权利等。“二战”后制定了农业工资法、工资委员会法和雇员保护法等，用以调整劳资关系，防范劳资冲突激化。1971年劳资关系法和1976年劳工保护法，使英国劳工立法达到高峰，直到1979年保守党撒切尔政府上台才逆转。1948—1970年，失业率均在3%以下，其中有14年在1.3%到1.8%之间，年失业人数为30多万人；有9年在2.1%到2.7%之间，年失业人数在40万到60多万人之间。② 长期的低失业率加之福利政策，有利于稳定社会和巩固统治。充分就业和福利国家是形成战后20年经济发展“黄金时代”的重要政策基础。虽然后来出现一系列弊病，导致20世纪80年代的“撒切尔改革”，不过，它们作为“安全阀”和“稳定器”，通过调节利益分配，缓和社会矛盾，为战后英国的平稳发展发挥了重要作用。

---

① Iain Dale, ed., *Conservative Party General Election Manifestos, 1900—1997*, London, 2000, CONSERVATIVE PARTY: 1950, This is the Road: The Conservative and Unionist Party's Policy.

② 宫崎犀一等编著：《近代国际经济要览》，中国财经出版社1990年版，第231页。

经过从济贫法到建立福利国家的长期发展，英国执政党最终建立了国家主导型的社会保障体系，实为建立民生底线，防止民生问题恶化失控而危及资本统治。其基本发展方式也是渐进的。尽管其形式内容时常变换，但是不应孤立地看待，而应视为一个连续的历史发展进程。从济贫法到福利国家的社保体系的存在和改进，一直是英国能长期维持社会稳定的主要基础。它不仅是经济和社会问题，更是重大政治问题。在英国执政党处理民生问题的长期实践中，在大局政策（政府与百姓的关系）与执政手段（国家干预和市场机制）之间，各大党毕竟政策务实，手段服从目的。保障民生底线，是英国执政党长期维持社会统治的法宝之一。虽然在具体政策、管理方法、成本高低等方面，两党争吵不休，一定意义上却是有利于逐步改进，在保障资本利润和化解民生问题的风险之间，求取社会利益关系相对平衡。其历史经验教训可有此一条：不懂得“与民让利”的资本是不懂得生存的资本。无限制追求利润的资本，伤害的是大多数人的民生利益，于社会有害，于己生存也是危险的。由此来看，英国各大党的执政历史，也是为了维护资本的根本权益而维持民生底线的历史。

（原载《江海学刊》2011 年第 1 期）

地方展览与辛亥革命记忆塑造（1927—1949）

陈蕴茜

展览是近代由西方传入的新型空间形式，对传播科学技术、宣传历史文化、促进商品交流等发挥了重要作用。近年有关近代中国展览的研究逐步成为史学界的新热点，成果主要集中在博览会和国货展览的研究。① 而关于展览与宣传辛亥革命纪念的关系，只有一篇论文涉及，主要考察了西湖博览会中的革命纪念馆，为今年杭州举行辛亥革命百年纪念提供历史依据。② 事实上，展览具有多重功能，其中政治记忆的塑造功能尚未引起学界的重视。本文力图对南京国民政府时期各地方展览进行考察，揭示国民党如何利用展览这一新型空间形式来对人们进行辛亥革命记忆的塑造，展现出现代国家政权在记忆塑造方面所做的努力及取得的成效。

纪念馆与辛亥革命常年展

1911 年的辛亥革命结束了中国两千多年的传统帝制，开创了现代新型国家。这场革命不仅改变了中国的历史走向，而且影响着中国未来的走向，它

---

① 参见马敏《张謇与近代博览事业》，《华中师范大学学报》2001 年第 5 期；马敏《中国近代博览会事业与科技、文化传播》，《历史研究》2004 年第 2 期；马敏主编《博览会与近代中国》，华中师范大学出版社 2010 年版；付海晏《“跑调”的国货展览会：1935 年无锡国货流动展览会研究》，《近代史研究》2008 年第 4 期；张在刚《试述北平国货陈列馆的国货宣传活动》，《首都师范大学学报》2010 年第 1 期。

② 参见王佩良《论西湖博览会与辛亥革命百年庆典》，《湖南师范大学社会科学学报》2011 年第 1 期。

是国民党进行政治统治的合法性来源，因此，南京国民政府建立后，国民党开始举办各类专门的革命史展览，传播革命记忆，从而使民众形成对国民党的认同。

从展览举办的时间长短进行划分，一般有两种形式：一为常年展，一为临时展。常年展大多是纪念馆或博物馆中的固定陈列，这一形式在民国时期辛亥革命史展览中发挥了重要作用。早在南京国民政府成立之前，人们已经充分认识到博物馆的功能在于“促进民众知识，完成普及教育”①，因此，各类博物馆也陈列展览革命纪念物。1922 年，浙江省立西湖博物馆历史文化部就已经陈列了，如“孙中山先生墨迹（石印）”“徐烈士祠堂碑记拓片”“邹容照片”“革命诸先烈照片”“福建省黄花岗纪念币”等革命文物。② 后来西湖博物馆历史文化部进一步发展出专门陈列革命文献的第七陈列室，展品“大都为中国国民党前期之革命史料，计有同盟会成立，晚晴园聚会，中华革命党成立，孙总理攻惠州城等摄影多帧。此外并有北伐军路线地图，辛亥革命烈士遗物等”③。南京国民政府成立后，对辛亥革命的纪念更为重视，各地出现了更多的革命博物馆或纪念馆、纪念室，各博物馆或纪念馆均举办辛亥革命常年展。

江苏省作为辛亥革命的重要基地，对辛亥革命纪念尤为重视。早在 1928 年，江苏省政府即开始筹建“江苏革命博物馆”，由民政厅“派员兼办征集物品”，物品种类“以整个的国民革命史为标准”，包括“甲：革命以来之史迹；乙：革命以来之宣传物；丙：革命先烈遗像及造像影片；丁：革命先烈遗物；戊：革命以来各大战争图及重要物品；己：革命各大纪念日之重要物品及档案”④。如 1930 年征集到“赵伯先烈士广州起义时所用之私章一方并陈

① 浙江省立西湖博物馆编印：《浙江省立西湖博物馆历史文化部物品目录》，1922 年 12 月，“引言”，第 3 页。

② 浙江省立西湖博物馆编印：《浙江省立西湖博物馆历史文化部物品目录》，1922 年 12 月，第 21、36、45、81、91 页。

③ 浙江省立西湖博物馆编印：《浙江省立西湖博物馆概况》，1948 年 6 月，第 7 页。

④ 《江苏革命博物馆筹备处组织章程》（1928 年 2 月 10 日），《大学院公报》1928 年第 3 期，第 149—150 页。

列”、“辛亥攻宁一月小册一本，又赵伯先烈士追悼会摄影一幅”。该馆还向汕头梅县启化图书馆征集到原藏品《民报》第3号和《天讨》杂志一本。不仅向各单位征集，纪念馆也向个人征集，曾向浙江嘉兴早期同盟会成员方於笥征集了旧藏《革命问答》《章炳麟驳康有为论革命书》多册以及《黄兴传记》。1929年6月1日，孙中山奉安南京，为此，博物馆向中央党部宣传部征集了《总理奉安实录》2部。①

创立革命博物馆的目的就是举办展览，让人们膜拜先烈，牢记先烈的革命精神，《江苏博物馆馆刊》发刊词对此进行了阐发：

> 吾人之所以永念夫先烈，思有以昭示夫国人也。且夫在天之灵，亦自完其天职而已，宁望后人之必崇报我也？然而我国民之得以处于今日党国下者，端由诸先烈之不惜躯命誓死力争，前仆后继，壮往不二，以造成兹日之庄严。则我国民纵不能一一馨香俎豆以竭其顶礼膜拜之忱，而瞻仰遗容，留连故物，自不胜其徘徊眷恋，肃然有以，立懦而廉顽，宁得谓为世变日新，往昔牺牲无足挂我齿颊哉？……重念之，而吾总理在天之灵如在其上，如在其左右，重念音容宛在。而诸先烈在天之灵，亦如在其左右，音容虽邈，肝蠁犹通。夫又奚必登紫金山头，过黄花岗畔，而后始致其哀，悲抒其感概也……②

在举办者看来，展览可以让参观者有身临其境之感，甚而促使人们形成革命记忆。该博物馆的部分陈列成为最早的辛亥革命专题展览。

建立革命纪念馆、举办常年展览是各地方政府的设想，但实际上存在着许多困难，不少地方只得在历史博物馆内建立革命纪念部，这样既可举办展览，又比较节约财力、物力。如南京市立历史博物馆曾计划建立革命纪念馆，后因经费难筹，于1930年在馆内建革命纪念部并征集各类纪念物予以陈列展

① 《本馆纪事·本馆大事记》，《江苏革命博物馆月刊》1930年第13期。
② 巢南：《发刊词一》，《江苏革命博物馆月刊》1929年第1期。

览，以“灌输革命思想，适应现代潮流……引起民众观摩研究”①。后来该馆又设中国革命历史等6部，陈列各类文物，分类注释；还敦请党国名人书写国民党政纲、总理遗训，并请画家绘制革命历史写真、先烈遗像以举行革命文献展览会，进而“引起首都人士之观感”②。至1936年，该博物馆已收藏革命纪念物共计321件，其中不少为辛亥革命纪念物③，这使常年展内容日益丰富。

杭州西湖旁的白云庵曾是辛亥革命志士们集会的地方，政府在白云庵大殿侧建立辛亥纪念馆，时人题额制联，以表纪念。④ 1927年，江西省政府将建于忠烈祠的纪念会改为革命纪念馆，因“该馆地址偏僻房屋狭小，且时有军队驻扎，湫隘嚣尘，殊不足以安先烈英灵而资民众观感”，遂对纪念馆重新进行整顿。⑤ 该馆向全国各地征集革命史料进行陈列，如四川省东川道道尹公署就曾转饬所属各县教育局协助江西革命纪念馆征集革命物品。该文件还包括向陕西革命纪念馆征集革命物品，这说明陕西省也曾建有革命纪念馆。⑥ 建立革命纪念馆并常年展览革命文物，是当时较为普遍的做法。1929年，济南市政府因“趵突泉风景幽雅，游人众多”，将其旁之四面亭及吕祖庙改建为革命纪念馆并举办展览，“以广宣传”⑦。1930年，广州市博物馆设革命纪念部，并陈列革命纪念品（包括总理遗像、手书、生前所用文具、墨迹、委任状、印信，及各先烈遗像等）17种72件。⑧ 后来，广州市政府“为保存革命先烈遗物起见”，饬令工务局“将粤秀山启秀楼修葺，以作革命先烈遗物陈列所”，

---

① 《市立历史博物馆添设革命纪念部》，《首都市政公报》1930年第70期。

② 《市立历史博物馆力谋扩充》，《首都市政公报》1930年第72期。

③ 中国博物馆协会编印：《中国博物馆一览》，1936年1月，第45页。

④ 黄元秀：《西湖白云庵与辛亥革命之关系》，政协全国文史委员会编：《辛亥革命回忆录》第4集，文史资料出版社1963年版，第151页。

⑤ 《江西省政府委员会报告》（编印者不详）民政·第12页，1929年12月。

⑥ 《东川道奉省令转饬道属各县教育局长征集革命物品寄陕西、江西革命纪念馆陈列》（1928年12月6日），四川省档案馆藏，卷宗号：民191—01—1309。

⑦ 《呈省政府奉令将趵突泉之四面亭及吕祖庙改建革命纪念馆一案已令行职府社会局拟具计划俟呈覆再行具报由》，《济南市政月刊》1929年第3期。

⑧ 中国博物馆协会编印：《中国博物馆一览》，1936年1月，第97—98页。

工程完竣后“特令教育局主管该所，并征集先烈遗物，一俟征集完竣及布置安善后，即可开始陈列”①。湖北作为首义之省，自然不能落后，省政府于1932年筹建湖北革命纪念馆，并专设征集股，“征集有关于革命先烈之遗物”②，以便纪念馆举行陈列展览。此外，上海市立博物馆也陈列了革命纪念品465件。③

南京国民政府时期，民众教育发展迅速，各地利用陈列展览来进行社会教育，不少民众教育馆设有陈列室，有的则专设“革命纪念室”，常年陈列革命遗迹史料。如1935年广东省梅县建立民众教育馆，内设有革命纪念室。④江苏省立镇江民众教育馆常年设有公民教育展览室，其中陈列有“革命纪念、史、地”等3项展览。⑤安徽省立第二民众教育馆设革命纪念陈列室，常年陈列革命史迹图片493幅，“以供民众观览”⑥。由于从兴中会成立到民国建立之间，牺牲的烈士在国民党历史上占重要比例，且事迹尤为突出，因此，辛亥革命纪念物是构成纪念馆（室）常年展的陈列主体。

对于各地革命纪念馆及陈列展览情形，张继曾有过概括：“值此国难方殷切，全国上下戮力复兴民族之际，则此发扬党史精神之陈列馆事业，自有要求其普遍之必要。现各省市之中山纪念堂，及类似革命历史博物馆之设立者，亦日有兴起。”⑦可见，民国时期革命历史博物馆或纪念馆在全国城市已经兴起，为当地革命史包括辛亥革命史常年展奠定了基础。

---

① 《启秀楼将陈列革命先烈遗物》，《广州市市政公报》1931年第378期。

② 《湖北革命纪念馆筹备委员会组织简章》，湖北省档案馆藏，卷宗号：LS1－3－129，《革命纪念馆筹备主任呈吴醒汉为拟具组织简章及规则仰乞备案由》，1932年5月27日。

③ 中国博物馆协会编印：《中国博物馆一览》，1936年1月，第86页。

④ 程志远：《梅县图书馆发展情况》，政协广东省梅县文史资料委员会编印：《梅县文史资料》第6辑第2册，1993年3月，第64页。

⑤ 江苏省立镇江民众教育馆编印：《四年来之江苏省立镇江民众教育馆》，1934年8月，第35页。

⑥ 安徽省立第二民众教育馆编印：《安徽省立第二民众教育馆概况》上编，第13页；下编，第88、131页，美丰祥印书馆1936年版。

⑦ 张继：《党史陈列馆与社会教育》（1937年5月17日在中央纪念周的演讲），《中央党务月刊》1937年第105—106期。

西湖博览会中的辛亥革命纪念展

除常年展外，南京国民政府时期各地的临时展也在纪念和宣传辛亥革命中发挥了重要作用，其中影响最大的是西湖博览会里的革命纪念展览，对于塑造人们的辛亥革命记忆具有积极影响。

1929 年，为了推动社会经济发展、庆祝北伐成功，浙江省政府特地举办规模宏大的西湖博览会。博览会的举行应该“饮水思源”，这“不得不归功到革命军，由革命军而联想到革命诸先烈，所以就设立革命纪念馆，为八馆二所之冠”①。

该纪念馆建立的目的就是纪念和宣传革命精神：“革命纪念馆担负着精神建设的责任……所陈列的多是先烈血迹、本党精华，非但昭往例而示来兹，扬党徽而光先烈，而且在训政时期为物质建设之南针，所以这馆不是如其他各馆所徒然欣赏其物质之奇巧，而在于精神之灿烂——发动革命的情绪，确定革命的立场，坚决革命的意志，遵本党的主义，用革命的手段和步骤以精神来领导物质，建设三民主义的国家。这就是本馆真正的意义。”②

革命纪念馆属于党务工程，馆长自然由党务系统的人担任，即由浙江省党部执行委员兼监察委员李超英担任，体现出国民党对革命纪念馆的重视与控制。纪念馆位“设西湖孤山之唐庄平湖秋月及浙军克服金陵阵亡将士纪念墓一带。除浙军克服金陵将士纪念墓为天然革命纪念地外，于白堤末端建骑街牌楼一座，遥望作平正雄伟态者是也”③。该纪念馆设有总理纪念厅一座，陈列室 6 间。④ 虽然该馆是各馆中最小的，但因位列展览会之首而引人注目。为了突出这一纪念馆的革命纪念功能，展览会又在西湖著名的景点平湖秋月

① 张寄涯：《革命纪念馆记游》，《旅行杂志》1929 年第 7 期。

② 李英超：《革命纪念馆特刊发刊词》，《中国早期博览会资料汇编五》，全国图书馆文献缩微复制中心 2003 年版，第 606 页。

③ 潘起凤：《西湖博览会八馆二所概况》，《旅行杂志》1929 年第 7 号，第 1 页。

④ 张寄涯：《革命纪念馆记游》，《旅行杂志》1929 年第 7 期。

处建革命纪念塔一座，塔“以三民主义奠其基，以五权宪法结其顶”①，即塔基下部为三角形，象征三民主义，塔身上作五角形，象征五权宪法，将孙中山的思想通过象征手法加以呈现。②

纪念馆最重要的功能是陈列展览，革命纪念馆“把革命过程中，种种有价值，可以留为纪念的东西，如先烈遗像、遗墨、遗物、战争摄影，还有其他珍贵物品，一类一类的陈列起来”③。革命纪念“馆门左右有对联一，上联为‘革命精神　大智大仁大勇’，下联为‘救国主义　民族民权民生’”④。对联道出了筹办者对革命纪念馆功能的定位。社会各界对此都有明确认识，连《商业月报》介绍西湖博览会的文章也都认为，设立革命纪念馆是极为必要的，因为“今吾国已直隶于青天白日旗帜之下。关于国民革命军成功之史迹，至足珍贵，亦至足以为奖掖后进之良剂，故此馆之设立，使命綦重”⑤。革命纪念馆是西湖博览会排列位置最前的展馆，也是民国时期革命纪念馆中最具影响和特色的临时展馆。

此馆以陈列孙中山遗物和革命纪念文物为中心。人们进入革命纪念馆后首先进入总理纪念厅。纪念厅内有孙中山遗像，参观者进门无须门票，但先要签字，并“向总理纪念厅中山先生遗像三鞠躬”，如不鞠躬，则易被视为异类，当时的游记中说“或许会当你是反革命”⑥，孙中山作为辛亥革命及国民党领袖的至尊地位在此跃然呈现。“总理一生坚忍不拔之志行，尽萃于斯，厅内设革命书籍阅览室”⑦。另外，厅中展出各类孙中山遗物，如“总理命令”等，还有孙中山奉安南京北上迎榇所用的丧车模型等，这些都让人们联想到孙中山为中华民族而奋斗的一生。

---

① 潘起凤：《西湖博览会八馆二所概况》，《旅行杂志》1929 年第 7 号，第 1 页。

② 张寄涯：《革命纪念馆记游》，《旅行杂志》1929 年第 7 期。

③ 《西湖博览会之概况》，《江苏省政府公报》1929 年第 100 期。

④ 自平：《各馆所参观记》，西湖博览会编：《西湖博览会参观必携》，商务印书馆 1929 年版，第 21 页。

⑤ 王宪煦：《西湖博览会之鸟瞰》，《商业月报》1929 年第 9 卷第 8 期。

⑥ 张寄涯：《革命纪念馆记游》，《旅行杂志》1929 年第 7 期。

⑦ 潘起凤：《西湖博览会八馆二所概况》，《旅行杂志》1929 年第 7 号，第 1 页。

《西湖博览会参观必携》记载了革命纪念馆有关先烈的文献与文物陈列目录，包括：

（一）先烈所有遗像、（二）先烈所有遗著遗墨、（三）先烈生平所好读之书籍，及其形成革命所性及革命思想之书籍、（四）先烈生平之遗物、（五）先烈临难之殉难物（略如断头刀、绞台、执行枪决时所用之枪）、（六）临难地点及一切情形之照片、（七）先烈革命所用之武器（如手枪炸弹刀及其他武器）、（八）先烈死后之荣哀、（九）祭堂照像、（十）追悼会及出殡照相、（十一）坟墓及铜像石像照像、（十二）挽词、（十三）国家各种褒典、（十四）先烈名单及传略。①

据纪念馆保管部所列的重要的先烈纪念物，多数是辛亥革命先烈的遗物。先烈遗像有陆皓东、史坚如、杨衢云、刘道一、彭家珍、赵声、温生才、林觉民、方声洞、陈敬岳、蒋翊武等烈士遗像，遗物则主要有徐锡麟刺杀恩铭的手枪、马宗汉刺恩铭的杖式手枪、秋瑾常用的小刀、傅国英的剑等；先烈遗墨则包括徐锡麟供词、马宗汉传、秋瑾手迹、朱执信集、林觉民遗墨、方声洞绝笔书等，摄影作品则有宋教仁赤身伤痕、灵榇及殓前各照片、孙中山就任大总统职摄影、同盟会入会证书、中华革命党证书等。② 这些构成革命纪念物的主体。

与此同时，一些特殊的历史事件也成为展览的内容，如“伦敦蒙难情形、袁世凯窃国情形、护法诸役”等。一般历史展览往往透过时间序列来呈现，革命纪念馆的展览也是如此，特别强调革命沿革史，即按“兴中会史、同盟会史、国民党史、中华革命党史、中国国民党史、各省市县自秘密至公开之党史、海外党务史”来陈列。③ 当人们结束革命纪念馆的参观活动时，依然要

① 西湖博览会编：《西湖博览会参观必携》，商务印书馆1929年版，第7页。

② 《陈列物品撮要》（原载《西湖博览会革命纪念馆参观指南》，1929年），王国平主编：《西湖文献集成》第16册《西湖博览会专辑》，杭州出版社2004年版，第809—813页。

③ 西湖博览会编：《西湖博览会参观必携》，商务印书馆1929年版，第7—9页。

受到革命教化，因为出口处又有一对联，上联是“恪守总理遗教，努力奋斗”，下联为“继承先烈伟迹，慷慨牺牲”。[①]

西湖博览会革命纪念馆是革命纪念物集中陈列的空间，但实际上，展览会还有一些场馆也陈列孙中山纪念物，革命纪念已经渗透进了整个博览会其他空间。如参考陈列所“正殿中供银制总理遗像，上端四字曰：‘天下为公’，下端题曰‘知难行易’”[②]。特种陈列馆中有一亭，南北两壁各悬大画一幅，“一为孙总理建国大纲铁道计画，一为东方大港，测绘至为精密”，另一陈列室中，有中山陵模型。[③] 工业馆中有孙中山半身塑像模型[④]，艺术馆中有孙中山全身塑像，丝绸馆内则有一个模范结婚礼堂，上面悬挂着孙中山遗像。[⑤] 孙中山纪念物随处可见，以至著名文人周瘦鹃在参观西湖博览会三日后说：“如今西子不但是著西装，并且著了中山装了。”[⑥] 可见，中山符号在展览中的呈现对人产生的影响。

地方临时展与辛亥革命纪念

西湖博览会作为特殊的临时展，在纪念辛亥革命、塑造革命记忆方面的确起到了积极作用，但民国时期各地方还有大量规模不等的临时展，这些展览都包含了辛亥革命纪念。抗战全面爆发后，国民党进一步加强对辛亥革命精神遗产的挖掘以服务于抗战，临时性纪念展览随之增多。在国民党看来，“辛亥革命是抗战建国的前提，而抗战建国就是辛亥革命之继续和完成”[⑦]。辛亥革命“开辟了一条独立解放的光明大道，这一个反抗压迫民族的国民运

---

① 自平：《各馆所参观记》，西湖博览会编：《西湖博览会参观必携》，商务印书馆 1929 年版，第 22 页。

② 凤子：《参考陈列所》，《旅行杂志》1929 年第 7 号，第 37 页。

③ 钱壮飞：《特种陈列所概况》，《旅行杂志》1929 年第 7 号，第 35 页。

④ 冯俊主编：《西湖博览会》，杭州出版社 2004 年版，第 43、52 页。

⑤ 谢辉：《记 1929 年西湖博览会》，《文史精华》2011 年第 1 期。

⑥ 周瘦鹃：《湖上的三日》，《旅行杂志》1929 年第 7 号，第 39 页。

⑦ 黄旭初：《继续辛亥革命的精神——为二十九年版国庆纪念合作》，《建设研究》1940 年第 2 期。

动的拓荒者，是我们今天今日民众纪念辛亥革命的重大意义”①。由此，各地将举办辛亥革命展览作为动员民众抗战的手段之一。

1936 年 11 月 1 日，浙江省图书馆举办“浙江省文献展览会”，并设专室“陈列民族革命文献，由明代至现代浙省民族英雄遗物，足资观感”②。举办这一展览的目的就是在“国运方艰，外侮孔棘”之际，发扬“伟大磅礴之气”及“爱乡爱国之精神”，使其“发扬以光大之于全国”③。总之，在国难来临之际，举办这样的展览就是要激发民族主义精神。

展览所陈列文物包括陶成章遇刺前三天所留遗墨、陈英士血衣、秋瑾遗物等。除这些全国知名的烈士遗物外，还有嘉兴革命七烈士之一敖梦姜④秘密时期的宣传品：木刻祖宗教 56 福书祷词四纸。⑤ 这些革命文物和文献是世所不见的珍品，引起参观者极大的兴趣。

1937 年 10 月 10 日，上海博物馆与通志馆也联合举办了一次“上海文献展览”，其中专门陈列辛亥革命前后的史料：孙总理与哈同等人的照片、总理手札、中国同盟会上海支部总章、军国民教育会捐启、军国民教育捐册、南汇县党狱始末记、上海光复诸先烈事略、沪防福字营光复上海纪念歌、沪军都督府收支报告、辛亥革命纪念品手卷、辛亥沪军攻宁战利品笔刻一方、沪军都督府通用笺、沪军都督陈赠战胜纪念徽章、沪军都督命令二道、海上光复竹枝祠、大革命写真图第五集、辛亥革命时上海各会之鳞爪，吴淞光复军纪略、黄克强祭吴禄贞文钟架、徐自华重建秋社等、辛亥年后改革政治被难人事实清册之档案、万福华事略、沪南商团祭九松熊沛如俞志伟像赞、《共和

---

① 潘公展：《辛亥革命与抗战建国》，《中央党务公报》1940 年第 7 期。

② 简又文：《浙江文献展览会》，《逸经》1936 年第 19 期。

③ 陈训慈：《浙江文献展览会之旨趣》，《图书展望》1936 年第 1 期。

④ 敖梦姜即敖嘉熊，生于 1874 年，字梦姜，平湖人，清末曾以秀才习吏，1903 年赴上海，入中国教育会和爱国学社，立志反清革命，次年，在嘉兴成立温台处会馆，作为浙江革命党机关。嘉熊在江、浙、皖三省的会党中极有号召力，被陶成章、秋瑾等倚为浙江反清起义的重要力量，但为清廷所恨。1908 年 3 月 11 日，敖嘉熊不幸死于城东乌桥港河中。

⑤ 祖宗教（一说黄帝教），由敖嘉熊创立，是以宗教名义号召组织汉族同胞进行反清革命的组织。参见《祖宗教首领敖嘉熊及其温台处会馆的兴亡》，谢一彪：《光复会史稿》，人民出版社 2009 年版，第 92—98 页。

周刊》、民国新闻“宋教仁被害记”、中国社会党对宋教仁暗杀案宣言、陈英士殉难血衣（袄）、陈英士殉难血衣（裤）、上海镇守使郑汝成往还电稿、大总统悬赏拿缉黄兴等告示摄影、炮筒、肇和举义殉国烈士陈可均遗像、陈英士手札横幅、陈英士手迹对联、影印“总理遗嘱”等。[①] 这样的展览虽然只是地方文献展览的一部分，但也起到了宣传辛亥革命的作用。

地方临时展中影响最大的是在香港举办的广东文物展。1940 年元宵节，国民政府前经济委员会委员、香港中国文化协进会发起人叶恭绰等在香港举办“广东省文物展”，特设革命室，陈列革命遗物和太平天国遗物。这次展览的目的之一是利用文物展激发国人热爱中国文化之情，进而支持国内的抗战。筹备委员会认为：“汉族的革命思想，竟能从广东文化孕育滋长，卒至由孙总理倡导国民革命以成三百年兴汉倒清之大功，此革命精神之发展即广东和全国民族精神之成功也。现在抗战期间，此种同一精神，又要充分发展和表现出来。”在香港举办展览，为使“这个特殊环境下旅居的中国人，得有极深刻的印象”，“确是抗战期间发扬民族精神增加民族信念的最高最妙的法门”[②]。吴铁城在致辞中也表明了举办广东文物展的宗旨：“现在我们进行着民族解放，独立自由的神圣抗战已经踏进最严重的阶段，最后胜利已在接近的当中。……我们所恃的是中华立国的精神，以及先烈先哲忠勇刚毅的气概，给我们以很大的激励，继有今日的‘抗建’表现。所谓立国的精神，就是我们民族讲气节，崇尚忠孝仁爱……这就是大会所标举的‘发扬民族精神’的意义……在这处历史演变的中心人物，领导我们国民革命的孙中山先生，就可以做我们民族精神的典型。他感受异族束缚的痛苦，起而推翻专制，创造三民主义，我们可以说完全受我们先烈先哲忠勇刚毅的熏陶……现在遭遇着外族侵凌，国家存亡是在千钧一发之际，大家所需要的，正是以上所说的民族

① 上海市博物馆、上海市通志馆等编印：《上海文献展览会陈列目录》，《上海文献展览会概要》，1937 年 7 月，第 61 页。

② 陆丹林：《广东文物展览会纪录》，广东文物展览会编：《广东文物》（上册），（香港）中国文化协进会印 1941 年版，第 214 页。

精神的扩大化，与深刻化了。”①

在所陈列的文物中，孙中山和辛亥革命文物占据相当大的比重。在革命室中，摄影图片非常形象生动地再现了辛亥革命历史。孙中山自然是展览的中心，围绕他的展品最为丰富，如孙中山与四大寇的合影、孙中山求学时的课本、革命时发行的债券和借据。② 展品生动地叙述了孙中山领导中国革命的艰辛。除了孙中山纪念物外，辛亥革命烈士的遗墨、遗像、墓影等也引起人们的关注。

抗战之后，各地继续举办临时性革命纪念展览会，而且展览大多选择在国民党历史上重要的纪念日，如国父诞辰、黄花岗起义即革命纪念日、双十国庆等，这是将纪念空间与纪念时间有机结合，进一步起到彰显纪念孙中山和革命先烈的功能。如1946年11月12日为孙中山诞辰纪念日，上海市立博物馆特举办“国父事迹文物展览会”，“陈列国父之手札墨迹著作以及有关国父事迹之记载等”共200余件，展期3天。③ 同日，由广东省各文教团体联合发起的“国父文物展”在广州开展，展期一周。展览主要包括孙中山遗像(有照片、画片、石膏像、铜像等)、遗物、遗著、遗墨以及国父一切史迹。④

1947年3月29日革命先烈纪念日，上海市立博物馆联合中央党史会、上海市党部举办革命文物展览会，共有1000多件革命文物参展，分“国父文献、先烈文献、革命史迹、革命纪念物四类”⑤。除作系统陈列外，展览会还“印有陈列品目录，以供参观者参考。展览共一星期，前往参观者异常踊跃，颇极一时之盛”⑥。

革命文物展览一般由官方机构举办，少数由民间自发举办，组织者多为

---

① 吴铁城：《对于广东文物展览会的感想》，广东文物展览会编：《广东文物》（上册），（香港）中国文化协进会印1941年版，第218页。

② 陆丹林：《广东文物展览会纪录》，广东文物展览会编：《广东文物》（上册），（香港）中国文化协进会印1941年版，第214页。

③ 陆丹林：《国父诞辰纪念上海市立博物馆举行国父事迹文物展览会之意义》，《文物周刊》第1—40期合刊，1946年11月10日。

④ 《国父文物展览》，《申报》1946年10月20日。

⑤ 上海市立博物馆编印：《上海市立博物馆要览》复馆后第一版，1948年8月，第5页。

⑥ 《中央宣传嘉勉革命文物展览会》，《上海教育周刊》1947年第2卷第11期。

辛亥革命参加者或烈士后裔。如1947年10月10日，辛亥革命老同志钱化佛、王养吾等“为纪念卅六年国庆节，特发起革命文献展览会，将各人珍藏之先烈遗物数百件，陈列于本市南昌路法童学校内，公开展览。陈列品中以先烈遗墨最多，国父手书之‘修身岂为名传世，作事惟想利及人’楹联，陈英士烈士贻果夫立夫二氏之家书，宋教仁及蔡锷等之诗词，黄兴手书之单屏，于右任经营《民立报》时代之画幅，俱极为名贵。其他如起义之图片，秋瑾烈士之手卷真迹，陈英士烈士之血衣，攻克南京天保城时所用之炮弹等，更为革命史上极有价值之光荣史料”①。纵观各类展览中，革命先烈的遗墨和遗物一直是最为重要的展品，特别是陈英士的血衣（包括照片），多次出现于各类展览中，成为核心展品，具有震撼人心的作用。

该展览得到政府的支持，上海市市长吴国桢为展览会题词：“鼎新革故，取义成仁，廉顽立懦，光国垂勋。”国民党要员潘公展为展览会专刊题词：“先烈之血，革命之花，灌溉培育，缔造国家，三十六载，日月光华，名山文献，永宝无瑕。”② 这次展览虽然由民间组织策展举办，但得到了国民党的支持。而对于烈士后裔所办展览，政府则进行管理，如秋瑾女儿秋灿芝于1948年在上海举办“秋瑾遗迹展览会”，上海市社会局进行严格的审批。③

国民党不仅重视利用革命纪念临时展进行社会教育，而且希望将其制度化。如国民党元老陈果夫曾在书中倡导要纪念革命先烈，而且要求在革命先烈纪念日这一天，“革命先烈祠墓开放，唱革命先烈纪念歌，图书馆书坊展览关于革命先烈之书籍及纪念物，并廉价”。他还说：“时至今日，革命诸先烈之躯壳虽亡，音容虽渺，然其出生入死，继续不懈，始终不屈之精神，虽与日月争光可也。后人之纪念先烈，亦不过纪念其此种精神而已。故是日凡有其祠墓之处，皆当开放，以供各界人士前往瞻仰致敬，其遗墨遗物有收藏者，

① 《革命文献今起展览一星期》，《申报》1947年10月10日。

② 辛亥革命同志会编：《辛亥革命文献展览会纪念册》，建新印刷厂，1947年10月10日，扉页。

③ 《据请举行先烈秋瑾遗迹展览会批仰知照由》，上海市档案馆藏，卷宗号：Q6－12－214－1，《上海市社会局有关举办秋瑾遗迹展览会、追悼教育家陶行知、省立台湾大学文学系主任许寿裳、郑国洞将军大会的有关文书》（1947年11月—1948年10月）。

亦当展览……至其遗著及有关之书籍，应减价展售，用资激发而广流传。”[①]事实上，将革命史迹展览融汇于民众教育之中，这是民国时期较为普遍的做法。江苏省立镇江民众教育馆遇到孙中山纪念日或革命先烈纪念日，都举办纪念展览。如1931年3月12日举行纪念孙中山逝世展览，民教馆汇集了孙中山北上、病况、逝世、奉安等历史事件，“制作图表模型，分别陈列”，并在孙中山逝世纪念日这一天开幕，展览一星期，参观人数达9200余人。后民教馆又“汇集黄花岗七十二烈士遗像及史略制作陈列”，并于3月29日黄花岗起义纪念日开展，展览也是一星期。[②] 江西省立民众教育馆也在10月举办围绕中华民国国庆的纪念展览，而11月则举办以孙中山纪念为中心的展览。[③]这些临时展使辛亥革命纪念深入到下层社会。

总体而言，各类展览中，孙中山遗墨与遗物，无论是在数量上，还是在空间布局所占据的位置，都是其他革命先烈文物所无法超越的。不唯如此，在其他的展览中，也能“遭遇”孙中山纪念物。如一些市立博物馆，尽管陈列的主体都是自然物质遗存，但也会有孙中山和革命纪念品等。广州市博物院大量陈列地矿标本、动植物标本，也到各地“征集革命纪念品”，并在五楼布置有“总理遗像，陈列其中，以资崇敬”[④]。1930年，上海举办第三届国货运动大会暨国货时装展览会，举办时间定在了辛亥革命纪念日，展会入口对联为：“提倡国货，会值三周，运动宣传图发展；纪念共和，节逢双十，欢欣鼓舞庆升平。”展馆内，总理遗像与总理遗嘱位于突出位置。展览会开幕式的仪式中也包括对孙中山的纪念：向党国旗及总理遗像三鞠躬、瞻仰总理遗像、静默三分钟。不仅总会如此，即使分会也是如此，如10月9日举行的国货时装展览会、13日的国产丝绸展览会，开幕仪式均包含孙中山纪念仪式；展览会标语中有“提倡国货是总理民生主义的实行”，而展览中则有制成表格的孙

---

① 陈果夫、邱培豪：《中华国民生活历》，正中书局1947年版，第93—94页。

② 江苏省立镇江民众教育馆编印：《四年来之江苏省立镇江民众教育馆》，1934年8月，第35、37页。

③ 江西省立民众教育馆编印：《江西省立民众教育馆设施概况》，1937年，第51页。

④ 《五层楼之布置陈列》，《广州市市政公报》1929年第316—317期合刊，第100页。

中山《实业计划》。①

此外，一些烈士祠中也举办展览。如浙江绍兴徐公祠陈列有徐锡麟遗像、刺杀恩铭的手枪和他的血衣，“使来展拜者，得以反复观览，有足启迪其心志，不徒以神道偶象目之”②。

视觉、感知与革命记忆的形成

一般而言，展览的目的是让人们对展品、陈列产生感知与认识，但革命纪念展览则不仅仅局限于一般性的感知与认识，而是要让人们形成深刻的革命记忆，以达到教化民众、传播意识形态的作用。如何通过物品陈列让参观者形成革命记忆，则有赖于展览对参观者产生的视觉冲击，促使人们形成当下的感知，进而形成记忆。

西湖博览会革命纪念馆通过雕塑与绘画来宣传孙中山与辛亥革命。总理纪念厅有孙中山演讲的雕塑，布展者的目的是以此“表示总理毕生从事宣传，唤起民众共同奋斗的精神”，两壁悬挂油画，其中一幅为“黄花岗七十二烈士进攻的情状”，策展者的目的是让参观者“想象到诸先烈奋勇杀贼、舍生取义的精神，是多么值得我们瞻仰和起敬呀!”③ 生动、形象的空间展示让参观者深有感触并形成了深刻记忆，形象地描绘于记述中：“厅中为演讲台，雕刻家王静远女士所制之总理遗像在焉。左右两壁饰以林风眠所绘之‘黄花岗烈士’及‘五三惨案’之油画。绘影绘声，令人气张而神夺。”④

革命纪念展览一般以先烈的遗物为陈列主体，因为遗物可以拉近参观者与先烈的距离。西湖博览会革命纪念馆众多的先烈遗物，清晰地反映出有关

① 《本市第三届国货运动大会暨国货时装展览会开幕记详》，上海市国货陈列馆编查股编印：《上海市国货陈列馆十九年年刊》，1930 年，第 149、159、161 页。

② 《先烈遗迹》，《文华艺术月刊》1929 年第 3 期，第 21 页；蔡元培：《徐烈士祠堂碑记》，政协浙江省绍兴县文史资料委员会编印：《绍兴文史资料选辑》第 4 辑《徐锡麟史料》，1986 年 8 月，第 74 页。

③ 吴山：《对于参观诸君的小贡献和本馆的希望》（原载《西湖博览会革命纪念馆参观指南》，1929 年），王国平主编：《西湖文献集成》第 16 册《西湖博览会专辑》，第 798 页。

④ 潘起凤：《西湖博览会八馆二所概况》，《旅行杂志》1929 年第 7 号，第 1 页。

辛亥革命的历史叙述。策展者也表明了其目的是为了让人们看到“革命诸先烈的遗像、遗著、遗物、供词、血衣等”后，能够“触目惊心，不但使参观者俯仰今昔，瞻望依违，更进一层要使全国的同胞，都认识本党从前奋斗的精神，一致兴起，共同牺牲，来完成诸先烈未竟之功，以造三民主义的新中国！”① 事实上，参观者也的确明白先烈遗物的意义，有人在游记中写道：“诸先烈的遗墨很多，大抵都是激昂慷慨之作”，并在游记中列举了“种种革命历史上有价值的珍品”，如陈伯平和马子畦的遗照、孙中山在1914年7月8日的亲笔誓约、黄花岗七十二烈士遗墨、秋瑾遗诗、黄兴致泽如先生函、陆皓东供词等。② 如此详细的记述，实际上就是记忆深刻的表征。还有参观者这样表白看到革命先烈遗物的感受：“吾人看见，不期然而然会表一种景仰和敬慕的同情。革命的精神，因此可以焕发起来。”③ 著名文人周瘦鹃也说：“我心中所念念不忘的就是要一观革命纪念馆，因为内中有许多很名贵的先烈遗物，是我们所轻易瞧不到的。……先参谒了中山先生遗像，就由第一室起一间一间的参观过去。壁间张挂诸先烈的遗影以及有关革命的各种图像，密密层层的，多得不可胜数，可惜既苦短视，又因时间匆促，不能一一细看。那留在我心中的印象最深的，其一是徐锡麟烈士谋刺恩铭的一枝藏有手枪的手杖，也很足动人。”④ 这些游记文字发表于报刊，集体性的革命记忆也随之传播。

民国时期声光电技术尚不发达，但已成为展览重要的表现手段，西湖博览会革命纪念馆利用声音来强化展览的效果。在总理纪念厅旁的休息室，策展者放置了孙中山演讲录音，表面上休息室是让参观者休息的，而实际上，演讲及歌曲留声片在纪念馆中发挥着调节身心进入另一种革命情境的功能，

① 吴山：《对于参观诸君的小贡献和本馆的希望》（原载《西湖博览会革命纪念馆参观指南》，1929年），王国平主编：《西湖文献集成》第16册《西湖博览会专辑》，第798页。

② 张寄涯：《革命纪念馆记游》，《旅行杂志》1929年第7期。

③ 《西湖博览会开幕》，《工商半月刊》第1卷第12期，1929年，第23页。

④ 周瘦鹃：《湖上的三日》，《旅行杂志》1929年第7号，第47页。

以至“游人于此未有不感发革命情绪者也”①。纪念馆还有馆歌，进一步通过音乐来强化人们对辛亥革命的记忆：“珍重共抛汗血，国花点染星星！”② 正是透过革命纪念物的陈列、声音的调动等，使革命纪念馆成为塑造辛亥革命记忆的重要空间。正如策展者所言：“革命纪念馆，是一部革命史实体的记述，饱含富有刺激性的革命材料，所以我们一到革命纪念馆，不觉悲壮热烈，慷慨激昂，而赤血丹心。雄胆浩气的先烈遗物像，及其他革命所遗留的陈迹，齐扑我们的眼帘，使我们热血奔腾，戟刺兴奋，猛烈地警醒环境的灰黑、过去的黯黝及未来的渺茫，不得不继续先烈的遗志，辟出未来的生路，救中国于危难飘摇之境。”③

在所有先烈纪念物中，血衣毫无疑问是原质的直接暴露，它给予观者以不可抗拒的冲击力。人们的视线所及曾经是历史人物身体的一部分——鲜血！正如有学者在分析新四军纪念馆时所指出的：“过去的历史事件在这里升级为高度的、无须实证的华美存在（死亡）。崇高客体也找到恰当的形式：不可见，但就在我们眼前；它既是现实，又刺激着想象；更重要的是，它还是永恒精神的唯一身体对应物。”④ 展览透过经典叙事和原质冲击，来营造历史真实氛围，让参观者能够直接感受、触摸历史，它的叙述模式是单一的，它的陈列也是单线的，在原质化文物陈列的视觉冲击下，参观者形成了深刻的革命记忆。学生对革命先烈遗物充满敬意，一位学生在参观浙江文献展后这样写道：“最后又看到女学生争看着的秋瑾女侠的和服……车中还不住的追想着陈英士烈士的血衣。”⑤

浙江文献展开放共计 18 天，前往参观的人数达 8 万人，后因参观者太

---

① 张寄涯：《革命纪念馆记游》，《旅行杂志》1929 年第 7 期。

② 江东小谢：《革命纪念馆馆歌》（原载《西湖博览会革命纪念馆参观指南》，1929 年），王国平主编：《西湖文献集成》第 16 册《西湖博览会专辑》，第 816 页。

③ 管举先（革命纪念馆保管课主任干事）：《革命纪念馆的意义和特点》（原载《西湖博览会革命纪念馆参观指南》，1929 年），王国平主编：《西湖文献集成》第 16 册《西湖博览会专辑》，第 799 页。

④ 胡恒：《革命史、快感、现代主义》，《文化研究》2010 年第 10 辑，社科文献出版社 2010 年版，第 304 页。

⑤ 海：《参观浙江文献展览会归来》，《蕙兰》1937 年第 8 期，第 40—41 页。

多，展览会又延长3天。[①] 据简又文记述，有“扶杖的老妪，列队的学生，执笔的文士，颟顸的乡民，和一般市民……各色人等络绎前去，我知他们参观以后爱乡土，爱民族，爱国家的精神必大为兴起，较前振奋”[②]。辛亥革命文物与文献在浙江文献展览会上具有很大的影响。该展览会虽然主要展览的是浙江地方文献，但因《申报》《中央日报》《大公报》均详细报道[③]，因此，其影响随着媒介而广泛传播。

广东文物展对于促进人们形成革命记忆、动员港人支持抗战发挥了重要作用。展览吸引了众多港人：“人人一登二层楼，即仰见高悬当中的孙总理遗像在党国旗之中，左右则有历代名贤鸿哲烈士大儒的遗像……各人瞻仰遗容自起敬仰之心，其爱国爱种的精神，没有不油然兴起的。遗容影响之大，真是不可言喻。……更有革命文献，陈列品比广州市展览者为尤多。……从各方面实际的观察，则大多数人都注意‘革命室’的陈列品，日日时时室伫立数百人，简直无从转身，甚至无容足之地，可见影响之大而深了。”[④]

在陈列文物中，先烈遗物最能激发人们的情绪：“义烈之士的遗像，遗物，著述，墨迹，琳琅满目，我们瞻仰起来，分外觉得我们乡邦文化的可敬可爱，亲切有味，真足唤起我们民族精神的认识，同时绝对的坚定我们抗战建国的信仰，由于这种精神的感召，相信我们民族复兴，绝对的有了一个很大的把握。”[⑤] 因时代较近，人们对这些革命文物更感兴趣，“人多好欣赏。因之这一室，观众最为拥护”。当然对于众多的参观者而言，如果文物与真情故事相融一体则更为感人：“星期日的一天，有一妇人浏览最久，竟至晕去。后有人说，他的丈夫，是三月廿九之役殉难的烈士，感从中来，凄怆昏厥

① 《浙文献展览会延长三日》，《申报》1936年11月14日。

② 简又文：《浙江文献展览会》，《逸经》1936年第19期。

③ 《浙江文献展览会特刊》，《申报》1936年11月1日；《浙江文献展览会特刊》，上海：《大公报》1936年11月3日；《浙江文献一瞥》，《中央日报》1936年11月7日。

④ 陆丹林：《广东文物展览会纪事》，广东文物展览会编：《广东文物》（上册），（香港）中国文化协进会1941年印，第214页。

⑤ 吴铁城：《对于广东文物展览会的感想》，广东文物展览会编：《广东文物》（上册），（香港）中国文化协进会印1941年版，第219页。

了。”① 这一故事作为展览会的花絮被刊登到报刊上，引起人们更深的感慨。

革命文物展不是仅仅让人们认识革命文物，策展者的目的是要让人们透过参观对革命先烈产生景仰之情，形成深刻的革命记忆，进而转化为积极参与抗战的精神动力。应该说这次展览达到了这一目的。一位参观者写下了发自内心的感触：

> 至于创造中华民国的革命史实，这是谁都应该知道的，这自然不须作甚么的叙述。不过当我看到史坚如烈士供状的照片时，联想到我们的先烈，毅然的牺牲一切，为民族求解放，凭这种大无畏的精神，奠立了中华民国的基础。我们身为国民一份子，当怎样的警惕？怎样的负起我们的责任？此后应怎样的努力？才对得起我们的国父和无数的烈士呢！②

另一位观众在参观记中叙述了深刻的记忆：

> 孙总理创造民国之艰辛，史坚如之忍苦牺牲，奠定国基，先烈之舍己为国，睹物思人，直可启人愚梦，发人深省。须知，比者国难未已，国家之倚赖忠勇者，以资卫国，殊不负先烈当日之壮烈牺牲也。相信此次之展览，当可启发一般迷梦者。灯红酒绿，笙歌满夜之香岛，更宜多所展览。诚使人人寸心不愧天，则我中华民族之精神，将重振国光，而照耀世界，而先烈之壮志，永兴日月而不朽也。……以言图像，此次陈列，类皆名儒烈士，追维先贤，令人肃然起敬，流连瞻仰，景行行止，不禁感慨系之！③

其实这与举办展览的官方意图极为吻合。

广东文物展影响巨大，港九许多中小学特地放假由老师带领学生参观展

① 思丝：《粤文物展花絮》，《真光》周刊，1940 年第 1 卷第 3 期。

② 张聘渭：《参观广东文物展览会述评》，广东文物展览会编：《广东文物》（上册），（香港）中国文化协进会 1941 年印，第 302—303 页。

③ 《参观广东文物展览会述评》，广东文物展览会编：《广东文物》（上册），（香港）中国文化协进会 1941 年印，第 306 页。

览，为了让更多的青少年参观展览接受教育，筹备会还举行了征文比赛，并评出了10名优胜奖，获奖的每篇征文中都详细记述了参观革命室的感想，其中一篇征文详细记述如下：

> 这充满了血和泪的一个小房间——第四室——窒息的气氛是特别显得紧张而严肃。这充满了壮烈史迹的先烈遗物，是深深地感动了每一个中华儿女底心灵。这儿有先烈被捕时不屈的供状，有用血写成的画，有孙总理行医时代的器具，广告和毕业证书，还有那初期革命的四大寇合照……是兴奋了醉生梦死者萎靡底心儿。……他们像呼唤着正在年青的我们说：“我们是没用了，新生的祖国底寿命，是永远地寄托在你们年青人底身上……”
>
> ……
>
> 我们目睹先烈先贤用血肉和脑汁创造出来底遗物，我们一方面起了崇高向上的心理，一方面油然而兴救国救乡的观念；这样是“文展会”最初的意义和最终底目的了。①

可见，参观者深深地被辛亥革命先烈遗物所打动，并立志要抗日救国。此次展览在香港社会引起广泛的反响，当地报刊竞相报道，其中《星岛日报》《国民日报》《循环日报》《华侨日报》《越华报》《国华报》《真光周刊》等不仅进行报道，而且刊登参观记，进一步扩大了展览的影响。

抗战之后的革命文物展，依然具有塑造人们革命记忆的功能。上海革命文物展仅举办“一星期，前往参观者异常踊跃，颇极一时之盛”②。“观众对于黄花岗殉难烈士之照片及文物，更感兴趣，有多幅名贵之墨迹长卷，因限于陈列设备，未能全部展览，观众咸以不能一睹全貌为憾。该会遂应观众之要求，将逐日更换展览。”③ 国民党中央宣传部对此次展览所产生的社会影响

① 胡汉辉：《参观广东文物展览会述评》，广东文物展览会编：《广东文物》（上册），（香港）中国文化协进会1941年印，第329—330页。

② 《中央宣传嘉勉革命文物展览会》，《上海教育周刊》1947年第2卷第11期。

③ 《文物展览会揭幕》，《申报》1947年3月30日。

非常满意，特别予以嘉奖："查本年革命先烈纪念日举办革命文物展览会，宣扬主义，表彰先烈，收效颇宏，具见工作切实，极表欣慰，特电嘉勉，并希转知全体工作同志为荷。"① 由此可见，这些展览在社会中具有广泛的影响，对人们革命记忆的塑造发挥着不可或缺的作用。

在一些日常与革命史无关的展览中也会出现纪念孙中山或辛亥革命的物品，这一方面是强化人们的革命记忆，另一方面则表明人们已经形成革命记忆。1936 年 4 月 15 日，南京在夫子庙图书馆举办"首都名胜及新建设摄影比赛"，其中也有与孙中山、辛亥革命元老谭延闿、辛亥革命纪念等相关的作品，包括《中山路》（2 件）、《总理陵》（3 幅）、《陵园黄昏》《谒陵已罢》《谭陵》《革命纪念馆》《远眺中山陵》《史料陈列馆》等众多作品，这些作品占了整个展览的三分之一。② 这是革命记忆的再传播，同时也是参加摄影比赛者自身辛亥革命记忆的呈现。

结　语

南京国民政府时期地方革命史展览多由公立的博物馆、纪念馆、图书馆等官方机构举办，是国民党宣传辛亥革命历史的重要渠道，具有塑造人们革命记忆的功能。由于一些地方革命博物馆或纪念馆并不是依托于辛亥革命遗址建立的，它们与历史事件没有天然的联系，因此，其辛亥革命史知识的传输更依赖于史料陈列与展览。文物资料的陈列，主要是透过空间编排、路径设计、场景布置来建构叙事性结构，从而让展览的内容生动地呈现出来。在这个意义上，展览就是一个"叙事"文本，纪念物、史料、空间布局、陈列方式构成文本的主要元素，它们互为上下文，参观者进入展厅，就开始了展览文本的阅读。而在阅读过程中，他们被符号化的先烈遗物——血衣刺激着、感动着，从而形成了不可磨灭的革命记忆。这种记忆背后是关于国民党合法

① 《中央宣传嘉勉革命文物展览会》，《上海教育周刊》1947 年第 2 卷第 11 期。

② 《首都名胜及新建设摄影比赛今日起公开展览》，《中央日报》1936 年 10 月 15 日。

性来源的叙述，正潜移默化地影响着人们。

必须强调的是，国民政府时期的革命史展览一直以孙中山为中心，即使如西湖博览会这样的展览也是如此，这与国民党以总理遗教为基本精神准则相一致。政治意识形态对民国时期展览的隐性控制昭然若揭，人们在展览中遭遇着“革命史叙述”，也在形成着辛亥革命记忆。而革命史本身附属于党史，因此，地方性展览建构起的国民党历史叙事成为国民党宣传策略的重要组成部分，成为党国一体化和合法化的工具。

（原载《江海学刊》2011 年第 4 期）

18 世纪苏松棉布业的管理架构与法律文化

邱澎生

18 世纪的江南已成为当时中国最主要的棉布制造、加工与贩售中心，无论是商业销售组织或是工业生产组织，都随棉布市场规模的扩大而有重要变化；特别是棉布字号的兴起，重组了棉布市场中既有的生产与销售组织。

在棉布字号与棉布工匠、棉布小贩乃至棉布纺织农户之间，其实存在不少重要的中介人，部分中介人甚至借着本身对棉布原料品质与棉布加工流程与相关技术知识的娴熟掌握，成为棉布字号不可或缺的重要职员，这些中介人常自称为“贾师”或是“看布朋友”。

三种不同版本的“布经”①，为探讨贾师在 18 世纪江南棉布的生产与加工体系当中，如何同时兼负掌握原料品质的“配布”，以及检验染、踹等加工工序品质的“看布”两大工作职责，提供了关键史料。不少贾师直接受聘于字号商人，其在“配布”与“看布”职掌中所发挥的功能，足以减少商人面对

---

① 笔者目前所能读到《布经》版本计有以下三种：（1）范铜《布经》，有乾隆十六年（1751）自序，收入《四库未收书辑刊》第 3 辑第 30 册（北京出版社 1997 年版，第 82—110 页）。本书虽是一部抄本，但在书前却同时收录有作者本人与其他人士题撰于乾隆十六年与乾隆十七年的 11 篇叙文，可证此书并不因为未曾刻印出版而只停留于个人欣赏层次，仍有其一定的流通范围与专门的读者群。（2）清抄本《布经》，原藏安徽省图书馆，王振忠教授将其抄录原书慷慨借我阅读，谨此致谢！此抄本原无页码，本文征引抄本时，都依王教授借阅版本上标注的页码（全书共计 44 页）。（3）《布经要览》，不著撰者，清汪裕芳钞本，收入《四库未收书辑刊》第 10 辑第 12 册（北京出版社 1997 年版，第 581—599 页）。本书亦为抄本，书末虽有“乙亥四月”与“汪裕芳写”的识语，但“乙亥”至少可是乾隆二十年（1755）或嘉庆二十年（1815），不易断定确定年代。综合看来，除范铜《布经》可确定为乾隆年间作品外，另两种“布经”的成书年代，笔者则依文义与内容将其都推定为 18 世纪前后的作品。至于在空间上，则三种《布经》主要讨论的棉布产区都集中于松江、苏州一带。

棉布市场肇因于价格信息不完全以及交易对手信用程度不相同所带来的“讯息不确定”风险，因而构成一种可以降低棉布市场交易成本的“管理架构”。[①] 围绕这一主旨，介绍苏、松棉布字号的经营概况及其对当时棉布产销结构的影响，分析贾师的“配布”与“看布”功能的具体运作，藉以说明字号商人与贾师所共同构成的管理架构，铺陈并评估字号与贾师作为一种管理架构，如何与当时法律体系与文化理念产生某些重要关联。

苏、松棉布字号对产销结构的影响

明清市场经济在16—19世纪间有不少重要的发展，不仅长程贸易的基本框架具体成形并有大幅成长，其商品结构也发生重要转变。至少到18世纪，中国国内长程贸易已具备清楚的基本框架，由三条最主要商业干道所构成：第一条为东西向干道，由长江下、中、上游水运所组成；第二条为南北向干道，由京杭大运河、钱塘江、赣江、珠江以及其间包含玉山、大庾岭山路在内的几段水陆联运线所组成；第三条主干道则为由东北至广州间的沿海海运线。在这个长程贸易网络里，商人组成不同的商帮团体，进行种种商品的长程贩卖活动，其中，尤以稻米、棉布、食盐等民生必需品，为当时的最大宗商品，从而改变过去中国历史上长程贸易主要以奢侈品为大宗商品的结构。同时，虽然当时粮食仍占长程贸易商品的最大比重，但棉布已取代食盐，既成为长程贸易第二大商品，也是当时国内最大宗的手工业产品。[②]

在16—18世纪的长程贸易扩张过程中，江南地区的棉布手工业发展最引人注目。据学者估算：在清代前期棉布盛产之时，每年由江南地区生产的棉布数量“多达7800万匹”，这些棉布大多进入市场贩卖，每年棉布“商品量”应当维持“在7000万匹之谱”[③]。至于一般所称的“江南”地区，大约指的

---

① Oliver E. Williamson, “Transaction—cost economics: the governance of contractual relations”, *Journal of Law and Economics*, 1979, 22, pp. 233—261.

② 吴承明：《中国资本主义与国内市场》，中国社会科学出版社1985年版，第217—265页。

③ 范金民：《明清江南商业的发展》，南京大学出版社1998年版，第29—30页。范金民将吴承明等学者估算江南每年进入长程贸易4000万匹商品棉布的数字，合理调高为7000万匹。

是苏州、松江、常州、镇江、杭州、嘉兴、湖州七府和太仓一州，基本上包括了以太湖流域为中心的三角地带。①

江南棉布手工业产品大量进入市场贩售，至少自 16 世纪以来即已逐渐成为一种显著现象。随着棉布商品进入市场贩售，更多商人加入了江南棉布业的买卖活动，并表现为外来棉布客商以及本地中介牙行之间的交易行为。家居松江府的叶梦珠，在清初追忆晚明当地热闹的棉布贸易荣景，曾有对江南棉布贸易最著名的描写："前朝标布盛行，富商巨贾，操重资而来市者，白银动以数万计，多或数十万两，少亦以万计，以故行奉布商如王侯，而争布商如对垒，牙行非藉势要之家不能立也。"② 叶梦珠不仅记录了当时棉布贸易每年吸引巨大的外来商业资本，也透露当时牙行从事棉布中介生意的激烈商业竞争，牙行不仅要多方讨好客商，有时甚至还要援引政治势力作为奥援。

值得注意的是：吸引商业资本进入江南地区的商品，其实也不仅仅是棉布一项，其他诸如棉花、蚕丝、丝绸、稻米、豆饼、铁器和木材，也都是 16—19 世纪联结江南与全国其他地区长程贸易的重要商品。③ 这些商品的流通贩售与棉布一样，共同为江南地区带来巨额的商业资本以及活跃的商业活动。

在巨额商业资本进入以及牙行中介商业组织发展的同时，某些外地商人也开始经营与染布、踹布等棉布加工程序有关的手工业，遂出现了棉布"字号"这样一种同时结合生产与销售的经济组织。当时江南的棉布加工业，主要分布在苏州城内以及松江府、嘉兴府交界的枫泾、洙泾等城镇，这些地方

---

① 洪焕椿：《长江三角洲经济区的历史变迁和历史问题》，载洪焕椿、罗仑主编《长江三角洲地区社会经济史研究》，南京大学出版社 1989 年版，第 1—22 页。另外，有学者主张另将明代应天府（清代改称江宁府）一并算入"江南"地区，参见李伯重《明清江南与外地经济联系的加强及其对江南经济发展的影响》，《中国经济史研究》1986 年第 2 期。

② 叶梦珠：《阅世编》，（台北）木铎出版社 1982 年版，第 157—158 页。

③ 李伯重：《明清江南与外地经济联系的加强及其对江南经济发展的影响》，《中国经济史研究》1986 年第 2 期。

逐渐成为全国性的棉布加工业中心。①

苏州城在18世纪已成为中国最大的棉布加工中心，三个最主要的缘由：一是苏州城在全国商贸网络的优越交通位置；二是苏州城地近全国棉布原料生产中心的松江府地区；三是苏州城内的染坊、踹坊工匠，对“青蓝布”等棉布加工工艺具有较高的技术水平。② 尽管开设踹坊的城镇可能不多，但许多江南市镇都存在一定数量的染坊③，不过，以加工技术和营业规模而论，苏州城的染坊与踹坊在江南地区都可算是独擅胜场；特别是在乾隆以后，苏州城的染坊业更加兴盛，不仅技术精良，并且能够印花，时称“苏印”。总之，由于苏州城聚集了一批优秀的染坊与踹坊工匠，再加上众多棉布字号为染坊、踹坊带来更多的商业契约与承揽机会，技术加上资本，共同推动了苏州城棉布加工业的兴盛。

以现有资料看，18世纪棉布字号最发达的地方，主要存在于苏州、松江与嘉兴的几个城镇。特别是苏州城内的棉布业“字号”，至18世纪即已成为城内颇为显著的地标。根据时人记载：棉布字号与绸缎业商铺，都聚集于苏州城西北郊内外的商业繁华地段：“金、阊市肆，绸缎与布，皆列字号，而布业最巨。”④ 所谓的“布业最巨”，具体反映着当时棉布字号商人的资本规模已相当引人注目。

苏州棉布字号并不始于18世纪，早在明末即已见诸记载。经营字号的棉布商人以预发资本的方式，逐渐加强对染坊、踹坊等棉布加工业者的直接控制，并且也对其所属众多工匠以及原先在各处乡镇收购棉布的中小商人渐渐

---

① 全汉升：《鸦片战争前江苏的棉纺织业》，收入氏著《中国经济史论丛》，（香港）新亚研究所1972年版，第634页。

② 王家范：《明清苏州城市经济研讨：纪念苏州建城两千五百周年》，《华东师范大学学报》1986年第5期。

③ 自16世纪以来，徽州商人即在江南城镇开设“染局”，现存一份《万历程氏染店查算账簿》，即可见到这所创设于明万历十九年（1591）五月一日的程氏染店直至万历三十二年（1604）五月之间的一些合伙经商资本额与盘存布匹数量的珍贵史料。相关介绍参见范金民《明代徽商染店的一个实例》，收入氏著《国计民生：明清社会经济研究》，福建人民出版社2008年版，第246—252页。

④ 乾隆《吴县志》，转引自洪焕椿编《明清苏州农村经济资料》，江苏古籍出版社1988年版，第275页。

增强各种影响力。[①] 17世纪70年代的康熙初年，苏州棉布字号在四五十家到六七十家之间[②]，而康熙中后期乃至雍正年间则为棉布字号的最兴盛时期，当时连同苏州城、松江与嘉定所属城镇的棉布字号，据估计应在一百家以内。[③]

以苏州城棉布字号为例，这种棉布生产组织虽然并不采用集中所有工人在同一地点生产的现代"工厂"制度，主要是以相互订定承揽契约的方式，将散处于不同生产空间的各种生产与销售组织联结在一起。以乾隆年间对"字号"的描述来看，其组织与经营概况大概如下："自漂布、染布及看布、行布，各有其人。一字号，常数十家赖以举火，惟富人乃能办此。"[④] 这段描写具体点出众多以按件计酬方式领取字号商人发放工资的棉布从业人员，无论是职司漂白与染色的"漂布、染布"者，还是负责验货与行销的"看布、行布"者，都由字号商人所雇募，他们并不聚集于一处共同的"工厂"厂房，而是分散或来往于各个染坊、踹坊。尽管不聚集工人在同一地点生产，但一些字号商人间接或直接雇用的工人总数却也十分众多，因而字号所需用的庞大资本也非常人可负担，是以时人称"字号"经济组织"惟富人乃能办此"。

在棉布字号兴起之前，商人委托踹坊、染坊加工生产，以及商人委托布庄、牙行在市镇收取农民生产的棉布，可以同时存在着各种短期或长期不等的生产与销售契约；这些契约都涉及买卖双方如何具体界定、确认、监督、修改与执行权利义务关系的复杂问题。而当棉布字号普及，并掌握更大的产销能力时，则包含棉布采购与委托加工在内的各种契约，便由短期而经常更

① 傅衣凌：《论明清时代的棉布字号》，收入氏著《明代江南市民经济试探》，上海人民出版社1957年版，第127—130页；全汉升：《鸦片战争前江苏的棉纺织业》，收入氏著《中国经济史论丛》，（香港）新亚研究所1972年版，第625—649页；横山英：《踹布业・生产构造》，收入氏著《中国近代化・经济构造》，（东京）亚纪书房1972年版，第63—143页；寺田隆信：《苏州踹布业・经营形态》，收入氏著《山西商人・研究——关于明代的商人及商业资本》，（京都）京都大学东洋史研究会1972年版，第337—410页。

② 许涤新、吴承明主编：《中国资本主义发展史》第一卷《中国资本主义的萌芽》（后文简称《中国资本主义的萌芽》），人民出版社1985年版，第404页。

③ 范金民：《清代江南棉布字号探析》，收入氏著《国计民生：明清社会经济研究》，福建人民出版社2008年版，第255页。

④ 许治（修），沈德潜（纂）：乾隆《元和县志》卷一〇《风俗》，影印乾隆二十六年（1761）复旦大学原藏刻本，收入《续修四库全书》，上海古籍出版社1997年版，第106页。

换的形式，逐渐转变为长期而较稳固的形式。[①]

学者指出，江南棉布销售市场可区别为三个不同环节：第一，由外地客商透过牙行协助采购可以直接卖入市场的棉布成品，客商携带巨款来到江南，透过本地牙行的居间交易，购入大批已加工完成的棉布，并向全国各地甚或是海外输出（所谓“富商巨贾，操重资而来市者”[②]）；第二，本地布牙接受客商委托，代为收购棉布（所谓“代客收布”）；第三，由客商或牙行开设“布庄”，也就是在市镇开设店铺，或是直接派人下乡选购棉布，或是由外地进口棉布原料。[③]

准此而论，则棉布字号的出现，实意谓着某些商人开始对上述三个棉布销售环节进行垂直整合，形成一种同时整合第一类“操重资而来市”，第二类“代客收布”以及第三类开设“布庄”店铺的一种综合性商业组织。要留意的是，字号兴起之后，客商、布牙与布庄三种商业组织并未消失，而是形成一种字号、布庄、布牙、客商四者彼此合作而又彼此竞争的复杂互动。

开设字号的棉布商人，透过自身资本的运作，而使“漂布、染布、看布、行布”这些原先只是彼此各自私下建立买卖关系的生产者与销售者，共同形成一种更加长期而稳定的契约关系。棉布字号在苏州、松江地区的普及，致使愈来愈多的染坊与踹坊等加工业者，更加依赖特定字号的大量棉布委托加工，乃使这些与字号有长期契约关系的染坊、踹坊，逐渐转变成“为商人进行加工”的状况。[④] 随着字号将更多棉布原料交付经常来往的染坊、踹坊加工，一种更长期的承揽契约逐渐出现在棉布市场。

与长期契约同时出现的，即是字号派出专门负责“看布”的专门职员，作为连接字号与踹坊、染坊的中介人物，透过定期检查与登录专门“折子”

---

① 清代前期苏州棉布字号出现之后，影响到江南棉布市场短期、长期契约中有关“测量与讯息成本、谈判成本、执行成本”等不同“交易成本”的个别变动，相关讨论可见：邱澎生《由放料到工厂：清代前期苏州棉布字号的经济与法律分析》，《历史研究》2002 年第 1 期。

② 叶梦珠：《阅世编》，（台北）木铎出版社 1982 年版，第 157 页。

③ 徐新吾：《中国经济史料考证与研究》，人民出版社 1985 年版，第 167—174 页。

④ 同上书，第 89 页。

的“写账”制度，验收染坊、踹坊加工棉布的品质高下。至于对那些在农村、市镇中从事棉业生产的广大农民家庭，字号也派出负责“配布”的专门职员，作为字号与农户的中介人物，亲身到苏州各处乡镇的棉布原产地，或是坐镇于字号在某些市镇开设的收布店铺①，等待小规模收购乡镇棉布原料的其他中介牙人上门销货，或直接与较大规模“布庄”派出的“庄客”相互议价，有效地鉴别各地农户生产的棉布品质，使农户与字号商人在收购棉布上形成更长期的契约关系，进而促使更多棉布农户被字号商人的商业资本间接地统整在一起。

字号的兴起，也连带影响苏松地区棉布业的产销结构，主要是乡村“男耕女织”生产模式的日益市场化，以及城镇染坊、踹坊加工业的劳资冲突加剧化。这两个领域的变化过程，可简述如下：一、在苏、松许多生产棉布原料的农村与市镇，字号依照其对不同时段棉布市场消费需求的评估，由贾师按市场消费倾向与行情变动进行“配布”，从不同地区农户购入不同材质与价格的棉布原料。贾师“配布”的基本原则即是棉布市场的价格波动与消费倾向。生产棉布的农户因为长期与字号贾师或相关的布庄、布牙打交道，而促使苏、松地区农户的“男耕女织”家内人力资源配置模式愈来愈“市场化”，许多农户生产者也需要灵活地面对棉布市场的行情涨跌与消费时尚变动。二、字号加速了批发商与加工生产者之间的垂直整合，使得任职分散各处的染坊、踹坊工匠，愈来愈将字号商人作为争取较高工资的抗争目标，苏松地区劳资关系也日益紧张；复以代表字号进行“看布”或是“质检验收”的贾师，持续性地以“写账”制度维系字号商标在市场上的价位水准，尽管没有集中式的工厂制生产，但也依然加剧了棉布工匠与踹坊老板对于字号商人的抗争力道。苏、松地区地方政府官员也愈来愈广泛而深入地介入各种棉布商

① 此情形正如《续外冈志》卷四《物产》的记载：“外冈之布，名曰冈尖，以染浅色，鲜妍可爱，他处不及，故苏郡布商多在镇开庄收买。”（转引自徐新吾主编《江南土布史》，上海社会科学院出版社1992年版，第60页）虽然，文中所谓“苏郡布商”也并不一定都限于字号商人，也可能包括专营收布、贩布生意而不直接涉入生产加工的类似“布庄”组织的商人。

标与劳资纠纷、劳资讼案中。

1. 字号对“男耕女织”产销模式的影响

“男耕女织”既是一套有关“妇职”（womanly work）如何有机地构成理想社会秩序的政治论述①，也是一种家庭内部由“男女并作”演化为“男耕女织”的人力配置模式发展历程②，故而兼具了政治史与经济史的双重含义。然而，无论如何，棉布市场的发展促使“男耕女织”这种古老的政治论述在16—19世纪之间的江南社会落实成为一种特殊的家内人力配置模式，更多妇女可以不用再于田间与男子共同从事农业劳动（所谓的“夫妇并作”），而专心致力于家庭内部的棉织与丝织业生产，以纺织劳动作为增加家庭收入的重要手段。愈来愈多的棉布原料，即透过“男耕女织”的家庭生产组织进入棉布市场，当棉布字号兴起，这些农村家庭生产的众多不同种类的棉布，也透过棉布字号商人的销售网络运往中国各地或是海外市场。

由众多妇女与男子共同参与生产的棉布，其生产技术应是掌握在家庭内部。整体来看，由棉花制成棉布，约可区分为“轧棉、弹絮、搓条、纺纱、摇筒纡、刷经、盘轴、穿筘、上机”九道基本工作程序，因为纺织者工作熟练程度的不同，故由棉花到棉布所需的时间其实无法一概而论；但若勉强抽取江南农家纺织一般技艺水准做估算，则上述九道工序所费的工作时间，约可折算如下：“纺纱”需四个劳动日；“织布”需一个劳动日；“织前一切准备工作”，则需一个劳动日，故此，总计织成一匹棉布约需六个劳动日。③ 尽管是称为“男耕女织”，但在从事棉布生产的农民家庭中，这“六个劳动日”

① Francesca Bray, *Technology and Gender: Fabrics of Power in Late Imperial China*, Berkeley: University of California Press, 1997, pp. 173—272.

② 李伯重：《从“夫妇并作”到“男耕女织”——明清江南农家妇女劳动问题探讨之一》《“男耕女织”与“半边天”角色的形成——明清江南农家妇女劳动问题探讨之二》，二文都收入氏著《多视角看江南经济史》，生活·读书·新知三联书店2003年版，第269—314页。

③ 徐新吾主编：《江南土布史》，上海社会科学院出版社1992年版，第216页。但也有学者估计略微不同，认为一个成年劳动力从事由弹棉到成布的过程共需7个工作日，且其分配工时大体是：纺纱4日，织布1日，另2日则是弹花、浆纱、接头等准备工作，参见许涤新、吴承明主编《中国资本主义的萌芽》，人民出版社1985年版，第390页。

其实是由家庭内的男女成员共同协作完成的。

要注意的是，农家织成的棉布主要都是素色，基本未经过染色等加工程序，当时统称为“白布”。尽管纺织的白布技术不见得复杂，但是，江南各地农村生产的白布品质、数量与市场价值，却是差距颇大。当时许多收买棉布的牙行或商人，对各地农村白布的品质优劣都有一定程度的了解与掌握。范铜《布经》即依松江府附近的“地里、桥梁方向”，详细记录各地不同棉布产区棉布的特征与品质，并强调这些棉布商品讯息都是经常变动（所谓“有革有因，或增或损”），故而需要做更为及时的更新与掌握。[①] 这些农户生产不同棉布商品的各种信息，都成为字号、布庄以及其他参与棉布买卖活动的相关人士所注意的对象。

农民不仅是生产者，也经常是贩售者。江南棉布市场可区分为农村集镇与城市两层，在城市进行的棉布交易一般规模较大，而农村家庭生产的棉花、棉纱与棉布，则主要于农村集镇做交易。存在于棉布批发商人与生产棉布农户之间的，其实是遍布各地农村集镇市场上的棉业小贩、牙商等。这些中介商人在各地农村集镇上，负责与农民交易种类各异的棉纺织品。随着农户家庭对棉布市场依赖程度的加深，投入棉纺织业的农民也愈来愈要直接面对市场上季节性价格波动的折磨与考验。[②] 许多从事棉布中介的商人都可能故意压低棉布与棉花价格，从而侵夺了从事棉纺织业农户辛苦投入生产的经济利润。

农户的经济因为贩卖棉布而逐渐变好了或是变坏了，尚需要更多证据。但我们若由交易成本的角度看问题，则这个农民在市场贩售棉纺织品的过程，其实也反映当时江南棉业市场上遍布着农民与棉业商贩之间的契约谈判与签订过程。各种买卖棉布契约的谈判技术，成为当时从事棉业生产的农民家庭以及各类商人所经常运用的相关知识。而当字号在 18 世纪愈来愈成为影响棉布市场的重要力量之后，字号收购的棉布原料经常是数量甚为庞大，与字号发生交易关系的农户数目也愈来愈多，在此意义上，由字号聘请的许多收买

---

① 范铜：《布经》，第 82—83 页。

② 徐新吾：《中国经济史料考证与研究》，人民出版社 1985 年版，第 78—79、87 页。

棉布专业知识甚为丰富的“贾师”，也会在收买棉布过程中与农户发生更密切的关系。

2. 字号对棉布加工业劳资纠纷的影响

字号的兴起，不仅使“男耕女织”的农村棉布生产家户愈来愈“市场化”，也使棉布加工业的劳资关系愈益紧张化。当字号开始更密切地进入棉布加工的生产流程，将那些长期合作的染坊、踹坊，统统纳入字号资本的经营范围，连带使得原本只是在所属各个分散染坊、踹坊工作的染匠与踹匠，也变得愈来愈像是这类棉布商业组织所直接雇佣的工人。因而，字号这类“商业组织”也发展成为一种实质上的“工业组织”，一种同时结合棉布销售与生产的新型经济组织。

在17—18世纪之间，由棉布字号商人所发出的资本，支持了众多踹坊、染坊等加工业作坊的开设与运作，从而吸引了众多踹匠与染匠等棉布工人进入江南城镇。以苏州城为例，18世纪由棉布字号间接雇用的踹匠，保守估计即约有一万人，这些工人大多来自南京、安徽宁国府等外地，并且大多单身来到苏州①，可能大都是并不长期定居苏州的季节性移民。在雍正七年（1729）、八年（1730）由李卫所做的两次调查中，苏州阊门一带的踹匠已是“数盈万余”，而当时被称为“包头”的从事踹布加工业的作坊老板，其人数“共有三百四十余人”，这些包头“设立踹坊四百五十余处”，而每坊雇用的踹匠则“各数十人不等”，李卫对踹匠人数的估计是：“有一万九百余”人。②到了乾隆十七年（1752），另一份官方调查所记录的苏州踹匠人数则略有减

① 也有官员估计棉布工匠人数已达到两万人，如雍正元年（1723）苏州织造胡凤翚的调查报告即称：“阊门、南濠一带，客商辐辏，大半福建人民”，棉布工人也聚集于阊门近郊：“又有染坊、踹布工匠，俱系江宁、太平、宁国人民，在苏俱无家室，总计约有两万余人”，《雍正朱批谕旨》，影印清刊本，（台北）文海出版社1965年版，15函4册，第5185页。棉布工人来自外地的记载，自17世纪即然：如康熙九年（1670）史料即称：踹匠“从江宁属县远来雇工者甚多”；而康熙三十二年（1693）的史料，则记苏州踹匠多是“非有家土著之民”。《苏州碑刻》，苏州大学出版社2003年版，第54、55页。

② 分见：《雍正朱批谕旨》，13函4册，李卫奏（册8，第4457—4458页）；13函5册，李卫奏（册8，第4515页），（台北）文海出版社1965年版。

少："踹匠九千余人。"① 要注意的是，无论"一万余"人或"九千余人"，这两个数字都未算入棉布"字号"组织棉布加工生产所需"漂布、染布"与"看布、行布"等全部从业人员，特别是"染匠"，即很可能不在李卫等人调查的数字内。

有记录显示，康熙五十九年（1720），苏州城染坊至少有六十四家②，就算染坊平均工人数目比不上踹坊的"数十人不等"，以每坊 10 人保守估算，则染坊工人也至少在六百人以上。若此，则取最保守估计，18 世纪苏州城的踹布、染布工人总数，肯定在一万人以上。而 18 世纪苏州城市人口总数，一般估计有五十万，则单是从事棉布业加工的工人所占城市人口比率已达 2%。

棉布工人数目众多，为苏州城的罢工运动提供了基本条件。根据学者的不完全统计，从康熙九年（1670）到道光二十五年（1845）间，苏州城内的踹布业至少发生了十次罢工事件。③ 棉布业罢工在抗争人数规模与持续时间方面往往很可观，如康熙三十九年（1700）四月发起的棉布业罢工事件，据棉布字号商人事后描述，此次罢工在苏州城造成的"变乱之势"特别严重："比诸昔年尤甚，商民受害，将及一载。"当时踹匠"成群结队，抄打竟无虚日"，承揽字号委托的"包头"也因害怕走避而使踹坊几乎都无法顺利加工棉布④，更可注意的是，踹匠还自行发展了类似"罢工准备金"的制度："或曰某日齐行，每匠应出钱五文、十文不等；或曰某匠无业……每匠应出银二分、三分不等，而众匠无一不出。……积少成多，已盈千万。"⑤ "千百踹匠"靠着这笔"积少成多，已盈千万"的工人共同捐款，

① 《宫中档乾隆朝奏折》，（台北）国立故宫博物院 1982 年版，第 5 辑，第 63—64 页。首先留意并介绍此条史料的研究，参见陈国栋《介绍一条有关长江下游踹布业的史料》，《思与言》1981 年第 2 期。

② 许涤新、吴承明主编：《中国资本主义发展史》第一卷《中国资本主义的萌芽》（后文简称《中国资本主义的萌芽》），人民出版社 1985 年版，第 404 页。

③ 苏州城在这段期间发生了至少 19 次工匠抗争、罢工或是控告作坊商人事件，而这些事件大都与工资纠纷有关；以行业区分次数，则踹布业发生 10 次，丝织业 2 次，染纸业 5 次，印书业 2 次。参见许涤新、吴承明主编《中国资本主义的萌芽》，人民出版社 1985 年版，第 719 页。

④ 所谓"以致包头畏避、各坊束手，莫敢有动工开踹者"（《苏州碑刻》，苏州大学出版社 2003 年版，第 63 页）。

⑤ 《苏州碑刻》，苏州大学出版社 2003 年版，第 63 页。

让这场罢工持续一年。除了苏州城，松江府的枫泾镇、嘉定县的南翔镇，也曾发生多次罢工事件。①

特别值得注意的是这些棉布工匠罢工所针对的对象，主要都不是提供他们工作场所与加工工具的踹坊或染坊老板，反而都是开设字号的商人。尽管字号商人在诉讼文书中经常强调自己并不直接管理这些工匠，并宣称工匠“齐行、叫歇”的破坏社会与法律秩序行为，其实并不属于他们应该解决的问题，他们纯粹只是罢工事件的无辜受害人。字号商人的宣称，当然是他们试图划清自己在罢工事件引致社会秩序动乱中所可能需要负起的法律与政治责任；但罢工工匠之所以要针对字号商人做抗争，则有两个很重要的原因：一是工匠当然知道踹坊、染坊老板发给他们的工资基本上全来自于字号商人；二是在工匠工作的日常生活情境中，影响他们工资收入甚巨的“看布”贾师，早就被认定是字号商人的代理人。这两个原因其实是一体之两面，而在贾师“看布”过程中，也早已长期累积出种种争议、抱怨与冲突（下文详述）。

无论如何，18 世纪苏州城内的罢工事件频发，驻节苏州城的各级江苏官员屡次发布管制踹匠的法令，反映出当时劳资关系的紧张。如康熙四十年（1701）颁布《苏州府约束踹匠碑》，官员以保甲制度编查管制踹匠，命令十家踹坊编成一“甲”，于各甲选立“老成者，充任坊长”，再令“坊长”约束踹匠。管制的具体措施如下：每家踹坊“设循环簿”，记录所有来到苏州踹匠的个人资料：“何处籍贯、何人保引、何日进坊、何日出坊”，并规定这些踹匠资料都要由坊长负责定期更新：“分列旧管、新收、开除三项，每逢朔望，必与坊长倒换”，同时还设立专门官员负责稽查与弹压踹匠。康熙五十九年（1720）再次颁立《长洲吴县踹匠条约碑》，执行“连环互保”与“夜间禁闭

① 王江泾镇与南翔镇的棉布业工资纠纷与罢工事件，至少有康熙三十七年、康熙五十四年与乾隆四十年三次，参见《上海碑刻资料选集》，人民出版社 1981 年版，第 98—99 页。

在坊”等更为严苛的管束踹匠办法。[①] 苏州地方政府在18世纪不断颁布管理工人的法令，这应是中国都市史上极特殊的现象。

要之，伴随棉布字号的兴起，不仅冲击到既有的“男耕女织”家户经济，更改造了棉布加工业内的劳资关系。在字号兴起并愈益冲击棉布产销结构的经济社会与政治法律脉络下，伴随着产生一批可以协助字号商人“配布”采买合适棉布原料，并以“写账”制度进行加工棉布品“看布”等质验收工作的专业人士，这些专业人士的自称即是“贾师”或“看布朋友”。

贾师“配布、看布”作为棉布市场的管理架构

开设棉布字号的商人由于拥有较丰厚的资本，故而既能收购更多足以行销市场的棉布，又能将预先购买的棉布原料送入踹坊、染坊进行加工，更加冲击并重组棉布市场上的商业与工业组织。然而，字号商人单靠资本，并无法有效地重组商业与工业组织，这个工作仍然需要依赖一批娴熟棉布产销知识的专业人士，他们自称为“看布朋友”或是“贾师”，并把聘用他们的字号商人称为“东家”。[②]

字号商人雇用的“贾师”恐怕并非当时一种流行的专门称谓，而是编写“布经”的行业从业人员在写作时的一种自称之词，我们有理由怀疑这其实并非是当时苏松地区通行的专门行业称呼。但无论如何，依主要职务分工而论，贾师可区分为“配布”与“看布”两类，或是区分为“看白布、看缸水、看光布”三类。尽管有两类与三类的区分方式，但事实上，“看白布”即类同于“配布”，而“看缸水”与“看光布”本可合并称为“看布”，故而，无论是两类或是三类的区分，其实相去不大。

所谓的“看白布”或是“配布”，主要是针对那些由农家纺织的各种素

---

① 《苏州碑刻》，苏州大学出版社2003年版，第63—64、68—70页。乾隆五十八年（1793），元、长、吴三县知县并援引康熙年间颁定的《踹匠章程例》，如法炮制一套防止苏州城纸业工人罢工的《纸匠章程》（《苏州碑刻》，苏州大学出版社2003年版，第92—95页）。

② 清抄本《布经》有谓：“盖朋友只为东家，代天行事，若东家疑贰，为朋友者，岂能尽心竭力耶！”（第36页）

色棉布及其原料，在采购与发卖过程中，进行品级、价格与数量的区分，其交易对象可以是贩售棉布的农村家户生产者（其中又可按交易地点不同而再细分为“居字号配布”与“入乡配布”）①，也可以是贩售棉布的小规模布牙牙人或是布庄“庄客”；除了购入棉布原料之外，贾师也代字号将多余的棉布原料贩售给批发客商。② 至于贾师“看缸水”的工作，是对染坊加工的“青蓝布、翠蓝布、月白布……”数十种不同的色布，进行品质鉴别与成本控管。“看光布”则主要是贾师对棉布加工业者进行品质考核，针对踹坊加工“光布”的品质优劣，进行验收与“写账”，并再根据已有的棉布加工承揽契约，将踹坊设备费用以及踹匠工资，统统核发给予开设踹坊的老板。

无论是“看白布、看缸水、看光布”，贾师都需要掌握不同程度的棉布生产技术，并理解棉布市场价格变动的相关知识。

1. “看白布、配布”贾师之成为“字号之栋梁”

“看白布”与“配布”大体上是同类工作，只是重点稍微有别：看白布强调的是识别各种不同棉布原料的品质高下，而配布则强调购入或卖出不同棉布原料的合宜成交价格与数量。贾师为字号收购农村集镇所产棉布原料时，要能从纺织技术上判别江南各地农家“织手、乡民”生产的棉布品质的优劣，这即是“看白布”。而贾师在字号内与上门客商谈判售卖棉布的价格与数量，并和布庄“庄客”、布牙乃至农户织手谈判收购的棉布价格与数量，即称为“配布”。不可能光“看”不“配”，也不可能单“配”不“看”，配布与看白布两者重叠处甚多，并不易截然区判，本文基本上将其混用。

范铜在《布经·择友》篇内，如此评价负责“看白布”的贾师：“要秉公无私，方可托此重任。如朝廷之用贤相，运筹帷幄之中，决胜千里之外。

---

① 《布经要览》，第592页。

② 《布经要览》，第591页。有些贾师强调一些商场交易时的尔虞我诈实战技巧，如先拿“极低号充阵”，用意在测试上门的批发客人“识货不识”；而在谈价格时，还提醒初学者不要招待商客任何饮食，以免“提醒其神”而致使谈判不利己方（《布经要览》，第591页）。

深明布内精奥，买者自然络绎，欲不久远，其可得乎！若误用不肖，情弊难以枚举，将布配低、价值颠倒，兼之目力欠精、布号不均，欲望生意久远，其可得乎！”① 清抄本《布经》也谓：“凡开字号，接看白布，朋友全在，要取为人正直，一无私心，布内精微，无不详细，方可交付重托。盖看白布一人，乃字号之栋梁也；譬如朝中用人，有宰相重任之称，运筹帷幄之中，决胜千里之外，不可误用奸邪，以伤国本。所以，看白布一业，原属清高之事，自有重权，东家托此大任，配号毋得容情，稍存私意，该与则与，照号配布。”② 这两种不同版本的“布经”编者，都不约而同地将“配布”必备棉布专业知识以及个人正直操守，比喻为负责中央政府施政的“宰相”或“贤相”。

简单地说，“配布”之所以需要慎选公平正直的看白布贾师，即是要责成其能以合理价格购入各种不同种类的棉布原料，不因人情请托买入不合宜棉布而致使“东家”利益受损；与此同时，还要藉由白布贾师对棉布原料各项知识的精通，以买下更多品质好、价格公道、容易销售而又利润较高的不同棉布原料。

配布绝非简单工作，除了公平正直的人格操守以及判别棉布品质的专业知识之外，还要具备通晓棉布行情变动相关信息的市场敏锐度。清抄本《布经》编者曾指出配布基本要诀在于：“高者宜取，然不可苛求；低者宜弃，又不可过弃。”③ 在棉布品质高低以及市场价格涨落之间，必须要取得均衡，其取舍原则正是：“行情涨，即多买；行情将落，则宜少收。”编者再次提醒那些想学习贾师技艺者，“字号生意，赚钱折本，都在涨落之间”④。可见，根据何种棉布原料加工而来的棉布成品，会在未来不同时期卖得更好价格，这正是贾师运用专业知识进行“配布”的最高原则。

---

① 范铜：《布经》，第 102 页。
② 清抄本《布经》，第 13—14 页。
③ 同上书，第 1—2 页。
④ 同上书，第 13 页。

为了在收购棉布原料时达到“行情涨，即多买；行情将落，则宜少收”的最高原则，理解不同地区的棉布特征与品质，会是一项重要的专业知识。范铜在《布经》“自叙”中写道：“松之所产，衣被天下，价值低昂悬绝，商贾安不疏其源哉！旧经叙事甚详，而繁文屡出，使初学者不知其所从来，几茫然莫识其指归也。然历年久远，人更物变，其中讹舛，难辨真赝。偶于长交余闲，潜心旧典，访诸里老，乡落产布优劣，地里、桥梁方向，有革有因，或增或损，皆有据依，纤悉条纲，具载于篇”①，可见范铜对他编写此书所附棉布产地相关信息的正确性感到颇为自豪。范铜《布经》共分八卷，其中第一卷附有12张地图，这些地图的主要作用，正是要为书中第二卷《乡落方向》列出的棉布产地，以及第三卷《土产》列出的不同种类棉布，提供具体的位置。②

相比之下，清抄本《布经》则并不特别罗列并标示不同棉布的产地③，但却以甚长篇幅，讨论贾师如何由棉布重量、外形、光泽等几种客观标准，选取品质真正良好的棉布原料，并附上一份甚为详细的专业名词解释。笔者此处所谓的客观标准，主要是反映在一份《门庄买布要诀》上，此要诀计有六句：“入手先评轻重，斜看经纬均匀；门面尺稍如式，子眼细紧光明；上下边道齐整，方称大号布魁”④，接在《门庄买布要诀》之后，则是一份篇幅长达将近九页的《指明布中一切条款》，针对“经、纬、篾、细、紧、匀、硬、软、重、阔、长、粗、夯……”等85个字词的60个名词，写上简要的解释⑤，很像是一份棉布纺织专有名词的小字典。

在《指明布中一切条款》中，清抄本《布经》的编者在解释名词之前，加上了一段自己何以要列出这些“布内条款”专有名词的按语：“如教书字

① 范铜：《布经》，第82—83页。

② 范铜：《布经》，第90—103页。另外一种题做清人汪裕芳抄本的“布经要览”（二卷本，收入《四库未收书辑刊》第十辑，第12册，北京出版社1997年版，第582—599页），尽管篇幅不长，仅有18页，但也详细列出松江与苏州府属一带乡镇出产不同棉布的种类与特征（第583—585页）。

③ 清抄本《布经》，第3、16—18页。

④ 清抄本《布经》，第4页。

⑤ 同上书，第5—13页。

法，先逐笔画讲明切究，然后合笼来论字体，必能精写矣。”① 尽管《指明布中一切条款》所列 85 个名词基本上都确实涉及棉布纺织的许多工艺技术，编者也强调要如同教人“逐笔画”地写字，好像是要将棉布纺织技术传授读者；但值得注意的是：编者描述这些工艺技术的重点，其实仍是放在如何评价棉布原料的好坏，而不是真要教人如何按部就班地纺织棉布。如在解释“忙纱”一词时，编者写道：“初夏农忙，或织或歇，必至逐段逐样，其纱线多毛糙”；又如“油纱”一词的解释：“织时，用菜油涂，簆有黄迹，猪油白迹。”② 这些看似涉及纺织技术的名词解释，其实重点仍是在于防止收购计价过程中，出现棉布品质不好却“反作好布买之”的错误，不仅会被有识者耻笑自己“看布”不精，也可能因为日后棉布原料送赴加工出现染布时“入目有似好布，下缸必变”，或是踹布时“发石踹来，转成一片毡，不分经纬”等弊病③，从而招致金钱损失。可以这么说，“布经”编者记录棉布纺织技术的最主要用意，并不在于传授纺织上的实用技艺，而主要是要有助于找寻“踹来纱线不变，吃得石头起，愈踏愈好，因此人人皆爱”的高品质棉布原料。④

由此角度看，包含棉布字号聘用贾师在内的专业人士，他们在收购农户纺织棉布原料时所采用的评定等级标准，其实更多的是着眼在棉布送赴加工之后是否能够变成“人人皆爱”产品的特定市场取向。以“男耕女织”人力配置模式从事棉布原料生产的农户家庭，究竟如何受到字号与贾师“看白布、配布”上述特定市场取向的影响？棉布与成衣市场上的各种“时尚”，如何透过这个“配布”机制而延伸传递至农户家庭？都是值得继续探究的重要课题。

2. 贾师“看缸水、看光布”所形构的生产关系

如何有效检验送交染坊、踹坊加工棉布的品质？是棉布字号面临的另一

① 清抄本《布经》，第 5 页。
② 清抄本《布经》，第 11—12 页。
③ 同上书，第 15 页。
④ 同上书，第 15—16 页。

项重要问题。如同徐新吾先生所指出：棉布业“字号”与丝织业“账房”一样，都在自身产品上加附“机头、牌号”。康熙、雍正年间，凡经苏州、松江等地棉布字号加工的棉布，在布匹“机头”或包装上，都印有“某某某号监制”或是“某某某号自制”字样。① 李伯重先生也强调：“机头、牌号”反映着江南棉布字号对棉布品质的“鉴择尤精”，从而能对棉织商品的生产流程有效地进行“严格的质检验收”。② 李伯重进而指出：江南棉布字号与丝业账房的生产方式，不仅“通过发料、收货这一基本形式”，而将“手工作坊、个体劳动者、家庭妇女、小生产者、各种手艺人”的各种工序都组织起来，“形成一个庞大的工业体系”；更通过上述“质检验收”手段，而对纺织工业起到以下重要贡献：“可以减少获取市场和货源信息所需费用，更有效地规划产销组织内部设备与人员的利用效率”，从而“提高了生产效率，并降低了成本。”③

由质检验收的角度看，贾师除在“看白布”的收购棉布原料方面起到重要作用外，更是协助棉布字号检验染坊、踹坊加工棉布品质的关键人物，这类工作在“布经”中被归为“看缸水、看光布”。

在贾师口中，染坊业者常被称为“缸上”，而踹坊业者则被称为“石上”。乍看之下，贾师常表露他们对染坊、踹坊业者的鄙视，如所谓：“缸上人，蠢者多，而好者少”、“石上小人，反复不常”④；但细究其实，这种鄙视其实并不必然关乎个人道德的高下，而是反映棉布字号生产方式所面临的一项结构性课题：在质检验收的过程中，因为贾师负责考核棉布加工品质以评定加工工资的这种“写账”制度的运作，促使贾师与“缸上、石上”等棉布加工业者之间，出现了一种结构性的紧张关系。

“写账”制度是造成这种结构性紧张关系的主要因素。每当贾师或是所谓“看布朋友”在分散各地的踹坊、染坊处检验出不合格的染布与踹布时，他们

① 徐新吾：《中国经济史料考证与研究》，人民出版社1985年版，第172页。
② 李伯重：《江南的早期工业化（1550—1850）》，社会科学文献出版社2000年版，第79—80页。
③ 同上书，第83页。
④ 清抄本《布经》，第20、36页。

便需采取各种轻重不一的惩处手段：情节严重者，退还棉布不收；情节轻者，则“写账”罚款。“写账”罚款，则踹坊、染坊业者无法收到全额的加工费用；至于退布不收，则这次棉布加工劳作便等于白费功夫。无论是“写账”或退布，这种“看布朋友”基于字号“东家”委托而不得不做的“质检验收”，都使“看布朋友”与染坊、踹坊之间经常处于一种结构性的紧张关系。

以“看光布”这类主要检验踹坊加工棉布品质的工作而论，贾师即具体自述其间的种种艰辛：

> 看光布一事，俸金虽重，乃是非衙门，却好，亦不好也。既叨重任，不得不认真究工，岂知招怨。石上货不能出，而东家不悦；稍为宽容，布又不好，东家又不悦。此乃至难之事。盖石上原不知礼义，究工太甚，鬼计百出，或停工不踹，或私送礼物，谗言流语，甚至离间宾主。一俟东家辞出，轻则辱骂，重则谋害，于无人之处，被石上打伤者，亦往往而有。①

由此可见，如果检验棉布太过认真，则“看布朋友”是经常要面临踹坊或送礼贿赂，或直接到字号商人“东家”处讲坏话，或罢工抗议，甚至是在私下无人处被踹坊派人“打伤”。“看布朋友”批评“缸上人，蠢者多，而好者少”而“石上小人，反复不常”，恐怕真有切肤之痛。但质检验收毕竟是贾师职责之所在，更是“缸上、石上”向字号“东家”按件计酬领取工资的主要根据，染坊、踹坊希望字号多收加工棉布，而字号则担心不良加工棉布无法在竞争激烈的棉布市场中顺利卖出，而且也要减少加工成本支出，双方有一定的利益冲突，贾师身处双方冲突的第一线，直接为字号商人维护利润，各种紧张冲突势所难免，这正是棉布行业内部因为质检验收流程而存在的一种结构性紧张关系。

如何减缓这种结构性紧张关系？有些贾师对此有所建议。基于实际经验，

① 清抄本《布经》，第44页。

老于此道的贾师并不建议在质检验收中轻易采取重罚或退布手段，但这倒也不是真是要徇情放水，而是因为若验收踹布时一律采取“凡有破布，必写账，与包头扣算”的方式，则很可能会连累到踹坊内其他“好踹手”的工作意愿，反而让踹布品质更形低下。何以故？因为在这些看布朋友看来，踹坊之所以踹破棉布，经常肇因于踹坊内“低踹手”的技艺不良与不认真，而一座踹坊如果每月都因破布太多被“写账”扣算许多工钱，则不仅踹坊拿不到字号发下的全额工价，而低踹手也因自知踹破棉布将会被扣工资，故便预先向踹坊借钱而“透支工银”，环环相扣，最后必使每月结算工银时“连累好踹手无银支”用，如此一来，则此座踹坊便将面临“好踹手去，而有低踹手在，则破者皆从此而不免”的不利结局。

为了避免出现此种两蒙其害的结果，有些贾师便建议采取尽量轻罚的方式：“有破碎甚者，或罚二、三分一匹”即可，或是建议验收时不要过于严格：“或有活绉破，可以去得，亦当收。”在这些看布朋友看来，这种较不严苛的验收方式，其实收效更宏：“包头省力，石上不致透支，而低踹手自然去，而高踹手自然来，破布之病，永无矣。”至于到染坊验布时，看布朋友也建议不要太严格：“朋友随机应变，不可执自己意见，妄听人言。要看本家生意多寡，亦要看天色及缸水高低，如其布色仿佛，即当收下，切勿误退”，“亦乃各人活变，不但东家生意好，而缸上亦极心服”①。这也都是明显要求有志学习“看布朋友”技术的人，一定要以大局为重：要在保证“东家生意好”的同时，还要能既让“缸上人心服”，又让“石上不致透支”。

然而，对于有些品质太离谱的棉布加工成品，若明显肇因于“缸上”或“石上”所犯错误，则贾师仍强调“必要写账重罚”。而在验看棉布的当场也仍然有些可以实际操作的基本守则：“主意拿稳，不必多言，不可生火。惟以眼光射在布子眼内，好即收，次则带，不好即退，万勿狐疑。凡石上进来，叫他毋许啰唣，只好言忍慰骗之。”同时，不仅要能掌握棉布加工过程中的各

① 清抄本《布经》，第39、20页。

种细节，对于“石上、缸上”可能用来骗人的小把戏，贾师也必须要能洞察其间种种大小弊端。诸如“石上踹布”的技术，有贾师即将其区分为“背地踹、抽套踹、削提踹、擦皮踹、擦纸踹”五项，强调“看光布”时可以由踹匠运用不同踹布技艺的优缺点，看出该名工人是否是位“好踹手”：“背踹法极难，新学手不敢背踹”、“提削踹法，乃偷工踹也，容易发亮，重水不能踹干，则外面亮、内里黑，又绉破者多，不可取也”、“用擦皮、擦纸踹者，因人不识货，故将此法欺之，并害他生意，其布必然上霉也。”[①] 因此，验布时究竟要严格或要稍宽？这既是考验贾师对棉布产销与加工各项细节的熟悉程度，也能充分展现一位优秀贾师如何讲究人情世故，以及如何获致所谓“公私两利”的权衡技艺。[②]

与清抄本《布经》讨论踹坊的情形类似，范铜《布经》也强调：贾师到踹坊收布时，“总要目力拿得稳，亦要酌价取工，不可自妄主意、变迁无常，以致踹工不服”[③]。可见如何在写账时拿捏收布与退布的微妙均衡，确是当时“看光布”的贾师所要认真考量的一项重点。也正是为了取得此项微妙均衡以减少写账时的争议，贾师对于包含踹布技法在内的种种棉布加工专业知识，虽然不必亲身去实践，但总要有基本掌握，这才能在写账时“目力拿得稳”，既追求“公私两利”的境界，也避免自己成为踹坊的眼中钉或被东家认为是影响顺利出货的麻烦人物。

至于到染坊验布，也是贾师要学习的重要技术。抄本《布经》详列出《看毛头大略总要》《青蓝布看法》《看翠蓝、月白秘言》《看法条列》《染坊总诀》，甚至还详细列举《染各样杂色每百匹该用颜料数目》，并列举全国各地出产染料的产地名称与大致评价。[④] 而范铜编辑的《布经》，也在《染色论》中强调：“染色者，乃白布之辅弼也。夫色染周到，兼之白胚细洁，另有

① 清抄本《布经》，第 42、41、43 页。
② 清抄本《布经》，第 37 页。
③ 范铜：《布经》，第 107 页。
④ 清抄本《布经》，第 20—35 页。

一番华彩。若经承之人不敏，立即败北，岂儿戏哉！”范铜教导习者可用各色“样布”作为比对染坊制成棉布的参考依据；一旦发现加工品质不佳，便要立即“令匠覆染”。范铜强调学者具备这项技术本领可逼使染匠不敢轻易再犯：“彼见吾井井有条，自不敢欺，而吾亦当其任矣”，同时还建议对染坊管理人（“染司”）进行考核，作为未来是否继续与其签订承揽契约的标准：“劣者，黜；优者，赏。此惟有益于号。”①

除了平日加强训练自己看布的“目光”之外，《布经要览》编者则更加务实，要学者“以样布为师，再察天色”，手里多备不同颜色的“样布”，则无论天气或晴或阴，无论当下究系“白云”或“红云”自空中飘过，都可以降低自己“屈退布”的目光出错的危险②，以避免染坊主人与工匠的愤懑与抗议。

总之，贾师在棉布产销与加工方面所具备的各项商业与工业知识，以及应对人事方面的技巧，确实是当时棉布字号在实际执行“质检验收”工作时的经营成败关键，故《布经》编者曾针对踹坊加工的质检验收整体内容发表评论：“看光布一事，原不是勉强做的。如朋友手段高强，必然重俸。若不重，则不能遂朋友之心；若既重俸，而朋友实无手段，徒负虚名，又何以遂东家之意。自古道：为君、为臣不易，此事亦然。”③

我们虽然缺乏棉布工人自己记录的语言文字，但《布经》仍透露了当时棉布加工行业如何进行“质检验收”的第一手史料。在检验棉布时，不必向工人强调“时间即是金钱”，因为字号施行的这种“写账”制度，可迫使踹坊与染坊老板必须让因为技艺水平不佳以及不慎弄坏棉布的工人被“扣除”每月的工银。而在“写账”这种质检验收的按件计酬方式下，“看布朋友”其实十分看重城市的“好踹手”，也极重视部分农村与集镇的优良“织手”，但他们并不强调如何去直接管理或规训所有的“低踹手”与农村

① 范铜：《布经》，第106页。
② 《布经要览》，第594页。
③ 清抄本《布经》，第35页。

“织手”。当有“布经”编者提及“认真好踹手，一日只踹八匹；若踹手低者，要防他起不良之心，有鬼布放在内”，并提醒“看布者，必当时时留心”那些“低踹手”的种种“小人见识”与伎俩时①，这些贾师对于提升工人技术水平、工作道德与工作规训等问题，似乎显得漠不关心，好像认为只要自己验布与收布本领高强，则自然不会被“低踹手”或不良“织手”所骗。

与对待“看白布”时收购到“人人皆爱”棉布原料的实用技术取向颇为类似，贾师在“看缸水”与“看光布”的技术要求上，也并不特别重视亲身学会染布与踹布的各种技术，而是要用来评价加工棉布的市场价值。

贾师学习染布与踹布的各项相关技术，既是为了让“缸上、石上”的棉布加工业者不太抱怨自己“写账”时的退货与扣除工资，也是着眼于如何让棉布字号可以在棉布市场上取得更大的利润。

尽管现存几种“布经”编者并未直接谈及 18 世纪苏州、松江踹匠罢工的真实情境，但至少，我们可以合理地推测：在当时苏、松地区踹匠罢工频起的风潮下，贾师在踹坊评价棉布以对踹匠“写账”时，心中压力是巨大的。《布经要览》作者要求学者在“看布”时“必以和悦待人，切不可执己之性而慢人”②，这并非纯然是个人的道德修养问题，而是若不如此小心谨慎而“退布”太甚，则恐怕容易招致工匠报复甚至是字号商人的埋怨。③

总结来看，无论是“看白布、配布”时的收购与发售棉布原料，或是“看缸水、看光布”时的检查染布与踹布品质，贾师都为字号商人提供了种种服务，既为棉布原料市场上众多品质差异甚大的棉布品类提供判别，也让分散各处的农村小生产者可以更集中地探询买家，更让染布、踹布等种种不同

① 清抄本《布经》，第 37 页。

② 《布经要览》，第 594 页。

③ 由此而论，当工匠或是踹坊老板为“退布”起而抗议时，则贾师要如何根据棉布加工品质的各项问题，具体地为自己登录写账时的种种决断进行辩护？这些都是考验当时贾师的重点，也是“布经”这类文本被编写与传播的重要原因之一。

棉布加工组织得以透过写账制度而形成较长期的承揽契约，贾师提供的这些“配布、看布”功能，降低了棉布市场上原来较为高昂的“交易成本”①，字号聘请众多职司不同角色的贾师，因而构成了一种有别于近代英国“工厂制”的特殊“管理架构”。

结 语

本文论证18世纪苏、松地区棉布字号作为一种经济组织，究竟如何透过众多贾师分工职司构成当时中国棉布产业的一种特殊管理架构。最后，笔者还想再做些补充：这个经济组织的管理架构背后，其实是有当时相应的法律制度与文化理念做支撑，有必要略作铺陈。

先谈文化理念方面。以明清商业经营形态而论，店东、伙计与学徒的关系较为常见，但贾师受雇于字号商人，却不称自己为“伙计”，而称自己为“朋友”“贾师”，从字面意义看，这些棉布业的“中介人”，其实是将自己视为字号商人的“朋友”或“老师”，这其实有些不太寻常。从某种意义看，贾师在《布经》中自称“朋友”，这种称谓至少取法自当时中国社会普遍存在的两种关系：第一种是塾师与学生家长的关系；特别是在江南等经济发达地区，家长既较有余力为子弟聘请塾师，而有能力与意愿从事塾师工作的人员数量也较多。第二种关系则是明清官场盛行的幕友与官员之间的“宾、主”关系。

而在“朋友”之外，还有“宰相”这一称谓也很值得注意。至少在两种版本的“布经”里，贾师都将自身工作比拟为“宰相”，这有点像是贾师将其从事棉布生产与经营的工作，模拟于“治国、平天下”的儒家政治与学术工作。贾师在受雇字号的过程中，将自身工作界定为一种不同于当时

① “交易成本”在此处大概指称以下三类：一是预先探询与发现质优、价低商品的“测量与讯息成本”，二是现场比价、讲价与签订买卖契约的“谈判成本”，三是预测、评估如何签订、监督与修改长期契约的“执行成本”。R. H. Coase, *The Firm*, *the Market and the Law*, Chicago: The University of Chicago Press, 1988, pp. 38—39.

商业经营习见的“伙计”，这可谓是一种在商业经营上新创的“工作伦理”，其背景则应该是来自塾师、幕友乃至宰相等儒家政治文化的暗示作用，这些暗示作用可被视为支撑字号与贾师这套棉布市场“管理架构”的一种文化理念。

在文化理念之外，清代苏、松地方政府在司法判案过程中形成的种种法律与政治基础，也不宜忽略。无论是清顺治十六年（1659）四月松江府棉布商号“金三阳”到“奉钦差巡抚江宁等处都御史”衙门控告棉布“奸牙沈青臣”侵犯“（金）三阳号记，私刊刷（布）”案件，或是同年由苏、松两府布商朱嘉义、朱金兰、查弘义等人联名，向“江苏巡抚衙门”状告沈青臣，两件控案都得到官员积极正面的响应。如苏州知府很快传齐被告、原告与相关人证，调查清楚后，即将事证送呈江苏巡抚，江苏巡抚做出如下判决：“‘金三阳’字号历年已久，乃沈青臣勾同别商，射利假冒，奸徒伎俩，真难方物矣。念经悔过，处明归还，姑不深究外，该（苏州）府仍行严饬永禁，不许再行混冒，致起各商衅端。”① 江苏巡抚同意呈控布商的请求，下令苏州府将裁决结果移文松江府一体遵行。松江府接到移文后，为金三阳等棉布商人颁发一道可供“勒石示禁”的公文：“为照：商贾贸易布匹，惟凭字号识认，以昭信义，是处皆然，毋容混冒”，“为此，仰府属布牙知悉，自禁之后，各照本记字号印刷贸易，不许仍前构通混冒，致起衅端，取究未便！”② 这等于承认棉布市场上以布料所缝“字号”判别品牌的商业习惯具有不容冒用的法律效果。

更可注意者，地方官府并非只是简单地声明棉布商人的商标牌记不容“混冒”，而是将此禁令搭配到判决案例中的某种法律推理：“众商各立号记，上供朝廷之取办，下便关津之稽查，取信远商，历年已久，向有定例，不容混冒”；“如有奸牙地棍，觊觎字号，串同客贾，复行假冒，起衅生端，上误

① 上海博物馆编：《上海碑刻资料选集》，人民出版社 1981 年版，第 84 页。
② 同上书，第 84 页。

国课，下病商民，许即指名报府，以凭立拿究抚院，正法施行，决不轻贷！"①这种将保护商人商标提升到确保"朝廷之取办、关津之稽查"以及保障"国课"收入的法律推理，也同样出现在以后的判决里：如康熙九年（1670）"批发布牙"刘纯如、张斌候、姚辛等人呈请地方长官重申禁革小甲、月首的法令，并准其刻石立碑。这些松江布牙商人也同样援用类似诉求："松属海隅，惟赖民间布匹，标商贸易，上□（笔者按：原文缺一字）国课，下济民生。"② 再如康熙十一年（1672）六月的《奉宪勒石禁革索贴扰害碑记》，在记录松江府属各级长官保障当地批发布牙权益时，既登录有华亭县知县颁示的公文："松（江府）属所产惟布，其所以上完国赋，下资民生，赖此商贾贸易"，也刊录了娄县知县保护布牙商人的文字："事关恤商美政，相应允其所请，听从勒石通衢者也。"至于这两位知县的上级松江知府，则在公文里写下如此裁定："恤商既属美政，去害务绝根株"，从而批准了"批发布牙"的陈词。③

尽管上举康熙九年至十一年案例是在保护棉布牙行商人的权益，与前列顺治十六年保护棉布字号商人者的对象有所差异，但是，这些司法公文书所援用的法律推理则颇为一致，都很明显地将"国课"与"恤商"两相结合。由此可见，在17世纪后半叶，苏、松地方政府已经在司法成案里，针对政府收取棉布税收的"国课"攸关，以及保护字号商人商标和其他棉布商人权益的"恤商美政"，建立了明确的因果关系。

进入18世纪，商标牌记在苏松地方政府司法体系中的地位，又透过商人具体提出相关讼案而得到更明确保障。乾隆元年（1736），松江府官员根据棉布字号商人的状纸内容而做成如下的公文书："苏松等郡布业甚伙，但货有精粗长短之不齐，惟各立字号以分别。故从前盛行之字号，可以租、顶、售（卖）……乃有射利之徒，并不自立字号……或以字音相同，或以音同字异，

① 上海博物馆编：《上海碑刻资料选集》，人民出版社1981年版，第84—85页。
② 同上书，第90页。
③ 同上书，第90页。

窃冒垄断，以伪乱真，起衅生非，病累商民"，为保障被仿冒牌号布商的权益，这名政府官员重申过去的相关"成案"，在判决文字写道："苏松两府字号布记，不许假冒雷同，着有成案"，"（今）苏郡又有布商窃冒字号招牌"，"檄行苏、松两府查禁，并勒石永遵。"[①]"租、顶、售卖"棉布字号"布记、招牌"的商业习惯，经过政府判决的确认，融入了政府藉以维护"苏、松两府字号"商人相关权益的"成案"。这里，棉布字号商人们不必经由清末与民国的"民商事习惯调查"，可经由联合诉讼的既有司法程序，确立包括"或以字音相同，或以音同字异"等假冒商标牌记的商业行为的非法性，并成为苏州、松江府一带地方官府援用的"成案"。

17—18世纪，随着棉布市场的成长以及字号商人与贾师"管理架构"的演化，苏松地方政府所发布的关于棉布商标等相关禁令、判决与成案，虽然并未列为全国通行的法律，但至少在当时的苏州、松江地区，都已构成极明确的地方司法传统。法律体系对商标牌记的种种支撑，其实也是字号贾师得以透过"看布"进行质检验收的重要凭借。这些正式法律的运作，仍是支撑18世纪棉布字号与贾师这套管理架构的制度基础。

另外，笔者还要进一步指出：尽管商标牌记的既有成案与法律推理在19世纪末年清政府推行新政改革之前，似乎一直都只是苏、松地区的地方司法传统，并未扩及全国，但我们仍应留意17世纪后半叶苏、松地区棉布讼案与官府示禁文书中使用的"恤商既属美政，去害务绝根株"等文字，这些法律推理其实并非只是限江南一隅的孤立现象，对比晚明以来普为各地讼师利用的《折狱明珠》等讼师秘本，可见到当时讼师为商人撰写词状时，也出现诸如"上完国课，下保残赀"或"身家切系，国课攸关"等法律修辞[②]，两者实相呼应；更有甚者，苏松地方政府用以保护棉布商人的前述法律推理，以及讼师秘本协助商人打官司时所运用的法律修辞，与学者指出晚明以来愈来

① 上海博物馆编：《上海碑刻资料选集》，人民出版社1981年版，第86页。

② 邱澎生：《也是"商法"问题：试论十七世纪中国的法律批判与法律推理》，（台北）《法制史研究》2005年第8期。

愈多士大夫宣扬的“厚商以利农”等政策主张[①]，其实都相互契合；因而，“恤商既属美政，去害务绝根株”等苏松地方政府成案所使用的法律推理与法律修辞，绝非是孤立现象，而是反映当时江南等地方社会与地方政治保护商人财产与商业利益的一种法律文化。

这种“恤商”政策与相关的法律文化，固然可在若干程度上保障棉布商人权益，但是与晚清强调联合全国商人以对抗国外帝国主义者的“重商”相比，两者确有不小差异。晚清“重商”实基于一种“经济民族主义”，在此全国性风潮下，“联官商以保利权”的思想与政策大大提升了商人在司法诉讼与产权保障上的地位。18—19 世纪之间，苏松地方官员在司法领域认可并实践“恤商”的同时，仍然要面对社会其他经济弱势族群在对抗商人剥削方面的诉求，特别是 17 世纪末至 18 世纪苏州发生多起棉布踹匠罢工“齐行”以及踹匠联名上诉棉布商人的司法诉讼，政府不可能像工业革命时期西欧政府那般经常公然地站在剥削劳工的工厂老板阵营，而必须要在“恤商”以及维持“小民生计”或其他重视社会公平的法律核心价值之间，做出更多与更大的权衡。

而与政府“恤商”政策与法律文化相应出现的，则是棉布字号商人始终采取“放料生产”搭配“写账”制度。棉布商人将贾师或是类似贾师的督导工业生产的专业人物纳入字号经营的管理架构，比较能够减少棉布工人“齐行”罢工所导致的司法风险，进而也可能导致集中更多任务人在同一空间生产的“工厂”制度更不容易出现在 18 世纪的苏松地区。[②] 可以这么说，18 世纪苏松棉布商人与贾师的生产管理架构，既涉及当时中国司法偏向“恤商”而非“重商”的政策立场，又及其背后的法律文化问题；而若暂不考虑机器发明的科技因素的话，则这些棉布商人身处“恤商”法

① 林丽月：《试论明清之际商业思想的几个问题》，载《近代中国初期历史研讨会论文集》，（台北）中研院近代史研究所 1989 年版，第 711—733 页。

② 邱澎生：《由放料到工厂：清代前期苏州棉布字号的经济与法律分析》，《历史研究》2002 年第 1 期。Ho—fung Hung（孔诰烽），“Agricultural Revolution and Elite Reproduction in Qing China：The Transition to Capitalism Debate Revisited”，*American Sociological Review*，2008，73（4）.

律文化之下为了在罢工与诉讼事件中降低自身法律责任的制度背景，也可能同样构成寇斯（Ronald H. Coase）所分析的“社会成本”（social cost）问题。①

然而，无论棉布字号商人与贾师的管理架构是否妨碍了工厂制度出现于江南，至少，这套棉布生产管理架构仍然适应并且改变了当时苏松地方政府的司法系统。整体而论，18 世纪苏松棉布业特殊生产管理架构的发现，以及当地地方政府在“恤商”法律文化下所累积的司法成案，仍然是当时实存于中国的重要历史现象。许多学者惯于接受所谓“中央集权”或“封建专制”摧残商业发展或商人财产权的说法，但这些刻板印象实颇难说明 18 世纪江南棉布业生产管理架构与当时“恤商”法律文化有机互动的历史事实。

（原载《江海学刊》2012 年第 2 期）

① 寇斯（Ronald H. Coase）：《社会成本问题》，收入寇斯《厂商·市场与法》，陈坤铭、华夏译，（台北）远流出版公司 1995 年版，第 113—179 页。

历史学：时间的科学

俞金尧

“史学是时间的科学”，这句话出自法国历史学家雅克·勒高夫。法国年鉴学派的历史学家比较注意时间与历史研究的关系，做过一些阐述。马克·布洛克说，历史学是“关于时间中的人”的科学，因为“人的思想所赖以存在的环境自然是个有时间范围的范畴”。布罗代尔认为，时间与历史研究紧紧地联系在一起，历史是人类生活中形形色色的矛盾和时间的体现，它不仅是过去的实在，而且是当今社会生活的组成部分，时间紧贴在历史学家的思想上。他还发现，历史时间是具有不同运动节奏的各种历史过程，表现为各种不同的周期。他的著名的时段划分理论，尤其是“长时段”概念，是历史研究者在分析历史过程时可以凭借的一个重要工具。到勒高夫那里，史学就成了时间的科学，因为“它与存在于一个社会中的各种时间概念密切相关，并且它也是该社会的历史学家们进行思维的一个基本元素”。就这样，在年鉴学派史学家眼里，时间从人们从事历史研究活动的一个条件，转变为历史学本身。

把史学看成是时间的科学，我以为是极为精辟地表达了史学与时间的关系。然而，关于“时间的科学”的内涵，勒高夫没有做充分的阐发。仅仅凭历史学家在研究工作中离不开时间这一事实，还不足以断言历史学就是时间的科学。只有当我们认识到，时间在历史学中已经充分渗透，不论在历史学者身上，还是在历史研究的对象、方法和手段上，也不管历史研究者是否意识到，时间在历史研究过程中无处不在的时候，历史学才真正称得上是时间的科学。

我们从以下几个方面来理解作为“时间的科学”的历史学。

社会中的任何存在都是历史性的存在，这为历史研究规定了时间界限

从大的方面讲，历史学研究人类文明的演变，文明有起源，仅此而言，历史必然有一个时间上的开端，我们讲“起源”，自然包含了时间上的开端那样一个意思。另一方面，自有人类以来，世界上有无数的文明起起落落，汤因比列举了21个具有文明发展过程的社会，而在他那个时代，已知的原始社会的数量已经超过了650个。曾经有过如此数量的文明或社会，至今还剩几个呢？大多数文明或社会都已消失，成为历史。因此，凡历史性的存在，都有一个时间的终点。

不论是文明，还是更加具体的历史事件和进程，在时间上都有开端和终结，在这个意义上，“历史”就意味着时间。马克·布洛克说历史学是“关于时间中的人”的科学，也应该是这个意思。编年史可以看成是这个意思的典型体现。编年史是历史编纂的基本体例之一，这种历史体例的著作在理论上没有太复杂的要求，主要是要求编纂者把所选定的历史事件和人物放在时序的准确位置就可以了。当然，把哪些事情选到时序上去是有讲究的，但那是另一个问题。

可见，历史学者从一开始就必须与时间打交道，确切地说，是时间把历史学家框住。历史学家布罗代尔与社会学家古尔维奇曾经辩论过历史学家的时间与社会学家的时间有什么不同，在辩论中，双方都使用了比较刻薄的言辞，但他们都承认，历史学家的时间与社会学家的时间是不同的。社会学的方法是类型学的方法，它可以不顾虑时间顺序谈论社会及社会问题。因此，社会学中的时间是“重构”出来的；而历史学家则不可以抗拒时间，一切以时间为开始，一切以时间为结束，永远都摆脱不了历史时间的束缚。

因此之故，历史年代学就成为历史研究中一个很重要的辅助学科，它的

作用就是把历史事件根据一定的时间顺序排列起来。目前流行的公元纪年方法，即以耶稣诞生为基准计算此前和此后年代的方法，是在中世纪到近代初期逐渐地创立、完善和得到推广的。有了这样一种方法，历史上所发生的事件都可以井井有条地被安放在这条可以向前和向后无限伸展的时间之线上。而且，世界上不同地方在其曾经使用过的各种纪年法上的历史事件，都可以折换到这一线性的时序中去。

这种以数字标记的线性时间，看起来客观、中性，其实不然。

历史时间承载着意义

虽然每个以数字表现出来的年代，原本并没有什么意义，但是，当历史学家在这些年代上开始编排历史事件的时候，这些年代就可能被赋予一定的意义。例如，公元476年，是西罗马帝国灭亡之年，这在西方的历史上具有特殊的意义。1492年，哥伦布到达美洲，这一年被认为是对近代历史发展有深远意义的年代。在以往的中国历史教科书中，1917年因为发生了俄国“十月革命”而被定为世界现代史的开端，如此等等。这种被赋予了重要意义的年代，在漫长的人类历史上几乎到处存在。历史学家对历史事件的选择和倾向性，使一些数字化的时间具有非同寻常的意义。

单个的年代因为与某个历史事件相关而具有特殊的意义，如果在连续不断的线性时间上把一系列历史事件串联在一起，那么，历史时间可以获得非凡的意义。比如，以往的中国近代史，在上起鸦片战争，下至五四运动前夕的约80年的时间里，着重安排了外来侵略、洋务运动、农民起义、政治改良、资产阶级革命等内容，联系起来看，这就是一段侵略与反侵略，救亡图存，探索中华民族未来之路的历史。在所有的努力最后都归于失败以后，中国共产党顺应时势，登上了历史的舞台，从而说明了只有共产党才能救中国的历史必然性。这样，“近代”作为一个时代，其独特的意义通过这一系列的历史事件就凸显出来了。又如，以前，美国的历史教科书贯彻了一条“进步”的主线，从美国革命写到第二次世界大战，其中的历史内容重在说明自由和民主的价值观如何在美国一步一步地实现。这样的事例比比皆是。一段线性的时间在历史学家的手中十分巧妙地充当了展开某一历史主题的工具。

对历史进行“分期”就是对已经过去的历史事件进行时间排序的结果，也可以看成是给某一时间段赋予某种意义的一种尝试。为了对选编在时间之线上的历史进行解释和说明，历史学家需要划分出不同的时间段，像“古代”“近代”“现代”等，这些是历史分期中常用的词汇，但它们从来都含有意义和价值。比如“中世纪”，自该词出现以来，它的负面意涵一直很突出。“现代”的含义也是历经反复，最近出现的变化是“现代”从一个意涵积极、正面、值得期待的词，变得令人疑虑，负面的意涵在其中有所扩大。

历史时间承载着意义这一事实说明，历史学家根据自己的价值观给历史时间确定性质，历史上的年代标记、时代和时期的划分，是历史学家有意识的活动所引起的结果。

历史演变的轨迹体现历史学家的时间观

现在我们所了解的人类历史，不管是何种体例，基本上是以直线、连续的方式发展和变化的，但这样的历史既不是从来就有，也不是世界各地普遍地如此看待，毋宁说，这种线性的历史是近代以来以进步观念为基础的线性时间观在历史学中的反映。

人类学家根据人类对时间的态度，把时间分为循环时间和线性时间两种。大多数古代文明的时间观被认为是循环时间，这是一种古老或原始的时间取向，对时间的感觉仅仅延伸至不久的将来和刚刚消逝的过去，以及目前正在进行的活动，无法呈现一种从遥远的过去一直通向未来的时间观。根据循环时间观，事件都是以一种可以重现的节奏出现。这种时间观说明人类在很大程度仍未摆脱自然，人类的意识仍然屈从于大自然的季节变化和相应的生产周期，结果就产生了时间永恒轮回的观念。所以，循环的时间观念就被认为是符合自然的时间观。当这种时间与代表线性时间观的基督教时间观相比较时，循环时间观又被认为是保守的时间观，因为“它漠视人的独立性和独创性”。而线性的时间观产生于古罗马具有犹太教传统的基督教中，强调历史从基督降生开始，是基督成肉身和献身、救赎的过程。不可逆的观念取代了永恒轮回的思想，这样，时间就成为线性的、有方向的，而且是不可逆转的。

但是，线性时间即使在西方的历史学中也是逐渐得到应用和起主导作用的。据研究，8世纪，英国教会历史学家比德第一个用“公元”纪年，这一做法后来慢慢地为其他历史学家所采用。用“公元前”/“公元”这样一种标记年代的方式，晚至18世纪才成为标准的纪年体系。线性时间观之所以到近代才主导历史学，与牛顿的时间观有关。牛顿认为，存在着一种绝对的、真实的、数学的时间，“绝对时间”“均匀地流逝着而同任何外部事物无关”。这样，用“公元前”/“公元”标记时间的方式，与牛顿的绝对时间就很容易地结合在一起。牛顿本人正是最早使用这一纪年体系的学者之一，他根据自己在物质世界中所发现的那种可数量化的秩序，将人类历史上所发生的事件编成年表，写出一系列编年体著作，其中包括《年代学提要》（1726）和他去世后出版的《古代王国编年修订》（1728），他的主要目的就是要标注历史上所发生的那些事的准确时间。由于牛顿在近代科学中的影响，他的“绝对时间”为线性时间观奠定了科学基础。

与此同时，启蒙运动关于人类的历史是人类不断进步的过程的观念，也要求用线性时间来表达这一历史进程。很多启蒙时期的思想家，如孔多塞、康德、黑格尔，都阐述了人类理性或精神的发展过程，从哲学上构想了一种人类历史不断进步，并且具有无限前景的历史体系。线性的时间不仅可以满足叙述进步历史的要求，而且它具有可向未来无限伸展的特点，从而符合理性进一步展现的需要。

到了工业资本主义时代，技术进步和生产增长引起人们的乐观主义情绪，现实让人们普遍感到，这的确是一个不断进步的时代，“过去”被认为是一去不回的，“现在”是短暂的，而“未来”则是无限的和值得期待的。于是，线性的时间观又有了现实的基础。

这样，到19世纪历史学在西方形成学科体系时，专业历史学者以启蒙运动时期所建立起来的进步观念为依据，开始撰写世界走向现代化进程的科学化历史。他们把西方的发展路径当作具有普遍意义的人类历史发展图式，力图把全世界的研究同质化，纳入西方式的一般历史发展模式之中。结果，“历史”就被整合成了一个集体单数性的过程。有人指出，到 20 世纪，西方历史解释的三个主要流派（即马克思主义、法国年鉴学派和美国的现代化理论），都把西方世界当作普遍现代化的表率，把西方以外的世界归拢到这一历史的进程之中，从而形成了一种独特的西方历史学形态。

所以说，历史发展呈何种轨迹演变，在一定程度上体现了历史学家及其所在时代占主导地位的时间观，在坚持线性时间观的现代历史学家眼里，人类的历史就是直线式的、处于不断进步之中的历史。

时间是理解历史和进行历史评判的重要因素

线性时间把历史理解为单一的运动过程，而多重的时间则把历史理解为具有多重节律的复杂过程。布罗代尔提出长时段理论，把历史运动节律的多样性揭示出来了。尽管他的长时段理论具有决定论的倾向，但用多重节律和时间去认识和理解历史的方法，有重要的学术价值。

当前受到人们重视的生态环境历史研究，可以借用这一方法。在生态环境的变迁中，短时段中发生的事件往往不容易引起人们的关注，但它们的影响和后果则可能是长期的、潜伏的，比如，用现代化的伐木技术，二三十年内可放倒一大片经过了几个世纪光合作用才长成的森林，而由此发生的对生态环境的破坏性后果，更是会长期存在下去。如果我们在评价伐木这一行为时把这些不同的时段都考虑进去，则可怀疑这样一种砍伐森林的方式是否合适。自工业革命以来，仅仅过去二百多年的时间，尽管人类享受了它的成果，但也为生态环境的破坏付出了极大的代价。而严重的问题还在于，我们在物质资源消耗上透支未来的同时把生态恶化的后果外化给了未来的人类。在经历多种时间的考察以后，我们曾经在单线进步的时间观下和用较短的时段对工业革命做过的乐观评价，现在看来有反思的必要了。

同样的方法适用于近来舆论对于转基因食品的安全性问题的争议。主张转基因食品安全性的人，往往根据迄今为止尚未发现不良后果这一事实而做出安全性判断，但是，我们站在“长时段”的立场，就有充分的理由去质疑仅仅根据有限的时间段而得出的安全保证。这一争议现在还算不上历史，但它在经历几代人以后就一定会成为历史，像这种事关人类未来的大是大非问题，用多种时间尺度，尤其是使用“长时段”去观察，不失为评判转基因食品的安全性的科学方法。

这一方法在理解全球化史时也很有用。我们现在对待全球化的历史，重点在世界各地相互之间的联系和交往，甚至包括物种的交流、疾病的传播等，这是空间意义上的全球化史，时间这一主题尚未引起人们的关注。不过，时空不可分离，倘若缺乏时间的标准化、统一化，全球交往的扩展就不可能实现。事实也正是这样，随着西方霸权在世界范围内的扩张，全球时间协调变得迫切和必要，结果，就形成了一个以经过英国格林尼治天文台的经线为基准的全球时间体系，而原先在世界不同文明、不同族群中长期使用的地方性时间体系，则处于辅助性的和次要的地位。此外，我们还应当看到，全球化和全球时间标准化的过程是一个“长时段”的进程，如果把一些短时段的事件放到这样一个进程中观察，有时也会有令人意外的发现。比如对拿破仑废除法国共和历的认识，在短时段中观察，它被废除的原因总是局限在宗教、习俗、政治等方面；但是，从时间标准化的长期进程中去看，则能发现大革命的历法其实是与全球化进程相抵触的。所以，它被废除是早晚的事。

以上只是举例以说明时间在理解和评判历史中的作用。其实，时间因素渗透在历史研究的每一个环节，甚至人类历史的本身都可以被理解为人类争取自由时间的历史。

人类的历史是一部争取时间的历史

人类对时间的利用程度与其所处的社会经济发展水平相适应。

一般来说，在社会经济发展水平较低的人群中，人们的时间观念比较简单，时间度量单位不太精细，对时间的利用基本上处在适应自然的状态。比如在农业社会里，生产活动大体上依从季节的变换而进行，庆典、娱乐、社交活动往往安排在农闲时节，而日常的生产活动则遵循日出而作、日落而息的习惯。但是，在城市环境里，工商业的发展要求人们有较强的时间观念，时间的划分也更加精细，随着钟表机械技术的进步，分和秒不只是概念，也是实际生活的需要；而夜间本来作为休息、睡觉的时间，后来也成为工作和娱乐的时间。城市生活使人们创造出可以不完全依赖于自然节奏的人为时间。在现代社会，由于技术的不断进步，生活节奏越来越快，从电报、电话到互联网，现代通信技术的广泛应用，大大改变了人们的时空观念。在当今世界，时间已经把空间压缩，距离基本上已经消失。

人类社会的历史表明，生产力的发展基本上就是这样一个过程：人类用于生产为生存所需的物质资料的时间越来越少，而可用于从事其他活动的时间越来越多。手工业与农业分工、城市的出现，从时间的角度来看，都以一部分人能够脱离粮食生产、把时间用于工商业及其他活动为前提。这样，时间就成了人类从事一切活动的基础，人类在发展生产力上所取得的每一项进步，直接的后果之一就是争取了更多的可用于其他活动的时间。因为有了时间，人类才可能在思想、文化、艺术等精神领域创造出光辉灿烂的成就。

当然，在有些情况下，人类缩短为生产生活资料所需的时间的过程，也可能成为一个异化的过程。资本主义的产生和发展开启了人类历史上第一个在社会经济生活领域产生强烈的时间意识的时代，“时间就是金钱”成为资本主义社会的座右铭。在资本主义制度下，利润最大化的追求总是以对时间的有效利用为主要途径而展开的，提高劳动强度、进行技术改造而提高生产效率、采用泰勒制等措施，都是资产者为了更充分地利用所购买来的劳动时间，其直接的后果就是劳动的异化，人受到机器的奴役，成为时间的奴隶。资本主义生产使人类进入了这样一个时代：一方面，由于近代以来的科学技术和生产力迅速发展，人类为用于生产基本生活资料的时间越来越短；另一方面，不仅劳动的强度越来越大，整个社会的节奏也变得越来越快，生活更加匆忙，大多数人反而感到时间越来越紧张。在我们这个时代，对大多数人来说，时间依然是一种稀缺资源，人的全面自由的发展还缺乏时间条件。

那么，未来到底会怎样？根据马克思和恩格斯的说法，在未来社会里，人能得到全面的、自由的发展，而每个人的自由发展又是一切人的自由发展的条件。他们的话的确就是真理。不过，我在这里还想加上一句：拥有可自由支配的时间，是每个人能够自由发展的条件。

由于时间在人类社会生活中具有重要意义，掌握社会时间就成为政治权力的一个象征。

在古代中国，授时颁历一直都是君王的要务。而且，每一位新的君王登基，都要颁布新的年号，重新计算时间。现在，由于采用了公元纪年，中国已不再沿用旧历或旧的纪年法。但是，关于节假日的具体时间，每年仍由中央政府来规定，显示对全社会的时间进行协调的权威。在西方，修改历法的权力历来都属于最高统治者，从古罗马的恺撒、奥古斯都，到中世纪教皇格雷戈利，每一次重大的历法改革都是在最高权威的主持或支持下进行的。格雷戈利历从天主教世界被推广到新教国家，也是政治力量较量的结果。近代以来，历法革新往往成为一些国家推行新政的标志性事件，其中最突出的事件是法国大革命时期颁布共和历，以示革命的政府与宗教的决裂。在19、20世纪，一些非西方国家在经历重大的政治革命或改革以后，陆续采用西方历法，比如日本（1873）、中国（1912）、俄国（1918）等国家的历法改革，具有明显的政治意义。

当然，历法改革毕竟不是经常发生的事，但掌管时间的政治意义依然渗透在日常的社会生活之中，比如在欧洲中世纪，教会掌握着时间，教堂的钟声既是指导民众从事宗教活动的信号，也是民众日常生活的重要时间参考。中世纪晚期，随着工商业的发展，商人时间发展起来，教会控制时间的局面被打破，在教会时间之外，开始存在与工商业活动的节奏相适应的世俗时间。然而，对于世俗社会来说，掌管时间依然是权威的象征，时间控制在城市当局手里，城市当局把公共时钟安放在市政厅及其他公共建筑物上，以他们所设定的公共时钟的时间作为公众遵守的标准时间。在生产领域，劳资之间也存在着争夺时间控制权的斗争。在工作场所，时间往往掌握在工商业者手里，他们决定着工作日的开始和结束，这对雇佣劳动者十分不利，于是就引起了欧洲近代早期和工业化时期城市里的雇佣劳动者反对资产者的斗争，缩短工作日成为近代工人阶级与资产阶级之间斗争最为激烈的一个方面。

这样看来，人类社会不仅是在时间中演进，而且也是与时间一起演进的，是时间给了人类文明以生命和活力。人类文明的历史体现在经济、政治、文化和观念等各个方面，如果我们换个角度，即从时间的视角来看，人类文明史其实也可以被理解为一部关于时间的历史，这是一部关于人类从适应自然的时间，到利用、争取、掌握时间的历史。

综上所述，历史学在本质上是一门关于时间的学问，当前的历史研究中一些常用的词汇，如起源、发展、演进、进步、延续、变迁等，都包含着时间因素。历史研究者不管是否意识到这一点，他在研究过程中一定会牢牢地把握其研究对象的时间定位。历史学者也要把事情的来龙去脉、前因后果弄清楚，善于把历史过程编入一个井井有条的时间序列。历史学者还特别关注历史人物的经历、历史社会的变迁和进程，根据不同的时间段去观察人与事的变化。更为重要的是，人类的历史本身就是一部时间的历史。可以说，时间因素在历史学中几乎是弥漫性地存在着的，正是以这个认识为基础，我欣赏雅克·勒高夫的主张："史学是时间的科学。"

然而，这究竟是什么样的"时间"呢？毕竟，时间也是相对的。在历史学中，"时间"的性质、内涵，还有它的形状（比如是线性的、多重并存的，还是交互影响立体的）究竟如何，都需要我们做进一步的辨析。当然，这应该是另文讨论的话题。

（原载《江海学刊》2013 年第 1 期）

不言与言：早期儒墨之争的一个问题

颜世安

先秦诸子学中儒墨之争影响深远，学者人尽皆知。通常认为，儒墨之争起始于墨家批评儒家。① 墨子草创学派的年代在战国早期，其时儒学已名声显赫，当此情形，墨学颇有必要借批评儒家以显示自家学说宗旨，各草创阶段的墨学则未必引起儒家人物注意。儒家对墨家的批评，学术界都是从孟子说起。孟子自己言及批评墨学的原因，是“杨、墨之言盈天下，天下不归杨，则归墨”。可见战国中期墨学影响逐渐扩大，逼使儒家不能不重视墨学。

但是孟子对墨家的批评，并非文献中所见最早的儒家批评墨家之语，《墨子》中也记录了几处儒家对墨家的批评。这些批评很简短，主要是说墨家多“言”。这个批评一向无人在意。但是从最早儒家批评墨家多“言”，墨家对此加以反驳，提出“言”的理由，到孟子对墨家提出新的批评，并一定程度转向多“言”，其间的曲折，透露了早期儒家思想演变的某种线索，值得一探。

① 墨家批评儒家的言论，《墨子·非儒》有较多记录，但是这一篇文献可能出现较晚，其中有些说法应不是墨子在世时批评儒学的论点。《公孟》篇有一段话大体可以概括墨子在世时批评儒家的几个主要论点：“儒之道足以丧天下者，四政焉。儒以天为不明，以鬼为不神，天鬼不悦，此足以丧天下。又厚葬久丧，重为棺椁……此足以丧天下。又弦歌鼓舞，习为声乐，此足以丧天下。又以命为有，贫富寿夭，治乱安危有极矣，不可损益也。为上者行之，必不听治矣；为下者行之，必不从事矣。此足以丧天下。”

一

《墨子》中有《耕柱》《贵义》《公孟》《鲁问》等篇，记录墨子生平言论与活动，风格类似儒家《论语》，学界一致公认是比较可靠的记述墨子本人思想的文献。其中《公孟》篇记录早期儒墨之争资料较多，主要是墨家批评儒家之语。但是该篇的前两章，公孟向墨子提出一种观点，却记录了儒家对墨家最早的批评，先看第一章：

> 公孟子谓子墨子曰："君子共己以待，问焉则言，不问焉则止。譬若钟然，扣则鸣，不扣则不鸣。"

公孟是儒家人物应没有什么疑问。[①] 他认为，君子不应该主动游说王公大人，而应修身以待。"共己以待"即"恭己以待"，"恭"是一种虔敬认真的态度，就是修身。这是批评墨子游说政治上层过于主动。这一批评遭到墨子反驳，大意是说，见到统治者将有损害人民的行为，"虽不扣必鸣者也"。也就是说不必等统治者来"扣（叩）"（求教、聘请）也要"鸣"（游说、宣讲）。从这一争论看当然是墨子更有道理。一个君子，以"义"为己任，难道眼看统治者举措不当，危害人民，也还是不闻不问，非要等统治者来请教，才发表意见吗？

但儒家何以主张"不扣则不鸣"，必有道理。因为是墨家学派的文献，公孟如何回应，没有记录。下面接着一章，公孟主张"善人"不应自我炫耀，意思与"不扣则不鸣"有相似之处：

> 公孟子谓子墨子曰："实为善人，孰不知？譬若良玉，处而不出有余糈。譬若美女，处而不出，人争求之。行而自炫，人莫之取也。今子遍

① 孙诒让《墨子闲诂》："惠栋云：公孟子，即公明子，孔子之徒。宋翔凤云：孟子、公明仪、公明高，曾子弟子。公孟子与墨子问难，皆儒家之言。孟与明通，公孟子即公明子，其人非仪即高，正与墨翟同时。诒让案：……此公孟子疑即子高，盖七十子之弟子也。"上海书店1986年版，第271页。

从人而说之，何其劳也?”子墨子曰：“今夫世乱，求美女者众，美女虽不出，人多求之；今求善者寡，不强说人，人莫之知也。”

相较于前一章，公孟的观点有了一些展开的说明。在公孟的理想中，“士”应该放弃一切“行而自炫”的行为，默默坚持个人修养，只要坚持，机会自然到来，即使“处而不出”，亦会“人争求之”。当然，为什么一定只能默默坚持修德，而不能主动宣讲，这里还是没有解释。这毕竟是墨家的著作，记录儒家的观点是不会很清晰的，但至少能使我们知道儒家的态度。墨家反对的观点是清晰的，我们后面再分析，这里且辨析早期儒家的观点。

在《鲁问》篇，有一位“自比于舜”的人物与墨子有一段对话，含义与公孟墨子的对话很接近：

鲁之南鄙人有吴虑者，冬陶夏耕，自比于舜。子墨子闻而见之。吴虑谓子墨子：“义耳义耳，焉用言之哉?”子墨子曰：“……翟以为不若诵先王之道，而求其说，通圣人之言，而察其辞，上说王公大人，次匹夫徒步之士。王公大人用吾言，国必治；匹夫徒步之士用吾言，行必修。……天下匹夫徒步之士少知义，而教天下以义者，功亦多，何故弗言也?若得鼓而进于义，则吾义岂不益进哉?”

吴虑为鲁人，鲁国是儒者的大本营，此外吴虑“自比于舜”，所说的不应到处宣扬“义”，与前引公孟的说法很相似，判断吴虑为一位儒者，应该没有什么问题。[1] 吴虑对墨子的质疑，同样语言简约，但基本意思明确，认为“义”不需“言”，只要力行就可以。“言”可以理解为自我标榜，也可以理解为劝别人行义，政治意义的“言”就是游说。与公孟批评墨子“行而自炫……遍从人而说之”相互印证，他们的立场无疑是一样的。

公孟与吴虑对墨子的质疑，语言都很简短，只有《公孟》篇的第二章稍

① 吴虑或疑拟“无虑”，似道家。但孙诒让《墨子闲诂》注：“毕云：《太平御览》引作‘吴宪’。”上海书店1986年版，第286页。又吴虑赞同“义”，显然与道家观念不同。应是儒门中隐者派。

长一些，其他两章的质疑，都只有一句话。这大概是因为他们的话记载在墨家文献中，就像《孟子》中记载“墨者夷之”的话也很简短一样。[①] 可是把这几处简短的质疑综合起来看，还是可以看出那时儒家对墨家的批评，似乎集中在一个问题上。墨家到处“言”，说得太多，有“自炫”的嫌疑，而且主动向统治者“鸣”，似乎也有失尊严。这一种批评，与孟子中记录的儒家学派以“仁爱”批评“兼爱”，以“爱由亲施”批评“二本”大不相同。《墨子》中记录儒家批评或质疑墨家的还有两处，一处仍是在《公孟》篇：“公孟子谓子墨子曰：子以三年之丧为非，子之三日之丧亦非也。”这表面是质疑墨家，实质却是捍卫儒家“三年丧”礼。也就是墨家批评儒家“久丧”在前，儒家回应在后，故不能视作对墨家的主动批评。[②] 另一处是《耕柱》篇：“子夏之徒问于子墨子曰：‘君子有斗乎?’子墨子曰：‘君子无斗’……”儒家主张“有斗”，质疑墨家“无斗”，这可能也是早期儒、墨之间有争议的另一个问题，但是儒、墨两家文献说到这个问题甚少[③]，可见无关宏旨，可以从略。从《墨子》中记录早期儒家少数批评墨家的言论看，值得注意的主要就是认为墨家多“言”。

早期儒家刚开始接触墨家，何以首先注意墨家多“言”？墨家重游说肯定是事实，但早期儒家人物何以注重并反感这一点，与儒家自己的风格、主张又有什么关系？这是以往思想史研究从未注意的问题。战国中期孟子批评墨家，标志墨家影响日渐加大，引起儒家认真的回应。但是孟子批评墨家已不是多“言”，而是认为“兼爱”的主张“二本”、“无父”。不仅如此，孟子自己就到处游说，是倾向多言的。孟子曾为他的“好辩”特别作出解释，说：“予岂好辩哉？予不得已也。”（《孟子·滕文公下》）这可能就是因为儒家内

① 《孟子·滕文公上》引墨者夷之质疑孟子，孟子反驳，不记夷之回应。

② 《公孟》篇还记录公孟与墨子其他争辩，大都是公孟陈述儒家观点而墨子辩驳，非公孟批评儒家墨家观点。

③ 《孟子·公孙丑上》有北宫黝养勇，孟施舍养勇，不知是否与儒家“有斗”有关。《荀子·正论》：“子宋子曰：明见侮之不辱，使人不斗。人皆以见侮为辱，故斗也；知见侮之为不辱，则不斗矣。”按：宋钘为墨派，是为墨家主“不斗”的一个支派。但是“墨侠”为墨家主流，武力御暴，与“不斗”大相异趣。可知“不斗”绝非墨家主要观点。

部崇尚不“言”或少“言”的传统带给他某种压力，否则何必辩解？孟子为什么有这样的变化？他倾向于“言”与以新的宗旨批评墨学有没有关系？这都是早期儒家思想史上隐伏未明的问题。

下面我们主要探讨两个问题。第一，以文献记载的早期儒家资料看，公孟、吴虑反对“言”而崇尚行是否代表儒家某种共同的立场？如果确是儒家早期共同立场的一种表现，那么我们就可以知道，这种批评不是偶然的意见，而是涉及儒墨两家之间基本立场的分歧。第二，探讨这种分歧的思想史含义，分析儒家不“言”主张的源流，并从这一思想分歧，看孟子学的兴起。

二

我们先来讨论第一个问题，公孟、吴虑的主张是否为前孟子时代儒家的某种共同主张。孟子之前的儒学发展情况，文献资料不多。韩非子有“儒分为八”之说：

> 自孔子之死也，有子张之儒，有子思之儒，有颜氏之儒，有孟氏之儒，有漆雕氏之儒，有仲良氏之儒，有孙氏之儒，有乐正氏之儒。(《显学》)

八家之中，子张、颜回、漆雕开是孔子及门弟子，子思、乐正子是孔子隔代传人。[①] 时间都比较早，但是这些人代表的学派，除子思外，我们所知甚少。

《史记·儒林传》记孔子殁后弟子活动及分化的情况：

> 自孔子卒后，七十子之徒散游诸侯，大者为师傅卿相，小者友教士大夫，或隐而不见。故子路居卫，子张居陈，澹台子羽居楚，子夏居西河，子贡终于齐。如田子方、段干木、吴起、禽滑釐之属，皆受业于子

① 子思是孔子孙，他是否受过孔子直接教育，学术界有争论。比较一致的看法是，子思曾从学于曾子。乐正子为曾子弟子。

夏之伦，为王者师。[①]

司马迁把七十子之徒分为三类，后面所举子张等人，未言属于哪一类，但子夏、子贡等人肯定是前两类，之所以特别说到子夏影响之大，则因历史学家著史书，叙人物事业，更重视参与政治活动、有较大社会影响的人，是可以理解的。但司马迁并不轻视“隐而不见”的一类人，他在《游侠列传》开篇写道：

及若季次、原宪，闾巷人也。读书怀独行君子之德，义不苟合当世，当世亦笑之。故季次、原宪终身空室蓬户，褐衣疏食不厌。死而已四百余年，而弟子志之不倦。

季次、原宪都是孔子弟子，《论语》和诸子书中多处提及原宪，提到季次较少。[②] 两人都是“隐”派代表，司马迁说他们虽与当世不合，但死后四百余年仍有这一派的弟子传人追随他们的踪迹，可见其并非完全“隐而不见”，只是不愿积极入仕，怀独行君子之德，在社会上仍有相当的影响。

司马迁说孔门传人中有隐者一派，对照公孟、吴虑对墨子的批评，可知这两人大体即是隐者派的人物。有人可能认为，公孟主张“不叩不鸣”，只是反对主动游说，并不是主张隐居避世。问题在于，司马迁虽用了“隐而不见”四个字，其实只是相对于“大者为师傅卿相，小者友教士大夫”者而言，也即这些人没有游说王侯，所以政治圈中不见他们的身影。但孔门传人中的隐者派，应当不同于扬朱、庄子以及孔子南游时遇到的长沮、桀溺。区别在于，后者对救世已经不抱希望，避世以求自保，前者却怀抱着救世的理想与热情，只是他们的方式有别于积极游说王侯的人。他们主张救世，却不肯主动游说政治人物。他们坚信只要修养德性，就一定会产生影响，如公孟所说“譬若

① “大者为师傅卿相”，《索隐》按曰：“子夏为魏文侯师。子贡为齐、鲁聘吴、越，盖亦卿也。而宰予亦仕齐为卿。余则未闻也。”“小者友教士大夫，或隐而不见”之下《索隐》无按语。

② 《史记·仲尼弟子列传》：“公晳哀字季次（《索隐》曰：《家语》作‘公晳克’）。孔子曰：‘天下无行，多为家臣，仕于都。唯季次未尝仕。’”

良玉，处而不出有余糈。譬若美女，处而不出，人争求之”。季次、原宪怀独行君子之德，应该也是有良玉、美女的自信。

严格说来，司马迁称为“隐而不见”的这一派人其实不应称为隐者，他们是力行修身而不愿多宣传，更不愿游说王公的怀抱救世理想的君子。公孟的话表明他们对力行修身将能产生的影响抱着大信心，把他们称为“修身”派也许更合适。对于早期儒学的“修身”派，文献中有关的记载不少，只是研究儒学史的人，未曾注意把这些资料串合起来，以考察早期儒学的传承轨迹。公孟、吴虑对墨子的批评，来自儒家以外学派的记载，并且目的是为了记录墨子的大段反驳，却给我们提供了一个线索，原来在当时的社会生活中，儒者中多有一些践行修身，不事王侯，也不愿到处宣扬的人。他们很像隐者，又不同于隐者，因为他们抱着“良玉”“美女”的自信，认为德性、学问自有力量，一定会发生影响。这些人未必代表早期儒者的全部，但肯定是其中的一个重要部分。早期儒者是有一些人走上仕途了，但还有许多人，如知名的季次、原宪，不太知名的公孟、吴虑等，在民间坚持着儒者的理想。这些人是否代表着早期儒者的某种重要倾向呢？我们现在试着汇整相关的零散的文献记录，看能否理出一个早期儒者群体“修身派”的轮廓。

《晋书·石苞传》：“（石崇）尝与王敦入太学，见颜回、原宪之象……”又《三国志·秦宓传》，“宓答书曰：‘……仆得曝背乎陇亩之中，诵颜氏之箪瓢，咏原宪之蓬户……’”魏晋时期，颜回、原宪并称，太学以颜回、原宪像并立，当是因为此二人类型接近，是孔子弟子中注重修身而不事王侯一类人的代表。原宪已如上述，司马迁把他与季次相并，为“独行君子”的师祖。颜回在《论语》中多次被提到，是孔门弟子中最得孔子赏识者。他有那样高的品行学问，却从不谈从政话题，风格很近于后来的修身派。他的安贫乐道，甚得孔子赞赏：“贤哉，回也！一箪食，一瓢饮，在陋巷。人不堪其忧，回也不改其乐。贤哉，回也！”（《论语·雍也》）颜回在孔门的声望远超过季次、原宪，为何司马迁以后者为“隐”派（修身派）的代表，而未提颜回？一个可能的答案是，颜回去世早，殁于孔子生前。在孔子之后出现的学派分化中，季次、原宪等人有传授门徒的活动，而颜回没有，所以后世相传季次、原宪是“独行君子”的师祖。但是另一方面，因为颜回的名声大，很可能有修身派的早期儒者，虽不是颜回的传人，却愿意打颜回的旗号，所以韩非列的儒者八派中就有“颜氏之儒”。郭沫若推测庄子就是出自“颜氏之儒”一系。[①]庄子是真正的隐者，已不抱拯救世道的热望，但他的风格确与儒家修身派有相似之处。庄子是否出于颜氏之儒，还需进一步的史料证明。但这个问题对本文不重要，重要的是春秋战国之交，可能确有颜氏之儒，即并非出自颜回之门而打颜回旗号的一批人。这些颜氏之儒是什么人呢？肯定是与季次、原宪之徒相类的人，是与公孟、吴虑持共同主张的人。魏晋时以颜回、原宪并称，其来源应当就是早期儒家传承中，颜回、原宪虽地位不同，却影响了同一类人。

《韩诗外传》卷三：“孟尝君请学於闵子，使车往迎闵子。闵子曰：‘礼有来学无往教。致师而学不能学；往教则不能化君也……’”这位战国时的闵子不知何人，孔子弟子有闵子骞，属于德行一科，行事作风与颜回接近，“德行：颜渊、闵子骞、冉伯牛、仲弓”（《论语·先进》）。孟尝君欲求教的闵子与闵子骞不知是否有关系，如果有，当为两种情况，第一，是闵子骞的后代，第二，是儒门中人而打“闵子”的旗号，是“闵氏之儒”的传人。当然也有可能与闵子骞无关，为一儒家人物，恰好姓闵，如此而已。“礼有来学无往教”似乎是战国儒家礼学派的一个重要原则，《礼记·曲礼上》也说“礼闻来学，不闻往教”。这个原则与公孟所说“不叩不鸣”是一个意思，但包含了更丰富的内容。礼学是孔门大宗，传礼的学者相信礼是经国治民的根本。《礼记·乡饮酒义》：“孔子曰：吾观于乡，而知王道之易易也。”这不一定是孔子本人所说，可能是礼学派的儒者假托孔子之言。“观于乡”就是观乡饮酒礼，是《仪礼》所载礼典之一。乡饮酒礼是致王道之礼，其他礼典同样如此。传礼的学者身为学问重镇，守着自信可致王道的学术，却师门相传“礼闻来学

---

① 郭沫若：《十批判书·庄子的批判》，东方出版社 1996 年版，第 194 页。

无往教”的教训。他们为什么要这样？儒家治学，最终目的是致王道，为何手握王道之学，又不肯主动宣教，一定要等王侯前来求学？岂不是太过傲慢。但这里的根本原因不是儒者傲慢，而是儒者对学术和政治关系有一种理解。《吕氏春秋·劝学》援引儒家观点说：“故往教者不化，召师者不化，自卑者不听，卑师者不听。”儒者主动去教，就是丢掉了学术的尊严，一定教不进去；王侯召师来学，就是轻视老师代表的学术，也一定听不进去。儒者相信，学术引导政治，但是学术必须有尊严，才能在政治中发生力量。这是他们不肯“往教”的原因。闵子不肯“往教”是在战国中期以后，但有理由相信这是源自早期儒学的一个原则，《曲礼》可能就是较早的儒家文献。“礼闻来学无往教”的态度，与公孟、吴虑反对多“言”的态度当然是一致的。

《论语·泰伯》：“曾子有疾，孟敬子问之。曾子言曰：‘鸟之将死，其鸣也哀；人之将死，其言也善。君子所贵乎道者三：动容貌，斯远暴慢矣；正颜色，斯近信矣；出辞气，斯远鄙倍矣。笾豆之事，则有司存。’”曾子的风格在孔门也是重修德而不重从政。他在孔子殁后影响很大，两戴记中记曾子的言谈活动甚多。现在简帛文献出土，子思派成研究热门。有一种说法认为子思之学传自曾子，可见曾子之学影响甚广。但曾子学的传承中，肯定有一支严格的修身派。《大戴礼记·曾子立事》有言：

> 君子爱日以学，及时以行……以殁其身，亦可谓守业矣。
>
> 君子博学而孱守之，微言而笃行之，行必先人，言必后人……
>
> （君子）行无求数有名，事无求数有成；身言之，后人扬之；身行之，后人秉之。
>
> 君子好人之为善，而弗趣也，恶人之为不善，而弗疾也……

《曾子立事》旧说为曾子所作，更大的可能是曾子后学所作，应是较早的曾子派作品。该篇主要讲修身，不特别注重“不言”。但“不言”似乎正是修身的一部分。如上述引文所言：君子日日进学修德，却不求名声，只求传之后学；君子重力行，不重言说；君子力行修德，不求迅速有名；君子向往人人行善，却不催促别人。这是何等庄严的立场、从容的气度！《礼记·中庸》篇讲“中庸之为德”与《曾子立事》甚为相似，可以相互发明。《中庸》也是比较早期的作品，至少前面讲“中庸”的十几章比较早。首章讲“慎独”，似乎就是提出儒家修身的中心问题。“慎独”并非指一人独处，而是指乡居生活①，也即“隐”或“藏”的生活。《论语·述而》：“子谓颜回：‘用之则行，舍之则藏，唯我与尔有是夫。’”“慎独”就是乡居生活中力行修身，不急不躁，严格操守。修身不是做给别人看，所以必有“不言”的气象。《中庸》和《曾子立事》都没有特别强调“不言”，但是“慎独”的乡居生活，本身就体现“不言”的气象。《中庸》说：“君子依乎中庸，遁世不见知而不悔。”“君子素其位而行，不愿乎其外。素富贵，行乎富贵；素贫贱，行乎贫贱……”《曾子立事》说：“行无求数有名，事无求数有成”、“人知之则愿也，人不知苟吾自知也。”两者都体现了这种不肯多言的气象。

《曾子立事》中有一句话特别值得考察：“君子好人之为善，而弗趣也，恶人之为不善，而弗疾也。”前引《墨子·公孟》篇，墨子在反驳吴虑的批评时，说“言”的作用有二，一是“王公大人用吾言，国必治”；一是“匹夫徒步之士用吾言，行必修”。前者是游说王公，后者是宣教民众。不论墨家还是儒家，“言”的主要活动都是游说王公，以期影响政治。但是宣教民众也是一件重要之事，墨子提到，儒家文献也常提到。《论语》记孔子说：“修己以敬……修己以安人……修己以安百姓。”《大学》讲“修身、齐家、治国、平天下”，都有一个从修身到教育影响身边人群，到治理邦国的过程。教育影响身边小众人群（此为“齐家”本义）是儒家修身活动的一个重要部分。问题在于怎样教育影响，是“言”还是“行”？《曾子立事》说君子不要“趣”（促）人为善，便是说不必多言，盖“趣”只能通过“言”。郭店楚简《尊德义》说：“民可导也，而不可强也。”“强”类似于“趣”，都是语言督促。教

① 《大学》解释“慎独”：“小人闲居为不善，无所不至。见君子而后厌然揜其不善而著其善，人之视己，如见其肺肝然，则何益矣。此谓诚于中，形于外。故君子必慎其独也。”可见“独”并非一人独处，而是“闲居”，与“见君子”（接触上层人物）相对。

育民众不在语言督促，而在自身表率。“好人之为善，而弗趣也”，自然就能“恶人之为不善，而弗疾也”。重要的不是批评别人，而是严格律己。早期儒、墨之间“不言”与“言”之争，主要涉及政治游说，但也与教育民众相关，墨子对吴虑的反驳已指明这两层意思。

以上所列文献涉及原宪派、颜子派、礼学派、曾子派。早期儒学的分派情况我们所知甚少，这些派之间未必泾渭分明，彼此可能多有相互交叉。如本文所指礼学派，主要是指撰述《仪礼》《礼记》中礼节仪文各篇的儒者归属的派别，这一派相信礼仪制度是“王道”的基础。可是颜子派、曾子派又何尝不重视礼？只是他们可能更在意修身、内省，不甚在意“笾豆”一类仪节，是以与礼学派有分别。颜子派与曾子派的分别，我们也所知甚少，只是从文献所示线索大略言之。上述诸派皆有“不言”风格，则“不言”尤其不可视为一个门户清晰的“派”，而是早期许多儒者共同推重的态度。有的派比较激烈，如季次、原宪之徒①，有的派不很激烈，如主张“礼闻来学，不闻往教”的礼学派、主张“行无求数有名，事无求数有成”的曾子派，故而对多“言”的戒备，是许多儒者一致的态度。他们不仅批评墨家，对自己也有警示。《礼记·表记》说：“君子不以辞尽人。故天下有道，则行有枝叶；天下无道，则辞有枝叶。”又说：“君子耻有其辞而无其德。”把这些零散材料汇合起来看，我们可以确信，公孟、吴虑批评墨子多“言”不是偶然的说法，是代表早期儒家中许多人认同的一种态度。

三

早期儒家为何主张不“言”？这个问题要到《论语》中寻求答案。归根结底，早期儒家不“言”的态度源于孔子本人。

孔子主张从政。他时常寻求机会从政，同时也期待弟子学问有成，将来

---

① 《史记·游侠列传》说他们“义不苟合当世，当世亦笑之”。这是与“当世”对抗的姿态，所以说比较激烈。

能参与政治。如下说法可以印证：

子路、曾皙、冉有、公西华侍坐。子曰："以吾一日长乎尔，毋吾以也。居则曰：'不吾知也！'如或知尔，则何以哉？"（《论语·先进》）

子曰："不患无位，患所以立；不患莫己知，求为可知也。"（《论语·里仁》）

但孔子虽愿从政，却坚持从政必须恪守礼乐的原则。礼乐不是简单的教条，而是深厚的古典知识和教养。孔子与弟子的对话贯穿一个意思，一个人必先"学"才能成为君子，成为君子才能领导民众。所以"政"虽是目标，"学"却是基础。一部《论语》所记孔子师生对话，谈得最多的就是"学"。"学"不仅是学习古典礼乐知识，而且是由古典礼乐知识培育一种内在生命态度。确立这样的生命态度就是有了内在德性，称为"仁"，这是非常不容易的事情：

哀公问："弟子孰为好学？"孔子对曰："有颜回者好学，不迁怒，不贰过。不幸短命死矣！今也则亡，未闻好学者也。"（《论语·雍也》）

孔子竟说颜回去世以后众弟子一个"好学"的也没有，这可能是针对什么特别情境说的话。但孔子确是希望弟子安心向"学"，培育深厚的学养和内在的德性，不要急于从政。这不易做到，所以他要说弟子一个"好学"的也没有，有时又说弟子甚少有"仁"德。[①] 对急于从政的弟子，孔子往往严厉批评：

子路使子羔为费宰。子曰："贼夫人之子。"子路曰："有民人焉，有社稷焉。何必读书，然后为学？"子曰："是故恶夫佞者。"（《论语·先进》）

冉求曰："非不说子之道，力不足也。"子曰："力不足者，中道而

① 《论语·雍也》："子曰：回也，其心三月不违仁，其余则日月至焉而已矣。"

废。今女画。”（《论语·雍也》）

孔子希望弟子能有机会从政，但是德性学问是政治的根据，如果德性学问的培植不够，急于从政，便是舍本逐末。可是德性学问的培植是长期的，也可说是终身的。何时是尽头呢？所以冉有说：“非不说子之道，力不足也。”便是畏惧这无止境的修养过于艰难。我们知道冉求行政能力很强，他说这话的意思，便是曲折地表示自己达不到孔子要求，希望老师放过他。① 可是孔子不许，“力不足者，中道而废。今女画”。由这些对话我们可以想见孔门的风气，也可以理解为何颜回、曾子深得孔子赞许。颜回、曾子以及原宪的态度，就是源自孔子本人的态度。他们传下的学派彼此见解或有不同，但都着力于培植学问根基，反对急于从政。主张“不言”便以这个态度为根据。“言”是游说、宣传，孔子说“不患人之不己知，患其不能”，便是觉得根本不用宣传，真正重要的是内在品质。只要有优秀人品，根本不用担心“不己知”。此外孔子个人的气质也不喜欢夸夸其谈的聪明人，“巧言令色，鲜矣仁”，“刚毅木讷近仁”。这种性格倾向也对早期儒门风格有影响。

早期儒者不“言”的态度背后有一些颇深的内涵难以一下说清。简要地说，可以归于一种政治学的见解。在孔子看来，政治的目标是教化民众，教化者自身一定要有美德，政治才有根基。美德源于古典文化，教化者必须先“学”，领悟古典文化之美，并且进入内心。这是一个认真学习和自修的过程，不可性急。“言”其实就是着急，急于表达，急于让别人知道。一旦着急，德性修养便不扎实，政治教化的基础便不稳固。这是儒家反对“言”的主因。先秦儒家文献对于政治教化的理解各有不同偏重，但对以下两点一致赞同：第一，君子是政治之本，君子是有内在美德的人；第二，修身是君子之本，修身是“学”和自省相结合的缓慢过程，性急不得。各派儒家对这两个原则

① 《论语·先进》篇，冉求曾对孔子讲明他的政治抱负：“方六七十，如五六十，求也为之，比及三年，可使足民。如其礼乐，以俟君子。”他认为自己有财政能力，但不能领导“礼乐”政治。所以他对孔子说并非不向往“道”，而是“力不足”，应该是希望孔子同意他退而求其次，只做一个能“足民”的财政官员。

具体表述不同，倚轻倚重之间有出入，但是大致的见解一致。《论语》中孔子与弟子对话，已经确立了上述两点原则，同时也决定了儒家不“言”的基本倾向。孔子反感“巧言”，喜欢“木讷”，可能与性格有关，但从根本上说，还是与上述政治学原则有关。孔门弟子中有原宪、颜回和曾子传下以修身为本、反对急于求仕的学派；也有在求仕上比较主动的后学，但即使是，对儒家基本政治学原则也是接受的，他们对墨家式的多“言”可能也会批评。事实上这两类人很难截然区分。修身派虽有决心“遁世不见知而不悔”（《中庸》），但如果有机会“友教士大夫”当不会拒绝；入仕派虽寻求从政，但一定会尊重沉静自修的学习过程，因为这是儒学的根基。公孟说不“言”的理由：“譬若良玉，处而不出有余糈。譬若美女，处而不出，人争求之。”所言很难判断是求仕的一类，还是“遁世不见知而不悔”的一类。似乎只要是儒家，就有可能反感墨家那样的性急。

再来讨论墨家的立场。墨家为什么喜欢“言”，并在遭遇儒家批评后为“言”辩护？这是因为墨家另有不同的政治学原则，并形成不同的道义感。墨家之学原本出于儒门，也讲三代圣王，引诗书，讲忠信。但后来墨家反出儒门，确立了新的政治学原则，即墨学的“义”。[①] 墨家认为政治的最大问题是要面对民生苦难，寻求解决，而且不可等待；一切怠慠、迟缓都是不义。《墨子》中批评儒家言论甚多，最主要的一条，是反对儒家礼学讲究仪典繁文，对解救民生疾苦毫无意义。学术界一致认为，墨者注重解决民生疾苦，与墨子及其徒众多是出身社会下层有关，颇有道理。墨家学派为底层贫苦民众说话，重功利，信鬼神，追求温饱，性情急切，都像是下层民众情绪的反映。但这只是问题的一方面，墨家之“义”的另一个原因，应该是与战国初年社会状况变化有关。孔子生活在春秋社会末期，其时虽然贵族社会正走向衰败，但战争之祸尚不酷烈。墨子活动大致在公元前5世纪后期至前4世纪前期，战国初年（前5世纪后期）开始的大战，这时已经对社会民众生活发生严重

① 《淮南子·泛论训》：“夫弦歌鼓舞以为乐，盘旋揖让以修礼，厚葬久丧以送死，孔子之所立也，而墨子非之。”

影响。《墨子》中多次说到战争之祸的惨烈及对人民生计的严重破坏。墨家游说诸侯的中心话题即是“非攻”。儒家批评墨家多“言”有其理由，已如上述。墨子的回应也有自己的理由，决非强辩。墨家的立场是面对民众苦难，不肯久等。儒家认为政治一定要以学问德性为根据，不能性急，可是墨家就是要急，要马上见效。墨子曾对人解释何以要“急”：

> 子墨子自鲁即齐，过故人，谓子墨子曰：“今天下莫为义，子独自苦而为义，子不若已。”子墨子曰：“今有人於此，有子十人，一人耕而九人处，则耕者不可以不益急矣。何故？则食者众，而耕者寡也。”（《墨子·贵义》）

墨家站在耕者的立场，觉得最底层的人生存难保，便不能不急。墨子回答公孟和吴虑的质疑，都是说“言”可以尽快见功效。儒者希望扎好根基，教化社会，但其从容不迫的做派在墨家看来却是怠惰甚至傲慢。《墨子·非儒》批评儒家有两句话非常传神：“立命缓贫而高浩居，倍本弃事而安怠傲。”指儒家任命，安于贫困，不在意当世急务，怠惰而高傲。我们看儒家修身派的自我描述是：“素富贵行乎富贵，素贫贱行乎贫贱……”（《中庸》）、“行无求数有名，事无求数有成”（《曾子立事》）。对照他们双方的说法，真是活画出儒家的神态。我们现在叙述早期儒、墨分歧，不作是非褒贬。儒家确实文化根基深厚，从容大度，气象辽阔；但在战国初年急剧的社会动荡中，也确实高傲迂缓，不能应对时变，注意民生苦难。检阅先秦儒家文献，不仅《论语》未曾以民生疾苦为中心问题，而其他较早的文献，如《仪礼》，两戴《礼记》中一些篇章如《曲礼》《檀弓》《中庸》《曾子立事》等，还有新出土的简帛文献如《性自命出》《六德》等，都在空前战乱的背景下产生，可是没有一种文献关注民生苦难，把解救民生视为政治的中心问题。墨家批评儒家“倍（背）本弃事而安怠傲”，自有其正面的理由。早期儒、墨“不言”与“言”的冲突，各有不同的政治学立场，在这冲突背后，可以看到早期儒学思想发展的某种重要特征。

公元前4世纪下半叶，是孟子活动的年代。孟子的出现，标志早期儒学思想发展的一大突破，也标志儒学的某种转向。孟子是儒家中最先把注意力转向民生疾苦的人。孔子政治思想的中心是“德治”，注重教化；孟子政治思想的中心是“仁政”，注重保民。“德治”与“仁政”，是此后两千年儒家政治思想的两个主要观念，它们并非同时出现，而是由孔子和孟子先后提出。[①]“仁政”思想的提出，主要是因为孟子把注意力转向了民生苦难。这一转向的主因是战国初年社会形势的逼迫，但同时也是因为受到墨家学说的刺激。比照对读《墨子》和《孟子》，会发现两家注重民生疾苦的政治学主题十分相似，甚至有些语句都相似。孟子的时代《墨子》可能尚未编辑成书，但是散篇肯定已经广泛流行，孟子说“杨、墨之言盈天下”就是证明。孟子一定看过《墨子》的散篇，并受到思想上的冲击。孟子对墨学有严厉的批评，但与此前儒家对墨学的批评已大不一样。不是批评墨家多“言”，而是批评墨家“兼爱”。这个新的批评实际上表明，孟子与墨学有了一个一致的出发点：以对民众之“爱”为政治的根本。孟子认同了新的政治根本问题，才与墨学之间形成新一轮争论。[②]

公孟等人批评墨家多“言”，是依据孔子教化政治学的立场。教化必以修身为本，故不愿主动游说，鄙视性急。孟子批评墨家“兼爱”，是认可了对底层百姓的“爱”是政治的中心问题。在这个立场上，孟子援引并发展孔子仁学，以“性善”说论证了“爱”的根据，所以他提出的问题是，爱的根源何在？墨学虽提倡“爱”，却是功利主义的“兼爱”，没有内省的根据，被孟子斥为“二本”，实即无本。新一轮的儒墨之争，大大扩展了古代思想史的内涵。现代学者对之极为重视，这是应该的。但如果由此认为早期儒墨开始就

① 学术界有人认为“仁政”思想源于孔子。如萧公权说：“孔子论政，以仁为主。孟子承其教而发为‘仁心’、‘仁政’之说。其说遂愈臻详备。”（《中国政治思想史》，新星出版社2005年版，第58页）但孔子论政以仁为主并不是爱民，而是君子为政，主要还是说教化。孟子仁政有继承孔子仁学的地方，但仁爱百姓，制民之产，却是孟子首创。

② 参见吴戈《试论孟子仁政思想与墨学的关系》，台湾《孔孟学报》第90期，2012年9月。吴戈为笔者的研究生，他以听课笔记为基础撰写此文，对孟子思想受墨学影响的问题有比较详细的梳理。

是“仁爱”与“兼爱”之争，那就忽略了早期儒学思想演变的脉络，不仅不能理解儒家政治思想原有的立场，也不能理解孟子政治思想新立场的由来。

孟子以仁爱批评墨家兼爱，同时还伴随一个变化，就是他本人倾向“言”。孟子是一个四处游说君王的人，他并不是想做官，而是想救民于水火。对于“解民倒悬”①，孟子与墨子有相似的“急”，与“行无求数有成”、“立命缓贫而高浩居”的儒者大不相同。他说：“禹思天下有溺者，由己溺之也；稷思天下有饥者，由己饥之也，是以如是其急也。”这是谈论“性善”时生发的感情，但同时表达了救民“溺”“饥”的急迫心情。他游说齐国不成功，离开的时候在边境等了三天，希望齐王悔悟。有人指责他：你知道齐王不怎么样，还来找他说这些大道理，这是不明智；人家不理你，你还不快些离开，这是不爽快。孟子回答传话的人说：

> 千里而见王，是予所欲也；不遇故去，岂予所欲哉？予不得已也。予三宿而出昼，于予心犹以为速。王庶几改之。王如改诸，则必反予。夫出昼而王不予追也，予然后浩然有归志。予虽然，岂舍王哉？王由足用为善。王如用予，则岂徒齐民安，天下之民举安。王庶几改之，予日望之。予岂若是小丈夫然哉？谏于其君而不受，则怒，悻悻然见于其面。去则穷日之力而后宿哉？（《孟子·公孙丑下》）

看这段话，就觉得批评孟子的人很像是“立命缓贫而高浩居”的旧派儒者，爱惜羽毛，在乎形象。孟子则另有一种悲怜苍生的感情，因此，觉得这样的人是“小丈夫”。齐王如果愿意行仁政，“天下之民举安”，只要有一点希望他都愿意等：“王庶几改之，予日望之。”

由此转变，可以理解孟子的“好辩”。《孟子·滕文公下》：“公都子曰：‘外人皆称夫子好辩，敢问何也？’孟子曰：‘予岂好辩哉？予不得已

---

① 《孟子·公孙丑上》：“且王者之不作，未有疏于此时者也；民之憔悴于虐政，未有甚于此时者也。……当今之时，万乘之国行仁政，民之悦之，犹解倒悬也。”

也。’……”接着一大段话解释何以“好辩”：政治昏乱，人民苦难，杨、墨之言又“充塞仁义”。“仁义充塞，则率兽食人，人将相食。吾为此惧。”“好辩”当然是多“言”，孟子不得不“好辩”，是因为有墨家类似的“急”。有一种观点，认为墨家开了百家争辩的先河。这是不错的，但不能因此把孟子“好辩”理解成诸子争辩时代的变化。事实上战国仍有许多儒者保持不“言”的传统，《史记·儒林传》所记的传授经典的学者、李斯建议秦王禁私学时提到的民间教学的儒生，大体如此。孟子“好辩”主要不是因为墨学引发辩论之风，而是因为面对民生苦难，内心有“急”。

孟子仍然是儒学大宗。他开创了“仁政”的政治学原则，但并未放弃“教化”政治内涵的理念，不仅没有放弃，而且有重要的创新，开创出儒家心性学的修身传统。教化之本为君子，君子之本在修身。君子修身之学是孔子学术的核心，孟子以“性善”论、“心性”说开拓了修身之学的新境界，并成为日后宋明理学的中心思想。这一学术思想史的线索学界熟知，无需赘言。需要阐明的是，“心性”学的修身之学，与早期儒学有一脉相承之处，认为修身是缓慢的过程，不可性急。“揠苗助长”的故事就是孟子以此比喻“心”的成长绝不可急，“必有事焉而勿正，心勿忘，勿助长也……”（《孟子·公孙丑上》）孟子有认同墨家“急”的地方，在救民于水火；也有继承早期儒家雍容沉静的地方，在喜好古典、在内省修身。早期儒家“不言”的风格，不能应对战国初年的形势变化；但从长远看，儒学立定根基，传续文化，不计一时成败利钝，最终成为古代文化正宗，持久的功效远非求急用的墨家可比。孟子为儒学大宗，虽受墨学影响，认可解救民生苦难是政治主题，但未失儒家根本，而且对修身之学有重要创新。

“不言”与“言”是早期儒、墨之争的一个重要问题，归源于“不急”（《曾子立事》所谓“行不求数有成”）和“急”。“不急”是一种高尚的感情，觉得伟大的事业必须从容培植；“急”也是一种高尚的感情，觉得救民水火刻不容缓。二者各有源自内心的根据，它们的冲突是两种不同精神价值的冲突。孟子在早期儒学发展中的突破，很大程度在于汇合两者。

最近十多年来，因为新出土的简帛文献陆续公布，学术界正出现一个研究“孔孟之间”儒学思想史的热潮，重点是子思学派和心性学的起源。其实这只是前孟子时代儒学发展的一个线索。新出土文献的一部分如果最终可以确定是子思派的著作，写作于孟子之前，那确实可以丰富对早期儒学的认识。但即使如此，也不能认为思孟派的思想传承是早期儒学唯一值得重视的线索，甚至不见得是主要的线索。早期儒学的思想传承是丰富而复杂的。本文引用公孟、吴虑的批评为引导，尝试探索这一时期儒学思想传承的一个面相，可扩展我们对早期儒学思想发展及儒、墨关系的认识。

（原载《江海学刊》2013 年第 6 期）

“观乎人文，以化成天下”：“学衡派”对中西文化的理解和诠释

王晴佳 撰　胡箫白 译

吾国之文化乃“人学主义的”（humanistic），故重养成个人。吾国文化之目的，在养成君子（即西方之 Gentleman and scholar or humanist 也）。养成君子之法，在克去人性中固有之私欲，而以教育学力发达其德慧智术。君子者，难为者也。故无论何时，社会中只有少数君子，其多数乃流俗（The profane vulgar）而已。弟窃谓吾国今后文化之目的尚须在养成君子。君子愈多则社会愈良。故吾国之文化尚须为孔教之文化可断言也。足下以为然否?①

作为对胡适（1891—1962）心存仰慕的老友，梅光迪（1890—1945）在听说胡适决意追随杜威的实用主义后，立刻写了这封信给他。其时梅光迪已转投白璧德门下，刚刚开始他在哈佛的学习，而胡适已经在杜威的指导下开始了博士论文的写作。对于梅光迪和胡适来说，美国都已不再是陌生之地了。作为较早接受“庚款奖学金”② 赞助赴美的留学生，其时胡适已经结束了在康奈尔大学的本科学习。而梅光迪则晚胡适一年，于 1911 年渡至大洋彼岸，先入威斯康星大学、再转学入西北大学。对于当时在美国学习的中国留学生来说，转学并不少见，转读研究生深造，更是如此。不过，促使胡适和梅光迪最终分别选择哥伦比亚大学和哈佛大学的原因，并非仅仅是为了取得学位，

① 胡适：《梅光迪信四十五通》，载耿云志编《胡适遗稿及秘藏书信》第 33 卷，黄山书社 1984 年版，第 466 页。

② 义和团运动以后，美国政府将部分“庚子赔款”用作奖学金，支持中国学生赴美留学。

而是如他们之间的早期交流所示，是一个综合了个人兴趣、职业前景，并经过长时间深思熟虑之后的结果。诚然，他们的选择并非完全出于个人意愿，但也反映了他们在接受数年美式教育之后对西方文化的理解。而他们择校深造之后造成的影响则非常重大：胡适、梅光迪在学成回国之后，都成为左右中国文化发展方向的领袖人物。而他们早年求学美国的经历，又潜移默化地影响了两人日后于文化运动中的言行、举措。

虽皆求学于美国，胡适在哥伦比亚接受的教育与梅光迪在哈佛受到的影响全然不同。在当时，杜威和白璧德分别代表了美国迥然有别的两股思想潮流。作为实用主义的坚决拥护者，杜威对达尔文主义青睐有加，并认为进化论对人类不断演进、不断适应新环境的强调已经颠覆了传统的“精神—肉体”二元分法，因之推翻了“人类历史演进具备必然性与目的性交织之秩序”的概念。因此，既然精神与肉体、人类与自然不再被视为相互独立的客体，那么先前仅仅被科学家所倡导的科学方法亦应当可以被运用于解决人类自身的问题。在先贤如查尔斯·皮尔士及威廉·詹姆斯的学术成就的基础上，杜威建构了其独特的哲学体系，一如大卫·赫费勒所言：“注重‘现实’的问题层面。”① 基于这一新颖认识，杜威开始将研究的重点转向科学之方法应当如何运用于服务人类社会复杂的实际和迫切需要这一问题上。作为杜威的门徒，胡适在中国竭力宣扬乃师的此一哲学观点，并援引杜威在氏著《我们如何思维》中提出的“五个步骤”，用以对中国听众诠释现代科学的概念和方法。受“工具主义”的影响，胡适将杜威的“实用主义”翻译为“实验主义”，并在之后以两句话简化了学说的要旨：“大胆假设，小心求证。”胡适坚信，这两句话实际上道出了科学实验中最为重要的两个步骤，并且可以运用于一切形式的学习，其中亦包括胡适日后扬名显赫的人文学科。

胡适在美期间倾心于杜威的实用主义并不为奇。在 19 世纪末 20 世纪初，杜威的学说同时风行于中美两地，然而动因却不同。中国自 19 世纪中叶开

① 大卫·赫费勒：*The New Humanism: A Critique of Modern America, 1900—1940*，夏洛特维尔：弗吉尼亚大学出版社 1977 年版，第 30—31 页。

始，频繁屈服于列强的炮火之下，整个国家为之震惊。面对这样的态势，动摇的不仅仅是清廷危如累卵的政治统治，还有长久以来作为世界文明领跑者的姿态与自信。对于其时中国的有识之士来说，问题不仅仅关乎中国还能不能维系“天下之中国”的地位，更在于这个国家究竟能否在这场“千古未有之变局”中幸存下来。达尔文学说中“适者生存”的概念给国人带来了强烈的冲击，使得他们切身感受到了现代文明极具“侵略性”的进取精神。著名者如严复，在英国的数年间他亲眼目睹了资本主义如何将偏于一隅的孤僻岛国塑造成为体量庞然的殖民帝国，并刺激其国民进行政治和文化改革。与此同时，正在上海念高中的胡适，则正着迷于梁启超激进的时评文章，尤其是关于帝制中国“思想进化”之必要性的大力宣扬。虽然之后在康奈尔大学学习农科，但胡适仍未放弃此一兴趣，身处大洋彼岸，胡适得以阅读更多达尔文和赫胥黎的著作，因之对进化论产生了更为深刻的认识。

对于达尔文主义，胡适的理解其实异于其他中国的进化论者，究其原因，则是胡适对进化论的认识受到了他在美国所接受教育的影响。与在中国被视为政治哲学不同，达尔文主义在20世纪初以另一种表征流行于美国社会。受惠于工业革命以及随之而来的先进科学技术，美国人步步亦趋于“科学至上”的观念，坚信科学之于社会进步、环境改良、历史演进的无限潜力，达尔文主义中“不断进化”的观念因之非常流行。对于“不断改善人类生活”的渴求导致了实用主义的盛行，进而使得达尔文主义中生物学意义上的“进化”的观念转化成了社会理论和文化哲学。胡适曾论及美国实用主义哲学家对此的理解：

> 这种进化的观念，自从达尔文以来，各种学问都受了他的影响。但是哲学是最守旧的东西，这六十年来，哲学家所用的“进化”观念仍旧是海智尔[①]的进化观念，不是达尔文《物种由来》[②]的进化观念。到了实

① 今多做“黑格尔”。
② 今多做“《物种起源》”。

验主义一派的哲学家，方才把达尔文一派的进化观念拿到哲学上来应用；拿来批评哲学上的结果，便发生了一种“历史的态度”。怎么叫做历史的态度呢？这就是要研究事务如何发生，怎样来的，怎么样到现在的样子：这就是“历史的态度”。[①]

在自己的职业生涯中，胡适身体力行地实践这一理念，借用余英时的话说，就是着力将之建立成中国学术界的新“典范”。[②] 为了获取有力的证据解释“事务怎么样到现代的样子”，胡适在对中国历史进行研究时，对资料进行严格的考订，因之暴露了传统学术的诸般弊病，尤其是史料的保存和流传的问题。胡适认为，如清儒所揭示，大量窜、伪史料的存在，使得学者接受科学之训练，而后得以重新检审史料的可靠性显得尤为必要。质言之，即需采取运用“历史的态度”。胡适之于传统学术的批评，尤其是置放在1919年爆发的“五四”新文化运动的语境中，使得一股“反传统”的潮流盛行一时。虽然仅仅是一名北大的年轻教授，学成归国不到两年，胡适立刻成为了其时中国学界的耀眼新星，成为采用新式科学方法治学的代表人物。

然而在19世纪末20世纪初的美国，同样风行于全社会的达尔文主义却导出了与中国大相径庭的后果。大卫·赫费勒分析道：“从‘进化论’的思维模式中得出的最极端的看法便是将人性与自然现象等而视之。”这种理解否定人的精神性，无视人类社会有其自身亘古不变的普世价值和绝对秩序。[③] 这对于那些坚信“恒常的道德秩序和文化价值是维系现代社会健康发展之基石”的人来说构成了巨大的威胁。白璧德以及他的同志穆尔（1864—1937）便是批判达尔文主义对于美国文化和教育造成的不良影响的两大主力。他们强调回归古希腊、罗马文化，坚信这样一种“复古”是拯救现代社会的一剂良药，

① 胡适：《实验主义》，《胡适文存：问题与主义》第一集第二卷，（台北）远流出版公司1986年版，第66—67页。

② 余英时：《中国近代思想史上的胡适》，载氏著《中国思想传统的现代诠释》，（台北）联经出版事业公司1995年版，第528页。

③ 大卫·赫费勒：*The New Humanism：A Critique of Modern America，1900—1940*，夏洛特维尔：弗吉尼亚大学出版社1977年版，第29—30页。

因此被时人冠以“新人文主义”和“美国人文主义”领袖的称号，其中又以白璧德最为典型。面对“杜威们”孜孜不倦于从方法论上整合对人与自然的研究，白璧德则心存极高的保留态度，坚持认为应该区别对待二者，从而捍卫“人”之“完全”，而避免“科学”的无端侵扰。在白璧德的作品中，他常常引述爱默生的诗句，以赞颂为杜威及其拥趸因信奉达尔文主义和科学主义而排斥的二元论调：

> 存在着两种法则，彼此分立而无法调和：人类法则与事物法则；后者建立城池船舰，但它肆行无度，僭据了人的王座。①

正是基于对“人类法则”“事物法则”之二元论调的强烈执著，白璧德在美国学界擎起了“新人文主义”的大旗，而标志其地位确立的，则是1908年《文学与美国的大学》一书的付梓。又尤为引人注目者，为该书的副标题“捍卫人文主义”，不仅凸显了本书写作的真实意图，更是白璧德终其一生的奋斗目标。的确，如很多白璧德的人物传记所论，尽管日后还出版了一些著作，但白璧德更多是在本书中抛出了他的学术观点，至为重要的是，该书预示了他日后的学术计划。真正让白璧德担心的问题，一如他最敬仰的诗人爱默生所言，是“事物在马鞍之上，驾驭着人类”②。换句话说，面对“科学”对于“人文”领域的入侵，白璧德心存担忧而奋起呼吁，号召对其进行捍卫。面对从“人文”角度尝试理解人性的做法日益衰微，目睹“人”之独立性与自主性的逐步丧失，白璧德哀叹道：“根据斯宾诺莎的一句著名格言，人在自然界中并不傲然自立，而是从属于自然，是其一部分而已。”③

因为在现代社会，人受控于“事务法则”，丧失了自主性，白璧德观察到了美国大学中一些不必要、同样也叫人不愉快的改变。比如大学课程设计中

---

① 转引自白璧德“What is Humanism?” *Literature and the American College: Essays in Defense of the Humanities*，波士顿：霍顿·米夫林出版公司1908年版，第29页。中译文见白璧德《文学与美国的大学》，张沛、张源译，北京大学出版社2004年版，扉页。

② 同上书，第30、29页。又见中译本第21页。

③ 同上书，第29页。又见中译本，扉页。

的一些传统科目，如最吸引年轻时代白璧德的古典语言课程，便因为感兴趣的学生越来越少而停止开设。因此，虽然于1889年从哈佛大学古典系毕业，白璧德却只能在蒙太拿州的一所大学找到教职，亦仅有几个学生愿意投其门下。同时，他的教学任务也被限定为基础的拉丁语语法以及沉闷的日常背诵，这让他和他的学生都感到非常无聊。① 尽管后来白璧德将自己对古典语言的学术兴趣由西方扩展到了东方，先赴巴黎的法国高等研究院随列维（Sylvain Lévi）学习梵文和巴利文，而后回到哈佛向蓝曼（Charles Lanman）继续学习，但都无法使他的事业更上一层楼。1894年，因为一个非常偶然的机会，白璧德得以回到哈佛执教，但亦非如他所愿去古典系执掌教鞭，而是去拉丁语言文学系给低年级学生讲授初级的法语语法，并帮助他们修改作文。白璧德接受了这样的安排并且一年又一年地干了下去。他与校方的合同每年一签，有时甚至面临拿不到下一年聘书的尴尬。1912年，在出版了两本专著以后，这位已经在哈佛待了18个年头的47岁老教师终于拿到了终身教职，并晋升为正教授。但终其一生，白璧德回到古典系复兴古典文化的志向一直未能如愿。

白璧德对古典文化的倡导反映在他的个人兴趣和教学生涯的方方面面。在《文学与美国的大学》一书中，他公开批评哈佛校长艾理特（Charles W. Eliot）进行的课程改革。他认为，大学教授、学生和行政人员之所以对古典文化丧失兴趣，表现出一副现代文明的傲慢态度，原因不仅仅源于对科学幼稚的崇拜（或如白璧德概括的“自然主义”），还来自于“人道主义”的影响。后者在卢梭的作品中被阐释得最为全面，然而其“自然的”及“科学的”两种呈现方式则由培根提出。白璧德认为，培根的哲学中“整个人类会通过科学的调查和发现取得进步”的观念忽视了人文主义者对个人道德和文化进行双重培养的强调。在白璧德看来，卢梭关于“自由”的理解，尤其是他提倡人可以不顾后果、随心所欲、放纵自我，并且身体力行、对自己的孩

① 史蒂芬·布伦南、史蒂芬·亚伯勒：*Irving Babbitt*，波士顿：特韦恩出版公司1987年版，第15—16页。

子撒手不管，更为有害，因为这完全无视了对人类行为进行约束和规范的重要性。白璧德认为，艾理特校长在哈佛推行的选课制度便是卢梭之“人道主义”的典型实践。一旦这个系统开始运作，哈佛学子便可以在不咨询导师的情况下自由选课。这就意味着“与一个大学二年级学生的爱好相比，一切时代的智慧都变成了毫无价值的东西。任何对这种爱好的制约都是一种不合理的限制，甚至被视为一种不可容忍的专制暴政”[①]。白璧德对此改革深表惋惜。同时，因为很多学生不愿意学习艰深的古代语言，此一选课系统还导致了修习古典文学的人数大为减少。白璧德观察到：“在哈佛大学，现代文学专业（包括英语专业）录取的学生人数是古典文学专业录取学生人数的五倍以上。”[②] 而白璧德自己也多少能够想到，古典文学课程修课人数的减少便意味着他再也没法一偿夙愿，回到心仪的系所任教。

白璧德对美国大学中古代语言课程量减少的担忧是他对传统文化全面考量的一个缩影。事实上，白璧德的思想与文艺复兴时期的意大利人文主义者有不少相通之处，他们都崇尚古典文化，认为其价值可以运用在现代文明之中。托马斯·内文认为：“白璧德对古代语言的重视反映了他的信仰，即他认为这些语言是文化瑰宝，其价值在提供一种道德训诫，同样适用于现代文明。这种训诫不但能培养硕学鸿儒，而且能促进人之操守并开发民智。”[③] 18 世纪的英法知识界曾经爆发了一场“古今之争”，白璧德则成功地调和了二者。他虽然无意重申“古典文明卫道士”的身份，却仍然坚信古代文明，无论是西方的古希腊、罗马亦或是东方的印度和中国，终究是维系现代社会秩序的基础。虽然都对所处时代不满，然而白璧德与文艺复兴时期的人文主义者之间的区别，则是他们反驳对象的不同。文艺复兴时期的人文主义者反对超自然

① 白璧德：“Two Types of Humanitarians：Bacon and Rousseau”，*Literature and the American College：Essays in Defense of the Humanities*，波士顿：霍顿·米夫林出版公司 1908 年版，第 47 页。

② 转引自白璧德“What is Humanism?” *Literature and the American College：Essays in Defense of the Humanities*，波士顿：霍顿·米夫林出版公司 1908 年版，第 205 页。又见中译本第 125 页。

③ 托马斯·内文：*Irving Babbitt：An Intellectual Study*，教堂山：北卡罗来纳大学出版社 1984 年版，第 16 页。

的宗教力量对社会的控制，呼吁“感官和才智的解放”；而白璧德则对科学过度自信于其促进人类进步的能力感到不满。对他来说，对“科学”盲目的崇信还体现在了对现代民主制度的过度热情上。[①] 虽然对文艺复兴时期的人文主义者所做的贡献啧啧称赞，认为他们“迈出了追求个人主义的重要一步”，他仍对“自我放纵和自作主张”的做法持谨慎态度，而提倡“规训与选择”。此处，“规训”一词指如何对人及其社会行为的约束。而“选择”则表现了新人文主义的根本原则之一，即“追求个体的养成和完善，而非笼统地关注崇高的人类进步的问题”。对于白璧德来说，非常重要的一点是要尽量避免卢梭那种多愁善感、矫情造作的人道主义。“真正的人文主义者在同情与选择之间求得平衡”[②]，白璧德如是写道。在他看来，这是区别人文主义和人道主义最重要的一点。

新人文主义的一个重要目标是在自我控制和自我规训的过程中保持“平衡”。在托马斯·内文看来，“白璧德便将文化设想为和科学具备同等的原则性、而和宗教所提出的伦理要求相契合的‘共同体’”[③]。出乎他意料的是，白璧德对于东西双方古代语言的熟稔使得他在这些古代文明中找到了诸多先辈，他们的哲学帮助白璧德建构了属于他自己的人文主义框架。不妨这么说，正是白璧德对古希腊、印度和中国文化的精深研读为他的哲学观念提供了最为重要的基础，他也非常纯熟而充满热情地将这些先贤的智慧转用至自己的著述当中。为了诠析“自我规训”对于达成人文主义“泰然而相宜的生活”之理想的重要性，白璧德援引了法文中“frein vital”一词来强调人需要“内在制约”，以控制“随心所欲”（élanvital）。[④] 如果真的有所谓“人之法则”

① 关于白璧德对现代民主制度的看法，详参白璧德著，乔治·帕尼查斯编 *Irving Babbitt：Representative Writings*，“Democracy and Standards”，林肯：内布拉斯加大学出版社1981年版，第135—187页。

② 本段中引文皆译自白璧德“What is Humanism?” *Literature and the American College：Essays in Defense of the Humanities*，波士顿：霍顿·米夫林出版公司1908年版，第29页。中译文见白璧德《文学与美国的大学》，张沛、张源译，北京大学出版社2004年版，第1—31页。

③ 托马斯·内文：*Irving Babbitt：An Intellectual Study*，教堂山：北卡罗莱纳大学出版社1984年版，第19页。

④ 白璧德：“What I Believe?” *Irving Babbitt：Representative Writings*，林肯：内布拉斯加大学出版社1981年版，第6、10页。

存在的话，此一“内在制约”便是其基础，助人规避极端，而寻求生活的平衡。这一理念不仅仅与古希腊哲学中柏拉图和亚里士多德反复提倡的“节制与约束”相契合，更和东方哲学互通有无。白璧德曾说：“适度的法则乃是人生最高的法则，因为它限制并囊括了所有其他法则。无疑，正是由于认识到了这一事实，远东最杰出的人——佛祖——在他第一次训诫的起首几句里便说，极端的即是野蛮的。”[①] 而针对于此，托马斯·内文评论道：“白璧德从爱默生和科尔布鲁克那里借鉴了‘内在制约’的说法，而科尔布鲁克实际上是从东方的神秘主义中学到了这一概念。”[②] 对于中国读者来说，白璧德提出的两个概念“适度法则”与“内在制约”其实根本不陌生，因为他们与儒家的核心思想关联密切：“适度法则”和“中庸”内涵接近，而“内在制约”的概念则和儒家经典，尤其是《论语》中随处可见的“克己”含义极其相似。的确，如侯健所概括，对于中国读者来说，“白璧德的思想与传统的中国思想有太多相似之处了”[③]，而这也解释了为什么一些白璧德的中国学生并未感觉从老师处学到很多，却无一例外拜倒在他的足下。对于梅光迪来说，从西北大学转学至哈佛使得他在这大洋彼岸寻得了一位儒家贤哲：“也许我于1915年秋来到剑桥的主要目的就是能够聆听这位新的圣哲的教诲。”[④] 而这种敬重也是双向的。在结识了不少中国学生之后（梅光迪应当是首位），白璧德在自己的著作中也越来越频繁地引述儒家的观点。在早期的作品《文学与美国的大学》中，白璧德还常常引用《佛经》中的语句，这无疑表现出旧日学习梵文和巴利文对他的影响。然而在1915年以后，白璧德开始频繁引用儒家经典。比如在他的第三本著作《卢梭与浪漫主义》中即有：“远东的经验还以

---

① 白璧德：“What is Humanism,” *Literature and the American College*，波士顿：霍顿·米夫林出版公司1908年版，第23—24页。又见中译本第16—17页。

② 托马斯·内文：*Irving Babbitt*：*An Intellectual Study*，教堂山：北卡罗莱纳大学出版社1984年版，第49—50页。

③ 侯健：“Irving Babbitt in China”，纽约州立大学斯托尼布鲁克分校博士论文，第9页。

④ 详参梅光迪回忆白璧德的文章，载弗德里克·曼彻斯特、奥德尔·谢泼德编 *Irving Babbitt*：*Man and Teacher*，纽约：普特南森出版公司1941年版，第112页。又见罗岗、陈春艳编《梅光迪文录》，辽宁教育出版社2001年版，第229页。

一种最令人感兴趣的方式完善和证明了西方的经验。如果我们想提出一种真正世界性的智慧来反对我们目前流行的自然主义的可怕的片面性，我们就不能忽略这一点。”他亦认可了梅光迪在他学习儒家经典的过程中所提供的帮助。[①] 而对于白璧德1930年写作的充满东方气质的《人文主义：一个解释》(Humanism：A Definition)，在侯健看来，那“几乎就是一份中文作品”[②]。白璧德的另一中国学生张歆海（1900—1971）同样也注意到在白璧德后期的作品中，将儒家视作“伟大的人文主义运动”[③]。可以说，白璧德于佛教和儒教之浓厚兴趣，同时代的学者中无人可出其右。1960年，当哈里·拉文被哈佛委任为比较文学专业的“欧文·白璧德讲座”教授时，他敏锐地指出：“白璧德对全世界最为重要的贡献之一便是他发掘了来自亚洲的思想对人类文明所具备的启发意义……他也许是当时对孔子现世的哲学最具同情的（西方/美国——译者）学者。”[④]

的确，白璧德在面对旧日的文化遗产时所秉持的谦逊态度让不少来自亚洲的学生很有亲切感。1923年他在法国的巴黎大学（索邦）讲课时，已经被一群亚洲学生簇拥。马库斯·高曼（Marcus S. Goldman）回忆道：“不少亚洲学生甚至专门来到巴黎，只为和他聊上几句。这些学生中多数是中国人，当然还包括不少日本人、韩国人和印度人。这些学生将白璧德视作当世圣贤。”高曼还转述了白璧德的朋友和同事穆尔的评论：“在我们那时，白璧德也许是唯一的一位被东方人认为是智者的美国学者，他也知道如何用恰当的方式接受他们这种对老师的崇敬。”[⑤] 马西尔（Louis J. A. Mercier），白璧德在哈佛的年轻同事（将新人文主义引介到欧洲的第一人），亦有题为“Mouvement

---

① 白璧德：*Rousseau and Romanticism*，波士顿：霍顿·米夫林出版公司1919年版，“序言”第19页，正文第381页。

② 侯健：“Irving Babbitt in China”，纽约州立大学斯托尼布鲁克分校博士论文，第8页。

③ 张歆海：“Irving Babbitt and Oriental Thought”，*Michigan Quarterly Review*，1965年第4期，第235页。

④ 哈里·拉文：*Irving Babbitt and the Teaching of Literature*，剑桥：哈佛大学出版社1961年版，第17、19页。

⑤ 弗德里克·曼彻斯特、奥德尔·谢泼德编：*Irving Babbitt*：*Man and Teacher*，纽约：普特南森出版公司1941年版，第238页。

Humaniste aux États – Unis”的回忆性文章。该文曾由吴宓翻译，发表在《学衡》杂志上。一位中国读者评论道：“我读尽了白璧德和穆尔的所有作品，我认为他们两人比马修·阿诺德（Matthew Arnold）更为深刻。他们的作品超越了时兴的那些肤浅轻薄、短暂易逝的学说，是人类文明与思想的高度结晶。”①

如果说中国学生们对于白璧德的学识感到印象深刻的话，白璧德其实亦对这些中国学生在写作深度和创作速度方面皆超乎美国同辈的能力感到惊奇。吴宓曾在日记中写道：“中国学生，从巴师（译者按：即白璧德）受学者，悉能洞明巴师讲学之旨意，深致尊崇。又皆聪慧勤劬，课业成绩极佳。故巴师及其夫人，均甚喜之，逢人辄为奖誉。”② 这在弗雷德里克·曼彻斯特（Frederick Manchester）的回忆文章中亦能得到印证。他对白璧德课堂上的一幕印象深刻：一天，白璧德问一个中国学生：“为什么你比课上其他人更容易地懂得我所讲的东西?”那位中国学生在回答时无疑想到了中国的一个类似西方浪漫主义的运动，于是说道：“道理很简单啊，因为中国两千年以前就经历过类似的事情了。”③

尽管白璧德和他的中国学生们关系融洽（他的中国出生的太太朵拉·德鲁在这方面可能助力甚多），当然，也不能说白璧德的治学路径对每一个其时在美国的中国学生都有吸引力。事实上，正如1921年他在一次中国学生年度聚会做主题演讲时略显伤感地说道：“只有不到十个在美的中国学生对西方学术中的艺术、文学、哲学领域感兴趣，这太少了，应该至少有一百人才像样。在你们的学术界中，应该有那种能够对孔子《论语》和亚里士多德《伦理学》进行对比研究的学者才对。”④ 最让他懊恼的是，大多数在西方留学的中

---

① 弗德里克·曼彻斯特、奥德尔·谢泼德编：*Irving Babbitt*：*Man and Teacher*，纽约：普特南森出版公司1941年版，第194页。

② 吴宓著，吴学昭编：《吴宓日记》第2卷，生活·读书·新知三联书店1998年版，第152页。

③ 弗德里克·曼彻斯特、奥德尔·谢泼德编：*Irving Babbitt*：*Man and Teacher*，纽约：普特南森出版公司1941年版，第130—131页。

④ 白璧德，“Humanistic Education in China and the West”，*The Chinese Students' Monthly*，第17卷第2期，第91页。

国学生都只对科学感兴趣，至多学习社会科学，而对人文学科较少问津。[①] 从这个角度来说，他对于人文主义的提倡也许相较于美国，对其时的中国来说更为必要。而即使是在美国学习人文学科的中国学生，如胡适，也对提倡将科学方法运用于历史学的实用主义更加感兴趣。虽然在白璧德看来，作为人道主义之“现代”范式的实用主义，事实上是对人类文明失之偏颇的歪曲理解。

那么那所谓的“不到十个”的勤勉的中国学生究竟如何呢？对这些人的学术兴趣、思想以及在何种情况下他们做出了来到哈佛、并师从白璧德的决定做一细致检审，实属必要之举。其中，梅光迪是一重要人物，因为他不仅仅是白璧德的“中国大弟子”，更在20世纪20年代成为反对新文化运动的学生们的精神导师。梅光迪和他的同侪之间实际存在诸多差异。与多数毕业于由美国退还“庚款”而创立的清华学堂的学友们不同，梅光迪在中国时所受的英语教育还极为有限。因此1910年他在第一次庚款考试中名落孙山便可想而知，而他的同乡胡适则一举成功。虽然梅光迪第二年再试成功，并被威斯康辛大学录取，但蹩脚的英文还是让他最初的学习困难重重。然而两相对比，他的旧学功底则非常扎实。在1905年清政府取消科举考试之前，梅光迪已经应了童子试，这在他的平辈人当中比较少见，更不用说那些留学美国的同学了。梅光迪甚至还带了些中国古代经典著述赴美，希望在美国上大学时把它们读完。但他很快便发现，在这“人生地不熟”的异国他乡，他所面对的困难比预想中要大得多。一方面，他时常卖弄学问的行为引起了同学的不满，背地里还被称为“老学究”；另一方面，他对西方文化与语言的茫然生疏则遭到了同学们的蔑视和嘲讽。梅光迪被迫深居简出，独自咀嚼这“人生中最为黑暗而痛苦的日子”。而胡适的中英文都非常流利，因此在与胡适的通信中，梅光迪常常表达出羡慕之情。但

---

① 详参汪一驹 *Chinese Intellectuals and the West*, *1872—1949*，教堂山：北卡罗来纳大学出版社1966年版；叶维力 *Seeking Modernity in China's Name*：*Chinese Students in the United States*, *1900—1927*，斯坦福：斯坦福大学出版社2001年版。

无论如何，梅光迪仍坚持自己儒家信徒的身份。

梅光迪在1913年转学西北大学、结识了刘伯明（1887—1923）之后，处境有所改善。作为西北大学的尖子生，刘伯明认为哈佛大学是个更好的选择，这也最终刺激梅光迪在两年以后再次转学，进入哈佛。① 梅光迪逐步适应了美国的生活和学习，他的英文也愈加流利，然而他仍然坚定地认可自己儒学门徒的身份，并渴望调和刚毅冷静的西方文学与中国的儒家传统。因此在听到西北大学一位教授的无心提及之后，梅光迪立刻找到白璧德的作品开始疯狂阅读，并将它们全部买下。梅光迪这样回忆道：

> 对我来说，那是一个全新的世界；或者说，是个被赋予了全新意义的旧世界。第一次，我意识到中国也必须在相同的精神的引导下做些事情；过去二十年，我们对自己的文化基础不分青红皂白地进行无情的批判，造成新旧文化间的差距愈拉愈大。现在，我们要在一个前所未有的非常时期，凭借日益积累的资源财富，跨越这种鸿沟；要在中国人的思想中牢固树立起历史继承感并使之不断加强。②

在结识白璧德20年后写了这样一段文字，梅光迪表达了对乃师最真实的崇敬。正如白璧德不愿退缩一般，梅光迪也坚持自己的信仰，那就是让当时的中国人重拾属于自己的文化遗产，让儒家的理念重焕生机。虽然因为这种观念，梅光迪被同学们戏谑为“老学究”，但他还是不愿意放弃自己的主张。恰在此时，白璧德，这位身处大洋彼岸的“圣哲”出现了，可想而知当时的梅光迪是多么兴奋，甚或欣喜若狂。对于梅光迪以及和他志趣相投、以拯救中国文化为己任的中国学生来说，白璧德的学问真正给了他们“开眼看世界”之感，那就是用人文的、而非科学的方法来诠释东西方的文化。这让他们开

① 梅光迪：《九年后的回忆》，《梅光迪文录》，（台北）联合出版中心1968年版，第28—29页。

② 详参梅光迪回忆白璧德的文章，载弗德里克·曼彻斯特、奥德尔·谢泼德编 *Irving Babbitt: Man and Teacher*，纽约：普特南森出版公司1941年版，第112页。又见罗岗、陈春艳编《梅光迪文录》，辽宁教育出版社2001年版，第229页。

始尝试以“阐释学”的角度来思考中国的文化改革。理查德·罗斯（Richard Ross）这样评论道：

> 在白壁德的西式教育的指导下，儒家的保守主义与西方哲学原理逐渐融合。如果儒家时代的中国可以永垂不朽，就像文艺复兴之前的西方持之不变一样，那就没有必要向西方寻求科学或政治的解脱了。的确，传统中国缺乏专门的科学技术或是普罗大众的民主，但这亦并不重要。因为这对于一个文明的延续来说实在是微不足道。①

在得到美国导师的支持以后，梅光迪备受鼓舞，也就在这样的背景下，他给胡适写了本文开头引述的那封信，宣称不仅儒家学说是人文主义的，而且整个中国在当时也对人文主义有着非常迫切的需要。梅光迪 1915 年被哈佛录取，胡适则同时进入了哥伦比亚大学，这是他们两人友情变化的一个转折点。梅光迪不再是那个常常向胡适诉苦、寻求答案和安慰的仰慕者了，而成为胡适推进中国文化的民主、科学大业道路上最坚决的反对者。当然，这个转变也非朝夕发生：梅光迪早前的个人经历，包括他幼时的科考以及初到美国的前几年间苦闷的日子共同为他铺就了一条通向新人文主义的道路。的确，在从西北大学毕业之前“发现”白璧德对他的职业生涯产生了巨大的影响，这不仅使得他可以去哈佛投在白璧德门下，更让他和胡适之间严肃的论辩成为可能。1915 年，在赴波士顿途中，梅光迪前往造访了住在纽约州旖色佳的朋友。他们和胡适的朋友们一起，就胡适关于“文学革命”的理念进行讨论。胡适对杜威实用主义的信奉，以及对现代民主制度的兴趣已经将他塑造成了对中国语言，尤其是文言文非常坚决的批评者。他认为文言文已经不合乎时代主流了，其讳莫如深的用典、对日用白话居高临下的傲慢态度都让胡适认为一场“文学革命”势在必行。而梅光迪对儒学的信奉，以及他新近接受的

---

① 理查德·罗斯：*The National Heritage Opposition to the New Culture and Literary Movement of China in the 1920s*，加利福尼亚大学伯克利分校，第 19—20 页。

人文主义信条使得他成为聚会中最为保守的一个，并且对胡适的理念表示强烈的反对。①

在那个炎炎夏日的激烈论辩中，双方都说服不了对方。尽管有不断的发问与回击，但讨论本身并无甚进展。很明显，辩论的核心已经不仅仅是一个文言与白话的问题了，它关涉的是两拨人对中国文化的不同见解。自从发现了令他心生敬仰的“圣哲”以后，梅光迪更加坚信科学和理性的时代不应该向那些保留了人类最美好之渴望与想象、并曾经孕育了世界文明中最伟大艺术与文学的永恒信仰宣战。② 在哈佛学习期间，梅光迪勉力地劝说其他中国学生来跟随白璧德学习，其中即包括吴宓、张歆海、楼光来和汤用彤。但比较而言，梅光迪的“对手”胡适则更为成功。在 1917 年回国之后，胡适不仅仅掀起了“文学革命”的热潮，更在此成功的基础上，对中国文化传统展开一全盘而彻底的“扫荡”，也将自己塑造成了举国知名的思想领袖。又一次，梅光迪落后了。1919 年，在胡适回国两年之后，梅光迪也漂洋过海回到中国，希望和胡适进行面对面的对决。然而一开始，梅光迪未能进入北京，仅能在天津南开大学求得一教职，直到一年以后，经老友刘伯明邀请赴南京的东南大学任教，梅光迪才终于找到了一处阵地，用以向胡适及其支持者们宣战。他还催促吴宓赶紧回国，与他并肩作战。这之后，越来越多的白璧德门人，比如汤用彤和楼光来都加入了他们的阵营。至 20 世纪 20 年代早期，由东南大学副校长兼教务长的刘伯明支持、英文系主任梅光迪领导，东南大学成为反对以北京大学为阵地的新文化运动的大本营。

这场与“新文化运动”针锋相对的运动以对中国文化传统的别样诠释为人所铭记。诠释角度的差异在于对传统文化的革新路径不同，尤其是在与西方文化整合的问题上。与“胡适们”要求对传统进行“科学”的重构不同，

---

① 详参胡适的回忆文章，载胡颂平编《胡适之先生年谱长编初稿》第 1 卷，（台北）联经出版事业公司 1984 年版，第 214—215 页。

② 梅光迪：“The Task of Our Generation”，*The Chinese Students' Monthly*，第 12 卷第 3 期，第 152—153 页。

梅光迪和他的“战友”们认为，虽然科学的论证及研究是现代社会的傲人产物，但它不能、也无法将人类文明演进过程中所有的文明成就一笔抹杀。现代文化的健康表征应该是在传统与现代之间求得平衡，一如白璧德所言，找到“适度法则”，或如儒家经典中的“中庸”概念所指涉的意涵一般。1922年，由梅光迪发起、但多数时候由吴宓负责编辑的《学衡》杂志创刊，梅光迪和同仁们郑重承诺，杂志会做到如下几点：

> （甲）本杂志于国学则主以切实之功夫，为精确之研究，然后整理而条析之，明其源流，著其旨要，以见吾国文化，有可与日月争光之价值。而后来学者，得有研究之津梁，探索之正轨。不至于望洋兴叹，劳而无功，或盲肆攻击，专图毁弃，而自以为得也。
>
> （乙）本杂志于西学则主博极群书，深窥底奥，然后明白辨析，审慎取择。庶使吾国学子潜心研究，兼收并览，不至道听途说，呼号标榜，陷于一偏而昧于大体也。
>
> （丙）本杂志行文则力求明畅雅洁。既不堆积饾饤，古字连篇，甘为学究，尤不敢故尚奇诡，妄矜创造，总期以吾国文字，表西来之思想，既达且雅，以见文字之效用，实系于作者之才力。苟能运用得宜，则吾国文字，自可适时达意，固无须更张其一定之文法，摧残其优美之形质也。①

与其他目标相比，“文字力求明畅雅洁，既达且雅，以见文字之效用”而“无须更张其一定之文法，摧残其优美之形质也”，似乎对现代的读者来说实显琐碎，然而在当时的语境中，则是“学衡派”区别于“文化运动者”的一大关键，表达了他们对传统文化的尊重态度。同时，这个争辩亦是对若干年前发生在腐色佳的激烈讨论的延续，只不过如今这成为了两场文化运动交锋的起点。终《学衡》存世的数十年中，它只刊发由文言文写作的文章。而为

① 此宣言见于各期《学衡》杂志目录之前。

了凸显文言文之“优美之形质”，杂志还在每期选登对仗工整、平仄和谐的古体诗歌。学衡派对文言文的坚持，以及他们以语言问题为切入角度理解中国文化转型的态度其实和现代阐释学的旨趣不谋而合。正如布莱斯·瓦柯特豪瑟尔（Brice R. Wachterhauser）所言：“语言和历史是诠释学最重要的两个面向。”[①] 像很多西方现代的诠释学家一样，学衡派也认识到语言往往是管窥人们思想和认知的优选途径，而在这一点上，他们和胡适的认识迥然不同。胡适认为，白话文冲出了传统语文习惯的重重枷锁，必然会加深国人对“科学”的现代文化的认识。尽管没能和西方的诠释学家一样，对“人类智识超越语言和历史，从而得以更加纯粹的认识自身”之有限性有所讨论，但学衡派激烈地反对由胡适和陈独秀发起的“文学革命”运动，并且认为他们所给予的理由——“中国语言中缺少与西方科学、艺术和文学相对应的术语”实在是太过荒谬。对于学衡派来说，发起如此规模的“语言改造”运动在当时实在是没有必要，因为正如西方语言的先例一般，语言本身会适应文化发展的步伐，而针对其间所产生的表达和语汇问题进行不断的自我调适。[②]

如果说学衡派对于语言问题的重视与诠释学家们不谋而合的话，那么它对中西文化的历史认知，或者说对两种文化之“历史性”的检审其实更加符合现代诠释学的旨趣。作为“诠释学”研究的一大关键所在，“历史性”关注“历史”和“认知”的内在联系：人类参与历史、在历史中寻求归属感，进而得以加深对其的理解。一如海德格尔所言，人的生命在存在论意义上是属于历史与时间的，就像伽达默尔评论的那样，“理解不是主体诸种可能性之一，而是‘此在’的存在方式”[③]。

对于学衡派来说，“历史感”对于理解文化传统以及文化传统与现代文化

① 布莱斯：“Introduction：History and Language in Understanding”，载布莱斯编 *Hermeneutics and Modern Philosophy*，奥尔巴尼：纽约州立大学出版社 1986 年版，第 6 页。

② 详参吴宓“Old and New in China”，*The Chinese Students' Monthly*，第 16 卷第 3 期，第 198—209 页。又可参吴宓《论新文化运动》，《学衡》第 4 期。该文重刊于孙尚扬、郭兰芳编《国故新知论：学衡派文化论著辑要》，中国广播电视出版社 1995 年版，第 78—96 页。

③ 伽达默尔：*Truth and Method*，纽约：十字街出版社 1988 年版，序言第 18 页。

之间的关系非常重要。早在1917年亦即《学衡》杂志创办之前，梅光迪就已经在一篇写作于美国的论文中坦言："对于我们的生活，以及对于西方生活的诠释必须基于一'历史'的认知。两种文明孰优孰劣，我们又该如何取舍，都应该建立在对它们'历史'的充分认知之上。毕竟，对'历史'的洞察是规避异想天开的现代人轻率、肤浅和华而不实举止的最明智选择。"①

梅光迪和其同事不仅仅想把这种理念应用在对中国文化的研究之上，还想借此刷新国人对西方文明的理解。1923年1月，当《学衡》创刊1周年之际，杂志社特地刊印了一则内容详细、篇幅不小的声明，阐明《学衡》杂志的创刊原因，并重申杂志意图融汇东西方文明的宗旨。声明称，《学衡》在当时发行的所有文学杂志中立足点特别、目的亦明确，即专注于复兴中国哲学、文学、艺术的文化意义。同时，杂志也着力介绍西方文明之精粹。声明最后提倡，应对东西方文明做一系统关照和理解。对于中国的文化传统来说，声明中写道："凡对中国传统文化进行说明、领悟、阐释、批判、系统整理、重新评价，抑或是讨论其在当代的应用的文章，杂志统统欢迎。"而对于西学的引介来说，则挑战更大。因为在当时，对于西方学术的引入既缺乏必要的手段，旨趣亦容易失之偏颇。所以国人常常接受的是片面而遭曲解的西学，不能察其全貌。如此，适度的纠正则有必要，因为"时事发展到了这个阶段，对西方文明做一次全盘展示，揭示其真正面貌，把西方文明中最为伟大的哲学、文学介绍给国人，让普罗大众知晓西方何以能够成为今日之西方，确为当务之急"②。

《学衡》对"历史意识"的强调在其刊载的文章上表现得非常明显。杂志虽由文学专业出身的梅光迪、吴宓主持，但在他们的眼里，批评家之责任除却博学、中正、具有道德感之外，还需要具备"历史"之眼光。③ 梅光迪

① 梅光迪："The Task of Our Generation", *The Chinese Students' Monthly*, 第12卷第3期，第154—155页。

② 详参《学衡》第13期，（台湾）学生书局1971年编辑，第1811—1814页。

③ 详参胡先骕《论批评家之责任》，载孙尚扬、郭兰芳编《国故新知论》，中国广播电视出版社1995年版，第280—291页。

言道：“凡治一学，必须有彻底研究。于其发达之历史，各派之比较得失，皆当悉其原委，以极上下古今融汇贯通之功，而后能不依傍他人，自具心得，为独立之鉴别批评，其关于此学所表示之意见，亦足取信于侪辈及社会一般之人，此之谓有专长。”[①] 梅光迪认为，以历史的角度理解问题是通往笃实学问的正确途径。学衡派对历史的兴趣在杂志的刊选目录中表现得很明显，作为一份文学杂志，《学衡》刊载了很多历史学家的文章，包括王国维、柳诒徵、陈寅恪、缪凤林、张荫麟，皆为一时之选。此外如张文建所概括，《学衡》杂志对史学理论和方法，尤其是西方史学领域的成果都很感兴趣，这在同时代的杂志中显得独树一帜。比如在杂志的第一期里，便有徐则陵对西方史学发展状况的介绍；而张荫麟基于在西方受到的学术训练而对历史哲学的分析则刊载在之后的一期杂志中。同时，对中国历史的研究也受到了杂志的青睐，比如柳诒徵就在杂志中首次连载了他著名的《中国文化史》，而陆懋德的同名著作亦然。[②]

《学衡》对中西史学比较研究的兴致既彰显了其融汇中西文化的想法，又表现在其他的方面。杂志宣称：“《学衡》对思想与文化持一适度、温和和中庸的态度。”[③] 这一态度亦表明《学衡》杂志的“新人文主义”和“儒家”思想倾向，而在“新人文主义”的方面表现得更突出一些。对于白璧德、梅光迪和其他人来说，他们不愿意接受达尔文主义的“进化论”学说，或是历史发展所遵循的绝对秩序。借用马修·阿诺德所言，白璧德最根本的出发点在于“聆听了解世界上最伟大的言行”。换句话说，他们不赞成现代科学的成功能够全盘否定人类历史上取得的诸般成就。相反，如吴宓转述阿诺德的话一般，“对古今中外最具智慧的思想和语言”做一了解极具必要。[④] 而这所谓的“思想和语言”当然亦包括那些保存在中国文化遗产中的精粹。有鉴于此，

---

① 梅光迪：《论今日吾国学术界之需要》，载孙尚扬、郭兰芳编《国故新知论》，第139—140页。

② 张文建：《学衡派的史学研究》，《史学史研究》1994年第2期。本段中其他引述皆见《学衡》各期杂志。

③ 详参《学衡》第13期，第1811页。

④ 吴宓：《文学研究法》，《学衡》1922年第2期。

新文化运动对中国传统文化声势浩大的全盘否定让学衡派感到非常痛心。但与幼稚的保守主义者不同，他们亦对西方深邃的思想持尊敬的态度，其中不仅囊括了人文学科的经典，亦包含现代科学之精华。

学衡派对人文主义传统的崇敬、对科学主义的抵制以及他们对新人文主义的激赏与现代阐释学的早期学术倾向非常契合。学衡派诸君意图寻求传统与现代的整合之道，亦即诠释学家口中的“历史性”来增进他们对人类的理解。伽达默尔在其成名作《真理与方法》（*Truth and Method*）第一章中，细致地爬梳了欧洲历史中的“人文主义传统”，并提出了另一种对其进行理解的可能性。通过对屈赖顿、狄尔泰诸人作品的讨论，伽达默尔对自然科学和人文科学的差别进行厘清，而对实证主义者力图将两者进行类比的做法提出质疑。伽达默尔之后更围绕认识论对此问题进行解释，而凸显出人文科学的特质。这表明了现代诠释学思想的基本前提便是接受科学和人文学科之间的差别，并且对人类思想和生活的独特性有所估计。进一步论，伽达默尔对“历史意识”的讨论，对“体验”的重视，对“视域融合”概念的提出，遑论全书架构中体现出来的历史视角，都与学衡派的关怀和旨趣不谋而合。

吊诡的是，早在伽达默尔之前半个世纪，白璧德便开始挑战科学主义之权威，当时他所针对的对象或许可以德国的历史学派为代表。德国历史学派常常以兰克的作品为人所知，他们力图把科学的方法运用在对人类生活的研究中，并将人文主义置于科学主义的对立面。该学派倾向于对原始资料进行考辨，用历史文献学（philology）抑或考证学的方法进行历史学及相关学科的研究，然亦产生了一些不良结果。比如在文学领域内，学者们开始转向对文本版本流传展开探讨，而故事内容则不再是他们关注的对象。在中国，胡适的名声卓著也一定程度上代表了此种风潮的盛行。傅斯年创立的历史语言研究所，即日后最能够代表中国历史学发展水平的研究机构之一，亦在此背景下应运而生。作为他们的对手，学衡派则意图对此进行反拨。然而不客气地说，白璧德和他的中国门徒在东西方的两场较量中其实都败下阵来。但反过来看，其实他们对于人文主义的捍卫亦未输得太多。让白璧德、梅光迪、吴宓甚至是他们的对手们亦始料未及的是，在孕育了德国历史学派的文化土壤中，同样也出现了关注文化并对人类生活进行别样诠析的思潮。现代诠释学的兴起正与此思潮相关。而现代诠释学的间接渊源，又可追溯到20世纪初年的中美学术圈。

（原载《江海学刊》2014年第4期）

毁灭与重生的纠结：20 世纪三四十年代中国农村手工业前途之争

李金铮

在传统中国社会，自然经济和简单商品经济相结合的“耕织”家庭经济，一直是最具中国特色的经济模式，“牛郎织女”即其典型称谓。如果说农业是农村经济的核心，那么家庭手工业则是仅次于农业的重要组成部分。近代以来，随着外国机器工业品的输入，中国家庭手工业逐渐遭到冲击和解体的厄运。中国民族工业的产生和发展，则进一步加剧了这一趋势。到 20 世纪 30 年代初，在天灾人祸频发和世界经济危机的漩涡之中，家庭手工业更是爆出了急剧衰退的现象，给农家经济和农民生产带来严重的影响。时代及其情状是滋生议论和思想的土壤，对家庭手工业解体这一经济现象和未来的前途命运，早在鸦片战争之后就开始引起社会各界的关注，当时更多是描述手工业的悲惨命运，对手工业的前途并没有太多的讨论。到 20 世纪三四十年代，讨论视角发生了变化，即从原来的单一悲惨论转为从传统与现代的关系，进一步说就是在传统手工业与现代机器工业的关系的框架内进行讨论，而且讨论之热烈是空前的，反映了国家对中国经济复兴的企盼和学术界、思想界的自由言说气氛。这一时期的讨论内容非常丰富和系统，既涉及家庭手工业的解体或延续，也包括导致这些现象的复杂因素，更论及家庭手工业的前景。本文之主旨，侧重探讨这一时期中国学界对家庭手工业前途的论争，它不仅是中国近代经济思想史的一个重要内容，而且具有一定的理论意义和实践意义。此前，该题似未引起应有的注意，不能不说是中国近代经济思想史尤其是乡村建设思想史研究的一个缺憾。

手工业必然解体与必须发展机器工业

持此看法的学者，主要有严中平、陶孟和和张培刚等学者。他们的主要观点是，中国农村家庭手工业是落后的生产方式，在机器工业的冲击下必然导致解体的局面，只有发展机器工业，才是中国经济的唯一出路。这一看法，主要是以现代化理论为标准，对中国手工业发展前途做出判断。

经济史家严中平是研究中国棉纺织业史的权威。他以棉纺织业为中心，全面分析了中国手工业和近代机器工业的演变历程、相互关系和发展趋势，形成了对中国手工棉纺织业的基本判断：在机纱机布的冲击下，手工棉纺织业一方面在解体，另一方面又艰难地延续着，但最终结局必归于消灭。

第一次鸦片战争之后，洋纱洋布在中国的销售曾遭遇中国古老的手工棉纺织业的顽强抵抗。第二次鸦片战争以后，在低率关税和子口税的保护之下，洋纱洋布逐步由通商口岸深入腹地，由城市深入农村，由少数市民偶用的消费品变为广大群众的生活必需品。这样一来，就如严中平所说，旧式手工棉纺织业的衰退一天比一天显著，“经过了三十年外洋纱布狂潮的袭击，中国手工纺织业必归破灭的命运是最后地确定无疑了”①。

不过，中国手工纺织业并未完全消失，而是在整个近代一直延续。之所以如此，严中平认为有三个方面的原因：第一，补充农业生产之不足。“离开了家庭手工业，这些农民不可能单靠农业维持他一家的生存……农工结合，恰恰就使他们组成一个生存力极端顽强坚韧的小生产单位。”第二，以机器工业品为原料，反而促进了手工织布业的发展。机纱冲击的结果，虽然不少从事手工纺纱的农民被剥夺了生计，但他们转而用机纱织布，机纱“为手织业开辟了新的活动领域，亦且在产量方面，解除了手织业的桎梏”。第三，中国地域广阔，手工棉纺织业仍有较大的市场需求。即便是遭受冲击最大的手工

① 严中平：《中国棉纺织史稿》，科学出版社 1955 年版，第 69 页。

纺纱业，也没有被机纱完全冲垮，因为机纱尚不能满足全国人民的消费。我国人口有四亿，需要纱机 4000 万枚达到棉纱自给，至少也需要 2000 万锭，但全国中外籍纱厂的纱机总数还不到 553 万锭，那么不足之数只能靠手纺纱弥补。土布业更是如此，中国棉布消费总量为 5573 百万码，其中机制棉布 1596 百万码，仅为总消费量的 29%，其余 71% 的棉布消费需要依靠手工织布供应。①

尽管如此，严中平还是认为手工棉纺织业面临着巨大困难，终致无法与机纱机布竞争而落败。首先，向来是中国土布的三大市场都遇到空前的危机。南洋是土布的第一大出口市场，近年来却由于日货的倾销，一蹶不振，几近绝迹。东北地区是土布的第二大市场，南通、宝坻、高阳、潍县等地著名织布区的土布多以东北为尾闾，但在“九·一八”以前，就已开始遭受日货的竞争而日趋萎缩，而此后已全在日人掌握之中，结果不言而喻。西北诸省是土布的第三大市场，晋察绥蒙等地一向为河北高阳、定县、行唐、正定等县土布的销场，但察绥蒙已成为日俄棉货的角逐场所。只有河南、陕西、甘肃诸省尚吸收不少土布，但中外纱厂的机制布匹随陇海路的西展而大量涌入，竞争结果是不难预卜的。其次，严中平更从经济理论上对手工棉纺织业与机器纺织业进行比较和分析，认为手工棉纺织业根本没有与机器纺织业竞争的能力。他以定县为例，对机器纺织业和手工纺织业的生产效率分别做了计算，认为土纱土布的生产有四大弱点：生产工具落后、工作效率低、生产成本高、产品质量差。相反，纺纱机的性能已到了极为复杂精确的程度，各道工序彼此相连，效率甚高，至于高支数细纱的抽纺更为手纺纱所不及。而动力织机的生产效率之高、生产成本之低，也是手织机无法相比的。在此基础上，严中平断言，手纺纱及手织业“两者受机制品之竞争，皆必归于消灭”②。

针对国内有些人提倡继续发展手工业，严中平批评“其志可嘉，其愚实

① 严中平：《中国棉纺织史稿》，科学出版社 1955 年版，第 51、314 页；严中平：《手工棉纺织业问题》，《中山文化教育馆季刊》第 4 卷第 3 期，1937 年 7 月。

② 严中平：《手工棉纺织业问题》，《中山文化教育馆季刊》第 4 卷第 3 期，1937 年 7 月。

不可及”。他说，中国正需要一个大刀阔斧的经济变革，民族危亡绝不是小缝小补所能挽救的。中国至少须有 1000 万—2000 万锭纱机、六七百万台布机才足自给，而手纺车与足踏机纵如何改良，亦不能当此大任。况且，资金缺乏为我国工业界的通病，尤为纺织厂之大患，纺织业正当以有限的资金力谋机器纺织业的改良扩充。而提倡手纺织，不独徒劳无功，其分散资金，贻误良机，当为罪不可恕。至于农民方面，副业衰落虽将增加其穷困，然农民穷困的根本解决，更非走农作机械化、科学化一途不可，岂救济手工业所能奏效？如果舍弃机纺织业，仅发展手工业，其结果不过是为在华日籍纺织厂留下广大的扩展地盘而已，手纺织业是不能长久存在的。①

要之，严中平坚信，资本主义世界商业的发展，必然改变一切落后的生产方式，中国小农经济既不能永久拒洋货势力于乡村之外，则中国民族工业资本主义化终必发生，乃是极自然的事情。中国小农经济之破坏乃是中国国民经济进一步发展的前导，经历尽管惨痛，实是不可避免的步骤。②

陶孟和是著名社会学家，他没有专门研究过手工业，但在给张世文的《定县农村工业调查》所作的序言中提出了自己的看法。陶孟和认为，当现代工业国家的制造品侵入中国市场的时候，中国手工制造品虽还没有完全绝迹，但大部分都被机械制造品所代替而渐归于消灭。如果外国的机械制造品占领了中国的全部市场，中国乡村手工业的末日就到了。同样，如果国内都市的机器生产完全代替了乡村生产，乡村手工业也无立足之地。近代工业之所以连续不已地打倒了手工业，一方面是因为汽力、水力、电力供给了强过筋肉无数倍的动力，另一方面是因为发明不已、改良不已、巧夺人工的机械。他进而指出，只有利用自然的动力、机械、科学研究与组织，乡村工业才能生存，科学家、工业家、经济学家要担负起工业现代化的责任。当乡村工业充分现代化的时候，其乡村的名目或者还可以保存，但是其原来的形象则全失

① 严中平：《手工棉纺织业问题》，《中山文化教育馆季刊》第 4 卷第 3 期，1937 年 7 月。

② 严中平：《中国棉纺织史稿》，科学出版社 1955 年版，第 3 页。

掉了。[①] 可见，陶孟和虽然认为家庭手工业必然被机器工业所替代，但仍有在乡村发展现代工业的可能，这与严中平的看法有些不同。

经济学者张培刚的态度较为激烈。他不仅反对提倡农村手工业，而且认为在农村建立工业的观点也是反动的。其理由是，在帝国主义经济侵略之下，都市工业不容易建立，农村工业更难以培植。我们既然不能实行关门主义，帝国主义的货物倾销就可以伸张到农村来，以肉体与机器相竞争，结果只有失败。高阳、潍县比较有点根基的小工业，尚且不堪压迫而日趋衰落，其他更可想而知。还要看到，在许多乡村里，一般农人宁可购买洋布，而不穿用乡村工业的出产品土布了。所以，中国经济建设前途是走不通农村工业这条路的，产业革命的结果是使机器代替人工，使工厂制度代替手工业制度，使工厂生产代替家庭生产，工业化是一种必然的趋势。在这个时候，提倡农村工业，尤其是把农村工业当作走上工业经济的过渡方法自然是倒行逆施。[②]

不难看出，以上几位学者的看法基本上延续了近代以来许多人宣扬的现代化主张。其经济发展的逻辑和目标没有问题，其改变中国落后面貌的立足点也不容置疑，但由于没有或很少虑及中国农家经济的现状和需求，理论与实际之间存在相当的距离。

手工业陷于崩溃之途与眼下仍有提倡之必要

持此看法的学者，主要有郭大力、杨庆堃、张世文、戴乐仁和千家驹等学者。他们的核心观点是，在机器工业的冲击下，中国农村家庭手工业必然陷于崩溃之途，但考虑到人多地少和经济发展、农民生活的需要，仍要发展家庭手工业。这一见解，体现了现代经济趋势与农村社会经济基础之间的张力。

郭大力是著名马克思主义经济学家。他认为，一个人兼做许多事情的结

① 张世文：《定县农村工业调查》，陶孟和序，四川民族出版社1991年版，第6—7页。

② 张培刚：《第三条路走得通吗？》（1935年2月），载罗荣渠主编《从“西化”到现代化——五四以来有关中国文化趋向和发展道路论争文选》，北京大学出版社1990年版，第779—783页。

果，是降低了劳动的熟练和劳动生产力。工业发展的趋势，不是增加而是剥夺农村副业，这种副业的存在是工业发展的阻力。但从另一方面说，农村副业又是农村经济一个重要的支柱，在种种负担下农民的生活与生产仍能勉强维持下去，是因为有这种副业的存在。如果一个农民家庭耕作十亩刚好维持他们自己的生活，但纳租付息后，就必须耕作二十亩了，不过土地存量又是有限的，农民不能随意扩大耕地面积，为维持生存就不能不注意于农业以外的工作。尤其是在大饥馑发生之时，农村之所以容易复苏，也就是因为农民有农村副业这个出路。①

社会学家杨庆堃，对农村家庭工业能否在现代经济系统中继续存在的问题也做了分析。他认为，手工艺和家庭工业本来是中世纪经济系统中的特色，然而工业革命一来，就被打破了。随着市场的扩大，大规模生产跃居统治地位，适于人口流动加速、分工精细、运输发达的社会，其压倒家庭工业乃属当然，因此要拿家庭工业去适应机械世纪的需要，完全是妄想。若要靠家庭工业去挽回农村经济的危机，也终会变成凄惨幻灭的空想，并将耽误新工业制度的来临。我们所要的是树立远大的将来，而绝不是因循以往。与其要立志去提倡家庭工业，不如先去研究几个可能性的家庭工业，也就是说，提倡某几种在技术和生产上具有特殊根据的家庭工业还是有点希望的。② 可见，杨庆堃并不是要继续延续所有的家庭手工业，而是具有发展可能性的家庭工业，与郭大力的认识有一定差别。

另一社会学家张世文，更以自己主持定县农村工业调查的经验提出了自己的看法。他指出，中国乡村家庭手工业前途的危机是不能否认的。其主要表现是：外国与本国大工厂廉价的出品渐渐地侵夺了内地乡村工业的市场；手工业品制造技艺不加改良，不求进步，固守旧法；从事加工手工业品制造的生产者毫无组织，有如一盘散沙。不过，张世文又认为，家庭工业至今仍

① 郭大力：《生产建设论》（1937年2月），彭泽益：《中国近代手工业史资料》第三卷，中华书局1962年版，第745—746页。

② 杨庆堃：《农村家庭工业运动的基本问题（续）》，《大公报》1934年1月18日。

有其存在的理由：家庭手工业所需的原料，多半可取之于本地与附近地方，甚至于家庭自产，既不用钱买，又不花运费；农家从事家庭手工业多在农闲，工作者又都是家庭分子，人工不要花钱；家庭手工业的出品普遍多供本地与附近市场的需要，在运输与销售上都十分便利；从事家庭工业不但补助家庭进款，且能得到副产物的收入。张世文还从工业制度上进行分析，认为中国工业应该集中与分散并重，国防工业、交通工业、机器工业、矿产、动力等，可由国家集中经营，而供给人民日常生活需要的种种工业，可尽量分散在各地乡村。散在民间去制造，有许多利益，譬如：节省原料与制造品的运输费用，减少消费者负担；吸收大量便宜的剩余劳动力，防止乡村人口大量跑往城市，增加都市的许多问题；提高农村财富，促进农村的稳定建设；城市金融也回流乡村，助长各种生产事业；在战争时，可免敌人的轰炸摧残整个的国家工业；尤其是在外有帝国主义经济侵略、内有农村经济破产的恐慌之下，大工业无从发展，工业散在民间，利用当地与附近的廉价原料与劳动，再利用合作统制的组织，很可以与外国廉价的商品做最后的抵抗，解决民族生计问题，打破民族经济的生死关头。①

曾任燕京大学经济系教授的英国人戴乐仁，也认为中国自鸦片战争后，外国的机制商品，深入到中国腹地，其货色均一，品质优良，成本既少，售价颇低，而中国的手工产品，既粗笨，又零星，费工既多，价格又贵，相形之下，自然见绌。结果，中国所有手工业不得不归于崩溃之一途，利权外溢，不可以数计，以至于农村濒于破产之境地。尽管如此，戴乐仁仍然指出，倡办农村工业实为中国农村破产的补救之道。1933 年是世界经济最恐慌最不景气的一年，中国农民至少有 5500 万以上的失业人口，而那时其他国家所有失业的人数才不过 3000 万人。这样的一个大问题，不是只兴办几个、几十个或几百个如城市中的大工厂所能解决的，除了普遍的倡办农村工业，利用其过剩的工力，以谋救济并提高其生活外，是没有第二条道路的。当时有人批评

① 张世文：《定县农村工业调查》，四川民族出版社 1991 年版，第 38—40 页。

戴乐仁的主张是“开倒车”，不识时务，但他坚持己见，说自己既不是“开倒车”，更不是走错路，而是想把农村原有的手工业，施以科学化的整理与辅助，再逐渐创办新工业，抵制舶来商品，直接地力谋农民生活程度之提高，间接地增厚国家整个的经济力。农村工业并不是18世纪那古董式的老套，而是要把现代化机器生产的方式与技术介绍到农村，重新造成一种现代化的农村新工业。[①]

千家驹的看法也来自实证研究。抗战以前，他原本认为我国的农村手工业，因受帝国主义的长期侵蚀，已经逐渐走向没落与崩溃之途，没有办法复兴农村手工业，也不必去复兴它，因为手工业被机器工业的代替是历史必然的发展过程。不过，他经过对广西农村手工业进行考察之后，改变了这种单一的崩溃观，而是一方面认为，自资本主义物美价廉的洋布侵入乡村后，广西手工纺织业随之破产，机杼之声不复可闻；但同时又认为，广西地处偏陲，交通阻梗，洋布侵入的势力较滞，且人民生活简朴，故土布仍能保持一部分市场，土布业在广西国民经济中仍占一重要地位。此种土布业存在的基础，并非由于该省经济的发展，而是基于经济发展的落后。如果该省的交通日渐开发，而土布业的生产方法又不加改良，则此种脆弱的手工业将随时代而日渐削减。即便如此，他仍主张不能放弃手工业，认为如果政府能加以提倡，改良织机，供给资金，集中生产，组织原料供给及产品运销机关，则以乡村工业自身本有的种种优点，此种改良土布在将来或仍可占相当的地位。抗战爆发之后，千家驹根据已经变化了的局势，更加强调这一观点。他指出，由于工业中心通商大埠沦陷，国际贸易被封锁，许多日用工业品的来源异常缺乏，促使代用品及手工制品的需求增加，于是农村手工业得到一个复苏的良机。在乡下，我们许多年已经听不到的布机声，这时也唧唧地响起来了，许多过去被洋货排挤得奄奄一息的农家副业，这时都得到空前繁荣的发展（如土纸、香烟、火柴等）。不仅如此，在战时，可以利用战区的难民或技术工人从事手工业，这

① 戴乐仁：《中国农村工业之亟需及倡办》，《大公报》1935年6月16日。

不仅解决了他们的生活问题，也可以增加后方的生产。正是由于农村手工业的复兴，既活泼了农村的经济，也增强了后方抗战的经济能力。①

与第一种主张相比，以上学者的看法将“西学”现代化的标杆与中国本土实际结合了起来。持此观点的主要是马克思主义学者，在此问题上也不偏激。

机器工业化不易完全实现与仍要发展农村手工业

持此看法者，主要有李景汉、顾毓瑔、吴知、郑林庄、王达三等学者。他们的主要观点是，机器工业的实现并非一蹴而就，而是要有一个过程。在机器工业化完成以前，仍可以发展农村手工业。这一主张，更多体现了传统经济向现代经济的递进与互补关系。

李景汉是著名社会学家，曾任平教会定县实验区社会调查部主任。他说，有人以为农村手工业根本没有维持的可能，机械工业迟早要打倒手工业；有人以为若要保存农村工业，非使现在的农村工业从速现代化不可；也有人主张轻便的小工业是应该分散于农村，不应该使工业都集中于都市。但无论如何，大规模的机械工业不能完全代替手工业，总有一部分手工业不是机械所能替代的。因此，我们应该调查和研究什么是机械不能替代的手工业，什么是不能与机械抗争的手工业，这样就可以对中国的农村手工业有适当的计划。以中国农民之众、农闲之多、与人力之贱，得到合宜有利的农村副业与农村经济大有关系，若任其自然变化，而不加以指导与统制，则中国农村工业的没落必更甚于今日，结果是不堪设想的。②

纺织机械制造专家、工业化学家顾毓瑔，从手工业生产所占的地位和解决农民失业的角度进行分析。他指出，一般提倡工业的人，只看见“现代工业”是唯一的时代产物，手艺工业在优胜劣败的争斗中是必败无疑的，虽欲

① 千家驹等：《广西省经济概况》，商务印书馆 1936 年版，第5—7 页；千家驹：《抗战中的农村经济问题》，《中国农村》第 6 卷第 2 期，1939 年 10 月，第 4 页。

② 张世文：《定县农村工业调查》，李景汉序，四川民族出版社 1991 年版，第 2 页。

竭力提倡必致徒劳无益。若是认定了现代工业化的必然性，似乎就应同时宣告手艺工业的死刑。但事实上，中国还没有脱离农业生产社会，现代工业虽在不断进展，但要算起工业生产的总账，手艺工业生产仍是十分重要的组成部分。他还认为，中国农村经济的衰落濒于崩溃，一方面是农业本身的问题，另一方面则不是农业本身，而是农村的失业问题。因为农业的季候性，农业人口不能全年利用生产能力，结果形成无形的失业，再继之以离村运动，中国农业生产更是锐减。要解决农村的失业问题，要增加农民的生产能力，提倡农村副业是最自然最合理的途径。手艺工业与农村本有共存共荣的关系，大凡手艺工业发达的地域，农村经济都是较好的。①

经济学者吴知，以调查和研究高阳织布业而闻名。他从廉价劳动力和挽留乡村人口的角度提出了自己的见解。他说，中国人以往尝自夸“地大物博，天府之国”，但实际上，中国的天然资源如原料动力的供给，似乎不足发展大规模工业之用。我们别的不能和人家来比，最丰富而价廉的劳力乃是任何国家所不能比的，我们可以举出很多关于使用劳力比使用机器还便宜的例子。因此，应该充分利用这一优势来弥补我们在原料和动力方面不足的缺憾。研究中国工业问题，应竭力提倡促进日用品的轻工业，如纺织、面粉、火柴、造纸等以及固有而优良的乡村工业。中国农业是富于季节性的，农民的空闲时间如此之多，如不设法利用，时间上的浪费实在可惜，如能用本地的原料从事生产事业，可以增加农家收入，在同一面积的土地上比之没有乡村工业的可以容纳更多的人口。另外，城市愈发达，乡村人口愈往城里跑，结果城里人口拥挤得厉害，而乡村里竟缺少耕地的人，以致农业衰落，粮食和原料不能自给。要使乡下人不往城里跑，就要设法改善和提高乡下人的生活程度，假若乡下人也能得到舒适的生活，享受到与城市差不多高低的生活程度，自然就不会都往城里跑了。有效的办法就是使乡村工业化，在乡村提倡小工业。总之，我们一方面不忘建设重工业及基本的化学工业，同时也不能藐视我国

---

① 顾毓瑔：《手艺工业与农村复兴》，《东方杂志》第32卷第7号，1935年4月，第55页。

固有的乡村工业而任其消灭，要重新来估计乡村工业的价值，阐明乡村工业在国民经济中的地位，改造它们的阵营以适应近代的环境。①

郑林庄是农业经济学家。他说，都市的大规模工业须具备三个条件，才能得到长足的发展。一是有自主的国民经济，二是有一片可做工业化生产过剩之销售尾闾的土地，三是有一群真实的科学家和有科学意识的民众。不过，中国尚不具备这三个条件，不易有建立一个都市工业的机会。但又不能因此而畏难退缩，而是要在农业上实现工业化，在农村里建设工业的基础。换句话说，因为受了客观的限制，已不能在农业之外另建立大规模的都市工业，但可以在农村里面培植小规模的农村工业。由于小规模的农村工业是分散的，多少可以免除帝国主义的束缚，也可以达到自供自给的状态，而不向外夺取市场，还可以不需要根本的“改造”，而是就现况进行“改良”。如果将都市工业与农村工业相比，前者是百年大计，是将来的目标，后者是救亡图存的方针，是应该努力的一份工作。中国经济危机的成因，是在失业和无业的问题上，都市工业虽也可以增加工作，但现代工业重在机械的利用，吸收人工究属有限。都市工业的建设需要大资本、大改造，也非中国一时所能办到的。中国的危机已到燃眉燎原的地步了，但远水岂能救近火。农村工业却不然，它是在每个农家里，或乡村工厂中，集家人或乡民来共同进行，是不需要大量资本的，而且注重利用过剩劳力，故此兴办较易，设立也较快。如此一来，在农村里面有了农业与工业相并进行，失业的问题就可以解决了，一个国家在改变制度期间国民所发生的彷徨心理也就可以解除了。更重要的是，都市工业也可由此而萌芽，这不是过渡时期最简捷的办法吗?②

经济学者王达三也指出，由低级化封建型的农业经济阶段演进为高级化社会型的工业经济阶段，必为渐演的，而非为突进的。中国工业化的过程，

---

① 吴知：《乡村织布工业的一个研究》，商务印书馆1936年版，引言第3页；吴知：《工农立国下中国乡村工业的新评价》，《大公报》1935年7月24日。

② 郑林庄：《我们可走第三条路》（1935年1月），载罗荣渠主编《从“西化”到现代化——五四以来有关中国文化趋向和发展道路论争文选》，北京大学出版社1990年版，第770—772页。

必肇端于农村手工业，而完成于制造工业现代化。农业工业间的过渡阶段，必有一个复合的经济组织为桥梁，这种过渡桥梁，便是提倡农村工业。尤其是在中国“才”“财”极端贫乏之际，贸然着手于大规模的工业建设，谈何容易？补救之道，惟发展乡村工业是赖！在中国民族工业尚未建立以前，农村工业却因外来经济势力之摧毁而崩溃，由此制造出大量的相对过剩人口，他们大多不能移往工业区域而为产业工人，于是被迫出售廉价的劳动力。那么解决这一问题最妥善最有效的办法，就只有图谋农村工业发展，使相对的过剩人口寻得维持生活方法的机会。①

以上看法，与第二种看法有相似之处，但所不同者，是他们将现代机器工业的建立视为一个渐进过程，正是在此意义上，才有继续发展农村手工业的必要。也就是说，这种主张比第二种更趋温和。

机器工业与农村手工业的多重纠葛与发展农村工业

与其他学者相比，著名社会学家费孝通对机器工业与农村手工业的关系、对农村手工业的发展问题，做了最为全面的研究，并提出了独到的见解。②

首先，费孝通认为，中国农村手工业遭到机器工业的冲击，农家经济和农民生活都受到严重的影响。如江南，农民以前能够从蚕丝和棉织品的出口中取得利润，以补偿农村的财富外流，但随着外国货的挤压，农村手工业急速衰退，城镇和农村之间的经济平衡被打破，从而导致农民的贫穷和破产。③换句话说，原本是城乡经济纽带的手工业遭到解体，农家收入的一个传统来源丧失了。

---

① 王达三：《农村怎样可以自力更生》，《民间》第3卷第19期，1937年2月，第1—3页。

② 此节参考拙作《“研究清楚才动手”：20世纪三四十年代费孝通的农村经济思想》有关部分，《近代史研究》2014年第4期。

③ 费孝通：《中国绅士》，中国社会科学出版社2006年版，第78—79页；费孝通：《江村经济》，江苏人民出版社1986年版，第11—12、196页。

其次，农村手工业是无法和机器工业竞争的。传统手工业都是没有组织的自营小手工业者，无论是生产工具、劳动力水平还是经营规模，都无法与西方机器工业相提并论。“无论他们如何技艺娴熟，他们是在与机器进行一场注定失败的战斗。”① 这一认识并非自我泄气，而是残酷的现实。

最后，仍要坚持发展农村手工业。与戴乐仁一样，费孝通也被那些认为必须发展机器工业以代替手工业的学者讥为“开倒车”。然而，费孝通形象地将他们比喻为企图根本解决问题的“心肠硬”，而自己是寻求过渡办法的“心肠软”。② 为此，他发表了四个方面的见解。

其一，只有发展农村手工业，才能增加农民收入，避免农民饥饿。费氏强调，“中国农业并不能单独养活乡村中的人口”。农作物与手工业在农家收入中最为重要，在农作物不改变的前提下，手工业最有可能增加农民的收入。对于佃户家庭，手工业尤其不可或缺，佃户交了地租后，所余并不够养活自己，但他们仍愿意承租土地，秘密就在于佃户不是全靠土地收获来维持生活，而是还从事各种手工业，增加收入。然而，面对手工业的衰落，而农民又没有新的职业可以替代的情况下，救急就成了首要的任务。小手工业者“必须坚持斗争，因为不然的话他们将无法生存。结果是中国最终将变成一个农业国，纯粹而又简单，而一个农业的中国将不可避免地是一个饥饿的中国”③。

其二，农村手工业仍有生存的空间。费孝通不同意将手工业和机器工业

---

① 费孝通：《中国绅士》，中国社会科学出版社 2006 年版，第 78 页；费孝通：《禄村农田》（1940 年），载《费孝通文集》第 2 卷，群言出版社 1999 年版，第 422—423 页；费孝通：《人性和机器——中国手工业的前途》（1946 年 3 月），《费孝通文集》第 3 卷，群言出版社 1999 年版，第 391 页。

② 费孝通：《小康经济——敬答吴景超先生对〈人性和机器〉的批评》（1947 年 10 月），《费孝通文集》第 5 卷，群言出版社 1999 年版，第 430 页；费孝通：《乡土重建》（1948 年 6 月），《费孝通文集》第 4 卷，群言出版社 1999 年版，第 384 页。

③ 费孝通：《中国乡村工业》（1941 年），《费孝通文集》第 3 卷，群言出版社 1999 年版，第 5 页；费孝通：《乡土重建》（1948 年 6 月），《费孝通文集》第 4 卷，群言出版社 1999 年版，第 382—383、435 页；费孝通：《江村经济》，江苏人民出版社 1986 年版，第 200 页；费孝通：《中国绅士》，中国社会科学出版社 2006 年版，第 78 页；费孝通：《禄村农田》（1940 年），《费孝通文集》第 2 卷，群言出版社 1999 年版，第 423 页。

二元对立，而乡土工业必然失败的说法。他认为，手工业虽不能与机器工业竞争，但并不意味着手工业完全丧失了生存的余地。即便在高度机械化的制造工业里，手工还是有着重要的地位，在普通的轻工业中就更占很大的部分。手工部分在乡土工业里尽可保留在家庭里，需要机器的部分则集中在小型工厂里，手工和机器不妨配合起来，二者是相互依存的。①

其三，城市工业不能完全解决农村剩余劳动力问题。近代中国城市工业在国民经济中的比例一直很小，吸引农村劳动力的数量有限，远不能解决大多数农民的问题。即使是已经被城市工业吸收的农村劳动力，也不比原来的境遇好多少。“农村姑娘被吸引到城市工厂去工作，挣微薄的工资，几乎不能养活自己。她们离开了自己的家。这种过程既损害了城市工人又破坏了农村的家庭。如果中国工业只能以牺牲穷苦农民为代价而发展的话，这个代价就未免太大了。”②

其四，发展工业的类型，不是效率优先，而是适合农民大众的需要。在生产效率与大众需求之间，需求是第一位的。费孝通强调，他并不反对在都市建立大规模工业的主张，但在中国农村，最重要的不是理想型的工业组织，而是一种适合农民大众的实际工业类型。如果按照最近几个世纪欧美的工业模式——集中于都市地区，并掌握在少数资本家手里而发展，它将冲击村庄里所有的庭院工业，减少农民的收入，加剧农村人口的悲惨境地。为了农民的利益，我们所寻求的是一开始就能避免这一不幸的道路。不仅如此，即便为了都市工业的发展，也不能忽视农村手工业的存在。因为农民大众如果不能分享工业的利润而只会身受其害，将使他们的生计更加艰难，而中国工业的成长也将受到市场萎缩的阻碍。更要考虑中国人口压力和小农经济的现实，正是这一现实对单纯提高劳动效率的现代工业模式提出了挑战。谁不想一转

---

① 费孝通：《乡土重建》（1948 年 6 月），《费孝通文集》第 4 卷，群言出版社 1999 年版，第 390 页。

② 费孝通：《江村经济》，江苏人民出版社 1986 年版，第 149 页。1957 年，费孝通重访江村，对工业集中都市的危害又提出了一个新的看法，即社会上已经出现了许多不易解决的问题，即人口不必要的集中是有害无利的。（费孝通：《江村经济》，江苏人民出版社 1986 年版，第 227 页）

眼中国就有美国那样多的工厂，但我们首先要承认“这样多人耕种得这样久的古老的土地。承认限制是自由的开始……让我再问：除了给农民工业，有什么方法能有效地增加他们的收入？”①

那么，什么是切合中国农村实际的工业发展道路呢？费孝通将之界定为保留分散化的农村工业模式，并向机器生产迈进。从发达国家的历史来看，在工业发展第一阶段，通过机器设备和人口集中来完成，技术进步与城市中心带的发展基本上是同步的，这主要归功于蒸汽动力的使用。不过，当电力被引入后，制造业的分散就不是发展中的倒退而是现代工业的普遍趋势了，分散模式变得更为经济。中国作为现代工业世界中的后来者，分散化的工业模式更值得推荐，而其传统工业恰恰是分散了的工业——分散在无数的家院之内，在最近的将来，农村地区不大可能发生彻底的变动，所以应该保留这种分散的工业形式。为了消除一些学者对他所谓“开倒车”的误解，费孝通还特别强调两点：其一，乡村工业的分散不是绝对的。经由各个小型制造单元的协调可以形成一个大型组织，散布在各个村庄的制造中心可以承担机器生产的某一部分，然后把产品汇合在一个大的中心工厂进行组装，由此工业的分散与集中形成了统一。其二，乡村工业不单是指恢复手工业，其前景是建立现代工厂，进行机器生产。譬如可以设计一个能应用现代生产技术的小规模的工厂，用当地农村便宜的劳力和原料，生产与大工厂同等质量的生丝，就不必惧怕城里工厂的竞争了。不过，反过来说，这一设计与农村经济的现实又是有矛盾的，以费孝通所调查的江村为例，过去有350名妇女从事手工缫丝工作，如果用合作工厂代替家庭手工业，使用机械生产，那么同等量的工作，不到70人就能轻易完成。于是，这就意味着将近300妇女失去了劳动机会，但在农田面积很小的情况

① 费孝通：《内地的农村》（1946年7月），《费孝通文集》第4卷，群言出版社1999年版，第185页；费孝通：《禄村农田》（1940年），《费孝通文集》第2卷，群言出版社1999年版，第427页；费孝通：《乡土重建》（1948年6月），《费孝通文集》第4卷，群言出版社1999年版，第383—384页。

下，失业的妇女又不可能转向农田。[1] 这一矛盾的结果，又等于回到了家庭手工业不可轻易放弃的原点上。

综上所述，20 世纪三四十年代关于中国近代农村家庭手工业的前途的论争，主要有四种意见。虽说是四种，其实只有第一种主张手工业必然解体，必须发展机器工业，而其他三种都主张保留家庭手工业，只是这三种意见又各有侧重的视角罢了。以上各家的学术背景、政治观点并不完全一致，甚至是相反的，但对家庭手工业的看法却与此并无必然的逻辑关系。马克思主义学者与非马克思主义学者既有不一致的地方，也存在着共识，那种以政治意识来划分阵线的做法，在此问题上并不完全应验。不过，仍然可以看出，马克思主义者更多集中于第二种观点。第一种观点更多的是从理论上、从中国未来长远的现代化道路着眼，从而不满于传统家庭手工业的落后现状，主张必须向西方工业化看齐，建立现代机器工业。而后三种看法，其实也几乎都承认家庭手工业受到机器工业的强烈冲击，很难与机器工业相竞争，但考虑到农民眼下没有其他出路以维持生活的需要，所以又主张继续保留和发展家庭手工业。甚至退一步说，机器工业其实在短时间内也很难全部占领工业阵地，这就为家庭手工业的延续提供了一定的生存空间。总之，逻辑上成立的现代理论，不一定都有实践意义，超前于农民的需求甚至是有害的。尽管手工业从经营形式上看是落后的，但只要适合于目前农民的需要，就仍有其价值。中国现代工业的发展前途与农村家庭手工业的实际需要存在着紧张和冲突，正是近代中国农村经济的结构性悖论。

也许还需要注意的是，事实上，20 世纪三四十年代中国农村的手工业并未因为专家学者的讨论而受到太大影响，政府也没有因此而采取什么具体的措施，农民依然按照自己的古老逻辑继续经营手工业，以补充农业生产之不

① 费孝通：《禄村农田》（1940 年），《费孝通文集》第 2 卷，群言出版社 1999 年版，第 418、427—429 页；费孝通：《人性和机器——中国手工业的前途》（1946 年 3 月），《费孝通文集》第 3 卷，群言出版社 1999 年版，第 393 页；费孝通：《江村经济》，江苏人民出版社 1986 年版，第 155、163 页。

足，继续在外国进口商品和本国机器工业品之间艰难地挣扎。这也是中国知识分子经常遇到的困境，言论再多，争论再激烈，如果社会环境不允许，如果政府不予理睬，也不会有什么成效。为此，费孝通曾发出感慨："当时的整个社会局面是处在战乱当中，并不具备从容着手改变工业结构的条件，哪怕是有道理的主张，当时也只能是纸上谈兵。"① 不过，历史的发展终究将验证或修正学者们的见解。新中国成立以后前几十年的历史证明，农村手工业所受的冷遇以及对农民的危害，不能不说是一个非常深刻的教训。而中国改革开放以来的事实证明，三四十年代对手工业的争论已在中国农村的发展道路上产生了回响。

（原载《江海学刊》2015 年第 1 期）

① 费孝通：《中国农村工业化和城市化问题》（1998 年 6 月 29 日），《费孝通全集》第 16 卷，内蒙古人民出版社 2010 年版，第 311 页。

抗战洗礼下少数族群的中华民族化

吴启讷

导 言

伴随第二次世界大战结束，亚洲国家纷纷脱离殖民宗主国的宰制，开启转型为近代民族国家的进程。70年过去了，其中多数国家仍然陷于国内严重的种族、宗教冲突之中，难谓转型成功。与多数亚洲国家相较，中国从未完整沦为单一列强的殖民地，但却在第二次世界大战前夜，提前遭受出身亚洲的新兴帝国——日本的侵略。这一不幸，使得中国人民比其他亚洲殖民地人民更早投入反抗帝国主义和殖民主义的斗争，将危机化为转机，恢复了被日本占领的国土，更从思想、文化、政治、军事和经济各个角度加强了由各民族组成的国族——中华民族的认同和团结，构筑起中华民族的民族国家。

20世纪30—40年代日本对中国的侵略，乃是以中国的少数民族为突破口，经由少数民族聚居的中国边疆深入中国的堂奥，抗战因而成为一场包括少数民族在内，真正意义上的“全民”抵抗外敌侵略的战争。中国的边疆少数民族聚居区域比汉人聚居区更早面对日本的渗透和侵略，边疆少数民族民众甚至比汉人更直接、更深入地参与对抗日本侵略的行动。

清末，列强利用传统农业国家纷杂的族群和文化现象，以及农业王朝并不直接控制其边缘地区的统治形态，介入、操纵中国边疆和非汉人族群的政治，意图从四缘拆解中华帝国。面对危机，清朝被迫朝着改变间接统治边疆的传统政治模式，封堵列强插手缝隙的方向，推动国家的近代转型。[①] 中国境内的汉民族革命打断了尚处在起步阶段的新政，为列强提供了进一步介入中国边疆的新契机。[②] 在列强的侵略和威胁面前，清朝臣民和中华民国国民的国族意识萌芽，但距离成熟的中国人国族意识，或曰中华民族意识，尚有相当距离。其中，汉人与南方丘陵地带少数族群的国族意识，比较明显地倾向于中华民族一体化的方向；但在清末为止仍处在半自治状态下的西藏、蒙古，甚至在清朝后期完成行省化的新疆，当地非汉人的民族意识萌芽与成长却未能同步，甚至步上相反的方向。

垂涎中国广袤国土的日本，在清末即有意利用汉民族主义革命，促成清朝崩解，顺势夺取满蒙。辛亥变局发生后，革命派与立宪派达成妥协，放弃了狭隘的汉民族主义，改宗包容性较高的中华民族主义，尝试以“五族共和”的模式，维护王朝留下来的广袤领土与多元族群人民的遗产，将汉人以外其他族群的政治资源整合到以汉人为核心的民族国家政治体系之内，一时阻断了日本的扩张路径，日本乃将目标转向中国的边疆与非汉人族群，试图复制西方列强利用非突厥人群体的民族主义肢解奥图曼帝国的模式，拆卸中国。

1928 年民国在形式上完成全国统一，国家所面对的国际政治、地缘政治局势较之清末更加严峻。日本染指北中国“满蒙”地区的步伐加快；苏联除扶植外蒙古共产主义政权，实质控制外蒙古外，也极力巩固它在中国东北和新疆的势力范围；英国对西藏政治的涉入和对云南西部中国领土的兴趣始终不减。面对此一情势，国民政府延续清末应对边疆危机的政策方向，一面持续推动边疆与内地的行政一体化，加强中央对边疆非汉人地区的政治影响力；

---

① 清军于 19 世纪末期规复新疆后，引进与内地一体化的政治和行政制度，将新疆改建为行省，使这个广袤的中亚省份未来与中央之间得以维持一种疏远但并不断绝的关系。清末新政针对边疆的政治目标，即是比照新疆模式，去除蒙古事务、藏语区事务和其他边疆事务中的特殊设计，达成国家的行政统一。参见吴启讷《面对以汉人为主体的中华民国——辛亥变局下少数族群的困惑与抉择》，载裴京汉编《东亚史上的辛亥革命》(Seoul：Hanul Books，2013)，第 262—299 页。

② 俄、英的身影映照在中国政权更迭之际的外蒙古独立和西藏独立议题中。民国建立后仍然必须面对蒙古事务、西藏事务和延续近 3 个世纪仍未完成的西部山地“改土归流”进程这几个国家最为敏感的议题。

一面标举中华民族同血缘、共命运的主张，借普及近代教育的名义，持续推动针对汉人以外少数族群的同化政策，冀望从内部消除边疆非汉人区域无法抵御外来利诱、侵略的潜在危机。到30年代初，国民政府已基本完成对内蒙古地区和藏语区东部的行省化，并确定未来10年间将行省以下残留的传统地方行政制度，包括蒙古盟旗、以“行政区”为名的土司辖区制度等，彻底转换为州县制的方向。

对在清朝与中华民国政权更迭之际，并未试图脱离新国家而自立，之后相对顺利地纳入中华民族国族建构进程的华南、西南山地众多的非汉人群体，国民政府也坚持推动废止土司制度，完成改土归流的目标。[①] 政府不再承认土司制度的合法性，并动手废除土司制度的两项核心内容，即“封委承袭”制度和领主征税制度。具体而言，是将民国建立后改以“行政区”为名的原土司辖区改制为“准县”——“设治局”，由设治局统计人口、编订户籍、清丈土地，直接征收赋税。[②]

中央政府的政治目标和政治作为，无疑触及了蒙、藏和其他非汉人群体传统政治势力的利益，他们以各自的方式抵制国家的行政统一和政治统一举措。事实上，汉人地方军政势力为维护各自的势力范围，对中央政府同样采取既合作又对抗的姿态。这种对峙的态势，给外国政治势力介入中国地方、边疆和少数族群政治事务提供了另一种契机。近代以来，对于中国有最全面侵略企图和计划的日本，当然不会放弃这样的契机。日本对中国的威胁，在以侵略行动指向满蒙边疆的同时，也在政治上强烈质疑以汉人为主体的“支那共和国”统治非汉人地区的正当性。可以说，中日战争的爆发，在一个意义上，是以中国的边疆危机为导火线的。

日本发动“九一八”事变，占据中国东北，进窥内蒙古以至关内，即以

① 内政部于1929年12月“制定土司调查表式，咨请广西、云南、湖南、湖北、贵州、四川各省政府，饬民政厅切实查明，依式填报，并且改革意见，以供参考”。“1930—1931年间又迭谘仍存土司制度各省，切实力行改土归流，嗣后各省政府如有呈报补官袭职之事，不再核准。”

② 例如，1932年将云南西部的干崖、盏达、勐卯、芒遮板行政区改设为盈江、莲山、陇川、瑞丽、潞西设治局，褫夺土司的职权和统治。

“民族自决”相号召，建立“满洲国”，运用“五族协和”的口号，动员非汉人族群，抵消汉人反满抗日的能量；其后，进一步发起扶持、操控内蒙古自治、独立运动；介入新疆穆斯林反抗汉人行动；并藉宗教联系笼络西藏。“七七”事变前后，日本大力鼓吹汉语穆斯林建国，在侵华战争中分化回汉关系；与其盟国暹罗合作，试图以“泛泰主义”渗透广西、云南；1941 年，日军实施南进政策，占领中南半岛，于 1942 年 5 月进占中国云南西部边地。但是，由于日本始终立足于征服者的地位，对于中国长久而复杂的族群政治史也缺少深入的理解，其高调动员并未在大部分中国少数族群间造成深度的影响，不足以全面瓦解中国古代王朝长期延续和近代中国国族建构过程之下的国家政治结构。

在日本的军事与政治威胁面前，国民党领导的中国政府、地方政治势力和中国共产党等政治力量并未坐以待毙，他们以各自的方式，展开对少数族群的动员。这样的动员，在一定程度上，较为贴近少数族群自身（包括族群意识和国家意识同步建构在内）的民族化过程的节奏，较为贴近少数族群对于自身利益与中国、日本之间利益关系的切身感受，因而与少数族群自发的抗日行动有所衔接，结成对抗日本军事、政治攻势的共同阵线。从包含“国族”与“族群”两重含义的“民族”角度来看，抗战可被视为中国历史上第一次“全民”动员的战争。

相较于汉人聚居的内地省份，边疆和非汉人群体与抗战之间，有更多超越军事层面的联结。广袤的西南、西北地区，从荒远落后的边鄙一跃成为接近国家政治核心的战略、经济、文化要地，步入以“边疆开发”为名目的近代化进程。尽管在这样的进程背后隐藏着突发人为因素下的不稳定，还隐藏着“国难”与“国难财”的道德冲突；西南、西北边疆的非汉人群体更面临在汉人的国族认同与边界另一侧血缘、文化近亲的国族认同之间做出选择的严峻考验①，这些“边鄙”之地无疑步入了近代中国文化、经济、政治演进的共同轨道，当地人民与内地、沿海人民间的互动和相

① 抗战期间，汉人中出现为数众多的“汉奸”，少数族群面对日本的威胁利诱，实行与之“合作”姿态者的比例也不下于汉人。

互了解也达到前所未有的程度，汉人与少数族群各方都创造性地延续、更新了历史上的互动，“我们中国人”的观念由抽象转为具体。最值得注意的是，在新的互动、融合的过程中，少数族群主动、创造性地参与其中的机会和比例显著提升，中华民族的包容力和凝聚力也随之进一步提升。

日本有意利用中国少数族群的政治资源，分裂中国

尽管日本国内几乎不存在复杂的族群现象，但却对邻国中国的族群现象中所隐含的政治资源产生兴趣。20 世纪初，日本基于拆解中国的政治动机，对于邻近内陆亚洲的中国西北、西南边疆展开考察，从中体悟到“五族共和”论述在近代中国族群政治中的意义，乃于此后炮制的“满洲国”中，模仿“五族共和”的外貌，设计出一个所谓“五族协和”的政治架构，藉以动员中国东北的族群政治资源。

1. “民族协和”口号下的主从结构

面对族群生态复杂的中国东北，日本放弃简单的殖民同化政策，改采在帝国体制内，考虑殖民地的文化、政治传统，制定符合殖民地现实条件的特殊政策。20 世纪 30 年代初，由满铁青年组成的右翼团体“满洲青年联盟”揭橥“以日本民族为中核”的“民族协和”的构想。① 1932 年 3 月，日本利用前清宣统逊帝，在清朝所谓的“龙兴之地”制造了傀儡政权“满洲国”②，年号“大同”，揭橥“王道乐土”和“五族协和”的口号，将代表日、朝、满、蒙、汉五个民族的五色旗定为国旗，《满洲国建国宣言》声称将在“新国家”内推行种族平等。③

① “九·一八”前夕，“满洲青年联盟”草拟《实现满蒙现住诸民族协和之件》，见《满洲青年联盟史》，（东京）原书房 1933 年版。

② “满洲国”以清末设置的东三省、民国前期业已步入行省化轨道的内蒙古东部盟旗和民初曾短暂独立的东蒙古为其“国境”范围，这一范围内原本即存在多样的原始族群生态，19 世纪后半期以来，汉人与朝鲜人大量移入；20 世纪以来，日本的移民也日渐增加，族群生态更为复杂。

③ 郑孝胥、盐谷温等撰：《满洲国建国宣言》，收入郑孝胥等撰《王道政治的原理：孔教新编释义》，（东京）深川母子园出版部 1934 年版，第 91—95 页。

“五族协和”政策在形式上具备各族平等的设计，但其实质内容，是“以日本民族为中核”，确立日本人的统治地位①；在此之下，再建立围绕中核—顶端的金字塔形族群政治地位架构。“五族协和”的直接政治目标，是将原本并不是满洲民族的日本人与在日本殖民政治之下大量移入满洲的朝鲜人纳入满洲国的族群体系之中。日本人是“五族”中享有一切优先权的统治民族②；朝鲜人则被设定为日本人的“协力者”（伙伴）；满人、蒙古人也可参与“协力”；而人口最多，但政治上最不可靠的汉人，则处在金字塔的最底部。在此，非汉人族群地位的提升和利益的保障，是与日本压制东北和全中国抗日的政治利益联结在一起的。针对朝鲜、满、蒙古和其他非汉人族群，日本分别采取优待与利用结合的策略，巩固“满洲国”的族群政治整体结构。

针对朝鲜裔的策略是，推动其“皇民化”，冀其成为日本政治力量的延伸。③针对满人的策略是，许以建国美景，但不放弃操控。④ 针对蒙古人的策略是，

① “九·一八”前夕，“满洲青年联盟”草拟《实现满蒙现住诸民族协和之件》，见《满洲青年联盟史》，（东京）原书房1933年版。

② 日本统治当局将日本民族置于其他民族之上，宣称日本民族是世界上最优秀的民族，是“满洲国”各民族中的“中核分子”，是五族中的“先进者”和“领导者”。在关东军发给任职“满洲国”各级官府之日本官吏的《日本人服务须知》秘密手册中，直指“日本人在满洲的地位，不是侨民而是主人。虽具有日本与满洲的二重国籍，但不是要使‘日本人满洲化’，而是要使‘满洲人日本化’”。在这个政策核心下，日本人独揽“满洲国”政治、军事、经济、文化等方面的大权，还享有诸多特权、利益和优厚待遇。据《满洲经济年报》调查：“日满人劳动者的薪资比率虽因汇率的变动、供给关系的差异、劳动者的素质、调查时期的差异而发生变化，但大体上还是相当于4:1以至3:1之间。”

③ 日本占领东北之初，作为“五族”领导者的日本人仅居东北人口的1%，迫切需要可靠的羽翼，较早成为“臣民”的朝鲜人，乃成为日本的首选。日本论证自古朝鲜人与日本人同根同祖，现在都是天皇的子民；在政策上更让朝鲜裔成为拥有日本和“满洲国”双重国籍的“民族”，是仅次于日本人的“准高等”族群。在朝鲜裔内部，以教育手段强化忠君（日本天皇）爱国（日本）观念，引导朝鲜人体会日韩合并的宗旨，与内地（日本）同胞互敬互爱。日本推动“内鲜融合”，实现“鲜人”日本化的具体措施，则包括以日语为国语，限制朝鲜语文的学习和使用；强力推动“创氏改名”，要求朝鲜裔放弃朝鲜式姓名，改用日式的复姓；鼓励“内鲜通婚”等。

④ 20世纪初，中国革命派倡导汉民族主义，标举“驱除鞑虏，恢复中华”的口号，视满人为仇敌。民国建立后，以汉人为主体的社会依旧延续了排斥满人的态度，这种态度刺激满人上层产生“独立满洲”的想象。贵族出身的满人熙洽，即将提倡“满洲民族主义”视为恢复清朝的必要步骤。1932年3月，日本方面推出前清宣统逊帝在满人“祖先的发祥地”建立“满洲国”，鼓励以推动“满洲民族复兴”为目标的“满洲民族主义”，但并不愿意配合熙洽有关建立庞大的满洲国武力的设想，仅在规模有限的“满洲国军”中设置由满人士兵组成的警卫连，用以监视汉人士兵。而且，在“满洲国军”中，日系军官和满系军官的待遇殊异，前清逊帝和他领导的政府更已注定傀儡的角色。

利用与控制并举，从支持内蒙古“独立”、“自治”的态度转为废除盟旗。① 对满、蒙以外，锡伯、达斡尔、鄂温克、鄂伦春和赫哲等其他少数族群上层以及流亡在东北的白俄，也实行怀柔与驱使并行的政策。②

在一系列分化中国人的措施之外，日本人作为征服者和“五族”领导者的角色并未改变，在“满洲国”，朝鲜、满、蒙古等东北各少数族群与汉人的次等地位也未改变。③

2. 拒苏制华——“满蒙”、“内蒙古工作”和窥探新疆

日俄战争后，日本攫取了南满的权益，并三度与俄国划分各自在中国东北和内蒙古地区的势力范围。“满蒙”这一政治地理名词，是日本于1912年7月与俄国签订第三次密约时形成的，当时仅指涉日本分到的东北南部与内蒙古东部，但在日本日益扩张的过程中，其内涵逐渐扩大为整个东北和曾被视作“北满”一部分的哲里木盟北半部与呼伦贝尔，最终还含括内蒙古中、西部盟旗。④

---

① “九·一八”事变后，日本曾以“内蒙古独立”为诱饵，支持蒙古贵族甘珠尔扎布和正珠尔扎布建立“蒙古自治军”，指挥其镇压东北的抗日武装。“满洲国”建立，将东蒙古与内蒙古东部盟旗纳入“国境”，日本不再乐见“内蒙古独立”或“内蒙古自治”，更担忧东蒙古、内蒙古与外蒙古的血缘、文化关系，乃转而加强对蒙古人的控制。日本人透过“满洲国国务院”宣布废除原有盟旗之部，代之以在“国务院”内设立的行政机构“兴安局”，下辖兴安东、兴安南、兴安北三个分省；将“蒙古自治军”余部改编为“满洲国兴安军”。同时，实施一系列措施确立对蒙古人部队的有效指挥，兴安军就此成为镇压东北抗日武装的前锋。1944年夏正式编入关东军序列，更名为“满洲第二游击队”。

② 1936年，日满当局笼络鄂伦春首领，组织熟悉山林、精于骑射的全部鄂伦春青壮年猎民，依照地区编成鄂伦春山林队，共在“黑河省”建立了十数个“山林队”，各山林队皆设一名鄂伦春人队长，但服从日本指导官的指挥。在指导官运筹下，鄂伦春山林队数度袭击、重创抗联三支队。除鄂伦春部落外，日满当局也在赫哲、鄂温克等部落中组建了一些“警察队”、“狩猎队”等民兵武装，防杜抗日反满活动。

③ “满洲国”推行的治安肃正、保甲连坐、集团部落、归屯并户、收缴武器、实施国兵法等严苛政治措施，以及粮谷出荷、勤劳奉仕、金属献纳、廉价劳工等经济掠夺政策，各少数族群无一幸免。在日本的同化教育政策下，各族群都要将日语课程纳入义务教育之中，还要在一切原有宗教之外，加奉日本“天照大神”，将本族意识与日本意识联结在一起。

④ 同期，日本派出情报人员到内蒙古从事情报与政治活动，与蒙古王公联络，声言愿协助“复兴蒙古民族”，向王公出售武器。庚子之变期间，日本军队以不触犯蒙古王公利益的行动，得到蒙古王公的好感，进而派遣情报人士前往蒙古王公家中担任家教，兴办学校，邀请王公访问日本，为王公提供借款，与王公合作兴办企业。

1912年到1915年期间，日本曾两度策划“满蒙独立”，均告流产。[①] 国民革命军北伐期间，日本扩张派对中国统一的前景感到忧惧，更急于加速推动其“满蒙计划”。[②]

“九·一八”事变后，日本占据了东三省和内蒙古东部，1932年扶植傀儡在这一范围内建立“满洲国”。事变之初，日方曾设想建立一个独立的内蒙古，但评量短期内看不到控制内蒙古西部地区的前景，乃决定先将内蒙古东部建置为隶属于满洲国之下的一个“自治区域”——兴安局；同时积极推动“内蒙古工作”。“内蒙古工作”由日本陆军与日本政府直接指导，关东军负责推动，其目标是向内蒙古中西部地区推展日本的政治影响力，建立“蒙古国”。[③] 德高望重的锡林郭勒盟盟长、西乌珠穆沁旗札萨克索王受到日本重视，但索王对日方的企图未做任何响应，日本才将“工作”目标转向年轻干练、充满政治企图心的锡林郭勒盟副盟长德穆楚克栋鲁普（时人称为德王）。德王揭橥“复兴蒙古民族”的口号，并于1933年7月发动“百灵庙（贝勒庙）高度自治运动”，成为内蒙古自治运动领袖，受到日方的关注。德王向国民政府要求内蒙古自治的主张遭受挫折，为日方的介入提供了契机。

1936年，德王在日本全力支持下成立“蒙古军总司令部”；同年4月底，召开“蒙古大会”，决定成立“蒙古军政府”，“整军经武，收复蒙古国固有疆土”，建立以内外蒙古和青海为一体的蒙古国。“七七”事变后，日本侵占

---

① 1912年，日本利用中国内部革命之机，试图在台面上推出由满洲贵族组成的“宗社党”，和卓索图盟喀喇沁右旗扎萨克贡桑诺尔布等蒙古王公，在东北建立“满蒙独立王国”，川岛浪速等人策划的这一行动，由于种种原因流产。1915年，川岛浪速再度与肃亲王和卓索图盟叛军首领巴布扎布合作，策划第二次满蒙独立运动，也以失败告终。巴布扎布死后，日本则继续扶持其子甘珠尔扎布和正珠尔扎布。

② 1927年4月，在“南京事件”中执行“不干涉外交”的宪政会内阁受到政友会、军部和舆论的抨击下台，田中义一领导的政友会登台执政，祭出“满蒙领有”的主张，否定中国对满蒙的主权，确立当北伐波及满蒙时，日本将以“自卫”的名义出兵阻止中国统一。植原悦二郎：《日本与支那》，（东京）国际知识1928年版，第591—593页。

③ 关东军司令本庄繁和板垣征四郎邀请甘珠尔扎布前来沈阳，商议内蒙古独立事宜，甘珠尔扎布主张建立内蒙古独立军，由关东军提供枪支弹药，板垣答应提供步枪3，000支、子弹60万发，由甘珠尔扎布担任内蒙古独立军总司令。1932年10月，关东军驻热河特务机关长松室孝良向东京提交《有关建设蒙古国的意义》一文，谋划建立“蒙古国”。松室孝良并开立一份“蒙古实权者名单”，以便从中挑选支持对象。

包头以东的内蒙古广大区域，扶植德王的“蒙古联盟自治政府”、于品卿的“察南自治政府”和夏恭的“晋北自治政府”，1939 年 9 月 1 日合并三个政权，成立“蒙古联合自治政府”（蒙疆政府）。[①]

值得注意的是，日本统治东北三省与内蒙古部分区域期间，为适应期统治的需要，复制、实施了清末以来中国政府几项重要的边疆和族群政策。包括：

一、在“满洲国”实行满、蒙、日、鲜（朝鲜）、华（汉）“五族协和”；在“蒙古联合自治政府”辖境实行“蒙、回、日、华（汉）”“民族协和”。[②]

二、在“满洲国”范围内的内蒙古东部盟旗与呼伦贝尔（东蒙古）地区，实行“废盟部、设行省”政策，废除“旗县并存”制和王公制度；

三、在西部“蒙疆政府”控制区，实行北京政府和国民政府于 20 世纪 20 年代末在东部盟旗实施过的盟旗与省、厅、县并行政策；

四、对藏传佛教实行去政治化改革；

五、推行近代文化教育，而其中的殖民色彩远超清末以来中国政府的汉化政策。[③] 这一切，更呼应了日本基于与汪伪政权合作和减轻站在外蒙古背后的苏联的疑虑，对内蒙古民族运动由支持改为抑制的整体政策方向。[④]

日本“满蒙工作”的转向，昭示出外来势力介入中国族群政治的根本限制，即当外来政治生态侵入现代中国境内原生性的族群政治生态系统时，势必面临原生生态系统的反抗；中国族群现象的多元性，并未改变中国族群政治强烈的本土特性和传统特性。

19 世纪末，日本即对作为其地缘政治竞争者的俄国势力深入新疆颇为警

① 金海：《从地域概念看日本“满蒙政策”的演变及其实质》，《内蒙古大学学报》（人文社会科学版）1997 年第 2 期。

② 卢明辉：《德王“蒙古自治”始末》（下），内蒙古语文历史研究所 1977 年版，第 276—277 页。

③ 相关研究，可参考金海《日本在内蒙古殖民统治政策研究》，社会科学文献出版社 2009 年版。《日本与内蒙古》（蒙古文版），内蒙古教育出版社 2004 年版。

④ 当日方于 1939 年主导三个内蒙古傀儡政府整合成立“蒙疆联合委员会”时，德王即感受到日人工具性利用内蒙古民族运动的本质，明了日本并不乐见一个独立的“蒙古国”，只得于 1941 年 8 月在蒙疆政权内部改称“蒙古自治邦”。德穆楚克栋鲁普：《德穆楚克栋鲁普自述》，中国人民政治协商会议内蒙古自治区委员会文史资料委员会 1984 年编印，第 79—82、112 页。

觉，曾尝试游说新疆当局排拒俄国的影响。[①] 在杨增新、金树仁相继主政时期，日本进一步派出情报人员，如渗透到马仲英部队的大西忠，试图介入新疆的政治，包括接触由突厥伊斯兰右翼民族主义者于1933年在喀什建立的“东突厥斯坦共和国”。短命的喀什政权结束后，奉命皈依伊斯兰教的日本情报人员铃木住子，嫁给右翼民族主义者奥斯曼，负责协助并监视其夫的政治活动。[②] 日本明了自身实力的局限，其控制新疆的设想仅停留在蓝图阶段，但仍对新疆的穆斯林成为包围苏联的一环抱持期待。

3. 放大对中国的包围圈——“西藏工作”

尽管在地缘上，日本与西藏相距遥远，但日本与满蒙的关系，以及日本的密宗佛教传统，拉近了日本与西藏间的心理距离。20世纪30年代日本与中国政府间敌对的政治关系，促使日本将同样排斥中国中央政府的西藏地方置于其分化中国的大战略之下。

早在明治时期，日本外务省与军方即已派遣间谍潜入西藏，搜集西藏政治情报，并试图藉日藏间的佛教渊源，达成“日藏邦交”的目标。[③] 中华民国建立初期，日方基于维系与英国关系的考虑，仅默默致力经营与西藏间的民间关系。[④]“九·一八”事变和卢沟桥事变相继爆发后，西藏在日本对华战略中的地位日益升高，除了它在地理上扼制着中国的战略后方之外，西藏佛教上层在满蒙的影响力更是不可忽视的资源，日本军政系统乃重回明治时代政策轨道，扩大对西藏的渗透。日本情报机关多次派遣情报人员潜入青康藏

① 房建昌：《近代日本渗透新疆述论》，《西域研究》2000年第4期。

② 朱永彪、杨恕：《二战结束前日本地缘政治视野中的新疆》，《新疆大学学报》（哲学人文社会科学版）2006年第3期。

③ 参见木村肥佐生《成田安辉西藏探险行经纬》，收入《亚细亚大学アジア研究所纪要》第8号（1981年12月），第33—38页；第9号（1982年12月），第139—192页；第10号（1983年12月），第183—238页；秦永章《近代日本渗透西藏述论》，《近代史研究》2005年第3期；Wilhelm Filcher, *Sturmüber Asien: Erlebnisseeines Diplomatischen Geheimagenten* (Berlin: Neufeld & Henius, 1924), Kapitel 10。

④ 秦永章：《近代日本渗透西藏述论》，《近代史研究》2005年第3期。

语区和西藏，其中特别针对亲中央并流亡内地的九世班禅集团多方笼络。[①] 日本外务省专立“西藏工作”，负责搜集西藏政治情报，并推动西藏地方政府代表、内地藏传佛教政教高层于中日战争激烈进行中的1942年夏初以“观光”名义访日。西藏政教高层访日期间发表的言论显示，日方在一定程度上达到了它所期待的政治目标。[②] 但对藏汉、藏英关系、中英在第二次世界大战当中的结盟关系对西藏地缘政治利益的影响和西藏政治传统有复杂考虑的热振摄政当局，并不愿冒险站在日本一边。相反，拉萨选择重庆作为（至少是形式上的）效忠对象。

4. 渗透与分化——“回教工作”

除极少数皈依伊斯兰教的个人外，日本境内并不存在穆斯林社群。但基于解构中国的政治企图，日本于20世纪初即对中国内部的伊斯兰社群表达出高度兴趣。20世纪10—20年代，日本外交、军事与情报部门，以及大连“关东都督府”殖民当局，即广泛搜集中国各地汉语穆斯林社区和新疆突厥语穆斯林社区的情报，达成一致的结论：中国回教是中国的一个分裂因素，有必要加以积极利用。而日本还有更进一步的内陆亚细亚战略，即一方面隔断苏联援助中国的路径，另一方面对苏联形成战略包围，也需要联络整个中亚和西亚的穆斯林。基于此政治目的，军部、外务省等机构派遣若干名负有政治使命的日本人皈依伊斯兰教，成为“政策上的信徒”，他们几乎全部投入包括组织成立以“回教”为名目的各类团体在内的种种渗透、影响中国伊斯兰教和穆斯林社会的工作之中。[③] 卢沟桥事变后，整个“回教工作”是由东京最高层级军政机构直接督导的要务，日本在其控制区成立的“回教”团体所举办的活动，都密切配合日本的军事、政治行动，在中国穆斯林当中厚植亲日

---

① 《蒙藏委员会为转难民陈宗敬函称京中班禅办事处有人为日本人工作事与军政委员会等来往函电》；《国民政府军事委员会为告知班禅行辕卓尼堪布覆桑登与日本人夙有勾结事致蒙藏委员会代电》，中国第二历史档案馆藏藏事档案。

② 秦永章：《近代日本渗透西藏述论》，《近代史研究》2005年第3期。

③ 王柯：《日本侵华战争与“回教工作”》，《历史研究》2009年第5期。

观念，实质上成为日本情报机关和军部的派出单位。[①]

“九·一八”前后，日本的满蒙回藏政策、非汉人政策，是日本整体战略计划的一部分，目的在于分化中国、包围中国。日本针对国民政府的北方封锁计划，在东起察（哈尔）、绥（远），经宁夏、甘肃、青海，西至新疆的地带建立一个亲日、或至少中立的地带，隔绝中苏之间的陆上联系。在日本军部的成功运作下，西蒙古阿拉善旗、额济纳旗地区进入日本的势力范围；但绥远傅作义部的敌对态度，让日本的封锁战略受阻，日方乃寻求与宁夏马鸿逵、青海马步芳和河西马步青势力政治合作，冀形成夹击傅部，贯通西部封锁链的局面。与掌控青海、甘肃、宁夏三省的穆斯林地方军政势力（“五马”）建立有效的联系，遂成为“回教工作”的另一个核心。日本军方规划在甘肃、宁夏、青海，甚至包括新疆在内的穆斯林聚居地区建立类似“满洲国”和“蒙古自治联合政府”那样的“回回国”；但军中较为务实的一派，主张在宁夏、绥西一带先行建立“回回国”，再伺机扩展，决定从紧邻“蒙疆”额济纳、阿拉善二旗的宁夏省军政首脑马鸿逵处入手。但从1935年到1939初，日本方面屡败屡试，多次试图笼络马鸿逵，皆功亏一篑，最后只能派飞机轰炸宁夏省城，马鸿宾与马鸿逵出兵绥西抗日，日本对马鸿逵的策反最终流产。

“九·一八”后，日方派遣情报人员进入绥远、宁夏、河西与青海，在马鸿逵、马步芳、马步青的眼皮底下从事情报活动，包括设立情报据点、运输机构和车队等，同时也将触角伸到新疆。

宁夏马鸿逵抱持在公开场合呼应全民抗日，但在具体事务并不高调反日的态度，一方面尽量避免与日本人公开接触，甚至祭出为难日人规定[②]，但私

---

① 1937年11月22日在察哈尔省会张家口成立的“西北回教民族文化协会”；1938年2月7日，在北平（日军于卢沟桥事变占领北平后，更名“北京”）成立的“中国回教总联合会”；1938年5月7日在热河省省会承德成立的“防共回教徒同盟”。中生胜美编：《植民地人类学の展望》，（东京）风声社2000年版，第230—240页。

② 马鸿逵下令宁夏省公路局不得向日本人出售车票，将售票给日人的职员和司机公开处决。刘景华：《抗战时期的西北诸马》，《青海社会科学》1995年增刊。

下与日本情报据点保持沟通管道[①]。青海方面则在两方面都做得更极端。1935年至1936年间，到青海活动的日本人数量显著增加[②]，对外部势力介入青海事务颇为忌惮的马步芳，乃授意青海商会、农会、工会、妇女协会、回教促进会、蒙藏文化促进会和蒙藏王公、千户、百户等联名上书国民政府外交部，诉请停止签发日人来青海签证。1938年，青海保安部门捕获由驻归绥、包头日本情报机关首脑松井恒白派到青海的情报员马选三、白旦迫、杉荣等人，并解送兰州第八战区长官公署。[③]

中日战争爆发前夕，马步芳、马步青势力所面临的主要威胁，来自红军二、四方面军，尤其是有意占领河西走廊，打通接收苏联军事援助“国际通道”的红四方面军“西路军”；但南京国民政府对于西北鞭长莫及，并不乐见西北汉语穆斯林势力的壮大，对于这些地方军政势力的军事装备需求，通常抱持应付的态度。马家军有意透过对穆斯林聚居区抱持高度兴趣的日本方面，取得步、骑兵装备与弹药。[④]

“西安事变”发生时，马步芳、马步青部仍在河西激战红军西路军，马步芳对张学良、杨虎城二人联袂号令西北素有戒心，对张、杨与红军结盟更为排斥，事变趋势明朗后，决定公开拥护中央。[⑤] 中共在此际也与青海马家展开接触。“西安事变”后，中共代表周恩来会晤甫自麦加朝觐归来路经西安的马麟，此后，又利用与中共交好的回民上层、文化教育人士等接近马麟、马步芳、马步青等。[⑥] 马步芳兄弟并未正面响应中共，而是以所部在河西剿匪大幅

① 见中国人民政治协商会议甘肃省委员会编《甘肃文史资料选辑》第16辑《马鸿逵史料专辑》，甘肃人民出版社1983年版。

② 1935年至1936年间，以“学者”、“商人”等诸种名义申请到青海，经国民政府核发签证的日人达9名。

③ 青海省志编纂委员会编：《青海历史纪要》，青海人民出版社1987年版。

④ 1936—1937年，马步芳、马步青方面数度向日本军方订购武器、弹药，具体见秦永章《关于马步青、马步芳与日军进行秘密武器交易的几条史料》，《青海社会科学》2003年第5期。

⑤ 谨慎的马步芳在事变事态明朗前，避免明确表态，直至事件趋势明朗，方决定公开拥护中央，采倒填日期的办法，假称在闻知事变消息后，立即宣示：“誓以血忱，在中央统一指挥之下，誓死杀贼，以定人心而奠国基。”中国人民政治协商会议全国委员会、中国人民政治协商会议青海省委员会文史编辑委员会编：《青海三马》，中国文史出版社1988年版，第144—145页。

⑥ 杨效平：《马步芳家族的兴衰》，青海人民出版社1986年版。

减员为由，向军事委员会要求扩编三个师，未获允准。

日本当然注意到1000万穆斯林分布在中国各地这一事实背后的意味，军方和外交、情报机构，也针对普通穆斯林民众下了一番工夫。军方透过公开管道和耳语传播，将日本描述为伊斯兰教和穆斯林的保护者、帮助回民自治的盟友；在回民中建立对抗日本人是“替汉人卖命”的印象。①

“七七”事变后，日军在部分军事和非军事行动中，也会有意顾及穆斯林社区，甚至故意制造回、汉之间的猜疑与冲突。1938年秋，驻北平日军计划修建市区通向西郊山区的公路，规划路线经过阜成门外回民公墓，北平回民闻讯聚众阻扰测量人员的行动，并在牛街清真寺等处集会抗议，日本军方很快向回民妥协，放弃原定路线。② 1938年7月，日军士兵在察哈尔多伦掘毁回民墓地，也在回民抗争下，以日方妥协、赔偿告终。③

囿于诸多客观条件的限制，日本军政上层所从事的“回教工作”，无法迅速改善日军中下阶军官与士兵对伊斯兰的极度无知。1938年1月，攻占山东的日军进入济宁附近的一个回民村落，竟强迫村民杀猪劳军，被冒犯的村民奋起杀死缺乏防备的日军士兵200余人。④ 伴随战况的加剧，穆斯林的抵抗时有发生，日军或无暇或不屑分辨回汉差异，或针对抵抗采取报复行动，在华北、西北地区乡村地区甚至城镇的无差别杀戮日益增加。⑤ 回民亦起而反抗，1937年秋季，河北文安县夏村回民击沉在大清河上游弋的日军汽船，掳获日军官兵数人。面对回民的抵抗，日军则还以用猪油、猪血涂污清真寺墙壁，

① 据20世纪30年代研究甘青回藏历史与文化互动的美国学者记述：“日本在满洲发动政变后，西北的穆斯林中开始盛传一个流言，说奥图曼苏丹阿卜都·哈米德二世（Abdul Hamid II）的一个侄子已得到东京的支持，日本将藉复苏泛伊斯兰思想之名，培养亲日情感，让日本而不是德国，扮演穆斯林保护者的角色。是当穆斯林将军马占山拼死抵抗日本军队并成为民族英雄时，幸运再次落入中国政府手中。这不仅因为马占山身为穆斯林这一事实使得中央政府重新审视不可靠的穆斯林，而且也因为他的浴血奋战，使穆斯林再也无法赞同日本人。”Robert B. Ekvall，*Cultural Exchanges between Tibetans and other Ethnic Groups*，引见苏发祥、洛赛编译《藏族与周边民族文化交流研究》，中央民族大学出版社2013年版，第38页。

② 汪梅琪：《抗战时期少数民族的英勇斗争》，《近代史研究》1988年第3期。

③ 张瑞祥：《多伦多伦回族抗战史话》，《回族文学》2012年第4期。

④ 甘宁青抗日救国宣传团：《告全国回教同胞书》，《回教大众》1938年第2期。

⑤ 周瑞海：《侵华日军队对回族人民犯下的罪行》，《黑龙江民族丛刊》2005年第4期。

强迫阿訇在清真寺杀猪，不从则屠村[①]，甚至屠杀礼拜中的300余名教徒等残暴行径[②]；火烧回民房屋、抢掠回民财物、强奸回民妇女的事件也时有发生。

5. 面对陌生世界的低效举动——日本对中国南方少数族群失败的分化与动员

20世纪40年代初，日本将战火延烧到拥有人类学博物馆之称的中南半岛，这里的族群政治现象更为多元复杂。为了从西南方向进一步包围、裂解中国，日本祭出其盟友泰国[③]的泛泰主义主张[④]，质疑中国统治西南、华南非汉人聚居区域的合法性，为其入侵广西、云南等地的行动寻求政治支持。然而中国的傣、僮等“侗台语族”族群，对于虚构的“泛泰记忆”缺乏直接感受，也缺乏政治兴趣。日军在1942—1945年占领滇西期间也对士兵和民众双方宣示“不杀戴包头、戴大耳环、嚼烟染牙齿、穿笼箕”者，只杀支那汉人[⑤]，也未能消弭滇西各族民众自发的抵抗。

中共和地方政治势力动员少数民族政治资源

1. 中共对东北、内蒙古、西北等地少数族群民众的动员

20世纪20年代初，成立不久的中国共产党即将北京蒙藏学校作为其在边疆民族中建立党组织的前进基地[⑥]。北平蒙藏学校一群左倾蒙古裔学生，在北

① 孟村回族自治县概况编写组：《孟村回族自治县概况》，河北人民出版社1983年版，第42页。

② 甘宁青抗日救国宣传团：《告全国回教同胞书》，《回教大众》1938年第2期。

③ 近代泰国长期抱持亲日的姿态。国际联盟就“九·一八”事变提出谴责日本之议时，唯一弃权的国家就是泰国；太平洋战争爆发后，日本即与曼谷当局签订《日暹同盟条约》。

④ 泛泰主义是20世纪前半期兴起于泰国的泛民族运动，它借用语言学对汉藏语系内部语族划分的研究，将其中使用“侗台语族”语言的群体，如泰国的泰人，寮的老人，英属缅甸的掸人，英属印度阿萨姆邦的阿洪人，法属印度支那的侬人、岱依人，越南泰人和中国云南的（傣人），广西、贵州、湖南的傣人、僮人、布依人等一律视作“泛泰民族”；有些泛泰主义者还将历史上的南诏、大理国视为泰人国家。陈吕范：《中泰关系若干问题研究课题小结》，《泰族起源与南诏国研究文集》代序，中国书籍出版社2005年版，第2—4页。泛泰主义的政治目标是将一切“泛泰民族”及其居住地“重新”纳入“泰人国家”的领土范围。

⑤ 中国人民政治协商会议云南省德宏傣族景颇族自治州委员会编：《德宏州文史资料选辑》第1辑，德宏民族出版社1987年版，第142—150页。

⑥ 乌兰夫：《乌兰夫回忆录》，中共党史资料出版社1989年版，第三、四、五章。

平成立“蒙古共产党”，接受共产国际暨其旗下的（外蒙古）蒙古人民革命党、中国共产党和中国国民党的指令与协助，改组为内蒙古人民革命党，开始在内蒙古推动左翼色彩的民族主义运动，这一运动又被导向苏联的亚洲战略与国际战略路线的方向。

20 世纪 30 年代初，苏联即已明确了优先苏维埃国家利益的政策，鼓励各国共产党将“反对帝国主义侵略”置于革命的优先位置。1934 年夏，斯大林明确感受到来自德、日的威胁，针对苏联与日本和中国间的错综的敌友关系，斯大林力促中国团结抗日，以尽力牵制、消耗日本的侵略能量，最大可能地避免日本直接进攻苏联。斯大林力主中共建立“抗日民族统一战线”，吸引日本的关注。“九·一八”事变后第四天，中共即发表文告，声言“组织东北游击战争，直接给日本帝国主义以打击”。① 此后，共产国际和中国共产党在与少数族群有密切关联的东北抗日联军武装抗日活动中扮演了关键角色。

朝鲜裔居民的反日武装活动，始于 20 世纪 20 年代初期。② “九·一八”事变后，朝鲜裔人士成为吉林省图们江—海兰江流域武装抗日组织与活动的主角。③ 对于在满洲的朝鲜人而言，“九·一八”前后所从事的抗日活动，实质上是自 1895 年日军进驻和 1910 年“日韩合邦条约”签订后，朝鲜半岛抗日活动的延续。东北朝鲜民族主义者以参与中国人抗日活动乃至抗日战争，作为追求朝鲜独立的途径。中共深知亡国的朝鲜人对日本势力抱持天然敌意，乃多方联络、动员。

1933 年 5 月，中国共产党奉苏联之命在东北组建抗日武装“东北人民革命军”，由于长征，该部与中共中央一度失去联络。1936 年 2 月中共满洲省委依共产国际和王明从莫斯科发出的指令，将所属部队联合地方义勇军筹组东

---

① 具体参见《中华苏维埃共和国临时中央政府宣布对日战争宣言》（1932 年 4 月 15 日），《中共中央文件选集》第 8 册，人民出版社 2013 年版。

② 赵履谦、刘晓等：《五四运动与少数民族》，载陈理、彭武麟主编《中国近代民族史研究文选》（中册），社会科学文献出版社 2013 年版，第 820—830 页。

③ 20 世纪 30 年代，旅居满洲的朝鲜人，仍未取得中国公民的身份，但日本的傀儡政权“满洲国”建立后，朝鲜人被日本人赐予满洲国中社会地位仅次于日人的第二级地位，加以笼络和利用，但朝鲜菁英和知识分子对亡国和寄人篱下的景况耿耿于怀。

北抗日联军，1938 年改由共产国际领导组建东北抗日联军，并提供相关武器军饷，连级以上建制均比照苏联红军。抗日联军自成立之日起即与朝鲜裔居民的反日武装活动建立了联结，从 1931 年到 1945 年 14 年间，朝鲜裔人士参与武装抗日的人数逾 10 万。①

1932 年 4 月，中共在绥远成立“反帝大同盟”、农民抗日“十人团”；在热河、察哈尔成立“蒙汉抗日同盟会”“牧民抗日会”“农民抗日会”等。1933 年 2 月，中国共产党内蒙古特别委员会在张家口建立“蒙汉抗日同盟军事委员会”，成立“蒙汉抗日同盟军”“蒙古抗日联军”。由蒙古裔组成的“蒙古民众抗日自卫军”和绥远土默特旗的蒙民地方武装“骑兵老一团”，也被纳入中共的政治侧翼。1935 年 12 月 27 日，毛泽东在陕北瓦窑堡会议上指出：“少数民族，特别是内蒙民族，在日本帝国主义的威胁下，正在起来斗争。其前途，将和华北人民的斗争和红军在西北的活动，汇合在一起。”②

“七七”事变后，中共宣示“现时对国内少数民族的政策，首先和基本的应该是团结抗日”③，不仅在一定程度上主导内蒙古的蒙古民众抗战，也对宿敌马步芳、马步青和马鸿宾、马鸿逵伸出统一战线的橄榄枝，再介入川、滇、康、黔、桂等西南地区的族群政治中，强化针对少数族群上层的统战工作。中共主张应“改变国民党政府大汉族主义的立场及其企图利用回族反共的错误，同时克服回族中狭隘的回族主义倾向”④。“西安事变”后，在抗战先于革命的情势下，中共又调整其抗日基本路线和少数民族动员方针，主张此际少数民族上层与下层民众之间的矛盾、少数民族与国民党统治当局的矛盾皆已处于次要地位，应“根据少数民族内部的具体状况和广大人民目前的迫切

---

① 东北抗日联军编为 11 个军，其中由朝鲜裔组成、总数超过 4000 人的“南满游击队”改编为第 1 军第 1 师，该部朝鲜裔的领袖李红光膺任联军参谋总长。朝鲜裔官兵构成抗日联军第 2 军的大多数、第 1 军和第 7 军约半数，同时也遍布抗日联军其他 8 个军当中。从 1931 年到 1945 年 14 年间，朝鲜裔参与武装抗日的人数逾 10 万，抗日联军的武装活动从长白山、图们江流域，扩展到黑龙江、乌苏里江流域。抗联朝鲜裔将领金日成，更在武装活动之外，加入对日军中朝鲜籍士兵的策反。《苏日中立条约》签订后，苏联命东北抗联进入苏联远东地区，并将部队改编为国际红军特别独立第 88 旅。

② 《毛泽东选集》第 1 卷《论反对日本国主义的策略》，人民出版社 1991 年版，第 151 页。

③ 中共中央统战部：《民族问题文献汇编》，中共中央党校出版社 1991 年版，第 682 页。

④ 同上书，第 652。

需要，实行各种必要与可能的民主改革与民生改善，以激发少数民族的抗战热忱与生产热忱”①，“必须建立民族统一战线……把王公军人喇嘛知识分子也都团结在内”②。

中共在重庆的舆论阵地《新华日报》多次在少数族群与“中华民族”团结抗战之间建立联结。③ 1938 年 4 月 24 日，《新华日报》发表题为《巩固国内各民族的团结》的社论，号召国内各抗日政治力量，共同正视少数民族的抗战热诚与潜力。并且，中共将华北平原上数十支回民抗日武装收之旗下，最著名的有马本斋的冀中回民支队和刘震寰等人指挥的渤海回民支队。④

2. 盛世才与中共对新疆少数族群政治资源的利用

新疆在空间上远离抗日战场，但深深涉入 20 世纪 30—40 年代苏联与中国、日本间复杂的竞和关系之中。

20 世纪 30—40 年代，新疆在地方军政实力派盛世才主政之下，受苏联支持，奉行依附苏联、配合斯大林政治需求的政策。盛世才标榜“反帝、亲苏、民族平等、清廉、和平、建设”的“六大政策”，与中共结盟，接纳中国共产党方面的干部到新疆工作。1934 年 8 月 1 日，盛世才在中共的协助下，于迪化成立以“巩固地建设抗战后方、保护国际交通线、组织和训练广大民众，尽一切可能援助抗战胜利”为宗旨的“新疆民族反帝联合会”（简称“反帝会”），意在借重中共长于组织动员的能力，在新疆各族中展开抗日救亡的宣传和组织动员。抗战爆发后，新疆城乡各处都粉刷大型标语：“各民族一律平等地联合起来，打倒日本帝国主义！”⑤

1935 年，中苏关系有所改善，苏联基于其战略棋局的考虑，有意对中国

① 中共中央统战部：《民族问题文献汇编》，中共中央党校出版社 1991 年版，第 682 页。

② 同上书，第 605 页。

③ 《新华日报》为 1938 年 1 月济南回民袭杀数百名日军事件发表社评称，“由回民抗战，令人想起遍布我国西北华北一带的体魄强健富有团结力的回族同胞，他们是中华优秀儿女，是抗战中一支潜伏着的伟大力量”。《新华日报》1938 年 2 月 2 日。

④ 马彦瑞：《回族在中国抗日战争中的贡献》，《回族研究》1996 年第 2 期。

⑤ 《抗战中的新疆现状》，延安《新中华报》1938 年 1 月 15 日。

抗日提供援助，新疆的战略地位陡然提升。① 中国政府与苏联达成协议，合作修建萨雷奥泽克（Sary-Ozek；Сары-Озек）—迪化—兰州公路，以便从苏联输入武器、弹药、飞机与零件等。② 1937 年 7 月后，苏联方面数量可观的军事物资、援华人员以及中国偿付苏联的物资，基本上都是从这条国际大动脉上通过的。③ 1938 年 8 月，新疆边防督办盛世才访问苏联，斯大林当面向其阐述新疆的地位及使命："对日作战时期中，新疆的地位是很重要的。在目前，新疆的使命，就是成为抗战的最内陆的基地。它将来的使命，就是保护这条国际交通线，使不受攻击。"④

1936 年 12 月，内地省份援助绥远抗战之际，反帝会即在新疆发动抗日募捐。⑤ 抗战爆发后，反帝会、抗日救国后援会更于 1937 年至 1944 年，在绿洲各族民众中展开常态募捐活动，山区和蒙古部落民众同时组织抗敌后援会展开募捐。到 1944 年 8 月为止，新疆各族民众仅捐献飞机即达 154 架之多。⑥

1940 年 7 月，英国屈从日本的压力，关闭滇缅间的陆路，新疆成为国际援华的唯一孔道，中苏遂达成假道苏联中亚输运援华物资的协议。第一次滇缅战役失利，日军完全封锁滇缅公路，"驼峰"航线运量受限，中、美、英协议开通印度至新疆的国际驿运。新疆方面的接运人员基本上都来自维吾尔等

---

① 新疆是中国的中亚省份，西邻苏联，其地理位置及当时的国际政治、地缘政治情势，使之在抗日战争中位居超乎寻常的战略地位。

② 沈志华主编：《中苏关系史纲 1917—1991》（增订本），社会科学文献出版社 2011 年版，第 66 页；杜宾斯基：《抗日战争时期苏联对中国的援助》，《国外中国近代史研究》第 11 辑，中国社会科学出版社 1988 年版。

③ 从 1937 年 10 月至 1939 年 9 月两年内，苏联援华的 985 架战斗机（先折零运到哈密，再装配飞往前方基地）、82 辆坦克、1300 门大炮、14000 多挺机枪以及大量弹药皆经由霍尔果斯—迪化—哈密—星星峡公路运往抗日前线。1940 年，又有苏联大卡车 300 辆满载武器、弹药、汽油等开到哈密，返程时运回中国作为抵偿的锡、铅、钨、镍、铜等战略金属和生丝、棉花、茶叶、皮革、羊毛等货物。美英两国在 1942 年至 1944 年间也将部分物资由印度经新疆运往内地。邵力子：《出使苏联回忆》，中国人民政治协商会议全国委员会文史委员会编：《文史资料选辑》第 60 辑，中国文史出版社 1979 年版，第 188—193 页。

④ Allen S. Whiting & General Sheng Shih – Ts' ai, *Sinkiang*: *Pawn or Pivot*? （East Lansing, MI: Michigan State Univ. Press, 1958 ）, p. 203.

⑤ 《反帝总会关于踊跃捐款援助绥东抗日将士的通告》，《新疆日报》1936 年 12 月 11 日。

⑥ 朱杨桂、高新生：《新疆各族人民在抗日战争中的贡献》，《新疆大学学报》1985 年第 3 期。

非汉族民众。①

新疆抗日活动的背后，隐藏着斯大林阻止德、日夹攻苏联的战略目标。若仅就短期结果论，新疆各族民众的牺牲奉献，巩固了中国抗战后方，保障了中美英苏同盟国之间战时国际通道的通畅；但就长期效应论，苏联的过度介入，仍决定了新疆成为战后中国动荡因素的命运。

从中国国家整合的角度看，新疆各族民众在强大政治力量的动员下，长期沉浸在抗日政治和抗日文化活动中，在一定程度上，补充了该地因远离20世纪前期影响中华民族形塑的几个重大历史事件和思想潮流，而未能与内地同步进入中国人意识逐步强化过程的缺憾。然而，面对同样涵盖突厥穆斯林社区的伊斯兰复兴运动、突厥民族主义运动等影响，新疆各族民众抗战经验的真正价值，还需等待历史的进一步沉淀，才会出现更清晰的视野。

国民政府对少数族群的抗战动员

直到北伐前夕，国民党仍未萌生动员非汉族群参与国民革命或共同抵抗外国侵略的自觉意识。国民政府奠都南京之初，面临国土完整与国家整合方面的挑战。在边疆非汉人聚居区域，外国势力仍然基于从中国攫取利益、资源的目的，以不同的方式介入中国边疆的政治，威胁中国的国家整合。然而，此时国民政府的政治军事实力，仍不足以驱逐外国势力、消除国内地方势力和非汉人族群离心倾向。国民政府的族群政治设计与执行，在不断适应内外局势变化中调整、妥协。

1. 对蒙、藏的妥协与互动

面对日本对中国边疆非汉人聚居区的军事和政治威胁，“九·一八”事变前，国民政府边疆政策的主要方向，是致力于推动内蒙古地区和藏语区东部行省化进程。具体设计是，将蒙古各盟旗分别划入省、县辖下；将藏语区东部划入新建的青海与西康二省。内蒙古和藏语区东部的行省化，以及针对西

① 杨甬明：《周折转运美援物资》，载《盟国军援与新疆》，新疆人民出版社1992年版，第212页。

部山区少数族群的改土归流，招致蒙、藏和西南少数族群的非议和反弹；热河、察哈尔、绥远三省的设立，加剧了内蒙古利益与国家权力之间的冲突。1931 年“九・一八”事变后，“势单力孤”① 的东蒙古和内蒙古东部盟旗很快被纳入“满洲国”的范围，日本大有将势力伸向内蒙古中西部之势。国民政府针对内蒙古的行省化政策，等于对蒙古人做了反动员②，内蒙古王公和上层菁英在时任内蒙古锡林郭勒盟副盟长、锡林郭勒盟苏尼特右旗扎萨克郡王（后晋升亲王）德穆楚克栋鲁普（德王）的率领下，对此展开抵制，于 1933 年起，发起“民族自治”运动，抵制国民政府针对内蒙古的行省化政策。一部分非传统贵族出身，业已跻身革命的新菁英步上南京、北平的政治舞台后，也与各盟旗的地方菁英结盟，反对国民政府的行省化政策③，迫使南京做出修正与妥协，中断将盟、旗全部纳入省、县行政体制的进程，承认内蒙古和青海等地蒙古人的有限自治。

清末对西藏的新政，在尚未达成提升清朝权威、强化直接统治的目标之际，即伴随中国的革命一起殉葬。十三世达赖喇嘛乘机靠拢英国，并宣布西藏断绝与中国的政治关系，等于在事实上宣布西藏独立。但英国人基于整体利益的考虑，对西藏的支持有其底线，西藏的国家地位无法得到任何国家的承认。国民政府建立后，国家统一的程度有所提升，十三世达赖必须面对这一现实，与南京的新政府维持一定的互动。④

---

① 徐世昌撰：《东三省政略》卷二《蒙务下・筹蒙篇》，（台北）文海出版社 1965 年依宣统三年刊本影印。

② 内蒙古自治运动活跃分子此际即指责政府不仅不扶持蒙古，“反从而穷困之，始而开荒屯垦，继而设县置省。每念执政者之所谓富强之术，直吾蒙古致命之伤”。德王等：《要求自治呈文通电》（于内蒙古自治第二次会议决议呈国民政府，1933 年 9 月 28 日），引自范长江《塞上行》，（上海）《大公报》社 1937 年版，第 118—199 页。

③ 黄奋生：《蒙藏新志》（下），中华书局 1938 年版，第 525 页。

④ 1928 年，西藏政教当局驻五台山的堪布罗桑巴桑前往南京拜见蒋介石，面呈十三世达赖的亲笔信函；稍后，又派特使向国民政府表达“达赖不亲英人，不背中央，愿迎班禅回藏”的新立场。1929 年，十三世达赖再度致函国民政府，表达服从新的、稳固的中央政府，愿与中央间建立有效联系的意向。国民政府把握机会，于 1930 年派员赴拉萨宣慰，十三世达赖方面则在南京、北平与康定三地设立办事处，负责西藏与中央之间的联系事宜，并于 1931 年派 6 名代表出席在南京召开的国民会议，正式承认“中藏一家，恢复旧制”。

"九·一八"事变发生之际，九世班禅、十三世达赖的驻京代表等都表达了支持中央政府抗日的立场。[①] 此刻在东北，忧心日本控制内蒙古东部的九世班禅，于1931年10月11日从海拉尔赶赴锡林郭勒，向蒙古信众揭露日人图谋，警示蒙古人向日人妥协的危险[②]，并峻拒日人笼络，再通电全国，呼吁中央安抚蒙民。[③]

1932年1月"一·二八"事变发生，十三世达赖喇嘛下令西藏各大寺庙数十万僧人诵经，"冀中央政府取得最后胜利"。九世班禅则在巡视上海、北平、察哈尔、绥远、甘肃、青海等地的过程中，一路号召僧俗民众抗日救国，并强烈要求亲赴热河蒙民中倡导抗日。自此到"七七"事变前后，九世班禅在内地举办多次抗战倡导活动，也直接捐赠金钱财物资助抗战。[④] 1933年10月18日，国民政府颁布褒扬令，推崇九世班禅对号召蒙古民众抗战的贡献。[⑤] 1933年12月27日，十三世达赖喇嘛圆寂，西藏地方摄政热振活佛依其遗愿举办三次祈祷法会，祈求中国军队获胜。[⑥] 热振又于1939年7月7日致电蒋介石，表达支持抗战的意愿，通报在拉萨举办抗战祈祷法会的过程与内容。[⑦]

有必要指出，从国民政府建立到抗战爆发，正值中央政府积极寻求与此前具有分离倾向的十三世达赖喇嘛重建关系之际，南京权衡达赖与班禅间实力的明显差距，对在日本威胁之下维持西藏这个后方中的后方的稳定抱持如履薄冰的心情，有意阻滞亲汉、亲中央，但与达赖不合的九世班禅返回西藏，

---

① 1931年10月7日，十三世达赖及九世班禅驻京代表及办事处长、藏族旅京人士等即组成"康藏旅京同乡抗日救国会"，做出一致抗日的决议，并发表《告全国同胞书》，表示"与我全国同胞同立一条战线，赴汤蹈火，在所不辞"。《蒙藏旬刊》（1932年9月20日改版）第3期。11月，业已加入国民党的西藏驻京办事处主要官员出席国民党第四次全国代表大会，在会议期间表达抗日决心，同时提交"改善蒙藏军事政务、宗教、教育以御外侮案"。会后，贡觉仲尼、阿旺坚赞等集结在京藏族人士，集会表达对政府抵抗日本行动的支持。喜饶尼玛：《民国时期出席全国性政治会议的西藏地方代表》，《中国藏学》1989年第2期。

② 《蒙藏旬刊》（1932年9月20日改版），第1期。

③ 《九世班禅内地活动及返藏受阻档案选编》，中国藏学出版社1990年版，第38页。

④ 喜饶尼玛：《论战时藏传佛教僧人的抗日活动》，《抗日战争研究》2003年第2期。

⑤ 《蒙藏旬刊》1932年第46期。

⑥ 《蒙藏旬刊》1934年第5期。

⑦ 喜饶尼玛：《论战时藏传佛教僧人的抗日活动》，《抗日战争研究》2003年第2期。

致使九世班禅直到圆寂都未达成他后半生最大的心愿。[①]

1938 年 12 月，拉萨哲蚌寺僧众表示愿在国家需要兵员时，持枪从军。1939 年 5 月，西藏僧民代表团到达重庆，向蒋介石献旗，立誓继承班禅遗愿，实行抗战建国纲领，尽藏族一分子之天职。四川松潘藏人土司联名具呈政府，表示“愿率夷兵驰赴前线杀敌”。川康青边土官、活佛等纷纷捐献财物表达抗日决心。甘肃拉卜楞地区土司兼保安司令黄正清于 1938 年 8 月召集各寺僧官及头人，要求与会者发动所属支持抗战。[②] 1944 年 10 月，西藏僧俗民众捐献国币 500 万圆，这笔款项可购买 25 架飞机。四川、西康、青海、甘肃、五台山的僧俗民众，在抗战期间更捐献了可观的财物。

2. 少数族群政策的调整与抗日动员

“九・一八”事变后，面对日本利用少数族群民族意识和民族主义运动的局势，令蒋介石一度萌生建立“五族联邦”的设想，准备于 10 年之内在满、蒙、藏地区展开自治实验。1932 年 4 月，前清宗室，奕山玄孙恒钧（字诗峰）在洛阳国难会议上提交“为欲抵抗外侮必先团结内部应使满蒙回藏在政治经济教育上一切平等案”，直指“民族不能协调”是边疆危机的一大根源。恒钧以满族代表的身份建议，国民会议宜仿苏维埃之例，让各民族在国会中都有自己的代表。[③] 恒钧的提案也得到与会代表和国民政府的正面响应。

“七・七”事变后，国民政府族群政治设计与执行的重点，转向与日本竞争边疆和少数族群民众的政治资源，动员少数族群民众投入中华民族共同抗战的行列。

日本利用或挑动少数族群民族主义情绪的论述与政治行动，尤其是“满洲国”的建立，给中国学界和国民政府带来相当大的震撼。面对国家沦亡的

---

① 林孝庭：《国民政府与九世班禅喇嘛——一个近代中国汉藏政教权力关系之剖面》，（台北）《传记文学》2010 年第 2 期。

② 周正龙：《略论西南少数民族上层人士的武装抗日活动》，《乐山师范学院学报》2007 年第 6 期。

③ 国难会议秘书处编：《国难会议纪录》，沈云龙主编：《近代中国史料丛刊》续编第 49 辑，（台北）文海出版社 1977 年影印，第 120 页。

危机，有识之士一方面强调“凡中国人都是中华民族”① 的“国族”论，另一方面强烈主张不再区分“汉、满、蒙、回、藏、苗、夷、蛮、番、猺、猡、獞”等，至少必须改变对少数族群以“犬”做部首的侮辱性称谓。国民政府接纳了有关改、废对边疆同胞侮辱性族称的建议，以国家行政命令的形式，规定在学术研究中更改对边疆同胞侮辱性族称；在其他文献、媒体和出版品中，对边疆同胞仅区分地域，不区分族别，并将“回族”一词正名为“回教徒”。②

1937 年 7 月，出身滇东北彝人（罗罗）社区、主导云南政务的云南省主席龙云即在南京向蒋介石表示，云南愿出兵两个军参加全国抗战。③ 龙云新编成的第 60 军，员额 4 万多人，约 1/10 的官兵来自大理附近的少数族裔社区。60 军曾参加台儿庄、滇南、接收越南等战役、任务。由云南子弟组成的第 58 军、新 3 军等则长期坚守湖北、湖南、江西前线；老 3 军守卫中条山数年之久。抗战 8 年间，云南曾将 42 万各族子弟送到抗日战场。④

1937 年“七七”事变后，中国赖以进出口的东南沿海遭到日本全面控制，海上对外交通断绝，位居西南的云南省，因可连接英属殖民地缅甸的对外口岸，成为国民政府国际运输线的替代选择。为保障作战物资的运输，国民政府接受云南省主席龙云的建议，先后规划修建滇缅公路与滇缅铁路，云南西部各族民众在动员之下几乎都参与了修筑公路⑤和铁路的艰

① 顾颉刚：《中华民族是一个》，《益世报》（昆明）《边疆周刊》第 9 期，1939 年 2 月 13 日。

② 娄贵品：《国民政府改废少数民族称谓的历史考察》，《贵州民族研究》2013 年第 3 期。

③ 龙云：《抗战前后我的几点回忆》，载中国人民政治协商会议云南省委员会文史委员会编《云南文史集萃》第二卷“出滇抗战”卷，云南人民出版社 2005 年版。

④ 中华民国国防部档案。该数字为大陆出版的《云南抗日战争史》所引用，见孙代兴、吴宝璋《云南抗日战争史》，云南大学出版社 2005 年版，第 1 页。

⑤ 滇缅公路由云南昆明通往缅甸腊戌，与缅甸中央铁路相接。沿途翻越云岭、怒山、高黎贡山、漾濞江、澜沧江与怒江，沿线彝（罗罗）、白（民家）、傣（摆夷）、苗等族民众自备粮食、被服和最原始的工具，参加人数近 30 万人，有时全路段每日即有 20 万人同时施工。在日夜赶工下，于 1937 年 12 月至 1938 年 8 月短短 8 个月间筑成包括惠通、功果、漾濞三座大桥和其他 533 座桥梁、3292 孔涵隧在内，中国境内长 960 公里，全长 1146 公里的战时交通大动脉。日军为破坏滇缅公路，从 1940 年 10 月下旬开始对沿线桥梁、渡口实施大规模轰炸；1941 年初，更建立“滇缅路封锁委员会”，以 100 余架飞机日以继夜轮番轰炸、破坏公路。滇缅公路养护工、桥工和各族民工在炸弹威胁下冒险抢修路面，艰难维持运输畅通。

巨工程。①

1940年9月日军占领法属印度支那后，地处广西、云南境内中越、中寮边境地带的哈尼、彝（罗罗）、僮、苗、傜、汉人，出动数千民工，在边境构筑了183公里的国防工事；红河哈尼人和彝人（罗罗）群体也组建边防游击队，担任救护与搜集情报的工作，配合中国军队正规部队修筑战壕、桥梁、隧道。②

抗战爆发后，中国空军经过浴血奋战，仅存的少许实力撤往大后方，随后，美国志愿飞行队来华助战，基地也设在四川。因应这一局面，国民政府在四川建立33处机场。四川境内土家、苗、藏等少数族群民众是修建机场的主力。机场往往地处偏僻，少数族群民众民工以最简陋原始的工具，奉献血汗与生命，换来抵抗日军的机场。

"珍珠港事件"爆发后，日军更迫切地寻求封锁滇缅通道，遂将战火扩大到缅甸。中国远征军入缅作战失利，日军进一步向云南方向推进，于1942年5月攻入滇西。③

滇西沦陷地带多数居民分属傣（摆夷）、阿昌、彝（罗罗）、白（民家）、苗、哈尼、景颇（山头）、佤、怒、独龙、拉祜等30多个族群，人口100多万，分别由24家"世袭其职、世守其土、世长其民"的土司统辖。民初，中

① 1939年，国民政府进一步决定，修建滇缅铁路，计划由昆明向西南延伸，经祥云、孟定出境缅甸接到腊戌，再通往仰光。这条计划中的铁路在云南境内长886公里。末段100余公里经过阿佤山区，仅临沧阿佤山区一地投入修筑作业的阿佤等族民工即达数万人。周家瑜：《简论佤族在抗日战争中的贡献》，《临沧教育学院学报》2005年第3期。滇缅铁路缅甸境内段，经外交协议，由当时英属缅甸当局负责修筑。1940年，英国寻求与日本修好，下令关闭滇缅公路，滇缅铁路也延宕不愿动工，国民政府只好暂停修筑滇缅铁路，将人力转用于连接四川、西康与云南的西祥公路。1941年4月，英方态度转变，滇缅铁路复工，1942年春季完成部分铺轨与土石整建。日本偷袭珍珠港后，美国对日宣战，1942年1月24日，云南省主席龙云致电蒋介石建议，"国际情势剧变，滇缅铁路似可停修"。不到两个月后，日军攻陷缅甸首都仰光，存放于此的滇缅铁路器材随之失陷，日军并继续向北推进，国民政府除先行派遣中国远征军，进入缅甸境内协助英军作战，也于同年3月中旬，宣布滇缅铁路全线停工。由于日军进展迅速，占领缅甸全境，并于1942年5月间，进逼中缅边境上的惠通桥，为了避免滇缅铁路遭敌人利用，蒋中正下令自行炸毁除昆明到平浪一段以外滇缅铁路其余完工的工程。

② 卓人政：《中共中央南方局的群众工作》，中共党史出版社2009年版，第144—145页。

③ 1942年5月3日，日军第56师团侵入云南，以装甲部队为前驱，沿滇缅公路直驱滇西，连陷德宏、畹町、遮放、芒市、龙陵、腾冲等地，炮击怒江东岸村落，从空中轰炸滇缅公路向东的路段和下关、保山、祥云、昆明等城市。

华民国北京政府延续清朝“改土归流”的政策，有意进一步推动对西部山区部落、土司政治的改革；国民政府完成全国统一初期，更规划在10年左右的时间内，彻底废除中国西部残留的土司制度。但西部土司等地方传统政治势力并不甘于自动让出权力和利益。[①]

日军入侵，怒江两岸各族民众一跃成为滇西抗战的主要后援力量，面对大敌当前、日人对土司威逼利诱的危局，出身腾冲的云贵监察使李根源接受蒋介石之命，亲赴前线协助宋希濂部第11集团军组织民众抗战。在动员滇西民众加入牵制日军行动的迫切需要面前，李根源体悟到当地少数族群政治资源的价值，“若不及时体察土司意图，示以殊恩，发其忠义，诚恐被敌利诱威胁，则心志稍移，凝结无术”[②]。基于抗战的需要，国民政府悄然中止了以缓进方式推动的改土归流进程，甚至重新恢复了土司封委承袭制度。[③] 李根源遂于6月1日发出《告滇西父老书》，号召滇西民众投身抗战[④]，继而派出同样出身滇缅边境地带的外交部专员尹明德深入滇西各土司驻所，向各土司颁发国民政府委任状，得到土司输诚效力的承诺。[⑤] 日军逼近云南之际，阿佤山区部落首领也标举“抗日保土”“抗日守卫阿佤山”的口号，动员阿佤山区民众配合国军抵挡日军的进攻。[⑥]

滇西土司主动参与抗战，有出于爱国热忱的一面，也有维护自身世有之

---

① 以云南潞江傣人线氏土司为例，1913年，云南省尊奉北京政府的政治设计，在潞江坝设立潞江县佐，隶属于龙陵县，这是国家在潞江设立流官之始。当时的潞江安抚司司官线庆祥表面上接受，但在台面下架空县佐的权力，再以县佐不谙摆夷习俗、不能适应边寨生活为由，将其礼送到龙陵居住，实质维持独自统治潞江坝的状态。省政府欲在南甸设立弹压委员之际，线庆祥强烈反弹，待任弹压委员也惮于潞江坝生活条件恶劣，不愿赴任，设弹压委员之议遂告流产。30年代初，国民政府在设立设治局时，潞江坝归入莲山设治局。设治局在滇西土司地区开始清丈土地，准备直接征收赋税，遭到线家以外其他土司的抗拒。

② 李根源辑：《永昌府文征》（重排点校本），云南美术出版社2008年版，《文录》第6册，第30卷。

③ 王文成：《滇西抗战与龙潞边区土司制度的延续》，《抗日战争研究》1994年第2期。

④ 具体见常绍群《滇西敌后军民抗战纪实》，收入中国人民政治协商会议云南省委员会文史资料研究委员会编《云南文史资料选辑》第25辑，云南人民出版社1985年版。

⑤ 尹明德具体的工作经历见常绍群《滇西敌后军民抗战纪实》，收入中国人民政治协商会议云南省委员会文史资料研究委员会编《云南文史资料选辑》第25辑，云南人民出版社1985年版。

⑥ 具体见《大中华民国云南省接缅边区卡佤山十七头目联防协会立盟书》，载云南省西盟佤族自治县县志编纂委员会编《西盟佤族自治县志》，云南人民出版社1997年版，第419页。

地传统利益的考虑。国民政府重新肯定土司制度的合法性，消除了土司对自身权利存续的忧虑，使政府得以顺利动员、组织边疆各族民众投入抗战；国民政府对土司参与抗日的表彰与嘉奖，也提升了土司的威望。抗战胜利后，很多边民“只知昔日之土司衙署，而不知有县局政府者”，土司制度意外得以延续。不过，在土司制度继续沿袭的同时，土司内部的政治制度正随着时势的演变趋向流官化。很多土司司官及司署官吏被军事委员会和第11集团军授予“自卫军”“游击队”指挥职务及军阶，所统辖的游击部队也接受国军的指挥，并向国民政府提出装备补给的要求。① 如此一来，土兵制度与国军军政制度相互交叠，使土司封委、承袭制度与土兵制度开始转型。

滇西抗战是全民抗战的经典范例。参加滇西抗战的武装力量同时有国家军队和地方部队；正规军、游击队及民众武装；汉人武装和少数族群武装、土司武装等，滇西各族群、部落几乎都参加抗战。远征军在南面败退后转到滇西战场的东西两面，滇西具有独立作战能力的抗日游击队即有12支②，此外，还有20支土司抗日自卫队及数以百计的民众抗日自卫队。③ 从1943年初，日军表面上已控制怒江以西，北达怒江泸水、南到孟定等地，约3万平方公里的中国领土，但同期抗日武装力量也活跃于怒江以西、腊戌以北的日本占领区。少数族群民众频繁多样的游击袭扰行动，将日军压缩在腊戌、芒市、龙陵、腾冲、密支那、八莫、南坎等战略据点附近，陷于全民抗战的汪洋之中。④ 1944年5月，中国远征军对日军发动全面反攻，滇西各族民众戮

---

① 尹明德：《抗日战争时期日记片段》，收入《德宏史志资料》第2辑，德宏民族出版社1988年版。

② 12支游击队和其他武装及其抗日经过具体见常绍群《滇西敌后军民抗战纪实》，收入中国人民政治协商会议云南省委员会文史资料研究委员会编《云南文史资料选辑》第25辑，云南人民出版社1985年版。

③ 同上。

④ 在历时3年多的滇缅抗战中，阿佤山区的少数族群抗日武装多次有效延滞日军的进攻，迫使日军与泰国“征缅方面军”放弃取道阿佤山区勐董、孟定攻入中国境内的计划，日军对阿佤人的勇猛强悍留下强烈的印象。具体参见陈明富、马汝慧《云南各族军民在抗日战争中的突出贡献》，《保山学院学报》2010年第1期。

力支持、配合。①

1942年2月至1945年5月滇缅抗战期间，云南从抗战的大后方变为抗战的最前方，考验并加速了云南各非汉少数族群国族认同的建立。在各族军民的共同奋战下，于1945年1月将日军逐出3万多平方公里的滇西国土，云南成为中国最早将逐出侵略者国土之地。

少数族群与中华民族、抗战建立联结

日本侵华，也让中国少数族群中的部分菁英敏感地体认到其身份、权力、利益与“中华民族”的关联，一些人把握这一政治机运，为族群生存和前途做出重大的选择。

1. 满、蒙民众的抗日行动

“九·一八”事变后，“满洲国”境内的满洲旗人投入抗日活动者很多。满人对国民党甚至中华民国不见得有好感，但却在有清一代形成了中国意识。“满洲国”的傀儡性质和日本人的差别待遇政策，使得设想中的“满洲人国家”未能如愿对满人发生足够的民族号召力，日本对北平等处关内旗人的动员也不成功，自发反抗日本人的满人比例甚高。② 广布东北的满、朝鲜、鄂伦春、达斡尔、蒙古等族民众中，都有人组建或参与救国军、义勇军、抗日会、红枪会等抗日组织，在这些组织的抗日宣示中，都包含了对“中华民族”概念的正面想象和接纳。

1932年4月，蒙、汉抗日人士在绥远成立“反帝大同盟”，在热河、察

---

① 5月11日，第20集团军强渡怒江，进入高黎贡山，腾冲抗战政府和保山、龙陵等地的抗日组织动员各族民众支持国军，仅腾冲县应征民众即有46000多人。其中38000余人为数万大军提供物资、给养，运送弹药；5000多人加入转运伤员服务队；3000多人投入修复腾龙公路的工作；大量熟悉地形和敌情的当地青壮年民众担任国军向导，主动侦察敌情。9月14日，第20集团军收复腾冲。

② 如黑龙江省宁安县世环镇70%的满人居民加入反日会，满族简史编写组：《满族简史》，中华书局2009年版，第210页。满人出身者，有邓铁梅、唐聚五、李春润等，分别于1931年到1932年间建立“东北民众抗日义勇军”“辽宁民众抗日救国会”“辽宁民众自卫军”等，展开武装抗日活动，满人的抗日活动具体可见中国少数民族社会历史调查资料丛书《满族社会历史调查报告》，辽宁人民出版社1985年版，第64页。

哈尔成立“蒙汉抗日同盟会”；1933 年 2 月，在张家口又建立“蒙汉抗日同盟军事委员会”和蒙古抗日联军；1934 年 8 月，在迪化（今乌鲁木齐）成立“新疆民族反帝联合会”。1936 年 1 月，当日本方面笼络德王，推动内蒙古亲日自治之际，百灵庙蒙政会的蒙古军人脱离德王阵营，加入抗日行列。

2. *汉语穆斯林的族群动员与地方军政实力派的抗日行动*

尽管咸同之际汉语穆斯林（回民）与清廷之间的冲突牵涉宗教、族群方面复杂的因素，但回民在 19 世纪“争教不争国”，无意脱离清朝自立门户，在 20 世纪前半期同样正面响应了中华民族国族建构的目标和进程。一如回民知识分子丁竹园在民初所言“保国即是保教，爱国即是爱身”①；白崇禧在抗战时也说“争教必争国，国存教乃存”②。同治回民事变后崛起于西北的回民军政势力，仍然要依靠清廷的政治支持，此一模式延续到回民与中华民国政府的关系和互动中。

抗战爆发后，回民纷纷成立包括“中国回民救国协会”在内的诸多全国性③和地方性④抗日救国团体，透过多样的宣传、服务行动支持抗战。伊斯兰宗教人士面对信徒，也强调“国家兴亡，穆民有责”的伊斯兰教义，在宗教仪式中为抗战祈祷。⑤

抗战期间，回民菁英最重要的贡献之一，是利用宗教交流、民间外交的

---

① 《正宗爱国报》，1912 年正月初六日。

② 白崇禧：《要用殉教精神挽救中国民族的沦亡》，《回教大众》创刊号，1938 年 2 月。

③ 针对日军在其占领区建立“中华回教联合总会”的举动，1938 年 1 月，全国性的穆斯林抗日团体“中国回民救国协会”在汉口预备成立，发表动员全国回民救亡的宣言。同年 5 月，协会正式成立，理事长白崇禧发表《敬告全国回教同胞书》，激励回民救国的决心（白崇禧：《敬告全国回教同胞书》，《回民言论》创刊号，1939 年 1 月）。协会随即在陕西、甘肃、青海、宁夏和新疆等 17 个省成立分会，分会下以县、区为单位再成立支会（孙颖慧：《中国回教救国协会宁夏分会述评》，《回族研究》2005 年第 4 期），并协助各地成立穆斯林青年抗日团体，透过包括动员穆斯林青年从军在内，大量、多样的宣传、服务行动支持抗战（白友涛、柴静：《中国回教救国协会述论》，《回族研究》1995 年第 4 期）。经白崇禧建议，该会于 1938 年 10 月改名为“中国回教救国协会”，1943 年又改称“中国回教协会”。

④ “七七”事变后的 7 月 29 日，北平的汉语穆斯林组建“北平回民抗敌守土后援会”，通电全国。通电刊登于《北平晨报》，1937 年 7 月 29 日。绥远包头的回民公会动员穆斯林市民组成“西北回民救国会”，发表《告西北回民书》。回民公会负责人、回民小学校长等捐款支持抗战。

⑤ 朱杨桂、高新生：《新疆各族人民在抗日战争中的贡献》，《新疆大学学报》1985 年第 3 期。

管道，对抗日本在阿拉伯世界的舆论宣传，在中东、北非和东南亚伊斯兰世界展示日本侵华对于中国穆斯林与世界穆斯林的危害，推动伊斯兰世界抗日联盟的形成。面临对日本抱有好感的印度抗英运动，回民菁英促成其中的印度穆斯林对中日战争采取了不同的态度。由王曾善等人组成的“中国回教近东访问团”和维吾尔人艾沙·阿尔普特勤、新疆汉语穆斯林马斌良的“中国国际联盟同志会”于1938年访问中东各国后，国民政府陆续与土耳其、伊朗、沙特阿拉伯、伊拉克等国建立了外交关系，民间外交乃上升为国家外交。①

分别实质统治青海、甘肃部分地区和宁夏的汉语穆斯林地方军政势力，权衡日本方面的实力、自身权力的来源与其地缘限制以及未来的政治前景，决意投入抗战的军事行动之中。

抗战军兴，穆斯林军政领袖马步芳以青海省代主席的名义向中央请缨杀敌。军事委员会委员长即命马步芳、马步青部出省参战。正有意扩编部队的马步芳，乃组成暂编骑兵第1师，于1937年9月开赴陕西，突袭晋南豫西一带的日军与附日地方民团。② 1938年7月，暂编骑1师奉调河南黄泛区尉氏、扶沟、鄢陵和西华一带③，1939年8月，暂编骑1师移防河南周口到界首一带，进击淮阳方面的日军。④ 暂编骑1师战斗减员严重，1940年5月，经过补充兵员，扩编为骑兵第8师，于当年8月移防安徽北部涡阳、蒙城、怀远一带，负责牵制津浦铁路蚌埠段的日军。⑤ 1943年末至1944年初，日军在攻占洛阳后，转攻阜阳。骑8师加入阜阳保卫战，从颍上一带迂回攻击

① 《吉达设领与近东外交》，《中国回教协会会刊》第1卷第6期；《本会理事艾沙马斌良访问近东各国报告》，《中国回教协会会刊》第1卷第10期。

② 马步芳骑兵师具体参战经过见马有光《青海骑兵师参加抗日战争前后纪略》，《青海文史资料》第12辑，第68—74页。

③ 暂编骑1师2旅3团1营1连排长马元林与河东伪军约定，击杀本团一位营长，率数十名士兵投日，引日伪军千余人攻打暂编骑1师驻地。师长马彪决趁风雪追击，连续收复日伪军所占村庄，歼灭驻守敌军，擒杀马元林。马有光：《青海骑兵师参加抗日战争前后纪略》，《青海文史资料》第12辑，第68—74页。

④ 马有光：《青海骑兵师参加抗日战争前后纪略》，《青海文史资料》第12辑，第68—74页。

⑤ 马步芳部队豫皖参战经历见马有光《青海骑兵师参加抗日战争前后纪略》，《青海文史资料》第12辑，第68—74页。

日军侧翼。[①]

"卢沟桥事变"爆发后，国民政府将甘肃、宁夏、青海三省划定为第八战区，宁夏军政实力派马鸿逵的15路军和马鸿宾的35师组成第17集团军。1938年，马鸿宾率81军暨马鸿逵部三个旅开往绥西，守御由内蒙古通往西北的门户。1939年夏，81军在乌拉脑抵御日军板垣师团的进攻，初战告捷。1940年1月中，日军集中晋、察、绥附近兵力约4万人，对绥西展开陆空联合攻击，甚至施放毒气，于2月初突破马鸿宾部防线，攻占五原。是役，40集团军顽强抵抗日军，付出重大伤亡。[②] 从1938年5月到1943年间，17集团军在沙漠地带长期坚持与日军周旋。在1942年5月的五原之战中，马鸿宾部81军与傅作义配合，最终收复伊克昭盟东北部地区。

3. 南方和西南少数族群：族群利益与抗战的联结

20世纪初中国西南的非汉人群体，为了在宣示"五族共和"的民族国家内获得承认，并取得与"五族"平等的政治地位，多数主动参与了现代中国的国族建构，具体而言，是将本族群的身份建构和本族群与国家的整合结在一起。[③]

1936—1938年，湖南西部的"革屯"运动，即致力营造自身与抗战的联结。1936年，包含永绥、凤凰、乾城在内的湘西"屯田"7县苗人，展开以

---

① 马有光：《青海骑兵师参加抗日战争前后纪略》，《青海文史资料》第12辑，第76—77页。

② 被俘的该部伤兵面对日军嘲笑国军汉阳造步枪，声言，武器粗劣，甚至赤手空拳，"照样可以打倒你们"。西北回教救国会：《绥西前线的回回军》，《中国回教协会会刊》第1期；西北回教救国会：《绥西穆斯林的爱国动态》，《中国回教协会会刊》第2期。

③ 与蒙古人、藏人和新疆突厥语穆斯林相较，20世纪初中国西南的非汉人群体的知识菁英，为了在新的、以汉人为主体，但宣示汉满蒙回藏"五族共和"的民族国家内获得承认，并取得与"五族"平等的政治地位，多数主动参与了现代中国的国族建构，具体而言，是将本族群的身份建构和本族群与国家的整合联结在一起。清朝在中国西部推行"改土归流"（化间接统治为直接统治）与"化夷为汉"（族群同化）两项政策，除畲、土家、白、僮、纳西等在清初业已相当汉化的族群外，苗、彝、黎、傜、哈尼等族群的汉化程度也逐渐增加。更令人讶异的是，自19世纪后期起，天主教、新教等教会势力渐次进入中国西南省份，影响日增。传教士在针对"苗"等族群的启蒙教育中，一方面透过提升族群内部成员对本族语文的运用能力，间接促成"在上帝面前人人平等"的个人意识和族群意识；另一方面，为了淡化各族群原始信仰体系中原初的祖先意识，竟也致力将"中华民族"意识注入其中。可参考张坦《"窄门"前的石门坎——基督教文化与川滇黔边苗族社会》，云南教育出版社1992年版；Siu－woo Cheung（张兆和），"Appropriating Otherness and the Contention of Miao Ethnic identity in Southwest China"，in *The Asia Pacific Journal of Anthropology*，Vol. 13，No. 2，pp. 142—169。

抗缴“屯租”、革除剥削苗民的“屯田”制度为诉求的“革屯”运动。1937年8月以后，湘、川、黔边“革屯”运动纷纷打出“抗日革屯”军的旗号①，1938年2月，湖南省政府会议决议废止屯租。3月，以湘西苗人为主体的“革屯”军8000人全数改编为湖南省新编保安部队，1939年在桃源扩编为国军暂编第6师，开赴抗日前线，此后6年间，参与了十余次大小战役。②

吊诡的是，对于国民政府和“革屯”苗民双方而言，“抗日”在很大程度上都成为工具和筹码。“革屯”苗民本来有意利用“抗日”的名义，强化政治运动和武装抗争的正当性。国民政府则借用苗民表达的意图，藉由“改编”和移出湘西直接参与抗日，一面根除苗人区域草根抗争的隐患，一面运用苗民武装增加了抗日力量，同时又假战争过程削弱苗民武装的实力。“革屯”运动的领袖对此也了然于心，如梁明元即直指官方玩弄“阴谋诡计”，并曾拒不接受移防离开湘西的命令。

抗战期间，不同程度汉化的族群，如以龙云为首的彝人领袖阶层，充分展现出认同华夏文化和近代中华民族的姿态③；较汉人更早接触到列强扩张，

① “革屯”运动领袖龙云飞祭出“革屯抗日救国军”的旗号；同年9月，苗民武装抗争达到巅峰，另一领袖梁明元也将所部正名为“湘西苗民革屯抗日军”；稍后，四川东部的苗民武装也组建“革屯抗日军”，几支武装又合并整编为“湘川黔革屯抗日军”，并吸纳保靖土家人的“革屯”武装。是年底，国民政府任命张治中代替何键主持湖南省政，张确定了针对苗民武装“剿抚兼施”的策略，与“革屯”军方面谈判达成“废屯升科”和“收编抗日”两项共识。

② 1937年初，和平诉愿转变为遍及湘西和湘、川、黔交界地带的武装抗争，由何键主持的湖南省政府派军镇压。但当年7月抗战爆发，省军迫于舆论对于何键对内用兵多所非议的压力，撤出湘西。相关研究可参考伍新福《湘西“革屯”运动述评》，载陈理、彭武麟主编《中国近代民族史研究文选》（中册），社会科学文献出版社2013年版，第842—858页。

③ 1927年至1949年，出身滇川黔边区彝人社区的地方政治势力，掌控了云南省的军政大权。相关研究可参考潘先林《民国云南彝族官僚统治集团研究》，云南大学出版社1999年版。受到这一局面鼓舞的四川、贵州的彝人社区，纷纷寻求龙云彝人军政大员的支持或庇护，在强调本族群尊严的同时，也与汉人通婚。与“苗”一样，执掌云南省政的彝人上层建立“竹王会”、“佉卢学会”，意在将彝人的祖先追溯到传说中来自楚国的“竹王”，更将彝人的文化追溯到传说中与仓颉同时代的佉卢（安恩溥：《我所了解的龙云统治集团中的部分彝族上层人士的活动情况》，收入中国人民政治协商会议云南省委员会文史资料研究委员会编《云南文史资料选辑》第11辑，云南人民出版社1989年版）。鼓励彝民加速汉化（林耀华：《凉山彝家》，商务印书馆1947年版，第120—121页；邵献书、刘苗生等：《镇雄县塘房区凉水井乡和平沟下寨彝族社会调查》，收入中国少数民族社会历史调查资料丛刊云南省编辑组《云南彝族社会历史调查》，云南人民出版社1986年版，相关内容见第222—224页）。甚至刻意将家族的源头追溯到先秦的华夏（龙云辑：《贞孝褒扬录》第1册，1936年石印本）。

但基本未汉化的族群，如阿佤部落，也出现了国家意识。[①] 1926 年，英军侵入滇缅边界云南一侧时，即引诱当地土司前往伦敦，但众多土司头人出示元、明、清时代中国朝廷颁发的委牌，声言只知孔明而不知耶稣。1934 年初，长期觊觎阿佤山矿产资源的缅甸英国殖民当局出动军队，占领云南省沧源县境内班洪、班老的银矿。班洪王胡玉山乃于 1 月间召集阿佤山十七个部落的首领齐聚班洪，建立由佤、汉、摆夷（傣）人组成的武装力量，并与当年 6 月间由滇西南地区佤、拉祜、傣、汉等族群民间人士组成的“西南边防民众义勇军”合力将英军逐出班洪、班老，是为“班洪抗英事件”，国民政府则迫于英国的压力，命义勇军撤出班洪。班洪事件令中英双方都感受到界务问题的压力，1935 年，由瑞士军官伊斯兰上校担任中立委员，中英二度会勘滇缅边界，英军同时进占阿佤山芒国部落。班洪王乃再度联络阿佤山十七个部落的首领，领衔向英缅当局、国民政府与国内各界宣示：“卡佤山为中国土地、卡佤山民为中华民族之一部分”、“卡佤山地与中国为一体，不能分割。”[②] “我佧佤十七王地……自昔远祖，世受中国抚绥，固守边疆，迄今千数百年。世传弗替，不但载诸史册，并发现尚有历朝印信可资凭证。我佧佤人民，虽属云南极边夷族，未受中国文化教育之熏陶，致语言文字殊异各类，但男勤耕耘，女重纺织，日夜作息，则与汉人大同而小异。……英帝逞其野心，步步压迫，种种手段无所不用其极。我佧佤山数十万户，虽血流成河，断不作英国之奴隶。今者，中英会勘缅甸界务，我佧佤山百姓，请愿我委员，保全我佧佤地。若以我佧佤让与英人，虽则我委员迫于威势，隐忍退让，然我全卡

---

① 云南西南阿佤山区的阿佤部落（20 世纪 50 年代在“民族识别”后，称为“佤族”），是近代中国边疆少数族群中保持原生状态最完整的族群之一。然而，与内陆农村的多数汉人相较，沿边的少数族群民众，更早接触到列强的扩张。阿佤部落更是首当其冲。数百年来，人口爆炸的华中甚至华南的汉人移往西南非汉人族群聚居地带的趋势加快。在地势较为平缓、宜农的地带，汉人人口居相对优势，但在靠近边境地区的丘陵、山地，汉人移民在人数上仍居相对弱势，在与当地非汉人群通婚数代后，即融入当地人群中。这样反复频繁的文化交流与族群融合现象，强化了族群间的纽带，也有助于边境地带非汉人群体中原型国家意识的形塑。可参考李诚《国家建构与边疆稳定——基于中缅边境阿佤山区的实证研究》，云南人民出版社 2013 年版，第 120—124 页。

② 《告祖国同胞书》，段世琳主编：《班洪抗英纪实》，云南人民出版社 2013 年版，第 362—366 页。

佤山民众，决不愿听英帝之驱使，愿断头颅，不愿为英帝之牛马。”① 班老、班洪的阿佤部落首领，拿出历代王朝颁发的印信、命服等，举证阿佤山区向属中国；数百名阿佤民众聚集在勘界委员会驻地勐梭，高举青天白日满地红国旗抗议英国的侵略，让参与勘界的中立国代表与中华民国代表为之动容，停止与英人合作，勘界之议，遂无疾而终。

滇西抗战开始后，云贵监察使李根源有感于滇西土司对抗战动员的正面响应，慨叹说，“目今敌军压境，人心易惑，而各土司同仇敌忾，得来请命，数百年怀柔抚绥之德，效忠明耻之教，事效已见”。南甸土司龚绶强调因家族“世效诚节”，才得到政府“如此恩赐铭鼎”，故不论日寇如何利诱，终能不失民族气节。当年 31 岁的潞江土司线光天，幼年受业于腾冲王举人，及长又毕业于实施近代教育的腾冲县立中学，在他的观念中，传统汉文化中的儒家忠孝意识和近代的国族意识合为一体。干崖土司刀京版之父刀安仁则曾参加辛亥起事，让他的家族与中华民国建立了直接的渊源。抗日国军将领在致书各土司时，也把握这一联结，以王朝时代土司保国保境的事迹激励当代土司参与对抗外敌入侵的行动，宋希濂在致线光天的信函中即谓：“执事世受国恩，谊同休戚，亟盼领导边民与国军切取联络，起而杀敌，共策殊勋。昔石柱司官女将秦良玉，为国杀敌立功，今平四川营，赫然有驻兵遗迹，史册流传，勋名不朽。执事宏识远略，万流仰镜，当能绍此前徽而发扬光大之也。”南甸土司龚绶在呈蒋介石的电文中说：“职司世受国恩，同仇敌忾，当仰体德意，誓死抗战，与疆土共存亡。”线光天还提出策略说：“抗战期间，军食为重，腾龙沿边各土司地产米最丰，如国军能迅速将腾龙克复，驱敌境外，将丰富米粮内移，以助军食，于抗战裨益甚大。”②

① 《告祖国同胞书》，段世琳主编：《班洪抗英纪实》，云南人民出版社 2013 年版，第 362—366 页。

② 王文成：《滇西抗战与龙潞边区土司制度的延续》，《抗日战争研究》1994 年第 2 期。

结 论

抗战期间，国民党和国民政府的政治、军事实力不足，组织效能和动员能力亦不足，或者需要透过与清末民初以来形成的地方军政势力的利益交换，来编织党国的权力网络；或者需要借用传统资源，一定程度上感化、羁縻那些无法直接控制的政治势力；或者，无法将少数群体利益的论述与中华民族国族论述做出有说服力的联结，只能期待战争状态下少数族群的利益与国家整体利益的权宜结合。这样，间接面对边疆非汉少数族群，国民党未能充分激发民众的国族意识，未能有效地将少数族群的政治资源转化为对自身的长期支持。但无论如何，国民政府在中国由古代王朝国家向近代民族国家的转型过程中，面对所遭遇的空前考验，以艰难重建政治军事机构，在能力范围内尽最大的努力汲取边疆和少数族群的政治能量，未在困局面前向强敌妥协，其历史地位已然不可磨灭。

相较之下，共产党于抗战期间在敌后根据地展开真正意义上的制度创新与组织布建，动员民众，充实党的基层组织，将党的力量深入到社会的血脉中，弱化乃至消除了传统宗族组织和乡绅阶层对地方的控制，造成社会能量与政治力量间的有效互动。中共透过与少数族群民族自决、民族解放论述和族群现实具体利益的巧妙接轨，将上述模式灵活应用到少数族群动员工作中，将少数族群的政治资源转化为对自身的支持。

无论从结果还是从过程来看，日本针对中国少数族群所从事的“工作”都归于失败。究其原因，首要在于，日本人并未在日本的利益与汉人以外的中国少数族群人民的利益间做出有效联结；而尽管国民政府的动员力和影响在某种程度上都小于日本甚至中共，但古代王朝中国的多元族群、多元文化遗产，近代初步国族建构过程中庞大的惯性，都是阻碍日本与中国少数族群之间建立共同立场的障碍，而列强等外来势力的威胁，又催生出少数族群与中国国家之间共同利益的纽带。

在外国军事入侵面前，少数族群在某种角度和一定程度上体认到其利益与中国国家或其他中国政治力量间利益的一致性，将为桑梓、群体的生存奋斗与奉献国家联结起来，为抗战中的国家开辟了战略纵深地带和后方；为被围困的国家维持了通向盟邦和国际社会的最后生命线；为全民的奋战提供了人力和物资保障；更重要的是瓦解了日本分裂、拆解中华民族的图谋。同时，少数族群也藉由空前动员、参与现代战争的经验，大幅提升了自身对现代社会的适应力。

中日战争对于近代中国的边疆事务、国族整合，对于中国的边疆地区本身和少数族群，都造成了意外而巨大的影响。战争爆发前，日本威胁的步步加剧，已迫使国民政府调整其国族论述，同时向蒙、藏等族群的自治要求做出妥协，事实承认“五族”以外其他更弱势少数族群的存在与他们的政治权力。[①] 战争爆发后，日本占领了中国东部的政治、经济核心地区，国民政府被迫迁移到偏远多山、少数族群密集的西部。国民政府在西部重建了政治军事体系，并意外获得与少数族群密切接触的空前经验[②]，包括动员少数族群政治资源支持抗战的需求和与少数族群间互动模式的重新建构。中国的少数族群本身，也在严格意义上真正获得与汉人生死一体、命运与共的历史经验，在自觉或不自觉的族群意识之外，建立了中华民族意识的雏形，正面推动了近代中国的国族建构、国家整合，以及境内非汉人人群身份的“中国国民”化与“少数民族”化。内蒙古人、维吾尔人、傣人等由清朝的臣民转为中华民国的国民，又进一步转变为中华人民共和国的少数民族，是一类例子；中国东北的朝鲜人由境外移民转为“满洲国国民”，再转为中华民国境内的外国侨民，又进一步转变为中华人民共和国的少数民族，则是另外一类的例子。

（原载《江海学刊》2015 年第 2 期）

---

① 吴启讷：《蒋介石的中华民族论与中华民国的边疆自治实践》，载黄自进、潘光哲主编《蒋介石与现代中国的形塑》（上册），“中央研究院”近代史研究所 2012 年版，第 161—212 页。

② See Hsiao - ting Lin, *Modern China' s Ethnic Frontiers*, New York: Routledge, 2011.

“共同体论”与“儒教社会主义论”

——以谷川道雄、沟口雄三的“公”“私”言说为中心

［日］葭森健介　徐谷芃 译

序——回眸谷川与沟口

在中国推进改革开放政策的过程中，一些外国汉学家的研究备受瞩目。谷川道雄（1925—2013）、沟口雄三（1932—2010），这两位日本学者应可名列其中。到目前为止，谷川的代表论著，如《隋唐帝国形成史论》《中国中世社会与共同体》等，已经有了汉译本并且再版。[①] 而全8册的《沟口雄三著作集》则从2011年至2014年，历时三年，由北京三联书店全部出齐。[②] 在众多日本学者中，为什么谷川、沟口受到中国学术界较多的关注呢？大致而言，“文革”以后的中国社会，随着改革开放政策的推进，出现了一系列新的变化。对此，长期接受马克思列宁主义、毛泽东思想指导的中国历史学界、中国思想史学界，需要作出新的阐释和调整。当中国学术界出现上述转变时，谷川、沟口以其新颖独特的研究手法和理论架构，受到了中国同行的注意。谷川侧重魏晋南北朝隋唐史，沟口主要研究明末至近代的思想史。他们开宗立派，学术贡献巨大。需要注意的是，中日学者在引用或评介他们的研究成

① 谷川道雄：《隋唐帝国形成史论》，李济沧译，上海古籍出版社2004年版、2011年再版；谷川道雄：《中国中世社会与共同体》，马彪译，中华书局2002年版；增订本，上海古籍出版社2013年版。

② 沟口雄三：《沟口雄三著作集》8册，孙歌主编，生活·读书·新知三联书店2011年2月—2014年2月版。

果时，往往立足于各自的专业领域，如历史学者主要关注谷川，思想史学者侧重于沟口，很少有人将他们联系起来作比较性研究。

在笔者看来，谷川、沟口之间，其实有着太多的相似之处。读本科时，沟口是我的恩师，正是在他的积极引荐下，我才得进入谷川门下，攻读研究生课程。那时，为我写推荐信的正是沟口。现在静思自己的学术生涯，之所以仍然还在从事中国史研究，可以说完全受益于两位先生的教导。非常遗憾的是，沟口于2010年，谷川于2013年先后与世长辞。作为学生，我想借此机会重温一下两位先生的学术人生，并明确自己今后的研究方向。

非常幸运，在本科生的时候，我就系统聆听了沟口的课程，内容也就是后来出版的《中国近代思想的屈折与展开》[①] 以及《公私概念在中国的展开》[②]。进入研究生院后，从谷川那里接触到共同体论。虽说从本科到研究生，指导老师从沟口换成了谷川，但不知为什么，我并没有感到学术氛围有什么大的变化。其中很重要的一个原因，就是因为二位先生在讲课之中，经常涉及“公”“私”一类的词汇及其概念。

1994年，由中国社会文化学会举办了一场学术讨论会，主题是“‘欲望、规范、秩序’——反思中国社会思想的‘发展’”。谷川那时也亲临会场。[③] 晚餐后，沟口亲自开车，从东京大学将谷川和我送回御茶水附近的宾馆。现在回想起来，那是第一次，也是最后一次和两位恩师单独相处，和他们交谈。二位先生之间的师承关系，是我一直深感好奇的问题。趁此难得的机会，当然得问上一问。原来，谷川是沟口硕士论文答辩时的老师之一，阅读过沟口的硕士论文。本来还想具体问问，不料汽车一下子就从东大开到了宾馆，到现在更是无从询问了。在本文中，我想结合自己的一些思考，以二位先生的

① 沟口雄三：《中国前近代思想的屈折与展开》，（东京）东京大学出版会1980年版，龚颖译，收入《沟口雄三著作集》，生活·读书·新知三联书店2011年版。

② 沟口雄三：《公私概念在中国的展开》，载《思想》（东京）669，1980年，后收入《中国的公与私》，（东京）研文出版社1995年版；郑静译：《中国的公与私·公私》，收入《沟口雄三著作集》，生活·读书·新知三联书店2011年版。

③ 关于这次研讨会的详细，可参见《中国——社会与文化》（东京）10号，1995年。

“共同体论”与“儒教社会主义论”为线索，回顾他们是怎样思考“公”“私”这样的概念，又为什么专注于这一问题的。

谷川道雄的“共同体论”

首先来看“共同体论”。由于该术语所具有的独特性，人们往往容易认为，这是一种分析不同时代、不同地域的人们及其日常生活结构的理论。也就是认为，“共同体论”的主要目的是揭示各个时期的共同体结构及其变化，并以此为基础，揭示中国历史的性质。必须指出，这样的理解是有失偏颇的。我曾经对谷川和川胜义雄（1922—1984）的共同体论作过如下概括：“就本质而言，该理论对中国历史的总体发展作了展望和把握。在建立的过程中，并没有忽略对社会结构的分析，但更为关注历史的发展及其变迁。”①

20 世纪 60 年代和 70 年代，日本学术界围绕谷川、川胜的共同体论，展开了一场声势浩大的“共同体论争”。上述针对共同体的不同认识，正是论争产生的导火索。

就谷川本人而言，“共同体论”源于他对 1960 年安保斗争失败所作的总结。其基本思路是：所谓帝国主义与被剥削阶级、总资本与劳动者这样一种机械的阶级对立论，并不能有效说明历史的发展轨迹。尤其重要的是，面对“人”这样一种活生生的存在，仅从阶级的角度加以规范、定义，显然不够全面。

这种思路，也反映在他对我们这些学生的教育和指导上。我们这批出身于 20 世纪 50 年代中期的学生，在成长过程中，或多或少都受到了 60 年代大学纷争的影响。比如本科毕业论文，我选的题目是东晋后期的孙恩、卢循之乱。和我同为名古屋大学东洋史学专业 77 级硕士研究生的吉尾宽（现为高知大学教授）、井上彻（现为大阪市立大学教授），分别选了《明末华北的“流贼”之乱》和《广东珠江三角洲地带的“社贼”“土贼”之乱》。在比我们高

① 葭森健介：《中国史研究中有关“社会”与“人间”的把握》，《中国——社会与文化》（东京）7 号，1992 年。此文是在沟口先生的相邀下撰写而成的。

一届的学长中，高桥良和（京华学园教师）研究的是中华革命同盟会。面对我们这群“斗志”昂扬的学生，谷川的一句问话，醍醐灌顶般令我们至今难以忘怀。他问道：“你们眼中的民众，难道仅仅只是为发动起义而存在的吗?”现在想起，正是因为在自己的“共同体论”中，对民众的存在以及民众起义有着极为清晰的认识，他才会有如此反问的。

1960年安保斗争前后，谷川在研究中开始注意到了民众起义的问题，其代表作便是《关于庞勋之乱》。[①] 据他后来回忆，当时在研究中感到相当困惑。即“一方面告诫自己不要机械地把握历史现象，另一方面却又突破不了这一局限”。那么什么是机械性把握呢？也就是“对于国家=统治机构，基本上就以下面这样一种先验的观点来思考：即国家总是与民众相对立的；二者之间外在而敌对的关系就是国家的整体形象”[②]。一方面认识到单纯的阶级论并不能有效地诠释历史，另一方面又感觉需要从国家与民众这一对立性结构之中来探讨历史发展的性质，这就是困境所在。更为危险的是，一旦进入这种思维模式，就会不由自主地认为国家是与民众相对立的，进而以此来定义国家及其性质。为了突破这一思维上的困局，谷川转而对隋唐帝国形成的渊源展开探索。作为出发点，他将目光对准了北魏末爆发的城民起义。上述研究经历，最终成就了谷川的“共同体论”。当他反问我们这些热衷于研究民众起义的学生，“民众究竟为何”时，实际上已经对民众及其存在意义有着十分清晰的认识。

1960年前后，也是日本工人运动、学生运动最为高涨的时期。那时，人们的认识十分单纯：总资本与总劳动、资本主义与社会主义之间的斗争，是国内外一切斗争和冲突的根本所在；解决上述冲突的关键，就在于消除阶级关系。显然，经济问题是核心。

然而，谷川研究北魏的城民起义，却发现其原因并非经济问题，也并非

---

① 谷川道雄：《关于庞勋之乱》，载《名古屋大学文学部研究论集》ⅩⅠ、《史学》4，1955年。

② 谷川道雄：《序说：论隋唐帝国的本源——中国中世的国家与共同体》，《隋唐帝国形成史论》，上海古籍出版社2011年版，第2—3页。

阶级矛盾，而是源于对北魏王朝性质转变的不满。“北魏的城民制度，不论从发生史来看，还是从功能上来看，都具体体现了与各地域对立的王朝权力。”所谓城民制度，是依靠北魏强大的王朝权力而建立的，它与各个地区以豪族为中心的自立性社会有着对立的一面。在北方胡族强大的军事压力下，以汉人为主的地方豪族社会必须加以适应。同时，他们又想方设法使胡族政权朝有利于自己的方向转换性质，直到“国家政权逐渐丧失其本来的性质”。以胡族为主的城民发动起义，正是“对这种逆转的抗议”①。

问题是，所谓“北魏丧失其本来的性质”具体指的是什么呢？

谷川认为，北魏的渊源是“作为日常战斗共同体的塞外部落联盟国家”，亦即鲜卑族在寨外结成的部落共同体。作为游牧民的大众，在此共同体中享有自由民的地位。北魏在统一华北的过程中，逐渐解散部落，将军事力量收归中央，强化以胡族兵为主力的军事机构，最终称雄华北。为了捍卫国门，北魏以镇、戍为单位，遣胡族部队驻扎于北方边境，称之为城民。由此可见，在帝国的建设过程中，北魏首先丧失其部落联盟的性质，接着是作为自由民的城民，从“国之肺腑”逐渐“贱民化”，最后沦为与汉人兵户相同的地位。而汉人兵户，一般是由犯罪者充当的。通过以上论证，谷川指出城民起义的性质就是植根于“部落共同体”，并具有自由民身份的城民在“贱民化”之后，为夺回已失去的地位而进行的一场运动。②

丧失部落联盟性质的北魏，必须面对盛行门阀的华北社会，于是不可避免地要接受门阀主义的影响，这对汉族社会是有利的。所谓门阀主义，强调的是门第家世以及才能。就其本质而言，仍然是尊重才能。然而北魏王朝吸纳门阀主义，结果却倾向于重视门第，甚至出现“全面否定才能”的状况。谷川认为，这无疑是“门阀主义的自杀行为”。对此，部分汉人豪族提出了

① 谷川道雄：《北魏末期的内乱与城民》，载《史林》（京都）41—3、5，1958 年，后收入《隋唐帝国形成史论》，上海古籍出版社 2004 年版，第 157 页。

② 谷川道雄：《序说：论隋唐帝国的本源——中国中世的国家与共同体》，《隋唐帝国形成史论》，上海古籍出版社 2011 年版，第 2—3 页。

“贤才主义”的方针。中古时期的豪族阶层，源于东汉末年。这一阶层的重要特点，就是在乡里社会舆论亦即乡论的影响和监督之下维持其才能，由此获得家族的长期延续。北魏时期，提倡“贤才主义”，到北周以后，遂成为科举制度的滥觞，这就为隋唐帝国的诞生打下了基础。①

至此，谷川对隋唐帝国的历史性质作了两方面概括：胡族民众拥有的“部落共同体”式自由；兴起于东汉末的汉族豪族共同体式“贤才主义”的重生。

1961年，谷川发表了一篇极为重要的论文《一个东洋史学者的现实与学问》。该文以上述实证为基础，对中国历史的整体发展作了理论上的构建。也就是说，面对1960年安保斗争的失败，利用共同制与阶级制这样一种矛盾和对立的观点，对北朝史详加探讨，由此建立自己的国家论并予以理论化。对于共同体，谷川的定义是：“私有制与共有制、阶级制与共同制等矛盾的统一体。”一般而言，人们的日常生活都是在共同体之中展开的，而这种共同体除了私有制与阶级制以外，还具有共有制、共同制等性质。随着生产力的提高，加上其他一些原因，阶级性逐渐超过共同体性，阶级斗争于是产生。所谓“阶级斗争”，就是共同体中上述两种性质之间的斗争。那么中国的民众起义呢？大多是在“共同体中体现出来的人的普遍性存在受到压制和破坏”的情况下发生。当起义迅速扩大时，便产生“建立新王朝”亦即重建共同体的志向。上述过程，就是作为历史运动论的共同体论。谷川认为，共同体理论不但可以诠释中国的历史，也可以用来解释20世纪60年代亚洲各地的民族解放运动。② 阶级斗争理论，重视阶级之间的对立，但如果盲目运用，就很容易陷入机械论的泥沼之中。而如果从私有制的发展过程以及共同体或国家的变质来思考时，就会注意到共同体中人所遭遇到的歧视和压迫。受到歧视和压

① 谷川道雄：《北魏官界的门阀主义与贤才主义》，载《名古屋大学文学部十周年纪念论集》，1959年，后收入《隋唐帝国形成史论》。

② 谷川道雄：《一个东洋史学者的现实与学问》，民科京都支部历史部会机关刊物《为了新的历史学》68号，1961年，后收入《中国中世社会与共同体》。

迫的人们，为找回自己在“共同体”中拥有的自由民地位，付出了种种努力和行动。推进历史发展的动力，正在其间。

所谓国家，原本是包含“共同制”与“阶级制”这对矛盾的统一体。前者体现了“公”的要素，后者显示出追求各自利益的“私”的志向。当国家由于各种原因，逐渐陷入到“私权化”的过程中时，开始出现重建共同体的努力。谷川共同体论的精髓和实质，正是对这种历史机制的叙述以及理论构建。

沟口雄三的“儒教社会主义论”

沟口曾多次谈及，自己并非从开始就立志研究中国的思想。比如本科的毕业论文，研究的是中国现代文学家赵树理。考入名古屋大学研究生院后，在入矢义高（1910—1998）先生的指点下，才逐渐接触到李卓吾的著作。当时，鼎鼎大名的岛田虔次（1917—2000）先生将李卓吾视作中国近代思想在明末清初达到高潮的关键人物。① 通过阅读李卓吾，沟口发现，无论战前还是战争中，日本在学校教育中灌输的所谓“忠”的思想其实与中国儒教全然不同。由此开始分析一方面被岛田视作中国近代思维的“挫折”，另一方面却以

① 《采访沟口雄三先生》（2007 年 4 月 28 日于东京大学驹场校区）。网页见 raec. igd. tw/Interview%20with%20Prof. %20Mizoguchi. doc。在这次采访中，沟口先生谈及自己从中国文学转向中国思想史研究的原因，并且介绍了自己见到入矢义高先生时的情景：“当时因为家庭环境逐渐好转，觉得一个星期去学校一两次应该没问题，于是就偷偷报考了名古屋大学研究生院。那时研究生院刚刚建立，学生较少，只有两个人，这样一来，不认真复习功课，就会很吃力。第一年我学得有些马虎、漫不经心。那时的指导老师入矢义高先生说，‘再这样可就不管你们了’，这句话非常管用。入矢先生的课非常吸引人，和我在东京大学读本科时上的课完全不同。东大的课程不怎么让学生思考主体的问题，而入矢先生却是主体性相当强的学者。每一节课都是在这种氛围之中进行。先生亲自挑选文章来读，为什么要选这个人的作品，一目了然，让我们能够清楚感到某种东西在先生内心处燃烧，非常有感染力……考研的时候，我本来是想研究鲁迅的。但在考试前一天，又觉得李卓吾比鲁迅要有意思，于是在面试的时候，脱口而出‘很想读李卓吾的著作’。哪知道这句话让入矢先生记了个真真切切，一开学就说开始阅读李卓吾。我那时丝毫不知道岛田虔次先生已经写了一本关于李卓吾的书，于是就问，首先应该读什么比较好呢？先生说，‘既然研究李卓吾，首先就该读读李卓吾’。听了这句话，我跑到东京的神田买了《焚书》《藏书》等六本书，回来后就从《焚书》第一页开始读起。读着读着，感觉有些地方真是不懂，但是字里行间又有种丰富的屈折之感，非常有趣。《焚书》全部读完以后，再看岛田先生的《中国近代思维的挫折》，发现岛田先生似乎并没有深入到李卓吾的心中，仅挑选其中部分内容来论证自己的近代观。也就是在那时，我开始思考‘近代’的问题了。”

肯定“欲”作为前提的儒教思想怎样通过戴震等人向近代发展变化的。一般认为，中国近代思想中的“公”是“个体欲”的积累。然而在沟口看来，这与浓缩在日本国家体制中的“公”格格不入。通过以上初步研究，沟口使用“公”“私”概念，对宋代以降近代思想的变迁展开了分析。①

上述研究始于20世纪80年代后期，当时正是韩国、中国台湾、中国香港、新加坡等亚洲四小龙经济腾飞的时期。关于这些国家和地区经济发展的文化背景，法国汉学家莱昂·冯德米施（汪德迈，Léon Vandermeersch）等人尝试从儒教思想中寻找原因。如同马克思·韦伯视新教的宗教伦理为资本主义发展的根源一样，汪德迈认为儒教伦理也有此作用，即儒教中的勤勉，是日本及亚洲四小龙取得资本主义成功的重要原因。余英时在此观点上再进一步，认为宋代以降儒教思想与近世商人活动的高涨紧密相连。以上就是广为人知的“儒教资本主义论”。以此为发端，人们开始重新评价“儒教”或“儒教文化圈”。所谓“儒教复兴论”，迅速扩大到日本以及东亚各国。1988年12月在厦门召开的国际朱子学会议，就是对上述状况的一种回应。然而，当日本的儒学研究者试图利用这股儒学风潮展开研究时，沟口却提出了质疑。即：日本与中国的儒教在本质上相同吗？原始儒教思想是否具有促进资本主义发展的要素呢？面对这些问题，沟口从研究李卓吾入手，将视线投入到中国近代思想的变迁上，最终提出了与“儒教资本主义论”针锋相对的“儒教社会主义论”。

日本的儒教研究，究竟有什么问题呢？沟口以朱子学为例作了说明：“作为一个预设的研究对象，没有人会站在朱子学的外部问，为什么在中国会发生朱子学。所以尽管采用了客观实证的方法，但结果也只是停留在对朱子学的解析和祖述上，而没有把日本的朱子学作为日本的思想来加以相对化。”于是日本的朱子学研究就会遇到一个根本性问题，即并非将朱子学作为中国的思想予以分析，而是无批判地作为日本人的思维逻辑进行解释。在这种研究

① 参见前引沟口雄三论《中国前近代思想的屈折与展开》以及论文《公私概念在中国的展开》。

态度下，如果日本的中国哲学研究者轻易赞同儒教资本主义论，或许要给人造成“儒教文化圈”不知不觉中演变成“大东亚四小龙文化圈”的感觉。沟口认为，日本的儒教研究更应该首先回答：为什么日本那种无节制的资本主义发展具有反道德性（例如对东南亚森林乱砍滥伐），对此又应如何加以克服呢？①

正是有着这样穿透性的眼光，因而他对儒教资本主义论的批判也是入木三分：“如果把问题集中到禁欲，而且把宋学和资本主义联系在一起，那就不能不让人感到不可思议了。”沟口认为，韦伯将新教伦理与资本主义结合起来思考时，有两点很重要。即在新教主义中，确立了职业的神圣观；对职业的使命感以及伦理共同体优先于血缘共同体，即优先于血缘性纽带的职业者的个人伦理。如果拿这两点与日本相比较，“前者以继承家‘职’（家业）的形式存在于武士、商人和手工业之间，尽管内容有所不同；而后者则以主从关系胜于血缘关系、义理胜于人情、公的义理重于私的义理”。因此，“如果顺着韦伯的思路，日本资本主义不应该和儒教，而应该和日本前近代社会的特质结合起来考虑”。沟口的观点十分明确：所谓禁欲、忠诚心这类日本职业者的伦理和资质，其实属于日本前近代社会的特质，因此日本产生资本主义，其背景并非儒教，而是日本前近代社会的特质使然。那么中国又如何呢？“众所周知，以农业为本富，以工商业为末富，较之功利更重视道德是儒教的一大特征。”很清楚，儒教之中并没有什么推进工商业发展、功利重于道德的思想。沟口专门引用晚清洋务运动的主要人物冯桂芬的话，“盖君民以人合（义理、人为的结合），宗族以天合（血缘、自然的结合）”，明确指出，“超越孝伦理（血缘）的忠伦理（义理）根本就不可能存在”，所以其结论是，“如果要寻找关联的话，中国儒教毋宁说可以和中国社会主义联系在一起”。为什么这样理解呢？因为中国儒教的根本是天本思想，具体就是在政治、经济思想

① 沟口雄三：《如何来思考今天的儒教复兴》，载《空潭》1，1988年，后收入其著作《作为方法的中国》，（东京）东京大学出版会1989年版；收入《沟口雄三著作集》，孙军悦译，生活·读书·新知三联书店2011年版，第二部第八章《写在“儒教复兴”之际》，第169页。

上体现出以“天下为天下人之天下”的“公”天下主义和“患不均”的“均”主义。因此“无论是保守还是革命、官还是绅，都共有这种‘公’‘均’思想，才会产生社会主义性质的全体主义思想和土地公有论，并在后来的毛泽东革命中发展成为人民公社运动”。至此，沟口的思路清晰可见。即硬生生地将宋学与禁欲结合起来，然后再与韦伯思想相衔接的手法实际上是行不通的。相反需要注意日本的资本主义，是以“公”的义理作为第一义的日本前近代社会的反映。而中国的儒教，其最大特点是以道德而非功利作为第一义。儒教的禁欲主义，无法产生职业者的个人伦理以及对所属集团的无私和忠诚。但是，中国儒教中“公”“均”的禁欲思想却正可以与中国社会主义相结合。应该说，沟口的这一认识，正是其“儒教社会主义论”的特色所在。①

谷川“共同体论”的诞生有两个背景：一是对1960年安保斗争失败所作的总结；二是对北朝到隋唐帝国形成过程的实证。沟口的“儒教社会主义论”呢？首先不容忽视20世纪80年代后期的时代背景。其次是日本的儒教研究忽略了日本与中国的不同，仅仅着眼于儒教本身，简单地将其与资本主义发展结合起来思考。针对这种研究方法，沟口进行了严厉批判，在此基础上提出自己的理论，尝试探求宋学到毛泽东思想之间的发展轨迹。表面上看，两人的观点似乎毫无关联，但这只是表面而已。在“阶级”和“共同体”中，谷川显然重视后者，而沟口面对“私”与“公”，强调的是“公”，这是二人思维的基础。而且认为“共同体”与“公”作为中国社会的根本原则，从古代延续到了现代。一般而言，现代人在思考诸如历史发展或历史思想这些命题时，往往容易陷入西方式思维的窠臼之中。例如，所谓近代，就是人类经济发展与阶级斗争相伴随的结果。所谓西方历史、思想，也就是通过个我的成长而形成的近代式思维及其发展过程。然而，谷川、沟口从根本上对这种

---

① 沟口雄三：《儒教资本主义与儒教社会主义》，载《UP》1989年1月号，后收入其著作《作为方法的中国》，（东京）东京大学出版会1989年版；收入《沟口雄三著作集》，孙军悦译，生活·读书·新知三联书店2011年版，第二部第八章《写在“儒教复兴”之际》，第178—182页。

万事以近代或者以西方历史、思想作为判断事物标准的方法抱有疑问，反之对于“共同制”“公”这样一种被视为阻碍历史向近代变化的要素予以强力关注。要言之，站在中国的角度观察中国，由此勾勒出中国独自的历史、思想发展过程，同时思考与西方不同的中国式近代，这正是谷川、沟口的相同之处。接下来，我们就来看看谷川、沟口对“阶级制”与“私”，“共同制”与“公”“均”关系的主要言说。

关于“公”与“私”

“共同体”为何？谷川在谈到这一问题时，曾使用“公”“私”的概念。即“公”与“私”是相互共存的，“公”并不否定“私”。承认“私”，限制“私”，才是“公”。所谓豪族共同体，显示出来的是一种超越自我之“私”，与非我之“私”相互共存的状态。也就是说，在共同体之中，“公”与“私”并非相互否定的关系。承认“私”除了自我之“私”以外，还需承认作为他者的“私”。在摸索两种“私”的共存时，对自我之“私”予以抑制，这就是“公”的作用。共同体，正是在这种“公”的支持之下得以形成的。

具体就六朝时代而言，上述“公”的意识及其行为，体现了与“天”道相合的伦理思想。以此为基础，形成当时独具特色的统治。由豪族领导地方社会秩序，可以称为豪族共同体。在此，“公”的理念是与“公权力”“国家”的概念相联系的。充分反映出这种“公”之理念的制度，便是著名的均田制。①

共同体的特点在于，如果不限制自我之“私”，就无法保障、维护民众在地域社会的共存。问题是，怎样在共同体中将这种“公”“私”关系转化成让民众能够接受的伦理呢？作为体现这种“公”“私”关系的主体存在，士大夫阶级在此发挥了巨大作用。作为共同体的主体，士大夫阶级的伦理“并

① 谷川道雄：《六朝名望家社会的理念结构》，见其著《中国中世的探求》，（东京）日本エディタースクール出版部 1987 年版。

非单纯的社会伦理，而是如‘天道’所表现的那样，是一种超越个人的观念，以及由此观念支持的伦理”。谷川通过共同体理论，将中国历史叙述成一部“人”的历史，由此指出：“在中国社会中，中国人的生存方式是在“公”与“私”、“个体”与“全体”这样具体的矛盾中显现的。”① 共同体理论并没有忽视经济基础，不过更加重视道德的伦理性，也更关注士大夫、知识人的作用。或许这种特点太过鲜明，有学者就此批判“共同体论”是一种观念论。这种批判显然是有问题的。因为该理论不但没有排斥追求经济性的“私”或者民众个体，相反将其作为共同体的重要构件，并以此为基础，对“公”之理念与“全体”、作为伦理性旗手的士大夫知识人及其作用作通盘性架构。

在《一个东洋史学者的现实与学问》中，谷川通过“公”“私”概念，对“共同体论”的构件作了另外一种表述。即“公”等同于“共同制”，而“私”则是“阶级制”。用历史运动论来把握的话，由“公”之理念支撑的“公权力”或国家在门阀主义的侵染下逐渐走向“私权化”，如豪族兼并土地等，这些破坏了共同体秩序，导致原本处于融合之态中的“公”“私”关系出现紧张和对立。要解决这种“公”“私”的对立和矛盾，必须重建新的“公”理念，也就是新的共同制。同时还要建立适应时代变化的“公”权力，而这当然也是与天道相一致的。在谷川的理论视野里，兼具“公”与“私”这种双重性的生存方式，除了六朝时代以外，还贯穿于整个中国历史之中。②我们可以将之称作共同体论历史观。

作为肩挑“公”之旗帜的知识人（士），他们与民众（民）的关系又如何呢？谷川指出，“士－民”关系伴随时代而变，一直延续到了今天。即便是在“文化大革命”期间，提倡“公”的同时，也没有否定“私”。就中国社

① 谷川在1995年中国社会文化学会召开的研讨会“欲望、规范、秩序”上发言，载前引《中国——社会与文化》10号。

② 同上。

会而言，“公”的观念始终在渗透入民众之中。[①] 晚年的谷川，还将这一问题放到农民维权运动中加以思考。[②] 在魏晋南北朝隋唐史领域做出杰出贡献的谷川为什么要关注现代中国农民呢？又应该怎样将两个不同的领域结合起来呢？毋庸讳言，部分学者对此是心存疑虑的。但是，从谷川以“公”“私”的对立与克服来诠释中国历史发展的角度来看，并不难推测其中缘由。中华人民共和国的本质是高举为人民服务的大旗，立于“公”之立场，但在改革开放的过程中，出现了腐败、贫富差距拉大等现象。“公”“私”之间开始出现矛盾，农民的生活也随之发生巨变。在经济飞速发展的同时，部分官员“私”字当头，为牟取个人私利，强行征占农业用地，导致一些农民失去了自己的土地。但是，谷川的着眼点却与众不同。他注意到部分失地农民根据法律知识，维护自身权益的姿态。认为这些充满积极性、主动性的行为显示了解决新时期“公”“私”矛盾，建设一种新型共同制亦即“公”的方向。

2012 年初，先生辞世一年半左右之时，我带着一位年轻的中国学者拜访了谷川。这位学者认为，农民维权运动的前景不容乐观。谷川当即回答道：“肯定没有那么简单。不过，通向未来的道路也只能在这样的行动中探索。日本的农村现在已不复存在了，人与人之间的连带感在渐渐淡漠，城市也一样。在我看来，解决现代社会的种种矛盾，指引大家通向未来的希望，还是在中国农民身上。”在谷川眼中，现代日本社会已经完全丧失了原本存在的“公”的关系，所以他将希望寄托在中国农民身上。期待中国农民的维权运动能够使“公”的世界重新出现在当代中国，而日本新生的线索也可以由此找寻。

那么，沟口是怎样理解“公”“私”的呢？应该说，在他的早期研究中已经涉及了“公”“私”的问题。早期论文《生活在明末的李卓吾》明确指

---

① 谷川道雄：《中国社会构造的特质与士大夫的问题》，载《思想》（东京）582，1972 年，后收入《中国中世社会与共同体》日文版。王霜媚译，收入刘俊文主编《日本学者研究中国史论著选译》第二卷《专论》，中华书局 1993 年版。

② 谷川道雄：《王国林著〈失地农民调查〉解说》，见王国林著，谷川道雄监译，中田和宏、田村俊郎译《失地农民调查》，（名古屋）河合文化教育研究所刊 2010 年版；谷川道雄：《现代中国农民运动的特质——兼论研讨会主题》，“现代中国农民运动的特质——从前近代史来考察”研讨会演讲，后载于《研究论集》10 号，（名古屋）河合文化教育研究所，2012 年。

出，日本人对“公”这一概念的理解有其特殊之处，与中国全然不同。第二次世界大战以后，日本学术界的一个特点就是力图摆脱黑格尔式亚洲停滞观，重新发现亚洲。沟口的上述观点，对此研究潮流产生了某种影响。沟口指出，岛田虔次、丸山真男（1914—1996）、竹内好（1910—1977）的研究都提到了日本的“私”。但是，“日本的‘私’，从概念形成的当初开始，就与‘公’形成一种二律悖反的关系。从终极方面来说，‘私’起源于日本的‘公’的特殊性”。也就是说，在日本，“私”并非包含于“公”之中，而是将其作为与“公”相对立的概念使用。具体来说，“日本的‘公’，既是指官家、朝廷、政府、国家、天皇、为政者，同时也是指自家以外的共同体。所谓‘奉公’，说到底就是献身。而献身的对象，就是以为政者为等级制度顶点的共同体”。显然，日本的“公”，就是指公权力、公权力的维护者亦即为政者、个人以外的共同体，同时要求“私”献身于这些“公”。但更为严重的事实是：“回顾二战时期，在整个国家周密而野心勃勃的计划下，通过政治、教育等各个系统，要求全体国民自发地实践这种‘公’的伦理。面对这个充满命运共同体色彩的社会及其规范，想要维护具有人道理念的个我，马上就会被视作非道德、非政治、非规范、非伦理。”沟口根据亲身经历，从第二次世界大战中日本对“公”“私”的理解，发现日本的“公”概念是一个极特殊极典型的表达形式。他进一步指出：“决不能轻视这种真实的经历，对战后亚洲或者日本那种充满‘近代’色彩的自我产生了巨大影响，甚至可以说，建设具有如此含义的‘近代’，是想从思想上根绝法西斯体制复活的可能。”①

在沟口看来，岛田虔次研究明末清初中国的近代思维，其出发点也正在此。也就是说，对“二战”前日本的儒教将直接与战争相联系的个人埋没到社会之中的行为，岛田作了深刻反思，并以此为基础重新研究中国思想史。岛田将近代思维视作“个我”的自觉，并从宋学到明末清初思想的变迁之中

① 沟口雄三:《生活在明末的李卓吾》，载《东京大学东洋文化研究所纪要》55，1971 年，后收入前引其著作《中国前近代思想的屈折与展开》；收入《沟口雄三著作集》，龚颖译，生活·读书·新知三联书店 2011 年版。

找到了这种自觉的萌芽。于是，其研究呈现出这样的特点，即坚决否定日本在战争中所宣扬的“灭私奉公”这类口号，认为它单纯强调奉献国家的精神，但却忘掉了个我。与此同时，岛田又试图在中国思想研究中发现战后日本向民主主义发展的精神。当然，这种研究方式的背景之中，还有一个明显目的，这就是克服亚细亚专制国家论、停滞论等占据统治地位的黑格尔式亚洲观。

李卓吾提出“穿衣吃饭”“童心说”，一般认为这体现了对欲望的肯定。岛田虔次站在个体与社会、人与规范这样一种二律悖反的视角下，认为李卓吾的思想反映了个体、人对社会、规范的胜利。然而，诞生于明末清初的这股近代思维的萌芽，随着清王朝的建立，遭到了挫折。

对岛田的这种观点，沟口有着不同意见。在他看来，中国社会始终存在试图调整“公”“私”的努力。清朝建立后，这种努力活动向经过各种变迁与近代中国的发展联系在了一起。岛田之所以认为明末清初的思想反映了“近代思维的挫折”，关键是受到了日本视“公”“私”为二律悖反这一思考模式的影响。我们可以发现，沟口从一开始就对日本式儒教有着相当深刻的理解。日本儒教将“公”称作“おおやけ”，将“私”称作“わたくし”。认为“わたくし”应该服务于“おおやけ”，由此鼓吹人们需要“灭私奉公”。问题在于，这与探讨中国的“公”“私”概念根本就是两回事。原因很简单，因为中国的“公”“私”是相互结合的概念。基于以上认识，沟口通过《中国前近代思想的屈折与展开》《公、私概念在中国的展开》等论著，具体论述了中国近代思想在“公”“私”交织之中变化发展的历程。①

就朱子学而论，它既承认人之本性之中存有私欲，又强调需要用“理”来抑制“人欲”。所谓“天理之公，人欲之私”，也就是主张在超越“私”的地方存在着“公”。明末，阳明学强调“性即理”。由此出发，便是肯定“个体所有之欲”。李卓吾说“穿衣吃饭”也是“理”，既站在“欲”的立场，同时也在调和“欲”与“一”。“一”即是“公”。也就是通过扩展个人拥有的

① 参见前引沟口雄三论《中国前近代思想的屈折与展开》以及论文《公私概念在中国的展开》。

社会性欲望，达致实现“公”之目的。再如吕坤，用近似于“公共”一词的“公”这一概念，否定了与社会性欲望相通的“私”。这里的“私”，即是利己主义。后来的陈确，为天理下的定义是“天理正从人欲中见”。而戴震则主张“天理”是欲之自然的“无几微之失的极则”，即“欲之自然”的完整形态。经过上述梳理，沟口指出以上思想立于“私”（欲）之上，试图将“欲”导向正确的状态之中，这些正是“公”的反映。作为近代中国革命的指导思想，孙中山的“天下为公”也继承了这一谱系。①

显然，意识到日本与中国对“公”“私”理解的差异，是沟口研究中国思想史的出发点。在日本，将“公”读作“おおやけ”，并认同这是一种以统治者作为顶点的共同体；至于“私”，读作“わたくし”，代表的是个人、个别之家。以此为基础，“二战”时期的日本弥漫着“私”应服务于“公”的意识形态，结果导致国家陷入战争的泥潭。反观中国，一方面肯定“私”的存在，另一方面又试图调和，由此达成“公”之目的。基于这种认识，沟口对中国历史上的“公”“私”概念展开分析，并将其与中国现代革命联系在了一起。

对“公”“私”概念的理解，谷川、沟口尽管在思考角度上有所不同，但都认为“公”包含着“私”。而且也都指出，“公”“私”之间的相互交错，演绎了一部中国历史、中国思想的发展历程，与现代中国紧密相连。1994 年，日本中国社会文化学会举办题为“欲望、规范、秩序”研讨会。沟口在会上作了发言。在谈到谷川的共同体论与自己的中国思想史研究时，他认为二者基本相通：“我与谷川先生的研究领域尽管不同，但都十分注意观察处于某种共同性之中的人们及其存在形态。我们认为，在这种共同性之中潜藏着人之本质。从共同性之中分离出来的个人身上观察近代历史的特质，这绝非我

① 沟口雄三：《公私概念在中国的展开》，载《思想》（东京）669，1980 年，后收入《中国的公与私》，（东京）研文出版社 1995 年版；《中国的公与私·公私》，郑静译，收入《沟口雄三著作集》，生活·读书·新知三联书店 2011 年版。

们的方法。通过探讨共同性的本质来思考什么是近代，这才是我们一致的态度。”①

对于沟口的“公”“私”研究，谷川有什么样的看法呢？此点从其论著中，尚未得见。不过，本文序言曾提及，在1994年中国社会文化学会举办的研讨会后，我得知谷川以前审读过沟口的硕士学位论文，于是问道：“二位先生对‘公’‘私’都有自己的理解，这当中是否有什么关联呢？”谷川答道：“沟口先生的硕士论文，内容上与我的一些想法很相近，所以那时赠送了一篇拙文的抽印本。”沟口接着说：“非常有兴趣地拜读了您的论文，真的是受益匪浅。”遗憾的是，我当时忘了问谷川赠送的是哪一篇论文，而沟口又是怎样阅读的。不过有一点可以肯定，谷川在阅读沟口的硕士论文时，感觉到了二人在研究上的某些共通之处。

毋庸讳言，针对“公”“私”延续到现代的方式，二人在思考上也有不同之处。谷川认为，“公”或者说共同制，由于其中包含“私”的成分，因此“公”权力有着“私”权化的可能。此时，“公”的理念就会发生变质。尽管如此，“公”与“私”仍旧相互交织，在克服上述矛盾的过程之中，逐渐形成新型的“公”。显然，谷川是在用辩证法论述“公”“私”的发展，即“公”（共同制）与“私”（阶级制）在相互矛盾中，产生了基于新型“公”之理念的共同体。沟口的看法是，经济的发展导致“私”欲的产生，而“公”的概念及其发展，是建立在“私”之上的，即“公”与“私”的概念呈现出直线发展的趋势。需要指出的是，谷川侧重的是历史领域，而沟口主要关注思想史方面的问题。这或许是上述不同产生的原因。

以上围绕“公”“私”的理解问题，对谷川与沟口的思想作了比较。表面上看，“共同体论”与“儒教社会主义论”之间似乎并无多少关联。但通过以上所述，可以看到二者之间有着诸多共通点。从另一方面来看，二人在

① 沟口在1995年中国社会文化学会召开的研讨会“欲望、规范、秩序”上的发言，载前引《中国——社会与文化》10号。

研究上的相遇和相知，可以追溯到沟口撰写硕士论文的1967年。从那之后，沟口经常参加谷川主持召开的研讨会，而谷川也曾担任过沟口创设的中国社会文化学会（最初是东京大学中国学会）会长。学术交流可谓频繁。再如，沟口在填写考研申请书时，特地登门请谷川撰写推荐信。而笔者至今仍记得，自己就曾多次受沟口之托，向谷川请教一些观点和看法。所以说，除了审读硕士论文这一点以外，谷川和沟口在研究以及思维上还有更深层次的关联。以下略作叙述。

谷川与沟口的学术态度与连接点

在1994年中国社会文化学会举办的研讨会上，沟口对谷川的学问作了这样的评价："我在拜读谷川先生的论著时，经常会感到只有从岛田先生的书中才能感受到的热情。这种热情，绝非只是限于头脑中思考的那种狭窄的知识世界，而是在用整个人格去思考，可以说具有某种社会性，是在向社会倾述什么。这是我经常感觉到的。……我觉得从谷川先生和岛田先生那里应该学到的是，将自己的研究与日本社会紧密结合起来。通过研究中国史，发现当下日本社会的问题。"① 岛田虔次、谷川的著作使人感受到某种热情。这种热情，不是局限于头脑之中的某个狭窄的知识点，而是用整个人格去思考，并且向自己所处的社会去倾述。再具体说，就是在研究中国历史的同时，将研究成果与日本社会相对照，发现后者的种种问题，由此提出自己的见解和思想。

沟口曾经来到小岛毅和我工作的德岛大学上过短期课程。记得有位学生提了这样一个问题："阅读先生的论著，感到先生很喜欢中国，但是好像讨厌日本。"对此，沟口不假思索地答道："对我的研究产生这样的感觉，这是我最不愿意看到的事。"前面提及，沟口在研究中始终有一种意识，即通过研究

① 沟口在1995年中国社会文化学会召开的研讨会"欲望、规范、秩序"上的发言，载前引《中国——社会与文化》10号。

中国思想，发现日本的问题并力图加以解决。换句话说，尽管研究的对象是中国，但始终将自己的立脚点置于现代日本。其实，最能代表这种研究模式的是谷川《一个东洋史学者的现实与学问》一文。后来，谷川又相继撰写了《中国史对我们而言意味着什么》《从战后的日本到现代中国》① 这样的文章。其核心思想就是要告诉日本社会，研究中国历史到底意味着什么。2012 年 7 月，也就是去世前一年，谷川亲自筹备并主持召开了“现代中国农民运动的意义——从前近代史进行考察”研讨会②。应该说，沟口从岛田、谷川那里学到的正是这样一种学术姿态。1991 年，沟口参加了谷川主持召开的“战后日本的中国史论争”研讨会。③ 1994 年，在由河合文化教育研究所举办的战后 50 年论坛“重新审视东亚史——超越‘战后 50 年’”④ 上，沟口与谷川一起作为主持人参加了讨论。以上种种，无疑有助于分析沟口与谷川在学术追求上的相同之处。

1996—1998 年，沟口在北京外国语大学日本文化研究中心任教。返回日本后，便着手创建酝酿已久的“日中知识共同体”。在一次采访中，沟口曾谈及当时的思路：“迄今以儒学为议题的国际会议较多，这些几乎全都是实证性研究，看不到针对主体问题的探讨。……例如，韩国也好，日本也好，现在研究王阳明究竟有什么意义呢？或者说，在‘现代’这样一个历史空间之内，东亚三国的儒教研究者们怀有什么样的历史使命呢？类似这些针对研究主体的问题，都没有成为研讨会的中心议题。有鉴于此，我的设想是增加一些针

① 谷川道雄：《中国史对我们而言意味着什么?》，（名古屋）河合文化教育研究所刊，2003 年版；《从战后日本到现代中国》，（名古屋）河合文化教育研究所刊，2006 年版。

② 前引谷川道雄《现代中国农民运动的特质——兼论研讨会主题》，“现代中国农民运动的特质——从前近代史来考察”研讨会上的演讲，后载于《研究论集》10 号，（名古屋）河合文化教育研究所刊，2012 年版。

③ 参见谷川道雄主编《战后日本的中国史论争》，（名古屋）河合教育文化研究所 1993 年出版。中文译本见前引刘俊文主编《日本学者研究中国史论著选译》第二卷《专论》，中华书局 1993 年版。

④ 详情可参见日本河合文化教育研究所编《战后 50 年论坛：重新审视东亚史——超越“战后 50 年”》，（名古屋）河合文化教育研究所刊 1996 年版。

对研究主体的讨论。”① 沟口反复使用了“主体”一词。目的非常明确，就是希望研究者们能够直面学术探讨与自身所处时代和环境之间的关联性。按照他的话来说，就是日、中、韩的儒教研究者到底是为了什么而研究儒教？研究儒教究竟有什么样的意义呢？面对这样的问题，作为研究者，如果不首先从自身进行思考，而仅仅只是做些实证性研究，能否说是应有的姿态呢？需要注意的是，当沟口将这个问题投给学术界时，其对象不仅是研究者，还有学生。

1998年3月，也正是沟口向学术界提出上述问题的时候，我正在北京，乘此机会特地到他居住的宿舍拜访了他。聊天的时候，沟口表示不太理解日本文化研究中心的中国学生的论文选题。例如以《源氏物语》这类相对深奥的古典文学为题等。更加奇怪的是，想了解现代日本，却不太熟悉昭和时期著名的思想家丸山真男、竹内好的研究。同样的道理，像孙歌这样的中国现代思想家的著作，日本学者也不怎么阅读。记得那一晚，我们就这类话题一直聊到天亮。临走时，沟口送给我一册“日中知识共同体”倡议书，嘱咐我回日本后，一定交给谷川。显然，在沟口内心，认为谷川肯定是会赞同自己的。

那么，沟口自身作为研究者的“主体”又有什么特点呢？他后来有一个意味深长的回顾：“那是一张墨色的小照片，照片的内容我记忆犹新。一位好像农民的男子，跪在地上，双手被反绑在后，眼睛也被遮住，身后站着一个日本兵，手举军刀，准备一刀砍下去。不远处，另有几个日本兵围在四周，紧盯着他们。……我开始做研究以后，非常注意‘主体’的问题，原因就在这里。”② 也就是说，日中战争是沟口思考怎样与中国相处这一问题的原点。同时也借此思考，究竟应怎样看待发动战争的日本。如前所述，针对有着日本将“公”称作“おおやけ”，并强调“私”应该服务于“公”的思想，沟

① 《采访沟口雄三先生》（2007年4月28日于东京大学驹场校区）。网页见 raec. igd. tw/Interview%20with%20Prof. %20Mizoguchi. doc。

② 同上。

口痛加批判，指出：“回顾二战时期，在整个国家周密而野心勃勃的计划下，通过政治、教育等各个系统，要求全体国民自发地实践这种‘公’的伦理。”沟口出生于1932年，战争中还是小学生，但也属于日本政府号召自发实践“公”之伦理的对象。有理由相信，沟口自身的“主体”意识或许就是在对战争产生疑问时形成的。正因为如此，他对那种没有意识到“主体”的存在，便开始研究儒教，而且轻易就与“儒教资本主义论”合流的动向，进行了严厉的批判。

出生于1925年的谷川，当然也经历了那场战争。1945年7月15日到9月16日，谷川被征召从军，分配在高射炮133联队。或许这份经历，使谷川对国家这一概念有着异常深刻的意识。例如共同体论，就是对“国家总是与民众相对立的；二者之间外在而敌对的关系就是国家的整体形象”这样一种既成的国家、制度观产生怀疑而诞生的。① 所谓既成的国家观，即首先设定一个中央集权专制的国家，然后以此为前提，将民众描述为与其抗争的存在。对此谷川是不赞成的。我的本科毕业论文，写的是《关于孙恩、卢循之乱》。主要认为这是一场地域社会民众针对国家发动的叛乱，并不能用阶级斗争加以定性。记得在考研面试时，谷川作为主考官，问我对国家这一概念是如何定义的。看到我有些词穷，便侃侃谈起自己的国家论，时间远远超过作为考生的我，最后还反问我认为如何？现在想起，或许对谷川而言，国家绝非内涵苍白、轻易可言的概念，于是借面试的机会，有意在点醒我。

谷川对于国家的看法，后来还有一事也给我留下很深的印象。那是在京都大学人文科学研究所的“中国贵族制研究”讨论会上，我对国家概念的一个发言，不经意间引发了上山春平（1921—2012）、川胜义雄和谷川的长时间讨论。当时给我的感觉是，他们这一代人，曾作为士兵经历过战争，所以对国家的概念及其存在有着相当深的意识。他们不断追问，使自己参加战争的

① 谷川道雄：《序说：论隋唐帝国的本源——中国中世的国家与共同体》，《隋唐帝国形成史论》，上海古籍出版社2011年版，第2—3页。

国家到底是一种什么样的存在？最终将视线投向了阶级或者经济原因都无法说明的国家意识形态上。作为研究者的“主体”，谷川与沟口一样，都是源于战争的经历。正因为如此，他的研究很少站在国家的立场上分析统治结构。共同体论就是典型。在用这样的历史观叙述历史时，谷川总是从社会的层面展开分析，故而对以专制国家体制为前提来研究中国历史的方法，始终持批判态度。沟口也是如此，如前所述，他是站在颠覆黑格尔的亚洲论以及专制国家论这一战后思想研究的主流立场上开展研究的。谷川、沟口的上述研究姿态，从前者对内藤湖南的研究，后者对津田左右吉的再评价中有着完整的体现。

1994 年，谷川组织成立了内藤湖南研究会，作为其中一员，至今我也一直参与其中。为什么要研究内藤湖南呢？这与谷川对中国历史的认知有很大关联。说到底，内藤与谷川一样，都不是站在国家的侧面来分析中国历史的。湖南研究会成立的那一年 12 月，NHK 播放了一部纪录片，名为“ETV 特集超越日本的日本人——内藤湖南”。在片中，谷川作为特邀嘉宾介绍说，内藤是从民众的视点来观察中国历史的，也就是说，站在民众的立场，思考国家的问题，这是日本中国史研究的原点所在，其渊源来自内藤湖南。沟口也是特邀嘉宾，他在纪录片中指出，在探求究竟什么是近代的过程中，与那些动辄以西方近代为指针的近代论截然不同，内藤主张中国有其独立的发展途径，这一点必须高度评价。① 那么，内藤强调中国独立向自己的近世发展，其意义又何在呢？对此，沟口在为《内藤湖南的世界——亚洲再生的思想》一书所撰写的书评中作了阐述。② 该书是以谷川为中心的内藤湖南研究会出的一本论文集，部分学者并没有完全理解其中内容就进行了批判。沟口并非如此，他说：“所谓内藤湖南的世界，其中之一就是湖南用双眼注视着中国这样一个世界……需要注意的是，欧洲人的看法是将鸦片战争划为中国近代的开始，而

① NHK 纪录片《ETV 特集 创造了日本的日本人——内藤湖南》中的发言，1994 年。

② 内藤湖南研究会编著：《内藤湖南的世界：亚洲再生的思想》，（名古屋）河合文化教育研究所 2001 年出版，马彪、胡宝华、张学锋、李济沧译，三秦出版社 2005 年版。

在湖南的视野中，看到的是17到19世纪中国‘民主’的潜流。”① 在内藤看来，中国从近世向近代的变迁过程，显示了一股向民主、共和制发展的潜流。这一点堪称内藤史学和思想的核心。《内藤湖南的世界》对此作了重新评价，由此受到沟口的赞同和肯定。

沟口的研究中，有一项重要工作就是重新评价津田左右吉（1873—1961）。战后，津田左右吉受到批判，其中之一就是认为他“通过与中国文化的区别，阐述了日本文化的独立性，而将中国区别对待，实际就是蔑视中国的中国学”。津田将中国文化区别对待，到底有何意图呢？沟口认为津田实际上是“把中国的思想、文化与日本的思想、文化区别开来，将其作为中国的思想和文化加以整体把握”。换句话说，津田如此研究中国，是试图从中国的立场来看中国，而不是从日本人的角度理解中国。在沟口看来，这是针对将西方设为普遍性，然后以此为标准来观察中国的一种批判。“区别性地理解中国，这种思路从一开始也是区别性对待日本，二者相互存在”，即津田将日本的儒教与中国的儒教分开来研究，这一点值得继承。② 将中国的儒教与日本的儒教分开来思考，可以更加凸显发动战争的日本方面的问题，津田的这一思路与沟口从事研究的原点有着密切关联，也是后者的儒教社会主义论以及评价内藤湖南的支点所在。战后，增渊龙夫（1916—1983）对内藤湖南以及津田左右吉进行了批判，认为他们的研究反映了战前日本理解、研究中国问题的局限性。受增渊的影响，许多研究者对内藤和津田的著作也持批判态度。③ 然而，无论内藤还是津田，其实都是对战前笼罩整个日本的超国家主义动向持批判态度的学者。他们的研究还有一个共性，就是并非先验性设定国家的存在，而是从社会、从民间的侧面，不断追问国家为何。这种姿态对于沟口而言，无疑有着巨大的启发性。前面已述，在他的视野中，自己所经历的战

① 沟口雄三：《内藤湖南的世界——亚洲再生的思想》，《图书新闻》2537，2001年6月16日。

② 沟口雄三：《津田中国学与今后的中国学》，见《津田左右吉全集》（第二次）18、19卷《月报》，（东京）岩波书店1988年版。后收入前引《作为方法的中国》。

③ 增渊龙夫：《历史学家针对同时代的考察》，（东京）岩波书店1983年版。

前的日本，就是一个通过教育，将“公”读作“おおやけ”，然后强制性地让“私”服务于“公”的国家。

重新评价内藤湖南和津田左右吉，对现代日本而言，也有非常重要的意义。沟口对《内藤湖南的世界》一书的评价是：“实际上，本书从深层次来说，通过解析湖南的世界，对为什么现在要研究湖南这一问题，作了一次自问自答。”沟口如此理解，是因为他对该书的撰写意图有着十分清晰的认识。谷川在该书的《序说》中指出：“今天的历史研究往往脱离现实课题。”① 作为学者，需要重新自问，究竟应开展什么样的研究？山田伸吾在该书《跋》中也指出：“从‘现今’‘此处’，进而达到‘彼方’的坐标轴在我们的意识里已经不存在了。然而，从作为我们自身立场之‘此处’所应该通向的‘彼方’，不也可以确认吗？”② 因此，沟口认为这本书并非只是单纯分析内藤湖南，而是“怎样将湖南的‘现今’与我们的‘现今’联系起来，并将这个问题求之于读者”，“这样一种研究姿态的根底处，是要进一步追问，为什么现在需要研究中国？作为日本人的我们应该怎样与中国的‘现今’相处？研究中国的我们在‘现今’有着什么样的主体上的要因？应该说，这些自问是撰写此书的前提所在。”③ 沟口的目光十分敏锐，他从内藤湖南研究会的活动中看到了当下研究者们的“主体”所在。为什么要做研究？为什么要研究中国？对这样的问题，无论谷川还是沟口，显然不会满足于喜欢中国，所以感兴趣这样的回答。亲身经历过战争的他们，一方面置身于当代日本社会，一方面试图通过中国的历史、思想以及中国本身来观察日本。正是在这样的思想意识下，他们对战前的研究者及其研究姿态、研究成果等进行了重新评价。同时，又通过不断追问自身，密切关注作为研究者的“主体”，这既是他们在学术上的共鸣之处，也包含了对后来者的期待。

---

① 《内藤湖南的世界：亚洲再生的思想》中文版，马彪、胡宝华、李济沧译，三秦出版社2005年版，第30页。

② 同上书，第75页。

③ 沟口雄三：《内藤湖南的世界——亚洲再生的思想》，《图书新闻》2537，2001年6月16日。

结　语

本文在论述两位恩师时，略去了敬称。记得我开始研究生活的时候，在《名古屋大学东洋史研究报告》上发表了一篇论文。宇都宫清吉（1905—1998）先生看了后，对我说：“现在的年轻人似乎喜欢论史，不过历史并不是论，而是要叙述的。”① 对我来说，撰写一篇文章“论述”谷川、沟口二位先生的研究或许并不难，但如果要“叙述”，却颇为不易。因为论述的话，并不需要涉及研究者的“主体”，只要对其研究手法或实证结果作客观介绍或评价就可以了。然而叙述，就必须了解他们在从事研究时，是怎样与各自的现实环境相遇？通过研究，想要向社会倾诉什么？等等。回答这些，其实也是在拷问自己作为叙述者的“主体”。能否做到这一点？我心中并无把握。但是，没有二位先生的指点，也就不会有今天的我，缅怀两位恩师，或许是我现在唯一能做到的事。

我研究六朝史，所以直接的恩师是谷川先生。读本科的时候，有一次沟口先生请我吃中饭，问我是否有意从事思想史研究，这在东京大学，据说被称为“沟口式招兵买马”。因为我那段时间正着迷于川胜义雄先生撰写

① 宇都宫清吉先生是谷川先生大学时期的恩师。谷川先生任名古屋大学文学部东洋史学助教时，主任教授正是宇都宫先生。有一次我曾与川胜义雄先生、谷川先生一起（另外还有一位先生，名字现在想不起来了），听川胜先生透露过他和谷川先生读京大时的趣闻。据说二人对上课都不怎么热衷，唯独宇都宫先生的课，几乎一节都不落。谷川先生听后，不住点头，还补充说宇都宫先生的课非常引人入胜。后来川胜先生、谷川先生在宇都宫先生的建议下，组成了两个人的中国中世史研究会，此点见二人联名发表的《中国中世史研究的立场与方法》［收入日本中国中世史研究会编《中国中世史研究——六朝隋唐的社会与文化》，（神奈川）东海大学出版社 1970 年版］。谷川先生后来还回忆自己在助手时期，之所以决定将研究对象转为六朝史，其中一个原因是与宇都宫先生交流后的结果。“当时，名古屋大学东洋史研究室的主任教授是宇都宫清吉先生。先生是秦汉六朝史研究的大家，但是对我这样有点傲气的助教，也是关怀备至，那时曾对我说了一句话，叫‘六军俱进’。天子将军队排成六个方阵，同时往前推进，这也是最正统的战斗方式。宇都宫先生说：‘谷川君，不是有句话叫六军俱进吗?’因为我比较关注民众这一军，所以特意用这样的方法点醒我。……将研究领域转成六朝史后，还是宇都宫先生，建议我首先阅读《晋书》，于是就和汉语助教小守郁子一起在研究室仔细阅读。除了宇都宫先生的建议外，还有一点也促使我转向六朝史研究。就是觉得在思考唐代民众时，尽量不要有抽象的、非历史的民众形象，也不要‘先存有民众形象’，而是要从民众的历史性入手思考。”（参见《人与学问：谷川道雄》，载《中国——社会与文化》22，2007 年）由上可知，在谷川先生的学问形成之际，宇都宫先生的影响相当重要。

的《魏晋南北朝史》(《中国的历史》第3卷，讲谈社1974年版)，所以谢绝了沟口先生的相邀，最终选择六朝的民众叛乱作为毕业论文的题目。由于这层原因，从学问上而言，我并没有继承沟口先生。但是，研究意味着什么？研究中国意味着什么？诸如此类的问题，却不断受到沟口先生的教导。作为学生的我，有时候不免问一些相当幼稚，根本没有经过深思熟虑的问题，但是沟口先生都认真作答。这些都使我受益终生，并成为我的研究基石。

川胜先生的这本《魏晋南北朝史》，其中一部分内容采纳了谷川先生的研究。得知此事后，我又开始阅读谷川先生的著作，并且有了报考名古屋大学研究生院的念头。记得大四那一年的秋天，我将自己的想法告诉了沟口先生。在为我填写申请书中指导老师推荐一栏时，沟口先生对我说："你的前途全在读名古屋大学了。"考试结束后，沟口先生的第一句话就是"面试的时候，谷川先生怎么样?"我说，谷川先生认真阅读了我的毕业论文，对其中一些引用错误、古汉语的误读等都一一做了眉批，面试的时候，还专门讲述了自己的国家论。沟口先生一边听，一边点头，说道："这就是谷川先生啊！不管考试结果如何，你都要紧跟谷川先生。"录取通知来了后，沟口先生又语重心长地说道："你有个特点，喜欢马上就有自己的观点。到名古屋后，这一点一定要改掉。谷川先生无论作为学者还是作为教育者，都是非常了不起的人物。你首先需要模仿谷川先生，他的所有观点都尽量吸收。当你感到模仿不了的时候，也就意味着你可以从这里开始自己的研究了。"这段话后来成为我学术道路上的指南针，直到今天。

到名古屋以后，我按照沟口先生的建议，试图紧随谷川先生，渴望吸收更多的学问。可是不得不承认，谷川先生的学问太过深奥，有时似乎看到了先生的背影，却又马上迷失了方向。于是在这样的反复之中，不知不觉走到了今天。谷川先生晚年提到自己的学生时，说了一段意味深长的话："我指导的学生，从世间的水准来看，具有不一般的良知，并不是批评的对象。但是，在我和他们之间的世代交替这一历史机制是否发挥起作用呢？对此，我有些不安。简单说，作为一名教师，有时候会有一种空虚之感，因为无法感到后续部队的存在。”① 作为学生，我或许就是谷川先生所指不能成为其后续部队中的一员。谷川先生还指出：“关键是研究内容。在研究中，如果无法体现作为现代人的存在及其证明，那么作为研究者的人生，到底有什么意义呢？”沟口先生、谷川先生再三指出，作为研究者，其“主体”的确立与否事关重大。那么，我们是否建立了自己的研究“主体”呢？作为弟子，又是否继承和发展了这种“主体”呢？面对谷川先生所说的空虚感，作为学生，的确是一件羞愧无比的事。也正因为是学生，又必须继承和发扬老师的研究和学说。但是，还有更深层次的问题。谷川先生说：“我之所以说得有些极端，是因为看到当代日本社会已经陷入到无可救药的人间解体状况之中的缘故。”② 如果观察现在的日本大学、社会以及研究状况，就会感到此言无比正确。在《一个东洋史学者的现实与学问》中，谷川先生对 1960 年的安保作了总结，最后不无悲愤地说道：“文化是首先服从于政治……像我们这些从事文化事业的人，被置于极度的非文化处境之中。”③ 虽然说研究并不是闭塞于象牙之塔，与时代相脱离的活动，但现在的文化或学术，从属于经济活动，追求眼前的利益和成果，也是不争的事实。所谓人文科学，本应是探讨人与人、人与社会相结合的学问。那么究竟怎样才能防止“人间的解体”呢？人文科学工作者应该怎样将这一课题与自己的研究联系起来呢？在这里，作为研究者的“主体”受到了考验。

沟口先生和谷川先生留给我们的，并不只是那些丰碑式的研究成果，还有对后来者无尽的启迪：为什么要从事研究？为什么要研究中国？研究这些，对于自己，对于社会，究竟有什么样的意义？等等。记得某次在北京，与中国学者把酒畅谈。对方感叹说，老一辈日本学者中，会有一些历

---

① 谷川道雄：《从战后日本到现代中国》，（名古屋）河合文化教育研究所刊，2006 年。

② 同上。

③ 谷川道雄：《一个东洋史学者的现实与学问》，民科京都支部历史部会机关刊物《为了新的历史学》68 号，1961 年，后收入《中国中世社会与共同体》。

史学家这样的人物，然而最近却没有这种感觉了，不知是什么原因。就我而言，沟口先生、谷川先生作为学者，有着不同寻常的思想家、历史学家的气度。其中原因，就在于他们始终追寻自己的“主体”。或许正是这一点，才使他们受到中国学术界的关注并且不断产生影响。如何继承两位先生的学术和精神，是我们作为后来者的巨大责任。所谓任重道远，努力前行，就是我现在的心境。

（原载《江海学刊》2015 年第 6 期）

丝绸之路的缘起与中国视角

刘迎胜

丝绸之路的名称由来

习近平主席2013年在哈萨克斯坦参加上海合作组织峰会时，在纳扎尔巴耶夫大学讲演提到建设“新丝绸之路经济带”的设想，随即“丝绸之路”这个词迅速被各国媒体反复提及。其实这个词过去是一个基本上在学术界内使用的术语。笔者手头有一本斯里兰卡青少年学习英语的读物，题为《丝绸之路的故事》，其起首第一段文字是：

> “为什么呢？”听我开始讲本则故事的那个孩子问道：“它们称为丝绸之路吗？”其实我自己第一次听到“丝绸之路”这个词时也很困惑。一条路怎么可能是由丝绸铺就呢？①

可见在相当长的时间里，“丝绸之路”在英文文献中也是一个不太常用的词。而且“丝绸之路”这个术语也不是汉语中的固有词汇，不但在中国历史典籍中找不到，没有接触过当代媒体的一般百姓口语中也没有这个词。1990年在参加联合国教科文组织发起的“草原丝绸之路”考察时，主办方安排我

---

① Sanjiva Wijesinha, *Stories of the Silk Route*, Learning English 5, published by the CID/EASL Student Reader Series, Colombo 1991. 其原文写为：“Why,” asked the little child to whom I first started telling this story, “were they called the Silk Roads?” In fact I too was puzzled the first time I heard the words “Silk Roads”, How could a road possible be made of silk?

们访问吉尔吉斯斯坦首都附近的碎叶川重要城市托克马克郊外的一个“东干人”的村子“米粮川”。“东干人”是中亚对我国回族的称谓。清同治年间，西北地区发生所谓“回乱”，败于左宗棠等所率清军的一部分回民，在白彦虎的率领下，溃入俄国境内，部分陕西人被安置于此。我在这里曾亲历过一件与“丝绸之路”这个词有关的事。

在村里搭起的欢迎台上，有一幅大标语，共四行文字，其中第一行为俄文，第二行为英文，第三行为吉尔吉斯文，其意义均为热烈欢迎丝绸之路考察队。其中第四行东干文多数人看不懂，我当场一边抄，一边按字母拼音念：

Ба ченджа “вида чуцы лудо” зкспедиция ди жынмуна жзщин выидон!

其对应的拉丁转写为：

Ba čenja “vida čuzi ludo” expedizia di rinmuna raešin veindon

几乎所有会汉语的人立即会理解，用对应汉字应表达为：

把 参加 伟大绸子路道 考察 的 人们哪热心 问当!

当年退入俄属中亚的“东干人”多为不识字的农民，十月革命后，俄国人为他们创制了以斯拉夫字母为基础的拼音文字，称为“东干文”。会俄文字母的中国人，大致能明白其大意。①

“丝绸”是书面语词汇，东干人几代未受过汉文正规教育，当然不知道“丝绸”这个书面语词，只好用土话和口语中的“绸子”来表示。他们也没有文言虚词“之”字结构，所以“丝绸之路”这个词在他们口中成了“绸子路道”。反证传统中国人语言中没有丝绸之路这个词。

① 有关这次访问，参见拙文《“草原丝绸之路”考察简记》，《中国边疆史地研究》1992 年第 3 期；《寻访东干人》，载《寻根》，河南教育出版社 1994 年版，第 36—40 页。

追根溯源，“丝绸之路”这个词来源于19世纪的德国历史地理学家裴迪南·冯·李希特霍芬（Ferdinand von Richthofen），他用德语 die Seiden Straβe/die Seiden Strasse（丝绸之路）这个词来指古代从中国经由中亚前往西方的商道。后来它为世界各国学者所接受，遂有了英语的 the Silk Roads，法语 La route de la soie，俄语的 шелковый путь 这些词。

这个词从书斋逐渐走向大众，在相当程度上得益于当年联合国教科文组织发起的“丝绸之路考察”十年规划与活动。20世纪80年代，时任联合国教科文组织秘书长的马约尔（Federico Major，西班牙人），鉴于当时世界行将进入21世纪，为了使新世纪中不同文化与历史传统的国家与民族能够和平相处，提出了两个计划，一个是哥伦布发现美洲500周年国际纪念活动（主要是欧美国家参与），另一个是丝绸之路国际考察活动。

对于后者，教科文组织计划的想法是，通过重温古代各民族间的友好交往历史，维护世界和平，促进世界各国人民和各种文化之间的相互理解。为此，该组织计划自1987年至1997年，以十年时间实施丝绸之路多条路线的综合考察。这项计划的全称为“丝绸之路：对话之路综合考察”。

当初在制定这项规划时，对究竟如何称呼这项计划，教科文组织的专家组内有过热烈的讨论。一些非洲、西亚和次大陆的专家提出，古代非洲与中近东向以中国为主要代表的东亚各民族输出大量香料，如乳香、安息香；而胡椒等则是印度与东南亚向中国出口的大宗产品。故而他们建议将此项计划命名为“香料之路”（Spice Routes）考察。东南亚、次大陆地区没有如同中国一样的悠久史学传统，近代以来其历史是以考古学成果为主干构建的。同时在这些地区，反映民族之间交流的主要考古发现物之一是陶瓷器。因此，也有一些专家建议，将这项计划称为“陶瓷之路”（Porcelain Routes）考察。

但是更多的学者认为，古代东方与西方各民族之间，除了商品与物质交流外，还包括政治交往，特别是文化交流。佛教、祆教、聂思脱里教（Zoroastrianism）、犹太教（Judaism）、摩尼教（Manichaeanism）以及伊斯兰教等宗教的传播，中国造纸术、印刷术、指南针和火药武器的西传，就是文化交流的体现。如果把这项多国参与的活动命名为“香料之路”（Spice Routes）或“陶瓷之路”（Porcelain Routes），反而降低了这个计划的重要性，限制了其自身的意义。

而蚕丝纤细绵长，恰恰代表了古代东西方之间，因交通条件不发达而只有涓涓细流式的交往。此外，丝织品高贵轻柔，深受各国人民喜爱，用它来命名这项计划，能够涵盖古代东、西方之间物质、文化交流的丰富内容。最终中国等国专家提出的“丝绸之路”的名称，为专家组成员采纳，成为参与这项多国活动各国政府与文化机构所共同使用的术语。[①]

那么，是否古代国与国、地区与地区、民族与民族之间的交往都在“丝绸之路”的概念覆盖之内呢？古代中国与自己的周边地区，哪些交往被列入“丝绸之路”，哪些通常不被学者们视为属于“丝绸之路”的范围呢。

笔者注意到，无论是中外学术出版物，还是媒体，“丝绸之路”主要指古代东方与西方之间远距离政治、经济、文化的交流。那么，今天中国的一部分新疆，又为什么被公认是与“丝绸之路”关系最密切的地区呢？应该说，东西方距离遥远，但距离并非唯一的因素。除了距离之外，文化的异质性也是非常重要的因素。也就是说，丝绸之路应当指的是古代异质文化之间的往来。因此，多数学者是将东亚范围内古代一直模仿中国文化的朝鲜、日本、琉球、越南排除在“丝绸之路”以外的。

丝绸之路的产生

（一）东亚大陆相对封闭的人文地理条件

欲了解中国在古代世界历史中的地位，就要先了解中国以外的其他文

① 参见拙文《威尼斯——广州“海上丝绸之路”考察简记》，《中国边疆史地研究》1992年第1期。

明中心。

上古时代旧世界最重要的人类早期文明起源地，不是广为散布的，而集中于旧大陆（即欧亚非大陆）几个地方。公元前 1 万年至公元前 8 千纪，人类文明最初的曙光已初现于中近东地中海东岸的黎凡特、阿纳托里亚高原以及两河流域，如巴勒斯坦约旦河谷的杰里科（Jericho）、土耳其的加泰土丘（Çatal Hüyük）与卡尤奴（Cayönü）（按：应读为加依尤奴）、今叙利亚的穆勒拜（Murebat）。[①] 但对后来人类文明影响最大的，除中国以外还有在旧大陆（即亚、欧、非三大陆）的西部和中部，大约北纬 30 度线的几个地区，如尼罗河下游的古埃及、伊拉克两河流域的美索不达米亚，以及今巴基斯坦的古印度河中游发展起来的古文明。人类文明在这些地区首先发展起来不是偶然的。有学者研究过上述三个文明起源中心发展起来的基础。宋豫秦等写道："弗·卡特和和汤姆·戴尔认为，'蓝色尼罗河夹带的淤泥与主要来自白色尼罗河流经的丛林和沼泽地的腐殖质，每年都要给埃及留下一层薄薄的沉积层'；'这一层层薄薄的新土层就是埃及漫长而富有生命力的文明之秘密所在。'在这一点上，弗·卡特和和汤姆·戴尔同意希罗多德'埃及是尼罗河的赠礼'的说法。这一说法被称为'大河论'。"[②] 也就是说，尼罗河流域定期泛滥—消退的洪水所形成的肥沃的冲积平原，是上古埃及人农业文明起源的主要条件。对于两河流域，作者引述弗·卡特和和汤姆·戴尔的意见，即美索不达米亚"主要资源则是底格里斯河和幼发拉底河的河水及其流域的富饶的土壤"，"由它们构成的自然财富使得美索不达米亚成为人类文明的摇篮"。至于印度河，作者认为："公元前 8000 多年到公元前 2000 年这段时间内，印度河流域气候湿润"，"正是由于湿润的气候、丰沛的降水和充足的河流滋润着肥沃的印度河平原，古老的印度河文明才得以在这里诞生。"[③]

---

① 曹康：《早期世界城市化探源》，载顾朝林主编《城市与区域规划研究》2011 年第 3 期。

② 宋豫秦等：《中国文明起源的人地关系简论》，科学出版社 2002 年版，第 19 页。

③ 同上书，第 22—25 页。

换而言之，上述文明起源中心均位于大河之滨的冲积平原，这些地区水源充沛、土地肥沃，为人类提供了丰富的衣食之源，对刚脱离石器时代、进入原始农耕社会不久的古人类来说，是较易谋生之地，使人类在生产力水平还十分低下的时代，能够凭借简陋的劳动工具获得较多的产出。

但上述作者所理解的文明，主要指定居民所创造的农业文明，并不包括游牧文明。且就上述地区的农业文明而言，其所忽视的因素还有，这些地区由于气候多炎热、干旱少雨，相对于多雨地区和高纬度地区，尚处于刚跨入文明时代的人类，在这里建造的房屋不但具较持久性，且因抵御严寒的要求不高，建造时所消耗的资源更少；又因无严冬，人们不需为越冬消耗额外的资源。总之，这些地区均为原始农业时代投入与产出比率较高的地区。

在东亚，中国的原始农业和城市的起源地，虽然也处于大江大河流域，即今长江、黄河、辽河流域，但与上述几个文明中心有相当的区别，主要是分布纬度较高，大致位于北纬30°—35°线之间的地域，也非炎热、干旱、少雨地区；且多位于生态过渡带。① 因此有相当的独特点。

文明的发展，除了其内在自生动力以外，相互间的交流也是必不可少的条件之一。在约旦河谷的杰里科（即《圣经》中的耶利哥）遗址发现过产自遥远地域的黑耀石、绿松石与玛瑙贝。土耳其的加泰土丘的新石器考古遗址发现有“各种产地相距遥远的原材料的聚集，说明这里曾是交换中心”②。从目前的情况看，西亚是人类农业文明的最早发祥地之一，而位于北非尼罗河下游的古埃及文明与西亚、两河流域的古巴比伦文明，两者间地理位置相距较近，埃及的西奈半岛与苏伊士地峡是两者交往的天然陆桥，考古成果证明，古埃及与美索不达米亚自古便有一定的联系。

印度河流域的哈拉帕文化与西亚的美索不达米亚陆上交通虽然不甚方便，但水路连接却较便利，古人可循海道往来于波斯湾与印度河口之间，考古发

① 宋豫秦等：《中国文明起源的人地关系简论》，科学出版社2002年版，第15—16页。

② 曹康：《早期世界城市化探源》，载顾朝林主编《城市与区域规划研究》2011年第3期。

现证明了古印度河文明与西亚古文明之间至少保持着间或性的往来。

而作为东亚古文明的源起地中国黄河、长江流域，内生条件较好，除大江大河之外，南北之间没有难以逾越的自然屏障，有利于文明的生长与发展。如果将这一地区置于世界文明史的角度观察，从大尺度地理看，东亚地区远离其他文明起源中心，即使与相对距离较近一点的印度，两者陆上虽然相连，但却被青藏高原和喜马拉雅山脉所分割，而海路，由于中南半岛与马来亚一直向南伸入海中，所以从中国东部前往印度的海路不但非常曲折，也相当遥远。

因此，古代从中国前往世界其他文明中心是非常不便的，需要经过漫长的海路或陆路，较上述其他几个文明之间的交流而言，要花费更长的时间，消耗更多的资源。这就意味着，东亚文明从地理位置和交通条件看，相对于其他三处文明中心而言，处于较为封闭的位置。我们知道，地中海是一片地理位置非常特殊的海，被欧亚非三大陆所包围。进入文明时代以来，环地中海地区之间的海上交往非常密切。打开地图看一下就可以发现，中国所在的东亚大陆虽然面向着西太平洋，但是中国海岸并非直接联系着西太平洋的浩瀚大海，换而言之，东亚大陆所面对的并不是一望无际的大洋，而是西太平洋的几个边缘海：鄂霍茨克海、日本海、黄海、东海与南海，而这些边缘海以东，则是一连串岛屿，即今所谓“第一岛链”，它们大致与东亚大陆的海岸线相向平行排列。若从北向南数分别为：千岛群岛、日本列岛，即北海道、九州、四国和本州这四个岛，下面是琉球，即冲绳，再下面是台湾、吕宋列岛，即菲律宾和巴拉望群岛。

今天虽然有西方学者将地处东亚大陆与朝鲜、日本、琉球、中国台湾与菲律宾、婆罗洲（即西太平洋岛弧）之间的黄海、东海与南海称为“亚洲的地中海”[①]，但上述岛屿的面积与人口与东亚大陆相差悬殊，其宜农区域

---

① 例如，德国学者萧婷（Angela Schottenhammer）所主编之书即以 *The East Asian* “*Mediterranean*”: *Maritime Crossroads of Culture*, *Commerce and Human Migration*（《东亚的“地中海”：文化、商业与移民的通道》）为题，Harrassowitz Verlag，2008，Wiesbaden.

与资源均十分有限，不足以支撑其独立发展成像中国一样有世界影响的文明起源中心。

东亚大陆并非单一的地理文化单元。其北部，从大兴安岭到阿尔泰山，从降水条件讲，远离东亚季风带；从纬度、海拔上讲属高寒区；从地理景观上看，是草原、山岭、戈壁和森林地带；从居民的生产与生活方式上讲，主要是游牧、狩猎和半游牧区。流动的生产与生活方式，使游牧文化区难以如农耕社会那样，发展出复杂程度较高的技术。

亚洲大陆的中、西部，从河西走廊直至西亚，基本上是沙漠—绿洲区。以高山融雪形成的内陆河，在其中下游沙漠中形成沼泽，经人类开垦而成为绿洲。当地的居民虽然也主要从事灌溉农业与手工业以及商业，但其规模和文化资源却远少于东亚的农耕区。

因此，长期以来，作为农业时代东亚大陆中心区的长江、黄河流域，与周边地区之间的交往，较地中海周边和其他地区而言，主要特点是多方面的非对称性。

我们可作如下对比：

	中国	对照区
海洋地理条件	一面临海，属腹地－沿海类型。	东南亚、印度、阿拉伯半岛、非洲与西欧：均多面临海。 地中海的北、西、南三面为大陆所包围。
海洋地理条件	相邻的东南亚大陆以南的海中虽散布着数以千计的岛屿——今吕宋列岛、印尼诸岛等。但在航海业尚未发达的远古时代，跨海往来相对不便。	环地中海地区发展跨海交通较易。

续　表

	中国	对照区
交流情况	1. 中国所在的东亚大陆的中心区:面积辽阔,大农耕区,人口众多。 2. 周边 (1)隔海相望的朝鲜、日本、琉球,面积有限,经济规模与人口均较小。 (2)蒙古高原:无复杂技术。 (3)绿洲农业区:社会规模小。	环地中海的欧洲、西亚与北亚经济体量均较大。
	东亚大陆中心区与周边的交往: 1. 与隔海相望的朝鲜、日本、琉球为同质文化区,交流基本为输入－学习型,少有双向启发型。 2. 与蒙古高原:游牧与农耕之间的物质交换。 3. 与绿洲农耕区:过往型与消耗型。	环地中海先后或同时存在几种异质文化。

（二）丝绸之路产生原因的中国视角

既然从古代中国前往遥远的西方是这样的不便，那么“丝绸之路”又是如何发展起来的呢?

1. 人类的好奇心与逐利心——对遥远文明与更好生活的向往

人类皆有追求新知的好奇心。“丝绸之路”起源于文明的差异性。远古的人类在不同的地理环境下，发展出不同文明，形成不同的思想与文化，创造不同的生产与生活方式，生产不同的产品。古代东西方之间虽然交往困难，但毕竟通过种种直接与间接的渠道相互知晓，进而互相吸引。[①]

---

① 在 College，S.，Conolty，J. and Shennan，S. J. 等所主编之书《农业在西亚与欧洲的起源与传播：有关新石器时代种植经济的考古调查》（*Origins and Spread of Agriculture in SW Asia and Europe：Archeobontanical Investigations of Neolithic Plant Economies*，UCL Press，2005）中收有新石器时代从红海至小亚半岛腹地的远距离贸易之图。

外来文化带动了异域产品输入，如香料的输入及其在中国使用的普及化。中国的产品，如陶瓷、丝绸等，被海外市场所发现。

（1）对外交往对于古代中国的必要性

中国自古以来就是一个人口稠密的国家，这一点很早就被来华的外国人注意到。东晋译经师印度人迦留陀迦（kalodaka，此曰“时水”）译《佛说十二经》谓：“阎浮提州中有四天子。东有晋天子，人民炽盛。南有天竺国天子，土地多名象。西有大秦国天子，土地饶金银璧玉。西北有月支天子，土地多好马。”① 在农业生产技术没有取得突破的古代，中国东南沿海地区人口的增长与耕地有限的矛盾开始显现，出现了以海为生的人群，如：船民、贸易商、渔民，甚至海盗等。而在十六国—隋与唐末—宋的中国历史上两个南北分割的时期，地处南方的王朝由于疆土面积有限，海外贸易与市舶抽分成为政府增加岁入的重要手段②，因而也是海上对外交往的重要发展期。

我国青藏高原以北的西部地区的经济形态，主要是高山雪水灌溉的绿洲农业。与东部中国的中心区相比，这里的绿洲面积小，人口少，经济规模也小，同一个绿洲之内通常无法自给自足。因此通过对外交换，弥补本地生产的不足，是绿洲经济的重要特点之一。③ 而大漠南北的草原地区由于土地高寒，对抗自然灾害的能力较弱，而且因为生活与生产的流动性，没有条件发展复杂程度较高的手工业，因而与邻近的农耕区之间长期存在畜产品与农产品、手工业制品之间的交换。

---

① 参见《大正新修大藏经》卷4，No. 195，第147页。关于此问题，参阅伯希和《四天子说》，冯承钧汉译本，载《西域南海史地考证译丛》第3编，商务印书馆1962年版，第83—103页。

② 宋高宗南渡后，“赋入狭而用度广”。除裁并官僚机构，以节浮费之外，高宗表示“市舶之利最厚，若措置合宜，所得动以百万计，岂不胜取之于民？朕所以留意于此，庶几可以宽民力尔”（徐松辑：《宋会要辑稿》职官四四之二〇，中华书局1957年影印本，第4册，第3373页）。高宗还下旨：“市舶之利，颇助国用，宜循旧法，以招徕远人，阜通货贿。”（《宋会要辑稿》，职官四四之二四，影印本第3374页）南宋前期市舶岁“岁二百万（缗），所谓息钱，尽归户版”（许月卿：《百官箴》卷六《提举市舶箴》，清文渊阁《四库全书》本）。

③ 唐代杜佑在《通典》中记当时之“康居”，即今乌兹别克斯坦之撒马尔罕曰：其国“善于商贾，诸夷多凑其国”。继而又引韦节《西蕃》云：“康国人并善贾，男年五岁则令学书，少解则遣学贾，以得利多为善。”（杜佑：《通典》卷一九三《边防》九，《西戎》五，中华书局标点本，第5256页）

（2）发展远距离对外交通的可能性

古代中国的政治、经济中心长期在北方，因而最早的东西交通是沿陆路发展起来的。我国西北边疆地区的居民，为发展丝绸之路做出过重要贡献。

我国北方邻近蒙古草原。草原牧民因移牧而过着游动的生活，因而他们活动范围与信息传布的距离远大于与之相邻的汉地农耕区。他们所驯化的马匹，使人类得以利用畜力，日行数百里。同时，从蒙古草原到东欧之间，没有难以逾越的地理障碍，因此总体来讲，蒙古草原的游牧民族拥有更多的遥远文明的消息，有着更便利的交往的能力与条件。①

我国西部是沙漠绿洲区域，这里的古代居民驯化了适于在荒漠中行走的骆驼。前已提及，绿洲居民因为当地经济规模有限，自古有着经商的传统。而星罗棋布的绿洲则成为长途旅行的天然中继站，为远客提供了歇息、补充饮食、就地贸易交换以及获取更远地域知识的条件。

古代中国人民克服海洋障碍，发展远洋交通努力的几个要点是要增进海舶的适航性、提高海运的经济性、改进导航技术与利用自然动力。

适航性的提高表现为安全性、可操控性与乘员生存条件的改善。与安全性直接关联的是船舶的大小。汉以后，中国发展起建造大型海船的能力。据《一切经音义》中说，常见的一种称为当时的“大船”，长达20丈，可载六七百人。② 许多阿拉伯旅行家曾经描述过唐代航行在印度洋水域中的海舶。因为幼发拉底河与底格里斯河的冲击，波斯湾中浅滩很多，中国海舶体积大，吃水深，航行不便，因此阿拉伯旅行家苏莱曼说，波斯湾中诸港之间的航线多由当地小型船舶担任，它们把各地的土产运抵尸罗夫港（Siraf），再转驳中国船运往东方。印度西南部的故临是各国海船加注淡水的地方，对中国船每次

① 蒙古国学者在漠北匈奴时代墓葬的考古中发现不少来自黑海与高加索地区的器物，参见埃列格增《匈奴的宝藏》，乌兰巴托，2012 年（G. Eregzen，*Treasures of the Xiongnu*，Ulaan Bataar，Mongolia，2011，Academician B. Ekhtavsin，Ulaan Bataar）。

② 慧琳：《一切经音义》卷二五释云公撰，慧琳再删补《大般涅槃经音义》第八卷音义“大舶”条释云：“《埤苍》，大船也。大者长二十丈，载六、七百人者是也。”（《〈一切经音义〉三种校本合刊》，徐时仪校注，毕慧玉等助校，上海古籍出版社 2008 年版，第 2 册，第 941 页）

要收费1000迪尔汗，而其他诸国船仅收10—20迪尔汗①。这种收费上的差别除了对不同地区船征收不同税率的因素以外，显然是因为中国船特别大的缘故。据宋人吴自牧《梦粱录》记载，宋时“海商之舰”，“大者载重达五千料，可载五六百人”②。载重五千料相当于三百吨位。当时中型的海舶载重达一千料至二千料，可载二三百人。当时应用得最普遍的是“可载二千斛粟”的中型海船，称为“客舟”，“长十余丈，深三丈，阔二丈五尺”。而长阔高皆三倍于“客舟”的海船，叫“神舟”，望之“巍如山岳，浮动波上”③。

舵是从尾浆演变而来的。中国是最早在船舶上使用舵的国家之一。④ 大型船只的舵极为巨大，不但建造需要很高的技术，而且在船只上必须通过专门的绞关机械才能操控。舵的使用使船只在海况复杂的情况下，能航行自如。

为增强海船抵抗横向冲击的能力，古代中国造船师开始为船只建造甲板，并继而在船只肋骨间增加隔仓板。⑤ 船舶内部空间的仓室结构中的水密仓，不但增加船只在遇险时的生存能力，也伴随着船只的大型化，改善了乘员在长途旅行中的生存条件。船舶的承载能力不但取决于其大小，也取决于其利用率。中国海船的仓室化，为小额贸易商贾提供了从事海外贸易的条件，他们可以租用船上一两个仓室，随自己的货物一同来往中外，因而大大提高了船

---

① 《苏莱曼游记》，载穆根来等汉译《中国印度见闻录》，中华书局1983年版，第9—10页。

② 吴自牧：《梦粱录》卷一二，“江海船舰”条，“学津讨源”本。

③ 徐兢：《宣和奉使高丽图经》卷三四，“客舟”条与“神舟”条，丛书集成初编本，商务印书馆据知不足斋丛书排印1936年版，第116—117页。

④ 1956年，广州皇帝岗发掘的西汉墓中出土木制船模一只（广州市文物管理委员会：《广州皇帝岗西汉木椁墓发掘简报》，《考古通讯》1957年第4期）。首仓有四个木俑，各持木桨一支。尾仓坐一木俑，也持木桨一支，显然是在“弼正”船的方向。1973年，在湖北江陵凤凰山西汉墓8号墓，也出土一艘木船模型（长江流域第二期文物考古人员训练班：《湖北江陵凤凰山西汉墓发掘简报》，《文物》1974年第6期）。与上述广州船模相似，均为前仓四人持桨，后仓一人持桨。用于船尾的桨兼起舵的作用，可视为从桨向舵转变的开始。1955年，在广州近郊东汉墓中出土了一只陶船模，船后有舵。观看实物，可发现舵的设置尚未沿船纵向中心线，也保留某些桨的特点（参见席龙飞《桨舵考》，《武汉水运工程学院学报》1981年第1期）。上述陶船图片见王冠倬编：《中国古船图谱》，生活·读书·新知三联书店2000年版，第3页，说明文字为：“1951年广州东郊十九路军坟场出土。长54厘米，通高16厘米，中部宽15.5厘米。”

⑤ 1951—1952年，湖南长沙伍家岭第203号西汉后期墓出土木船模型一件。根据出土的零件，在船上复原出三间仓房。参见上引王冠倬编《中国古船图谱》，生活·读书·新知三联书店2000年版，第61页。

舶的运载力与经济性。

各国传统的导航术均为地文导航与天文导航。地文导航即依据既往所记录航线沿途地理信息，随时予以对照，纠正航向[①]；天文导航就是按日月星辰的位置指示航行[②]。除了上述两者之外，中国独有的是磁罗盘导航术。晋代葛洪的《抱朴子·外篇》提到："夫群迷乎云梦者，必须指南以知道；并乎沧海者，必仰辰极以得返。"[③] 就是说，航行时，与观测北极星并用的，是使用指南针。1044 年泉州曾公亮在所撰之《武经总要》中还记载了一种指南鱼，是用薄铁片剪成鱼形，将其磁化后成为指南鱼，浮置水面即可指示南北[④]。朱彧在言及 1098—1102 年其父在广州所见航海活动时，介绍"舟师识地理"，夜以观星，昼以观日，阴晦天则观指南针[⑤]。1124 年徐兢在《宣和奉使高丽图经》中也说，天气晴朗的夜间凭星斗航行，晦冥则全靠"指南针"[⑥]。这一发明使得船舶在海天一色的茫茫大洋之中，有了全时段、全天象条件下的导航能力。

最早的船舶是靠划桨与撑篙航行的，即依靠人力推动。但远洋航行靠人力是不现实的，只能另寻动力。帆就是人类为利用风力航行而发明的。中国人很早就注意到亚洲大陆与海域受季风的强烈影响，每年春夏盛行东南风，而秋冬之际则西北风横行，诸葛亮"草船借箭"的故事就是季风知识的体现。具体在海上航行，每年初冬是东南沿海地区海船利用西北风出洋下番的季节，而来年春暖花开则是商贾舟师扬帆回归之时。在蒸汽机、柴油机等人工动力发明之前，季风是人类远航的主要动力。

---

① 参见于志刚主编《海洋技术》，海洋出版社 2009 年版，第 117 页。

② 汉代舟人观星的经验和资料已经大量成书。见于《汉书·艺文志》的就有《海中星占验》12 卷、《海中五星经杂事》22 卷、《海中五星顺逆》28 卷、《海中二十八宿国分》《海中二十八宿臣分》28 卷、《海中日月慧虹杂占》28 卷等数种。其中的"五星"是指金木水火土五大行星，而"二十八宿"则是恒星。参见陈晓中、张淑莉《中国古代天文机构与天文教育》，中国科学技术出版社 2013 年版，第 281 页。

③ 葛洪：《抱朴子》外篇卷一，四部丛刊影明嘉靖四十四年鲁藩承训书院刻本。

④ 曾公亮：《武经总要》前集卷一五，南京图书馆藏，明金陵唐富春刻本。

⑤ 朱彧：《萍州可谈》卷二"舶船航海法"条，李伟国点校，中华书局 2007 年版，第 133 页。

⑥ 朱彧：《萍州可谈》卷三四"半洋礁"条，李伟国点校，中华书局 2007 年版，第 120 页。

2005年4月25日，为纪念郑和下西洋600周年，国务院批准确立每年的7月11日为中国“航海日”。而我们应当这样理解，永乐五年七月十一日为郑和受诏下番的日子，而他扬帆出海只能是当年冬季。

2. 化不利为有利：历史上的中国在世界上的地位

既然从中国所在的东亚大陆前往西方的陆、海两途的路程是这样遥远不便，古代中外各国人民为什么要克服千难万险而往来呢？换而言之，丝绸之路是怎样发展起来的呢？

黄河流域的上古居民，在干旱少雨的自然环境下，发展起以粟为代表的旱作农业；而长江中下游地区的人民，则利用当地的野生稻资源，发展出稻作文化。[①] 这里虽然纬度较尼罗河、两河流域与印度河中下流域更高，但四季分明，地处西北太平洋季风带，降水充沛，是宜农的自然环境，使上古居民能够在使用简陋工具的条件下获得稳定的收获，因此其土地承载人口的能力，不但远高于与之相邻的北部荒漠草原地区，同时也因为其面积比尼罗河下游、两河流域与印度河中下游的总和还要大，人口繁衍的速率远高于上述其他三个古代文明起源中心[②]，很早就形成了规模巨大的人口—经济复合体。

这个以农耕业为基础发展起来的巨大的人口—经济复合体是古代中国文明的基础，也是整个东亚经济与文化的中心。在东亚历史、文化发展的长河中，数千年以来长期起着火车头的作用。

在农业经济时代，这里除了优越的宜农条件之外，其余异于其他地区之处有：

（1）高度的社会组织能力。中国很早就形成疆域辽阔、统治机器完整、

---

① 宋豫秦等：《中国文明起源的人地关系简论》，科学出版社2002年版，第16—18页。

② 葛剑雄教授在其研究中，给出中国历代人口增长的几个节点：公元前221年秦始皇统一时，秦朝人口约有3千万或更多；西汉末元始二年（公元2年），6千万；“安史之乱”前夕的755年，唐人口9千万；北宋大观四年（1100），宋人口超过1亿，辽、夏、大理合计约超过1千万；13世纪初，宋、金、夏、大理总人口超过1.2亿；明末17世纪初，人口突破2亿；道光三十年（1850），为4.3亿（《中国历代人口数量的衍变及增减的原因》，《党的文献》2008年第2期）。其他有关研究参见谢忠梁《中国历代人口略计表》，《四川大学学报》1979年第3期；朱贤枚《中国历代人口统计》，《江西大学学报》1982年第3期；史实《我国历代人口数变化初探》，《人口研究》1985年第3期等。

制度与法律健全、社会运行有序、有着各种文化设施的国家。

（2）手工业的高度发达，有能力向国内、周邻和海外提供大量以陶瓷与丝绸为代表的高质量的商品。中国瓷器很长时期内一直受到海外各国上层社会的喜爱。在当代世界中国古瓷器海外最大收藏地土耳其伊斯坦布尔托普卡普宫（Topkapï Sarai）的藏品中，可以发现有一件“青花缠枝牡丹纹葫芦瓶”，“形制高大隽美”，瓶嘴镶有银套，“与瓶浑然一体”①。其所镶银质瓶口与盖，并非简单的装饰物，而是在瓶口损坏之后，为掩饰缺陷继续使用而修补上去的。可见即使贵为奥斯曼帝国的王室，也不舍得将损坏的中国瓷器弃而舍之。在上层贵族的引领之下，整个西亚社会出现了追捧中国瓷器的风气②，于是原先已经趋于消失的“伊斯兰青花陶”，在一种模仿中国青花瓷情景之下应运而生。这种陶器表面看与青花瓷有几分相似，但其胎质不是高岭土，而是黏土，烧成的温度低，但与青花瓷一样为釉下彩，施用钴料，器呈白地蓝花效果③，满足了当地社会需求。这是古代中国生活水平高，引领世界消费时尚潮流的体现。直到18世纪德国造出梅森瓷器④，西方人才了解了瓷器生产的秘密。

（3）古代中国不但经济发达，而且经济体制优越。当时中国与周边国家

---

① 《幽蓝神采——元青花瓷器特集》，上海博物馆主办，上海书画出版社2012年版，第119—121页，配文周丽丽。

② 据记载，14世纪也门拉苏里德王朝苏丹阿勒·马利克·阿勒·阿什拉夫（1370—1401）在为他儿子举行割礼的宴会时，骄傲地展示了从没有用过的500件中国瓷碟。[Venetia Porter，Islamic Tiles，p. 93，British Museum，Press，1995，兹据马文宽《再论中国青花瓷与伊斯兰青花陶》（下），《收藏家》2012年第12期]。

③ 马文宽：《再论中国青花瓷与伊斯兰青花陶》（上），《收藏家》2010年第11期。

④ 而在欧洲，中国瓷器也受到统治阶级的追捧，成为财富的象征。17世纪时德国选帝侯萨克森公国的奥古斯特二世（August II der Stark）在1717年以一队骑兵为代价从腓烈特威廉一世（Friedrich Wilheim I）换取收藏于柏林夏洛腾堡（Charlottenburg）与奥拉宁堡（Oranienburg）的151件龙瓶（Dragoon vase）。后来他手下的一位炼金术士翰恩·费里德里希·孛特格（Johann Friedrich Böttger）指导科学家埃仑弗里德·瓦尔特尔·冯·齐木豪斯（Ehrenfried Walther von Tschimhaus）破解了瓷之所以优于陶的两大秘密：高岭土原料及高温烧制，于1708年在公国首府德累斯顿附近的梅森（Meissen）首次成功烧制出瓷器，被称为“梅森瓷”（Meissen Porcelain）。早期的梅森瓷的表面有模仿中国的绘画，背后有模仿中国的题款。这说明，中国输出陶瓷的同时，也输出了中国的消费时尚。参见宋广林《麦森窑早期瓷器的中国装饰艺术风格初探》，《装饰》2011年第9期；杨喜发《赫洛尔特与早期梅森瓷器装饰的中国人物图式》，《装饰》2013年第9期；李璠《小瓷盘的百家貌——对于18世纪德国麦森瓷器“蓝色洋葱”图案的研究》，《艺术设计研究》2015年第3期。

之间存在着经济发展程度的代差，中国是最早进入以贱金属铜铁、继而以纸币为普遍价值尺度的国家。这种经济水平的代差，不但表现为中国主要以手工业品为输出物，而周边国家则大量向中国运销各种初级产品，而且体现为宋元以来，周边国家对中国的货币需求量大增：外商入华采购的商品中，往往包括大量中国货币①，而用于交换的是向中国输出大量商品货物与贵金属。② 这种制成品与初级产品及贵金属与贱金属、纸币的交换，是自然形成的，与当今发展中国家与发达国家之间的贸易有几分相似。

（4）中国自古人口众多，因而生存竞争激烈，谋生不易，这不但养成了中国人民勤于劳作的美德，增加了经济的活跃度，也促使东南沿海地区的人民很早就出洋下番③，移民海外。海外中国移民社会成为联系中外的天然桥梁。

---

① 据宋人赵汝适的《诸蕃志》记载，宋时中国海商为谋取高利，“往往冒禁，潜载铜钱”至爪哇贸易胡椒（中华书局1996年版，第55页）。明代马欢在其《瀛涯胜览·爪哇国》条中说，“番人殷富者甚多，买卖交易行使中国铜钱”（明亦政堂刻本）。

② 《隋书》卷二四记：“梁初，唯京师及三吴、荆郢、江湘、梁益用钱，其余州郡则杂以谷帛交易，交广之域，全以金银为货”，这一情况也发生在古代“丝绸之路”陆路的咽喉要地——河西，同书又记后周之初河西诸郡，“或用西域金银之钱，而官不禁”。这些地方实行金银本位制的原因是因为对外贸易发达。岭南地区在相当长的历史时期内，以金银为通货的事实见于许多记载。唐人张籍诗云：“海国战骑象，蛮州市用银。”（《张籍诗集》，中华书局1959年版，第15页）元稹在其《长庆集》中也提到：“自岭已南，以金银为货币。”（《元氏长庆集》卷三四“钱货议状”，《四部丛刊》景明嘉靖本；并见《元稹集》，中华书局1982年版，第396页）被贬官到潮州的韩愈也记载说：“五岭买卖一以银。”（韩愈：《昌黎先生文集》卷三七“钱重物轻状”，国家图书馆藏宋刻本；并见《韩愈集》，中国戏剧出版社2002年版，第344页）近年来，在岭南地区的考古发掘中曾数度发现古代外国货币。与中国流出的货币多数为铜等劣金属币的情况相反，从目前的资料来看，流入中国的域外货币多数为贵金属币。

③ 文莱苏丹国首都斯里巴加湾市（Bandar Seri Begawan）附近小山上的一处名为“郎加斯”的伊斯兰墓葬区（Rangas Muslim Cemetery）中，有一方宋代墓石，其铭文曰：“有宋泉州判院蒲公之墓，景定甲子（1264）男应甲立。”此碑最初是在1972年为德国汉学家傅吾康（Wolfgang Franke）教授所发现。因傅吾康教授所摄照片墓碑字迹不清，马来西亚学者陈铁凡（Chen Tieh Fan）先生又从吉隆坡来此重读并制作拓片，因此才准确读出铭文。具体见 Franke，Wolfgang & Chen Tieh Fan，A Chinese Tomb Inscription of A. D. 1264 Discovered Recently in Brunei，in *Brunei Museum Journal*，3，1（1973）。此文被译为汉文：见《泉州文史》第九集刊傅吾康、陈铁凡著，温广益译《最近在文莱发现的一块公元1264年的中文墓碑的初步报告》，第150—154页。据元人周达观记载，元初柬埔寨已有“唐人”（《真腊风土记》，夏鼐校注，中华书局1981年版）。元末汪大渊除了柬埔寨之外，还提到加里曼丹已有“唐人”（《岛夷志略》“真腊”、“勾栏山”条，苏继庼校释本，中华书局1981年版，第69—70、248页）。

古代中国人口与经济的体量及社会的富裕，造就了旺盛的内需，成为海外商品极为重要的吸纳地，为各国提供了巨大的市场。

大航海时代——代结束语

（一）古代中国海洋事业的教训

历来国内对郑和下西洋的概括有四个要点：即船员多达2万8千人；船队拥有200余艘舰船，其中包括巨型宝船多艘；曾远洋航行7次，远达波斯湾、红海与东非；控制西太平洋、北印度洋长达28年。但我们同时不应忽视的是，郑和远航既是古代海洋事业的顶峰，也是谢幕演出。它不但没有继续下去，而且仅仅70余年之后，随着葡萄牙人来到东方，西欧的大航海开始了，开启了欧洲殖民者控制世界的时代。因此，为什么郑和下西洋既代表了古代中国海洋事业的成就，也成为由盛入衰的转折点，是每位学者都应当思考的问题。笔者的考察如下。

第一，由于中国的经济、文化与社会发展长期在亚洲大陆居于首位，没有竞争对手，因此形成了以文明开化自居，视其他各国均为蛮夷的唯我独尊思想。长期未关注到文艺复兴以后，欧洲产生新社会发展动力、社会制度的变革，以致后来产生的工业革命。葡萄牙人在澳门定居数百年，可以说为中国了解欧洲提供了窗口，但长期未加利用，可以说是跟不上时代的步伐。①

① 《明史》卷三二六《外国传》在“意大里亚国”（按，即意大利）条中记：“意大里亚居大西洋中，自古不通中国。万历时，其国人利玛窦至京师，为《万国全图》，言天下有五大洲。第一曰亚细亚洲，中凡百余国，而中国居其一。第二曰欧罗巴洲，中凡七十余国，而意大里亚居其一。第三曰利未亚洲（按，非洲），亦百余国。第四曰亚墨利加洲，地更大，以境土相连，分为南北二洲。最后得墨瓦腊泥加洲（按，今南极洲），为第五。而域中大地尽矣。其说荒渺莫考。然其国人充斥中土。则其地固有之。不可诬也。”（中华书局标点本，第8459页）明人对利玛窦所介绍之世界地理新知识，抱着极其怀疑的态度。且《明史》在记“和兰国”（按，即荷兰）时，竟称“永乐、宣德时，郑和下西洋，历诸番数十国，无所谓和兰者”（中华书局标点本，第8434页）。此说本于《明史稿》。明代文人不知郑和航海虽然伟大，但所经诸地毕竟没有越出宋元中国传统海外交通的范围。以郑和航海知识来对证新事，不免显得迂腐。

明人在与葡萄牙人的交往之初，就发现了葡萄牙人掌握了先进的火炮技术。明人把这种西洋火炮称为“佛郎机铳”①。明正德十四年（1519），已经有明人林见素用锡模铸造“佛郎机铳”，并抄火药方以平宸濠之乱的记载。②明正德十五年（1520），御史何鳌向朝廷报告：“佛郎机最凶狡，兵械较诸番独精。前岁驾大舶突入广东会城，炮声殷地。”③ 明代中期，即15—16世纪时，荷兰人取代葡萄牙人占据马六甲，并侵占爪哇，后又染指台湾。明人称荷兰人为“红毛”，对其国家称“和兰”，知道“红毛”的炮远超葡萄牙，“红毛”的船坚固而先进，称“或谓和兰长技惟舟与铳耳。舟长三十丈，横广五、六丈，板厚二尺余，鳞次相衔，树五桅。舶上以铁为网，外漆打马油，光莹可鉴”④。但明人并不了解，当时作为欧洲小国的荷兰，其造船业已居世界首位，远在中国之上。仅在首都阿姆斯特丹就有上百家造船厂，全国可以同时开工建造几百艘船，不但其造船技术世界领先，且船价比英国低1/3到1/2。欧洲许多国家都到荷兰订购船只。当时荷兰的商船吨位占欧洲总吨位的3/4，总共有1.5万艘商船，几乎垄断了全球海上贸易。挪威的木材、丹麦的鱼类、波兰的粮食、俄国的毛皮、东南亚的香料、印度的棉纺织品、中国的丝绸和瓷器，等等，大都由荷兰商船转运⑤，经荷兰商人转手销售。当时的阿姆斯特丹是国际贸易的中心，港内经常有2000多艘商船停泊。最鼎盛时期，荷兰的海军舰只几乎超过了英法两国海军的1倍。它们在世界各大洋游弋，保护本国商船，进行海外殖民掠夺。

荷兰人不仅会造远洋五桅帆船，而且还在船上安装火炮。明人张燮称：其“舟设三层，傍凿小窗，各置铳其中。每铳张机临放，推由窗门以出，放毕自退，不假人力。桅之下置大铳，长二丈余，中虚如四尺轮，云发此可洞

---

① 如明大臣翁万达《大虏求贡疏》，载陈子龙《明经世文编》卷二二四，明崇祯平露堂刻本；明人顾应祥之《杂论三》，《静虚斋惜阴録》卷一二，明刻本等，兹不一一列举。

② 王守仁：《书佛郎机遗事》：《阳明先生集要》卷三，四部丛刊初编集部景上海涵芬楼藏明隆庆刊本。

③ 《明史》卷三二五《外国传·佛郎机传》，中华书局1974年版，第8430页。

④ 张燮：《东西洋考》卷六《外夷·红毛番》，中华书局1981年版，第129页。

⑤ 参见刘景华《大航海时代的西欧造船和航海术》，《长沙理工大学学报》2005年第4期。

裂石城，震数十里。敌近我时，烈此自沉，不能为虏也”[①]。这种两舷安装多门火炮，甲板上安置主炮的船为北欧地区16世纪常见的兵船。另外“舵后铜盘，大径数尺，译言照海镜，识此可海上不迷”[②]，这种“照海镜”应当就是罗盘。

明东南水师初与荷兰人交锋时，不了解敌情，以平常火器遥攻之，荷兰人则以舰炮回应，只见硝烟一缕，明军伤亡惨重。[③] 天启二年（1622）明兵部曾经议论过荷兰人的海军，说其船前后左右俱置巨炮，“一发十里，当之无不立碎”[④]。明人把荷兰炮称为“红夷炮”。

明末，郑成功出动数百艘船，2万余兵力从荷兰殖民者手中收复台湾，是为民族英雄的壮举。但当时盘踞其地的荷兰人为数并不多，只是其爪哇殖民地军队的一支分队而已。可见中西之间在东亚海域的实力已经相差很大。

第二，缺乏海权意识——对大航海时代以来西方势力进入东方，控制海上交通要点，占领马六甲[⑤]，建立荷属东印度和吕宋殖民地，以及对西方力量获取美洲与澳洲，彻底颠覆过去旧有的国际秩序毫无认识，听之任之。

第三，对国家海洋事业的认识停留在国家力量的层面。郑和七下西洋在经济上主要是依赖消耗国家巨额财力，目的在于宣示国威，因而是不可持续的。[⑥] 而西方殖民者在东方的活动是以私人力量为主导，如英国的东印度公

---

① 张燮：《东西洋考》卷六《外夷·红毛番》，中华书局1981年版，第129页。

② 同上书，第89页。

③ 沈德符：《万历野获编》卷三〇“红毛夷”条，中华书局1997年版，第783页。

④ 沈国元：《两朝从信录》卷一六，南京大学图书馆藏明崇祯刻本。

⑤ 直到正德十五年（1520），满剌加国王派遣使者具奏求援，明廷才知其为葡萄牙所侵。但明武宗并未认识到满剌加的存亡对于维护东南亚国际秩序的重要意义，不采取措施助满剌加复国，而是企图与葡萄牙人保持友好的关系。正德十六年（1521）三月武宗去世，四月世宗嗣位。该年六月，满剌加再度遣使，请求明朝援助。明廷虽厚遇满剌加使，“给赏赐臣，并回赐国王妃如例”，但对葡萄牙侵占中国的藩属却仅予谴责，要求归还其地，还“谕暹罗诸国以救灾恤邻之义”，未获响应，满剌加灭亡。

⑥ 宣德以后，有识之事已了解郑和下西洋之举所耗费巨资对国家造成的负担。冯梦龙记：明英宗天顺间，“朝廷好宝玩，中贵言宣德中尝遣太监王三保使西洋，获奇珍无算。帝乃命中贵至兵部，查王三保至西洋水程。时刘大夏为郎，项尚书公忠令都吏检故牒。刘先检得，匿之，都吏检不得，复令他吏检。项诘都吏曰：‘署中牍焉得失？’刘微笑曰：‘昔下西洋，费钱谷数十万，军民死者亦万计，此一时弊政。牍即存，尚宜毁之，以拔其根。犹追究其有无耶？”（《智囊补》卷二，明积秀堂刻本，此事为数种史料所记，兹从略）刘大夏用藏匿郑和档案的手段，阻止英宗再启下西洋之举。

司、荷属东印度公司等，而国家则着力于保护这些私营公司所获取的海外利益。而我国明代因倭寇猖獗，长期实行海禁，未意识到民间的海洋活动是国家影响的延伸，视华人赴海外谋生为自弃王化，对遭受西班牙屠杀的华人不采取保护措施①，对海外华人政权听其自生自灭，致使千百年来中国在海外积累形成的海外利益②，在西方殖民者东来之后损失大半。

（二）大航海背后的中国因素

大航海彻底改变了人类历史，也改变了中国的面貌，以致现代有些学者把大航海时代视为全球化的开端。不少世界史书籍这样介绍③：大航海的前提是欧洲人自古希腊时代起就知道地球是圆形的。由于15世纪以后，奥斯曼帝国控制了中近东，欧洲航海家不得已求其次，认为向西航行也应能航达中国和印度，于是开启了发现美洲之旅。

从研究丝绸之路的角度，如果我们提问：既然欧洲人早就知道地球是圆的，却要等到14世纪才开始为探求新航线开始大航海？这个问题应当怎样回答呢？

（1）大航海的原动力是马可波罗带到欧洲的中国故事。马可波罗回到威尼斯后，经口述整理而成《马可波罗游记》，此书向欧洲人介绍了元大都，即北京的富丽；告诉欧洲人中国使用纸币；燃料不用柴，而使用一种黑色的石头；到中国东南的地区的港口泉州来贸易的船只数量达西方基督教国家的百倍之多。他的书被译成多种文字，很快在欧洲广为流行，深入人心，使得到东方去寻求财富成为商界的共识。

（2）磁罗盘的西传。宋元时代，中国发明的磁罗盘导航术传到欧洲，使得船只的海上定位能力有了飞跃的提升，使得航海家不再畏惧在遥远的未知海域探险航行。

---

① 有关西班牙人在涧内屠杀二万余华人事件，详见《明史·佛郎机传》。

② 明代曾在旧港设立过宣慰司，在马六甲等地设立过官厂等。

③ 如黄鸿钊《香山商澳濠镜春秋》，广东人民出版社2013年版，第34页；藤章斌编《世界上下五千年》，安徽文艺出版社2013年版，第57页；秦中超编《话说历史》，中国文联出版社2012年版，第288页等。

（3）火炮装备于海船——海上武力的革命性变化。火炮在中国何时装置于船舶，史料中虽无明文记载，但在日本人所绘“元寇袭来图”中，有一幅描绘元军与日本作战的图画，其中绘出元军发射的火器正在爆炸，这是元军征日水师装备火器的证据。[①] 元军水师的主力是在征服南宋过程中归降的宋军水师，因此可以推测南宋水师船上已经设有火器。

在冷兵器时代，小股船队远航异域时，如果与当地人对垒，多处下风。自从欧洲人向中国学习了在船上装置火炮，船员掌握了操持火器的技能之后，船只的自卫与威慑力大增。对于欧洲航海家而言，即使驾驶单船只帆，面对人数虽然众多，但只拥有冷兵器的对手时，也占有明显的优势。这才使得欧洲冒险家敢于在遥远的陌生大陆登岸。

因此，在大航海所开启的人类历史的转折中，也含有中国人的贡献。

而我们言及古代中国人民通过丝绸之路，中外交往对世界作出贡献的同时，我们也应当了解，丝绸之路历史不是中国一家演出的独角戏，而是世界各国人民共同的事业。

今天我国人民所食用的农产品中，并非中国原产，而是在不同历史时代引入的物种很多，如小麦、菠菜、黄瓜、胡萝卜、洋葱、葡萄、苜蓿、西红柿、西葫芦、辣椒、土豆、番薯、玉米、巴达木（大杏仁）、阿月浑子（开心果）、胡椒等。多数人没有注意到，被视为中国民歌的代表作“好一朵美丽的茉莉花”，唱的是许多人爱饮的茉莉花茶的茉莉花，其并非中国原产，而是自海外引种的植物。古代我国人民普遍以丝麻为纺织的主要原料，棉花引入之后，对解决人民衣被之需、美化生活起了极大的作用。

我国当代被纳入各地保护的古建筑中，许多是佛教寺院。其实佛教本身就是外来宗教，历经两千年的发展，已经本土化，被多数中国人视为自己的文化。自魏晋以后，中国诗学发展迅速，各类韵书层出不穷，究其原因是由于随佛教入华传来的印度语音学知识，启发了中国文人认识汉语，改进表述

① 小松茂美编集：《蒙古袭来绘词》，（日本）中央公论社 1978 年版，第 34—35 页。

汉字读音的方式，发明了反切注音法。

故而丝绸之路沿线各国人民都是这一历史的创造者，中国人民也是丝绸之路的受益者。

丝绸之路的未来——当代的新丝绸之路

从2001年上海合作组织成立以来，中国和中亚国家的经贸及社会文化关系取得了长足进展。1992年中亚国家独立时，中国和中亚5国的双边贸易额只有4.6亿美元，2001年增长到55亿美元，不久前已经达到459.4亿美元。目前，中国是中亚5国最大的贸易伙伴，也是中亚油气资源最大的购买国。

在上海合作组织推动下，中国和中亚国家已经建立了定期的反恐联合军事演习、国防部长磋商和会晤、国家安全事务高层官员对话制度。在此之上还有上合组织年度的首脑会晤机制。上合组织从20世纪90年代开始建立的边境信任措施起步，演变为连接中国与中亚国家的次区域合作框架。2015年上合组织在俄罗斯乌法举行峰会，再次扩员。上次是将乌兹别克斯坦吸纳为成员国，没有引起太大注意，因为基本框架还是中国与前苏联国家之间的一个国际组织。这次扩员将印度与巴基斯坦吸纳进来，成为世界上一个没有西方国家参与、覆盖欧亚两大洲地域的国际组织。

中国的兴起在世界历史上的意义，超过19世纪末美国的兴起，堪比18世纪末19世纪初的工业革命。其原因在于，到19世纪末西方国家的总人口不过2亿—3亿，西方工业国的出现，造成少数人口居于全人类产业链与食物链的顶端，全世界的资源与财富多为他们所用，极大地扩大了全球的贫富差别。日本以及后来亚洲“四小龙”的出现，也没有影响这种世界格局，因为它们的体量太小。而中国的兴起，是相当于现存西方社会两倍以上人口的崛起，它意味着原先为西方少数人享用的全球资源要被新来者瓜分，原先已经存在的财富流动渠道和流向要改变。

中国虽然地大物博，但其实其人均资源的占有量并不高，并不能满足全体人民达到工业化国家生活水平的需要；其人口固然众多，但国内市场也已经容不下其巨大的生产力。可以预计，中国像目前这样发展下去，对海外原材料与初级产品的需求将越来越大；其工业生产对海外市场的依赖也越来越大。

反观中国的周边，除了日本之外，北方的俄罗斯与蒙古地广人稀，资源极为丰富。中国以西的中亚以至西亚与东南亚，人口众多。这些地方均远离世界工业与科技与文化的中心（即欧美），短期内不具备独立发展成世界新的经济、文化与科学中心的条件。

中国改革开放以来，走的基本上是一条追赶之路，即以西方世界已经达到的成果为模板，依样复制。即使在科学技术暂时与西方还有很大差距的条件下，通过改进基础设施，如高速公路、桥梁、港口、铁路、能源设施，与中国由于成本提高和环境恶化，无法再生存下去的一些加工业形成接力赛式的“交棒”，即产业转移，也能在较短时间内，改变国家的面貌，使其发展水平较迅速达到中等发达的程度。这将是新丝绸之路建设上，中国对世界的贡献。

上述这些仍然欠发达的国家，如果面向中国，采用中国模式，与中国合作，其所能达到的远景可以预见。当然，在这个过程中，中国近一二十年中形成的过剩的产能，也有了出路。中国转移出一些旧的下游产能，在国内形成新的上游产能。周边国家原材料与初级产品的优势、广阔市场与中国的经济活力结合起来，有可能形成共同繁荣的远景。

在近30年来的发展中，我国主要依靠的一是投资带动，二是加工贸易，结果形成了极大的具有中等技术含量的产能。其出路不但关系我国的既往投资能否利益最大化，也关系社会的就业与民生。笔者相信，在新丝绸之路设计的背景中，还应当隐含通过中国企业走向海外，创造全球新需求，使中国能在新时代得到更大发展的考虑。

世界上所有民族的生存与发展都需要空间。大航海以来，世界已经被西方国家瓜分完毕。中国作为一个人口与经济大国，如同世界上其他大国一样，不但产生了新的国家利益，而且已经产生了世界利益，未来还会有越来越大的世界利益。例如，中国这个传统的东亚大国，在数千年发展过程中，不但丢掉了曾经拥有的日本海出海口（黑龙江以北、乌苏里江以西，今俄罗斯远东地区），而且从来没有提出过印度洋出海口问题，而今天如何获得这些出海口已经是中国新的国家利益与世界利益所在。

但在这个已经被世界既有的大国控制的世界，要获得更大的发展空间，已不可能走殖民者侵略与扩张的老路，只能走和平发展之路。构建新丝绸之路，绕过既有势力范围，达到双赢是可行的。但是，我们也要看到，今天与过去有很大的不同。第一，过去东亚的国际秩序是以中国为中心的，世界上其他国家对中国非但没有戒心，而且曾经以结交中国为荣。今天世界上多数国家看准美国是第一强国，中国是后来者。主导这个世界的是西方，不是中国。第二，历史上中国周边民族有些还没有形成国家，对中国是“仰视”。而当代他们在经历殖民统治，独立之后有了自己的国家，也是国际社会“平等”的一员，有自己的国家利益，与中国平起平坐；不但“平视”中国，也以从西方殖民者那里继承来的游戏规则来对付中国、要求中国。第三，历史上中国与周边国家发展水平之间存在明显的代差，但今天就算经过 30 年发展，中国只不过是经济总量大一点，从人均水平衡量，才刚进入中等发达程度。第四，大航海时代之前，中国在亚洲的地位，无论是政治、经济还是文化，都是不可替代的，而今天可替代者非常多。如果把“丝绸之路”计划看成一个“俱乐部”，当代这种俱乐部很多，如东盟、欧盟、TPP 等，因此有些国家可以不交结中国。换而言之，当代中国对他们的吸引力要远小于古代。第五，历史上的丝绸之路是自然形成的，也是由当代学者总结出来，与今天作为国家计划刻意推进是明显不同的。

总之，如果撇开政治因素，单讲经济，世界是非常现实的。新丝绸之路计划如果能成功实施，符合中国国家利益。对其他参与者的好处是什么，有多大；参与国家能够从中得到什么，得到多少，要付出什么，付出与收获之比如何，每个参与者都会算账。

如果将政治因素考虑在内，事情就要复杂得多。多数大国对自己势力范围内的国家都有所考虑。俄罗斯致力于“欧亚联盟”，目的是保持自己在前苏联空间的影响力，印度把南亚视为自己的后院，不会轻易让中国插足其间。就是小国也要在地区大国之间玩平衡术。当代多数国家的国民对自己财富的流失，环境的污染有很高的警觉，即使是中国认为对他们有利的事，他们也有自己的逻辑，更不必说容忍与允许中国的国家利益在他们国家中合法存在。

但无论如何，在笔者看来，这是中国一百多年来，根据自己目前的国力与未来可能的国力，在现行国际关系的框架之下，提出的世界战略。也许它的眉目还不很清晰，当然也不可能清晰，可以预计，在推行过程中会遇到各种想到与想不到的困难，也会有不断的调整与变化，但有一点是肯定的，即它是顺应时代的，是一种在现有国际关系体系与框架之下，设法让中国这个正在成长中的大国，有一个容身之地和发展空间的尝试。

只要中国的现代化进程不被打断，中国追求自己新的世界定位，谋求自己合法利益的行为就会一直进行下去。未来即使推出新计划、新战略，其实质也不会改变。其他参与者，如从中确实得到了益处，其推进的阻力也许就会减少。

历史上的丝绸之路主要是普通的百姓与民间之间交往形成的。国家应当鼓励越来越多的企业走出去，在全球范围内活动，也注意吸纳有志于在中国发展的外国人来中国，传授他们的知识，创建他们的事业。

（原载《江海学刊》2016 年第 2 期）

“宫崎史学”的东西交通视野

张学锋

随着中国政府《推动共建丝绸之路经济带和21世纪海上丝绸之路的愿景与行动》的发布，古老的“丝绸之路”再次跃入人们的视野。面对目前最高的国家级战略，中国学界新一轮的“丝绸之路”研究热潮已扑面而来。在“丝绸之路”或“一带一路”研究机构及学术活动遍地开花的今天，我们回顾一下日本史学家宫崎市定（1901—1995）早年关于“东西交通”的相关研究成果，或许对我们今天的研究不无裨益。

“江户汉子”与“巴黎姑娘”

“流经日本桥①下的水，与泰晤士河相通；江户汉子②吸进去的空气，有巴黎姑娘呼出来的气息；柏林墙的问题，与朝鲜的三八线在本质上是一致的。在学术研究中，要想理解世界历史，那么，最终的关键似乎正藏匿在东洋史中。如果想真正探究西洋史的意义，那么，对东洋的理解则必不可少。”③ 这是宫崎市定1950年为自己的著作《东洋的近世》所撰“前言”的开篇。土生土长的“江户汉子”吸进去的空气中，怎么可能会有金发碧眼的“巴黎姑

① 日本桥位于日本东京都中央区北部，是江户时代五大驿道的起点，桥中央有通往全国各地的里程路标。

② 江户汉子指在江户（今东京）出生长大的人。主要指商人和手艺人，包含具有男子汉气质、花钱痛快及有勇无谋两方面的意思。

③ 宫崎市定：《东洋的近世》，文本据《宫崎市定亚洲史论考》（以下简称《亚洲史论考》）（上卷），（东京）朝日新闻社1976年版，第185页。

娘”呼出来的气息！但，这就是宫崎市定的史学视野。当然，“江户汉子”与“巴黎姑娘”只是一个隐喻，但就像“柏林墙”与“三八线”所明示的那样，纵贯东西，站在世界史的立场上，用世界史的眼光来理解“东洋史”，同时通过对东洋史的理解来探究西洋史的意义，是宫崎史学中最具特色的一点。

“东洋史学”是日本历史学研究中的一个重要学科，创始于1894年（清光绪二十年、日本明治二十七年）。当年中日之间爆发“甲午战争”，以清朝的失败而告终。这场战争的结果，对日本历史学界的影响是深刻的。这一年，在日本高等师范学校校长嘉纳治五郎的召集下，该校教授及相关高中教师对日本国此后历史教育的发展方向展开了探讨。会上，该校教授那珂通世（1851—1908）提出了两点建议：第一，参照既有的“西洋史学科”，创立与之相应的“东洋史学科”；第二，新创立的“东洋史学科”，尽管依然是以中国史为中心，但必须涵盖东洋各国、各民族的历史。那珂通世将外国史教育分成西洋史、东洋史两部分的提议，不用说是受到了明治维新以来日本对亚洲及世界的认识不断深入的影响。明治维新以后，尤其是在明治二十年（1887）以后，日本迎来了近代国家的快速成长期，面对“西洋”这个庞然大物，日本的思想界、学术界逐渐产生了自己作为亚洲人的自觉，并逐渐形成了相对于西洋文化，东洋文化同样具有相当的独特性这种时代思潮。那珂通世的倡议，基本上就是这种时代思潮的反映。①

那珂通世之所以倡议创立东洋史学，并主张东洋史尽管仍以中国为中心，但必须涵盖东洋各国和各民族的历史内容，这与他自己的史学实践密切相关。明治十九年至二十一年（1886—1888），那珂用汉文编写了中学历史教科书《支那通史》。然而，《支那通史》只写到了宋代。那珂认为，元朝以后的历史记载殊不可信，作为蒙元史研究的基础史料《元史》，存在的问题实在太多。因此深切地感受到，如果真想写出一部周密而完整的元朝史，除以汉文撰成的中国历史外，还必须认真研究蒙古人纵横东西的大历史，尤其是要对

---

① 参见江上波夫编《东洋学的谱系》所载《那珂通世》（田中正美执笔），（东京）大修馆书店1992年版，第2—3页。

控扼东西两大世界交流的西域做出深入了解。此后的那珂，阅读了较多的西洋学者关于西域的研究成果，折服于西洋学者研究领域之多彩、学术视野之广阔以及结论之缜密。晚年的那珂通世以惊人的精力自学了德语、俄语，同时还学习了满文、蒙文，在短短的十年间，完成了许多蒙元史基础史料的校订，尤其是基于蒙古文《元朝秘史》译注的《成吉思汗实录》一书，成为蒙元史研究中里程碑式的成果。对那珂而言，费其大半生所钻研的“支那史”，不仅在名称上转换成了“东洋史”，而且在实质上也变成了涵盖东洋各国及各民族历史的“东洋史”。①

之所以不惜笔墨介绍日本“东洋史学”的创立及首倡者那珂通世本人的业绩，目的只有一个，这就是，学术研究必须要有广阔的视野，中国史的研究，必须要有世界史的视野。“江户汉子”与“巴黎姑娘”，虽然身处世界的东西两端，但他们之间，气息是相通的。

“东洋史学”的创立和那珂通世自身的努力，深刻地影响到了此后的日本史学界。与那珂通世有师承关系的两位学生白鸟库吉（1865—1942）和桑原骘藏（1871—1931）均受其熏陶，作为当时东京帝国大学和京都帝国大学的两大东洋史学科带头人，在欧洲实证主义史学的影响下，超越了传统的“支那史”，基于世界史的视角，在东北亚民族史、草原民族史、西域民族史、东西交通史等领域做出了重要的贡献。其中，桑原骘藏的《中等东洋史》和《宋末提举市舶西域人蒲寿庚的事迹》这两种著作在中国尤为人称道。

宫崎市定即桑原骘藏及另一位中国史学大师内藤湖南（1866—1934）的亲传弟子。② 1922年进入京都大学文学部史学科学习的宫崎市定，不仅继承了内藤湖南扎实的中国史学功底及中国史分期学说，更受到了桑原骘藏、矢野仁一（1872—1970）、羽田亨（1882—1955）等人东洋史学及世界史学这一

① 参见江上波夫编《东洋学的谱系》所载《那珂通世》（田中正美执笔），（东京）大修馆书店1992年版，第4—6页。

② 宫崎市定的生平及著述，可参见砺波护、藤井让治编《百年京大东洋史》（京都大学学术出版会2002年版，第219—250页）及韩昇、刘建英译《九品官人法研究——科举前史》书后附录《宫崎市定著作年表》（中华书局2008年版，第394—449页）。

广阔视野的熏陶，研究领域涉及中国史、中亚西亚史、日本史及欧洲史，著作等身，成为20世纪日本最具代表性的东洋史学研究者。宫崎广阔的史学视野表现在其几乎所有的著作之中，而东西交通史观的运用和实践，主要集中在《东洋朴素主义的民族与文明主义的社会》《日出之国与日没之处》《菩萨蛮记》（又名《西亚游记》）《东洋的近世》《中国古代史概论》《东洋史上的日本》《十字军对东方的影响》《东洋的古代》等篇章中。[①]

宫崎市定的研究领域虽属东洋史学，主要研究对象是中国历史，但其时时观照其他文明、展开对比研究的手法令人瞩目。如其在1965年初版的《东洋的古代》一文“前言”中说：“我研究的出发点，是力图站在世界史的高度，有意识或无意识地将中国古代的文化、社会与欧洲、西亚的文化、社会进行比较；还有，正如希腊文化、拉丁文化为欧洲人所共有一样，中国的文化和社会组织，并不只为中国所独有，而见于整个东亚世界。因此，本研究虽然实际内容是中国，但与此前研究近世和中世时一样，我还是使用了‘东洋’一词。”[②]

又如，在初版于1940年的《东洋朴素主义的民族与文明主义的社会》中谈到中国历史上首个大帝国秦王朝时说：

> 秦王朝是中国历史上最早的巨大帝国。与西方古代历史的比较也颇有趣味。波斯大流士大王统一古代东方诸国是公元前518年，比秦始皇约早300年；亚历山大大帝率兵东征，灭亡波斯帝国是公元前330年，比秦始皇早约100年；迫于亚历山大大帝东征的压力，应运而生的印度孔雀王朝阿育王南征北战，将帝国的版图推向了空前，这一年是公元前261年，比秦始皇统一中国早约40年。在统一以后帝国的统治方策上，秦王朝所采用的手段也与西方如出一辙，东西方表现出了惊人的一致。

① 所列诸文均为其1940年到1965年之间的论著，后均收入其论文集《亚洲史论考》。中译本张学锋、马云超等译，上海古籍出版社2016年出版计划。

② 宫崎市定：《东洋的古代》，《亚洲史论考》（中卷），（东京）朝日新闻社1976年版，第158页。

> 秦始皇统一天下以后，为了让皇帝的威严光被万民，他多次巡幸，每到一处，都要刻石记功，训导百姓，以垂后世。并以都城咸阳为中心，向四方建设驰道，这些重要的军事通道确保了中央与地方的密切联系。同时统一了全国的度量衡、文字及货币。自波斯大流士大王以来，凡是强权君主，在征服各国以后，都会采用几乎同样的手段，确保统一国家的正常运作，郡县制度，就类似于波斯帝国设省置总督的州长制。①

从上引两个段落中频繁出现的中国、东洋、欧洲、西亚、波斯帝国、孔雀王朝、希腊文化、拉丁文化、大流士、亚历山大、阿育王、总督州长制、郡县制等名词中，我们已经可以感受到宫崎史学的视野即世界史的高度。

交通线路与文明

在宫崎史学中，沟通各大文明之间的交通线路，一直是其探讨人类历史的主线。在初版于1950年的《东洋的近世》中，宫崎首先认识到了过去往往被忽视的交通在历史发展过程中的重要作用。"翻开历史地图，国境线画得清清楚楚，甚至还用不同的色彩来表示国家的疆域范围，但是，这在我看来几乎是毫无意义的。历史地图如果去掉交通路线的话，我们根本无法从中读出它的历史意义来。例如，万里长城真的有必要一直延伸到那么遥远的西部吗？针对这个问题，答案是简单的。这并不是因为长城西部的南侧居住着很多需要特别保护的汉人，而是因为这一线是中国通往西方的交通大干线，为了保护这条交通路线，长城完全有必要延伸到遥远的西部。沿着长城南侧的各个狭长的沙漠绿洲上，分布着汉人的郡县，保证了汉朝内地与西域诸国之间的交通畅通。"② 一语道出了当下历史地图的局限性和修筑万里长城的另一层重要意义。

---

① 所谓"州长制"，指古波斯帝国的satrap。《亚洲史论考》（上卷），（东京）朝日新闻社1976年版，第34页。

② 宫崎市定：《东洋的近世》，《亚洲史论考》（上卷），（东京）朝日新闻社1976年版，第200页。

在宫崎看来，人类的文化因交通而发达。“居住在北极的爱斯基摩人，以及南非、澳洲的土著居民，他们的文化都不繁荣。这并不是因为这些地方的自然资源贫乏，而在于他们远离世界交通的大动脉，被人类的进步所遗忘。人类的文化，说到底是人类全体合作的产物。某个地方的发明，因为交通，成为全人类的共同财富。受到刺激的其他地方，往往又能产生更新的发明。人类文化的发展，虽然有时也会出现一些波折，但总体上是不停向前发展的，只要看一下纸、火药、罗盘等发明的传播路线便可一目了然。然而，与世界交通疏远的地区，其居民无法均沾人类文化所带来的利益，反而因为文化差距的日益加大，在意识上更加抗拒外来文化，从而进一步加深了自身社会的封闭性，与外界的交流变得越发困难。”① 因此，宫崎认为一个地区的文化发展水平与交通的流量成正比，文化的发达不用说是需要舞台的，条条大路通长安，这就是贯穿东洋古代和中世纪的一般现象。

具体到今天再度热议的海陆丝绸之路问题，宫崎在《东洋的近世》卷首“世界与东洋的交通”一节中，即对其意义作出了深刻的理解，我们举两例来说明。

第一，关于陆上丝绸之路。宫崎如下说：从秦汉统一到唐代，中国的都城主要设在长安，间或设在洛阳。长安位于今陕西省渭水盆地，自古以来，盆地周围的分水岭上就设有四个关口，防御外敌的入侵。所谓的“关中”之地，所恃的是天然的山河之险。此外，还可以找出交通上的理由。当时，世界性的交通干线，通过今新疆天山南路的孔道，贯穿着东亚和西亚，长安则是控扼从西方延伸而来的交通路线进入中国东部大平原的关口。也就是说，长安是对西方贸易的陆港，中国的特色商品首先积聚在这里，然后卖到西方商人的手中；同时，外国进来的商品也在这里卸货，然后转卖到全国各地。②

不仅如此，宫崎还关注到陆上丝绸之路的东延。“这条横断亚洲大陆的交通路线，从长安伸向更远的东方，经过洛阳，沿黄河出渤海湾，沿中国东北

① 宫崎市定：《东洋的近世》，《亚洲史论考》（上卷），（东京）朝日新闻社 1976 年版，第 201 页。
② 同上书，第 203 页。

和朝鲜海岸，到达日本的九州北岸。日本民族一开始就充分利用这条交通路线，与大陆之间展开了贸易。"① 宫崎在几乎70年前，就认识到了丝绸之路不仅仅是起点于长安通往西方的交通路线，而且还是贯穿亚欧大陆东西向的交通大动脉。

第二，关于海上丝绸之路。宫崎主要是通过探讨隋唐大运河的世界史意义来切入的。宫崎说：连接东亚和西亚的交通路线，除上述贯穿北方的陆路外，还有南方的海上航路。中国沿海的航路，按理可以通往任何地方，但实际上由于长江口以北的沿海缺乏良港，海岸离陆地上的聚落相对较远，航海的风险极大，因此长期以来未见有所发展。长江以南的浙江、福建沿海，海岸线比较曲折，可以找到抵挡风波的港湾，并且时有运送大军的记载，可见从古代开始就在一定程度上加以利用，但大规模的海上交通，则是以广东为起点的南海航路。从广东出发，趁着冬季贸易风的航船，途中在占城沿岸停靠，取得燃料、饮水和粮食的补给，再一路南下，自然可以到达马来半岛的南端新加坡一带。从新加坡开始，航路分为两条，转往东南，则经爪哇可以到达香料诸岛。很多中国商船以爪哇为终点，满足于从爪哇人那儿购得商品。

从新加坡转而往西，经马六甲海峡，出印度洋，横渡孟加拉湾，可以到达锡兰岛。中国商船大多在此与印度、波斯及阿拉伯商人交易大宗货物，然后折回，继续往前到达波斯湾口的商船非常罕见。流入波斯湾的有两条大河，底格里斯河和幼发拉底河，溯两河而上，就能与北方的陆路大干线交会。幼发拉底河的西岸就是叙利亚，这里面临地中海，从海岸的任何一个地方都可以出航欧洲。

这样，贯穿亚洲东西的南北海陆两大交通路线，其西端在西亚的叙利亚附近会合，但东端就没有这么简单了，这是由中国的地形决定的。尽管中国拥有广袤的平原，但其主要的河流均为东西流向，这有利于东西之间的交通，但南北的交通却受到阻碍。由长安往广东，必须数次横渡宽广的大河，翻越

① 宫崎市定：《东洋的近世》，《亚洲史论考》（上卷），（东京）朝日新闻社1976年版，第203页。

横亘在这些大河流域的高山峻岭。为了消除这样的不便，中国自古以来就尝试着在平原上开凿运河。大河从西往东流，在这些大河下游的平地上开凿南北向的运河，并不是一件特别困难的事。古运河在中国各地早就存在，隋炀帝对之进行了大规模的整治，使之成为系统性的大运河。这个水路网络，北自白河，贯通了黄河、淮河、长江，直达南方的钱塘江口。①

站在世界史的立场上来看，宫崎认为，历史上有名的暴君隋炀帝留下的遗产大运河对后世的恩惠，当然就不应该只从中国历史的角度去评价它，它在促进中国内部交通的同时，还将横贯亚洲的南北海陆两大干线的东端贯通了起来，这是一项具有世界史意义的伟大事业。正是因为大运河的开通，从长安出发沿黄河而下先达开封，在这里换乘进入运河，可直达钱塘江口杭州，再沿浙江、福建海岸南下，不必冒太大的风险就可以到达广东。中国从此不再是东西交通路线终点的死胡同，而成为世界循环交通路线中的一环。在大运河开始发挥作用的唐代，西方的波斯人、阿拉伯人的目的地不再是单纯的长安或广东，他们来到长江与运河交汇处的扬州，在这里建立起了繁华的留居地，从事商业活动，人数据称有数千人之多。当然，宫崎在强调大运河的世界史意义时，并无意看轻它给中国带来的影响，他认为受大运河影响最大的，不用说是中国自己。②

在《东洋的近世》结语中，宫崎再次强调：交通在历史上的意义，不只是把两者联系在一起，交通不是一种仪礼，而是两个用链条连接在一起的齿轮，一边转动，另一边也会同时转动。把世界上的人类看成是同一种有机的生物，这样或许更加恰当。这种生物在世界各处都能扎根，在一处吸收到的养分，可以马上循环到别的地方。从东洋吸取的养分，结集到了欧洲，在这里成为推动工业革命和政治革命的动力。用长远的历史眼光去看，这个养分一定会再度成为新的活力，渗透到整个世界，这个日子一定会来临。③

---

① 宫崎市定：《东洋的近世》，《亚洲史论考》（上卷），（东京）朝日新闻社 1976 年版，第 204 页。
② 同上书，第 205 页。
③ 同上书，第 286 页。

从西亚出发的“文明之车”

当我们面对世界古代史中埃及、美索不达米亚、印度、中国出现的这些特殊文明时，我们不禁要问，这些文明是相互间没有任何关联而独自发生的呢，还是存在着一个最古老的源头，文明从这里传播到四方，从而形成了不同地区的文明？亦即文明的一元论或多元论的问题。宫崎市定更倾向于一元论。在初版于1958年的《东洋史上的日本》这篇长文中，宫崎认为：“对人类历史而言，几千年前的时间已经相当遥远了，固然很难举出确凿的证据来加以论断，但是，我总觉得一元论的传播说似乎更接近事实。”① 在思考这一问题时，宫崎认为，人类文明的交往，最好的途径就是商品交易，再也没有像商品交易那样又经济又有效果的了。与历史学家的想象相反，交易并不是在世界已经相当进步之后才出现的，从远古未开化的时代开始，交易就已经出现了。到了新石器时代，黑曜石、硬玉等制作石器的材料就已经交易到了很远的地方。所谓“完全孤立的人群”和“被隔绝的社会”，实际上从来就没有过。人类的生活本来就像网眼那样环环相扣，只是网眼的大小越是远古就越稀疏而已。②

宫崎认为，美索不达米亚周围出现的青铜文化逐渐向四方传播，但要想证实它的传播路线是有困难的。然而，印度和中国的青铜文化作为这一传播的结果，则是相对容易推测的。不过，这种传播需要很长时间。从美索不达米亚传到印度北部，其间约需一千年，然后再传播到中国北部，又需要一千年。这种传播并不是像铺设铁轨那样一步一步地计程前行，而是像马车那样，先在各处建设基地，然后再由此向前进发。因此，途中有些小的基地后来并没有获得很大发展，一直等到到达印度和中国那样的大平原上，大的基地才得以在那里成长起来，后来那里的发展竟超过了自己的祖国。而青铜文化传

① 宫崎市定：《东洋史上的日本》，《亚洲史论考》（下卷），（东京）朝日新闻社1976年版，第487页。

② 同上书，第489页。

到了中国北部的黄河流域后，那里便产生了殷周文化，形成了中国文化的源流。[①] 在宫崎思考这一问题时，能断定为夏代的青铜器基本上还没有出现，今天，我们可以把夏代也包含在其中了。

继而在文明的起源地美索不达米亚出现的铁器文明，其意义不亚于之前的青铜文明。铁器发明的时间及地点也不是很清楚，但在亚述帝国时代（公元前800年前后）已经大量使用，铁制兵器替代了以前的青铜武器。宫崎指出：铁器出现的意义，与其说在于它的锐利，不如说在于它的价格的低廉和产量的丰富。在青铜时代前后持续的一千多年间，生产不断累积，社会上的金属也逐渐丰富了起来。金属兵器的丰富，很容易造成政治权力的集中，于是古代的“都市国家”[②] 开始衰微，代之而起的是中央集权的大领土国家逐渐成长。这种倾向，因铁器的出现而越发明显。在亚述帝国灭亡之后，经过一段时期的混乱，出现了波斯大帝国（前550—前330）。波斯帝国的大一统，基本上决定了西亚文化可能扩张的最大范围，给后世留下了深刻的影响。波斯帝国是世界历史上所有古代帝国中最具代表性的一个，而波斯帝国的大一统之所以能够实现，就是因为其孕育了以丰富而低廉的铁器为代表的生产和文化。

源自美索不达米亚的铁器文化，通过以前青铜文化曾经走过的道路向东方传播。但是，两者之间的传播速度却大相径庭，铁器文化的传播速度远比青铜文化快速。这是因为青铜文化一度通过之后，道路便已经铺平。与青铜文化相比，铁器文化是一种锐利得多的文化。一切锐利的文化，其传播速度可以说都是很快的。这两种文化的东传，就好像是公元前3000年从美索不达米亚出发了一辆青铜马车，过了两千年，从后面追赶上来了一辆铁制的卡车。

在这两种文化的发源地美索不达米亚，从青铜的发明到铁器的发明，其间大致经历了2000年。这一段时间，就是所谓的青铜时代。但是在接受这两

---

① 宫崎市定：《东洋史上的日本》，《亚洲史论考》（下卷），（东京）朝日新闻社1976年版，第491页。

② “都市国家”是宫崎对古希腊城邦国家Polis的翻译。

种文化的地方，由于接收方式的不同，青铜时代大大缩短了。就中国而言，假设接受青铜文化是在公元前1000年左右，那么此后追赶上来的铁器文化，在公元前400年左右就到达了中国。[①] 这样，中国的青铜时代就只有600年了，因此，与中国的青铜文化共存亡的都市国家也只有六百年左右的历史。因其历史较短，这就使中国的都市国家未能得到充分的发展。中国虽然经历过都市国家的时代，但历史学家却往往看不到这个事实，其原因正是因为在都市国家的文明还没有得到充分发展的时候，铁器文化就进来了，随着铁器文化的进入，中国很快出现了大的领土国家。

从西亚驶向各处的文明之车，其东方之旅，在中国近几十年的考古工作中也得到了相当程度的印证。近期，王巍在《汉代以前的丝绸之路——考古所见欧亚大陆早期文化交流》一文中，勾勒出了西汉丝绸之路开通以前东西物质文化交流的基本面貌。王文指出：早在距今七八千年的新石器时代中期，生活在黄河中下游地区的先民们就与西域地区的居民发生了交流。黄河中下游地区最早驯化的黍，从东方逐渐传向中亚、西亚。至迟在西周时期，中国内地生产的丝绸已经被运到了西域。春秋战国时期，中国丝绸已经在西域乃至西亚受到了广泛的喜爱，并可能已被销往地中海沿岸。与之相对，大约距今5000年前，源自西亚的青铜冶铸技术、小麦、绵羊、黄牛、家马等手工业技术及家畜，已经通过河西走廊传到了黄河中下游地区。距今3300年前的商代晚期，商王朝都城朝歌的贵族们使用的玉器中有部分和田玉，表明此时存在着一条连接中原与甘肃、青海、新疆一带的玉石之路。约3000年前，源自西亚地区的冶铁技术传入我国新疆，至迟在西周晚期传入中原。此外，西亚产的玻璃器、玻璃珠饰、极具欧亚草原特征的动物纹青铜器以及马车等，也通过西域传入了中国内地。[②]

---

① 随着中国考古资料的不断发现，宫崎半个多世纪前的一些数据已有修改的必要，但这并不影响其原有的思路和结论。

② 王巍：《汉代以前的丝绸之路——考古所见欧亚大陆早期文化交流》，《中国社会科学报》2016年1月12日。

王文高度概括了上古时期西亚与中国之间物质文明的交流状况，也是中国考古学者对这一问题做出的首次阐述，其观点与结论，与宫崎市定半个多世纪前的思考基本一致。毋庸置疑，从西亚出发的“文明之车”，装载着人类历史最早的文明，从西一路往东方行驶而来。

世界史体系的新构想

1936—1937 年，宫崎市定在法国访学，找机会考察了西亚和北非，1944 年出版的《菩萨蛮记》（后改名《西亚游记》）详细记录了他这次游历的见闻及历史学思考。在该书第二部《西亚历史概述》的篇首，宫崎出人意料地对顾祖禹《读史方舆纪要》中“湖广形胜”一段进行了“自由翻译”。

顾祖禹《读史方舆纪要》湖广方舆纪要序：

> 湖广之形胜在武昌乎？在襄阳乎？抑在荆州乎？曰：以天下言之则重在襄阳，以东南言之则重在武昌，以湖广言之则重在荆州。

宫崎的“自由翻译”：

> 贯穿埃及、叙利亚及美索不达米亚之一线，谓之新月形肥沃地带。以西亚史言之，则美索不达米亚最为重地。以地中海史言之，则埃及最当紧要。而若以世界史之重言之，则不可不以叙利亚为首屈一指。①

宫崎之所以这么做，是因为他痛感当时世界史体系的缺陷。在《菩萨蛮记》第二部的序言中，他指出了这些缺陷的根本所在：“尽管频频有期盼所谓构建世界史的声音，但在思考世界史的体系时，抽象的、观念的思考另当别论，而想要通过实证的手法加以思考时，便会遭遇到技术上难以克服的困难。理由尽管有多种多样，但我认为一个主要的原因，是现在的历史学被截然分

① 宫崎市定：《菩萨蛮记》，《亚洲史论考》（上卷），（东京）朝日新闻社 1976 年版，第 430 页。

成了东洋史和西洋史两个部分。”①

当时的现实是，西洋人以欧洲历史为中心，再加上一些亚洲史的知识，其学问便可称之为世界史了。基于对此状况的不满，明治时期的日本学者率先以中国史为基础，构建出了所谓的东洋史。但宫崎认识到：“即使把这两种起源不同的历史合在一起，也还是构建不了世界史。”② 这就像是将中国三十几个省市自治区的通史合在一起也构成不了中国通史一样。因此宫崎痛感到如果只是将东洋史和西洋史简单地拼凑到一起，如不进一步从更高的角度来对其进行概括统一，世界史则无法诞生。

因此，宫崎非常重视人类文明最早起源的西亚叙利亚地区，认为叙利亚王朝存在的意义，往往被历来的史学家忽视了。当时，从中国或印度通往地中海沿岸的交通线路已经开通。这两条交通干线，从中国经中亚沿里海南岸横穿幼发拉底河上游，即可到达叙利亚的地中海海岸；从印度经波斯湾口沿幼发拉底河而上，在埃德萨附近舍船登岸，横穿叙利亚即可到达地中海海岸。为此他对中国《后汉书》《魏略》等史书留下的相关地点进行考证，认为东汉甘英出使西域时正是通过叙利亚到达地中海沿岸的，所谓的“条支国”正是叙利亚王国，“于罗”是叙利亚王朝的中心城市之一阿勒颇，“安欲”是安提俄克，“且兰”为耶路撒冷，而“大秦”不用说指的就是罗马帝国。显然，控扼东西交通要道的就是叙利亚王国。

对叙利亚在东西交通线上的重要意义以及其在古代东方各国历史上的地位，宫崎是通过与日本濑户内海的比较展开的。他将地中海周边的地图与日本濑户内海的地图进行对比，称如果将地中海最西的直布罗陀这个地点重合在日本的下关，叙利亚便恰好是大阪平原。大阪在日本历史上除仁德天皇时期外，从未成为过政治中心，因而其重要性很容易被忽视，但大阪在日本国内东西交通线上的地位之重要，则是无与伦比的。从大阪出发，向东经奈良可以通往名古屋和三重，向北经京都可通往山阴、北陆，西临濑户内海，向

① 宫崎市定：《菩萨蛮记》，《亚洲史论考》（上卷），（东京）朝日新闻社 1976 年版，第 431 页。
② 同上。

南则可至和歌山、高知。与此相似，叙利亚向东通往美索不达米亚，向北通往小亚细亚、里海和黑海，西临地中海，向南经埃及可至红海、埃塞俄比亚。不同的是，今天大阪在日本国内依然是交通要冲和经济中心，而叙利亚则因东西交通路线的变化，已几乎无法窥见其旧时的面貌，但其在古代历史上的重要意义是不可忽视的。

关于世界史体系的新构想，宫崎在《十字军对东方的影响》一文中直接表达了对欧洲人有关十字军研究的不满，这个不满就是“他们总是将目光投向西方这一点”①。欧洲学者关注的是十字军对欧洲历史的意义，即政治上促进了封建制度的崩溃，宗教上使教皇的权力一时得到扩张后又致其衰落，学问上获得了天文学、数学、化学和文学等新的学科知识，经济上促进了东西交通、远距离贸易的发展等。简要地说就是在几乎所有的方面都刺激了欧洲社会，为此后的文艺复兴打下了基础。但是，宫崎在此发问：世界历史上如此重要的一个事件，其历史意义果真仅局限于欧洲来探讨就足够了吗？并且将之与第一次世界大战相比，指出正如第一次世界大战又被称作“欧洲大战”一样，其主战场虽然在欧洲，但其所产生的影响却遍及全世界，尤其是日本和中国，在第一次世界大战中尽获渔翁之利，提高了国际地位，而且还被认为是此后中日战争及第二次世界大战的起因。如果说给欧洲带来巨变的战争，对亚洲也必然产生了深刻的影响，那么十字军的东征，也必须思考其与中亚和远东的关联。

在探讨十字军东征问题时，宫崎花费大量篇幅探讨东西方之间人和物的流动问题：从十一二世纪中国宋朝的国际关系、交通线路，到土耳其塞尔柱王朝的鼎盛；从中国经济的景气、科学技术的发展，到西亚资源的枯竭及普遍存在的银荒；从土耳其人的西迁，到西辽的建立再到蒙古的崛起，等等。而进入西亚的土耳其人，宗教上完全伊斯兰化，当他们前进到小亚细亚并与东罗马帝国统治下的基督教徒发生冲突时，凭借武力上的自信对基督徒发起

① 宫崎市定：《十字军对东方的影响》，《亚洲史论考》（下卷），（东京）朝日新闻社 1976 年版，第 49 页。

攻击。长期以来处于平静安眠状态的伊斯兰“圣战”意识被急遽唤醒，而惊恐退缩的东罗马帝国只能以同样的圣战来对抗圣战，向罗马教皇请求援助，从而引发的旷日持久的战争便是所谓的“十字军东征”。[①]

以上提及的所有历史事件，无一不是沿着这条东西交通要道展开的，而且，十字军东征引发的世界历史的种种波动，又大大促进了这条交通线路的发达。宫崎甚至断言，蒙古的兴起，也是土耳其人西迁所引发的波动之一，正是因为十字军东征开辟出来的交通路线，使得蒙古的西征变得更加容易。

从中国史走向世界史——代结语

宫崎市定是东洋史学者，其研究的中心是中国历史。然而，在其著作等身的业绩中，虽然最基本的内容是对中国历史的思考，但从其最重要的论文集《亚洲史论考》这个书名中就可以看出，他的史学视野至少是亚洲史的；从上文并不完整的介绍中也不难发现，他的史学视野无疑又是世界史的。

在《亚洲史论考》上卷《前言》中，就中国古代史[②]的问题，他明确表明了自己的基本观点：“我认为，在中国文化的形成过程中，受到了起源更加悠久的西亚文化的影响。”[③] 在《中国古代史概论》中，对欧亚大陆铜、铁两种文明的产生与传播路线进行了图解。在《东洋朴素主义的民族与文明主义的社会》中，更是从骑马战术、冶铁技术等许多细节上叙述了西亚文明对中国的影响。如此一来，宫崎语境中的中国史，已不再是常人眼中的“中国史”，而是亚洲史的重要组成部分。

在思考中国历史的发展进程时，宫崎时刻将之与世界历史的变动进行关

① 宫崎市定：《十字军对东方的影响》，《亚洲史论考》（下卷），（东京）朝日新闻社 1976 年版，第 50—61 页。

② 在京都学派和宫崎史学中，“中国古代”指中国有史以来至两汉时期的历史与社会。

③ 宫崎市定：《东洋的近世》，文本据《宫崎市定亚洲史论考》（以下简称《亚洲史论考》）（上卷），（东京）朝日新闻社 1976 年版，第 5 页。

联互动。在思考看似纯粹欧洲历史的十字军东征问题时，宫崎是从蒙古草原游牧民族的西迁及宋王朝的社会进步切入的。同样，在思考欧洲文艺复兴、新大陆的发现、倭寇等问题时，也无一不是站在人类历史发展的共通点及互动上展开的。如此一来，中国历史、亚洲历史自然就成了世界历史的重要组成部分。而贯穿宫崎史学中国史、亚洲史、世界史的一根主线，不用说，正是其东西交通的视野。

（原载《江海学刊》2016 年第 5 期）